ISBN 978-0-332-68336-2
PIBN 10988751

FB &c Ltd, Dalton House, 60 Windsor Avenue, London, SW19 2RR.
Company number 08720141. Registered in England and Wales.

For support please visit www.forgottenbooks.com

ΙΩΑΝΝΟΥ

ΤΟΥ ΧΡΥΣΟΣΤΟΜΟΥ

ΤΑ ΕΥΡΙΣΚΟΜΕΝΑ ΠΑΝΤΑ.

JOANNIS CHRYSOSTOMI

OPERA OMNIA.

TYPIS MOQUET ET SOCIORUM,
VIA LA HARPE, N° 90.

ΤΟΥ ΕΝ ΑΓΙΟΙΣ ΠΑΤΡΟΣ ΗΜΩΝ

ΙΩΑΝΝΟΥ

ΤΟΥ ΧΡΥΣΟΣΤΟΜΟΥ,

ΑΡΧΙΕΠΙΣΚΟΠΟΥ ΚΩΝΣΤΑΝΤΙΝΟΥΠΟΛΕΩΣ,

ΤΑ ΕΥΡΙΣΚΟΜΕΝΑ ΠΑΝΤΑ.

SANCTI PATRIS NOSTRI

JOANNIS CHRYSOSTOMI,

Archiepiscopi Constantinopolitani,

OPERA OMNIA QUÆ EXSTANT,

VEL QUÆ EJUS NOMINE CIRCUMFERUNTUR,

AD MSS. CODICES GALLICANOS, VATICANOS, ANGLICANOS, GERMANICOSQUE; NECNON AD SAVILIANAM ET FRONTONIANAM EDITIONES CASTIGATA, INNUMERIS AUCTA; NOVA INTERPRETATIONE UBI OPUS ERAT, PRÆFATIONIBUS, MONITIS, NOTIS, VARIIS LECTIONIBUS ILLUSTRATA; NOVA SANCTI DOCTORIS VITA, APPENDICIBUS, ONOMASTICO ET COPIOSISSIMIS INDICIBUS LOCUPLETATA.

OPERA ET STUDIO D. BERNARDI DE MONTFAUCON,
Monachi Ordinis S. Benedicti e Congregatione S. Mauri, opem ferentibus aliis
ex eodem sodalitio Monachis.

EDITIO PARISINA ALTERA, EMENDATA ET AUCTA.

TOMUS TERTIUS.

PARISIIS,

APUD GAUME FRATRES, BIBLIOPOLAS,
VIA POT DE FER SAINT-SULPICE, N° 5.

M. DCCC. XXXVII.

INDEX

OPERUM S. JOANNIS CHRYSOSTOMI

QUÆ IN TERTIO TOMO CONTINENTUR.

† *Hæc nota ea indicat opera, quæ vel inedita hactenus, vel peregrinis in locis edita in hanc Editionem accesserunt.*

* *Hæc vero illa, quæ a Savilio edita, in Morelli Editione non exstabant.*

HOMILIÆ IN QUÆDAM LOCA NOVI TESTAMENTI.

OPUSCULA DE MOTIBUS CONSTANTINOPOLITANIS,

deque iis, quæ ad utrumque Chrysostomi exsilium spectant.

EPISTOLÆ JOANNIS CHRYSOSTOMI ET ALIQUOT ALIÆ.

SPURIA.

[Numeri uncis inclusi paginas indicant Voluminis sexti Editionis Frontonis Ducæi excusæ Parisiis, apud Simeon. Piget, anno 1642.]

PRÆFATIO

IN TERTIUM TOMUM OPERUM

S. JOANNIS CHRYSOSTOMI.

Ea fuit instituti nostri ratio in hac paranda S. Joannis Chrysostomi Operum Editione, ut Opuscula primum omnia, cujusvis generis essent, in tribus Tomis prioribus locaremus; in sequentibus vero Commentaria in Novum et Vetus Testamentum. Opuscula porro omnia in quinque classes distribuimus. Prima classis complectitur ea Opera, quæ ob varietatem argumenti non possunt uno titulo comprehendi, sed secundum temporis ordinem, quoad ejus fieri potest, locantur. Secunda classis est Concionum panegyricarum de Domino N. J. Christo et de Sanctis. Hasce duas priores classes primus et secundus Tomus complectuntur. Tertia classis est Homiliarum, quæ ex diversis Scripturæ locis argumentum mutuantur, quæ Homiliæ primam hujusce tertii Tomi partem occupant. Quarta classis, Opusculorum ad motus Constantinopolitanos et ad utrumque S. Joannis Chrysostomi exsilium pertinentium. Quinta classis est Epistolarum omnium. Tres igitur posteriores classes in hoc tertio Tomo continentur, quibus subjiciuntur pauca quædam, et spuria denique multa. De illis omnibus hic quædam præmittenda sunt.

§ I.

De Homiliis quæ ex diversis Scripturæ locis argumentum mutuantur.

Ordimur ergo ab Homiliis in loca quædam Novi Testamenti, quarum quatuor priores totidem evangelicas sententias explicant. Octo autem sequentes quæ una serie et continenter habitæ sunt, misere distractæ et dispersæ erant in Editionibus Saviliana et Frontoniana : quod cave sis incuriæ seu negligentiæ Savilii aut Frontonis Ducæi adscribas. Illi enim nullam non diligentiam adhibebant, non modo ut omnia Chrysostomi Opuscula ex omnibus orbis Christiani partibus colligerent, sed etiam ut quæque suo ordine ponerent. Verum quia jam prælo datis multis operibus, alia confertim undique accedebant, hæc postremo advecta plerumque ut fors ferebat locabant. Quanto autem lectoris dispendio hæc sic distracta ac propemodum dissipata ederentur, statim animadvertet quisquis earum lectionem continenter peraget. Nam plerumque accidit ut in sequenti tantum prioris argumentum compleatur : tantamque alioquin omnes habent inter se affinitatem, ut nonnisi præcedenti lecta sequentem plane intelligere possis.

Ex hisce autem octo Homiliis quatuor priores sunt in principium, sive in titulum libri Actorum. In hoc tamen argumentum quinque una serie conciones habuerat, ut non semel testificatur Joannes noster : sed secunda, in qua quærebatur quis esset auctor libri Actuum Apostolorum, intercidit. Illam porro integram me reperisse putabam, ut in Præfatione ad primum Tomum dixi. Verum postea diligentius expensa homilia illa longissima, ex Mss. eruta, quæ de Ascensione inscribitur, comperi partem quidem illam ubi, quibusdam de principio Actorum præmissis, evidentissime probatur Lucam evangelistam esse Actuum auctorem, esse haud dubie Chrysostomi : verum alia quæ hanc partem præcedunt, et longe plura quæ illam subsequuntur, non posse Chrysostomi esse. Hærebam certe initio, quia illa partem non contemnendam illius homiliæ complectebatur, an in serie aliarum locanda esset; sed ingratum lectori fore putavi, si spuria illa alia quæ in eadem homilia occurrunt, quorum quædam nugacem Græculum sapiunt, veris operibus admiscerem : quamobrem totam homiliam ad calcem hujus Tomi amandare visum est.

Quatuor item Homiliæ quæ de Mutatione nominum inscriptæ sunt, quatuor illis in principium Actorum nativo ordine connectuntur: in his quippe postremis argumentum priorum prosequitur Chrysostomus, ut in Monito diximus. Cæteræ Homiliæ in loca Pauli sunt, ac cum præcedentibus, triginta quatuor simul homiliarum numerum complent. Tres porro Homilias de Legibus connubii, quarum prima est num. 18, in illud : *Propter fornicationes* etc.; altera num. 19, de Libello repudii; tertia num. 20, *Laus Maximi,* et *quales ducendæ uxores;* has, inquam, Homilias, quæ unius et ejusdem argumenti sunt et eodem tempore una serie habitæ, ut legentibus liquidum est, ita Fronto Ducæus ediderat, ut tertia a duabus prioribus longo intervallo separaretur; sed eæ suo ordine jam locatæ suas partes imploro ac semel cœptam materiam ad destinatum finem deductam lectori conjunctim offerre peterunt.

§ II.

Opuscula de motibus Constantinopolitanis, et *de utroque Chrysostomi exsilio, quænam sint.*

Hæc excipit quarta classis Opusculorum, nempe de motibus Constantinopolitanis, necnon de aliis quæ ad utrumque Chrysostomi exsilium pertinent. Hæc omnia secundum temporis seriem edere visum est, cum àntea separata et tumultuario opere diversis in tomis locata essent, idque casu potius quam consilio. Ex iis non pauca in Editione Frontonis Ducæi desiderabantur. Spectant autem omnia ad historiam ab anno 399 ad annum 406. Ordo ille Opusculorum ordinem rerum apprime sequitur; omniaque illa Opuscula ad ærumnas et utrumque Chrysostomi exsilium quodammodo referuntur: nam ex Eutropii eunuchi fuga in ecclesiam Chrysostomi hostes accusandi illius ansam arripuere. Sed ut Opusculorum hujusmodi ordinem candidus lector facilius percipere valeat, historiam rerum Constantinopolitanarum, de quibus agitur, paucis persequi operæ pretium fuerit.

Eutropius Eunuchus inter primores aulæ Constantinopolitanæ apud Arcadium auctoritate plurimum valebat. Is cum Joannis Chrysostomi in Constantinopolitanum episcopum cooptandi auctor fuisset, initio ejus monitis morem gerebat. Sed cum ambitionis et cogendæ pecuniæ morbo admodum laboraret Eutropius, instabat, urgebat Chrysostomus, fugitivas divitias dicebat; nec modo fugitivas, sed exitiosas, quæ sui custodes ut plurimum proderent ac perderent. Hæc ille vir adulandi nescius frequenter dictitabat: sed quia veritas odium parit, in monitorem exasperatus Eutropius, multa contra illum molitus est; id vero præcipue statui curavit, ut asyli et immunitatis jus ecclesiis tolleretur. Verum ita providente numine, Eutropius cum Consulatum anni undequadringentesimi Arcadii nutu consequutus, omnium in se odium concitasset, tumultuante Tribigildo tribuno militibus stipato, gradu dejectus est, et quod illi unicum perfugium supererat, in ecclesiam se recepit, atque asylum quod ille abrogandum curaverat, supplex adire coactus est. Nec profuisset asylum, nisi Chrysostomus fortiter obstitisset obsidentibus invadere paratis. Insequente vero die primam in Eutropium homiliam habuit S. antistes, ipso præsente Eutropio, anno 399. Elapsis aliquot post illam habitam concionem diebus, cum Eutropius ab ecclesia dilapsus in manus hostium incidisset, alteram habuit in eumdem homiliam S. doctor; de qua plurima in Menito vide sis. Hinc vero ansam incusandi Chrysostomi arripuere ii qui ejus perniciem moliebantur: Eutropium miserum et in ecclesiam profugum ab illo objurgatum, ac denique hostibus proditum mentientes; quod quantum a vero alienum fuerit, in Vita Chrysostomi pluribus ostendetur.

Gainas, quo stimulante Tribigildus tribunus Eutropii perniciem curaverat, hoc rerum eventu petulantier factus, Saturnini et Aureliani, qui inter Imperii proceres eminebant, capita depoposcit. Verum illorum causam fortiter agente Chrysostomo, satis habuit Gainas, si illi proceres in exsilium deportarentur: qua de re concionem illam habuit Chrysostomus, quæ titulum habet: *Cum Saturninus* et *Aurelianus acti essent in exsilium, et Gainas egressus esset e civitate.* An vero egressus jam ex civitate esset Gainas, cum hanc habuit concionem Chrysostomus, non ita exploratum est, et an titulo fides habenda sit pluribus expendemus in Vita Chrysostomi. Ut ut autem est, hæc homilia ineunte circiter anno 400 habita fuisse putatur.

Eodem anno cœpit illud odiosissimum negotium, videlicet accusatio Antonino, Ephesi episcopo, oblata, qui variorum criminum inprimisque Simoniæ reus agebatur. Qua de causa profectionem in Asiam meditabatur Chrysostomus. Verum Antonini artibus cohibitus est a quibusdam proceribus, metum

Gainæ in Thracia hostiliter agentis obtendentibus; profectionemque distulit in anni sequentis initium, postquam Antoninus e vivis excesserat. In Asia vero plus quam centum dies, ut ipse ait, commoratus, Simoniacos destituit, alios in eorum locum ordinavit: ex quibus recte et secundum ecclesiasticum ritum constitutis occasiones criminandi arripuerunt ejus adversarii, quia nimirum nihil est quin male narrando possit depravarier. Postridie quam ex Asia redierat ille, concionem habuit ad populum Constantinopolitanum, post Pascha anni 401, cujus interpretationem tantum Latinam habemus.

Severianus, episcopus Gabalorum in Syria, homo vafer, nec elinguis, Constantinopoli tunc agens, simulatis obsequiis, Chrysostomi amicitiam sibi conciliaverat. Sed postquam hic in Asiam profectus erat, posita larva, populum sibi devincire, ejusque studia a Chrysostomo avertere satagebat. Postquam redierat Chrysostomus, cum verba impietate plena protulisset Severianus, tumultuante et in iram concitato populo pulsus est. Deinde curante Eudoxia Augusta et ipso Arcadio, consentiente quoque ægre licet Chrysostomo, in urbem admissus est. In adventu ejus, ut exasperates in Severianum populi animes mitigaret Chrysostomus, concionem ad populum brevissimam habuit, quam Latine tantum protulimus, quod Græca interierint. Sequenti etiam die Severianus breviter populum alloquutus, magnificentiora quam sinceriora de reconciliata pace verba protulit: hæc quoque oratio Latine tantum habetur: utraque anno 401 habita fuit.

Hæc ceu præludia fuere eorum, quæ ante exsilium Chrysostomi evenerunt. Nam cum ipse ecclesiasticam disciplinam, Constantinopoli mirum in modum apud sacerdotes diaconosque maxime collapsam, restituere tentaret, in illorum incurrit odium; Eudoxiæ quoque Augustæ animum, eo quod, ut ipsius officium postulabat, principum etiam vitia incesseret, exasperavit: Theophilum Alexandrinum, quod Fratres longos, ut vocabant, humanius excepisset, jam antea infensum, infensiorem sibi reddidit. Hisce omnibus demum conspiratis factionum partibus, in Pseudosynodo Chalcedonensi depositus fuit Chrysostomus anno 403. Hæc porro omnia hic brevissime repræsentata, longissimæ historiæ materiam suppeditabunt in Vita Chrysostomi. Postquam ergo depositus fuerat, antequam in exsilii locum deportaretur, concionem habuit, quam a Georgio Alexandrino in Vita ipsius Chrysostomi conservatam edimus, ejusque postremam partem, ut suspectam vel saltem vitiatam damus: huicque subjungimus veterem interpretationem Latinam, in qua pars illa vitiata non occurrit. Aliam pariter addimus ex Vaticanis Codicibus exceptam, quæ etiam temerariis librariorum ausibus vitiata fuit.

Populus, quo repugnante et violentiam propulsare nitente, libens abductus fuerat Chrysostomus, post ejus profectionem magis magisque in iram concitatus vociferabatur et ad imperatorias ædes episcopi sui reditum postulabat: interimque terræ motu palatium concutiente, Eudoxia Augusta perterrita sanctum præsulem reducendum curavit. Redux vero Chrysostomus extemporalem habuit Oratiunculam quam Græce et Latine damus, postridieque alteram paulo longiorem, priori subjunctam. Illam vero quæ de Chananæa inscribitur, paucis post adventum suum diebus habuerit necesse est: ipsamque in eadem serie locatam vindicavimus ab iis qui περὶ γνησιότητος quæstiones moverant, eamque ut suspectam habuerant. Hæc omnia anno 403 dicta fuere.

His adjunximus duos pulcherrimos libros quorum prioris titulus est, *Quod nemo læditur nisi a seipso*; posterioris vero, in viginti quatuor capita distributi, *Ad eos qui scandalizati sunt ob adversitates* etc. Hi vero libri licet post multas Epistolas Chrysostomi scripti fuerint et quidem anno circiter, ut putatur, 406, cum in exsilio ageret, quia in serie Epistolarum locari non poterant, in hac quarta classe agmen claudunt, quod commodior ipsis locus excogitari non posset.

§ III.

Quinta et postrema classis, quæ est Epistolarum.

Inter Chrysostomi opera nihil Epistolis pretiosius, nihil ad concinnandam duorum exsiliorum ejus historiam opportunius: quam sane partem historiæ ecclesiasticæ inter præcipuas istius sæculi annumerandam esse fatearis, si spectes quanta constantia animique fortitudine calamitates nusquam alibi memoratas pertulerit: si consideres quanta fuerit in hujusmodi negotio inter proceres Ecclesiæ et Imperii dissensio; aliis in adversa parte stantibus; aliis, quorum princeps erat Innocentius Romanus pontifex, Joannis Chrysostomi causam strenue propugnantibus. Has itaque Epistolas quanta potuimus accuratione emendatas edidimus. Quia vero temporis, quo scriptæ illæ fuerant, ordinem nulla arte, nullo labore assequi poteramus, Frontonis Ducæi seriem sequi visum est. Etsi enim omnino conspicuum sit quasdam earum ante alias quæ jam in Edito præcedunt scriptas fuisse, cum maxima pars illarum nullam præ se ferat temporis notam, non consulto fecissemus, si quasdam earum a pristino loco amovissemus, incerti num illæ, quas a priscis sedibus deturbaveramus, ante alias omnes sequentes datæ essent.

Extra numerum aliarum præmiserat Fronto Ducæus binas ad Innocentium Episcopum Romanum Epistolas, necnon illam quæ ad episcopos et presbyteros in carcere inclusos a Chrysostomo exsulante scripta fuit; in hoc etiam Ducæum sequimur. Verum post epistolas Chrysostomi, duas Innocentii papæ ex Sozomeno exceptas edimus, quæ quia ad rem, qua de hic agitur, omnino pertinent, miror quo pacto in prius Editis omissæ fuerint. His subjunximus *Sacram* Honorii Augusti; *Sacras* appellare solebant epistolas Imperatorias. In hac vero de tumultu Constantinopolitano in ejectione Chrysostomi unice agitur, ideoque non debuit in harum Epistolarum serie prætermitti. Sequuntur ducentæ quadraginta duæ Epistolæ Chrysostomi, quarum septemdecim priores ad Olympiadem, cæteræ ad diversos sunt missæ, quorum nomina habes alphabetico ordine in Monito, ubi etiam numeros Epistolarum ad singulos missarum adjecimus. Ex his autem Epistolis quinque ad calcem positæ, nimirum ducentosima trigesima septima, 238, 239, 240, et 241, non Chrysostomi, sed Constantii presbyteri sunt, viri sancti et Chrysostomo addictissimi, ut id Monito ad easdem tum ex stylo tum auctoritate Codicis Vaticani probavimus.

Epistolarum agmen claudit celeberrima illa ad Cæsarium monachum Epistola quæ tot controversiarum ansam præbuit, ut in Monito ante eamdem posito videre licet. Eam porro Chrysostomo allatis ibidem de causis abjudicavimus : spereque jam nullum de calculo contra ferendo cogitaturum esse. Si quis enim, in Chrysostomi γνησίων operum lectione non hospes, conferat ejusdem Epistolæ Græca fragmenta, quæ nunc plura auctioraque damus, cum germanis Chrysostomi operibus, is haud dubie fatebitur nullam uspiam tantam occurrere styli diversitatem. Hujus Epistolæ, paulo postquam typis illam dederam, apographum nactus sum ad fidem veteris Manuscripti exsumtum, ex alio ut videtur Codice, non ab eo ex quo Emericus Bigotius apographum descripserat. Ejus hic varias lectiones perscribam. Apographo hæc nota præmittitur : *Ex Codice membranaceo liber beati Athanasii, Archiepiscopi Alexandriæ contra impium Apollinarem de salutari Epiphania Christi ex hæreditate doctissimi viri Nicolai de Nicolis de* Florentia, *de quo Nicolao S. Antoninus* et *alii*. In hoc videlicet Codice præmittebatur liber Athanasii contra Apollinarium, de salutari adventu Christi, qui est in nostra S. Athanasii Editione liber secundus, p. 940, quia liber ille quamdam habet cum Epistola affinitatem, ut in Monito in Epistolam ad Cæsarium diximus. Post illam notam sequitur titulus : *Incipit Epistola B. Joannis episcopi Constantinopolitani ad Cæsarium* etc. ut in Edito nostro p. 742. *Ibid. l.* 5 : et ἀκραιφνῶς, *id est* consummate. Ms. et ἀκρεφνῶες (sic), *id est conjunctam ;* fortasse *conjunctim*. Ibid. l. 8, Ms. : *Et dicas forsitan a bejore ad id quod melius est venisse* te. Legendum *a pejore*, et hanc lectionem præferrem, nisi obstarent Græca e regione posita, καὶ φήσειας πάντως ἐκ πλάνης πρὸς τὸ κρεῖττον ἐληλυθέναι.

P. 743, A, 3 : *factam ex divinitate* et *carne*. Ms. *facta e deitate* et *carnis*. A, 11 : *Unigeniti imaginatur deitati*. Ms. *Unigeniti imaginamur deitati*. B, 7 : *Verumtamen nos recordantes* tuæ *nobiscum conversationis*. Ms. *Verumtamen nos recordantes bene nobiscum suæ rationis :* malo lectionem Editi. C, 2 : *manifestam ostentationem facere*. Ms. *manifestam ostensionem facere*, melius, et sic nos in nota diximus legendum videri.

P. 744, A, 1 : *Unos autem communibus istis nominibus quando dispensationis confitendum est mysterium*. Ms. *unos autem communibus istis uti oportet nominibus quando dispensationis confitendum est mysterium*. Evidentissimum est hanc esse veram lectionem, si pro *unos* legas, *Nos autem communibus istis uti oportet* etc. Paulopost : *id quod blasphemum est et inmane : sed in aliorum hæresum declinasti impietatem*. Ms. *id quod blasphemum est et in Mannet ? sed in aliorum hæresum declinasti impietatem*. Hæc Manuscripti lectio licet vitiata, Bigotii lectionem confirmare videtur : et *in Manetis* et *in aliorum hæresum declinasti impietatem*, quam puto sinceriorem. A, 11 : et *quomodo Dominus dicit*. Ms. *et quando Dominus dicit*. B, 1 : *Neque enim ex inhabitanti defraudabatur deitate*. Ms. *neque enim ex hoc ab inhabitanti defraudabatur deitate*. Sic etiam legit Bigotius, ut ibidem annotavimus, et hæc lectio melior esse videtur.

P. 745, C, 9 : *ista dicere audientes?* Ms. *ista dicere audentes?* Bene, et sic corrigendum.

P. 746, A, 12. *arripientes.* Ms. *accipientes.* Quædam minuscula vitia prætereunda duximus.

Epistolæ ad Cæsarium subjungimus Joannis Chrysostomi Orationem elegantissimam in laudem Diodori Tarsensis, quam v. cl. Emericus Bigotius post illam Epistolam ediderat. Deindeque Homiliam illam in Pascha quam Fronto Ducæus inter spuria conjecerat Chrysostomo vindicavimus, utpote γνησίαν, nullique suspicioni obnoxiam. De sermone sequenti in Assumtionem Domini sat diximus supra.

§ IV.

De notis : item de interpretationibus Latinis operum Chrysostomi.

Non defuere qui conquesti sint, nos notas et pauciores et minores, quam optarent ipsi, edidisse. Verum ut jam in Præfatione primi Tomi subindicamus, non una meti ratione in notis admodum parci sumus. Notæ enim vel ad illustrandam scriptoris sententiam, vel ad verborum ambages explanandas, vel ad insolentium vocum explorandum sensum adhibentur. At hujusmodi scriptorem tractamus, qui quasi amnis sine salebris fluit, qui dictionis perspicuitate nemini veterum concedit, quique verbis ut elegantioribus, ita usitatioribus fere semper sermonem texit, vix ut locum reperias ubi explanatione opus habeat. Si notas quæras de tempore quo orationes homiliasque habuit, de occasione, qua ad eas habendas adductus est, id habes in Monitis quæ vel singulis homiliis vel pluribus, quando ejusdem argumenti sunt, præmittuntur. Si notas desideres theologica dogmata spectantes, videbis illas ultimo Tomo collectas, et secundum Christianæ fidei capita concinnatas, ut jam indicavimus in Tomi primi Præfatione, additis, ubi opus erit, disquisitionibus circa veram Chrysostomi de singulis sententiam. Nam imas paginas longis hujusmodi dissertationibus onerare non licet, ne tantam voluminum molem novis accessionibus, vel parvo vel nullo fructu, augeamus : quam etiam cautionem adhibuit is qui postremam Augustini Editionem curavit. Si demum notas expetas, ubi multa loca variis in operibus eadem de re sparsa, in unum conferantur; exempli causâ, de eleemosyna, de oblivione injuriarum, de contemtu divitiarum, de amore fraterno, de humilitate, deque similibus Christianæ disciplinæ argumentis, quæ summopere sunt a Chrysostomo frequentata : hujusmodi certe notis omnino supersedere visum est; id enim esset tempus terere, et frustra librorum molem augere, cum maxime Indices alphabetici, in fine Tomi cujusque positi, hæc abunde repræsentent, Indexque generalis longe plura de singulis proferat, quam liceret in notis congerere.

Quando quis editionem parat scriptoris cujuspiam quam minimæ molis, ita ut etsi a fronte innumeras animadversiones præmittat, in imis paginis tot notas congerat, ut sæpe textum exsuperent, ad calcem vero observationes alias longissimas subjungat, vix tamen possit ad justi voluminis amplitudinem pertingere, per me licet, is annotationes pro lubito accumulet : tametsi semper prospiciendum cavendumque puto ne quid nimis. Verum hic undecim magnæ molis voluminum materies adest; imo et duodecim : nam, quod initio non putabam, Tomum quintum, qui commentaria et homilias in Psalmos atque in cæteros Veteris Testamenti libros complectitur, in duos necessario, atque ambos justæ magnitudinis, dividendus est; et quia ex diuturna perquisitione semper quid importatur novi, quis scit, an Tomorum numerus ad duodecimum usque jam adauctus, non ad decimum tertium tandem, novis succedentibus opusculis, producendus sit? Jam si genio indulgere voluissem, et notas, quæ sane facile parabiles mihi erant, congerere, parvo certe labore opera Chrysostomi potuissem ad viginti usque volumina extendere. Sed quis me probasset? quis mihi calculum detulisset? Ad hæc autem in digerendis Chrysostomi voluminibus non exiguus labor, non parva cautio adhibenda est. Non licet enim partem argumenti cujuspiam in alterum Tomum transferre, ne Tomus ille qui præ manibus est nimiæ molis evadat; non licebat, verbi causa, postremam Epistolarum partem in sequentem Tomum amandare, quod tamen faciendum erat, si tertius Tomus, in quo agmen claudunt, ex notarum multitudine in nimiam molem excrevisset. Et similiter in sequentibus Tomis par ratio adhibenda erit; non convenit item Homilias in Matthæum, quæ amplissimum Tomum efficiunt, multitudine notarum ita augere, ut pars ejus postrema in alterum Tomum amandetur.

Hæc non ideo diximus, quod velimus notas non adhiberi, ubi opus est : nam multis in locis notas damus, et aliquando longiores ubi rei conditio ita postulat; sed ut illis faciamus satis, qui notarum multitudine longitudineque ita gaudere videntur, ut, nullo habito auctorum discrimine, notas ubique desiderent, non advertentes scriptorem qui in ἠθικοῖς semper versatur, et summa perspicuitate loquitur, qualis est Chrysostomus, non tot egere notis.

Erunt etiam qui vellent me omnia S. Joannis Chrysostomi opera nova interpretatione donavisse : queis certe maximam gratiam habeo, quod me tot tantisque viris qui de Græco in Latinum diversa Chrysostomi opera converterunt, quique optimorum interpretum laudem adepti sunt, anteponere videantur. Verum pace illorum dixerim, non consulto me facturum fuisse si Gentiani Herveti, Frontenis Ducæi, alteriusque Jesuitæ, qui librum cui titulus, *Quod nemo læditur nisi a seipso*, egregie transtulit, nomenque tacuit, Erasmi et aliorum, qui bene interpretandi laude floruere, interpretationes de medio sustulissem, ut meas substituerem. Nam bene concinnatam interpretationem removere, et aliam substituere, id certe est actum agere; ut taceam periculum, ne recens inducta interpretatio minus placeat, quam ea quæ de medio sublata fuit. Quamobrem priscum institutum retinero haud dubie par est; ut veterem quidem interpretationem removeam, quando interpres de Græco in Latinum παραφραστικῶς convertit, et inutiliter verba multiplicat, qualis est ubique Godefridus Tilmannus; aut quando nimium a Græcis deflectit, vel cum intricatum interpretandi genus aggreditur. Sed quando interpretationes sunt planæ, nitidæ, non nimio scrupulo Græcis hærentes, sed tamen iis semper eatenus insistentes, quatenus linguæ Latinæ ratio patitur, quem interpretationis modum semper sectatus sum : tunc eas retineam oportet, iis tamen correctis, et in aliam formam translatis, quæ vel cum Græcis non consonalant, vel minus idoneis concinnata verbis erant. Quod etiam fecit Fronto Ducæus, fecerunt et alii viri docti. Hoc institututum semel susceptum ad finem usque servabo. Licet enim quidam secus agendum existimaverint, bene novi multos eosque cordatos vires mecum calculum posituros.

§. V.

Animadversiones in quædam loca hujus tertii Tomi operum Chrysostomi.

Quoniam, ut vulgo dicitur, secundæ curæ meliores, quædam hujus tertii Tomi loca retractantes, vitium aut in ipsa Græca serie, aut in Latina interpretatione suspicati sumus, quæ omnia hic loca recensere operæ pretium fuerit. In Homilia illa quæ inscribitur, *De gloria in tribulationibus* p. 147, D, 7 : Διὰ τοῦτο καὶ πρός τινας ἐν Κορίνθῳ διατρίβοντας, καὶ πρὸς τούτους ἀποτεινόμενος μεγαλοφρονοῦντας ἐφ' ἑαυτοῖς, τῶν δὲ λοιπῶν καταψηφιζομένους, τὸν χαρακτῆρα τῆς ἐπιστολῆς ἀπογράφων, ἀνάγκην ἔσχεν ἐντεῦθεν τῶν καθ' ἑαυτὸν κατορθωμάτων συνθεῖναι ἡμῖν τὴν εἰκόνα. Quæ sic convertit Fronto Ducæus : *Idcirco etiam cum ad quosdam scriberet Corinthi degentes*, et *in eos inveheretur qui de se magnifice sentiebant, alios vero damnabant, epistolæ formam exprimens nobis*, coactus est *suorum recte factorum imaginem depingere.* Ibi ego pro ἐπιστολῆς legendum omnino suspicor ἀποστολῆς, *apostolatus ;* nam quid ad epistolæ formam describendam faciunt hæc quæ mox subjungit : Διάκονοί Χριστοῦ εἰσι · παραφρονῶν λαλῶ · ὑπὲρ ἐγώ : *Ministri Christi sunt, ut minus sapiens dico, plus ego ?* Hæc certe ad apostolatum, non ad epistolam pertinent : quamobrem si hæc substituatur lectio, quod tamen sine Manuscriptorum auctoritate non licet, hæc τὸν χαρακτῆρα τῆς ἀποστολῆς ἀπογράφων, *Apostolatus formam exprimens*, vel, *Apostolatus conditionem exprimens*, vertenda erunt.

Homilia in illud, *Diligentibus Deum omnia cooperantur in bonum*, p. 151, B, 8: Καὶ οὐκ ἠρέμουν οἱ τῷ κηρύγματι πολεμοῦντες, τοὺς μὲν εἰς δεσμωτήρια ἐμβάλλοντες, τοὺς δὲ εἰς ἀπαγωγὰς, τοὺς δὲ εἰς μυρία ἕτερα βάραθρα καθέλκοντες, Fronto Ducæus vertit : *Neque prædicationis evangelii adversarii quiescebant, sed alios in carcerem conjiciebant, alios in exsilium mittebant, alios in alia præcipitia trahebant.* Ubi illud, *alios in exsilium mittebant*, denuo legenti ac repetenti non visum est recte scriptoris mentem exprimere : nam ἀπαγωγή, cujus vocis frequens usus est apud Chrysostomum, significat abductionem damnati cujuspiam vel ad capitalem pœnam, vel ad aliud supplicium. Sic Chrysost. in Psalmos, Edit. Morel. p. 212, D, 3, πρὸς τὴν γέενναν ἀπαγωγὰς, *Abductiones ad gehennam*, quamobrem illud, τοὺς δὲ εἰς ἀπαγωγὰς, malim converti, *Alios abducebant ad supplicium.*

Homilia III in illud, *Habentes eumdem Spiritum*, p. 282, A, 4 : Διὰ γὰρ τοῦτο ἀνέμνησα ὑμᾶς τῶν καιρῶν ἐκείνων τὰ προσοχθίσματα, ἵνα καὶ ὁ ἐν θλίψει νῦν ὢν, ἱκανὴν ἐκεῖθεν λαμβάνῃ παράκλησιν, καὶ ὁ πολλῆς ἀπολαύων ἀδείας, ἀντὶ τῆς ἀτεχνίας τῶν κινδύνων ἐκείνων πολλὴν εἰσάξῃ προθυμίαν εἰς τὴν τῶν ἀτόπων λογισμῶν μάχην. Hæc Sigismundus Gelenius sic transtulit : *Ideo enim vobis in memoriam revocavi illius* temporis *calamitates, ut nunc* et *qui affligitur idoneam inde consequatur consolationem, et qui in securitate agit, in vicem illarum conflictationum acre contra absurdas cogitationes certamen suscipiat.* Certe postrema pars periodi obscure transfertur, nec satis apte auctoris mentem exprimit; sic itaque vertendum existimo : *Et qui in magna securitate agit, utpote non exercitatus in hujusmodi periculis, multam suscipiat alacritatem ad pugnandum contra absurdas cogitationes.*

Homilia de capto Eutropio p. 386, sic incipit : Ἡδὺς μὲν λειμὼν καὶ παράδεισος, πολὺ δὲ ἡδύτερον τῶν θείων Γραφῶν ἡ ἀνάγνωσις : *Suave pratum, suavis est hortus, at longe suavior divinarum Scripturarum lectio.* Ex quatuor autem quibus usi sumus Manuscriptis codicibus, tres habent cum Frontenis Ducæi Edito ἡδὺς μὲν, unus autem cum Savil. ἡδὺ μέν. Verum licet prior lectio, quæ in pluribus Mss. fertur, utcumque ferri posse videatur, malim tamen ἡδύ cum Savilio legere, et hanc lectionem alteri substituendam esse omnino suadet ἡδύτερον mox sequens.

Monere ne pigeat, quia diuturno usu comperimus in veteribus Mss. Δαυίδ sic per υ scribi, numquam vero Δαβίδ, nos semper in hac Editione Δαυίδ scribere. Licet enim soleant librarii Græci vocem hanc sic Δαδ efferre omissis literis duabus : at quando vocem integram describunt in Codicibus antiquis, semper Δαυίδ efferunt. Mos autem obtinuit ut in Veteris Testamenti Editis Græcis semper Δαυίδ, in Novi Δαβίδ perpetuo scribatur. Sed Δαυίδ semper scribunt vetores Græci.

ΤΟΥ ΕΝ ΑΓΙΟΙΣ ΠΑΤΡΟΣ ΗΜΩΝ

ΙΩΑΝΝΟΥ

ΤΟΥ ΧΡΥΣΟΣΤΟΜΟΥ

ΤΑ ΕΥΡΙΣΚΟΜΕΝΑ ΠΑΝΤΑ.

SANCTI PATRIS NOSTRI

JOANNIS CHRYSOSTOMI

OPERA OMNIA.

AD HOMILIAM IN PARABOLAM

DEBITORIS DECEM MILLIUM TALENTORUM

ADMONITIO.

Non obscuram temporis notam affert Chrysostomus num. 1 hujus concionis, cum ait: *Nos autem unam chordam pulsavimus per totam Quadragesimam, dum legem vobis de juramentis recitavimus*, et *Dei gratia effectum est, ut pleraque a nobis ora in hac legis melodia ita instituta sint, ut, depulsa prava consuetudine, pro eo quod antea Deum jurabant, jam nihil nisi Est, et Non est*, et *Crede mihi, in lingua sua circumferant, idque in omni colloquio*, etc. Hæc porro confer, sodes, cum epilogis pene omnibus Homiliarum in Statuas, quas initio secundi Tomi locavimus, ibique non modo adhortantem ad juramenta vitanda Chrysostomum deprehendes, sed etiam versus Quadragesimæ finem gratias Deo agentem', quod non frustra nec sine fructu huic curando vitio manum admoverit. Hæc de vitando juramento monita pertinent ad Quadragesimam anni 387, ut diximus Admonitione in Homilias de Statuis: hinc vero sequitur hanc concionem in Parabolam debitoris decem millium talentorum cedem anno 387 post Quadragesimam habitam fuisse. Nimirum postquam juramenta de medio sustulerat, aliud curandum malum, ut optimus medicus, suscipit: scilicet odium *proximi* et μνησικακίαν, sive injuriarum oblatarum memoriam.

Hanc porro Homiliam habuit postquam ex morbo convaluerat; unde etiam ediscimus ipsum eodem anno ab assueto concionandi officio ea de causa aliquanto tempore abstinuisse: qua vero anni tempestate id acciderit, jam est disquirendum. Aliquid sane lucis ad ejus rei notitiam assequendam mutuamur ex Sermone primo in Annam Tom. IV. p. 679, ubi paulo post initium hæc habentur, quæ quia longiuscula sunt, Græcis referendis supersedemus. *Vos enim*, inquit, *nunc estis obliti, nos multos interim sermones de aliis rebus habuisse. Nam reverso a longinqua illa peregrinatione patre nostro, necessarium fuit omnia commemorare, quæ in comitatu acciderant, ac deinde cum gentilibus disputare, ut hos vi calamitatis ad meliorem frugem revocatos, qui deserto gentilium errore sese ad nos contulerant, pro virili confirmaremus ac doceremus, quantis tenebris liberati ad tantam lucem veritatis accurrissent. Post illa rursus multis diebus martyrum festivitatibus potiti sumus, neque tempori conveniens fuisset, nos qui juxta martyrum sepulcra versaremur, earum laudum quæ martyribus debentur exsortes discedere. Successit his rursus cohortatio ad abstinendum a juramentis. Cum enim totam rusticorum nationem in urbem ingressam cerneremus, hoc illos a nobis instructos viatico censuimus dimittendos.* In his concionibus quas Chrysostomus ordine commemorat, agmen ducit Homilia illa post reditum Flaviani, quam in die sancto Paschæ habitam statuimus in Præfatione ad quartum Tomum, et in Monito ad Sermones in Annam Tom. IV, p. 697. Deinde disputationem habuit Chrysostomus contra Gentiles, an in una vel pluribus concionibus, non declarat ipse. Successere postea martyrum celebritates *multis diebus*. Ac deinde quia populum Antiochenum jurandi assuetum, repetitis per totam Quadragesimam admonitionibus, ab hac prava consuetudine abduxerat, alia argumenta tractanda suscepit. Verum quia rusticorum turba magna in urbem advenerat, ut hos etiam, qui pristinis concionibus non interfuerant, a juramentis absterreret, pristinum contra juramenta argumentum repetiit, et concionem hanc habuit Dominica τῆς ἐπισωζομένης quam Dominicam esse Passionis olim cum Tillemontio putaveram; verum nunc ad Leonis Allatii sententiam prorsus accedo, qui ait Dominicam τῆς ἐπισωζομένης esse illam quæ Ascensionem Domini præcedit, quod pluribus expendetur in Præfatione ad quartum Tomum, et in Monito ad Sermones in Annam eodem Tomo.

Illam igitur concionem Dominicæ ante Ascensionem ad rusticos habitam sic orditur Chrysostomus : *Epulis sanctorum martyrum excepti estis his præteritis diebus : spirituali celebritate repleti exsultastis honestis exsultationibus : vidistis aperta latera, et ilia concisa, cruorem undique defluentem, infinitas tormentorum species : humanam vidistis naturam supernaturalia præstantem, et coronas sanguine contextas, pulsastis choream, in omnem partem civitatis hoc honesto duce* (Flaviano) *vos circumagente ; sed nos et invitos infirmitas domi manere cogebat. Tamen etsi non interfuimus, de voluptate participavimus : etsi de concione fructum non cepimus, vobiscum tamen lætitiam communem habuimus. Talis est enim caritatis vis,* etc. Hanc ipsam, ni fallor, corporis ægritudinem in hac etiam concione commemorat Chrysostomus. Utramque enim, hanc scilicet de Parabola debitoris decem millium talentorum, et illam ad Rusticos, post ægritudinem habuit. Utra vero prior habita fuerit, ipse declarare videtur initio hujusce, de qua nunc agitur : illam quippe sic orditur : *Quasi ex longinqua peregrinatione ad vos reversus essem, ita me hodie affectum sentio.* Hæc sane verba, et complura quæ sequuntur, primo post recuperatam valetudinem salutantis sunt ; ita ut hæc concio haud dubie præcesserit eam, quæ Dominica ante Ascensionem habita fuit anno 387, an uno autem, an pluribus diebus, incertum.

Interpretatio Latina est Petri Nannii Alcmariani, quam plurimis in locis castigavimus.

ΤΟΥ ΕΝ ΑΓΙΟΙΣ ΠΑΤΡΟΣ ΗΜΩΝ

ΙΩΑΝΝΟΥ,

Ἀρχιεπισκόπου Κωνσταντινουπόλεως,

ΤΟΥ ΧΡΥΣΟΣΤΟΜΟΥ,

[a] ΕΙΣ ΤΗΝ ΠΑΡΑΒΟΛΗΝ

Τοῦ τὰ μύρια τάλαντα ὀφείλοντος, καὶ τὰ ἑκατὸν δηνάρια ἀπαιτοῦντος, καὶ ὅτι παντὸς ἁμαρτήματος τὸ μνησικακεῖν χεῖρον.

Ὡς ἐκ μακρᾶς ἀποδημίας ἐπανελθὼν πρὸς ὑμᾶς, οὕτω διάκειμαι τήμερον· τοῖς γὰρ φιλοῦσιν, ὅταν μὴ δύνωνται συγγενέσθαι τοῖς φιλουμένοις, οὐδὲν ὄφελός ἐστι τῆς παρουσίας. Διά τοι τοῦτο καὶ ἡμεῖς ἐνδημοῦντες, τῶν ἀποδημούντων οὐδὲν ἄμεινον διακείμεθα, ἐπειδὴ τὸν παρελθόντα χρόνον διαλεχθῆναι πρὸς ὑμᾶς οὐκ ἰσχύσαμεν· ἀλλὰ σύγγνωτε, οὐδὲ γὰρ ῥᾳθυμίας, ἀλλὰ ἀσθενείας ἦν ἡ σιγή. Ὑμεῖς μὲν οὖν χαίρετε νῦν, ἐπειδὴ τῆς ἀῤῥωστίας ἀπηλλάγημεν· ἐγὼ δὲ χαίρω, ἐπειδὴ τὴν ὑμετέραν ἀπέλαβον ἀγάπην. Ἐπεὶ καὶ ἡνίκα ἠσθένουν, τῆς νόσου μοι χαλεπώτερον ἦν τὸ μὴ δύνασθαι τοῦ ἀγαπητοῦ τούτου μετέχειν συλλόγου· καὶ νῦν ἐπειδὴ τὴν ἀῤῥωστίαν ἀπεθέμην, τῆς ὑγιείας μοι ποθεινότερον γέγονε τὸ μετὰ ἀδείας ἔχειν ἐντρυφᾷν ὑμῶν τῇ ἀγάπῃ. Οὐδὲ γὰρ οὕτω πυρετὸς σώματος φύσει κατακαίειν εἴωθε [b] τοὺς πυρέττοντας, ὡς τὰς ἡμετέρας ψυχὰς τὸ κεχωρίσθαι τῶν φιλουμένων· καὶ καθάπερ ἐκεῖνοι φιάλας καὶ ποτήρια καὶ ψυχρὰ νάματα ἐπιζητοῦσιν, οὕτως οὗτοι τῶν ποθουμένων τὰς ὄψεις. Ἴσασι ταῦτα καλῶς ὅσοι φιλεῖν εἰώθασι. Φέρε οὖν, ἐπειδὴ τὴν ἀῤῥωστίαν ἀπεθέμεθα, πάλιν ἀλλήλων ἐμφορηθῶμεν, εἴγε δυνατὸν ἐμφορηθῆναί ποτε· ἡ γὰρ τῆς ἀγάπης φύσις κόρον [a] οὐκ οἶδεν, ἀλλ' ἀεὶ τῶν ἀγαπωμένων ἀπολαύουσα, πρὸς μείζονα αἴρεται φλόγα. Καὶ τοῦτο ὁ τῆς ἀγάπης τρόφιμος Παῦλος εἰδὼς ἔλεγε· Μηδενὶ μηδὲν ὀφείλετε, εἰ μὴ τὸ ἀγαπᾷν ἀλλήλους. Τοῦτο γὰρ μόνον τὸ ὄφλημα ἀεὶ μὲν καταβάλλεται, οὐδέποτε δὲ ἀποδίδοται. Ἐνταῦθα τὸ διηνεκῶς ὀφείλειν καλὸν καὶ ἐπαίνων ἄξιον. Ἐπὶ μὲν γὰρ τῶν χρημάτων τοὺς μηδὲν ὀφείλοντας ἐπαινοῦμεν, ἐπὶ δὲ τῆς ἀγάπης τοὺς διηνεκῶς ὀφείλοντας ἀποδεχόμεθα

[a] Collata cum Codice Regio 1967, et cum Coisliniano 244.

[b] Reg. τῶν πυρεττόντων.

[a] Reg. οὐκ ἔχει.

SANCTI PATRIS NOSTRI

JOANNIS

CHRYSOSTOMI,

ARCHIEPISCOPI CONSTANTINOPOLITANI,

IN PARABOLAM

Decem millium talentorum debitoris, et *centum denarios exigentis, et quod omni peccato deterior sit injuriarum recordatio.* Matth. 18 23. seqq.

1. Quasi ex longinqua peregrinatione ad vos reversus essem, ita me hodie affectum sentio: cum enim nullum amicorum consortium esse potest, nihil commodi affert eorum præsentia. Quamobrem nos qui demi versabamur peregre versantibus nihilo hac in parte feliciores fuimus: nimirum qui superiore tempore nulla vobiscum colloquia habere potuimus: sed danda est venia, cum illud non inertiæ, sed infirmitatis silentium fuerit. Gratulamini igitur me ab ea infirmitate convaluisse, ego vero gaudeo, quod vos carissimos mihi recuperavi. Erat mihi inter ægrotandum ipso morbo gravius, quod hujus dilecti cœtus particeps esse non poteram: nunc vero restituta valetudine, ipsa sanitate mihi optabilius est, quod vestræ caritatis deliciis perfrui secure liceat. Non enim febris tantum ardorem invehit febricitantium corporibus, quantum animis nostris amicorum absentium desiderium, et ut illi phialas et pocula et frigidos fontes, ita isti amicorum vultus exoptant. Norunt illi qui amare consueverunt. Age igitur quando morbum deposuimus, invicem expleamur, si modo fieri liceat, ut hic ullam satietatem inveniamus; dilectionis enim natura satietatem non novit, et ex usu amicitiæ majores flammas accipit: quod ipse alumnus dilectionis Paulus testatum reliquit, qui ita dixit: *Nulli quidquam debeatis, nisi ut invicem diligatis.* Rom. 13 8. Illud enim debitum semper quidem fundatur, nunquam autem solvitur. Hic perpetuo debere pulchrum est, et in laude positum. In re pecuniaria eos, qui non debent,

Cum e morbo convaluisset, hunc sermonem habuit.

Dilectio numquam satiatur.

laudandos putamus : in dilectione vero perpetuos debitores probamus et admiramur : et quod ili malignitatis, lic benignitatis signum est, ut scilicet numquam solvatur caritatis debitum. Ne ægre feratis prolixitatem orationis futuræ : citharœdicam enim melodiam eamque admirabilem vos docebo, non mortuam lyram attrectando, sed Scripturarum historias et Dei præcepta pro nervis intendendo. Et quemadmodum citharœdi arreptis discipulorum digitis, paulatim eos clerdis admoventes assuefaciunt perite contrectare, et ex multis tonis ac nervis omni sono suaviorem et dulciorem vocem emittere docent : ita nos quoque faciemus, et loco digitorum mentem vestram attrectantes præceptis Dei admovebimus, jubebimusque ea seite et eleganter attingere, non ut lominum tleatrum, sed ut angelorum populum per lanc voluptatem excitetis. Non enim satis est si eloquia divina percenseas, nisi ea quoque rebus præstes : et quemadmodum in citlara nervos attingit artifex, attingit quoque et imperitus, verum ita, ut iste auditorem vexet, ille voluptatibus et oblectatione repleat, etsi utrobique ejusdem generis digiti et iidem nervi sint, sed non eadem peritia : ita quoque in sacris Scripturis, multi adeunt eloquia divina, sed non omnes lucrum inde faciunt, aut fructum referunt; in causa est, quod neque dicta satis scrutentur, neque cum artificio citharam pulsent : quod enim in re citharœdica ars, loc ipsum in Dei legibus operum exhibitio. Nos autem unam chordam pulsavimus per totam Quadragesimam, dum legem vobis de juramentis recitavimus, et Dei gratia effectum est, ut pleraque auditorum a nobis ora in hac legis melodia ita instituta sint, ut depulsa prava consuetudine, pro eo quod antea Deum jurabant, jam nilil nisi Est, Non est, et Crede mili, in lingua sua circumferant, idque in omni colloquio, adeo ut inter mille negotiorum necessitates ulterius progredi non sustineant.

2. Cæterum quia non sufficit ad salutem, si unum præceptum observemus, age vos lodie ad alterum traducamus : etsi enim non omnes profecerunt in priore lege, attamen temporis progressu qui retro manserunt eos, qui præcedunt, assequentur. Deprehendi enim tantam esse hujus rei curam, ut et demi et in mensa viri cum mulieribus, servi cum ingenuis certamen de hujus præcepti observatione contendant, et beatos

καὶ θαυμάζομεν · καὶ ὅπερ ἀγνωμοσύνης ἐκεῖ, τοῦτο ἐνταῦθα εὐγνωμοσύνης σημεῖόν ἐστι, τὸ μηδέποτε διαλύεσθαι τὸ τῆς ἀγάπης ὄφλημα. Μὴ δυσχεράνητε δὲ πρὸς τὸ μῆκος τῶν μελλόντων ῥηθήσεσθαι · καὶ γὰρ κιθαρῳδίαν ὑμᾶς τινα θαυμαστὴν διδάξαι βούλομαι, οὐχὶ λύραν νεκρὰν μεταχειρισάμενος, ἀλλὰ τὰς τῶν Γραφῶν ἱστορίας καὶ τὰς τοῦ Θεοῦ ἐντολὰς ἀντὶ νευρῶν ἀνατείνας. Καὶ καθάπερ κιθαρῳδοὶ τοὺς δακτύλους τῶν μαθητευομένων λαμβάνοντες, ἠρέμα τοῖς φθόγγοις προσάγουσι, καὶ διαψηλαφᾷν μετ' ἐμπειρίας διδάσκοντες, ἐκ τῶν ἀφώνων φθόγγων τε καὶ νευρῶν πάσης φωνῆς ἡδίω καὶ γλυκυτέραν παιδεύουσι κατασκευάζειν φωνήν · οὕτω δὴ καὶ ἡμεῖς ποιήσομεν, ἀντὶ δακτύλων τὴν διάνοιαν ὑμῶν μεταχειρισάμενοι, καὶ ταῖς ἐντολαῖς τοῦ Θεοῦ προσαγαγόντες, μετ' ἐμπειρίας αὐτῶν ἅπτεσθαι παρακαλέσομεν τὴν ὑμετέραν ἀγάπην, οὐχ ἵνα ἀνθρώπων θέατρον, ἀλλ' ἵνα τῶν ἀγγέλων τὸν δῆμον διὰ ταύτης τῆς ἡδονῆς ἀναστήσητε. Οὐ γὰρ ἀρκεῖ τὰ θεῖα λόγια ἐπελθεῖν μόνον, ἀλλὰ δεῖ καὶ τῆς ἀπὸ τῶν ἔργων ἐπιδείξεως. Καὶ καθάπερ ἐπὶ τῆς κιθάρας ἅπτεται μὲν ὁ τεχνίτης τῶν νευρῶν, ἅπτεται δὲ καὶ ὁ ἄτεχνος, ἀλλ' ὁ μὲν λυπεῖ τὸν ἀκροατὴν, ὁ δὲ ψυχαγωγεῖ καὶ τέρπει, καίτοι γε οἱ αὐτοὶ δάκτυλοι καὶ αἱ αὐταὶ νευραὶ, ἀλλ' οὐχ ἡ αὐτὴ ἐμπειρία · οὕτω δὴ καὶ ἐπὶ τῶν θείων Γραφῶν, ἐπέρχονται μὲν πολλοὶ τὰ θεῖα λόγια, ἀλλ' οὐ πάντες κερδαίνουσιν, οὐδὲ καρποῦνται πάντες · τὸ δὲ αἴτιον, ἐπειδὴ μήτε τοῖς εἰρημένοις ἐμβαθύνουσι, μήτε μετὰ τέχνης τῆς κιθάρας ἅπτονται · ὅπερ γὰρ ἐπὶ τῆς κιθαρῳδίας ἡ τέχνη, τοῦτο ἐπὶ τῶν τοῦ Θεοῦ νόμων ἡ διὰ τῶν ἔργων ἐπίδειξις. Ἤδη μὲν οὖν μίαν ἐκρούσαμεν νευρὰν δι' ὅλης τῆς τεσσαρακοστῆς, τὸν περὶ τῶν ὅρκων νόμον ὑμῖν ἀναγινώσκοντες, καὶ διὰ τὴν τοῦ Θεοῦ χάριν πολλὰ στόματα τῶν ἀκροατῶν ἡμῖν ἐπαιδεύθη τὴν τοῦ νόμου μελῳδίαν ἐκείνου, καὶ τὴν πονηρὰν ἀπελάσαντες συνήθειαν ἀντὶ τοῦ τὸν Θεὸν ὀμνύναι, τὸ ναὶ, καὶ τὸ οὒ, καὶ τὸ πίστευσον, ἐπὶ τοῦ στόματος φέρουσι διηνεκῶς ἐπὶ διαλέξεως ἁπάσης · κἂν μυρίων πραγμάτων ἀνάγκη βιάζηται, περαιτέρω προελθεῖν οὐκ ἂν ἀνάσχοιντο.

Ἐπειδὴ δὲ οὐκ ἀρκεῖ πρὸς σωτηρίαν ἡμῖν μιᾶς ἐντολῆς ὑποδοχὴ, φέρε τήμερον καὶ ἐπὶ ἑτέραν ὑμᾶς μεταγάγωμεν · καὶ γὰρ καὶ εἰ μὴ [b] πάντες κατώρθωσαν τὸν πρότερον νόμον, ἀλλά γε τοῦ χρόνου προϊόντος τοὺς φθάσαντας οἱ ὑστερήσαντες καταλήψονται. Καὶ γὰρ ἔγνων, ὡς τοσαύτη τοῦ πράγματος γίνεται σπουδὴ, ὡς καὶ ἐπὶ οἰκίας καὶ ἐπὶ τραπέζης ἀνδράσι πρὸς γυναῖκας, δούλοις πρὸς ἐλευθέρους ἅμιλλαν εἶναι περὶ τῆς ἐντολῆς ταύτης, καὶ ἐμακάρισα τοὺς οὕτως ἑστιω-

[b] Reg. πάντες ἡμῖν κατώρθωσαν.

μένους. Τί γὰρ τῆς τραπέζης ἐκείνης ἁγιώτερον γένοιτ' ἄν, ἔνθα μέθη μὲν καὶ ἀδηφαγία καὶ πᾶσα ἀσωτία ἀπελήλαται, θαυμαστὴ δέ τις ἀντεισενήνεκται περὶ τῆς φυλακῆς τῶν τοῦ Θεοῦ νόμων ἅμιλλα; καὶ παρατηρεῖ μὲν ἀνὴρ τὴν γυναῖκα, ὅπως εἰς τὰ τῆς ἐπιορκίας μηδέποτε ἐμπέσῃ βάραθρα, φυλάττει δὲ γυνὴ τὸν ἄνδρα, καὶ καταδίκη τῷ παραβάντι κεῖται μεγίστη· οὐκ ἐπαισχύνεται δὲ οὐδὲ ὑπὸ τῶν δούλων ὁ δεσπότης ἐλέγχεσθαι, οὐδὲ τοὺς οἰκέτας B αὐτοῦ ἐπὶ τούτοις διορθοῦν; Οὐκ ἄν τις ἁμάρτοι τὴν τοιαύτην οἰκίαν ἐκκλησίαν Θεοῦ προσειπών. Ὅπου γὰρ σωφροσύνη τοσαύτη, ὡς ἐν καιρῷ τρυφῆς μεριμνᾷν ὑπὲρ τῶν θείων νόμων, καὶ τοὺς παρόντας ἅπαντας ὑπὲρ τούτου πρὸς ἀλλήλους ἀγωνίζεσθαι καὶ φιλονεικεῖν, εὔδηλον, ὅτι δαίμων μὲν ἅπας καὶ πονηρὰ δύναμις ἀπελήλαται, Χριστὸς δὲ πάρεστι χαίρων ἐπὶ τῇ καλῇ τῶν δούλων φιλονεικίᾳ, πᾶσαν αὐτοῖς ἐπιδαψιλευόμενος εὐλογίαν. Διὰ δὴ τοῦτο ταύτην ἀφεὶς λοιπὸν τὴν ἐντολὴν (οἶδα γὰρ ὅτι Θεοῦ χάριτι πᾶσαν ἐπιδραμεῖται τὴν πόλιν ὑμῖν θερμὰ προοίμια ἀναλαβοῦσι καὶ ἀρχὴν ἰσχυράν), ἐφ' ἑτέραν C μεταβήσομαι, τὴν τῆς ὀργῆς ὑπεροψίαν. Ὥσπερ γὰρ ἐπὶ τῆς κιθάρας οὐκ ἀρκεῖ μόνον ἀπὸ μιᾶς νευρᾶς τὴν μελῳδίαν ἐργάσασθαι, ἀλλὰ πάσας ἐπιέναι δεῖ μετὰ ῥυθμοῦ τοῦ προσήκοντος· οὕτω καὶ ἐπὶ τῆς κατὰ ψυχὴν ἀρετῆς οὐκ ἀρκεῖ μόνος ἡμῖν εἰς σωτηρίαν εἷς νόμος, καθάπερ ἔφθην εἰπὼν, ἀλλὰ δεῖ πάντας αὐτοὺς μετὰ ἀκριβείας φυλάττειν, εἰ δὴ μέλλοιμεν τὴν ἁπάσης ἁρμονίας ἡδίω καὶ χρησιμωτέραν μελῳδίαν ἐργάζεσθαι. Ἔμαθέ σου τὸ στόμα μὴ ὀμνύναι; ἐπαιδεύθη ἡ γλῶττα ναὶ καὶ οὒ λέγειν πανταχοῦ; Μαθέτω καὶ λοιδορίαν ἀποστρέφεσθαι D ἅπασαν, καὶ πλείονα [a] περὶ τὴν ἐντολὴν ταύτην εἰσφέρειν σπουδὴν, ἐπειδὴ καὶ πλείονος ἡμῖν δεῖται καὶ πόνου. Ἐκεῖ μὲν γὰρ συνηθείας περιγενέσθαι μόνον ἔδει, ἐπὶ δὲ τῆς ὀργῆς εὐτονωτέρας δεῖ τῆς σπουδῆς· τυραννικὸν γὰρ τὸ πάθος, καὶ πολλάκις παρασύρει [b] τοὺς νήφοντας, καὶ πρὸς τὸ βάραθρον αὐτὸ κατάγει τῆς ἀπωλείας. Ἀνάσχεσθε τοίνυν τοῦ μήκους τῶν λόγων. Καὶ γὰρ ἄτοπον καθ' ἑκάστην ἡμέραν τραυματιζομένους ἐν ἀγοραῖς, ἐν οἰκίαις, ὑπὸ φίλων, ὑπὸ συγγενῶν, ὑπὸ ἐχθρῶν, ὑπὸ γειτόνων, ὑπὸ οἰκετῶν, ὑπὸ γυναικὸς, ὑπὸ παιδίου, ὑπὸ οἰκείων λογισμῶν, μηδὲ ἅπαξ τῆς ἑβδομάδος ἁπάσης E ὑπὲρ τῆς θεραπείας τῶν τραυμάτων ἐκείνων φροντίζειν, καὶ ταῦτα εἰδότας ὡς ἀδάπανός τε καὶ ἀνώδυνος οὗτος τῆς θεραπείας ὁ τρόπος. Οὐδὲ γὰρ τὸ σιδήριον ἐν τῇ χειρὶ κατέχω νῦν, ἀλλὰ λόγον ἀντὶ σιδηρίου μεταχειρίζομαι, σιδηρίου μὲν παντὸς ὄντα τομώτερον, καὶ πᾶσαν τῆς ἁμαρτίας ἐκκόπτοντα τὴν

dixi, qui ad istum modum convivia celebrarent. Quid enim ea mensa sanctius, unde et ebrietas et voracitas omnisque prodigalitas extrusa est, et loco illarum admirabilis introducta præstandi divini præcepti concertatio? dum vir observat uxorem, uxor virum, ne in præcipitia perjurii ruat, et mulcta gravissima constituta est prævaricatori, non pudori est dominum a servis redargui, aut servos a dominis castigari? Recte igitur quis istiusmodi domum Dei ecclesiam appellet. Ubi enim tanta modestia, ut epularum tempore solliciti sint convivæ de divinis legibus, aliusque cum alio super hoc contendat: certum est dæmonem inde et quamlibet malam potentiam eliminatam esse, Christumque adesse, lætum ac hilarem de illa pulchra inter servos suos æmulatione, omnemque illis elargiri benedictionem. Quapropter omisso jam hoc præcepto (novi enim Dei gratia id per universam urbem propagatum iri, cum adeo ferventes in principiis, adeoque constantes vos exhibeatis), ad aliud præceptum transibo, quod est de contemtu iræ. Ut enim in cithara non satis est unico nervo conficere melodiam, sed omnes percurrendi sunt, concinnitate congruenti: ita quoque in animi virtute, non una lex sufficit nobis ad salutem, ut prius dixi, sed omnes exacte præstandæ sunt, si quidem velimus omni harmonia dulciores et utiliores modulos conficere. Didicit os tuum non jurare? edocta est tua lingua, Ita, et Non, ubique sonare? Discat etiam convicium omne aversari, majoremque curam ad hoc præceptum adhibere, quandoquidem et majore labore opus est. Nam illic consuetudo sola vincenda fuit: in ira vero nervosiore industria opus est; violentus enim affectus est, et tyrannicus, et subinde abripit vel eos qui vigilant, et ad barathrum ipsum perditionis deducit. Ferte igitur prolixitatem sermonis. Absurdum quippe est cum quotidie vulneremini in foro, in ædibus, ab amicis, a cognatis, ab inimicis, a vicinis, a servis, ab uxore, a filio, a propriis cogitationibus, ne semel quidem in universa hebdomada de remedio illorum vulnerum curam admittere: præsertim cum sciamus istum curandi modum nec sumtu, nec dolore constare. Non enim nunc ferrum in manibus habeo: sed verbum pro ferro, quovis tamen ferro acutius, et cujusvis peccati putredinem exscindens; sine dolore tamen ejus, cui ista incisio fit. Non ignem in dextra habeo, sed doctrinam igne vehemen-

[a] Reg. πρὸς τήν.

[b] Reg. τοὺς μὴ νήφοντας, quæ lectio non spernenda.

tiorem, eamque non adhibentem cauterium, sed tamen cohibentem malitiæ proserpentem erosionem, et pro cruciatu plurimam ei, qui liberatur a malitia, afferentem voluptatem. Non hic opus est tempore, non laboribus, non pecuniis: solum velle satis est, et statim quidquid hujus virtutis est præstiterimus. Quod si cogitemus, quanta sit auctoritas Dei jubentis, et conditoris istius legis, satis ex eo et abunde instructi et admoniti fuerimus; neque enim a nobis ipsis monita vobis adferimus, sed ad legislatorem vos omnes adducimus. Sequimini igitur, et divinas leges audite. Ubi vero de ira et simultate disputatum est? Multifariam quidem in multis locis, maxime autem in parabola illa, quam ad discipulos loquens ad istum ferme modum exorsus est: *Ideo assimilatum est regnum cœlorum homini regi, qui voluit rationem ponere cum servis suis. Et cum cœpisset rationem ponere, oblatus est ei unus qui debebat ei decem millia talenta: cum autem non haberet, unde redderet, jussit et ipsum venumdari et uxorem ejus, et liberos, et omnia quæ habebat, et reddi. Prolapsus igitur servus ille ad pedes ejus, orabat cum his verbis: Domine, patientiam habe in me, et omnia reddam tibi. Misertus autem dominus servi illius, dimisit eum, et debitum dimisit ei. Egressus autem ille invenit unum de conservis suis, qui ipsi debebat centum denarios, et tenens suffocabat eum, dicens, Redde quod debes; procumbens ergo conservus ille ad pedes ejus rogabat dicens, Patientiam habe in me, et omnia solvam tibi: ille autem noluit, sed eum inde abductum conjecit in carcerem, donec debitum redderet. Videntes autem conservi ipsius indignati sunt, et venientes narraverunt domino suo. Tunc vocavit illum dominus suus, et ait illi: Serve nequam, omne debitum dimisi tibi, quoniam rogasti me: nonne ergo oportuit et te misereri conservi tui, sicut et ego tui misertus sum? Tunc tradidit eum tortoribus, quoadusque redderet universum debitum. Sic et Pater meus cælestis faciet vobis, si non remiseritis unusquisque fratri suo de cordibus vestris.*

Velle satis est.

Matth. 18. 23.—35.

3. Talis quidem parabola ista. Dicendum est porro, quare cum adjectione causæ illam parabolam proposuit: non enim simpliciter

σηπεδόνα, οὐ παρέχοντα δὲ ὀδύνην τῷ τεμνομένῳ. Οὐκ ἔχω πῦρ ἐν τῇ δεξιᾷ, ἀλλ' ἔχω διδασκαλίαν πυρὸς σφοδροτέραν, οὐ καυτῆρα ἐπάγουσαν, ἀλλ'
4 ἀναστέλλουσαν μὲν τὴν νομὴν τῆς κακίας, ἀντὶ δὲ
A ἀλγηδόνος πολλὴν τῷ τῆς κακίας ἀπαλλαττομένῳ παρέχουσαν τὴν ἡδονήν. Οὐ χρεία χρόνων ἐνταῦθα, οὐ χρεία πόνων, οὐ χρεία χρημάτων· ἀρκεῖ θελῆσαι μόνον, καὶ πάντα τὰ τῆς ἀρετῆς ἡμῖν κατώρθωται· κἂν ἐννοήσωμεν τὸ ἀξίωμα τοῦ κελεύοντος Θεοῦ καὶ νομοθετοῦντος, ἱκανὴν ληψόμεθα διδασκαλίαν καὶ παραίνεσιν· οὐδὲ γὰρ οἴκοθεν φθεγγόμεθα, ἀλλ' ἐπὶ τὸν νομοθέτην ἅπαντας ὑμᾶς ἄγομεν. Ἕπεσθε τοίνυν, τῶν θείων ἀκούετε νόμων. Ποῦ τοίνυν περὶ ὀργῆς καὶ τοῦ μνησικακεῖν διελέχθη; Πολλαχοῦ μὲν καὶ ἀλλαχοῦ, μάλιστα δὲ διὰ τῆς παραβολῆς ἐκείνης, ἣν πρὸς τοὺς μαθητὰς ἔλεγεν, οὑτωσί πως ἀρξάμενος· Διὰ τοῦτο ὡμοιώθη ἡ βασιλεία τῶν οὐρα-
B νῶν [a] ἀνθρώπῳ βασιλεῖ, ὅστις ἠθέλησε συνᾶραι λόγον μετὰ τῶν δούλων αὐτοῦ. Ἀρξαμένου δὲ αὐτοῦ συναίρειν, προσηνέχθη αὐτῷ εἷς ὀφειλέτης μυρίων ταλάντων. Μὴ ἔχοντος δὲ αὐτοῦ ἀποδοῦναι, ἐκέλευσεν αὐτὸν πραθῆναι καὶ τὴν γυναῖκα αὐτοῦ, καὶ τὰ τέκνα, καὶ πάντα ὅσα εἶχε, καὶ ἀποδοθῆναι. Πεσὼν οὖν ὁ δοῦλος ἐκεῖνος εἰς τοὺς πόδας αὐτοῦ, παρεκάλει αὐτὸν, λέγων· κύριε, μακροθύμησον ἐπ' ἐμοὶ, καὶ πάντα σοι ἀποδώσω. Σπλαγχνισθεὶς δὲ ὁ κύριος τοῦ δούλου ἐκείνου, ἀπέλυσεν αὐτὸν, καὶ τὸ δάνειον ἀφῆκεν αὐτῷ. Ἐξελθὼν δὲ ἐκεῖνος εὗρεν ἕνα τῶν συν-
C δούλων αὐτοῦ, ὃς ὤφειλεν αὐτῷ ἑκατὸν δηνάρια, καὶ κρατήσας ἔπνιγεν αὐτὸν λέγων· ἀπόδος μοι * ὅ τι ὀφείλεις. Πεσὼν οὖν ὁ σύνδουλος αὐτοῦ εἰς τοὺς πόδας αὐτοῦ, παρεκάλει αὐτὸν λέγων· μακροθύμησον ἐπ' ἐμοὶ, καὶ πάντα σοι ἀποδώσω. Ὁ δὲ οὐκ ἤθελεν, ἀλλὰ ἀπελθὼν ἔβαλεν αὐτὸν εἰς φυλακὴν, ἕως οὗ ἀποδῷ τὸ ὀφειλόμενον. Ἰδόντες δὲ οἱ σύνδουλοι αὐτοῦ ἠγανάκτησαν, καὶ ἐλθόντες διεσάφησαν τῷ κυρίῳ αὐτῶν. Τότε καλέσας αὐτὸν ὁ κύριος αὐτοῦ εἶπε· δοῦλε πονηρὲ, πᾶσαν τὴν ὀφειλὴν ἐκείνην ἀφῆκά σοι, ἐπεὶ παρεκάλεσάς με· οὐκ ἔδει καὶ σὲ ἐλεῆσαι τὸν σύνδουλόν σου, ὡς καὶ ἐγώ σε ἠλέησα; Τότε
D παρέδωκεν αὐτὸν τοῖς βασανισταῖς, ἕως οὗ ἀποδῷ πᾶν τὸ ὀφειλόμενον αὐτῷ. Οὕτω καὶ ὁ Πατήρ μου ὁ οὐράνιος ποιήσει ὑμῖν, ἐὰν μὴ ἀφῆτε ἕκαστος τῷ ἀδελφῷ αὐτοῦ ἀπὸ τῶν καρδιῶν ὑμῶν τὰ παραπτώματα αὐτῶν.

Ἡ μὲν παραβολὴ αὕτη· δεῖ δὲ εἰπεῖν, τίνος ἕνεκεν μετὰ αἰτίας αὐτὴν προτέθεικεν· οὐ γὰρ ἁπλῶς εἶπεν, ὡμοιώθη ἡ βασιλεία τῶν οὐρανῶν, ἀλλὰ Διὰ τοῦτο

[a] Reg. ἀνθρώπῳ οἰκοδεσπότῃ, atque ita legit Nannius. Savil. βασιλεῖ.

* [Savil. in marg. εἴ τι, quod infra ubique. V. Biblia.]

ὡμοιώθη ἡ βασιλεία τῶν οὐρανῶν. Τίνος οὖν ἕνεκεν ἡ αἰτία πρόσκειται; Περὶ ἀνεξικακίας τοῖς μαθηταῖς διελέγετο, καὶ κρατεῖν ὀργῆς αὐτοὺς ἐπαίδευε, καὶ τῶν παρ' ἑτέρων εἰς ἡμᾶς γινομένων ἀδικημάτων μὴ πολὺν ποιεῖσθαι λόγον, οὕτω λέγων· Ἐὰν ἁμάρτῃ εἰς σὲ ὁ ἀδελφός σου, ὕπαγε καὶ ἔλεγξον αὐτὸν μεταξὺ σοῦ καὶ αὐτοῦ μόνου· ἐάν σου ἀκούσῃ, ἐκέρδησας τὸν ἀδελφόν σου. Ταῦτα δὲ καὶ τὰ τοιαῦτα τοῦ Χριστοῦ διαλεγομένου τοῖς μαθηταῖς καὶ φιλοσοφεῖν διδάσκοντος, Πέτρος, ὁ τοῦ χοροῦ τῶν ἀποστόλων κορυφαῖος, τὸ στόμα τῶν μαθητῶν, ὁ στῦλος τῆς Ἐκκλησίας, τὸ στερέωμα τῆς πίστεως, ὁ τῆς ὁμολογίας θεμέλιος, ὁ τῆς οἰκουμένης ἁλιεὺς, ὁ τὸ γένος ἡμῶν ἀπὸ τοῦ βυθοῦ τῆς πλάνης εἰς τὸν οὐρανὸν ἀναγαγὼν, ὁ πανταχοῦ θερμὸς καὶ παῤῥησίας γέμων, μᾶλλον δὲ ἀγάπης, ἢ παῤῥησίας, σιγώντων ἁπάντων προσελθὼν τῷ διδασκάλῳ, φησί· Ποσάκις ἁμαρτήσει εἰς ἐμὲ ὁ ἀδελφός μου, καὶ ἀφήσω αὐτῷ; ἕως ἑπτάκις; ὁμοῦ καὶ ἐρωτᾷ καὶ ὑπισχνεῖται, καὶ πρὶν μάθῃ, φιλοτιμεῖται. Τὴν γὰρ γνώμην τοῦ διδασκάλου σαφῶς εἰδὼς, ὅτι πρὸς φιλανθρωπίαν ῥέπει, καὶ πλέον ἐκεῖνος μάλιστα πάντων αὐτῷ χαρίζεται ὁ μάλιστα πάντων τὰ ἁμαρτήματα τῶν πλησίον παρατρέχων καὶ μὴ πικρῶς ἐξετάζων, βουλόμενος ἀρέσαι τῷ νομοθέτῃ, φησὶν, Ἕως ἑπτάκις; Εἶτα ἵνα μάθῃς, τί μὲν ἄνθρωπος, τί δὲ Θεὸς, καὶ πῶς ἡ τούτου φιλοτιμία, ὅπουπερ ἂν ἀφίκηται, πρὸς τὴν εὐπορίαν τὴν ἐκείνου συγκρινομένη, πενίας ἐστὶν ἁπάσης εὐτελεστέρα, καὶ ὅτι ὅσον σταγὼν πρὸς πέλαγος ἄπειρον, τοσοῦτον ἡμῶν ἡ ἀγαθότης πρὸς τὴν ἄφατον αὐτοῦ φιλανθρωπίαν, εἰπόντος αὐτοῦ, Ἕως ἑπτάκις; καὶ νομίσαντος αὐτοῦ μεγάλα φιλοτιμεῖσθαι, καὶ δαψιλεύεσθαι, ἄκουσον τί φησιν· Οὐ λέγω σοι, ἕως ἑπτάκις, ἀλλ' ἕως ἑβδομηκοντάκις ἑπτά· τινὲς ἑπτὰ καὶ ἑβδομήκοντα νομίζουσιν, οὐκ ἔστι δέ· ἀλλὰ παρ' ὀλίγον πεντακοσιοστόν ἐστι· τὸ γὰρ ἑπτάκις ἑβδομήκοντα, τετρακόσια καὶ ἐννενήκοντά ἐστι. Καὶ μὴ νομίσῃς δύσκολον εἶναι τὸ ἐπίταγμα, ἀγαπητέ. Ἐὰν γὰρ ἅπαξ καὶ δεύτερον καὶ τρίτον ἁμαρτόντι συγχωρήσῃς τῆς ἡμέρας, κἂν σφόδρα ᾖ λίθινος, κἂν αὐτῶν τῶν δαιμόνων ἀγριώτερος ὁ λελυπηκὼς, οὐκ ἔσται οὕτως ἀναίσθητος, ὡς πάλιν τοῖς αὐτοῖς περιπεσεῖν, ἀλλὰ τῇ πυκνότητι τῆς συγχωρήσεως σωφρονισθεὶς, βελτίων ἔσται καὶ ἐπιεικέστερος· σύ τε αὖ ἐὰν ᾖς παρεσκευασμένος τοσαυτάκις καταφρονεῖν τῶν εἰς σὲ γινομένων ἁμαρτημάτων, ἀπὸ μιᾶς καὶ δευτέρας καὶ τρίτης συγχωρήσεως γυμνασάμενος, οὐδὲ πόνον ἕξεις λοιπὸν ἐν τῇ τοιαύτῃ φιλοσοφίᾳ, μελετήσας καθάπαξ τῇ πυκνότητι τῆς συγχωρήσεως μηδὲ πλήττεσθαι παρὰ τῶν τοῦ πέλας ἁμαρτημάτων. Ταῦτα ἀκούσας ὁ Πέτρος, ἀχανὴς εἱστήκει, οὐχ ὑπὲρ ἑαυτοῦ φρον-

dixit, Assimilatum est regnum cælorum, sed, *Ideo assimilatum* est *regnum cælorum*. Cur ergo causa adjuncta est? De tolerantia discipulis sermonem faciebat, docens, quomodo ira refrenanda esset contemnendæque injuriæ nobis illatæ, idque his verbis : *Si peccaverit in* te *frater* tuus, *vade*, et *reprehende eum* inter *te et ipsum solum. Si auscultaverit tibi, lucratus es fratrem tuum*. Hæc et alia ejusmodi Christo loquente ad discipulos suos, istamque philosophiam docente, Petrus chori apostolorum princeps, os discipulorum, columna Ecclesiæ, firmamentum fidei, confessionis fundamentum, orbis terrarum piscator, qui genus nostrum ex profundis errorum in cælum adduxit, qui ubique fervidus et libertate plenus, imo potius caritate quam libertate, tacentibus omnibus, accedens ad magistrum dixit : Quoties *peccabit in me frater meus*, et *remittam illi? usque septies?* simul et interrogat et pollicetur, et priusquam discat, magnum hac in re studium præ se fert. Cum enim mentem magistri probe cognitam haberet, quam illa ad humanitatem prona esset, et quod ille præcipue gratiam cum ipso iniret, qui in condonandis offensis promtior esset, neque in istiusmodi rebus acerbum se et acerem exhiberet, volens placere legislatori interrogavit, num usque septies venia iteranda esset. Deinde ut discas qualis homo, qualis vero Deus sit, qualisque ejus indulgentia, et quomodo humana benignitas, si ad illius largitatis opulentiam collata sit, quavis paupertate contemtior reperiatur, et quantula stilla sit ad mare immensum, tantam nostram bonitatem ad illius ineffabilem humanitatem æstimandam : dicenti Petro septemplicem veniæ iterationem et existimanti se magnifice et largiter dixisse, audi quid respondeat : *Non*, inquit, *usque septies, sed usque septuagies septies*. Illud autem septuagies septies quidam septem et septuaginta arbitrantur : cæterum ita non est : habet enim hic numerus ferme quingenta : septies enim septuaginta quadringenta et nonaginta conficiunt. Ne existimes difficile esse hoc præceptum, carissime : si enim semel, iterum ac tertio, intra diem peccanti veniam impartieris, etiam si admodum lapideus sit, etiamsi ipsis dæmonibus efferatior sit ille, qui te læsit, non erit ita sensus expers, ut denuo ad easdem offensas recidat : sed frequentia indultæ veniæ castigatus, melior erit, et probior : tuque si fueris instructus ad toties contemnendam injuriam tibi illatam, una atque altera, et tertia

Matth. 18. 15.

Petrus apostolorum princeps.

Matth. 18. 21.

condonatione culpæ exercitatus, nihil difficultatis senties in posterum in hoc genere philosophiæ : quippe qui iteranda toties venia eum jam usum collegeris, ut nihil te percellant proximorum injuriæ. Quibus auditis Petrus, ore hiante stupens constitit : non de se tantummodo sollicitus, sed et de illis, qui ejus fidei committendi erant. Ne igitur idem faceret, quod in aliis mandatis fecerat, anticipatione exclusit ei omnem percontationem. Quid autem in aliis mandatis fecit? Si quando Christus istiusmodi aliquid imperaret, quod difficultatem aliquam habere videretur, prosiliens ante alios interrogabat et sciscitabatur de præcepto. Cum enim prodiisset dives, de æterna vita Christum percontans, et cognitis illis, quæ pariunt beatitudinem, mœstus ob pecunias abiisset, dicente Christo, quod facilius esset camelum transire per foramen acus, quam divitem intrare in regnum cælorum : Petrus tametsi se omnibus nudavisset, neque jam vel hamum retineret, quippe qui et totum quæstum piscatorium, et navem contemserat, accedens ad Christum ita loquutus est : *Et quis potest salvus fieri?* Vide probitatem et fervorem discipuli : non enim inquit, Impossibilia injungis, grave hoc mandatum, difficilis ista lex : neque in silentio perstitit : sed curam suam, quam de omnibus habebat, ostendit, et præceptori a discipulo debitam reverentiam impartivit, dicens : *Et quis potest salvus fieri?* nondum factus pastor, pastoris animum habebat : nondum in imperio et principatu constitutus, principi congruentem curam servabat, de universo orbe sollicitus. Si enim dives fuisset, et multis pecuniis circumfusus, diceret fortasse quispiam, eum non de reliquis, sed de seipso suisque rebus anxium istam interrogationem protulisse : nunc autem paupertas ipsum liberat ab hac suspicione, ostenditque eum de aliorum salute anxium, sollicitudinem istam et curam gessisse, et a magistro cognoscere viam salutis voluisse. Quapropter et Christus ei fiduciam indens dixit, *Quæ apud homines impossibilia sunt, ea apud Deum possibilia* sunt. Et ne putes, inquit, vos desertos relinqui, ego in hoc negotio etiam meas manus admovebo, et ardua facilia et expedita faciam. Rursus de matrimonio et uxore disputante Christo ac dicente, *Si quis repudiarit uxorem, excepta fornicationis causa, facit eam mœchari* : et omnem malitiam uxoris ferendam esse admonente, præter crimen fornicationis, Petrus aliis omnibus tacen-

Petri studium erga Christi doctrinam.

Marc. 10. 25.

Ib. v. 26.

Marc. 10. 27.

Matth. 5 32.

τίζων μόνον, ἀλλὰ καὶ ὑπὲρ τῶν μελλόντων αὐτῷ ἐμπιστεύεσθαι. Ἵνα οὖν μὴ τὸ αὐτὸ ποιήσῃ, ὅπερ καὶ ἐφ' ἑτέρων ἐντολῶν ἐποίησε, προλαβὼν ἀπέκλεισεν αὐτῷ πᾶσαν ἐρώτησιν. Τί δὲ ἐπὶ τῶν λοιπῶν ἐντολῶν ἐποίησεν; Εἴ ποτέ τι τοιοῦτον ὁ Χριστὸς ἐπέταττεν, ὃ δυσκολίαν τινὰ ἔχειν ἐδόκει, προπηδῶν τῶν ἄλλων ἠρώτα καὶ ἐπυνθάνετο περὶ τῆς ἐντολῆς. Καὶ γὰρ ὅτε προσελθὼν ὁ πλούσιος περὶ τῆς αἰωνίου E ζωῆς τὸν Χριστὸν ἠρώτα, καὶ μαθὼν τὰ ποιητικὰ τῆς τελειότητος, ἀπῄει λυπούμενος ὑπὸ τῶν χρημάτων, εἰπόντος τοῦ Χριστοῦ, ὅτι Εὐκοπώτερόν ἐστι κάμηλον διὰ τρυμαλιᾶς ῥαφίδος διελθεῖν, ἢ πλούσιον εἰς τὴν βασιλείαν τῶν οὐρανῶν εἰσελθεῖν· ὁ Πέτρος, καίτοι πάντων ἑαυτὸν γυμνώσας, καὶ οὐδὲ τὸ ἄγκιστρον κατέχων λοιπὸν, ἀλλὰ καὶ τῆς τέχνης καὶ τοῦ ἀκατίου καταφρονήσας, προσελθὼν ἔλεγε τῷ Χριστῷ, Καὶ τίς δύναται σωθῆναι; Καὶ ὅρα καὶ ἐπιείκειαν μαθητοῦ, καὶ θερμότητα· οὔτε γὰρ εἶπεν, ἀδύνατα ἐπιτάττεις, δύσκολον τὸ ἐπίταγμα, χαλεπὸς ὁ νόμος· οὔτε ἐσίγησεν, ἀλλὰ καὶ τὴν ὑπὲρ τῶν λοιπῶν κηδεμονίαν ἐπεδείξατο, καὶ τὴν διδασκάλῳ παρὰ μαθητοῦ τιμὴν ὀφειλομένην ἀπένειμεν, οὕτως εἰπὼν, Καὶ τίς δύναται σωθῆναι; καὶ μηδέπω γενόμενος ποιμὴν, ποιμένος εἶχε ψυχὴν, καὶ μηδέπω τὴν ἀρχὴν ἐγχειρισθεὶς, τὴν πρέπουσαν ἄρχοντι κηδεμονίαν ἐφύλαττεν, ὑπὲρ τῆς οἰκουμένης ἁπάσης φροντίζων. Εἰ μὲν γὰρ πλούσιος ἦν, καὶ πολλὰ χρήματα περιβεβλημένος, ἴσως εἶπέ τις ἂν, ὅτι οὐ τῶν λοιπῶν, ἀλλ' ἑαυτοῦ κηδόμενος, καὶ ὑπὲρ τῶν καθ' ἑαυτὸν πραγμάτων φροντίζων, ταύτην προσῆγε τὴν πεῦσιν· νυνὶ δὲ ἡ πενία ταύτης αὐτὸν ἀπαλλάττει τῆς ὑποψίας, καὶ δείκνυσιν ὡς τῆς ἑτέρων κηδόμενος σωτηρίας ἐμερίμνα καὶ περιειργάζετο, καὶ παρὰ τοῦ διδασκάλου μαθεῖν ἐβούλετο τὴν τῆς σωτηρίας ὁδόν. Διὰ τοῦτο καὶ ὁ Χριστὸς αὐτὸν παραθαρρύνων ἔλεγε, Τὰ παρὰ ἀνθρώποις ἀδύνατα, παρὰ B τῷ Θεῷ δυνατά ἐστι. Μὴ γὰρ νομίσῃς, φησὶν, ὑμᾶς ἐρήμους ἐγκαταλιμπάνεσθαι· ἐγὼ συνεφάπτομαι ταύτης ὑμῖν τῆς σπουδῆς, καὶ τὰ ἄπορα ποιῶ ῥᾴδια γενέσθαι καὶ εὔκολα. Πάλιν περὶ γάμου καὶ γυναικὸς διαλεγομένου τοῦ Χριστοῦ καὶ λέγοντος, ὅτι Ὁ ἀπολύων γυναῖκα παρεκτὸς λόγου πορνείας, ποιεῖ αὐτὴν μοιχευθῆναι, καὶ πᾶσαν κακίαν γυναικὸς παραινοῦντος φέρειν πλὴν πορνείας μόνης, ὁ Πέτρος, τῶν ἄλλων σιγώντων, προσελθὼν ἔλεγε τῷ Χριστῷ· Εἰ οὕτως ἐστὶν ἡ αἰτία τοῦ ἀνθρώπου μετὰ τῆς γυναικὸς, οὐ συμφέρει γαμῆσαι. Ὅρα καὶ ἐνταῦθα πῶς καὶ τὴν πρέπουσαν διδασκάλῳ τιμὴν ἐφύλαξε, καὶ τῆς τῶν λοιπῶν ἐφρόντισε σωτηρίας, C οὐδὲ ἐνταῦθα ὑπὲρ τῶν καθ' ἑαυτὸν μεριμνῶν. Ἵνα οὖν μὴ καὶ ἐνταῦθα εἴπῃ τι τοιοῦτον, προλαβὼν διὰ τῆς παραβολῆς προανεῖλεν αὐτοῦ τὴν ἀντίῤῥησιν.

Τούτου χάριν καὶ ὁ εὐαγγελιστὴς εἶπε· Διὰ τοῦτο ὡμοιώθη ἡ βασιλεία τῶν οὐρανῶν ἀνθρώπῳ βασιλεῖ, ὃς ἠθέλησε συνᾶραι λόγον μετὰ τῶν δούλων αὐτοῦ· δεικνὺς ὅτι διὰ τοῦτο λέγει τὴν παραβολὴν ταύτην, ἵνα μάθῃς ὅτι κἂν ἑβδομηκοντάκις ἑπτὰ ἀφῇς τῆς ἡμέρας τῷ ἀδελφῷ τὰ ἁμαρτήματα, οὐδέπω οὐδὲν μέγα εἰργάσω, ἀλλὰ πολὺ καὶ ἄφατον ἀπολείπῃ τῆς δεσποτικῆς φιλανθρωπίας, καὶ οὐ τοσοῦτον δίδως ὅσον λαμβάνεις.

tibus, Christum alloquitur : *Si istiusmodi conditio est hominis cum uxore, non expedit matrimonium inire.* Et hic quoque vide quomodo decentem magistro reverentiam conservavit, et reliquorum salutis curam gessit, ne istic quidem de rebus suis sollicitus. Ne autem hic istiusmodi quidpiam dicat, anticipans per parabolam, ejus contradictionem antevertit. Hac de causa evangelista dixit, *Ideo assimilatum* est *regnum cœlorum homini* regi, *qui voluit ponere* ration*em cum* serv*is* s*uis :* ostendens, se ideo parabolam hanc dicere, ut discas te, etsi septuagies septies in die fratri peccata remiseris, nihil magnificum fecisse, sed multum adhuc et immensum a Domini clementia abesse, ac non tantum dedisse, quantum receperis.

Matth. 19. 10.

Petrus de aliorum salute sollicitus.

D Ἐπακούσωμεν τοίνυν τῆς παραβολῆς· εἰ γὰρ δοκεῖ καὶ αὐτόθεν εἶναι σαφὴς, ἀλλ' ἔχει καὶ ἐναποκεκρυμμένον τινὰ θησαυρὸν νοημάτων ἄφατον. Ὡμοιώθη ἡ βασιλεία τῶν οὐρανῶν ἀνθρώπῳ βασιλεῖ, ὅστις ἠθέλησε συνᾶραι λόγον μετὰ τῶν δούλων αὐτοῦ. Μὴ παραδράμῃς ἁπλῶς τὴν ῥῆσιν, ἀλλὰ καὶ ἀνάπτυξόν μοι τὸ δικαστήριον ἐκεῖνο, καὶ εἰς τὸ συνειδὸς εἰσελθὼν τὸ σεαυτοῦ, ἀναλόγισαι τὰ πεπραγμένα σοι παρὰ πᾶσαν τὴν ζωήν· καὶ ὅταν ἀκούσῃς, ὅτι συναίρει λόγον μετὰ τῶν δούλων αὐτοῦ, καὶ βασιλεῖς, καὶ στρατηγοὺς, καὶ ἐπάρχους, καὶ πλουσίους καὶ πένητας, καὶ δούλους καὶ ἐλευθέρους, καὶ πάντας ἀναλογίζου· Πάντας γὰρ ἡμᾶς φανερωθῆναι δεῖ ἔμπροσθεν τοῦ βήματος τοῦ Χριστοῦ. E Κἂν πλούσιος ᾖς, ἐννόησον ὅτι δώσεις λόγον, πότερον εἰς πόρνας, ἢ εἰς πένητας τὰ χρήματα κατηνάλωσας, πότερον εἰς παρασίτους καὶ κόλακας, ἢ εἰς τοὺς δεομένους, πότερον εἰς ἀσέλγειαν ἢ εἰς φιλανθρωπίαν, πότερον εἰς τρυφὴν καὶ ἀσωτίαν καὶ μέθην, ἢ εἰς τὴν τῶν ἐπηρεαζομένων βοήθειαν. 7 A Οὐχ ὑπὲρ τῆς δαπάνης δὲ μόνον, ἀλλὰ καὶ ὑπὲρ τῆς κτήσεως ἀπαιτηθήσῃ λόγον, πότερον ἐκ δικαίων πόνων, ἢ ἐξ ἁρπαγῆς καὶ πλεονεξίας συνέλεξας, πότερον κλῆρον διαδεξάμενος πατρῷον, ἢ τὰς τῶν ὀρφανῶν καταστρέψας οἰκίας, καὶ τὰς τῶν χηρῶν διαρπάσας οὐσίας. Καὶ καθάπερ ἡμεῖς τοῖς οἰκέταις τοῖς ἡμετέροις οὐχὶ τῆς ἐξόδου μόνον τῶν χρημάτων, ἀλλὰ καὶ τῆς εἰσόδου ἀπαιτοῦμεν τὸν λόγον, ἐξετάζοντες πόθεν ὑπεδέξαντο τὰ χρήματα, καὶ παρὰ τίνων, καὶ πῶς, καὶ πόσα· οὕτω δὴ καὶ ὁ Θεὸς οὐχὶ τῆς δαπάνης μόνον, ἀλλὰ καὶ τῆς κτήσεως ἡμᾶς ἀπαιτεῖ τὰς εὐθύνας. Οὐχ ὁ πλούσιος δὲ μόνον, ἀλλὰ καὶ ὁ πένης τῆς πενίας δίδωσι λόγον· B εἰ γενναίως καὶ εὐχαρίστως τὴν πενίαν ἤνεγκεν, εἰ μὴ ἀπεδυσπέτησεν, εἰ μὴ ἐδυσχέρανεν, εἰ μὴ κατηγόρησε τῆς τοῦ Θεοῦ προνοίας, ἕτερον ὁρῶν

4. Audiamus igitur parabolam, quæ tametsi clara videatur, habet tamen occultum quemdam et ineffabilem sententiarum thesaurum. *Assimilatum est regnum cœlorum homini regi, qui voluit* ration*em* pon*ere cum* serv*is suis*. Ne mihi prætercurras simpliciter has voces, sed evolve et explica naturam ejus judicii, tuamque conscientiam ingressus, computa quidquid a te factum est per omnem vitam, et cum audieris rationem dominum conferre cum servis suis, cogita in his verbis reges et duces, et præsides, et divites, et pauperes, et servos, et liberos, et quidquid est hominum, intelligi : *Omnes* en*im nos manifestari oportet ante* tribun*al Christi*. Quod si dives sis, cogita quod rationem dabis, utrum in meretrices, an in pauperes, pecunias insumseris : utrum in parasitos et assentatores, an in egentes : utrum in libidinem, an in humanitatem : utrum in delicias, prodigalitatem, ebrietatem, an in afflictorum subsidium. Non de expensis solummodo, sed de acquisitionis modo rationem postulaberis : utrum justis laboribus, an rapinis et avaritia pecuniam collegeris : utrum sit patrimonii hereditas, an id coactum sit ex pupillorum eversis domibus, et spoliationibus viduarum. Quemadmodum nos non solum a servis nostris rationem elatæ pecuniæ, sed etiam illatæ exposcimus, excutientes unde pecunias, a quibus, et quomodo, et quantas acceperint : ita et Deus non solum expensi, sed etiam accepti et acquisiti rationes postulat. Non solum vero dives, sed et pauper rationes vel ipsius paupertatis subit : an generoso et grato animo paupertatem tulerit, an non ægre tulerit, an non indignatus fuerit, an non incusaverit Dei providentiam, cum videret alium in voluptatibus delician-

2. Cor. 5. 10.

Accepti et expensi ratio Deo reddenda.

tem, se autem in egestate versari. Ut enim a divito eleemosynæ, ita a paupere tolerantiæ requiritur ratio : imo non solum tolerantiæ, sed etiam ipsius eleemosynæ : non enim habet impedimentum ad eleemosynam paupertas. Testis
Marc. 12. 42. est vidua quæ duo minuta in gazophylacium dejecit, et eos qui plurima dederant, magno intervallo superavit, idque tam minuta oblatiuncula. Non solum autem divites et pauperes, sed præsides et judices cum multa diligentia examinantur an non jus corruperint, an non ad gratiam vel odium calculos in litibus depromserint, an non molliti adulatione, contra quam par erat sententiam dederint, an non memores offensarum eos vexaverint, qui nihil peccarant.

Quæ ratio reddenda est ecclesiasticis præsulibus. Non solum autem sæculares magistratus, sed et illi qui Ecclesiis præsunt, suæ præfecturæ rationes dabunt, et præcipue isti sunt, qui majores, acerbiores et graviores pœnas sustinebunt. Cui enim verbi administratio commissa est, diligenter ibi examinabitur, an non segnitie, aut invidia aliquid omiserit eorum, quæ dicenda erant, et per opera exhibuerit, an omnia explicuerit, nihilque ab illo occultatum sit, quod dictu operæ pretium erat. Rursus qui episcopatum adeptus est, quanto ad majorem verticem ascendit, tanto majoribus obnoxius erit rationibus, non solum de doctrina et pauperum patrocinio, sed etiam de examinatione ordinandorum, aliisque sexcentis. Et hæc declarans Paulus ad Timo-
1. Tim. 5. 22. theum scripsit : *Manus cito nemini imposueris, neque communices peccatis alienis* : et ad Hebræos scribens de iisdem præfectis, alia ratio-
Heb. 13. 17 ne terrefacit. *Obedite*, inquit, *præpositis vestris*, et *subjacete eis : ipsi enim vigilant super animabus vestris, ut rationem daturi*. Tum vero non factorum solum, sed et verborum rationes subibimus. Quemadmodum enim nos cum pecunias servis concredimus, omnium reposcimus rationes, ita quoque Deus de verbis bonis concreditis requiret quomodo illa expenderimus. Reposcimur enim et examinamur perquam diligenter, num temere, num frustra ea insumserimus : non enim nummus temere expositus ita lædit ut verba temere et frustra elata, cum nihil opus erat. Nummus enim frustra insumtus pecuniæ aliquando damnum affert, sermo autem imprudenter enuntiatus integras domos evertit, et animam perdit : pecuniarum quidem damnum resarcire licet, verbum vero quod exsilierit

[a] τρυφῶντα καὶ σπαταλῶντα, ἑαυτὸν δὲ ὄντα ἐν ἐνδείᾳ. Ὥσπερ γὰρ ὁ πλούσιος τῆς ἐλεημοσύνης, οὕτω καὶ ὁ πένης τῆς ὑπομονῆς ἀπαιτεῖται λόγον· μᾶλλον δὲ οὐδὲ τῆς ὑπομονῆς μόνον, ἀλλὰ καὶ αὐτῆς τῆς ἐλεημοσύνης· οὐ γάρ ἐστι κώλυμα πρὸς ἐλεημοσύνην ἡ πενία. Καὶ μάρτυς ἡ χήρα ἡ τὰ δύο καταβαλοῦσα λεπτὰ, καὶ τοὺς πολλὰ καταθέντας ὑπερακοντίσασα διὰ τῆς μικρᾶς ἐκείνης καταβολῆς. Οὐ πλούσιοι δὲ
C καὶ πένητες μόνον, ἀλλὰ καὶ ἄρχοντες καὶ δικασταὶ μετὰ πολλῆς ἐξετάζονται τῆς ἀκριβείας, εἰ μὴ διέφθειραν τὸ δίκαιον, εἰ μὴ πρὸς χάριν, εἰ μὴ πρὸς ἀπέχθειαν ἐψηφίσαντο τοῖς δικαζομένοις, εἰ μὴ κολακευθέντες ἔδωκαν παρὰ τὸ δέον τὴν ψῆφον, εἰ μὴ μνησικακοῦντες ἐπηρέασαν τοῖς οὐδὲν ἠδικηκόσιν. Οὐχ οἱ ἔξωθεν δὲ μόνον ἄρχοντες, ἀλλὰ καὶ οἱ τῶν Ἐκκλησιῶν προεστῶτες τῆς οἰκείας ἀρχῆς ὑφέξουσι τὸν λόγον· καὶ μάλιστα οὗτοί εἰσιν οἱ ἐπὶ πλέον τὰς πικρὰς καὶ βαρείας εὐθύνας ὑπέχοντες. Καὶ γὰρ ὁ τοῦ λόγου τὴν διακονίαν ἐγκεχειρισμένος ἐξετασθήσεται
D μετὰ ἀκριβείας ἐκεῖ, εἰ μήτε ὄκνῳ, μήτε φθόνῳ παρεῖδέ τι τῶν δεόντων εἰπεῖν, καὶ διὰ τῶν ἔργων ἐπέδειξεν, ὅτι πάντα διεστείλατο, καὶ οὐδὲν ἔκρυψε τῶν συμφερόντων. Πάλιν ὁ τὴν ἐπισκοπὴν λαχὼν, ὅσῳ πρὸς μείζονα ὄγκον ἀναβέβηκε, τοσούτῳ πλείονα ἀπαιτηθήσεται λόγον, οὐχὶ διδασκαλίας μόνον καὶ πενήτων προστασίας, ἀλλὰ καὶ χειροτονιῶν δοκιμασίας καὶ μυρίων ἑτέρων. Καὶ ταῦτα δηλῶν ὁ Παῦλος τῷ Τιμοθέῳ ἔγραφε· Χεῖρας ταχέως μηδενὶ ἐπιτίθει, μηδὲ κοινώνει ἁμαρτίαις ἀλλοτρίαις· καὶ Ἑβραίοις δὲ περὶ τῶν αὐτῶν ἀρχόντων παραινῶν, ἑτέρως ἐφό-
E βει οὕτω λέγων· Πείθεσθε τοῖς ἡγουμένοις ὑμῶν καὶ ὑπείκετε· αὐτοὶ γὰρ ἀγρυπνοῦσιν ὑπὲρ τῶν ψυχῶν ὑμῶν, ὡς λόγον ἀποδώσοντες. Τότε οὐχὶ πραγμάτων δὲ μόνων, ἀλλὰ καὶ ῥημάτων παρέξομεν εὐθύνας. Καθάπερ γὰρ καὶ ἡμεῖς ἀργύρια τοῖς οἰκέταις ἐμπιστεύσαντες, ἁπάντων ἀπαιτοῦμεν αὐτοὺς λόγον, οὕτω καὶ ὁ Θεὸς, ῥήματα ἡμῖν ἐμπιστεύσας, ζητήσει τῆς δαπάνης αὐτῶν τὸν τρόπον. Ἀπαιτούμεθα δὲ καὶ ἐξεταζόμεθα μετὰ ἀκριβείας, εἰ μὴ εἰκῇ μηδὲ μάτην αὐτὰ
8 ἀναλώσαμεν· οὐ γὰρ οὕτως ἀργύριον ἁπλῶς ἀναλωθὲν
A ἔβλαψεν, ὡς ῥήματα εἰκῇ καὶ μάτην ἐξενεχθέντα καὶ εἰς οὐδὲν δέον. Ἀργύριον μὲν γὰρ μάτην δαπανηθὲν ἐν χρήμασι πολλάκις τὴν ζημίαν ἤνεγκε, λόγος δὲ ἁπλῶς προενεχθεὶς ὁλοκλήρους ἀνέτρεψεν οἰκίας, καὶ ψυχὰς ἀπώλεσε καὶ κατέλυσε· καὶ τῶν μὲν χρημάτων τὴν ζημίαν διορθῶσαι πάλιν ἔνι, λόγον δὲ ἐκπηδήσαντα καθάπαξ ἀνακτήσασθαι πάλιν οὐκ ἔνι. Καὶ ὅτι λόγων δίδομεν δίκας, ἄκουσον τί φησιν ὁ Χριστός· Λέγω δὲ ὑμῖν, ὅτι πᾶν ῥῆμα ἀργὸν, ὃ ἐὰν λαλήσωσιν οἱ ἄνθρωποι ἐπὶ τῆς γῆς, ἀποδώσουσι

[a] Reg. τρυφῶντα καὶ μὴ σπανίζοντα τὴν οὐσίαν ἑαυτόν.

λόγον περὶ αὐτοῦ ἐν ἡμέρᾳ κρίσεως· ἐκ γὰρ τῶν λόγων σου δικαιωθήσῃ, καὶ ἐκ τῶν λόγων σοι κατακριθήσῃ. Οὐ ῥημάτων δὲ μόνον δίδομεν εὐθύνας, ἀλλὰ B καὶ ἀκουσμάτων· οἷον εἰ παρεδέξω κατηγορίαν κατὰ τοῦ πλησίον ψευδῆ λεγομένην· Ἀκοὴν γὰρ, φησὶ, ματαίαν μὴ παραδέξῃ. Εἰ δὲ οἱ δεχόμενοι ματαίαν ἀκοὴν οὐκ ἂν τύχοιεν συγγνώμης, οἱ διαβάλλοντες καὶ κατηγοροῦντες ποίαν ἕξουσιν ἀπολογίαν;

Καὶ τί λέγω ῥήματα καὶ ἀκοὴν, ὅπου γε καὶ ἐνθυμημάτων εὐθύνας ὑπέχομεν; Καὶ τοῦτο αὐτὸ ὁ Παῦλος δηλῶν ἔλεγεν· Ὥστε μὴ πρὸ καιροῦ τι κρίνετε, ἕως ἂν ἔλθῃ ὁ Κύριος, ὃς καὶ φωτίσει τὰ κρυπτὰ τοῦ σκότους, καὶ φανερώσει τὰς βουλὰς τῶν καρδιῶν. Καὶ ὁ ψαλμῳδὸς δέ φησιν· Ὅτι ἐνθύμιον ἀνθρώπου ἐξομολογήσεταί σοι. Τί ἐστιν, Ἐνθύμιον ἀνθρώπου C ἐξομολογήσεταί σοι; Οἷον, εἰ μετὰ δόλου καὶ πονηρᾶς γνώμης πρὸς τὸν ἀδελφὸν διελέχθης, εἰ διὰ τοῦ στόματος αὐτὸν ἐπαινῶν καὶ τῆς γλώττης, κατὰ διάνοιαν ἐκάκωσας καὶ ἐφθόνησας αὐτῷ. Πάλιν γὰρ τοῦτο αὐτὸ ὁ Χριστὸς αἰνιττόμενος, ὅτι οὐχὶ ἔργων μόνον, ἀλλὰ καὶ ἐνθυμημάτων δίδομεν δίκην, ἔλεγεν· Ὁ ἐμβλέψας γυναικὶ πρὸς τὸ ἐπιθυμῆσαι αὐτῆς, ἤδη ἐμοίχευσεν αὐτὴν ἐν τῇ καρδίᾳ αὐτοῦ. Καίτοι οὐ προῆλθεν εἰς ἔργον ἡ ἁμαρτία, ἀλλ' ἐν διανοίᾳ τέως ἐστίν· ἀλλ' οὐδὲ οὕτως ἀνέγκλητος δύναται μεῖναι ὁ διὰ τοῦτο περισκοπῶν κάλλη γυναικῶν, ἵνα ἀνάψῃ D πορνείας ἐπιθυμίαν. Ὅταν οὖν ἀκούσῃς, ὅτι συναίρει λόγον μετὰ τῶν δούλων αὐτοῦ, μὴ παρέλθῃς ἁπλῶς τὴν ῥῆσιν, ἀλλ' ἐννόησον πᾶσαν ἀξίαν, πᾶσαν ἡλικίαν, ἑκατέραν τὴν φύσιν, τῶν τε ἀνδρῶν, τῶν τε γυναικῶν· ἐννόησον οἷον ἔσται τότε τὸ δικαστήριον, ἀναλόγισαι τὰ ἡμαρτημένα σοι πάντα. Κἂν γὰρ αὐτὸς ἐπιλάθῃ τῶν πεπλημμελημένων, Θεὸς οὐδέποτε ἐπιλήσεται, ἀλλὰ πάντα πρὸ τῶν ὀφθαλμῶν στήσει τῶν ἡμετέρων, ἂν μὴ προλαβόντες αὐτὰ καταλύσωμεν νῦν διὰ μετανοίας καὶ ἐξομολογήσεως, καὶ τοῦ μηδέποτε μνησικακεῖν τοῖς πλησίον. Τίνος δὲ ἕνεκεν ποιεῖ τὸ λογοθέσιον; Οὐχ ὡς αὐτὸς ἀγνοῶν (πῶς γὰρ, ὁ εἰδὼς τὰ πάντα πρὶν γενέσεως αὐτῶν;) ἀλλ' E ἵνα σε πείσῃ τὸν οἰκέτην, ὅτι δικαίως ὀφείλεις, ὅπερ ἂν ὀφείλῃς· μᾶλλον δὲ οὐχ ἵνα μάθῃς μόνον, ἀλλ' ἵνα καὶ ἀπονίψῃ· ἐπεὶ καὶ τῷ προφήτῃ διὰ τοῦτο ἐκέλευσε τὰ ἁμαρτήματα λέγειν τῶν Ἰουδαίων. Λέγε γὰρ, φησὶ, τὰς ἀνομίας αὐτῶν τῷ οἴκῳ Ἰακὼβ, καὶ τὰς ἁμαρτίας αὐτῶν τῷ οἴκῳ Ἰσραήλ· οὐχ ἵνα ἀκού-

semel, revocare non licet. Cæterum ut diseas Verborum etiam luenda pœna.
verborum pœnas luituros esse, audi quid Christus dicat: *Dico autem vobis, quod de omni verbo otioso, quodcumque loquuti fuerint* Matth. 12. 36. 37.
homines in terra, *reddent* rationem *de* eo *in die judicii: ex* verbis enim tuis *justificaberis,* et *ex* verbis tuis *condemnaberis.* Non solum autem dictorum rationem reddemus, sed et auditorum quoque; veluti si admiseris falsam criminationem contra fratrem calumniose institutam: *Auditionem* enim *vanam,* inquit Scriptura, *ne* Exod. 23. 1.
receperis. Quod si illi, qui recipiunt vanam auditionem, veniam non habent, qui calumniantur et criminantur, quamnam habebunt excusationem?

5. At quid dico de verbis et auditu, ubi etiam cogitationum pœnas sustinemus? Et hoc ipsum Paulus declarans, dixit: *Quamobrem ne ante* 1. Cor. 4. 5.
tempus judicetis, donec veniat Dominus qui illuminabit occulta *tenebrarum,* et *manifestabit* consilia *cordium.* Ille quoque psalmorum cantor ait, *Cogitatio hominis confitebitur tibi.* Psal. 75. 11.
Quid autem illud est, *Cogitatio hominis confitebitur tibi?* Veluti si cum dolo et mala mente fratrem alloquaris: si ore illum et lingua celebres, mente autem mala cogites, eique invideas. Illud enim ipsum Christus subindicans, nos non solum factorum, sed et cogitationum pœnam luere dixit: *Qui inspexerit mulierem ad con-* Matth. 5. 29.
cupiscendum eam, jam mœchatus est *eam in* corde *suo.* Atqui non erupit in opus ipsum peccatum, sed hactenus in solo animo consistit: verum ne ita quidem inculpatus manere potest, qui ideo contemplatur formas mulierum, ut incendat fornicationis concupiscentiam. Cum igitur audiveris eum rationem cum servis suis conferre, ne mihi negligenter prætereas illam dictionem: sed hoc intellige de omni ordine, omni ætate, utroque sexu, et virorum et feminarum: cogita quale illud judicium sit, revolve perpetuo tua peccata. Nam etsi ipse oblitus fueris tuorum delictorum, Deus numquam obliviscetur, et omnia Ratio delendi peccata.
ante oculos constituet, nisi jam mature ea exstinxerimus per pœnitentiam et confessionem, et per oblivionem offensarum. Qua vero de causa rationem repetit? Non quidem ut inscius (quomodo enim inscius, cui omnia cognita sunt ante- Dan. 13. 42.
quam fiant?) sed ut tibi servo persuadeat, jure te debere quodcumque debes: imo potius, ut non solum diseas, sed ut abstergas: quandoquidem et prophetæ ea de causa mandavit peccata Judæorum enarrare. *Dic,* inquit, *iniquitates suas* Isai. 58. 1. 2.

domui Jacob et *peccata sua domui Israel:*
Matth. 18. non ut audiant solum, sed ut corrigantur. *Exorso*
24. *autem eo conferre rationes, adductus est ei*
debitor unus decies mille talentorum. Quidquid enim illi creditum erat, id omne absumserat: magna æris alieni moles: et non solum in hac
re periculum erat, sed in eo quoque quod primus
oblatus est domino. Si enim post multos in solvendo studiosos iste oblatus fuisset, non ita mirum fuisset, si dominus nihil adversus eum
exacerbatus fuisset: priorum enim probitas improbis deinceps omnibus placatiorem eum effecisset. Cæterum primum eum qui productus
fuerat, tam malignum in solvendo apparere, et
postquam tam malignus apparuisset, dominum
mansuetum invenire, id præcipue inexspectatum
et admirabile. Homines enim ubi debitores adepti sunt, non aliter quam si venando, aut aucu-
pando quidpiam cepissent, ita exsultant, et
omnia faciunt, ut universum exigant: quod si
id non possint ob egestatem debitorum, iram
defraudatione pecuniarum collectam in ærumnosum miserorum corpus effundunt, vexando,
verberando, atque alia sexcenta mala infligendo.
Deus contra omnia movet, in omnibus satagit,
ut eum liberet ære alieno. In nobis enim debitorum exactio divitias facit: Deus autem in remit-
tendis peccatis maxime ditescit: nam hominum
salus opulentia Dei est, quemadmodum Paulus
Rom. 10. dicit: *Dives in omnibus et per omnes qui in-*
12. *vocant eum.* Sed dixerit aliquis, cur ergo, si
destinarat remittere et condonare crimina, hunc
venumdari jussit? Illud certe imprimis illius
humanitatem declarat; sed ne festinemus, at per
ordinem procedamus ad parabolæ enarrationem.
Non habente autem eo quod redderet. Quid
autem est illud quod dicit, *Non habente eo*
quod redderet? Rursus vides improbitatis accessionem: cum enim dicit, *Non habente eo*
quod solveret, nihil aliud dicit quam eum
omnium virtutum inopem fuisse, nec ullum bonum opus possedisse, quod imputari posset ad
Imputantur ad veniam peccatorum actiones bonæ. remissionem peccatorum: imputantur enim
omnino nobis ad peccatorum veniam recte facta,
quemadmodum et fides ad justitiam. *Ei enim*
qui non operatur, credit autem in eum qui
Rom. 4.5. *justificat impium, imputatur fides ejus ad*
justitiam. Cæterum quid allego fidem et recte
facta, cum tribulationes quoque imputentur nobis ad peccatorum condonationem? Et hoc declarat Christus per parabolam Lazari, introdu-
Luc. 16.25. cens Abraham dicentem ad divitem, Lazarum

σωσι μόνον, ἀλλ' ἵνα διορθώσωνται. Ἀρξαμένου δὲ
9 αὐτοῦ συναίρειν, προσηνέχθη αὐτῷ εἷς ὀφειλέτης
A μυρίων ταλάντων. Ἆρα πόσα ἐνεπιστεύθη, ὅτι
τοσαῦτα κατέφαγε; Μέγας ὁ τῶν ὀφλημάτων ὄγκος·
καὶ οὐχὶ μόνον τοῦτο ἦν τὸ χαλεπὸν, ἀλλ' ὅτι
καὶ πρῶτος προσηνέχθη τῷ δεσπότῃ. Εἰ μὲν γὰρ
μετὰ πολλοὺς ἑτέρους εὐγνωμονήσαντας οὗτος προσηνέχθη, οὐχ οὕτω θαυμαστὸν ἦν τὸ μὴ παροξυν-
θῆναι τὸν δεσπότην· ἡ γὰρ τῶν φθασάντων εὐγνωμοσύνη τοῖς μετὰ ταῦτα ἠγνωμονηκόσιν ἡμερώτερον
αὐτὸν ἔμελλε ποιεῖν. Τὸ δὲ πρῶτον εἰσαχθέντα ἀγνώμονα φανῆναι, καὶ οὕτως ἀγνώμονα γενόμενον, φιλανθρώπου τυχεῖν δεσπότου, τοῦτό ἐστι τὸ μάλιστα
θαυμαστὸν καὶ παράδοξον. Ἄνθρωποι μὲν οὖν, ἐπει-
B δὰν εὕρωσι τοὺς ὀφείλοντας, ὥσπερ θήραν καὶ ἄγραν
εὑρόντες, οὕτω γεγήθασι, καὶ πάντα ποιοῦσιν, ὅπως
τὸ πᾶν ἀπαιτήσωσι· κἂν μὴ δυνηθῶσι διὰ τὴν πενίαν
τῶν ὀφειλόντων, τὴν ὑπὲρ τῶν χρημάτων ὀργὴν εἰς
τὸ ταλαίπωρον σῶμα τῶν ἀθλίων ἐκχέουσιν, αἰκίζον-
τες καὶ τύπτοντες καὶ μυρία αὐτῷ διατιθέντες κακά.
Ὁ δὲ Θεὸς τοὐναντίον ἅπαντα ἐκίνει καὶ ἐπραγματεύετο, ὅπως αὐτὸν ἀπαλλάξῃ τῶν ὀφλημάτων. Ἐπὶ
γὰρ ἡμῶν τὸ ἀπαιτῆσαι, πλοῦτος· ἐπὶ δὲ Θεοῦ
τὸ συγχωρῆσαι, πλοῦτος· ἡμεῖς ἐπειδὰν λάβωμεν
τὰ ὀφειλόμενα, τότε εὐπορώτεροι γινόμεθα· ὁ
δὲ Θεὸς ἐπειδὰν συγχωρήσῃ τὰ πλημμελήματα,
C τότε μάλιστα πλουτεῖ· πλοῦτος γὰρ Θεοῦ τῶν ἀνθρώπων ἡ σωτηρία, καθάπερ ὁ Παῦλός φησιν· Ὁ
πλουτῶν εἰς πάντας, καὶ ἐπὶ πάντας τοὺς ἐπικαλουμένους αὐτόν. Ἀλλ' ἴσως εἴποι τις ἄν· καὶ πῶς ὁ
βουλόμενος ἀφεῖναι καὶ συγχωρῆσαι τὰ ἐγκλήματα,
ἐκέλευσεν αὐτὸν πραθῆναι; Αὐτὸ μὲν οὖν τοῦτο μάλιστα αὐτοῦ τὴν φιλανθρωπίαν δείκνυσιν. Ἀλλὰ μὴ
ἐπειγώμεθα, ἀλλὰ τάξει προβαίνωμεν ἐπὶ τὴν τῆς
παραβολῆς διήγησιν. Μὴ ἔχοντος δὲ αὐτοῦ ἀποδοῦναι,
φησί. Τί ἐστι, Μὴ ἔχοντος αὐτοῦ ἀποδοῦναι; Πάλιν
ἐπίτασις ἀγνωμοσύνης· ὅταν γὰρ εἴπῃ, Μὴ ἔχοντος
αὐτοῦ ἀποδοῦναι, οὐδὲν ἄλλο λέγει, ἀλλ' ἢ ὅτι κατορθωμάτων ἔρημος ἦν, καὶ οὐδὲν εἶχεν ἔργον ἀγαθὸν,
D ὥστε λογισθῆναι αὐτῷ εἰς τὴν τῶν ἁμαρτημάτων
ἀπαλλαγήν· λογίζεται γὰρ, λογίζεται πάντως ἡμῖν
ἐπὶ ἁμαρτημάτων ἀπαλλαγῇ κατορθώματα, καθάπερ
οὖν καὶ πίστις εἰς δικαιοσύνην. Τῷ γὰρ μὴ ἐργαζομένῳ, πιστεύοντι δὲ ἐπὶ τὸν δικαιοῦντα τὸν ἀσεβῆ,
λογίζεται ἡ πίστις αὐτοῦ εἰς δικαιοσύνην. Καὶ τί
λέγω πίστιν καὶ κατορθώματα, ὅπου γε καὶ θλίψεις
λογίζονται ἡμῖν εἰς ἁμαρτημάτων ἀνάλυσιν; Καὶ
τοῦτο δηλοῖ μὲν ὁ Χριστὸς διὰ τῆς τοῦ Λαζάρου παραβολῆς, εἰσάγων τὸν Ἀβραὰμ λέγοντα πρὸς τὸν
πλούσιον, ὅτι Λάζαρος ἀπέλαβεν ἐν τῇ ζωῇ αὐτοῦ τὰ
κακὰ, καὶ διὰ τοῦτο ὧδε παρακαλεῖται. Δηλοῖ δὲ καὶ
ὁ Παῦλος Κορινθίοις ἐπιστέλλων περὶ τοῦ πεπορνευ-

κότος, καὶ λέγων οὕτω· Παράδοτε τὸν τοιοῦτον τῷ σατανᾷ εἰς ὄλεθρον τῆς σαρκὸς, ἵνα τὸ πνεῦμα σωθῇ. Καὶ ἑτέρους δὲ ἡμαρτηκότας παραμυθούμενος οὕτως ἔλεγε· Διὰ τοῦτο ἐν ὑμῖν πολλοὶ ἀσθενεῖς καὶ ἄῤῥωστοι, καὶ κοιμῶνται ἱκανοί. Εἰ γὰρ ἑαυτοὺς ἐκρίνομεν, οὐκ ἂν ἐκρινόμεθα· κρινόμενοι δὲ ὑπὸ Κυρίου, παιδευόμεθα, ἵνα μὴ σὺν τῷ κόσμῳ κατακριθῶμεν. Εἰ δὲ πειρασμὸς, καὶ νόσος, καὶ ἀσθένεια, καὶ σαρκὸς ὄλεθρος, ἅπερ ἀβουλήτως ὑπομένομεν, οὐκ αὐτοὶ κατασκευάζοντες, λογίζεται ἡμῖν εἰς ἁμαρτίας διάλυσιν, πολλῷ μᾶλλον κατορθώματα, ἅπερ ἑκόντες 10 καὶ σπουδάζοντες μετερχόμεθα. Ἀλλ' οὗτος ἔρημος μὲν ἀγαθοῦ παντὸς ἦν, φορτίον δὲ ἁμαρτημάτων ἀφόρητον εἶχε· διὰ τοῦτό φησι, Μὴ ἔχοντος αὐτοῦ ἀποδοῦναι, ἐκέλευσεν αὐτὸν πραθῆναι· ὅθεν μάλιστά ἐστι τοῦ δεσπότου τὴν φιλανθρωπίαν καταμαθεῖν, ὅτι καὶ τὸ λογοθέσιον ἐποίησε, καὶ πραθῆναι ἐκέλευσεν· ἀμφότερα γὰρ ταῦτα εἰργάσατο, ὥστε αὐτὸν μὴ πραθῆναι. Πόθεν τοῦτο δῆλον; Ἀπὸ τοῦ τέλους· εἰ γὰρ πραθῆναι αὐτὸν ἐβούλετο, τίς ὁ κωλύων ἦν; τίς ὁ ἐμποδίζων;

Τίνος οὖν ἕνεκεν ἐκέλευσε, μὴ μέλλων ποιεῖν; Ἵνα αὐξήσῃ τὸν φόβον· τὸν δὲ φόβον ηὔξησε διὰ τῆς ἀπειλῆς, ἵνα αὐτὸν εἰς ἱκετηρίαν ἐμβάλῃ· εἰς ἱκετηρίαν δὲ αὐτὸν ἐνέβαλεν, ἵνα ἀφορμὴν λάβῃ συγχωρήσεως. Ἠδύνατο μὲν γὰρ καὶ πρὸ τῆς παρακλήσεως αὐτὸν ἀφεῖναι, ἀλλ' ἵνα μὴ χείρονα ἐργάσηται, τοῦτο οὐκ ἐποίησεν. Ἠδύνατο καὶ πρὸ τοῦ λογοθεσίου ποιῆσαι τὴν συγχώρησιν, ἀλλ' ἵνα μὴ τὸν ὄγκον ἀγνοῶν τῶν ἁμαρτημάτων, ἀπανθρωπότερος γένηται καὶ ὠμότερος περὶ τοὺς πλησίον, διὰ τοῦτο αὐτὸν πρότερον ἐδίδαξε τὸ μέγεθος τοῦ χρέους, καὶ τότε ἀφῆκεν ἅπαν. Εἰ γὰρ τοῦ λογοθεσίου γενομένου, καὶ τοῦ ὀφειλήματος δειχθέντος, καὶ τῆς ἀπειλῆς ἐπενεχθείσης, καὶ τῆς καταδίκης γενομένης δήλης, ἣν ὑπομεῖναι δίκαιος ἦν, οὕτως ἄγριος καὶ ὠμὸς περὶ τὸν σύνδουλον ἐγένετο· εἰ μηδὲν τούτων ἐξέβη, ποῦ οὐκ ἂν ἐξώλισθεν ἀγριότητος; Διὰ τοῦτο ταῦτα πάντα ὁ Θεὸς ἐποίει καὶ ἐπραγματεύετο, προαναστέλλων αὐτοῦ τὴν ἀπήνειαν ἐκείνην. Εἰ δὲ μηδενὶ διωρθώθη τούτων, οὐ παρὰ τὸν διδάσκαλον, ἀλλὰ παρ' ἐκεῖνον τὸν μὴ δεξάμενον τὴν διόρθωσιν ἡ αἰτία. Πλὴν ἀλλ' ἴδωμεν πῶς αὐτῷ μεθοδεύει τὸ ἕλκος. Πεσὼν οὖν, φησὶ, παρὰ τοὺς πόδας αὐτοῦ, παρεκάλει αὐτὸν λέγων· μακροθύμησον ἐπ' ἐμοὶ, καὶ πάντα σοι ἀποδώσω. Καὶ μὴ μὴν εἶπεν, ὅτι οὐκ εἶχεν ἀποδοῦναι· ἀλλὰ τοιοῦτον τῶν ὀφειλόντων τὸ ἔθος, κἂν μηδὲν ἔχωσιν ἀποδοῦναι, ἐπαγγέλλονται, ὥστε τῶν παρόντων ἀπαλλαγῆναι δεινῶν.

accipere consolationem, quia in vita sua mala acceperat. Declarat et Paulus ad Corinthios de fornicatore scribens: *Tradite hunc hominem satanæ in exitium carnis, ut spiritus servetur.* (1. Cor. 5. 5.) Et alios qui peccaverant consolans, ad hunc modum verba facit: *Ideo in vobis multi infirmi et ægroti, et dormiunt multi: si enim nos ipsos judicaremus, non utique judicaremur. Cum autem judicamur a Domino, castigamur, ut non cum hoc mundo damnemur.* (1. Cor. 11. 31. 32.) Si autem tentationes, morbi, infirmitates, et carnis exitium, quæ nec studio, nec voluntate patimur, imputantur nobis ad peccatorum abolitionem, multo magis recte facta, quæ voluntate et studio persequimur. Huic autem omnium bonorum inopia erat, onus contra peccatorum maximum, et sarcina importabilis. Idcirco dicit, *Non habente illo unde redderet, jussit eum venumdari.* (Matth. 18. 25.) Ex hoc potissimum licet Domini humanitatem perdiscere, quod et rationem instituit, et venumdari jussit: ambo enim ista facta sunt in eum finem, ut non venderetur. Unde id liquet? A rerum exitu: si enim voluisset, quis obicem, quis impedimentum attulisset?

6. Quorsum igitur venditionem imperavit, cum nihil tale facere statuisset? Ut augeret metum: metum vero auxit per minas, ut eum ad supplicationem compelleret; ad supplicationem compulit, ut occasionem donandæ veniæ haberet. Poterat et ante deprecationem eum liberum ab ære alieno dimittere, sed ne inde illum deteriorem faceret, ita se gessit. Poterat ante rationem initam veniam concedere, sed ne ignorans molem scelerum suorum, inhumanior et crudelior erga proximos esset, ideo illi prius declaravit sui debiti magnitudinem, ac tum demum ei remisit omnia. Nam si habita ratione ac ære alieno commonstrato, minisque illatis, et condemnatione proposita, quam sustinere merebatur, adeo ferus et crudelis fuit adversus suum conservum; si nihil istorum adhibitum fuisset, quo non immanitatis prorupisset? Hac de causa hæc omnia Deus fecit et instituit, ut hominis immanitatem illam præmolliret. Si nihil istis rebus emendatus fuit, non penes magistrum, sed penes illum qui emendationem non recipit, culpa statuenda est. Verumtamen videamus quo pacto ejus ulcus abstergat. *Cadens igitur ad pedes ejus, obsecrabat dicens: Patientiam habe in me, et omnia reddam tibi.* (Matth. 18. 26.) Non fassus est se nihil habere quod redderet: sed hic mos est debitorum, ut in summa inopia promittant tamen, quo præ-

sens periculum vitare possint. Audiamus quotquot ignavi sumus ad precandum, quanta sit

Precationis vis.

obsecrationum vis. Non jejunium ostentavit, non ultroneam paupertatem, aut aliquid istiusmodi, sed desertus, sed nudus omni virtute, ubi se ad obsecrandum convertit, eo solo potuit dominum ad misericordiam pertrahere. Ne igitur deficiamus in fundendis precibus. Quis enim hoc sceleratier, qui et tot criminibus obnoxius erat, et nullum recte factum possidebat? Non tamen secum ad istum modum loquutus est, Non audeo loqui, pudore plenus sum, qui potero accedere? qui potero orare? quod plerique peccatorum dicunt, diabolica laborantes timiditate. Non adest tibi fiducia loquendi? Propterea accede, ut majorem fiduciam pares. Num enim homo est, quem placare cupis, ut pudore et verecundia laborandum sit? Deus est qui magis, quam tu ipse, exoptat te a criminibus liberari: non tu tantopere tuam securitatem concupiscis, quantopere ille tuam salutem expetit: idque rebus ipsis docuit. Non habes fiduciam? Eo ipso potes fiduciam habere, quod ita affectus sis: maxima enim fiducia

Maxima fiducia quænam.

est, cum quis se existimat fidere non debere: sicut summopere pudenda res est, justificare seipsum coram Domino. Ille enim impurus est quicumque id facit, etiamsi omnibus hominibus sanctior fuerit: ita quoque justus fit, qui se credit omnium hominum extremum esse. Cujus rei testes sunt Pharisæus et publicanus. Ne igitur despondeamus animum ob peccata, neque desperemus, sed adeamus Deum, procidamus, obsecremus, quemadmodum iste fecit, hactenus bona mente usus. Non despondere animum, non desperare, confiteri peccata, postulare dilationem aliquam et moram, et omnia ista bona sunt et mentis contritæ, et animæ humiliatæ. Quæ jam sequuntur, nequaquam similia sunt superioribus: quæ enim per supplicationem congregaverat, hæc omnia in universum effudit per iram, quam in proximum exercuit. Sed jam ad

Expendit veniæ donatæ modum.

modum donatæ veniæ procedamus. Videamus qualitatem istius remissionis, et quibus rebus ad id dominus adductus fuerit. *Misertus illius dominus,* inquit evangelista, *absolvit eum,* et *debitum remisit.* Ille dilationem petiit, iste veniam concessit, adeo ut plus ceperit, quam

Eph. 3. 20.

postularit. Quapropter Paulus inquit, *Ei, qui potest omnia facere superabundantius quam petimus, aut cogitamus.* Non enim potes cogitare tanta, quanta ille instituit donare tibi.

Ἀκούσωμεν ὅσοι ῥᾳθυμοῦμεν εὐχῆς, πόση τῶν δεήσεων ἡ δύναμις. Οὐ νηστείαν ἐπεδείξατο οὗτος, οὐκ ἀκτημοσύνην, οὐκ ἄλλο τῶν τοιούτων οὐδὲν, ἀλλ' ἔρημος ὢν καὶ γυμνὸς πάσης ἀρετῆς, ἐπειδὴ παρεκάλεσε τὸν δεσπότην μόνον, ἴσχυσεν αὐτὸν ἐπισπάσασθαι πρὸς ἔλεον. Μὴ τοίνυν ἀπαγορεύωμεν ἐν ταῖς δεήσεσι. Τίς γὰρ τούτου γένοιτ' ἂν ἁμαρτωλότερος, ὃς τοσούτοις μὲν ἐγκλήμασιν ὑπεύθυνος ἦν, κατόρθωμα δὲ οὐ μικρὸν, οὐ μέγα ἐκέκτητο; Ἀλλ' ὅμως

E

οὐκ εἶπε πρὸς ἑαυτὸν, ἀπαῤῥησίαστός εἰμι, αἰσχύνης γέμω, πῶς δύναμαι προσελθεῖν; πῶς δύναμαι παρακαλέσαι; ὃ πολλοὶ τῶν ἁμαρτανόντων λέγουσι, διαβολικὴν νοσοῦντες εὐλάβειαν. Ἀπαῤῥησίαστος εἶ; Διὰ τοῦτο πρόσελθε, ἵνα κτήσῃ παῤῥησίαν πολλήν. Μὴ γὰρ ἄνθρωπός ἐστιν ὁ μέλλων σοι καταλλάττεσθαι, ἵνα αἰσχυνθῇς καὶ ἐρυθριάσῃς; Θεός ἐστιν, ὁ σοῦ μᾶλλον βουλόμενος ἀπαλλάξαι σε τῶν ἐγκλημάτων· οὐχ οὕτω σὺ τῆς σεαυτοῦ ἀσφαλείας ἐπιθυμεῖς, ὡς ἐκεῖνος ἐφίεταί σου τῆς σωτηρίας· καὶ τοῦτο δι' αὐτῶν τῶν ἔργων ἡμᾶς ἐπαίδευσεν. Οὐκ ἔχεις παῤῥησίαν; Διὰ τοῦτο δυνήσῃ παῤῥησίαν ἔχειν, ὅτι

31
A

οὕτω διάκεισαι· μεγίστη γὰρ παῤῥησία, τὸ μὴ νομίζειν ἔχειν παῤῥησίαν· ὥσπερ οὖν αἰσχύνη μεγίστη, τὸ δικαιοῦν ἑαυτὸν ἐνώπιον Κυρίου. Ἐκεῖνος ἀκάθαρτός ἐστι, κἂν ἁπάντων ἀνθρώπων ἁγιώτερος ᾖ· ὥσπερ οὖν δίκαιος γίνεται ὁ πείσας ἑαυτὸν πάντων ἔσχατον εἶναι. Καὶ μάρτυρες τῶν λεγομένων ὁ Φαρισαῖος καὶ ὁ τελώνης. Μὴ τοίνυν ἀπογινώσκωμεν ἐν τοῖς ἁμαρτήμασι, μηδὲ ἀπαγορεύωμεν, ἀλλὰ προσεργώμεθα τῷ Θεῷ, προσπίπτωμεν, παρακαλῶμεν, ὅπερ οὗτος ἐποίησε, μέχρι τούτου καλῇ τῇ γνώμῃ χρησάμενος. Τό τε μὴ ἀπαγορεῦσαι, τό τε μὴ ἀπογνῶναι, τό τε ὁμολογῆσαι τὰ ἡμαρτημένα, τό τε αἰτῆσαι ἀναβολήν τινα καὶ μέλλησιν, ταῦτα πάντα καλὰ, καὶ διανοίας

B

συντετριμμένης, καὶ τεταπεινωμένης ψυχῆς. Τὰ δὲ ἐντεῦθεν οὐκ ἔτι ὅμοια τοῖς προτέροις· ἅπερ γὰρ διὰ τῆς ἱκετηρίας συνήγαγε, ταῦτα ἀθρόον ἐξέχεεν ἅπαντα διὰ τῆς εἰς τὸν πλησίον ὀργῆς. Ἀλλὰ τέως ἐπὶ τὸν τρόπον τῆς συγχωρήσεως ἔλθωμεν· ἴδωμεν πῶς αὐτὸν ἀφῆκε, καὶ πόθεν ἐπὶ τοῦτο ἦλθεν ὁ δεσπότης. Σπλαγχνισθεὶς ὁ κύριος αὐτοῦ, φησὶν, ἀπέλυσεν αὐτὸν, καὶ τὸ δάνειον ἀφῆκεν αὐτῷ. Ἐκεῖνος μέλλησιν ᾔτησεν, οὗτος συγχώρησιν ἔδωκεν· ὥστε πλέον οὗ ᾔτησεν, ἔλαβεν ἐκεῖνος. Διὸ καὶ Παῦλός φησι, Τῷ δυναμένῳ πάντα ποιῆσαι ὑπὲρ ἐκ περισσοῦ ὧν αἰτού-

C

μεθα ἢ νοοῦμεν. Οὐδὲ γὰρ ἰσχύεις ἐννοῆσαι τοσαῦτα, ὅσα ἐκεῖνός σοι παρεσκεύασται δοῦναι. Μὴ τοίνυν αἰσχυνθῇς, μηδὲ ἐρυθριάσῃς· μᾶλλον δὲ αἰσχύνου μὲν ἐπὶ τοῖς ἁμαρτήμασι, μὴ ἀπογίνωσκε δὲ, μηδὲ ἀφίστασο τῆς εὐχῆς, ἀλλὰ πρόσελθε καὶ ἁμαρτωλὸς ὢν, ἵνα καταλλάξῃς σου τὸν Δεσπότην, ἵνα δῷς αὐτῷ τὴν οἰκείαν φιλανθρωπίαν ἐν τῇ συγχωρήσει τῶν ἁμαρτιῶν σῶν ἐπιδείξασθαι· ὡς ἐὰν φοβηθῇς προσελθεῖν, ἐνεπόδισας αὐτοῦ τῇ ἀγαθότητι, διεκώλυσας αὐτοῦ τῆς χρηστότητος τὴν δαψίλειαν, τό γε εἰς σὲ ἧκον. Μὴ τοίνυν ἀναπίπτωμεν, μηδὲ ὀκνῶμεν ἐν ταῖς εὐχαῖς. Κἂν γὰρ πρὸς αὐτὸ τῆς κα- D κίας κατενεχθῶμεν τὸ βάραθρον, ταχέως ἐκεῖθεν ἡμᾶς ἀνασπάσαι δυνήσεται. Οὐδεὶς τοσαῦτα ἥμαρτεν, ὅσα οὗτος· καὶ γὰρ ἅπαν εἶδος πονηρίας ἐπῆλθε· καὶ τοῦτο δηλοῖ τὰ μύρια τάλαντα· οὐδεὶς [a] ἔρημος οὕτως ἦν, ὡς οὗτος· τοῦτο γὰρ δηλοῖ τὸ μὴ ἔχειν αὐτὸν ἀποτῖσαι. Ἀλλ' ὅμως τὸν πάντοθεν προδοθέντα ἴσχυσεν εὐχῆς ἐξαρπάσαι δύναμις. Καὶ τοσοῦτον δύναται, φησὶν, εὐχὴ, ὡς τὸν δι' ἔργων καὶ μυρίων πραγμάτων προσκρούσαντα τῷ Δεσπότῃ ἀπαλλάξαι κολάσεως καὶ τιμωρίας; Ναὶ, τοσοῦτον δύναται, ἄνθρω- E πε. Οὐδὲ γὰρ αὕτη μόνη ἐστὶν ἡ τὸ πᾶν ἀνύουσα, ἀλλ' ἔχει σύμμαχον καὶ βοηθὸν μέγιστον τὴν φιλανθρωπίαν τοῦ δεχομένου τὴν εὐχὴν Θεοῦ, ἥτις ἐνταῦθα τὸ πᾶν εἰργάσατο, καὶ τὴν εὐχὴν ἐποίησε δυνατήν. Τοῦτο γοῦν καὶ αἰνιττόμενος ἔλεγε· Σπλαγχνισθεὶς ὁ κύριος αὐτοῦ, ἀπέλυσεν αὐτὸν, καὶ τὸ δάνειον ἀφῆκεν αὐτῷ· ἵνα μάθῃς ὅτι μετὰ τῆς εὐχῆς, καὶ πρὸ τῆς εὐχῆς, τοῦ δεσπότου τὰ σπλάγχνα τὸ πᾶν ἐποίησεν. Ἐξελθὼν δὲ ἐκεῖνος εὗρεν ἕνα τῶν συνδούλων αὐτοῦ, 12 A ὃς ὤφειλεν αὐτῷ ἑκατὸν δηνάρια· καὶ κρατήσας αὐτὸν ἔπνιγε, λέγων, ἀπόδος μοι, εἴ τι ὀφείλεις. Ἆρα τί τούτου γένοιτ' ἂν μιαρώτερον; Ἔναυλον ἔχων τὴν εὐεργεσίαν, ἐπελήσθη τῆς τοῦ δεσπότου φιλανθρωπίας.

Ne igitur pudefias, neve erubescas, imo potius pudorem de peccatis collige, ne desperes, neve absistas a precatione, sed accede, licet peccator sis, ut reconcilies tibi Dominum, ut des illi locum suam humanitatem in condonatione tuorum criminum exhibendi : quia, si timeas accedere, impedis illius bonitatem, remoraris illius benignitatis largitatem, quantum ad te attinet. Ne igitur animum despondeamus, neve nos segnes timidosque ad preces exhibeamus. Etiamsi detrusi simus ad barathrum malitiæ, facile inde nos extrahere poterit. Nemo tantum peccavit quantum iste : nam in omne genus scelerum proruperat : id enim significant dena millia talentorum : nemo ita inops virtutis est, ut iste fuit : hoc enim intelligitur ex eo, quod nihil haberet quod rependeret. Attamen undecumque desertum et inopem potuit vis precum liberare. Tantum, inquit, valet precatio, ut eum qui innumeris rebus et factis Dominum offenderit, a pœna et supplicio eripere possit? Potest haud dubie. Non enim illa sola est quæ omnia conficit, sed habet sociam et auxiliatricem maximam humanitatem Dei, qui preces accipit, cujus viribus omnia fiunt et quæ orationem efficacem reddidit. Id igitur subindicans, dixit, *Misertus Dominus ejus absolvit eum, et æs alienum remisit ei* : ut discas, et post preces, et ante preces domini viscera totum illud negotium fecisse. *Egressus autem ille invenit unum conservorum suorum, qui ipsi debebat centum denarios, et tenens suffocabat eum dicens : Redde quod debes.* Quid scelestius fieri potest? Adhuc enim beneficii vocem in auribus gerens, oblitus est herilis bonitatis.

Non solæ preces veniam impetrant, sed cum gratia Dei.

Matth. 18. 28.

Ὁρᾷς ὅσον ἐστὶν ἀγαθὸν ἁμαρτημάτων μεμνῆσθαι; Καὶ γὰρ οὗτος, εἰ διηνεκῶς τούτων ἐμέμνητο, οὐκ ἂν οὕτως ἄγριος ἐγένετο καὶ ἀπάνθρωπος. Διὰ τοῦτο συνεχῶς λέγω, καὶ λέγων οὐ παύσομαι, ὅτι χρήσιμον σφόδρα καὶ ἀναγκαῖον τὸ διηνεκῶς μνημονεύειν ἡμᾶς τῶν πεπλημμελημένων ἡμῖν ἁπάντων· οὐδὲν γὰρ οὕτω φιλόσοφον καὶ ἐπιεικῆ καὶ πρᾶον τὴν ψυχὴν ἐργάσασθαι δύναται, ὡς ἡ διηνεκὴς τῶν ἁμαρτημάτων μνήμη. Διὰ τοῦτο καὶ ὁ Παῦλος οὐ μόνον τῶν B μετὰ τὸ λουτρὸν, ἀλλὰ καὶ τῶν πρὸ τοῦ βαπτίσματος ἁμαρτημάτων ἐμέμνητο, καίτοι γε ἀφανισθέντων καθάπαξ. Εἰ δὲ ἐκεῖνος τῶν πρὸ τοῦ βαπτίσματος ἐμέμνητο, πολλῷ μᾶλλον ἡμᾶς τῶν μετὰ τὸ βάπτισμα μεμνῆσθαι δεῖ· οὐ γὰρ δὴ μόνον αὐτὰ διαλύομεν τῇ μνήμῃ, ἀλλὰ καὶ πρὸς ἅπαντας ἀνθρώπους ἐπιεικέστερον διακεισόμεθα, καὶ τῷ Θεῷ μετὰ πλείονος δου-

7. En quantum bonum est peccatorum suorum meminisse : si enim hic perpetuo eorum memoriam retinuisset, non tam ferus et immanis factus fuisset. Propterea assidue dico, nec omittam dicere, valde est utile et necessarium perpetuo recordari delictorum omnium : nihil enim ita recte institutam, tractabilem et mitem animam facere potest, quam perpetua delictorum recordatio. Ideo et Paulus non solum peccatorum eorum, quæ ante lavacrum, sed etiam quæ post baptismum commissa erant, memor fuit, quamvis semel omnia et deleta et exstincta essent. Si autem ille eorum, quæ ante baptismum gesserat, memor fuit, multo magis nos, quæ post baptismum acta sunt, in memoria retinere debemus; non enim solum illa istiusmodi recordatione

Recordatio peccatorum utilis.

Paulus peccatorum suorum recordatur.

[a] Savil. ut in textu habet. Reg. vero οὐδεὶς ἔρημος ἀρετῆς ἦν, et sic legisse Nannius videtur.

exstinguimus, sed et inde erga omnes homines mitiores efficiemur, et Deo cum majori benevolentia inserviemus, ineffabilem ejus humanitatem ex istiusmodi memoria perspicientes. Quod iste non fecit, sed oblitus magnitudinis debitorum suorum, etiam beneficii domini non recordatus est; oblivione porro beneficii factum est, ut scelerate se gesserit adversus conservum, et scelerate se gerendo omnia perdiderit, quæ a Dei bonitate consequutus erat. *Tenens enim suffocabat eum, dicens: Redde si quid debes.* Non dixit, Redde centum denarios: puduisset enim eum nominare tantillas minutias, sed *Red-*
Matth. 18. 29. *de si quid debes. Ille autem cadens ad pedes ejus obsecrabat dicens: Patientiam habe in me, et omnia reddam tibi.* Eisdem verbis suam salutem orat, quibus ille veniam a Domino impetraverat. Is autem præ nimia crudelitate ne istis quidem verbis flectebatur, neque cogitavit, se per hæc dicta salutem invenisse. Quinimo si debitum remisisset, ne ita quidem pro humanitate factum illud imputandum fuisset, sed pro debito. Si enim ante rationem initam, et beneficium acceptum, hoc fecisset, ipsius magnanimitati tale factum adscribi potuisset: jam vero tam clementer habitus et tot peccatorum remissione donatus, ad parem erga conservum clementiam obligatus erat. Ille tamen nihil istiusmodi fecit, aut in mentem admisit, ut cogitaret, quantum interesset inter condonationem, quæ ipsi a Domino contigerat, et eam quæ erga conservum exhibenda erat: non enim solum magnitudine debitorum aut dignitate personarum, sed eo ipso modo, quo res acta est, magnum inter utrumque discrimen conspicias. Illud enim debitum decem millium talentorum erat, hoc centum denariorum: et ille quidem in dominum contumeliose peccaverat, hic tantummodo conservo obligatus erat: ille beneficiis acceptis bene mereri vicissim debebat, dominus, qui nihil boni aut magni aut parvi ab ipso factum videbat, omnia remisit. Attamen nihil horum cogitavit; sed semel ab ira
Ib. v. 30. excæcatus, suffocabat eum, et in carcerem con-
Ib. v. 31. jecit. Videntes autem conservi ejus indignati sunt, ut ait Scriptura, et ante dominum conservi eum damnaverunt, ut discas domini mansuetudinem. Cum audisset id dominus, rursus adversus eum accitum judicium instituit, neque vel tam simpliciter condemnationem effert, sed prius tan-

λεύσομεν τῆς εὐνοίας, τὴν ἄφατον αὐτοῦ φιλανθρωπίαν ἐκ τῆς τούτων μνήμης καταμανθάνοντες. Ὅπερ οὗτος οὐκ ἐποίησεν, ἀλλ' ἐπιλαθόμενος τοῦ μεγέθους τῶν
C ὀφλημάτων, καὶ τῆς εὐεργεσίας ἐπελάθετο· τῆς δὲ εὐεργεσίας ἐπιλαθόμενος, πονηρὸς περὶ τὸν σύνδουλον ἐγένετο, καὶ διὰ τῆς εἰς ἐκεῖνον πονηρίας ἅπαντα, ἅπερ ἐκέρδανεν ἀπὸ τῆς τοῦ Θεοῦ φιλανθρωπίας, ἀπώλεσε. Κρατήσας γὰρ αὐτὸν ἔπνιγε λέγων, Ἀπόδος μοι, εἴ τι ὀφείλεις. Οὐκ εἶπεν, Ἀπόδος μοι τὰ ἑκατὸν δηνάρια· ᾐσχύνετο γὰρ τοῦ χρέους τὴν εὐτέλειαν· ἀλλ' Ἀπόδος, εἴ τι ὀφείλεις. Ὁ δὲ πεσὼν ἐπὶ τοὺς πόδας αὐτοῦ, παρεκάλει αὐτὸν, λέγων· μακροθύμησον ἐπ' ἐμοὶ, καὶ πάντα σοι ἀποδώσω. Διὰ τῶν ῥημάτων, δι' ὧν ἐκεῖνος εὕρετο τὴν συγχώρησιν, διὰ τούτων καὶ οὗτος ἀξιοῖ σωθῆναι. Ὁ δὲ ὑπὸ
D τῆς ἄγαν ὠμότητος οὐδὲ τούτοις τοῖς λόγοις κατεκάμπτετο, οὐδὲ ἐνενόησεν, ὅτι διὰ τούτων ἐσώθη τῶν ῥημάτων. Καίτοι γε καὶ εἰ συνεχώρησεν, οὐδὲ οὕτω φιλανθρωπία τὸ πρᾶγμα λοιπὸν ἦν, ἀλλ' ὀφειλὴ καὶ χρέος. Εἰ μὲν γὰρ, πρὶν ἢ γενέσθαι τὸ λογοθέσιον, καὶ τὴν ψῆφον ἐξενεχθῆναι ἐκείνην, καὶ τοσαύτης ἀπολαῦσαι εὐεργεσίας, τοῦτο ἐποίησεν, οἰκείας μεγαλοψυχίας ἦν τὸ γινόμενον· νυνὶ δὲ μετὰ τοσαύτην δωρεὰν καὶ τοσούτων ἁμαρτημάτων ἄφεσιν, ὥσπερ ἀναγκαίου τινὸς ὀφλήματος λοιπὸν ὑπεύθυνος ἦν τῆς
E περὶ τὸν σύνδουλον ἀνεξικακίας. Ἀλλ' ὅμως οὐδὲ τοῦτο ἐποίησεν, οὐδὲ ἐνενόησεν ὅσον τὸ μέσον ἦν τῆς ἀφέσεως, ἧς τε αὐτὸς ἀπήλαυσε, καὶ ἣν περὶ τὸν σύνδουλον ἐπιδείκνυσθαι ἔμελλεν· οὐ γὰρ δὴ τῇ ποσότητι τῶν ὀφλημάτων, οὐδὲ τῷ ἀξιώματι τῶν προσώπων μόνον, ἀλλὰ καὶ αὐτῷ τῷ τρόπῳ πολλὴν τὴν διαφορὰν ἴδοι τις ἄν. Ἐκεῖνα μὲν γὰρ μύρια τάλαντα ἦν, ταῦτα δὲ ἑκατὸν δηνάρια· καὶ οὗτος μὲν εἰς τὸν δεσπότην ὕβρισεν, ὁ δὲ ὀφείλων αὐτῷ εἰς τὸν σύνδουλον· καὶ οὗτος μὲν εὖ παθὼν ἔμελλε χαριεῖσθαι, δεσπότης δὲ οὐ μι-
13 A κρὸν, οὐ μέγα ἀγαθὸν ἰδὼν παρ' αὐτοῦ γενόμενον, πάντα ἀφῆκεν. Ἀλλ' ὅμως οὐδὲν τούτων ἐνενόησεν, ἀλλὰ καθάπαξ ὑπὸ τῆς ὀργῆς πηρωθεὶς ἦγχεν αὐτὸν, καὶ εἰς τὸ δεσμωτήριον ἐνέβαλεν. Ἰδόντες δὲ οἱ σύνδουλοι αὐτοῦ, φησὶν, ἠγανάκτησαν, καὶ πρὸ τοῦ δεσπότου οἱ σύνδουλοι καταψηφίζονται, ἵνα μάθῃς τοῦ δεσπότου τὸ ἥμερον. Ἀκούσας δὲ ὁ δεσπότης αὐτοῦ, καὶ καλέσας αὐτὸν, πάλιν κρίνεται πρὸς αὐτὸν, καὶ οὐδὲ οὕτως ἁπλῶς ἐκφέρει τὴν καταδίκην, ἀλλὰ πρότερον δικαιολογεῖται. Καὶ τί φησι; Δοῦλε πονηρὲ, πᾶσαν τὴν ὀφειλὴν ἐκείνην ἀφῆκά σοι. Τί τούτου γένοιτ' ἂν ἀγαθώτερον τοῦ δεσπότου; Ὅτε μὲν αὐτῷ ὤφειλε
B τὰ μύρια τάλαντα, οὐδὲ μέχρι ῥήματος αὐτὸν [a] ἐλύπησεν, οὐδὲ πονηρὸν ἐκάλεσεν, ἀλλὰ πραθῆναι μόνον

[a] Savil. in textu ἐκάλεσεν, in marg. ἐλύπησεν, quæ lectio præstat. Verum etiam sic sententia manca est, quam ex Regio Codice emendamus. Nannius sic legerat, ut in Regio Codice fertur.

ἐκέλευσε· καὶ τοῦτο, ἵνα ἀπαλλάξῃ τῶν ὀφλημάτων. Ἐπειδὴ δὲ εἰς τὸν σύνδουλον πονηρὸς ἐγένετο, τότε ὀργίζεται καὶ παροξύνεται, ἵνα μάθῃς ὅτι εὐκολώτερον τὰ εἰς αὐτὸν ἀφίησιν, ἢ τὰ εἰς τοὺς πλησίον ἁμαρτήματα. Καὶ οὐκ ἐνταῦθα μόνον τοῦτο ποιεῖ, ἀλλὰ καὶ ἀλλαχοῦ. Ἐὰν γὰρ προσφέρῃς τὸ δῶρόν σου, φησὶν, ἐπὶ τὸ θυσιαστήριον, κἀκεῖ μνησθῇς ὅτι ὁ ἀδελφός σου ἔχει τι κατὰ σοῦ, ὕπαγε, πρῶτον διαλλάγηθι τῷ ἀδελφῷ σου, καὶ τότε ἐλθὼν πρόσφερε τὸ δῶρόν σου. Ὁρᾷς πῶς πανταχοῦ τῶν αὐτοῦ τὰ ἡμέτηρα προτιμᾷ, καὶ τῆς εἰρήνης καὶ τῆς ἀγάπης τῆς C εἰς τὸν πλησίον οὐδὲν ἀνώτερον τίθησιν; Καὶ πάλιν ἀλλαχοῦ, Ὁ ἀπολύων τὴν γυναῖκα αὐτοῦ παρεκτὸς λόγου πορνείας, ποιεῖ αὐτὴν μοιχευθῆναι. Διὰ δὲ Παύλου οὕτως ἐνομοθέτει· Εἴ τις ἀνὴρ γυναῖκα ἔχει ἄπιστον, καὶ αὐτὴ συνευδοκεῖ οἰκεῖν μετ' αὐτοῦ, μὴ ἀφιέτω αὐτήν. Ἂν μὲν γὰρ πορνεύσῃ, φησὶν, ἔκβαλε· ἂν δὲ ἄπιστος ᾖ, μὴ ἐκβάλῃς· ἐὰν εἰς σὲ ἁμάρτῃ, φησὶν, ἀπόκοψον· ἐὰν δὲ εἰς ἐμὲ ἁμάρτῃ, κάτεχε. Οὕτω καὶ ἐνταῦθα, ὅτε μὲν εἰς αὐτὸν ἥμαρτεν ἁμαρτήματα τοσαῦτα, συνεχώρησεν· ὅτε δὲ εἰς τὸν σύνδουλον ἥμαρτεν ἐλάττονα πολλῷ καὶ βραχίω τῶν εἰς τὸν δεσπότην, οὐκ ἀφῆκεν, ἀλλ' ἐπεξῆλθε· καὶ ἐνταῦθα μὲν πονηρὸν ἐκάλεσεν, ἐκεῖ δὲ οὐδὲ μέχρι ῥήματος αὐτὸν ἐλύπησε. Διὰ D τοῦτο μὲν καὶ ἐνταῦθα καὶ τοῦτο πρόσκειται, ὅτι ὀργισθεὶς παρέδωκεν αὐτὸν τοῖς βασανισταῖς· ἡνίκα δὲ αὐτὸν ἀπῄτει λόγον τῶν μυρίων ταλάντων, οὐδὲν τοιοῦτον προσέθηκεν· ἵνα μάθῃς, ὅτι ἐκείνη μὲν ἡ ψῆφος οὐχὶ ὀργῆς ἦν, ἀλλὰ κηδεμονίας πρὸς συγχώρησιν ἐπαγομένης· αὕτη δὲ αὐτὸν μάλιστα παρώξυνεν ἡ ἁμαρτία. Ἆρα τί γένοιτ' ἂν μνησικακίας χεῖρον, ὅταν φιλανθρωπίαν ἐξενεχθεῖσαν ἀνακαλεῖται Θεοῦ, καὶ ἅπερ οὐκ ἴσχυσεν αὐτὸν διαθεῖναι τὰ ἁμαρτήματα, ταῦτα ἰσχύει αὐτὸν ἐργάσασθαι ἡ κατὰ τοῦ πλησίον ὀργή; Καίτοι γε γέγραπται, ὅτι Ἀμεταμέλητα τὰ χαρίσματα τοῦ Θεοῦ. E Πῶς οὖν ἐνταῦθα μετὰ τὸ ἐξενεχθῆναι τὴν δωρεὰν, μετὰ τὸ προχωρῆσαι τὴν φιλανθρωπίαν, ἀνεκλήθη πάλιν ἡ ψῆφος; Διὰ τὴν μνησικακίαν· ὥστε οὐκ ἄν τις ἁμάρτοι, πάσης ἁμαρτίας ταύτην χαλεπωτέραν ἀποφηνάμενος εἶναι· αἱ μὲν γὰρ ἄλλαι πᾶσαι ἠδυνήθησαν συγχώρησιν εὑρέσθαι, αὕτη δὲ οὐ μόνον οὐκ ἴσχυσε συγγνώμης τυχεῖν, ἀλλὰ καὶ τὰς ἑτέρας ἀφανισθείσας καθάπαξ 14 A ἀνενέωσε πάλιν. Ὥστε διπλοῦν κακὸν ἡ μνησικακία, ὅτι τε οὐδεμίαν ἀπολογίαν ἔχει παρὰ τῷ Θεῷ, καὶ ὅτι τὰ λοιπὰ ἡμῶν ἁμαρτήματα, κἂν συγχωρηθῇ, πάλιν ἀνακαλεῖται, καὶ καθ' ἡμῶν ἵστησιν· ὅπερ οὖν καὶ ἐνταῦθα ἐποίησεν. Οὐδὲν γὰρ, οὐδὲν οὕτως ὁ Θεὸς μισεῖ καὶ ἀποστρέφεται, ὡς ἄνθρωπον μνησίκακον καὶ διατηροῦντα ὀργήν. Καὶ τοῦτο μάλιστα μὲν ἐντεῦθεν ἐπεδείξατο, καὶ ἀπὸ τῆς εὐχῆς δὲ αὐτῆς ἐκέ-

quam de jure cum illo disceptat. Cæterum quibus id verbis facit? *Serve nequam, omne de-* Ib. v. 32.
bitum illud remisi tibi. Quid melius eo domino, cui cum deberentur decem millia talentorum, ne verbo quidem stomachatus est, aut scelestum appellavit? sed eum tantummodo venumdari jussit: idque eo fine, ut a debitis liberaretur. Eidem cum adversus conservum improbe egisset, stomachatur: ut discas ipsum facilius quod in se peccetur, quam quod adversus alios, remittere sole- C re. Ac non istud in hoc solo loco facit, verum et alibi. *Si enim*, inquit, *offers munus tuum ad altare*, et *illic recordatus fueris, quod frater tuus habet aliquid adversum* te, *abi primum, ut reconcilieris fratri tuo, ac tum veniens offer munus tuum.*

Facilius sibi quam aliis debita remittit Deus. Matth. 5. 23. 24.

Vides quam ubique suis nostra anteponat, pacemque et caritatem proximorum summo loco constituat? Et rursus alibi:
Quicumque repudiat uxorem suam, præter- Ib. v. 32.
quam ratione adulterii, eam adulterari facit.
Per Paulum autem hanc legem sancit, *Si quis* 1. Cor. 7.
vir uxorem habet infidelem, eique placeat 12.
cum ipso habitare, ne dimittat eam. Quod si adultera sit, inquit, ejiciatur; si autem infidelis D sit, ne expellatur: si, inquit, in te peccaverit, abscinde; si in me, detineas. Ita et hic, cum tanta peccata adversum se commissa erant, veniam dedit, cum autem adversus conservum, licet minora paucioraque, nequaquam remisit, sed ultionem persequutus est: et hic quidem eum scelestum appellavit, illic ne verbo quidem contristavit. Et ideo hic illud quoque adjunctum est, quod dominus iratus tradiderit eum tortoribus: cum autem ab illo reposcebat rationem decies mille talentum, nihil istiusmodi additum E fuit: ut intelligas illio quidem calculum subductum fuisse, non irarum, sed sollicitudinis, quæ veniæ locum pararet. Hoc autem peccatum dominum plane exacerbavit. Quid igitur est pejus injuriæ recordatione, cum benignitatem Dei jam depromtam revocet, et quæ non potuerunt efficere alia peccata, hæc efficiat ira adversus proximum? Atqui scriptum est, Dei dona esse sine Rom 11.
pœnitentia. Cur igitur hic post eductum munus, 29.
14 A post progressam benignitatem, reductus est calculus? Propter injuriæ memoriam: quamobrem non erraverit quis, si hoc peccatum omni peccato gravius pronuntiet: alia enim omnia veniam impetrare potuerunt, istud solum adeo non potuit veniam adipisci, ut jam deleta, et jam exstincta iterum renovarit. Duplex igitur malum pertinax injuriæ memoria, et quod nullam ex-

cusationem apud Deum habeat, et quod reliqua peccata jam remissa iterum revocet, et contra nos constituat. Quod ipsum et hic factum est: nihil enim, nihil omnino ita Deus odit, et aversatur, ut hominem offensarum memorem, et tenacis iræ. Et illud quidem præcipue ex hoc loco declaravit, et ex oratione, in qua jussit nos ita dicere: *Dimitte nobis debita nostra, sicut et nos dimittimus debitoribus nostris.* Hæc igitur omnia docti, et parabola ista in cordibus inscripta, cum cogitaverimus quæ passi sumus a conservis, cogitemus quæ fecimus in ipsum Dominum, et metu propriorum criminum iram de alienis delictis collectam facillime poterimus summovere: si enim meminisse oportet delictorum, propriorum tantum meminisse oportet; quod si propriorum memores fuerimus, numquam aliena debeta supputabimus: contra si illorum obliviscamur, ista facilius obversabuntur nostris cogitationibus. Nam et hic si decies mille talentorum memor fuisset, numquam centum denariorum recordationem retinuisset. Ideo postquam illorum oblitus erat, factum est, ut conservum suffocaret, et pauca volens exigere, neque illa quidem assequutus est; sed et decies mille talentorum molem in suum ipsius caput retraxit. Quocirca audacter dixero, omni peccato istud gravius esse: quinimo non ego hoc dico, sed Christus per parabolam istam istud declaravit. Si enim non decem millibus talentum, hoc est, ineffabilibus peccatis istud gravius esset, nequaquam hujus causa illa omnia jam donata revocata fuissent. Nihil igitur ita studeamus, quam ut ipsi ira vacemus et nobis infensos reconciliemus: cum illud sciamus, nullam nec orationem, nec eleemosynam, nec jejunium, nec participationem mysteriorum, aut aliud quidpiam, si memores offensarum simus, nobis patrocinari posse in illa die: ut contra si hoc peccatum superemus, etiamsi mille delictis inquinati simus, veniam aliquam consequi nos posse. Nec meus sermo est iste, sed illius qui tunc nos judicaturus est Dei. Quemadmodum hoc in loco pronuntiavit: *Ita*, inquies, *faciet pater meus, si non remiseritis unusquisque ex cordibus vestris.* Et rursus alibi: *Si remiseritis hominibus delicta sua, remittet et vobis Pater vester cœlestis.* Ut igitur et hic mansuetam et mitem agamus vitam, et illic veniam et remissionem obtineamus: studendum ac satagendum est, ut quotquot habemus inimicos, eos nobis reconciliemus: ita enim et Dominum nostrum,

Nihil ita Deus odit ut mentem memorem injuriæ.

Matth. 6. 12.

Matth. 18. 35. et 6. 14.

λευσεν ἡμῖν λέγειν οὕτως, Ἄφες ἡμῖν τὰ ὀφειλήματα ἡμῶν, ὡς καὶ ἡμεῖς ἀφίεμεν τοῖς ὀφειλέταις ἡμῶν. Ταῦτα οὖν ἅπαντα εἰδότες, καὶ τὴν παραβολὴν ἐγ- B γράψαντες ταύτην ἐν ταῖς καρδίαις, ὅταν ἐννοήσωμεν ἅπερ πεπόνθαμεν παρὰ τῶν συνδούλων, λογισώμεθα ἅπερ ἐποιήσαμεν εἰς τὸν Δεσπότην· καὶ τῷ φόβῳ τῶν οἰκείων ἁμαρτημάτων τὸν θυμὸν τὸν ἐπὶ τοῖς ἀλλοτρίοις πλημμελήμασι ταχέως ἀπώσασθαι δυνησόμεθα· εἰ γὰρ δεῖ μεμνῆσθαι ἁμαρτημάτων, τῶν οἰκείων δεῖ μεμνῆσθαι μόνον· ἐὰν δὲ τῶν οἰκείων μνημονεύσωμεν, οὐδέποτε τὰ ἀλλότρια λογιούμεθα· ὥσπερ οὖν ἂν τούτων ἐπιλανθανώμεθα, ἐκεῖνα ῥᾳδίως ἐμφιλοχωρήσει τοῖς ἡμετέροις λογισμοῖς. Καὶ γὰρ οὗτος εἰ τῶν μυρίων ταλάντων ἐμέμνητο, οὐκ ἂν ἐμνήσθη τῶν ἑκατὸν δηναρίων· ἀλλ' ἐπειδὴ ἐκείνων C ἐπελάθετο, διὰ τοῦτο ὑπὲρ τούτων ἦγχε τὸν σύνδουλον, καὶ ὀλίγα βουλόμενος ἀπαιτῆσαι, οὔτε ἐκείνων ἐπέτυχεν, ἀλλὰ καὶ τῶν μυρίων ταλάντων τὸν ὄγκον εἰς τὴν ἑαυτοῦ κεφαλὴν ἐπεσπάσατο. Διὰ τοῦτο θαῤῥῶν ἂν εἴποιμι, ὅτι πάσης ἁμαρτίας αὕτη χαλεπωτέρα· μᾶλλον δὲ οὐκ ἐγὼ τοῦτο, ἀλλὰ ὁ Χριστὸς διὰ τῆς παραβολῆς ταύτης τοῦτο ἀπεφήνατο. Εἰ γὰρ μὴ μυρίων ταλάντων, λέγω δὴ τῶν ἀφάτων ἁμαρτημάτων, αὕτη χαλεπωτέρα ἦν, οὐκ ἂν διὰ ταύτην κἀκεῖνα ἀνεκαλέσατο. Οὕτω μηδὲν τοίνυν σπουδάζωμεν, ὡς ὀργῆς καθαρεύειν, καὶ τοὺς πρὸς ἡμᾶς ἀηδῶς ἔχοντας καταλλάττειν, εἰδότες ὅτι οὔτε εὐχὴ, οὔτε ἐλεημοσύνη, D οὔτε νηστεία, οὔτε κοινωνία μυστηρίων, οὔτε ἄλλο τῶν τοιούτων οὐδὲν, ἐὰν μνησικακῶμεν, δυνήσεται ἡμῶν προστῆναι κατὰ τὴν ἡμέραν ἐκείνην· ὥσπερ οὖν ἐὰν ταύτης περιγενώμεθα τῆς ἁμαρτίας, κἂν μυρία ἔχωμεν πλημμελήματα, δυνησόμεθά τινος συγγνώμης τυχεῖν. Καὶ οὐχὶ ἐμὸς ὁ λόγος, ἀλλ' αὐτοῦ τοῦ μέλλοντος ἡμᾶς τότε κρίνειν Θεοῦ. Καθάπερ γὰρ ἐνταῦθα εἶπεν, ὅτι Οὕτω ποιήσει καὶ ὁ Πατήρ μου, ἐὰν μὴ ἀφῆτε ἕκαστος ἀπὸ τῶν καρδιῶν ὑμῶν· οὕτω καὶ ἀλλαχοῦ φησιν, Ἐὰν ἀφῆτε τοῖς ἀνθρώποις τὰ παραπτώματα αὐτῶν, ἀφήσει καὶ ὑμῖν ὁ Πατὴρ ὑμῶν ὁ οὐράνιος. Ἵνα οὖν καὶ ἐνταῦθα πρᾶον καὶ ἤρεμον διάγωμεν βίον, κἀκεῖ συγχωρήσεως καὶ ἀφέ- E σεως τύχωμεν, σπουδάζωμεν καὶ πραγματευώμεθα, ὅσους ἐὰν ἔχωμεν ἐχθροὺς, καταλλάττειν ἡμῖν· οὕτω γὰρ καὶ τὸν Δεσπότην ἡμῶν, κἂν μυρία ὦμεν ἡμαρτηκότες, καταλλάξομεν, καὶ τῶν μελλόντων ἐπιτευξόμεθα ἀγαθῶν· ὧν γένοιτο πάντας ἡμᾶς ἀξιωθῆναι, χάριτι καὶ φιλανθρωπίᾳ τοῦ Κυρίου ἡμῶν Ἰησοῦ

Χριστοῦ, ᾧ ἡ δόξα καὶ τὸ κράτος εἰς τοὺς αἰῶνας τῶν αἰώνων. Ἀμήν.

etiamsi sexcenties peccaverimus, nobis reconciliabimus, et futura bona adipiscemur, quibus nos dignos opto fieri, gratia et humanitate Domini nostri Jesu Christi, cui gloria et imperium in sæcula sæculorum. Amen.

AD HOMILIAM IN ILLUD, 15

PATER, SI POSSIBILE EST, TRANSEAT A ME CALIX ISTE, ETC.

MONITUM.

Nullam temporis certam notam præ se fert hæc homilia; vixque deprehendi posse videtur Antiochiæne an Constantinopoli hæc concionatus sit Chrysostomus. Hoc unum initio commemoratur, nimirum paucis ante diebus contra rapaces et avaros multa, eaque admodum gravia dicta fuisse. Quam autem hic memoret concionem, haud ita facile est augurari. Multis enim in locis prædones illos publicæque rei pestes alibi vehementer insectatur ille.

Aliquid tamen lucis ex iis quæ post principium dicuntur, nos mutuari posse putamus. De proposita lectione agens Chrysostomus, nempe: *Pater, si possibile est, transeat a me calix iste: verumtamen non sicut ego volo, sed sicut tu;* ita loquitur: *Nam* et *multos quærere arbitror, qua de causa dicta hæc sint a Christo, ac verisimile est eos qui adsunt hæreticos hæc verba arripere, multosque ex simplicioribus fratribus supplantare.* Unde liquet hæreticos illos, qui Filium Patre minorem, ipsique dissimilem dicebant, nempe Anomœos, Chrysostomi concionibus interfuisse. Illud autem frequenter Antiochiæ accidisse, et præsentes hæreticos Chrysostomum confutasse, ipse diserte ait, Tomo I de Incomprehensibili contra Anomœos p. 450, idipsumque postea subindicat p. 525, et p. 509, in hæc verba queis Christus Petrum repulit, *Vade post me, satana*, etc., eadem pene ipsa quæ hic paulo post initium habes, iisdemque fere verbis commemorat. Quamobrem putaverim hanc homiliam Antiochiæ habitam fuisse, nec diu post illas contra Anomœos Homilias; quod tamen conjecturæ tantum loco dictum sit.

Interpretatio Latina est Frontonis Ducæi.

---

[a]ΕΙΣ ΤΟ, A

Πάτερ, εἰ δυνατόν ἐστι, παρελθέτω ἀπ' ἐμοῦ τὸ ποτήριον τοῦτο· πλὴν οὐχ ὡς ἐγὼ θέλω, ἀλλ' ὡς σύ· καὶ κατὰ Μαρκιωνιστῶν καὶ Μανιχαίων· καὶ ὅτι οὐ χρὴ ἐπιπηδᾷν τοῖς κινδύνοις, ἀλλὰ παντὸς θελήματος προτιμᾷν τὸ τοῦ Θεοῦ θέλημα.

Βαθεῖαν τομὴν τοῖς ἁρπάζουσι καὶ πλεονεκτεῖν βουλομένοις πρῴην ἐδώκαμεν· οὐχ ἵνα πλήξωμεν, ἀλλ' ἵνα διορθωσώμεθα, οὐ τοὺς ἀνθρώποις μισοῦντες, ἀλλὰ τὴν πονηρίαν ἀποστρεφόμενοι. Ἐπεὶ καὶ B

IN ILLUD,

Pater, si possibile est, transeat a me calix iste: Matth. 26. 39.
verumtamen non sicut ego volo, sed sicut tu:
et contra *Marcionistas* et *Manichæos:*
et *quod ingerere se periculis non oporteat,*
sed omni voluntati Dei voluntatem anteferre.

1. Profundam sectionem nuper inflximus iis qui prædantur et alios per avaritiam fraudare conantur; non ut eos vulneraremus, sed ut eos corrigeremus: non quod homines odio prose-

[a] Collata cum Ms. Regio 1958, qui pauca exhibet lectionum discrimina.

quamur, sed quod improbitatem aversemur. Quandoquidem medicus etiam secat ulcus, non quod ægro sit infestus, sed quod morbum et vulnus oppugnet. Age paululum quietis hodie demus ipsis, ut a dolore possint respirare, neque frequenter icti a medicina resiliant. Ita faciunt et medici: emplastra post sectiones imponunt, ac medicamenta, tum aliquot dies elabi sinunt, dum ea excogitant, quæ dolorem possint mitigare. Hos utique nos etiam hodie imitemur, ac indulgeamus ipsis, ut ex sermone nostro utilitatem percipere valeant, ac de dogmatibus instituta disputatione sermonem ad ea quæ lecta sunt traducamus. Nam et multos quærere arbitror, qua de causa dicta hæc sint a Christo: ac verisimile est eos qui adsunt hæreticos hæc verba arripere, multosque ex fratribus simplicioribus supplantare. Ut igitur et illorum propulsemus insultus, et eos qui quæstiones proponunt, anxietate ac perturbatione liberemus, locum istum pertractantes horum verborum expositioni sic immoremur, ut reconditos quosque sensus attingamus. Non enim sufficit lectio, nisi accedat et cognitio: nam et Candaces eunuchus legebat, sed quousque præsto fuit qui doceret eum, quid illud esset quod legebat, non magnam inde utilitatem percepit. Ne igitur idem vobis contingat, ea quæ dicuntur advertite: attendite animum, et studiosam mihi mentem præbete: acri sit acie præditus oculus, attentus intellectus, anima curis sæcularibus expedita, ne in spinas, nec in petras, neque secus viam verba spargamus; sed fecundum ac pingue quoddam arvum colentes, uberem segetem demetamus. Si enim hoc pacto sermoni attentas aures præbueritis, cum leviorem nobis laborem reddetis, tum efficietis, ut facilius id, quod quæritur, reperire possitis. Quid igitur lectum est? *Pater, si possibile est, transeat a me calix iste.* Quid tandem istud est quod dicit? Nos enim oportet, ubi prius verborum sensum exposuerimus, solutionem deinde subjungere. Quid igitur dicit? Pater, si possibile est, transfer a me crucem. Quid ais? ignorat sitne hoc possibile, an non possibile? Quis hoc dicat? Etsi verba ignorantis sint: nam hæc additio, *Si,* dubitantis est; verum, ut dixi, non oportet verbis adhærere, sed ad sensa converti, et scopum nosse dicentis, et causam et occasionem, omnibusque collectis sensum in eis latentem indagare. Ineffabilis ergo sapientia, ille qui Patrem ita novit, ut Filium novit Pater, qui potuit hoc ignorare? Neque enim major est co-

Lectio sine intelligentia non prodest.
Act. 8. 27. sqq.

Luc. 8. 5.—8.

Matth. 26. 39.

ἰατρὸς τέμνει τὸ ἕλκος, οὐ τῷ νοσοῦντι σώματι πολεμῶν, ἀλλὰ τῇ νόσῳ καὶ τῷ τραύματι μαχόμενος. Φέρε δὴ, σήμερον μικρὸν ἐνδῶμεν αὐτοῖς, ὥστε αὐτοὺς ἀπὸ τῆς ὀδύνης ἀναπνεῦσαι, καὶ μὴ συνεχῶς πληττομένους ἀποσκιρτῆσαι τῆς θεραπείας. Οὕτω καὶ ἰατροὶ ποιοῦσι· μετὰ τὰς τομὰς ἐμπλάστρους ἐπιτιθέασι καὶ φάρμακα, καὶ διαλιμπάνουσιν ἡμέρας, τὰ
C παραμυθούμενα τὴν ὀδύνην ἐπινοοῦντες. Τούτους δὴ καὶ ἡμεῖς μιμούμενοι σήμερον ἐνδῶμεν αὐτοῖς, ὥστε καρπώσασθαι τὴν ἀπὸ τῆς ἡμετέρας διαλέξεως ὠφέλειαν, καὶ τὸν περὶ δογμάτων κινήσωμεν λόγον, εἰς τὰ ἀνεγνωσμένα τὸν λόγον ἀφιέντες. Καὶ γὰρ οἶμαι πολλοὺς διαπορεῖν, τίνος ἕνεκεν ταῦτα εἴρηται παρὰ τοῦ Χριστοῦ· εἰκὸς δὲ καὶ αἱρετικοὺς παρόντας ἐπιπηδῆσαι τοῖς εἰρημένοις, καὶ πολλοὺς τῶν ἀφελεστέρων ἀδελφῶν ἐντεῦθεν ὑποσκελίζειν. Ἵν' οὖν καὶ τὴν
16 A ἐκείνων ἔφοδον ἀποτειχίσωμεν, καὶ τοὺς διαποροῦντας θορύβου καὶ ταραχῆς ἀπαλλάξωμεν, μεταχειρίσαντες τὸ εἰρημένον, ἐνδιατρίψωμεν τῇ λέξει, καὶ πρὸς τὸ βάθος καταβῶμεν τῶν νοημάτων. Οὐδὲ γὰρ ἀρκεῖ ἡ ἀνάγνωσις, ἐὰν μὴ προσῇ καὶ ἡ γνῶσις. Ἐπεὶ καὶ ὁ εὐνοῦχος Κανδάκης ἀνεγίνωσκεν, ἀλλ' ἕως ὅτε παρεγένετο ὁ διδάσκων αὐτὸν τί ποτε ἦν ὃ ἀνεγίνωσκεν, οὐδὲν ἐκαρποῦτο μέγα. Ἵν' οὖν μὴ καὶ ὑμεῖς τὸ αὐτὸ πάθητε, προσέχετε τοῖς λεγομένοις, συντείνατε τὴν διάνοιαν, σχολάζουσάν μοι τὴν ψυχὴν παράσχετε, ὀξυδερκὲς ἔστω τὸ ὄμμα, συντεταμένη ἡ γνώμη· ἀπηλλαγμένη φροντίδων βιωτικῶν ἡ ψυχὴ,
B ἵνα μὴ καταβάλωμεν εἰς τὰς ἀκάνθας, μηδὲ εἰς τὰς πέτρας, μηδὲ παρὰ τὴν ὁδὸν τὰ λεγόμενα· ἀλλὰ βαθύγειον καὶ λιπαρὰν γεωργοῦντες ἄρουραν, κομῶντα τὸν ἄσταχυν ἀμήσωμεν. Ἐὰν γὰρ οὕτω προσέχητε τοῖς λεγομένοις, καὶ ἡμῖν κουφότερον τὸν πόνον ἐργάσεσθε, καὶ ὑμῖν εὐκολωτέραν τὴν εὕρεσιν κατασκευάσετε. Τί οὖν ἐστι τὸ ἀνεγνωσμένον; Πάτερ, εἰ δυνατὸν, παρελθέτω τὸ ποτήριον τοῦτο ἀπ' ἐμοῦ. Τί ποτέ ἐστιν ὅ φησι; Δεῖ γὰρ τὸ εἰρημένον σαφέστερον ἑρμηνεύσαντας, οὕτως ἐπαγαγεῖν τὴν λύσιν. Τί οὖν ἐστιν ὅ φησι; Πάτερ, εἰ δυνατὸν, παράγαγε τὸν σταυρόν. Τί λέγεις; ἀγνοεῖ εἴτε δυνατὸν, εἴτε ἀδύ-
C νατον, τοῦτο; Καὶ τίς ἂν τοῦτο εἴποι; Καίτοι τὰ ῥήματα ἀγνοοῦντός ἐστιν· ἡ γὰρ τοῦ, Εἰ, προσθήκη, ἀμφιβάλλοντός ἐστιν, ἀλλ', ὅπερ ἔφην, οὐ δεῖ τοῖς ῥήμασι προσέχειν, ἀλλὰ πρὸς τὰ νοήματα τρέπεσθαι, καὶ τὸν σκοπὸν τοῦ λέγοντος εἰδέναι, καὶ τὴν αἰτίαν, καὶ τὸν καιρὸν, καὶ πάντα συναγαγόντα, οὕτω θηρᾷν τὴν ἐναποκειμένην διάνοιαν. Ἡ οὖν σοφία ἡ ἀπόῤῥητος, ὁ τὸν Πατέρα οὕτως εἰδὼς, ὡς ὁ Πατὴρ οἶδε τὸν Υἱὸν, πῶς ἂν τοῦτο ἠγνόησεν; Οὐδὲ γὰρ μείζων αὕτη ἡ γνῶσις ἡ περὶ τοῦ πάθους τῆς γνώσεως τῆς περὶ τῆς οὐσίας, ἣν ἀκριβῶς μόνος οἶδεν αὐτός. Καθὼς γὰρ, φησὶ, γινώσκει με ὁ

Πατὴρ, κἀγὼ γινώσκω τὸν Πατέρα. Καὶ τί λέγω περὶ τοῦ μονογενοῦς Υἱοῦ τοῦ Θεοῦ; Οὐδὲ γὰρ οἱ προφῆται D φαίνονται τοῦτο ἠγνοηκότες, ἀλλὰ καὶ εἰδότες σαφῶς καὶ προαναφωνοῦντες μετὰ πολλῆς τῆς πληροφορίας, ὅτι δεῖ τοῦτο γενέσθαι, καὶ ὅτι πάντως ἔσται. Ἄκουε γοῦν πῶς διαφόρως ἅπαντες τὸν σταυρὸν ἀπαγγέλλουσι. Πρῶτος ὁ πατριάρχης Ἰακώβ· πρὸς γὰρ αὐτὸν ἀποτείνων τὸν λόγον φησὶν, Ἐκ βλαστοῦ, υἱέ μου, ἀνέβης· βλαστὸν τὴν παρθένον, καὶ τὸ ἄχραντον τῆς Μαρίας ἐμφαίνων. Εἶτα τὸν σταυρὸν δηλῶν ἔλεγεν· Ἀναπεσὼν ἐκοιμήθης ὡς λέων, καὶ ὡς σκύμνος λέοντος, τίς ἐγερεῖ αὐτόν; Τὸν γὰρ θάνατον αὐτοῦ κοίμησιν ἐκάλεσε καὶ ὕπνον, καὶ τῷ θανάτῳ συνῆψε τὴν ἀνάστασιν λέγων, Τίς ἐγερεῖ αὐτόν; Ἄλλος μὲν οὐ- E δεὶς, αὐτὸς δὲ ἑαυτόν. Δι' ὃ καὶ ὁ Χριστὸς ἔλεγεν, Ἐξουσίαν ἔχω θεῖναι τὴν ψυχήν μου, καὶ ἐξουσίαν ἔχω λαβεῖν αὐτήν· καὶ πάλιν, Λύσατε τὸν ναὸν τοῦτον, καὶ ἐν τρισὶν ἡμέραις ἐγερῶ αὐτόν. Τί δέ ἐστιν, Ἀναπεσὼν ἐκοιμήθης ὡς λέων; Ὥσπερ γὰρ ὁ λέων οὐκ ἐγρηγορὼς μόνον, ἀλλὰ καὶ καθεύδων ἐστὶ φοβερός· οὕτω καὶ ὁ Χριστὸς οὐ πρὸ τοῦ σταυροῦ μόνον, ἀλλὰ καὶ ἐν αὐτῷ τῷ σταυρῷ, καὶ ἐν αὐτῇ τῇ τελευτῇ φοβερὸς ἦν, καὶ τὰ μεγάλα τότε εἰργάζετο 17 A θαύματα, ἥλιον ἀποστρέφων, πέτρας τέμνων, τὴν γῆν κλονῶν, τὸ καταπέτασμα σχίζων, τὴν γυναῖκα τοῦ Πιλάτου δεδιττόμενος, τὸν Ἰούδαν ἐλέγχων. Τότε γὰρ ἔλεγεν, Ἥμαρτον παραδοὺς αἷμα ἀθῶον. Καὶ ἡ γυνὴ τοῦ Πιλάτου ἐδήλου, Μηδέν σοι καὶ τῷ δικαίῳ τούτῳ· πολλὰ γὰρ ἔπαθον κατ' ὄναρ δι' αὐτόν. Τότε τὸ σκότος τὴν οἰκουμένην κατελάμβανε, καὶ νὺξ ἐν ἡμέρᾳ μέσῃ ἐφαίνετο· τότε ὁ θάνατος ἐτήκετο, καὶ ἡ τυραννὶς αὐτοῦ κατελύετο· πολλὰ γοῦν σώματα τῶν κεκοιμημένων ἁγίων ἠγέρθη. Ταῦτα ἄνωθεν προλέγων ὁ πατριάρχης, καὶ δεικνὺς ὅτι καὶ σταυρούμενος ἔσται φοβερὸς, Ἀναπεσὼν, φησὶν, ἐκοιμήθης ὡς λέων· καὶ οὐκ εἶπε, κοιμηθήσῃ, ἀλλ' Ἐκοιμήθης, διὰ τὸ πάντως ἐσόμενον. Ἔθος γὰρ τοῖς B προφήταις πολλαχοῦ τὰ μέλλοντα ὡς προγεγενημένα προλέγειν. Ὥσπερ γὰρ οὐκ ἔνι τὰ γεγενημένα μὴ γεγενῆσθαι, οὕτως οὐδὲ τοῦτο, καίτοι μέλλον ὂν, μὴ γενέσθαι. Διά τοι τοῦτο τῷ σχήματι τοῦ παρῳχηκότος χρόνου τὰ μέλλοντα προαναφωνοῦσι, τὸ ἀδιάπτωτον αὐτῶν καὶ πάντως ἐσόμενον διὰ τούτων ἐνδεικνύμενοι. Οὕτω καὶ ὁ Δαυὶδ τὸν σταυρὸν δηλῶν ἔλεγεν· Ὤρυξαν χεῖράς μου καὶ πόδας μου. Οὐκ εἶπεν, ὀρύξουσιν, ἀλλ', Ὤρυξαν. Ἐξηρίθμησαν πάντα τὰ ὀστᾶ μου. Καὶ οὐ τοῦτο λέγει μόνον, ἀλλὰ καὶ τὰ παρὰ C τῶν στρατιωτῶν γεγονότα· Διεμερίσαντο τὰ ἱμάτιά μου ἑαυτοῖς, καὶ ἐπὶ τὸν ἱματισμόν μου ἔβαλον κλῆρον· καὶ οὐ τοῦτο μόνον, ἀλλ' ὅτι καὶ χολὴν αὐτὸν ἐψώμισαν, καὶ ὄξος ἐπότισαν. Ἔδωκαν γὰρ, φησὶν, εἰς τὸ βρῶμά μου χολὴν, καὶ εἰς τὴν δίψαν μου

guitio passionis, quam illa naturæ, quam solus D ipse novit exacte. *Sicut enim novit me Pater,* inquit, *et ego agnosco Patrem.* Et quid dico de unigenito Dei Filio? Nam neque prophetæ videntur id ignorasse, sed manifesto novisse, multaque cum asseveratione prædixisse, oportere ut hoc fieret, atque id omnino futurum. Audi sane quo pacto diversa ratione omnes crucem prænuntient. Primus est Jacob patriarcha: siquidem ad ipsum sermonem dirigens ait: *Ex germine, fili mi, ascendisti,* germen scilicet Virginem vocans, et Mariæ integritatem ac puritatem hac voce significans. Tum crucem desi- E gnans dicebat: *Recumbens dormiisti ut leo, et quasi catulus leonis, quis suscitabit eum?* Mortem quippe dormitionem illius et somnum appellavit, et mortem cum resurrectione copulavit, dicens: *Quis suscitabit eum?* Alius quidem nemo, sed ipse seipsum. Quapropter dicebat etiam Christus: *Potestatem habeo ponendi animam meam, et potestatem habeo sumendi eam:* et rursus, *Solvite templum hoc, et in* 17 *tribus diebus excitabo illud.* Quid porro est A illud, *Recubans dormiisti ut leo?* Sicut leo nimirum non solum dum vigilat, sed etiam dum dormit, formidabilis est: sic et Christus non ante crucem tantum, sed et in ipsa cruce, atque in ipsa morte formidabilis fuit, magnaque tum miracula edidit, dum solis cursum retro convertit, petras scidit, terram tremefecit, velum templi conscidit, uxori Pilati metum injecit, Judam coarguit. Tum enim dixit: *Peccavi tradens sanguinem innocentem.* Atque hoc Pilati uxor indicabat, *Nihil tibi, et justo isti: multa enim passa sum per visum propter eum.* Tum orbem terrarum tenebræ occuparunt, et medio die nox B apparuit, tum mors contabuit, ejusque vis ac potestas destructa est: multa certe corpora sanctorum qui dormierant, surrexerunt. Hæc olim prædicens patriarcha, et ostendens illum etiam crucifixum formidabilem fore, dicebat: *Recubans dormiisti ut leo:* nec dixit, dormies, sed *Dormiisti,* propterea quod illud omnino erat futurum. Mos enim hic est prophetarum, ut multis in locis tanquam præterita futura prædicant. Nam quemadmodum fieri nequit, ut quæ jam C evenerunt, non eveniant: ita neque ut hoc, tametsi futurum est, non eveniat. Propterea nimirum per speciem temporis jam præteriti futura prænuntiant, ut hac ratione fieri non posse significent, quin exitum habeant ac prorsus eveniant. Sic etiam David crucem desi-

Joan. 10. 15.

Gen. 49. 9.

Mariæ integritas ac puritas.

Ib.

Joan. 10. 18.

Joan. 2. 19.

Miracula Christi in morte.

Matth. 27. 4. et 19.

Mos prophetarum futura prædicentium.

Psal. 21. 17. gnans aiebat : *Foderunt manus meas*, et
pedes meos. Non dixit, Fodient, sed *Foderunt*.
Ib. v. 18. *Dinumeraverunt omnia ossa mea*. Nec solim
hæc dixit, sed etiam ea, quæ a militibis facta
Ib. v. 19. sint. *Diviserunt sibi vestimenta mea, et super*
vestem meam miserunt sortem. Neqie hoc
solim, sed etiam qiod eum felle cibarunt, et
Psal. 68. 22. aceto potarunt: *Dederunt* enim, inquit, *in escam*
meam fel, et *in siti mea potaverunt me aceto*.
Aliis rursus eum lancea percussum ab illis
Zach. 12. 10. fuisse narrat : *Videbunt* enim, inquit, *in qiem*
transfixerunt. Isaias aitem rursus aliter crucem
Isai. 53. 7. 8. prænuntians dicebat : *Sicut ovis ad occisio-*
nem ductus est, et sici t *agnus coram tondente*
se mutus, sic non aperuit os sium. In humi-
litate ejus judicium ipsius sublatum est.

2. Ti vero mihi observa, qio pacto unusquis-
qie istorum tanqiam de rebis præteritis verba
faciat, it ea plane fitira, et sine contradictione
eventura per hoc tempis ostendat. Ita qioqie
Psal. 2. 1. 2. David hoc jidicium describens aiebat : *Qiare*
fremuerunt gentes, et *populi meditati sunt*
inania? Adstiterunt reges *terræ*, et *principes*
convenerunt in unum adversus Dominim, et
adversis Christum ejus. Neqie vero jidicium
tantim et crucem, quæque in crice contigerunt,
commemorat, sed eum qioqie qui tradidit, qiod
nimirum contubernalis, et ejusdem particeps
Psal. 40. 10. mensæ fierit. *Qui enim edebat panes meos,*
magnificavit super me supplantationem.
Vocem qioqie sic effert, qiam emissurus erat
Psal. 21. 2. in crice: *Deis, Deis meus, qiare me dereli-*
Psal. 87. 6. *quisti?* Tum sepulcrum rursus : *Posuerunt*
me in lacu infimo, in tenebrosis et in umbra
Psal. 15. 10. *mortis*. Et resurrectionem : *Non enim dere-*
linques animam meam in inferno, neque
dabis sanctim tiim videre corruptionem. Et
Psal. 46. 6. ascensionem : *Ascendit Deis in jubilatione,*
Dominis in voce tibæ. Item sedem a dextris:
Psal. 109. 1. *Dixit Dominus Domino meo, Sede a dextris*
meis, donec ponam inimicos tuos scabellim
pedum tiorim. Hesaias vero caisam etiam ex-
Isai. 53. 8. pressit dicens : *Qioniam ab iniquitatibus*
popili mei dictus est ad mortem, et qiod,
Ibid. v. 6. 7. *Quoniam omnes sicut oves erraverunt, idcirco*
mactatur. Tum adjicit, qiid ex eo boni conse-
Ib. v. 5. quutum sit, dicens, *Livore ejis nos omnes*
Ib. v. 12. *sanati sumus*, et quod *Peccata multorim tulit*.
Ergone prophetæ qiidem crucem noverant, et
cricis caisam, quæque propter crucem commoda

ἐπότισάν με ὄξος. Ἕτερος δὲ πάλιν ὅτι λόγχῃ αὐτὸν ἔπαισάν φησιν· Ὄψονται γὰρ εἰς ὃν ἐξεκέντησαν. Ὁ δὲ Ἡσαΐας ἑτέρως πάλιν τὸν σταυρὸν προαναφωνῶν ἔλεγεν· Ὡς πρόβατον ἐπὶ σφαγὴν ἤχθη, καὶ ὡς ἀμνὸς ἐναντίον τοῦ κείραντος αὐτὸν ἄφωνος, οὕτως οὐκ ἀνοίγει τὸ στόμα αὐτοῦ. Ἐν τῇ ταπεινώσει αὐτοῦ ἡ κρίσις αὐτοῦ ἤρθη.

D Σὺ δέ μοι παρατήρει πῶς ἕκαστος τούτων, ὡς περὶ παρῳχηκότων, διαλέγεται, τὸ πάντως ἐσόμενον καὶ ἀναντιῤῥήτως ἐκβησόμενον διὰ τοῦ χρόνου τούτου δηλῶν. Οὕτω καὶ ὁ Δαυῒδ τὸ δικαστήριον τοῦτο ὑπογράφων ἔλεγεν· Ἵνα τί ἐφρύαξαν ἔθνη, καὶ λαοὶ ἐμελέτησαν κενά; Παρέστησαν οἱ βασιλεῖς τῆς γῆς, καὶ οἱ ἄρχοντες συνήχθησαν ἐπὶ τὸ αὐτὸ κατὰ τοῦ Κυρίου καὶ κατὰ τοῦ Χριστοῦ αὐτοῦ. Οὐ τὸ δικαστήριον δὲ λέγει μόνον, καὶ τὸν σταυρὸν, καὶ τὰ ἐν τῷ σταυρῷ, ἀλλὰ καὶ τὸν προδεδωκότα, ὅτι ὁμοδίαιτος καὶ ὁμοτράπεζος ἦν· Ὁ γὰρ ἐσθίων, φησὶν, ἄρτους μου, ἐμεγά-
E λυνεν ἐπ' ἐμὲ πτερνισμόν. Καὶ τὴν φωνὴν δὲ οὕτω προλέγει, ἣν ἔμελλεν ἀφιέναι ἐν τῷ σταυρῷ, λέγων· Ὁ Θεὸς, ὁ Θεός μου, ἵνα τί [a] ἐγκατέλιπές με; Καὶ τὸν τάφον πάλιν· Ἔθεντό με ἐν λάκκῳ κατωτάτῳ, ἐν σκοτεινοῖς, καὶ ἐν σκιᾷ θανάτου. Καὶ τὴν ἀνάστασιν· Οὐ γὰρ ἐγκαταλείψεις τὴν ψυχήν μου εἰς ᾅδην, οὐδὲ δώσεις τὸν ὅσιόν σου ἰδεῖν διαφθοράν. Καὶ τὴν ἀνάληψιν· Ἀνέβη ὁ Θεὸς ἐν ἀλαλαγμῷ, Κύριος ἐν φωνῇ σάλπιγγος. Καὶ τὴν ἐκ δεξιῶν καθέδραν· Εἶπεν ὁ
18 Κύριος τῷ Κυρίῳ μου, κάθου ἐκ δεξιῶν μου, ἕως ἂν
A θῶ τοὺς ἐχθρούς σου ὑποπόδιον τῶν ποδῶν σου. Ὁ δὲ Ἡσαΐας καὶ τὴν αἰτίαν φησὶ, λέγων, ὅτι Ἀπὸ τῶν ἁμαρτιῶν τοῦ λαοῦ μου ἥκει εἰς θάνατον· καὶ, ὅτι Ἐπειδὴ πάντες ὡς πρόβατα ἐπλανήθησαν, διὰ τοῦτο σφαγιάζεται. Εἶτα καὶ τὸ κατόρθωμα ἐπάγει λέγων, Τῷ μώλωπι αὐτοῦ ἡμεῖς πάντες ἰάθημεν, καὶ ὅτι Ἁμαρτίας πολλῶν ἀνήνεγκεν. Εἶτα οἱ μὲν προφῆται καὶ τὸν σταυρὸν ᾔδεισαν, καὶ τοῦ σταυροῦ τὴν αἰτίαν, καὶ τὰ ἐκ τοῦ σταυροῦ κατορθούμενα, καὶ τὸν τάφον, καὶ τὴν ἀνάστασιν, καὶ τὴν ἀνάβασιν, καὶ τὴν προδοσίαν, καὶ τὸ δικαστήριον, καὶ πάντα μετὰ ἀκριβείας διέγραψαν· ὁ δὲ ἀποστείλας αὐτοὺς, καὶ ταῦτα
B κελεύσας εἰπεῖν, αὐτὸς ἀγνοεῖ; Καὶ τίς ἂν ταῦτα νοῦν

[a] Reg. ἐγκαταλέλοιπάς με.

ἔχων εἴποι; Ὁρᾷς ὅτι οὐ δεῖ τοῖς ῥήμασιν ἁπλῶς προσέχειν; οὐ γὰρ δὴ τοῦτο μόνον ἐστὶ τὸ ἄπορον, ἀλλὰ καὶ τὸ ἑξῆς ἀπορώτερον. Τί γάρ φησι; Πάτερ, εἰ δυνατὸν, παρελθέτω ἀπ' ἐμοῦ τὸ ποτήριον τοῦτο. Οὐ γὰρ δὴ ἀγνοῶν μόνον εὑρεθήσεται, ἀλλὰ καὶ παραιτούμενος τὸν σταυρόν· ὃ γὰρ λέγει τοῦτό ἐστιν· εἰ ἐγχωρεῖ, φησὶ, μὴ ἐμπέσοιμι εἰς τὸ σταυρωθῆναι, μηδὲ ἀναιρεθῆναι. Καίτοι τῷ Πέτρῳ τῷ κορυφαίῳ τῶν ἀποστόλων τοῦτο αὐτῷ εἰπόντι, ὅτι Ἵλεώς σοι, Κύριε, οὐ μὴ ἔσται σοι τοῦτο, οὕτω σφόδρα ἐπετίμησεν, ὡς εἰπεῖν, Ὕπαγε ὀπίσω μου, σατανᾶ, σκάνδαλόν μου εἶ, ὅτι οὐ φρονεῖς τὰ τοῦ Θεοῦ, ἀλλὰ τὰ τῶν ἀνθρώπων· καίτοι γε πρὸ μικροῦ μακαρίσας αὐτόν. C Ἀλλ' οὕτως αὐτῷ ἄτοπον ἐδόκει εἶναι τὸ μὴ σταυρωθῆναι, ὡς ἐκεῖνον τὸν παρὰ τοῦ Πατρὸς τὴν ἀποκάλυψιν δεξάμενον, τὸν μακαρισθέντα, τὸν λαβόντα τὰς κλεῖς τῶν οὐρανῶν, σατανᾶν καλέσαι καὶ σκάνδαλον, καὶ αἰτιᾶσθαι, ὡς μὴ φρονοῦντα τὰ τοῦ Θεοῦ, ἐπειδὴ εἶπεν αὐτῷ, Ἵλεώς σοι, Κύριε, οὐ μὴ ἔσται σοι τοῦτο, τὸ σταυρωθῆναι. Ὁ τοίνυν τὸν μαθητὴν οὕτως ὑβρίσας, καὶ τοσαύτῃ κατ' αὐτοῦ χρησάμενος τῇ καταφορᾷ, ὡς καὶ σατανᾶν αὐτὸν καλέσαι μετὰ τοσαῦτα ἐγκώμια, ἐπειδὴ ἔλεγε, μὴ σταυρωθῇς, πῶς αὐτὸς ἐβούλετο μὴ σταυρωθῆναι; πῶς δὲ μετὰ ταῦτα τοῦ καλοῦ ποιμένος ὑπογράφων τὴν εἰκόνα, τοῦτο ἔφησε μάλιστα δεῖγμα εἶναι τῆς ἀρετῆς αὐτοῦ, τὸ σφάττεσθαι D ὑπὲρ τῶν προβάτων, οὕτω λέγων· Ἐγώ εἰμι ὁ ποιμὴν ὁ καλός· ὁ ποιμὴν ὁ καλὸς τὴν ψυχὴν αὐτοῦ τίθησιν ὑπὲρ τῶν προβάτων; Καὶ οὐδὲ μέχρι τούτου ἔστη, ἀλλὰ καὶ ἐπήγαγεν· Ὁ δὲ μισθωτὸς, καὶ οὐκ ὢν ποιμὴν, θεωρεῖ τὸν λύκον ἐρχόμενον, καὶ ἀφίησι τὰ πρόβατα, καὶ φεύγει. Εἰ τοίνυν τοῦ καλοῦ μὲν ποιμένος τὸ σφάττεσθαι, τοῦ δὲ μισθωτοῦ τὸ μὴ βούλεσθαι τοῦτο ὑπομένειν, πῶς αὐτὸς λέγων εἶναι ποιμὴν καλὸς, παρακαλεῖ μὴ σφαγιασθῆναι; πῶς δὲ ἔλεγεν, Ἐγὼ τίθημι τὴν ψυχήν μου ἀπ' ἐμαυτοῦ; Εἰ γὰρ ἀπὸ σαυτοῦ τίθης, πῶς ἕτερον παρακαλεῖς, ἵνα μὴ θῇς; πῶς δὲ αὐτὸν ὁ Παῦλος θαυμάζει ταύτης ἕνεκα τῆς προφάσεως, οὕτω λέγων· Ὃς ἐν μορφῇ Θεοῦ E ὑπάρχων, οὐχ ἁρπαγμὸν ἡγήσατο τὸ εἶναι ἴσα Θεῷ, ἀλλὰ ἑαυτὸν ἐκένωσε, μορφὴν δούλου λαβὼν, ἐν ὁμοιώματι ἀνθρώπων γενόμενος, καὶ σχήματι εὑρεθεὶς ὡς ἄνθρωπος, ἑαυτὸν ἐταπείνωσε, γενόμενος ὑπήκοος μέχρι θανάτου, θανάτου δὲ σταυροῦ; Αὐτὸς δὲ πάλιν οὕτω πώς φησι· Διὰ τοῦτό με ἀγαπᾷ ὁ Πατὴρ, ὅτι ἐγὼ τὴν ψυχήν μου τίθημι, ἵνα πάλιν λάβω αὐτήν. Εἰ γὰρ οὐ βούλεται, ἀλλὰ παραιτεῖται καὶ παρακαλεῖ τὸν Πατέρα, πῶς διὰ τοῦτο ἀγαπᾶται; 19 A Ἡ γὰρ ἀγάπη τῶν κατὰ γνώμην ἐστί. Πῶς δέ φησι πάλιν ὁ Παῦλος, Ἀγαπᾶτε ἀλλήλους, καθὼς καὶ ὁ Χριστὸς ἠγάπησεν ἡμᾶς, καὶ παρέδωκεν ἑαυτὸν ὑπὲρ ἡμῶν; Αὐτὸς δὲ πάλιν ὁ Χριστὸς μέλλων σταυροῦσθαι

obvenerunt, et sepulcrum, et resurrectionem, et ascensionem, et proditionem, et judicium, et omnia exacte descripserunt: qui vero misit eos, et hæc illis dicenda mandavit, ipse ignorat? Quis unquam prudens hoc dixerit? Vides non esse verba tantum temere spectanda? non enim hoc solum est dubium, sed et majorem id, quod sequitur, dubitandi occasionem affert. Quid enim ait? *Pater, si possibile est, transeat a me calix iste.* Non enim solum ignorasse reperietur, sed etiam crucem recusasse. Hæc namque verborum istorum est sententia: Si licet, inquit, C ne subeam crucem, neve interficiar: tametsi Petrum apostolorum principem hoc ipsi dicentem, *Propitius tibi esto, Domine: non erit tibi hoc*, adeo vehementer increpavit, ut diceret: *Vade post me, satana, scandalum mihi es: quia non sapis ea, quæ Dei sunt, sed ea quæ hominum*: idque cum beatum illum paulo ante prædicasset. Verum adeo videbatur absurdum esse non crucifigi, ut illum, qui a Patre revelationem acceperat, qui beatus dictus fuerat, cui cælorum claves traditæ fuerant, satanam appellaret, et scandalum, ac tanquam ea quæ Dei sunt, minime sapientem accusaret, propterea D quod dixerat, *Propitius tibi esto, Domine: non erit tibi hoc*, ut crucifigaris. Ergo qui discipulum contumeliis affecit, adeoque graviter in illum invectus est, ut et satanam post tantas laudes appellaret, quia dixerat, Ne crucifigaris: quo pacto nolebat ipse crucifigi? Quomodo vero postea boni pastoris depingens imaginem, hoc præcipue virtutis ejus indicium esse dixit, ut pro suis ovibus occidatur, ita dicens: *Ego sum pastor bonus: bonus pastor animam suam ponit pro ovibus*? Neque vero hic substitit, sed adjecit: *Mercenarius autem*, et *qui non est pastor, videt lupum venientem*, et *dimittit* E *oves*, et *fugit*. Si ergo boni pastoris est occidi, mercenarii vero nolle hoc pati, quomodo ille, qui se bonum pastorem profitetur, occidi recusat? quomodo autem dicebat, *Ego pono animam meam a me ipso*? Nam si a teipso ponis, qui fit, ut alterum roges, ne ponas? quomodo item hac occasione laudat eum Paulus, in hæc verba: *Qui cum in forma Dei* esset, *non rapinam arbitratus est* esse *se æqualem Deo, sed exi-* 19 A *nanivit semetipsum formam servi accipiens, in similitudine hominum factus*, et *habitu inventus ut homo, humiliavit semetipsum factus obediens usque ad mortem, mortem autem crucis*? Ipse vero rursus sic dicit: *Propterea*

Mortem Christus subire non recusavit.

Matth. 16. 22. 23.

Joan. 10. 11.

Ib. v. 12.

Ib. v. 18.

Philip. 2. 6.—8.

Joan. 10. 17.

me diligit Pater, quia ego pono animam
meam, ut iterum sumam eam. Si enim non
vult, sed recusat, et Patrem orat, quomodo propterea diligitur a Patre? Caritas enim est eorum,
quæ ex animi sententia fiunt. Quomodo autem
Ephes.5.2. rursus ait Paulus : *Diligite invicem, sicut* et
Christus dilexit nos, et *tradidit semetipsum*
pro nobis? Christus ipse rursus, cum esset B
Joan.17.1. crucifigendus dicebat, *Pater, venit hora ; glo-*
rifica Filium tuum : gloriam vocans crucem. Et
quomodo hic recusat, illic urget? Gloriam enim
esse crucem, audi quomodo testetur evangelista,
Joan.7.39. dicens : *Nondum enim erat datus Spiritus*
sanctus, quia Jesus nondum erat glorificatus.
Horum autem verborum hæc est sententia :
Nondum erat data gratia, quia nondum restin-
ctum erat Dei erga homines odium ; quod non-
Mirabilia Crucis opera. dum Christus ad crucem processisset. Crux enim
Dei in homines odium restinxit, Deum cum
hominibus reconciliavit, terram cælum effecit,
homines cum angelis miscuit, mortis arcem C
munitissimam diruit, diaboli vires enervavit,
peccati virtutem delevit, terram ab errore liberavit, veritatem reduxit, dæmones expulit,
templa destruxit, altaria subvertit, nidorem sustulit sacrificiorum, virtutem inseruit, Ecclesias
fundavit. Crux Patris voluntas, Filii gloria,
Gal. 6. 14. Spiritus sancti exsultatio, Pauli gloriatio : *Mihi*
enim *absit*, inquit, *gloriari, nisi in cruce Do-*
mini nostri *Jesu Christi*. Crux sole clarior,
radiis splendidior : cum enim ille obscuratur,
tum ista fulget ; tum vero sol obscuratur, non
quod e medio tollatur, sed quod crucis splendore D
superetur. Crux nostrum chirographum laceravit,
mortis carcerem inutilem reddidit, crux divinæ
Joan.3.16. caritatis indicium. *Sic* enim *Deus dilexit mun-*
dum, ut Filium suum unigenitum daret, ut
omnis qui credit in ipsum non pereat. Et
Rom.5.10. rursus Paulus, *Si enim, cum inimici essemus,*
reconciliati sumus Deo per mortem Filii ejus.
Crux murus inexpugnabilis, scutum invictum,
securitas divitum, pauperum opulentia, eorum
quibus insidiæ parantur propugnaculum, eorum,
qui bello vexantur, armatura, perturbationum
destructio, virtutis fundatio, signum admirabile
Matth. 12. 39. ac stupendum. *Generatio* enim *hæc signum* E
quærit, et signum non dabitur ei, nisi *signum*
1. Cor. 1. 22. *Jonæ.* Itemque Paulus, *Quandoquidem Judæi,*
signa petunt, et *Græci sapientiam quærunt,*
nos autem prædicamus Christum crucifixum.
Hic locus citatur Crux paradisum reseravit, latronem introduxit,
in genus humanum, quod periturum erat, ac ne

ἔλεγε· Πάτερ, ἐλήλυθεν ἡ ὥρα· δόξασόν σου τὸν
Υἱὸν, δόξαν τὸν σταυρὸν καλῶν· καὶ πῶς ἐνταῦθα μὲν
παραιτεῖται, ἐκεῖ δὲ καὶ κατεπείγει; Ὅτι γὰρ δόξα
ὁ σταυρὸς, ἄκουσον τί φησιν ὁ εὐαγγελιστής· Οὐδέπω
γὰρ ἦν Πνεῦμα ἅγιον, ὅτι Ἰησοῦς οὔπω ἐδοξάσθη.
Ὃ δὲ λέγει, τοῦτό ἐστιν· οὐδέπω ἦν δοθεῖσα ἡ χάρις,
ἐπειδὴ ἡ ἔχθρα ἡ πρὸς τοὺς ἀνθρώπους οὐδέπω ἦν
καταλυθεῖσα, τῷ μηδέπω τὸν σταυρὸν προκεχωρηκέ-
ναι. Ὁ γὰρ σταυρὸς τὴν ἔχθραν τοῦ Θεοῦ κατέλυσε
τὴν πρὸς τοὺς ἀνθρώπους, τὰς καταλλαγὰς ἐκόμισε,
τὴν γῆν οὐρανὸν ἐποίησε, τοὺς ἀνθρώπους τοῖς ἀγγέλοις ἀνέμιξε, τοῦ θανάτου τὴν ἀκρόπολιν κατήγαγε,
τοῦ διαβόλου τὴν ἰσχὺν ἐξενεύρωσε, τῆς ἁμαρτίας τὴν
δύναμιν ἠφάνισε, τὴν γῆν τῆς πλάνης ἀπήλλαξε, τὴν
ἀλήθειαν ἐπανήγαγε, τοὺς δαίμονας ἀπήλασε, ναοὺς
καθεῖλε, βωμοὺς ἀνέτρεψε, κνίσσαν ἠφάνισε, τὴν ἀρετὴν
κατεφύτευσε, τὰς Ἐκκλησίας ἐῤῥίζωσε. Σταυρὸς, τὸ
τοῦ Πατρὸς θέλημα, ἡ τοῦ Υἱοῦ δόξα, τὸ τοῦ Πνεύματος ἀγαλλίαμα, τὸ τοῦ Παύλου καύχημα· Ἐμοὶ
γὰρ, φησὶ, μὴ γένοιτο καυχᾶσθαι, εἰ μὴ ἐν τῷ σταυρῷ
τοῦ Κυρίου ἡμῶν Ἰησοῦ Χριστοῦ. Σταυρὸς ὁ τοῦ
ἡλίου φανότερος, ὁ τῆς ἀκτῖνος φαιδρότερος· ὅταν γὰρ
ἐκεῖνος σκοτίζηται, τότε οὗτος λάμπει· σκοτίζεται δὲ
ὁ ἥλιος τότε οὐκ ἀφανιζόμενος, ἀλλὰ νικώμενος τῇ
τοῦ σταυροῦ φαιδρότητι. Σταυρὸς τὸ χειρόγραφον
ἡμῶν διέῤῥηξε, τοῦ θανάτου τὸ δεσμωτήριον ἄχρηστον ἐποίησε, σταυρὸς τῆς τοῦ Θεοῦ ἀγάπης ἡ ἀπόδειξις. Οὕτω γὰρ ἠγάπησεν ὁ Θεὸς τὸν κόσμον, ὥστε
τὸν Υἱὸν αὐτοῦ τὸν μονογενῆ ἔδωκεν, ἵνα πᾶς ὁ πιστεύων εἰς αὐτὸν μὴ ἀπόληται. Καὶ πάλιν ὁ Παῦλος·
Εἰ γὰρ ἐχθροὶ ὄντες κατηλλάγημεν τῷ Θεῷ διὰ τοῦ
θανάτου τοῦ Υἱοῦ αὐτοῦ. Σταυρὸς τὸ τεῖχος τὸ ἀῤῥαγὲς, τὸ ὅπλον τὸ ἀχείρωτον, τῶν πλουτούντων ἡ
ἀσφάλεια, τῶν πενήτων ἡ εὐπορία, τῶν ἐπιβουλευομένων τὸ τεῖχος, τῶν πολεμουμένων τὸ ὅπλον,
τῶν παθῶν ἡ ἀναίρεσις, τῆς ἀρετῆς ἡ κτῆσις, τὸ
σημεῖον τὸ θαυμαστὸν καὶ παράδοξον. Σημεῖον γὰρ
ἐπιζητεῖ ἡ γενεὰ αὕτη· καὶ σημεῖον οὐ δοθήσεται
αὐτῇ, εἰ μὴ τὸ σημεῖον Ἰωνᾶ. Καὶ πάλιν ὁ Παῦλος·
Ἐπειδὴ καὶ Ἰουδαῖοι σημεῖον αἰτοῦσι, καὶ Ἕλληνες
σοφίαν ζητοῦσιν· ἡμεῖς δὲ κηρύσσομεν Χριστὸν ἐσταυρωμένον. Σταυρὸς παράδεισον ἠνέῳξε, λῃστὴν εἰσήγαγε, τὸ τῶν ἀνθρώπων γένος ἀπόλλυσθαι μέλλον καὶ
οὐδὲ τῆς γῆς ἄξιον πρὸς τὴν τῶν οὐρανῶν βασιλείαν
ἐχειραγώγησε. Τοσαῦτα ἀγαθὰ ἀπὸ τοῦ σταυροῦ καὶ
γέγονε καὶ γίνεται, καὶ οὐ βούλεται σταυρωθῆναι,
εἰπέ μοι; Καὶ τίς ἂν τοῦτο εἴποι; Εἰ δὲ μὴ ἐβούλετο,
τίς αὐτὸν ἠνάγκασε; τίς ἐβιάσατο; τί δὲ καὶ προ-
έπεμψε προφήτας ἀπαγγέλλοντας, ὅτι σταυρωθήσε-
ται, μὴ μέλλων σταυροῦσθαι, μηδὲ βουλόμενος τοῦτο
ὑπομεῖναι; Τίνος δὲ ἕνεκεν καὶ ποτήριον καλεῖ τὸν
σταυρὸν, εἴ γε μὴ ἐβούλετο σταυρωθῆναι; Τοῦτο γὰρ

ἐνδεικνυμένου ἐστὶ τὴν ἐπιθυμίαν, ἣν ἔχει περὶ τὸ πρᾶγμα. Ὥσπερ γὰρ τοῖς διψῶσι τὸ ποτήριον ἡδὺ, οὕτω καὶ αὐτῷ τὸ σταυρωθῆναι· δι' ὃ καὶ ἔλεγεν· 20
A Ἐπιθυμίᾳ ἐπεθύμουν τοῦτο τὸ πάσχα φαγεῖν μεθ' ὑμῶν, οὐχ ἁπλῶς εἰπὼν τοῦτο, ἀλλὰ διὰ τὴν αἰτίαν ταύτην, ἐπειδὴ μετὰ τὴν ἑσπέραν ὁ σταυρὸς αὐτὸν διεδέχετο.

Ὁ τοίνυν καὶ δόξαν τὸ πρᾶγμα καλῶν, καὶ τῷ μαθητῇ ἐπιτιμῶν, ὅτι διεκώλυεν αὐτὸν, καὶ τὸν καλὸν ποιμένα ἐντεῦθεν δεικνὺς ἀπὸ τοῦ σφάττεσθαι ὑπὲρ τῶν προβάτων, καὶ ἐπιθυμίᾳ ἐπιθυμεῖν λέγων τὸ πρᾶγμα, καὶ ἑκὼν ἐπὶ τοῦτο ἐρχόμενος, πῶς παρακαλεῖ μὴ γενέσθαι τοῦτο; Εἰ δὲ μὴ ἐβούλετο, τί δύσκολον ἦν διακωλῦσαι τοὺς ἐρχομένους ἐπὶ τοῦτο; Νῦν δὲ καὶ ὁρᾷς αὐτὸν ἐπιτρέχοντα τῷ πράγματι.
B Ὅτε γοῦν ἐπῆλθον αὐτῷ, λέγει, Τίνα ζητεῖτε; Οἱ δὲ λέγουσιν· Ἰησοῦν. Καὶ λέγει αὐτοῖς, Ἰδοὺ, ἐγώ εἰμι· καὶ ἀπῆλθον εἰς τὰ ὀπίσω καὶ ἔπεσον χαμαί. Οὕτω πηρώσας αὐτοὺς πρότερον καὶ δείξας, ὅτι ἠδύνατο διαφυγεῖν, τότε ἐξέδωκεν ἑαυτὸν, ἵνα μάθῃς ὅτι οὐκ ἀνάγκῃ, οὐδὲ βίᾳ, οὐδὲ τῇ τυραννίδι τῶν ἐπελθόντων ἄκων τοῦτο ὑπέμεινεν, ἀλλ' ἑκὼν, καὶ προαιρούμενος καὶ βουλόμενος, καὶ ἐκ πολλοῦ ταῦτα οἰκονομῶν. Διὰ τοῦτο καὶ προφῆται προεπέμποντο, καὶ πατριάρχαι προὔλεγον, καὶ διὰ ῥημάτων καὶ διὰ πραγμάτων ὁ σταυρὸς προδιετυποῦτο. Καὶ γὰρ τοῦ Ἰσαὰκ ἡ σφαγὴ τὸν σταυρὸν ἐδήλου ἡμῖν· δι' ὃ καὶ ἔλεγεν, Ἀβραὰμ, ὁ πατὴρ ὑμῶν, ἠγαλλιάσατο, ἵνα ἴδῃ τὴν δόξαν τὴν ἐμὴν, καὶ εἶδε, καὶ ἐχάρη.
C Εἶτα ὁ μὲν πατριάρχης ἐχάρη βλέπων τὴν εἰκόνα τοῦ σταυροῦ, αὐτὸς δὲ παραιτεῖται τὸ πρᾶγμα; Καὶ Μωϋσῆς δὲ οὕτω τοῦ Ἀμαλὴκ περιεγένετο, ἐπειδὴ τὸν τύπον ἐπεδείκνυτο τοῦ σταυροῦ· καὶ μυρία ἂν ἴδοι τις ἐν τῇ Παλαιᾷ γινόμενα, τὸν σταυρὸν προδιαγράφοντα. Τίνος οὖν ἕνεκεν οὕτως ἐγένετο, εἴγε ὁ σταυροῦσθαι μέλλων οὐκ ἐβούλετο τοῦτο γίνεσθαι; Καὶ τὸ μετὰ τοῦτο δὲ ἔτι ἀπορώτερον. Εἰπὼν γὰρ, Παρελθέτω ἀπ' ἐμοῦ τὸ ποτήριον τοῦτο, ἐπήγαγε, Πλὴν οὐχ ὡς ἐγὼ θέλω, ἀλλ' ὡς σύ. Ἐντεῦθεν γὰρ, ὅσον κατὰ τὴν ῥῆσιν, δύο θελήματα ἐναντία [a] ἀλλήλοις εὑρίσκομεν, εἴ γε ὁ
D μὲν Πατὴρ βούλεται αὐτὸν σταυρωθῆναι, αὐτὸς δὲ

[a] Reg. ἀλλήλοις δείκνυνται, εἴ γε.

terra quidem dignum, in regnum cælorum deduxit. Tanta nobis beneficio crucis bona obvenerunt, et obveniunt, et non vult crucifigi? Quis hoc, quæso, dixerit? Sin autem nolebat, quis eum cogebat? quis ei vim inferebat? Ut quid autem et prophetas præmisit annuntiantes fore, ut crucifigeretur, si crucifigendus non erat, neque hoc pati volebat? ut quid autem et calicem crucem vocat, si utique crucifigi nolebat? Hoc enim est ostendentis, quanto hujus rei desiderio teneretur. Quemadmodum enim sitientibus calix suavis est, sic et ipsi crucifigi; quam ob rem etiam dicebat, *Desiderio desideravi hoc pascha manducare vobiscum*: non quod hoc temere diceret, sed ob hanc causam, eo quod post vesperam subiturus crucem esset.

Concilio VI œcumen.

Luc. 22. 15.

3. Is ergo qui etiam gloriam rem istam appellat, et discipulum increpat, eo quod ipsum prohibeat, et bonum pastorem ex hoc se ostendit, quod pro ovibus suis occidatur, seque desiderio desiderare hanc rem dicit, et ad hoc sponte venit, quomodo rogat, ut hoc non fiat? Quod si nolebat, num difficile fuit ad hoc venientes prohibere? Nunc autem vides, eum ad hanc rem etiam accurrere. Certe cum in ipsum irruerent dixit, *Quem quæritis?* At illi dicunt, *Jesum*. Et ait illis, *Ecce ego sum; et abierunt retrorsum, ac ceciderunt in terram.* Cum igitur eos prius excæcasset, seque aufugere potuisse ostendisset, tum seipsum tradidit, ut intelligas eum non necessitate, neque vi, neque per tyrannidem irruentium hoc sustinuisse nolentem, sed ultro ac volentem et eligentem, ac multo ante sic dispensantem. Idcirco prophetæ præmittebantur, et patriarchæ prædicebant, et crux verbis simul ac rebus præfigurabatur. Siquidem Isaaci mactatio crucem nobis designabat, unde et dicebat: *Abraham pater vester exsultavit ut videret diem meum, et vidit, et gavisus est.* Ergo patriarcha quidem gavisus est, cum imaginem crucis videret, ipse vero rem ipsam recusat? Et vero Moyses sic Amalec superavit, quia figuram crucis ostendit: et sexcenta ejusmodi in Veteri Testamento leguntur accidisse, quæ crucem præfigurabant. Ut quid igitur ita fiebant, si is qui crucem erat subiturus, hoc fieri nolebat? Id vero quod sequitur, adhuc est explicatu difficilius. Cum enim dixisset, *Transeat a me calix iste*, addidit: *Verumtamen non sicut ego volo, sed sicut tu.* Ex hoc enim, prout

Contra Anomœos et Arianos agit.

Joan. 18. 6.

Joan. 8. 56.

Matth. 26. 39.

verba sonant, duæ voluntates sibi invicem contrariæ demonstrantur: siquidem Pater eum vult crucifigi, at ipse non vult: tametsi ubique videmus eadem ipsum cum Patre velle, atque eadem eligere. Quando enim dicit, *Da eis, ut quemadmodum ego et tu unum sumus, et ipsi in nobis unum sint,* nihil aliud dicit, nisi unam esse Patris et Filii voluntatem. Et quando dicit, *Verba quæ ego loquor, non ego loquor: Pater autem in me manens ipse facit hæc opera,* istud ipsum ostenditur. Cum ergo dicit, *A me ipso non veni,* et *A me ipso non possum quidquam facere,* non hoc dicit, ut ostendat se vel loquendi vel faciendi esse potestate privatum, absit; sed exacte volens ostendere concordem suam esse cum Patre sententiam tam in verbis, quam in rebus; et in omnibus dispensationibus unam eamdemque esse, sicut jam sæpe demonstravimus. Illud enim, *A me ipso non loquor,* non potestatis privatio, sed consensus est probatio. Qui fit igitur, ut hic dicat, *Verumtamen non sicut ego volo, sed sicut tu?* Forsitan in multam anxietatem vos conjecimus, sed attendite animum: licet enim prolixior fuerit sermo noster, vigere tamen atque adolescere vestrorum alacritatem animorum probe novi: nam ad ipsam quæstionis solutionem nostra deinceps festinat oratio. Quam igitur ob causam ita dictum est? Diligenter advertite. Difficulter admodum admittebatur sermo incarnationis. Siquidem excellens ejus illa clementia et attemperationis ejus magnitudo res erant admiratione dignissimæ, multaque præparatione, ut reciperentur, indigebant. Cogita namque quale illud fuerit audire ac discere Deum ineffabilem, incorruptibilem, qui neque percipi mente potest, nec oculis cerni, nec ullo modo comprehendi, *Cujus in manu sunt fines terræ, Qui respicit terram, et eam tremefacit, qui tangit montes, et fumigant,* cujus attemperationis momentum nec ipsa Cherubim ferre potuerunt, sed oppansis alis facies occultarunt; hunc qui mentem omnem exsuperat, omnemque vincit cogitationem, prætermissis angelis, archangelis omnibusque cælestibus ac spiritualibus illis virtutibus, hominem fieri dignatum esse, carnemque de terra et luto formatam assumsisse, atque in virgineum venisse uterum, et novem mensium spatio in ventre fuisse gestatum, lacte nutritum, et humana cuncta tolerasse. Quoniam igitur adeo fuit mirabile quod

Una voluntas Patris et Filii.

Joan. 17. 11.

Joan. 14. 10.

Joan. 7. 28.

Joan. 5. 30.

Joan. 14. 10.

Math. 26. 39.

Doctrina de Incarnatione Christi.

Psal. 94. 4.

Psal. 103. 32.

οὐ βούλεται. Καίτοι γε πανταχοῦ ὁρῶμεν αὐτὸν τὰ αὐτὰ τῷ Πατρὶ βουλόμενον, τὰ αὐτὰ προαιρούμενον. Καὶ γὰρ ὅταν λέγῃ, Δὸς αὐτοῖς, καθὼς ἐγὼ καὶ σὺ ἕν ἐσμεν, ἵνα καὶ αὐτοὶ ἐν ἡμῖν ἓν ὦσιν, οὐδὲν ἄλλο λέγει, εἰ μὴ τὸ μίαν εἶναι γνώμην Πατρὸς καὶ Υἱοῦ. Καὶ ὅταν λέγῃ, Τὰ ῥήματα, ἃ ἐγὼ λαλῶ, οὐ λαλῶ ἐγὼ, ἀλλ' ὁ Πατὴρ ὁ ἐν ἐμοὶ μένων, αὐτὸς ποιεῖ τὰ ἔργα ταῦτα, τοῦτο ἐνδείκνυται. Καὶ ὅταν λέγῃ, Ἀπ' ἐμαυτοῦ οὐκ ἐλήλυθα, καὶ Οὐ δύναμαι ἀπ' ἐμαυτοῦ ποιεῖν οὐδὲν, οὐ τοῦτο δηλῶν λέγει, ὅτι ἐξουσίας ἀπεστέρηται ἢ τοῦ λαλεῖν ἢ τοῦ ποιεῖν (ἄπαγε), ἀλλὰ μετὰ ἀκριβείας δεῖξαι βουλόμενος σύμφωνον αὐτοῦ τὴν γνώμην, καὶ τὴν ἐν ῥήμασι, καὶ τὴν ἐν πράγμασι, καὶ τὴν ἐν πάσαις οἰκονομίαις πρὸς τὸν Πατέρα μίαν καὶ τὴν αὐτὴν οὖσαν, καθὼς καὶ ἤδη πολλάκις ἀπεδείξαμεν. Τὸ γὰρ Ἀπ' ἐμαυτοῦ οὐ λαλῶ, οὐκ ἐξουσίας ἀναίρεσις, ἀλλὰ συμφωνίας ἐστὶν ἀπόδειξις. Πῶς οὖν ἐνταῦθά φησι, Πλὴν οὐχ ὡς ἐγὼ θέλω, ἀλλ' ὡς σύ; Τάχα εἰς πολὺν ὑμᾶς ἀγῶνα ἐνεβάλομεν, ἀλλὰ διανάστητε· εἰ γὰρ καὶ πολλὰ τὰ εἰρημένα, ἀλλ' εὖ οἶδα ὅτι νεάζει ὑμῶν ἡ προθυμία· πρὸς γὰρ αὐτὴν λοιπὸν τὴν λύσιν ὁ λόγος ἐπείγεται. Τίνος οὖν ἕνεκεν οὕτως εἴρηται; Προσέχετε μετὰ ἀκριβείας. Πολὺ δυσπαράδεκτος ἦν ὁ τῆς σαρκώσεως λόγος. Ἡ γὰρ ὑπερβολὴ τῆς φιλανθρωπίας αὐτοῦ, καὶ τὸ μέγεθος τῆς συγκαταβάσεως τοῦτο φρίκης ἔγεμε, καὶ πολλῆς ἐδέετο κατασκευῆς, ὥστε παραδεχθῆναι. Ἐννόησον γὰρ ἡλίκον ἦν ἀκοῦσαι καὶ μαθεῖν, ὅτι ὁ Θεὸς, [a] ὁ ἄῤῥητος, ὁ ἄφθαρτος, ὁ ἀπερινόητος, ὁ ἀόρατος, ὁ ἀκατάληπτος, Οὗ ἐν τῇ χειρὶ τὰ πέρατα τῆς γῆς, Ὁ ἐπιβλέπων ἐπὶ τὴν γῆν, καὶ ποιῶν αὐτὴν τρέμειν, ὁ ἁπτόμενος τῶν ὀρέων, καὶ καπνίζων αὐτὰ, οὗ τὴν ῥοπὴν τῆς συγκαταβάσεως οὐδὲ τὰ Χερουβὶμ ἐνεγκεῖν ἠδυνήθησαν, ἀλλὰ τὰς ὄψεις ἀπέκρυπτον τῇ προβολῇ τῶν πτερύγων· οὗτος ὁ πάντα νοῦν ὑπερβαίνων, καὶ πάντα λογισμὸν νικῶν, παραδραμὼν ἀγγέλους, ἀρχαγγέλους, πάσας τὰς ἄνω νοερὰς δυνάμεις, κατεδέξατο γενέσθαι ἄνθρωπος, καὶ σάρκα τὴν ἀπὸ γῆς καὶ πηλοῦ πλασθεῖσαν ἀναλαβεῖν, καὶ εἰς μήτραν ἐλθεῖν παρθενικὴν, καὶ ἐνναμηνιαῖον κυοφορηθῆναι χρόνον, καὶ γαλακτοτροφηθῆναι, καὶ τὰ ἀνθρώπινα πάντα παθεῖν. Ἐπεὶ οὖν οὕτω παράδοξον ἦν τὸ μέλλον ἔσεσθαι, ὡς καὶ γενόμενον παρὰ πολλοῖς ἀπιστεῖσθαι, πρῶτον προφήτας προπέμπει, τοῦτο αὐτὸ ἀπαγγέλλοντας. Καὶ γὰρ ὅτε πατριάρχης αὐτὸ προανεφώνει λέγων, Ἐκ βλαστοῦ, υἱέ μου, ἀνέβης· ἀναπεσὼν ἐκοιμήθης ὡς λέων· ὅτε Ἡσαΐας λέγων, Ἰδοὺ ἡ παρθένος ἐν γαστρὶ ἕξει, καὶ τέξεται υἱὸν, καὶ καλέσουσι τὸ ὄνομα αὐτοῦ Ἐμμανουήλ· καὶ ἕτερος (sic) πάλιν, Εἴδομεν αὐτὸν ὡς

[a] Reg. ὁ ἀόρπτος, et infra ἀόρατος deest.

παιδίον, ὡς ῥίζαν ἐν γῇ διψώσῃ. Γῆν δὲ διψῶσαν τὴν μήτραν λέγει τὴν παρθενικὴν, διὰ τὸ μὴ δέξασθαι σπέρμα ἀνθρώπου, μηδὲ συνουσίας ἀπολαῦσαι, ἀλλὰ χωρὶς γάμων αὐτὸν τεκεῖν. Καὶ πάλιν, Παιδίον ἐγεννήθη ἡμῖν, υἱὸς καὶ ἐδόθη ἡμῖν· καὶ πάλιν, Ἐξελεύσεται ῥάβδος ἐκ τῆς ῥίζης Ἰεσσαὶ, καὶ ἄνθος ἐκ τῆς ῥίζης ἀναβήσεται. Ὁ δὲ Βαροὺχ ὁ ἐν Ἱερεμίᾳ φησίν· Οὗτος ὁ Θεὸς ἡμῶν· οὐ λογισθήσεται ἕτερος πρὸς αὐτόν· ἐξεῦρε πᾶσαν ὁδὸν ἐπιστήμης, καὶ ἔδωκεν αὐτὴν Ἰακὼβ τῷ παιδὶ αὐτοῦ, καὶ Ἰσραὴλ τῷ ἠγαπημένῳ ὑπ' αὐτοῦ. Μετὰ ταῦτα ἐπὶ τῆς γῆς ὤφθη, καὶ τοῖς ἀνθρώποις συνανεστράφη. Καὶ ὁ Δαυὶδ τὴν ἔνσαρκον αὐτοῦ παρουσίαν δηλῶν ἔλεγε, Καταβήσεται ὡς ὑετὸς ἐπὶ πόκον, καὶ ὡσεὶ σταγὼν ἡ στάζουσα ἐπὶ τὴν γῆν, ὅτι ἀψοφητὶ καὶ ἀταράχως εἰς τὴν μήτραν εἰσελήλυθε τὴν παρθενικήν.

Ἀλλ' οὐκ ἤρκεσε ταῦτα μόνον, ἀλλὰ καὶ παραγενόμενος, ἵνα μὴ νομισθῇ φαντασία τὸ γενόμενον, οὐ τῇ ὄψει μόνον πιστοῦται τὸ πρᾶγμα, ἀλλὰ καὶ χρόνῳ πολλῷ, καὶ τῷ διὰ πάντων ἐλθεῖν τῶν ἀνθρωπίνων. Οὐ γὰρ ἁπλῶς εἰς ἄνθρωπον εἰσέρχεται ἀπηρτισμένον καὶ πεπληρωμένον, ἀλλ' εἰς μήτραν παρθενικὴν, ὥστε καὶ κυοφορήσεως καὶ τόκων ἀνασχέσθαι, καὶ γαλακτοτροφίας, καὶ αὐξήσεως, καὶ τῷ μήκει τοῦ χρόνου καὶ τῇ διαφορᾷ τῶν ἡλικιῶν ἁπασῶν πιστώσασθαι τὸ γενόμενον. Καὶ οὐδὲ ἐνταῦθα
22 ἵσταται τὰ τῆς ἀποδείξεως μόνον, ἀλλὰ καὶ περιφέρων τὴν σάρκα, ἀφίησιν αὐτὴν τὰ τῆς φύσεως ἐλαττώματα ὑπομεῖναι, καὶ πεινῆσαι καὶ διψῆσαι καὶ καθευδῆσαι καὶ κοπιάσαι· τέλος καὶ ἐπὶ τὸν σταυρὸν ἐρχόμενος, ἀφίησιν αὐτὴν τὰ τῆς σαρκὸς παθεῖν. Διὰ γὰρ τοῦτο καὶ κρουνοὶ κατεφέροντο ἱδρώτων ἐξ αὐτῆς, καὶ ἄγγελος ηὑρίσκετο αὐτὴν διακρατῶν, καὶ λυπεῖται καὶ ἀδημονεῖ· καὶ γὰρ πρὶν ἢ ταῦτα εἰπεῖν, φησίν· Ἡ ψυχή μου τετάρακται, καὶ περίλυπός ἐστιν ἕως θανάτου. Εἰ οὖν τούτων ἁπάντων γενομένων τὸ πονηρὸν τοῦ διαβόλου στόμα διὰ Μαρκίωνος τοῦ Ποντικοῦ, καὶ Οὐαλεντίνου, καὶ Μανιχαίου τοῦ Πέρσου, καὶ ἑτέρων πλειόνων αἱρέσεων ἐπεχείρησεν ἀνατρέψαι τὸν [a] περὶ τῆς οἰκονομίας λόγον, καὶ ἤχησε σατανικήν τινα ἠχὴν λέγων, ὅτι

futurum erat, ut etiam dum fieret a multis minime crederetur, primum quidem prophetas ad hoc ipsum annuntiandum præmisit, atque hoc ipsum patriarcha prædicebat his verbis utens: *De germine ascendisti, fili mi; recubans dormisti ut leo.* [Gen. 49. 9.] Hesaias autem: *Ecce virgo in utero habebit, et pariet filium*, et *vocabunt* nomen *ejus Emmanuel.* [Isai. 7. 14.] Et alibi rursus: *Vidimus eum infantem, tamquam radicem in terra sitienti.* [Isai. 53. 2.] Torram vero sitientem uterum dicit virgineum, eo quod hominis semen non susceperit, neque coitum sit expertus, sed absque conjugio illum pepererit. Et rursus, *Puer natus est nobis, filius* et *datus est* nobis, [Isai. 9. 6.] et, *Egredietur virga de radice Jesse*, et *flos de radice ejus ascendet.* [Is. 11. 1.] Et Baruel apud Jeremiam: *Hic Deus noster, non æstimabitur alius præter eum. Invenit omnem viam disciplinæ*, et *dedit eam Jacob puero suo*, et *Israel dilecto suo. Post hæc in terris visus est*, et *cum hominibus conversatus est.* [Bar. 3. 36.—38.] David etiam adventum ejus in carne prædicans ait: *Descendet sicut pluvia in vellus*, et *sicut stillicidium stillans super terram*, [Psal. 71. 6.] quoniam absque strepitu in virgineum uterum venit.

[Affertur hic locus in eodem Concilio VI œcumen.]

4. At non suffecerunt hæc solummodo, sed et cum advenisset, ne putaretur esse plantasma quod fiebat, non aspectu solo rem credibilem reddit, verumetiam multo tempore, quodque per humana cuncta transiverit. Neque enim quoquo modo in hominem perfectum atque completum venit, sed in uterum Virginis: sic ut etiam in vulva gestaretur, et partum sustineret, et lactis alimentum, et incrementum, ac per temporis prolixitatem, omniumque diversitatem ætatum, quod gerebatur credibile redderet. Quin ne hac quidem probatione contentus fuit, sed et carnem circumferens, eam naturæ perpeti detrimenta permittit, et esurire et sitire et dormire et fatigari: postremo etiam ad crucem veniens sinit eam quæ carnis sunt pati. Propterea namque et guttæ sudoris ex illa cadebant, et angelus eam confortasse reperitur, et tristatur, et mœstus est. Prius enim, quam hæc diceret, ait: *Anima mea turbata est*, et *tristis est usque ad mortem.* [Matth. 26. 38.] Si enim his omnibus gestis, malignum os diaboli per Marcionem Ponticum, et Valentinum, et Manichæum Persam, et alios plures hæresum auctores sermonem de dispensatione potuit, quantum in ipsis erat, subvertere,

[Marcion, Valentinus et Manichæus Incarnationem oppugnant.]

[a] *περὶ οἰκονομίας*, de Dispensatione, hoc est, de incarnatione, quam vel negabant, vel præpostere explicabant hæretici illi.

et satanicam vocem emisit, ut diceret, eum neque incarnatum esse, neque carnem induisse, sed speciem id quamdam fuisse, phantasma, simulationem ac mimum; tametsi passiones, et mors, et sepulcrum, et fames reclamarent: si nihil horum contigisset, nonne multo amplius diabolus hæc impietatis pessima dogmata disseminasset? Quamobrem sicut esurivit, sicut fatigatus est, sicut dormivit, sicut manducavit, sicut bibit, sic et mortem recusat, id quod est humanum ostendens, et infirmitatem naturæ, quæ avelli se a præsenti vita sine dolore non patitur. Nam si nihil horum dixisset, potuisset dicere: Si homo erat, oportebat eum pati, quæ hominis sunt. Quænam autem illa sunt? Ut nimirum qui crucifigendus erat, formidaret et anxius esset, nec sine dolore a præsenti vita avelleretur; siquidem insitus est naturæ amor præsentium: propterea cum verum esse carnis indumentum vellet ostendere, ac dispensationem credibilem reddere, multa cum demonstratione passiones ipsas nudas proposuit.

Altera ratio cur passiones et affectus Christus in se receperit.

Et hæc quidem una est ratio: sed et altera quædam est nihilo ista minor. Hæc quænam est? Adveniens Christus omnem virtutem homines docere volebat: at is qui docet non verbo solum, sed etiam opere instruit: hæc quippe doctoris optima est doctrina. Quandoquidem gubernator quoque dum discipulum collocat, quo pacto clavum tractet, ostendit, et simul operi verbum adjungit, et neque loquitur tantummodo, neque tantummodo operatur: pari ratione cum medium adducit eum, quem ad exstruendum murum instructurus est architectus, docet illum opere, docet et verbo: similiter et textor et phrygio et auri fusor, et faber ærarius et omnis artifex, cum verbis docet, tum operibus. Quando igitur et ipse nos ad omnem virtutem instructurus advenit, propterea et quæ facienda sunt dicit, et ipse peragit.

Matth. 5. 19.

Qui enim fecerit, inquit, *et docuerit, hic magnus vocabitur in regno cælorum.* Sic autem rem expende: humiles ut essemus, ac mites præcepit, et verbis docuit: vide quo pacto et rebus ipsis illa docuerit.

Matth. 5. 3.

Cum enim dixisset, *Beati pauperes spiritu, beati mites*, quo pacto illa præstanda sint, indicat. Quonam ergo pacto docuit?

Joan. 13. 4. 5.

Cum accepisset linteum, præcinxit se, et lavit pedes discipulorum. Quid cum hac humilitate conferri potest? Non enim jam verbis tantum illam docet, verum etiam operibus. Mansuetudinem rursus et patientiam docet operibus. Quonam pacto?

Joan. 18. 32.

Alapa percussus est a servo pontificis, et ait: *Si*

οὐδὲ ἐσαρκώθη, οὐδὲ σάρκα περιεβάλετο, ἀλλὰ δόκησις τοῦτο ἦν καὶ φαντασία, καὶ σκηνὴ καὶ ὑπόκρισις, καίτοι τῶν παθῶν βοώντων, τοῦ θανάτου, τοῦ τάφου, τῆς πείνης· εἰ μηδὲν τούτων ἐγεγόνει, πῶς οὐ πολλῷ πλέον ὁ διάβολος τὰ πονηρὰ ταῦτα ἀνέσπειρε τῆς ἀσεβείας δόγματα; Διά τοι τοῦτο, ὥσπερ ἐπείνησεν, ὥσπερ ἐκαθεύδησεν, ὥσπερ ἐκοπίασεν, ὥσπερ ἔφαγεν, ὥσπερ ἔπιεν, οὕτω καὶ θάνατον παραιτεῖται, τὸ ἀνθρώπινον ἐνδεικνύμενος, καὶ τὴν ἀσθένειαν τῆς φύσεως τὴν οὐκ ἀνεχομένην ἀπαθῶς ἀποῤῥαγῆναι τῆς παρούσης ζωῆς. Εἰ γὰρ μηδὲν τούτων εἰρήκει, εἶχεν ἂν εἰπεῖν, ὅτι εἰ ἄνθρωπος ἦν, ἔδει αὐτὸν παθεῖν τὰ τοῦ ἀνθρώπου. Τίνα δέ ἐστι ταῦτα; Τὸ μέλλοντα σταυροῦσθαι, καὶ δειλιᾷν καὶ ἀγωνιᾷν, καὶ μὴ ἀπαθῶς ἀποῤῥήγνυσθαι τῆς παρούσης ζωῆς· τῇ φύσει γὰρ ἔγκειται τὸ φίλτρον τὸ περὶ τὰ παρόντα· διά τοι τοῦτο δεῖξαι βουλόμενος ἀληθῆ τῆς σαρκὸς τὴν περιβολὴν, καὶ τὴν οἰκονομίαν πιστώσασθαι, μετὰ πολλῆς τῆς ἀποδείξεως τὰ πάθη γυμνὰ προτίθησιν. Εἷς μὲν οὖν λόγος οὗτος· ἔστι δὲ καὶ ἕτερος τούτου οὐκ ἐλάττων. Τίς δὲ οὗτος; Παραγενόμενος ὁ Χριστὸς, πᾶσαν ἀρετὴν παιδεῦσαι τοὺς ἀνθρώπους ἐβούλετο· ὁ δὲ παιδεύων οὐ λόγῳ μόνον διδάσκει, ἀλλὰ καὶ ἔργῳ· αὕτη γὰρ ἡ ἀρίστη διδασκαλία ἐστὶ τοῦ διδάσκοντος. Ἐπεὶ καὶ κυβερνήτης παρακαθίζων τὸν μαθητὴν, δείκνυσι μὲν αὐτῷ πῶς κατέχει τοὺς οἴακας, προστίθησι δὲ καὶ λόγον τῷ ἔργῳ, καὶ οὔτε λέγει μόνον, οὔτε ἐργάζεται μόνον· ὁμοίως καὶ οἰκοδόμος παραστήσας τὸν μέλλοντα παρ' αὐτοῦ μανθάνειν πῶς τοῖχος ὑφαίνεται, δείκνυσι μὲν αὐτῷ διὰ τοῦ ἔργου, δείκνυσι δὲ αὐτῷ καὶ διὰ τοῦ λόγου· ὡσαύτως καὶ ὑφάντης, καὶ ποικιλτὴς, καὶ χρυσοχόος, καὶ χαλκοτύπος, καὶ πᾶσα τέχνη διὰ λόγων τε καὶ ἔργων ἔχει τὸν διδάσκοντα. Ἐπεὶ οὖν καὶ αὐτὸς παρεγένετο παιδεῦσαι ἡμᾶς πᾶσαν ἀρετὴν, διὰ τοῦτο καὶ λέγει τὰ πρακτέα, καὶ ποιεῖ. Ὁ γὰρ ποιήσας, φησὶ, καὶ διδάξας, οὗτος μέγας κληθήσεται ἐν τῇ βασιλείᾳ τῶν οὐρανῶν. Σκόπει δέ· ἐκέλευσεν εἶναι ταπεινόφρονας καὶ πρᾳεῖς, καὶ ἐδίδαξε διὰ τῶν ῥημάτων. Ὅρα πῶς αὐτὰ παιδεύει καὶ διὰ τῶν πραγμάτων. Εἰπὼν γὰρ, Μακάριοι οἱ πτωχοὶ τῷ πνεύματι, μακάριοι οἱ πρᾳεῖς, δείκνυσι πῶς αὐτὰ δεῖ κατορθοῦν. Πῶς οὖν ἐδίδαξε; Λαβὼν λέντιον διέζωσεν ἑαυτὸν, καὶ ἔνιψε τῶν μαθητῶν τοὺς πόδας. Τί ταύτης ἴσον τῆς ταπεινοφροσύνης; Οὐκ ἔτι γὰρ διὰ τῶν λόγων μόνον ταύτην παιδεύει, ἀλλὰ καὶ διὰ τῶν ἔργων. Πάλιν τὴν πρᾳότητα καὶ τὴν ἀνεξικακίαν διδάσκει διὰ τῶν ἔργων. Πῶς; Ἐῤῥαπίσθη παρὰ τοῦ δούλου τοῦ ἀρχιερέως, καί φησιν, Εἰ μὲν κακῶς ἐλάλησα, μαρτύρησον περὶ τοῦ κακοῦ· εἰ δὲ καλῶς, τί με δέρεις; Ἐκέλευσεν εὔχεσθαι ὑπὲρ τῶν ἐχθρῶν· πάλιν καὶ τοῦτο διὰ τῶν ἔργων παιδεύει· ἀναβὰς γὰρ ἐν τῷ σταυρῷ λέγει, Πάτερ, ἄφες αὐτοῖς· οὐ γὰρ οἴδασι τί ποιοῦσι. Ὥσπερ οὖν ἐκέλευσεν εὔχεσθαι, οὕτω καὶ αὐτὸς εὔχεται, σὲ παιδεύων εὔχεσθαι, οὐκ αὐτὸς ἀτονῶν ἀφιέναι. Πάλιν ἐκέλευσεν εὖ ποιεῖν τοῖς μισοῦσιν ἡμᾶς, καὶ καλῶς ποιεῖν τοὺς ἐπηρεάζοντας· τοῦτο δὲ διὰ τῶν ἔργων ἐποίησε· τῶν γὰρ Ἰουδαίων τοὺς δαίμονας ἐξέβαλε, τῶν καλούντων αὐτὸν δαιμονῶντα, ἐλαύνοντας εὐηργέτει, ἐπιβουλεύοντας ἔτρεφε, σταυρῶσαι βουλομένους εἰς βασιλείαν ἐχειραγώγει. Ἔλεγε πάλιν τοῖς μαθηταῖς, Μὴ κτήσησθε χρυσὸν, μηδὲ ἄργυρον, μηδὲ χαλκὸν εἰς τὰς ζώνας ὑμῶν, πρὸς ἀκτημοσύνην ἀλείφων· τοῦτο πάλιν διὰ τῶν ἔργων ἐπαίδευεν οὕτω λέγων· Αἱ ἀλώπεκες φωλεοὺς ἔχουσι, καὶ τὰ πετεινὰ τοῦ οὐρανοῦ κατασκηνώσεις· ὁ δὲ Υἱὸς τοῦ ἀνθρώπου οὐκ ἔχει ποῦ τὴν κεφαλὴν κλῖναι. Καὶ οὐκ ἦν αὐτῷ τράπεζα, οὐκ οἰκία, οὐκ ἄλλο τι τῶν τοιούτων οὐδέν· οὐκ ἐπειδὴ ἠπόρει, ἀλλ' ἐπειδὴ ἐπαίδευε τοὺς ἀνθρώπους ταύτην ἐλθεῖν τὴν ὁδόν. Κατὰ δὴ τοῦτον τὸν τρόπον καὶ εὔχεσθαι αὐτοὺς ἐδίδασκεν. Ἔλεγον οὖν αὐτῷ, Δίδαξον ἡμᾶς εὔχεσθαι. Διὰ τοῦτο καὶ εὔχεται, ἵνα ἐκεῖνοι μάθωσιν εὔχεσθαι. Ἀλλ' οὐκ εὔχεσθαι μόνον, ἀλλὰ καὶ πῶς δεῖ εὔχεσθαι μαθεῖν αὐτοὺς ἐχρῆν· διὰ δὴ τοῦτο καὶ εὐχὴν παρέδωκεν οὕτως ἔχουσαν· Πάτερ ἡμῶν ὁ ἐν τοῖς οὐρανοῖς, ἁγιασθήτω τὸ ὄνομά σου· ἐλθέτω ἡ βασιλεία σου· γενηθήτω τὸ θέλημά σου, ὡς ἐν οὐρανῷ, καὶ ἐπὶ τῆς γῆς. Τὸν ἄρτον ἡμῶν τὸν ἐπιούσιον δὸς ἡμῖν σήμερον· καὶ ἄφες ἡμῖν τὰ ὀφειλήματα ἡμῶν, ὡς καὶ ἡμεῖς ἀφίεμεν τοῖς ὀφειλέταις ἡμῶν· καὶ μὴ εἰσενέγκῃς ἡμᾶς εἰς πειρασμὸν, τοῦτ' ἔστιν, εἰς κίνδυνον, εἰς ἐπιβουλάς. Ἐπεὶ οὖν ἐκέλευσεν εὔχεσθαι, Μὴ εἰσενέγκῃς ἡμᾶς εἰς πειρασμὸν, τοῦτο αὐτὸ διδάσκει αὐτοὺς δι' αὐτοῦ τοῦ πράγματος λέγων, Πάτερ, εἰ δυνατὸν, παρελθέτω ἀπ' ἐμοῦ τὸ ποτήριον τοῦτο, παιδεύων ἅπαντας τοὺς ἁγίους μὴ ἐπιπηδᾷν τοῖς κινδύνοις, μηδὲ ἐπιῤῥίπτειν ἑαυτοὺς, ἀλλ' ἀναμένειν μὲν ἐπιόντας, καὶ ἀνδρείαν πᾶσαν ἐπιδείκνυσθαι· μὴ μὴν αὐτοὺς προπηδᾷν, μηδὲ πρώτους ὁμόσε τοῖς δεινοῖς ἰέναι. Τί δήποτε; Καὶ ταπεινοφροσύνην διδάσκων, καὶ τῶν τῆς κενοδοξίας ἐγκλημάτων ἀπαλλάττων. Διά τοι τοῦτο καὶ ἐνταῦθα, ὅτε ταῦτα ἔλεγεν, Ἀπελθὼν, φησὶ, προσηύξατο· καὶ μετὰ τὸ προσεύξασθαι λέγει τοῖς μαθηταῖς οὕτως· Οὐκ ἰσχύσατε μίαν ὥραν γρηγορῆσαι μετ' ἐμοῦ; Γρηγορεῖτε καὶ προσεύχεσθε μὴ εἰσελθεῖν εἰς πειρασμόν. Ὁρᾷς ὅτι οὐ προσεύχεται μόνον, ἀλλὰ καὶ παραινεῖ; Τὸ μὲν γὰρ πνεῦμα πρόθυμον, φησὶν, ἡ δὲ σὰρξ ἀσθενής. Τοῦτο δὲ ἔλεγε, τύφου τὴν ψυχὴν αὐτῶν κενῶν, καὶ ἀπονοίας ἀπαλλάττων, συνεσταλμένους ποιῶν, μετριάζειν παρασκευάζων. Ὃ τοίνυν ἠβούλετο αὐτοὺς διδάσκειν εὔχεσθαι, τοῦτο

quidem male loquutus sum, testimonium perhibe de malo: si autem bene, quid me cædis? Pro inimicis orare præcepit: rursus hoc
etiam operibus docet: cum enim in crucem ascendisset, dixit, *Pater, dimitte illis: non enim* Luc. 23. 34.
sciunt, quid faciunt. Ut igitur præcepit ut oraremus, sic et orat ipse, teque docet orare, cum nec ipse dimittendi sit potestate destitutus. Præcepit rursus, ut iis qui nos oderunt benefaceremus, ac de illis, qui nos calumniantur, Matth. 5. 44.
bene mereremur: hoc autem opere ipso complevit: siquidem ex Judæis dæmones expulit, a quibus correptus a dæmone appellabatur, persequentes se beneficiis cumulabat, insidiantes alebat, crucifigere volentes ad regnum manu ducebat. Rursus ad discipulis dicebat: *Nolite pos-* Matth. 10. 9.
sidere aurum, neque argentum, neque pecuniam in zonis vestris, ut ad paupertatem incitaret: hoc rursus operibus docebat, cum ita loqueretur: *Vulpes foveas habent, et volucres* Matth. 8. 20.
cæli nidos: Filius autem hominis non habet, ubi caput reclinet: neque mensa illi erat, non domus, non aliud quidquam ejusmodi: non quod egenus esset, sed quod homines ad hanc insistendam viam erudiret. Hac nimirum ratione docebat illos orare. Dicebant igitur illi: *Doce* Luc. 11. 1.
nos orare. Idcirco etiam orat, ut et illi discant orare. Sed non tantum orare, verumetiam, quo pacto deberent orare, discere illos oportuit: propterea nempe tradidit et illis orationem in hæc verba conceptam: *Pater* noster, *qui es in cælis*, Ib. v. 2. 4.
sanctificetur nomen tuum. Adveniat regnum *tuum. Fiat voluntas tua, sicut in cælo* et *in terra. Panem* nostrum *quotidianum da nobis hodie. Et dimitte nobis debita nostra*, sicut *et nos dimittimus debitoribus nostris. Et ne nos inducas in tentationem*, hoc est, in periculum, in insidias. Quando igitur orare jussit, *Ne nos inducas in tentationem*, istud ipsum reipsa docet illos, dum ait, *Pater, si possibile* est, transeat *a me calix* iste, dum omnes sanctos docet, ne periculis sese objiciant, neque se præcipites agant, sed insultum adversariorum exspectent, omnemque fortitudinem præ se ferant: non tamen ut ipsi prosiliant, seque priores malis objiciant. Quid ita? Ut nimirum humilitatem doceat, et vanæ gloriæ crimine liberet. Quam etiam ob causam hic quoque, dum hæc diceret,
Abiens, inquit, *oravit*, et postquam orasset, ita Matth. 26. 39.
dixit discipulis, *Non potuistis una hora vigi-* Ib. v. 40.
lare mecum? Vigilate, et orate, *ne intretis in* 41.
tentationem. Vides ut non solum oret, sed etiam

Ibidem. admoneat? *Spiritus enim promptus est,* inquit,
caro autem infirma. Hoc autem dicebat, ut ex
eorum anima fastum omnem depelleret, ut eos
superbia liberaret, humiles redderet, ac modestos efficeret. Quod igitur eos precari docere volebat, hoc et ipse precabatur humanitus, non
secundum divinitatem (est enim omnis passionis expers Numen), sed secundum humanitatem.
Porrò ut nos orare doceret, orabat, et semper
quærere liberari a malis: quod si fieri nequeat,
eo, quod Deo visum fuerit, contentos esse. Pro-
Matth. 26. pterea dicebat, *Verumtamen non sicut ego*
39. *volo, sed sicut tu:* non quod alia voluntas ejus
esset et alia Patris; sed ut homines doceret,
quamvis æstuent, quamvis tremant, quamvis pericula immineant, quamvis ab hac vita nolint
avelli, propriæ tamen voluntati Dei præferre voluntatem: quod utique Paulus edoctus agere,
utrumque opere præstitit: nam et tentationes a
2. Cor. 12. se postulavit amoveri, cum ita diceret: *Propter*
8. *quod ter Dominum rogavi:* et quoniam Deo
Ib. v. 10. visum non est, inquit, *Idcirco placide acquiesco*
in infirmitatibus, in contumeliis, in persequu-
tionibus. Forte vero non satis apertum est, quod
dicitur: itaque manifestius a nobis reddetur.
Multis obsidebatur periculis Paulus, et orabat,
ne periculis objiceretur. Audivit ergo Christum
Ib. v. 9. dicentem: *Sufficit tibi gratia mea: virtus*
enim mea in infirmitate perficitur. Postquam
igitur, quænam esset Dei voluntas, agnovit, tum
voluntatem suam deinceps Dei voluntati subjecit.
Hæc igitur utraque per orationem istam docuit,
ut neque periculis nos objiciamus, sed et oremus
ne in ea incidamus: sin autem nos invaserint, ea
patienter feramus, ac propriæ voluntati Dei voluntatem præferamus. Quæ cum ita nobis explorata sint, oremus, ut numquam in tentationem
intremus: quod si quandoque intraverimus,
Deum precemur, ut nobis patientiam et fortitudinem largiatur, ipsiusque voluntatem omni nostræ voluntati præferamus. Sic enim fiet, ut vitam præsentem cum securitate transigamus, et
futura bona consequamur: quorum nos compotes
fieri contingat, gratia et benignitate Domini nostri
Jesu Christi, cum quo Patri, una cum Spiritu
sancto gloria, imperium, honor, nunc et semper,
et in sæcula sæculorum. Amen.

καὶ αὐτὸς ηὔξατο ἀνθρωπίνως, οὐ κατὰ τὴν θεότητα
(ἀπαθὲς γὰρ τὸ Θεῖον), ἀλλὰ κατὰ τὴν ἀνθρωπότητα.
Ηὔξατο δὲ παιδεύων ἡμᾶς εὔχεσθαι, καὶ ἀεὶ ζητεῖν
τῶν δεινῶν τὴν ἀπαλλαγήν· εἰ δὲ μὴ ἐγχωροίη,
στέργειν τὰ τῷ Θεῷ δοκοῦντα. Διὰ τοῦτο ἔλεγε, Πλὴν
οὐχ ὡς ἐγὼ θέλω, ἀλλ' ὡς σύ· οὐκ ἐπειδὴ ἄλλο
μὲν αὐτοῦ βούλημα, ἄλλο δὲ τοῦ Πατρός· ἀλλ' ἵνα
παιδεύσῃ τοὺς ἀνθρώπους, κἂν ἀγωνιῶσι, κἂν τρέ-
μωσι, κἂν κίνδυνος ἐπίῃ, κἂν μὴ βούλωνται ἀποῤῥαγῆναι τῆς παρούσης ζωῆς, ὅμως τοῦ οἰκείου βου-
λήματος προτιμᾷν τὸ τοῦ Θεοῦ βούλημα· ὅπερ οὖν
καὶ Παῦλος παιδευθεὶς, ἀμφότερα ταῦτα διὰ τῶν
B ἔργων ἔδειξε· τούς τε γὰρ πειρασμοὺς ἠξίωσεν ἀπο-
κινηθῆναι αὐτοῦ, οὕτω λέγων, Ὑπὲρ τούτου τρίτον
τὸν Κύριον παρεκάλεσα· καὶ ἐπειδὴ οὐκ ἔδοξε τῷ
Θεῷ, φησὶ, Δι' ὃ εὐδοκῶ ἐν ἀσθενείαις, ἐν ὕβρεσιν,
ἐν διωγμοῖς. Τάχα δὲ ἀσαφὲς τὸ εἰρημένον· οὐκοῦν
ποιῶ αὐτὸ σαφέστερον. Ἐκινδύνευσε πολλὰ ὁ Παῦλος, καὶ ηὔξατο μὴ κινδυνεύειν. Ἤκουσεν οὖν τοῦ
Χριστοῦ λέγοντος, ὅτι Ἀρκεῖ σοι ἡ χάρις μου· ἡ
γὰρ δύναμίς μου ἐν ἀσθενείᾳ τελειοῦται. Ἐπεὶ οὖν
εἶδε τοῦ Θεοῦ θέλημα ὂν, λοιπὸν τὸ ἑαυτοῦ θέλημα
ὑποτάττει τῷ τοῦ Θεοῦ θελήματι. Ταῦτα τοίνυν
ἀμφότερα ἀπὸ τῆς εὐχῆς ταύτης ἐπαίδευσε, μήτε
ἐπιπηδᾷν τοῖς κινδύνοις, ἀλλὰ καὶ εὔχεσθαι μὴ ἐμπεσεῖν εἰς αὐτούς· εἰ δὲ ἐπέλθοιεν, φέρειν αὐτοὺς
C γενναίως, καὶ τοῦ οἰκείου θελήματος προτιμᾷν τὸ
τοῦ Θεοῦ θέλημα. Ταῦτα οὖν εἰδότες, εὐχώμεθα μὲν
μηδέποτε εἰσελθεῖν εἰς πειρασμόν· κἂν εἰσέλθωμεν,
παρακαλῶμεν τὸν Θεὸν διδόναι ἡμῖν ὑπομονὴν καὶ
ἀνδρείαν, καὶ τοῦ αὐτοῦ θέλημα παντὸς θελήματος
ἡμῶν προτιμῶμεν. Οὕτω γὰρ καὶ τὸν παρόντα βίον
μετὰ ἀσφαλείας διανύσομεν, καὶ τῶν μελλόντων
ἀγαθῶν ἐπιτευξόμεθα· ὧν γένοιτο πάντας ἡμᾶς ἐπιτυχεῖν, χάριτι καὶ φιλανθρωπίᾳ τοῦ Κυρίου ἡμῶν
Ἰησοῦ Χριστοῦ, μεθ' οὗ τῷ Πατρὶ, ἅμα τῷ ἁγίῳ
Πνεύματι δόξα, κράτος, τιμὴ, νῦν καὶ ἀεὶ, καὶ
εἰς τοὺς αἰῶνας τῶν αἰώνων. Ἀμήν.

IN CONCIONEM SEQUENTEM

MONITUM.

Homilia de Angusta porta et de Oratione Dominica nullam præ se fert notam, ex qua vel temporis calculum, vel loci in quo habita est argumentum ducere possimus. Hoc enim certo dicere licet eam Chrysostomo dignam esse, ejusque styli tesseras in ea non dubias deprehendi, secus quam opinatur Halesius in notis Savilianis p. 725, qui pronuntiare ansus est, contra opusculi γνησιότητα ex styli genere scrupulos oriri. Nos contra non stylum modo Chrysostomi, tropos et orandi modum hic invenimus, sed etiam loca aliis Chrysostomi dictis perquam similia ; ut est illud num. 2, ubi de corporis humani constitutione eadem iisdemque pene verbis dicit, quæ libro primo ad Theodorum lapsum, num. 13 dixerat, ut ad imam paginam infra notamus. Fatetur tamen Halesius inventionem esse Chrysostomi, sed stylum esse humiliorem. At ego sine ullo errandi periculo dici posse puto, multa esse Chrysostomi opera, quæ a nemine in dubium vocantur, quæ ab elegantissimis ejusdem opusculis stylo magis deflectunt, quam hæc homilia.

Interpretationem Achillis Statii, Lusitani, etsi non inelegantem, quia cum Græco sæpe non consentiebat, rejecimus novamque paravimus.

---

[a] ΠΕΡΙ ΤΟΥ ΚΑΤΑ ΘΕΟΝ ΠΟΛΙΤΕΥΕΣΘΑΙ, A
καὶ εἰς τὸ, Στενὴ ἡ πύλη, καὶ τὰ ἑξῆς· καὶ ἑρμηνεία τῆς προσευχῆς, τοῦ Πάτερ ἡμῶν.

Πάσης μὲν θεοπνεύστου Γραφῆς ἡ ἀνάγνωσις γίνεται τοῖς προσέχουσιν εὐσεβείας ἐπίγνωσις· ἡ δὲ σεπτὴ τῶν εὐαγγελίων Γραφὴ ὑψηλοτέρων ἐστὶ διδαγμάτων ὑπεροχή· τὰ γὰρ ἐν αὐτοῖς ἐμφερόμενα λόγια ὑψίστου βασιλέως ὑπάρχει θεσπίσματα. Διὸ καὶ φοβερά τις ἠπείληται κόλασις τοῖς μὴ φυλάττουσιν ἀκριβῶς τὰ ὑπ' αὐτοῦ εἰρημένα. Εἰ γὰρ τῶν ἐπὶ γῆς ἀρχόντων ὁ παραβαίνων τοὺς νόμους ἀπαραίτητον ὑφίσταται κόλασιν, πόσῳ μᾶλλον ἀφορήτοις ἐκδοθήσε- B
ται βασάνοις ὁ τοῦ ἐπουρανίου Δεσπότου ἀθετῶν τὰ προστάγματα; Ἐπεὶ οὖν μέγας ἐστὶν ὁ τῆς ἀπροσεξίας κίνδυνος, μετὰ πολλῆς ἀκριβείας προσέχωμεν τῇ ἀκροάσει τῶν ἀρτίως ἀναγνωσθέντων ἡμῖν ἐκ τοῦ εὐαγγελίου ῥημάτων. Τίνα δὲ ταῦτά ἐστι; Στενὴ, φησὶν, ἡ πύλη, καὶ τεθλιμμένη ἡ ὁδὸς ἡ ἀπάγουσα εἰς τὴν ζωὴν, καὶ ὀλίγοι εἰσὶν οἱ εὑρίσκοντες αὐτήν. Καὶ πάλιν· Πλατεῖα ἡ πύλη, καὶ εὐρύχωρος ἡ ὁδὸς ἡ ἀπάγουσα εἰς τὴν ἀπώλειαν, καὶ πολλοί εἰσιν οἱ διερχόμενοι δι' αὐτῆς. Τούτων ἐγὼ συνεχῶς ἀκούων

DE INSTITUENDA SECUNDUM Deum vita, et in illud, Angusta est porta, *etc.* : *item explicatio Orationis,* Pater noster. *Matth.* 7. 14.

1. Omnis Scripturæ divinitus inspiratæ lectio animum adhibentibus piæ religionis notitiam affert : veneranda autem evangeliorum Scriptura præstantioribus documentis excellit : quæ enim in ea efferuntur dicta, supremi Regis sunt oracula. Quamobrem iis, qui dicta ejus accurate non observarint, horribile impendet supplicium. Si enim is, qui terrenorum principum leges transgreditur, indeprecabiles omnino pœnas luet : quanto magis qui cælestis Domini jussa detrectat, intolerandis cruciatibus afficietur? Quia igitur magnum est incuriæ periculum, summa cum diligentia jamjam lectis attendamus. Quæ sunt autem illa? *Angusta est,* inquit, *porta* et *Matth.* 7
arcta via, quæ ducit ad vitam : et pauci in- 14.
veniunt eam. Et rursus : *Lata est porta,* et *Ib.* v. 13.
spatiosa via, quæ ducit ad perditionem, et *multi sunt qui transeunt per eam.* Horum ego frequens auditor verborum, hominumque studia

[a] Collata cum Mss. Regiis 1964 et 2349, et Colbertino 1030.

cernens inanibus in rebus posita, dictorum veritatem vehementer admirer. Omnes quippe in lata gradiuntur via, omnes rebus inhiant præsentibus, futurorumque cogitationem numquam suscipiunt; sed ad corporeas voluptates cum impetu assidueque feruntur, animas vero suas sinunt fame contabescere; cumque innumeris quotidie vulneribus confodiantur, eorum in quibus versantur malorum nullum habent sensum: ac qui in corporeis ægritudinibus ad medicos adeunt, ipsos domum evocant, amplissimamque illis mercedem retribuunt, tolerantiam vero summam exhibent, et curationem sustinent laboriosam, quo valetudinem consequantur corporis; illi, inquam, male affectam animam prorsus negligunt, expetendamque ejus sanitatem contemnunt, licet probe sciant corpus mortale et corruptioni obnoxium esse, vernisque floribus consimile: perinde enim marcescit, exstinguitur, corrumpitur; animam vero immortalitate præditam, et ad imaginem Dei factam, cui concredita sunt animalis corporis gubernacula. Quod enim est auriga currui, gubernator navi, musicus instrumento, idipsum huic terreno vasculo esse animam præcepit Opifex ille. Hæc habenas tenet, clavum moderatur, et chordas pulsat: quod cum scienter facit, suavissimum virtutis reddit concentum: cum autem vel remiserit sonos, vel intenderit plus, quam oporteat, et artem et harmoniam labefactat. Hujus ergo animæ curam abjiciunt multi mortales, nec minima quidem illam cura dignantur; sed totum vitæ tempus in corporeas sollicitudines impendunt. Atque hi quidem nauticum vitæ genus amplectuntur, ac cum fluctibus et ventis concertant; vitam mortemque secum semper una circumferentes, spemque salutis totam exiguis committentes tabulis: illi agriculturæ sudores suscipiunt, boves aratro jungunt, terram sulcant, nunc sementem jaciunt, nunc metunt; modo plantant, modo vindemiæ dant operam; et hac in miseria totum tempus emetiuntur. Alii mercaturam adeunt, et ea de causa terra marique peregrinantur, alienum solum suo anteferentes, patriam, genus, amicos, conjuges, liberos relinquunt, exiguique lucri causa libenter peragrant. Sed quid attinet artes omnes enumerare, quas in usum corporis commenti sunt homines, in quibus die noctuque versantes, curam corporis sibi suscipiunt, ani-

Corporis cura animi curæ postponenda.

τῶν λόγων, καὶ τῶν ἀνθρώπων τὴν ἐπὶ τὰ μάταια βλέπων σπουδὴν, λίαν θαυμάζω [b] τῶν εἰρημένων
C τὴν ἀλήθειαν. Πάντες γὰρ διὰ τῆς πλατείας βαδίζουσιν ὁδοῦ, πάντες εἰς τὰ παρόντα κεχήνασι πράγματα, καὶ τῶν μελλόντων οὐδέποτε λαμβάνουσιν ἔννοιαν· ἀλλ' εἰς μὲν τὰς σωματικὰς ἀπολαύσεις ἀδιαλείπτως ἐπείγονται, τὰς δὲ ψυχὰς ἐῶσιν ἐν λιμῷ κατατήκεσθαι· καὶ μυρία καθ' ἑκάστην ἡμέραν λαμβάνοντες τραύματα, οὐδέποτε αἴσθησιν ἔχουσι τῶν ἐν οἷς εἰσι κακῶν· καὶ τῶν μὲν τοῦ σώματος ἕνεκα παθημάτων, φοιτῶσι πρὸς τοὺς ταῦτα θεραπεύοντας, καὶ αὐτοὺς δὲ τούτους οἴκαδε παραπέμπονται, καὶ μισθοὺς παρέχουσιν ὅτι μάλιστα πλείστους, καὶ καρτερίαν ἐπιδείκνυνται πολλὴν, καὶ τῆς ἐπιπόνου θεραπείας ἀνέχονται, ἵνα τὴν ἐκείνου ὑγείαν ὠνήσωνται· τῆς δὲ ψυχῆς κακῶς διακειμένης παντελῶς
D ἀμελοῦσι, καὶ τὴν ἀξιέραστον αὐτῆς ὑγείαν λαβεῖν οὐ σπουδάζουσι, καίτοι σαφῶς ἐπιστάμενοι, ὅτι τὸ μὲν σῶμα θνητόν ἐστι καὶ ἐπίκηρον, καὶ τοῖς ἐαρινοῖς προσέοικεν ἄνθεσιν· ὁμοίως γὰρ ἐκείνοις μαραίνεται καὶ σβέννυται, καὶ φθορᾷ παραδίδοται· τὴν δὲ ψυχὴν ἴσασιν ἀθανασίᾳ τετιμημένην, καὶ κατ' εἰκόνα θείαν γεγενημένην, καὶ τοῦ ζώου πεπιστευμένην τοὺς οἴακας. Ὅπερ γάρ ἐστιν ἡνίοχος ἅρματι, καὶ κυβερνήτης πλοίῳ, καὶ μουσικὸς ὀργάνῳ, τοῦτο εἶναι τῷ γηΐνῳ τούτῳ σκεύει τὴν ψυχὴν ὁ πλάστης ἐνομοθέτησεν. Αὕτη γὰρ κατέχει τὰς ἡνίας, καὶ κινεῖ τὰ πηδάλια, καὶ τὰς χορδὰς ἀνακρούεται, καὶ εὖ μὲν τοῦτο πράττουσα, τὸ παναρμόνιον τῆς ἀρετῆς ἀνακρούεται μέλος· ὅταν δὲ ἢ χαλάσῃ τοὺς φθόγγους, ἢ
26 A διατείνῃ πέρα τοῦ δέοντος, καὶ τῇ τέχνῃ καὶ τῇ ἁρμονίᾳ λυμαίνεται. Ταύτης τοίνυν ἀμελοῦσιν οἱ πολλοὶ τῶν ἀνθρώπων καὶ οὐδὲ βραχείας αὐτὴν ἐπιμελείας ἀξιοῦσιν, ἀλλ' ἅπαντα τῆς ζωῆς αὐτῶν τὸν χρόνον εἰς τὰς σωματικὰς ἀναλίσκουσι φροντίδας. Καὶ οἱ μὲν τὸν τῶν ναυτίλων ἀσπάζονται βίον, καὶ κύμασι καὶ πνεύμασι μάχονται, τὴν ζωὴν καὶ τὸν θάνατον μεθ' ἑαυτῶν περιφέροντες, καὶ τὰς τῆς σωτηρίας ἐλπίδας ἐν ὀλίγαις σανίσι κατέχοντες· οἱ δὲ τὸν τῆς γεωπονίας ἀναδέχονται ἱδρῶτα, βοῦς ἀροτῆρας ζευγνύντες, καὶ τὴν γῆν ἀροτριῶντες, καὶ νῦν μὲν σπείροντες καὶ θερίζοντες, νῦν δὲ φυτεύοντες καὶ τρυγῶντες, καὶ ἅπας αὐτοῖς ὁ χρόνος μετὰ τῆς τοιαύτης ὁδεύει ταλαιπωρίας· οἱ δὲ τὰς ἐμπορίας [a] ἐπέρ-
B χονται, καὶ ὑπὲρ τούτων τὰς ἐν γῇ τε καὶ θαλάττῃ ποιοῦνται ἀποδημίας, καὶ τῆς οἰκείας τὴν ἀλλοδαπὴν προτιμῶσι, καὶ πατρίδα, καὶ γένος, καὶ φίλους, καὶ ὁμοζύγους μετὰ παίδων καταλιμπάνοντες, ὀλίγων

[b] Omnes Mss. τῶν εἰρημένων τὴν ἀλήθειαν. Duo postrema verba desunt in Morel.

[a] Mss. μετέρχονται. Unus Ms. mox καὶ τῆς ἡμεδαπῆς τὴν ἀλλοδαπήν.

ἕνεκα κερδῶν τὴν ξένην ἀσπάζονται. Καὶ τί δεῖ πάσας
καταλέγειν τὰς τέχνας, ἃς ταῖς χρείαις τοῦ σώματος
ἐξεῦρον οἱ ἄνθρωποι, ἐν αἷς διημερεύοντες καὶ δια-
νυκτερεύοντες, τὴν μὲν ἐκείνου θεραπείαν ἑαυτοῖς
περιποιοῦνται, τὴν δὲ ψυχὴν ὑπερορῶσι πεινῶσάν τε
καὶ διψῶσαν καὶ αὐχμῶσαν καὶ ῥυπῶσαν, καὶ ὑπὸ
μυρίων ἐνοχλουμένην κακῶν; Καὶ μετὰ πολλοὺς
ἱδρῶτας καὶ πόνους οὐδὲ τὸ θνητὸν σῶμα θανάτου
κρεῖττον ἐργάζονται, καὶ τὴν ἀθάνατον μετὰ τοῦ
θνητοῦ ταῖς ἀθανάτοις ὑποβάλλουσι τιμωρίαις.

C Διὰ τοῦτο λίαν ὀλοφυρόμενος τὴν περικεχυμένην
ἄγνοιαν ταῖς τῶν ἀνθρώπων ψυχαῖς, καὶ τῆς ἐπικειμένης αὐτοῖς ἀχλύος τὴν παχύτητα, ἐβουλόμην μὲν
εὑρεῖν σκοπιάν τινα ὑψηλὴν ὑποδεικνύουσάν μοι
πάντα τὰ τῶν ἀνθρώπων γένη· ἐβουλόμην δὲ καὶ
φωνῆς τυχεῖν, πάντα περιηχούσης τὰ πέρατα, καὶ
πᾶσιν ἀρκούσης τοῖς ἐπὶ τῆς γῆς, καὶ στῆναι καὶ
βοῆσαι, καὶ τὴν Δαυιδικὴν ἐκείνην ἀνακράξαι φωνήν·
Υἱοὶ ἀνθρώπων, ἕως πότε βαρυκάρδιοι; ἵνα τι ἀγαπᾶτε ματαιότητα καὶ ζητεῖτε ψεῦδος, προτιμῶντες
τῶν οὐρανίων τὰ γήϊνα, τῶν αἰωνίων τὰ πρόσκαιρα,
D τῶν ἀφθάρτων τὰ φθειρόμενα; Ἕως πότε τοὺς ὀφθαλμοὺς μύετε, καὶ τὰ ὦτα βύετε, καὶ τῆς θείας φωνῆς
οὐκ ἀκούετε, τῆς καθ' ἑκάστην ἡμέραν βοώσης· Αἰ-
τεῖτε, καὶ δοθήσεται ὑμῖν, ζητsῖτε, καὶ εὑρήσετε,
κρούετε, καὶ ἀνοιγήσεται ὑμῖν; Πᾶς γὰρ ὁ αἰτῶν
λαμβάνει, καὶ ὁ ζητῶν εὑρίσκει, καὶ τῷ κρούοντι
ἀνοιγήσεται. Ἐπειδὴ δέ τινες ἀτελέστερον διακείμενοι
καὶ πρὸς τὰ βιωτικὰ μᾶλλον ἐπιῤῥεπῶς ἔχοντες, καὶ
τοῖς φιλοσάρκοις ἐνηδυπαθοῦντες λογισμοῖς, οὐ καθηκόντως ποιοῦνται τὰς αἰτήσεις, τούτου χάριν ὁ κοινὸς
Δεσπότης εὐχῆς ἡμῖν διδασκαλίαν ὑπέδειξεν, εἰπών·
Ὅταν προσεύχησθε, μὴ βαττολογεῖτε, ὥσπερ οἱ
ἐθνικοί· δοκοῦσι γὰρ, ὅτι ἐν τῇ πολυλογίᾳ αὐτῶν
εἰσακουσθήσονται· βαττολογίαν ὀνομάζων τὴν φλυα-
E ρίαν, τὴν διὰ πολλῶν μὲν λόγων προσφερομένην,
ὠφελείας δὲ πάσης ἐστερημένην. Ὑπαινίττεται τοίνυν, ἀπαγορεύων τὴν βαττολογίαν, ὁ Κύριος, μὴ
χρῆναι τοὺς προσευχομένους αἰτεῖν τὰ ῥέοντα καὶ
ἀπολλύμενα· μὴ σώματος ὡραιότητα, τὴν ὑπὸ
χρόνου μαραινομένην, καὶ ὑπὸ νόσου δαπανωμένην,
καὶ ὑπὸ θανάτου καλυπτομένην· τοιοῦτον γὰρ τὸ
σωματικὸν κάλλος. Ἄνθος ἐστὶν ὀλιγοχρόνιον, πρὸς
27 A ὀλίγον μὲν φαινόμενον [b] τῷ ἔαρι τῆς νεότητος, μετ'
ὀλίγον δὲ φθειρόμενον ὑπὸ τῆς χρόνου παλαιότητος.
Εἰ δὲ καὶ τὴν ὑπόστασιν αὐτοῦ τις ἐξετάζειν ἐθέλοι,
τότε πλέον αὐτοῦ διαπτύειν δυνήσεται. Οὐδὲν γὰρ
ἕτερόν ἐστιν, ἢ φλέγμα καὶ αἷμα καὶ ῥεῦμα καὶ

mam vero despiciunt esurientem, sitientem,
squalentem, sordibus fœdatam, sexcentisque
agitatam ærumnis? Cæterum post tantus illos
sudores laboresque mortale corpus a morte non
vindicant, animamque immortalem cum mortali
corpore æternis suppliciis subjiciunt.

C 2. Tantam ego mortalium animis offusam
ignorantiam, ingruentemque ipsis densam caliginem deflens, vellem utique sublimem quamdam
reperire speculam, quæ universa mihi hominum
genera oculis subjiceret; vocemque dari mihi,
quæ posset ab universis terræ finibus exaudiri,
ut Davidicum illum sonum ederem: *Filii ho-* Psal. 4. 3.
minum, usquequo gravi corde? ut quid di-
ligitis vanitatem, et *quæritis mendacium?*
dum terrena cælestibus, temporanea æternis,
corruptibilia incorruptibilibus anteponitis. Us-
D quequo oculos clauditis, aures obturatis, divi-
namque illam vocem quotidie clamantem non
auditis: *Petite et dabitur vobis, quærite* et Matth. 7. 7.
invenietis; pulsate et *aperietur vobis?*
Omnis enim qui petit, accipit; et *qui quærit,* Ib. v. 8.
invenit, et *pulsanti aperietur.* Quia vero nonnulli imperfectiores sunt, et ad-sæcularia proni,
carnalibusque cogitationibus indulgent, non ea
qua oporteret ratione preces adhibent: ideo communis omnium Dominus precandi nobis formam
præscripsit dicens: *Orantes autem, nolite* Matth. 6. 7.
multum loqui, sicut ethnici: putant enim,
quod in multiloquio exaudientur: multiloquium vocans futilitatem, multitudine verborum
E redundantem, utilitateque carentem. Subindicat
igitur Dominus, dum multiloquium prohibet,
non oportere eos, qui precantur, fluxa et corruptibilia postulare: non corporis pulchritudinem,
quæ tempore marcescit, et morbo labefactatur,
demumque morte deletur. Talis namque est
corporis pulchritudo, flos minime diuturnus, qui
pauxillum in juventutis vere floret, sed brevi
27 A temporis decursu corrumpitur. Si quis vero substantiam ejus explorare velit, tunc illum magis
despuere poterit. Nihil enim aliud est, quam pi-
tuita, sanguis et humor, cibique mansi chylus.
Hinc enim oculi, genæ, nares, supercilia, labia, Pulchritu-

[b] Sic duo Mss. Morel., et Savil. in marg. recte. Savil. in textu et unus ἀέρι. Mox tres Mss. φθειρόμενον ὑπὸ, Editi vero φαινόμενον perperam. Savil. in marg. ἀφανιζόμενον. Iis quæ sequuntur prorsus similia habes supra Orat. 1 ad Theodorum lapsum num. 13.

do corporis, resque terrenæ quam fluxæ sint.

totumque corpus irrigatur : quæ si desinat irrigatio, illa formæ venustas prorsus desinet. Non pecuniarum facultates, quæ aquarum instar fluvialium influunt et defluunt, et nunc ad illum, nunc ad alium transiliunt : quæ possessorem fugiunt, et apud se diligentes manere recusant : insidiatores vero multos habent, tineas, fures, sycophantas, incendia, naufragia, bellorum in- B cursus, populorum seditiones, domesticorum nequitias, chirographorum amissiones, vel additiones, imminutiones : aliaque multa, quæ pecuniarum amantes invadunt detrimenta. Non dignitatum potentiam, quæ et ipsa multa parit incommoda, sollicitudinum tabem, insomnia frequentia, invidorum insidias, inimicorum machinamenta, subdolam rhetorum argutiam, quæ compositis verbis veritatem circumvenit, judicibusque ipsis magnum periculum creat. Sunt enim, sunt revera multiloqui viri multi, et futilibus instructi verbis, qui hæc et similia a Deo universorum postulant, eorumque, quæ vere sunt bona, nullam rationem habent. Atqui me- C dicum medicamentorum usum non ægroti docent, sed hi, quantumvis durus molestusque sit curationis modus, quæ ab illo offeruntur sustinent. Itemque gubernatorem non vectores jubent hoc illove modo clavum tenere, et navim dirigere ; sed in tabulatis sedentes, illius peritiæ, non modo secundis ventis, sed etiam extremo ingruente periculo sese committunt. Uni tantum Deo, qui quæ nobis utilia opportunaque sunt accurate novit, illi male feriati homines cedere nesciunt, sed perniciosa quasi utilia postulant, perinde atque ægrotus, qui a medico petit, non ea D quæ morbum depellant, sed quæ materiam illam morbi matrem alant. Verum medicus infirmi preces non admittit, sed etiamsi lacrymantem ingementemque videat, artis præceptis obtemperabit potius, quam illius flectatur lacrymis : tumque medici inobsequentiam, non inhumanitatem, sed humanitatem vocamus. Contra vero si ægroto morem gerat, ejusque voluptati obsequatur, hostiliter cum illo agit; sin renitatur, ejusque cupiditatem oppugnet, misericordia atque clementia utitur. Sic animarum nostrarum Medicus, quæ noxia futura sunt petentibus num- E quam dederit. Neque enim patres prolis amantes filiis adhuc tenellis gladios aut ignitos carbones petentibus, umquam porrexerint : norunt enim hæc damno futura esse si dentur : nonnulli

Omnium dispensatio Deo committenda.

τροφῆς διαμασηθείσης χυλός. Ἐκ τούτου γὰρ καὶ ὀφθαλμοὶ, καὶ παρειαὶ, καὶ ῥῖνες, καὶ ὀφρύες, καὶ χείλη, καὶ ὅλον ἀρδεύεται τὸ σῶμα· κἂν ἐπιλείψῃ ποτὲ ἡ τούτων ἀρδεία, συνεπιλείψει πάντως καὶ τοῦ προσώπου ἡ εὐμορφία. Μὴ πλοῦτον χρημάτων τὸν καθ' ὁμοιότητα τῶν ποταμίων ὑδάτων ἐπιῤῥέοντά τε καὶ μεταῤῥέοντα, καὶ νῦν μὲν παρὰ τοῦτον, νῦν δὲ παρ' [a] ἐκεῖνον πηδῶντα, καὶ τοὺς B κατέχοντας φεύγοντα, καὶ τοῖς φιλοῦσιν αὐτὸν παραμένειν οὐκ ἀνεχόμενον, καὶ μυρίους ἐπιβούλους ἔχοντα, καὶ σῆτας, καὶ λῃστὰς, καὶ συκοφάντας, καὶ ἐμπρησμοὺς, καὶ ναυάγια, καὶ πολέμων ἐφόδους, καὶ δήμων ἐπαναστάσεις, καὶ κακουργίας οἰκετῶν, καὶ γραμμάτων ἀφαιρέσεις, καὶ προσθήκας, καὶ μειώσεις, καὶ τἄλλα ὅσα τοῖς ἐρῶσι χρημάτων ὑπὸ τῆς φιλοπλουτίας ἐπιφύεται δεινά. Μὴ δυναστείαν ἀξιωμάτων· πολλὰ γὰρ καὶ ταύτῃ ἀλγεινὰ παραφύεται, φροντίδων τηκεδόνες, ἀγρυπνίαι συνεχεῖς, ἐπιβουλαὶ παρὰ τῶν φθονούντων, κατασκευαὶ παρὰ τῶν μισούντων, στωμυλία ῥητόρων τοῖς κατευγλωττισμένοις λόγοις ὑποκλέπτουσα τὴν ἀλήθειαν καὶ πολὺν C τοῖς δικάζουσι προξενοῦσα κίνδυνον. Εἰσὶ γὰρ, εἰσὶ βατταλόγοι τινὲς, καὶ ματαιολόγοι, ταῦτά τε καὶ τὰ τοιαῦτα παρὰ τοῦ Θεοῦ τῶν ὅλων αἰτοῦντες, καὶ τῶν ὄντως ἀγαθῶν οὐδένα ποιούμενοι λόγον. Καὶ τὸν μὲν ἰατρὸν οὐχ οἱ νοσοῦντες διδάσκουσι τῶν φαρμάκων τὴν χρῆσιν, ἀλλὰ τῶν ὑπ' αὐτοῦ προσφερομένων ἀνέχονται μόνον, κἂν ἐπίπονος ᾖ ὁ τῆς θεραπείας τρόπος· καὶ τὸν κυβερνήτην οἱ πλέοντες οὐ κελεύουσι τοίωσδε κατέχειν τοὺς οἴακας, καὶ τὸ σκάφος ἰθύνειν, ἀλλ' ἐπὶ τῶν καταστρωμάτων καθήμενοι, τῆς ἐκείνου ἐπιστήμης ἀνέχονται, οὐ μόνον ἐξ οὐρίων φερόμενοι, ἀλλὰ καὶ τὸν ἔσχατον ὑπομένοντες κίνδυνον· τῷ Θεῷ D δὲ μόνον, τῷ τὸ συμφέρον ἡμῖν ἀκριβῶς ἐπισταμένῳ διδόναι, οἱ τὰς φρένας κακῶς διακείμενοι παραχωρεῖν οὐκ ἀνέχονται, ἀλλ' αἰτοῦσιν ὡς ὠφέλιμα τὰ ὀλέθρια, ὅμοιον ποιοῦντες ἀῤῥώστῳ, τὸν ἰατρὸν δοῦναι αὐτῷ παρακαλοῦντι, οὐχ ὅσα λύει τὴν νόσον, ἀλλ' ὅσα τρέφει τὴν ὕλην τὴν τῆς νόσου μητέρα. Ἀλλ' οὐκ ἀνέξεται ὁ ἰατρὸς τῆς τοῦ κάμνοντος ἱκεσίας, ἀλλὰ κἂν δακρύοντα ἴδῃ καὶ ὀλοφυρόμενον, τῷ νόμῳ τῆς τέχνης ἀκολουθεῖ μᾶλλον, ἢ τοῖς τούτου δάκρυσιν ἐπικάμπτεται, καὶ τὴν ἀπείθειαν οὐκ ἀπανθρωπίαν, ἀλλὰ φιλανθρωπίαν ὀνομάζομεν· πειθόμενος μὲν γὰρ τῷ νοσοῦντι, καὶ τὰ πρὸς ἡδονὴν χαριζόμενος, τὰ E πολεμίων εἰς αὐτὸν ἐργάζεται· ἀντιτείνων δὲ αὐτῷ, καὶ τῇ ἐπιθυμίᾳ μαχόμενος, ἐλέῳ κέχρηται καὶ φιλανθρωπίᾳ· οὕτω καὶ ὁ τῶν ἡμετέρων ψυχῶν ἰατρὸς οὐκ ἀνέχεται δοῦναι τοῖς αἰτοῦσι τὰ εἰς βλάβην αὐτοῖς ἐσόμενα. Οὔτε γὰρ οἱ φιλόστοργοι πατέρες

[a] Alii ἐκεῖνον ῥοιτῶντα.

τοῖς κομιδῇ νηπίοις μαχαίρας ἐπιζητοῦσιν ἢ πυρὸς ἄνθρακας, ὀρέγειν ἀνέχονται· ἴσασι γὰρ σαφῶς βλαβερὰν αὐτοῖς οὖσαν τὴν τοιαύτην δόσιν· τινὲς δὲ τῶν εἰς ἐσχάτην ἀλογίαν ἐκπεπτωκότων, οὐ μόνον σώματος ὡραιότητα, καὶ πλοῦτον, καὶ δυναστείαν, καὶ 28 A ὅσα τοιαῦτα παρὰ τοῦ τῶν ὅλων Θεοῦ αἰτοῦσιν, ἀλλὰ καὶ τοῖς ἐχθροῖς αὐτῶν ἐπαρῶνται, καί τινα τιμωρίαν ἐπενεχθῆναι αὐτοῖς ἱκετεύουσι, καὶ ὃν ἑαυτοῖς ἥμερον εἶναι καὶ φιλάνθρωπον εὔχονται, τοῦτον τοῖς ἐχθροῖς ἀνήμερον γενέσθαι καὶ ἀπάνθρωπον βούλονται. Ταῦτα τοίνυν ὁ Δεσπότης προαναστέλλων, παρεγγυᾷ μὲν μὴ βαττολογεῖν· διδάσκει δὲ τίνα χρὴ λέγειν ἐν τῇ προσευχῇ, καὶ ἐν ὀλίγοις ῥήμασι πᾶσαν ἀρετὴν ἐκπαιδεύει· οὐ μόνον γὰρ εὐχῆς ἐστι διδασκαλία ἐκεῖνα τὰ ῥήματα, ἀλλὰ καὶ βίου τελείου παιδαγωγία.

vero in extremam prolapsi dementiam, non modo corporis pulchritudinem, divitias, potentiam cæteraque id genus ab universorum Deo postulant; sed etiam inimicis suis imprecantur, ipsosque pœnis suppliciοque affici rogant: et quem sibi propitium benignumque esse precantur, inimicis immitem inhumanumque esse peroptant. Quæ omnia Dominus reprimere præoccupans, multiloquium vetat, docetque quid sit in oratione dicendum: ac paucis verbis ad omnem virtutem instituit: illa quippe verba non modo doctrina ad precandum sunt, sed etiam ad perfectam vitam institutio.

B Τίνα δέ ἐστι ταῦτα, καὶ τίς ἡ τούτων ἔννοια, μετὰ πολλῆς ἀκριβείας ἐξετάσωμεν, καὶ ὡς θείους νόμους ἀσφαλῶς τηρήσωμεν. Πάτερ ἡμῶν, ὁ ἐν τοῖς οὐρανοῖς. Ὢ πόση τῆς φιλανθρωπίας ἡ ὑπερβολή· ὢ πόση τῆς φιλοτιμίας ἡ ὑπεροχή· ποῖος ἀρκέσει λόγος πρὸς εὐχαριστίαν τοῦ τοσαῦτα πηγάζοντος ἡμῖν ἀγαθά; Σκόπησον, ἀγαπητὲ, τῆς σῆς καὶ τῆς ἐμῆς φύσεως τὴν εὐτέλειαν, ἐρεύνησον τὴν συγγένειαν, τὴν γῆν, τὸν χοῦν, τὸν πηλὸν, τὴν πλίνθον, τὴν σποδόν· ἀπὸ γὰρ τῆς γῆς διαπλασθέντες, πάλιν εἰς τὴν γῆν μετὰ τέλος ἀναλύομεν. Ταῦτα οὖν ἐννοήσας ἐκπλάγηθι τὸν ἀνεξιχνίαστον πλοῦτον τῆς πολλῆς περὶ ἡμᾶς τοῦ Θεοῦ ἀγαθότητος, ὅτι Πατέρα καλεῖν προσετάχθης αὐτὸν, ὁ γήϊνος τὸν οὐράνιον, ὁ θνητὸς τὸν ἀθάνα- C τον, ὁ φθαρτὸς τὸν ἄφθαρτον, ὁ πρόσκαιρος τὸν αἰώνιον, ὁ χθὲς καὶ πρῴην πηλὸς, τὸν ὄντα πρὸ τῶν αἰώνων Θεόν. Ἀλλ' οὐ μάτην ἐδιδάχθης ταύτην ἀφιέναι τὴν φωνὴν, ἀλλ' ἵνα τὴν ὑπὸ τῆς γλώττης σου προφερομένην τοῦ Πατρὸς ὀνομασίαν αἰδούμενος, μιμῇ αὐτοῦ τὴν ἀγαθότητα, ὡς καὶ ἀλλαχοῦ φησι· Γίνεσθε ὅμοιοι τοῦ Πατρὸς ὑμῶν τοῦ ἐν οὐρανοῖς, ὅτι τὸν ἥλιον αὐτοῦ ἀνατέλλει ἐπὶ πονηροὺς καὶ ἀγαθοὺς, καὶ βρέχει ἐπὶ δικαίους καὶ ἀδίκους. Οὐ δύναται γὰρ Πατέρα καλεῖν τὸν φιλάνθρωπον Θεὸν ὁ τὴν γνώμην ἔχων θηριώδη καὶ ἀπάνθρωπον· οὐδὲ γὰρ σώζει τοὺς χαρακτῆρας [a] τοὺς ἐν τῷ ἐπουρανίῳ Πατρὶ ἀγαθότη- D τος, ἀλλ' εἰς τὸ θηριῶδες εἶδος ἑαυτὸν μετεμόρφωσε, καὶ τῆς θεϊκῆς εὐγενείας ἐξέπεσε, κατὰ τὸ ὑπὸ τοῦ Δαυὶδ εἰρημένον· Ἄνθρωπος ἐν τιμῇ ὢν οὐ συνῆκε, παρασυνεβλήθη τοῖς κτήνεσι τοῖς ἀνοήτοις, καὶ ὡμοιώθη αὐτοῖς. Ὅταν γάρ τις σκιρτᾷ μὲν ὡς ταῦρος, λακτίζῃ δὲ ὡς ὄνος, μνησικακῇ δὲ ὡς κάμηλος, καὶ γαστριμαργῇ μὲν ὡς ἄρκτος, ἁρπάζῃ δὲ ὡς λύκος, πλήττῃ δὲ ὡς σκορπίος, ὕπουλος δὲ ᾖ ὡς ἀλώπηξ, χρεμετίζῃ δὲ ἐπὶ γυναιξὶν ὡς ἵππος θηλυμανὴς, πῶς

3. Quænam autem illa sint, et quis eorum sensus, diligentissime exquiramus, eaque tamquam divinas leges non dubitanter observemus: *Pater noster, qui es in cælis.* O quantam erga homines benignitatem! o quantam dignitatis excellentiam! Ecquis sermo erit ad gratias tantorum bonorum largitori agendas satis? Perpende, dilecte, tuæ meæque naturæ vilitatem; scrutare cognationem, terram, pulverem, lutum, laterem, cinerem: e terra namque effícti, in terram demum resolvimur. His perpensis, inscrutabiles divinæ erga nos benignitatis divitias cum stupore considera: quod Patrem illum vocare jussus sis, terrenus cælestem, mortalis immortalem, corruptibilis incorruptibilem, temporaneus æternum, qui heri aut nuper lutum eras, eum qui ante sæcula Deus erat. Profecto non ad illam frustra emittendam vocem edoctus es; sed ut ad illam, quam lingua tua protulit, Patris appellationem, reverentia commotus, ejus benignitatem imiteris: quemadmodum alibi dicit: *Estote similes Patris vestri, qui in cælis est, qui solem suum oriri facit super malos et bonos, et pluit super justos et injustos.* Non potest benignum Deum Patrem appellare quisquis est feroci immitique animo: neque enim servat illas benignitatis, quæ in cælesti Patre est, tesseras, sed in ferinam se speciem transmutavit, atque a divina illa nobilitate excidit, secundum illud David dictum: *Homo cum in honore esset, non intellexit: comparatus est jumentis insipientibus, et similis factus est illis.* Etenim qui ut taurus insilit et invadit, ut asinus calce ferit, ut camelus injuriæ meminit, ut ursus vorat, ut lupus rapit, ut scorpius pungit, sub-

Oratio Dominica ejusque explanatio. *Matth.* 6. 9. 13.

Matth. 5. 45.

Psal. 48. 21.

[a] [Morel. et Savil. τοὺς χαρακτῆρας ἐν τῷ. Scribendum videtur τοὺς χαρ. τῆς ἐν τῷ.]

dole agit ut vulpes, hinnit ad feminas instar equi emissarii, qui possit dignam filio vocem emittere, Patremque Deum compellare? Quem hunc igitur vocemus? Feramne? At feræ uno ex enumeratis vitio laborant, hic vero omnia simul complectens, feritate ipsarum efferatior est. Ecquid dico feram? Fera quavis deterior ille est. Etenim feræ licet natura sua immites sint, humana tamen arte cicures fiunt et mansuescunt: hic vero homo, qui insitam illis a natura feritatem in mansuetudinem, quæ contra illarum naturam est, commutat, quam excusationem habebit, qui inditam sibi a natura mansuetudinem in feritatem naturæ suæ contrariam convertit, et quod erat natura ferum, mite reddidit, se vero natura mitem, ferum effecit? et qui leonem mitigat tractabilemque facit, iram suam leone reddit intractabiliorem? At in leone duo sunt impedimenta, quod is ratione careat, et quod cæterorum omnium sit ferocissimus: et tamen per divinitus inditam sapientiam ferinam illam superat naturam; verum is, qui in feris naturam vincit, in seipso et naturæ et propositi voluntarii bonum perdit: dumque leonem facit hominem, se ex homine factum esse leonem pro nihilo ducit: illi quæ supra naturam sunt impertit, sibi quæ contra naturam sunt adsciscit. Quomodo igitur talis cum sit, Deum poterit appellare Patrem? Quisquis igitur erga proximum mitis humanusque est, quique in se peccantes non ulciscitur, sed beneficiis injurias sibi illatas remunerat, is si Deum appellet Patrem, non reus agitur. Orationis vim diligenter adverte, quomodo nobis mutuum amorem præcipiat, atque caritatis affectu omnes conjungat. Neque enim dicere jussit, Pater mi, qui es in cælis; sed *Pater* noster, *qui* es *in cælis;* ut edocti nos communem habere Patrem, fraternam mutuo benevolentiam exhibeamus. Deinde nos instituit ut terram terrenaque relinquamus, nec terrenis inhiemus, sed assumtis fidei alis, per aerem volemus ætheraque transcendamus, et quem vocamus Patrem quæramus, jubetque dicere *Pater noster, qui* es *in cælis*, non quod Deus in cælis tantum sit, sed ut nos in terra volutatos ad cælum respiciendum inducat, nobisque cælestium bonorum pulchritudine illustratis id conferat, ut concupiscentia nostra tota eo traducatur.

δύναται ὁ τοιοῦτος τὴν υἱῷ πρέπουσαν ἀναπέμψαι φωνὴν, καὶ Πατέρα ἑαυτοῦ καλεῖν τὸν Θεόν; Τί οὖν E ὀνομάζεσθαι χρὴ τὸν τοιοῦτον; Θηρίον; Ἀλλὰ τὰ θηρία ἑνὶ τούτων τῶν ἐλαττωμάτων κατέχεται· οὗτος δὲ πάντα συναγαγὼν ἐν ἑαυτῷ, καὶ τῆς ἐκείνων ἀλογίας γέγονεν ἀλογώτερος. Καὶ τί λέγω θηρίον; Θηρίου παντὸς χαλεπώτερός ἐστιν ὁ τοιοῦτος. Ἐκεῖνα μὲν γὰρ, καίτοι κατὰ φύσιν ἄγρια ὄντα, ἀνθρωπίνης ἀπολαύσαντα τέχνης, ἥμερα πολλάκις γίνεται· οὗτος δὲ, ἄνθρωπος ὢν, καὶ τὴν ἐκείνων ἀγριότητα τὴν κατὰ φύσιν εἰς τὴν ἡμερότητα μεταβαλὼν τὴν παρὰ φύσιν, ποίαν ἕξει ἀπολογίαν, τὴν ἑαυτοῦ πραότητα τὴν κατὰ φύσιν εἰς ἀγριότητα ἐξάγων τὴν παρὰ φύσιν, 29 καὶ τὸ μὲν ἄγριον φύσει ποιῶν ἥμερον, ἑαυτὸν δὲ τὸν A ἥμερον φύσει ποιῶν ἄγριον; καὶ λέοντα μὲν τιθασσεύων, καὶ χειροήθη ποιῶν, τὸν δὲ θυμὸν τὸν [a] ἴδιον λέοντος κατασκευάζων ἀγριώτερον; Καίτοι ἐκεῖ δύο ἐστὶ κωλύματα, καὶ τὸ λογισμοῦ ἐστερῆσθαι τὸ θηρίον, καὶ τὸ πάντων εἶναι θυμωδέστερον· ἀλλ' ὅμως διὰ τῆς παρὰ τοῦ Θεοῦ δοθείσης σοφίας, καὶ τῆς θηριώδους περιγίνεται φύσεως. Καὶ ὁ ἐπὶ τῶν θηρίων τὴν φύσιν νικῶν, ἐφ' ἑαυτοῦ μετὰ τῆς φύσεως καὶ τὸ τῆς προαιρέσεως ἀπόλλυσι καλόν· καὶ λέοντα μὲν ποιεῖ ἄνθρωπον, ἑαυτὸν δὲ περιορᾷ ἐξ ἀνθρώπου γινόμενον λέοντα· καὶ ἐκείνῳ μὲν τὰ ὑπὲρ φύσιν χαρίζεB ται, ἑαυτῷ δὲ οὐδὲ τὰ κατὰ φύσιν πορίζεται. Πῶς τοίνυν ὁ τοιοῦτος δυνήσεται Πατέρα καλεῖν τὸν Θεόν; Ὁ μέντοι περὶ τοὺς πλησίον ἥμερος καὶ φιλάνθρωπος, καὶ τοὺς εἰς αὐτὸν πλημμελοῦντας οὐκ ἀμυνόμενος, ἀλλ' εὐεργεσίαις τὰς ἀδικίας ἀμειβόμενος, οὐ κατακρίνεται Πατέρα καλῶν τὸν Θεόν. Πρόσεχε δὲ τῇ ἀκριβείᾳ τοῦ λόγου, πῶς ἡμῖν νομοθετεῖ τὸ φιλάλληλον, καὶ εἰς ἀγαπητικὴν ἅπαντας συνάπτει διάθεσιν. Οὐ γὰρ ἐκέλευε λέγειν, Πάτερ μου, ὁ ἐν τοῖς οὐρανοῖς, ἀλλὰ, Πάτερ ἡμῶν, ὁ ἐν τοῖς οὐρανοῖς, ἵνα κοινὸν Πατέρα ἔχειν διδαχθέντες, ἀδελφικὴν πρὸς ἀλλήλους δεικνύωμεν εὔνοιαν. Εἶτα διδάσκων ἡμᾶς καταλιπεῖν τὴν γῆν [b] καὶ τὰ περὶ γῆν, καὶ μὴ κεχηνέναι κάτω, C ἀλλὰ τῆς πίστεως λαβεῖν τὰ πτερὰ καὶ ἀναπτῆναι τὸν ἀέρα, καὶ διαβῆναι τὸν αἰθέρα καὶ ζητῆσαι τὸν καλούμενον Πατέρα, προσέταξε λέγειν, Πάτερ ἡμῶν, ὁ ἐν τοῖς οὐρανοῖς· οὐκ ἐπειδὴ ἐν τοῖς οὐρανοῖς μόνον ἐστὶν ὁ Θεὸς, ἀλλ' ἵνα ἡμᾶς κάτω περὶ γῆν καλινδουμένους ἀνανεῦσαι εἰς οὐρανοὺς παρασκευάσῃ, καὶ τῷ κάλλει τῶν ἐπουρανίων ἀγαθῶν περιλάμψας, τὴν ἐπιθυμίαν ἡμῶν πᾶσαν ἐκεῖ μετενέγκῃ.

[a] Mss. ἴδιον λέοντος κατασκ. In Morel. et Savil. λέοντος deest, sed ad seriem pertinere videtur.

[b] Sic omnes Mss. Editi vero hæc non habent, καὶ τὰ περὶ γῆν. Paulo post in Editis τὸν ἀέρα deest, sed habetur in omnibus Mss.

Εἶτα δευτέραν προσέθηκε ῥῆσιν, εἰπὼν, Ἁγιασθήτω τὸ ὄνομά σου. Καί μοι μηδεὶς ἀνοήτως ὑπολαμβανέτω ἁγιασμοῦ προσθήκην χαρίζεσθαι τῷ Θεῷ ἐν τῷ λέγειν, Ἁγιασθήτω τὸ ὄνομά σου· ἅγιος γάρ ἐστι, καὶ πανάγιος, καὶ ἁγίων ἁγιώτατος. Καὶ ταύτην αὐτῷ τὴν ὑμνῳδίαν προσφέρει τὰ Σεραφεὶμ ἀσιγήτοις βοῶντα κραυγαῖς, Ἅγιος, ἅγιος, ἅγιος Κύριος σαβαὼθ, πλήρης ὁ οὐρανὸς καὶ ἡ γῆ τῆς δόξης αὐτοῦ. Ἀλλ' ὥσπερ οἱ τοῖς βασιλεῦσι τὰς εὐφημίας προσφέροντες, καὶ βασιλέας καλοῦντες καὶ αὐτοκράτορας, οὐχ ὃ μὴ ἔχουσι χαρίζονται, ἀλλ' ὅπερ ἔχουσιν εὐφημοῦσιν· οὕτω καὶ ἡμεῖς οὐ τὴν οὐκ οὖσαν ἁγιωσύνην προσφέρομεν τῷ Θεῷ, λέγοντες, Ἁγιασθήτω τὸ ὄνομά σου, ἀλλὰ τὴν οὖσαν δοξάζομεν· τὸ γὰρ Ἁγιασθήτω, ἀντὶ τοῦ δοξασθήτω, εἴρεται. Διδασκόμεθα τοίνυν διὰ τῆς φωνῆς ταύτης τὸν κατ' ἀρετὴν μετιέναι βίον, ἵνα τοῦτον ὁρῶντες οἱ ἄνθρωποι, τὸν οὐράνιον ἡμῶν Πατέρα δοξάζωσιν· ὃ καὶ ἀλλαχοῦ φησι· Λαμψάτω τὸ φῶς ὑμῶν ἔμπροσθεν τῶν ἀνθρώπων, ὅπως ἴδωσι τὰ καλὰ ἔργα ὑμῶν, καὶ δοξάσωσι τὸν Πατέρα ὑμῶν τὸν ἐν τοῖς οὐρανοῖς. Μετὰ τοῦτο λέγειν ἐδιδάχθημεν, Ἐλθέτω ἡ βασιλεία σου· τυραννούμενοι γὰρ ὑπὸ τῶν τοῦ σώματος παθημάτων, καὶ μυρίας πειρασμῶν δεχόμενοι προσβολὰς, τῆς τοῦ Θεοῦ χρῄζομεν βασιλείας, ἵνα μὴ βασιλεύσῃ ἡ ἁμαρτία ἐν τῷ θνητῷ σώματι ἡμῶν εἰς τὸ ὑπακούειν αὐτῇ ἐν ταῖς ἐπιθυμίαις αὐτοῦ, μηδὲ παριστάνωμεν τὰ μέλη ἡμῶν ὅπλα ἀδικίας τῇ ἁμαρτίᾳ, ἀλλ' ἵνα παραστήσωμεν ὅπλα δικαιοσύνης τῷ Θεῷ, καὶ στρατευώμεθα τῷ βασιλεῖ τῶν αἰώνων. Διδασκόμεθα δὲ πρὸς τούτοις, μὴ σφόδρα τῷ παρόντι βίῳ προστετηκέναι, ἀλλὰ καταφρονεῖν μὲν τῶν παρόντων, ἐπιθυμεῖν δὲ τῶν μελλόντων ὡς μενόντων, καὶ τὴν βασιλείαν ἐκείνην ζητεῖν τὴν οὐράνιον καὶ αἰώνιον, καὶ τοῖς ἐνταῦθα τερπνοῖς μὴ κατέχεσθαι, μὴ σωμάτων εὐμορφίᾳ, μὴ χρημάτων εὐπορίᾳ, μὴ κτημάτων εὐθηνίᾳ, μὴ λίθων πολυτελείαις, μὴ οἴκων μεγαλουργίαις, μὴ ἡγεμονίαις καὶ στρατηγίαις, μὴ ἁλουργίδι καὶ διαδήματι, μὴ ὀψοποιίαις καὶ καρυκείαις καὶ παντοδαπαῖς χλιδαῖς, μὴ ἄλλῳ τινὶ τῶν τὰς ἡμετέρας δελεαζόντων αἰσθήσεις, ἀλλὰ πᾶσι τούτοις ἐῤῥῶσθαι φράσαντες, τῆς τοῦ Θεοῦ βασιλείας ἀδιαλείπτως ὀρέγεσθαι. Οὕτως ἡμᾶς καὶ ταύτην διδάξας τὴν ἀρετὴν, ἐκέλευσε λέγειν· Γενηθήτω τὸ θέλημά σου, ὡς ἐν οὐρανῷ, καὶ ἐπὶ τῆς γῆς· ἐντεθεικὼς γὰρ ἡμῖν τῶν μελλόντων τὸν ἔρωτα, καὶ τῆς ἐπουρανίου βασιλείας τὴν ἐπιθυμίαν, καὶ τρώσας ἡμᾶς ἐκείνῳ τῷ πόθῳ, παρασκευάζει λέγειν, Γενηθήτω τὸ θέλημά σου, ὡς ἐν οὐρανῷ, καὶ ἐπὶ τῆς γῆς. Δὸς ἡμῖν, φησὶ, Δέσποτα, τὴν ἐν οὐρανῷ μιμεῖσθαι πολιτείαν, ἵν' ἃ θέλεις αὐτὸς, καὶ ἡμεῖς θέλωμεν. Ἐπάρκεσον τοίνυν προαιρέσει καμνούσῃ, καὶ ποιεῖν μὲν ἐπιθυμούσῃ τὰ σὰ, ὑπὸ δὲ τῆς τοῦ σώματος

4. Secundam deinde clausulam adjicit: *Sanctificetur nomen tuum*. Ne quis vero insipienter existimet sanctificationis accessionem Deo attribui, dum dicitur, *Sanctificetur nomen tuum*: sanctus enim est, et omnino sanctus, et sanctorum sanctissimus. Hanc autem ipsi laudem offerunt Seraphim, sic incessabili voce clamantes: *Sanctus, sanctus, sanctus Dominus sabaoth* [Isai. 6. 3.] *: plenum est cælum et terra gloria ejus*. Sed quemadmodum ii, qui reges acclamationibus excipiunt, ac Reges Imperatoresque vocant, non illis id attribuunt quod non habent, sed quod habent laudibus celebrant: ita et nos non eam, quæ absit, sanctitatem Deo offerimus cum dicimus, *Sanctificetur nomen tuum*, sed eam, quæ inest, laudibus celebramus: nam illud, *Sanctificetur*, idipsum est quod, glorificetur. Hac itaque voce docemur, ut vitam cum virtute ducamus, ut eam videntes homines, cælestem Patrem nostrum glorificent, ut alibi dicitur: *Luceat lux vestra coram hominibus, ut* [Matth. 5. 16.] *videant opera vestra bona, et glorificent Patrem vestrum, qui in cælis est*. Postea edocemur dicere, *Adveniat regnum tuum*: perturbationum corporalium oppressi tyrannide, et sexcentis tentationum insultibus impetiti, Dei regno egemus, ut peccatum non regnet in mortali [Rom. 6. 12.] corpore nostro, ita ut illi in cupiditatibus obsequamur, utque non exhibeamus membra nostra arma iniquitatis peccato, sed exhibeamus arma justitiæ Deo, et Regi sæculorum militemus. Ad hæc etiam docemur, ne præsentem vitam magni faciamus, sed præsentia despiciamus, futura vero, utpote manentia, concupiscamus, et regnum illud quæramus cæleste, æternumque, nec præsentibus voluptatibus hæreamus; non formæ corporum, non pecuniæ vi, non possessionum abundantiæ, non gemmarum magnificentiæ, non ædium splendori, non imperiis et militaribus præfecturis, non purpuræ, non diademati, non obsoniis et lautis epulis, neque aliis quibuslibet eorum, quæ sensus nostros inescare solent; sed iis omnibus valere jussis, regnum cælorum indesinenter appetamus. Hanc vero virtutem postquam nos docuit, dicere jubet: *Fiat voluntas tua, sicut in cælo, et in terra*. Postquam enim nobis futurorum amorem indidit, necnon regni cælestis concupiscentiam, hoc vulneratos desiderio ad hæc dicenda comparat, *Fiat voluntas tua, sicut in cælo, et in terra*. Da nobis, inquit, Domine, ut cælestem illam vitæ rationem sequamur, ut ea, quæ tu vis,

nos etiam velimus. Opitulare igitur debili voluntatis proposito, quod ea quæ jubes exsequi cupit, sed corporis infirmitate præpeditur: porrige manum currere quidem volentibus, sed ad claudicandum coactis. Alis instructa est anima, sed illam caro gravem efficit: hæc ad cælestia velox est, illa vero gravis et ad terrena proclivis. Adsit modo auxilium tuum, et ea, quæ fieri non posse videntur, facilia evadent. *Fiat* igitur *voluntas tua, sicut in cælo,* et *in terra.*

ἀσθενείας κωλυομένῃ· ὄρεξον χεῖρα τοῖς τρέχειν μὲν ἐπειγομένοις, χωλεύειν δὲ ἠναγκασμένοις. Ὑπόπτερος ἡ ψυχὴ, ἀλλὰ βαρύνει ταύτην ἡ σάρξ· ὀξεῖα ἐκείνη πρὸς τὰ οὐράνια, ἀλλὰ βραδεῖα αὕτη πρὸς τὰ ἐπίγεια· τῆς δὲ σῆς βοηθείας παρούσης, ἔσται δυνατὰ καὶ τὰ λίαν ἀδύνατα. Γενηθήτω τοίνυν τὸ θέλημά σου, ὡς ἐν οὐρανῷ, καὶ ἐπὶ τῆς γῆς.

5. Quia vero terram commemorat, atque iis, qui ex terra procreati sunt, in illaque versantur terreno amicti corpore, congruenti cibo est opus, necessario subjunxit: *Panem nostrum supersubstantialem da nobis hodie.* Panem supersubstantialem petere jussit, non in delectamentum, sed in alimentum, quod decedit de corpore supplens, et interitum ex fame futurum depellens. Non instructas dapibus mensas, non obsonia varia, non delicates ferculorum apparatus, non pistorum artificia, non vina odore demulcentia, et quæ alia palatum delectant, ventrem onerant, mentem obscurant, et corpori vires addunt ut insultet animæ, ac pullum aurigæ reddunt indocilem. Non hæc ut poscamus oratio docuit, sed *Supersubstantialem panem,* id est, qui in substantiam corporis transit, eamque confirmare potest. Hunc vero panem non ad multum annorum numerum petere jubemur, sed qui ad hodiernum tantum diem satis sit: *Nolite,* inquit, *solliciti* esse *in crastinum.* (Matth. 6. 34.) Cur enim de crastino quis sollicitus sit, qui non ipsum diem crastinum certo visurus sit; sed qui laborem suscipit, fructum non decerpit? In Deo igitur fiduciam colloca, *Qui dat escam omni carni.* (Psal. 135. 25.) Qui tibi corpus dedit, animamque inspiravit, teque animal rationale constituit, atque omnia tibi bona ante formationem præparavit, quomodo te formatum aspernabitur, *Qui solem suum oriri facit super malos* et *bonos, et pluit super justos et injustos?* (Matth. 5. 45.) Huic igitur si fidas, quotidianum tantum posce alimentum, illi crastini curam relinque, quemadmodum et beatus Davit dixit: *Jacta super Dominum curam tuam,* et *ipse* te *enutriet.* (Psal. 54. 23.) Ita cum superioribus verbis supremam philosophiam docuisset, gnarus fieri non posse, ut nos homines mortali corpore circumdati non cadamus, etiam hoc dicere docuit: *Et dimitte nobis debita nostra,*

Καὶ ἐπειδὴ τῆς γῆς ἐμνημόνευσε, χρεία δὲ τοῖς ἐξ αὐτῆς γεγενημένοις καὶ ἐν αὐτῇ διαιτωμένοις, καὶ γηγενὲς σῶμα περικειμένοις, καὶ τῆς καταλλήλου τροφῆς, ἀναγκαίως ἐπήγαγε, Τὸν ἄρτον ἡμῶν τὸν ἐπιούσιον δὸς ἡμῖν σήμερον. Ἄρτον ἐκέλευσεν αἰτεῖν ἐπιούσιον, οὐ τρυφὴν, ἀλλὰ τροφὴν, τὴν τὸ ἐλλεῖπον ἀναπληροῦσαν τοῦ σώματος, καὶ τὸν ἐκ λιμοῦ κωλύουσαν θάνατον· οὐ τραπέζας [a] φλεγμαινούσας, οὐδὲ ὄψων ποικιλίας, καὶ ὀψοποιῶν μαγγανείας, καὶ ἀρτοποιῶν ἐπινοίας, καὶ οἴνους ἀνθοσμίας, καὶ τἄλλα ὅσα τὸν μὲν λαιμὸν ἡδύνει, τὴν δὲ γαστέρα φορτίζει, τὴν δὲ διάνοιαν σκοτίζει, καὶ σκιρτᾷν τὸ σῶμα κατὰ τῆς ψυχῆς παρασκευάζει, καὶ δυσήνιον τῷ ἡνιόχῳ τὸν πῶλον ἐργάζεται. Οὐ ταῦτα ἡμᾶς αἰτεῖν ὁ λόγος ἐδίδαξεν, ἀλλ' Ἄρτον ἐπιούσιον, τοῦτ' ἔστιν, ἐπὶ τὴν οὐσίαν τοῦ σώματος διαβαίνοντα, καὶ συγκροτῆσαι ταύτην δυνάμενον. Καὶ τοῦτον δὲ οὐχ εἰς πολὺν ἐτῶν ἀριθμὸν αἰτεῖν ἐκελεύσθημεν, ἀλλὰ τὸν σήμερον ἡμῖν ἀρκοῦντα μόνον· Μὴ μεριμνήσητε γὰρ, φησὶν, εἰς τὴν αὔριον. Τί δήποτε γὰρ περὶ τῆς αὔριον φροντίζει τις, ὁ τὴν αὔριον οὐ πάντως ὀψόμενος, ἀλλὰ τὸν μὲν πόνον δεχόμενος, τὸν δὲ καρπὸν οὐ δρεπόμενος; Θάῤῥησον τῷ Θεῷ τῷ διδόντι τροφὴν πάσῃ σαρκί. Ὁ τὸ σῶμά σοι δεδωκὼς, καὶ τὴν ψυχὴν ἐμφυσήσας, καὶ ζῶόν σε λογικὸν κατασκευάσας, καὶ πάντα σοι τὰ ἀγαθὰ πρὸ διαπλάσεως ἑτοιμάσας, πῶς σε διαπλασθέντα παρόψεται, Ὃς ἀνατέλλει τὸν ἥλιον αὐτοῦ ἐπὶ πονηροὺς καὶ ἀγαθοὺς, καὶ βρέχει ἐπὶ δικαίους καὶ ἀδίκους; Τούτῳ τοίνυν θαῤῥῶν, τὴν ἐφήμερον μόνην αἴτει τροφὴν, τῆς δὲ αὔριον αὐτῷ κατάλιπε τὴν φροντίδα, ὡς καὶ ὁ μακάριος ἔλεγε Δαυΐδ· Ἐπίῤῥιψον ἐπὶ Κύριον τὴν μέριμνάν σου, καὶ αὐτός σε διαθρέψει. Οὕτω διὰ τῶν εἰρημένων τὴν ἄκραν ἐκπαιδεύσας φιλοσοφίαν, εἰδὼς ὅτι τῶν ἀδυνάτων ἐστὶν, ἀνθρώπους ἡμᾶς ὄντας καὶ θνητὸν σῶμα περικειμένους μὴ πταίειν, ἐδίδαξε λέγειν, Καὶ ἄφες ἡμῖν τὰ ὀφειλήματα ἡμῶν, ὡς καὶ ἡμεῖς ἀφίεμεν τοῖς ὀφειλέταις ἡμῶν. Τρία κατ' αὐτὸν ἀγαθὰ διὰ τοῦδε τοῦ λόγου πραγματεύεται· τοὺς μὲν ἄκρους τὴν ἀρετὴν μετριότητα δι-

[a] Duo Mss. φλεγμαινούσας, καὶ εἰς ἡδονὰς ἐκμαινούσας.

δάσκει φρονήματος, καὶ παρακελεύεται μὴ θαῤῥεῖν τοῖς κατορθώμασιν, ἀλλὰ δεδιέναι καὶ τρέμειν καὶ τῶν προτέρων ἁμαρτημάτων μνημονεύειν· ὡς καὶ ὁ θεσπέσιος ποιεῖ Παῦλος, μετὰ μυρία κατορθώματα λέγων· Ὅτι Ἰησοῦς Χριστὸς ἦλθεν εἰς τὸν κόσμον ἁμαρτωλοὺς σῶσαι, ὧν πρῶτός εἰμι ἐγώ· οὐκ εἶπεν, ἤμην, ἀλλ', Εἰμὶ, δεικνὺς ὅτι ἄπαυστον εἶχε τῶν εἰργασμένων τὴν μνήμην. Τοῖς μὲν οὖν ἄκροις τὴν ἀρετὴν ἀπὸ τῆς ταπεινοφροσύνης ἀσφάλειαν διὰ τούτων τῶν λόγων ἐμηχανήσατο· τοὺς δὲ πταίσαντας μετὰ τὴν τοῦ ἁγίου βαπτίσματος χάριν οὐκ ἀφίησιν ἀπογινώσκειν τῆς ἑαυτῶν σωτηρίας, ἀλλ' αἰτεῖν διδάσκει παρὰ τοῦ ἰατροῦ τῶν ψυχῶν τῆς ἀφέσεως τὰ φάρμακα. Πρὸς δὲ τούτοις, καὶ φιλανθρωπίας διδασκαλίαν ὁ λόγος ὑποτίθεται. Βούλεται γὰρ ἡμᾶς ἡμέρους εἶναι περὶ τοὺς ὑπευθύνους, ἀμνησικάκους περὶ τοὺς εἰς ἡμᾶς πλημμελοῦντας, καὶ τῇ περὶ τούτους συγγνώμῃ ἑαυτοῖς δωρεῖσθαι συγγνώμην, καὶ ἡμᾶς αὐτοὺς προεισφέρειν τῆς φιλανθρωπίας τὰ μέτρα. Τοσοῦτον γὰρ αἰτοῦμεν λαβεῖν, ὅσον τοῖς πλησίον παρέχομεν, καὶ τοσαύτης ἀξιοῦμεν συγγνώμης τυχεῖν, ὅσην τοῖς ὀφείλουσι δωρούμεθα. Πρὸς τούτοις ἐκελεύσθημεν λέγειν, Καὶ μὴ εἰσενέγκῃς ἡμᾶς εἰς πειρασμὸν, ἀλλὰ ῥῦσαι ἡμᾶς ἀπὸ τοῦ πονηροῦ. Πολλὰ μὲν γὰρ ἡμῖν ἐκ διαβολικῆς ἐνεργείας προσγίνεται λυπηρὰ, πολλὰ δὲ καὶ ἐξ ἀνθρώπων, ἢ προφανῶς [a] ἐπηρεαζόντων, ἢ ἀφανῶς ἐπιβουλευόντων. Καὶ τὸ σῶμα ποτὲ μὲν ἐπανιστάμενον τῇ ψυχῇ, χαλεπὴν ἐργάζεται βλάβην· ποτὲ δὲ παντοδαποῖς ἀῤῥωστήμασι περιπῖπτον ὀδύνας ἡμῖν ἐπιφέρει καὶ ἀχθηδόνας. Ἐπειδὴ τοίνυν πολλὰ καὶ διάφορά ἐστι πολλαχόθεν προσπίπτοντα λυπηρὰ, ἐδιδάχθημεν παρὰ τοῦ Θεοῦ τῶν ὅλων αἰτεῖν τὴν τούτων ἀπαλλαγήν. Αὐτοῦ γὰρ ἐπαμύνοντος, πᾶσα μὲν κατασβέννυται ζάλη, ὁ δὲ κλύδων εἰς γαλήνην μεθίσταται, καὶ ὑποχωρεῖ κατῃσχυμμένος ὁ πονηρὸς, καθάπερ ποτὲ τοὺς ἀνθρώπους καταλείπων κατὰ τῶν χοίρων ἐχώρησεν, οὐδὲ ἐκεῖνο ποιῆσαι τολμήσας δίχα τοῦ κελεύσαντος. Ὁ δὲ κατὰ χοίρων ἐξουσίαν οὐκ ἔχων, πῶς ἀνθρώπων ἐγρηγορότων καὶ νηφόντων, καὶ ὑπὸ Θεοῦ φυλαττομένων, καὶ βασιλέα οἰκεῖον ἡγουμένων αὐτὸν κρατῆσαι δυνήσεται; Διὰ τοῦτο καὶ τῷ τέλει τῆς προσευχῆς, τοῦ Θεοῦ τὴν βασιλείαν καὶ τὴν δύναμιν καὶ τὴν δόξαν ὑπέδειξεν, εἰπών· [a] Ὅτι σοῦ ἐστιν ἡ βασιλεία καὶ ἡ δύναμις καὶ ἡ δόξα εἰς τοὺς αἰῶνας. Ἀμήν. Ταῦτα γὰρ, φησὶν, αἰτῶ παρὰ σοῦ, ὅτι οἶδά σε βασιλέα πάντων, αἰώνιον κεκτημένον κράτος, καὶ πάντα δυνάμενον, ὅσαπερ ἂν θέλῃς, καὶ δόξαν κεκτημένον ἀναφαίρετον. Ὑπὲρ δὲ τούτων ἁπάντων εὐχαριστήσωμεν τῷ

[a] Hæc, ἐπηρεαζόντων ἢ ἀφανῶς, desunt in Editis; sed habentur in Mss.

sicut et nos dimittimus debitoribus nostris. Tria simul bona hisce verbis operatur: eos qui ad summum virtutis gradum pervenerunt de se mediocriter sentire docet, jubetque recte factis non confidere, sed formidare atque tremere præ- C teritorum memores peccatorum: quod et divinus Paulus facit, post sexcenta præclare gesta dicens: Quon*iam Christus Jesus venit in* [1. Tim. 1. 15.] *mundum ad salvandum peccatores, quorum primus ego sum.* Non dixit, Eram, sed, *Sum,* præsentem se semper facinorum memoriam habere significans. Iis igitur qui in supremo virtutis gradu sunt, ex humilitate tutelam per hæc verba paravit: eos autem, qui post baptismi gratiam lapsi sunt, de salute desperare sua non sinit, sed docet ab animarum medico petere veniæ remedia. Ad hæc vero humanitatis doctrinam suggerit. Vult enim nos mites erga eos D esse, qui culpæ sunt obnoxii, et injuriarum nobis illatarum immemores, ut per veniam ipsis datam et nos veniam consequamur: et ipsi præeuntes benignitatis modum et mensuram afferamus: tantum enim recipere postulamus, quantum proximo largiti sumus: et tantam veniam rogamus, quantam debitoribus concedimus. Insuperque dicere docemur, *Et ne nos inducas in tentationem, sed libera nos a malo.* Multa namque nobis ex diaboli opera accedunt tristia: multa item ex hominibus, vel palam infestis, vel clam insidiantibus. Corpus etiam modo contra animam insurgens grave damnum infert; modo E variis debilitatum morbis, dolores nobis atque languores parit. Itaque cum multa et varia nos undique tristia adoriantur, ab iis omnibus ut liberemur, a Deo universorum petere instituimur. Ipso namque vindice sedatur omnis tempestas, fluctus in tranquillitatem cedunt; malignusque ille pudefactus discedit, quemadmodum 32 olim relictis hominibus, ad porcos discessit: A neque tamen illud injussus facere est ausus. Qui vero ne in porcos quidem potestatem habet, quo pacto homines pervigiles animoque temperantes, Dei septos præsidio, qui eum Regem esse suum putant, vincere possit? Quapropter in fine orationis Dei regnum, virtutem et potentiam ostendit dicens: Quon*iam tuum* est *regnum* et *potestas* et *gloria in* s*æcula. Amen.* Hoc, inquit, abs te peto, qui te novi Regem omnium, æterno præditum imperio, qui omnia, quæcumque ve-

[a] Hæc postrema clausola, quæ abest a Vulgata, in Bibliis Græcis legitur.

lis, potes, et gloria circumdatus es, quam nemo possit auferre. Pro his autem omnibus gratias agamus ei, qui nos tantis dignatus est bonis; quia ipsi convenit omnis gloria, honor et imperium, Patri, Filio et Spiritui sancto, nunc et semper, et in sæcula sæculorum. Amen.

τοσούτων ἡμᾶς ἀξιώσαντι ἀγαθῶν, ὅτι αὐτῷ πρέπει πᾶσα δόξα, τιμὴ καὶ κράτος, τῷ Πατρὶ, καὶ τῷ Υἱῷ, καὶ τῷ ἁγίῳ Πνεύματι, νῦν καὶ ἀεὶ, καὶ εἰς τοὺς αἰῶνας τῶν αἰώνων. Ἀμήν.

MONITUM

AD HOMILIAM IN PARALYTICUM

PER TECTUM DEMISSUM.

Hanc homiliam non publicavit Henriens Savilius; sed prior ex tenebris ex uno tantum Codice eruit Fronto Ducæus. Anni, quo habita hæc fuit, temporisque notam, meo judicio, non dubiam suppeditat Chrysostomus in exordio, cum ait se nuper de Paralytico, qui annis triginta octo infirmitate detentus fuerat, sermonem habuisse: ubi eam memorare prorsus videtur homiliam, quam contra Anomæos duodecimam posuimus Tomo I. In illa quippe contra Anomœos præcipue agitur, exemploque paralytici a morbo liberati æqualem paternæ Filii potestatem commonstrat S. doctor; quin etiam ut Filii cum Patre æqualitatem asserat, hinc Evangelii locum, *Pater meus usque modo operatur, et ego operor*, explanandum suscipit. Hinc etiam aliud argumentum eruimus, quo probatur hanc homiliam paucis post illam de alio paralytico diebus pronuntiatam fuisse; in hac enim quoque de Filii cum Patre æqualitate aliquot in locis, licet obiter, verba facit. Quare maxime movemur, ut hoc exordium, *Cum in paralyticum juxta piscinam in lecto jacentem nuper incidissemus, multum et ingentem thesaurum invenimus*, de illa homilia in Paralyticum triginta annorum Constantinopoli anno 398 habita intelligendum censeamus: atque adeo hanc homiliam in Paralyticum per tectum demissum paucis post diebus eodemque anno Constantinopoli habitam statuamus. In hac porro concione pluribus demonstrat Chrysostomus, evangelistas inter se maxime consentire; huncque paralyticum per tegulas demissum, diversum esse ab eo, qui juxta piscinam jacebat.

Interpretatio Latina est Frontonis Ducæi.

HOMILIA B

In Paralyticum per tectum demissum, quod non sit ille, de quo apud Joannem agitur; deque Filii cum Patre æqualitate.

1. Cum in paralyticum juxta piscinam in lecto jacentem nuper incidissemus, multum et ingentem thesaurum invenimus, non terram effodientes, sed ejus animi sensa scrutantes: thesaurum invenimus non aurum et pretiosos lapides continentem, sed tolerantiam, philosophiam, patientiam, et multam in Deum spem, quæ auro

ΟΜΙΛΙΑ

Εἰς τὸν παραλυτικὸν διὰ τῆς στέγης χαλασθέντα, ὅτι οὐκ αὐτός ἐστιν ὁ παρὰ τῷ Ἰωάννῃ κείμενος· καὶ περὶ τῆς τοῦ Υἱοῦ πρὸς τὸν Πατέρα ἰσότητος.

Περιτυχόντες πρῴην τῷ παραλυτικῷ περὶ τὴν κολυμβήθραν ἐπὶ τῆς κλίνης κειμένῳ, πολὺν καὶ μέγαν εὑρήκαμεν θησαυρὸν, οὐχὶ γῆν διορύξαντες, ἀλλὰ τὴν διάνοιαν αὐτοῦ διασκάψαντες· εὑρήκαμεν θησαυρὸν οὐχὶ ἀργύριον ἔχοντα καὶ χρυσίον καὶ λίθους τιμίους, ἀλλὰ καρτερίαν καὶ φιλοσοφίαν καὶ ὑπομονὴν καὶ πολλὴν τὴν πρὸς τὸν Θεὸν ἐλπίδα, ἣ παντὸς χρυτίου καὶ πάσης εὐπορίας ἐστὶ τιμιωτέρα. Ὁ μὲν γὰρ αἰσθητὸς πλοῦτος καὶ λῃστῶν ἐπιβουλαῖς πρόκειται, καὶ συκοφαντῶν στόμασι, καὶ τοιχωρύχων χερσὶ καὶ οἰκετῶν κακουργίαις, καὶ ὅταν ἅπαντα ταῦτα διαφύγῃ, τότε τοῖς κεκτημένοις μέγιστον ἐπάγει πολλάκις τὸν ὄλεθρον, βασκάνων ὀφθαλμοὺς διεγείρων, καὶ μυρίους ἐκ τούτου τίκτων χειμῶνας. Ὁ δὲ πνευματικὸς πλοῦτος ἁπάσας ταύτας διέφυγε τὰς λαβὰς, καὶ πάσης ἐπηρείας ἐστὶν ἀνώτερος τοιαύτης, καὶ λῃστῶν καὶ τοιχωρύχων καὶ βασκάνων καὶ συκοφαντῶν καὶ αὐτοῦ καταγελῶν τοῦ θανάτου. Οὐδὲ γὰρ θανάτῳ διαζεύγνυται τοῦ κεκτημένου, ἀλλὰ τότε μάλιστα ἀσφαλεστέρα ἡ κτῆσις αὐτοῦ τοῖς ἔχουσι γίνεται, καὶ συναποδημεῖ, καὶ συμμεθίσταται πρὸς τὴν μέλλουσαν ζωὴν, καὶ συνήγορος γίνεται θαυμαστὸς, οἷς ἂν ἐκεῖ συναπέλθῃ, καὶ ἵλεω καθίστησιν αὐτοῖς τὸν δικάζοντα. Τοῦτον καὶ ἡμεῖς τὸν πλοῦτον μετὰ πολλῆς τῆς δαψιλείας εὑρήκαμεν ἐν τῇ τοῦ παραλυτικοῦ κατορωρυγμένον ψυχῇ. Καὶ μάρτυρες ὑμεῖς οἱ μετὰ πολλῆς αὐτὸν ἐξαντλήσαντες τῆς προθυμίας, οὐ κενώσαντες δέ. Τοιαύτη γὰρ ἡ τοῦ πνευματικοῦ πλούτου φύσις· τὰς τῶν ὑδάτων ἐπιῤῥοίας μιμεῖται, μᾶλλον δὲ καὶ ἐκείνων νικᾷ τὴν ἀφθονίαν, τότε πλεονάζουσα μᾶλλον, ὅταν πολλοὺς ἔχῃ τοὺς ἀρυομένους αὐτήν. Εἰς γὰρ τὴν ἑκάστου ψυχὴν εἰσιὼν, οὐ μερίζεται, οὐδὲ ἐλαττοῦται, ἀλλ' ὁλόκληρον ἑκάστῳ παραγινόμενος ἀνάλωτος μένει διηνεκῶς, οὐδέποτε ἐπιλείπειν δυνάμενος· ὃ δὴ καὶ τότε συνέβαινε. Τοσούτων γὰρ ἐπιπεσόντων τῷ θησαυρῷ, καὶ πάντων τὰ κατὰ δύναμιν ἀρυομένων ἐκεῖθεν· καὶ τί λέγω περὶ ὑμῶν, ὅπου γε ἐξ ἐκείνου τοῦ χρόνου μέχρι τῆς παρούσης ἡμέρας μυρίους ποιήσας εὐπόρους, ἐπὶ τῆς οἰκείας τελειότητος μένει; Μὴ τοίνυν ἀποκάμωμεν πρὸς τὴν πνευματικὴν ταύτην εὐπορίαν· ἀλλ' ὅσον δυνατὸν καὶ νῦν ἐξαντλήσωμεν, καὶ ἴδωμεν φιλάνθρωπον Δεσπότην, ἴδωμεν καρτερικὸν οἰκέτην. Τριάκοντα γοῦν καὶ ὀκτὼ ἔτη ἀῤῥωστίᾳ παλαίων ἀνιάτῳ καὶ μαστιζόμενος διηνεκῶς, οὐκ ἐδυσχέρανεν, οὐκ ἀφῆκε ῥῆμα βλάσφημον, οὐ κατηγόρησε τοῦ πεποιηκότος, ἀλλὰ γενναίως καὶ μετὰ πολλῆς τῆς ἐπιεικείας τὴν συμφορὰν ἔφερεν ἐκείνην. Καὶ πόθεν τοῦτο δῆλον; φησίν· οὐδὲν γὰρ περὶ τῆς ἄνω ζωῆς αὐτοῦ σαφῶς ἡμᾶς ἐδίδαξεν ἡ Γραφὴ, ἀλλ' ὅτι μὲν τριάκοντα ὀκτὼ ἔτη εἶχεν ἐν τῇ ἀσθενείᾳ αὐτοῦ, δῆλον ἐποίησεν· ὅτι δὲ οὐκ ἐδυσχέρανεν, οὐδὲ ἠγανάκτησεν, οὐδὲ ἀπεδυσπέτησε, τοῦτο οὐκέτι προσέθηκεν. Καὶ μὴν καὶ τοῦτο δῆλον ἐποίησεν, εἴ τις ἀκριβῶς προσέχοι, καὶ μὴ παρέργως, μηδὲ ἁπλῶς. Ὅταν γὰρ ἀκούσῃς ὅτι ἐπιστάντι Χριστῷ καὶ οὐκ ὄντι γνωρίμῳ, ἀλλ' ἀνθρώπῳ νομιζομένῳ ψιλῷ, μετὰ τοσαύτης ἐπιεικείας διελέγετο αὐτῷ, καὶ τὴν ἔμπροσθεν αὐτοῦ φιλοσοφίαν δυνήσῃ θεάσασθαι. Εἰπόντι γὰρ αὐτῷ,

33 quovis et lucro quovis est pretiosior. Nam sen-
A sibus quidem subjectæ divitiæ latronum insidiis,
sycophantarum linguis, parietum perfossorum
manibus, et famulorum sceleribus sunt obnoxiæ;
cumque omnia ista effugerint, tum maximam
dominis perniciem frequenter accersunt, dum
invidorum oculos excitant, et pericola creant
innumera: spirituales autem divitiæ petitiones
istas omnes effugiunt, et ab injuriis istis omnibus sunt immunes, ac latrones, parietum perfossores, invidos, sycophantas, ipsam denique
mortem aspernantur. Non enim domini morte
divelluntur, sed tum maxime tutior fit dominis
B earum possessio: cum illis peregrinantur, et ad
futuram commigrant vitam, patronæ fiunt illorum eximiæ, cum quibus illuc discesserint, et
ipsis propitium judicem reddunt. Has invenimus
nos quoque divitias admodum copiosas in paralytici mente defossas; testes vos estis, qui
summa cum animi alacritate illas eruistis; nec
tamen evacuastis. Talis quippe spiritualium est Spiritualium opum natura qualis sit.
opum natura: influxus aquarum imitantur, vel
potius illarum copiam vincunt, tumque magis
exuberant, cum plures fuerint, a quibus hau-
riuntur. Dum enim in cujusque animum ingre-
C diuntur, non dividuntur, nec imminuuntur, sed
ad singulos integræ adveniunt, et apud eos perpetuo morantur inconsumtæ, nec deficere possunt umquam: quod nimirum tum etiam evenit.
Cum enim tam multi in thesaurum inciderint,
et omnes inde pro viribus hauserint: quid ego
de vobis loquor, cum ex illo tempore ad hunc
usque diem innumeros locupletarit, et integritatem suam retineat? Ne igitur spiritualem hunc
quæstum sectantes defatigemur, sed quantum in
nostra potestate situm erit, nunc etiam hauriamus, ac videamus Dominum benignum, videa-
D mus et servum patientem. Triginta quippe et
octo annos cum immedicabili morbo conflictatus,
ac perpetuo diverberatus, non ægre tulit, non
blasphemum verbum emisit, non Creatorem accusavit, sed patienter calamitatem illam et multa
cum animi æquitate tolerabat. Unde vero id
constat? dicet aliquis: neque enim de præcedenti
ejus vita clare Scriptura nos docuit, sed eum
triginta octo annos egisse in infirmitate sua de- *Joan.* 5. 5.
claravit: quod autem non ægre tulerit, nec in-
E dignatus sit, neque stomachatus, hoc non diserte
addidit. Attamen hoc etiam subindicavit, si quis
diligenter attendat, et non perfunctorie et osci-
tanter. Cum enim audis eum, accedentem Chri- Paralytici quanta virtus
stum, qui notus ipsi non erat, sed nudus homo

putabatur, tanta cum modestia esse alloquutum, præcedentem etiam illius probitatem ac philosophiam poteris spectare. Nam cum ei dixisset, *Vis sanus fieri?* nihil tale dixit, quale verisimile erat eum dicturum : Vides me paralysi resolutum tam diuturno tempore jacere, et interrogas, num sanus fieri velim? venisti ut meis malis insultares, ut exprobrares, irrideres, et subsannares calamitatem? Nihil horum neque dixit, neque cogitavit, sed cum æquitate animi, *Profecto, Domine,* inquit. Quod si post annos octo et triginta adeo mitis, adeo modestus erat, cum omnes illi vires ac robur animi fractum ac debilitatum esset, cogita qualem illum fuisse sit probabile, cum mala tantum inciperent. Nostis quippe omnes non ita ægros initio morbi esse morosos, ut cum multum temporis elapsum fuerit : tum enim præcipue difficiles ægroti fiunt, cum infirmitas in longum tempus excreverit, tum omnibus sunt intolerabiles. Qui vero post tot annos ita philosophatur, ita patienter respondet, haud dubium, quin præcedenti quoque tempore cum frequenti gratiarum actione calamitatem illam toleraverit. Hæc igitur et nos cum animo nostro reputantes, conservi patientiam imitemur : sufficit enim ad nostras animas corroborandas illius paralysis : nec ullus est adeo supinus, et paralysi resolutus, ut si calamitatis illius gravitatem animo velvat, non omnia, quæ inciderint, mala patienter ferat, licet intolerabiliora sint omnibus. Nam neque sanitas ejus tantum, sed etiam morbus maximam nobis peperit utilitatem : cum ejus sanatio ad glorificandum Dominum animes auditorum excitarit, et morbus atque infirmitas ad patientiam vos instruxerit, et ad similem zelum cohortata sit, imo vero ipsam quoque Dei benignitatem ostenderit. Hoc enim ipsum, quod tantæ illum objecerit ægritudini, et in tantam temporis prolixitatem infirmitatem extenderit, maximæ indicium est sollicitudinis. Nam quemadmodum cum in conflatoriam fornacem aurifex aurum injecerit, tamdiu ab igne illud examinari sinit, quousque purius viderit: evasisse ita quoque Deus tamdiu hominum animas probari malis permittit, quousque puræ fiant, ac splendidæ, multamque ex illa exploratione utilitatem perceperint. Itaque hoc quoque beneficentiæ genus est maximum.

Comparantur afflictiones cum fornace.

2. Ne turbemur igitur, neve animo concidamus, si quando tentationes nos invaserint. Si enim aurifex novit, quanto tempore derelinqui aurum in fornace conveniat, et quando extrahi,

Θέλεις ὑγιὴς γενέσθαι; οὐδὲν εἶπεν οἷον εἰκὸς ἦν, ὅτι ὁρᾷς με παραλελυμένον χρόνον τοσοῦτον κατακείμενον, καὶ ἐρωτᾷς εἰ βούλομαι γενέσθαι ὑγιής; ἐπεμβῆναί μου τοῖς κακοῖς ἦλθες, ὀνειδίσαι, καὶ καταγελάσαι, καὶ κωμῳδῆσαι τὴν συμφοράν; 34 A Οὐδὲν τοιοῦτον οὐδὲ εἶπεν, οὐδὲ ἐνενόησεν, ἀλλὰ μετ' ἐπιεικείας, Ναὶ, Κύριε, φησίν. Εἰ δὲ μετὰ τριάκοντα ὀκτὼ ἔτη οὕτω πρᾶος ἦν, οὕτως ἐπιεικὴς, τῆς εὐτονίας αὐτῷ καταβληθείσης ἁπάσης καὶ τῆς δυνάμεως τῶν λογισμῶν, ἐννόησον ὁποῖον εἰκὸς εἶναι τοῦτον ἐν τοῖς προοιμίοις τῶν δεινῶν. Ἴστε γὰρ δήπου πάντες, ὅτι οὐχ ὁμοίως εἰσὶ δυσάρεστοι οἱ νοσοῦντες ἐν ἀρχῇ τῆς ἀῤῥωστίας καὶ πολλοῦ προϊόντος τοῦ χρόνου· τότε γὰρ μάλιστα δυσχερεῖς γίνονται οἱ νοσοῦντες, ὅταν εἰς μῆκος ἐπιδῷ τὸ νόσημα, τότε πᾶσιν ἀφόρητοι. Ὁ δὲ μετὰ τοσοῦτα ἔτη οὕτω φιλοσοφῶν, οὕτως ἀνεξικάκως ἀποκρινόμενος, εὔδηλον ὅτι καὶ τὸν ἔμπροσθεν χρόνον μετὰ πολλῆς τῆς εὐχαριστίας τὴν συμφορὰν B ἔφερεν ἐκείνην. Ταῦτα οὖν καὶ ἡμεῖς λογιζόμενοι μιμώμεθα τὴν ὑπομονὴν τοῦ συνδούλου· ἱκανὴ γὰρ ἡ παράλυσις ἐκείνου τὰς ἡμετέρας ἐπισφίγξαι ψυχάς· οὐδεὶς γὰρ οὕτω νωθρὸς καὶ παρειμένος, ὡς τὸ μέγεθος τῆς συμφορᾶς ἐννοήσας ἐκείνης, μὴ πάντα γενναίως ἐνεγκεῖν τὰ προσπίπτοντα δεινὰ, κἂν ἁπάντων ἀφορητότερα ᾖ. Οὔτε γὰρ ἡ ὑγίεια αὐτοῦ μόνον, ἀλλὰ καὶ ἡ νόσος μεγίστης ἡμῖν ὠφελείας γέγονεν αἰτία· ἥ τε γὰρ θεραπεία πρὸς δοξολογίαν τοῦ Δεσπότου καὶ τὰς τῶν ἀκουόντων ἤγειρε ψυχάς· ἥ τε νόσος καὶ ἡ ἀῤῥωστία πρὸς ὑπομονὴν ὑμᾶς ἤλειψε, καὶ πρὸς τὸν C ἴσον παρεκάλεσε ζῆλον· μᾶλλον δὲ καὶ αὐτὴν τοῦ Θεοῦ τὴν φιλανθρωπίαν ἐνεδείξατο. Καὶ γὰρ αὐτὸ τὸ παραδοῦναι τοιούτῳ νοσήματι, καὶ τὸν χρόνον ἐκτεῖναι τοσοῦτον τὴν ἀῤῥωστίαν, μεγίστης κηδεμονίας ἐστί. Καθάπερ γὰρ χρυσοχόος εἰς χωνευτήριον ἐμβαλὼν χρυσίον μέχρι τοσούτου ἐπιτρέπει βασανίζεσθαι τῷ πυρὶ, ἕως ἂν ἴδῃ γενόμενον καθαρώτερον· οὕτω δὴ καὶ ὁ Θεὸς μέχρι τοσούτου τὰς τῶν ἀνθρώπων ψυχὰς ἀφίησιν ἐξετάζεσθαι ἐν δεινοῖς, ἕως ἂν γένωνται καθαραὶ καὶ διειδεῖς, καὶ πολλὴν ἀπὸ τῆς βασάνου ταύτης τὴν ὠφέλειαν καρπωσάμεναι· ὥστε καὶ τοῦτο εὐεργεσίας εἶδός ἐστι τὸ μέγιστον.

D Μὴ τοίνυν θορυβώμεθα, μηδὲ ἀλύωμεν, πειρασμῶν ἐμπιπτόντων ἡμῖν. Εἰ γὰρ ὁ χρυσοχόος εἶδε πόσον μὲν ἀφιέναι ἐν τῇ καμίνῳ χρόνον δεῖ τὸ χρυσίον, πότε δὲ ἀνασπάσαι, καὶ οὐκ ἀφίησι μέχρι τοῦ διαφθαρῆναι καὶ κατακαυθῆναι μένειν ἐν τῷ πυρί· πολλῷ μᾶλλον ὁ Θεὸς τοῦτο ἐπίσταται, καὶ ὅταν ἴδῃ καθαρωτέρους γενομένους, ἀφίησι τῶν πειρασμῶν, ὥστε μὴ τῷ πλεονασμῷ τῶν κακῶν ὑποσκελισθῆναι καὶ καταπεσεῖν. Μὴ τοίνυν δυσχεραίνωμεν, μηδὲ μικροψυχῶμεν, ἐπειδάν τι τῶν ἀδοκήτων ἐμπέσῃ· ἀλλὰ παραχωρῶμεν τῷ ταῦτα μετὰ ἀκριβείας εἰδότι, ἕως ἂν βούλοιτο, πυροῦν τὴν διάνοιαν τὴν ἡμετέραν· συμφερόντως γὰρ τοῦτο ποιεῖ καὶ ἐπὶ κέρδει τῶν πειραζομένων. Διὰ τοῦτο σοφός τις παραινεῖ λέγων· Τέκνον, εἰ προσέρχῃ δουλεύειν τῷ Θεῷ, ἑτοίμασον τὴν ψυχήν σου εἰς πειρασμὸν, εὔθυνον τὴν καρδίαν σου, καὶ καρτέρησον, καὶ μὴ σπεύσῃς ἐν καιρῷ ἐπαγωγῆς. Αὐτῷ παραχώρησον, φησὶν, ἁπάντων· οἶδε γὰρ ἀκριβῶς πότε ἡμᾶς ἀνελέσθαι ἐκ τῆς καμίνου δεῖ τῶν κακῶν. Χρὴ τοίνυν αὐτῷ πανταχοῦ παραχωρεῖν, καὶ διὰ παντὸς εὐχαριστεῖν, καὶ πάντα φέρειν εὐγνωμόνως, κἂν εὐεργετῇ, κἂν κολάζῃ, ἐπεὶ καὶ τοῦτο εὐεργεσίας ἐστὶν εἶδος. Καὶ γὰρ ἰατρὸς οὐχ ὅταν λούῃ, καὶ τρέφῃ, καὶ εἰς παραδείσους ἐξάγῃ τὸν κάμνοντα μόνον, ἀλλ' ὅταν καὶ καίῃ, καὶ τέμνῃ, ὁμοίως ἐστὶν ἰατρός· καὶ πατὴρ οὐχ ὅταν θεραπεύῃ τὸν υἱὸν μόνον, ἀλλὰ καὶ ὅταν ἐκβάλλῃ τῆς οἰκίας, καὶ ὅταν ἐπιτιμᾷ, καὶ μαστίζῃ, ὁμοίως ἐστὶ πατὴρ, καὶ οὐχ ἧττον, ἢ ὅταν ἐπαινῇ. Εἰδὼς τοίνυν ὅτι καὶ ἰατρῶν ἁπάντων φιλοστοργότερος ὁ Θεὸς, μὴ περιεργάζου, μηδὲ ἀπαίτει τὰς εὐθύνας αὐτὸν τῆς ἰατρείας, ἀλλ' ἄν τε ἀνεῖναι βούληται, ἄν τε κολάζῃ, πρὸς ἑκάτερα ὁμοίως παρέχωμεν ἑαυτούς· δι' ἑκατέρων γὰρ πρὸς ὑγείαν ἡμᾶς ἐπανάγει, καὶ πρὸς τὴν οἰκείωσιν τὴν ἑαυτοῦ, καὶ οἶδεν ὧν ἕκαστος χρείαν ἔχομεν, καὶ τί συμφέρον ἑκάστῳ, καὶ πῶς καὶ τίνι τρόπῳ σωθῆναι δεῖ, καὶ ταύτην ἡμᾶς ἄγει τὴν ὁδόν. Ἑπώμεθα τοίνυν οἶπερ ἂν αὐτὸς κελεύῃ, καὶ μηδὲν ἀκριβολογώμεθα, εἴτε διὰ ῥᾳδίας καὶ εὐκόλου, εἴτε διὰ χαλεπῆς καὶ τραχυτέρας ὁδοῦ βαδίζειν κελεύοι· ὥσπερ οὖν καὶ τὸν παράλυτον τοῦτον. Ἓν μὲν οὖν τοῦτο εὐεργεσίας εἶδος ἦν τὸ χρόνῳ τοσούτῳ τὴν ψυχὴν αὐτοῦ καθαίρειν, ὥσπερ χωνευτηρίῳ τινὶ τῇ πυρώσει τῶν πειρασμῶν αὐτὴν παραδόντα· ἕτερον δὲ οὐκ ἔλαττον τούτου, τὸ καὶ ἐν αὐτοῖς παρεῖναι τοῖς πειρασμοῖς, καὶ πολλὴν αὐτῷ παρέχειν τὴν παραμυθίαν. Αὐτὸς ἦν ὁ διακρατῶν αὐτὸν καὶ συνέχων, καὶ χεῖρα ὀρέγων, καὶ οὐκ ἀφιεὶς καταπεσεῖν. Ὅταν δὲ ἀκούσῃς ὅτι αὐτὸς ἦν, μὴ ἀποστερήσῃς τῶν ἐγκωμίων τὸν παράλυτον, μήτε ἐκεῖνον, μήτε ἄλλον τινὰ πειραζόμενον ἄνθρωπον καὶ καρτεροῦντα. Κἂν γὰρ μυριάκις φιλοσοφῶμεν, κἂν ἁπάντων ὦμεν ἰσχυρότεροι καὶ δυνατώτεροι, τῆς παρ' αὐτοῦ ῥοπῆς ἀπούσης, οὐδὲ πρὸς τὸν τυχόντα ἀντιστῆναι δυνησόμεθα πειρασμόν. Καὶ τί λέγω περὶ ἡμῶν τῶν εὐτελῶν καὶ ἀπεῤῥιμμένων; Κἂν γὰρ Παῦλός τις ᾖ, καὶ Πέτρος, κἂν Ἰάκωβος, κἂν Ἰωάν-

neque sinit eousque in igne remanere, ut corrumpatur et exuratur: multo magis id Deo notum est, et cum puriores factos esse nos videt, tentationes remittit, ne maiorum multiplicatione supplantemur et concidamus. Ne igitur ægre
E feramus, nec animum despondeamus, si quid inopinatum acciderit: sed ei permittamus, qui accurate ista novit, ut quamdiu voluerit, animam nostram expurget: utiliter enim id agit, et in rem eorum qui tentantur. Quam ob causam sapiens quidam admonet, dicens: *Fili, si accedas ad serviendum Domino, præpara animam tuam ad tentationem; dirige cor* tuum, et *sustine*: et *ne festines in* tempore *illationis.* Omnia, inquit, illi permitte: probe siquidem
35 novit, quando nos e fornace malorum expediat
A erui. Quamobrem illi ubique cedere oportet, ac perpetuo gratias agere, atque omnia æquo animo ferre, sive conferat beneficia, sive puniat, cum hoc quoque genus sit beneficii. Nam et medicus, non cum lavat solum, et nutrit, atque ad viridaria educit ægrotum; sed et cum urit et secat, pari ratione medicus est: et pater non modo cum filio blanditur, sed etiam cum eum pellit ex ædibus et cum increpat, ac flagris cædit, pari ratione pater est, neque minus quam cum laudat. Cum igitur intelligas medicis omnibus indulgentiorem esse, ac majori affectu nos Deum prose-
B qui, noli curiose inquirere, neque rationem ab eo exige curationis; sed sive recreare voluerit, sive punire, ad utrumque pariter paratos nos exhibeamus: siquidem per utrumque nobis restituit sanitatem, et nos sibi reconciliat; cumque noverit quibus indigeat quisque nostrum, et quid conferat cuique, et quo tandem modo servandus sit, hac via nos ille deducit. Sequamur igitur quo ille præceperit, neque exacte quidquam disquiramus, sive per planam et facilem, sive per difficilem asperamque viam incedere jusserit, quemadmodum et istum paralyticum.
C Unum igitur hoc fuit genus beneficentiæ, quod tanto tempore animam ejus purgarit, eamque tamquam conflatoriæ cuidam fornaci tentationum probationi tradiderit: aliud autem nihilo inferius isto, quod in ipsis tentationibus illi adfuerit, multumque solatium illi præbuerit. Ipse erat, qui continebat eum, et retinebat, manumque porrigebat, neque collabi sinebat. Cum autem ipsum fuisse audis, noli paralyticum laude privare, nec illum nec alium hominem quemvis, qui tentetur et patienter ferat. Quantumvis enim
D sæpe philosophemur, quamvis omnium robustis-

Eccle. 2. 12.

Cum medico et patre comparatur Deus.

Auxilium gratiæ di-

vinæ necessarium. simi simus ac validissimi, si illius absit auxilium, ne mediocri quidem poterimus tentationi
resistere. Sed quid ego de nobis vilibus et abjectis loquor? Licet Paulus sit aliquis aut Petrus,
licet Jacobus aut Joannes, subsidio cælesti privatus facile vincitur, et supplantur, et concidit.
Ad hæc omnia tuenda vobis Christi ipsius veces
Luc. 22. 31. 32. recitabo: siquidem Petro dixit: *Ecce satanas
petivit, ut cribraret vos sicut triticum: et
ego rogavi pro te, ut non deficiat fides tua.*
Quid est cribrare? Abducere, circumducere,
exagitare, movere, concutere, divexare, sicut in
iis quæ cribro ventilantur: at ego cohibebam,
inquit, intelligens nequaquam posse vos tentationem sustinere; cum enim ait, *Ne deficiat fides
tua,* hoc significat, futurum fuisse, ut fides ejus
deficeret, si ille permisisset. Quod si Petrus fervidus amator Christi, qui animam suam millies
pro ipso exposuit, quique semper ante cœtum
prosilit apostolorum, et beatus a magistro suo
prædicatur, ideoque Petrus appellatus est, quod
inconcussa et immutabili fide præditus esset, dejectus fuisset, et a confessione excidisset, si,
quantum vellet, tentare diabolo Christus permisisset, quis alius absque illius auxilio poterit
umquam resistere? Quocirca dicit etiam Paulus,
1. Cor. 10. 13. *Fidelis Deus, qui non patietur vos tentari
supra id, quod potestis: sed faciet cum tentatione proventum, ut possitis sustinere.* Non
enim tantum, inquit, supra vires inferri tentationem non sinit, sed etiam in ipsa quæ pro
ratione virium adhibetur, nos sustentans adest,
et nos corroborat, cum nos priores quæ nostrarum sunt partium contulerimus, exempli causa,
alacritatem animi, spem in ipsum, gratiarum
actionem, tolerantiam, patientiam. Neque tantum in periculis, quæ vires nostras excedunt,
sed in ipsis etiam quæ non excedunt, cælesti auxilio indigemus, ut generose possimus obsistere.
2. Cor. 1. 5. 4. Siquidem alibi quoque dicit: *Sicut abundant
passiones Christi in nobis, ita et per Chri-
stum abundat consolatio nostra, ut nos possimus consolari eos, qui in omni pressura
sunt, per exhortationem, qua exhortamur et
ipsi a Deo.* Itaque is etiam qui hunc consolatus
est, ipse est qui tentationem permisit inferri.
Vide autem post curationem quantam sollicitudinem præ se ferat. Neque enim illo dimisso recessit, at postquam illum offendit in templo, ait,
Joan 5 14 *Ecce sanus factus es, noli amplius peccare,
ne deterius tibi aliquid contingat.* Si enim
quod odio prosequeretur, puniri permisisset, non

νης, τῆς ἄνωθεν βοηθείας ἀποστερηθεὶς ἐλέγχεται
ῥᾳδίως, καὶ ὑποσκελίζεται, καὶ καταπίπτει. Καὶ
ὑπὲρ τούτων αὐτοῦ τοῦ Χριστοῦ φωνὴν ὑμῖν ἀναγνώ-
σομαι· τῷ γὰρ Πέτρῳ φησίν· Ἰδοὺ ὁ σατανᾶς ᾐτή-
σατο, ἵνα σινιάσῃ ὑμᾶς ὡς τὸν σῖτον· κἀγὼ ἐδεήθην
περὶ σοῦ, ἵνα μὴ ἐκλίπῃ ἡ πίστις σου. Τί ἐστι, σι-
νιάσαι; Ἀγαγεῖν, περιαγαγεῖν, σαλεῦσαι, κινῆσαι,
διαδονῆσαι, βασανίσαι, ὅπερ ἐπὶ τῶν κοσκινιζομένων
γίνεται· ἀλλ' ἐγὼ, φησὶν, ἐπέσχον, εἰδὼς ὅτι τὸν πειρασμὸν ἐνεγκεῖν οὐ δύνασθε· τὸ γὰρ εἰπεῖν, Ἵνα μὴ
ἐκλίπῃ ἡ πίστις σου, δηλοῦντός ἐστιν, ὅτι εἰ συνεχώ-
E ρησεν, ἐξέλιπεν ἂν αὐτοῦ ἡ πίστις. Εἰ δὲ Πέτρος ὁ
θερμὸς ἐραστὴς τοῦ Χριστοῦ καὶ τὴν ψυχὴν ὑπὲρ
αὐτοῦ μυριάκις ἐπιδοὺς, καὶ προπηδῶν ἀεὶ τοῦ χοροῦ
τῶν ἀποστόλων, καὶ παρὰ τοῦ διδασκάλου μακαριζό-
μενος, καὶ διὰ τοῦτο Πέτρος κληθεὶς, ἐπειδὴ ἄσεί-
στον εἶχε καὶ ἀπερίτρεπτον τὴν πίστιν, ἠνέχθη ἂν
καὶ τῆς ὁμολογίας ἐξέπεσεν, εἰ συνεχώρησεν ὁ Χριστὸς τῷ διαβόλῳ πειράσαι ὅσον ἠβούλετο, τίς ἕτερος
36 στῆναι δυνήσεται χωρὶς τῆς αὐτοῦ βοηθείας; Διὰ
A τοῦτο καὶ Παῦλός φησι· Πιστὸς δὲ ὁ Θεὸς, ὃς οὐκ
ἐάσει ὑμᾶς πειρασθῆναι ὑπὲρ ὃ δύνασθε, ἀλλὰ ποιήσει
σὺν τῷ πειρασμῷ καὶ τὴν ἔκβασιν τοῦ δύνασθαι ὑμᾶς
ὑπενεγκεῖν. Οὐ μόνον γὰρ, φησὶ, πειρασμὸν ὑπὲρ
δύναμιν οὐκ ἀφίησιν ἐπενεχθῆναι, ἀλλὰ καὶ ἐν αὐτῷ
τῷ κατὰ δύναμιν ἐπαγομένῳ πάρεστι διαβαστάζων
ἡμᾶς καὶ συγκροτῶν, ὅταν ἡμεῖς πρότερον τὰ παρ'
ἑαυτῶν εἰσενέγκωμεν, οἷον προθυμίαν, ἐλπίδα τὴν εἰς
αὐτὸν, εὐχαριστίαν, καρτερίαν, ὑπομονήν. Οὔτε γὰρ
μόνον ἐν τοῖς ὑπὲρ δύναμιν κινδύνοις, ἀλλὰ καὶ ἐν
αὐτοῖς τοῖς κατὰ δύναμιν τῆς ἄνωθεν δεόμεθα βοη-
B θείας, εἰ μέλλοιμεν ἑστάναι γενναίως· καὶ ἀλλαχοῦ
γάρ φησι· Καθὼς περισσεύει τὰ παθήματα Χριστοῦ
εἰς ἡμᾶς, οὕτω διὰ τοῦ Χριστοῦ περισσεύει καὶ ἡ
παράκλησις ἡμῶν, εἰς τὸ δύνασθαι ἡμᾶς παρακαλεῖν
τοὺς ἐν πάσῃ θλίψει διὰ τῆς παρακλήσεως, ἧς πα-
ρακαλούμεθα αὐτοὶ ὑπὸ τοῦ Θεοῦ. Ὥστε καὶ ὁ τοῦτον παρακαλέσας αὐτός ἐστιν ὁ τὸν πειρασμὸν συγχωρήσας ἐπενεχθῆναι. Ὅρα δὲ καὶ μετὰ τὴν θεραπείαν
πόσην κηδεμονίαν ἐπιδείκνυται. Οὐ γὰρ ἀφεὶς αὐτὸν
ἀπῆλθεν, ἀλλ' εὑρὼν αὐτὸν ἐν τῷ ἱερῷ φησιν· Ἴδε
ὑγιὴς γέγονας, μηκέτι ἁμάρτανε, ἵνα μὴ χεῖρόν τί
σοι γένηται. Εἰ γὰρ μισῶν συνεχώρησε τὴν κόλασιν,
C οὐκ ἂν ἀπήλλαξεν, οὐκ ἂν πρὸς τὸ μέλλον ἠσφαλί-
σατο· τὸ δὲ λέγειν, Ἵνα μὴ χεῖρόν τί σοι γένηται,
τὰ μέλλοντά ἐστι προαναστέλλοντος δεινά. Ἔλυσε
τὴν νόσον, καὶ οὐκ ἔλυσε τὴν ἀγωνίαν· ἀπήλασε τὴν
ἀῤῥωστίαν, καὶ οὐκ ἀπήλασε τὸν φόβον, ὥστε ἀκίνητον εἶναι τὴν γενομένην εὐεργεσίαν. Τοῦτο ἰατροῦ
κηδεμονικοῦ μὴ τὰ παρόντα λύειν μόνον, ἀλλὰ καὶ
πρὸς τὰ μέλλοντα ἀσφαλίζεσθαι, ὅπερ καὶ ὁ Χριστὸς
ἐποίησε τῇ μνήμῃ τῶν παρελθόντων συγκροτῶν ἐκεί-

νου τὴν ψυχήν. Ἐπειδὴ γὰρ ἀπελθόντων τῶν ὀδυνώντων ἡμᾶς, συναπέρχεται καὶ ἡ μνήμη πολλάκις, βουλόμενος αὐτὴν μένειν διηνεκῆ, φησί· Μηκέτι ἁμάρτανε, ἵνα μὴ χεῖρόν τί σοι γένηται.

Οὐκ ἀπὸ τούτου δὲ μόνον τὴν πρόνοιαν αὐτοῦ καὶ τὴν ἐπιείκειαν αὐτοῦ ἐστιν ἰδεῖν, ἀλλὰ καὶ ἀπὸ αὐτῆς τῆς δοκούσης εἶναι ἐπιτιμήσεως. Οὐδὲ γὰρ ἐξεπόμπευσεν αὐτοῦ τὰ ἁμαρτήματα, ἀλλ' ὅτι μὲν δι' ἁμαρτήματα ἔπαθεν, ἅπερ ἔπαθεν, εἶπε· τίνα δὲ ἦν τὰ ἁμαρτήματα οὐκ ἐδήλωσεν, οὐδὲ εἶπε, τὸ καὶ τὸ ἥμαρτες, οὐδὲ, τὸ καὶ τὸ ἐπλημμέλησας, ἀλλ' ἑνὶ ψιλῷ ῥήματι τοῦτο ἐνδειξάμενος τῷ, Μηκέτι ἁμάρτανε, καὶ τοσοῦτον εἰπὼν, ὅσον ἀναμνῆσαι μόνον, σπουδαιότερον αὐτὸν πρὸς τὸ μέλλον εἰργάσατο, καὶ τὴν μὲν ὑπομονὴν αὐτοῦ καὶ τὴν ἀνδρείαν καὶ τὴν φιλοσοφίαν πᾶσαν δήλην ἡμῖν ἐποίησεν εἰς ἀνάγκην αὐτὸν καταστήσας τοῦ πᾶσαν ἐκτραγῳδῆσαι τὴν συμφορὰν, καὶ τὴν σπουδὴν ἐπιδειξάμενος τὴν ἑαυτοῦ· Ἐν ᾧ γὰρ, φησὶν, ἐγὼ ἔρχομαι, ἄλλος πρὸ ἐμοῦ καταβαίνει· τὰ δὲ ἁμαρτήματα οὐκ ἐξεπόμπευσεν. Ὥσπερ γὰρ ἡμεῖς βουλόμεθα τὰ ἡμέτερα συσκιάζεσθαι, οὕτω καὶ ὁ Θεὸς πολλῷ πλέον ἢ ἡμεῖς· διὰ τοῦτο τὴν μὲν θεραπείαν ἐπὶ πάντων ἐποιήσατο, τὴν δὲ παραίνεσιν ἢ τὴν συμβουλὴν κατιδίαν ποιεῖται. Οὐδέποτε γὰρ ἡμῶν ἐκπομπεύει τὰ ἁμαρτήματα, πλὴν εἰ μή ποτε ἴδοι ἀναισθήτως ἔχοντας πρὸς αὐτά. Καὶ γὰρ ὅταν λέγῃ, Πεινῶντά με εἴδετε, καὶ οὐκ ἐθρέψατε· καὶ διψῶντα, καὶ οὐκ ἐποτίσατε, διὰ τοῦτο λέγει κατὰ τὸν παρόντα καιρὸν, ἵνα μὴ κατὰ τὸν μέλλοντα τούτων ἀκουσώμεθα τῶν ῥημάτων. Ἀπειλεῖ, ἐκπομπεύει ἐνταῦθα, ἵνα μὴ ἐκπομπεύσῃ ἐκεῖ· ὥσπερ οὖν καὶ καταστρέψαι διὰ τοῦτο ἠπείλησε τὴν τῶν Νινευιτῶν πόλιν, ἵνα μὴ καταστρέψῃ. Εἰ γὰρ ἠβούλετο δημοσιεύειν ἡμῶν τὰ ἁμαρτήματα, οὐκ ἂν προεῖπεν, ὅτι δημοσιεύσει· νῦν δὲ διὰ τοῦτο προλέγει, ἵνα τῷ φόβῳ τῆς δημοσιεύσεως ἐκείνης, εἰ καὶ μὴ τῷ φόβῳ τῆς κολάσεως σωφρονισθέντες, ἀπονιψώμεθα ἅπαντα. Τοῦτο καὶ ἐπὶ τοῦ βαπτίσματος γίνεται· καὶ γὰρ ἄγει πρὸς τὴν κολυμβήθραν τῶν ὑδάτων τὸν ἄνθρωπον, οὐδενὶ δῆλα ποιήσας αὐτοῦ τὰ ἁμαρτήματα, ἀλλὰ τὴν μὲν δωρεὰν πᾶσι καθίστησι φανερὰν, καὶ

te liberasset, non in futurum communiisset: quod autem dicit, *Ne deterius aliquid tibi contingat*, indicat cum futuris malis obviam ire. Morbum depulit, et angorem non depulit: tegritudinem abegit, et metum non abegit, ut immotum maneat beneficium quod est collatum. Hoc providi est medici, ut non præsentia tantum mala depellat, sed et adversa futura præcaveat; quod utique fecit et Christus, dum præteritorum memoria ipsius animam confirmavit. Nam quoniam ubi præterierint ea quæ nobis molestiam exhibebant, simul eorum memoria sæpe dilabitur, quod ipsam perpetuam velit manere, *Noli*, inquit, *amplius peccare, ne deterius tibi aliquid contingat*.

D 3. Neque vero ex hoc solum providentiam ejus et æquitatem licet intueri, sed ex ipsa, quæ videtur esse, increpatione. Nam peccata quidem ejus non propalavit, sed cum propter peccata passum esse quæ passus est, indicavit: quæ vero essent, peccata non indicavit: neque dixit, Hoc et illud peccasti, neque, In hoc et in illo deliquisti, sed uno simplici verbo id exprimens, *Noli amplius peccare*, tantumque dicens, quod ad eum admonendum necessarium erat, diligentiorem illum reddidit in futurum, et ipsius pa- E tientiam, fortitudinem, ac philosophiam nobis omnem patefecit, cum illi necessitatem imposuit totam calamitatem suam quiritando divulgandi, ac studium suum ostendendi: *Dum venio enim* Joan. 5. 7. *ego, alius ante me descendit*; peccata vero non propalavit. Sicut enim nos obtegere nostra volumus, sic et Deus multo magis quam nos: quam ob causam et coram omnibus medicinam fecit, adhortationem autem et consilium privatim adhibet. Numquam enim evulgat peccata nostra, nisi 37 forte si quando nos viderit nullo eorum sensu af- A fici. Nam et cum dicit: *Esurientem me vidistis, et non aluistis, et sitientem, et non po-* Matth. 25. 42. *tastis*, propterea dicit in præsenti tempore, ne forte in futuro verba hæc audiamus. Minatur, evulgat in hac vita, ne in illa evulget, quemadmodum et Ninivitarum civitatem se minatus est eversurum, ut non everteret. Si enim peccata vellet nostra publicare, nequaquam se publicaturum prædixisset: jam vero idcirco prædicit, ut publicationis illius metu, si minus supplicii metu castigati, omnia abstergamus. Hoc et in baptismo fit: siquidem ad aquarum lavacrum ho- B minem deducit, nec ulli ejus peccata patefacit: sed donum quidem manifestum omnibus reddit, et notum: peccata vero præter se et ipsum, cui remissio tribuitur, nemo alius novit. Hoc et in isto accidit: reprehensio remotis arbitris adhibetur, imo vero non reprehensio tantum, sed et excusatio quædam est hæc oratio, quasi ob tantam illatam afflictionem se excusaret, eique diceret, et significaret non temere, neque frustra permissum esse, ut ipse tanto tempore affligeretur, peccata in memoriam illi revocavit, et causam aperuit infirmitatis. *Cum* enim, inquit, *invenisset eum in templo, dixit illi: Noli amplius peccare, ne deterius tibi aliquid contingat.*

Joan. 5. 14.

Transit ad posteriorem Paralyticum. *Matth. 9.*

Quando igitur ex priori paralytico tantum fructum collegimus, age jam ad alterum etiam veniamus, de quo apud Matthæum agitur. Nam et in metallorum fodinis ubi quis plus auri repererit, illic effodit rursus: et multos scimus eorum, qui negligenter legerunt, unum et eumdem esse putare paralyticum, de quo apud quatuor evangelistas agitur. Atqui non est idem. Quamobrem erigite vos, ac diligenter attendite. Neque enim de rebus trivialibus quæstio habetur, sed et adversus gentiles et adversus Judæos, et adversus multos hæreticos utilis hæc erit oratio, ubi conveniens solutio fuerit addita. Nam et ita reprehendunt omnes evangelistas tamquam inter se pugnantes ac dissonantes. Atqui non ita res se habet, absit: licet diversæ personæ sint, una est Spiritus gratia, quæ cujusque anima movetur: at ubi Spiritus est gratia, caritas, gaudium, pax; bellum non est, nec discordia, nec pugna, nec ulla contentio. Quo tandem igitur pacto manifestum reddemus hunc non esse illum paralyticum, sed alterum ab illo diversum? Ex multis indiciis cum loci tum temporis, et occasionum, et diei, et ex modo curationis, et ab adventu medici, et ejus qui curatos est solitudine. Quid tum postea? dicet aliquis: nam et alia signa nonne diversa ratione multi evangelistæ narrarunt? At enim aliud est diverse narrare, aliud contrario modo: siquidem illud dissonantiam nullam gignit aut pugnam: in hoc vero quod est præ manibus, multa apparet repugnantia, nisi alterum esse ostendatur in piscina paralyticum, quam is, de quo tres evangelistæ scripserunt. Atque ut intelligatis quid sit diverse et quid contrarie loqui: unus ex evangelistis dixit crucem portasse Christum, alter autem Simonem Cyrenæum: hoc vero contrarietatem nullam gignit, aut pugnam. Qui potest, inquit, non esse contrarium, portare et non portare? Quia nimirum utrumque accidit. Et cum exiissent quidem ex prætorio, portavit Christus: cum autem longius progressi es-

Evangelistæ non inter se pugnant.

Quid sit diversa loqui et contraria.

ποιεῖ δήλην, τὰ δὲ ἁμαρτήματα πλὴν αὐτοῦ καὶ τοῦ τὴν ἄφεσιν λαμβάνοντος οὐδεὶς ἕτερος οἶδε. Τοῦτο καὶ ἐπὶ τούτου γέγονε, καὶ ἀμάρτυρον ποιεῖται τὸν ἔλεγχον, μᾶλλον δὲ οὐκ ἔλεγχος μόνον, ἀλλὰ καὶ ἀπολογία τὸ εἰρημένον ἐστὶν, ὥσπερ ὑπὲρ τῆς τοσαύτης κακώσεως ἀπολογούμενος καὶ λέγων αὐτῷ, καὶ δεικνὺς, ὅτι οὐ μάτην, οὐδὲ εἰκῆ τοσοῦτον αὐτὸν ἐπέτρεψε κακωθῆναι χρόνον, τῶν ἁμαρτημάτων ἀνέμνησεν αὐτὸν, καὶ τὴν αἰτίαν εἶπε τῆς ἀῤῥωστίας. C Εὑρὼν γὰρ αὐτὸν, φησὶν, ἐν τῷ ἱερῷ, εἶπεν αὐτῷ· μηκέτι ἁμάρτανε, ἵνα μὴ χεῖρόν τί σοι γένηται. Ἐπεὶ οὖν τοσαῦτα ἐκαρπωσάμεθα ἐκ τοῦ προτέρου παραλύτου, φέρε ἔλθωμεν καὶ ἐφ' ἕτερον κἂν παρὰ τῷ Ματθαίῳ κείμενον. Καὶ γὰρ καὶ ἐν τοῖς μετάλλοις ὅπουπερ ἂν εὕροι τις χρυσίον, πλέον ἐκεῖ διασκάπτει πάλιν· καὶ οἶδα μὲν ὅτι πολλοὶ τῶν ἁπλῶς ἀναγινωσκόντων ἕνα καὶ τὸν αὐτὸν εἶναι νομίζουσι παράλυτον παρὰ τοῖς τέσσαρσιν εὐαγγελισταῖς κείμενον· οὐκ ἔστι δέ. Διὸ χρὴ διαναστῆναι D καὶ προσέχειν μετὰ ἀκριβείας. Οὐ γὰρ ὑπὲρ τῶν τυχόντων ἡ ζήτησίς ἐστιν, ἀλλὰ καὶ πρὸς Ἕλληνας, καὶ πρὸς Ἰουδαίους, καὶ πρὸς πολλοὺς τῶν αἱρετικῶν χρήσιμος ὁ λόγος οὗτος ἔσται, τὴν προσήκουσαν λύσιν λαβών. Καὶ γὰρ οὕτω πάντες τοῖς εὐαγγελισταῖς ἐγκαλοῦσιν ὡς μαχομένοις καὶ διαφωνοῦσιν· οὐκ ἔστι δὲ, μὴ γένοιτο, ἀλλ' εἰ καὶ διάφορα τὰ πρόσωπα, μία τοῦ Πνεύματος ἡ χάρις ἐστὶν, ἡ τὴν ἑκάστου κινοῦσα ψυχήν· ὅπου δὲ τοῦ Πνεύματος χάρις, ἀγάπη, χαρὰ, εἰρήνη· πόλεμος καὶ ἀμφισβήτησις οὐκ ἔστι, καὶ μάχη καὶ φιλονεικία τις. Πῶς οὖν ποιήσομεν φανερὸν, ὅτι οὐκ ἔστιν ὁ παράλυτος οὗτος ἐκεῖνος, ἀλλ' ἕτερος παρ' ἐκεῖνον; Ἀπὸ πολλῶν σημείων, καὶ τόπου, E καὶ χρόνου, καὶ καιρῶν, καὶ ἡμέρας, καὶ ἀπὸ τοῦ τρόπου τῆς θεραπείας, καὶ ἀπὸ τῆς παρουσίας τοῦ ἰατροῦ, καὶ ἀπὸ τῆς ἐρημίας τοῦ θεραπευθέντος. Καὶ τί τοῦτο, φησί; καὶ γὰρ ἕτερα σημεῖα οὐχὶ διαφόρως ἀπήγγειλαν πολλοὶ τῶν εὐαγγελιστῶν; Ἀλλ' ἑτερόν ἐστι διαφόρως εἰπεῖν, καὶ ἕτερον ἐναντίως· ἐκεῖνο μὲν γὰρ διαφωνίαν οὐ ποιεῖ τινα, οὐδὲ μάχην· τοῦτο δὲ τὸ νῦν προκείμενον ἡμῖν πολλὴν ἔχει τὴν ἐναντίωσιν, εἰ μὴ δειχθείη ἕτερος ὢν ὁ ἐν τῇ κολυμβήθρᾳ παραλυτικὸς παρ' ἐκεῖνον τὸν ἐν τοῖς τρισὶν ἀναγεγραμμένον. Καὶ ἵνα μάθητε τί ποτέ ἐστι διαφόρως, καὶ τί ποτέ ἐστιν ἐναντίως εἰπεῖν, τῶν εὐαγ- 38 A γελιστῶν ὁ μὲν ὅτι ὁ Χριστὸς τὸν σταυρὸν ἐβάσταζεν εἶπεν, ὁ δὲ ὅτι Σίμων ὁ Κυρηναῖος· τοῦτο δὲ ἐναντίωσίν τινα οὐ ποιεῖ, οὐδὲ μάχην. Καὶ πῶς οὐκ ἔστιν ἐναντίον, φησὶ, τὸ βαστάζειν τῷ μὴ βαστάζειν; Ὅτι ἀμφότερα γέγονε. Καὶ ἐξελθόντων μὲν ἐκ τοῦ πραιτωρίου, ὁ Χριστὸς ἐβάσταζε· προϊόντων δὲ, ὁ Σίμων ἔλαβεν ἀπ' αὐτοῦ καὶ ἔφερε. Πάλιν ἐπὶ τῶν λῃστῶν, ὁ μέν φησιν, ὅτι οἱ δύο αὐτὸν ἐβλασφήμουν· ὁ δὲ ὅτι ὁ εἷς ἐπεστόμιζε τὸν κατηγοροῦντα. Ἀλλ' οὐδὲ τοῦτο πάλιν ἐναντίον. Διατί; Ὅτι καὶ ἐνταῦθα ἀμφότερα γέγονε καὶ παρὰ μὲν τὴν ἀρχὴν ἀμφότεροι ἦσαν οἱ πονηρευόμενοι· μετὰ δὲ ταῦτα σημείων γενομένων καὶ τῆς γῆς κλονουμένης, καὶ τῶν πετρῶν B σχιζομένων, καὶ ἡλίου κρυπτομένου, θάτερος αὐτῶν μετεβλήθη, καὶ σωφρονέστερος γέγονε, καὶ τὸν ἐσταυρωμένον ἐπέγνω, καὶ τὴν βασιλείαν ὡμολόγησε τὴν ἐκείνου. Ἵνα γὰρ μὴ νομίσῃς, ὅτι ἀνάγκῃ τινὶ καὶ βίᾳ τινὸς ἔνδοθεν ὠθοῦντος αὐτὸν τοῦτο γίνεται, μηδὲ διαπορῇς, δείκνυσί σοι καὶ ἐν τῷ σταυρῷ τὴν πονηρίαν αὐτοῦ ἔτι διατηροῦντα τὴν προτέραν, ἵνα εἰδῇς, ὅτι οἴκοθεν καὶ παρ' ἑαυτοῦ μεταβαλόμενος, καὶ τῆς τοῦ Θεοῦ χάριτος ἀπολαύσας, οὕτω βελτίων ἐγένετο.

Καὶ ἕτερα πολλὰ τοιαῦτά ἐστιν ἐκ τῶν εὐαγγελίων ἀναλέγεσθαι, ἃ δοκεῖ μὲν ἐναντιώσεως ὑποψίαν ἔχειν, C οὐκ ἔστι δὲ ἐναντίωσις, ἀλλὰ καὶ τὰ παρὰ τούτου καὶ τὰ παρ' ἐκείνου εἰρημένα [a] γεγένηται· εἰ δὲ μὴ κατὰ τὴν αὐτὴν ὥραν, καὶ ὁ μὲν πρότερον, ὁ δὲ τὸ δεύτερον εἴρηκεν· ἐνταῦθα δὲ οὐδὲν τοιοῦτόν ἐστιν· ἀλλὰ τὸ πλῆθος τῶν εἰρημένων σημείων δείκνυσι καὶ τοῖς ὁπωσοῦν προσέχουσιν, ὅτι ἕτερος μὲν αὐτὸς ἦν, ἕτερος δὲ ἐκεῖνος. Οὐ μικρὰ δὲ καὶ αὕτη γένοιτ' ἂν ἀπόδειξις πρὸς τὸ δεῖξαι τοὺς εὐαγγελιστὰς συμφωνοῦντας ἀλλήλοις, καὶ οὐ μαχομένους. Ἂν μὲν γὰρ αὐτὸς ᾖ, πολλὴ ἡ μάχη· ἂν δὲ ἕτερος ἐκεῖνος, πᾶσα ἀμφισβήτησις λέλυται. Φέρε οὖν αὐτὰς τὰς αἰ- D τίας εἴπωμεν, δι' ἃς οὔ φαμεν τοῦτον εἶναι ἐκεῖνον. Τίνες οὖν εἰσιν αὗται; Ὁ μὲν ἐν Ἱεροσολύμοις θεραπεύεται, οὗτος δὲ ἐν Καπερναοὺμ, καὶ ὁ μὲν παρὰ τὴν κολυμβήθραν τῶν ὑδάτων, οὗτος δὲ ἐν οἰκίσκῳ τινί· ἰδοὺ ἀπὸ τοῦ τόπου· κἀκεῖνος μὲν ἐν ἑορτῇ· ἰδοὺ ἀπὸ τοῦ καιροῦ· κἀκεῖνος μὲν τριάκοντα καὶ ὀκτὼ ἔτη εἶχεν ἐν τῇ ἀσθενείᾳ· περὶ τούτου δὲ οὐδὲν τοιοῦτον ὁ εὐαγγελιστής· ἰδοὺ καὶ ἀπὸ τοῦ χρόνου· κἀκεῖνος μὲν ἐθεραπεύθη ἐν σαββάτῳ· ἰδοὺ καὶ ἀπὸ ἡμέρας· εἰ γὰρ ἐν σαββάτῳ ἐθεραπεύθη καὶ οὗτος, οὐδ' ἂν τοῦτο παρεσιώπησεν ὁ Ματθαῖος, οὐδ' ἂν ἡσύχασαν οἱ παρόντες Ἰουδαῖοι· οἱ γὰρ καὶ μὴ ἐν E σαββάτῳ θεραπευθέντος αὐτοῦ δυσχεράναντες δι' ἄλλην αἰτίαν, πολλῷ μᾶλλον εἰ καὶ τὴν ἀπὸ τοῦ καιροῦ λαβὴν ἔσχον, οὐκ ἂν ἐφείσαντο τῶν ἐγκλημάτων τῶν κατὰ τοῦ Χριστοῦ. Καὶ οὗτος μὲν πρὸς τὸν Χριστὸν φέρεται· πρὸς ἐκεῖνον δὲ αὐτὸς ὁ Χριστὸς παραγίνεται, κἀκείνῳ μὲν οὐδεὶς ἄνθρωπος ἦν ὁ βοηθήσων· Κύριε γὰρ, φησὶν, ἄνθρωπον οὐκ ἔχω· οὗτος δὲ πολλοὺς εἶχε τοὺς προσήκοντας, οἳ καὶ διὰ τοῦ στέγους αὐτὸν ἐχάλασαν. Κἀκείνου μὲν πρὸ τῆς ψυχῆς τὸ 39 σῶμα διώρθωσε· πρότερον γὰρ αὐτοῦ τὴν παράλυ- A

sent, Simon ab illo accepit et tulit. Rursus de latronibus unus quidem ait duos ipsum blasphemasse, alter vero, unum compescuisse illum qui accusabat. Sed neque hoc rursus est contrarium. B Quid ita? Quoniam hic quoque utrumque accidit, atque initio quidem uterque improbe se gerebat: postea vero cum facta essent miracula, terra mota, petræ scissæ, et sol absconditus, alter eorum conversus et modestior est factus, et crucifixum agnovit, ejusque regnum confessus est. Nam ne forte existimares necessitate quadam ac vi cujusdam intus cum impellentis hoc fieri, neve dubitares, illum in cruce tibi exhibet priorem adhuc improbitatem retinentem, ut agnoscas eum sponte atque a seipso mutatum, Deique gratia donatum ita meliorem evasisse.

4. Alia quoque multa ejusmodi ex evangeliis C colligere licet, quæ videntur suspicionem habere repugnantiæ: sed nulla tamen est repugnantia, sed et quæ ab hoc, et quæ ab illo dicta sunt, evenerunt: tametsi non eadem hora, et unus primum illud dixit, alter illud secundum: at hoc loco nihil est tale, sed eorum indiciorum multitudo, quæ notata sunt, iis, qui utcumque animum adverterint, ostendit alterum hunc fuisse, et alterum illum. Neque vero mediocris ista esse potest demonstratio ad probandum evangelistas inter se consentire, non pugnare. Si enim D idem sit, magna pugna: sin autem alter est ille, sublata est omnis dubitatio. Age igitur causas ipsas proponamus, quibus adducti dicimus hunc illum non esse. Quænam illæ porro sunt? Ille sanatur Jerosolymis, hic vero in Capharnaum, et ille quidem juxta piscinam aquarum, iste autem in quodam cubiculo, ecce indicium a loco: atque ille quidem in die festo, ecce a temporis conditione: et ille quidem triginta et octo annos habebat in infirmitate sua; de hoc autem nihil tale evangelista narrat, ecce a tempore: et ille quidem in sabbato sanatus est, ecce a die: si E enim in sabbato fuisset hic quoque sanatus, neque id tacuisset Matthæus, neque Judæi, qui aderant, quievissent: qui enim etiam tum cum ille in sabbato sanatus non est, aliam ob causam indignati sunt, multo magis si a tempore data esset ansa reprehendendi, nequaquam jactandis in Christum criminationibus pepercissent. Atque hic quidem ad Christum defertur, ad illum autem Christus accedit, et illi nullus erat homo qui suppetias ferret: *Domine* enim, inquit, *hominem non habeo*: iste vero multos habebat pro- A

Quibus distinguantur duo Paralytici.

Joan. 5 7.

[a] [Legendum videtur *γεγένηται, εἰ καὶ μὴ κ. τ. α. ὥ., καὶ ὁ μὲν τὸ πρ.*]

pinquos, qui et per tectum illum demiserunt. Et illius quidem ante animam corpus correxit: siquidem cum prius paralysim ejus sanasset, deinde dixit, *Ecce sanus factus es, noli amplius peccare:* hic autem non ita: sed cum prius animæ

Matth. 9.
illius medicatus esset (ait enim ipsi: *Confide, fili, remittuntur tibi peccata tua*), tum deinde paralysim sanavit. Hunc igitur illum non esse clare nobis ex his est demonstratum: jam autem ad ipsum narrationis initium veniendum est, ac videndum, quo pacto hunc et quo pacto illum sanarit Christus, et cur diversa ratione: cur hunc in sabbato, illum non in sabbato, et ad illum ipse venerit, hunc autem exspectaverit ad se deferri, et quam ob causam illius corpori prius, hujus vero animæ prius medeatur. Neque enim temere aut sine causa ista facit, cum sapiens sit et providus. Attendamus igitur, eumque medentem contemplemur. Si enim cum medici quemdam secant, uruntve, aut alio quodam modo mutilatum et debilitatum incidunt, ac membrum amputant, multi tam ægrum quam medicum circumstant ista facientem, multo magis nos hoc loco id agere oportet, quanto et medicus major, et gravior morbus est, qui non arte

Incisiones et ustiones medicorum comparantur cum curatione ista.
humana, sed gratia divina curatur. Atque illic quidem pellem concisam cernere licet, saniem defluentem, putredinem evacuatam, ac multam molestiam ex illo allatam spectaculo sustinere, doloremque non mediocrem et angorem, quem non modo vulnerum conspectus, sed eorum etiam, qui uruntur secanturque, cruciatus inurit: nullus enim est adeo saxeus, ut cum illis, qui talia patiuntur, adstiterit, ac lamentantes audiverit, non commoveatur, confundatur, et ingentem animo concipiat mœrorem: verumtamen ob spectandi cupiditatem hæc omnia sustinemus. Hic autem nihil tale cernere licet, non ignem admoveri, non ferrum immergi non sanguinem fundi, non ægrum cruciari, non lamentari: in causa vero est medici sapientia, quæ nullis indiget rebus externis, sed ipsa sufficit sibi. Siquidem sufficit tantum ut imperet, et omnia mala pelluntur. Neque vero admiratione dignum hoc est, quod tanta facilitate medicinam faciat, sed quod sine dolore, nec ullam molestiam afferat iis qui curantur. Quando igitur et miraculum majus et copiosior medicina, et ab omni tristitia immunis spectatoribus voluptas offertur, age dili-

Matth 9. 1. 2.
genter curantem Christum spectemus. *Et ascendens* Jesus *in naviculam transfretavit,* et

σιν σφίγξας, τότε φησίν· Ἴδε ὑγιὴς γέγονας, μηκέτι ἁμάρτανε· ἐνταῦθα δὲ οὐχ οὕτως, ἀλλὰ πρότερον αὐτοῦ τὴν ψυχὴν ἰασάμενος (φησὶ γὰρ αὐτῷ· Θάρσει, τέκνον, ἀφέωνταί σοι αἱ ἁμαρτίαι σου), τότε τὴν παράλυσιν διώρθωσεν. Ὅτι μὲν οὖν οὐκ ἔστιν οὗτος ἐκεῖνος, ἀπὸ τούτων ἡμῖν σαφῶς ἀποδέδεικται, δεῖ δὲ λοιπὸν ἐπὶ τὴν ἀρχὴν τοῦ διηγήματος ἐλθόντας ἰδεῖν, πῶς μὲν τοῦτον, πῶς δὲ ἐκεῖνον ἐθεράπευσεν ὁ Χριστὸς, καὶ διὰ τί διαφόρως· διὰ τί τὸν μὲν ἐν σαββάτῳ, ἐκεῖνον δὲ οὐκ ἐν σαββάτῳ, καὶ πρὸς ἐκεῖνον μὲν αὐτὸς ἦλθε, τοῦτον δὲ ἀνέμεινε πρὸς B αὐτὸν κομισθῆναι, καὶ διὰ τί ἐκείνου μὲν τὸ σῶμα πρότερον, τούτου δὲ τὴν ψυχὴν πρότερον ἰᾶται. Οὐ γὰρ ἁπλῶς, οὐδὲ εἰκῇ ταῦτα ποιεῖ, σοφὸς ὢν καὶ προνοητικός. Προσέχωμεν τοίνυν, καὶ ἴδωμεν αὐτὸν θεραπεύοντα. Εἰ γὰρ ἐπὶ τῶν ἰατρῶν, ἐπειδὰν τέμνωσιν, ἢ καίωσιν, ἢ καὶ ἄλλῳ τρόπῳ πεπηρωμένον καὶ ἐξησθενηκότα ἀνατέμνωνται, καὶ κατατέμνωσι μέλος, πολλοὶ περιστοιχίζονται τόν τε ἄῤῥωστον καὶ τὸν ταῦτα ποιοῦντα ἰατρὸν, πολλῷ μᾶλλον ἡμᾶς ἐνταῦθα τοῦτο ποιεῖν χρὴ, ὅσῳ καὶ ἰατρὸς μείζων, καὶ τὸ νόσημα χαλεπώτερον, οὐκ ἀνθρωπίνῃ τέχνῃ, ἀλλὰ θείᾳ κατορθούμενον χάριτι. Κἀκεῖ μὲν καὶ δέρμα ἐστὶν C ἰδεῖν τεμνόμενον, καὶ ἰχῶρα ῥέοντα, καὶ σηπεδόνα κινουμένην, καὶ πολλὴν ἀηδίαν ἀπὸ τῆς θεωρίας ἐγγινομένην ὑπομεῖναι, καὶ πολλὴν ὀδύνην καὶ λύπην, οὐκ ἀπὸ τῆς ὄψεως τῶν τραυμάτων μόνον, ἀλλὰ καὶ ἀπὸ τῆς ἀλγηδόνος τῶν καιομένων καὶ τῶν τεμνομένων· οὐδεὶς γὰρ οὕτω λίθινος, * ὡς παρεστὼς τοῖς ταῦτα πάσχουσι, καὶ ἀκούων ὀλολυζόντων, οὐχὶ κατακλᾶται, καὶ συγχεῖται, καὶ πολλὴν τῇ ψυχῇ δέχεται τὴν ἀθυμίαν· ἀλλ᾽ ὅμως διὰ τὴν ἐπιθυμίαν τῆς θεωρίας ταῦτα πάντα ὑπομένομεν. Ἐνταῦθα δὲ οὐδὲν τοιοῦτόν ἐστιν ἰδεῖν, οὐ πῦρ προσαγόμενον, οὐ σίδηρον βαπτιζόμενον, οὐχ αἷμα ῥέον, οὐ τὸν κάμνοντα ὀδυνώμεD νον, οὐκ ὀλολύζοντα· τὸ δὲ αἴτιον, ἡ σοφία τοῦ ἰατρεύοντος, οὐδενὸς δεομένη τούτων τῶν ἔξωθεν, ἀλλ᾽ αὐτὴ ἑαυτῇ αὐτάρκης οὖσα. Ἀρκεῖ γὰρ ἐπιτάξαι μόνον, καὶ πάντα λύεται τὰ δεινά. Οὐ τοῦτο δέ ἐστι τὸ θαυμαζόμενον, ὅτι μετ᾽ εὐκολίας τοσαύτης ποιεῖται τὴν ἰατρείαν, ἀλλ᾽ ὅτι καὶ ἀνωδύνως, οὐδένα πόνον ἐπάγων τοῖς θεραπευομένοις. Ἐπεὶ οὖν καὶ μεῖζον τὸ θαῦμα, καὶ πλείων ἡ θεραπεία, καὶ καθαρὰ πάσης ἀθυμίας ἡ ἡδονὴ τοῖς θεωμένοις, φέρε μετὰ ἀκριβείας θεασώμεθα θεραπεύοντα τὸν Χριστόν. Καὶ ἐμβὰς εἰς πλοῖον διεπέρασε, καὶ ἦλθεν εἰς ἰδίαν πόλιν, καὶ ἰδοὺ E προσήνεγκαν αὐτῷ παραλυτικὸν ἐπὶ κλίνης βεβλημένον, καὶ ἰδὼν ὁ Ἰησοῦς τὴν πίστιν αὐτῶν εἶπε τῷ παραλυτικῷ· Θάρσει, τέκνον, ἀφέωνταί σοι αἱ ἁμαρτίαι σου. Τοῦ μὲν ἑκατοντάρχου ἐλάττους εἰσὶ κατὰ τὴν πίστιν, τοῦ δὲ ἐν τῇ κολυμβήθρᾳ μείζους. Ἐκεῖνος

[* Legendum videtur εἰ.]

μὲν γὰρ οὔτε τὸν ἰατρὸν εἵλκυσεν, οὔτε τὸν ἄῤῥωστον
πρὸς τὸν ἰατρὸν ἤγαγεν· ἀλλ' ὡς Θεῷ προσῆλθε, καί
φησιν· Εἰπὲ λόγῳ μόνον, καὶ ἰαθήσεται ὁ παῖς μου.
Οὗτοι δὲ τὸν μὲν ἰατρὸν εἰς τὴν οἰκίαν οὐχ εἵλκυσαν,
καὶ κατὰ τοῦτό εἰσιν ἴσοι τῷ ἑκατοντάρχῃ· τὸν δὲ
ἄῤῥωστον πρὸς τὸν ἰατρὸν ἐκόμισαν, καὶ κατὰ τοῦτό
εἰσιν ἐλάττους, ὅτι οὐκ εἶπον, Εἰπὲ λόγῳ μόνον. Τοῦ 40
A μέντοι κειμένου πολὺ βελτίους οὗτοι. Ἐκεῖνος μὲν
γὰρ λέγει· Κύριε, ἄνθρωπον οὐκ ἔχω, ἵνα, ὅταν
ταραχθῇ τὸ ὕδωρ, βάλῃ με εἰς τὴν κολυμβήθραν·
οὗτοι δὲ ᾔδεισαν, ὅτι οὐδὲν δεῖ τῷ Χριστῷ, οὐχ ὑδάτων, οὐ κολυμβήθρας, οὐκ ἄλλου τοιούτου τινός· ἀλλ'
ὅμως ὁ Χριστὸς οὐχὶ τὸν τοῦ ἑκατοντάρχου μόνον,
ἀλλὰ καὶ τοῦτον κἀκεῖνον τῶν νοσημάτων ἀπήλλαξε,
καὶ οὐκ εἶπεν· ἐπειδὴ πίστιν ἐλάττονα προσήνεγκας,
καὶ τὴν θεραπείαν ὡσαύτως λήψῃ· ἀλλὰ τὸν μείζονα
ἐπιδειξάμενον, μετ' ἐγκωμίων καὶ στεφάνων ἀπέ-
πεμψεν εἰπών· Οὐδὲ ἐν τῷ Ἰσραὴλ τοσαύτην πίστιν
εὗρον. Τὸν δὲ ἐλάττονα προσενεγκάμενον ἐκείνου οὐκ
B ἐπῄνεσεν οὐδὲν, οὐ μὴν τῆς ὑγείας ἀπεστέρησεν,
ἀλλ' οὐδὲ ἐκεῖνον τὸν οὐδεμίαν ἐπιδειξάμενον πίστιν.
Ἀλλὰ καθάπερ ἰατροὶ τὸ αὐτὸ νόσημα θεραπεύοντες
παρὰ μὲν τῶν ἑκατὸν χρυσίνους ἔλαβον, παρὰ δὲ τῶν
ἡμίσεις, παρὰ τῶν ἐλάσσους, παρ' ἐνίων δὲ οὐδὲν
ὅλως· οὕτω δὴ καὶ ὁ Χριστὸς, παρὰ μὲν τοῦ ἑκατοντάρχου πολλὴν καὶ ἄφατον ἐδέξατο πίστιν, παρὰ δὲ
τούτου ἐλάττονα, παρ' ἐκείνου δὲ οὐδὲ τὴν τυχοῦσαν,
καὶ ὅμως ἅπαντας ἐθεράπευσε. Τίνος οὖν ἕνεκεν καὶ
τὸν οὐδὲν καταβαλόντα τῆς εὐεργεσίας ἠξίωσεν; Ὅτι
οὐδὲ παρὰ ῥᾳθυμίαν, οὐδὲ παρὰ ἀναισθησίαν ψυχῆς,
C ἀλλὰ παρὰ τὸ ἀγνοεῖν τὸν Χριστὸν καὶ μηδὲν μηδέποτε μήτε μικρὸν μήτε μέγα ἀκηκοέναι περὶ αὐτοῦ
θαῦμα, τὴν πίστιν οὐκ ἐπεδείξατο. Διὰ τοῦτο οὖν καὶ
συγγνώμης ἀπήλαυσεν· ὅπερ οὖν καὶ ὁ εὐαγγελιστὴς
αἰνιττόμενος ἔλεγεν· Οὐδὲ γὰρ ᾔδει, ὅστις ποτὲ ἦν,
ἀλλ' ἐξ ὄψεως αὐτὸν μόνης ἐπέγνω, ὅτε ἐκ δευτέρου
συνέτυχεν.

Τινὲς μὲν οὖν φασιν, ὅτι τῶν προσενεγκάντων
πιστευσάντων μόνον, οὗτος ἐθεραπεύετο· ἀλλ' οὐκ
ἔστι τοῦτο. Ἰδὼν γὰρ τὴν πίστιν αὐτῶν, οὐχὶ τῶν
προσενεγκάντων μόνον, ἀλλὰ καὶ τοῦ προσενεχθέντος.
Τί οὖν; ἑτέρου πιστεύσαντος ἕτερος οὐ θεραπεύεται;
D φησίν. Οὐκ ἔγωγε οἶμαι, πλὴν εἰ μή τι ἢ διὰ ἡλικίας
ἄωρον, ἢ διὰ ὑπερβάλλουσαν ἀσθένειαν ἀδυνάτως

venit in civitatem suam. Et ecce obtulerunt
illi paralyticum jacentem in lecto : et videns
Jesus fidem illorum dixit paralytico : Confide,
fili, remittuntur tibi peccata tua. Centurione Luc. 7.
quidem inferiores sunt, quoad fidem, illo autem
in piscina jacente paralytico superiores. Nam
40 ille quidem neque medicum traxit, neque ad me-
A dicum duxit ægrotum; sed tamquam ad Deum
accessit, et ait : *Dic verbo tantum,* et *sana-* Ib. v. 7.
bitur puer meus. Isti vero medicum in ædes
non traxerunt, et in hoc centurioni sunt æquales; sed ægrum attulerunt ad medicum, et in hoc
sunt minores, quod non dixerint, *Dic verbo*
tantum. Illo quidem certe qui ad piscinam jacebat multo sunt isti meliores, siquidem ille dicit,
Domine, hominem non habeo, ut cum tur- Joan. 5. 7.
bata fuerit aqua, mittat me in piscinam : isti
vero nihilo indigere Christum sciebant, non
aquis, non piscina, non alia re quapiam : atta-
B men Christus non centurionis tantum puerum,
sed et hunc et illum morbo liberavit; neque dixit : Quandoquidem fidem obtulisti minorem,
curationem pariter accipies : sed cum majorem
exhibuisset, cum laudibus et coronis eum dimisit, dicens : *Neque in Israel tantam fidem in-* Luc. 7. 9.
veni. Eum vero, qui minorem quam ille fidem
obtulerat, nullo modo laudavit : non tamen sanitate privavit, sed nec illum, qui nullam fidem
exhibuerat. Verum quemadmodum medici cum
eumdem morbum curent, a quibusdam centum
C aureos accipiunt, ab aliis quinquaginta, ab aliis
pauciores, a quibusdam nihil penitus : sic nimirum et Christus a centurione quidem multam et
immensam fidem accepit, ab hoc autem minorem,
ab illo vero nequidem mediocrem, et tamen
omnes sanavit. Cur igitur hunc quoque qui nihil
contulerat, beneficio dignatus est? Quod non
præ nimia negligentia, nec ob animæ stuporem,
sed quod Christum minime nosset, nullumque
parvum aut magnum de illo miraculum audiisset, fidem non exhibuerit. Idcirco ergo veniam
obtinuit : quod et obscure indicans evangelista
dixit : *Nesciebat enim quis esset,* verum ex Joan. 5 13.
aspectu solo illum agnovit, cum in ipsum iterum
incidit.

5. Quidam igitur dicunt hunc curatum fuisse, cum illi, qui obtulerant, credidissent tantum :
sed non ita est. *Videns* enim *fidem illorum,*
non eorum qui obtulerunt tantum, sed et
ipsius qui oblatus est. Quid igitur? altero cre-
D dente alter non sanatur? dicet aliquis. Non equidem arbitror, nisi forte si vel propter ætatis im-

maturitatem, vel ob nimiam infirmitatem destitutus viribus credere nequeat. Quomodo igitur in historia Chananææ, inquit, credidit quidem mater, filia vero sanata est? et cum centurio fuisset incredulus, quomodo puer surrexit, et salvus evasit? Quod nimirum credere minime possent ægroti. Audi sane quid Chananææ dicit: *Matth. 15. 22.* *Filia mea male a dæmonio vexatur, et nunc quidem cadit in aquam, nunc autem in ignem:* *Hic quædam adjiciuntur ex Matth. 17. 14.* illa vero vertigine laborans, et a dæmone correpta, quæque numquam mentis suæ compos esse poterat, neque sana esse, quo pacto credere potuisset? Ut igitur apud Chananæam, sic et apud centurionem; in ædibus jacebat puer, qui nec ipse noverat Christum, neque quis tandem esset: qui potuisset igitur ei quem non noverat credere, et cujus periculum nullum fecerat? At enim de hoc dicere istud non licet: siquidem *Fidem ostendit Paralytici.* credidit paralyticus. Unde id constat? Ex ipso modo, quo adductus est. Neque enim illud oscitanter audias, quod demiserunt eum per tectum: sed cum animo tuo reputa, quantum sit ægrotum id pati contentum esse. Probe siquidem nostis adeo pusillanimes ac morosos ægros esse, ut ministeria quæ jacentibus in lecto deferuntur, sæpenumero aversentur, malintque morborum dolores perferre, quam molestias eorum qui adjuvant sustinere. Iste vero et ex ædibus egredi contentus erat, et per forum ingredi, cum gestaretur, seque tot præsentibus hominibus ostendere. Est hoc etiam in more positum ægrotorum, [ut non facile velint ullum suæ ægritudinis esse testem]: sic ut multi maluerint oppressi morbis interire, quam calamitates suas detegere. At non ita æger iste, verum cum repletum videret theatrum, aditus interclusos, portum obseptum, per tectum demitti contentus fuit. Adeo solers est amor, et *Luc. 11. 10.* locuples caritas. Nam qui quærit invenit, et pulsanti aperietur. Non dixit propinquis suis, Quid hoc rei est? quid turbamini? quid vero properatis? Exspectemus quousque domus evacuetur, theatrum dimittatur: recedent qui congregati sunt, poterimus privatim ad illum accedere, ac de his rebus illum consulere. Quid opus est inspectantibus omnibus calamitates meas in medium proferri, et desuper submitti, atque indecore moveri? Horum nihil aut apud se aut ad eos qui se gestabant eloquutus est, sed ornamento sibi esse duxit, ut tam multos curationis suæ testes redderet. Neque vero tantum ex hoc fides ejus cerni poterat, sed etiam ex ipsis Christi verbis. Postquam enim demissus est et

ἔχει πρὸς τὸ πιστεῦσαι. Πῶς οὖν ἐπὶ τῆς Χαναναίας, φησὶν, ἐπίστευσε μὲν ἡ μήτηρ, ἐθεραπεύετο δὲ ἡ θυγάτηρ; καὶ τοῦ ἑκατοντάρχου δὲ ἀπιστήσαντος πῶς ὁ παῖς ἀνίστατο, καὶ διεσώζετο; Ὅτι οὐκ ἠδύναντο πιστεύειν οἱ νοσοῦντες. Ἄκουσον οὖν τί φησιν ἡ Χαναναία· Ἡ θυγάτηρ μοο κακῶς δαιμονίζεται, καὶ ποτὲ μὲν πίπτει sἰς τὸ ὕδωρ, ποτὲ δὲ εἰς τὸ πῦρ· ἡ δὲ σκοτουμένη καὶ δαιμονῶσα, καὶ μηδὲ ἐν ἑαυτῇ δυναμένη γενέσθαι ποτὲ, μηδὲ ὑγιαίνουσα; πῶς ἂν ἠδυνήθη πιστεῦσαι; Ὡς οὖν ἐπὶ τῆς Χαναναίας,
E οὕτω καὶ ἐπὶ τοῦ ἑκατοντάρχου· ἐν τῇ οἰκίᾳ ἐβέβλητο ὁ παῖς, οὐδὲ αὐτὸς εἰδὼς τὸν Χριστὸν, οὐδὲ ὅστις ποτὲ ἦν, πῶς οὖν ἤμελλε τῷ ἀγνοουμένῳ πιστεύειν, καὶ οὗ μηδεμίαν οὐδέπω πεῖραν εἰλήφει; Ἀλλ' οὐκ ἐπὶ τοίτοι ἐστὶ τοῦτο εἰπεῖν· ἀλλ' ἐπίστευσεν ὁ παράλυτος. Πόθεν τοῦτο δῆλον; Ἀπ' αὐτοῦ τοῦ τρόπου τῆς προσαγωγῆς. Μὴ γὰρ δὴ ἁπλῶς ἀκούσῃς, ὅτι καθῆκαν αὐτὸν διὰ τοῦ στέγους· ἀλλ' ἐννόησον, ὅσον ἐστὶν ἀῤῥωστοῦντα τοῦτο παθεῖν ἀνέχεσθαι. Ἴστε γὰρ δήπου
41 A τοῦτο, ὅτι οὕτω μικρόψυχοι καὶ δυσάρεστοι νοσοῦντές εἰσιν, ὡς καὶ τὰς ἐπὶ κλίνης θεραπείας διακρούεσθαι πολλάκις, καὶ αἱρεῖσθαι τὰς ἀπὸ τῶν νοσημάτων φέρειν ὀδύνας, ἢ τὴν ἀπὸ τῶν βοηθημάτων ὑπομένειν ἐπάχθειαν. Οὗτος δὲ καὶ τῆς οἰκίας προελθεῖν ἠνέσχετο, καὶ εἰς ἀγορὰν ἐμβαλεῖν βασταζόμενος, καὶ τοσούτων παρόντων ἑαυτὸν ἐπιδεῖξαι. Καὶ τοῦτο δὲ ἔθος τοῖς ἀῤῥωστοῦσιν ἐναποθανεῖν, ἢ τὰς οἰκείας ἐκκαλύψαι συμφοράς. Ἀλλ' οὐχ ὁ ἄῤῥωστος οὗτος οὕτως, ἀλλ' ἰδὼν τὸ θέατρον πεπληρωμένον, τὰς εἰσόδους ἀποτετειχισμένας, τὸν λιμένα ἀποκεκλεισμένον, διὰ τοῦ στέ-
B γους ἠνέσχετο χαλασθῆναι. Οὕτως εὐμήχανον ὁ πόθος, καὶ εὔπορον ἡ ἀγάπη. Καὶ γὰρ ὁ ζητῶν εὑρίσκει, καὶ τῷ κρούοντι ἀνοιγήσεται. Οὐκ εἶπε πρὸς τοὺς προσήκοντας αὐτῷ· τί ποτε τοῦτό ἐστιν; τί θορυβεῖσθε; τί δὲ ἐπείγεσθε; Ἀνασχώμεθα κενωθῆναι τὸ δωμάτιον, διαλυθῆναι τὸ θέατρον· ἀναχωρήσουσιν οἱ συνειλεγμένοι, δυνησόμεθα κατιδίαν αὐτῷ προσελθεῖν, καὶ περὶ τούτων ἀνακοινώσασθαι. Τί δεῖ πάντων ὁρώντων εἰς μέσον προτεθῆναι τὰς ἐμὰς συμφορὰς, καὶ ἄνωθεν χαλᾶσθαι, καὶ ἀσχημονεῖν; Τούτων οὐδὲν ἐκεῖνος οὔτε πρὸς ἑαυτὸν, οὔτε πρὸς τοὺς κομίζοντας εἶπεν, ἀλλὰ κόσμον εἶναι ἐνόμιζε τὸ μάρτυρας
C τοσούτους ποιήσασθαι τῆς ἑαυτοῦ θεραπείας. Οὐκ ἀπὸ τούτου δὲ μόνον αὐτοῦ τὴν πίστιν ἦν ἰδεῖν, ἀλλὰ καὶ ἀπ' αὐτῶν τῶν τοῦ Χριστοῦ ῥημάτων. Ἐπειδὴ γὰρ ἐχαλάσθη καὶ προσηνέχθη, φησὶν αὐτῷ ὁ Χριστός· Θάρσει, τέκνον, ἀφέωνταί σοι αἱ ἁμαρτίαι. Καὶ ταῦτα ἀκούσας οὐκ ἠγανάκτησεν, οὐκ ἐδυσχέρανεν, οὐκ εἶπε πρὸς τὸν ἰατρόν· τί ποτε τοῦτό ἐστιν; ἕτερον ἦλθον θεραπευθῆναι πάθος, καὶ ἕτερον αὐτὸς θεραπεύει; Σκῆψις ταῦτα καὶ πρόφασις, καὶ ἀσθενείας προκαλύμματα. Ἁμαρτίας ἀφίεις τὰς οὐχ ὁρω-

μένας; Οὐδὲν τούτων οὐκ εἶπεν, οὐκ ἐνενόησεν· ἀλλ' ἀνέμενεν ἐπιτρέπων τὸν ἰατρὸν ὁδῷ χρήσασθαι θεραπείας, ᾗσπερ ἐβούλετο. Διὰ τοῦτο καὶ ὁ Χριστὸς οὐκ ἀπῆλθε πρὸς αὐτὸν, ἀλλ' ἀνέμεινεν αὐτὸν ἐλθεῖν, ἵνα D ἐπιδείξῃ αὐτοῦ τὴν πίστιν πᾶσι. Μὴ γὰρ οὐκ ἠδύνατο τὴν εἴσοδον ποιῆσαι εὔκολον; Ἀλλ' οὐδὲν τούτων ἐποίησεν, ἵνα πᾶσιν αὐτοῦ τὴν σπουδὴν ἐπιδείξῃ, καὶ τὴν ζέουσαν πίστιν. Καθάπερ γὰρ πρὸς ἐκεῖνον τὸν τριάκοντα ὀκτὼ ἔτη ἔχοντα ἀπῄει διὰ τὸ μηδένα αὐτῷ παρεῖναι· οὕτω τοῦτον, ἐπειδὴ πολλοὺς εἶχε τοὺς προσήκοντας, ἀνέμεινεν ἐλθεῖν πρὸς αὐτὸν, ἵνα καὶ τούτου τὴν πίστιν ποιήσῃ δήλην διὰ τοῦ προσενεχθῆναι, κἀκείνου τὴν ἐρημίαν ἡμᾶς διδάξῃ διὰ τοῦ πρὸς αὐτὸν ἀπελθεῖν, καὶ τούτου τὴν σπουδὴν κἀκείνου τὴν ὑπομονὴν ἐκκαλύψῃ πᾶσι, καὶ μάλιστα E τοῖς τότε παροῦσιν. Ἐπειδὴ γὰρ εἰώθασιν Ἰουδαῖοι βάσκανοί τινες καὶ μισάνθρωποι ταῖς τῶν πλησίον εὐεργεσίαις φθονεῖν, καὶ νῦν ἀπὸ τοῦ καιροῦ τοῖς θαύμασιν ἐπισκήπτειν λέγοντες, ὅτι ἐν σαββάτῳ θεραπεύει, νῦν δὲ ἀπὸ τοῦ βίου τῶν εὐεργετουμένων λέγοντες· Εἰ ἦν προφήτης οὗτος, ᾔδει τίς ἦν ἡ γυνὴ ἡ ἁπτομένη αὐτοῦ· οὐκ εἰδότες, ὅτι ἰατροῦ μάλιστα τοῦτό ἐστι τὸ τοῖς ἀῤῥωστοῦσιν ἀναμίγνυσθαι, καὶ παρὰ τοὺς νοσοῦντας ἀεὶ φαίνεσθαι, ἀλλὰ μὴ φυγεῖν αὐτοὺς 42 A μηδὲ ἀποπηδᾷν. Ὅπερ οὖν καὶ πρὸς ἐκείνους ἀποτεινόμενος ἔλεγεν· Οὐ χρείαν ἔχουσιν οἱ ὑγιαίνοντες ἰατροῦ, ἀλλ' οἱ κακῶς ἔχοντες. Ἵνα οὖν μὴ τὰ αὐτὰ πάλιν ἐγκαλῶσι, πρότερον δείκνυσιν ὡς ἄξιοι τῆς θεραπείας εἰσὶν οἱ προσιόντες διὰ τὴν πίστιν, ἣν ἐνδείκνυνται. Διὰ τοῦτο κἀκείνου τὴν ἐρημίαν, καὶ τούτου τὴν ζέουσαν πίστιν καὶ προθυμίαν ἔδειξε· διὰ τοῦτο ἐκεῖνον μὲν ἐν σαββάτῳ ἐθεράπευσε, τοῦτον δὲ οὐκ ἐν σαββάτῳ· ἵν', ὅταν ἴδῃς καὶ ἐν ἑτέρᾳ ἡμέρᾳ ἐγκαλοῦντας καὶ ἐπιτιμῶντας τῷ Χριστῷ, μάθῃς, ὅτι καὶ τότε οὐ διὰ τὴν τοῦ νόμοι παρατήρησιν ἐνεκάλουν, ἀλλὰ τὴν οἰκείαν βασκανίαν φέρειν οὐκ ἔχοντες. Διὰ τί δὲ B οὐκ ἐπὶ τὸ τὴν παράλυσιν ὀρθῶσαι πρότερον ἦλθεν, ἀλλά φησι· Θάρσει, τέκνον, ἀφέωνταί σου αἱ ἁμαρτίαι; Καὶ τοῦτο σφόδρα σοφῶς. Καὶ γὰρ τοῖς ἰατροῖς ἔθος ἐστὶ μὴ πρότερον τὰ νοσήματα λύειν, ἀλλὰ τὰς πηγὰς αὐτῶν ἀναιρεῖν. Οἷον πολλάκις ὑπὸ πονηροῦ χυμοῦ καὶ διεφθαρμένου ῥεύματος ἐνοχλουμένων ὀφθαλμῶν, ἀφεὶς ὁ ἰατρὸς τὴν νοσοῦσαν θεραπεῦσαι κόρην, τῆς κεφαλῆς ἐπεμελήσατο, ἔνθα ἡ ῥίζα καὶ ἡ πηγὴ τῆς ἀῤῥωστίας ἦν· οὕτω καὶ ὁ Χριστὸς ἐποίησε, τὴν πηγὴν ἀναστέλλει τῶν κακῶν πρότερον. Πηγὴ γὰρ κακῶν καὶ ῥίζα καὶ μήτηρ πάντων ἐστὶ τῆς ἁμαρτίας ἡ φύσις. Αὕτη τὰ σώματα ἡμῶν παρα- C λύει· αὕτη τὰς νόσους ἐπάγει· διὰ τοῦτο καὶ ἐνταῦθά φησι· Θάρσει, τέκνον, ἀφέωνταί σου αἱ ἁμαρτίαι· κἀκεῖ φησιν· Ἰδοὺ ὑγιὴς γέγονας, μηκέτι ἁμάρτανε, ἵνα μὴ χεῖρόν τί σοι γένηται, δηλῶν ἀμφοτέροις, ὅτι

oblatus, ait illi Christus, *Confide, fili, remittuntur tibi peccata.* His ille auditis non ægre tulit, non dixit medico : Quid hoc rei est? ab D altero morbo ut sanarer adveni, et alterum ipse sanat? Ista commenta sunt et prætextus, et imbecillitatis tegumenta. Peccata sanas, quæ non cernuntur? Nihil horum neque dixit, neque cogitavit, sed exspectavit, permittens ut medicus eam curationis viam teneret, quam vellet. Idcirco etiam Christus non ad eum perrexit, sed exspectavit dum veniret, ut fidem ipsius cunctis ostenderet. Numquid enim facilem illi non potuit accessum reddere? Sed nihil horum fecit, ut ejus studium omnibus patefaceret, et fidem ardentem. E Nam quemadmodum ad illum adivit, qui octo et triginta jam annos habebat, eo quod nemo illi adesset : sic et istum, propterea quod multos habebat propinquos, dum ad se veniret, exspectavit, ut et istius manifestam fidem redderet, eo quod oblatus fuerit : et illius solitudinem nos doceret, eo quod ad ipsum accesserit, et tam istius studium, quam illius patientiam cunctis detegeret, atque illis præcipue qui adstabant. Nam quoniam Judæi homines invidi et 42 A hominum osores proximorum beneficiis invidere consueverunt, et nunc sumta occasione a tempore miracula carpere, dicentes eum in sabbato curare, nunc ab eorum vita, qui curabantur, dicentes, *Hic si* esset *propheta, sciret quænam* Luc. 7. 39. *sit mulier, quæ tangit eum,* nescientes hoc esse præcipue medici, cum ægrotis misceri, et juxta infirmos semper versari, non autem illos fugere, et ab illis resilire. Quod quidem et cum in eos inveheretur dicebat : *Non est opus va-* Matth. 9. 12. *lentibus medico, sed male habentibus.* Ne B igitur eadem rursus objicerent, prius indicat eos curatione dignos esse, qui accedebant, ob fidem quam præ se ferebant. Propterea et illius solitudinem et ferventem istius fidem et animi promtitudinem declaravit : propterea tum illum in sabbato curavit, tum hunc non in sabbato : ut, cum illos altero die videris reprehendere et increpare Christum, intelligas tum temporis etiam, non quod studiosi essent legis observandæ, reprehendisse, verum cum propriam invidiam ferre non possent. Quare vero non prius paralysim sanare aggressus est, sed dixit, *Con-* C *fide, fili, dimittuntur peccata tua?* Et hoc sapienter admodum. Siquidem est hoc in more positum medicorum, ut non prius morbos abigant, sed eorum fontes tollant. Exempli causa sæpenumero cum a pravo humore et corrupta fluxione infestantur oculi, medicus omittens pupillam ægram curare, capitis curam gerit, ubi radix et fons erat ægritudinis : ita quoque Christus agit, prius malorum fontem reprimit. Fons quippe malorum et radix et mater est omnium natura peccati. Hæc est quæ corpora nostra vexat paralysi, hæc morbos invehit : idcirco etiam inquit hoc loco, *Confide, fili, dimittuntur peccata tua ;* et illio ait : *Ecce sanus factus es,* D *noli amplius peccare, ne quid deterius tibi contingat ;* utroque loco declarans morbos istos ex peccato natos esse. Et in principio atque in exordio creationis ex peccato morbus Caini corpus invasit. Nam et ille post fratricidium, post illud scelus, tum paralysi corporis est correptus. Tremor enim ille nihil aliud fuit quam paralysis. Quando enim illa virtus, quæ animal regit, imbecillior est reddita, nec amplius omnia potest membra sustentare, sua cura illa destituit, atque illa relaxata tremunt et exagitantur.

ἐξ ἁμαρτημάτων ἐτέχθησαν αὗται αἱ νόσοι. Καὶ ἐν ἀρχῇ καὶ ἐν προοιμίοις τῆς κτίσεως ἐξ ἁμαρτίας ἡ νόσος εἰς τὸ τοῦ Καϊν κατέσκηψε σῶμα. Καὶ γὰρ ἐκεῖνος μετὰ τὴν ἀδελφοκτονίαν, μετὰ τὴν παρανομίαν ἐκείνην, τότε παρελύθη τὸ σῶμα. Τὸ γὰρ τρέμειν οὐδὲν ἕτερόν ἐστιν ἢ παράλυσις. Καὶ γὰρ ὅταν ἡ τὸ ζῶον οἰκονομοῦσα δύναμις ἀσθενεστέρα γένηται, οὐκέτι δυναμένη πάντα διαβαστάζειν τὰ μέλη, ἀφίησιν αὐτὰ τῆς οἰκείας προνοίας, εἶτα χαλασθέντα ἐκεῖνα τρέμει καὶ περιφέρεται.

6. Hoc etiam indicavit Paulus, cum Corinthiis
1. Cor. 11. 30. peccatum quoddam exprobrans ait : *Ideo inter vos multi infirmi et imbecilles :* ideo Christus quoque prius causam malorum tollit, cumque dixisset : *Confide, fili, dimittuntur peccata tua,* animum ejus erigit, dejectamque mentem excitat : quippe sermo prodibat in opus, et in conscientiam penetrans animam ipsam movebat, ac metum omnem expellebat. [Nihil enim est quod ita formidinem ac timorem injiciat, ut con- E scientia peccatorum :] nihil ita voluptatem parit, et confidentiam ingenerat, ac si qui nullius sceleris sibi sit conscius. *Confide, fili, dimittuntur peccata tua.* Ubi enim remissio est peccatorum, illic et adoptio est filiorum. Ita nos quoque non prius Patrem possumus appellare, quam in sacrarum aquarum lavacro peccata absterserimus. Quando igitur mala illa deposita sarcina inde ascendimus, tum dicimus, *Pater noster, qui es* 43 A *in cœlis.* Verum enim vero cujus rei gratia non ita se gessit erga illum, qui triginta octo annos habebat, sed prius illius corpus curavit ? Quoniam illi quidem temporis prolixitate fuerant consumta peccata : potest enim tentationum gravitas onus peccatorum levius reddere : quemadmodum et de Lazaro dixit, eum mala sua recepisse, atque hic consolari : et rursus ait alibi :
Isai. 40. 1. 2. *Consolamini populum meum, loquimini ad cor Jerusalem, quia recepit de manu Domini duplicia peccata sua.* Et iterum propheta : B
Id. 26. 12. *Domine, pacem da nobis, omnia enim reddidisti nobis,* significans pœnas et supplicia veniam

Τοῦτο καὶ Παῦλος ἐδήλωσεν· ἁμαρτίαν γάρ τινα Κορινθίοις ἐγκαλῶν φησι· Διὰ τοῦτο πολλοὶ ἐν ὑμῖν ἀσθενεῖς καὶ ἄῤῥωστοι· διὰ τοῦτο καὶ ὁ Χριστὸς πρότερον τὴν αἰτίαν ἀναιρεῖ τῶν κακῶν, καὶ εἰπὼν, Θάρσει, τέκνον, ἀφέωνταί σου αἱ ἁμαρτίαι, ἀνίστησιν αὐτοῦ τὸ φρόνημα, διεγείρει καταβεβλημένην τὴν ψυχήν· ὁ γὰρ λόγος ἔργον ἐγίνετο, καὶ εἰς τὸ συνειδὸς εἰσελθὼν αὐτῆς ἥπτετο τῆς ψυχῆς, καὶ πᾶσαν ἀγωνίαν ἐξέβαλεν. Οὐδὲν γὰρ οὕτως ἡδονὴν ποιεῖ, καὶ παρέχει E θαῤῥεῖν ὡς τὸ μηδὲν ἑαυτοῦ κατηγορεῖν. Θάρσει, τέκνον, ἀφέωνταί σου αἱ ἁμαρτίαι. Ὅπου γὰρ ἁμαρτημάτων ἄφεσις, ἐκεῖ υἱοθεσία. Οὕτω γοῦν καὶ ἡμεῖς οὐ πρότερον δυνάμεθα καλέσαι Πατέρα, ἕως ἐν τῇ κολυμβήθρᾳ τῶν ὑδάτων τῶν ἁγίων ἀπονιψώμεθα τὰ ἁμαρτήματα. Ὅταν γοῦν ἐκεῖθεν ἀνέλθωμεν τὸ πονηρὸν ἐκεῖνο φορτίον ἀποθέμενοι, τότε λέγομεν, Πάτερ ἡμῶν, ὁ ἐν τοῖς οὐρανοῖς. Ἀλλὰ τίνος ἕνεκεν ἐπὶ τοῦ τριάκοντα ὀκτὼ ἔχοντος οὐχ οὕτως ἐποίησεν, ἀλλὰ τὸ σῶμα αὐτοῦ 43 A διώρθωσε πρότερον; Ὅτι ἐκείνῳ μὲν τῷ μήκει τοῦ χρόνου τὰ ἁμαρτήματα δεδαπάνητο· δύναται γὰρ πειρασμοῦ μέγεθος τὸ τῶν ἁμαρτημάτων φορτίον κοῦφον ποιεῖν· ὥσπερ οὖν καὶ ἐπὶ τοῦ Λαζάρου φησὶν, ὅτι ἀπέλαβε τὰ κακὰ αὐτοῦ, καὶ ἐνταῦθα παρακαλεῖται· καὶ πάλιν ἀλλαχοῦ φησι· Παρακαλεῖτε τὸν λαόν μου, λαλήσατε εἰς τὴν καρδίαν Ἱερουσαλὴμ, ὅτι ἐδέξατο ἐκ χειρὸς Κυρίου διπλᾶ τὰ ἁμαρτήματα αὐτῆς. Καὶ πάλιν ὁ προφήτης, Κύριε, εἰρήνην δὸς ἡμῖν, πάντα γὰρ ἀπέδωκας ἡμῖν, ἐμφαίνων, ὅτι αἱ τιμωρίαι καὶ αἱ κολάσεις ἁμαρτημάτων συγχώρησιν ποιοῦσι, καὶ B πολλαχόθεν τοῦτό ἐστι φανερὸν ποιῆσαι. Ἐμοὶ τοίνυν δοκεῖ μηδὲν ἐκείνῳ περὶ ἀφέσεως διαλεχθῆναι, ἀλλὰ πρὸς τὸ μέλλον αὐτὸν ἀσφαλίσασθαι, ὡς τῶν ἤδη πλημμεληθέντων τῷ μήκει τῆς ἀῤῥωστίας· ἢ εἰ μὴ τοῦτο, διὰ τὸ μηδὲν αὐτὸν μηδέπω περὶ τοῦ Χριστοῦ πεπεῖσθαι μέγα, διὰ τοῦτο ἐπὶ τὸ ἔλαττον πρότερον ἦλθε, καὶ τὸ φανερὸν καὶ δῆλον, τὴν τοῦ σώματος ὑγείαν· ἐπὶ δὲ τούτου οὐχ οὕτως, ἀλλ' ἐπειδὴ μᾶλλον ἐπίστευσε, καὶ ὑψηλοτέραν εἶχε ψυχὴν, διὰ τοῦτο αὐτῷ περὶ τῆς χαλεπωτέρας πρότερον διελέχθη νόσου· καὶ πρὸς τούτοις δὲ ἅπασιν, ἵνα τὴν εἰς τὸν Πατέρα ἰσοτιμίαν ἐπιδείξηται. C Ὥσπερ γὰρ ἐκεῖ ἐν σαββάτῳ ἐθεράπευσε, βουλόμενος αὐτοὺς τῆς παρατηρήσεως ἀπαγαγεῖν τῆς Ἰουδαϊκῆς, καὶ ἐκ τῶν ἐγκλημάτων τῶν αὐτῶν λαβεῖν ἀφορμὴν τοῦ δεῖξαι ἑαυτὸν ἴσον τῷ γεγεννηκότι· οὕτω δὴ καὶ ἐνταῦθα προειδὼς, ὅπερ ἤμελλον ἐρεῖν, εἶπε ταῦτα τὰ ῥήματα, ἵν' ἐντεῦθεν λαβὼν ἀρχὴν καὶ πρόφασιν δείξῃ τῷ γεγεννηκότι ὁμότιμον ὄντα ἑαυτόν. Οὐ γὰρ ἴσον μηδενὸς ἐγκαλοῦντος, μηδὲ αἰτιωμένου, ἀφ' ἑαυτοῦ εἰς τὸν περὶ τούτων καθεῖναι λόγον, καὶ ἑτέρων παρεχόντων τὰς αἰτίας ἐν ἀπολογίας τάξει καὶ σχήματι τοῦτο αὐτὸ κατασκευάσαι. Ἐκείνης μὲν γὰρ τῆς ἀποδείξεως ὁ τρόπος ἀντέκρουε τοῖς ἀκούουσιν· οὗτος δὲ ἀνεπαχθέστερος ἦν, καὶ εὐπαράδεκτος μᾶλλον, D καὶ πανταχοῦ δὲ ὁρῶμεν τοῦτο αὐτὸν ποιοῦντα, καὶ οὐχ οὕτω διὰ ῥημάτων, ὡς διὰ πραγμάτων ἐπιδεικνύμενον τὴν ἰσότητα. Τοῦτο γοῦν καὶ ὁ εὐαγγελιστὴς αἰνιττόμενος ἔλεγεν, ὅτι ἐδίωκον αὐτὸν οἱ Ἰουδαῖοι, οὐχ ὅτι μόνον ἔλυε τὸ σάββατον, ἀλλ' ὅτι καὶ πατέρα ἴδιον ἔλεγε τὸν Θεὸν, ἴσον ἑαυτὸν ποιῶν τῷ Θεῷ, ὃ πολλῷ μεῖζόν ἐστιν· διὰ γὰρ τῆς τῶν πραγμάτων ἀποδείξεως τοῦτο αὐτὸ κατεσκεύαζε. Τί οὖν οἱ βάσκανοι καὶ πονηροὶ, καὶ τοῖς ἀλλοτρίοις τηκόμενοι καλοῖς, καὶ πανταχόθεν λαβὰς ζητοῦντες εὑρεῖν; Τί οὗτος, φησὶ, βλασφημεῖ; Οὐδεὶς γὰρ δύναται ἀφιέναι ἁμαρτίας εἰ μὴ μόνος ὁ Θεός. E Ὥσπερ ἐκεῖ ἐδίωκον αὐτὸν ὅτι ἔλυε τὸ σάββατον, καὶ παρὰ τῶν ἐγκλημάτων αὐτῶν λαβὼν ἀφορμὴν τὴν ἰσότητα ἐν ἀπολογίας τάξει τὴν πρὸς τὸν γεγεννηκότα ἐδήλωσεν εἰπών· Ὁ Πατήρ μου ἐργάζεται, κἀγὼ ἐργάζομαι· οὕτω δὴ καὶ ἐνταῦθα, ἀφ' ὧν ἐγκαλοῦσιν, ἀπὸ τούτων τὸ πρὸς τὸν Πατέρα ἀπαράλλακτον δείκνυσι. Τί γάρ φησιν; Οὐδεὶς δύναται ἀφιέναι ἁμαρτίας, εἰ μὴ μόνος ὁ Θεός. Ἐπεὶ οὖν αὐτοὶ τὸν ὅρον ἔθηκαν τοῦτον, αὐτοὶ τὸν 44 A κανόνα εἰσήνεγκαν, αὐτοὶ τὸν νόμον ἔγραψαν, ἐκ τῶν οἰκείων αὐτοὺς λοιπὸν συμποδίζει ῥημάτων. Ὑμεῖς, φησὶν, ὡμολογήσατε ὅτι Θεοῦ μόνον ἐστὶ τὸ ἀφιέναι ἁμαρτίας· ἀναμφισβήτητός ἐστιν ἰσότης. Καὶ οὐχ οὗτοι δὲ τοῦτο μόνον φασὶν, ἀλλὰ καὶ ὁ προφήτης οὕτω λέγων· Τίς Θεὸς ὥσπερ σύ; εἶτα δεικνὺς τί ἴδιον, ἐπήγαγεν, Ἐξαίρων ἀνομίας, καὶ ὑπερβαίνων ἀδικίας. Ἂν τοίνυν φανῇ τις ἕτερος οὕτως τὸ αὐτὸ τοῦτο ποιῶν, καὶ Θεός ἐστιν, καὶ Θεὸς ὥσπερ ἐκεῖνος. Ἀλλ' ἴδωμεν πῶς αὐτοῖς ὁ Χριστὸς συλλογίζεται, πῶς πράως, καὶ ἐπιεικῶς, καὶ μετὰ κηδεμονίας

impetrare peccatorum, idque plurimis ex locis potest demonstrari. Itaque nihil mihi videtur de peccatorum remissione dixisse, sed in posterum illum præmuniisse, cum ea quæ fuerant ab illo commissa jam ægritudinis essent prolixitate deleta: aut si hoc non sit, propterea quod nondum quidquam magnum illi fuerat de Christo persuasum, idcirco ad id quod minus erat, prius C accessit, et quod evidens ac manifestum, nimirum corporis sanitatem: in hoc autem non ita, sed quoniam magis credebat, et sublimiori mente præditus erat, propterea de graviori prius ahud illum morbo disseruit: præter hæc omnia, ut sibi æqualem cum Patre deberi honorem ostenderet. Ubi enim illic in sabbato curavit, quod eos vellet a Judaica observatione revocare, atque ex illorum criminationibus occasionem captaret æqualem se Genitori ostendendi: ita nimirum et hic prævidens quod erant dicturi, hæc verba protulit, ut hinc initio ducto, et occasione sumta demonstret æquali se cum Genitore dignum D honore. Non enim ex æquo se res habet, si nemine reprehendente vel accusante, sua sponte quis in sermonem de his delabatur, et si cæteris causam præbentibus, nomine ac specie defensionis hoc ipsum præstiterit. Nam ille quidem demonstrationis modus auditores offendisset: hic vero minus odiosus erat, et facilius admitti poterat, videmusque Christum hoc ubique præstare, neque tam verbis quam factis æqualitatem suam ostendere. Hoc quidem certe subindicans evangelista dicebat, propterea persequutos eum fuisse E Judæos, non solum quia solvebat sabbatum, sed et quia patrem suum dicebat Deum, æqualem se faciens Deo, quod multo est majus: hoc enim ipsum per rerum demonstrationem adstruebat. Quid igitur invidi illi atque scelerati, qui aliorum bonis macerantur, et undique ansam reprehendendi perquirunt? Quid hic, inquiunt, blaspemat? *Nemo enim potest peccata dimittere, nisi solus Deus*. Sicut illic eum persequebantur, 44 A quod sabbatum solveret, et ex illorum reprehensionibus sumta occasione defensionis nomine ac specie suam cum Patre æqualitatem ostendit, ac dixit: *Pater meus operatur, et ego operor:* sic nimirum hoc loco ex iis quæ ipsi objiciunt, Patri per omnia similem seipsum ostendit. Quid enim ait? *Nemo potest peccata dimittere nisi solus Deus*. Quando igitur ipsi hunc limitem posuerunt, ipsi hanc regulam induxerunt, ipsi legem tulerunt, propriis illos verbis irretit. Vos, inquit, confessi estis solius esse Dei peccata di-

Divinitatem suam indicat Christus.

Joan. 5. 16.

Marc. 2. 7.

Joan. 5. 17.

mittere; indubitata igitur est æqualitas. Neque
vero isti solum hoc dicunt, sed et propheta, dum
Mich. 7. 18. ita loquitur : *Quis Deus sicut tu?* deinde quid
sit proprium indicans adjecit, *Auferens iniqui-*
tates, et transcendens impietates. Si quis ergo
alius appareat, qui hoc ipsum ita præstet, etiam
Deus est, et Deus quemadmodum ille. Sed videamus, quo pacto illos argumentis Christus urgeat,
quam mansuete ac modeste, summaque cum sol-
Matth. 9. 3. licitudine. *Et ecce quidam de scribis dicebant*
intra seipsos : Hic blasphemat. Nequaquam
verbum protulerunt, non pronuntiarunt lingua,
sed in mentis arcano cogitabant. Quid ergo
Christus? Illorum arcanas cogitationes protulit
in medium, antequam ad demonstrationem veniret, quam ex corporis paralytici curatione prolaturus erat, quod illis suæ divinitatis vellet potentiam declarare. Ut enim constet solius Dei
3. Reg. 8. 39. esse mentis arcana patefacere, *Tu prorsus solus*
nosti corda, inquit. Vides illud *Solus* rursus
non ad distinctionem Filii dictum esse? Si enim
Pater solus corda novit, quomodo Filius novit
Joan. 2. 25. abscondita cordis? *Ipse enim*, inquit, *sciebat*
quid esset *in homine* : et Paulus indicans pro-
Rom. 8. 27. prium esse Dei secreta cognoscere, ait : *Qui au-*
tem scrutatur corda : quibus verbis significat
hæc eamdem vim habere, quam ipsa Dei habet
appellatio. Ut enim cum dico, qui pluit, nullum
alium præter Deum designo per rem illam, quoniam Dei solius est illud agere; et si dicam, qui
solem oriri facit, nec addam, Deus, tamen per
rem illam eum ostendo : sic nimirum et Paulus
cum ait : *Qui scrutatur corda*, solius ipsius
esse scrutari corda declarat. Nisi enim hoc eamdem vim haberet, quam nomen, Deus, ad eum
nobis indicandum qui designabatur, solum id
minime posuisset. Nam si hoc esset illi cum creatura commune, illum qui designatur non agno-
sceremus, cum communitas illa confusionem in
mentibus gigneret auditorum. Cum igitur appareat hoc proprium Patris esse, itemque Filio
constet competere, cum quo indubitata relinqui-
Matth. 9. 4. 5. tur inde æqualitas, idcirco, *Quid cogitatis*, inquit, *mala in cordibus vestris? Quid enim*
est facilius dicere, Dimittuntur peccata tua,
an dicere, Surge et ambula?

Altera demonstratio remissionis peccatorum. 7. Ecce alteram etiam exhibet remissionis peccatorum demonstrationem. Nam dimittere pec-
cata multo majus est, quam corpus sanare, tantoque majus, quanto anima corpore. Ut enim
corporis morbus est paralysis, sic et animæ morbus peccatum est : verum illud etsi majus erat,

ἁπάσης. Καὶ ἰδού τινες τῶν γραμματέων εἶπον ἐν
B ἑαυτοῖς· Οὗτος βλασφημεῖ. Οὐκ ἐξήνεγκαν τὸ ῥῆμα, οὐ προήνεγκαν διὰ γλώσσης, ἀλλ' ἐν τοῖς ἀποῤῥήτοις τῆς διανοίας ἐλογίζοντο. Τί οὖν ὁ Χριστός; Ἤνεγκεν εἰς τὸ μέσον τὰ ἀπόῤῥητα ἐκείνων βουλεύματα πρὸ τῆς ἀποδείξεως τῆς κατὰ τὴν ἴασιν τοῦ σώματος τοῦ παραλυτικοῦ, βουλόμενος αὐτοῖς δεῖξαι τῆς αὐτοῦ θεότητος τὴν ἰσχύν. Ὅτι γὰρ Θεοῦ μόνον ἐστὶ τὰ ἀπόῤῥητα τῆς διανοίας δεῖξαι τῆς αὐτοῦ θεότητος, Σὺ ἐπίστασαι καρδίας μονώτατος, φησίν. Ὁρᾷς ὅτι τὸ Μόνος πάλιν οὐ πρὸς τὴν ἀντιδιαστολὴν τοῦ Υἱοῦ λέγεται; Εἰ γὰρ ὁ Πατὴρ ἐπίσταται καρδίας μονώτατος, πῶς ὁ Υἱὸς οἶδε τὰ ἀπόῤῥητα τῆς διανοίας; Αὐτὸς γὰρ ᾔδει, φησὶ, τί ἦν ἐν τῷ ἀνθρώπῳ· καὶ ὁ
C Παῦλος δεικνὺς, ὅτι ἴδιον Θεοῦ τοῦτό ἐστι τὸ τὰ ἀπόῤῥητα εἰδέναι, φησίν· Ὁ δὲ ἐρευνῶν τὰς καρδίας, δεικνὺς, ὅτι τῇ Θεὸς προσηγορίᾳ τὴν αὐτὴν ἰσχὺν ἔχει τοῦτο. Ὥσπερ γὰρ ἐὰν εἴπω ὁ βρέχων, οὐδένα ἄλλον δηλῶ ἢ τὸν Θεὸν διὰ τοῦ πράγματος, ἐπειδὴ αὐτοῦ μόνον τοῦτό ἐστι· καὶ ἐὰν εἴπω, ὁ ἀνατέλλων τὸν ἥλιον, καὶ μὴ προσθῶ τὸ Θεὸς, ὅμως αὐτὸν δηλῶ διὰ τοῦ πράγματος· οὕτω δὴ καὶ ὁ Παῦλός φησιν εἰπὼν, Ὁ ἐρευνῶν τὰς καρδίας, ἔδειξεν, ὅτι αὐτοῦ μόνον ἐστὶ τὸ ἐρευνᾷν τὰς καρδίας. Εἰ γὰρ μὴ τὴν αὐτὴν ἰσχὺν εἶχε τοῦτο τῷ Θεὸς ὀνόματι πρὸς
D τὸ δεῖξαι ἡμῖν τὸν δηλούμενον, οὐκ ἂν αὐτὸ κατ' αὐτὸ τέθεικεν. Καὶ γὰρ εἰ κοινὸν ἦν αὐτῷ καὶ πρὸς τὴν κτίσιν τοῦτο, οὐκ ἂν ἔγνωμεν τὸν δηλούμενον, τῆς κοινωνίας σύγχυσιν ἐμποιησάσης τῇ διανοίᾳ τῶν ἀκροατῶν. Ὅταν οὖν φαίνηται ἴδιον Πατρὸς τοῦτο, φαίνηται δὲ καὶ τῷ Υἱῷ, πρὸς ὃν ἀναμφισβήτητος καὶ ἐντεῦθεν ἡ ἰσότης, διὰ τοῦτο, Τί, φησὶ, διαλογίζεσθε πονηρὰ ἐν ταῖς καρδίαις ὑμῶν; τί γὰρ εὐκοπώτερον εἰπεῖν, ἀφέωνταί σου αἱ ἁμαρτίαι, ἢ εἰπεῖν, ἔγειραι καὶ περιπάτει;

Ἰδοὺ καὶ δευτέραν ἀπόδειξιν ποιεῖται τῆς τῶν ἁμαρτημάτων ἀφέσεως. Τὸ μὲν γὰρ ἁμαρτίας ἀφιέ-
E ναι τοῦ σῶμα θεραπεῦσαι πολλῷ μᾶλλον μεῖζόν ἐστι, καὶ τοσοῦτον μεῖζον; ὅσον ψυχὴ σώματος. Ὥσπερ γὰρ τοῦ σώματος νόσος ἡ παράλυσις, οὕτω καὶ τῆς ψυχῆς νόσος ἡ ἁμαρτία· ἀλλ' ἐκεῖνο εἰ καὶ μεῖζον

ἦν, ἄδηλον ἦν· τοῦτο δὲ εἰ καὶ ἔλαττον ἦν, φανερὸν ἦν. Ἐπειδὴ τοίνυν μέλλει πρὸς τὴν ἀπόδειξιν τοῦ μείζονος τῷ ἐλάττονι κεχρῆσθαι, δεικνὺς, ὅτι διὰ τὴν ἀσθένειαν τὴν ἐκείνων οὕτως ἐποίησε, καὶ συγκαταβαίνων αὐτῶν τῇ ταπεινότητί φησι· Τί ἐστιν εὐκοπώτερον εἰπεῖν, ἀφέωνταί σου αἱ ἁμαρτίαι, ἢ εἰπεῖν, ἔγειραι καὶ περιπάτει; Τίνος οὖν ἕνεκεν ἐπὶ τὸ ἔλαττον ἔρχῃ δι' ἐκείνους; Ἐπειδὴ τὸ φανερὸν τοῦ ἀφανοῦς τρανοτέραν παρέχεται τὴν ἀπόδειξιν. Διὰ τοῦτο οὐ πρότερον αὐτὸν ἀνέστησεν, ἕως οὗ εἶπεν αὐτοῖς· Ἵνα δὲ εἰδῆτε, ὅτι ἐξουσίαν ἔχει ὁ Υἱὸς τοῦ ἀνθρώπου ἀφιέναι ἁμαρτίας ἐπὶ τῆς γῆς, τότε φησὶ τῷ παραλυτικῷ, Ἔγειραι καὶ περιπάτει, ὡσανεὶ ἔλεγε· μεῖζον μέν ἐστι σημεῖον ἡ τῶν ἁμαρτημάτων ἄφεσις· διὰ δὲ ὑμᾶς καὶ τὸ ἔλαττον προστίθημι, ἐπειδὴ τοῦτο ὑμῖν ἀπόδειξις ἐκείνου εἶναι δοκεῖ. Ὥσπερ γὰρ ἐκεῖ τὸν ἑκατοντάρχην ἐπαινέσας εἰπόντα, Εἰπὲ λόγῳ μόνον, καὶ ἰαθήσεται ὁ παῖς μου· καὶ γὰρ ἐγὼ λέγω τούτῳ, πορεύθητι, καὶ πορεύεται· καὶ τῷ ἄλλῳ, ἔρχου, καὶ ἔρχεται· ἐκύρωσεν αὐτοῦ τὴν γνώμην διὰ τῶν ἐγκωμίων· καὶ πάλιν τοῖς Ἰουδαίοις ἐγκαλέσας ἐπὶ τοῦ σαββάτου μεμφομένοις αὐτῷ, ὅτι πάλιν παραλύει τὸν νόμον, ἔδειξεν ὅτι κύριός ἐστι μεταθεῖναι νόμους· οὕτω δὴ καὶ ἐνταῦθα εἰπόντα τοῦτον, ἴσον ἑαυτὸν ποιεῖ τῷ Θεῷ, ἐπαγγελλόμενος ἃ τοῦ Πατέρος ἐστὶ μόνον, μεμψάμενος αὐτοὺς καὶ αἰτιασάμενος, καὶ διὰ τῶν ἔργων ἐπιδείξας ὅτι οὐ βλασφημεῖ, ἀναντίῤῥητον ἡμῖν παρέσχεν ἀπόδειξιν, ὅτι ταῦτα δύναται, ἃ καὶ ὁ γεγεννηκώς. Ὅρα γοῦν πῶς τοῦτο κατασκευάσαι βούλεται, ὅτι ἃ τοῦ Πατρός ἐστι μόνον, ταῦτα καὶ αὐτοῦ· οὐ γὰρ ἁπλῶς ἀνέστησε τὸν παραλυτικὸν, ἀλλ' εἰπών· Ἵνα δὲ εἰδῆτε ὅτι ἐξουσίαν ἔχει ὁ Υἱὸς τοῦ ἀνθρώπου ἀφιέναι ἐπὶ τῆς γῆς ἁμαρτίας· οὕτως ἔργον ἦν αὐτῷ καὶ σπουδὴ τοῦτο μάλιστα δεῖξαι, ὅτι τὴν αὐτὴν αὐθεντίαν ἔχει τῷ Πατρί.

Ταῦτα οὖν ἅπαντα, καὶ τὰ πρῴην καὶ τὰ πρὸ ἐκείνης εἰρημένα τῆς ἡμέρας μετὰ ἀκριβείας κατέχωμεν, καὶ τὸν Θεὸν παρακαλῶμεν ἀκίνητα μένειν ἐν τῇ διανοίᾳ τῇ ἡμετέρᾳ, καὶ τὴν παρ' ἑαυτῶν εἰσάγωμεν σπουδὴν, καὶ συνεχῶς ἐνταῦθα ἀπαντῶμεν. Οὕτω γὰρ καὶ τὰ πρόσθεν εἰρημένα φυλάξομεν, καὶ ἕτερα προσκτησόμεθα πάλιν· κἂν ἀποῤῥυῇ τι τῷ χρόνῳ, ῥᾳδίως αὐτὰ ἀνακτήσασθαι δυνησόμεθα τῇ συνεχεῖ διδασκαλίᾳ. Καὶ οὐ τὰ δόγματα μόνον ὑγιῆ καὶ ἄφθορα μενεῖ, ἀλλὰ καὶ ὁ βίος πολλῆς ἀπολαύσεται τῆς ἐπιμελείας, καὶ μεθ' ἡδονῆς καὶ μετ' εὐθυμίας τὴν παροῦσαν δυνησόμεθα διανύσαι ζωήν. Ὁποῖον γὰρ ἐνοχλεῖ πάθος τὴν ψυχὴν ἐνταῦθα παραγινομένων ἡμῶν, ῥᾳδίως διαλυθῆναι δυνήσεται· ἐπεὶ

obscurum erat: hoc vero etsi minus erat, manifestum erat. Quoniam igitur ad demonstrationem majoris usurus est minori, ostendens se propter illorum infirmitatem ita fecisse, atque ad illorum humilitatem se demisisse, *Quid est fa-*
45 A *cilius,* inquit, *dicere, Dimittuntur peccata tua, an dicere, Surge et ambula?* Cur igitur ad minus propter illos venis? Quoniam id quod manifestum est, obscuro clariorem exhibet demonstrationem. Propterea non prius illum erexit, quam dixit illis: *Ut autem sciatis, quia Fi-* Matth. 9. 6.
lius hominis habet potestatem in terra dimittendi peccata, tunc ait paralytico, Surge et ambula: quasi diceret, majus quidem signum est remissio peccatorum, sed propter vos quod minus est adjicio: quandoquidem hoc verbi illius esse demonstratio videtur. Nam quemadmodum illic cum centurionem laudasset qui dixe-
B rat: *Dic tantum verbo, et sanabitur puer* Matth. 8. 8. 9.
meus: nam et ego dico huic, Vade, et vadit, et alii, Veni, et venit, animum ejus laudibus confirmavit: et rursus cum Judæos reprehendisset sibi objicientes in sabbato legem ab ipso violari, in sua potestate situm esse ostendit leges immutare: sic nimirum hoc loco, cum illi dixissent, Æqualem te ipsum facis Deo, promittens ea, quæ solius sunt Patris, reprehendens eos, et accusans, atque operibus ipsis ostendens se minime blasphemare, indubitatam nobis præbuit
C demonstrationem, unde constet eadem ipsum, quæ Genitor, posse præstare. Vide igitur, quo pacto istud contendat adstruere, quæ Patris solius sunt, ea ipsius etiam esse: non enim simpliciter paralyticum erexit, sed cum dixisset, *Ut* Matth. 9. 6.
autem sciatis, quia Filius hominis habet potestatem in terra dimittendi peccata: adeo curabat ac studebat hoc maxime ostendere sibi eamdem esse auctoritatem cum Patre.

Epilogus sermonis quo ad patientiam in adversis cohortatur.

8. Hæc igitur omnia et quæ hesterno die ac nudiustertius dicta sunt, diligenter memoria teneamus, ac Deum precemur, ut ea in nostra mente defixa permaneant, nostrumque studium conferamus, atque ad hunc locum frequenter ac-
D cedamos. Sic enim fiet, ut ea quæ superius dicta sunt conservemus, et alia rursus acquiramus: quod si quid forte lapsu temporis effluxerit, facile illud assidua doctrina exculti poterimus recuperare. Neque vero sana tantum dogmata permanebunt et incorrupta, sed et vitam nostram majori cura et cautione dirigemus, et cum voluptate animique tranquillitate hoc ævum transigere licebit. Nam quæcumque tandem

perturbatio nostram animam exagitet, dum in hunc locum convenimus, facile discuti poterit : quandoquidem et Christus nunc adest, et qui cum fide ad illum accedit, facilem adepturus est curationem. Paupertate quis assidua conflictatur, et necessariis destituitur alimentis, et fame confectus sæpenumero lectum petiit : tamen huc ingressus, cum audierit Paulum dicentem, in fame et siti et nuditate se degere, seque non uno, aut duobus, aut tribus diebus, sed perpetuo passum esse (quod quidem indicans

1. Cor. 4. 11. aiebat, *Usque in hanc horam et esurimus, et sitimus, et nudi sumus*), sufficientem ex eo consolationem percipiet, cum ex iis quæ dicta sunt didicerit Deum, non quod illum odisset, in paupertate versari permisisse : neque enim, si odio prosequi hoc esset, Paulo præ cæteris omnibus amico suo id accidere permisisset : verum quod de eo sollicitus esset, eique provideret, atque ad majorem illum philosophiam promoveret. Est alius quispiam, cujus corpus morbis ac malis innumeris obsidetur? Sufficientem huic afferent consolationem paralyticorum istorum corpora, et cum illis beatus ac generosus Pauli discipulus, qui perpetuis morbis conflictabatur, nec umquam a longa ægritudine re-

1. Tim. 5. 23. spirabat, quod etiam Paulus dicebat : *Modico vino utere propter stomachum tuum, et frequentes tuas infirmitates*, non simpliciter dicens infirmitates. Alius quispiam calumniis appetitus est ab iis, qui magnam illi apud populum conflatunt infamiam, atque hoc ejus animum graviter angit et perpetuo cruciat : si ingressus fuerit,

Matth. 5. 11. 12. et audierit, *Beati estis, cum maledixerint vobis homines, et dixerint omne malum adversum vos mentientes : gaudete et exsultate, quoniam merces vestra copiosa est in cælis :* omnem deponet mœrorem, et summa voluptate

Luc. 6. 22. 23. perfundetur; *Subsilite* enim et *exsultate*, inquit, *cum injecerint vobis nomen malum*. Atque illos quidem qui conviciis afficiuntur, hoc modo consolatur : eos vero qui conviciis afficiunt, ali-

Matth. 12. 36. ter terret, cum ait : *Omne verbum otiosum, quod loquuti fuerint homines, reddent de eo rationem, sive bonum fuerit, sive malum*. Filiolam quispiam alius amisit, aut filium, aut alium aliquem ex propinquis, et hic si huc veniat, cum Paulus propter præsentem vitam ingemiscat, et futuram videre cupiat, eumque tædeat hic tam diu morari, sufficienti et ipse medicamento accepto discedet, ubi dicentem il-

1. Thess. 4. 12. lum audiverit : *De dormientibus autem nolo*

καὶ νῦν ὁ Χριστὸς πάρεστι, καὶ ὁ μετὰ πίστεως αὐτῷ
E προσιὼν δέξεται τὴν ἰατρείαν εὐκόλως. Πενίᾳ τις πυκτεύει διηνεκεῖ, καὶ τῆς ἀναγκαίας ἀπορεῖ τροφῆς, καὶ πεινῶν ἐκαθεύδησε πολλάκις, εἰσελθὼν δὲ ἐνταῦθα, καὶ ἀκούσας Παύλου λέγοντος, ὅτι ἐν λιμῷ καὶ ἐν δίψει καὶ γυμνότητι διῆγε, καὶ ὅτι οὐκ ἐν μιᾷ καὶ δύο καὶ τρισὶν ἡμέραις, ἀλλὰ διηνεκῶς τοῦτο ὑπέμεινε (τοῦτο γοῦν ἐνδεικνύμενος ἔλεγεν· Ἄχρι τῆς ἄρτι ὥρας καὶ πεινῶμεν, καὶ διψῶμεν, καὶ γυμνητεύομεν), λήψεται παραμυθίαν ἱκανὴν, μαθὼν διὰ τῶν εἰρημένων, ὅτι οὐχὶ μισῶν αὐτὸν ὁ Θεὸς οὐδὲ

46 ἐγκαταλιμπάνων συνεχώρησεν εἶναι ἐν πενίᾳ· οὐ γὰρ
A ἂν εἰ μισοῦντος τοῦτο ἦν, ἐπὶ τοῦ Παύλου, τοῦ φίλου μάλιστα πάντων ἀνθρώπων ὄντος αὐτῷ, τοῦτο συνεχώρησεν· ἀλλὰ κηδόμενος καὶ προνοῶν, καὶ εἰς πλείονα ἄγων φιλοσοφίαν. Ἄλλος τις ὑπὸ νόσου καὶ μυρίων κακῶν τὸ σῶμα ἔχει πολιορκούμενον; Ἱκανὴ τούτῳ παραμυθία γένοιτ' ἂν τῶν παραλυτικῶν τούτων τὰ σώματα, καὶ μετὰ τούτων ὁ μακάριος καὶ γενναῖος τοῦ Παύλου μαθητὴς, ὃς διηνεκῶς ἐν ἀῤῥωστίαις ἦν, καὶ οὐδέποτε ἀνέπνει ἐκ τῆς μακρᾶς ἀσθενείας, ὅπερ οὖν καὶ ὁ Παῦλος ἔλεγεν· Οἴνῳ ὀλίγῳ χρῶ διὰ τὸν στόμαχόν

B σου, καὶ τὰς πυκνάς σου ἀσθενείας, καὶ οὐχ ἁπλῶς ἀσθενείας. Ἕτερος συκοφαντηθεὶς παρὰ τοῖς πολλοῖς πονηρὰν ἐκτήσατο δόξαν, καὶ τοῦτο αὐτὸ τὴν ψυχὴν ὀδυνᾷ καὶ κατεσθίει διηνεκῶς· εἰσελθὼν καὶ ἀκούσας, ὅτι Μακάριοί ἐστε, ὅταν ὀνειδίσωσιν ὑμᾶς, καὶ εἴπωσι καθ' ὑμῶν πᾶν πονηρὸν πρᾶγμα ψευδόμενοι· χαίρετε, καὶ ἀγαλλιᾶσθε, ὅτι ὁ μισθὸς ὑμῶν πολὺς ἐν τοῖς οὐρανοῖς, ἀποθήσεται πᾶσαν ἀθυμίαν, καὶ δέξεται πᾶσαν ἡδονήν· Σκιρτᾶτε γὰρ καὶ ἀγαλλιᾶσθε, φησὶν, ὅταν ἐκβάλλωσιν ὑμῖν ὄνομα πονηρόν. Καὶ τοὺς μὲν κακῶς ἀκούοντας τούτῳ παραμυθεῖται τῷ τρόπῳ, τοὺς δὲ κακῶς λέγοντας ἑτέρως φοβεῖ λέγων, ὅτι Πᾶν ῥῆμα

C ἀργὸν, ὃ ἐὰν λαλήσωσιν οἱ ἄνθρωποι, δώσουσι περὶ αὐτοῦ λόγον, εἴτε ἀγαθὸν, εἴτε κακόν. Ἄλλος τις θυγάτριον ἀπέβαλεν, ἢ υἱὸν, ἤ τινα τῶν προσηκόντων, καὶ οὗτος ἐνταῦθα παραγενόμενος Παύλου στενάζοντος ἐπὶ τῇ παρούσῃ ζωῇ καὶ τὴν μέλλουσαν ἐπιθυμοῦντος ἰδεῖν, καὶ βαρυνομένου τῇ ἐνταῦθα διατριβῇ, καὶ αὐτὸς λαβὼν ἱκανὸν φάρμακον ἀπελεύσεται ἀκούσας αὐτοῦ λέγοντος· Περὶ δὲ τῶν κεκοιμημένων οὐ θέλω ὑμᾶς ἀγνοεῖν, ἀδελφοὶ, ἵνα μὴ λυπῆσθε ὡς καὶ οἱ λοιποὶ οἱ μὴ ἔχοντες ἐλπίδα. Οὐκ εἶπε, περὶ τῶν ἀποθνησκόντων, ἀλλὰ, Περὶ τῶν κεκοιμημένων, δεικνὺς

D ὅτι ὕπνος ἐστὶν ὁ θάνατος. Ὥσπερ οὖν ἂν ἴδωμέν τινα καθεύδοντα, οὐ θορυβούμεθα, οὐδὲ ἀλύομεν προσδοκῶντες αὐτὸν ἀναστήσεσθαι πάντως· οὕτως ὅταν ἴδωμέν τινα ἀποθανόντα, μὴ θορυβώμεθα, μηδὲ καταπίπτωμεν· καὶ γὰρ καὶ τοῦτο ὕπνος μακρότερος μὲν, ὕπνος δὲ ὅμως. Τῷ μὲν οὖν ὀνόματι τῆς κοιμήσεως παρεμυθήσατο τοὺς πενθοῦντας, τὴν δὲ κατηγορίαν τῶν ἀπίστων ἀνέτρεψεν. Ἐὰν πενθῇς, φησὶ, τὸν ἀπελθόντα ἀφορήτως, κατ' ἐκεῖνον ἔσῃ τὸν ἄπιστον τὸν οὐκ ἔχοντα ἐλπίδα ἀναστάσεως. Ἐκεῖνος καλῶς θρηνεῖ, ἅτε περὶ τῶν μελλόντων μηδὲν δυνάμενος φιλοσοφεῖν· σὺ δὲ ὁ τοσαύτας λαβὼν ἀποδείξεις περὶ τῆς E μετὰ ταῦτα ζωῆς, τίνος ἕνεκεν εἰς τὴν αὐτὴν ἀσθένειαν ἐκείνῳ καταπίπτεις; Διὰ τοῦτό φησι, Περὶ δὲ τῶν κεκοιμημένων οὐ θέλομεν ὑμᾶς ἀγνοεῖν, ἵνα μὴ λυπῆσθε ὡς καὶ οἱ λοιποὶ οἱ μὴ ἔχοντες ἐλπίδα. Οὐκ ἀπὸ τῆς Καινῆς δὲ μόνον, ἀλλὰ καὶ ἀπὸ τῆς Παλαιᾶς ἱκανήν ἐστι λαβεῖν παραμυθίαν. Ὅταν γὰρ ἀκούσῃς τοῦ Ἰὼβ μετὰ τὴν τῶν χρημάτων ἀποβολὴν, μετὰ τὴν τῶν βουκολίων ἀπώλειαν, οὐχ ἕνα καὶ δύο καὶ τρεῖς, ἀλλ' ὁλόκληρον χορὸν ἀποβαλόντα παίδων ἐν αὐτῷ τῆς ἡλικίας τῷ ἄνθει, μετὰ τοσαύτην ψυχῆς 47 A ἀρετὴν, κἂν ἁπάντων ἀσθενέστερος ᾖς, δυνήσῃ ῥᾳδίως ἑαυτὸν ἀνακτήσασθαι καὶ ἀνενεγκεῖν. Σὺ μὲν γὰρ, ἄνθρωπε, καὶ παρηκολούθησας ἀῤῥωστοῦντι τῷ παιδὶ, καὶ κατακλινόμενον ἐπὶ τῆς κλίνης εἶδες, καὶ ἔσχατα φθεγγόμενον ῥήματα ἤκουσας, καὶ τὰς τελευταίας ἀναπνέοντα παρέστης ἀναπνοὰς, καὶ καθεῖλες ὀφθαλμοὺς, καὶ συνέκλεισας στόμα· ἐκεῖνος δὲ οὐδὲ παρέστη ψυχοῤῥαγοῦσι, οὐκ εἶδεν ἐκπνέοντας, ἀλλ' εἷς ἐγένετο τάφος πᾶσιν ἡ οἰκία, καὶ ἐπὶ τῆς αὐτῆς τραπέζης ἐγκέφαλος ὁμοίως καὶ αἷμα ἐξέχυτο, καὶ ξύλα, καὶ κέραμος, καὶ κόνις, καὶ σάρκες διατετμημέναι, καὶ πάντα ὁμοίως ἐφύρετο. Ἀλλ' ὅμως μετὰ τοιαῦτα καὶ τοσαῦτα οὐκ ἐθρήνησεν, οὐκ ἀπεδυσπέτησεν, ἀλλὰ τί φησιν; Ὁ Κύριος ἔδωκεν, ὁ Κύριος ἀφείλετο, ὡς τῷ Κυρίῳ ἔδοξεν, οὕτω καὶ ἐγένετο· B εἴη τὸ ὄνομα τοῦ Κυρίου εὐλογημένον εἰς τοὺς αἰῶνας. Ταύτην καὶ ἡμεῖς ἐφ' ἑκάστῳ τῶν συμβαινόντων ἡμῖν φθεγγώμεθα τὴν φωνὴν, κἂν ζημία χρημάτων, καὶ σωμάτων ἀῤῥωστία, καὶ ἐπήρεια, καὶ συκοφαντία, κἂν ὁτιοῦν τῶν ἀνθρωπίνων συμβαίνῃ κακῶν, ταῦτα λέγωμεν· Ὁ Κύριος ἔδωκεν, ὁ Κύριος ἀφείλετο· ὡς τῷ Κυρίῳ ἔδοξεν, οὕτω καὶ ἐγένετο· εἴη τὸ ὄνομα Κυρίου εὐλογημένον εἰς τοὺς αἰῶνας. Ἂν οὕτω φιλοσοφήσωμεν, οὐδὲν οὐδέποτε πεισόμεθα κακὸν, κἂν μυρία πάσχωμεν· ἀλλ' ἔσται μεῖζον τῆς ζημίας τὸ κέρδος, πλείω τῶν κακῶν τὰ ἀγαθὰ, διὰ τῶν ῥημάτων τούτων ἵλεω τὸν Θεὸν σεαυτῷ ποιῶν, τὴν τυραννίδα ἀποκρουόμενος. Ὁμοῦ γὰρ ἐφθέγξατο ἡ γλῶσσα τὰ ῥήματα ταῦτα, καὶ εὐθέως ἀπεπήδησεν C ὁ διάβολος· ἐκείνου δὲ ἀποπηδήσαντος, καὶ τὸ τῆς ἀθυμίας νέφος ἀπελαύνεται, καὶ οἱ θλίβοντες ἡμᾶς δραπετεύουσι λογισμοὶ, συνεκπηδῶντες ἐκείνῳ, καὶ πρὸς τούτοις πᾶσι καὶ τῶν ἐνταῦθα ἀγαθῶν, καὶ τῶν ἐν οὐρανῷ ἐπιτεύξῃ πάντων. Καὶ τὸ ὑπόδειγμα ἀσφαλὲς ἀπὸ τοῦ Ἰὼβ, ἀπὸ τῶν ἀποστόλων, οἳ διὰ τὸν Θεὸν καταφρονήσαντες τῶν ἐνταῦθα δεινῶν, τῶν αἰωνίων ἐπέτυχον ἀγαθῶν. Πειθώμεθα τοίνυν, καὶ ἐν

vos ignorare, fratres, ut non contristemini, sicut et cæteri, qui spem non habent. Non dixit De morientibus, sed *De dormientibus*, somnum esse mortem ostendens. Ut igitur cum E dormire quemdam videmus, non turbamur, neque mœrore afficimur, illum plane resurrecturum sperantes : ita cum mortem obiisse quemdam videmus, nihil perturbemur, neque animo concidamus : siquidem hoc quoque somnus est; prolixior quidem, sed tamen somnus. Itaque dormitionis nomine lugentes consolatus est, accusationem autem infidelium refutavit. Si defunctum impatienter luges, infidelem illum imitaris, qui resurrectionis fidem non habet. Ille recte luget, utpote qui nihil de rebus futuris A philosophari queat: tu vero cui tot datæ sunt de futura vita demonstrationes, quam ob causam in eamdem cum illo imbecillitatem devolveris? Propterea dicit, *De dormientibus nolumus vos ignorare, ut non contristemini, sicut et cæteri, qui spem non habent.* Neque vero ex Novo tantum, sed etiam ex Veteri Testamento possumus consolationem haurire. Cum enim Job audis post pecuniarum jacturam, post interitum armentorum, non unum et duos, ac tres, sed integrum cœtum filiorum in ipso ætatis flore amisisse, post tantam animi virtutem, quamvis omnium sis infirmissimus, facile teipsum refocillare poteris ac reficere. Nam tu quidem, o B homo, ægrotanti filio adfuisti, decumbentem in lecto vidisti, postrema verba proferentem audiisti, et extremum halitum exhalanti adstitisti, depressisti oculos, et os conclusisti : at ille neque animam exhalantibus adfuit, nec exspirantes aspexit, verum tamquam uno conditi sunt omnes sepulcro ædibus suis, et in eadem mensa cerebrum pariter et sanguis fundebatur, et ligna, et tegulæ, et pulvis, et carnes concisæ, et omnia pariter miscebantur. Verumtamen post tot et tanta mala non luxit, non impatienter tulit: sed quid ait? *Dominus dedit, Dominus abstulit,* Job 1. 21.
sicut Domino placuit, ita et factum est : sit nomen Domini benedictum in sæcula. Hanc C nos quoque vocem in singulis quæ nobis accidunt proferamus, sive pecuniarum jactura, sive corporis infirmitas, sive contumelia, sive calumnia, sive quodvis aliud humanum malum acciderit, ista dicamus, *Dominus dedit, Dominus* Exemplum patientiæ.
abstulit : sicut Domino placuit, ita et factum est : sit nomen Domini benedictum in sæcula. Ita si philosophemur, nihil umquam mali patiemur, licet innumera patiamur : sed

majus lucrum erit quam damnum, plura bona quam mala per hæc verba tibi evenient, dum et propitium tibi ipsi Deum reddes, et inimici tyrannidem propulsabis. Simul enim atque verba illa lingua protulit, diabolus confestim abscessit: illo porro abscedente, nubes quoque tristitiæ discutitur, et cum illa celeriter aufugiunt cogitationes, quæ nos affligunt; ac præter hæc omnia cum hujus vitæ bona, tum illa quæ nos in cælo manent, omnia consequeris. Exemplum habes in Jobo certissimum et in apostolis, qui cum propter Deum hujus ævi mala contemsissent, æterna bona sunt assequuti. Parcamus igitur, et in omnibus, quæ accidunt, gaudeamus, benignoque Deo gratias agamus, ut et præsentem vitam cum facilitate traducamus, et futuris bonis potiamur, gratia et benignitate Domini nostri Jesu Christi, cui gloria, honor et imperium semper, nunc et in perpetuum, et in sæcula sæculorum. Amen.

πᾶσι τοῖς συμβαίνουσι χαίρωμεν, καὶ εὐχαριστῶμεν τῷ φιλανθρώπῳ Θεῷ, ἵνα καὶ τὸν παρόντα μετ' εὐκολίας διάγωμεν βίον, καὶ τῶν μελλόντων ἐπιτύχωμεν ἀγαθῶν, χάριτι καὶ φιλανθρωπίᾳ τοῦ Κυρίου ἡμῶν Ἰησοῦ Χριστοῦ, ᾧ ἡ δόξα, τιμὴ καὶ κράτος πάντοτε, νῦν καὶ ἀεὶ, καὶ εἰς τοὺς αἰῶνας τῶν αἰώνων. Ἀμήν.

MONITUM

AD HOMILIAS IN PRINCIPIUM ACTORUM.

Hasce conciones longo intervallo in prius Editis separatas ut continenter ponamus, et series ipsa temporis, et argumenti ratio postulat. Cum seriem temporis dico, ne putes me ita tempus assequutum esse, ut annum vel certo statuere, vel probabilibus admodum conjecturis indicare possim; sed de serie et ordine temporis loquor, quem inter se habent Homiliæ de Actorum inscriptione, ita ut assignare in promtu sit, quæ sit prima, quæ secunda, etc. Id vero clare docet ipse Chrysostomus infra in ea, quam tertiam ordine ponimus. Ibi vero num. 2 legitur: *Eo fit, ut cum ad quartum jam diem expositionem produxerimus, necdum tamen unam inscriptionem potuerimus præterire, sed adhuc*
45 *circa illam versemur.* Et paulo post: *Itaque primo die non esse temere prætereundas inscriptiones dicebam, quo tempore titulum vobis Altaris legi, ac Pauli sapientiam ostendi..... In hoc desiit priori die tota doctrina: post illam secundo die, qui libri esset illius auctor quæsivimus, et invenimus Dei gratia Lucam evangelistam: multisque vobis demonstrationibus rem in quæstione positam probavimus.* Demum clarius paucis interpositis: *Prima igitur die de inscriptione; secunda vero die de eo, qui librum scripsit; tertia die disseruimus apud eos, qui advenerant, de initio Scripturæ: et ostendimus quid sit actum, quid sit miraculum, et quid sit conversatio, quid signum et prodigium ac virtus... Hodie reliquum inscriptionis operæ pretium est dicamus, et quid significet Apostoli nomen ostendamus.* Prima igitur Homilia ea est, in qua non temere prætereundas esse sacrorum Librorum inscriptiones docet, et de inscriptione Altaris, nimirum, IGNOTO DEO, agit. Illam vero Chrysostomo duce primam locamus. Secundam ubi de auctore libri Actorum edisserebat, et Lucam esse demonstrabat, reperimus quidem; sed, heu, misere deformatam, et cum spuriis immixtam. Est nempe Homilia inscripta, περὶ ἀναλήψεως, *de Assumtione* sive Ascensione Domini, et Chrysostomo adscripta: ubi quæ prima feruntur, Chrysostomo nostro indigna videntur esse. Sub hæc adjiciuntur alia, quæ cum prioribus non cohærere videntur, et licet melioris notæ sint, utrum Chrysostomo sint adscribenda non ausim affirmare. Sequitur postea pars illa, ubi

quibusdam præmissis circa inscriptionem libri Actorum, quæ ad præsens institutum apprime quadrant, de hujus auctore egregio disseritur, et Lucam esse probatur. Hic vero Chrysostomum agnosco; nec dubito quin tam ea quæ de inscriptione Actorum, quam ea quæ de hujus libri auctore feruntur, ad eam homiliam pertineant, quam ut secundam ab se dictam hic memorat Chrysostomus. Hinc quæritur, quoties a Resurrectione ad Ascensionem usque Dominus Christus apparuerit; hanc quoque partem Chrysostomi esse puto: reliqua vero omnia, quæ in hac longissima homilia habentur, aut inepta aut Chrysostomo indigna sunt. Itaque male auctam et consarcinatam homiliam, etsi quædam γνήσια et ad præsens argumentum pertinentia habeat, cum sinceris admiscere non ausi sumus; sed ad finem hujus tomi ablegavimus. Tertia quam, altera ad calcem rejecta, secundam ponimus, ea est in qua de inscriptione Actorum agitur, nec non de differentia inter miraculum et actum, etc. Quarta, quam supra memorata de causa tertiam inscribimus, ea est quæ de utilitate lectionis Scripturarum agit, et ut tituli *Actuum Apostolorum* postremam vocem explicet, perquirit quid significet Apostoli nomen. Huic quartam subjungimus eam in qua quærit cur Acta Apostolorum in Pentecoste legantur: quæ sese prodit aliis subnectendam esse: etenim in ea ita legitur: *Dixi tum temporis, a quo scriptus fuerit liber Actorum,* et *quis operis istius auctor fuerit; imo vero non quis auctor operis, sed quis minister. Non enim ille quæ dicta sunt produxit, sed iis, quæ dicta sunt, ministravit. Dixi de Actis ipsis,* et *quid tandem sibi velit nomen illud Actorum: dixi etiam de Apostolorum appellatione: jam necesse est dicamus, qua de causa statuerint patres nostri, ut liber Actorum in Pentecoste legeretur.*

Itaque luce clarius est has continue, modico inter singulas interposito tempore, habitas fuisse: et quidem non diu post Paschalem solennitatem, ut ex iis, quæ de nuper illuminatis circa finem primæ et tertiæ homiliæ dicuntur, arguitur. Præter hanc vero Paschatis nuper elapsi notam, alteram eruimus ex his verbis homiliæ I, num. 2: *Non sunt igitur malum divitiæ, sed illegitimus earum usus* est *malum: et sicut nuper de ebrietate verba faciens, non vinum accusabam, quippe cum omnis creatura Dei bona sit, quæ cum gratiarum actione percipitur; sed malum usum,* etc. Hic porro annotare prorsus videtur Homiliam contra Ebriosos et de Resurrectione, quam T. 2 edidimus: ubi contra temulentos multa disserens, hæc inter alia dicit: *Abstineamus ab ebrietate: non dico, Abstineamus a vino, sed, Ab ebrietate abstineamus. Non vinum efficit ebrietatem:* est *enim Dei creatura: Dei porro creatura nihil efficit mali, sed voluntas maligna efficit ebrietatem,* etc. Ex his porro verbis arguitur homiliam illam, quæ ut nuper habita memoratur in hac prima concione in Actorum initium, eam ipsam esse, quæ contra Ebriosos in die Resurrectionis dicta fuit, atque adeo hanc primam paucis post Pascha diebus habitam fuisse. Idipsum vero probatur etiam ex alio hujus homiliæ loco, num. 3, ubi dicitur: *Superioribus apud vos diebus de apostolicis verbis, deque evangelicis disseruimus, cum de Juda verba faceremus: disseruimus* et *de propheticis, hodierno die volumus de Apostolorum Actis,* etc. Hic omnino videtur agi de Homilia in Judam, quæ habita fuit feria V in Cœna Domini, ubi de apostolicis et de propheticis verbis edisserit. Hujus porro homiliæ duplicem textum edidimus, quia cum priorem de Juda, cujus initium est, ὀλίγα ἀνάγκη σή- 40
μερον, aliquot ante annis habuisset posteriorem, quæ sic init, ἐβουλόμην, ἀγαπητοὶ, τῆς κατὰ τὸν πατριάρχην, eamdem, quam priorem, sed retractatam, et aliquot in locis auctam eadem ipsa Quadragesima habuit, qua Homilias in Genesim. Hanc enim post trigesimam secundam in Genesim homiliam, intermisso videlicet Homiliarum in Genesim cursu, Antiochiæ habuit, ut in Monito ad Homiliam de Proditore Juda diximus, atque infra dicemus in Præfatione ad Homilias in Genesim. Certum itaque est has in principium Actorum homilias eodem anno habitas esse, quo Homilia illa in Judam, cujus initium, ἐβουλόμην, ἀγαπητοί, et Homilia contra Ebriosos et de Resurrectione, paucisque post utramque diebus.

Hunc porro ordinem ipse Chrysostomus statuit Homil. 33 in Genesim, ubi rationem reddens cur Homiliarum in Genesim, quas per totam Quadragesimam habuerat, cursum interceperit, hæc habet: *Mensa autem vobis proponenda erat suis congrua temporibus. Et idcirco quando venit dies Traditionis et Passionis,* continua *docendorum serie resecta, præsentibus quæ urgebant nos accommodantes, primum in Proditorem linguam laxavimus: deinde de Cruce aliqua in medium protulimus. Postea, illucescente Resurrectionis die necessarium erat, ut de Resurrectione Domini caritatem vestram doceremus: et sequentibus diebus, per ea miracula, quæ tunc facta* sunt, *resurrectionis demonstratio iterum afferenda erat. Quando etiam Acta Apostolorum accipientes, inde vobis frequentia convivia apposuimus ; ac multas crebrasque admonitiones iis dedimus, qui nuper* [*baptismi*] *gratiam acceperant.* Hic magnam homiliarum continenter habitarum seriem habemus. Per totam igitur Quadragesimam Homilias duas et triginta priores in Genesim habuit : Feria autem quinta in Cœna Domini Homiliarum in Genesim cursum intercepit, ut de Juda Proditore loqueretur, quod etiam ipse dicit initio illius Homiliæ de Juda, cujus initium, ἐβουλόμην, ἀγαπητοί, quæ sequitur illas triginta duas in Genesim homilias. Die Parasceves sequenti Homiliam habuit de Cruce et Latrone, alterutram ex iis, quas continua serie edidimus Tom. 2 : nam, ut de Concione in Judam dicebamus, eam bis a Chrysostomo, sed retractatam, et aliquot in locis mutatam, habitam fuisse, idipsum deprehendimus de Homilia in Crucem et Latronem, ut in Monito ad eamdem videas. Postea vero in die Paschæ contra ebriosos et de resurrectione concionatus est, ut jam supra vidimus. Tempore autem paschali Homilias in principium Actorum habuit, quarum quatuor vel quinque supersunt, si annumeremus illam de qua initio.

Cave autem putes has in Acta Apostolorum homilias, quæ in supra allato loco memorantur, esse corpus illud Homiliarum in Acta, quæ magno numero infra edentur ; nam illæ Constantinopoli haud dubie habitæ sunt, hæ vero in principium Actorum, Antiochiæ, ut liquidum est : atque in prima et tertia ad nuper baptizatos cohortationes animadvertimus illas, quas in loco supra allato se habuisse commemorat. Post illas vero in principium Actorum conciones intermissum Concionum in Genesim ordinem Chrysostomus repetit.

Hic cernis magnam et perspicuam concionum seriem, eodem habitam anno. Quodque mirum videatur, in tanto homiliarum decursu ne γρῦ quidem comparet, unde quis ille fuerit annus expiscari vel probabiliter possimus. Opinatur Tillemontius aliquam temporis notam posse decerpi ex Homilia secunda de Christi Precibus, ubi sic orditur Chrysostomus : ἱκανῶς ἐν ταῖς ἔμπροσθεν ἐπανηγυρίσαμεν ἡμέραις, τῶν ἄθλων ἐπιλαβόμενοι τῶν ἀποστολικῶν καὶ τῇ διηγήσει τῶν πνευματικῶν ἐντρυφήσαντες κατορθωμάτων, i. e. *Superioribus diebus abunde in celebri cætu conciones habuimus, apostolica certamina tractantes,* et *spiritualium* recte *factorum narratione nos oblectantes.* Hæc, inquit ille, apostolica certamina probabiliter referri possunt ad Concionis præcedentis locum illum, versus finem, ubi ait apostolos esse quasi principes, quorum præclara gesta sunt recensenda. Verum non animadvertit Tillemontius, in illo Homiliæ II de Christi Precibus principio de multis in apostolorum certamina concionibus agi, quod non potest quadrare ad Homiliam, quæ in prius editis præcedebat illam de Christi precibus, quamque nos Chysostomo duce primam in principium Actorum constituimus. Deinde Homilia illa secunda de Christi precibus anno 387 habita est, ipso fatente recteque statuente Tillemontio, qua vero anni parte incertum ; sed vel ante vel post Quadragesimam illius anni dictam oportet ; si ante Quadragesimam, quomodo dixerit Chrysostomus se nuper ἐν ταῖς ἔμπροσθεν ἡμέραις de apostolorum certaminibus egisse, de Homilia loquens, quam paucis post Pascha anni præcedentis 386 diebus habuisset? Si post Quadragesimam et tempus paschale, cum illa Homilia prior in principium Actorum eodem anno habita fuerit in tempore paschali, quo Homiliæ in Genesim per totam Quadragesimam habitæ sunt, sequeretur Homilias in Genesim anno 387 in Quadragesima habitas fuisse. At certum est Quadragesimam totam anni 387 Homiliis circa Statuas eversas et calamitatem Antiochenam insignitam fuisse. Alioquin vero non sibi constat Tillemontius, si Homiliam primam in principium Actorum consignet in annum 387, quando certum omnino est, ipso fatente Tillemontio, eam eodem anno pronuntiatam fuisse, quo Homiliæ in Genesim, quas ipse probabiliter statuit anno 395 habitas fuisse. Si vel certis vel verisimilibus argumentis id statueret Tillemontius, hunc haud dubie calculum sequeremur. Sed cum res admodum obscura incertaque videatur, donec quid probabilius emergat, calculo ferendo supersedebimus.

Homiliarum in principium Actorum interpretatio est Frontonis Ducæi.

ΟΜΙΛΙΑ

Πρὸς τοὺς ἐγκαταλείψαντας τὴν σύναξιν τῆς Ἐκκλησίας, καὶ εἰς τὸ μὴ παρατρέχειν τὰς ἐπιγραφὰς τῶν θείων Γραφῶν, καὶ εἰς τὸ ἐπίγραμμα τοῦ βωμοῦ, καὶ εἰς τοὺς νεοφωτίστους.

[a] Τί τοῦτο; ὅσον προΐασιν ἡμῖν αἱ ἑορταὶ, τοσοῦτον καὶ αἱ συνάξεις ἐλάττους γίνονται. Ἀλλὰ μὴ ῥαθυμῶμεν ἡμεῖς οἱ παρόντες· ἐλάττους μὲν γίνονται τῷ πλήθει, οὐκ ἐλάττους δὲ τῇ προθυμίᾳ· ἐλάττους τῷ ἀριθμῷ, οὐκ ἐλάττους δὲ τῷ πόθῳ. Ἐλάττους γίνονται, ἵνα οἱ δόκιμοι φανεροὶ γένωνται ἐν ὑμῖν, καὶ μάθωμεν, τίνες μὲν συνηθείᾳ, τίνες δὲ ἐπιθυμίᾳ θείων λογίων παραγίνονται δι' ἐνιαυσίου ἑορτῆς, τίνες ἐπιθυμίᾳ ἀκροάσεως πνευματικῆς. Πᾶσα ἡ πόλις ἦν ἐνταῦθα τῇ προτέρᾳ κυριακῇ, μεστοὶ οἱ περίβολοι, καὶ κύματα ἀπιόντα καὶ ἐπανιόντα ἐμιμεῖτο τὸ πλῆθος· ἀλλ' ἐμοὶ τῶν κυμάτων ἐκείνων ποθεινοτέρα ἡ ὑμετέρα γαλήνη, ἐμοὶ τοῦ θορύβου καὶ τῆς ταραχῆς ἐκείνης τιμιωτέρα ὑμῶν ἡ ἡσυχία. Τότε τὰ σώματα ἦν ἀριθμεῖν παρόντα, νῦν τὰ φρονήματα εὐλαβείας γέμοντα. Εἴ τις τὴν σύναξιν ταύτην τὴν ὀλιγάνθρωπον καὶ τὸ πλέον ἐκ πενήτων συνεστηκυῖαν, κἀκείνην τὴν σύναξιν τὴν πολυάνθρωπον καὶ τὸ πλεῖον ἀπὸ πλουσίων συγκεκροτημένην, εἴ τις ἀμφοτέρας τὰς συνάξεις ταύτας ὥσπερ ἐν ζυγῷ καὶ σταθμῷ θελήσει σταθμῆσαι, εὕρῃ ἂν ταύτην καθέλκουσαν. Εἰ γὰρ ἐλάττους τῷ ἀριθμῷ, ἀλλὰ τιμιώτεροί ἐστε τῇ ἐπιθυμίᾳ. Οὕτω καὶ ἐπὶ τῶν σταθμητῶν γίνεται· ἐὰν δέκα τις στατῆρας χρυσίου λαβὼν εἰς μίαν καταθῆται πλάστιγγα, εἶτα εἰς τὴν ἑτέραν πλάστιγγα χαλκοὺς ἑκατὸν, οἱ μὲν ἑκατὸν χαλκοὶ πρὸς ἑαυτοὺς καθέλκουσι τὴν τρυτάνην· οἱ δὲ δέκα χρυσοὶ τῇ τῆς φύσεως ὑπεροχῇ μειζόνως ἀνθέλκουσι, βαρύτεροι καὶ τιμιώτεροι ὄντες κατὰ τὸν τῆς οὐσίας λόγον. Ὥστε ἔστιν ὀλίγους ὄντας τῷ ἀριθμῷ, τῶν πολλῶν εἶναι τιμιωτέρους καὶ ἀναγκαιοτέρους. Ἀλλὰ τί ὑμῖν τὰ παραδείγματα ἀπὸ τῶν ἐν τῇ συνηθείᾳ φέρω πραγμάτων, δέον αὐτὴν τοῦ Θεοῦ τὴν ψῆφον περὶ τούτων παραγαγεῖν ἀποφαινομένην; Τί οὖν αὕτη φησί; Κρείσσων εἷς ποιῶν τὸ θέλημα τοῦ Κυρίου, ἢ μυρίοι παράνομοι. Ἔστι γὰρ, ἔστι πολλάκις ἄνθρωπος εἷς μυρίων ἀντάξιος. Καὶ τί λέγω, ἔστιν εἷς ἄνθρωπος μυρίων ἀντάξιος μόνος; ἀλλὰ καὶ τῆς οἰκουμένης ἀναγκαιότερος καὶ τιμιώτερος. Καὶ τούτου τὴν μαρτυρίαν ἀπὸ τῶν Παύλου

SERMO

Ad eos qui conventum Ecclesiæ deseruerunt, et quod non oporteat sacrarum Scripturarum titulos prætermittere, et in inscriptionem altaris, et in nuper illuminatos.

1. Quid hoc sibi vult? quo nobis festa ulterius progrediuntur, eo minores collectæ fiunt. Ne tamen idcirco desides simus nos qui adsumus: siquidem minores fiunt, si multitudinem spectes; sin alacritatem animi, non fiunt minores: numero fiunt minores, non affectu. Porro idcirco minuuntur, ut qui in vobis probati sunt, manifesti fiant, et quinam ex consuetudine, quinam divinorum eloquiorum cupiditate, quinam lectionis spiritualis desiderio ducti ad annuam ventitent solennitatem, sciamus. Præcedenti Dominica civitas hic aderat universa, plena erant septa, et multitudo recedentes fluctus atque redeuntes imitabatur: sed mihi fluctibus illis optatior et gratior est tranquillitas vestra; pluris ego facio quietem vestram, quam tumultum et turbas illas. Tum præsentia dinumerare corpora licebat, nunc affectus plenos pietatis. Si quis hanc paucorum hominum collectam, et ex pauperibus majori ex parte constantem, et illam multorum hominum ex divitibus majore ex parte conflatam, si quis utrasque collectas istas tamquam in trutina et statera ponderare voluerit, hanc comperiet præponderare. Quamquam enim, si numeri ratio habeatur, minores estis: si tamen cupiditatem affectumque spectemus, pluris faciendi estis. Ita fit in rebus, quæ ponderantur: si quis decem aureos stateras sumat, et in una lance deponat, ac deinde in altera centum æreos nummos; trutinam quidem centum ærei nummi deorsum ad se trahunt, attamen aurei decem illi cum habita ratione materiæ graviores sint ac pretiosiores, naturæ suæ dignitate præponderant. Itaque fieri potest, ut qui pauci sunt numero, pluris faciendi sint et utiliores habeantur illis qui numero multi sint. Sed quid ego vobis exempla profero a rebus consuetis repetita, cum ipsam a Deo prolatam sententiam oporteat in
51 medium afferri? Quid igitur illa dicit? *Melior* Eccli. 16. 3.
est *unus faciens voluntatem Domini, quam*

[a] Cod. Vaticanus 569, p. 174: τί τοῦτο; ὅσῳ πρόεισιν ἡμῖν ἡ ἑορτή. Hic Codex paucas habet varias lectiones.

innumeri prævaricatores. Est enim, est sæpe unus homo innumeris æquiparandus. Quid dico unum hominem solum æquiparandum innumeris? imo toto orbe terrarum utilior et pretiosior censetur. Atque hujus rei testimonium ex Pauli verbis mutuabor. Cum enim hominum pauperum, vexatorum, exagitatorum, afflictorum mentionem fecisset, adjecit : *Circuierunt in melotis, in pellibus caprinis, egentes, angustiati, afflicti, quibus dignus non erat mundus.* Quid ais? hominibus egentibus, afflictis, patrias sedes non habentibus dignus non erat mundus? Non vides quam paucos tam multis opposueris? Video, inquit, et ideo dixi mundum illis non fuisse dignum : nota quippe mihi est numismatum istorum natura. Si terram posuero, mare, reges, præfectos, et totam omnino naturam humanam, et duos tresve pauperes his opposuero, confidenter asseram fore, ut pauperes isti præponderent. Quod si illi e patriis sedibus expellebantur, tamen patriam supernam Jerusalem habebant. In paupertate vitam agebant; at pietate divites erant. Hominibus erant odiosi, at Deo grati. Quinam illi porro sunt? Helias, Elisæus, et illius temporis omnes. Neque vero id spectes, quod ne alimenta quidem illis necessaria suppetebant : at quod os Heliæ cælum clauserit et aperuerit, ejusque melote Jordanem retro flexerit. Atque hæc cum mihi veniunt in mentem, gaudeo, et doleo : gaudeo quidem propter vos, qui adestis : doleo vero propter eos qui absunt : doleo valde, molesteque fero et corde conteror. Quis enim est adeo sensus doloris expers, ut non doleat cum in ea quæ ad diabolum pertinent, plus studii conferri cernat? Atqui nulla spes veniæ nobis vel excusationis reliqua esset, si vel æquale studium conferretur : cum autem etiam longe superet, quis nobis defensionis locus relinquitur? Quotidie nos invitant spectacula, nec ullus pigritatur, nullus est qui cunctetur; nullus est qui negotiorum occupationes obtendat, sed tamquam expediti et omni cura soluti accurrunt omnes; non canitiem senex reveretur, non ardorem naturæ ac libidinis juvenis suspectum habet, neque dignitatem suam probro se afficere censet opulentus. At si quidem ad ecclesiam veniendum sit, quasi ex aliquo sublimi gradu et honore desiliendum sit, ita pigritatur et torpet, et inflatur deinde, quasi quidpiam fuerit Deo largitus : cum vero properat ad theatrum, ubi sunt lasciva spectacula et acroamata, non existimat se probro

Heb. 11. 37. 38.

Invehitur in eos qui spectaculis intersunt.

ῥημάτων ποιήσομαι. Ἀνθρώπων γὰρ μνησθεὶς πενήτων, ἐλαυνομένων, θλιβομένων, κακουχουμένων, οὕτω φησί· Περιῆλθον ἐν μηλωταῖς, ἐν αἰγείοις δέρμασιν, ὑστερούμενοι, θλιβόμενοι, κακουχούμενοι, ὧν οὐκ ἦν ἄξιος ὁ κόσμος. Τί λέγεις; τῶν ὑστερουμένων, τῶν κακουχουμένων, τῶν οὐκ ἐχόντων πατρίδα οὐκ ἦν ἄξιος ὁ κόσμος; Οὐχ ὁρᾷς πόσους πόσοις ἀντέστησας; Ὁρῶ μὲν, φησὶ, καὶ διὰ τοῦτο εἶπον ὅτι οὐκ ἦν ὁ κόσμος ἄξιος αὐτῶν· ἐγὼ γὰρ B τῶν νομισμάτων τούτων τὴν φύσιν οἶδα σαφῶς. Καὶ γῆν, καὶ θάλατταν, καὶ βασιλεῖς, καὶ ἐπάρχους, καὶ πᾶσαν ἁπλῶς τῶν ἀνθρώπων τὴν φύσιν τιθεὶς, καὶ δύο ἢ τρεῖς πένητας τούτοις ἀντιστήσας, θαῤῥῶν ἂν εἴποιμι, ὅτι οὗτοι μᾶλλον κατάγουσιν οἱ πένητες. Εἴπερ ἐκεῖνοι ἀπηλαύνοντο πατρίδος, ἀλλ' εἶχον πατρίδα τὴν ἄνω Ἱερουσαλήμ. Ἐν πενίᾳ διῆγον· ἀλλ' ἐπλούτουν κατὰ τὴν εὐσέβειαν. Ἀνθρώπων ἦσαν ἐχθροί· ἀλλὰ τῷ Θεῷ φίλοι. Καὶ τίνες εἰσὶν οὗτοι; Ὁ Ἠλίας, ὁ Ἐλισσαῖος, καὶ οἱ κατ' ἐκείνους ἅπαντες. Μὴ γὰρ δὴ τοῦτο ἴδῃς, ὅτι οὐδὲ τῆς ἀναγκαίας ηὐπόρουν τροφῆς, ἀλλ' ὅτι τὸ στόμα Ἠλίου τὸν οὐρανὸν ἔκλεισε καὶ ἀνέῳξε, καὶ ἡ μηλωτὴ αὐτοῦ τὸν C Ἰορδάνην ἀπέστρεψε. Καὶ ταῦτα ἐννοῶν χαίρω, καὶ ἀλγῶ· χαίρω μὲν δι' ὑμᾶς τοὺς παρόντας, ἀλγῶ δὲ δι' ἐκείνους τοὺς μὴ παρόντας· ἀλγῶ σφόδρα, καὶ ὀδυνῶμαι, καὶ συντέτριμμαι τὴν καρδίαν. Τίς γὰρ καὶ τῶν σφόδρα ἀναλγήτων οὐκ ἂν ἀλγήσειε τὰ τοῦ διαβόλου πλείονος ἀπολαύοντα σπουδῆς ὁρῶν; Καίτοι εἰ καὶ ἴσης ἀπήλαυσεν, οὐδεμία ἡμῖν ἦν ἡ συγγνώμη, οὐδὲ ἀπολογία· ὅταν δὲ καὶ πλεονεκτῇ, τίς ἡμῖν ἐλλείπεται λόγος; Θέατρα καθ' ἑκάστην καλεῖ τὴν ἡμέραν, καὶ οὐδεὶς ὁ ὀκνῶν, οὐδεὶς ὁ ἀναδυόμενος, οὐδεὶς ἀσχολίαν προβάλλεται πραγμά- D των· ἀλλ' ὥσπερ εὔζωνοι καὶ λελυμένοι φροντίδος ἁπάσης, οὕτω τρέχουσιν ἅπαντες· οὐχ ὁ γέρων τὴν πολιὰν αἰδεῖται, οὐχ ὁ νέος ὑφορᾶται τὴν φλόγα τῆς φύσεως καὶ τῆς ἐπιθυμίας, οὐχ ὁ πλούσιος τὸ ἀξίωμα τὸ ἑαυτοῦ καταισχύνειν ἡγεῖται. Ἀλλ' ἐὰν μὲν εἰς ἐκκλησίαν ἀπαντῆσαι δέῃ, καθάπερ ἐξ ὑπεροχῆς τινος καὶ ἀξιώματος καταβαίνων, οὕτω ναρκᾷ καὶ ὀκνεῖ, καὶ μετὰ ταῦτα φυσᾶται, ὥσπερ τι τῷ Θεῷ χαρισάμενος· εἰς δὲ θέατρον σπεύδων, ἔνθα ἀσελγῆ θεάματα καὶ ἀκούσματα, οὐ νομίζει καταισχῦναι E ἑαυτὸν, οὐ τὸν πλοῦτον, οὐδὲ τὴν εὐγένειαν. Ἐβουλόμην εἰδέναι, ποῦ νῦν εἰσιν οἱ κατὰ τὴν ἡμέραν ἐκείνην ἡμῖν ἐνοχλήσαντες· ἐνόχλησις γὰρ ἦν αὐτῶν ἡ παρουσία· ἐβουλόμην εἰδέναι τί πράττουσι, τί τῶν παρόντων αὐτοὺς ἀναγκαιότερον ἀπησχόλησεν. Ἀλλ' ἀσχολία οὐδεμία, τῦφος δὲ μόνος. Καὶ τί γένοιτ' ἂν μανικώτερον; Τίνος γὰρ ἕνεκεν, ἄνθρωπε, μεγαλοφρονεῖς, καὶ νομίζεις ἡμῖν χαρίζεσθαι, ἐὰν παραγενόμενος ἐνταῦθα προσέχῃς, καὶ ἀκούσῃς τὰ πρὸς σωτηρίαν τῆς σῆς ψυχῆς; τίνος ἕνεκεν, εἰπέ μοι, καὶ διὰ τί ἀλαζονεύῃ; διὰ τὸν πλοῦτον; διὰ τὰ ἱμάτια 52 τὰ σηρικά; Εἶτα οὐκ ἐννοεῖς, ὅτι σκωλήκων εἰσὶν A ἐκεῖνα νήματα, καὶ βαρβάρων ἀνθρώπων εὑρέματα; ὅτι πόρναι ἐκείνοις κέχρηνται, καὶ μαλακοὶ, καὶ τυμβωρύχοι, καὶ λῃσταί; Ἐπίγνωθι τὸν δίκαιον πλοῦτον, καὶ κατάβηθί ποτε ἀπὸ τοῦ φυσήματος ἐκείνου τοῦ ὑψηλοῦ καὶ κενοῦ· διάσκεψαι τῆς φύσεως τὸ εὐτελές. Γῆ καὶ σποδὸς εἶ, τέφρα καὶ κόνις, καπνὸς καὶ σκιὰ, χόρτος καὶ ἄνθος χόρτου. Τοιαύτῃ φύσει μεγαλοφρονεῖς, εἰπέ μοι; Καὶ τί τούτου γένοιτ' ἂν καταγελαστότερον; Ἀλλὰ πολλῶν ἄρχεις ἀνθρώπων; Καὶ τί τοῦτο ὄφελος, ὅταν ἀνθρώπων μὲν ἄρχεις, τῶν δὲ παθῶν αἰχμάλωτος εἶ καὶ δοῦλος; Ὥσπερ ἄν τις οἴκοι μὲν ὑπὸ τῶν οἰκετῶν τύπτοιτο B καὶ τραύματα λαμβάνοι, ἔξω δὲ εἰς τὴν ἀγορὰν ἐμβάλλων μέγα φρονῇ ἐπὶ τῇ τῶν ἄλλων ἀρχῇ· οὕτω τύπτει σε κενοδοξία, τραύματά σοι ἐπάγει ἡ ἀσέλγεια, πάντων τῶν παθῶν δοῦλος εἶ, καὶ μέγα φρονεῖς ὅτι τῶν ὁμοφύλων ἄρχεις; Εἴθε ἐκείνων ἦρχες, ἐκείνων ἦς ἰσότιμος.

Οὐ τῶν πλουτούντων κατηγορῶν ταῦτα λέγω, ἀλλὰ τῶν κακῶς τῷ πλούτῳ κεχρημένων. Οὐ γὰρ ὁ πλοῦτος κακὸν, ἐὰν εἰς δέον βουλώμεθα αὐτῷ χρήσασθαι, ἀλλ' ἡ ἀπόνοια, καὶ ἡ ἀλαζονεία. Εἰ κακὸν ἦν ὁ πλοῦτος, οὐκ ἂν πάντες ηὐξάμεθα εἰς κόλπους Ἀβραὰμ ἀπελ- C θεῖν τοῦ ἔχοντος τριακοσίους δέκα καὶ ὀκτὼ οἰκέτας οἰκογενεῖς. Οὐ τοίνυν ὁ πλοῦτος κακὸν, ἀλλ' ἡ παράνομος αὐτοῦ χρῆσις κακόν. Καὶ ὥσπερ πρῴην περὶ μέθης λέγων, οὐ τὸν οἶνον διέβαλλον (πᾶν γὰρ κτίσμα Θεοῦ καλὸν, καὶ οὐδὲν ἀπόβλητον, μετ' εὐχαριστίας λαμβανόμενον), οὕτω καὶ νῦν οὐ τῶν πλουτούντων κατηγορῶ, οὐδὲ τὰ χρήματα διαβάλλω, ἀλλὰ τὴν κακὴν τῶν χρημάτων χρῆσιν, καὶ εἰς ἀσωτίαν δαπανωμένην. Διὰ τοῦτο χρήματα λέγεται, ἵνα ἡμεῖς αὐτοῖς χρησώμεθα, καὶ μὴ ἐκεῖνα ἡμῖν· διὰ τοῦτο κτήματα λέγεται, ἵνα ἡμεῖς αὐτὰ κτησώμεθα, καὶ μὴ ἐκεῖνα ἡμᾶς. Τί οὖν τὸν δοῦλον ἔχεις δεσπότην; D τί ἀντέστρεψας τὴν τάξιν; Ἀλλ' ἐβουλόμην μαθεῖν, τί νῦν ποιοῦσιν οἱ τὴν σύναξιν ἐγκαταλείψαντες, καὶ

scipsum afficere, non divitias suas nec nobilitatem. Scire cuperem, ubi nunc sint, qui tum illo die nos interturbabant: siquidem interturbatio quædam erat ipsorum præsentia: scire cuperem quid nunc agant, quid utilius his, quæ nobis sunt præ manibus, illos occupet. Imo nulla occupatio illos detinet, sed solus fastus. Quo quid insanius videri potest? Cur enim, quæso, magnifico ac superbe de te sentis, mi homo? teque nobis gratificari censes, si cum huc veneris attendas, et quæ ad salutem animæ tuæ pertinent audias? quam ob causam, quæso, et cujus rei gratia gloriaris? an ob divitias? an ob vestes sericas? Cur non potius cogitas illas vermium esse stamina et barbarorum hominum inventa? meretrices illis ac molles, et sepulcrorum perfossores, ac latrones uti? Divitias agnosce legitimas, et ab illo sublimi vanoque fastu aliquando delabere; naturæ vilitatem considera. Terra es et pulvis, cinis et favilla, fumus et umbra, fœnum et flos fœni. Taline, quæso, natura gloriaris? Quid vero esse potest magis ridiculum? Atqui multis hominibus imperas? Quid hoc tibi prodest, quod hominibus imperes, cum perturbationum tuarum servus et captivus sis? Quemadmodum si quis domi quidem a famulis verberibus ac vulneribus concidatur, foris autem in forum veniens, quod aliis imperet, glorietur: ita cum te verberet inanis gloriæ cupiditas, cum tibi vulnera infligat luxuria, cum omnium perturbationum servus sis, gloriaris quod gentilibus tuis imperes? Atque utinam illis imperares! utinam æquiparandus illis esses!

2. Non ut divites accusem hæc dico, sed eos qui divitiis perperam utuntur. Neque enim malum sunt divitiæ, si eis ut oportet uti voluerimus, sed superbia et arrogantia. Si malum essent divitiæ, nequaquam ad sinum Abrahæ pervenire optaremus omnes, qui vernaculos habuit trecentos et octodecim famulos. Non sunt igitur malum divitiæ, sed illegitimus earum usus est malum. Et sicut nuper de ebrietate verba faciens non vinum accusabam; quippe cum omnis creatura Dei bona, nihilque rejiciendum sit, quod cum gratiarum actione percipitur: ita nunc quoque non divites accuso, neque pecunias in invidiam adduco, sed malum usum pecuniarum, et qui in libidines impenditur. Propterea χρήματα pecuniæ dicuntur, ut nos illis utamur, et non illæ nobis: propterea possessiones dicuntur, ut nos illas possideamus, et non illæ nos. Cur igitur servum habes dominum? cur invertisti ordinem?

Non divitiæ, sed divitiarum abusus damnandus.

1. Tim. 4. 4.

Vide supra Homil. contra Ebriosos et de Resurrectione.

At enim scire percuperem, quid illi nunc agant qui collectam deseruerunt, et quibus occupentur. Nimirum aut alea ludunt, aut omnino rebus sæcularibus, quæ tumultu redundant, distinentur. Hic si adesses, mi homo, in tranquillitate atque in portu esses : non ingressus dispensator interturbaret, non procurator interpellaret, non famulus ob sæcularia negotia molestiam afferret, non alius ullus irritaret, sed in quiete vivens divinis lectionibus interesses. Nusquam hic fluctus, nusquam tumultus, sed benedictio et preces, et sermo spiritualis, et in cælum commigratio, et jam ex hoc loco, accepto pignore regni cælorum, discederes. Quam ob causam opulentam hanc mensam et opiparam deserens, ad aliam multo molestiorem te transtulisti, et derelicto portu cum turbis tranquillitatem commutasti? Est illud quidem grave, quod non intersint pauperes, qui tum aderant: sed non ita tamen grave, ut quod divites non intersint. Quid ita? Quod pauperes necessariis occupationibus detineantur, quotidiani opificii sollicitudine, manibus suis victum sibi comparantes : educandorum liberorum curam gerunt, uxorem tuentur, ac nisi laborent, vivere nequeunt. Hæc a me dicuntur, non ut defensionem illis componam, sed ut divites majori accusatione esse dignos ostendam. Quanto majori securitate fruuntur, tanto magis damnabuntur, quod nullis ejusmodi rebus occupentur. Nonne Judæos videtis, Deo rebelles, qui Spiritui sancto resistunt, duros illos cervice? His omnino pejores sunt, qui non venerunt. Illis si dixerint sacerdotes septem diebus ab operibus cessandum, vel decem, vel viginti, vel triginta, non contradicunt : tametsi quid illa vacatione molestius fieri potest? Fores occludunt, nec ignem accendunt, nec aquam ferunt, neque aliud quidquam ad ejusmodi usum aggredi illis permittitur : sed otio tamquam catena vinciuntur, et ne tum quidem contradicunt. At ego nihil tale dico, non impero ut septem decemve diebus ab operibus abstineas, sed duas mihi diei horas ut commodes, reliquas ipse tibi habeas, et ne hanc quidem mihi mensuram contribuis. Imo vero mihi ne commodes duas horas, sed tibi ipsi, ut ex oratione patrum aliquam consolationem percipias, ut benedictionibus plenus recedas, ut omni ex parte securus abeas, ut spiritualibus acceptis armis invictus diabolo et inexpugnabilis fias. Quid jucundius, quæso, quam hic versari? Si enim totos dies hic transigere necesse esset, quid præclarius? quid tutius, ubi tot sunt fratres, ubi Spiritus sanctus, ubi

Judæis pejores qui absunt ab ecclesia.

ἐν τίσιν εἰσίν. Ἀλλὰ ἢ κυβεύουσιν, ἢ πάντως πράγματα ἀνακινοῦσι βιωτικὰ, ταραχῆς ἐμπεπλησμένα. Ἐνταῦθα εἰ παρῆς, ἄνθρωπε, ἐν γαλήνῃ ἦς καὶ ἐν λιμένι· οὐκ οἰκονόμος εἰσελθὼν ἐτάραττεν, οὐκ ἐπίτροπος ἐθορύβει, οὐκ οἰκέτης ὑπὲρ πραγμάτων βιωτικῶν ἠνόχλει, οὐκ ἄλλος τις παρώξυνεν· ἀλλ' ἐν ἡσυχίᾳ διάγων ἀπήλαυες θείων ἀκροάσεων. Οὐδαμοῦ E κύματα ἐνταῦθα, οὐδαμοῦ ταραχή· ἀλλ' εὐλογία, καὶ εὐχαὶ, καὶ ὁμιλία πνευματικὴ, καὶ μετάστασις εἰς τὸν οὐρανόν· καὶ ἐντεῦθεν ἤδη τὸν ἀῤῥαβῶνα τῆς βασιλείας τῶν οὐρανῶν λαβὼν ἀπῄεις. Τίνος ἕνεκεν τὴν πλουσίαν ταύτην τράπεζαν ἀφεὶς, εἰς ἑτέραν φορτικωτέραν ἑαυτὸν μετήγαγες, καὶ τὸν λιμένα καταλιπὼν, ταραχὴν ἀντικαταλλάττῃ γαλήνης; Τὸ μὴ παραγενέσθαι πένητας τοὺς τότε παρόντας, δεινὸν μὲν, ἀλλ' οὐδὲ οὕτω δεινὸν, ὡς τὸ μὴ παραγενέσθαι πλουσίους. Τίνος ἕνεκεν; Ὅτι οἱ μὲν πένητες ἔχουσι τὴν ἀναγκαίαν ἀσχολίαν, τὴν φροντίδα τῆς καθημερινῆς 53 A ἐργασίας, ἀπὸ τῶν χειρῶν ποιούμενοι τὸν βίον· παιδοτροφίας ἐπιμελοῦνται, γυναικὸς προεστήκασι, κἂν μὴ κάμωσι, τὰ τῆς ζωῆς αὐτοῖς οἰχήσεται. Ταῦτα λέγω, οὐχὶ ἀπολογίαν ὑπὲρ ἐκείνων συντιθεὶς, ἀλλὰ δεικνὺς πῶς μείζονος κατηγορίας οἱ πλουτοῦντές εἰσιν ἄξιοι. Ὅσον πλείονος ἀπολαύουσιν ἀδείας, τοσοῦτον καὶ κατακρίσεως, ὅτι οὐδενὶ τούτων κατέχονται. Οὐχ ὁρᾶτε τοὺς Ἰουδαίους, τοὺς θεομάχους, τοὺς ἀντιπίπτοντας τῷ ἁγίῳ Πνεύματι, τοὺς σκληροτραχήλους; Τούτων οἱ μὴ παραγενόμενοι πάντων χείρους εἰσίν. Ἐκείνοις ἐὰν εἴπωσιν οἱ ἱερεῖς ἑπτὰ ἡμέρας ἀργῆσαι, καὶ δέκα, καὶ εἴκοσι, καὶ τριάκοντα, οὐκ B ἀντιλέγουσι· καίτοι τί τῆς ἀργίας ἐκείνης χαλεπώτερον; Τὰς θύρας ἀποκλείουσι, καὶ οὔτε πῦρ καίουσιν, οὐχ ὕδωρ φέρουσιν, οὐκ ἄλλο τι πρὸς τὴν χρείαν τὴν τοιαύτην μεταχειρίζειν ἐφίενται· ἀλλ' ἔστιν ἅλυσις αὐτοῖς ἡ ἀργία, καὶ οὐδὲ οὕτως ἀντιλέγουσιν. Ἐγὼ δὲ οὐδὲν τοιοῦτον λέγω, ὅτι ἑπτὰ ἡμέρας ἄργησον, οὐδὲ δέκα ἡμέρας· ἀλλὰ δύο μοι δάνεισον ὥρας τῆς ἡμέρας, καὶ τὰς λοιπὰς αὐτὸς ἔχε· καὶ οὐδὲ τοῦτό μοι τὸ μέτρον εἰσφέρεις. Μᾶλλον δὲ μὴ ἐμοὶ δανείσῃς τὰς δύο ὥρας, ἀλλ' ἑαυτῷ· ἵνα παράκλησίν τινα εὐχῆς δέξῃ πατέρων, ἵνα εὐλογιῶν πεπληρωμένος ἀναχωρήσῃς, C ἵνα πανταχόθεν ἀσφαλὴς ἀπέλθῃς, ἵνα τὰ ὅπλα λαβὼν τὰ πνευματικὰ ἀκαταγώνιστος γένῃ, ἀχείρωτος τῷ διαβόλῳ. Τί ἥδιον, εἰπέ μοι, τῆς ἐνταῦθα διαγωγῆς; Εἰ γὰρ διημερεύειν ἐνταῦθα ἐχρῆν, τί σεμνότερον; τί ἀσφαλέστερον, ὅπου ἀδελφοὶ τοσοῦτοι, ὅπου τὸ Πνεῦμα τὸ ἅγιον, ὅπου Ἰησοῦς μέσος, καὶ ὁ τούτου Πατήρ; Ποίαν ἑτέραν ζητεῖς συναγωγὴν τοιαύτην; ποῖον ἕτερον βουλευτήριον; ποίαν σύνοδον; Τοσαῦτα ἀγαθὰ ἐν τῇ τραπέζῃ, ἐν τῇ ἀκροάσει, ἐν ταῖς εὐλογίαις, ἐν ταῖς εὐχαῖς, ἐν ταῖς συνουσίαις· καὶ σὺ πρὸς ἑτέρας βλέπεις διατριβάς; Καὶ ποίαν ἔχεις συγγνώμην; Ταῦτα οὐχ ἵνα ὑμεῖς ἀκούσητε εἶπον· οὐ γὰρ χρείαν ἔχετε τῶν φαρμάκων τούτων ὑμεῖς, [D] οἱ διὰ τῶν ἔργων ἐπιδειξάμενοι τὴν ὑγίειαν, τὴν ὑπακοὴν, οἱ διὰ τῆς σπουδῆς τὸν πόθον ἁπλώσαντες· ἀλλ' εἶπον ταῦτα πρὸς ὑμᾶς, ἵνα ἀκούσωσιν οἱ μὴ παρόντες δι' ὑμῶν. Μὴ εἴπητε, ὅτι κατηγόρησα τῶν μὴ παραγενομένων ἁπλῶς, ἀλλ' ὅλον ἄνωθεν αὐτοῖς διηγήσασθε τὸν λόγον. Ἀναμνήσατε αὐτοὺς τῶν Ἰουδαίων, ἀναμνήσατε αὐτοὺς τῶν βιωτικῶν πραγμάτων· εἴπατε πόσῳ βελτίων ἡ ἐνταῦθα σύναξις, εἴπατε πόσην σπουδὴν περὶ τὰ τοῦ κόσμου πράγματα ἐπιδείκνυνται, εἴπατε πόσος μισθὸς ἕπεται τοῖς ἐνταῦθα συλλεγομένοις. Ἂν γὰρ μόνον εἴπητε, ὅτι κατηγόρησα, τὸν μὲν θυμὸν ἠγείρατε, καὶ τραῦμα [E] εἰργάσασθε, τὸ δὲ φάρμακον οὐκ ἐπεθήκατε· ἂν δὲ διδάξητε αὐτοὺς, ὅτι οὐχ ὡς ἐχθρὸς κατηγόρησα, ἀλλ' ὡς φίλος ὀδυνώμενος, καὶ πείσητε αὐτοὺς, ὅτι Ἀξιοπιστότερα τραύματα φίλων, ἢ ἑκούσια φιλήματα ἐχθρῶν, δέξονται μετὰ πολλῆς ἡδονῆς τὴν κατηγορίαν· οὐ γὰρ τοῖς ῥήμασιν, ἀλλὰ τῇ γνώμῃ τοῦ λέγοντος προσέξουσιν. Οὕτω θεραπεύετε τοὺς ἀδελφοὺς τοὺς ὑμετέρους. Ἡμεῖς τῆς σωτηρίας ὑπεύθυνοι τῶν παρόντων ὑμῶν, ὑμεῖς τῆς τῶν ἀπολειφθέντων. [54 A] Οὐ δυνάμεθα αὐτοῖς συγγενέσθαι δι' ἑαυτῶν· συγγενώμεθα αὐτοῖς δι' ὑμῶν, καὶ τῆς ὑμετέρας διδασκαλίας· γέφυρά τις ἡμῖν γενέσθω πρὸς ἐκείνους ἡ ὑμετέρα ἀγάπη· ποιήσατε τοὺς ὑμετέρους λόγους διὰ τῆς ὑμετέρας γλώττης διαβῆναι πρὸς τὴν ἐκείνων ἀκρόασιν. Τάχα αὐτάρκως εἴρηται ἕνεκεν τῶν ἀπολειφθέντων τὰ εἰρημένα, καὶ οὐδὲν δεῖ πλέον προσθεῖναι. Ἐνῆν μὲν γὰρ πλείονα εἰπεῖν, ἀλλ' ἵνα μὴ τὸν καιρὸν ἅπαντα εἰς τοῦτο καταδαπανήσωμεν κατηγοροῦντες, ὑμᾶς δὲ μηδὲν ὠφελοῦντες παραγενομένους αὐτοὺς, φέρε τι καὶ ὑμῖν παραθῶμεν ξένον [B] ὄψον καὶ καινόν· ξένον δὲ καὶ καινὸν λέγω οὐ κατὰ τὴν πνευματικὴν τράπεζαν, ἀλλὰ ξένον κατὰ τὴν ὑμετέραν ἀκρόασιν.

Διελέχθημεν ὑμῖν ἀπὸ τῶν ἀποστολικῶν ῥημάτων ἐν ταῖς ἔμπροσθεν ἡμέραις, καὶ ἀπὸ τῶν εὐαγγελικῶν, ὅτε περὶ τοῦ Ἰούδα διελεγόμεθα· διελέχθημεν ὑμῖν καὶ ἀπὸ προφητικῶν· σήμερον βουλόμεθα ἀπὸ τῶν Πράξεων τῶν ἀποστόλων εἰπεῖν. Διὰ τοῦτο εἶπον τὸ ὄψον ξένον, καὶ οὐ ξένον. Οὐ ξένον μὲν, ὅτι τῆς

medius Jesus, et Pater ejus? Qualem aliam talem congregationem quæris? qualem alium senatum? qualem conventum? Tot bonis referta est mensa, tot lectio Scripturæ, tot benedictiones, tot preces, tot ipsi congressus: et tu aliam conversationem et colloquia spectas? Quanam autem venia dignus censebere? Hæc a me dicta sunt, non ut vos audiatis: neque enim vos medicamentis ejusmodi indigetis, qui ipsis operibus sanos vos esse comprobastis, qui obeditis, qui tanto studio vestrum amorem ostendistis: sed ad vos hæc dicta sunt a me, ut ex vobis audiant qui non adsunt. Nolite dicere solum a me accusatos eos esse qui non venerunt, sed totam a principio illis orationem narrate. Revocate illis in memoriam Judæos, revocate in memoriam negotia sæcularia: dicite quanto præstantior sit iste conventus; dicite quantum erga res mundanas studium exhibeant, dicite quanta merces illos maneat, qui hic congregantur. Si enim tantum dixeritis accusatos illos a me fuisse, iram excitabitis, et vulnus infligetis, non medicinam admovebitis: sin autem illos docueritis me non tamquam inimicum accusasse, verum tamquam amicum indoluisse, atque illis persuaseritis, *Fideliora* esse vulnera *amicorum, quam spontanea* oscula *inimicorum*, accusationem multa cum voluptate suscipient: non enim ad verba, sed ad sententiam dicentis attendent. Ita fratres vestros curate. Nobis salutis omnium vestrum, qui adestis, est ratio reddenda, vobis, eorum qui absunt. Non possumus ipsi per nos cum illis in colloquium venire, per vos cum illis in colloquium veniamus, et per vestram eruditionem: sit nobis instar pontis cujusdam erga illos caritas vestra: efficite ut per linguam vestram nostri sermones ad illorum aures trajiciantur. Sufficient fortasse quæ diximus de illis, qui collectæ non intersunt, neque quidquam est addendum. Nam plura quidem dicere potuissemus, sed ne totum tempus in ejusmodi accusationes impendamus, et ad vos ipsos, qui adestis, hinc utilitas nulla dimanet, age, vobis etiam insolitum ac novum quoddam obsonium apponamus: insolitum autem ac novum dico, non habita ratione mensæ spiritualis, sed auris vestrarum habita ratione.

Prov. 27. 6.

3. Superioribus apud vos diebus de apostolicis verbis, deque evangelicis disseruimus, cum de Juda verba faceremus: disseruimus et de propheticis; hodierno die volumus de Apostolorum Actis verba facere. Propterea insolitum dixi obsonium et non insolitum. Non insolitum qui-

Vide Monitum ad Homil. in Judam.

dem, quod ad seriem sacrarum pertineat Scripturarum : insolitum autem, quod aures fortasse vestræ minime sint narrationi ejusmodi assuetæ. Multis quidem certe nec notus est liber iste : a multis rursus, cum clarus et apertus videatur, tamen contemnitur : et his quidem cognitio, illis autem ignorantia occasionem affert negligentiæ. Ut igitur et qui non noverunt, et qui clare se intelligere arbitrantur, multas in eo profundas et abstrusas esse sententias discant, operæ pretium fuerit amborum negligentiam hodierno die corrigere. Prius sciamus opus est, quis librum scripserit : hic enim optimus indagationis est ordo, ut de auctore videamus, an homo sit, an vero

Matth. 23. 8. Deus : ac si homo quidem sit, rejiciamus : *Nolite* enim, inquit, *vocare magistrum super terram :* sin autem Deus, admittamus : cælestis enim est et superna schola nostra, siquidem talis est dignitas hujus theatri, ut ab hominibus nihil, sed per homines a Deo discamus. Disquirendum nobis est, quis scripserit, et quando scripserit, et de quibus, et qua de causa præceptum sit, ut ille in hac solennitate legeretur. Nam toto fortassis anno legi librum non auditis. Enimvero hoc quoque nosse prodest : ac deinde quærendum est, qua de causa hunc titulum præ se ferat,

Tituli Scripturæ non prætereundi. *Acta Apostolorum.* Neque enim temere prætereundi sunt tituli, neque confestim initium libri attingendum est : sed prius libri nomen videndum. Nam quemadmodum in nobis ex capite reliquum corpus fit notius, et superne imminens illi facies manifestum illud reddit : sic a superiori parte impositus textui titulus in fronte reliquam scripturam efficit notiorem. Nonne hoc videtis in regiis etiam imaginibus, ut sursum quidem posita sit imago, quæ regis nomen inscriptum habet, inferius in basi triumphos regis, victorias et præclara facinora inscripta habet? Idem in Scripturis licet cernere. Sursum quidem depicta est imago regia : inferius autem victoria inscripta est et tropæa et res omnes præclare gestæ. Ita facimus etiam, cum epistolam acceperimus : non continuo vinculum solvimus, neque continuo quæ intus latent, legimus : sed exterius positam inscriptionem prius percurrimus, et ex illa discimus et qui miserit, et a quo recipi debeat. Annon igitur absurdum est, ut in rebus quidem sæcularibus tantum studii adhibeamus, neque commoveamur, aut perturbemur, sed ordine singula percurramus : hoc vero loco ægre feramus, et confestim initium aggrediamur? Vultis intelligere quanta sit vis tituli, quanta sit virtus, quan-

ἀκολουθίας ἐστὶ τῶν θείων Γραφῶν, ξένον δὲ, διότι τάχα ἀήθης ὑμῖν ἡ ἀκοὴ πρὸς τὴν τοιαύτην ἀκρόασιν.

C Πολλοῖς γοῦν τὸ βιβλίον τοῦτο οὐδὲ γνώριμόν ἐστι· πολλοῖς δὲ δοκοῦν σαφὲς εἶναι, πάλιν παρορᾶται· καὶ γίνεται τοῖς μὲν ἡ γνῶσις, τοῖς δὲ ἡ ἄγνοια ῥᾳθυμίας ὑπόθεσις. Ἵν' οὖν καὶ οἱ ἀγνοοῦντες μάθωσι, καὶ οἱ νομίζοντες σαφῶς εἰδέναι, ὅτι πολὺ βάθος νοημάτων ἔχει, ἀναγκαῖον ἀμφοτέρων διορθώσασθαι τὴν ῥᾳθυμίαν τήμερον. Δεῖ δὲ πρότερον μαθεῖν, τίς τὸ βιβλίον ἔγραψεν. Αὕτη γὰρ ἀρίστης ἐρεύνης ἀκολουθία, πρότερον τὸν γράψαντα ἰδεῖν, εἰ ἄνθρωπός ἐστιν, ἢ ὁ Θεός· κἂν μὲν ἄνθρωπος, παρακρουσώμεθα· Μὴ καλέσητε γὰρ, φησὶ, διδάσκαλον ἐπὶ τῆς γῆς· ἂν δὲ Θεὸς, δεξώμεθα· ἄνωθεν γάρ ἐστι τὸ διδασκαλεῖον τὸ ἡμέτερον· καὶ

D γὰρ τοιοῦτον τὸ ἀξίωμα τοῦ θεάτρου τούτου, μηδὲν παρὰ ἀνθρώπων μανθάνειν, ἀλλὰ παρὰ Θεοῦ δι' ἀνθρώπων. Δεῖ τοίνυν ἐξετάσαι, τίς ὁ γράψας, καὶ πότε ἔγραψε, καὶ περὶ τίνων, καὶ τίνος ἕνεκεν τῇ ἑορτῇ ταύτῃ νενομοθέτηται αὐτὸ ἀναγινώσκεσθαι. Τάχα γὰρ οὐκ ἀκούετε διὰ παντὸς τοῦ ἔτους ἀναγινωσκομένου τοῦ βιβλίου. Καὶ γὰρ καὶ τοῦτο χρήσιμον· καὶ μετὰ τοῦτο ζητῆσαι χρὴ, τίνος ἕνεκεν ταύτην ἔχει τὴν ἐπιγραφὴν, Πράξεις ἀποστόλων. Οὐδὲ γὰρ τὰς ἐπιγραφὰς ἁπλῶς παριέναι χρὴ, οὐδὲ εὐθέως εἰς τὴν ἀρχὴν ἐμβαλεῖν τῆς συγγραφῆς, ἀλλὰ πρότερον

E ὁρᾷν τὴν προσηγορίαν τοῦ βιβλίου. Καθάπερ γὰρ ἐφ' ἡμῶν ἡ κεφαλὴ γνωριμώτερον ποιεῖ τὸ λοιπὸν σῶμα, καὶ ἡ ὄψις ἄνωθεν ἐπικειμένη φανερὸν αὐτὸ ἐργάζεται, οὕτω καὶ ἡ ἐπιγραφὴ ἄνωθεν πρὸ τῆς ὑφῆς ἐπικειμένη ἐπὶ τοῦ μετώπου καταφανέστερον ἡμῖν ποιεῖ τὸ λοιπὸν τῆς γραφῆς. Οὐχ ὁρᾶτε καὶ ἐπὶ τῶν εἰκόνων τοῦτο τῶν βασιλικῶν, ὅτι ἄνω κεῖται μὲν ἡ εἰκὼν, καὶ τὸν βασιλέα ἔχει ἐγγεγραμμένον· κάτω δὲ ἐν τῇ χοίνικι ἐπιγέγραπται τοῦ βασιλέως τὰ τρόπαια, ἡ

55 νίκη, τὰ κατορθώματα; Οὕτω δὴ καὶ ἐπὶ τῶν Γρα-

A φῶν ἐστιν ἰδεῖν. Γέγραπται μὲν ἡ εἰκὼν ἡ βασιλικὴ ἄνωθεν· κάτωθεν δὲ ἐπιγέγραπται ἡ νίκη, τὰ τρόπαια, τὰ κατορθώματα. Οὕτω καὶ ἐπιστολὴν ὅταν δεξώμεθα, ποιοῦμεν· οὐκ εὐθέως διαλύομεν τὸν δεσμὸν, οὐδὲ εὐθέως τὰ ἐγκείμενα ἔνδοθεν ἀναγινώσκομεν· ἀλλὰ πρότερον τὴν ἔξωθεν ἐπιγραφὴν ἐπερχόμεθα, καὶ ἐξ ἐκείνης μανθάνομεν καὶ τὸν πέμψαντα, καὶ τὸν ὀφείλοντα ὑποδέξασθαι. Καὶ πῶς οὖν οὐκ ἄτοπον ἐν μὲν τοῖς βιωτικοῖς τοσαύτῃ κεχρῆσθαι σπουδῇ, καὶ μὴ θορυβεῖσθαι, μηδὲ ταράττεσθαι, ἀλλὰ κατὰ τάξιν ἕκαστον ἐπιέναι· ἐνταῦθα δὲ ἀσχάλλειν, καὶ εὐθέως ἐπιπηδᾷν τῇ ἀρχῇ; Βούλεσθε μαθεῖν ὅση τῆς ἐπιγραφῆς ἡ ἰσχύς; ὅση δύναμις; ὅσος ἀπόκειται θη-

B σαυρὸς ἐν ταῖς ἀρχαῖς τῶν Γραφῶν; Ἀκούσατε, ἵνα μὴ καταφρονῆτε τῆς ἐπιγραφῆς τῶν θείων Βιβλίων. Εἰσῆλθεν εἰς τὰς Ἀθήνας ὁ Παῦλός ποτε· ἐν αὐτῷ τῷ βιβλίῳ γέγραπται ἡ ἱστορία αὕτη· εὗρεν ἐν τῇ πόλει οὐχὶ βιβλίον θεῖον, ἀλλὰ βωμὸν εἰδώλων· εὗρεν ἐπιγραφὴν οὕτως ἔχουσαν, Ἀγνώστῳ Θεῷ· καὶ οὐ παρέδραμεν, ἀλλ' ἀπὸ τῆς ἐπιγραφῆς τοῦ βωμοῦ τὸν βωμὸν καθεῖλε. Παῦλος ὁ ἅγιος, ὁ Πνεύματος χάριν ἔχων, οὐ παρέδραμε βωμοῦ ἐπίγραμμα, καὶ σὺ ἐπιγραφὴν Γραφῶν παρατρέχεις; ἐκεῖνος οὐκ ἀφῆκεν ἅπερ ἔγραψαν Ἀθηναῖοι εἰδωλολάτραι, καὶ σὺ ἅπερ ἔγραψε τὸ Πνεῦμα τὸ ἅγιον οὐ νομίζεις εἶναι ἀναγκαῖα; καὶ ποίαν ἔχεις συγγνώμην; Ἀλλὰ γὰρ ἴδωμεν πόσον τὸ κέρδος ἀπὸ τοῦ ἐπιγράμματός ἐστιν. Ὅταν οὖν ἴδῃς ἐπίγραμμα βωμῷ ἐγκεχαραγμένον τοσαύτην παρασχὸν τὴν ἰσχὺν, μαθήσῃ ὅτι πολλῷ μᾶλλον τὰ ἐπιγράμματα τῶν θείων Γραφῶν τοῦτο ποιῆσαι δυνήσεται. Εἰσῆλθεν εἰς τὴν πόλιν ὁ Παῦλος, εὗρε βωμὸν ἐν ᾧ ἐπεγέγραπτο, Ἀγνώστῳ Θεῷ. Τί ἔδει ποιῆσαι; Ἕλληνες πάντες ἦσαν, ἀσεβεῖς πάντες. Τί οὖν ἐχρῆν ποιῆσαι; Ἀπὸ εὐαγγελίων διαλεχθῆναι; Ἀλλὰ κατεγέλων. Ἀλλ' ἀπὸ προφητικῶν, καὶ τοῦ νόμου γραμμάτων; Ἀλλ' οὐκ ἐπίστευον. Τί οὖν ἐποίησεν; Ἐπὶ τὸν βωμὸν ἔδραμε, καὶ ἀπὸ τῶν ὅπλων τῶν πολεμίων αὐτοὺς ἐχειρώσατο. Καὶ τοῦτό ἐστιν, ὃ λέγει· Ἐγενόμην τοῖς πᾶσι τὰ πάντα, τοῖς Ἰουδαίοις ὡς Ἰουδαῖος, τοῖς ἀνόμοις ὡς ἄνομος. Εἶδε τὸν βωμὸν, εἶδε τὸ ἐπίγραμμα, ἀνέστη τῷ Πνεύματι. Τοιαύτη γὰρ ἡ τοῦ Πνεύματος χάρις· πάντοθεν ποιεῖ κερδαίνειν τοὺς ὑποδεχομένους αὐτήν· τοιαῦτα ἡμῶν τὰ ὅπλα τὰ πνευματικά. Αἰχμαλωτίζοντες γὰρ, φησὶ, πᾶν νόημα πρὸς τὴν ὑπακοὴν τοῦ Χριστοῦ. Εἶδε τοίνυν τὸν βωμὸν, καὶ οὐκ ἐδειλίασεν· ἀλλὰ μετέστησε τὸν βωμὸν πρὸς ἑαυτόν· μᾶλλον δὲ τὰ γράμματα ἀφεὶς, μετέθηκεν αὐτοῦ τὰ νοήματα· καὶ καθάπερ ἐν πολέμῳ στρατηγὸς ἰδὼν στρατιώτην ἐν τῇ παρατάξει τῶν πολεμίων γενναῖον, εἶτα λαβόμενος ἀπὸ τῆς κόμης τοῦ στρατιώτου, πρὸς τὴν ἑαυτοῦ τάξιν αὐτὸν μεταστήσειε, καὶ παρασκευάσειεν ὑπὲρ αὐτοῦ πολεμεῖν· οὕτω καὶ ὁ Παῦλος ἐποίησε, καθάπερ ἐν παρατάξει πολεμίων τὸ ἐπίγραμμα εὑρὼν ἐν τῷ βωμῷ γεγραμμένον, πρὸς τὴν ἑαυτοῦ τάξιν μετέστησεν, ἵνα μετὰ Παύλου τοῖς Ἀθηναίοις πολεμῇ, ἀλλ' οὐ μετὰ Ἀθηναίων τὸν Παῦλον βάλλῃ· ξίφος γὰρ ἦν τῶν Ἀθηναίων, μάχαιρα ἦν τῶν πολεμίων τὸ ἐπίγραμμα ἐκεῖνο, ἀλλ' αὕτη ἡ μάχαιρα τῶν πολεμίων τὴν κεφαλὴν ἐξέτεμεν. Οὐκ ἦν οὕτω θαυμαστὸν, εἰ τοῖς οἰκείοις αὐτοῦ ὅπλοις ἐχειρώσατο· τοῦτο γὰρ κατὰ λόγον συμβαίνει· τὸ γὰρ καινὸν καὶ παράδοξον, ὅταν τὰ τῶν πολεμίων ὅπλα, ταῦτα μηχανήματα τοῖς πολεμίοις προσάγηται· ὅταν τὸ ξίφος, ὃ καθ' ἡμῶν βαστάζουσι, τοῦτο αὐτοῖς τὴν καιρίαν ἐπαγάγῃ πληγήν.

tus in Scripturarum initiis reconditus sit thesaurus? Auscultate, ne sacrorum librorum titulos contemnatis. Athenas aliquando Paulus ingressus est: hæc historia scripta est in hoc ipso libro; reperit in urbe non librum sacrum, sed idolorum altare: inscriptionem reperit quæ sic habuit, IGNOTO DEO: neque præteriit, sed hujus inscriptionis altaris opera ipsum altare subvertit. Paulus ille sanctus, qui Spiritus gratiam habebat, altaris inscriptionem non prætcriit, et tu Scripturarum titulos præteris? ille quod Athenienses idololatræ scripserant, non omisit, et tu quæ Spiritus sanctus scripsit necessaria esse non censes? qua tandem venia dignus eris? Verum enim vero quantam pepererit utilitatem hæc inscriptio videamus. Cum ergo altari insculptam inscriptionem tantam videris suppeditasse virtutem, multo magis a Scripturarum inscriptionibus id perfici posse intelliges. Ingressus est urbem Paulus, invenit altare, cui erat inscriptum *Ignoto Deo*. Quid fuit opus facto? Gentiles erant omnes, impii omnes: quid igitur faciendum fuit? De evangeliis verba facere? At subsannassent. Num de prophetarum libris, vel de legis mandatis? At non credidissent. Quid ergo fecit? Accurrit ad altare, et suis ipsorum armis hostes subegit. Atque hoc illud est quod dicebat, *Factus sum omnibus omnia, Judæis tamquam Judæus, iis qui sine lege erant, tamquam sine lege essem*. Vidit altare, vidit inscriptionem, insurrexit Spiritu. Talis enim est Spiritus gratia: efficit ut qui eam receperint, undique lucrum colligant; talia sunt arma nostra spiritualia. *In captivitatem* enim, inquit, *redigentes omnem intellectum in obsequium Christi*. Vidit ergo altare, nec reformidavit, sed ad seipsum altare traduxit: vel potius omissis literis, ejus sensum transmutavit: et quemadmodum in bello dux exercitus si generosum militem in hostili acie viderit, et coma prehensum ad aciem militem illum transtulerit, atque ut pro se pugnet, effecerit: ita quoque Paulus egit, cum tamquam in hostium acie inscriptionem altari insculptam offendisset, ad suam aciem transtulit, ut adversus Athenienses cum Paulo pugnaret, non cum Atheniensibus Paulum percuteret: gladius enim erat Atheniensium, ensis erat hostium illa inscriptio: sed hic ensis hostium caput amputavit. Non ita mirabile fuisset, si suis ipsius armis eos devicisset: hoc enim merito accidit: verum illud novum est et insolens, cum hostium arma tamquam machinas hostibus admovemus, cum gladius, quem in nos gestant, hic illis letale vulnus infligit.

Inscriptio altaris. Act. 17. 23.

1. Cor. 9. 21.

2. Cor. 10. 5.

4. Talis quippe virtus est Spiritus. Ita quondam egit etiam David: exivit armis nudus, ut nuda gratia Dei appareret. Nihil enim, inquit, humanum sit, quando pro nobis pugnat Deus. Exivit ergo nudus armis, et turrim illam dejecit. Deinde cum armis destitutus esset, currens gladium Goliathi rapuit, atque ita barbari caput amputavit: ita quoque Paulus in hac inscriptione fecit. Atque ut manifestior fiat victoriæ modus, virtutem vobis inscriptionis declarabo. Altare igitur Athenis Paulus invenit, cui inscriptum erat, *Ignoto Deo*. Quis autem ille erat ignotus, nisi Christus? Vides quo pacto inscriptionem captivitate liberarit, non ut damno afficeret eos qui scripserunt, sed ut eos salvos faceret, cisque prodesset? Quid igitur? an propter Christum, dicet aliquis, istud scripserant Athenienses? Si propter Christum hæc Athenienses scripsissent, res adeo mirabilis non fuisset: verum hoc est mirabile, quod illi quidem aliter scripserint, hic autem aliter illud potuerit immutare. Operæ pretium est prius dicamus, qua de causa scripserint Athenienses, *Ignoto Deo*. Quamnam igitur ob causam scripserunt? Multos illi deos habebant, vel potius multos dæmones: *Omnes quippe dii gentium dæmonia*. Habebant et patrios et peregrinos. Videtis quanta irrisio. Si enim Deus est, non est peregrinus: siquidem universi terrarum orbis est dominus. Quosdam igitur istorum alios a patribus suis acceptos habebant, alios a finitimis nationibus, utpote a Scythis, a Thracibus, ab Ægyptiis: quod si profanæ periti essetis eruditionis, has etiam vobis omnes historias recitarem. Quoniam igitur omnes ab initio non susceperant, sed illis invecti paulatim fuerant, alii quidem patrum ætate, alii vero ipsorum tempore, convenientes dixerunt ad invicem: Quemadmodum istos ignorabamus, quandoquidem ipsos deinceps accepimus et agnovimus: ita fieri potest, ut sit aliquis alius ignotus, qui verus sit Deus, sed a nobis minime cognitus, qui a nobis insciis propterea negligatur et non colatur. Quid igitur fecerunt? Aram erexerunt, et inscripserunt, *Ignoto Deo*, ut per inscriptionem hoc significarent, Si forte quispiam sit alius Deus, qui nondum nobis innotuerit, hunc etiam colemus. Vide immodicam superstitionem. Propterea dixit a principio Paulus, *Per omnia quasi superstitiosiores vos video:* non enim vobis notos solummodo colitis deos, sed eos etiam, qui vobis nondum innotuerint. Inscripserant illi quidem, *Ignoto Deo,* sed Paulus interpretatus est; nam

Comparatur Paulus cum Davide.

Psal. 95.5.

Act. 17.22

Τοιαύτη γὰρ ἡ τοῦ Πνεύματος δύναμις. Οὕτω
καὶ ὁ Δαυὶδ ἐποίησέ ποτε· ἐξῆλθε γυμνὸς τῶν ὅπλων,
ἵνα φανῇ γυμνὴ ἡ τοῦ Θεοῦ χάρις. Μηδὲν γάρ, φησὶν,
ἀνθρώπινον ἔστω, ὅταν Θεὸς ὑπὲρ ἡμῶν πολεμῇ.
Ἐξῆλθε τοίνυν γυμνὸς τῶν ὅπλων, καὶ κατήνεγκε
B τὸν πύργον ἐκεῖνον. Εἶτα ἐπειδὴ ὅπλα οὐκ εἶχε,
δραμὼν ἥρπασε τὴν μάχαιραν τοῦ Γολιὰθ, καὶ
οὕτω τὴν κεφαλὴν ἐξέτεμε τὴν τοῦ βαρβάρου· οὕτω
καὶ ὁ Παῦλος ἐποίησεν ἐπὶ τοῦ ἐπιγράμματος τούτου.
Καὶ ἵνα σαφέστερος γένηται ὁ τῆς νίκης τρόπος, καὶ
τὴν δύναμιν ὑμῖν τοῦ ἐπιγράμματος ἐρῶ. Εὗρε τοίνυν ὁ Παῦλος ἐν Ἀθήναις βωμὸν, ἐν ᾧ ἐπεγέγραπτο,
Ἀγνώστῳ Θεῷ. Τίς δὲ ἦν ὁ ἀγνοούμενος, ἀλλ' ἢ ὁ
Χριστός; Εἶδες πῶς ἐξῃχμαλώτισε τὸ ἐπίγραμμα,
οὐκ ἐπὶ κακῷ τῶν γραψάντων, ἀλλ' ἐπὶ σωτηρίᾳ
αὐτῶν καὶ προνοίᾳ; Τί οὖν; οἱ Ἀθηναῖοι διὰ τὸν
C Χριστὸν ἔγραψαν τοῦτο, φησίν; Εἰ διὰ τὸν Χριστὸν
ἔγραψαν οἱ Ἀθηναῖοι, οὐκ ἦν οὕτω θαυμαστόν· ἀλλὰ
τοῦτό ἐστι τὸ θαυμαστὸν, ὅτι ἐκεῖνοι μὲν ἄλλως
ἔγραψαν, οὗτος δὲ ἴσχυσεν ἄλλως αὐτὸ μεταβαλεῖν.
Πρότερον ἀναγκαῖον εἰπεῖν τίνος ἕνεκεν οἱ Ἀθηναῖοι
ἔγραψαν, Ἀγνώστῳ Θεῷ. Τίνος οὖν ἕνεκεν ἔγραψαν;
Πολλοὺς εἶχον θεοὺς ἐκεῖνοι, μᾶλλον δὲ πολλοὺς δαί-
μονας· Πάντες γὰρ οἱ θεοὶ τῶν ἐθνῶν δαιμόνια. Εἶχον καὶ ἐπιχωρίους, καὶ ξένους. Ὁρᾶτε ὅσος ὁ κατά-
γελως. Εἰ γὰρ Θεός ἐστιν, οὐκ ἔστι ξένος· τῆς γὰρ
οἰκουμένης ἁπάσης δεσπότης ἐστί. Τούτων τοίνυν
τοὺς μὲν παρὰ πατέρων εἶχον δεξάμενοι, τοὺς δὲ
D ἀπὸ τῶν πλησίον ἐθνῶν, οἷον ἀπὸ Σκυθῶν, ἀπὸ
Θρᾳκῶν, ἀπὸ Αἰγυπτίων· καὶ εἰ τῆς ἔξωθεν παιδεύσεως ἦτε ἔμπειροι, καὶ ταύτας ἂν ὑμῖν ἀνέγνων τὰς
ἱστορίας πάσας. Ἐπεὶ οὖν οὐκ ἐξ ἀρχῆς πάντας
ἐδέξαντο, ἀλλὰ κατὰ μικρὸν εἰσηνέχθησαν αὐτοῖς,
οἱ μὲν ἐπὶ τῶν πατέρων, οἱ δὲ ἐπὶ τῆς γενεᾶς τῆς
ἑαυτῶν, συνελθόντες εἶπον πρὸς ἀλλήλους· ὅτι ὥσπερ τούτους ἠγνοοῦμεν, φασὶν, ἔπειτα ὕστερον αὐτοὺς ἐδεξάμεθα καὶ ἐγνωρίσαμεν, οὕτω συμβαίνει
καὶ ἄλλον εἶναι ἀγνοούμενον, καὶ ὄντα μὲν Θεὸν, οὐ
γνωριζόμενον δὲ ὑφ' ἡμῶν· καὶ διὰ τοῦτο λανθάνει
E ἀμελούμενος, καὶ μηδὲ θεραπευόμενος. Τί οὖν ἵνα
γένηται; Ἔστησαν βωμὸν, καὶ ἔγραψαν, Ἀγνώστῳ
Θεῷ, τοῦτο λέγοντες διὰ τοῦ ἐπιγράμματος· ὅτι καὶ
εἴ τίς ἐστι θεὸς ἕτερος οὐδέπω γνωρισθεὶς ἡμῖν, κἀκεῖνον θεραπεύσωμεν. Ὅρα ὑπερβολὴν δεισιδαιμο-
νίας. Διὰ τοῦτο ὁ Παῦλος ἀρχόμενος ἔφη, Κατὰ
πάντα ὡς δεισιδαιμονεστέρους ὑμᾶς ὁρῶ· οὐ γὰρ
τοὺς γνωρίμους ὑμῖν δαίμονας θεραπεύετε μόνον,
ἀλλὰ καὶ τοὺς οὐδέπω γνωρισθέντας ὑμῖν. Ἐκεῖνοι
μὲν διὰ τοῦτο ἐπέγραψαν, Ἀγνώστῳ Θεῷ, ὁ δὲ
Παῦλος ἡρμήνευσεν. Οἱ μὲν γὰρ τοῦτο περὶ ἄλλων
57 A ἔλεγον, αὐτὸς δὲ αὐτὸ μετέστησεν ἐπὶ τὸν Χριστὸν,
αἰχμαλωτίσας τὸ νόημα, καὶ μεθ' ἑαυτοῦ στήσας

ἐν τῇ παρατάξει τῇ ἑαυτοῦ· Ὃν γὰρ ἀγνοοῦντες εὐσεβεῖτε ὑμεῖς, τοῦτον ἐγὼ καταγγέλλω, φησίν· ἄγνωστος γὰρ Θεὸς οὐδεὶς ἄλλος ἐστὶν ἢ ὁ Χριστός. Καὶ ὅρα σύνεσιν πνευματικήν. Ἔμελλον αὐτῷ μετὰ ταῦτα ἐγκαλεῖν, ὅτι ξενίζοντα εἰσφέρεις δόγματα εἰς τὰς ἀκοὰς ἡμῶν, ὅτι καινοτομεῖς, ὅτι Θεὸν εἰσφέρεις, ὃν οὐκ ἴσμεν. Βουλόμενος τοίνυν ἀπαλλαγῆναι τῆς ὑποψίας τῆς κατὰ τὴν καινοτομίαν, καὶ δεῖξαι ὅτι οὐ ξένον κηρύττει Θεὸν, ἀλλ' ὃν προλαβόντες διὰ τῆς θεραπείας ἐτίμησαν, ἐπήγαγε καὶ εἶπεν· ὅτι Ὃν ἀγνοοῦντες εὐσεβεῖτε, τοῦτον ἐγὼ καταγγέλλω ὑμῖν. Ὑμεῖς με προελάβετε, φησίν· ἔφθασεν ὑμῶν ἡ θεραπεία τὸ ἐμὸν κήρυγμα. Μὴ τοίνυν ἐγκαλεῖτε, ὅτι ξένον εἰσφέρω Θεόν· τοῦτον γὰρ καταγγέλλω, ὃν ὑμεῖς ἀγνοοῦντες θεραπεύετε, οὐκ ἀξίῳ μὲν αὐτοῦ τρόπῳ, θεραπεύετε δὲ ὅμως. Οὐ γὰρ τοιοῦτος βωμὸς ἵσταται τῷ Χριστῷ, ἀλλὰ βωμὸς ἔμψυχος καὶ πνευματικός· ἀλλ' ἀπὸ τούτου ὑμᾶς καὶ πρὸς ἐκεῖνον ἀναγαγεῖν δύναμαι. Οὕτω καὶ Ἰουδαῖοι τὸ παλαιὸν ἐθεράπευον· ἀλλ' ἀπέστησαν ἀπὸ τῆς σωματικῆς θεραπείας, καὶ ἦλθον ἐπὶ τὴν πνευματικὴν οἱ πιστεύσαντες ἅπαντες. Εἶδες σοφίαν Παύλου; εἶδες σύνεσιν; εἶδες πῶς αὐτοὺς ἐχειρώσατο, οὐκ ἀπὸ εὐαγγελίων, οὐκ ἀπὸ προφητικῶν, ἀλλὰ ἀπὸ ἐπιγράμματος; Μὴ παράτρεχε τοίνυν, ἀγαπητὲ, τὴν ἐπιγραφὴν τῶν θείων λογίων· ἂν μὲν νήφῃς καὶ ἐγρήγορος ᾖς, καὶ ἐν ἀλλοτρίοις εὑρίσκεις τι χρήσιμον· ἂν δὲ ῥᾴθυμος καὶ ἀναπεπτωκὼς, οὐδὲ ἀπὸ τῶν θείων Γραφῶν ἔσται σοί τι πλέον. Ὥσπερ γὰρ ὁ εἰδὼς κερδαίνειν, πανταχόθεν κερδαίνει· οὕτω καὶ ὁ μὴ εἰδὼς, κἂν θησαυρὸν εὕρῃ, κενὸς ἄπεισι. Βούλεσθε, εἴπω καὶ ἕτερόν τι τοιοῦτον ἐπιχείρημα, ὅπερ ἄλλος μὲν μεθ' ἑτέρας ἐφθέγξατο διανοίας, ὁ δὲ εὐαγγελιστὴς πρὸς ἑαυτὸν μετέθηκε τῶν εἰρημένων τὴν δύναμιν; Οὐκοῦν προσέχετε ἀκριβῶς, ἵνα μάθητε, ὅτι κἀκεῖνος ᾐχμαλώτισε τὸ νόημα εἰς τὴν ὑπακοὴν τοῦ Χριστοῦ· ἵνα μάθητε, ὅτι εἰ τὰ ἀλλότρια αἰχμαλωτίζειν δυνάμεθα, πολλῷ μᾶλλον ἐν τοῖς οἰκείοις ἐμπορευσόμεθα καὶ κερδανοῦμεν. Ὁ Καϊάφας ἀρχιερεὺς ἦν τοῦ ἐνιαυτοῦ ἐκείνου· καὶ γὰρ καὶ τοῦτο τῆς Ἰουδαϊκῆς ἐγένετο πονηρίας· κατῄσχυνον γὰρ τὸ τῆς ἱερωσύνης ἀξίωμα, ὠνητοὺς ποιήσαντες ἀρχιερέας. Ἔμπροσθεν δὲ οὐχ οὕτως ἦν, ἀλλὰ τῇ τελευτῇ μόνῃ κατελύετο ἡ ἱερωσύνη τοῦ ἀρχιερέως· τότε δὲ καὶ ζῶντες παρελύοντο τῆς τιμῆς. Ἀρχιερεὺς τοίνυν ὢν τοῦ ἐνιαυτοῦ ἐκείνου ὁ Καϊάφας, καθώπλιζε κατὰ τοῦ Χριστοῦ τοὺς Ἰουδαίους, καὶ ἔλεγεν· ὅτι δεῖ τοῦτον ἀποθανεῖν, ἐγκαλεῖν μὲν οὐδὲν ἔχων, βασκανίᾳ δὲ τηκόμενος. Τοιοῦτον γὰρ ὁ φθόνος· τῶν εὐεργεσιῶν τοιαύτας ἀποδίδωσι τὰς ἀμοιβάς. Ὅθεν καὶ τὴν αἰτίαν διδάσκων τῆς ἐπιβουλῆς, ἔλεγε· Συμφέρει ἵνα εἷς ἄνθρωπος ἀποθάνῃ, καὶ μὴ ὅλον τὸ ἔθνος

illi quidem id de aliis dixerant, at illud ipse
traduxit ad Christum, et in captivitatem sensum
redegit, et in sua secum acie collocavit : *Quem* Ib. v. 28.
enim ignorantes vos colitis, *hunc ego vobis*
annuntio, inquit ; ignotus enim alius Deus non
est, nisi Christus. Ac vide prudentiam spiritualem. Objecturi deinceps illi erant, Nova quædam
dogmata infers auribus nostris, novis rebus studes, deum invehis, quem non novimus. Ut igitur illis suspicionem eximeret novitatis, seque
novum deum minime prædicare ostenderet, sed
B quem ipsi prius cultu honorandum censuerant,
adjunxit et dixit, *Quem ignorantes* colitis, *eum*
ego vobis annuntio. Vos me prævenistis, inquit ; prædicationem meam cultus vester præoccupavit. Ne igitur objiciatis novum a me deum
inferri : hunc enim annuntio quem vos colitis
ignorantes, non digno quidem modo, sed tamen
colitis. Non enim tale Christo erigitur altare,
sed animatum altare ac spirituale ; verumtamen
ab hoc ad illud vos possum perducere. Ita
quoque Judæi quondam cultum exhibebant :
C sed a corporali cultu recesserunt, et ad spiritualem traducti sunt, qui crediderunt omnes.
Vides Pauli sapientiam ? vides prudentiam ?
vides quo pacto illos devicerit non evangelicis,
non propheticis usus dictis, sed inscriptione ?
Noli ergo, carissime, divinorum inscriptionem eloquiorum prætermittere : nam si attentus et vigilans fueris, etiam in alienis utile
quidpiam offendes : sin autem negligens ac remissus, ne ipsæ quidem tibi sacræ Literæ prodesse
poterunt. Nam quemadmodum qui lucra novit
colligere, undique lucra colligit : ita et is qui mi-
D nime novit, quamvis thesaurum invenerit, inanis recedit. Vultis et alterum simile argumentum
in medium afferam, quod alius quidem alio
sensu protulit, sed evangelista vim eorum quæ
dicta fuerant ad se traduxit ? Itaque diligenter
attendite, ut illum quoque discatis intellectum
ad obediendum Christo in captivitatem redegisse :
ut discatis, si aliena possumus in captivitatem 2. Cor. 10.
redigere, multo magis nos in propriis negotiatu- 5.
ros, quæstumque facturos. Pontifex erat anni
illius Caiphas : nam et hoc fuit Judaicæ improbitatis : quoniam dignitatem sacerdotalem adeo
E deturpabant, ut venales pontifices redderent.
Antea vero non ita fiebat, sed sola morte pontificis
sacerdotium terminabatur : tum vero etiam viventes honore se abdicabant. Cum igitur illius
anni pontifex esset Caiphas, Judæos adversus
Christum armabat ac dicebat : Hunc mori opor-

tet : cum tamen nihil haberet quod ei objiceret, sed invidia solum tabesceret. Ea namque invidiæ est conditio, talem acceptorum beneficiorum mercedem rependit. Unde insidiarum causam
Joan. 11. 50. aperiens dicebat, *Expedit ut unus homo moriatur, et non tota gens pereat*. Hujus verbi virtus vide quo pacto in nostras partes transierit, ut intelligas verbum quidem fuisse sacerdotis, at sensum spiritualem fieri potuisse. *Expedit ut unus homo moriatur, et non tota gens*
Ib. v. 51. *pereat. Hoc autem a semetipso non dicebat,* inquit, *sed cum* esset *pontifex anni illius, prophetavit,* quod mori Christum oporteret non modo pro Judæis, sed et pro tota gente : propterea dicebat, *Expedit ut unus moriatur homo, et non tota gens pereat.* Vides potentiam Dei, quo pacto linguam cogat inimicorum pro veritate verba facere?

5. Ut igitur Scripturæ sacræ titulos non prætermittamus, sufficienter hæc dicta sint, si forte recordemini : cuperem autem etiam dicere quis sit auctor libri, et quando quaque de causa illum scripserit. Sed hæc interim mente teneamus; illa vero crastino die, si Deus voluerit, restituemus. Statui namque, quod reliquum est, sermonem ad nuper illuminatos convertere. Nuper autem illuminatos appello non eos, qui ante duos et tres, neque qui ante decem dies illuminati sunt tantum, sed eos etiam qui ante annum, atque adeo multo ante tempore : quandoquidem hos
Neophyti qui vere sint. quoque sic appellari oportet. Si enim in excolenda anima nostra multum studii exhibuerimus, possumus et post decem annos nuper illuminati esse, si nobis ingenitam a baptismate juventutem conservaverimus. Neque enim nuper illuminatum efficit tempus, sed vita munda, cum fieri possit, ut post duos etiam dies, qui sibi non caveat, appellationis hujus dignitatem amittat. Atque hujus rei vobis exemplum proferam, quo pacto qui nuper illuminatus erat, statim post duos dies et gratiam et honorem nuper illuminati amiserit. Hoc autem exemplum idcirco a me profertur, ut cum lapsum istum videritis, salutem vestram in tuto constituatis. Non enim tantum eorum exemplo vobis proposito qui steterunt, sed eorum etiam, qui supplantati sunt, corrigendi estis et sanandi. Simon magus conversus erat, inquit, et baptizatus adhærebat Philippo, videns signa: sed post paucos dies statim ad propriam reversus est nequitiam, et suam salutem emere pecunia volebat. Quid ergo nuper illuminato dixit Petrus?
Act 8. 23. *In felle amaritudinis et obligatione iniqui-*

ἀπόληται. Τούτου τοῦ ῥήματος ἡ δύναμις ὅρα πῶς μεθ' ἡμῶν ἐγένετο· ἵνα μάθῃς ὅτι τὸ μὲν ῥῆμα ἦν τοῦ ἱερέως, τὸ δὲ νόημα ἠδυνήθη γενέσθαι πνευμα-
58 τικόν. Συμφέρει ἵνα εἷς ἄνθρωπος ἀποθάνῃ, καὶ μὴ
A ὅλον τὸ ἔθνος ἀπόληται. Τοῦτο δὲ οὐκ ἔλεγεν ἀφ' ἑαυτοῦ, φησὶν, ἀλλ' ὅτι ἀρχιερεὺς ἦν τοῦ ἐνιαυτοῦ ἐκείνου, προεφήτευσεν, ὅτι δεῖ τὸν Χριστὸν ἀποθανεῖν, οὐ μόνον ὑπὲρ Ἰουδαίων, ἀλλὰ καὶ ὑπὲρ ὅλου τοῦ ἔθνους· διὰ τοῦτο καὶ ἔλεγεν, ὅτι Συμφέρει ἵνα εἷς ἄνθρωπος ἀποθάνῃ, καὶ μὴ ὅλον τὸ ἔθνος ἀπόληται. Εἶδες δύναμιν Θεοῦ, πῶς τὴν γλῶτταν τῶν ἐχθρῶν ἀναγκάζει τὰ ὑπὲρ τῆς ἀληθείας λέγειν;

Ἵνα μὲν οὖν μὴ παρατρέχωμεν τὰς ἐπιγραφὰς τῶν θείων Γραφῶν, ἀρκούντως ταῦτα εἴρηται, ἐὰν μνημονεύητε· ἐβουλόμην δὲ εἰπεῖν, καὶ τίς ὁ γράψας τὸ βιβλίον, καὶ πότε, καὶ τίνος ἕνεκεν ἔγραψεν.
B Ἀλλὰ τέως ταῦτα κατέχωμεν· ἐκεῖνα δὲ εἰς τὴν ἐπιοῦσαν, ἐὰν ὁ Θεὸς θέλῃ, ἀποδώσομεν. Βούλομαι γὰρ λοιπὸν πρὸς τοὺς νεοφωτίστους ἀγαγεῖν τὸν λόγον. Νεοφωτίστους δὲ λέγω, οὐχὶ τοὺς πρὸ δύο καὶ τριῶν, οὐδὲ πρὸ δέκα ἡμερῶν φωτισθέντας μόνον, ἀλλὰ καὶ τοὺς πρὸ ἐνιαυτοῦ, καὶ τοὺς πρὸ πλείονος χρόνου· καὶ γὰρ καὶ τούτους οὕτω χρὴ καλεῖν. Εἰ γὰρ πολλὴν σπουδὴν ἐπιδεικνύμεθα περὶ τὴν ἑαυτῶν ψυχὴν, ἔξεστι καὶ μετὰ δέκα ἔτη εἶναι νεοφωτίστους, ἐὰν τὴν νεότητα τὴν ἀπὸ τοῦ φωτίσματος ἐγγινομένην ἡμῖν διασώσωμεν. Οὐδὲ γὰρ ὁ χρόνος ποιεῖ
C νεοφώτιστον, ἀλλ' ὁ βίος ὁ καθαρός· ἐγχωρεῖ γὰρ καὶ μετὰ δύο ἡμέρας ἀπολέσαι τὸ ἀξίωμα τῆς προσηγορίας τὸν μὴ προσέχοντα. Καὶ τούτου παράδειγμα ὑμῖν ἐρῶ, πῶς νεοφώτιστος εὐθέως ἀπώλεσε μετὰ δύο ἡμέρας καὶ τὴν χάριν τοῦ νεοφωτίστου καὶ τὴν τιμήν. Λέγω δὲ τὸ παράδειγμα, ἵνα ἰδόντες τὸ πτῶμα, ἀσφαλίσησθε τὴν ἑαυτῶν σωτηρίαν. Οὐ γὰρ ἀπὸ τῶν ἑστώτων ὑμᾶς μόνον, ἀλλὰ καὶ ἀπὸ τῶν ὑπεσκελισμένων διορθοῦσθαι χρὴ καὶ θεραπεύειν. Σίμων ὁ μάγος μετεβάλετο, φησὶ, καὶ βαπτισθεὶς προσκαρτερῶν ἦν τῷ Φιλίππῳ, θεωρῶν τὰ σημεῖα·
D ἀλλὰ μετ' ὀλίγας ἡμέρας εὐθέως ἐπανῆλθεν ἐπὶ τὴν ἑαυτοῦ κακίαν, καὶ διὰ χρημάτων ἐβούλετο τὴν σωτηρίαν πρίασθαι. Τί οὖν φησι τῷ νεοφωτίστῳ ὁ Πέτρος; Εἰς χολὴν πικρίας καὶ σύνδεσμον ἀδικίας ὁρῶ σε ὄντα· διὸ δεήθητι τοῦ Κυρίου, εἰ ἄρα ἀφεθήσεταί σοι ἡ κακία αὕτη. Οὔπω ἐνέβη εἰς τοὺς ἀγῶνας, καὶ εὐθέως ἔπεσεν εἰς πτῶμα ἀσύγγνωστον. Ὥσπερ οὖν ἔστι μετὰ δύο ἡμέρας πεσεῖν, καὶ ἀπο-

λέσαι τὴν προσηγορίαν τοῦ νεοφωτίστου καὶ τὴν χάριν, οὕτω καὶ μετὰ δέκα ἔτη καὶ εἴκοσι καὶ μέχρι τῆς ἐσχάτης ἡμέρας ἐστὶν ἔχειν καὶ λαμπρὸν τοῦτο καὶ σεμνὸν ὄνομά τε καὶ πρᾶγμα. Καὶ τούτου μάρτυς ἀπόστολος Παῦλος, ἐν γήρᾳ διαλάμψας μειζόνως. Ἐπειδὴ γὰρ ἡ νεότης αὕτη οὐκ ἀπὸ φύσεως, ἀλλ' ἑκατέρας προαιρέσεως ἡμεῖς ἐσμεν κύριοι, καὶ τὸ γηρᾶσαι καὶ μεῖναι νέους ἐν ἡμῖν ἐστι κείμενον. Ἐπὶ μὲν γὰρ τοῦ σώματος κἂν ἅπαντά τις ἐπισπουδάζῃ, κἂν ἅπαντά τις πραγματεύηται, καὶ μὴ κατατρίβῃ τὸ σῶμα, κἂν ποιῇ μένειν ἔνδον, κἂν μὴ κατατείνῃ τοῖς πόνοις αὐτὸ καὶ τοῖς συνεχέσιν ἔργοις, πάντως κατὰ τὸν τῆς φύσεως νόμον καὶ οὕτως αὐτὸ καταλήψεται τὸ γῆρας· ἐπὶ δὲ τῆς ψυχῆς οὐχ οὕτως· ἀλλ' ἂν μὴ κατατρίβῃς αὐτὴν, μηδὲ κατατείνῃς πόνοις βιωτικοῖς καὶ κοσμικαῖς φροντίσι, μένει διαπαντὸς ἀκραιφνῆ τὴν νεότητα διατηροῦσα. Οὐχ ὁρᾶτε τούτους τοὺς ἀστέρας τοὺς ἐν τοῖς οὐρανοῖς; Ἑξακισχίλια λοιπὸν ἡμῖν ἔτη φαίνουσι, καὶ οὐδεὶς αὐτῶν ἀμαυρότερος γέγονεν. Εἰ δὲ ἔνθα φύσις, οὕτως ἔμεινεν ἀκμαῖον τὸ φῶς· ἔνθα προαίρεσις, οὐ πολλῷ μᾶλλον μενεῖ τοιοῦτον, οἷον ἐξ ἀρχῆς ἔλαμψε; Μᾶλλον δὲ, ἐὰν ἐθέλωμεν, οὐ τοιοῦτον μόνον μενεῖ, ἀλλὰ καὶ λαμπρότερον ἔσται, ὡς καὶ πρὸς αὐτὰς ἁμιλλᾶσθαι τὰς ἡλιακὰς ἀκτῖνας. Βούλει μαθεῖν πῶς ἔξεστι καὶ μετὰ χρόνον εἶναι νεοφωτίστους; Ἄκουσον τί φησιν ὁ Παῦλος πρὸς ἀνθρώπους πρὸ πολλοῦ τοῦ χρόνου πεφωτισμένους· Ἐν οἷς φαίνεσθε ὡς φωστῆρες ἐν κόσμῳ, λόγον ζωῆς ἐπέχοντες εἰς καύχημα ἐμοί. Ἀπεδύσασθε τὸ παλαιὸν καὶ διεῤῥωγὸς ἱμάτιον, ἠλείψασθε τὸ μύρον τὸ πνευματικὸν, ἐλεύθεροι πάντες ἐγένεσθε· μηδεὶς λοιπὸν ἐπὶ τὴν δουλείαν ἐπανερχέσθω τὴν προτέραν. Πόλεμός ἐστι τὰ πράγματα καὶ ἀγών. Οὐδεὶς ἀγωνίζεται δοῦλος, οὐδεὶς στρατεύεται οἰκέτης· ἀλλ' ἐὰν ἁλῷ δοῦλος ὢν, μετὰ τιμωρίας ἐκβάλλεται τοῦ τῶν στρατιωτῶν καταλόγου. Οὐκ ἐπὶ τῆς στρατείας δὲ ταύτης, ἀλλὰ καὶ ἐπὶ τῶν Ὀλυμπιακῶν ἀγώνων τὸ αὐτὸ τοῦτο ἔθος κρατεῖ. Μετὰ γὰρ τὰς τριάκοντα ἡμέρας τὰς ἐνταῦθα ἀναγαγόντες αὐτοὺς εἰς τὸ προάστειον περιάγουσι, καὶ τοῦ θεάτρου καθημένου παντὸς, βοᾷ ὁ κήρυξ, μή τις τούτου κατηγορεῖ; ὥστε αὐτὸν ἀποσκευασάμενον τῆς δουλείας τὴν ὑποψίαν, οὕτως εἰς τοὺς ἀγῶνας ἐμβῆναι. Εἰ δὲ ὁ διάβολος οὐ δέχεται δούλους εἰς τοὺς ἀγῶνας τοὺς ἑαυτοῦ, πῶς σὺ τολμᾷς δοῦλος γενόμενο; τῆς ἁμαρτίας εἰς τοὺς ἀγῶνας ἐμβῆναι τοῦ Χριστοῦ; Ἐκεῖ μὲν ὁ κήρυξ λέγει, μή τις τούτου κατήγορος; ἐνταῦθα δὲ ὁ Χριστὸς οὐχ οὕτω λέγει· ἀλλὰ κἂν ἅπαντες αὐτοῦ κατηγορήσωσι πρὸ τοῦ βαπτίσματος, λέγει, ἐγὼ δέξομαι αὐτὸν, καὶ ἀποσκευάσομαι τῆς δουλείας, καὶ ποιήσας ἐλεύθερον εἰς τοὺς ἀγῶνας εἰσάξω. Εἶδες φιλανθρωπίαν ἀγωνοθέτου; Οὐ ζητεῖ τὰ

tatis video te esse: quocirca Deum roga, si forte remittatur tibi hæc nequitia. Nondum ingressus est certamina, et statim indigno venia casu prolapsus est. Ut igitur post duos dies cadere possumus, et nuper illuminati appellationem et gratiam perdere: ita quoque post decem ac viginti annos, et ad finem usque vitæ possumus præclarum hoc atque venerandum nomen ac rem conservare. Atque hoc Paulus testatur apostolus, qui in senectute maxime illustris fuit. Nam quoniam a natura non est hæc juventus, sed utriusque propositi compotes sumus; ut vel senescamus, vel juvenes maneamus, a nostro pendet arbitrio. In corpore quidem licet omne studium quis adhibeat, licet omnem lapidem moveat, licet illud minime vexet, licet domi contineat, licet laboribus illud et continuis operibus non affligat: tamen ex lege naturæ sic quoque plane senectus illud invadet. In anima vero non ita fit: sed si illam minime vexes, neque sæcularibus eam laboribus curisque mundanis excrucies, juventutem suam perpetuo retinet, illæsamque conservat. Nonne videtis has in cælo fixas stellas? Jam per annos sexies mille nobis lucent, nec ipsarum ulla facta est obscurior. Quod si ubi naturæ res est, ita recens et vividum lumen remansit: ubi voluntatis res est, nonne multo magis tale permanebit, quale ab initio refulsit? Imo vero si velimus, non tale tantum permanebit, sed splendidius etiam erit, sic ut ipsos etiam solis radios æmuletur. Vin' tu intelligere quo pacto possumus etiam post longum tempus esse nuper illuminati? Audi quibus verbis Paulus homines multo ante tempore illuminatos alloquatur: *Inter quos lucetis sicut luminaria in mundo, verbum vitæ continentes ad gloriam meam.* [Philip. 2. 15. 16.] Veterem laceramque vestem exuistis, spirituali unguento delibuti estis, liberi omnes facti estis: nemo deinceps ad priorem redeat servitutem. Bellum quoddam ac certamen sunt res istæ. Nemo certat, qui servus sit: nemo militat qui sit famulus: sed si servus deprehendatur, ex albo militum cum supplicio ejicitur. Neque vero in hac tantum militia, sed et in Olympicis certaminibus idem iste mos obtinet. [Athletarum probatio in Olympicis.] Post triginta enim dies hic transactos, in suburbium illos eductos circumvehunt, et toto sedente theatro clamat præco: Num quis hunc accusat? ita ut omni servilis conditionis suspicione depulsa, in certamina pedem inferat. Quod si diabolus in agones suos servos non admittit, quo pacto tu, cum peccati servus evaseris, in Christi certamen ingredi

audes? Illic quidem ait præco, Num quis hujus
sit accusator? Hic vero Christus non ita dicit, sed
quamvis omnes ante baptismum illum accusent, dicit, Ego illum admittam et servitute
liberabo, atque in libertatem vindicatum in
certamina introducam. Vides agonothetæ benignitatem? Non ea quærit quæ præcesserint;
sed eorum quæ consequuntur, exigit rationem. Cum servus esses, mille accusatores habebas, conscientiam, peccata, dæmones omnes.
Nullus me, inquit, illorum adversum te commovit, neque te meis certaminibus indignum censui,
sed ad luctas admisi, non ob tuam dignitatem,
sed ob meam benignitatem. Mane igitur ac de-
certa, sive currendum sit, sive pugilatu, sive
pancratio certandum sit, ne occulte, ne temere,
nec in vanum decertes. Audi quid egerit Paulus.
Confestim ubi de lavacro ascendit, statim post
baptismum decertabat, prædicabat, quoniam hic
Act. 9. 22. est Filius Dei, et Judæos jam inde a primo die
confundebat. At tu prædicare non potes, neque
verbum doctrinæ habes? Igitur operibus et con-
Matth. 5. 16. versatione actionumque splendore doce. *Luceat*
enim, inquit, *lux vestra coram hominibus*, ut
videant opera vestra bona, et *glorificent Pa-*
trem vestrum qui in cælis est. Non potes Judæos voce confundere? Fac ut tua conversatione
confundantur, fac ut commoveantur tua mutatione
gentiles. Cum enim viderint eum qui lascivus,
pravus, ac negligens et corruptus erat, subito
fuisse mutatum, et post mutationem ex gratia
mutationem ex conversatione exhibuisse, nonne
confundentur, et dicent id quod de cæco Judæi
Joan. 9. 8. 9. quondam dicebant, *Hic* est, *Non est ille, Imo*
ipse est? Sunt enim hæc verba hominum confu-
sorum, de nomine sibi noto dubitare, inter se
dissidere, propriæ conscientiæ minime credere,
ac ne suis quidem oculis. Ille cæcitatem corpora-
lem abjecit, tu spiritualem cæcitatem abjecisti;
ille in solem hunc respexit, tu in justitiæ solem
respice. Agnovisti Dominum: fac igitur ea quæ
hac agnitione sint digna, ut et cælorum regnum
assequaris, gratia et benignitate Domini nostri
Jesu Christi, per quem et cum quo Patri gloria,
honor, imperium, una cum sancto ac vivifico
Spiritu, nunc et semper, et in sæcula sæculorum. Amen.

πρότερα, ἀλλὰ τῶν μετὰ ταῦτα εὐθύνας ἀπαιτεῖ.
Ὅτε δοῦλος ἦς, μυρίους εἶχες κατηγόρους, τὸ συνειδὸς, τὰ ἁμαρτήματα, τοὺς δαίμονας ἅπαντας.
Οὐδείς με, φησὶν, ἐκείνων ἐκίνησε κατὰ σοῦ, οὐδὲ
ἐνόμισά σε ἀνάξιον τῶν ἀγώνων τῶν ἐμῶν, ἀλλ'
ἐδεξάμην εἰς τὰ παλαίσματα, οὐκ ἀπὸ τῆς ἀξίας τῆς
σῆς, ἀλλ' ἀπὸ τῆς ἐμῆς φιλανθρωπίας. Μένε τοίνυν
καὶ ἀγωνίζου, κἂν τρέχειν δέῃ, κἂν πυκτεύειν, κἂν
παγκρατιάζειν· μὴ ἀδήλως, μηδὲ ἁπλῶς, μηδὲ εἰκῇ.
Ἄκουσον τί ἐποίησεν ὁ Παῦλος. Εὐθέως ἀπὸ τῶν
ναμάτων ἀναβὰς, αὐτίκα ἀπὸ τοῦ βαπτίσματος ἠγωνίζετο, ἐκήρυττεν ὅτι οὗτός ἐστιν ὁ Υἱὸς τοῦ Θεοῦ·
E καὶ συνέχυνε τοὺς Ἰουδαίους ἀπὸ πρώτης. Ἀλλ' οὐ
δύνασαι κηρῦξαι σὺ, οὐδὲ ἔχεις διδασκαλικὸν λόγον;
Οὐκοῦν δίδαξον διὰ τῶν ἔργων καὶ τῆς πολιτείας,
διὰ τῆς λαμπρότητος τῶν πράξεων. Λαμψάτω γὰρ,
φησὶ, τὸ φῶς ὑμῶν ἔμπροσθεν τῶν ἀνθρώπων, ὅπως
ἴδωσι τὰ καλὰ ἔργα ὑμῶν, καὶ δοξάσωσι τὸν Πατέρα ὑμῶν τὸν ἐν τοῖς οὐρανοῖς. Οὐ δύνασαι συγχέειν
Ἰουδαίους διὰ τῆς φωνῆς; Ποίησον αὐτοὺς συγχυ-
60 θῆναι διὰ τῆς πολιτείας, ποίησον καὶ Ἕλληνας
A θορυβηθῆναι διὰ τῆς μεταβολῆς. Ὅταν γὰρ ἴδωσι
τὸν πρὸ τούτου ἀσελγῆ, τὸν πονηρὸν, τὸν ἠμελημένον, τὸν διεφθαρμένον, ἀθρόον μεταβεβλημένον,
καὶ μετὰ τῆς μεταβολῆς τῆς κατὰ τὴν χάριν, μεταβολὴν τὴν κατὰ τὴν πολιτείαν ἐνδεικνύμενον, οὐ
συγχυθήσονται καὶ ἐροῦσιν, ὅπερ ἐπὶ τοῦ τυφλοῦ
οἱ Ἰουδαῖοι ἔλεγόν ποτε, Οὗτός ἐστιν, οὐκ ἔστιν
οὗτος, αὐτός ἐστι; Συγκεχυμένων γὰρ ταῦτα τὰ ῥήματα, ἀμφιβάλλειν περὶ τοῦ γνωρίμου, διαστασιά-
ζειν πρὸς ἑαυτοὺς, τῷ οἰκείῳ συνειδότι μὴ πιστεύειν,
μηδὲ τοῖς ἑαυτῶν ὀφθαλμοῖς. Ἀπέβαλεν ἐκεῖνος τὴν
σωματικὴν πήρωσιν, ἀπέβαλες σὺ τὴν ψυχικὴν πή-
B ρωσιν· ἀνέβλεψεν ἐκεῖνος εἰς τὸν ἥλιον τοῦτον, ἀνά-
βλεψον σὺ πρὸς τὸν ἥλιον τῆς δικαιοσύνης. Ἐπέγνως
τὸν Δεσπότην· ἄξια τοίνυν πρᾶξον τῆς ἐπιγνώσεως·
ἵνα καὶ τῆς βασιλείας τῶν οὐρανῶν ἐπιτύχῃς, χάριτι
καὶ φιλανθρωπίᾳ τοῦ Κυρίου ἡμῶν Ἰησοῦ Χριστοῦ,
δι' οὗ καὶ μεθ' οὗ τῷ Πατρὶ δόξα, τιμὴ, κράτος,
ἅμα τῷ ἁγίῳ καὶ ζωοποιῷ Πνεύματι, νῦν καὶ ἀεὶ, καὶ
εἰς τοὺς αἰῶνας τῶν αἰώνων. Ἀμήν.

[a] ΣΥΝΑΞΕΩΣ ΔΙΑ ΧΡΟΝΟΥ ΕΝ ΤΗ ΠΑΛΑΙΑ ἐκκλησίᾳ γενομένης, εἰς τὴν ἐπιγαφὴν τῶν Πράξεων τῶν ἀποστόλων, καὶ ὅτι χρησιμώτερος βίος ἐνάρετος σημείων καὶ θαυμάτων, καὶ κατὰ τί διαφέρει πολιτεία σημείων.

Διὰ χρόνου πρὸς τὴν μητέρα ἡμῶν ἐπανήλθομεν πάλιν, τὴν ποθεινὴν καὶ ἐπέραστον ταύτην ἅπασιν ἐκκλησίαν, πρὸς τὴν μητέρα ἡμῶν καὶ τῶν ἐκκλησιῶν ἁπασῶν. Μήτηρ μὲν γὰρ, οὐχ ὅτι τῷ χρόνῳ πρεσβυτέρα μόνον ἐστὶν, ἀλλ' ὅτι καὶ ὑπὸ ἀποστολικῶν ἐθεμελιώθη χειρῶν· διὰ τοῦτο πολλάκις καὶ κατασκαφεῖσα διὰ τὸ ὄνομα τοῦ Χριστοῦ, πάλιν ὠρθώθη διὰ τῆς δυνάμεως τοῦ Χριστοῦ. Οὐ γὰρ αἱ ἀποστολικαὶ μόνον αὐτὴν ἐθεμελίωσαν χεῖρες, ἀλλὰ καὶ τοῦ Δεσπότου τῶν ἀποστόλων ἡ ἀπόφασις ἐτείχισεν αὐτὴν καινῷ καὶ παραδόξῳ τειχισμοῦ τρόπῳ. Οὐ γὰρ ξύλα καὶ λίθους συνθεὶς, οὕτως ᾠκοδόμησε τὸν περίβολον, οὐδὲ τάφρον ἔξωθεν περιελάσας, καὶ σκόλοπας καταπήξας, καὶ πύργους ἀναστήσας, οὕτως αὐτὴν ἠσφαλίσατο· ἀλλ' ἐφθέγξατο δύο ῥήματα ψιλὰ μόνον, καὶ ταῦτα ἤρκεσεν ἀντὶ τείχους αὐτῇ, καὶ πύργου, καὶ τάφρου, καὶ ἀσφαλείας ἁπάσης. Καὶ τίνα ἐστὶ τὰ ῥήματα ταῦτα, ἃ τοσαύτην ἔχει τὴν ἰσχύν; Ἐπὶ τῇ πέτρᾳ ταύτῃ οἰκοδομήσω μου τὴν Ἐκκλησίαν· καὶ πύλαι ᾅδου οὐ κατισχύσουσιν αὐτῆς. Τοῦτό ἐστι τὸ τεῖχος, τοῦτο ὁ περίβολος, τοῦτο ἡ ἀσφάλεια, τοῦτο λιμὴν καὶ καταφυγή. Σὺ δέ μοι σκόπει κἀντεῦθεν τοῦ τείχους τὸ ἀῤῥαγές. Οὐ γὰρ εἶπεν, ὅτι ἀνθρώπων ἐπιβουλαὶ οὐ κατισχύσουσιν αὐτῆς μόνον, ἀλλ' ὅτι οὐδ' αὐταὶ αἱ μηχαναὶ τοῦ ᾅδου· Πύλαι γὰρ, φησὶν, ᾅδου οὐ κατισχύσουσιν αὐτῆς. Οὐκ εἶπεν, οὐ προσβαλοῦσιν αὐτῇ, ἀλλ' ὅτι Οὐ κατισχύσουσιν αὐτῆς· προσβαλοῦσι μὲν γὰρ, οὐ περιέσονται δὲ αὐτῆς. Ἀλλὰ τί ποτέ ἐστι, Πύλαι ᾅδου; τάχα γὰρ ἀσαφὲς τὸ εἰρημένον. Μάθωμεν τί ἐστι πύλη πόλεως, καὶ τότε εἰσόμεθα τί ἐστι πύλη ᾅδου. Πύλη πόλεώς ἐστιν εἴσοδος ἡ εἰς τὴν πόλιν· οὐκοῦν καὶ πύλη ᾅδου ἐστὶ κίνδυνος

CUM IN VETERI ECCLESIA LONGO intervallo celebrata collecta esset, sermo habitus in inscriptionem Actorum Apostolorum : et *vitam cum virtute actam utiliorem* esse *signis ac miraculis;* et *quatenus differat a signis conversatio.*

1. Rursus ad matrem nostram longo intervallo reversi sumus, ad desideratam et caram omnibus hanc ecclesiam, ad nostram et omnium ecclesiarum matrem. Nam mater quidem est non quod antiquior tantum sit tempore ; sed quod apostolorum manibus sit fundata : quam ob causam multoties propter Christi nomen eversa, Christi virtute rursus est erecta. Neque enim apostolicæ tantum manus illam fundarunt, sed et ipsius apostolorum Domini decretum illam novo et inusitato munitionis genere munivit. Non enim coagmentatis lignis et lapidibus septa construxit, neque fossa exterius ducta circumdedit aut palis defixis, aut turribus exædificatis illam munivit; sed duo nuda solum verba protulit, et hæc illi fuerunt instar muri, et turris, et fossæ, et cujusvis loco munimenti. Et quæ tandem illa sunt verba, quæ tantam vim obtinent? *Super hanc petram ædificabo Ecclesiam meam : et portæ inferi non prævalebunt adversus eam.* Hoc murus est, hoc septum, hoc munimentum, hoc portus et refugium. Tu vero quam inexpugnabilis sit hic murus, inde perpende. Neque enim hominum tantum insidias adversus eam dixit non prævalituras, sed nec ipsas inferni machinas : *Portæ* enim, inquit, *inferi non prævalebunt adversus eam.* Non dixit, In illam non irruent, sed, *Adversus eam non prævalebunt :* nam irruent illæ quidem, sed illam non superabunt. Sed quid illud est, *Portæ inferi ?* forte namque obscurum est dictum. Discamus quid sit porta urbis, et tunc sciemus

Ecclesia Antiochiæ, quæ Palæa vocabatur, ab Apostolis fundata.

Matth. 16. 18.

61

[a] Collata cum Ms. Colbertino 3058, qui deficit initio et fine. Non alium hactenus Codicem nancisci potuimus. Ibid. ἐν τῇ παλαιᾷ ἐκκλησίᾳ. Libanius in Antiochico ait, Antiochiam in duas fuisse urbes divisam, alteram παλαιὰν, hoc est, antiquam, quæ secundum Orontis fluvii oram longum occupabat terræ spatium : alteram novam, in ejusdem fluvii insula sitam, forma rotunda, quæ quinque pontibus antiquæ jungebatur. In παλαιᾷ seu antiqua exstabat vetus ecclesia, ab apostolis fundata, ut dicit homiliæ initio Chrysostomus : ideoque apostolica vocatur a Theodoreto : et in Chronico Alexandrino παλαιὰ item ecclesia dicitur. Cujus appellationis duplex videtur causa fuisse, et quod in veteri urbe sita, et quod antiquitus ab apostolis fundata fuisset, quæ licet multoties propter Christi nomen eversa, multoties erecta denuo fuerit, παλαιᾶς tamen, seu veteris nomen non amiserat etiam tempore auctoris Chronici Alexandrini; παλαιὰν Antiochiæ memorat Athanasius tomo ad Antiochenos p. 771.

quid sit porta inferi. Porta urbis est aditus in urbem: itaque porta inferi est periculum, quod ad inferos tendit. Quod igitur ait, est ejusmodi: Licet irruant et impetum faciant tanta pericula, ut ad ipsum nos præcipites agant infernum, Ecclesia manet immota. Poterat ille quidem non permittere, ut nulla mala experiremur: cur ergo permisit? Quod multo majus sit, quam tentationes prohibere, si dum advenire tentationes sinit, nihil tamen ex earum incursu mali nos ferre permittat; idcirco omnes accidere tentationes sivit, ut pro-

Rom. 5. 3. 4. batiorem illam redderet: siquidem *Tribulatio patientiam operatur, patientia vero probationem.* Atque ut majori cum excessu virtutem suam ostendat, ex ipsis eam portis eripit mortis. Propterea tempestatem sivit excitari, et mergi cymbam minime sivit. Sic gubernatorem quoque laudamus, non cum secundis ventis navigans, neque cum a puppi flantibus auris incolumem navim servat; sed cum mari procellis agitato, ac fluctibus effervescentibus, ac tempestate commota suam artem adversus impetum ventorum opponit, et navigium ex mediis procellis salvum educit. Ita fecit et Christus. Dum tanquam navigium in mari Ecclesiam rursus in mundo ferri permisit, neque fluctus sedavit, sed ex fluctibus eripuit: non mare compescuit, sed navim communivit; et cum surgerent undique populi, tamquam sævi fluctus, et maligni spiritus tamquam adversi quidam venti in eam irruerent, excitata undique tempestate, multam attulit Ecclesiæ tranquillitatem: quodque permirum sane fuit, non modo navim procella non obruit, sed et procellam cymba sedavit. Nam continuæ persequutiones non modo Ecclesiam non submerserunt, sed ab Ecclesia sunt sedatæ. Quo tandem pacto, et quorum opera? Hujus sententiæ nimirum ita pronuntiatæ, *Portæ inferi non prævalebunt adversus eam.* Quam multa Græci moliti sunt, ut verbum hoc tollerent, ut sententiam irritam redderent, neque potuerunt dissolvere? Dei quippe sententia erat. Et quemadmodum turrim ex adamantinis structam lapidibus, ferro firmiter junctam, hostes undique si verberent, neque structuram laxant, neque coagmentationem dissolvunt, sed illæsa turri manente, nec ullis incommodis affecta, suisque viribus exhaustis discedunt: sic nimirum et verbum hoc tamquam altam quamdam turrim in medio orbis terrarum firmiter communitam, cum Græci undique verberassent, cum illam firmam reddiderunt, tum suis viribus fractis mortem obierunt.

Ecclesia persequutionibus non vincitur.

Matth. 16. 18.

εἰς τὸν ᾅδην φέρων. Ὃ τοίνυν λέγει, τοιοῦτόν ἐστιν· ἂν τοιοῦτοι κίνδυνοι καταῤῥαγῶσι καὶ προσβάλωσιν, ὡς πρὸς αὐτὸν ἐνεγκεῖν ἡμᾶς τὸν ᾅδην, ἀπερίτρεπτος ἡ Ἐκκλησία μένει. Ἠδύνατο μὲν γὰρ μὴ ἀφεῖναι πεῖραν αὐτὴν λαβεῖν τῶν δεινῶν· τίνος οὖν ἕνεκεν ἀφῆκεν; Ὅτι πολλῷ μεῖζόν ἐστι τοῦ κωλῦσαι τοὺς πειρασμοὺς

B τὸ συγχωρήσαντα τοὺς πειρασμοὺς ἐλθεῖν, μηδὲν ἀφεῖναι δεινὸν ἐκ τῆς ἐπαγωγῆς τούτων παθεῖν. Διὰ τοῦτο ἀφῆκε πάντας ἐπελθεῖν τοὺς πειρασμοὺς, ἵνα δοκιμωτέραν αὐτὴν ἐργάσηται· Ἡ γὰρ θλίψις ὑπομονὴν κατεργάζεται, ἡ δὲ ὑπομονὴ δοκιμήν. Καὶ ἵνα τὴν δύναμιν τὴν ἑαυτοῦ μετὰ πλείονος ἐπιδείξηται περιουσίας, ἐξ αὐτῶν τῶν πυλῶν τοῦ θανάτου ἐξαρπάζει αὐτήν. Διὰ τοῦτο καὶ τὸ κλυδώνιον εἴασε γενέσθαι, καὶ βαπτισθῆναι τὸ σκάφος οὐκ εἴασεν. Οὕτω καὶ κυβερνήτην θαυμάζομεν, οὐχ ὅταν ἐξ οὐρίας πλέων, οὐδ' ὅταν κατὰ πρύμναν ἱσταμένου τοῦ πνεύματος διασώσῃ τὸ σκάφος· ἀλλ' ὅταν τῆς θαλάσσης

C στασιαζούσης, καὶ τῶν κυμάτων ἀγριουμένων, καὶ τοῦ χειμῶνος καταῤῥηγνυμένου, τὴν τέχνην πρὸς τὴν τῶν ἀνέμων ἀντιστήσας φορὰν, ἐκ μέσου τοῦ χειμῶνος ἐξαρπάσῃ τὸ πλοῖον. Οὕτω καὶ ὁ Χριστὸς ἐποίησε. Καθάπερ πλοῖον ἐν θαλάττῃ τὴν Ἐκκλησίαν ἐν τῇ οἰκουμένῃ φέρεσθαι πάλιν ἀφεὶς, οὐ κατέλυσε τὴν ζάλην, ἀλλ' ἐξήρπασε τῆς ζάλης· οὐ κατέστειλε τὴν θάλασσαν, ἀλλ' ἠσφαλίσατο τὴν ναῦν· καὶ διανισταμένων τῶν πανταχοῦ δήμων, καθάπερ κυμάτων ἀγρίων, καὶ προσβαλόντων αὐτῇ τῶν πνευμάτων τῶν πονηρῶν, καθάπερ χαλεπῶν ἀνέμων, καὶ πάντοθεν ἐγειρομένου τοῦ χειμῶνος, πολλὴν τῇ Ἐκκλησίᾳ

D τὴν γαλήνην ἐποίει· καὶ τὸ δὴ θαυμαστὸν, ὅτι οὐ μόνον ὁ χειμὼν οὐ κατέκλυσε τὴν ναῦν, ἀλλ' ὅτι καὶ τὸν χειμῶνα ἡ ναῦς κατέλυσεν. Οἱ γὰρ διωγμοὶ οἱ συνεχεῖς οὐ μόνον οὐ κατεπόντισαν τὴν Ἐκκλησίαν, ἀλλὰ καὶ διελύθησαν ὑπὸ τῆς Ἐκκλησίας. Πῶς καὶ τίνα τρόπον, καὶ πόθεν; Ἀπὸ τῆς ἀποφάσεως ταύτης τῆς λεγούσης, Πύλαι ᾅδου οὐ κατισχύσουσιν αὐτῆς. Πόσα ἔκαμον Ἕλληνες, ὥστε τὸ ῥῆμα τοῦτο καθελεῖν, ὥστε ἄκυρον ποιῆσαι τὴν ἀπόφασιν, καὶ οὐκ ἴσχυσαν καταλῦσαι; Θεοῦ γὰρ ἡ ἀπόφασις ἦν. Καὶ καθάπερ πύργον ἐξ ἀδαμαντίνων λίθων συγκείμενον,

E σιδήρῳ συνδεδεμένον ἀκριβῶς, οἱ πολέμιοι πανταχόθεν βάλλοντες, οὔτε τὴν οἰκοδομὴν χαυνοῦσιν, οὔτε τὴν ἁρμονίαν παραλύουσιν, ἀλλ' ἀπέρχονται τὸν μὲν πύργον μηδὲν καταβλάψαντες, μηδὲ ποιήσαντές τι κακὸν, τὴν δὲ ἑαυτῶν καταλύσαντες δύναμιν· οὕτω δὴ καὶ τὸ ῥῆμα τοῦτο, καθάπερ πύργον ὑψηλὸν ἐν μέσῃ τῇ οἰκουμένῃ μετὰ ἀσφαλείας τετειχισμένον, οἱ Ἕλληνες πανταχόθεν βάλλοντες, αὐτόν τε ἰσχυρὸν ἀπέφηναν, τὴν δὲ ἑαυτῶν καταλύσαντες ἰσχὺν, οὕτως ἀπέθανον. Τί γὰρ οὐκ ἐμηχανήσαντο κατὰ τῆς ἀποφάσεως ταύτης; Στρατόπεδα παρεσκευάζετο, ὅπλα ἐκινεῖτο, βασιλεῖς καθωπλίζοντο, δῆμοι διηγείροντο, πόλεις διανίσταντο, δικασταὶ παρωξύνοντο, ἅπαν τιμωρίας εἶδος ἐπενοεῖτο· οὐδεὶς παρελιμπάνετο κολάσεως τρόπος· [a] πῦρ καὶ σίδηρος, καὶ θηρίων ὀδόντες, καὶ κρημνοὶ, καὶ καταποντισμοὶ, καὶ βάραθρον, καὶ ξύλον, καὶ σταυρὸς, καὶ κάμινος, καὶ πάντα ὅσα ὤφθη πώποτε βασανιστήρια εἰς μέσον ἐφέροντο· ἀπειλῶν ὄγκος ἄφατος, τιμῶν ὑποσχέσεις ἄφατοι, ὥστε ἐκείνῳ μὲν φοβῆσαι τῷ τρόπῳ, τούτῳ δὲ ἐκλῦσαι καὶ δελεάσαι. Οὐδὲν γοῦν ἀπάτης, οὐ βίας παρελιμπάνετο εἶδος. Καὶ γὰρ πατέρες παῖδας παρέδωκαν, καὶ παῖδες πατέρας ἠγνόησαν· μητέρες ὠδίνων ἐπελάθοντο· καὶ οἱ τῆς φύσεως ἀνετράπησαν νόμοι. Ἀλλ' ὅμως οἱ θεμέλιοι τῆς Ἐκκλησίας οὐδὲ οὕτως ἐσαλεύθησαν· ἀλλὰ διὰ τῆς συγγενείας αὐτῆς ὁ πόλεμος ἤρετο καὶ τῶν τειχῶν αὐτῆς οὐχ ἥψατο, διὰ τὸ ῥῆμα ἐκεῖνο τὸ λέγον, Ὅτι πύλαι ᾅδου οὐ κατισχύσουσιν αὐτῆς. Μὴ γὰρ ἴδῃς, ὅτι ῥῆμα ἦν, ἀλλ' ὅτι ῥῆμα Θεοῦ. Καὶ γὰρ τὸν οὐρανὸν ῥήματι ἐστερέωσεν ὁ Θεὸς, καὶ τὴν γῆν ῥήματι ἐθεμελίωσεν ἐπὶ τῶν ὑδάτων, τὴν πυκνὴν ταύτην καὶ βαρεῖαν φύσιν ἐπὶ τῆς χαυνοτάτης ἐκείνης καὶ διαῤῥεούσης ποιήσας φέρεσθαι· καὶ τὴν θάλασσαν [b] τὴν ἀφόρητον ταῖς βίαις, ἐκείνην τὴν τοσαῦτα ἔχουσαν κύματα, ἀσθενεῖ τειχίῳ τῇ ψάμμῳ πανταχόθεν ἐτείχισε διὰ ῥήματος. Ὁ τοίνυν διὰ ῥήματος τὸν οὐρανὸν στερεώσας, τὴν γῆν θεμελιώσας, τὴν θάλασσαν περιφράξας, τί θαυμάζεις, εἰ τὴν οὐρανοῦ καὶ γῆς καὶ θαλάσσης τιμιωτέραν Ἐκκλησίαν διὰ τοῦ ῥήματος τούτου πάλιν ἐτείχισεν;

62 A Quid enim adversus hanc sententiam non machinati sunt? Exercituum delectus habebatur, arma movebantur, reges armabantur, populi commovebantur, urbes insurgebant, judices excandescebant, omne supplicii genus excogitabatur, nullus pœnæ modus omittebatur, ignis, ferrum, dentes ferarum, præcipitia, submersiones, barathrum, equuleus, crux et fornax, et omnia quæ umquam visa sunt tormenta, in medium proferebantur: ingens minarum agmen, honorum pollicitationes innumeræ, ut illa quidem ratione terrerent, hac vero mollirent et allicerent. B Nullum igitur fraudis, nullum violentiæ genus prætermittebatur. Nam et patres filios prodebant, et filii patres non agnoscebant, matres suorum partuum obliviscebantur, et naturæ leges evertebantur. Verumtamen ne sic quidem Ecclesiæ fundamenta concussa sunt: et quamvis ab ejus propinquis bellum indictum esset, non tamen ad muros usque ipsius pervenit, propter illud verbum quod sic habuit, *Portæ inferi non prævalebunt adversus eam*. Noli enim id spectare, quod verbum erat, sed, quod verbum Dei: siquidem cælum verbo firmavit Deus, et terram verbo super aquas fundavit, et effecit, ut hæc C densa gravisque natura ab illa levi fluxaque sustentaretur, et mare, cujus vis indomita, quod tot fluctibus ac procellis se extollit, imbecilli vallo arenæ undique per verbum suum vallavit. Ergo qui cælum verbo firmavit, qui terram fundavit, qui mare circumvallavit, quid miraris, si Ecclesiam cælo, terra marique pretiosiorem rursus hoc verbo munivit?

Psal. 32. 6. *Psal.* 103. 5.

Ἀλλ' ἐπειδὴ οὕτως ἡ οἰκοδομὴ ἄσειστος, οὕτω τὸ τεῖχος ἀῤῥαγὲς, ἴδωμεν πῶς κατεβάλλοντο οἱ ἀπόστολοι τοὺς θεμελίους, πόσον βάθος ἔσκαψαν, ὥστε ἄσειστον γενέσθαι τὴν οἰκοδομήν. Οὐχ ἔσκαψαν βάθος, οὐκ ἐδεήθησαν πόνου τοσούτου. Διὰ τί; Παλαιὸν εὗρον θεμέλιον καὶ ἀρχαῖον, τὸν τῶν προφητῶν. Καθάπερ οὖν ἄνθρωπος μέλλων οἰκίαν μεγίστην οἰκοδομεῖν, ἐπειδὰν εὕρῃ θεμέλιον παλαιὸν καὶ ἰσχυρὸν καὶ ἀῤῥαγῆ, οὐκ ἀναμοχλεύει τὸν θεμέλιον, οὐ κινεῖ τοὺς λίθους, ἀλλ' ἀφεὶς ἑστάναι ἀκίνητον, οὕτως ἐπιτίθησι τὴν νέαν καὶ πρόσφατον οἰκοδομήν· οὕτω καὶ οἱ ἀπόστολοι μέλλοντες τὸ μέγα τοῦτο οἰκοδόμημα οἰκοδομεῖν, τὴν πανταχοῦ τῆς οἰκουμένης Ἐκκλησίαν ἱδρυμένην, οὐ διέσκαψαν βάθος, ἀλλ' εὑρόντες παλαιὸν θεμέλιον, τὸν τῶν προφητῶν, οὐκ ἀνεμόχλευσαν ἐκεῖνον, οὐκ ἐκίνησαν τὴν οἰκοδομὴν καὶ τὴν διδα-

2. Quando igitur adeo stabile est et inconcussum ædificium, adeo inexpugnabile munimentum, qua ratione apostoli jecerint fundamenta, videamus, quam profundam fossam duxerint, ut inconcussum fieret ædificium. Non profundam D fossam duxerunt, neque tanto labore indiguerunt. Quid ita? Vetus invenere fundamentum, quod a prophetis jactum erat. Ut igitur homo, qui maximam domum ædificaturus sit, postquam vetus et firmum ac stabile fundamentum offendit, non vectibus fundamenta subvertit, non lapides loco movet, sed immotum sinens, novum ædificium imponit: sic et apostoli cum magnum istud exstructuri essent ædificium, Ecclesiam, quæ ubique terrarum erigitur, non profundam fossam duxerunt, sed invento veteri fundamento pro-

Ecclesia quomodo fundata.

[a] πῦρ καὶ σίδηρος, ab his verbis incipit Ms. Mox idem ξύλον καὶ τροχὸς καὶ σταυρός. Mox ἐφέρετο. ἀπειλῶν ὄγκος ἀφόρητος... Infra οὐδὲν οὐκ ἀπάτης... παῖδας προέδωκαν.

[b] Colb. ἀφόρητον, Savil. et Morel. ἀπόῤῥητον.

phetarum, illud minime subverterunt, nec ædificium et doctrinam immutarunt; sed illa intacta suam deinde imposuere doctrinam, hanc scilicet novam Ecclesiæ fidem. Atque ut intelligas vetus illos fundamentum loco non movisse, sed super illud ædificasse, sapientem ipsum architectum Paulum audi, nobis exactam ædificationis diligentiam declarantem : siquidem ipse sapiens est architectus. *Ut sapiens* enim *architectus*, inquit, *fundamentum posui*. Sed videamus, qua ratione fundamentum ipsum posuerit. Super aliud, inquit, fundamentum vetus prophetarum. Unde id constat? *Jam non estis hospites*, inquit, *sed cives sanctorum, superædificati super fundamentum apostolorum* et *prophetarum*. Vides fundamentum, et fundamentum, alterum prophetarum, alterum apostolorum, quod supra positum est. Et quod sane mirum est, non statim post prophetas venerunt apostoli, sed multum interea tempus elapsum est. Quid ita? Quod ita faciant optimi quique architecti : ubi jecerint fundamentum, non confestim ædificium superimponunt, ne forte dum mollis ac recens est fundamenti structura, grave parietum pondus minime ferre possit. Propterea cum longo tempore firmari lapides siverint, ubi recte coagmentatos illos viderint et compactos, tunc et parietum molem imponunt. Ita quoque fecit Christus, cum prophetarum fundamentum in auditorum mentibus defigi, ac firmam fieri doctrinam sivisset, quando immobile vidit ac stabile ædificium esse, quando defixa dogmata sacra, sic ut possent novam etiam hanc philosophiam ferre, tunc apostolos misit, qui supra fundamentum prophetarum Ecclesiæ parietes excitarent. Idcirco non dixit, ædificati super fundamentum prophetarum, sed *Superædificati*, supra scilicet ædificati. Sed quo pacto fuerint ædificati, videamus. Unde vero id cognoscemus? Unde, quæso, aliunde, quam ex Actorum libro, de quo et superioribus diebus disseruimus? Fortasse namque debitum inde vobis exiguum aliquod debemus, quod hodierno die necesse est persolvamus. Quodnam igitur illud est debitum? Ipsum titulum libri interpretari studeamus. Non enim facilis est et apertus, sicut plurimi arbitrantur, sed inquisitione multa indiget. Quisnam igitur est libri titulus? *Acta Apostolorum*. Nonne dilucida res videtur esse, nonne clara

1. Cor. 3. 10.

Eph. 2. 19. 20.

Explanatio tituli Act. Apost.

σκαλίαν, ἀλλ' ἀφέντες αὐτὴν μένειν ἀκίνητον, οὕτως ἐπέθηκαν τὴν παρ' ἑαυτῶν διδασκαλίαν, τὴν νέαν ταύτην τῆς Ἐκκλησίας πίστιν. Καὶ ἵνα μάθῃς ὅτι οὐκ ἐκίνησαν τὸν παλαιὸν θεμέλιον, ἀλλ' ἐπάνω αὐτοῦ ᾠκοδόμησαν, ἄκουσον αὐτοῦ τοῦ σοφοῦ ἀρχιτέκτονος Παύλου λέγοντος ἡμῖν τῆς οἰκοδομῆς τὴν ἀκρίβειαν· αὐτὸς γάρ ἐστιν ὁ σοφὸς ἀρχιτέκτων. Ὡς σοφὸς γὰρ, φησὶν, ἀρχιτέκτων θεμέλιον τέθεικα. Ἀλλ' ἴδωμεν πῶς αὐτὸν τέθεικε τὸν θεμέλιον. Ἐπάνω, φησὶν, ἑτέρου θεμελίου παλαιοῦ, τοῦ τῶν προφητῶν. Πόθεν τοῦτο δῆλον; Οὐκ ἔτι ἐστὲ ξένοι, φησὶν, ἀλλὰ συμπολῖται τῶν ἁγίων, ἐποικοδομηθέντες ἐπὶ τῷ θεμελίῳ τῶν ἀποστόλων καὶ προφητῶν. Εἶδες θεμέλιον καὶ θεμέλιον, τὸν μὲν τῶν [a] προφητῶν, τὸν δὲ τῶν ἀποστόλων ἀνωτέρω κείμενον. Καὶ τὸ δὴ θαυμαστὸν, οὐκ εὐθέως μετὰ τοὺς προφήτας ἦλθον οἱ ἀπόστολοι, ἀλλὰ πολὺς μεταξὺ παρεγένετο χρόνος. Τί δήποτε; Ὅτι οἱ ἄριστοι τῶν οἰκοδόμων τοῦτο ποιοῦσιν· ἐπειδὰν καταβάλλωνται θεμέλιον, οὐκ εὐθέως ἐπιτιθέασι τὴν οἰκοδομὴν, ἵνα μὴ ἁπαλωτέρα καὶ πρόσφατος οὖσα τοῦ θεμελίου ἡ ἐργασία, ἀδυνατήσῃ τῶν τειχῶν ἐνεγκεῖν τὸ βάρος. Διὰ τοῦτο ἀφέντες χρόνῳ πολλῷ παγῆναι τοὺς λίθους, ἐπειδὰν ἴδωσιν ἀκριβῶς σφιγέντας, τότε ἐπιτιθέασι καὶ τῶν τοίχων τὸ βάρος. Οὕτω καὶ ὁ Χριστὸς ἐποίησεν· ἀφεὶς παγῆναι τὸν θεμέλιον τῶν προφητῶν ἐν ταῖς τῶν ἀκουσάντων ψυχαῖς, καὶ γενέσθαι βεβαίαν τὴν διδασκαλίαν, ὅτε [b] εἶδεν ἄσειστον οὖσαν τὴν οἰκοδομὴν, ὅτε παγέντα τὰ δόγματα τὰ ἱερὰ, ὥστε δυνηθῆναι τὴν κατὰ τὴν καινὴν φιλοσοφίαν ἐνεγκεῖν, τότε ἀπέστειλε τοὺς ἀποστόλους, ἐπὶ τῷ θεμελίῳ τῶν προφητῶν τοὺς τοίχους τῆς Ἐκκλησίας ἀναστήσοντας. Διὰ τοῦτο οὐκ εἶπεν, οἰκοδομηθέντες ἐπὶ τῷ θεμελίῳ τῶν προφητῶν, ἀλλ' Ἐποικοδομηθέντες, ἐπάνω οἰκοδομηθέντες. Ἀλλ' ἴδωμεν πῶς ᾠκοδομήθησαν. Πόθεν οὖν εἰσόμεθα; Πόθεν δὲ ἄλλοθεν, ἀλλ' ἢ ἀπὸ τῆς βίβλου τῶν Πράξεων, περὶ ἧς καὶ ἐν ταῖς ἔμπροσθεν ὑμῖν ἡμέραις διελέχθημεν; Τάχα γάρ τι καὶ μικρὸν ἐκεῖθεν ὑμῖν ὀφείλομεν χρέος, ὅπερ ἀνάγκη καταθεῖναι σήμερον. Τί οὖν ἐστι τὸ χρέος; Αὐτὴν τοῦ βιβλίου τὴν ἐπιγραφὴν ἑρμηνεῦσαι σπουδάσωμεν. Οὐ γὰρ ψιλή τίς ἐστι καὶ σαφὴς, καθὼς πολλοὶ νομίζουσιν, ἀλλὰ δεῖται καὶ ἐξετάσεως. Τίς οὖν ἡ ἐπιγραφὴ τοῦ βιβλίου; Πράξεις ἀποστόλων. Οὐ δοκεῖ σαφὲς εἶναι; οὐ δοκεῖ γνώριμον, καὶ δῆλον ἅπασιν; Ἀλλ' ἂν παρακολουθῆτε τοῖς λεγομένοις, ὄψεσθε ὅσον τὸ βάθος τῆς ἐπιγραφῆς ταύτης. Διὰ τί γὰρ οὐκ εἶπε, θαύματα ἀποστόλων; διὰ τί οὐκ ἐπέγραψε, σημεῖα ἀποστόλων, ἢ δυνάμεις καὶ τέρατα ἀποστόλων· ἀλλὰ Πράξεις

[a] Colb. *προφητῶν κατώτερον, τὸν δὲ τῶν.*

[b] Colb. *εἶδεν εὐτονοῦσαν τὴν οἰκοδομὴν* Paulo post idem *δυνηθῆναι τὸ βάρος τῆς κατά.* Infra *διὰ τοῦτο οὐκ εἶπεν, οἰκοδ.* Hanc lectionem, in Morel. et Savil. vitiatam, ex Colb. restituimus.

ἀποστόλων; Οὐ γὰρ τὸ αὐτό ἐστι πράξεις καὶ σημεῖα, οὐ τὸ αὐτὸ πράξεις καὶ θαύματα· οὐ τὸ αὐτό ἐστι πράξεις, καὶ τέρατα, καὶ δυνάμεις· ἀλλὰ πολλὴ ἡ διαφορὰ τούτων ἑκατέρων. Πρᾶξις μὲν γάρ ἐστιν οἰκείας σπουδῆς κατόρθωμα, θαῦμα δὲ θείας δωρεᾶς χάρισμα. Εἶδες ὅσον τὸ μέσον πράξεως καὶ θαύματος; Πρᾶξίς ἐστιν ἀνθρωπίνων ἱδρώτων συντέλεσμα, θαῦμά ἐστι θείας φιλοτιμίας ἐπίδειξις· πρᾶξίς ἐστιν ἐκ τῆς ἡμετέρας προαιρέσεως τὴν ἀρχὴν ἔχουσα, θαῦμά ἐστιν ἐκ τῆς τοῦ Θεοῦ χάριτος τὰ προοίμια λαμβάνον, καὶ τὸ μὲν τῆς ἄνωθεν ῥοπῆς, τὸ δὲ τῆς κάτωθεν γνώμης. Πρᾶξις ἐξ ἀμφοτέρων ὑφαίνεται, καὶ ἐξ ἡμετέρας σπουδῆς, καὶ ἐκ θείας χάριτος· τὸ δὲ θαῦμα γυμνὴν ἐπιδείκνυται τὴν ἄνωθεν χάριν, οὐδὲν τῶν ἡμετέρων ἱδρώτων δεόμενον. Πρᾶξίς ἐστιν ἐπιεικῆ εἶναι, σώφρονα, μέτριον, ὀργῆς κρατεῖν, ἐπιθυμίας καταγωνίζεσθαι, ἐλεημοσύνας ποιεῖν, φιλανθρωπίαν ἐπιδείκνυσθαι, ἅπασαν ἀσκεῖν ἀρετήν· τοῦτο πρᾶξίς ἐστι, καὶ πόνος, καὶ ἱδρὼς ἡμέτερος. Θαῦμά ἐστι δαίμονας ἀπελαύνειν, τυφλωθέντας ὀφθαλμοὺς ἀνοίγειν, λεπρῶν τὰ σώματα καθαίρειν, διαλελυμένα μέλη σφίγγειν, νεκροὺς ἐγείρειν, ἕτερα τοιαῦτα θαυματουργεῖν. Εἶδες πόσον τὸ μέσον πράξεων καὶ θαυμάτων, πολιτείας καὶ σημείων, τῆς ἡμετέρας σπουδῆς καὶ τῆς τοῦ Θεοῦ χάριτος;

Βούλει καὶ ἑτέραν σοι δείξω διαφοράν; [a] Διὰ γὰρ ὑμᾶς σήμερον ἅπαντα τὸν λόγον τοῦτον ἐκίνησα, ὥστε μαθεῖν τὸ θαῦμα καὶ τὸ σημεῖον. Τὸ θαῦμα μεῖζον μέν ἐστι, καὶ φρικωδέστερον, καὶ τὴν ἡμετέραν ὑπερβαῖνον φύσιν· ἡ δὲ πρᾶξις καὶ ἡ πολιτεία ἔλαττον μὲν τῶν σημείων, [b] χρησιμώτερον δὲ καὶ κερδαλεώτερον· πόνων γάρ ἐστιν ἀμοιβὴ καὶ σπουδῆς μισθός. Καὶ ἵνα μάθῃς ὅτι ἡ πρᾶξις τοῦ σημείου κερδαλεωτέρα καὶ χρησιμωτέρα, πρᾶξις μὲν ἀγαθὴ καὶ χωρὶς σημείων εἰς τὸν οὐρανὸν τοὺς κατωρθωκότας εἰσήγαγε, θαῦμα δὲ καὶ σημεῖα χωρὶς πολιτείας οὐκ ἴσχυσε πρὸς τὰ πρόθυρα χειραγωγῆσαι ἐκεῖνα. Καὶ πῶς, ἐγὼ δείξω· ὑμεῖς δὲ παρατηρεῖτε πῶς τὴν προεδρίαν αἱ πράξεις ἔχουσι κατὰ τὴν τῶν μισθῶν ἀμοιβήν· πῶς τὰ μὲν σημεῖα καθ' ἑαυτὰ ὄντα οὐ σώζει τοὺς ποιοῦντας, ἡ δὲ πρᾶξις καθ' ἑαυτὴν οὖσα, οὐδενὸς ἑτέρου δεῖται πρὸς σωτηρίαν τῶν κεκτημένων. Πολλοὶ ἐροῦσί

omnibus, atque manifesta? Sed si velitis assequi ea quæ dicuntur, quanta tituli hujus profunditas sit, videbitis. Cur enim non dixit, Miracula Apostolorum? cur non inscripsit, Signa Apostolorum, aut Virtutes ac prodigia Apostolorum, sed tantum *Acta Apostolorum?* Non enim idem sunt acta et signa, non idem acta et miracula; non idem sunt, acta et prodigia et E virtutes : sed multum inter utraque discrimen est. Est enim actum opus propriæ cujusque diligentiæ, miraculum vero divini muneris est beneficium. Vides quanta sit inter actum et miraculum differentia? Actum est humanorum sudorum effectus, miraculum divinæ liberalita- 64 A tis est specimen : actum a nostra voluntate ducit initium, miraculum a gratia divina trahit originem, et hoc cælestis est auxilii, illud humani est arbitrii. Actum ex utroque contexitur, ex nostra diligentia et ex gratia divina : miraculum solam exhibet cælestem gratiam, neque sudoribus nostris indiget. Actum est probis moribus esse, castum, modestum, iræ imperare, cupiditates subigere, largiri eleemosynas, benignitatem exhibere, omnem virtutem exercere : hoc est actio et labor et sudor noster. Miraculum est dæmones abigere, excæcatos oculos aperire, leprosorum corpora mundare, resoluta membra compingere, mortuos suscitare, alia ejusmodi mira opera patrare. Vides quantum sit inter acta et miracula discrimen, inter conversationem et signa, inter diligentiam nostram et gratiam Dei?

Differentia quæ inter actionem et miraculum.

3. Vis et alterum tibi discrimen ostendam? Vestra enim causa hodierno die institutus est hic B a me sermo, ut quid sit miraculum signumque discatis. Majus quidem est miraculum, ac formidabilius, ac naturam nostram exsuperat : actio vero et conversatio res quidem est signis minor, sed utilior et fructuosior; est quippe laborum præmium et diligentiæ merces. Atque ut intelligas fructuosiorem esse atque utiliorem signo actionem, actio quidem bona etiam sine signis eos, a quibus peracta fuerit, introducit in cælum : miraculum autem et signum absque conversatione, deducere ad vestibula illa non possunt. Quo vero C pacto id fiat, ostendam : vos autem animadvertite, qua ratione priorem locum obtineant actiones, cum de remuneratione mercedis agitur : qua ratione signa quidem, si sola sint, eos, qui

Altera differentia inter miraculum et actum.

[a] Colb. δεῖ γὰρ ὑμᾶς . τοῦτον μαθεῖν, τὸ θαῦμα καὶ τὸ σημεῖον. μεῖζον μέν.

[b] Colb. χρησιμωτέρα δὲ καὶ κερδαλεωτέρα.

illa patrarint, salvos non faciant: actio vero seorsim sumta nulla re indigeat alia ad eos salvan-
Matth. 7. 22. dos, qui eam possident. *Multi dicent mihi,* inquit Christus, *in illa die, Domine, Domine,*
nonne in nomine tuo prophetavimus? hoc signum est et miraculum; *Nonne in nomine tuo*
dæmonia multa ejecimus, et in nomine tuo
virtutes multas fecimus? Vides ubique signa
et miracula: videamus quid dicat Deus. Quia
nuda erant miracula, nec uspiam conversatio,
Ibid. v. 23. *Discedite,* inquit, *a me,* nescio *vos, qui ope-*
ramini iniquitatem. Si non nosti eos, unde tibi
innotuit eos iniquitatem operari? Ut intelligas
illud, *Nescio vos,* non ignorantiæ, sed odii et
aversionis esse. *Nescio vos.* Quam ob causam
quæso? *Nonne in nomine tuo dæmonia eje-*
cimus? Propterea vos odio prosequor, et aver-
sor, inquit, quia ne donis quidem acceptis meliores evasistis, quod tanto honore cumulati, in
eadem malitia perstitistis. *Discedite a me, ne-*
Cur olim charismata darentur indignis. *scio vos.* Quid igitur? Olim dona dabantur indignis, et qui vita erant et moribus depravatis,
edebant miracula, et divinis ditabantur donis,
licet optimam conversationem non curarent?
Ditabantur illi quidem ob eximiam Dei benignitatem, non ob suam dignitatem. Erat enim religionis verbum ubique spargendum, quandoquidem initium et origo erat fidei. Ut igitur
optimus agricola in novellam arborem, quam
non ita pridem terræ sinui commendavit, dum
adhuc tenera est, multam curam impendit, undique illam circumvallat, et lapidibus munit et
spinis, ut ne a ventis evellatur, ne a pecoribus
labefactetur, neve alio quedam incommodo lædatur; postquam autem radices egisse, et in sublime crevisse illam viderit, tum amovet munimenta: sufficit enim sibi ipsi arbor ad injurias
tales repellendas: ita quoque in fide accidit.
Quando nuper erat plantata, quando tenera erat,
quando nuper in humanis animis fundata, omni
ex parte multa in eam cura impendebatur: postquam autem coaluit, et radices egit, et in sublimitatem ascendit, postquam universum terrarum orbem complevit, munimenta removit
Christus, et de cætero tutamina sustulit. Propterea initio quidem etiam indignis dabantur do-

μοι, φησὶν ὁ Χριστὸς, ἐν ἐκείνῃ τῇ ἡμέρᾳ· Κύριε,
Κύριε, οἱ τῷ σῷ ὀνόματι προεφητεύσαμεν; τοῦτο σημεῖον καὶ θαῦμα· Οὐ τῷ σῷ ὀνόματι δαιμόνια πολλὰ
ἐξεβάλομεν, καὶ [c] δυνάμεις πολλὰς ἐποιήσαμεν; Ὁρᾷς
πανταχοῦ σημεῖα καὶ θαύματα· ἴδωμεν τί φησιν ὁ
Θεός. Ἐπειδὴ γυμνὰ τὰ θαύματα, καὶ οὐδαμοῦ πολιτεία, Πορεύεσθε, φησὶν, ἀπ' ἐμοῦ, οὐκ οἶδα ὑμᾶς,
D οἱ ἐργαζόμενοι τὴν ἀνομίαν. Εἰ οὐκ οἶδας αὐτοὺς,
πῶς οἶδας αὐτοὺς, εἰ ἐργάζονται τὴν ἀνομίαν; Ἵνα
μάθῃς, ὅτι τὸ, Οὐκ οἶδα ὑμᾶς, οὐκ ἀγνοίας ἐστὶν,
ἀλλὰ μίσους καὶ ἀποστροφῆς. Οὐκ οἶδα ὑμᾶς. Τίνος
ἕνεκεν, εἰπέ μοι; Οὐ τῷ σῷ ὀνόματι δαιμόνια ἐξεβάλομεν; Διὰ τοῦτο γὰρ ὑμᾶς μισῶ καὶ ἀποστρέφομαι,
φησὶν, ὅτι οὐδὲ ταῖς δωρεαῖς βελτίους ἐγένεσθε, ὅτι
τοσαύτης ἀπολαύσαντες τιμῆς ἐμείνατε ἐπὶ τῆς αὐτῆς κακίας. Πορεύεσθε ἀπ' ἐμοῦ, οὐκ οἶδα ὑμᾶς. Τί
οὖν; Τὸ παλαιὸν ἀνάξιοι ἐλάμβανον χαρίσματα, καὶ
διεφθαρμένοι τὸν βίον σημεῖα ἐπεδείκνυντο, καὶ θείας
E ἀπήλαυον δωρεᾶς, τῆς πολιτείας οὐκ ἐπιμελούμενοι
τῆς ἀρίστης; Ἀπήλαυον διὰ τὴν τοῦ Θεοῦ φιλανθρωπίαν, οἱ διὰ τὴν οἰκείαν ἀξίαν. Ἔδει γὰρ πανταχοῦ
σπαρῆναι τῆς εὐσεβείας τὸν λόγον, ἐπειδὴ ἀρχὴ καὶ
προοίμια τῆς πίστεως ἦν. Καθάπερ οὖν γηπόνος ἄριστος νεόφυτον δένδρον τοῖς κόλποις τῆς γῆς ἄρτι παρακατατιθέμενος, ἁπαλὸν ὑπάρχον ἔτι πολλῆς ἐπιμε-
65 A λείας ἀξιοῖ, πανταχόθεν περιφράττων, τειχίζων καὶ
λίθοις καὶ ἀκάνθαις, ὥστε μὴ ὑπὸ ἀνέμων ἀνασπα-
σθῆναι, [a] μήτε ὑπὸ θρεμμάτων ἀδικηθῆναι, μήτε
ὑπὸ ἄλλης τινὸς ἐπηρεασθῆναι βλάβης· ἐπειδὰν δὲ
παγὲν καὶ πρὸς ὕψος ἀναδραμὸν ἴδῃ, περιαιρεῖ τὰ
τειχία· ἀρκεῖ γὰρ αὐτὸ τὸ δένδρον πρὸς τὸ μηδὲν
τοιοῦτον παθεῖν· οὕτω καὶ ἐπὶ τῆς πίστεως γέγονεν.
Ὅτε νεόφυτος ἦν, ὅτε ἁπαλὴ ὑπῆρχεν, ὅτε προσφάτως ἐν ταῖς τῶν ἀνθρώπων κατεβλήθη ψυχαῖς, πολλῆς ἐπιμελείας ἠξιοῦτο πάντοθεν· ἐπειδὴ δὲ ἐπάγη
καὶ ἐρριζώθη καὶ πρὸς ὕψος ἀνέδραμεν, ἐπειδὴ πᾶσαν
τὴν οἰκουμένην ἐπλήρωσε, καὶ περιῆρε τὰ τειχία,
καὶ τὰ ἀσφαλίσματα λοιπὸν ἀνεῖλεν ὁ Χριστός. Διὰ
B τοῦτο παρὰ μὲν τὴν ἀρχὴν καὶ ἀναξίοις χαρίσματα
ἐδίδοτο· χρείαν γὰρ εἶχε [b] τὸ παλαιὸν, τῆς πίστεως
ἕνεκα, ταύτης τῆς βοηθείας· νῦν δὲ οὐδὲ ἀξίοις δί-
δοται· ἡ γὰρ ἰσχὺς τῆς πίστεως οὐκέτι ταύτης δεῖται
τῆς συμμαχίας. Καὶ ἵνα μάθῃς ὅτι οὐκ ἐψεύδοντο
ἐκεῖνοι, ἀλλὰ ἀληθῶς σημεῖα ἐποίησαν, καὶ ἀναξίοις
ἀνθρώποις χαρίσματα ἐδίδοτο, καὶ ἵνα πρὸς τοῖς εἰρημένοις καὶ ἕτερόν τι κατορθωθῇ, καὶ τὴν τοῦ Θεοῦ

[c] Colb. *δυνάμεις ἐποιήσαμεν; ὁρᾷς πανταχοῦ σημεῖα καὶ θαύματα; οὐδαμοῦ πρᾶξις οὐδὲ πολιτεία. ἴδωμεν οὖν, φησὶ, τί ὁ Χριστός. ἐπειδὴ γυμνὰ τὰ θαύματα, καὶ οὐδαμοῦ πολιτεία καὶ πρᾶξις, πορεύεσθε.*

[a] Hæc, *μήτε ὑπὸ θρεμμάτων ἀδικηθῆναι*, deerant in Editis, sed ex Colb. supplentur. Infra item quædam ex eodem resarciuntur.

[b] Colb. *τὸ ἁπαλὸν*, Editi *τὸ παλαιόν*. [Infra ante *ἵνα πρὸς* addidimus *καὶ* e Morel. et Savil.]

δωρεὰν αἰδεσθέντες ἐκεῖνοι ἀποθῶνται τὴν πονηρίαν, Ἰούδας ὁ τῶν δώδεκα παρὰ πᾶσιν ὁμολογεῖται, ὅτι σημεῖα ἐποίει, ὅτι δαίμονας ἐξέβαλλεν, ὅτι νεκροὺς ἤγειρεν, ὅτι λεπροὺς ἐκάθηρεν· ἀλλ' ὅμως ἐξέπεσε τῆς βασιλείας τῶν οὐρανῶν. Οὐ γὰρ ἴσχυσεν αὐτὸν σῶσαι τὰ σημεῖα, ἐπειδὴ λῃστὴς, καὶ κλέπτης, καὶ τοῦ Δεσπότου προδότης ἐγένετο. Ὅτι μὲν τὰ σημεῖα οὐκ ἰσχύει σῶσαι χωρὶς πολιτείας ἀρίστης καὶ βίου καθαροῦ καὶ διηκριβωμένου, ἀπὸ τούτων ἀποδέδεικται· ὅτι δὲ πολιτεία οὐκ ἔχουσα τὴν ἀπὸ τῶν σημείων παραμυθίαν, οὐδὲ σύμμαχον λαβοῦσα ἐκείνην, ἀλλ' αὕτη καθ' ἑαυτὴν φανεῖσα, ἴσχυσε μετὰ παῤῥησίας εἰσελθεῖν εἰς τὴν βασιλείαν τῶν οὐρανῶν, ἄκουσον αὐτοῦ τοῦ Χριστοῦ λέγοντος· Δεῦτε, οἱ εὐλογημένοι τοῦ Πατρός μου, κληρονομήσατε τὴν ἡτοιμασμένην ὑμῖν βασιλείαν ἀπὸ καταβολῆς κόσμου. Διὰ τί; ὅτι νεκροὺς ἤγειραν; ὅτι λεπροὺς ἐκάθηραν; ὅτι δαίμονας ἤλασαν; Οὐχί· ἀλλὰ διὰ τί; Πεινῶντα εἴδετέ με, φησὶ, καὶ ἐθρέψατε· διψῶντα, καὶ ἐποτίσατέ με· γυμνὸν, καὶ περιεβάλετέ με· ξένον, καὶ συνηγάγετε. Οὐδαμοῦ θαύματα, ἀλλὰ πανταχοῦ πολιτεία. Ὥσπερ οὖν ἐκεῖ πανταχοῦ θαύματα, καὶ εὐθέως κόλασις, ἐπειδὴ γυμνὰ τὰ θαύματα τῆς πολιτείας· οὕτω καὶ ἐνταῦθα πανταχοῦ πολιτεία, καὶ οὐδαμοῦ θαύματα, [a]καὶ εὐθέως ἡ σωτηρία· ἐπειδὴ ἰσχύει καθ' ἑαυτὴν σῶσαι ἡ ἀρίστη πολιτεία τοὺς κεκτημένους αὐτήν. Διὰ τοῦτο καὶ ὁ μακάριος οὗτος, καὶ γενναῖος, καὶ θαυμάσιος Λουκᾶς οὕτως ἐπέγραψε τὸ βιβλίον, Πράξεις ἀποστόλων, οὐ θαύματα ἀποστόλων· καίτοι καὶ θαύματα πεποιήκασιν. Ἀλλ' ἐκεῖνα μὲν καιρῷ γέγονε, καὶ παρῆλθε· ταῦτα δὲ διὰ παντὸς τοῦ χρόνου πάντας ἐπιδείκνυσθαι χρὴ τοὺς σώζεσθαι μέλλοντας. Ἐπεὶ οὖν οὐ πρὸς τὰ σημεῖα, ἀλλὰ πρὸς τὰς πράξεις τῶν ἀποστόλων ὁ ζῆλος ἡμῖν, διὰ τοῦτο οὕτως τὸ βιβλίον ἐπέγραψεν. Ἵνα γὰρ μὴ λέγῃς, μᾶλλον δὲ ἵνα μὴ λέγωσιν οἱ ῥᾴθυμοι, ἐπειδὰν αὐτοὺς παρακαλοῦμεν πρὸς τὴν μίμησιν τῶν ἀποστόλων, καὶ λέγομεν, μίμησαι Πέτρον, ζήλωσον Παῦλον, γενοῦ κατὰ Ἰωάννην, ἀκολούθησον Ἰάκωβον· ἵνα μὴ λέγωσιν, οὐ δυνάμεθα, οὐδὲ ἰσχύομεν, ἐκεῖνοι γὰρ νεκροὺς ἀνέστησαν, λεπροὺς ἐκάθηραν, ἐπιστομίζων ἡμῶν τὴν ἀναίσχυντον ἀπολογίαν, σιώπα, φησὶ, πεφίμωσο· οὐ θαύματα, ἀλλὰ πολιτεία εἰς τὴν βασιλείαν εἰσάγει τῶν οὐρανῶν. Ζήλωσον τοίνυν τὴν πολιτείαν τῶν ἀποστόλων, καὶ οὐδὲν ἔλαττον ἕξεις τῶν ἀποστόλων. Οὐ γὰρ τὰ σημεῖα ἀποστόλους ἐποίησεν, ἀλλ' ὁ βίος ὁ καθαρός. Καὶ ὅτι τοῦτό ἐστι τὸ γνώρισμα τῆς ἀποστολικῆς εἰκόνος, καὶ τοῦ χαρακτῆρος τῶν μαθητῶν, ἄκουσον τοῦ Χριστοῦ τοῦτο δηλοῦντος τὸ σημεῖον. Χαρακτηρίζων γὰρ τῶν μαθητῶν τὰς εἰκόνας, καὶ

na, quoniam hoc auxilio fidei fovendæ causa indigebat antiquitas: nunc autem neque dignis conceduntur; fidei quippe robur et firmitas hoc subsidio non eget. Atque ut intelligas nequaquam illos imposuisse, sed vere miracula edidisse, atque indignis hominibus dona fuisse concessa; utque præter ea, quæ dicta sunt, quiddam etiam aliud perficeretur, Deique munus illi reveriti nequitiam abjicerent, Judam unum ex duodecim omnes fatentur signa fecisse, dæmones ejecisse, mortuos suscitasse, leprosos mundasse: et tamen excidit a regno cælorum. Non enim illum salvum facere signa potuerunt, quia latro, fur, et proditor fuit Domini. Ac signa quidem sine optima conversatione, vitaque pura et exacta salvum facere minime posse demonstratum ex istis est: conversationem autem hoc signorum solatio destitutam, neque illo stipatam præsidio, sed quamvis sola compareat, posse cum fiducia in regnum cælorum introire, Christo docente condiscos: *Venite, benedicti Patris mei, possidete paratum vobis* regnum *a constitutione mundi*. Quam ob causam? quia mortuos suscitarunt? quia leprosos mundarunt? quia dæmones expulerunt? Nequaquam: sed qua de causa? Esurientem me vidistis, inquit, et aluistis: sitientem, et dedistis mihi potum: nudum, et cooperuistis me: hospitem, et collegistis. Nusquam miracula, sed ubique conversatio. Ut igitur illic ubique miracula, et statim supplicium, quoniam conversatione destituta erant miracula: sic et hoc loco ubique conversatio, nec usquam miracula, et statim salus: propterea quod per se sola possessores suos salvos facere potest optima conversatio. Idcirco etiam beatus hic et generosus ac mirabilis Lucas ita librum inscripsit, *Acta Apostolorum*, non miracula apostolorum: tametsi fecerant et ipsi miracula. Verum illa quidem certo tempore facta sunt, et præterierunt: hæc autem quovis tempore ab illis exhiberi opus est, qui salutem sunt adepturi. Quando igitur non miracula, sed acta nobis æmulanda proponuntur apostolorum, propterea librum sic inscripsit. Ut enim non diceres, vel potius ne dicerent desides, si quando illos ad imitationem apostolorum cohortamur, ac dicimus, Imitare Petrum, æmulare Paulum, similis esto Joanni, Jacobum sequere: ne dicerent, Non possumus, nec valemus: illi enim mortuos suscitabant, leprosos mundabant: hanc impudentem nostram

Vera miracula etiam indigni faciebant.

Matth. 25. 34.

Ibid. v. 35. 36.

[a] In hæc verba, *καὶ εὐθέως ἡ σωτηρία*, desinit Colbertinus Ms.

excusationem reprimens, Tace, inquit, obmutesce, non miraculum, sed conversatio in regnum cælorum introducit. Imitare igitur conversationem apostolorum, et nihil minus quam apostoli obtinebis. Neque enim signa fecerunt apostolos, sed vita munda. Atque hoc apostolicæ imaginis indicium esse, ac figuræ discipulorum, audi quo pacto Christus hoc signo demonstret. Cum enim imagines discipulorum effingeret, et quodnam apostolatus insigne sit, declararet, ita dixit: *In hoc cognoscent omnes, quod discipuli mei estis. In hoc*, in quo? in miraculis faciendis, in mortuis suscitandis? Nequaquam, inquit: sed in quo tandem? *In hoc cognoscent omnes, quia discipuli mei estis, si vos invicem diligatis.* Atqui dilectio non miraculorum est, sed conversationis: *Plenitudo* enim *legis* est *dilectio*. Vides discipulorum indicium? vides imaginem apostolatus? vides formam? vides figuram? Nihil amplius quære: quippe Dominus pronuntiavit caritatem discipulos exprimere. Si ergo caritatem habeas, apostolus factus es, et apostolorum primus.

Quæ notæ et indicia Apostoli.

Joan. 13. 35.

Rom. 13. 10.

δειχνὺς τί ποτέ ἐστιν ἀποστολῆς γνώρισμα, οὕτως εἶπεν· Ἐν τούτῳ γνώσονται πάντες, ὅτι μαθηταί μού ἐστε. Ἐν τούτῳ, ποίῳ; ἐν τῷ θαύματα ποιεῖν; ἐν τῷ νεκροὺς ἐγείρειν; Οὐχὶ, φησίν· ἀλλ' ἐν τίνι; Ἐν τούτῳ γνώσονται πάντες, ὅτι ἐμοὶ μαθηταί ἐστε, ἐὰν ἀγαπᾶτε ἀλλήλους. Ἡ δὲ ἀγάπη οὐχὶ θαυμάτων, ἀλλὰ πολιτείας ἐστί· Πλήρωμα γὰρ νόμου ἡ ἀγάπη. Εἶδες τὸ γνώρισμα τῶν μαθητῶν; εἶδες τὴν εἰκόνα τῆς ἀποστολῆς; εἶδες τὴν μορφήν; εἶδες τὸν τύπον; C μηδὲν πλέον ζήτει· ὁ γὰρ Δεσπότης ἀπεφήνατο, ὅτι ἀγάπη χαρακτηρίζει τοὺς μαθητάς. Ἂν τοίνυν ἔχῃς ἀγάπην, ἀπόστολος γέγονας, καὶ τῶν ἀποστόλων πρῶτος.

4. Vis aliunde hoc discere? Cum Christus Petrum alloqueretur, *Petre, diligis me plus his?* ait. Nihil porro æque valet ad regnum cælorum obtinendum, ac si constet nos ita Christum diligere, ut a nobis diligendus est. Atque ita designavit indicium. Quodnam illud ergo est? et quid nos agere oportet, ut plus quam apostoli diligamus? an mortui suscitandi? an alia quæpiam edenda miracula? Nullo modo: sed quid agendum est? Ex ipso Christo, qui diligendus est, id audiamus. *Si* enim *amas me,* inquit, *plus his, pasce oves meas.* Ecce hic quoque conversatio laudem meretur. Nam curam gerere, compati solere, subsidio esse, quæ sua sunt minime quærere, cætera omnia, quæ pastorem oportet habere, conversationis hæc sunt omnia, non miraculorum aut signorum. At illi, dicet aliquis, propter miracula tales evaserunt. Non propter miracula, sed propter conversationem, et ob eam maxime celebres et illustres fuerunt. Propterea dicebat illis: *Luceat lux vestra coram hominibus, ut videant* homines, non miracula, sed *opera vestra bona*, et *glorificent Patrem vestrum qui in cælis* est. Vides ubique conversationem, ac vitam virtute præditam collaudari? Vis ostendam tibi et Petrum ipsum, hunc principem apostolorum, qui et eximiam conversationem præ se tulit, et miracula edidit quæ naturam humanam excedebant,

Joan. 21. 17.

Ibid.

Matth. 5. 16.

Βούλει ἑτέρωθεν τοῦτο μαθεῖν; Πρὸς Πέτρον εἰπὼν ὁ Χριστὸς, Πέτρε, φιλεῖς με πλέον τούτων; φησί· Τούτοι δὲ ἴσον οὐδὲν εἰς τὸ τυχεῖν βασιλείας οὐρανῶν, ἀλλ' ὅταν φανῶμεν τὸν Χριστὸν φιλοῦντες, ὡς φιλεῖν δεῖ. Καὶ τὸ γνώρισμα εἶπε. Τί ποτ' οὖν ἐστι τοῦτο; καὶ τί ποιοῦντες δυνάμεθα φιλεῖν πλέον τῶν ἀποστόλων; ἆρα τοὺς νεκροὺς ἐγείροντες; ἢ ἄλλα τινὰ θαύματα ἐπιδεικνύμενοι; Οὐδαμῶς· ἀλλὰ τί ποιοῦντες; D Αὐτοῦ τοῦ φιλουμένου Χριστοῦ ἀκούσωμεν. Εἰ γὰρ φιλεῖς με, φησὶ, πλέον τούτων, ποίμαινε τὰ πρόβατά μου. Ἰδοὺ καὶ ἐνταῦθα πολιτεία εὐδοκιμεῖ. Τὸ γὰρ κηδεμονικὸν, τὸ συμπαθητικὸν, τὸ προστατικὸν, τὸ μὴ τὰ ἑαυτοῦ ζητεῖν, ἀλλὰ πάντα, ἃ τὸν ποιμαίνοντα ἔχειν δεῖ, πάντα ταῦτα πολιτείας ἐστὶν, οὐχὶ θαυμάτων, οὐδὲ σημείων. Ἀλλ' ἐκεῖνοι, φησὶ, διὰ τὰ θαύματα τοιοῦτοι γεγόνασιν. Οὐχὶ διὰ τὰ θαύματα, ἀλλὰ διὰ τὴν πολιτείαν, καὶ ἐντεῦθεν μάλιστα ἔλαμψαν. Διὰ τοῦτό φησιν αὐτοῖς. Λαμψάτω τὸ φῶς ὑμῶν ἔμπροσθεν τῶν ἀνθρώπων, ἵνα ἴδωσιν οἱ ἄνθρωποι, οὐχὶ τὰ θαύματα, ἀλλὰ τὰ καλὰ ἔργα ὑμῶν, καὶ δοE ξάσωσι τὸν Πατέρα ὑμῶν τὸν ἐν τοῖς οὐρανοῖς. Ὁρᾷς πανταχοῦ τὴν πολιτείαν διαλάμπουσαν, τὸν βίον τὸν ἐνάρετον θαυμαζόμενον; Βούλει σοι δείξω καὶ αὐτὸν τὸν Πέτρον, τοῦτον τὸν κορυφαῖον τῶν ἀποστόλων, καὶ πολιτείαν ἐπιδειξάμενον μεγίστην, καὶ θαύματα ποιήσαντα ὑπερβαίνοντα ἀνθρωπίνην φύσιν, καὶ ἀμφότερα παράλληλα κείμενα, καὶ τὸ θαῦμα, καὶ τὴν πολιτείαν, καὶ ἀπὸ τῆς πολιτείας μᾶλλον, ἢ ἀπὸ τῶν σημείων τιμηθέντα; Ἄκουε τῆς ἱστορίας· ταύτης

Πέτρος καὶ Ἰωάννης ἀνέβαινον εἰς τὸ ἱερὸν περὶ τὴν 67 A ὥραν τῆς προσευχῆς τὴν ἐννάτην. Μὴ παραδράμῃς ἁπλῶς τὸ διήγημα, ἀλλ' εὐθέως ἐπίστα τῷ προοιμίῳ, καὶ μάθε πόση ἦν ἡ ἀγάπη καὶ ἡ συμφωνία καὶ ἡ ὁμόνοια, καὶ πῶς πανταχοῦ οὗτοι ἐκοινώνουν ἀλλήλοις, καὶ συνδεδεμένοι τῷ δεσμῷ τῆς κατὰ Θεὸν φιλίας, ἅπαντα ἔπραττον, καὶ ἐν τραπέζῃ καὶ ἐν εὐχῇ καὶ ἐν βαδίσει καὶ ἐν τοῖς ἄλλοις ἅπασι μετὰ ἀλλήλων ἐφαίνοντο. Εἰ δὲ ἐκεῖνοι οἱ στῦλοι, οἱ πύργοι, οἱ πολλὴν παῤῥησίαν ἔχοντες πρὸς τὸν Θεὸν, τῆς παρ' ἀλλήλων ἐδέοντο βοηθείας, καὶ ὑπὸ τῆς παρ' ἀλλήλων συμμαχίας διωρθοῦντο, πόσῳ μᾶλλον ἡμεῖς οἱ ἀσθενεῖς, καὶ ταλαίπωροι, καὶ οὐδενὸς ἄξιοι λόγοι, B τῆς ἀλλήλων δεησόμεθα βοηθείας; Ἀδελφὸς γὰρ ὑπὸ ἀδελφοῦ βοηθούμενος, ὡς πόλις ὀχυρά· καὶ πάλιν· Ἰδοὺ δὴ τί καλὸν, ἢ τί τερπνὸν, ἀλλ' ἢ τὸ κατοικεῖν ἀδελφοὺς ἐπὶ τὸ αὐτό; Πέτρος καὶ Ἰωάννης ἦσαν, καὶ τὸν Ἰησοῦν εἶχον μέσον· Ὅποο γὰρ ἂν ὦσι συνηγμένοι δύο ἢ τρεῖς, φησὶν, ἐν τῷ ὀνόματί μου, ἐγὼ ἐκεῖ εἰμι ἐν μέσῳ αὐτῶν. Εἶδες πόσον ἐστὶ τὸ ἐπὶ τὸ αὐτὸ εἶναι; Οὐχ ἁπλῶς δὲ ἦσαν ἐπὶ τὸ αὐτὸ, ἐπεὶ καὶ νῦν ἐπὶ τὸ αὐτὸ πάντες ἐσμέν· ἀλλ' ἐπὶ τὸ αὐτὸ εἶναι χρὴ τῷ συνδέσμῳ τῆς ἀγάπης, τῇ διαθέσει τῆς προαιρέσεως· καὶ ὥσπερ τὰ σώματα ἡμῶν ἐγγὺς ἀλλή- C λων ἐστὶ νῦν, καὶ συσφίγγεται ἐπὶ τὸ αὐτὸ, οὕτω καὶ τὰς καρδίας συσφίγγεσθαι χρή. Πέτρος καὶ Ἰωάννης ἀνέβαινον εἰς τὸ ἱερόν. Ἐσχίσθη τὸ καταπέτασμα, ἠρημώθη τὰ ἅγια τῶν ἁγίων, ἀνῃρέθη ἡ ἐν ἑνὶ τόπῳ προσκύνησις. Ὁ Παῦλος βοᾷ λέγων· Ἐν παντὶ τόπῳ ἐπαίρετε ὁσίους χεῖρας. Τί τοίνυν τρέχουσιν αὐτοὶ εἰς τὸ ἱερὸν προσεύξασθαι; πάλιν ἐπὶ τὴν Ἰουδαϊκὴν ἦλθον ἀσθένειαν; Μὴ γένοιτο· ἀλλὰ συγκαταβαίνουσι τοῖς ἀσθενεστέροις, ἐκεῖνο πληροῦντες τὸ ῥῆμα Παύλου, τὸ λέγον· Ἐγενόμην τοῖς Ἰουδαίοις ὡς Ἰουδαῖος. Συγκαταβαίνουσι τοῖς ἀσθενέσιν, ἵνα μὴ μείνωσιν ἀσθενεῖς ἐκεῖνοι. Ἄλλως δὲ καὶ ἐκεῖ συνήγετο πᾶσα ἡ D πόλις. Καθάπερ οὖν ἁλιεῖς ἄριστοι ἐκείνους τοὺς κόλπους τῶν ποταμῶν διώκουσιν, ἔνθα πάντες συλλέγονται οἱ ἰχθύες, ὥστε μετ' εὐκολίας ἐπιτυχεῖν τῆς θήρας· οὕτω δὴ καὶ οἱ ἀπόστολοι οὗτοι, οἱ πνευματικοὶ ἁλιεῖς, εἰς ἐκεῖνον τὸν κόλπον ἔσπευδον, ὅπου πᾶσα ἡ πόλις συνήγετο, ἵνα ἐκεῖ τὸ τοῦ εὐαγγελίου δίκτυον ἁπλώσαντες, μετ' εὐκολίας τύχωσι τῆς ἄγρας. Τοῦτο δὲ ἐποίουν μιμούμενοι τὸν διδάσκαλον. Καὶ γὰρ ὁ Χριστός φησι· Καθ' ἡμέραν μεθ' ὑμῶν ἤμην ἐν τῷ ἱερῷ. Διὰ τί ἐν τῷ ἱερῷ; Ἵνα τοὺς ἐκ τοῦ ἱεροῦ λάβῃ. Οὕτω καὶ οὗτοι ἀπήρχοντο μὲν ὡς προσευξόμενοι, διδασκαλίαν δὲ ἔμελλον κατασπείρειν ἐκεῖ. Εἰς τὸ ἱερὸν προσεύξασθαι E περὶ τὴν ὥραν τῆς προσευχῆς τὴν ἐννάτην. Οὐδὲ ἡ ὥρα αὐτοῖς ἁπλῶς παρατετήρηται. Καὶ γὰρ εἶπον ὑμῖν πολλάκις περὶ τῆς ὥρας ταύτης, ὅτι ἐν αὐτῇ παράδεισος ἀνεῴγη, καὶ ὁ λῃστὴς εἰσῆλθεν, ἐν αὐτῇ

et utraque inter se comparata, et miraculum, et conversationem, atque illum potius ob vitæ conversationem quam ob signa fuisse honore cumulatum? Hanc historiam audi : *Petrus et Joannes ascendebant in templum ad horam orationis nonam.* Act. 3. 1. Ne oscitanter hanc narrationem prætereas, sed in procemio statim insistas, et quanta caritas esset, discas, quanta concordia, quantusque consensus, et qua ratione cuncta isti sibi invicem communicabant, et amicitiæ secundum Deum vinculo colligati cuncta faciebant, et in mensa, et in oratione, et in incessu, et in reliquis omnibus juncti apparebant. Quod si illi qui columnæ ac turres erant, qui multam apud Deum fiduciam habebant, mutuo indigebant auxilio, mutuoque subsidio corrigebantur, quanto magis nos imbecilles ac miseri, nulliusque pretii homines mutuo auxilio indigemus? *Frater enim qui* Prov. 18. *adjuvatur a fratre, quasi civitas firma* : et 19. rursus : *Ecce quid bonum, et quid pulchrum,* Psal. 132. *nisi habitare fratres in unum?* 1. Petrus et Joannes erant, et Jesum in medio habebant : *Ubi* Matth. 18. *enim fuerint duo vel tres congregati,* inquit, *in* 20. *nomine meo, ibi sum in medio eorum.* Vides quantum sit in unum versari? Neque vero quovis modo in unum erant : nam et nunc in unum sumus omnes; sed in unum esse oportet vinculo caritatis, et voluntatis affectu : et quemadmodum corpora nostra sibi propinqua nunc sunt invicem ac sese in unum constringunt, sic etiam oportet corda constringi. *Petrus et Joannes ascendebant in templum.* Scissum est velum, desolata sunt sancta sanctorum, sublata est uni addicta loco adoratio. Clamat Paulus, ac dicit : *In omni* 1. Tim. 2. *loco puras manus levate.* 8. Cur igitur isti currunt ad templum, ut orent? rursus ad Judaicam infirmitatem devoluti sunt? Absit! sed imbecillioribus sese attemperant, illudque Pauli dictum implent, quod ait : *Factus sum Judæis* 1. Cor. 9. *tamquam Judæus.* 20. Imbecillibus se attemperant, ne illi maneant imbecilles. Alioquin autem illio quoque tota civitas congregabatur. Ut igitur optimi piscatores eos sinus in fluminibus sectantur, ubi pisces omnes conveniunt, ut facilius præda potiantur : ita nimirum et isti apostoli, spirituales piscatores, ad illum sinum festinabant, in quo tota civitas conveniebat, ut illic expanso evangelii reti facile præda potirentur. Hoc autem cum agerent, magistrum imitabantur. Nam ait Christus : *Quotidie apud vos eram in* Matth. 26. *templo.* 55. Quare in templo? Ut qui in templo versabantur, caperet. Ita quoque isti tam-

quam oraturi quidem pergebant, sed doctrinam illic erant sparsuri. *In templum*, ut orarent, *circa horam orationis nonam*. Neque ipsam horam sine causa observarunt. Sæpe namque de hac hora dixi vobis, in ipsa paradisum fuisse reseratum, et latronem ingressum : in ipsa sublatum est maledictum, in ipsa terrarum orbis victima est oblata : in ipsa dissipatæ sunt tenebræ, in ipsa lux affulsit cum sensibilis, tum spiritualis. *Circa horam nonam.* Quando cæteri post prandium et ebrietatem alto sopiti somno dormiunt, tum illi sobrii atque vigilantes, ac multo amore succensi, ad orationem properabant. Quod si oratione illi indigebant, oratione tam assidua, tam exacta, qui tantam fiduciam habebant, qui nullius sibi criminis erant conscii, quid nos faciemus, qui vulneribus scatemus innumeris, nec illis orationis remedium adhibe-
Ingens telum oratio. mus? Ingens telum est oratio. Vis nosse quam ingens sit totum oratio? Curam pauperum omittebant apostoli, ut plus illis otii ad vacandum
Act. 6. 3. orationi suppeteret. *Constituite namque*, inquit, *ex vobis viros boni testimonii septem : nos vero orationi et ministerio verbi instantes erimus.*

ἡ κατάρα ἀνῃρέθη, ἐν αὐτῇ ἡ θυσία τῆς οἰκουμένης προσηνέχθη, ἐν αὐτῇ τὸ σκότος ἐλύθη, ἐν αὐτῇ τὸ φῶς ἔλαμψε, καὶ τὸ αἰσθητὸν καὶ τὸ νοητόν. Περὶ ὥραν ἐννάτην. Ὅτε ἕτεροι ἀπὸ ἀρίστου καὶ μέθης καθεύδουσιν ὕπνον βαθὺν, τότε ἐκεῖνοι νήφοντες, καὶ διεγηγερμένοι, καὶ πολλῷ τῷ πόθῳ ζέοντες, ἐπὶ τὴν προσευχὴν ἔσπευδον. Εἰ δὲ ἐκεῖνοι εὐχῆς ἐδέοντο, εὐ-
68 A χῆς οὕτω ἐκτενοῦς, εὐχῆς οὕτω διηκριβωμένης, οἱ τοσαύτην ἔχοντές παῤῥησίαν, οἱ μηδὲν ἑαυτοῖς συνειδότες πονηρὸν, τί ποιήσομεν ἡμεῖς, μυρίων γέμοντες τραυμάτων, οὐκ ἐπιτιθέντες δὲ τῆς εὐχῆς τὸ φάρμακον; Μέγα ὅπλον εὐχή. Βούλει μαθεῖν πῶς μέγα ὅπλον ἡ εὐχή; Προστασίας πενήτων παρέδραμον οἱ ἀπόστολοι, ἵνα πλείονα σχολὴν περὶ τὴν εὐχὴν ἔχωσι. Καταστήσατε γὰρ, φησὶν, ἐξ ὑμῶν ἄνδρας μαρτυρουμένους ἑπτά· ἡμεῖς δὲ τῇ προσευχῇ καὶ τῇ διακονίᾳ τοῦ λόγου προσκαρτερήσομεν.

5. Sed quod dicebam (non enim digrediendum est ab argumento sermonis, ut constet, Petrum et actionem exhibuisse, et miraculum edidisse, et ob actionem potius esse laudatum), ascendit
Act. 3. 2. ergo in templum, ut oraret : et ecce claudus ex utero matris suæ bajulabatur illic ad portam templi. Ab ipso matris utero natura mutilata erat, et artem medicinæ vincebat ægritudo, ut Dei gratia magis appareret. Hic ergo claudus ad portam templi jacebat, et cum introeuntes illos vidisset, intendebat in eos, quærens eleemosynam
Act. 3. 4. ab ipsis accipere. Quid igitur Petrus? *Respice in nos*, inquit. Ex aspectu solo constare potest quam pauper sit : non verbis opus est, non demonstratione, nec responsione, nec doctrina : vestitus ipse tibi pauperem indicat. Hoc ergo totum opus et recte factum est apostolatus, ut hæc ad pauperem dicas, ut remedium non tantum adhibeas
Act. 3. 6. egestati, ut dicas, Majores divitias videbis. *Argentum*, inquit, *et aurum non habeo : quod autem habeo, hoc tibi do : in nomine Jesu Christi surge et ambula.* Vides egestatem et divitias? egestatem quidem pecuniarum, sed divitias charismatum ac donorum. Non sustulit egestatem pecuniarum, sed egestatem naturæ cor-
Non sunt contumeliis rexit. Vide modestiam Petri : *Respice in nos.* Non contumeliis affecit, non conviciis lacessivit,

B Ἀλλ', ὅπερ ἔλεγον (μὴ γὰρ ἐκπέσωμεν τῆς ὑποθέσεως, ὅτι ὁ μὲν Πέτρος καὶ πρᾶξιν ἐπεδείξατο, καὶ θαῦμα ἐποίησε, καὶ ἀπὸ τῆς πράξεως ἐπαινεῖται μᾶλλον), ἀνῆλθεν οὖν εἰς τὸ ἱερὸν προσεύξασθαι· καὶ ἰδοὺ χωλὸς ἐκ κοιλίας μητρὸς αὐτοῦ, βασταζόμενος ἐκεῖ πρὸς τὴν θύραν τοῦ ἱεροῦ. Ἀπ' αὐτῶν τῶν ὠδίνων ἡ πήρωσις τῆς φύσεως ἦν, καὶ μεῖζον ἰατρικῆς τέχνης τὸ νόσημα, ἵνα μειζόνως ἐπιδειχθῇ ἡ τοῦ Θεοῦ χάρις. Οὗτος οὖν ὁ χωλὸς ἔκειτο πρὸς τὴν πύλην τοῦ ἱεροῦ· καὶ ἰδὼν αὐτοὺς εἰσιόντας, προσεῖχεν αὐτοῖς, ζητῶν ἐλεημοσύνην παρ' αὐτῶν λαβεῖν. Τί οὖν ὁ Πέτρος;
C Βλέψον εἰς ἡμᾶς, φησίν. Ἱκανὴ ἀπὸ τῆς ὄψεως ἡ ἀπόδειξις τῆς ἀκτημοσύνης· οὐ χρεία λόγων, οὐδὲ ἀποδείξεως, οὐδὲ ἀποκρίσεως, οὐδὲ διδασκαλίας· ὁ στολισμός σοι δείκνυσι τὸν ἀκτήμονα. Τοῦτο οὖν ὅλον τὸ κατόρθωμα τῆς ἀποστολῆς, ἵνα ταῦτα λέγῃς πρὸς τὸν πένητα, ἵνα μὴ διορθώσῃ τὴν πενίαν μόνον, ἵνα εἴπῃς, ὄψει μείζονα πλοῦτον. Ἀργύριον, φησὶ, καὶ χρυσίον οὐκ ἔχω· ὃ δὲ ἔχω, τοῦτό σοι δίδωμι· ἐν τῷ ὀνόματι Ἰησοῦ Χριστοῦ ἔγειραι, καὶ περιπάτει. Εἶδες πενίαν καὶ πλοῦτον; πενίαν μὲν χρημάτων, πλοῦτον δὲ χαρισμάτων. Οὐκ ἔλυσε πενίαν χρημάτων, ἀλλὰ διώρθωσε πενίαν φύσεως. Ὅρα τὴν ἐπιείκειαν Πέτρου· Βλέψον εἰς ἡμᾶς. Οὐχ ὕβρισεν, οὐκ ἐλοιδο-
D ρήσατο, ὃ πολλάκις ποιοῦμεν ἡμεῖς πρὸς τοὺς ἐντυγχάνοντας ἡμῖν, εὐθύνας ἐγκαλοῦντες αὐτοῖς, ὅτι καθεύδουσι. Μὴ γὰρ τοῦτο ἐπετάγης, ἄνθρωπε; Οὐχ ἐκέ-

λευσέ σοι ἀργίαν ἐγκαλεῖν, ἀλλὰ πενίαν διορθοῦσθαι·
οὐκ ἐποίησέ σε κατήγορον κακίας, ἀλλὰ ἰατρὸν κατέ-
στησε συμφορᾶς· οὐχ ἵνα ὀνειδίζῃς νωθείαν, ἀλλ' ἵνα
χεῖρα ὀρέγῃς τοῖς κειμένοις· οὐχ ἵνα κακίζῃς τρόπον,
ἀλλ' ἵνα λύσῃς λιμόν. Ἡμεῖς δὲ τοὐναντίον ποιοῦ-
μεν· ἀφέντες παραμυθήσασθαι τοὺς προσιόντας τῇ
δόσει τῶν χρημάτων, καὶ προσεπιτρίβομεν αὐτῶν τὰ
τραύματα ταῖς τῶν ἐγκλημάτων ἐπαγωγαῖς. Ἀλλὰ E
καὶ ἀπολογεῖται τῷ πένητι, καὶ μετ' ἐπιεικείας
διαλέγεται· Κλῖνον γάρ, φησί, πτωχῷ ἀλύπως
τὸ οὖς σου, καὶ ἀποκρίθητι αὐτῷ ἐν πρᾳότητι
εἰρηνικά. Ἀργύριον καὶ χρυσίον οὐκ ἔχω· ὃ δὲ ἔχω
τοῦτό σοι δίδωμι· ἐν τῷ ὀνόματι Ἰησοῦ Χριστοῦ
ἔγειραι, καὶ περιπάτει. Δύο ἐνταῦθά ἐστι, πολιτεία
καὶ θαῦμα. Πολιτεία, τό, Ἀργύριον καὶ χρυσίον
οὐχ ὑπάρχει μοι· πολιτείας γὰρ τὸ καταφρονεῖν
τῶν γηΐνων πραγμάτων, τὸ ῥῖψαι τὰ ὑπάρχοντα, τὸ 69
ὑπεριδεῖν τῆς παρούσης ματαιότητος· θαῦμα δὲ τὸ A
ἐγεῖραι τὸν χωλόν, τὸ διορθῶσαι τὰ μέλη τὰ πεπηρω-
μένα. Ἰδοὺ τοίνυν καὶ πολιτεία καὶ θαῦμα. Ἴδωμεν
οὖν πόθεν ὁ Πέτρος καυχᾶται. Τί εἶπεν; ὅτι θαύματα
ἐποίησε; Καίτοι θαύματα ἦν πεποιηκὼς τότε· ἀλλ'
οὐκ εἶπε τοῦτο, ἀλλὰ τί; Ἰδοὺ ἡμεῖς ἀφήκαμεν
πάντα, καὶ ἠκολουθήσαμέν σοι. Εἶδες τὴν πολιτείαν
καὶ τὸ θαῦμα, καὶ τὴν πολιτείαν στεφανουμένην;
Τί οὖν ὁ Χριστός; Τοῦτον ἀπεδέξατο καὶ ἐπῄνεσε.
Λέγω γὰρ ὑμῖν, φησίν, ὅτι ὑμεῖς οἱ ἀφέντες οἰκίας,
καὶ τὰ λοιπά. Οὐκ εἶπεν, οἱ ἀναστήσαντες νεκρούς,
ἀλλ' Ὑμεῖς οἱ ἀφέντες τὰ ὑπάρχοντα ὑμῶν, καθή-
σεσθε ἐπὶ δώδεκα θρόνους· καὶ πᾶς ὅστις ἀφῆκε τὰ B
ὑπάρχοντα αὐτῷ πάντα, ταύτης ἀπολαύσεται τῆς
τιμῆς. Οὐ δύνασαι ἀναστῆσαι χωλόν, καθάπερ ὁ
Πέτρος; Ἀλλὰ δύνασαι εἰπεῖν, ὡς ἐκεῖνος· Ἀργύριον
καὶ χρυσίον οὐχ ὑπάρχει μοι. Κἂν τοῦτο εἴπῃς, ἐγγὺς
ἐγένου τοῦ Πέτρου· μᾶλλον δὲ οὐδὲ ἂν εἴπῃς, ἀλλ'
ἐὰν ποιήσῃς. Οὐ δύνασαι ξηρὰν διορθῶσαι χεῖρα;
Ἀλλὰ δύνασαι τὴν σεαυτοῦ χεῖρα ξηρὰν γινομένην
ὑπὸ ἀπανθρωπίας ποιῆσαι ἐκταθῆναι διὰ φιλανθρωπίας. Μὴ ἔστω γάρ, φησίν, ἡ χείρ σου ἐκτεταμένη
εἰς τὸ λαβεῖν, ἐν δὲ τῷ διδόναι συνεσταλμένη. Ὁρᾷς
ὅτι οὐχ ἡ ξηρότης, ἀλλὰ καὶ ἀπανθρωπία συστέλλει
τὴν χεῖρα; Ἔκτεινον οὖν αὐτὴν διὰ φιλανθρωπίας καὶ C
ἐλεημοσύνης. Οὐ δύνασαι ἐκβαλεῖν δαίμονα; Ἀλλ'
ἔκβαλε ἁμαρτίαν, καὶ μείζονα λήψῃ μισθόν. Εἶδες
πῶς πανταχοῦ ἡ πολιτεία καὶ τὰ κατορθώματα
μείζονα ἔπαινον ἔχει τῶν θαυμάτων, καὶ πλείονα τὴν
ἀμοιβήν; Εἰ δὲ βούλει, καὶ ἑτέρωθεν τοῦτο δείξομεν.
Προσῆλθον αὐτῷ, φησίν, οἱ ἑβδομήκοντα μαθηταί,
καὶ ἔχαιρον, καὶ ἔλεγον· Κύριε, ἐν τῷ ὀνόματί σου
καὶ τὰ δαιμόνια ἡμῖν ὑπακούουσι. Καὶ λέγει αὐτοῖς·
μὴ χαίρετε, ὅτι τὰ δαιμόνια ὑμῖν ὑπακούει, ἀλλὰ
χαίρετε, ὅτι τὰ ὀνόματα ὑμῶν γέγραπται ἐν τοῖς οὐ-

ut fieri a nobis sæpe numero solet in eos, qui Afficiendi
nobis supplices occurrunt, dum crimen illis pauperes.
objicimus, quod sint otio dediti. Num enim hoc
tibi mandatum est, mi homo? Non tibi imperavit,
ut desidiam illi objiceres, sed ut ipsius egestati
remedium adhiberes; non te improbitatis accusatorem creavit, sed medicum calamitatis constituit; non ut segnitiem exprobrares, sed ut jacentibus manum porrigeres; non ut mores vituperares,
sed ut famem sedares. At nos contrarium facimus:
non dignamur ad nos accedentes pecuniæ largitione solari, sed et illorum vulnera criminum
insuper exprobratione vellicamus. Quin etiam
apud pauperem se excusat, ac modeste illum
alloquitur: *Inclina* enim, inquit, *pauperi* sine Eccli. 4. 8.
tristitia aurem tuam, et responde *illi pacifica*
in mansuetudine. *Argentum* et *aurum non*
habeo: quod autem habeo, hoc tibi do: in
nomine Christi surge, et *ambula*. Duo sunt hoc
loco, conversatio, et miraculum. Conversatio,
Argentum et *aurum non* est *mihi*: conversationis enim et actionis est terrenas res respicere,
facultates suas abjicere, præsentem spernere
vanitatem: miraculum vero est claudum excitare,
ac membra mutilata sanare. Ecce tibi ergo conversationem et miraculum. Videamus autem unde
Petrus glorietur. Quid dixit? an se miracula
edidisse? Tametsi fuerant tum edita ab ipso
miracula: sed hoc non dixit; quid ergo? *Ecce* Matth. 19.
nos reliquimus omnia, et *sequuti sumus* te. 27.
Vides conversationem et miraculum, et conversa-
tioni palmam tribui? Quid ergo Christus?
Commendavit eum, laudavit. Dico enim vobis, Ibid. v. 29.
inquit, quod vos qui reliquistis domos, et quæ
sequuntur. Non dixit, Qui mortuos suscitastis,
sed *Vos qui reliquistis bona vestra, sedebitis*
super sedes *duodecim*: et omnis, qui reliquerit
omnia bona sua, honorem istum consequetur.
Non potes claudum erigere, sicut Petrus? At
potes dicere, ut ille: *Argentum* et *aurum non*
est *mihi*. Quod si hoc dixeris, factus es propin-
quus Petro: imo vero non si dixeris, sed si feceris. Non potes aridam manum sanare? Sed
potes manum tuam, quam inhumanitas aridam
reddidit, per humanitatem extendere. *Non sit* Eccli. 4. 36.
enim, inquit, *porrecta manus tua ad accipien-*
dum, et *ad dandum* collecta. Vides non ari-
ditatem, sed inhumanitatem quoque manum
contrahere? Extende igitur illam per humanitatem et eleemosynam. Non potes dæmonem ejicere? Sed peccatum ejice, majoremque mercedem
accipies. Vides quo pacto conversatio et bona

opera majorem quam miracula mercedem, et
majus præmium merentur? Ac si velis, aliunde
Luc. 10. 17. 20. quoque id ostendemus. *Accesserunt ad eum,*
inquit, *septuaginta discipuli,* et *gaudebant,*
dicebantque, Domine, in nomine tuo etiam
dæmonia obediunt nobis. Et ait illis : Nolite
gaudere, quia dæmonia vobis obediunt, sed
gaudete, quia nomina vestra scripta sunt in
cælis. Vides ubique conversationem laudari?
6. Age ergo retractemus quæ a nobis ante sunt
Joan. 13. 35. dicta. *In hoc cognoscent omnes, quia discipuli*
mei estis, si vos invicem dilexeritis. Ecce non
ex miraculis, sed ex conversatione dignosci di-
Joan. 21. 17. scipulos demonstratum est. *Petre, diligis me plus*
his? pasee oves meas. Ecce alterum indicium,
et hoc rursus a conversatione sumtum. Tertium
rursus indicium: *Nolite gaudere, quia dæmo-*
nia vobis obediunt, sed gaudete, quia nomina
vestra scripta sunt in cælis. Et hoc rursus
conversationis est recte factum. Vis etiam quartam hujus rei demonstrationem cognoscere?
Matth. 5. 16. *Luceat,* inquit, *lux vestra coram hominibus,*
ut videant opera vestra bona, et glorificent
Patrem vestrum qui in cælis est. Ecce hic
quoque opera occurrunt. Et cum rursus ait:
Matth. 19. 29. *Quisquis reliquerit domum, vel fratres, vel*
sorores propter me, centuplum accipiet, et
vitam æternam possidebit, conversationem
laudat, et vitam exactam. Vides discipulos ex
eo fuisse designatos, quod mutuo se diligerent,
eum vero qui Christum supra apostolos diligebat
ex eo innotuisse, quod fratres pasceret: eos porro
qui gaudere debuerunt, non ex eo quod ejicerent
dæmones, sed ex eo quod eorum nomina scripta
in cælis essent, gaudere jussos esse, atque illos
qui Deum glorificarent, ab operum splendore
fuisse designatos; eos vero qui vitam assequе-
rentur, et centuplum acciperent, idcirco ejusmodi
munere donari, quod præsentia cuncta contemse-
rint. Hos omnes imitare, et discipulus esse poteris, atque inter amicos Dei numerari, Deum
glorificare, ac vita æterna potiri : nec impedimento ulli tibi esse poterit, quominus bona
assequaris omnia, quod signa non facias, si conversationem mundam et exactam præ te feras.
Nam et ipse Petrus hoc nomen non propter miracula vel signa recepit, sed propter zelum,
amoremque sincerum. Neque enim quia mortuos
suscitarat, aut quia claudum erexerat, sic appellatus est; sed quia fidem cum confessione
Matth. 16. 18. sinceram exhibuerat, hoc nomen obtinuit. *Tu es*
Petrus, et super hanc petram ædificabo Ec-

ρανοῖς. Ὁρᾷς πανταχοῦ τὴν πολιτείαν θαυμαζο-
μένην;

D Φέρε οὖν, ἀναλογισώμεθα τὰ εἰρημένα ἄνωθεν.
Ἐν τούτῳ γνώσονται πάντες, ὅτι ἐμοὶ μαθηταί ἐστε,
ἐὰν ἀγαπᾶτε ἀλλήλους. Ἰδοὺ ἀπὸ πολιτείας, οὐκ ἀπὸ
θαυμάτων τὸ γνώρισμα τοῦ μαθητὰς εἶναι ἀποδέδεικται. Πέτρε, φιλεῖς με πλέον τούτων; ποίμαινε
τὰ πρόβατά μου. Ἰδοὺ καὶ ἕτερον γνώρισμα, καὶ
αὐτὸ πάλιν ἀπὸ πολιτείας. Τρίτον πάλιν γνώ-
ρισμα· Μὴ χαίρετε, ὅτι τὰ δαιμόνια ὑμῖν ὑπακούει, ἀλλὰ χαίρετε, ὅτι τὰ ὀνόματα ὑμῶν γέγραπται ἐν τοῖς οὐρανοῖς. Καὶ τοῦτο πολιτείας πάλιν
κατόρθωμα. Βούλει καὶ τετάρτην ἀπόδειξιν τούτου
E μαθεῖν; Λαμψάτω, φησὶ, τὸ φῶς ὑμῶν ἔμπροσθεν τῶν
ἀνθρώπων, ἵνα ἴδωσι τὰ καλὰ ὑμῶν ἔργα, καὶ δοξάσωσι τὸν Πατέρα ὑμῶν τὸν ἐν τοῖς οὐρανοῖς. Ἰδοὺ καὶ
ἐνταῦθα ἔργα φαίνεται. Καὶ ὅταν λέγῃ πάλιν· Ὅστις
ἀφῆκεν οἰκίαν, ἢ ἀδελφοὺς, ἢ ἀδελφὰς ἕνεκεν ἐμοῦ,
ἑκατονταπλασίονα λήψεται, καὶ ζωὴν αἰώνιον κληρονομήσει, τὴν πολιτείαν ἐπαινεῖ, καὶ τὸν διηκριβωμέ-
νον βίον. Εἶδες τοὺς μαθητὰς ἀπὸ τοῦ φιλεῖν ἀλλήλους
γνωριζομένους, τὸν δὲ ὑπὲρ τοὺς ἀποστόλους φιλοῦντα
τὸν Χριστὸν ἀπὸ τοῦ ποιμαίνειν τοὺς ἀδελφοὺς φαινόμενον, τοὺς δὲ ὀφείλοντας χαίρειν, οὐκ ἀπὸ τοῦ
δαίμονας ἐκβάλλειν, ἀλλ' ἀπὸ τοῦ ἐγγεγράφθαι ἐν
70 A τῷ οὐρανῷ κελευομένους εὐφραίνεσθαι, καὶ τοὺς μὲν
τὸν Θεὸν δοξάζοντας ἀπὸ τῆς τῶν ἔργων λαμπρότητος
δεικνυμένους, τοὺς δὲ ζωῆς ἐπιτυχόντας καὶ ἑκατονταπλασίονα λαμβάνοντας, ἀπὸ τῆς τῶν παρόντων
ἁπάντων ὑπεροψίας ἐπιτυχόντας ταύτης τῆς δωρεᾶς.
Τούτους μίμησαι πάντας, καὶ δυνήσῃ καὶ μαθητὴς
εἶναι, καὶ ἐν τοῖς φίλοις τοῦ Θεοῦ ἀριθμεῖσθαι, καὶ
δοξάζειν τὸν Θεὸν, καὶ τῆς αἰωνίου ζωῆς ἀπολαῦσαι·
καὶ οὐδὲν ἔσται σοι κώλυμα πρὸς τὸ τυχεῖν τῶν
ἀγαθῶν ἁπάντων, τὸ μὴ ποιεῖν σημεῖα, ἐὰν πολιτείαν ἔχῃς διηκριβωμένην. Καὶ γὰρ αὐτὸς τοῦτο τὸ
ὄνομα, Πέτρος, οὐκ ἀπὸ θαυμάτων καὶ σημείων
B ἔλαβεν, ἀλλ' ἀπὸ ζήλου καὶ φίλτρου γνησίου. Οὐδὲ
γὰρ ἐπειδὴ νεκροὺς ἀνέστησεν, οὐδὲ ἐπειδὴ χωλὸν
ἀνώρθωσεν, οὕτως ἐκλήθη· ἀλλ' ἐπειδὴ πίστιν μετὰ
τῆς ὁμολογίας ἐπεδείξατο γνησίαν, τὸ ὄνομα τοῦτο
ἐκληρονόμησε, Σὺ εἶ Πέτρος, καὶ ἐπὶ ταύτῃ τῇ πέτρᾳ οἰκοδομήσω μου τὴν Ἐκκλησίαν. Διὰ τί; Οὐχ ὅτι
θαύματα ἐποίησεν, ἀλλ' ὅτι εἶπε, Σὺ εἶ ὁ Χριστὸς ὁ
Υἱὸς τοῦ Θεοῦ τοῦ ζῶντος. Ὁρᾷς ὅτι καὶ αὐτὸ τὸ

Πέτρον κληθῆναι, οὐκ ἀπὸ θαυμάτων, ἀλλ' ἀπὸ ζήλου πεπυρωμένου ἔλαβε τὴν ἀρχήν. Ἀλλ' ἐπειδὴ Πέτρου ἐμνήσθην, εἰσῆλθέ μοι καὶ ἑτέρου Πέτρου μνήμη, τοῦ κοινοῦ πατρὸς, καὶ διδασκάλου, ὃς τὴν ἐκείνου διαδεξάμενος ἀρετὴν καὶ τὴν καθέδραν ἐκληρονόμησε τὴν ἐκείνου. Ἓν γὰρ καὶ τοῦτο πλεονέκτημα τῆς ἡμετέρας πόλεως, τὸ τῶν ἀποστόλων τὸν κορυφαῖον λαβεῖν ἐν ἀρχῇ διδάσκαλον. Ἔδει γὰρ τὴν πρὸ τῆς οἰκουμένης ἁπάσης τὸ τῶν Χριστιανῶν ἀναδησαμένην ὄνομα, τὸν τῶν ἀποστόλων πρῶτον ποιμένα λαβεῖν. Ἀλλὰ λαβόντες αὐτὸν διδάσκαλον, οὐκ εἰς τέλος κατέσχομεν, ἀλλὰ παρεχωρήσαμεν τῇ βασιλίδι Ῥώμῃ· μᾶλλον δὲ εἰς τὸ τέλος αὐτὸν ἐσχήκαμεν· τὸ μὲν γὰρ σῶμα Πέτρου οὐ κατέχομεν, τὴν δὲ πίστιν Πέτρου κατέχομεν ὡς Πέτρον· τὴν δὲ πίστιν Πέτρου κατέχοντες, αὐτὸν ἔχομεν Πέτρον. Οὕτω καὶ τὸν ἐκείνου ζηλωτὴν ὁρῶντες, αὐτὸν δοκοῦμεν ὁρᾷν· καὶ γὰρ τὸν Ἰωάννην Ἠλίαν ἐκάλεσεν ὁ Χριστὸς, οὐχ ἐπειδὴ Ἠλίας ἦν ὁ Ἰωάννης, ἀλλ' ἐπειδὴ ἐν πνεύματι καὶ δυνάμει ἦλθεν Ἠλίου. Καθάπερ οὖν ὁ Ἰωάννης, ἐπειδὴ ἐν πνεύματι καὶ δυνάμει ἦλθεν Ἠλίου, Ἠλίας ἐλέγετο, οὕτω καὶ οὗτος, ἐπειδὴ ἐν ὁμολογίᾳ καὶ πίστει Πέτρου παραγέγονεν, εἰκότως ἂν καὶ τῆς προσηγορίας ἐκείνης ἀξιωθείη. Ἡ γὰρ τῆς πολιτείας συγγένεια καὶ τὴν κοινωνίαν τῶν ὀνομάτων ποιεῖ. Εὐξώμεθα δὲ πάντες καὶ εἰς τὸ Πέτρου γῆρας αὐτὸν ἐλθεῖν· καὶ γὰρ ὁ ἀπόστολος ἐν γήρᾳ τὸν βίον κατέλυσεν. Ὅταν γὰρ, φησὶ, γηράσῃς, τότε ζώσουσί σε, καὶ ἄξουσιν ὅπου οὐ θέλεις. Αἰτήσωμεν δὴ καὶ τούτῳ μακρὰν πολιτείαν· ἐκτεινόμενον γὰρ αὐτοῦ τὸ γῆρας τὴν ἡμετέραν νεότητα τὴν πνευματικὴν μᾶλλον ἀκμάζειν ποιεῖ· ἣν γένοιτο διαπαντὸς ἐν ἀκμῇ τηρηθῆναι, εὐχαῖς μὲν ἐκείνου καὶ τούτου τοῦ Πέτρου, χάριτι δὲ καὶ φιλανθρωπίᾳ τοῦ Κυρίου ἡμῶν Ἰησοῦ Χριστοῦ, ᾧ ἡ δόξα καὶ τὸ κράτος ἅμα τῷ ἁγίῳ Πνεύματι, νῦν καὶ ἀεὶ, καὶ εἰς τοὺς αἰῶνας τῶν αἰώνων. Ἀμήν.

clesiam meam. Quam ob causam? Non quia fecit miracula, sed quia dixit, *Tu es Christus Filius Dei vivi.* Vides ipsam etiam Petri appellationem non a miraculis, sed ab ardenti zelo initium duxisse? Verum quando Petri feci mentionem, subiit animum meum alterius Petri recordatio, communis patris et doctoris, qui cum illi in virtute successisset, etiam illius cathedram est adeptus. Hæc enim est una etiam nostræ civitatis prærogativa dignitatis, quod principem apostolorum ab initio doctorem acceperit. Æquum enim erat, ut ea, quæ nomine Christianorum ante universum orbem terrarum ornata fuit, primum apostolorum pastorem acciperet. Sed cum eum doctorem accepissemus, non in perpetuum retinuimus, sed regiæ civitati Romæ illum concessimus: imo vero in perpetuum ipsum retinuimus: nam corpus quidem Petri non retinemus, sed Petri fidem tamquam Petrum retinemus: porro dum Petri fidem retinemus, ipsum Petrum habemus. Ita cum imitatorem illius cernamus, ipsum cernere videmur: siquidem Joannem Christus Heliam appellavit, non quod Helias esset Joannes, sed quod in spiritu Heliæ ac virtute venisset. Sicut igitur Joannes, quoniam in spiritu Heliæ ac virtute venerat, Helias dicebatur: ita hic quoque, quoniam in confessione ac fide Petri advenit, merito illius etiam appellatione donabitur. Nam conversationis cognatio nominum etiam communionem parit. Oremus autem omnes, ut ad senectutem etiam Petri perveniat: siquidem apostolus jam senex vitam finivit. *Cum enim senueris*, inquit, *tunc cingent te, et ducent quo tu non vis.* Precemur autem et huic longam vitæ conversationem: si enim producatur ejus senectus, efficiet, ut magis vegeta sit et vivida spiritualis juventus nostra: quam utinam ætate florentem ac vividam nos perpetuo conservare contingat cum illius precibus, et hujus Petri, tum gratia et benignitate Domini nostri Jesu Christi, cui gloria et imperium una cum Spiritu sancto nunc et semper, et in sæcula sæculorum. Amen.

Episcopum Antiochenum Flavianum intelligit.

Joan. 21. 18.

QUOD UTILIS SIT LECTIO sacrarum Scripturarum, et quod servitute et incommodis omnibus inexpugnabilem reddat eum, qui fuerit eis intentus: et quod apostolorum nomen multarum dignitatum sit nomen, et quod externis magistratibus, ipsisque adeo regibus multo majorem habeant potestatem et auctoritatem apostoli: et in fine, ad nuper baptizatos.

1. Cum egestatem mentis meæ considero, torpeo et refugio, ad habendum coram tanto populo sermonem invitatus: cum autem animi vestri alacritatem respicio, sic ut nullum vos capiat unquam audiendi fastidium, fiduciam resumo et excitor, ac promto animo ad doctrinæ stadium me accingo. Possetis enim vos, si vel in animam incurrissetis lapideam, hac vestra audiendi cupiditate ac studio penna quavis leviorem illam reddere. Et quemadmodum quæ in latibulis animalia delitescunt ac media hyeme se intra rupes abscondunt, ubi æstatem viderint apparere, latibula deserunt, et cum reliquis animantibus congregantur, ac simul nobiscum exsultant: sic et animus noster, qui tamquam in latibulum quoddam imbecillitatis conscientiæ se abdebat, cum vestræ caritatis desiderium intuetur, latibulum deserit, et vobiscum congregatur, et in hoc spirituali divinoque prato, in paradiso Scripturæ præclaris Scripturarum saltibus simul vobiscum exsultat. Est enim spirituale pratum, ac deliciarum paradisus sacrarum lectio Scripturarum, et paradisus deliciarum multo illo melior paradiso. Hunc paradisum non in terra, sed in fidelium animabus plantavit Deus: hunc paradisum non in Edem, nec ad orientem uno circumscriptum loco posuit, sed ubique terrarum expandit, et in fines orbis terrarum extendit. Atque ut intelligas in universum orbem terrarum expansas esse Scripturas, audi prophetam dicentem: *In omnem terram exivit sonus eorum, et in fines orbis terræ verba eorum.* Sive ad Indos te conferas, quos oriens primos sol respicit, sive ad occanum te conferas, sive ad Britannicas illas insulas, sive in Euxinum pontum naviges, sive ad australes partes abeas, omnes ubique audies de iis quæ in Scriptura sunt philosophantes, alia

Scripturæ lectio cum prato collata.

Psal. 18. 5. *Rom.* 10. 18.

71 A ## [a] ΟΤΙ ΧΡΗΣΙΜΟΣ Η ΤΩΝ ΓΡΑΦΩΝ ἀνάγνωσις, καὶ ὅτι δουλείᾳ καὶ περιστάσει πραγμάτων ἀχείρωτον ποιεῖ τὸν προσέχοντα, καὶ ὅτι τὸ ὄνομα τῶν ἀποστόλων πολλῶν ἐστιν ἀξιωμάτων ὄνομα, καὶ ὅτι τῶν ἔξωθεν ἀρχόντων καὶ αὐτῶν τῶν βασιλευόντων πολλῷ μείζονα κέκτηνται δύναμιν οἱ ἀπόστολοι καὶ ἐξουσίαν· καὶ πρὸς τῷ τέλει πρὸς νεοφωτίστους.

Ὅταν μὲν εἰς τὴν πτωχείαν τῆς διανοίας ἴδω τῆς ἐμαυτοῦ, ναρκῶ καὶ ἀναδύομαι, πρὸς διάλεξιν τοσούτου δήμου καλούμενος· ὅταν δὲ εἰς τὴν προθυμίαν ἀναβλέψω τὴν ὑμετέραν, καὶ τὸ τῆς ἀκροάσεως ἀκόρεστον, θαῤῥῶ καὶ διανίσταμαι, καὶ μετὰ προθυμίας B πρὸς τὸ τῆς διδασκαλίας ἀποδύομαι στάδιον. Ἱκανοὶ γὰρ ὑμεῖς καὶ λιθίνην λαβόντες διάνοιαν, πτεροῦ παντὸς κουφοτέραν ἐργάσασθαι τῇ περὶ τὴν ἀκρόασιν ἐπιθυμίᾳ τε καὶ σπουδῇ. Καὶ καθάπερ τὰ φωλεύοντα τῶν ζώων ἐν μέσῳ τῷ χειμῶνι πρὸς τὰς πέτρας καταδυόμενα, ἐπειδὰν ἴδῃ τὸ θέρος φανὲν, ἀφίησι τὴν κατάδυσιν, καὶ μετὰ τῶν λοιπῶν ζώων ἀγελάζεται, καὶ κοινῇ μεθ' ἡμῶν σκιρτᾷ· οὕτω καὶ ἡ ψυχὴ ἡ ἡμετέρα ὥσπερ εἴς τινα φωλεὸν τῆς ἀσθενείας τοῦ συνειδότος καταδυομένη, ὅταν ἴδῃ τὸν πόθον τῆς ὑμετέρας ἀγάπης, ἀφίησι τὸν φωλεὸν, καὶ μεθ' ὑμῶν C ἀγελάζεται, κοινῇ μεθ' ὑμῶν σκιρτᾷ τὰ καλὰ τῶν Γραφῶν σκιρτήματα, ἐν τῷ πνευματικῷ καὶ θείῳ λειμῶνι, ἐν τῷ παραδείσῳ τῆς Γραφῆς. Καὶ γὰρ πνευματικὸς λειμὼν, καὶ παράδεισος τρυφῆς ἡ τῶν θείων Γραφῶν ἐστιν ἀνάγνωσις, παράδεισος δὲ τρυφῆς ἐκείνου τοῦ παραδείσου βελτίων. Τοῦτον τὸν παράδεισον οὐκ ἐν τῇ γῇ, ἀλλ' ἐν ταῖς τῶν πιστευόντων ψυχαῖς ἐφύτευσεν ὁ Θεός· τοῦτον τὸν παράδεισον οὐκ ἐν Ἐδὲμ, οὐδὲ κατὰ ἀνατολὰς ἔθετο ἐν ἑνὶ περιγράψας χωρίῳ, ἀλλὰ πανταχοῦ τῆς γῆς ἐξήπλωσε, καὶ εἰς τὰ πέρατα τῆς οἰκουμένης ἐξέτεινε. Καὶ ὅτι πανταχοῦ τῆς οἰκουμένης τὰς Γραφὰς ἥπλωσεν, ἄκουσον D τοῦ προφήτου λέγοντος· Εἰς πᾶσαν τὴν γῆν ἐξῆλθεν ὁ φθόγγος αὐτῶν, καὶ εἰς τὰ πέρατα τῆς οἰκουμένης τὰ ῥήματα αὐτῶν. Κἂν πρὸς Ἰνδοὺς ἀπέλθῃς, οὓς πρώτους ἀνίσχων ὁ ἥλιος ὁρᾷ, κἂν εἰς τὸν ὠκεανὸν ἀπέλθῃς, κἂν πρὸς τὰς Βρεταννικὰς νήσους ἐκείνας, κἂν εἰς τὸν Εὔξεινον πλεύσῃς πόντον, κἂν πρὸς τὰ νότια ἀπέλθῃς μέρη, πάντων ἀκούσῃ πανταχοῦ τὰ ἀπὸ τῆς Γραφῆς φιλοσοφούντων, φωνῇ μὲν ἑτέρᾳ, πίστει δὲ οὐχ ἑτέρᾳ, καὶ γλώσσῃ μὲν διαφόρῳ, διανοίᾳ δὲ συμφώνῳ. Ὁ

[a] Collata cum Ms. Colbert. 3058, ubi magna pars homiliæ in principio desideratur.

E μὲν γὰρ φθόγγος τῆς γλώσσης ἐνήλλακται, ὁ δὲ τρόπος τῆς εὐσεβείας οὐκ ἐνήλλακται· καὶ βαρβαρίζουσι μὲν τῇ γλώττῃ, φιλοσοφοῦσι δὲ τῇ γνώμῃ· καὶ σολοικίζουσι μὲν τῷ φθόγγῳ, εὐσεβοῦσι δὲ τῷ τρόπῳ. Εἶδες παραδείσου μῆκος πρὸς τὰ πέρατα τῆς οἰκουμένης ἐκτεταμένου; Ἐνταῦθα οὐκ ἔστιν ὄφις, καθαρὸν τῶν θηρίων ἐστὶ τὸ χωρίον, καὶ τῇ τοῦ Πνεύματος τειχίζεται χάριτι. Ἔχει καὶ πηγὴν ὁ παράδεισος οὗτος, καθάπερ ἐκεῖνος, πηγὴν μυρίων ποταμῶν [72 A] μητέρα, οὐχὶ τεσσάρων. Οὐ γὰρ τὸν Τίγρητα, οὐδὲ τὸν Εὐφράτην, οὐδὲ τὸν Αἰγύπτιον Νεῖλον, οὐδὲ τὸν Ἰνδὸν Γάγγην, ἀλλὰ μυρίους ἀφίησι ποταμοὺς αὕτη ἡ πηγή. Τίς ταῦτά φησιν; Αὐτὸς ὁ τοὺς ποταμοὺς ἡμῖν χαρισάμενος Θεός· Ὁ πιστεύων γὰρ εἰς ἐμὲ, φησὶ, καθὼς εἶπεν ἡ Γραφὴ, ποταμοὶ ἐκ τῆς κοιλίας αὐτοῦ ῥεύσουσιν ὕδατος ζῶντος. Εἶδες πῶς οὐχὶ τέσσαρες ποταμοὶ, ἀλλὰ ἀδιόριστοι ἀπὸ τῆς πηγῆς ἐκείνης ἐκχέοντες; Οὐ τῷ πλήθει δὲ μόνον, ἀλλὰ καὶ τῇ φύσει θαυμαστὴ ἡ πηγή· οὐ γὰρ ὕδατός ἐστι τὰ νάματα, ἀλλὰ Πνεύματος τὰ χαρίσματα. Αὕτη ἡ πηγὴ καθ' ἑκάστην ψυχὴν ἐστι τῶν πιστῶν μεριζομένη, καὶ οὐ μειουμένη· μεριζομένη, καὶ οὐ δαπανωμένη· [B] κατακερματιζομένη, καὶ οὐκ ἐλαττουμένη· παρὰ πᾶσιν ὁλόκληρος, καὶ ἐν ἑκάστῳ ὁλόκληρος. Τοσαῦτα γὰρ τοῦ Πνεύματος τὰ χαρίσματα. Βούλει μαθεῖν τὴν δαψίλειαν τῶν ναμάτων τούτων; βούλει μαθεῖν τῶν ὑδάτων τὴν φύσιν; πῶς οὐκ ἔοικε τούτοις, ἀλλὰ βελτίω τούτων καὶ θαυμασιώτερά ἐστιν; Ἄκουσον πάλιν αὐτοῦ τοῦ Χριστοῦ λέγοντος τῇ Σαμαρείτιδι, ἵνα μάθῃς τὴν δαψίλειαν τῆς πηγῆς. Τὸ ὕδωρ, ὃ ἐγὼ δώσω, φησὶ, τῷ πιστῷ, γενήσεται ἐν αὐτῷ πηγὴ ὕδατος ἁλλομένου εἰς ζωὴν αἰώνιον. Οὐκ εἶπεν, ἐξιόντος, οὐκ εἶπε, προχεομένου, ἀλλὰ, Ἁλλομένου, διὰ τῶν ἁλμάτων τὴν ἀφθονίαν ἡμῖν ἐμφαίνων. Ἐκεῖνα τῶν κρηναίων ὑδάτων ἐξάλλεσθαι καὶ πηδᾷν [C] πανταχόθεν εἴωθεν, ἅπερ ἂν αἱ πηγαὶ ἐν τοῖς κόλποις μὴ δύνανται κατέχειν, ἀλλὰ νικώμεναι τῇ συνεχείᾳ τῆς ἐπιῤῥοῆς πανταχόθεν αὐτὰ ἀναβλύζουσι. Βουλόμενος οὖν τὴν δαψίλειαν τῶν ναμάτων δεῖξαι, εἶπεν, Ἁλλομένου, οὐκ, ἐξιόντος. Βούλει καὶ τὴν φύσιν αὐτῆς καταμαθεῖν; Μάνθανε ἀπὸ τῆς χρείας. Οὐ γὰρ εἰς ζωὴν τὴν παροῦσαν, ἀλλ' εἰς ζωὴν αἰώνιόν ἐστι χρησίμη. Διατρίψωμεν τοίνυν ἐν τῷ παραδείσῳ τούτῳ, παρακαθεζώμεθα τῇ πηγῇ, μὴ πάθωμεν ὅπερ ἔπαθεν ὁ Ἀδὰμ, καὶ ἐκπέσωμεν τοῦ παραδείσου· μὴ δεξώμεθα συμβουλὴν ὀλεθρίαν, μὴ παραδεξώμεθα τὴν ἀπάτην τοῦ διαβόλου· μένωμεν ἔνδον· πολλὴ γὰρ ἡ [D] ἐντεῦθεν ἀσφάλεια· μένωμεν ἐν τῇ ἀναγνώσει τῶν Γραφῶν τούτων. Καθάπερ γὰρ οἱ πηγῇ παρακαθήμενοι, καὶ τῆς αὔρας ἐκείνης ἀπολαύοντες, καὶ καύσωνος ἐπικειμένου τὴν ὄψιν συνεχῶς ἐπικλύζοντες, ἀποκρούονται τὸ πνῖγος τοῖς νάμασι, καὶ δίψους διεν-

E quidem voce, sed non alia fide, ac lingua quidem diversa, sed mente consona. Nam linguæ quidem sono differunt, , religionis autem modo non differunt : et lingua quidem barbare loquuntur, sed animi sensu philosophantur : solœcismos faciunt sono, sed pietatem moribus colunt. Vides amplitudinem paradisi ad fines orbis terrarum extensi? Hic serpens non est, [72 A] locus est a feris immunis, ac Spiritus sancti gratia munitur. Habet et fontem hic paradisus, quemadmodum ille, fontem ex quo innumera nascuntur flumina, non quatuor tantum. Non enim Tigrim, nec Euphratem, nec Ægyptium Nilum, nec Indum Gangem, sed innumeros fons iste fluvios effundit. Quis hoc dicit? Deus ipse, qui fluvios nobis istos largitus est : *Qui enim credit in me*, inquit, sicut *dixit Scriptura, flumina de ventre ejus fluent aquæ vivæ*. Vides ut non quatuor flumina, sed infinita ab illo fonte profluant? Neque vero multitudine tantum, sed etiam natura fons est mirabilis : neque enim [B] aquæ fluenta sunt, sed Spiritus dona. Fons iste in singulas fidelium mentes dividitur, et non minuitur : dividitur, et non consumitur : dispertitur, et minor non fit : apud omnes integer, et in singulis integer. Talia namque sunt Spiritus dona. Vis tu fluentorum istorum ubertatem cognoscere? vis aquarum naturam cognoscere? quo paeto his non similes, sed his meliores sunt et mirabiliores? Audi rursus Christum ipsum Samaritanæ dicentem, ut ubertatem fontis agnoseas. *Aqua, quam ego dabo*, inquit, fideli, *fiet in eo fons aquæ salientis in vitam æternam*. Non dixit, Exeuntis, non dixit, Effusæ, sed, [C] *Salientis*, per saltus abundantiam nobis exprimens. Illæ fontanæ solent aquæ præsilire, atque undique erumpere, quas continere sinu fontes nequeunt, sed fluctus frequentia victi undique illas scaturientes effundunt. Cum igitur laticum copiam vellet indicare, *Salientis* dixit, non exeuntis. Vis etiam naturam ejus cognoscere? Ex usu cognosce. Non enim ad vitam præsentem, sed ad vitam æternam est utilis. In hoc igitur paradiso versemur : assideamus fonti, ne nobis accidat id quod Adamo accidit, et paraso excidamus : ne perniciosum consilium admittamus, ne diaboli fraudem suscipiamus : [D] maneamus intus : quippe multa inde securitas : in lectione Scripturæ istius permaneamus. Ut enim ii, qui fonti assident, et aura illa fruuntur, et æstu ingruente faciem frequenter immergunt, laticibus æstivum calorem depellunt, et sitis, qua

Paradisi flumina quæ.

Joan. 7. 38.

Joan. 4. 14.

Cum fonte comparatur Scriptura.

vexantur, malo medentur, dum illis de propinquo fonte remedium suppetit : sic qui sacrarum fonti Scripturarum assidet, licet nefariæ libidinis flamma cruciari se sentiat, cum animam laticibus illis perfuderit, facile flammam repellit : sive fervida infestet iracundia, quæ tanquam succensum lebetem cor inflammat, si modicum aquæ instillet, confestim iræ importunitatem compescet: E et ex omnibus pravis cogitationibus animam tanquam ex media flamma eripiet sacrarum lectio Scripturarum.

2. Quam ob causam etiam magnus ille propheta David, cum probe sciret, quanta ex lectione Scripturæ manet utilitas, eum qui Scripturis perpetuo sit intentus, et earum colloquio fruatur, cum planta comparat quæ semper floreat, juxta rivos aquarum sita, dum ita loquitur:

Psal. 1. 1.—3. *Beatus vir, qui non abiit in consilio impiorum,* 73 A *et in via peccatorum non stetit, et in cathedra pestilentiæ non sedit : sed in lege Domini voluntas ejus, et in lege ejus meditabitur die ac nocte : et erit tamquam lignum, quod plantatum est secus decursus aquarum.* Ut enim lignum illud secus aquarum decursus plantatum, et juxta rivos situm, dum perenni aquarum copia irrigatur, nullâ intemperie aeris lædi potest, et neque solis radios acrius incalescentes reformidat, neque graviori æstu sævientem aerem pertimescit; cum enim inclusum in se sufficientem humorem habeat, omnem radii solaris exterius ingruentem ardorem statim depellit B ac discutit : sic etiam anima quæ juxta sacrarum rivos Scripturarum sedet, ac perpetuo rigatur, dum latices illos, roremque Spiritus in semetipsa colligit, omnibus rerum humanarum incommodis resistet invicta; sive morbus, sive contumelia, sive calumnia, sive vituperia, sive scommata, sive pigritia quævis, sive cuncta mundi mala in ejusmodi animam impetum faciant, facile perturbationum incendium propulsabit, cum sufficienti lectionis Scripturæ solatio roboretur. Nam neque gloriæ magnitudo, neque potentiæ majestas, nec amicorum præsentia, nec aliud quidquam ex rebus humanis animum adeo tristitia confectum C solari poterit, ac sacrarum lectio Scripturarum. Quid ita? Quod illa quidem caduca sint, et interitui obnoxia, quam ob causam et obnoxium interitui est ipsorum solatium : ac lectio Scripturæ colloquium est cum Deo. Quando igitur eum qui tristitia sit affectus consolatur Deus, quid ex rebus creatis ipsum in mœrorem potest conjicere? Lectioni ergo simus intenti, non duas

ὀχλοῦντος ῥᾳδίως ἰῶνται τὸ πάθος, ἐγγύθεν τὸ φάρμακον ἀπὸ τῆς πηγῆς ἔχοντες· οὕτως ὁ παρὰ τὴν πηγὴν τῶν θείων Γραφῶν παρακαθήμενος, κἂν ἐπιθυμίας ἀτόπου φλόγα διενοχλοῦσαν ἴδῃ, ῥᾳδίως ἀπὸ τῶν ναμάτων ἐκείνων τὴν ψυχὴν ἀποκλύσας ἀπεκρούσατο τὴν φλόγα· κἂν ὀργὴ διακαὴς ἐνοχλῇ, τὴν καρδίαν καθάπερ λέβητα ὑποκαιόμενον ἀναβράσσουσα, E μικρὸν τοῦ νάματος ἐπιστάξας, εὐθέως κατέστειλε τοῦ πάθους τὴν ἀναισχυντίαν· καὶ ἐκ πάντων τῶν πονηρῶν λογισμῶν, ὥσπερ ἐκ μέσης φλογὸς, ἐξαρπάζει τὴν ψυχὴν ἡ τῶν θείων Γραφῶν ἀνάγνωσις.

Διὸ καὶ ὁ προφήτης ὁ μέγας Δαυὶδ ἐκεῖνος, εἰδὼς τὴν ὠφέλειαν τὴν ἀπὸ τῆς ἀναγνώσεως τῶν Γραφῶν, τὸν διηνεκῶς προσέχοντα ταῖς Γραφαῖς καὶ τῆς ὁμιλίας ταύτης ἀπολαύοντα παρεικάζει φυτῷ ἀεὶ τεθηλότι, παρὰ τοὺς ῥύακας ἑστηκότι τῶν ὑδάτων, οὑτωσὶ λέγων· Μακάριος ἀνὴρ, ὃς οὐκ ἐπορεύθη ἐν βουλῇ ἀσεβῶν, καὶ ἐν ὁδῷ ἁμαρτωλῶν οὐκ ἔστη, καὶ ἐπὶ κα- 73 A θέδραν λοιμῶν οὐκ ἐκάθισεν· ἀλλ' ἐν τῷ νόμῳ Κυρίου τὸ θέλημα αὐτοῦ, καὶ ἐν τῷ νόμῳ αὐτοῦ μελετήσει ἡμέρας καὶ νυκτὸς, καὶ ἔσται ὡς τὸ ξύλον τὸ πεφυτευμένον παρὰ τὰς διεξόδους τῶν ὑδάτων. Καθάπερ γὰρ τὸ ξύλον ἐκεῖνο τὸ παρὰ τὰς διεξόδους τῶν ὑδάτων πεφυτευμένον, παρ' αὐτοὺς τοὺς ῥύακας ἑστηκὸς, διηνεκῆ τῆς ἀρδείας ἔχον τὴν χορηγίαν, πάσῃ ἀέρων ἀνωμαλίᾳ ἀχείρωτον γίνεται, καὶ οὔτε ἀκτῖνα θερμοτέραν γενομένην δέδοικεν, οὔτε τὸν ἀέρα μεταπεσόντα εἰς αὐχμὸν εὐλαβεῖται· ἱκανὴν γὰρ ἔχον ἐναποκεκλεισμένην ἐν ἑαυτῷ τὴν νοτίδα, πάσης ἡλιακῆς θέρμης πλεονεξίαν ἔξωθεν προβαλοῦσαν εὐθέως B ἀποκρούεται καὶ διωθεῖται· οὕτω καὶ ψυχὴ παρὰ τοὺς ῥύακας ἑστηκυῖα τῶν θείων Γραφῶν, καὶ ποτιζομένη διηνεκῶς, ἐκεῖνα τὰ νάματα καὶ τὴν δρόσον τοῦ Πνεύματος ἐν ἑαυτῇ συνάγουσα, πρὸς πᾶσαν πραγμάτων περίστασιν ἀχείρωτος ἔσται, κἂν νόσος, κἂν ἐπήρεια, κἂν συκοφαντία, κἂν λοιδορίαι, κἂν σκώμματα, κἂν πᾶσα ῥᾳθυμία, κἂν πάντα τὰ τῆς οἰκουμένης κακὰ εἰς τὴν τοιαύτην κατασκήψῃ ψυχὴν, εὐκόλως ἀποκρούεται τὴν πύρωσιν τῶν παθῶν, ἀπὸ τῆς τῶν Γραφῶν ἀναγνώσεως ἱκανὴν παράκλησιν ἔχουσα. Οὔτε γὰρ δόξης μέγεθος, οὐ δυναστείας ὄγκος, οὐ φίλων παρουσία, οὐκ ἄλλο οὐδὲν τῶν ἀνθρωπίνων οὕτω τὸν ἐν ὀδύνῃ παραμυθήσασθαι δυνήσε- C ται, ὡς ἡ τῶν θείων Γραφῶν ἀνάγνωσις. Τί δήποτε; Ὅτι ἐκεῖνα μὲν ἐπίκηρα καὶ φθαρτὰ, διὸ καὶ φθαρτὴ αὐτῶν ἡ παράκλησις· ἡ δὲ τῶν Γραφῶν ἀνάγνωσις, Θεοῦ ὁμιλία ἐστίν. Ὅταν οὖν ὁ Θεὸς τὸν ἐν ἀθυμίᾳ παρακαλῇ, τί τῶν ὄντων αὐτὸν εἰς ἀθυμίαν ἐμβαλεῖν δύναται; Προσέχωμεν τοίνυν τῇ ἀναγνώσει, μὴ τὰς δύο μόνον ταύτας ὥρας (οὐ γὰρ ἀρκεῖ ἡμῖν εἰς ἀσφάλειαν ἡ ψιλὴ αὕτη ἀκρόασις), ἀλλὰ διηνεκῶς· καὶ ἕκαστος οἴκαδε ἀναχωρήσας τὰ Βιβλία μετὰ χεῖρας λαμβανέτω, καὶ τῶν εἰρημένων ἐπερχέσθω τὰ νοήματα, εἴ γε μέλλῃ διηνεκῆ καὶ ἀρκοῦσαν ἔχειν τὴν ἀπὸ τῆς Γραφῆς ὠφέλειαν. Καὶ γὰρ τὸ ξύλον ἐκεῖνο, D τὸ παρὰ τοὺς ῥύακας ἑστηκὸς, οὐ δύο καὶ τρεῖς ὥρας ὁμιλεῖ τοῖς ὕδασιν, ἀλλὰ πᾶσαν μὲν ἡμέραν, πᾶσαν δὲ νύκτα. Διὰ τοῦτο κομᾷ τοῖς φύλλοις, διὰ τοῦτο βρίθει τῷ καρπῷ ἐκεῖνο τὸ ξύλον, κἂν μηδεὶς αὐτὸ ἀνθρώπων ποτίζῃ· ἐπειδὴ παρὰ τοὺς ῥύακας ἕστηκεν αὐτὸ, διὰ τῶν ῥιζῶν ἐπισπᾶται τὴν νοτίδα, καὶ ὥσπερ διά τινων πόρων παραπέμπει τὴν ὠφέλειαν παντὶ τῷ σώματι· οὕτω καὶ ὁ συνεχῶς ἀναγινώσκων τὰς θείας Γραφὰς, καὶ παρὰ τοὺς ῥύακας αὐτῶν ἑστηκὼς, κἂν μηδένα ἔχῃ τὸν ἑρμηνεύοντα, διὰ τῆς συνεχοῦς ἀναγνώσεως, ὥσπερ διά τινων ῥιζῶν, πολλὴν ἐπισπᾶται τὴν ὠφέλειαν. Διὰ τοῦτο καὶ ἡμεῖς τὰς φροντίδας E ὑμῶν εἰδότες, τοὺς περισπασμοὺς, τὰς ἀσχολίας τὰς πολλὰς, ἠρέμα καὶ καταμικρὸν ὑμᾶς προσάγομεν τοῖς νοήμασι τῶν Γραφῶν, τῷ σχολαίῳ τῆς ἐξηγήσεως μόνιμον ποιοῦντες τῶν λεγομένων τὴν μνήμην. Καὶ γὰρ ὄμβρος ῥαγδαῖος μὲν καταῤῥηγνύμενος, κατακλύζει τὴν ἐπιφάνειαν, καὶ τὸ βάθος οὐδὲν ὠφελεῖ· ἠρέμα δὲ καὶ καταμικρὸν ἐλαίου δίκην ἐνιζάνων τῷ προσώπῳ τῆς γῆς, ὥσπερ διά τινων φλεβῶν τῶν πόρων αὐτῆς πρὸς τὸ βάθος διολισθαίνων, τὰς λαγόνας 74 A αὐτῆς ἐμπλήσας νοτίδος, εὐπορωτάτην ποιεῖ πρὸς τὴν τῶν καρπῶν φοράν. Διὸ καὶ ἡμεῖς τὸν πνευματικὸν τοῦτον ὄμβρον ἠρέμα ταῖς ὑμετέραις ἐνίεμεν ψυχαῖς· αἱ μὲν γὰρ Γραφαὶ νεφέλαις ἐοίκασι πνευματικαῖς, τὰ δὲ ῥήματα καὶ νοήματα ὄμβρῳ προσέοικε πολλῷ τούτου βελτίονι· καὶ διὰ τοῦτο τὸν πνευματικὸν τοῦτον ὄμβρον καταμικρὸν ὑμῖν ἐνίεμεν, ἵνα πρὸς αὐτὸ τὸ βάθος χωρήσῃ τὰ ῥήματα. Διὰ τοῦτο τετάρτην σήμερον ἡμέραν ἔχοντες ἐξηγήσεως, οὐδέπω μίαν ἐπιγραφὴν παρελθεῖν ἠδυνήθημεν, ἀλλ' ἔτι περὶ αὐτὴν στρεφόμεθα. Βέλτιον γὰρ μικρὸν διασκάπτοντας χωρίον, καὶ πρὸς τὸ βάθος καταβαίνοντας πολὺν τῶν ἀναγκαίων εὑρίσκειν τὸν θησαυρὸν, ἢ πολ- B λὰς ἀρούρας ἐπιόντας ἄνωθεν, ἁπλῶς καὶ εἰκῇ ταλαιπωρεῖσθαι καὶ μάτην. Καίτοι οἶδα πολλοὺς πρὸς τὴν βραδύτητα ταύτην δυσχεραίνοντας· ἀλλ' οὐ μέλει μοι τῆς ἐκείνων κατηγορίας, ἀλλὰ μέλει μοι τῆς ὑμετέρας ὠφελείας. Οἱ ὀξύτερον βαδίζειν δυνάμενοι τοὺς βραδυτέρους τῶν ἀδελφῶν ἀναμενέτωσαν· οὗτοι μὲν γὰρ ἐκείνους ἀναμεῖναι δύνανται, οἱ δὲ ἀσθενέστεροι πρὸς ἐκείνους ἑαυτοὺς παρεκτεῖναι οὐκ ἰσχύουσι. Διὰ τοῦτο καὶ ὁ Παῦλός φησιν, ὅτι οὐκ ὀφείλομεν τοὺς ἀσθενεῖς ἀναγκάζειν πρὸ καιροῦ, πρὸς τὴν

tantum has horas (non enim ad securitatem sufficit hæc auditio nuda), sed perpetuo: quisque domum reversus Libros sacros in manus sumat, et eorum quæ dicta sunt sensus percurrat, si quidem perpetuam et sufficientem utilitatem percipere cupiat ex Scriptura. Nam et lignum illud juxta rivos situm non ad duas et tres horas cum aquis versatur, sed omni die omnique nocte. Propterea foliis vernat, propterea fructu gravatur lignum illud, licet nullus ex hominibus illud irriget: quoniam juxta rivos est consitum, radicibus humorem attrahit, et quasi per meatus quosdam in totum corpus utilitatem transfundit: sic et is qui Scripturas sacras assidue legit, et juxta rivos illarum residet, licet neminem habeat, qui interpretetur, frequenti lectione quasi radicibus quibusdam utilitatem haurit. Idcirco nos quibus sollicitudines vestræ sunt notæ, occupationes, ac negotia multa, sensim ac paulatim vos ad Scripturæ sensa deducimus, ac lentitudine expositionis efficimus, ut eorum, quæ dicta sunt, memoria tenacius adhærescat. Nam et imber si vehemens irrumpat, superficiem terræ inundat, et profundo nihil prodest: sin autem sensim et pedetentim in morem olei in terræ faciem se insinuet, quasi per venas quasdam per meatus ejus ad profundum delabitur, ejusque viscera humore complens ad fruges ubertim pariendas fecundissimam illam reddit. Propterea nos quoque spiritualem hunc imbrem animabus vestris paulatim immittimus: siquidem Scripturæ spiritualibus sunt nubibus similes, at voces et sensus imbri similes sunt longe isto præstantiori: atque idcirco spiritualem hunc imbrem sensim vobis infundimus, ut ad fundum ipsum verba permeent. Eo fit, ut cum ad quartum jam diem expositionem produxerimus, necdum tamen unam inscriptionem potuerimus præterire, sed adhuc circa illam versemur. Satius enim est, ut exiguo perfosso agro, cum ad fundum descenderimus, multum illic rerum necessariarum thesaurum offendamus, quam si cum arva multa superficie tenus percurrerimus, frustra, temere, et incassum nos affligamus. At scio equidem multos hanc tarditatem ægre ferre; sed illorum ego reprehensionem nihil curo, sola mihi vestra curæ est utilitas. Qui celerius possunt incedere, tardiores fratres exspectent: nam isti quidem exspectare illos possunt, at infirmiores illos assequi minime possunt. Idcirco etiam Paulus non debere nos ait imbecilliores ante tempus urgere, cum ad robustorum perfectionem se ipsos minime

Ad lectionem Scripturæ sacræ hortatur.

Scriptura cum nubibus collata.

1. Cor. 8. 9.

possint extendere : sed debere nos firmiores imbecillitates infirmorum sustinere. Nos de vostra sumus utilitate solliciti, non ut nos temere ostentemus : atque idcirco sensibus immoramur.

3. Itaque primo die non esse temere prætereundas inscriptiones dicebam, quo tempore titulum vobis altaris legi, ac Pauli sapientiam ostendi, qui militem alienum, quique in adversariorum acie stabat, ad cohortes suas transtulit. In hoc desiit priori die tota doctrina : post illam secundo die, qui libri esset illius auctor, quæsivimus, et invenimus Dei gratia Lucam evangelistam, multisque vobis demonstrationibus rem in quæstione positam probavimus, quarum aliæ clariores, abstrusiores aliæ fuerunt. Scio namque multos ex auditoribus ea, quæ postremo loco dicta sunt, assequutos non esse : nec tamen idcirco subtiliores sensus confidenter persequi desistemus. Itaque ea quæ clariora sunt, simplicioribus, profundiora vero proderunt his, qui acutius intuentur. Variam quippe mensam esse oportet ac differentem, quandoquidem et differens est eorum qui invitati sunt appetitus. Primo igitur die de inscriptione, secunda vero die de eo qui librum scripsit, tertia die heri disseruimus apud eos qui advenerant de initio scripturæ, et ostendimus, sicut illi norunt qui audierunt, quid sit actum, quid sit miraculum, et quid sit conversatio, quid signum et prodigium ac virtus, et quantum inter utraque sit discrimen : qua ratione alterum majus sit, utilius alterum : et qua ratione alterum solum per se regnum acquirit, alterum nisi operum subsidium assumat, extra vestibulum illud ejicitur. Hodie reliquum inscriptionis operæ pretium est dicamus, et quid significet Apostoli nomen ostendamus. Neque enim nudum est nomen hoc, sed magistratus est appellatio, maximi magistratus, magistratus maxime spiritualis, magistratus cælestis. Sed attendite diligenter. Nam quemadmodum in rebus sæcularibus magistratus sunt multi, non tamen ejusdem omnes dignitatis, sed alii majores, alii minores : exempli causa, ut ab inferiori enumerationem ordiamur, est Defensor civitatis; est illo sublimior gentis Præses; est alius post illum magistratus major : est rursus Magister militum : est Præfectus; est sublimior istis magistratus dignitas Consulum : et omnes quidem hi sunt magistratus, sed non ejusdem omnes di-

Homiliarum in principium Actorum ordo.

Quid significet nomen Apostoli.

τελειότητα τῶν δυνατῶν ἐκτείνεσθαι μὴ δυναμένους· C ἀλλ' ὅτι ἡμεῖς ὀφείλομεν οἱ δυνατοὶ τὰ ἀσθενήματα τῶν ἀδυνάτων βαστάζειν. Ὠφελείας ἡμῖν μέλει τῆς ὑμετέρας, οὐκ ἐπιδείξεως ἁπλῶς· διὰ τοῦτο ἐνδιατρίβομεν τοῖς νοήμασι.

Τῇ μὲν οὖν πρώτῃ ἡμέρᾳ ὅτι οὐχ ἁπλῶς παρατρέχειν χρὴ τὰς ἐπιγραφὰς ἔλεγον, ὅτε καὶ τὸ ἐπίγραμμα ὑμῖν ἀνέγνων τοῦ βωμοῦ, καὶ τὴν σοφίαν ἐπέδειξα Παύλου, τὸν ἀλλότριον στρατιώτην καὶ ἐν τῇ παρατάξει τῶν ἐχθρῶν ἑστηκότα πρὸς τὴν οἰκείαν [a] φάλαγγα μεταστήσαντος. Εἰς τοῦτο ἐν τῇ πρώτῃ ἡμέρᾳ D κατέληξεν ἡ διδασκαλία πᾶσα· μετ' ἐκείνην ἐν τῇ δευτέρᾳ ἡμέρᾳ ἐζητήσαμεν τίς ἦν ὁ τὸ βιβλίον γράψας· καὶ εὕρομεν τῇ τοῦ Θεοῦ χάριτι Λουκᾶν τὸν εὐαγγελιστὴν, καὶ διὰ πλειόνων ἀποδείξεων ὑμῖν παρεστήσαμεν τὸ ζητούμενον, τῶν μὲν σαφεστέρων, τῶν δὲ βαθυτέρων. Οἶδα γὰρ ὅτι τοῖς ἐσχάτοις τῶν εἰρημένων πολλοὶ τῶν ἀκουσάντων οὐ παρηκολούθησαν· ἀλλ' ὅμως οὐ διὰ τοῦτο ἀποστησόμεθα τοῦ κατατολμᾷν λεπτοτέρων νοημάτων. Τὰ μὲν οὖν σαφέστερα τοῖς ἀφελεστέροις, τὰ δὲ βαθύτερα τοῖς ὀξύτερον ἐνορῶσιν ἔσται χρήσιμα. Ποικίλην γὰρ εἶναι δεῖ τὴν τράπεζαν καὶ διάφορον, ἐπειδὴ καὶ διάφορος ἡ τῶν κεκλημένων E ἐπιθυμία. Τῇ μὲν οὖν πρώτῃ ἡμέρᾳ περὶ ἐπιγραφῆς, τῇ δὲ δευτέρᾳ ἡμέρᾳ περὶ τοῦ γράψαντος τὸ βιβλίον, τῇ τρίτῃ ἡμέρᾳ χθὲς πρὸς τοὺς παραγενομένους περὶ τῆς ἀρχῆς τῆς γραφῆς διελέχθημεν, καὶ ἐδείξαμεν, καθάπερ ἴσασιν οἱ ἀκηκοότες, τί μέν ἐστι πρᾶξις, τί δέ ἐστι θαῦμα, καὶ τί μέν ἐστι πολιτεία, τί δέ ἐστι σημεῖον, καὶ τέρας, καὶ δύναμις, καὶ πόσον τὸ μέσον ἑκατέρων· καὶ πῶς τὸ μὲν μεῖζον, τὸ δὲ χρησιμώτερον· καὶ πῶς τὸ μὲν [b] καθ' ἑαυτὸν ὂν βασιλείαν προξενεῖ, τὸ δὲ ἐὰν μὴ λάβῃ τὴν ἀπὸ τῆς πράξεως συμ-
75 μαχίαν, ἔξω τῶν προθύρων ἐκείνων ἐκβάλλεται. Σή-
A μερον ἀναγκαῖον εἰπεῖν τὸ ἐπίλοιπον τῆς ἐπιγραφῆς, καὶ δεῖξαι τί ποτέ ἐστι τὸ ὄνομα τῶν ἀποστόλων. Οὐδὲ γὰρ ψιλόν ἐστι τὸ ὄνομα τοῦτο, ἀλλ' ἀρχῆς ἐστι προσηγορία, ἀρχῆς μεγίστης, ἀρχῆς τῆς πνευματικωτάτης, ἀρχῆς τῆς ἄνω. Ἀλλὰ διανάστητε. Καθάπερ γὰρ ἐν τοῖς βιωτικοῖς πράγμασίν εἰσιν ἀρχαὶ πολλαὶ, οὐ πᾶσαι δὲ τῆς αὐτῆς ἀξίας, ἀλλ' αἱ μὲν μείζους, αἱ δὲ ἐλάττους· οἷον, ἵνα ἀπὸ τῆς κατωτέρας τὸν ἀριθμὸν ποιησώμεθα, ἔστιν ὁ τῆς πόλεως ἔκδικος· ἔστιν ἀνώτερος ἐκείνου ὁ τοῦ ἔθνους ἡγεμών· ἔστι μετ' ἐκεῖνον ἕτερος ἄρχων μείζων· ἔστι πάλιν ὁ στρατηλάτης· ἔττιν ὁ ὕπαρχος· ἔστιν ἀνωτέρα τούτων ἀρχὴ, ἡ τῶν ὑπάτων ἀρχή· καὶ πᾶσαι μὲν
B αὗται ἀρχαὶ, οὐ πᾶσαι δὲ τῆς αὐτῆς ἀξίας· οὔτιω καὶ τῶν πνευματικῶν πολλαὶ μὲν ἀρχαὶ, οὐ πᾶσαι δὲ τῆς αὐτῆς ἀξίας· πασῶν δὲ μείζων ἡ τῆς

[a] Φάλαγγα μεταστήσαντος. Hic incipit Ms. Colb.

[b] Ms. Colb. καθ' ἑαυτό.

ἀποστολῆς ἀξία. Καὶ γὰρ ἀπὸ τῶν αἰσθητῶν ὑμᾶς ἐπὶ τὰ νοητὰ χειραγωγεῖν δεῖ. Οὕτω καὶ ὁ Χριστὸς ἐποίησε, περὶ Πνεύματος διαλεγόμενος ὕδατος ἐμνημόνευσεν. Ὁ γὰρ πίνων ἐκ τοῦ ὕδατος τούτου, διψήσει πάλιν, φησίν· ὁ δὲ πίνων ἐκ τοῦ ὕδατος, οὗ ἐγὼ δώσω αὐτῷ, οὐ μὴ διψήσει εἰς τὸν αἰῶνα. Ὁρᾷς αὐτὸν ἀπὸ τῶν αἰσθητῶν ἐπὶ τὰ νοητὰ χειραγωγοῦντα τὸ γύναιον; Οὕτω καὶ ἡμεῖς ποιοῦμεν, καὶ κάτωθεν ἀναβαίνομεν ἄνω, ὥστε εὐσημότερον γενέσθαι τὸν λόγον. Διὰ τοῦτο περὶ ἀρχῆς διαλεγόμενοι, οὐ πνευματικῆς ἐμνήσθημεν ἀρχῆς, ἀλλ' αἰσθητῆς, ἵνα ἀπὸ ταύτης πρὸς ἐκείνην ἡμᾶς χειραγωγήσωμεν. Ἠκούσατε πόσας ἠριθμήσαμεν ἀρχὰς βιωτικὰς, καὶ πῶς αἱ μὲν μείζους, αἱ δὲ ἐλάττους, καὶ πῶς ἡ τῶν ὑπάτων ἀρχὴ καθάπερ κορυφὴ καὶ κεφαλὴ πᾶσιν ἐπίκειται· ἴδωμεν καὶ τὰς ἀρχὰς τὰς πνευματικάς. Ἔστιν ἀρχὴ πνευματικὴ, προφητείας ἀρχή· ἔστιν ἑτέρα ἀρχὴ εὐαγγελισμοῦ, ἔστι ποιμένος, ἔστι διδασκάλου, ἔστι χαρισμάτων, ἔστιν ἰαμάτων, ἔστιν ἑρμηνείας γλωσσῶν. Ταῦτα πάντα ὀνόματα μέν ἐστι χαρισμάτων, πράγματα δὲ ἀρχῶν καὶ ἐξουσιῶν. Ὁ προφήτης ἄρχων ἐστί· παρ' ἡμῖν ὁ δαίμονας ἐξελαύνων ἄρχων ἐστί· παρ' ἡμῖν ὁ ποιμὴν καὶ διδάσκαλος ἄρχων ἐστὶ πνευματικός· ἀλλὰ τούτων ἁπάντων μείζων ἐστὶν ἀρχὴ ἡ ἀποστολική. Καὶ πόθεν τοῦτο δῆλον; Ὅτι πρὸ πάντων ὁ ἀπόστολος τούτων ἐστί. Καὶ καθάπερ ὁ ὕπατος ἐν ταῖς αἰσθηταῖς ἀρχαῖς, οὕτως ὁ ἀπόστολος ἐν τοῖς πνευματικοῖς τὴν προεδρείαν ἔχει. Αὐτοῦ τοῦ Παύλου ἀκούσωμεν ἀριθμοῦντος τὰς ἀρχὰς, καὶ ἐν τῷ ὑψηλοτέρῳ χωρίῳ τὴν ἀποστολικὴν καθίζοντος. Τί οὖν οὗτός φησιν; Οὓς μὲν ἔθετο ὁ Θεὸς ἐν τῇ Ἐκκλησίᾳ, πρῶτον ἀποστόλους, δεύτερον προφήτας, τρίτον διδασκάλους, καὶ ποιμένας· εἶτα χαρίσματα ἰαμάτων. Εἶδες κορυφὴν ἀρχῶν; εἶδες ὑψηλὸν καθήμενον τὸν ἀπόστολον, καὶ οὐδένα πρὸ ἐκείνου ὄντα, οὔτε ἀνώτερον; Πρῶτον γὰρ ἀποστόλους φησὶ, δεύτερον προφήτας, τρίτον διδασκάλους, καὶ ποιμένας· εἶτα χαρίσματα ἰαμάτων, ἀντιλήψεις, κυβερνήσεις, γένη γλωσσῶν. Οὐκ ἀρχὴ δὲ μόνον ἐστὶν ἡ ἀποστολὴ τῶν ἄλλων ἀρχῶν, ἀλλὰ καὶ ὑπόθεσις καὶ ῥίζα. Καὶ καθάπερ ἡ κεφαλὴ ἐν τῷ ὑψηλοτέρῳ τοῦ παντὸς καθημένη, οὐ μόνον ἀρχὴ τοῦ σώματός ἐστι καὶ ἐξουσία, ἀλλὰ καὶ ῥίζα (τὰ γὰρ νεῦρα τὰ διοικοῦντα τὸ σῶμα ἐξ ἐκείνης τικτόμενα, καὶ ἐξ αὐτοῦ βλαστάνοντα τοῦ ἐγκεφάλου, καὶ τὴν τοῦ Πνεύματος δεχόμενα χορηγίαν, οὕτως ἅπαν οἰκονομεῖ τὸ ζῶον), οὕτω καὶ ἡ ἀποστολὴ οὐ μόνον ὡς ἀρχὴ καὶ ἐξουσία τοῖς λοιποῖς ἐπίκειται χαρίσμασιν, ἀλλὰ καὶ τὰς ἁπάντων ῥίζας ἐν ἑαυτῇ συλλαβοῦσα κατέχει. Καὶ ὁ μὲν προφήτης οὐ δύναται εἶναι καὶ ἀπόστολος καὶ προφήτης· ὁ δὲ ἀπόστολος καὶ προφήτης ἐστὶ πάντως, καὶ χαρίσματα

gnitatis : ita multi sunt spirituales magistratus non æquales dignitate : porro major omnibus est dignitas Apostolatus. A sensibilibus enim rebus ad spiritualia quasi manu ducendi estis. Ita fecit et Christus, de Spiritu disserens aquæ meminit. *Qui enim bibit ex aqua hac, sitiet iterum,* inquit; *qui autem biberit ex aqua, quam ego dabo ei, non sitiet in æternum.* Vides eum a sensilibus ad spiritualia mulierculam illam de- C ducere? Sic nos etiam agimus, et ab inferioribus ad superiora conscendimus, ut magis perspicua fiat oratio. Propterea cum de magistratu loqueremur, non spiritualis tantum mentionem fecimus, sed sensibilis magistratus, ut ab hoc vos ad illum manu duceremus. Audistis quot sæculares magistratus enumeraverimus, et quo pacto alii quidem majores, alii vero sint minores, et quo pacto Consulum magistratus quasi culmen et caput præ reliquis cunctis emineat : videamus spirituales etiam magistratus. Spiritualis est D magistratus, Prophetiæ magistratus : est alter Evangelistæ, est Pastoris, est Doctoris, est donorum, est curationum, est interpretationis linguarum. Hæc omnia nomina quidem sunt donorum, res autem magistratuum ac potestatum. Propheta magistratus est : apud nos is qui dæmones ejicit, magistratus est : apud nos Pastor et Doctor spiritualis est magistratus : verum his omnibus major est Apostolicus magistratus. Unde vero id constat? Quod omnes istos præcedat Apostolos. Et quemadmodum inter sensibi- E les magistratus Consul, sic inter spirituales Apostolus honoris gaudet prærogativa. Audiamus ipsum Paulum enumerantem dignitates, et in sublimiori loco Apostolicam collocantem. Quid igitur ait ille? *Quosdam quidem posuit Deus in Ecclesia, primum apostolos, secundo prophetas,* tertio *doctores, et pastores, exinde gratias curationum.* Vides fastigium dignitatum? vides Apostolum sublimem 76 A sedere, nec ullum ipsum præcedere, aut sublimiorem illo esse? Primum enim Apostolos dicit, secundo Prophetas, tertio Doctores et Pastores : deinde gratias curationum, opitulationes, gubernationes, genera linguarum. Neque vero tantum principatus est cæterarum dignitatum Apostolatus, sed etiam radix ac fundamentum. Et quemadmodum caput in sublimiori loco situm non modo principatus est corporis atque dominatus, sed etiam radix (siquidem nervi, qui corpus regunt, oriuntur ex illo, et ex ejus cerebro nati, ac spiritus largitione ditati, deinde to-

Joan. 4. 13.

Christus a sensilibus ad spiritualia deducit.

1. Cor. 12. 28.

tum animal moderantur), sic et Apostolatus non modo tamquam principatus ac dominatus præ cæteris donis eminet, sed omnium quoque radices comprehensas apud se retinet. Ac Propheta quidem Apostolus esse non potest et Propheta: sed Apostolus est etiam omnino Propheta, et gratias habet curationum, et genera linguarum, et interpretationes linguarum: propterea principatus et radix est gratiarum.

Apostolatus dignitas quanta.

4. Porro ut hæc ita se habere constet, testem vobis adduco Paulum. Prius tamen dicere convenit, quid illud tandem sit, genera linguarum. Quid igitur est genera linguarum? Olim is qui baptizatus fuerat, et crediderat, statim ad Spiritus manifestationem diversis linguis loquebatur. Nam quoniam adhuc imbecilliores erant homines illius ævi, et spiritualia dona non poterant oculis carneis contueri, sensibile donum dabatur, ut innotesceret spirituale, quique baptizatus fuerat, statim lingua nostra et Persica, et Indica, et Scythica loquebatur; sic ut eum Spiritu sancto donatum esse intelligerent infideles. Ac signum quidem sensibus subjectum erat, talis inquam vox: siquidem corporis sensu illam audiebant: spiritualem autem, et quæ minime cernebatur, Spiritus gratiam subjectum sensibus signum istud omnibus manifestam reddebat. Et hoc signum genera linguarum appellabatur. Qui enim unicam a natura linguam habebat, beneficio gratiæ variis ac differentibus linguis loquebatur: ac videre erat hominem numero quidem unum, varium autem donis, ac diversa possidentem ora, linguasque diversas. Videamus itaque quo pacto Apostolus hoc quoque donum haberet, et alia omnia. De hoc quidem ita loquitur: *Magis quam vos omnes linguis loquor*. Vides ut genera linguarum habeat, nec solum habeat, sed majori cum ubertate quam cæteri omnes fideles? Non enim dixit modo, Linguis loqui possum, sed *Magis quam omnes vos linguis loquor*. Prophetiam autem qua præditus erat, illis verbis indicabat, cum diceret, *Spiritus autem manifeste dicit, quod in novissimis temporibus instabunt tempora periculosa*: porro quæ novissimis temporibus evenient dicere, prophetiam esse nemo ignorat. Et rursus, *Hoc scitote, quod in novissimis temporibus instabunt tempora periculosa*; et rursus, *Dico enim vobis in verbo Domini, quoniam in adventu ejus nos qui vivimus,*

Quid per genera linguarum intelligat.

1. Cor. 14. 18.

2. Tim. 3. 1. 1. Tim. 4. 1.

2. Tim. 3. 1.

1. Thess. 4. 14.

B ἔχει ἰαμάτων, καὶ γένη γλωσσῶν, καὶ ἑρμηνείας γλωσσῶν· διὸ ἀρχὴ καὶ ῥίζα ἐστὶ τῶν χαρισμάτων.

Καὶ ὅτι ταῦτα οὕτως ἔχει, Παῦλον ὑμῖν παραγάγω μάρτυρα. Πρῶτον δὲ ἀναγκαῖον εἰπεῖν, τί ποτέ ἐστι γένη γλωσσῶν. Τί οὖν ἐστι γένη γλωσσῶν; Τὸ παλαιὸν ὁ βαπτισθεὶς καὶ πιστεύσας εὐθέως πρὸς τὴν φανέρωσιν τοῦ Πνεύματος διαφόροις ἐλάλει γλώσσαις. Ἐπειδὴ γὰρ ἔτι ἀσθενέστερον διέκειντο οἱ τότε, καὶ τὰ νοητὰ χαρίσματα ὁρᾶν οὐκ ἠδύναντο τοῖς ὀφθαλμοῖς τῆς σαρκὸς, ἐδίδοτο αἰσθητὸν χάρισμα, * τὸ νοητὸν γενέσθαι καταφανές· καὶ ὁ βαπτισθεὶς εὐθέως καὶ C τῇ ἡμετέρᾳ γλώσσῃ, καὶ τῇ τῶν Περσῶν, καὶ τῇ τῶν Ἰνδῶν, καὶ τῇ τῶν Σκυθῶν ἐφθέγγετο, ὥστε μαθεῖν καὶ τοὺς ἀπίστους, ὅτι Πνεύματος ἁγίου ἠξίωτο. Καὶ ἦν τὸ μὲν σημεῖον αἰσθητὸν, ἡ τοιαύτη φωνὴ λέγω· τῇ γὰρ αἰσθήσει τοῦ σώματος αὐτῆς ἤκουον· τὴν δὲ νοητὴν καὶ οὐχ ὁρωμένην τοῦ Πνεύματος χάριν πᾶσι τὸ αἰσθητὸν τοῦτο σημεῖον κατάδηλον ἐποίει. Καὶ τοῦτο τὸ σημεῖον ἐκαλεῖτο γένη γλωσσῶν. Ὁ γὰρ μίαν γλῶσσαν ἔχων ἀπὸ τῆς φύσεως, ποικίλαις ἐλάλει γλώσσαις καὶ διαφόροις ἀπὸ τῆς χάριτος· καὶ ἦν ἰδεῖν ἄνθρωπον ἕνα μὲν τῷ ἀριθμῷ, ποικίλον δὲ τοῖς χαρίσμασι, καὶ διάφορα στόματα ἔχοντα, καὶ διαφό- D ρους γλώσσας. Ἴδωμεν οὖν πῶς ὁ ἀπόστολος καὶ τοῦτο εἶχε τὸ χάρισμα, καὶ τὰ ἄλλα πάντα. Περὶ μὲν τούτου οὕτω λέγει· Πάντων ὑμῶν μᾶλλον γλώσσαις λαλῶ. Εἶδες πῶς ἔχει τὰ γένη τῶν γλωσσῶν, καὶ οὐκ ἔχει μόνον, ἀλλὰ καὶ μετὰ πλείονος ὑπερβολῆς ἢ οἱ λοιποὶ πάντες πιστοί; Οὐ γὰρ εἶπεν, ὅτι γλώσσαις ἔχω λαλεῖν μόνον, ἀλλὰ καὶ, Πάντων ὑμῶν μᾶλλον γλώσσαις λαλῶ. Τὴν δὲ προφητείαν, ἣν εἶχε, δι' ἐκείνων δείκνυσι τῶν ῥημάτων, οὕτω λέγων· Τὸ δὲ Πνεῦμα ῥητῶς λέγει, ὅτι ἐν ὑστέροις καιροῖς ἐνστή- E σονται καιροὶ χαλεποί· ὅτι δὲ τὰ ἐν ὑστέροις καιροῖς λέγειν, προφητεία ἐστὶ, παντί που δῆλον. Καὶ πάλιν, Τοῦτο δὲ γινώσκετε, ὅτι ἐν ἐσχάτοις καιροῖς ἐνστήσονται καιροὶ χαλεποί· καὶ πάλιν, Λέγω δὲ ὑμῖν ἐν λόγῳ Κυρίου, ὅτι ἐν παρουσίᾳ αὐτοῦ ἡμεῖς οἱ ζῶντες οἱ περιλειπόμενοι, οὐ μὴ φθάσωμεν τοὺς κοιμηθέντας. Καὶ τοῦτο δὲ προφητεία ἐστίν. Εἶδες πῶς γένη γλωσσῶν καὶ προφητείας ἔχει; Βούλει μαθεῖν πῶς ἔχει καὶ χαρίσματα ἰαμάτων; Ἀλλὰ τάχα τοῦτο οὐδὲ τῆς ἀπὸ τῶν λόγων ἀποδείξεως δεῖται, ὅταν ἴδωμεν οὐ μόνον

* [Cum Savil. in marg. et Venet. in Emend. legendum videtur ὥστε τὸ ν.]

[77 A] τοὺς ἀποστόλους, ἀλλὰ καὶ τὰ ἱμάτια αὐτῶν χαρίσματα ἰαμάτων ἔχοντα. Ὅτι δὲ καὶ διδάσκαλος ἦν τῶν ἐθνῶν, πολλαχοῦ τοῦτο λέγει, καὶ ὅτι τῆς οἰκουμένης ἀντελαμβάνετο πάσης, καὶ διεκυβέρνα τὰς Ἐκκλησίας. Ὅταν οὖν ἀκούσῃς, πρῶτον ἀποστόλους, δεύτερον προφήτας, τρίτον ποιμένας καὶ διδασκάλους, χαρίσματα ἰαμάτων, ἀντιλήψεις, κυβερνήσεις, γένη γλωσσῶν, μάθε ὅτι πᾶσα ἡ χορηγία τῶν λοιπῶν χαρισμάτων, ὥσπερ ἐν κεφαλῇ, τῇ ἀποστολῇ ἐναπόκειται. Ἆρ' οὐ ψιλὸν ἐνομίζετε τοὔνομα τῶν ἀποστόλων πρὸ τούτου; Ἰδοὺ νῦν ἔγνωτε πόσον βάθος ἔχει νοήματος τὸ ὄνομα. Ταῦτα δὲ εἰρήκαμεν, οὐκ οἰκείας [B] δυνάμεως ἐπίδειξιν ποιούμενοι· οὐ γὰρ ἡμέτερα τὰ λεγόμενα, ἀλλὰ τῆς τοῦ Πνεύματος χάριτος τῶν ῥαθυμοτέρων τὴν νωθρίαν διεγειρούσης, ὥστε μηδὲν παρατρέχειν ἁπλῶς. Εἰκότως ἄρα ὑπατίαν πνευματικὴν ἐκαλέσαμεν τὴν ἀποστολήν. Ἄρχοντες γάρ εἰσιν ὑπὸ Θεοῦ χειροτονηθέντες οἱ ἀπόστολοι· ἄρχοντες, οὐκ ἔθνη καὶ πόλεις διαφόρους λαμβάνοντες, ἀλλὰ πάντες κοινῇ τὴν οἰκουμένην ἐμπιστευθέντες. Καὶ ὅτι ἄρχοντές εἰσι πνευματικοὶ, καὶ τοῦτο ἀποδεῖξαι πειράσομαι, ἵνα μετὰ τὴν ἀπόδειξιν μάθητε, ὅτι τοσούτῳ βελτίους εἰσὶν οἱ ἀπόστολοι τῶν ἀρχόντων [C] τῶν βιωτικῶν, ὅσῳ αὐτοὶ οἱ βιωτικοὶ ἄρχοντες τῶν παίδων τῶν παιζόντων ἀμείνους εἰσί. Πολὺ γὰρ μείζων αὕτη ἐκείνης ἡ ἀρχὴ, καὶ μᾶλλον τὴν ἡμετέραν συνέχει ζωὴν, καὶ ταύτης ἀρθείσης πάντα οἴχεται καὶ διαλέλυται. Τί ποτ' οὖν ἐστιν ἀρχῆς σύμβολον, καὶ τίνα ἔχειν τὸν ἄρχοντα χρή; Δεσμωτηρίου ἐξουσίαν, ὥστε τοὺς μὲν δῆσαι, τοὺς δὲ λῦσαι, τοὺς μὲν ἐκβάλλειν, τοὺς δὲ ἐμβάλλειν κύριός ἐστιν· ἀφεῖναι πάλιν χρημάτων ὀφλήματα, καὶ τοὺς μὲν ἀπολῦσαι ὄντας ὑπευθύνους, τοὺς δὲ κελεῦσαι ἀποδοῦναι κύριός ἐστιν· εἰς θάνατον πάλιν ἀπαγαγεῖν, καὶ ἀπὸ τοῦ θανάτου καλέσαι· μᾶλλον δὲ τοῦτο ἄρχοντος μὲν οὐκ [D] ἔστι, βασιλέως δὲ μόνον· μᾶλλον δὲ οὐδὲ βασιλέως ὁλόκληρόν ἐστι τὸ δῶρον. Οὐ γὰρ ἀπὸ θανάτου καλεῖ τὸν ἀπιόντα, ἀλλ' ἐξ ἀπαγωγῆς μόνον, καὶ ἀπόφασιν μὲν [a] λῦσαι δύναται, ἀπὸ θανάτου δὲ ἀνακαλέσασθαι οὐ δύναται· καὶ τὸ μὲν χεῖρον ἔχει, τοῦ βελτίονος δὲ ἀπεστέρηται. Ἀπὸ τῆς ζώνης δὲ πάλιν δοκιμάζομεν τὸν ἄρχοντα, ἀπὸ τῆς τοῦ κήρυκος φωνῆς, ἀπὸ τῶν ῥαβδούχων, [b] ἀπὸ τοῦ ὀχήματος, ἀπὸ τοῦ ξίφους· ταῦτα γὰρ πάντα ἀρχῆς σύμβολα. Ἴδωμεν τοίνυν καὶ τὴν τῶν ἀποστόλων ἀρχὴν, εἰ ταῦτα ἔχει τὰ σύμβολα· ἔχει μὲν, οὐ τοιαῦτα δὲ, ἀλλὰ πολλῷ βελτίονα. [E] Καὶ ἵνα μάθῃς ὅτι ταῦτα μὲν ὀνόματα πραγμάτων, ἐκεῖνα δὲ ἀλήθεια πραγμάτων· ἵνα μάθῃς τὸ μέσον

[77 A] *qui residui sumus, non præveniemus eos, qui dormierunt.* Hoc quoque prophetia est. Vides illum et genera linguarum et prophetias habuisse? Vis etam discere, quo pacto gratias curationum habuerit? Sed hoc fortasse verborum demonstratione non indiget, cum non Apostolos tantum, sed ipsorum etiam vestes gratiis curationum præditas fuisse videamus. Doctorem autem gentium se fuisse multis in locis testatur, ac se toti terrarum orbi subvenisse, et Ecclesias gubernasse. Cum igitur audieris, primum Apostolos, deinde Prophetas, tertio Pastores ac Do- [B] ctores, gratias curationum, opitulationes, gubernationes, genera linguarum, disco reliquarum gratiarum copiam omnem tamquam in capite in Apostolatu residere. Numquid nudum esse nomen Apostolorum antea censebatis? Ecce, quanta profunditas sensuum hoc ex nomine comprehensa novistis. Hæc autem a nobis dicta sunt, non ut nostram virtutem ostentaremus: neque enim nostra sunt quæ dicuntur, sed gratiæ Spiritus quæ negligentiorum segnitiem excitat, ut nihil temere prætermittat. Merito igitur [C] spiritualem Consulatum appellavimus Apostolatum. Sunt enim a Deo designati magistratus Apostoli; magistratus, quibus non gentes urbesque variæ tribuuntur, sed quorum omnium fidei simul totus orbis terrarum committitur. Porro magistratus illos esse spirituales demonstrare conabor, ut ex demonstratione intelligatis tanto meliores sæcularibus magistratibus esse Apostolos, quanto ipsi magistratus sæculares ludentibus pueris antecellunt. Multo quippe magistratus iste præstantior est illo magisque vitam nostram continet, eoque sublato omnia pessumdantur et [D] pereunt. Quodnam igitur est magistratus insigne, et quænam sunt, quæ habere debet hic magistratus? Potestatem in carcerem, sic ut alios vincire compedibus, alios solvere, alios educere, alios possit conjicere: rursus pecuniarum debita dimittere, atque alios qui obnoxii erant absolvere, aliis ut restituant imperare ex ipsius pendet arbitrio: ad mortem rursus abducere, atque a morte revocare: vel potius hoc magistratus non est, sed Imperatoris solius: vel potius ne [E] Imperatoris quidem est integrum donum. Neque enim revocat a morte defunctum, sed eum tantum, qui abducitur, ac sententiam quidem po-

Apostolatus Consulatus spiritualis.

[a] Colb. λῦσαι δύναται· ἀλλ' ἐμβάλλειν μὲν εἰς θάνατον δύναται, ἀπὸ θανάτου δὲ ἀνακαλέσασθαι οὐ δύναται· καὶ τὸ μὲν χεῖρον.

[b] Colb. ἀπὸ τοῦ ὀχήματος, *a curru*, quæ lectio germana, ut ex sequentibus arguitur. Editi σχήματος.

test rescindere, sed non potest a morte revocare; atque illud quidem habet quod deterius est, eo vero destitutus est, quod est præstantius. Rursus magistratum ex cingulo æstimamus, ex voce præconis, ex satellitibus, ex curru, ex gladio; hæc enim omnia magistratus sunt insignia. Videamus igitur num Apostolorum etiam magistratus hæc habeat insignia : habet ille quidem, sed non talia, verum multo præstantiora. Atque ut intelligas hæc quidem rerum esse nomina, illa vero rerum veritatem : ut quod sit discrimen intelligas inter pueros qui magistratus ludunt et eos qui magistratus gerunt ; ac, si placet, a carcere initium enumerationis ducemus. Diximus enim in potestate situm esse magistratus, ut vinciat et solvat. Vide rursus hoc imperium esse penes Apostolos. *Quoscumque enim ligaveritis super terram*, inquit, *erunt ligati in cælis :* et *quoscumque solveritis super terram, erunt* soluti *in cælis.* Vides carceris, et carceris potestatem : et nomen quidem idem, rem autem minime eamdem. Vincula et vincula; sed alia in terra, in cælo alia. Cælum quippe carcer illis est. Cognosce igitur amplitudinem magistratus. In terris sedentes sententiam ferunt, et ad cælos usque penetrat virtus sententiæ. Et quemadmodum Imperatores in una quidem civitate residentes sententiam ferunt, ac leges sanciunt, ac sententiarum legumque vis universum orbem terrarum permeat : sic etiam tum temporis Apostoli quidem uno in loco residentes hæc sanciebant : porro legum virtus et vinculorum istorum non solum orbem terrarum pervadebat, sed ad ipsum cælorum fastigium ascendebat. Vides carcerem et carcerem, alterum in terris, alterum in cælis; alterum corporum, alterum animarum : imo vero et animarum et corporum : neque enim corpora tantum, sed etiam animas vinciebant.

Matth. 18. 18.

τῶν παιδίων τῶν παιζόντων ἀρχὰς, καὶ τῶν ἀρχῶν τῶν ἐχόντων τὰς ἀρχάς· καὶ, εἰ βούλεσθε, ἀπὸ τοῦ δεσμωτηρίου πρῶτον ἀριθμήσομεν. Καὶ γὰρ εἰρήκαμεν, ὅτι κύριος τοῦ δῆσαι καὶ λῦσαί ἐστιν ὁ ἄρχων. 78 Ὅρα δὴ ταύτην τὴν ἀρχὴν τοὺς ἀποστόλους ἔχοντας. A Ὅσους γὰρ ἂν δήσητε ἐπὶ τῆς γῆς, φησὶν, ἔσονται δεδεμένοι ἐν τοῖς οὐρανοῖς· καὶ ὅσους ἂν λύσητε ἐπὶ τῆς γῆς ἔσονται λελυμένοι ἐν οὐρανοῖς. Εἶδες δεσμωτηρίου, καὶ δεσμωτηρίου ἐξουσίαν· καὶ τὸ μὲν ὄνομα τὸ αὐτὸ, τὸ δὲ πρᾶγμα οὐ τὸ αὐτό. Δεσμὰ, καὶ δεσμά· ἀλλὰ τὰ μὲν ἐπὶ τῆς γῆς, τὰ δὲ ἐν οὐρανῷ. Οὐρανὸς γάρ ἐστιν αὐτοῖς τὸ δεσμωτήριον. Μάθε τοίνυν τὸ μέγεθος τῆς ἀρχῆς. Ἐπὶ τῆς γῆς καθήμενοι φέρουσι τὴν ψῆφον, καὶ τῆς ψήφου ἡ δύναμις διαβαίνει τοὺς οὐρανούς. Καὶ καθάπερ οἱ μὲν βασιλεῖς καθήμενοι ἐν μιᾷ πόλει ψηφίζονται καὶ νομοθετοῦσιν, ἡ δὲ τῶν ψηφισμάτων καὶ τῶν νόμων δύναμις πᾶσαν διατρέχει B τὴν οἰκουμένην· οὕτω καὶ τότε, οἱ μὲν ἀπόστολοι ἐν ἑνὶ τόπῳ καθήμενοι ταῦτα ἐνομοθέτουν· ἡ δὲ τῶν νόμων δύναμις, καὶ τῶν δεσμῶν τούτων, οὐχὶ τὴν οἰκουμένην μόνον διέτρεχεν, ἀλλὰ καὶ εἰς αὐτὸ τὸ ὕψος τῶν οὐρανῶν ἀνέβαινεν. Εἶδες δεσμωτήριον, καὶ δεσμωτήριον· τὸ μὲν ἐπὶ γῆς, τὸ δὲ ἐν οὐρανῷ, τὸ μὲν σωμάτων, τὸ δὲ ψυχῶν· μᾶλλον δὲ καὶ ψυχῶν καὶ σωμάτων· οὐ γὰρ σώματα ἐδέσμουν μόνον, ἀλλὰ καὶ ψυχάς.

5. Vis intelligere, quo pacto in potestate illorum esset et debita dimittere? Siquidem hic quoque multum discriminis offendes : neque enim pecuniarum debita, sed peccatorum debita remittebant. *Quorum enim*, inquit, *remiseritis peccata, remittuntur eis*, et *quorum retinueritis, retenta sunt.* Quid post hæc opus est ostendere eos ad mortem transmisisse, ac rursus a morte revocasse, non post sententiam tantum latam, et jam abductos ad supplicium liberantes, sed reipsa defunctos et jam exstinctos a mortuis excitantes? Ubi ergo condemnarunt? ubi a morte vindicarunt? Ananias et Sapphira sacri-

Debita dimittebant Apostoli.

Joan. 20. 23.

Βούλει μαθεῖν πῶς κύριοι ἦσαν καὶ ὀφλήματα ἀφεῖναι; Καὶ γὰρ καὶ ἐνταῦθα πολὺ τὸ διάφορον ὄψει· οὐ γὰρ ὀφλήματα χρημάτων, ἀλλ' ὀφλήματα ἁμαρ- C τημάτων ἀφίεσαν· Ὧν γὰρ, φησὶν, ἀφῆτε τὰς ἁμαρτίας, ἀφέωνται αὐτοῖς· καὶ ὧν ἂν κρατῆτε, κεκράτηνται. Τί μετὰ τοῦτο ἀποδεῖξαι χρὴ, ὅτι καὶ εἰς θάνατον ἔπεμπον, καὶ ἀπὸ θανάτου πάλιν ἐκάλουν, οὐχ ἐξ ἀποφάσεως μόνης, καὶ ἀπαγωγῆς, ἀλλὰ καὶ ἐκ θανάτου τοὺς κειμένους ἤδη καὶ διαφθαρέντας ἀνιστῶντες; Ποῦ τοίνυν κατεδίκασαν; ποῦ δὲ ἀπήλλαξαν θανάτου; Ὁ Ἀνανίας καὶ ἡ Σάπφειρα ἱεροσυλίας ἑάλωσαν· εἰ γὰρ καὶ τὰ ἑαυτῶν ἔκλεψαν χρήματα, ἀλλ' ὅμως ἱεροσυλίας τὸ τόλμημα ἦν· μετὰ γὰρ τὴν ὑπόσχεσιν οὐκ ἔτι ἦν αὐτῶν τὰ χρήματα. Τί οὖν ὁ ἀπόστολος; Ἄκουσον πῶς, καθάπερ ἐν δικαστηρίῳ D καθήμενος, τὸν ἱερόσυλον εἰσάγει, καὶ πεῦσιν προσάγει καθάπερ δικαστὴς, καὶ τότε τὴν ἀπόφασιν ἐπάγει. Οὐ γὰρ πρὸ τῆς ἐρωτήσεως ἡ ἀπόφασις· δήλη μὲν γὰρ ἦν ἡ ἁμαρτία· ἀλλ' ἵνα ἡμᾶς τοὺς ἔξωθεν περιεστῶτας πείσῃ, ὅτι δικαίως ἐπάγει τὴν ψῆφον, διὰ τοῦτο ποιεῖται τὴν ἐρώτησιν, οὕτω λέγων· Διὰ τί ἐπλήρωσεν ὁ σατανᾶς τὴν καρδίαν σου, ψεύσασθαί σε τὸ Πνεῦμα τὸ ἅγιον, καὶ νοσφίσασθαι ἀπὸ τῆς τιμῆς τοῦ χωρίου; Οὐχὶ μένον σοι ἔμενε, καὶ πραθὲν ἐπὶ τῇ σῇ ἐξουσίᾳ ὑπῆρχεν; Οὐκ ἐψεύσω ἀνθρώποις, ἀλλὰ E τῷ Θεῷ. Τί οὖν ἀκούων ἐκεῖνος τοὺς λόγους τούτους; Πεσὼν ἐξέψυξεν. Εἶδες πῶς καὶ ξίφος ἔχουσιν οἱ ἀπόστολοι; Ὅταν ἀκούσῃς Παύλου λέγοντος, ὅτι Ἐπὶ πᾶσι τὴν μάχαιραν τοῦ Πνεύματος, ὅ ἐστι ῥῆμα Θεοῦ, ἀναμνήσθητι τῆς ἀποφάσεως ταύτης, ὅτι οὐδαμοῦ ξίφος, καὶ τῷ ῥήματι πληγεὶς ὁ ἱερόσυλος ἔπεσεν. Εἶδες μάχαιραν ἠκονημένην καὶ γεγυμνωμένην; Οὐδαμοῦ σίδηρος, οὐδαμοῦ λαβὴ, οὐδαμοῦ χεῖρες· ἀλλ' ἀντὶ τῆς χειρὸς ἡ γλῶττα, τὰ ῥήματα ἀντὶ τῆς 79 A μαχαίρας ἐξενεγκοῦσα, εὐθέως ἐκεῖνον ἀπέσφαξε. Μετὰ τοῦτον εἰσῆλθεν ἡ γυνὴ, καὶ ἐβούλετο αὐτῇ δοῦναι πρόφασιν ἀπολογίας, ἀφορμὴν συγγνώμης· διὰ τοῦτο πάλιν ἐρωτᾷ· Εἰπέ μοι, εἰ τοσούτου τὸ χωρίον ἀπέδοσθε. Καίτοι γε ᾔδει, ὅτι οὐ τοσούτου· ἀλλ' ἵνα αὐτὴν διὰ τῆς ἐρωτήσεως εἰς μετάνοιαν ἀγάγῃ, καὶ καταγνῷ τῶν ἡμαρτημένων, καὶ μεταδῷ συγγνώμης αὐτῇ, διὰ τοῦτο αὐτὴν ἐρωτᾷ· ἀλλ' ὅμως ἐκείνη μετὰ ταῦτα ἀναισχύντως διέκειτο· διὰ τοῦτο ἐκοινώνησε τῆς τιμωρίας τοῦ ἀνδρός. Εἶδες δεσμωτηρίου δύναμιν; εἶδες πῶς εἰσι κύριοι εἰς θάνατον πέμπειν; Ἴδωμεν καὶ τὸ βέλτιον, πῶς ἀπὸ θανάτου ἀποκαλοῦνται B πάλιν. Ἡ Ταβιθὰ, ἡ μαθήτρια, ἐλεημοσύναις πολλαῖς κομῶσα ἀπέθανε· καὶ δρόμος εὐθέως ἐπὶ τοὺς ἀποστόλους. Ἤδεισαν γὰρ ὅτι καὶ θανάτου καὶ ζωῆς ἐξουσίαν εἶχον· ᾔδεισαν τὴν ἄνω ἀρχὴν κάτω κατενεχθεῖσαν. Τί οὖν ἐλθὼν ὁ Πέτρος; Ταβιθὰ, ἀνάστηθι, φησίν. Οὐδεμιᾶς πραγματείας ἐδέησεν αὐτῷ, οὐχ ὑπηρετῶν, οὐ διακόνων· ἀλλ' ἤρκεσε τὰ ῥήματα πρὸς τὴν ἀνάστασιν· ἤκουσε γοῦν τῆς φωνῆς ὁ θάνατος, καὶ οὐκ ἴσχυσε κατασχεῖν τὴν νεκράν. Εἶδες οἷαι τῶν δικαστῶν τούτων [a] αἱ φωναί; Αἱ μὲν γὰρ τῶν ἔξωθεν C δικαστῶν ἀσθενεῖς. Κἂν γὰρ ἐπιτάξῃ τις ἐκείνων, ὁ δὲ διακονῶν μὴ ὑπηρετήσῃ, διεκόπη τὸ προσταχθέν·

[a] Colb. αἱ φωναί. Editi male ζῶναι.

legii convicti jam fuerant: tametsi enim suas D pecunias furati erant, fuit tamen crimen sacrilegii: quandoquidem post promissionem jam non erant illorum pecuniæ. Quid igitur Apostolus? Audi qua ratione, tanquam in judicio considens, sacrilegum ad judicium sistat, et interrogationem tamquam judex adhibeat, ac sententiam deinde pronuntiet. Neque enim ante quam sciscitetur, fert sententiam: quamquam enim manifestum erat delictum, tamen ut nobis qui foris adsiamus persuaderet justam a se ferri sententiam, propterea interrogationem adhibet E his verbis utens: *Cur implevit satanas cor* Act. 5. 3. 4. *tuum, ut mentireris Spiritui sancto, et fraudares de pretio agri? Nonne manens tibi manebat, et venumdatum in tua erat potestate? Non es mentitus hominibus, sed Deo.* Quid igitur audiens ille sermones istos? Cecidit, et exspiravit. Vides ut gladium etiam habeant Apostoli? Cum dicentem Paulum audiveris, *In* Ephes. 6. 17. *omnibus gladium Spiritus, quod est verbum Dei,* recordare sententiæ istius, quod nusquam gladius sit, et solo verbo sacrilegus percussus 79 A ceciderit. Vidisti gladium exacutum ac nudatum? Nusquam ferrum, nusquam capulus, nusquam manus: sed loco manus lingua, verba proferens loco gladii, confestim illum occidit. Post hunc introivit uxor, et occasionem illi excusationis, ansam veniæ præbere voluit: propterea rursus interrogat, *Dic mihi, si tanti* Act. 5. 8. *agrum vendidistis.* Tametsi non tanti venditum sciebat: sed ut ipsam per interrogationem ad pœnitentiam invitaret, ac peccati se condemnaret, et illi veniam impertiret, idcirco eam interrogat: illa tamen in impudentia perseverabat; propterea in consortium supplicii mariti venit. B Vides carceris potestatem? vides ut possint ad mortem mittere? Videamus id quod melius est, quo pacto rursus a morte revocent. Tabitha discipula mortua est, quæ multis eleemosynis celebris erat, et ad Apostolos statim curritur. Sciebant enim illos mortis ac vitæ potestatem habere: sciebant cælestem principatum delapsum in terras. Quid ergo Petrus? *Tabitha,* Act. 9. 40. *surge,* inquit. Nullo alio illi opus fuit, non ministris, non famulis; sed ad resurrectionem verba suffecerunt: vocem igitur audivit mors, et retinere mortuam non potuit. Vides quales C sint judicum istorum voces? Siquidem externorum judicum voces imbecillæ sunt. Licet

enim imperet ex illis quispiam, si famulis non
obtemperet, res imperata interrumpitur: hic
autem non est opus famulis; tantum dixit, et
continuo factum est. Vides eorum carcerem,
quod magistratus est insigne: vides, quo paeto
peccata dimittant, quo paeto mortem discutiant,
quo paeto in vitam revocent. Vis cingulum etiam
illorum cognoscere? Siquidem cinctos illos misit
Christus non corio, sed veritate; hoc cingulum
Ephes. 6. 14. sanctum et spirituale; propterea dicit: *Succin-
cti lumbos vestros in veritate.* Spiritualis
enim est magistratus, quocirca nihil sensibile
Psal. 44. 14. quærendum; *Omnis* quippe *gloria filiæ regis*
Carnifices habent Apostoli dæmonas. *ab intus.* Sed quid? num vis etiam carnifices
videre? Carnifices sunt, qui reos virgis cædunt,
qui in ligno suspendunt, et latera deradunt, qui
castigant, qui puniunt. Visneigitur istos videre?
Non homines habent, sed ipsum diabolum, et
dæmones: qui corpore sunt et carne circumdati,
ministras habebant incorporeas virtutes. Audi
sane quo pacto cum auctoritate Paulus illis imperaret: siquidem de eo qui fornicatus erat,
1. Cor. 5. 5. scribens dicebat: *Tradite hujusmodi satanæ
in interitum carnis.* Rursus cum alii blasphe-
1. Tim. 1. 20. marent, hoc ipsum fecit: *Tradidi enim illos,*
inquit, *satanæ, ut discant non blasphemare.*
Quid restat ostendendum? num currus etiam
illos habere? Sed ne hæc quidem nobis demon-
Act. 8. 39. 40. stratio deerit: siquidem Philippum, postquam
eunuchum baptizavit, et sacris mysteriis ini-
tiavit, cum revertendum illi esset, rapuit ipsum
Spiritus, et a deserto translatus Azoti repertus
est. Vides currum alatum? vides celerius vento
vehiculum? Rursus in paradisum pergere Apostolum oportuit, tanta itineris longinquitate,
tam immenso dissitum intervallo: tum ille su-
2. Cor. 12. 2. bito raptus illuc nullo negotio et in brevi momento temporis transferebatur. Tales igitur
currus sunt: vox autem præconis est, et ipsa
rursus magistratu digna. Non enim antecedebat
illos homo vocem mittens, verum Spiritus gratia, et per miracula demonstratio quavis tuba
clariorem vocem mittebat, atque ita viam illis
ubique faciebat. Et quemadmodum in multa
dignitate ac magnificentia constituti sunt magistratus, nec audent privati passim cum illis mi-
Act. 5. 13. sceri: sic in Apostolis accidebat: *Cæterorum*
enim, inquit, *nemo audebat se conjungere
illis; sed magnificabat eos populus.* Vides
carceris potestatem, et remittendi debita facultatem, et gladios illos habuisse, cinguloque
fuisse præcinctos, curru vectos, vocem præce-

ἐνταῦθα δὲ οὐ δεῖται διακόνων· ἀλλ' εἶπε, καὶ εὐθέως
ἐγένετο. Εἶδες αὐτῶν τὸ δεσμωτήριον, ὅπερ ἀρχῆς
ἐστι σύμβολον· εἶδες πῶς ἀφιᾶσιν ἁμαρτήματα, πῶς
λύουσι θάνατον, πῶς εἰς ζωὴν ἐπανάγουσι. Βούλει
μαθεῖν καὶ τὴν ζώνην αὐτῶν; Καὶ γὰρ ἐζωσμένους
αὐτοὺς ὁ Χριστὸς ἔπεμψεν, οὐχὶ ἐν δέρματι, ἀλλ' ἐν
ἀληθείᾳ· αὕτη ἡ ζώνη ἁγία καὶ πνευματική· καὶ διὰ
τοῦτό φησι· Περιεζωσμένοι τὴν ὀσφὺν ὑμῶν ἐν ἀληθείᾳ. Καὶ γὰρ ἡ ἀρχὴ πνευματικὴ, διὸ μηδὲν αἰσθη-
D τὸν ζήτει· Πᾶσα γὰρ ἡ δόξα τῆς θυγατρὸς τοῦ βασιλέως ἔσωθεν. Ἀλλὰ τί; βούλει καὶ τοὺς δημίους ἰδεῖν;
Δήμιοί εἰσιν οἱ τοὺς ὑπευθύνους μαστίζοντες, προσ-
αρτῶντες τῷ ξύλῳ, διαξαίνοντες τὰς πλευρὰς, παιδεύοντες, κολάζοντες. Βούλει οὖν τούτους ἰδεῖν; Οὐκ
ἀνθρώπους ἔχουσιν, ἀλλ' αὐτὸν τὸν διάβολον, καὶ τοὺς
δαίμονας· οἱ σῶμα καὶ σάρκα περικείμενοι, τὰς ἀσωμάτους εἶχον ὑπηρετούσας δυνάμεις. Ἄκουσον γοῦν
πῶς μετὰ αὐθεντίας ἐκείνοις ἐπέταττεν ὁ Παῦλος·
περὶ γὰρ τοῦ πεπορνευκότος γράφων ἔλεγε· Παράδοτε
τὸν τοιοῦτον τῷ σατανᾷ εἰς ὄλεθρον τῆς σαρκός. Πάλιν ἐφ' ἑτέρων βλασφημούντων τὸ αὐτὸ τοῦτο πεποίηκε·
E Παρέδωκα γὰρ αὐτοὺς, φησὶ, τῷ σατανᾷ, ἵνα παιδευ-
θῶσι μὴ βλασφημεῖν. Τί λοιπὸν ὑπολέλειπται δεῖξαι;
ὅτι καὶ ὀχήματα ἔχουσιν; Ἀλλ' οὐδὲ ταύτης ἀπορή-
σομεν τῆς ἀποδείξεως· τὸν γὰρ Φίλιππον, ἐπειδὴ τὸν
εὐνοῦχον ἐβάπτισε, καὶ πρὸς τὴν ἱερὰν μυσταγωγίαν
ἐχειραγώγησεν, ἔδει δὲ αὐτὸν ἐπανελθεῖν, ἥρπασεν
αὐτὸν τὸ Πνεῦμα, καὶ εὑρέθη εἰς Ἄζωτον ἀπὸ τῆς
ἐρήμου. Εἶδες ὄχημα ὑπόπτερον; εἶδες ζεῦγος ἀνέμου
σφοδρότερον; Πάλιν ἔδει τὸν ἀπόστολον εἰς τὸν παράδεισον ὁδεῦσαι, μῆκος οὕτω πολὺ, καὶ διάστημα ἄπει-
ρον· κἀκεῖνος πάλιν ἀθρόον ἁρπαγεὶς ἐκεῖ μετεφέρετο
80 A ἀπονητὶ, καὶ ἐν βραχείᾳ καιροῦ ῥοπῇ. Τὰ μὲν οὖν
ὀχήματα τοιαῦτα· ἡ δὲ τοῦ κήρυκος φωνὴ, καὶ αὕτη
πάλιν ἀξία τῆς ἀρχῆς. Οὐ γὰρ ἄνθρωπος αὐτῶν
προηγεῖτο, φωνὴν ἀφιεὶς, ἀλλ' ἡ τοῦ Πνεύματος χάρις, καὶ ἡ διὰ τῶν θαυμάτων ἀπόδειξις πάσης σάλπιγγος λαμπροτέραν ἠφίει φωνήν· οὕτως αὐτοῖς πανταχοῦ προοδοποιεῖ. Καὶ καθάπερ οἱ ἄρχοντες ἐν πολλῇ
περιφανείᾳ καθεστήκασι, τῶν ἰδιωτῶν οὐ τολμώντων
αὐτοῖς ἁπλῶς ἀναμίγνυσθαι· οὕτω καὶ ἐπὶ τῶν
ἀποστόλων ἐγίνετο· Τῶν γὰρ λοιπῶν, φησὶν, οὐδεὶς
ἐτόλμα κολλᾶσθαι αὐτοῖς· ἀλλ' ἐμεγάλυνεν αὐτοὺς ὁ
λαός. Εἶδες δεσμωτηρίου δύναμιν, καὶ ἀφέσεως ὀφλη-
B μάτων ἰσχὺν, καὶ ξίφος ἔχοντας, καὶ ζώνην ἐζωσμένους, καὶ ὀχήματι ὁδεύοντας, καὶ φωνὴν πάσης σάλ-

πιγγος λαμπροτέραν προηγουμένην αὐτῶν, καὶ ἐν πολλῇ περιφανείᾳ ὄντας;

Ἀναγκαῖον δὴ καὶ τὰ κατορθώματα αὐτῶν δεῖξαι πάντα, καὶ ὅσα τὴν οἰκουμένην ὤνησαν. Καὶ γὰρ καὶ τοῦτο ἀρχόντων, τὸ μὴ τιμῆς ἀπολαύειν μόνον, ἀλλὰ καὶ πολλὴν ἐνδείκνυσθαι πρὸς τοὺς ἀρχομένους τὴν πρόνοιαν καὶ τὴν προστασίαν. Ἀλλὰ πλείονα τοῦ δέοντος καὶ τὰ εἰρήμενα. Διὰ τοῦτο εἰς ἑτέραν ἀναβαλλόμενος ταῦτα διάλεξιν, πρὸς τὴν τῶν νεοφωτίστων παραίνεσιν παραγαγεῖν πειράσομαι λόγον. Μηδεὶς δὲ C ἄκαιρον νομιζέτω τὴν συμβουλήν. Καὶ γὰρ ἔφθην εἰπὼν, ὅτι οὐ μετὰ δέκα καὶ εἴκοσι ἡμέρας μόνον, ἀλλὰ καὶ μετὰ δέκα καὶ εἴκοσι ἔτη δυνατὸν νεοφωτίστους καλεῖν τοὺς μεμυημένους, ἐὰν νήφωσι. Τίς οὖν ἂν γένοιτο πρὸς τούτους ἀρίστη παραίνεσις; Εἰ τοῦ τρόπου τῆς γεννήσεως αὐτοὺς ἀναμνήσαιμεν, καὶ τοῦ προτέρου, καὶ τοῦ δευτέρου, τοῦ φυσικοῦ, καὶ τοῦ πνευματικοῦ, καὶ τί τὸ μέσον ἑκατέρας τῆς γεννήσεως δείξαιμεν. Μᾶλλον δὲ οὐ δεῖ παρ' ἡμῶν αὐτοὺς ταῦτα μανθάνειν· αὐτὸς ὁ τῆς βροντῆς υἱὸς περὶ τούτων αὐτοῖς διαλέξεται, ὁ ἀγαπητὸς τοῦ Χριστοῦ Ἰωάννης. Τί οὖν ἐκεῖνός φησιν; Ὅσοι δὲ ἔλαβον αὐ- D τὸν, ἔδωκεν αὐτοῖς ἐξουσίαν τέκνα Θεοῦ γενέσθαι· εἶτα ἀναμιμνήσκων αὐτοὺς τῆς προτέρας γεννήσεως, καὶ ἐκ συγκρίσεως τὸ σεμνὸν τῆς παρούσης χάριτος ἐνδεικνύμενος, οὕτω φησί· Οἳ οὐκ ἐξ αἱμάτων, οὐδὲ ἐκ θελήματος ἀνδρὸς, ἀλλ' ἐκ Θεοῦ ἐγεννήθησαν. Ἑνὶ ῥήματι αὐτῶν ἔδειξε τὴν εὐγένειαν. Ὢ καθαρῶν ὠδίνων· ὢ πνευματικῶν τόκων· ὢ καινῶν λοχευμάτων· χωρὶς μήτρας σύλληψις, χωρὶς γαστρὸς γέννησις, χωρὶς σαρκὸς τόκος, τόκος πνευματικὸς, τόκος ἐκ χάριτος καὶ φιλανθρωπίας Θεοῦ, τόκος εὐφροσύνης γέμων καὶ χαρᾶς. Ἀλλ' οὐ τοιοῦτος ὁ πρότερος, ἀλλ' E ἀπὸ θρήνων ἔχει τὴν ἀρχήν. Τὸ γὰρ παιδίον ἐκ τῆς μήτρας ὀλισθαῖνον καὶ ἐκ τῆς νηδύος καταφερόμενον, πρώτην φωνὴν μετὰ δακρύων ἐκβάλλει, καθάπερ τίς φησι· Πρώτην φωνὴν τὴν ὁμοίαν ἅπασιν ἴσα κλαίων. Διὰ θρήνων γὰρ ἡ εἴσοδος εἰς τὸν βίον, διὰ δακρύων προοίμια, τῆς φύσεως τὸ μέλλον ὀδυνηρὸν προαναφωνούσης. Τί κλαίει τὸ παιδίον εἰς φῶς ἐλθόν; Διὰ τοῦτο· πρὸ μὲν τῆς ἁμαρτίας ἔλεγεν ὁ Θεὸς, Αὐξάνεσθε, καὶ πληθύνεσθε, ὅπερ εὐλογίας ἦν· τὸ δὲ, Ἐν λύπαις τέξῃ τέκνα, μετὰ τὴν ἁμαρτίαν, ὅπερ 81 A τιμωρίας ἦν. Οὐ δάκρυα δὲ ἐν τῇ γεννήσει μόνον, ἀλλὰ καὶ σπάργανα καὶ δεσμά· δάκρυα ἐν τῇ γεννήσει, δάκρυα ἐν θανάτῳ· σπάργανα ἐν γεννήσει, σπάργανα ἐν θανάτῳ· ἵνα μάθῃς ὅτι πρὸς θάνατον ἡ ζωὴ αὕτη τελευτᾷ, καὶ πρὸς ἐκεῖνο καταστρέφει τὸ τέλος. Ἀλλ' οὐχ ἡ γέννησις αὕτη· Οὐδαμοῦ δάκρυα καὶ σπάργανα, ἀλλὰ λελυμένος ὁ γεννηθεὶς, καὶ πρὸς ἀγῶνας παρεσκευασμένος· διὰ τοῦτο ἄφετοι οἱ πόδες καὶ αἱ χεῖρες, ἵνα τρέχῃ καὶ πυκτεύῃ· οὐδαμοῦ θρῆνος, οὐδαμοῦ δά-

dere quavis tuba clariorem, et in multa pompa illos fuisso ac splendore decoratos?

6. Jam operæ pretium fuerit et omnes illorum res præclare gestas indicare, et quæ illorum in orbem terrarum exstent beneficia. Nam et hoc magistratuum est, ut non honore tantum fruantur, sed et multam sollicitudinem et curam erga subditos præ se ferant. Sed jam plura dicta sunt, quam oportebat. Quocirca ad alium differens ista tractatum, et ad eorum cohortationem, qui nuper illuminati sunt, traducere sermonem conabor. Nemo autem consilium existimet intempestivum: jam enim dixi non modo post decem et viginti dies, sed et post decem et viginti annos posse nuper illuminatos vocari eos, qui mysteriis initiati sunt, si vigiles et sobrii fuerint. Qua igitur optima ad illos cohortatione utemur? Si nimirum iis modum nativitatis in memoriam revocemus, et priorem et posteriorem, naturalem ac spiritualem, et quodnam sit inter utramque nativitatem discrimen, ostendamus. Imo vero necesse non est, ut ex nobis illi ista discant: ipse tonitrui filius de his ipsos admonebit, dilectus Christi Joannes. Quid igitur ille dicit? *Quotquot autem receperunt eum, dedit eis potestatem filios Dei fieri:* deinde priorem illis nativitatem in memoriam revocans, et ex comparatione sanctitatem ac dignitatem præsentis gratiæ declarans, sic ait: *Qui non ex sanguinibus, neque ex voluntate viri, sed ex Deo nati sunt.* Uno verbo nobilitatem illorum expressit. O munda natalia! o spirituales partus! o nova puerperia! sine utero conceptio, sine ventre nativitas, sine carne partus, partus spirituales, partus ex gratia et benignitate Dei, partus lætitiæ plenus et gaudii. At ille prior talis minime fuit, sed a lamentis initium duxit. Siquidem ubi prodiit infans ex utero et ex alvo dejectus est, primam cum lacrymis vocem mittit, prout dixit quispiam: *Primam vocem similem omnibus æque plorans.* Per lamenta siquidem ingressus in vitam, per lacrymas exordia, dum futuras molestias natura prænuntiat. Cur plorat infans cum exit in lucem? Hac de causa: ante peccatum quidem dicebat Deus, *Crescite, et multiplicamini,* quod erat benedictionis: illud autem, *In dolore paries filios,* post peccatum dictum est, quod erat pœnæ. Neque vero lacrymæ in nativitate tantum, sed et fasciæ et vincula: lacrymæ in nativitate, lacrymæ in morte: fasciæ in nativitate, fasciæ in morte: ut intelligas vitam hanc in mortem desi-

Ad nuper illuminatos cohortatio.

Joan. 1. 12.

Joan. 1. 13.

Sap. 7. 3.

Gen. 1. 28.

Gen. 3. 16.

nere, et illo fine terminari. Sed talis non est hæc nativitas. Nusquam lacrymæ et fasciæ, sed solutus est qui nascitur, et ad certamen paratus: propterea sunt etiam liberi pedes, et manus, ut et currat et pugnet : nusquam lamenta, nusquam lacrymæ hic, sed salutationes et oscula, et amplexus fratrum qui suum membrum agnoscunt, et tamquam ex longinqua reversum peregrinatione recipiunt. Nam quoniam ante baptismum inimicus erat, post baptismum autem amicus est factus communis omnium nostrum Domini, propterea gratulamur omnes; idcirco etiam osculum pax vocatur, ut discamus a Deo finitum esse bellum, et nos in amicitiam ejus receptos esse. Hanc igitur perpetuo conservemus, hanc pacem foveamus, hanc amicitiam augeamus, ut æterna quoque tabernacula consequamur, gratia et benignitate Domini nostri Jesu Christi, per quem et cum quo Patri gloria, honor, imperium, una cum sancto ac vivifico Spiritu, nunc et semper, et in sæcula sæculorum. Amen.

χρυα ἐνταῦθα, ἀλλ' ἀσπασμοὶ, καὶ φιλίαι, καὶ περιπλοκαὶ τῶν ἀδελφῶν τὸ οἰκεῖον μέλος ἐπιγινωσκόντων, καὶ ὥσπερ ἐκ μακρᾶς ἀπολαβόντων ἀποδημίας. Ἐπειδὴ γὰρ πρὸ τοῦ φωτίσματος ἐχθρὸς ἦν, μετὰ δὲ τὸ φώ- B τισμα γέγονε φίλος τοῦ κοινοῦ πάντων ἡμῶν Δεσπότου, διὰ τοῦτο πάντες συνηδόμεθα· διὰ τοῦτο καὶ τὸ φίλημα εἰρήνη καλεῖται, ἵνα μάθωμεν ὅτι πόλεμον κατέλυσεν ὁ Θεὸς, καὶ πρὸς τὴν οἰκείωσιν ἐπανήγαγε τὴν ἑαυτοῦ. Ταύτην οὖν τηρῶμεν διηνεκῶς, ταύτην φυλάττωμεν τὴν εἰρήνην, ταύτην ἐκτείνωμεν τὴν φιλίαν, ἵνα καὶ τῶν αἰωνίων ἐπιτύχωμεν σκηνῶν, χάριτι καὶ φιλανθρωπίᾳ τοῦ Κυρίου ἡμῶν Ἰησοῦ Χριστοῦ, δι' οὗ καὶ μεθ' οὗ τῷ Πατρὶ δόξα, τιμὴ, κράτος, ἅμα τῷ ἁγίῳ καὶ ζωοποιῷ Πνεύματι, νῦν καὶ ἀεὶ, καὶ εἰς τοὺς αἰῶνας τῶν αἰώνων. Ἀμήν.

PERICULO NON CARERE, SI auditores ea taceant, quæ in ecclesia dicuntur, et cujus rei gratia legantur Acta Apostolorum in Pentecoste; et cur seipsum non omnibus Christus ostenderit, cum surrexisset a mortuis; eumque multo clariorem ipso conspectu demonstrationem exhibuisse resurrectionis per miracula, quæ sunt ab Apostolis edita.

C [a] ΟΤΙ ΟΥΚ ΑΚΙΝΔΥΝΟΝ ΤΟΙΣ ΑΚΡΟΑΤΑΙΣ τὸ σιγᾷν τὰ λεγόμενα ἐν ἐκκλησίᾳ, καὶ τίνος ἕνεκεν αἱ Πράξεις ἐν τῇ Πεντηκοστῇ ἀναγινώσκονται, καὶ διὰ τί οὐκ ἔδειξε πᾶσιν ἑαυτὸν ἀναστὰς ὁ Χριστὸς, καὶ ὅτι τῆς ὄψεως σαφεστέραν παρέσχε τὴν τῆς ἀναστάσεως ἀπόδειξιν τὴν διὰ τῶν σημείων τῶν ἀποστόλων.

1. Majorem debiti partem, quod ex occasione inscriptionis Actorum Apostolorum contraximus, superioribus vobis diebus exsolvimus: sed quoniam modicum adhuc reliquiarum quippiam restat, hoc quoque vobis hodierno die numeraturus exsurgo. An vero diligenter ea, quæ dicta sunt, conservetis, et studioso memoria teneatis, vos scitis qui pecunias accepistis, et a quibus istarum pecuniarum rationem in illo die exiget Dominus, cum illi, quorum fidei talenta commissa sunt, vocabuntur, et rationem reddent: cum Christus adveniet, et a numulariis hanc pecuniam exiget cum usuris.
Matth. 25. 27. *Oportuit* enim, inquit, *te committere pecuniam meam numulariis*, et veniens ego cum

Τὸ μὲν πλέον τοῦ χρέους τοῦ συντεθέντος ἡμῖν ὑπὸ τῆς ἐπιγραφῆς τῶν Πράξεων τῶν ἀποστολικῶν D ἐν ταῖς ἔμπροσθεν ὑμῖν κατεβάλομεν ἡμέραις· ἐπειδὴ δὲ ἔτι μικρὸν ἐναπέμεινε λείψανον, ἀνέστην καὶ τοῦτο καταθήσων ὑμῖν σήμερον. Εἰ δὲ μετ' ἀκριβείας φυλάττετε τὰ εἰρημένα, καὶ μετὰ πολλῆς κατέχετε σπουδῆς, ὑμεῖς ἂν εἰδείητε οἱ τὸ ἀργύριον ὑποδεξάμενοι, καὶ τῶν ἀργυρίων τούτων μέλλοντες τὸν λόγον διδόναι τῷ Δεσπότῃ κατὰ τὴν ἡμέραν ἐκείνην, ὅταν οἱ τὰ τάλαντα πιστευθέντες καλῶνται, καὶ τὰς εὐθύνας ὑπέχωσιν· ὅταν ἐλθὼν ὁ Χριστὸς ἀπαιτῇ τοὺς τραπεζίτας τὸ ἀργύριον τοῦτο μετὰ τῶν τόκων. Ἔδει γάρ E σε, φησὶ, καταβαλεῖν τὸ ἀργύριόν μου ἐπὶ τοὺς τραπεζίτας, καὶ ἐγὼ ἐλθὼν μετὰ τόκου ἂν ἀπῄτησα αὐτό. Ὦ τῆς πολλῆς καὶ ἀφάτου φιλανθρωπίας τοῦ Δεσπό-

[a] Collata cum Ms. Colbert 3058, in quo innumera menda. Hæc Homilia deest in Editione Savilii.

του. Ἀνθρώπους κωλύων ἀπαιτεῖν τόκους, αὐτὸς ἀπαιτεῖ τόκους. Διὰ τί; Ἐπειδὴ ἐκεῖνος ὁ τόκος διαβεβλημένος ἐστὶ καὶ κατηγορίας ἄξιος· οὗτος δὲ ἐπαινετὸς καὶ πολλῆς ἀποδοχῆς ἐστιν ἄξιος. Ἐκεῖνος τοίνυν ὁ τόκος, ὁ τῶν χρημάτων λέγω, καὶ τὸν λαμβάνοντα, καὶ τὸν διδόντα ζημιοῖ, καὶ τοῦ μὲν λαμβά-
82 A νοντος ἀπόλλυσι τὴν ψυχὴν, τοῦ δὲ διδόντος ἐπιτρίβει τὴν πενίαν. Τί γὰρ ἂν γένοιτο χαλεπώτερον, ἀλλ' ἢ ὅταν τις τὴν πενίαν τοῦ πλησίον ἐμπορεύηται, καὶ τὰς τῶν ἀδελφῶν πραγματεύηται συμφοράς; ὅταν τις προσωπεῖον φιλανθρωπίας ἔχων πᾶσαν ἀπανθρωπίαν ἐπιδείκνυται, [a] καὶ ὁ χεῖρα μέλλων ὀρέγειν πρὸς τὸ βάραθρον ὠθῇ τὸν βοηθείας δεόμενον; Τί ποιεῖς, ἄνθρωπε; Οὐ διὰ τοῦτο πρὸς σὰς ἦλθε θύρας ὁ πένης, ἵνα αὐξήσῃς αὐτοῦ τὴν πενίαν, ἀλλ' ἵνα λύσῃς αὐτοῦ τὴν πενίαν· σὺ δὲ ταὐτὸν ποιεῖς, οἷον οἱ τὰ δηλητήρια κεραννύντες φάρμακα· καὶ γὰρ ἐκεῖνοι τὴν συνήθη τροφὴν αὐτοῖς ἀναμίξαντες ἀνεπαίσθητον ποιοῦσι τὴν ἐπιβουλὴν, καὶ οὗτοι φιλανθρωπίας προσχήματι τῶν τόκων τὸν ὄλεθρον κρύψαντες, οὐκ ἐῶσιν αἰσθέσθαι
B τῆς βλάβης τοὺς μέλλοντας πίνειν τὸ θανάσιμον τοῦτο φάρμακον. Διόπερ εὔκαιρον, ὃ περὶ τῆς ἁμαρτίας εἴρηται, καὶ περὶ τῶν τοκιζόντων καὶ δανειζομένων εἰπεῖν. Τί δὲ περὶ τῆς ἁμαρτίας εἴρηται; Πρὸς καιρὸν, φησὶ, γλυκαίνει τὸν λάρυγγα, ὕστερον δὲ πικρότερον χολῆς εὑρήσεις, καὶ ἠκονημένον μᾶλλον μαχαίρας διστόμου. Τοῦτο τοίνυν καὶ ἐπὶ τῶν δανειζομένων γίνεται· ὅταν μὲν γὰρ λαμβάνῃ τὰ χρήματα ὁ δεόμενος, παραμυθίαν λαμβάνει μικράν τινα καὶ πρόσκαιρον· ὕστερον δὲ τῶν τόκων αὐξομένων, καὶ τοῦ φορτίου μείζονος τῆς δυνάμεως γενομένου, ἐκεῖνο τὸ γλυκὺ
C καὶ λιπᾶναν τὸν λάρυγγα πικρότερον χολῆς ὄψεται γινόμενον, καὶ ἠκονημένον μᾶλλον μαχαίρας διστόμου, τῶν πατρῴων πάντων ἀποστῆναι ἀθρόον ἀναγκαζόμενος.

Ἀλλ' ἀπὸ τῶν αἰσθητῶν ἐπὶ τὰ πνευματικὰ τὸν λόγον μετάγωμεν. Ἔδει σε, φησὶ, καταβαλεῖν τὸ ἀργύριόν μου ἐπὶ τοὺς τραπεζίτας, ἐκείνου τοῦ ἀργυρίου τραπεζίτας ὑμᾶς καλῶν τοὺς τῶν ῥημάτων τούτων ἀκροατάς. Καὶ τίνος ἕνεκεν τραπεζίτας ὑμᾶς ἐκά-
D λεσεν ὁ Θεός; Παιδεύων ἅπαντας τὴν αὐτὴν σπουδὴν ἐπιδείκνυσθαι περὶ τὴν δοκιμασίαν τῶν λεγομένων, ὅσην ἐκεῖνοι σπουδὴν ἔχουσι περὶ τὴν ἐξέτασιν καὶ εἴσοδον τῶν νομισμάτων. Καθάπερ γὰρ οἱ τραπεζῖται τὸ μὲν κίβδηλον καὶ παράσημον ἐκβάλλουσι νόμισμα, τὸ δὲ δόκιμον καὶ ὑγιὲς δέχονται, καὶ διακρίνουσι τὸ

[a] Colb. καὶ ὡς χεῖρα.

usura exegissem illam. O magnam et ineffabilem Domini benignitatem! Qui hominibus prohibet usuras ne exigant, ipse exigit usuras. Quid ita? Quoniam damnanda est usura illa et accusationi obnoxia; hæc autem laudabilis et commendatione digna. Itaque usura illa, pecu-
82 A niarum inquam, et eum qui accipit, et eum qui solvit, damno afficit: siquidem et ejus qui accipit, animam perdit, et ejus qui solvit, egestatem affligit. Quid enim crudelius fieri potest, quam cum ex proximi egestate quispiam quæstum facit, et in fratrum calamitatibus lucra sectatur? cum quis benignitatis larvam gestans, inhumanitatem omnem exercet, et qui porrigere manum debuerat, eum in barathrum propellit, qui subsidio indigebat? Quid facis, mi homo? Non idcirco ad tuas appulit fores pauper, ut ipsius augeas paupertatem, sed ut ipsum liberes paupertate: at tu perinde agis, atque illi qui
B venena miscent: quandoquidem ipsi dum illa consuetis cibis admiscent, occultas ita parant insidias: isti quoque dum benignitatis specie perniciosam usuram occultant, damni sui sensum capere non sinunt eos, qui letiferum illud sunt venenum hausturi. Quamobrem id quod de peccato dictum est, opportune poterit et de illis qui fœnori dant, et mutuum accipiunt, efferri. Quid porro dictum est de peccato? *Ad tempus*, inquit, *mulcet fauces tuas: postea vero amarius illud felle invenies*, et *magis acutum, quam gladium ancipitem*. Hoc igitur et in iis
C accidit, qui fœnore accipiunt: siquidem cum pecunias accipit qui eis indiget, exiguo quopiam solatio ad tempus fruitur: postea vero ubi fœnus accrevit, et majus viribus factum est onus, dulce illud quod fauces impinguaverat, felle amarius sentiet factum esse, atque acutius gladio ancipiti, statimque bonis omnibus paternis cedere cogetur.

Usuram doctrinæ acceptæ exigit Deus.

Prov. 5. 3. 4.

Usuras qui exigunt quam iniqui sint.

2. Verum enimvero a sensilibus ad ea quæ spiritualia sunt orationem traducamus. *Oportuit*, inquit, *te committere pecuniam meam numulariis*, illius pecuniæ numularios vos appellans verborum istorum auditores. Quam vero
D ob causam numularios vos Deus appellavit? Ut omnes doceat ad examinanda ea, quæ dicuntur, idem studium conferre, quod illi adhibent, cum exploranda vel inferenda sunt numismata. Nam ut numularii adulterinum et perperam signatum numisma repudiant, probum et integrum ad-

Matth. 25. 27.

mittunt, et adulteratum a genuino distinguunt :
ita fac tu quoque, neque sermonem quemvis admitte, sed adulterinum quidem, corruptumque
abs te rejice, integrum autem et salutarem in
tuam mentem admitte. Sunt enim, sunt etiam
tibi stateræ ac trutinæ, non ex ære ferroque con-
flatæ, sed ex morum castimonia et fide compo-
sitæ, atque his omnem sermonem examina. Propterea namque dixit, Estote probi trapezitæ,
non ut in foro stantes pecunias numeretis, sed
ut omni adhibito studio sermones examinetis :
propterea Paulus quoque dixit apostolus,
1. Thess. 5. 21. *Omnia probate, quod autem bonum est, te-
nete solum.* Neque vero propter explorationem
tantum trapezitas appellavit, sed et propter eorum, quæ commissa sunt, distributionem. Nam
et trapezitæ si pecunias acceptas tantum domi
recludant, neque in alios illas distribuant, totus
illis quæstus peribit; atque idem accidit auditoribus. Si enim acceptam doctrinam apud te con-
cludas, nec in alios diffundas, tota tibi in nihilum recidet negotiatio. Propterea in illis
quotidie videmus officinis homines ultro citroque commeare. Hoc igitur et in doctrina servetur. Siquidem apud numularios illos alios
videmus pecunias committere, alios accipere
statim et abire, idque toto die fieri quivis potest cernere. Hinc fit, ut quamvis propriæ minime sint illis pecuniæ, quia tamen ad ea, quæ
necessaria sunt, illis utuntur, multum ex alienis
lucrum colligatur. Ita fac tu quoque. Non sunt
tua hæc eloquia, sed Spiritus sancti : si tamen
illis probe uti noveris, multum tibi spirituale
lucrum congeres : idcirco et Deus vos numularios appellavit. Cur autem sermonem pecuniam
appellavit? Quod nimirum quemadmodum pecunia perfecta regis effigie insignita est (nisi
enim eam expressam habeat, proba pecunia non
est, sed dicitur adulterina), sic et doctrinam fidei
figuram ac notam sermonis oportet perfectam
habere. Rursus pecuniarum usus vitam omnem
nostram continet, et contractuum omnium occasionem præbet, et seu sit emendum quidpiam,
seu vendendum, per has cuncta peragimus. Hoc
idem fit in doctrina, siquidem spiritualium occasio contractuum et radix est spiritualis hæc
pecunia : quo fit, ut si quid a Deo coemere voluerimus, numerato prius precum sermone, tum
demum illud accipiamus, quod postulamus.
Quod si negligentem fratrem videamus, atque
pereuntem, si tamquam pecuniam doctrinæ sermonem numeraverimus, salutem ipsius lucra-

νόθον ἀπὸ τοῦ γνησίου· οὕτω καὶ σὺ ποίησον, καὶ
μὴ πάντα παραδέχου λόγον, ἀλλὰ τὸν μὲν κίβδηλον
καὶ διεφθαρμένον ἔκβαλλε ἀπὸ σοῦ, τὸν δὲ ὑγιῆ καὶ
σωτηρίαν ἔχοντα παράπεμπε τῇ διανοίᾳ. Ἔστι γὰρ,
ἔστι καὶ σοὶ ζυγὰ καὶ στάθμια οὐκ ἀπὸ χαλκοῦ καὶ
E σιδήρου κατεσκευασμένα, ἀλλ' ἀπὸ ἁγνείας καὶ πίστεως συγκείμενα, καὶ διὰ τούτων δοκίμαζε λόγον
ἅπαντα. Καὶ γὰρ διὰ τοῦτό φησι, γίνεσθε τραπεζῖται
δόκιμοι, οὐχ ἵνα ἐπὶ τῆς ἀγορᾶς ἑστῶτες τὰ ἀργύρια
ἀριθμῆτε, ἀλλ' ἵνα τοὺς λόγους βασανίζητε μετὰ
ἀκριβείας ἁπάσης· διὰ τοῦτο καὶ ὁ ἀπόστολος Παῦλός
φησι· Πάντα δοκιμάζετε, τὸ καλὸν δὲ κατέχετε μόνον.
Οὐ διὰ τὴν δοκιμασίαν δὲ μόνον ὑμᾶς τραπεζίτας ἐκά-
55 λεσεν, ἀλλὰ καὶ διὰ τὴν τῶν καταβαλλομένων νομήν.
A Καὶ γὰρ τοῖς τραπεζίταις, ἐὰν μόνον ὑποδεχόμενοι τὰ
χρήματα κατακλείωσιν οἴκοι, μηκέτι δὲ εἰς ἑτέρους
διανέμωσιν, ἅπαν τὸ τῆς ἐμπορίας οἰχήσεται· οὕτω
καὶ ἐπὶ τῶν ἀκροατῶν τὸ αὐτὸ τοῦτο γίνεται.
Ἂν γὰρ δεξάμενος τὴν διδασκαλίαν παρὰ σαυτῷ κα-
τασχῇς, μηκέτι δὲ εἰς ἑτέρους ἐκβάλῃς, πᾶσά σου ἡ
πραγματεία διαῤῥυήσεται. Διὰ τοῦτο ἐπὶ τῶν ἐργαστηρίων ἐκείνων διὰ πάσης ἡμέρας εἴσοδόν τε καὶ ἔξοδον γινομένην ὁρῶμεν. Τοῦτο τοίνυν καὶ ἐπὶ τῆς διδασκαλίας γινέσθω. Καὶ γὰρ καὶ ἐπὶ τῶν τραπεζιτῶν ἐκείνων
ὁρῶμεν τοὺς μὲν καταβάλλοντας χρήματα, τοὺς δὲ
λαμβάνοντας εὐθέως, καὶ ἀπιόντας, καὶ τοῦτο διὰ πάσης ἡμέρας γινόμενον ἴδοι τις ἄν. Διὰ τοῦτο, καίτοι τῶν
B χρημάτων οὐκ ὄντων αὐτοῖς οἰκείων, ἐπειδὴ τῇ χρή-
σει πρὸς τὸ δέον κέχρηνται, διὰ τῶν ἀλλοτρίων πολλὴν ἑαυτοῖς συλλέγουσι τὴν εὐπορίαν. Οὕτω καὶ σὺ
ποίησον. Οὐκ ἔστι ταῦτα τὰ λόγια σὰ, ἀλλὰ τοῦ
Πνεύματος· ἀλλ' ὅμως ἐὰν ἀρίστην ἐπιδείξῃ τὴν
χρῆσιν, πολλὴν ἑαυτῷ συνάξεις τὴν εὐπορίαν τὴν
πνευματικήν· διὰ τοῦτο καὶ τραπεζίτας ὑμᾶς ἐκάλεσεν ὁ Θεός. Τίνος δὲ ἕνεκεν ἀργύριον τὸν λόγον ἐκάλεσεν; Ἐπειδὴ καθάπερ τὸ ἀργύριον τὸν χαρακτῆρα
ἔχει ἀπηρτισμένον τὸν βασιλικόν (κἂν γὰρ μὴ τοῦτον
ἔχῃ, οὐκ ἔστιν ἀργύριον δόκιμον, ἀλλὰ κίβδηλον καλεῖται), οὕτω καὶ τὴν διδασκαλίαν τῆς πίστεως τὸν
C χαρακτῆρα τοῦ λόγου ἀπηρτισμένον ἔχειν δεῖ. Πάλιν
τῶν ἀργυρίων ἡ χρῆσις πᾶσαν ἡμῶν συγκροτεῖ τὴν
ζωὴν, καὶ συμβολαίων ἁπάντων ὑπόθεσις γίνεται, κἂν
ἀγοράσαι τι, κἂν πωλῆσαι δέῃ, διὰ τούτων ἅπαντα
πράττομεν. Τοῦτο καὶ ἐπὶ τῆς διδασκαλίας γίνεται·
τῶν γὰρ συμβολαίων πνευματικῶν ὑπόθεσίς ἐστι καὶ
ῥίζα τὸ ἀργύριον τοῦτο τὸ πνευματικόν· ὅθεν κἂν παρὰ
τοῦ Θεοῦ τι βουληθῶμεν ἀγοράσαι, τὸν λόγον τῆς εὐχῆς καταβαλόντες πρῶτον, οὕτω λαμβάνομεν ἅπερ
αἰτοῦμεν. Κἂν ἀδελφὸν ἴδωμεν ἠμελημένον καὶ ἀπολλύμενον, τὴν σωτηρίαν αὐτοῦ κερδήσομεν, καὶ τὴν
ζωὴν ἀγοράσομεν τὸν λόγον τῆς διδασκαλίας κατα-
D βάλλοντες. Διὸ χρὴ μετὰ ἀκριβείας ἁπάσης φυλάτ-

τειν καὶ κατέχειν ἅπαντα, ἵνα καὶ εἰς ἑτέρους αὐτὰ διανείμωμεν· καὶ γὰρ καὶ τόκους τῶν ἀργυρίων τούτων ἀπαιτούμεθα. Προσέχωμεν τοίνυν τῇ ὑποδοχῇ, ἵνα καὶ εἰς ἑτέρους διανεῖμαι δυνηθῶμεν τὰ ἀργύρια· καὶ γὰρ ἕκαστος, ἐὰν θέλῃ, δύναμιν ἔχει διδασκαλίας. Οὐ δύνασαι Ἐκκλησίαν ὀρθῶσαι τοσαύτην· ἀλλὰ δύνασαι τὴν γυναῖκα τὴν σὴν νουθετῆσαι. Οὐ δύνασαι πρὸς πλῆθος τοσοῦτον διαλεχθῆναι· ἀλλὰ τὸν υἱόν σου σωφρονίσαι δύνασαι. Οὐ δύνασαι πρὸς δῆμον τηλικοῦτον τὸν λόγον ἀποτεῖναι διδασκαλίας· ἀλλὰ τὸν οἰκέτην σου βελτίονα ἐργάσασθαι δύνασαι. E Οὐκ ἔστι σου μείζων τῆς δυνάμεως ἐκεῖνος τῶν μαθητῶν ὁ σύλλογος· οὐκ ἔστι σου πλέον τῆς συνέσεως ἐκεῖνο τῆς διδασκαλίας τὸ μέτρον, ἀλλὰ καὶ ἡμῶν εὐκολώτερον ὑμεῖς ἐκείνους πάντας ῥυθμίζειν δύνασθε. Ἐγὼ μὲν γὰρ ὑμῖν ἅπαξ τῆς ἑβδομάδος συγγίνομαι, ἢ καὶ δεύτερον πολλάκις· σὺ δὲ διαπαντὸς ἔνδον ἔχεις τῆς οἰκίας τοὺς μαθητὰς, καὶ τὴν γυναῖκα, καὶ τὰ παιδία, καὶ τοὺς οἰκέτας, καὶ ἐν ἑσπέρᾳ, καὶ ἐν τραπέζῃ, καὶ διὰ πάσης ἡμέρας δύνασαι διορθοῦν αὐτούς. 54 A Καὶ ἑτέρωθεν δὲ ἡ ἰατρεία αὕτη εὐκολωτέρα γίνεται· ἐγὼ μὲν γὰρ ἐν πλήθει τοσούτῳ διαλεγόμενος οὐκ οἶδα τὸ ἐνοχλοῦν ὑμῖν πάθος τῆς ψυχῆς, διὸ καὶ ἀναγκάζομαι καθ' ἑκάστην διδασκαλίαν ἅπαντα προτιθέναι τὰ φάρμακα· ὑμᾶς δὲ οὐχ οὕτω ποιεῖν ἀνάγκη, ἀλλ' ἔξεστιν ὑμῖν μετὰ ἐλάττονος πόνου πλείονα καρποῦσθαι τὴν διόρθωσιν· ἴστε γὰρ σαφῶς τὰ ἁμαρτήματα τῶν ὑμῖν συνοικούντων, διὸ καὶ ταχυτέραν δύνασθε ποιῆσαι τὴν θεραπείαν.

Μὴ τοίνυν, ἀγαπητοὶ, ἀμελῶμεν τῶν συνοικούντων ἡμῖν· B καὶ γὰρ μεγίστη κόλασις κεῖται καὶ ἄφατος τιμωρία τοῖς ἀμελοῦσι τῶν οἰκείων. Εἰ γάρ τις, φησὶν ὁ Παῦλος, τῶν ἰδίων οὐ προνοεῖται, καὶ μάλιστα τῶν οἰκείων, τὴν πίστιν ἤρνηται, καὶ ἔστιν ἀπίστου χείρων. Ὁρᾷς ποῦ τῶν ἀμελούντων τῶν οἰκείων ὁ Παῦλος ἠκόντισε; Καὶ μάλα εἰκότως· ὁ γὰρ τῶν οἰκείων ἀμελῶν, φησὶ, πῶς τῶν ἀλλοτρίων ἐπιμελήσεται; Οἶδα πολλάκις ταῦτα παραινέσας ὑμῖν· ἀλλὰ καὶ παραινῶν οὐδέποτε παύσομαι, καίτοι γε ἐγὼ ἀνεύθυνος λοιπὸν τῆς τῶν ἑτέρων ῥᾳθυμίας εἰμί· Ἔδει γάρ σε, φησὶ, καταβαλεῖν τὸ ἀργύριόν μου ἐπὶ τοὺς τραπεζίτας, καὶ πλέον οὐδὲν ἀπῄτησεν. Ἐγὼ δὲ καὶ τὸ ἀργύριον κατέβαλον, καὶ λόγον οὐδένα ἔχω· C ἀλλ' ὅμως καίτοι γε ἀνεύθυνος ὢν, καὶ τῆς τιμωρίας ἀπηλλαγμένος τῆς ἐπὶ τούτοις, καθάπερ ὑπεύθυνος ὢν κολάσει καὶ τιμωρίᾳ, οὕτω δέδοικα καὶ τρέμω περὶ τῆς ὑμετέρας σωτηρίας. Μηδεὶς τοίνυν ἁπλῶς μηδὲ ἠμελημένως ἀκουέτω τῶν λόγων τῶν πνευματικῶν· οὐδὲ γὰρ εἰκῆ καὶ μάτην μακρὰ ποιοῦμαι τὰ

bimur, et vitam emenius. Quam ob causam omni ope conatuque curandum est, ut omnia conservemus, ac memoria teneamus, ut in alios illa distribuamus, siquidem a nobis quoque usuræ pecuniarum istarum exiguntur. Attendamus igitur, dum eas recepimus, ut et in alios distribuere pecunias possimus: quandoquidem si velit, unusquisque nostrum docendi est præditus facultate. Non potes tantam Ecclesiam corrigere; at potes uxorem tuam monere. Non potes tantam alloqui multitudinem; at filium tuum potes ad saniorem mentem reducere. Non potes ad tantum populum doctrinæ sermonem dirigere; at potes servum tuum ad meliorem frugem revocare. Non excedit vires tuas discipulorum cœtus ille: non excedit sapientiam tuam modus ille doctrinæ: sed et facilius quam nos ipsi, vos illos omnes potestis emendare. Ego enim semel aut plerumque in hebdomada vobiscum iterum versor, at tu perpetuo discipulis intra privatos parietes habes, et uxorem, et liberos, et servos, et vesperi, et in mensa, et toto die potes illos corrigere. Aliunde quoque facilior fit ista curatio, siquidem ego, dum tantam alloquor multitudinem, quinam morbus animam vestram divexet, ignoro; quapropter singulis in collectis omnia cogor medicamenta proponere: vos vero non ita facere necesse est, sed minori vobis cum labore licet amplioris fructum correctionis decerpere; vobis quippe probe nota sunt eorum peccata, qui sub eodem tecto vobiscum degunt: quocirca et celerius potestis medicinam adhibere.

Doctoris munere quisque fungi potest, quomodo.

3. Ne igitur, dilectissimi, contubernalium nostrorum curam omittamus, siquidem maxima pœna suppliciumque paratum est immensum illis, qui domesticos suos neglexerint. *Si quis enim*, inquit Paulus, *suorum, et maxime domesticorum curam non habet, fidem negavit, et est infideli deterior*. Vides, quo pacto Paulus eos feriat, qui domesticorum curam negligunt? Et quidem merito: qui enim domesticos suos negligit, inquit, quomodo alienos curabit? Scio me hac apud vos cohortatione frequenter usum esse, nec umquam uti desinam, tametsi deinceps innocens ego sum ab aliorum negligentia: *Oportuit* enim, inquit, *te pecuniam meam committere numulariis*, nec amplius quidquam requirit. Ego vero et pecuniam commisi, neque rationi illi reddendæ sum obnoxius: verumtamen quantumvis innoxius sim, et a supplicio huic crimini proposito liberatus, tamquam pœnæ supplicioque obnoxius, ita salutis vestræ causa

1 *Tim.* 5. 8.

Matth. 25. 27.

metuo et contremisco. Nemo igitur temere ac perfunctorie spirituales sermones auscultet: neque enim frustra et sine causa prolixa præmittuntur a me exordia, sed ut exactior eorum, quæ committuntur, fiat custodia: ne ubi temere aut incassum applauseritis, ac tumultuati fueritis, domum recedatis. Nihil enim ego vestras laudes curo, sed de vestra salute sum sollicitus. Nam illi quidem, qui in theatro certant, hujus rei mercedem a populo laudem accipiunt: nos vero hac de causa in hanc arenam non descendimus, sed ut propositam huic rei mercedem a Domino recipiamus. Propterea vos ad hoc frequenter adhortamur, ut ea, quæ dicuntur, in vestris mentibus alte defigantur. Ut enim plantæ, quæ profundas radices egerint, nullis ventorum incursibus concuti possunt: ita Scripturæ sententiæ quo altius fuerint in mente defixæ, minus facile negotiorum incursibus evelluntur. Dic enim, quæso, carissime, si filium fame confectum videres, an eum posses contemnere, neque omnia potius ferenda censeres, ut ejus posses famem mitigare? Ergone panis fame divexatum non despiceres, divinæ autem doctrinæ fame pereuntem potes contemnere? Quo pacto igitur dignus fueris, ut pater voceris? Siquidem multo gravior illa est hæc fames, quanto funestiorem in mortem desinit, unde majus in hoc studium conferendum est. *Educate* enim, inquit, *filios vestros in disciplina* et *correptione Domini*. Hæc est patrum cura pulcherrima, hæc germana parentum sollicitudo: hinc ego naturæ cognationem agnosco, si plus in spiritualia studii conferant. Sed satis indultum sit proœmiis; jam necesse est ad exsolutionem debiti veniamus: hac enim de causa prolixum hunc et copiosum texuimus vobis sermonem, ut ea quæ numerantur cum summa cantione suscipiatis. Quodnam ergo debitum fuit, quo contracto nuper discessimus? an vero illius forsan obliti estis? Itaque vobis in memoriam a nobis necesse est revocari, priusque syngrapham legi, cujus opera prior solutio est peracta, et quænam fuerint a nobis numerata, dicendum est, ut ex iis quæ numerata sunt, quæ sint reliqua videamus. Quænam igitur prius a nobis numerata sunt? Dixi tum temporis a quo scriptus fuerit liber *Actorum*, et quis operis istius auctor fuerit: imo vero non quis auctor operis, sed quis minister: non enim ille quæ dicta sunt produxit, sed iis quæ dicta

Cur longioribus exordiis utatur Chrysostomus.

Ephes. 6. 4.

προοίμια, ἀλλ' ὥστε ἀσφαλεστέραν γίνεσθαι τῶν καταβαλλομένων τὴν φυλακὴν, ὥστε μὴ μάτην μηδὲ ἁπλῶς κροτήσαντας καὶ θορυβήσαντας οἴκαδε ἀπελθεῖν. Οὐ γὰρ μέλει μοι τῶν παρ' ὑμῶν ἐπαίνων, ἀλλὰ φροντίζω τῆς ὑμετέρας σωτηρίας. Οἱ μὲν γὰρ ἐπὶ τῆς σκηνῆς ἀγωνιζόμενοι τὸν ὑπὲρ τούτου μισθὸν
D τὸν ἔπαινον παρὰ τοῦ δήμου λαμβάνουσιν· ἡμεῖς δὲ οὐκ ἐπὶ τούτοις ἀπεδυσάμεθα, ἀλλ' ἐπὶ τὸν παρὰ τοῦ Δεσπότου μισθὸν τὸν ἐπὶ τούτοις κείμενον λαβεῖν. Διὰ τοῦτο καὶ συνεχῶς ὑμῖν ταῦτα παρακελευόμεθα, ὥστε πρὸς τὸ βάθος τῆς διανοίας ὑμῶν καταβῆναι τὰ λεγόμενα. Καθάπερ γὰρ τῶν φυτῶν ὅσαπερ ἂν πρὸς τὸ βάθος παραπέμψῃ τὰς ῥίζας, ἄσειστα γίνεται ταῖς τῶν ἀνέμων προσβολαῖς· οὕτω καὶ τῶν νοημάτων ὅσωπερ ἂν ἐν τῷ βάθει μένῃ τῆς διανοίας, οὐ ῥᾳδίως ὑπὸ τῆς τῶν πραγμάτων ἀνασπᾶται ἐπιβουλῆς. Εἰπὲ γάρ μοι, ἀγαπητὲ, εἰ λιμῷ τὸν
E παῖδα τηκόμενον εἶδες, ἆρα ἂν ἠνέσχου περιιδεῖν, ἀλλ' οὐχὶ πάντα ἂν ὑπέμεινας, ὥστε λῦσαι αὐτοῦ τὸν λιμόν; Εἶτα λιμῷ μὲν ἄρτου διαφθειρόμενον οὐκ ἂν περιεῖδες, λιμῷ δὲ θείας διδασκαλίας ἀπολλύμενον ἀνέχῃ περιορᾷν; Καὶ πῶς ἄξιος ἂν ἦς καλεῖσθαι πατήρ; Καὶ γὰρ οὗτος ὁ λιμὸς ἐκείνου χαλεπώτερος, ὅσῳ καὶ πρὸς μείζονα τελευτᾷ θάνατον, ὅθεν καὶ πλείονα ἐνταῦθα ποιεῖσθαι χρὴ τὴν σπου-
85 δήν. Ἐκτρέφετε γὰρ, φησὶ, τὰ τέκνα ὑμῶν ἐν παι-
A δείᾳ καὶ νουθεσίᾳ Κυρίου. Αὕτη καλλίστη πατέρων ἐπιμέλεια, αὕτη γνησία κηδεμονία γεγεννηκότων· οὕτω γὰρ ἐγὼ ἐπιγινώσκω τῆς φύσεως τὴν συγγένειαν, ἐὰν ἐν τοῖς πνευματικοῖς πλείονα ἐπιδείξωνται τὴν σπουδήν. Ἀλλὰ τῶν μὲν προοιμίων ἀρκετὸς ὁ λόγος· ἀνάγκη δὲ λοιπὸν καταβαλεῖν καὶ τὸ χρέος· διὰ γὰρ τοῦτο τὸν μακρὸν καὶ πολὺν τοῦτον ὑμῖν ἀπεμήκυνα λόγον, ἵνα μετὰ πάσης ὑποδέξησθε τὸ καταβαλλόμενον φυλακῆς. Τί οὖν τὸ ὄφλημα, ὅπερ ἀνεχωρήσαμεν ὀφείλοντες πρῴην; ἢ καὶ τοῦτο τάχα ἐπιλέλησθε; Οὐκοῦν ἀνάγκη παρ' ἡμῶν * ἡμᾶς ὑπομνησθῆναι, καὶ πρότερον ἀναγνῶναι τὸ γραμματεῖον, δι' οὗ καὶ τὴν προτέραν καταβολὴν ἐποιησάμεθα, καὶ
B τίνα ἦν τὰ καταβληθέντα εἰπεῖν, ἵνα ἴδωμεν ἐκ τῶν καταβληθέντων τὰ λειπόμενα. Τίνα οὖν ἐστι τὰ καταβληθέντα πρότερον; Εἶπον ἐκεῖ τίς ἦν ὁ τὸ βιβλίον γράψας τῶν Πράξεων, καὶ τίς ὁ πατὴρ τοῦ λόγου τούτου· μᾶλλον δὲ οὐχ ὁ πατὴρ τοῦ λόγου, ἀλλ' ὁ διάκονος· οὐ γὰρ αὐτὸς ἔτεκε τὰ εἰρημένα, ἀλλ' αὐτὸς διηκόνησε τοῖς εἰρημένοις. Εἶπον περὶ τῶν Πράξεων αὐτῶν, καὶ τί ποτ' οὖν βούλεται ἐνδείξασθαι τὸ τῶν Πράξεων ὄνομα· εἶπον καὶ περὶ τῆς τῶν ἀποστόλων προσηγορίας. Ἀνάγκη λοιπὸν εἰπεῖν, τίνος ἕνεκεν οἱ πατέρες ἡμῶν ἐν τῇ πεντηκοστῇ τὸ βι-

* [Lege ὑμᾶς cum Venetis in Emend.]

βλίον τῶν Πράξεων ἀναγινώσκεσθαι ἐνομοθέτησαν. Τάχα γὰρ μέμνησθε ὅτι καὶ τοῦτο τότε ὑπεσχόμεθα ἐρεῖν. Οὐ γὰρ ἁπλῶς οὐδὲ εἰκῇ τοὺς καιροὺς ἡμῖν τούτους παρετήρησαν οἱ πατέρες, ἀλλὰ μετά τινος λόγου σοφοῦ πεποιήκασι τοῦτο· οὐχ ἵνα ὑπὸ ἀνάγκην καιρῶν τὴν ἐλευθερίαν ἡμῖν ὑποβάλωσιν, ἀλλ' ἵνα τῇ τῶν ἀσθενεστέρων πτωχείᾳ συγκαταβάντες, ἐπὶ τὸν πλοῦτον τῆς γνώσεως αὐτοὺς ἀναγάγωσι. Καὶ ὅτι διὰ τοῦτο παρατηροῦσι καιροὺς, οὐχ ἑαυτοὺς τῇ ἀνάγκῃ τῆς παρατηρήσεως ὑποβάλλοντες, ἀλλὰ τοῖς ἀσθενεστέροις συγκατιέναι σπουδάζοντες, ἄκουσον τί φησιν ὁ Παῦλος· Ἡμέρας παρατηρεῖτε καὶ μῆνας καὶ καιροὺς καὶ ἐνιαυτούς; Φοβοῦμαι μή πως εἰκῇ κεκοπίακα εἰς ὑμᾶς. Σὺ δὲ οὐ παρατηρεῖς ἡμέρας καὶ καιροὺς καὶ ἐνιαυτούς; Τί οὖν; εἰ ἴδωμεν τὸν κωλύοντα παρατηρεῖν ἡμέρας καὶ μῆνας καὶ καιροὺς καὶ ἐνιαυτοὺς παρατηροῦντα ταῦτα, τί ἐροῦμεν, εἰπέ μοι; ὅτι μάχεται ἑαυτῷ, καὶ φιλονεικεῖ; Μὴ γένοιτο· ἀλλ' ὅτι τῶν παρατηρούντων τοὺς καιροὺς τὴν ἀσθένειαν ἀνελεῖν βουλόμενος συγκαταβαίνει διὰ τῆς παρατηρήσεως πρὸς ἐκείνους. Οὕτω καὶ ἰατροὶ ποιοῦσι, τῶν σιτίων τῶν διδομένων τοῖς νοσοῦσιν ἀπογεύονται πρότερον, οὐκ αὐτοὶ δεόμενοι τῶν σιτίων, ἀλλὰ τὴν ἐκείνων ἀσθένειαν διορθῶσαι σπουδάζοντες. Οὕτω καὶ ὁ Παῦλος ἐποίησεν, οὐδὲν δεόμενος τῆς παρατηρήσεως τῶν καιρῶν, τοὺς καιροὺς ἐτήρησεν, ἵνα τοὺς παρατηροῦντας ἀπαλλάξῃ τῆς ἀσθενείας τῆς κατὰ τὴν παρατήρησιν. Καὶ ποῦ παρετήρησε καιροὺς ὁ Παῦλος; Προσέχετε μετὰ ἀκριβείας, παρακαλῶ. Τῇ δὲ ἐπιούσῃ, φησὶ, κατεπλεύσαμεν εἰς Μίλητον. Κεκρίκει γὰρ ὁ Παῦλος παραπλεῦσαι τὴν Ἔφεσον, ὅπως μὴ γένηται αὐτῷ χρονοτριβῆσαι ἐν τῇ Ἀσίᾳ. Ἔσπευδε γὰρ, εἰ δυνατὸν ἦν αὐτῷ, τὴν ἡμέραν τῆς πεντηκοστῆς γενέσθαι εἰς Ἱεροσόλυμα. Εἶδες πῶς ὁ λέγων, Ἡμέρας μὴ παρατηρεῖσθε καὶ μῆνας καὶ καιροὺς, τὴν ἡμέραν τῆς πεντηκοστῆς παρετήρει;

86

Καὶ οὐ μόνον ἡμέραν παρετήρει, ἀλλὰ καὶ τόπον· οὐ γὰρ μόνον τὴν ἡμέραν τῆς πεντηκοστῆς ἔσπευδε ποιῆσαι, ἀλλὰ καὶ ἐν Ἱεροσολύμοις αὐτὴν ἐπιτελέσαι. Τί τοῦτο ποιεῖς, ὦ μακάριε Παῦλε; Τὰ Ἱεροσόλυμα κατελύθη, ἠρημώθη τὰ ἅγια τῶν ἁγίων τῇ τοῦ Θεοῦ ψήφῳ, ἡ πολιτεία ἡ προτέρα ἐλύθη. Σὺ πρὸς Γαλάτας βοᾷς λέγων· Οἱ ἐν νόμῳ δικαιοῦσθαι προσδοκῶντες, τῆς χάριτος ἐξεπέσατε· καὶ τί πάλιν ἡμᾶς πρὸς τὴν δουλείαν ἄγεις τοῦ νόμου; Οὐχ ἔστι μικρὸν τὸ κινούμενον, μαθεῖν εἰ μάχεται ἑαυτῷ ὁ Παῦλος. Οὐδὲ γὰρ ἡμέρας μόνον παρατηρεῖ ὁ Παῦ-

sunt ministravit. Dixi de Actis ipsis, et quid tandem sibi velit nomen illud Actorum, dixi etiam de Apostolorum appellatione. Jam necesse est dicamus, qua de causa statuerint patres nostri, ut liber Actorum in Pentecoste legeretur. Fortasse namque meministis hoc quoque tum pollicitos nos esse dicturos. Neque enim temere et sine causa nobis hæc tempora patres observarunt, sed prudenti aliqua ratione ducti id egerunt: non ut libertatem nostram temporum necessitati subjicerent, sed ut dum se imbecilliorum attemperant egestati, ad cognitionis opes illos proveherent. Atque ut intelligas eos idcirco tempora observare, non ut se observationis subjiciant necessitati, sed quod imbecillioribus sese accommodare conentur, audi quid dicat Paulus: *Dies observatis et menses et tempora et annos? Timeo, ne forte sine causa laboraverim* Gal. 4. 10. 11.
in vobis. Tu autem nonne observas dies et tempora et annos? Jam vero si videamus eum, qui dies et menses et tempora et annos observari vetat, hæc observare, quid, quæso, dicemus? num eum sibi repugnare secumque contendere? Absit; sed cum, quod vellet eorum tollere imbecillitatem, a quibus tempora observabantur, illis sese per observationem istam ottemperare. Ita quoque faciunt medici, porrectos ægris cibos prius degustant, quamvis ipsi minime cibis indigeant, sed illorum studeant infirmitati mederi. Ita quoque Paulus egit, cum observatione temporum nihil indigeret, tempora observavit, ut eos, qui observabant, illa observandi imbecillitate liberaret. Ubi vero tandem tempora Paulus observavit? Attendite, quæso, diligenter. *Sequenti au-* Act. 20. 15. 16.
tem die, inquit, *appulimus Miletum. Proposuerat enim Paulus præternavigare Ephesum, ne qua mora illi fieret in Asia. Festinabat enim si possibile sibi* esset, *ut diem Pentecostes ageret Jerosolymis*. Vides, ut ille qui dicebat, *Ne observetis dies* et menses et *tempora*, diem Pentecostes observaret?

4. Neque vero diem tantum observabat, sed etiam locum: non enim solum Pentecostes diem ut ageret festinabat, sed etiam ut eam Jerosolymis celebraret. Quid facis, beate Paule? Destructa sunt Jerosolyma, desolata sunt sancta sanctorum sententia divina, prior religio sublata est. Nonne ad Galatas clamas et dicis: *Qui in lege* Gal. 5. 4.
justificari exspectatis, a gratia excidistis? et cur nos iterum sub legis servitutem redigis? Non est exigui momenti res, de qua agitur, ut discamus, num secum ipse Paulus pugnet. Ne-

que enim dies observat tantummodo Paulus, sed et alia legis præcepta custodit, et clamat ad Galatas dicens : *Ecce, ego Paulus dico vobis,*
Gal. 5. 2
quoniam si circumcidamini, Christus vobis nihil proderit. Hic igitur Paulus qui dicit, *Quoniam si circumcidamini, Christus vobis nihil proderit,* ipse Timotheum circumcidisse
Act. 16. 1. —3.
comperitur. Cum enim invenisset, inquit Scriptura, Paulus Lystris adolescentem quemdam filium mulieris Judææ fidelis, patris autem gentilis, eum circumcidit : nolebat enim præputium habentem doctorem mittere. Quid facis, beate Paule? verbis circumcisionem tollis, et rursus factis illam confirmas? Non confirmo, inquit, sed tollo factis. Siquidem mulieris Judææ fidelis filius erat Timotheus, patris autem gentilis et ex genere præputium habente. Quando igitur eum præmissurus erat Judæis doctorem Paulus, nolebat sane præputium habentem mittere, ne statim a principio verbo fores occluderet. Ut igitur ad tollendam circumcisionem viam sterneret, et doctrinæ Timothei aditum reseraret, circumcisionem illi apposuit, ut tolleret circumcisionem.

Cur circumciderit Timotheum Paulus.

Propterea dixit, *Factus sum Judæis tamquam Judæus* : non ut
1. Cor. 9. 20.
Judæus fieret, hoc dixit Paulus, sed ut iis qui Judæi manebant, persuaderet, ut non amplius essent Judæi : propterea hunc etiam circumcidit, ut circumcisionem tolleret. Itaque circumcisione adversus circumcisionem est usus. Accepit enim et Timotheus circumcisionem, ut a Judæis posset admitti, et ingressus illos sensim ab hac observatione abduceret. Vides qua de causa et Pentecosten et circumcisionem Paulus observaret? Vultis et alia legitima vobis ostendam ab eo fuisse servata? Diligenter attendite. Ascendit aliquando Jerosolymam, et cum eum vidissent apo-
Act. 21. 20. —24.
stoli, dicebant ei : *Vides, frater Paule, quot millia sunt in Judæis, qui convenerunt, et omnes audierunt de te, quia discessionem doceas a lege. Quid ergo? Fac quod tibi dicimus : sunt apud nos viri votum habentes super se : his assumtis sanctifica te cum illis, et caput rade cum illis, ut re ipsa fides illis fiat, quia quæ audierunt de te falsa sunt, sed et ipse Moysis legem servas.* Videtis condescensionem admirabilem? Observat tempora, ut observationem temporum tollat : circumcisionem adhibet, ut circumcisioni finem imponat : sacrificium offert, ut observationem auferat sacrificiorum. Hoc autem illum idcirco fecisse, ut

λος, ἀλλὰ καὶ ἄλλα φυλάττει νομικὰ παραγγέλ-
B ματα, καὶ βοᾷ λέγων τοῖς Γαλάταις· Ἰδοὺ ἐγὼ
Παῦλος λέγω ὑμῖν, ὅτι ἐὰν περιτέμνησθε, Χριστὸς
ὑμᾶς οὐδὲν ὠφελήσει. Οὗτος τοίνυν ὁ Παῦλος, ὁ
λέγων ὅτι Ἐὰν περιτέμνησθε, Χριστὸς ὑμᾶς οὐδὲν
ὠφελήσει, φαίνεται αὐτὸς περιτέμνων τὸν Τιμόθεον. Εὑρὼν γάρ, φησίν, ὁ Παῦλος ἐν Λύστροις
τινὰ νεανίαν, υἱὸν Ἰουδαίας γυναικὸς πιστῆς, πατρὸς δὲ Ἕλληνος, περιέτεμεν αὐτόν· οὐκ ἐβούλετο
γὰρ ἀκρόβυστον πέμπειν διδάσκαλον. Τί τοῦτο ποιεῖς,
ὦ μακάριε Παῦλε; ἀναιρεῖς τῷ λόγῳ τὴν περιτομήν,
καὶ βεβαιοῖς τῷ ἔργῳ πάλιν; Οὐ βεβαιῶ, φησίν, ἀλλ'
ἀναιρῶ διὰ τῶν ἔργων. Καὶ γὰρ υἱὸς γυναικὸς ἦν Ἰου-
C δαίας πιστῆς ὁ Τιμόθεος, πατρὸς δὲ Ἕλληνος, ἀκρο-
βύστου δὲ γένους. Ἐπεὶ οὖν ἔμελλεν αὐτὸν ὁ Παῦλος
προπέμπειν τοῖς Ἰουδαίοις διδάσκαλον, οὐκ ἐβούλετο
δὲ ἀκρόβυστον πέμψαι, ἵνα μὴ εὐθέως ἀπὸ τῶν προοιμίων ἀποκλείσῃ τὰς θύρας τῷ λόγῳ. Προοδοποιῶν
τοίνυν τῇ ἀναιρέσει τῆς περιτομῆς, καὶ ἀνοίγων ὁδὸν
τῇ διδασκαλίᾳ τοῦ Τιμοθέου, περιέθηκεν αὐτῷ περιτομήν, ἵνα ἀνέλῃ περιτομήν. Διὰ τοῦτό φησιν, Ἐγενόμην τοῖς Ἰουδαίοις ὡς Ἰουδαῖος· οὐχ ἵνα Ἰουδαῖος
γένηται, τοῦτο εἴρηκεν ὁ Παῦλος, ἀλλ' ἵνα τοὺς μένοντας Ἰουδαίους πείσῃ μηκέτι εἶναι Ἰουδαίους· διὰ
D τοῦτο καὶ τοῦτον περιέτεμεν, ἵνα ἀνέλῃ τὴν περιτομήν. Τῇ περιτομῇ τοίνυν κατὰ τῆς περιτομῆς ἐχρήσατο. Ἔλαβε γὰρ περιτομὴν καὶ ὁ Τιμόθεος, ἵνα
δυνηθῇ παραδεχθῆναι ὑπὸ τῶν Ἰουδαίων, καὶ εἰσελθὼν κατὰ μικρὸν ἐξελκύσῃ ταύτης αὐτοὺς τῆς
παρατηρήσεως. Εἶδες τίνος ἕνεκεν καὶ πεντηκοστὴν
καὶ περιτομὴν ἐτήρησεν ὁ Παῦλος; Βούλεσθε καὶ
ἄλλα ὑμῖν ἀποδείξω νόμιμα τηροῦντα αὐτόν; Προσέχετε ἀκριβῶς. Ἀνῆλθέ ποτε εἰς Ἱεροσόλυμα, καὶ
ἰδόντες αὐτὸν οἱ ἀπόστολοι ἔλεγον αὐτῷ· Θεωρεῖς,
ἀδελφὲ Παῦλε, πόσαι μυριάδες εἰσὶν Ἰουδαίων τῶν
E συνεληλυθότων, καὶ οὗτοι πάντες κατήχηνται περὶ
σοῦ, ὅτι ἀποστασίαν ἀπὸ τοῦ νόμου διδάσκεις. Τί
οὖν; Ποίησον ὅ σοι λέγομεν. Εἰσὶ παρ' ἡμῖν ἄνδρες
εὐχὴν ἔχοντες ἐν ἑαυτοῖς· τούτους λαβὼν ἁγνίσθητι
σὺν αὐτοῖς, καὶ ξύρησαι τὴν κεφαλὴν μετ' αὐτῶν,
ἵνα ἔργῳ πιστωθῶσιν, ὅτι ὧν κατήχηνται περὶ σοῦ
οὐδέν ἐστιν, ἀλλὰ τηρεῖς καὶ αὐτὸς τὸν νόμον τοῦ
Μωϋσέως. Εἴδετε συγκατάβασιν θαυμασίαν; Καιροὺς
παρατηρεῖ, ἵνα ἀνέλῃ καιρῶν παρατήρησιν· περιτομὴν περιτίθησιν, ἵνα παύσῃ περιτομήν· θυσίαν
προσάγει, ἵνα καθέλῃ τὴν παρατήρησιν τῶν θυσιῶν.
Καὶ ὅτι διὰ τοῦτο ταῦτα ἐποίει, ἄκουσον αὐτοῦ λέ-
87 A γοντος· Ἐγενόμην τοῖς ὑπὸ νόμον, ὡς ὑπὸ νόμον,
ἵνα τοὺς ὑπὸ νόμον κερδήσω, καὶ ἐλεύθερος ὢν ἐκ
πάντων, πᾶσιν ἐμαυτὸν ἐδούλωσα. Ἐποίει δὲ ταῦτα
ὁ Παῦλος μιμούμενος τὸν ἑαυτοῦ Δεσπότην. Καθάπερ
γὰρ αὐτὸς Ἐν μορφῇ Θεοῦ ὑπάρχων οὐχ ἁρπαγμὸν

ἡγήσατο τὸ εἶναι ἴσα Θεῷ, ἀλλ' ἑαυτὸν ἐκένωσε
μορφὴν δούλου λαβὼν, καὶ ἐλεύθερος ὢν δοῦλος γέ-
γονεν· οὕτω καὶ οὗτος ἐλεύθερος ὢν ἐκ πάντων πᾶσιν
ἑαυτὸν ἐδούλωσεν, ὥστε πάντας κερδᾶναι. Δοῦλος
ἐγένετο τὴν φύσιν τὴν ἡμετέραν ἀναλαβὼν ὁ Δεσπότης, ἵνα τοὺς δούλους ἐλευθέρους ποιήσῃ· Ἔκλινεν
οὐρανοὺς, καὶ κατέβη, ἵνα τοὺς κάτω μένοντας ἀνα-
B γάγῃ εἰς οὐρανόν. Ἔκλινεν οὐρανούς· οὐκ εἶπε· κατέλιπεν οὐρανοὺς, καὶ κατέβη, ἀλλ' Ἔκλινεν, εὐκολωτέραν σοι τὴν ἄνοδον ποιῶν τὴν εἰς τοὺς οὐρανούς.
Τοῦτον καὶ ὁ Παῦλος ἐμιμήσατο κατὰ δύναμιν, διὸ
καὶ ἔλεγε· Μιμηταί μου γίνεσθε, καθὼς κἀγὼ Χριστοῦ. Καὶ [a] πῶς σὺ, ὦ μακάριε Παῦλε, τοῦ Χριστοῦ
ἐγένου μιμητής; Πῶς; Ἐπειδὴ οὐδαμοῦ ζητῶ τὸ
ἐμαυτοῦ συμφέρον, ἀλλὰ τὸ τῶν πολλῶν, ὅπως σω-
θῶσι, καὶ ἐλεύθερος ὢν ἐκ πάντων, πᾶσιν ἐμαυτὸν
ἐδούλωσα. Οὐδὲν τοίνυν ταύτης τῆς δουλείας βέλτιον,
ἐλευθερίας γὰρ ἑτέροις αἰτία γίνεται. Ἁλιεὺς ἦν
πνευματικὸς ὁ Παῦλος· Ποιήσω γὰρ ὑμᾶς, φησὶν,
C ἁλιεῖς ἀνθρώπων· διὰ τοῦτο καὶ ταῦτα ἐποίει. Καὶ
γὰρ καὶ οἱ ἁλιεῖς, ἐπειδὰν ἴδωσι τὸν ἰχθὺν κατα-
πιόντα τὸ ἄγκιστρον, οὐκ εὐθέως ἀνθέλκουσιν, ἀλλ'
ἐνδιδόντες μέχρι πολλοῦ διαστήματος ἀκολουθοῦσιν
ἀναμένοντες ἐμπαγῆναι τὸ ἄγκιστρον καλῶς, ἵνα
οὕτω μετὰ ἀσφαλείας τὴν θήραν ἑλκύσωσιν· οὕτω καὶ
οἱ ἀπόστολοι τότε ἐποίουν· ἐνέβαλλον τὸ ἄγκιστρον
τῆς διδασκαλίας τοῦ λόγου ψυχῇ τῇ Ἰουδαϊκῇ, οἱ
δὲ ἀνθεῖλκον εἰκῇ, καὶ κατέσχον εἰς περιτομὴν ἑαυτοὺς ἄγοντες, εἰς ἑορτὰς, εἰς καιρῶν παρατήρησιν,
εἰς θυσίας, εἰς τὸ ξυρᾶσθαι καὶ ἕτερα τοιαῦτα ποιεῖν·
οἱ δὲ ἀπόστολοι πανταχοῦ ἠκολούθουν αὐτοῖς, καὶ οὐκ
D ἀνθεῖλκον· ὥστε κἂν περιτομὴν ζητῇς, φησὶν, οὐκ
ἀντιτείνω, ἀλλ' ἕπομαι· κἂν θυσίαν αἰτῇς, θύω, κἂν
ξυρᾶσθαι βουληθῇς ἐμὲ τὸν ἀποστάντα τῆς σῆς πολιτείας, πάρειμι, καὶ ποιῶ τὸ κελευόμενον· κἂν
πεντηκοστὴν κελεύῃς παρατηρῆσαί με, οὐδὲ ἐνταῦθα φιλονεικῶ· ἀλλ' ὅπουπερ ἂν περιάγῃς, ἀκο-
λουθῶ καὶ ἐνδίδωμι ἐμπαγῆναί σοι ἀναμένων τοῦ
λόγου τὸ ἄγκιστρον, ὥστε δυνηθῆναι μετὰ ἀσφαλείας
ἅπαν ὑμῶν ἐξελκύσαι τὸ ἔθνος τῆς παλαιᾶς λατρείας
καὶ πολιτείας. Διὰ τοῦτο γὰρ καὶ ἀπὸ Ἐφέσου εἰς
Ἱεροσόλυμα ἦλθον. Ὁρᾷς πόσον παρηκολούθησεν ὁ
Παῦλος τῇ ἁλείᾳ τῶν ἰχθύων ἐνδιδοὺς τῷ λόγῳ; ὁρᾷς
E ὅτι ἡ παρατήρησις τῶν καιρῶν, καὶ ἡ συγκατάβασις
τῆς περιτομῆς, καὶ ἡ κοινωνία τῶν θυσιῶν διὰ τοῦτο
ἐγίνετο, οὐχ ἵνα αὐτοὶ πρὸς τὴν παλαιὰν ἐπανέλθωσι
πολιτείαν, ἀλλ' ἵνα ἐκείνους τοῖς τύποις παρακαθη-
μένους πρὸς τὴν ἀλήθειαν ἐπαναγάγωσιν; Ὁ γὰρ ἐν
ὕψει καθήμενος, ἐὰν διαπαντὸς ἐπὶ τοῦ ὕψους μένῃ,
οὐδέποτε δυνήσεται τὸν κάτω κείμενον ἀναγαγεῖν,

intelligas, audi ipsum hoc dicentem: *Factus* 1. Cor. 9.
sum iis qui sub lege sunt, *quasi sub lege es-* 21. 19.
sem, ut eos qui sub lege erant, lucrifacerem:
et cum liber essem ab omnibus, *omnium me*
servum feci. Hæc autem Paulus agebat, ut
suum dominum imitaretur. Nam ut ille *Cum* Philip. 2. 6.
in forma Dei esset, *non rapinam arbitratus* 7.
B *est* esse *se æqualem Deo, sed semetipsum*
exinanivit formam servi *accipiens,* et cum
liber esset, factus est servus: sic et iste cum
liber esset ex omnibus, omnium se servum fecit,
ut omnes lucrifaceret. Naturam nostram assumens dominus factus est servus, ut liberos redderet servos: *Inclinavit cælos*, et *descendit,* Psal. 17.
ut eos qui inferius manebant in cælum eveheret. 10.
Inclinavit cælos: non dixit, Dereliquit cælos et
descendit, sed *Inclinavit*, ut faciliorem tibi efficeret ascensum in cælos. Hunc quoque pro viribus imitatus est Paulus, quocirca dicebat:
C *Imitatores mei* estote, *sicut et ego Christi*. Et 1. Cor. 4.
quomodo tu, beate Paule, Christi imitator es 16.
factus? Quomodo? Quia nullibi quod mihi est
utile quæro, sed quod multis, ut salvi fiant,
et cum liber essem ex omnibus, omnium servum
me feci. Nihil ergo melius est hac servitute,
quippe quæ libertatem cæteris pariat. Spiritualis erat piscator Paulus; *Faciam* enim, inquit, Matth. 4.
vos piscatores hominum; quam ob causam et 19.
ista præstabat. Nam et piscatores cum piscem
viderint hamum deglutire, non statim retrahunt,
sed cedentes ad multum spatium sequuntur, et
D exspectant ut hamus recte defigatur, atque ita
prædam tutius extrahant: sic et apostoli tum agebant: hamum doctrinæ verbi Judaicæ animæ injiciebant: at illi retrahebant temere, atque retinebant, et seipsos ad circumcisionem traducebant,
ad festa et temporum observationes, ad sacrificia,
ad capita radenda, et cætera talia peragenda:
verum apostoli sequebantur illos ubique, nec
retrahebant. Itaque sive circumcisionem quæras, inquit, non resisto, sed sequor: sive sacrificium requiras, sacrifico: sive radi velis me,
qui a tua religione defeceram, adsum, et quod
E jusseris facio: sive Pentecosten observare præci-
pias, ne hic quidem reluctor, sed quocumque
circumduxeris sequor, et cedo exspectans, ut
hamus verbi defigatur, sic ut tuto possim totam
nationem vestram a veteri cultu ac religione revocare. Propterea namque Epheso Jerosolymam
veni. Vides quantum obsequeretur Paulus pisca-

[a] Alii *καὶ πῶς σὺ γίνῃ Χριστοῦ μιμητής· οὐ ζητῶ*. Editi *Χριστοῦ μαθητής*.

turæ piscium verbo cedens? vides rursus temporum observationem, et circumcisionis indulgentiam ac sacrificiorum communionem initam idcirco esse, non ut ipsi ad veterem religionem redirent, sed ut illos qui figuris adhærebant, ad veritatem proveherent? Qui enim in sublimi loco sedet, si perpetuo maneat in sublimi, numquam poterit eum, qui deorsum jacet, evehere, sed illum prius se demittere oportet, ac deinde istum exaltari. Propterea ex sublimitate religionis evangelicæ descenderunt apostoli, ut a religionis Judaicæ humilitate ad sublimitatem illam Judæos proveherent.

ἀλλὰ δεῖ πρότερον ἐκεῖνον ταπεινωθῆναι, καὶ τότε τοῦτον ὑψωθῆναι. Διὰ τοῦτο κατέβησαν οἱ ἀπόστολοι ἀπὸ τοῦ ὕψους τῆς πολιτείας [b] τῆς εὐαγγελικῆς, ἵνα ἀπὸ τῆς ταπεινότητος τῆς πολιτείας τῆς Ἰουδαϊ- (55 A) κῆς ἀναγάγωσιν εἰς τὸ ὕψος ἐκεῖνο τοὺς Ἰουδαίους.

5. Sed temporum quidem observationem ac reliqua omnia utiliter et commode facta esse constat ex istis: reliquum est autem ut videamus qua de causa in Pentecoste liber Actorum legatur. Hac enim de causa hæc omnia proposuimus, ut, cum temporum observationem instare videritis, ne existimetis apostolos Judaicis ritibus velle se obstringere. Verum attendite diligenter, quæso: neque enim mediocrem quæstionem complectitur id quod dicturi sumus. In die crucis omnia legimus quæ ad crucem pertinent: in magno sabbato rursus, traditum esse Dominum nostrum, crucifixum esse, mortuum esse secundum carnem et sepulcro conditum: cur igitur non etiam Apostolorum Acta legimus post Pentecosten, quando et evenerunt, et initium duxerunt? Ac scio equidem hoc ignotum esse multis, quam ob causam ex ipso Actorum libro demonstremus istud necesse est, ut non a Pentecoste, sed a tempore, quod Pentecosten sequutum est, apostolorum acta initium duxisse intelligatis. Quocirca merito quæret aliquis, quam tandem ob causam statutum sit, ut historiam crucis in die crucis et passionis legamus; Apostolorum autem Acta non ipsis illis diebus aut illo tempore, quo patrata sunt, legamus, sed tempus præveniamus? Neque enim confestim, ubi Christus resurrexit, edita sunt miracula ab apostolis, sed quadraginta diebus cum ipsis vescebatur in terris. Cur autem diebus quadraginta fuerit cum illis versatus in terris, alio tempore declarabimus; nunc ad propositum revertamur, et ostendamus Christum non statim post resurrectionem in cælos ascendisse, verum in terris commoratum esse diebus quadraginta cum discipulis, neque simpliciter commoratum, sed et vescentem cum ipsis, et in mensa cum illis recumbentem familia-

Cur legantur in Pentecoste Acta Apost.

Ἀλλ' ὅτι μὲν ἡ τῶν καιρῶν παρατήρησις καὶ τὰ λοιπὰ πάντα χρησίμως καὶ συμφερόντως ἐγίνοντο, ἀπὸ τούτων δῆλον· ἴδωμεν δὲ λοιπὸν τίνος ἕνεκεν τὸ βιβλίον τῶν Πράξεων τῶν ἀποστόλων ἐν τῷ καιρῷ τῆς πεντηκοστῆς ἀναγινώσκεται. Διὰ γὰρ τοῦτο ταῦτα πάντα ἐκινήσαμεν, ἵν', ὅταν ἴδητε καιρῶν παρατήρησιν ἐγκειμένην, μὴ νομίσητε πολιτείαν νοσεῖν Ἰουδαϊκὴν τοὺς ἀποστόλους. Ἀλλὰ προσέχετε μετὰ ἀκριβείας, παρακαλῶ· οὐ γὰρ μικρόν ἐστι ζήτημα τὸ μέλλον ῥηθήσεσθαι. Ἐν τῇ ἡμέρᾳ τοῦ σταυροῦ τὰ περὶ τοῦ σταυροῦ πάντα ἀναγινώσκομεν· (B) ἐν τῷ σαββάτῳ τῷ μεγάλῳ πάλιν, ὅτι παρεδόθη ἡμῶν ὁ Κύριος, ὅτι ἐσταυρώθη, ὅτι ἀπέθανε τὸ κατὰ σάρκα, ὅτι ἐτάφη· τίνος οὖν ἕνεκεν καὶ τὰς Πράξεις τῶν ἀποστόλων οὐ μετὰ τὴν πεντηκοστὴν ἀναγινώσκομεν, ὅτε καὶ ἐγένοντο, καὶ ἀρχὴν ἔλαβον; Καὶ οἶδα μὲν ὅτι πολλοὶ τοῦτο ἀγνοοῦσι· διόπερ ἀπὸ τοῦ βιβλίου τῶν Πράξεων αὐτὸ πιστώσασθαι ἀναγκαῖον, ἵνα μάθητε, ὅτι τὴν ἀρχὴν τῶν πράξεων τῶν ἀποστολικῶν οὐχ ἡ πεντηκοστὴ ἔχει, ἀλλ' ὁ καιρὸς ὁ μετὰ τὴν πεντηκοστήν. Διὸ καὶ δικαίως ἄν τις ζητήσειε, τί δήποτε τὸν μὲν σταυρὸν ἐν τῇ ἡμέρᾳ τοῦ σταυροῦ καὶ τοῦ πάθους ἀναγινώσκειν νενομοθέτη- (C) ται· τὰς δὲ Πράξεις τὰς ἀποστολικὰς οὐκ αὐταῖς ταῖς ἡμέραις ἀναγινώσκομεν, οὐδὲ τῷ καιρῷ καθ' ὃν ἐπράχθησαν, ἀλλὰ προφθάνομεν τὸν καιρόν; Οὐδὲ γὰρ εὐθέως ὅτε ἀνέστη Χριστὸς, θαύματα ἐποίουν οἱ ἀπόστολοι, ἀλλὰ τεσσαράκοντα ἡμέρας αὐτοῖς [a] συνηλίζετο ἐπὶ τῆς γῆς. Τίνος δὲ ἕνεκεν τὰς τεσσαράκοντα ἡμέρας αὐτοῖς συνεγένετο ἐπὶ τῆς γῆς, ἐν ἑτέρῳ καιρῷ δηλώσομεν· τέως δὲ ἐπὶ τὸ προκείμενον ἴωμεν τοῦ λόγου, δεικνύντες, ὅτι οὐκ εὐθέως εἰς τὸν οὐρανὸν ἀνέβη μετὰ τὴν ἀνάστασιν ὁ Χριστὸς, ἀλλὰ τεσσαράκοντα ἡμέρας ἐπὶ τῆς γῆς διέτριψε μετὰ τῶν μαθητῶν, καὶ οὐχ ἁπλῶς διέτριψεν, ἀλλὰ καὶ συναλιζόμενος, καὶ τρα- (D) πέζης κοινωνῶν, καὶ ὁμιλίας μεταδιδοὺς, καὶ μετὰ

[b] Colb. τῆς ἀγγελικῆς.

[a] Colb. συνεγίνετο.

τὰς τεσσαράκοντα ἡμέρας ἀνῆλθε πρὸς τὸν Πατέρα
ἐν τοῖς οὐρανοῖς, καὶ οὐδὲ τότε ἐθαυματούργουν,
ἀλλ' ἕτεραι δέκα ἐγίνοντο ἡμέραι, καὶ πληρουμένης
τῆς πεντηκοστῆς ἐπέμφθη αὐτοῖς τὸ Πνεῦμα τὸ
ἅγιον, καὶ τότε λαβόντες τὰς πυρίνας γλώσσας ἤρξαντο ποιεῖν θαύματα. Ταῦτα δὲ πάντα, ἀγαπητοὶ,
ἀπὸ τῶν Γραφῶν πιστωσόμεθα· οἷον ὅτι τεσσαράκοντα ἡμέρας αὐτοῖς συνεγένετο, ὅτι μετὰ τὴν πεντηκοστὴν κατῆλθε τὸ Πνεῦμα τὸ ἅγιον, ὅτι τότε
τὰς γλώσσας ἔλαβον τὰς πυρίνας, ὅτι τῶν σημείων
ἔκτοτε ἤρξαντο. Τίς οὖν ταῦτα πάντα φησίν; Ὁ
τοῦ Παύλου μαθητὴς, ὁ τίμιος καὶ μέγας Λουκᾶς, E
οὕτω ποιούμενος τὴν ἀρχὴν καὶ λέγων· Τὸν μὲν
πρῶτον λόγον ἐποιησάμην περὶ πάντων, ὦ Θεόφιλε, ὧν ἤρξατο ὁ Ἰησοῦς ποιεῖν τε καὶ διδάσκειν,
ἄχρι ἧς ἡμέρας ἐντειλάμενος τοῖς ἀποστόλοις διὰ
Πνεύματος ἁγίου, οὓς ἐξελέξατο, ἀνελήφθη· οἷς καὶ
παρέστησεν ἑαυτὸν ζῶντα μετὰ τὸ παθεῖν αὐτὸν, ἐν
πολλοῖς τεκμηρίοις, δι' ἡμερῶν τεσσαράκοντα ὀπτα- 89
νόμενος αὐτοῖς, καὶ λέγων τὰ περὶ τῆς βασιλείας τοῦ A
Θεοῦ. Καὶ συναλιζόμενος παρήγγειλεν αὐτοῖς ἀπὸ
Ἱεροσολύμων μὴ χωρίζεσθαι. Ὁρᾷς ὅτι μετὰ τὴν
ἀνάστασιν τεσσαράκοντα ἡμέρας ἐπὶ τῆς γῆς ἦν ὁ
Κύριος, λέγων περὶ τῆς βασιλείας τοῦ Θεοῦ, καὶ
συναλιζόμενος τοῖς ἀποστόλοις; ὁρᾷς ὅτι καὶ τραπέζης ἐκοινώνει; Καὶ παρήγγειλεν αὐτοῖς, φησὶν, ἀπὸ
Ἱεροσολύμων μὴ χωρίζεσθαι, ἀλλὰ περιμένειν τὴν
ἐπαγγελίαν τοῦ Πατρὸς, ἣν ἠκούσατέ μου, φησίν·
ὅτι Ἰωάννης μὲν ἐβάπτισεν ὕδατι, ὑμεῖς δὲ βαπτισθήσεσθε ἐν Πνεύματι ἁγίῳ οὐ μετὰ πολλὰς ταύτας
ἡμέρας. Ταῦτα δὲ ἔλεγεν ὁ Σωτὴρ ἐν τοῖς τεσσαράκοντα ἡμέραις. Οἱ μὲν οὖν συνελθόντες ἐπηρώτων B
αὐτὸν λέγοντες· Κύριε, εἰ ἐν τῷ χρόνῳ τούτῳ ἀποκαθιστάνεις τὴν βασιλείαν τῷ Ἰσραήλ; Εἶπε δὲ πρὸς
αὐτούς· Οὐχ ὑμῶν ἐστι γνῶναι χρόνους ἢ καιροὺς,
οὓς ὁ Πατὴρ ἔθετο ἐν τῇ ἰδίᾳ ἐξουσίᾳ· ἀλλὰ λήψεσθε
δύναμιν ἐπελθόντος τοῦ ἁγίου Πνεύματος ἐφ' ὑμᾶς,
καὶ ἔσεσθέ μοι μάρτυρες ἐν τῇ Ἱερουσαλὴμ, καὶ ἐν
πάσῃ τῇ Ἰουδαίᾳ καὶ Σαμαρείᾳ, καὶ ἕως ἐσχάτου
τῆς γῆς. Καὶ ταῦτα εἰπὼν, βλεπόντων αὐτῶν, ἐπήρθη,
καὶ νεφέλη ὑπέλαβεν αὐτὸν ἀπὸ τῶν ὀφθαλμῶν αὐτῶν. Εἶδες πῶς καὶ τεσσαράκοντα ἡμέρας αὐτοῖς
συνεγένετο ἐπὶ τῆς γῆς ὁ Χριστὸς, καὶ μετὰ τὰς
τεσσαράκοντα ἡμέρας τότε ἀνελήφθη ἐν τοῖς οὐρα-
νοῖς· ἀλλ' ἴδωμεν εἰ ἐν τῇ πεντηκοστῇ τὸ Πνεῦμα C
ἐπέμφθη τὸ ἅγιον. Καὶ ἐν τῷ συμπληροῦσθαι, φησὶ,
τὴν ἡμέραν τῆς πεντηκοστῆς ἐγένετο ἄφνω ἦχος ἐκ
τοῦ οὐρανοῦ ὡσεὶ φερομένης πνοῆς βιαίας, καὶ ὤφθησαν αὐτοῖς διαμεριζόμεναι γλῶσσαι ὡσεὶ πυρὸς, καὶ
ἐκάθισεν ἐφ' ἕνα ἕκαστον αὐτῶν. Εἴδετε ἀκριβῆ τὴν
ἀπόδειξιν γεγενημένην, οἷον ὅτι τεσσαράκοντα ἡμέρας ἦν ἐπὶ γῆς ὁ Χριστὸς, καὶ οὐδὲ ἐθαυματούργουν

riter cum illis versatum esse, ac post dies tandem quadraginta in cælos ad Patrem ascendisse,
ac ne tum quidem miracula illos edidisse, sed
alios decem dies elapsos esse, cumque compleretur Pentecoste, missum ad eos Spiritum sanctum
fuisse, tumque linguis demum igneis acceptis
edere cœpisse miracula. Hæc autem omnia, dilectissimi, ex Scripturis demonstrabimus: exempli causa, quadraginta diebus cum ipsis versatum
eum esse, Spiritum sanctum post Pentecosten
descendisse, tumque linguas illos igneas accepisse, atque ab eo tempore miracula edi ab illis
cœpisse. Quis igitur omnia ista commemorat?
Discipulus Pauli, venerandus et magnus Lucas,
dum ita incipit, et his verbis utitur: *Primum* Act. 1. 1.
quidem sermonem feci de omnibus, o Theo- — 4.
phile, quæ cœpit Jesus facere, et docere
usque in diem, qua præcipiens apostolis per
Spiritum sanctum, quos elegit, assumtus est.
Quibus et *præbuit seipsum vivum post pas-*
sionem suam in multis argumentis, per dies
quadraginta apparens eis, et *loquens de re-*
gno Dei. Et convescens præcepit eis, ab Je-
rosolymis ne discederent. Vides quadraginta
diebus in terris Dominum versatum esse post
resurrectionem, de regno Dei loquentem et cum
apostolis vescentem? vides etiam cibum cum
illis sumsisse? *Et præcepit eis,* inquit, *ab Je-* Ib. v. 4. 5.
rosolymis ne discederent, sed exspectarent
promissionem Patris quam audistis, inquit,
ex me: quia Joannes baptizavit aqua, vos
autem baptizabimini Spiritu sancto non post
multos hos dies. Hæc autem in diebus illis
quadraginta a Salvatore sunt dicta. *Igitur qui* Ib. v. 6.—
convenerant, interrogabant eum dicentes: 9.
Domine, si in tempore hoc restitues regnum
Israel? Dixit autem eis, Non est vestrum
nosse tempora vel momenta, quæ Pater po-
suit in sua potestate; sed accipietis virtutem
supervenientis Spiritus sancti in vos, et eritis
mihi testes in Jerusalem, et *in omni Judæa*
et Samaria, et *usque ad ultimum terræ. Et*
cum hæc dixisset, videntibus illis, elevatus
est, et nubes suscepit eum ab oculis eorum.
Vides, quo pacto et cum ipsis quadraginta diebus versatus fuerit Christus in terris, et post
quadraginta demum dies assumtus in cælos fuerit; sed videamus an in Pentecoste missus fuerit
Spiritus sanctus. *Et cum compleretur,* inquit, Act. 2. 1.
dies Pentecostes, factus est repente de cælo — 3.
sonus tamquam advenientis spiritus vehe-
mentis, et apparuerunt illis dispertitæ linguæ

tamquam ignis, seditque supra singulos eorum. Videtis exactam demonstrationem allatam, ut constet quadraginta diebus in terris Christum esse versatum, nec ullum ab apostolis miraculum esse patratum? Quomodo enim miracula patrare potuissent, cum necdum sancti ac vivifici Spiritus gratiam accepissent? Videtis post quadraginta dies Jesum assumtum in cælos fuisse? videtis rursus post decem dies ab apostolis edita esse miracula? Cum enim compleretur dies Pentecostes, demissus est Spiritus sanctus. Hoc igitur quærendum restat, qua de causa in Pentecoste Acta legantur Apostolorum. Si enim tum signa facere cœperunt apostoli, hoc est post Domini resurrectionem, tum etiam hunc legi librum oportebat. Nam quemadmodum ea quæ ad crucem pertinent, in die legimus crucis, et in resurrectione item, et in singulis festis, quæ in singulis acciderunt, iterum legimus: sic et miracula oportuit apostolica in apostolicorum miraculorum diebus legi.

Lectio Scripturæ in festis distributa.

6. Cur igitur non illa tum legamus, sed statim post crucem, et resurrectionem, causam omnem diligenter attendite. Statim post crucem, resurrectionem Christi annuntiamus: porro demonstratio resurrectionis miracula sunt apostolica: atqui nihil aliud est liber iste, quam apostolicorum schola miraculorum. Quod igitur Dominicæ resurrectionis maxime fidem facit, hoc statim post crucem et vitæ largitricem resurrectionem patres legi statuerunt. Hanc igitur ob causam, dilectissimi, statim post crucem ac resurrectionem miracula legimus apostolorum, ut manifestam et indubitatam resurrectionis probationem habeamus. Excitatum illum a mortuis corporeis oculis non vidisti, sed oculis fidei cernis illum a mortuis excitatum: non vidisti illum his oculis a mortuis excitatum, at per illa miracula excitatum illum a mortuis intuebere. Ad illum enim fidei conspectum signorum exhibitio te deducit. Itaque multo major et evidentior illa fuit demonstratio, quod in ejus nomine signa fierent, quam quod excitatus ille a mortuis appareret. Visne intelligere, quo pacto majorem resurrectionis istud fidem faciat, quam si omnium hominum oculis sese intuendum obtulisset? Prudenter attendite: si quidem multi quærunt, et dicunt: Quam ob causam, cum resurrexisset, non statim Judæis apparuit? verum supervacaneus et vanus est iste sermo. Si enim ad fidem illos pel-

Cur post Resurrectionem Judæis non apparuerit Christus.

οἱ ἀπόστολοι; Πῶς γὰρ ἔμελλον θαυματουργεῖν τὴν τοῦ ἁγίου καὶ ζωοποιοῦ Πνεύματος χάριν οὐδέπω ἔχοντες; Εἴδετε, ὅτι μετὰ τὰς [a] τεσσαράκοντα ἡμέρας ἀνελήφθη εἰς τὸν οὐρανὸν ὁ Ἰησοῦς; εἴδετε πάλιν, D ὅτι μετὰ τὰς δέκα ἡμέρας ἐθαυματούργουν οἱ ἀπόστολοι; Ἐν γὰρ τῷ συμπληροῦσθαι τὴν ἡμέραν τῆς πεντηκοστῆς κατεπέμφθη τὸ Πνεῦμα τὸ ἅγιον. Τοῦτο οὖν ἐστι λοιπὸν τὸ ζητούμενον, τίνος ἕνεκεν αἱ Πράξεις τῶν ἀποστόλων ἐν τῇ πεντηκοστῇ ἀναγινώσκονται. Εἰ γὰρ τότε ἤρξαντο ποιεῖν τὰ σημεῖα οἱ ἀπόστολοι, ἤγουν μετὰ τὴν Κυρίου ἀνάστασιν τότε ἔδει καὶ τὸ βιβλίον ἀναγινώσκεσθαι τοῦτο. Ὥσπερ γὰρ τὰ περὶ τοῦ σταυροῦ ἐν τῇ ἡμέρᾳ σταυροῦ ἀναγινώσκομεν, καὶ τὰ ἐν τῇ ἀναστάσει ὁμοίως, καὶ τὰ ἐν ἑκάστῃ ἑορτῇ γεγονότα τῇ αὐτῇ πάλιν ἀναγινώσκομεν, οὕτως ἔδει καὶ τὰ θαύματα τὰ ἀποστολικὰ ἐν ταῖς ἡμέραις τῶν ἀποστολικῶν σημείων ἀναγινώσκεσθαι.

E Τίνος οὖν ἕνεκεν οὐ τότε αὐτὰ ἀναγινώσκομεν, ἀλλ' εὐθέως μετὰ τὸν σταυρὸν καὶ τὴν ἀνάστασιν, ἀκούσατε μετὰ ἀκριβείας τὴν αἰτίαν ἅπασαν. Μετὰ τὸν σταυρὸν εὐθέως ἀνάστασιν καταγγέλλομεν τοῦ Χριστοῦ, τῆς δὲ ἀναστάσεως ἀπόδειξίς ἐστι τὰ σημεῖα τὰ ἀποστολικὰ, τῶν δὲ σημείων ἀποστολικῶν διδασκαλεῖόν ἐστι τοῦτο τὸ βιβλίον. Ὃ τοίνυν μάλιστα πιστοῦται τὴν ἀνάστασιν τὴν δεσποτικὴν, τοῦτο μετὰ τὸν σταυρὸν καὶ τὴν ζωηφόρον ἀνάστασιν εὐθέως οἱ πατέρες ἐνομοθέτησαν ἀναγινώσκεσθαι. Διὰ 50 A τοῦτο τοίνυν, ἀγαπητοὶ, μετὰ τὸν σταυρὸν καὶ τὴν ἀνάστασιν εὐθέως ἀναγινώσκομεν τὰ σημεῖα τῶν ἀποστόλων, ἵνα ἔχωμεν σαφῆ καὶ ἀναμφισβήτητον τῆς ἀναστάσεως τὴν ἀπόδειξιν. Οὐκ εἶδες αὐτὸν ἀναστάντα τοῖς ὀφθαλμοῖς τοῦ σώματος, ἀλλὰ βλέπεις αὐτὸν ἀναστάντα τοῖς ὀφθαλμοῖς τῆς πίστεως· οὐκ εἶδες αὐτὸν διὰ τῶν ὀμμάτων τούτων ἀναστάντα, ἀλλ' ὄψει αὐτὸν ἀναστάντα διὰ τῶν θαυμάτων ἐκείνων. Ἡ γὰρ τῶν σημείων ἐπίδειξις χειραγωγεῖ σε πρὸς τὴν τῆς πίστεως θεωρίαν. Ὅθεν τοῦ φανῆναι αὐτὸν ἀναστάντα πολλῷ μείζων ἦν ἀπόδειξις καὶ σαφεστέρα τὰ σημεῖα γίνεσθαι ἐν τῷ ὀνόματι αὐτοῦ. B Βούλει μαθεῖν, πῶς τοῦτο μᾶλλον πιστοῦται τὴν ἀνάστασιν, ἢ εἰ ἐφάνη πᾶσιν ἀνθρώποις κατ' ὀφθαλμούς; Ἀκούσατε νουνεχῶς· καὶ γὰρ πολλοὶ τοῦτο ἐρωτῶσι, καὶ λέγουσι· τίνος ἕνεκεν ἀναστὰς οὐκ εὐθέως ἐφάνη τοῖς Ἰουδαίοις; ἀλλὰ περιττὸς ὁ λόγος οὗτος καὶ μάταιος. Εἰ γὰρ ἔμελλε πρὸς τὴν πίστιν αὐτοὺς ἐπισπάσασθαι, οὐκ ἂν παρῃτήσατο μετὰ τὴν

[a] Sic Colb. Morel. vero male τὰς δέκα ἡμέρας.

ἀνάστασιν φανῆναι πᾶσιν· ὅτι δὲ οὐκ ἔμελλεν αὐτοὺς ἐπισπάσασθαι φανεὶς αὐτοῖς μετὰ τὴν ἀνάστασιν, δείκνυσι διὰ τοῦ Λαζάρου. Τοῦτον γὰρ τεταρταήμερον νεκρὸν ἀναστήσας, ὀδωδότα, διεφθορότα, καὶ μετὰ τῶν κειριῶν δεδεμένον ποιήσας αὐτὸν ἐξελθεῖν [C] ὑπὸ τὰς ἁπάντων ὄψεις, οὐ μόνον οὐκ ἐπεσπάσατο πρὸς τὴν πίστιν αὐτοὺς, ἀλλὰ καὶ παρώξυνεν· ἐλθόντες γὰρ ἠβουλήθησαν καὶ αὐτὸν ἀνελεῖν διὰ τοῦτο. Εἰ οὖν ἕτερον ἀνέστησε καὶ οὐκ ἐπίστευσαν, ἑαυτὸν ἀναστήσας εἰ ἔδειξεν ἑαυτὸν, οὐκ ἂν πάλιν ἐμάνησαν κατ' αὐτοῦ; Εἰ καὶ μηδὲν ἔμελλον ἀνύειν, ἀλλ' ὅμως διὰ τῆς ἐπιχειρήσεως ἔμελλον ἀσεβεῖν. Ὥστε βουλόμενος αὐτοὺς ἀπαλλάξαι μανίας περιττῆς, ἔκρυψεν ἑαυτόν· μᾶλλον γὰρ ἂν ἐποίησεν ὑπευθύνους κολάσει, εἰ μετὰ τὸν σταυρὸν ἐφάνη. Διὰ τοῦτο φειδόμενος αὐτῶν ἔκρυψε μὲν ἑαυτὸν ἐκ τῆς ἐκείνων ὄψεως· [D] ἔδειξε δὲ διὰ τῆς τῶν σημείων ἀποδείξεως. Τοῦ γὰρ ἰδεῖν αὐτὸν ἀναστάντα οὐκ ἔλαττον ἦν ἀκοῦσαι Πέτρου λέγοντος· Ἐν τῷ ὀνόματι Ἰησοῦ Χριστοῦ ἔγειραι καὶ περιπάτει. Καὶ ὅτι τοῦτο ἀναστάσεως μεγίστη ἀπόδειξις, καὶ εὐκολώτερον πρὸς πίστιν ἢ ἐκεῖνο τὸ πρότερον, καὶ μᾶλλον ἠδύνατο πεῖσαι τὰς διανοίας τῶν ἀνθρώπων τὸ σημεῖα φαίνεσθαι ἐν τῷ ὀνόματι αὐτοῦ γινόμενα, ἢ τὸ ἰδεῖν αὐτὸν ἀναστάντα, δῆλον ἐκεῖθεν. Ἀνέστη καὶ ἔδειξεν ἑαυτὸν τοῖς μαθηταῖς ὁ Χριστός· ἀλλ' ὅμως εὑρέθη τις ἀπιστῶν καὶ ἐν ἐκείνοις Θωμᾶς ὁ λεγόμενος Δίδυμος, καὶ ἐδεήθη [E] τοῦ τὰς χεῖρας εἰσενεγκεῖν εἰς τοὺς τύπους τῶν ἥλων· ἐδεήθη δὲ καὶ τὴν πλευρὰν αὐτοῦ καταμαθεῖν. Εἰ δὲ ὁ μαθητὴς ἐκεῖνος ὁ τρεῖς χρόνους διατρίψας μετ' αὐτοῦ, ὁ τραπέζης δεσποτικῆς κοινωνήσας, ὁ σημεῖα καὶ τέρατα θεασάμενος μέγιστα, ὁ ῥημάτων δεσποτικῶν μετασχὼν, καὶ ἰδὼν αὐτὸν ἀναστάντα, οὐ πρότερον ἐπίστευσεν, ἕως ὅτε τοὺς τύπους τῶν ἥλων καὶ τῆς λόγχης τὰ τραύματα εἶδε· πῶς ἡ οἰ- [91 A] κουμένη πιστεύειν ἔμελλεν, εἰπέ μοι, εἰ εἶδεν αὐτὸν ἀναστάντα; Καὶ τίς ἂν ταῦτα εἴποι; Οὐκ ἐντεῦθεν δὲ μόνον, ἀλλὰ καὶ ἑτέρωθεν δείξομεν, ὅτι μᾶλλον ἔπειθε τὰ σημεῖα τοῦ θεάσασθαι κατ' ὄψιν ἀναστάντα. Ἀκούσαντες γὰρ οἱ ὄχλοι τοῦ Πέτρου τῷ χωλῷ λέγοντος· Ἐν ὀνόματι Ἰησοῦ Χριστοῦ ἔγειραι καὶ περιπάτει, τρισχίλιοι ἐπίστευσαν καὶ πεντακισχίλιοι τῷ Χριστῷ ἄνδρες· ὁ δὲ μαθητὴς ἰδὼν ἀναστάντα ἠπίστησεν. Ὁρᾷς πῶς τοῦτο εὐκολώτερον μᾶλλον πρὸς τὴν τῆς ἀναστάσεως πίστιν; Ἐκεῖνο μὲν γὰρ καὶ ὁ οἰκεῖος μαθητὴς ἰδὼν ἠπίστησε· ταῦτα δὲ καὶ οἱ ἐχθροὶ θεασάμενοι ἐπίστευσαν. Οὕτω μεῖζον τοῦτο ἐκείνου καὶ σαφέστερον, καὶ μᾶλλον αὐτοὺς ἐπεσπᾶτο καὶ ἔπειθε πρὸς τὴν ἀνάστασιν. Καὶ τί λέγω τὸν [B] Θωμᾶν; Ὅτι γὰρ οὐδὲ οἱ λοιποὶ μαθηταὶ ἐκ πρώτης ὄψεως ἐπίστευον, ἄκουσον νουνεχῶς. Ἀλλὰ μὴ καταγνῷς αὐτῶν, ἀγαπητέ· εἰ γὰρ ὁ Χριστὸς οὐ κατέγνω

lecturus fuisset, post resurrectionem omnibus apparere non recusasset: cæterum nequaquam eos se pellecturum fuisse, si post resurrectionem illis apparuisset, per Lazarum indicavit. Cum enim [C] hunc quatriduanum mortuum, fœtentem et corruptum suscitasset, et effecisset ut ligatus institis in conspectum omnium prodiret, non solum illos ad fidem non attraxit, sed etiam irritavit: venientes enim ipsum etiam interficere hac de causa voluerunt. *Joan.* 12. 10. Si ergo cum alterum a mortuis excitasset, non tamen crediderunt: si seipsum ostendisset a semetipso suscitatum, nonne in ipsum furore exarsissent? Tametsi nihil ad effectum perducturi fuissent, tamen irrito conatu suam impietatem exercuissent. Ut igitur eos superfluo [D] furore liberaret, seipsum occultavit: majori enim illos supplicio obnoxios reddidisset, si post crucem apparuisset. Quocirca ut illis parceret, seipsum quidem ab oculis eorum subtraxit, sed editis tamen miraculis seipsum ostendit. Non enim minus erat, quam si excitatum a mortuis eum cernerent, quod Petrum dicentem audirent: *In nomine Jesu Christi surge et ambula.* *Act.* 3. 6. Atque hoc quidem plurimum valuisse ad resurrectionem adstruendam, atque ad fidem faciendam proclivius quam illud prius, faciliusque [E] mentibus hominum persuadere potuisse miracula, quæ in ejus nomine facta cernebantur, quam si a mortuis excitatum illum vidissent, inde constabit. Resurrexit, et seipsum discipulis Christus ostendit: sed inventus est tamen aliquis et inter illos incredulus Thomas, qui dicitur *Joan.* 20. 24. seq. Didymus, et opus illi fuit, ut in figuram clavorum manus inferret: opus fuit, ut et latus ejus palparet. Quod si discipulus ille, qui tres cum [91 A] illo annos exegerat, qui dominicæ particeps mensæ fuerat, qui signa conspexerat et prodigia maxima, qui loquentem illum audiverat, etiam cum illum a mortuis excitatum videret, non prius credidit, quam figuram clavorum et lanceæ vulnera conspexit: quomodo, quæso, totus orbis terrarum crediturus erat, si excitatum illum a mortuis conspexisset? Quis hoc umquam dicere audeat? Neque vero inde tantum, sed etiam aliunde constabit plus ad persuadendum signa valuisse, quam si resurgentem oculis se spectandum præbuisset. *Miraculorum vis ad probandam Resurrectionem.* Cum enim Petrum audiisent turbæ claudo dicere, *In nomine Jesu* *Act.* 3. 6. [B] *Christi surge et ambula*, tria millia et quinque millia virorum Christo crediderunt: at discipulus cum suscitatum vidisset, incredulus fuit. Vides aptius ad fidem faciendam resurrectionis

hoc fuisse? Nam illud quidem cum proprius discipulus ejus vidisset, incredulus fuit : at hæc cum etiam inimici spectassent, crediderunt. Ita majus hoc illo fuit et evidentius, plusque ad illos alliciendos valuit atque flectendos, ut resurrectioni fidem haberent. Quid dico Thomam ? Siquidem ut scias ne cæteros quidem discipulos primo intuitu credidisse, prudenter attende. Noli tamen illos condemnare, dilectissime; si enim illos Christus non damnavit, neque tu illos damnes : videbant enim rem miram et inusitatam discipuli, primogenitum ipsum a mortuis excitatum: cæterum maxima ejusmodi miracula primo conspectu terrore consueverunt quousque in fidelium mentibus progressu temporis stabilitatem aliquam acquisiverint : quod etiam tunc discipulis evenit. Postquam enim Christus, quia mortuis re-
Luc. 24. 36.—38. surrexerat, dixit illis, *Pax vobis, Conturbati,*
inquit, *et conterriti existimabant se spiritum*
videre, et dixit illis Jesus : Quid turbati estis?
Post hæc cum ostendisset eis manus et pedes ,
Ibid. v. 41. *Non credentibus illis præ gaudio et mirantibus dixit : Habetis hic aliquid, quod manducetur ?* quod hac ratione vellet illis fidem facere resurrectionis. Non persuadet tibi latus , inquit, neque vulnera ? saltem mensa persuadeat.

αὐτῶν, μηδὲ σὺ καταγνῷς αὐτῶν,· καὶ γὰρ πρᾶγμα ξένον εἶδον οἱ μαθηταὶ καὶ παράδοξον, πρωτότοκον αὐτὸν ἐκ τῶν νεκρῶν ἀναστάντα· τὰ δὲ τοιαῦτα μέγιστα θαύματα ἐκ πρώτης ἐκπλήττειν εἴωθεν, ἕως ἂν τῷ χρόνῳ μόνιμα γένηται ἐν ταῖς τῶν πιστευόντων ψυχαῖς· ὅπερ οὖν καὶ ἐπὶ τῶν μαθητῶν ἐγένετο τότε. Ἐπειδὴ γὰρ ἀναστὰς ὁ Χριστὸς ἐκ νεκρῶν εἶπεν C αὐτοῖς· Εἰρήνη ὑμῖν, Πτοηθέντες, φησὶν, ἐκεῖνοι καὶ ἔμφοβοι γενόμενοι ἐδόκουν πνεῦμα θεωρεῖν, καὶ εἶπεν αὐτοῖς ὁ Ἰησοῦς· τί τεταραγμένοι ἐστέ; Καὶ μετὰ ταῦτα ἐπιδείξας αὐτοῖς τὰς χεῖρας καὶ τοὺς πόδας, καὶ Ἀπιστούντων αὐτῶν ἀπὸ τῆς χαρᾶς, καὶ θαυμαζόντων, εἶπεν αὐτοῖς· ἔχετέ τι βρώσιμον ἐνθάδε; διὰ τούτων βουλόμενος αὐτοῖς τὴν ἀνάστασιν πιστώσασθαι. Οὐ πείθει σε, φησὶν, ἡ πλευρὰ, οὐδὲ τὰ τραύματα; πειθέτω κἂν ἡ τράπεζα.

7. Ut autem accurate cognoscas idcirco illum dixisse, *Habetis hic aliquid, quod manducetur ?* ne forte simulacrum esse vel spiritum, aut phantasma putarent, sed veram ac subsistentem resurrectionem, audi quo pacto Petrus his comprobet resurrectionem. Cum enim dixisset ,
Act. 10. 40. 41. *Deus illum suscitavit, ac dedit manifestum eum fieri nobis testibus præordinatis,* deinde resurrectionis demonstrationem afferens adjecit: *Qui manducavimus et bibimus cum eo.* Propterea quoque alibi Christus cum mortuam suscitasset, ut fidem faceret resurrectionis, ait :
Marc. 5. 43. *Date illi quod manducet.* Cum igitur audis eum præbuisse seipsum vivum per dies quadraginta illis apparentem, et cum illis vescentem, causam manducationis cognosce, non quod cibo nimirum indigeret, illum manducasse, sed quod discipulorum mederi vellet imbecillitati, unde prodigia et signa apostolorum liquet maximam resurrectionis demonstrationem exstitisse. Quapropter ait ipse quoque,
Joan. 14. 12. *Amen, amen, dico vobis, Qui credit in me, opera, quæ ego facio, et ipse faciet, et majora horum faciet.* Nam quoniam crux cum intervenisset, plurimos scandalizaverat, idcirco pluribus illi miraculis

Ἵνα δὲ μάθῃς ἀκριβῶς, ὅτι διὰ τοῦτο εἶπεν, Ἔχετέ τι βρώσιμον ἐνθάδε φαγεῖν; ἵνα μὴ νομίσωσιν εἴδωλον εἶναι, μηδὲ πνεῦμα, μηδὲ φαντασίαν, ἀλλ' D ἀληθῆ καὶ ἐνυπόστατον ἀνάστασιν, ἄκουσον, πῶς ὁ Πέτρος ἀπὸ τούτων πιστοῦται τὴν ἀνάστασιν. Εἰπὼν γὰρ ὅτι Ἀνέστησεν αὐτὸν ὁ Θεὸς, καὶ ἔδωκεν αὐτὸν ἐμφανῆ γενέσθαι μάρτυσι τοῖς προκεχειροτονημένοις ἡμῖν, εἶτα καὶ ἀπόδειξιν τῆς ἀναστάσεως τιθεὶς, ἐπήγαγεν· Οἵτινες συνεφάγομεν καὶ συνεπίομεν αὐτῷ. Διὰ τοῦτο καὶ ἀλλαχοῦ ἀναστήσας νεκρὰν ὁ Χριστὸς, ἵνα πιστώσηται τὴν ἀνάστασιν ἔφη· Δότε αὐτῇ φαγεῖν. Ὅταν οὖν ἀκούσῃς, ὅτι παρέστησεν ἑαυτὸν ζῶντα δι' ἡμερῶν τεσσαράκοντα ὀπτανόμενος αὐτοῖς καὶ συναλιζόμενος, μάνθανε τῆς τραπέζης τὴν αἰτίαν, E ὅτι οὐχὶ δεόμενος αὐτὸς τραπέζης ἔτρωγεν, ἀλλὰ βουλόμενος τὴν ἀσθένειαν διορθῶσαι τῶν μαθητῶν, ὅθεν δῆλον ὅτι τὰ τέρατα καὶ σημεῖα τῶν ἀποστόλων ἀπόδειξις ἦν μεγίστη τῆς ἀναστάσεως. Διὸ καὶ αὐτός φησιν· Ἀμὴν, ἀμὴν, λέγω ὑμῖν, ὁ πιστεύων εἰς ἐμὲ, τὰ ἔργα ἃ ποιῶ ἐγὼ, κἀκεῖνος ποιήσει, καὶ μείζονα τούτων ποιήσει. Ἐπειδὴ γὰρ ὁ σταυρὸς μεταξὺ παρεμπεσὼν ἐσκανδάλισε πλείστους, διὰ τοῦτο καὶ μειζόνων ἐδέησε μετὰ ταῦτα σημείων. Καίτοι γε εἰ τε-
92 λευτήσας ὁ Χριστὸς ἐναπέμεινε τῷ θανάτῳ καὶ τῷ
A τάφῳ, καὶ οὐκ ἀνέστη, καθάπερ οἱ Ἰουδαῖοί φασιν,

οὐδὲ ἀνέβη εἰς τοὺς οὐρανοὺς, οὐ μόνον οὐκ ἔδει μείζονα γίνεσθαι τὰ μετὰ ταῦτα σημεῖα τὰ μετὰ τὸν σταυρὸν, ἀλλὰ καὶ τὰ πρότερα γινόμενα ἀποσβεσθῆναι ἐχρῆν. Προσέχετέ μοι μετὰ ἀκριβείας ἐνταῦθα· ἀναστάσεως γάρ εἰσιν ἀναμφισβητήτου ἀποδείξεις τὰ λεγόμενα, διὸ καὶ πάλιν τὰ αὐτὰ ἐρῶ. Ἐποίησε σημεῖα πρὸ τούτου ὁ Χριστὸς, νεκροὺς ἤγειρε, λεπροὺς ἐκάθηρε, δαίμονας ἀπήλασεν· ἐσταυρώθη μετὰ ταῦτα, [a] καὶ ὡς οἱ παράνομοι Ἰουδαῖοι λέγουσιν, οὐκ ἀνέστη ἐκ νεκρῶν. Τί οὖν ἂν εἴποιμεν πρὸς αὐτούς; Ὅτι εἰ μὴ ἀνέστη, πῶς μετὰ ταῦτα ἐν τῷ ὀνόματι αὐτοῦ μείζονα ἐγένετο σημεῖα; Οὐδεὶς γὰρ τῶν ζώντων τελευτήσας μείζονα σημεῖα ἐποίησε μετὰ τὴν τελευτὴν, ἐνταῦθα δὲ μείζονα καὶ τῷ τρόπῳ καὶ τῇ φύσει τὰ θαύματα μετὰ ταῦτα ἦν. Φύσει γὰρ μείζονα ἦν, ὅτι μὲν τοῦ Χριστοῦ οὐδέποτε σκιαὶ νεκροὺς ἀνέστησαν· ἐπὶ δὲ τῶν ἀποστόλων αἱ σκιαὶ αὐτῶν πολλὰ τοιαῦτα ἐποίουν. Τρόπῳ δὲ μείζονα ἐγένετο σημεῖα, ὅτι τότε μὲν αὐτὸς ἐπιτάττων ἐθαυματούργει· μετὰ δὲ τὸν σταυρὸν οἱ δοῦλοι αὐτοῦ τῷ σεβασμίῳ καὶ ἁγίῳ αὐτοῦ ὀνόματι χρώμενοι μείζονα καὶ ὑψηλότερα ἐποίουν, ὥστε μειζόνως αὐτοῦ καὶ ἐνδοξοτέρως διαλάμψαι τὴν ἰσχύν. Τοῦ γὰρ αὐτὸν ἐπιτάττειν πολλῷ μεῖζον ἦν τὸ ἕτερον τῷ ἐκείνου κεχρημένον ὀνόματι τοιαῦτα θαυματουργεῖν. Εἶδες, ἀγαπητὲ, καὶ τῇ φύσει καὶ τῷ τρόπῳ μείζονα ὄντα τὰ σημεῖα τῶν ἀποστόλων μετὰ τὴν ἀνάστασιν τοῦ Χριστοῦ; Οὐκοῦν ἀναμφισβήτητος ἡ ἀπόδειξις τῆς ἀναστάσεως. Ὅπερ γὰρ ἔλεγον, καὶ πάλιν ἐρῶ, εἰ ἐτετελευτήκει ὁ Χριστὸς, καὶ οὐκ ἀνέστη, ἔδει καὶ τὰ σημεῖα τελευτῆσαι καὶ ἀποσβεσθῆναι· νυνὶ δὲ οὐ μόνον οὐκ ἀπεσβέσθη, ἀλλὰ καὶ λαμπρότερα καὶ ἐνδοξότερα γέγονε μετὰ ταῦτα. Εἰ γὰρ μὴ ἀνέστη ὁ Χριστὸς, οὐκ ἂν ἕτεροι ἐν τῷ ὀνόματι αὐτοῦ τοιαῦτα σημεῖα ἐποίησαν. Ἡ αὐτὴ μὲν γὰρ δύναμις καὶ πρὸ τοῦ σταυροῦ καὶ μετὰ τὸν σταυρὸν ἐθαυματούργει· καὶ πρῶτον μὲν δι' ἑαυτοῦ, ὕστερον δὲ διὰ τῶν μαθητῶν· ἵνα δὲ σαφεστέρα καὶ ἐνδοξοτέρα γένηται τῆς ἀναστάσεως ἡ ἀπόδειξις, μείζονα καὶ ὑψηλότερα μετὰ τὸν σταυρὸν ἐγένετο τὰ σημεῖα. Καὶ πόθεν δῆλον ὅτι σημεῖα γέγονε τότε; ὁ ἄπιστος ἐρεῖ. Πόθεν δὲ καὶ δῆλον ὅτι ἐσταυρώθη ὁ Χριστός; Ἀπὸ τῶν θείων Γραφῶν, φησί. Καὶ γὰρ ὅτι σημεῖα γέγονε τότε καὶ ὅτι ἐσταυρώθη ὁ Χριστὸς, ἀπὸ τῶν ἁγίων Γραφῶν δῆλον. Ἐκεῖναι μὲν γὰρ καὶ ταῦτα κἀκεῖνα λέγουσιν. Εἰ δὲ λέγει ὁ ὑπεναντίος, ὅτι οὐκ ἐποίησαν σημεῖα οἱ ἀπόστολοι, μειζόνως αὐτῶν δεικνύεις τὴν δύναμιν καὶ τὴν θείαν χάριν, ὅτι χωρὶς σημείων τοσαύτην οἰκουμένην ἐπεσπάσαντο πρὸς θεοσέβειαν. Τοῦτο γὰρ μέγιστον σημεῖον καὶ παράδοξον θαῦμα, ὅταν οἱ πτωχοὶ, καὶ

opus fuit. Alioqui enim si, cum obiisset Christus, morte præpeditus mansisset, et sepultus, neque resurrexisset, ut aiunt Judæi, neque in cælum ascendisset, non solum majora postea fieri miracula post crucem non oportuisset, verum etiam ea quæ prius facta fuerant, opus fuisset exstingui. Hic mihi diligenter attendite : indubitatæ quippe resurrectionis demonstrationem continent hæc quæ dicimus : quamobrem eadem rursus eloquar. Signa fecit antea Christus, mortuos suscitavit, leprosos mundavit, dæmones ejecit, crucifixus est deinde, atque, ut dicunt scelesti Judæi, non resurrexit a mortuis. Quid igitur illis dicemus? Hoc nimirum, Si non resurrexit, quomodo postea in nomine ipsius majora facta sunt signa? Nullus enim ex vivis cum obiisset, majora post obitum signa fecit : at hic majora et modo et natura fuerunt quæ consequuta sunt miracula. Siquidem natura fuere majora, cum Christi umbra numquam mortuos suscitarit : at apostolorum umbra talia multa perfecit. Modo vero majora fuere signa, quod tum quidem ipse imperans miracula ederet : post passionem autem servi ejus augusto et sancto ejus nomine adhibito majora et sublimiora peragerent, ut amplius et gloriosius virtus ipsius effulgeret. Multo quippe majus fuit alterum nomen ipsius usurpantem talia miracula patrare, quam ipsum imperantem. Vides et natura et modo majora fuisse apostolorum signa, dilectissime, quæ Christi resurrectionem sequuta sunt? Itaque resurrectionis indubitata est demonstratio. Nam ut ante dixi, et iterum dicam, si mortem obiisset Christus, et non resurrexisset, signa etiam interire oportuisset ac deleri : jam vero non modo deleta non sunt, sed et illustriora deinde atque celebriora sunt facta. Si enim Christus non resurrexisset, numquam alii ejus in nomine talia signa fecissent. Eadem quippe virtus et ante passionem et post passionem edebat miracula : ac primum quidem per se, deinde vero per discipulos : ut autem evidentior et gloriosior fieret resurrectionis probatio, majora post crucem fiebant, et sublimiora prodigia. Unde vero constat, dicet infidelis, edita tum fuisse signa? Unde, quæso, crucifixum Christum fuisse constat? Ex sacris Literis, inquam. Nam et signa tum fuisse facta et crucifixum fuisse Christum ex sacris Literis constat. Illæ enim et hæc et illa narrant. Quod si tu noster adversarius dicas

Cur post Passionem miracula majora.

[a] Colb. καὶ ὡς Ἕλληνες λέγουσι

apostolos signa non fecisse, majorem ipsorum ostendis virtutem, et gratiam divinam, quod absque signis tantum orbem terrarum potuerint ad pietatem traducere. Hoc enim maximum est et inusitatum miraculum, cum pauperes atque mendici, abjecti, illiterati, imperiti, viles, et numero duodecim tot urbes, gentes, populos, reges, tyrannos, philosophos, oratores, et totam propemodum terram absque signis potuerint ad se pertrahere. An vero cupis etiam nunc fieri signa cernere? Tibi ego illa et majora prioribus ostendam, non unum mortuum suscitatum, non visum uni cæco restitutum, sed discussas erroris tenebras, quæ totam terram occupaverant: non leprosum unum mundatum, sed tot gentes, quæ peccati lepram absterserunt, ac per lavacrum regenerationis mundatæ sunt. Quod signum majus his quæris, mi homo, cum tantam et tam repente factam mutationem conspicias?

πένητες, καὶ εὐκαταφρόνητοι, καὶ ἀγράμματοι, καὶ ἰδιῶται, καὶ εὐτελεῖς, καὶ δώδεκα τὸν ἀριθμὸν, πόλεις τοσαύτας, καὶ ἔθνη, καὶ δήμους, καὶ βασιλεῖς, καὶ τυράννους, καὶ φιλοσόφους, καὶ ῥήτορας, καὶ πᾶσαν, ὡς εἰπεῖν, τὴν γῆν χωρὶς σημείων φαίνωνται πρὸς ἑαυτοὺς ἑλκύσαντες. Βούλει δὲ καὶ νῦν σημεῖα γινόμενα ἰδεῖν; Ἐγώ σοι δείξω καὶ μείζονα τῶν προτέρων, οὐχ ἕνα νεκρὸν ἐγειρόμενον, οὐχ ἕνα τυφλὸν
93 ἀναβλέποντα, ἀλλὰ πᾶσαν τὴν γῆν τὸ σκότος τῆς
A πλάνης ἀποθεμένην· οὐχ ἕνα λεπρὸν καθαιρόμενον, ἀλλ' ἔθνη τοσαῦτα τὴν λέπραν τῆς ἁμαρτίας [a] ἀποσμήξαντα καὶ διὰ τοῦ λουτροῦ παλιγγενεσίας καθαρθέντα. Τί τούτων τῶν σημείων μεῖζον ἐπιζητεῖς, ἄνθρωπε, ἀθρόον τοσαύτην τῆς οἰκουμένης μεταβολὴν ὁρῶν γεγενημένην;

8. Vin' tu intelligere, quo tandem pacto visum universo terrarum orbi restituerit Christus? Antea lignum et lapidem non existimabant homines lignum et lapidem esse, verum res sensus expertes deos vocabant, adeo excæcati erant: jam vero quid lignum sit, quidve lapis noverunt; quid sit Deus crediderunt. Sola quippe fide immortalis ac beata illa natura spectatur. Visne aliud quoque resurrectionis signum intueri? Ex ipsa discipulorum mente sumtum illud quoque majus videbis post resurrectionem affulsisse. Siquidem in confesso est apud omnes eum, qui erga viventem hominem benevole sit affectus, ipso mortuo fortasse ne quidem ejus meminisse: qui vero male affectus sit erga illum, dum viveret, et superstitem deseruerit, multo magis immemorem defuncti futurum. Quo fit, ut nemo qui amicum magistrumve superstitem reliquerit ac deseruerit, vita functum plurimi faciat, ac tum præcipue, cum propter exhibitam in eum benevolentiam mille pericula sibi viderit imminere. Ecce tamen illud quod nulli accidit, in Christo et discipulis evenit, et qui viventem illum negaverant ac deseruerant, et comprehensum reliquerant, et aufugerant, post innumera illa opprobria, et crucem, tanti eum fecerunt, ut pro ipsius confessione ac fide animas etiam suas exponerent. Enimvero si mortuus fuisset Christus, neque resurrexisset, qui fieri potuisset, ut qui, dum superstes esset, ob periculum imminens fugerant,

Fide sola cernitur Deus.

Βούλει μαθεῖν πῶς ἀναβλέψαι τὴν οἰκουμένην ἐποίησεν ὁ Χριστός; Τὸ πρότερον τὸ ξύλον καὶ τὸν λίθον οὐκ ἐνόμιζον εἶναι ξύλον καὶ λίθον οἱ ἄνθρωποι, ἀλλὰ θεοὺς ἐκάλουν τὰ ἀναίσθητα, οὕτως ἦσαν ἀποτετυφλωμένοι· νυνὶ δὲ εἶδον τί ξύλον, τί λίθος· ἐπίστευσαν τί Θεός. Πίστει γὰρ μόνῃ θεωρεῖται ἡ ἀνώλεθρος καὶ μακαρία φύσις ἐκείνη. Βούλει δὲ καὶ ἕτερον
B ἀναστάσεως ἰδεῖν σημεῖον; Ἀπὸ τῆς τῶν μαθητῶν γνώμης ὄψει καὶ τοῦτο μεῖζον γινόμενον μετὰ τὴν ἀνάστασιν. Καὶ γὰρ παρὰ πᾶσιν ὡμολόγηται, ὅτι ὁ μὲν περὶ ζῶντα ἄνθρωπον εὐνοϊκῶς διακείμενος καὶ ἀποθανόντος ἴσως οὐδὲ μέμνηται· ὁ δὲ περὶ ζῶντα ἀγνωμόνως διατεθεὶς καὶ ἐγκαταλιπὼν περιόντα, πολλῷ μᾶλλον ἀποθανόντος ἐπιλήσεται. Ὅθεν οὐδεὶς τῶν ἀνθρώπων τὸν φίλον καὶ τὸν διδάσκαλον ἀφεὶς ζῶντα καὶ ἐγκαταλιπὼν, τελευτήσαντα περὶ πολλοῦ ποιεῖται, καὶ μάλιστα ὅταν κινδύνους μυρίους αὐτῷ προκειμένους ἀπὸ τῆς περὶ ἐκεῖνον σπουδῆς βλέπῃ. Ἀλλ' ἰδοὺ τοῦτο τὸ ἐπὶ μηδενὸς συμβαῖνον, ἐπὶ τοῦ
C Χριστοῦ καὶ τῶν ἀποστόλων ἐγένετο, καὶ οἱ ζῶντα αὐτὸν ἀρνησάμενοι καὶ ἐγκαταλιπόντες, καὶ συλληφθέντα ἀφέντες, καὶ ἀποπηδήσαντες, μετὰ μορία ἐκεῖνα ὀνείδη καὶ τὸν σταυρὸν, οὕτω περὶ πολλοῦ πεποίηνται, ὡς καὶ τὰς ψυχὰς ἐπιδοῦναι τὰς ἑαυτῶν ὑπὲρ τῆς εἰς αὐτὸν ὁμολογίας καὶ πίστεως. Καίτοι γε εἰ καὶ * οὐ τετελεύτήκει Χριστὸς καὶ οὐκ ἀνέστη, πῶς εἶχε λόγον τοὺς ἡνίκα ἔζη φυγόντας διὰ τὸν ἐπικείμενον κίνδυνον, ἡνίκα ἐτελεύτησε μυρίοις ἑαυτοὺς δι' ἐκεῖνον περιβάλλειν κινδύνοις; Οἱ μὲν οὖν ἄλλοι πάντες ἔφυγον, Πέτρος δὲ καὶ ἠρνήσατο μεθ' ὅρκου

[a] Colb. ἀποσμηξάμενα.

* [Delendum videtur οὐ, quod Interpres non agnoscit. Emend. Ven.]

D τρίτον, καὶ ὁ μεθ' ὅρκου τρίτον αὐτὸν ἀρνησάμενος καὶ θεραπαινιδίου φόβον εὐτελοῦς δείσας, ἐπειδὴ ἐτελεύτησε, βουλόμενος ἡμᾶς πεῖσαι διὰ τῶν πραγμάτων αὐτῶν, ὅτι εἶδεν αὐτὸν ἀναστάντα, οὕτως ἀθρόον μετεβάλλετο ὡς ὁλοκλήρου καταγελάσαι δήμου, καὶ εἰς μέσον τῶν Ἰουδαίων τὸ θέατρον εἰσπηδῆσαι καὶ εἰπεῖν, ὅτι ὁ σταυρωθεὶς καὶ ταφεὶς ἀνέστη ἐκ νεκρῶν τῇ τρίτῃ ἡμέρᾳ, καὶ εἰς τοὺς οὐρανοὺς ἀνέβη, καὶ μηδὲν αὐτὸν ὑποδεῖσθαι δεινόν. Πόθεν οὖν τὸ θαῤῥεῖν αὐτῷ ἐγένετο; Πόθεν ἄλλοθεν, ἀλλ' ἢ ἀπὸ τῆς πληροφορίας τῆς κατὰ τὴν ἀνάστασιν; Ἐπειδὴ γὰρ εἶδεν αὐτὸν, καὶ διελέχθη, καὶ περὶ τῶν μελλόντων ἤκουσε, E διὰ τοῦτο ὡς ὑπὲρ ζῶντος κινδυνεύων λοιπὸν, οὕτως ἁπάντων κατετόλμησε τῶν δεινῶν, ἅτε δὴ καὶ πλείονα λαβὼν δύναμιν καὶ μεῖζον [b] τὸ θάρσος ὡς ὑπὲρ αὐτοῦ ἀποθανεῖν, καὶ τῷ σταυρῷ κατὰ κεφαλῆς προσομιλῆσαι. Ὅταν τοίνυν ἴδῃς καὶ σημεῖα μείζονα γινόμενα, καὶ τοὺς μαθητὰς πλείονα κεκτημένους εὔνοιαν 94 A περὶ αὐτὸν τοὺς πρότερον ἐγκαταλιπόντας αὐτὸν, καὶ παῤῥησίαν μείζονα ἐπιδεικνυμένους, καὶ πανταχόθεν λαμπροτέραν γινομένην τῶν πραγμάτων τὴν μεταβολὴν, καὶ ἐπὶ τὸ πεπαῤῥησιασμένον καὶ φαιδρὸν προελθόντα ἅπαντα, μάνθανε δι' αὐτῆς τῶν πραγμάτων τῆς πείρας, ὅτι οὐ μέχρι θανάτου τὰ κατὰ τὸν Χριστὸν ἔμεινεν, ἀλλὰ ἀνάστασις αὐτὸν διεδέξατο, καὶ ζῇ καὶ μένει διηνεκῶς ὁ σταυρωθεὶς Θεὸς ἀναλλοίωτος. Οὐ γὰρ ἂν εἰ μὴ ἀνέστη καὶ ἔζη, μείζονα μετὰ ταῦτα σημεῖα εἰργάσαντο οἱ μαθηταὶ τῶν πρὸ τοῦ σταυροῦ γινομένων. Τότε μὲν γὰρ αὐτὸν καὶ οἱ μαθηταὶ ἐγκατέλιπον· νυνὶ δὲ αὐτῷ καὶ ἡ οἰκουμένη προστρέχει ἅπασα, καὶ οὐχὶ Πέτρος μόνον, B ἀλλὰ καὶ ἕτεροι μυρίοι, καὶ πολλῷ πλέον μετὰ Πέτρον τῶν οὐχ ἑωρακότων αὐτὸν τὰς ψυχὰς ἐπέδωκαν τὰς ἑαυτῶν ὑπὲρ ἐκείνου, καὶ τὰς κεφαλὰς ἀπετμήθησαν, καὶ μυρία ἔπαθον δεινὰ, ὥστε τὴν εἰς αὐτὸν ὁμολογίαν ὑγιῆ καὶ ἀκέραιον ἔχοντας ἀπελθεῖν. Πῶς οὖν ὁ νεκρὸς καὶ ἐν τῷ τάφῳ μένων, ὡς σὺ λέγεις, ὦ Ἰουδαῖε, τοσαύτην καὶ ἐν τοῖς μετ' ἐκείνους ἅπασιν ἐπεδείξατο τὴν ἰσχὺν καὶ τὴν δύναμιν, πείθων αὐτοὺς αὐτὸν μόνον προσκυνεῖν, καὶ πάντα αἱρεῖσθαι ὑπομεῖναι καὶ πάσχειν ὑπὲρ τοῦ μὴ τὴν πίστιν ἀπολέσαι τὴν εἰς αὐτόν; Ὁρᾷς διὰ πάντων σαφῆ τῆς ἀναστάσεως τὴν ὑπόδειξιν, διὰ τῶν σημείων τῶν τότε, τῶν C νῦν, διὰ τῆς εὐνοίας τῶν μαθητῶν τῶν τότε, τῶν νῦν, διὰ τῶν κινδύνων ἐν οἷς διετέλεσαν οἱ πιστεύσαντες; Βούλει καὶ τοὺς ἐχθροὺς ἰδεῖν πεφοβημένους αὐτοῦ τὴν ἰσχὺν καὶ τὴν δύναμιν, καὶ πολλῷ μᾶλλον μετὰ τὸν σταυρὸν ἀγωνιῶντας; Ἄκουε καὶ περὶ τούτων συνετῶς. Θεωροῦντες γὰρ, φησὶν, οἱ Ἰουδαῖοι τὴν τοῦ Πέτρου παῤῥησίαν καὶ Ἰωάννου, καὶ κατα-

D eo jam vita functo, propter illum mille periculis seipsos objicerent? Ac cæteri quidem omnes fugerunt, Petrus vero etiam cum juramento ter illum negavit, et qui ter illum cum juramento negaverat, et vilis ancillulæ fuerat timore perculsus, posteaquam obierat, nobis rebus ipsis volens fidem facere se suscitatum illum a mortuis vidisse, sic repente mutatus est, ut integrum populum aspernaretur, et in medium Judæorum theatrum prosiliret, diceretque illum qui crucifixus fuerat ac sepultus, a mortuis die tertia E surrexisse atque in cælos ascendisse, neque se mali quidquam reformidare. Unde igitur factum erat, ut adeo confidens esset? Non aliunde sane, quam ex eo quod de resurrectione certior factus esset. Cum enim illum vidisset, atque alloquutus esset, deque rebus futuris verba facientem audiisset, hac de causa tanquam in gratiam hominis 94 A jam viventis periculum adiret, ita se malis omnibus objiciebat, utpote qui majori virtute corroboratus esset confidentiaque majori: sic ut pro ipso mortem oppeteret, et cruci capite in terram verso affigeretur. Cum ergo majora fieri signa videris, et discipulos majori cum benevolentia esse complexos, qui prius eum deseruerant, et majorem fiduciam præ se ferre, omni ex parte illustriorem rerum factam esse mutationem, omniaque tutiori ac jucundiori esse in statu collocata, tum ipso rerum experimento cognosce, res Christi non esse mortis finibus circumclusas, sed B resurrectionem illi successisse, ac vivere, superstitemque perpetuo crucifixum manere Deum immutabilem, immortalem. Neque enim discipuli, nisi resurrexisset ac viveret, majora postea miracula patrassent, quam quæ crucem præcesserant. Nam tum temporis etiam discipuli reliquerunt eum: jam vero totus ad illum orbis terrarum accurrit, neque Petrus solum, sed et mille alii, ac multo plures post Petrum, ex illis qui illum minime viderunt, animas pro illo suas exposuerunt, capite troncati sunt, et innumera sunt mala perpessi, ut integra C et illæsa ipsius confessione possent ex hac vita discedere. Quomodo ergo is qui mortuus erat et sepulcro conclusus, ut tu dicis, o Judæe, in omnibus qui sequuti sunt illos tantam vim exhibuit tantamque virtutem, ut eis persuaderet, solum illum ut adorarent, omniaque sustinere ac perpeti mallent, quam suam in illum fidem amittere? Vides in omnibus certam resurrectionis

Petrus quomodo crucifixus fuerit.

[b] Colb. τὸ θάρσος· οὐκ ἂν δὲ πλείονα δύναμιν ἔλαβεν παρὰ τοῦ νεκροῦ καὶ μένοντος ἐν τῷ θανάτῳ· ὅταν οὖν ἴδῃς.

comprobationem elucere, cum ex signis quæ tum
facta sunt, quæque nunc fiunt, tum ex discipulorum benevolentia, qui tum vivebant, et qui
nunc vivunt, tum ex periculis in quibus semper
fideles versabantur? Visne etiamnum hostes
cernere potentiam ac virtutem ejus pertimescere,
ac multo amplius post crucem æstuare? Audi
Act. 4. 13. sane prudenter, quid de his scriptum sit. *Cum
enim viderent,* inquit Scriptura, *Judæi Petri
in loquendo libertatem, et Joannis, atque
animadverterent homines illos literarum ru-
des et imperitos esse, mirabantur,* et metuo-
bant non quod literas nescirent, sed quod cum
Ibid. v. 14. illiterati essent omnes sapientes vincerent, *Cumque hominem cernerent, qui sanatus erat,
nihil poterant contradicere,* tametsi antea contradicebant cum signa fieri viderent. Cur igitur
tum minime contradicebant? Cohibebat illorum
linguam virtus invisibilis crucifixi: ille os eorum
obturabat, ille libertatem in dicendo compesce-
bat: propterea stabant, neque poterant contradicere. Cum autem verba etiam protulerunt, vide
Act. 5. 28. quo pacto metum suum fateantur. *Vultis,* inquiunt, *inducere super nos sanguinem homi-
nis istius?* At enim si nudus homo est, cur ejus
sanguinem pertimescis? quam multos prophetas
occidisti, quam multos justos jugulasti, Judæe,
nec ullius illorum sanguinem reformidasti? cur
igitur hic reformidas? Vere conscientiam terrebat illorum crucifixus, suamque formidinem
cum occultare non possent, vel etiam inviti suam
coram inimicis imbecillitatem fatentur. Ac dum
illum quidem crucifigerent, clamabant dicentes,
Matth. 27. 25. *Sanguis ejus super nos, et super filios nostros;* adeo sanguinem ejus spernebant. Post
passionem autem cum effulgentem illius virtutem
intuentur, pertimescunt et æstuant, dicuntque:
*Vultis inducere sanguinem hominis istius
super nos?* At enim si seductor erat, et adversarius Dei, prout dicitis, scelesti Judæi, quam ob
causam sanguinem ipsius timetis? Etenim si talis
erat, illius etiam fuerat cæde gloriandum. Sed
quoniam talis non erat, idcirco tremunt.

9. Vides undique et inimicos æstuare ac timere? vides illorum anxietatem? Crucifixi
quoque benignitatem cognosce. Siquidem illi
Matth. 27. 25. quidem dicebant: *Sanguis ejus super nos, et
super filios nostros:* Christus autem non ita
Luc. 23. 34. fecit; verum supplicans Patri ait, *Pater, dimitte
illis: non enim sciunt, quid faciunt.* Si enim
super illos sanguis fuisset, et super filios illorum,
nequaquam ex illorum filiis delecti essent apo-

λαβόμενοι, ὅτι ἄνθρωποι ἀγράμματοί εἰσι καὶ ἰδιῶται, ἐθαύμαζον, καὶ ἠγωνίων, οὐχ ἐπειδὴ ἀγράμματοι
ἦσαν, ἀλλ' ἐπειδὴ ἀγράμματοι ὄντες πάντων τῶν σοφῶν περιεγένοντο, καὶ Τὸν ἄνθρωπον σὺν αὐτοῖς
D ὁρῶντες τὸν τεθεραπευμένον, οὐδὲν εἶχον ἀντειπεῖν·
καίτοι γε πρὸ τούτου ἀντέλεγον σημεῖα ὁρῶντες γινόμενα. Πῶς οὖν τότε οὐκ ἀντεῖπον; Ἀπέστησεν
αὐτῶν τὴν γλῶτταν ἡ ἀόρατος τοῦ σταυρωθέντος
δύναμις· ἐκεῖνος τὸ στόμα αὐτῶν ἐνέφραξεν· ἐκεῖνος
τὴν παῤῥησίαν κατέστειλε· διὰ τοῦτο καὶ εἱστήκεισαν μηδὲν ἔχοντες ἀντειπεῖν. Ὅταν δὲ καὶ ἐφθέγ-
ξαντο, ὅρα πῶς τὴν δειλίαν ὁμολογοῦσι τὴν ἑαυτῶν.
Βούλεσθε, φησὶν, ἐπαγαγεῖν ἐφ' ἡμᾶς τὸ αἷμα τοῦ
ἀνθρώπου τούτου; Καὶ μὴν, εἰ ἄνθρωπός ἐστι ψιλὸς,
τί δέδοικας αὐτοῦ τὸ αἷμα; πόσους ἀνεῖλες προφήτας,
πόσους ἔσφαξας δικαίους, ὦ Ἰουδαῖε, καὶ οὐδενὸς
E αὐτῶν τὸ αἷμα ἐφοβήθης; τίνος ἕνεκεν ἐνταῦθα φοβῇ;
Κατέσεισεν αὐτῶν ὄντως τὸ συνειδὸς ὁ σταυρωθεὶς,
καὶ τὴν ἀγωνίαν ἣν εἶχον κρύψαι μὴ δυνάμενοι, καὶ
ἄκοντες ἐπὶ τῶν ἐχθρῶν ὁμολογοῦσι τὴν οἰκείαν
ἀσθένειαν. Καὶ ὅτε μὲν ἐσταύρουν αὐτὸν ἐβόων λέγοντες, Τὸ αἷμα αὐτοῦ ἐφ' ἡμᾶς καὶ ἐπὶ τὰ τέκνα
ἡμῶν· οὕτω κατεφρόνουν τοῦ αἵματος αὐτοῦ. Μετὰ
δὲ τὸν σταυρὸν ἰδόντες αὐτοῦ τὴν δύναμιν διαλάμπουσαν, φοβοῦνται καὶ ἀγωνιῶσι, καὶ λέγουσι· Βού-
93 A λεσθε ἐπαγαγεῖν ἐφ' ἡμᾶς τὸ αἷμα τοῦ ἀνθρώπου
τούτου; Καίτοι γε εἰ πλάνος ἦν καὶ ἀντίθεος, καθὼς
φατε, Ἰουδαῖοι παράνομοι, τίνος ἕνεκεν αὐτοῦ δε-
δοίκατε τὸ αἷμα; Καὶ γὰρ καὶ ἐγκαλλωπίζεσθαι ἔδει
τῷ φόνῳ, εἰ τοιοῦτος ἦν. Ἀλλ' ἐπειδὴ τοιοῦτος οὐκ
ἦν, διὰ τοῦτο τρέμουσιν.

Ὁρᾷς πανταχόθεν καὶ τοὺς ἐχθροὺς ἀγωνιῶντας
καὶ δεδοικότας; εἶδες αὐτῶν τὴν ἀγωνίαν; Μάθε καὶ
τοῦ σταυρωθέντος τὴν φιλανθρωπίαν. Ἐκεῖνοι μὲν
γὰρ ἔλεγον· Τὸ αἷμα αὐτοῦ ἐφ' ἡμᾶς, καὶ ἐπὶ τὰ
τέκνα ἡμῶν· ὁ δὲ Χριστὸς οὐκ ἐποίησεν οὕτως· ἀλλὰ
πρὸς τὸν Πατέρα καθικετεύων λέγει, Πάτερ, ἄφες
B αὐτοῖς· οὐ γὰρ οἴδασι τί ποιοῦσιν. Εἰ γὰρ ἐγένετο
τὸ αἷμα αὐτοῦ ἐπ' αὐτοὺς καὶ ἐπὶ τὰ τέκνα αὐτῶν,
οὐκ ἂν ἀπὸ τῶν τέκνων αὐτῶν ἐγένοντο ἀπόστολοι·

οὐκ ἂν ὁμοῦ τρισχίλιοι ἐπίστευσαν, οὐκ ἂν πεντακισχίλιοι. Ὁρᾷς πῶς ἐκεῖνοι μὲν ὠμοὶ καὶ ἀπηνεῖς περὶ τὰ ἔκγονα αὐτῶν ὄντες καὶ τὴν φύσιν αὐτὴν ἠγνόησαν, ὁ δὲ Θεὸς πατέρων ἁπάντων φιλανθρωπότερος, καὶ μητέρων φιλοστοργότερος γέγονεν; Ἐγένετο μὲν γὰρ τὸ αἷμα αὐτοῦ ἐπ' αὐτοὺς καὶ ἐπὶ τὰ τέκνα αὐτῶν· ἐπὶ τὰ τέκνα δὲ οὐχὶ πάντα, ἀλλ' ἐπ' ἐκεῖνα μόνον τὰ μιμησάμενα τὴν πατρικὴν ἀσέβειαν καὶ παρανομίαν, καὶ ὅσοι ἦσαν αὐτοῖς υἱοὶ οὐ κατὰ τὴν τῆς φύσεως διαδοχὴν, ἀλλὰ κατὰ τὴν τῆς προαιρέσεως μανίαν, οὗτοι μόνοι γεγόνασιν ὑπεύθυνοι C τῶν κακῶν. Σκόπει δέ μοι καὶ ἑτέρωθεν τὴν ἀγαθότητα καὶ φιλανθρωπίαν τοῦ Θεοῦ. Οὐ γὰρ εὐθέως ἐπήγαγεν ἐπ' αὐτοὺς τὴν κόλασιν καὶ τὴν τιμωρίαν, ἀλλὰ τεσσαράκοντα καὶ πλείονα ἔτη διέλιπε μετὰ τὸν σταυρόν. Αὐτὸς μὲν γὰρ ὁ Σωτὴρ ἐπὶ Τιβερίου ἐσταυρώθη· ἡ δὲ πόλις αὐτῶν ἐπὶ Οὐεσπασιανοῦ καὶ Τίτου ἑάλω. Τίνος οὖν ἕνεκεν τὸν μετὰ ταῦτα τοῦτον χρόνον διέλιπεν; Βουλόμενος αὐτοῖς δοῦναι καιρὸν μετανοίας, ὥστε ἀποδύσασθαι τὰ πεπλημμελημένα, ὥστε ἀποκρούσασθαι τὰ ἐγκλήματα. Ἐπειδὴ δὲ καὶ προθεσμίαν μετανοίας λαβόντες ἔμενον ἀνιάτως ἔχοντες, ἐπήγαγε λοιπὸν αὐτοῖς τὴν κόλασιν καὶ τὴν τι- D μωρίαν, καὶ τὴν πόλιν καθελὼν ἐξήγαγεν αὐτοὺς διασπείρας πανταχοῦ τῆς οἰκουμένης, καὶ τοῦτο διὰ φιλανθρωπίαν ποιῶν. Διέσπειρε γὰρ αὐτοὺς, ἵνα πανταχοῦ τῆς οἰκουμένης προσκυνούμενον ἴδωσι τὸν ὑπ' αὐτῶν σταυρωθέντα Χριστὸν, ἵνα ὁρῶντες αὐτὸν προσκυνούμενον ὑπὸ πάντων, καὶ μαθόντες αὐτοῦ τὴν δύναμιν, ἐπιγνῶσι τῆς οἰκείας ἀσεβείας τὴν ὑπερβολὴν, καὶ ἐπιγνόντες ἐπανέλθωσι πρὸς τὴν ἀλήθειαν. Καὶ λοιπὸν ἡ αἰχμαλωσία αὐτοῖς διδασκαλία ἐγίνετο, καὶ ἡ τιμωρία νουθεσία· εἰ γὰρ ἔμενον ἐπὶ τῆς Ἰουδαίας γῆς, οὐκ ἂν ἔγνωσαν τῶν προφητῶν τὴν ἀλήθειαν. Τί γὰρ καὶ ἔλεγον οἱ προφῆται; Αἴτησαι παρ' E ἐμοῦ, καὶ δώσω σοι ἔθνη τὴν κληρονομίαν σου, καὶ τὴν κατάσχεσίν σου τὰ πέρατα τῆς γῆς. Ἔδει τοίνυν αὐτοὺς ἐξελθεῖν εἰς τὰ πέρατα τῆς γῆς, ἵνα ἴδωσιν οἰκείοις ὀφθαλμοῖς, ὅτι καὶ τὰ πέρατα τῆς γῆς κατέχει ὁ Χριστός. Πάλιν οὖν ἕτερος προφήτης λέγει· Καὶ προσκυνήσουσιν αὐτῷ ἕκαστος ἐκ τοῦ τόπου αὐτοῦ. Ἔδει τοίνυν αὐτοὺς εἰς ἅπαντα διασπαρῆναι τόπον τῆς γῆς, ἵνα ἴδωσιν οἰκείοις ὄμμασιν ἕκαστον ἐκ τοῦ τόπου αὐτοῦ προσκυνοῦντα αὐτόν. Πάλιν ἄλλος εἶπε· Πλησθήσεται ἡ γῆ τοῦ γνῶναι τὸν Κύριον, 96 ὡς ὕδωρ πολὺ κατακαλύψαι θαλάσσας. Ἔδει τοίνυν A αὐτοὺς εἰς ἅπασαν τὴν γῆν ἀπελθεῖν, ὥστε ἰδεῖν αὐτὴν πεπληρωμένην τοῦ γνῶναι τὸν Κύριον, καὶ τὰς θαλάσσας, τουτέστι τὰς πνευματικὰς ταύτας Ἐκκλησίας, τῆς θεοσεβείας μεμεστωμένας. Διὰ ταῦτα διέσπειρεν αὐτοὺς ὁ Θεὸς πανταχοῦ τῆς γῆς· εἰ γὰρ ἐν Ἰουδαίᾳ ἐκάθηντο, ταῦτα ἂν ἠγνόησαν. Λοιπὸν

stoli: nequaquam ter mille simul credidissent, neque quinquies mille. Vides ut illi quidem crudeles ac sævi cum in suos liberos essent, ipsam etiam naturam abnegarint, Deus autem patres omnes superaverit benignitate, ac filios majori quam matres fuerit amore complexus? Sanguis enim ejus super illos et super illorum filios fuit; super filios vero non omnes, sed super illos tantum, qui paternam impietatem et iniquitatem imitati sunt, et quotquot illis filii fuerunt non secundum naturæ successionem, sed secundum voluntatis insaniam, hi soli malis facti sunt obnoxii. Tu vero mihi bonitatem ac benignitatem Dei aliunde quoque considera. Non enim statim illis supplicium ac pœnam intulit, sed quadraginta et plures elabi post passionem annos sivit. Siquidem Salvator ipse Tiberio imperante cruci affixus est: at illorum civitas imperantibus Vespasiano ac Tito capta est. Cur igitur consequens tempus omisit? Voluit illis spatium ad pœnitentiam agendam præbere, ut peccata deponerent, ut crimina a se depellerent. Postquam autem temporis spatium ad pœnitentiam præstitutum habentes immedicabili se laborare morbo præ se tulerunt, tum demum supplicium illis ac pœnam intulit, et eversa illorum urbe per universum orbem terrarum eductos illos dispersit. Atque hoc benignitatis ejus opus fuit. Siquidem illos dispersit, ut Christum, quem cruci affixerant, ubique terrarum cernerent adorari, ut cum ab omnibus adoratum illum cernerent, ejusque virtutem perciperent, summam suam impietatem agnoscerent, eaque cognita ad veritatem redirent. Atque ipsa captivitas illis deinde doctrinæ, ac supplicium admonitionis occasionem afferebat: si enim in regione Judææ remansissent, veraces fuisse prophetas non agnovissent. Quid enim prophetæ dicebant? *Postula a me, et dabo tibi gentes hereditatem tuam, et possessionem tuam terminos terræ.* Itaque illos egredi oportuit ad terræ terminos, ut propriis oculis cernerent a Christo terræ terminos possideri. Rursus alius propheta dicit: *Et adorabunt eum singuli e loco suo.* Ergo illos per omnia terræ loca dispergi oportuit, ut unumquemque adorare illum propriis oculis cernerent. Rursus alius dixit: *Replebitur terra, ut cognoscat Dominum, sicut aqua multa ad operiendum maria.* In omnem igitur terram abire illos oportuit, ut repletam illam cognitione Domini viderent, et maria, hoc est spirituales istas Ecclesias, pietate redundantia. Propterea ubique terrarum dispersit

Jerusalem quando excisa.

Psal. 2. 8.

Soph. 2, 11.

Hab. 2. 14.

illos Deus : si enim in Judæa resedissent, hæc
ignorassent. Jam vero prophetas veraces esse,
atque ipsum virtute pollere suorum oculorum
experimento vult ipsos cognoscere : ut, si quidem
probi gratique fuerint, ad veritatem per ista de-
ducantur : sin autem in impietate perseverent,
nullam habeant in tremenda die judicii excusationem. Propterea per universum orbem terrra-
rum illos dispersit, ut et nos quidpiam inde
lucri decerpamus, hoc est, dum prolatas illas de
illorum dispersione prædictiones, deque Jero-
Dan. 9. 27. solymorum eversione cernimus, quas et Daniel,
dum abominationis desolationis mentionem facit,
Mal. 1. 10. et Malachias dum ait : *Quia et in vobis clau-
dentur januæ*, et David, et Isaias, et alii prophetæ multi de his prædixerunt, ut videntes eos
qui Dominum tot injuriis affecerant, ita fuisse
punitos, patria libertate privatos et suis omnibus legibus ac paternis traditionibus, virtutem
ejus agnoscamus, quæ illa prædixit atque perfecit, atque inimici quidem ex nostris bonis potentiam illius intelligant, nos autem ex supplicio
de illis sumto immensam ejus benignitatem ac
potentiam agnoscamus, nec umquam illum glorificare desinamus, ut et sempiterna atque ineffabilia bona consequamur, gratia et benignitate
Domini nostri Jesu Christi, cum quo Patri gloria, una cum sancto et vivifico Spiritu, honor
et imperium, nunc et semper, et in sæcula sæculorum. Amen.

βούλεται αὐτοὺς καὶ τῆς τῶν προφητῶν ἀληθείας καὶ τῆς αὐτοῦ δυνάμεως αὐταῖς ὄψεσι τὴν πεῖραν λαβεῖν· ἵνα ἐὰν μὲν εὐγνωμονῶσι, διὰ τούτων χειραγωγηθῶσι πρὸς τὴν ἀλήθειαν· ἂν δὲ ἐπιμένωσι τῇ ἀσεβείᾳ, B μηδεμίαν ἔχωσιν ἀπολογίαν ἐν τῇ φοβερᾷ τῆς κρίσεως ἡμέρᾳ. Διὰ τοῦτο διέσπειρεν αὐτοὺς πανταχοῦ τῆς οἰκουμένης, ἵνα καὶ ἡμεῖς ἐκ τούτου κερδάνωμέν τι, τουτέστιν ἐκείνας τὰς προῤῥήσεις ὁρῶντες τὰς περὶ τῆς διασπορᾶς αὐτῶν εἰρημένας, τὰς περὶ τῆς ἁλώσεως τῶν Ἱεροσολύμων, ἃς καὶ ὁ Δανιὴλ τοῦ βδελύγματος τῆς ἐρημώσεως μνησθεὶς, καὶ ὁ Μαλαχίας εἰπὼν, Ὅτι καὶ ἐν ὑμῖν συγκλεισθήσονται πύλαι, καὶ ὁ Δαυὶδ καὶ ὁ Ἡσαΐας καὶ ἕτεροι πολλοὶ προφῆται περὶ τούτων προανεφώνησαν, ἵνα ὁρῶντες τοὺς περὶ τὸν Δεσπότην ἀγνώμονας γεγενημένους C οὕτω κολαζομένους, ἐκπεπτωκότας τῆς ἐλευθερίας τῆς πατρικῆς καὶ τῶν οἰκείων ἁπάντων θεσμῶν τε καὶ πατρικῶν παραδόσεων, μάθωμεν αὐτοῦ τὴν δύναμιν τὴν προειποῦσαν αὐτὰ καὶ ἐργασαμένην, καὶ οἱ μὲν ἐχθροὶ διὰ τῶν ἡμετέρων ἀγαθῶν ἴδωσιν αὐτοῦ τὴν ἰσχύν· ἡμεῖς δὲ διὰ τῶν εἰς ἐκείνους τιμωριῶν μάθωμεν αὐτοῦ τὴν ἄφατον φιλανθρωπίαν καὶ δύναμιν, καὶ διὰ παντὸς δοξάζοντες αὐτὸν διατελῶμεν, ὅπως καὶ τῶν αἰωνίων καὶ ἀποῤῥήτων ἀγαθῶν ἐπιτύχωμεν, χάριτι καὶ φιλανθρωπίᾳ τοῦ Κυρίου ἡμῶν Ἰησοῦ Χριστοῦ, μεθ' οὗ τῷ Πατρὶ ἅμα τῷ ἁγίῳ καὶ ζωοποιῷ Πνεύματι τιμὴ καὶ κράτος, νῦν καὶ ἀεὶ, καὶ εἰς τοὺς αἰῶνας τῶν αἰώνων. Ἀμήν.

MONITUM

AD HOMILIAM IN ILLUD,

SAULUS AUTEM ADHUC SPIRANS MINAS ET CÆDEM,

ET IN RELIQUAS DE MUTATIONE NOMINUM.

Hæc concionatus est Chrysostomus post quartam habitam in inscriptionem Actorum homiliam. Id vero liquet ex iis quæ num. 3 dicuntur : ubi etiam hujus concionis argumentum declaratur his verbis : *Totum igitur debitum inscriptionis vobis persolvimus, inscriptionis, inquam, Actorum apostolicorum : ut igitur initium libri attingeremus, ordo exigebat, ac doceremus, quid hoc sibi velit :* Primum quidem sermonem fecimus de omnibus, o Theophile, quæ cœpit Jesus facere ac docere. *Verumtamen non sinit Paulus, ut hanc seriem ordinis sequar, sed ad se suaque recte facta linguam nostram invitat. Cupio namque videre illum introductum Damascum, non ferrea catena, sed Dominica voce vinctum.* Hic vides post Homilias in principium Actorum institutam concionem : vides item ejus argumentum. Habitam item hanc de qua nunc agimus, antequam tempus paschale dilaberetur, aperte narrat num. 4 : *Nam si, dum solam vobis*, ait, *inscriptionem legimus* et *enarramus*, 97 *dimidium solennitatis consumsimus, si ab exordio initio facto in ipsum libri pelagus orationem immittere cœpissemus, quantum, quæso,* temporis *impendissemus, ut ad illas de Paulo narrationes perveniremus?* Et postea numero quinto non obscure significat illam homiliam, quæ nulla intermedia præcesserat, esse quartam in principium Actorum, in qua quæritur cur Acta Apostolorum in Pentecoste legantur. Hic namque sanctus doctor talia fatur : *Nonne in priore vobis* collecta *diecbam ea miracula, quæ crucem* sequuta sunt, *iis majora quæ ipsam præcesserant exstitisse? Nonne id* ostendi *vobis* et *ex miraculis* et *ex discipulorum benevolentia; et quo pacto antea quidem Christus imperans mortuos suscitabat, postea vero servorum* ejus *umbra idipsum præstabat*, etc. quæ omnia diserte narrantur in illa quarta Homilia in principium Actorum num. 7. Hæc igitur homilia quartam illam in principium Actorum procul dubio sequitur. Qui vero fuerint illi πρόεδροι qui tum in hac, tum in sequenti homilia memorantur, in Vita Chrysostomi ad calcem operum adornanda disquiretur.

Die insequente post habitam Homiliam in illud, *Paulus autem adhuc spirans minarum*, etc. illam concionem habuit, quæ inscribitur *De nominum mutatione*. Quod argumentum ille in fine præcedentis homiliæ cœperat, hac proposita quæstione, cur Paulo, cur Petro, cur aliis in Veteri Testamento mutatum nomen fuerit. Id enim ipse narrat num. 2. *Neque enim*, ait, *de rebus trivialibus quæstionem habemus hodie, sed de re, quæ cœpit quidem hesterno die proponi, non potuit autem* solutio *quæstionis afferri,* propter *eorum multitudinem, quæ fuerant in medium prolata. Quid illud* porro est? *De nominum impositione quæstio erat, quæ Deus sanctis imposuit.* Et quibusdam interpositis : *Pauli præclara facinora narrare cupiebamus, jamque historiæ attigeramus exordium* ; et *his verbis conceptum initium narrationis invenimus* : Saulus autem adhuc spirans minas et cædem in discipulos Domini. *Continuo turbavit nos immutatio nominis*, et cætera de nominum mutatione, quæ pluribus ille prosequitur; ita ut hæc homilia sit ceu complementum præcedentis.

Hanc homiliam sequutus est sermo ille, qui post Homilias in Genesim nonus numerator : ubi duæ illæ, de quibus jamjam egimus, homiliæ diserte memorantur, et de mutatione nominis Abrahæ, deque aliorum nominum propriorum, quæ in Veteri Testamento sunt, significatione tractator. In hoc sermone perinde atque in præcedentibus homiliis, longo procemio usus est Chrysostomus. Hinc querelæ populi Antiocheni, hinc reprehensiones in Chrysostomum, ob nimiam nempe procemiorum prolixitatem. Cujus querimoniæ occasione paucis elapsis diebus illam de ferendis reprehensionibus homiliam habuit, quam nos in serie Homiliarum de nominum mutatione ponimus; quia ipsa, licet in prius editis distracta et procul ab aliis posita, sese prodit hoc ordine ponendam esse, num. 3, his verbis : *De Paulo autem sermo nobis nuper erat, quando de nominibus disserebamus, quærebamusque cur aliquando Saulus,* postea *vero Paulus vocatus fuerit. Inde vero digressi sumus ad veterem historiam, omnesque qui nomina habuerant examinavimus.* Pergit etiam in hac concione, ac disquirit cur Paulo nomen mutatum sit, et cur non statim ab ejus conversione, sed non modico post illam tempore sit mutatum.

Hanc aliquanto interposito tempore excepit Homilia in illud, *Paulus vocatus*, in cujus medio idem ipsum tangit argumentum, et tres priores homilias commemorat, his verbis : *Num, si recordamini,* tres *integros dies de solo hoc nomine disseruisse me scitis, dum causas afferrem, ob quas cum Saulus antea vocaretur, Paulus deinde vocatus* est, et *quam ob rem non statim ad fidem conversus hanc appellationem accepit, sed ad multum tempus nomen retinuit, quod illi parentes imposuerant?* Quibus tres hasce priores de nominum mutatione homilias ita diserte commemorat, ut nulla supersit adversum suspicandi causa. Hæ porro quatuor homiliæ in prius editis misere distractæ, et ut ita dicam dissipatæ erant, ut non nisi ingenti labore posset earum series internosci, quemadmodum et præcedentes aliæ quatuor in Actorum inscriptionem ; quanto autem id lectorum dispendio acciderit, norunt ii, qui vel primoribus labris rem ecclesiasticam literariam attigerunt.

Primæ, secundæ et quartæ homiliæ interpretatio Latina est Frontonis Ducæi, tertiæ vero homiliæ novam paravimus, quia vetus illa incerti versio non accurata erat.

CUM LECTUS ESSET ILLE TEXTUS, Saulus autem adhuc spirans minas et cædem, *cum exspectarent omnes homiliam in principium cap.* 9. *Actorum habendam, et quod resurrectionis demonstratio sit Pauli vocatio.*

1. Hæccine sunt ferenda? hæccine sunt toleranda? Singulis diebus eorum numerus nobis imminuitur, qui collectis intersunt: et plena quidem est hominum civitas, at ecclesia est hominibus vacua: plenum quidem est forum, et theatra, et porticus: domus autem Dei deserta est: imo vero, si verum dicendum est, destituta est hominibus civitas, et plena hominum est ecclesia. Siquidem homines appellandi sunt, non qui in foro, sed vos qui in ecclesia versamini: non illi socordes, sed vos diligentes: non illi, qui res sæculares ad stuporem usque mirantur, sed vos qui spiritualia præfertis sæcularibus. Non enim si quis hominis corpus ac vocem habeat, idcirco est homo: sed si quis hominis animam et affectionem animæ habeat. Porro humanæ animæ tale nullum est judicium, quam si divinorum eloquiorum amore ducatur: quemadmodum belluinæ ac rationis expertis animæ signum et argumentum tale nullum est, ac si eloquia divina contemnat. Vin' tu intelligere, quam vere qui divini verbi expositionem audire negligunt, per hunc contemtum homines esse desinant, et ipsa sua nativa nobilitate se spolient? Non meum vobis sermonem proferam, sed propheticam vocem proferam, quæ sententiam meam

Homines non sunt, qui Dei verbum spernunt.

confirmet, ut videatis eos qui spiritualium sermonum amantes non sunt, ne homines quidem esse posse; ut civitatem hominibus desertam nobis esse videatis. Nam Isaias qui sublimitate vocis aliis antecellit, qui mirabilium illarum spectator visionum fuit, cui concessum est, ut cum adhuc esset carne circumdatus, Seraphinos videret, qui mysticum illum concentum audivit, is cum in urbem Judæorum metropolim hominibus refertam ingressus esset, Jerosolyma nimirum, atque in medio foro constitisset, cum toto populo circumseptus esset, cum significare vellet non hominem esse, qui propheticos sermones non audiret, clamans dicebat, *Veni, et non erat ho-*

Isai. 50. 2.

98 A ΑΝΑΓΝΩΣΘΕΙΣΗΣ ΠΕΡΙΚΟΠΗΣ, ΣΑΥΛΟΣ δὲ ἔτι ἐμπνέων ἀπειλῆς καὶ φόνου, πάντων προσδοκώντων εἰς τὴν ἀρχὴν τοῦ θ'. τῶν Πράξεων τὴν ὁμιλίαν λεχθήσεσθαι, ὅτι ἀναστάσεως ἀπόδειξις ἡ Παύλου κλῆσις.

Ἆρα ταῦτα φορητά; ἆρα ταῦτα ἀνεκτά; Καθ' ἑκάστην ἡμέραν ἡμῖν ἡ σύναξις πρὸς τὸ ἔλαττον συστέλλεται· καὶ μεστὴ μὲν ἡ πόλις ἀνθρώπων, κενὴ δὲ ἡ ἐκκλησία ἀνθρώπων· μεστὴ μὲν ἡ ἀγορὰ, καὶ θέατρα, καὶ περίπατος· ἔρημος δὲ ὁ τοῦ Θεοῦ οἶκος· B μᾶλλον δὲ, εἰ χρὴ τἀληθὲς εἰπεῖν, ἔρημος μὲν ἡ πόλις ἀνθρώπων, μεστὴ δὲ ἡ ἐκκλησία ἀνθρώπων. Ἀνθρώπους γὰρ οὐ τοὺς ἐπὶ τῆς ἀγορᾶς δεῖ καλεῖν, ἀλλὰ τοὺς ἐπὶ τῆς ἐκκλησίας ὑμᾶς· οὐκ ἐκείνους τοὺς ῥαθυμοῦντας, ἀλλ' ὑμᾶς τοὺς σπουδάζοντας· οὐκ ἐκείνους τοὺς περὶ τὰ βιωτικὰ κεχηνότας, ἀλλ' ὑμᾶς τοὺς τὰ πνευματικὰ τῶν βιωτικῶν προτιμῶντας. Οὐ γὰρ, εἴ τις σῶμα ἀνθρώπου καὶ φωνὴν ἔχει, οὗτος ἄνθρωπος· ἀλλ' εἴ τις ψυχὴν ἀνθρώπου, καὶ διάθεσιν ἔχει C ψυχῆς. Ψυχῆς δὲ ἀνθρωπίνης οὐδὲν οὕτω τεκμήριον, ὡς τῶν θείων ἐρᾷν λογίων· ὥσπερ οὐδὲν οὕτω κτηνώδους καὶ ἀλόγου ψυχῆς δεῖγμα καὶ σημεῖον, ὡς τῶν θείων ὑπερορᾷν λογίων. Βούλει μαθεῖν, ὅτι οἱ θείας ἀκροάσεως ὑπερορῶντες, καὶ τὸ εἶναι ἄνθρωποι διὰ τῆς ὑπεροψίας ταύτης ἀπώλεσαν, καὶ τῆς εὐγενείας αὐτῆς ἐξέπεσαν; Οὐκ ἐμὸν ὑμῖν ἐρῶ λόγον, ἀλλὰ προφητικὴν ἐρῶ ῥῆσιν, τὴν ἐμὴν γνώμην κυροῦσαν, ἵν' ἴδητε ὅτι λόγων οὐκ ἐρῶντες πνευματικῶν, οὐδὲ ἄνθρωποι εἶναι δύνανται· ἵνα ἴδητε ὅτι ἔρημος ἡμῖν D ἐστιν ἡ πόλις ἀνθρώπων. Ὁ γὰρ μεγαλοφωνότατος Ἡσαΐας, ὁ τῶν παραδόξων ὄψεων θεωρὸς, ὁ τὰ Σεραφεὶμ ἰδεῖν καταξιωθεὶς ἔτι ὢν ἐν σαρκὶ, ὁ τοῦ μυστικοῦ μέλους ἐκείνου[a], οὗτος εἰς τὴν πόλιν τῶν Ἰουδαίων τὴν μητρόπολιν εἰσελθὼν τὴν πολυάνθρωπον, τὰ Ἱεροσόλυμα λέγω, ἐν μέσαις ταῖς ἀγοραῖς ἑστὼς, τοῦ δήμου παντὸς αὐτὸν περιεστῶτος, βουλόμενος δεῖξαι, ὅτι ὁ μὴ ἀκούων τῶν λόγων τῶν προφητικῶν, οὐκ ἔστιν ἄνθρωπος, ἐβόα λέγων· Ἦλθον, καὶ οὐκ ἦν ἄνθρωπος· ἐκάλεσα, καὶ οὐκ ἦν ὑπακουσό- E μενος. Καὶ ὅτι οὐ διὰ τὴν ἐρημίαν τῶν παρόντων, ἀλλὰ διὰ τὴν ῥαθυμίαν τῶν ἀκροωμένων τοῦτο εἶπεν, εἰπὼν, Ἦλθον, καὶ οὐκ ἦν ἄνθρωπος, ἐπήγαγε, Καὶ οὐκ ἦν ὁ ὑπακουσόμενος. Ὥστε παρῆσαν μὲν, οὐκ ἐνομίζοντο δὲ παρεῖναι, ἐπειδὴ τοῦ προφήτου οὐκ ἤκουον· διὰ τοῦτο ἐπειδὴ ἦλθε, καὶ οὐκ ἦν ἄνθρωπος, ἐκάλεσε,

a Hic deesse videtur ἀκροατής.

καὶ οὐκ ἦν ὁ ὑπακουσόμενος, πρὸς τὰ στοιχεῖα τρέπει τὸν λόγον, καί φησιν, Ἄκουε οὐρανὲ, καὶ ἐνωτίζου γῆ. Ἐγὼ μὲν γὰρ, φησὶ, πρὸς ἀνθρώπους ἀπεστάλην, πρὸς ἀνθρώπους νοῦν ἔχοντας· ἐπειδὰν δὲ οὔτε λόγον, οὔτε αἴσθησιν ἔχοντες ὦσι, διὰ τοῦτο τοῖς οὐκ ἔχουσιν αἴσθησιν στοιχείοις διαλέγομαι, εἰς κατηγορίαν τῶν αἰσθήσει τετιμημένων μὲν, οὐ χρωμένων δὲ τῇ τιμῇ. Οὕτω καὶ ἕτερος προφήτης φησὶν ὁ Ἱερεμίας. Καὶ γὰρ καὶ ἐκεῖνος ἐν μέσῳ πλήθει τῶν Ἰουδαίων ἑστὼς, ἐν αὐτῇ τῇ πόλει, ὥσπερ οὐδενὸς παρόντος, οὕτως ἐβόα· Πρὸς τίνα λαλήσω καὶ διαμαρτυροῦμαι; Τί λέγεις; τοσοῦτον πλῆθος ὁρῶν, ἐρωτᾷς, πρὸς τίνα λαλήσεις; Ναὶ, φησί· τὸ πλῆθος γὰρ τῶν σωμάτων ἐστὶν, ἀλλ' οὐ πλῆθος ἀνθρώπων· σωμάτων ἐστὶ πλῆθος οὐκ ἐχόντων ἀκοήν. Διά τοι τοῦτο καὶ ἐπήγαγεν· Ἀπερίτμητα τὰ ὦτα αὐτῶν, καὶ οὐ δύνανται ἀκούειν. Ὁρᾷς ὅτι πάντες οὗτοι διὰ τὸ μὴ ἀκούειν οὐκ εἰσὶν ἄνθρωποι; Ἐκεῖνός φησιν, Ἦλθον, καὶ οὐκ ἦν ἄνθρωπος, B ἐκάλεσα, καὶ οὐκ ἦν ὁ ὑπακουσόμενος· οὗτός φησι, Πρὸς τίνα λαλήσω καὶ διαμαρτυροῦμαι; ἀπερίτμητα τὰ ὦτα αὐτῶν, καὶ οὐ δύνανται ἀκούειν. Εἰ δὲ τοὺς παρόντας, ἐπειδὴ μὴ προσεῖχον μετὰ σπουδῆς τοῖς λεγομένοις, οὐδὲ ἀνθρώπους εἶναί φασιν οἱ προφῆται, τί ἂν εἴποιμεν ἡμεῖς περὶ τῶν οὐ μόνον οὐκ ἀκουομένων, ἀλλ' οὐδὲ ἐπιβῆναι τῶν ἱερῶν τούτων προθύρων ἀνεχομένων, περὶ τῶν ἔξω τῆς ἱερᾶς ταύτης ἀγέλης πλανωμένων, πόῤῥωθεν ὄντων τῆς μητρικῆς ταύτης οἰκίας, ἐν ἀμφόδοις καὶ στενωποῖς, καθάπερ τὰ ἄτακτα καὶ ῥᾴθυμα τῶν παιδίων; Καὶ γὰρ ἐκεῖνα τὸν πατρῷον οἶκον ἀφέντα, ἔξω που πλανᾶται, ἐν C ἀθύρμασι διημερεύοντα παιδικοῖς· διά τοι τοῦτο καὶ τῆς ἐλευθερίας καὶ τῆς ζωῆς πολλάκις ἐξέπεσε τὰ τοιαῦτα παιδία. Περιτυγχάνοντα γὰρ ἀνδραποδιστῶν ἢ λωποδυτῶν χερσὶ, θάνατον πολλάκις τὴν τιμωρίαν τῆς ῥᾳθυμίας ἔδωκαν. Λαμβάνοντες γὰρ ἐκεῖνοι αὐτὰ, καὶ τὸν χρυσοῦν ἀφελόμενοι κόσμον, ἢ ῥεύμασι ποταμῶν ἀποπνίγουσιν, ἢ ὅταν φιλανθρωπότερόν τι περὶ αὐτῶν βουλεύσωνται, εἰς τὴν ἀλλοτρίαν ἀπαγαγόντες γῆν, τὴν ἐλευθερίαν αὐτῶν ἀποδίδονται. Τοῦτο καὶ οὗτοι πάσχουσιν. Ἐπειδὰν γὰρ τοῦ πατρῴου οἴκου καὶ τῆς ἐνταῦθα διατριβῆς ἀποπλανηθῶσι, περιτυγχάνουσι στό- D μασιν αἱρετικῶν, καὶ ταῖς γλώσσαις τῶν τῆς ἀληθείας ἐχθρῶν· εἶτα, καθάπερ ἀνδραποδισταὶ λαβόντες αὐτοὺς ἐκεῖνοι, καὶ τὸν χρυσοῦν τῆς πίστεως ἀφελόμενοι κόσμον, ἀποπνίγουσιν εὐθέως, οὐκ εἰς ποταμοὺς

mo : vocavi, et *non erat qui obediret*. Atque ut hoc esse dictum intelligas non ob raritatem eorum, qui adessent, verum ob eorum socordiam qui audirent, postquam dixit, *Veni*, et *non* 99 A *erat homo*, subjunxit, *Et non erat qui obediret*. Itaque aderant illi quidem, sed adesse non censebantur, quandoquidem prophetam non audiebant: propterea, quandoquidem venit, et non erat homo; vocavit, et non erat qui obediret, orationem ad clementa convertit, et ait: *Audi*, *cœlum* et *auribus percipe*, *terra*. Nam equidem ad homines, inquit, missus fueram, ad homines ratione ac mente præditos: quando autem neque ratione, neque sensu præditi sunt isti, propterea destituta sensu alloquor clementa, in reprehensionem eorum, qui cum honorati sensu fuissent, tamen honore illo non utuntur. Sic etiam alter propheta dixit Jeremias. Siquidem ille quoque in medio Judæorum cœtu cum stetisset, in eadem illa urbe, quasi nullus adesset, ita clamabat: *Ad quem loquar, et contestabor?* Quid ais? cum tantam videas multitudinem, quæris, quem alloquuturus sis? Quæro equidem, inquit: siquidem multitudo corporum est, non hominum multitudo: corporum est multitudo, quæ auditu non pollent. Idcirco etiam adjecit: *Incircumcisæ sunt aures eorum, et audire non possunt*. Vides omnes istos eo quod non audiant, homines non esse? Ille dixit: *Veni, et non erat homo: vocavi, et non erat qui obediret:* hic dicit, *Ad quem loquar et contestabor? incircumcisæ sunt aures eorum, et audire non possunt*. Quod si eos qui adorant, propterea quod diligenter ad ea quæ dicebantur non attendebant, ne homines quidem esse dicunt prophetæ: quid dicemus nos de illis qui non modo non audiunt, sed ne ingredi quidem hæc vestibula sacra dignantur, de illis qui extra sacrum hunc gregem vagantur, qui procul ab ædibus istis maternis in triviis et angiportis tamquam insolentes ac socordes quidam pueruli versantur? Nam et illi, cum paternam domum deseruerint, alicubi foris oberrant, et totos dies in ludis puerilibus transigunt: quam ob causam et libertate, ac sæpenumero vita pueruli tales privantur. Nam cum in manus plagiariorum aut prædonum inciderint, sæpe morte negligentiæ suæ pœnas luunt. Siquidem arreptis ipsis cum aurea ornamenta sustulerint illi, aut fluminum undis suffocant, aut si quid mitius de illis statuerint, in longinquam illos regionem ab-

Isai. 1. 2.

Jer. 6. 10.

ductos ac servituti addictos divendunt. Idem istis etiam accidit. Cum enim longe a paterna domo et hujus templi frequentatione aberrarint, in hæreticorum ora incidunt, et in linguas hostium veritatis: tum illi cum tamquam plagiarii quidam ipsos invaserint, et aureo fidei ornatu spoliarint, confestim eos non in flumen projectos, sed in turbida dogmata fœtoris sui demersos enecant.

2. Vestrarum hoc partium fuerit, saluti fratrum consulere, atque ad nos illos reducere, licet resistant, licet reclament, licet lamententur. Puerilis est animi contentio ista et negligentia. Vos vero imperfectam adhuc atque ita misere affectam ipsorum animam corrigite; vestri muneris est, ut illis persuadeatis, ut homines fiant. Nam quemadmodum eum, qui humana aversetur alimenta, et cum pecudibus spinis herbisque pascatur, hominem esse minime dicemus: sic nimirum eum, qui veram et animæ convenientem humanæ escam oderit, quæ ex divinis constat eloquiis, in sæcularibus autem cœtibus et omni fœditate redundantibus circulis resideat, et iniquis alatur verbis, hominem appellare minime possumus. Siquidem apud nos homo est non is tantum qui pane vescatur, sed qui priusquam ullo cibo, divinis ac spiritualibus eloquiis perfruatur. Hoc autem hominem esse, disce ex his

Matth. 4. 4. quæ Christus effatus est: *Non in solo pane vivet homo, sed in omni verbo, quod procedit de ore Dei.* Itaque duplex vitæ nostræ est alimentum, unum deterius, alterum vero præstantius: et hoc præcipue capessendum est, ut et animam alere possimus, neque fame illam torqueri sinamus. In vostra igitur potestate situm est, ut civitatem nobis hominum plenam efficiatis. Quando ergo destituta est hominibus ampla et populosa hæc civitas, æquum est ut patriæ vestræ hanc gratiam et munificentiam conferatis, ut transmissis ad eos quæ hic didiceritis, fratrum nobis animos reconcilietis. Tum enim mensæ participes non fuisse comprobamus, non cum mensam laudamus tantum, sed cum iis, qui abfuerint, cibariorum quidpiam largiri possumus. Hoc et vos nunc agite, sicque alterutrum ex his duobus omnino eveniet, ut vel illis persuadeatis, ad nos ut redeant, vel si in eadem contentione perseverent, vestræ linguæ opera nutriantur, imo vero plane revertantur. Non enim potius eligent gratuita beneficentia nutriri, cum pro suo jure possint ipsi hac paterna mensa potiri. Sed hoc vos facere, vel fecisse, vel esse

ἐμβάλλοντες, ἀλλ' εἰς τὰ θολερὰ τῆς δυσωδίας αὐτῶν καταποντίζοντες δόγματα.

Ὑμέτερον ἂν εἴη τῆς τῶν ἀδελφῶν τούτων προνοῆσαι σωτηρίας, καὶ ἐπαναγαγεῖν αὐτοὺς πρὸς ἡμᾶς, κἂν ἀνθέλκωσι, κἂν ἀντιτείνωσι, κἂν καταβοῶσι, κἂν ὀδύρωνται. Παιδικῆς ἡ φιλονεικία αὕτη καὶ ῥᾳ-

E θυμία διανοίας ἐστίν. Ἀλλ' ὑμεῖς διορθώσατε τὴν ἀτελέστερον ἔτι διακειμένην αὐτῶν ψυχήν· ὑμέτερόν ἐστι πεῖσαι γενέσθαι ἀνθρώπους αὐτούς. Ὥσπερ γὰρ τὸν ἀνθρωπίνην ἀποστρεφόμενον τροφὴν, ἀκάνθας δὲ καὶ βοτάνας μετὰ τῶν θρεμμάτων βοσκόμενον, οὐκ ἂν εἴποιμεν ἄνθρωπον εἶναι· οὕτω δὴ τὸν τὴν ἀληθῆ καὶ προσήκουσαν ἀνθρωπίνῃ ψυχῇ μισοῦντα τροφὴν, τὴν ἀπὸ τῶν θείων λογίων, ἐν δὲ βιωτικοῖς συλλόγοις καὶ συνεδρίοις ἀεὶ αἰσχρότητος γέμουσι καθήμενον, καὶ παράνομα βοσκόμενον ῥήματα, οὐκ ἂν εἴποιμεν ἄνθρωπον εἶναι. Ἄνθρωπος γὰρ καθ' ἡμᾶς, οὐχ εἴ τις ἄρτον τρέφοιτο μόνον, ἀλλ' εἴ τις

100 A πρὸ τῆς τροφῆς ἐκείνης θείων λογίων μετέχοι καὶ πνευματικῶν. Καὶ ὅτι τοῦτο ἄνθρωπος, ἄκουσον τοῦ Χριστοῦ λέγοντος· Οὐκ ἐπ' ἄρτῳ μόνῳ ζήσεται ἄνθρωπος, ἀλλ' ἐν παντὶ ῥήματι ἐκπορευομένῳ διὰ στόματος Θεοῦ. Ὥστε διπλῆ τῆς ζωῆς ἡμῶν ἡ τροφὴ, ἡ μὲν ἐλάττων, ἡ δὲ βελτίων· καὶ δεῖ μάλιστα ταύτης ἀντιποιεῖσθαι, ὥστε καὶ τὴν ψυχὴν διατρέφειν, καὶ μὴ περιορᾶν αὐτὴν λιμῷ τηκομένην. Ὑμέτερον οὖν ἂν εἴη ποιῆσαι τὴν πόλιν ἡμῖν μεστὴν ἀνθρώπων. Ἐπειδὴ οὖν ἔρημός ἐστιν ἀνθρώπων ἡ μεγάλη αὕτη καὶ πολυάνθρωπος, δίκαιοι δ' ἂν εἴητε τοῦτον τῇ πατρίδι τὸν ἔρανον εἰσενεγκεῖν, καὶ τοὺς ἀδελφοὺς

B ἐπισπάσασθαι δεῖ, ἂν τὰ ἐντεῦθεν πρὸς ἐκείνους διακομίσητε. Καὶ γὰρ τραπέζης τότε πείθομεν ἀπολαύειν, οὐχ ὅταν ἐπαινῶμεν τὴν τράπεζαν μόνον, ἀλλὰ καὶ ὅταν τῶν ἐξ αὐτῆς ἐδεσμάτων τοῖς ἀπολειφθεῖσιν ἔχωμέν τι παρασχεῖν. Τοῦτο καὶ ὑμεῖς ποιήσατε νῦν, καὶ δυοῖν θάτερον ἔσται πάντως, ἢ * πείσατε αὐτοὺς πρὸς ἡμᾶς ἐπανελθεῖν, ἢ μένοντες ἐπὶ τῆς αὐτῆς φιλονεικίας, διὰ τῆς ὑμετέρας τραφήσονται γλώττης, μᾶλλον δὲ ἐπανήξουσι πάντως. Οὐ γὰρ αἱρήσονται ἐν χάριτος τρέφεσθαι μέρει, παρὸν μετ' ἐξουσίας τῆς

C πατρικῆς ταύτης ἀπολαύειν τραπέζης. Ἀλλ' ὅτι μὲν τοῦτο ποιεῖτε, ἢ πεποιήκατε, ἢ ποιήσετε, πάνυ θαῤῥῶ καὶ πιστεύω· καὶ γὰρ αὐτὸς συνεχῶς ταῦτα παραινῶν οὐ διέλιπον· καὶ ὑμεῖς δὲ πεπληρωμένοι ἐστὲ πάσης γνώσεως, δυνάμενοι καὶ ἄλλους νουθε-

* Savil. in notis emendat πείσετε.]

τεῖν. Ὥρα δὴ λοιπὸν τὴν ἡμετέραν ὑμῖν παραθεῖναι τράπεζαν τὴν εὐτελῆ ταύτην καὶ πτωχὴν, καὶ πενίας μὲν πολλῆς γέμουσαν, ἔχουσαν δὲ ὄψον ἄριστον, ὑμῶν τῶν ἀκροωμένων τὴν ἐπιθυμίαν. Τράπεζαν γὰρ ἡδίστην οὐχ ἐδεσμάτων πολυτέλεια ποιεῖ μόνον, ἀλλὰ καὶ ἡ τῶν κεκλημένων ποιεῖ ὄρεξις· οὕτω λαμπρὰ τράπεζα εὐτελὴς φανεῖται, ὅταν μὴ μετὰ τοῦ πεινῆν προσβάλωσιν οἱ παρόντες· οὕτω καὶ ἡ εὐτελὴς πο- [D] λυτελὴς δείκνυται, ὅταν πεινῶντας λάβῃ τοὺς δαιτυμόνας. Ὅπερ οὖν καὶ ἕτερός τις συνιδὼν, ὅτι οὐ τῇ φύσει τῶν ἐδεσμάτων, ἀλλὰ τῇ διαθέσει ἑστιωμένων ἡ πολυτέλεια κρίνεται τῶν τραπεζῶν, οὕτω πώς φησι· Ψυχὴ ἐν πλησμονῇ οὖσα, κηρίοις ἐμπαίζει, ψυχῇ δὲ ἐνδεεῖ καὶ τὰ πικρὰ γλυκέα φαίνεται· οὐ τῆς φύσεως τῶν προκειμένων μεταβαλλομένης, ἀλλὰ τῆς διαθέσεως τῶν ἑστιωμένων κλεπτούσης τὴν αἴσθησιν. Εἰ δὲ τὰ πικρὰ γλυκέα φαίνεται διὰ τὴν ἐπιθυμίαν τῶν κεκλημένων, πολλῷ μᾶλλον τὰ εὐτελῆ πολυτελῆ φαίνεται. Διὸ δὴ καὶ ἡμεῖς ἐσχάτῃ συζῶντες πενίᾳ, τοὺς φιλοτίμους τῶν ἑστιατόρων μιμούμεθα, καθ' [E] ἑκάστην σύναξιν πρὸς τὴν ἡμετέραν καλοῦντες ὑμᾶς τράπεζαν. Ποιοῦμεν δὲ τοῦτο, οὐ τῇ τῆς οἰκείας εὐπορίας πεποιθότες, ἀλλὰ τῇ τῆς ὑμετέρας ἀκροάσεως θαῤῥοῦντες *.

facturos plane confido credoque; quandoquidem frequenter ad hæc hortari vos non destiti, et vos quoque omni scientia repleti estis, qui et alios admonere possitis. Jam vero tempus est, ut nostram vobis hanc mensam apponamus, vilem quidem ipsam ac tenuem, et quæ multam penuriam præ se ferat, sed quæ optimo tamen cibi condi- *Rom. 15. 14.* [D] mento, alacritate auditorum, instructa sit. Mensam enim efficit jucundissimam non ciborum sumtuositas solum, sed eorum etiam qui invitati fuerint appetitus: sic et lauta et magnifica mensa vilis ac tenuis apparebit, nisi fame pressi, qui adsunt, ad illam accedant; sic etiam vilis sumtuosa censebitur, si famelicos suos convivas acceperit. Idque cum probe nosset alius quispiam, non ex natura ciborum, sed ex affectu ac dispositione convivarum de mensarum magnificentia judicium ferri, his verbis utitur: *Anima, quæ in saturitate est, favis illudit: animæ autem* *Prov. 27. 7.* [E] *egenti etiam amara dulcia videntur*; non quod eorum, quæ apposita sunt, natura mutetur, sed quod eorum affectio, qui convivio sunt excepti, sensum decipiat. Quod si propter convivarum cupiditatem amara dulcia videntur, multo magis ea quæ vilia sunt, sumtuosa videbuntur. *Hic quidpiam deesse videtur. V. notas.* Atque idcirco nos quoque, summa licet inopia pressi, magnificos convivatores imitamur, dum singulis collectis ad nostram vos mensam invitamus. Id vero facimus non nostris opibus freti, sed quod de vestra auditione confidamus.

Τῆς μὲν οὖν ἐπιγραφῆς ὑμῖν τὸ χρέος ἅπαν καταβεβλήκαμεν, τῆς ἐπιγραφῆς, φημὶ, τῶν Πράξεων τῶν ἀποστολικῶν. Ἀκόλουθον δὲ λοιπὸν ἦν καὶ τῆς ἀρχῆς ἅψασθαι τοῦ βιβλίου, καὶ εἰπεῖν τί ποτέ ἐστι· Τὸν μὲν πρῶτον λόγον ἐποιησάμεν περὶ πάντων, ὦ Θεόφιλε, ὧν ἤρξατο ὁ Ἰησοῦς ποιεῖν τε καὶ διδάσκειν. [101 A] Ἀλλὰ Παῦλος οὐκ ἀφίησί με χρήσασθαι τῇ τάξει ταύτῃ τῆς ἀκολουθίας, πρὸς ἑαυτὸν καὶ τὰ οἰκεῖα κατορθώματα τὴν ἡμετέραν γλῶτταν καλῶν. Ἐπιθυμῶ γὰρ αὐτὸν ἰδεῖν εἰς Δαμασκὸν εἰσαγόμενον, δεδεμένον, οὐχ ἐν ἁλύσει σιδηρᾷ, ἀλλὰ φωνῇ δεσποτικῇ· ἐπιθυμῶ ἰδεῖν ἁλιευθέντα τὸν ἰχθὺν τοῦτον τὸν μέγαν, τὸν ἅπασαν ἀναβράσσοντα τὴν θάλασσαν, τὸν μυρία κύματα κατὰ τῆς Ἐκκλησίας ἐπεγείραντα· ἐπιθυμῶ ἰδεῖν αὐτὸν ἁλιευθέντα, οὐκ ἀγκίστρῳ, ἀλλὰ λόγῳ δεσποτικῷ. Καθάπερ γάρ τις ἁλιεὺς ἐπὶ πέτρας ὑψηλῆς καθήμενος, τὸν κάλαμον μετεωρίζων, ἀφ' ὑψηλοῦ τὸ ἄγκιστρον ἀφίησιν εἰς τὸ πέλαγος· οὕτω δὴ καὶ ὁ Δεσπότης ὁ ἡμέτερος, ὁ τὴν ἁλείαν [B] δείξας τὴν πνευματικὴν, καθάπερ ἐφ' ὑψηλῆς πέτρας τῶν οὐρανῶν καθήμενος, ὥσπερ ἄγκιστρον τὴν φωνὴν ταύτην ἀφεὶς ἄνωθεν, καὶ εἰπὼν, Σαῦλε, Σαῦλε,

3. Totum igitur debitum inscriptionis vobis persolvimus, inscriptionis, inquam, Actorum apostolicorum. Ut igitur initium libri attingeremus, ordo exigebat, ac doceremus, quid hoc sibi velit: *Primum quidem sermonem feci-* *Act. 1. 1.* *mus de omnibus, o Theophile, quæ cœpit* [101 A] *Jesus facere ac docere*. Verumtamen non sinit Paulus ut hanc seriem ordinis sequar, sed ad se suaque recte facta linguam nostram invitat. Cupio namque videre illum introductum Damascum, non ferrea catena, sed Dominica voce vinctum: cupio videre piscatu captum piscem hunc magnum, qui totum exæstuans mare conturbat, qui fluctus innumeros adversus Ecclesiam excitat: cupio videre ipsum piscatu captum non hamo, sed verbis Domini. *Pauli conversi cum pisce comparatio.* Nam quemadmodum in sublimi rupe considens piscator, et arundinem attollens, hamum ab alto in mare demit- [B] tit: sic nimirum et Dominus noster spiritualem exhibens piscaturam tamquam in sublimi cælorum rupe considens, velut hamo quodam desuper hac voce missa cum dixisset, *Saule, Saule,* *Act. 9. 4.*

quid me persequeris? piscem hunc ingentem piscatus est. Et quod in pisce contigit, quem jussu Domini piscatus est Petrus, hoc et in isto evenit. Siquidem hic quoque piscis in ore staterem habens inventus est; staterem quidem, sed adulterinum: quippe qui zelum haberet, sed non secundum scientiam. Propterea cum scientiam illi largitus esset Deus, probum illum nummum reddidit: et quod piscatu captis accidit piscibus, hoc et in isto accidit. Nam ut illi cum primum extracti e mari fuerint, confestim cæci fiunt: sic et iste confestim hamum excepit, et extractus confestim est excæcatus: verum excæcatio hæc effecit, ut totus orbis terrarum visum reciperet. Hæc igitur omnia cupio cernere. Nam si forte bellum nos barbaricum circumsideret, et in aciem dispositi hostes innumera nobis negotia facesserent, deinde barbarorum exercitus ductor, qui machinis nos oppugnaret innumeris, resque nostras omnes conturbaret, et tumultu ac perturbatione compleret, urbem ipsam funditus eversurum se minaretur, et igne succensurum, qui servitutem intentaret, confestim ab Imperatore nostro vinctus et captivus in urbem introduceretur, nonne omnes cum mulieribus et pueris ad spectaculum illud exsiliremus? Quando igitur et nunc bellum est indictum, dum omnia confundunt turbantque Judæi, et multis machinis Ecclesiæ quietem ac securitatem oppugnant; caput autem et princeps hostium cum esset Paulus, qui majora quam cæteri faciebat, ac dicebat, qui cuncta miscebat et conturbabat, jam a Domino nostro Jesu Christo Imperatore nostro vinctus est, et captivus abductus qui cuncta susque deque vertebat, non ad spectaculum istud egrediemur omnes, ut captivum ipsum duci videamus? Nam et angeli cum e cælis ipsum duci captivum cernerent, exsultabant: non quod vinctum cernerent tantum, sed quia, quam multos homines a vinculis expediturus esset, cogitabant: non quod manu duci spectarent, sed quod mente versarent, quam multos homines in cælum e terris injecta manu esset introducturus. Propterea gaudebant, non quod excæcatum viderent, sed quod intelligerent, quantos esset e tenebris educturus: *Proficiscere namque, inquit, ad gentes, et a tenebris liberatos in regnum eos dilectionis Christi transferes.* Propterea misso exordio, ad medium propero transilire: nam Paulus et in Paulum amor hunc dare saltum nos coegit. Paulus et in Paulum amor. Ignoscite mihi: vel potius, nolite ignoscere, sed et amorem istum æmulamini. Nam

τί με διώκεις; οὕτως ἡλίευσε τὸν ἰχθὺν τοῦτον τὸν μέγαν. Καὶ οἷον ἐπὶ τοῦ ἰχθύος γέγονεν, ὃν ἡλίευσε Πέτρος κατὰ τὸ πρόσταγμα τὸ δεσποτικὸν, τοιοῦτόν τι καὶ ἐπὶ τούτου συνέβη. Καὶ γὰρ καὶ οὗτος ὁ ἰχθὺς εὑρέθη στατῆρα ἔχων ἐν τῷ στόματι, στατῆρα μὲν, κίβδηλον δέ· εἶχε μὲν γὰρ ζῆλον, οὐ κατ' ἐπίγνωσιν δέ. Διὰ τοῦτο τὴν ἐπίγνωσιν αὐτῷ χαρισάμενος ὁ Θεὸς, δόκιμον ἐποίησε τὸ νόμισμα· καὶ ὅπερ ἐπὶ τῶν ἁλιευομένων ἰχθύων γίνεται, τοῦτο καὶ ἐπὶ τούτου γέγονε. Καθάπερ γὰρ ἐκεῖνοι τοῦ πελάγους εὐθέως C ἀνελκυσθέντες ἀποτυφλοῦνται, οὕτω καὶ οὗτος δεξάμενος εὐθέως τὸ ἄγκιστρον, καὶ ἀνασπασθεὶς εὐθέως ἐπετυφλώθη· ἀλλ' ἐκείνη ἡ τύφλωσις πᾶσαν οἰκουμένην ἀναβλέψαι ἐποίησε. Ταῦτ' οὖν ἅπαντα ἰδεῖν ἐπιθυμῶ. Καὶ γὰρ εἰ πόλεμος ἡμῖν περιειστήκει βαρβαρικὸς, καὶ ἐπὶ τῆς παρατάξεως οἱ πολέμιοι μυρία παρεῖχον ἡμῖν πράγματα, εἶτα ὁ στρατηγὸς τῶν βαρβάρων, ὁ μυρία προσάγων μηχανήματα, καὶ πάντα συγχέων τὰ ἡμέτερα, καὶ πολλοῦ θορύβου καὶ ταραχῆς πληρῶν, καὶ τὴν πόλιν αὐτὴν ἀπειλῶν κατασκάψειν, καὶ παραδώσειν πυρὶ, καὶ δουλείαν ἡμῖν ἐπανατεινόμενος, ἐξαίφνης ὑπὸ τοῦ βασιλέως τοῦ ἡμετέρου δεθεὶς αἰχμάλωτος εἰς τὴν πόλιν ἤγετο, D πάντες ἂν μετὰ γυναικῶν καὶ παιδίων πρὸς τὴν θεωρίαν ἐκείνην ἐξεπηδήσαμεν. Ἐπεὶ οὖν καὶ νῦν πόλεμος συνέστηκεν, Ἰουδαίων θορυβούντων ἅπαντα καὶ ταραττόντων, καὶ πολλὰ τῇ τῆς Ἐκκλησίας ἀσφαλείᾳ προσαγόντων μηχανήματα, τὸ δὲ κεφάλαιον τῶν πολεμίων ἦν ὁ Παῦλος, ὁ πάντων μείζονα καὶ ποιῶν καὶ λέγων, ὁ πάντα θορυβῶν καὶ ταράττων, ἔδησε δὲ αὐτὸν ὁ Κύριος ἡμῶν Ἰησοῦς Χριστὸς, ὁ βασιλεὺς ὁ ἡμέτερος, ἔδησε καὶ αἰχμάλωτον εἰσήγαγε τοῦτον τὸν πάντα ἀνατρέποντα, οὐκ ἐξέλθωμεν ἅπαντες ἐπὶ τὴν θεωρίαν ταύτην, ὥστε ἰδεῖν αὐτὸν αἰχμάλωτον ἀγόμενον; Καὶ γὰρ οἱ ἄγγελοι τότε ἐκ τῶν οὐρανῶν E ὁρῶντες αὐτὸν δεδεμένον καὶ εἰσαγόμενον, ἐσκίρτων· οὐκ ἐπειδὴ δεδεμένον εἶδον μόνον, ἀλλ' ἐπειδὴ ἐνενόουν ὅσους ἀνθρώπους ἀπὸ τῶν δεσμῶν λύειν ἔμελλεν· οὐκ ἐπειδὴ χειραγωγούμενον ἐθεάσαντο, ἀλλ' ἐπειδὴ ἐλογίζοντο, ὅσους ἀνθρώπους ἔμελλεν ἀπὸ τῆς γῆς εἰς τὸν οὐρανὸν χειραγωγεῖν ἐκεῖνος. Διὰ τοῦτο ἔχαιρον, οὐκ ἐπειδὴ πεπηρωμένον εἶδον, ἀλλ' ἐπειδὴ ἐνενόουν ὅσους ἔμελλεν ἀπὸ σκότους ἐξαγαγεῖν. Πορεύθητι γὰρ, φησὶν, εἰς τὰ ἔθνη, καὶ ἀπαλλάξας αὐτοὺς ἀπὸ σκότους, μεταστήσεις 102 αὐτοὺς εἰς τὴν βασιλείαν τῆς ἀγάπης Χριστοῦ. A Διὰ ταῦτα τὸ προοίμιον ἀφεὶς, εἰς τὸ μέσον ἅλλεσθαι σπεύδω. Παῦλος γὰρ καὶ ὁ Παύλου πόθος ἠνάγκασεν ἡμᾶς πηδῆσαι τοῦτο τὸ πήδημα. Παῦλος καὶ ὁ Παύλου πόθος. Σύγγνωτέ μοι, μᾶλλον δὲ μὴ σύγγνωτε, ἀλλὰ καὶ ζηλώσατε τὸν ἔρωτα τοῦτον. Ὁ μὲν γὰρ ἄτοπον ἐρῶν ἔρωτα, εἰκότως συγγνώμην αἰτεῖ· ὁ δὲ τοιοῦτον ἐρῶν, καλλωπιζέσθω τῷ πόθῳ, καὶ πολλοὺς ποιείτω κοινωνοὺς τῆς ἐπιθυμίας, καὶ συνεραστὰς αὐτοῦ κατασκευαζέτω μυρίους. Εἰ μὲν γὰρ ἦν ὁδῷ βαδίζοντα καὶ τάξει προβαίνοντα, καὶ τὰ πρότερα εἰπεῖν, καὶ πρὸς τὰ μέσα φθάσαι, οὐκ ἂν τὴν ἀρχὴν ἀφέντες, εὐθέως ἐπὶ τὸ μέσον ἤλθομεν· ἐπειδὴ δὲ τῶν πατέρων ὁ νόμος κελεύει μετὰ τὴν πεντηκοστὴν ἀποτίθεσθαι τὸ βιβλίον, καὶ τῷ τέλει τῆς ἑορτῆς ταύτης συγκαταλύεται καὶ ἡ τοῦ βιβλίου ἀνάγνωσις, ἐφοβήθην μή ποτε περὶ τὰ προοίμια ἀσχολουμένων ἡμῶν καὶ διατριβόντων, προσεκδράμῃ τὴν ἡμετέραν ἄφιξιν τῆς ἱστορίας ἡ ἀκολουθία. Διὰ τοῦτο ἔδραμον ἀπὸ τῆς ἀρχῆς τοῦ διηγήματος, καὶ καθάπερ κεφαλῆς ὄπισθεν κατέχων τὸ προοίμιον τῆς ἱστορίας, κελεύσας μεῖναι καὶ στῆναι ὑμᾶς ἐν τῇ ἀρχῇ τῆς ὁδοῦ. Τῆς γὰρ τοῦ διηγήματος κεφαλῆς ἁψάμενος, θαῤῥῶν λοιπὸν ἅπασιν ἐπέξειμι τοῖς λοιποῖς, κἂν ἡ ἑορτὴ παρέλθῃ· οὐδεὶς γὰρ ἡμῖν ἀκαιρίαν ἐγκαλέσει, αὐτῆς τῆς κατὰ τὴν ἀκολουθίαν ἀνάγκης τῶν τῆς ἀκαιρίας ἐγκλημάτων ἀπαλλαττούσης ἡμᾶς· διὰ τοῦτο ἀπὸ τῶν προοιμίων ἐπὶ τὸ μέσον ἔδραμον. Ὅτι γὰρ οὐκ ἦν ὁδῷ βαδίζοντα πρὸς Παῦλον ἐλθεῖν, ἀλλὰ προεξέδραμεν ἂν τῆς ἡμετέρας γλώττης τὸ βιβλίον, καὶ τὰς θύρας ἡμῖν ἀπέκλεισεν ἄν, ἐξ αὐτοῦ τοῦ προοιμίου ποιήσω φανερὸν, εἰ καὶ ἤδη γέγονε τοῦτο δῆλον.

Εἰ γὰρ ἐπιγραφὴν μόνην ὑμῖν ἀναγινώσκοντες καὶ ἐξηγούμενοι, τὸ ἥμισυ τῆς ἑορτῆς ἀνηλώσαμεν, εἰ καὶ πρὸς τὸ πέλαγος αὐτὸ τοῦ βιβλίου ἀπὸ τοῦ προοιμίου ἀρξάμενοι, τὸν λόγον ἀφεῖναι ἐπεχειρήσαμεν, πόσον ἂν ἀνηλώσαμεν χρόνον, ὥστε φθάσαι εἰς τὰ κατὰ τὸν Παῦλον διηγήματα; Μᾶλλον δὲ ἐξ αὐτοῦ τοῦ προοιμίου δῆλον ὑμῖν τοῦτο ποιῆσαι πειράσομαι. Τὸν μὲν πρῶτον λόγον ἐποιησάμην περὶ πάντων, ὦ Θεόφιλε. Πόσα νομίζετε ἐνταῦθα εἶναι ζητήματα; Πρῶτον, τίνος ἕνεκεν ἀναμιμνήσκει αὐτὸν τοῦ προτέρου βιβλίου. Δεύτερον, τίνος ἕνεκεν λόγον καλεῖ, καὶ οὐχὶ εὐαγγέλιον· καίτοι γε Παῦλος εὐαγγέλιον αὐτὸ καλεῖ, οὑτωσὶ λέγων, Οὗ ὁ ἔπαινος ἐν τῷ εὐαγγελίῳ διὰ πασῶν τῶν Ἐκκλησιῶν, περὶ τοῦ Λουκᾶ λέγων. Τρίτον, τίνος ἕνεκέν φησι, Περὶ πάντων ὧν ἐποίησεν ὁ Ἰησοῦς. Εἰ γὰρ Ἰωάννης, ὁ ἀγαπητὸς τοῦ Χριστοῦ, ὁ τοσαύτης ἀπολαύσας παῤῥησίας, ὁ ἐπὶ τὸ στῆθος ἐκεῖνο τὸ ἅγιον κατακλιθῆναι καταξιωθεὶς, ὁ τὰς πηγὰς ἐκεῖθεν ἀρυσάμενος τοῦ Πνεύματος, οὗτος οὐκ ἐτόλμησε τοῦτο εἰπεῖν, ἀλλὰ τοσαύτῃ κέχρηται ἀσφαλείᾳ, ὡς εἰπεῖν, ὅτι Εἰ ἐγράφετο καθ' ἓν πάντα

is qui turpi amore correptus est, merito veniam postulat : qui vero ejusmodi amore flagrat, hac cupidine glorietur, multosque faciat desiderii istius participes et innumeros comparet sibi rivales. Si enim fieri posset ut recta via pergentes, et ordine progredientes priora diceremus, et ad ea quæ in medio sunt perveniremus, nequaquam omisso principio confestim ad medium venissemus : sed quoniam post Pentecosten deponi librum lex patrum jubet, et una cum fine solennitatis hujus lectio libri terminatur, veritus sum, ne dum in exponendis prooemiis occupamur et immoramur, historiæ series nos prius effugeret, quam illam possemus attingere. Idcirco a principio narrationis ad alia properans, et prooemium historiæ tamquam a posteriori capitis parte prehensum retinens, manere vos jussi, et in principio viæ subsistere. Postquam enim narrationis caput attigero, confidenter deinceps quæ sequuntur, quamvis festum præterierit, cuncta percurram; neque vero nos accusare quisquam poterit, quod intempestivam narrationem afferamus, cum ordinis ipsius necessitas omni nos intempestivi argumenti accusatione liberet : quam ob causam a prooemio ad medium usque decurri. Non enim fieri potuisse, si recta via progressi essemus, ut ad Paulum perveniremus, sed lingnam nostram prius evasurum fuisse librum, nobisque fores occlusurum, ex ipsius prooemii expositione demonstrabo, tametsi jam illud re ipsa patefactum est.

4. Nam si dum solam vobis inscriptionem legimus et enarramus, dimidium solennitatis consumsimus, si ab exordio initio facto in ipsum libri pelagus orationem immittere cœpissemus, quantum, quæso, temporis impendissemus, ut ad illas de Paulo narrationes perveniremus? Imo vero ex ipso prooemio vobis hoc ipsum conabor ostendere. *Primum quidem sermonem feci* Act. 1. 1. *de omnibus, o Theophile.* Quot existimatis hic esse quæstiones? Primum quidem, quam ob causam priorem librum in memoriam illi revocet. Secundo, quam ob causam *Sermonem* vocet, et non Evangelium : tametsi Paulus Evangelium illum vocat, dum sic ait : *Cujus laus est in* 2. Cor. 8. 18. *evangelio per omnes Ecclesias*, de Luca verba faciens. Tertio qua de causa dicat, *De omnibus quæ fecit Jesus*. Si enim Joannes Christi dilectus, qui tanta fiducia gratiaque apud illum valebat, cui datum fuerat, ut supra sacrum illud pectus recumberet, qui spiritus fontes inde hauserat, hic illud dicere minime ausus est, sed

Joan. 21. 25. tantam cautionem adhibuit, ut diceret: *Si scribantur per singula omnia, quæ fecit Christus, nec ipsum arbitror mundum capere posse eos, qui scribendi sunt, libros:* quomodo dicere hoc ausus est: *Primum quidem, sermonem feci de omnibus, o Theophile, quæ fecit Jesus?* an vero parva nobis hæc quæstio
Luc. 1. 3. videtur? Atque illic quidem, *Optime Theophile,* nomen cum laude positum est: neque enim hoc sine causa dictum est sanctis. Et forte illud ex parte demonstravimus, neque unum iota, neque apicem unum temere positum esse in Scripturis. Si ergo tot ac tantæ sunt in proœmio quæstiones, quantum nobis temporis impendendum fuisset, si omnia quæ sequebantur, voluissemus percurrere? Has ob causas, prætermissis quæ interjecta erant, coactus sum ad Paulum venire. Cur igitur propositis quæstionibus earum solutionem non adjecimus? Ut scilicet vos assuefaceremus non semper mansum excipere cibum, sed sæpe numero solutionem sententiis per vos ipsos adjungere, quod facere solent columbæ. Siquidem illæ pullos quamdiu quidem in nido manent, ore proprio nutriunt: postquam autem ejicere illos e nido possunt, eisque cernunt jam natas alas, non jam amplius id præstant, sed granum quidem ore gestant et ostentant: ubi vero pulli sperantes propius accesserint, dimissam in pavimentum escam matres per seipsos jubent colligere: sic et nos fecimus, dum accepto in ore spirituali cibo vos invitavimus tamquam solutionem more consueto expositiuri: postquam autem advenistis, et vos excepturos sperastis, vos dimisimus, ut ipsi per vos sententias colligatis. Propterea proœmio derelicto ad Paulum festinamus. Dicturi porro sumus non ea solum quibus Ecclesiæ profuit, sed etiam ea quibus ei nocuit: nam et hæc e re nostra est oratio. Dicemus quo pacto verbum prædicationis oppugnaret, quo pacto Christo bellum inferret, quo pacto apostolos persequeretur, quo pacto hostili in eos animo esset, quo pacto Ecclesiæ plus negotii, quam cæteri omnes facesseret. Verumtamen neminem pudeat hæc audire de Paulo: non enim hæc sunt ejus accusationes, sed laudum potius occasiones. Non enim crimen est illi, cum prius improbus fuisset, bonum deinceps evasisse; sed si, cum prius virtute præditus fuisset, postea mutatus ad improbitatem descivisset; semper enim res ex fine judicantur. Nam et gubernatores, licet innumera sint passi naufragia, cum ad portum navem appulsuri sunt, si refertam mercibus

ὅσα ἐποίησεν ὁ Χριστὸς, οὐδ᾽ ἂν αὐτὸν οἶμαι χωρῆσαι τὸν κόσμον τὰ γραφόμενα βιβλία· πῶς οὗτος ἐτόλμησεν εἰπεῖν, ὅτι Τὸν μὲν πρῶτον λόγον ἐποιησάμην περὶ πάντων, ὦ Θεόφιλε, ὧν ἐποίησεν ὁ Ἰη-
103 σοῦς; ἆρα μικρὸν ἡμῖν τὸ ζήτημα τοῦτο εἶναι δοκεῖ;
A Κἀκεῖ μὲν, Κράτιστε Θεόφιλε, μετ᾽ ἐγκωμίου τὸ ὄνομα· οὐδὲ γὰρ ἁπλῶς τοῦτο τοῖς ἁγίοις εἴρηται. Καὶ τάχα καὶ τοῦτο ἀπὸ μέρους ἐδείξαμεν, ὅτι οὐδὲ ἰῶτα ἓν, οὐδὲ μίαν κεραίαν ἁπλῶς ἔστιν ἰδεῖν ἐν ταῖς Γραφαῖς κειμένην. Εἰ τοίνυν ἐν τῷ προοιμίῳ τοσαῦτα ζητήματα, πόσον ἐμέλλομεν ἀναλίσκειν χρόνον τὰ ἑξῆς ἅπαντα ἐπιόντες; Διὰ ταῦτα ἠναγκάσθην τὸ ἐν μέσῳ παραδραμὼν, πρὸς Παῦλον ἐλθεῖν. Τίνος οὖν ἕνεκεν τὰ ζητήματα εἰπόντες, τὴν λύσιν αὐτῶν οὐκ ἐπηγάγομεν; Ἐθίζοντες ὑμᾶς μὴ διὰ παντὸς μεμασημένην δέχεσθαι τὴν τροφὴν, ἀλλὰ πολλαχοῦ καὶ αὐτοὺς ἐπάγειν τὴν λύσιν τοῖς νοήμασιν, ὅπερ ποιοῦσιν
B αἱ περιστεραί. Καὶ γὰρ ἐκεῖναι τοὺς νεοττοὺς, ἕως μὲν ἂν ἐν τῇ καλιᾷ μένουσι, τῷ οἰκείῳ τρέφουσι στόματι· ἐπειδὰν δὲ αὐτοὺς δυνηθῶσιν ἐξαγαγεῖν τῆς νοσσιᾶς, καὶ ἴδωσιν αὐτοῖς παγέντα τὰ πτερὰ, οὐκέτι τοῦτο λοιπὸν ποιοῦσιν, ἀλλὰ φέρουσι μὲν τὸν κόκκον ἐπὶ τοῦ στόματος καὶ δεικνύουσιν· ἐπειδὰν δὲ οἱ νεοττοὶ προσδοκήσαντες πλησίον ἔλθωσιν, αἱ μητέρες ἀφεῖσαι τὴν τροφὴν ἐπὶ τοῦ ἐδάφους, δι᾽ ἑαυτῶν κελεύουσιν ἀναλέγεσθαι· οὕτω καὶ ἡμεῖς ἐποιήσαμεν, λαβόντες τὴν πνευματικὴν τροφὴν ἐπὶ τοῦ στόματος, ἐκαλέσαμεν ὑμᾶς, ὡς δηλώσοντες ὑμῖν συνήθως τὴν λύσιν· ἐπειδὴ δὲ προσήλθετε καὶ προσεδοκήσατε
C δέξασθαι, ἀφήκαμεν, ὥστε ὑμᾶς δι᾽ ὑμῶν αὐτῶν ἀναδέξασθαι τὰ νοήματα. Διὰ τοῦτο τὸ προοίμιον ἀφέντες, πρὸς Παῦλον ἐπειγόμεθα. Ἐροῦμεν δὲ οὐχ ὅσα τὴν Ἐκκλησίαν ὠφέλησε μόνον, ἀλλ᾽ ὅσα καὶ ἔβλαψε· καὶ γὰρ ἀναγκαῖος ἡμῖν οὗτος ὁ λόγος. Ἐροῦμεν πῶς ἐμαχήσατο τῷ λόγῳ τοῦ κηρύγματος, πῶς ἐπολέμησε τῷ Χριστῷ, πῶς ἐδίωξε τοὺς ἀποστόλους, πῶς τὰ τῶν πολεμίων ἐφρόνει, πῶς πάντων πλείονα παρεῖχε τῇ Ἐκκλησίᾳ πράγματα. Ἀλλὰ μηδεὶς αἰσχυνέσθω περὶ Παύλου ταῦτα ἀκούων· οὐ γάρ ἐστιν αὐτοῦ κατηγορήματα, ἀλλ᾽ ἐγκωμίων ὑπόθεσις. Οὐ γὰρ
D κατηγορία αὐτῷ πρότερον ὄντα φαῦλον, ὕστερον γενέσθαι χρηστὸν, ἀλλὰ τὸ πρότερον ὄντα σπουδαῖον, ὕστερον μεταβάλλεσθαι πρὸς πονηρίαν· ἀπὸ γὰρ τοῦ τέλους ἀεὶ τὰ πράγματα κρίνεται. Καὶ γὰρ τοὺς κυβερνήτας, κἂν μυρία ναυάγια ὑπομείνωσιν, ὅταν μέλλωσιν εἰς τὸν λιμένα καταίρειν, ἂν φορτίων πεπληρωμένην ὁλκάδα καταγάγωσιν, οὔ φαμεν πεπρᾶχθαι κακῶς, τοῦ τέλους τὰ παρελθόντα ἀποκρύψαντος· καὶ τοὺς ἀθλητὰς πάλιν, κἂν μυρία πρότερον ἡττηθῶσι, τὴν δὲ περὶ τοῦ στεφάνου πάλην κρατήσωσιν, οὐκ ἀποστεροῦμεν τῶν ἐγκωμίων τῶν ἐπὶ τῇ νίκῃ
E διὰ τὰ πρότερα. Οὕτω καὶ ἐπὶ Παύλου ποιήσωμεν.

Καὶ γὰρ καὶ οὗτος καὶ μυρία ναυάγια ὑπέμεινεν, ἀλλ' ὅτε εἰς τὸν λιμένα καταίρειν ἔμελλε, πεπληρωμένην ἐπήγαγε τῶν φορτίων τὴν ὁλκάδα. Καὶ ὥσπερ ὁ Ἰούδας οὐδὲν ὠφέλησε πρὸ τούτου μαθητὴς ὤν, εἶτα προδότης γενόμενος· οὕτω καὶ οὗτος οὐδὲν παρεβλάβη πρὸ τούτου διώκτης ὤν, μετὰ δὲ ταῦτα γενόμενος εὐαγγελιστής. Ἐγκώμια Παύλου ταῦτά ἐστιν, οὐκ ἐπειδὴ κατέσκαψε τὴν Ἐκκλησίαν, ἀλλ' αὐτὸς 104 αὐτὴν πάλιν ᾠκοδόμησεν· A οὐκ ἐπειδὴ ἐπόρθησε τὸν λόγον, ἀλλ' ἐπειδὴ πορθήσας τὸν λόγον, αὐτὸς αὐτὸν πάλιν ηὔξησεν· οὐκ ἐπειδὴ ἐπολέμησε τοὺς ἀποστόλους, οὐκ ἐπειδὴ διεσπάραξε τὴν ἀγέλην, ἀλλ' ἐπειδὴ διασπαράξας, ὕστερον αὐτὸς αὐτὴν συνεκρότησε.

onerariam deduxerint, nequaquam illis male functos esse munere suo dicimus, cum rei exitus omnia quæ præcesserant occultarit: et rursus athletas, licet multoties fuerint ante superati, modo in ea pugna vincant, in qua de corona agitur, nequaquam propter ea quæ præcesserunt, victoriæ præconiis defraudamus. Sic et erga Paulum nos geramus. Nam et ipse naufragia passus est innumera: sed cum ad portum appulsurus navem fuit, refertam mercibus onerariam deduxit. Et quemadmodum Judæ nihil profuit, discipulum prius fuisse, cum deinde factus sit proditor: ita nec isti quidquam nocuit antea persequutorem fuisse, cum evangelista deinceps evaserit. Hæc Pauli sunt præconia, non quod Ecclesiam subverterit, sed quod ipsam rursus ædificarit: non quod verbum Dei oppugnarit, sed quod, postquam verbum oppugnarat, ipse illud rursus amplificaverit: non quod apostolis bellum intulerit, non quod gregem dissiparit, sed quod, ubi dissipasset, illum ipse deinde congregarit.

Τί τούτου παραδοξότερον γένοιτ' ἄν; Ὁ λύκος ἐγένετο ποιμήν· ὁ τὸ αἷμα τῶν προβάτων ἐκπίνων, οὐ διέλιπε τὸ αἷμα ἑαυτοῦ ἐκχέων ὑπὲρ τῆς τῶν προβάτων σωτηρίας. Βούλει μαθεῖν πῶς τὸ αἷμα τῶν προβάτων ἐξέπινε; πῶς ᾑμαγμένη ἦν αὐτοῦ ἡ γλῶσσα; Σαῦλος δὲ ἔτι ἐμπνέων ἀπειλῆς καὶ φόνου εἰς τοὺς μαθητὰς τοῦ Κυρίου. Ἀλλ' οὗτος ὁ ἀπειλῆς καὶ φόνου ἐμπνέων, καὶ τὸ αἷμα τῶν ἁγίων ἐκχέων, ἄκουσον πῶς τὸ αἷμα τὸ ἑαυτοῦ ἐξέχεεν ὑπὲρ τῶν B ἁγίων. Εἰ κατὰ ἄνθρωπον, φησὶν, ἐθηριομάχησα ἐν Ἐφέσῳ· καὶ πάλιν, Καθ' ἡμέραν ἀποθνήσκω· καὶ πάλιν, Ἐλογίσθημεν ὡς πρόβατα σφαγῆς. Καὶ ταῦτα ἔλεγεν ὁ παρὼν ὅτε ἐξεχεῖτο τὸ αἷμα Στεφάνου, καὶ ἦν συνευδοκῶν τῇ ἀναιρέσει αὐτοῦ. Ὁρᾷς πῶς ὁ λύκος ποιμὴν ἐγένετο; Ἆρ' οὐκ αἰσχύνεσθε πρὸ τούτου ἀκούοντες ὅτι διώκτης ἦν καὶ βλάσφημος καὶ ὑβριστής; Εἴδετε πῶς μεῖζον αὐτοῦ ἐποίησε τὸ ἐγκώμιον ἡ προτέρα κατηγορία; Οὐκ ἔλεγον ὑμῖν ἐν τῇ προτέρᾳ συνάξει ὅτι τῶν πρὸ τοῦ σταυροῦ σημείων τὰ μετὰ τὸν σταυρὸν μείζονα ἐγένετο; οὐκ ἔδειξα ὑμῖν καὶ C ἀπὸ τῶν σημείων, καὶ ἀπὸ τῆς εὐνοίας τῶν μαθητῶν, καὶ πῶς πρὸ τούτου μὲν ὁ Χριστὸς ἐπιτάττων ἤγειρε τοὺς νεκροὺς, ὕστερον δὲ αἱ σκιαὶ τῶν δούλων αὐτοῦ τοῦτο ἐποίουν; πῶς τότε μὲν αὐτὸς κελεύων ἐθαυματούργει, ὕστερον δὲ οἱ δοῦλοι αὐτοῦ τῷ ὀνόματι αὐτοῦ κεχρημένοι μείζονα ἐποίησαν; οὐκ εἶπον ὑμῖν περὶ τῶν ἐχθρῶν, πῶς διέσεισεν αὐτῶν τὸ συνειδός; πῶς ἐκράτησε τῆς οἰκουμένης ἁπάσης; πῶς μείζονα τὰ σημεῖα μετὰ τὸν σταυρὸν ἦν τῶν πρὸ τοῦ σταυροῦ; Ἀδελφὸς ἐκείνου καὶ ὁ σήμερον εἰσελθὼν λόγος. Τί

5. Quid hoc admirabilius fieri possit? Lupus pastor est factus: qui sanguinem ovium absorbebat, sanguinem suum pro salute ovium fundere non cessavit. Vis tu intelligere quo pacto sanguinem ovium absorberet? quo pacto sanguinem ejus lingua stillaret? *Saulus autem adhuc* Act. 9. 1. *spirans minas* et *cædem in discipulos Domini.* Attamen iste qui minas et cædem spirabat, et sanctorum sanguinem fundebat, audi quo pacto sanguinem suum pro sanctis funderet. *Si* 1. Cor. 15. 32. *secundum hominem,* inquit, *ad bestias pugnavi Ephesi:* et rursus, *Quotidie morior:* et Ib. v. 31. rursus, *Æstimati sumus sicut oves occisionis.* Rom. 8. 36. Atque hoc dicebat is qui aderat, cum Stephani sanguis funderetur, et erat consentiens neci ejus. Vides ut lupus pastor evaserit? Numquid non erubescitis, cum audiveritis antea persequutorem illum, et blasphemum et contumeliosum fuisse? Vidistis ut prior accusatio laudes ejus nova accessione cumularit? Nonne in priori vobis collecta dicebam ea miracula, quæ crucem sequuta sunt, iis majora quæ ipsam præcesserant exstitisse? nonne id ostendi vobis et ex miraculis et ex discipulorum benevolentia; et quo pacto antea quidem Christus imperans mortuos suscitabat, postea vero servorum ejus umbra idipsum præstabat? quo pacto tum quidem ille suo jussu miracula patrabat: postea vero servi ejus nomen ipsius usurpantes majora faciebant? nonne de hostibus dicebam, quo pacto conscientiam illo-

rum perterrefaceret? quo pacto universo terrarum orbi imperaret? quo paeto majora fuerint post crucem miracula quam quæ crucem præcesserant? Illius germana quæ se nunc ingerit est oratio. Quod enim majus hoc cerni possit miraculum, quod in Paulo contigit? Nam viventem quidem illum Petrus negavit, at mortuum Paulus confessus est. Porro mentem Pauli pellexisse atque expugnasse majus signum fuit, quam umbrarum opera mortuos suscitasse. Nam illic quidem sequebatur natura, neque imperanti contradicebat: hic vero in potestate liberi arbitrii situm erat, ut persuaderetur vel non persuaderetur; unde magna virtus ejus qui persuasit, ostenditur. Multo quippe majus fuit voluntatem convertisse, quam naturam correxisse: majus igitur cæteris omnibus signum fuit, Paulum post crucem et sepulturam ad Christum accessisse. Propterea namque permisit eum Christus omne odium præ se ferre, ac tum illum vocavit, ut resurrectionis probationem ac doctrinæ sermonem omni suspicione liberaret. Nam Petrus quidem si de eo loquutus esset, suspectus fuisset: potuisset enim impudens aliquis quidpiam dicere. Porro impudentem dixi, quoniam et illic manifesta fuit demonstratio. Siquidem ille quoque prius ipsum negavit, et cum juramento negavit: verumtamen hunc ipsum deinde dum confitetur, vel ipsam animam suam pro illo tradidit. Quod si non resurrexisset, nunquam is, qui viventem negaverat, millies mortem tolerasset, ne jam mortuum abnegaret: quo fit, ut etiam in Petro resurrectionis demonstratio manifesta fuisse videatur. Verumtamen de illo quidem impudentes dicere potuissent, cum propterea quod discipulus erat illins, propterea quod particeps ejus mensæ fuerat, ac tribus annis cum illo versatus fuerat; propterea quod ejus doctrina potitus erat; propterea quod in fraudem illectus blanditiis ejus fuerat, idcirco resurrectionem illius prædicare: cum vero Paulum videas, qui ipsum non viderat, qui ipsum non audiverat, qui doctrinæ particeps minime fuerat, qui etiam post crucem illi bellum indixerat, et eos qui in ipsum credebant, interficiebat, qui omnia miscebat ac turbabat, hunc subito mutatum in ferendis pro prædicatione verbi laboribus omnes Christi amicos superare, quæ tibi deinceps, quæso, impudentiæ occasio relinquetur, si resurrectionis verbo non credas? Si enim Christus non resurrexisset, quis hominem adeo crudelem et inhumanum, quis adeo infensum et efferatum sibi

Pauli conversio magnum miraculum.

Liberum arbitrium.

D γὰρ τοῦ κατὰ Παῦλον μεῖζον σημείου γένοιτ' ἄν; Ζῶντα μὲν γὰρ αὐτὸν καὶ ὁ Πέτρος ἠρνήσατο, ἀποθανόντα δὲ ὁ Παῦλος ὡμολόγησε. Τοῦ δὲ νεκροὺς ἐγεῖραι διὰ τῶν σκιῶν μεῖζον σημεῖον ἦν τὸ τὴν γνώμην Παύλου ἐπισπάσασθαι καὶ ἑλεῖν. Ἐκεῖ μὲν γὰρ ἡ φύσις εἵπετο, καὶ οὐκ ἀντέλεγε τῷ ἐπιτάττοντι· ἐνταῦθα δὲ προαίρεσις ἦν τοῦ πεισθῆναι, καὶ τοῦ μὴ πεισθῆναι κυρία· ὅθεν πολλὴ ἡ δύναμις τοῦ πείσαντος δείκνυται. Τοῦ γὰρ φύσιν διορθῶσαι τὸ προαίρεσιν μεταβαλεῖν πολλῷ μεῖζον ἦν· μεῖζον ἄρα τῶν E ἄλλων ἁπάντων σημεῖον ἐγένετο τὸ Παῦλον προσελθεῖν τῷ Χριστῷ μετὰ τὸν σταυρὸν καὶ τὸν τάφον. Καὶ γὰρ διὰ τοῦτο ἀφῆκεν αὐτὸν ὁ Χριστὸς πᾶσαν τὴν ἔχθραν ἐπιδείξασθαι, καὶ τότε ἐκάλεσεν, ἵνα ἀνύποπτον ποιήσῃ τῆς ἀναστάσεως τὴν ἀπόδειξιν, καὶ τὸν διδασκαλίας λόγον. Πέτρος μὲν γὰρ περὶ αὐτοῦ λέγων ἴσως ὑπωπτεύετο· εἶχε γάρ τις τῶν ἀναισχύντων εἰπεῖν τι. Εἶπον δὲ τῶν ἀναισχύντων, ὅτι κἀκεῖ φανερὰ ἡ ἀπόδειξις ἦν. Καὶ γὰρ καὶ ἐκεῖνος αὐτὸν ἠρνήσατο πρότερον, καὶ ἠρνήσατο μεθ' ὅρκου, ἀλλ' ὅμως τὸν αὐτὸν τοῦτον ὁμολογῶν ὕστερον καὶ
105 τὴν ψυχὴν ἐπέδωκε τὴν ἑαυτοῦ. Εἰ δὲ μὴ ἀνέστη,
A οὐκ ἂν ὁ ζῶντα ἀρνησάμενος, ὥστε μὴ ἀρνήσασθαι τελευτήσαντα, μυρίους ἂν θανάτους ὑπέμεινε· διὸ καὶ ἐπὶ Πέτρου φανερὰ ἡ ἀπόδειξις τῆς ἀναστάσεως ἦν. Πλὴν ἀλλ' ἐκεῖνο μὲν εἶχον οἱ ἀναίσχυντοι λέγειν, ὅτι ἐπειδὴ μαθητὴς αὐτοῦ ἦν, ἐπειδὴ τραπέζης ἐκοινώνησεν αὐτῷ, καὶ τρία ἔτη αὐτῷ συνεγένετο, ἐπειδὴ διδασκαλίας ἀπήλαυσεν, ἐπειδὴ ἐκολακεύθη ὑπ' αὐτοῦ ἀπατηθεὶς, διὰ τοῦτο κηρύττει αὐτοῦ τὴν ἀνάστασιν· ὅταν δὲ Παῦλον ἴδῃς τὸν οὐκ εἰδότα αὐτὸν, τὸν οὐκ ἀκούσαντα αὐτοῦ, τὸν οὐ μετασχόντα τῆς διδασκαλίας, τὸν καὶ μετὰ τὸν σταυρὸν αὐτῷ πολε-
B μοῦντα, τὸν ἀποκτιννύντα τοὺς εἰς αὐτὸν πιστεύοντας, τὸν πάντα συγχέοντα καὶ ταράττοντα, τοῦτον ἐξαίφνης μεταβεβλημένον, καὶ τοῖς ὑπὲρ τοῦ κηρύγματος καμάτοις ἅπαντας παρελάσαντα τοὺς τοῦ Χριστοῦ φίλους, ποίαν ἕξεις λοιπὸν, εἰπέ μοι, ἀναισχυντίας πρόφασιν, ἀπιστῶν τῷ τῆς ἀναστάσεως λόγῳ; Εἰ γὰρ μὴ ἀνέστη ὁ Χριστὸς, τίς τὸν οὕτως ὠμὸν καὶ ἀπάνθρωπον, τίς τὸν ἐκπεπολεμωμένον καὶ ἠγριωμένον ἐπεσπάσατο ἂν, καὶ πρὸς ἑαυτὸν ἐπηγάγετο; Εἰπὲ γάρ μοι, ὦ Ἰουδαῖε, τίς Παῦλον ἔπεισε προσελθεῖν τῷ Χριστῷ; Πέτρος; ἀλλ' Ἰάκωβος; ἀλλ' Ἰωάννης; Ἀλλ' οὗτοι πάντες αὐτὸν ἐδεδοίκεισαν
C καὶ ἔφριττον, καὶ οὐχὶ πρὸ τούτου μόνον, ἀλλὰ καὶ ὅτε τῶν φίλων ἐγένετο, ὅτε Βαρνάβας ἐπιλαβόμενος αὐτοῦ τῆς χειρὸς ἐπανήγαγεν εἰς Ἱεροσόλυμα, ἔτι ἐφοβοῦντο κολλᾶσθαι αὐτῷ· καὶ ὁ μὲν πόλεμος ἐλέλυτο, ὁ δὲ φόβος ἐπέμενε τοῖς ἀποστόλοις. Οἱ οὖν καταλλαγέντα αὐτὸν ἔτι φοβούμενοι, ἐχθρὸν ὄντα καὶ πολέμιον ἐτόλμων πεῖσαι; προσελθεῖν γὰρ ὅλως, ἢ

στῆναι, ἢ διᾶραι στόμα, φανῆναι δὲ ὅλως ὑπέμενον; Οὐκ ἔστι ταῦτα, οὐκ ἔστιν· οὐκ ἦν ἀνθρωπίνη σπουδὴ τὸ γινόμενον, ἀλλὰ θείας χάριτος. Εἰ τοίνυν νεκρὸς ἦν, ὥς φατε, ὁ Χριστὸς, καὶ ἐλθόντες οἱ μαθηταὶ D αὐτοῦ ἔκλεψαν αὐτὸν, πῶς μείζονα τὰ σημεῖα μετὰ τὸν σταυρὸν ἐγένετο; πῶς πλείων ἡ ἀπόδειξις τῆς δυνάμεως; Οὐ γὰρ μόνον μετέστησε τὸν πολέμιον, καὶ ἀρχηγὸν τῆς μάχης ὑμῶν· καίτοι εἰ καὶ τοῦτο μόνον ἐποίησε, μεγίστης δυνάμεως ἦν τὸ τὸν ἐχθρὸν καὶ πολέμιον λαβεῖν αἰχμάλωτον· νῦν δὲ οὐχὶ τοῦτο μόνον εἰργάσατο, ἀλλὰ καὶ τούτου πολλῷ μεῖζον. Οὐ γὰρ μόνον μετέστησεν, ἀλλ' οὕτως οἰκεῖον ἐποίησεν, οὕτως ἐπεσπάσατο πρὸς τὴν εὔνοιαν τὴν ἑαυτοῦ, ὡς καὶ αὐτῷ πάντα τῆς Ἐκκλησίας τὰ πράγματα ἐγχειρίσαι. Σκεῦος γὰρ, φησὶν, ἐκλογῆς μοί ἐστιν οὗτος, E τοῦ βαστάσαι τὸ ὄνομά μου ἐνώπιον ἐθνῶν καὶ βασιλέων, καὶ πλείονα τῶν ἀποστόλων πεῖσαι καμεῖν ὑπὲρ τῆς Ἐκκλησίας τῆς πρότερον ὑπ' αὐτοῦ πολεμουμένης.

Βούλει μαθεῖν πῶς αὐτὸν μετέστησε; πῶς αὐτὸν ᾠκειώσατο; πῶς αὐτὸν ἐπεσπάσατο; πῶς εἰς τοὺς πρώτους τῶν φίλων κατέλεξεν; Οὐδενὶ τῶν ἀνθρώπων τοσαῦτα ἐθάῤῥησεν εἰπεῖν ἀπόῤῥητα, ὅσα τῷ Παύλῳ. Καὶ πόθεν τοῦτο δῆλον; Ἤκουσα ἄῤῥητα ῥήματα, φησὶν, ἃ οὐκ ἐξὸν ἀνθρώπῳ λαλῆσαι. Εἶδες, 106 A ὁ ἐχθρὸς, ὁ πολέμιος πόσην εὔνοιαν ἐπεδείξατο; Διὰ τοῦτο ἀναγκαῖον καὶ τὸν πρότερον βίον αὐτοῦ εἰπεῖν· καὶ γὰρ τὴν τοῦ Θεοῦ δείκνυσιν ἡμῖν φιλανθρωπίαν καὶ δύναμιν· φιλανθρωπίαν μὲν, ὅτι ἐβουλήθη τὸν τοσαῦτα κακὰ ἐργασάμενον σῶσαι, καὶ πρὸς ἑαυτὸν ἐπισπάσασθαι· δύναμιν δὲ, ὅτι βουληθεὶς ἴσχυσε. Καὶ τὴν Παύλου δὲ τοῦτο δείκνυσι ψυχὴν, ὅτι οὐδὲν πρὸς φιλονεικίαν ἐποίει, οὐδὲ ἀνθρωπίνῃ προκατειλημμένος δόξῃ, καθάπερ οἱ Ἰουδαῖοι· ἀλλὰ ζήλῳ πεπυρωμένος, οὐκ ὀρθῷ μὲν, ζήλῳ δὲ ὅμως· ὅπερ καὶ αὐτὸς ἐβόα λέγων, ὅτι Διὰ τοῦτο ἠλεήθην, ὅτι ἀγνοῶν ἐποίησα ἐν ἀπιστίᾳ· καὶ τὴν τοῦ Θεοῦ φιλαν-

conciliasset et ad se attraxisset? Dic enim, quæso, Judææ, quis Paulo persuasit, ut Christo se adjungeret? num Petrus? num Jacobus? num Joannes? Atqui omnes isti eum timebant et horrebant, neque tantum ante hoc tempus, sed tum etiam cum in amicorum numerum relatus erat, quando manu prehensum illum Barnabas Jerosolymam introduxit, adhuc illi propius se adjungere timebant; ac sedatum quidem erat bellum, metus tamen adhuc in apostolis permanebat. An igitur illi qui reconciliatum adhuc timebant, cum inimicus et hostis esset, oratione flectere ausi essent? an vero ad illum accedere omnino, vel coram illo subsistere, vel os aperire, aut omnino apparere potuissent? Non ita se res habet, non ita est; nec humanæ diligentiæ facinus illud fuit, sed gratiæ divinæ. Si ergo mortuus erat Christus, ut dicitis, et cum venissent discipuli ejus, furati sunt eum, quomodo majora post crucem facta sunt miracula? quomodo amplior virtutis sequuta est demonstratio? Non enim tantum hostem sibi reconciliavit et principem ducemque pugnæ vestræ; tametsi, licet hoc solum fecisset, maximæ fuit hoc potentiæ, inimicum et hostem abduxisse captivum; jam vero non hoc solum præstitit, sed et aliud multo majus. Non enim tantum sibi reconciliavit, sed ita sibi familiarem reddidit, sic eum ad amorem suum pellexit, ut ejus fidei Ecclesiæ negotia cuncta commiserit: *Vas* enim, inquit, *electio-* Act 9. 15.
nis est mihi iste, *ut portet nomen meum coram gentibus, et regibus,* eique persuaserit, ut plus quam apostoli pro Ecclesia laboraret, quam antea oppugnabat.

6. Vis tu intelligere quo pacto illum sibi reconciliarit? quo pacto familiarem reddiderit? quo pacto sibi adsciverit? quo pacto in numerum præcipuorum amicorum retulerit? Nulli hominum tam multa detegere arcana, quam multa Paulo est ausus. Unde vero id constat? *Audivi* 2. Cor. 12. 4.
arcana verba, inquit, *quæ non licet homini loqui.* Vides quantam inimicus et hostis benevolentiam exhibuerit? Quam ob causam operæ pretium fuerit priorem ejus vitam proferre: siquidem ita fiet, ut nobis Dei benignitas et potentia innotescat: benignitas quidem, quod eum, qui tam multa mala perpetraverat, servare voluerit, et sibi conciliare: potentiam vero, quod id, quod volebat, exsequi potuerit. Et vero animum Pauli hoc patefecit, quod nihil contentionis studio faceret, neque gloriæ humanæ cupiditate præoccupatus, quemadmodum Judæi: sed zelo

succensus non recto illo quidem, sed zelo tamen,
1. Tim. 1. 13. quod et ipse clamans dicebat : *Ideo misericordiam consequutus sum, quia ignorans feci in incredulitate* : et benignitatem Dei obstupescens dicebat,
Ib. v. 16. *Ut in me primo ostenderet Christus omnem patientiam ad informationem eorum qui credituri sunt illi in vitam æternam.* Et alibi rursus dicebat,
Ephes. 1. 19. *Operationem virtutis suæ maxime ostendit in nos qui credimus.* Vides ut et benignitatem Dei et virtutem prior vita Pauli ostenderit, et quam incorrupta sinceraque mente præditus ipse fuerit? Sane quidem ad Galatas scribens hoc protulit, ut se hominum causa minime fuisse mutatum, sed divina virtute fuisse conversum probaret.
Gal. 1. 10. *Si enim hominibus, inquit, placerem, Christi servus non essem.* Unde vero id constat te non, ut hominibus placeres, ad prædicationem fuisse conversum?
Ib. v. 13. *Audistis, inquit, conversationem meam aliquando in Judaismo, quoniam supra modum persequebar Ecclesiam Dei, et expugnabam eam.* Quod si hominibus placere voluisset, nequaquam ad fidem conversus fuisset. Quid ita? Colebatur a Judæis, et multa securitate fruebatur, ac præ cæteris honore afficiebatur : non igitur ad apostolorum vitam tot objectam periculis se transtulisset, quæ multa laborabat infamia, quæ tot calamitatibus redundabat : itaque quod illum honorem, quo apud Judæos fruebatur, repentina mutatione ac conversione, et vitam quietam deseruerit, et cum apostolorum vita commutaverit, innumeris objecta mortis generibus, maximum illud argumentum fuit non ob humanam quamdam occasionem Paulum esse conversum. Propterea nos etiam priorem ejus vitam in medium afferre voluimus, et ardentem zelum ejus ostendere, quo Ecclesiam oppugnabat, ut cum ejus pro Ecclesiæ defensione promtitudinem animi videris, Deum laudes, qui facit omnia et transformat. Propterea Pauli quoque discipulus diligenter nobis ac perspicue priora narravit, ita
Act. 9. 1. dicens : *Saulus autem adhuc spirans minas, et cædem in discipulos Domini.* Ac vellem equidem ego quoque hodierno die proœmium inchoare, vellem ad initium narrationis aggredi, sed video pelagus quoddam sententiarum ex solo nomine se nobis obtrudere. Cogita namque quantam e vestigio nobis illud, *Saulus*, quæstionem moveat : siquidem aliud in epistolis positum

B θρωπίαν ἐκπληττόμενος ἔλεγεν· Ἵνα ἐν ἐμοὶ πρώτῳ ἐνδείξηται Χριστὸς τὴν ἅπασαν μακροθυμίαν, πρὸς ὑποτύπωσιν δὲ τῶν μελλόντων πιστεύειν ἐπ' αὐτῷ εἰς ζωὴν αἰώνιον· καὶ ἀλλαχοῦ πάλιν ἔλεγεν, ὅτι Τὴν ἐνέργειαν τῆς δυνάμεως αὐτοῦ μάλιστα ἔδειξεν εἰς ἡμᾶς τοὺς πιστεύοντας. Εἶδες πῶς καὶ τὴν φιλανθρωπίαν ἔδειξε τοῦ Θεοῦ, καὶ τὴν δύναμιν, καὶ τὸ τῆς ἑαυτοῦ γνώμης ἀδέκαστον ὁ πρότερος Παύλου βίος; Τοῦτο γοῦν Γαλάταις γράφων εἰς ἀπόδειξιν παρήγαγε, τοῦ μὴ δι' ἀνθρώπους μεταβαλέσθαι, ἀλλὰ θείᾳ μετενενῆχθαι δυνάμει. Εἰ γὰρ ἀνθρώποις, φησὶν, ἤρεσκον, Χριστοῦ δοῦλος οὐκ ἂν ἤμην. Καὶ πόθεν
C δῆλον ὅτι οὐκ ἀνθρώποις ἀρέσκων, πρὸς τὸ κήρυγμα μετέστης; Ἠκούσατε, φησὶ, τὴν ἐμὴν ἀναστροφήν ποτε ἐν τῷ ἰουδαϊσμῷ, ὅτι καθ' ὑπερβολὴν ἐδίωκον τὴν Ἐκκλησίαν τοῦ Θεοῦ, καὶ ἐπόρθουν αὐτήν. Οὐκ ἂν δὲ, εἰ ἀνθριώποις ἀρέσκειν ἤθελε, μετέθετο πρὸς τὴν πίστιν. Διὰ τί; Ἐτιμᾶτο παρὰ Ἰουδαίοις, καὶ ἀδείας ἀπήλαυε πολλῆς, καὶ προεδρίας ἠξιοῦτο· οὐκ ἂν οὖν πρὸς ἐπικίνδυνον μετέστη βίον τὸν τῶν ἀποστόλων, τὸν δυσφημίας γέμοντα, τὸν συμφορῶν ἐμπεπλησμένον· ὥστε αὐτὴν * (sic) ἀθρόᾳ μεταβολῇ καὶ μεταστάσει, καὶ τὸ καταλιπεῖν μὲν τὴν
D παρὰ Ἰουδαίοις τιμὴν καὶ τὸν ἀπόλεμον βίον, ἀνταλλάξασθαι δὲ τὴν τῶν ἀποστόλων ζωὴν, τὴν μυρίους ἔχουσαν θανάτους, μεγίστη γέγονεν ἀπόδειξις τοῦ μὴ δι' ἀνθρωπίνην τινὰ πρόφασιν μετατεθῆναι τὸν Παῦλον. Διὰ τοῦτο καὶ ἡμεῖς ἐβουλήθημεν τὸν πρότερον αὐτοῦ βίον εἰς μέσον ἀγαγεῖν, καὶ δεῖξαι τὸν πεπυρωμένον ζῆλον τὸν κατὰ τῆς Ἐκκλησίας, ἵν', ὅταν ἴδῃς τὴν πολλὴν προθυμίαν τὴν ὑπὲρ τῆς Ἐκκλησίας, θαυμάσῃς τὸν ποιοῦντα πάντα καὶ μετασκευάζοντα Θεόν. Διὰ τοῦτο καὶ ὁ μαθητὴς ὁ Παύλου τὰ πρότερα ἡμῖν μετ' ἀκριβείας διηγήσατο, καὶ πολλῆς ἐμφάσεως, οὕτως εἰπών· Σαῦλος δὲ ἔτι
E ἐμπνέων ἀπειλῆς καὶ φόνου εἰς τοὺς μαθητὰς τοῦ Κυρίου. Ἐβουλόμην μὲν οὖν καὶ αὐτὸς ἄρξασθαι τοῦ προοιμίου σήμερον, ἐβουλόμην ἐμβαλεῖν εἰς τὴν ἀρχὴν τοῦ διηγήματος, ἀλλ' ὁρῶ πέλαγος νοημάτων ἀπὸ τοῦ ὀνόματος μόνον. Ἐννόησον γὰρ ὅσον εὐθέως ἡμῖν κινεῖ ζήτημα, τὸ, Σαῦλος, τοῦτο· ἐν γὰρ ταῖς ἐπιστολαῖς ἕτερον ὄνομα ὁρῶ κείμενον· Παῦλος δοῦλος Ἰησοῦ Χριστοῦ, κλητὸς ἀπόστολος· Παῦλος καὶ Σωσθένης· Παῦλος κλητὸς ἀπόστολος· Ἰδὲ ἐγὼ Παῦλος λέγω ὑμῖν· νυνὶ δὲ ὡς Παῦλος, καὶ πανταχοῦ Παῦλος καλεῖται, ἀλλ' οὐχὶ Σαῦλος λέγεται. Τίνος οὖν ἕνεκεν πρὸ τούτου μὲν Σαῦλος, μετὰ δὲ ταῦτα Παῦ-
107 A λος ἐκλήθη; Οὐκ ἔστι ψιλὸν τὸ ζήτημα· καὶ γὰρ Πέτρος εὐθέως ἐπιτρέχει· καὶ γὰρ κἀκεῖνος πρὸ τούτου μὲν Σίμων ἐλέγετο, μετὰ δὲ ταῦτα ὠνομάσθη Κη-

* [Vid. Savilii notam ad calcem hujus voluminis.]

φᾶς· καὶ υἱοὶ Ζεβεδαίου, Ἰάκωβος καὶ Ἰωάννης, Υἱοὶ βροντῆς μετονομάσθησαν. Καὶ οὐκ ἐν τῇ Καινῇ δὲ μόνον, ἀλλὰ καὶ ἐν τῇ Παλαιᾷ εὑρίσκομεν τὸν Ἀβραὰμ πρὸ τούτου μὲν Ἀβρὰμ λεγόμενον, μετὰ ταῦτα δὲ Ἀβραάμ· καὶ τὸν Ἰακὼβ νῦν μὲν Ἰακὼβ λεγόμενον, μετὰ δὲ ταῦτα Ἰσραήλ· καὶ τὴν Σάῤῥαν πρὸ τούτου Σάραν λεγομένην, μετὰ δὲ ταῦτα Σάῤῥαν· καὶ πολλὴν ἡμῖν τῶν ὀνομάτων ἡ μετάθεσις B παρέχει τὴν ζήτησιν· καὶ δέδοικα μὴ, πολλὰ ῥεύματα ποταμῶν ἐξαίφνης ἀφεὶς, ἀποπνίξω τῆς διδασκαλίας τὸν λόγον. Καθάπερ γὰρ ἐν χωρίῳ νοτίδα ἔχοντι, ὅπουπερ ἂν διασκάψῃ τις, πηγαὶ πανταχόθεν ἐκπηδῶσιν· οὕτω καὶ ἐν τῷ χωρίῳ τῶν θείων Γραφῶν, ὅπουπερ ἂν διανοίξῃς, ποταμοὺς ἐξιόντας ὄψει πολλοὺς, ὅθεν καὶ πάντας αὐτοὺς ἀθρόον ἀφεῖναι τήμερον δέος ἐστὶν οὐ μικρόν. Διόπερ τὸν ἡμέτερον ἀποφράξας ῥύακα, παραπέμψω τὴν ὑμετέραν ἀγάπην πρὸς τὴν ἱερὰν πηγὴν τῶν προέδρων τούτων καὶ C διδασκάλων τὴν καθαρὰν ταύτην καὶ πότιμον καὶ γλυκὺν, νᾶμα τὸ ἐξ αὐτῆς ἐξερχόμενον τῆς πέτρας τῆς νοητῆς. Παρασκευάσωμεν τοίνυν τὴν διάνοιαν πρὸς ὑποδοχὴν τῆς διδασκαλίας, ἀρύσασθαι τὰ πνευματικὰ νάματα, ἵνα γένηται ἐν ἡμῖν πηγὴ ὕδατος ἀλλομένου εἰς ζωὴν αἰώνιον· ἧς γένοιτο πάντας ἡμᾶς ἐπιτυχεῖν χάριτι καὶ φιλανθρωπίᾳ τοῦ Κυρίου ἡμῶν Ἰησοῦ Χριστοῦ, δι' οὗ καὶ μεθ' οὗ τῷ Πατρὶ δόξα, τιμὴ, κράτος, ἅμα τῷ ἁγίῳ καὶ ζωοποιῷ Πνεύματι, νῦν καὶ ἀεὶ, καὶ εἰς τοὺς αἰῶνας τῶν αἰώνων. Ἀμήν.

nomen occurrit: *Paulus servus Jesu Christi,* Rom. 1. 1.
vocatus apostolus: *Paulus et Sosthenes*: 1. Cor. 1. 1.
Paulus vocatus apostolus: *Ecce ego Paulus* Galat. 5. 2.
dico vobis: jam vero ut Paulus, et ubique Paulus appellatur, non autem Saulus dicitur. Cur igitur antea Saulus, postea vero Paulus vocatus est? Neque vero simplex est illa quæstio: statim enim Petrus accurrit: nam et ipse antea Simon dicebatur, postea vero Cephæ nomen accepit: et Zebedæi filii Jacobus et Joannes mutato nomine Filii tonitrui sunt appellati. Nec in Novo solum Testamento, sed etiam in Veteri reperimus Abraham antea dictum Abram, postea Abraham; et Jacob primum Jacob esse dictum, deinde Israel; et Sarram primum Saram esse, deinde Sarram: et multas nobis hæc mutatio nominum parit quæstiones, ac vereor, ne multis fluminum effusis fluentis, doctrinæ sermonem velut obruam et suffocem. Nam quemadmodum in agro humido et irriguo ubicumque quis fodit, undique fontes scaturiunt: sic et in agro divinæ Scripturæ ubicumque reseraveris, plurimos fluvios videbis erumpere: quam ob causam ne omnes illos simul hodierno die effundam, non mediocriter pertimesco. Quapropter rivum hunc nostrum claudens, caritatem vestram ad sacrum fontem præsulum istorum, magistrorumque transmittam, limpidum illum, potabilem ac dulcem, quod ex spirituali petra fluentum manat. Mentem igitur ad excipiendam doctrinam, ad spirituales latices hauriendos paremus, ut fiat in nobis fons aquæ salientis in vitam æternam: quam nos omnes obtinere contingat, gratia et benignitate Domini nostri Jesu Christi, per quem et cum quo Patri gloria, honor, imperium, una cum sancto ac vivifico Spiritu, nunc et semper, et in sæcula sæculorum. Amen.

Marc. 3. 16. 17.

ΠΡΟΣ ΤΟΥΣ ΕΓΚΑΛΟΥΝΤΑΣ ΥΠΕΡ ΤΟΥ D μήκους τῶν εἰρημένων, καὶ πρὸς τοὺς δυσχεραίνοντας ὑπὲρ τῆς βραχυλογίας, καὶ περὶ τῆς τοῦ Σαύλου προσηγορίας καὶ Παύλου, καὶ τίνος ἕνεκεν Ἀδὰμ ὁ πρῶτος ἄνθρωπος ἐκλήθη, ὅτι χρησίμως καὶ συμφερόντως, καὶ εἰς τοὺς νεοφωτίστους.

AD EOS QUI REPREHENDEBANT eum ob prolixitatem eorum quæ dicta fuerant, et ad eos qui brevitatem orationis ægre ferebant, deque Sauli et Pauli appellatione, et cur primus homo vocatus sit Adam, et quod utiliter ac fructuose; atque in eos qui recens fuerant illuminati.

Τί ποτε ἄρα χρὴ ἡμᾶς ποιῆσαι τήμερον; Τὸ μὲν γὰρ πλῆθος ὑμῶν ὁρῶν, δέδοικα πρὸς μῆκος ἐκτεῖναι τὸν λόγον. Καὶ γὰρ ὅταν ἡ διδασκαλία μακροτέρω προβαίνῃ, ὁρῶ συμπατουμένους ὑμᾶς, στενοχωρουμέ-

1. Quid quæso nobis agendum est hodierno die? Siquidem dum multitudinem vestram cerno, ne longius sermonem protraham, pertimesco. Cum enim provehitur longius doctrinæ sermo, video

vos in angustias redactos vos invicem conculcare, atque hanc ex angustiis afflictionem, quo minus diligenter audiatis, impedire : nisi enim quietus sit ac tranquillus auditor, nimime potest cum studio ad ea quæ dicuntur attendere. Cum igitur multitudinem vestram, ut dixi, video, ne longius sermonem protraham pertimesco, sed dum cupiditatem vestram considero, doctrinam contrahere reformido. Nam qui sitit, nisi prius poculum repletum viderit, ne labris quidem lubenter illud admovet, sed quamvis totum exhausturus non sit, totum repletum cernere concupiscit. Quamobrem, quo pacto me in hac concione gerere debeam, ignoro. Nam et brevitate sermonis laborem vestrum minuere volo, et orationis prolixitate vestram cupiditatem explere. Atqui utrumque istorum sæpenumero præstiti, ac ne

Duo genera auditorum.

semel quidem crimen effugi. Scio me persæpe, dum vobis parco, ante finem abrupisse sermonem, et in nos clamarunt ii, quorum animus satiari minime potest, qui sacris laticibus assidue

Matth. 5. 6.

fruuntur, sed numquam tamen explentur, *Beati illi, qui esuriunt*, et *sitiunt justitiam*, et istorum adversos clamores pertimescens rursus doctrinæ sermonem protraxi longius, et idcirco in crimen incurri. Nam qui sermonis brevitate delectantur, occurrentes orabant, ut ipsorum infirmitati parcerem, atque concionis prolixitatem contraherem. Dum igitur vos in angustias redactos intueor, sermonem silentio coercere studeo : dum vero vos angustiis pressos idcirco non recedere, sed ad longiorem cursum paratos esse,

Dan. 13. 22.

acuere linguam desidero. *Angustiæ mihi sunt undique.* Quid faciam? Nam is quidem qui uni domino servit, unique sententiæ cogitur famulari, facile domino potest placere, neque a proposito aberrare : at ego multos habeo dominos, qui tanto servire populo cogor, cujus diversa est sententia. Hæc autem non idcirco sunt a me dicta, quod servitutem ægre feram, absit, neque quod vestrum defugiam dominatum. Nihil enim mihi est hac servitute honorificentius. Non ita diademate ac purpura gloriatur Imperator, ut ego caritatis vestræ servitutem mihi honorificam duco. Siquidem illi regno mors succedit : huic autem servituti, si recte peracta fuerit, regnum cæleste

Luc. 12. 42. 44.

præparatum est. Beatus enim est *Fidelis servus et prudens, quem constituit dominus ejus, ut conservis suis det tritici mensuram. Amen dico vobis, super omnia bona sua constituet eum.* Vides quantus sit servitutis hujus quæstus, si diligenter obita fuerit? Super omnia domini

E νους, καὶ τὴν ἀπὸ τῆς στενοχωρίας θλίψιν τῇ τῆς ἀκροάσεως ἀκριβείᾳ λυμαινομένην· ἀκροατὴς γὰρ ἀνέσεως οὐκ ἀπολαύων, οὐδὲ μετὰ σπουδῆς προσέχειν τοῖς λεγομένοις δύναιτ' ἄν. Τὸ μὲν οὖν πλῆθος ὑμῶν, ὡς ἔφην, ὁρῶν, δέδοικα πρὸς μῆκος ἐκτεῖναι τὸν λόγον· τὸν δὲ πόθον ὑμῶν λογιζόμενος φοβοῦμαι συστεῖλαι τὴν διδασκαλίαν. Ὁ γὰρ διψῶν, ἐὰν μὴ πρότερον πεπληρωμένην ἴδῃ τὴν φιάλην, οὐδὲ τοῖς χείλεσιν αὐτὴν ἡδέως ἂν προσαγάγοι· ἀλλὰ κἂν μὴ πᾶσαν αὐτὴν ἐκπίνειν μέλλοι, πᾶσαν αὐτὴν γέμουσαν ἰδεῖν

108 A ἐπιθυμεῖ. Διὰ τοῦτο οὐκ ἔχω τί χρήσομαι τῇ δημηγορίᾳ. Καὶ γὰρ τῇ βραχυλογίᾳ τὸν κάματον ὑποτέμνεσθαι τὸν ὑμέτερον βούλομαι, καὶ τῷ μήκει τοῦ λόγου τὴν ἐπιθυμίαν ὑμῶν ἐμπλῆσαι. Ἀλλ' ἑκάτερα πολλάκις ταῦτα ἐποίησα, καὶ οὐδὲ ἅπαξ τὴν αἰτίαν διέφυγον. Οἶδα ὅτι πολλάκις φειδόμενος ὑμῶν πρὸ τοῦ τέλους κατέλυσα τὸν λόγον, καὶ κατεβόησαν ἡμῶν οἱ ψυχὴν ἀκόρεστον ἔχοντες, οἱ συνεχῶς μὲν τῶν θείων ἀπολαύοντες ναμάτων, οὐδέποτε δὲ ἐμπιπλάμενοι, οἱ Μακάριοι ἐκεῖνοι, οἱ πεινῶντες καὶ διψῶντες τὴν δικαιοσύνην, καὶ τὰς παρὰ τούτων καταβοήσεις φοβη-

B θεὶς πάλιν προῆλθον μέχρι πολλοῦ τὴν διδασκαλίαν ἐκτείνων, καὶ διὰ τοῦτο αἰτίαν ὑπέμενον. Οἱ γὰρ βραχυλογίας ἐρῶντες ἀπαντῶντες παρεκάλουν τῆς αὐτῶν ἀσθενείας φείδεσθαι, καὶ συστέλλειν τὸ μῆκος τῶν λεγομένων. Ὅταν μὲν οὖν στενοχωρουμένους ὑμᾶς ἴδω, πρὸς σιγὴν συνελαύνω τὸν λόγον· ὅταν δὲ στενοχωρουμένους, καὶ οὐκ ἀφισταμένους, ἀλλ' ἐκκρεμαμένους πρὸς πλείονα δρόμον, τὴν γλῶτταν διεγείρειν ἐπιθυμῶ. Στενά μοι πάντοθεν. Τί πάθω; Ὁ μὲν γὰρ ἑνὶ δουλεύων κυρίῳ, καὶ μιᾷ γνώμῃ ὑπηρετεῖν ἀναγκαζόμενος, μετ' εὐκολίας ἀρέσκειν δύναται τῷ δεσπότῃ, καὶ μὴ διαμαρτάνειν· ἐγὼ δὲ πολλοὺς ἔχω δεσπότας, δήμῳ

C τοσούτῳ δουλεύειν ἀναγκαζόμενος διάφορον ἔχοντι γνώμην. Ταῦτα δὲ εἶπον οὐ δυσχεραίνων τὴν δουλείαν, μὴ γένοιτο, οὐδὲ δραπετεύων τὴν δεσποτείαν ὑμῶν. Οὐδὲν γάρ μοι τῆς δουλείας ταύτης σεμνοτέρον. Οὐχ οὕτω βασιλεὺς ἐπὶ τῷ διαδήματι καὶ τῇ πορφυρίδι μέγα φρονεῖ, ὡς ἐγὼ νῦν ἐπὶ τῇ δουλείᾳ τῆς ὑμετέρας ἀγάπης ἐγκαλλωπίζομαι. Ἐκείνην μὲν γὰρ τὴν βασιλείαν θάνατος διαδέχεται· ταύτην δὲ τὴν δουλείαν, ἂν ἀπαρτισθῇ καλῶς, βασιλεία οὐρανῶν ἀναμένει. Μακάριος γὰρ ὁ πιστὸς δοῦλος καὶ φρόνιμος, ὃν κατέστησεν ὁ κύριος αὐτοῦ διδόναι τὸ σιτομέτριον τοῖς συνδούλοις αὐτοῦ. Ἀμὴν λέγω ὑμῖν, ἐπὶ πᾶσι τοῖς ὑπάρχουσιν αὐτοῦ καταστήσει αὐτόν. Εἶδες πόσον τὸ κέρ-

D δος τῆς δουλείας ταύτης, ὅταν σπουδαίως γένηται; Ἐπὶ πᾶσι τοῖς ὑπάρχουσι τοῦ δεσπότου καθίσταται. Οὐ φεύγω τοίνυν τὴν δουλείαν· μετὰ γὰρ Παύλου δουλεύω. Καὶ γὰρ ἐκεῖνός φησιν, ὅτι Οὐχ ἑαυτοὺς κηρύττομεν, ἀλλὰ Χριστὸν Ἰησοῦν Κύριον, ἑαυτοὺς δὲ δούλους ὑμῶν διὰ Ἰησοῦν. Καὶ τί λέγω Παῦλον;

Εἰ ὁ ἐν μορφῇ Θεοῦ ὑπάρχων ἑαυτὸν ἐκένωσε μορφὴν δούλου λαβὼν διὰ τοὺς δούλους, τί μέγα εἰ ὁ δοῦλος ἐγὼ δοῦλος ἐγενόμην τοῖς συνδούλοις δι' ἐμαυτόν; Οὐ τοίνυν δραπετεύων ὑμῶν τὴν δεσποτείαν ταῦτα εἶπον, ἀλλ' ἀξιῶν συγγνώμης τυχεῖν, ἐὰν μὴ ταῖς ἁπάντων γνώμαις κατάλληλον παραθῶμαι τὴν τράπεζαν. Μᾶλλον δὲ τοῦτο ποιήσατε ὃ λέγω νῦν· Ὑμεῖς E οἱ μὴ δυνάμενοι ἐμπλησθῆναί ποτε, ἀλλὰ πεινῶντες καὶ διψῶντες τὴν δικαιοσύνην, καὶ μακρῶν ἐπιθυμοῦντες λόγων, διὰ τὴν ἀσθένειαν τῶν ὑμετέρων ἀδελφῶν ἀνάσχεσθε τοῦ συνήθους περικοπτομένου μέτρου τῶν λόγων. Πάλιν ὑμεῖς οἱ βραχυλογίας ἐρῶντες καὶ ἀσθενέστερον διακείμενοι, διὰ τοὺς ἀδελφοὺς τοὺς ὑμετέρους τοὺς ἀκορέστους μικρὸν καρτερήσατε πόνον, ἀλλήλων τὰ βάρη βαστάζοντες, καὶ οὕτως ἀναπληρώσατε τὸν νόμον τοῦ Χριστοῦ. Οὐχ ὁρᾶτε 109 A τοὺς Ὀλυμπιακοὺς ἀθλητὰς εἰς μέσον τοῦ θεάτρου ἑστῶτας ἐν μεσημβρίᾳ μέσῃ καθάπερ ἐν καμίνῳ τῷ σκάμματι καὶ γυμνῷ τῷ σώματι τὴν ἀκτῖνα δεχομένους ὥσπερ τινὰς ἀνδριάντας χαλκοῦς καὶ ἡλίῳ καὶ κονιορτῷ καὶ πνίγει μαχομένους, ἵνα τὴν τοσαῦτα ταλαιπωρήσασαν κεφαλὴν φύλλοις δάφνης ἀναδήσωνται; Ὑμῖν δὲ οὐ στέφανος δάφνης, ἀλλὰ στέφανος δικαιοσύνης πρόκειται τῆς ἀκροάσεως ὁ μισθὸς, καὶ οὐδὲ μέχρι μεσημβρίας μέσης ὑμᾶς κατέχομεν, ἀλλ' ἀπ' αὐτῶν τῶν προοιμίων τῆς ὑμετέρας ἕνεκα ὀλιγωρίας διαφίεμεν, ἔτι τοῦ ἀέρος ὄντος ψυχροτέρου, καὶ οὐ διαθερμαινομένου ταῖς ἀπὸ τῶν ἀκτίνων βολαῖς, οὐ γυμνῇ τῇ κεφαλῇ κελεύοντες ὑμᾶς τὴν ἀκτῖνα δέχε- B σθαι, ἀλλ' ὑπὸ τὸν θαυμαστὸν τοῦτον ἄγομεν ὄροφον, καὶ τὴν ἀπὸ τῆς στέγης παρέχομεν παραμυθίαν παντὶ τρόπῳ ἐπινοοῦντες ὑμῖν ἄνεσιν, ὥστε γενέσθαι τῶν λεγομένων μόνιμον τὴν ἀκρόασιν. Μὴ δὴ γενώμεθα μαλακώτεροι τῶν παιδίων τῶν ἡμετέρων τῶν εἰς διδασκαλεῖα βαδιζόντων· ἐκεῖνα πρὸ τῆς μεσημβρίας οὐ τολμᾷ ἀναχωρῆσαι οἴκαδε, ἀλλ' ἄρτι τοῦ γάλακτος ἀποσπασθέντα, ἄρτι τῆς θηλῆς ἀποστάντα, οὐδέπω οὐδὲ πέντε ἐτῶν ἡλικίαν ἄγοντα, ἐν νεαρῷ καὶ ἁπαλῷ σώματι πᾶσαν καρτερίαν ἐπιδείκνυται· κἂν πνῖγος, κἂν δίψος, κἂν ἄλλο ὁτιοῦν παρενοχλῇ, πρὸς μεσημβρίαν μέσην διακαρτερεῖ, καὶ ταλαιπωρεῖται ἐν τῷ C διδασκαλείῳ καθήμενα. Εἰ καὶ μηδένα οὖν ἕτερον, ἐκεῖνα μιμησώμεθα τὰ παιδία ἡμεῖς οἱ ἄνδρες οἱ φθάσαντες εἰς μέτρον ἡλικίας. Εἰ γὰρ τοὺς λόγους τοὺς περὶ ἀρετῆς μὴ ἀνεχόμεθα ἀκούειν, τίς ἡμῖν πιστεῦσαι δυνήσεται, ὅτι τοὺς πόνους τοὺς ὑπὲρ τῆς ἀρετῆς ὑπομενοῦμεν; εἰ πρὸς τὴν ἀκρόασιν οὕτω βάναυσοι, πόθεν δῆλον, ὅτι πρὸς τὴν πρᾶξίν ἐσμεν διεγηγερμένοι; εἰ τὸ εὐκολώτερον παραπεμψώμεθα, πῶς τὸ δυσκολώτερον οἴσομεν; Ἀλλὰ πολλὴ ἡ στενοχωρία, πολλὴ ἡ βία. Ἀλλ' ἄκουσον ὅτι βιασταὶ ἁρπάζουσι τὴν βασιλείαν τῶν οὐρανῶν, ὅτι στενὴ καὶ τεθλιμμένη

bona constituit. Non ergo defugio servitutem, quippe qui cum Paulo serviam. Nam et ille dicit : *Non nosmetipsos prædicamus, sed Christum Jesum Dominum : nos autem servos vestros propter Jesum.* (2. Cor. 4. 5.) Et quid dico Paulum? Si is qui in forma Dei erat, semetipsum exinanivit formam servi accipiens propter servos, (Phil. 2. 6. 7.) quid magnum præsto, si ego servus fiam conservis ipse servus propter meipsum? Non ergo quod vestram servitutem detrectem, ista dixi, sed ut mihi venia detur, si forte minus convenientem omnium judicio mensam apponam. Vel potius id agite, quod nunc dicam. Vos qui numquam expleri potestis, sed esuritis justitiam, ac sititis, prolixosque sermones expetitis, propter fratrum vestrorum imbecillitatem aliquid sinite de consueta sermonis mensura resecari. Rursus vos qui brevitatem orationis adamatis, et imbecilliores estis, gratia fratrum vestrorum, qui exsaturari non possunt, laborem exiguum tolerate, vestraque (Gal. 6. 2.) invicem onera portate, atque ita Christi legem adimplete. Nonne videtis Olympicorum ludorum athletas in medio stantes theatro in ipso meridie tamquam in fornace in stadio ac nudo corpore solis radios excipientes quasi statuas quasdam æreas, et cum sole, pulvere, æstuque pugnare, ut tot ærumnis vexatum caput lauri foliis coronetur? Vobis autem non laurea corona, sed justitiæ corona in præmium auditionis est proposita, neque ad medium usque meridiem vos detinemus, sed ab ipsis lucis exordiis vos dimittimus propter vestram ignaviam, dum adhuc aer est frigidus, neque dum radiorum crebris jactibus concalefactus; non capite nudo vos jubemus solis æstum excipere, sed sub eximium laquear istud deducimus, vosque tecti solatio et quocumque genere jucunditatis a nobis excogitato recreamus, ut ea, quæ dicta fuerint, diutius et constantius audire possitis. Ne igitur puerulis nostris molliores fiamus, qui scholas frequentant : illi ante meridiem domum non audent redire, sed non ita pridem a lacte depulsi, paulo ante avulsi ab ubere, cum nondum quinque annorum ætatem attigerint, in juvenili ac tenero corpore tolerantiam omnem præ se ferunt : quamvis æstus, quamvis sitis, quamvis aliud quidvis molestiam afferat, ad medium usque meridiem in schola sedentes tolerando ac patienter ferendo perseverant. Itaque si nullum alium, puerulos illos imitemur nos viri, qui ad justam ac perfectam ætatem pervenimus. Si enim institutos de virtute sermones audire non sustinemus, quis nobis credere poterit nos labores toleraturos

pro virtute subeundos? si ad audiendum illiberales adeo simus ac sordidi, unde nos ad agendum promtiores fore constabit? si quod facilius est omittamus, quomodo quod difficilius est perferemus? At enim multæ sunt loci angustiæ, multa violentia. Audi sane, quod regnum cælorum rapiant violenti quod arcta sit et angusta via, quæ ducit ad vitam. Quando igitur per arctam et angustam viam incedimus, nos etiam oportet nos ipsos coarctare et comprimere, ut arctam et
Matth. 11. 12. angustam conficere viam possimus. Nam qui
Matth. 7. 4. seipsum dilatat, non ita facile viam angustam percurret, sed qui seipsum cohibet, comprimit et constringit.

2. Neque enim de rebus trivialibus quæstionem habemus hodie, sed de re quæ cœpit quidem hesterno die proponi, non potuit autem solutio quæstionis afferri, propter eorum multitudinem, quæ fuerant in medium prolata. Quid illud porro est? De nominum impositione quæstio erat, quæ Deus sanctis imposuit. Res autem ista tenuis videtur esse, si quis audiat: multum vero continet thesaurum, si quis diligenter attendat. Nam et auream terram, quæ in fodinis reperitur, imperiti, et qui negligenter aspiciunt, terram nudam solum esse putant, neque quidquam amplius habere, quam aliam quamvis: qui vero artis oculis illam considerant, istius terræ nobilitatem noverunt, et dum illam in ignem injectam probant, omnem illius præstantiam patefaciunt. Sic nimirum in sacris Scripturis, qui oscitanter literas legunt, nudas esse literas arbitrantur, nec amplius quidquam in se continere quam cæteras: qui vero fidei oculis illas considerant, quemadmodum illi artis instrumentis, illarum probationem igni Spiritus committentes, totum illarum aurum facile cernent. Unde igitur quæstionis initium est ductum? Neque enim temere in hanc disceptationem incidimos, ne quis intempestivæ nos curiositatis condemnet: sed, cum apostolica vobis acta legerentur, Pauli præclara facinora narrare cupiebamus, jamque historiæ attigeramus exordium, et his verbis conceptum initium narrationis invenimus: *Saulus autem adhuc spirans minas et cædem in discipulos Domini.* Continuo turbavit nos immutatio nominis: invenimus enim in omnibus epistolis, et in illarum exordiis non Saulum eum, sed Paulum appellari, et hoc non in hoc solo, sed et in multis aliis accidisse. Nam et Petrus Simon dicebatur, et filii Zebedæi Jacobus et Joannes Filii tonitrui mutato deinde nomine sunt vocati: et in

Nominum mutatio quanti facienda.

Scripturæ Sacræ quomodo legendæ.

Act. 9. 1.

ἡ ὁδὸς ἡ ἀπάγουσα εἰς τὴν ζωήν. Ἐπεὶ οὖν στενὴν
D καὶ τεθλιμμένην ὁδὸν βαδίζομεν, δεῖ ἡμᾶς καὶ ἑαυτοὺς στενοχωρεῖν καὶ θλίβειν, ἵνα δυνηθῶμεν διοδεῦσαι τὴν στενὴν καὶ τεθλιμμένην ὁδόν. Ὁ γὰρ ἐμπλατύνων ἑαυτὸν, οὐκ ἂν οὕτω ῥᾳδίως τὴν ἐστενωμένην ὁδὸν διαδράμοι, ἀλλ' ὁ συνέχων, καὶ θλίβων, καὶ πιέζων.

Οὐδὲ γὰρ περὶ τῶν τυχόντων ἐστὶν ἡμῖν ἡ ζήτησις τήμερον, ἀλλ' ὑπὲρ ζητήματος τὴν ἀρχὴν μὲν λαβόντος χθὲς, τὴν δὲ λύσιν μὴ λαβόντος διὰ τὸ πολλὰ γενέσθαι τὰ προβληθέντα. Τί δὴ τοῦτό ἐστι; Περὶ τῆς τῶν ὀνομάτων θέσεως ἐζητοῦμεν, ἅπερ ἐπέθηκε τοῖς ἁγίοις ὁ Θεός. Τοῦτο δὲ τὸ πρᾶγμα δοκεῖ μὲν ψιλὸν εἶναι, εἴ τις ἀκούσειε· πολὺν δὲ ἔχει θησαυρὸν, εἴ τις
E μετὰ ἀκριβείας προσέχοι. Καὶ γὰρ τὴν χρυσῖτιν γῆν τὴν ἐν τοῖς μετάλλοις κειμένην οἱ μὲν ἄπειροι καὶ ἁπλῶς ὁρῶντες γῆν νομίζουσιν εἶναι μόνον ψιλὴν, καὶ οὐδὲν πλέον ἔχειν τῆς ἑτέρας· οἱ δὲ τοῖς ὀφθαλμοῖς τῆς τέχνης καταμανθάνοντες ἴσασι τῆς γῆς ταύτης τὴν εὐγένειαν, καὶ τῷ πυρὶ παραδόντες αὐτῆς τὴν βάσανον, ἅπασαν αὐτῆς ἐκκαλύπτουσι τὴν ὑπεροχήν.
110 Οὕτω δὴ καὶ ἐπὶ τῶν θείων Γραφῶν, οἱ μὲν ἁπλῶς
A ἀναγινώσκοντες τὰ γράμματα, γράμματα εἶναι νομίζουσι ψιλὰ καὶ τῶν ἄλλων πλέον ἔχειν οὐδέν· οἱ δὲ τοῖς τῆς πίστεως ὀφθαλμοῖς αὐτὰ καταμανθάνοντες, καθάπερ ἐκεῖνοι τοῖς τῆς τέχνης ὀργάνοις, πυρὶ τοῦ Πνεύματος παραδιδόντες αὐτῶν τὴν ἐξέτασιν, ἅπαντα τὸν χρυσὸν αὐτῶν ὄψονται ῥᾳδίως. Πόθεν οὖν ἡ ἀρχὴ τῆς ζητήσεως γέγονεν; Οὐδὲ γὰρ ἁπλῶς ἐνεπέσαμεν εἰς τὴν πραγματείαν ταύτην, ἵνα μή τις ἡμῶν ἀκαιρίαν καταγινώσκῃ· ἀλλ' ἐπεθυμήσαμεν εἰπεῖν τὰ Παύλου κατορθώματα, τῶν πράξεων τῶν ἀποστολικῶν ὑμῖν ὑπαναγινωσκομένων, καὶ ἡψάμεθα τοῦ προοιμίου τῆς ἱστορίας· ηὕραμεν δὲ τὴν ἀρχὴν τοῦ διηγήματος οὕτως ἔχουσαν· Σαῦλος δὲ ἔτι ἐμπνέων ἀπειλῆς καὶ
B φόνου εἰς τοὺς μαθητὰς τοῦ Κυρίου. Εὐθέως ὑμᾶς διετάραξεν ἡ τοῦ ὀνόματος ἐναλλαγή· εὑρίσκομεν γὰρ ἐν ταῖς ἐπιστολαῖς ἁπάσαις, καὶ ἐν τοῖς προοιμίοις ἐκείνοις οὐ Σαῦλον αὐτὸν, ἀλλὰ Παῦλον καλούμενον, καὶ τοῦτο οὐκ ἐπὶ τούτου μόνου, ἀλλὰ καὶ ἐπὶ πολλῶν ἑτέρων γινόμενον. Καὶ γὰρ καὶ ὁ Πέτρος Σίμων ἐλέγετο πρὸ τούτου, καὶ τὰ τέκνα Ζεβεδαίου Ἰάκωβος καὶ Ἰωάννης Υἱοὶ βροντῆς μετωνομάσθησαν ὕστερον, καὶ ἐν τῇ Παλαιᾷ δὲ τὸ ἔθος αὐτὸ τοῦτο ἴδοι τις ἂν ἐπ' ἐνίων κρατῆσαν· καὶ γὰρ ὁ Ἀβραὰμ πρότερον

Ἀβρὰμ λεγόμενος μετὰ ταῦτα Ἀβραὰμ ἐκαλεῖτο, καὶ Σάῤῥα πρὸ τούτου Σάρα, μετὰ δὲ ταῦτα Σάῤῥα ὠνομάσθη, καὶ ὁ Ἰακὼβ δὲ μετὰ ταῦτα Ἰσραὴλ προσηγορεύετο· ἄτοπον οὖν ἔδοξεν ἡμῖν εἶναι τοσοῦτον ὀνομάτων θησαυρὸν παραδραμεῖν ἁπλῶς. Τοῦτο δὲ καὶ ἐπὶ ἀρχόντων τῶν ἔξωθεν συμβαῖνον εὕροι τις ἄν· καὶ γὰρ καὶ ἐκείνοις διπλοῦς ὁ χρηματισμὸς τῶν ὀνομάτων. Ὅρα δέ· Διεδέξατο, φησὶ, τὸν Φήλικα Πόρτιος Φῆστος· καὶ πάλιν, Συνῆν τις τῷ ἀνθυπάτῳ καλουμένῳ Σεργίῳ Παύλῳ· καὶ ὁ τὸν Χριστὸν ἐκδοὺς τοῖς Ἰουδαίοις Πόντιος Πιλάτος ἐλέγετο. Οὐ τοῖς ἄρχουσι δὲ μόνον, ἀλλὰ καὶ τοῖς στρατιώταις πολλάκις διπλᾶ τὰ ὀνόματα, καὶ τοῖς τὸν ἰδιωτικὸν ἀνῃρημένοις βίον ἀπὸ αἰτίας τινὸς καὶ ὑποθέσεως διπλῆ γέγονεν ἡ προσηγορία. Ἀλλ' ὑπὲρ μὲν ἐκείνων οὐδὲν ἡμῖν ὄφελος ζητεῖν πόθεν οὕτως ἐκλήθησαν· ὅταν δὲ ὁ Θεὸς ὀνομάζῃ, πᾶσαν ἐπιδείκνυσθαι σπουδὴν χρὴ ὡς εὑρεῖν τὴν αἰτίαν. Οὐδὲν γὰρ ἁπλῶς οὔτε εἰκῇ οὔτε ποιεῖν οὔτε λέγειν ὁ Θεὸς εἴωθεν, ἀλλ' ἕκαστον μετὰ τῆς αὐτῷ προσηκούσης σοφίας. Τί δήποτε οὖν Σαῦλος ἐλέγετο, ὅτε ἐδίωκεν, καὶ Παῦλος μετωνομάσθη, ὅτε ἐπίστευσε; Τινές φασιν ὅτι ἡνίκα μὲν ἐθορύβει καὶ ἐτάραττε καὶ συνέχεεν ἅπαντα, καὶ τὴν Ἐκκλησίαν ἐσάλευε, Σαῦλος ἐλέγετο, δι' αὐτὸ τοῦτο τὸ σαλεύειν τὴν Ἐκκλησίαν, ἀπὸ τοῦ πράγματος λαβὼν τὴν προσηγορίαν· ἐπειδὴ δὲ ἀπέστη τῆς μανίας ἐκείνης καὶ τὴν ταραχὴν ἀπέθετο, καὶ τὸν πόλεμον κατέλυσε, καὶ τοῦ διώκειν ἐπαύσατο, πάλιν Παῦλος ἀπὸ τοῦ παύσασθαι μετωνομάσθη· ἀλλ' ἕωλος οὗτος ὁ λόγος καὶ οὐκ ἀληθὴς, καὶ διὰ τοῦτο αὐτὸν τέθεικα εἰς μέσον, ἵνα μὴ παρακρούησθε ταῖς ψιλαῖς αἰτιολογίαις. Πρῶτον μὲν γὰρ οἱ γονεῖς αὐτῷ τοῦτο τεθείκασι τοὔνομα οὐχὶ προφῆταί τινες ὄντες, καὶ τὸ μέλλον προορῶντες. Ἔπειτα εἰ διὰ τοῦτο Σαῦλος ἐλέγετο, ἐπειδὴ τὴν Ἐκκλησίαν ἐσάλευε καὶ ἐτάραττεν, ἔδει παυσάμενον αὐτὸν τοῦ σαλεύειν τὴν Ἐκκλησίαν εὐθέως καὶ τὸ ὄνομα ἀποθέσθαι· νῦν δὲ ὁρῶμεν αὐτὸν τοῦ μὲν σάλου τῶν κατὰ τῆς Ἐκκλησίας ἀποστάντα, τὸ ὄνομα δὲ οὐκ ἀποθέμενον, ἀλλ' ἔτι Σαῦλον λεγόμενον. Καὶ ἵνα μὴ νομίσητε ὅτι παρακρουόμενος ὑμᾶς ταῦτα λέγω, ἄνωθεν ὑμῖν τοῦτο ἀπαριθμήσομαι. Ἐξέβαλον τὸν Στέφανον, φησὶ, καὶ ἐλιθοβόλουν αὐτὸν, καὶ οἱ μάρτυρες ἀπέθεντο τὰ ἱμάτια αὐτῶν παρὰ τοὺς πόδας νεανίου καλουμένου Σαύλου· καὶ πάλιν, Σαῦλος δὲ ἦν συνευδοκῶν τῇ ἀναιρέσει αὐτοῦ· καὶ ἀλλαχοῦ, Σαῦλος δὲ ἐλυμαίνετο τὴν Ἐκκλησίαν κατὰ τοὺς οἴκους εἰσπορευόμενος, σύρων τε ἄνδρας καὶ γυναῖκας· καὶ πάλιν, Σαῦλος δὲ ἔτι ἐμπνέων ἀπειλῆς καὶ φόνου εἰς τοὺς μαθητὰς τοῦ Κυρίου· καὶ πάλιν, Ἤκουσε φωνὴν λέγουσαν αὐτῷ, Σαοὺλ, Σαοὺλ, τί με διώκεις; Οὐκοῦν ἐντεῦθεν αὐτὸν ἔδει λοιπὸν ἀποθέσθαι τὸ ὄνομα, καὶ γὰρ ἀπέστη τοῦ διώκειν. Τί οὖν; εὐθέως ἀπέθετο;

Veteri Testamento l anc eamdem consuetudinem in quibusdam obtinuisse comperimus. Nam et C Abraham prius Abram appellabatur, et Sarra prius Sara, deinde Sarra nominata est, et Jacob postea Israel est vocatus: absurdum igitur nobis est visum, si tantus a nobis thesaurus nominum temere præteriretur. Id vero in principibus etiam sæcularibus evenire comperimus: siquidem illi duplex quoque nomen assumunt. Vide autem: *Successit*, inquit, *Felici Porcius Festus:* et [Act. 24. 28.] rursus, *Erat quidam cum proconsule, qui* [Act. 13. 7.] *vocabatur Sergius Paulus*, et qui Judæis Christum tradidit, Pontius Pilatus dicebatur. D Neque vero principibus tantum, sed et militibus sæpe duplicia fuerunt nomina, et illi qui privatam vitam elegerant, ob causam et occasionem aliquam duplicem sortiti sunt appellationem. Sed de illis quidem nobis nil il proderit si quæramus, unde ita fuerint appellati: cum vero Deus nomen imponit, omni studio incumbendum est, ut causam reperiamus. Neque enim temere aut sine causa quidquam vel facere Deus vel dicere consuevit, sed singula cum ea, quæ ipsi convenit, sapientia. [Deus nihil facit frustra.] Cur ergo tandem Saulus dicebatur, cum persequeretur, et Paulus mutato nomine dictus est, quando credidit? [Cur Paulus nomen mutaverit.] Nonnulli dicunt, E quando turbabat, tumultuabatur, et miscebat omnia, Ecclesiamque exagitabat, Saulum illum fuisse dictum, et ab hac ipsa Ecclesiæ vexatione nomen esse sortitum: postquam autem ab illa recessit insania, turbasque eiere ac bellum inferre desiit, rursus Paulum, cum pausam fecisset, mutato nomine dictum esse; sed futilis et falsa est hæc oratio, atque idcirco a me prolata in medium, ne forte nudis quibusdam causarum expositionibus decipi vos sinatis. Primum enim parentes 111 l oc illi nomen imposuerunt, non quod A prophetæ quidam essent, et quod futurum erat prævidérent. Deinde si propterea Saulus dicebatur, quoniam Ecclesiam exagitabat et vexabat, oportebat eum, cum exagitare desiisset Ecclesiam, continuo nomen quoque deponere: jam vero illum videmus, cum turbas eiere adversus Ecclesiam cessaret, nomen idcirco non deposuisse, verum adhuc Saulum esse appellatum. Ne vero putetis hæc idcirco a me dici, ut vos circumveniam, rem ipsam vobis a capite narrabo. *Ejecerunt*, inquit, Scriptura, *Stephanum, et lapidabant eum, et testes deposuerunt vestimenta sua secus pedes adolescentis, qui vocabatur* [Act. 7. 57.] B *Saulus;* et rursus, *Saulus autem erat consentiens neci ejus;* [Act. 7. 59.] et alibi, *Saulus autem deva-* [Act. 8. 3.]

Act. 9. 1. *stabat Ecclesiam, per domos intrans, et tra-*
hens viros ac mulieres; et rursus, *Saulus*
autem adhuc spirans minas ac cædem in
Act. 9. 4. *discipulos Domini;* et rursus, *Audivit vocem*
dicentem sibi, Saule, Saule, quid me perse-
queris? Itaque oportuit ex hoc tempore ut Sauli
nomen abjiceret, siquidem a persequutione abstinebat. Num igitur confestim abjecit? Nequaquam, idque ex iis quæ sequuntur, liquet: ani-
Ib. v. 8. madvertite, quæso. *Surrexit Saulus de terra,*
aperiisque oculis nihil videbat; et rursus,
Ib. v. 11. *Dixit autem Ananiæ Dominus: Vade in*
vicum, qui vocatur Rectus, et *invenies*
in domo Judæ Saulum nomine; et rur-
Ib. v. 17. sus, *Introivit Ananias, et dixit, Saule frater,*
Dominus misit me, qui apparuit tibi in via,
ut videas. Deinde cœpit prædicare, et confundebat Judæos, nec tamen ita nomen deposuit, sed
Ib. v. 24. adhuc Saulus dicebatur. *Notæ* enim, inquit,
factæ sunt Saulo insidiæ Judæorum. Num
igitur I is tantum in locis? Nequaquam, sed,
Act. 11. 29 30. *Facta est fames,* inquit, *et proposuerunt disci-*
puli mittere Jerosolymam sanctis in mini-
sterium. Miserunt autem per manum Barnabæ
et *Sauli.* Ecce sanctis ministrat, et adhuc Saulus
Act. 11. 22. dicitur: et postea ingressus est Barnabas Antio-
c iam, et videns gratiam Dei, et magnam ibi esse
multitudinem, profectus est Tarsum, ut quæreret
Saulum. Ecce multos convertit, et Saulus dicitur;
Act. 13. 1. et rursus *Erant,* inquit, *Antiochiæ in Eccle-*
sia, quæ illic erat, prophetæ, et *doctores,*
Symeon qui vocabatur Niger, et *Lucius Cy-*
renæus, et *Manahen, qui erat Herodis tetrar-*
chæ collactaneus, et *Saulus.* Ecce et doctor
factus erat et propheta, et adhuc Saulus diceba-
Ib. v. 2. tur. Et rursus, *Ministrantibus autem illis*
Domino, et jejunantibus, dixit Spiritus san-
ctus: Segregate mihi Barnabam et *Saulum.*

Οὐδαμῶς, καὶ τοῦτο ἐκ τῶν ἑξῆς δῆλον· σκοπεῖτε δέ· Ἠγέρθη Σαῦλος ἀπὸ τῆς γῆς, καὶ ἀνεῳγμένων τῶν ὀφθαλμῶν αὐτοῦ οὐδένα ἔβλεπε· καὶ πάλιν· Εἶπε δὲ Κύριος τῷ Ἀνανίᾳ· πορεύθητι εἰς τὴν ῥύμην καλουμένην Εὐθεῖαν, εὑρήσεις ἐν οἰκίᾳ Ἰούδα Σαῦλον ὀνόματι· καὶ πάλιν, Εἰσελθὼν ὁ Ἀνανίας εἶπε, Σαοὺλ ἀδελφὲ, ἀπέσταλκέ με ὁ Κύριος, ὁ ὀφθείς σοι ἐν τῇ ὁδῷ, ἵνα ἀναβλέψῃς. Εἶτα ἤρξατο κηρύσσειν καὶ συνέχεε τοὺς Ἰουδαίους, καὶ οὐδὲ οὕτως τὸ ὄνομα ἀπέθετο,
C ἀλλ' ἔτι Σαῦλος ἐλέγετο. Ἐγνώσθη γὰρ, φησὶ, τῷ Σαύλῳ ἡ ἐπιβουλὴ τῶν Ἰουδαίων. Ἆρ' οὖν ἐνταῦθα μόνον; Οὐδαμῶς, ἀλλ', Ἐγένετο λιμὸς, φησὶ, καὶ ὥρισαν οἱ μαθηταὶ πέμψαι εἰς Ἱεροσόλυμα τοῖς ἁγίοις εἰς διακονίαν. Ἔπεμψαν δὲ διὰ χειρὸς Βαρνάβα καὶ Σαύλου. Ἰδοὺ διακονεῖ τοῖς ἁγίοις, καὶ ἔτι Σαῦλος λέγεται. Εἰσῆλθε καὶ μετὰ ταῦτα Βαρνάβας εἰς Ἀντιόχειαν, καὶ ἰδὼν τὴν χάρtν τοῦ Θεοῦ, καὶ ὅτι πλῆθος ἦν ἐκεῖ πολὺ, ἐξῆλθεν εἰς Ταρσὸν ἀναζητῆσαι Σαῦλον. Ἰδοὺ καὶ ἐπιστρέφει πολλοὺς, καὶ Σαῦλος λέγεται· καὶ πάλιν· Ἦσαν, φησὶν, ἐν Ἀντιοχείᾳ κατὰ τὴν οὖσαν Ἐκκλησίαν προφῆται καὶ διδάσκαλοι, Συ-
D μεὼν ὁ καλούμενος Νίγερ, καὶ Λούκιος ὁ Κυρηναῖος, Μαναήν τε Ἡρώδου τοῦ τετράρχου σύντροφος, καὶ Σαῦλος. Ἰδοὺ καὶ διδάσκαλος ἐγένετο καὶ προφήτης, καὶ ἔτι Σαῦλος ἐλέγετο. Καὶ πάλιν, Λειτουργούντων δὲ αὐτῶν τῷ Κυρίῳ καὶ νηστευόντων, εἶπε τὸ Πνεῦμα τὸ ἅγιον· ἀφορίσατέ μοι τὸν Βαρνάβαν καὶ τὸν Σαῦλον.

3. Ecce etiam a Spiritu sancto segregatur,
necdum tamen nomen deponit, sed quando venit Salamina, quando magum invenit, tunc ait
Pauli nomen ubi primum occurrerit. Lucas de illo: *Saulus autem, qui et Paulus,*
Act. 13. 9. *repletus Spiritu sancto dixit.* Hinc mutationis
nominis initium est factum. Ne igitur defatigo-
mur, dum rationem l anc impositionis nominum
quærimus. Siquidem nominum inventio in sæcularibus quoque negotiis vim non mediocrem
obtinet. Nam et sæpenumero efficit, ut postmul-
tum tempus elapsum l omines agnoscamus, et
latentem cognationem patefacit inventio nominum, atque exortas in judicio dubitationes solvit, et pugnas tollit, et bellum exstinguit inventio

Ἰδοὺ καὶ ἀφορίζεται ὑπὸ τοῦ Πνεύματος, καὶ οὐδέπω τὸ ὄνομα ἀποτίθεται, ἀλλ' ὅτε ἦλθεν εἰς Σαλαμῖνα, ὅτε τὸν μάγον εὗρε, τότε φησὶν ὁ Λουκᾶς περὶ αὐτοῦ· Σαῦλος δὲ, ὁ καὶ Παῦλος, πλησθεὶς Πνεύματος ἁγίου, εἶπεν. Ἐντεῦθεν ἡ ἀρχὴ τῆς μετονομασίας ἐγίνετο.
E Μὴ τοίνυν ἀποκάμωμεν τὸν περὶ τῶν ὀνομάτων τοῦτον ζητοῦντες λόγον. Ὀνομάτων γὰρ εὕρεσις καὶ ἐν τοῖς βιωτικοῖς πράγμασι πολλὴν ἔχει τὴν ἰσχύν. Καὶ γὰρ ἀναγνωρισμὸν διὰ πολλοῦ χρόνου πολλάκις εἰργάσατο, καὶ συγγένειαν λανθάνουσαν ἐφανέρωσεν ὀνομάτων εὕρεσις, καὶ ἀμφισβητήσεις ἐν δικαστηρίῳ ἔλυσε, καὶ μάχας καθεῖλε, καὶ πόλεμον ἔσβεσεν ὀνομάτων εὕρεσις, καὶ πολλάκις ὑπόθεσις εἰρήνης γέγονεν. Εἰ δὲ ἐν τοῖς βιωτικοῖς πράγμασι τοσαύτη ἡ

δύναμις τῆς τῶν ὀνομάτων εὑρέσεως, πολλῷ μᾶλλον ἐν τοῖς πνευματικοῖς. Πρότερον δὲ ἀνάγκη αὐτὰ τὰ ζητήματα διακρῖναι μετὰ ἀκριβείας. Ζητεῖται τοίνυν πρῶτον μὲν, διὰ τί τῶν ἁγίων τοὺς μὲν ὠνόμασεν ὁ Θεὸς, τοὺς δὲ οὐκ ὠνόμασεν. Οὐ γὰρ δὴ πάντας τοὺς ἁγίους αὐτὸς ὠνόμασεν, οὔτε ἐν τῇ Καινῇ, οὔτε ἐν τῇ Παλαιᾷ· καὶ ὅπερ γέγονεν ἐν τῇ Καινῇ, τοῦτο καὶ ἐν τῇ Παλαιᾷ, ἵνα μάθῃς, ὅτι εἷς ἐστιν ὁ Δεσπότης ἑκατέρων τῶν διαθηκῶν. Ἐν μὲν οὖν τῇ Καινῇ τὸν Σίμωνα ὁ Χριστὸς Πέτρον ὠνόμασε, καὶ τὰ τέκνα Ζεβεδαίου Ἰάκωβον καὶ Ἰωάννην Υἱοὺς βροντῆς, τούτους μόνους· τῶν δὲ λοιπῶν μαθητῶν οὐδένα, ἀλλ' ἀφῆκεν αὐτοὺς ἐν ταῖς προσηγορίαις, ἐν οἷς ἔθεντο αὐτοὺς οἱ γονεῖς ἐξ ἀρχῆς· ἐν δὲ τῇ Παλαιᾷ τὸν Ἀβραὰμ ὁ Θεὸς μετωνόμασε καὶ τὸν Ἰακώβ· οὔτε δὲ (B) τὸν Ἰωσὴφ, οὔτε τὸν Σαμουὴλ, οὔτε τὸν Δαυὶδ, οὔτε τὸν Ἠλίαν, οὔτε τὸν Ἐλισσαῖον, οὔτε τοὺς λοιποὺς προφήτας, ἀλλ' ἀφῆκεν αὐτοὺς ἐπὶ τῆς προσηγορίας μένειν τῆς ἐν ἀρχῇ. Ἓν μὲν τοῦτο πρῶτον ζήτημά ἐστι, διὰ τί τῶν ἁγίων οἱ μὲν μετωνομάσθησαν, οἱ δὲ οὔ· δεύτερον δὲ μετ' ἐκεῖνο, διὰ τί τούτων οἱ μὲν ἐν μέσῃ τῇ ἡλικίᾳ μετωνομάζοντο, οἱ δὲ ἐξ ἀρχῆς, καὶ πρὸ αὐτῶν τῶν ὠδίνων. Τὸν μὲν γὰρ Πέτρον καὶ Ἰάκωβον καὶ Ἰωάννην ἐν μέσῃ τῇ ἡλικίᾳ μετωνόμασεν ὁ Χριστός· Ἰωάννην δὲ τὸν βαπτιστὴν πρὸ αὐτῶν τῶν ὠδίνων. Ἦλθε γὰρ ἄγγελος Κυρίου, καὶ εἶπε· μὴ φοβοῦ, Ζαχαρία· ἰδοὺ ἡ γυνή σου Ἐλισάβετ τέξεται υἱὸν, καὶ καλέσεις τὸ ὄνομα αὐτοῦ Ἰωάν- (C) νην. Εἶδες πῶς πρὸ τῶν ὠδίνων ἡ προσηγορία; Τοῦτο καὶ ἐν τῇ Παλαιᾷ γέγονεν. Ὥσπερ γὰρ ἐν τῇ Καινῇ ὁ μὲν Πέτρος καὶ Ἰάκωβος καὶ Ἰωάννης εἰς ἄνδρας τελοῦντες μετωνομάσθησαν, καὶ διώνυμοι γεγόνασιν, Ἰωάννης δὲ ὁ βαπτιστὴς πρὸ αὐτῶν τῶν ὠδίνων καὶ τῶν τόκων ἔλαβε τὴν προσηγορίαν· οὕτω καὶ ἐν τῇ Παλαιᾷ ὁ μὲν Ἀβραὰμ καὶ Ἰακὼβ ἐν μέσῃ τῇ ἡλικίᾳ μετωνομάζοντο· ὁ μὲν γὰρ ἐκαλεῖτο Ἀβρὰμ, καὶ ἐκλήθη Ἀβραάμ· ὁ δὲ ἐκαλεῖτο Ἰακὼβ, ἐκλήθη δὲ Ἰσραήλ. Ὁ δὲ Ἰσαὰκ οὐκ ἔτι οὕτως, ἀλλὰ πρὸ (D) αὐτῶν τῶν ὠδίνων τὸ ὄνομα δέχεται· καὶ καθάπερ ἐκεῖ ὁ ἄγγελος εἶπεν· Ἡ γυνή σου λήψεται ἐν γαστρὶ, καὶ τέξεται υἱὸν, καὶ καλέσεις τὸ ὄνομα αὐτοῦ Ἰωάννην· οὕτω καὶ ἐνταῦθα ὁ Θεὸς εἶπε πρὸς τὸν Ἀβραάμ· Ἡ γυνή σου Σάῤῥα τέξεται υἱὸν καὶ καλέσεις τὸ ὄνομα αὐτοῦ Ἰσαάκ. Ἓν μὲν οὖν τοῦτο ζήτημα, τίνος ἕνεκεν οἱ μὲν μετωνομάσθησαν, οἱ δὲ οὐκέτι· δεύτερον δὲ μετ' ἐκεῖνο, τί δήποτε οἱ μὲν ἐν μέσῃ τῇ ἡλικίᾳ, οἱ δὲ πρὸ αὐτῶν τῶν ὠδίνων, καὶ ταῦτα μὲν ἐν ἑκατέραις Διαθήκαις. Ἡμεῖς δὲ ἐπὶ τὸ δεύτερον ἴωμεν πρότερον· οὕτω γὰρ καὶ ἐκεῖνο σαφέστερον ἔσται· (E) καὶ ἴδωμεν τοὺς ἐξ ἀρχῆς ὀνομασθέντας, καὶ ἀναβαίνοντες μετὰ (f. κατὰ) μικρὸν ἐπὶ τὸν πρῶτον ὀνομασθέντα ἄνθρωπον παρὰ τοῦ Θεοῦ ἔλθωμεν, ἵνα

nominum, ac sæpe pacis ineundæ occasionem (112) suppeditat. Quod si sæcularibus in negotiis in- (A) ventio nominum tantum valet, multo magis in spiritualibus. Sed prius necesse est, ut ipsas quæstiones accurate discernamus. Primum ergo quæritur, qua de causa quibusdam sanctis Deus nomen imposuerit, quibusdam non imposuerit. Neque enim omnibus sanctis nomina imposuit ipse, neque in Novo, neque in Veteri Testamento; quodque in Novo factum est, id etiam in Veteri, ut unum utriusque Testamenti Dominum esse cognoscas. Itaque in Novo quidem Simoni Christus Petri nomen imposuit, et filiis Zebedæi Jacobo et Joanni Filiorum tonitrui, solis istis: (B) reliquorum autem discipulorum nemini, sed suas illis appellationes reliquit, quas a principio parentes illis imposuerant; in Veteri autem Abrahamo nomen immutavit Deus et Jacob: non item Joseph, neque Samueli, neque Davidi, neque Heliæ, neque Elissæo, neque cæteris prophetis, sed ut priores illi appellationes retinerent, permisit. Hæc quidem prima est quæstio, quare quibusdam ex sanctis immutata sint nomina, quibusdam non item: secunda vero post illam est, cur ex his quibusdam in media ætate mutata sint nomina, quibusdam ab initio, atque ante ortum. Nam Petro quidem et Jacobo et Joanni in media (C) ætate nomina Christus immutavit: Joanni autem Baptistæ, priusquam etiam ex utero matris prodiret. *Venit enim angelus Domini*, et *dixit: Ne timeas, Zacharia: ecce uxor tua Elisabet pariet filium*, et *vocabis nomen ejus Joannem*. Vides impositum illi fuisse nomen, antequam nasceretur? Hoc et in Veteri accidit Testamento. Ut enim in Novo Petrus quidem et Jacobus et Joannes in virili ætate nomen aliud acceperunt, et duplici nomine sunt appellati, (D) Joannes autem Baptista nomen accepit antequam nasceretur: sic et in Veteri Abrahamo quidem et Jacob in media ætate nomen est immutatum; nam ille quidem Abram vocabatur, et Abraham vocatus est: hic vero Jacob vocabatur, et Israel est vocatus. Isaac autem non ita, sed antequam partu ederetur, nomen accepit; et quemadmodum illio angelus dixit: *Uxor tua in utero concipiet*, et *pariet filium, et vocabis nomen ejus Joannem*: ita hic quoque Deus ad Abraham dixit: *Uxor tua Sarra pariet filium, et* (E) *vocabis nomen ejus Isaac*. Una igitur hæc quæstio est, quare nonnullis mutatum sit nomen, nonnullis vero minime: altera vero ab illa, cur tandem nonnullis medio in ætatis decursu, non-

Nomina immutata in Veteri Testamento.

Luc. 1, 13.

Gen. 17. 19.

Duæ quæstiones de nominum mutatione.

nullis etiam antequam nascerentur; idque in utroque Testamento. Nos autem ad posteriorem prius aggrediamur; sic enim prior quoque dilucidior fiet: eosque qui ab initio nomen acceperunt videamus, ac pedetentim ascendentes ad primum hominem veniamus, cui a Deo nomen est impositum, ut ab ipso initio quæstionum solutio derivetur. Quis ergo prius a Deo nomen accepit? Quis vero alius, quam qui primus formatus est? Neque enim alius erat homo, cui nomen posset imponi. Qualem igitur appellationem accepit? Adam voce Hebraica dictus est: neque enim Græcum est nomen, sed in Græcam linguam versum nihil aliud significat, quam terrenum: siquidem Edem terram virginem sonat; talis porro fuit locus ille, in quo paradisum

Gen. 2. 8. Deus plantavit. *Plantavit enim Deus,* inquit, Scriptura, *paradisum in Edem ad Orientem;* ut intelligas non humanarum opus manuum fuisse paradisum: siquidem terra fuit virgo, quæ neque vomerem experta erat, neque sulco exarata, sed nullis agricolarum manibus culta solo jussu plantas illas germinarat. Propterea Edem illam appellavit, quod terram virginem

Terra virgo Edem, Virginis Matris figura. significat. Hæc virgo figura virginis illius fuit. Nam quemadmodum terra ista nullo excepto semine paradisum nobis germinavit: sic et illa nullo viri semine suscepto Christum nobis germinavit. Quando igitur dicet tibi Judæus, Quomodo virgo peperit? dic tu illi: Quomodo terra virgo stupendas illas arbores germinavit? Siquidem Hebræa lingua Edem dicitur terra virgo: quod si Edem habere quis renuat, Hebrææ linguæ peritos interroget, et hanc veram esse nominis Edem interpretationem comperiet. Non enim quoniam eos alloquimur qui linguam illam non tenent, idcirco vos velim fallere: sed in id unum incumbimus, ut inexpugnabiles vos reddamus, et tamquam præsentibus inimicis qui ista noverunt, ita cuncta diligenter interpretamur. Quoniam igitur ex Edem terra virgine formatus est homo, matri cognominis Adam vocatus est. Ita faciunt homines quoque, liberos qui nascuntur sæpe nominibus matrum appellant: ita Deus etiam formatum ex terra hominem, de nomine matris Adam dixit. Illa Edem, hic Adam.

ἀπὸ τῆς ἀρχῆς τὰ ζητήματα τὴν λύσιν λαμβάνῃ. Τίνα οὖν πρῶτον ὠνόμασεν ὁ Θεός; Τίνα δὲ ἄλλον, ἀλλ' ἢ τὸν πρῶτον πλασθέντα; Οὐδὲ γὰρ ἦν ἄλλος ἄνθρωπος οὐδείς, ὥστε ἐπιθεῖναι αὐτῷ προσηγορίαν. Τίνα οὖν τοῦτον ὠνόμασεν; Ἀδὰμ τῇ Ἑβραίων φωνῇ·

113 οὐ γάρ ἐστιν Ἑλληνικὸν τὸ ὄνομα, εἰς δὲ τὴν Ἑλλάδα

A μεταβαλλόμενον, οὐδὲν ἄλλο δηλοῖ, ἀλλ' ἢ τὸν γήϊνον· τὸ γὰρ Ἐδὲμ τὴν παρθένον σημαίνει γῆν· τοιοῦτον δὲ ἦν τὸ χωρίον ἐκεῖνο, ἐν ᾧ τὸν παράδεισον ἐφύτευσεν ὁ Θεός. Ἐφύτευσε γὰρ τὸν παράδεισον ὁ Θεὸς, φησὶν, ἐν Ἐδὲμ κατὰ ἀνατολάς· ἵνα μάθῃς, ὅτι οὐκ ἀνθρωπίνων χειρῶν ἔργον ἦν ὁ παράδεισος· παρθένος γὰρ ἦν ἡ γῆ, καὶ οὔτε ἄροτρον δεξαμένη ἦν, οὔτε εἰς αὔλακα διανοιγεῖσα, ἀλλ' ἄπειρος οὖσα γεωργικῶν χειρῶν ἀπὸ ἐπιταγῆς μόνον ἐβλάστησε τὰ δένδρα ἐκεῖνα. Διὰ τοῦτο Ἐδὲμ αὐτὴν ἐκάλεσεν, ὅπερ ἐστὶ παρθένος γῆ· αὕτη ἡ παρθένος ἐκείνης τῆς παρθένου τύπος ἦν. Ὥσπερ γὰρ αὕτη ἡ γῆ μὴ δεξαμένη σπέρματα ἐβλάστησεν ἡμῖν τὸν παράδεισον· οὕτω καὶ

B ἐκείνη μὴ δεξαμένη σπέρμα ἀνδρὸς ἐβλάστησεν ἡμῖν τὸν Χριστόν. Ὅταν οὖν εἴποι σοι ὁ Ἰουδαῖος, πῶς ἔτεκεν ἡ παρθένος; εἰπὲ πρὸς αὐτὸν, πῶς ἐβλάστησεν ἡ παρθένος γῆ τὰ δένδρα ἐκεῖνα τὰ παράδοξα; Τὸ γὰρ Ἐδὲμ παρθένος γῆ λέγεται τῇ Ἑβραίων γλώττῃ· καὶ εἴ τις διαπιστεῖ, τοὺς τῆς γλώττης τῆς Ἑβραίων ἐμπείρους διερωτάτω, καὶ θεάσεται ταύτην οὖσαν τὴν ἑρμηνείαν τοῦ Ἐδὲμ ὀνόματος. Οὐδὲ γὰρ ἐπειδὴ ἀγνοοῦσι λέγομεν, διὰ τοῦτο παραλογίσασθαι ὑμᾶς βούλομαι, ἀλλὰ σπουδάζοντες ἀχειρώτους ποιεῖν, ὥσπερ αὐτῶν τῶν ἐχθρῶν παρόντων τῶν ταῦτα εἰδότων, οὕτω μετὰ ἀκριβείας ἅπαντα ἑρμηνεύομεν.

C Ἐπειδὴ οὖν ἀπὸ τῆς Ἐδὲμ τῆς παρθένου γῆς ἐπλάσθη ἄνθρωπος, ἐκλήθη Ἀδὰμ συνώνυμος τῇ μητρί. Οὕτω καὶ ἄνθρωποι ποιοῦσι, τὰ τικτόμενα παιδία εἰς ὄνομα τῶν μητέρων καλοῦσι πολλάκις· οὕτω καὶ ὁ Θεὸς τὸν πλασθέντα ἄνθρωπον ἀπὸ τῆς γῆς εἰς ὄνομα τῆς μητρὸς ἐκάλεσεν Ἀδάμ. Ἐκείνη Ἐδὲμ, οὗτος Ἀδάμ.

4. Sed quæ tandem inde dimanat utilitas? Homines enim nomine matrum vocant, ob honorem quem deferunt matribus, quæ pepererunt: Deus autem quam ob causam nomine matris appellavit? quid magni, vel exigui hoc agendo disposuit? Nihil enim temere aut sine causa fa-

Ἀλλὰ τί τὸ χρήσιμον; Ἄνθρωποι μὲν γὰρ καλοῦσιν εἰς ὄνομα τῶν μητέρων διὰ τὴν τιμὴν τῶν τετοκυιῶν γυναικῶν· ὁ Θεὸς τίνος ἕνεκεν εἰς ὄνομα τῆς μητρὸς ἐκάλεσεν; τί μέγα ἢ μικρὸν οἰκονομῶν ἐντεῦθεν; Οὐδὲν γὰρ ἁπλῶς οὐδὲ εἰκῇ ποιεῖ, ἀλλὰ μετὰ λόγου

D καὶ σοφίας πολλῆς· τῆς γὰρ συνέσεως αὐτοῦ οὐκ

ἔστιν ἀριθμός. Ἐδὲμ ἡ γῆ, Ἀδὰμ ὁ γήϊνος, ὁ χοϊκὸς, ὁ γηγενής. Διὰ τί οὖν οὕτως αὐτὸν ἐκάλεσεν; Ἀναμιμνήσκων αὐτὸν διὰ τοῦ ὀνόματος τῆς εὐτελείας τῆς κατὰ φύσιν, καὶ καθάπερ ἐν στήλῃ χαλκῇ τῇ προσηγορίᾳ κατατιθέμενος τὴν ταπεινότητα τῆς οὐσίας, ἵνα τὸ ὄνομα διδασκαλίαν ἔχῃ μετριοφροσύνης· ἵνα μὴ μείζονα τῆς οἰκείας ἀξίας ἔννοιαν λάβῃ. Ἡμεῖς μὲν γὰρ ὅτι γῆ ἐσμεν, ἴσμεν σαφῶς, καὶ ἀπ' αὐτῆς τῆς πείρας τῶν πραγμάτων· ἐκεῖνος δὲ οὐδένα εἶδε πρὸ αὐτοῦ τετελευτηκότα, οὐδὲ διαλυθέντα εἰς κόνιν, ἀλλὰ πολὺ τὸ κάλλος ἦν αὐτῷ τοῦ σώματος, καὶ καθάπερ χρυσοῦ ἀνδριὰς ἀπὸ χωνευτηρίου ἄρτι προελθὼν, οὕτως ἀπέλαμπεν. Ἵνα μὴ οὖν τὸ ὑπερέχον τῆς ὄψεως εἰς ἀπόνοιαν αὐτὸν ἐπάρῃ, ἀντέστησεν αὐτῷ ὄνομα ἱκανὴν ταπεινοφροσύνης διδασκαλίαν ἔχον· ἔμελλε γὰρ αὐτῷ καὶ ὁ διάβολος προσελθὼν διαλέγεσθαι περὶ ἀπονοίας· ἔμελλεν ἐρεῖν αὐτῷ, ὅτι Ἔσεσθε ὡς θεοί. Ἵνα οὖν μεμνημένος τοῦ ὀνόματος τοῦ διδάσκοντος αὐτὸν, ὅτι γῆ ἐστι, μηδέποτε ἰσοθεΐαν φαντάζηται, διὰ τοῦτο προκαταλαμβάνει αὐτοῦ τὸ συνειδὸς τῷ ὀνόματι, ἱκανὴν αὐτῷ διὰ τῆς προσηγορίας προαποτιθέμενος ἀσφάλειαν τῆς μελλούσης ἐπάγεσθαι παρὰ τοῦ πονηροῦ δαίμονος ἐπιβουλῆς, καὶ τῆς πρὸς τὴν γῆν αὐτὸν ἀναμιμνήσκων συγγενείας, καὶ ἐμφαίνων τῆς φύσεως τὴν εὐγένειαν ἅπασαν, καὶ μονονουχὶ λέγων, ὅτι ἐὰν εἴποι σοι, ὅτι ἔσῃ ὡς Θεὸς, ἀναμνήσθητι τοῦ ὀνόματος, καὶ ἱκανὴν ἔλαβες παραίνεσιν, ὥστε μὴ δέξασθαι τὴν συμβουλήν. Ἀναμνήσθητι τῆς μητρὸς, ἀπὸ τῆς συγγενείας ἐπίγνωθι τὴν εὐτέλειαν, οὐχ ἵνα τὴν ταπεινότητα μάθῃς, ἀλλ' ἵνα μηδέποτε εἰς ἀπόνοιαν ἐπαρθῇς. Διὰ τοῦτο καὶ Παῦλος ἔλεγεν, Ὁ πρῶτος ἄνθρωπος Ἀδὰμ ἐκ γῆς χοϊκός. Τὸ γὰρ Ἀδὰμ ἑρμηνεύων ἡμῖν τί ποτέ ἐστιν, ἔλεγε τὸ, Ἐκ γῆς χοϊκός· ὁ δεύτερος ἄνθρωπος ὁ Κύριος ἐξ οὐρανοῦ. Ἀλλ' ἐπιπηδῶσιν ἡμῖν οἱ αἱρετικοὶ λέγοντες· ἰδοὺ οὐκ ἀνέλαβε σάρκα ὁ Χριστός· Ὁ δεύτερος γὰρ, φησὶν, ἄνθρωπος ὁ Κύριος ἐξ οὐρανοῦ. Ἀκούεις ὅτι δεύτερος ἄνθρωπος, καὶ λέγεις, ὅτι οὐκ ἀνέλαβε σάρκα; Καὶ τί ταύτης ἀναισχυντίας γένοιτ' ἂν ἴσον; τίς γάρ ἐστιν ἄνθρωπος σάρκα οὐκ ἔχων; Διὰ γὰρ τοῦτο καὶ ἄνθρωπον καὶ δεύτερον αὐτὸν ἐκάλεσεν ἄνθρωπον, ἵνα ἴδῃς αὐτοῦ τὴν συγγένειαν, καὶ ἀπὸ τοῦ ἀριθμοῦ καὶ ἀπὸ τῆς φύσεως. Τίς οὖν ἐστι, φησὶν, ὁ δεύτερος ἄνθρωπος; Ὁ Κύριος ἐξ οὐρανοῦ. Ἀλλ' ὁ τόπος με σκανδαλίζει, φησὶ, καὶ τὸ λέγεσθαι Ἐξ οὐρανοῦ. Ὅταν ἀκούσῃς, ὅτι πρῶτος ἄνθρωπος Ἀδὰμ ἐκ γῆς χοϊκὸς, ἆρα γήϊνον αὐτὸν νομίζεις εἶναι; ἆρα χοϊκὸν ὑποπτεύεις μόνον εἶναι, μὴ ἔχειν δὲ δύναμιν ἀσώματον, τὴν ψυχὴν λέγω καὶ τὴν ἐκείνης φύσιν; Καὶ τίς ἂν τοῦτο εἴποι; Ὥσπερ οὖν περὶ τοῦ Ἀδὰμ ἀκούων, ὅτι χοϊκὸς ἦν, οὐκ ἔρημον τῆς ψυχῆς τὸ σῶμα ὑποπτεύεις· οὕτως ἀκούων, Ὁ Κύριος ἐξ

cit, sed multa cum ratione ac sapientia : quippe *Cujus sapientiæ non est numerus*. Edom terra, Adam terrenus, pulvereus, e terra genitus. Cur igitur sic illum appellavit? Suam nimirum illi vilitatem naturalem hoc nomine in memoriam revocavit, et tamquam in æreo cippo substantiæ humilitatem exaravit, ut ex nominis sui magisterio modestiam discat, neque majorem, quam
E par sit, de sua dignitate opinionem concipiat. Nam nos quidem terram nos esse probe novimus, idque nobis ipsa rerum experientia compertum est : at ille neminem ante se viderat, qui mortem obiisset, neque in cinerem redactum, sed eximia corporis pulchritudine pollebat, et tamquam statua quædam aurea, quæ recens e conflatoria fornace prodiisset, ita fulgebat. Ne igitur propter eximiam speciem superbia efferretur, illi nomen opposuit, cujus magisterio sufficienter ad humilitatem informaretur : acce-
114 A dens enim diabolus ad superbiam verbis illum suis incitaturus erat, eique dicturus, *Eritis sicut dii*. Ut igitur nominis sui recordaretur, a quo terram se esse docebatur, nec umquam æqualem se Deo futurum opinionis errore sibi fingeret, propterea conscientiam ejus præoccupat, et nominis subsidio sufficienti eum adversus insidias a scelerato dæmone struendas cautione præmunit, dum et suæ cum terra cognationis illum admonet, et omnem illi naturæ suæ nobilitatem declarat, hoc propemodum illi dicens :
B Si forte dixerit tibi, Eris sicut Deus, nominis tui recordare, et sufficienti admonitione instrueris, ut ne consilium admittas. Recordare matris, et cognationis agnosce vilitatem, non ut humilitatem discas, sed ne umquam superbia intumescas. Propterea Paulus quoque dicebat : *Primus homo de terra terrenus*. Quid enim sit Adam nobis interpretans aiebat illud : *De terra terrenus, secundus homo ipse Dominus de cælo*. Sed invadunt nos hæretici, ac dicunt : Ecce carnem Christus non assumsit : ait enim Paulus, *Secundus homo, Dominus de cælo*. Audis *secundus homo*, et dicis eum carnem non as-
C sumsisse? Quis talem umquam impudentiam vidit? quis enim homo esse potest, qui carnem non habeat? Idcirco enim et hominem et secundum hominem appellavit, ut cum ex numero, tum ex natura cognationem ejus agnoscas. Quis igitur, inquit, secundus est homo? *Dominus de cælo*. At enim scandalizat me locus, inquit, et quod dicatur *de cælo*. Cum audis primum hominem Adamum esse de terra terrenum, num-

Psal. 146. 5.

Gen. 3. 5.

Adam quid sonet

1. Cor. 15. 47.

quid esse terrestrem ipsum arbitraris? numquid
terrenum esse tantum suspicaris, neque virtutem
quamdam incorpoream habere, animam, in-
Cur a terreno nomen Adami. quam, ejusque naturam? Et quis hoc dicat? Ut
igitur cum de Adamo audis terrenum ipsum
fuisse, non destitutum anima fuisse corpus suspicaris: ita cum audis, *Dominus de cælo*,
noli incarnationem negare, quod adjiciatur, *de*
cælo. Itaque jam primum nomen sufficienti defensione communitum est: Adamus enim vocatus est de nomine matris, ne ultra quam vires
ejus ferant, de se magnifice sentiat, et diaboli
fraudibus nullis possit expugnari. Siquidem
aiebat: *Eritis sicut dii*. Age nunc quod reliquum est, ad alterum gradum facientes, qui ante
partum ipsum a Deo nomen accepit, finem dicendi faciamus. Quis igitur post Adamum a Deo
nomen priusquam nasceretur accepit? Isaac.
Gen. 17. 19. *Ecce enim*, inquit, *uxor tua Sarra concipiet*
in utero, et pariet filium, et vocabis nomen
Gen. 21. 3. 6. *ejus Isaac. Cum autem peperisset eum, vo-*
cavit nomen ejus Isaac dicens: Risum fecit
Ib. v. 7. *mihi Deus.* Quare vero? *Quis enim*, inquit,
annuntiabit Abraham, quod Sarra filium
lactet? Hic mihi diligenter attendite, ut miraculum videatis. Non dixit, quod pepererit, sed
quod *lactet* puerulum. Nam ne forte quis sup-
posititium puerulum existimaret, genuini partus
fidem faciebant lactis fontes: itaque ex recordatione nominis ipse quoque de mirabili generatione satis superque instruebatur. Propterea dicit: *Risum fecit mihi Deus*, quoniam videro
erat mulierem senectute confectam, quæ in canitie longæva lactentem puerulum educabat. At
ille risus gratiam divinam in memoriam revocabat, et lactentis nutricatio miraculi editi fidem
faciebat: neque enim naturæ opus illud erat, sed
totum fuit gratiæ præclarum facinus tribuen-
Gal. 4. 28. dum. Propterea Paulus quoque dicit, *Secundum*
Isaac promissionis filii sumus. Nam quemadmodum illic operabatur gratia: ita hic quoque
prodiit ille ex utero jam frigido et effeto. Ascendisti tu ex aquis gelidis: quod igitur illi fuit
uterus, tibi lavacrum fuit aquarum. Vides partus cognationem? vides gratiæ concordiam? vides ubique naturam otiari, et totum Dei virtutem
operari? Idcirco *Secundum Isaac promissio-*
nis sumus filii. At enim una restat adhuc quæ-
Joan. 1. 13. stio: dixit de nobis, quod *Non ex sanguinibus,*
neque ex voluntate carnis simus. Quo tandem
pacto? Neque Isaac ex sanguinibus fuit: *De-*
Gen 18. 11. *sierant enim Sarræ fieri muliebria ejus.* Ob-

οὐρανοῦ, μὴ ἀθέτει τὴν οἰκονομίαν διὰ τὸ προσκεῖ-
σθαι, Ἐξ οὐρανοῦ. Τέως μὲν οὖν τὸ πρῶτον ὄνομα
D ἱκανὴν ἔλαβεν ἀπολογίαν· Ἀδὰμ γὰρ ἐκλήθη ἀπὸ τοῦ
ὀνόματος τῆς μητρὸς, ἵνα μὴ μεῖζον φρονῇ τῆς οἰκείας
δυνάμεως· ἵνα ἀχείρωτος γένηται πρὸς τὴν ἀπάτην
τοῦ διαβόλου· καὶ γὰρ ἔλεγεν· Ἔσεσθε ὡς θεοί.
Δεῦρο δὴ λοιπὸν, καὶ ἐφ' ἕτερον τὸν πρὸ αὐτῶν τῶν
τόκων ὀνομασθέντα παρὰ τοῦ Θεοῦ μεταβάντες καταπαύσωμεν τὸν λόγον. Τίς οὖν μετὰ τὸν Ἀδὰμ ὑπὸ τοῦ
Θεοῦ προσηγορίαν ἔλαβε πρὶν ἢ γενέσθαι; Ὁ Ἰσαάκ·
Ἰδοὺ γὰρ, φησὶν, ἡ γυνή σου Σάῤῥα λήψεται ἐν γαστρὶ, καὶ τέξεται υἱὸν, καὶ καλέσεις τὸ ὄνομα αὐτοῦ
Ἰσαάκ. Ἐπειδὴ δὲ ἔτεκεν αὐτὸν, ἐκάλεσε τὸ ὄνομα
αὐτοῦ Ἰσαὰκ λέγουσα· γέλωτά μοι ἐποίησεν ὁ Θεός.
Διὰ τί; Τίς γὰρ, φησὶν, ἀναγγελεῖ τῷ Ἀβραὰμ, ὅτι
E Σάῤῥα θηλάζει υἱόν; Προσέχετέ μοι ἀκριβῶς ἐνταῦθα,
ἵνα ἴδητε τὸ θαῦμα. Οὐκ εἶπεν, ὅτι ἔτεκε παιδίον,
ἀλλ' ὅτι θηλάζει παιδίον. Ἵνα γὰρ μή τις ὑποβολι-
μαῖον εἶναι νομίσῃ τὸ παιδίον, αἱ τοῦ γάλακτος πηγαὶ
τὸν τοκετὸν ἐνεγυήσαντο, ὥστε ἀναμιμνησκόμενος
τοῦ ὀνόματος καὶ αὐτὸς ἱκανὴν εἶχε διδασκαλίαν τῆς
παραδόξου γεννήσεως. Διὰ τοῦτό φησι, Γέλωτά μοι
ἐποίησεν ὁ Θεὸς, ὅτι ἦν ἰδεῖν γυναῖκα γεγηρακυῖαν ἐν
βαθυτάτῃ πολιᾷ τιθηνουμένην, ὑπομάζιον ἔχουσαν
115 A παιδίον. Ἀλλ' ὁ γέλως τῆς τοῦ Θεοῦ χάριτος ὑπόμνη-
σις ἦν, καὶ ἡ γαλακτοτροφία τὴν θαυματοποιίαν
ἐπιστοῦτο· οὐδὲ γὰρ φύσεως ἔργον ἦν, ἀλλὰ τὸ πᾶν
τῆς χάριτος κατόρθωμα ἐγίνετο. Διὰ τοῦτό φησι καὶ ὁ
Παῦλος, Κατὰ Ἰσαὰκ ἐπαγγελίας τέκνα ἐσμέν. Ὥσπερ
γὰρ ἐκεῖ ἡ χάρις εἰργάσατο· οὕτω καὶ ἐνταῦθα προῆλθεν ἐκεῖνος ἀπὸ μήτρας κατεψυγμένης. Ἀνέβης σὺ ἀπὸ
ὑδάτων ψυχρῶν· ὅπερ οὖν ἐκείνῳ ἡ μήτρα, τοῦτό σοι ἡ
κολυμβήθρα ἐγένετο τῶν ὑδάτων. Εἶδες τόκου συγγένειαν; εἶδες χάριτος συμφωνίαν; εἶδες πανταχοῦ τὴν
φύσιν σχολάζουσαν, καὶ τὴν δύναμιν τοῦ Θεοῦ τὸ πᾶν
ἐργαζομένην; Διὰ τοῦτο Κατὰ Ἰσαὰκ ἐπαγγελίας
B τέκνα ἐσμέν. Ἀλλ' ἓν ἐστιν ἔτι τὸ ζητούμενον· περὶ
ἡμῶν εἶπεν, ὅτι Οὐκ ἐξ αἱμάτων, οὐδὲ ἐκ θελήματος
σαρκός. Πῶς; Οὐδὲ Ἰσαὰκ ἐξ αἱμάτων· Ἐξέλιπε γὰρ
Σάῤῥᾳ τοῦ γίνεσθαι τὰ γυναικεῖα αὐτῆς. Ἀπεσβέσθη-
σαν αἱ τοῦ αἵματος πηγαὶ, ἀνῃρέθη τῆς γεννήσεως ἡ
ὕλη, ἄχρηστον ἦν τῆς φύσεως τὸ ἐργαστήριον, καὶ ὁ
Θεὸς τὴν δύναμιν ἐπεδείξατο τὴν ἑαυτοῦ. Ἰδοὺ καὶ
τῆς τοῦ Ἰσαὰκ προσηγορίας ἀπηρτισμένην τὴν διδασκαλίαν ἔχομεν. Λείπεται μὲν γὰρ ἐπὶ τὸν Ἀβραὰμ,
καὶ τοὺς υἱοὺς Ζεβεδαίου καὶ τὸν Πέτρον ἐλθεῖν·
C ἀλλ' ὥστε μὴ ἐνοχλῆσαι τῷ μήκει, εἰς ἑτέραν ταῦτα
διάλεξιν ὑπερθέμενοι καταπαύσομεν τὸν λόγον, παρα-
καλέσαντες ὑμᾶς, τοὺς γεννηθέντας [κατὰ τὸν Ἰσαὰκ,
μιμεῖσθαι τοῦ Ἰσαὰκ τὴν πραότητα] καὶ τὴν ἐπιείκειαν καὶ τὴν ἄλλην ἅπασαν φιλοσοφίαν, ἵνα εὐχαῖς
ἐκείνου τοῦ δικαίου καὶ τῶν προέδρων τούτων ἀπάν-

των εἰς κόλπους Ἀβραὰμ ἅπαντες καταντῆσαι δυνηθῶμεν, χάριτι καὶ φιλανθρωπίᾳ τοῦ Κυρίου ἡμῶν Ἰησοῦ Χριστοῦ, δι' οὗ καὶ μεθ' οὗ τῷ Πατρὶ δόξα, τιμὴ, κράτος, ἅμα τῷ ἁγίῳ καὶ ζωοποιῷ Πνεύματι, νῦν καὶ ἀεὶ, καὶ εἰς τοὺς αἰῶνας τῶν αἰώνων. Ἀμήν.

turati erant lactis fontes, sublata erat generationis materia, inutilis naturæ erat officina, tumque virtutis suæ Deus specimen edidit. Ecce appellationis Isaac doctrinam habemus absolutam. Restat enim, ut ad Abraham, et ad filios Zebedæi Petrumque veniamus : sed ne vobis nostræ orationis prolixitas tædium pariat, ad alterum sermonem ista differemus, et hic finem dicendi facientes vos cohortabimur, qui secundum Isaac nati estis, ut mansuetudinem ac modestiam Isaac imitemini, omnemque aliam ejus philosophiam; ut precibus justi illius et horum præsulum omnium adjuti ad sinum Abrahæ cuncti pervenire possimus, gratia et benignitate Domini nostri Jesu Christi, per quem et cum quo Patri gloria, honor, imperium, simulque sancto et vivifico Spiritui nunc et semper, et in sæcula sæculorum. Amen.

ΠΡΟΣ ΤΟΥΣ

D

Ἐγκαλέσαντας ὑπὲρ τοῦ μήκους τῶν προοιμίων, καὶ ὅτι χρήσιμον τὸ φέρειν ἐλέγχους, καὶ τίνος ἕνεκεν οὐκ εὐθέως πιστεύσας μετωνομάσθη Παῦλος, καὶ ὅτι οὐκ ἐξ ἀνάγκης, ἀλλ' ἐκ προαιρέσεως γέγονεν αὐτῷ ἡ μεταβολὴ, καὶ εἰς τὸ ῥητόν· Σαῦλε, Σαῦλε, τί με διώκεις;

AD EOS

Qui ipsum reprehenderant ob procemiorum prolixitatem, quod utile sit reprehensiones æquo animo ferre : et cur Paulo non statim atque credidit nomen mutatum est, itemque quod non ex necessitate, sed ex libera voluntate facta sit hæc mutatio, et in dictum illud : Saule, Saule, quid me persequeris? Act. 9. 4.

Ἐνεκάλεσαν ἡμῖν τινες τῶν ἀγαπητῶν τῶν ἡμετέρων, ὅτι τοῦ λόγου τὰ προοίμια πρὸς μῆκος ἐκτείνομεν, καὶ εἰ μὲν δικαίως, ἢ ἀδίκως ἐνεκάλεσαν, τότε εἴσεσθε, ἐπειδὰν καὶ τὰ παρ' ἡμῶν ἀκούσαντες, ὡς ἐν κοινῷ δικαστηρίῳ τὴν ψῆφον ἐνέγκητε. Ἐγὼ E δὲ καὶ πρὶν ἀποδεῖξαι τοῦτο, χάριν αὐτοῖς ἔχω τῶν ἐγκλημάτων· κηδεμονίας γὰρ, οὐ πονηρίας ἐστὶ τὰ ἐγκλήματα· καὶ τὸν φιλοῦντά με, οὐχ ὅταν ἐπαινῇ με μόνον, ἀλλὰ καὶ ὅταν ἐγκαλῇ καὶ διορθῶται, τότε φαίην ἂν ἔγωγε φιλεῖν. Τὸ μὲν γὰρ ἁπλῶς πάντα ἐπαινεῖν, καὶ τὰ καλῶς ἔχοντα, καὶ τὰ μὴ καλῶς, οὐκ ἔστι φιλοῦντος, ἀλλ' ἀπατεῶνος καὶ εἴρωνος· τὸ δὲ ἐπαινεῖν μὲν ἄν τι τῶν δεόντων γίνηται, ἐγκαλεῖν δὲ ἄν τι διαμαρτάνηται, τοῦτο φίλου καὶ κηδεμόνος. Καὶ ἵνα μάθητε, ὅτι τὸ ἁπλῶς πάντα ἐπαινεῖν καὶ μακαρίζειν ἐπὶ πᾶσιν, οὐκ ἔστι 116 A φίλου, ἀλλὰ πλανῶντος· Λαός μου γὰρ, φησὶν, οἱ μακαρίζοντες ὑμᾶς, πλανῶσιν ὑμᾶς, καὶ τὸν τρίβον τῶν ποδῶν ὑμῶν ἐκταράσσουσι. Τὸν μὲν οὖν ἐχθρὸν

1. Reprehenderunt nos amicorum quidam, quod prolixiora sermonum initia faceremus : an jure vel injuria reprehenderint, tunc intelligetis, cum audita defensione nostra, quasi in publico tribunali sententiam feretis. Ego vero priusquam id ostendam, ob reprehensionem gratias ipsis refero : nam ex mei cura atque studio, non ex malo animo illa proficiscitur : amicum vero, non cum laudat modo, sed etiam cum reprehendit et corrigit, tunc me amare dixerim. Siquidem laudare omnia, tum quæ bene, tum quæ male se habent, id non amici, sed fallacis ac derisoris est : at laudare si quid boni, ac reprehendere si quid peccati admittatur, id vero amantis et curam habentis est. Atque ut discatis quod indiscriminatim omnia laudare et celebrare, non sit amici, sed decipientis : *Populе meus,* inquit, *qui vos beatos dicunt, ipsi vos decipiunt, et semitam pedum vestrorum exturbant.* Certe inimicum

Quinam vere amici.

Isai. 3. 12.

ne laudantem quidem admitto; amicum vero etiam reprehendentem amplexor. Ille etsi me deosculetur, insuavis est; hic etsi vulneret, amabilis : illius osculum suspicione plenum est, hujus vulnus curandi vim habet. Propterea Prov. 27.6. dicit quidam : *Fideliora sunt vulnera amici, quam spontanea oscula inimici*. Quid dicis? Vulnera osculis meliora, inquit : non enim ad naturam eorum quæ fiunt, sed ad affectionem eorum qui faciunt attende. Vis discere quomodo fideliora sint vulnera amici, Matth. 26. 49. quam spontanea oscula inimici? Dominum osculatus est Judas; sed osculum erat proditione plenum; os veneno, lingua nequitia replebatur. Fornicarium apud Corinthios vulneravit Paulus; sed illi salutem conciliavit. Quomodo, inquies, 1. Cor. 5.5. vulneravit? Satanæ tradens : *Tradite*, inquit, *hujusmodi satanæ in interitum carnis*. Ad quid? *Ut spiritus salvus sit in die Domini Jesu*. Vidistin' vulnera salutis? vidistin' osculum proditione repletum? Sic *Fideliora sunt vulnera amici, quam spontanea oscula inimici*. Id non apud homines tantum, sed etiam apud Deum et apud diabolum expendamus. Ille amicus, hic inimicus est; ille servator et curator, hic fraudulentus et inimicus. Hic aliquando osculatus est, ille vulneravit. Quomodo hic oscu- Gen. 3. 5. et 19. latus est, ille vulneravit? Hic dixit, *Eritis sicut dii*; ille vero, *Terra es, et in terram reverteris*. Uter magis profuit, an hic, qui dixit, *Eritis sicut dii*; an ille qui dixit, *Terra es, et in terram reverteris?* Hic mortem interminatus est, ille immortalitatem promisit; sed qui immortalitatem promisit, ex paradiso exturbavit: qui vero mortem interminatus est, in cælum invexit. Viden' quomodo *Fideliora sunt vulnera amici, quam spontanea oscula inimici?* Ideo antequam id demonstrarem, gratiam retuli iis, qui me arguunt. Illi namque sive jure sive injuria arguant, non exprobrandi, sed corrigendi animo id agunt; inimici vero, etiamsi jure arguant, non corrigendi, sed infamandi animo arguunt. Hi igitur dum laudant, id student ut meliorem efficiant; illi vero, etiamsi laudent, nihilominus supplantare conantur. Cæterum quoquo modo reprehensio accidat, magnum certe bonum est si quis reprehensiones criminationesque ita ferre possit, ut non exasperetur. Prov. 12. 1. *Qui enim odit increpationes*, ait Scriptura, *insipiens*

οὐδὲ ἐπαινοῦντα δέχομαι, τὸν δὲ φίλον καὶ ἐγκαλοῦντα προσίεμαι. Ἐκεῖνος, κἂν φιλῇ με, ἀηδής ἐστιν· οὗτος, κἂν τραυματίζῃ με, ποθεινός ἐστιν· ἐκείνου τὸ φίλημα ὑποψίας γέμει, τούτου τὸ τραῦμα κηδεμονίαν ἔχει. Διὰ τοῦτό φησί τις· Ἀξιοπιστότερα τραύματα φίλου, ἢ ἑκούσια φιλήματα ἐχθροῦ. [a] Τί λέγεις; Τραύματα φιλημάτων βελτίονα, φησίν· οὐ γὰρ τῇ φύσει τῶν γινομένων, ἀλλὰ τῇ διαθέσει τῶν ποιούντων πρόσεχε. Βούλει μαθεῖν, πῶς ἀξιοπιστότερα τραύματα φίλου, ἢ ἑκούσια φιλήματα ἐχθροῦ; Ἐφίλησε τὸν B Κύριον ὁ Ἰούδας, ἀλλὰ προδοσίας αὐτοῦ τὸ φίλημα ἔγεμεν, ἰὸν αὐτοῦ τὸ στόμα εἶχε, πονηρίας ἡ γλῶσσα ἐπέπληστο. Τὸν παρὰ Κορινθίοις πεπορνευκότα ἐτραυμάτισεν ὁ Παῦλος, ἀλλ' ἔσωσε. Καὶ πῶς ἐτραυμάτισε, φησί; Τῷ σατανᾷ παραδούς. Παράδοτε γὰρ, φησὶ, τὸν τοιοῦτον τῷ σατανᾷ εἰς ὄλεθρον τῆς σαρκός. Διὰ τί; Ἵνα τὸ πνεῦμα σωθῇ ἐν τῇ ἡμέρᾳ τοῦ Κυρίου Ἰησοῦ. Εἶδες τραύματα σωτηρίαν ἔχοντα; εἶδες φίλημα προδοσίας γέμον; Οὕτως Ἀξιοπιστότερα τραύματα φίλου, ἢ ἑκούσια φιλήματα ἐχθροῦ. Τοῦτο μὴ ἐπ' ἀνθρώπων μόνον, ἀλλὰ καὶ ἐπὶ τοῦ Θεοῦ, καὶ ἐπὶ τοῦ διαβόλου ἐξετάσωμεν. Ὁ μὲν φίλος, ὁ δὲ ἐχθρός· ὁ μὲν σωτὴρ καὶ κηδεμὼν, ὁ δὲ C ἀπατεὼν καὶ πολέμιος. Ἀλλ' ὁ μὲν ἐφίλησέ ποτε, ὁ δὲ ἐτραυμάτισε. Πῶς ὁ μὲν ἐφίλησεν, ὁ δὲ ἐτραυμάτισεν; Ὁ μὲν εἶπεν, Ἔσεσθε ὡς θεοί· ὁ δὲ εἶπε, Γῆ εἶ, καὶ εἰς γῆν ἀπελεύσῃ. Τίς οὖν ὠφέλησε μᾶλλον, ἐκεῖνος ὁ εἰπὼν, ὅτι Ἔσεσθε ὡς θεοὶ, ἢ οὗτος ὁ εἰπὼν, ὅτι Γῆ εἶ, καὶ εἰς γῆν ἀπελεύσῃ; Οὗτος θάνατον ἠπείλησεν, ἐκεῖνος ἀθανασίαν ἐπηγγείλατο· ἀλλ' ὁ μὲν ἀθανασίαν ἐπαγγειλάμενος, καὶ τοῦ παραδείσου ἐξέβαλεν· ὁ δὲ θάνατον ἀπειλήσας, εἰς τὸν οὐρανὸν ἀνήγαγεν. Εἶδες πῶς Ἀξιοπιστότερα τραύματα φίλου, ἢ ἑκούσια φιλήματα ἐχθροῦ; Διὰ τοῦτο D καὶ πρὶν ἀποδεῖξαι, χάριν ἔχω τοῖς ἐγκαλοῦσιν. Οἱ μὲν γὰρ, κἂν δικαίως, κἂν ἀδίκως ἐγκαλῶσιν, οὐκ ὀνειδίσαι βουλόμενοι, ἀλλὰ διορθῶσαι, τοῦτο ποιοῦσιν· οἱ δὲ ἐχθροὶ, κἂν δικαίως ἐγκαλῶσιν, οὐχὶ διορθῶσαι, ἀλλ' ἐκπομπεῦσαι σπουδάζοντες ἐλέγχουσιν. Οὗτοι τοίνυν ἐπαινοῦντες, σπουδαιότερον ζητοῦσι ποιῆσαι, ἐκεῖνοι δὲ, κἂν ἐπαινῶσιν, ὑποσκελίσαι σπεύδουσι. Πλὴν ὅπως ἂν ὁ ἔλεγχος κινῆται, μέγα ἀγαθὸν τὸ δύνασθαι φέρειν ἐλέγχους καὶ ἐγκλήματα, καὶ μὴ ἐκθηριοῦσθαι. Ὁ γὰρ μισῶν ἐλέγχους, ἄφρων ἐστὶ, φησίν. Οὐκ εἶπε, τοιούσδε ἢ τοιούσδε ἐλέγχους, ἀλλ' ἁπλῶς, ἐλέγχους. Εἰ μὲν γὰρ δικαίως ἐνεκάλεσεν ὁ φίλος, διόρθωσαι τὸ ἁμάρτημα· εἰ δὲ E ἀλόγως ἐμέμψατο, τέως ἐπαίνεσον αὐτὸν τῆς γνώμης, ἀπόδεξαι τὸν σκοπὸν, χάριν ὁμολόγησον τῆς φιλίας·

[a] Hæc sic forte melius legantur : τί λέγεις; τραύματα φιλημάτων βελτίονα; ναί, φησίν. οὐ γάρ, nam hic tropus apud Chrysostomum frequens est.

ἀπὸ γὰρ τοῦ σφόδρα φιλεῖν τὸ ἐγκαλεῖν γίνεται. Μὴ δυσχεραίνωμεν ἐλεγχόμενοι. Καὶ γὰρ μεγάλα ὀνίνησι τοῦτο τὴν ζωὴν τὴν ἡμετέραν, εἰ γίνοιτο παρὰ πάντων, εἰ καὶ ἐλέγχοιμεν τοὺς ἁμαρτάνοντας, καὶ ἁμαρτάνοντες φέροιμεν τοὺς ἐλέγχους εὐκόλως· ὅπερ γὰρ ἐπὶ τῶν τραυμάτων ἐστὶ τὰ φάρμακα, τοῦτο ἐπὶ τῶν 117 A ἁμαρτημάτων οἱ ἔλεγχοι· ὥσπερ οὖν ὁ τὰ φάρμακα διακρουόμενος, ἀνόητος, οὕτω καὶ ὁ τοὺς ἐλέγχους μὴ καταδεχόμενος, ἄφρων. Ἀλλ' ἐκθηριοῦνται πολλοὶ πολλάκις, πρὸς αὐτοὺς ἐννοοῦντες καὶ λέγοντες· σοφὸς, φησὶν, ἐγὼ καὶ συνετὸς τοῦ δεῖνος ἀνέξομαι; οὐκ εἰδότες, ὅτι τοῦτο αὐτὸ ἐσχάτης ἀνοίας τεκμήριον. Εἶδον γὰρ, φησὶν, ἄνθρωπον δοκοῦντα σοφὸν εἶναι παρ' ἑαυτῷ, ἐλπίδα δὲ ἔχει μᾶλλον ὁ ἄφρων αὐτοῦ. Διὰ τοῦτο καὶ Παῦλος λέγει, Μὴ γίνεσθε φρόνιμοι παρ' ἑαυτοῖς. Κἂν γὰρ μυριάκις εἶ σοφὸς, καὶ τὰ δέοντα συνορῶν, ἀλλ' ἄνθρωπος εἶ, καὶ χρείαν ἔχεις συμβούλου. B Ὁ Θεὸς γὰρ μόνος ἐστὶν ἀνενδεὴς, καὶ μόνος οὐ δεῖται συμβούλου. Δι' ὃ καὶ περὶ ἐκείνου μόνου λέγεται· Τίς γὰρ ἔγνω νοῦν Κυρίου, ἢ τίς σύμβουλος αὐτοῦ ἐγένετο; ἄνθρωποι δὲ, κἂν μυριάκις ὦμεν σοφοὶ, μυριάκις ἐλεγχόμεθα, καὶ τὸ τῆς φύσεως ἡμῶν ἀσθενὲς διαφαίνεται. Οὐ γὰρ δύναται πάντα εἶναι ἐν ἀνθρώποις, φησί. Διὰ τί; Ὅτι οὐκ ἀθάνατος υἱὸς ἀνθρώπου. Τί φωτεινότερον ἡλίου; Ἀλλ' ὅμως καὶ τοῦτο ἐκλείπει. Καθάπερ οὖν ἐκεῖνο τὸ φῶς τὸ λαμπρὸν, τὴν ἀπαστράπτουσαν ἀκτῖνα σκότος ἐπελθὸν ἀποκρύπτει· οὕτω πολλάκις καὶ τὴν σύνεσιν τὴν ἡμετέραν, καθάπερ ἐν σταθηρᾷ μεσημβρίᾳ λάμπουσαν καὶ διαφαινομένην, C ἐπελθοῦσα ἄνοια ἀπέκρυψε πολλάκις· καὶ ὁ μὲν σοφὸς τὸ δέον οὐ συνεῖδεν, ὁ δὲ ἐλάττων ἐκείνου πολλῷ ὀξύτερον ἐκείνου τοῦτο ἐφώρασε. Καὶ τοῦτο γίνεται, ἵνα μήτε ὁ σοφὸς ἐπαίρηται, μήτε ὁ εὐτελὴς ἑαυτὸν ταλανίζῃ. Μέγα ἀγαθὸν ἐλέγχους δύνασθαι φέρειν, μέγα ἀγαθὸν δύνασθαι ἐλέγχειν· τοῦτο κηδεμονίας μεγίστης. Νυνὶ δὲ ἂν μὲν ἴδωμεν ἄνθρωπον τὸν χιτωνίσκον ἔχοντα παραλελυμένον ἐκ πλαγίων, ἢ τὴν ἄλλην στολὴν κακῶς περικειμένην, διορθοῦμεν καὶ ὑπομιμνήσκομεν· ἂν δὲ ἴδωμεν αὐτοῦ τὴν ζωὴν παραλελυμένην, οὐδὲ λόγον προϊέμεθα. Ἂν ἴδωμεν αὐτοῦ τὸν βίον ἀσχήμονα ὄντα, παρατρέχομεν· D καίτοι τὰ μὲν τῶν ἱματίων, μέχρι γέλωτος, τὰ δὲ τῆς ψυχῆς, μέχρι κινδύνου καὶ τιμωρίας ἐστίν. Ὁρᾷς τὸν ἀδελφὸν, εἰπέ μοι, κατὰ κρημνοῦ φερόμενον, ἠμελημένον ἔχοντα βίον, οὐ συνορῶντα τὸ δέον, καὶ οὐκ ὀρέγεις χεῖρα; οὐκ ἀνιστᾷς ἐκ τοῦ πτώματος; οὐκ ἐγκαλεῖς καὶ ἐλέγχεις; ἀλλὰ τὸ μὴ προσκροῦσαι αὐτῷ καὶ φανῆναι ἐπαχθὴς προτιμᾷς τῆς ἐκείνου σωτηρίας; Καὶ ποίαν ἕξεις συγγνώμην παρὰ τοῦ Θεοῦ; τίνα ἀπολογίαν; Οὐκ ἤκουσας τί τοῖς Ἰουδαίοις ἐκέλευσεν ὁ Θεός· τὰ ὑποζύγια τῶν ἐχθρῶν μὴ περιορᾷν πλανώμενα,

est. Non dixit tales vel tales increpationes, sed tantum increpationes. Nam si jure arguat amicus, peccatum corrige; si absque ratione, lauda voluntatem, scopum ejus approba, amicitiæ gratiam confitere: ex magno quippe amore accusatio 117 proficiscitur. Ne stomachemur, cum arguimur. A Id admodum utile est vitæ nostræ, si ab omnibus fiat, si et peccantes arguamus, et dum labimur ab aliis argui libenter feramus: in peccatis enim idem sunt reprehensiones, quod in vulneribus remedia; quemadmodum igitur stultus est qui pharmaca rejicit, ita et insanus is, qui reprehensiones non admittit. Verum multi sæpe exasperantur, hæc apud se cogitantes et dicentes: Hunccine feram ego sapiens et prudens? ignorantes esse illud extremæ dementiæ argumentum. *Videbam enim*, inquit, *hominem, qui sibi videbatur sapiens*, B *et majorem illo spem habet insipiens*. Eapropter et Paulus dicit: *Ne sitis prudentes apud vosmetipsos*. Licet enim mirum in modum sis sapiens et perspicax, attamen homo es et consilio opus habes. Solius enim Dei est nullius indigere, et nullo opus habere consiliario. Ideo de illo solo dicitur: *Quis enim novit sensum Domini, aut quis consiliarius ejus fuit?* At nos homines quantumcumque sapientes, multoties tamen sumus reprehensione digni, atque hinc apparet naturæ nostræ infirmitas. *Non enim omnia esse possunt in hominibus*, inquit. C Quare? Quia filius hominis non est immortalis. Quid lucidius sole? Attamen et ille deficit. Sicut ergo fulgidam illam lucem et splendentem radium supervenientes tenebræ obtegunt: ita et intelligentiam nostram, quasi in meridie fulgentem et perspicuam, inconsiderantia obrepens sæpe tenebrosam reddit; acciditque ut sapiens quandoque non videat quod oportet, et is qui multo illi inferior est acutius illud perspiciat. Atque ita res se habet, ut neque sapiens se extollat, neque inferior illo sese miserum prædicet. Magnum bonum est, reprehensiones ferre: magnum item bonum D posse reprehendere; nam hoc ad curam proximi maxime pertinet. Nunc vero si videamus hominem tunicam solutam et ex transverso habentem; aut aliud indumentum male positum, monemus et emendamus; si vero videamus vitam ejus dissolutam, ne verbum quidem proferimus. Si videamus vitam ejus indecoram, præterimus: tametsi ea quæ ad vestes pertinent, risum tantum, ea vero quæ ad animum, periculum et supplicium pariant. Cum vides fratrem per præcipitia ferri, de vita non curantem, nec eo, quo opus est,

Reprehensionum utilitas.

Prov. 26. 12.

Rom. 12. 16.

Rom. 11. 34.

Eccli. 17. 29.

spectantem, nonne manum porrigis? nonne a lapsu erigis? nonne reprehendis et arguis? an pluris facis non importunum videri vel offendere, quam ejus salutem curare? Ecquam habiturus es apud Deum veniam? quam defensionem? Non
Exod. 23. 4. 5. *et Deut.* 22. 1. audisti quid Judæis Deus præceperit, ut ne errantia inimicorum jumenta despicerent, et lapsa ne præterirent? Itane Judæi quidem jubentur bruta inimicorum suorum non despicere, nos vero fratrum animas quotidie supplantatas despiciemus? Quomodo id non extremæ crudelitatis et ferini animi fuerit, non tantum curæ hominibus impendere, quantum illi jumentis? Hoc omnia subvertit, hoc vitam nostram confundit, quod nec reprehensi generose feramus, neque alios reprehendere velimus: ideo enim molesti sumus, cum arguimus, quia exasperamur, cum arguimur. Enimvero si sciret frater tuus, se abs te laudatum iri, si te argueret, reprehensus et ipse parem rependeret vicem.

E μηδὲ παρατρέχειν πεπτωκότα; Εἶτα Ἰουδαῖοι μὲν τὰ ἄλογα κελεύονται μὴ περιορᾷν τῶν ἐχθρῶν, ἡμεῖς δὲ τὰς ψυχὰς τῶν ἀδελφῶν καθ' ἑκάστην ὑποσκελιζομένας ἡμέραν περιοψόμεθα; Καὶ πῶς οὐκ ἐσχάτης τοῦτο ὠμότητος καὶ θηριωδίας, μηδὲ τοσαύτην ἀπονέμειν ἀνθρώποις πρόνοιαν, ὅσην τοῖς ἀλόγοις ἐκεῖνοι; Τοῦτο πάντα ἀνέτρεψε, τοῦτο τὸν βίον ἡμῶν συνέχεεν, ὅτι οὔτε ἐλεγχόμενοι φέρομεν γενναίως, οὔτε ἑτέρους ἐλέγχειν βουλόμεθα· διὰ γὰρ τοῦτο καὶ ἐπαχθεῖς ἐσμεν ἐλέγχοντες, ἐπειδὴ ἐκθηριούμεθα ἐλεγχόμενοι. Εἰ γὰρ ᾔδει ὁ ἀδελφὸς, ὅτι ἐλέγξας σε ἐπῃνεῖτο παρὰ
118 A σοῦ, καὶ αὐτὸς ἐλεγχόμενος τὴν αὐτὴν ἀμοιβὴν ἀπέδωκεν ἄν.

2. Vis scire te, etiamsi admodum prudens esses, etiamsi perfectus, etiamsi ad summum virtutis apicem pervenisses, opus tamen habiturum esse consiliario, et eo qui te argueret ac reprehenderet? Audi veterem historiam. Nihil Moysi
Num. 12. 3. par erat: siquidem, *Mitissimus erat*, inquit Scriptura, *omnium hominum*, Deo amicus, externa philosophia imbutus, spiritualique intel-
Act. 7. 22. ligentia plenus. *Eruditus* enim *erat*, inquit, *Moyses omni sapientia Ægyptiorum*. Vides omnigenam eruditionem? *Eratque potens sermone et virtute*. Verum audi aliud quoque
Deut. 34. 10. testimonium. Cum multis, inquit, prophetis conversatus est Deus; sed cum nullo sic conversatus est: nam cum aliis per ænigmata et somnia, cum Moyse vero facie ad faciem. Quod illo majus virtutis ejus indicium requiras, quando omnium Dominus servum quasi amicum alloquitur?
Exod. 33. 11. Erat itaque sapiens tam peregrina, quam domestica institutione; erat potens sermone et opere; imperabat ipsi creaturæ, quia amicus erat Domini creaturæ; eduxit tantum populum ex Ægypto; mare divisit, atque iterum conjunxit: videreque erat stupendum miraculum. Tunc enim primum sol vidit mare, non navali, sed pedestri itinere transiri: pelagusque non remis et navigiis, sed equorum pedibus transfretari. Attamen ille sapiens, ille potens sermone et opere, amicus Dei, qui creaturæ imperabat, et tot miracula ediderat, non animadvertit rem, quam plerique mortalium facile perspiciunt; sed socer ejus barbarus et obscurus homo id animadvertit,

Βούλει μαθεῖν ὅτι κἂν σφόδρα συνετὸς ᾖς, κἂν σφόδρα ἀπηρτισμένος, κἂν πρὸς αὐτὴν τὴν ἄκραν κορυφὴν ἔλθῃς τῆς ἀρετῆς, χρείαν ἔχεις συμβούλου, καὶ διορθοῦντος καὶ ἐλέγχοντος; Ἄκουσον ἱστορίαν παλαιάν. Οὐδὲν Μωϋσέως ἦν ἴσον. Καὶ γὰρ πραότατος, φησὶν, ἦν πάντων ἀνθρώπων ἐκεῖνος, καὶ τῷ Θεῷ φίλος, καὶ τῆς ἔξωθεν φιλοσοφίας ἐνεπέπληστο, καὶ τῆς πνευματικῆς πλήρης ἦν συνέσεως. Ἐπαιδεύθη γὰρ, φησὶ, Μωϋσῆς πᾶσαν σοφίαν Αἰγυπτίων.
B Εἶδες ἀπηρτισμένην αὐτοῦ τὴν παίδευσιν; Καὶ ἦν δυνατὸς ἐν λόγῳ, καὶ ἄλλῃ ἀρετῇ. Ἀλλ' ἄκουσον καὶ ἑτέραν μαρτυρίαν. Πολλοῖς, φησὶ, προφήταις ὡμίλησεν ὁ Θεὸς, ἀλλ' οὐδενὶ οὕτως ὡμίλησεν· ἀλλὰ τοῖς μὲν ἄλλοις ἐν αἰνίγμασι καὶ δι' ὀνειράτων, τῷ δὲ Μωϋσῇ πρόσωπον πρὸς πρόσωπον. Τί μεῖζον τούτου ζητεῖς τεκμήριον τῆς ἀρετῆς ἐκείνου, ὅταν ὁ πάντων Δεσπότης τῷ δούλῳ ὡς φίλῳ διαλέγηται; Ἦν τοίνυν σοφὸς καὶ τὴν ἔξω καὶ τὴν ἔσω παιδείαν· ἦν δυνατὸς ἐν λόγῳ καὶ ἔργῳ· ἐπέτασσεν αὐτῇ τῇ κτίσει, ἐπειδὴ φίλος ἦν τοῦ Δεσπότου τῆς κτίσεως· ἐξήγαγε λαὸν τοσοῦτον ἐξ Αἰγύπτου· τὴν θάλασσαν ἔσχισε, καὶ πάλιν συνήγαγε· καὶ ἦν ἰδεῖν θαῦμα πα-
C ράδοξον. Τότε γὰρ πρῶτον ἐπεῖδεν ἥλιος θάλασσαν οὐ πλεομένην, ἀλλὰ πεζευομένην, πέλαγος οὐχὶ κώπαις καὶ πλοίοις, ἀλλὰ ποσὶν ἵππων περώμενον. Ἀλλ' ὅμως ὁ σοφὸς, ὁ δυνατὸς ἐν λόγῳ καὶ ἔργῳ, ὁ φίλος τοῦ Θεοῦ, ὁ τῇ κτίσει ἐπιτάξας, ὁ τοσαῦτα θαυματουργήσας, οὐ συνεῖδε πρᾶγμα πολλοῖς τῶν ἀνθρώπων εὐσύνοπτον· ἀλλ' ὁ μὲν κηδεστὴς αὐτοῦ, βάρβαρος ἄνθρωπος καὶ εὐτελὴς, συνεῖδεν αὐτὸ, καὶ εἰς μέσον ἤγαγεν· ἐκεῖνος δὲ αὐτὸ οὐχ εὗρε. Τί οὖν ἐστι τοῦτο; Ἀκούσατε, ἵνα μάθητε, ὅτι ἕκαστος συμβούλου δεῖ-

ται, κἂν κατὰ Μωϋσέα γένηται, καὶ ὅτι τὰ τοὺς μεγάλους λανθάνοντα καὶ θαυμαστοὺς τοὺς ἀνθρώπους, τοὺς μικροὺς καὶ εὐτελεῖς πολλάκις οὐκ ἔλαθεν. Ἐπει- [D] δὴ γὰρ ἐξῆλθεν ὁ Μωϋσῆς ἐξ Αἰγύπτου, καὶ ἦν ἐν τῇ ἐρήμῳ, εἱστήκει πλησίον αὐτοῦ ὁ λαὸς ἅπας, ἑξακόσιαι χιλιάδες, καὶ πᾶσι διέλυσε τὰ ἐγκλήματα τοῖς πρὸς ἀλλήλους ἀμφισβητοῦσιν. Ἰδὼν τοίνυν αὐτὸν ὁ κηδεστὴς τοῦτο ποιοῦντα ὁ Ἰοθὼρ, ἄνθρωπος καὶ ἀνόητος καὶ ἐν ἐρήμῳ βεβιωκὼς, καὶ οὔτε νόμων οὔτε πολιτείας τινὶ κοινωνήσας ποτὲ, ἀλλ' ἐν ἀσεβείᾳ ζῶν, οὗ τί γένοιτ' ἂν μεῖζον ἀνοίας τεκμήριον; Οὐδὲν γὰρ Ἑλλήνων ἀνοητότερον. Ἀλλ' ὅμως ἐκεῖνος ὁ βάρβαρος, ὁ ἀσεβὴς, ὁ ἀνόητος, ἰδὼν οὐ δεόντως αὐτὸν ποιοῦντα, διώρθωσε τὸν Μωϋσέα, τὸν σοφὸν καὶ συνετὸν καὶ τοῦ Θεοῦ φίλον. Καὶ εἰπὼν πρὸς αὐτὸν, Τί [E] οὗτοι ἑστήκασιν ἐνώπιόν σου; καὶ μαθὼν τὴν αἰτίαν λέγει· Οὐκ ὀρθῶς σὺ τοῦτο ἐποίησας, φησί. Μετ' ἐπιτιμήσεως ἡ συμβουλή· καὶ οὔτε οὕτως ἠγρίανεν ἐκεῖνος, ἀλλ' ἠνείχετο ὁ σοφὸς, ὁ συνετὸς καὶ τοῦ Θεοῦ φίλος, τοσαύταις ἐφεστηκὼς μυριάσιν. Οὐδὲ γὰρ τοῦτο μικρὸν, τὸ παρὰ τοῦ βαρβάρου καὶ ἰδιώτου παιδεύεσθαι. Καὶ οὔτε τὰ θαύματα, ἅπερ εἰργάσατο, οὔτε τὸ μέγεθος τῆς ἀρχῆς αὐτὸν ἐπῆρεν, οὔτε τὸ παρόντων τῶν ὑπηκόων διορθοῦσθαι, ἐρυθριάσαι [119 A] ἐποίησεν· ἀλλ' ἐννοήσας ὅτι εἰ καὶ μεγάλα αὐτῷ εἴργασται σημεῖα, ἀλλ' ὅμως ἀνθρωπίνης φύσεως μετέχει, ἣν πολλὰ λανθάνει πολλάκις, μετ' ἐπιεικείας ἐδέξατο τὴν συμβουλήν. Πολλοὶ δὲ πολλάκις ὑπὲρ τοῦ μὴ φανῆναι δεόμενοι συμβουλῆς τῆς παρ' ἑτέρων, εἵλοντο προδοῦναι τὴν ὠφέλειαν τὴν ἀπὸ τῆς γνώμης, ἢ δεξάμενοι τὴν παραίνεσιν διορθῶσαι τὰ ἁμάρτημα· μᾶλλον ἀγνοεῖν ἢ μαθεῖν κατεδέξαντο, οὐκ εἰδότες ὅτι οὐ τὸ μαθεῖν ἔγκλημα, ἀλλὰ τὸ ἀγνοεῖν κατηγορία· οὐ τὸ διδάσκεσθαι, ἀλλὰ τὸ ἐν ἀμαθείᾳ εἶναι· οὐ τὸ ἐλέγχεσθαι, ἀλλὰ τὸ ἁμαρτάνειν ἀδιόρθωτα. Ἔστι γὰρ, ἔστι καὶ παρὰ ἀνθρώπῳ μικρῷ καὶ εὐτελεῖ εὑρεθῆναί τι τῶν δεόντων, ὃ παρὰ τῷ σοφῷ καὶ μεγάλῳ [B] πολλάκις οὐχ εὕρηται. Ὅπερ οὖν συνιδὼν ὁ Μωϋσῆς ἤκουε μετὰ πάσης ἐπιεικείας ἐκείνου συμβουλεύοντος, καὶ λέγοντος· Ποίησόν σοι χιλιάρχους, ἑκατοντάρχους, πεντηκοντάρχους, δεκάρχους· καὶ τὸ ῥῆμα τὸ βαρὺ ἀνοίσουσιν ἐπὶ σὲ, τὸ δὲ κοῦφον αὐτοὶ διαλύσονται. Καὶ ἀκούσας οὐκ ᾐσχύνθη, οὐκ ἠρυθρίασεν, οὐκ ᾐδέσθη τοὺς ὑπηκόους, οὐκ εἶπε πρὸς ἑαυτὸν, ὅτι καταγνώσονταί σου οἱ ἀρχόμενοι, εἰ ἄρχων ὢν παρ' ἑτέρου μανθάνω τὰ δέοντα· ἀλλὰ καὶ ἐπείσθη καὶ ἐποίησε τὸ πρόσταγμα, καὶ οὐ μόνον ἐκείνους οὐκ ᾐσχύνθη τοὺς τότε, ἀλλ' οὐδὲ ἡμᾶς τοὺς μετὰ ταῦτα ἐσομένους· ἀλλ' ὥσπερ ἐγκαλλωπιζόμενος τῇ διορθώσει τῇ παρὰ τοῦ κηδεστοῦ γενομένῃ, οὐ τοὺς τότε μό- [C] νον ἀνθρώπους, ἀλλὰ καὶ τοὺς ἐξ ἐκείνου μέχρι σήμερον γενομένους, καὶ τοὺς αὖθις ἐσομένους μέχρι τῆς τοῦ

et in medium protulit id, quod ille non excogitaverat. Quid igitur illud est? Audite, ut discatis unumquemque consiliario indigere, etiamsi Moysi conferri possit : multaque plerumque esse, quæ magni et admirabiles viri ignorant, quæ nullius pretii hominibus nota sunt. Cum (Exod. 18.) enim Moyses egressus esset ex Ægypto, in desertoque ageret, aderat universa plebs ad sexcenta hominum millia, omniumque lites disceptationesque ille solvebat. Quod ubi vidit socer ejus Jothor, homo imperitus, qui in deserto vitam egerat, nec legum politiæque consuetudinem ullam habuerat, et ad hæc in impietate vivebat, quo quid certius insipientiæ argumentum? Nihil enim gentilibus est insipientius. Verumtamen ille barbarus, impius, insipiens, videns Moysem non ut par erat agere, ipsum reprehendit, sapientem inquam illum, prudentem, Dei amicum. Dixitque illi : *Quare illi stant coram te?* et (Exod. 18. 14.) cum causam didicisset, ait : *Non recte tu facis.* (Ib. v. 17.) Consilium cum increpatione conjunctum; neque tamen ille indignatus est, sed patienter tulit vir ille sapiens, prudens et Dei amicus, qui tot myriadibus præerat. Neque enim parvum hoc est, a barbaro et privato homine erudiri. Neque edita miracula, neque imperii magnitudo animum ejus extollebant; neque rubore suffundebatur, quod præsentibus subditis corriperetur; sed cogitans se, etsi signa magna edidisset, humanæ tamen participem esse naturæ, cui multa sæpe ignota sunt, cum modestia consilium accepit. Multi contra, ne alieno videantur consilio egere, sæpe malunt utilitate consilii carere, quam suscepta admonitione peccatum emendare : imo malunt ignorare, quam discere, nescientes non esse crimen discere, sed potius ignorare; non doceri, sed in inscitia degere; non argui, sed peccare sine emendatione. Accidit enim etiam apud vilissimum hominem aliquid boni deprehendi, quod in sapiente magnoque viro plerumque non reperitur. Quod cum perpenderet Moyses, illum consulentem æquo audivit animo, et dicentem : *Fac tibi millenarios, centenarios, quinquagenarios, et decuriones; et res* (Exod. 18. 21. 22.) *graviores ad te referant, leviores autem ipsi solvant.* His auditis ille non erubuit, non pudefactus est, non est reveritus subditos : non dixit intra se : Me contemnent subditi, si dux cum sim ab alio quid faciendum sit didicero : sed obtemperavit, et consilium sequutus est, neque præsentes, neque post futuros eruhuit; imo tamquam cohonestatus hac soceri correptione, non modo homines illos qui tunc erant, sed etiam eos qui ad hodiernum usque diem fuerunt, et qui in toto orbe futuri sunt usque ad Christi adventum, literis docuit, et se non potuisse quid facto opus esset videre, et soceri admonitionem amplexum esse. Nos vero si vel unum videamus hominem dum emendamur et corripimur, conturbamur, obstupescimus, et de vita nos excidisse putamus. At ille non item; sed cum videret tot millia hominum præsentium; imo tot millia hominum, qui tunc erant, et qui post fuerunt per totum orbem usque ad præsentem diem, non erubuit : sed omnibus quotidie per literas denuntiat ea socerum vidisse, quæ ipse non animadverterat. Cur hoc fecit, et cur rem illam literis tradidit? Ut nobis auctor esset, ne altum sapiamus, quamvis omnium sapientissimi simus, neque aliorum consilia contemnamus, etiamsi omnium vilissimi sint. Si quid aliquis probe consulat, etsi famulus sit, admonitionem accipe; si quid perniciosum quispiam vel in maxima dignitate positus consulat, sententiam repudies : non enim qualitas personarum consulentium, sed consilii natura spectanda semper est. Illud igitur Moyses fecit ut nos doceret non erubescendum esse cum redarguimur, etiamsi nobis universus populus adesset. Illud enim vere laus est non vulgaris, supremæque philosophiæ præconium, reprehensionem generose ferre. Non enim ita Jothor nunc laudamus et admiramur, quod Moysen correxerit, ut sanctum illum, quod tot præsentibus redargui non erubuerit, et rem gestam memoriæ tradiderit, his omnibus philosophiam suam ostendens, declaransque quantopere inanem hominum gloriam contemneret.

3. At nos dum de procemiorum prolixitate nos excusamus, rursus majus procemium fecimus; verum non temere neque sine causa : nam de rebus maximis admodumque necessariis vos alloquimur, ut fortiter feramus cum arguimur; et ut alacriter arguamus corripiamusque eos qui peccant. Verum jam necesse est ut de prolixitate nos defendamus, ostendamusque cur longa faciamus procemia. Cur ergo id facimus? Tantam multitudinem alloquimur, viros qui uxores habent, qui domibus præsunt, diurno opere vitam parant, in sæcularibus negotiis agunt. Neque illud tantum molestum est, quod perpetuo occupentur, sed quod semel in hebdomada ipsos hic excipiamus. Ut igitur intellectu facilia reddamus ea quæ dicimus, procemiis clariorem exhibere doctrinam studemus. Ille enim cui nihil aliud

Cur Chrysostomus longa procemia ederet.

Χριστοῦ παρουσίας κατὰ τὴν οἰκουμένην ἅπασαν διὰ τῶν γραμμάτων ἐδίδαξε, καὶ ὅτι αὐτὸς τὸ δέον συνιδεῖν οὐκ ἠδυνήθη, καὶ ὅτι τὴν διόρθωσιν ἐδέξατο παρὰ τοῦ κηδεστοῦ. Ἡμεῖς δὲ, ἐὰν ἄνθρωπον ἴδωμεν παρόντα ἐλεγχομένων ἡμῶν καὶ διορθουμένων, ἰλιγγιῶμεν, ἐξιστάμεθα, νομίζομεν τῆς ζωῆς ἐκπεπτωκέναι πάσης. Ἀλλ' οὐκ ἐκεῖνος· ἀλλ' ὁρῶν τοσαύτας χιλιάδας παρούσας οὐκ ἠρυθρίασε, μᾶλλον δὲ τοσαύτας μυριάδας τότε, τὰς ἐξ ἐκείνου μέχρι νῦν κατὰ τὴν
D γῆν ἅπασαν, ἀλλὰ κηρύττει πᾶσι καθ' ἑκάστην ἡμέραν διὰ τῶν γραμμάτων, ὅτι ὅπερ αὐτὸς οὐ συνεῖδε, τοῦτο ὁ κηδεστὴς συνεῖδε. Τίνος οὖν ἕνεκεν τοῦτο ἐποίησε, καὶ μνήμῃ παρέδωκε τὸ γεγενημένον; Ἵνα ἡμᾶς πείσῃ μηδέποτε ἐφ' ἑαυτοῖς μέγα φρονεῖν, κἂν ἁπάντων ὦμεν σοφώτεροι, μηδὲ ἀτιμάζειν τὰς παρ' ἑτέρων συμβουλίας, κἂν ἁπάντων ὦσιν εὐτελέστεροι. Ἂν μὲν γάρ τι τῶν δεόντων συμβουλεύσῃ τις, κἂν οἰκέτης ᾖ, δέξαι τὴν παραίνεσιν· ἂν δέ τι τῶν ὀλεθρίων, κἂν ἐν ἀξιώματι τυγχάνῃ μεγίστῳ, παράπεμψαι τὴν γνώμην· οὐ γὰρ τῇ ποιότητι τῶν προσώπων τῶν συμβουλευόντων, ἀλλ' αὐτῇ τῆς συμβουλῆς
E τῇ φύσει προσέχειν δεῖ πανταχοῦ. Ὅπερ οὖν καὶ Μωϋσῆς ἐποίησε, παιδεύων ἡμᾶς μὴ ἐρυθριᾷν ἐλεγχομένους, κἂν ὁλόκληρος ἡμῖν δῆμος παρῇ. Ἐγκώμιον γὰρ τοῦτο μέγιστον, καὶ ἔπαινος οὐχ ὁ τυχὼν, καὶ φιλοσοφίας ἔπαινος τῆς ἀνωτάτω, τὸ φέρειν ἔλεγχον γενναίως. Οὐχ οὕτω γὰρ τὸν Ἰοθὼρ ἐπαινοῦμεν καὶ θαυμάζομεν νῦν, ὅτι τὸν Μωϋσέα διώρθωσεν, ὡς ἐκπληττόμεθα τὸν ἅγιον ἐκεῖνον, ὅτι οὔτε ᾐσχύνθη διορθούμενος τοσούτων παρόντων, καὶ μνήμῃ τὸ γεγενημένον παρέδωκε, διὰ πάντων τὴν αὐτοῦ φιλοσοφίαν δείξας, καὶ ὅτι μετὰ πολλῆς τῆς ὑπερβολῆς τὴν παρὰ τῶν πολλῶν κατεπάτησε δόξαν.

120 A Ἀλλὰ γὰρ ὑπὲρ προοιμίων ἀπολογούμενοι, πάλιν μεῖζον τὸ προοίμιον πεποιήκαμεν· ἀλλ' οὐχ ἁπλῶς οὐδὲ εἰκῆ, ἀλλ' ὑπὲρ τῶν μεγίστων ὑμῖν διαλεγόμενοι καὶ ἀναγκαιοτάτων, ἵνα γενναίως ἐλεγχόμενοι φέρωμεν, ἵνα προθύμως ἐλέγχωμεν τοὺς ἁμαρτάνοντας καὶ διορθῶμεν. Ἀνάγκη δὲ λοιπὸν ἀπολογήσασθαι ὑπὲρ τοῦ μήκους, καὶ εἰπεῖν τίνος ἕνεκεν μακρὰ ποιοῦμεν προοίμια. Τίνος οὖν ἕνεκεν τοῦτο ποιοῦμεν; Πλήθει τοσούτῳ διαλεγόμεθα, ἀνθρώποις γυναῖκας ἔχουσιν, οἰκίας προεστηκόσιν, ἐν ἐργασίᾳ καθημερινῇ ζῶσιν, ἐν βιωτικοῖς πράγμασι. Καὶ οὐ τοῦτο μόνον ἐστὶ τὸ δυσχερὲς, ὅτι διηνεκῶς εἰσιν ἠσχολημένοι,
B ἀλλ' ὅτι καὶ ἅπαξ τῆς ἑβδομάδος αὐτοὺς ἐνταῦθα λαμβάνομεν. Βουλόμενοι τοίνυν εὐσύνοπτα κατασκευάζειν αὐτοῖς τὰ λεγόμενα, διὰ τῶν προοιμίων σαφεστέραν ποιῆσαι τὴν διδασκαλίαν σπουδάζομεν. Ὁ μὲν γὰρ μηδὲν ἔργον ἔχων, ἀλλ' ἀεὶ ταῖς Γραφαῖς προσηλω-

μένος, οὐ δέεται προοιμίων, οὐ δεῖται κατασκευῆς, ἀλλ' ἀκούσας εὐθέως τοῦ λέγοντος, δέχεται τῶν λεγομένων τὴν διάνοιαν· ἄνθρωπος δὲ τὸν μὲν πλείω χρόνον πράγμασι βιωτικοῖς προσδεδεμένος, ὀλίγον δὲ καὶ βραχὺ ἐνταῦθα παραγενόμενος, ἂν μὴ προοιμίων ἀκούσῃ καὶ κατασκευῆς πλείονος, καὶ πανταχόθεν ἴδῃ προοδοποιηθέντα αὐτῷ τὸν λόγον, οὐδὲν κερδάνας ἀπέρχεται. C Οὐ τοῦτο δὲ μόνον ἡμῖν ἐστιν αἴτιον τοῦ μήκους τῶν προοιμίων, ἀλλὰ καὶ ἕτερον οὐκ ἔλαττον τούτου. Τῶν γὰρ πολλῶν τούτων οἱ μὲν παραγίνονται, οἱ δὲ οὐ παραγίνονται πολλάκις. Ἀνάγκη τοίνυν τοὺς μὲν παραγενομένους ἐπαινέσαι, τοὺς δὲ μὴ παραγενομένους μέμψασθαι, ἵνα ἐκεῖνοι μὲν τοῖς ἐπαίνοις σπουδαιότεροι γένωνται, οὗτοι δὲ διὰ τῶν ἐγκλημάτων τὴν ῥᾳθυμίαν ἀποθῶνται. Ἔστι καὶ ἑτέρα χρεία προοιμίων ὑμῖν. Ὑποθέσεως ἁπτόμεθα μακροτέρας πολλάκις, ἣν οὐ δυνατὸν ἐν ἡμέρᾳ μιᾷ πρὸς τέλος ἀγαγεῖν, ἀλλὰ καὶ δευτέρας καὶ τρίτης καὶ τετάρτης ἡμῖν ἔστιν ὅτε ἐξηγήσεως εἰς τὴν αὐτὴν ἐδέησε πραγματείαν. D Ἀνάγκη τοίνυν καὶ ταύτῃ τῇ δευτέρᾳ ἡμέρᾳ τὰ τέλη τῆς προτέρας διδασκαλίας ἀναλαβεῖν, ἵν' οὕτως ἁρμοσθὲν τῇ ἀρχῇ τὸ τέλος, σαφεστέραν ποιῇ τοῖς παροῦσι τὴν ἐξήγησιν, καὶ μὴ τῆς ἀκολουθίας ἀπηρτημένος ὁ λόγος ἀφανέστερος ᾖ τοῖς ἀκροαταῖς. Καὶ ἵνα μάθῃς ὅτι χωρὶς προοιμίων εἰσαγόμενος λόγος οὐδενὶ γνώριμος ἔσται, ἰδοὺ χωρὶς προοιμίων αὐτὸν εἰσάγω νῦν πείρας ἕνεκεν. Ἐμβλέψας δὲ αὐτῷ ὁ Ἰησοῦς εἶπε, σὺ εἶ Σίμων υἱὸς Ἰωνᾶ, σὺ κληθήσῃ Κηφᾶς, ὃ ἑρμηνεύεται Πέτρος. Ὁρᾶτε, μὴ συνίετε τὸ λεχθέν; μὴ ἴστε τὴν ἀκολουθίαν, τίνος ἕνεκεν εἴρηται; ἐπειδὴ χωρὶς προοιμίου αὐτὸ εἰσήγαγον, ταὐτὸν ποιήσας, ὥσπερ ἂν εἴ τις ἄνθρωπον πάντοθεν περιβαλὼν εἰς τὸ θέατρον εἰσαγάγοι. E Φέρε οὖν, αὐτὸν λοιπὸν ἐκκαλύψωμεν, τὸ προοίμιον ἀποδόντες αὐτῷ. Περὶ Παύλου δὲ ὁ λόγος ἦν πρῴην ἡμῖν ἐνταῦθα, ὅτε περὶ τῶν ὀνομάτων διελεγόμεθα, καὶ ἐζητοῦμεν, διὰ τί ποτὲ μὲν Σαῦλος, μετὰ δὲ ταῦτα Παῦλος ἐκλήθη. Ἐντεῦθεν ἐξέβημεν εἰς παλαιὰν ἱστορίαν, καὶ τοὺς ἔχοντας ἐπωνυμίας ἐξητάσαμεν ἅπαντας. Εἶτα ἐκεῖθεν καὶ Σίμωνος ἐμνήσθημεν, καὶ τῆς τοῦ Χριστοῦ φωνῆς λεγούσης πρὸς αὐτὸν, Σὺ εἶ 121 A Σίμων υἱὸς Ἰωνᾶ, σὺ κληθήσῃ Κηφᾶς, ὃ ἑρμηνεύεται Πέτρος. Εἶδες πῶς τὸ πρὸ μικροῦ δόξαν ἀπορίας γέμειν, γνωριμώτερον ἐγένετο νῦν; Ὥσπερ γὰρ σῶμα κεφαλῆς, καὶ ῥίζης δένδρον, καὶ ποταμὸς δεῖται πηγῆς, οὕτω καὶ προοιμίων λόγος. Ἐπεὶ οὖν ἐστήσαμεν ὑμᾶς ἐπ' αὐτὴν τὴν ἀρχὴν τῆς ὁδοῦ, καὶ τὴν ἀκολουθίαν ἐδείξαμεν, ἀψώμεθα λοιπὸν αὐτοῦ τῆς ἱστορίας τοῦ προοιμίου. Σαῦλος δὲ ἔτι ἐμπνέων ἀπειλῆς καὶ φόνου εἰς τοὺς μαθητὰς τοῦ Κυρίου. Καὶ μὴν ἐν ταῖς ἐπιστολαῖς Παῦλος καλεῖται· τίνος οὖν ἕνεκεν αὐτοῦ τὴν προσηγορίαν μετέβαλε τὸ Πνεῦμα τὸ ἅγιον; Κα-

est negotii, quam ut semper Scripturis vacet, non eget prooemiis, non apparatu : statim enim audito doctore, dictorum sensum percipit : is vero qui maxima temporis parte sæcularibus negotiis addictus est, et rarius brevique tempore hic comparet, nisi prooemia majoremque apparatum audiat, quæ sermonem semper præcedant C et ipsi viam parent, absque lucro discedit. Neque hæc una nobis causa est prolixitatis prooemiorum, sed et alia non minor. Ex tanta quippe multitudine alii accedunt, alii sæpe non accedunt. Necesse itaque est eos qui accedunt laudibus ornare, eos vero qui absunt reprehendere : ut illi laudibus studiosiores evadant, hi increpationibus segnitiem ponant. Alia quoque adest prooemiorum necessitas. Argumentum sæpe prolixius tractamus, quod non uno die possumus ad finem deducere, sed et secunda et tertia et quarta sæpe opus est nobis expositione, ad unam eamdemque rem tra- D ctandam. Necessario igitur secunda die prioris doctrinæ finis est repetendus, ut ita finis cum principio cohærens clariorem auditori narrationem reddat, ne sine ulla serie posita oratio obscurior evadat. Ut vero discas orationem prooemio carentem a nemine intellectum iri, ecce jam sine prooemiis experimenti causa orationem ordior. *Respiciens autem Jesus dixit : Tu* es *Simon filius Jona, tu vocaberis Cephas, quod est interpretatum Petrus.* (Joan. 1. 42.) Videto num dictum illud intelligatis? an sciatis consequentiam, et qua de causa hæc dicta sint? quia nempe sine prooemio hæc protuli, perinde ac si quis ho- E minem undique obtectum in theatrum adducat. Age ergo ipsum detegamus, jam dato prooemio. De Paulo autem sermo nobis nuper erat, quando de nominibus disserebamus, quærebamusque cur aliquando Saulus, postea vero Paulus vocatus fuerit. Inde vero digressi sumus ad veterem historiam omnesque qui cognomina habuerant examinavimus. Deinde Simonem commemoravimus, necnon Christum ipsi dicentem, *Tu* es *Simon filius* 121 A *Jona, tu vocaberis Cephas, quod* est *interpretatum Petrus.* Viden' quo pacto id quod difficultate plenum videbatur, nunc notius evaserit? Quemadmodum enim corpus capite, arbor radice, et flumen fonte indiget, sic et oratio prooemio. Itaque cum vos in viæ initium constituerimus, et consequentiam ostenderimus, jam historiæ prooemium tangamus. *Saulus autem adhuc spirans minarum* et *cædis in discipulos Domini.* (Act. 9. 1.) In epistolis Paulus vocatur : cur ergo illi nomen mutavit Spiritus sanctus? Quemadmodum herus

Cur Paulo nomen sit mutatum.

emto servo, ut illi herilem potestatem indicet,
ejus nomen mutat : ita et Spiritus sanctus tunc
fecit. Ex captivitate namque Paulum acceperat,
et nuper ille erat tali dominio subjectus. Ideo
ejus nomen mutavit, ut inde ille dominium edisceret.
Nominum quippe impositio dominii est
argumentum : quod palam est ex iis quæ quotidie
geruntur, manifestius autem erit ex iis, quæ
in Adamo fecit Deus. Cum vellet enim illum
docere, quod ipse esset omnium princeps et do-
Gen. 2. 19. minus, adduxit ad eum omnia animalia, *Ut videret quid vocaret ea*, ostendens nominum im-
positionem dominium confirmare. Quod si
velitis ita quoque apud homines factum fuisse
conspicere, discereque, in more olim plerumque
fuisse, ut servis in captivitatem abductis nomina
mutarentur, audite quid fecerit rex Babylonio-
Daniel. 1. 6. 7. rum. Nam cum accepisset ex captivitate Ananiam,
Azariam et Misaelem, non reliquit eis
priora nomina, sed vocavit eos, Sedrac, Misac
et Abdenago. Verum quænam causa fuit cur non
statim Sauli nomen mutaret, sed post multum
Cur non statim post conversionem mutatum ei nomen fuerit. temporis? Quia si statim post Pauli conversionem
ipsius nomen mutasset, conversio Pauli ad
fidem non fuisset manifesta. Verum quod in famulis
usu venire solet, qui si statim post fugam
nomina mutent, occulti manent, idipsum in
Paulo contigisset ; si mox, ut relictis Judæis ad
nos venit, nomen mutavisset, nemo scivisset eum
qui persequutor erat, esse evangelistam, et
apostolum factum esse. Illud enim Judæos cohibebat,
quod quem doctorem penes se habuerant,
tunc adversarium experirentur. Ne itaque
subita nominis mutatio propositi mutationem
obtegeret, multo illum tempore cum priori nomine
reliquit : ut postquam omnes didicissent
eum ipsum esse, qui Ecclesiam antea persequebatur,
tunc re omnibus comperta, nomen mutaretur.
Et quod ipsa vera sit causa, audi ipsum
Gal. 1. 21. dicentem : *Veni in partes Syriæ et Ciliciæ : eramque ignotus facie Ecclesiis Judææ, quæ in Palæstina sunt.* Quod si Ecclesiis Palæstinæ,
ubi degebat, ignotus erat, multo magis aliis.
Eram, inquit, *ignotus facie*, at non nomine.
Quare ignotus erat facie? Nemo enim ex fidelibus
vel respicere ipsum audebat, cum nos oppugnaret :
tanta cæde, tanto furore plenus erat.
Quamobrem omnes resiliebant, omnes fugiebant,
sicubi adventantem viderent, neque ipsum vel
respicere audebant : ita nempe efferatus contra
fideles erat ; id unum audiebant, eum qui olim
ipsos persequebatur, nunc prædicare fidem,

θάπερ δεσπότης οἰκέτην πριάμενος, εἶτα βουλόμενος
αὐτὸν διδάξαι τὴν δεσποτείαν, μετατίθησιν αὐτοῦ τὸ
B ὄνομα· οὕτω καὶ τὸ Πνεῦμα τὸ ἅγιον ἐποίησε τότε.
Καὶ γὰρ ἐξ αἰχμαλωσίας τὸν Παῦλον ἔλαβε, καὶ
προσφάτως ἦν τῇ δεσποτείᾳ ταύτῃ προσελθών. Διὰ
τοῦτο αὐτοῦ μετέβαλε τὴν προσηγορίαν, ἵνα μάθῃ
κἀντεῦθεν τὴν δεσποτείαν ἐκεῖνος. Ὅτι γὰρ ὀνομάτων
θέσις δεσποτείας ἐστὶ σύμβολον, μάλιστα μὲν καὶ ἐξ
ὧν ποιοῦμεν δῆλον· γνωριμώτερον δὲ ἔσται ἐξ ὧν
ἐπὶ τοῦ Ἀδὰμ ἐποίησεν ὁ Θεός. Βουλόμενος γὰρ αὐτὸν
διδάξαι, ὅτι πάντων ἐστὶν ἄρχων καὶ δεσπότης,
ἤγαγε πρὸς αὐτὸν πάντα τὰ θηρία, Ἰδεῖν τί καλέσει
αὐτὰ, δεικνὺς ὅτι τῶν ὀνομάτων ἡ θέσις τὴν δεσποτείαν
κυροῖ. Εἰ δὲ βούλοισθε καὶ ἐπ' ἀνθρώπων ἰδεῖν
τοῦτο γινόμενον, καὶ μαθεῖν, ὅτι ἔθος πολλάκις τοῖς
C ἀπὸ αἰχμαλωσίας λαμβάνουσι δούλους μετατιθεῖν αὐτῶν
τὰ ὀνόματα, ἀκούσατε τί ἐποίησεν ὁ τῶν Βαβυλωνίων
βασιλεύς. Λαβὼν γὰρ οὗτος ἐκ τῆς αἰχμαλωσίας
τὸν Ἀνανίαν καὶ Ἀζαρίαν καὶ Μισαὴλ, οὐκ
ἀφῆκεν ἐπὶ τῶν προτέρων ὀνομάτων, ἀλλὰ Σεδρὰχ,
Μισὰχ, Ἀβδεναγὼ αὐτοὺς ἐκάλεσεν. Ἀλλὰ τίνος ἕνεκεν
οὐκ εὐθέως αὐτὸν μετωνόμασεν, ἀλλ' ἀνέμεινε
χρόνον γενέσθαι πολύν; Ὅτι εὐθέως εἰ αὐτὸν μετωνόμασε
μεταστάντα, οὐκ ἂν ἐγένετο φανερὰ ἡ μεταβολὴ
τοῦ Παύλου, καὶ ἡ πρὸς τὴν πίστιν μετάστασις.
Ἀλλ' ὅπερ ἐπὶ τῶν οἰκετῶν συμβαίνει, ὅταν φυγόντες
εὐθέως ἀμείβωσιν αὐτῶν τὰ ὀνόματα, ἀφανεῖς
D γίνονται, τοῦτο καὶ ἐπὶ τοῦ Παύλου γέγονεν ἄν· εἰ
εὐθέως ἀφεὶς τοὺς Ἰουδαίους καὶ πρὸς ἡμᾶς ἐλθὼν
μετωνομάσθη, οὐδεὶς ἂν ἔγνω ὅτι ὁ διώκτης αὐτὸς
ἐστιν ὁ εὐαγγελιστής. Τὸ δὲ σπουδαζόμενον τοῦτο ἦν,
μαθεῖν ὅτι ὁ διώκτης αὐτός ἐστι, καὶ ἀπόστολος γέγονε.
Τοῦτο γὰρ ἦν ὃ συνεῖχε τοὺς Ἰουδαίους, ὅτι τὸν
διδάσκαλον τὸν ὑπὲρ αὐτῶν ἱστάμενον, ηὕρισκον κατ'
αὐτῶν ὄντα. Ἵνα οὖν μὴ ἡ τοῦ ὀνόματος ἀθρόα μεταβολὴ
ἀποκρύψῃ τὴν μεταβολὴν τῆς προαιρέσεως,
ἀφίησιν αὐτὸν μέχρι πολλοῦ τὴν προτέραν ἔχειν προσηγορίαν·
ἵν', ὅταν μάθωσι πάντες, ὅτι αὐτός ἐστιν ὁ
διώξας τὴν Ἐκκλησίαν ἔμπροσθεν, τότε λοιπὸν γνω-
E ρίμου γενομένου πᾶσι, μεταθῇ καὶ τὴν προσηγορίαν.
Καὶ ὅτι τοῦτο αἴτιον, ἄκουσον αὐτοῦ λέγοντος. Ἦλθον
εἰς τὰ κλίματα τῆς Συρίας καὶ τῆς Κιλικίας·
ἤμην δὲ ἀγνοούμενος τῷ προσώπῳ ταῖς Ἐκκλησίαις
τῆς Ἰουδαίας ταῖς ἐν Παλαιστίνῃ, φησίν. Εἰ δὲ ταῖς
ἐν Παλαιστίνῃ ἠγνοεῖτο ἔνθα διέτριβε, πολλῷ μᾶλλον
ταῖς ἀλλαχοῦ κειμέναις. Ἤμην δὲ ἀγνοούμενος τῷ
προσώπῳ, φησὶν, οὐχὶ τῷ ὀνόματι. Διὰ τί Ἀγνοούμενος
τῷ προσώπῳ; Οὐδεὶς γὰρ οὐδὲ ἰδεῖν αὐτὸν
ἐτόλμα τῶν πιστῶν, ἡνίκα ἡμῖν ἐπολέμει· τοσούτου
φόνου, τοσαύτης ἔγεμε μανίας. Διὸ πάντες ἀπεπήδων,
πάντες ἔφευγον, εἴ που παραγενόμενον εἶδον,
122
A καὶ οὐδὲ ἀντιβλέψαι ἐτόλμων· οὕτως ἦν ἐκτεθηριω-

μένος κατὰ τῶν πιστῶν· μόνον δὲ ἀκούοντες ἦσαν, ὅτι ὁ διώκων ἡμᾶς ποτε, νῦν εὐαγγελίζεται τὴν πίστιν ἥν ποτε ἐπόρθει. Ἐπεὶ οὖν τῷ μὲν προσώπῳ αὐτὸν ἠγνόουν, μόνον δὲ ἀκούοντες ἦσαν, εἰ τὸ ὄνομα αὐτοῦ μετεβλήθη εὐθέως, οὐκ ἂν οὐδὲ οἱ ἀκούοντες ἔγνωσαν, ὅτι ὁ διώκων τὴν πίστιν, οὗτος εὐαγγελίζεται. Ἐπειδὴ γὰρ τὸ πρότερον αὐτοῦ ὄνομα ᾔδεσαν, ὅτι Σαῦλος ἐλέγετο, εἰ μεταβληθεὶς εὐθέως Παῦλος ἐκλήθη, εἶτα ἀπήγγειλάν τινες αὐτοῖς, ὅτι Παῦλος εὐαγγελίζεται, ὁ διώκων τὴν Ἐκκλησίαν, οὐκ ἂν ἔγνωσαν ὅτι οὗτος ἐκεῖνος ἦν, διὰ τὸ μὴ Παῦλον αὐτὸν καλεῖσθαι, ἀλλὰ Σαῦλον. Διὰ τοῦτο ἀφῆκεν αὐτὸν μέχρι πολλοῦ τὴν προτέραν ἔχειν προσηγορίαν, ἵνα πᾶσι γνώριμος γένηται τοῖς πιστοῖς, καὶ τοῖς πόρρωθεν οὖσι καὶ οὐχ ἑωρακόσιν αὐτόν.

Τίνος μὲν οὖν ἕνεκεν οὐκ εὐθέως μετεβλήθη αὐτοῦ τοὔνομα, ἱκανῶς ἀποδέδεικται. Ἀνάγκη λοιπὸν ἐπ' αὐτὴν ἐλθεῖν τοῦ λόγου τὴν ἀρχήν. Σαῦλος δὲ ἔτι ἐμπνέων ἀπειλῆς καὶ φόνου εἰς τοὺς μαθητὰς τοῦ Κυρίου. Τί ἐστιν, Ἔτι; Τί γὰρ ἐποίησε πρὸ τούτου, ὅτι λέγει, Ἔτι; Τὸ γὰρ, Ἔτι, περὶ ἀνθρώπου πολλὰ κακὰ πεποιηκότος ἔμπροσθεν λέγεται. Τί οὖν ἐποίησε; Τί γὰρ οὐκ ἐποίησεν, εἰπέ μοι, κακόν; Αἱμάτων ἐνέπλησε τὰ Ἱεροσόλυμα τοὺς πιστοὺς ἀναιρῶν, τὴν Ἐκκλησίαν ἐπόρθει, τοὺς ἀποστόλους ἐδίωκε, τὸν Στέφανον ἔσφαξεν, οὐκ ἀνδρῶν, οὐ γυναικῶν ἐφείδετο. Ἄκουσον γοῦν τοῦ μαθητοῦ αὐτοῦ λέγοντος· Σαῦλος δὲ ἐλυμαίνετο τὴν Ἐκκλησίαν, κατὰ τοὺς οἴκους εἰσπορευόμενος, σύρων τε ἄνδρας καὶ γυναῖκας. Οὐδὲ γὰρ ἤρκει αὐτῷ ἡ ἀγορὰ, ἀλλὰ καὶ εἰς τὰς οἰκίας ἐπεπήδα· Κατὰ τοὺς οἴκους γὰρ εἰσπορευόμενος, φησί. Καὶ οὐκ εἶπεν, ἄγων, οὐδὲ, ἕλκων ἄνδρας καὶ γυναῖκας, ἀλλὰ, Σύρων ἄνδρας καὶ γυναῖκας· καθάπερ περὶ θηρίου διαλεγόμενος, Σύρων ἄνδρας καὶ γυναῖκας· καὶ οὐκ ἄνδρας μόνον, ἀλλὰ καὶ γυναῖκας. Οὐδὲ τὴν φύσιν ᾐδεῖτο, οὐδὲ τὸ γένος ἠλέει, οὐδὲ πρὸς τὴν ἀσθένειαν ἀπεκλᾶτο. Ζήλῳ γὰρ, οὐχὶ θυμῷ ταῦτα ἐποίει. Διὰ τοῦτο οἱ μὲν Ἰουδαῖοι τὰ αὐτὰ ποιοῦντες, ἄξιοι κατηγορίας· οὗτος δὲ τὰ αὐτὰ ποιῶν, ἄξιος συγγνώμης. Καὶ γὰρ ἀπ' αὐτῶν ὧν ἐποίουν δῆλοι ἦσαν, ὅτι ἐκεῖνοι μὲν τιμῆς ἕνεκεν καὶ δόξης τῆς παρὰ τῶν πολλῶν ταῦτα ἔπραττον· οὗτος δὲ οὐχ οὕτως, ἀλλὰ τῷ Θεῷ ζηλῶν, εἰ καὶ μὴ κατ' ἐπίγνωσιν· διὰ τοῦτο ἐκεῖνοι τὰς μὲν γυναῖκας ἠφίεσαν, τοῖς δὲ ἀνδράσιν ἐπολέμουν, ἐπειδὴ εἰς ἐκείνους ἑώρων τὴν ἑαυτῶν περιελθοῦσαν τιμήν· οὗτος δὲ, ἅτε ζηλοτυπῶν, πρὸς ἅπαντας ἵστατο. Ταῦτ' οὖν ἅπαντα ἐννοήσας ὁ Λουκᾶς, καὶ ὁρῶν αὐτὸν οὔπω κορεννύμενον, ἔλεγε· Σαῦλος δὲ ἔτι ἐμπνέων ἀπειλῆς καὶ φόνου εἰς τοὺς μαθητὰς τοῦ Κορίου. Οὐκ ἐκόρεσεν αὐτὸν ὁ φόνος Στεφάνου, οὐκ ἐνέπλησεν αὐτοῦ τὴν ἐπιθυμίαν ἡ δίωξις τῆς Ἐκκλησίας, ἀλλὰ περαιτέρω προῄει,

quam olim devastabat. Quoniam igitur de facie ipsum non noverant, sed ex auditu tantum, si nomen statim mutasset, ne ii quidem, qui audierant, cognovissent eum, qui fidem persequebatur, nunc evangelium prædicare. Quoniam enim prius noverant ipsum vocari Saulum, si statim mutato nomine Paulus dictus fuisset, deinde vero quidam ipsis renuntiasset, Paulum qui persequebatur Ecclesiam, jam evangelium prædicare, ignorassent an idem ipse esset, quia ille non Paulus, sed Saulus vocabatur. Ideo illum multo tempore cum priori nomine reliquit, ut omnibus esset fidelibus notus, etiam iis, qui procul erant, et non ipsum viderant.

4. Cur ergo non statim ojus nomen mutatum sit, jam satis demonstratum est. Operæ pretium jam fuerit ut initium sermonis repetamus. *Saulus autem adhuc spirans minarum et cædis in discipulos Domini.* [*Act.* 9. 1.] Quid sibi vult illud, *adhuc?* Quid antea fecit, ut dicat, *adhuc?* Nam illud, *adhuc,* de homine dicitur, qui antea multa mala fecerit. Quid ergo fecit? Imo quid, quæso, non mali fecit? Sanguine replevit Jerosolyma, fideles interfecit, Ecclesiam devastabat, apostolos persequebatur, Stephanum occidit; non viris, non mulieribus parcebat. Audi discipulum : *Saulus autem devastabat Ecclesiam,* [*Act.* 8. 3.] *in domos ingrediens, trahens viros* et *mulieres.* Non illi forum satis erat, sed in domos insiliebat : *In domos ingrediens*, ait. Neque dixit, ducens, vel evellens viros ac mulieres; sed, *Trahens viros ac mulieres*, ac si de fera loqueretur : *Trahens viros ac mulieres ;* non viros solum, sed etiam mulieres. Neque naturam reverebatur, neque sexus miserebatur, neque ob infirmitatem frangebatur. Zelo namque, non furore motus, hoc agebat. Ideo Judæi hoc ipsum facientes, criminatione digni; hic contra id agens, venia digous est. Etenim illos palam erat honoris et inanis apud vulgus gloriæ causa illud agere; hic vero secus, sed zelo erga Deum permotus, etsi non secundum scientiam. Quamobrem illi, relictis mulieribus, viros impugnabant, quia in illos gloriam suam transisse videbant : hic autem, utpote zelo stimulante, universos adoriebatur. Hæc secum omnia reputans Lucas, vidensque illum nondum esse satiatum, dicebat : *Saulus autem adhuc spirans minarum* et *cædis in discipulos Domini.* Non satiavit eum cædes Steplani, non ejus explevit animum persequutio Ecclesiæ; sed ulterius procedebat : neque fu-

rendi finem faciebat : zelus quippe erat. Sed nuper reversus a cæde Steplani, apostolos persequebatur; idipsumque faciebat, ac si quis lupus sæviens in ovile ingressus, rapto agno, oreque discerpto, ex loc rapto ferocior evaderet. Ita et Paulus apostolorum clorum invasit, indeque rapuit agnum Clristi Stephanum, coque discerpto, hac cæde ferocior evasit. Propterea dicit, *adhuc*. Quamvis cujus animum non explevisset cædes hujusmodi? quem non placasset mansuetudo ejus, qui occidebatur; verbaque ejus, qui lapidibus obrutus pro lapidantibus sic preca-
Act. 7. 59. batur : *Domine*, inquit, *ne statuas illis hoc peccatum?* Ideo persequutor factus est evangelista. Nam statim post cædem hic conversus est, illius vocem audivit Deus. Etenim dignus erat Steplanus qui audiretur tum propter futuram Pauli virtutem, tum propter propriam confessionem : *Domine, ne statuas illis hoc peccatum.* Audiant qui inimicos labent, qui injuria affi ciuntur. Etsi enim sexcenta gravia patiaris, nondum lapidatus es, quemadmodum Steplanus. Et vide quid factum sit. Obstruebatur fons unicus Steplani, et aperiebatur alius, ex quo innumera manabant flumina. Postquam enim siluit os Steplani, mox sonuit tuba Pauli. Sic numquam Deus derelinquit usque in finem ad se currentes, sed dona præbet majora, quam ab inimicis auferantur. Non enim illi talem ab exercitu ejecerunt militem, qualem in ejus locum induxit Christus. *Saulus autem adhuc.* Aliud quiddam significat illud, *adhuc* : videlicet, illum adhuc furentem, adhuc ferocientem, adhuc vi furoris commotum, adhoc cæde ferventem attraxit Clristus. Non enim exspectavit donec cessaret ægritudo, exstingueretur morbus, mansuetiorque fieret ille sic efferatus, et sic illum attraheret : verum in ipsa furioris vi ipsum cepit, ut ostenderet potentiam suam, quod in medio furore, æstuante animo, persequutorem vicerit et subegerit. Etenim modicum tunc admiramur, quando febrim invalescentem et ferventem in summo fervore exstinguere et penitus sedare potest : quod et in Paulo factum est. In ipsa quippe flammæ vehementia vox Domini, ceu ros superne manans, ipsum morbo penitus liberavit. *Saulus autem adhuc spirans minarum et cædis in discipulos Domini,* dimisit multitudinem, et deinde in principes impetum fecit. Quemadmodum enim is, qui arborem vult excindere, dimissis ramis, radicem sceat : sic et ille discipulos adortus est, quod radicem prædica-

καὶ οὐδαμοῦ ἵστατο τῆς μανίας· ζῆλος γὰρ ἦν. Ἀλλ' ἐπανελθὼν ἄρτι ἀπὸ τῆς σφαγῆς Στεφάνου, ἐδίωκε τοὺς ἀποστόλους· καὶ ταὐτὸν ἐποίει, ὥσπερ ἂν εἰ λύκος ἄγριος ἐπιπηδήσας ποίμνῃ προβάτων, καὶ ἀρνίον ἁρπάσας ἐκεῖθεν, καὶ τῷ οἰκείῳ σπαράξας στόματι, θρασύτερος ὑπὸ τῆς ἁρπαγῆς ἐγένετο. Οὕτω
123 καὶ Σαῦλος ἐπεπήδησε τῷ χορῷ τῶν ἀποστόλων,
A ἥρπασεν ἐκεῖθεν τὸ ἀρνίον τοῦ Χριστοῦ, τὸν Στέφανον, διεσπάραξεν, ἐγένετο λοιπὸν ὑπὸ τῆς σφαγῆς ταύτης θρασύτερος. Διὰ τοῦτό φησιν, Ἔτι. Καίτοι τίνα οὐκ ἂν ἐνέπλησεν ὁ φόνος ἐκεῖνος; τίνα οὐκ ἂν κατῄδεσεν ἡ ἐπιείκεια τοῦ σφαττομένου, τὰ ῥήματα ἅπερ λιθαζόμενος ὑπὲρ τῶν λιθαζόντων ηὔχετο, Κύριε, λέγων, μὴ στήσῃς αὐτοῖς τὴν ἁμαρτίαν ταύτην; Διὰ τοῦτο ὁ διώκτης εὐαγγελιστὴς γέγονεν. Εὐθέως γὰρ μετὰ τὸν φόνον οὗτος μετεβάλλετο, ἐκείνου τῆς φωνῆς ἤκουσεν ὁ Θεός. Καὶ γὰρ ἄξιος ἦν ἀκούεσθαι Στέφανος καὶ διὰ τὴν ἀρετὴν Παύλου τὴν ἐσομένην, καὶ διὰ οἰκείαν ὁμολογίαν, Κύριε, μὴ στήσῃς αὐτοῖς τὴν ἁμαρτίαν ταύτην. Ἀκουέτωσαν ὅσοι ἐχθροὺς ἔχουσιν, ὅσοι πλεονεκτοῦνται. Κἂν γὰρ μυρία πάθῃς
B δεινὰ, οὐδέπω ἐλιθάσθης, καθάπερ ὁ Στέφανος. Καὶ ὅρα τί γίνεται. Ἐνεφράττετο μία πηγὴ ἡ τοῦ Στεφάνου, καὶ ἠνοίγετο ἑτέρα μυρίους ἀφιεῖσα ποταμούς. Ἐπειδὴ γὰρ ἐσίγησε τὸ στόμα Στεφάνου, ἤχησεν εὐθέως ἡ σάλπιγξ τοῦ Παύλου. Οὕτως οὐδέποτε ὁ Θεὸς εἰς τέλος ἐγκαταλιμπάνει τοὺς αὐτῷ προστρέχοντας, ἀλλὰ μείζονα ὧν ἀποστεροῦσιν οἱ ἐχθροὶ δίδωσιν αὐτὸς τὰ δῶρα. Οὐ γὰρ τοιοῦτον ἐξέβαλον ἀπὸ τῆς φάλαγγος στρατιώτην ἐκεῖνοι, οἷον ἀντεισήγαγεν ὁ Χριστός. Σαῦλος δὲ ἔτι. Καὶ ἄλλο τι δηλοῖ τὸ, Ἔτι, τοῦτο· οἷον, ὅτι ἔτι μαινόμενον, ἔτι ἀγριαίνοντα, ἔτι ἐν ἀκμῇ τοῦ θυμοῦ ὄντα, ἔτι τῷ
C φόνῳ ζέοντα ἐπεσπάσατο ὁ Χριστός. Οὐδὲ γὰρ ἀνέμεινε λῆξαι τὸ νόσημα, καὶ σβεσθῆναι τὸ πάθος, καὶ πραότερον γενέσθαι τὸν ἄγριον, καὶ οὕτως εἵλκυσεν· ἀλλ' ἐν αὐτῇ τῇ ἀκμῇ τῆς μανίας αὐτὸν ἐχειρώσατο, ἵνα δείξῃ τὴν ἑαυτοῦ δύναμιν, ὅτι ἐν μέσῃ τῇ βακχείᾳ τότε ἐκείνῃ ζέοντος ἔτι τοῦ θυμοῦ κρατεῖ καὶ περιγίνεται τοῦ διώκτου. Καὶ γὰρ ἰατρὸν τότε θαυμάζομεν μάλιστα, ὅταν δυνηθῇ τὸν πυρετὸν αἰρόμενον καὶ τὴν φλόγα τοῦ νοσήματος οὖσαν ἐν ἄκρᾳ σφοδρότητι κατασβέσαι καὶ παντελῶς ἀφανίσαι· ὃ καὶ ἐπὶ τοῦ Παύλου γέγονεν. Ἐν ἀκμῇ γὰρ αὐτὸν ὄντα τῆς φλογὸς, ὥσπερ τις δρόσος ἄνωθεν κατενεχθεῖσα, ἡ φωνὴ τοῦ Κυρίου
D τοῦ νοσήματος ἀπήλλαξε παντελῶς. Σαῦλος δὲ ἔτι ἐμπνέων ἀπειλῆς καὶ φόνοο εἰς τοὺς μαθητὰς τοῦ Κυρίου, ἀφῆκε τὸ πλῆθος, καὶ τοῖς ἄρχουσι λοιπὸν ἐπεπήδα. Ὥσπερ γὰρ ὁ δένδρον βουλόμενος ἐκτεμεῖν, τοὺς κλάδους ἀφεὶς, κάτωθεν ἐκκόπτει τὴν ῥίζαν, οὕτω δὴ καὶ οὗτος ἐπὶ τοὺς μαθητὰς ἦλθε, τὴν ῥίζαν τοῦ κηρύγματο; βουλόμενος ἀνελεῖν. Ἀλλ' οὐχ ἦσαν

ῥίζαι τοῦ κηρύγματος οἱ μαθηταὶ, ἀλλ' ὁ τῶν μαθητῶν Δεσπότης. Διὰ τοῦτο καὶ ἔλεγεν· Ἐγώ εἰμι ἡ ἄμπελος, ὑμεῖς τὰ κλήματα. Ἐκείνη δὲ ἀκαταγώνιστος ἡ ῥίζα. Διὰ τοῦτο ὅσῳ πλείονα ἐξέτεμνον κλή- E ματα, τοσούτῳ καὶ πλείονα καὶ μείζονα πάλιν ἐβλάστανεν. Ἐξετμήθη γοῦν Στέφανος, καὶ ἀνεβλάστησε Παῦλος καὶ οἱ διὰ Παύλου πιστεύσαντες. Ἐγένετο δὲ, φησὶν, ἐν τῷ ἐγγίζειν αὐτὸν τῇ Δαμασκῷ, ἐξαίφνης περιήστραψεν αὐτὸν φῶς ἐκ τοῦ οὐρανοῦ, καὶ πεσὼν ἐπὶ τῆς γῆς ἤκουσε φωνὴν λέγουσαν αὐτῷ, Σαῦλε, Σαῦλε, τί με διώκεις; Τίνος ἕνεκεν οὐχὶ πρῶτον ἡ φωνὴ ἠνέχθη, ἀλλὰ πρότερον φῶς αὐτὸν περιήστραψεν; Ἵνα μεθ' ἡσυχίας ἀκούσῃ τῆς φωνῆς. Ἐπειδὴ γὰρ ὁ πρός τι πρᾶγμα τεταμένος καὶ θυμοῦ πλήρης ὢν, κἂν μυρίοι καλῶσιν, οὐκ ἐπιστρέφεται, ὅλος τῆς προκειμένης ὑποθέσεως ὤν· ἵνα μὴ καὶ ἐπὶ 124 A Παύλου τοῦτο γένηται, καὶ μεθύων τῇ μανίᾳ τῶν γεγενημένων παραπέμψηται τὴν φωνὴν, ἢ μηδὲ ἀκούσῃ τὴν ἀρχὴν, τὴν διάνοιαν ἅπασαν πρὸς τὴν λεηλασίαν ἐκείνην ἔχων, πρότερον διὰ τοῦ φωτὸς πηρώσας αὐτοῦ τοὺς ὀφθαλμοὺς, καὶ τὸν θυμὸν καταστείλας, καὶ σβέσας ἅπαντα τῆς ψυχῆς τὸν θόρυβον, καὶ πολλὴν ἐν τῇ διανοίᾳ γαλήνην ποιήσας, οὕτω τὴν φωνὴν ἀφῆκεν, ἵνα κατενεχθείσης τῆς ἀλαζονείας σώφρονι τῷ λογισμῷ προσέχῃ τοῖς λεγομένοις λοιπόν. Σαῦλε, Σαῦλε, τί με διώκεις; Οὐ τοσοῦτον ἐγκαλοῦντός ἐστιν, ὅσον ἀπολογουμένου. Τί με διώκεις; Τί μικρὸν ἢ μέγα ἐγκαλεῖν ἔχων ἐμοί; τί παρ' ἐμοῦ ἠδικημένος; ὅτι τοὺς νεκροὺς ὑμῶν ἀνέστησα; ὅτι B τοὺς λεπροὺς ἐκάθηρα; ὅτι τοὺς δαίμονας ἀπήλασα; Ἀλλὰ διὰ ταῦτα προσκυνεῖσθαί με, οὐχὶ διώκεσθαι ἔδει. Καὶ ἵνα μάθῃς, ὅτι τὸ, Τί με διώκεις; ἀπολογουμένου μᾶλλόν ἐστιν, ἄκουσον πῶς καὶ ὁ Πατὴρ αὐτοῦ πρὸς τοὺς Ἰουδαίους τούτῳ κέχρηται τῷ ῥήματι. Ὥσπερ γὰρ οὗτος λέγει, Σαῦλε, Σαῦλε, τί με διώκεις; οὕτω κἀκεῖνος πρὸς τοὺς Ἰουδαίους φησί· Λαός μου, τί ἐποίησά σοι, ἢ τί ἐλύπησά σε; Σαῦλε, Σαῦλε, τί με διώκεις; Ἰδοὺ κεῖσαι πρηνὴς, ἰδοὺ δέδεσαι χωρὶς ἁλύσεως. Ὥσπερ οὖν ὅταν δεσπότης οἰκέτην πολλὰ περιφεύγοντα καὶ μυρία ἐργαζόμενον δεινὰ λαβὼν ὑπὸ χεῖρας, καὶ δήσας λέγοι πρὸς αὐτὸν δεδεμένον, τί σοι C βούλει ποιήσω νῦν; ἰδοὺ γέγονας ὑποχείριος· οὕτω καὶ ὁ Χριστὸς τὸν Παῦλον λαβὼν, ῥίψας πρηνῆ, καὶ ὁρῶν τρέμοντα καὶ δεδοικότα καὶ οὐδὲν ἐργάζεσθαι δυνάμενον, φησί· Σαῦλε, Σαῦλε, τί με διώκεις; Ποῦ οὖν ὁ θυμὸς ἐκεῖνος οἴχεται; ποῦ δὲ ἡ μανία; ποῦ δὲ ὁ ζῆλος ὁ ἄκαιρος; ποῦ τὰ δεσμὰ καὶ αἱ περιδρομαί; ποῦ δὲ ἡ ἀγριότης ἐκείνη; Ἀκίνητος μὲν ἔσῃ νῦν, καὶ οὐδὲ ἰδεῖν τὸν διωκόμενον δύνασαι· καὶ ὁ σπεύδων καὶ πανταχοῦ περιτρέχων, χειραγωγοῦ χρείαν ἔχεις νῦν. Διὰ γὰρ τοῦτο καὶ νῦν φησιν αὐτῷ, Τί με διώκεις; ἵνα μάθῃ ὅτι καὶ ἐν τῷ πρὸ τούτου χρόνῳ ἐκὼν αὐτῷ συνεχώ-

tionis resecare cuperet. Verum non erant discipuli radix prædicationis, sed discipulorum Dominus. Quamobrem dicebat ille: *Ego sum* *Joan.* 15.5. *vitis, vos palmites.* Illa vero radix inexpugnabilis est. Idcirco quanto plures resecabant palmites, tanto plures et majores iterum pullulabant. *Martyres palmites ex Christo seu radice pullulantes.* Exsectus itaque est Stephanus, et pullulavit Paulus, ac quotquot per Paulum crediderunt. *Factum est autem,* inquit, *cum appropinquaret Damasco, subito circumfulsit eum lux de* *Act.* 9.3.4. *cælo* : et *cadens in terram, audivit vocem dicentem sibi* : *Saule, Saule, quid me persequeris?* Quare non vox prius allata est, sed lux prius circumfulsit eum? Ut quiete vocem audiret. Quoniam enim is qui animo furoreque plenus aliquam rem perficere conatur, etiamsi innumeri vocent, non se convertit, totus operi intentus: ne idipsum in Paulo accideret, neve ille gestarum rerum furore ebrius vocem non adverteret, aut non audiret, animo ejus toto ad devastandum intento: excæcatis ante per lucem oculis, sedatoque animo, exstincta omnis mentis perturbatione, factaque ingenti animi tranquillitate, vocem emisit, ut dejecta omni arrogantia, sobria mente dictis attenderet. *Saule, Saule,* *Act.* 9. 4. *quid me persequeris?* Verba non tam arguentis, quam sese purgantis sunt. *Quid me persequeris?* In quo aut parvo aut magno accusare me potes? in quo a me læsus fuisti? an quod mortuos vestros suscitaverim? an quod leprosos mundaverim? quod dæmones fugaverim? Sed ideo adorare me, non persequi oportuit. Ut vero discas illud, *Quid me persequeris?* sese purgantis potius esse: audi quomodo Pater ejus iisdem verbis Judæos alloquatur. Quemadmodum enim hic dicit, *Saule, Saule, quid me persequeris?* sic et ille Judæis dicebat: *Popule meus,* *Mich.* 6. 3. *quid feci tibi; aut in quo constristavi te? Saule, Saule, quid me persequeris?* Ecce supinus jaces, ecce sine catena alligatus es. Quemadmodum igitur si herus servum sæpe transfugam, multaque operatum mala, comprehensum et vinctum sic alloquatur, Quid vis tibi faciam? ecce jam ad manus venisti: ita et Christus Paulum correptum prostratumque, trementem videns ac formidantem, nihilque facere valentem, sic alloquitur: *Saule, Saule, quid me persequeris?* Quorsum ille furor evadet? quorsum insania? quorsum zelus intempestivus? quorsum vincula et circuitiones? quorsum efferatus ille animus? Jam immobilis eris, cumque quem persequeris, ne videre quidem poteris: et qui festinus undique circumcursabas, nunc docente opus habes.

Conversionis Pauli modus. Ideo namque nunc dicit ei, *Quid me persequeris?* ut disceret etiam præcedenti tempore ipso concedente omnia facta esse; neque illa infirmitatis fuisse, neque hæc, quæ jam fierent, crudelitatis esse; sed illa clementiæ, hæc providentiæ.

Act. 9. 5. Quid igitur Paulus? *Quis es, Domine?* Novit dominium ex concessione illa, virtutem ex cæcitate præsenti: demum potentiam confitetur. *Quis es, Domine?* Vidistin' gratum animum? vidistin' mentem libertate plenam? vidistin' conscientiam sinceram? Non reluctatus est, non contendit; sed statim Dominum agnovit. Non quemadmodum Judæi, cum viderent mortuos suscitatos, cæcos visum recipientes, leprosos mundatos, nedum ad tantarum rerum opificem accurrerent, seductorem etiam illum vocabant, omneque insidiarum genus apparabant: non sic utique Paulus, sed

Ibid. statim conversus est. Quid igitur Christus? *Ego sum Jesus, quem tu persequeris.* Cur non dixit, Ego sum Jesus qui resurrexi, ego sum Jesus qui in dextera Dei sedeo; sed, *Ego sum Jesus, quem tu persequeris?* Ut ejus mentem percelleret, ut ejus animam compungeret. Audi itaque Paulum post multum temporis, post innu-

1. *Cor.* 15. 9. mera præclare gesta, hoc lamentantem: *Ego enim, inquit, sum minimus apostolorum, qui non sum dignus vocari apostolus, quia persequutus sum Ecclesiam.* Si vero post sexcenta præclare gesta, post tantum elapsum tempus, hoc lugebat, quanta verisimile est ipsum esse passum illo tempore, cum nullum opus bonum penes se haberet, et illatæ persequutionis sibi conscius esset, dum vocem illam audiret?

5. Verum insurgunt contra nos quidam: vos autem ne defatigemini, appetente licet vespera: nam pro Paulo loquimur, pro Paulo, qui per triennium nocte dieque discipulos docuit. Insurgunt itaque jam adversum nos aliqui et dicunt: Ecquid mirum si Paulus accesserit? cum Deus vocem illam quasi funem ad collum ejus injecerit, et sic illum ad se traxerit. Animum diligenter adhibete. Etenim hæc argutatio nobis communis est cum gentilibus et cum Judæis, qui incredulitatis suæ tegumentum id esse putant, si virum justum incusent, ignari se dupliciter peccare, et quod errorem suum non deponant, et quod sanctum Dei ejusmodi cri-

Probatur Paulum libere accessisse, non necessitate. minationibus impetant. Verum nos Dei gratia fulti, ejus defensionem suscipiemus. Quæ igitur accusatio est? Vi, inquiunt, illum attraxit Deus. Qua vi, mi homo? Superne vocavit eum.

D ρει· ὅτι οὔτε ἐκεῖνα ἀσθενείας ἦν, οὔτε ταῦτα ὠμότητος, ἀλλὰ καὶ ἐκεῖνα φιλανθρωπίας, καὶ ταῦτα κηδεμονίας. Τί οὖν ὁ Παῦλος; Τίς εἶ, Κύριε; Ἐπέγνω τὴν δεσποτείαν ἀπὸ τῆς συγχωρήσεως, ἔμαθε τὴν δύναμιν ἀπὸ τῆς τότε πηρώσεως, ὁμολογεῖ λοιπὸν τὴν ἐξουσίαν. Τίς εἶ, Κύριε; Εἶδες ψυχὴν εὐγνώμονα; εἶδες διάνοιαν ἐλευθερίας γέμουσαν; εἶδες συνειδὸς ἀδέκαστον; Οὐκ ἀντέτεινεν, οὐκ ἐφιλονείκησεν, ἀλλ' ἔγνω τὸν Δεσπότην εὐθέως. Οὐ καθάπερ Ἰουδαῖοι νεκροὺς ὁρῶντες ἀνισταμένους, πηροὺς ἀναβλέποντας, λεπροὺς καθαιρομένους, οὐ μόνον οὐ προσέτρεχον τῷ

E ταῦτα ποιοῦντι, ἀλλὰ καὶ πλάνον αὐτὸν ἐκάλουν, καὶ πάντα τρόπον ἐπιβουλῆς ἐκίνουν· ἀλλ' οὐχ ὁ Παῦλος οὕτως, ἀλλ' εὐθέως μετετίθετο. Τί οὖν ὁ Χριστός; Ἐγώ εἰμι Ἰησοῦς, ὃν σὺ διώκεις. Καὶ διὰ τί μὴ εἶπεν, ἐγώ εἰμι Ἰησοῦς ὁ ἀναστὰς, ἐγώ εἰμι Ἰησοῦς ὁ ἐν δεξιᾷ τοῦ Θεοῦ καθήμενος, ἀλλ', Ἐγώ εἰμι Ἰησοῦς, ὃν σὺ διώκεις; Ἵνα πλήξῃ αὐτοῦ τὴν διάνοιαν, ἵνα κατανύξῃ αὐτοῦ τὴν ψυχήν. Ἄκουσον γοῦν Παύλου μετὰ πολλοὺς τοὺς χρόνους καὶ μυρία κατορθώ-

125 ματα τοῦτο θρηνοῦντος· Ἐγὼ γάρ εἰμι, φησὶν, ὁ ἐλά-

A χιστος πάντων τῶν ἀποστόλων, ὃς οὐκ εἰμὶ ἱκανὸς καλεῖσθαι ἀπόστολος, διότι ἐδίωξα τὴν Ἐκκλησίαν. Εἰ δὲ μετὰ μυρία κατορθώματα καὶ τοσούτους χρόνους τοῦτο ἐπένθει, τί εἰκὸς ἦν αὐτὸν παθεῖν κατὰ τὸν καιρὸν ἐκεῖνον, κατόρθωμα μὲν οὐδέπω οὐδὲν ἔχοντα, τὴν δὲ δίωξιν ἑαυτῷ συνειδότα, καὶ τῆς φωνῆς ἐκείνης ἀκούοντα;

Ἀλλ' ἐπιφύονται ἡμῖν ἐνταῦθα· ὑμεῖς δὲ μὴ ἀποκάμητε, κἂν ἑσπέρα καταλάβοι· ὑπὲρ γὰρ τοῦ Παύλου πᾶς ἡμῖν ὁ λόγος, Παύλου τοῦ τριετίαν νύκτα καὶ ἡμέραν τοὺς μαθητὰς διδάσκοντος. Ἐπιφύονται τοίνυν τινὲς ἐνταῦθα, καὶ λέγουσι· καὶ τί μέγα, ὅτι

B Παῦλος προσῆλθε; καὶ γὰρ μονονουχὶ ὥσπερ σχοῖνον περιβαλὼν αὐτοῦ τῷ τραχήλῳ ὁ Θεὸς τὴν φωνὴν ἐκείνην, οὕτως αὐτὸν εἵλκυσε πρὸς ἑαυτόν. Προσέχετε μετὰ ἀκριβείας. Καὶ γὰρ καὶ πρὸς Ἕλληνας κοινὸς ἡμῖν οὗτος ὁ λόγος, καὶ πρὸς Ἰουδαίους, οἳ τῆς οἰκείας ἀπιστίας προκάλυμμα νομίζουσιν εἶναι τὸ τοῦ δικαίου κατηγορεῖν, οὐκ εἰδότες ὅτι διπλῆν ἁμαρτάνουσιν ἁμαρτίαν, τήν τε οἰκείαν οὐκ ἀποτιθέμενοι πλάνην, καὶ τὸν ἅγιον τοῦ Θεοῦ τοιαύταις αἰτίαις ὑποβάλλειν ἐπιχειροῦντες. Ἀλλ' ἡμεῖς ὑπὲρ αὐτοῦ τὴν ἀπολογίαν τῇ τοῦ Θεοῦ χάριτι ποιησόμεθα. Τίς οὖν ἐστιν ἡ κατηγορία; Ἀνάγκη, φησὶν,

C αὐτὸν ἐπεσπάσατο ὁ Θεός. Ποία ἀνάγκη, ἄνθρωπε;

Ἐκάλεσεν αὐτὸν ἄνωθεν. Ὅλως πιστεύεις, ὅτι ἐκάλεσεν αὐτὸν ἄνωθεν; Οὐκοῦν καὶ σὲ καλεῖ τήμερον δι' ἐκείνης τῆς φωνῆς, ἀλλ' οὐχ ὑπακούεις. Ὁρᾷς ὅτι οὐχὶ ἀνάγκης ἦν τὸ πρᾶγμα; Εἰ γὰρ ἀνάγκη ἦν, καὶ σὲ ἔδει ὑπακούειν· εἰ δὲ σὺ οὐχ ὑπακούεις, εὔδηλον ὅτι κἀκεῖνος ἐκ προαιρέσεως ὑπήκουσε. Καὶ ἵνα μάθητε ὅτι πολὺ μὲν εἰς τὴν Παύλου σωτηρίαν ἡ κλῆσις, καθάπερ καὶ εἰς τὴν τῶν ἄλλων ἁπάντων ἀνθρώπων, οὐ μὴν ἔρημον αὐτὸν ἀφῆκεν εἶναι τῶν οἰκείων κατορθωμάτων καὶ τῶν διὰ τὴν βούλησιν ἐπαίνων, οὐδὲ ἐλυμήνατο αὐτοῦ τὸ αὐτεξούσιον, ἀλλ' D ἑκὼν προσῆλθεν οὗτος καὶ ἐξ οἰκείας εὐγνωμοσύνης, ἐξ ἑτέρου παραδείγματος τοῦτο ποιήσω φανερόν. Ἤκουσαν οἱ Ἰουδαῖοι φωνῆς ἄνωθεν φερομένης, οὐχὶ τοῦ Υἱοῦ, ἀλλὰ τοῦ Πατρὸς, περὶ τοῦ Χριστοῦ λεγούσης περὶ [a] τῶν Ἰορδανίων ῥεέθρων, Οὗτός ἐστιν ὁ Υἱός μου ὁ ἀγαπητὸς, καὶ λέγουσιν ἐκεῖνοι, Οὗτός ἐστιν ὁ πλάνος. Εἶδες φανερὸν πόλεμον; εἶδες δήλην μάχην; εἶδες ὅτι πανταχοῦ εὐγνωμοσύνης χρεία, καὶ ψυχῆς ἀδεκάστου, καὶ μὴ προκατειλημμένης πάθει; Ἰδοὺ καὶ ἐκεῖ φωνὴ, ἐνταῦθα φωνή· ἀλλ' ὁ μὲν ἐπείθετο, οἱ δὲ ἀντέλεγον. Καὶ οὐχὶ φωνὴ μόνον, ἀλλὰ καὶ τὸ Πνεῦμα ἐν εἴδει περιστερᾶς. Ἐπειδὴ γὰρ ἐβάπτιζε μὲν Ἰωάννης, ἐβαπτίζετο δὲ ὁ Χριστὸς, E ἵνα μὴ τῷ ἀνθρωπίνῳ σχήματι προσέχοντες, τὸν βαπτίζοντα μείζονα τοῦ βαπτιζομένου εἶναι νομίσωσιν, ἦλθεν ἡ φωνὴ τοῦτον ἀπ' ἐκείνου διαιροῦσα. Καὶ ἐπειδὴ ἄδηλον ἦν περὶ τίνος ἔλεγεν ἡ φωνὴ ὅπερ ἔλεγεν, ἦλθε καὶ τὸ Πνεῦμα τὸ ἅγιον ἐν εἴδει περιστερᾶς, τὴν φωνὴν ἐπὶ τὴν κεφαλὴν ἕλκον τοῦ Χριστοῦ. Ἀλλ' ὅμως καὶ διὰ φωνῆς αὐτὸν ἐκήρυξε, καὶ διὰ τοῦ Πνεύματος ἔδειξε, καὶ μετὰ τοῦτο καὶ Ἰωάννης ἐβόα, ὅτι Οὐκ εἰμὶ ἱκανὸς αὐτοῦ λῦσαι τὸν ἱμάντα τοῦ ὑποδήματος· καὶ μυρία ἕτερα καὶ διὰ ῥημάτων, καὶ διὰ πραγμάτων μαρτύρια ἐγένετο, 126 A καὶ πρὸς ἅπαντα ἀπετυφλώθησαν· μᾶλλον δὲ πάντα μὲν συνεώρων, οὐδενὶ δὲ τῶν λεγομένων, οὐδὲ τῶν πραττομένων ἐπείθοντο, τῇ μανίᾳ τῆς παρὰ τῶν πολλῶν δόξης προκατειλημμένοι τὴν διάνοιαν. Ὅπερ οὖν καὶ ὁ εὐαγγελιστής φησιν, ὅτι πολλοὶ τῶν Ἰουδαίων ἐπίστευσαν εἰς αὐτὸν, διὰ δὲ τοὺς ἄρχοντας οὐχ ὡμολόγουν, ἵνα μὴ ἀποσυνάγωγοι γένωνται. Καὶ αὐτὸς δὲ ὁ Χριστὸς ἔλεγε, Πῶς δύνασθε πιστεύειν, δόξαν παρὰ ἀλλήλων λαμβάνοντες, καὶ τὴν δόξαν τὴν παρὰ τοῦ μόνου Θεοῦ οὐ ζητοῦντες; Ἀλλ' οὐχ ὁ Παῦλος οὕτως, ἀλλὰ μιᾶς μόνης ἀκούσας φωνῆς αὐτοῦ τοῦ διωκομένου, εὐθέως προσέδραμεν, εὐθέως ὑπήκουσε, καὶ πολλὴν ἐπεδείξατο τὴν μεταβολήν. Εἰ B δὲ μὴ ἀπεκάμετε τῷ μήκει τῶν εἰρημένων, ἔτι εἰς ἐγγύτερον παράδειγμα ἄγω τὸν λόγον. Καὶ γὰρ καὶ

Credis omnino quod eum superne vocaverit? Atqui te quoque hodie vocat per illam vocem, et tu non obsequeris. Viden' non fuisse illud necessitatis? Nam si necessitatis fuisset, opus erat ut et tu obedires. Quod si tu non obedias, palam est eum ex voluntate obedivisse. Et ut discatis vocationem multum ad Pauli salutem contulisse, quemadmodum et ad aliorum omnium hominum, nec tamen illum bonis operibus, et laudibus, quæ merito voluntatis acquiruntur, vacuum reliquisse, neque liberum ejus arbitrium labefactasse, sed libentem cum proprio bonæ voluntatis motu accessisse: alio exemplo id planum faciam. Audierunt Judæi vocem superne loquentem, non Filii, sed Patris de Christo loquentis ad Jordanis fluenta, *Hic est filius meus dilectus;* at illi dicunt, *Hic est seductor ille.* (Matth. 3. 17. et 27. 63.) Viden' manifestum bellum? viden' apertam pugnam? viden' ubique grato et benevolo animo esse opus, animaque sincera, neque affectu præoccupata? Ecce et illic vox, et hic vox: sed ille obtemperabat, hi repugnabant. Neque tantum vox auditur, sed Spiritus in columbæ specie videtur. Cum enim Joannes baptizaret, Christus vero baptizaretur, ne humanam figuram spectantes, baptizantem baptizato præstantiorem existimarent, venit vox quæ hunc ab illo distingueret. Et quia incertum esse videbatur de quonam vox illa loqueretur, venit Spiritus sanctus in specie columbæ, qui vocem in caput Christi duceret. Attamen et per vocem prædicavit, et per Spiritum ostendit, Joannesque postea clamabat, *Non sum dignus, qui corrigiam solvam calceamenti ejus:* (Luc. 3. 16.) multa quoque alia tam verborum, quam operum testimonia accesserunt, et ad omnia in cæcitate manserunt; imo viderunt omnia, sed neque dictis, neque factis credidere, præjudicatæ vulgi opinionis insania ipsorum mentem occupante. Quod etiam evangelista dicit: multos nempe Judæorum in illum credidisse; (Joan. 12. 42.) sed metu principum ipsum confiteri non ausos esse, ne a synagoga ejicerentur. Ipse vero Christus dicebat: *Quomodo potestis credere, qui gloriam ab invicem accipitis, et gloriam, quæ a solo Deo est, non quæritis?* (Joan. 5. 44.) Verum non ita Paulus; sed una solum audita voce ejus, quem ille persequebatur, statim accurrit, statim obedivit, et magnam præ se tulit conversionem. Quod si dictorum prolixitate non defatigemini, ad aliud pro-

[a] [Savil. in marg. conj. περὶ τὰ Ἰορδάνια ῥεῖθρα.]

pinquius exemplum propero. Etenim et Filium
audierunt, atque ita audierunt ut Paulus audierat, et simili audierunt tempore, atque Paulus,
neque tamen sic crediderunt. Nam sicut Paulus
cum fureret, cum ferocior esset, cum discipulos
impugnaret, vocem audivit, ita et Judæi. Ubinam, et quando? Egressi sunt noctu cum facibus et lampadibus ad comprehendendum illum;
putabant enim se merum hominem adoriri. Cum
igitur eos suam vellet docere virtutem, seque
Deum esse, ipsosque contra stimulum calcitrare,
Joan. 18. 4. dicit illis, *Quem quæritis?* Coram eo et proxime stabant, neque illum videbant; verum is
ipse, qui quærebatur, ipsos manu ducebat, ut se
invenirent, ut ediscerent ipsum non invitum ad
patiendum venire, et, si ipse non concessisset,
numquam illos rem perfecturos fuisse. Quomodo
enim, cum nec invenire illum possent, imo ne
videre quidem præsentem? Non modo autem
præsentem videre non potuerunt; sed cum sci-
scitanti responderent, ne sic quidem sciebant,
quisnam tunc præsens esset: usque adeo oculos
eorum excæcaverat. Imo ne id quidem tantum,
sed etiam voce illos supinos prostravit; nam ut
dixit, *Quem quæritis?* abierunt omnes retrorsum ab hac voce pulsi. Quemadmodum enim
vox Paulum dejecit et resupinavit, sic et vox illos omnes prostravit supinos; et quemadmodum
ille non videbat eum, quem persequebatur, ita
et illi non videbant eum, quem quærebant; sicut ille tempore furoris sui excæcatus est, ita et
illi tempore furoris sui sunt excæcati. Etenim ille
cum iret vinctum discipulos, et hi cum exirent
alligatum Christum, eadem passi sunt. Illic vincula, et hic quoque vincula; illic persequutio,
hic etiam persequutio; illic cæcitas, hic item
cæcitas; illic vox, hic quoque vox: similis utrobique Christi potentiæ demonstratio, similia
remedia: at non similis emendatio; inter ægro-
tantes enim magnum discrimen. Quid enim stu-
pidius, quid ingratius illis? Ceciderunt retrorsum, et rursus surrexerunt, rursus invaserunt.
Annon ipsis lapidibus insensibiliores erant? Ut
vero discerent hunc ipsum esse, qui dixerat illis,
Quem quæritis? illosque retrorsum prostrave-
Joan. 18. 6. rat: cum surrexissent, iterum dicit illis, *Quem
quæritis?* Respondent illi, *Jesum.* Tum ille:
Dixi vobis, quia ego sum; ac si diceret: Discite me eum ipsum esse, qui antea dixi vobis,
Quem quæritis? vosque prostravi. Verum nihil
hoc profuit, sed in cæcitate manserunt. Hæc
omnia simul et accurate conferens, disco Paulum

τοῦ Υἱοῦ ἤκουσαν, καὶ οὕτως ἤκουσαν ὡς Παῦλος
ἤκουσε, καὶ ἐν καιρῷ τοιούτῳ ἤκουσαν, οἵῳ Παῦλος
ἤκουσε, καὶ οὐδὲ οὕτως ἐπίστευσαν. Καθάπερ γὰρ
Παῦλος ὅτε ἐμαίνετο, ὅτε ἠγριαίνετο, ὅτε ἐπολέμει
τοῖς μαθηταῖς, ἤκουσε τῆς φωνῆς, οὕτω καὶ Ἰουδαῖοι. Ποῦ, καὶ πότε; Ἐξῆλθον ἐν τῇ νυκτὶ μετὰ
φανῶν καὶ λαμπάδων εἰς τὴν σύλληψιν αὐτοῦ· ἐνόμιζον γὰρ ἀνθρώπῳ ψιλῷ ἐπιτίθεσθαι. Βουλόμενος
τοίνυν αὐτοὺς διδάξαι τὴν δύναμιν τὴν ἑαυτοῦ, καὶ
C ὅτι Θεός ἐστι, καὶ πρὸς κέντρα λακτίζουσι, λέγει
αὐτοῖς, Τίνα ζητεῖτε; Ἔμπροσθεν αὐτοῦ καὶ πλησίον εἱστήκεισαν, καὶ οὐχ ἑώρων αὐτόν· ἀλλ' αὐτὸς
ὁ ζητούμενος αὐτοὺς ἐχειραγώγει πρὸς τὴν εὕρεσιν
τὴν ἑαυτοῦ, ἵνα μάθωσιν, ὅτι οὐκ ἄκων ἐπὶ τὸ πάθος
ἔρχεται, ὅτι, εἰ μὴ ἐβούλετο συγχωρῆσαι, οὐκ ἂν
περιεγένοντο. Πῶς γὰρ, οἱ μηδὲ εὑρεῖν αὐτὸν δυνηθέντες; Τί λέγω, εὑρεῖν αὐτὸν μὴ δυνηθέντες; Ἀλλ'
οὔτε ἰδεῖν αὐτὸν παρόντα ἴσχυσαν· οὐ μόνον δὲ
παρόντα οὐκ ἴσχυσαν ἰδεῖν, ἀλλὰ καὶ ἐρωτῶντι
ἀποκρινόμενοι, οὐδὲ οὕτως ᾔδεσαν ὅστις ποτὲ ἦν ὁ
παρών· οὕτω μεθ' ὑπερβολῆς ἁπάσης ἀπετύφλωσεν
D αὐτῶν τοὺς ὀφθαλμούς. Καὶ οὐ τοῦτο μόνον, ἀλλὰ
καὶ ὑπτίους ἔῤῥιψεν αὐτοὺς τῇ φωνῇ· εἰπόντος γὰρ,
Τίνα ζητεῖτε, ἀπῆλθον πάντες εἰς τὰ ὀπίσω ἀπὸ τῆς
φωνῆς ταύτης. Ὥσπερ γὰρ τὸν Παῦλον ἡ φωνὴ κατέβαλε, καὶ πρηνῆ κεῖσθαι ἐποίησεν, οὕτω καὶ τούτους ἡ φωνὴ πάντας ἔῤῥιψεν ὑπτίους· καὶ ὥσπερ
οὗτος οὐκ ἔβλεπε τὸν διωκόμενον ὑπ' αὐτοῦ, οὕτως
ἐκεῖνοι οὐκ ἔβλεπον τὸν ζητούμενον ὑπ' αὐτῶν· ὥσπερ
οὗτος ἐν τῷ καιρῷ τῆς μανίας ἀπετυφλώθη, κἀκεῖνοι
ἐν αὐτῷ τῷ καιρῷ τῆς μανίας ἀπετυφλώθησαν. Καὶ
γὰρ ἐκεῖνος, ὅτε ἐπορεύετο δῆσαι τοὺς μαθητὰς, καὶ
E οὗτοι, ὅτε ἐξῆλθον δῆσαι τὸν Χριστὸν, ταὐτὰ ἔπαθον.
Καὶ ἐκεῖ δεσμὰ, καὶ ἐνταῦθα δεσμά· καὶ ἐκεῖ δίωξις,
καὶ ἐνταῦθα δίωξις· καὶ ἐκεῖ πήρωσις, καὶ ἐνταῦθα
πήρωσις· καὶ ἐκεῖ φωνὴ, καὶ ἐνταῦθα φωνή· καὶ
ὁμοία τῆς τοῦ Χριστοῦ δυνάμεως ἡ ἔνδειξις, ὅμοια
τὰ φάρμακα, ἀλλ' οὐχ ὁμοία ἡ διόρθωσις· οἱ γὰρ
κάμνοντες πολλὴν εἶχον διαφοράν. Τί γὰρ ἀναι-
σθητότερον, τί δὲ ἀγνωμονέστερον ἐκείνων; Ἔπεσον
ὀπίσω, καὶ πάλιν ἀνέστησαν, καὶ πάλιν ἐπέθεντο.
Ἆρα τῶν λίθων οὐκ ἦσαν ἀναισθητότεροι; Καὶ ἵνα
μάθωσιν, ὅτι οὗτός ἐστιν ὁ εἰπὼν αὐτοῖς, Τίνα ζητεῖτε, καὶ ῥίψας ὀπίσω αὐτοὺς, λέγει αὐτοῖς πάλιν,
127 A ὅτε ἀνέστησαν, Τίνα ζητεῖτε; καὶ λέγουσιν, Ἰησοῦν·
λέγει αὐτοῖς, Εἶπον ὑμῖν, ὅτι ἐγώ εἰμι· μονονουχὶ
λέγων, μάθετε ὅτι καὶ ὁ πρὸ τούτου εἰπὼν, Τίνα
ζητεῖτε; καὶ ῥίψας ὑμᾶς, ἐγώ εἰμι. Ἀλλ' οὐδὲν
πλέον ἐκ τούτου ἐγένετο, ἀλλ' ἔμειναν ἐπὶ τῆς αὐτῶν πωρώσεως. Ταῦτ' οὖν ἅπαντα ἐκ παραλλήλου
συγκρίνων, μάνθανε ἀκριβῶς, ὅτι οὐκ ἐξ ἀνάγκης

προσῆλθε Παῦλος, ἀλλ' ἀπὸ ψυχῆς εὐγνώμονος καὶ ἀδεκάστου συνειδότος.

Εἰ δὲ καρτερεῖτε καὶ ὑπομένετε, ἕτερον ἐγγύτερον τούτου λέγω πάλιν, ἀναντίῤῥητον ἔχον ἀπόδειξιν τοῦ μὴ κατ' ἀνάγκην τὸν Παῦλον προσεληλυθέναι τῷ Κυρίῳ. Ἦλθεν εἰς τὴν Σαλαμῖνα τῆς Κύπρου μετὰ B ταῦτα ὁ Παῦλος, καὶ εὗρεν ἐκεῖ μάγον τινὰ ἀνθιστάμενον τῷ ὑπάτῳ Σεργίῳ. Ὁ δὲ Παῦλος πλησθεὶς Πνεύματος ἁγίου εἶπε πρὸς αὐτὸν, Ὦ πλήρης παντὸς δόλου καὶ πάσης ῥᾳδιουργίας, υἱὲ διαβόλου, οὐ παύσῃ διαστρέφων τὰς ὁδοὺς Κυρίου τὰς εὐθείας; Ταῦτα ὁ διώκτης. Δοξάσωμεν τοίνυν τὸν μεταβαλόντα αὐτόν. Πρὸ τούτου ἠκούετε ὅτι ἐλυμαίνετο τὴν Ἐκκλησίαν, κατὰ τοὺς οἴκους εἰσπορευόμενος, σύρων τε ἄνδρας καὶ γυναῖκας, παρεδίδου εἰς φυλακήν. Ὁρᾶτε πῶς παῤῥησιάζεται νῦν ὑπὲρ τοῦ κηρύγματος. Οὐ παύσῃ διαστρέφων, φησὶ, τὰς ὁδοὺς Κυρίου τὰς εὐθείας; Καὶ C νῦν ἰδοὺ χεὶρ Κυρίου ἐπὶ σὲ, καὶ ἔσῃ τυφλὸς μὴ βλέπων ἕως καιροῦ. Τὸ φάρμακον τὸ ποιῆσαν αὐτὸν ἀναβλέψαι, τοῦτο ἐπέθηκε καὶ τῷ μάγῳ, ἀλλ' ἔμεινεν ἐπὶ τῆς πηρώσεως ἐκεῖνος· ἵνα μάθῃς ὅτι οὐχ ἡ κλῆσις μόνον προσήγαγε τὸν Παῦλον, ἀλλὰ καὶ ἡ αὐτοῦ ἐκείνου προαίρεσις. Εἰ γὰρ ἡ πήρωσις μόνη τοῦτο ἐποίησεν, ἐχρῆν καὶ ἐπὶ τοῦ μάγου τὸ αὐτὸ γενέσθαι· ἀλλ' οὐκ ἐγένετο. Ἀλλ' ἐκεῖνος μὲν ἐπηροῦτο, ὁ δὲ ἀνθύπατος ἰδὼν τὸ γεγενημένον ἐπίστευσεν. Ἄλλος ἐδέξατο τὸ φάρμακον, καὶ ἄλλος ἀνέβλεψεν. Εἴδετε πόσον ἐστὶν εὐγνωμοσύνη διανοίας, πόσον ἐστὶν ἀπείθεια καὶ σκληροκαρδία. Ἐγένετο πηρὸς ὁ D μάγος· κἀκεῖνος μὲν οὐδὲν ἀπώνατο, ἀπειθὴς γὰρ ἦν, ἔγνω δὲ τὸν Χριστὸν ἀνθύπατος. Ἀλλ' ὅτι μὲν ἑκὼν καὶ ἐκ προαιρέσεως προσῆλθεν ὁ Παῦλος, ἱκανῶς ἀποδέδεικται. Βούλομαι δὲ τοῦτον ὑμᾶς ἀκριβῶς εἰδέναι τὸν λόγον, ὅτι μὴ βουλομένους οὐ βιάζεται ὁ Θεὸς, ἀλλὰ βουλομένους ἕλκει. Διὰ τοῦτο γάρ φησιν· Οὐδεὶς ἔρχεται πρὸς μὲ, ἂν μὴ ὁ Πατήρ μου ἑλκύσῃ αὐτόν. Ὁ δὲ ἕλκων, τὸν βουλόμενον ἕλκει, τὸν κάτω κείμενον καὶ χεῖρα ὀρέγοντα. Καὶ ἵνα μάθητε ὅτι οὐδένα βιάζεται, ἀλλ' ἐὰν αὐτὸς θέλῃ, ἡμεῖς δὲ μὴ θέλωμεν, διαπίπτει τὰ τῆς σωτηρίας ἡμῶν, οὐχ ἐπειδὴ ἀσθενὲς αὐτοῦ τὸ βούλημα, ἀλλ' ἐπειδὴ ἀναγ- E κάσαι οὐδένα θέλει, ἀναγκαῖον τοῦτον ἐξετάσαι τὸν λόγον, ἐπειδὴ πολλοὶ πολλάκις προφάσει ῥᾳθυμίας, τούτῳ κέχρηνται τῷ προσχήματι τῆς ἀπολογίας, καὶ παρακαλούμενοι πολλάκις ἐπὶ φώτισμα, ἐπὶ πολιτείας ἀρίστης μεταβολὴν, ἐφ' ἕτερα τοιαῦτα κατορθώματα, εἶτα καὶ ὡς ὀκνοῦντες καὶ ἀναδυόμενοι τοῦτο ἀποκρίνονται, ὅτι ἐὰν θέλῃ ὁ Θεὸς, πείσει με, καὶ μεταθήσομαι. Καὶ οὐκ ἐγκαλῶ μὲν αὐτοῖς, ἀλλὰ καὶ 128 A σφόδρα ἀποδέχομαι, ὅτι καταφεύγουσιν ἐπὶ τὴν βουλὴν τοῦ Θεοῦ· βούλομαι δὲ καὶ τὰ παρ' ἑαυτῶν εἰσφέρειν, καὶ οὕτω λέγειν, ἐὰν θέλῃ ὁ Θεός. Ἂν γὰρ

non ex necessitate accessisse, sed ex bono animo sinceraque conscientia.

6. Quod si id feratis patienterque toleretis, aliud longe opportunius dicam, quo ineluctabiliter demonstratur Paulum non ex necessitate ad Dominum accessisse. Venit postea Paulus Salaminem Cypri, ibique invenit magum quemdam sibi obsistentem apud proconsulem Sergium. Paulus vero repletus Spiritu sancto dixit illi: *O plene omni dolo, et omni versutia, fili diaboli, non desines pervertere vias Domini rectas?* Hæc persequutoris verba sunt. Gloriam Domino referamus, qui ipsum convertit. Antea audiebatis, quod devastaret Ecclesiam, in domos ingrediens, trahensque viros ac mulieres abriperet in carcerem. Videte quanta cum fiducia nunc pro prædicatione loquatur: *Non desines*, inquit, *pervertere vias Domini rectas? Et nunc ecce manus Domini super te: et eris cæcus, et non videns usque ad tempus.* Idem remedium mago imposuit, quod sibi ipsi visum restituerat; sed ille mansit in cæcitate: ut discas non vocationem modo Paulum adduxisse, sed etiam ejus propositum voluntatis. Nam si cæcitas sola id effecisset, in mago etiam idipsum evenire oportuisset: sed non ita factum est. Verum ille quidem excæcatus est, proconsul autem videns id quod factum erat, credidit. Alius remedium accepit, et alius visum recuperavit. Videte quantum bonum sit probus animi affectus; quantum vero malum inobsequentia et cordis durities. Excæcatus est magus: et ille nihil lucratus est, quod inobsequens fuerit; proconsul vero Christum cognovit. Quod igitur sponte et ex proposito voluntatis accesserit Paulus, id satis jam demonstratum est. Id vero jam volo, vos id probe nosse, Deum nempe non vim inferre nolentibus, sed volentes trahere. Ideo namque dicit: *Nemo venit ad me nisi Pater meus traxerit eum.* Qui vero trahit, volentem trahit, humique jacentem, ac manum porrigentem. Et ut discatis ipsum nemini vim ferre, et si ipso volente nos nolimus, quæ ad salutem nostram spectant pessum ire; non quod ejus voluntas infirma sit, sed quod nemini velit necessitatem inferre: hanc rem disquirere necesse est, quoniam multi sæpe in segnitiei suæ obtentum hac futili utuntur defensione: sæpeque moniti ut illuminationem seu baptisma suscipiant, vitæ institutum in melius commutent, aliaque similia bona opera exsequantur, tunc illi pigritantes et refugientes ita respondent: Si Deus voluerit, persuadebit mihi

Act. 13. 10.

Alio exemplo probatur Paulum libere ad fidem accessisse.

Joan. 6. 44.

Deus non vim infert nolentibus, sed volentes trahit.

et convertar. Sane non criminor illos, sed admodum approbo, quod ad voluntatem Dei confugiant; sed volo ut ea, quæ penes ipsos sunt, afferant, et sic dicant, Si Deus voluerit. Nam si te somno ac segnitiei dedens, non conceris bona edere opera, sed Dei tantum voluntatem objeceris, nihil eorum, quibus opus habes, adipisceris umquam. Nam, ut dicebam, necessitate ac vi neminem umquam adigit Deus: sed vult quidem omnes salvos fieri, nemini vero necessitatem inducit, quemadmodum et Paulus dicit: *Qui vult omnes homines salvos fieri, et ad agnitionem veritatis venire.* (1. Tim. 2. 4.) Quomodo igitur non omnes salvi fiunt, si vult omnes salvos fieri? Quia non omnium voluntas ejus voluntatem sequitur; ille vero nemini vim infert. Sic et ad Jerusalem dicit: *Jerusalem, Jerusalem, quoties volui congregare filios tuos, et noluistis?* (Luc. 13. 34.) Quid igitur? *Ecce relinquetur domus vestra deserta.* (Ibid. v. 35.) Viden' quod etsi Deus velit nos salvos facere, nos autem accedere nolimus, in interitu maneamus? Non enim invitum, non nolentem, ut sæpe repeto, sed libentem et volentem hominem ut salvum faciat Deus paratus est. Homines quidem famulis volentibus nolentibus dominari et imperare volunt, non ad servorum utilitatem, sed ad suam respicientes: Deus vero qui nemine indiget, cum tibi demonstrare velit se nulla rerum nostrarum indigentem, servitutem nostram expetere, sed ad utilitatem solum nostram respicere; ac non ad usum suum, sed ad emolumentum nostrum se omnia facere: nisi sponte ac volentes gratiamque servitutis ipsi reddentes accedamus, invitos ac resilientes numquam cogit nec vi adigit; ut ostendat, non se nobis gratiam servitutis, sed nos ipsi gratiam habituros esse dominii. Hæc itaque cum sciamus, Domini clementiam considerantes, dignum ejus benignitate, quantum facultas erit, vitæ institutum exhibeamus, ut et regnum cælorum consequamur: quo nos consortes fieri contingat, gratia et humanitate Domini nostri Jesu Christi, cui gloria et imperium, una cum Patre et sancto Spiritu, nunc et semper, et in sæcula sæculorum. Amen.

σαυτὸν ὕπνῳ καὶ ῥαθυμίᾳ παραδοὺς, μὴ ἐγχειρῇς μὲν ταῖς ἀγαθαῖς πράξεσι, τὸ δὲ τοῦ Θεοῦ θέλημα προβάλλῃ μόνον, οὐδέποτέ σοι οὐδὲν ἔσται τῶν δεόντων. Ὅπερ γὰρ ἔφην, ἀνάγκῃ καὶ βίᾳ οὐδένα προσάγεταί ποτε ὁ Θεός· ἀλλὰ θέλει μὲν ἅπαντας σωθῆναι, οὐκ ἀναγκάζει δὲ οὐδένα· καθὼς καὶ Παῦλός φησιν, Ὁ θέλων πάντας ἀνθρώπους σωθῆναι καὶ εἰς ἐπίγνωσιν ἀληθείας ἐλθεῖν. Πῶς οὖν οὐχ ἅπαντες σώζονται, εἰ θέλει πάντας σωθῆναι; Ἐπειδὴ οὐχ ἁπάντων τὸ θέλημα τῷ θελήματι αὐτοῦ ἕπεται, αὐτὸς δὲ οὐδένα βιάζεται. Οὕτω καὶ πρὸς τὴν Ἱερουσαλὴμ φησιν· Ἱερουσαλὴμ, Ἱερουσαλὴμ, ποσάκις ἠθέλησα ἐπισυναγαγεῖν τὰ τέκνα σου, καὶ οὐκ ἠθελήσατε; Τί οὖν; Ἰδοὺ ἀφίεται ὁ οἶκος ὑμῶν ἔρημος. Ὁρᾷς ὅτι, κἂν θέλῃ ὁ Θεὸς σῶσαι, ἡμεῖς δὲ ἑαυτοὺς μὴ ἐπιδῶμεν, μένομεν ἐπὶ τῆς ἀπωλείας; Οὐ γὰρ ἄκοντα, οὐδὲ μὴ βουλόμενον, ὅπερ λέγω πολλάκις, ἀλλ' ἑκόντα καὶ προαιρούμενον παρεσκεύασται σώζειν ὁ Θεὸς τὸν ἄνθρωπον. Ἄνθρωποι μὲν γὰρ καὶ ἑκόντων καὶ ἀκόντων τῶν οἰκετῶν βούλονται [a] εἶναι καὶ δεσπόζειν· οὐ πρὸς τὸ τοῖς οἰκέταις συμφέρον, ἀλλὰ πρὸς τὴν οἰκείαν χρείαν ὁρῶντες αὐτῶν δεσπόζουσιν· ὁ δὲ Θεὸς ἀνενδεὴς ὢν, καὶ βουλόμενός σοι δεῖξαι, ὅτι οὐδενὸς τῶν ἡμετέρων δεόμενος, τῆς δουλείας ἡμῶν ἐφίεται, ἀλλ' εἰς ἓν μόνον σκοπῶν τὸ συμφέρον ἡμῖν, καὶ οὐ τῆς αὐτοῦ χρείας ἕνεκεν, ἀλλὰ τῆς ἡμετέρας ὠφελείας ἅπαντα πράττει, ἂν μὲν ἑκόντες καὶ βουλόμενοι καὶ χάριν αὐτῷ τῆς δουλείας εἰδότες προσέλθωμεν· ἄκοντας καὶ ἀποπηδῶντας οὐκ ἀναγκάζει, οὐδὲ βιάζεται, αὐτὸ τοῦτο δεικνὺς, ὅτι οὐκ αὐτὸς ἡμῖν χάριν τῆς δουλείας, ἀλλ' ἡμεῖς αὐτῷ χάριν τῆς δεσποτείας ἔχειν ὀφείλομεν. Ταῦτ' οὖν εἰδότες, καὶ τὴν τοῦ Δεσπότου φιλανθρωπίαν ἐννοοῦντες, ἀξίαν αὐτοῦ τῆς ἀγαθότητος κατὰ δύναμιν τὴν ἡμετέραν πολιτείαν ἐπιδειξώμεθα, ἵνα καὶ τῆς βασιλείας τῶν οὐρανῶν ἐπιτύχωμεν· ἧς γένοιτο πάντας ἡμᾶς ἐπιτυχεῖν, χάριτι καὶ φιλανθρωπίᾳ τοῦ Κυρίου ἡμῶν Ἰησοῦ Χριστοῦ, ᾧ ἡ δόξα καὶ τὸ κράτος, ἅμα τῷ Πατρὶ καὶ τῷ ἁγίῳ Πνεύματι, νῦν καὶ ἀεὶ, καὶ εἰς τοὺς αἰῶνας τῶν αἰώνων. Ἀμήν.

[a] Hic aliquid desiderari videtur. [F. κύριοι.]

ΕΠΙΤΙΜΗΣΙΣ

Κατὰ τῶν ἀπολειφθέντων, παραίνεσις πρὸς τοὺς παρόντας, εἰς τὸ κήδεσθαι τῶν ἀδελφῶν, καὶ εἰς τὸ προοίμιον τῆς πρὸς Κορινθίους ἐπιστολῆς, Παῦλος κλητὸς, καὶ περὶ ταπεινοφροσύνης.

Ὅταν εἰς τὴν ὀλιγότητα ἀπίδω τὴν ὑμετέραν, καὶ τὸ ποίμνιον θεάσωμαι καθ' ἑκάστην σύναξιν ἐλαττούμενον, καὶ ἀθυμῶ, καὶ χαίρω· χαίρω μὲν δι' ὑμᾶς τοὺς παρόντας, ἀθυμῶ δὲ δι' ἐκείνους τοὺς ἀπόντας. Ὑμεῖς μὲν γὰρ ἐπαίνων ἄξιοι, οὐδὲ ἀπὸ τῆς ὀλιγότητος ῥαθυμότεροι γενόμενοι· ἐκεῖνοι δὲ 129 ὑπεύθυνοι ἐγκλημάτων, οὐδὲ ἀπὸ τῆς ὑμετέρας σπουδῆς εἰς προθυμίαν διεγειρόμενοι. Διὰ τοῦτο ὑμᾶς μὲν μακαρίζω καὶ ζηλωτοὺς εἶναί φημι, ὅτι οὐδὲν ὑμᾶς παρέβλαψεν ἡ ἐκείνων ὀλιγωρία· ἐκείνους δὲ ταλανίζω καὶ δακρύω, ὅτι οὐδὲν αὐτοὺς ὠφέλησεν ἡ ὑμετέρα σπουδή. Οὐκ ἤκουσαν γὰρ τοῦ προφήτου λέγοντος· Ἐξελεξάμην παραῤῥιπτεῖσθαι ἐν τῷ οἴκῳ τοῦ Θεοῦ, ἢ οἰκεῖν με ἐν σκηνώμασιν ἁμαρτωλῶν. Οὐκ εἶπεν, ἐξελεξάμην κατοικεῖν ἐν τῷ οἴκῳ τοῦ Θεοῦ μου, οὐδὲ, διατρίβειν, οὐδὲ, εἰσιέναι· ἀλλ', Ἐξελεξάμην παραῤῥιπτεῖσθαι. Ἀγαπητόν μοι καὶ ἐν τοῖς ἐσχάτοις τετάχθαι· στέργω ἐν τούτῳ, κἂν τῶν προθύρων ἐπιβῆναι καταξιωθῶ, φησί· μεγίστην ἡγοῦμαι δωρεὰν, κἄν με τῶν τελευταίων ἀριθμήσειέ τις ἐν τῷ οἴκῳ τοῦ Θεοῦ μου. Τὸν κοινὸν Δεσπότην ὁ πόθος ἴδιον ποιεῖται· τοιοῦτον γὰρ ἡ ἀγάπη. Ἐν τῷ οἴκῳ τοῦ Θεοῦ μου. Ὁ φιλῶν οὐχὶ τὸν φιλούμενον μόνον ἐπιθυμεῖ ἰδεῖν, ἀλλὰ καὶ τὸν οἶκον ἐκείνου μόνον, ἀλλὰ καὶ τὸν πυλῶνα· οὐχὶ τὸν πυλῶνα τῆς οἰκίας μόνον, ἀλλὰ καὶ αὐτὸν τὸν στενωπὸν καὶ τὸ ἄμφοδον· καὶ πᾶν ἱμάτιον, κἂν ὑπόδημα ἴδῃ τοῦ φιλουμένου, αὐτὸν νομίζει παρεῖναι τὸν φιλούμενον. Τοιοῦτοι ἦσαν οἱ προφῆται· ἐπειδὴ τὸν Θεὸν οὐχ ἑώρων τὸν ἀσώματον, ἑώρων τὸν οἶκον, καὶ διὰ τοῦ οἴκου τὴν ἐκείνου παρουσίαν ἐφαντάζοντο. Ἐξελεξάμην παραῤῥιπτεῖσθαι ἐν τῷ οἴκῳ τοῦ Θεοῦ μου μᾶλλον, ἢ οἰκεῖν με ἐν σκηνώμασιν ἁμαρτωλῶν. Ἕκαστος τόπος, ἕκαστον χωρίον, πρὸς τὴν σύγκρισιν τοῦ οἴκου τοῦ Θεοῦ, σκήνωμα ἁμαρτωλῶν ἐστι, κἂν δικαστήριον εἴπῃς, κἂν βουλευτήριον, κἂν τὴν ἑκάστου οἰκίαν. Κἂν γὰρ εὐχαὶ γίνωνται ἐκεῖ, κἂν ἱκετηρίαι, ἀλλ' ἀνάγκη καὶ φιλονεικίας γίνεσθαι καὶ μάχας καὶ λοιδορίας, καὶ συλλόγους ὑπὲρ βιωτικῶν φροντίδων· ὁ δὲ οἶκος οὗτος τούτων καθαρεύει πάντων· διὰ τοῦτο, ἐκεῖνα μὲν σκηνώματα ἁμαρτωλῶν, οὗτος δὲ οἶκος τοῦ Θεοῦ·

REPREHENSIO

Eorum, qui aberant ab ecclesia, *et cohortatio ad præsentes, ut curam gerant fratrum* : et *in proœmium epistolæ ad Corinthios,* Paulus vocatus, et *de humilitate.* 1. Cor. 1. 1.

1. Cum ad vestram paucitatem oculos meos converto, et collectis in singulis gregem nostrum minorem fieri cerno, mœreo simul et gaudeo: gaudeo quidem propter vos, qui adestis : mœreo vero propter illos, qui absunt. Nam vos quidem laudibus digni estis, quod nec ipsa paucitas negligentiores vos reddiderit: illi vero criminibus sunt obnoxii, quos neque studium vestrum ad majorem animi promptitudinem excitarit. Propterea beatos vos prædico, et æmulatione dignos censeo, quod nihil vobis illorum nocuerit negligentia : miseros autem illos prædico, et lacrymis prosequor, quod nihil eos studium vestrum potuerit adjuvare. Non enim prophetam audierunt dicentem : *Elegi abjectus esse in domô Dei magis, quam habitare in tabernaculis peccatorum.* Psal. 83. 11. Non dixit, Elegi habitare in domo Dei mei, neque versari, neque ingredi : sed, *Elegi abjectus* esse. Licet inter ultimos numerer, boni consulo, hac re contentus sum, si vel intrare vestibulum mihi concedatur, inquit; magni beneficii loco duco, si vel in numerum referar postremorum in domo Dei mei. Communem Dominum amor ut proprium sibi vindicat : ea siquidem vis est caritatis. *In domo Dei mei.* Qui amat, non eum tantum videre desiderat, quem amat, sed vel solam ejus domum, sed et vestibulum; neque vestibulum tantum ædium, sed vel angiportum vel vicum, et si vel vestem, vel calceamentum viderit ejus quem amat, ipsum se videre arbitratur quem amat. Sic affecti fuerunt prophetæ : quoniam Deum incorporeum non videbant, domum videbant, et per domum præsentem illum cernere sibi videbantur. *Elegi abjectus esse in domo Dei mei magis, quam habitare in tabernaculis peccatorum.* Quivis locus, quodvis spatium cum domo Dei comparatum tabernaculum est peccatorum, sive forum dixeris, sive curiam, sive domum singulorum. Licet enim preces illic fiant, licet supplicationes, tamen illic contentiones et pugnas et convicia, conventusque fieri de sæcularibus curis necesse est : at hic locus ab his

Amor propria facit, quæ communia.

Tabernacula peccatorum domus privatæ.

omnibus est immunis; propterea peccatorum quidem illa sunt tabernacula, hæc vero domus est Dei : et quemadmodum portus a ventis et fluctibus liber multam navibus in eo stationem eligentibus præbet securitatem, sic nimirum et Dei domus tamquam ab externorum negotiorum tempestate abreptos eos, qui intraverint, in multa tranquillitate collocat et securitate, sacrorumque eloquiorum auditionis participes efficit. Hic locus virtutis est occasio, philosophiæ schola : non in collecta solum, dum Scripturæ sacræ recitantur, et doctrina spiritualis porrigitur, ac venerandorum patrum senatus adstat : sed quovis etiam reliquo tempore, vestibula tantum ingredere, tum tu subito sæculares omnes curas depones. Intra in vestibulum, et tamquam aura quædam spiritualis animam tuam afflabit. Hæc tranquillitas horrorem incutit, et philosophari docet : mentem erigit, neque sinit præsentium recordari, a terra in cælum te transfert. Quod si absque collecta tantum quæstum facis, quod hic verseris, quando undique prophetæ clamant, quando apostoli evangelium prædicant, quando stat Christus in medio, quando quæ fiunt suscipit Pater, quando lætitiam suam Spiritus sanctus impertit, quanta qui adsunt utilitate cumulati recedunt, quanto damno afficiuntur qui absunt? Vellem scire ubinam versentur, qui collectæ interesse neglexerunt, quid eos detinuerit, et ab hac sacra mensa revocarit, de quibus inter se colloquantur. Imo vero jam probe novi; aut enim de absurdis ac ridiculis rebus colloquuntur, aut sæcularibus curis affixi sunt : utraque porro venia digna non est occupatio, et extremo supplicio est obnoxia. Ac de priori quidem neque verba facere opus est, vel demonstrationem afferre : eos vero qui res domesticas nobis objiciunt, et inde se intolerabili urgeri necessitate causantur, ne istos quidem veniam obtinere posse, cum semel in hebdomada huc vocentur, ac ne tum quidem res spirituales terrenis anteferre dignentur, ex evangeliis constat. Nam et illi qui ad spirituales nuptias fuerant invitati, ejusmodi excusationes obtendebant, quod hic quidem jugum emisset, ille vero prædium sibi comparasset, ille sponsam duxisset; sed puniti sunt tamen. Necessariæ quidem sunt illæ causæ; sed cum Deus invitat, nulla excusatione sunt dignæ : Deo namque nobis sunt omnia necessaria posthabenda. Ubi ejus honori fuerit satisfactum, tum in alia studium impendatur. Quis enim, quæso, famulus, antequam Domino debitum expleverit ministerium,

Luc. 14. 18.—20.

Dei cultus omnibus rebus præferendus.

καὶ καθάπερ λιμὴν πνευμάτων καὶ κυμάτων ἀπηλλαγμένος πολλὴν τοῖς ὁρμιζομένοις πλοίοις παρέχει τὴν ἀσφάλειαν, οὕτω δὴ καὶ ὁ τοῦ Θεοῦ οἶκος, ὥσπερ ἀπό τινος χειμῶνος τῶν ἔξωθεν πραγμάτων τοὺς εἰσιόντας ἐξαρπάζων, μετὰ πολλῆς παρέχει τῆς γαλήνης καὶ τῆς ἀσφαλείας ἑστάναι, καὶ τῶν θείων ἀκροᾶσθαι λογίων. Τοῦτο τὸ χωρίον ὑπόθεσίς ἐστιν ἀρετῆς, διδασκαλεῖον φιλοσοφίας· οὐκ ἐν συνάξει μόνον, ὅτε ἀκρόασις Γραφῶν καὶ διδασκαλία πνευματικὴ, καὶ συνέδριον πατέρων αἰδεσίμων· ἀλλὰ καὶ
E ἐν παντὶ τῷ λοιπῷ καιρῷ, ἐπίβηθι τῶν προθύρων μόνον, καὶ εὐθέως ἀπέθου τὰς φροντίδας τὰς βιωτικάς. Εἴσελθε τῶν προθύρων εἴσω, καὶ καθάπερ αὔρα τις πνευματικὴ περιΐσταταί σου τὴν ψυχήν. Αὕτη ἡ ἡσυχία εἰς φρίκην ἄγει, καὶ διδάσκει φιλοσοφεῖν· ἀνίστησι τὸ φρόνημα, καὶ οὐκ ἀφίησι μεμνῆσθαι τῶν παρόντων, μεθίστησί σε ἀπὸ γῆς εἰς τὸν οὐρανόν. Εἰ δὲ χωρὶς συνάξεως τοσοῦτον τὸ κέρδος τῆς ἐνταῦθα παρουσίας, ὅταν προφῆται πάντοθεν βοῶσιν, ὅταν ἀπόστολοι εὐαγγελίζωνται, ὅταν ὁ Χριστὸς ἐν μέσῳ
130 εἱστήκῃ, ὅταν Πατὴρ ἀποδέχηται τὰ γινόμενα, ὅταν
A Πνεῦμα ἅγιον παρέχῃ τὴν οἰκείαν ἀγαλλίασιν, πόσης μὲν ὠφελείας ἐμπλησθέντες οἱ παρόντες ἀπέρχονται; οἱ ἀπόντες δὲ πόσην ζημίαν ὑπομένουσιν; Ἐβουλόμην εἰδέναι ποῦ διατρίβουσιν οἱ τῆς συνάξεως καταφρονήσαντες, τί κατέσχεν αὐτοὺς, καὶ τῆς ἱερᾶς ταύτης τραπέζης ἀπήγαγε; περὶ τίνων ἡ διάλεξις. Μᾶλλον δὲ οἶδα σαφῶς· ἢ γὰρ περὶ ἀτόπων καὶ καταγελάστων πραγμάτων διαλέγονται, ἢ βιωτικαῖς εἰσι προσηλωμένοι φροντίσιν· ἀμφοτέρων δὲ ἡ διατριβὴ συγγνώμης ἀπεστέρηται, καὶ κόλασιν ἔχει τὴν ἐσχάτην. Καὶ περὶ μὲν τῆς προτέρας οὐδὲ λόγου δεῖ, οὔτε ἀποδείξεως·
B ὅτι δὲ καὶ οἱ τὰ τῆς οἰκίας ἡμῖν προβαλόμενοι πράγματα, καὶ τὴν ἀφόρητον ἐκεῖθεν ἀνάγκην λέγοντες, οὐδὲ οὗτοι δύνανται συγγνώμης τυχεῖν, ἅπαξ τῆς ἑβδομάδος ἐνταῦθα καλούμενοι, καὶ οὐδὲ τότε ἀνεχόμενοι τὰ πνευματικὰ τῶν γηΐνων προτιμῆσαι πραγμάτων, ἀπὸ τῶν εὐαγγελίων δῆλον. Καὶ γὰρ οἱ κληθέντες ἐπὶ τὸν γάμον τὸν πνευματικὸν, ταύτας προεβάλλοντο τὰς προφάσεις, ὁ μὲν ὅτι ζεῦγος ὠνήσατο, ὁ δὲ ὅτι ἀγρὸν ἐπριάσατο, ὁ δὲ ὅτι νύμφην ἠγάγετο, ἀλλ' ἐκολάσθησαν ὅμως. Ἀναγκαῖαι μὲν αἱ αἰτίαι· ἀλλ' ὅταν ὁ Θεὸς καλῇ, ἀπολογίαν οὐκ ἔχουσι· μετὰ γὰρ τὸν Θεὸν ἡμῖν πάντα ἀναγκαῖα. Μετὰ τὴν ἐκείνου τιμὴν, τότε τὰ
C ἄλλα ἀπολαυέτω σπουδῆς. Τίς γὰρ οἰκέτης, εἰπέ μοι, πρὶν ἢ τὴν δεσποτικὴν πληρώσῃ διακονίαν, τῶν κατὰ τὴν ἰδίαν οἰκίαν ἐπιμελήσεταί ποτε; Πῶς οὖν οὐκ ἄτοπον ἐπ' ἀνθρώπῳ μὲν, ἔνθα ψιλὸν ὄνομα ἡ δεσποτεία, τοσαύτην τοῖς κυρίοις παρέχειν τὴν αἰδῶ καὶ τὴν ὑπακοὴν, τὸν δὲ ἀληθῶς Δεσπότην, οὐχ ἡμῶν μόνον, ἀλλὰ καὶ τῶν ἄνω δυνάμεων, μηδὲ τῆς

αὐτῆς τοῖς ἡμετέροις συνδούλοις ἀξιοῦν θεραπείας; Εἴθε ἦν δυνατὸν ὑμῖν εἰς τὸ συνειδὸς αὐτῶν εἰσεληλυθέναι, καὶ τότε εἴδετε ἂν καλῶς, πόσων τραυμάτων ἔγεμον, ὅσας ἀκάνθας εἶχον. Καθάπερ γὰρ γῆ, γεωργικῶν οὐκ ἀπολαύουσα χειρῶν, χερσοῦται καὶ ὑλομανεῖ· οὕτω καὶ ψυχὴ, πνευματικῆς οὐκ ἀπο- [D] λαύουσα διδασκαλίας, ἀκάνθας καὶ τριβόλους ἐκπέμπει. Εἰ γὰρ ἡμεῖς οἱ καθ' ἑκάστην ἡμέραν τῆς τῶν προφητῶν καὶ ἀποστόλων μετέχοντες ἀκροάσεως, μόλις κατέχομεν θυμὸν, μόλις χαλινοῦμεν ὀργὴν, μόλις καταστέλλομεν ἐπιθυμίαν, μόλις ἐκβάλλομεν τηκεδόνα φθόνου, συνεχεῖς ἐπῳδὰς τὰς ἀπὸ τῶν θείων Γραφῶν ἐπᾴδοντες τοῖς ἡμετέροις πάθεσι, μόλις καταστέλλομεν τὰ ἀναίσχυντα θηρία· ἐκεῖνοι οἱ μηδέποτε ταύτης ἀπολαύοντες τῆς ἰατρείας, μηδὲ τῆς θείας ὑπακούοντες φιλοσοφίας, ποίαν σωτηρίας ἐλπίδα ἕξουσιν, εἰπέ μοι; Ἐβουλόμην δύνασθαι δεῖξαι [E] τοῖς ὑμετέροις ὀφθαλμοῖς τὴν ἐκείνων ψυχὴν, καὶ εἴδετε ἂν ῥυπῶσαν, αὐχμῶσαν, καταχεχυμένην, καὶ τεταπεινωμένην, καὶ ἀπαῤῥησίαστον. Ὥσπερ γὰρ τὰ βαλανείων οὐκ ἀπολαύοντα σώματα αὐχμοῦ καὶ ῥύπου γέμει πολλοῦ· οὕτω καὶ ἡ ψυχὴ, διδασκαλίας οὐκ ἀπολαύουσα πνευματικῆς, πολλὴν τῶν ἁμαρτημάτων ἔχει περικειμένην αὐτῇ τὴν κηλῖδα. Καὶ γὰρ βαλανεῖόν ἐστι τὰ ἐνταῦθα πνευματικὸν, τῇ θέρμῃ τοῦ Πνεύματος πάντα ἀποσμῆχον ῥύπον· μᾶλλον δὲ οὐχὶ ῥύπον ἀποσμῆχον μόνον τὸ τοῦ Πνεύματος πῦρ, [131 A] ἀλλὰ καὶ βαφήν. Ἐὰν γὰρ ὦσι, φησὶν, αἱ ἁμαρτίαι ὑμῶν ὡς φοινικοῦν, ὡς χιόνα λευκανῶ· κἂν μετὰ τῆς αὐτῆς, φησὶν, ἀκριβείας τῶν ἁμαρτημάτων ὁ ῥύπος δάκῃ τῆς ψυχῆς τὴν οὐσίαν, ὡς εἰς ἕξιν βαφῆς ἀκίνητον καταστῆναι, καὶ οὕτως ἐγὼ δύναμαι εἰς τὴν ἐναντίαν αὐτὴν καταστῆσαι ποιότητα· ἀρκεῖ γὰρ νεῦσαι, καὶ πάντα ἀφανίζεται τὰ ἁμαρτήματα.

domui suæ unquam providebit? An non igitur absurdum est inter homines, ubi nudum nomen est dominatus, tantam heris reverentiam exhibere atque obedientiam: verum autem Dominum, non nostrum solum, sed supernarum etiam virtutum, ne eodem quidem, quo conservos nostros, cultu et honore dignari? Atque utinam fieri posset, ut in illorum conscientiam penetraretis, tum vero probe intelligeretis, quot vulneribus scaterent, quot spinas haberent. Ut enim terra, quæ manibus agricolarum exculta non est, deserta fit et sylvescit: haud secus anima, quæ spirituali doctrina non imbuitur, spinas et tribulos producit. Si enim nos qui quotidie lectione prophetarum fruimur et apostolorum, vix impetum animi cohibemus, vix iram frenamus, vix cupiditatem reprimimus, vix invidiæ tabem repellimus, licet assidua carmina ex Scripturis sacris depromta nostris perturbationibus occinamus, vix impudentes istas belluas cohibemus: illis quibus nunquam ejusmodi est adhibita medicina, neque divinam philosophiam audiverunt, quæ salutis, quæso, spes est reliqua? Vellem mihi liceret animam illorum oculis vestris subjicere, tum illam et sordidam et squalentem, confusam et abjectam ac pudore suffusam cerneretis. Nam quemadmodum quæ balneis non utuntur corpora squalore ac sordibus multis scatent: ita quæ spirituali doctrina exculta non est anima multis sordibus peccatorum est obsita. Sunt enim balneum quoddam spirituale quæ hic fiunt, quod calore Spiritus sordes omnes abstergit: imo vero non sordes tantum Spiritus ignis abstergit, sed etiam colorem. *Si enim fuerint*, inquit, *peccata vestra sicut phœniceum, sicut nivem dealbabo;* (Isai. 1. 18.) quamvis non minus tenaciter peccatorum sordes animæ naturæ adhæserint, ac si colorem ex tinctura immobilem contraxisset: ita possum ego contrariam in eam qualitatem inducere: sufficit enim solus nutus meus, ut omnia peccata deleantur.

Ταῦτα λέγω, οὐχ ἵνα ὑμεῖς ἀκούσητε· οὐδὲ γὰρ ὑμεῖς δεῖσθε τῶν φαρμάκων, διὰ τὴν τοῦ Θεοῦ χάριν· ἀλλ' ἵνα ἐκεῖνοι δι' ὑμῶν μάθωσιν. Εἰ δὲ ἐδυνάμην εἰδέναι τοὺς τόπους ἐν οἷς συλλέγονται, οὐκ ἂν ἠνώχλησα τὴν ὑμετέραν ἀγάπην· ἀλλ' ἐπειδὴ ἀδύνατόν [B] μοι ἑνὶ ὄντι τοσοῦτον εἰδέναι δῆμον, ὑμῖν ἐγχειρίζω τῶν ἀδελφῶν τῶν ὑμετέρων τὴν θεραπείαν· ἐπιμελήσασθε τῶν ἀδελφῶν τῶν οἰκείων, ἐπισπάσασθε, καλέσατε. Οἶδα ὅτι πολλάκις τοῦτο ἐποιήσατε· ἀλλ' οὐδὲν τὸ πολλάκις τοῦτο ποιῆσαι, ἀλλ' ἕως τότε ποιῆσαι, ἕως ἂν πείσητε καὶ ἑλκύσητε. Οἶδα ὅτι

2. Hæc a me non eo fine dicuntur, ut vos audiatis: neque enim vel medicamentis indigetis, ob Dei benignitatem et gratiam; sed ut illi per vos intelligant. Quod si loca scire potuissem, in quibus congregantur, nequaquam molestiam caritati vestræ exhibuissem: sed quoniam fieri nequit, ut ego qui unus sum, tam numerosum populum noverim, vestræ fidei fratrum vestrorum curationem committo: estote de fratribus vestris solliciti, conciliate vobis illos, invitate. Scio vos istud persæpe fecisse, sed nihil est hoc persæpe

fecisse, nisi eo usque faciatis, quoad persuaseritis et allexeritis. Scio vos importunos fuisse, scio molestos sæpenumero visos esse, quod non persuaseritis : ideoque negligentiores redditi estis ; sed consoletur vos Paulus, qui dicit, *Caritas omnia sperat, omnia credit, caritas numquam excidit.* Tu quod tui muneris est exsequere : quamvis curationem ille non admittat, tu apud Deum mercedem habes. Nam in terram quidem si semen jeceris, neque spicas produxerit, vacuis necesse est manibus inde discedas : at in anima non ita fit : sed tu quidem doctrinam consere ; etiamsi vero non annuerit anima dictis tuis, plenam nihilominus recepisti mercedem, nec minorem, quam si persuasa plane fuisset : non enim simpliciter rerum exitum, sed animi propositum eorum qui laborant, attendit Deus, dum præmia solet decernere. Vos igitur hortor, ut quod faciunt, qui studiis theatrorum insaniunt, et in equorum certaminibus, hoc vos quoque faciatis. Quid illi porro faciunt ? Jam ab ipsa vespera coeunt, et conveniunt inter se, et ad aliorum domos veniunt sub auroram, aliaque loca sibi designant, ut simul congregati majori cum voluptate ad satanicum spectaculum illud adscendant. Quemadmodum illi rei saluti animæ suæ noxiæ diligentem operam navant, seque mutuo deducunt : ita vos animæ vestræ curam gerite, vosque invicem servate : cumque futura erit collecta, ad ædes perge tui fratris, cumque foris pro vestibulo exspecta, atque egredientem retine : licet ab innumeris necessitatibus urgeatur, ne permittas, neve sinas sæculare aliquod negotium aggredi, priusquam ad ecclesiam illum adduxeris, et integræ collectæ persuaseris interesse : quamvis contendat, quamvis contradicat, quamvis innumeras excusationes obtendat, ne illi credas, nec acquiescas, sed dicens ac docens fore, ut tum illi cætera magis facilia et expedita reddantur, cum absoluta collecta, postquam particeps precum fuerit, patrumque benedictiones acceperit, deinceps ad illa properarit ; atque his ac pluribus aliis verbis cum ipsum devinxeris, ad sacram istam mensam deducito, ut duplicem mercedem obtineas, cum ob tuum, tum ob illius adventum. Omnino si tantum studii tantumque diligentiæ ad illos venandos et alliciendos, qui negligentiores sunt, adhibuerimus, salutem assequemur. Quantumvis enim negligentes sint, et impudentes, et truculenti, assiduitatem propositi vestri reve-

1. Cor. 13. 7.

Non rerum exitum, sed animi propositum Deus spectat.

ἠνωχλήσατε, ὅτι φορτικοὶ πολλάκις ἐνομίσθητε, ὅτι οὐκ ἐπείσατε· καὶ τοῦτο ὑμᾶς ὀκνηροτέρους ἐποίησεν· ἀλλὰ παραμυθείσθω ὑμᾶς ὁ Παῦλος λέγων· Ἡ ἀγάπη πάντα ἐλπίζει, πάντα πιστεύει, ἀγάπη C οὐδέποτε ἐκπίπτει. Σὺ τὸ σαυτοῦ ποίησον· κἂν ἐκεῖνος μὴ δέξηται τὴν θεραπείαν, σὺ τὸν μισθὸν ἔχεις παρὰ τῷ Θεῷ. Ἐπὶ μὲν γὰρ τῆς γῆς ἂν καταβάλῃς τὰ σπέρματα, καὶ μὴ ἐξενέγκῃ τοὺς ἀστάχυας, κεναῖς ἀνάγκη χερσὶν ἀπελθεῖν· ἐπὶ δὲ τῆς ψυχῆς οὐχ οὕτως· ἀλλὰ σὺ μὲν κατάβαλε τὴν διδασκαλίαν, ἐκείνη δὲ κἂν μὴ πεισθῇ τοῖς λεγομένοις, ἀπηρτισμένον ἔχεις τὸν μισθὸν, καὶ τοσοῦτον, ὅσον ἂν εἰ ἐπείσθη· οὐ γὰρ τῷ τέλει τῶν πραγμάτων ἁπλῶς, ἀλλὰ τῇ γνώμῃ τῶν πονούντων προσέχων ὁ Θεὸς, οὕτω τὰς ἀμοιβὰς ὁρίζειν εἴωθε. Παρακαλῶ οὖν ὑμᾶς, ὅπερ ποιοῦσιν οἱ περὶ τὰ θέατρα μεμηνότες πρὸς τὰς τῶν D ἵππων ἁμίλλας, τοῦτο καὶ ὑμεῖς ποιήσατε. Τί δὲ ἐκεῖνοι ποιοῦσιν; Ἀπὸ ἑσπέρας [a] ἀλλήλους συντάσσονται, καὶ εἰς τὰς οἰκίας ἀλλήλων ἀπαντῶσιν ὑπὸ τὴν ἕω, καὶ τόπους ἑτέρους ἑαυτοῖς ἀφορίζουσιν, ἵν' ὁμοῦ συγκροτηθέντες, μετὰ πλείονος ἡδονῆς ἐπὶ τὴν σατανικὴν ἐκείνην ἀνέλθωσι θέαν. Ὥσπερ ἐκεῖνοι κατὰ τῆς ἑαυτῶν σπουδάζουσι ψυχῆς, καὶ ἀλλήλους συγκατασπῶσιν· οὕτως ὑμεῖς προνοήσατε τῆς ἑαυτῶν ψυχῆς, καὶ ἀλλήλους συνδιασώσατε, καὶ συνάξεως μελλούσης γίνεσθαι, ἐπὶ τὴν οἰκίαν ἀπάντησον τοῦ ἀδελφοῦ, καὶ ἀνάμεινον ἔξω τῶν προθύρων, καὶ ἐξελθόντα κάτασχε· κἂν μυρίαι καλῶσιν ἀνάγκαι, μὴ E συγχωρήσῃς, μηδὲ ἐπιτρέψῃς ἅψασθαί τινος τῶν βιωτικῶν, πρὶν εἰς τὴν ἐκκλησίαν ἀγαγεῖν καὶ πεῖσαι τῆς συνάξεως μετασχεῖν ἁπάσης· κἂν φιλονεικῇ, κἂν ἀντιλέγῃ, κἂν μυρίας προβάληται προφάσεις, μὴ πεισθῇς, μηδὲ ἀνάσχῃ, ἀλλ' εἰπὼν καὶ διδάξας ὅτι καὶ τὰ ἄλλα αὐτῷ τότε μᾶλλον ἐξευμαρισθήσεται, ὅταν τὴν σύναξιν ἐπιτελέσας, καὶ κοινωνήσας εὐχῶν, καὶ εὐλογιῶν πατέρων ἀπολαύσας, οὕτω πρὸς ἐκεῖνα 132 A βαδίζει, καὶ τούτοις καὶ πλείοσι τούτων ἑτέροις λόγοις καταδήσας αὐτὸν, οὕτως ἄγε πρὸς τὴν ἱερὰν ταύτην τράπεζαν, ἵνα διπλοῦν ἔχῃς τὸν μισθὸν, καὶ ὑπὲρ τῆς ἑαυτοῦ, καὶ ὑπὲρ τῆς ἐκείνου παρουσίας. Πάντως, ἂν τοσαύτῃ καὶ σπουδῇ καὶ προθυμίᾳ περὶ τὴν ἄγραν τῶν ῥαθυμοτέρων χρησώμεθα, ἐπιτευξόμεθα τῆς σωτηρίας. Κἂν γὰρ μυριάκις ὦσιν ὀλίγωροι καὶ ἀναίσχυντοι καὶ φονικοὶ, τὸ συνεχὲς ὑμῶν τῆς προαιρέσεως ἐρυθριάσαντες, ἀποστήσονταί ποτε τῆς ῥαθυμίας. Οὐ γάρ εἰσιν ἐκείνου τοῦ δικαστοῦ τοῦ τὸν Θεὸν οὐκ εἰδότος οὐδὲ ἀνθρώπους αἰσχυνομένου χαλεπώτεροι, κἂν μυριάκις ὦσιν ἀναίσθητοι· ἀλλ' ὅμως ἐκεῖνον τὸν ὠμὸν, τὸν ἄγριον, τὸν σιδηροῦν, τὸν ἀδάB μαντα μιᾶς γυναικὸς χήρας προσεδρεία συνεχὴς ἐδυσ-

[a] [Savil. in marg. conj. ἀλλήλοις.]

ώπησε. Ποίας οὖν ἂν εἴημεν συγγνώμης ἄξιοι, εἰ
γυναικὸς χήρας δικαστὴν ὠμὸν, καὶ μήτε τὸν Θεὸν φο-
βούμενον, μήτε ἀνθρώπους ἐντρεπόμενον, δυνηθείσης
ἐπικάμψαι καὶ πεῖσαι δοῦναι τὴν χάριν, ἡμεῖς τοὺς
ἀδελφοὺς τοὺς ἀνεκτοτέρους ἐκείνου πολλῷ, καὶ με-
τριωτέρους ἐκείνου, μὴ δυνηθείημεν ἐφελκύσασθαι,
ὑπὲρ τῶν οἰκείων αὐτοὺς παρακαλοῦντες ἀγαθῶν;
Ταῦτα πολλάκις εἶπον, καὶ λέγων οὐ παύσομαι, ἕως
ἂν ἴδω τοὺς νοσοῦντας ὑγιαίνοντας. Καθ' ἑκάστην
αὐτοὺς ἐπιζητῶ τὴν ἡμέραν, ἕως ἂν δυνηθῶ διὰ τῆς
ὑμετέρας σπουδῆς αὐτοὺς εὑρεῖν. Δέομαι δὲ καὶ ὑμῶν, C
μετὰ τῆς αὐτῆς ὀδύνης, μεθ' ἧς ταῦτα λέγω νῦν,
μετὰ τοῦ αὐτοῦ πόνου τὴν ἔρευναν ποιεῖσθαι τῶν
ῥᾳθυμοτέρων. Καὶ γὰρ οὐκ ἐμοὶ μόνον, ἀλλὰ καὶ ὑμῖν
Παῦλος ἐπέταξε τῶν οἰκείων φροντίζειν μελῶν. Παρακαλεῖτε γὰρ, φησὶν, εἰς τὸν ἕνα ἐν τοῖς λόγοις
τούτοις, καθὼς καὶ ποιεῖτε· καὶ πάλιν· Οἰκοδομεῖτε
ἀλλήλους. Καὶ γὰρ ὁ μισθὸς μέγας τοῖς τῶν ἀδελφῶν
κηδομένοις, καὶ τιμωρία μεγίστη τοῖς ἀμελοῦσι καὶ
καταφρονοῦσι τῆς σωτηρίας αὐτῶν.

Ὅθεν σφόδρα θαῤῥῶ καὶ πεπίστευκα, ὅτι μετὰ
πολλῆς τῆς προθυμίας ποιήσετε τὰ εἰρημένα· καὶ διὰ
τοῦτο ἐνταῦθα ταύτην τὴν παραίνεσιν στήσας, ἐπὶ D
τὴν Παύλου τράπεζαν ὑμᾶς ἀγαγεῖν πειράσομαι.
Παῦλος κλητὸς ἀπόστολος. Ταῦτα πολλάκις καὶ ὑμεῖς
ἠκούσατε, καὶ ἡμεῖς ἀνέγνωμεν· ἀλλ' οὐκ ἀναγινώσκειν μόνον, ἀλλὰ καὶ ἐπιγινώσκειν χρὴ τὰ λεγόμενα·
ἐπεὶ κέρδος οὐδὲν ἡμῖν ἔσται τῆς ἀναγνώσεως. Καὶ
γὰρ θησαυρὸς ἄνωθεν πατούμενος οὐκ ἐνδείκνυται
τὸν πλοῦτον, ἀλλὰ χρὴ διορύξαι πρῶτον αὐτὸν, καὶ
καταβῆναι κάτω, καὶ οὕτως ἅπασαν τὴν εὐπορίαν
εὑρεῖν· οὕτω καὶ ἐπὶ τῶν Γραφῶν· οὐκ ἀρκεῖ μόνον
ἡ ἀνάγνωσις δεῖξαι τὸν τῶν ἀποκειμένων ἀγαθῶν
θησαυρὸν, ἂν μὴ διερευνήσῃς τὸ βάθος. Εἰ ἤρκει ἀνά- E
γνωσις, οὐκ ἂν εἶπεν ὁ Φίλιππος τῷ εὐνούχῳ, Ἆρά
γε γινώσκεις ἃ ἀναγινώσκεις; εἰ ἤρκει ἡ ἀνάγνωσις,
οὐκ ἂν εἶπεν ὁ Χριστὸς τοῖς Ἰουδαίοις, Ἐρευνᾶτε τὰς
Γραφάς· ὁ δὲ ἐρευνῶν οὐ μέχρι τῆς ἐπιφανείας ἵσταται, ἀλλὰ πρὸς τὸ βάθος αὐτὸ καταβαίνει. Καὶ γὰρ
πολὺ πέλαγος νοημάτων ἐν τοῖς προοιμίοις ὁρῶ. Ἐν
μὲν γὰρ ταῖς βιωτικαῖς ἐπιστολαῖς αἱ προσρήσεις
ἁπλῶς γίνονται, θεραπείαν ἐμφαίνουσαι μόνον· ἐνταῦθα δὲ οὐχ οὕτως, ἀλλὰ πολλῆς σοφίας γέμει τὸ
προοίμιον. Οὐ γὰρ Παῦλός ἐστιν ὁ φθεγγόμενος, ἀλλ'
ὁ κινῶν τὴν ἐκείνου ψυχὴν Χριστός. Παῦλος κλητός. A

riti, tandem a negligentia desistent. Neque enim *Luc.* 18. 2.
illo judice qui Deum non noverat, neque homi- —5.
nes reverebatur, asperiores sunt, quantumvis Exemplum viduæ oran-
sint duri ac stupidi : attamen illum crudelem, tis.
sævum, ferreum, adamantem illum unius mulieris viduæ constans assiduitas exoravit. Quanam
igitur venia digni erimus, si, cum mulier vidua
crudelem judicem, qui neque Deum timebat,
nec homines reverebatur, inflectere potuerit, et ad
beneficium conferendum impellere, nos fratres
nostros multo illo tolerabiliores multoque mode-
stieres allicere non potuerimus, dum ad propria
illos commoda capessenda cohortamur? Hæc
sæpe dixi, neque dicere cessabo, donec eos sanos
videro, qui ægrotant. Singulis diebus illos quæro,
donec opera vestra illos inveniam. A vobis etiam
summopere contendo, ut eodem cum animi dolore, cum quo hæc a me nunc dicuntur, cum
eodem labore negligentiores disquiratis. Non
enim mihi tantum, sed et vobis Paulus præcepit, ut membrorum vestrorum curam geratis.
Consolamini enim, inquit, *invicem in verbis* 1. *Thess.* 5.
istis, sicut et facitis : et rursus, *Ædificate al-* 11.
terutrum. Magna quippe merces eos manet,
qui de fratribus sunt solliciti, maximumque
supplicium illis imminet, qui salutem illorum
minime curant et negligunt.

3. Quamobrem valde confido credoque vos ea
quæ diximus magna cum animi alacritate præ-
stituros : quam ob causam hic adhortandi finem
faciens, ad Pauli mensam deducere vos conabor.
Paulus vocatus apostolus. Hæc sæpenumero 1. *Cor.* 1. 1.
et a vobis audita, et a nobis sunt lecta : sed non
legere tantum, verum etiam intelligere quæ dicuntur oportet : alioqui nullum nobis lucrum
ex lectione constabit. Siquidem thesaurus, si superne calcetur, divitias non ostendit ; sed effo-
diendus est prius, et postquam infra descenderis,
omnem deinde quæstum invenies : ita quoque fit
in Scripturis; non sola sufficit lectio ad reconditos bonorum thesauros indicandos, nisi profundum scruteris. Si lectio sufficeret, non dixisset
eunucho Philippus : *Putasne intelligis quæ le-* *Act.* 8. 30.
gis? si lectio sufficeret, Judæis Christus non dixisset : *Scrutamini Scripturas :* at is qui scrutatur, *Joan.* 5. 39.
non superficie tenus subsistit, sed ad profundum
ipsum usque descendit. Etenim in ipso exordio
multum sensuum pelagus cerno. Atque in sæcularibus quidem epistolis salutationes quoquo modo
fiunt, solum honorem cultumque deferentes : hic
133 vero non ita, sed multa exordium sapientia redundat. Non enim Paulus est qui loquitur, sed

qui animam ojus movet Christus. *Paulus vocatus.* Hoc nomen, Paulus, unum quidem est nudumque nomen : sed tantum sensuum thesaurum habet reconditum, quantum experientia comperistis. Nam si recordamini, tres integros dies de solo hoc nomine disseruisse me scitis, dum causas afferrem, ob quas cum Saulus antea vocaretur, Paulus deinde vocatus est, et qua de causa non statim ad fidem conversus hanc appellationem accepit, sed ad multum tempus nomen retinuit, quod illi a principio parentes imposuerant: multamque Dei sapientiam et providentiam ex eo demonstravimus cum erga nos, tum erga sanctos illos exhibitam. Nam si liberis suis homines non temere nomen imponunt, sed vel a patre, vel ab avo, vel a majoribus cæteris nomina mutuantur : multo magis Deus servis suis non sine causa, nec sine ratione aliqua appellationes imposuit, sed majori cum judicio ac sapientia. Siquidem homines in honorem defunctorum, vel ad suam consolationem sæpenumero nominibus mortuorum filios suos appellant, eoque paoto per appellationem liberorum solatium sibi doloris excogitant, quem ex obitu defunctorum conceperant: Deus autem memoriam virtutis ac doctrinam tamquam in ærea columna in appellatione sanctorum recondit. Petrum quidem certe a virtute sic vocavit, et in ejus nomine firmitatis fidei argumentum et indicium collocavit, ut appellatione sua, perpetua tamquam magistra quadam ejusmodi firmitatis, utatur. Joannem quoque ac Jacobum a magnitudine voeis in evangelio prædicando nota vocavit. Sed ne eadem rursus memorando molestiam pariat oratio nostra, his omissis illud dicam, ipsa sanctorum nomina seorsim semper religiosis et piis viris veneratione digna esse, ac peccatoribus formidanda. Onesimum quidem certe, qui fugitivus et fur exstiterat, et de pecunia herili quidpiam interverterat, cum suscepisset Paulus, eumque immutasset, atque ita sacris mysteriis initiasset; cum deinceps eum domino suo redditurus esset, hæc ad illum scripsit : *Propter quod multam fiduciam habens in Christo imperandi tibi quod ad rem pertinet* propter *caritatem, magis obsecro, cum sim talis, ut Paulus* senex, *nunc autem* et *vinctus in Christo Jesu.* Vides illum addidisse tria, vincula propter Christum, conversationem ob ætatem, et nominis reverentiam? Nam cum unus esset qui obsecrabat, triplicem

Tribus diebus de nomine Pauli concionatus est.

Petri nomen quid designet. Matth. 16. 18.

Philem. 8. 9.

Τὸ Παῦλος τοῦτο, ὄνομα μέν ἐστιν ἓν, καὶ ψιλὸν ὄνομα· τοσοῦτον δὲ ἔχει νοημάτων θησαυρὸν ἀποκείμενον, ὅσον διὰ τῆς πείρας ἔγνωτε. Εἰ γὰρ δὴ μέμνησθε, ἴστε ὅτι τρεῖς ἡμέρας ὁλοκλήρους ὑπὲρ τοῦ ὀνόματος τούτου διελέχθην μόνον, τὰς αἰτίας λέγων, δι' ἃς πρὸ τούτου Σαῦλος καλούμενος, μετὰ ταῦτα ἐκλήθη Παῦλος, καὶ τίνος ἕνεκεν οὐκ εὐθέως μεταστὰς πρὸς τὴν πίστιν, ἐδέξατο τὴν προσηγορίαν, ἀλλὰ μέχρι πολλοῦ διέμεινεν ἔχων τὸ ὄνομα, ὅπερ ἐξαρχῆς ἔθεντο οἱ γονεῖς· καὶ πολλὴν ἀπὸ τούτου τοῦ Θεοῦ B σοφίαν καὶ κηδεμονίαν ἀνεδείκνυμεν, καὶ περὶ ἡμᾶς, καὶ περὶ τοὺς ἁγίους ἐκείνους γεγενημένην. Εἰ γὰρ ἄνθρωποι τοῖς αὐτῶν παιδίοις οὐχ ἁπλῶς ἐπιτιθέασι τὰ ὀνόματα, ἀλλὰ τὸ μὲν ἀπὸ τοῦ πατρὸς, τὸ δὲ ἀπὸ τοῦ πάππου, τὸ δὲ ἀφ' ἑτέρων προγόνων καλοῦντες· πολλῷ μᾶλλον ὁ Θεὸς τοῖς ἑαυτοῦ δούλοις οὐχ ἁπλῶς, οὐδὲ ἄνευ λόγου τινὸς τὰς προσηγορίας ἐπέθηκεν, ἀλλὰ μετὰ πλείονος σοφίας. Ἄνθρωποι μὲν γὰρ εἴς τε τιμὴν τῶν ἀπελθόντων, εἴς τε ἑαυτῶν παραμυθίαν πολλάκις τοῖς τῶν τετελευτηκότων ὀνόμασι τοὺς ἑαυτῶν υἱοὺς καλοῦσι, παραμυθίαν τινὰ τῆς τῶν κατοι- C χομένων τελευτῆς διὰ τῆς τῶν παίδων προσηγορίας ἐπινοοῦντες· ὁ δὲ Θεὸς ἀρετῆς ὑπόμνησιν καὶ διδασκαλίαν, ὥσπερ ἐν στήλῃ χαλκῇ, τῇ προσηγορίᾳ τῶν ἁγίων ἐναποτίθεται. Τὸν γοῦν Πέτρον ἀπὸ τῆς ἀρετῆς οὕτως ἐκάλεσε, τὴν ἀπόδειξιν τῆς περὶ τὴν πίστιν στεῤῥότητος ἐναποτιθέμενος αὐτοῦ τῷ ὀνόματι, ἵνα ἔχῃ διδάσκαλον διηνεκῆ, τὴν προσηγορίαν, τῆς τοιαύτης στεῤῥότητος. Τοῦτο καὶ τὸν Ἰωάννην καὶ τὸν Ἰάκωβον ἐκάλεσεν, ἀπὸ τῆς κατὰ τὸ κήρυγμα μεγαλοφωνίας. Ἀλλ' ἵνα μὴ πάλιν τὰ αὐτὰ λέγων διενοχλῶ, ταῦτα ἀφεὶς, ἐκεῖνο ἐρῶ, ὅτι καὶ αὐτὰ καθ' ἑαυτὰ λεγόμενα τὰ ὀνόματα τῶν ἁγίων, καὶ τοῖς φιλοθέοις εἰσὶν αἰδέσιμα, καὶ τοῖς ἁμαρτάνουσι φο- D βερά. Τὸν γοῦν Ὀνήσιμον δραπέτην καὶ κλέπτην γενόμενον, καὶ τῶν δεσποτικῶν ὑφελόμενόν τι χρημάτων ὑποδεξάμενος ὁ Παῦλος καὶ μεταβαλὼν, καὶ οὕτω πρὸς τὴν ἱερὰν χειραγωγήσας μυσταγωγίαν· εἶτα μέλλων ἀποδιδόναι τῷ δεσπότῃ πάλιν, τοῦτο πρὸς αὐτὸν ἔγραφε· Διὸ πολλὴν ἐν Χριστῷ παῤῥησίαν ἔχων ἐπιτάσσειν σοι τὸ ἀνῆκον διὰ τὴν ἀγάπην, μᾶλλον παρακαλῶ, τοιοῦτος ὢν ὡς Παῦλος πρεσβύτης, νυνὶ δὲ καὶ δέσμιος ἐν Χριστῷ Ἰησοῦ. Ὁρᾷς ὅτι τρία ἐπέθηκε, τὰ δεσμὰ τὰ διὰ τὸν Χριστὸν, τὴν πολιτείαν τὴν ἀπὸ τῆς ἡλικίας, τὴν αἰδῶ τὴν ἀπὸ τῆς προσηγορίας; Ἐπειδὴ γὰρ εἷς ἦν ὁ παρακαλῶν, E τριπλοῦν ἐφιλονείκησε ποιῆσαι τὸν ὑπὲρ Ὀνησίμου δεόμενον, [a] τὸν πρεσβύτην. Ὁρᾷς ὅτι καὶ αὐτὰ τὰ ὀνόματα αἰδέσιμα τοῖς πιστοῖς ἐστι καὶ φιλόθεα; Εἰ γὰρ παιδίοι φιλουμένου προσηγορία ὀνομασθεῖσα

[a] Hic legendum videtur τὸν δεσμώτην, τὸν πρεσβύτην, τὸν Παῦλον, ut sensus quadret.

πολλάκις καὶ μὴ βουλόμενον τὸν πατέρα ἔπεισε δοῦναι τὴν χάριν διὰ τὸ πρὸς τὸ ὄνομα φίλτρον, πολλῷ μᾶλλον ἐπὶ τῶν ἁγίων συμβαίνειν τοῦτο εἰκὸς ἦν. Ὅτι δὲ καὶ τοῖς ἁμαρτάνουσι φοβερὰ ἦν, καθάπερ 134 παιδίοις ῥᾳθυμοῦσι τὰ τῶν διδασκάλων ὀνόματα, A ἄκουσον πῶς Γαλάταις ἐπιστέλλων αὐτὸ τοῦτο ᾐνίξατο. Ἐπειδὴ γὰρ εἰς ἀσθένειαν ἀπέκλιναν Ἰουδαϊκὴν, καὶ περὶ τὴν πίστιν αὐτὴν ἐκινδύνευον, βουλόμενος αὐτοὺς ἀναστῆσαι καὶ πεῖσαι μηδὲν Ἰουδαϊκὸν ἐπεισάγειν τῇ τοῦ εὐαγγελίου διδασκαλίᾳ, οὕτως ἔγραφεν· Ἰδὲ ἐγὼ Παῦλος λέγω ὑμῖν, ὅτι ἐὰν περιτέμνησθε, Χριστὸς ὑμᾶς οὐδὲν ὠφελήσει. Εἶπες, Ἐγώ· τίνος ἕνεκεν προστιθεὶς τὸ ὄνομα; τὸ γὰρ, Ἐγὼ, οὐχ ἦν ἱκανὸν δηλῶσαι τὸν γράφοντα; Ἀλλ' ἵνα μάθῃς ὅτι καὶ αὐτὴ ἡ τοῦ ὀνόματος παρενθήκη ἱκανὴ τῶν ἀκουόντων καθάψασθαι, διὰ τοῦτο προστίθησι τὴν προσηγορίαν, εἰς ὑπόμνησιν αὐτοὺς ἄγων B τοῦ διδασκάλου. Καὶ ἡμεῖς δὲ τὸ αὐτὸ τοῦτο πάσχομεν· ὅταν γὰρ ἀναμνησθῶμεν τῶν ἁγίων, κἂν ἐν ῥᾳθυμίᾳ ὦμεν, διανιστάμεθα, κἂν ἐν καταφρονήσει, φοβούμεθα. Παῦλον γοῦν τὸν ἀπόστολον ὅταν ἀκούσω ἐγὼ, ἐννοῶ τὸν ἐν θλίψεσι, τὸν ἐν στενοχωρίαις, τὸν ἐν πληγαῖς, τὸν ἐν φυλακαῖς, τὸν ἐν τῷ βυθῷ νυχθήμερον γενόμενον, τὸν εἰς τρίτον ἁρπαγέντα οὐρανὸν, τὸν ἐν τῷ παραδείσῳ τὰ ἄῤῥητα ῥήματα ἀκούσαντα, τὸ σκεῦος τῆς ἐκλογῆς, τὸν νυμφαγωγὸν τοῦ Χριστοῦ, τὸν εὐξάμενον ἀνάθεμα εἶναι ἀπὸ τοῦ Χριστοῦ ὑπὲρ τῶν ἀδελφῶν. Καὶ καθάπερ σειρά τις χρυσῆ, τῶν κατορθωμάτων ὁ ὁρμαθὸς μετὰ τῆς τοῦ ὀνόματος μνήμης τοῖς μετὰ C ἀκριβείας προσέχουσιν ἐπεισέρχεται· καὶ οὐ μικρὸν ἡμῖν ἀπὸ τούτου γίνεται κέρδος.

cum conabatur efficere, qui pro Onesimo supplicabat, vinctum, senem, Paulum. Vides ipsa seorsim nomina veneranda esse fidelibus ac religiosa? Si enim dilecti filioli nomen usurpatum sæpe vel invitum parentem ad conferendum beneficium inflexit ob nominis amorem, multo magis in sanctis id habere locum decebat. Porro formidabilia quoque peccatoribus esse, quemadmodum pigris puerulis nomina magistrorum, audi quo pacto Paulus scribens ad Galatas subindicarit. Nam quoniam ad Judaicam infirmitatem declinarant, et de ipsa fide periclitabantur, cum illos vellet erigere ac illis persuadere, ut in evangelicam doctrinam nihil Judaicum introducerent, ita scripsit: *Ecce ego Paulus dico vobis, quoniam si circumcidamini, Christus vobis nihil proderit.* Dixisti, *Ego:* cur addidisti nomen? non igitur illud, *Ego,* sufficiebat ad eum indicandum qui scribebat? Ut nimirum diseas ipsum nominis additamentum ad commovendos auditorum animos suffecisse, propterea nomen addit, ut eis memoriam refricet præceptoris. Idem quoque nobis accidit: cum enim nobis in memoriam sancti revocantur, tametsi desidia torpescimus, excitamur; licet contemnamus, terremur. Paulum quidem certe apostolum cum audio, animo intueor illum, qui in tribulationibus versabatur, in angustiis, in plagis, in carceribus, qui unius diei noctisque spatio in profundo maris fuit, qui tertium raptus in cælum fuit, qui in paradiso verba audivit arcana, vas electionis, Christi paranymphum, qui a Christo anathema esse pro fratribus optavit. Itaque tamquam aurea quædam catena recte factorum turba cum nominis memoria sese ingerit iis, qui diligenter attenderint: neque mediocre inde lucrum decerpitur.

Præceptorum nomina veneranda.

Gal. 5. 2.

Ἐνῆν καὶ πλείονα τούτων εἰς τὴν προσηγορίαν εἰπεῖν· ἀλλ' ἵνα καὶ τῆς δευτέρας ἁψώμεθα λέξεως, ἐνταῦθα τὴν περὶ τοῦ ὀνόματος στήσας θεωρίαν, ἐπ' ἐκείνην βαδιοῦμεν λοιπόν. Ὥσπερ γὰρ τὸ Παῦλος ὄνομα πολλὴν παρέσχεν ἡμῖν εὐπορίαν, οὕτω καὶ τὸ Κλητὸς, εἰ βουληθείημεν αὐτὸ καταμαθεῖν μετὰ τῆς προσηκούσης σπουδῆς, τῆς ἴσης ἢ καὶ πλείονος ἐμπλήσειε θεωρίας ἡμᾶς. Καὶ καθάπερ ἀπὸ κόσμου, ἢ διαδήματος βασιλικοῦ λίθον ἕνα τις ἐξελὼν, καὶ οἰκίας λαμπρὰς καὶ πολυτελεῖς ἀγροὺς, καὶ οἰκετῶν D ἀγέλας, καὶ ἕτερα πολλῷ πλείονα τούτων πρίασθαι δύναιτ' ἂν, τὸν μαργαρίτην ἀποδόμενος ἐκεῖνον· οὕτω δὴ καὶ ἐπὶ τῶν θείων ῥημάτων, ἂν μιᾶς ῥήσεως ἔννοιαν ἀναπτύξαι θελήσῃς, πολλήν σοι παρέξει πνευματικῆς εὐπορίας ὑπόθεσιν, οὐκ οἰκίας, οὐδὲ ἀνδρά-

4. Potuissemus his etiam plura de nomine dicere: sed ut secundam quoque dictionem attingamus, hic finita de nomine contemplatione, deinceps gradum ad illam faciemus. Ut enim nomen, *Paulus,* multum nobis lucri comparavit, ita et illud *Vocatus,* si convenienti studio velimus illud indagare, non minori vel etiam majori nos contemplatione complebit. Et quemadmodum si quis ex mundo aureo vel regio diademate lapillum unum eximat, et domos splendidas et agros magni pretii, ac famulorum greges aliaque multo his majora coemere poterit, illa margarita divendita: ita quoque fiet in verbis sacris: si unius dictionis sensum velis evolvere, multam spiritualis tibi quæstus materiam

De dictione Vocatus nunc agit.

præbebit; non quod domos aut mancipia vel terræ jugera tibi comparet, sed quod pietatis ac philosophiæ occasiones afferat eorum animabus, qui attenti ac seduli fuerint. Ipsum igitur illud, *Vocatus*, considera quantam ad spiritualium rerum historiam nos deducat. Prius autem illud discendum est, quid sit illud ipsum, *Vocatus*, ac deinde scrutandum, quam tandem ob causam

Rom. 1. 1. ad Corinthios solum et ad Romanos, non ad ullum alium literas mittens ita scripserit. Neque enim sine causa vel temere id facit. Nam si nos epistolis non temere inscriptiones præfigimus, sed si ad inferiores literas mittamus, Talis tali, scribimus; cum autem ad æquales, etiam dominum in inscriptione vocamus eum, qui epistolam recipit; cum vero nostram dignitatem longe excedunt, alia quoque plura adjicimus nomina, quæ majorem cultum et honorem præ se ferant.

Salutationes præmittuntur epistolis. Quod si nos tantam curam adhibemus, neque eodem modo ad omnes scribimus, sed pro varietate personarum quæ literas recipiunt, convenientes appellationes præmittimus: multo magis Paulus non temere, aut sine causa hoc modo ad hos, ad illos alio modo scribebat, sed cum aliqua spirituali sapientia. Ac nulli quidem alteri mittentem literas *vocatum* eum in exordio epistolæ seipsum appellasse, decursis ipsis epistolarum initiis discere possumus. Cur autem id ageret, jam nostrum est dicere, si prius quid sit, *vocatus*, demonstraverimus, quidque nos per hanc dictionem docere Paulus voluerit. Quid ergo docere nos vult Paulus, cum seipsum *vocatum* appellat? Se nimirum priorem ad Dominum non accessisse verum vocatum obedivisse: non ipsum quæsivisse atque invenisse, sed cum aberrasset, inventum esse: non ipsum ad lucem respexisse primum, sed lucem radios suos in ejus palpebras vibrasse, et exterioribus oculis orbato, interiores deinde esse reseratos. Cum igitur docere nos vellet, se nullum ex suis recte factis omnibus sibiipsi tribuere, sed Deo qui vocavit, seipsum *vocatum* appellat. Nam qui stadii mihi fores aperuit, inquit, et scammatis, ille coronarum etiam est auctor: qui præbuit initium et radicem plantavit, hic mihi fructuum, qui deinde germinarunt, occasiones suppeditavit. Quapropter alibi quoque rursus cum dixis-

1. *Cor.* 15. 10. set, *Plus omnibus laboravi*, subjunxit, *Non ego autem, sed gratia, quæ mecum est.* Itaque nomen illud, *Vocatus*, aliud nihil indicat, nisi Paulum nihil ex suis recte factis sibi proprium arbitrari, sed omnia Domino Deo tribuere.

ποδα, οὐδὲ πλέθρα γῆς κομίζουσα, ἀλλὰ θεοσεβείας καὶ φιλοσοφίας ἀφορμὰς ἐνιεῖσα ταῖς τῶν προσεχόντων ψυχαῖς. Σκόπει οὖν αὐτὸ τοῦτο τὸ Κλητὸς, εἰς ὅσην ἡμᾶς χειραγωγεῖ πραγμάτων ἱστορίαν πνευμα-
E τικῶν. Δεῖ δὲ πρότερον μαθεῖν, τί ποτέ ἐστιν αὐτὸ τὸ Κλητός· καὶ δεύτερον ἐξετάσαι, τίνος ἕνεκεν Κορινθίοις ἐπιστέλλων μόνον καὶ Ῥωμαίοις οὕτως ἔγραψεν, ἄλλῳ δὲ οὐδενί. Οὐ γὰρ ἁπλῶς, οὐδὲ εἰκῇ τοῦτο ποιεῖ. Εἰ γὰρ ἡμεῖς τῶν ἐπιστολῶν τὰς προῤῥήσεις οὐχ ἁπλῶς ποιούμεθα, ἀλλ' ὑποδεεστέροις μὲν ἐπιστέλλοντες, ὁ δεῖνα τῷ δεῖνι, γράφομεν, ὅταν δὲ ὁμοτίμοις, καὶ δεσπότην ἐν τῇ προῤῥήσει καλοῦμεν τὸν δεχόμενον τὴν ἐπιστολήν· ὅταν δὲ πολὺ τὴν ἀξίαν ὑπερέχωσι τὴν ἡμετέραν, καὶ ἕτερα πλείονα προστί-
135 A θεμεν ὀνόματα, μείζονα ἔχοντα τὴν θεραπείαν· εἰ οὖν ἡμεῖς τοσαύτῃ προνοίᾳ κεχρήμεθα, καὶ οὐχ ἑνὶ τρόπῳ πᾶσι γράφομεν, ἀλλὰ τῇ διαφορᾷ τῶν δεχομένων προσώπων καταλλήλους ποιούμεθα τὰς προσηγορίας· πολλῷ μᾶλλον ὁ Παῦλος, οὐχ ἁπλῶς, οὐδὲ εἰκῇ τούτοις μὲν οὕτως, ἐκείνοις δὲ ἑτέρως ἐπέστελλεν, ἀλλὰ μετά τινος σοφίας πνευματικῆς. Ὅτι μὲν οὐδενὶ τῶν ἄλλων ἐπιστέλλων, κλητὸν ἑαυτὸν ἐν τῷ προοιμίῳ τῆς ἐπιστολῆς ἐκάλεσεν, ἔξεστιν ἡμῖν αὐτὰς τῶν ἐπιστολῶν τὰς ἀρχὰς ἐπελθοῦσι τοῦτο μαθεῖν. Τίνος δὲ ἕνεκεν τοῦτο ἐποίει, ἡμέτερον ἂν εἴη λοιπὸν εἰπεῖν, ἐπειδὰν δείξωμεν πρότερον τί ἐστιν ὁ κλητὸς, καὶ τί διὰ τῆς ῥήσεως ἡμᾶς διδάξαι ὁ Παῦλος ἠθέ-
B λησε ταύτης. Τί ποτ' οὖν ἡμᾶς βούλεται διδάξαι διὰ τοῦ κλητὸν ἑαυτὸν καλέσαι; Ὅτι οὐχ αὐτὸς τῷ Δεσπότῃ προσῆλθε πρῶτος, ἀλλὰ κληθεὶς ὑπήκουσεν· οὐχ αὐτὸς ἐζήτησε καὶ εὗρεν, ἀλλ' εὑρέθη πλανώμενος· οὐχ αὐτὸς πρὸς τὸ φῶς ἀνέβλεψε πρῶτος, ἀλλὰ τὸ φῶς τὰς οἰκείας ἀκτῖνας πρὸς τὰς ὄψεις ἀφῆκε τὰς ἐκείνου, καὶ τοὺς ἔξω πηρώσας ὀφθαλμοὺς, οὕτω τοὺς ἔνδοθεν ἤνοιξε. Βουλόμενος οὖν ἡμᾶς παιδεῦσαι ὅτι τῶν κατορθωμάτων αὐτοῦ πάντων οὐδὲν ἑαυτῷ λογίζεται, ἀλλὰ τῷ κεκληκότι Θεῷ, κλητὸν ἑαυτὸν καλεῖ. Ὁ γὰρ τὰς πύλας μοι τοῦ σκάμματος ἀνοίξας, φησὶ, καὶ τὸ στάδιον, οὗτος καὶ τῶν στεφάνων αἴτιος
C γίνεται· ὁ τὴν ἀρχὴν παρασχὼν, καὶ τὴν ῥίζαν καταβαλλόμενος, οὗτος καὶ τῶν βλαστησάντων μοι μετὰ ταῦτα καρπῶν παρέσχε μοι τὰς ἀφορμάς. Διὰ τοῦτο καὶ ἀλλαχοῦ πάλιν εἰπὼν, Πλείονα πάντων ἐκοπίασα, ἐπήγαγεν, Οὐκ ἐγὼ δὲ, ἀλλ' ἡ χάρις ἡ σὺν ἐμοί. Τὸ οὖν Κλητὸς ὄνομα οὐδενός ἐστιν ἔνδειξις ἑτέρου, ἢ τὸ μηδὲν οἰκεῖον νομίζειν εἶναι Παῦλον τῶν οἰκείων κατορθωμάτων, ἀλλὰ πάντα ἀνατιθέναι τῷ Δεσπότῃ Θεῷ. Ὅπερ οὖν καὶ ὁ Χριστὸς τοὺς μαθητὰς ἐδίδασκε λέγων, Οὐχ ὑμεῖς με ἐξελέξασθε, ἀλλ' ἐγὼ ἐξελεξάμην ὑμᾶς· καὶ ὁ ἀπόστολος τὸ αὐτὸ τοῦτο πάλιν
D ἐπὶ τῆς αὐτῆς ἐπιστολῆς αἰνίττεται λέγων· Τότε δὲ ἐπιγνώσομαι, καθὼς καὶ ἐπεγνώσθην· νῦν γὰρ, φη-

σὶν, οὐκ ἐγὼ πρῶτος ἐπέγνων, ἀλλ' αὐτὸς ἐπεγνώσθην πρῶτος. Διώκοντα γὰρ αὐτὸν καὶ πορθοῦντα τὴν Ἐκκλησίαν ὁ Χριστὸς ἐκάλεσε, λέγων· Σαῦλε, Σαῦλε, τί με διώκεις; Διὰ τοῦτο κλητὸν ἑαυτὸν καλεῖ. Τίνος ἕνεκεν Κορινθίοις οὕτως ἐπέστελλεν; Ἡ Κόρινθος αὕτη τῆς Ἀχαΐας μητρόπολίς ἐστι, καὶ πνευματικοῖς ἐκόμα χαρίσμασι· καὶ μάλα εἰκότως· τῆς γὰρ Παύλου γλώττης πρώτη ἀπήλαυσε, καὶ καθάπερ ἄμπελος, ἀρίστου τινὸς καὶ ἐπιμελοῦς ἀπολαύουσα γεωργοῦ, πολλοῖς μὲν κομᾷ τοῖς φύλλοις, πολλῷ δὲ τῷ καρπῷ βρίθει διηνεκῶς· οὕτω δὴ καὶ ἡ πόλις ἐκείνη, ὥσπερ E τινὸς ἀρίστου γεωργοῦ, τῆς Παύλου διδασκαλίας μετασχοῦσα πρώτη, καὶ ἐπὶ πολὺν ἐντρυφήσασα χρόνον τῇ τούτου σοφίᾳ, πᾶσιν ἐτεθήλει τοῖς ἀγαθοῖς· οὐ πνευματικῶν δὲ αὕτη [a] χαρισμάτων περιουσία μόνη ἦν, ἀλλὰ καὶ βιωτικῶν πλεονεκτημάτων πολλὴν εἶχε τὴν ἀφθονίαν. Καὶ γὰρ σοφίᾳ λόγων τῶν ἔξωθεν, καὶ πλούτῳ καὶ δυναστείᾳ τῶν ἄλλων ἐκράτει πόλεων. Καὶ ταῦτα αὐτὴν ἐφύσησε καὶ πρὸς ἀπόνοιαν ἦρε, καὶ διὰ τῆς ἀπονοίας εἰς πολλὰ διέστησε μέρη. Τοιαύτη γὰρ τῆς ὑπερηφανίας ἡ φύσις· τὸν τῆς ἀγάπης διαῤ- 136 ῥήγνυσι σύνδεσμον, καὶ τὸν πλησίον ἀποσχίζει, καὶ A καθ' ἑαυτὸν ἕκαστον εἶναι ποιεῖ τὸν κεκτημένον αὐτήν. Καὶ καθάπερ τοῖχος φυσηθεὶς διαλύει τὴν οἰκοδομὴν, οὕτω δὴ καὶ ψυχὴ φυσηθεῖσα τῆς πρὸς ἕτερον συναφείας οὐκ ἀνέχεται, ὃ δὴ καὶ ἡ Κόρινθος ἔπαθε τότε· καὶ πρὸς ἀλλήλους διεστασίαζον, καὶ εἰς πολλὰ μέρη τὴν Ἐκκλησίαν κατέτεμον, καὶ μυρίους ἑαυτοῖς ἑτέρους ἐπέστησαν διδασκάλους, καὶ κατὰ φρατρίας καὶ συμμορίας γενόμενοι ἐλυμήναντο τὸ τῆς Ἐκκλησίας ἀξίωμα. Ἐκκλησίας γὰρ ἀξίωμα, ὅταν σώματος ἀκολουθίαν πρὸς ἑαυτοὺς οἱ συλλεγόμενοι διατηρῶσι.

Δεῖ δὲ ταῦτα ἀποδεῖξαι ὑμῖν πάντα, ὅτι πρῶτοι Παύλου τῆς διδασκαλίας Κορίνθιοι τότε ἀπήλαυσαν, B ὅτι χαρισμάτων ἦσαν πνευματικῶν πεπληρωμένοι, ὅτι καὶ βιωτικοῖς πλεονεκτήμασιν ἐκράτουν, ὅτι διὰ ταῦτα ἀπονοηθέντες ἀλλήλοις ἀπεῤῥάγησαν, καὶ οἱ μὲν τούτοις, οἱ δὲ ἐκείνοις προσένεμον ἑαυτούς. Ὅτι μὲν οὖν πρῶτοι τῆς Παύλου διδασκαλίας ἀπήλαυσαν, ἄκουσον πῶς αὐτὸ τοῦτο ὁ Παῦλος ᾐνίξατο· Ἐὰν γὰρ, φησὶ, πολλοὺς παιδαγωγοὺς ἔχητε ἐν Χριστῷ Ἰησοῦ, ἀλλ' οὐ πολλοὺς πατέρας. Ἐν γὰρ Χριστῷ Ἰησοῦ διὰ τοῦ εὐαγγελίου ἐγὼ ὑμᾶς ἐγέννησα· ὁ δὲ γεννήσας πρῶτος εἰς φῶς ἄγει τὸ τεχθέν. Καὶ πάλιν, Ἐγὼ

[a] [Savil. in marg. conj. αὐτῇ.]

Quod utique Christus discipulos suos docebat dicens, *Non vos me elegistis, sed ego elegi vos*; Joan. 15. 16. atque apostolus istud ipsum rursus in eadem innuit epistola, cum ait: *Tunc cognoscam, sicut et cognitus sum*: 1. Cor. 13. 12. nunc enim, inquit, non ego prior cognovi, sed prior sum cognitus. Dum enim persequeretur et popularetur Ecclesiam, Christus cum vocavit dicens, *Saule, Saule, quid me persequeris?* Act. 9. 4. Propterea *vocatum* seipsum appellat. Quam ob causam ad Corinthios ita scribebat? Corinthus hæc metropolis est Achaiæ, ac spiritualibus donis abundabat, et merito sane: siquidem prima Pauli potita est lingua; et quemadmodum vitis quæ ab optimo ac diligenti agricola excolitur, multis luxuriat foliis, multis fructibus semper oneratur: ita nimirum et urbs illa cum tamquam optimum agricolam Pauli doctrinam prima esset experta, ejusque sapientia longo tempore se oblectasset, bonis omnibus florebat; neque vero spiritualibus tantum donis abundabat, sed et commoda sæcularia illi affatim suppetebant. Nam et profanæ eruditionis sapientia, et divitiis, et potentia cæteris urbibus antecellebat. Atque his illa inflabatur, et in superbiam efferebatur, et per superbiam in varias Arrogantia mala. partes divisa est. Ea quippe natura est arrogantiæ: caritatis vincula disrumpit et proximum avellit, et efficit ut seorsim apud se degat is, qui ab illa correptus fuerit. Et sicut paries, qui intumuerit, ædificium destruit: sic anima inflata ferre non potest se cum altero copulari: quod et Corintho tum evenit: inter se dissidebant, et in multas partes Ecclesiam dividebant: atque innumeros sibi alios doctores cum præfecissent, in curias et classes distributi dignitatem Ecclesiæ pessumdabant. Dignitas enim est Ecclesiæ, cum illi qui congregati sunt, optime inter se concordiam pacemque conservant.

5. Hæc autem omnia vobis demonstranda sunt, et Corinthios Pauli doctrina tum excultos fuisse primos, eos donis spiritualibus divites fuisse, et commodis sæcularibus antecelluisse, atque idcirco in superbiam elatos a se invicem esse divulsos, et hos quidem his, illos autem illis sese addixisse. Ut igitur intelligas primos eos doctrina Pauli excultos fuisse, audi quo pacto idipsum indicet Paulus: *Nam si multos*, inquit, *pædagogos habeatis in Christo, sed non multos patres. Nam in Christo Jesu per evangelium ego vos genui*: 1. Cor. 4. 15. atque is qui gi-

gnit, primus in lucem producit quod genitum 1. Cor. 3. 6. est. Et rursus, *Ego plantavi, Apollo rigavit:* ostendens a se primum sparsam esse doctrinam. Porro donis eos spiritualibus redundasse inde 1. Cor. 1. 4. 5. constat: *Gratias ago Deo ob gratiam Dei, quæ data est vobis in Christo Jesu, quod in omnibus divites facti* estis *in illo, ita ut nihil vobis desit in ulla gratia.* Et vero profanæ illos sapientiæ fuisse participes, satis nobis declaravit multis illis longisque sermonibus, quibus in sapientiam illam invehitur. Cum enim alia in epistola non facile id præstitisse reperiatur, hic prolixa illos accusatione insectatur: ac merito sane. Nam quoniam hinc tumor et fastus exortus est, illic etiam sectionem admovit sic 1. Cor. 1. 17. dicens: *Non enim misit me Christus baptizare, sed evangelizare: non in sapientia verbi, ut non evacuetur* crux *Christi.* Vide quam acriter profanam sapientiam accuset, quod non modo nihil ad pietatem conferre videatur, sed etiam impedimentum et obstaculum fiat. Ut enim præclara corpora, et formosi pulchrique vultus, si quod ornatus exterius additamentum admittant, suæ pulchritudinis gloriam minuunt, quod fuci et pigmenta, et reliqua ejusmodi lenocinia et artificia formæ laudem divisam ad se trahant: quod si nihil eis addideris, pulchritudinem eorum magis detegis, dum sola forma decertat, et integra laude et commendatione perfruitur: ita fit in religione, et spirituali sponsa: si quid externum illi adjungas, sive divitias, sive potentiam, sive eruditionis vim, gloriam ejus perdis, nec sinis ut integra laus ejus appareat, sed in multas partes ejus gloriam dividis: sin eam solam sinas simplicem nudamque certare, amotis omnibus rebus humanis, tunc maxime pulchritudo ejus omnis apparebit, tunc invicta virtus ejus elucebit, cum neque divitiis indigens, neque sapientia, neque potentia, neque nobilitate, neque aliis ullis rebus humanis, omnia superare potuerit et subigere, dum per homines viles, abjectos, egenos, pauperes, idiotas, impiis oratoribus, philosophis, tyrannis, et universo terrarum orbe superior evadit. 1. Cor. 2. 1. Propterea Paulus quoque dicebat: *Non veni per sublimitatem sermonis annuntians vobis testimonium Dei:* et, *Quæ stulta sunt mundi* 1. Cor. 1. 27. *elegit Deus, ut confundat sapientes.* Non simpliciter dixit, Quæ stulta sunt, sed, *Quæ stulta sunt mundi;* neque omnino quod, *Quæ stulta sunt mundi,* sint etiam stulta apud Deum: sed multi ex illis qui videntur hic esse

[Marginal note: Profana sapientia non confert ad pietatem.]

C ἐφύτευσα, Ἀπολλὼς ἐπότισε· δεικνὺς ὅτι πρῶτος τὴν διδασκαλίαν κατεβάλλετο. Ὅτι δὲ χαρίσμασιν ἐκόμων πνευματικοῖς, ἐκεῖθεν δῆλον· Εὐχαριστῶ τῷ Θεῷ μου ἐπὶ τῇ χάριτι τοῦ Θεοῦ, τῇ δοθείσῃ ὑμῖν ἐν Χριστῷ Ἰησοῦ, ὅτι ἐν παντὶ ἐπλουτίσθητε ἐν αὐτῷ, ὥστε ὑμᾶς μὴ ὑστερεῖσθαι ἐν μηδενὶ χαρίσματι. Καὶ μὴν ὅτι σοφίας μετεῖχον τῆς ἔξωθεν, ἐξ ὧν πολλοὺς καὶ μακροὺς κατὰ τῆς σοφίας ἀποτείνει λόγους, δῆλον ἡμῖν ἐποίησεν. Οὐδαμοῦ γὰρ αὐτὸ ταχέως ἐν ἑτέρᾳ ποιήσας ἐπιστολῇ, ἐνταῦθα καὶ πολλῇ κέχρηται τῇ κατηγορίᾳ· καὶ μάλα εἰκότως. Ἐπειδὴ γὰρ ἐντεῦθεν ἡ φλεγμονὴ γέγονεν, ἐκεῖ καὶ τὴν τομὴν ἐπήγαγεν, D οὕτω λέγων· Οὐ γὰρ ἀπέστειλέ με Χριστὸς βαπτίζειν, ἀλλ' εὐαγγελίζεσθαι, οὐκ ἐν σοφίᾳ λόγου, ἵνα μὴ κενωθῇ ὁ σταυρὸς τοῦ Χριστοῦ. Ὅρα πόση κατηγορία τῆς ἔξωθεν σοφίας, ὅτι μὴ μόνον μηδὲν φαίνεται συντελοῦσα πρὸς τὴν εὐσέβειαν, ἀλλὰ καὶ ἐμπόδισμα καὶ κώλυμα γίνεται. Καθάπερ γὰρ τὰ λαμπρὰ τῶν σωμάτων, καὶ τῶν ὄψεων εὐειδεῖς καὶ καλαὶ, ἂν μέν τινα καλλωπισμοῦ προσθήκην ἔξωθεν λάβωσιν, εἰς τὴν τῆς οἰκείας εὐμορφίας βλάπτονται δόξαν, τῶν ὑπογραμμάτων καὶ τῶν ὑπογραφῶν καὶ τῆς ἄλλης ἐπιτεχνήσεως μεριζομένων πρὸς ἑαυτὰς τὸν τοῦ κάλλους ἔπαινον· ἂν δὲ μηδὲν ἐπαγάγῃς αὐταῖς, μᾶλλον αὐ- E τῶν ἐκφαίνεις τὴν εὐμορφίαν, γυμνῆς καθ' ἑαυτὴν τῆς ὥρας ἀγωνιζομένης, καὶ ὁλόκληρον καρπουμένης τὸ θαῦμα· οὕτω καὶ ἐπὶ τῆς εὐσεβείας καὶ τῆς νύμφης τῆς πνευματικῆς, ἂν μέν τι τῶν ἔξωθεν ἐπεισαγάγῃς αὐτῇ, ἢ πλοῦτον, ἢ δυναστείαν, ἢ λόγων ἰσχὺν, ἐκένωσας τὴν δόξαν αὐτῆς, οὐκ ἀφεὶς ὁλόκληρον αὐτῆς φανῆναι τὸ θαῦμα, ἀλλ' εἰς πολλὰ καταμερίσας αὐτῆς τὴν δόξαν· ἐὰν δὲ ἀφῇς γυμνὴν καθ' ἑαυτὴν ἀγωνίζεσθαι, πάντα ἀποστήσας τὰ ἀνθρώπινα, τότε ἀκριβῶς αὐτῆς φανεῖται τὸ κάλλος ἅπαν, τότε ἐκλάμψει σαφῶς ἡ ἄμαχος ἰσχὺς, ὅταν μήτε πλούτου, μήτε 137 σοφίας, μήτε δυναστείας, μήτε εὐγενείας, μήτε A ἄλλου τινὸς τῶν ἀνθρωπίνων δεηθεῖσα, πάντων δύνηται κρατεῖν καὶ περιγίνεσθαι, δι' ἀνθρώπων εὐτελῶν καὶ ταπεινῶν καὶ ἠπορημένων καὶ πενήτων καὶ ἰδιωτῶν, καὶ ἀσεβῶν ῥητόρων καὶ φιλοσόφων καὶ τυράννων, καὶ τῆς οἰκουμένης κρατοῦσα ἁπάσης. Διὸ καὶ Παῦλος ἔλεγεν· Οὐκ ἦλθον καθ' ὑπεροχὴν λόγου, κηρύττων ὑμῖν το μαρτύριον τοῦ Θεοῦ· καὶ, Τὰ μωρὰ τοῦ κόσμου ἐξελέξατο ὁ Θεὸς, ἵνα καταισχύνῃ τοὺς σοφούς. Οὐχ ἁπλῶς εἶπε, τὰ μωρὰ, ἀλλὰ, Τὰ τοῦ κοσμου μωρά· οὐ πάντως δὲ, ὅτι τὰ τοῦ κόσμου μωρὰ, καὶ παρὰ τῷ Θεῷ μωρά· ἀλλὰ πολλοὶ τῶν ἐνταῦθα δοκούντων. εἶναι ἀνοήτων, παρὰ τῷ Θεῷ B πάντων εἰσὶ τῶν ἄλλων σοφώτεροι· ὥσπερ οὖν καὶ πολλοὶ τῶν ἐν πενίᾳ ζώντων ἐνταῦθα, πάντων εἰσὶν εὐπορώτεροι παρὰ τῷ Θεῷ. Ἐπεὶ καὶ ὁ Λάζαρος ἐκεῖνος πάντων πτωχότερος ὢν ἐν τῷ κόσμῳ, πάντων ἦν εὐπορώτερος ἐν τοῖς οὐρανοῖς. Μωρίαν τοίνυν τοῦ κόσμου καλεῖ τοὺς οὐκ ἔχοντας γλῶτταν ἠκονημένην, τοὺς τῆς ἔξωθεν οὐ μετεσχηκότας σοφίας, τοὺς εὐγλωττίας ἀπεστερημένους. Καὶ τούτους ἐξελέξατο, φησὶν, ὁ Θεὸς, ἵνα καταισχύνῃ τοὺς σοφούς. Καὶ πῶς, εἰπέ μοι, διὰ τούτων ἐκεῖνοι καταισχύνονται; Διὰ τῆς τῶν πραγμάτων πείρας. Ὅταν γὰρ τὴν χήραν τὴν ἔξω καθημένην καὶ προσαιτοῦσαν, πολλάκις δὲ καὶ τὸ σῶμα ἀνάπηρον οὖσαν ἐξετάσῃς περὶ ἀθανασίας ψυχῆς, περὶ σωμάτων ἀναστάσεως, περὶ προνοίας Θεοῦ, περὶ τῆς κατ' ἀξίαν ἀντιδόσεως, περὶ τῶν εὐθυνῶν τῶν ἐκεῖ, περὶ τοῦ φοβεροῦ δικαστηρίου, περὶ τῶν ἀποκειμένων τοῖς κατορθοῦσιν ἀγαθῶν, περὶ τῶν ἠπειλημένων τοῖς ἁμαρτάνουσι τιμωριῶν, περὶ τῶν ἄλλων ἁπάντων· εἶτα μετὰ ἀκριβείας ἀποκρίνεται καὶ πληροφορίας πολλῆς· ὁ δὲ φιλόσοφος καὶ μέγα ἐπὶ κόμῃ καὶ βακτηρίᾳ φρονῶν, μετὰ τοὺς πολλοὺς καὶ μακροὺς τῶν λόγων διαύλους, μετὰ τὰς πολλὰς καὶ ἀκαίρους ἀδολεσχίας, μηδὲ χᾶναι δύναται, μηδὲ διᾶραι στόμα περὶ τούτων ἔχει· τότε γνώσῃ καλῶς, πῶς Ἐξελέξατο τὰ μωρὰ τοῦ κόσμου ὁ Θεὸς, ἵνα καταισχύνῃ τοὺς σοφούς. Ἅπερ γὰρ ἐκεῖνοι δι' ἀπόνοιαν καὶ ὑπερηφανίαν οὐκ ἠδυνήθησαν εὑρεῖν, τῆς μὲν τοῦ Πνεύματος ἑαυτοὺς ἀποστήσαντες διδασκαλίας, τοῖς δὲ οἰκείοις λογισμοῖς τὸ πᾶν ἐπιῤῥίψαντες, ταῦτα οἱ πτωχοὶ καὶ ἀπεῤῥιμμένοι, καὶ τῆς ἔξωθεν ἀπεστερημένοι παιδεύσεως, μετὰ ἀκριβείας ἔμαθον ἅπαντα, τῆς ἐκ τῶν οὐρανῶν ἐξαρτήσαντες ἑαυτοὺς διδασκαλίας. Οὐκ ἐνταῦθα δὲ μόνον ἵσταται κατηγορῶν τῆς ἔξωθεν σοφίας, ἀλλὰ καὶ ἕτερα τούτων πλείονα προστίθησι λέγων· Ἡ σοφία τοῦ κόσμου τούτου μωρία παρὰ τῷ Θεῷ· καὶ παραινῶν τοῖς ἀκούουσι πάλιν μετὰ πάσης αὐτοῖς ἀτιμίας καὶ σφοδρότητος ἔλεγεν· Εἴ γάρ τις δοκεῖ, φησὶν, ἐν ὑμῖν σοφὸς εἶναι ἐν τῷ αἰῶνι τούτῳ, μωρὸς γενέσθω, ἵνα γένηται σοφός· καὶ πάλιν· Γέγραπται, Ἀπολῶ τὴν σοφίαν τῶν σοφῶν, καὶ τὴν σύνεσιν τῶν συνετῶν ἀθετήσω· καὶ πάλιν, Κύριος γινώσκει τοὺς διαλογισμοὺς τῶν ἀνθρώπων, ὅτι εἰσὶ μάταιοι.

Ἀλλ' ὅτι μὲν σοφίας μετεῖχον οἱ Κορίνθιοι, δῆλον ἐκ τούτων· ὅτι δὲ μέγα ἐφρόνουν καὶ ἐφυσῶντο, πάλιν ἐξ αὐτῆς τῆς ἐπιστολῆς ἐστι φανερόν. Κατηγορήσας γάρ που τοῦ πεπορνευκότος, ἐπήγαγε λέγων· Καὶ ὑμεῖς δὲ πεφυσιωμένοι ἐστέ. Ὅτι δὲ ἐκ τῆς ἀπονοίας πρὸς ἀλλήλους ἤριζον, καὶ αὐτὸ τοῦτο ἐδήλωσε πάλιν

insipientes, apud Deum sunt omnibus aliis sapientiores: quemadmodum nimirum multi qui egestate hic premuntur, omnibus apud Deum sunt opulentiores. Quandoquidem Lazarus etiam ille cum omnium pauperrimus esset in mundo, ditissimus omnium erat in cælis. [*Luc.* 16. 20. sqq.] Stultitiam igitur mundi appellat eos, quibus lingua non est diserta, qui profana sapientia non sunt imbuti, qui eloquentia minime pollent. Et hos *Elegit*, inquit, *Deus, ut sapientes confundat*. Quo vero pacto, quæso, per hos illi confunduntur? [Humana sapientia confunditur.] Per ipsam rerum experientiam. Cum enim foris sedentem ac mendicantem viduam, ac sæpenumero corporis membris multilatam de immortalitate animæ interrogaveris, de resurrectione corporum, de providentia Dei, de retributione pro meritis, de ratione illic reddenda, de tremendo judicio, de repositis eis, qui recte se gesserint, bonis, de suppliciis quæ peccatoribus Deus comminatus est, de aliis omnibus: cumque illa valde accurate magna cum fiducia et securitate responderit; philosophus autem et qui plurimum coma et baculo gloriatur, post multa longaque spatia sermonum, post importunam multamque garrulitatem ne hiscere quidem potuerit, neque de istis verba facturus valuerit os diducere: tum probe intelliges, quo pacto *Deus elegerit stulta mundi, ut sapientes confunderet*. Nam quæ præ nimia superbia fastuque reperire illi minime potuerunt, tum quod seipsos a disciplina Spiritus sejunxissent, tum quod omnia propriis cogitationibus commisissent, hæc mendici et abjecti ac profanæ eruditionis expertes omnia exacte didicerunt, cum a cælesti disciplina penderent. Neque vero contentus est horum tenus profanam sapientiam incusare, sed et alia plura subjungit, dicens: *Sapientia hujus mundi stultitia est apud Deum;* [1. *Cor.* 3. 19.] et auditores rursus adhortans cum contemtu ac vehementia dicebat: *Si quis enim videtur*, inquit, *inter vos sapiens esse in hoc sæculo; stultus fiat, ut sit sapiens;* [*Ibid.* v. 18.] et rursus, *Scriptum est, Perdam sapientiam sapientum*, et *prudentiam prudentum reprobabo;* [1. *Cor.* 1. 19.] et rursus, *Dominus novit cogitationes hominum, quoniam vanæ sunt.* [1. *Cor.* 3. 20.]

6. Ac sapientia quidem præditos fuisse Corinthios ex his liquet; eos autem superbos fuisse atque animis inflatos ex eadem epistola manifestum est. Cum enim uspiam eum qui fornicatus erat, reprehendisset, adjecit dicens: *Et vos inflati estis.* [1. *Cor.* 5. 2.] Porro præ nimia arrogantia inter

se illos contendisse ac jurgatos esse rursus indi-
1. Cor. 3. 3. cavit, cum dixit : *Cum enim sit inter vos contentio, et zelus, et dissidia, nonne carnales estis, et secundum hominem ambulatis?* Quisnam autem fuit contentionis ille modus? In varios se rectores ac principes dividebant,
1. Cor. 1. 12. atque idcirco dicit : *Hoc autem dico, quod unusquisque vestrum dicit, Ego sum Pauli, ego autem Apollo, ego vero Cephæ.* Hæc au- B tem dicebat non quod Paulo et Cephæ et Apollo se attribuerent, sed his nominibus obtegere voluit eos, qui seditionis auctores fuerant, ne si eos manifestaret, contentiosiores atque adeo impudentiores redderet. Non enim Paulo et Petro et Apollo seipsos illos attribuisse, sed aliis quibusdam, ex his quæ sequuntur liquet. Cum enim ipsos propter hoc dissidium castigasset,
1. Cor. 4. 6. rursus adjunxit dicens : *Hæc autem, fratres, transfiguravi in me et Apollo propter vos, ut in vobis discatis, ne supra quam scriptum est sapiatis, ne unus adversus alterum infle-* C *tur pro alio.* Multi enim ex imperitis cum non possent ex domesticis meritis efferri, neque proximos insectari ac mordere, cum sibi quosdam principes ac rectores præfecissent, illorum meritis ac virtutibus ad fastum et insolentiam adversus alios utebantur, et ex eorum, a quibus edocti fuerant, sapientia occasionem arrogantiæ adversus cæteros arripiebant : quod summi et insani gloriæ amoris fuit, cum ii qui propriis meritis gloriari non possent, aliorum excellentia ad insolentiam contemtumque fratrum abuteren- D tur. Quoniam igitur et in superbiam elati erant, et inter se dissidebant, atque in varias partes seipsos diviserant, et propter doctrinam gloriabantur, tamquam propria illam industria sibi comparassent, neque cælitus ac divina ex gratia veritatis dogmata recepissent, volens eorum tumorem ac fastum reprimere, statim a principio seipsum *vocatum* appellavit, hoc propemodum dicens : Si ego magister nihil mea industria adinveni, neque prior ipse ad Deum accessi, sed cum vocatus essem, tum demum dicto audiens fui, quomodo vos discipuli, quique a me do- E gmata accepistis, superbire potestis, perinde quasi adinventa hæc a vobis fuissent? Quocirca
1. Cor. 4. 7. prius etiam dicebat illis : *Quis enim te discernit? quid autem habes, quod non accepisti? si autem accepisti, quid gloriaris, quasi non acceperis?* Nihil igitur aliud est istud vocabulum *Vocatus*, nisi disciplina humilitatis et fastus depressio et omnis arrogantiæ repressio : nihil

εἰπών· Ὅπου γὰρ ἐν ὑμῖν ἔρις καὶ ζῆλος καὶ διχοστασίαι, οὐχὶ σαρκικοί ἐστε, καὶ κατὰ ἄνθρωπον περιπατεῖτε; Καὶ τίς ὁ τῆς ἔριδος τρόπος; Εἰς πολλοὺς ἄρχοντας κατέτεμον ἑαυτοὺς, καὶ διὰ τοῦτό φησι· Λέγω δὲ τοῦτο, ὅτι ἕκαστος ὑμῶν φησιν, ἐγὼ μέν εἰμι Παύλου, ἐγὼ δὲ Ἀπολλῶ, ἐγὼ δὲ Κηφᾶ. Ταῦτα ἔλεγεν, οὐκ ἐπειδὴ Παύλῳ καὶ Κηφᾷ καὶ Ἀπολλῷ προσένεμον ἑαυτοὺς, ἀλλὰ τοῖς ὀνόμασι τού- B τοις ἀποκρύψαι βούλεται τοὺς τῆς στάσεως αἰτίους γεγενημένους, ὥστε μὴ φανεροὺς καταστήσας, φιλονεικοτέρους ποιῆσαι, καὶ εἰς μείζονα ἀναισχυντίαν ἀγαγεῖν. Ὅτι γὰρ οὐ Παύλῳ καὶ Πέτρῳ καὶ Ἀπολλῷ προσένεμον ἑαυτοὺς, ἀλλ' ἑτέροις τισὶ, καὶ τοῦτο ἐκ τῶν ἑξῆς δῆλον. Ἐγκαλέσας γὰρ αὐτοῖς ἐπὶ τῇ διαστάσει ταύτῃ, πάλιν ἐπήγαγε λέγων· Ταῦτα δὲ, ἀδελφοὶ, μετεσχημάτισα εἰς ἐμαυτὸν καὶ Ἀπολλὼ δι' ὑμᾶς, ἵνα ἐν ὑμῖν μάθητε τὸ μὴ ὑπὲρ ὃ γέγραπται φρονεῖν, ἵνα μὴ εἷς ὑπὲρ τοῦ ἑνὸς μὴ φυσιοῦσθε κατὰ τοῦ ἑτέρου. Πολλοὶ γὰρ τῶν ἰδιωτῶν οὐκ ἔχοντες οἴκοθεν ἐπαίρεσιν, οὐδὲ τοὺς πλησίον δάκνειν, προστη- C σάμενοί τινας ἑαυτῶν ἄρχοντας, τοῖς ἐκείνων πλεονεκτήμασιν εἰς τὴν καθ' ἑτέρων ὑπερηφανίαν ἐκέχρηντο· καὶ ἡ τῶν διδασκόντων αὐτοὺς σοφία τῆς καθ' ἑτέρων αὐτοῖς ἀπονοίας ἐγένετο πρόφασις· ὅπερ ἐσχάτης δοξομανίας ἦν, οἴκοθεν οὐκ ἔχοντας ἐναβρύνεσθαι, ταῖς ἑτέρων ὑπεροχαῖς ἀποχρῆσθαι εἰς τὴν κατὰ τῶν ἀδελφῶν ὑπεροψίαν. Ἐπεὶ οὖν καὶ εἰς ἀπόνοιαν ἤρθησαν καὶ διεστασίαζον, καὶ εἰς πολλὰ κατέτεμνον μέρη ἑαυτοὺς, καὶ μέγα ἐφρόνουν ἐπὶ τῇ διδασκαλίᾳ, ὡς οἴκοθέν τε καὶ παρ' ἑαυτῶν εὑρόντες, ἀλλ' οὐχ ὡς ἄνωθεν δεξάμενοι καὶ ἐκ τῆς τοῦ Θεοῦ D χάριτος τὰ τῆς ἀληθείας δόγματα, βουλόμενος αὐτῶν καταστεῖλαι τὸ φύσημα, εὐθέως ἀπὸ τῶν προοιμίων κλητὸν αὐτὸν ἐκάλεσε, μονονουχὶ λέγων· εἰ ἐγὼ ὁ διδάσκαλος οὐδὲν οἴκοθεν εὗρον, οὔτε πρότερον αὐτὸς τῷ Θεῷ προσῆλθον, ἀλλὰ κληθεὶς τότε ὑπήκουσα, πῶς ὑμεῖς οἱ μαθηταὶ, καὶ παρ' ἐμοῦ τὰ δόγματα δεξάμενοι, δύνασθε μέγα φρονεῖν, ὡς αὐτοὶ τούτων εὑρέται γενόμενοι; Διὰ τοῦτο καὶ προϊὼν ἔλεγεν αὐτοῖς· Τίς γάρ σε διακρίνει; τί δὲ ἔχεις ὃ οὐκ ἔλαβες; εἰ δὲ καὶ ἔλαβες, τί καυχᾶσαι ὡς μὴ λαβών; Οὐδὲν οὖν ἄλλο ἐστὶ τὸ Κλητὸς τοῦτο, ἀλλ' ἢ ταπεινοφροσύνης διδασκαλία, καὶ τύφου καθαίρεσις, καὶ πάσης E ἀλαζονείας καταστολή· οὐδὲν γάρ ἐστιν, οὐδὲν οὕτως ὃ συγκρατεῖν καὶ συνέχειν ἡμᾶς δύναιτ' ἂν, ὡς ταπεινοφροσύνη, καὶ μετριάζειν, καὶ τὸ κατεστάλθαι καὶ μηδὲν μηδέποτε περὶ ἑαυτῶν μέγα φαντάζεσθαι. Ὅπερ καὶ ὁ Χριστὸς συνειδὼς, καὶ τῆς πνευματικῆς ἐκείνης διδασκαλίας ἀρχόμενος, ἀπὸ ταπεινοφροσύνης πρῶτον τῆς παραινέσεως ἤρξατο, καὶ τὸ στόμα ἀνοίξας, τοῦτον πρῶτον εἰσήνεγκε τὸν νόμον, οὕτως εἰπών· Μακάριοι οἱ πτωχοὶ τῷ πνεύματι. Καθάπερ γάρ τις

οἰκίαν μεγάλην καὶ λαμπρὰν οἰκοδομεῖσθαι μέλλων, 139 A
ἀνάλογον καταβάλλεται τὸν θεμέλιον, ὥστε δυνηθῆναι τὸ μετὰ ταῦτα ἐπιτιθέμενον ἐνεγκεῖν βάρος·
οὕτω δὴ καὶ ὁ Χριστὸς, τὴν μεγάλην ἐκείνην οἰκοδομὴν τῆς φιλοσοφίας ἐν ταῖς ψυχαῖς αὐτῶν ἐγείρων,
ὥσπερ τινὰ θεμέλιον καὶ τρόπιν ἀσφαλῆ καὶ κρηπῖδα
βεβαίαν καὶ ἀκίνητον, τὴν τῆς ταπεινοφροσύνης προ-
καταβάλλεται παραίνεσιν, εἰδὼς ὅτι ταύτης ἐῤῥιζω-
μένης ἐν ταῖς διανοίαις τῶν ἀκουόντων, ἅπαντα ἄλλα
τῆς ἀρετῆς μέρη μετὰ ἀσφαλείας οἰκοδομεῖσθαι δύναται. Ὥσπερ οὖν ταύτης ἀπούσης, κἂν ἅπασάν τις
τὴν λοιπὴν ἀρετὴν κατορθώσῃ, εἰκῆ καὶ μάτην καὶ
εἰς οὐδὲν δέον ἐστὶ πεπονηκὼς, κατ' ἐκεῖνον τὸν ἐπὶ B
τῆς ψάμμου τὴν οἰκίαν οἰκοδομήσαντα, ὃς τὸν μὲν
πόνον ὑπέμεινε, τοῦ δὲ κέρδους οὐκ ἀπώνατο, ἐπειδὴ
θεμέλιον οὐ κατέβαλεν ἀσφαλῆ· οὕτως ὁ χωρὶς ταπεινοφροσύνης ὁτιοῦν μετιὼν ἀγαθὸν, ἀπώλεσεν ἅπαντα καὶ διέφθειρε. Ταπεινοφροσύνην δὲ, οὐ τὴν ἐν
ῥήμασι λέγω, οὐδὲ τὴν ἐπὶ τῆς γλώττης, ἀλλὰ τὴν ἐν
τῇ διανοίᾳ, τὴν ἀπὸ τῆς ψυχῆς, τὴν ἐν συνειδότι,
ἣν ὁ Θεὸς δύναται μόνος ὁρᾷν. Ἀρκεῖ τοῦτο τὸ πλεονέκτημα, καὶ καθ' ἑαυτὸ πολλάκις φαινόμενον, ἵλεω
ποιῆσαι τὸν Θεόν. Καὶ τοῦτο ὁ τελώνης ἐδήλωσεν·
οὐδὲν γὰρ ἔχων ἀγαθὸν, οὐδὲ ἀπὸ κατορθωμάτων
φανῆναι δυνάμενος, εἰπὼν μόνον, Ἱλάσθητί μοι τῷ C
ἁμαρτωλῷ, κατῆλθεν ὑπὲρ τὸν Φαρισαῖον δικαιω-
θείς· καίτοι γε οὐδὲ ταπεινοφροσύνης ἦσαν ἐκεῖνα
τὰ ῥήματα, ἀλλ' εὐγνωμοσύνης μόνον. Ταπεινοφροσύνης μὲν γάρ ἐστιν ὅταν μεγάλα τις ἑαυτῷ συνειδὼς, μηδὲν μέγα περὶ αὑτοῦ φαντάζηται· εὐγνωμοσύνη δὲ, ὅταν, ἁμαρτωλὸς ὢν, αὐτὸ τοῦτο ὁμολογῇ.
Εἰ δὲ ὁ μηδὲν ἑαυτῷ συνειδὼς ἀγαθὸν, ἐπειδὴ τοῦτο,
ὅπερ ἦν, ὡμολόγησεν, οὕτω τὸν Θεὸν εἰς εὔνοιαν
ἐπεσπάσατο, πόσης ἀπολαύσονται παῤῥησίας οἱ πολλὰ
μὲν ἔχοντες ἑαυτῶν κατορθώματα εἰπεῖν, πάντων
δὲ ἐκείνων ἐπιλανθανόμενοι, καὶ εἰς τοὺς ἐσχάτους
ἑαυτοὺς ἀριθμοῦντες; Καθάπερ οὖν καὶ ὁ Παῦλος
ἐποίησε· πρῶτος γὰρ ἁπάντων ὢν τῶν δικαίων, D
πρῶτον ἑαυτὸν τῶν ἁμαρτωλῶν ἔλεγεν εἶναι· οὐκ
ἔλεγε δὲ μόνον, ἀλλὰ καὶ ἐπέπειστο παρὰ τοῦ διδασκάλου μαθὼν, ὅτι μετὰ τὸ πάντα ποιῆσαι ἀχρείους
δούλους ἑαυτοὺς χρὴ καλεῖν. Τοῦτό ἐστι ταπεινοφροσύνη, τοῦτον ζηλώσατε οἱ κατορθώματα ἔχοντες,
τὸν δὲ τελώνην ὑμεῖς οἱ ἁμαρτημάτων γέμοντες, καὶ
ὁμολογῶμεν ὥσπερ ἐσμὲν, καὶ τὸ στῆθος πλήττωμεν,
καὶ τὴν διάνοιαν πείθωμεν μηδὲν, μέγα περὶ ἑαυτῶν
φαντάζεσθαι. Ἂν γὰρ οὕτως ὦμεν διακείμενοι, ἀρκεῖ τοῦτο ἡμῖν εἰς προσφορὰν καὶ θυσίαν· καθάπερ
καὶ ὁ Δαυὶδ ἔλεγε· Θυσία τῷ Θεῷ πνεῦμα συντετριμ-
μένον· καρδίαν συντετριμμένην καὶ τεταπεινωμένην
ὁ Θεὸς οὐκ ἐξουδενώσει. Οὐχ ἁπλῶς εἶπε τεταπεινω- E
μένην, ἀλλὰ καὶ συντετριμμένην· τὸ γὰρ συντετριμ-

enim est quod nos ita continere ac cohibere possit, ut humilitas, et moderate agere, ac modestum esse, nihilque de se magnum animo fingere.
Quod et Christus intelligens ac spiritualem illam
doctrinam tradere incipiens, a cohortatione ad Prima lex
humilitatem illam inchoavit, atque os aperiens humilitatis.
primum tulit hanc legem ita dicens : *Beati* Matth. 5. 3.
pauperes spiritu. Nam quemadmodum is qui
magnas et magnificas ædes fuerit ædificaturus,
conveniens jacit fundamentum, ut eam, quæ
postea imponetur, molem ferre possit : ita nimirum etiam Christus, cum ingens illud ædificium
philosophiæ in illorum animabus erigeret, tamquam fundamentum, et carinam et basim firmam
et immobilem, cohortationem humilitatis ponit
prius; cum probe noverit, postquam hæc in
auditorum mentibus radices egerit, reliqua
omnia virtutum genera ædificari tuto posse. Ut
igitur si hæc defuerit, licet reliquas omnes virtutes quis opere ipso exhibeat, frustra et incassum ac sine ullo fructu labores suscepit, illi
persimilis, qui domum suam super arenam con- Matth. 7.
struxit, qui laborem quidem exantlavit, quæ- 26. 27.
stum autem nullum fecit, propterea quod firmum
fundamentum minime jecit : ita quisquis absque
humilitate quidvis boni peragit, omnia perdit
ac destruit. Humilitatem autem dico, non eam
quæ in verbis, neque quæ in lingua, sed quæ in
mente, in anima, in conscientia sita est, quam
solus cernere Deus potest. Sufficit unum istud
bonum, si vel solum sæpenumero appareat, ut
propitium Deum reddat. Atque hoc publicanus
ostendit : qui cum boni haberet nihil, neque
recte factis insignis posset videri, cum solummodo dixisset, *Propitius* esto *mihi peccatori*, Luc. 18.
potius quam Pharisæus justificatus descendit, 13.
tametsi non humilitatis erant illa verba, sed
modestiæ et æquitatis tantum. Siquidem humilitatis est, cum quis magnarum a se gestarum rerum conscius nihil de se magnificum animo fingit : modestia vero et æquitas, cum is, qui
peccator est, istud ipsum fatetur. Quod si is, qui
nihil a se boni gestum noverat, quoniam id quod
erat confessus est, ita sibi Dei benevolentiam
conciliavit : quantam apud eum fiduciam obtinebunt ii, qui cum multa sua possent commemorare præclara facinora, illorum omnium obliti
sese in numerum rejecerint postremorum ? Quod
utique Paulus quoque fecit : cum enim justorum
omnium primus esset, primum sese esse dicebat 1. Tim. 1.
peccatorum ; neque dicebat solum, sed et crede- 15.
bat, cum a præceptore didicisset, postquam

Luc. 17. 10. omnia fecerimus, debere nos servos inutiles nos vocare. Istud est humilitas, istum imitemini qui recte factis insignes estis, publicanum vero vos qui peccatorum pleni estis : et confiteamur quod sumus, percutiamus pectus, et menti nostræ persuadeamus, ut nihil magnum de se concipiat. Si enim ita fuerimus affecti, sufficit hoc nobis ad oblationem et sacrificium : sicut et David di-
Psal. 50. 19. cebat : *Sacrificium Deo spiritus contribulatus; cor contritum et humiliatum Deus non despiciet.* Non simpliciter dixit *humiliatum*, sed et *contritum*; quod enim est contritum, confractum est : neque enim potest, quantumvis cupiat, efferri. Ita nos quoque non humiliemus tantum animam nostram, sed conteramus etiam et compungamus : conteritur autem, dum suorum perpetuo peccatorum recordatur. Si ita illam humiliaverimus, ne si velit quidem in superbiam erigi poterit, dum a conscientia tamquam freno quodam correpta, ne se erigat, reprimetur, et ad modestiam servandam in omnibus compelletur. Ita poterimus et apud Deum gra-
Eccli. 3. 20. tiam invenire : *Quanto* enim *major es,* inquit, *tanto magis teipsum humilia, et invenies gratiam apud Deum.* Porro qui gratiam apud Deum invenerit, nihil sentiet molestiæ, sed et in hac vita poterit cum Dei gratia cuncta illa adversa facile pertransire, ac repositas in altera vita peccatoribus pœnas effugere, præcedente ubique gratia Dei, et omnia illi propitia et placida reddente : quam utinam omnes obtinere possimus in Christo Jesu Domino nostro, per quem et cum quo Patri gloria, una cum sancto Spiritu, nunc et semper, et in sæcula sæculorum. Amen.

μένον, καὶ διακεκλασμένον· οὐδὲ γὰρ, ἐὰν βούληται, ἐπαρθῆναι δύναται. Οὕτω δὴ καὶ ἡμεῖς μὴ ταπεινώσωμεν μόνον τὴν ψυχὴν τὴν ἡμετέραν, ἀλλὰ καὶ συντρίψωμεν καὶ κατανύξωμεν· συντρίβεται δὲ οἰκείων ἁμαρτημάτων μεμνημένη συνεχῶς. Ἂν οὕτως αὐτὴν ταπεινώσωμεν, οὐδὲ βουλομένη πρὸς τῦ-
140 φον ἀναστῆναι δυνήσεται, ὥσπερ τινὸς χαλινοῦ τοῦ
A συνειδότος ἐπιλαμβανομένου διεγειρομένης αὐτῆς, καὶ καταστέλλοντος καὶ πείθοντος μετριάζειν ἐν ἅπασιν. Οὕτω δυνησόμεθα παρὰ τῷ Θεῷ καὶ χάριν εὑρεῖν· Ὅσῳ γὰρ μέγας εἶ, φησὶ, τοσούτῳ ταπείνου σεαυτὸν, καὶ ἐναντίον Κυρίου εὑρήσεις χάριν. Ὁ δὲ παρὰ τῷ Θεῷ χάριν εὑρὼν, οὐδενὸς αἰσθήσεται χαλεποῦ, ἀλλὰ καὶ ἐνταῦθα δυνήσεται μετὰ τῆς τοῦ Θεοῦ χάριτος ἐκεῖνα ἅπαντα μετ' εὐκολίας διαδραμεῖν τὰ δεινὰ, καὶ τὰς ἐκεῖ κειμένας τοῖς ἁμαρτάνουσι διαφυγεῖν τιμωρίας, τῆς χάριτος τοῦ Θεοῦ πανταχοῦ προηγουμένης, καὶ πάντα ἐξευμενιζούσης αὐτῷ· ἧς γένοιτο πάντας ἡμᾶς ἀπολαύειν ἐν Χριστῷ Ἰησοῦ τῷ Κυρίῳ ἡμῶν, δι' οὗ καὶ μεθ' οὗ τῷ Πατρὶ δόξα, ἅμα τῷ ἁγίῳ Πνεύματι, νῦν καὶ ἀεὶ, καὶ εἰς τοὺς αἰῶνας τῶν αἰώνων. Ἀμήν.

MONITUM

IN HOMILIAM DE GLORIA IN TRIBULATIONIBUS.

Nullam hæc concio præ se fert temporis notam, qua vel annus deprehendi vel internosci valeat Antiochiæne, an Constantinopoli habita fuerit. Cæterum omnes styli notæ hic Chrysostomum auctorem designant; ut mirum sit virum doctum et accuratum Hermantium eam in νοθείας suspicionem vocare non dubitavisse, quem ideo jure refellit Tillemontius, et styli proprietate permotus et Catalogi Augustani perantiqui in notis supra editi testimonio; in quo Catalogo sincera Chrysostomi opera accurate recensentur, et hæc ibidem quartadecima locatur.

Interpretatio Latina est Frontonis Ducæi.

[a] ΕΙΣ ΤΟ ΑΠΟΣΤΟΛΙΚΟΝ ΡΗΤΟΝ ΤΟ ΛΕΓΟΝ, B

Οὐ μόνον δὲ, ἀλλὰ καὶ καυχώμεθα ἐν ταῖς θλίψεσιν, εἰδότες, ὅτι ἡ θλῖψις ὑπομονὴν κατεργάζεται, καὶ τὰ ἑξῆς.

Ἐπίπονον μὲν γηπόνῳ τὸ ζεῦξαι βόας, καὶ ἄροτρον ἑλκύσαι, καὶ αὔλακα ἀνατεμεῖν, καὶ σπέρματα καταβαλεῖν, καὶ ἀνασχέσθαι χειμῶνος, καὶ κρυμὸν ἐνεγκεῖν, καὶ περιελάσαι τάφρον, καὶ πλεονεξίαν ὑδάτων ἐπιοῦσαν τοῖς σπέρμασιν ἀποκρούσασθαι, καὶ ὄχθας ποταμῶν ὑψηλοτέρας ἐργάσασθαι, καὶ διὰ μέσης τῆς ἀρούρας βαθυτέρας αὔλακας ἀνατεμεῖν· ἀλλὰ τὰ ἐπίπονα ταῦτα, καὶ μόχθον ἔχοντα, κοῦφα γίνεται καὶ ῥᾷστα, ὅταν ταῖς ἐλπίσιν ὁ γεωργὸς C ἴδῃ κομῶντα τὰ λήϊα, καὶ τὴν δρεπάνην ἠκονημένην, καὶ τὴν ἅλωνα τῶν δραγμάτων ἐμπεπλησμένην, καὶ τὸν καρπὸν ὥριμον μετὰ πολλῆς τῆς εὐφροσύνης οἴκαδε εἰσκομιζόμενον. Οὕτω καὶ κυβερνήτης ἀγρίων κυμάτων κατατολμᾷ, καὶ χειμῶνος, καὶ μαινομένης θαλάττης πολλάκις καταφρονεῖ, καὶ πνευμάτων ἀστάτων, καὶ διαποντίους κλύδωνας καὶ μακρὰς οἶδε φέρειν ἀποδημίας, ὅταν τὰ φορτία ἀναλογίζηται, καὶ τοὺς τῆς ἐμπορίας λιμένας, καὶ τὸν ἐκ τούτων ἄπειρον πλοῦτον τικτόμενον ἴδῃ. Οὕτω καὶ στρατιώτης τραύματα φέρει, καὶ νέφη βελῶν ἀποδέχεται, καὶ λιμὸν ὑποφέρει, καὶ κρυμὸν, καὶ τὰς 141 A μακρὰς ἀποδημίας, καὶ τοὺς ἐπὶ τῆς παρατάξεως κινδύνους, ἐντεῦθεν τὰ τρόπαια καὶ τὰς νίκας καὶ τοὺς στεφάνους ἀναλογιζόμενος. Ἀλλὰ τίνος ἕνεκεν τούτων ἐμνήσθην, ἢ τί μοι βούλεται ταῦτα τὰ παραδείγματα; Παράκλησιν ὑμῖν ἐντεῦθεν πρὸς τὴν ἀκρόασιν εἰσαγαγεῖν βούλομαι, καὶ παραμυθίαν πρὸς τοὺς ὑπὲρ τῆς ἀρετῆς ἱδρῶτας. Εἰ γὰρ τῶν εἰρημένων ἕκαστος τὸ ἐπίπονον κοῦφον ἡγεῖται διὰ τὴν τῶν μελλόντων ἐλπίδα, καὶ ταῦτα, εἰ καί τις αὐτῶν ἐπιτυχεῖν δυνηθείη, τῷ παρόντι συγκαταλυόμενα βίῳ, πολλῷ μᾶλλον ὑμᾶς τὴν ὑπὲρ τῆς πνευματικῆς διδασκαλίας ἀκρόασιν ἀνέχεσθαι χρὴ, καὶ τὴν ὑπὲρ τῆς αἰωνίου ζωῆς παράταξίν τε καὶ τοὺς ἱδρῶτας γενναίως φέρειν. Τοῖς μὲν γὰρ ἄδηλα B τὰ τῆς προσκαίρου ἐλπίδος ἐστὶ, καὶ ἐν προσδοκίᾳ μόνῃ τῶν χρηστῶν πολλάκις γενόμενοι, τὸν βίον οὕτω κατέλυσαν, ἐντρυφήσαντες μὲν ταῖς ἐλπίσιν, ἐπὶ δὲ τῶν ἔργων αὐτῶν οὐκ ἐγγίσαντες, καὶ δὴ διὰ ταῦτα τὰ χαλεπώτερα ὑπομείναντες. Οἷόν τι λέγω· μετὰ τοὺς πολλοὺς ἐκείνους πολλάκις πόνους τε καὶ ἱδρῶτας ὁ γηπόνος ἐνίοτε ἐν αὐτῷ τῷ τὴν δρεπά-

IN DICTUM ILLUD APOSTOLI,

Non solum autem, sed et gloriamur in tribulationibus, scientes, quod tribulatio patientiam operatur, *et reliqua*. Rom. 5. 3.

1. Laboriosum est quidem agricolæ boves jungere, vomerem trahere, sulcum ducere, semina spargere, hyemem ferre, frigus tolerare, fossam circumducere, ingruentem aquarum copiam a satis arcere, fluminum ripas altiores reddere, ac per medium agrum profundiores sulcos ducere : sed hæc operosa, quæque multo labore illum fatigant, levia fiunt ac facilia, dum spe concipit segetem vernantem agricola, falcem exacutam, ac repletam manipulis arcam et fruges maturas, quæ multa cum lætitia domum deferuntur. Sic et gubernator sævis audacter se fluctibus committit, tempestatem et furens pelagus sæpe contemnit, ventos instabiles, marinas procellas, et longas peregrinationes ferre novit, cum sarcinas mercium secum reputat et negotiationis portus, et immensas opes inde comparandas intuetur. Nec aliter miles fert vulnera, jaculorum nubem excipit, famem tolerat, frigus, longas peregrinationes, et in acie subeunda pericula, dum tropæa, victorias, et coronas secum reputat, quæ inde pariuntur. Ad quid autem hæc commemoravimus, aut quid hæc exempla sibi volunt? Hinc nimirum occasionem arripere placuit vos ad audiendum cohortandi, atque ad labores pro virtute subeundos incitandi. Nam si propter spem futurorum, idque ut eorum aliquis ea bona consequi possit, quæ cum hac vita finiuntur, hæc illi sustinent, multo magis vos oportet in audiendo perseverare, ut spirituali doctrina imbuamini, ac pro vita æterna pugnam generose sudoresque tolerare. Nam illorum quidem incerta spes est ac temporaria, et sæpe dum sola exspectatione lactantur, vitam finiunt, spe quidem se oblectantes, sed rebus ipsis necdum appropinquantes, tametsi graves illas difficultates, exantlarint. Exempli causa, post multos illos labores ac sudores agricola nonnumquam, dum falcem exacuit, et ad messem se comparat, vel immissa ærugine, vel locustarum multitudine, vel immodica pluvia incidente, vel alia quapiam importata calamitate ex aeris intemperie, vacuis ma-

Labores pro virtute subeundi.

[a] Collata cum Mss. Regio 2343 et Colbertino 49.

nibus domum revertitur, postquam labores quidem sustinuit, sed speratis frugibus excidit. Pari ratione gubernator dum mercium copia lætatur, expansis magna cum voluptate velis cum multa maria fuerit emensus, in ipso persæpe portus ingressu vel occurrente rupe vel ad saxum in mari latens aut ad scopulum aliquem allisa navi, ac inopinato ejusmodi casu perculsus, cunctis mercibus amissis, post infinita illa pericula vix salvo corpore nudus evadit. Sic et miles postquam innumeris sæpe pugnavit in præliis, adversarios repulit, hostesque devicit, dum in ipsa victoriæ exspectatione versatur, nullis penitus commodis ex laboribus periculisque reportatis e vita discedit. At ejusmodi non sunt res nostræ: spes enim æternas, immotas, et firmas habent, quæque cum hac vita minime terminantur, sed ad immortalem beatamque vitam illam ac perpetuo duraturam spectant, et non modo nullis ex aeris intemperie vel inopinato rerum eventu patent incursibus, sed nec ab ipsa morte possunt deleri. Quin etiam dum sola spe fovemur, ejus in quovis etiam e vulgo fructus elucet, et quanta illi merces debeatur. Propterea beatus etiam Rom. 5. 3. Paulus clamabat dicens: *Non solum autem, sed et gloriamur in tribulationibus.* Ne, quæso, leviter prætereamus, quæ dicta sunt: sed quando, nescio quo casu, sermo nos rursus ad præclari gubernatoris Pauli portum appulit, in hujus dicti consideratione libenter immoremur, brevis quidem illius, sed a quo multa philosophia erudimur. Quid tandem est ergo quod dicit, et quid his nobis indicat verbis, *Non solum autem, sed et gloriamur in tribulationibus?* Paulo altius, si placet, doctrinæ sermonem ordiamur, et multam inde nobis perspicuitatem videbimus ac vim sententiarum emergere. Sed neminem corpus in mollitiem ac pigritiam resolvat: quin potius tamquam rore quodam spiritualis doctrinæ cupiditate recreetur. Etenim de tribulatione verba facimus, de cupiditate bonorum æternorum, de patientia, deque mercede, quam illi obtinent, qui minime supini sunt ac dosidos. Quid igitur sibi vult illud, *Non solum?* Qui enim his verbis utitur, de multis aliis bonis se loquutum esse indicat, quæ præcesserint, et cum illis istud adjicere, quod ex tribulatione nascitur: quam ob causam et ipse dicebat: *Non solum autem, sed et gloriamur in tribulationibus.* Ut autem dilucidiora fiant hæc verba, nos ad brevem ho-

νην ἀκονᾷν, καὶ πρὸς τὸν ἄμητον παρασκευάζεσθαι, ἐρυσίβης κατενεχθείσης, ἢ πλήθους ἀκρίδων, ἢ πέρα τοῦ μέτρου τῆς ἐπομβρίας γενομένης, ἢ ἑτέρας τινὸς πληγῆς ἐπενεχθείσης ἐκ τῆς τῶν ἀέρων ἀνω- C μαλίας, ἀπῆλθε κεναῖς οἴκαδε χερσὶ, τὸν μὲν πόνον ἅπαντα ὑπομείνας, τοῦ δὲ καρποῦ τῆς ἐλπίδος ἐκπεσών. Καὶ ὁ κυβερνήτης δὲ ὁμοίως χαίρων τῷ πλήθει τῶν φορτίων, καὶ μετὰ πολλῆς τῆς ἡδονῆς τὰ ἱστία πετάσας, καὶ περάσας πολὺ πέλαγος, ἐν αὐτῷ πολλάκις τῷ στόματι τοῦ λιμένος, ἢ σπιλάδος ἐμπεσούσης, ἢ ὑφάλῳ καὶ σκοπέλῳ τινὶ προσαράξας, ἢ ἄλλῃ τινὶ τοιαύτῃ ἀδοκήτῳ περιστάσει πληγεὶς, πάντα τὸν φόρτον ἀπώλεσε, καὶ μόλις τὸ ἑαυτοῦ σῶμα γυμνὸν διέσωσε μετὰ τοὺς μυρίους κινδύνους ἐκείνους. Οὕτω καὶ ὁ στρατιώτης μυρίοις πολλάκις παραταξάμενος πολέμοις, καὶ ἀποκρουσάμενος τοὺς D ἐναντίους, καὶ τῶν ἐχθρῶν περιγενόμενος, καὶ ἐν αὐτῇ ὢν τῇ προσδοκίᾳ τῆς νίκης, τὴν ζωὴν μεταλλάξας ἀπῆλθεν, οὐδενὸς ὅλως ἐκ τῶν μόχθων καὶ τῶν κινδύνων ἀπολαύσας χρηστοῦ. Τὰ δὲ ἡμέτερα οὐ τοιαῦτα· τάς τε γὰρ ἐλπίδας αἰωνίους ἔχει ἀκινήτους τε καὶ βεβαίας, καὶ οὐ τῷ προσκαίρῳ τούτῳ συγκαταλυομένας βίῳ, ἀλλὰ πρὸς τὴν ἀκήρατον καὶ μακαρίαν ἐκείνην καὶ διαιωνίζουσαν ζωὴν, καὶ οὐ μόνον ἀνωμαλίᾳ ἀέρων καὶ ἀδοκήτων πραγμάτων περιστάσει οὐκ ἐπιβουλευομένας, ἀλλ' οὐδὲ αὐτῷ τῷ E θανάτῳ διαλυομένας. Ἀπὸ τῶν ἐλπίδων δὲ αὐτῶν ἴδοι τις ἂν καὶ ἐν αὐτοῖς τοῖς τυχοῦσι λάμποντα αὐτῶν τὸν καρπὸν, καὶ πολλὴν καὶ μεγάλην οὖσαν τὴν ἀμοιβήν. Διὰ τοῦτο ὁ μακάριος Παῦλος ἐβόα, λέγων· Οὐ μόνον δὲ, ἀλλὰ καὶ καυχώμεθα ἐν ταῖς θλίψεσι. Παρακαλῶ μὴ παραδράμωμεν τὸ εἰρημένον ἁπλῶς· ἀλλ' ἐπειδὴ, οὐκ οἶδα πῶς, πάλιν ἡμᾶς ὁ λόγος εἰς τὸν τοῦ καλοῦ κυβερνήτου Παύλου λιμένα εἰσήγαγεν, ἐντρυφήσωμεν τῇ λέξει, βραχείᾳ μὲν οὔσῃ, πολλῇ δὲ ἡμᾶς παιδευούσῃ φιλοσοφίᾳ. Τί ποτ' οὖν ἐστιν ἄρα τὸ εἰρημένον, καὶ τί τοῦτο εἰπὼν ᾐνίξατο ἡμῖν, λέγων, Οὐ μόνον δὲ, ἀλλὰ καὶ καυχώμεθα ἐν ταῖς θλίψεσι; Μικρὸν, εἰ δοκεῖ, ἀνωτέρω τὸν τῆς διδα- 142 σκαλίας λόγον ἀγάγωμεν, καὶ πολλὴν ὀψόμεθα τὴν A σαφήνειαν, καὶ τὴν τῶν νοημάτων δύναμιν ἐκεῖθεν τικτομένην ἡμῖν. Ἀλλὰ μηδένα τὸ σῶμα καταμαλακιζέτω· ἀλλ' ἀντὶ δρόσου γενέσθω ἡ τῆς πνευματικῆς ἀκροάσεως ἐπιθυμία. Καὶ γὰρ περὶ θλίψεως ἡμῖν ὁ λόγος καὶ ἐπιθυμίας ἀγαθῶν αἰωνίων, καὶ ὑπομονῆς, καὶ τῆς ἐκ τούτων γινομένης ἀμοιβῆς τοῖς οὐκ ἀναπεπτωκόσι. Τί ποτ' οὖν ἐστι τὸ, Οὐ μόνον; Ὁ γὰρ τοῦτο [a] εἰρηκὼς, εἰπεῖν ἡμῖν πολλὰ καὶ ἕτερα δείκνυσι προϋπηργμένα ἀγαθά· καὶ μετ' ἐκείνων καὶ τοῦτο προστίθησι, τὸ ἀπὸ τῆς θλίψεως· διὸ καὶ ἔλε-

[a] D:io Mss. εὑρηκὼς, Editi εἰρηκώς.

γεν ὁ αὐτός· Οὐ μόνον δὲ, ἀλλὰ καὶ καυχώμεθα ἐν ταῖς θλίψεσιν. Ὥστε δὲ σαφέστερον γενέσθαι τὸ εἰρημένον, βραχεῖαν ὥραν ἀνάσχεσθε, μακροτέραν ἡμῶν ποιουμένων τὴν διδασκαλίαν τῷ λόγῳ. Ἐπειδὴ γὰρ κατηγγέλθη ὑπὸ τῶν ἀποστόλων τὸ θεῖον κήρυγμα, καὶ περιῄεσαν πανταχοῦ τῆς οἰκουμένης σπείροντες τῆς εὐσεβείας τὸν λόγον, καὶ πρόῤῥιζον ἀνασπῶντες τὴν πλάνην, καὶ τοὺς πατρῴους τῶν ἀσεβῶν καταλύοντες νόμους, καὶ παρανομίαν ἅπασαν ἐλαύνοντες, καὶ τὴν γῆν ἐκκαθαίροντες, καὶ εἰδώλων μὲν καὶ ναῶν καὶ βωμῶν καὶ πανηγύρεων τῶν ἐκεῖθεν καὶ τελετῶν κελεύοντες ἀποπηδᾷν, ἐπιγινώσκειν δὲ τὸν τῶν ὅλων ἕνα καὶ μόνον Θεὸν, καὶ τὰς μελλούσας ἀναμένειν ἐλπίδας, καὶ περὶ Πατρὸς καὶ Υἱοῦ καὶ ἁγίου Πνεύματος διελέγοντο, καὶ περὶ ἀναστάσεως ἐφιλοσόφουν, καὶ περὶ βασιλείας οὐρανῶν διελέγοντο· διὰ ταῦτα πόλεμος ἀνήφθη χαλεπὸς, καὶ πολέμων ἁπάντων ὁ τυραννικώτατος, καὶ πάντα θορύβου καὶ ταραχῆς καὶ στάσεως ἔγεμε, καὶ πόλεις ἅπασαι, καὶ δῆμος ἅπας, καὶ οἰκία, καὶ οἰκουμένη καὶ ἀοίκητος, ἅτε δὴ τῶν παλαιῶν ἐθῶν διασαλευομένων, καὶ τῆς ἐπὶ τοσοῦτον κατασχούσης προλήψεως διασειομένης, καινῶν δὲ εἰσαγομένων δογμάτων, καὶ ὧν μηδεὶς μηδέποτε ἤκουσε· πρὸς ταῦτα βασιλεῖς ἠγρίαινον, καὶ ἄρχοντες ἐδυσχέραινον, καὶ ἰδιῶται ἐταράττοντο, καὶ ἀγοραὶ ἐθορυβοῦντο, καὶ δικαστήρια ἐχαλέπαινε, καὶ ξίφη ἐγυμνοῦτο, καὶ ὅπλα παρεσκευάζετο, καὶ νόμοι ἠγανάκτουν. Ἐκεῖθεν τιμωρίαι καὶ κολάσεις καὶ ἀπειλαὶ καὶ πάντα συνεκινεῖτο τὰ ἐν ἀνθρώποις εἶναι δοκοῦντα δεινά. Ὥσπερ θαλάττης μαινομένης καὶ χαλεπὰ ναυάγια ὠδινούσης, οὐδὲν ἄμεινον τὰ τῆς οἰκουμένης διέκειτο, πατρὸς παῖδα διὰ τὴν εὐσέβειαν τότε ἀποκηρύττοντος, καὶ νύμφης πρὸς πενθερὰν σχιζομένης, καὶ ἀδελφῶν διαιρουμένων, καὶ δεσποτῶν κατὰ τῶν οἰκετῶν ἀγανακτούντων, καὶ τῆς φύσεως σχεδὸν πρὸς ἑαυτὴν στασιαζούσης, καὶ οὐκ ἐμφυλίου μόνον, ἀλλὰ καὶ συγγενικοῦ διὰ πάσης οἰκίας διιόντος πολέμου. Ὁ γὰρ λόγος μαχαίρας δίκην εἰσιὼν, καὶ τὸ νοσοῦν ἀπὸ τοῦ ὑγιαίνοντος τέμνων, πολλὴν ἐποίει πανταχοῦ τὴν στάσιν εἶναι, καὶ τὴν φιλονεικίαν, καὶ πανταχόθεν μυρίας αἴρεσθαι κατὰ τῶν πιστευόντων παρεσκεύασεν ἐπαχθείας καὶ μάχας. Ἐντεῦθεν οἱ μὲν εἰς δεσμωτήρια ἀπήγοντο, οἱ δὲ εἰς δικαστήρια, οἱ δὲ τὴν ἐπὶ θάνατον φέρουσαν ὁδόν· καὶ τῶν μὲν αἱ οὐσίαι ἐδημεύοντο, οἱ δὲ καὶ τῆς πατρίδος καὶ τῆς ζωῆς αὐτῆς πολλάκις ἐξέπιπτον, καὶ πανταχόθεν νιφάδων πυκνότερα περιειστήκει τὰ κακά· ἔνδοθεν μάχαι, ἔξωθεν φόβοι, παρὰ τῶν φίλων, παρὰ
143 A τῶν ἀλλοτρίων, παρ' αὐτῶν τῶν τῇ φύσει συνδεδεμένων ἀλλήλοις.

Ταῦτ' οὖν ὁρῶν ὁ μακάριος Παῦλος, ὁ τῇ οἰκου-

ram sustinete, dum prolixiori sermone doctrinam exponimus. Cum enim promulgata fuisset ab apostolis prædicatio divina, et omnes orbis
B terrarum plagas religionis sermonem illi sorentes obirent, errorem radicitus exstirparent, patrias impiorum leges rescinderent, iniquitatem omnem exterminarent, terram expurgarent, atque ab idolis quidem, a fanis, altaribus, feriis ac ceremoniis inde nascentibus resilire juberent; unum autem, et solum universorum Deum agnoscere, spes futuras exspectare; deque Patre, Fibo, ac Spiritu sancto dissererent, de resurrectione philosopharentur, ac de regno cælorum verba facerent: idcirco bellum exarsit grave, omniumque sævissimum, omnia tumultu, perturbatione, ac seditione redundabant, urbes omnes, populi ac
C domus omnes, omnis regio, sive inculta esset, sive deserta: quod nimirum antiquæ consuetudines labefactarentur, et quæ tamdiu obtinuerat anticipata opinio convelleretur, cum nova dogmata invehorentur, quæ nemo umquam audiverat: adversus ista sæviebant reges, indignabantur magistratus, privati tumultuabantur, fora perturbabantur, tribunalia concitabantur, stringebantur enses, arma parabantur, et leges succensebant. Inde supplicia, pœnæ, minæque, ac cuncta commovebantur, quæ inter homines gravia censentur. Quemadmodum cum iratum est mare,
D atque infesta naufragia parturit, nihilo meliori erat in statu orbis terrarum, cum religionis causa tum filium pater abdicaret, a socru nurus dissideret, fratres dividerentur, domini in famulos indignarentur, natura quodammodo in seipsam seditione commota insurgeret, nec civile tantum, sed gentile quoddam bellum domos omnes pervaderet. Verbum enim gladii in morem penetrans, et quod morbidum erat a sano resecans, magnam ubique seditionem et contentionem excitabat, et efficiebat, ut innumeræ undique adversus fideles inimicitiæ pugnæque insurgeront.
E Hinc fiebat, ut in carcerem alii detruderentur, alii ad judicia raperentur, et ad viam quæ tendit ad mortem: atque horum quidem bona publicabantur, illi vero et patria, et vita ipsa persæpe privabantur, et omni ex parte crebrius quam nix decidat, malis obsidebantur: intus pugnæ, foris timores, ab amicis, ab alienis, ab ipsis qui naturæ necessitudine conjuncti erant.

Adversarii fidei Christianæ quam multi.

Persequutiones variæ initio prædicationis.

2. Hæc igitur cum cerneret beatus Paulus,

ille terrarum orbis præceptor, et cælestium dogmatum doctor, cum res quidem adversæ in manibus essent, et ante oculos versarentur, res autem prosperæ in spe tantum et promissione, regnum, inquam, cælorum, et resurrectio, ac bonorum illorum adeptio, quæ cogitationem omnem ac sermonem excedunt: fornaces autem, sartagines, gladii, supplicia, tormentorum et mortium genera omnia non spe, sed experientia perciperentur: qui vero adversus hæc omnia certaturi erant, non ita pridem ab altaribus, ab idolis, a deliciis, a luxuria et ebrietate ad fidem traducti fuissent, neque dum ad sublime quidquam de vita æterna versandum animo assuefacti, sed rebus præsentibus potius inhærerent: et verisimile esset fore, ut multi eorum fatiscerent, conciderent animis ac deficerent, cum singulis diebus obsiderentur: vide quid ille faciat, qui arcanorum particeps cælestium fuerat, et sapientiam

De futuris assidue disserit Paulus.

Pauli considera. De futuris assidue disserit apud illos, ponit ob oculos præmia, coronas ostendit, incitat eos, et spe bonorum æternorum consola-

Rom. 8. 18.

tur. Quid autem dicit? *Existimamus enim quod non sunt condignæ passiones hujus temporis ad futuram gloriam, quæ revelabitur in nobis.* Quid enim mihi vulnera, inquit, objicis, altaria, carnifices, supplicia, famem, proscriptiones, paupertatem, vincula et compedes? quæcumque volueris propone, quæ ab hominibus gravia censentur; nihil tamen præmiis illis, coronis ac retributionibus dignum commemoras. Nam ista quidem una cum hac vita finiuntur, illa vero in infinito illo ævo finem non habent: hæc temporaria cum sint, prætereunt; illa cum sint immortalia, perpetuo permanent. Quod ipsum

2. Cor. 4. 17.

et alio loco subindicans dicebat: *Id quod in præsenti est momentaneum et leve tribulationis:* sic quantitate qualitatem imminuit, et acerbitatem mitigat temporis brevitate. Quoniam enim gravia natura sua erant et molesta, quæ tum illis accidebant, brevitate molestiam minuit

2. Cor. 4. 17. 18.

dicens: *Id enim quod in præsenti est momentaneum et leve tribulationis nostræ, supra modum in sublimitate æternum gloriæ pondus operatur in nobis, non contemplantibus nobis quæ videntur, sed quæ non videntur. Quæ enim videntur, temporalia sunt: quæ autem non videntur, æterna sunt.* Et rursus ut ad cognoscendam bonorum illius vitæ magnitudinem illos provehat, creaturam ipsam ob præsentia mala dolentem et congementem introducit, ac futura tamquam valde jucunda vehementer

μένης παιδοτρίβης, ὁ τῶν οὐρανίων δογμάτων διδάσκαλος, ἐπειδὴ τὰ μὲν δεινὰ ἐν χερσὶν ἦν καὶ πρὸ τῶν ὀφθαλμῶν πραττόμενα, τὰ δὲ χρηστὰ ἐν ἐλπίσι μόνον καὶ ἐπαγγελίαις, βασιλεία οὐρανῶν, λέγω, καὶ ἀνάστασις, καὶ τῶν ἀγαθῶν ἐκείνων λῆξις τῶν πάντα νοῦν καὶ λόγον ὑπερβαινόντων· κάμινοι δὲ καὶ τήγανα καὶ ξίφη καὶ τιμωρίαι καὶ παντοδαπαὶ κολάσεις καὶ θάνατοι οὐκ ἐν ἐλπίσιν, ἀλλ' ἐν πείρᾳ· οἱ δὲ πρὸς ταῦτα ἀγωνίζεσθαι μέλλοντες, ἀρτίως ἀπὸ βωμῶν καὶ εἰδώ-

B λων καὶ τρυφῆς καὶ ἀκολασίας καὶ μέθης εἰσποιηθέντες ἦσαν τῇ πίστει, οὐδὲν ὑψηλὸν περὶ τῆς ἀϊδίου ζωῆς τέως μεμελετηκότες ἐννοεῖν, ἀλλὰ τῶν παρόντων ἀντεχόμενοι μᾶλλον· καὶ εἰκὸς τούτων πολλοὺς μικροψυχεῖν καὶ ἐκλύεσθαι, καὶ ἀναπίπτειν καθ' ἑκάστην πολιορκουμένους ἡμέραν· ὅρα τί ποιεῖ ὁ τῶν ἀποῤῥήτων κοινωνὸς, καὶ πρόσεχε τῇ Παύλου σοφίᾳ. Συνεχῶς περὶ τῶν μελλόντων αὐτοῖς διαλέγεται, καὶ τὰ βραβεῖα ὑπ' ὄψιν ἄγει, καὶ δείκνυσι τοὺς στεφάνους, ἀλείφων αὐτοὺς καὶ παραμυθούμενος ταῖς τῶν αἰωνίων ἀγαθῶν ἐλπίσι. Καὶ τί φησι; Λογιζόμεθα γὰρ, ὅτι οὐκ

C ἄξια τὰ παθήματα τοῦ νῦν καιροῦ πρὸς τὴν μέλλουσαν δόξαν ἀποκαλυφθῆναι εἰς ἡμᾶς. Τί γάρ μοι λέγεις, φησὶ, τραύματα καὶ βωμοὺς καὶ δημίους καὶ τιμωρίας καὶ λιμοὺς καὶ δημεύσεις καὶ πενίαν καὶ δεσμὰ καὶ ἁλύσεις; πάντα ὅσα βούλει τίθει τὰ δοκοῦντα ἐν ἀνθρώποις δεινὰ, καὶ οὐδὲν ἄξιον λέγεις τῶν ἐπάθλων ἐκείνων καὶ τῶν στεφάνων καὶ τῶν ἀμοιβῶν. Τὰ μὲν γὰρ τῷ παρόντι συγκαταλύεται βίῳ, τὰ δὲ ἐν τῷ ἀπείρῳ αἰῶνι τέλος οὐκ ἔχει· καὶ τὰ μὲν παροδεύει πρόσκαιρα ὄντα, τὰ δὲ παραμένει διηνεκῶς ἀγήρατα συνυπάρχοντα. Ὅπερ καὶ ἀλλαχοῦ τοῦτο αὐτὸ αἰνιτ-

D τόμενος ἔλεγε· Τὸ γὰρ παραυτίκα ἐλαφρὸν τῆς θλίψεως· τῇ ποσότητι τὴν ποιότητα ὑποτεμνόμενος, καὶ τῷ χρόνῳ τὸ φορτικὸν παραμυθούμενος. Ἐπειδὴ γὰρ τῇ φύσει βαρέα καὶ φορτικὰ ἦν τὰ τότε συμβαίνοντα, τῷ προσκαίρῳ τὸ φορτικὸν αὐτῶν ὑποτέμνεται, λέγων· Τὸ γὰρ παραυτίκα ἐλαφρὸν τῆς θλίψεως ἡμῶν καθ' ὑπερβολὴν εἰς ὑπερβολὴν αἰώνιον βάρος δόξης κατεργάζεται ἡμῖν, μὴ σκοπούντων ἡμῶν τὰ βλεπόμενα, ἀλλὰ τὰ μὴ βλεπόμενα. Τὰ γὰρ βλεπόμενα, πρόσκαιρα· τὰ δὲ μὴ βλεπόμενα, αἰώνια. Καὶ πάλιν ἀνάγων αὐτοὺς εἰς τὴν ἔννοιαν τοῦ μεγέθους τῶν τότε

E ἀγαθῶν, αὐτὴν εἰσάγει τὴν κτίσιν ὀδυνωμένην καὶ συστενάζουσαν ἐπὶ τοῖς παροῦσι μοχθηροῖς, καὶ σφόδρα ἐπιθυμοῦσαν τὰ μέλλοντα, ὡς πάνυ ὄντα χρηστὰ, λέγων οὕτω· Καὶ γὰρ ἡ κτίσις συστενάζει καὶ συνωδίνει ἄχρι τοῦ νῦν. Τίνος ἕνεκεν στενάζει; τίνος ἕνεκεν ὠδίνει; Τὰ μέλλοντα ἐκεῖνα προσδοκῶσα ἀγαθὰ καὶ ἐπιθυμοῦσα τὴν ἐπὶ τὸ βέλτιον μεταβολήν. Καὶ γὰρ καὶ αὐτὴ, φησὶν, ἡ κτίσις ἐλευθερωθήσεται ἀπὸ τῆς δουλείας τῆς φθορᾶς εἰς τὴν ἐλευθερίαν τῆς δόξης τῶν τέκνων τοῦ Θεοῦ. Ὅταν δὲ ἀκούσῃς, ὅτι στενάζει καὶ ὠδίνει, μὴ λογικὴν εἶναι νόμιζε, ἀλλὰ μάνθανε 144 τῆς Γραφῆς τὸ εἶδος. Ὅταν γὰρ βούληται ὁ Θεὸς μέγα καὶ χρηστὸν ἀναγγεῖλαι τοῖς ἀνθρώποις διὰ τῶν προφητῶν, καὶ αὐτὰ τὰ ἄψυχα αἰσθάνεσθαι ποιεῖ τῶν γινομένων θαυμάτων τὸ μέγεθος· οὐχ ἐπειδὴ αἰσθάνεσθαι τὴν κτίσιν φαμὲν, ἀλλ' ἵνα τῶν θαυμάτων τὸ μέγεθος παραστῆσαι δυνηθῇ ἐκ τῶν συμβαινόντων τοῖς ἀνθρώποις. Τοῦτο δὴ καὶ ἡμῖν ἔθος λέγειν, ὅταν τι τῶν ἀδοκήτων συμβῇ, [a] ὅτι αὐτὴ ἡ πόλις ἐστύγνασεν, αὐτὸ τὸ ἔδαφος σκυθρωπὸν ἐγένετο· καὶ ἐπὶ τῶν φοβερῶν δὲ ἀνθρώπων καὶ θηριώδη θυμὸν ἐχόντων τοῦτο αὐτὸ εἴποι τις ἄν· ὅτι αὐτὰ τὰ θεμέλια διέσεισεν, αὐτοὶ οἱ λίθοι αὐτὸν ἐτρόμαξαν· οὐχ ἐπειδὴ ὄντως οἱ λίθοι τοῦτον ἐτρόμαξαν, ἀλλ' ἵνα τὴν ὑπερβολὴν τῆς θηριώδους καρδίας αὐτοῦ καὶ τὸν θυμὸν παραστῆσαι δυνηθῶσι. Διὰ δὴ τοῦτο καὶ ὁ θαυμάσιος προφήτης Δαυὶδ ἀπαγγέλλων τὰ ἀγαθὰ τὰ τοῖς Ἰουδαίοις συμβάντα, καὶ τὴν ἡδονὴν τὴν ἐκ τῆς ἐλευθερίας Αἰγύπτου ἐγγινομένην αὐτοῖς, ἔλεγεν· Ἐν ἐξόδῳ Ἰσραὴλ ἐξ Αἰγύπτου, οἴκου Ἰακὼβ ἐκ λαοῦ βαρβάρου, ἐγενήθη Ἰουδαία ἁγίασμα αὐτοῦ, Ἰσραὴλ ἐξουσία αὐτοῦ· ἡ θάλασσα εἶδε, καὶ ἔφυγεν, ὁ Ἰορδάνης ἐστράφη εἰς τὰ ὀπίσω· τὰ ὄρη ἐσκίρτησαν ὡσεὶ κριοὶ, καὶ οἱ βουνοὶ ὡς ἀρνία προβάτων, ἀπὸ προσώπου Κυρίου. Καὶ τοῦτο οὐδαμοῦ γενόμενον ἤκουσέ τις. Ἡ μὲν γὰρ θάλασσα, καὶ ὁ Ἰορδάνης ἀνεστράφη εἰς τὰ ὀπίσω προστάγματι τοῦ Θεοῦ· τὰ δὲ ὄρη καὶ οἱ βουνοὶ οὐκ ἐσκίρτησαν· ἀλλ', ὅπερ ἔφθην εἰπὼν, τὴν ὑπερβολὴν τῆς ἡδονῆς παραστῆσαι βουλόμενος, καὶ τὴν ἄνεσιν τὴν ἐκ τῆς τῶν Αἰγυπτίων κακώσεως ὑπηργμένην αὐτοῖς, καὶ αὐτὰ τὰ ἄψυχα σκιρτᾷν ἔλεγε καὶ πηδᾷν ἐπὶ τοῖς συμβεβηκόσιν αὐτοῖς χρηστοῖς· ὡς ὅταν τι καὶ λυπηρὸν ἀπαγγεῖλαι βούληται ἐξ ἡμετέρας ἁμαρτίας τικτόμενον, φησίν· Πενθήσει οἶνος, πενθήσει καὶ ἄμπελος· καὶ ἀλλαχοῦ· Ὁδοὶ Σιὼν πενθοῦσιν· ἀλλὰ καὶ δακρύειν τὰ ἀναίσθητα λέγει· Τεῖχος γὰρ θυγατρὸς Σιὼν κατάγαγε δάκρυα, φησί· καὶ αὐτὴν δὲ τὴν γῆν, καὶ Ἰουδαίαν πενθεῖν λέγει καὶ μεθύειν τῇ λύπῃ, οὐχ ὡς τῶν στοιχείων αἰσθανομένων τούτων, ἀλλ' ὅπερ ἔφθην εἰπὼν, ἕκαστος τῶν προφητῶν [b] τὴν ὑπερβολὴν τῶν ἐκ Θεοῦ χορηγουμένων ἡμῖν ἀγαθῶν, καὶ τῶν τιμωριῶν τῶν ἐκ τῆς ἡμετέρας κακίας ἐπαγομέ-

optantem, dum sic ait : *Etenim creatura con-* Rom. 8. 22.
A *gemiscit*, et *simul parturit usque adhuc*. Qua Cur ingemiscat creatura.
de causa gemit? qua de causa parturit? Dum illa
nimirum futura bona præstolatur, et in melius
mutationem desiderat. *Nam* et *ipsa*, inquit, Ib. v. 21.
creatura liberabitur a servitute corruptionis,
in libertatem gloriæ filiorum Dei. Cum vero
audis eam gemere ac parturire, noli ratione præditam illam arbitrari, sed idioma Scripturæ intellige. Cum enim vult Deus hominibus magnum aliquid ac jucundum per prophetas annuntiare, ipsas etiam res inanimatas fingit miraculorum, quæ fiunt, magnitudinem percipere, non quod sensu præditam esse creaturam dicamus, sed ut per ea quæ hominibus quadrant, magnitudo miraculo-
B rum exprimi possit. Hoc nimirum et nos dicere solemus, cum inopinatum quid acciderit, ipsam urbem esse contristatam, solum ipsum mœstius esse redditum : et cum de sævis ac terribilibus sermo fit hominibus ac ferina mente præditis, ita quis plerumque loquitur : Ipsa fundamenta concussit, ipsi lapides eum timuerunt : non quod hunc lapides re vera timuerint, sed ut summam cordis ejus feritatem et furorem possint exprimere. Hac etiam de causa mirabilis propheta David ea, quæ Judæis evenerant, bona commemorans, eamque voluptatem, qua perfusi
erant, cum Ægypto liberati sunt, dicebat : *In* Psal. 113.
exitu Israel de Ægypto, domus Jacob de po- 1.—4.
C *pulo barbaro; facta est Judæa sanctificatio*
ejus, Israel potestas ejus. Mare vidit et
fugit, Jordanis conversus est *retrorsum. Mon*tes *exsultaverunt ut arietes*, et *colles sicut agni ovium, a facie Domini*. Hoc vero nullus evenisse umquam audivit. Nam mare quidem et Jordanis retrorsum Dei jussu conversa sunt : montes autem et colles non exsultaverunt, sed, ut ante dixi, cum summam voluptatem vellet exprimere, ac relaxationem ex Ægyptiaca vexatione quæ illis contigerat, res etiam inanimatas exsultare dicebat, ac tripudiare propter ea bona, quæ illis obvenerant : quemadmodum cum triste
D quidpiam nuntiare voluerit, quod nostra nobis
peccata pepererint, ait, *Lugebit vinum, lugebit* Isai. 24.
et vitis : et alibi, *Viæ Sion lugent* : sed et la- 7. Thren. 1.
crymari res sensu destitutas ait, *Muri filiæ* 4. Thren. 2.
Sion deducite lacrymas : imo et terram ipsam 18.
et Judæam lugere dicit atque ebriam esse tristi-

[a] ὅτι αὐτὴ ἡ πόλις ἐστ..... σκυθρωπὸν ἐγένετο, hæc decrant in Editis, sed habentur in Mss. et a Frontone Ducæo lecta sunt.

[b] Colbertinus τὴν ὑπερβολὴν τῆς ἡδονῆς παραστῆσαι βουλόμενος, καὶ τὴν ἄνεσιν τὴν ἐκ τῆς τῶν Αἰγυπτίων,. . τὴν ὑπερβολὴν τῶν ἐκ τοῦ Θεοῦ χορητ.

tia, non quod hæc clementa id sentiant, sed, ut ante dixi, prophetarum unusquisque, dum indicare vult ingentem bonorum magnitudinem, quæ Deus largitur, et suppliciorum, quæ propter scelera nostra nobis infliguntur, ita loquitur : quam ob causam beatus etiam Paulus creaturam ingemiscentem ac dolentem introducit, ut Dei donorum exprimere possit magnitudinem, quæ nos post hanc vitam excipient.

νων ἡμῖν παραστῆσαι θέλων· διὸ δὴ καὶ ὁ μακάριος Παῦλος καὶ αὐτὸς τὴν κτίσιν εἰσάγει στενάζουσαν καὶ ὀδυνωμένην, ἵνα τὸ μέγεθος τῶν δωρεῶν τοῦ Θεοῦ τῶν μετὰ ταῦτα διαδεξομένων ἡμᾶς παραστῆσαι δυνηθῇ.

3. Verum hæc omnia sunt in spe, dicet quispiam : pusillanimis autem ac miser homo, non ita pridem ab idololatria liberatus, neque dum sciens de rebus futuris philosophari, non admodum his sermonibus corrigitur, sed in præsenti tempore consolationem aliquam optat invenire. Idcirco nimirum et sapiens hic magister, cuique nota sunt omnia, non modo ex bonis futuris consolatur, sed ex præsentibus etiam commodis cohortatur. Ac primum quidem ea, quæ jam orbi terrarum obvenerant, bona commemorat, quæ non in spe et exspectatione sita erant, sed quibus reipsa fruebantur : quæ futurorum, et eorum quæ sperantur maxima est et evidentissima demonstratio : cumque bene longum de fide sermonem texuisset, atque patriarchæ Abrahami mentionem fecisset, qui licet reluctante natura speravit tamen se patrem futurum, exspectavit et credidit, quapropter et tandem fuit : inde ducta occasione cohortatur, ut numquam ad ratiocinationum infirmitatem delabamur, sed animos nostros magnitudine fidei erigamus, attollamus, et alta sapiamus : deinde rerum, quas adepti jam sumus, explicat dignitatem. Quænam illa porro est? Quod nimirum Filium suum, inquit, unigenitum, genuinum, dilectissimum, hunc Deus pro nobis sceleratis servis dedit, et innumeris peccatis gravatos, tantisque delictorum oneribus oppressos non a peccatis solum liberavit, sed et justos effecit, nihil grave imperans aut laboriosum aut molestum, sed fidem a nobis tantum requirens justos reddidit, sanctos effecit, in Dei filios adoptavit, heredes regni instituit, Unigeniti coheredes renuntiavit, resurrectionem promisit, corporum incorruptionem, conditionem et sortem eamdem cum angelis, quæ rationem omnem ac mentem exsuperat, habitationem in cælis, conversationem cum ipso, ac Spiritus sancti gratiam jam inde nobis effudit, a diaboli nos possessione liberavit, nos a dæmonum servitute vindicavit, peccatum destruxit, maledictionem

Magnitudo rerum quas adepti sumus.

Ἀλλὰ ταῦτα πάντα, φησὶν, ἐν ἐλπίσιν· ὁ δὲ μικρόψυχος καὶ ταλαίπωρος ἄνθρωπος, καὶ νῦν τῆς εἰδωλολατρείας ἀπαλλαγεὶς, καὶ οὐκ εἰδὼς περὶ τῶν μελλόντων φιλοσοφεῖν, οὐ σφόδρα τούτοις διορθοῦται τοῖς λόγοις, ἀλλὰ ζητεῖ καὶ ἐν τῷ παρόντι καιρῷ εὑρέσθαι τινὰ παραμυθίαν. Διὰ δὴ τοῦτο καὶ ὁ σοφὸς οὗτος διδάσκαλος, καὶ πάντα εἰδὼς, οὐκ ἀπὸ τῶν μελλόντων μόνον [c] παραμυθεῖται ἀγαθῶν, ἀλλὰ καὶ ἀπὸ τῶν παρόντων ἀλείφει χρηστῶν. Καὶ πρῶτον μὲν τὰ ὑπηργμένα προλέγει τῇ οἰκουμένῃ ἀγαθὰ, τὰ οὐκ
145 ἐν ἐλπίσι καὶ προσδοκίᾳ, ἀλλ' ἐν πείρᾳ καὶ ἀπολαύσει γενόμενα (ἅπερ καὶ τῶν μελλόντων καὶ ἐλπιζομένων μεγίστη καὶ σαφεστάτη ἀπόδειξίς ἐστι), καὶ πολὺν περὶ πίστεως κατατείνας τὸν λόγον, καὶ τοῦ πατριάρχου Ἀβραὰμ μνημονεύσας (καὶ τῆς φύσεως ἀπαγορευούσης τοῦ πατέρα αὐτὸν ἔσεσθαι, ἤλπισε καὶ προσεδόκησε, καὶ ἐπείσθη ἔσεσθαι, διὸ καὶ ἐγένετο), κἀκεῖθεν ἀνάγων εἰς τὸ μὴ δεῖν ποτε εἰς τὴν τῶν λογισμῶν καταπίπτειν ἀσθένειαν, ἀλλὰ τῷ μεγέθει τῆς πίστεως ὀρθοῦσθαι καὶ διανίστασθαι καὶ ὑψηλὰ φρονεῖν· μετὰ ταῦτα λέγει καὶ τῶν ὑπηργμένων τὸ μέγεθος. Τί δὲ τοῦτό ἐστιν; Ὅτι τὸν Υἱὸν, φησὶ, τὸν μονογενῆ, τὸν γνήσιον, τὸν ἀγαπητὸν, τοῦτον ὁ Θεὸς ὑπὲρ ἡμῶν τῶν ἀγνωμόνων ἔδωκεν οἰκετῶν, καὶ τοὺς μυρίοις βεβαρημένους ἁμαρτήμασι, καὶ τοσούτοις φορτίοις πιεζομένους πλημμελημάτων, οὐχὶ τῶν ἁμαρτημάτων ἀπήλλαξε μόνον, ἀλλὰ καὶ δικαίους εἰργάσατο, οὐδὲν φορτικὸν, οὐδὲ ἐπίπονον ἐπιτάξας, οὐδὲ ἐπαχθὲς, ἀλλὰ πίστιν ζητήσας παρ' ἡμῶν μόνον, καὶ δικαίους ἐποίησε καὶ ἁγίους κατεσκεύασε, καὶ υἱοὺς Θεοῦ ἀπέφηνε, καὶ βασιλείας κληρονόμους ἀπέδειξε, καὶ τοῦ Μονογενοῦς συγκληρονόμους ἀπειργάσατο, καὶ ἀνάστασιν ἐπηγγείλατο, καὶ ἀφθαρσίαν σωμάτων, καὶ λῆξιν μετὰ ἀγγέλων, πάντα λόγον καὶ νοῦν ὑπερβαίνουσαν, καὶ τὴν ἐν οὐρανοῖς διατριβὴν, καὶ τὴν μετ' αὐτοῦ ὁμιλίαν, καὶ ἁγίου Πνεύματος ἐντεῦθεν ἤδη χάριν ἐξέχεε, καὶ τῆς τοῦ διαβόλου κατοχῆς ἡμᾶς ἀπήλλαξε, καὶ τῶν δαιμόνων ἡμᾶς ἐῤῥύσατο, καὶ τὴν ἁμαρτίαν κατέλυσε, καὶ τὴν κατάραν ἠφάνισε, καὶ ᾅδου πύλας συνέκλασε, καὶ τὸν παράδεισον ἠνέῳξεν, οὐκ ἄγγελον, οὐκ ἀρχάγγελον, ἀλλ' αὐτὸν

[c] Morel. [Savil. ex conj. in marg.] et unus Cod. παραμυθεῖται. Savil. in texto et alius προθυμεῖται.

ἀπέστειλε τὸν Μονογενῆ ὑπὲρ τῆς σωτηρίας τῆς ἡμετέρας, ὥς φησι διὰ τοῦ προφήτου· Οὐ πρέσβυς, οὐδὲ ἄγγελος, ἀλλ' αὐτὸς ὁ Κύριος ἔσωσεν ἡμᾶς. Ταῦτα οὐ μυρίων στεφάνων λαμπρότερα; ὅτι ἡγιάσθημεν, ὅτι ἐδικαιώθημεν; ὅτι διὰ πίστεως; ὅτι τοῦ μονογενοῦς Υἱοῦ τοῦ Θεοῦ ἐξ οὐρανῶν κατελθόντος ὑπὲρ ἡμῶν; [D] ὅτι τοῦ Πατρὸς τὸν ἀγαπητὸν αὐτοῦ δεδωκότος δι' ἡμᾶς; ὅτι Πνεῦμα ἅγιον ἐδεξάμεθα; ὅτι μετ' εὐκολίας ἁπάσης; ὅτι χάριτος ἀφάτου καὶ δωρεᾶς ἀπελαύσαμεν; Ταῦτα τοίνυν εἰπὼν, καὶ διὰ μικρῶν ῥημάτων ἅπαντα δηλώσας, πάλιν εἰς τὴν ἐλπίδα τὸν λόγον κατέλυσεν. Εἰπὼν γὰρ, Δικαιωθέντες οὖν ἐκ πίστεως, εἰρήνην ἔχομεν πρὸς τὸν Θεὸν διὰ τοῦ Κυρίου ἡμῶν Ἰησοῦ Χριστοῦ, δι' οὗ καὶ τὴν προσαγωγὴν ἐσχήκαμεν τῇ πίστει εἰς τὴν χάριν ταύτην, ἐν ᾗ ἑστήκαμεν, ἐπήγαγε· Καὶ καυχώμεθα ἐπὶ τῇ ἐλπίδι τῆς δόξης τοῦ Θεοῦ. Ἐπεὶ οὖν εἶπε τὰ μὲν γεγενημένα, τὰ δὲ μέλλοντα· [E] τὸ μὲν γὰρ δικαιωθῆναι, καὶ τὸ τὸν Υἱὸν ὑπὲρ ἡμῶν σφαγῆναι, καὶ τὸ δι' αὐτοῦ τῷ Πατρὶ προσαχθῆναι, καὶ τὸ χάριτος ἀπολαῦσαι, καὶ δωρεᾶς, καὶ τὸ ἁμαρτημάτων ἀπαλλαγῆναι, καὶ τὸ εἰρήνην ἔχειν πρὸς τὸν Θεὸν, καὶ τὸ ἁγίου Πνεύματος μετασχεῖν, ταῦτα γεγενημένων ἐστί· τὰ δὲ μέλλοντα ἦν, ἡ δόξα ἐκείνη ἡ ἀπόρρητος· ὃ καὶ αὐτὸ ἐπήγαγε, λέγων· Ἐν ᾗ ἑστήκαμεν, καὶ καυχώμεθα ἐπὶ ἐλπίδι τῆς δόξης τοῦ Θεοῦ· ἡ δὲ ἐλπὶς, ὥσπερ ἔφθην εἰπὼν, οὐ σφόδρα ἱκα- [146] [A] νὴ τὸν μικρόψυχον ὀρθῶσαι καὶ ἀναστῆσαι ἀκροατήν· ὅρα τί ποιεῖ πάλιν, καὶ θέασαι τὴν εὐτονίαν Παύλου, καὶ τὴν φιλόσοφον γνώμην. Ἀπὸ γὰρ αὐτῶν τῶν δοκούντων λυπεῖν καὶ θορυβεῖν καὶ ταράττειν τὸν ἀκροατὴν, ἀπ' αὐτῶν τούτων ἀναπλέκει τῆς παρακλήσεως καὶ τοῦ καυχήματος τοὺς στεφάνους. Ἐπειδὴ γὰρ ταῦτα πάντα κατέλεξε, λοιπὸν ἐπάγει λέγων· οὐ μόνον ταῦτα λέγω, ἅπερ εἶπον, φησὶν, οἷον τὸ, ὅτι ἡγιάσθημεν, ὅτι ἐδικαιώθημεν, ὅτι διὰ τοῦ Μονογενοῦς, ὅτι χάριτος ἀπηλαύσαμεν, ὅτι εἰρήνης, ὅτι δωρεᾶς, ὅτι ἁμαρτημάτων ἀφέσεως, ὅτι Πνεύματος ἁγίου κοινωνίας, ὅτι μετ' εὐκολίας ἁπάσης, ὅτι καὶ χωρὶς μόχθων, καὶ χωρὶς ἱδρώτων, ὅτι πίστει μόνῃ, ὅτι τὸν [B] Υἱὸν ἔπεμψε τὸν μονογενῆ, ὅτι τὸ μὲν ἔδωκε, τὸ δὲ ἐπηγγείλατο, δόξαν ἄῤῥητον, ἀφθαρσίαν, σωμάτων ἀνάστασιν, λῆξιν ἀγγελικὴν, τὴν μετὰ Χριστοῦ διαγωγὴν, τὴν ἐν οὐρανοῖς διατριβήν· ταῦτα γὰρ ἅπαντα παρέστησεν ἐν τῷ εἰπεῖν, Καὶ καυχώμεθα ἐπ' ἐλπίδι τῆς δόξης τοῦ Θεοῦ. Οὐ τοίνυν ταῦτα λέγει μόνον τὰ γενόμενα καὶ τὰ ἐσόμενα, ἀλλὰ καὶ αὐτὰ τὰ δοκοῦντα εἶναι ἐν ἀνθρώποις λυπηρὰ, τὰ δικαστήρια λέγω, τὰς ἀπαγωγὰς, τοὺς θανάτους, τὰς ἀπειλὰς, τοὺς λιμοὺς, τὰς βασάνους, τὰ τήγανα, τὰς καμίνους, τὴν λεηλασίαν, τοὺς πολέμους, τὰς πολιορκίας, τὰς [C] μάχας, τὰς στάσεις, τὰς φιλονεικίας, καὶ ταῦτα τίθησιν ἐν τάξει δωρεᾶς καὶ κατορθωμάτων. Οὐ γὰρ ἐπ'

sustulit, inferorum portas confregit, paradisum aperuit, non angelum, non archangelum, sed ipsum Unigenitum pro salute nostra misit, sicut per prophetam inquit, *Non legatus, neque angelus, sed ipse Dominus salvos nos fecit.* [Isai. 63. 9.] Hæc [D] nonne sexcentis splendidiora sunt coronis? quod sanctificati sumus? quod justificati? quod per fidem? quod unigenito Dei Filio pro nobis descendente? quod Patre Filium suum dilectissimum propter nos tradente? quod Spiritum sanctum accepimus? quod cum omni facilitate? quod copiosa gratia donoque potiti sumus? His itaque dictis et cum paucis verbis omnia declarasset, rursus commemoratione spei sermonem finivit. Cum enim dixisset, *Justificati igitur ex fide pacem habemus ad Deum per Dominum* [Rom. 5. 1. 2.] [E] *nostrum Jesum Christum, per quem et habuimus accessum per fidem in gratiam, in qua stamus,* adjecit, *Et gloriamur in spe gloriæ Dei.* Postquam igitur dixit partim quæ jam evenerant, partim quæ eventura erant: nam quod justificati quidem sumus, quodque pro nobis et immolatus est Filius, et quod per eum accessum ad Patrem obtinuimus, quod gratiam et donum adepti sumos, quod a peccatis liberati sumus, [146] quod ad Deum pacem habemus, et Spiri- [A] tus sancti participes fuimus, hæc ex iis sunt quæ jam evenerunt: quæ vero sunt eventura, gloria nimirum est illa ineffabilis, quod ipsum etiam adjecit dicens: *In qua stamus,* et *gloriamur in* [Rom. 5. 2.] *spe gloriæ Dei*: porro spes, ut ante dixi, ad pusillanimem auditorem erigendum et excitandum non admodum est idonea: vide quid rursus faciat, et constantiam Pauli considera ac philosophicam mentem. Ex illis enim ipsis, quæ tristitiam aut perturbationem afferre videbantur, et auditorem turbare, ex his consolationis et gloriationis coronas contexit. His enim omnibus [B] enumeratis deinceps adjicit dicens: Non solum hæc aio, quæ nunc dixi, quod nimirum sanctificati sumus, quod justificati, quod per Unigenitum, quod gratia potiti sumus, quod pace, quod dono, quod remissione peccatorum, quod communicatione Spiritus sancti, quod omni cum facilitate, quod absque labore, absque sudore, quod sola fide, quod Filium misit unigenitum, quod unum quidem largitus est, alterum vero promisit, ineffabilem gloriam, immortalitatem, resurrectionem corporum, conditionem et sortem [C] angelicam, consuetudinem cum Christo, habitationem in cælis: hæc enim omnia verbis illis complexus est, *Gloriamur in spe gloriæ Dei.* [Rom. 5. 2.]

Non hæc igitur solum dicit, quæ contigerunt, et
Ipsæ afflictiones suæ lætitiæ occasiones. quæ sunt futura: sed ea quoque ipsa, quæ inter
homines molesta censentur, tribunalia nimirum,
carceres, mortes, minas, famem, tormenta, sartagines, fornaces, deprædationem, bella, oppugnationes, pugnas, seditiones, contentiones, hæc
quoque refert in numerum donorum ac recte factorum. Non enim ob illa solum, quæ dicta sunt,
lætandum est atque gaudendum, sed in his etiam
Col. 1. 24. gloriandum, ut cum ait, *Nunc gaudeo in passionibus meis pro vobis*, et *adimpleo ea quæ
desunt passionum Christi in carne mea.* Vides
animam fortem, mentem sublimem, spiritum invictum, qui non ob coronas tantum gloriatur, sed
et certaminibus ipsis oblectatur? non solum ob
præmia gaudet, sed in luctis etiam exsultat? non
modo propter retributiones lætatur, sed et ipso
pancratio gloriatur? Ne mihi enim regnum cælorum commemora, neque coronas illas immarcescibiles, nec præmia, sed res ipsas præsentes,
in quibus multa inest afflictio, labor, et molestia
plurima: hæc profer in medium, et ostendere
potero propter ista multo amplius esse gloriandum. Nam in profanis quidem agonibus
laborem habent certamina, coronæ autem voluptatem: hic vero non ita; sed ante coronas
ipsa certamina multam occasionem afferunt gloriandi. Atque ut hæc ita se habere intelligatis,
unumquemque sanctorum per singulas genera-
Jac. 5. 10. tiones considerate, ut inquit ille, *Exemplum accipite, fratres, laboris* et *patientiæ, prophetas, qui loquuti sunt verbum in nomine
Domini.* Quinetiam hic ipse qui nobis hoc certamen proposuit, et hoc spirituale theatrum
convocavit, Paulus, inquam, postquam innumeras singulorum sanctorum afflictiones recensuit,
quas neque nunc persequi numerando facile fue-
Heb. 11. 37. 38. rit, adjungit dicens: *Circuierunt in melotis,
in pellibus caprinis, egentes, angustiati, afflicti, quibus dignus non erat mundus*, et tamen propter hæc omnia lætabantur. Hoc vero
cernere quivis potest, quando post carcerem, et
probra cæsi verberibus ejiciebantur: quid ait?
Act. 5. 41. *Et illi quidem ibant gaudentes a conspectu
consilii, quoniam digni habiti sunt pro nomine Jesu contumeliam pati.*

ἐκείνοις μόνοις τοῖς εἰρημένοις χαίρειν δεῖ καὶ γεγηθέναι, ἀλλὰ καὶ ἐν τούτοις καυχᾶσθαι χρὴ, ὡς ὅταν λέγῃ· Νῦν χαίρω ἐν τοῖς παθήμασί μου ὑπὲρ ὑμῶν, καὶ ἀνταναπληρῶ τὰ ὑστερήματα τῶν θλίψεων τοῦ Χριστοῦ ἐν τῇ σαρκί μου. Εἶδες ψυχὴν εὔτονον, καὶ γνώμην ὑψηλὴν, καὶ φρόνημα ἀπερίτρεπτον, οὐκ ἐπὶ τοῖς στεφάνοις καλλωπιζόμενον μόνον, ἀλλὰ καὶ ἐπὶ τοῖς ἀγωνίσμασιν ἐνηδυνόμενον; οὐκ ἐπὶ ταῖς ἀμοιβαῖς
D χαίροντα, ἀλλὰ καὶ ἐπὶ τοῖς παλαίσμασιν ἐναβρυνόμενον; οὐκ ἐπὶ ταῖς ἀντιδόσεσι εὐφραινόμενον, ἀλλὰ καὶ ἐν αὐτῷ τῷ παγκρατίῳ καυχώμενον; Μὴ γάρ μοι λέγε τὴν βασιλείαν τῶν οὐρανῶν, μηδὲ τοὺς στεφάνους ἐκείνους τοὺς ἀκηράτους, μηδὲ τὰ βραβεῖα, ἀλλ' αὐτὰ τὰ παρόντα, τὰ θλίψιν ἔχοντα καὶ μόχθον καὶ ταλαιπωρίαν πολλήν· ταῦτα εἰς μέσον ἄγε, καὶ δυνήσομαι δεῖξαι, ὅτι ἐπὶ τούτοις καυχᾶσθαι δεῖ μᾶλλον μειζόνως. Ἐπὶ μὲν γὰρ τῶν ἔξωθεν ἀγώνων τὰ μὲν παλαίσματα τὸν πόνον ἔχει, ὁ δὲ στέφανος τὴν ἡδονήν· ἐνταῦθα δὲ οὐχ οὕτως, ἀλλὰ καὶ πρὸ τῶν στεφάνων αὐτὰ τὰ παλαίσματα πολὺ φέρει τὸ καύχημα. Καὶ ἵνα μάθητε ὅτι ταῦτα τοῦτον ἔχει τὸν τρόπον, ἀναλο-
E γίσασθε ἕκαστον τῶν ἁγίων τῶν ἐφ' ἑκάστης γενεᾶς, ὥς φησιν· Ὑπόδειγμα λάβετε, ἀδελφοὶ, τῆς [a] κακοπαθείας καὶ τῆς ὑπομονῆς, τοὺς προφήτας, οἳ ἐλάλησαν τὸν λόγον ἐν ὀνόματι Κυρίου. Ἀλλὰ γὰρ καὶ οὗτος αὐτὸς ὁ νῦν ἡμῖν τὸν ἀγῶνα τοῦτον προτείνας, καὶ τὸ παρὸν πνευματικὸν θέατρον συγκροτήσας, Παῦλον λέγω, μετὰ τὸ τὰς μορίας αὐτὸν ἐκείνας ἑκάστου τῶν ἁγίων καταλέξαι ταλαιπωρίας, ἃς μηδὲ ῥᾴδιον νῦν κατὰ λόγον διεξιέναι, ἐπάγει λέγων· Περιῆλθον ἐν μηλωταῖς, ἐν αἰγείοις [b] δέρμασιν, ὑστερούμε-
147 νοι, θλιβόμενοι, κακουχούμενοι, ὧν οὐκ ἦν ἄξιος ὁ κό-
A σμος, καὶ ἐπὶ τούτοις πᾶσιν ἀγαλλόμενοι. Τοῦτο δὲ αὐτὸ ἴδοι τις ἂν, ὅτε μετὰ τὴν φυλακὴν καὶ τὰς λοιδορίας μαστιχθέντες ἀπηλαύνοντο, τί φησιν; Οἱ μὲν οὖν ἐπορεύοντο χαίροντες ἀπὸ προσώπου τοῦ συνεδρίου, ὅτι κατηξιώθησαν ὑπὲρ τοῦ ὀνόματος τοῦ Χριστοῦ ἀτιμασθῆναι.

4. Verum enim vero hæc nostra etiam ætate contigerunt; ac si velit, cogitet quivis ea quæ dico, qualia tempore persequutionum acciderint.

Ἀλλὰ γὰρ καὶ ἐπὶ ἡμῶν ταῦτα γέγονε· καὶ εἰ βούλοιτό τις, ἐνθυμηθήτω ὃ λέγω, ἐν τῷ καιρῷ τῶν διωγμῶν οἷα συνέβαινεν. Εἰσῄει παρθένος ἁπαλὴ καὶ

[a] Colb. κακοπαθείας καὶ τῆς μακροθυμίας.

[b] Mss. δέρμασιν ἐν ἐρημίαις πλανώμενοι, καὶ ὄρεσι, καὶ σπηλαίοις, καὶ ταῖς ὀπαῖς τῆς γῆς, διωκόμενοι, ὑστερούμενοι ὧν οὐκ ἦν.

ἀπειρόγαμος, κηροῦ μαλακώτερον ἔχουσα σῶμα· εἶτα τῷ ξύλῳ προσηλωθεῖσα πάντοθεν, διωρύττετο τὰς πλευρὰς καταξεομένη, καὶ κατεῤῥεῖτο τῷ αἵματι, καὶ καθάπερ νυμφευομένη μᾶλλον καὶ ἐν παστάδι καθη- B μένη, οὕτω [b] μετ' εὐνοίας ἔφερε τὰ γινόμενα διὰ τὴν βασιλείαν τῶν οὐρανῶν, ἐν αὐτοῖς τοῖς ἀγῶσι στεφανουμένη. Ἐννόησον ἡλίκον ἦν ἰδεῖν τύραννον μετὰ στρατοπέδων καὶ ξιφῶν ἠκονημένων καὶ ὅπλων τοσούτων ἀπὸ μιᾶς κόρης νικώμενον. Ὁρᾷς ὅτι καὶ αὐτὴ ἡ θλίψις καύχησιν ἔχει μεγίστην; Καὶ μαρτυρεῖτε τοῖς λεγομένοις ὑμεῖς. Οὔπω γὰρ τῶν μαρτύρων ἀπολαβόντων τὰς ἀμοιβὰς, οὐδὲ τὰ βραβεῖα καὶ τοὺς στεφάνους, ἀλλ' εἰς κόνιν διαλυθέντων καὶ τέφραν, μετὰ πάσης προθυμίας συντρέχομεν εἰς τὰς ἐκείνων τιμὰς, καὶ θέατρον συγκροτοῦμεν πνευματικὸν, καὶ ἀνακηρύττομεν τούτους, καὶ στεφανοῦμεν C αὐτοὺς διά τε τὰ τραύματα καὶ τὸ αἷμα, διὰ τὰς βασάνους καὶ τὰς πληγὰς, διὰ τὰς θλίψεις ἐκείνας καὶ τὰς στενοχωρίας· οὕτω καὶ αὐταὶ αἱ θλίψεις καύχημα ἔχουσι καὶ πρὸ τῆς ἀμοιβῆς. Ἐννόησον ἡλίκος ἦν ὁ Παῦλος τότε τὰ δεσμωτήρια οἰκῶν, καὶ εἰς δικαστήρια ἐπαγόμενος, πῶς περίβλεπτος, πῶς λαμπρὸς, καὶ περιφανὴς παρὰ πᾶσιν ἐφαίνετο, μάλιστα δὲ παρ' ὧν ἐπολεμεῖτο, καὶ ἐπεβουλεύετο. Καὶ τί λέγω, ἀνθρώποις περίβλεπτος, ὅπου γε καὶ τοῖς δαίμοσι τότε μᾶλλον ἦν φοβερὸς, ὅτε ἐμαστίζετο; Ὅτε δὲ ἐδεσμεῖτο, ὅτε ἐναυάγει, τότε τὰ μέγιστα εἰργάζετο σημεῖα, τότε D μειζόνως περιεγένετο τῶν ἀντικειμένων δυνάμεων. Εἰδὼς οὖν καλῶς τὸ ἀπὸ τῶν θλίψεων τούτων προσγινόμενον τῇ ψυχῇ κέρδος, ἔλεγεν· ὅταν ἀσθενῶ, τότε δυνατός εἰμι· εἶτα ἐπάγει· Διὸ εὐδοκῶ ἐν ἀσθενείαις, ἐν ὕβρεσιν, ἐν ἀνάγκαις, ἐν διωγμοῖς, ἐν παθήμασιν, ἵνα ἐπισκηνώσῃ ἐπ' ἐμὲ ἡ δύναμις τοῦ Χριστοῦ. Διὰ τοῦτο καὶ πρός τινας ἐν Κορίνθῳ διατρίβοντας, καὶ πρὸς τούτους ἀποτεινόμενος μεγαλοφρονοῦντας ἐφ' ἑαυτοῖς, τῶν δὲ λοιπῶν καταψηφιζομένους, τὸν χαρακτῆρα τῆς * ἐπιστολῆς ἀπογράφων, ἀνάγκην ἔσχεν E ἐντεῦθεν τῶν καθ' ἑαυτὸν κατορθωμάτων συνθεῖναι ἡμῖν τὴν εἰκόνα, καὶ τοῦτο οὐκ ἀπὸ τῶν σημείων, οὐκ ἀπὸ τῶν θαυμάτων, οὐκ ἀπὸ τῆς τιμῆς, οὐκ ἀπὸ τῆς ἀνέσεως, ἀλλ' ἀπὸ τῶν δεσμωτηρίων, καὶ τῶν δικαστηρίων, καὶ τοῦ λιμοῦ, καὶ τοῦ ψύχους, καὶ τῶν πολέμων, καὶ τῶν ἐπιβουλῶν, οὕτω λέγων αὐτοῖς· Διάκονοι Χριστοῦ εἰσι· παραφρονῶν λαλῶ, ὑπὲρ ἐγώ· καὶ δεικνὺς τὸ, Ὑπὲρ, καὶ τὴν ὑπεροχὴν, φησίν· Ἐν κόποις περισσοτέρως, ἐν πληγαῖς ὑπερβαλλόντως, ἐν φυλακαῖς περισσοτέρως, ἐν θανάτοις πολλάκις, καὶ τὰ ἑξῆς· Εἰ καυχᾶσθαι δεῖ, τὰ τῆς ἀσθενείας 118 μου καυχήσομαι. Ὁρᾷς αὐτὸν ἐν τούτοις μᾶλλον A μειζόνως καυχώμενον, ἢ ἐπὶ λαμπροῖς στεφάνοις

[b] Mss μετ' εὐκολίας, Editi μετ' εὐνοίας.

Ingrediebatur virgo tenera et innupta, cera quavis mollius habens corpus, tum affixa equuleo derasis lateribus perfodiebatur, et sanguine tota perfusa erat; at perinde quasi sponsa esset potius, et in thalamo sederet, ita libenter ea quæ fiebant ob regnum cælorum perferebat, in ipsis certaminibus coronam percipiens. Cogita quale spectaculum esset tyrannum cernere cum suis exercitibus, cum acuminatis ensibus, cum tot armis, quæ ab una puella vincebantur. Vides ipsam etiam afflictionem cum maxima gloriatione esse conjunctam? Vos vero nobis testes eorum estis quæ diximus. Cum enim nondum mercedes neque præmia receperint martyres, nec coronas, sed in pulverem ac cinerem abierint, summo studio ad eorum honores concurrimus, ac theatrum spirituale convocamus, victores eos renuntiamus, et coronamus propter vulnera, sanguinem, tormenta, plagas, afflictiones illas et angustias: sic fit ut et ipsæ afflictiones gloriationem suam habeant vel ante retributionem. Cogita quantus vir esset tum temporis Paulus, cum carceres habitaret, et ad tribunalia traheretur, quam conspicuus, quam celebris et illustris apud omnes appareret, præcipue vero apud eos, a quibus oppugnabatur et insidiis appetebatur. Sed quid ego conspicuum hominibus cum fuisse dico, quando vel ipsis dæmonibus tum magis fuit formidabilis, cum virgis cæderetur? Cum vero esset in vinculis, cum naufragia pateretur, tum maxima edebat miracula, tum magis adversarias potestates superabat. Cum igitur probe nosset, quantum ex his afflictionibus animæ lucrum obveniret, dicebat: *Cum infirmor, tunc potens sum*: deinde addit: *Propter quod placeo mihi in infirmitatibus, in contumeliis, in necessitatibus, in persequutionibus, in angustiis, ut inhabitet in me virtus Christi.* Idcirco etiam cum ad quosdam scriberet Corinthi degentes, et in eos inveheretur, qui de se magnifice sentiebant, alios vero damnabant, epistolæ formam exprimens nobis, coactus est suorum recte factorum imaginem depingere, idque non ex signis, non ex miraculis, non ex honore, non ex deliciis, sed ex carceribus, ex judiciis, ex fame, ex frigore, ex bellis, ex insidiis, ejusmodi verbis eos alloquens: *Ministri Christi sunt, ut minus sapiens dico, plus ego,* et indicans illud *Plus*, et in quo emineret, inquit, *In laboribus amplius, in carceribus abundantius, in plagis supra modum,*

Martyrum egregia certamina.

Paulus dæmonibus terribilis in afflictionibus.

2. Cor. 12. 10. 9.

2. Cor. 11. 23.

* [V. Montf. Præf. Tomi hujus § V.]

in mortibus frequenter, et quæ sequuntur : *Si gloriari oportet, in iis quæ infirmitatis meæ sunt gloriabor*. Vides eum in his multo amplius gloriari, quam ob splendidas coronas sibi placere, atque idcirco dicere, *Non solum autem, sed et gloriamur in tribulationibus?* Quid est autem illud, *Non solum?* Non solum, inquit, non animum despondemus afflicti, ærumnis oppressi, sed tamquam majorem ad honorem gloriamque provecti, gloriamur potius ob ea, quæ nobis contingunt, incommoda. Deinde quoniam maximam oriri gloriam, laudem et jactationem ex tribulationibus dixit, gloriam vero certum est voluptatem afferre : ubi enim voluptas est, omnino est etiam gloria : ubi vero talis gloria, ibi omnino est etiam voluptas : postquam igitur affligi splendidum quid et illustre esse demonstravit, et gloriationis occasionem afferre, alium ejus effectum maximum narrat fructumque summum ac stupendum. Quis ille porro sit videamus. *Scientes igitur*, inquit, *quod tribulatio patientiam operatur, patientia autem probationem, probatio vero spem, spes autem non confundit*. Quid est, *Scientes quod tribulatio patientiam operatur?* Hunc maximum fructum habet, quod hominem afflictum robustiorem reddit. Nam quemadmodum arbores, quæ in umbrosis ac ventorum expertibus locis aluntur, cum externa specie prospere germinent, molles fiunt atque fungosæ, et facile quovis incursu læduntur; quæ vero in excelsis montium verticibus sitæ sunt, a multis magnisque ventis agitantur, intemperiem acris assiduo ferunt, gravissima tempestate pulsantur, et multa nive feriuntur, ferro quovis robustiores evadunt : pari ratione corpora, quæ multis ac variis in deliciis educantur, quæ mollibus vestimentis ornantur, quæ continuis balneis et unguentis utuntur, ac diversi generis alimentis præter usum necessarium delicate fruuntur, prorsus ad sudores laboresque pro religione subeundos inutilia redduntur, maximoque supplicio sunt obnoxia : sic nimirum et animæ, quæ miseriarum expertem vitam ducunt, quæ deliciis affluunt, quæ libenter præsentibus rebus sunt deditæ, ac vitam doloris expertem præferunt afflictionibus pro regno cælorum more sanctorum omnium subeundis, cera quavis molliores et imbecilliores effectæ, igni pabulum exponuntur æterno; quæ vero periculis, laboribus et ærumnis afflictionis

2. Cor. 11. 30.

Gloria voluptatem affert.

Rom. 5. 3.—5.

ἐγκαλλωπιζόμενον, καὶ διὰ τοῦτο λέγοντα· Οὐ μόνον δὲ, ἀλλὰ καὶ καυχώμεθα ἐν ταῖς θλίψεσι; Τί δέ ἐστι τὸ, Οὐ μόνον; Οὐ μόνον, φησὶν, οὐκ ἐκκακοῦμεν θλιβόμενοι καὶ ταλαιπωροῦντες, ἀλλ' ὡς ἐπὶ μείζονι προκόπτοντες τιμῇ καὶ δόξῃ, καυχώμεθα μᾶλλον ἐπὶ τοῖς συμβαίνουσι θλιβεροῖς. Εἶτα, ἐπειδὴ δόξαν ἔφησεν εἶναι μεγίστην καὶ καύχημα ἀπὸ τῶν θλίψεων καὶ καλλωπισμόν· ἡ δὲ δόξα εὔδηλον ὅτι καὶ ἡδονὴν ἔχει· ὅπου γὰρ ἡδονὴ, πάντως ὅτι καὶ δόξα, B ὅπου δὲ δόξα τοιαύτη, πάντως καὶ ἡδονή· ἐπειδὴ τοίνυν ἔδειξε λαμπρὸν καὶ περιφανὲς τὸ θλίβεσθαι καὶ ποιοῦν καλλωπίζεσθαι, λέγει ἕτερον αὐτοῦ κατόρθωμα μέγιστον, καὶ καρπὸν μέγιστόν τινα καὶ παράδοξον. Τίς δὲ οὗτός ἐστιν ἴδωμεν. Εἰδότες οὖν, φησὶν, ὅτι ἡ θλίψις ὑπομονὴν [a] κατεργάζεται, ἡ δὲ ὑπομονὴ δοκιμὴν, ἡ δὲ δοκιμὴ ἐλπίδα, ἡ δὲ ἐλπὶς οὐ καταισχύνει. Τί ἐστιν, Εἰδότες ὅτι ἡ θλίψις ὑπομονὴν κατεργάζεται; Τοῦτο μέγιστον ἔχει τὸν καρπὸν, ἰσχυρότερον ποιεῖ τὸν θλιβόμενον τοῦτο. Καθάπερ γὰρ τῶν δένδρων τὰ μὲν σκιατροφούμενα καὶ ἐν ἀπηνέμοις ἑστηκότα χωρίοις, εὐθαλοῦντα τῇ ἰδέᾳ, μαλακώτερα γίνεται C καὶ χαῦνα, πάσῃ ἀνέμων προσβολῇ ταχέως βλαπτόμενα· τὰ δὲ ἐν κορυφαῖς ὀρέων ὑψηλοτέροις ἑστῶτα, καὶ πολλοῖς καὶ μεγάλοις ῥιπιζόμενα τοῖς ἀνέμοις, καὶ ἀνωμαλίαν ἀέρων συνεχῆ φέροντα, καὶ χαλεπωτάτῃ ζάλῃ κλονούμενα, καὶ χιόνι πολλῇ βαλλόμενα, σιδήρου παντὸς ἰσχυρότερα μᾶλλον καθέστηκε· καὶ σώματα δὲ ὁμοίως τὰ πολλαῖς καὶ ποικίλαις ἡδοναῖς συστρεφόμενα, καὶ μαλακοῖς ἱματίοις κοσμούμενα, καὶ συνεχέσι λουτροῖς καὶ μύροις κεχρημένα, καὶ πολυειδέσι τροφαῖς ὑπὲρ τὴν χρείαν τρυφῶντα, παντάπασιν ἄχρηστα πρὸς τοὺς ὑπὲρ τῆς D εὐσεβείας ἱδρῶτας καὶ πόνους καθίστανται, κολάσεως ὄντα μεγίστης ὑπεύθυνα· οὕτω δὴ καὶ ψυχαὶ, αἱ μὲν τὸν ἀταλαίπωρον βίον μετιοῦσαι, καὶ ἀνέσεως γέμουσαι, καὶ τὸ ἡδέως διακεῖσθαι πρὸς τὰ παρόντα, καὶ τὸν ἀνάλγητον τοῦ διὰ τὴν βασιλείαν θλίβεσθαι κατὰ τοὺς ἁγίους ἅπαντας προτιμῶσαι βίον, κηροῦ παντὸς μαλακώτεραι μᾶλλον καὶ ἀσθενέστεραι καθιστάμεναι, αἰωνίου πυρὸς κατάβρωμα πρόκεινται· αἱ δὲ κινδύνοις καὶ πόνοις καὶ ταλαιπωρίαις τῆς διὰ τὸν Θεὸν θλίψεως ἐπιδεδομέναι, καὶ ἐν αὐταῖς συστρεφόμεναι, αὐτοῦ τοῦ σιδήρου, ἢ τοῦ ἀδάμαντος στεῤῥότεραι καὶ γενναιότεραι μᾶλλόν εἰσιν ἐκ τοῦ συνεχῶς πάσχειν E κακῶς, τοῖς ἐπιοῦσιν ἀχείρωτοι καθιστάμεναι, καὶ ἕξιν τινὰ προσλαβοῦσαι ὑπομονῆς καὶ ἀνδρείας ἀκαταμάχητον. Καὶ καθάπερ οἱ μὲν πρῶτον νηὸς ἐπιβάντες ναυτιῶσί τε καὶ ἰλιγγιῶσι, ταραττόμενοι καὶ θορυβούμενοι ἀηδίᾳ καὶ σκοτοδινίᾳ κατεχόμενοι· οἱ δὲ πολλὰ καὶ μακρὰ διαβάντες πελάγη, καὶ μυρίων

[a] Reg. totum refert Pauli locum.

κυμάτων κατατολμήσαντες, καὶ ναυαγίων συνεχῶν ἀνασχόμενοι, μετὰ τοῦ θαῤῥεῖν ἅπτονται τῆς τοιαύτης ἀποδημίας· οὕτω δὴ καὶ ἡ ψυχὴ πολλοὺς ὑπομείνασα πειρασμοὺς, καὶ μεγάλας θλίψεις ἀνασχομένη, ἐν 149 A μελέτῃ λοιπὸν πόνων καὶ ἕξει καρτερίας καθίσταται, οὐχ ὑπάρχουσα ψοφοδεὴς, οὐδὲ εὐπτόητος, οὐδὲ ταραττομένη τοῖς προσπίπτουσι λυπηροῖς, ἀλλ' ἀπὸ τῆς συνεχοῦς γυμνασίας τῶν συμβαινόντων, καὶ τῆς πυκνῆς μελέτης τῶν γινομένων, μετὰ πολλῆς τῆς εὐκολίας ἅπαντα φέρουσα τὰ ἐπιόντα δεινά. Τοῦτο τοίνυν ὁ σοφὸς ἀρχιτέκτων τῆς οὐρανίου πολιτείας δηλῶν, ἔλεγεν· Οὐ μόνον δὲ, ἀλλὰ καὶ καυχώμεθα ἐν ταῖς θλίψεσιν· ὅτι πρὸ τῆς βασιλείας καὶ τῶν οὐρανίων στεφάνων μέγιστον ἐντεῦθεν καρπούμεθα τὸν μισθὸν, ἀπὸ τοῦ συνεχῶς θλίβεσθαι καρτερικωτέρας τῆς ψυχῆς ἡμῶν γινομένης, καὶ τῶν λογισμῶν ἰσχυροτέρων κατασκευαζομένων. Ταῦτ' οὖν ἅπαντα εἰδότες, ἀγαπητοὶ, B φέρωμεν γενναίως τὰ προσπίπτοντα λυπηρὰ, διά τε τὸ τῷ Θεῷ δοκοῦν, καὶ ἐπὶ τῷ ἡμετέρῳ συμφέροντι, καὶ μὴ ἀλύωμεν, μήτε ἀναπίπτωμεν τῇ τῶν πειρασμῶν ἐπαγωγῇ, ἀλλὰ καὶ μετὰ ἀνδρείας ἁπάσης ἱστάμενοι, εὐχαριστῶμεν τῷ Θεῷ διηνεκῶς ὑπὲρ πασῶν τῶν εἰς ἡμᾶς τελουμένων εὐεργεσιῶν, ἵνα καὶ τῶν παρόντων ἀπολαύσωμεν ἀγαθῶν, καὶ τῶν μελλουσῶν ἐπιτύχωμεν δωρεῶν, χάριτι καὶ οἰκτιρμοῖς καὶ φιλανθρωπίᾳ τοῦ Κυρίου ἡμῶν Ἰησοῦ Χριστοῦ, μεθ' οὗ τῷ Πατρὶ δόξα καὶ τὸ κράτος, ἅμα τῷ ἁγίῳ καὶ ζωοποιῷ Πνεύματι, νῦν καὶ ἀεὶ, καὶ εἰς τοὺς αἰῶνας τῶν αἰώνων. Ἀμήν.

Dei causa tolerandæ sunt expositæ, atque in ipsis enutritæ, ferro ipso vel adamante solidiores fiunt ac generosiores, et ex eo quod assiduo vexentur, inexpugnabiles adversariis redduntur, et iovictum quemdam patientiæ ac fortitudinis habitum acquirunt. Et quemadmodum ii, qui cum primum navim conscendunt, nauseant et capitis vertigino laborant, turbati ac fastidio correpti : qui vero multa longaque maria sunt emensi, qui millies se fluctibus audacter commiserunt, et crebra sunt passi naufragia, peregrinationem ejusmodi confidenter aggrediuntur : sic nimirum et anima, quæ multas sustinuit tentationes, et magnas pertulit afflictiones, laboribus deinceps assuefacta, et sibi comparato habitu patientiæ, non amplius est meticulosa, nec terroribus obnoxia, nec ingruentibus malis turbatur : sed assidua rerum quæ accidunt exercitatione, ac frequenti casuum meditatione roborata, quæcumque insurgunt incommoda fert facillime. Hoc itaque peritus ille cælestis conversationis architectus indicans dicebat : *Non solum autem, sed et gloriamur in tribulationibus :* quoniam ante regni coronarumque cælestium adeptionem maximum hinc præmium reportamus, dum per assiduas afflictiones tolerantior anima nostra redditur, et ratio fortior evadit. Hæc igitur omnia cum nobis explorata sint, dilectissimi, generose quæcumque accidunt adversa toleremus, quod, cum ita Deo visum fuerit, ad utilitatem nostram id fiat, neque spem abjiciamus, nec animis concidamus, afflictionum impressione prostrati, sed fortiter stantes pro collatis in nos beneficiis perpetuo gratias Deo agamus, ut et præsentibus fruamur bonis et futura dona consequamur, gratia, misericordia, et benignitate Domini nostri Jesu Christi, cum quo Patri gloria et imperium, simulque sancto ac vivifico Spiritui, nunc et semper, et in sæcula sæculorum. Amen.

Præmium justorum in hac vita.

AD HOMILIAM IN ILLUD,

SCIMUS AUTEM QUONIAM DILIGENTIBUS DEUM OMNIA, ETC.

MONITUM.

Hujus homiliæ exordium prorsus simile est procemio Concionis in debitorem decem millium talentorum: in utroque enim auditoribus gratulatur Chrysostomus, quod post diuturnum morbum, sui amantem cœtum, et abs se pari animi affectu redamatum, sibi quasi ex longinqua peregrinatione reduci iterum convenire et alloqui liceat. Inde vero arguunt viri quidam docti, cum illa prior Homilia de decem millium talentorum debitore Antiochiæ proculdubio habita fuerit anno 387, hanc verisimiliter Constantinopoli dictam fuisse. Non enim, inquiunt, eodem exordio usus esset in una eademque urbe; sed cum Antiochiæ ægritudine levatus, hoc exorsus esset modo, postea quoque Constantinopoli, post restauratam iterum valetudinem, idem procemium apud auditores, quorum nullus sic umquam exorsum audierat, usurpaverit. Id non prorsus absimile vero videtur; sed cum Chrysostomus Antiochiæ frequenter adversa valetudine laboraverit, ut ex multis ejus homiliis arguitur, et alioquin eadem in urbe Antiochiæ non modo procemia, sed etiam conciones integras, retractatas, et parumper mutatas, intercurrente quodam annorum spatio, repetere solitus sit, ut jam sæpe vidimus: nihil officit quo minus, quod anno 387 Antiochiæ procemium dixerat, aliquot postea elapsis annis, morbo aliquo (nam frequenter ægrotabat) levatus, idem ipsum eadem in urbe repeteret. Potuit igitur Antiochiæ, potuit et Constantinopoli hanc homiliam habere: in utra autem urbe habuerit, non ita facile est augurari.

Interpretatio Latina est Frontonis Ducæi.

150 A

IN DICTUM ILLUD APOSTOLI,

Rom. 8. 28. Scimus autem quoniam diligentibus Deum omnia cooperantur in bonum, et *de patientia,* et *quantum lucrum ex tribulationibus oriatur.*

1. Quasi longo veniam ad vos intervallo, sic affectum hodierno die me sentio. Quamquam enim domo conclusus propter corporis infirmitatem manebam: tamen perinde quasi alicubi procul a vestra caritate translatus degerem, sic animo afficiebar. Qui enim sincere diligere novit, cum in congressum venire non datur ejus quem diligit, quamvis eamdem urbem incolat, non aliter afficitur acsi in aliena regione versaretur. Hoc norunt qui vere diligunt. Ignoscite igitur nobis, quæso: non enim ex negligentia nostra separatio ista ortum habuit, sed silentii causam infirmitas corporis attulit. Ac vos quidem

[a] ΕΙΣ ΤΗΝ ΑΠΟΣΤΟΛΙΚΗΝ ΡΗΣΙΝ

Τὴν λέγουσαν, Οἴδαμεν ὅτι τοῖς ἀγαπῶσι τὸν Θεὸν πάντα συνεργεῖ εἰς ἀγαθὸν, καὶ περὶ ὑπομονῆς, καὶ ὅσον τῶν θλίψεων τὸ κέρδος.

Ὡς διὰ μακροῦ τοῦ χρόνου πρὸς ὑμᾶς παραγενόμενος, οὕτω διάκειμαι σήμερον. Εἰ γὰρ καὶ οἴκοι καθειργμένος ἐτύγχανον διὰ τὴν τοῦ σώματος ἀῤῥωστίαν, ἀλλ' ὡς μακράν που ἀπῳκισμένος τῆς ὑμετέρας ἀγάπης, οὕτω διεκείμην. Ὁ γὰρ φιλεῖν εἰδὼς ἀκριβῶς, B ὅταν μὴ ἐξῇ τῷ φιλουμένῳ συγγίνεσθαι, κἂν τὴν αὐτὴν πόλιν οἰκῇ, τῶν ἐν ἀλλοτρίᾳ διατριβόντων οὐδὲν ἔλαττον διακείσεται. Καὶ τοῦτο ἴσασιν ὅσοι φιλεῖν ἴσασι. Σύγγνωτε τοίνυν ἡμῖν, παρακαλῶ· οὐ γὰρ ἀπὸ ῥᾳθυμίας ἡμῖν ὁ χωρισμὸς οὗτος γέγονεν, ἀλλ' ἀσθενείας σώματος ἦν ἡ σιγή. Καὶ οἶδα μὲν ὅτι χαίρετε νῦν πάντες ὑμεῖς ὅτι ἀπεθέμεθα τὴν ἀῤῥωστίαν· ἐγὼ δὲ χαίρω, οὐχ ὅτι τὴν ἀῤῥωστίαν μόνον ἀπεθέ-

a Collata cum Ms. Regio 1974.

μην, ἀλλ' ὅτι καὶ τὰ ποθούμενα ὑμῶν πρόσωπα πάλιν ὁρᾷν δύναμαι, καὶ ἐντρυφᾷν ὑμῶν τῇ κατὰ Θεὸν ἀγάπῃ. Καὶ καθάπερ οἱ πολλοὶ τῶν ἀνθρώπων, μετὰ τὴν ἀπαλλαγὴν τῆς ἀῤῥωστίας, φιάλας καὶ ποτήρια καὶ ψυχρὰ νάματα ἐπιζητοῦσιν· οὕτως ἐμοὶ πάσης εὐφροσύνης ἡδυτέρα καθέστηκεν ἡ συνουσία ἡ ὑμετέρα, καὶ τοῦτό μοι καὶ ὑγιείας ὑπόθεσις, καὶ εὐφροσύνης ἀφορμή. Φέρε οὖν, ἐπειδὴ διὰ τὴν τοῦ Θεοῦ χάριν ἀλλήλους ἀπελάβομεν, ἀποδῶμεν ὑμῖν τὸ χρέος τῆς ἀγάπης, εἴ γε ἐστὶν ἀποδοθῆναι τοῦτό ποτε. Τοῦτο γὰρ μόνον τὸ ὄφλημα τέλος οὐκ ἐπίσταται· ἀλλ' ὅσῳ ἀποδίδοται, τοσούτῳ τὸ ὄφλημα ἐπιτείνεται· καὶ καθάπερ ἐπὶ τῶν χρημάτων τοὺς μηδὲν ὀφείλοντας ἐπαινοῦμεν, οὕτως ἐνταῦθα τοὺς πολλὰ ὀφείλοντας μακαρίζομεν. Διὰ τοῦτο καὶ ὁ τῆς οἰκουμένης διδάσκαλος Παῦλος γράφων ἔλεγε· Μηδενὶ μηδὲν ὀφείλετε, ἀλλ' ἢ τὸ ἀγαπᾷν ἀλλήλους, βουλόμενος ἡμᾶς τοῦτο τὸ χρέος καὶ ἀεὶ ἀποδιδόναι, καὶ ἀεὶ ὀφείλειν, καὶ μηδέποτε τὴν ὀφειλὴν ταύτην καταλύειν, μέχρις ἂν τὴν παροῦσαν ζωὴν καταλύσωμεν. Ὥσπερ οὖν τὰ χρήματα ὀφείλειν, βαρὺ καὶ ἐπαχθὲς, οὕτω τὸ τὴν ὀφειλὴν ταύτην μὴ ἀεὶ ὀφείλειν, κατηγορίας ἄξιον. Καὶ ἵνα μάθῃς ὅτι τοῦτο οὕτως ἔχει, ἄκουε τῆς σοφίας τοῦ θαυμαστοῦ τούτου διδασκάλου, ὅπως τὴν παραίνεσιν εἰσήγαγε. Πρότερον γὰρ εἰπὼν, Μηδενὶ μηδὲν ὀφείλετε, τότε ἐπήγαγεν, Εἰ μὴ τὸ ἀγαπᾷν ἀλλήλους, βουλόμενος πᾶσαν ἡμῶν τὴν ὀφειλὴν ἐνταῦθα κενοῦσθαι, καὶ τοῦτο τὸ χρέος θέλων ἀδιάλυτον μένειν διηνεκῶς. Τοῦτο γάρ ἐστι μάλιστα τὸ συγκροτοῦν καὶ συσφίγγον τὴν ζωὴν τὴν ἡμετέραν. Ἐπεὶ οὖν ἔγνωμεν ὅσον τῆς ὀφειλῆς ταύτης τὸ κέρδος, καὶ ὅτι ἐν τῷ ἀποδίδοσθαι μᾶλλον αὔξεται, φέρε, καὶ ἡμεῖς τὴν ὀφειλὴν, ἣν ὀφείλομεν ὑμῖν, οὐκ ἀπὸ ῥαθυμίας οὐδὲ ἀπὸ ἀγνωμοσύνης τινὸς, ἀλλ' ἀπὸ τῆς συμβάσης ἀῤῥωστίας, σήμερον, καθ' ὅσον οἷόν τε, ἐκτῖσαι σπουδάζωμεν, μικρά τινα διαλεχθέντες πρὸς τὴν ὑμετέραν ἀγάπην, ὑπόθεσιν τῆς διαλέξεως ποιησάμενοι αὐτὸν τοῦτον τὸν θαυμαστὸν τῆς οἰκουμένης διδάσκαλον· καὶ ἅπερ σήμερον γράφων Ῥωμαίοις διελέγετο, ταῦτα εἰς μέσον ἀγαγόντες ἀναπολήσωμεν, καὶ διὰ μακροῦ τοῦ χρόνου τὴν ἑστίασιν τὴν πνευματικὴν παραθῶμεν ὑμῶν τῇ ἀγάπῃ. Τίνα δέ ἐστι τὰ ἀναγνωσθέντα ἀναγκαῖον εἰπεῖν, ἵν' ὑπομνησθέντες τῶν εἰρημένων, μετὰ πλείονος τῆς εὐκολίας δέξησθε τὰ παρ' ἡμῶν λεγόμενα. Οἴδαμεν, φησὶν, ὅτι τοῖς ἀγαπῶσι τὸν Θεὸν πάντα συνεργεῖ εἰς ἀγαθόν. Τί βούλεται αὐτὸ τοῦτο τὸ προοίμιον; Οὐδὲν γὰρ ἁπλῶς, οὐδὲ εἰκῇ φθέγγεται ἡ μακαρία αὕτη ψυχὴ, ἀλλὰ κατάλληλα ἀεὶ τοῖς ὑποκειμένοις πάθεσι προσάγει τὰ φάρμακα τὰ πνευματικά. Τί οὖν ἐστιν ὅ φησιν; Ἐπειδὴ πολλοὶ πανταχόθεν οἱ πειρασμοὶ περιεστοιχίζοντο τοὺς τότε τῇ πίστει προσιόντας, καὶ ἐπάλληλα ἦν τὰ παρὰ τοῦ ἐχθροῦ

gaudere nunc omnes scio, quod ægritudinem deposuerimus: ego vero gaudeo non modo quod ægritudinem deposuerim, sed quod optatos vul-
C tus vestros rursus intueri possim, et caritate vestra secundum Deum oblectari. Et quemadmodum plurimi homines, cum e morbo fuerint recreati, phialas et pocula, gelidosque latices quærunt: ita mihi lætitia quavis jucundior exstitit congressus vester, et hoc mihi sanitatis materia fuit, et occasio gaudii. Age igitur, quandoquidem Dei beneficio nos invicem recuperavimus, caritatis vobis debitum persolvamus, siquidem ullo tempore possit illud persolvi. Hoc enim solum debitum finem nescit; sed quanto magis dissolvitur,
D tanto magis debitum augetur: et quemadmodum in re pecuniaria laudamus eos qui nihil debent, ita hic eos, qui multa debent, beatos prædicamus. Idcirco magister orbis terrarum Paulus scribens dicebat: *Nemini quidquam debeatis, nisi ut invicem diligatis*, quod nimirum velit nos hoc debitum et semper solvere, et semper debere, nec umquam hoc æs alienum solvere, donec vitam præsentem absolverimus. Ut igitur pecu-
E nias debere grave ac molestum est, ita debitum hoc non semper debere crimini est obnoxium. Atque ut hoc ita esse cognoscas, audi mirabilis istius doctoris sapientiam, quo pacto cohortationem induxerit. Cum enim ante dixisset, *Nemini quidquam debeatis*, tum adjunxit, *Nisi ut invicem diligatis*, quasi hoc velit, ut omne hic debitum dispungamus, et hoc æs alienum perpetuum ac numquam dissolubile perseveret. Hoc enim est præcipue quod vitam nostram continet,
151 et constringit. Quando igitur, quanta ex hoc
A debito manet utilitas, scimus, et dum persolvitur, magis illud augeri, age, nos quoque debitum, quod non ex inertia quapiam, vel improbitate ac fraude aliqua, sed ex eventu morbi contraximus, hodie, quantum in nobis situm erit, reddere studeamus, et paucis vestram caritatem alloquentes argumentum sermonis ab hoc ipso orbis terrarum doctore ducamus: et quæ ad Romanos hodie scribens dicebat, hæc in medium adducta expendamus, ac longo intervallo spiritualem caritati vestræ mensam instruamus. Quæ vero lecta sint, operæ pretium fuerit indicare, ut de iis quæ dicta sunt admoniti, facilius quæ a nobis dicen-
B tur, percipere valeatis. *Scimus*, inquit, *quoniam diligentibus Deum omnia cooperantur in bonum*. Quid sibi vult hoc exordium? Nihil enim temere aut frustra loquitur beata hæc anima, sed convenientia semper objectis ægritudinibus

Caritatis debitum numquam solvitur.

Rom. 13. 8.

Rom. 8. 28.

spiritualia medicamenta solet adhibere. Quid igitur est hoc quod ait? Quandoquidem multæ undique tentationes eos circumsidebant, qui tum accedebant ad finem, et frequentes ab hoste machinæ admovebantur, et continuæ tendebantur insidiæ, neque prædicationis evangelii adversarii quiescebant, sed alios in carcerem conjiciebant, alios in exsilium mittebant, alios in alia præcipitia trahebant : propterea quemadmodum optimus imperator, cum hostem videt aerem iracundiam spirantem, circumiens suos excitat undique, corroborat, instruit, audaciores reddit, alacriores efficit, ut manus contra adversarium attollant, nec illius incursiones reformident, sed animo forti se illi opponant, ipsum ejus vultum si possint, vulnerent, nec illi resistere pertimescant : non aliter beatus iste, hæc anima ad cælum usque sublimis, fidelium volens animos excitare, et humi jacentem, ut ita dicam, illorum cogitationem erigere studens ita dicere occœpit : *Scimus autem quoniam diligentibus Deum omnia cooperantur in bonum.* Vides prudentiam apostolicam? Non dixit, Scio, sed, *Scimus*, ut ipsos ad assensum præbendum orationi pelliceret, quod diligentibus Deum omnia cooperentur in bonum. Animadverte, quam accurate loquatur apostolus. Non dixit, Qui Deum diligunt, evitant mala, liberantur a tentationibus ; sed, *Scimus*, inquit, hoc est, persuasum nobis est, certiores facti sumus, ipsa rerum experientia edocti demonstrationes accepimus : *Scimus quoniam diligentibus Deum omnia cooperantur in bonum.*

Persecutiones Christiani patiuntur.

Rom. 8. 28.

μηχανήματα, καὶ συνεχεῖς αἱ ἐπιβουλαὶ, καὶ οὐκ ἠρέμουν οἱ τῷ κηρύγματι πολεμοῦντες, τοὺς μὲν εἰς δεσμωτήρια ἐμβάλλοντες, τοὺς δὲ εἰς *ἀπαγωγὰς, τοὺς δὲ εἰς μορία ἕτερα βάραθρα καθέλκοντες· διὰ τοῦτο καθάπερ στρατηγὸς ἄριστος, ὁρῶν μετὰ πολλοῦ C θυμοῦ πνέοντα τὸν ἀντίπαλον, περιιὼν τοὺς οἰκείους πανταχόθεν διεγείρει, νευροῖ, ἀλείφει, θαρσαλεωτέρους καθίστησι, προθυμοτέρους ποιεῖ πρὸς τὸ τὰς χεῖρας ἀντᾶραι κατὰ τοῦ πολεμίου, καὶ μὴ δεδοικέναι τὰς ἐκείνου καταδρομὰς, ἀλλὰ στεῤῥῷ τῷ φρονήματι ἐξ ἐναντίας ἱσταμένους καὶ αὐτὴν αὐτοῦ συγκόπτειν, εἰ οἷόν τε, τὴν ὄψιν, καὶ μὴ καταπλήττεσθαι τὴν πρὸς αὐτὸν ἀντίστασιν· τὸν αὐτὸν δὲ τρόπον καὶ ὁ μακάριος οὗτος, ἡ οὐρανομήκης ψυχὴ, διεγεῖραι βουλόμενος τῶν πιστῶν τὰ φρονήματα, καὶ κάτω κείμενον, ὡς εἰπεῖν, αὐτῶν τὸν λογισμὸν ἀνορθῶσαι ἐπειγόμενος, οὕτως ἤρξατο λέγων· D Οἴδαμεν δὲ ὅτι τοῖς ἀγαπῶσι τὸν Θεὸν πάντα συνεργεῖ εἰς ἀγαθόν. Ὁρᾷς τὴν σύνεσιν τὴν ἀποστολικήν; Οὐκ εἶπεν, οἶδα, ἀλλ', Οἴδαμεν, καὶ αὐτοὺς εἰς συγκατάθεσιν ἐφελκόμενος τῶν λεγομένων, ὅτι τοῖς ἀγαπῶσι τὸν Θεὸν πάντα συνεργεῖ εἰς ἀγαθόν. Σκόπει ἀκρίβειαν ῥημάτων ἀποστολικῶν. Οὐκ εἶπεν, οἱ ἀγαπῶντες τὸν Θεὸν διαφεύγουσι τὰ δεινὰ, ἐλευθεροῦνται τῶν πειρασμῶν· ἀλλ', Οἴδαμεν, φησὶ, τουτέστι, πεπείσμεθα, πεπληροφορήμεθα, δι' αὐτῆς τῶν πραγμάτων τῆς [a] πείρας τὰς ἀποδείξεις εἰλήφαμεν· Οἴδαμεν ὅτι τοῖς ἀγαπῶσι τὸν Θεὸν πάντα συνεργεῖ εἰς ἀγαθόν.

2. Quantam huic brevi dictioni vim inesse arbitramini? *Omnia*, inquit, *cooperantur in bonum.* Noli enim mihi hujus vitæ commoda commemorare, neque jucunditatem tantum aut securitatem animo volvas, sed etiam contraria, carceres, tribulationes, insidias, quotidianos incursus, ac tum dictionis vim accurate cognosces. Ac ne forte ad longe petenda exempla caritatem vestram abducam, paucula quædam, si lubet, ex iis quæ beato isti acciderunt, in medium proferamus, et vim istius verbi cognoscetis. Nam cum regiones omnes circumiens, pietatis verbum spargens, spinas evellens, veritatem in singulorum animis plantare contendens, ad urbem quamdam appulisset Macedoniæ, quemadmodum beatus Lucas, is qui librum Actorum composuit, nobis enarravit, ancillam quamdam, quæ mali-

Πόσην οἴεσθε δύναμιν ἔχειν τὴν βραχεῖαν ταύτην λέξιν; Πάντα, φησὶ, συνεργεῖ εἰς ἀγαθόν· μὴ γάρ E μοι τὰ χρηστὰ ἐνταῦθα εἴπῃς, μηδὲ τὴν ἄνεσιν καὶ τὴν ἄδειαν μόνον λογίσῃ, ἀλλὰ καὶ τὰ ἐναντία, τὰ δεσμωτήρια, τὰς θλίψεις, τὰς ἐπιβουλὰς, τὰς καθημερινὰς ἐφόδους, καὶ τότε ὄψει μετὰ ἀκριβείας τοῦ ῥήματος τὴν δύναμιν. Καὶ ἵνα μὴ μακράν που ἀγάγω τὴν ὑμετέραν ἀγάπην, εἰ βούλεσθε, μικρά τινα τῶν τῷ μακαρίῳ τούτῳ συμβάντων εἰς μέσον ἀγάγωμεν, καὶ ὄψεσθε τοῦ ῥήματος τὴν ἰσχύν. 152 Ἐπειδὴ γὰρ περιιὼν πανταχοῦ, σπείρων τὸν τῆς A εὐσεβείας λόγον, τὰς ἀκάνθας ἀνασπῶν, καὶ τὴν ἀλήθειαν ἐν τῇ ἑκάστου ψυχῇ καταφυτεύειν ἐπειγόμενος, γενόμενος κατά τινα πόλιν τῆς Μακεδονίας, καθὼς ὁ μακάριος Λουκᾶς, ὁ τὸ τῶν Πράξεων βιβλίον συνθεὶς, ἡμῖν διηγήσατο, παιδίσκην τινὰ πνεῦμα πονηρὸν ἔχουσαν, καὶ σιγᾷν οὐκ ἀνεχομένην, ἀλλὰ

* [V. Montf. Præf. tomi hujus § V.]

[a] Reg. πείρας πολλάκις τὰς ἀποδ.

περιιοῦσαν καὶ πανταχοῦ καταδήλους αὐτοὺς διὰ τοῦ δαίμονος ποιεῖν βουλομένην, μετὰ πολλῆς τῆς ἐξουσίας, λόγῳ καὶ ἐπιτάγματι, καθάπερ τινὰ μαστιγίαν ἀπελάσας, ἠλευθέρωσεν ἐκείνην τοῦ πονηροῦ δαίμονος· δέον τοὺς τὴν πόλιν ἐκείνην οἰκοῦντας, ὡς εὐεργέτας λοιπὸν καὶ σωτῆρας βλέπειν τοὺς ἀποστόλους, καὶ παντὶ θεραπείας τρόπῳ περὶ αὐτοὺς χρησαμένους ἀμείψασθαι τῆς τοσαύτης εὐεργεσίας, οἱ δὲ τοῖς ἐναντίοις ἀμείβονται. Καὶ ἄκουε τίσιν αὐτοῖς ἀμείβονται. Ἰδόντες, φησὶν, οἱ κύριοι αὐτῆς, ὅτι ἐξῆλθεν ἡ ἐλπὶς τῆς ἐργασίας αὐτῶν, ἐπιλαβόμενοι τὸν Παῦλον καὶ τὸν Σίλαν, εἵλκυσαν εἰς τὴν ἀγορὰν ἐπὶ τοὺς ἄρχοντας, καὶ προσήγαγον αὐτοὺς τοῖς στρατηγοῖς, καὶ πολλὰς ἐπιθέντες ἐκείνοις πληγὰς, ἔβαλον εἰς φυλακὴν, παραγγείλαντες τῷ δεσμοφύλακι ἀσφαλῶς τηρεῖν αὐτούς. Εἴδετε πονηρίας ὑπερβολὴν τῶν τὴν πόλιν ἐκείνην οἰκούντων; εἴδετε τῶν ἀποστόλων ὑπομονὴν καὶ καρτερίαν; Μικρὸν ἀναμείνατε, καὶ ὄψεσθε καὶ τοῦ Θεοῦ τὴν φιλανθρωπίαν. Σοφὸς γὰρ ὢν καὶ εὐμήχανος, οὐκ ἐν ἀρχῇ καὶ ἐν προοιμίοις λύει τὰ δεινὰ, ἀλλ' ὅταν αὐξηθῇ πάντα τὰ παρὰ τῶν ἐναντίων, καὶ δειχθῇ διὰ τῶν πραγμάτων τῶν αὐτοῦ ἀθλητῶν ἡ ὑπομονὴ, τότε καὶ τὴν οἰκείαν ῥοπὴν ἐπιδείκνυται· ἵνα μηδεὶς ἔχῃ λέγειν, ὅτι διὰ τοῦτο ἐπιπηδῶσι τοῖς κινδύνοις, διὰ τὸ θαῤῥεῖν ὅτι οὐδὲν ἀηδὲς πείσονται. Διά τοι τοῦτό τινας μὲν καὶ ἐναφίησι τοῖς δεινοῖς, ἀποῤῥήτῳ τινὶ σοφίᾳ χρώμενος, τινὰς δὲ καὶ ἐξαρπάζει, ἵνα διὰ πάντων μάθῃς αὐτοῦ τὴν ὑπερβάλλουσαν φιλανθρωπίαν, καὶ ὅτι μείζους αὐτοῖς τὰς ἀμοιβὰς ταμιευόμενος, συγχωρεῖ πολλάκις ἐπιτείνεσθαι τὰ δεινά. Οὕτως οὖν καὶ ἐνταῦθα ποιεῖ. Μετὰ γὰρ τὴν τοσαύτην θαυματουργίαν καὶ τὴν εὐεργεσίαν, ἣν ἐπεδείξαντο ἀπελάσαντες τὸν ἀναίσχυντον ἐκεῖνον δαίμονα, συνεχώρησε καὶ μαστιχθῆναι καὶ εἰς δεσμωτήριον ἐμβληθῆναι. Ἐντεῦθεν γὰρ μάλιστα διεδείκνυτο καὶ ἡ τοῦ Θεοῦ δύναμις. Διὸ καὶ ὁ μακάριος οὗτος ἔλεγεν· Ἥδιστα οὖν καυχήσομαι ἐν ταῖς ἀσθενείαις μου, ἵνα ἐπισκηνώσῃ ἐπ' ἐμοὶ ἡ δύναμις τοῦ Χριστοῦ. Καὶ πάλιν· Ὅταν ἀσθενῶ, τότε δυνατός εἰμι, ἀσθένειαν τοὺς πειρασμοὺς λέγων τοὺς ἐπαλλήλους. Ἀλλ' ἴσως ἄν τις διαπορήσειεν ἐνταῦθα, τίνος ἕνεκεν ἀπήλασαν τὸν δαίμονα οὐδὲν ἐναντίον αὐτοῖς λέγοντα, ἀλλὰ μᾶλλον καὶ καταδήλους αὐτοὺς ποιοῦντα· ἐπὶ πολλὰς γὰρ ἡμέρας ἐβόα λέγων, ὅτι Οὗτοι οἱ ἄνθρωποι δοῦλοι τοῦ Θεοῦ τοῦ ὑψίστου εἰσὶν, οἵτινες καταγγέλλουσιν ἡμῖν ὁδὸν σωτηρίας. Μὴ ξενισθῇς, ἀγαπητέ· καὶ τοῦτο γὰρ τῆς συνέσεως ἦν τῆς ἀποστολικῆς, καὶ τῆς τοῦ Πνεύματος χάριτος. Εἰ γὰρ καὶ μηδὲν αὐτοῖς ἐναντίον ἔλεγεν, ἀλλ' ἵνα μὴ ἐντεῦθεν ἀξιόπιστος γενόμενος ὁ δαίμων, καὶ ἐν τοῖς ἄλλοις ὑποσύρειν δύνηται τοὺς ἀφελεστέρους, διὰ τοῦτο ἐπιστομίσας αὐτὸν ἀπήλασεν, οὐ συγχωρήσας

gnum habebat spiritum, neque tacere poterat, sed circuibat, et ubique illos dæmonis opera patefacere volebat, multa cum auctoritate, solo verbo ac jussu tamquam verberonem quemdam abigens, illam a pravo dæmone liberasset : cum illius urbis incolas oportuisset tamquam benefactores suos ac salutis suæ vindices deinceps apostolos intueri, atque omni eos officiorum genere prosequentes, tantum beneficium remunerari, illi plane contraria rependunt. Atque audi quo pacto illos remunerentur. *Videntes*, inquit, *domini ejus, quia exivit* spes *quæstus* eorum, *apprehendentes Paulum* et *Silam perduxerunt in forum ad principes*, et *offerentes* eos *magistratibus, cum multas eis plagas imposuissent, miserunt eos in carcerem, præcipientes custodi, ut diligenter* eos *custodiret*. Videtis summam illius urbis incolarum improbitatem? videtis apostolorum patientiam ac tolerantiam? Exspectate paulisper, et Dei videbitis benignitatem. Cum enim sapiens sit ac solers, non in principio nec in exordiis mala tollit, sed cum incrementum acceperint adversariorum molimina, et rebus ipsis athletarum probata patientia fuerit, et innotuerit, tum subsidium suum præbet : ne dicere possit ullus, illos idcirco sponte periculis se objicere, quod se nihil molestum passuros esse confidant. Hanc nimirum ob causam quosdam etiam ineffabili quadam sapientia in malis derelinquit, quosdam eripit, ut ex omnibus discas summam ejus benignitatem, ipsumque majora illis præmia præparantem, mala frequenter augeri permittere. Ita hoc etiam loco fecit. Post tantum miraculum ac beneficium, quod impudente illo dæmone ejecto contulerant, virgis illos cædi permisit, et in carcerem mitti. Hinc enim maxime Dei virtus etiam elucebat. Quapropter et beatus hic dicebat : *Libentissime gloriabor in infirmitatibus meis, ut inhabitet in me virtus Christi*; et rursus, *Cum infirmor, tunc potens sum*, infirmitatem continuas tentationes appellans. Sed quæret fortasse quispiam hoc loco, cujus rei gratia dæmonem expulerint nihil ipsis contradicentem, sed potius illos patefacientem : spatio quippe multorum dierum clamabat dicens : *Isti homines servi Dei excelsi sunt, qui annuntiant nobis viam salutis*. Ne mireris, carissime : nam et hoc prudentiæ fuit apostolicæ ac beneficii Spiritus sancti. Licet enim contrarium illis diceret nihil, ne tamen inde fidem sibi dæmon aliquam conciliaret, et in aliis simpliciores subdole posset

Macedones ingrati in apostolos.

Act. 16. 19.—23.

2. *Cor.* 12. 9. 10.

Cur ejectus dæmon fuerit.

Act. 16. 17.

attrahere, propterea cum illi os obturasset,
ejecit, neque sivit ea proloqui, quæ dignitatem
et captum ejus excedebant. Hoc autem præstitit,
ut Domini sui vestigiis insisteret : nam ad illum
Luc. 4. 34. etiam accedentes dicebant : *Scimus te, quis
sis, sanctus Dei,* et tamen hæc dicentes eos
ejiciebat. Id vero fiebat in accusationem impu-
dentium Judæorum, quod illi quidem miracula
quotidie cernentes et innumera prodigia fieri,
non crederent : dæmones autem agnoscerent,
cumque Dei Filium faterentur.

3. Sed ad seriem instituti sermonis redeamus.
Ut igitur discatis, quo pacto diligentibus Deum
omnia cooperentur in bonum, totam vobis historiam operæ pretium fuerit recitari, ut inde
cognoscatis quo pacto post verbera, post carcerem, omnia Dei gratia in bonum mutarit. Sed
videamus, qua ratione beatus id Lucas indicet,
Act. 16. 24. dicens : *Cum autem tale præceptum accepisset carceris custos, misit eos in interiorem
carcerem, et pedes eorum strinxit ligno.* Animadverte quo pacto augeantur mala, ut apostolorum etiam patientia fiat illustrior, et immensa
Dei virtus omnibus manifesta reddatur. Audi
Ib. v. 25. vero quid sequatur : addit enim, *Media autem
nocte Paulus et Silas orantes laudabant
Deum.* Vide animum excitatum, vide vigilem
mentem : ne temere prætereamus quæ dicta sunt,
dilectissimi. Non enim sine causa tempus ipsum
designavit dicens, *Media autem nocte,* sed
quod vellet ostendere, id gestum esse eo tempore, quo cæteris omnibus dulcis advenit somnus, et palpebras consopit, et quo ii, præcipue
qui multis doloribus ac molestiis sunt obsessi,
somno corripi solent : tum igitur, inquit, cum
undique somni vis dominaretur et vigeret, tunc
illi *Orantes Deum laudabant,* et hoc suæ in
illum caritatis maximum indicium edebant.
Nam quemadmodum nos quoties doloribus corporis divexamur, propinquorum congressum
requirimus, ut intentionem doloris illorum alloquio mitigemus : sic etiam hi sancti amore in
Dominum inflammati, ac sacros hymnos offerentes, ne sensum quidem illarum molestiarum capiebant, sed toti in orationem incumbebant, et
mirabilem illum hymnorum cantum offerebant,
ac deinceps carcer ecclesia fiebat, et illorum
sanctorum cantu totus ille locus sanctificabatur.
Ac videre erat res miras et inusitatas, homines
ligno alligatos, neque tamen quo minus hymnos

αὐτῷ τὰ ὑπὲρ τὴν ἀξίαν φθέγγεσθαι. Τοῦτο δὲ ἐποίει,
153 ἀκολουθῶν τῷ οἰκείῳ Δεσπότῃ· ἐπεὶ καὶ ἐκείνῳ προσ-
A ιόντες ἔλεγον, Οἴδαμέν σε τίς εἶ, ὁ ἅγιος τοῦ Θεοῦ,
καὶ ὅμως ταῦτα λέγοντας αὐτοὺς ἀπήλαυνεν. Ἐγίνετο δὲ τοῦτο εἰς κατηγορίαν τῶν ἀναισχύντων Ἰουδαίων, ὅτι ἐκεῖνοι μὲν καθ' ἑκάστην ἡμέραν θαύματα
ὁρῶντες καὶ μυρία παράδοξα γινόμενα, ἠπίστουν, οἱ
δὲ δαίμονες ἐπεγίνωσκον, καὶ Υἱὸν αὐτὸν τοῦ Θεοῦ
ὡμολόγουν.

Ἀλλ' ἐπὶ τὴν ἀκολουθίαν ἐπανέλθωμεν τοῦ λόγου.
Ἵνα τοίνυν μάθητε ὅπως τοῖς ἀγαπῶσι τὸν Θεὸν πάντα
συνεργεῖ εἰς ἀγαθὸν, ἀναγκαῖον πᾶσαν ὑμῖν ἀναγνῶναι ταύτην τὴν ἱστορίαν, ἵνα καὶ ἐντεῦθεν γνῶτε,
ὅπως μετὰ τὰς πληγὰς, μετὰ τὸ δεσμωτήριον, εἰς
ἀγαθὸν ἅπαντα αὐτοῖς μετέβαλεν ἡ τοῦ Θεοῦ χάρις.
B Ἀλλ' ἴδωμεν πῶς τοῦτο δείκνυσιν ὁ μακάριος Λουκᾶς
λέγων· Παραγγελίαν δὲ τοιαύτην εἰληφὼς ὁ δεσμοφύλαξ ἔβαλεν αὐτοὺς εἰς τὴν ἐσωτέραν φυλακὴν, καὶ
τοὺς πόδας αὐτῶν ἠσφαλίσατο εἰς τὸ ξύλον. Σκόπει
πῶς ἐπιτείνεται τὰ δεινὰ, ἵνα καὶ ἡ ὑπομονὴ τῶν
ἀποστόλων λαμπροτέρα γένηται, καὶ ἡ ἄφατος τοῦ
Θεοῦ δύναμις κατάδηλος ἅπασι καταστῇ. Ἄκουε δὲ
καὶ τὸ ἑξῆς. Ἐπάγει γὰρ, Κατὰ δὲ τὸ μεσονύκτιον
Παῦλος καὶ Σίλας προσευχόμενοι ὕμνουν τὸν Θεόν.
Ὅρα ψυχὴν ἐπτερωμένην, ὅρα διάνοιαν νήφουσαν·
μὴ ἁπλῶς παραδράμωμεν, ἀγαπητοὶ, τὸ εἰρημένον.
Οὐ γὰρ εἰκῇ καὶ τὸν καιρὸν ἡμῖν ἐπεσημήνατο, εἰ-
C πὼν, Κατὰ δὲ τὸ μεσονύκτιον, ἀλλὰ βουλόμενος
δεῖξαι, ὅτι, ὅτε τοῖς ἄλλοις ἅπασιν ἡδὺς ὁ ὕπνος
[a] ἐφίσταται καὶ κοιμίζει τὰ βλέφαρα, μάλιστα δὲ τοὺς
ἐν ὀδύναις πολλαῖς καθεστῶτας εἰκὸς κατὰ τὸν καιρὸν
ἐκεῖνον τοῦ ὕπνου καθέλκεσθαι, τότε τοίνυν, φησὶν,
ὅτε πάντοθεν περιεγένετο ἡ τοῦ ὕπνου τυραννὶς, τότε
ἐκεῖνοι Προσευχόμενοι ὕμνουν τὸν Θεὸν, τῆς περὶ
αὐτὸν ἀγάπης μέγιστον δεῖγμα τοῦτο ποιούμενοι.
Καθάπερ γὰρ ἡμεῖς ὑπὸ ἀλγημάτων σωματικῶν ἐνο-
χλούμενοι, τὴν τῶν γνησίων συνουσίαν ἐπιζητοῦμεν,
ἵνα ἐκ τῆς πρὸς ἐκείνους διαλέξεως τὴν ἐπίτασιν τῆς
ὀδύνης παραμυθησώμεθα· οὕτω καὶ οἱ ἅγιοι οὗτοι τῷ
D πόθῳ τῷ περὶ τὸν Δεσπότην πυρούμενοι, καὶ τοὺς
ἱεροὺς ὕμνους ἀναφέροντες, οὐδὲ αἴσθησιν ἐλάμβανον
τῶν ὀδυνῶν ἐκείνων, ἀλλ' ὅλοι τῆς ἱκετηρίας ἐγίνοντο,
καὶ τὴν θαυμαστὴν ἐκείνην ὑμνῳδίαν ἀνέφερον, καὶ
λοιπὸν ἐκκλησία ἐγίνετο τὸ δεσμωτήριον, καὶ ὁ τόπος
ἅπας ἡγιάζετο διὰ τῆς ὑμνῳδίας τῶν ἁγίων ἐκείνων.
Καὶ ἦν ἰδεῖν θαυμαστὰ καὶ παράδοξα πράγματα, ἀνθρώπους τῷ ξύλῳ προσδεδεμένους, καὶ οὐδὲν ἐμποδιζο-
μένους πρὸς τὴν ὑμνῳδίαν. Τὸν γὰρ νήφοντα, καὶ ἐγρη-

[a] Reg. ἐφίπταται.

γρηγορότα, καὶ ζέοντα πόθον ἔχοντα περὶ τὸν Θεὸν οὐδὲν κωλῦσαι δυνήσεταί ποτε τῆς πρὸς τὸν Δεσπότην συνουσίας· Θεὸς γὰρ, φησὶν, ἐγγίζων ἐγώ εἰμι, καὶ οὐ Θεὸς E πόῤῥωθεν· καὶ πάλιν ἀλλαχοῦ, Ἔτι λαλοῦντός σου ἐρῶ, ἰδοὺ πάρειμι. Ἔνθα γὰρ ἂν ᾖ διάνοια νήφουσα, πτεροῦται ὁ λογισμὸς καὶ ἀπαλλάττεται· ὡς εἰπεῖν, τοῦ συνδέσμου τοῦ σώματος, καὶ πρὸς τὸν ποθούμενον ἀνίπταται, καὶ τῆς γῆς ὑπερορᾷ, καὶ τῶν δρωμένων ἀνωτέρω γενόμενος, πρὸς ἐκεῖνον ἐπείγεται· ὃ δὴ καὶ ἐπὶ τῶν ἁγίων τούτων γεγένηται. Ὅρα γὰρ τὴν παραχρῆμα τῶν ὕμνων ἐνέργειαν, καὶ ὅπως καὶ ἐν δεσμωτηρίῳ γενόμενοι καὶ τῷ ξύλῳ προσδεδεμένοι, 154 A καὶ μετὰ γοήτων καὶ [a] δεσμίων συναναμιγέντες, οὐ μόνον οὐδὲν παρεβλάβησαν, ἀλλὰ καὶ ταύτῃ μᾶλλον ἐξέλαμψαν, καὶ τῷ φωτὶ τῆς οἰκείας ἀρετῆς κατηύγασαν ἅπαντας τοὺς τὸ δεσμωτήριον οἰκοῦντας. Ἡ γὰρ φωνὴ τῶν ἱερῶν ὕμνων ἐκείνων εἰς τὴν ἑκάστου τῶν δεσμωτῶν εἰσιοῦσα ψυχὴν, μετέπλαττεν αὐτὴν, ὡς εἰπεῖν, καὶ μετεῤῥύθμιζεν. Ἄφνω γὰρ, φησὶ, σεισμὸς ἐγένετο μέγας, ὥστε σαλευθῆναι τὰ θεμέλια τοῦ δεσμωτηρίου, ἀνεῴχθησάν τε παραχρῆμα αἱ θύραι ἅπασαι, καὶ πάντων τὰ δεσμὰ ἀνέθη. Εἶδες τῶν ὕμνων τῶν εἰς τὸν Θεὸν τὴν δύναμιν; Οὐ μόνον αὐτοὶ παρακλήσεως ἀπέλαυσαν οἱ τοὺς ὕμνους ἀναφέροντες, ἀλλὰ καὶ πάντων τὰ δεσμὰ λυθῆναι παρε- B σκεύασαν· ἵνα δειχθῇ διὰ τῶν πραγμάτων αὐτῶν, ὅπως Τοῖς ἀγαπῶσι τὸν Θεὸν πάντα συνεργεῖ εἰς ἀγαθόν. Ἰδοὺ γὰρ καὶ πληγαὶ, καὶ δεσμωτήριον, καὶ ξύλον, καὶ μετὰ τῶν δημίων διαγωγὴ, καὶ ὅμως ταῦτα ἀγαθῶν ὑπόθεσις γεγένηται καὶ εὐδοκιμήσεως ἀφορμὴ, οὐκ αὐτοῖς μόνον, οὐδὲ τοῖς οἰκοῦσι τὸ δεσμωτήριον δεσμίοις, ἀλλὰ καὶ αὐτῷ τῷ δεσμοφύλακι. Ἔξυπνος γὰρ, φησὶ, γενόμενος ὁ δεσμοφύλαξ, καὶ ἰδὼν τὰς θύρας ἀνεῳγμένας τῆς φυλακῆς, σπασάμενος μάχαιραν, ἔμελλεν ἑαυτὸν ἀναιρεῖν, νομίσας ἐκπεφευγέναι τοὺς δεσμίους. Ὅρα μοι ἐνταῦθα τοῦ Θεοῦ τὴν φιλανθρωπίαν πάντα λόγον ὑπερβαίνουσαν. C Τίνος γὰρ ἕνεκεν κατὰ τὸ μεσονύκτιον ἅπαντα ταῦτα γίνεται; Οὐδενὸς ἑτέρου χάριν, ἀλλ' ἵνα ἀθόρυβον καὶ ἐν ἡσυχίᾳ τὸ πρᾶγμα οἰκονομηθῇ, καὶ τὴν σωτηρίαν πραγματεύσωνται τοῦ δεσμοφύλακος. Τοῦ γὰρ σεισμοῦ γενομένου καὶ τῶν θυρῶν ἀνοιχθεισῶν, τὰ δεσμὰ ἀνέθη πάντων τῶν αὐτόθι, καὶ οὐδεὶς αὐτῶν ἐκπηδῆσαι συνεχωρήθη. Σκόπει μοι καὶ ἄλλην ἐνταῦθα Θεοῦ σοφίαν. Τὰ μὲν γὰρ ἄλλα πάντα γέγονεν, ὁ σεισμὸς, λέγω, καὶ ἡ τῶν θυρῶν ἄνοιξις, ἵνα μάθωσι διὰ τῶν ἔργων ἅπαντες, τίνες ἦσαν οἱ τότε τὸ δεσμωτήριον οἰκοῦντες, καὶ ὅτι οὐχ οἱ τυχόντες εἰσὶν ἄνθρωποι· οὐδενὶ δὲ ἐξελθεῖν ἐγένετο, ἵνα μὴ κινδύνων ἀφορμὴ γένηται τοῦτο τῷ δεσμοφύλακι. Καὶ ὅτι D

[a] Reg. δημίων.

vigilantem, et ardenti in Deum amore correptum nihil umquam poterit a colloquio cum Domino prohibere: *Deus* enim, inquit, *appropinquans ego sum, et non Deus longe*; et alibi rursus, *Adhuc loquente te dicam, Ecce adsum.* Ubi siquidem vigilans animus fuerit, excitatur ratio, et propemodum corporis vinculis liberatur, et evolat ad eum quem diligit, terram despicit, et quæ sunt oculis subjecta exsuperans ad illum festinat: quod utique sanctis etiam istis contigit. Vide namque celerem et efficacem hymnorum vim, et quo pacto cum in carcere versarentur, et alligati ligno essent, atque impostoribus et captivis admixti, non modo nihil passi sint detrimenti, sed et hac ratione splendidiores evaserint, et omnes, qui carcerem incolebant, virtutis suæ radiis collustrarint. Quippe illa sacrorum vox hymnorum cum in animam uniuscujusque captivorum penetrasset, transmutavit illam propemodum, ac reformavit. *Subito* enim, inquit, *terræ motus factus est magnus, ita ut moverentur fundamenta carceris,* et *statim aperta sunt omnia ostia,* et *universorum vincula soluta sunt.* Vides hymnorum, qui Deo canuntur, virtutem? Non illi modo, qui obtulerunt hymnos, solatium perceperunt, sed etiam effecerunt, ut omnium vincula solverentur: ut factis ipsis innotesceret, quo pacto *Deum diligentibus omnia cooperentur in bonum.* Ecce namque verbera, carcer, compedes, et cum carnificibus conversatio, et tamen hæc omnia bonorum materia fuerunt et occasio gloriæ, non ipsis tantum, nec illis qui carcerem incolebant captivis, sed et ipsi custodi carceris. *Expergefactus* enim, inquit, *custos carceris,* et *videns januas apertas carceris, evaginato gladio volebat* se *interficere, æstimans fugisse vinctos.* Tu mihi hoc loco Dei benignitatem considera, quam nulla exprimere potest oratio. Cur enim media nocte fiunt hæc omnia? Nullam aliam ob causam, nisi ut provideatur, ut sine turbis et tranquille res succedat, et saluti custodis carceris consulatur. Cum enim terræ motus accidisset, et reseratæ fores essent, omnium qui erant ibi soluta sunt vincula, nec ulli permissum est ut inde discederet. Aliam quoque Dei sapientiam hic contemplare. Nam alia quidem evenerunt, terræ motus, inquam, et reseratio januarum, ut rebus ipsis omnes intelligerent

Jerem. 23. 23.

Isai. 58. 9.

Vis hymnorum quanta sit.

Act. 16. 26.

Ib. v. 27.

Cur hæc media nocte fierent.

quales illi essent, qui tunc carcerem habitabant, neque vulgares homines esse : porro nemini contigit ut exiret, ne quod inde periculum custodi carceris crearetur. Atque ut hoc verum esse intelligas, audi quo pacto, cum id accidisse suspicaretur custos carceris, et aufugisse quosdam putaret, etiam vitam suam contemserit. *Evaginato* enim, inquit, *gladio, volebat se interficere* : sed qui vigil ubique atque expergefactus erat, beatus Paulus, ex belluæ faucibus sua voce

Act. 16.28. agnum eripuit. *Clamavit enim voce magna dicens, Nihil tibi mali feceris ; universi enim hic sumus.* O incredibilem humilitatem! Non elatus est in superbiam ob ea quæ acciderant, non in custodem carceris insurrexit, nullum arrogans dictum illi excidit, sed cum vinctis, cum lictoribus, cum maleficis seipsum numerabat, dicens : *Universi hic sumus.* Vides insignis eum humilitatis exemplum edere, nec sibi plus quam maleficis cæteris, qui illic erant, tribuere? Vide jam quo pacto carceris etiam custos non tamquam ad unum ex aliis ad illum accedat :

Ib. v. 29. 30. confidentior enim factus, *Petitoque lumine introgressus est, et tremefactus procidit Paulo et Silæ,* et *producens eos foras ait : Domini, quid me oportet facere, ut salvus fiam?* Videtis, quo pacto *Diligentibus Deum omnia cooperentur in bonum?* videtis diaboli machina quo pacto fuerit dissoluta? quo pacto in nihilum machinationes ejus reciderint? Nam cum dæmonem ejecissent, ut in carcerem conjicerentur effecit, ratus se hoc pacto prædicationis cursui obicem oppositurum. Sed ecce carcer etiam quæstus illis materiam spiritualis objecit.

τουτό ἐστιν ἀληθὲς, ἄκουσον πῶς, ὅτε μόνον ὑπώπτευσε τοῦτο γεγενῆσθαι ὁ δεσμοφύλαξ, καὶ ἐνόμισέ τινας ἐκπεφευγέναι, καὶ τῆς ζωῆς αὐτῆς κατεφρόνησε. Σπασάμενος γὰρ, φησὶ, μάχαιραν, ἔμελλεν ἑαυτὸν ἀναιρεῖν. Ἀλλ' ὁ πανταχοῦ νήφων καὶ ἐγρηγορῶν, ὁ μακάριος Παῦλος, τῇ οἰκείᾳ φωνῇ ἐξήρπασε τῆς φάρυγγος τοῦ θηρίου τὸ ἀρνίον. Ἐφώνησε γὰρ φωνῇ μεγάλῃ, λέγων, Μηδὲν πράξῃς σεαυτῷ κακόν· ἅπαντες γάρ ἐσμεν ἐνθάδε. Ὢ ταπεινοφροσύνης ὑπερβολή· οὐκ ἐφρόνησε μέγα ἐπὶ τοῖς γεγενημένοις, οὐ κατεξανέστη τοῦ δεσμοφύλακος, οὐδὲν ὑπέρογκον φθέγξα-

E σθαι κατεδέξατο· ἀλλὰ μετὰ τῶν δεσμιωτῶν, μετὰ τῶν δημίων, μετὰ τῶν κακούργων ἑαυτὸν κατηρίθμησε, λέγων· Ἅπαντές ἐσμεν ἐνθάδε. Εἶδες αὐτὸν πολλῇ τῇ ταπεινοφροσύνῃ χρώμενον, καὶ οὐδὲν πλέον ἑαυτῷ νέμοντα τῶν αὐτόθι κακούργων; Ὅρα καὶ τὸν δεσμοφύλακα λοιπὸν, οὐχ ὡς ἑνὶ τῶν ἄλλων προσιόντα. Θαῤῥήσας γὰρ καὶ αἰτήσας φῶτα, εἰσεπήδησε, καὶ ἔντρομος ὑπάρχων, προσέπεσε τῷ Παύλῳ καὶ τῷ

155 Σίλᾳ, καὶ προαγαγὼν αὐτοὺς ἔξω, ἔφη· κύριοι, τί

A με δεῖ ποιεῖν, ἵνα σωθῶ; Εἴδετε πῶς Τοῖς ἀγαπῶσι τὸν Θεὸν πάντα συνεργεῖ εἰς ἀγαθόν; εἴδετε τοῦ διαβόλου τὴν μηχανὴν, ὅπως διελύθη; ὅπως ἄκυρα αὐτοῦ γέγονε τὰ μηχανήματα; Ἐπειδὴ γὰρ ἀπήλασαν τὸν δαίμονα, παρεσκεύασεν εἰς τὸ δεσμωτήριον αὐτοὺς ἐμβληθῆναι, νομίζων ἐμποδίζειν τὸν δρόμον τοῦ κηρύγματος διὰ τούτου. Ἀλλ' ἰδοὺ καὶ τὸ δεσμωτήριον ἐμπορίας αὐτοῖς ὑπόθεσις γεγένηται πνευματικῆς.

4. Ergo possumus nos quoque, si sapimus ac vigiles sumus, non modo cum res secundæ sunt, sed et cum affligimur, lucrum acquirere, ac tum etiam magis, quam cum secundis rebus fruimur. Inertiores enim plerum-

Afflictio diligentes reddit et attentos. que nos reddunt secundæ res : afflictiones autem dum vigiles nos reddont, auxilium nobis cæleste conciliant, ac tum præcipue, cum propter spem in Deum patientiam, et in omnibus, quæ inferuntur, afflictionibus tolerantiam exhibemus. Ne igitur doleamus, si quando tribulemur, sed potius gaudeamus : id enim nobis in occasionem gloriæ vertit. Propterea Paulus etiam dicebat, *Scimus autem quoniam diligentibus Deum omnia cooperantur in bonum.* Sed ardentem sanctorum istorum animum videamus. Cum igitur custodem carceris dicentem audis-

Act. 16.30. sent : *Quid me oportet facere, ut salvus fiam?*

Ἆρα καὶ ἡμεῖς, ἂν νήφωμεν, οὐ μόνον ἐν ἀνέσει ὄντες, ἀλλὰ καὶ ἐν θλίψεσι, κερδαίνειν δυνάμεθα, καὶ τότε μᾶλλον, ἢ ἐν ἀνέσει. Ἡ γὰρ ἄνεσις, ὡς

B ἐπὶ τὸ πλεῖστον, ῥαθυμοτέρους ἐργάζεται· ἡ δὲ θλίψις νήφειν παρασκευάζουσα, ἀξιοῦσθαι ποιεῖ καὶ τῆς ἄνωθεν ῥοπῆς, καὶ μάλιστα, ὅταν διὰ τὴν εἰς τὸν Θεὸν ἐλπίδα τὴν ὑπομονὴν ἐπιδεικνύμεθα καὶ τὴν καρτερίαν ἐν πάσαις ταῖς ἐπαγομέναις θλίψεσι. Μὴ τοίνυν ἀλγῶμεν, ἐπειδὰν θλιβώμεθα, ἀλλὰ μᾶλλον χαίρωμεν· τοῦτο γὰρ ἡμῶν ἡ τῆς εὐδοκιμήσεως ὑπόθεσις. Διὰ τοῦτο καὶ Παῦλος ἔλεγεν, Οἴδαμεν δὲ ὅτι τοῖς ἀγαπῶσι τὸν Θεὸν πάντα συνεργεῖ εἰς ἀγαθόν. Ἀλλ' ἴδωμεν τὴν ζέουσαν ψυχὴν τῶν ἁγίων τούτων. Ἐπεὶ οὖν ἤκουσαν τοῦ δεσμοφύλακος λέγοντος, Τί με δεῖ ποιεῖν, ἵνα σωθῶ; ἆρα ὑπερέθεντο;

C ἆρα ἀνεβάλοντο; ἆρα ἠμέλησαν πρὸς τὴν κατήχησιν; Οὐδαμῶς· ἀλλὰ τί πρὸς αὐτὸν ἐκεῖνοι; Πίστευσον ἐπὶ τὸν Κύριον Ἰησοῦν Χριστὸν, καὶ σωθήσῃ σὺ, καὶ πᾶς ὁ οἶκός σου. Ὅρα κηδεμονίαν ἀποστολικήν. Οὐκ ἀρκοῦνται τῇ αὐτοῦ σωτηρίᾳ, ἀλλὰ δι' ἐκείνου βούλονται καὶ τοὺς προσήκοντας αὐτῷ πάντας σαγηνεῦσαι εἰς τὸν τῆς εὐσεβείας λόγον, καιρίαν διδόντες τῷ διαβόλῳ τὴν πληγήν. Καὶ ἐβαπτίσθη αὐτὸς καὶ οἱ αὐτοῦ πάντες παραχρῆμα, καὶ ἠγαλλιάσατο πανοικὶ πεπιστευκὼς τῷ Θεῷ. Ἐντεῦθεν παιδευόμεθα μηδέποτε ἐν τοῖς πνευματικοῖς μηδὲ τὸ τυχὸν ἀναβάλλεσθαι, ἀλλὰ πάντοτε καιρὸν ἐπι- D τήδειον ἡγεῖσθαι τὸν παραπίπτοντα. Εἰ γὰρ νυκτὸς οὔσης οἱ ἅγιοι οὗτοι ὑπερθέσθαι οὐκ ἠνέσχοντο, ποίαν ἕξομεν ἀπολογίαν ἡμεῖς, ἐν ἑτέρῳ καιρῷ παρατρέχοντες πνευματικὸν κέρδος; Εἶδες ἐκκλησίαν τὸ δεσμωτήριον γινόμενον; εἶδες τὸ καταγώγιον τῶν δημίων εὐκτήριον οἶκον ἐξαίφνης ἀποδειχθέντα, καὶ τὴν μυσταγωγίαν ἐκεῖ τελουμένην. Τοσοῦτόν ἐστι τὸ νήφειν, καὶ μηδέποτε παρατρέχειν τὰ πνευματικὰ κέρδη, ἀλλὰ πάντα καιρὸν ἐπιτήδειον ποιεῖσθαι πρὸς τὴν τοιαύτην ἐμπορίαν. Καλῶς ἄρα ἔλεγεν ὁ μακάριος οὗτος γράφων, Ὅτι τοῖς ἀγαπῶσι τὸν Θεὸν πάντα συνεργεῖ εἰς ἀγαθόν. Ταύτην τὴν ῥῆσιν, παρακαλῶ, καὶ ἡμεῖς ἐγκεκολαμμένην ἔχοντες τῇ E διανοίᾳ τῇ ἡμετέρᾳ, μηδέποτε ἀσχάλλωμεν, ἐπειδὰν λυπηροῖς τισι κατὰ τὸν βίον τοῦτον περιπέσωμεν, ἢ περιστάσεσιν, ἢ ἀῤῥωστίαις σωματικαῖς, ἢ ἑτέροις τισὶ λυπηροῖς πράγμασιν· ἀλλὰ πολλῇ κεχρημένοι τῇ φιλοσοφίᾳ, ἀντέχωμεν πρὸς πάντα πειρασμὸν, εἰδότες ὅτι, ἂν νήφωμεν, πανταχόθεν κερδαίνειν δυνάμεθα, καὶ μᾶλλον ἀπὸ τῶν πειρασμῶν, ἢ ἀπὸ τῶν ἀνέσεων· καὶ μηδέποτε ἀλύωμεν, ἐννοοῦντες ὅσον τῆς ὑπομονῆς τὸ κέρδος, ἀλλὰ μηδὲ ἀπεχθῶς 136 ἔχωμεν πρὸς τοὺς ἐπάγοντας ἡμῖν τοὺς πειρασμούς. A Εἰ γὰρ κἀκεῖνοι τὸν οἰκεῖον σκοπὸν πληροῦντες τοῦτο ποιοῦσιν, ἀλλ' ὁ κοινὸς Δεσπότης συγχωρεῖ, βουλόμενος ἡμᾶς καὶ διὰ τούτων ἐμπορεύσασθαι τὴν πνευματικὴν ἐμπορίαν, καὶ τῆς ὑπομονῆς λαβεῖν τὸν μισθόν. Ἐὰν οὖν δυνηθῶμεν εὐχαρίστως ἐνεγκεῖν τὰ ἐπαγόμενα, οὐ μικρὸν μέρος τῶν πεπλημμελημένων ἡμῖν διαλύσομεν. Εἰ γὰρ τὸν θησαυρὸν τοῦτον, καὶ τῆς οἰκουμένης διδάσκαλον καθ' ἑκάστην ἡμέραν κινδύνοις περιπίπτοντα ὁρῶν ὁ Δεσπότης ἠνείχετο, οὐ περιορῶν τὸν οἰκεῖον ἀθλητὴν, ἀλλὰ τὰ B σκάμματα αὐτῷ μακρότερα κατασκευάζων, ἵνα τοὺς στεφάνους αὐτῷ λαμπροτέρους ἀπεργάσηται, τί ἂν εἴποιμεν ἡμεῖς, οἱ μυρίων γέμοντες ἁμαρτημάτων, καὶ διὰ ταῦτα πολλάκις τοῖς πειρασμοῖς περιπίπτοντες, ἵνα τὴν ὑπὲρ τούτων δίκην ἐνταῦθα δόντες, μικρᾶς γοῦν φιλανθρωπίας ἀξιωθῶμεν, ἐπὶ τῆς φοβερᾶς ἐκείνης ἡμέρας τῶν ἀποῤῥήτων ἐκείνων ἀγαθῶν ἀπολαύσαντες; Τοῦτο δὲ λογιζόμενοι παρ' ἑαυτοῖς, πρὸς C ἅπαντα γενναίως ἀντέχωμεν, ἵνα καὶ τῆς ὑπομονῆς τὸν μισθὸν δεξώμεθα ἀπὸ τοῦ φιλανθρώπου Δεσπό-

num distulerunt? num cunctati sunt? num catechismo illum imbuere neglexerunt? Nullo modo : sed quid ad eum? *Crede in Dominum Jesum Christum*, et *salvus eris tu, et tota domus tua*. Vide sollicitudinem apostolicam. Illius salute contenti non sunt, et omnes ejus domesticos in causa religionis acquirere Deo volunt, et letalem diabolo plagam infligere. *Et* D *baptizatus* est *ipse, et domus ejus continuo, et lætatus* est *cum omni domo sua credens Deo*. Hino docemur, in spiritualibus ne tantillum quidem umquam differre, sed idoneum censere quodvis tempus, quod occurrerit. Si enim multa nocte nolebant hi sancti differre, quæ nobis venia dari poterit, si alio tempore spirituale lucrum omittamus? Vides carcerem in ecclesiam esse conversum? vides lictorum diversorium derepente domum orationis esse factum, et illio sacram initiationem celebratam? Tanta res est vigilem esse, nec umquam spiritualia lucra negligere, sed idoneum quodvis tempus ad ejus- E modi quæstum arbitrari. Recte itaque beatus hic dixit scribens, *Quoniam diligentibus Deum omnia cooperantur in bonum*. Hanc sententiam, quæso, nos omnes menti nostræ insculptam habentes numquam indignemur, si quando in casus aliquos adversos incurrerimus, dum in hac vita versamur, aut in calamitates, aut in corporis ægritudines, aut in res alias molestas, sed multam exhibentes moderationem animi ac 136 philosophiam, cuivis tentationi resistamos, A cum nobis exploratum sit omni ex parte nos posse lucrum reportare, si vigiles et attenti fuerimus, atque ex tentationibus potius quam ex rebus secundis : nec umquam animo concidamus, cogitantes quantum sit patientiæ lucrum, sed nec illis simus infensi, qui tentationibus nos divexant. Licet enim illi etiam, ut consilium suum expleant, id agant : communis tamen Dominus hoc permittit, quod nos velit hac ratione spiritualem hunc quæstum facere, ac B patientiæ mercedem obtinere. Si ergo quæ inferuntur mala cum gratiarum actione perferre possimus, non exiguam delictorum nostrorum partem delebimus. Si enim thesaurum hunc, et orbis terrarum doctorem quotidie periculis objici cum videret Dominus, permittebat, non quod athletam suum despiceret, sed quod longius illius virtuti stadium sterneret, ut spendidiores C illi coronas redderet : quid nos dicemus qui peccatis scatemus innumeris, et idcirco frequenter tentationibus conflictamur, ut cum eorum

Act. 16.31.

Ib. v. 33. 34.

Numquam differendum in spiritualibus.

Cur tentationes permittat Deus.

causa pœnas dederimus, saltem aliquam misericordiæ partem exiguam impetremus, et in illo die tremendo bonis illis ineffabilibus perfruamur? Hæc autem cum animis nostris reputantes, adversus omnia constanter patienterque resistamus, ut et tolerantiæ mercedem a benigno Domino recipiamus, et peccatorum nostrorum multitudinem imminuere possimus, et æterna bona consequi, gratia et benignitate Domini nostri Jesu Christi, cum quo Patri, simulque Spiritui sancto gloria, imperium, et honor, nunc et semper, et in sæcula sæculorum. Amen.

του, καὶ τὸ πλῆθος τῶν ἡμῖν ἡμαρτημένων ὑποτεμέσθαι δυνηθῶμεν, καὶ τῶν αἰωνίων ἀγαθῶν ἐπιτυχεῖν, χάριτι καὶ φιλανθρωπίᾳ τοῦ Κυρίου ἡμῶν Ἰησοῦ Χριστοῦ, μεθ' οὗ τῷ Πατρὶ, ἅμα τῷ ἁγίῳ Πνεύματι δόξα, κράτος, τιμὴ, νῦν καὶ ἀεὶ, καὶ εἰς τοὺς αἰῶνας τῶν αἰώνων. Ἀμήν.

AD HOMILIAM IN ILLUD,

SI ESURIERIT INIMICUS TUUS, CIBA ILLUM,

MONITUM.

Licet de anno, quo hanc Chrysostomus pronuntiavit homiliam, nihil habeamus, ex iis, quæ num. 4 hujusce concionis dicuntur de imperatoria Curia, deque militari satellitio Imperatoris, ea Constantinopoli habita fuisse deprehenditur; et quidem, ut num. 2 narrator, testate magnum in frequentia populi æstum pariente; quam obtendebant causam Constantinopolitani, cum quereretur Chrysostomus ecclesiam non frequentari, multosque a concionibus abesse suis : quos egregie retondit Chrysostomus; si calor in causa est, inquit, cur adeo frequentatis forum, ubi æstus, strepitus, turba populi tanta, nulla re solares radios cohibente : cum contra ecclesia, ubi ille concionabatur, perampla, alta, tabulis strata lapideis, æstum non modico temperaret. Hinc de inimicorum dilectione, deque beneficiis in illos conferendis præclare pro more loquitur.

Interpretatio Latina est Frontenis Ducæi.

ADVERSUS EOS,

157 A

ΠΡΟΣ ΤΟΥΣ

Rom. 12. 20. *Qui ad collectam non occurrerunt, et in dictum illud apostoli,* Si esurierit inimicus tuus, ciba illum, *et de inimicitiarum memoria.*

Μὴ ἀπαντήσαντας εἰς τὴν σύναξιν, καὶ εἰς τὴν ἀποστολικὴν ῥῆσιν τὴν λέγουσαν, Ἐὰν πεινᾷ ὁ ἐχθρός σου, ψώμιζε αὐτὸν, καὶ περὶ τοῦ μνησικακεῖν.

1. Nihil, ut videtur, nobis profuit, quod sermonem bene longum nuper habuerimus, ut vestrum ad collectas veniendi studium excitaremus: rursus enim nobis filiis suis ecclesia destituta est. Quo fit ut rursus etiam gravis ac molestus videri cogar, sive dum præsentes castigo, sive dum absentes reprehendo : illos quidem, quod pigritiam B non excusserint, vos vero quod salutem fratrum

Οὐδὲν, ὡς ἔοικεν, ὠφελήσαμεν, μακρὸν λόγον πρώην πρὸς ὑμᾶς ἀποτείναντες ὑπὲρ τῆς περὶ τὰς συνάξεις σπουδῆς· πάλιν γὰρ ἡμῖν ἔρημος ἡ ἐκκλησία τῶν τέκνων. Διὸ καὶ πάλιν ἀναγκάζομαι ἐπαχθὴς φανῆναι καὶ βαρὺς, ἐπιτιμῶν τοῖς παροῦσιν, ἐγκαλῶν τοῖς ἀπολειφθεῖσιν· ἐκείνοις μὲν, ὅτι τὴν ῥαθυμίαν οὐκ ἀπέθεντο, ὑμῖν δὲ, ὅτι τῆς τῶν ἀδελφῶν οὐκ ἀντελάβεσθε σωτηρίας. Ἀναγκάζομαι βαρὺς φανῆναι καὶ ἐπαχθὴς, οὐχ ὑπὲρ ἐμαυτοῦ καὶ τῶν ἐμῶν κτημάτων, ἀλλ' ὑπὲρ ὑμῶν καὶ τῆς ὑμετέρας σωτηρίας, ἧς οὐδὲν ἐμοὶ προτιμότερον. Ὁ βουλόμενος βαρυνέσθω, καὶ φορτικὸν καὶ ἀναίσχυντον καλείτω· ἐγὼ δὲ οὐ παύσομαι συνεχῶς ὑπὲρ τῶν αὐτῶν ἐνοχλῶν, τῆς γὰρ ἀναισχυντίας ταύτης οὐδὲν ἄμεινον ἐμοί. Ἴσως γὰρ, ἴσως, εἰ καὶ μηδὲν ἕτερον, τοῦτο γοῦν ἐρυθριάσαντες, τὸ μὴ συνεχῶς ὀχλεῖσθαι περὶ τῶν αὐτῶν, ἀντιλήψεσθέ ποτε τῆς κηδεμονίας τῶν ἀδελφῶν τῶν ὑμετέρων. Τί γάρ μοι τῶν ἐπαίνων ὄφελος, ὅταν ὑμᾶς μὴ θεάσωμαι προκόπτοντας κατ' ἀρετήν; τί δέ μοι βλάβος ἐκ τῆς σιγῆς τῶν ἀκουόντων, ὅταν αὐξομένην ὑμῶν ἴδω τὴν εὐλάβειαν; Ἔπαινος γὰρ τοῦ λέγοντος οὐχ ὁ κρότος, ἀλλ' ὁ περὶ τὴν εὐσέβειαν ζῆλος τῶν ἀκουόντων· οὐχ ὁ θόρυβος κατὰ τὸν καιρὸν τῆς ἀκροάσεως, ἀλλ' ἡ σπουδὴ ἡ διαπαντὸς τοῦ χρόνου. Ὁ κρότος ἐξῆλθεν ὁμοῦ τε τοῦ στόματος, καὶ εἰς ἀέρα διαχυθεὶς ἀπώλετο· τὸ δὲ βελτίονας γενέσθαι τοὺς ἀκούοντας, ἀγήρω καὶ ἀθάνατον φέρει τὸν μισθὸν καὶ τῷ λέγοντι, καὶ τοῖς πειθομένοις. Ὁ τῆς βοῆς ὑμῶν ἔπαινος ἐνταῦθα τὸν λέγοντα ποιεῖ λαμπρὸν, ἡ δὲ τῆς ψυχῆς ὑμῶν εὐλάβεια πολλὴν ἐπὶ τοῦ βήματος τοῦ Χριστοῦ δίδωσι παῤῥησίαν τῷ διδάξαντι. Ὥστε, εἴ τις τῶν λεγόντων ἐρᾷ, μὴ τῶν κρότων, ἀλλὰ τῆς ὠφελείας τῶν ἀκουόντων ἐράτω. Οὐκ ἔστι τὸ τυχὸν κακὸν ἀδελφῶν ἀμελεῖν, ἀλλ' ἐσχάτη κόλασις, καὶ ἀπαραίτητος τιμωρία· καὶ τοῦτο ὁ τὸ τάλαντον καταχώσας ἐδήλωσεν. Οὐδὲν γοῦν ὑπὲρ τῆς οἰκείας ἐνεκαλεῖτο ζωῆς· οὐδὲ γὰρ ἐγένετο κακὸς περὶ τὴν καταθήκην· ὁλόκληρον γὰρ αὐτὴν ἀπέδωκεν· ἀλλ' ὅμως ἐγένετο κακὸς καὶ περὶ τὴν ἐργασίαν τῆς παρακαταθήκης. Οὐ γὰρ ἐδιπλασίασε τὸ πιστευθέν· διὸ καὶ ἐκολάζετο. Ὅθεν δῆλον, ὅτι κἂν ἡμεῖς σπουδαῖοι ὦμεν καὶ συγκεκροτημένοι, κἂν πολλὴν ἐπιθυμίαν ἔχωμεν περὶ τὴν ἀκρόασιν τῶν θείων Γραφῶν, οὐκ ἀρκεῖ πρὸς σωτηρίαν ἡμῶν. Διπλασιάσαι γὰρ χρὴ τὴν παρακαταθήκην, διπλῆ δὲ γίνεται, ὅταν μετὰ τῆς ἑαυτῶν σωτηρίας, καὶ τῆς ἑτέρων ἀντιλαμβανώμεθα προνοίας. Ἐπεὶ κἀκεῖνος εἶπεν, Ἴδε, ἔχεις τὸ σὸν σῶον· ἀλλ' οὐκ ἤρκεσεν αὐτῷ τοῦτο πρὸς ἀπολογίαν. Ἔδει γὰρ, φησὶ, καταβαλεῖν ἐπὶ τοὺς τραπεζίτας τὸ καταβληθέν. Καί μοι σκόπει, πῶς κοῦφα τοῦ Δεσπότου τὰ ἐπιτάγματα. Ἄνθρωποι μὲν γὰρ τοὺς δανείζοντας χρήματα δεσποτικὰ καὶ τῆς ἀπαιτήσεως ὑπευθύνους ποιοῦσι. Σὺ κατέβαλες, σὺ, φησὶν, ἀπαίτησον· ἐμοὶ λόγος οὐδεὶς πρὸς τὸν δεξάμενον. Ὁ δὲ Θεὸς οὐχ οὕτως, ἀλλὰ καταβαλεῖν κελεύει μόνον, οὐκέτι δὲ καὶ τῆς ἀπαιτήσεως ἡμᾶς ὑπευθύνους ποιεῖ. Τοῦ συμβουλεῦσαι γὰρ, οὐ τοῦ πεῖσαι κύριος ὁ λέγων ἐστί. Διὸ τῆς καταβολῆς ὑπεύθυνόν σε ποιῶ μόνον, φησὶ, τῆς δὲ ἀπαιτήσεως οὐκέτι. Τί τούτου κουφότερον;

non curetis. Gravis ac molestus videri cogor, non mea vel mearum possessionum, sed vostra salutisque vestræ causa, qua mihi nihil est antiquius. Ægre ferat qui volet, importunum et impudentem appellet; ego vero semper hac de causa molestiam exhibere non desinam, nihil enim hac impudentia mihi fructuosius esse potest. Fortasse namque, fortasse, si minus alterius rei, saltem hujus vos pudebit, ut ne semper
C camdem ob causam molestia vobis exhibeatur, et curam fratres vestros juvandi suscipietis. Quid enim mihi laudes prosunt, cum vos in virtute facere progressus non videam? quod vero mihi damnum oritur ex silentio auditorum, cum vestram augeri conspiciam pietatem? Laus quippe dicentis est, non applausus, sed auditorum in pietate zelus ac studium; non tumultus excitatus, quo tempore sermo auditur, sed studium ac diligentia, quæ omni tempore exhibetur. Applausus ex ore simul egreditur, et in aerem dif-
D fusus interit; quod autem meliores fiant auditores, incorruptam et immortalem cum dicenti, tum obtemperantibus mercedem affert. Clamoris vestri commendatio illustriorem oratorem hic reddit: at animæ vestræ pietas multam apud tribunal Christi doctori fiduciam acquirit. Itaque, si quis eos qui sermonem habent, diligat, non applausus, sed utilitatem diligat auditorum. Non mediocre malum est fratrum curam non gerere, sed extremum supplicium
E est, et inevitabilis pœna: quod ipsum is qui talentum defoderat indicavit. Sane nihil ei vitio vertebatur, quod in vita peccasset, neque male quidquam in depositi custodia commiserat: integrum enim illud restituit: sed tamen in depositi negotiatione male se gesserat. Non enim id quod creditum fuerat duplicarat; quam ob causam etiam pœnas dabat. Unde manifestum evadit, licet studiosi simus et instructi, licet ad sacram audiendam Scripturam multa cupiditate exardescamus, id tamen ad nostram salutem non
158 A sufficere. Duplicandum namque depositum est: porro duplum fit, quando cum salute nostra curam aliorum quoque suscipimus. Nam et ipse dixit, *Ecce, salvum habes quod tuum est*; sed hoc ad excusationem illi satis non fuit. *Oportuit enim*, inquit, *te committere numulariis quod tibi commissum est*. At tu mihi, quam levia sint Domini mandata, considera. Homines enim eos, qui pecunias heriles dant fœnori, etiam repetitioni reddunt obnoxios. Tu commisisti, tu, inquit, repete: nullum mihi cum eo qui recepit,

Applausus auditorum respuit Chrysost.

Matth. 25. 27.

negotium est. Deus vero non ita, sed committere jubet tantum, at non item repetitioni nos reddit obnoxios. Quippe in potestate oratoris est, ut consulat, non ut persuadeat. Quapropter ad committendum solum te obligo, non item ad repetendum. Quid hoc levius est? Attamen durum appellabat tam mitem ac benignum dominum servus. Ea quippe improborum et inertium est consuetudo servorum : peccatorum suorum culpam semper in dominos suos rejiciunt. Idcirco cruciatus et compedibus vinctus ille in tenebras exteriores ejiciebatur. Quod ne nobis etiam accidat, doctrinam fratribus committamus, sive persuadeantur, sive non persuadeantur. Si enim persuasi fuerint, et de seipsis et de nobis bene merebuntur : si non fuerint persuasi, supplicium sibi accersent inevitabile, nobis autem ne tantillum quidem nocere poterunt. Quod enim nostri muneris fuit, præstitimus, cum consilium dederimus : quod si persuasi non fuerint, nihil inde possumus capere detrimenti. Siquidem crimen est, non si minime persuaseris, sed si minime consilium dederis : ubi vero cohortatione, consilioque continuo frequentique perfuncti fuerimus, non jam a nobis, sed ab illis rationem Deus exiget. Vellem equidem evidenter nosse vos illos assidue cohortando perseverare, et num in eadem semper illi negligentia persistant, nec umquam vobis molestiam exhiberem : jam vero timeo ne inertiæ incuriæque vestræ vitio maneant incorrecti. Neque enim fieri potest, ut qui cohortatione doctrinaque frequenter fruatur, melior studiosiorque non fiat.

Proverbium, Gutta cavat lapidem.

Ac vulgare quidem est illud proverbium, quod dicturus sum; verumtamen hoc ipsum testatur. Stillula enim, inquit, mollis aquæ saxum assiduo cavat ictu. Tametsi quid aqua mollius? quid saxo durius? attamen assiduitas naturam vincit. Quod si naturam vincit assiduitas, multo magis voluntatem poterit superare. Non ludus est Christianismus, dilecti, nec res supervacanea. Continue ista dicimus, et nihil proficimus.

2. Quantum mihi censetis dolorem inuri, cum recordor festis quidem diebus vasta maris æquora collectarum turbas imitari, jam vero ne quotamvis quidem partem hic illius multitudinis congregari? Ubi nunc sunt, qui nobis in solennitatibus molestiam exhibent? Illos require, et illorum causa lugeo, dum mihi venit in mentem, quanta pereat eorum multitudo, qui salvi erant, quantam faciam fratrum jacturam, quam exiguum in

Ἀλλ' ὅμως σκληρὸν ἐκάλει τὸν οὕτως ἥμερον καὶ B φιλάνθρωπον δεσπότην ὁ δοῦλος. Τοιαῦται γὰρ τῶν ἀγνωμόνων καὶ ῥαθύμων οἰκετῶν αἱ συνήθειαι· τῶν οἰκείων ἁμαρτημάτων εἰς τοὺς δεσπότας ἀεὶ μετατιθέασι τὰς αἰτίας. Διὰ τοῦτο στρεβλούμενος καὶ δεσμούμενος ἐκεῖνος εἰς τὸ σκότος ἐξήγετο τὸ ἐξώτερον. Ὅπερ ἵνα μὴ ἡμεῖς πάθωμεν, καταβάλλωμεν τὴν διδασκαλίαν ἐπὶ τοὺς ἀδελφοὺς, κἂν πείθωνται, κἂν μὴ πείθωνται. Πειθόμενοι μὲν γὰρ, καὶ ἑαυτοὺς καὶ ἡμᾶς ὠφελήσουσι· μὴ πειθόμενοι δὲ, αὐτοῖς μὲν ἀπαραίτητον ἐπισπῶνται κόλασιν, ἡμᾶς δὲ οὐδὲ τὸ τυχὸν παραβλάψαι δύναιντ' ἄν. Τὸ γὰρ ἡμέτερον C ἐποιήσαμεν, συμβουλεύσαντες· εἰ δὲ μὴ πείθοιντο, οὐδὲν ἡμῖν ἐκ τούτου γένοιτ' ἂν βλάβος. Ἔγκλημα γὰρ, οὐ τὸ μὴ πεῖσαι, ἀλλὰ τὸ μὴ συμβουλεῦσαι· μετὰ δὲ τὴν παραίνεσιν καὶ τὴν συμβουλὴν, τὴν διηνεκῆ καὶ τὴν συνεχῆ, οὐκέτι πρὸς ἡμᾶς, ἀλλὰ πρὸς ἐκείνους ἔσται ὁ λόγος τῷ Θεῷ. Ἐβουλόμην γοῦν εἰδέναι σαφῶς, ὅτι παραινοῦντες αὐτοὺς διατελεῖτε, καὶ εἰ διαπαντὸς μένουσιν ἐπὶ τῆς ῥαθυμίας ἐκεῖνοι, καὶ οὐκ ἂν ὑμῖν οὐδέποτε ἠνόχλησα· νῦν δέδοικα, μή ποτε ἐκ τῆς ὑμετέρας ὑπερορίας καὶ ἀμελείας μένωσιν ἀδιόρθωτοι. Καὶ γὰρ ἀμήχανον ἄνθρωπον συνεχῶς ἀπολαύοντα παραινέσεως καὶ D διδασκαλίας, μὴ γενέσθαι βελτίω καὶ σπουδαιότερον. Καὶ δημώδης μέν ἐστιν ἡ παροιμία, ἣν ἐρεῖν μέλλω· πλὴν ἀλλ' αὐτὸ τοῦτο συνίστησι. Πέτραν γὰρ κοιλαίνει, φησὶ, ῥανὶς ὑδάτων ἐνδελεχοῦσα. Καίτοι τί μαλακώτερον ὕδατος; τί δὲ πέτρας σκληρότερον; Ἀλλ' ὅμως ἡ ἐνδελέχεια τὴν φύσιν ἐνίκησεν. Εἰ δὲ φύσιν ἐνδελέχεια νικᾷ, πολλῷ μᾶλλον προαιρέσεως δύναιτ' ἂν περιγενέσθαι. Οὐκ ἔστι παίγνια ὁ χριστιανισμὸς, ἀγαπητοὶ, οὐδὲ πρᾶγμα πάρεργον. Συνεχῶς ταῦτα λέγομεν, καὶ οὐδὲν πλέον ποιοῦμεν.

E Πῶς οἴεσθέ με ὀδυνᾶσθαι, ἀναμιμνησκόμενον ὅτι ἐν μὲν τοῖς πανηγύρεσι πελάγη θαλάττης μακρὰ μιμεῖται τῶν συνάξεων τὰ πλήθη, νῦν δὲ οὐδὲ τὸ πολλοστὸν τοῦ πλήθους ἐκείνου μέρος ἐνταῦθα συλλέγεται; Ποῦ νῦν εἰσιν οἱ διενοχλοῦντες ἡμᾶς ἐν ταῖς ἑορταῖς; Ἐκείνους ἐπιζητῶ, καὶ δι' ἐκείνους ὀδύρομαι, ἐννοῶν ὅσον πλῆθος ἀπόλλυται τῶν σωζομένων, ὅσην ἀδελφῶν ὑπομένω ζημίαν, πῶς εἰς ὀλίγους τὰ τῆς σωτηρίας περιίσταται, καὶ τὸ πλέον τοῦ σώματος τῆς Ἐκκλησίας μέρος νεκρῷ καὶ ἀκινήτῳ προσέοικε σώματι. Καὶ τί πρὸς ἡμᾶς, φησί; Πρὸς 159 ὑμᾶς μὲν οὖν μάλιστα τοὺς μὴ θεραπεύοντας, τοὺς μὴ A παραινοῦντας καὶ συμβουλεύοντας, πρὸς ὑμᾶς οὐκ ἐπιτιθέντας ἀνάγκην, καὶ μετὰ βίας ἕλκοντας, καὶ τῆς πολλῆς ἀπάγοντας ῥαθυμίας. Ὅτι γὰρ οὐχ ἑαυτῷ χρήσιμον εἶναι χρὴ μόνον, ἀλλὰ καὶ πολλοῖς, ἐδήλωσεν ὁ Χριστὸς, ἅλας ἡμᾶς καὶ ζύμην καλέσας καὶ φῶς· ταῦτα δὲ ἑτέροις ἐστὶ χρήσιμα καὶ λυσιτελῆ. Καὶ γὰρ ὁ λύχνος οὐχ ἑαυτῷ φαίνει, ἀλλὰ τοῖς ἐν σκότῳ καθημένοις· καὶ σὺ λύχνος εἶ, οὐχ ἵνα τοῦ φωτὸς ἀπολαύσῃς μόνος, ἀλλ' ἵνα ἐκεῖνον τὸν πεπλανημένον ἐπαναγάγῃς. Τί γὰρ ὄφελος λύχνου, ὅταν μὴ B φαίνῃ τῷ ἐν τῷ σκότει καθημένῳ; τί δὲ ὄφελος Χριστιανοῦ, ὅταν μηδένα κερδάνῃ, μηδὲ πρὸς ἀρετὴν ἐπαναγάγῃ; Πάλιν τὸ ἅλας οὐχ ἑαυτὸ ἐπισφίγγει μόνον, ἀλλὰ καὶ τὰ σεσηπότα τῶν σωμάτων συστέλλει, καὶ οὐκ ἀφίησι διαῤῥυέντα ἀπολέσθαι. Οὕτω δὴ καὶ σύ· ἐπειδὴ ἅλας σε κατεσκεύασεν ὁ Θεὸς πνευματικὸν, τὰ σεσηπότα μέλη, τουτέστι, τοὺς ῥαθύμους ἀδελφῶν καὶ βαναύσους ἐπίσφιγξον καὶ σύστειλον, καὶ τῆς ῥαθυμίας, ὥσπερ τινὸς σηπεδόνος, ἀπαλλάξας, ἕνωσον τῷ λοιπῷ σώματι τῆς Ἐκκλησίας. Διὰ τοῦτό σε καὶ ζύμην ἐκάλεσε· καὶ γὰρ καὶ ἡ ζύμη οὐχ ἑαυτὴν ζυμοῖ, ἀλλὰ τὸ λοιπὸν φύραμα τὸ πολὺ καὶ ἄφατον ἡ μικρὰ καὶ βραχεῖα. Οὕτω δὴ C καὶ ὑμεῖς· εἰ καὶ ὀλίγοι ἐστὲ κατὰ τὸν ἀριθμὸν, ἀλλὰ πολλοὶ καὶ δυνατοὶ τῇ πίστει καὶ τῇ κατὰ Θεὸν γίνεσθε σπουδῇ. Ὥσπερ οὖν ἡ ζύμη οὐκ ἀσθενεῖ διὰ τὴν βραχύτητα, ἀλλὰ περιγίνεται διὰ τὴν ἐγκειμένην αὐτῇ θερμότητα καὶ τὴν τῆς ποιότητος δύναμιν· οὕτω δὴ καὶ ὑμεῖς δυνήσεσθε πολλῷ πλείους πρὸς τὴν αὐτὴν ὑμῖν ἐπαναγαγεῖν σπουδὴν, ἂν θέλητε. Εἰ δὲ τὸ θέρος προβάλλοιντο· καὶ γὰρ καὶ ταῦτα ἀκούω λεγόντων, ὅτι σφοδρὸν τὸ πνῖγος νῦν, τὸ καῦμα ἀφόρητον, οὐκ ἰσχύομεν στενοχωρεῖσθαι καὶ θλίβεσθαι ἐν τῷ πλήθει, ἱδρῶτι πάντοθεν περιῤῥεόμενοι καὶ ἀχθόμενοι τῇ θέρμῃ καὶ τῇ στενοχωρίᾳ· αἰσχύνομαι μὲν ὑπὲρ αὐτῶν, πιστεύσατε· γυναικώ- D δεις γὰρ αἱ σκήψεις, μᾶλλον δὲ οὐδὲ ἐκείναις πρὸς συγγνώμην ἀρκοῦσαι αἱ προφάσεις, αἷς μαλακώτερα τὰ σώματα, καὶ ἀσθενεστέρα ἡ φύσις. Πλὴν εἰ καὶ αἰσχρὸν τὸ ἀποκρίνασθαι πρὸς τὴν τοιαύτην ἀπολογίαν, ἀλλ' ἀναγκαῖον ὅμως. Εἰ γὰρ ἐκεῖνοι τοιαῦτα προφασίζονται, καὶ οὐκ ἐρυθριῶσι, πολλῷ μᾶλλον ἡμᾶς οὐκ αἰσχύνεσθαι χρὴ πρὸς ταῦτα ἀντιλέγοντας. Τί οὖν εἴποιμι τοῖς ταῦτα προβαλλομένοις; Τῶν τριῶν παίδων ἀναμνῆσαι αὐτοὺς βούλομαι τῶν ἐν τῇ καμίνῳ καὶ ἐν τῇ φλογὶ, οἳ πανταχόθεν αὐτοῖς περιτρέχον τὸ πῦρ ὁρῶντες, καὶ τὸ στόματι καὶ τοῖς ὀφθαλμοῖς, καὶ αὐτῇ περικεχυμένον τῇ ἀναπνοῇ, οὐκ ἐπαύσαντο τὸν ἱερὸν καὶ μυστικὸν ἐκεῖνον ὕμνον E

numerum redigantur, qui salutem adipiscuntur, ut major pars corporis Ecclesiæ mortuo et immobili corpori assimiletur. Quid illud ad nos attinet, dicet aliquis? Ad vos quidem certe maxime attinet, qui non eos curatis, non adhortamini, non consilio juvatis, ad vos qui necessitatem non imponitis, neque vi pertrahitis, et ab illa summa negligentia revocatis. Non enim tantum nobis prodesse nos debere, sed et multis, ostendit Christus, cum salem nos ac fermentum et lucem vocavit: hæc enim aliis utilia sunt et commodo. Nam lucerna non sibi lucet, at illis qui sedent in tenebris: et tu lucerna es, non ut lumine solus fruaris, sed ut illum errantem reducas. Quid namque prodest lucerna, quando in tenebris sedenti non lucet? quæ porro utilitas Christiani, quando neminem lucratur, nec ad virtutem reducit? Rursus non seipsum adstringit sal tantum, sed et corpora quæ corrumpuntur cohibet, neque diffluere ac perire permittit. Sic tu quoque; quandoquidem spiritualem te salem Deus effecit, membra corrupta, hoc est desides fratres, et qui mechanicas exercent artes, adstringe et colliga, desidiaque tamquam ulcere quopiam putrido liberatum cum reliquo Ecclesiæ corpore copulato. Propterea te fermentum appellavit: si quidem fermentum etiam non seipsum fermentat, sed reliquam massam ingentem licet et immensam, ipsum parvum cum sit et breve. Sic nimirum vos quoque, quamquam numero pauci estis, multi tamen ac potentes estote fide ac studio erga cultum Dei. Ut igitur fermentum propter exiguitatem imbecille non est, sed propter insitum a natura calorem ac virtutem qualitatis exsuperat: sic vos nimirum multo plures poteritis ad eumdem fervorem ac studium reducere, si velitis. Quod si æstatem obtendant; siquidem hoc quoque illos audio dicentes, Vehemens nunc æstus est, atque intolerandi calores; non possumus coarctari et in tanta turba comprimi, undique sudore diffluentes, æstu gravati et in angustias redacti: pudet me illorum, mihi credite; sunt enim muliebres isti prætextus, vel potius ne illis quidem ad obtinendam veniam excusationes istæ sufficerent, quibus molliora sunt corpora et imbecillior natura. Quamquam autem ejusmodi defensionem responsione diluere turpe videbitur, necessarium est tamen. Si enim illi has obtendere excusationes non erubescunt, multo magis nos pudere non debet hæc refellere. Quid ergo hæc obtendentibus opponemus? Trium puerorum illis memoriam volo refricare, qui

Non solis nobis nati sumus.

Matth. 5. 13. 14.

Matth. 13. 33.

Dan. 3.

cum in fornace ac mediis flammis versarentur, cum undique se cernerent ignibus obsideri, qui in os, in oculos, in anhelitum ipsum incurrerent, sacrum illum et mysticum hymnum cum creaturis Deo canere non cessarunt, sed alacrius, quam si in prato versati fuissent, tum in medio rogo stantes communi Domino universorum laudes offerebant: et cum tribus his pueris leonum in Babylone, Danielis et lacus; neque vero tantum hujus, sed et alterius lacus, ac prophetæ, lutique, quo ad collum usque suffocabatur Jeremias, ut recordentur, illos obsecro. Et ex lacubus istis ascendens, in carcerem introducere istos volo, qui calores obtendunt, Paulumque monstrare ac Silam compedibus illic præpeditos, vestigiis verberum plenos, quibus totum corpus vulneribus plagarumque fuerat multitudine laceratum, media nocte Deum laudantes et sacras illas vigilias celebrantes. An non enim absurdum est sanctos quidem illos, cum in fornace, et igne, et lacu, et belluis, et luto, carcere, et compedibus, et plagis, et ergastulis, et intolerandis versarentur malis, nihil umquam borum culpare, sed multa cum animi contentione et ardore perpotuo precibus et hymnis sacris operam dare, nos qui non ullam exiguam, non magnam ex illis quæ enumeratæ sunt passionibus toleravimus, ob æstum et calorem modicum ac sudorem, nostræ ipsorum salutis curam deponere, ac relictis collectis foris vagari, nosque cœtibus depravandos immiscere, in quibus nihil non vitiosum est et corruptum? Tantus sacrorum eloquiorum est ros, et æstum objicis? *Aqua, quam ego dabo ei*, ait Christus, *fiet in eo fons aquæ salientis in vitam æternam*: et rursus, *Qui credit in me, sicut dixit Scriptura, flumina de ventre ejus fluent aquæ vivæ*. An tu quæso, cum intus fontes habeas et flumina spiritualia, sensilem calorem times? at in foro, quæso, ubi tantus est strepitus, tot angustiæ, ac multus æstus, qui fit ut calores et solis ardorem non obtendas? Non enim, opinor, id dicere potes, illic frigidiore licere acris natura frui, hic vero totum nobis collectum calorem sævire: quin potius contrarium penitus, hic quidem ubi crustis lapideis solum constratum est, et ob reliquam ædis sacræ fabricam (siquidem in immensam assurgit altitudinem), levior et frigidior est aer: at illic multus undique sol irradiat, multæ angustiæ, fumus, pulvis, et alia plura, quæ majorem istis molestiam exhibent. Ex quo intelligitur inertiæ et mollitiei animi, qui Spiritus sancti flamma sit

Exemplo sanctorum sudores non metuendi.

Dan. 6. 24.

Jerem. 38. 6.

Joan. 4. 14.

Id. 7. 38.

Ecclesiæ structura.

ᾄδοντες τῷ Θεῷ μετὰ τῆς κτίσεως, ἀλλὰ τῶν ἐν λειμῶνι διατριβόντων, ἐν μέσῃ τότε ἑστῶτες τῇ πυρᾷ, προθυμότερον τὴν εὐφημίαν τῷ κοινῷ τῶν ὅλων ἀνέπεμπον Δεσπότῃ· καὶ μετὰ τῶν τριῶν παίδων τούτων, τῶν λεόντων αὐτοῖς τῶν ἐν Βαβυλῶνι, καὶ τοῦ Δανιὴλ καὶ τοῦ λάκκου· οὐχὶ δὲ τούτου μόνου, ἀλλὰ καὶ ἑτέρου λάκκου καὶ προφήτου, καὶ βορβόρου μέχρι τραχήλου τὸν Ἱερεμίαν ἀποπνίγοντος ἀναμνησθῆναι πάλιν αὐτοὺς ἀξιῶ. Καὶ ἀπὸ τῶν λάκ-

160 A κων ἀναβὰς, εἰσαγαγεῖν εἰς τὸ δεσμωτήριον βούλομαι τούτους τοὺς τὸ καῦμα προβαλλομένους, καὶ δεῖξαι τὸν Παῦλον ἐκεῖ καὶ τὸν Σίλαν τῷ ξύλῳ προσδεδεμένους, μωλώπων γέμοντας καὶ τραυμάτων, τῷ πλήθει τῶν πληγῶν ἅπαν καταξανθέντας τὸ σῶμα, ἐν μέσῃ τῇ νυκτὶ τὸν Θεὸν ὑμνοῦντας, καὶ τὴν ἱερὰν ἐκείνην παννυχίδα ἐπιτελοῦντας. Πῶς γὰρ οὐκ ἄτοπον τοὺς μὲν ἁγίους ἐκείνους, ἐν καμίνῳ, καὶ πυρὶ, καὶ λάκκῳ, καὶ θηρίοις, καὶ βορβόρῳ, καὶ δεσμωτηρίῳ, καὶ ξύλῳ, καὶ πληγαῖς, καὶ φυλακαῖς, καὶ τοῖς ἀφορήτοις ὄντας δεινοῖς, μηδὲν τούτων αἰτιᾶσθαι πώποτε, ἀλλὰ μετὰ πολλοῦ τοῦ τόνου καὶ προθυμίᾳ ζεούσῃ εὐχαῖς καὶ ὕμνοις ἱεροῖς ἐνδιατρί-

B βειν διηνεκῶς, ἡμᾶς δὲ οὐ μικρὸν, οὐ μέγα τῶν ἀπηριθμημένων ὑπομείναντας παθῶν, διὰ καῦμα, καὶ θέρμην βραχεῖαν καὶ ἱδρῶτα, τῆς οἰκείας αὐτῶν ἀμελεῖν σωτηρίας, καὶ τὰς συνάξεις ἀφέντας ἔξω πλανᾶσθαι, συλλόγοις προσφθειρομένους οὐδὲν ἔχουσιν ὑγιές; Τοσαύτη δρόσος τῶν θείων λογίων, καὶ καῦμα προβάλλῃ; Τὸ ὕδωρ, ὃ ἐγὼ δώσω αὐτῷ, φησὶν ὁ Χριστὸς, γενήσεται ἐν αὐτῷ πηγὴ ὕδατος ἁλλομένου εἰς ζωὴν αἰώνιον· καὶ πάλιν, Ὁ πιστεύων εἰς μὲ, καθὼς εἶπεν ἡ Γραφὴ, ποταμοὶ ἐκ τῆς κοιλίας αὐτοῦ ῥεύσουσιν ὕδατος ζῶντος. Πηγὰς ἔχων,

C εἰπέ μοι, καὶ ποταμοὺς πνευματικοὺς, καῦμα δέδοικας αἰσθητόν; ἐπὶ δὲ τῆς ἀγορᾶς, εἰπέ μοι, ἔνθα τοσοῦτος θόρυβος καὶ στενοχωρία καὶ πολὺς ὁ καύσων, πῶς οὐ προβάλλῃ πνῖγος καὶ θέρμην; Οὐ γὰρ δὴ τοῦτο ἔχεις ἂν εἰπεῖν, ὅτι ἐκεῖ μὲν ψυχροτέρας τῆς τοῦ ἀέρος φύσεώς ἐστιν ἀπολαύειν, ἐνταῦθα δὲ ἅπαν ἡμῖν συνῆκται τὸ πνῖγος· ἀλλὰ πᾶν τοὐναντίον, ἐνταῦθα μὲν καὶ ἀπὸ τῆς ὑποκειμένης πλακὸς, καὶ ἀπὸ τῆς ἄλλης τοῦ οἴκου κατασκευῆς (καὶ γὰρ εἰς ὕψος ἀνέστηκεν ἄφατον) κουφότερος καὶ ψυχρότερος ὁ ἀήρ· ἐκεῖ δὲ πολὺς μὲν ἥλιος πανταχοῦ, πολλὴ δὲ ἡ στενοχωρία καὶ καπνὸς καὶ κόνις, καὶ ἕτερα πολλῷ πλείονα τού-

D των ἐπιτείνοντα τὴν ἀηδίαν. Ὅθεν δῆλον, ὅτι ῥᾳθυμίας

καὶ ψυχῆς ἀναπεπτωκυίας καὶ τῆς τοῦ Πνεύματος φλογὸς ἀπεστερημένης αὗται αἱ προφάσεις αἱ ἄλογοι.

Ταῦτα οὐχὶ πρὸς ἐκείνους τοσοῦτον ἀποτεινόμενος λέγω νῦν, ὅσον πρὸς ὑμᾶς τοὺς οὐκ ἐπισπωμένους, τοὺς οὐκ ἀνιστῶντας αὐτοὺς ἀπὸ τῆς ῥᾳθυμίας, καὶ πρὸς τὴν σωτηρίαν ταύτην ἕλκοντας τράπεζαν. Καὶ οἰκέται μὲν κοινὴν μέλλοντες ἐκπληροῦν διακονίαν, τοὺς αὐτῶν συνδούλους καλοῦσιν· ὑμεῖς δὲ ἐπὶ τὴν πνευματικὴν ταύτην μέλλοντες ἀπαντᾷν ὑπηρεσίαν, περιορᾶτε τοὺς ὁμοδούλους τοῦ κέρδους ἀποστερουμένους. Τί οὖν, εἰ μὴ βούλοιντο, φησί; Ποίησον E αὐτοὺς βουληθῆναι τῇ συνεχεῖ προσεδρείᾳ· ἂν γὰρ ἴδωσιν ἐπικειμένους ἡμᾶς, πάντως βουλήσονται. Ἀλλὰ γὰρ σκῆψις ταῦτα καὶ πρόφασις. Πόσοι γοῦν ἐνταῦθα πατέρες εἰσὶ, καὶ τοὺς υἱοὺς οὐκ ἔχουσι μεθ' ἑαυτῶν ἑστῶτας; μὴ καὶ τῶν τέκνων ἐπισπάσασθαί σοι δύσκολον ἦν; Ὅθεν δῆλον ὅτι καὶ οἱ λοιποὶ οὐ παρὰ τὴν οἰκείαν ῥᾳθυμίαν μόνον, ἀλλὰ καὶ παρὰ τὴν ὑμετέραν ὑπεροψίαν ἔξω μένουσιν. Ἀλλ' εἰ καὶ μὴ πρότερον, νῦν γοῦν διανάστητε, καὶ μετὰ τοῦ μέλους ἕκαστος εἰς τὴν ἐκκλησίαν εἰσιέτω, καὶ πατὴρ υἱὸν, καὶ υἱὸς τὸν γεγεννηκότα, καὶ γυναῖκας ἄνδρες, καὶ 161 A ἄνδρας γυναῖκες, καὶ δεσπότης δοῦλον, καὶ ἀδελφὸς ἀδελφὸν, καὶ φίλος φίλον διεγειρόντων καὶ παρορμώντων πρὸς τὴν ἐνταῦθα σύνοδον· μᾶλλον δὲ μὴ τοὺς φίλους μόνον, ἀλλὰ καὶ τοὺς ἐχθροὺς καλῶμεν ἐπὶ τὸν κοινὸν τοῦτον τῶν ἀγαθῶν θησαυρόν. Ἂν ἴδῃ σου τὴν πρόνοιαν ὁ ἐχθρὸς, καταλύσει τὴν ἀπέχθειαν πάντως. Εἰπὲ πρὸς αὐτόν· οὐκ αἰσχύνῃ Ἰουδαίους, οὐδὲ ἐρυθριᾷς, οἳ μετὰ τοσαύτης ἀκριβείας τὸ σάββατον φυλάττουσι, καὶ ἀπὸ τῆς ἑσπέρας αὐτῆς πάσης ἐργασίας ἀφίστανται; Κἂν ἴδωσι τὸν ἥλιον πρὸς δυσμὰς ἐπειγόμενον ἐν τῇ τῆς παρασκευῆς ἡμέρᾳ, καὶ συμβόλαια διακόπτουσι, καὶ πράσεις διατέμνουσι· B κἂν πριάμενός τις παρ' αὐτῶν πρὸ τῆς ἑσπέρας, ἐν ἑσπέρᾳ τὴν τιμὴν ἔλθῃ κομίζων, οὐκ ἀνέχονται λαβεῖν, οὐδὲ ὑποδέξασθαι τὸ ἀργύριον. Καὶ τί λέγω τιμὴν ὠνίων καὶ συμβόλαια; κἂν θησαυρὸν ἐξῆν λαβεῖν, ἕλοιντ' ἂν ἀπολέσαι τὸ κέρδος, ἢ καταπατῆσαι τὸν νόμον. Εἶτα Ἰουδαῖοι μὲν, καὶ ταῦτα ἀκαίρως τηροῦντες τὸν νόμον, οὕτως εἰσὶν ἀκριβεῖς, καὶ φυλακῆς ἀντέχονται οὐδὲν αὐτοὺς ὠφελούσης, ἀλλὰ καὶ καταβλαπτούσης· σὺ δὲ, ὁ τῆς σκιᾶς ἀνώτερος, ὁ τὸν ἥλιον τῆς δικαιοσύνης ἰδεῖν καταξιωθεὶς, ὁ πρὸς C τὴν τῶν οὐρανῶν πολιτείαν τελῶν, οὐδὲ τὴν αὐτὴν ἐκείνοις ἐπιδείκνυσαι σπουδὴν τοῖς τῇ κακίᾳ προσεδρεύουσιν ἀκαίρως, ὁ τὴν ἀλήθειαν ἐγχειρισθεὶς, ἀλλὰ μικρὸν μέρος ἡμέρας ἐνταῦθα καλούμενος, οὐδὲ τοῦτο ὑπομένεις ἀναλῶσαι πρὸς τὴν τῶν θείων ἀκρόασιν λογίων; καὶ ποίας ἂν τύχοις συγγνώμης, εἰπέ μοι; τίνα δὲ ἕξεις ἀπολογίαν εἰπεῖν εὔλογον καὶ δικαίαν; Οὐκ ἔστιν, οὐκ ἔστι τὸν οὕτως ἀμελῆ καὶ

destitutus, has ineptas excusationes esse tribuendas.

3. Hæc non tam ad illos a me dicta diriguntur, quam ad vos, qui non illos pertrahitis, qui non ab inertia revocatis, et ad salutarem hanc mensam adducitis. Ac servi quidem cum commune ministerium obituri sunt, advocant suos conservos: vos vero, a quibus hoc spirituale obsequium exhibendum est, conservos sinitis vestros hoc quæstu privari. Quid, si nolint ipsi, dicet aliquis? Effice assidue instando, ut velint; si enim urgentes nos viderint, omnino volent. At enim prætextus hæc sunt et fictæ excusationes. Quam multi namque hic sunt patres, qui secum stantes non habent filios? num etiam liberos huc pertrahere non poteras? Ex quo apparet cæteros quoque non ob inertiam tantum suam, sed et ob vestram incuriam foris manere. At licet non prius, nunc saltem excitamini, et cum membro suo quisque in ecclesiam ingrediatur, et pater filium, et genitorem filius, et viri uxores, et viros uxores, et servum herus, et frater fratrem, et amicus amicum excitet, et ad hunc conventum frequentandum instiget: imo vero non amicos tantum, sed inimicos etiam ad communem hunc bonorum thesaurum invitemus. Si curam viderit tuam inimicus, odium plane deponet. Dic illi: Non verecundaris, nec erubescis Judæos, qui tanta cum diligentia sabbatum custodiunt, atque ab ipsa jam vespera ab omni opere abstinent? Quod si die Parasceves solem videant ad occasum vergentem, et pacta rescindunt, et emtiones interrumpunt. Quod si quis cum ante vesperam emisset, vespere veniens pretium afferat, non sustinent accipere, nec pecuniam admittunt. Quid dico pretium rerum venalium, et pacta? quamvis thesaurum accipere liceret, lucrum illud mallent amittere, quam legem violare. Ergo Judæi tametsi legem intempestive custodiant, ita sunt accurate diligentes, et ita studiosi observationis, quæ nihil eis prodest, imo etiam nocet: tu vero qui jam umbra superior es, cui solem justitiæ videre concessum est, qui jam ad cælorum municipatum pertines, ne eamdem quidem cum iis, qui vitio intempestive adhærent, sollicitudinem ac studium exhibes, tu cui veritas ipsa est credita; sed ad modicam diei partem huc vocatus, ne eam quidem sacrorum eloquiorum auditioni dignaris impendere? quam tandem veniam, quæso, mereri queas? quam vero poteris legitimam et justam excusationem afferre? Non potest fieri, plane non potest, ut qui tam negligens

Judæorum diligentia circa sabbatum.

sit ac piger, umquam venia dignus habeatur, licet millies sæcularium negotiorum occupationes obtendat. Nescis, si huc veniens Deum adoraveris, et conventus istius particeps fueris, ea quæ præ manibus sunt negotia facilia tibi et expedita reddi? Sæcularibus curis premeris? Earum igitur causa huc ventita, ut cum tibi Dei benevolentiam conciliaveris, quod hic versatus fueris, ita cum securitate discedas; ut illum habeas adjutorem, ut cælestis manus auxilio septus dæmonibus fias invictus. Si paternis precibus fruaris, si communis orationis particeps fias, si eloquia sacra audiveris, si Dei tibi auxilium comparaveris, si his armis communitus egressus fueris, ne diabolus quidem ipse contra te deinceps oculos audebit attollere, nedum homines improbi, quibus studio esse solet, ut contumeliis cæteros et calumniis persequantur. Quod si ex ædibus in forum egressus ejusmodi nudatus armis offendaris, omnium qui te contumeliis infestabunt facile vincendus patebis incursibus. Idcirco et in privatis et in publicis nostris negotiis nequaquam ex animi sententia nobis multa succedunt, quod spiritualia non prius studiose accuraverimus, ac deinde sæcularia, sed ordinem inverterimus. Idcirco negotiorum quoque series ac rectus ordo invertitur, et omnia plane turbantur. Quantum mihi dolorem ac molestiam inferri putatis, cum cogito veniente quidem festo ac solennitate, licet nullus sit qui vocet, totam concurrere civitatem: ubi vero festum solennitasque transierit, toto licet die perseveremus nos disrumpentes et vos advocantes, nullum tamen esse qui attendat? Hæc enim sæpenumero cum mente versarem, graviter ingemui, et hæc apud me verba faciebam: Quid cohortatione vel consilio est opus, cum vos consuetudine tantum cuncta faciatis, nec ullius nostræ doctrinæ opera promtiores reddamini? Cum enim festis quidem diebus nostra cohortatione nihil indigeatis, postquam autem illi præterierint, nullam ex doctrina utilitatem percipiatis, nonne quantum quidem in vobis situm est, inutilem ac supervacaneam orationem nostram redditis?

Sæcularia bene succedunt, si Deus colatur.

ῥᾴθυμον συγγνώμης τυχεῖν ποτε, κἂν μυριάκις ἀνάγκας προβάλληται πραγμάτων βιωτικῶν. Οὐκ οἶδας, ὅτι ἐὰν ἐλθὼν προσκυνήσῃς τὸν Θεὸν, καὶ μετάσχῃς τῆς ἐνταῦθα διατριβῆς, μᾶλλόν σοι τὰ ἐν χερσὶν εὐμαρίζεται πράγματα; Βιωτικὰς ἔχεις φροντίδας; D Διὰ ταύτας μὲν οὖν ἐνταῦθα ἀπάντησον, ἵνα τὴν εὔνοιαν ἐπισπασάμενος τοῦ Θεοῦ διὰ τῆς ἐνταῦθα διατριβῆς, οὕτω μετ' ἀσφαλείας ἐξέλθῃς· ἵνα ἔχῃς αὐτὸν σύμμαχον, ἵνα ἀκαταγώνιστος γένῃ τοῖς δαίμοσιν ὑπὸ τῆς ἄνωθεν βοηθούμενος χειρός. Ἂν ἀπολαύσῃς εὐχῶν πατρικῶν, ἂν μετάσχῃς κοινῆς εὐχῆς, ἂν ἀκούσῃς θείων λογίων, ἂν ἐπισπάσῃ τοῦ Θεοῦ τὴν βοήθειαν, ἂν τούτοις τοῖς ὅπλοις φραξάμενος οὕτως ἐξέλθῃς, οὐδὲ αὐτὸς ὁ διάβολος ἀντιβλέψαι δυνήσεταί σοι λοιπὸν, μήτι γε ἄνθρωποι πονηροὶ, σπουδάζοντες ἐπηρεάζειν καὶ συκοφαντεῖν. Ἂν δὲ ἀπὸ τῆς οἰκίας ἐπὶ τὴν ἀγορὰν ἔλθῃς, γυμνὸς τῶν ὅπλων τούE των εὑρεθεὶς, εὐχείρωτος ἔσῃ τοῖς ἐπηρεάζουσιν ἅπασι. Διὰ τοῦτο πολλὰ καὶ ἐν τοῖς κοινοῖς καὶ ἐν τοῖς ἰδίοις πράγμασι παρὰ γνώμην ἡμῖν ἀπαντᾷ, ὅτι οὐ περὶ τὰ πνευματικὰ πρῶτον ἐσπουδάκαμεν, καὶ τότε περὶ τὰ βιωτικὰ, ἀλλ' ἀντεστρέψαμεν τὴν τάξιν. Διὰ τοῦτο καὶ ἡ τῶν πραγμάτων ἀκολουθία καὶ εὐθύτης ἀντέστραπται, καὶ πολλῆς ἡμῖν ἅπαντα γέμει ταραχῆς. Πῶς οἴεσθέ με ὀδυνᾶσθαι καὶ ἀλγεῖν, ὅταν ἐννοήσω, ὅτι πανηγύρεως μὲν καὶ ἑορτῆς ἐπιστάσης, κἂν μηδεὶς ὁ καλῶν ᾖ, πᾶσα ἡ πόλις συν-162 A τρέχει· πανηγύρεως δὲ καὶ ἑορτῆς ἀπελθούσης, κἂν ἅπασαν τὴν ἡμέραν διατελέσωμεν διαῤῥηγνύντες ἑαυτοὺς καὶ καλοῦντες ὑμᾶς, οὐδεὶς ὁ προσέχων ἐστί; Ταῦτα γὰρ πολλάκις ἐν διανοίᾳ στρέφων, χαλεπῶς ἀνεστέναξα, καὶ πρὸς ἐμαυτὸν εἶπον· τί δεῖ παραινέσεως, ἢ συμβουλῆς, συνηθείᾳ ἁπλῶς ἅπαντα ποιούντων ὑμῶν, καὶ οὐδὲν ἀπὸ τῆς διδασκαλίας προθυμοτέρων γινομένων τῆς ἡμετέρας; Ὅταν γὰρ ἐν ἑορταῖς μὲν μηδὲν δεήσητε τῆς παρ' ἡμῶν παραινέσεως, ἀπελθουσῶν δὲ ἐκείνων μηδὲν ὠφελῆσθε παρὰ τῆς ἡμετέρας διδασκαλίας, οὐχὶ περιττὸν ἡμῶν ἀποφαίνετε τὸν λόγον, τό γε εἰς ὑμᾶς ἧκον;

4. Forte multi, qui hæc audiunt, dolent. Sed negligentes ita non sentiunt: alioquin incuriam suam deponerent, ut nos qui quotidie de rebus vestris solliciti sumus. Quod tantum ex negotiis sæcularibus lucrum colligis, quantum tibi damnum accersis? Fieri nequit, ut ex alio congressu conventuve tantum lucrum reportes,

B Τάχα ἀλγοῦσι πολλοὶ τῶν ταῦτα ἀκουόντων. [a] Ἀλλ' οὐχ οὕτως οἱ ῥᾳθυμοῦντες ἴσασιν· εἰ γὰρ, ἂν ἀπέθεντο τὴν ὀλιγωρίαν, ὡς ἡμεῖς οἱ καθ' ἑκάστην ἡμέραν τὰ ὑμέτερα μεριμνῶντες. Τί τοσοῦτον κερδαίνεις ἐκ τῶν ἔξωθεν πραγμάτων, ὅσον ζημιοῖς ἑαυτόν; Οὐκ ἔστιν ἐξ ἑτέρας συνάξεως ἢ συνόδου τοσοῦτον κέρδος λαβόντας ἀπελθεῖν, ὅσον ἀπὸ τῆς ἐνταῦθα διατριβῆς·

[a] [Fort. leg. Ἀλλ' οὐχ οὕτως οἱ ῥ. ἴσασιν (ἢ γὰρ ἂν ἀπέθεντο τὴν ὀλιγωρίαν), ὡς κ. τ. λ.]

κἂν δικαστήριον λέγῃς, κἂν βουλευτήριον, κἂν αὐτὰ τὰ βασίλεια. Οὐ γὰρ οἰκονομίαν τῶν ἐθνῶν καὶ πόλεων, οὐδὲ στρατοπέδων ἐπιστασίαν τοῖς ἐνταῦθα εἰσιοῦσιν ἐγχειρίζομεν, ἀλλ' ἑτέραν ἀρχὴν καὶ αὐτῆς τῆς βασιλείας σεμνοτέραν· μᾶλλον δὲ οὐχ C ἡμεῖς ἐγχειρίζομεν, ἀλλ' ἡ τοῦ Πνεύματος χάρις. Τίς οὖν ἐστιν ἡ ἀρχὴ ἡ τῆς βασιλείας σεμνοτέρα, ἣν οἱ ἐνταῦθα εἰσιόντες λαμβάνουσι; Παιδεύονται τῶν ἀτόπων κρατεῖν, βασιλεύειν ἐπιθυμίας πονηρᾶς, ἄρχειν ὀργῆς, ἀποτάσσειν φθόνον, δουλοῦσθαι κενοδοξίαν. Οὐκ ἔστιν οὕτω βασιλεὺς σεμνὸς, ὁ ἐπὶ τοῦ θρόνου καθήμενος τοῦ βασιλικοῦ, καὶ διάδημα περικείμενος, ὡς ἄνθρωπος τὸν ὀρθὸν ἐν ἑαυτῷ λογισμὸν ἐπὶ τὸν θρόνον τῆς ἀρχῆς τῶν δουλοπρεπῶν παθῶν ἀναβιβάσας, καὶ τῇ κατ' ἐκείνων δεσποτείᾳ, καθάπερ τινὶ διαδήματι λαμπρῷ, τὴν κεφαλὴν ἀναδήσας. D Τί γὰρ ὄφελος ἁλουργίδος, εἰπέ μοι, καὶ χρυσῶν ἱματίων καὶ διαλίθου στεφάνου, ὅταν ἡ ψυχὴ τῶν παθῶν αἰχμάλωτος ᾖ; τί κέρδος ἐκ τῆς ἔξωθεν ἐλευθερίας, ὅταν κυριώτερον ἐν ἡμῖν δουλαγωγῆται αἰσχρῶς καὶ ἐλεεινῶς; Ὥσπερ γὰρ πυρετοῦ πρὸς τὸ βάθος καταδυομένου, καὶ τὰ ἔνδον ἅπαντα καταφλέγοντος, οὐδὲν ὄφελος ἐκ τῆς ἄνωθεν ἐπιφανείας τοῦ σώματος, ἂν μηδὲν πάσχῃ τοιοῦτον· οὕτως, τῆς ψυχῆς ἡμῖν ὑπὸ τῶν ἔνδον παθῶν παρασυρομένης, οὐδὲ ὄφελος τῆς ἔξωθεν ἀρχῆς, οὐδὲ τῆς καθέδρας τῆς βασιλικῆς, ὅταν ὁ νοῦς μετὰ πολλῆς τυραννίδος E ἀπὸ τοῦ θρόνου τῆς βασιλείας ὑπὸ τῶν παθῶν καταστρέφηται, καὶ ὑποκύπτῃ καὶ τρέμῃ τὰς ἐπαναστάσεις αὐτῶν. Ὅπερ ἵνα μὴ γένηται, προφῆται καὶ ἀπόστολοι πάντοθεν συντρέχουσι, καταστέλλοντες ἡμῶν τὰ πάθη, καὶ τῆς ἐν ἡμῖν ἀλογίας τὴν θηριωδίαν πᾶσαν ἐκβάλλοντες, καὶ τὴν πολλῷ τῆς βασιλείας σεμνοτέραν ἀρχὴν ἡμῖν ἐγχειρίζοντες. Διὰ τοῦτο ἔλεγον, ὅτι οἱ ταύτης ἑαυτοὺς ἀποστεροῦντες τῆς ἐπιμελείας περὶ τὰ καίρια λαμβάνουσι τὴν πληγὴν, ζημίαν ὑπομένοντες, ὅσην οὐδαμόθεν ἄλλοθεν· ἐπειδὴ καὶ κέρδη κερδαίνουσιν ἐνταῦθα ἐρχόμενοι, 163 A ὅσα οὐδαμόθεν ἑτέρωθεν κερδᾶναι δύναιντ' ἄν· ὥσπερ οὖν καὶ ὁ λόγος ἀπέδειξεν. Οὐκ ὀφθήσῃ ἐνώπιον Κυρίου κενὸς, ὁ νόμος ἔλεγε· τουτέστι, χωρὶς θυσιῶν μὴ εἰσέλθῃς. Εἰ δὲ χωρὶς θυσιῶν οὐ δεῖ εἰσιέναι εἰς οἶκον Θεοῦ, πολλῷ μᾶλλον εἰς συνάξεις μετὰ ἀδελφῶν χρή· βελτίων γὰρ ἐκείνης αὕτη ἡ θυσία καὶ ἡ προσφορὰ, ὅταν ψυχὴν μετὰ σαυτοῦ λαβὼν εἰσέλθῃς. Οὐχ ὁρᾶτε τὰς περιστερὰς τὰς μεμελετηκυίας, πῶς ἐξιοῦσαι θηρεύουσιν ἑτέρας; Τοῦτο καὶ ἡμεῖς ποιῶμεν. Ποία γὰρ ἔσται σκῆψις, ὅταν τῶν ἀλόγων τὸ ὁμόφυλον ζῶον δυναμένων θηρεύειν, ἡμεῖς οἱ λόγῳ τιμηθέντες καὶ σοφίᾳ τοσαύτῃ, τῆς τοιαύτης B ἄγρας ὑπερορῶμεν; Παρῄνεσα τῇ προτέρᾳ διαλέξει λέγων· ἕκαστος ὑμῶν εἰς τὰς οἰκίας ἀπαντήσατε

quantum ex eo quod hic verseris: sive judiciale forum commemores, sive curiam, sive ipsam regiam. Non enim gentium urbiumque regimen, neque ducatum exercituum his qui huc ingrediuntur committimus, sed alium principatum augustiorem ipso regno: vel potius non committimus nos, sed Spiritus gratia. Quisnam igitur est regia potestate augustior principatus, quem adipiscuntur qui huc ingrediuntur? Docentur absurdis passionibus imperare, pravas libidines regere, iram moderari, invidiam subigere, inanem gloriam in servitutem redigere. Non perinde veneratione dignus est Imperator in regio considens solio et diademate redimitus, atque homo, qui rationem in solium dominatus servilium passionum subvehit, et imperio, quod in illas exercet, tamquam splendido quodam revinctum caput habet diademate. Quid enim, quæso, prodest purpura, aureæ vestes, et corona gemmata, quando passionum captiva fuerit anima? quod ex ista externa libertate lucrum obvenit, quando id quod in nobis potissimum est, turpi ac miserabili subjacet servituti? Nam quemadmodum cum febris ad interiora penetrat, et viscera omnia incendit, nihil nobis prodest, si superior corporis superficies nihil tale patiatur: ita dum nobis anima interioribus distrahitur passionibus, nihil externus principatus juvat, ne ipsum quidem regium solium, cum animus violento admoto impetu a passionibus de throno regio devolvatur et ultro se submittat, earumque rebelles insultus pertimescat? Quod ne fiat, undique prophetæ concurrunt et apostoli, passiones nostras reprimunt, omnem appetitus rationis expertis feritatem a nobis amandant, et multo augustiorem regno principatum nobis committunt. Hac de causa dicebam eos, qui hac sollicitudine se privant, letale sibi vulnus infligere, ac tantum capere detrimentum, quantum ulla alia ex parte capere nequeunt: quandoquidem et qui huc ingressi fuerint, ejusmodi quæstum faciunt, qualem aliunde facere nullo modo possent: quod et ipsa sermonis series demonstravit. *Non apparebis in conspectu Domini vacuus*, aiclat lex: hoc est, absque sacrificiis non introeas. Quod si absque sacrificiis in domum Dei non est ingrediendum, multo magis ad collectas cum fratribus non est intrandum: quippe sacrificium istud illo melius est, et oblatio, cum animum tecum accipiens ingressus fueris. Non videtis columbas, quæ instructæ fuerunt, quo pacto reliquas egressæ pelliciant et

De quibus rebus instruantur qui concioni intersunt.

Exod. 23. 15.

venentur? Hoc nos quoque faciamus. Quænam enim tandem excusatio reliqua erit, cum rationis expertes animantes alias ejusdem generis venari possint, nos autem ratione tantaque sapientia exornati talem capturam negligamus? Superiori concione vos in hæc verba cohortatus sum: Unusquisque vestrum ad proximi domum pergite, exeuntes præstolamini, prehendite, atque ad communem matrem adducite: illosque qui in spectacula theatrorum insaniunt imitamini, qui summo studio quasi composito inter se agmine, cum prima luce ad nefarium illud spectaculum contuendum exspectant. At nihil illa nostra cohortatione promovimus. Idcirco rursus dico, neque dicere desinam, donec persuasero. Nihil prodest auscultatio, nisi illam actio comitetur. Imo vero graviorem nobis pœnam accersit, cum eadem frequenter audientes, nihil eorum præstamus, quæ dicuntur. Et vero majus supplicium

Joan. 15. 22. imminere, audi quo pacto Christus indicet: *Si non venissem, et loquutus fuissem eis, peccatum non haberent: nunc autem excusationem non habent de peccato suo*; et apostolus pa-

Rom. 2. 13. riter: *Non enim auditores legis justi sunt apud Deum, sed factores legis justificabuntur.* Atque ad auditores quidem ista dicuntur: volens autem concionatorem ipsum docere ne ipsi quidem ullam ex doctrina, quam communicat, utilitatem esse obventuram, si conversationem cum doctrina non habeat copulatam, et vitam convenientem orationi, audi quo pacto apostolus et propheta in illum invehantur. Nam

Psal. 49. 16. 17. hic quidem sic ait: *Peccatori autem dixit Deus: Quare tu enarras justitias meas, et assumis testamentum meum per os tuum, tu vero odisti disciplinam?* Apostolus autem cum in eosdem istos rursus invehitur, qui ob doctrinam magnifico de se sentiunt, ita loquitur:

Rom. 2. 19—21. *Confidis teipsum esse ducem cæcorum, lumen eorum, qui in tenebris sunt, eruditorem insipientium, magistrum infantium. Qui ergo alium doces, teipsum non doces?* Quando igitur neque mihi qui dico, prodesse potest, quod verba faciam, neque vobis audientibus, quod audiatis, nisi pareamus iis qui dicuntur, sed et nos condemnat magis: ne sola auditione tenus studium exhibeamus, sed operibus etiam ea quæ

Lectioni Scripturæ addantur bona opera. dicuntur observemus. Bonum quidem est assiduam sacrorum eloquiorum auditioni operam dare; sed et hoc bonum inutile redditur, si conjunctam utilitatem non habeat, quæ ex obedientia nascitur. Ne igitur hic frustra conveniatis,

τῶν πλησίον, ἀναμείνατε ἐξελθόντας, κατάσχετε, καὶ ἐπαναγάγετε πρὸς τὴν κοινὴν μητέρα· καὶ τοὺς θεατρομανοῦντας μιμήσασθε, οἳ μετὰ πάσης σπουδῆς ἀλλήλοις συνταξάμενοι, οὕτως ὑπὸ τὴν ἕω πρὸς τὴν παράνομον ἀναμένουσι θέαν ἐκείνην. Ἀλλ' οὐδὲν πλέον ἡμῖν γέγονεν ἀπὸ τῆς παραινέσεως ἐκείνης. Διὰ τοῦτο πάλιν λέγω, καὶ λέγων οὐ παύσομαι, ἕως ἂν πείσω. Οὐδὲν ὠφελεῖ ἀκρόασις, ἐὰν μὴ πρᾶξις αὐτῇ παρῇ. Βαρυτέραν οὖν ἡμῖν ποιεῖ τὴν τιμω-

C ρίαν, ὅταν συνεχῶς τῶν αὐτῶν ἀκούοντες, μηδὲν τῶν λεγομένων ποιῶμεν. Καὶ ὅτι βαρυτέρα ἡ κόλασίς ἐστιν, ἄκουσον τοῦ Χριστοῦ λέγοντος· Εἰ μὴ ἦλθον, καὶ ἐλάλησα αὐτοῖς, ἁμαρτίαν οὐκ εἶχον· νῦν δὲ πρόφασιν οὐκ ἔχουσι περὶ τῆς ἁμαρτίας· καὶ ὁ ἀπόστολος δὲ, Οὐ γὰρ οἱ ἀκροαταὶ τοῦ νόμου δίκαιοι παρὰ τῷ Θεῷ, ἀλλ' οἱ ποιηταὶ τοῦ νόμου δικαιωθήσονται. Καὶ πρὸς τοὺς μὲν ἀκούοντάς φησι ταῦτα· βουλόμενος δὲ καὶ τὸν λέγοντα παιδεῦσαι, ὅτι οὐδὲ ἐκείνῳ κέρδος ἔσται τι πλέον ἀπὸ τῆς διδασκαλίας, ὅταν μὴ πολιτείαν ἔχῃ τῇ διδασκαλίᾳ συνεζευγμένην, καὶ συμβαίνοντα τῷ λόγῳ τὸν βίον, ἄκουσον πῶς

D καὶ ὁ ἀπόστολος πρὸς αὐτὸν ἀποτείνεται, καὶ ὁ προφήτης. Ὁ μὲν γάρ φησι· Τῷ δὲ ἁμαρτωλῷ εἶπεν ὁ Θεὸς, ἵνα τί σὺ ἐκδιηγῇ τὰ δικαιώματά μου, καὶ ἀναλαμβάνεις τὴν διαθήκην μου διὰ στόματός σου, σὺ δὲ ἐμίσησας παιδείαν; Ὁ δὲ ἀπόστολος πρὸς αὐτοὺς τούτους πάλιν ἀποτεινόμενος, τοὺς ἐπὶ τῇ διδασκαλίᾳ μέγα φρονοῦντας, οὕτω πως φησί· Πέποιθας σεαυτὸν ὁδηγὸν εἶναι τυφλῶν, φῶς τῶν ἐν σκότει, παιδευτὴν ἀφρόνων, διδάσκαλον νηπίων· ὁ οὖν διδάσκων ἕτερον, σεαυτὸν οὐ διδάσκεις; Ἐπεὶ οὖν οὔτε ἐμὲ τὸν λέγοντα τὸ λέγειν, οὔτε ὑμᾶς τοὺς ἀκούοντας

E τὸ ἀκούειν ἄνευ τοῦ πείθεσθαι τοῖς λεγομένοις ὠφελῆσαι δύναιτ' ἂν, ἀλλὰ καὶ καταδικάζει πλέον, μὴ μέχρι τῆς ἀκροάσεως τὴν σπουδὴν ἐπιδειξώμεθα, ἀλλ' ἐπὶ τῶν ἔργων φυλάττωμεν τὰ λεγόμενα. Καλὸν μὲν γὰρ τὸ διηνεκῶς ἐνδιατρίβειν θείων ἀκροάσει λογίων· ἀλλὰ τὸ καλὸν τοῦτο ἄχρηστον γίνεται, ὅταν τὴν ἐκ τῆς ὑπακοῆς ὠφέλειαν μὴ ἔχῃ συνεζευγμένην. Ἵνα οὖν μὴ μάτην ἐνταῦθα συλλέγησθε, μετὰ πάσης σπουδῆς, ὃ πολλάκις ὑμῶν ἐδεήθην, καὶ δεόμενος οὐ παύσομαι, τοὺς ἀδελφοὺς ἡμῖν ἐπισπάσασθε, τοὺς πλανωμένους παραινέσατε, συμβουλεύ-

164 A σατε, μὴ λόγῳ μόνον, ἀλλὰ καὶ ἔργῳ. Μείζων αὕτη ἡ διδασκαλία ἡ διὰ τῶν τρόπων, ἡ διὰ τῆς πολιτείας. Κἂν μηδὲν εἴπῃς, ἐξέλθῃς δὲ ἀπὸ συνάξεως, διὰ τοῦ σχήματος, καὶ τοῦ βλέμματος, καὶ τῆς φωνῆς, καὶ τῆς βαδίσεως, καὶ τῆς ἄλλης ἁπάσης καταστολῆς ἐμφαίνων τοῖς ἀπολειφθεῖσιν ἀνθρώποις τὸ κέρδος, ὅπερ ἐντεῦθεν ἐξῆλθες λαβὼν, ἀρκεῖ τοῦτο εἰς παραίνεσιν καὶ συμβουλήν. Οὕτω γὰρ ἡμᾶς ἐντεῦθεν ἐξιέναι δεῖ, ὥσπερ ἐξ ἱερῶν ἀδύτων, ὥσπερ

ἐξ αὐτῶν καταβάντας τῶν οὐρανῶν, γενομένους κατεσταλμένους, φιλοσοφοῦντας, ῥυθμῷ πάντα καὶ ποιοῦντας καὶ λέγοντας· καὶ γυνὴ τὸν ἄνδρα ὁρῶσα ἀπὸ συνάξεως ἀναχωροῦντα, καὶ τὸν υἱὸν πατὴρ, καὶ τὸν πατέρα ὁ παῖς, καὶ τὸν δεσπότην ὁ δοῦλος, καὶ τὸν φίλον ὁ φίλος, καὶ τὸν ἐχθρὸν ὁ ἐχθρὸς, λαμβανέτωσαν ἅπαντες αἴσθησιν τῆς ἐνταῦθα γενομένης ἡμῖν ὠφελείας· λήψονται δὲ, ἂν πρᾳοτέρων, ἂν φιλοσοφωτέρων, ἂν εὐλαβεστέρων ὑμῶν γεγενημένων αἰσθάνωνται. Ἐννόησον οἵας ἀπολαύεις μυσταγωγίας ὁ μεμυημένος σὺ, μετὰ τίνων ἀναπέμπεις τὸ μυστικὸν μέλος ἐκεῖνο, μετὰ τίνων βοᾷς τὸ, τρισάγιος. Δίδαξον τοὺς ἔξωθεν, ὅτι μετὰ τῶν Σεραφὶμ ἐχόρευσας, ὅτι εἰς τὸν δῆμον τὸν ἄνω τελεῖς, ὅτι εἰς τὸν χορὸν ἐνεγράφης τὸν τῶν ἀγγέλων, ὅτι τῷ Δεσπότῃ διελέχθης, ὅτι τῷ Χριστῷ συνεγένου. Ἂν οὕτως ἑαυτοὺς ῥυθμίζωμεν, οὐδὲν ἐξελθόντες δεησόμεθα λόγου πρὸς τοὺς ἀπολειφθέντας· ἀλλ' ἀπὸ τῆς ἡμετέρας ὠφελείας, τῆς οἰκείας αἰσθήσονται ζημίας, καὶ δραμοῦνται ταχέως, ὥστε τῶν αὐτῶν ἀπολαῦσαι. Τὸ γὰρ κάλλος ὑμῶν τῆς ψυχῆς διὰ τῶν αἰσθήσεων αὐτῶν ἀπολάμπον ὁρῶντες, κἂν ἁπάντων ὦσι νωθρότεροι, εἰς ἔρωτα τῆς εὐπρεπείας ἐμπεσοῦνται τῆς ὑμετέρας. Εἰ γὰρ σώματος κάλλος ἀναπτεροῖ τοὺς ὁρῶντας, πολλῷ μᾶλλον εὐμορφία ψυχῆς διεγεῖραι δύναιτ' ἂν τὸν θεατὴν, καὶ πρὸς τὸν ἴσον παρακαλέσαι ζῆλον. Καλλωπίσωμεν τοίνυν ἡμῶν τὸν ἔσω ἄνθρωπον, καὶ τῶν ἐνταῦθα λεγομένων ἔξω μνημονεύωμεν· ἐκεῖ γὰρ αὐτῶν μάλιστα τῆς μνήμης ὁ καιρός· καὶ καθάπερ ἀθλητὴς, ἅπερ ἂν ἐπὶ τῆς παλαίστρας μανθάνῃ, ταῦτα ἐπὶ τῶν ἀγώνων ἐπιδείκνυται· οὕτω δὴ καὶ ἡμᾶς, ἅπερ ἂν ἐνταῦθα ἀκούωμεν, ταῦτα ἐπὶ τῶν ἔξωθεν πραγμάτων ἐπιδείκνυσθαι χρή.

Μνημόνευσον τοίνυν τῶν ἐνταῦθα λεγομένων, ἵν', ὅτε ἐξέλθῃς, καὶ ἐπιλάβηταί σου ὁ διάβολος, ἢ δι' ὀργῆς, ἢ διὰ κενοδοξίας, ἢ δι' ἄλλου τινὸς πάθους, ἀναμνησθεὶς τῆς ἐνταῦθα διδασκαλίας, δυνηθῇς ῥᾳδίως ἀποδύσασθαι τὰ ἅμματα τοῦ πονηροῦ. Οὐχ ὁρᾶτε ἐν τοῖς σκάμμασι τοὺς παιδοτρίβας, οἳ μετὰ

omni studio, quod a vobis precibus sæpe contendi, neque contendere desinam, fratres nobis B adducite, cohortamini errantes, consilium date non verbo tantum, sed etiam opere. Major est ista doctrina quæ moribus, quæ conversatione profertur. Etsi nihil dicas, si tantum oxeas e collecta, et externa specie, aspectu, voce, incessu, et tota reliqua modesta corporis compositione lucrum, quod hinc egressus tecum retulisti, ostendas hominibus, qui collectæ non interfuerunt, ad cohortationem et consilium id sufficit. Sic enim egredi nos hinc oportet, quasi ex sacris adytis, quasi de cælo delapsos, modestiores redditos, philosophantes, moderate ac temperate cuncta facientes ac dicentes: et uxor maritum a C collecta recedentem videns, et filium pater, et patrem filius, et dominum servus, et amicum amicus, et inimicum inimicus, omnes utilitatis sensum capiant, quam ex hoc conventu reportavimus: capient autem, si mitiores, si patientiores, si religiosiores vos factos animadvertant. Cogita quibus mysteriis interesse tibi datum sit, qui initiatus es, cum quibus mysticum illum cantum offeras, cum quibus ter sanctum hymnum pronunties. Doce profanos, te cum Seraphim choreas agitasse, te ad cælestem populum pertinere, te D in cælorum angelorum adscriptum esse, te cum Domino colloquutum esse, te cum Christo esse congressum. Si nos ita composuerimus, nihil oratione opus erit erga illos, qui non interfuerunt, sed ex profectu nostro jacturam suam animadvertent, et confestim accurrent, ut iisdem commodis perfruantur. Cum enim animæ vestræ pulchritudinem ex ipsis sensibus viderint relucentem, licet omnium sint stupidissimi, ad cupiditatem eximii vestri decoris exardescent. Si enim forma corporis excitat intuentes, multo magis animæ pulchritudo spectatorem potest commovere, atque ad similem zelum hortari. Interiorem igitur hominem nostrum exornemus, et eorum quæ hic dicta fuerint foris recordemur: illic enim ut maxime memores simus tempus exigit; et quemadmodum athleta, quæ in palæstra didicerit, eorum in certaminibus specimen edit: sic nos etiam quæ hic audimus, in externis negotiis oportet ostendere.

5. Memor igitur eorum esto quæ hic dicuntur, ut cum egressus fueris, et te diabolus vel per iram, vel per inanem gloriam, vel per aliam aliquam passionem invaserit, ejus doctrinæ memor, qua hic imbutus es, facile possis mali laqueos et nexus evadere. Nonne videtis in stadiis

pædotribas ac palæstræ magistros, qui cum post mille certamina vacationem deinceps a luctis beneficio ætatis acceperint, extra stadium non longe ab ipso pulvere sedentes iis qui sunt intus ac decertant clamando suggerere, ut manum prehendant, ut crus attrahant, ut dorsum invadant, et alia multa ejusmodi monentes, si hoc vel illud feceris, adversarium facile in terram extendes : hac ratione discipulis maximopere prodesse? Tu quoque pædotribam tuum beatum Paulum intuere, qui post coronas innumeras, extra stadium nunc considens, hoc est, ex hac vita egressus certantibus nobis clamando suggerit, et per epistolas suas vociferatur, cum correptos ab ira viderit, ab injuriarum memoria, atque a passionibus oppressos, *Si esurierit inimicus tuus, ciba illum.* Et quemadmodum dicit palæstræ magister, si hoc vel illud feceris, adversarium superabis, ita subjicit hic quoque : *Hoc enim faciens, carbones ignis congeres super caput ejus.* Verum dum legem percurro, quæstio nobis occurrit, quæ ex ipsa nasci videtur, et multis adversus Paulum reprehensionis ansam suppeditat, quam hodierno die statui vobis in medium afferre. Quid ergo tandem est, quod mentes eorum terret, qui diligenter omnia nolunt excutere? Cum ab ira revocaret Paulus, inquit, et ut mansueti essent, ac modesti erga proximos, suaderet, illos amplius exasperavit et iracundia inflammavit. Quod enim dixit, *Si esurierit inimicus tuus, ciba illum, si sitit, potum da illi,* præclarum mandatum est, et philosophiæ plenum, ac tum agenti, tum patienti perutile : quod vero deinde sequitur, multam habet difficultatem, minimeque videtur cum ejus, qui priora dixit, sententia convenire. Quidnam vero illud est? Quod dicat, *Hoc autem faciens, carbones ignis congeres super caput ejus.* His enim verbis et eum qui agit et eum qui patitur afficit injuria, cum istius caput exurat, et ignis carbones imponat. Quod enim tantum bonum obveniat, ex eo quod cibetur et potetur, quantum malum ex accumulatione carbonum? Itaque illum qui beneficio afficitur, inquit, hoc pacto afficit injuria, cum in majus supplicium illum conjiciat, eum vero qui beneficium contulit, alio rursus modo lædit. Quid enim referre lucri potest ex eo, quod de inimicis bene mereatur, cum illud spe supplicii faciat? Nam qui idcirco cibat vel potat inimicum, ut in caput ejus carbones

Rom. 12. 20.

E μυρίους ἄθλους ἀτέλειαν λοιπὸν τῶν παλαισμάτων ἀπὸ τῆς ἡλικίας λαβόντες, ἔξω τῶν σκαμμάτων καθήμενοι παρὰ τὴν κόνιν αὐτὴν, τοῖς ἔνδον οὖσι καὶ παλαίουσιν ὑποφωνοῦσιν, ὥστε χεῖρα κατασχεῖν, ὥστε σκέλος ἑλκύσαι, ὥστε λαβεῖν μετὰ τὰ νῶτα, καὶ ἕτερα πολλὰ τοιαῦτα λέγοντες, ὅτι ἂν τὸ καὶ τὸ ποιήσῃς, ἐκτενεῖς ῥᾳδίως τὸν ἀνταγωνιστὴν, τὰ μέγιστα συντελοῦσι τοῖς μαθηταῖς; Καὶ σὺ τὸν παιδοτρίβην τὸν σὸν ὅρα, τὸν μακάριον Παῦλον,
165 ὃς μετὰ μυρίους στεφάνους ἔξω τοῦ σκάμματος
A καθήμενος νῦν, τῆς παρούσης λέγω ζωῆς, τοῖς παλαίουσιν ἡμῖν ὑποφωνεῖ, καὶ βοᾷ διὰ τῶν ἐπιστολῶν, ὅταν ἴδῃ κατασχεθέντας ὑπὸ ὀργῆς καὶ ὑπὸ μνησικακίας, καὶ ἀποπνιγομένους ὑπὸ τοῦ πάθους, Ἐὰν πεινᾷ ὁ ἐχθρός σου, ψώμιζε αὐτόν. Καὶ καθάπερ ὁ παιδοτρίβης λέγει, ὅτι ἂν τὸ καὶ τὸ ποιήσῃς, περιέσῃ τοῦ ἀνταγωνιστοῦ, οὕτω καὶ οὗτος προστίθησι· Τοῦτο γὰρ ποιῶν, ἄνθρακας πυρὸς σωρεύσεις ἐπὶ τὴν κεφαλὴν αὐτοῦ. Ἀλλὰ γὰρ μεταξὺ τούτου τοῦ ἀναγινώσκειν με τὸν νόμον, ἐπῆλθε τὸ δοκοῦν φύεσθαι ζήτημα ἐξ αὐτοῦ, καὶ πολλοῖς παρέχειν κατὰ τοῦ Παύλου λαβὴν, ὅπερ
B προθεῖναι [a] τήμερον εἰς μέσον ὑμῖν. Τί ποτ' οὖν ἐστι τὸ ὑφορμοῦν ταῖς διανοίαις τῶν μὴ μετὰ ἀκριβείας ἅπαντα ἐξετάζειν βουλομένων; Ἀπάγων ὀργῆς ὁ Παῦλος, φησὶ, καὶ πείθων ἐπιεικεῖς εἶναι καὶ μετρίους τοῖς πέλας, μᾶλλον αὐτοὺς ἐξεθηρίωσε, καὶ πρὸς θυμὸν ἐπῆρε. Τὸ μὲν γὰρ εἰπεῖν, Ἐὰν πεινᾷ ὁ ἐχθρός σου, ψώμιζε αὐτὸν, ἐὰν διψᾷ, πότιζε αὐτὸν, καλὸν ἐπίταγμα καὶ φιλοσοφίας γέμον, καὶ τῷ ποιοῦντι καὶ τῷ πάσχοντι χρήσιμον· τὸ δὲ ἐντεῦθεν λοιπὸν πολλὴν ἔχει τὴν ἀπορίαν, καὶ δοκεῖ μὴ συμβαίνειν τῇ γνώμῃ τοῦ τὰ πρότερα εἰρηκότος. Ποῖον δὲ τοῦτο; Τὸ λέγειν, ὅτι Ποιῶν τοῦτο, ἄνθρακας πυρὸς σωρεύσεις ἐπὶ τὴν
C κεφαλὴν αὐτοῦ. Διὰ γὰρ τούτων τῶν ῥημάτων καὶ τὸν ποιοῦντα καὶ τὸν πάσχοντα ἠδίκησε· τοῦ μὲν τὴν κεφαλὴν ἀνάψας, καὶ πυρὸς ἄνθρακας ἐπιθείς. Τί γὰρ τοσοῦτον ἀπὸ τοῦ ψωμίζεσθαι καὶ ποτίζεσθαι γένοιτ' ἂν ἀγαθὸν, ὅσον κακὸν ἀπὸ τῆς τῶν ἀνθράκων σωρείας; Τὸν μὲν οὖν εὖ πάσχοντα, φησὶν, οὕτως ἠδίκησεν, εἰς μείζονα ἐμβαλὼν τιμωρίαν, τὸν δὲ εὖ ποιοῦντα πάλιν ἑτέρως κατέβλαψε. Τί γὰρ καὶ οὗτος τῆς ἀπὸ τῶν ἐχθρῶν εὐεργεσίας κερδᾶναι δύναται, ὅταν ἐλπίδι τῆς τιμωρίας αὐτὸ ποιῇ; Ὁ γὰρ διὰ τοῦτο τρέφων καὶ ποτίζων τὸν ἐχθρὸν, ἵνα ἄνθρακας σωρεύσῃ πυρὸς ἐπὶ τὴν κεφαλὴν αὐτοῦ, οὐχὶ φιλάν-
D θρωπος καὶ χρηστὸς, ἀλλ' ὠμὸς καὶ ἀπηνὴς γένοιτ' ἂν, διὰ μικρᾶς εὐεργεσίας ἄφατον ἐμβαλὼν κόλασιν. Τί γὰρ ἂν γένοιτο χαλεπώτερον τοῦ διὰ τοῦτο τρέφοντος, ἵνα σωρεύσῃ πυρὸς ἄνθρακας ἐπὶ τὴν τοῦ τρεφομένου κεφαλήν; Ἡ μὲν οὖν ἀντίθεσις αὕτη· δεῖ

[a] Forte προθεῖναι βούλομαι.

δὲ λοιπὸν τὴν λύσιν ἐπαγαγεῖν, ἵνα δι' αὐτῶν τούτων τῶν δοκούντων ἐπιλαμβάνεσθαι τῶν τοῦ νόμου γραμμάτων ἴδῃς ἀκριβῶς τοῦ νομοθέτου τὴν σοφίαν ἅπασαν. Τίς οὖν ἐστιν ἡ λύσις; Συνεῖδε τοῦτο καλῶς ὁ μέγας καὶ γενναῖος ἀνὴρ ἐκεῖνος, ὅτι βαρὺ καὶ χαλεπὸν πρᾶγμα, ἐχθρῷ καταλλαγῆναι ταχέως· βαρὺ δὲ καὶ χαλεπὸν, οὐ παρὰ τὴν οἰκείαν φύσιν, ἀλλὰ παρὰ τὴν ῥᾳθυμίαν τὴν ἡμετέραν. Αὐτὸς δὲ οὐχὶ καταλλαγῆναι μόνον ἐκέλευσεν, ἀλλὰ καὶ θρέψαι, ὃ πολὺ τοῦ προτέρου βαρύτερον ἦν. Εἰ γὰρ βλέποντες μόνον τοὺς λελυπηκότας τινὲς ἐκθηριοῦνται, πῶς ἂν εἵλοντο θρέψαι πεινῶντας; Καὶ τί λέγω, βλέποντες; Ἂν μνησθῇ τις αὐτῶν, καὶ τὴν προσηγορίαν εἰς μέσον ἐνέγκῃ μόνον, ἀνανεοῖ τὴν πληγὴν τῆς διανοίας ἡμῖν, καὶ μείζω ποιεῖ τὴν φλεγμονήν. Ταῦτ' οὖν ἅπαντα συνιδὼν ὁ Παῦλος, καὶ βουλόμενος τὸ δυσκατόρθωτον τοῦτο καὶ χαλεπὸν εὔκολον ποιῆσαι καὶ ῥᾴδιον, καὶ πεῖσαι τὸν μηδὲ ἰδεῖν ἀνεχόμενον τὸν ἐχθρὸν εἰς εὐεργεσίαν τὴν ἐκείνου [a] γενέσθαι, τοὺς ἄνθρακας ἔθηκε τοῦ πυρὸς, ἵν' ἐλπίδι τῆς τιμωρίας προτραπεὶς, ἐπιδράμῃ τῇ τοῦ λελυπηκότος εὐεργεσίᾳ. Καὶ καθάπερ ὁ ἁλιεὺς πάντοθεν τὸ ἄγκιστρον περιστέλλων τῷ δελέατι, προστίθησι τοῖς ἰχθύσιν, ἵνα προσδραμὼν τῇ συνήθει τροφῇ, δι' ἐκείνης ἁλῷ καὶ κατασχεθῇ ῥᾳδίως· οὕτω δὴ καὶ ὁ Παῦλος, βουλόμενος εἰς τὴν εὐεργεσίαν ἐμβιβάσαι τοῦ ἠδικηκότος τὸν ἠδικημένον, οὐ γυμνὸν προστίθησι τὸ τῆς φιλοσοφίας ἄγκιστρον, ἀλλ' ὥσπερ τινὶ δελέατι, τοῖς ἄνθραξι τοῦ πυρὸς περιστείλας, καλεῖ μὲν τὸν ἐπηρεασθέντα τῇ τῆς κολάσεως ἐλπίδι πρὸς τὴν εὐεργεσίαν τοῦ λελυπηκότος· ἐλθόντα δὲ αὐτὸν κατέχει λοιπὸν καὶ οὐκ ἀφίησιν ἀποπηδῆσαι, αὐτῆς τοῦ πράγματος τῆς φύσεως προσηλούσης αὐτὸν τῷ ἐχθρῷ· καὶ μονονουχὶ λέγει πρὸς αὐτόν· οὐ βούλει δι' εὐλάβειαν τρέφειν τὸν ἠδικηκότα; διὰ γοῦν τὴν ἐλπίδα τῆς κολάσεως θρέψον. Οἶδε γὰρ, ὅτι ἐὰν ἅψηται τῆς εἰς αὐτὸν εὐεργεσίας, ἀρχὴ λοιπὸν αὐτῷ καὶ ὁδὸς γίνεται τῆς καταλλαγῆς. Οὐδεὶς γὰρ, οὐδεὶς τὸν ψωμιζόμενον ὑπ' αὐτοῦ καὶ ποτιζόμενον διηνεκῶς ἀνάσχοιτο ἔχειν ἐχθρὸν, εἰ καὶ παρὰ τὴν ἀρχὴν ἐλπίδι τιμωρίας τοῦτο ποιεῖ. Ὁ γὰρ χρόνος προϊὼν χαλᾷ καὶ τῆς ὀργῆς τὸν τόνον. Ὥσπερ οὖν ὁ ἁλιεὺς, εἰ γυμνὸν τὸ θήρατρον προσέθηκεν, οὐκ ἂν ἐπεσπάσατο τὸν ἰχθὺν, νυνὶ δὲ περιστείλας αὐτὸ, λανθανόντως ἐνίησι τῷ στόματι τοῦ προσιόντος ζώου τὸ ἄγκιστρον· οὕτω καὶ ὁ Παῦλος, εἰ μὴ προέτεινε τὴν προσδοκίαν τῆς κολάσεως, οὐκ ἂν ἔπεισε τοὺς ἠδικημένους ἅψασθαι τῆς τῶν λελυπηκότων εὐεργεσίας. Βουλόμενος οὖν ἀποπηδῶντας αὐτοὺς, καὶ δυσχεραίνοντας, καὶ ναρκῶντας καὶ πρὸς αὐτὴν τὴν τῶν ἐχθρῶν ὄψιν, πεῖσαι τὰ μέγιστα αὐτοὺς εὐεργετεῖν, τοὺς ἄνθρακας ἔθηκε

congerat, non benignus et clemens, sed crudelis est et immitis qui per exiguum beneficium supplicium immensum inferat. Quid enim asperius fieri potest eo, qui propterea nutriat, ut in caput ejus qui nutritur, congerat carbones ignis? Hæc igitur est objectio: jam vero solutio est addenda, ut ex iis ipsis, quæ verba legis videntur
E carpere, omnem legislatoris sapientiam accurate cognoscas. Quænam igitur est solutio? Noverat hoc probe magnus ac generosus ille vir, rem gravem ac molestam esse celeriter cum inimico reconciliari: gravem ac molestam non ex sua natura, sed ob nostram ignaviam. At ipse non reconciliari tantum jussit, sed etiam alere, quod priori multo gravius fuit. Si enim conspectis tantum illis, qui se molestia affecerint, efferan-
166 tur nonnulli, quo pacto adducerentur, ut alerent
A esurientes? Quid dico, conspectis? Si quis mentionem illorum fecerit, et solum eorum nomen in medium protulerit, mentis nobis vulnus renovat, et inflammationem auget. Hæc igitur omnia cum intelligeret Paulus, et hoc emendatu difficile et arduum vellet facile reddere et expeditum, et illi persuadere, qui ne intueri quidem inimicum dignatur, ut ad bene de illo merendum se promtum ostenderet, carbones ignis posuit, ut supplicii spe commotus ad beneficium in illum conferendum accurrat, a quo damno fuisset affectus.
B Et sicut piscator hamum illecebra contegit undique, tumque piscibus objicit, ut ad consuetum cibum occurrentes, illo facile capiantur ac detineantur: sic nimirum et Paulus, cum affectum injuria vellet ad beneficium conferendum incitare in illum qui injuriam intulerat, non nudum philosophiæ objicit hamum, sed tamquam illecebra quadam carbonibus ignis obtectum, et contumeliam passum spe supplicii ad beneficium in eum conferendum, qui læsit, invitat: mox autem ut venerit, deinde retinet, neque resilire sinit, cum ab ipsa rei natura cum inimico jungatur, atque his propemodum verbis illum affatur: Non vis pietatis causa cibare illum
C qui te læsit? saltem ob spem ultionis ciba. Scit enim fore, ut si beneficium in illum conferre aggrediatur, jam tum initium fiat, ac via sternatur reconciliationis. Nemo enim, nemo umquam poterit a se nutritum hominem ac potatum infestum habere, licet initio spe ultionis id fecerit. Temporis enim progressu iræ contentio remittitur. Ut igitur piscator, si nudum hamum objice-

Cum inimicis reconciliari grave et difficile.

[a] [Savil. in marg. conj. γενέσθαι πρόθυμον]

ret, piscem nequaquam alliceret, jam vero postquam illum obtexit, clam in os animalis accedentis hamum immittit: sic etiam Paulus, nisi pœnæ exspectationem objecisset, affectis injuria non persuasisset, ut ad bene merendum de illis a quibus læsi fuissent, animum appellerent. Quod igitur illos refugientes, ægre ferentes, et vel etiam inimicos intueri detrectantes flectere vellet, atque ad illos maximis beneficiis cumulandos incitare, carbonum ignis fecit mentionem, non ut in supplicium inevitabile illos conjiceret, sed ut cum illis qui fuerant injuria læsi, persuasisset exspectando supplicium bene mereri de inimicis, tandem progressu temporis etiam persuaderet illis, ut iram omnem deponerent.

6. Atque illum quidem qui passus injuriam fuerat, sic mitigavit; vide autem quo pacto illum etiam qui injuriam intulerat, cum læso reconciliet. Primum quidem ipso genere beneficii: nullus enim tam miser et stupidus est, qui potatus ac cibo refectus, nolit ejus fieri servus et amicus, a quo in illum ista collata sunt: deinde vero supplicii metu. Nam videtur quidem insectari eum qui eibat, dum ait: *Hoc enim faciens, carbones ignis congeres super caput ejus:* sed eum qui læsit perstringit maxime, ut hujus pœnæ timore perculsus perpetuas inimicitias minime foveat, sed intelligens fore, ut maximo afficiatur detrimento, quod cibatus ac potatus fuerit, si semper inimicitias exerceat, iram deponat. Sic namque poterit ignis carbones exstinguere. Itaque pœna et supplicium propositum tum eum qui affectus est injuria ad beneficium conferendum invitat in eum qui læsit, tum eum qui irritavit terret et excitat, atque ad reconciliationem cum eo qui cibo refecit ac potavit, impellit. Duplici ergo vinculo ambos inter se copulavit, altero beneficii, altero supplicii. Difficile quippe est incipere, atque aditum invenire reconciliationi: ubi vero aperta hæc quoquo modo fuerit, quæ sequuntur facilia cuncta erunt et expedita. Quamvis enim initio spe supplicii qui læsus est alat inimicum, tamen dum alet, amicus evadet, et pœnæ cupiditatem poterit ex animo pellere. Cum enim amicus redditus fuerit, non jam tali cum exspectatione poterit secum reconciliatum nutrire. Rursus is qui offendit cum viderit eum qui affectus fuerat injuria, ipsum alere ac potare dignari, saltem ob hoc ipsum, et ob metum parati supplicii odium omne deponet, quantumvis ferreus, inhumanus et adamas fuerit, quod et humanitatem evereatur ejus a quo

τοῦ πυρὸς, οὐχ ἵνα ἐκείνους ἐμβάλλῃ εἰς ἀπαραίτητον
D κόλασιν, ἀλλ' ἵνα τοὺς ἠδικημένους πείσας ἐν τῇ προσδοκίᾳ τῆς κολάσεως εὐεργετεῖν τοὺς ἐχθροὺς, τῷ χρόνῳ λοιπὸν πείσῃ καὶ πᾶσαν αὐτοῖς ἀφεῖναι τὴν ὀργήν.

Καὶ τὸν μὲν ἠδικημένον οὕτω παρεμυθήσατο· ὅρα δὲ καὶ τὸν ἠδικηκότα πῶς συνάπτει τῷ παρωργισμένῳ πάλιν. Πρῶτον μὲν τῷ τῆς εὐεργεσίας τρόπῳ· οὐδεὶς γάρ ἐστιν οὕτως ἄθλιος καὶ ἀναίσθητος, ὃς ποτιζόμενος, καὶ ψωμιζόμενος, μὴ γενέσθαι βούλοιτο δοῦλος καὶ φίλος τῷ ταῦτα αὐτῷ ἐργαζομένῳ· δεύτερον δὲ τῷ φόβῳ τῆς τιμωρίας. Δοκεῖ μὲν γὰρ πρὸς
E τὸν ψωμίζοντα ἀποτείνεσθαι, λέγων· Τοῦτο γὰρ ποιῶν, ἄνθρακας πυρὸς σωρεύεις ἐπὶ τὴν κεφαλὴν αὐτοῦ· μάλιστα δὲ τοῦ λελυπηκότος καθάπτεται, ἵνα τῷ φόβῳ τῆς κολάσεως ταύτης μὴ μένῃ διαπαντὸς ἐχθρὸς ὢν, ἀλλ' εἰδὼς, ὅτι τὰ μέγιστα αὐτὸν καταβλάψαι δύναιτ' ἂν τὸ ψωμίζεσθαι καὶ ποτίζεσθαι, εἰ μένοι διηνεκῶς ἐπὶ τῆς ἀπεχθείας, καταλύσῃ τὴν ὀργήν. Οὕτω γὰρ τοὺς ἄνθρακας τοῦ πυρὸς σβέσαι δυνήσεται. Ὥστε καὶ ἡ κόλασις καὶ ἡ τιμωρία κειμένη τόν τε ἠδικημένον ἐπισπᾶται εἰς εὐεργεσίαν τοῦ λελυπηκότος, τόν τε παροξύναντα φοβεῖ καὶ διανίστησι, καὶ πρὸς καταλλαγὴν ὠθεῖ τοῦ τρέφοντος καὶ
167 A ποτίζοντος. Διπλῷ τοίνυν ἀμφοτέρους συνέδησε δεσμῷ πρὸς ἀλλήλους, καὶ τῷ τῆς εὐεργεσίας, καὶ τῷ τῆς τιμωρίας. Τὸ γὰρ δυσχερὲς, ἄρχειν καὶ εἴσοδον εὑρεῖν τῇ καταλλαγῇ· ταύτης δὲ ἀνοιγείσης οἱῳδήποτε τρόπῳ, τὰ μετὰ ταῦτα πάντα ῥᾴδια ἔσται καὶ εὔκολα. Κἂν γὰρ παρὰ τὴν ἀρχὴν ἐλπίδι κολάσεως τρέφῃ τὸν ἐχθρὸν ὁ λελυπημένος, ἀλλ' αὐτῷ τῷ τρέφειν γινόμενος φίλος, ἐκβαλεῖν τὴν ἐπιθυμίαν δυνήσεται τῆς τιμωρίας. Φίλος γὰρ γενόμενος, οὐκέτι ἂν τοιαύτῃ θρέψειε προσδοκίᾳ τὸν καταλλαγέντα αὐτῷ. Πάλιν ὁ παροξύνας, ἰδὼν τὸν ἠδικημένον τρέφειν αὐτὸν καὶ ποτίζειν προαιρούμενον, διά γε τοῦτο αὐτὸ, καὶ τὸν φόβον τῆς ἀποκειμένης αὐτῷ κολάσεως, πᾶσαν ἐκ-
B βάλλει τὴν ἀπέχθειαν, κἂν μυριάκις σιδηροῦς ᾖ, καὶ ἀπηνὴς, καὶ ἀδάμας, τήν τε φιλοφροσύνην τοῦ τρέφοντος δυσωπούμενος, καὶ τὴν ἀποκειμένην αὐτῷ κόλασιν δεδοικὼς, εἰ μένοι μετὰ τὴν τροφὴν ἐχθρὸς ὤν. Διά τοι τοῦτο οὐδὲ ἐνταῦθα ἔστη τῆς παραινέ-

τεως, ἀλλ' ὅτε ἐκένωσεν ἑκατέρου τὴν ὀργὴν, τότε καὶ τὴν γνώμην αὐτῶν διορθοῦται λέγων, Μὴ νικῶ ὑπὸ τοῦ κακοῦ. Ἂν γὰρ μένῃς, φησὶ, μνησικακῶν καὶ ἀμυνόμενος, δοκεῖς μὲν τὸν ἐχθρὸν νικᾷν, νικᾶσαι δὲ ὑπὸ τοῦ κακοῦ, τουτέστιν, ὑπὸ τῆς ὀργῆς· ὥστε, εἰ βούλει νικῆσαι, καταλλάγηθι, καὶ μὴ ἐπεξέλθῃς. Αὕτη γάρ ἐστιν ἡ λαμπρὰ νίκη, ὅταν ἐν τῷ ἀγαθῷ, τουτέστι, τῇ ἀνεξικακίᾳ, νικήσῃς τὸ κακὸν, τὴν ὀρ- C γὴν καὶ τὴν μνησικακίαν ἐκβαλών. Ἀλλὰ τούτων ἐξ ἀρχῆς οὐκ ἂν ἠνέσχετο τῶν ῥημάτων ὁ ἠδικημένος καὶ φλεγμαίνων. Διὰ τοῦτο, ὅτε αὐτοῦ τὸν θυμὸν ἐκόρεσε, τότε καὶ ἐπὶ τὴν ἀρίστην αὐτὸν ἤγαγε τῆς καταλλαγῆς αἰτίαν, καὶ οὐκ ἀφῆκεν ἐναπομεῖναι τῇ πονηρᾷ τῆς τιμωρίας ἐλπίδι. Εἶδες νομοθέτου σοφίαν; Καὶ ἵνα μάθῃς ὅτι διὰ τὴν ἀσθένειαν τῶν οὐκ ἀνεχομένων ἄλλως ἑαυτοῖς συνάπτεσθαι, τοῦτον εἰσήγαγε τὸν νόμον, ἄκουσον πῶς ὁ Χριστὸς τὸ αὐτὸ τοῦτο νομοθετῶν, οὐ τὸ αὐτὸ τέθεικεν ἔπαθλον· ἀλλ' εἰπὼν, ὅτι Ἀγαπᾶτε τοὺς ἐχθροὺς ὑμῶν, καλῶς ποιεῖτε τοῖς μισοῦσιν ὑμᾶς, ὅπερ ἐστὶ τρέφειν καὶ ποτί- D ζειν, οὐκ ἐπήγαγεν, ὅτι τοῦτο γὰρ ποιοῦντες ἄνθρακας πυρὸς σωρεύσετε ἐπὶ τὰς κεφαλὰς αὐτῶν, ἀλλὰ τί; Ὅπως γένησθε ὅμοιοι τοῦ Πατρὸς ὑμῶν τοῦ ἐν τοῖς οὐρανοῖς. Εἰκότως· Πέτρῳ γὰρ, Ἰακώβῳ καὶ Ἰωάννῃ διελέγετο, καὶ τῷ λοιπῷ τῶν ἀποστόλων χορῷ· διὰ τοῦτο αὐτὸ τέθεικεν ἔπαθλον. Εἰ δὲ λέγεις, ὅτι καὶ οὕτω φορτικὸν τὸ ἐπίταγμα, μειζόνως μὲν ὑπὲρ Παύλου πάλιν ἡμῖν ἀπολογῇ, σαυτὸν δὲ πάσης συγγνώμης ἀποστερεῖς. Τί δήποτε; Ὅτι τοῦτο τὸ δοκοῦν εἶναι φορτικὸν, ἐν τῇ Ηαλαιᾷ σοι δείκνυμι κατορθού- E μενον, ὅτε οὔπω τοσαύτης φιλοσοφίας ἐπίδειξις ἦν. Διὰ γὰρ τοῦτο καὶ ὁ Παῦλος οὐχὶ οἰκείοις ῥήμασι τὸν νόμον εἰσήγαγεν, ἀλλ' αὐταῖς χρησάμενος ταῖς ῥήσεσιν, αἷς ὁ παρὰ τὴν ἀρχὴν αὐτὸν εἰσαγαγὼν ἔθηκεν, ἵνα μηδεμίαν συγγνώμην καταλείπῃ τοῖς μὴ τηροῦσιν αὐτόν. Τὸ γὰρ, Ἐὰν πεινᾷ ὁ ἐχθρός σου, ψώμιζε αὐτὸν, ἐὰν διψᾷ, πότιζε αὐτὸν, οὐχὶ Παύλου ἐστὶ πρῶτον ῥῆμα, ἀλλὰ τοῦ Σολομῶντος. Διὰ τοῦτο τὰ ῥήματα τέθεικεν, ἵνα πείσῃ τὸν ἀκροατὴν, ὅτι τῶν αἰσχίστων ἐστὶ, παλαιὸν νόμον, καὶ ὑπὸ τῶν ἀρχαίων 168 A κατορθωθέντα πολλάκις, νῦν εἰς τοσαύτην ἐπιδοθέντα φιλοσοφίαν φορτικὸν εἶναι νομίζειν καὶ ἐπαχθῆ. Καὶ τίς αὐτὸν τῶν ἀρχαίων κατώρθωσε, φησί; Πολλοὶ μὲν καὶ ἄλλοι, μάλιστα δὲ ὁ Δαυὶδ μετὰ πλείονος τῆς περιουσίας. Οὐ μὲν ἐψώμισε τὸν ἐχθρὸν, οὐδὲ ἐπότισε μόνον, ἀλλὰ καὶ κινδυνεύοντα πολλάκις ἐξήρπασε τοῦ θανάτου, καὶ γενόμενος κύριος αὐτοῦ τῆς σφαγῆς, ἐφείσατο καὶ ἅπαξ, καὶ δὶς, καὶ πολλάκις. Καὶ ὁ μὲν Σαοὺλ οὕτως αὐτὸν ἐμίσει καὶ ἀπεστρέφετο μετὰ τὰς μυρίας εὐεργεσίας, μετὰ τὰ λαμπρὰ τρόπαια, καὶ τὴν ἐπὶ τοῦ Γολιὰθ σωτηρίαν, ὡς μηδὲ τῆς προσηγορίας ἀνασχέσθαι τῆς ἐκείνου μνησθῆναι,

nutritur, et quod sibi paratum supplicium reformidet, si post alimenta percepta inimicus esse non desinat. Idcirco neque huc usque tantum cohortationem provexit, sed postquam utriusque iram mitigavit, deinceps animi sententiam corrigit dicens: *Noli vinci a malo.* Si enim acceptæ injuriæ memoriam conservaveris, et ulcisci volueris, vincere quidem inimicum videris, sed a malo vinceris, hoc est, ab ira. Itaque si vincere cupis, reconciliare, nec ulciscere. Hæc enim est præclara victoria, quando in bono, hoc est, patientia malum vincis, abjecta prorsus iracundia et injuriarum memoria. Verum hæc verba non tulisset a principio, qui læsus fuerat, et ira tumebat. Propterea cum primum ejus furorem exsaturavit, tum ad optimam illum reconciliationis causam traduxit, neque prava supplicii spe detineri permisit. Vides sapientiam legislatoris? Atque ut intelligas propter infirmitatem eorum, qui aliter inter se non poterant copulari, legem hanc ab illo fuisse invectam, audi quo pacto Christus hoc ipsum præcipiens, non hoc ipsum præmium proposuerit; sed cum dixisset: *Diligite inimicos vestros, benefacite his qui oderunt vos,* hoc est, cibate ac potum date, non adjecerit: Hoc enim facientes carbones ignis congeretis super capita illorum; sed quid? *Ut similes fiatis Patri vestro, qui in cœlis est.* Merito: Petrum enim, Jacobum et Joannem ac reliquum apostolorum cœtum alloquebatur: propterea præmium illud proposuit. Quod si dicas hac quoque ratione grave esse præceptum, majorem tu quidem nobis suppeditas defensionem pro Paulo, te vero prorsus omni venia privas. Quid ita? Quod nimirum hoc quod esse grave videtur, in Veteri Testamento tibi ostendam esse perfectum, quo tempore nondum tantæ philosophiæ specimen editum fuerat. Propterea namque Paulus etiam non suis verbis legem introduxit, sed iisdem ipsis verbis usus est, quibus ille, qui a principio ipsam a se latam invexit, ut nullus veniæ locus relinqueretur iis, qui non illam observassent. Illud enim, *Si esurierit inimicus tuus, ciba illum: si sitit, potum da illi,* non Pauli primum est dictum, sed Salomonis. Propterea verba posuit, ut auditori persuaderet, turpissimum esse veterem legem, et quam antiqui frequenter adimpleverunt, quæ nunc ad tantam evecta est philosophiam, gravem et molestam putari. Et quis illam ex antiquis adimplevit, dicet aliquis? Multi sane alii, sed David præsertim majorem in modum. Non enim cibavit inimicum, neque potum

Rom. 12. 21.

Vincendus inimicus quomodo.

Matth. 5. 44.

Prov. 25. 21. 22.

David in veteri lege inimico benefecit.

dedit ei tantum, sed etiam periclitantem sæpius a morte liberavit, et cum posset ipsum occidere, semel et bis et sæpius pepercit. Ac Saül quidem sic eum oderat et aversabatur post innumera beneficia, post tropæa præclara, et partam adversus Goliath populo salutem, ut ne nominis quidem ipsius mentionem fieri sustineret, sed ipsum a patre designaret. Cum enim solennitas advenisset, quoniam cum dolos texuisset aliquos et graves insidias in eum struxisset, illum venisse non

1. Reg. 20. 27.

videbat, *Ubi est*, inquit, *filius Jesse?* Illum quidem a patre designabat, simul quidem non sustinens ejus nominis præ odio nimio meminisse, simul vero existimans ignobilitate patris posse justi claritatem obscurari, quæ opinio misera plane fuit et infelix; præsertim cum nihil hoc deberet nocere Davidi, quamvis aliquod parenti crimen objici posset. Rerum enim a se gestarum rationem reddere debet unusquisque, atque ex illis vel laudem, vel vituperium meretur. Jam vero cum nullum scelus posset objicere, generis ignobilitatem in medium protulit: et hac ratione speravit se posse claritatem ejus obscurare, quod extremæ fuit dementiæ.

Non est crimen non esse nobili loco natum.

Quod enim crimen est ex vilibus et humilibus ortum esse parentibus? At ille tantam philosophiam non callebat. Saül igitur eum Jesse filium vocabat; David autem cum illum intus in spelunca dormientem offendisset, non eum filium

1. Reg. 26. 11.

Cis, sed dignitatis nomine vocavit: *Non enim injiciam manum meam*, inquit, *in christum Domini*. Sic ab ira mundus erat et ab injuriarum omni memoria: christum Domini vocat eum, a quo tot affectus erat injuriis, qui sanguinem ejus sitiebat, et post innumera beneficia multoties illum aggressus est interimere. Non enim spectabat, quid ille pati commeruisset, sed spectabat, quid ipsum facere vel dicere conveniret, qui supremus limes est philosophiæ. Quodnam illud tandem? tamquam in carcere tenens inimicum duplici vinctum compede vel triplici potius, et angustiis loci, et auxiliatorum inopia, et somni necessitate, non exigis ab illo pœnas nec supplicium? Nequaquam, inquit. Non enim quid ille pati mereatur nunc considero, sed quid fecisse me decuerat. Non respiciebat cædis facilitatem, sed convenientis sibi philosophiæ sanctitatem respiciebat. Tametsi quid eorum quæ tunc adorant non idoneum erat ad illum ad cædem impellendum? Quod vinctus ei traditus erat inimicus? Scitis enim hoc nimirum, nos ad ea exsequenda promtius advolare, quæ facilitatis plena sunt, et

[B] ἀλλ' ἀπὸ τοῦ πατρὸς αὐτὸν καλεῖν. Ἑορτῆς γάρ ποτε ἐπιστάσης, ἐπειδὴ δόλον αὐτῷ πλέξας τινὰ, καὶ χαλεπὴν ἐπιβουλὴν ῥάψας, οὐκ εἶδε παραγινόμενον. Ποῦ ἐστι, φησὶν, ὁ υἱὸς Ἰεσσαί; Ἐκάλει μὲν αὐτὸν ἀπὸ τοῦ πατρὸς, ὁμοῦ μὲν διὰ τὴν ἔχθραν οὐχ ὑπομένων ἀναμνησθῆναι τῆς προσηγορίας, ὁμοῦ δὲ νομίζων ἀπὸ τῆς τοῦ πατρὸς δυσγενείας τῇ τοῦ δικαίου λυμαίνεσθαι περιφανείᾳ, ἀθλίως καὶ ταλαιπώρως νομίζων· μάλιστα μὲν γὰρ, εἰ καὶ κατηγορεῖν εἶχε τοῦ πατρὸς, οὐδὲν τοῦτο κατέβλαπτε τὸν Δαυΐδ. Τῶν γὰρ αὐτῷ πεπραγμένων ὑπεύθυνός ἐστιν ἕκαστος, καὶ ἀπὸ τούτων ἐπαινεῖσθαι καὶ κατηγορεῖσθαι δύναται. Νυνὶ δὲ πονηρίαν οὐδεμίαν ἔχων εἰπεῖν, τὴν τοῦ γένους **[C]** δυσγένειαν εἰς μέσον ἔφερε, ταύτῃ προσδοκῶν ἐπισκοτίζειν αὐτοῦ τὴν λαμπρότητα, ὅπερ καὶ αὐτὸ ἐσχάτης ἀνοίας ἦν. Ποῖον γὰρ ἔγκλημα τὸ ἐξ εὐτελῶν εἶναι καὶ ταπεινῶν; Ἀλλ' οὐκ ᾔδει ταῦτα ἐκεῖνος φιλοσοφεῖν. Ὁ μὲν οὖν Σαοὺλ υἱὸν Ἰεσσαὶ ἐκάλει· ὁ δὲ Δαυῒδ εὑρὼν αὐτὸν ἔνδον ἐν τῷ σπηλαίῳ καθεύδοντα, οὐκ ἐκάλεσεν αὐτὸν υἱὸν Κεῖς, ἀλλὰ τῷ τῆς τιμῆς ὀνόματι· Οὐ γὰρ μὴ ἐπαγάγω τὴν χεῖρά μου, φησὶν, ἐπὶ χριστὸν Κυρίου. Οὕτω καθαρὸς ἦν ὀργῆς καὶ μνησικακίας ἁπάσης· χριστὸν Κυρίου καλεῖ τὸν τοσαῦτα ἠδικηκότα, τὸν τοῦ αἵματος αὐτοῦ διψῶντα, **[D]** τὸν μετὰ μυρίας εὐεργεσίας πολλάκις αὐτὸν ἐπιχειρήσαντα ἀνελεῖν. Οὐ γὰρ ἐσκόπει τί παθεῖν ἐκεῖνος ἄξιος ἦν, ἀλλ' ἐσκόπει τί καὶ ποιῆσαι καὶ εἰπεῖν αὐτῷ πρέπον ἦν, ὅπερ μέγιστος ὅρος φιλοσοφίας ἐστί. Τί τοῦτο; ὥσπερ ἐν δεσμωτηρίῳ λαβὼν τὸν ἐχθρὸν, διπλῷ κατεχόμενον δεσμῷ, μᾶλλον δὲ τριπλῷ, καὶ τῇ τοῦ τόπου στενοχωρίᾳ, καὶ τῇ τῶν βοηθησάντων ἐρημίᾳ, καὶ τῇ τοῦ ὕπνου ἀνάγκῃ, οὐκ ἀπαιτεῖς δίκην οὐδὲ τιμωρίαν αὐτόν; Οὐχὶ, φησίν· οὐ γὰρ τί παθεῖν δίκαιος οὗτός ἐστιν, ὁρῶ νῦν, ἀλλὰ τί ποιῆσαι ἐμοὶ προσῆκεν. Οὐκ εἶδε πρὸς τὴν εὐκολίαν τῆς σφαγῆς, ἀλλ' εἶδε πρὸς τὴν ἀκρίβειαν τῆς αὐτῷ πρε- **[E]** πούσης φιλοσοφίας. Καίτοι τί τῶν τότε οὐκ ἦν ἱκανὸν διαναστῆσαι αὐτὸν πρὸς τὴν σφαγήν; Τὸ δεδεμένον αὐτῷ παραδοθῆναι τὸν ἐχθρόν; Ἴστε γὰρ δήπου τοῦτο, ὡς μειζόνως ἐπιτρέχομεν τοῖς εὐκολίας γέμουσι πράγμασι, καὶ ἡ τοῦ κατορθῶσαι ἐλπὶς μείζονα τῆς πράξεως ἡμῖν ἐπιθυμίαν ἐντίθησιν, ὥσπερ καὶ ἐπ' ἐκείνου τότε ἦν· ἀλλ' ὁ στρατηγὸς τότε συμβουλεύων καὶ διεγείρων; ἀλλ' ἡ μνήμη τῶν παρελθόν- **[169]** των; Ἀλλ' οὐδὲν αὐτὸν ἐκίνησε πρὸς τὸν φόνον· αὐτὸ **[A]** μὲν οὖν αὐτὸν τὸ τῆς σφαγῆς εὔκολον ἀπέστρεψεν· ἐνενόησε γὰρ, ὅτι διὰ τοῦτο παρέδωκεν αὐτὸν ὁ Θεὸς, ἵνα αὐτῷ πλείονα φιλοσοφίας ὑπόθεσιν παράσχῃ καὶ ἀφορμήν. Ὑμεῖς μὲν οὖν αὐτὸν ἴσως θαυμάζετε, ὅτι οὐδενὸς ἐμνήσθη τῶν παρελθόντων κακῶν· ἐγὼ δὲ δι' ἕτερον πολλῷ μεῖζον αὐτὸν ἐκπλήττομαι. Ποῖον δὴ τοῦτο; Ὅτι οὐδὲ ὁ φόβος αὐτὸν τῶν μελλόντων ὤθησε πρὸς τὸ διαχειρίσασθαι τὸν ἐχθρόν. Ἤδει γὰρ σαφῶς, ὅτι διαφυγὼν αὐτοῦ τὰς χεῖρας, πάλιν κατ' αὐτοῦ στήσεται· ἀλλ' εἵλετο μᾶλλον αὐτὸς κινδυνεύειν ἀπολύσας τὸν ἠδικηκότα, ἢ τῆς καθ' ἑαυτὸν ἀσφαλείας προνοῶν διαχειρίσασθαι τὸν πολέμιον. Τί γένοιτ' ἂν οὖν ἴσον τῆς μεγάλης καὶ γενναίας ἐκείνης ψυχῆς, ὃς, τοῦ νόμου κελεύοντος ἐξορύττειν ὀφθαλμὸν ἀντὶ ὀφθαλμοῦ, καὶ ὀδόντα ἀντὶ ὀδόντος, καὶ τοῖς ἴσοις ἀμύνεσθαι, οὐ μόνον τοῦτο οὐκ εἰργάσατο, ἀλλὰ καὶ πολλῷ πλείονα φιλοσοφίαν ἐπεδείξατο; Καίτοι γε εἰ ἀνῃρήκει τότε τὸν Σαοὺλ, καὶ οὕτως αὐτῷ φιλοσοφίας ἐγκώμιον ἀκέραιον ἔμενεν, οὐ μόνον ὅτι ἠμύνατο, οὐκ αὐτὸς ἄρχων χειρῶν ἀδίκων, ἀλλ' ὅτι καὶ, Ὀφθαλμὸν ἀντὶ ὀφθαλμοῦ, μετὰ πολλῆς ἐνίκα τῆς ἐπιεικείας. Οὐ γὰρ ἀντὶ μιᾶς σφαγῆς μίαν ἐπῆρεν, ἀλλ' * ὅτι πολλῶν θανάτων, ὧν ἐκεῖνος ἐπήγαγεν, οὐχ ἅπαξ, οὐ δὶς, ἀλλὰ πολλάκις αὐτὸν ἐπιχειρήσας ἀνελεῖν, ἕνα ἔμελλεν ἐπαγαγεῖν θάνατον· μᾶλλον δὲ οὐ ταῦτα μόνον, ἀλλὰ καὶ δεδοικότα τὸ μέλλον οὕτως ἐπὶ τὴν ἄμυναν ἔρχεσθαι, καὶ τοῦτο μετὰ τῶν εἰρημένων ὁλόκληρον αὐτῷ τὸν τῆς ἀνεξικακίας διεγείρει στέφανον. Ὁ μὲν γὰρ ὑπὲρ τῶν γεγενημένων εἰς αὐτὸν ὀργιζόμενος καὶ τιμωρίαν ἀπαιτῶν, οὐκ ἂν δύναιτο τῶν τῆς ἀνεξικακίας ἐπιτυχεῖν ἐγκωμίων· τὸν δὲ τὰ μὲν παρελθόντα πάντα πολλὰ ὄντα καὶ χαλεπὰ ἀφέντα, ὑπὲρ δὲ τοῦ μέλλοντος δεδοικότα καὶ προκατασκευάζοντα ἀσφάλειαν ἑαυτῷ, καὶ διὰ τοῦτο ἀναγκαζόμενον ἐπὶ τὴν ἄμυναν ἀνέρχεσθαι, οὐδεὶς ἂν τῶν τῆς ἐπιεικείας ἀποστερήσειε στεφάνων.

Ἀλλ' ὅμως ὁ Δαυὶδ οὐδὲ τοῦτο ἐποίησεν, ἀλλὰ καινόν τινα καὶ παράδοξον εὗρε φιλοσοφίας τρόπον· καὶ οὔτε ἡ μνήμη τῶν παρελθόντων, οὐχ ὁ φόβος τῶν μελλόντων, οὐχ ἡ προτροπὴ τοῦ στρατηγοῦ, οὐχ ἡ ἐρημία τοῦ τόπου, οὐ τὸ τῆς σφαγῆς εὔκολον, οὐκ ἄλλο οὐδὲν διήγειρεν αὐτὸν πρὸς τὸν φόνον· ἀλλ' ὥσπερ εὐεργέτου τινὸς, καὶ μεγάλα αὐτὸν πεποιηκότος ἀγαθὰ,

prosperi spes successus efficit, ut ad rem agendam majori cupiditate exardescamus, quod et in illo tum accidit. Numquid tum exercitus dux consulebat et incitabat? numquid præteritarum rerum memoria? Sed nihil ad cædem illum impulit; imo ipsa cædis facilitas avocavit: veniebat enim illi in mentem idcirco Deum illum tradidisse, ut majorem illi philosophiæ materiam et occasionem præberet. Ac vos quidem illum fortasse miramini, quod nullius ex præteritis malis recordatus sit: ego vero propter aliud multo majus ipsum obstupesco. Quid illud rei est? Quod nec futurorum quidem metus eum ad inimicum necandum impulerit. Quippe qui probe noverat eum semel ex ipsius manibus elapsum, rursus illi structurum insidias: sed maluit adversarium liberum dimittere ac periculum subire, quam, ut salutis suæ securitati consuleret, hostem necare. Quid cum magno illo generosoque animo conferri possit, qui, cum oculum effodi lex pro oculo jubeat, et dentem pro dente, ac par pari referri, non modo id non fecit, sed et multo majorem philosophiam præ se tulit? Quamquam si tum Saülem necasset, sic quoque illi philosophiæ laus illæsa mansisset, non modo quod ultus esset, cum nec ipse prior percussisset, verum etiam quod dictum illud, *Oculum pro oculo*, longe majori modestia vicisset. Non enim pro una cæde unam rependisset, sed pro multis mortibus, quas ille intulerat, dum non semel, non bis, sed multoties ipsum occidere conatus erat, unam illaturus mortem fuisset: imo vero non idcirco tantum, sed etiam quod metu futuri adactus ad ultionem progrederetur, hoc quoque præter ea, quæ dicta sunt, integram illi tolerantiæ coronam acquirit. Qui enim propter ea quæ acciderant, in eum iratus esset ac pœnas exegisset, tolerantiæ laudem consequi minime posset: eum vero qui præterita multa eaque gravia prætermittens metu imminentium periculorum saluti suæ prospicere, atque idcirco ad ultionem progredi cogeretur, nemo posset modestiæ corona privare.

Cur Saulo pepercerit David.

Deut. 19. 21.

Davidis quanta virtus.

7. Verumtamen David ne hoc quidem fecit, sed novum quoddam et insolitum philosophiæ genus adinvenit, et neque memoria præteritorum, neque futurorum metus, neque ducis exercitus cohortatio, nec solitudo loci, non facilitas cædis, non aliud quidquam ad homicidium illum impulit: sed tamquam alicui de se bene merito,

* [Savil. in marg. em. μίαν ἐπῆγεν, ἀλλ' ἀντὶ πολλῶν. Ante id. conj. ἀκέρ. ἔμεινεν ἄν.]

cuique magna beneficia tulisset accepta, sic inimico homini, a quo fuerat affectus injuriis, pepercit. Quamnam igitur veniam merebimur nos, qui præteritorum delictorum memores sumus, et eos ulciscimur, qui nos læserint, cum innocens E ille tot mala passus, quique plura et graviora sibi, si hostem servaret, exspectabat eventura, sic pepercisse videatur, ut periculum ipse subire maluerit, atque in metu ac tremore vivere, quam eum quem sibi innumeras moliturum insi-

Davidis patientiam exaggerat.

dias sciebat, jure occidere? Ejus itaque philosophiam ex his cernere licet, quod non modo tanta imminente necessitate non interemerit, sed neque maledicum in eum verbum ullum protulerit, li- 170 cet is quem læsurus fuisset, minime audiisset. A Atqui nos etiam amicos sæpenumero absentes conviciis incessimus, at ille ne inimicum quidem, a quo tot fuerat affectus injuriis. Ac philosophiam quidem ex his licet cognoscere: benignitatem autem ac reliquam sollicitudinem ex iis,

1 Reg. 24. 5. et 26. 13. sqq.

quæ postea præstitit. Quod enim fimbriam vestis absciderit, quod aquæ scyphum subtraxerit, quod longe secedens et stans clamarit, atque a se servato incolumi hæc significarit, non ad ostentationem et ambitionem id fecit, verum ut operibus ipsis ei persuaderet, se immerito ac sine causa tamquam hostem illi fuisse suspectum, et hac B ratione studuit illum ad amicitiam provocare. Verumtamen cum ne sic quidem illum flectere potuissset, atque e medio posset tollere, rursus patria carere maluit, peregre vivere, atque in malis quotidie versari, dum necessarium sibi victum compararet, quam domi manendo insidiatorem suum lædere. Quid illius anima lenius reperiri

Psal. 131. 1.

possit? Merito sane dicebat, *Memento, Domine, David, et omnis mansuetudinis ejus.* Hunc imitemur nos quoque, ac neque dicamus, neque faciamus inimicis quidquam mali, sed et pro viribus de illis bene mereamur: siquidem de nobis C ipsis potius, quam de illis bene merebimur.

Matth. 6. 14.

Si enim, inquit, dimiseritis inimicis vestris, dimittetur vobis: dimitte servilia peccata, ut veniam herilem obtineas peccatorum: quod si magnam intulerit injuriam, quanto majora dimiseris, tanto majorem veniam obtinebis. Propterea

Matth. 6. 12.

namque dicere edocti sumus, *Dimitte nobis, sicut nos dimittimus*, ut discamus remissionis modum initium a nobis accipere. Itaque, quanto graviora mala intulerit inimicus, tanto majoribus afficit beneficiis. Properemus igitur, et cum iis D qui nos læserint, reconciliari festinemus, sive jure, sive injuria sint irati. Si enim hic fueris re-

οὕτω τοῦ ἐχθροῦ καὶ λελυπηκότος ἐφείσατο. Ποίαν οὖν ἕξομεν ἡμεῖς συγγνώμην, ἁμαρτημάτων παρελθόντων μνημονεύοντες, καὶ τοὺς λελυπηκότας ἀμυνόμενοι, ὅταν ὁ ἀναίτιος ἐκεῖνος, τοσαῦτα μὲν πεπονθὼς, πλείονα δὲ καὶ χαλεπώτερα προσδοκῶν αὐτῷ συμβήσεσθαι κακὰ ἀπὸ τῆς τοῦ ἐχθροῦ σωτηρίας, φαίνηται φειδόμενος οὕτως, ὡς ἑλέσθαι κινδυνεῦσαι μᾶλλον αὐτὸς, καὶ μετὰ φόβου καὶ τρόμου ζῆν, ἢ τὸν μέλλοντα μυρία πράγματα αὐτῷ παρέχειν ἀποσφάξαι δικαίως; Τὴν μὲν οὖν φιλοσοφίαν ἐκ τούτων ἐστὶν ἰδεῖν, ὅτι οὐ μόνον οὐκ ἔσφαξε, τοσαύτης οὔσης ἀνάγκης, ἀλλ' οὐδὲ ῥῆμα βλάσφημον εἰς αὐτὸν ἐξήνεγκε, καὶ ταῦτα μὴ μέλλοντος αὐτοῦ ἀκούσασθαι τοῦ ὑβριζομένου. Καίτοι γε ἡμεῖς καὶ φίλους λέγομεν πολλάκις κακῶς ἀπόντας, ἐκεῖνος δὲ οὐδὲ τὸν ἐχθρὸν καὶ τοσαῦτα ἠδικηκότα. Τὴν μὲν οὖν φιλοσοφίαν ἐκ τούτων ἐστὶν ἰδεῖν· τὴν δὲ φιλανθρωπίαν, καὶ τὴν ἄλλην κηδεμονίαν, ἐξ ὧν μετὰ ταῦτα ἐποίησε. Τὸ γὰρ κράσπεδον κόψας τοῦ ἱματίου, καὶ τὸν φακὸν τοῦ ὕδατος ὑφελόμενος, ἀπελθὼν πόῤῥωθεν, καὶ στὰς ἐβόησε, καὶ τῷ διασωθέντι ταῦτα ὑπέδειξεν, οὐχὶ πρὸς ἐπίδειξιν καὶ φιλοτιμίαν τοῦτο ποιῶν, ἀλλὰ διὰ τῶν ἔργων αὐτὸν πεῖσαι βουλόμενος, ὅτι εἰκῆ καὶ μάτην αὐτὸν ὑπώπτευεν ὡς ἐχθρὸν, καὶ διὰ τοῦτο αὐτὸν πρὸς φιλίαν ἐπισπάσασθαι σπεύδων. Ἀλλ' ὅμως οὐδὲ οὕτως αὐτὸν πείσας, καὶ δυνάμενος διαχειρίσασθαι, πάλιν εἵλετο μᾶλλον ἐκπεσεῖν τῆς πατρίδος καὶ ἐν ἀλλοτρίᾳ διατρίβειν, καὶ καθ' ἑκάστην ταλαιπωρούμενος ἡμέραν, τὴν ἀναγκαίαν αὐτῷ πορίζειν τροφὴν, ἢ μένων οἴκοι λυπεῖν τὸν ἐπίβουλον. Τί γένοιτ' ἂν ἡμερώτερον τῆς ἐκείνου ψυχῆς; Ὄντως δικαίως ἔλεγε, Μνήσθητι, Κύριε, τοῦ Δαυῒδ, καὶ πάσης τῆς πραότητος αὐτοῦ. Τοῦτον καὶ ἡμεῖς μιμησώμεθα, καὶ μήτε λέγωμεν, μήτε ποιῶμεν κακῶς τοὺς ἐχθροὺς, ἀλλὰ καὶ εὐεργετῶμεν κατὰ δύναμιν· ἡμεῖς γὰρ ἑαυτοὺς εὖ ποιήσομεν μᾶλλον, ἢ ἐκείνους. Ἂν γὰρ ἀφῆτε, φησὶ, τοῖς ἐχθροῖς ὑμῶν, ἀφεθήσεται ὑμῖν. Ἄφες δουλικὰ ἁμαρτήματα, ἵνα λάβῃς συγχώρησιν δεσποτικὴν ἁμαρτημάτων· εἰ δὲ μεγάλα ἠδίκησεν, ὅσῳπερ ἂν μείζονα ἀφῇς, τοσούτῳ μείζονα λήψῃ τὴν συγχώρησιν. Διὰ γὰρ τοῦτο ἐδιδάχθημεν λέγειν, Ἄφες ἡμῖν, καθὼς ἀφίεμεν, ἵνα μάθωμεν, ὅτι τὸ μέτρον τῆς ἀφέσεως παρ' ἡμῶν πρῶτον λαμβάνει τὴν ἀρχήν. Ὥστε, ὅσῳπερ ἂν χαλεπώτερα ὁ ἐχθρὸς ἐργάσηται κακὰ, τοσούτῳ μειζόνως εὐεργετεῖ. Σπεύδωμεν τοίνυν καὶ ἐπειγώμεθα καταλλάττεσθαι πρὸς τοὺς λελυπηκότας, ἄν τε δικαίως, ἄν τε ἀδίκως ὀργίζωνται. Ἂν μὲν γὰρ ἐνταῦθα καταλλαγῇς, ἀπηλλάγης τῆς ἐκεῖ κρίσεως· ἐὰν δὲ, μεταξὺ μενούσης τῆς ἔχθρας, θάνατος ἐπιστὰς ἀπαγάγῃ τὴν ἀπέχθειαν μεσολαβήσας, ἐκεῖ λοιπὸν εἰσαχθῆναι τὴν δίκην ἀνάγκη. Καθάπερ οὖν πολλοὶ τῶν ἀνθρώπων πρὸς ἀλλήλους ἀμφισβητοῦντες,

ἂν μὲν ἔξω φιλικώτερον διαλύσωνται πρὸς ἀλλήλους, καὶ ζημίας καὶ φόβου καὶ κινδύνων πολλῶν ἑαυτοὺς ἀπαλλάττουσι, κατὰ γνώμην ἑκατέροις τοῦ τέλους τῆς δίκης ἐκβαίνοντος· ἂν δὲ τῷ δικαστῇ καθ' ἑαυτοὺς ἐπιτρέψωσι, καὶ χρημάτων ζημία καὶ τιμωρία πολλάκις, καὶ τὸ τὴν ἔχθραν μένειν ἀκίνητον αὐτοῖς περιέσται· οὕτω δὴ καὶ ἐνταῦθα, ἂν μὲν κατὰ τὴν παροῦσαν ζωὴν διαλυσώμεθα, πάσης ἑαυτοὺς κολάσεως ἀπαλλάξομεν· ἂν δὲ ἐχθροὶ μένοντες εἰς τὸ δικαστήριον ἀπέλθωμεν ἐκεῖνο τὸ φοβερὸν, τὴν ἐσχάτην E δώσομεν δίκην ἐπὶ τῇ ψήφῳ τοῦ δικαστοῦ πάντως ἐκείνου, καὶ ἀμφότεροι τιμωρίαν ὑποστησόμεθα ἀπαραίτητον, ὁ μὲν ἀδίκως ὀργιζόμενος, διὰ τοῦτο ὅτι ἀδίκως, ὁ δὲ δικαίως, διὰ τοῦτο ὅτι δικαίως ἐμνησικάκησε. Κἂν γὰρ ἀδίκως ὦμέν τι πεπονθότες κακῶς, συγχώρησιν δεῖ προσνέμειν τοῖς ἠδικηκόσι. Καὶ σκόπει πῶς τοὺς ἀδίκως λυπήσαντας ὠθεῖ καὶ κατεπείγει πρὸς τὴν καταλλαγὴν τῶν ἠδικημένων. Ἐὰν προσφέρῃς τὸ δῶρόν σου, φησὶν, ἔμπροσθεν τοῦ θυσιαστηρίου, κἀκεῖ μνησθῇς ὅτι ὁ ἀδελ-
171 A φός σου ἔχει τι κατὰ σοῦ, ὕπαγε, πρῶτον διαλλάγηθι τῷ ἀδελφῷ σου. Οὐκ εἶπε, συνάγαγε, προσένεγκε τὴν θυσίαν, ἀλλὰ, Διαλλάγηθι, καὶ τότε προσένεγκε. Ἄφες αὐτὴν κεῖσθαι, φησὶν, ἵνα ἡ ἀνάγκη τῆς προσφορᾶς καὶ ἄκοντα καταναγκάσῃ πρὸς τὴν καταλλαγὴν ἐλθεῖν τὸν δικαίως ὀργιζόμενον. Ὅρα πῶς προτρέπει πάλιν πρὸς τὸν παροξύναντα ἐλθεῖν, εἰπὼν, Ἄφετε τοῖς ὀφειλέταις ὑμῶν, ὅπως καὶ ὁ Πατὴρ ὑμῶν ἀφήσῃ ὑμῶν τὰ παραπτώματα. Οὐ γὰρ μικρὸν τέθεικε μισθὸν, ἀλλὰ καὶ σφόδρα ὑπερβαίνοντα τὸ τοῦ κατορθώματος μέγεθος. Ταῦτ' οὖν ἅπαντα ἐννοοῦντες, καὶ τὴν ἀμοιβὴν τὴν ἐπὶ τούτῳ γινομένην λογιζόμενοι, καὶ ὡς οὐ πολλοῦ καμάτου καὶ σπουδῆς ἐστιν ἁμαρτήματα ἀπαλεῖψαι, συγχωρῶμεν τοῖς ἡμᾶς ἠδικηκό- B σιν. Ὃ γὰρ διὰ νηστείας, καὶ ὀδυρμῶν, καὶ εὐχῶν, καὶ σάκκου, καὶ σποδοῦ, καὶ μυρίας ἐξομολογήσεως μόλις ἕτεροι κατορθοῦσι, τὸ τὰ ἁμαρτήματα ἐξαλείφειν λέγω τὰ ἑαυτῶν, τοῦτο ἔξεστιν ἡμῖν ῥᾳδίως ποιεῖν χωρὶς σάκκου καὶ σποδοῦ καὶ νηστείας, ἂν μόνον ἀπὸ τῆς διανοίας ἐξαλείψωμεν τὴν ὀργὴν, καὶ μετὰ εἰλικρινείας ἀφῶμεν τοῖς ἠδικηκόσιν ἡμᾶς. Ὁ δὲ τῆς εἰρήνης καὶ ἀγάπης Θεὸς πάντα θυμὸν καὶ πικρίαν καὶ ὀργὴν τῆς ψυχῆς ἐξορίσας τῆς ἡμετέρας, καταξιώσαι κατὰ τὴν τῶν μελῶν ἀκολουθίαν μετὰ ἀκριβείας συνδεδεμένους ἀλλήλοις, ὁμοθυμαδὸν, ἐν ἑνὶ στόματι καὶ μιᾷ ψυχῇ, διηνεκῶς ἀναπέμπειν τοὺς

conciliatus, illic a judicio liberaberis : sin autem interim, dum inimicitiæ perseverant, mors interveniens odium e medio tollat, illic deinceps judicium constituatur necesse est. Ut igitur homines multi qui inter se controversantur, si quidem extra forum amice litem inter se componant, damno, metu, periculisque multis se liberant, dum ex animi sententia litis eis terminatio succedit : quod si judici negotium suum permittant, nihil aliud inde præter pecuniæ jacturam et pœnam persæpe, atque immortalium inimicitiarum continuationem reportabunt : ita hic quoque, si dum in hac vita versamur, lites componamus, omni nos supplicio liberabimus : sin autem in odio perseverantes, ad tremendum illud judicium abeamus, illius judicis calculo damnati, extremo plane supplicio plectemur, et utrique pœnas inevitabiles sustinebimus, unus quidem injuste iratus, propterea quod injuste, alter autem juste iratus, quod juste memoriam injuriæ conservarit. Licet enim injuste quidpiam mali passi fuerimus, veniam dari par est iis, a quibus injuria læsi fuerimus. Ac vide quo pacto eos, qui præter jus fasque molestiam intulerunt, impellat et urgeat ad reconciliationem cum illis quos læserint. *Si offeras munus tuum ad altare,* et Matth. 5.
ibi recordatus fueris, quia frater tuus habet 23. 24.
aliquid adversum te : vade, prius reconciliare fratri tuo. Non dixit, Collige, sacrificium offer, sed, *Reconciliare*, ac deinde offer. Sine ibi jaceat, inquit, ut oblationis necessitas etiam invitum reconciliari cogat eum, qui juste fuerit iratus. Vide quo pacto rursus hortetur ut ad eum qui nos offendit, veniamus, dicens : *Dimittite* Marc. 11.
debitoribus vestis, ut et *Pater vester dimit-* 25.
tat delicta vestra. Non enim exiguam mercedem proposuit, sed eam etiam quæ boni operis magnitudinem longe excederet. Hæc igitur omnia nobis ob oculos ponentes, ac remunerationem hac de causa nobis propositam mente versantes, quamque non magni sit laboris aut studii peccata delere, his a quibus læsi fuimus, veniam demus. Quod enim alii jejunio, planctibus, precibus, sacco, cinere, ac millies repetita confessione vix perficiunt, ut nimirum sua peccata deleant, hoc nobis sine sacco et cinere ac jejunio facile licet præstare, si modo ex animo iram deleamus, eisque qui nos injuria læserint, sincere dimittamus. Deus autem pacis et caritatis omnem furorem, et acerbitatem, et iram ex anima nostra exterminans nobis largiatur, ut juxta membrorum ordinem inter nos nexuque firmiter copu-

lati, unanimiter, uno ore unaque anima, perpetuo gratiarum actionis hymnos ipsi debitos offeramus, quoniam ipsi gloria et imperium, in sæcula sæculorum. Amen.

ὀφειλομένους εὐχαριστηρίους ὕμνους αὐτῷ, ὅτι αὐτῷ ἡ δόξα καὶ τὸ κράτος, εἰς τοὺς αἰῶνας τῶν αἰώνων. Ἀμήν.

MONITUM

AD DUAS HOMILIAS IN ILLUD,

SALUTATE PRISCILLAM ET AQUILAM.

Ex hisce duabus homiliis vix quidquam eruere possumus, unde quo habitæ tempore fuerint expiscemur; hoc unum sat probabili conjectura fulti dicimus, nimirum verisimile esse illas Antiochiæ habitas fuisse. Etenim illum in sacerdotali adhuc ordine fuisse argui videtur ex iis quæ de sacerdotibus istius, in qua degebat, urbis aliquot in locis ait; maxime vero in secunda homilia, num. 5, ubi auditores carpens, quod quidam eorum in sacerdotes probra et convicia jacerent; alii vero hæc audientes maledicos illos non compescerent, talia fatur : *Quid illis fuerit beatius, quid autem nobis miserius ? Quandoquidem illi sanguinem et animam pro præceptoribus profundebant, nos autem neque verbum pro communibus patribus*, ὑπὲρ τῶν κοινῶν πατέρων, *emittere audemus, sed cum audiamus eis maledici* et *conviciis eos dehonestari* et *a suis et ab alienis, maledicos neque compescimus, neque reprehendimus, neque prohibemus.* Hæc certe non videntur esse dicta Chrysostomi jam episcopi Constantinopolitani : neque enim ille jam episcopus sacerdotes illos, qui conviciis impetebantur, communes patres appellasset; veri autem similius est eum, cum seniores Ecclesiæ Antiochenæ sacerdotes probris oneratos cerneret, eosdem patrum loco habuisse, sicque appellasse. In hisce porro duabus homiliis id demonstrare nititur Chrysostomus, quod et alibi frequenter, nimirum inscriptiones, nomina propria, salutationes, aliasque quantumvis minimas Scripturæ sacræ particulas, non supervacaneas, sed diligenter excutiendas esse : cum vero inscriptiones et nomina commemorat initio secundæ dicens, ἆρα ἐμά-
172 θετε καὶ ἐπιγραφὰς, καὶ ὀνόματα, καὶ ψιλὰς περιεργάζεσθαι προσρήσεις, *Num didicistis* et *inscriptiones,
et nomina, et simplices salutationes diligenter in Scripturis excutienda*; cum, inquam, inscriptiones, et nomina, id est, nomina propria commemorat, subindicare prorsus videtur quatuor Homilias, quas de inscriptione Actuum deque aliis Scripturæ sacræ inscriptionibus, necnon quatuor alias quas de nominibus, ac de nominum mutatione Antiochiæ habuerat. Unde etiam eruitur hasce duas homilias Antiochiæ habitas fuisse : nam , ut liquet, eumdem ille populum, qui memoratas audierat homilias, alloquitur.

Prioris homiliæ interpretatio Latina est Frontonis Ducæi, posterioris vero Sigismundi Gelenii, quam multis in locis castigavimus.

ΕΙΣ ΤΟ,

Ἀσπάσασθε Πρίσκιλλαν καὶ Ἀκύλαν, καὶ τὰ ἑξῆς, λόγος α'.

Πολλοὺς ὑμῶν οἶμαι θαυμάζειν ἐπὶ τὴν περικοπὴν τῆς ἀποστολικῆς ἀναγνώσεως ταύτης, μᾶλλον δὲ πάρεργον ἡγεῖσθαι καὶ περιττὸν τοῦτο τῆς ἐπιστολῆς τὸ μέρος, διὰ τὸ προσρήσεις ἔχειν μόνον συνεχεῖς καὶ ἐπαλλήλους. Διὸ δὴ καὶ αὐτὸς ἑτέρωσε τήμερον ὡρμημένος, ἀποστὰς ἐκείνης τῆς ὑποθέσεως, εἰς ταύτην καθεῖναι παρασκευάζομαι, ἵνα μάθητε, ὅτι τῶν θείων Γραφῶν οὐδὲν περιττὸν, οὐδὲν πάρεργόν ἐστι, κἂν ἰῶτα ἓν, κἂν μία κεραία ᾖ, ἀλλὰ καὶ ψιλὴ πρόσρησις πολὺ πέλαγος ἡμῖν ἀνοίγει νοημάτων. Καὶ τί λέγω, ψιλὴ πρόσρησις; Πολλάκις καὶ ἑνὸς στοιχείου προσθήκη ὁλόκληρον νοημάτων εἰσήγαγε δύναμιν. Καὶ τοῦτο ἐπὶ τῆς τοῦ Ἀβραὰμ προσηγορίας ἐστὶν ἰδεῖν. Πῶς γὰρ οὐκ ἄτοπον παρὰ φίλου μὲν ἐπιστολὴν δεχόμενον, μὴ τὸ σῶμα τῆς ἐπιστολῆς ἀναγινώσκειν μόνον, ἀλλὰ καὶ τὴν κάτω κειμένην πρόσρησιν, κἀκεῖθεν μάλιστα στοχάζεσθαι τὴν τοῦ γεγραφότος διάθεσιν, Παύλου δὲ γράφοντος, μᾶλλον δὲ οὐ τοῦ Παύλου, ἀλλὰ τῆς τοῦ Πνεύματος χάριτος τὴν ἐπιστολὴν ὑπαγορευούσης ὁλοκλήρῳ πόλει καὶ δήμῳ τοσούτῳ, καὶ δι' ἐκείνων τῇ οἰκουμένῃ πάσῃ, νομίζειν περιττόν τι εἶναι τῶν ἐγκειμένων, καὶ παρατρέχειν ἁπλῶς, καὶ μὴ ἐννοεῖν, ὅτι ταῦτα πάντα τὰ ἄνω κάτω πεποίηκε; Τοῦτο γάρ ἐστι, τοῦτο, ὃ πολλῆς ῥαθυμίας ἡμᾶς ἐνέπλησε, τὸ μὴ πάσας ἐπιέναι τὰς Γραφὰς, ἀλλ' ἃ νομίζομεν εἶναι σαφέστερα, ταῦτα ἐκλεγομένους, τῶν ἄλλων μηδένα ποιεῖσθαι λόγον. Τοῦτο καὶ τὰς αἱρέσεις εἰσήγαγε, τὸ μὴ βούλεσθαι ἅπαν ἐπιέναι τὸ σῶμα, τὸ νομίζειν εἶναί τι περιττὸν καὶ πάρεργον. Διὰ τοῦτο τὰ μὲν ἄλλα ἅπαντα ἡμῖν διεσπούδασται, οὐχὶ τὰ περιττὰ μόνον, ἀλλὰ καὶ τὰ ἀνόνητα καὶ βλαβερά· τῶν Γραφῶν δὲ ἡ ἐμπειρία ἠμέληται καὶ παρῶπται· καὶ οἱ μὲν πρὸς τὴν θεωρίαν τῆς τῶν ἵππων ἁμίλλης ἐπτοημένοι, καὶ ὀνόματα, καὶ ἀγέλην, καὶ γένος, καὶ πατρίδα, καὶ ἀνατροφὴν τῶν ἵππων ἔχουσιν εἰπεῖν μετὰ ἀκριβείας ἁπάσης, καὶ ἔτη ζωῆς, καὶ ἐνεργείας δρόμων, καὶ τίς τίνι συνταττόμενος τὴν νίκην ἁρπάσεται, καὶ ποῖος ἵππος ἐκ ποίας ἀφεθεὶς βαλβῖδος, καὶ τίνα ἔχων ἡνίοχον, περιέσται τοῦ δρόμου, καὶ τὸν ἀντίτεχνον παραδραμεῖται. Καὶ οἱ περὶ τὴν ὀρχήστραν δὲ ἐσχολακότες, οὐκ ἐλάττω τούτων, ἀλλὰ καὶ πλείω μανίαν περὶ τοὺς ἐν τοῖς θεάτροις ἀσχημονοῦντας ἐπιδείκνυνται, μίμους λέγω καὶ ὀρχηστρίας, καὶ γένος αὐτῶν, καὶ πατρίδα, καὶ ἀνατροφὴν, καὶ τὰ ἄλλα πάντα κα-

IN ILLUD,

Salutate Priscillam et Aquilam, *et quæ sequuntur,* sermo *I.* Rom. 16. 3.

1. Multos arbitror ex vobis mirari lectionis apostolicæ locum istum, vel potius minus necessariam ac supervacaneam ducere partem istam epistolæ, quod salutationes tantum frequentes habeat ac sibi invicem succedentes. Quam ob causam et ipse hodierno die cursum orationis alio flectens, ab illo digressus argumento ad hoc divertere sum paratus, ut in sacris Scripturis

In Scriptura nihil superfluum.

B nihil supervacaneum esse intelligatis et non necessarium, sive unum iota sit, sive apex unus, imo etiam simplex salutatio magnum nobis pelagus aperit sententiarum. Quid dico, simplex salutatio? Sæpe vel literæ unius accessio integrum agmen sententiarum invexit. Atque hoc in nomine Abrahæ videre licet. An non enim absurdum est eum quidem, qui epistolam acceperit ab amico, non corpus tantum epistolæ legere, sed etiam in fine positam salutationem, atque inde maxime scriptoris affectum conjicere: cum vero
C scribat Paulus, vel potius non Paulus, sed Spiritus gratia dictet epistolam ad integram civitatem ac tantum populum, et per illos orbi terrarum universo, supervacaneum aliquid eorum, quæ in ea sunt, arbitrari eaque perfunctorie percurrere, neque cogitare hanc ob causam omnia susque deque verti? Hoc enim est, hoc plane, quod magnam negligentiam nobis ac torporem ingenerat, quod non omnes Scripturas legamus, sed ea quæ censemus dilucidiora seligamus, cæterorum nullam rationem habeamus. Hoc etiam

Unde hæreses natæ sunt.

D hæreses introduxit, quod totum corpus nolimus perlegere, quodque superfluum aliquid esse minusque necessarium arbitremur. Propterea nos in alia quidem omnia studium omne conferimus, non in superflua tantum, sed et in ea quæ inutilia sunt et noxia: Scripturarum autem peritia negligitur ac despicitur. Atque illi quidem qui certaminis equorum spectacula ad stuporem usque mirantur, et nomen et gregem et genus et
173 patriam et educationem equorum diligentissime
A possunt referre, atque annos vitæ, cursusque vehementiam, et quis cum quo si fuerit copulatus, victoriam reportabit, et quis equus ex his vel illis emissus carceribus et a quo si agitatore regatur,

vincet in cursu, et adversarium antecedet. Illi etiam qui saltationibus vacant, nibilo minorem quam isti, sed et majorem erga illos qui in theatris indecore se gerunt, insaniam præ se ferunt, mimos dico et saltatriculas, dum et genus ipsarum et patriam et educationem et alia cuncta commemorant: nos autem si interrogemur, quot et quæ Pauli sint epistolæ, ne numerum quidem scimus exprimere. Quod si sint nonnulli qui numerum noverint, quænam tamen urbes epistolas acceperint, si interrogentur, quid sit respondendum ignorant. *Act.* 8. 27. sqq. Atque homo quidem eunuchus et barbarus innumeris curis negotiisque distractus innumeris, ita libris affixus erat, ut ne itineris quidem tempore interquiesceret, sed in curru sedens diligentem lectioni Scripturæ operam daret: nos autem qui ne minima quidem parte illius occupationum urgemur, vel ipsis nominibus epistolarum terremur, idque cum singulis diebus dominicis huc conveniamus, et sacris lectionibus audiendis vacemus. Verum enim vero ne in solam reprehensionem sermonem impendamus, age salutationem ipsam, quæ supervacanea videtur esse atque importuna, in medium adducamus. Si enim explicetur, et utilitas ostendatur, quam parit iis, qui diligenter attenderint, tum majus eorum crimen apparebit et culpa, qui tantos contemnunt thesauros et spirituales e manibus opes abjiciunt. Quænam igitur est salutatio? *Rom.* 16. 3. *Salutate, inquit, Priscillam et Aquilam adjutores meos in Domino.* Nonne videtur nuda quædam esse salutatio, neque quidquam magnum aut eximium nobis indicare? Age igitur in eam solam totam hanc sermocinationem impendamus: imo vero ne hodie quidem poterimus vobis involutas exiguis istis vocibus explicare sententias, sed in alterum diem reservare vobis necesse est contemplationum copiam, quæ ex hujus exiguæ salutationis consideratione nascentur. Neque enim totam illam enarrare statui, sed partem ejus et initium atque exordium tantum: *Salutate Priscillam* et *Aquilam.*

ταλέγοντες· ἡμεῖς δὲ ἐρωτώμενοι, ὁπόσαι, καὶ τίνες εἰσὶν αἱ Παύλου ἐπιστολαὶ, οὐδὲ τὸν ἀριθμὸν ἴσμεν εἰπεῖν. Εἰ δέ τινες καὶ εἶεν τὸν ἀριθμὸν ἐπιστάμενοι, ἀλλὰ τὰς πόλεις, αἳ τὰς ἐπιστολὰς ἐδέξαντο, ταύτας ἐρωτώμενοι διαποροῦσι πρὸς τὴν ἐρώτησιν. Καὶ ἄνθρωπος μὲν εὐνοῦχος καὶ βάρβαρος, μυρίαις φροντίσιν ὑπὸ μυρίων ἑλκόμενος πραγμάτων, οὕτω προσέκειτο B βιβλίοις, ὡς μηδὲ κατὰ τὸν καιρὸν τῆς ὁδοιπορίας ἡσυχάζειν, ἀλλ' ἐπ' ὀχήματος καθήμενος, ἐγκεῖσθαι μετὰ πολλῆς τῆς ἀκριβείας τῇ τῶν θείων Γραφῶν ἀναγνώσει· ἡμεῖς δὲ οὐδὲ τὸ πολλοστὸν μέρος τῆς ἀσχολίας ἔχοντες τῆς ἐκείνου, καὶ πρὸς τὰ ὀνόματα τῶν ἐπιστολῶν ξενιζόμεθα, καὶ ταῦτα καθ' ἑκάστην κυριακὴν ἐνταῦθα συλλεγόμενοι, καὶ θείας ἀπολαύοντες ἀκροάσεως. Ἀλλὰ γὰρ ἵνα μὴ μόνον εἰς ἐπιτίμησιν τὸν λόγον ἀναλώσωμεν, φέρε, τὴν πρόσρησιν αὐτὴν τὴν δοκοῦσαν εἶναι περιττὴν καὶ παρενοχλεῖν, εἰς μέσον ἀγάγωμεν. Ἀναπτυσσομένης γὰρ αὐτῆς καὶ δεικνυμένου τοῦ κέρδους ὅσον παρέχει τοῖς C προσέχουσιν αὐτῇ μετὰ ἀκριβείας, τότε μείζων ἔσται κατηγορία τοῖς ἀμελοῦσι τοσούτων θησαυρῶν, καὶ τὸν πνευματικὸν ἀπὸ τῶν χειρῶν ῥίπτουσι πλοῦτον. Τίς οὖν ἐστιν ἡ πρόσρησις; Ἀσπάζεσθε, φησὶ, Πρίσκιλλαν καὶ Ἀκύλαν τοὺς συνεργούς μου ἐν Κυρίῳ. Ἆρα οὐ δοκεῖ ψιλή τις εἶναι πρόσρησις, καὶ μηδὲν μέγα, μηδὲ γενναῖον ἡμῖν ἐνδείκνυσθαι; Φέρε οὖν, εἰς αὐτὴν μόνην ἅπασαν τὴν διάλεξιν ἀναλώσωμεν, μᾶλλον δὲ οὐδὲ ἀρκέσομεν σήμερον τὰ ἐγκείμενα ἅπαντα τοῖς ὀλίγοις τούτοις ῥήμασιν * ἀνιμήσασθαι σπουδάσαντες ὑμῖν νοήματα, ἀλλὰ ἀνάγκη καὶ εἰς ἑτέραν ὑμῖν ἡμέραν ταμιευθῆναι τὴν τῶν θεωρημάτων περι- D ουσίαν, τῶν τικτομένων ἀπὸ τῆς ὀλίγης ταύτης προσρήσεως. Οὐδὲ γὰρ ἅπασαν αὐτὴν ἐπελθεῖν παρασκευάζομαι, ἀλλὰ μέρος αὐτῆς καὶ ἀρχὴν καὶ προοίμιον μόνον· Ἀσπάσασθε Πρίσκιλλαν καὶ Ἀκύλαν.

2. Primo quidem Pauli virtutem admiremur oportet, quod cum illi totius orbis terrarum esset cura commissa, et terram, mare, cunctasque civitates quæ sub cælo sunt, et barbares et Græcos, et tot populos secum circumferret, adeo de viro uno deque una muliere sollicitus esset; secundo loc item mirandum, quam vigilanti ac sollicito esset animo præditus, qui non omnium

Quæ in hac salutatione sunt consideranda.

Πρῶτόν ἐστιν ἐκπλαγῆναι τοῦ Παύλου τὴν ἀρετὴν, ὅτι τὴν οἰκουμένην ἅπασαν ἐγκεχειρισμένος, καὶ γῆν καὶ θάλατταν, καὶ τὰς ὑφ' ἡλίῳ πόλεις ἁπάσας, καὶ βαρβάρους, καὶ Ἕλληνας, καὶ δήμους τοσούτους ἐν ἑαυτῷ περιφέρων, ἑνὸς ἀνδρὸς καὶ μιᾶς γυναικὸς τοσαύτην ἐποιεῖτο φροντίδα· καὶ δεύτερον τοῦτο θαυμάσαι, πῶς ἄγρυπνόν τε καὶ μεμεριμνημένην εἶχε ψυχὴν, οὐχὶ κοινῇ πάντων μόνον, ἀλλὰ

* [Savil. in marg. conj. ἀναπτύξασθαι.]

καὶ ἰδίᾳ μεμνημένος ἑκάστου τῶν δοκίμων καὶ γενναίων. Νῦν μὲν γὰρ οὐδὲν θαυμαστὸν τοὺς τῶν Ἐκκλησιῶν προεστῶτας τοῦτο ποιεῖν, τῷ καὶ τοὺς θορύβους κατεστάλθαι ἐκείνους, καὶ μιᾶς πόλεως ἀναδεδέχθαι πρόνοιαν μόνον· τότε δὲ οὐ τὸ τῶν κινδύνων μέγεθος μόνον, ἀλλὰ καὶ τὸ τῆς ὁδοῦ διάστημα, καὶ τὸ τῶν φροντίδων πλῆθος καὶ τὰ ἐπάλληλα κύματα, καὶ τὸ μὴ συνεχῶς ἅπασιν ἐπιχωριάζειν ἀεὶ, καὶ πολλὰ ἕτερα πλείονα τούτων, ἱκανὰ τῆς μνήμης ἐκβαλεῖν καὶ τοὺς σφόδρα ἐπιτηδείους. Ἀλλ' οὐκ ἐξέβαλε τούτους. Πῶς οὖν οὐκ ἐξεβλήθησαν; Διὰ τὴν τοῦ Παύλου μεγαλοψυχίαν, καὶ τὴν θερμὴν αὐτοῦ καὶ γνησίαν ἀγάπην. Οὕτω γὰρ αὐτοὺς εἶχεν ἐν διανοίᾳ, ὡς καὶ ἐν ἐπιστολαῖς αὐτῶν μεμνῆσθαι πολλάκις. Ἀλλ' ἴδωμεν τίνες καὶ ὁποῖοι ἦσαν οὗτοι, οἱ τὸν Παῦλον οὕτω χειρωσάμενοι, καὶ πρὸς τὸν οἰκεῖον ἐπισπασάμενοι πόθον. Ἆρα ὕπατοί τινες καὶ στρατηγοὶ ἦσαν, καὶ ὕπαρχοι, ἢ ἄλλην τινὰ περιφάνειαν κεκτημένοι, ἢ πλοῦτον πολὺν περιβεβλημένοι, καὶ τῶν τὴν πόλιν ἀγόντων; Οὐδὲν τούτων ἐστὶν εἰπεῖν, ἀλλὰ τοὐναντίον ἅπαν, πτωχοὶ καὶ πένητες, καὶ ἐκ τῆς τῶν χειρῶν ἐργασίας ζῶντες. Ἦσαν γὰρ, φησὶ, σκηνοποιοὶ τῇ τέχνῃ· καὶ οὐκ ᾐσχύνετο ὁ Παῦλος, οὐδὲ ὄνειδος εἶναι ἐνόμιζε βασιλικωτάτῃ πόλει καὶ δήμῳ μέγα φρονοῦντι, κελεύων τοὺς χειροτέχνας ἐκείνους ἀσπάζεσθαι, οὐδὲ καθυβρίζειν αὐτοὺς ἡγεῖτο τῇ πρὸς ἐκείνους φιλίᾳ· οὕτως ἦν ἅπαντας πεπαιδευκὼς τότε φιλοσοφεῖν. Καίτοι γε ἡμεῖς πολλάκις συγγενεῖς ἔχοντες πενεστέρους ὀλίγῳ, τῆς πρὸς αὐτοὺς οἰκειότητος ἀλλοτριούμεθα, καὶ ὄνειδος εἶναι νομίζομεν, εἰ φωραθείημέν ποτε ἐκείνοις προσήκοντες· ὁ δὲ Παῦλος οὐχ οὕτως, ἀλλὰ καὶ ἐγκαλλωπίζεται τῷ πράγματι, καὶ οὐ τοῖς τότε μόνον, ἀλλὰ καὶ τοῖς μετὰ ταῦτα πᾶσι δῆλον ἐποίησεν, ὅτι εἰς τοὺς πρώτους αὐτῷ τὴν φιλίαν ἐτέλουν ἐκεῖνοι οἱ σκηνοποιοί. Καὶ μή μοι λεγέτω τις, καὶ τί γὰρ μέγα καὶ θαυμαστὸν, καὶ αὐτὸν, ἀπὸ τῆς αὐτῆς ὄντα τέχνης, μὴ ἐπαισχύνεσθαι τοῖς ὁμοτέχνοις; Τί λέγεις; Τοῦτο γὰρ αὐτὸ μέγιστόν ἐστι καὶ θαυμαστόν. Οὐ γὰρ οὕτως οἱ προγόνων ἔχοντες εἰπεῖν περιφάνειαν ἐπαισχύνονται τοῖς καταδεεστέροις, ὡς οἱ γενόμενοί ποτε ἐπὶ τῆς αὐτῆς εὐτελείας, εἶτα ἀθρόον εἰς λαμπρότητά τινα καὶ περιφάνειαν ἀναβάντες. Ὅτι δὲ Παύλου λαμπρότερον οὐδὲν ἦν, οὐδὲ περιφανέστερον, ἀλλὰ καὶ αὐτῶν τῶν βασιλέων ἐπισημότερος ἦν, παντί που δῆλόν ἐστιν. Ὁ γὰρ δαίμοσιν ἐπιτάττων, καὶ νεκροὺς ἐγείρων, καὶ ἐξ ἐπιτάγματος καὶ πηρῶσαι, καὶ θεραπεῦσαι τοὺς πεπηρωμένους δυνάμενος, οὗ τὰ ἱμάτια καὶ αἱ σκιαὶ ἅπαν νοσημάτων εἶδος ἔλυον, εὔδηλον ὅτι οὐδὲ ἄνθρωπος λοιπὸν εἶναι ἐνομίζετο, ἀλλ' ἄγγελός τις ἐξ οὐρανοῦ καταβάς. Ἀλλ' ὅμως τοσαύτης ἀπολαύων δόξης, καὶ πανταχοῦ θαυμαζόμενος, καὶ ὅπου-

simul tantum, sed et privatim singulorum ex probis et eximiis recordaretur. Jam enim præsules Ecclesiarum id agere nihil sane mirum, cum et tumultus illi sedati sint, et unius civitatis tantum curam susceperint : tum vero non periculorum tantum magnitudo, sed et itineris intercapedo, et multitudo curarum, et continui fluctus, quodque non semper apud omnes assidue moraretur, atque alia plura poterant etiam valde caros e memoria excutere. Verumtamen hos non excusserunt. Quo tandem pacto non excussi sunt? Ob Pauli magnanimitatem ac fervidam sinceramque
174 ipsius caritatem. Sic enim menti ejus inhærebant, ut et in literis crebram eorum fecerit mentionem. Sed videamus quinam illi qualesque tandem essent, qui Paulum adeo sibi manciparant, et ad amorem suum pellexerant. Num fortasse consules aliqui vel magistri militum erant et præfecti, vel in aliqua illustri dignitate constituti, vel opibus circumfluentes, quique civitatem regerent? Nihil tale potest afferri, sed plane contrarium, pauperes et egeni, quique opere manuum victum quærerent. Erant enim, inquit, scenofactoriæ artis : neque Paulum pudebat, neque augustissimæ civitati populoque magnifice de se sentienti probro esse ducebat, si opifices illos salutari juberet, neque ignominiam illis conflari ex sua in illos amicitia putabat : sic omnes tum temporis erudierat, ut de se modeste moderateque sentirent. Atqui nos sæpe si propinquos paulo tenuioris fortunæ habeamus, ab illorum familiaritate abhorremus, nobisque probro ducimus, si quando illorum propinqui deprehendamur ; Paulus vero non ita, sed ea re quoque gloriatur, nec hominibus tantum illius ætatis, sed etiam omnibus posteris curavit ut innotesceret, inter ipsius amicos illos tabernaculorum opifices primos fuisse. Neque mihi quisquam dicat, Quid vero magnum mirumve, si ipsum, qui eamdem artem factitaret, ejusdem opificii consortium non puderet? Quid ais? Hoc enim ipsum plurimi faciendum est et admiratione dignum. Non enim eos qui claritatem possunt commemorare majorum æque pudet inferiorum, atque illos qui in eadem olim vulgi fæce jacuerint, et ad illustrem ac nobilem subito fuerint dignitatem evecti. Porro nihil fuisse illustrius Paulo vel nobilius, sed ipsis eum regibus fuisse clariorem, cuivis, sat scio, manifestum est. Nam qui dæmonibus imperabat, qui mortuos suscitabat, qui solo jussu excæcare poterat et cæcos sanare, cujus vestes morborum genus omne depellebant, haud du-

Act. 18. 3.

Opifices et pauperes salutat Paulus.

bium, quin non jam homo, sed angelus de cælo delapsus censeretur. Verumtamen licet in existimatione tanta esset, et ubique admirationi, et in quascumque se oras conferret, omnes ad se converteret, tabernaculorum opificem non erubescebat, nec honorem eorum imminui censebat, qui in dignitatibus tantis erant ac magistratibus constituti. Verisimile namque est multos in Ecclesia fuisse Romanorum illustres, quos cogebat pauperes illos salutare. Noverat quippe, noverat probe non opum splendorem, neque pecuniarum affluentiam, sed morum modestiam parere nobilitatem solere: itaque illi qui hac privati sunt, sed majorum claritate superbiunt, nomine potius nobilitatis nudo, non reipsa gloriantur: imo ipsum nomen plerumque subtrahitur, si quis ad antiquiores nobilium istorum majores ascenderit. Nam cum qui clarus et illustris est, ac nobilem commemorare patrem et avum potest, si accuratius examines, vilem quempiam et obscurum proavum habuisse persæpe comperies: quemadmodum et eorum qui tenues esse videntur, si totum genus paulatim sursum versus ascendendo pervestigemus, præfectos et magistros militum sæpe habuisse majores inveniemus, qui tandem in equisones et subulcos conversi fuerint. Quæ cum explorata Paulo essent omnia, non magnam horum rationem habebat, sed animæ nobilitatem quærebat, ac cæteros, ut hanc plurimi facerent, instruebat. Hinc igitur non mediocrem interim fructum percipimus, ut vilioris fortunæ hominum nos minime pudeat, ut animæ virtutem disquiramus, ut externa omnia quibus ditamur superflua et inutilia censeamus.

Nobilitas unde nascatur.

περ ἂν φανείη πάντας ἐπιστρέφων, οὐκ ἐπῃσχύνετο τὸν σκηνοποιὸν, οὐδὲ ἐλαττοῦσθαι ἐνόμιζε τοὺς ἐν τοσούτοις ἀξιώμασιν ὄντας. Καὶ γὰρ εἰκὸς ἐν τῇ Ἐκκλησίᾳ τῇ Ῥωμαίων πολλοὺς εἶναι περιφανεῖς, οὓς ἠνάγκαζε τοὺς πτωχοὺς ἐκείνους ἀσπάσασθαι. Ἤδει γὰρ, ᾔδει σαφῶς, ὅτι εὐγένειαν οὐ πλούτου περιφάνεια, οὐδὲ χρημάτων περιουσία, ἀλλὰ τρόπων ἐπιεί- E κεια ποιεῖν εἴωθεν· ὡς οἵ γε ταύτης μὲν ἀπεστερημένοι, ἀπὸ δὲ τῆς τῶν γεγεννηκότων αὐτοὺς δόξης μεγαλοφρονοῦντες, ὀνόματι μόνον εὐγενείας ψιλῷ, ἀλλ' οὐχὶ πράγματι καλλωπίζονται· μᾶλλον δὲ αὐτὸ τὸ ὄνομα φωρᾶται πολλάκις, εἴ τις ἐπὶ τοὺς ἀνωτέρω προγόνους τῶν εὐγενῶν ἀναβαίη τούτων. Τὸν γὰρ περιφανῆ καὶ λαμπρὸν, καὶ πατέρα ἔχοντα ἐπίσημον εἰπεῖν καὶ πάππον, ἂν μετὰ ἀκριβείας ἐξετάσῃς, πολλάκις εὑρήσεις ἐπίπαππον εὐτελῆ τινα καὶ ἀνώνυμον ἐσχηκότα· καθάπερ τῶν εὐτελῶν εἶναι δοκούντων ἂν 175 A τὸ γένος ἅπαν ἀναβαίνοντες κατὰ μικρὸν διερευνησώμεθα, ὑπάρχους καὶ στρατηγοὺς εὑρήσομεν αὐτῶν πολλάκις τοὺς ἀνωτέρω προγόνους, καὶ εἰς ἱπποφορβοὺς καὶ συοφορβοὺς εὕροι τις ἂν γεγενημένους. Ἅπερ οὖν ἅπαντα Παῦλος εἰδὼς, τούτων μὲν οὐ πολὺν ἐποιεῖτο λόγον, ψυχῆς δὲ εὐγένειαν ἐζήτει, καὶ τοὺς ἄλλους ταύτην θαυμάζειν ἐπαίδευσεν. Οὐ μικρὸν οὖν τοῦτο τέως ἐντεῦθεν καρπούμεθα, τὸ μηδενὶ τῶν εὐτελεστέρων ἐπαισχύνεσθαι, τὸ ψυχῆς ἀρετὴν ἐπιζητεῖν, τὸ πάντα τὰ ἔξωθεν ἡμῖν περικείμενα περιττὰ εἶναι νομίζειν καὶ ἀνόνητα.

3. Aliud quoque lucrum possumus hoc nihilo minus hinc decerpere, quod si rite peractum a nobis fuerit, vitam maxime nostram tuetur. Quodnam illud tandem est? Ut ne conjugium vituperemus, neque nobis obstaculum et impedimentum esse arbitremur in via, quæ ad virtutem deducit, uxorem habere, filios educare, domui præesse, artem factitare. Ecce hic quoque vir erat et mulier, et officinis præerant, et artem factitabant, et perfectiorem multo probitatem morum exhibebant, quam qui in monasteriis degunt. Unde id constat? Ex iis verbis quibus eos Paulus alloquitur, vel potius non ex iis quibus eos est alloquutus, sed etiam ex iis, quibus eos postea testimoniis commendavit. Cum enim dixisset: *Salutate Priscillam et Aquilam*, illorum etiam dignitatem adjecit.

Non est vituperandum matrimonium.

B Ἔστι καὶ ἕτερον οὐκ ἔλαττον τούτου καρπώσασθαι κέρδος ἐντεῦθεν, καὶ ὃ μάλιστα συνέχει ἡμῶν τὴν ζωὴν κατορθωθέν. Τί δὲ τοῦτό ἐστι; Τὸ μὴ κατηγορεῖν τοῦ γάμου, μηδὲ νομίζειν ἐμπόδισμα εἶναι καὶ κώλυμα τῆς εἰς ἀρετὴν φερούσης ὁδοῦ, τὸ γυναῖκα ἔχειν, καὶ παῖδας τρέφειν, καὶ οἰκίας προΐστασθαι, καὶ τέχνην μεταχειρίζειν. Ἰδοὺ καὶ ἐνταῦθα ἀνὴρ ἦν καὶ γυνὴ, καὶ ἐργαστηρίων προειστήκεσαν, καὶ τέχνην μετεχειρίζοντο, καὶ τῶν ἐν μοναστηρίοις ζώντων ἀκριβεστέραν ἐπεδείξαντο πολλῷ τὴν φιλοσοφίαν. Πόθεν τοῦτο δῆλον; Ἀφ' ὧν προσεῖπεν αὐτοὺς ὁ Παῦλος, μᾶλλον δὲ οὐκ ἀφ' ὧν προσεῖπεν, ἀλλὰ καὶ ἀφ' ὧν C μετὰ ταῦτα ἐμαρτύρησεν. Εἰπὼν γὰρ, Ἀσπάσασθε Πρίσκιλλαν καὶ Ἀκύλαν, προσέθηκεν αὐτῶν καὶ τὸ ἀξίωμα. Ποῖον δὴ τοῦτο; Οὐκ εἶπε τοὺς πλουσίους, τοὺς περιφανεῖς, τοὺς εὐπατρίδας· ἀλλὰ τί; Τοὺς συνεργούς μου ἐν Κυρίῳ. Τούτου δὲ οὐδὲν ἴσον εἰς ἀρετῆς γένοιτ' ἂν λόγον· καὶ οὐκ ἐντεῦθεν μόνον, ἀλλὰ καὶ ἐξ ὧν παρ' αὐτοῖς ἔμεινεν, οὐχὶ ἡμέραν μίαν, δύο καὶ τρεῖς, ἀλλ' ἐνιαυτοὺς ὁλοκλήρους δύο, τὴν αὐτῶν ἔστιν ἀρετὴν ἰδεῖν. Ὥσπερ γὰρ οἱ τῶν ἔξωθεν ἄρχοντες οὐκ ἂν ἕλοιντο παρ' εὐτελέσι καὶ ταπεινοῖς καταχθῆναί ποτε, ἀλλ' ἐπιζητοῦσι λαμπρὰς οἰκίας ἐπισήμων ἀνδρῶν τινων, ὥστε μὴ τὴν τῶν ὑποδεχομένων αὐτοὺς εὐτέλειαν τῷ μεγέθει τῆς ἀξίας λυμήνασθαι· οὕτω καὶ οἱ ἀπόστολοι ἐποίουν· οὐ πρὸς D τυχόντας κατήγοντο, ἀλλ' ὥσπερ ἐκεῖνοι οἰκίας λαμπρότητα, οὕτω τῆς ψυχῆς ἀρετὴν ἐπεζήτουν οὗτοι, καὶ μετὰ ἀκριβείας διερευνώμενοι τοὺς ἐπιτηδείους αὐτοῖς, πρὸς ἐκείνους κατήγοντο. Καὶ γὰρ καὶ νόμος παρὰ τοῦ Χριστοῦ τοῦτο κελεύων ἔκειτο. Εἰς ἣν γὰρ πόλιν, φησὶν, ἢ οἰκίαν εἰσέλθητε, ἐρωτήσατε τίς ἐν αὐτῇ ἄξιός ἐστι, κἀκεῖ μείνατε. Ὥστε ἄξιοι Παύλου ἦσαν οὗτοι· εἰ δὲ ἄξιοι Παύλου, τῶν ἀγγέλων ἦσαν ἄξιοι. Ἐγὼ τὸ δωμάτιον ἐκεῖνο, καὶ οὐρανὸν καὶ Ἐκκλησίαν θαῤῥῶν ἂν προσείποιμι. Ὅπου γὰρ Παῦ- E λος ἦν, ἐκεῖ καὶ ὁ Χριστὸς ἦν· Εἰ δοκιμὴν ἐπιζητεῖτε, φησὶ, τοῦ ἐν ἐμοὶ λαλοῦντος Χριστοῦ; Ὅπου δὲ Χριστὸς ἦν, ἐκεῖ καὶ ἄγγελοι συνεχῶς ἐφοίτων. Οἱ δὲ καὶ πρὸ τούτου παρασχόντες ἑαυτοὺς ἀξίους τῆς τοῦ Παύλου θεραπείας, ἐννόησον τίνες ἐγένοντο, ἔτεσι δύο συνοικοῦντες αὐτῷ, καὶ σχῆμα, καὶ βάδισμα, καὶ βλέμμα, καὶ τρόπον στολῆς, καὶ εἰσόδους καὶ ἐξόδους, καὶ τἄλλα πάντα παρατηροῦντες. Ἐπὶ γὰρ τῶν ἁγίων οὐχὶ τὰ ῥήματα ταῦτα μόνον, οὐδὲ αἱ διδασκαλίαι καὶ αἱ παραινέσεις, ἀλλὰ καὶ ἡ λοιπὴ τοῦ βίου πᾶσα ἀναστροφὴ ἀρκοῦσα γένοιτ' ἂν τοῖς 176 A προσέχουσι διδασκαλία φιλοσοφίας. Ἐννόησον ἡλίκον ἦν ἰδεῖν Παῦλον, καὶ δειπνοποιούμενον, καὶ ἐπιτιμῶντα, καὶ παρακαλοῦντα, καὶ εὐχόμενον, καὶ δακρύοντα, ἐξιόντα καὶ εἰσιόντα. Εἰ γὰρ δεκατέσσαρας ἐπιστολὰς ἔχοντες μόνον, πανταχοῦ τῆς οἰκουμένης αὐτὰς περιφέρομεν, οἱ τὴν πηγὴν τῶν ἐπιστολῶν ἔχοντες, οἱ τὴν γλῶτταν τῆς οἰκουμένης, οἱ τὸ φῶς τῶν Ἐκκλησιῶν, οἱ τὸν θεμέλιον τῆς πίστεως, οἱ τὸν στῦλον καὶ τὸ ἑδραίωμα τῆς ἀληθείας, τίνες οὐκ ἂν ἐγένοντο ἀγγέλῳ τοιούτῳ συζῶντες; Εἰ γὰρ τὰ ἱμάτια αὐτοῦ δαίμοσιν ἦν φοβερὰ, καὶ τοσαύτην εἶχον ἰσχὺν, ἡ συνοίκησις αὐτοῦ πόσην οὐκ ἂν ἐπεσπάσατο Πνεύματος χάριν; Τὸ γὰρ τὴν κλίνην ὁρᾷν τὴν Παύ- B λου, τὸ γὰρ τὴν στρωμνὴν, τὸ γὰρ τὰ ὑποδήματα, οὐκ ἂν ἤρκεσεν αὐτοῖς εἰς ὑπόθεσιν κατανύξεως διη-

Quam vero tandem? Non dixit divites et illustres et nobiles; sed quid? *Adjutores meos in Domino.* Nihil autem cum hoc conferri potest, quod ad virtutis commendationem attinet: nec tantum ex hoc, sed et ex eo quod apud ipsos manserit non unum et duos et tres dies, sed duos annos integros, virtutem illorum spectare possumus. Nam quemadmodum sæculares magistratus apud viles et abjectos homines non dignantur divertere, sed magnificas illustrium quorumdam virorum domos quærunt, ne dignitatis suæ magnitudo eorum a quibus excipiuntur vilitate lædatur: ita quoque faciebant apostoli; non apud obvios quosvis hospitabantur, sed ut illi magnificentiam ædium, sic animæ virtutem isti requirebant, et diligenter quæsitis sibi familiaribus, apud eos divertebant. Nam et a Christo lata lex erat quæ hoc jubebat. *In quamcumque* enim, inquit, *civitatem aut domum intraveritis, interrogate, quis in ea dignus sit,* et *ibi manete.* Igitur Paulo digni erant isti: quod si Paulo, angelis erant digni. Ego vero domunculam illam et cælum et Ecclesiam audacter appellarim. Ubi enim Paulus erat, ibi etiam Christus erat: *An experimentum,* inquit, *quæritis ejus, qui in me loquitur, Christi?* Ubi autem Christus erat, illuc etiam frequenter angeli ventitabant. Porro qui seipsos antea Pauli cultu ac ministerio dignos præbuerant, cogita, quales evaserant, dum annis duobus cum illo degerent, et habitum ejus, et incessum et aspectum, et vestium modum, et ingressus, et egressus, et alia cuncta observarent. Siquidem in sanctis non verba tantum, neque doctrina et cohortationes, sed et reliqua omnis vitæ conversatio ad eos in philosophia sufficit erudiendos, qui fuerint attentiores. Veniat tibi in mentem quale esset Paulum cernere, et prandium sumentem, et reprehendentem et cohortantem et orantem, et lacrymas fundentem, exeuntem et introeuntem. Si enim, cum quatuordecim tantum nobis restent epistolæ, quoquoversum per orbem terrarum illas circumferimus: qui fontem habebant epistolarum, qui linguam orbis terrarum, qui lumen Ecclesiarum, qui fidei fundamentum, qui columnam et firmamentum veritatis, quales non evadere possent, dum cum hoc angelo viverent? Nam si vestes ejus dæmonibus erant formidabiles, tantamque vim obtinebant, habitationem cum illo quantam non Spiritus gratiam conciliare potuisse credendum est? Cum enim Pauli cubile cernerent, cum stragulum, cum calceamenta,

Luc. 9. 4

2. Cor. 13. 3.

Sanctorum non oratio tantum, sed et vita docet.

Act. 19. 12.

nonne hoc illi sufficiens fuit ac perpetuum ad compunctionem incitamentum? Si enim dæmones ipsius vestimenta perhorrescebant, multo magis fideles, et qui cum ipso degebant, cum ea cernerent, compungebantur. Est etiam illud operæ pretium scrutari, quam ob causam, cum eos salutaret, Priscillam marito anteposuerit. Non enim dixit, Salutate Aquilam et Priscillam, sed Priscillam et Aquilam. Nec sine causa id fecit, sed quod majori eam sciret, quam virum, præditam fuisse pietate. Atque hoc non esse conjecturam, quod a me dictum est, ex Actis
Act. 18. 24. 25. licet cognoscere. Siquidem Apollo, virum eloquentem et in Scripturis potentem, quique Joannis tantum baptisma sciebat, hæc cum assumsisset, exposuit illi viam Dei, et perfectum magistrum reddidit. Non enim illis, quæ apostolorum ætate vivebant, mulieribus erant curæ quæ nunc sunt istis, ut splendidis vestibus amiciantur, et pigmentis ac fucis faciem suam condecorent, quæ vires suos vexant ac premunt, coguntque vestem pretiosiorem vicinæ veste sibi coemere, mulos albos, et fræna deaurata, obsequium eunuchorum, magnum ancillarum gregem et reliquam omnem pompam ridiculam; sed his omnibus amandatis, et excusso mundano fastu unum illud solum quærebant, ut consortes fierent apostolorum, et ejusdem cum illis prædæ participes. Quo fit ut non hæc solum talis esset, verum etiam omnes reliquæ. Nam et de Perside
Rom. 16. 12. quadam dicit, *Quæ multum laboravit erga nos*, et Mariam ac Tryphænam ob ejusmodi labores laudat, quod cum apostolis laborarent, et ad eadem subeunda certamina se accingerent. Sed qui fit, ut ad Timotheum scribens dicat,
1. Tim. 2. 12. *Mulieri autem docere non permitto, neque dominari in virum?* Quando pius est vir, et eamdem religionem profitetur, et ejusdem particeps est sapientiæ: quando autem infidelis est et errat, ipsam docendi auctoritate non privat.
1. Cor. 7. 13. 16. Certe cum ad Corinthios scriberet, ait: *Et si qua mulier habet virum infidelem, non dimittat illum. Unde enim scis, mulier, si virum salvum facies?* Quo vero pacto fieri potest, ut mulier fidelis virum infidelem salvum faciat? Instruens nimirum illum et docens atque ad finem adducens, sicut et ista Priscilla Apollo. Alioquin, cum dicit, *Mulieri docere non permitto*, de institutione quæ fit e suggestu loquitur, de sermone qui habetur ad populum, et ut sacerdotibus ex officio incumbit: privatim autem cohortari et consilium dare non prohibuit.

νεκοῦς; Εἰ γὰρ οἱ δαίμονες ὁρῶντες αὐτοῦ τὰ ἱμάτια ἔφριττον, πολλῷ μᾶλλον οἱ πιστοὶ καὶ συζήσαντες αὐτῷ κατενύσσοντο βλέποντες αὐτά. Ἄξιον δὲ κἀκεῖνο ἐξετάσαι, τίνος ἕνεκεν, προσαγορεύων, τὴν Πρίσκιλλαν προτέθεικε τοῦ ἀνδρός. Οὐ γὰρ εἶπεν, ἀσπάσασθε Ἀκύλαν καὶ Πρίσκιλλαν, ἀλλὰ, Πρίσκιλλαν καὶ Ἀκύλαν. Οὐδὲ γὰρ τοῦτο ἁπλῶς ἐποίησεν, ἀλλ' ἐμοὶ δοκεῖ πλείονα αὐτῇ συνειδέναι τοῦ ἀνδρὸς εὐλάβειαν. Καὶ ὅτι οὐ στοχασμὸς τὸ εἰρημένον, ἔξεστι καὶ ἀπὸ
C τῶν Πράξεων τοῦτο μαθεῖν. Τὸν γὰρ Ἀπολλὼ, ἄνδρα λόγιον ὄντα καὶ δυνατὸν ἐν ταῖς Γραφαῖς, καὶ τὸ βάπτισμα Ἰωάννου μόνον εἰδότα, αὕτη λαβοῦσα κατήχησε τὴν ὁδὸν τοῦ Θεοῦ, καὶ διδάσκαλον ἀπηρτισμένον ἐποίησεν. Οὐ γὰρ αἱ ἐπὶ τῶν ἀποστόλων γυναῖκες ταῦτα ἐμερίμνων, ἅπερ αἱ νῦν, ὅπως λαμπρὰ ἱμάτια περιβάλοιντο, καὶ ἐπιτρίμμασι καὶ ὑπογραφαῖς τὴν ὄψιν τὴν ἑαυτῶν καλλωπίσαιεν, καὶ τοὺς ἄνδρας τοὺς ἑαυτῶν ἐνάγχουσαι, τῆς γείτονος καὶ τῆς ὁμοτίμου πολυτελεστέραν ἀναγκάζουσαι πρίασθαι στολὴν, καὶ λευκοὺς ἡμιόνους, καὶ χρυσοπά-
D στους χαλινοὺς, καὶ θεραπείαν εὐνούχων, καὶ πολὺν θεραπαινίδων ἑσμὸν, καὶ τὴν ἄλλην ἅπασαν τὴν καταγέλαστον φαντασίαν· ἀλλὰ ταῦτα πάντα ἀποσεισάμεναι, καὶ τὸν κοσμικὸν ἀποβαλοῦσαι τῦφον, ἓν μόνον ἐζήτουν, ὅπως κοινωνοὶ γένωνται τῶν ἀποστόλων, καὶ τῆς θήρας αὐτῶν μετάσχοιεν τῆς αὐτῆς. Διὰ τοῦτο οὐκ αὐτὴ μόνη τοιαύτη, ἀλλὰ καὶ αἱ λοιπαὶ πᾶσαι. Καὶ γὰρ περὶ Περσίδος τινός φησιν, Ἥτις πολλὰ ἐκοπίασεν εἰς ἡμᾶς, καὶ Μαρίαν καὶ Τρύφαιναν ἀπὸ τούτων θαυμάζει τῶν πόνων, ὅτι ἐκοπίων
E μετὰ τῶν ἀποστόλων, καὶ πρὸς τοὺς αὐτοὺς ἀγῶνας ἀπεδύσαντο. Καὶ πῶς Τιμοθέῳ γράφων φησὶ, Γυναικὶ δὲ διδάσκειν οὐκ ἐπιτρέπω, οὐδὲ αὐθεντεῖν τοῦ ἀνδρός; Ὅταν καὶ ὁ ἀνὴρ εὐλαβὴς ᾖ, καὶ τὴν αὐτὴν πίστιν κεκτημένος, καὶ τῆς αὐτῆς σοφίας μετέχων· ὅταν δὲ ἄπιστος ᾖ καὶ πεπλανημένος, οὐκ ἀποστερεῖ τὴν αὐθεντίαν τῆς διδασκαλίας αὐτήν. Κορινθίοις γοῦν ἐπιστέλλων λέγει· Καὶ γυνὴ ἥτις ἔχει ἄνδρα ἄπιστον, μὴ ἀφιέτω αὐτόν. Τί γὰρ οἶδας, γύναι, εἰ τὸν ἄνδρα σώσεις; Πῶς δὲ ἂν ἔσωσεν ἡ πιστὴ γυνὴ τὸν ἄνδρα τὸν ἄπιστον; Κατηχοῦσα δηλονότι καὶ διδά-
177 A σκουσα καὶ ἐνάγουσα πρὸς τὴν πίστιν, ὥσπερ οὖν καὶ αὕτη Ἀπολλὼ ἡ Πρίσκιλλα. Ἄλλως δὲ, ὅταν λέγῃ, Γυναικὶ διδάσκειν οὐκ ἐπιτρέπω, περὶ τῆς ἐν τῷ βήματι διδασκαλίας λέγει, περὶ τῆς ἐν κοινῷ διαλέξεως, καὶ τῆς κατὰ τὸν ἱερωσύνης λόγον· ἰδίᾳ δὲ παραινεῖν καὶ συμβουλεύειν οὐκ ἐκώλυσεν. Οὐ γὰρ

ἂν, εἰ κεκωλυμένον ἦν, ταύτην ἐπῄνεσε τοῦτο ποιοῦσαν.

Ἀκουέτωσαν ἄνδρες, ἀκουέτωσαν ταῦτα καὶ γυναῖκες· ἐκεῖναι μὲν, ἵνα τὴν ὁμόφυλον καὶ συγγενῆ μιμήσωνται· οὗτοι δὲ, ἵνα μὴ γυναικὸς ἀσθενέστεροι φαίνωνται. Τίνα γὰρ ἕξομεν ἀπολογίαν, τίνα συγγνώμην, ὅταν γυναικῶν τοσαύτην προθυμίαν ἐπιδεικνυμένων καὶ τοσαύτην φιλοσοφίαν, ἡμεῖς τοῖς τοῦ κόσμου πράγμασιν ὦμεν συνδεδεμένοι διηνεκῶς; B Ταῦτα καὶ ἄρχοντες μανθανέτωσαν, καὶ ἀρχόμενοι, καὶ ἱερεῖς, καὶ οἱ τῶν λαϊκῶν τὴν τάξιν ἔχοντες, ἵν' ἐκεῖνοι μὲν μὴ τοὺς πλουτοῦντας θαυμάζωσι, μηδὲ τὰς περιφανεῖς διώκωσιν οἰκίας, ἀλλ' ἀρετὴν μετὰ πενίας ζητῶσι, καὶ τοῖς πτωχοτέροις τῶν ἀδελφῶν μὴ ἐπαισχύνωνται, μηδὲ τὸν σκηνοποιὸν, καὶ τὸν βυρσοδέψην, καὶ τὸν πορφυροπώλην, καὶ τὸν χαλκοτύπον παρατρέχοντες, τοὺς ἐν δυναστείαις θεραπεύωσιν· οἱ δὲ ἀρχόμενοι, ἵνα μὴ νομίζωσιν εἶναι κώλυμα πρὸς τὴν ὑποδοχὴν τῶν ἁγίων, ἀλλ' ἐννοοῦντες τὴν χήραν, ἣ τὸν Ἠλίαν ὑπεδέξατο, δράκα ἀλεύρου C μόνον ἔχουσα, καὶ τούτους, οἳ τὸν Παῦλον διετίαν ἐξένισαν, τὰς οἰκίας διανοίγωσι τοῖς δεομένοις, καὶ πάντα τοῖς ξένοις ὦσι κοινὰ κεκτημένοι. Μὴ γάρ μοι τοῦτο εἴπῃς, ὅτι οἰκέτας οὐκ ἔχεις διακονουμένους. Κἂν γὰρ μυρίους ἔχῃς, ὁ Θεός σε κελεύει διὰ σαυτοῦ τῆς φιλοξενίας τὸν καρπὸν τρυγᾷν. Διὰ τοῦτο Παῦλος χήρᾳ γυναικὶ διαλεγόμενος, καὶ κελεύων αὐτὴν ξενοδοχεῖν, οὐ δι' ἑτέρων, ἀλλὰ δι' ἑαυτῆς τοῦτο ἐπέταττεν. Εἰπὼν γὰρ, Εἰ ἐξενοδόχησεν, ἐπήγαγεν, Εἰ ἁγίων πόδας ἔνιψεν. Οὐκ εἶπεν, εἰ χρήματα ἐδαπάνησεν, οὐδὲ, εἰ τοῖς οἰκέταις ἐκέλευσε τοῦτο ποιῆσαι, ἀλλ', εἰ δι' ἑαυτῆς D τοῦτο εἰργάσατο. Διὰ τοῦτο καὶ ὁ Ἀβραὰμ τριακοσίους ὀκτὼ καὶ δέκα οἰκογενεῖς ἔχων, αὐτὸς ἐπὶ τὴν ἀγέλην ἔτρεχε, καὶ τὸν μόσχον ἐβάσταζε, καὶ τὰ ἄλλα ἅπαντα διηκόνει, καὶ τὴν γυναῖκα κοινωνὸν ἐποίει τῶν τῆς φιλοξενίας καρπῶν. Διὰ τοῦτο καὶ ὁ Κύριος ἡμῶν Ἰησοῦς Χριστὸς καὶ ἐν φάτνῃ τίκτεται, καὶ ἐν οἰκίᾳ τικτόμενος τρέφεται, καὶ αὐξηθεὶς οὐκ εἶχε ποῦ τὴν κεφαλὴν κλίνῃ, ἵνα σε παιδεύσῃ διὰ πάντων μὴ πρὸς τὰ λαμπρὰ τοῦ βίου τούτου κεχηνέναι πράγματα, ἀλλ' εὐτελείας εἶναι ἐραστὴν πανταχοῦ, καὶ πτωχείαν διώκειν, καὶ περιουσίαν φεύγειν, καὶ E ἔσωθεν καλλωπίζεσθαι. Πᾶσα γὰρ ἡ δόξα τῆς θυγατρὸς τοῦ βασιλέως, φησὶν, ἔσωθεν. Ἐὰν ἔχῃς προαίρεσιν φιλόξενον, ἅπασαν τῆς φιλοξενίας ἔχεις τὴν θήκην, κἂν ὀβολὸν ᾖς κεκτημένος μόνον· ἂν δὲ μισάνθρωπος ᾖς καὶ μισόξενος, κἂν τὰ πάντα ᾖς περιβεβλημένος πράγματα, ἐστενοχώρηταί σοι τοῖς ξένοις ἡ οἰκία. Οὐκ εἶχεν αὕτη κλίνας ἀργυρενδέτους, ἀλλ' εἶχε σωφροσύνην πολλήν· οὐκ εἶχε στρωμνὴν, ἀλλὰ προαίρεσιν ἐκέκτητο προσηνῆ καὶ φιλόξενον· οὐκ 178 A εἶχε κίονας ἀπαστράπτοντας, ἀλλ' εἶχε ψυχῆς κάλ-

Neque enim, si hoc prohibitum fuisset, hanc quæ id præstiterat collaudasset.

4. Audiant viri, audiant et istæ mulieres : illæ quidem, ut eam imitentur, quæ sexus ejusdem est, et naturæ cognatione conjuncta : hi vero, ne muliere imbecilliores appareant. Quam enim excusationem habebimus, quam veniam impetrabimus, si cum tantum animi studium, tantamque philosophiam mulieres exhibuerint, nos semper mundi affixi negotiis hæreamus ? Hæc discant et magistratus et privati, et sacerdotes, et qui in ordine laicorum versantur, ut illi quidem divites tanti non faciant, neque illustres domos persequantur, sed virtutem cum paupertate disquirant, neque pauperiorum fratrum illos pudeat, neque tabernaculorum opificem, et coriarium, et purpuræ institorem, et ærarium omittentes, eos qui magistratus gerunt colant : qui vero privati sunt, ne se impediri putent, quo minus sanctos excipiant, sed memores viduæ, quæ Heliam suscepit, cum illi farinæ (3. Reg. 17. 10. sqq.) pugillus solum suppeteret, et istorum qui Paulum ad duos annos hospitem aluerunt, domos egenis aperiant, et omnia hospitibus communia esse velint, quæ possident. Noli enim hoc mihi dicere, famulos tibi nullos esse, qui inserviant. Licet enim haberes innumeros, præcipit Deus, ut per te ipse hospitalitatis fructum decerpas. Propterea Paulus cum mulierem viduam allo- (1. Tim. 5. 10.) queretur, eamque hospitalem esse juberet, non per alias, sed per seipsam ut id ageret imperavit. Cum enim dixisset, *Si hospitio recepit*, adjecit, *Si sanctorum pedes lavit*. Non dixit, Si pecunias expendit, neque, Si famulis, ut id agerent, imperavit, sed, Si per se ipsam hoc præstitit. Propterea et Abraham, cui trecenti et octodecim erant vernaculi, ad gregem ipse perrexit, et vitulum gestavit, et alia cuncta ministeria obiit, atque uxorem in consortium fructuum hospitalitatis adscivit. Propterea quoque Dominus noster Jesus Christus et in præsepio nascitur, et in domo natus educatur, neque adultus habuit ubi caput suum reclinaret, ut his omnibus te doceret, ut res istius vitæ splendidas ad stuporem ne mireris, sed vilioris conditionis amator ubique sis, ac paupertatis studiosus, opum abundantiam evites, et intus ornari cures. *Omnis* (Psal. 44. 14.) quippe *gloria filiæ regis ab intus*, inquit Scriptura. Si proposito animi tui hospitalitatis amans sis, omnem hospitalitatis thecam habes, licet obolum tantum possideas : sin autem inhumanus sis, et hospites oderis, licet innumeris rebus cir-

cumfluas, nimis angusta est pro peregrinis domus tua. Non habebat ista lectos argento ornatos, sed summam habebat castitatem : non habebat stragulum, sed animi preposito erat mansueto et hospitali : non columnas habebat fulgentes, sed animæ pulchritudinem habebat emicantem: non marmore convestitos habebat parietes, non gemmis distinctum pavimentum, sed ipsa Spiritus erat templum. Hæc laudavit Paulus, hæc adamavit; propter hæc cum in ædibus ad duos annos commoratus esset, inde non recessit : propterea meminit semper ipsorum, eorumque laudationem eximiam illis contexit et mirificam, non ut clariores illos reddat, sed ut cæteros ad eumdem zelum accendat, eisque persuadeat, ut beatos prædicent, non eos qui divites sunt, neque qui gerunt magistratus, sed qui hospitales et misericordes sunt, et benigni, quique multam erga sanctos exhibent comitatem.

λος ἀπολάμπον· οὐκ εἶχε τοίχους μαρμάροις περιβεβλημένους, οὐδὲ ἔδαφος ψηφῖσι διηνθισμένον, ἀλλ' ἦν αὐτὴ ναὸς τοῦ Πνεύματος. Ταῦτα ἐπῄνεσεν ὁ Παῦλος, τούτων ἠράσθη· διὰ ταῦτα ἔτη δύο μείνας ἐπὶ τῆς οἰκίας οὐκ ἀπανίστατο· διὰ ταῦτα αὐτῶν μέμνηται διηνεκῶς, καὶ ἐγκώμιον αὐτοῖς συντίθησι μέγα καὶ θαυμαστὸν, οὐχ ἵνα αὐτοὺς λαμπροτέρους ἐργάσηται, ἀλλ' ἵνα τοὺς λοιποὺς εἰς τὸν αὐτὸν ἀγάγῃ ζῆλον, καὶ πείσῃ μακαρίζειν, οὐχὶ τοὺς πλουτοῦντας, οὐδὲ τοὺς ἐν ἀρχαῖς ὄντας, ἀλλὰ τοὺς φιλοξένους, τοὺς ἐλεήμονας, τοὺς φιλανθρώπους, τοὺς
B πολλὴν περὶ τοὺς ἁγίους φιλοφροσύνην ἐπιδεικνυμένους.

Epilogus sermonis et cohortatio moralis ad opus manuum.

5. Hæc igitur cum nos quoque ex hac salutatione didicerimus, operibus ipsis specimen eorum edamus, neque divites temere beatos prædicemus, neque pauperes vilipendamus, neque nos pudeat artium, nec opificium probrum esse ducamus, sed otium, et nulli occupationi vacare. Si enim probrum esset operari, non exercuisset artem ejusmodi Paulus, neque ea de causa magis
1. Cor. 9. 16. 18. gloriatus esset, ita dicens : *Si enim evangelizavero, non est mihi gloria. Quæ est ergo merces mea? Ut evangelium prædicans sine sumtu ponam evangelium Christi.* Quod si
2. Thess 3. 10. probrum esset ars, nequaquam eos qui non operarentur, etiam manducare vetuisset. Solum enim peccatum est probrum : at illud ex otio nasci solet, nec unum aut duo vel tria tantum, sed omnis simul improbitas. Propterea sapiens etiam quidam ostendens omnem malitiam docuisse otium, et verba faciens de servis ait :
Eccli. 33. 28. *Mitte illum in operationem, ne vacet.* Quod enim est frænum equo, id est opus naturæ nostræ. Si bonum quid esset otium, omnia sine semente et agricultura terra produceret : atqui nihil tale præstat. Olim igitur terram inaratam ferre cuncta præcepit Deus : jam vero non ita fecit, sed et boves jungere, et vomerem trahere, et sulcum ducere, et semen jacere, atque aliis multis modis colere et vitem et arbores et semina hominibus imperavit, ut operationis occupatio mentem eorum, qui se operibus exercerent, ab omni improbitate revocaret. Principio quidem, ut potentiam suam ostenderet, effecit ut omnia

Ταῦτα δὴ καὶ ἡμεῖς ἀπὸ τῆς προσρήσεως ταύτης μαθόντες, διὰ τῶν ἔργων αὐτῶν ἐπιδειξώμεθα· καὶ μήτε τοὺς πλουτοῦντας ἁπλῶς μακαρίζωμεν, μήτε τοὺς πτωχοὺς ἐξευτελίζωμεν, μηδὲ ἐπαισχυνώμεθα τέχναις, μηδὲ ὄνειδος εἶναι νομίζωμεν ἐργασίαν, ἀλλὰ ἀργίαν, καὶ τὸ μὴ ἔχειν τι ποιεῖν. Εἰ γὰρ ὄνειδος ἦν τὸ ἐργάζεσθαι, οὐκ ἂν αὐτὸ μετῆλθεν ὁ Παῦλος, οὐκ ἂν ἐπ' αὐτῷ μεῖζον ἐφρόνησεν, οὕτω λέγων· Ἐὰν γὰρ εὐαγγελίζωμαι, οὐκ ἔστι μοι καύχημα. Τίς οὖν μοί ἐστιν ὁ μισθός; Ἵνα εὐαγγελιζόμενος ἀδάπανον θήσω τὸ εὐαγγέλιον τοῦ Χριστοῦ. Εἰ δὲ τέχνη
C ὄνειδος ἦν, οὐκ ἂν τοὺς μὴ ἐργαζομένους ἐκέλευσε μηδὲ ἐσθίειν. Ἁμαρτία γὰρ μόνον ἐστὶν ὄνειδος· ταύτην δὲ ἀργία τίκτειν εἴωθε, καὶ οὐ μίαν καὶ δύο καὶ τρεῖς μόνον, ἀλλὰ πᾶσαν ὁμοῦ τὴν πονηρίαν. Διὰ τοῦτο καί τις σοφὸς δεικνὺς, ὅτι πᾶσαν τὴν κακίαν ἐδίδαξεν ἡ ἀργία, καὶ περὶ οἰκετῶν διαλεγόμενός φησιν· Ἔμβαλε αὐτὸν εἰς ἔργον, ἵνα μὴ ἀργῇ. Ὅπερ γάρ ἐστιν ὁ χαλινὸς τῷ ἵππῳ, τοῦτο τὸ ἔργον τῇ φύσει τῇ ἡμετέρᾳ. Εἰ καλὸν ἦν ἡ ἀργία, πάντα ἂν ἄσπαρτα καὶ ἀνήροτα ἡ γῆ ἀνεβλάστανεν· ἀλλ' οὐδὲν τοιοῦτον ἐργάζεται. Πρώην μὲν οὖν ἐκέλευσεν ἀνήροτα πάντα ἐκ-
D βαλεῖν ὁ Θεός· νυνὶ δὲ οὐκ ἐποίησεν οὕτως, ἀλλὰ καὶ ζεῦξαι βόας, καὶ ἄροτρον ἑλκύσαι, καὶ αὔλακα ἀνατεμεῖν, καὶ σπέρματα καταβάλλειν, καὶ ἑτέροις πολλοῖς τρόποις θεραπεῦσαι καὶ ἄμπελον καὶ δένδρα καὶ σπέρματα τοῖς ἀνθρώποις ἐνομοθέτησεν, ἵν' ἡ τῆς ἐργασίας ἀσχολία πάσης ἀπάγῃ πονηρίας τὴν τῶν ἐργαζομένων διάνοιαν. Ἐξ ἀρχῆς μὲν οὖν, ἵνα τὴν δύναμιν ἐπιδείξηται τὴν ἑαυτοῦ, χωρὶς τῶν πόνων τῶν ἡμετέρων ἅπαντα ἀναδοθῆναι παρεσκεύασε· Βλαστησάτω γὰρ ἡ γῆ βοτάνην χόρτου, φησί· καὶ πάντα ἐκόμα

εὐθέως· μετὰ δὲ ταῦτα οὐχ οὕτως· ἀλλὰ καὶ διὰ τῶν ἡμετέρων αὐτὰ πόνων ἐκφέρεσθαι ἐκέλευσεν ἐκ τῆς γῆς, ἵνα μάθῃς ὅτι διὰ τὸ χρήσιμον ἡμῖν καὶ λυσιτελὲς τὸν πόνον εἰσήγαγε. Καὶ δοκεῖ μὲν εἶναι κόλα- E σις καὶ τιμωρία τὸ ἀκοῦσαι, Ἐν ἱδρῶτι τοῦ προσώπου σου φάγῃ τὸν ἄρτον σου· τὸ δὲ ἀληθὲς, νουθεσία τίς ἐστι καὶ σωφρονισμὸς, καὶ τῶν τραυμάτων τῶν ἀπὸ τῆς ἁμαρτίας γενομένων φάρμακον. Διὰ ταῦτα καὶ Παῦλος εἰργάζετο διηνεκῶς, οὐκ ἐν ἡμέρᾳ μόνῃ, ἀλλὰ καὶ ἐν αὐτῇ τῇ νυκτί· καὶ τοῦτο βοᾷ λέγων· Νυκτὸς γὰρ καὶ ἡμέρας ἐργαζόμενοι, πρὸς τὸ μὴ ἐπιβαρῆσαί τινα ὑμῶν. Καὶ οὐχ ἁπλῶς τέρψεως ἕνεκεν καὶ ψυχαγωγίας τὸ ἔργον μετῄει, καθάπερ 179 A πολλοὶ τῶν ἀδελφῶν, ἀλλὰ τοσοῦτον ἐπεδείκνυτο περὶ αὐτὸ πόνον, ὡς καὶ ἑτέροις δυνηθῆναι ἐπικουρῆσαι. Ταῖς γὰρ χρείαις μου, φησὶ, καὶ τοῖς οὖσι μετ' ἐμοῦ ὑπηρέτησαν αἱ χεῖρες αὗται. Ἄνθρωπος δαίμοσιν ἐπιτάττων, τῆς οἰκουμένης διδάσκαλος ὢν, τοὺς τὴν γῆν οἰκοῦντας ἅπαντας ἐπιτραπεὶς, καὶ τὰς ὑφ' ἡλίῳ κειμένας Ἐκκλησίας ἁπάσας, καὶ δήμους καὶ ἔθνη καὶ πόλεις μετὰ πολλῆς θεραπεύων ἐπιμελείας, νύκτα καὶ ἡμέραν εἰργάζετο, καὶ οὐδὲ μικρὸν ἀνέπνει τῶν πόνων ἐκείνων. Ἡμεῖς δὲ, οὐδὲ τὸ μυριοστὸν τῆς ἐκείνου φροντίδος μετιόντες, μᾶλλον δὲ οὐδὲ εἰς νοῦν λαβεῖν δυνάμενοι, διατελοῦμεν ἐν ἀργίᾳ ζῶντες B διηνεκῶς. Καὶ ποίαν ἕξομεν ἀπολογίαν, ἢ τίνα συγγνώμην, εἰπέ μοι; Ἐντεῦθεν ἅπαντα εἰς τὸν βίον εἰσενήνεκται τὰ κακὰ, ὅτι πολλοὶ μεγίστην ἀξίαν εἶναι νομίζουσι, τὸ μὴ τὰς ἑαυτῶν μεταχειρίζειν τέχνας, καὶ ἐσχάτην κατηγορίαν, τὸ φανῆναί τι τοιοῦτον εἰδότας. Καὶ Παῦλος μὲν οὐκ ᾐσχύνετο ὁμοῦ καὶ σμίλην μεταχειρίζων, καὶ δέρματα ῥάπτων, καὶ τοῖς ἐν ἀξιώμασι διαλεγόμενος, ἀλλὰ καὶ ἐνεκαλλωπίζετο τῷ πράγματι, μυρίων πρὸς αὐτὸν λαμπρῶν καὶ ἐπισήμων ἀφικνουμένων ἀνθρώπων. Καὶ οὐ μόνον οὐκ ἐπῃσχύνετο ταῦτα ποιῶν, ἀλλὰ καὶ καθάπερ C ἐν στήλῃ χαλκῇ ταῖς ἐπιστολαῖς ἐξεπόμπευσεν ἑαυτοῦ τὸ ἐπιτήδευμα. Ὅπερ οὖν ἐξ ἀρχῆς ἔμαθε, καὶ μετὰ ταῦτα αὐτὸ μετεχείριζε, καὶ τότε μετὰ τὸ εἰς οὐρανὸν τρίτον ἁρπαγῆναι, μετὰ τὸ εἰς παράδεισον ἀπενεχθῆναι, μετὰ τὸ κοινωνῆσαι ῥημάτων ἀπορρήτων τῷ Θεῷ· ἡμεῖς δὲ, οὐδὲ τῶν ὑποδημάτων ὄντες ἄξιοι τῶν ἐκείνου, αἰσχυνόμεθα τούτοις, ἐφ' οἷς ἐκεῖνος ἐνηβρύνετο· καὶ καθ' ἑκάστην μὲν ἡμέραν πλημμελοῦντες, οὐδὲ ἐπιστρεφόμεθα, οὐδὲ ὄνειδος εἶναι νομίζομεν· τὸ δὲ ἐκ δικαίων πόνων ζῆν, ὡς αἰσχρὸν καὶ καταγέλαστον φεύγομεν. Τίνα οὖν ἕξομεν ἐλπίδα σωτηρίας, εἰπέ μοι; Τὸν γὰρ αἰσχυνόμενον, ἁμαρτίαν αἰσχύνεσθαι δεῖ, καὶ τὸ τῷ Θεῷ D προσκροῦσαι, καὶ τὸ ποιῆσαί τι τῶν οὐ δεόντων, ἐπὶ δὲ τέχναις καὶ ἐργασίαις καὶ ἐναβρύνεσθαι. Οὕτω γὰρ καὶ πονηρὰν ἔννοιαν τῇ τῆς ἐργασίας ἀσχολίᾳ τῆς

sine nostris laboribus provenirent : *Germinet* Gen. 1. 11.
enim terra herbam fœni, inquit, et statim cuncta vernabant; postea vero non ita; sed et nostro- E rum laborum opera jussit illa e terra produci, ut diseas ob utilitatem et commodum nostrum laborem esse invectum. Ac videtur quidem pœna et supplicium esse cum audis : *In sudore vul-* Gen. 3. 19.
tus tui vesceris pane tuo : re autem vera quædam est admonitio et castigatio, et vulnerum, quæ peccatum inflixit, medela. Quam ob causam et Paulus operabatur perpetuo, non interdiu tantum, sed etiam ipsa nocte : quod et ipse clamans 179 testatur : *Nocte enim et die operantes, ne quem* 1. Thess. 2.
A *vestrum gravaremus*. Neque vero temere delecta- 9.
tionis, aut recreandi animi causa opus tractabat, sicut multi fratres, sed tanto se labore exercebat, ut et cæteris subsidio esse posset. *Ad ea enim* Act. 20. 34.
quæ mihi opus erant, et iis qui mecum sunt, ministraverunt manus istæ. Homo qui dæmonibus imperabat, qui doctor erat orbis terrarum, cui omnium, qui terram incolunt, fuerat cura commissa, qui cunctas sub sole positas Ecclesias, et populos, et nationes, et urbes summa sollicitudine curabat, nocte et die operabatur, ac ne B tantillum quidem ab illis laboribus respirabat. Nos vero, quibus ne millesima quidem illius curarum pars incumbit, vel potius qui ne mente quidem eas capere possumus, in otio perpetuo vitam ducimus. Qua vero digni excusatione, vel qua tandem venia censebimur? Inde cuncta in genus humanum mala dimanarunt, quod multi in eo maximum decus esse positum arbitrentur, ut suas artes minime tractent, et summo sibi crimini ducant, si earum peritiam præ se ferant. Ac Paulum quidem non pudet simul et scalprum C manu tractare, pelles consuere, et vires alloqui in dignitate constitutos, sed et re illa gloriabatur, cum ad eum viri clari et illustres ventitarent. Neque tantum hæc illum agere non pudebat, sed etiam in epistolis suis tamquam in æreo cippo, quam profiteretur artem, divulgabat. Quod igitur ab initio didicerat, illud et postea tractabat, idque postquam fuerat tertium raptus in cælum, postquam translatus fuerat in paradisum, postquam illi Deus arcana verba communicaverat : nos vero, qui ne calceamentorum quidem ejus pretio æstimandi sumus, nobis ea probro duci- D mus, quibus se ille jactabat, et singulis quidem diebus dum delinquimus, non convertimur, neque probrum esse censemus; ex justis autem laboribus vivere tanquam turpe ac ridiculum evitamus. Quæ tandem igitur, quæso,

Non debet nos pudere laboris et opificii.

nobis salutis spes reliqua erit? Quem enim pudet, oportet peccati Pudere, ac Deum offendisse, atque aliquid eorum quæ agenda non sunt agere, sed artibus et opificiis gloriari. Sic enim fiet, ut et pravas cogitationes operum occupationibus ex mente facile depellamus, et egenis subsidio simus, et aliorum januis molesti non simus, et Christi legem adimpleamus, qui
Act. 20. 35. dixit : *Beatius est dare, quam accipere.* Propterea namque nobis datæ sunt manus, ut nos ipsos juvemus, et iis, qui corpore mutilati sunt, ex rebus nostris, quæ necessaria sunt, omnia pro nostra facultate suppeditemus : quod si quis in otio perseveret, sit licet sanus, iis qui febri laborant, est miserior : si quidem illi propter ægritudinem corporis veniam merentur, et facile qui misereatur ipsorum invenient : hi vero qui bonam corporis habitudinem probro afficiunt, merito ab omnibus odio habentur, ut qui et Dei leges violent, et mensam infirmorum lædant, et suam animam deteriorem efficiant. Neque enim hoc solum est mali, quod cum suo sibi labore victum quærere deberent, aliorum ædibus sint importuni, sed quod ipsi omnibus pejores evadant. Nihil enim est, nihil plane in rebus humanis, quod non otio perdatur. Nam et aqua si stet, corrumpitur; si vero currat, cum ubique vagetur, suam virtutem conservat : et ferrum quidem si in otio maneat, mollius ac deterius fit, et rubigine consumitur; quod autem ad opificia transfertur, multo utilius fit, et elegantius, nihiloque minus quam argentum quodvis effulget. Ac terram quidem otiosam cernimus nihil fructuosum producere, sed mala gramina et spinas, et tribulos, et infrugiferas arbores : eam vero quæ multo labore colitur, sativis frugibus abundare. Singulæ denique res, ut uno verbo dicam, ab otio corrumpuntur, a propria vero operatione utiliores redduntur. Hæc igitur omnia cum sciamus, et quantum ab otio incommodum afferatur, quantum ab opere lucrum invehatur, illud fugiamus, hoc sectemur, ut et vitam præsentem honeste traducamus, et egenis de nostris facultatibus subsidio simus, et animam nostram meliorem reddentes æterna bona consequamur : quæ nos omnes utinam assequi contingat, gratia et benignitate Domini nostri Jesu Christi, cum quo Patri, simulque Spiritui sancto gloria, et imperium, nunc et semper et in sæcula sæculorum. Amen.

διανοίας ἐκβαλοῦμεν ῥᾳδίως, καὶ τοῖς δεομένοις ἐπι-
κουρήσομεν, καὶ τὰς ἑτέρων οὐκ ἐνοχλήσομεν θύρας,
καὶ τὸν νόμον τοῦ Χριστοῦ πληρώσομεν τὸν εἰπόντα·
Μακάριόν ἐστι διδόναι μᾶλλον ἢ λαμβάνειν. Διὰ γὰρ
τοῦτο χεῖρας ἔχομεν, ἵνα ἑαυτοῖς βοηθῶμεν, καὶ τοῖς
τὰ σώματα πεπηρωμένοις ἐκ τῶν ἡμετέρων εἰσ-
φέρωμεν τὰ κατὰ δύναμιν ἅπαντα· ὡς ἐάν τις ἀργῶν διατελῇ, κἂν ὑγιαίνῃ, τῶν πυρεττόντων ἐστὶν
ἀθλιώτερος· οἱ μὲν γὰρ παρὰ τῆς ἀσθενείας ἔχουσι
E συγγνώμην, καὶ τύχοιεν ἂν ἐλέου· οὗτοι δὲ καταισχύνοντες τὴν τοῦ σώματος εὐεξίαν, εἰκότως ἂν παρὰ
πάντων μισοῦνται, ὡς καὶ τοὺς τοῦ Θεοῦ παραβαίνοντες νόμους, καὶ τῇ τραπέζῃ τῶν ἀσθενούντων λυμαινόμενοι, καὶ τὴν ψυχὴν τὴν ἑαυτῶν φαυλοτέραν ποιοῦντες. Οὐδὲ γὰρ τοῦτο μόνον ἐστὶ τὸ
δεινὸν, ὅτι δέον οἴκοθεν καὶ παρ' ἑαυτῶν τρέφεσθαι,
τὰς ἑτέρων ἐνοχλοῦσιν οἰκίας, ἀλλ' ὅτι καὶ πάντων
αὐτοὶ γίνονται χείρους. Οὐ γάρ ἐστιν, οὐκ ἔστι τῶν
180 πάντων οὐδὲν, ὃ μὴ διὰ τῆς ἀργίας ἀπόλλυται. Καὶ
A γὰρ ὕδωρ, τὸ μὲν ἑστηκὸς σήπεται, τὸ δὲ τρέχον
καὶ πανταχοῦ πλανώμενον τὴν ἀρετὴν διασώζει τὴν
ἑαυτοῦ· καὶ σίδηρος, ὁ μὲν ἐν ἀργίᾳ κείμενος, ἁπα-
λώτερός τε καὶ φαυλότερος, ἰῷ πολλῷ δαπανώμε-
νος, γίνεται· ὁ δὲ ἐν ἐργασίαις ὢν, πολὺ χρησιμώτερος καὶ εὐπρεπέστερος, ἀργύρου παντὸς οὐδὲν ἔλαττον
ἀποστίλβων. Καὶ γῆν μὲν τὴν ἀργοῦσαν ἴδοι τις
ἂν οὐδὲν ὑγιὲς ἐκφέρουσαν, ἀλλὰ πονηρὰς βοτάνας
καὶ ἀκάνθας καὶ τριβόλους καὶ ἄκαρπα δένδρα, τὴν
δὲ ἐργασίας ἀπολαύουσαν, καρποῖς ἡμέροις κομῶσαν.
Καὶ ἕκαστον δὲ τῶν ὄντων, ὡς εἰπεῖν ἁπλῶς, ὑπὸ
μὲν τῆς ἀργίας φθείρεται, ὑπὸ δὲ τῆς οἰκείας ἐρ-
B γασίας χρησιμώτερον γίνεται. Ταῦτα οὖν εἰδότες
ἅπαντα, καὶ πόσον μὲν ἀπὸ τῆς ἀργίας τὸ βλάβος,
πόσον δὲ ἀπὸ τῆς ἐργασίας τὸ κέρδος, τὴν μὲν φεύγωμεν, τὴν δὲ διώκωμεν, ἵνα καὶ τὸν παρόντα βίον
εὐσχημόνως ζήσωμεν, καὶ δεομένοις ἐκ τῶν ἐνόντων
ἐπικουρήσωμεν, καὶ τὴν ψυχὴν τὴν ἑαυτῶν ἀμείνω
κατασκευάσαντες τύχωμεν τῶν αἰωνίων ἀγαθῶν· ὧν
γένοιτο πάντας ἡμᾶς ἐπιτυχεῖν, χάριτι καὶ φιλανθρωπίᾳ τοῦ Κυρίου ἡμῶν Ἰησοῦ Χριστοῦ, ᾧ ἡ δόξα
καὶ τὸ κράτος, ἅμα τῷ Πατρὶ καὶ τῷ ἁγίῳ Πνεύματι, νῦν καὶ ἀεὶ, καὶ εἰς τοὺς αἰῶνας τῶν αἰώνων.
Ἀμήν.

* ΕΙΣ ΑΚΥΛΑΝ ΚΑΙ ΠΡΙΣΚΙΛΛΑΝ C

Καὶ εἰς τὸ μὴ κακῶς λέγειν τοὺς ἱερεῖς τοῦ Θεοῦ. Λόγος β'.

Ἆρα ἐπαιδεύθητε μηδὲν εἶναι νομίζειν πάρεργον τῶν ἐν τῇ θείᾳ Γραφῇ κειμένων; ἆρα ἐμάθετε καὶ ἐπιγραφὰς καὶ ὀνόματα καὶ ψιλὰς περιεργάζεσθαι προσρήσεις, τὰς ἐν τοῖς θείοις Λογίοις [b] γεγραμμένας; Ἐγὼ μὲν γὰρ οὐδένα οἶμαι λοιπὸν τῶν φιλοπόνων τὸν ἀνεξόμενον παραδραμεῖν τι τῶν ἐν ταῖς Γραφαῖς κειμένων ῥημάτων, κἂν ὀνομάτων ᾖ κατάλογος, κἂν χρόνων ἀριθμὸς, κἂν ψιλὴ πρός τινας πρόσρησις. Πλὴν ἵνα ἀσφαλεστέρα αὕτη ἡ διόρθωσις D γένηται, φέρε καὶ τήμερον τὰ λειπόμενα τῆς προσηγορίας τῆς πρὸς Πρίσκιλλαν καὶ Ἀκύλαν ἐπέλθωμεν· καίτοι γε οὐ μικρὰ τὸ προοίμιον αὐτῆς ἡμᾶς ὠφέλησε. Καὶ γὰρ ἐδίδαξεν ἡμᾶς, [c] πόσον μὲν ἀγαθὸν, ἔργον, πόσον δὲ κακὸν, ἀργία, καὶ τίς ἡ Παύλου ψυχὴ, πῶς ἄγρυπνος καὶ μεμεριμνημένη, οὐ κατὰ πόλεις καὶ δήμους καὶ ἔθνη, ἀλλὰ καὶ καθ' ἕνα ἕκαστον τῶν πιστῶν πολλὴν ποιουμένη τὴν πρόνοιαν. Ἔδειξε πῶς οὐδὲν εἰς φιλοξενίαν ἡ πενία γίνεται κώλυμα, καὶ ὅτι οὐ πλούτου καὶ χρημάτων, ἀλλὰ ἀρετῆς πανταχοῦ χρεία καὶ προαιρέσεως εὐλάβειαν ἐχούσης, E καὶ ὅτι πάντων εἰσὶ λαμπρότεροι οἱ τὸν τοῦ Θεοῦ φόβον ἔχοντες, κἂν εἰς πενίαν ἐσχάτην κατενεχθῶσι. Τὴν γοῦν Πρίσκιλλαν καὶ Ἀκύλαν, σκηνοποιοὺς ὄντας καὶ χειροτέχνας, καὶ [d] ἐν πτωχείᾳ ζῶντας, τῶν βασιλέων πάντων μᾶλλον ἐμακαρίζομεν νῦν· καὶ οἱ μὲν ἐν ἀξιώμασι καὶ δυναστείαις σεσίγηνται, ὁ δὲ σκηνοποιὸς μετὰ τῆς γυναικὸς ᾄδονται πανταχοῦ τῆς οἰκουμένης. Εἰ δὲ ἐνταῦθα τοσαύτης ἀπολαύουσι δόξης, ἐννόησον ὅσον κατὰ τὴν ἡμέραν 181 A ἐκείνην ἀξιωθήσονται τῶν ἀντιδόσεων καὶ τῶν στεφάνων· καὶ πρὸ τῆς ἡμέρας δὲ ἐκείνης, οὐ μικρὰν καὶ ἡδονὴν καὶ ὠφέλειαν καὶ δόξαν [a] ἐκαρπώσαντο νῦν, Παύλῳ τοσοῦτον συζήσαντες χρόνον. Καὶ γὰρ, ὅπερ ἔμπροσθεν ἔλεγον, τοῦτο καὶ νῦν λέγω, καὶ λέγων οὐ παύσομαι, ὅτι οὐχ ἡ διδασκαλία μόνον, οὐδὲ ἡ παραίνεσις καὶ συμβουλὴ, ἀλλὰ καὶ αὐτὴ ἡ ὄψις τῶν ἁγίων, πολλὴν εἶχεν ἡδονὴν καὶ ὠφέλειαν, καὶ αὐτὸς δὲ τῶν ἱματίων ὁ στολισμὸς, καὶ αὐτὸς τῶν ὑποδημάτων ὁ τρόπος. Καὶ γὰρ ἐντεῦθεν πολλή τις εἰς τὸν ἡμέτερον εἰσενήνεκται βίον ὠφέλεια, τὸ

IN LOCUM PAULI,

Salutate Priscillam et Aquilam, *et de colendis Dei sacerdotibus. Sermo 2.* Rom. 16. 3.

1. Nonne docti estis, nihil in sacris literis inter supervacanea habendum? nonne didicistis et inscriptiones, et nomina, merasque salutationes diligenter in Scripturis excutienda? Ego sane studiosos arbitror ne laturos quidem, ut verbulum aliquod in sacris Libris contemtum prætereatur, etiamsi tantum nomina recenseantur, vel tempus numeretur, vel nuda sit quorumdam salutatio. Attamen ut adhuc certior hæc monitio fiat: age, hodie ad ea quæ nuper in salutatione Priscillæ et Aquilæ relicta sunt, accedamus: tametsi non parum nobis profuerit illud proœmium. Docuit enim nos, quantum bonum sit opus, et quantum malum, otium, et qualis anima Pauli, quam vigil, quam sollicita, quæ non tantum civitatum et populorum, et gentium, sed et singulorum fidelium magnam curam gereret: ostenditque quomodo hospitalitas nec inopia præpediatur, et quod virtute ac pia voluntate ubique opus sit, non divitiis et facultatibus, et quod clarissimi omnium sunt qui Dei timorem habent, etiamsi in extremam sint paupertatem delapsi. Unde Priscilla et Aquila tentoriorum opifices, pauperem agentes vitam, præ regibus omnibus beati prædicantur: et cum alii dignitatibus et potentia inflati, silentio prætereantur, tentoriorum ille opifex una cum uxore toto orbe decantantur. Quod si tanta eorum in præsenti vita est gloria, cogita quantis illo die dignabuntur retributionibus et coronis, qui ante illum diem non parvam voluptatem, utilitatem, et gloriam acceperunt, quibus tanti temporis consuetudo cum Paulo fuit. Enimvero quod prius dicebam et nunc dico, nec dicere desinam, non solum doctrina, et admonitio, et consilium, sed et ipse sanctorum aspectus, atque vestium amictus, et calceorum modus, multum habet utilitatis ac voluptatis. Etenim inde non exigua vitæ nostræ commoditas accedit, cum discimus, quatenus hi necessariis usi fuerint. Non

Priscilla et Aquila præ omnibus beati.

Act. 18. 1. Cor. 16.

[a] Collata cum Vaticano uno, et cum Coisliniano 243.
[b] Vatic. et Coislin ἐγγεγραμμένας. Editi γεγραμμένας.
[c] Uterque Codex ὁπόσον bis.
[d] Vatic. ἐν πενίᾳ ζῶντας.
[a] Duo Mss. καρπώσονται.

enim solum utendi modum non sunt transgressi,
sed aliquando ne quidem necessariis fruebantur :
quin et in fame, et in siti et nuditate versati sunt.
Et Paulus quidem imperabat discipulis, dicens :
1. Tim. 6. 8. *Habentes autem alimenta* et *tegumenta, his*
1. Cor. 4. 11. *contenti erimus;* et de seipso dicit : *Usque*
in hanc horam esurimus et sitimus, et nu-
di sumus, et colaphis cædimur. Operæ pretium
hic fuerit in medium aliquid afferro, quod ante
dicebam, et in sermonem incidit, de quo frequens
est quæstio. Et quidnam hoc? Dicebam modum
apostolicarum vestium multum nobis conferre
utilitatis : sed cum hoc dico, incidit mihi lex
Matth. 10. 9. 10. quam Christus posuit, dicens : *Non possidete*
aurum, neque argentum, neque æs in zonis
vestris, neque calceos, neque virgam in via :
manifestum autem est Petrum habuisse sandalia.
Unde cum angelus eum dormientem excitaret,
Act. 12. 8. et e carcere educeret, ait : *Calcea te sandaliis*
tuis, et circumda tibi vestimentum tuum, et
2. Tim. 4. 13. *sequere me.* Et Paulus Timotheo scribit : *Pe-*
nulam quam reliqui Troade apud Carpum,
cum venies affer, et *libros, præsertim mem-*
branas. Quid dicis? Christus jubet non habere
calceos, tu autem penulam habes, et alius sandalia? Quod si hi tenues quidam essent, magistro
non per omnia obtemperantes, nulla erat hic facienda quæstio : sed cum ipsi præcipui sint, ac
primates apostolorum, et animas suas impende-
rent, Christoque per omnia obedirent, et Paulus non solum imperata fecerit, sed et supra scam-
1. Cor. 4. 12. mata saltaverit; cumque præciperet ex evange-
Act. 20. 34. lio vivendum, victum ipse manibus suis quæsi-
verit, plus, quam imperatum erat, faciens, idcirco dignum est, ut quæramus, quare qui in
omnibus Christo parebant, hic legem ejus videantur transgredi. At non re ipsa transgrediuntur.
Hic sermo non in hoc solum utilis erit, ut excu-
sentur sancti illi, sed ut et gentilium obstruantur
ora. Quandoquidem multi viduarum domos sub-
vertentes, orphanos nudantes, ipsique omnibus
alienis abundantes, et lupis nihilo meliores, ex
alienisque laboribus viventes, cum vident interdum fidelium aliquos pluribus ob ægritudinem
vestiri amiculis, continuo nobis legem Christi
Luc. 9. 3. objiciunt, et dicunt : Nonne præcepit vobis
Christus, ne habeatis duas tunicas, vel calcea-

μαθεῖν μέχρι ποῦ τοῖς ἀναγκαίοις ἐχρῶντο. Οὐδὲ
B γὰρ μόνον τὸ μέτρον οὐχ ὑπερέβαινον τῆς χρείας,
ἀλλ' ἔστιν ὅπου οὔτε τῆς χρείας αὐτῆς ἀπέλαυον
ἁπάσης· ἀλλὰ καὶ ἐν λιμῷ καὶ δίψει καὶ γυμνότητι
διετέλεσαν. Καὶ τοῖς μὲν μαθηταῖς ἐπιτάττων ὁ Παῦλος ἔλεγεν· Ἔχοντες τροφὰς καὶ σκεπάσματα, τούτοις ἀρκεσθησόμεθα· περὶ δὲ ἑαυτοῦ φαίνεται λέγων,
ὅτι Ἄχρι τῆς ἄρτι ὥρας καὶ πεινῶμεν, καὶ διψῶμεν, καὶ γυμνητεύομεν, καὶ κολαφιζόμεθα. Ἀλλὰ
γὰρ ἃ μεταξὺ ἔλεγον, καὶ μετὰ ταῦτα εἰσῆλθεν,
ἀναγκαῖον εἰς μέσον [b] παραθεῖναι πολλὴν ἔχοντα τὴν
ζήτησιν. Τί δὲ τοῦτό ἐστιν; Ἔλεγον, ὅτι καὶ ὁ τῶν
ἀποστολικῶν ἱματίων στολισμὸς παρέχει πολλὴν
ἡμῖν τὴν ὠφέλειαν· μεταξὺ δέ με ταῦτα λέγοντα
C εἰσῆλθεν ὁ νόμος τοῦ Χριστοῦ, ὃν ἔθηκεν αὐτοῖς,
οὕτω λέγων· Μὴ κτήσησθε χρυσὸν, μηδὲ ἄργυρον,
μηδὲ χαλκὸν εἰς τὰς ζώνας ὑμῶν, μηδὲ ὑποδήματα,
μηδὲ ῥάβδον εἰς [c] τὴν ὁδόν· φαίνεται δὲ Πέτρος σανδάλια ἔχων. Ὅτε γοῦν ὁ ἄγγελος καθεύδοντα αὐτὸν
ἐξύπνισε, καὶ ἐξήγαγε τοῦ δεσμωτηρίου, φησίν· Ὑπό-
δησαι τὰ σανδάλιά σου, καὶ περιβαλοῦ τὸ ἱμάτιόν
σου, καὶ ἀκολούθει μοι. Καὶ Παῦλος δὲ Τιμοθέῳ
γράφων λέγει· Τὸν φελόνην, ὃν ἀπέλιπον ἐν Τρωάδι
παρὰ Κάρπῳ, φέρε ἐρχόμενος, καὶ τὰ βιβλία, μάλιστα τὰς μεμβράνας. Τί λέγεις; ὁ Χριστὸς οὐδὲ
D ὑποδήματα ἐκέλευσεν ἔχειν, καὶ σὺ φελόνην ἔχεις,
καὶ ἕτερος σανδάλια πάλιν; Καὶ εἰ μὲν τῶν εὐτελῶν
τινες ἦσαν, καὶ τῶν οὐ πάντοτε τῷ διδασκάλῳ πειθομένων, οὐκ ἦν ζήτημα τὸ λεγόμενον· ἐπειδὴ δὲ
οἱ καὶ τὰς ψυχὰς ἑαυτῶν ἐπιδιδόντες, καὶ κορυφαῖοι
καὶ πρῶτοι τῶν μαθητῶν εἰσιν οὗτοι, καὶ πάντα
ἐπείθοντο τῷ Χριστῷ, ὁ δὲ Παῦλος οὐ μόνον τὰ
ἐπιταττόμενα ἐποίει, ἀλλὰ καὶ ὑπὲρ τὰ σκάμματα
[d] ἐπεπήδα, κἀκείνου κελεύοντος ἐκ τοῦ εὐαγγελίου
ζῆν, οὗτος ἐκ τῶν χειρῶν αὐτοῦ ἔζη, πλέον τι τῶν
ἐπιτεταγμένων ποιήσας, ἄξιον ὄντως ζητῆσαι, τίνος
ἕνεκεν, πάντα αὐτῷ πειθόμενοι, ἐνταῦθα δοκοῦσι
παραβαίνειν αὐτοῦ τὸν [e] νόμον. Ἀλλ' οὐ παραβαί-
E νουσιν. Οὐδὲ γὰρ εἰς τοῦτο χρήσιμος ἡμῖν οὗτος ἔσται
μόνον ὁ λόγος, εἰς τὴν ὑπὲρ τῶν ἁγίων ἐκείνων ζήτησιν, ἀλλὰ καὶ εἰς τὸ τὰ τῶν Ἑλλήνων ἐμφράξαι
στόματα. Καὶ γὰρ πολλοὶ χηρῶν οἰκίας ἀνατρέποντες,
ὀρφανοὺς γυμνοῦντες, τὰ πάντων περιβαλλόμενοι, λύκων οὐδὲν ἄμεινον διακείμενοι, ἐκ τῶν ἀλλοτρίων
ζῶντες πόνων, ὁρῶντες πολλάκις τινὰς τῶν πιστῶν δι'
ἀῤῥωστίαν σώματος πλείονα περιβεβλημένους ἱμά-
182 A τια, τὸν νόμον εὐθέως ἡμῖν τοῦ Χριστοῦ προβάλ-

[b] Duo Mss. προθεῖναι. Paulo post iidem καὶ ὁ τῶν ὑποδημάτων τρόπος τῶν ἀποστολικῶν παρέχει πολλὴν ἡμῖν τὴν ὠφέλειαν.

[c] Post ὁδόν Morel. αἴρετε, quæ vox deest in Vatic. et Coislin., et superflua erat.

[d] Mss. ἐπεπήδησε.

[e] Mss. νόμον· οὐ γὰρ δὴ παραβαίνουσιν.

λονται, καὶ ταῦτα λέγουσι τὰ ῥήματα· οὐκ ἐκέλευσεν ὑμῖν ὁ Χριστὸς μὴ ἔχειν δύο χιτῶνας, μηδὲ ὑποδήματα; πῶς οὖν ὑμεῖς παραβαίνετε τὸν νόμον τὸν περὶ τούτων κείμενον; Εἶτα δαψιλὲς γελάσαντες καὶ ἀνακαγχάσαντες, καὶ καταισχύναντες τὸν ἀδελφὸν, ἀποπηδῶσιν. Ἵν' οὖν μὴ ταῦτα γένηται, φέρε καὶ τὴν ἐκείνων ἀναισχυντίαν ἐπιστομίσωμεν. Ἐξῆν μὲν οὖν τοῦτο πρὸς αὐτοὺς μόνον εἰπόντας ἀπαλλαγῆναι. Ποῖον δὲ τοῦτο; Ὅτι εἰ μὲν ἀξιόπιστόν τινα νομίζεις εἶναι τὸν Χριστὸν, εἰκότως ταῦτα προβάλλῃ, καὶ ζητεῖς πρὸς ἡμᾶς· εἰ δὲ ἀπιστεῖς αὐτῷ, τίνος ἕνεκεν προβάλλῃ τὰς νομοθεσίας; Ἀλλ' ὅταν μὲν ἡμῶν κατηγορεῖν ἐθέλῃς, ἀξιόπιστος νομοθέτης ὁ Χριστὸς εἶναί B σοι δοκεῖ· ὅταν δὲ αὐτὸν προσκυνεῖν δέῃ καὶ θαυμάζειν, οὐδεὶς οὐκέτι σοι λόγος τοῦ κοινοῦ τῆς οἰκουμένης Δεσπότου.

Πλὴν ἀλλ' ἵνα μὴ δι' ἀπορίαν ἀπολογίας τοῦτο λέγειν ἡμᾶς νομίζωσιν, ἐπ' αὐτὴν ἴωμεν λοιπὸν τῶν ζητουμένων τὴν λύσιν. Τίς οὖν ἡ λύσις ἔσται; Ἐὰν ἴδωμεν, τίσι, καὶ πότε, καὶ διὰ τί ταῦτα ἐπέταττεν ὁ Χριστός. Οὐ γὰρ ἁπλῶς αὐτὰ καθ' ἑαυτὰ τὰ λεγόμενα ἐξετάζειν χρὴ, ἀλλὰ καὶ πρόσωπον, καὶ καιρὸν, καὶ αἰτίαν, καὶ πάντα ταῦτα μετὰ ἀκριβείας δεῖ ἐρευνᾶσθαι. Εὑρήσομεν γὰρ ἀκριβῶς σκοποῦντες, ὅτι οὐ πᾶσι ταῦτα ἐπετέτακτο, ἀλλὰ τοῖς ἀποστόλοις μόνοις, C καὶ ἐκείνοις δὲ οὐ μέχρι παντὸς, ἀλλὰ μέχρι τινὸς διωρισμένου καιροῦ. Πόθεν τοῦτο δῆλον; Ἐξ αὐτῶν τῶν εἰρημένων· καλέσας γὰρ τοὺς δώδεκα μαθητὰς, εἶπεν αὐτοῖς· Εἰς ὁδὸν ἐθνῶν μὴ ἀπέλθητε, καὶ εἰς πόλιν Σαμαρειτῶν μὴ εἰσέλθητε· πορεύεσθε δὲ μᾶλλον πρὸς τὰ πρόβατα τὰ ἀπολωλότα οἴκου Ἰσραήλ· ἀσθενοῦντας θεραπεύετε, λεπροὺς καθαίρετε, δαιμόνια ἐκβάλλετε· δωρεὰν ἐλάβετε, δωρεὰν δότε· μὴ κτήσησθε χρυσὸν, μηδὲ ἄργυρον, μηδὲ χαλκὸν εἰς τὰς ζώνας ὑμῶν. Ὅρα διδασκάλου σοφίαν, πῶς κοῦφον ἐποίησε τὸ ἐπίταγμα. Πρότερον γὰρ εἰπὼν, Ἀσθε- D νοῦντας θεραπεύετε, λεπροὺς καθαίρετε, δαιμόνια ἐκβάλλετε, καὶ τὴν παρ' αὐτοῦ χάριν δαψιλῆ δοὺς αὐτοῖς; τότε ταῦτα ἐπέταξε, τῇ τῶν σημείων περιουσίᾳ ῥᾳδίαν καὶ κούφην ποιῶν τὴν πενίαν ἐκείνην. Οὐκ ἐντεῦθεν δὲ μόνον δῆλον, ὅτι αὐτοῖς μόνοις ταῦτα ἐπετέτακτο, ἀλλὰ καὶ ἐξ ἑτέρων πολλῶν. Καὶ γὰρ τὰς παρθένους ἐκείνας διὰ τοῦτο ἐκόλασεν, ἐπειδὴ ἔλαιον οὐκ εἶχον ἐν ταῖς λαμπάσιν αὐτῶν· καὶ ἑτέροις ἐγκαλεῖ, ὅτι πεινῶντα αὐτὸν εἶδον, καὶ οὐκ ἔθρεψαν, διψῶντα, καὶ οὐκ ἐπότισαν. Τὸν τοίνυν οὐκ ἔχοντα χαλκὸν, οὐδὲ ὑποδήματα, ἀλλ' ἓν ἱμάτιον μόνον, πῶς δυνατὸν ἦν ἕτερον διαθρέψαι, πῶς γυμνὸν περιβαλεῖν, πῶς ἄστεγον εἰς τὴν οἰκίαν εἰσαγαγεῖν; Χωρὶς δὲ τού- E των, καὶ ἑτέρωθεν αὐτὸ τοῦτο δῆλον ἔσται καὶ καταφανές. Προσελθόντος γάρ τινος καὶ εἰπόντος, Διδάσκαλε, τί ποιήσας ζωὴν αἰώνιον κληρονομήσω; ἐπειδὴ

menta? quomodo ergo vos legem illam prævaricamini? Et post hæc, cum abunde fratrem riserint, et subsannarint, et probris affecerint, discedunt. Igitur ne talia fiant, age et illorum obturemus impudentiam. Et possemus quidem ab eis facile liberari, si hoc unum eis diceremus. Quale hoc? Si Christum ut fide dignum probas, merito hæc objicis, et a nobis quæris: sin ei non credis, quare legem ejus opponis? At quando accusare nos vis, dignus tibi videtur fide legislator Christus: quando autem eum admirari oportet et adorare, nullius est apud te momenti totius orbis Dominus.

Solvitur quæstio, cur Christus jusserit non habere duas tunicas.

2. Verum ne hæc inopia defensionis dicere nos putent, ad solutionem ejus, quod quærebatur, veniamus. Quænam ergo erit solutio? Videndum est in hujusmodi, quibus, et quando, et quare ea Christus imperavit. Non enim obiter, et nude inquirenda sunt hæc: sed operæ pretium fuerit simul et personam, et tempus, et causam et omnia hæc diligenter perscrutari. His enim diligenter consideratis, inveniemus, quod ipsa non sint omnibus imperata, sed solis apostolis: et neque illis in omne, sed ad præscriptum et determinatum tempus. Et unde hoc manifestum? Ex dictis ipsis: etenim, vocatis duodecim discipulis, dixit eis: *In viam gentium ne* Matth. 10.
abieritis, et in civitatem Samaritanorum ne 6.—9.
intraveritis. Ite potius ad oves domus Israel quæ perierunt: infirmos curate, leprosos mundate, dæmonia ejicite: gratis accepistis, gratis date: ne possideatis aurum vel argentum, vel æs in zonis vestris. Attende quanta magistri sapientia, quomodo leve hoc præceptum fecerit. Nam cum prius dixisset: *Infirmos curate, le-* Ib. v. 8.
prosos mundate, dæmones ejicite, magnamque eis gratiam liberaliter dedisset, tunc tandem hæc imperavit, nimirum paupertatem signorum potestate levem et facilem reddens. Neque ex his solum, sed ex multis aliis manifestum est, solis discipulis esse imperatum. Nam et virgines, quia Matth. 25.
oleum in lampadibus suis non habebant, puni- 1.—12.
vit: et alios quoque arguit et increpat, quia esu- Ib. v. 41.
rientem ipsum viderunt, et non paverunt, et si- seqq.
tientem non potarunt. Porro is cui non est æs neque calceamentum, sed una tantum vestis, quomodo alium pascere, quomodo nudum vestire, quomodo hospitem in domum inducere poterit? Sed ad hæc et aliunde clarum esse poterat. Nam

15.

Matth. 19. 16. accedente, et dicente quodam: *Magister, quid*
faciendo vitam æternam possidebo? cum re-
censita essent omnia, quæ in lege præcepta, et ille
Ib. v. 20. 21. curiosius percontaretur, et diceret: *Hæc omnia*
servavi ab adolescentia mea, quid adhuc mihi
deest? dicit ad ipsum, *Si vis perfectus esse,*
vade, vende quæ habes, et da pauperibus, et
veni, sequere me. Hic si præcipere voluisset,
oportebat hoc principio dicere, et legem in ordine
præceptorum ponere, et non tanquam consilium
et exhortationem narrare. Enimvero cum dicit,
Matth. 10. 9. *Nolite possidere aurum, vel argentum,* imperando dicit; cum vero dicit, *Si vis perfectus*
Matth. 19. 21. *esse,* consulendo et admonendo dicit. Non est
autem idem, consulere, et legem ponere. Nam
qui legem statuit, modis omnibus fieri vult quod
præcipit: qui vero consulit et adhortatur, sententiæ et arbitrio auditoris permittit, ut ex dictis
quod voluerit eligat, sicque faciendorum dominum auditorem relinquit. Propterea non simpli-
Matth. 19. 21. citer dixit, *Vade, vende quæ habes,* ne id legem esse putares: sed quomodo? *Si vis perfe-*
ctus esse, vade, vende quæ habes: ut discas
in arbitrio audientium res esse. Apostolis solis
ergo hæc fuisse præcepta palam est; verum
quæstio nondum soluta est. Nam si præcepta
sunt hæc solis apostolis, cur jussi non habere
calceos, vel geminas vestes, inventi sunt alius
habere sandalia, alius vero penulam? Quid igitur
ad hæc dicemus? Christus neque apostolos semper hujus legis necessitate obstringi voluit, sed
eos absolvit ab hac lege, cum jam ad salutarem
crucem iturus esset. Et unde hoc liquet? Ex Salvatoris sermonibus. Nam passionem aggressurus,
Luc. 22. 35. 36. vocatis illis dixit, *Cum vos mitterem sine mar-*
supio et pera, aliquidne deerat? At hi respon-
dentes dixerunt: Nihil. Ipse autem dicebat
eis: Sed nunc qui habet marsupium, tollat,
et peram: et qui non habet, vendat vestem
suam, et mercetur gladium. Jam forte dicet
aliquis, apostolos quidem his dictis a crimine
absolutos: sed ultra quæritur, quare Christus
Matth. 10. 10. contraria præceperit: nam interdum dicit, *Ne*
Luc. 22. 36. *possideatis peram:* interdum autem, *Qui habet*
marsupium, tollat, et *peram.* Quare hoc fecit?
Sane hæc admodum digne fecit sua sapientia,
curaque, quam pro discipulis gerebat. Ab initio
enim hoc imperavit, ut opere et experimento potentiæ suæ documentum acciperent, ac deinde
cum fiducia per totum orbem terrarum peragra-

Non semper lege obstringi voluit Christus discipulos.

τὰ τοῦ νόμου κατέλεξεν ἅπαντα, ὁ δὲ περιεργαζόμενος, ἔλεγε· Ταῦτα πάντα ἐφυλαξάμην ἐκ νεότητός μου· τί ἔτι μοι ὑστερεῖ; λέγει πρὸς αὐτόν· Εἰ θέλεις τέλειος εἶναι, ὕπαγε, πώλησόν σου τὰ ὑπάρχοντα καὶ δὸς πτωχοῖς, καὶ δεῦρο, ἀκολούθει μοι. 183 Καίτοι εἰ νόμος καὶ A πρόσταγμα ἦν, τοῦτο πρῶτον ἐξαρχῆς εἰπεῖν ἔδει, καὶ νομοθετῆσαι, καὶ ἐν προστάγματος τάξει θεῖναι, ἀλλὰ μὴ ἐν συμβουλῇ καὶ παραινέσει αὐτὸ εἰσηγήσασθαι. Ὅταν μὲν γὰρ λέγῃ, Μὴ κτήσησθε χρυσὸν, μηδὲ ἄργυρον, ἐπιτάττων λέγει· ὅταν δὲ λέγῃ, Εἰ ἐθέλεις τέλειος εἶναι, συμβουλεύων καὶ παραινῶν λέγει. Οὐκ ἔστι δὲ ταὐτὸν συμβουλεύειν καὶ νομοθετεῖν. Ὁ μὲν γὰρ νομοθετῶν, ἐκ παντὸς τρόπου βούλεται [a] τὸ ἐπιταττόμενον γίνεσθαι· ὁ δὲ συμβουλεύων καὶ παραινῶν καὶ τῇ γνώμῃ τοῦ ἀκούοντος ἐπιτρέπων τὴν αἵρεσιν τῶν λεγομένων, κύριον ποιεῖ τοῦ δέξασθαι καὶ μὴ τὸν ἀκροατήν. Διὰ δὴ τοῦτο οὐχ ἁπλῶς εἶπεν, Ὕπαγε, πώλησόν σου τὰ ὑπάρχοντα, ἵνα μὴ νόμον εἶναι νο- B μίσῃς τὸ λεγόμενον, ἀλλὰ πῶς; Εἰ ἐθέλεις τέλειος εἶναι, ὕπαγε, πώλησόν σου τὰ ὑπάρχοντα· ἵνα μάθῃς ὅτι ἐν τῇ γνώμῃ τῶν ἀκουόντων τὸ πρᾶγμα κεῖται. Ὅτι μὲν οὖν τοῖς ἀποστόλοις ταῦτα ἐπετέτακτο μόνοις, δῆλον ἐντεῦθεν· ἀλλ' οὐδέπω τὴν λύσιν εὑρήκαμεν. Εἰ γὰρ καὶ αὐτοῖς τοῦτο νενομοθέτηται μόνοις, τίνος ἕνεκεν ἐπιταγέντες μηδὲ ὑποδήματα ἔχειν, μηδὲ διπλοῦν ἱμάτιον, εὑρίσκονται, ὁ μὲν σανδάλια κεκτημένος, ὁ δὲ καὶ φελόνην ἔχων; Τί οὖν ἂν εἴποιμεν πρὸς ταῦτα; Ὅτι οὔτε αὐτοὺς μέχρι παντὸς ἀφῆκεν ὑπὸ ταύτην εἶναι τῶν νόμων τὴν ἀνάγκην, ἀλλ' ἐπὶ C τὸν σωτήριον ἰέναι μέλλων θάνατον, ἀπέλυσεν αὐτοὺς τῆς νομοθεσίας ταύτης. Πόθεν τοῦτο δῆλον; Ἀπ' αὐτῶν τῶν τοῦ Σωτῆρος ῥημάτων. Ἐπειδὴ γὰρ ἔμελλεν ἐπὶ τὸ πάθος ὁδεύειν, καλέσας αὐτούς φησιν· Ὅτε ἀπέστειλα ὑμᾶς ἄτερ βαλαντίου καὶ πήρας, μή τινος ὑστερήσατε; Οἱ δὲ ἀποκριθέντες εἶπον· οὐδενός. Ὁ δὲ εἶπεν αὐτοῖς· ἀλλὰ νῦν ὁ ἔχων βαλάντιον, ἀράτω, καὶ πήραν· καὶ ὁ μὴ ἔχων, πωλησάτω τὸ ἱμάτιον αὐτοῦ, καὶ ἀγοράσει μάχαιραν. Ἀλλ' ἴσως εἴποι τις ἂν, ὅτι τοὺς μὲν ἀποστόλους διὰ τῶν εἰρημένων ἀπήλλαξας τῶν ἐγκλημάτων· τὸ δὲ ζητούμενόν ἐστιν εἰπεῖν, D τίνος ἕνεκεν ἐναντία ὁ Χριστὸς ἐνομοθέτησε, ποτὲ μὲν λέγων, Μὴ κτήσησθε πήραν, ποτὲ δὲ λέγων, Ὁ ἔχων βαλάντιον, ἀράτω, καὶ πήραν. Τίνος οὖν ἕνεκεν τοῦτο πεποίηκεν; Ἀξίως τῆς αὐτοῦ σοφίας καὶ προνοίας τῆς ὑπὲρ τῶν μαθητῶν. Παρὰ μὲν γὰρ τὴν ἀρχὴν ταῦτα ἐπέταξεν, ἵνα ἔργῳ καὶ πείρᾳ τὴν ἀπόδειξιν τῆς αὐτοῦ δυνάμεως λάβωσι, καὶ λαβόντες θαῤῥήσωσι λοιπὸν εἰς τὴν οἰκουμένην ἐξελθεῖν ἅπασαν. Ἐπειδὴ δὲ λοιπὸν ἱκανῶς ἔγνωσαν αὐτοῦ τὴν δύναμιν, ἐβούλετο καὶ αὐτοὺς οἴκοθεν τὴν αὐτῶν ἀρετὴν ἐπιδείξα-

[a] Sic Mss. Morel. vero καὶ ἐπιταττόμενον δέχεσθαι.

σθαι, καὶ μὴ μέχρι τέλους αὐτοὺς διαβαστάζεσθαι, ἀλλ' ἐνδιδόναι πολλαχοῦ καὶ συγχωρεῖν, καὶ πειρασμοὺς αὐτοὺς ὑπομένειν, ἵνα μὴ διὰ τέλους ἀργοὶ μένωσι. Καὶ καθάπερ οἱ νήχεσθαι διδάσκοντες, παρὰ μὲν τὰς ἀρχὰς τὰς αὐτῶν ὑποτιθέντες χεῖρας μετὰ πολλῆς τῆς ἀκριβείας τοὺς μαθητὰς τοὺς ἑαυτῶν διαβαστάζουσι, μετὰ δὲ πρώτην καὶ δευτέραν καὶ τρίτην ἡμέραν πολλαχοῦ τὴν δεξιὰν αὐτῶν ὑποσύραντες ἐκείνοις, κελεύουσιν ἑαυτοῖς βοηθεῖν, καί που καὶ μικρὸν βαπτίζεσθαι ἐπιτρέπουσι, καὶ πολλὴν τῷ στόματι δέχεσθαι τὴν ἅλμην· οὕτω δὴ καὶ ὁ Χριστὸς ἐποίησεν ἐπὶ τῶν μαθητῶν. Ἐν ἀρχῇ καὶ ἐν προοιμίοις οὐ μικρὸν, οὐ μέγα αὐτοὺς ἀφῆκε παθεῖν, ἀλλὰ πανταχοῦ παρῆν τειχίζων αὐτοὺς, περιφράττων, πάντα μετὰ ἀφθονίας αὐτοῖς ἐπιῤῥεῖν παρασκευάζων· ἐπειδὴ δὲ ἔδει καὶ τὴν ἀνδρείαν αὐτοὺς ἐπιδείξασθαι τὴν αὐτῶν, συνέστειλεν ὀλίγῳ τὴν χάριν, ἐγκελευσάμενος αὐτοῖς πολλὰ καὶ δι' ἑαυτῶν ἀνύειν. Διά τοι τοῦτο, ὅτε μὲν οὐκ εἶχον ὑποδήματα, οὐδὲ ζώνην, οὐδὲ ῥάβδον, οὐδὲ χαλκὸν, οὐδενὸς ὑστερήθησαν· Μή τινος γὰρ, φησὶν, ὑστερήσατε; Οἱ δὲ ἀποκριθέντες εἶπον· οὐδενός. Ἐπειδὴ δὲ αὐτοὺς ἐκέλευσε καὶ βαλάντιον ἔχειν, καὶ πήραν, καὶ ὑποδήματα, εὑρίσκονται καὶ πεινῶντες καὶ διψῶντες καὶ γυμνητεύοντες. Ὅθεν δῆλον, ὅτι πολλαχοῦ συνεχώρει καὶ παρακινδυνεύειν αὐτοὺς καὶ στενοχωρεῖσθαι, ἵνα τινὰ μισθὸν ἔχωσιν. Οὕτω που καὶ οἱ ὄρνιθες τοῖς νεοττοῖς ποιοῦσι τοῖς ἑαυτῶν· καὶ γὰρ ἐκεῖνοι, ἕως μὲν τὰ πτερὰ ἁπαλὰ ἔχουσιν, ἐπὶ τῆς καλιᾶς καθήμενοι θάλπουσιν· ἐπειδὰν δὲ ἴδωσι πτεροφυήσαντας, καὶ δυναμένους τὸν ἀέρα τέμνειν, πρῶτον μὲν περὶ αὐτὴν τὴν καλιὰν ἵπτασθαι παρασκευάζουσιν, ἔπειτα δὲ καὶ ποῤῥωτέρω περιάγουσι, παρὰ μὲν τὴν ἀρχὴν ἑπόμεναι καὶ διαβαστάζουσαι, μετὰ δὲ ταῦτα αὐτοὺς ἑαυτοῖς ἀφιεῖσαι βοηθεῖν. Οὕτω καὶ ὁ Χριστὸς ἐποίησε, καθάπερ ἐν καλιᾷ, τῇ Παλαιστίνῃ τρέφων τοὺς μαθητάς· ἐπειδὴ δὲ πέτεσθαι ἐδίδαξε παρὼν καὶ διαβαστάζων αὐτοὺς, τέλος ἀφῆκεν εἰς τὴν οἰκουμένην πτῆναι, κελεύσας καὶ ἑαυτοῖς πολλαχοῦ βοηθεῖν. Καὶ ὅτι τοῦτό ἐστιν ἀληθὲς, καὶ ἵνα τὴν δύναμιν αὐτοῦ μάθωσι, πάντων αὐτοὺς ἐγύμνωσε, καὶ μονοχίτωνας ἀπέστειλε, καὶ χωρὶς ὑποδημάτων ἐκέλευσε βαδίζειν, αὐτῆς οὖν τῆς ῥήσεως ἀκούσαντες σαφῶς εἰσόμεθα. Οὐ γὰρ ἁπλῶς εἶπεν αὐτοῖς· ἄρατε βαλάντιον καὶ πήραν, ἀλλ' ἀνέμνησεν αὐτοὺς τῶν προτέρων, οὕτως εἰπών· Ὅτε ἀπέστειλα ὑμᾶς ἄτερ βαλαντίου καὶ πήρας, μή τινος ὑστερήσατε; τουτέστιν, οὐ πάντα μετὰ ἀφθονίας ὑμῖν ἐπέῤῥει, καὶ πολλῆς ἀπελαύσατε δαψιλείας; ἀλλὰ νῦν βούλομαι ὑμᾶς καὶ δι' ἑαυτῶν ἀγωνίζεσθαι, βούλομαι ὑμᾶς καὶ πενίας πεῖραν λαβεῖν· διὰ τοῦτο λοιπὸν ἐπὶ τὴν ἀνάγκην οὐκ ἄγω τοῦ προτέρου νόμου, ἀλλ' ἐπιτρέπω καὶ βαλάντιον ἔχειν καὶ πήραν,

rent. Verum ubi jam potentiam ipsius agnoverunt, optavit ut et ipsi ex se virtutis specimen præberent, neque ipsos ad finem usque gestare
E voluit; sed ipsos sæpe exposuit permisitque suas ferre tentationes, ne scilicet perpetuo otiosi residerent: et quemadmodum qui artem natandi docent, principio suppositis manibus multa diligentia discipulos gestant; post unum autem et alterum et tertium diem subtracta dextera illis præcipiunt, ut seipsos juvent, et nonnunquam illos parumper mergi sinunt, ita ut et multum salsuginis sorbeant: ita sane et cum discipulis
154 suis Christus faciebat. Nam initio nihil eos pati
A sinebat, vel parvum vel magnum, sed ubique aderat muniens, et circumvallans eos, faciensque ut omnia ubertim eis affluerent: cum vero tempus esset, ut virilitatem suam ipsi declararent, subtraxit modicum gratiæ, præcipiens eis, ut etiam per seipsos multa perficerent. Atque hanc ob causam, cum non habebant calceos, vel zonam, vel baculum, vel æs, nihil eis deerat: dicit
enim, *Num aliquid vobis defuit? Et respon-* Luc. 22. 35.
dentes dixerunt: Nihil. Quo tempore autem permisit eis, ut marsupium haberent et peram
B et calceos, inveniebantur et esurientes, et sitientes, et nudi incedentes. Unde liquidum, quod passim eos periclitari et affligi sineret: nempe, ut mercedem aliquam haberent. Sic videlicet aves pullos suos foventes tamdiu in nido sedent, donec illorum plumæ increscant; quas dum inerevisse viderint, illosque aerem secare posse, eos primum circa nidum volitare docent, postea paulo longius: initio eos sequuntur et supportant, dein adminiculo suo totos destituunt. Ita faciebat et Christus. In Palæstina enim, quasi in nido nutricabat discipulos; et postquam eos volare docuit præsens, et gestans, tandem dimisit eos, ut volarent in totum orbem, dato eis mandato, ut
C sese identidem juvarent. Et quod hoc verum sit, quodque ideo eos omnibus nudatos, et una tantum veste amictos miserit, et absque calceis ambulare jusserit, ut suam virtutem et potentiam cognoscerent, clare sciemus, si illud dictum audiamus. Non enim simpliciter dixit eis, Tollite marsupium et peram; sed priorum memoriam refricando sic dicebat, *Cum mitterem vos sine marsupio* et *pera, aliquidne deerat?* hoc est, nonne omnia ubertim vobis affluebant, multaque largitate fruebamini? sed nunc volo vos per vos ipsos certare, et paupertatem experiri; et capropter lege priori obstrictos nolo, sed per-
D mitto, ut et marsupium et peram habeatis, ut ne

quasi per inanima instrumenta per vos operari existimer; sed et vos vestram philosophiam exhibere oportet.

3. Quod si adhuc dicis : An non major visa fuisset gratia, si semper ita versati essent? Verum non ita probati fuissent : si enim nullam vel afflictionem, vel inopiam, vel persequutionem, vel angustiam experti essent, mansissent ignavi et pigri : nunc autem, non solum gratiam Christi relucere, sed et subditorum probationem exhiberi volebat, ne postea quidam dicere possent, eos nihil a seipsis attulisse, sed facta esse omnia auxilio Dei. Poterat enim Deus eos usque ad finem in ea abundantia custodire : sed noluit ob varias, necessariasque causas, quas sæpe caritati vestræ diximus. Una quidem hæc est quam diximus: alia autem hac non minor, ut modestiæ assuefierent : tertia vero, ut ne major illis, quam hominibus debetur, honor exhiberetur. Itaque propter hæc, et his multo plura, cum permissurus esset eis multa inexspectata accidere, noluit priorem legem tam arctam manere, sed ejus philosophiæ severitatem nonnihil relaxavit, ut et ita non esset eis gravis et intolerabilis vita, si sæpe derelinquerentur, et simul duram illam legem servare cogerentur. Quoniam autem oportebat obscure propositum clarius docere, idcirco postquam dixit, *Qui habet marsupium, tollat, et peram :* subjicit, *Et qui non habet, vendat vestem suam,* et *emat gladium*. Quidnam hoc? armatne discipulos qui dicit : *Si quis te percusserit in dexteram maxillam, verte ei* et *alteram?* qui præcepit, ut benedicamus iis, qui nos conviciis lacessunt, feramus lædentes, oremus pro persequentibus, nunc armat? armatque uno tantum gladio? Et quomodo hæc rationi consona sunt? Nam si omnino armis opus erat, non solo gladio, sed et scuto, et galea, et cruralibus armare oportebat. Et profecto, si humano more hæc dispensare et agere voluisset, apud vos ridiculum non erat hoc præceptum? Quandoquidem licet sexcenta id genus arma possedissent adversus tot insidias et impetus populorum, tyrannorum, civitatum, gentium, quomodo iis potentiores fuissent undecim? Num potuissent audire vocem hinnientium equorum? annon vel ad solum exercitus aspectum conterriti essent viri non nisi in stagnis et fluminibus et

Luc. 22. 36.

Matth. 5. 39. et Luc. 6. 29.

ἵνα μὴ, καθάπερ δι' ἀψύχων ὀργάνων, ἐνεργεῖν τὰ καθ' ὑμᾶς νομίζωμαι, ἀλλὰ καὶ ὑμεῖς τὴν οἰκείαν ἔχητε ἐπιδείκνυσθαι [a] φιλοσοφίαν.

Καὶ τί, φησὶν, οὐκ ἂν μείζων ἐφάνη ἡ χάρις, εἰ διαπαντὸς οὕτως ἐτέλεσαν ὄντες; Ἀλλ' αὐτοὶ οὐκ ἐγένοντο οὕτω δόκιμοι· εἰ γὰρ μηδεμιᾶς ἔλαβον θλίψεως πεῖραν, μὴ πενίας, μὴ διωγμοῦ, μὴ στενοχωρίας, ἔμειναν ἂν ἀργοὶ καὶ νωθεῖς· νῦν δὲ οὐχὶ τὴν χάριν διαλάμψαι μόνον, ἀλλὰ καὶ τὴν τῶν ὑπακουόντων δοκιμὴν ἠθέλησεν [b] ἐπιδειχθῆναι, ἵνα μὴ μετὰ ταῦτά
E τινες ἔχωσι λέγειν, ὅτι οὐδὲν παρ' ἑαυτῶν εἰσήνεγκαν ἐκεῖνοι, ἀλλὰ τὸ πᾶν τῆς τοῦ Θεοῦ ῥοπῆς ἐγένετο. Ἠδύνατο μὲν γὰρ αὐτοὺς ὁ Θεὸς μέχρι τέλους ἐν ἀφθονίᾳ καταστῆσαι τοσαύτῃ, ἀλλ' οὐκ ἠθέλησε διὰ πολλὰς καὶ ἀναγκαίας προφάσεις, ἃς πολλάκις πρὸς τὴν ὑμετέραν ἀγάπην εἰρήκαμεν· [c] μίαν μὲν δὴ ταύτην, ἑτέραν δὲ οὐκ ἐλάττονα ταύτης, ἵνα καὶ μετριάζειν εἰδῶσι· τρίτην δὲ, ἵνα μὴ μείζονα, ἢ κατὰ ἄν-
185 A θρωπον, λάβωσι δόξαν. Διὰ δὴ ταῦτα, καὶ πολλῷ πλείονα τούτων, ἀφεὶς αὐτοὺς πολλοῖς τῶν ἀδοκήτων περιπίπτειν, οὐκ ἠβουλήθη ὑπὸ τὴν ἀκρίβειαν τῆς νομοθεσίας τῆς προτέρας ἀφεῖναι, ἀλλ' ἐχάλασε καὶ ἀνῆκε τῆς φιλοσοφίας τὸν τόνον ἐκείνης, ὥστε μὴ βαρύν τινα καὶ ἀφόρητον αὐτοῖς γενέσθαι τὸν βίον, πολλαχοῦ ἐγκαταλιμπανομένοις, καὶ τὸν ἀκριβῆ νόμον ἐκεῖνον ἀναγκαζομένοις τηρεῖν. Ἐπειδὴ δὲ χρὴ καὶ τὸ προκείμενον ἀσαφὲς ὂν ποιῆσαι καταφανὲς, ἀναγκαῖον καὶ τοῦτο εἰπεῖν. Εἰπὼν γὰρ, Ὁ ἔχων βαλάντιον, ἀράτω, καὶ πήραν, ἐπήγαγε· Καὶ ὁ μὴ ἔχων, πωλήσει τὸ ἱμάτιον αὐτοῦ, καὶ ἀγοράσει μά-
B χαιραν. Τί ποτε τοῦτό ἐστι; καθοπλίζει τοὺς μαθητὰς ὁ λέγων, Ἐάν τίς σε ῥαπίσῃ εἰς τὴν δεξιὰν σιαγόνα, στρέψον αὐτῷ καὶ τὴν ἄλλην; ὁ κελεύων εὐλογεῖν τοὺς λοιδορουμένους, ἀνέχεσθαι τῶν ἐπηρεαζόντων, εὔχεσθαι ὑπὲρ τῶν διωκόντων, εἶτα καθοπλίζει, καὶ διὰ μαχαίρας μόνης; Καὶ ποῖον ἂν ἔχοι τοῦτο λόγον; Εἰ γὰρ ὅλως ἔδει καθοπλίσαι, οὐ μαχαίρας ἔδει κτήσασθαι μόνον, ἀλλὰ καὶ ἀσπίδα καὶ κράνος καὶ κνημῖδας. Ὅλως δὲ, εἴ γε ἀνθρωπίνως τὰ τοιαῦτα ἔμελλεν οἰκονομεῖν, πόσοις οὐκ ἦν τὸ ἐπίταγμα γέλως; Εἰ γὰρ μυρία τοιαῦτα ὅπλα ἐκτήσαντο πρὸς τοσαύτην ἔφοδον καὶ ἐπιβουλὴν δήμων, τυράννων, πόλεων, ἐθνῶν, τίνες ἔμελλον οἱ ἕνδεκα φανεῖσθαι; Φωνῆς γὰρ ἀκοῦ-
C σαι χρεμετίζοντος ἵππου δυνατὸν ἦν αὐτοῖς; πρὸς δὲ τὴν ὄψιν μόνην οὐκ ἂν κατεπλάγησαν τῶν στρατοπέδων, ἐν λίμναις καὶ ποταμοῖς καὶ ἀκατίοις τραφέντες μικροῖς; Τίνος οὖν ἕνεκεν τοῦτο λέγει; Τὴν ἔφοδον τῶν Ἰουδαίων ἐνδείξασθαι βουλόμενος, καὶ ὅτι μέλ-

[a] Duo Mss. φιλοσοφίαν. εἶτα οὐκ ἂν μείζων.

[b] Ἐπιδειχθῆναι deest in duobus Mss.

[c] Hic in Morel. et Savil. post εἰρήκαμεν, καὶ νῦν δὲ εἴποιμεν, quæ desunt in utroque Ms. et superflua videntur. In sequentibus levissima sunt lectionum discrimina.

λουσιν αὐτὸν συλλαμβάνειν. Καὶ τοῦτο φανερῶς μὲν οὐκ ἠθέλησεν εἰπεῖν, δι' αἰνιγμάτων δὲ, ὥστε μὴ θορυβῆσαι πάλιν αὐτούς. Ὥσπερ οὖν ὅταν ἀκούσῃς αὐτοῦ λέγοντος, ὅτι Ὃ ἠκούσατε εἰς τὸ οὖς, κηρύξατε ἐπὶ τῶν δωμάτων, καὶ ὃ ἠκούσατε ἐν τῇ σκοτίᾳ, εἴπατε ἐν τῷ φωτὶ, οὐ τοῦτο ὑποπτεύεις, ὅτι κελεύει τοὺς στενωποὺς καὶ τὴν ἀγορὰν ἀφέντας ἐπὶ τῶν δωμάτων κηρύττειν· οὐδὲ γὰρ φαίνονται τοῦτο ποιήσαντες οἱ μαθηταί· ἀλλὰ τὸ, Ἐπὶ τῶν δωμάτων, καὶ τὸ, Ἐν τῷ φωτὶ, τὸ μετὰ παῤῥησίας αἰνίττεται· τὸ δὲ, Εἰς τὸ οὖς, καὶ τὸ, Ἐν τῇ σκοτίᾳ, τοῦτο δηλοῖ, ὅτι ὅπερ ἐν μικρῷ μέρει τῆς οἰκουμένης, καὶ ἐν ἑνὶ χωρίῳ τῆς Παλαιστίνης ἠκούσατε, τοῦτο πανταχοῦ τῆς γῆς ἐξηγήσατε. Οὐ γὰρ δὴ ἐν σκοτίᾳ, οὐδὲ εἰς τὸ οὖς διελέγετο αὐτοῖς, ἀλλ' ἐφ' ὑψηλῶν τῶν ὀρέων, καὶ ἐν ταῖς συναγωγαῖς πολλάκις. Οὕτω καὶ ἐνταῦθα ὑποληπτέον. Ὥσπερ οὖν ἐκεῖ δώματα ἀκούοντες, ἑτέρως ἐνοήσαμεν, οὕτω καὶ ἐνταῦθα μαχαίρας ἀκούοντες, μὴ τοῦτο νομίσωμεν, ὅτι ἐπέταξε μαχαίρας κεκτῆσθαι, ἀλλ' ὅτι διὰ τῶν μαχαιρῶν τὴν ἐνεστῶσαν αἰνίττεται ἐπιβουλὴν, καὶ ὅτι μέλλει πάσχειν παρὰ τῶν Ἰουδαίων, ἅπερ ἔπαθε. Καὶ τοῦτο ἐκ τῶν ἑξῆς δῆλον. Εἰπὼν γὰρ, Ἀγοράσει μάχαιραν, ἐπήγαγε· Δεῖ γὰρ τὰ γεγραμμένα περὶ ἐμοῦ τελεσθῆναι, ὅτι ἐν τοῖς ἀνόμοις ἐλογίσθην. Εἰπόντων δὲ ἐκείνων, ὅτι Εἰσὶν ὧδε δύο μάχαιραι, καὶ τὸ λεχθὲν μὴ συνιέντων, φησὶν, Ἱκανόν ἐστι. Καίτοι γε οὐκ ἦν ἱκανόν· εἰ μὲν γὰρ ἀνθρωπίνῃ βοηθείᾳ κεχρῆσθαι αὐτοὺς ἐβούλετο, οὐ μόνον δύο καὶ τρεῖς, ἀλλ' οὐδὲ ἑκατὸν ἦσαν ἱκαναὶ μάχαιραι· εἰ δὲ οὐκ ἐβούλετο ἀνθρωπίνῃ βοηθείᾳ αὐτοὺς κεχρῆσθαι, καὶ αἱ δύο περιτταί. Ἀλλ' ὅμως οὐκ ἐξεκάλυψε τὸ αἴνιγμα· καὶ γὰρ πολλαχοῦ φαίνεται τοῦτο ποιῶν· ἐπειδὰν μὴ νοήσωσι τὸ λεχθὲν, παρατρέχει καὶ ἀφίησι, τῇ τῶν πραγμάτων ἐκβάσει τῶν μετὰ ταῦτα τὴν κατανόησιν τῶν εἰρημένων ἐπιτρέπων λοιπόν· ὅπερ οὖν καὶ ἀλλαχοῦ ἐποίησε. Καὶ γὰρ περὶ τῆς ἀναστάσεως αὐτοῦ διαλεγόμενος, οὕτω πως ἔλεγε· Λύσατε τὸν ναὸν τοῦτον, καὶ ἐν τρισὶν ἡμέραις ἐγερῶ αὐτόν. Καὶ ὅμως οὐκ ᾔδεισαν οἱ μαθηταὶ τὸ λεγόμενον· καὶ ὅτι οὐκ ᾔδεισαν, ὁ εὐαγγελιστὴς ἐπεσημήνατο, λέγων· Ὅτε δὲ ἀνέστη ὁ Ἰησοῦς, τότε ἐπίστευσαν τῷ λόγῳ αὐτοῦ, καὶ τῇ Γραφῇ. Καὶ πάλιν ἀλλαχοῦ· Οὐδὲ γὰρ ᾔδεισαν, ὅτι δεῖ αὐτὸν ἐκ νεκρῶν ἀναστῆναι.

Ἀλλὰ τὸ μὲν ζήτημα ἱκανὴν ἔχει τὴν λύσιν· ἡμεῖς δὲ ἐπὶ τὸ λειπόμενον τῆς [a] προσρήσεως μέρος τὸν λόγον ἀγάγωμεν. Τί ποτ' οὖν ἐστι τὸ λεγόμενον, καὶ πόθεν εἰς ταῦτα ἐξέβημεν; Ἐμακαρίζομεν τὴν Πρίσκιλλαν καὶ τὸν Ἀκύλαν, ὅτι συνῴκουν τῷ Παύλῳ, ὅτι καὶ τὸν τρόπον τῆς στολῆς, καὶ τὸν τρόπον τῶν

lembis versati? Quare ergo hoc dicit? Judæorum insidias indicare volebat, illosque ipsum comprehensuros esse : idque manifeste dicere nolebat, sed per ænigmata, ne iterum conturbarentur. Itaque sicut cum audis Christum dicentem : *Quod audistis in aurem, prædicate super tecta : et quod audistis in tenebris, dicite in luce;* [Matth. 10. 27. et Luc. 12. 3.] non intelligis, quasi præcipiat relictis foris et triviis eos super tecta debere prædicare; neque enim id fecerunt discipuli : sed cum dicit, *Super tecta*, et *In luce*, fiduciam et libertatem publice prædicandi insinuat; cum vero dicit, *In aurem*, et *In tenebris*, significat, ut ubique terrarum narrent, quod in parva mundi parte, et in uno Palestinæ loco audierant. Neque enim in tenebris et in aurem eis loquebatur, sed sæpe in altis montibus, et in synagogis. Ita et hic intellige. Nam sicut ibi audientes tecta, alio modo intelleximus, ita et hic cum gladios audimus, ne putemus eum jussisse haberi gladios, sed per gladios insinuasse imminere insidias, et passurum se a Judæis quæ et passus est. Atque hoc ex sequentibus manifestum est. Nam ut dixit emendum gladium, mox adjecit : *Quia oportet adimpleri ea quæ de me sunt scripta, Quod cum iniquis reputatus sum.* [Luc. 22. 37. Isai. 53. 12.] Discipulis autem dicentibus, *Hic sunt duo gladii*, et non intelligentibus id, quod dictum fuerat, ait, *Satis est.* [Luc. 22. 38.] Tametsi non satis erat : neque enim suffecissent vel duo, vel tres, vel centum, si humano auxilio eos uti voluisset; quod si noluit eos humano præsidio uti, sunt utique et hi duo superflui. Proinde hic ænigma non exposuit; id quod sæpe facere deprehenditur, ut quoties dicta minus intelligunt discipuli, eventui rerum dictorum intelligentiam explanandam relinquens, prætereat. Ita et alibi facit. De resurrectione enim disserens, sic dicebat : *Solvite templum hoc, et in tribus diebus excitabo illud :* [Joan. 2. 19.] et non intelligebant discipuli quid diceret, sicut et evangelista testatur, dicens : *Quando autem surrexit Jesus, crediderunt verbo ejus, et Scripturæ.* [Ib. v. 22.] Et iterum alibi : *Nondum enim sciebant, quod oportebat ipsum e mortuis resurgere.* [Joan. 20. 9.]

4. Sed quæstio satis soluta est. Nos nunc ad reliquam salutationis partem sermonem flectamus. Quidnam ergo est, quod dictum est, et unde istuc digressi sumus? Priscillam et Aquilam beatos diximus, quod cum Paulo habitarent, diligenter addiscentes morem habitus et calcea-

[a] Sic Coislin. recte. In Morel. πρώην ῥήσεως, perperam.

mentorum atque omnia quæ agebat. Hinc nobis enata est quæstio : cujus gratia Christo prohibente aliquid præter unam vestem haberi, visi sint hi habere sandalia et penulam. Et sermone demonstratum est, apostolos his utendo legem non transgressos esse, sed diligenter observasse. Hæc autem dicebamus, non ut vos ad coacervandas divitias exhortaremur, et provocaremus ut plus quam necessitas postulat, possideatis, sed ut in promtu sint quæ infidelibus nostra ridentibus respondeatis. Etenim Christus superiorem legem solvens, non jussit nos habere domos, servos, lectos, vasa argentea, vel quidpiam horum : sed nos a prius dictorum necessitate liberos esse voluit. Unde et Paulus sic admonebat, di-
1. Tim. 6. 8. cens : *Habentes victum et tegumenta, his contenti sumus.* Tribuendum enim egentibus, si quid usui nostro superest : id quod Priscilla et Aquila perquam studiose faciebant. Et idcirco eos laudat et admiratur apostolus, insigne illo-
Rom. 16. 3. rum præconium apponens. Nam ut dixit, *Salutate Priscillam et Aquilam cooperarios meos in Domino*, etiam causam ponit tantæ cari-
Ibid. v. 4. tatis. Qualem? *Qui pro mea*, ait, *anima cervicem suam supposuere.* Igitur, dicet fortasse aliquis, hac de causa eos diligis et amas? Maxime : quia et si id unum egissent, vel hinc laude digni erant. Qui enim ducem exercitus salvum fecit, et milites fecit salvos : qui medicum liberavit periculis, et laborantes morbis ad sanitatem reduxit : qui gubernatorem fluctibus eripuit, navem totam ex undis liberavit : sic utique qui magistrum orbis salvarunt, et pro illius salute sanguinem suum effuderunt, orbis quoque totius fuerunt benefactores, utpote qui sua erga præceptorem providentia discipulos omnes servaverint. Ut autem discas, eos non solum erga magistrum tales fuisse, sed et fratribus eamdem curam impendisse, audi sequentia. Nam cum dixisset, *Pro anima mea cervicem supposuerunt*, adjecit : *Quibus non ego solus gratias ago, sed et omnes Ecclesiæ gentium.* Quid ais? tentoriorum opificibus, pauperibus, artificibus, quibus nihil præter victum necessarium suppetebat, omnes Ecclesiæ gentium gratias agunt? et quid tantum duo illi prodesse potuerunt tot Ecclesiis? qua opum abundantia, qua potentiæ magnitudine, quo apud principes favore claruerunt? Opum quidem abundantia, et potentia, et gratia apud imperantes nihil va-

ὑποδημάτων, καὶ τὰ ἄλλα ἅπαντα μετὰ ἀκριβείας αὐτοῦ κατεμάνθανον. Ἐντεῦθεν τὸ ζήτημα ἡμῖν ἐτέχθη τοῦτο. Ἐζητοῦμεν γὰρ, τίνος ἕνεκεν, τοῦ Χριστοῦ ἀπαγορεύοντος μηδὲν ὅλως ἔχειν, εἰ μὴ μόνον ἱμάτιον, ἐφαίνοντο καὶ ὑποδήματα καὶ φελόνην
C ἔχοντες. Εἶτα ὁ λόγος ἀπέδειξεν, ὅτι οὐ παραβαίνοντες τὸν νόμον, ἀλλὰ καὶ σφόδρα τηροῦντες τούτοις ἐχρῶντο. Ταῦτα δὲ ἐλέγομεν, οὐκ εἰς περιουσίαν χρημάτων ὑμᾶς ἀλείφοντες, οὐδὲ παρακαλοῦντες πλείω τῆς χρείας κεκτῆσθαι, ἀλλ' ἵνα ἔχητε πρὸς τοὺς ἀπίστους ἀντιλέγειν τοὺς διαχλευάζοντας τὰ ἡμέτερα. Καὶ γὰρ ὁ Χριστὸς λυσας τὸν πρότερον νόμον, οὐχὶ οἰκίας, οὐδὲ ἀνδράποδα, οὐδὲ κλίνας, οὐδὲ ἀργυρώματα, οὐδὲ ἄλλο τι τοιοῦτον οὐδὲν ἐκέλευσεν ἔχειν, ἀλλὰ τῆς ἀνάγκης ἀπηλλάχθαι τῶν πρότερον εἰρημένων. Καὶ ὁ Παῦλος δὲ οὕτω παρῄνει λέγων· Ἔχοντες τροφὰς καὶ σκεπάσματα, τούτοις ἀρκεσθησόμεθα. Τὸ
D γὰρ περιττὸν τῆς χρείας εἰς τοὺς δεομένους ἀναλίσκεσθαι δεῖ· καθάπερ οὖν καὶ οὗτοι ἐποίουν, Πρίσκιλλα καὶ Ἀκύλας. Διόπερ αὐτοὺς ἐπαινεῖ καὶ θαυμάζει, καὶ μέγιστον αὐτῶν συντίθησιν ἐγκώμιον. Εἰπὼν γὰρ, Ἀσπάσασθε Πρίσκιλλαν καὶ Ἀκύλαν τοὺς συνεργούς μου ἐν Κυρίῳ, καὶ τὴν αἰτίαν τίθησι τῆς τοιαύτης ἀγάπης. Ποίαν δὴ ταύτην; Οἵτινες ὑπὲρ τῆς ψυχῆς μου, φησὶ, τὸν ἑαυτῶν τράχηλον ὑπέθηκαν. Οὐκοῦν διὰ τοῦτο αὐτοὺς ἀγαπᾷς καὶ φιλεῖς, ἴσως [b] εἴποι τις; Μάλιστα μὲν οὖν· εἰ καὶ τοῦτο μόνον ἦν, ἀρκοῦν ἐγκώμιον ἦν. Ὁ γὰρ τὸν στρατηγὸν σώσας, τοὺς
E στρατιώτας διέσωσεν ἄν· ὁ τὸν ἰατρὸν ἀπαλλάξας τῶν κινδύνων, τοὺς κάμνοντας εἰς ὑγείαν ἐπανήγαγεν· ὁ τὸν κυβερνήτην ἐξαρπάσας τοῦ κλύδωνος, τὸ πλοῖον ὅλον τῶν κυμάτων ἀπήλλαξεν· οὕτω καὶ οἱ τὸν διδάσκαλον τῆς οἰκουμένης διασώσαντες, καὶ τὸ αἷμα τὸ ἑαυτῶν ἐκχέαντες ὑπὲρ τῆς ἐκείνου σωτηρίας, κοινοὶ τῆς οἰκουμένης ἦσαν εὐεργέται, ἐν τῇ περὶ τὸν διδάσκαλον προνοίᾳ τοὺς μαθητὰς ἅπαντας διασώσαντες. Ἵνα δὲ μάθῃς, ὅτι οὐ περὶ τὸν διδάσκαλον ἦσαν τοιοῦτοι μόνον, ἀλλὰ καὶ περὶ τῶν ἀδελφῶν τὴν αὐτὴν ἐπεδείκνυντο πρόνοιαν, ἄκουσον τῶν ἑξῆς. Εἰπὼν γὰρ, Οἵτινες ὑπὲρ τῆς ψυχῆς μου τὸν ἑαυτῶν τράχηλον ὑπέθηκαν, ἐπήγαγε λέγων· Οἷς οὐκ ἐγὼ μόνος εὐχα-
187 ριστῶ, ἀλλὰ καὶ πᾶσαι αἱ Ἐκκλησίαι τῶν ἐθνῶν.
A Τί λέγεις; σκηνοποιοῖς, πτωχοῖς, χειροτέχναις, οὐδὲν πλέον τῆς ἀναγκαίας ἔχουσι τροφῆς, πᾶσαι αἱ Ἐκκλησίαι τῶν ἐθνῶν εὐχαριστοῦσι; καὶ τί τοσοῦτον οἱ δύο οὗτοι Ἐκκλησίας τοσαύτας ὠφελῆσαι ἴσχυσαν; ποίαν χρημάτων εἶχον περιουσίαν; ποῖον δυναστείας μέγεθος; τίνα παρὰ ἄρχουσι παῤῥησίαν; Χρημάτων μὲν περιουσίαν καὶ δυναστείαν παρὰ τοῖς κρατοῦσιν οὐκ ἐκέκτηντο· ὃ δὲ τούτων ἁπάντων μεῖζον ἦν, προ-

b [Fort. ἴσως εἴποι τις ἄν;]

θυμίαν γενναίαν καὶ ψυχὴν πρὸς κινδύνους παρατεταγμένην μετὰ πολλῆς τῆς περιουσίας εἶχον. Διὰ τοῦτο πολλῶν εὐεργέται ἐγένοντο καὶ σωτῆρες. Οὐ γὰρ οὕτως οἱ πλουτοῦντες καὶ ψοφοδεεῖς ὡς οἱ πενίᾳ συζῶντες καὶ μεγαλόψυχοι τὰς Ἐκκλησίας ὠφελεῖν δύναιντ' ἄν. Καὶ μηδεὶς παράδοξον εἶναι νομιζέτω τὸ λεγόμε- B
νον· ἀληθὲς γάρ ἐστι, καὶ ἀπ' αὐτῶν δείκνυται τῶν πραγμάτων. Ὁ μὲν γὰρ πλούσιος πολλὰς ἔχει τοῦ παραβλάπτεσθαι τὰς λαβάς. Δέδοικεν ὑπὲρ οἰκίας, ὑπὲρ οἰκετῶν, ὑπὲρ ἀγρῶν, ὑπὲρ χρημάτων, μήτις αὐτόν τι τούτων ἀφέληται. Καὶ τὸ πολλῶν εἶναι κύριον, πολλῶν εἶναι δοῦλον ποιεῖ. Ὁ μέντοι πένης, εὔζωνός τις ὢν καὶ πάσας ταύτας ἀποθέμενος τὰς λαβὰς, λέων ἐστὶ πῦρ πνέων, καὶ ψυχὴν ἔχει γενναίαν, καὶ πάντων ἐξανιστάμενος ῥᾳδίως ἅπαντα πράττει τὰ δυνάμενα τὰς Ἐκκλησίας ὠφελεῖν, κἂν ἐλέγξαι δέῃ, κἂν ἐπιτιμῆσαι, κἂν μυρίας διὰ τὸν Χριστὸν ἀναδέξασθαι ἐπαχθείας· καὶ ἐπειδὴ ἅπαξ τῆς ζωῆς ὑπερεῖδε τῆς παρούσης, πάντα ῥᾳδίως καὶ C
μετὰ πολλῆς ποιεῖ τῆς εὐκολίας. Τί γὰρ καὶ δέδοικεν, εἰπέ μοι; Μή τις αὐτοῦ τὰ χρήματα ἀφέληται; Ἀλλ' οὐκ ἔστι τοῦτο εἰπεῖν. Ἀλλὰ μὴ τῆς πατρίδος ἐκπέσῃ; Ἀλλὰ [a] πᾶσα ἡ ὑπ' οὐρανὸν πόλις αὐτῷ ἐστιν. Ἀλλὰ μὴ τῆς τρυφῆς αὐτόν τις περικόψῃ καὶ τῆς δορυφορίας; Ἀλλὰ καὶ τούτοις ἅπασι χαίρειν εἰπὼν, ἐν οὐρανῷ πολιτεύεται, καὶ πρὸς τὴν μέλλουσαν ἐπείγεται ζωήν. Κἂν αὐτὴν ἐπιδοῦναι δέῃ τὴν ψυχὴν, καὶ τὸ αἷμα εἰσενεγκεῖν, οὐ παραιτήσεται. Ἐντεῦθεν ὁ τοιοῦτος καὶ τυράννων, καὶ βασιλέων, καὶ δήμων, καὶ πάντων ἐστὶ δυνατώτερός τε καὶ εὐπορώτερος. Καὶ ἵνα μάθῃς ὅτι οὐ κολακεία τὸ λεγόμενον, ἀλλ' D
ἀληθῶς, οἱ μηδὲν κεκτημένοι, οὗτοι μάλιστα πάντων ἐλευθεροστομεῖν δύναιντ' ἂν, πόσοι πλούσιοι κατὰ τὸν καιρὸν ἦσαν Ἡρώδου; πόσοι δυνάσται; τίς παρῆλθεν εἰς μέσον, τίς ἐπετίμησε τῷ τυράννῳ; τίς ἤμυνεν ἀδικουμένοις τοῖς τοῦ Θεοῦ νόμοις; Τῶν μὲν εὐπόρων οὐδείς· ὁ δὲ πένης καὶ πτωχὸς, ὁ μὴ κλίνην, μήτε τράπεζαν, μήτε στέγην ἔχων, ὁ τῆς ἐρήμου πολίτης Ἰωάννης, οὗτος μόνος καὶ πρῶτος μετὰ παῤῥησίας ἁπάσης τὸν τύραννον ἤλεγχε, καὶ τοὺς μοιχαλίους ἐξεκάλυπτε γάμους, καὶ παρόντων ἁπάντων καὶ ἀκουόντων, τὴν καταδικάζουσαν αὐτὸν ἐξέφερε ψῆφον. Καὶ πρὸ τούτου δὲ πάλιν ὁ μέγας Ἠλίας, τῆς μηλωτῆς μηδὲν κεκτημένος πλέον, τὸν ἀσεβῆ E
καὶ παράνομον Ἀχαὰβ ἐκεῖνον μόνος ἤλεγξε μετὰ πολλῆς ἀνδρείας. Οὐδὲν γὰρ οὕτως ἐλευθεροστομεῖν παρασκευάζει, καὶ θαῤῥεῖν ἐν ἅπασι πείθει τοῖς δεινοῖς, καὶ ἀναλώτους ἐργάζεται καὶ ἰσχυροὺς, ὡς τὸ μηδὲν κεκτῆσθαι, μηδὲ περιβολήν τινα πραγμάτων ἔχειν. Ὥστε εἴ τις βούλοιτο πολλὴν κεκτῆσθαι δύνα-

fuerunt, sed erat eis, qui omnibus major est, animus ad pericula admodum promtus. Hinc est quod de multis bene meruerunt, multosque servarunt. Neque enim Ecclesiis tam prodesse valent divites illi fastosi, ut paupores magnanimi. Ne-
B mo dictum hoc miretur: verum enim est, quod dicimus, idque rebus ipsis comprobatur: nam multæ sunt divitis molestiæ et pericula. Timet pro domo, pro famulis, pro agris, pro opibus, ne quis aliquid ex iis auferat. Et qui multorum est dominus, idem multorum servus esse cogitur. Pauper autem his expeditus, et curis omnibus carens, leo est, ignem spirat, generoso et forti est animo, de omnibus sese expedit, facile omnia agit, quæ prodesse possunt Ecclesiis, sive opus sit ut arguantur aliqui, sive ut increpentur, sive sexcenta propter Christum opera subeunda sint: ac quo-
C niam semel vitam despexit præsentem, magna facilitate conficit omnia. Quid enim timeret, dic, obsecro? Num ne opes ejus auferantur? Hoc nemo dicere poterit. Num ne pellatur e patria? Sed universus orbis terrarum ei civitas est. Num ne quis imminuat ei delicias et satellitium? Sed his omnibus valere jussis in cælo habitat, et ad futuram festinat vitam. Non deprecabitur item, si anima ipsa tradenda sit, et effundendus sanguis. Hinc est, quod talis etiam et tyrannis, et regibus, et populis, et omnibus potentior est ac ditior. Et ut discas,
D quod vere hæc, et non adulanter sint dicta, et quod qui nihil possident, hi omnium liberrimi sint ad loquendum: quot divites erant tempore Herodis, quot potentes? et quis in medium prorupit? quis tyrannum increpavit? quis contemtas leges Dei ultus est? Divitum quidem nullus, sed pauper ille et inops, qui neque lectum, neque mensam, neque tectum habebat: ille, inquam, solitudinis inquilinus Joannes, ille solus et primus omni libertate tyrannum arguit, et adulterinas nuptias detexit, et præsentibus omnibus ac audientibus pronuntiata sententia eum condemnavit. Et ante hunc magnus quoque Helias, qui
E nihil præter meloten possidebat, impium et prævaricatorem illum Achab solus viriliter corripuit. Nihil enim loquendi libertatem, et in rerum discrimine fiduciam ita præbet, nihil homines adeo munitos et fortes efficit, ut nihil possidere, et nullis sæcularibus circumvolvi negotiis. Atque adeo, si quis virtutem multam

[a] [Savil. in marg. ἀλλὰ μίαν εἶναι νομίζει τὴν ἄνω.]

possidere cupit, paupertatem amplexetur, præsentem vitam despiciat, nihil esse putet mortem. Hic non solum plus quam divites et principes, sed et plus quam reges ipsi Ecclesiis prodesse poterit. Nam regnantes illi et abundantes quæcumque faciunt, id opibus faciunt: hic autem magna plerumque operatur per pericula et mortem ipsam. Quanto autem auro omni pretiosior est sanguis, tanto paupertas quam abundantia melior.

5. Tales quidam erant illi Pauli hospites Priscilla et Aquila, qui opum carebant abundantia, et omnibus divitiis locupletiorem animum possidebant, mortem exspectantes quotidie, in cæde et sanguine viventes, atque perpetuo martyrium patientes. Ideo res nostræ illis temporibus florebant, quia sic discipuli magistris, et magistri discipulis colligati erant. Nam Paulus hoc non solum de his, sed et de multis aliis testatur. Nam Hebræis, et Thessalonicensibus, et Galatis scribens, asserit omnes multis tentationibus afflictos, et indicat in epistolis suis ipsos pelli, patria excidere, substantias perdere, et ad sanguinem usque periclitari: tota eorum vita in gravibus certaminibus erat, et ipsis mutilari membris pro præceptoribus non detrectabant. Unde Galatis scribens, dicit:
Galat. 4. 15. *Testor enim, quod, si possibile fuisset, oculos vestros effossos mihi dedissetis.* Et Epaphram qui Colossis erat, eadem de re laudat his verbis:
Philip. 2. 27. *Ægrotavit usque ad mortem, et Deus ejus misertus* est: *non solum autem ejus, sed et mei, ne tristitiam super tristitiam haberem.* Ubi clare demonstrat se jure habiturum fuisse dolorem de morte discipuli. Cujus virtutem
Philip. 2. 30. alicubi omnibus iterum detegit dicens, *Accessit usque ad mortem, neglecta anima sua, ut impleret, quod in vobis erga me deerat ministerium.* Quid illis fuerit beatius, quid autem nobis miserius? quandoquidem illi sanguinem et animam pro præceptoribus profundebant, nos autem neque verbum pro communibus patribus emittere audemus, sed cum audiamus eis maledici, et conviciis eos dehonestari, et a suis, et ab alienis, maledicentes neque compescimus, neque reprehendimus, neque prohibemus. Utinam ne ipsi primi maledicorum simus. Sane non tanta ab infidelibus convicia et probra, quanta in principes ab iis, qui nobis juncti religione et fideles videntur, proferri videmus. Ultra hic quæremus, unde tanta ignavia, et unde hic pietatis

μιν, ἀσπασάσθω πενίαν, καταφρονείτω τῆς παρούσης ζωῆς, μηδὲν εἶναι νομιζέτω θάνατον. Οὗτος οὐχὶ τῶν εὐπόρων μόνον, οὐδὲ τῶν ἀρχόντων, ἀλλὰ καὶ αὐτῶν
188 τῶν βασιλευόντων πλείονα τὰς Ἐκκλησίας ὠφελῆσαι
A δυνήσεται. Οἱ μὲν γὰρ βασιλεύοντες καὶ οἱ εὔποροι, ὅσα ἂν ποιήσωσιν, ἀπὸ χρημάτων ποιοῦσιν· ὁ δὲ τοιοῦτος πολλάκις καὶ ἀπὸ κινδύνων καὶ ἀπὸ θανάτων πολλὰ καὶ μεγάλα συνετέλεσεν. Ὅσῳ δὲ χρυσίου παντὸς τιμιώτερον αἷμα, τοσούτῳ βελτίων ἐκείνης αὕτη ἡ εἰσφορά.

Τοιοῦτοί τινες ἦσαν καὶ οὗτοι οἱ Παύλου ξενοδόχοι, ἡ Πρίσκιλλα καὶ ὁ Ἀκύλας, οἳ χρημάτων μὲν περιουσίαν οὐκ εἶχον, πλούτου δὲ παντὸς εὐπορωτέραν ἐκέκτηντο γνώμην, καθ' ἑκάστην ἀποθανεῖσθαι προσδοκῶντες ἡμέραν, καὶ ἐν σφαγαῖς καὶ αἵμασι ζῶντες, καὶ διὰ παντὸς μαρτυροῦντες τοῦ χρόνου. Διὰ τοῦτο ἤνθει τὰ ἡμέτερα κατὰ τοὺς καιροὺς ἐκείνους, ὅτι οὕτω μὲν οἱ μαθηταὶ τοῖς διδασκάλοις, οὕτω δὲ οἱ
B διδάσκαλοι συνεδέδεντο τοῖς μαθηταῖς. Οὐ γὰρ δὴ περὶ τούτων μόνον φησὶν ὁ Παῦλος, ἀλλὰ καὶ περὶ ἑτέρων πολλῶν. Καὶ γὰρ Ἑβραίοις καὶ Θεσσαλονικεῦσι γράφων καὶ Γαλάταις, πολλὴν ἅπασι μαρτυρεῖ πειρασμῶν ἐπαγωγὴν, καὶ δείκνυσι δι' ὧν ἐπέστελλεν, ὅτι καὶ ἠλαύνοντο, καὶ τῆς πατρίδος ἐξέπιπτον, καὶ τὰς οὐσίας ἀπώλλυον, καὶ μέχρις αὐτοῦ τοῦ αἵματος ἐκινδύνευον· καὶ ἅπας ἐναγώνιος αὐτοῖς ὁ βίος ἦν, καὶ αὐτὰ δὲ ἀκρωτηριασθῆναι τὰ μέλη οὐκ ἂν ὑπὲρ τῶν διδασκάλων παρῃτήσαντο. Τοῖς γοῦν Γαλάταις ἐπιστέλλων ἔλεγε· Μαρτυρῶ γὰρ ὑμῖν, ὅτι, εἰ δυνατὸν, τοὺς ὀφθαλμοὺς ὑμῶν ἐξορύξαντες ἂν ἐδώκατέ μοι.
C Καὶ τὸν Ἐπαφρᾶν δὲ τὸν ἐν Κολοσσαῖς ἐπὶ τοῖς αὐτοῖς ἀποδέχεται πάλιν, εἰπὼν, ὅτι Ἠσθένησε παραπλήσιον θανάτου, καὶ ἠλέησεν αὐτὸν ὁ Θεὸς, οὐκ αὐτὸν δὲ μόνον, ἀλλὰ καὶ ἐμὲ, ἵνα μὴ λύπην ἐπὶ λύπῃ σχῶ. Οὕτω δὲ εἶπε δεικνὺς, ὅτι δικαίως ἔμελλεν ἀλγεῖν ἐπὶ τῇ τελευτῇ τοῦ μαθητοῦ. Καὶ τὴν ἀρετὴν δὲ αὐτοῦ πάλιν ἐκκαλύπτει πᾶσιν, οὑτωσὶ λέγων, ὅτι Ἤγγισε μέχρι θανάτου παραβουλευσάμενος τῇ ψυχῇ, ἵνα ἀναπληρώσῃ τὸ ὑμῶν ὑστέρημα τῆς πρός με λειτουργίας. Τί γένοιτ' ἂν ἐκείνων μακαριώτερον, [a] τί δὲ ἡμῶν ἀθλιώτερον; εἴ γε ἐκεῖνοι μὲν καὶ τὸ αἷμα, καὶ τὴν ψυχὴν ὑπὲρ τῶν διδασκάλων προΐεντο, ἡμεῖς
D δὲ οὐδὲ ῥῆμα ψιλὸν πολλάκις προέσθαι τολμῶμεν ὑπὲρ τῶν κοινῶν πατέρων, ἀλλὰ ἀκούοντες αὐτοὺς βλασφημουμένους, λοιδορουμένους κακῶς καὶ παρὰ τῶν οἰκείων καὶ παρὰ τῶν ἀλλοτρίων, οὐκ ἐπιστομίζομεν τοὺς λέγοντας, οὐ κωλύομεν, οὐκ ἐλέγχομεν. Εἴθε μὲν οὖν μὴ αὐτοὶ τῆς κακηγορίας ἤρχομεν ταύτης. Νυνὶ δὲ οὐ τοσαῦτα παρὰ τῶν ἀπίστων σκώμματα καὶ ὀνείδη, ὅσα παρὰ τῶν δοκούντων εἶναι πι-

[a] Hæc, τί δὲ ἡμῶν ἀθλιώτερον, desunt in Morel. Sed habentur in Coislin. et a Gelenio lecta sunt.

στῶν καὶ μεθ' ἡμῶν τετάχθαι γινόμενα εἰς τοὺς ἄρχοντας ἴδοι τις ἄν. Ἔτι οὖν ζητήσομεν πόθεν ῥαθυμία τοσαύτη καὶ εὐλαβείας ὑπεροψία γέγονεν, ὅταν οὕτως ὦμεν ἀπεχθῶς πρὸς τοὺς πατέρας διακείμενοι τοὺς E ἡμετέρους; Οὐ γάρ ἐστιν, οὐκ ἔστιν οὐδὲν, ὃ καταλῦσαι καὶ διαφθεῖραι Ἐκκλησίαν δύναιτ' ἂν, μᾶλλον δὲ οὐκ ἔστιν οὕτω γενέσθαι τοῦτο ἀλλαχόθεν ῥᾳδίως, ἀλλ' ἢ ὅταν οἱ μαθηταὶ τοῖς διδασκάλοις, καὶ τοῖς πατράσιν οἱ παῖδες, καὶ τοῖς ἄρχουσιν οἱ ἀρχόμενοι μὴ μετὰ πολλῆς ὦσι συνδεδεμένοι τῆς ἀκριβείας. Εἶτα ἂν μὲν τὸν ἀδελφόν τις εἴπῃ κακῶς, καὶ τῆς ἀναγνώσεως τῶν θείων ἀπείργεται Γραφῶν. Ἵνα τί γὰρ ἀναλαμβάνεις τὴν διαθήκην μου διὰ στόματός σου; φησὶν ὁ Θεός· εἶτα τὴν αἰτίαν τιθεὶς, ἐπήγαγε· 189 A Καθήμενος κατὰ τοῦ ἀδελφοῦ σου κατελάλεις. Τὸν πνευματικὸν δὲ πατέρα κατηγορῶν, ἄξιον εἶναι νομίζεις σαυτὸν ἐπιβῆναι τῶν ἱερῶν προθύρων; Καὶ πῶς ἂν ἔχοι λόγον; Εἰ γὰρ οἱ κακολογοῦντες πατέρα ἢ μητέρα θανάτῳ τελευτῶσι, ποίας ἄξιος ἔσται δίκης ὁ τὸν πολλῷ τῶν γονέων ἐκείνων ἀναγκαιότερον ὄντα καὶ βελτίω τολμῶν λέγειν κακῶς; Καὶ οὐ δέδοικε, μήποτε διαστᾶσα ἡ γῆ παντελῶς αὐτὸν ἀφανίσῃ, ἢ σκηπτὸς ἄνωθεν κατενεχθεὶς καταφλέξῃ τὴν κατήγορον γλῶτταν; Οὐκ ἤκουσας τί πέπονθεν ἡ Μωϋσέως ἀδελφὴ κατειποῦσα τοῦ ἄρχοντος; πῶς ἀκάθαρτος γέγονε, καὶ εἰς λέπραν ἐνέπεσε, καὶ τὴν ἐσχάτην ὑπέμεινεν ἀτιμίαν, καὶ τοῦ ἀδελφοῦ παρακαλοῦντος καὶ τῷ Θεῷ προσπίπτοντος, οὐδεμιᾶς ἔτυχε συγγνώμης, ἀλλὰ καὶ B ἐκθεμένη τὸν ἅγιον ἐκεῖνον, καὶ πρὸς τὴν ἀνατροφὴν αὐτοῦ συντελέσασα, καὶ ὅπως ἡ μήτηρ γένοιτο τροφὸς, καὶ μὴ ἐν βαρβαρικῇ χειρὶ τραφῇ τὸ παιδίον ἐξαρχῆς συμπράξασα, καὶ μετὰ ταῦτα στρατηγήσασα τοῦ γυναικείου γένους, καθάπερ Μωϋσῆς τοῦ τῶν ἀνδρῶν, καὶ πάντα συνδιενεγκοῦσα τὰ δεινὰ, καὶ ἀδελφὴ Μωϋσέως οὖσα, οὐδὲν ὅμως ἀπὸ τούτων ἁπάντων ἐκέρδανεν εἰς τὸ διαφυγεῖν τὴν ὀργὴν τοῦ Θεοῦ ἐπὶ τῇ κακηγορίᾳ; ἀλλ' ὁ Μωϋσῆς, ὁ τοσοῦτον λαὸν ἐξαιτησάμενος μετὰ τὴν ἄφατον ἀσέβειαν ἐκείνην, οὗτος ὑπὲρ τῆς ἀδελφῆς προσπίπτων καὶ συγγνώμην αἰτῶν, οὐκ ἴσχυσεν ἵλεω ποιῆσαι τὸν Θεὸν, ἀλλὰ C καὶ ἐπετιμᾶτο σφοδρῶς· ἵνα μάθωμεν ἡμεῖς ὅσον κακόν ἐστι, τὸ τοὺς ἄρχοντας λέγειν κακῶς, καὶ τοὺς ἑτέρων κρίνειν βίους. Καὶ γὰρ ἐπὶ τῆς ἡμέρας ἐκείνης, οὐκ ἀφ' ὧν ἁμαρτάνομεν μόνον, ἀλλὰ καὶ ἀφ' ὧν ἑτέροις ἐψηφισάμεθα, κρινεῖ πάντως ἡμῖν ὁ Θεός· καὶ πολλάκις ὃ τῇ φύσει κοῦφόν ἐστιν ἁμάρτημα, τοῦτο χαλεπὸν καὶ ἀσύγγνωστον γίγνεται τῇ τοῦ ἁμαρτάνοντος περὶ ἑτέρου κρίσει. Τάχα ἀσαφὲς τὸ εἰρημένον· οὐκοῦν αὐτὸ σαφὲς ποιῆσαι πειράσομαι. Ἥμαρτέ τις· ἕτερον ἁμαρτάνοντα τὴν αὐτὴν ἁμαρτίαν κατεδίκασε σφοδρῶς. Ἐν τῇ ἡμέρᾳ ἐκείνῃ οὐ τοσαύτην ἐπισπᾶται κόλασιν, ὅσην ἡ φύσις τῆς ἁμαρ- D

contemtus evenit, quod sic hostiliter erga patres nostros simus affecti? Nihil profecto est quod Ecclesiam Dei ita destituere et dissolvere, nihil E quod ita facile pessumdare possit, ut quando discipuli magistris, et patribus filii, et principibus subditi, non magno studio cohærent. Si quis fratrum cuipiam maledicit, a sacrarum Scripturarum lectione excluditur. *Ut quid* enim *assumis*, Psal. 49.
ait Deus, test*amentum meum per* os *tuum ?* et 16.
causa posita dicit : *Sedens contra fratrem* tuum Ib. v. 20.
loquebaris. Patrem vero spiritualem accusans, te dignum reputas, qui ad divina vestibula accedas ? Quomodo hoc congruet? Nam si ma-
189 ledicentes patri vel matri morte moriuntur se- Exod. 21.
A cundum legem, quali judicio dignus erit, qui 17.
maledicere audet ei, qui parentibus illis magis necessarius est, et melior? Annon timet, ne aperiat se terra, et ipsum absorbeat, vel fulmen superne decidens maledicam illam linguam comburat? Non audisti quid passa sit Mosis soror, principi maledicens? quomodo facta sit immunda, inciderit in lepram, summam sustinuerit ignominiam, fratre Deum orante, veniam non obtinuerit; tametsi illa ipsa esset, quæ sanctum illum exposuerat, et pro ejus educatione id effecerat, ut ejus mater in nutricem assumeretur, et ne puellus in barbarico sinu enutriretur ; deinde B vero feminarum exercitus dux fuit sicut Moses virorum ; omnesque cum illo tulit ærumnas, vere soror Mosis exsistens : verumtamen cum maledixit, nihil ei profuerunt hæc omnia ad effugiendam iram Dei : sed nec Moses, qui tantum populum, post ingentem illam impietatem, precibus expiaverat, pro sorore supplicans et veniam petens, placare Deum potuit, sed ab eo valde illa increpatur : quo discamus et nos, quantum malum sit principibus maledicere, et de aliorum judicare vita. Etenim in die illo non solum de iis quæ nos peccavimus, sed et de C iis, ob quæ in alios sententiam tulimus, omnino judicabit nos Deus. Et quod sæpe natura leve peccatum est, hoc grave et non ignoscibile fit, dum peccans de alio judicat. Forte non satis claret quod diximus, igitur clarius dicemus. Peccavit aliquis, et alium idem committentem peccatum condemnavit : is in die illo valde amaro non eam pœnam luet, quam peccati natura exposcit, sed majorem quam duplicem, et triplicem : non enim quod ipse peccaverit, sed quod in alium similiter lapsum tam gravem calculum tulerit, supplicium illi destinabit Deus. D Et hoc verum esse, ex iis quæ jam facta sunt et

Quantum sit peccatum Ecclesiæ rectoribus maledicere.

contigerunt, clarius, ut promisi, demonstrabo.
o. Nam Pharisæus, quamvis ipse nihil peccaverat,
sed et juste vixerat, et multa de se bona prædicare poterat: quia tamen publicanum raptorem, avarum, et iniquissimum condemnavit, tantas dedit pœnas, ut ad supplicium majus, quam publicano debebatur, reservatus sit. Quod si is, qui nihil peccavit, et peccantem alium, qui manifestus erat omnibus, levi verbo condemnavit, tantum sibi attraxit supplicium: qui multum quotidie peccamus, aliorumque vitam condemnamus, etiam aliis ignotorum, cogita quantam sustinebimus pœnam, quomodo omni venia ex-
.2. cidemus. *In quo enim judicio judicatis,* inquit, *et vos judicabimini.*

6. Propter hæc utique et supplico, precor, et exhortor, ut ab hac mala consuetudine desistatis. Nihil enim nocebimus sacerdotibus, quibus maledicimus, sive ementita, sive vera sint quæ de eis dicimus: quoniam et Pharisæus publicano nihil nocuit, sed et ipsi profuit, licet vera de eo diceret. Cæterum nobisipsis mala extrema ipsi accersimus, sicut et Pharisæus in seipsum gladium impulit, et letali accepta plaga abiit. Ut igitur ne et nos idem patiamur, imperemus indomitæ linguæ. Nam si is, qui publicano maledixit, pœnam non effugit; nos qui patribus nostris maledicimus, qua nos apologia tuebimur? si Maria,
1. quod fratri semel maledixerit, tantam dedit pœnam; cujus nobis salutis spes, cum nos quotidie principes infinitis conviciis afficimus? Ne mihi hoc quis dixerit, Ille Moses erat: potero enim et ego dicere, Illa Maria erat. Cæterum, ut et alia ratione hoc manifeste cognoscas, quod nec si criminum rei sint sacerdotes, de illorum tibi vita judicare fas sit, audi quid dicat de principibus
23. Judæorum Christus: *Super cathedram Moysis sederunt scribæ et Pharisæi: omnia igitur quæcumque dixerint vobis, ut faciatis, facite: juxta opera autem eorum ne faciatis.* Jam, quid illis pejus fuerit, quorum zelus futuris discipulis noxius erat? Attamen neque sic eos deposuit a dignitate, neque subditis despicabiles fecit: idque jure merito. Nam si semel hanc potestatem arripuerint subditi, statim magistratu

τίας ἀπαιτεῖ, ἀλλὰ καὶ διπλασίονα πολλῷ καὶ τριπλασίονα· οὐ γὰρ ἀφ' ὧν αὐτὸς ἥμαρτεν, ἀλλ' ἀφ' ὧν ἕτερον ἁμαρτάνοντα τὰ αὐτὰ χαλεπῶς ἐκόλασε, ψηφιεῖται αὐτῷ τὴν τιμωρίαν ὁ Θεός. Καὶ ὅτι τοῦτό ἐστιν ἀληθὲς, ἀπὸ τῶν γεγενημένων καὶ ἐκβάντων, μειζόνως, ὅπερ ὑπεσχόμην ὑμῖν, αὐτὸ ποιήσω καταφανές. Ὁ Φαρισαῖος, καίτοι γε αὐτὸς οὐδὲν ἁμαρτὼν, ἀλλὰ καὶ ἐν δικαιοσύνῃ ζήσας, καὶ πολλὰ ἔχων κατορθώματα εἰπεῖν, ἐπειδὴ τὸν τελώνην, τὸν ἅρπαγα
E καὶ πλεονέκτην καὶ παρανομώτατον κατεδίκασε, τοσαύτην ἔδωκε δίκην, ὡς ἐκείνου μείζονι [τηρεῖσθαι κολάσει. Εἰ δὲ ὁ μηδὲν μὲν ἁμαρτὼν αὐτὸς, ἁμαρτάνοντα δὲ ἕτερον καὶ περιφανῆ πᾶσιν ἐπὶ παρανομίαις ὄντα, ῥήματι ψιλῷ καταδικάσας τοσαύτην ἐπεσπάσατο κόλασιν, οἱ πολλὰ μὲν καθ' ἑκάστην ἡμέραν ἁμαρτάνοντες, ἑτέρων δὲ βίους καταδικάζοντες, οὐδὲ ἐμφανεῖς ὄντας τινὶ, οὐδὲ δήλους, ἐννόησον ὅσην ὑποστησόμεθα κόλασιν, πῶς ἐκπεσούμεθα πάσης συγγνώμης. Ἐν ᾧ γὰρ κρίματι, φησὶ, κρίνετε, καὶ ὑμεῖς κριθήσεσθε.

Διὰ δὴ ταῦτα ἀντιβολῶ, καὶ παραινῶ, καὶ δέομαι, ταύτης ἀποστῆναι τῆς πονηρᾶς συνηθείας. Τοὺς μὲν
190
A γὰρ ἱερέας κακῶς ἀκούοντας οὐδὲν παραβλάψομεν, οὐ μόνον ἂν ψευδῆ τὰ λεγόμενα ᾖ, ἀλλὰ κἂν ἀληθῆ· ἐπεὶ καὶ ὁ Φαρισαῖος τὸν τελώνην οὐδὲν κατέβλαψεν, ἀλλὰ καὶ ὠφέλησε, καίτοι γε ἀληθῆ περὶ αὐτοῦ λέγων· ἡμεῖς δὲ ἑαυτοὺς τοῖς ἐσχάτοις περιβαλοῦμεν κακοῖς· ἐπεὶ καὶ ὁ Φαρισαῖος καθ' ἑαυτοῦ τὸ ξίφος ὤθησε, καὶ καιρίαν πληγὴν λαβὼν ἀπῆλθεν. Ἵνα οὖν μὴ καὶ ἡμεῖς τὰ αὐτὰ πάθωμεν, κρατῶμεν ἀκολάστου γλώττης. Εἰ γὰρ τὸν τελώνην εἰπὼν κακῶς, οὐ διέφυγεν ἐκεῖνος, οἱ τοὺς πατέρας ἡμῶν κακῶς λέγοντες, ποίαν ἕξομεν ἀπολογίαν; εἰ τὸν ἀδελφὸν βλασφημήσασα Μαρία ἅπαξ, τοσαύτην ἔδωκε δίκην, ποίας σω-
B τηρίας ἡμῖν ἐλπὶς, ὅταν μυρίαις καθ' ἑκάστην ἡμέραν τοὺς ἄρχοντας πλύνωμεν λοιδορίαις; Μὴ γάρ μοι τοῦτο λεγέτω τις, ὅτι ἐκεῖνος Μωϋσῆς ἦν· δυνήσομαι γὰρ εἰπεῖν καὶ ἐγὼ, ὅτι κἀκείνη Μαρία ἦν. Ἄλλως δὲ, ἵνα καὶ τοῦτο αὐτὸ μάθῃς σαφῶς, ὅτι εἰ καὶ ἐγκλημάτων ὑπεύθυνοι ὦσιν οἱ ἱερεῖς, οὐδὲ οὕτω σοι θέμις τὸν ἐκείνων βίον κρίνειν, ἄκουσον τί φησι περὶ τῶν ἀρχόντων τῶν Ἰουδαϊκῶν ὁ Χριστός· Ἐπὶ τῆς Μωϋσέως καθέδρας ἐκάθισαν οἱ γραμματεῖς καὶ οἱ Φαρισαῖοι· πάντα οὖν, ὅσα ἂν λέγωσιν ὑμῖν ποιεῖν, ποιεῖτε· κατὰ δὲ τὰ ἔργα αὐτῶν μὴ ποιεῖτε. [a] Καὶ τί γένοιτ' ἂν χεῖρον ἐκείνων, ὧν ὁ ζῆλος ἔφθειρε τοὺς
C μαθητευομένους; Ἀλλ' ὅμως οὐδὲ οὕτω κατεβίβασεν αὐτοὺς ἀπὸ τῆς ἀξίας, οὐδὲ εὐκαταφρονήτους ἐποίησεν εἶναι τοῖς ἀρχομένοις· καὶ μάλα εἰκότως. Εἰ γὰρ ταύτης ἐπιλάβοιντο τῆς ἐξουσίας οἱ ἀρχόμενοι, ὀφθή-

[a] Sic Coislin. melius, quam Morel. τί δὲ γένοιτ' ἂν τοῦ βίου χεῖρον.

σονται πάντας ἀποχειροτονοῦντες, καὶ ἐκ τοῦ βήματος καταβιβάζοντες. Διὰ τοῦτο καὶ Παῦλος τὸν ἀρχιερέα τῶν Ἰουδαίων ὑβρίσας, καὶ εἰπὼν, Τύπτειν σε μέλλει ὁ Θεὸς, τοῖχε κεκονιαμένε· καὶ σὺ κάθῃ κρίνων με; ἐπειδή τινων ἤκουσεν ἐπιστομιζόντων αὐτὸν, καὶ λεγόντων, Τὸν ἀρχιερέα τοῦ Θεοῦ λοιδορεῖς; δεῖξαι βουλόμενος, ὅσην ἀπονέμειν δεῖ τοῖς ἄρχουσι τὴν αἰδῶ καὶ τὴν τιμὴν, τί φησιν; Οὐκ ᾔδειν ὅτι ἀρχιερεὺς τοῦ Θεοῦ ἦν. Διὰ τοῦτο καὶ Δαυὶδ παρανομοῦντα λαβὼν τὸν Σαοὺλ, καὶ φόνου πνέοντα, καὶ μυρίας ὄντα κολάσεως ἄξιον, οὐ μόνον αὐτοῦ τῆς ζωῆς ἐφείσατο, ἀλλ' οὔτε ῥῆμα φορτικὸν εἰς αὐτὸν ἐκβαλεῖν ὑπέμεινε· καὶ τὴν αἰτίαν τίθησι λέγων, ὅτι Χριστὸς Κυρίου ἐστίν. Οὐκ ἐντεῦθεν δὲ μόνον, ἀλλὰ καὶ ἑτέρωθεν ἐκ πολλῆς τῆς περιουσίας ἐστὶν ἰδεῖν, πῶς πόῤῥω που τοῦ τὰ τῶν ἱερέων διορθοῦν τὸν ἀρχόμενον ἑστηκέναι χρή. Τῆς γὰρ κιβωτοῦ ποτε ἀναγομένης, ἐπειδή τινες τῶν ἀρχομένων περιτρεπομένην καὶ καταπίπτειν μέλλουσαν ἰδόντες ἀνώρθωσαν, ἐν αὐτῷ τῷ χωρίῳ δίκην ἔδοσαν, ὑπὸ τοῦ Κυρίου πληγέντες καὶ νεκροὶ μείναντες. Καίτοι γε οὐδὲν ἄτοπον ἐποίουν· οὐδὲ γὰρ ἀνέτρεπον τὴν κιβωτὸν, ἀλλ' ἀνατρέπεσθαι μέλλουσαν καὶ καταπίπτειν ἀνώρθουν. Ἀλλ' ἵνα ἐκ πολλῆς περιουσίας μάθῃς τῶν ἱερέων τὸ ἀξίωμα, καὶ πῶς οὐ θέμις τὸν ὑποτεταγμένον καὶ ἐν τάξει λαϊκῶν ὄντα τοιαῦτα ἐπανορθοῦν, ἀπέκτεινεν αὐτοὺς ἐν μέσῳ τῷ πλήθει, τοὺς ἄλλους πάντας ἐκ πολλῆς φοβῶν τῆς ὑπερβολῆς, καὶ πείθων μηδέποτε τοῖς τῆς ἱερωσύνης προσιέναι ἀδύτοις. Εἰ γὰρ δὴ μέλλοιεν ἕκαστοι ἐπὶ προφάσει τοῦ τὰ κακῶς γινόμενα διορθοῦν εἰς τὸ τῆς ἱερωσύνης εἰσάγειν ἑαυτοὺς ἀξίωμα, οὔτε πρόφασις ἐπιλείψει διορθώσεώς ποτε, οὔτε ἄρχοντα, οὔτε ἀρχόμενον διαγνωσόμεθα, ἀναμεμιγμένων πάντων ἀλλήλοις. Καὶ μή μέ τις νομίσῃ τῶν ἱερέων κατεγνωκότα ταῦτα λέγειν (διὰ γὰρ τὴν τοῦ Θεοῦ χάριν, πολλὴν, ὡς καὶ ὑμεῖς ἴστε, τὴν ἐπιείκειαν ἐν ἅπασιν ἐπιδείκνυνται, καὶ οὐδεμίαν οὐδενί ποτε παρεσχήκασι λαβήν), ἀλλ' ἵνα ὑμεῖς μάθητε, ὅτι εἰ καὶ μοχθηροὺς εἴχετε πατέρας καὶ φορτικοὺς διδασκάλους, οὐδὲ οὕτως ἀκίνδυνον ὑμῖν ἦν, οὐδὲ ἀσφαλὲς βλασφημεῖν αὐτοὺς καὶ λοιδορεῖσθαι. Εἰ γὰρ ἐπὶ τῶν σωματικῶν γονέων σοφός τίς φησι, Κἂν ἀπολίπῃ σύνεσιν, συγγνώμην ἔχε· τί γὰρ αὐτοῖς ἀποδώσεις, καθὼς αὐτοί σοι; πολλῷ μᾶλλον ἐπὶ τῶν πνευματικῶν τοῦτον φυλάττεσθαι χρὴ τὸν νόμον, καὶ τὸν ἑκάστου βίον ἑαυτὸν ἕκαστον περιεργάζεσθαι καὶ πολυπραγμονεῖν, ἵνα μὴ ἀκούσωμεν κατ' ἐκείνην τὴν ἡμέραν, Ὑποκριτὰ, τί βλέπεις τὸ κάρφος τὸ ἐν τῷ ὀφθαλμῷ τοῦ ἀδελφοῦ σου, τὴν δὲ ἐν τῷ σῷ ὀφθαλμῷ οὐ κατανοεῖς δοκόν; Καὶ γὰρ ὑποκριτῶν ἔργον, τὸ δημοσίᾳ μὲν καὶ πάντων ὁρώντων τὰς χεῖρας φιλεῖν τῶν ἱερέων, καὶ γονάτων ἅπτεσθαι· καὶ παρακαλεῖν

privatos principes de dignitate deturbari videbimus. Eapropter Paulus cum principem sacerdotum Judæorum contumelia affecisset, ac di-
xisset: *Percutiet* te *Deus, paries dealbate:* et *Act.* 23. 3.
tu judicans me sedes? postquam autem quos-
dam audivit se increpantes, et dicentes: *Ponti-* *Ib.* v. 4.
ficem Dei conviciis incessis? monstrare volens,
quantum oportet sacerdotibus Dei exhibere ho-
D norem et reverentiam, quid dicit? *Nesciebam* *Ib.* v. 5.
quod pontifex Dei esset. Propterea et David,
cum Saülum apprehendisset prævaricatorem, et
spirantem homicidium, multisque pœnis dignum: non solum ejus vitæ pepercit, sed neque
ut verbum asperum in eum jaceretur, sustinuit,
causamque ponens dicit, *Christus Domini* est. 1. *Reg.* 24.
Neque hinc solum, sed et aliunde videre licet 7.
copiose, quomodo subditum procul a sacerdotum
correptione abesse oportet. Nam cum aliquando 1. *Reg.* 6. 7.
arca reduceretur, et subditorum aliqui ad la-
psum declinantem videntes erigerent, eo ipso in
E loco pœnam dederunt, et a Domino percussi,
mortui manserunt, tametsi nihil agerent absurdum. Non enim subvertebant, sed lapsuram eri-
gebant. Et ut ex abundanti sacerdotum dignitatem discas, et quomodo non sit fas subditum, et
in ordine laicorum exsistentem talia corrigere:
illos in media multitudine occidit, cæteros
omnes hoc prodigio admodum terrens, et persuadens eis, ne ad adyta sacerdotii accedant. Si enim
singoli obtentu male acta corrigendi in sacerdo-
191 A tii dignitatem se inferant, numquam deerit corrigendi occasio, et confusis inter se omnibus, inter
principem et subditum non discernemus. Nemo
hæc me dicere opinetur, quasi ad sacerdotes ac-
cusandos (per Dei namque gratiam in omnibus,
ut et vos scitis, magnam exhibent probitatem, et
nemini umquam criminandi ansam dederunt), sed
ut discatis, etiamsi improbos haberetis patres, et
molestos magistros, neque sic eis maledicere
vobis securum et absque gravi periculo fore. Nam
si de corporalibus parentibus sapiens quidam
dicit: *Si sensu deficiat, veniam da:* quid enim *Eccli.* 3. 15.
B illis dabis, quale ipsi tibi? multo magis in spiritualibus hæc lex observanda: ac uniuscujusque officium est, ut suam ipsius vitam diligenter
consideret, et excutiat, ne videlicet audiamus in
die illo: *Hypocrita, quid vides festucam in* *Matth.* 7. 3.
*oculo fratris tui, in tuo autem oculo trabem
non consideras?* Etenim hypocritarum opus
est, publice quidem et omnibus videntibus oscu-
lari manus sacerdotum, genua tangere, supplicare
ut pro se orent, et baptismo indigentes ad illorum

januas currere: domi autem et in foro tantorum bonorum nobis auctores et ministros multis afficere probris, vel conviciatoribus consentire. Quod si vere malus est pater, quomodo fide dignum putas tam terribilium sacramentorum ministrum? Si autem fide dignus tibi minister esse videtur, quare fers alios ei maledicentes, et non obturas eorum ora, neque stomacharis, neque ægre fers, ut et multam accipias a Deo mercedem, et laudem ab ipsis maledicis? Nam licet sexcenta convicia proferant, omnino tamen te laudabunt et amplexabuntur ob egregiam in patres curam: contra vero si hoc non faciamus, omnes nos condemnabunt, etiam illi ipsi qui maledicunt. Ad hæc accedit illud multo gravius, quod extremam illic dabimus pœnam. Quia nihil perinde sic Ecclesias labefactat atque morbus ille: et sicut corpus nervorum debita habitudine carens multas gignit ægritudines, et vitam facit molestam: ita Ecclesia non circumdata forti illa et infracta caritatis catena, plurima parturit bella, iram Dei auget, et multarum tentationum est occasio. Ne igitur hæc contingant, neve Deum exacerbemus, neu nostra augeamus mala, et pœnam certam indeclinabilemque comparemus, vitamque hanc multis molestiis repleamus: nostram ab bene loquendum linguam transferentes, nostram ipsorum vitam singulis diebus diligenter scrutemur; aliorum autem vitam ejus, qui etiam incognita accurate novit, judicio relinquentes, ipsi nostra peccata damnemus. Ita nobis gehennæ ignem licebit effugere. Nam sicut ii, qui in alienis curiosius explorandis malis occupati sunt, suorum peccatorum nullam habent rationem: ita qui ab aliena vita discutienda abhorrent, magnam suorum delictorum habebunt sollicitudinem: et qui sua considerant mala, illaque quotidie discutiunt, a seipsis exposcentes pœnas, mitem tunc habituri sunt judicem. Id quod Paulus declarans dicebat:
1. *Nam si nosipsos judicaremus, non utique judicaremur a Domino.* Ut autem illam sententiam effugiamus, relictis omnibus aliis, magno studio vitam nostram examinemus, corrigamus cogitationes ad peccandum inducentes, conscientiam ad compunctionem flectamus, actorum nostrorum rationem repetamus. Sic enim poterimus facile peccatorum exonerari sarcina, multa venia frui, præsentemque simul vitam cum voluptate transmittere, et assequi bona futura: gratia et misericordia Domini nostri Jesu Chri-

ὑπὲρ αὐτῶν εὔχεσθαι, καὶ δεομένους βαπτίσματος ἐπὶ τὰς ἐκείνων τρέχειν θύρας, οἴκοι δὲ καὶ ἐν C ἀγοραῖς τοὺς τοσούτων ἀγαθῶν αἰτίους ἡμῖν καὶ διακόνους μυρίοις πλύνειν ὀνείδεσιν, ἢ ἑτέρων ὀνειδιζόντων ἀνέχεσθαι. Εἰ μὲν γὰρ ἀληθῶς κακὸς ὁ πατὴρ, πῶς αὐτὸν ἀξιόπιστον εἶναι νομίζεις διάκονον τῆς τῶν φρικτῶν ἐκείνων μυσταγωγίας; Εἰ δὲ ἀξιόπιστος ἐκείνων εἶναί σοι δοκεῖ διάκονος, τίνος ἕνεκεν ἀνέχῃ κακῶς ἑτέρων λεγόντων αὐτὸν, καὶ οὐκ ἐπιστομίζεις, οὐδὲ ἀγανακτεῖς, οὐδὲ δυσχεραίνεις, ἵνα παρὰ τοῦ Θεοῦ πολὺν τὸν μισθὸν ἀπολάβῃς, καὶ παρ' αὐτῶν ἐκείνων τῶν κατηγορούντων τὸν ἔπαινον; Κἂν γὰρ μυριάκις ὦσιν ὑβρισταὶ, πάντως ἐπαινέσονταί σε καὶ ἀποδέξονται τῆς περὶ τοὺς πατέρας κηδεμονίας· D ὥσπερ, ἂν μὴ τοῦτο ποιῶμεν, ἅπαντες ἡμῶν καταγνώσονται, καὶ αὐτοὶ οἱ κακῶς λέγοντες. Καὶ οὐ τοῦτο μόνον ἐστὶ τὸ δεινὸν, ἀλλ' ὅτι καὶ ἐκεῖ τὴν ἐσχάτην δώσομεν δίκην. Οὐδὲν γὰρ οὕτω τὰς Ἐκκλησίας λυμαίνεται, ὡς τοῦτο τὸ νόσημα· καὶ καθάπερ σῶμα μὴ μετὰ ἀκριβείας συνδεδεμένον τῇ τῶν νεύρων περιβολῇ, πολλὰς τίκτει τὰς ἀῤῥωστίας, καὶ ἀβίωτον ποιεῖ τὸν βίον· οὕτω καὶ Ἐκκλησία, μὴ σφοδρᾷ καὶ ἀῤῥαγεῖ τῇ τῆς ἀγάπης ἁλύσει περιβεβλημένη, μυρίους τίκτει πολέμους, καὶ τὴν ὀργὴν τοῦ Θεοῦ αὔξει, καὶ πολλῶν πειρασμῶν γίνεται ὑπόθεσις. Ἵνα οὖν μὴ ταῦτα συμβαίνῃ, μηδὲ τὸν Θεὸν παροξύνωμεν, καὶ τὰ ἡμέτερα ἐπαυξήσωμεν κακὰ, καὶ τὴν E κόλασιν ἀπαραίτητον παρασκευάζωμεν, καὶ πολλῆς ἀηδίας πληρῶμεν τὴν ζωὴν τὴν ἡμετέραν, [a] πρὸς εὐφημίαν τὴν γλῶτταν μεταθέντες, τὸν ἑαυτῶν καθ' ἑκάστην ἡμέραν περιεργαζώμεθα βίον, καὶ τὴν ἑτέρων ζωὴν τῷ τὰ ἀπόῤῥητα μετὰ ἀκριβείας εἰδότι κρίνειν ἐπιτρέψαντες, αὐτοὶ τὰ ἑαυτῶν ἁμαρτήματα κρίνωμεν. Οὕτω γὰρ καὶ τὸ τῆς γεέννης δυνησόμεθα διαφυγεῖν πῦρ. Ὥσπερ γὰρ οἱ τὰ ἀλλότρια πολυπραγμονοῦντες κακὰ, τῶν οἰκείων οὐδένα ποιοῦνται 192 λόγον· οὕτως οἱ δεδοικότες εἰς τὸν ἑτέρων παρακύψαι A βίον, πολλὴν ἑαυτοῖς τῶν πεπλημμελημένων ποιήσονται τὴν φροντίδα· οἱ δὲ τὰ ἑαυτῶν ἀναλογιζόμενοι κακὰ, καὶ ταῦτα καθ' ἑκάστην κρίνοντες τὴν ἡμέραν, καὶ δίκας ἑαυτοὺς ἀπαιτοῦντες, ἥμερον ἕξουσι τότε τὸν δικαστήν. Καὶ τοῦτο ὁ Παῦλος δηλῶν ἔλεγεν· Εἰ γὰρ ἑαυτοὺς ἐκρίνομεν, οὐκ ἂν ἐκρινόμεθα ὑπὸ Κυρίου. Ἵν' οὖν διαφύγωμεν τὴν ψῆφον ἐκείνην, πάντα τὰ ἄλλα ἀφέντες, περιεργαζώμεθα τὴν ἑαυτῶν ζωὴν, καὶ κολάζωμεν τὸν λογισμὸν τὸν ἁμαρτάνειν ἀναπείθοντα, καὶ κατανύττωμεν τὸ συνειδὸς, καὶ λόγον ἑαυ- B τοὺς ἀπαιτῶμεν τῶν πεπραγμένων ἡμῖν. Οὕτω γὰρ δυνησόμεθα κοῦφον τῶν ἁμαρτημάτων ποιήσαντες τὸ φορτίον, συγγνώμης ἀπολαῦσαι πολλῆς, καὶ τὸν πα-

a Hæc, quæ in Morel. manca erant, in Coisl. sic restituuntur.

ρόντα βίον μεθ' ἡδονῆς διάγειν, καὶ τῶν μελλόντων ἐπιτυχεῖν ἀγαθῶν, χάριτι καὶ φιλανθρωπίᾳ τοῦ Κυρίου ἡμῶν Ἰησοῦ Χριστοῦ, δι' οὗ καὶ μεθ' οὗ τῷ Πατρὶ δόξα, ἅμα τῷ ἁγίῳ Πνεύματι, εἰς τοὺς αἰῶνας τῶν αἰώνων. Ἀμήν.

sti; per quem et cum quo Patri simul et Spiritui sancto sit gloria, in sæcula sæculorum. Amen.

AD TRES HOMILIAS SEQUENTES

MONITUM.

Hasce tres homilias, quarum prior in illud, *Propter fornicationes*, etc., altera de Libello repudii, tertia, *Quales ducendæ sint uxores*, eodem tempore consequenter habitas fuisse conspicuum est. Secundam enim paucis post primam diebus pronuntiatam fuisse clare dicitur initio : περὶ γάμου πρώην, *de nuptiis nuper*, id est, paucis ante diebus; ubi locum ipsum Pauli, *Propter fornicationes*, etc., quem in priori explanandum susceperat, ad verbum repetit. Tertiam pari modo paucis post secundam diebus sequutam esse indicat Chrysostomus, cum sub initium dicit, se nuper, πρώην, de libello repudii loquutum esse. In prima agitur præcipue de nuptiis, quo pacto scilicet contrahendæ sint : deque vitandis saltationibus, tripudiis, obscœnis cantibus solitis hymenæorum, quæ omnia sponsæ castitati noxia esse possunt. Invehitur postea Chrysostomus in eos, qui etiam post initum matrimonium scorta adire non cessant : ac nonnullorum opinionem evellit qui putabant adulterum non esse conjugatum, qui cum libera scortaretur. In secunda de libello repudii tractatur, et contra hodiernorum Græcorum sententiam et usum statuitur, non licere mulierem ducere, etiam pro causa adulterii repudiatam. Tertiæ argumentum prodit ipse titulus, *Quales ducendæ sint uxores* : nam per totam concionem agitur de sponsæ futuræ moribus explorandis et addiscendis, antequam conjugium ineatur.

In tertiæ titulo Editionis Morellianæ legitur Græce atque Latine, *Laus Maximi*, et *quales ducendæ sint uxores*. Sic vero legit etiam Sigismundus Gelenius interpres. In Editione vero Savilii, et in duobus quibus usi sumus Mss. illud, ἐγκώμιον εἰς Μάξιμον, desideratur. Nec tamen existimo illud additamentum esse spernendum : non enim divinando hic titulus appositus fuisse videtur; sed qui titulum apposuit, rei gnarus ita scripserit, vel fortasse Chrysostomus ipse sic initio titulum concinnaverit. Putat Hermantius hunc esse Maximum illum episcopum Seleuciæ in Isauria, qui in præcedenti conventu loco Chrysostomi concionem habuerat : id autem non absimile vero est. Ex eis porro quæ sub initium dicit, ὁ γὰρ μετ' ἐμοῦ ζυγὸν ἕλκων, *Meus enim in trahendo jugo compar, nuper proscisso sulco, ubere lingua, inspersit etiam semina*, ex iis, inquam, argui videtur tunc Chrysostomum fuisse episcopum Constantinopolitanum. Nam illo Constantinopoli sedente, alii diversarum civitatum episcopi in hac regia urbe identidem ipso annuente concionabantur, quod non semel fecit etiam Severianus Gabalorum episcopus, ut in Vita Chrysostomi pluribus narrabitur.

Primæ homiliæ interpretatio Latina est Frontonis Ducæi; secundæ incerti cujusdam, tertiæ Sigismundi Gelenii. Duas postremas multis in locis emendavimus.

DE VERBIS ILLIS APOSTOLI,

193 A

1\. *Cor.* 7. 2. Propter fornicationes autem unusquisque suam uxorem habeat.

1\. Ad mollis fontes etiam hodie statui vos
deducere, mellis quod fastidium numquam parit.
Ejusmodi namque Pauli verborum est natura :
et vero quicumque sua corda laticibus ex his
fontibus haustis replent, per Spiritum sanctum
loquuntur : imo vero mellis virtutem etiam
omnem exsuperat sacrorum eloquiorum voluptas. Atque hoc ut indicaret propheta dicebat :
Psal 118. *Quam dulcia faucibus meis eloquia tua, super* B
103. *mel ori meo.* Neque vero melle dulcior tantum,
sed et auro ac lapillo quovis pretiosior, et argento purior est voluptas eloquiorum sacrorum.
Psal. 11. 7. *Eloquia* quippe *Domini, eloquia casta, ar-*
gentum igne examinatum, probatum terræ,
purgatum septuplum. Propterea quoque dice-
Prov. 25. bat et sapiens quidam : *Comedere mel multum*
27. *non bonum : honorare autem oportet sermo-*
nes gloriosos. Nam ex illo quidem morbus,
quo caremus, sæpe gignitur; horum autem opera et corporis ægritudinem, qua tenemur, de- C
ponere possumus : et mel quidem in concoctione
corrumpitur, sacra vero eloquia cum fuerint
concocta, tum jucundiora fiunt et utiliora cum
illis, qui ea possident, tum aliis multis. Ac mensa quidem sensibus subjecta dum affatim quispiam fruitur, si deinde illinc saturatus ructet,
injucundus fit ei qui illum convivio excepit :
si vero spirituali doctrina expletus eructet, multum suavem odorem diffundit in proximum.
David quidem certe cum his dapibus se frequen-
Psal. 44. 2. ter expleret dicebat : *Eructavit cor meum ver-* D
bum bonum. Nam et malum verbum possumus
eructare. Et quemadmodum in hac sensili mensa
pro conditione cibariorum qualitatem eorum,
quæ eructantur, cernimus apparere : sic nimirum et in virtute verborum, qualibus pascuntur, talia plerique homines etiam eructant.
Exempli causa, si in theatrum ascenderis, et
meretricias cantilenas audiveris, talia plane verba in proximum etiam eructabis : quod si ad

[a] ΕΙΣ ΤΟ ΑΠΟΣΤΟΛΙΚΟΝ ΡΗΤΟΝ,

Διὰ δὲ τὰς πορνείας ἕκαστος τὴν ἑαυτοῦ γυναῖκα ἐχέτω.

Πρὸς τὰς τοῦ μέλιτος πηγὰς καὶ τήμερον ὑμᾶς
χειραγωγῆσαι βούλομαι, μέλιτος οὐδέποτε κόρον
ἔχοντος. Τοιαύτη γὰρ τῶν Παύλου ῥημάτων ἡ φύσις,
καὶ πάντες δὲ, ὅσοι πληροῦσι τὰς ἑαυτῶν καρδίας ἐκ
τῶν πηγῶν τούτων, διὰ τοῦ Πνεύματος τοῦ ἁγίου
φθέγγονται· μᾶλλον δὲ καὶ [b] μέλιτος ἀρετὴν ἀπο-
κρύπτει πᾶσαν ἡ τῶν θείων ἡδονὴ λογίων. Καὶ τοῦτο
δηλῶν ὁ προφήτης ἔλεγεν, Ὡς γλυκέα τῷ λάρυγγί
B μου τὰ λόγιά σου, ὑπὲρ μέλι [c] τῷ στόματί μου. Οὐ
μέλιτος δέ ἐστιν ἡδίων μόνον, ἀλλὰ καὶ χρυσίου καὶ
λίθου παντὸς τιμιωτέρα καὶ ἀργυρίου παντὸς καθα-
ρωτέρα ἡ ἡδονὴ τῶν θείων λογίων. Τὰ λόγια γὰρ
Κυρίου, φησὶ, λόγια ἁγνὰ, ἀργύριον πεπυρωμένον,
δοκίμιον τῇ γῇ, κεκαθαρισμένον ἑπταπλασίως. Διὰ
τοῦτο [d] καί τις σοφὸς ἔλεγεν· Ἐσθίειν μέλι πολὺ οὐ
καλὸν, τιμᾷν δὲ χρὴ λόγους ἐνδόξους. Ἐξ ἐκείνου μὲν
γὰρ καὶ νόσος οὐκ οὖσα τίκτεται πολλάκις, ἀπὸ δὲ
τούτων καὶ τὴν οὖσαν ἀῤῥωστίαν ἀποθέσθαι δυνά-
μεθα· καὶ τὸ μὲν μέλι κατὰ πέψιν διαφθείρεται, τὰ
C δὲ λόγια τὰ θεῖα, ὅταν πεφθῇ, τότε καὶ ἡδίω γίνεται
καὶ χρησιμώτερα, αὐτοῖς τε τοῖς ἔχουσι, καὶ ἑτέροις
πολλοῖς. Καὶ τραπέζης μέν τις αἰσθητῆς μετὰ δαψιλείας ἀπολαύων, εἶτα ἐκεῖθεν ἐρευγόμενος, ἀηδὴς τῷ
κοινωνοῦντι γίνεται· ἀπὸ διδασκαλίας δέ τις ἐρευξά-
μενος πνευματικῆς, πολλῆς τῆς εὐωδίας μεταδίδωσι
τῷ πλησίον. Ὁ γοῦν Δαυὶδ τοιαύτης συνεχῶς ἀπολαύων ἑστιάσεως ἔλεγεν, Ἐξηρεύξατο ἡ καρδία μου
λόγον ἀγαθόν. Ἔστι γὰρ καὶ πονηρὸν λόγον ἐρεύξασθαι.
Καὶ καθάπερ ἐπὶ τῆς αἰσθητῆς τραπέζης κατὰ τὴν
φύσιν τῶν ἐδεσμάτων καὶ ἡ τῆς ἐρυγῆς ποιότης ἐκδίδο-
D ται· οὕτω δὴ καὶ ἐπὶ τῆς τῶν ῥημάτων δυνάμεως, οἷά
περ ἂν σιτῶνται, τοιαῦτα καὶ ἐρεύγονται πολλοὶ τῶν
ἀνθρώπων. Οἷον ἐὰν εἰς θέατρον ἀναβῇς καὶ πορνικῶν
ᾀσμάτων ἀκούσῃς, τοιαῦτα καὶ ἐρεύξῃ πάντως εἰς
τὸν πλησίον ῥήματα· ἂν δὲ εἰς τὴν ἐκκλησίαν ἐλθὼν,
μετάσχῃς ἀκουσμάτων πνευματικῶν, τοιαύτας ἕξεις
καὶ τὰς ἐρυγάς. Διὰ τοῦτο καὶ ὁ προφήτης ἔλεγεν,
Ἐξηρεύξατο ἡ καρδία μου λόγον ἀγαθὸν, τῆς τραπέζης, ἧς ἀεὶ μετεῖχε, [e] τὴν βρῶσιν ἡμῖν ἐνδεικνύμενος. Τούτῳ καὶ ὁ Παῦλος πειθόμενος, παρῄνει λέ-

[a] Collata cum Codicibus Colbertinis 970 [nunc Reg. 748] et 1030.

[b] Unus *μέλιτος ἡδονήν.*

[c] [Addit Cod. 748 *καὶ κηρίον.*]

[d] Duo Mss. *καί τις παραινῶν ἔλεγεν.*

[e] Duo Mss. *τὴν φύσιν ἡμῖν.*

γων· Πᾶς λόγος σαπρὸς ἐκ τοῦ στόματος ὑμῶν μὴ ἐκπορευέσθω, ἀλλ' εἴ τις ἀγαθός. Καὶ τίς ἐστιν ὁ σαπρὸς, φησίν; Ἐὰν μάθῃς τὸν ἀγαθὸν, τότε εἴσῃ καὶ τὸν σαπρόν· πρὸς γὰρ τὴν ἀντιδιαστολὴν ἐκείνου τοῦτον τέθεικε. Τίς οὖν ἐστιν ὁ ἀγαθὸς, οὐδὲν δεήσῃ παρ' ἐμοῦ μαθεῖν· αὐτὸς γὰρ ἡμῖν αὐτοῦ τὴν φύσιν ἡρμήνευσεν. Εἰπὼν γὰρ, Εἴ τις ἀγαθὸς, ἐπήγαγε, Πρὸς οἰκοδομὴν τῆς Ἐκκλησίας, δεικνὺς ὅτι οὗτός ἐστιν ἀγαθὸς ὁ τὸν πλησίον οἰκοδομῶν. Ὥσπερ οὖν ὁ οἰκοδομῶν, ἀγαθὸς, οὕτως ὁ καθαιρῶν, σαπρὸς καὶ φαῦλος. Καὶ σὺ τοίνυν, ἀγαπητὲ, εἰ μὲν ἔχεις τι τοιοῦτον εἰπεῖν, ὃ δύναται βελτίω ποιῆσαι τὸν ἀκούοντα, μὴ κωλύσῃς λόγον ἐν καιρῷ σωτηρίας· εἰ δὲ μηδὲν τοιοῦτον ἔχεις, ἀλλὰ πονηρὰ καὶ διεφθαρμένα ῥήματα, σίγησον, μὴ κατηγορήσῃς τοῦ πλησίον. Οὗτος γὰρ ὁ λόγος σαπρός ἐστιν, οὐχ οἰκοδομῶν τὸν ἀκούοντα, ἀλλὰ καὶ καταστρέφων. Ἄν τε γὰρ ἀρετῆς ἐπιμελῆται, πρὸς ἀπόνοιαν αἴρεται πολλάκις· ἄν τε ἠμελημένος ᾖ, ῥαθυμότερος γίνεται. Ἂν αἰσχρὸν μέλλῃς φθέγγεσθαι ῥῆμα καὶ γέλωτος γέμον, σίγησον. Καὶ γὰρ καὶ οὗτος ὁ λόγος σαπρός ἐστι, τόν τε λέγοντα τόν τε ἀκούοντα ἀσελγεστέρους ποιῶν, καὶ τὰς ἐν ἑκάστῳ πονηρὰς ἐπιθυμίας ἀνάπτων. Ὥσπερ οὖν τῷ πυρὶ τὰ ξύλα τροφὴ γίνεται καὶ ὕλη, οὕτω τοῖς πονηροῖς βουλεύμασι τὰ ῥήματα. Διὰ τοῦτο οὐ χρὴ πάντα, ἅπερ ἂν ἔχωμεν ἐν διανοίᾳ, φθέγγεσθαι πάντως· ἀλλὰ σπουδάζειν μὲν καὶ τῆς διανοίας αὐτῆς ἐξορίζειν τὰς πονηρὰς ἐπιθυμίας καὶ πᾶσαν αἰσχρὰν ἔννοιαν. Εἰ δέ ποτε λαθόντες παραδεξόμεθα ῥυπαροὺς λογισμοὺς, μηδέποτε διὰ τῆς γλώττης αὐτοὺς ἐκφέρωμεν, ἀλλ' ἀποπνίγωμεν αὐτοὺς διὰ τῆς σιγῆς. Καὶ γὰρ καὶ θηρία καὶ ἑρπετὰ εἰς λάκκον ἐμπίπτοντα, ἂν μὲν εὕρῃ τινὰ διέξοδον ἄνωθεν, ἀναβάντα ἀγριώτερα γίνεται· ἂν δὲ μένῃ κάτω διηνεκῶς συγκεκλεισμένα, πάντοθεν ἀπόλλυται ῥᾳδίως καὶ ἀφανίζεται· οὕτω δὴ καὶ τὰ πονηρὰ ἐνθυμήματα, ἂν μὲν εὕρῃ τινὰ διὰ τοῦ στόματος ἡμῶν καὶ τῶν ῥημάτων ἔξοδον, ἀνάπτει τὴν ἔνδον φλόγα· ἂν δὲ ἀποκλείσῃς αὐτὰ διὰ τῆς σιγῆς, ἀσθενέστερα γίνεται, καὶ καθάπερ λιμῷ τηκόμενα τῇ σιωπῇ, ταχέως ἐναποθνήσκει τῇ διανοίᾳ. Ὥστε κἂν ἐπιθυμήσῃς τινὰ αἰσχρὰν ἐπιθυμίαν, μὴ φθέγξῃ δὲ ῥῆμα αἰσχρὸν, κατέσβεσας καὶ τὴν ἐπιθυμίαν. Οὐκ ἔχεις διάνοιαν καθαράν; Κἂν στόμα ἔχε καθαρὸν, καὶ μὴ κενώσῃς ἔξω τὸν βόρβορον, ἵνα μὴ καὶ ἕτερον καὶ σαυτὸν καταβλάψῃς. Οὐ γὰρ τοῖς λέγουσι μόνον, ἀλλὰ καὶ τοῖς ἀκούουσιν αἰσχρὰ φθεγγομένων ἑτέρων πολλὴ προσγίνεται κηλίς. Διὰ τοῦτο παραινῶ καὶ συμβουλεύω, μὴ μόνον τοῦ λέγειν τὰ τοιοῦτα, ἀλλὰ καὶ λεγόντων ἑτέρων τοῦ ἀκούειν ἀπέχεσθαι, καὶ τῷ θείῳ προσηλῶσθαι νόμῳ διηνεκῶς. Τὸν γὰρ τοιοῦτον καὶ ὁ προφήτης μακαρίζει, λέγων· Μακάριος ἀνὴρ, ὃς οὐκ ἐπορεύθη ἐν βουλῇ ἀσεβῶν, καὶ ἐν

ecclesiam veniens spiritualis particeps fueris lectionis, ejusmodi erunt etiam quæ eructabis. Propterea quoque dicebat propheta, *Eructavit cor meum verbum bonum*, ut mensæ dapes, qua fruebatur semper, nobis ostenderet. Hoc etiam incitatus, nos cohortabatur his verbis utens Paulus: *Omnis sermo malus ex ore vestro non procedat, sed si quis bonus.* Et quis est malus, dicet aliquis? Si bonum didiceris, Eph. 4. 29.

194 A tum etiam malum scies, nam ad distinctionem illius hunc posuit. Quis ergo bonus sit, non erit opus ut ex me discas: ipse quippe nobis ejus naturam declaravit. Cum enim dixisset, *Si quis bonus*, adjecit, *Ad ædificationem Ecclesiæ*, bonum eum esse ostendens, qui ædificat proximum. Ut igitur is qui ædificat, bonus est: ita qui destruit, malus et pravus est. Et tu igitur, dilectissime, si quidem tale quid proferre possis, quod meliorem reddere possit auditorem, ne retineas verbum in tempore salutis: quod si nihil Ibid. Lingua quomodo coercenda.

B tale suppetat, sed prava tantum et corrupta verba, tace, ne proximum accuses. Hic enim malus est sermo, nec ædificat audientem, sed subvertit. Sive enim illi curæ sit virtus, in superbiam sæpius effertur: sive sit ignavus, negligentior evadit. Si turpe prolaturus sis verbum ac ridiculum, tace. Nam et hic malus est sermo, quo et is qui dicit, et is qui audit lasciviores redduntur, et in unoquoque pravæ libidines inflammantur. Ut igitur ignis alimentum ligna sunt et sarmenta, ita pravæ cogitationes verbis aluntur. Idcirco non omnia quæ mente versamus, omnino eloqui nos

C oportet: sed ex ipsa mente pravas cupiditates omnemque fœdam cogitationem eliminare studendum est. Quod si quando nobis nec opinantibus turpes irrepserint ratiocinationes, numquam eas lingua efferamus, sed silentio suffocemus. Nam et belluæ ac serpentes si quando in fossam inciderent, et exitum quemdam sursum invenerint, ascendentes, ferociores evadunt; quod si deorsum conclusæ perpetuo manserint, omni modo pereduntur facile atque exterminantur: sic nimirum et pravæ cogitationes, si quidem aliquem per os nostrum exitum nanciscantur, interiorem

D flammam accendunt: sin autem eas per silentium concluseris, imbecilliores fiunt, et tamquam fame confectæ per silentium, celeriter in mente moriuntur. Itaque si qua te cogitatio turpis invadat, neque turpe verbum eloquaris, etiam cupiditatem exstingues. Non est tibi mens munda? Saltem mundum sit os, neque lutum foras ejicias, ne et alium et te ipsum offendas. Non enim illi tantum qui dicunt, sed etiam illi qui audiunt, multas contrahunt sordes, dum alii turpia loquuntur. Propterea cohortari et consulere non desino, ut non solum ab ejusmodi verbis efferendis, sed etiam, dum ab aliis efferuntur, audiendis abstineamus, et divinæ legi semper addicti simus. Qui enim ejusmodi fuerit, beatus a propheta prædicatur : *Beatus vir, qui non abiit in consilio impiorum, et in via peccatorum non stetit, et in cathedra pestilentiæ non sedit : sed in lege Domini voluntas ejus, et in lege ejus meditabitur die ac nocte.* (Psal. 1. 1. 2.)

2. Atque in profanis quidem conventibus, etsi aliquid fortasse boni aliquando dicitur, vix tamen inter multa prava unum quidpiam probum plerique loquuntur : dum autem sacræ leguntur Scripturæ, plane contrarium evenit : nullum sermonem pravum audies, omnes salutis ac philosophiæ modestiæque plenos, cujusmodi sunt quæ hodierno die sunt lecta. Quænam illa porro? *De quibus autem scripsistis mihi*, inquit, *bonum est homini mulierem non tangere propter fornicationes autem unusquisque suam uxorem habeat, et unaquæque suum virum.* (1. Cor. 7. 1. 2.) De nuptiis leges sancit Paulus, neque eum pudet, nec erubescit; ac merito sane. Si enim nuptiis honorem detulit Dominus ejus, nec illarum eum puduit, sed et præsentia sua rem exornavit, et munere : siquidem munera contulit omnium maxima, cum aquæ naturam mutavit in vinum: qui potuisset pudere servum leges de nuptiis ferre? Non enim res mala sunt nuptiæ, sed mala res adulterium, mala res fornicatio : nuptiæ vero præsens sunt adversus fornicationem remedium. Ne igitur diabolicis eas pompis dehonestemus : sed quod factum est a civibus Canæ Galilææ, fiat et ab iis qui nunc ducunt uxores, Christum habeant in medio sedentem. Quo vero pacto id fieri potest, inquit? Per ipsos sacerdotes. *Qui enim*, inquit, *recipit vos, me recipit.* (Matth. 10. 40.) Si ergo diabolum abegeris, si meretricias cantilenas, et molles cantus, immodestas choreas, verba turpia, diabolicam pompam, tumultum, risum effusum, et reliquam turpitudinem amandaris, sanctos autem Christi servos introduxeris, Christus per ipsos plane aderit cum matre sua et fratribus. *Quicumque* enim *fecerit*, inquit, *voluntatem Patris mei, ipse meus frater, et soror et mater* est. (Matth. 12. 50.) Scio equidem gravem quibusdam et molestum videri me, dum ad hæc vos hortor,

Nuptiæ quomodo celebrandæ.

ὁδῷ ἁμαρτωλῶν οὐκ ἔστη, καὶ ἐπὶ καθέδραν λοιμῶν οὐκ ἐκάθισεν· ἀλλ' ἢ ἐν τῷ νόμῳ Κυρίου τὸ θέλημα αὐτοῦ, καὶ ἐν τῷ νόμῳ αὐτοῦ μελετήσει ἡμέρας καὶ νυκτός.

E ᾿Εν μὲν οὖν τοῖς ἔξωθεν συλλόγοις, εἰ καί τι λεχθείη ποτὲ χρηστὸν, ἀλλ' ἐν πολλοῖς τοῖς φαύλοις μόλις ἓν ὑγιὲς οἱ πολλοὶ φθέγγονται· ἐπὶ δὲ τῶν θείων Γραφῶν τοὐναντίον ἅπαν· πονηρὸν μὲν οὐδένα οὐδέποτε ἀκούσῃ λόγον, πάντας δὲ σωτηρίας καὶ πολλῆς γέμοντας φιλοσοφίας· οἷα δὴ καὶ τὰ σήμερον ἡμῖν ἀναγνωσθέντα. Τίνα δὲ ταῦτά ἐστι; Περὶ δὲ ὧν ἐγράψατέ μοι, φησὶ, καλὸν ἀνθρώπῳ γυναικὸς μὴ ἅπτεσθαι· διὰ δὲ τὰς πορνείας ἕκαστος τὴν ἑαυτοῦ γυναῖκα ἐχέτω, καὶ ἑκάστη τὸν ἴδιον ἄνδρα. Περὶ γάμων ὁ Παῦλος νομοθετεῖ, καὶ οὐκ αἰσχύνεται, οὐδὲ ἐρυθριᾷ· καὶ μάλα εἰκότως. (195 A) Εἰ γὰρ ὁ Δεσπότης αὐτοῦ γάμον ἐτίμησε, καὶ οὐκ ἐπῃσχύνθη, ἀλλὰ καὶ τῇ παρουσίᾳ καὶ τῷ δώρῳ τὸ πρᾶγμα ἐκόσμησε (καὶ γὰρ καὶ δῶρα τῷ γάμῳ μείζονα ἁπάντων εἰσήνεγκε, τὴν τοῦ ὕδατος φύσιν εἰς οἶνον [a] μεταβαλὼν), πῶς ὁ δοῦλος ἠρυθρίασεν ἂν περὶ γάμου νομοθετῶν; Οὐ γὰρ πονηρὸν ὁ γάμος πρᾶγμα, ἀλλὰ πονηρὸν ἡ μοιχεία, πονηρὸν ἡ πορνεία· γάμος δὲ πορνείας ἀναιρετικὸν φάρμακον. Μὴ τοίνυν αὐτὸν ἀτιμάζωμεν ταῖς διαβολικαῖς πομπαῖς· ἀλλ', ὅπερ ἐποίησαν οἱ ἐν Κανᾷ τῆς Γαλιλαίας, καὶ οἱ νῦν γυναῖκας λαμβάνοντες ποιείτωσαν, τὸν Χριστὸν ἐχέτωσαν μέσον. Καὶ (B) πῶς δυνατὸν τοῦτο γενέσθαι, φησί; Δι' αὐτῶν τῶν ἱερέων· Ὁ δεχόμενος γὰρ, φησὶν, ὑμᾶς, ἐμὲ δέχεται. Ἂν τοίνυν τὸν διάβολον ἀπελάσῃς, ἂν τὰ πορνικὰ ᾄσματα, καὶ τὰ κεκλασμένα μέλη, καὶ τὰς ἀτάκτους χορείας, καὶ τὰ αἰσχρὰ ῥήματα, καὶ τὴν διαβολικὴν πομπὴν, καὶ τὸν θόρυβον, καὶ τὸν κεχυμένον γέλωτα καὶ τὴν λοιπὴν ἐξελάσῃς ἀσχημοσύνην, εἰσαγάγῃς δὲ τοὺς ἁγίους Χριστοῦ δούλους, καὶ ὁ Χριστὸς δι' αὐτῶν παρέσται πάντως μετὰ τῆς μητρὸς καὶ τῶν ἀδελφῶν· Ὃς γὰρ ἂν ποιήσῃ, φησὶ, τὸ θέλημα τοῦ Πατρός μου, οὗτός μου ἀδελφὸς καὶ ἀδελφὴ καὶ μήτηρ ἐστι. Καὶ οἶδα ὅτι βαρύς τισιν εἶναι δοκῶ καὶ φορτικὸς, ταῦτα παραινῶν καὶ παλαιὸν ἔθος ἐκκόπτων. Πλὴν ἀλλ' οὐδέν μοι τούτου μέλει· οὐ γὰρ (C) τῆς χάριτος τῆς παρ' ὑμῶν, ἀλλὰ τῆς ὠφελείας δέο-

[a] Duo Mss. μεταβαλὼν, εἰκότως. οὐδὲ ὁ δοῦλος ἐρυθριᾷ περὶ τούτων νομοθετῶν.

μαι τῆς ὑμετέρας· οὐ τῶν κρότων καὶ τῶν ἐπαίνων, ἀλλὰ τοῦ κέρδους καὶ τῆς φιλοσοφίας. Μή μοι λεγέτω τις, ὅτι ἔθος ἐστίν· ὅπου ἁμαρτία τολμᾶται, ἔθους μὴ μνησθῇς· ἀλλ', εἰ μὲν πονηρὰ τὰ γινόμενα, κἂν παλαιὸν ἔθος ᾖ, κατάλυσον· ἂν δὲ μὴ πονηρὰ, κἂν συνήθεια μὴ ᾖ, εἰσάγαγε καὶ καταφύτευσον. Ὅτι δὲ οὐ παλαιὸν ἔθος ἦν τὸ τοιαῦτα ἀσχημονεῖν, ἀλλὰ καινοτομία τίς ἐστι τὰ γινόμενα, ἀναμνήσθητι πῶς ἔγημεν ὁ Ἰσαὰκ τὴν Ῥεβέκκαν, πῶς ὁ Ἰακὼβ τὴν Ῥαχήλ. Καὶ γὰρ τῶν γάμων αὐτῶν μέμνηται ἡ Γραφὴ, καὶ πῶς εἰς τὰς οἰκίας τῶν νυμφίων ἤχθησαν αὗται αἱ νύμφαι λέγει, καὶ οὐδενὸς τοιούτου μέμνηται· ἀλλὰ συμπόσιον μὲν καὶ δεῖπνον ἐποιήσαντο τοῦ συνήθους φαιδρότερον, καὶ τοὺς προσήκοντας ἐκάλεσαν εἰς τοὺς γάμους· αὐλοὶ δὲ, σύριγγες, καὶ κύμβαλα, καὶ τὰ * οἰνώδη σκιρτήματα, καὶ ἡ λοιπὴ ἡ νῦν ἀσχημοσύνη πᾶσα ἐκποδὼν ἦν. Οἱ δὲ ἐφ' ἡμῶν καὶ ὕμνους εἰς τὴν Ἀφροδίτην ᾄδουσι χορεύοντες, καὶ μοιχείας πολλὰς, καὶ γάμων διαφθορὰς, καὶ ἔρωτας παρανόμους, [b] καὶ μίξεις ἀθέσμους, καὶ πολλὰ ἕτερα ἀσεβείας καὶ αἰσχύνης γέμοντα ᾄσματα κατ' ἐκείνην ᾄδουσι τὴν ἡμέραν, καὶ μετὰ μέθην καὶ τοσαύτην ἀσχημοσύνην δι' αἰσχρῶν ῥημάτων δημοσίᾳ τὴν νύμφην πομπεύουσι. Πῶς οὖν αὐτὴν ἀπαιτεῖς σωφροσύνην, εἰπέ μοι, εἰς τοσαύτην ἀναίδειαν ἐκ πρώτης αὐτὴν παιδοτριβῶν τῆς ἡμέρας, καὶ παρασκευάζων ἐπ' ὄψεσιν αὐτῆς καὶ γίνεσθαι καὶ λέγεσθαι ταῦτα, ἃ μηδὲ σπουδαίοις ἀνδραπόδοις ἀκοῦσαι θέμις; Τοσοῦτον χρόνον ἐπόνεσεν ὁ πατὴρ μετὰ τῆς μητρὸς φυλάττων τὴν παρθένον, ὥστε μήτε εἰπεῖν, μήτε ἑτέρου ἀκοῦσαι λέγοντός τι τῶν τοιούτων ῥημάτων, καὶ θαλάμους, καὶ γυναικωνίτιδας, καὶ φύλακας, καὶ θύρας, καὶ μοχλοὺς, καὶ τὰς ἐν ἑσπέρᾳ προόδους, καὶ τὸ μηδενὶ φαίνεσθαι μηδὲ τῶν ἐπιτηδείων, καὶ πολλὰ ἕτερα πλείονα τούτων πραγματευόμενος, καὶ σὺ πάντα ἐκεῖνα ἐν μιᾷ ἐλθὼν ἐξέχεας ἡμέρᾳ, ἀναίσχυντον αὐτὴν παρασκευάζων γενέσθαι διὰ τῆς ἀτίμου πομπῆς ἐκείνης, καὶ διεφθαρμένα ῥήματα εἰς τὴν ψυχὴν εἰσάγων τῆς νύμφης; Οὐκ ἐντεῦθεν τὰ μετὰ ταῦτα κακά; οὐκ ἐντεῦθεν μοιχεῖαι καὶ ζηλοτυπίαι; οὐκ ἐντεῦθεν ἀπαιδίαι καὶ χηρεῖαι καὶ ὀρφανίαι ἄωροι; Ὅταν γὰρ τοὺς δαίμονας καλῇς διὰ τῶν ᾀσμάτων, ὅταν τὴν ἐκείνων ἐπιθυμίαν πληροῖς διὰ τῶν αἰσχρῶν ῥημάτων, ὅταν μίμους καὶ μαλακοὺς εἰς τὴν οἰκίαν εἰσάγῃς καὶ τὸ θέατρον ἅπαν, ὅταν πορνῶν ἐμπλήσῃς τὴν οἰκίαν, καὶ τῶν δαιμόνων ὁλόκληρον παρασκευάσῃς ἐκεῖ κωμᾶσαι τὸν χορὸν, τί προσδοκᾷς λοιπὸν ὑγιὲς, εἰπέ μοι; Τίνος δὲ ἕνεκεν καὶ ἱερέας εἰσάγεις, μέλλων τῇ ὑστεραίᾳ τοιαῦτα τε-

et antiquam reseco consuetudinem. Nihil tamen istud curo; neque enim tam gratia vestra, quam utilitate indigeo, non applausibus et laudibus, sed lucro et philosophia. Neque mihi quisquam dicat, consuetudo est: ubi peccatum committitur, noli consuetudinis mentionem facere; sed si quidem mala sint quæ geruntur, licet antiqua sit consuetudo, tolle illam: si mala non sint, licet consuetudo non sit, introduc illam et inveche. Cæterum antiquam non fuisse consuetudinem, ut tam turpes res fierent, sed invectam quamdam
D fuisse novitatem, cognosces, si recorderis, quo pacto duxerit uxorem Rebeccam Isaac, quo pacto Jacob Rachelem. Nam et nuptiarum meminit illarum Scriptura, et quo pacto fuerint in ædes sponsorum hæ sponsæ deductæ narrat, neque tale quidquam commemorat; sed convivium quidem et prandium solito lautius instruxerunt, et propinquos ad nuptias invitarunt: tibiæ vero ac fistulæ, cymbala, et temulentæ saltationes, ac reliqua omnis hujus temporis turpitudo procul aberat. At nostræ ætatis homines et hymnos in
E Venerem saltando canunt et adulteria multa, et nuptiarum violationes, et illegitimos amores, illicitosque coitus, et alia plurima plena impietatis et ignominiæ cantica illo die canunt, et post ebrietatem ac tantam turpitudinem cum verbis obscœnis publice sponsam deducunt. Quo igitur pacto castitatem ab illa exigis, quæso, cum jam a primo die ad tantam impudentiam illam erudias,
196 et in ejus conspectu ea fieri ac dici cures, quæ
A neque fas sit a probis mancipiis audiri? Tam diuturno tempore laboravit pater, dum virginem cum matre servaret, ut neque diceret, neque dicentem alium quoddam tale verbum audiret, et conclavia, et gynæcea, et custodes, et januas, et vectes, et vespertinos progressus, et ut nomini, ne propinquorum quidem ulli se spectandam offerret, et alia multa, et his plura diligenter accurabat, et tu veniens cuncta illa uno die effudisti, ac per inhonestam illam pompam effecisti, ut impudens fieret, et verba depravata in sponsæ
B animam infudisti? Nonne inde quæ sequuntur mala proveniunt? non inde adulteria et zelotypiæ? nonne inde filiorum orbitates, viduitates et immaturi parentum obitus? Cum enim dæmones cantibus illis invites, cum per obscœna verba cupiditatem illorum expleas, cum mimos et effeminatos in ædes introducas et totum theatrum,

Invehitur in lascivas pompas nuptiarum.

* [Emendarunt Veneti οἰνώδη, quæ lectio est Morelli. Ed. Montf. vitiose οἰμώδη. Savil. et Cod. 748 ἐνώδη.]

[b] Hæc, καὶ μίξεις ἀθέσμους, desunt in Editis, sed habentur in duobus Mss.

cum meretricibus domum compleas, et efficias,
ut totus illic dæmonum cœtus lasciviat, quid sani,
quæso, deinceps potes exspectare? Qua vero de
causa et sacerdotes introducis, cum postero die
talia sis perpetraturus? Vis magnificentiam fructuosam ostentare? Voca pauperum choros. Sed
verecundaris et erubescis? Et quid hac absurdi-
tate pejus, cum in ædes diabolum pelliciens,
nihil turpe te agere censeas, cum vero Christum
inducturus sis, erubescas? Ut enim introeuntibus
pauperibus advenit Christus, ita cum molles ac
mimi choreas illic ducunt, lascivit in medio illorum diabolus. Atque ex illis quidem expensis
nullum lucrum, sed et multum oritur damnum:
ex his autem sumtibus multam cito mercedem
reportabis. Atqui nullus eorum qui in urbe sunt,
hoc præstitit? Tu vero incipere et præclaræ
istius consuetudinis auctor esse contende, ut eam
tibi posteri acceptam ferant. Quod si æmuletur
aliquis, et imitetur hanc consuetudinem, ad eos
qui interrogabunt, dicere poterunt nepotes, ac
nepotum filii, illum talem hanc optimam legem
primum invexisse. Si enim exterius in certaminibus, dum convivia instruuntur, qui inutilia
ista munera publica majorem ad magnificentiam
provexerint, a vulgo celebrantur: multo magis in
hoc publico munere spirituali laudabunt omnes,
et gratiam habebunt ei, qui principium istud præclarum introduxerit, eique laudem liberalitatis
hoc et utilitatem acquiret. Nam si et hoc ab aliis
peractum fuerit, tibi qui primus semina jecisti
fructuum illorum, mercedem proferet: hoc et te
cito parentem efficiet, hoc et liberis auxilio erit
efficietque ut sponsus cum sponsa consenescat.
Ut enim peccantibus frequenter Deus commina-
Exod. 22. 24. tur dicens: *Erunt filii vestri pupilli, et uxores vestræ viduæ*: sic illis qui in omnibus
ipsi obediunt et senectutem beatam et omnia
cum ea se daturum bona pollicetur.

λεῖν; Βούλει φιλοτιμίαν ἐπιδείξασθαι κέρδος ἔχουσαν;
Κάλεσον χοροὺς πενήτων. Ἀλλ' αἰσχύνῃ πάντως, καὶ
ἐρυθριᾷς; Καὶ τί ταύτης τῆς ἀλογίας χεῖρον, ὅταν
τὸν μὲν διάβολον ἕλκων εἰς τὴν οἰκίαν, μηδὲν νομίζῃς αἰσχρὸν ποιεῖν, τὸν δὲ Χριστὸν μέλλων εἰσάγειν,
C ἐρυθριᾷς; Ὥσπερ γὰρ πενήτων εἰσιόντων ὁ Χριστὸς
παραγίνεται, οὕτω μαλακῶν καὶ μίμων ἐκεῖ χορευόν-
των ὁ διάβολος ἐν τῷ μέσῳ κωμάζει. Καὶ ἀπὸ μὲν
τῆς δαπάνης ἐκείνης κέρδος οὐδὲν, ἀλλὰ καὶ πολλὴ
γένοιτ' ἂν ἡ βλάβη· ἀπὸ δὲ τούτων τῶν ἀναλωμάτων
πολύν τινα λήψῃ τὸν μισθὸν ταχέως. Ἀλλὰ οὐδεὶς
ἐπὶ τῆς πόλεως τοῦτο εἰργάσατο; Ἀλλὰ σὺ κατάρξαι
[a] σπούδασον καὶ ἀρχηγὸς γενέσθαι τῆς καλῆς ταύτης
συνηθείας, ἵνα καὶ οἱ μετὰ ταῦτα εἰς σὲ ἀναφέρωσι.
Κἂν ζηλώσῃ τις, κἂν μιμήσηται τοῦτο τὸ ἔθος, πρὸς
τοὺς ἐξετάζοντας ἕξουσι λέγειν οἱ ἔγγονοι καὶ οἱ ἐξ ἐγ-
D γόνων, ὅτι ὁ δεῖνα τὸν καλὸν τοῦτον νόμον πρῶτο;
εἰσήγαγεν. Εἰ γὰρ ἐπὶ τῶν ἔξωθεν ἀγώνων, ἐν τοῖς
συμποσίοις, οἱ πρὸς τὸ φιλοτιμότερον τὰς ἀνονήτους
ταύτας λειτουργίας ἐξάγοντες, παρὰ πολλῶν ᾄδονται·
πολλῷ μᾶλλον ἐπὶ τῆς λειτουργίας τῆς πνευματικῆς
ἅπαντες ἐπαινέσονται, καὶ χάριν ὁμολογήσουσι τῷ
πρώτῳ τὴν θαυμαστὴν ταύτην ἀρχὴν εἰσαγαγόντι,
καὶ ἔσται τὸ αὐτὸ καὶ φιλοτιμία καὶ κέρδος. Καὶ γὰρ
ὑφ' ἑτέρων τοῦτο κατορθούμενον, σοὶ, τῷ πρώτῳ φυ-
τευσαμένῳ, τῶν καρπῶν ἐκείνων οἴσει τὴν ἀμοιβήν·
τοῦτό σε καὶ πατέρα ποιήσει ταχέως, τοῦτο καὶ τῶν
τικτομένων προστήσεται, καὶ τὸν νυμφίον τῇ νύμφῃ
E συγκαταγηράσαι παρασκευάσει. Ὥσπερ γὰρ τοῖς
ἁμαρτάνουσιν ἀπειλεῖ συνεχῶς ὁ Θεὸς, λέγων, ὅτι
Ἔσονται οἱ υἱοὶ ὑμῶν ὀρφανοὶ, καὶ αἱ γυναῖκες ὑμῶν
χῆραι· οὕτω καὶ τοῖς ἐν ἅπασιν αὐτῷ πειθομένοις καὶ
γῆρας λιπαρὸν καὶ πάντα μετὰ τούτων δώσειν ὑπισχνεῖται τὰ ἀγαθά.

3. Et vero Paulum possumus hoc dicentem
audire, sæpe immaturas mortes a multitudine
1. Cor. 11. 30. peccatorum allatas esse. *Ideo* enim, inquit, *inter vos multi infirmi, et imbecilles,* et *dor-
miunt multi.* Pauperes autem, si nutriantur, nihil invenire tale permittere, sed quamvis inopinatum quid incidat, remedium illos adhibere
præsentissimum, ex ea puella cognosce quæ in
Act. 9. 36. sqq. Joppe morabatur. Nam et hanc mortuam jacentem circumstantes pauperes qui ab ea nutrie-

Καὶ Παύλου δὲ ἔστιν ἀκοῦσαι τοῦτο λέγοντος, ὅτι
θανάτους ἀώρους πολλάκις ἁμαρτημάτων ἐποίησε
πλῆθος. Διὰ τοῦτο γὰρ, φησὶν, ἐν ὑμῖν πολλοὶ ἀσθενεῖς καὶ ἄρρωστοι, καὶ κοιμῶνται ἱκανοί. Ὅτι δὲ
πένητες τρεφόμενοι οὐδὲν τοιοῦτον ἀφιᾶσι συμπεσεῖν,
ἀλλὰ, κἂν γένηταί τι τῶν ἀδοκήτων, ταχίστην ἐπά-
197 A γουσιν αὐτοῦ τὴν διόρθωσιν, ἀπὸ τῆς κόρης μάνθανε
τῆς ἐν Ἰόππῃ. Καὶ γὰρ ταύτην ποτὲ νεκρὰν κειμένην
περιστάντες οἱ τρεφόμενοι πένητες καὶ δακρύσαντες
ἀνέστησαν, καὶ πρὸς ζωὴν ἐπανήγαγον. Τοσοῦτον

[a] [Editiones κατάρξαι, σπούδασον κ. ἀ. Vertit Fr. Ducæus: *incipe*, quod scribendum erat κάταρξαι. Distinximus cum Cod. 748.]

ἡ εὐχὴ χηρῶν καὶ πενήτων γέλωτος παντὸς καὶ χορείας ἐστὶ χρησιμωτέρα. Ἐνταῦθα πρὸς μίαν ἡμέραν ἡ τέρψις, ἐκεῖ διηνεκὲς τὸ κέρδος. Ἐννόησον ἡλίκον ἐστὶ τοσαύτας ἐπὶ τῆς κεφαλῆς εὐλογίας λαβοῦσαν τὴν νύμφην, εἰς τὴν οἰκίαν εἰσιέναι τοῦ νυμφίου. Πόσων στεφάνων ταῦτα σεμνότερα; πόσοο χρησιμώτερα πλούτου; ὡς τά γε νῦν γινόμενα ἐσχάτης παραπληξίας καὶ παραφροσύνης ἐστίν. Εἰ γὰρ μηδὲ κόλασις, μηδὲ τιμωρία τις ἔκειτο τοῖς τὰ τοιαῦτα ἀσχημονοῦσιν, B ἐννόησον ὅσης ἐστὶ τιμωρίας, ἀνέχεσθαι τοσαύταις πλυνομένους λοιδορίαις, δημοσίᾳ, πάντων ἀκουόντων, ὑπὸ ἀνθρώπων μεθυόντων καὶ διεφθαρμένων τὸν νοῦν. Οἱ μὲν γὰρ πένητες λαμβάνοντες εὐλογοῦσι, μυρία συνεύχονται τὰ ἀγαθά· ἐκεῖνοι δὲ μετὰ τὴν μέθην, μετὰ τὴν ἀδηφαγίαν, πάντα βόρβορον σκωμμάτων κατὰ τῆς τῶν γαμούντων καταχέουσι κεφαλῆς, ἅμιλλάν τινα διαβολικὴν πρὸς ἀλλήλους ἔχοντες· καὶ καθάπερ ἐχθρῶν ὄντων τῶν συνιόντων, οὕτως οἱ προσήκοντες αὐτοῖς φιλοτιμοῦνται πρὸς ἀλλήλους, ἐν τῷ ῥητὰ καὶ ἄῤῥητα λέγειν ὀνείδη περὶ τῶν γημάντων, μιμῆσαι τοὺς ἀντιτεταγμένους· καὶ ἡ πρὸς ἀλλήλους C τούτων φιλονεικία μεθ' ὑπερβολῆς ἁπάσης τὸν νυμφίον μετὰ τῆς νύμφης καταισχύνεσθαι παρασκευάζει. Ἆρ' οὖν ἑτέραν ζητήσομεν ἀπόδειξιν, εἰπέ μοι, τῶν δαιμόνων κινούντων τὰς ἐκείνων ψυχὰς ταῦτα καὶ γίνεσθαι καὶ λέγεσθαι παρ' αὐτῶν; Τίς οὖν ἀμφισβητήσει λοιπὸν, ὅτι δαιμόνων κινούντων τὰς ἐκείνων ψυχὰς καὶ λέγεται ταῦτα πάντα καὶ γίνεται παρ' ἐκείνων; Οὐκ ἔστιν οὐδείς· καὶ γὰρ τοιαῦται τοῦ διαβόλου αἱ ἀντιδόσεις, λοιδορίαι, καὶ μέθαι, καὶ παραφροσύνη ψυχῆς. Εἰ δέ τις οἰωνίζοιτο τὸ πένητας ἀντὶ τούτων εἰσάγεσθαι, καὶ συμφορᾶς λέγοι εἶναι D σύμβολα ταῦτα, μαθέτω καὶ τοῦτο, ὅτι οὐ τὸ πένητας τρέφεσθαι καὶ χήρας, ἀλλὰ τὸ μαλακοὺς καὶ πόρνας, τοῦτο ἁπάσης ἀηδίας καὶ μυρίων ἐστὶ σύμβολον κακῶν. Πολλάκις γὰρ ἀπ' αὐτῆς τῆς ἡμέρας ἐκ τῶν φίλων τὸν νυμφίον αἰχμάλωτον λαβοῦσα ἀπῆλθεν ἡ πόρνη, καὶ τὸν ἔρωτα τὸν πρὸς τὴν νύμφην ἔσβεσε, καὶ τὴν εὔνοιαν ὑπέσυρε, καὶ τὴν ἀγάπην, πρὶν ἐξαφθῆναι, κατέλυσε, καὶ μοιχείας ἐγκατέβαλε σπέρματα. Ταῦτα δεδοικέναι τοὺς πατέρας ἐχρῆν, εἰ καὶ μηδὲν ἕτερον, καὶ κωλύειν τῶν μίμων καὶ τῶν ὀρχουμένων τὰς εἰς τοὺς γάμους παρουσίας. Γάμος γὰρ, οὐχ ἵνα ἀσελγῶμεν, εἰσενήνεκται, οὐδ' ἵνα πορνεύω- E μεν, ἀλλ' ἵνα σωφρονῶμεν. Ἄκουσον γοῦν τοῦ Παύλου λέγοντος· Διὰ δὲ τὰς πορνείας ἕκαστος τὴν ἑαυτοῦ γυναῖκα ἐχέτω, καὶ ἑκάστη τὸν ἴδιον ἄνδρα ἐχέτω. Δύο γὰρ ταῦτά ἐστι, δι' ἅπερ εἰσενήνεκται γάμος, ἵνα τε σωφρονῶμεν, καὶ ἵνα πατέρες γινώμεθα· τῶν δὲ δύο τούτων προηγουμένη ἡ τῆς σωφροσύνης ἐστὶ πρόφασις. Ἐπειδὴ γὰρ εἰσῆλθεν ἐπιθυμία, εἰσῆλθε καὶ γάμος τὴν ἀμετρίαν ἐκκόπτων, καὶ πείθων μιᾷ

bantur, et plorantes excitarunt, et ad vitam revocarunt. Tanto viduarum et pauperum oratio risu et chorea omni est utilior. Hic uno die durat delectatio, illic perennis est quæstus. Cogita quantum illud sit tot benedictionibus onustam sponsam sponsi domum introire. Quibus coronis splendidiora non sunt ista? quibus non divitiis utiliora? cum contra hic mos hodiernus extremæ sit dementiæ. Quamvis enim nec pœna, nec supplicium, iis qui tam inhoneste se gerunt, immineret, cogita quantum supplicium sit, tantis maledictis proscindi, populo spectante, cunctis audientibus, ab hominibus ebriis et mente depravatis. Nam paupores quidem, ubi quid acceperint, benedicunt, infinita bona precantur: illi vero post ebrietatem, post voracitatem, omnes dicteriorum sordes in eorum capita effundunt, qui matrimonium contrahunt, et diabolicum certamen inter se quoddam instituunt: et quasi essent inimici qui conveniunt, sic illorum propinqui certant inter se uter plura de illis qui conjugio copulantur, fanda et nefanda probra effutiet; et adversarios imitantur: atque hæc illorum inter se contentio efficit, ut cum sponsa sponsus summo pudore suffundatur. An igitur aliam, quæso, demonstrationem requiremus, ut hæc omnia ab illis fieri dicique dæmonum impulsu constet? Quis ergo deinceps ambiget, quin hæc omnia fiant ab illis ac dicantur, dæmonibus animas eorum impellentibus? Nemo plane: siquidem ejusmodi sunt diaboli renumerationes, cavillationes, ebrietates, et animæ delirium. Quod si quis eo, quod horum loco pauperes introducuntur, omine deterreatur, et calamitatis hoc indicium esse dicat, is hoc etiam discat, non pauperes ac viduas ali, sed molles ac meretrices, omnis molestiæ atque innumerorum esse malorum indicium et portentum. Sæpe namque meretrix jam ab illo ipso die ex amicis sponsum captivum abripiens discessit, amorem erga sponsam exstinxit, benevolentiam subdole avertit, dilectionem, antequam accenderetur, dissolvit, et adulterii semen injecit. Hæc pertimescere patres oportuit, etsi nihil aliud esset, ac mimos et saltatores nuptiarum ingressu prohibere. Sunt enim institutæ nuptiæ non ut lasciviamus, nec ut scortemur, sed ut casti simus. Audi sane Paulum dicentem: *Propter fornicationes autem unusquisque suam uxorem habeat, et unaquæque suum virum habeat.* Hæc enim duo sunt, quorum causa nuptiæ sunt institutæ, ut caste vivamus et ut patres fiamus, horum autem

Dæmonum impulsu fiunt illa omnia.

Mimos et saltatores arceri a nuptiis.

1. Cor 7. 2.

duorum antecedens castitatis est occasio. Postquam enim ingressa est libido, conjugium quoque
ingressum est, ut immoderatum usum resecaret,
et persuaderet, ut una muliere contenti essemus.
Non enim omnino conjugium efficit, ut liberos
suscipiamus, sed illud Dei verbum, quod dicit:
Gen. 1. 28. *Crescite et multiplicamini* et *replete terram.*
Testes sunt quicumque conjugio sunt usi, sed liberos minime genuerunt. Itaque antecedens est
hæc causa castitatis, atque hoc præcipue tempore, cum genere humano totus orbis terrarum
repletus est. Nam a principio quidem expetenda
res erat habere liberos, ut monumentum ac reliquias vitæ suæ quisque relinqueret. Quoniam
enim resurrectionis spes nondum erat, sed mors
dominabatur, seque post hanc vitam perire censebant, qui moriebantur, solatium istud ex susce-
ptione liberorum largitus est Deus, ut animatæ
defunctorum imagines remanerent, genusque
nostrum conservaretur, et mortem obituris eorumque propinquis maximam consolationem id
pareret, quod posteros haberent superstites. Atque ut intelligas idcirco liberos expetendos fuisse, audi, quo pacto apud Jobum queratur ac
Job. 18. 17. lamentetur post multas plagas uxor : *Ecce, inquit, memoriale tuum periit de terra, et filii
tui, et filiæ tuæ.* Et rursus ad Davidem Saül : *Ju-*
1. Reg. 24. 22. *ra mihi in Domino, quia non exterminabis
semen meum, et nomen meum post me.* Post-
quam autem in foribus est resurrectio, neque
mortis jam ulla ratio habetur, sed ad aliam
pergimus vitam hac multo meliorem, supervacaneum studium est ejusmodi. Si enim liberorum
desiderio teneris, multo meliores atque utiliores
acquirere poteris, nunc cum spiritualis quædam
pariendi ratio introducta est, meliorque partus,
et utiliores senectutis altores. Itaque una quædam
est occasio conjugii, ut non scortemur, et idcirco
remedium hoc invectum est. Quod si post conjugium scortationibus te inquinaturus sis, super-
vacance, frustra et incassum ad conjugium venisti : imo vero non frustra et incassum tantum,
sed etiam cum damno. Non enim par ratio est,
si quis uxorem non habens scortetur et si quis
matrimonio contracto rursus idipsum agat. Neque enim jam illud scortatio est, sed adulterium.
Quamvis enim mirum et insolens sit quod diximus, est tamen verum.

χρῆσθαι γυναικί. Τὰς γὰρ παιδοποιίας οὐχ ὁ γάμος
198 ποιεῖ πάντως, ἀλλ' ἐκεῖνο τὸ ῥῆμα τοῦ Θεοῦ τὸ
A λέγον, Αὐξάνεσθε, καὶ πληθύνεσθε, καὶ πληρώσατε
τὴν γῆν· καὶ μαρτυροῦσιν ὅσοι γάμῳ μὲν ἐχρήσαντο,
πατέρες δὲ οὐκ ἐγένοντο. Ὥστε προηγουμένη αὕτη ἡ
αἰτία, ἡ τῆς σωφροσύνης, καὶ μάλιστα νῦν, ὅτε ἡ
οἰκουμένη πᾶσα τοῦ γένους ἡμῶν ἐμπέπλησται. Παρὰ
μὲν γὰρ τὴν ἀρχὴν ποθεινὸν τὸ τῶν παίδων ἦν, διὰ
τὸ μνημόσυνον καὶ λείψανα καταλιμπάνειν ἕκαστον
τῆς ἑαυτοῦ ζωῆς. Ἐπειδὴ γὰρ ἀναστάσεως οὐδέπω
ἦσαν ἐλπίδες, ἀλλ' ὁ θάνατος ἐκράτει, καὶ μετὰ τὴν
ἐντεῦθεν ζωὴν ἀπόλλυσθαι ἐνόμιζον οἱ τελευτῶντες,
ἔδωκεν ὁ Θεὸς τὴν ἐκ τῶν παίδων παραμυθίαν, ὥστε
B τῶν ἀπελθόντων εἰκόνας ἐμψύχους μένειν, καὶ τὸ γένος
ἡμῶν διατηρεῖσθαι, καὶ τοῖς μέλλουσι τελευτᾷν, καὶ τοῖς
ἐπιτηδείοις τοῖς ἐκείνων μεγίστην εἶναι παράκλησιν τὰ
ἐκείνων ἔκγονα. Καὶ ἵνα μάθῃς ὅτι διὰ τοῦτο μάλιστα
ποθεινὰ τὰ τέκνα ἦν, ἄκουσον τί πρὸς τὸν Ἰὼβ ἀπο-
δύρεται μετὰ τὰς [a] πολλὰς πληγὰς ἡ γυνή. Ἰδού,
φησίν, ἀπώλετο τὸ μνημόσυνόν σου ἀπὸ τῆς γῆς,
οἱ υἱοί σου καὶ αἱ θυγατέρες σου. Καὶ πάλιν ὁ Σαοὺλ
πρὸς τὸν Δαυίδ· Ὄμοσόν μοι, ἵνα μὴ ἀφανίσῃς τὸ
σπέρμα μου, καὶ τὸ ὄνομά μου μετ' ἐμέ. Ἐπειδὴ δὲ
λοιπὸν ἡ ἀνάστασις ἐπὶ θύραις, καὶ θανάτου λόγος
οὐδείς, ἀλλὰ πρὸς ἑτέραν ζωὴν ὁδεύομεν βελτίω τῆς
C οὔσης, περιττὴ ἡ περὶ ταῦτα σπουδή. Εἰ γὰρ παίδων
ἐπιθυμεῖς, πολλῷ βελτίους καὶ χρησιμωτέρους δυνήσῃ κτήσασθαι νῦν, ὅτε πνευματικαί τινες ὠδῖνες
εἰσήχθησαν, καὶ βελτίων τόκος, καὶ γηροκόμοι χρη-
σιμώτεροι. Ὥστε μία τίς ἐστι γάμου πρόφασις, τὸ
μὴ πορνεύειν, καὶ διὰ τοῦτο τὸ φάρμακον εἰσενήνεκται τοῦτο. Εἰ δὲ μέλλοις καὶ μετὰ γάμον κεχρῆσθαι
πορνείαις, περιττῶς ἦλθες ἐπὶ τὸν γάμον, καὶ εἰκῇ
καὶ μάτην· μᾶλλον δὲ οὐκ εἰκῇ καὶ μάτην μόνον,
ἀλλὰ καὶ ἐπὶ βλάβῃ. Οὐ γάρ ἐστιν ἴσον οὐκ ἔχοντα
γυναῖκα πορνεύειν, καὶ μετὰ γάμον πάλιν τὸ αὐτὸ
τοῦτο ποιεῖν. Οὐδὲ γὰρ πορνεία τὸ τοιοῦτο λοιπόν
D ἐστιν, ἀλλὰ μοιχεία. Εἰ γὰρ καὶ παράδοξόν ἐστι τὸ
εἰρημένον, ἀλλ' ἀληθές.

4. Non ignoramus plurimos adulterium arbitrari tantum, cum quis marito junctam mulio-

Οὐκ ἀγνοοῦμεν γὰρ ὅτι πολλοὶ μοιχείαν νομίζουσιν,
ὅταν τις ὕπανδρον φθείρῃ γυναῖκα μόνον· ἐγὼ δὲ κἂν

[a] Duo Mss. πολλὰς καὶ ἀφάτους πληγάς.

δημοσίᾳ πόρνῃ, κἂν θεραπαινίδι, κἂν ἄλλῃ τινὶ γυναικὶ ἄνδρα οὐκ ἐχούσῃ πρόσχῃ κακῶς καὶ ἀκολάστως, ἔχων γυναῖκα, μοιχείαν τὸ τοιοῦτον εἶναί φημι. Οὐ γὰρ δὴ μόνον ἀπὸ τῶν ὑβριζομένων, ἀλλὰ καὶ ἀπὸ τῶν ὑβριζόντων τὸ τῆς μοιχείας συνίσταται ἔγκλημα. Μὴ γάρ μοι τοὺς ἔξωθεν νόμους εἴπῃς νῦν, οἳ τὰς μὲν γυναῖκας μοιχευομένας εἰς δικαστήριον ἕλκουσι καὶ εὐθύνας ἀπαιτοῦσιν, ἄνδρας καὶ γυναῖκας ἔχοντας καὶ θεραπαινίσι προφθειρομένους οὐκ ἀπαιτοῦσιν εὐθύνας· ἀλλ' ἐγὼ σοι τὸν τοῦ Θεοῦ νόμον ἀναγνώσομαι, ὁμοίως καὶ ἐπὶ τῆς γυναικὸς καὶ ἐπὶ τοῦ ἀνδρὸς ἀγανακτοῦντα, καὶ μοιχείαν εἶναι τὸ πρᾶγμα λέγοντα. Εἰπὼν γὰρ, Καὶ ἑκάστη τὸν ἴδιον ἄνδρα ἐχέτω, ἐπήγαγε· Τῇ γυναικὶ ὁ ἀνὴρ τὴν ὀφειλομένην εὔνοιαν ἀποδιδότω. Τί ποτε δηλοῦν βουλόμενος τοῦτο εἶπεν; 199 ἆρα ἵνα τὰς προσόδους αὐτῇ τῶν χρημάτων διατηρήσῃ; ἵνα τὴν προῖκα σώαν; ἵνα ἱμάτια παράσχῃ πολυτελῆ; ἵνα τράπεζαν δαψιλεστέραν, ἵνα ἐξόδους λαμπράς; ἵνα οἰκετῶν θεραπείαν πολλήν; Τί λέγεις; ποῖον εὐνοίας εἶδος ζητεῖς; καὶ γὰρ ταῦτα πάντα εὐνοίας ἐστίν. Οὐδέν τι τοιοῦτο λέγω, φησὶν, ἀλλὰ τὴν σωφροσύνην καὶ τὴν σεμνότητα. Τὸ σῶμα τοῦ ἀνδρὸς οὐκέτι τοῦ ἀνδρὸς, ἀλλὰ τῆς γυναικός. Τηρείτω τοίνυν αὐτῇ τὸ κτῆμα σῶον, καὶ μὴ μειούτω, μηδὲ παραφθειρέτω· καὶ γὰρ τῶν οἰκετῶν ἐκεῖνος εὔνους λέγεται, ὃς ἂν τὰ δεσποτικὰ δεξάμενος χρήματα, μηδὲν ἐξ αὐτῶν διαφθείρῃ. Ἐπειδὴ τοίνυν τῆς γυναικός ἐστι κτῆμα τὸ τοῦ ἀνδρὸς σῶμα, εὔνους ἔστω περὶ τὴν παρακαταθήκην ὁ ἀνήρ. Ὅτι γὰρ τοῦτό φησιν, εἰπὼν, Τὴν εὔνοιαν ἀποδιδότω, ἐπήγαγεν· Ἡ γυνὴ τοῦ ἰδίου σώματος οὐκ ἐξουσιάζει, ἀλλ' ὁ ἀνήρ· ὁμοίως καὶ ὁ ἀνὴρ τοῦ ἰδίου σώματος οὐκ ἐξουσιάζει, ἀλλ' ἡ γυνή. Ὅταν τοίνυν ἴδῃς πόρνην δελεάζουσαν, ἐπιβουλεύουσαν, ἐρῶσαν τοῦ σώματος, εἰπὲ πρὸς αὐτήν· οὐκ ἔστιν ἐμὸν τὸ σῶμα, τῆς γυναικός ἐστι τῆς ἐμῆς· οὐ τολμῶ καταχρήσασθαι, οὔτε ἑτέρᾳ τοῦτο ἐνδοῦναι γυναικί. Τοῦτο καὶ γυνὴ ποιείτω. Πολλὴ γὰρ ἐνταῦθα ἡ ἰσοτιμία· καίτοι γε ἐν τοῖς ἄλλοις πολλὴν δίδωσιν ὑπεροχὴν ὁ Παῦλος, οὕτω λέγων· Πλὴν καὶ ὑμεῖς οἱ καθ' ἕνα, ἵνα ἕκαστος τὴν ἑαυτοῦ γυναῖκα οὕτως ἀγαπᾷ ὡς ἑαυτόν· ἡ δὲ γυνὴ, ἵνα φοβῆται τὸν ἄνδρα· καὶ, Κεφαλὴ γυναικὸς ὁ ἀνὴρ, καὶ, Ὀφείλει ἡ γυνὴ ὑποτάσσεσθαι τῷ ἀνδρί. Καὶ πάλιν ἐν τῇ Παλαιᾷ, Πρὸς τὸν ἄνδρα σου ἡ ἀποστροφή σου, καὶ αὐτός σου κυριεύσει. Πῶς οὖν ἐνταῦθα ἴσην ἀντίδοσιν δουλείας καὶ δεσποτείας εἰσήγαγε; Τὸ γὰρ εἰπεῖν, Ἡ γυνὴ τοῦ ἰδίου σώματος οὐκ ἐξουσιάζει, ἀλλ' ὁ ἀνήρ· ὁμοίως καὶ ὁ ἀνὴρ τοῦ ἰδίου σώματος οὐκ ἐξουσιάζει, ἀλλ' ἡ γυνὴ, ἰσότητά τινα πολλήν ἐστιν εἰσάγοντος. Καὶ καθάπερ ἐκεῖνος δεσπότης ἐστὶ τοῦ σώματος αὐτῆς, οὕτω καὶ αὕτη δέσποινα τοῦ ἐκείνου σώματος. Τίνος οὖν ἕνεκεν τοσαύ-

Adulterium etiam cum libera committitur.

rem corrumpit: ego vero sive cum vulgari scorto, sive cum ancilla, sive cum alia quapiam muliere non maritata, illegitimo lascivoque congressu jungatur, cum uxorem habeat, adulterium hoc esse contendo. Non enim ex eorum tantum qui contumeliam patiuntur, sed ex eorum etiam, qui contumeliam inferunt, conditione hoc crimen adulterii metimur. Noli enim mihi leges externas objicere, quæ mulieres quidem adulterium committentes in judicium pertrahunt, et pœnas ab eis repetunt: a viris vero ancillas vitiantibus non item: at ego legem tibi Dei recitabo, quæ pari ratione in mulierem et in virum oxeandoscit, et rem adulterium appellat. Cum enim dixisset, *Et unaquæque suum virum habeat,* (1. Cor. 7. 3.) adjecit: *Uxori vir debitam benevolentiam reddat*. Quid tandem innuere volens hoc dixit? num ut ei pecuniæ reditus conservaret? ut dotem illæsam? ut vestes sumtuosas suppeditaret? ut lautiorem mensam? ut splendidos sumtus? ut multum servorum obsequium? Quid ais? quodnam benevolentiæ genus exigis? nam et hæc omnia sunt benevolentiæ. Nihil tale commemoro, inquit, sed castitatem ac pudicitiam. Viri corpus non amplius est viri, sed uxoris. Suam igitur possessionem illæsam illi servet, neque imminuat, nec corrumpat; siquidem inter famulos ille benevolus dicitur, qui herilibus acceptis pecuniis, nihil ex ipsis interverterit. Quando igitur uxoris possessio est viri corpus, benevolum vir erga depositum suum se præbeat. Ut enim scias hoc eum innuere, cum ait, *Benevolentiam reddat*, adjecit: *Mulier sui corporis* (Ib. v. 4.) *potestatem non habet, sed vir: similiter* et *vir sui corporis potestatem non habet, sed mulier*. Cum ergo meretricem allicientem videris, insidiantem, corpus adamantem, dic illi: Non est meum corpus, uxoris est meæ: illo abuti non audeo, neque alteri mulieri id exponere. Hoc et faciat mulier. Magna quippe hic est honoris æqualitas: tametsi multam in cæteris tribuit excellentiam et juris prærogativam Paulus ita dicens: *Verumtamen et vos singuli, ut unus-* (Ephes. 5. 33.) *quisque suam uxorem ita diligat, ut seipsum: uxor autem ut timeat virum suum*: et, *Caput* (Ephes. 5. 21. 22.) *mulieris est vir*: et, *Debet mulier viro esse subjecta*. Et rursus in Veteri Testamento: *Ad vi-* (Gen. 3. 16.) *rum conversio tua*, et *ipse tui dominabitur*. Quomodo igitur hoc loco æqualem remunerationem servitutis et dominatus induxit? Cum enim dixerit, *Mulier sui corporis potestatem non ha-* (1. Cor. 7. 4.) *bet, sed vir: similiter* et *vir sui corporis potesta-*

tem non habet, sed mulier, magnam æqualitatem constituit. Et quemadmodum ille corporis ejus est dominus, sic et ista corporis illius est domina. Cur igitur tantam æqualitatem honoris introduxit? Quod nimirum hic necessaria sit eminentia: ubi vero castitatis tempus est et pudicitiæ, nihil amplius habet vir, quam mulier, sed pari ratione cum illa plectitur, si leges conjugii violaverit, ac merito sane. Non enim ad te mulier idcirco venit, et patrem et matrem totamque domum derelinquit, ut a te contumeliis afficeretur, et vilem ancillulam ipsi superinduceres, ut innumeras pugnas excitares, comitem et sociam vitæ, liberam et honore parem accepisti. Annon enim absurdum est, ut cum dotem acceperis, omnem exhibeas benevolentiam nihilque ex illa imminuas: quod autem quavis dote pretiosius est, castitatem et pudicitiam, tuumque corpus, quod illius est possessio, corrumpas et polluas? Si dotem imminueris, socero rationem reddes: si castitatem imminueris, Deus a te pœnas exiget, qui nuptias introduxit, et uxorem tibi tradidit. Atque hoc verum esse colliges ex iis, quæ de
1. Thes. 4. 8. adulteris ait Paulus: *Qui enim spernit, non hominem spernit, sed Deum qui dedit Spiritum suum sanctum in vobis.* Vides quam multis verbis ostensum ex Scriptura sit adulterium esse, non solum si marito junctam mulierem, sed etiam si quamvis meretricem corrumpat is qui sit junctus uxori? Nam quemadmodum adulterio pollui mulierem dicimus, sive cum servo, sive cum alio quocumque peccet: sic etiam virum adulterium committere dicimus, sive cum ancillula, sive cum quocumque vulgari scorto uxorem habens libidinem expleat. Ne igitur salutem nostram negligamus, neve nostram animam per hoc peccatum diabolo exponamus. Hinc enim innumeræ familiarum oriuntur eversiones, et bella innumera: hinc fit, ut caritas dilabatur, et benevolentia subtrahatur. Nam ut fieri nequit, ut homo castus uxorem negligat umquam ac despiciat: sic neque fieri potest, ut homo intemperans et lascivus uxorem suam diligat, sit licet omnium formosissima. Nam ex castitate caritas oritur, ex caritate bona innumera. Fac igitur lapideas mulieres reliquas arbitreris, cum intelligas, si lascivis oculis alienam mulierem intuearis sive publicam sive junctam viro, te adulterorum crimini obnoxium esse factum. Hæc tibi ipsi quotidie verba occine: quod si alterius uxoris in te sentias cupiditatem exardescere, ac deinde minus idcirco tibi tuam uxo-

D την ἰσοτιμίαν εἰσήγαγεν; Ὅτι ἐνταῦθα ἀναγκαία ἡ ὑπεροχή· ἔνθα δὲ σωφροσύνης καιρὸς καὶ σεμνότητος, οὐδὲν ἔχει πλέον τῆς γυναικὸς ὁ ἀνὴρ, ἀλλ' ὁμοίως ἐκείνῃ κολάζεται, τοὺς τοῦ γάμου παραφθείρας νόμους· καὶ μάλα εἰκότως. Οὐ γὰρ διὰ τοῦτο ἦλθεν ἡ γυνὴ πρὸς σὲ, καὶ πατέρα καὶ μητέρα ἐγκατέλιπε καὶ τὸν οἶκον ἅπαντα, ἵνα καθυβρίζηται, ἵνα θεραπαινίδιον εὐτελὲς ἐπεισάγῃς αὐτῇ, ἵνα μυρίους ποιῇς πολέμους, συνέμπορον ἔλαβες, καὶ κοινωνὸν τοῦ βίου, καὶ ἐλευθέραν, καὶ ὁμότιμον. Πῶς γὰρ οὐκ ἄτοπον τὴν προῖκα αὐτῆς ὑποδεχόμενον, πᾶσαν ἐπιδείκνυσθαι εὔνοιαν, καὶ μηδὲν αὐτῆς ἐλαττοῦν· ὃ δὲ τῆς προικός ἐστιν
E ἁπάσης τιμιώτερον, τὴν σωφροσύνην καὶ τὴν σεμνότητα καὶ τὸ σῶμα τὸ ἑαυτοῦ, ὅπερ ἐστὶν ἐκείνης κτῆμα, διαφθείρειν τε καὶ μιαίνειν; Ἂν τὴν προῖκα μειώσῃς, τῷ κηδεστῇ δίδως λόγον· ἂν τὴν σωφροσύνην μειώσῃς, τῷ Θεῷ τὰς εὐθύνας ὑφέξεις, τῷ τὸν γάμον εἰσαγαγόντι, καὶ τὴν γυναῖκα ἐγχειρίσαντι. Καὶ ὅτι τοῦτό ἐστιν ἀληθὲς, ἄκουσον τί φησιν ὁ Παῦλος περὶ τῶν μοιχευόντων· Ὁ γὰρ ἀθετῶν, οὐκ ἄνθρωπον ἀθετεῖ, ἀλλὰ τὸν Θεὸν τὸν δόντα τὸ Πνεῦμα
200 A αὐτοῦ τὸ ἅγιον εἰς ὑμᾶς. Ὁρᾷς δι' ὅσων ὁ λόγος ἀπέδειξεν ὅτι μοιχεία ἐστὶν, οὐ μόνον τὸ ὕπανδρον γυναῖκα διαφθείρειν, ἀλλὰ καὶ τὸ ἡντιναοῦν πόρνην, ἔχοντα γυναῖκα; Ὥσπερ γὰρ μοιχεύεσθαι γυναῖκα λέγομεν, κἂν εἰς οἰκέτην, κἂν εἰς ὀντιναοῦν ἁμάρτῃ, ἄνδρα ἔχουσαν· οὕτω καὶ ἄνδρα μοιχεύειν ἂν εἴποιμεν, κἂν εἰς θεραπαινίδα, κἂν εἰς ἡντιναοῦν δημώδη γυναῖκα ἀσελγαίνῃ, γυναῖκα ἔχων αὐτός. Μὴ τοίνυν ἀμελῶμεν τῆς ἑαυτῶν σωτηρίας, μηδὲ τῷ διαβόλῳ προτείνωμεν ἡμῶν τὴν ψυχὴν διὰ τῆς ἁμαρτίας ταύτης. Καὶ γὰρ ἐντεῦθεν αἱ μυρίαι τῶν οἴκων ἀνατροπαὶ, οἱ μυρίοι πόλεμοι· ἐντεῦθεν τὰ τῆς ἀγάπης ὑποῤῥεῖ, καὶ τὰ τῆς εὐνοίας ὑποσύρεται. Ὥσπερ γὰρ
B ἀμήχανον σώφρονα ἄνθρωπον ὑπεριδεῖν γυναικὸς καὶ καταφρονῆσαί ποτε· οὕτως ἀμήχανον ἄνθρωπον ἀσελγῆ καὶ ἀκόλαστον φιλεῖν τὴν γυναῖκα τὴν ἑαυτοῦ, κἂν ἁπάντων εὐμορφοτέρα ᾖ. Ἀπὸ γὰρ σωφροσύνης ἀγάπη τίκτεται, ἀπὸ δὲ ἀγάπης τὰ μυρία ἀγαθά. Λιθίνας τοίνυν νόμιζε τὰς λοιπὰς γυναῖκας, εἰδὼς ὅτι μετὰ γάμον, κἂν ἀκολάστοις ἴδῃς ὀφθαλμοῖς ἑτέραν γυναῖκα, κἂν δημοσίαν, κἂν ὕπανδρον, τοῖς τῶν μοιχῶν ἐγκλήμασιν ὑπεύθυνος γέγονας. Ταῦτα σεαυτῷ καθ' ἑκάστην ἔπᾳδε τὰ ῥήματα· κἂν ἴδῃς ἐπιθυμίαν ἄλλης γυναικὸς ἐγειρομένην ἐν σοὶ, εἶτα ἐκ τούτου
C σοι τὴν γυναῖκα ἀηδῆ φαινομένην, εἴσελθε εἰς τὸν θάλαμον, καὶ τὸ βιβλίον ἀναπτύξας τοῦτο, καὶ λαβὼν Παῦλον μεσίτην, καὶ συνεχῶς ἐπᾴδων ταῦτα τὰ ῥήματα, κατάσβεσον τὴν φλόγα. Καὶ οὕτω καὶ ἡ γυνὴ πάλιν ἔσται σοι ποθεινοτέρα, οὐδεμιᾶς ἐπιθυμίας τὴν πρὸς αὐτὴν εὔνοιαν ὑποσυρούσης· οὐχ ἡ γυνὴ δὲ ἔσται ποθεινοτέρα μόνον, ἀλλὰ καὶ σὺ σεμνότερος πολλῷ

καὶ ἐλευθεριώτερος δόξεις εἶναι. Οὐ γάρ ἐστιν, οὐκ ἔστιν οὐδὲν αἰσχρότερον ἀνθρώπου μετὰ γάμον πορνεύοντος. Οὐ γὰρ δὴ μόνον τὸν κηδεμόνα καὶ τοὺς φίλους καὶ τοὺς ἀπαντῶντας, ἀλλὰ καὶ αὐτοὺς ἐρυθριᾷ τοὺς οἰκέτας. Καὶ οὐ τοῦτο μόνον ἐστὶ τὸ δεινὸν, ἀλλ' ὅτι καὶ τὴν οἰκίαν αὐτὴν δεσμωτηρίου παντὸς ἀηδεστέραν ὄψεται, πρὸς τὴν ἐρωμένην βλέπων, καὶ D τὴν πόρνην διηνεκῶς φανταζόμενος.

rem placere, ingressus conclave, librum hunc evolve, Paulumque adhibens interventorem, ac tibi hæc verba frequenter occinens flammam exstingue. Sic fiet ut et gratior tibi rursum futura sit uxor, cum nulla cupiditas tuam erga illam benevolentiam labefactet : neque tantum D gratior erit uxor, sed tu quoque honestior ac venustior esse videberis. Nihil enim est, nihil plane turpius homine, qui contracto matrimonio scortatur. Non enim coram socero tantum, et amicis, et obviis, sed etiam coram servis ipsis erubescit. Neque solum est hoc malum, sed etiam, quod ipsius domus aspectus injucundior erit, quam carceris cujusvis, cum amicum ante oculos positam habeat, ac meretricis semper imaginem mente verset?

Nihil turpius Viro scortante.

Βούλει μαθεῖν ἀκριβῶς ὅσον ἐστὶ τὸ δεινόν; Ἐννόησον οἷον οἱ τὰς γυναῖκας ἑαυτῶν ὑποπτεύοντες ζῶσι βίον, πῶς ἀηδῆ τὰ [a] σιτία, ἀηδῆ ποτά. Δηλητηρίων ἡ τράπεζα δοκεῖ γέμειν φαρμάκων· καὶ ὥσπερ ὄλεθρον, μυρίων γέμουσαν κακῶν, οὕτω φεύγουσι τὴν οἰκίαν. Οὐχ ὕπνος αὐτοῖς ἐστιν, οὐ νὺξ προσηνής, οὐ συνουσία φίλων, οὐχ αὐταὶ αἱ τοῦ ἡλίου E ἀκτῖνες· ἀλλὰ καὶ παρ' αὐτοῦ τοῦ φωτὸς ἐνοχλεῖσθαι νομίζουσιν, οὐχ ὅταν ἴδωσι μοιχευομένην τὴν γυναῖκα μόνον, ἀλλὰ κἂν ἁπλῶς ὑποπτεύωσι. Ταῦτα νόμιζε καὶ τὴν γυναῖκα πάσχειν, ὅταν ἀκούσῃ παρ' ὁτουοῦν, ἢ καὶ ὑποπτεύσῃ, ὅτι πόρνῃ γυναικὶ σαυτὸν ἐξέδωκας. Ταῦτα λογιζόμενος, μὴ τὰς μοιχείας φεῦγε μόνον, ἀλλὰ καὶ τὰς ὑποψίας· κἂν ἀδίκως ὑποπτεύσῃ, θεράπευσον καὶ πεῖσον. Οὐ γὰρ ἐξ ἔχθρας ἢ ἀπονοίας, 201 A ἀλλ' ἀπὸ κηδεμονίας τοῦτο ποιεῖ, καὶ τοῦ σφόδρα δεδοικέναι περὶ τοῦ κτήματος τοῦ ἰδίου. Κτῆμα γὰρ αὐτῆς ἐστιν, ὥσπερ ἔφθην εἰπὼν, τὸ σῶμα τὸ σὸν, καὶ κτῆμα τῶν ὄντων ἁπάντων τιμιώτερον. Μὴ τοίνυν αὐτὴν περὶ τὰ μέγιστα ἀδικήσῃς, μηδὲ καιρίαν δῷς τὴν πληγήν. Εἰ γὰρ ἐκείνης καταφρονήσεις, ἀλλὰ τὸν Θεὸν φοβήθητι, τὸν ἔκδικον τῶν τοιούτων, τὸν ἀφορήτους κολάσεις τοῖς τοιούτοις ἀπειλήσαντα ἁμαρτήμασι. Τῶν γὰρ τοιαῦτα τολμώντων, φησὶν, Ὁ σκώληξ οὐ τελευτήσει, καὶ τὸ πῦρ οὐ σβεσθήσεται. Εἰ δὲ οὐ σφόδρα σε δάκνει τὰ μέλλοντα, τὰ γοῦν παρόντα σε φοβείτω. Πολλοὶ γοῦν τῶν πόρναις προσεχόντων καὶ ἐνταῦθα κακοὶ κακῶς ἀπώλοντο, περιεργίας ὑπομείναντες B ὑπὸ τῶν πορνευομένων γυναικῶν. Φιλονεικοῦσαι γὰρ ἐκεῖναι τῆς μὲν συνοικούσης αὐτῷ καὶ κατεγγυηθείσης ἀποστῆσαι γυναικὸς, τῷ δὲ αὐτῶν ἔρωτι προσδῆσαι τέλεον, μαγγανείας ἐκίνησαν, καὶ φίλτρα κατεσκεύασαν, καὶ πολλὰς γοητείας ἔρραψαν· εἶτα οὕτως εἰς ἀῤῥωστίαν αὐτὸν ἐμβαλοῦσαι χαλεπὴν, καὶ φθορᾷ πα-

5. Vis tu probe intelligere, quantum sit hoc malum? Cogita qualem ducant vitam, qui suas uxores suspectas habent, quo pacto injucundæ illis sint escæ, injucundi potus. Venenis mensa videtur scatere, et tamquam exitium domum fugiunt malis innumeris redundantem. Non illis E somnus, non nox est placida, non amicorum congressus, non ipsi radii solares : sed ab ipso lumine se offendi putant, non tum solum cum adulterio pollui uxorem viderint, sed etiam cum in qualemcumque suspicionem illius culpæ venerint. Idem accidere et uxori puta, cum a quolibet id audiverit, vel etiam fuerit suspicata, te mulieri meretrici teipsum addixisse. Hæc apud te cogitans non adulteria tantum fuge, sed etiam 201 A suspiciones : quod si immerito suspicetur, placa illam et verbis flecte. Non enim odio vel fastu impulsa, sed præ nimia tui cura id facit, quodque de sua possessione valde timeat. Possessio quippe ipsius est, ut ante dixi, corpus tuum, et possessio rerum omnium pretiosissima. Noli ergo in re maxima illam lædere, neque letale illi vulnus infligas. Quamvis enim illam contemnas, Deum tamen debes timere ejusmodi criminum vindicem, et qui talibus delictis intolerabile supplicium comminatur. Eorum enim, qui talia perpetrare sint ausi, inquit, *Vermis* Marc. 9. 45. B *non morietur, et ignis non exstinguetur.* Quod si non admodum pungunt te futura, terreant te saltem præsentia. Multi quidem certe illorum, qui meretricibus adhærent, in hac etiam vita mali male perierunt, curiosis meretricum insidiis oppressi. Dum enim illæ contendunt a legitima uxore ac matrimonio juncta illum alie-

[a] Sic Mss. In Editis vero πῶς ἀηδῆ τὰ ποτά, δηλητ.

nare, suoque amore penitus illum devinctum tenere, præstigiis et incantationibus utuntur, amatoria parant veneficia, et multas fascinationum fallacias texunt: sic deinde cum illum in gravem morbum conjecerint, dira lue correptum, longa tabe consumtum et innumeris obrutum malis, hujus lucis usura privant. Si forte gehennam non reformidas, mi homo, præstigias illarum reformida. Cum enim per luxuriam istam divino præsidio te privaveris, et cælesti auxilio spoliaveris, tum audacter invadens te meretrix, suosque dæmones advocans laminis et amuletis adhibitis, suisque structis insidiis facillime salutem tuam expugnant, teque probris obnoxium ac ridendum omnibus, qui civitatem incolunt, propinat, ut nec illi calamitatis umquam
Eccli. 12. 13. tuæ miseratione moveantur. *Quis enim miserebitur,* inquit, *incantatori a serpente percusso, et omnibus qui appropinquant bestiis?* Præterea jacturam pecuniarum, et quotidianas suspiciones, fastum, arrogantiam, contumelias, quibus stultos vexant meretrices, quæ multo sunt acerbiora, quam si millies fuerit mors oppetenda. Atque uxorem quidem sæpenumero, ne si verbum quidem molestum dixerit, ferre potes, ac meretricem etiam alapis te cædentem adoras. Non te pudet, nec erubescis, nec optas ut tibi dehiscat terra? Qui poteris ad ecclesiam venire, atque in cælum manus extendere? quo tandem ore Deum invocabis, quo meretricem osculatus es? Non tu, quæso, times, nec perhorrescis, ne quando tuum caput impudens de cælo delapsum fulmen exurat? Quamvis uxorem tuam, quam afficis injuria, celes, at insomnem illum oculum numquam celabis: quandoquidem adultero illi,
Eccli. 23. 26. qui dicebat, *Tenebræ circumdant me, et parietes, quid vereor?* contradixit sapiens ille sic
Ib. v. 28. dicens: *Oculi Domini millies lucidiores sunt sole, inspicientes opera hominum.* Propter hæc
1. Cor. 7. 2. 3. omnia nimirum dicebat Paulus: *Unusquisque suam uxorem habeat, et unaquæque virum suum habeat: uxori vir debitam benevolen-*
Prov. 5. 3. 4. *tiam reddat; similiter et uxor viro. Mel distillat a labiis mulieris meretricis, quæ ad tempus impinguat fauces tuas: postea vero eam amariorem felle invenies, et acutum magis gladio ancipiti.* Venenum habet osculum meretricis, venenum latens et absconditum. Cur igitur damnandam persequeris voluptatem, quæ exitium parit, quæ plagam infert immedicabilem,

ραδοῦσαι, καὶ τηκεδόνι μακρᾷ, καὶ μυρίοις περιβαλοῦσαι κακοῖς, ἀπήνεγκαν τῆς παρούσης ζωῆς. Εἰ μὴ φοβῇ τὴν γέενναν, ἄνθρωπε, τὰς γοητείας αὐτῶν φοβήθητι. Ὅταν γὰρ σαυτὸν διὰ τῆς ἀσελγείας ταύ-
C της ἔρημον ποιήσῃς τῆς τοῦ Θεοῦ συμμαχίας, καὶ γυμνώσῃς σαυτὸν τῆς ἄνωθεν βοηθείας, λαβοῦσά σε μετὰ ἀδείας ἡ πόρνη, καὶ τοὺς αὐτῆς καλέσασα δαίμονας, καὶ τὰ πέταλα ῥάψασα, καὶ τὰς ἐπιβουλὰς ἐργασαμένη, μετὰ πολλῆς τῆς εὐκολίας περιγίνεταί σου τῆς σωτηρίας, ὄνειδός σε καὶ γέλωτα τῶν τὴν πόλιν οἰκούντων ἁπάντων καταστήσασα, ὥστε μηδὲ ἐλεεῖσθαι κακῶν πάσχοντα. Τίς γὰρ ἐλεήσει, φησὶν, ἐπαοιδὸν [a] ὀφιόδηκτον, καὶ πάντας τοὺς προσάγοντας θηρίοις; Παρίημι τὴν τῶν χρημάτων ζημίαν, τὰς καθημερινὰς ὑποψίας, τὸν τῦφον, τὴν ἀπόνοιαν, τὴν ὕβριν τὴν παρὰ τῶν πορνῶν γινομένην εἰς τοὺς
D ἀνοήτους, ἃ θανάτων μυρίων ἐστὶ πικρότερα. Καὶ τὴν μὲν γυναῖκα πολλάκις οὐδὲ βαρὺ ῥῆμα εἰποῦσαν οὐκ ἤνεγκας, τὴν δὲ πόρνην καὶ ῥαπίζουσαν προσκυνεῖς. Καὶ οὐκ αἰσχύνῃ, οὐδὲ ἐρυθριᾷς, οὐδὲ εὔχῃ διαστῆναί σοι τὴν γῆν; Πῶς δυνήσῃ εἰς ἐκκλησίαν εἰσελθεῖν, καὶ τὰς χεῖρας εἰς τὸν οὐρανὸν ἀνατεῖναι; ποίῳ στόματι καλέσαι τὸν Θεὸν, ᾧ τὴν πόρνην ἐφίλησας; Καὶ οὐ δέδοικας, οὐδὲ φρίττεις, εἰπέ μοι, μή ποτε σκηπτὸς ἄνωθεν ἐνεχθεὶς καταφλέξῃ τὴν ἀναίσχυντόν σου κεφαλήν; Κἂν γὰρ τὴν γυναῖκα λάθῃς τὴν ἠδικημένην, ἀλλὰ τὸν ἀκοίμητον ὀφθαλμὸν οὐ
E λήσῃ ποτέ· ἐπεὶ καὶ τῷ μοιχῷ ἐκείνῳ τῷ λέγοντι, Σκότος κύκλῳ μου καὶ τοῖχοι, τί εὐλαβοῦμαι; ἀντεφθέγξατο ὁ σοφὸς ἐκεῖνος, οὕτω λέγων· Ὅτι ὀφθαλμοὶ Κυρίου μυριοπλασίως ἡλίου φωτεινότεροι, βλέποντες εἰς τὰ ἔργα τῶν ἀνθρώπων. Διὰ τοῦτο δὴ πάντα ὁ Παῦλος ἔλεγεν· Ἕκαστος τὴν ἑαυτοῦ γυναῖκα ἐχέτω, καὶ ἑκάστη τὸν ἴδιον ἄνδρα ἐχέτω· τῇ γυναικὶ ὁ ἀνὴρ τὴν ὀφειλομένην εὔνοιαν ἀποδιδότω, ὁμοίως καὶ ἡ γυνὴ τῷ ἀνδρί. Μέλι ἀποστάζει ἀπὸ χειλέων γυναικὸς
202 πόρνης, ἣ πρὸς καιρὸν λιπαίνει σὸν φάρυγγα, ὕστερον
A μέντοι πικρότερον χολῆς εὑρήσεις, καὶ ἠκονημένον μᾶλλον μαχαίρας διστόμου. Ἰὸν ἔχει τῆς πόρνης τὸ φίλημα, ἰὸν λανθάνοντα καὶ ἐγκεκρυμμένον. Τί τοίνυν διώκεις ἡδονὴν κατάγνωσιν ἔχουσαν, ὄλεθρον τίκτουσαν, πληγὴν ἐπάγουσαν ἀνίατον, ἐξὸν εὐφραίνεσθαι καὶ μηδὲν πάσχειν δεινόν; Ἐπὶ γὰρ τῆς ἐλευθέρας γυναικὸς ὁμοῦ καὶ ἡδονὴ καὶ ἀσφάλεια καὶ ἄνεσις καὶ τιμὴ καὶ κόσμος καὶ συνειδὸς ἀγαθόν· ἐκεῖ δὲ πολλὴ μὲν ἡ πικρία, πολλὴ δὲ ἡ βλάβη, διηνεκὴς δὲ ἡ κατηγορία. Κἂν γὰρ μηδεὶς ἀνθρώπων ἴδῃ, τὸ συνειδὸς οὐδέποτε παύσεταί σου κατηγοροῦν· ἀλλ' ὅπουπερ ἂν ἀπέλθῃς, ἕψεται κατηγορῶν καὶ μεγάλα
B καταβοῶν ὁ κατήγορος οὗτος. Ὥστε εἴ τις ἡδονὴν

[a] Unus Mss. [748] ἐχιόδηκτον.

διώκει, οὗτος μάλιστα φευγέτω τὴν πρὸς τὰς πόρνας ὁμιλίαν. Οὐδὲν γὰρ ἐκείνης τῆς συνηθείας πικρότερον, οὐδὲν τῆς συνουσίας ἀηδέστερον, οὐδὲν τῶν τρόπων μιαρώτερον. Ἔλαφος φιλίας, καὶ πῶλος σῶν χαρίτων ὁμιλείτω σοι· ἡ πηγὴ τοῦ ὕδατός σου σοὶ ἔστω πηγή. Πηγὴν ὕδατος ἔχων καθαρὰν, τί τρέχεις ἐπὶ λάκκον βορβόρου γέμοντα, γεέννης ὄζοντα, καὶ κολάσεως ἀφάτου; ποίαν ἕξεις ἀπολογίαν; τίνα συγγνώμην; Εἰ γὰρ οἱ πρὸ τοῦ γάμου πορνείᾳ προσέχοντες κολάζονται καὶ δίκην διδόασι, καθάπερ ἐκεῖνος ὁ τὰ ῥυπαρὰ ἐνδεδυμένος ἱμάτια, πολλῷ μᾶλλον οἱ μετὰ τὸν γάμον. Διπλοῦν γὰρ ἐνταῦθα καὶ τριπλοῦν τὸ ἔγκλημα γίνεται, ὅτι τε παραμυθίας ἀπολαύοντες, ἀπεσκίρτησαν εἰς τὴν ἀσέλγειαν ἐκείνην, καὶ ὅτι τὸ πρᾶγμα οὐχὶ πορνεία μόνον, ἀλλὰ καὶ μοιχεία λογίζεται, ὃ πάσης ἁμαρτίας ἐστὶ χαλεπώτερον. Ταῦτ' οὖν καὶ ἑαυτοῖς καὶ ταῖς γυναιξὶν ἐπᾴδοντες οὕτω διατελῶμεν· διὸ δὴ καὶ αὐτὸς εἰς ταῦτα καταλύσω τὰ ῥήματα· Διὰ δὲ τὰς πορνείας ἕκαστος τὴν ἑαυτοῦ γυναῖκα ἐχέτω, καὶ ἑκάστη τὸν ἴδιον ἄνδρα ἐχέτω· τῇ γυναικὶ ὁ ἀνὴρ τὴν ὀφειλομένην εὔνοιαν ἀποδιδότω, ὁμοίως καὶ ἡ γυνὴ τῷ ἀνδρί. Ἡ γυνὴ τοῦ ἰδίου σώματος οὐκ ἐξουσιάζει, ἀλλ' ὁ ἀνήρ· ὁμοίως καὶ ὁ ἀνὴρ τοῦ ἰδίου σώματος οὐκ ἐξουσιάζει, ἀλλ' ἡ γυνή. Μετὰ ἀκριβείας ταῦτα φυλάξαντες τὰ ῥήματα, καὶ ἐν ἀγορᾷ, καὶ ἐν οἰκίᾳ, καὶ ἐν ἡμέρᾳ, καὶ ἐν ἑσπέρᾳ, καὶ ἐπὶ τῆς τραπέζης, καὶ ἐπὶ τῆς εὐνῆς, καὶ πανταχοῦ καὶ αὐτοὶ μελετῶμεν, καὶ τὰς γυναῖκας παιδεύωμεν, καὶ πρὸς ἡμᾶς λέγειν, καὶ παρ' ἡμῶν ἀκούειν, ἵνα σωφρόνως τὸν παρόντα ζήσαντες βίον, καὶ τῆς βασιλείας τῶν οὐρανῶν ἐπιτύχωμεν, χάριτι καὶ φιλανθρωπίᾳ τοῦ Κυρίου ἡμῶν Ἰησοῦ Χριστοῦ, δι' οὗ καὶ μεθ' οὗ τῷ Πατρὶ, ἅμα τῷ ἁγίῳ Πνεύματι, ἡ δόξα εἰς τοὺς αἰῶνας τῶν αἰώνων. Ἀμήν.

cum oblectari possis, et nullum malum incurrere? Cum libera et honesta muliere simul voluptas est et securitas, et delectatio et honor, et ornatus et bona conscientia : illic autem acerbitas multa, damnum multum, accusatio perpetua. Quamvis enim nullus hominum viderit, numquam tamen accusare te desinet conscientia : sed quocumque perrexeris, te sequetur accusans et magna voce te persequens accusator iste. Itaque si quis voluptatem sectetur, is congressum C cum meretricibus fugiat maxime. Nihil enim illa consuetudine injucundius, nihil illo congressu molestius, nihil moribus illarum scelestius. *Cervus amicitiæ, et pullus gratiarum* Prov. 5. 19. et 15.
tuarum confabuletur tecum : *fons aquæ* tuæ *sit tibi fons.* Cum sit tibi fons purus, cur ad lacum luto plenum curris, gehennam olentem et supplicium ineffabile? qua excusatione, qua venia dignus poteris videri? Si enim qui ante contractum matrimonium scortantur, pœnas sustinent, et supplicio plectuntur, sicut ille qui D sordidis erat vestimentis indutus, multo magis qui matrimonio contracto. Duplex enim inde ac triplex crimen oritur, tum quia cum deliciis fruerentur, ad lasciviam illam prosilierunt, tum quia non modo scortatio res illa, sed etiam adulterium censetur, quod peccato quovis est gravius. Hæc igitur et nobis et mulieribus inculcare non desinamus : quam etiam ob causam his verbis orationem concludam : *Propter fornicationem* 1. Cor. 7. 2.—4.
unusquisque suam uxorem habeat, et unaquæque suum virum habeat. Uxori vir debitam benevolentiam reddat; uxor similiter viro. Mulier sui corporis potestatem non habet, sed vir. Similiter autem et *vir sui corporis potestatem non habet, sed mulier.* Hæc verba studiose memoria tenentes, et in foro, et in ædibus, et interdiu, et vesperi, et ad mensam, et in lecto, et ubique locorum, cum ipsi ea meditemur, tum mulieres nobis dicere atque a nobis audire doceamus, ut cum hanc vitam caste traduxerimus, cælorum etiam regnum consequamur, gratia et benignitate Domini nostri Jesu Christi, per quem et cum quo Patri, una cum Spiritu sancto gloria in sæcula sæculorum. Amen.

203 A

IN ILLUM LOCUM,

1. Cor. 7. 39. 40. Mulier alligata est legi quanto tempore vixerit vir ejus : si autem dormierit, libera est cui voluerit nubere, tantum in Domino. Beatior autem est si sic manserit.

1. Nuper nobis beatus Paulus de conjugio, conjugiique juribus legem tulit, Corinthiis sic
1. Cor. 7. 1. 2. scribens ac dicens : *De quibus autem scripsistis mihi, Bonum esse homini mulierem non tangere : propter fornicationem autem, suam quisque uxorem habeat, et suum quæque virum habeat.* Eapropter et nos totum sermonem in hoc insumsimus. Itaque necesse est hodie de eodem argumento iterum vobiscum disserere, quandoquidem de eodem etiam ipse Paulus hodie disserit. Audivistis enim illum clamantem, ac dicentem : *Mulier alligata est legi quanto tempore vixerit vir illius : si autem obdormierit vir illius, libera est cui voluerit nubere, tantum in Domino : beatior autem est si sic manserit, secundum meum consilium : opinor autem quod et ego Spiritum Dei habeam.* Sequamur igitur illum et hodie, et de hac colloquamur materia : sequentes enim Paulum, per eum et Christum ipsum sequemur, eo quod ille non semetipsum, sed Christum per omnia sequens scripsit. Enimvero non est vulgaris res, conjugium bene constitutum : sicut etiam iis qui illo, non ut oportet, utuntur, innumerorum malorum fit materia. Nam sicut mulier adjutrix est, ita sæpe et insidiatrix. Et sicut portus est conjugium, ita et sæpe naufragium parit : non natura sua, sed animo eorum, qui illo male utuntur. Etenim qui secundum congruas leges illud observat, domum et uxorem suam, ut malorum omnium quæ vel in foro, vel alicubi obveniunt, consolatricem ac liberatricem reperit; qui autem temere et vulgariter hanc rem aggreditur, etiamsi multa in foro et alibi tranquillitate fruatur, ingressus domum, scopulos et petras videbit. Itaque quoniam non de rebus vulgaribus nobis est periculum, operæ pretium fuerit cum diligentia dictis attendere, et uxorem ducturum, juxta Pauli,

[a] ΕΙΣ ΤΟ,

Γυνὴ δέδεται νόμῳ, ἐφ' ὅσον χρόνον ζῇ ὁ ἀνὴρ αὐτῆς· ἐὰν δὲ κοιμηθῇ, ἐλευθέρα ἐστὶν ᾧ θέλει γαμηθῆναι, μόνον ἐν Κυρίῳ. Μακαριωτέρα δέ ἐστιν, ἐὰν οὕτω μείνῃ.

Περὶ γάμου πρώην ἡμῖν ὁ μακάριος Παῦλος ἐνομοθέτει, καὶ τῶν τοῦ γάμου δικαιωμάτων, Κορινθίοις οὕτω γράφων καὶ λέγων· Περὶ δὲ ὧν ἐγράψατέ μοι, καλὸν ἀνθρώπῳ γυναικὸς μὴ ἅπτεσθαι· διὰ δὲ τὰς πορνείας ἕκαστος τὴν ἑαυτοῦ γυναῖκα ἐχέτω, καὶ ἑκάστη τὸν ἴδιον ἄνδρα ἐχέτω. Διὰ τοῦτο καὶ ἡμεῖς B τὴν διάλεξιν ἅπασαν εἰς ταῦτα τὰ ῥήματα ἀναλώσαμεν. Οὐκοῦν ἀνάγκη καὶ σήμερον περὶ τῆς αὐτῆς ὑμῖν ὑποθέσεως διαλεχθῆναι πάλιν, ἐπειδὴ καὶ σήμερον περὶ τῶν αὐτῶν ὁ αὐτὸς διαλέγεται Παῦλος. Καὶ γὰρ ἠκούσατε αὐτοῦ βοῶντος καὶ λέγοντος· Γυνὴ δέδεται νόμῳ, ἐφ' ὅσον χρόνον ζῇ ὁ ἀνὴρ αὐτῆς· ἐὰν δὲ κοιμηθῇ ὁ ἀνὴρ αὐτῆς, ἐλευθέρα ἐστὶν ᾧ θέλει γαμηθῆναι, μόνον ἐν Κυρίῳ. Μακαριωτέρα δέ ἐστιν, ἐὰν οὕτω μείνῃ κατὰ τὴν ἐμὴν γνώμην· δοκῶ δὲ κἀγὼ Πνεῦμα Θεοῦ ἔχειν. [b] Ἑψώμεθα τοίνυν αὐτῷ καὶ σήμερον, καὶ περὶ ταύτης διαλεξώμεθα τῆς ὑποC θέσεως· ἀκολουθοῦντες γὰρ Παύλῳ, δι' αὐτοῦ πάντως τῷ Χριστῷ ἑψόμεθα, ἐπειδὴ καὶ οὗτος οὐχ ἑαυτῷ, ἀλλ' ἐκείνῳ ἀκολουθῶν, πάντα ἔγραφε. Καὶ γὰρ οὐ τὸ τυχὸν πρᾶγμα γάμος εὖ διακείμενος, ὥσπερ οὖν μυρίων συμφορῶν ὑπόθεσις γίνεται τοῖς οὐκ εἰς δέον αὐτῷ χρωμένοις. Ὥσπερ γὰρ βοηθός ἐστιν ἡ γυνὴ, οὕτω πολλάκις καὶ ἐπίβουλος γίνεται. Ὥσπερ οὖν λιμήν ἐστιν ὁ γάμος, οὕτω καὶ ναυάγιον, οὐ παρὰ τὴν οἰκείαν φύσιν, ἀλλὰ παρὰ τὴν γνώμην τῶν κα-D κῶς αὐτῷ χρησαμένων. Ὁ μὲν γὰρ κατὰ τοὺς προσήκοντας αὐτὸν ἐπιτελῶν νόμους, [c] τῶν ἀπὸ τῆς ἀγορᾶς καὶ πάντων τῶν πανταχοῦ κακῶν παραμυθίαν τινὰ καὶ ἀπαλλαγὴν εὑρίσκει τὴν οἰκίαν, καὶ τὴν ἑαυτοῦ γυναῖκα· ὁ δὲ ἁπλῶς καὶ ὡς ἔτυχε τὸ πρᾶγμα μεταχειριζόμενος, κἂν πολλῆς ἐπὶ τῆς ἀγορᾶς ἀπολαύσῃ γαλήνης, σκοπέλους καὶ σπιλάδας εἰσελθὼν εἰς τὴν οἰκίαν ὄψεται. Ἐπεὶ οὖν οὐ περὶ τῶν τυχόντων ἡμῖν ὁ κίνδυνος, ἀναγκαῖον μετὰ ἀκριβείας τοῖς λεγομένοις E προσέχειν, καὶ τὸν μέλλοντα γυναῖκα ἄγεσθαι, μετὰ τῶν τοῦ Παύλου νόμων, μᾶλλον δὲ μετὰ τῶν τοῦ Χριστοῦ νόμων τοῦτο ποιεῖν. Οἶδα μὲν οὖν ὅτι πολλοῖς εἶναι δοκεῖ καινὸν καὶ παράδοξον τὸ λεγόμενον· πλὴν

[a] Collata cum Mss. Colbertinis 970 et 1030.
[b] Duo Mss. ἑπώμεθα.

[c] Iidem Mss. τῶν ἐπὶ τῆς.

οὐ διὰ τοῦτο σιγήσομαι, ἀλλὰ πρῶτον τὸν νόμον ὑμῖν ἀναγνοὺς, οὕτω τὴν δοκοῦσαν ἀντινομίαν λῦσαι πειράσομαι. Τίς οὖν ἐστιν ὁ νόμος, ὃν ὁ Παῦλος ἡμῖν ἔθηκε; Γυνὴ, φησὶ, δέδεται νόμῳ. Οὐκοῦν οὐ δεῖ ἀποσχίζεσθαι ζῶντος τοῦ ἀνδρὸς, οὐδὲ ἕτερον ἐπεισάγειν νυμφίον, οὐδὲ δευτέροις ὁμιλεῖν γάμοις. Καὶ ὅρα πῶς μετὰ ἀκριβείας καὶ αὐτῇ τῶν λέξεων τῇ φύσει κέ- 204 A χρηται. Οὐ γὰρ εἶπε, σονοικείτω τῷ ἀνδρὶ, ἐφ' ὅσον χρόνον ζῇ· ἀλλὰ τί; Γυνὴ δέδεται νόμῳ, ἐφ' ὅσον χρόνον ζῇ ὁ ἀνὴρ αὐτῆς· ὥστε κἂν βιβλίον ἀποστασίου δῷ, καὶ τὴν οἰκίαν ἀφῇ, κἂν πρὸς ἄλλον ἀπέλθῃ, τῷ νόμῳ δέδεται, καὶ μοιχαλίς ἐστιν ἡ τοιαύτη. Ἐὰν τοίνυν ὁ ἀνὴρ ἐκβαλεῖν βούληται τὴν γυναῖκα, ἢ ἡ γυνὴ τὸν ἄνδρα ἀφεῖναι, ταύτης ἀναμιμνησκέσθω τῆς ῥήσεως, καὶ τὸν Παῦλον νομιζέτω παρεῖναι καὶ καταδιώκειν αὐτὴν βοῶντα καὶ λέγοντα, Γυνὴ δέδεται νόμῳ. Καθάπερ γὰρ οἱ δραπετεύοντες οἰκέται, κἂν τὴν οἰκίαν ἀφῶσι τὴν δεσποτικὴν, τὴν ἅλυσιν ἔχουσιν ἐπισυρομένην· οὕτω καὶ γυναῖκες, κἂν τοὺς ἄνδρας ἀφῶσι, τὸν νόμον ἔχουσι καταδικάζοντα ἀντὶ B ἁλύσεως, κατηγοροῦντα μοιχείαν, κατηγοροῦντα τῶν λαμβανόντων, καὶ λέγοντα· περίεστιν ὁ ἀνὴρ ἔτι, καὶ μοιχεία τὸ γινόμενόν ἐστι. Γυνὴ γὰρ δέδεται νόμῳ, ἐφ' ὅσον χρόνον ζῇ ὁ ἀνὴρ αὐτῆς. Καὶ πᾶς ὁ ἀπολελυμένην γαμῶν μοιχᾶται. Καὶ πότε, φησὶν, ἐξέσται αὐτῇ δευτέροις ὁμιλῆσαι γάμοις; Πότε; Ὅταν τῆς ἁλύσεως ἀπαλλαγῇ, ὅταν ὁ ἀνὴρ τελευτήσῃ. Τοῦτο γοῦν δηλῶν, οὐ προσέθηκεν, ὅτι ἐὰν τελευτήσῃ ὁ ἀνὴρ αὐτῆς, ἐλευθέρα ἐστὶν ᾧ θέλει γαμηθῆναι, ἀλλ', Ἐὰν κοιμηθῇ, μονονουχὶ παραμυθούμενος τὴν ἐν χηρείᾳ, καὶ πείθων μένειν ἐπὶ τῷ προτέρῳ, καὶ μὴ δεύτερον εἰσαγαγεῖν νυμφίον. Οὐκ ἐτελεύτησέ σου ὁ C ἀνὴρ, ἀλλὰ καθεύδει. Τίς καθεύδοντα οὐκ ἀναμένει; Διὰ τοῦτό φησιν, Ἐὰν δὲ κοιμηθῇ, ἐλευθέρα ἐστὶν ᾧ θέλει γαμηθῆναι· οὐκ εἶπε, γαμείσθω, ἵνα μὴ δόξῃ βιάζεσθαι καὶ ἀναγκάζειν· οὔτε ἐκώλυσε βουλομένην ὁμιλεῖν δευτέρῳ γάμῳ, οὔτε μὴ θέλουσαν προετρέψατο, ἀλλὰ τὸν νόμον ἀνέγνω εἰπὼν, Ἐλευθέρα ἐστὶν ᾧ θέλει γαμηθῆναι. Ἐλευθέραν δὲ αὐτὴν μετὰ τὴν τοῦ ἀνδρὸς τελευτὴν γεγενῆσθαι λέγων, ἔδειξεν ὅτι πρὸ τούτου δούλη ἦν, ζῶντος ἐκείνου· δούλη δὲ οὖσα καὶ ὑποκειμένη τῷ νόμῳ, κἂν μυριάκις βιβλίον ἀποστασίου λάβῃ, τῷ τῆς μοιχείας ἁλίσκεται νόμῳ. Οἰκέταις μὲν γὰρ ἔξεστι δεσπότας ἀμείβειν ζῶντας· γυ- D ναιξὶ δὲ οὐκ ἔξεστιν ἄνδρας ἀμείβειν, ζῶντος τοῦ ἀνδρός· ἐπεὶ τὸ πρᾶγμα μοιχεία ἐστί. Μὴ γάρ μοι τοὺς παρὰ τοῖς ἔξωθεν κειμένους νόμους ἀναγνῷς, τοὺς κελεύοντας διδόναι βιβλίον ἀποστασίου, καὶ ἀφίστασθαι. Οὐ γὰρ δὴ κατὰ τούτους σοι μέλλει κρίνειν τοὺς νόμους ὁ Θεὸς ἐν τῇ ἡμέρᾳ ἐκείνῃ, ἀλλὰ καθ' οὓς αὐτὸς ἔθηκε. Καὶ οἱ τῶν ἔξωθεν δὲ νόμοι οὐχ ἁπλῶς, οὐδὲ προηγουμένως τοῦτο τεθείκασιν, ἀλλὰ

imo juxta Christi leges agere. Sane scimus, quod multis novum et inexspectatum videbitur quod dicimus : at propterea non silebo, sed primum legem vobis legam, et dein legem, quæ contraria videtur, solvere tentabo. Igitur quænam est lex illa, quam nobis Paulus posuit? *Mulier*, inquit, 204 *alligata est legi*. Oportet igitur ut minime se- A paretur, vivente viro, neque alium superinducat maritum, neque secundas nuptias adeat. Et vide quanta cum diligentia verborum usus sit proprietate. Non enim dixit, Cohabitet viro quoad vixerit; sed, *Mulier alligata* est *legi quan*to *tempore vixerit vir illius* : atque adeo etiamsi libellum repudii det, etiamsi domum relinquat, etiamsi ad alium abeat, legi adstricta adulteraque est. Quando igitur vir ejicere vult uxorem, et uxor relinquere virum, hujus memor sit dicti, et Paulum putet esse præsentem, et persequi se clamando et dicendo : *Mulier adstricta* B est *legi*. Nam quemadmodum servi fugitivi, etiamsi domum herilem relinquant, catenam secum trahunt : ita et mulieres etiamsi viros relinquant, legem habent pro catena, se persequentem et adulterii accusantem, accusantem etiam eum, qui duxerit, ac dicentem : Adhuc superest maritus, et facinus hoc adulterium est. *Mulier enim adstricta* est *legi*, *quoad vixerit maritus illius. Et omnis qui dimissam duxerit, mæchatur*. Quando igitur licebit illi secundas nuptias contrahere? Quando? Tunc ubi a catena liberata fuerit, quando vir morietur. C Hoc igitur declarans non addidit, Quod si mortuus fuerit vir illius, libera est cui voluerit nubere : sed, *Si autem dormierit vir illius*, quasi consolans viduam, et persuadens manere apud priorem, et non adjungere secundum maritum. Non mortuus est, inquit, vir tuus, sed obdormivit. Quis dormientem non præstolatur? Propterea dixit, *Si autem dormierit, libera est qui voluerit nubere*. Non dixit, Nubat, ut ne videatur vim facere et cogere : neque prohibuit volentem secundas nuptias contrahere : neque nolentem adhortatus est, sed legem legit, dicens : D *Libera* est *cui voluerit nubere*. Liberam autem illam post viri mortem esse factam dicens, ostendit, servam eam antea adhuc vivente marito fuisse; quæ autem serva est, ac subdita legi, etiamsi millies libellum repudii accipiat, adulterii ligabitur lege. Nam servis quidem licet mutare dominos viventes, uxori autem non licebit viros commutare, vivente suo : nam id adulterium esset. Ne mihi leges ab exteris con-

Non licet repudiatam ducere.

Matth. 5. 32.

Leges externæ divinæ legi cedunt.

ditas legas, præcipientes dari libellum repudii, et divelli. Neque enim juxta illas judicaturus est te Deus in die illa, sed secundum eas, quas ipse statuit. Etiam externæ leges non simpliciter, nec absolute hoc posuerunt: nam et ipsæ puniunt factum, et hinc liquet, eas peccatum valde ægre tulisse. Unde eam, quæ auctor fuerit repudii, nudam et spoliatam facultatibus ejiciunt, et eum a quo data fuerit dissolutionis occasio, etiam facultatum jactura puniunt, et sane hoc facientes, factum illud non commendabant.

2. Quid igitur? Et Moses, ajunt, hoc fecit: et ille propter eamdem ipsam causam. Tu vero
Matth. 5. 20. audi Christum dicentem: *Nisi abundaverit justitia vestra plus quam scribarum et Pharisæorum, non intrabitis in regnum cælorum.*
Matth. 5. 32. Audi illum rursus dicentem: *Qui dimiserit uxorem suam, excepta causa adulterii, facit illam adulteram fieri: et qui dimissam in uxorem duxerit, adulter fit.* Propter hoc venit unigenitus Filius Dei, propter hoc servi formam assumsit, propter hoc sanguinem effudit pretiosum, mortem destruxit, peccatum exstinxit, largiorem Spiritus gratiam dedit, ut ad majus te sapientiæ studium induceret. Alias etiam Moses non ita simpliciter legem hanc tulit, sed cum cogeretur sese attemperare eorum quibus legem dabat, infirmitati. Nam quoniam ad cædes prompti erant, et domos cognato replebant sanguine, et neque suis, neque alienis parcebant, ne intus occiderent uxores, quæ ingratæ erant, præcepit foras mittendas, quo gravius malum, nempe homicidiorum facilitas tolleretur. Sane quod homicidæ
Mich. 3. 10. fuerint, audi prophetas dicentes: *Ædificantes Sion in sanguine, et Jerusalem* in injustitiis;
Osee. 4. 2. et iterum: *Sanguinem sanguini miscent*; et
Isai. 1. 15. iterum: *Manus vestræ sanguine plenæ.* Et quod non solum contra alienos, sed etiam contra suos sævierint, ita manifestans propheta dicebat:
Psal. 105. 37. *Immolaverunt filios suos et filias suas dæmoniis.* Qui autem non parcebant liberis, utique nec uxoribus pepercissent. Ut ne itaque hoc accideret, illud permisit. Quapropter et Christus
Matth. 19. 7. Judæis rogantibus, et dicentibus: *Quomodo igitur Moses permisit dare libellum repudii?* ostendens quod non contrariam suæ legem ferens
Ib. v. 8. ita scripserit, dixit: *Moses juxta duritiam cordis vestri loquutus est, ab initio autem*
Ib. v. 4. *non erat sic; sed qui fecit ab initio, masculum et feminam fecit illos.* Si hoc bonum fuisset, inquit, non unum virum et unam mulierem fecisset, sed uno Adam condito duas fecisset

καὶ αὐτοὶ κολάζουσι τὸ πρᾶγμα· ὥστε καὶ αὐτόθεν δείκνυται, ὅτι ἀηδῶς πρὸς ταύτην ἔχουσι τὴν ἁμαρτίαν. Τὴν γοῦν αἰτίαν τοῦ ἀποστασίου γινομένην γυ- E μνὴν καὶ ἔρημον χρημάτων ἐκβάλλουσι, καὶ ὅθεν ἂν γένηται τῆς διαλύσεως ἡ πρόφασις, καὶ τῇ ζημίᾳ τῆς οὐσίας τοῦτον κολάζουσιν· οὐκ ἂν οὖν τοῦτο ποιήσαντες ἐπῄνουν τὸ γινόμενον.

Τί οὖν καὶ Μωϋσῆς; Τοῦτο ἔπραττε κἀκεῖνος διὰ τὴν αὐτὴν αἰτίαν. Σὺ δὲ ἄκουε τοῦ Χριστοῦ λέγοντος, ὅτι Ἐὰν μὴ περισσεύσῃ ἡ δικαιοσύνη ὑμῶν πλέον τῶν γραμματέων καὶ Φαρισαίων, οὐ μὴ εἰσέλθητε εἰς τὴν βασιλείαν τῶν οὐρανῶν. Ἄκουε αὐτοῦ πάλιν λέγοντος, Ὁ ἀπολύων τὴν γυναῖκα αὐτοῦ παρεκτὸς λόγου πορνείας, ποιεῖ αὐτὴν μοι-
205 χευθῆναι, καὶ ὁ ἀπολελυμένην γαμῶν μοιχᾶται.
A Διὰ τοῦτο ἦλθεν ὁ μονογενὴς Υἱὸς τοῦ Θεοῦ, διὰ τοῦτο δούλου μορφὴν ἔλαβε, διὰ τοῦτο τὸ αἷμα ἐξέχεε τὸ τίμιον, τὸν θάνατον κατέλυσε, τὴν ἁμαρτίαν ἔσβεσε, δαψιλεστέραν τὴν τοῦ Πνεύματος ἔδωκε χάριν, ἵνα πρὸς μείζονά σε ἀγάγῃ φιλοσοφίαν. Ἄλλως δὲ, οὐδὲ ὁ Μωϋσῆς προηγουμένως τοῦτο ἐνομοθέτησεν, ἀλλ' ἀναγκαζόμενος συγκαταβῆναι τῇ τῶν νομοθετουμένων ἀσθενείᾳ. Ἐπειδὴ γὰρ πρὸς φόνους ἦσαν ἕτοιμοι, καὶ συγγενικῶν αἱμάτων τὰς οἰκίας ἐπλήρουν, καὶ οὔτε τῶν οἰκείων, οὔτε τῶν ἀλλοτρίων ἐφείδοντο· ἵνα μὴ κατασφάττωσι τὰς γυναῖκας ἔνδον, ἃς ἂν ἀηδῶς ἔχωσιν, ἐκέλευσεν ἐκβαλεῖν, μεῖζον ἀναι-
B ρῶν κακὸν τὴν περὶ τὰς σφαγὰς εὐκολίαν. Ὅτι γὰρ μιαιφόνοι τινὲς ἦσαν, ἄκουε αὐτῶν τῶν προφητῶν λεγόντων· Οἰκοδομοῦντες Σιὼν ἐν αἵματι, καὶ Ἱερουσαλὴμ ἐν ἀδικίαις· καὶ πάλιν, Αἵματα ἐφ' αἵμασι μίσγουσι· καὶ πάλιν, Αἱ χεῖρες ὑμῶν αἵματος πλήρεις. Ὅτι δὲ οὐ κατὰ τῶν ἀλλοτρίων μόνον, ἀλλὰ καὶ κατὰ τῶν οἰκείων ἐμαίνοντο, καὶ τοῦτο δηλῶν ὁ προφήτης ἔλεγε· Καὶ ἔθυσαν τοὺς υἱοὺς αὐτῶν καὶ τὰς θυγατέρας αὐτῶν τοῖς δαιμονίοις. Οἱ δὲ παίδων αὐτῶν μὴ φεισάμενοι, οὐκ ἂν ἐφείσαντο γυναικῶν. Ἵν' οὖν μὴ τοῦτο γένηται, τοῦτο ἐπέτρεψε. Διὰ τοῦτο καὶ ὁ Χριστὸς τοῖς Ἰουδαίοις ἐρωτῶσι καὶ
C λέγουσι, Πῶς Μωϋσῆς ἐπέτρεψε δοῦναι βιβλίον ἀποστασίου; δεικνὺς ὅτι οὐκ ἀντινομοθετῶν αὐτῷ ταῦτα ἔγραφεν, οὕτω πώς φησι· Μωϋσῆς πρὸς τὴν σκληροκαρδίαν ὑμῶν εἶπεν, ἀπ' ἀρχῆς δὲ οὐ γέγονεν οὕτως· ἀλλ' ὁ ποιήσας ἐξ ἀρχῆς ἄῤῥεν καὶ θῆλυ ἐποίησεν αὐτούς. Εἰ καλὸν τοῦτο ἦν, φησὶν, οὐκ ἂν ἕνα ἄνδρα ἐποίησε καὶ μίαν γυναῖκα, ἀλλὰ ἕνα ποιήσας τὸν Ἀδὰμ, δύο ἂν ἐποίησε τὰς γυναῖκας, εἴ γε ἐβούλετο τὴν μὲν ἐκβαλεῖν, τὴν δὲ εἰσαγαγεῖν· νῦν δὲ

διὰ τοῦ τρόπου τῆς δημιουργίας τὸν νόμον εἰσήγαγεν, ὃν ἐγὼ γράφω νῦν. Ποῖον δὴ τοῦτον; Τὸ τὴν κληρωθεῖσαν ἐξ ἀρχῆς γυναῖκα, ταύτην ἔχειν διαπαντός· οὗτος ἐκείνου παλαιότερος ὁ νόμος, καὶ τοσοῦτον, ὅσον ὁ Ἀδὰμ τοῦ Μωϋσέως. Ὥστε οὐ καινοτομῶ νῦν ἐγὼ, οὐδὲ ξένα ἐπεισφέρω δόγματα, ἀλλὰ τοῦ Μωϋσέως πρεσβύτερα καὶ ἀρχαιότερα. Ἄξιον δὲ καὶ αὐτὸν τὸν νόμον ἀκοῦσαι Μωϋσέως, ὃν περὶ τούτου ἔθηκεν. Ἐάν τις γυναῖκα λάβῃ, φησὶ, καὶ συνοικήσῃ αὐτῇ, καὶ ἔσται, ἐὰν μὴ εὕρῃ χάριν ἐναντίον αὐτοῦ, ὅτι εὗρεν ἐν αὐτῇ ἀσχημοσύνης πρᾶγμα, γράψει αὐτῇ βιβλίον ἀποστασίου, καὶ δώσει αὐτῇ εἰς τὰς χεῖρας αὐτῆς. Ὅρα· οὐκ εἶπε, γραψάτω, καὶ δότω· ἀλλὰ τί; Γράψει αὐτῇ βιβλίον ἀποστασίου, καὶ δώσει αὐτῇ εἰς τὰς χεῖρας αὐτῆς. Πολὺ δὲ τούτου κἀκείνου τὸ μέσον· τὸ μὲν γὰρ εἰπεῖν, γραψάτω, καὶ δότω, κελεύοντος καὶ ἐπιτάττοντος· τὸ δὲ εἰπεῖν, Γράψει βιβλίον ἀποστασίου, καὶ δώσει εἰς τὰς χεῖρας αὐτῆς, τὸ γεγενημένον ἀπαγγέλλοντος, οὐκ οἴκοθεν τὸν νόμον εἰσάγοντος. Ἐὰν οὖν τις, φησὶν, ἐκβάλῃ τὴν γυναῖκα, καὶ ἀποστείλῃ αὐτὴν ἐκ τῆς οἰκίας αὐτοῦ, καὶ ἀπελθοῦσα γένηται ἀνδρὶ ἑτέρῳ, καὶ μισήσῃ αὐτὴν καὶ ὁ ἀνὴρ ὁ ἔσχατος, καὶ γράψῃ αὐτῇ βιβλίον ἀποστασίου, καὶ δώσῃ εἰς τὰς χεῖρας αὐτῆς, καὶ ἐξαποστείλῃ αὐτὴν ἐκ τῆς οἰκίας αὐτοῦ, ἢ ἀποθάνῃ ὁ ἀνὴρ αὐτῆς, ὃς 206 ἔλαβεν αὐτὴν ἑαυτῷ γυναῖκα, οὐ δυνήσεται ὁ ἀνὴρ ὁ πρότερον ἐξαποστείλας αὐτὴν ἐπαναστρέψαι καὶ λαβεῖν αὐτὴν ἑαυτῷ γυναῖκα. Εἶτα ἐνδεικνύμενος, ὅτι οὐκ ἐπαινεῖ τὸ γεγενημένον, οὐδὲ γάμον εἶναι νομίζει, ἀλλὰ διὰ τὴν ἀσθένειαν αὐτῶν συγκαταβαίνει, εἰπὼν, Οὐ δυνήσεται ὁ ἀνὴρ ὁ πρότερος λαβεῖν αὐτὴν ἑαυτῷ γυναῖκα, ἐπήγαγε, Μετὰ τὸ μιανθῆναι αὐτὴν, ἐμφαίνων διὰ τοῦ τρόπου τῆς λέξεως, ὅτι ὁ δεύτερος γάμος, ζῶντος τοῦ προτέρου ἀνδρὸς γενόμενος, μίασμα μᾶλλόν ἐστιν, ἢ γάμος. Διὰ τοῦτο οὐκ εἶπε, μετὰ τὸ γαμηθῆναι αὐτήν. Ὁρᾷς ὅτι συνῳδὰ τῷ Χριστῷ φθέγγεται; Εἶτα καὶ τὴν αἰτίαν προσέθηκεν, Ὅτι βδέλυγμά ἐστιν ἐναντίον τοῦ Θεοῦ. Καὶ Μωϋσῆς μὲν οὕτως· ὁ δὲ προφήτης Μαλαχίας σαφέστερον πολλῷ τοῦ Μωϋσέως αὐτὸ τοῦτο ἐνδείκνυται, μᾶλλον δὲ οὐ Μαλαχίας, ἀλλ' ὁ Θεὸς διὰ τοῦ Μαλαχίου, λέγων οὕτως· Εἰ ἄξιον ἐπιβλέψαι εἰς θυσίαν [a] ὑμῶν; ἢ λαβεῖν δεκτὸν ἐκ τῶν χειρῶν ὑμῶν; εἶτα εἰπόντος, Τίνος ἕνεκεν, φησὶ, γυναῖκα ἐκ νεότητός σου ἐγκατέλιπες; καὶ δεικνὺς ἡλίκον ἐστὶ κακὸν, καὶ ἀποστερῶν πάσης συγγνώμης τὸν τοῦτο ποιήσαντα, διὰ τῶν ἑξῆς τὴν κατηγορίαν αὔξει, ἐπάγων οὕτω καὶ λέγων· Καὶ αὕτη κοινωνός σου, καὶ γυνὴ διαθήκης σου, καὶ ἐγκατάλειμμα πνευμα-

mulieres, si quidem voluisset unam quidem ejici, alteram vero induci; nunc vero ipso formantienis modo legem induxit, quam ego nunc scribo. Et quænam est illa? Hæc utique: Eam sibi quisque uxorem servet semper, quam initio sortitus est. Hæc lex antiquior, quam illa de libello repudii, et tanto, quanto Adam ipso Mose. Et idcirco nunc nihil novum sector, neque peregrina affero decreta, sed Mose antiquiora et priora. Operæ autem pretium fuerit et Mosis legem illam, quam de hac re posuit, audire: *Si quis*, inquit, *acceperit uxorem*, et *habitaverit cum illa;* et *erit, si non invenerit gratiam* *coram illo*, *quia invenit in illa turpitudinis rem, scribet illi libellum repudii*, et *dabit in manus ejus*. Vide, non dixit, Scribito et dato, sed quid? *Scribet illi libellum repudii*, et *dabit in manus ejus*. Magnum autem inter hoc et illud discrimen: nam dicere, Scribat libellum repudii, et det in manus ejus, jubentis ac imperantis est; dicere autem, *Scribet libellum repudii*, et *dabit in manus ejus*, annuntiantis factum, et non propriam legem introducentis est. Igitur, *Si quis*, ait, *ejiciat uxorem*, et *dimittat illam ex domo sua:* et *cum abierit, si fuerit alteri viro*, et *odio illam habuerit* etiam *vir posterior*, *et scripserit illi libellum repudii*, et *dederit in manus ejus*, et *emittat illam ex domo sua: si mortuus fuerit illius vir, qui accepit sibi illam uxorem, non poterit vir prior, qui dimiserat illam, reducere, et accipere eam sibi in uxorem*. Deinde monstrans, se non laudare factum, neque conjugium esse putare, sed infirmitati eorum sese attemperare, postquam dixit: *Non poterit vir prior accipere illam sibi in uxorem*, addidit, *Postquam polluta est:* declarans per hujus verbi modum, quod secundæ nuptiæ, vivente priore viro, pollutio magis sint quam conjugium: propter hoc non dixit, Postquam illam in uxorem duxerit. Vides quam consona cum Christo loquatur? Deinde et causam apposuit, *Quod abominatio sit coram Deo*. Et Moses quidem sic: propheta autem Malachias multo manifestius, quam Moses, hoc demonstrat; imo potius non Malachias, sed Deus per Malachiam his verbis, *Numquid dignum respicere ad sacrificium vestrum? vel recipere acceptabile de manibus vestris?* et cum hæc di-

Inseparabile matrimonium ab initio.

Deut. 24. 1.

Ib. v. 2.—4.

Ib. v. 4.

Ib.

Malach. 2. 13.

[a] Duo Mss. *ὑμῶν, εἰ λαβεῖν δεκτὸν ἐκ τῶν χειρῶν ὑμῶν, καὶ εἰπόντος, ἕνεκεν τίνος... ἐγκατέλιπες· εἶτα δεικνύς*. [Savil. in marg. conj. εἰπών.]

Malach. 2. 14. xisset, *Quare dereliquisti,* ait, *uxorem adolescentiæ tuæ?* postea ut ostendat quantum sit malum, et quam indignus sit omni venia is qui hoc fecit, in sequentibus accusationem auget, sic Ibid. dicens: *Et ista socia tua, et uxor pacti tui, et reliquiæ spiritus tui, et non alius fecit.* Vide quanta apponit jura; primum ætatem, dicens: *Uxor adolescentiæ tuæ;* deinde societatem vitæ, dicens: *Et ista socia tua;* postea modum formationis, dicens: *Reliquiæ spiritus tui.* *[Non enim de terra formata est sicut Adam, sed deformati e terra latere, et hoc est quod dicit ἐγκατάλειμμα, *Et reliquiæ spiritus tui.*]

3. Ad hæc omnia, quod omnibus illis majus fuerit, accedit Conditoris dignitas. Hoc enim significat illud, *Non alius fecit.* Non potes, inquit, dicere, quod te quidem Deus fecit, illam vero non Deus, sed alius quidam illo inferior; sed unus et idem utrosque ut essent produxit: et ita quamvis nihil aliud, hoc saltem reveritus, caritatem erga illam custodi. Nam si sæpe hoc servis litigantibus mutuæ dilectionis causa fuit, quia ambo uni et eidem domino serviunt: multo magis nobis hoc fieri convenit, quando eumdem et conditorem, et opificem utrique habemus. Vidisti quomodo etiam in Veteri initia et proœmia fere acceperint novæ philosophiæ præcepta? Nam ubi multo tempore in lege versati essent, et ad perfectiora mandata transire deberent, jamque properaret ad finem ipsorum politia, opportuno tempore ad ejusmodi sapientiam illos propheta inducit. Pareamus igitur huic bonæ legi, et nos ab omni confusione liberemus, neque nostras ejiciamus, neque ab aliis ejectas recipiamus. Nam qua facie virum uxoris aspicies? quibus oculis amicos illius et famulos? Nam si is qui mortui conjugis, cujus uxorem accepit, imaginem propositam viderit, afficitur aliquo modo, et graviter fert, ac si viventem maritum videat ejus quæ sibi cohabitat, qualem vitam aget? quo pacto ingredietur domum? quo animo, quibus oculis videbit illius uxorem suam? imo neque illius, neque suam juste quis talem appellet: Adultera nullius est uxor. adultera enim nullius est uxor. Fefellit pacta quæ cum illo habuit, et ad te cum honestis legibus non venit. Quantæ igitur dementiæ fuerit, rem tot malis plenam in domum inducere? Num est feminarum penuria? Quare, cum multæ sint, quas licet pura conscientia et permittentibus

τός σου, καὶ οὐκ ἄλλος ἐποίησεν. Ὅρα πόσα τίθησι δικαιώματα· πρῶτον τὸ τῆς ἡλικίας, Γυνὴ νεότητός σου· εἶτα τὸ ἀναγκαῖον, Καὶ αὕτη κοινωνός σου· εἶτα τὸν τῆς δημιουργίας τρόπον, Ἐγκατάλειμμα πνεύματός σου.

Πρὸς τούτοις ἅπασιν, ὃ πάντων τούτων μεῖζον ἦν, τὸ τοῦ ποιήσαντος ἀξίωμα. Τοῦτο γάρ ἐστι τὸ, Οὐκ ἄλλος ἐποίησεν. Οὐκ ἔχεις, φησὶν, εἰπεῖν, ὅτι σὲ μὲν ὁ Θεὸς ἐποίησεν, ἐκείνην δὲ οὐχ ὁ Θεὸς, D ἀλλ' ἄλλος τις ἐκείνου καταδεέστερος· ἀλλ' εἷς καὶ ὁ αὐτὸς ἀμφοτέρους εἰς τὸ εἶναι παραγαγών· ὥστε εἰ καὶ μηδὲν ἕτερον, τοῦτο γοῦν αἰδεσθεὶς, φύλαττε τὴν πρὸς αὐτὴν ἀγάπην. Εἰ γὰρ [b] δούλοις πολλάκις τοῖς πρὸς ἀλλήλους στασιάζουσιν ὑπόθεσις τοῦτο γεγένηται, τὸ δεῖν λέγω τοὺς ἀμφοτέρους ἑνὶ καὶ τῷ αὐτῷ δουλεῦσαι δεσπότῃ, πολλῷ μᾶλλον ἐφ' ἡμῶν τοῦτο γίνεσθαι χρὴ, ὅταν καὶ δημιουργὸν καὶ δεσπότην τὸν αὐτὸν ἔχωμεν οἱ ἀμφότεροι. Εἶδες πῶς καὶ ἐν τῇ Παλαιᾷ ἀρχὰς καὶ προοίμια λοιπὸν ἐλάμβανε τῆς καινῆς φιλοσοφίας τὰ προστάγματα; Ἐπειδὴ γὰρ E πολὺν ἐνετράφησαν τῷ νόμῳ χρόνον, καὶ πρὸς τὰ τελειότερα παραγγέλματα ὁδεύειν ὤφειλον, καὶ πρὸς τὸ τέλος λοιπὸν ἀπήντα αὐτοῖς τὰ τῆς πολιτείας, μετὰ τοῦ προσήκοντος καιροῦ λοιπὸν ἐπὶ ταύτην ἄγει τὴν φιλοσοφίαν αὐτοὺς ὁ προφήτης. Πειθώμεθα τοίνυν τῷ καλῷ τούτῳ νόμῳ, καὶ πάσης αἰσχύνης ἑαυτοὺς ἀπαλλάξωμεν καὶ μήτε τὰς ἑαυτῶν ἐκβάλωμεν, μήτε τὰς ὑπὸ ἑτέρων ἐκβληθείσας δεχώμεθα. Ποίῳ γὰρ ὄψει προσώπῳ τὸν ἄνδρα τῆς γυναικός; 207 A ποίοις ὀφθαλμοῖς τοὺς φίλους τοὺς ἐκείνου, τοὺς οἰκέτας; Εἰ γὰρ τελευτήσαντος τοῦ συνοικοῦντος, τὴν γυναῖκά τις τὴν ἐκείνου λαβὼν, εἶτα τὴν εἰκόνα μόνην ἀνακειμένην ἰδὼν, ἔπαθέ τι καὶ ἐδυσχέρανεν, ὡς ζῶντα τὸν ἄνδρα ὁρῶν τῆς αὐτῷ συνοικούσης, ποῖον βιώσεται βίον; πῶς οἴκαδε εἰσελεύσεται; μετὰ ποίας γνώμης, μετὰ ποίων ὀφθαλμῶν ὄψεται τὴν ἐκείνου γυναῖκα τὴν αὐτοῦ; μᾶλλον δὲ οὐδὲ ἐκείνου, οὔτε αὐτοῦ δικαίως ἄν τις τὴν τοιαύτην προσείποι· ἡ γὰρ μοιχαλὶς οὐδενός ἐστι γυνή. Καὶ γὰρ τὰς πρὸς ἐκεῖνον συνθήκας ἐπάτησε, καὶ πρὸς σὲ μετὰ τῶν προσηκόντων νόμων οὐκ ἦλθε. Πόσης οὐκ ἂν εἴη παρα-

* Hæc quæ uncinis clauduntur in Græco non exstant, nec in Mss., sed Interpres anonymus in exemplari suo legerat.

[b] Duo Mss. δούλους... στασιάζοντας.

νοίας, πρᾶγμα τοσούτων γέμον κακῶν εἰς τὴν οἰκίαν εἰσαγαγεῖν; Μὴ γὰρ σπάνις ἐστὶ γυναικῶν; Τίνος ἕνεκεν, πολλῶν οὐσῶν, ἃς μετὰ τῶν προσηκόντων νόμων καὶ μετὰ καθαροῦ συνειδότος λαμβάνειν ἔξεστιν, ἐπὶ τὰς κεκωλυμένας τρέχομεν, τὰς οἰκίας ἀνατρέποντες, καὶ πολέμους ἐμφυλίους εἰσάγοντες, καὶ πανταχόθεν ἔχθραν ἑαυτοῖς παρασκευάζοντες, μυρίων κατηγόρων ἀνοίγοντες στόματα, καὶ τὴν ζωὴν τὴν ἑαυτῶν καταισχύνοντες, καὶ, τὸ πάντων χαλεπώτατον, ἀπαραίτητον ἐν τῇ ἡμέρᾳ τῆς κρίσεως συνάγοντες ἑαυτοῖς κόλασιν; Τί γὰρ ἐροῦμεν τότε τῷ μέλλοντι κρίνειν ἡμᾶς, ὅταν τὸν νόμον παρενεγκὼν εἰς μέσον καὶ ἀναγνοὺς εἴποι· ἐκέλευσα ἀπολελυμένην γυναῖκα μὴ λαμβάνειν, εἰπὼν ὅτι μοιχεία τὸ πρᾶγμά ἐστι; Πῶς οὖν ἐτόλμησας ἐπὶ κεκωλυμένον γάμον ἐλθεῖν; Τί ἐροῦμεν, καὶ τί ἀποκρινούμεθα; Οὐ γὰρ δεῖ τοὺς παρὰ τῶν ἔξωθεν κειμένους νόμους ἐκεῖ προβαλέσθαι, ἀλλ' ἀνάγκη σιγῶντας καὶ δεδεμένους εἰς τὸ τῆς γεέννης ἀπάγεσθαι πῦρ μετὰ τῶν μοιχῶν καὶ τῶν τοὺς ἀλλοτρίους ἀδικησάντων γάμους· ὅ τε γὰρ ἀπολύσας χωρὶς αἰτίας, τῆς ἐπὶ πορνείᾳ, ὅ τε ἐκβεβλημένην γαμῶν, τοῦ ἀνδρὸς ζῶντος, ὁμοίως μετὰ τῆς ἐκβληθείσης κολάζονται. Διὸ παρακαλῶ, καὶ δέομαι καὶ ἀντιβολῶ, μήτε ἄνδρας ἐκβάλλειν γυναῖκας, μήτε γυναῖκας ἄνδρας ἀφιέναι, ἀλλ' ἀκούειν τοῦ Παύλου λέγοντος· Γυνὴ δέδεται νόμῳ, ἐφ' ὅσον χρόνον ζῇ ὁ ἀνὴρ αὐτῆς· ἐὰν δὲ κοιμηθῇ ὁ ἀνὴρ, ἐλευθέρα ἐστὶν ᾧ θέλει γαμηθῆναι, μόνον ἐν Κυρίῳ. Ποίαν γὰρ ἔχοιεν συγγνώμην οἱ, τοῦ Παύλου καὶ δεύτερον ἐπιτρέποντος γάμον μετὰ τὴν τελευτὴν τοῦ συνοικοῦντος, καὶ τοσαύτην παρέχοντος ἄδειαν, πρὸ τῆς τελευτῆς τολμῶντες τοῦτο ποιεῖν; τίνος ἂν τύχοιεν ἀπολογίας, ἢ οὗτοι οἱ ζώντων τῶν ἀνδρῶν τὰς γυναῖκας λαμβάνοντες, ἢ ἐκεῖνοι οἱ πρὸς τὰς πανδήμους ἀπερχόμενοι πόρνας; Καὶ γὰρ καὶ ἐκεῖνο μοιχείας ἕτερον εἶδος, τὸν γυναῖκα ἔχοντα ἔνδον, πόρναις γυναιξὶν ὁμιλεῖν. Ὥσπερ γὰρ ἡ τὸν ἄνδρα ἔχουσα γυνὴ, κἂν οἰκέτῃ, κἂν ἐλευθέρῳ τινὶ γυναῖκα μὴ ἔχοντι ἑαυτὴν ἐκδῷ, τοῖς τῆς μοιχείας ἁλίσκεται νόμοις· οὕτω καὶ ὁ ἀνὴρ, κἂν εἰς πάνδημον πόρνην, κἂν εἰς ἑτέραν γυναῖκα ἄνδρα οὐκ ἔχουσαν ἁμάρτοι, γυναῖκα ἔχων, μοιχείας τὸ πρᾶγμα νενόμισται. Φεύγωμεν τοίνυν καὶ τοῦτον τὸν τρόπον τῆς μοιχείας. Τί γὰρ ἕξομεν εἰπεῖν, τί δὲ προβαλέσθαι τοιαῦτα τολμῶντες; ποίαν εὐπρόσωπον παρεξόμεθα πρόφασιν; Τὴν τῆς φύσεως ἐπιθυμίαν; Ἀλλ' ἐφέστηκεν ἡ κληρωθεῖσα γυνὴ, τῆς ἀπολογίας ἡμᾶς ταύτης ἀποστεροῦσα. Διὰ τοῦτο γάμος εἰσενήνεκται, ἵνα μὴ πορνεύσῃς· μᾶλλον δὲ οὐχ ἡ γυνὴ μόνον, ἀλλὰ καὶ ἕτεροι πολλοὶ τῆς αὐτῆς ἡμῖν μετασχόντες φύσεως ταύτης ἡμᾶς ἀποστεροῦσι τῆς συγγνώμης. Ὅταν γὰρ ὁ σύνδουλός σου, τὸ αὐτὸ

B legibus ducere, ad prohibitas currentes, domos subvertimus, bella civilia excitamus, ac undique inimicitias nobis conciliantes, innumeris accusatoribus ora aperientes, nostram vitam dedecoramus, et quod omnium gravissimum est, inevitabile supplicium in die judicii nobis accumulamus? Quid enim dicemus ei qui de nobis judicaturus est, quando legem in medium illatam legerit dicens: Jussi repudiatam uxorem *Matth. 5. 32.*
non ducere, dicens id adulterium esse? Quomodo igitur ausus es ad prohibitas nuptias accedere? Quid dicemus, quid respondebimus? Numquam C enim illic fas externas leges prætexere, sed necessarium est tacentes et ligatos in gehennæ ignem immitti cum adulteris et alienum torum injuria afficientibus; nam et qui dimiserit absque causa stupri, et qui ejectam vivente viro duxerit, cum ejecta illa punientur. Propter quod oro, obsecro et supplico, ne viri mulieres ejiciant, neque mulieres viros relinquant, sed audiant Paulum dicentem: *Mulier adstricta est* *1. Cor. 7. 39.*
legi, quanto tempore vixerit vir ejus. Si autem dormierit vir, libera erit cui volet nubere, tantum in Domino. Qualem enim habebunt D veniam, qui Paulo etiam secundas permittente nuptias post mortem conjugis, et tantam concedente copiam, ante mortem audent talia facere? quam assequentur defensionem, vel illi qui viventibus viris uxores accipiunt, vel hi qui ad publica scorta accedunt? Etenim et illud est adulterii aliud genus, habere domi uxorem, et foris scortis jungi. Nam quemadmodum mulier habens virum, etiamsi famulo vel libero cuipiam uxorem non habenti se exponat, adulterii legibus implicatur: sic et vir licet ad vulgare scortum, vel ad mulierem aliam, quamvis non habentem virum, ipse uxorem habens accesserit, adulterii E reus censebitur. Fugiamus igitur et hunc adulterii modum. Quid enim poterimus dicere, quid item prætexere, qui talia audemus? quam honestam excusationem adhibebimus? Naturæ concupiscentiam? Sed adest quidem uxor, quæ nobis obtigit, hac nos excusatione privans. Idcirco nuptiæ invectæ sunt, ut ne scorteris; imo non uxor sola, sed et multi alii, qui eamdem, quam nos, habent naturam, hac nos privant venia. Quando enim conservus tuus, idem habens cor-
208 A pus, eamdemque concupiscentiam, eadem necessitate stimulatus, nullam aliam videt mulierem, sed manet sua sola contentus, qualem tu habebis excusationem, concupiscentiam prætexens? Et quid dico habentes uxores? Cogita mihi eos, qui

Genus est adulterii conjugatum cum scortis misceri.

semper in virginitate vixerunt, et contemtis nuptiis magnam præ se tulerunt continentiam. Cum igitur alii absque nuptiis continentes sint, quam tu assequeris veniam post nuptias scortans? Hæc et viri et mulieres audiant, et viduæ et nuptæ : omnibus enim Paulus loquitur, et lex illa dicens : *Mulier adstricta* est *legi quanto tempore vixerit vir illius : si autem dormierit, libera est cui vult nubere*, tantum in *Domino*. Et habentibus viros, et non habentibus, et viduis, et secundo nubentibus marito, et omnibus simpliciter sermo ille utilis est. Nam quæ habet virum, non volet vivente illo quærere alium, audiens se vivente illo adstrictam esse; quæ vero est libera, siquidem voluerit secundo nubere, non simpliciter neque temere hoc facit, sed cum legibus, quæ sunt a Paulo positæ. Dicit
1. Cor. 7. 39. enim : *Libera est cui vult nubere, tantum in*
In Domino nubere quid sit. *Domino* : hoc est, cum continentia et honestate. Sin voluerit cum defuncto servare fœdera, audiet repositas sibi coronas, majoremque alacritatem
Ib. v. 40. capiet. *Beatior enim est*, inquit, *si sic manserit.*

4. Vides quo pacto omnibus sermo ille utilis, et se ad illarum infirmitatem demittit, et istas suis laudibus non defraudat? Etenim quod de nuptiis et virginitate fecit, hoc et de prioribus et secundis nuptiis. Quemadmodum enim illic non exclusit nuptias, ut ne gravet infirmiores, neque necessitatem imposuit, ut ne volentes in virginitate degere, propositis coronis spoliaret : sed demonstravit quidem bonas esse nuptias, declaravit autem meliorem esse virginitatem; ita et hic quoque alios gradus ponit nobis, majorem scilicet et sublimiorem altero alterum, nempe viduitatem : alterum vero inferiorem, nempe secundas nuptias; et fortiores quidem ac transilire nolentes ad certamen præparat, et infirmiores ca-
Ibid. v. 40. dere non permittit. Dicens enim : *Beatior enim est si sic manserit*, ut ne putes humanam esse legem, audiens, *Juxta meum consilium*, subdit : *Opinor autem quod* et *ego Spiritum Dei habeam*. Non igitur humanum consilium est vel

σῶμα ἔχων, τὴν αὐτὴν ἐπιθυμίαν κεκτημένος, ὑπὸ τῆς αὐτῆς ἀνάγκης ὠθούμενος, μηδεμίαν ἑτέραν ἴδῃ γυναῖκα, ἀλλὰ μένῃ τὴν αὑτοῦ στέργων μόνην, ποίαν ἕξεις ἀπολογίαν σὺ τὴν ἐπιθυμίαν προβαλλόμενος; Καὶ τί λέγω τοὺς ἔχοντας γυναῖκας; Ἐννόησόν μοι τοὺς διαπαντὸς ἐν παρθενίᾳ ζῶντας, καὶ μηδ' ὅλως ὁμιλήσαντας γάμῳ, καὶ πολλὴν ἐπιδειξαμένους σωφροσύνην. Ὅταν οὖν ἄλλοι χωρὶς γά-
B μου σωφρονῶσι, ποίας σὺ τεύξῃ συγγνώμης μετὰ γάμον πορνεύων; Ταῦτα καὶ ἄνδρες καὶ γυναῖκες ἀκουέτωσαν, καὶ χῆραι, καὶ [a] γεγαμηκυῖαι· πᾶσι γὰρ ὁ Παῦλος διαλέγεται, καὶ ὁ νόμος οὗτος ὁ λέγων· Γυνὴ δέδεται νόμῳ, ἐφ' ὅσον χρόνον ζῇ ὁ ἀνὴρ αὐτῆς· ἐὰν δὲ κοιμηθῇ, ἐλευθέρα ἐστὶν ᾧ θέλει γαμηθῆναι, μόνον ἐν Κυρίῳ. Καὶ ταῖς ἐχούσαις ἄνδρας, καὶ ταῖς οὐκ ἐχούσαις, καὶ ταῖς χηρευούσαις, καὶ ταῖς δεύτερον εἰσαγούσαις νυμφίον, καὶ πάσαις ἁπλῶς ὁ λόγος οὗτος χρήσιμος. Ἡ μὲν γὰρ ἔχουσα ἄνδρα οὐχ αἱρήσεται, ζῶντος ἐκείνου, ἔσεσθαι [b] ἑτέρῳ, ἀκούσασα ὅτι ζῶντος αὐτοῦ δέδεται· ἡ δὲ ἀποβαλοῦσα πάλιν, ἂν μὲν βουληθῇ δευτέροις ὁμιλῆσαι γάμοις,
C οὐχ ἁπλῶς, οὐδὲ ὡς ἔτυχε, τοῦτο ἐργάζεται, ἀλλὰ μετὰ τῶν κειμένων παρὰ τοῦ Παύλου νόμων, εἰπόντος, Ἐλευθέρα ἐστὶν ᾧ θέλει γαμηθῆναι, μόνον ἐν Κυρίῳ, τουτέστι, μετὰ σωφροσύνης, μετὰ σεμνότητος. Ἂν δ' ἄρα ἕληται πρὸς τὸν ἀπελθόντα τὰς συνθήκας φυλάξαι, ἀκούσεται τοὺς ἀποκειμένους αὐτῇ στεφάνους, καὶ μείζονα λήψεται προθυμίαν. Μακαριωτέρα γάρ ἐστι, φησὶν, ἐὰν οὕτω μείνῃ.

Ὁρᾷς πῶς ἅπασιν ὁ λόγος χρήσιμος, τῇ τε ἐκείνων ἀσθενείᾳ συγκαταβαίνων, καὶ ταύτας οὐκ ἀποστερῶν τῶν οἰκείων ἐπαίνων; Ὅπερ γὰρ ἐπὶ τοῦ
D γάμου καὶ ἐπὶ τῆς παρθενίας ἐποίησε, τοῦτο καὶ ἐπὶ τοῦ προτέρου γάμου καὶ τοῦ δευτέρου. Καθάπερ γὰρ ἐκεῖ οὐκ ἀπέκλεισε τὸν γάμον, ἵνα μὴ βαρήσῃ τοὺς ἀσθενεστέρους, οὔτε ἀνάγκην ἐπέθηκεν, ἵνα μὴ τοὺς βουλομένους παρθενεύειν ἀποστερήσῃ τῶν κειμένων στεφάνων, ἀλλ' ἔδειξε μὲν ὅτι καλὸς ὁ γάμος, ἐδήλωσε δὲ ὅτι κρείττων ἡ παρθενία· οὕτω δὴ καὶ ἐνταῦθα πάλιν ἡμῖν ἑτέρους τίθησι βαθμοὺς, δεικνὺς ὅτι μεῖζον μὲν καὶ ὑψηλότερον τὸ τῆς χηρείας, δεύτερον δὲ καὶ κατώτερον τὸ τῶν δευτέρων
E γάμων, τούς τε ἰσχυροτέρους καὶ μὴ μεταπηδᾷν βουλομένους ἀλείφων, καὶ τοὺς ἀσθενεστέρους οὐκ ἀφιεὶς πεσεῖν. Εἰπὼν γὰρ, Μακαριωτέρα δέ ἐστιν, ἐὰν οὕτω μείνῃ, ἵνα μὴ νομίσῃς ἀνθρώπινον εἶναι τὸν νόμον, ἀκούων, Κατὰ τὴν ἐμὴν γνώμην, ἐπήγαγε· Δοκῶ δὲ κἀγὼ Πνεῦμα Θεοῦ ἔχειν. Οὐκ ἔχεις τοίνυν εἰπεῖν, ὅτι ἀνθρωπίνη ἐστὶν ἡ γνώμη, ἀλλὰ τῆς τοῦ Πνεύ-

[a] Duo Mss. γεγαμημέναι.
[b] [Savil. in marg. conj. ἑτέρου. Cod. 748 προσθέσθαι ἑτέρῳ.]

ματος χάριτος ἡ ἀπόφασις, καὶ θεῖος ὁ νόμος. Μὴ τοίνυν Παύλου νομίζωμεν εἶναι ταῦτα λέγοντος, ἀλλὰ τοῦ Παρακλήτου ταῦτα νομοθετοῦντος ἡμῖν. Εἰ δὲ λέγει, Δοκῶ, οὐχ ὡς οὐκ ἔχων λέγει, ἀλλὰ μετριάζων καὶ συστέλλων ἑαυτόν. Ὅτι μὲν οὖν μακαριωτέρα ἐστὶν, εἶπε· πῶς δὲ μακαριωτέρα, οὐκ ἔτι προσέθηκεν, ἀρκοῦσαν ἀπόδειξιν δοὺς τὸ παρὰ τοῦ Πνεύματος κομίζειν τὴν ἀπόφασιν. Εἰ δὲ βούλει καὶ λογισμοῖς ἐξετάσαι, πολλὴν ἀποδείξεων εὐπορίαν ἐνταῦθα εὑρήσεις· καὶ ὄψει τὴν χήραν μακαριωτέραν οὖσαν, οὐ κατὰ τὸν μέλλοντα αἰῶνα μόνον, ἀλλὰ καὶ κατὰ τὸν παρόντα βίον. Καὶ τοῦτο αὐτὸ μάλιστα οἶδεν ὁ Παῦλος, ὃ καὶ περὶ τῶν παρθένων ᾐνίξατο λέγων. Παραινῶν γὰρ καὶ συμβουλεύων παρθενίαν αἱρεῖσθαι, οὕτω πως ἔλεγε· Νομίζω ὅτι καλὸν ἀνθρώπῳ τὸ οὕτως εἶναι διὰ τὴν ἐνεστῶσαν ἀνάγκην· καὶ πάλιν, Καὶ ἐὰν γήμῃ ἡ παρθένος, οὐχ ἥμαρτε· παρθένον ἐνταῦθα λέγων, οὐ τὴν ἀποταξαμένην, ἀλλὰ τὴν ἀπειρόγαμον μόνον, καὶ μὴ γενομένην ὑπεύθυνον τῇ τῆς διηνεκοῦς παρθενίας ὑποσχέσει. Θλίψιν δὲ τῇ σαρκὶ ἕξουσιν οἱ τοιοῦτοι· ἐγὼ δὲ ὑμῶν φείδομαι. Ἑνὶ γὰρ καὶ ψιλῷ ῥήματι τούτῳ κατέλιπε τῷ συνειδότι τῶν ἀκροατῶν ἅπαντα ἀναλέξασθαι, τὰς ὠδῖνας, τὰς παιδοτροφίας, τὴν φροντίδα, τὰς ἀῤῥωστίας, τοὺς θανάτους τοὺς ἀώρους, τὰς ἀπεχθείας, τὰς φιλονεικίας, τὸ γνώμαις μυρίαις δουλεύειν, τὸ τῶν ἀλλοτρίων κακῶν ὑπεύθυνον εἶναι, τὸ μυρίας ἀναδέχεσθαι λύπας μίαν ἔχουσαν ψυχήν. Ἁπάντων δὲ τούτων ἀπαλλάττεται τῶν κακῶν ἡ τὴν ἐγκράτειαν ἑλομένη, καὶ μετὰ τῆς τῶν ἀνιαρῶν ἀπαλλαγῆς κατὰ τὴν μέλλουσαν ζωὴν πολὺν ἔχει κείμενον τὸν μισθόν. Ταῦτ' οὖν ἅπαντα εἰδότες, σπουδάζωμεν τοῖς προτέροις ἀρκεῖσθαι γάμοις. Ἂν δὲ καὶ ἐπὶ δευτέρους παρασκευαζώμεθα εἰσέρχεσθαι, μετὰ τοῦ προσήκοντος τρόπου καὶ σχήματος, μετὰ τῶν τοῦ Θεοῦ νόμων. Διὰ τοῦτο γὰρ εἶπεν, Ἐλευθέρα ἐστὶν ᾧ θέλει γαμηθῆναι· καὶ ἐπήγαγε, Μόνον ἐν Κυρίῳ, ὁμοῦ καὶ ἄδειαν διδοὺς, καὶ τειχίζων τὴν ἄδειαν, καὶ ἐξουσίαν παρέχων, καὶ τῇ ἐξουσίᾳ πάλιν ταύτῃ ὅρους καὶ νόμους τιθεὶς πανταχόθεν· οἷον, ἵνα μὴ μιαροὺς καὶ διεφθαρμένους ἄνδρας εἰς τὴν οἰκίαν εἰσαγάγῃ ἡ γυνὴ, ἢ τοὺς ἀπὸ τῆς σκηνῆς, ἢ τοὺς πορνείας προσέχοντας· ἀλλὰ μετὰ σεμνότητος, μετὰ σωφροσύνης, μετὰ εὐλαβείας, ἵνα πάντα εἰς δόξαν Θεοῦ γένηται. Ἐπειδὴ γὰρ πολλαὶ πολλάκις γυναῖκες, τῶν πρώτων τελευτησάντων ἀνδρῶν, μοιχευθεῖσαι πρότερον, οὕτω τοὺς ὑστέρους εἰσήγαγον, καὶ τρόπους ἑτέρους μιαροὺς ἐπενόησαν, διὰ τοῦτο ἐπήγαγε, Μόνον ἐν Κυρίῳ· ἵνα μηδὲν τούτων ὁ δεύτερος ἔχῃ γάμος· οὕτω γὰρ δυνήσεται ἐγκλημάτων ἀπηλλάχθαι. Πάντων μὲν γὰρ βέλτιον ἀναμένειν τὸν τετελευτηκότα, καὶ τὰς πρὸς ἐκεῖνον συνθήκας δια-

præceptum, sed gratiæ Spiritus sententia ac divina lex. Idcirco ne putemus esse Pauli qui hæc dicit, sed Spiritus sancti, qui hanc nobis legem 209 condit. Quod vero dicit, *Opinor*, non quasi ne- A sciens dicit, sed modeste agens et seipsum humilians. Quod autem beatior sit, dixit quidem, sed non adjecit, quomodo beatior, sufficienti demonstratione data; nempe hanc se a Spiritu afferro sententiam. Quod si voles etiam rationibus exquirere, magnam demonstrationum copiam invenies: et videbis beatiorem esse viduam, non solum in futuro sæculo, sed etiam in præsente vita. [Vidua beatior etiam in præsenti sæculo.] Et istud ipsum maxime noverat Paulus, id quod de virginibus insinuavit. Admonens enim et consulens eligendam esse virginitatem, sic dicebat: *Opinor quod bonum sit homini sic esse* [Ib. v. 26.] B *propter instantem necessitatem;* et iterum: *Etiamsi nupserit virgo, non peccavit:* [Ibid. v. 36.] virginem hic dicens non eam quæ renuntiavit, sed eam dumtaxat quæ nondum conjugium experta est, et non factam obnoxiam perpetuæ virginitatis promissione. *Tribulationem autem in carne* [Ibid. v. 28.] *habebunt qui tales sint: ego autem vobis parco.* Uno enim et brevi hoc verbo reliquit cordato auditori, ut omnia colligat et expendat, dolores partus, educationes puerorum, curam, infirmitates, mortes intempestivas, inimicitias, contentiones, innumeris servire sententiis, alienis C malis obnoxiam fieri, innumeras tristitias in una sua anima recipere. Ab omnibus illis malis liberatur, quæ continentiam amplexatur, et cum liberatione a tot injucundis, etiam in futura vita magnam repositam habet mercedem. Hæc igitur omnia scientes, studeamus quidem primis nuptiis esse contenti. Si autem et ad secundas adspiramus, fiat hoc decenti modo et habitu et secundum divinas leges. Propter hoc enim dixit: *Libera est cui vult nubere:* [Ib. v. 39.] et subdidit, *Tantum in Domino:* simul et licentiam dans, et licentiam confirmans, et potestatem concedens, et potestati illi undique leges ac terminos ponens: D videlicet ne pollutos et corruptos viros in domum introducat mulier, et stuprum sectantes, sed cum honestate, et modestia, ac pietate, ut omnia in gloriam Dei cedant. Quoniam enim sæpius multæ mulieres prioribus viris defunctis, adulterio prius commisso alios introduxerunt, et alias pessimas vias excogitarunt: propter hoc adjecit, *Tantum in Domino*, ut nihil horum secundæ nuptiæ habeant: sic enim a criminibus liberæ esse poterunt. Optimum enim omnium foret exspectate defunctum, et servare leges cum illo initas, continentiamque eligere, et manere cum relictis pueris, majorem Dei benevolentiam sic conciliando. Et si qua secundo nubere marito volet, cum modestia ac honestate, et decentissimis legibus hoc faciat; nam et hoc permittitur: fornicatio autem sola et adulterium prohibentur. Hanc igitur fugiamus et conjuges et cælibes, ne dedecoremus vitam nostram, ne vitam agamus ridiculam, neque polluamus corpus, neque malam conscientiam in mentem inducamus. Quomodo enim post consuetudinem cum scortis in ecclesiam venire poteris? quomodo manus, quibus scortum contrectasti, in cælum extendere audebis? quomodo linguam movere, et ore illo invocare, quo scortum osculatus es? quibus oculis intueberis amicos honestiores? Et quid dico amicos? Etiamsi nullus conscius sit, tu teipsum cogeris maxime omnium rubore ac confusione perfundere, et maxime omnium corpus proprium abominari. Nam si hoc non esset, quare ad balneum post peccatum illud curris? nonne quia omni luto immundiorem teipsum esse censes? Quam igitur majorem immunditiæ tuæ probationem quæris, vel quam Deum exspectas sententiam daturum, quando tu ipse, qui deliquisti, talem de factis tuis sententiam tenes? Igitur quod impuros se esse censent, valde laudo et approbo: quod autem non rectum purificandi modum habeant, improbo, et propterea reprehendo. Nam si corporalis macula esset, jure balneorum purificationibus corpus ipsum ablueres; animam autem cum coinquinaris et impuram feceris, talem quære purificationem, quæ illius maculam abluere poterit. Quod autem est illius maculæ balneum? Calidi lacrymarum fontes, gemitus e profundo cordis ascendentes, compunctio perpetua, preces continuæ, eleemosynæ, et eleemosynæ largæ, non ultra hæc opera attentare, condemnare quod factum est. Ita peccati natura abluitur, ita expurgatur animæ macula; atque adeo si hæc non fecerimus, etiamsi in omnes fluminum fontes descenderimus, neque parvam illius peccati partem depellere poterimus. Imo quod melius, ne attentemus hoc abominabile peccatum. Si quis autem aliquando supplantatus fuerit, hæc subjiciat remedia, prius promittens non ultra se in hæc prolapsurum. Certe si peccantes condemnaverimus quidem ea, quæ jam fecimus, iterum autem eadem attentemus, nulla erit purificationis utilitas. Qui enim abluitur, et eodem luto iterum inquinatur, et qui demolitur iterum quod ædificavit, et qui ædificat ite-

Balneum animæ quale.

τηρεῖν, καὶ ἐγκράτειαν αἱρεῖσθαι, καὶ τοῖς καταλειφθεῖσιν ἐπιμένειν παιδίοις, καὶ παρὰ τοῦ Θεοῦ
E πλείονα τὴν εὔνοιαν ἐπισπάσασθαι. Ἂν δ' ἄρα τις βουληθῇ δεύτερον ἐπεισαγαγεῖν νυμφίον, μετὰ σωφροσύνης, μετὰ σεμνότητος, μετὰ τῶν προσηκόντων νόμων· καὶ γὰρ καὶ τοῦτο ἐφεῖται, πορνεία δὲ κεκώλυται μόνον καὶ μοιχεία. Ταύτην τοίνυν φεύγωμεν, καὶ οἱ γυναῖκας ἔχοντες, καὶ οἱ μὴ ἔχοντες· καὶ μὴ καταισχύνωμεν ἡμῶν τὸν βίον, μηδὲ καταγέλαστον ζῶμεν ζωὴν, μηδὲ μολύνωμεν τὸ σῶμα, μηδὲ πονηρὸν συνειδὸς εἰς τὴν διάνοιαν εἰσαγάγωμεν.
210 Πῶς γὰρ εἰς ἐκκλησίαν ἐλθεῖν δυνήσῃ μετὰ τὴν πρὸς
A τὰς πόρνας ὁμιλίαν; πῶς τὰς χεῖρας εἰς τὸν οὐρανὸν ἀνατεῖναι, αἷς τὴν πόρνην περιελάμβανες; πῶς κινῆσαι γλῶτταν, καὶ τῷ στόματι καλέσαι τούτῳ, ᾧ τὴν πόρνην ἐφίλησας; ποίοις ὀφθαλμοῖς ὄψει τῶν φίλων τοὺς σεμνοτέρους; Καὶ τί λέγω τοὺς φίλους; Κἂν γὰρ μηδεὶς ὁ συνειδὼς ᾖ, σὺ σαυτὸν ἀναγκασθήσῃ πρὸ πάντων ἐρυθριᾷν καὶ αἰσχύνεσθαι, καὶ πάντων μᾶλλον τὸ ἑαυτοῦ βδελύττεσθαι σῶμα. Εἰ γὰρ μὴ τοῦτο ἦν, τίνος ἕνεκεν ἐπὶ βαλανεῖον μετὰ τὴν ἁμαρτίαν τρέχεις ἐκείνην; οὐχ ἐπειδὴ βορβόρου παντὸς ἀκαθαρτότερον ἑαυτὸν εἶναι νομίζεις; Ποίαν ἑτέραν ζητεῖς μείζονα ἀπόδειξιν τῆς τῶν γεγενημένων
B ἀκαθαρσίας, ἢ τίνα τὸν Θεὸν προσδοκᾷς ψῆφον οἴσειν, ὅταν ὁ πεπλημμεληκὼς σὺ τοιαύτην περὶ τῶν γεγενημένων γνώμην ἔχῃς; Ὅτι μὲν οὖν ἀκαθάρτους ἑαυτοὺς εἶναι νομίζουσι, σφόδρα ἐπαινῶ καὶ ἀποδέχομαι· ὅτι δὲ οὐκ ἐπὶ τὸν προσήκοντα τῶν καθαρσίων ἔρχονται τρόπον, ἐγκαλῶ διὰ τοῦτο καὶ μέμφομαι. Εἰ μὲν γὰρ σωματικὸς ὁ ῥύπος ἦν, εἰκότως τοῖς τῶν βαλανείων καθαρμοῖς ἑαυτὸν ἀπέσμηχες· τὴν δὲ ψυχὴν καταῤῥυπάνας καὶ ποιήσας ἀκάθαρτον, τοιοῦτον ζήτει καθάρσιον, ὃ τὴν ἐκείνης κηλῖδα ἀποσμῆξαι δυνήσεται. Ποῖον δέ ἐστι τῆς τοιαύτης ἁμαρτίας τὸ βαλανεῖον; Θερμαὶ δακρύων πηγαὶ,
C στεναγμοὶ κάτωθεν ἀπὸ καρδίας ἀνιόντες, κατάνυξις διηνεκὴς, εὐχαὶ ἐκτενεῖς, ἐλεημοσύναι, καὶ ἐλεημοσύναι δαψιλεῖς, τὸ καταγνῶναι τῶν γεγενημένων, τὸ μηκέτι τοῖς αὐτοῖς ἐπιχειρῆσαι πράγμασιν· οὕτως ἁμαρτίας ἀποσμήχεται φύσις, οὕτως ἐκκαθαίρεται τῆς ψυχῆς ὁ ῥύπος· ὥστε ἐὰν μὴ τοιαῦτα ποιῶμεν, κἂν ἁπάσας τῶν ποταμῶν διέλθωμεν τὰς πηγὰς, οὐδὲ μικρὸν τῆς ἁμαρτίας ταύτης ὑφελέσθαι δυνησόμεθα μέρος. Τὸ μὲν οὖν ἄμεινον, μηκέτι πεῖραν λαβεῖν τῆς μυσαρᾶς ταύτης ἁμαρτίας. Εἰ δ' ἄρα τις ὑπεσκελίσθη ποτὲ, ταῦτα ἐπιτιθέτω τὰ φάρμακα,
D πρότερον ὑποσχόμενος μηκέτι τοῖς αὐτοῖς περιπεσεῖν. Ὡς ἐὰν ἁμαρτάνοντες καταγινώσκωμεν τῶν ἤδη γεγενημένων, πάλιν δὲ τοῖς αὐτοῖς ἐπιχειρῶμεν, οὐδὲν ἡμῖν ὄφελος ἔσται τῶν καθαρσίων. Ὁ γὰρ ἀπολουόμενος, καὶ τῷ αὐτῷ πάλιν ἐγκυλινδούμενος βορβόρῳ,

καὶ ὁ καθαιρῶν πάλιν ὅπερ ᾠκοδόμησε, καὶ οἰκοδομῶν πάλιν, ἵνα καθέλῃ, οὐδὲν κερδαίνει πλέον, ἢ τὸ περιττὰ ποιεῖσθαι καὶ ταλαιπωρεῖν. Καὶ ἡμεῖς τοίνυν, ἵνα μὴ μάτην μηδὲ εἰκῇ τὴν ζωὴν ἀναλώσωμεν, τὰ πρότερα ἁμαρτήματα ἐκκαθάρωμεν, καὶ τὸν ἐπίλοιπον ἅπαντα βίον ἐν σωφροσύνῃ καὶ κοσμιότητι καὶ τῇ λοιπῇ διαγάγωμεν ἀρετῇ· ἵνα καὶ τὸν Θεὸν ἔχοντες ἵλεων, τῆς βασιλείας τῶν οὐρανῶν ἐπιτύχωμεν, χάριτι καὶ φιλανθρωπίᾳ τοῦ Κυρίου ἡμῶν Ἰησοῦ Χριστοῦ, ᾧ ἡ δόξα εἰς τοὺς αἰῶνας τῶν αἰώνων. Ἀμήν.

rum, ut destruat, nihil aliud inde lucri facit, quam quod frustra laborat et ærumnosus est. Igitur et nos in vanum et frustra vitam insumamus, priora peccata expurgemus, et quod reliquum est vitæ in continentia et honestate cæterisque virtutibus agamus, ut et Deum misericordem habentes regnum cælorum assequamur, gratia et benignitate Domini nostri Jesu Christi, cui sit gloria in sæcula sæculorum. Amen.

---

[a] ΕΓΚΩΜΙΟΝ ΕΙΣ ΜΑΞΙΜΟΝ,

211 A

Καὶ περὶ τοῦ ποίας δεῖ ἄγεσθαι γυναῖκας.

Ὅτι μὲν ἀπελείφθην ὑμῶν τῇ παρελθούσῃ συνάξει, ἤλγησα· ὅτι δὲ πλουσιωτέρας ἀπελαύσατε τραπέζης, ἥσθην. Ὁ γὰρ μετ' ἐμοῦ τὸν ζυγὸν ἕλκων, τήν τε αὔλακα πρῴην ἡμῖν ἀνέτεμε, καὶ τὰ σπέρματα κατέβαλε δαψιλεῖ γλώττῃ, καὶ μετὰ πολλῆς τῆς ἐπιμελείας ἐγεώργησε τὰς ὑμετέρας ψυχάς. Εἴδετε γλῶτταν ἐκκεκαθαρμένην, ἠκούσατε λόγον ἀποτετορνευμένον, ἀπελαύσατε ὕδατος ἀλλομένου εἰς ζωὴν αἰώνιον, εἴδετε πηγὴν ποταμοὺς ἀφιεῖσαν χρυσίου καθαροῦ. B Λέγεταί τις ποταμὸς χρυσίου ψήγματα φέρειν τοῖς περιοικοῦσιν αὐτὸν ἀνθρώποις, οὐ τῆς φύσεως τῶν ὑδάτων τὸ χρυσίον τικτούσης· ἀλλ' ἐπειδὴ τοῦ ποταμοῦ τὰς πηγὰς ἐν μεταλλικοῖς ὄρεσι διέρχεσθαι συνέβη, δι' ἐκείνων τῶν ὀρέων ὁ ποταμὸς ῥέων καὶ τὴν χρυσῖτιν παρασύρων γῆν, θησαυρὸς τοῖς παροικοῦσι γίνεται, ἐσχεδιασμένον παρέχων τὸν πλοῦτον. Τοῦτον καὶ ὁ διδάσκαλος οὗτος ἐμιμήσατο πρῴην τὸν ποταμὸν, ὥσπερ διὰ μεταλλικῶν ὀρέων, τῶν Γραφῶν ῥέων, καὶ τὰ χρυσίου παντὸς τιμιώτερα νοήματα ταῖς ὑμε- C τέραις κομίζων ψυχαῖς. Καὶ οἶδα μὲν ὅτι πτωχότερα τὰ ἡμέτερα ὑμῖν φαίνεται σήμερον. Ὁ γὰρ πενιχρᾶς ἀπολαύων τραπέζης διηνεκῶς, ἂν εὐπορωτέρας μεταξύ που τινὸς ἐπιτύχῃ, εἶτα πρὸς τὴν ἑαυτοῦ πάλιν ἐπανέλθῃ, μᾶλλον αὐτῆς κατόψεται τὴν πενίαν. Οὐ μὴν διὰ τοῦτο ὀκνηρότερον ἀποδύσομαι. Ἴστε γὰρ, Παύλῳ μαθητευθέντες, καὶ χορτάζεσθαι καὶ πεινᾷν, καὶ περισσεύειν καὶ ὑστερεῖσθαι, καὶ τοὺς πλουσίους θαυμάζειν, καὶ τοὺς πένητας μὴ διαπτύειν. Καὶ καθάπερ οἱ φίλοινοι καὶ οἱ φιλοπόται ἀσπάζονται μὲν τὸν ἀμείνω οἶνον, οὐ μὴν δὲ τοῦ καταδεεστέρου καταφρο- D

LAUS MAXIMI,

Et quales ducendæ sint uxores.

1. Quod quidem proximæ collectæ interesse mihi non contigerit, dolui: quod vero ipsi tum magis opiparam mensam nacti sitis, gavisus sum. Meus enim in trahendo jugo compar, nuper proscisso sulco ubere lingua inspersit etiam semina, omnique diligentia vestras excoluit animas. Vidistis linguæ puritatem, audistis bene tornatam orationem, datum est vobis aqua frui saliente in vitam æternam: vidistis fontem scatentem fluviis aurum purum deferentibus. Ferunt quemdam fluvium auri ramenta inferre accolis, non quod ejus aqua naturam auriferam habeat, sed quia fontes ejus oriuntur in montibus metallicis: per eos labens fluvius arenasque trahens aureas, accolentibus thesauros affert, ultro oblatis divitiis. Hujus fluminis in morem nuper hic magister labendo per Scripturas tamquam montes metallicos, quovis auro pretiosiores sententias intulit vestris animis. Quapropter scio fore ut apparatus noster hodie vobis videatur exilior. Qui enim paupere mensa continue fruitur, si quando forte fortuna in copiosiorem inciderit, mox ad propriam reversus tanto magis sentit ejus inopiam. Attamen nihilo segnius orationem aggrediar. Nostis enim a Paulo docti et saturari et esurire, et abundare, et egere, mirari divites, nec tamen pauperes contemnere. Et quemadmodum vini amantes et potatores delectantur quidem generoso, sed deterius non fastidiunt: sic vos quoque qui deperitis divina eloquia, magistros

Maximus Chrysostomi collega.

Phil. 4. 12.

[a] Collata cum Mss. Colbert. 970 et 1030, in quibus deest illud, *ἐγκώμιον εἰς Μάξιμον*, periode atque in Edit. Savil.: attamen genuinum existimo. Vide in Monito. Admodum pauca hic occurrunt lectionum discrimina.

doctiores suscipitis, ita tamen ut non vulgare studium impendatis etiam mediocribus. Qui enim luxu diffluunt, vel ad sumtuosam mensam nauseabundi discumbunt : contra sobrii qui esuriunt ac sitiunt justitiam, vel ad pauperem mensam magnà alacritate accurrunt. Quod autem hæc non loquar ad gratiam, proximo, quem nu-

Supra Homilia de libello repudii.

per ad vos habui, sermone satis apparuit. Cum enim multa verba faceremus de conjugio, docentes merum esse adulterium dimittere uxores, aut dimissas vivo etiamnum priore marito ducere, allegaremusque legem ab ipso Christo la-

Matth. 5. 32.

tam, ubi diserte legitur, *Qui dimissam ducit, committit adulterium, et qui præter stupri causam dimittit uxorem, facit eam adulteram*, animadverti multos demisso capite cædere sibi faciem, ac ne vultum quidem posse attollere : ad quod spectaculum sublatis in cælum oculis, Benedictus, dixi, Deus, quod non mortuis inclamemus auribus, sed nostra verba vehementer tangant auditorum animes. Satius quidem esset omnino a peccando abstinere, non parvum tamen ad salutem momentum est, agnitum peccatum damnare, et castigare diligenter conscientiam, utpote cum hoc ipsum justificationis pars sit, et

Justificationis pars peccatum damnare.

in posterum a peccando arceat. Hinc est quod etiam Paulus eos, qui peccaverant, contristatos videns gaudebat, non ob eorum tristitiam, sed

2. Cor. 7. 9. 10.

quod per hanc occasionem correcti essent. *Gaudeo,* inquit, *non quod contristati fueritis, sed quod contristati sitis ad pœnitentiam : nam qui secundum Deum est dolor, is pœnitentiam ad salutem non dubiam parit.* Ergo sive propriis, sive alienis peccatis tunc indoluistis, ingenti laude estis dignissimi. Nam et qui pro alienis dolet, apostolica præ se fert viscera, et beatum illum imitatur, dicentem,

2. Cor. 11. 29.

Quis infirmatur, et ego non infirmor? quis scandalizatur, et ego non uror? Et qui propriis mordetur, debitam sceleribus suis pœnam exstinxit, et per hunc dolorem in futurum se cautiorem reddidit. Hac de causa ego quoque cum viderem vos demisso capite, gementesque et tundentes faciem, gavisus sum cogitans quantus sit fructus ejus tristitiæ. Quo fit ut et hodie idem argumentum tractare libeat, ut quibus cordi sunt nuptiæ, mature de hoc negotio deli-

Mature de nuptiis deliberandum.

berent. Si enim domum emturi aut mancipia, curiose consideramus tum venditores, tum priores dominos, ipsorum quoque venalium tam corporis habitudinem, quam indolem animi : quanto magis dispiciendum est de futura conjuge?

νοῦσιν· οὕτω δὴ καὶ ὑμεῖς περὶ τὴν τῶν θείων λογίων ἀκρόασιν μεμηνότες, ἀποδέχεσθε μὲν τοὺς σοφωτέρους τῶν διδασκάλων, καὶ τοῖς εὐτελεστέροις δὲ οὐ τὴν τυχοῦσαν παρέχετε σπουδὴν καὶ προθυμίαν. Οἱ μὲν γὰρ χαῦνοι καὶ διαλελυμένοι, καὶ πρὸς τὴν πολυτελεστέραν ναυτιῶσι τράπεζαν· οἱ δὲ διεγηγερμένοι καὶ νήφοντες, καὶ πεινῶντες καὶ διψῶντες τὴν δικαιοσύνην, καὶ πρὸς τὴν πενεστέραν μετὰ πολλῆς τρέχουσι προθυμίας. Καὶ ὅτι οὐ κολακεία τὰ ῥήματα, ἀπὸ τῆς πρῴην ὑμῖν διαλέξεως γενομένης τοῦτο ἐδείξατε μάλιστα. Ἐπειδὴ γὰρ πολλοὺς περὶ γάμων λόγους

E ἐποιούμεθα πρὸς ὑμᾶς, δεικνύντες ὅτι μοιχεία τις ἀπηρτισμένη τὸ ἐκβάλλειν γυναῖκας, ἢ ἐκβεβλημένας λαμβάνειν, ζώντων ἔτι τῶν προτέρων ἀνδρῶν, καὶ τὸν τοῦ Χριστοῦ νόμον ἀναγινώσκοντες τὸν λέγοντα, ὅτι Ὁ ἀπολελυμένην γαμήσας μοιχᾶται, καὶ ὁ ἀπολύων γυναῖκα, παρεκτὸς λόγου πορνείας, ποιεῖ αὐτὴν μοιχευθῆναι, πολλοὺς εἶδον κάτω κύπτοντας, τὸ πρόσωπον τύπτοντας, καὶ οὐδὲ ἀνανεῦσαι δυναμένους· τότε δὴ καὶ εἰς τὸν οὐρανὸν ἀναβλέψας εἶπον· εὐλογητὸς ὁ Θεὸς, ὅτι οὐκ εἰς νεκρὰς ἀκοὰς ἐνηχοῦμεν, ἀλλ' ἐπιλαμβάνεται τῆς διανοίας τῶν ἀκουόντων τὰ

212 A λεγόμενα μετὰ πολλῆς τῆς σφοδρότητος. Ἄμεινον μὲν γὰρ μηδ' ὅλως ἁμαρτεῖν· οὐ μικρὸν δὲ εἰς σωτηρίας λόγον, κατοδυνηθῆναι, καὶ καταγνῶναι τὸν ἁμαρτάνοντα τῆς ἑαυτοῦ ψυχῆς, καὶ μαστίξαι τὸ συνειδὸς μετὰ πολλῆς τῆς ἀκριβείας· ἡ γὰρ τοιαύτη κατάγνωσις δικαιοσύνης ἐστὶ μέρος, καὶ ὅλως ἐπὶ τὸ μηκέτι ἁμαρτάνειν ἄγουσα. Διὰ τοῦτο καὶ ὁ Παῦλος λυπήσας τοὺς ἡμαρτηκότας ἔχαιρεν, οὐχ ὅτι ἐλύπησεν, ἀλλ' ὅτι τῇ λύπῃ διώρθωσεν. Ἐχάρην γὰρ, φησὶν, οὐχ ὅτι ἐλυπήθητε, ἀλλ' ὅτι ἐλυπήθητε εἰς μετάνοιαν· ἡ γὰρ κατὰ Θεὸν λύπη μετάνοιαν εἰς σωτηρίαν ἀμεταμέλητον κατεργάζεται. Εἴτε γὰρ ὑπὲρ τῶν οἰκείων, εἴτε ὑπὲρ τῶν ἀλλοτρίων τότε ἁμαρτημάτων ἠλγή-

B σατε, μυρίων εἴητε ἐπαίνων ἄξιοι. Ὅτε γὰρ ὑπὲρ τῶν ἀλλοτρίων ἀλγήσει τις, ἀποστολικὰ ἀποδείκνυται σπλάγχνα, καὶ τὸν ἅγιον ἐκεῖνον μιμεῖται τὸν λέγοντα· Τίς ἀσθενεῖ, καὶ οὐκ ἀσθενῶ; τίς σκανδαλίζεται, καὶ οὐκ ἐγὼ πυροῦμαι; Ὅτε δὲ ὑπὲρ τῶν οἰκείων δηχθῇ, τήν τε ἐπὶ τοῖς ἤδη τολμηθεῖσι κόλασιν ἔσβεσε, καὶ πρὸς τὰ μέλλοντα ἑαυτὸν ἀσφαλέστερον διὰ τῆς λύπης ταύτης ἐποίησε. Διὰ ταῦτα κἀγὼ κύπτοντας ὁρῶν, καὶ στενάζοντας, καὶ τὸ πρόσωπον τύπτοντας, ἔχαιρον τὸν ἀπὸ τῆς λύπης ταύτης ἐννοῶν καρπόν. Διὰ τοῦτο καὶ σήμερον περὶ τῆς αὐτῆς ὑμῖν ὑποθέσεως διαλέξομαι· ὥστε τοὺς βουλομένους εἰς γάμον

C ἐλθεῖν, πολλὴν ὑπὲρ τοῦ πράγματος τούτου ποιεῖσθαι πρόνοιαν. Εἰ γὰρ οἰκίας ὠνεῖσθαι μέλλοντες καὶ οἰκέτας, περιεργαζόμεθα καὶ πολυπραγμονοῦμεν τούς τε πωλοῦντας, τούς τε ἔμπροσθεν κτησαμένους, αὐτῶν τῶν πωλουμένων τῶν μὲν τὴν κατασκευὴν, τῶν δὲ καὶ τὴν τοῦ σώματος ἕξιν, καὶ τὴν τῆς ψυχῆς προαίρεσιν· πολλῷ μᾶλλον γυναῖκας μέλλοντας ἄγεσθαι, πρόνοιαν τοσαύτην καὶ πολλῷ πλείονα ἐπιδείκνυσθαι χρή. Οἰκίαν μὲν γὰρ φαύλην οὖσαν ἀποδόσθαι πάλιν ἔξεστι, καὶ οἰκέτην σκαιὸν φανέντα ἀποδοῦναι τῷ πεπρακότι πάλιν ἀφίεται· γυναῖκα δὲ λαμβάνοντα ἀποδοῦναι πάλιν τοῖς ἐκδεδωκόσιν οὐκ ἔνι, ἀλλὰ ἀνάγκη πᾶσα διὰ τέλους ἔνδον ἔχειν, ἢ πονηρὰν οὖσαν ἐκβάλλοντα, μοιχείᾳ ἁλίσκεσθαι κατὰ τοὺς τοῦ Θεοῦ νόμους. Ὅταν οὖν μέλλῃς λαμβάνειν γυναῖκα, μὴ τοὺς ἔξωθεν ἀναγίνωσκε νόμους μόνον, ἀλλὰ καὶ πρὸ ἐκείνων, τοὺς παρ' ἡμῖν κειμένους· κατὰ γὰρ τούτους, οὐ κατ' ἐκείνους σοι μέλλει κρίνειν κατὰ τὴν ἡμέραν ἐκείνην ὁ Θεός· κἀκεῖνοι μὲν παροφθέντες, εἰς χρήματα τὴν ζημίαν πολλάκις ἤνεγκαν, οὗτοι δὲ τοῦτο παθόντες τῇ ψυχῇ τὰς ἀπαραιτήτους ἐπάγουσι τιμωρίας καὶ τὸ πῦρ ἐκεῖνο τὸ ἄσβεστον.

Σὺ δὲ ὅταν μέλλῃς ἄγεσθαι γυναῖκα, πρὸς μὲν τοὺς ἔξω νομικοὺς μετὰ πολλῆς τρέχεις τῆς σπουδῆς, καὶ παρακαθήμενος αὐτοῖς, μετὰ πάσης ἀκριβείας ἐξετάζεις, τί μὲν ἔσται, ἐὰν ἄπαις τελευτήσῃ ἡ γυνή, τί δὲ ἐὰν ἔχουσα παῖδα, τί δὲ ἐὰν δύο καὶ τρεῖς, καὶ πῶς μὲν ἔχουσα πατέρα, πῶς δὲ οὐκ ἔχουσα τοῖς ἑαυτῆς χρήσεται πράγμασι, καὶ τί μὲν εἰς τοὺς ἀδελφοὺς ἥξει τοῦ κλήρου, τί δὲ εἰς τὸν συνοικοῦντα, καὶ πότε κύριος ἔσται τοῦ παντὸς, μηδένα μηδὲν ἀφεῖναι τῶν ἐκείνης παρασπάσασθαι μέρος, καὶ πότε τοῦ παντὸς ἐκπεσεῖται· καὶ πολλὰ ἕτερα τοιαῦτα πολυπραγμονεῖς παρ' ἐκείνων καὶ ζητεῖς, πάντα περιιὼν καὶ περισκοπῶν, ὅπως ἐκ μηδενὸς γένηται τρόπου τι τῶν γυναικὸς πραγμάτων εἴς τινα τῶν ἐκείνῃ προσηκόντων ἐλθεῖν· καίτοι, ὅπερ ἔφθην εἰπὼν, εἰ καί τι συμβαίη τῶν ἀδοκήτων, ἐκ χρήμασιν ἔσται τὰ τῆς ζημίας, ἀλλ' ὅμως οὐκ ἀνέχῃ τούτων οὐδὲν παριδεῖν. Πῶς οὖν οὐκ ἄτοπον, χρημάτων μὲν ἡμῖν ἀπόλλυσθαι μελλόντων, τοσαύτην σπουδὴν ἐπιδείκνυσθαι, ὑπὲρ δὲ ψυχῆς ὄντος ἡμῖν τοῦ κινδύνου καὶ τῶν εὐθυνῶν τῶν ἐκεῖ, μηδένα ποιεῖσθαι λόγον, δέον πρὸ τῶν ἄλλων πάντων ταῦτα ζητεῖν καὶ περιεργάζεσθαι καὶ πολυπραγμονεῖν; Διὸ παραινῶ καὶ συμβουλεύω τοὺς μέλλοντας ἄγεσθαι γυναῖκας, πρὸς τὸν μακάριον Παῦλον ἀπαντᾷν, καὶ τοὺς παρ' αὐτῷ κειμένους περὶ γάμων ἀναγινώσκειν νόμους, καὶ μαθόντας πρότερον, τί κελεύει ποιεῖν, ὅταν πονηρὰ καὶ ὕπουλος, καὶ μέθης ἐλάττων, καὶ λοίδορος, καὶ ἀνοίας γέμουσα, καὶ ὁτιοῦν ἄλλο τοιοῦτον ἐλάττωμα ἔχουσα τύχῃ γυνή, οὕτω διαλέγεσθαι περὶ γάμου. Ἂν μὲν γὰρ ἴδῃς ὅτι σοι δίδωσιν ἐξουσίαν ἓν τούτων εὑρόντα τῶν ἐλαττωμάτων ἐκβάλλειν μὲν ἐκείνην, εἰσάγειν δὲ ἑτέραν, ὡς παντὸς ἀπηλλαγμένος κινδύνου θάῤῥει· ἂν δὲ τοῦτο μὲν οὐκ ἐπιτρέπῃ, κελεύῃ δὲ πλὴν πορνείας πάντα τὰ ἄλλα ἐλαττώματα ἔχουσαν στέργειν καὶ ἔνδον κα-

Domum enim, si vitiosa sit, licet denuo vendere, sicut et servum nequam compertum venditori restituere : uxorem vero semèl acceptam non item fas est a quibus acceperis reddere: sed necesse est in perpetuum eam domi habere, nisi malis ea ut improba ejecta reus adulterii juxta legem divinam fieri. Quando igitur uxorem ducturus es, non solum civile jus, verum etiam ecclesiasticum logito : nam secundum loc, non illud, extrema die judicandus a Deo es : et illo contemto sæpenumero pecuniis tantùm mulctaberis, loc autem calcato in animæ supplicium incides et ignem inexstinguibilem.

2. Tu vero uxorem ducturus externi juris peritos diligenter consulis, et illos frequentans sollicite disquiris, quid futurum sit, si ea decedat nullis relictis liberis, quid si filium relinquat, quid item si duo tresve fuerint superstites, tum quomodo vivo patre suo defunctove rebus suis usura sit, quantum ex ejus patrimonio marito, quantum fratribus mulieris obvenire debeat; quando item universa uxoris bona retinenda sint, ita ut nilil ex eis alii concedendum sit, quando contra cedendum omnibus : aliaque similia percontaris curiosius, modis omnibus circumspiciens ne quid ex uxoris bonis ad agnatos 213 ipsius redeat, quamvis, ut jam dixi, si quid præter opinionem acciderit, damnum te sequatur tantum pecuniarum; attamen nilil horum contemnis. An non absurdum videtur, cum tantam rationem habeamus pecuniæ, animæ periculum et reddendam in illa die rationem contemnere, cum lic potissimum cura adhibenda sit? Ideo uxoris ducturis suadeo ut beatum Paulum adeant, et leges apud eum de conjugio scriptas perlegant, cognitoque prius quod ille censeat faciendum, si uxor contingat malitiosa aut vino dedita, si maledica aut fatua similive obnoxia vitio, tum demum de nuptiis cogitent. Si enim videris eum tibi permittere in uno quovis tali vitio deprehensam expellere domo, et aliam pro illa introducere, ut extra periculum constitutus bono esto animo. Quod si loc non sinat, sed jubeat quodcumque præter impudicitiam vitium habentem diligere, obfirma animum, quasi laturus quamlibet ejus nequitiam. Sin hoc grave videtur et intolerabile, omnem curam adhibe ut commodam, æquis moribus præditam, et obsequentem

Paulus matrimonii leges præscribit.

uxorem ducas, certus quod, si malam duxeris
alterutrum necessario sequitur, ut aut feras perpetuam molestiam, aut si loc nolis, ejecta illa C
Matth. 5. 32. reus fias adulterii. *Qui enim ejicit uxorem,* inquit, *absque causa fornicationis, facit eam*
adulteram : et *qui sic dimissam ducit, com-*
mittit adulterium. Hæc si ante nuptias recte
dispexerimus, et leges has cognoverimus, dabimus operam ut ab initio aptam et moribus nostris convenientem ducamus : quo facto non loc
tantum lucrabimur, quod eam nunquam ejicie-
mus, sed magno etiam affectu eam diligemus,
quemadmodum Paulus præcipit. Cum enim di-
Ephes. 5. 25. xisset : *Viri uxores diligant :* non lic constitit, sed modum etiam amoris præfinivit.* [At D
quem tandem? *Viri diligite uxores.* Dic quomodo? quem mi l i diligendi modum præscribis?]
Sicut et Christus dilexit Ecclesiam. Et quomodo, quæso, Clristus dilexit? *Ita ut semet-*
ipsum pro ea traderet. Itaque etiamsi mori pro
Uxores quomodo diligendæ. uxore oporteat, nequaquam tergiversaberis. Nam
si Dominus servam ita dilexit, ut semet pro ea
traderet, multo magis conservam oportet sic di-
ligi. Sed videamus, ne forte pulchritudo sponsæ
aut præclara indoles sponsum attraxerit. Ne hoc
quidem dicere possumus. Quod enim deformis
ac impura fuerit, audi quæ deinceps sequantur. E
Nam cum dixisset, *Tradidit seipsum pro ea,*
Ephes 5. 26. mox subjunxit, *Ut sanctificaret eam purifica-*
tam lavacro aquæ. Cum autem dicit *purifica-*
tam, ostendit impuram ante fuisse et contamina-
tam, idque non vulgari impuritate, sed longe
maxima, ut quæ nidore ac fumo cruoreque cum
aliis id genus innumeris sordebat maculis. Attamen non aversatus est ejus deformitatem, sed
transformavit in meliorem faciem remissis peccatis pristinis. Hunc et tu imitare. Etsi plurimum 214 A
in te uxor peccaverit, totum ei remitte et con-
dona : si male moratam nactus fueris, refinge
eam ad bonitatem ac mansuetudinem, sicut et
Clristus Ecclesiam. Non solum enim immundi-
tiam ejus abstersit, sed senium quoque abrasit
exuto veteri homine, qui totos constabat e vitiis.
Ephes. 5. 27. Quod etiam Paulus subindicat lis verbis, *Ut ex-*
hiberet eam sibiipsi gloriosam Ecclesiam,
non habentem maculam aut rugam : non enim
pulchram solum reddidit, sed et juvenem, non
juxta naturam corporis, sed juxta voluntatis ha- B
bitudinem. Nec loc solum admiratione dignum

* Hæc, quæ uncinis clauduntur, in Græce non exstant, sed Interpres legit.

τέχειν, οὕτως ἀσφάλισαι ἑαυτόν, ὡς μέλλων ἅπασαν
φέρειν τῆς γυναικὸς τὴν πονηρίαν. Εἰ δὲ βαρὺ τοῦτο
C καὶ φορτικὸν, πάντα ποίει καὶ πραγματεύου, ὥστε
χρηστὴν καὶ ἐπιεικῆ καὶ πειθήνιον γυναῖκα λαβεῖν,
εἰδὼς ὅτι δυοῖν ἀνάγκη θάτερον, ἢ πονηρὰν λαβόντα
γυναῖκα φέρειν αὐτῆς τὴν ἐπάχθειαν, ἢ τοῦτο μὴ βουλόμενον, ἐκβαλόντα μοιχείᾳ ἁλίσκεσθαι. Ὁ γὰρ ἐκβάλλων γυναῖκα, φησὶ, παρεκτὸς λόγου πορνείας,
ποιεῖ αὐτὴν μοιχευθῆναι· καὶ ὁ ἀπολελυμένην γαμῶν
μοιχᾶται. Ἂν ταῦτα πρὸ τοῦ γάμου καλῶς ὦμεν διε-
σκεμμένοι καὶ τοὺς νόμους τούτους εἰδότες, πολλὴν
ποιησόμεθα σπουδὴν, ὥστε ἐξ ἀρχῆς εὔρυθμόν τινα
καὶ συμβαίνουσαν τοῖς ἡμετέροις τρόποις γυναῖκα
λαβεῖν· τοιαύτην δὲ λαβόντες οὐ τοῦτο καρπωσόμεθα
D μόνον, ὅτι οὐδέποτε αὐτὴν ἐκβαλοῦμεν, ἀλλ' ὅτι καὶ
μετὰ πολλῆς αὐτὴν ἀγαπήσομεν τῆς σφοδρότητος, καὶ
μεθ' ὅσης ὁ Παῦλος ἐκέλευσεν. Εἰπὼν γὰρ, Οἱ ἄνδρες
ἀγαπᾶτε τὰς γυναῖκας, οὐκ ἔστη μέχρι τούτου μόνον,
ἀλλὰ καὶ μέτρον ἡμῖν ἔδωκεν ἀγάπης, Καθὼς καὶ ὁ
Χριστὸς ἠγάπησε τὴν Ἐκκλησίαν. Καὶ πῶς ἠγάπησεν ὁ Χριστός; εἰπέ μοι. Ὅτι παρέδωκεν ἑαυτὸν
ὑπὲρ αὐτῆς. Ὥστε κἂν ἀποθανεῖν ὑπὲρ τῶν γυναικῶν
δέῃ, μὴ παραιτήσῃ. Εἰ γὰρ ὁ Δεσπότης τὴν δούλην
οὕτως ἠγάπησεν, ὡς καὶ ἑαυτὸν ἐπιδοῦναι ὑπὲρ
αὐτῆς, πολλῷ μᾶλλον σὲ τὴν ὁμόδουλον οὕτως ἀγα-
πᾶν χρή. Ἀλλ' [a] ἴδωμεν μή ποτε τὸ κάλλος τῆς νύμ-
E φης ἐπεσπάσατο τὸν νυμφίον, καὶ ἡ ἀρετὴ τῆς ψυχῆς.
Οὐκ ἔστι τοῦτο εἰπεῖν. Ὅτι γὰρ δυσειδὴς ἦν καὶ
ἀκάθαρτος, ἄκουσον τῶν ἑξῆς. Εἰπὼν γὰρ, Παρέδωκεν ἑαυτὸν ὑπὲρ αὐτῆς, ἐπήγαγεν, Ἵνα ἁγιάσῃ αὐτὴν,
καθαρίσας τῷ λουτρῷ τοῦ ὕδατος. Εἰπὼν δὲ, Καθαρίσας αὐτὴν, ἔδειξεν ἀκάθαρτον οὖσαν ἔμπροσθεν καὶ
ἐναγῆ, καὶ οὐχ ὡς ἔτυχεν, ἀλλὰ τὴν ἐσχάτην ἀκαθαρ-
σίαν· κνίσσῃ γὰρ καὶ καπνῷ καὶ λύθρῳ καὶ αἵμασι,
καὶ μυρίαις ἑτέραις τοιαύταις κατερρυποῦτο κηλῖσιν.
214 Ἀλλ' ὅμως οὐκ ἐβδελύξατο τὴν ἀμορφίαν, ἀλλὰ με-
A τέβαλε τὴν ἀηδίαν, μετέπλασε, μετερρύθμισεν, ἀφῆκε
τὰ ἡμαρτημένα. Τοῦτον καὶ σὺ μίμησαι. Κἂν μυρία
ἁμάρτῃ ἡ συνοικοῦσα εἰς σὲ ἁμαρτήματα, πάντα ἄφες
καὶ συγχώρησον· κἂν λάβῃς δύστροπον, μεαρρύθμι-
σον ἐπιεικείᾳ καὶ πραότητι, καθὼς καὶ ὁ Χριστὸς τὴν
Ἐκκλησίαν. Οὐ γὰρ τὴν ἀκαθαρσίαν αὐτῆς μόνον
ἀπέσμηξεν, ἀλλὰ καὶ τὸ γῆρας ἀπέξυσε, τὸν παλαιὸν
ἀποδύσας ἄνθρωπον, τὸν ἐκ τῶν ἁμαρτημάτων συγκείμενον. Καὶ τοῦτο αὐτὸς αἰνιττόμενος πάλιν ὁ Παῦλος
ἔλεγεν· Ἵνα παραστήσῃ αὐτὴν ἑαυτῷ ἔνδοξον τὴν
Ἐκκλησίαν, μὴ ἔχουσαν σπῖλον ἢ ῥυτίδα· οὐ γὰρ
B καλὴν μόνον ἐποίησεν, ἀλλὰ καὶ νέαν, οὐ κατὰ τὴν
τοῦ σώματος φύσιν, ἀλλὰ κατὰ τὴν τῆς προαιρέσεως

a [Dedimus ἴδωμεν e Cod. 748. Editiones male εἴδω-
μεν.]

ἔξιν. Καὶ οὐ τοῦτο μόνον ἐστὶ θαυμαστὸν, ὅτι λαβὼν ἄμορφον καὶ δυσειδῆ καὶ αἰσχρὰν καὶ γεγηρακυῖαν, οὔτε ἐβδελύξατο τὴν ἀμορφίαν, ἀλλὰ καὶ εἰς θάνατον ἑαυτὸν παρέδωκε, καὶ μετεῤῥύθμισεν αὐτὴν εἰς κάλλος ἀμήχανον· ἀλλ' ὅτι καὶ μετὰ τοῦτο πολλάκις ῥυπουμένην, κηλιδουμένην ὁρῶν, οὐκ ἐκβάλλει, οὐδ' ἀποῤῥήγνυσιν ἑαυτοῦ, ἀλλὰ καὶ μένει θεραπεύων καὶ διορθούμενος. Πόσοι γὰρ, εἰπέ μοι, μετὰ τὸ πιστεῦσαι ἥμαρτον; ἀλλ' ὅμως αὐτοὺς οὐκ ἐβδελύξατο· οἷον, ὁ παρὰ Κορινθίοις πεπορνευκὼς μέλος τῆς Ἐκκλησίας ἦν· ἀλλ' οὐκ ἐξέκοψε τὸ μέλος, ἀλλὰ διώρθωσεν. Ἡ Γαλατῶν Ἐκκλησία ἅπασα ἀπεσκίρτησε, καὶ πρὸς ἰουδαϊσμὸν κατέπεσεν· ἀλλ' ὅμως οὐδὲ ἐκείνην ἐξέβαλεν, ἀλλὰ διὰ τοῦ Παύλου θεραπεύσας αὐτὴν, ἐπὶ τὴν προτέραν ἐπανήγαγε συγγένειαν. Ὥσπερ οὖν ἐν τοῖς σώμασι τοῖς ἡμετέροις, ἐπειδὰν γένηται νόσημα, οὐ τὸ μέλος ἐκκόπτομεν, ἀλλὰ τὸ νόσημα ἀπελαύνομεν· οὕτω καὶ ἐπὶ τῆς γυναικὸς ποιῶμεν. Ἐὰν γένηταί τις ἐν αὐτῇ πονηρία, μὴ τὴν γυναῖκα ἐκβάλῃς, ἀλλὰ τὴν κακίαν ἀπέλασον. Καίτοι γυναῖκα μὲν διορθώσασθαι δυνατὸν, μέλος δὲ πολλάκις πεπηρωμένον θεραπεῦσαι οὐκ ἔνι· ἀλλ' ὅμως εἰδότες αὐτοῦ τὴν πήρωσιν οὖσαν ἀνίατον, οὐδὲ οὕτως ἐκκόπτομεν· ἀλλὰ καὶ πόδα διεστραμμένον ἔχοντες πολλοὶ πολλάκις, καὶ σκέλος χωλὸν, καὶ χεῖρα ξηρὰν καὶ νενεκρωμένην, καὶ ὀφθαλμὸν ἐσβεσμένον, οὔτε τὸν ὀφθαλμὸν ἐξορύττουσιν, οὔτε τὸ σκέλος ἐκκόπτουσιν, οὔτε τὴν χεῖρα ἀποτέμνουσιν, ἀλλ' ὁρῶντες οὔτε κέρδος ἐγγινόμενον ἐξ αὐτῶν τι τῷ σώματι, καὶ πολλὴν τοῖς λοιποῖς μέλεσιν αἰσχύνην, μένουσιν αὐτὰ ἔχοντες διὰ τὴν πρὸς τὰ λοιπὰ συμπάθειαν. Πῶς οὖν οὐκ ἄτοπον, ἔνθα μὲν ἀνίατος ἡ διόρθωσις, καὶ κέρδος οὐδὲν, τοσαύτην ποιεῖσθαι πρόνοιαν· ἔνθα δὲ χρησταὶ ἐλπίδες, καὶ πολλὴ ἡ μεταβολὴ, ἀπαγορεύειν τὴν θεραπείαν; Τὰ μὲν γὰρ τῇ φύσει πηρωθέντα ἀδύνατον ἀνακτήσασθαι πάλιν, τὴν δὲ προαίρεσιν διεστραμμένην δυνατὸν μεταῤῥυθμίσαι.

Εἰ δὲ καὶ αὐτὴν λέγοις ἀνίατα νοσεῖν, καὶ πολλῆς ἐπιμελείας τυχοῦσαν τῷ οἰκείῳ κεχρῆσθαι τρόπῳ, οὐδὲ οὕτως αὐτὴν ἐκβλητέον· οὔτε γὰρ τὸ μέλος ἀνίατα νοσοῦν ἐκκόπτεται. Μέλος δὲ καὶ αὕτη σόν· Ἔσονται γὰρ, φησὶν, οἱ δύο εἰς σάρκα μίαν. Καὶ ἐπὶ μὲν τοῦ μέλους, οὐδὲν ἔσται κέρδος ἡμῖν τῆς θεραπείας, ἐπειδὰν ὑπὸ τῆς ἀῤῥωστίας ἀδιόρθωτον φθάσῃ γενέσθαι· ἐπὶ δὲ τῆς γυναικὸς, κἂν ἀνίατα μένῃ νοσοῦσα, πολὺς ἡμῖν ὁ μισθὸς ἀποκείσεται διδάσκουσι, παιδαγωγοῦσι. Κἂν μηδὲν ἐκείνη παρὰ τῆς ἡμετέρας διδασκαλίας κερδαίνῃ, τῆς γοῦν ὑπομονῆς πολὺν παρὰ τοῦ Θεοῦ ληψόμεθα τὸν μισθὸν, ὅτι διὰ τὸν ἐκείνου φόβον τοσαύτην ὑπομονὴν ἐπεδειξάμεθα, καὶ τὴν κακίαν αὐτῆς πρᾴως ἠνέγκαμεν, καὶ τὸ μέλος ἡμῶν ἐκρατή-

est, quod nactus deformem, mala facie præditam, turpem ac vetulam, non aversatus est talem: sed quod morti seipsum objiciens refinxit eam in pulchritudinem incredibilem: sed quod etiam post hæc sæpe sordidatam animadvertens et maculatam, nec ejicit eam e thalamo, nec abrumpit nexus conjugii; sed mavult eam curare, et remediis corrigere. Quam multi enim, quæso, post acceptam fidem in peccata relapsi sunt? nec tamen eos ob hoc fastidiit: C qualis fuit ille qui apud Corinthios stuprum commiserat, cum esset membrum Ecclesiæ: nihilominus non excisum est id membrum, sed sanitati redditum. Quin et Galatarum Ecclesia universa resiliit, et in Judaismum lapsa est, attamen ne illam quidem repulit, sed curatam Pauli opera ad pristinam reduxit consuetudinem. Quemadmodum et in nostris corporibus si morbus acciderit, non membrum abscindimus, sed morbum pellimus: sic et cum uxore agendum est. Si quod insit ei vitium, ne ipsam ejicias, D sed vitium abigito. Atqui uxor quidem emendari potest, membrum autem mutilum curare sæpe est impossibile; et tamen quamvis sciamus id incurabile, ne sic quidem rescindimus: sed cum alius loripes, alius ex crure laborans claudicet, alius manum aridam et emortuam circumferat, alius oculum lumine orbum, nemo tamen eorum oculum aut manum, aut crus pedemque vult amittere: et quamvis sint inutilia, cæterisque membris dedecus afferant, tamen innato quodam affectu ut partem ejusdem corporis ea prosequi- E mur. An non igitur absurdum fuerit, ubi nulla speratur utilitas aut correctio, tantam adhibere sollicitudinem: ubi vero bona spes superest et facilis mutatio, nullam medicinam facere? Nam innata vitia nullis cedunt remediis, voluntas autem depravata potest corrigi.

3. Quod si tuam uxorem post adhibita multa remedia neges curabilem, ut quæ obstinate mores suos retineat, ne tum quidem ableganda est: neque enim membrum incurabile recidimus. Est autem et hæc pars tui corporis: dictum est enim *Erunt duo in carne una.* Et membrum quidem Gen. 2. 24.
215 curasse nullum operæ pretium fuerit, si ex in-
A firmitate insanabile maneat: contra uxoris vitio si medearis, licet insanabile maneat, magnum tibi propositum est præmium, si eam docueris et institueris. Quantumvis enim frustra sit omnis disciplina et institutio, tolerantia tamen tua mercede divinitus promissa non frustrabitur, quod propter Dei timorem tantum molestiarum

sustinueris, et morosam feminam æquo animo
tuleris, et membrum tuum constanter pertuleris.
Est enim uxor membrum nostrum necessarium;
et hoc potissimum nomine debetur ei benevolen-
Ephes. 5. 28.—30. tia. Quod et Paulus his verbis præcipit : *Sic de-*
bent viri suas uxores diligere, sicut propria
corpora. Nemo enim umquam suam carnem
odio habuit, sed nutrit et fovet illam, sicut et
Christus Ecclesiam, quoniam membra sumus
ejusdem corporis, ex carne ejus et *ossibus ejus.*
* [Magnum hic subindicavit mysterium, dicens,
Ecclesia cum Eva collata. *Ex carnibus ejus* et *ossibus ejus.*] Sicut enim
Eva, inquit, ex latere Adami prodiit, ita et nos
Gen. 2. 21. e Christi latere. Hoc enim est, *Ex carne ejus* et
ossibus ejus. Sed Evam quidem e latere Adami
prognatam scimus omnes, et diserte hoc in Scriptura legitur, quod immiserit in eum soporem,
et exemta una e costis ejus ædificaverit mulierem :
quod autem Ecclesia e Christi latere orta sit, undenam discere possumus? Hoc quoque Scriptura
indicat. Postquam enim Christus in crucem sub-
Joan. 19. 34. latus et affixus exspiravit, *Accedens unus*
militum pupugit latus illius, et exiit inde san-
guis et *aqua* : et ex illa aqua et sanguine tota
Joan. 3. 5. constat Ecclesia. Testis est ipse dicens : *Nisi*
quis renatus fuerit ex aqua et *spiritu, non*
potest introire in regnum cælorum : sanguinem autem appellat spiritum. Et nascimur quidem per aquam baptismatis, alimur autem per
sanguinem. Vides quomodo simus ex carne ejus,
et ex ossibus ejus, dum ex sanguine illo et aqua
tum nascimur, tum alimur? Et quemadmodum
Adamo dormiente mulier est condita, sic Christo mortuo facta est Ecclesia ex ejus latere. Nec
ob hæc tantum amanda est uxor, quod membrum
nostrum est, et ex nobis originem habuit, sed
quia legem etiam super hoc Deus statuit, sic di-
Gen. 2. 24. cens, *Propterea relinquet homo patrem suum*
et matrem, et *adhærebit uxori suæ,* et *erunt*
duo in carne una. Nam ideo nobis hanc legem
Paulus legit, ut modis omnibus nos ad hunc
amorem compelleret. Hic mihi considera sapientiam apostolicam : non enim solis divinis aut
solis humanis legibus nos inducit ad amandas
conjuges, sed mixtim utrisque : ut sublimes
quidem viri ac philosophici magis moveantur
cælestibus, infirmos autem et humiles naturale
amoris incitamentum magis moveat. Ideo primum
a Christi beneficiis doctrinam hanc incipit sic
Ephes. 5. 25. dicens, *Diligite uxores vestras, sicut* et *Chri-*

σαμεν. Μέλος γὰρ ἡμῶν ἀναγκαῖόν ἡ γυνή· καὶ διὰ τοῦτο αὐτὴν μάλιστα δεῖ φιλεῖν. Ὅπερ οὖν καὶ αὐτὸ τοῦτο διδάσκων πάλιν ὁ Παῦλος ἔλεγεν· Οὕτως ὀφείλουσιν οἱ ἄνδρες ἀγαπᾷν τὰς ἑαυτῶν γυναῖκας ὡς τὰ ἑαυτῶν σώματα. Οὐδεὶς γάρ ποτε τὴν ἑαυτοῦ σάρκα ἐμίσησεν, ἀλλ' ἐκτρέφει καὶ θάλπει αὐτὴν, καθὼς καὶ
B ὁ Χριστὸς τὴν Ἐκκλησίαν· ὅτι μέλη ἐσμὲν τοῦ σώματος αὐτοῦ, ἐκ τῆς σαρκὸς αὐτοῦ, καὶ ἐκ τῶν ὀστέων αὐτοῦ. Καθάπερ γὰρ ἡ Εὔα, φησὶν, ἀπὸ τῆς πλευρᾶς τοῦ Ἀδὰμ γέγονεν, οὕτω καὶ ἡμεῖς ἐκ τῆς πλευρᾶς τοῦ Χριστοῦ. Τοῦτο γάρ ἐστιν, Ἐκ τῆς σαρκὸς αὐτοῦ, καὶ ἐκ τῶν ὀστέων αὐτοῦ. Ἀλλ' ὅτι μὲν ἡ Εὔα ἐκ τῆς πλευρᾶς αὐτοῦ τοῦ Ἀδὰμ γέγονεν, ἅπαντες ἴσμεν, καὶ σαφῶς ἡ Γραφὴ τοῦτο εἴρηκεν, ὅτι ἐπέβαλεν ἔκστασιν ἐπ' αὐτὸν, καὶ ἔλαβε μίαν τῶν πλευρῶν αὐτοῦ, καὶ ᾠκοδόμησε τὴν γυναῖκα· ὅτι δὲ καὶ ἡ Ἐκκλησία ἀπὸ τῆς πλευρᾶς τοῦ Χριστοῦ συνέστη, πόθεν ἔχοι τις
C ἂν ἀποδεῖξαι; Καὶ τοῦτο ἡ Γραφὴ δείκνυσιν. Ἐπειδὴ γὰρ ὁ Χριστὸς εἰς τὸν σταυρὸν ἀνηνέχθη, καὶ προσηλώθη, καὶ ἀπέθανε, Προσελθὼν εἷς τῶν στρατιωτῶν ἔνυξεν αὐτοῦ τὴν πλευρὰν, καὶ ἐξῆλθεν αἷμα καὶ ὕδωρ· καὶ ἐξ ἐκείνου τοῦ αἵματος καὶ τοῦ ὕδατος ἡ Ἐκκλησία ἅπασα συνέστηκε. Καὶ μαρτυρεῖ αὐτὸς λέγων, ὅτι Ἐὰν μή τις ἀναγεννηθῇ ἐξ ὕδατος καὶ πνεύματος, οὐ δύναται εἰσελθεῖν εἰς τὴν βασιλείαν τῶν οὐρανῶν. Τὸ δὲ αἷμα, πνεῦμα λέγει. Καὶ γεννώμεθα μὲν διὰ τοῦ ὕδατος τοῦ βαπτίσματος, τρεφόμεθα δὲ διὰ τοῦ αἵματος. Ὁρᾷς πῶς ἐκ τῆς σαρκὸς αὐτοῦ ἐσμεν, καὶ ἐκ τῶν ὀστέων αὐτοῦ, ἀπὸ τοῦ αἵματος ἐκείνου
D καὶ τοῦ ὕδατος τικτόμενοι καὶ τρεφόμενοι; Καὶ καθάπερ, τοῦ Ἀδὰμ καθεύδοντος, ἡ γυνὴ κατεσκευάζετο, οὕτω, τοῦ Χριστοῦ ἀποθανόντος, ἡ Ἐκκλησία διεπλάττετο ἐκ τῆς πλευρᾶς αὐτοῦ. Οὐ διὰ τοῦτο δὲ μόνον χρὴ φιλεῖν τὴν γυναῖκα, ὅτι μέλος ἡμῶν ἐστι, καὶ ἐξ ἡμῶν ἔσχε τὴν τῆς δημιουργίας ἀρχήν· ἀλλ' ὅτι καὶ νόμον ὑπὲρ αὐτοῦ τούτου τέθεικεν ὁ Θεὸς, οὕτω λέγων· Ἀντὶ τούτου καταλείψει ἄνθρωπος τὸν πατέρα αὐτοῦ καὶ τὴν μητέρα, καὶ προσκολληθήσεται πρὸς τὴν γυναῖκα αὐτοῦ, καὶ ἔσονται οἱ δύο εἰς σάρκα μίαν. Διὰ γὰρ τοῦτο καὶ τοῦτον ἡμῖν ὁ Παῦλος ἀνέγνω τὸν
E νόμον, ἵνα πανταχόθεν ἡμᾶς πρὸς τὸν ἔρωτα συνελάσῃ τοῦτον. Καὶ σκόπει σοφίαν ἀποστολικήν· οὔτε γὰρ ἀπὸ τῶν θείων νόμων, οὔτε ἀπὸ τῶν ἀνθρωπίνων μόνον, εἰς τὴν ἀγάπην ἡμᾶς ἐνάγει τῶν γυναικῶν, ἀλλὰ καὶ ἀπὸ τούτων καὶ ἀπ' ἐκείνων ἐναλλάξας ἀμφότερα ταῦτα τίθησιν· ἵνα ὁ μὲν ὑψηλότερος καὶ φιλοσοφώτερος ἀπὸ τῶν ἄνωθεν, ὁ δὲ ἀσθενὴς ἀπὸ τῶν κάτωθεν καὶ τῶν τῆς φύσεως εἰς φίλτρον ἐνάγηται. Διὰ τοῦτο ἀρχόμενος μὲν ἀπὸ τῶν τοῦ Χριστοῦ κατορθωμάτων, τὴν παραίνεσιν εἰσάγει οὕτω λέγων· Ἀγαπᾶτε τὰς

* Hæc, quæ uncinis clauduntur, non sunt in Græco, sed ita legit Interpres.

γυναῖκας, καθὼς καὶ ὁ Χριστὸς ἠγάπησε τὴν Ἐκκλησίαν· εἶτα πάλιν ἀπὸ τῶν ἀνθρωπίνων· Οὕτως ὀφείλουσιν οἱ ἄνδρες ἀγαπᾷν τὰς ἑαυτῶν γυναῖκας, ὡς τὰ ἑαυτῶν σώματα· εἶτα πάλιν ἀπὸ τοῦ Χριστοῦ· Ὅτι μέλη ἐσμὲν ἐκ τοῦ σώματος αὐτοῦ, καὶ ἐκ τῆς σαρκὸς αὐτοῦ, καὶ ἐκ τῶν ὀστέων αὐτοῦ· εἶτα πάλιν ἀπὸ τῶν ἀνθρωπίνων· Ἀντὶ τούτου καταλείψει ἄνθρωπος τὸν πατέρα αὐτοῦ καὶ τὴν μητέρα, καὶ προσκολληθήσεται πρὸς τὴν γυναῖκα αὐτοῦ· καὶ τὸν νόμον ἀναγνοὺς τοῦτόν φησι· Τὸ μυστήριον τοῦτο μέγα ἐστί. Πῶς μέγα ἐστίν; εἰπέ μοι. Ὅτι τὸν ἅπαντα θαλαμευομένη ἡ κόρη χρόνον, μηδέποτε τὸν νυμφίον ἑωρακυῖα, ἀπὸ τῆς πρώτης ἡμέρας οὕτω ποθεῖ καὶ στέργει ὡς σῶμα οἰκεῖον· πάλιν ὁ ἀνὴρ, ἣν οὐδέποτε εἶδεν, ἧς οὐδέποτε τῆς ἐν λόγῳ ἐκοινώνησε συνουσίας, ταύτην κἀκεῖνος ἀπὸ τῆς πρώτης ἡμέρας ἁπάντων προτίθησι, καὶ τῶν φίλων, καὶ τῶν οἰκείων, καὶ τῶν γεννησαμένων αὐτῶν. Οἱ γονεῖς πάλιν, ἂν μὲν ἐξ ἑτέρας ὑποθέσεως ἀφαιρεθῶσι χρήματα, δάκνονται, ἀλγοῦσιν, εἰς δικαστήριον τοὺς ἀφελομένους ἕλκουσιν· ἀνθρώπῳ δὲ πολλάκις μηδέποτε ὀφθέντι, μηδὲ γνωρισθέντι, καὶ τὴν θυγατέρα τὴν ἑαυτῶν καὶ προῖκα χρημάτων πολλῶν ἐγχειρίζουσι. Καὶ χαίρουσι τοῦτο ποιοῦντες, καὶ οὐχ ἡγοῦνται ζημίαν εἶναι τὸ γινόμενον· ἀλλ' ὁρῶντες τὴν θυγατέρα ἀπαγομένην, οὐ συνηθείας μέμνηνται, οὐκ ἀλγοῦσιν, οὐ δάκνονται, ἀλλὰ καὶ εὐχαριστοῦσι, καὶ εὐχῆς ἔργον εἶναι νομίζουσι τὸ καὶ τὴν θυγατέρα ἰδεῖν τῆς οἰκίας ἐξαγομένην, καὶ πολλὰ μετ' ἐκείνης χρήματα. Ταῦτα οὖν ἅπαντα ἐννοήσας ὁ Παῦλος, ὅτι τοὺς γονεῖς ἀφέντες ἀμφότεροι ἀλλήλοις συνδεσμοῦνται, καὶ χρόνου τοσούτου συνηθείας ἡ τότε συντυχία τυραννικωτέρα γίνεται, καὶ συνιδὼν, ὅτι οὐκ ἔστι τοῦτο ἀνθρώπινον, ἀλλ' ὁ Θεὸς τοὺς ἔρωτας τούτους ἐγκατέσπειρε, καὶ τοὺς ἐκδιδόντας καὶ τοὺς ἐκδιδομένους μετὰ χαρᾶς τοῦτο ποιεῖν παρεσκεύασε, φησίν· Τὸ μυστήριον τοῦτο μέγα ἐστί. Καὶ καθάπερ ἐπὶ τῶν παίδων, τὸ παιδίον τεχθὲν ἀπὸ τῆς ὄψεως εὐθέως ἐπίσταται τοὺς γονεῖς οὐ φθεγγόμενον· οὕτω δὴ καὶ νυμφίος καὶ νύμφη, οὐδενὸς συνάγοντος, οὐδενὸς παραινοῦντος καὶ συμβουλεύοντος, ἀπὸ τῆς ὄψεως ἀλλήλοις συμπλέκονται. Εἶτα ἰδὼν ὅτι καὶ ἐπὶ τοῦ Χριστοῦ τοῦτο ἐγένετο, καὶ ἐπὶ τῆς Ἐκκλησίας μάλιστα, ἐξεπλάγη καὶ ἐθαύμασε. Πῶς οὖν ἐπὶ τοῦ Χριστοῦ καὶ τῆς Ἐκκλησίας τοῦτο ἐγένετο; Καθάπερ ὁ νυμφίος τὸν πατέρα ἀφεὶς πρὸς τὴν νύμφην ἔρχεται, οὕτω καὶ ὁ Χριστὸς τὸν πατρικὸν θρόνον ἀφεὶς πρὸς τὴν νύμφην ἦλθεν· οὐχ ἡμᾶς ἄνω ἐκάλεσεν, ἀλλ' αὐτὸς πρὸς ἡμᾶς παρεγένετο. Ὅταν δὲ ἀκούσῃς ὅτι ἀφῆκε, μὴ μετάστασιν νοήσῃς, ἀλλὰ συγκατάβασιν· καὶ γὰρ καὶ μεθ' ἡμῶν ὢν, μετὰ τοῦ Πατρὸς ἦν. Διὰ τοῦτό φησι· Τὸ μυστήριον τοῦτο μέγα ἐστί. Μέγα μέν ἐστι καὶ ἐπὶ ἀνθρώπων γινόμενον· ὅταν δὲ ἴδω

stus *dilexit Ecclesiam;* deinde rursus idem agit humanis rationibus: *Sic debent viri suas uxores diligere, ut sua ipsorum corpora;* (Ephes. 5. 28.) deinde rursum ad Christum revertitur: *Quoniam membra sumus ex corpore ejus, et ex carne ejus, et ex ejus ossibus;* (Ib. v. 30.) ac rursum ad humanas rationes redit. *Propterea relinquet homo patrem suum et matrem, et adhærebit uxori suæ;* (Ib. v. 31.) lectaque hac lege: *Mysterium,* inquit, *hoc magnum* est. (Ib. v. 32.) Quomodo magnum est, dic mihi? Quod virgo asservata omni tempore, sponsum numquam ante visum mox a prima die sic desiderat, et amat tamquam corpus proprium: rursum vir quam numquam vidit, numquam alloquutus est, mox a prima die præfert cæteris omnibus, et amicis et familiaribus, denique ipsis parentibus. Parentes item, si per aliam causam auferatur eis pecunia, dolenter ferunt, et in jus trahunt eum qui abstulit: homini autem sæpe numquam ante viso et ignoto etiam dotem una cum filia luculentam in manus dant. Idque libenter faciunt, neque se damno affici existimant; sed videntes abduci filiam non meminerunt consuetudinis, non dolent, non anguntur, sed gratias agunt insuper et rem optabilem putant filiam e domo cum multa abduci pecunia. Hæc igitur omnia Paulus considerans, quod parentibus relictis ambo sibi mutuis jungantur nexibus, novumque consortium majorem antiqua consuetudine vim accipiat: animadvertensque non esse hoc humanum negotium, sed divinitus amores tales inseri, ut nuptæ pari et tradentium et accipientium cum lætitia elocentur atque assumantur, *Mysterium,* inquit, *hoc magnum est.* Et sicut recens natus infantulus adspectu statim parentes agnoscit, priusquam sciat voces edere: ita sane et sponsus ac sponsa, nemine sequestro, nemine hortatore, primo statim adspectu conciliantur invicem. Id cum in Christo etiam animadvertisset, et præsertim in Ecclesia, non sine stupore quodam admiratus est. Quomodo igitur in Christo et Ecclesia idem contigit? Sicut sponsus relicto patre ad sponsam properat, ita et Christus relicto paterno solio, venit ad sponsam: non nos evocavit ad supera, sed ipse ultro ad nos advenit. Cum autem adventum audis, non migrationem, sed attemperationem intellige: nam etiam cum nobiscum esset, cum Patre erat. Quapropter inquit: *Mysterium hoc est magnum.* Magnum sane etiam apud homines; sed cum video in Christum quoque et Ecclesiam idem competere, tum certe miraculo rei

Parentibus præferenda uxor.

reddor attonitus. Quamobrem cum dixisset, *Mysterium hoc magnum est,* subjecit mox: Ephes. 5. 32. *Ego autem dico in Christo* et *in Ecclesia.* Itaque cum scias quantum sit in conjugio mysterium, et quanti figura negotii, non temere de hoc delibera, neque ducturus sponsam, pecuniarum accessionem respice. Non enim negotiatio, sed vitæ societas conjugium existimandum est.

4. Multos enim audivi dicentes, Ille opulentior post nuptias factus est, cum fuisset pauper antea; nunc ducta uxore divite et ipse agit in deliciis. Quid ais, bone vir? ex uxore lucrari cupis, et non erubescis? non præ pudore sub terram te abdis talium lucrorum appetens? hæccine sunt verba viri? Mulieris unum est officium, ut parta custodiat, ut conservet reditus, et curet rem

Mulier creata ut auxilietur viro.

domesticam: nam idcirco eam Deus dedit, ut hac in re et in cæteris nobis sit auxilio. Quoniam enim vita hæc nostra e duobus constat, e rebus privatis et publicis, suam utrique partem Deus attribuit, femineo quidem generi curam rei domesticæ, viris autem negotia publica, forensia, judicia senatoria, militaria, cætera denique omnia. Non potest mulier hastam torquere aut jaculari spiculum; sed colum potest sumere, et telam texere, et cætera negotia domestica obire egregie. Non potest in senatu sententiam dicere; sed potest de re familiari ferre sententiam, et sæpe melius quam maritus prospexit rebus domesticis. Non potest administrare publica; sed pulchre potest educare liberos, quæ quidem præcipua est possessio: potest ancillarum malefacta deprehendere, et in officio continere familiam, alias securitates exhibere marito illumque liberare sollicitudine, dum ipsa domi curat penum, lanificium, culinam, decorem vestium, cæteraque neque decora maribus, neque facilia, si sibi illa usurpare voluerint. Est enim et hoc divinæ providentiæ, quod is qui in majoribus negotiis est utilis, in minoribus reperitur deterior, ut necessaria sit mulierum opera. Si enim in utrisque vir præcelleret, facile contemneretur genus femineum: contra si in præstantioribus major esset usus mulierum, plenæ essent insolentia. Quamobrem non commisit uni utraque, ne alterius generis deterior fieret conditio ut supervacanei: nec tamen ex æquo distribuit officia, ne inter æquatos honore oriretur de principatu contentio, uxoribus non dignantibus viris prærogativa cedere: sed quo et concordiæ et decoro prospice-

εἰς τὸν Χριστὸν καὶ εἰς τὴν Ἐκκλησίαν αὐτὸ συμβαίνον, τότε ἐκπλήττομαι, τότε θαυμάζω. Διὰ τοῦτο εἰπὼν, Τὸ μυστήριον τοῦτο μέγα ἐστὶν, ἐπήγαγεν· Ἐγὼ δὲ λέγω, εἰς τὸν Χριστὸν, καὶ εἰς τὴν Ἐκκλησίαν. Εἰδὼς τοίνυν ἡλίκον μυστήριόν ἐστιν ὁ γάμος, καὶ ἡλίκου πράγματος τύπος, μὴ ἁπλῶς, μηδὲ ὡς ἔτυχε περὶ τούτου βουλεύου, μηδὲ χρημάτων εὐπορίαν ζήτει μέλλων ἄγεσθαι νύμφην. Οὐ γὰρ καπηλείαν, ἀλλὰ βίου κοινωνίαν εἶναι τὸν γάμον δεῖ νομίζειν.

217 A Καὶ γὰρ πολλῶν ἤκουσα λεγόντων, ὁ δεῖνα εὐπορώτερος γέγονεν ἀπὸ τοῦ γάμου, πένης ὤν· ἐπειδὴ γυναῖκα εὔπορον ἔλαβε, πλουτεῖ καὶ τρυφᾷ νῦν. Τί λέγεις, ἄνθρωπε; ἀπὸ γυναικὸς κερδαίνειν ἐπιθυμεῖς, καὶ οὐκ αἰσχύνῃ, οὐδὲ ἐρυθριᾷς; οὐδὲ εἰς τὴν γῆν καταδύῃ τοιούτους κερδῶν ἐπιζητῶν τρόπους; καὶ ποῦ ταῦτα ἀνδρὸς τὰ ῥήματα; Γυναικὸς ἕν ἐστι μόνον, τὰ συλλεγόμενα διαφυλάττειν, τὰς προσόδους διατηρεῖν, τῆς οἰκίας ἐπιμελεῖσθαι· καὶ γὰρ διὰ τοῦτο αὐτὴν ἔδωκεν ὁ Θεὸς, ἵνα ἐν τούτοις ἡμῖν βοηθῇ μετὰ τῶν ἄλλων ἁπάντων. Ἐπειδὴ γὰρ τὸν βίον τὸν ἡμέτερον δύο ταῦτα συγκροτεῖν εἴωθε, τὰ πολιτικὰ καὶ ἰδιωτικὰ πράγματα, διελὼν ἀμφότερα ταῦτα ὁ Θεὸς, ταύτῃ μὲν τὴν τῆς οἰκίας προστασίαν ἀπένειμε, B τοῖς δὲ ἀνδράσι τὰ τῆς πόλεως ἅπαντα πράγματα, τά τε ἐπὶ τῆς ἀγορᾶς, δικαστήρια, βουλευτήρια, στρατηγίας, τὰ ἄλλα πάντα. Οὐ δύναται ἀκοντίσαι δόρυ, οὐδὲ ἀφεῖναι βέλος ἡ γυνή· ἀλλ' ἠλακάτην δύναται λαβεῖν, καὶ ἱστὸν ὑφᾶναι, καὶ τὰ ἄλλα πάντα τὰ κατὰ τὴν οἰκίαν διαθεῖναι καλῶς. Οὐ δύναται γνώμην εἰσηγήσασθαι ἐν βουλευτηρίῳ· ἀλλὰ δύναται γνώμην εἰσηγήσασθαι ἐν οἰκίᾳ, καὶ πολλάκις ἅπερ συνεῖδεν ὁ ἀνὴρ τῶν κατὰ τὴν οἰκίαν, βέλτιον αὕτη συνεῖδεν. Οὐ δύναται τὰ δημόσια διαθεῖναι καλῶς· ἀλλὰ δύναται παιδία διαθρέψαι καλῶς, τὸ κεφάλαιον τῶν κτη- C μάτων· δύναται θεραπαινίδων κακουργίας συνιδεῖν, καὶ σωφροσύνης ἐπιμεληθῆναι τῶν διακονουμένων, τὴν ἄλλην ἅπασαν τῷ συνοικοῦντι παρέχειν ἄδειαν, καὶ πάσης αὐτὸν τοιαύτης ἀπαλλάξαι φροντίδος ἐν οἴκοις, ταμιείων, ἐριουργίας, ἀρίστου παρασκευῆς, ἱματίων εὐσχημοσύνης, τῶν ἄλλων ἁπάντων ἐπιμελουμένη, ἅπερ ἀνδρὶ οὔτε εὐπρεπὲς, οὔτε εὔκολον μεταχειρίσασθαί ποτε, κἂν μυρία φιλονεικῇ. Καὶ γὰρ καὶ τοῦτο τῆς τοῦ Θεοῦ φιλοτιμίας καὶ σοφίας ἔργον, τὸν ἐν τοῖς μείζοσι χρήσιμον, ἐν τοῖς ἐλάττοσι καταδεέστερον καὶ ἄχρηστον εἶναι, ἵνα ἀναγκαία γένηται D τῆς γυναικὸς ἡ χρεία. Εἰ γὰρ ἐν ἀμφοτέροις ἐποίησε τὸν ἄνδρα ἐπιτήδειον εἶναι, εὐκαταφρόνητον ἂν τὸ τῶν γυναικῶν ἐγένετο γένος· πάλιν, εἰ τὸ μεῖζον καὶ χρησιμώτερον ἐπέτρεψε τῇ γυναικὶ, πολλῆς ἂν ἐνέπλησε τὰς γυναῖκας τῆς ἀπονοίας. Διὰ τοῦτο οὔτε ἀμφότερα ἑνὶ ἔδωκεν, ἵνα μὴ τὸ ἕτερον ἐλαττωθῇ

γένος, καὶ περιττὸν εἶναι δοκῇ· οὔτε ἐξίσης ἀμφότερα ἑκατέρῳ διένειμεν, ἵνα μὴ πάλιν ἐκ τῆς ἰσοτιμίας μάχη τις γένηται καὶ φιλονεικία, τῆς αὐτῆς προεδρίας τοῖς ἀνδράσι φιλονεικουσῶν ἀξιοῦσθαι τῶν γυναικῶν· ἀλλ' ὁμοῦ καὶ τῆς εἰρήνης προνοῶν, καὶ τὴν πρέπουσαν ἑκάστῳ τάξιν διατηρῶν, εἰς δύο ταῦτα διελὼν ἡμῶν τὴν ζωὴν, τὸ μὲν ἀναγκαιότερον καὶ χρησιμώτερον τῷ ἀνδρὶ, τὰ δὲ ἔλαττον καὶ καταδεέστερον δέδωκε τῇ γυναικί· ἵν' ὁ μὲν διὰ τὸ ἀναγκαῖον τῆς E χρείας περισπούδαστος ἡμῖν ᾖ, ἡ δὲ διὰ τὸ καταδεέστερον τῆς διακονίας μὴ κατεξανιστᾶται τοῦ συνοικοῦντος. Ταῦτ' οὖν ἅπαντες εἰδότες, ἓν μόνον ζητῶμεν, ψυχῆς ἀρετὴν καὶ εὐγένειαν τρόπων, ἵνα εἰρήνης ἀπολαύωμεν, ἵνα ἐντρυφῶμεν ἐν ὁμονοίᾳ καὶ ἀγάπῃ διηνεκεῖ. Ὁ μὲν γὰρ εὔπορον λαβὼν γυναῖκα, δέσποιναν μᾶλλον ἔλαβεν ἢ γυναῖκα. Εἰ γὰρ, καὶ χωρὶς τούτου, φρονήματός εἰσιν αἱ γυναῖκες ἐμπεπλησμέναι, καὶ πρὸς δόξης ἔρωτα εὐέμπτωτοι, ἂν καὶ 218 A ταύτην προσλάβωσι τὴν προσθήκην, πῶς ἔσονται φορηταὶ τοῖς συνοικοῦσιν αὐταῖς; Ὁ δὲ ὁμότιμον ἢ πενεστέραν λαβὼν γυναῖκα, βοηθὸν καὶ σύμμαχον ἔλαβε, καὶ πάντα εἰς τὴν οἰκίαν εἰσήγαγε τὰ ἀγαθά. Ἡ γὰρ τῆς πενίας ἀνάγκη θεραπεύειν αὐτὴν μετὰ πολλῆς τῆς ἐπιμελείας ἀναπείθει τὸν ἄνδρα, καὶ πάντα εἴκειν καὶ πείθεσθαι, καὶ ἔριδος μὲν, καὶ μάχης, καὶ ἀπονοίας, καὶ ὕβρεως πᾶσαν ἀναιρεῖ πρόφασιν· εἰρήνης δὲ, καὶ ὁμονοίας, καὶ ἀγάπης, καὶ συμφωνίας γίνεται σύνδεσμος. Μὴ τοίνυν τοῦτο ζητῶμεν ὅπως χρήματα ἔχωμεν, ἀλλ' ὅπως εἰρήνην, ὅπως ἡδονῆς ἀπολαύωμεν· διὰ τοῦτο γάμος, οὐχ ἵνα πολέμου καὶ μάχης τὰς οἰκίας ἐμπιπλῶμεν, οὐχ ἵνα ἔρεις καὶ φιλονεικίας ἔχωμεν, οὐχ ἵνα πρὸς ἀλλήλους διαστασιάζωμεν, καὶ ἀβίωτον τὸν βίον ποιῶμεν, ἀλλὰ B ἵνα βοηθείας ἀπολαύωμεν, καὶ λιμένα ἔχωμεν καὶ καταφυγὴν, καὶ παραμυθίαν τῶν ἐπικειμένων κακῶν, ἵνα μεθ' ἡδονῆς τῇ γυναικὶ διαλεγώμεθα. Πόσοι πλουτοῦντες, γυναῖκας λαβόντες εὐπόρους, τὴν οὐσίαν αὐξήσαντες, τὴν ἡδονὴν καὶ τὴν ὁμόνοιαν κατέλυσαν, καθημερινὰς μάχας ἐπὶ τῆς τραπέζης ποιούμενοι, φιλονεικίας ἔχοντες; πόσοι πένητες πενεστέρας λαβόντες, εἰρήνης ἀπολαύουσι, καὶ μετ' εὐφροσύνης πολλῆς τὸν ἥλιον τοῦτον βλέπουσιν· οἱ δὲ εὔποροι, πανταχόθεν αὐτοῖς περικειμένης τρυφῆς, διὰ τὰς γυναῖκας ηὔξαντο πολλάκις ἀποθανεῖν, καὶ τῆς παρούσης ἀπαλλαγῆναι ζωῆς; οὕτως οὐδὲν χρημάτων C ὄφελος, ὅταν ψυχῆς μὴ ἐπιτυγχάνωμεν ἀγαθῆς. Καὶ τί χρὴ λέγειν περὶ εἰρήνης καὶ ὁμονοίας; Καὶ γὰρ εἰς αὐτὴν τῶν χρημάτων τὴν κτῆσιν πολλάκις τὸ πλουσιωτέραν λαβεῖν ἡμᾶς παρέβλαψεν. Ὅταν γὰρ εἰς τὸν τῆς προικὸς λόγον ἅπασαν τὴν περιουσίαν ἐπιδοὺς, εἶτα ἀώρου συμβάντος θανάτου, καταβαλεῖν παρὰ τῶν κηδεστῶν ἀναγκάζηται τὴν προῖκα ἅπασαν· καθάπερ

ret, ita ordine suas cuique sexui functiones distribuit, ut utilior ac magis necessaria pars viro obtingeret, minor autem et inferior feminæ; et ille quidem propter præcipuum sui usum fieret honorabilis, hæc vero propter viliora ministeria contra conjugem non insurgeret. Hæc igitur omnes cum sciamus, unum tantum quæramus, nempe virtutem animi, et morum egregiam indolem, ut pace fruamur, et oblectemur concordia perpetuaque benevolentia. Qui enim divitem duxit uxorem, dominam magis sibi quæsivit, quam conjugem. Cum enim et absque hoc mulieres ingenio superbo sint honorisque cupido, si opes quoque accessorint, quomodo erunt maritis tolerabiles? Qui autem æqualem duxit, aut opibus sibi imparem, iis adjutricem duxit et sociam, et omnia bona suis induxit ædibus. Ipsa enim paupertatis necessitas ei persuadet, ut maritum colat modis omnibus, cedens illi et obsequens per omnia: sicque contentionis, rixæ, insolentiæ, contumeliarum materia tollitur: pacis autem, concordiæ, dilectionis consensusque accedit vinculum. Pax igitur et jucunda consuetudo quærenda est, non pecunia. In hoc factum est conjugium, non ut rixis plena sit domus et bello, non ut lites adsint et contentio, non ut mutuis laboremus dissidiis, et sic vivamus ut vitæ tædeat: sed ut fruamur adjutorio, et portum habeamus, refugium atque solatium quo levius feramus incommoda, utque jucundis uxoris recreemur colloquiis. Quot divites ductis opulentis uxoribus, re aucta exciderunt a voluptate concordiæ, ne mensa quidem vacante a quotidianis pugnis et contentionibus? quot pauperes ductis etiam pauperioribus vivunt in pace, et admodum læti solem hunc aspiciunt; divites contra omnibus affluentes deliciis, propter uxores vitam exosam habent, et mortem votis expetunt? adeo nulla est pecuniarum utilitas, nisi in bonam animam inciderint. Et quid opus est de pace loqui et concordia, quando ditiorem duxisse nonnumquam ad pecunias parandas fuit obstaculum? Fit enim interdum ut qui totam substantiam in accessione dotis uxoriæ contribuit, paulo post ob immaturum conjugis obitum totam dotem numerare cogatur affinibus: et quemadmodum naufragi enatant nudo corpore, ita et hic post tot contentiones, rixas, lites et injurias ægre tueatur libertatem corporis. Et sicut insatiabiles negotiatores repleta navi innumeris sarcinis, et congestis pluribus quam perferri possint oneribus, merso navigio perdunt omnia: ita et qui

Sola virtus et morum probitas in uxore quærenda.

Uxoris divitiis incommoda.

prægraves opibus sequuntur nuptias, dum majorem per conjugium adipisci se putant substantiam, amittunt et eam, quæ prius ipsis fuerat; sicut enim illic unius fluctus impetu navis opprimitur: sic et hic immatura mors conjugis superveniens cum uxore etiam rem omnem eripit.

5. Hæc igitur omnia cogitantes non pecunias spectemus, sed probitatem, honestatem, et prudentiam. Mulier enim cordata, probata, modesta, sit licet pauper, paupertatem commodius feret quam divitias: sicut contra morosa, contentiosa, et intemperans, etiamsi ingentes thesauros in ædibus inveniat, quavis procella citius eos dissipat, maritumque et paupertate et innumeris involvit calamitatibus. Non igitur divitias quæramus, sed quæ præsentes facultates dispenset commode. Ante omnia disce quænam fuerit causa conjugii, et quamobrem in communem vitam introductum sit, nec quidquam requiras

Cur institutum fuerit conjugium. 1. Cor. 7. 2.

amplius. Quæ igitur fuit causa conjugii, et cur illud datum est divinitus? Audi Paulum dicentem, *Ad vitandas autem scortationes quisque suam uxorem habeat.* Non dixit, Ut vitetur paupertas, et parentur divitiæ: sed quid? Ut scortationem evitemus, ut moderemur concupiscentiam, ut vivamus sobrie, ut Deo placeamus contenti uxore propria: hoc nobis affert conjugium, hic ejus fructus, hoc inde lucrum est. Cave igitur omissis potioribus secteris quæ minoris sunt pretii: mens enim sobria longe præstat divitiis. Hoc enim unum in conjugio spectandum est maxime, ut peccatum effugiamus, ut immunes simus a scortationibus: in hoc quærendæ sunt nuptiæ, ut ad vitam pudice degendam nos adjuvent: quod ita demum futurum est, si talis sponsa contigerit, quæ ad pietatem, ad temperantiam et probitatem nos magnam redigat. Corporis enim pulchritudo nisi conjunctam habeat virtutem animi, poterit quidem maritum usque ad decem aut viginti, trigintave dies capere, sed eamdem vim non obtinebit ulterius, quod incentivum illud amoris vanescat detecta malitia; at quæ animi pollent pulchritudine, quo magis temporis processu generositatem suam approbant,

οἱ ναυάγιον ὑπομένοντες ἐπὶ τῆς θαλάσσης τὸ σῶμα
διασώζουσι μόνον, οὕτω δὴ καὶ οὗτος, μετὰ πολλὰς
φιλονεικίας, καὶ μάχας, καὶ ὕβρεις, καὶ δικαστήρια,
μόλις τὸ σῶμα ἐλεύθερον ἔχων ἐξέρχεται. Καὶ καθάπερ
οἱ τῶν ἐμπόρων ἄπληστοι, μυρίων τὴν ναῦν πλήσαν-
D τες φορτίων, καὶ πλέον τῆς δυνάμεως τὸν ὄγκον ἐπιθέντες, κατέδυσαν τὸ σκάφος, καὶ πάντα ἀπώλεσαν·
οὕτω δὴ καὶ οὗτοι τοὺς ὑπερόγκους ἀγόμενοι γάμους,
μείζονα πολλάκις δόξαντες περιβαλέσθαι οὐσίαν διὰ
τῆς γυναικὸς, καὶ τῆς οὔσης ἐξέπεσον· καὶ ὥσπερ ἐκεῖ
κύματος ἐμβολὴ βραχεῖα ἐμπεσοῦσα βαπτίζει τὸ
σκάφος, οὕτω καὶ ἐνταῦθα θάνατος ἄωρος προσ-
πεσὼν μετὰ τῆς γυναικὸς καὶ πάντα τὰ ὄντα αὐτοῦ
ἀφείλετο.

Ταῦτ' οὖν ἅπαντα ἐννοοῦντες, μὴ χρήματα περισκο-
πῶμεν, ἀλλὰ τρόπων ἐπιείκειαν, καὶ σεμνότητα καὶ
E σωφροσύνην. Γυνὴ γὰρ σώφρων, καὶ ἐπιεικὴς καὶ με-
τρία, κἂν πένης ᾖ, τὴν πενίαν πλούτου βέλτιον διαθεῖναι
δυνήσεται· ὥσπερ ἡ διεφθαρμένη, καὶ ἀκόλαστος, καὶ
φίλερις, κἂν μυρίους εὕρῃ θησαυροὺς ἔνδον κειμένους,
ἀνέμου παντὸς τάχιον αὐτοὺς ἐκφυσήσασα, καὶ συμφοραῖς μυρίαις μετὰ τῆς πενίας περιβάλλει τὸν ἄνδρα.
Μὴ τοίνυν πλοῦτον ζητῶμεν, ἀλλὰ τὴν χρησομένην
καλῶς τοῖς οὖσι. Πρότερον μάθε, τίς ἡ τοῦ γάμου
219 αἰτία, καὶ τίνος ἕνεκεν εἰς τὸν βίον εἰσενήνεκται τὸν
A ἡμέτερον, καὶ μηδὲν πλέον ἀπαίτει. Τίς οὖν ἡ τοῦ
γάμου πρόφασις, καὶ τίνος ἕνεκεν ἔδωκεν αὐτὸν ὁ
Θεός; Ἄκουσον τοῦ Παύλου λέγοντος· Διὰ δὲ τὰς
πορνείας ἕκαστος τὴν ἑαυτοῦ γυναῖκα ἐχέτω. Οὐκ
εἶπε, διὰ δὲ τὴν τῆς πενίας ἀπαλλαγὴν, ἢ διὰ τὴν
τῆς εὐπορίας κτῆσιν· ἀλλὰ τί; Ἵνα πορνείας φύγωμεν, ἵνα τὴν ἐπιθυμίαν καταστείλωμεν, ἵνα σωφροσύνῃ συζήσωμεν, ἵνα εὐαρεστήσωμεν Θεῷ, τῇ οἰκείᾳ ἀρκούμενοι γαμετῇ. Τοῦτο τοῦ γάμου τὸ δῶρον,
οὗτος ὁ καρπὸς, τοῦτο τὸ κέρδος. Μὴ τοίνυν τὰ μείζονα ἀφεὶς, τὰ ἐλάττονα ζήτει· πολὺ γὰρ σωφροσύνης ἐλάττων ὁ πλοῦτος. Δι' ἓν γὰρ τοῦτο μόνον χρὴ
B λαμβάνειν γυναῖκα, ἵνα τὴν ἁμαρτίαν φύγωμεν, ἵνα
πορνείας ἁπάσης ἀπαλλαγῶμεν· πρὸς τοῦτο χρὴ τὸν
γάμον καθίστασθαι πάντα, ἵνα εἰς σωφροσύνην ἡμῖν
συμπράττῃ· ἔσται δὲ τοῦτο, ἐὰν τοιαύτας ἀγώμεθα
νύμφας, αἳ πολλὴν μὲν εὐλάβειαν, πολλὴν δὲ σωφροσύνην, πολλὴν δὲ ἐπιείκειαν ἡμῖν εἰσαγαγεῖν δύνανται. Ἡ μὲν γὰρ τοῦ σώματος εὐμορφία, ὅταν μὴ
συνεζευγμένην ἔχῃ τὴν τῆς ψυχῆς ἀρετὴν, καὶ εἴκοσι
καὶ τριάκοντα ἡμέρας δυνήσεται τὸν ἄνδρα ἑλεῖν,
περαιτέρω δὲ οὐ προβήσεται, ἀλλὰ δείξασα τὴν κακίαν, ἅπαν καταλύσει τὸ φίλτρον· αἱ δὲ τῷ κάλλει
C τῆς ψυχῆς καταλάμπουσαι, ὅσωπερ ἂν ὁ χρόνος
προΐῃ, καὶ πεῖραν τῆς οἰκείας εὐγενείας παρέχωσι,
τοσούτῳ μάλιστα θερμότερον τοῖς οἰκείοις ἀνδράσι
ποιοῦσι τὸν ἔρωτα, καὶ τὴν πρὸς αὐτὸν ἐξάπτουσιν

ἀγάπην. Τούτου δὲ ὄντος, καὶ φιλίας μεταξὺ κειμένης θερμῆς καὶ γνησίας, ἅπαν ἐλαύνεται πορνείας εἶδος, καὶ οὐδὲ ἔννοιά τις ἀκολασίας τῷ φιλοῦντι τὴν ἑαυτοῦ γυναῖκά ποτε ἐμπεσεῖται, ἀλλὰ μένει διηνεκῶς τὴν ἑαυτοῦ στέργων καὶ διὰ τῆς σωφροσύνης τὸν Θεὸν ἐπισπώμενος εἰς τὴν τῆς οἰκίας ἁπάσης εὔνοιάν τε καὶ προστασίαν. Οὕτως ἐλάμβανον οἱ γενναῖοι τῶν παλαιῶν ἀνδρῶν γυναῖκας, ψυχῆς εὐγένειαν ἐπιζητοῦντες, καὶ οὐκ εὐπορίαν χρημάτων; Καὶ ὅτι τοῦτό ἐστιν ἀληθὲς, παραδείγματος ἕνεκεν, ἑνὸς ἐπιμνησθήσομαι γάμου. Καὶ Ἀβραὰμ πρεσβύτερος ἦν καὶ προβεβηκὼς ἡμερῶν, φησὶ, καὶ εἶπε τῷ παιδὶ αὐτοῦ τῷ πρεσβυτέρῳ τῆς οἰκίας αὐτοῦ, τῷ ἄρχοντι τῶν αὐτοῦ πάντων, Θὲς τὴν χεῖρά σου ὑπὸ τὸν μηρόν μου, καὶ ἐξορκιῶ σε Κύριον τὸν Θεὸν τοῦ οὐρανοῦ καὶ τῆς γῆς, ἵνα μὴ λάβῃς γυναῖκα τῷ υἱῷ μου Ἰσαὰκ ἀπὸ τῶν θυγατέρων τῶν Χαναναίων, μεθ' ὧν ἐγὼ οἰκῶ μετ' αὐτῶν, ἀλλ' εἰς τὴν γῆν μου οὗ ἐγεννήθην, πορεύσῃ, καὶ εἰς τὴν φυλήν μου, καὶ λήψῃ γυναῖκα τῷ υἱῷ μου ἐκεῖθεν. Εἶδες τοῦ δικαίου τὴν ἀρετὴν, πόσην ὑπὲρ γάμου πρόνοιαν ἐποιήσατο; Οὐ γὰρ δὴ μαστρωποὺς καλέσας γυναῖκας, καθάπερ οἱ νῦν, οὐδὲ προμνηστρίας, οὐδὲ γραΐδια μυθεύοντα, ἀλλὰ τὸν οἰκέτην τὸν ἑαυτοῦ, τούτῳ τὸ πρᾶγμα ἐνεχείρισεν· ὃ καὶ αὐτὸ τῆς εὐλαβείας τοῦ πατριάρχου μέγιστόν ἐστι σημεῖον, ὅτι τοιοῦτον κατεσκεύασε τὸν οἰκέτην, ὡς καὶ τοιούτου πράγματος νομίσαι ἀξιόπιστον εἶναι διάκονον. Εἶτα γυναῖκα ζητεῖ, οὐκ εὔπορον, οὐδὲ εὔμορφον, ἀλλ' εὐγενῆ τοῖς τρόποις, καὶ διὰ τοῦτο τοσαύτην ὁδὸν ἀποδημίας προπέμπει. Ὅρα δὲ καὶ τοῦ οἰκέτου τὴν εὐγνωμοσύνην· οὐδὲ γὰρ εἶπε, τί ποτε τοῦτό ἐστιν; ἔθνη τοσαῦτα πλησίον ἡμῶν, εὐπόρων ἀνδρῶν θυγατέρες τοσαῦται, ἐπισήμων καὶ περιφανῶν· σὺ δὲ εἰς μακρὰν οὕτω πέμπεις γῆν, πρὸς ἀνθρώπους ἀγνῶτας· τίνι διαλέξομαι; τίς με εἴσεται; τί δὲ, ἂν δόλον μοι ῥάψωσιν, ἂν ἀπάτην ἐργάσωνται; οὐδὲν γὰρ οὕτως εὐεπιχείρητον, ὡς ξένος. Οὐδὲν τούτων εἶπεν, ἀλλὰ ταῦτα ἅπαντα παριδὼν, ὃ μάλιστά ἐστιν ὑπιδέσθαι, τοῦτο ὑπείδετο, ἀπὸ μὲν τοῦ μηδὲν ἐκείνῳ ἀντειπεῖν τὴν ὑπακοὴν ἐπιδεικνύμενος, ἀπὸ δὲ τοῦ μόνον ἐκεῖνο ἐρέσθαι, ὃ μάλιστα πάντων ζητῆσαι ἔδει, τὴν σύνεσιν τὴν αὐτοῦ καὶ πρόνοιαν δηλῶν. Τί ποτ' οὖν ἐστι τοῦτο; καὶ τί τὸν δεσπότην ἤρετο τὸν ἑαυτοῦ; Ἐὰν δὲ μὴ βουληθῇ, φησὶν, ἡ γυνὴ πορευθῆναι μετ' ἐμοῦ, ἀποστρέψω τὸν υἱόν σου εἰς τὴν γῆν, ὅθεν ἐξῆλθες; Εἶτα ὁ Ἀβραάμ· Μὴ [a] ἀποστρέψῃς τὸν υἱόν μου ἐκεῖ. Κύριος ὁ Θεὸς τοῦ οὐρανοῦ καὶ τῆς γῆς, ὃς ἔλαβέ με ἐκ τοῦ οἴκου τοῦ πατρός μου, καὶ ἐκ τῆς γῆς, ἧς ἐγεννήθην, ὃς ἐλάλησέ μοι καὶ ὤμοσέ μοι λέγων, σοὶ δώσω τὴν γῆν

tanto acriori flamma urunt maritorum pectora.
Hoc pacto ubi fervida et germana innascitur benevolentia, omne stupri genus exsulat, et sic
amanti uxorem ne in mentem quidem venit voluptas nisi legitima, immanenti amoribus propriis, et per pudicitiam captanti favorem cælestis
numinis, cujus auspiciis et benevolentia inter
D conjuges sit perpetua, et ejus ope administretur
res domestica. Sic uxores sibi quærebant prisci
illi virtute nobiles, præclaram animi indolem in
eis spectantes, non pecuniarum copiam, quod
ita esse ut dixi uno exemplo indicabitur. *Abra-* Gen. 24. 1.-4.
hamus jam senior provectæque ætatis dixit Exemplum Abrahami filio suo uxorem quærentis.
servo *majori domus suæ, qui præerat ejus*
omnibus facultatibus, Pone manum tuam
subter femur meum, ut adjurem te per Domi-
num Deum cæli et *terræ*, ut *non accipias*
uxorem filio meo Isaac de filiabus Chananæ-
orum, inter quos habito, sed ad terram meam
ubi natus sum, et *ad cognationem meam*
proficiscaris, et *inde uxorem filio meo capias.*
E Viden' justi hujus virtutem, quanta cura nuptiis
prospexerit? Non enim adhibuit perductrices
mulierculas, ut nunc fit, neque pronubas aut
anus garrulas, sed famulo suo commisit hoc negotium: quod ipsum magnum pietatis patriarchæ argumentum est, quod tam bene instituit
famulum, ut dignus fieret, cui crederetur tale
ministerium. Deinde mulierem quærit non formosam aut divitem, sed generosis moribus præ-
220 ditam: et hac de causa hominem jubet tam
A longinquam peregrinationem suscipere. Nunc
contemplare et famuli mentem egregiam: non
enim dixit: Quid hoc rei est? tot sunt propin-
quæ gentes, tot in eis filiæ nobilium et illustrium,
simulque prædivitum; et tu me mittis in terram
tam longe dissitam, ad ignotos homines: quem
illic compellabo? quis me agnoscet? quid si insidias mihi struant? quid si conentur decipere?
nihil enim hospite magis injuriis expositum.
Nihil tale dixit: sed missis talibus cogitationibus, quod maxime suspectum esse poterat, su-
spicatus est, sine contradictione obediens, neces-
B saria tamen interrogatione declarans suam prudentiam. Quid igitur est quod interrogavit
dominum? *Si noluerit*, inquit, *mulier venire* Gen. 24. 5.
mecum, numquid reducere debeo filium tuum
ad regionem ex qua egressus es? Respondit
Abrahamus: *Cave nequando reducas filium* Ib. v. 6. 7
meum illuc. Dominus Deus cæli et *terræ*,

[a] Duo Mss. ἀποστρέψεις.

qui tulit me de domo patris mei, et de terra nativitatis meæ, qui loquutus est mihi et juravit, dicens, Tibi dabo terram hanc et *semini tuo, ipse mittet angelum suum coram te, qui iter tuum prosperum faciet.* Viden' viri fidem? Non advocavit amicos, aut cognatos, non alium quemquam, sed Deum adjunxit ei sequestrum et comitem : et quo magis animum adderet famulo, non simpliciter dixit, *Dominus Deus cæli* et *terræ :* sed subjunxit, *Qui sumsit me* e *domo patris mei.* Recordare, inquit, quomodo tantam peregrinationem suscepimus, quomodo relicto solo patrio majorem apud exteros felicitatem invenimus : quomodo quæ impossibilia videbantur, facta sunt possibilia. Nec hoc solum in mentem ei revocans dixit, *Qui sumsit me* e *domo patris mei*, sed etiam quod debitorem Deum habeat. Obligavit se nobis, inquit, ipse pollicitus est terram hanc mihi se daturum et meo semini. Quapropter etiamsi nos indigni simus, certe ne promissio fiat irrita, nobis aderit, et cuncta quæ destinavimus reddet facilia, et ad effectum, qualem optamus, per-

Famuli Abrahæ laudatio.

ducet. His dictis misit famulum. Ille ubi pervenit illuc, non adiit ullum ex civibus, non alloquutus est homines, non compellavit mulieres : sed vide quam bona fide, quem acceperat sequestrum, retinuit, præter eum appellavit neminem;

Gen 24.12.

et stans oravit, *Et ait, Domine Deus domini mei Abrahami, sis mihi hodie præsens ac propitius :* nec dixit, Domine Deus meus : sed quid? *Domine Deus domini mei Abrahami.* Etiamsi ego abjectus sim, inquit, et humilis, certe herum meum pro me allego: non enim mihi, sed illi ministraturus huc veni : illius igitur virtutis respectu conatus meos adjuva.

ταύτην καὶ τῷ σπέρματί σου, αὐτὸς ἀποστελεῖ τὸν
ἄγγελον αὐτοῦ ἔμπροσθέν σου, καὶ κατευοδώσει τὴν
ὁδόν σου. Ὁρᾷς πίστιν ἀνδρός; Οὐ παρεκάλεσε φίλους, ἢ συγγενεῖς, οὐκ ἄλλον οὐδένα, ἀλλὰ τὸν Θεὸν
ἔδωκεν αὐτῷ μεσίτην καὶ συνοδοιπόρον. Εἶτα βου-
C λόμενος παραθαρσῦναι τὸν οἰκέτην, οὐχ ἁπλῶς εἶπε,
Κύριος ὁ Θεὸς τοῦ οὐρανοῦ καὶ τῆς γῆς, ἀλλὰ προστίθησιν, Ὅς ἔλαβέ με ἐκ τοῦ οἴκου τοῦ πατρός μου.
Ἀναμνήσθητι, φησὶ, πῶς τοσαύτην ἤλθομεν ἀποδημίαν, πῶς τὴν οἰκείαν ἀφέντες ἐπὶ τῆς ἀλλοτρίας
πλείονος ἀπελαύσαμεν εὐημερίας, πῶς τὰ ἀδύνατα
γέγονε δυνατά. Οὐ τοῦτο δὲ μόνον βουλόμενος δηλῶσαι ἔλεγεν, Ὅς ἔλαβέ με ἐκ τοῦ οἴκου τοῦ πατρός
μου, ἀλλ' ὅτι καὶ ὀφειλέτην ἔχει τὸν Θεόν. Χρεώ-
στης, φησὶν, ἡμῖν ἐστιν· αὐτὸς εἶπε, σοὶ δώσω τὴν
γῆν ταύτην καὶ τῷ σπέρματί σου. Ὥστε εἰ καὶ ἡμεῖς
ἀνάξιοι, διὰ γοῦν τὴν ὑπόσχεσιν αὐτὸς τὴν ἑαυτοῦ,
D καὶ ἵνα αὐτὴν εἰς τέλος ἀγάγῃ, συμπαρέσται, καὶ
ἐξευμαριεῖ τὰ προκείμενα ἅπαντα, καὶ τέλος ἐπιθή-
σει τούτου οὗπερ εὐχόμεθα. Ταῦτα εἰπὼν ἔπεμψε τὸν
παῖδα. Εἶτα ἐλθὼν ἐκεῖνος εἰς τὴν χώραν ἐκείνην,
οὐ προσῆλθέ τινι τῶν τὴν πόλιν οἰκούντων, οὐ διελέχθη ἀνθρώποις, οὐκ ἐκάλεσε γυναῖκας· ἀλλ' ὅρα
πῶς καὶ ἐκεῖνος πιστὸς ὢν, τὸν μεσίτην, ὃν ἔλαβεν,
αὐτὸν κατεῖχεν, αὐτῷ διελέγετο μόνῳ, καὶ στὰς
ηὔξατο, φησὶ, Καὶ εἶπε, Κύριε ὁ Θεὸς τοῦ κυρίου
μου Ἀβραὰμ, εὐόδωσον ἐναντίον μου σήμερον· καὶ
οὐκ εἶπε, Κύριε ὁ Θεός μου, ἀλλὰ τί; Κύριε ὁ Θεὸς
E τοῦ κυρίου μου Ἀβραάμ. Εἰ καὶ ἐγὼ εὐτελὴς καὶ
ἀπερριμμένος, φησὶν, ἀλλὰ τὸν δεσπότην προβάλλο-
μαι τὸν ἐμόν· οὐ γὰρ ἐμαυτῷ, ἀλλ' ἐκείνῳ διακονῶν
ἥκω· ἐκείνου τοίνυν αἰδεσθεὶς τὴν ἀρετὴν, συγκατά-
πραξόν μοι τὸ προκείμενον ἅπαν.

6. Deinde ne putes eum tamquam debitum

Gen.24.12.

repetere, audi quæ sequuntur : *Et fac misericordiam cum domino meo Abraham.* Etiamsi plurima exstarent, inquit, nostra merita, rogamus tamen ut tua nos serves gratia, totum ut beneficium acceptum ferentes, non ut debitum. Et quid

Gen.24.13.14.

tibi postulas? *Ecce ego sto,* inquit, *prope fontem aquæ, et filiæ habitatorum civitatis egredientur ad hauriendam aquam. Igitur puella cui dixero : Præbe hydriam tuam ut bibam,* et *illa responderit, Bibe, quin* et *camelis tuis dabo potum : ipsa est quam præparasti servo* tuo *Isaac,* et *per hoc cognoscam, quod feceris misericordiam cum hero meo Abraham.* Vide sapientiam famuli, quale signum ponat. Non dixit, Si quam videro mulis carpentove invehi,

Εἶτα ἵνα μὴ νομίσῃς ὅτι ὡς χρέος ἀπαιτεῖ, ἄκουσον καὶ τῶν ἑξῆς· Καὶ ποίησον ἔλεος μετὰ τοῦ κυρίου
μου Ἀβραάμ. Κἂν μυρία ὦμεν, φησὶ, κατωρθωκότες,
ἀξιοῦμεν χάριτι σωθῆναι, καὶ ἀπὸ φιλανθρωπίας
τοῦτο λαβεῖν, οὐκ ἐξ ὀφειλῆς τινος καὶ χρέους. Τί
τοίνυν βούλει; Ἰδοὺ ἕστηκα, φησὶν, ἐπὶ τῆς πηγῆς
221 τοῦ ὕδατος· αἱ δὲ θυγατέρες τῶν οἰκούντων τὴν πόλιν
A ἐκπορεύονται ἀντλῆσαι ὕδωρ· καὶ ἔσται ἡ παρθένος,
ᾗ ἂν ἐγὼ εἴπω, ἐπίκλινόν μοι τὴν ὑδρίαν σου, ἵνα
πίω, καὶ εἴπῃ, πίε καὶ σὺ, καὶ τὰς καμήλους σου
ποτιῶ, ἕως ἂν παύσωνται πᾶσαι πίνουσαι, ταύτην
ἡτοίμασας τῷ παιδί σου Ἰσαὰκ, καὶ ἐν τούτῳ γνώ-
σομαι ὅτι ἐποίησας ἔλεος τῷ κυρίῳ μου Ἀβραάμ.
Ὅρα σοφίαν οἰκέτου, οἷον τίθησι σημεῖον. Οὐκ
εἶπεν· ἐάν τινα ἴδω ἐπὶ ἡμιόνων φερομένην, ἐπὶ
ὀχήματος ὀχουμένην, εὐνούχων δὲ ἑσμὸν ἐπισυρο-

μένην, πολλὴν ἔχουσαν θεραπείαν, εὔμορφον καὶ ἀπολάμπουσαν κατὰ τὴν τοῦ σώματος ὥραν, ταύτην ἡτοίμασας τῷ παιδί σου· ἀλλὰ τί; Ἧι ἂν ἐγὼ εἴπω, ἐπίκλινόν μοι τὴν ὑδρίαν σου, ἵνα πίω. Τί ποιεῖς, B ἄνθρωπε; οὕτως εὐτελῆ γυναῖκα τῷ δεσπότῃ σου ζητεῖς, ὑδροφοροῦσαν, καί σοι διαλεχθῆναι δυναμένην; Ναὶ, φησίν· οὐ γὰρ ἔπεμψέ με χρημάτων εὐπορίαν, οὐδὲ γένους λαμπρότητα, ἀλλὰ ψυχῆς εὐγένειαν ἐπιζητήσοντα. Πολλαὶ πολλάκις τῶν ὑδροφορουσῶν τούτων ὁλόκληρον ἔχουσιν ἀρετὴν, ἄλλαι δὲ ἐν οἴκοις λαμπροῖς καθήμεναι, πάντων εἰσὶ χείρους καὶ φαυλότεραι. Εἶτα καὶ πόθεν τοῦτο, ὅτι ἐνάρετός ἐστιν ἡ γυνή; Ἀπὸ τοῦ σημείου, φησὶν, οὗ εἶπε. Καὶ ποῖον τοῦτο τὸ σημεῖον ἀρετῆς; Μέγιστον καὶ ἀναμφισβήτητον. Φιλοξενίας γὰρ τοῦτο μέγα σημεῖόν ἐστιν, ὥστε πᾶσαν παρασχεῖν ἀπόδειξιν. Ὃ τοίνυν λέγει C τοιοῦτόν ἐστιν, εἰ καὶ μὴ ταῦτα φθέγγεται τὰ ῥήματα· ἐκείνην ζητῶ τὴν παρθένον, ἥτις οὕτω φιλόξενός ἐστιν, ὡς πᾶσαν παρασχεῖν ἐν οἷς ἂν δύνηται θεραπείαν. Καὶ οὐχ ἁπλῶς τοῦτο ἐζήτει· ἀλλ' ἐπειδὴ τοιαύτης οἰκίας ἦν, ἐν ᾗ μάλιστα τὰ τῆς φιλοξενίας ἤνθει κατορθώματα, τοῦτο πρὸ τῶν ἄλλων ἐζήτησεν, ὁμότροπον τοῖς ἑαυτοῦ δεσπόταις λαβεῖν. Εἰς οἰκίαν αὐτὴν μέλλομεν, φησὶν εἰσαγαγεῖν, ξένοις ἀνεῳγμένην· ἵνα μὴ πόλεμος ᾖ καὶ μάχη, τοῦ ἀνδρὸς προϊεμένου τὰ ὄντα, καὶ τὸν πατέρα μιμουμένου, [a] καὶ τοὺς ξένους ὑποδεχομένου· ταύτης δὲ σμικρολογουμένης τε καὶ μὴ ἀνεχούσης, καὶ κωλυούσης, ὃ πολλάκις ἐν πολλαῖς οἰκίαις εἴωθε γίνεσθαι· ἐντεῦθεν ἤδη βούλο- D μαι μαθεῖν εἰ φιλόξενός ἐστι· καὶ γὰρ ἐντεῦθεν ἡμῖν ἅπαντα γέγονε τὰ ἀγαθά. Οὕτω τὸν νυμφίον ἐκτήσατο ὁ δεσπότης ὁ ἐμός· οὕτω πατὴρ ἐγένετο, μόσχον ἔθυσε, καὶ παιδίον ἔλαβεν, ἄλευρα ἔφυρε, καὶ κατὰ τὸ πλῆθος τῶν ἄστρων τοὺς ἐκγόνους αὐτῷ ὑπέσχετο δώσειν ὁ Θεός. Ἐπεὶ οὖν ἐντεῦθεν ἡμῖν καὶ τῇ οἰκίᾳ ἅπαντα γέγονε τὰ ἀγαθὰ, τοῦτο πρὸ τῶν ἄλλων ἐπιζητῶ. Μὴ γὰρ τοῦτο ἴδωμεν, ὅτι ὕδωρ ἐπεζήτησεν, ἀλλ' ἐκεῖνο σκοπήσωμεν, ὅτι σφόδρα φιλοξένου ψυχῆς, E μὴ μόνον δοῦναι τὸ αἰτηθὲν, ἀλλὰ καὶ πλέον ὧν ᾔτησε παρασχεῖν. Καὶ ἐγένετο, φησὶ, πρὸ τοῦ συντελέσαι αὐτὸν λαλοῦντα, ἰδοὺ Ῥεβέκκα ἐξεπορεύετο, καὶ τὸ προφητικὸν ἐκεῖνο ἐπληροῦτο· Ἔτι λαλοῦντός σου ἐρῶ, ἰδοὺ πάρειμι. Τοιαῦται τῶν γενναίων ἀνδρῶν αἱ εὐχαί· πρὸ τοῦ τέλους πείθουσι τὸν Θεὸν ἐπινεῦσαι τοῖς λεγομένοις. Καὶ σὺ τοίνυν, ἐπειδὰν μέλλῃς γυναῖκα ἄγεσθαι, μὴ πρὸς ἀνθρώπους καταφύγῃς, μηδὲ πρὸς γυναῖκας ἐμπορευομένας τὰς ἀλλοτρίας συμφορὰς, καὶ ζητούσας ἓν μόνον, ὅπως 222 αὗται μισθὸν λάβωσιν· ἀλλὰ κατάφυγε ἐπὶ τὸν Θεόν. A

eunuchorumque agmen post se trahere, et numerosum famulitium, puellam ætate ac forma florida, eam præparasti tuo famulo; sed quid? B *Cui dixero: Præbe hydriam tuam, ut bibam.* Quid agis, bone vir? adeone vilem hero tuo quæris conjugem, aquatum missam, et quæ te alloqui potest? Etiam, inquit: missus enim sum non pecuniosam aut nobilem, sed moribus ingenuis præditam quærere. Multæ sæpe ex istis, quæ aquatum mittuntur, in solidum virtutem possident: aliæ contra in magnificis desidentes ædibus, ignavissimæ sunt et deterrimæ. Et qui scis hanc esse virtute præditam? E signo, inquit, quod dixi. Et quale hoc virtutis signum est? Indubitatum et maximum. Est enim hospitalitatis C signum certissimum. Sic igitur, etsi non eisdem verbis, loquitur: Illam quæro virginem, quæ tam hospitalis est, ut nullum, quantum potest, recuset ministerium. Idque non temere quærit, sed quia in eis fuerat educatus ædibus, in quibus maxime colebatur hospitalitas: ante omnia mores quærit herorum suorum moribus consimiles, ducturus sponsam in ædes patentes hospitibus. Sic ergo cogitabat: ne qua rixa oriatur inter ipsam et conjugem, dum maritus sua benigne communicat, in hoc a patre non degener, et hospites ultro invitans; hæc contra præ nimia parcimonia id vetat, et non sustinet, ut fit in D plerisque domibus; jam nunc experiri volo quam hospitalis sit: quandoquidem hospitalitati omnem nostram felicitatem debemus. Per hanc sponsum ipsum herus consequutus est, per hanc pater factus est, vitulum mactavit, et accepit filiolum, farinam fermentavit, et quanta stellarum est, tantam multitudinem nepotum ei Deus est pollicitus. Quando igitur hinc omnia bona influxerunt in nostram familiam, hanc virtutem E requiro ante omnia. Non hoc enim consideremus, quod homo aquam postulaverit, sed quod admodum hospitalis sit animi, non solum dare quod petitur, sed ultro offerre amplius. *Et accidit,* inquit, *ut priusquam is finem loquendi faceret, prodiret Rebecca ex oppido.* Prophetarum illud hic impletum est: *Adhuc loquente te dicam, Ecce adsum.* Tales sunt bonorum preces: ante finem earum sentiunt annuisse Deum propitium. Ergo tu quoque uxorem ducturus non confugias ad homines, aut ad mulieres quæstum facientes ex alienis infortuniis, et nihil aliud

Hospitalitas bonorum causa.

Gen. 24. 15.

Is. 58. 9.

[a] [Verborum ordinem in Montfauconi Editione valde turbatum restituimus ex Morelli Editione: Savilii textus hic lacunosus est.]

quærentes quam ut ipsæ operæ mercedem capiant: sed ad Deum confugito. Non gravabitur
Matth. 6. 33. esse tuis pronubus. Ipsius est promissio: *Quærite regnum cælorum, et hæc omnia adjicientur vobis.* Ne dicas, quomodo Deum videre possum? qui possum habere cum eo colloquium, et interrogare cominus? Infidelis hæc verba sunt animæ. Potest enim Deus et absque voce quidquid vult e vestigio conficere: quod hic quoque factum est. Nam et iste nec vocem ullam audivit, nec visionem vidit, sed ad fontem stans ac pre-
Gen. 24. 15. 16. catus, confestim voti compos factus est. *Accidit,* inquit, *ut priusquam finem loquendi faceret, Rebecca prodiret gestans aqualem in humeris, filia Bathuelis e Melcha progeniti, virgo valde formosa, virgo et viro incognita.* Quid mihi narras pulchritudinem corporis? Ut discas insignem ejus pudicitiam, ut discas animi pulchritudinem. Suspicienda namque res est ipsa pudicitia, sed magis etiam si conjuncta sit cum
Gen. 39 6. egregia specie. Hinc est quod de Joseph nobis narraturus ejusque temperantia, præfatus est de illius eximia pulchritudine corporis, dicens formosum fuisse, aspectuque gratum et in ipso flore pulchritudinis, atque ita demum subjunxit de juvenis temperantia, docens quod formæ decore non sit usus ad lasciviam. Haudquaquam enim pulchritudo scortationis causa semper est, sicut nec deformitas continentiæ. Multæ enim illustres insigni specie corporis illustriores factæ sunt per pudicitiam: aliæ facie turpes turpiorem animam stupris sordidaverunt innumeris. Utrobique causa est propositum animi, non natura corporis.

Οὐκ ἐπαισχύνεταί σου γενέσθαι νυμφαγωγός. Αὐτὸς ὑπέσχετο καὶ εἶπε· Ζητεῖτε τὴν βασιλείαν τῶν οὐρανῶν, καὶ ταῦτα πάντα προστεθήσεται ὑμῖν. Καὶ μὴ λέγε, πῶς δύναμαι τὸν Θεὸν ἰδεῖν; μὴ γὰρ ἀφεῖναί μοι φωνὴν ἔχει, καὶ διαλεχθῆναι φανερῶς, ἵνα προσελθὼν ἐρωτήσω; Ἀπίστου ταῦτα ψυχῆς. Καὶ γὰρ ὀξέως καὶ χωρὶς φωνῆς πάντα, ὅσα ἂν θέλῃ, δύναται κατασκευάζειν ὁ Θεός· ὃ δὴ καὶ ἐπὶ τούτου γέγονεν. Οὐδὲ γὰρ φωνὴν ἤκουσεν, οὐδὲ ὄψιν τινὰ εἶδεν· ἀλλ' ἐπὶ πηγῇ ἑστὼς ηὔξατο, καὶ ταχέως ἐπέτυχεν. Ἐγένετο γὰρ πρὶν ἢ συντελέσαι λαλοῦντα αὐτὸν,
B φησὶ, Ῥεβέκκα ἐξεπορεύετο ἡ τεχθεῖσα Βαθουὴλ τῷ υἱῷ Μελχᾶς, ἔχουσα τὴν ὑδρίαν ἐπὶ τῶν ὤμων· ἡ δὲ παρθένος ἦν καλὴ τῇ ὄψει σφόδρα, παρθένος ἦν, ἀνὴρ οὐκ ἔγνω αὐτήν. Τί μοι λέγεις τὴν εὐμορφίαν τοῦ σώματος; Ἵνα μάθῃς τὴν ὑπερβολὴν τῆς σωφροσύνης, ἵνα μάθῃς τὸ κάλλος τὸ ἐν τῇ ψυχῇ. Θαυμαστὸν μὲν γὰρ τὸ σωφρονεῖν· πολλῷ δὲ θαυμαστότερον, ὅταν μετ' εὐμορφίας τοῦτο γίνηται. Διὰ τοῦτο καὶ περὶ τοῦ Ἰωσὴφ μέλλων ἡμῖν διηγεῖσθαι καὶ τῆς ἐκείνου σωφροσύνης, πρότερον τὴν εὐμορφίαν τοῦ σώματος τέθεικεν, εἰπών· Καλὸς ἦν τῷ εἴδει, καὶ ὡραῖος τῇ ὄψει σφόδρα· καὶ τότε τὴν σωφροσύνην
C αὐτοῦ διηγήσατο δεικνὺς, ὅτι τὸ κάλλος αὐτὸν εἰς ἀσέλγειαν οὐ προήγαγεν. Οὔτε γὰρ τὸ κάλλος πορνείας αἴτιον, οὔτε ἡ ἀμορφία σωφροσύνης πάντως. Πολλαὶ γὰρ κατὰ τὴν ὥραν τοῦ σώματος λάμψασαι, μειζόνως κατὰ τὴν σωφροσύνην ἔλαμψαν· ἄλλαι πάλιν αἰσχραὶ καὶ δυσειδεῖς οὖσαι, αἰσχρότεραι κατὰ τὴν ψυχὴν ἐγένοντο, μυρίαις ῥυπωθεῖσαι πορνείαις. Οὐ γὰρ ἡ φύσις τοῦ σώματος, ἀλλ' ἡ προαίρεσις τῆς ψυχῆς καὶ τούτου κἀκείνου αἰτία.

Cur bis appellet virginem Rebeccam. 7. Nec temere eam bis appellat virginem. Cum enim jam dixisset, *Virgo erat,* subjunxit: *Virgo erat, et viro incognita.* Quoniam enim multæ virgines corpus incorruptum servantes, animam habent plenam intemperantia, fucisque turbam amatorum attrahunt, et inescantes oculos juvenum in insidias eos trahunt, atque ad barathra pelliciunt, ostendens Moses quod hæc non talis, sed tam animo quam corpore virgo fuerit, dixit, *Virgo erat, et viro incognita.* Tametsi multas habebat occasiones, per quas a viris cognosceretur: primum corporis pulchritudinem, deinde modum ministerii, quo perfungi est solita. Si enim in thalamo desedisset perpetuo, sicut nostri temporis virgines, nec forum adiisset, nec exisset paternam domum, nulla esset laus, si diceretur viro incognita. Cum autem videas eam forum petere, quotidieque cogi aquatum ire se-

Οὐχ ἁπλῶς δὲ δεύτερον αὐτὴν παρθένον εἶπεν. Εἰπὼν γὰρ, Παρθένος ἦν, ἐπήγαγε· Παρθένος ἦν,
D ἀνὴρ οὐκ ἔγνω αὐτήν. Ἐπειδὴ γὰρ πολλαὶ παρθένων τὸ σῶμα ἀδιάφθορον τηροῦσαι, τὴν ψυχὴν πολλῆς ἀκολασίας πληροῦσι, καλλωπιζόμεναι, μυρίους πανταχόθεν ἐπισπώμεναι ἐραστὰς, καὶ τοὺς τῶν νέων ὀφθαλμοὺς ἀναπτεροῦσιν, ἐνέδρας τιθεῖσαι καὶ βάραθρα, δεικνὺς ὁ Μωϋσῆς ὅτι οὐκ αὐτὴ τοιαύτη, ἀλλ' ἑκατέρωθεν ἦν παρθένος, ἀπό τε σώματος, ἀπό τε ψυχῆς, φησὶ, Παρθένος ἦν, ἀνὴρ οὐκ ἔγνω αὐτήν. Καίτοι γε πολλὰς εἶχεν ἀφορμὰς τοῦ γνωρισθῆναι ἀνδράσι· πρῶτον μὲν, τὸ κάλλος τοῦ σώματος· δεύ-
E τερον δὲ, ὁ τῆς διακονίας τρόπος. Εἰ μὲν γὰρ ἐν θαλάμῳ διηνεκῶς ἐκάθητο, καθάπερ αἱ νῦν παρθένοι, καὶ μηδέποτε εἰς ἀγορὰν ἐνέβαλεν, μηδὲ ἐξῄει τὴν οἰκίαν τὴν πατρῴαν, οὐδὲν τοσοῦτον ἦν εἰς ἐγκώμιον λέγεσθαι περὶ αὐτῆς, ὅτι ἀνὴρ οὐκ ἔγνω αὐτήν. Ὅταν δὲ ἴδῃς αὐτὴν εἰς ἀγορὰν ἐξιοῦσαν, καθ' ἑκάστην ἡμέ-

ραν ὑδροφορεῖν ἀναγκαζομένην, καὶ ἅπαξ καὶ δὶς καὶ πολλάκις, εἶτα μηδενὶ γνώριμον οὖσαν ἀνδρὶ, τότε μάλιστα αὐτῆς δυνήσῃ κατιδεῖν τὸ ἐγκώμιον. Εἰ γὰρ ὀλιγάκις εἰς ἀγορὰν παραβάλλουσα παρθένος, καὶ δυσειδὴς οὖσα καὶ ἄμορφος, πολλῶν ἑπομένων θεραπαινίδων, ἀπὸ τῶν ἐξόδων τούτων διεφθάρη τὸ ἦθος πολλάκις· ἡ καθ' ἑκάστην ἡμέραν ἐκ τῆς πατρῴας 223 A οἰκίας ἐξιοῦσα μόνη, καὶ οὐκ εἰς ἀγορὰν ἁπλῶς, ἀλλ' εἰς τὴν πηγὴν ἀπαντῶσα καὶ ὑδρευομένη, ἔνθα πολλοὺς καὶ ἑτέρους συνιέναι ἀνάγκη, πῶς οὐκ ἂν εἴη μυρίων ἀξία θαυμάτων, οἵτε ἀπὸ τῶν ἐξόδων τῶν συνεχῶν, οὔτε ἀπὸ τῆς κατὰ τὴν ὄψιν εὐμορφίας, οὔτε ἀπὸ τοῦ πλήθους τῶν παραγινομένων, οὔτε ἄλλοθεν οὐδαμόθεν διαφθαρεῖσα τὸ ἦθος, ἀλλὰ τὸ σῶμα καὶ τὴν ψυχὴν ἀδιάφθορος μείνασα, καὶ τὴν σωφροσύνην τῶν ἐν γυναικωνίτιδι καθημένων ἀκριβέστερον διατηρήσασα, καὶ τοιαύτη φανεῖσα, οἵαν ὁ Παῦλος ἐπιζητεῖ λέγων, Ἵνα ᾖ ἁγία σώματι καὶ πνεύματι; Καταβᾶσα τοίνυν ἐπὶ τὴν πηγὴν ἔπλησε τὴν ὑδρίαν τοῦ ὕδατος, καὶ ἀνέβη· καὶ ἔδραμεν ὁ παῖς εἰς συν- B άντησιν αὐτῆς, καὶ εἶπε· πότισόν με μικρὸν ἐκ τῆς ὑδρίας σου. Ἡ δὲ εἶπε· πίε, κύριε· καὶ ἔσπευσε, καὶ καθεῖλε τὴν ὑδρίαν ἐπὶ τὸν βραχίονα αὐτῆς, καὶ ἐπότισεν αὐτὸν ἕως ἐπαύσατο πίνων· καὶ εἶπε· καὶ ταῖς καμήλοις σου ὑδρεύσομαι, ἕως ἂν πᾶσαι πίωσι. Καὶ ἔσπευσε καὶ ἐξεκένωσε τὴν ὑδρίαν εἰς τὸ ποτιστήριον, καὶ ἔδραμεν ἐπὶ τὸ φρέαρ ἀντλῆσαι καὶ ὑδρεύσασθαι πάσαις ταῖς καμήλοις. Πολλὴ μὲν τῆς γυναικὸς ἡ φιλοξενία, πολλὴ δὲ ἡ σωφροσύνη, καὶ ἀμφότερα ταῦτα καὶ ἀφ' ὧν ἐποίησε, καὶ ἀφ' ὧν εἶπε, μάλιστά ἐστι καταμαθεῖν. Εἶδες πῶς οὔτε ἡ σωφροσύνη τὴν φιλοξενίαν ἐλυμήνατο, οὔτε ἡ φιλοξενία τὴν σωφροσύ- C νην διέφθειρε; Τὸ μὲν γὰρ μὴ προτέραν ἐπιδραμεῖν, μηδὲ προσειπεῖν τὸν ἄνδρα, σωφροσύνης ἦν· τὸ δὲ αἰτηθεῖσαν μὴ ἀνανεῦσαι, μηδὲ ἀρνήσασθαι, φιλοξενίας καὶ φιλανθρωπίας πολλῆς. Ὥσπερ γὰρ εἰ προτέρα προσέδραμε, καὶ μηδὲν εἰπόντι διελέχθη, ἰταμότητος ἦν καὶ ἀναισχυντίας· οὕτως, εἰ παρακαλέσαντα διεκρούσατο, ὠμότητος ἦν καὶ ἀπανθρωπίας. Νῦν δὲ οὐδέτερον τούτων ἐποίησεν· οὔτε διὰ τὴν σωφροσύνην τὴν φιλοξενίαν ἐλυμήνατο, οὐδ' αὖ πάλιν διὰ τὴν φιλοξενίαν τὸ τῆς σωφροσύνης ἐγκώμιον ὑπετέμετο, ἀλλ' ὁλόκληρον ἑκατέραν ἐπεδείξατο τὴν ἀρετὴν, τῷ D μὲν ἀναμεῖναι τὴν αἴτησιν τὴν σωφροσύνην ἐπιδεικνυμένη, τῷ δὲ παρασχεῖν μετὰ τὴν αἴτησιν τὴν φιλοξενίαν τὴν ἄφατον. Καὶ γὰρ ἀφάτου φιλοξενίας ἦν, τὸ μὴ μόνον ὅπερ ᾔτησε δοῦναι, ἀλλὰ καὶ πλέον τι παρασχεῖν τῶν αἰτηθέντων. Εἰ δὲ ὕδωρ ἦν τὸ διδόμενον, τούτου κυρία ἦν τότε. Τοὺς δὲ φιλοξένους οὐκ ἀπὸ τῆς πολυτελείας τῶν διδομένων, ἀλλ' ἀπὸ τῆς δυνάμεως, ἧς παρέχουσι, κρίνειν εἰώθασιν· ἐπεὶ καὶ τὸν ποτήριον δόντα ψυχροῦ ὁ Θεὸς ἐπῄνεσε, καὶ

mel, bis aut sæpius, atque ita manere viro incognitam, ea vero laus est non minima. Cum enim nonnumquam accidat, ut raro forum potens virgo, nec formosa, et comitata ancillis aliquot, amittat morum puritatem in ejusmodi evagationibus: hæc quæ quotidie sola prodit e paternis 223 A ædibus, idque non in forum tantum, sed aquatum ad fontem, quo et alios multos convenire est necesse, an non magna admiratione digna est? quippe cujus probitati neque crebri e domo exitus, neque egregia vultus forma, neque frequentes juvenum occursus, neque aliud quidquam, detrimentum ullum afferat, dum tam animo quam corpore servat pudicitiam diligentius, quam quæ numquam e gynæceo se proferunt, plane talis qualem Paulus requirit dicens, *Ut sit sancta corpore et spiritu? Cum igitur ad fontem descendisset, jamque repleta hydria reverteretur, occurrens ei servus ait: Præbe* B *mihi pauxillum potus de tua hydria. Quæ respondit, Bibe, domine; celeriterque deposuit hydriam super ulnam suam, et præbuit ei donec desineret bibere. Moxque ait, Etiam camelis tuis hauriam, donec omnes bibant. Festinansque effusa aqua in alveum unde potum sumerent, accurrit ad puteum, ut hauriret aquam camelis omnibus.* Magna hospitalitas feminæ, magna modestia, ut ex ipsius tam dictis quam factis est conspicuum. Viden' quomodo nec modestiæ hospitalitas obfuit, nec hospitalitati modestia? Quod enim non C prior occurrit, nec appellavit virum, hoc fuit modestiæ: rursum quod ad postulata non rennit, neque negavit se facturam, hoc magnæ hospitalitatis ac humanitatis fuit officium. Ut enim impudenter fecisset, si prior occurrisset, et ultro appellasset hominem: ita inhumanum erat et barbarum, si rogantis verba repulisset. Nunc vero neutrum fecit: nec modestiæ studio hospitalitati defuit, nec hospitalitatis cura laudem verecundiæ sibi minuit, sed utramque virtutem integram obtinuit, declarando suam modestiam, dum ro- D gari exspectat; miram vero hospitalitatem, dum rogata sine mora obsequitur. Etenim summæ hospitalitatis fuit, non modo quæ postulavit dedisse, sed etiam plus quam ille petiit exhibuisse. Nec refert quod aqua erat quæ offerebatur: tum enim hanc solam habuit. Hospitales autem non ex sumtu censendi sunt, sed ex facultatibus; quando Deus eum etiam laudat, qui dedit frigidæ poculum; et eam, quæ duos æreos minutos obtulit, ait contulisse plus omnibus, quia totum

1. Cor. 7. 34.

Gen. 24. 16.–20.

Hospitalitas et modestia Rebeccæ.

Non ex sumtu æstimanda hospitalitas.

Matth. 10. 42.

Luc. 21. 2. –4.

quod habuit conjecerat. Sic et ista his bonum illum virum excepit xeniis, quæ sola tum ad manum aderant. Nec temere additum est, quod festinans cucurrit, et similia, sed ut intelligas eam alacriter fecisse omnia, non ægre ac gravatim, nec invitam et coactæ similem. Et ne id parvum putes, sæpe aliquem prætereuntem rogavimus, ut paulisper gradum sisteret, summissaque sua face nostram accenderet, aut a bajulante aquam petiimus ut modicum inde bibere liceret: nec id facere sustinuit, sed tulit graviter: hæc autem non modo summisit ei hydriam, sed camelis etiam omnibus aquam hausit affatim, labori non parcens, et suo corpore hospitalitati commitor subserviens: non enim factum hoc solum, verum etiam alacritas adjuncta virtutem puellæ indicat, quæ hominem ignotum et tum primum visum vocat dominum. Et sicut Abrahamus ipsius socer prætereuntes non interrogat, quinam sint et cujates, quove iter et unde faciant, sed simpliciter hospitalitati dat operam: ita et hæc non sciscitatur, quis es et unde? qua de causa venis? sed hospitalitatis opes congregans, non est curiosa cæterorum. Etenim gemmarii et nummularii hoc unum curant, ut lucrum capiant ex iis cum quibus negotiantur, parum solliciti quales tandem illi sint: sic hæc solum id quærit, ut hospitalitatis fructum capiat, utque solidam ejus mercedem percipiat. Bene sciebat hospitem maxime verecundum esse, ideoque magnam ei comitatem exhibendam esse et modestiam non curiosam: quod si de rebus ejus percontemur immodice, tergiversari eum et gravatim accedere. Quapropter neque hæc se ita gerit erga illum, neque ejus socer Abraham erga hospites, ne sic venationem suam absterreat: sed curatis prætereuntium corporibus et obsequutus suo animo, sic eos dimittit.

Gen. 18. 8. Hoc pacto etiam angelos aliquando excepit, circa quos si fuisset curiosior, non parum decessisset mercedi ejus debitæ. Admiramur enim eum non quod exceperit angelos, sed quod nesciens esse angelos, exceperit. Nec enim mirandum si prudens ac sciens tractasset eos comiter, quorum dignitas quantumvis immane pectus ac saxeum ad humanitatem benignitatemque posset cogere: sed hoc meretur admirationem quod viatores vulgares ratus, tantum honoris eis habuit. Talis erat hæc quoque: nesciebat hominem quisnam esset, aut curnam venisset,

τὴν δύο λεπτὰ καταβαλοῦσαν πάντων πλέον κατα-
βεβληκέναι ἔφη, ἐπειδὴ πάντα, ἅπερ εἶχε, τότε κα-
E τέβαλεν. Οὕτω καὶ αὕτη τούτοις τὸν γενναῖον ἐκεῖνον
ἐξένισεν, ὧν οὐδὲν εἶχε πλέον αὐτῷ παρασχεῖν. Οὐχ
ἁπλῶς δὲ πρόσκειται τὸ, Ἔσπευσε, καὶ ἔδραμε, καὶ
ὅσα τοιαῦτα, ἀλλ' ἵνα μάθῃς τὴν προθυμίαν, μεθ' ἧς
ἐποίει τὸ πρᾶγμα, οὐκ ἄκουσα, οὐδὲ ἀναγκαζομένη,
οὐδὲ δυσχεραίνουσα, οὐδὲ ἀγανακτοῦσα. Καὶ ὅτι οὐ
μικρὸν τοῦτό ἐστι, πολλάκις παριόντα τινὰ στῆναι
μικρὸν ᾐτήσαμεν δᾷδα κατέχοντα, ἵνα ἅψωμεν, ἢ
ὕδωρ βαστάζοντα, ὥστε ἀποπιεῖν, καὶ οὐκ ἠνέσχετο,
ἀλλ' ἐδυσχέρανεν· ἐκείνη δὲ οὐ μόνον ἀπέκλινεν
αὐτῷ τὴν ὑδρίαν, ἀλλὰ καὶ ταῖς καμήλοις πά-
224 σαις ὑδρεύσατο, πόνον τοσοῦτον ἀνασχομένη, καὶ
A τὴν ἀπὸ τοῦ σώματος λειτουργίαν εἰς τὴν φιλοξενίαν εἰσενεγκοῦσα μετὰ πολλῆς προσηνείας· οὐ γὰρ
τὸ ποιῆσαι μόνον, ἀλλὰ καὶ τὸ προθύμως, δείκνυσιν
αὐτῆς τὴν ἀρετήν· κύριον καλεῖ ἄνθρωπον ἀγνῶτα
καὶ τότε φανέντα πρῶτον. Καὶ καθάπερ ὁ κηδεστὴς
αὐτῆς Ἀβραὰμ οὐκ ἠρώτα τοὺς παριόντας, τίνες τέ
ἐστε, καὶ πόθεν; καὶ ποῦ πορεύεσθε; καὶ πόθεν
ἥκατε; ἀλλ' ἁπλῶς τὴν φιλοξενίαν ἐκαρποῦτο· οὕτω
καὶ αὕτη οὐκ εἶπε, τίς εἶ, καὶ πόθεν, καὶ τίνος ἕνεκεν
παραγέγονας; ἀλλὰ καρπωσαμένη τὴν εὐπορίαν τῆς
φιλοξενίας, τὰ περιττὰ πάντα ἀφῆκε. Καὶ γὰρ οἱ
μαργαρίτας ὠνούμενοι, καὶ χρυσίον λαμβάνοντες, ἓν
τοῦτο ζητοῦσι μόνον, ὅπως κερδαίνοιεν ἀπὸ τῶν ἐχόν-
B των τὰ χρήματα, οὐχ ὅπως αὐτοὺς περιεργάσοιντο·
καὶ αὕτη τοῦτο μόνον ζητεῖ, ὅπως δέξηται τὸν τῆς
φιλοξενίας καρπὸν, ὅπως λάβοι τὸν μισθὸν ἀπηρτισμένον. Ἤδει τοῦτο σαφῶς, ὅτι ὁ ξένος μάλιστα
πάντων αἰσχύνεται· διὰ τοῦτο δεῖται πολλῆς τῆς
φιλοφροσύνης, καὶ ἀπεριεργάστου τῆς σωφροσύνης·
ἂν τοίνυν μέλλωμεν αὐτὸν περιεργάζεσθαι καὶ πολυπραγμονεῖν, ὀκνεῖ καὶ ἀναδύεται, καὶ ἀηδῶς προσέρχεται. Διὰ τοῦτο οὐδὲ αὕτη τοῦτο ἐποίησεν ἐπὶ τούτου, οὐδὲ ἐπὶ τῶν ξένων ὁ κηδεστὴς ὁ ταύτης, ἵνα μὴ
τὴν θήραν ἀποσοβήσῃ· ἀλλ' ἐθεράπευε τοὺς παριόντας μόνον, καὶ καρπούμενος δι' αὐτῶν ὅπερ ἐβούλετο,
C οὕτως αὐτοὺς ἐξέπεμπε.

Διὰ τοῦτο καὶ ἀγγέλους ποτὲ ὑπεδέξατο· ὡς εἴ γε
περιειργάζετο, ἠλαττώθη ἂν αὐτῷ ὁ ἐπικείμενος μισθός. Καὶ γὰρ θαυμάζομεν αὐτὸν, οὐχ ὅτι ἀγγέλους
ὑπεδέξατο, ἀλλ' ὅτι ἀγνοῶν ὑπεδέξατο. Εἰ μὲν γὰρ
εἰδὼς ἐθεράπευσεν, οὐδὲν θαυμαστὸν ἐποίει, τῆς ἀξίας
τῶν ὑποδεχθέντων καὶ τὸν σφόδρα λίθινον καὶ ἀπηνῆ
καταναγκαζούσης φιλάνθρωπον γενέσθαι καὶ ἥμερον·
τὸ δὲ θαυμαστὸν τοῦτο ἦν, ὅτι ὁδίτας τινὰς αὐτοὺς
εἶναι νομίζων, τοσαύτην ἐπ' αὐτοῖς ἐπεδείξατο τὴν
θεραπείαν. Τοσαύτη καὶ αὕτη ἦν· οὐκ οἶδεν τίς ἦν,
D οὐδὲ ἐπὶ τί παρεγένετο, οὐδὲ ὅτι αὐτὴν μνηστευσόμε-
νος ἦλθεν, ἀλλὰ ξένον τινὰ καὶ ὁδοιπόρον ἐνόμισε. Διὰ

τοῦτο μείζων αὐτῇ ὁ μισθὸς τῆς φιλοξενίας ἐγίνετο, ὅτι τὸν οὐδαμόθεν ὄντα γνώριμον μετὰ τοσαύτης ὑπεδέξατο εὐνοίας, ὁμοῦ καὶ τὴν σωφροσύνην διατηροῦσα. Οὐδὲ γὰρ ἀναισχύντως, οὐδὲ ἰταμῶς, οὔτε ἀναγκάζουσα, οὔτε ὀργιζομένη, ἀλλὰ μετὰ τῆς προσηκούσης σεμνότητος τοῦτο ἐποίει. Τοῦτο γὰρ αὐτὸ ᾐνίξατο ὁ Μωϋσῆς λέγων· Ὁ δὲ ἄνθρωπος κατεμάνθανεν αὐτὴν, καὶ παρεσιώπα τοῦ γνῶναι, εἰ εὐώδωσε Κύριος τὴν ὁδὸν αὐτοῦ. Τί ἐστι, Κατεμάνθανεν αὐτήν; Καὶ σχῆμα, καὶ βάδισμα, καὶ βλέμμα, καὶ ῥῆμα, καὶ πάντα ἀκριβῶς ἐξήταζεν, ἀπὸ τῶν τοῦ σώματος κινημάτων τὴν ἕξιν τῆς ψυχῆς καταμανθάνων. Καὶ οὐδὲ τούτοις ἠρκέσθη μόνον, ἀλλὰ δευτέραν προσάγει πεῖραν. Ἐπειδὴ γὰρ ἐπότισεν αὐτὸν, οὐκ ἔστη μέχρι τούτου, ἀλλ᾽ εἶπεν αὐτῇ, Τίνος θυγάτηρ εἶ, ἀνάγγειλόν μοι, καὶ εἰ ἔστι παρὰ τῷ πατρί σου τόπος τοῦ καταλῦσαι; Τί οὖν ἐκείνη; Ἀνεξικάκως καὶ πράως καὶ τὸν πατέρα εἶπε, καὶ οὐκ ἠγανάκτησε, λέγουσα, σὺ δέ τις εἶ ὁ πολυπραγμονῶν, καὶ ζητῶν, καὶ τὴν οἰκίαν περιεργαζόμενος; ἀλλὰ τί; Θυγάτηρ Βαθουὴλ εἰμι ἐγὼ υἱοῦ Μελχᾶς, ὃν ἔτεκεν τῷ Ναχώρ· καὶ ἄχυρα καὶ χορτάσματα πολλὰ παρ᾽ ἡμῖν, καὶ τόπος τοῦ καταλῦσαι. Ὥσπερ ἐπὶ τοῦ ὕδατος, πλέον ὧν ᾔτησεν ἔδωκεν· ὁ μὲν γὰρ πιεῖν ᾔτησε μόνον, ἡ δὲ καὶ τὰς καμήλους ὑπέσχετο ποτίζειν, καὶ ἐπότισεν· οὕτω καὶ ἐνταῦθα· αὐτὸς τόπον ᾔτησε μόνον, ἡ δὲ καὶ ἄχυρα καὶ χορτάσματα καὶ ἄλλα πολλὰ, διὰ τούτων πάντων αὐτὸν ἐκκαλουμένη, καὶ πρὸς τὴν οἰκίαν ἕλκουσα, ἵνα τὸν τῆς φιλοξενίας καρπώσηται μισθόν. Ταῦτα δὲ μὴ παρέργως μηδὲ ἁπλῶς ἀκούωμεν, ἀλλ᾽ ἡμᾶς αὐτοὺς καθ᾽ ἑαυτοὺς ἐννοοῦντες, καὶ τούτοις παραβάλλοντες, οὕτως εἰσόμεθα τὴν ἀρετὴν τῆς γυναικός. Πολλάκις γοῦν γνωρίμους τινὰς καὶ ἐπιτηδείους ὑποδεχόμενοι δυσχεραίνομεν, κἂν μίαν ἢ δευτέραν ἡμέραν ἐνδιατρίψωσι, βαρυνόμεθα· αὕτη δὲ τὸν ἀγνῶτα καὶ ξένον μετὰ πολλῆς εἰς τὴν οἰκίαν εἷλκε τῆς προθυμίας, καὶ ταῦτα οὐκ αὐτῷ μόνον, ἀλλὰ καὶ καμήλοις τοσαύταις μέλλουσα παρέξειν τὴν θεραπείαν. Ἐπειδὴ δὲ εἰσῆλθε, σκόπει ἐντεῦθεν μᾶλλον αὐτοῦ τὴν σύνεσιν. Ὡς γὰρ παρέθηκε φαγεῖν αὐτῷ ἄρτους, φησίν· Οὐ μὴ φάγω, ἕως ὅτου λαλήσω τὰ ῥήματά μου. Εἶδες πῶς ἦν ἐγρηγορὼς καὶ νήφων; Εἶτα, ἐπειδὴ εἰπεῖν ἐπέτρεψαν, ἴδωμεν πῶς αὐτοῖς διαλέγεται. Ἆρα ταῦτα εἶπε πρὸς αὐτοὺς τὰ ῥήματα, ὅτι δεσπότην ἔχοι περιφανῆ καὶ λαμπρὸν, παρὰ πάντων τιμώμενον, πολλῆς παρὰ τῶν ἐγχωρίων προεδρίας ἀπολαύοντα; καίτοι γε εἴπερ ἐβούλετο ταῦτα εἰπεῖν, οὐκ ἂν ἠπόρησε καὶ γὰρ ἐν τάξει βασιλέως αὐτὸν οἱ ἐπιχώριοι ἐτίμων. Ἀλλ᾽ ὅμως οὐδὲν τούτων εἶπεν, ἀλλὰ τὰ ἀνθρώπινα ταῦτα ἀφεὶς, ἀπὸ τῆς ἄνωθεν αὐτὸν ῥοπῆς ἐκόσμησεν οὕτω λέγων· Παῖς Ἀβραάμ ἐγώ εἰμι· Κύριος εὐλόγησε τὸν κύριόν μου σφόδρα, καὶ ὑψώθη, καὶ ἔδωκεν αὐτῷ

neque quod conciliaturus esset ipsius nuptias,
sed viatorem unum aliquem putabat et hospitem.
Idcirco uberior ei hospitalitatis merces contingit, quod modis omnibus ignotum tanta prose-
quuta sit benevolentia, servata interim et
modestia. Neque enim effrena temeritate, neque vim afferens aut stomachabunda hoc
faciebat, sed cum decoro ita ut par erat. Hoc
enim ipsum Moses subindicat his verbis : *Ille* Gen. 24. 21
autem contemplabatur eam tacitus, scire vo-
lens utrum prosperum iter suum fecisset Do-
E *minus*. Quid est, *Contemplabatur eam?* Et
habitum, et incessum, et aspectum, et verba,
omnia denique diligenter examinabat, ex corporis gestibus habitudinem animi colligens. Nec
his contentus, alterum experimentum adhibet.
Accepto enim ab ea potu non destitit, sed rogare
pergit : *Cujus es filia, indica mihi : estne in* Gen. 24.
domo patris tui locus quo possim divertere? 23.
225 Quid illa ad hæc? Patienter ac mansuete suum
A patrem indicat. Non dixit indignabunda : Tu
vero quis es tam curiosus percontator etiam de
nostris ædibus? sed quid? *Filia sum Bathue-* Ib. v. 24.
lis filii Melchæ, quem Nachori peperit. Pa- 25.
learum quoque et *fœni apud nos est copia*,
et *locus ad divertendum*. Sicut ante aquam
petenti plus quam posceret obtulit : nam cum ille
potum sibi soli petiisset, etiam camelis se præ-
bituram est pollicita, et utique præbuit : sic etiam
hic requirenti tantummodo diversorium, insuper
de paleis ac fœno prospicit, deque aliis multis,
alliciens eum his omnibus, et domum pertra-
B bens, ut hospitalitatis fructum et mercedem capiat. Hæc autem non obiter, neque negligenter
audiamus, sed nosmetipsos considerantes, ad
hoc exemplum conferamus : sic enim intelligemus virtutem hujus feminæ. Sæpenumero notos
aliquos et necessaries excipientes ægre ferimus,
et gravamur, si unum aut alterum diem commorati fuerint; hæc autem ignotum et hospitem
magna alacritate domum pertraxit, præsertim
cum non ipsi soli, sed tot camelis etiam offerret
curam et ministerium. Postquam autem intro-
C gressus est hospitium, jam magis considera servi prudentiam. Apposita enim mensa, inquit,
Non prius cibum capiam quam loquar verba Gen. 24.
mea. Vide quam vigilans fuerit et sobrius? 33.
Deinde postquam permissum est ei dicere, videamus quomodo illos alloquitur. Num ista verba
ad eos dixit : herum se habere illustrem et
splendidum, honoratum ab omnibus, virum
magnæ auctoritatis apud cives regionis, in qua

Abraham tamquam rex colebatur. tum degeret? tametsi poterat, si voluisset, hæc
vere dicere : etenim tamquam rex colebatur ab
ejus nationis hominibus. Attamen nihil horum
dixit, sed omissis istis, quæ apud homines sunt
in pretio, a divino eum favore commendat his
Gen. 24. 34. 35. verbis : *Ego Abrahæ servus : Dominus bene-*
dixit Domino meo valde, exaltatusque est, *et*
dedit ei oves et *boves, argentum* et *aurum.*
Divitias ejus memorat, non ut opulentum, sed
ut pium esse ostendat, hoc nomine laudans quod
a Deo hæc acceperit, non quod tantarum rerum
Gen. 24. 36. sit dominus. Deinde loquitur de sponso : *Et pe-*
perit Sarra, uxor domini mei, filium domino
meo jam seni. Hic et partus modum subindicat
docens quod et partus ei divina providentia
concessus sit, non naturæ ordine. Ergo tu quoque sive sponsum, sive sponsam quæras, hoc
inquire ante omnia, an Deo placens sit, an
valde illi favor cælestis adspiret. Si enim hæc
adsint, consequenter et alia : sin autem desint,
etiamsi res familiaris abunde suppetat, nihil
proderit. Deinde ne audiat ab eis, Cur igitur
Ib. v. 37. 38. nullam indigenam in uxorem accipit? *Adjura-*
vit me, inquit, *dominus meus dicens : Non*
accipies uxorem filio meo ex filiabus Chana-
næorum, sed ad domum patris mei proficisce-
ris, et *de tribu mea accipies uxorem filio meo.*
Sed ne totam historiam in medium afferentes
molesti videamur, ad finem transeamus. Cum
enim retulisset, quomodo ad fontem adstiterit,
quid a puella petierit, quomodo illa plus, quam
petitum esset dederit, quomodo Deus mediator
fuerit, cumque omnia diligenter nuntiasset, sermonis finem fecit. His omnibus auditis illi non
amplius dubitaverunt, neque neglexerunt rem,
sed quasi divinitus instincti sine mora ei promiserunt filiam. Respondentesque Laban et Ba-
Gen. 24. 50. 51. thuel dixerunt : *Mandatum hoc egressum est*
a Deo : ideo non possumus tuæ postulationi
contradicere. En Rebecca, tolle *eam* et *pro-*
pera, et *sit uxor domini tui, sicut loquutus*
est Dominus. Quis non obstupesceret? quis
non admiraretur, quanta impedimenta brevi
temporis momento sublata sint? Etenim vel
quod hospes erat, vel quod servus, vel quod ignotus, vel quod longum esset itineris intervallum, vel quod nec socer, nec sponsus, neque
alius ex eorum necessariis notus erat, horum
unumquodque per se satis erat impedimenti,
quominus hoc connubium succederet : attamen

πρόβατα, καὶ μόσχους, καὶ χρυσίον, καὶ ἀργύριον. Τὸν
D πλοῦτον εἶπεν, οὐχ ἵνα εὔπορον δείξῃ ὄντα, ἀλλ' ἵνα
φιλόθεον· οὐ γὰρ ἀπὸ τοῦ κεκτῆσθαι, ἀλλ' ἀπὸ τοῦ
παρὰ Θεοῦ ταῦτα αὐτὸν εἰληφέναι ἐγκωμιάσαι βού-
λεται· εἶτα περὶ τοῦ νυμφίου διαλεγόμενος· Καὶ
ἔτεκε Σάῤῥα, ἡ γυνὴ τοῦ κυρίου μου, υἱὸν ἕνα τῷ
κυρίῳ μου μετὰ τὸ γηρᾶσαι αὐτόν. Ἐνταῦθά μοι καὶ
τὸν τρόπον τῶν ὠδίνων ᾐνίξατο, δεικνὺς ὅτι καὶ ὁ
τόκος ἀπὸ τῆς τοῦ Θεοῦ γέγονε προνοίας τῆς πρὸς
ἐκεῖνον, οὐ κατὰ φύσεως ἀκολουθίαν. Καὶ σὺ τοίνυν
ἄν τε νυμφίον, ἄν τε νύμφην ἐπιζητῇς, ταῦτα πρὸ
τῶν ἄλλων ζήτει, εἰ θεοφιλής ἐστιν, εἰ πολλῆς ἄνωθεν
ἀπολαύει τῆς εὐνοίας. Ἂν γὰρ ἐκεῖνα ᾖ, καὶ τὰ ἄλλα
ἕπεται· τούτων δὲ οὐκ ὄντων, κἂν μετὰ πολλῆς τῆς
E ἀδείας αὐτοῖς ὑπάρχῃ τὰ βιωτικὰ, κέρδος οὐδέν. Εἶτα
ἵνα μὴ λέγωσι, τίνος οὖν ἕνεκεν οὐδεμίαν τῶν ἐπιχω-
ρίων ἔλαβε γυναικῶν; Ὥρκισέ με, φησὶ, λέγων· οὐ
λήψῃ τῷ υἱῷ μου γυναῖκα ἀπὸ τῶν θυγατέρων τῶν
Χαναναίων, ἀλλ' εἰς τὸν οἶκον τοῦ πατρός μου πορεύσῃ, καὶ εἰς τὴν φυλήν μου, καὶ λήψῃ γυναῖκα τῷ
υἱῷ μου. Ἀλλ' ἵνα μὴ πᾶσαν τὴν ἱστορίαν εἰς
μέσον φέροντες παρενοχλεῖν δόξωμεν, ἐπὶ τὸ τέλος ἴωμεν. Ἐπειδὴ γὰρ εἶπε, πῶς ἐπὶ τῆς πηγῆς
ἔστη, πῶς ᾔτησε τὴν κόρην, πῶς ἔδωκεν ἐκείνη πλέον
τῆς αἰτήσεως, πῶς ὁ Θεὸς μεσίτης ἐγένετο, καὶ πάν-
226 τα μετὰ ἀκριβείας ἀπαγγείλας, κατέλυσεν ἐν τούτοις
A τὸν λόγον. Ταῦτα ἅπαντα ἀκούσαντες ἐκεῖνοι, οὐκέτι
λοιπὸν ἀμφέβαλον, οὐδὲν ἠμέλησαν, ἀλλ' ὥσπερ τοῦ
Θεοῦ τὴν ψυχὴν αὐτῶν εἰς τοῦτο κινήσαντος, εὐθέως
αὐτῷ καθωμολόγησαν τὴν θυγατέρα. Καὶ ἀποκριθεὶς
Λάβαν καὶ Βαθουὴλ εἶπον· Τὸ πρόσταγμα τοῦτο παρὰ
Θεοῦ ἐξῆλθεν· οὐ δυνησόμεθα οὖν σοι ἀντειπεῖν
κακόν· ἰδοὺ Ῥεβέκκα, λαβὼν ἀπότρεχε, καὶ ἔσται
γυνὴ τῷ κυρίῳ σου, καθάπερ ἐλάλησε Κύριος. Τίς
οὐκ ἂν ἐκπλαγείη; τίς οὐκ ἂν θαυμάσειεν, ὅσα καὶ
ἡλίκα κωλύματα ἐν βραχείᾳ καιροῦ ῥοπῇ ἀνῃρεῖτο;
B Καὶ γὰρ τὸ ξένον εἶναι, καὶ οἰκέτην, καὶ ἀγνῶτα,
καὶ πολὺ τῆς ὁδοῦ τὸ διάστημα, καὶ τὸ μηδὲ τὸν
κηδεστὴν, μηδὲ τὸν νυμφίον, μήτε ἄλλον τινὰ τῶν
[a] ἐκείνῃ προσηκόντων γνωρίζεσθαι, καὶ καθ' ἑαυτὸ
τούτων ἕκαστον ἱκανὸν ἦν κωλῦσαι τὸν γάμον· ἀλλ'
ὅμως οὐδὲν ἐκώλυσεν, ἀλλὰ πάντα ταῦτα ἐξημαρί-
ζετο καὶ καθάπερ γνωρίμῳ καὶ πλησίον οἰκοῦντι, καὶ
ἐκ πρώτης ἡμέρας συναναστραφέντι, οὕτως αὐτῷ
θαῤῥοῦντες ἐνεχείριζον τὴν νύμφην· τὸ δὲ αἴτιον, ὁ
Θεὸς ἦν ἐν μέσῳ. Ὥσπερ γὰρ ὅταν χωρὶς αὐτοῦ τι
ποιῶμεν, κἂν ἅπαντα ᾖ λεῖα καὶ ῥᾴδια, βάραθρα καὶ
κρημνοὺς καὶ μυρίας ἐν αὐτοῖς ἀποτυχίας εὑρίσκομεν·
C οὕτως ὅταν παρῇ καὶ συνεφάπτηται, κἂν ἁπάντων
ἀπορώτερα ᾖ τὰ προκείμενα, ἅπαντα λεῖα καὶ ῥᾴδια

[a] [Savil. in marg. conj. ἐκείνῳ.]

γίνεται. Μηδὲν οὖν μήτε ποιῶμεν, μήτε λέγωμεν, πρὶν ἢ τὸν Θεὸν καλέσαι καὶ παρακαλέσαι συνεφάψασθαι τῶν ἐν χερσὶν ἡμῖν ἁπάντων, καθάπερ οὖν καὶ οὗτος ἐποίησεν.

Ἀλλ' ἴδωμεν, ἐπειδὴ αὐτὴν ἔλαβε, ποίῳ τρόπῳ τὸν γάμον ἐπετέλεσεν. Ἆρα κύμβαλα καὶ σύριγγας καὶ χοροὺς καὶ τύμπανα καὶ αὐλοὺς καὶ τὴν ἄλλην ἐπεσύρατο φαντασίαν; Οὐδὲν τούτων, ἀλλὰ μόνην λαβὼν οὕτως ἀπῄει, τὸν ἄγγελον ἔχων μεθ' ἑαυτοῦ παραπέμποντα αὐτὴν καὶ συνοδοιποροῦντα, ὃν ὁ δεσπότης αὐτοῦ τὸν Θεὸν ἱκέτευσεν αὐτῷ συναποστεῖλαι ἐκ τῆς D οἰκίας ἐξερχομένῳ. Καὶ ἤγετο λοιπὸν ἡ νύμφη αὐλῶν μὲν καὶ κιθάρας καὶ τῶν ἄλλων τῶν τοιούτων οὐδενὸς ἀκούσασα, μυρίας δὲ παρὰ τοῦ Θεοῦ ἐπὶ τὴν κεφαλὴν τὰς εὐλογίας ἔχουσα, στέφανον διαδήματος παντὸς λαμπρότερον. Ἤγετο οὐ χρυσᾶ περιβεβλημένη ἱμάτια, ἀλλὰ σωφροσύνην καὶ εὐλάβειαν, καὶ φιλοξενίαν, καὶ τὴν ἄλλην ἅπασαν ἀρετήν. Ἤγετο οὐκ ἐπὶ ὀχήματος καταστέγου, οὐδὲ ἐπὶ ἄλλης τινὸς φαντασίας τοιαύτης, ἀλλ' ἐπὶ τῆς καμήλου καθημένη. Μετὰ γὰρ τῆς ἀρετῆς τῆς ἐν τῇ ψυχῇ, καὶ τὰ σώματα ταῖς παρθέ- E νοις τὸ παλαιὸν πολλῆς μετεῖχε τῆς εὐεξίας. Οὐ γὰρ οὕτως αὐτὰς ἔτρεφον αἱ μητέρες, καθάπερ τὰς νῦν, βαλανείοις πυκνοῖς, μύρων ἀλοιφαῖς, ἐπιτρίμμασι σκιαγραφίας, μαλακοῖς ἱματίοις, ἑτέροις μυρίοις διαφθείρουσαι τρόποις, καὶ τοῦ δέοντος μαλακωτέρας ποιοῦσαι, ἀλλ' εἰς ἅπασαν αὐτὰς ἦγαγον ἐκεῖναι σκληραγωγίαν. Διὰ τοῦτο αὐταῖς καὶ τοῦ σώματος ἡ ὥρα σφόδρα ἦν εὐανθὴς καὶ γνησία, ἅτε φυσική τις οὖσα, ἀλλ' οὐ χειροποίητος, οὔτε ἐπιτετηδευμένη. Διὰ τοῦτο καὶ ὑγείας ἀπέλαυον καθαρᾶς, καὶ κάλλος αὐταῖς ἀμήχανον ἦν, οὐδεμιᾶς ἀῤῥωστίας ἐνοχλούσης τῷ σώματι, ἀλλὰ πάσης βλακείας ἐκβεβλημένης. Οἱ γὰρ πόνοι καὶ αἱ ταλαιπωρίαι καὶ τὸ ἐν ἅπασιν αὐ- 227 A τουργεῖν βλακείαν μὲν ἀπήλαυνε πᾶσαν, εὐρωστίαν δὲ καὶ ὑγείαν μετὰ πολλῆς παρεῖχε τῆς ἀσφαλείας. Διὸ δὴ καὶ ποθεινότεραι τοῖς ἀνδράσιν ἦσαν, καὶ μᾶλλον ἐπέραστοι· οὐ γὰρ δὴ τὸ σῶμα μόνον, ἀλλὰ καὶ τὴν ψυχὴν τούτοις βελτίω καὶ σωφρονεστέραν κατειργάσαντο. Καθημένη τοίνυν ἐπὶ τῆς καμήλου καὶ φθάσασα εἰς τὴν χώραν, πρὶν αὐτὴν ἐλθεῖν ἐγγὺς, ἀναβλέψασα εἶδε τοῖς ὀφθαλμοῖς τὸν Ἰσαὰκ, καὶ κατεπήδησεν ἀπὸ τῆς καμήλου. Εἶδες ἰσχύν; εἶδες εὐεξίαν;

hæc universa facilia sunt reddita, et haud secus quam si notus esset, habitaretque prope, et totam ætatem cum eis versatus fuisset, commiserunt sponsam ejus fidei, hac de causa, quod auspice Deo res agebatur. Sicut enim si quid eo parum favente aggrediamur, etiamsi omnia sint plana et facilia, voragines et salebras et innumeras frustrationes obiter offendimus: sic eodem præsente et adjuvante, licet omnia quæ habemus præ manibus, sint impeditissima, plana fiunt et facilia. Nihil igitur vel faciamus, vel dicamus, nisi invocato Numine, ut res quas tractamus dirigat, ut ille fecit.

Deo auspice quæ fiunt bene succedunt.

9. Nunc videamus, postquam eam accepit, quo pacto adornet nuptias. Num cymbala, fistulas, choreas, tympana, tibias secum traxit, reliquasque apparatus species? Nihil horum, sed illa sola assumta abiit, deducente et comitante angelo, quem herus, dum famulum e domo dimitteret, una mitti a Deo supplex impetraverat. Atque ita ducebatur sponsa nullis tibiis et citharis occinentibus, sed innumeris a Deo caput ornata benedictionibus, vice coronæ pretiosioris quovis diademate. Ducebatur autem non auratis amicta vestibus, sed ornata modestia, pietate, hospitalitate, cæterisque virtutibus omnibus. Ducebatur non in carpento camerato, aut apparatu aliquo simili, sed camelo insidens. Nam præter virtutes animi, etiam corpora virginum olim optima fuerunt habitudine. Non enim sic educabantur a matribus, ut fit hodie, crebra inter unguenta et balnea, fucum et pigmenta, in mollibus indumentis, aliisque corruptelarum modis innumeris, quibus fiant plusquam docet molliculæ: sed modis omnibus dura erat earum educatio. Quamobrem et corporis nativa florebant pulchritudine, nullis adjutæ externis lenociniis, et valetudine æque felici ac forma fruebantur, nulla infestante ægritudine, ablegataque omni mollitie. Labores enim et opera, quibus exercebantur, varia, languorem omnem pellebant, robur autem et sanitatem tutam eis conciliabant, reddebantque tanto magis maritis gratas et amabiles: sic enim non solum corpora, sed et animi in melius proficiebant. Vecta igitur camelo postquam ad destinatam regionem pervenit, sublatis procul oculis vidit Isaacum, moxque a camelo desiliit. Vides robur? vides bonam habitudinem? A camelo desiliit. Tantum illi virium una cum modestia supererat. Et ait ad servum: *Quis est ille homo qui progressus est in* Gen. 24. 65.
campum? Respondit servus: Ipse est domi-

nus meus. Tum illa æstivo palliolo sumto se obnupsit. Observa omnia testari ejus modestiam, quam pudens erat ac verecunda. *Et accepit eam uxorem Isaac, dilexitque in tantum ut leniret dolorem, qui illi ex morte Sarræ matris acciderat.* Hæc non temere dicuntur, quod dilexerit eam, quodque pro solamine luctus habuerit, sed ut discas, quibus rebus illa maritum in amorem sui pellexerit, quas domo secum attulerat. Quis enim talem non adamaret, tam modestam, tam honestam, tam hospitalem, humanam et amabilem, fortem animo et validam corpore? Hæc dixi, ut non audiatis tantum, aut auditis plaudatis, sed ut etiam æmulemini. Et patres quidem providentiam patriarchæ imitamini, qua usus est in paranda uxore simplici, non pecunias quærens, non splendorem generis, non pulchritudinem corporis, non aliud quidquam præter generositatem animi: vos autem matres date operam, ut ad hunc modum educetis vestras filias. Porro sponsi qui eas ducturi sunt, ducant cum honestate simili, exterminantes risum, choreas, turpiloquium, fistulas, tibias, diabolicum illum apparatum et reliqua hujusmodi, semperque invocantes Deum, ut mediator adsit actionum nostrarum omnium. Si enim res nostras hoc pacto disposuerimus, nullum divortium erat, nulla adulterii suspicio: aut occasio zelotypiæ, non rixa, non contentio, sed multa fruemur pace, multaque concordia, a quibus non aberunt virtutes cæteræ. Sicut enim uxore a marito dissidente nihil sani est in ædibus, etiamsi alioquin res eorum secundo ferantur flatu: ita dum pax constabit et concordia, nihil erit insuave, etiamsi quotidie tempestates accidant plurimæ. Si hoc modo conciliabuntur nuptiæ, perfacile poterimus ad virtutem educare liberos. Ubi enim mater tam honesta fuerit, ac sobria, omnique virtute prædita, profecto maritum desiderio sui capiet ac devinciet; atque ita habebit eum alacrem adjutorem in curandis atque instituendis communibus liberis; simulque Deum ad prospiciendum eis attrahet: quo aspirante tam honestæ administrationi domesticæ, et exercente puerorum animos, omnia posthac jucunda erunt et felicia, rebus tam bene compositis, et iis qui præsunt sic affectis: poteritque unusquisque una cum sua domo, videlicet uxore, liberis ac famulis, et præsentem vitam secure peragere, et ad cælorum regnum pervenire: quæ nobis omnibus per gratiam, benignitatem, et misericordiam suam concedat Dominus noster

Gen 24.67.

Quomodo erudiendæ filiæ a matribus.

Κατεπήδησεν ἀπὸ τῆς καμήλου. Οὕτως αὐταῖς ῥώμη πολλὴ μετὰ σωφροσύνης ἦν. Καὶ εἶπε τῷ παιδί· Τίς ἐστιν ὁ ἄνθρωπος ἐκεῖνος ὁ πορευόμενος ἐν τῷ πεδίῳ; Εἶπε δὲ ὁ παῖς, Ὁ κύριός μου. Εἶτα λαβοῦσα τὸ θέρι- B στρον περιεβάλετο. Ὅρα πανταχοῦ τὴν σωφροσύνην αὐτῆς μαρτυρουμένην, πῶς ἦν αἰσχυντηρὰ, πῶς ἦν αἰδέσιμος. Καὶ ἔλαβεν αὐτὴν ὁ Ἰσαὰκ, καὶ ἐγένετο αὐτῷ εἰς γυναῖκα καὶ ἠγάπησεν αὐτὴν, καὶ παρεκλήθη περὶ Σάῤῥας τῆς μητρὸς αὐτοῦ. Οὐχ ἁπλῶς δὲ ταῦτα εἴρηται, ὅτι ἠγάπησεν αὐτὴν, καὶ παρεκλήθη περὶ τῆς Σάῤῥας τῆς μητρὸς αὐτοῦ, ἀλλ᾽ ἵνα μάθῃς τοῦ φίλτρου καὶ τῆς ἀγάπης τὰς ὑποθέσεις, ἃς οἴκοθεν ἔχουσα ἦλθεν ἡ γυνή. Τίς γὰρ τὴν τοιαύτην οὐκ ἂν ἠγάπησε, τὴν οὕτω σώφρονα, τὴν οὕτω κοσμίαν, τὴν οὕτω φιλόξενον καὶ φιλάνθρωπον καὶ ἥμερον, τὴν ἀνδρείαν μὲν κατὰ τὴν ψυχὴν, ῥωμαλέαν δὲ κατὰ τὸ C σῶμα; Ταῦτα εἶπον, οὐχ ἵνα ἀκούσητε, οὐδ᾽ ἵνα ἀκούσαντες ἐπαινέσητε μόνον, ἀλλ᾽ ἵνα καὶ ζηλώσητε. Καὶ πατέρες μὲν τὴν πρόνοιαν τοῦ πατριάρχου μιμεῖσθε, ἣν ἐποιεῖτο περὶ τοῦ λαβεῖν γυναῖκα ἄπλαστον, οὐ χρήματα ἐπιζητήσας, οὐ γένους λαμπρότητα, οὐ σώματος κάλλος, οὐκ ἄλλο οὐδὲν, ἀλλὰ ψυχῆς εὐγένειαν μόνον· μητέρες δὲ οὕτω τὰς ἑαυτῶν ἀνατρέφετε θυγατέρας. Οἱ δὲ ἄγεσθαι αὐτὰς μέλλοντες νυμφίοι, μετὰ τοσαύτης αὐτὰς ἄγετε κοσμιότητος, χορείας μὲν καὶ γέλωτας καὶ ῥήματα αἰσχρὰ, καὶ σύριγγας καὶ αὐλοὺς, καὶ τὴν διαβολικὴν φαντασίαν, καὶ τὰ ἄλλα πάντα τὰ τοιαῦτα ἐξορίζοντες, τὸν Θεὸν D δὲ ἀεὶ παρακαλοῦντες μεσίτην γενέσθαι τῶν πραττομένων ἁπάντων. Ἂν γὰρ οὕτω τὰ καθ᾽ ἑαυτοὺς οἰκονομήσωμεν, οὐκ ἀποστάσιον ἔσται ποτὲ, οὐ μοιχείας ὑποψία, οὐ ζηλοτυπίας πρόφασις, οὐ μάχη καὶ ἔρις, ἀλλὰ πολλῆς μὲν ἀπολαυσόμεθα τῆς εἰρήνης, πολλῆς δὲ τῆς ὁμονοίας· ταύτης δὲ οὔσης, καὶ αἱ ἄλλαι πάντως ἕψονται ἀρεταί. Ὥσπερ γὰρ, γυναικὸς πρὸς ἄνδρα στασιαζούσης, οὐδὲν ὑγιὲς ἔσται ἐπὶ τῆς οἰκίας, κἂν ἅπαντα τὰ ἄλλα κατὰ ῥοῦν φέρηται πράγματα· οὕτως ὁμονοούσης καὶ εἰρηνευούσης, οὐδὲν ἔσται ἀηδὲς, κἂν μυρίοι χειμῶνες καθ᾽ ἑκάστην τίκτωνται E τὴν ἡμέραν. Ἂν οὕτως οἱ γάμοι γένωνται, καὶ τὰ παιδία μετὰ πολλῆς τῆς εὐκολίας εἰς ἀρετὴν ἀγαγεῖν δυνησόμεθα. Ὅταν γὰρ ἡ μήτηρ οὕτως ᾖ κοσμία, καὶ σώφρων, καὶ πᾶσαν ἀρετὴν κεκτημένη, πάντως καὶ τὸν ἄνδρα ἑλεῖν δυνήσεται καὶ χειρώσασθαι τῷ περὶ αὐτὴν πόθῳ· ἑλοῦσα δὲ αὐτὸν, μετὰ πολλῆς ἕξει τῆς προθυμίας βοηθοῦντα πρὸς τὴν τῶν παίδων ἐπιμέλειαν, καὶ τὸν Θεὸν οὕτως ἐπισπάσεται πρὸς τὴν αὐτὴν ταύτην πρόνοιαν· ἐκείνου δὲ συνεφαπτομένου τῆς καλῆς ταύτης οἰκονομίας, καὶ τὰς ψυχὰς τῶν παίδων ἀσκοῦντος, οὐδὲν ἀηδὲς ἔσται λοιπὸν, ἀλλὰ καὶ τὰ τῆς οἰκίας εὖ διακείσεται, τῶν ἀρχόντων οὕτω
225 A διακειμένων· καὶ μετὰ τῆς οἰκίας οὕτως ἕκαστος δυ-

νήσεται, τῆς ἑαυτοῦ γυναικὸς λέγω, καὶ παίδων καὶ οἰκετῶν, καὶ τὸν ἐνταῦθα μετὰ ἀδείας ἁπάσης διανύσαι βίον, καὶ εἰς τὴν τῶν οὐρανῶν βασιλείαν εἰσελθεῖν· ἧς γένοιτο πάντας ἡμᾶς ἐπιτυχεῖν, χάριτι καὶ φιλανθρωπίᾳ τοῦ Κυρίου ἡμῶν Ἰησοῦ Χριστοῦ, μεθ' οὗ τῷ Πατρὶ δόξα, καὶ κράτος, σὺν τῷ ἁγίῳ καὶ ζωοποιῷ Πνεύματι, νῦν καὶ ἀεὶ, καὶ εἰς τοὺς αἰῶνας τῶν αἰώνων. Ἀμήν.

Jesus Christus, cum quo Patri, simulque Spiritui vivifico et sancto gloria, imperium, et honor, nunc et semper, et in sæcula sæculorum. Amen.

MONITUM

AD HOMILIAM IN ILLUD,

NOLO VOS IGNORARE, FRATRES, QUOD, ETC.

De anno quo hæc habita est concio nihil habemus : æstate solum pronuntiatam, et die post Homiliam in sanctum Barlaam insequente ex Chrysostomi dictis eruitur. Sub initium namque ait : *Ita et ego hanc anni tempestatem maxime diligo; non quia liberati sumus hieme, nec quod æstate perfruamur; sed quia adsunt spirituales portus, qui nos frequenter excipiunt, festi* nempe sanctorum *martyrum dies*. Et paucis interpositis : *Horum omnium vos testes estis, qui in certaminibus beati Barlaam heri oblectati, et cum magna tranquillitate in ejus portum festinantes, sæcularium curarum salsuginem abluistis.* Antiochiæ vero habitam fuisse vel inde liquet, quod dicta sit post festum sancti Barlaami, Antiochiæ celebrari solitum, ut videas in Monito ad Homiliam in sanctum Barlaamum Tom. II. Chrysostomi scopus est demonstrare, res in Veteri Lege actas futurarum rerum prædictionibus fidem facere : esseque illas rerum Novi Testamenti typum et umbram. Marcionem, Manichæum et Paulum Samosatenum obiter perstringit, et postulatis in fine sanctorum precibus homiliam claudit.

Incerti interpretationem Latinam, utpote non accuratam, rejecimus, novamque paravimus.

[a] ΕΙΣ ΤΟ ΑΠΟΣΤΟΛΙΚΟΝ ΡΗΤΟΝ, A

Οὐ θέλω ὑμᾶς ἀγνοεῖν, ἀδελφοὶ, ὅτι οἱ πατέρες ἡμῶν πάντες ὑπὸ τὴν νεφέλην ἦσαν, καὶ πάντες διὰ τῆς θαλάσσης διῆλθον.

Οἱ ναῦται τοῦτο μάλιστα φιλοῦσι τοῦ πελάγους τὸ μέρος, ὅπερ ἂν λιμέσι πυκνοῖς καὶ νήσοις διειλημμένον ᾖ. Τὸ μὲν γὰρ ἀλίμενον πέλαγος, κἂν γαλήνην ἔχῃ, πολὺν παρέχει τοῖς πλέουσι τὸν τρόμον· ἔνθα δὲ ἂν ὦσιν ὅρμοι, καὶ ἀκταὶ, καὶ αἰγιαλοὶ πανταχόθεν ἐκτεταμένοι, μετὰ πολλῆς πλέουσι τῆς ἀσφαλείας. Κἂν γὰρ βραχὺ διεγερθεῖσαν τὴν θάλασσαν ἴδωσι, δι' B

IN APOSTOLICUM DICTUM,

Nolo vos ignorare, fratres, quod patres nostri 1. Cor. 10. 1.
omnes sub nube fuerunt, et omnes per mare
transierunt.

1. Nautæ eam maris partem libentius frequentant, quæ multis portibus insulisque instructa est. Pelagus enim portubus destitutum, etiam tranquillo tempore, multum incutit navigantibus tremorem : ubi autem portus et litora undecumque patent, cum magna securitate navigant. Etiamsi enim mare aliquantum sævire

[a] Collata cum Mss. Colbertinis 970 et 3058.

videant, cum in proximo refugium habeant, promte facileque possunt ab instantibus periculis liberari. Eapropter non modo cum prope portum sint, sed etiamsi procul sint, a solo portus aspectu magnam consolationem accipiunt. Non enim parum illos recreare solent montium cacumina procul visa, fumus exsiliens, et ovium greges ad littus pascentes. Verum ubi ad portus ingressum devenerunt, plena fruuntur lætitia. Tunc enim et remum deponunt, et corpora salsugine confecta potabilibus oblectant aquis, et ad littus egressi, in terraque nudis corporibus aliquantum versantes, nauticum omne tædium deponunt. Quemadmodum igitur illi eam maris partem libentius amplexantur, ob frequentes illas et assiduas recreationes : ita et ego hanc anni tempestatem maxime diligo, non quia liberati sumus hieme, nec quod æstate fruamur, zephyro suaviter afflante, sed quia adsunt spirituales portus, qui nos frequenter excipiunt, festi nempe sanctorum martyrum dies. Non enim portus perinde nautas, atque dies festi sanctorum horum fideles recreare solent. Illos quippe a fluctuum impetu et diuturna remigatione portus liberant; hos autem ad martyrum solennitatem accedentes, a violenta per malignos impurosque spiritus, perque absurdas cogitationes in animo excitata tempestate, sanctorum memoria eripit. Sive quis ex publicis, sive ex privatis negotiis mœrore contracto huc ingrediatur, illo prorsus deposito revertitur, atque expeditior leviorque abit, non posito remo, nec relictis gubernaculis, sed excussa illa onerosa variaque sæcularis tristitiæ sarcina, multaque repletus animi lætitia. Horum omnium vos testes estis, qui in certaminibus beati Barlaam heri oblectati, et cum magna tranquillitate in ejus portum festinantes, sæcularium curarum salsuginem abluistis, atque auditis de illo sermonibus, leves et expediti domum recessistis. At ecce alia martyrum accedit festivitas. Donec igitur ad illorum portum appellamus, age nautas imitemur; et sicut illi navigantes in pelago cantant, cantu laborem sedantes : ita et nos donec ad illorum portum appellamus, spirituales quosdam inter nos conferamus sermones, beato Paulo hujus pulchri colloquii duce constituto, ut eum, qua jusserit ille via, sequamur. Quanam porro sequi via jubet? Per desertum et per miracula, quæ illic contigerunt. Etenim audistis illum hodie

Habita die sequenti post Concionem in sanctum Barlaam.

ὀλίγου τὴν καταφυγὴν ἔχοντες, ταχίστην καὶ εὔκολον τῶν ἐπικειμένων κακῶν ἀπαλλαγὴν εὕρασθαι δύναιντ' ἄν. Διὰ δὴ ταῦτα, οὐχ ὅταν πλησίον λιμένος ἐλαύνωσι μόνον, ἀλλὰ κἂν πόῤῥωθεν ὦσι, πολλὴν καὶ ἀπὸ τῆς ὄψεως ταύτης παράκλησιν δέχονται. Οὐ γὰρ ὡς ἔτυχεν αὐτῶν τὰς ψυχὰς ἀνακτᾶσθαι πέφυκε καὶ ὄρους κορυφὴ φαινομένη πόῤῥωθεν, καὶ καπνὸς ἀναθρώσκων, καὶ προβάτων ποίμνια παρὰ τὴν ὑπώρειαν νεμόμενα. Ἐπειδὰν δὲ καὶ εἰς αὐτὸ τοῦ λιμένος τὸ 229 στόμα ἔλθωσιν, ὁλόκληρον καρποῦνται τὴν εὐφροσύ- A νην. Τότε γὰρ καὶ κώπην ἀποτίθενται, καὶ τὰ σώματα ὑπὸ τῆς ἅλμης τεταριχευμένα ποτίμοις περικλύζουσιν ὕδασι, καὶ εἰς τὸν αἰγιαλὸν ἐξελθόντες, καὶ τῇ γῇ μικρὸν ὁμιλήσαντες γυμνοῖς τοῖς σώμασι, πᾶσαν τὴν ἀπὸ τῆς ναυτιλίας ἀποτίθενται ταλαιπωρίαν. Ὥσπερ οὖν ἐκεῖνοι τοῦτο μάλιστα τῆς θαλάσσης ἀσπάζονται τὸ μέρος διὰ τὰς πυκνὰς ταύτας καὶ συνεχεῖς ἀναπαύσεις· οὕτω δὴ καὶ ἐγὼ ταύτην μάλιστα φιλῶ τὴν ὥραν, οὐχ ἐπειδὴ χειμῶνος ἀπηλλάγμεθα, οὐδὲ ἐπειδὴ θέρους ἀπολαύομεν, ζεφύρου λιγυρὰ πνέοντος, ἀλλ' ἐπειδὴ τοὺς πνευματικοὺς λιμένας ἔχομεν συνεχῶς διαδεχομένους ἡμᾶς, τῶν ἁγίων B μαρτύρων λέγω τὰς πανηγύρεις. Οὐ γὰρ οὕτως οἱ λιμένες πλωτῆρας, ὡς αἱ τῶν ἁγίων τούτων ἑορταὶ τοὺς πιστοὺς ἀνακτᾶσθαι πεφύκασιν. Ἐκείνους μὲν γὰρ θαλαττίων κυμάτων ἐμβολῆς καὶ ἐρεσίας μακρᾶς ἀπαλλάττουσι λιμένες· τοὺς δ' εἰς πανήγυριν μαρτύρων ἀπαντῶντας πνευμάτων πονηρῶν καὶ ἀκαθάρτων, λογισμῶν ἀτόπων, πολλῆς τῆς ἐν ψυχῇ γινομένης ζάλης, ἡ τῶν ἁγίων μνήμη τούτων ἐξαρπάζειν εἴωθε. Κἂν ἐκ τῶν πολιτικῶν, κἂν ἐκ τῶν οἰκιακῶν πραγμάτων ἀθυμίαν τινὰ ἐπισυρόμενος εἰσέλθῃ, πᾶσαν αὐτὴν ἀποθέμενος, οὕτως ἄπεισι, καὶ ῥᾴων γίνεται καὶ κουφότερος, οὐχὶ κώπην ἀποτιθέμενος, οὐδὲ οἰάκων ἐξανιστάμενος, ἀλλὰ τὸ δυσβάστακτον C καὶ ποικίλον τῆς βιωτικῆς λύπης φορτίον διαλύων, καὶ πολλὴν τῇ ψυχῇ δεχόμενος τὴν εὐφροσύνην. Καὶ τούτων ἁπάντων μάρτυρες ὑμεῖς, οἱ τοῖς ἄθλοις τοῦ μακαρίου Βαρλαὰμ χθὲς ἐντρυφήσαντες, καὶ μετὰ πολλῆς τῆς ἀδείας εἰς τὸν ἐκείνου σκιρτήσαντες [a] λιμένα, καὶ τὴν ἅλμην τῶν βιωτικῶν φροντίδων ἀπολουσάμενοι, καὶ κοῦφοι οἴκαδε ἀπὸ τῶν ἐκείνου διηγημάτων ἀναχωρήσαντες. Ἀλλ' ἰδοὺ καὶ ἑτέρων μαρτύρων προσελαύνει πάλιν πανήγυρις. Ἕως ἂν οὖν εἰς τὸν ἐκείνων λιμένα φθάσωμεν, φέρε δὴ μιμησώμεθα τοὺς πλωτῆρας· καὶ καθάπερ ἐκεῖνοι τὸ πέλαγος πλέοντες ᾄδουσι, τῇ ᾠδῇ τὸν πόνον παραμυθούμενοι· D οὕτω δὴ καὶ ἡμεῖς, ἕως εἰς τὸν ἐκείνων φθάσωμεν λιμένα, λόγοις τινὰς πνευματικοὺς πρὸς ἀλλήλους κινήσωμεν, τὸν μακάριον Παῦλον τῆς καλῆς ταύτης

[a] Duo Mss. λιμένα, Editi λειμῶνα. Priorem lectionem postulare series videtur.

ὁμιλίας ἡγεμόνα ποιησάμενοι, [b]καὶ ἥνπερ ἂν αὐτὸς κελεύῃ, ταύτην ἑπόμενοι. Ποίαν οὖν ἕπεσθαι κελεύει; Τὴν διὰ τῆς ἐρήμου, καὶ τῶν ἐκεῖ συμβάντων θαυμάτων ὁδόν. Καὶ γὰρ ἠκούσατε σήμερον αὐτοῦ βοῶντος, καὶ λέγοντος· Οὐ θέλω δὲ ὑμᾶς ἀγνοεῖν, ἀδελφοὶ, ὅτι οἱ πατέρες ἡμῶν πάντες ὑπὸ τὴν νεφέλην ἦσαν, καὶ πάντες διὰ τῆς θαλάσσης διῆλθον, καὶ πάντες εἰς τὸν Μωϋσῆν ἐβαπτίσαντο, καὶ πάντες τὸ αὐτὸ βρῶμα πνευματικὸν ἔφαγον, καὶ πάντες τὸ αὐτὸ πόμα πνευματικὸν ἔπιον. Ἔπινον γὰρ ἐκ πνευματικῆς ἀκολου- E θούσης πέτρας, ἡ δὲ πέτρα ἦν ὁ Χριστός. Ἀλλ' οὐκ ἐν τοῖς πλείοσιν αὐτῶν εὐδόκησεν ὁ Θεός· κατεστρώθησαν γὰρ ἐν τῇ ἐρήμῳ. Ταῦτα δὲ τύποι ἡμῶν ἐγενήθησαν, εἰς τὸ μὴ εἶναι ἡμᾶς ἐπιθυμητὰς κακῶν, καθὼς κἀκεῖνοι ἐπεθύμησαν· μηδὲ εἰδωλολάτρας γίνεσθαι, καθώς τινες αὐτῶν, ὥσπερ γέγραπται· Ἐκάθισεν ὁ λαὸς φαγεῖν καὶ πιεῖν, καὶ ἀνέστησαν 230 A τοῦ παίζειν. Μηδὲ πορνεύωμεν, καθώς τινες αὐτῶν ἐπόρνευσαν, καὶ ἔπεσον ἐν μιᾷ ἡμέρᾳ, εἰκοσιτρεῖς χιλιάδες. Μηδὲ ἐκπειράζωμεν τὸν Χριστὸν, καθώς τινες αὐτῶν ἐπείρασαν, καὶ ὑπὸ τῶν ὄφεων ἀπώλοντο. Μηδὲ γογγύζωμεν, καθώς τινες αὐτῶν ἐγόγγυσαν, καὶ ἀπώλοντο ὑπὸ τοῦ ὀλοθρευτοῦ. Καὶ δοκεῖ μὲν εἶναι σαφῆ τὰ λεγόμενα, παρέχει δέ τινα διαπόρησιν οὐ τὴν τυχοῦσαν τοῖς προσέχουσι. Καὶ γὰρ ἄξιον ζητῆσαι πρῶτον, τίνος ἕνεκεν [a]τὰς παλαιὰς αὐτὸς ἐμνημόνευσεν ἱστορίας, ἐκ ποίας ἀκολουθίας περὶ εἰδωλοθύτων διαλεγόμενος εἰς ταύτην ἐνέπεσε τὴν διήγησιν, τὰ ἐπὶ τῆς ἐρήμου φέρων εἰς μέσον. Οὐ γὰρ ἁπλῶς, οὐδὲ ὡς ἔτυχεν, ὁ μακάριος ἐκεῖνος B φθέγγεται, ἀλλὰ μετὰ πολλῆς τῆς ἀκολουθίας καὶ ἀκριβῆ διατηρῶν πανταχοῦ τῶν ὑπ' αὐτοῦ λεγομένων τὴν συμφωνίαν. Τίνος οὖν ἕνεκεν, καὶ πόθεν εἰς ταύτην ἐνέπεσε τὴν ἱστορίαν; Ἐπετίμα τοῖς ἁπλῶς καὶ ἀνεξετάστως εἰς τὰ εἴδωλα εἰσιοῦσι, καὶ μιαρᾶς ἀπογευομένοις τραπέζης, καὶ εἰδωλοθύτων ἁπτομένοις· καὶ δείξας, ὅτι διπλῆν ἀπὸ τοῦ πράγματος ὑπομένουσι βλάβην, τούς τε ἀσθενεῖς πλήττοντες, καὶ αὐτοὶ κοινωνοὶ δαιμόνων γινόμενοι, καὶ καταστείλας αὐτῶν ἱκανῶς τὰ φρονήματα διὰ τῶν ἔμπροσθεν εἰρημένων, καὶ παιδεύσας, ὅτι δεῖ τὸν πιστὸν μὴ τὸ ἑαυτοῦ βλέπειν μόνον, ἀλλὰ καὶ τὸ τῶν πολλῶν, βουλόμενος αὐτοῖς ἐπιτεῖναι τὸν φόβον, παλαιῶν αὐ- C τοὺς ἀναμιμνήσκει διηγημάτων. Ἐπειδὴ γὰρ ἐκεῖνοι μέγα ἐφρόνουν, ὡς πιστοὶ, καὶ πλάνης ἀπαλλαγέντες, καὶ γνώσεως καταξιωθέντες, καὶ τῶν ἀπορρήτων κοινωνήσαντες μυστηρίων, καὶ πρὸς βασιλείαν οὐρανῶν κληθέντες, δεῖξαι θέλων, ὅτι τούτων ὄφελος

sic clamantem: *Nolo vos ignorare, fratres,* 1. Cor. 10.
quod patres nostri omnes sub nube fuerunt, 1.—10.
et omnes per mare transierunt, et *omnes in Moysem baptizati* sunt, et *omnes eamdem escam spiritualem comederunt*, et *omnes eumdem potum spiritualem biberunt. Bibebant* enim *de spirituali sequente* petra*; petra autem* erat *Christus. Sed non in pluribus eorum beneplacitum fuit Deo :* prostrati E *enim* sunt *in* deserto. *Hæc autem figuræ nostri fuere, ut non simus concupiscentes malorum, sicut* et *illi concupiverunt;* neque *idololatræ simus, sicut quidam illorum, sicut* scriptum *est: Sedit populus manducare* Exod. 32.
et bibere et *surrexerunt ludere. Neque fornicemur, sicut quidam illorum fornicati* 6.
230 sunt, et *ceciderunt uno die, viginti* tria *millia.* A *Neque tentemus Christum,* sicut *quidam illorum tentaverunt,* et *a serpentibus perierunt. Neque murmuremus,* sicut *quidam illorum murmuraverunt,* et *perierunt ab exterminatore.* Videntur quidem hæc manifesta esse; sed diligenter advertentibus dubitationem afferunt non vulgarem. Etenim primo quæritur, cur veteres memoret historias: et qua consequentia, cum de iis disputasset, quæ idolis sunt immolata, in hanc inciderit narrationem, ea afferens in medium, quæ in deserto contigerunt. Neque enim temere vel fortuito casu sanctus ille B loquitur, sed cum magna consequentia, et accuratam semper servat dictorum consonantiam. Cur ergo et unde in hanc incidit historiam? Increpabat eos, qui temere et sine examine ad idola ingrediebantur, deque polluta mensa degustabant, atque idolothyta contingebant: et cum ostendisset ipsos hinc duplici damno affici, cum et infirmis offendiculo essent, et ipsi dæmonum participes essent: et cum per prædicta satis illorum animos coercuisset, docuissetque, oportere fidelem non sua tantum respicere, sed etiam ea, quæ aliorum multorum sunt, volens ipsis timorem addere, vetores historias comme- C morat. Quia enim illi altum sapiebant, utpote fideles, et ab errore liberati, atque scientiam assequuti, et ineffabilium mysteriorum participes effecti, ad regnumque cælorum vocati: declarare volens eorum nullam esse utilitatem

[b] Duo Mss. καὶ ἥπερ ἂν.... ταύτῃ ἑπόμενοι.

[a] Duo Mss. τῆς παλαιᾶς αὐτοὺς ἀνέμνησεν.

nisi adesset vita tantæ gratiæ consona, ex veteri historia ipsos erudit.

2. At hoc ipsum multas complectitur quæstiones. Cur non ex verbis Christi in evangelio positis cum ipsis disputet? cur non gehennam memoret, non tenebras exteriores, non venenatum vermem, non vincula perpetua, non ignem paratum diabolo et angelis ejus, non stridorem dentium, et alia inenarrabilia supplicia? Si enim terrere voluit, a gravioribus id faciendum oportuit, non autem ab iis, quæ in deserto contigerunt. Illi enim, etiamsi plexi sint, at mitiore et temporanea pœna, atque una tantum die; hi autem immortali ac graviori sunt supplicio plectendi. Cur ergo illos non ex hisce terruit, neque Christi dicta commemoravit? Poterat enim illis dicere, Nolo vos ignorare, fratres, quas leges Christus posuerit iis, qui cum fidem habeant, vitam tamen optimam non exhibent. Etenim eos etiam, qui miracula patrabant et prophetiæ dono fulgebant, exclusit a regno cælorum, dicens:
Matth. 7. 22. 23. *Multi dicent mihi in die illa, Domine, Domine,* nonne *in nomine tuo dæmonia ejecimus,* et *in nomine tuo prophetavimus,* et *virtutes multas fecimus? Et tunc confitebor eis, Recedite a me, non novi vos, qui operamini*
Matth. 25. 10.—12. *iniquitatem.* Et virgines quoque non de fide et dogmatibus arguens, sed de perversa vita, et inhumanitate et crudelitate, exclusit e thalamo
Matth. 22. 11.—13. nuptiali; illum vero qui sordidis indutus erat vestibus, ideo vinctum ejecit: non quod dogmata recta non teneret, sed quod vitam sordidam et
Matth. 25. 41. impuram egisset; illos item, quos abduci jussit in ignem paratum diabolo et angelis ejus, non propterea illo misit, quod a fide excidissent, sed quod nullius umquam miserti essent. Hæc omnia et similia commemorare poterat, ac dicere, Nolo vos ignorare, fratres, hos omnes baptismum esse consequutos et mysteriorum participes effectos, multam exhibuisse fidem, scientiam habuisse perfectam; sed quia vitam fidei consonam non instituerunt, a regno exclusos, et igni traditos fuisse. Cur ergo hæc non dixit, sed his missis omnibus, sic loquutus est: *Nolo autem vos ignorare, fratres, quod patres* nostri *omnes sub nube fuerunt,* et ea commemorans, quæ ad Moysem spectabant, quæ ad gratiam pertinebant tacuit? Non temere nec sine causa sic agit; multa quippe sapientia plenus erat. Sed cur, et propter quid? Duabus hisce de causis; ut videlicet illos tangeret, simulque ostenderet, magnam esse cognationem Veteris inter et

οὐδὲν, ἂν μὴ πολιτεία προσῇ συμφωνοῦσα τῇ τοσαύτῃ χάριτι, ἐκ παλαιᾶς αὐτοὺς παιδεύει ἱστορίας.

Ἀλλὰ καὶ τοῦτο αὐτὸ πάλιν πολλῆς γέμει ζητήσεως. Τίνος ἕνεκεν οὐκ ἀπὸ τῶν τοῦ Χριστοῦ ῥημάτων αὐτοῖς διαλέγεται τῶν ἐν εὐαγγελίῳ κειμένων, οὐδὲ
D γεέννης αὐτοὺς ἀναμιμνήσκει, καὶ σκότους ἐξωτέρου, καὶ σκώληκος ἰοβόλου, καὶ δεσμῶν ἀθανάτων, καὶ πυρὸς τοῦ ἡτοιμασμένου τῷ διαβόλῳ καὶ τοῖς ἀγγέλοις αὐτοῦ, καὶ τοῦ βρυγμοῦ τῶν ὀδόντων, καὶ τῶν ἄλλων τῶν ἀποῤῥήτων κολάσεων; Εἰ γὰρ φοβῆσαι ἐβούλετο, ἀπὸ τῶν μειζόνων τοῦτο ποιῆσαι ἔδει, οὐκ ἀπὸ τῶν ἐν τῇ ἐρήμῳ. Ἐκεῖνοι μὲν γὰρ, εἰ καὶ ἐκολάσθησαν, ἀλλ' ἡμερώτερον καὶ προσκαίρως, καὶ ἐν ἡμέρᾳ μιᾷ· οὗτοι δὲ ἀθάνατα μέλλουσι τιμωρεῖσθαι καὶ χαλεπώτερα. Τίνος οὖν ἕνεκεν ἐκεῖθεν αὐτοὺς ἐφόβησεν, οὐδὲ ἀνέμνησε τῶν τοῦ Χριστοῦ ῥημάτων; Καὶ γὰρ ἠδύνατο λέγειν πρὸς αὐτούς· οὐ θέλω
E δὲ ὑμᾶς ἀγνοεῖν, ἀδελφοὶ, οἵους ὁ Χριστὸς ἔθηκε νόμους περὶ τῶν πίστιν μὲν ἐχόντων, βίον δὲ ἄριστον οὐκ ἐπιδεικνυμένων. Καὶ γὰρ θαύματα ποιήσαντας ἀνθρώπους, καὶ προφητείαν ἐπιδεικνυμένους ἐξέβαλε τῆς βασιλείας τῶν οὐρανῶν, λέγων· Πολλοὶ ἐροῦσί μοι ἐν ἐκείνῃ τῇ ἡμέρᾳ, Κύριε, Κύριε, οὐ τῷ σῷ ὀνόματι δαιμόνια ἐξεβάλομεν, καὶ τῷ σῷ ὀνόματι προεφητεύσαμεν, καὶ δυνάμεις πολλὰς ἐποιήσαμεν; Καὶ τότε ὁμολογήσω αὐτοῖς, ὑπάγετε ἀπ' ἐμοῦ, οὐκ οἶδα ὑμᾶς, οἱ ἐργαζόμενοι τὴν ἀνομίαν. Καὶ τὰς παρθένους δὲ οὐχ ὑπὲρ πίστεως ἐγκαλῶν καὶ δογμάτων, ἀλλ' ὑπὲρ
231 A βίου διεφθαρμένου καὶ ἀπανθρωπίας καὶ ὠμότητος, ἀπέκλεισε τοῦ νυμφῶνος· καὶ τὸν τὰ ῥυπαρὰ ἐνδεδυμένον ἱμάτια διὰ τοῦτο δεδεμένον ἐξέβαλεν, οὐκ ἐπειδὴ δόγματα οὐκ εἶχεν ὀρθὰ, ἀλλ' ἐπειδὴ βίον ῥυπαρὸν καὶ ἀκάθαρτον· καὶ οὓς ἐκέλευσεν εἰς τὸ πῦρ ἀπενεχθῆναι τὸ ἡτοιμασμένον τῷ διαβόλῳ καὶ τοῖς ἀγγέλοις αὐτοῦ, οὐ διὰ τοῦτο ἔπεμψεν ἐκεῖ, ἐπειδὴ τῆς πίστεως ἦσαν ἐκπεπτωκότες, ἀλλ' ἐπειδὴ οὐδέποτε οὐδένα ἠλέησαν. Τούτων πάντων καὶ τῶν τοιούτων αὐτοὺς ἀναμνῆσαι ἠδύνατο, καὶ εἰπεῖν· οὐ θέλω δὲ ὑμᾶς ἀγνοεῖν, ἀδελφοὶ, ὅτι οὗτοι πάντες καὶ βαπτίσματος ἔτυχον, καὶ μυστηρίων ἐκοινώνησαν, καὶ πίστιν πολλὴν ἐπεδείξαντο, καὶ γνῶσιν εἶχον ἀπηρ-
B τισμένην· ἀλλ' ἐπειδὴ βίον οὐ παρέσχον τῇ πίστει συνᾴδοντα, τῆς βασιλείας ἐξεβλήθησαν, καὶ τῷ πυρὶ παρεδόθησαν. Τίνος οὖν ἕνεκεν οὐ ταῦτα εἶπεν, ἀλλὰ ταῦτα πάντα ἀφεὶς, οὕτω πώς φησιν, Οὐ θέλω δὲ ὑμᾶς ἀγνοεῖν, ἀδελφοὶ, ὅτι οἱ πατέρες ἡμῶν πάντες ὑπὸ τὴν νεφέλην ἦσαν, καὶ τῶν Μωϋσέως αὐτοὺς ἀναμιμνήσκων, τὰ ἐπὶ τῆς χάριτος τέως σιγήσας; Οὐχ ἁπλῶς, οὐδὲ ἄνευ λόγου τινὸς τοῦτο ποιεῖ· πολλῆς γὰρ σοφίας ἦν πεπληρωμένος. Ἀλλὰ τί δήποτε, καὶ διὰ τί; Δυοῖν ἕνεκα τούτων· ὁμοῦ τε αὐτῶν βουλό-
C μενος καθάψασθαι μᾶλλον, καὶ δεῖξαι τῆς παλαιᾶς Δια-

θήκης πρὸς τὴν καινὴν πολλὴν οὖσαν τὴν συγγένειαν. Ἐπειδὴ γὰρ πολλοὶ τῶν ἀνθρώπων, οἱ μὲν τῇ γεέννῃ διαπιστοῦσι, καὶ οὐδὲ εἶναι κόλασιν νομίζουσιν, ἀλλὰ τὸν Θεὸν ἁπλῶς ἕνεκεν φόβου καὶ σωφρονισμοῦ ταῦτ' ἠπειληκέναι, σκώληκα τὸν ἀτελεύτητον, τὸ πῦρ τὸ ἄσβεστον, τὸ σκότος τὸ ἐξώτερον, τοῖς δὲ παρελθοῦσιν οὐκ ἔχουσιν ἀπιστῆσαι. Τὰ γὰρ γεγενημένα πῶς ἄν τις δύναιτο λέγειν μὴ γενέσθαι; Τοῖς μὲν γὰρ οὐδέπω φανεῖσιν, οὐδὲ εἰς ἔργον ἐξελθοῦσίν εἰσι πολλοὶ οἱ διαπιστοῦντες, τοῖς δὲ γεγενημένοις καὶ τέλος εἰληφόσι, κἂν μυριάκις τις ἀνεύθυνος ᾖ καὶ ἀγνώμων, οὔτε, εἰ βουληθείη, δυνήσεταί ποτε ἀπιστεῖν. Ἀπὸ τῶν σφόδρα ὡμολογημένων, καὶ τέλος ἐχόντων, καὶ D
ὧν πολλὰ μένει τὰ λείψανα, βούλεται αὐτοὺς πιστώσασθαι περὶ τῆς τοῦ Θεοῦ δικαιοκρισίας, μονονουχὶ λέγων· εἰ μὴ νομίζεις εἶναι γέενναν, μηδὲ τιμωρίαν καὶ κόλασιν, ἀλλ' ἁπλῶς τὸν Θεὸν ἠπειληκέναι, τὰ παρελθόντα ἀναλογισάμενος, καὶ τοῖς μέλλουσι πίστευε. Εἰ γὰρ ὁ αὐτός ἐστι Θεὸς, ὁ καὶ τὰ πρότερα καὶ τὰ νῦν οἰκονομῶν, καὶ τὰ ἐπὶ τῆς Παλαιᾶς, καὶ τὰ ἐπὶ τῆς χάριτος, ὥσπερ οὖν καὶ ἔστιν ὁ αὐτὸς, ποῖον ἂν ἔχοι λόγον, ἐκείνους μὲν ἁμαρτάνοντας κολάσαι καὶ τιμωρήσασθαι, ἡμᾶς δὲ ταῦτα, καὶ πολλῷ χαλεπώτερα ἐκείνων πταίοντας ἀτιμωρήτους ἀφεῖναι; Ἐρωτῶ τοίνυν· ἐπόρνευσαν οἱ Ἰουδαῖοι, καὶ ἐκολάσθησαν; E
ἐγόγγυσαν, καὶ ἐτιμωρήθησαν; Ἀνάγκη πᾶσα ὁμολογῆσαι. Πῶς οὖν ὁ τιμωρησάμενος ἐκείνους, σὲ τὰ αὐτὰ τολμῶντα παρόψεται; Οὐκ ἂν ἔχοι [a] λόγον. Ἀλλ' οὐκ ἔδωκας δίκην ἐνταῦθα; Διὰ τοῦτο μάλιστα πίστευε γέενναν εἶναι καὶ κόλασιν, ἐπειδὴ δίκην ἐνταῦθα οὐκ ἔδωκας. Εἰ γὰρ μὴ ἔμελλέ τις ἀποκεῖσθαι μετὰ ταῦτα τιμωρία, * οὐκ ἂν [b] τὰ αὐτὰ τοῖς προτέροις τολμήσας, ἀτιμώρητος ἔμεινας. Καὶ σὺ τοίνυν ὅταν λάβῃς τινὰ χαῦνον, καὶ διαλελυμένον, καὶ πολλὴν ἀσέλγειαν ἐπιδεικνύμενον, καὶ λέγῃ πρὸς σὲ, ὅτι μῦθος ταῦτά ἐστιν, οὐκ ἔστι 232
κόλασις, οὔτε γέεννα, ἀλλ' ἁπλῶς ὁ Θεὸς ἠπείλησε φοβῆσαι βουλόμενος, λέγε πρὸς αὐτόν· ἄνθρωπε, τοῖς μέλλουσιν ἀπιστεῖς, ἐπειδὴ μὴ φαίνεται, μηδὲ εἰς μέσον ἦλθε, μηδὲ ὑπὸ τοῖς ὀφθαλμοῖς κεῖται τοῖς ἡμετέροις· μὴ ἐπὶ τοῖς γεγενημένοις καὶ τέλος εἰληφόσι δυνατὸν ἀπιστῆσαί τινα; Ἐννόησόν μοι τὰ Σόδομα καὶ τὰ Γόμοῤῥα. Ἐκείνη δὲ χώρα δι' οὐδεμίαν ἑτέραν ἁμαρτίαν τοσαύτην ἔδωκε δίκην, ἢ ὅτι παρανόμους εἰσήγαγον μίξεις οἱ τὰς πόλεις οἰκήσαντες ἐκείνας, καὶ ἀθέσμους ἔρωτας, καὶ τοὺς τῆς φύσεως νόμους ἐκ βάθρων ἀνέτρεψαν. Πῶς οὖν ἂν ἔχοι λόγον, τὸν Θεὸν, τὸν αὐτὸν ὄντα καὶ τότε καὶ νῦν, ἐκείνους μὲν ἁμαρτάνοντας κολάσαι χωρὶς συγγνώμης

Novum Testamentum. Quoniam enim multi sunt, qui nec gehennam nec supplicium esse putant, sed autumant Deum simpliciter, ut metum et temperantiam induceret, hæc comminatum esse, vermem immortalem, ignem inexstinguibilem, tenebras exteriores; sed non possunt præteritis fidem negare. Nam quæ facta sunt, quo pacto quis dicere possit non facta esse? Iis quippe quæ non visa, nec in opus educta sunt, multi non credunt; iis autem quæ facta sunt, et ad finem deducta, quantumvis perversus et improbus quis fuerit, ne quidem si velit, poterit fidem negare. Ab iis ergo, quæ in confesso apud omnes sunt, utpote facta, quorum etiam reliquiæ manent, vult eos de recto Dei judicio fieri certiores; ac si diceret: Si non putas esse gehennam, neque pœnam, neque supplicium, sed Deum frustra comminatum esse, præterita repetens, futuris etiam crede. [Præterita gesta futurorum prædictionibus fidem faciunt.] Si enim is ipse est Deus, qui et præterita et præsentia dispensat; itemque ea quæ sub Veteri Lege, et ea quæ in statu gratiæ, sicut revera idem et ipse est, qua ratione illos quidem peccantes castigavit et pœnis subjecit, nos vero qui paria, imo multo graviora admisimus, inultos dimittet? Quæro igitur, annon Judæi fornicati sunt et plexi sunt? annon murmuraverunt, et supplicio sunt affecti? Id confiteri necesse est. Quomodo ergo qui illos affecit pœna, te paria ausum præteribit? Id sane non est rationi consonum. At hic non dedisti pœnas? Ideo maxime crede gehennam esse atque supplicium, quia hic non dedisti pœnas. Nisi enim posthac aliquod supplicium futurum esset, nequaquam eadem quæ illi priores ausus, inultus mansisses. [* Hic aliquid desiderari videtur. [Immo vitiosa erat lectio.]] Tu ergo si quempiam deprehenderis mollem, dissolutum, multamque lasciviam exhibentem, qui dicat tibi, Hæc sunt fabulæ; non est supplicium, neque gehenna, sed Deus hæc frustra terrendi causa comminatus est, responde illi: Homo, non credis futuris, quia non apparent, neque in medio vel sub oculis sunt constituta: num potes fidem negare iis, quæ facta finemque sortita sunt? Cogita Sodomam et Gomorrham. Regio illa nulla alia de causa tantas dedit pœnas, quam quod incolæ ejus illicitos coitus induxerunt, illegitimosque amores, ac naturæ leges radicitus subverterunt. Qua igitur ratione fieri possit ut Deus idem ipse nunc qui tunc erat, illos peccantes sine venia

a [Savil. in marg. addit ἐκείνους μὲν ἁμαρτάνοντας κολάσαι, ἡμᾶς δὲ ταῦτα, καίτοι πολλῷ αἰσχρότερα ἐργασαμένους οὐ κολάσαι.]

b [Dedimus e Cod. 748 τὰ αὐτά. Editiones τοιαῦτα.]

punierit, te vero qui post illos peccasti et majore dignus es ultione, quia gratiam sortitus es, neque illorum supplicio emendatus, inultum sinat?

3. Ideoque Paulus, nihildum de gehenna loquutus, quia futura a multis non creduntur, ab iis quæ jam contigerant, et quibus illi fidem habebant, ipsos erudire vult. Etiamsi enim futura terribiliora sint, popularibus tamen præterita sunt credibiliora, et hæc plus quam illa terrori sunt ipsis. Idcirco ex iis argumentum mutuatur, quibus ne impudentiores quidem fidem negare possunt: simul autem et Marcioni et Manichæo et iis qui pari morbo laborabant, letalem infligit plagam. Si enim non est idem Veteris qui Novi Testamenti Deus, qui et illa monuit, et hanc formam traditurus erat, frustra mihi hoc dicis, o Paule, et nullum auditoribus timorem incutis. Nam potest is qui audit dicere: Si alius ille, alius hic Deus est: hic certe non secundum illius sententiam judicabit, neque iisdem obtemperabit legibus. Quid enim si Deo Veteris Legis visum est omnes punire, quas larvas profers, quid terres? Alium habeo Dominum, qui me judicaturus est. Itaque si alius fuisset Veteris, alius Novæ Legis, Paulus contra, quam volebat, fecisset: non modo enim non terruisset auditorem, sed etiam ab omni angustia et metu liberasset, quod nemo quantivis pretii, etiam insipiens fecerit, nedum Paulus tanta plenus sapientia. Unde palam est eumdem esse Deum, qui et Judæos in eremo prostravit, et de nobis eos ulturus est, qui peccaverint. Neque enim, nisi unus esset (id iterum dico), per ea quæ olim a se gesta sunt, de futuris etiam nos terreret; quia autem idem ipse est, supplicii exspectationem, cui contradici nequit, ipsis induxit, ostendens metuendum formidandumque esse. Qui enim patres nostros peccantes ultus est, non utique nobis parcet paria peccantibus. Jam operæ pretium fuerit principium narrationis repetere, et dicta singula cum omni accuratione examinare. *Nolo autem vos ignorare, fratres.* Discipulos vocat fratres; non dignitatis, sed caritatis nomine ipsos compellans. Sciebat enim, apprime utique sciebat, huic appellationi æquale nihil esse, et maximam dignitatis speciem, speciem esse caritatis. Hoc autem prius et nos imitemur. Etiamsi quidam nostrum valde inferiores sint, ipsos mi-

Probatur eumdem esse Novi ac Veteris Testamenti Deum.

B ἁπάσης, σὲ δὲ τὸν μετ' ἐκείνους ἁμαρτόντα, τὸν
πολλῷ μείζονος ὄντα τιμωρίας ἄξιον καὶ κολάσεως,
ὅσῳ καὶ χάριτος ἀπήλαυσας, καὶ οὐδὲ ταῖς ἐκείνων
[a] ἐσωφρονίσθης τιμωρίαις, ἀτιμώρητον ἀφεῖναι;
Διὰ δὴ ταῦτα καὶ Παῦλος οὐδὲν περὶ γεέννης τέως
εἰπὼν, ἐπειδὴ πολλοῖς τὰ μέλλοντά ἐστιν ἄπιστα,
ἀπὸ τῶν ἤδη συμβάντων, καὶ ὧν ἱκανὴν εἶχον πίστιν,
αὐτοὺς σωφρονίσαι βούλεται. Εἰ γὰρ καὶ φοβερώτερα
τὰ μέλλοντα, ἀλλὰ τοῖς ἀτελεστέροις τῶν ἀνθρώπων
τὰ παρελθόντα πιστότερα, καὶ ταῦτα μᾶλλον αὐτοὺς
ἐκείνων φοβεῖν εἴωθε. Διὰ ταῦτα ἐντεῦθεν αὐτοῖς δια-
C λέγεται, οἷς οὐδὲ τὸν σφόδρα ἀναισχυντοῦντα ἀπιστῆσαι δυνατὸν ἦν· ὁμοῦ δὲ καὶ Μαρκίωνι καὶ Μάνεντι,
καὶ πᾶσι τοῖς τὰ αὐτὰ ἐκείνοις νοσοῦσι καιρίαν δίδωσι τὴν πληγήν. Εἰ γὰρ μή ἐστιν ὁ αὐτὸς Θεὸς τῆς
Παλαιᾶς καὶ τῆς Καινῆς, ὁ καὶ ἐκεῖνα νουθετήσας,
καὶ ταῦτα μέλλων διατυποῦν, περιττῶς μοι ταῦτα
λέγεις, ὦ Παῦλε, καὶ φόβον οὐδένα τοῖς ἀκροαταῖς
ἐντίθης. Δύναται γὰρ ὁ ἀκούων λέγειν, ὅτι εἰ ἕτερος
ἐκεῖνός ἐστι Θεὸς, καὶ ἕτερος οὗτος, οὐ πάντως οὗτος
κατὰ τὴν ἐκείνου κρινεῖ γνώμην, οὐδὲ τοῖς αὐτοῖς πείθεται νόμοις. Τί γὰρ, εἰ τῷ τῆς Παλαιᾶς Θεῷ πάντας
ἔδοξε κολάσαι καὶ τιμωρήσασθαι, τί μορμολύττεις καὶ
D ἐκφοβεῖς; Ἕτερον ἔχω Δεσπότην τὸν μέλλοντά με
κρίνειν. Ὥστε εἰ ἕτερος ἦν ὁ τῆς Παλαιᾶς, καὶ ἕτερος
ὁ τῆς Καινῆς, τοὐναντίον, ὅπερ ἐβούλετο, ὁ Παῦλος
ἐποίησεν· οὐ γὰρ μόνον οὐκ ἐφόβησε τὸν ἀκούοντα,
ἀλλὰ καὶ πάσης ἀγωνίας καὶ δέους ἀπήλλαξεν· ὅπερ
οὐδὲ τῶν τυχόντων ἀνθρώπων καὶ σφόδρα ἀνοήτων
τις ἔπαθεν ἂν, μήτι γε Παῦλος ὁ τοσαύτης γέμων
σοφίας. Ὅθεν δῆλον, ὅτι εἷς καὶ ὁ αὐτός ἐστι Θεὸς
ὁ καὶ τοὺς Ἰουδαίους ἐπὶ τῆς ἐρήμου καταστρώσας,
καὶ ἡμῶν τοὺς ἁμαρτάνοντας κολάζειν μέλλων. Οὐ
γὰρ εἰ μὴ εἷς ἦν (πάλιν γὰρ τὸ αὐτὸ ἐρῶ), ἀπὸ τῶν
ἤδη γεγενημένων ὑπ' ἐκείνου, καὶ περὶ τῶν μελλόν-
E των ἡμᾶς ἐφόβει· ἐπειδὴ δὲ ὁ αὐτός ἐστιν, ἀναντίῤῥητον εἰσήγαγεν αὐτοῖς τὴν περὶ τῆς τιμωρίας προσδοκίαν, δεικνὺς ὅτι δεδοικέναι χρὴ καὶ φοβεῖσθαι. Οὐ
γὰρ ἂν ὁ τοὺς πατέρας ἡμῶν κολάσας ἁμαρτάνοντας,
ἡμῶν φείσεται τὰ αὐτὰ πλημμελούντων. Ἄξιον δὲ
ἐπ' αὐτὴν τὴν ἀρχὴν ἐλθεῖν τοῦ διηγήματος, καὶ
ἑκάστην διερευνήσασθαι ῥῆσιν μετ' ἀκριβείας ἁπάσης.
Οὐ θέλω δὲ ὑμᾶς ἀγνοεῖν, ἀδελφοί. Τοὺς μαθητὰς
ἀδελφοὺς ἐκάλεσεν, οὐκ ἀπὸ τοῦ τῆς ἀξίας, ἀλλ' ἀπὸ
τοῦ τῆς ἀγάπης αὐτοὺς προσαγορεύων ὀνόματος. Ἤδει
233 γὰρ, ᾔδει σαφῶς, ὅτι ταύτης ἴσον οὐδὲν, καὶ τὸ μέγιστον
A τῆς ἀξίας εἶδος, τὸ τῆς ἀγάπης εἶδός ἐστι. Τοῦτο δὲ
πρῶτον καὶ ἡμεῖς ζηλώσωμεν. Κἂν σφόδρα καταδε-
έστεροί τινες ἡμῶν [a] ὦσι, τοῖς τῆς θεραπείας αὐτοὺς

[a] [Dedimus e Cod. 748. Editiones σωφρονισθεὶς.]

[a] [Quod in marg. conjecerat Savil. ὦσι dedimus e Cod. 748. Editiones ὄντες.]

καλῶμεν ὀνόμασι, μὴ μόνον ἐλευθέρους, ἀλλὰ καὶ δούλους, μὴ μόνον πλουσίους, ἀλλὰ καὶ πένητας, ἐπεὶ καὶ Παῦλος οὐχὶ τοὺς πλουσίους τοὺς παρὰ Κορινθίοις, οὐδὲ τοὺς ἐλευθέρους καὶ περιφανεῖς, οὐδὲ τοὺς ἐπισήμους μόνον, ἀλλὰ καὶ ἰδιώτας, καὶ οἰκέτας, καὶ πάντας ἁπλῶς ταύτῃ τετίμηκε τῇ προσηγορίᾳ. Ἐν γὰρ Χριστῷ Ἰησοῦ οὐ δοῦλος, οὐκ ἐλεύθερος, οὐ βάρβαρος, οὐ Σκύθης, οὐ σοφὸς, οὐκ ἄσοφος, ἀλλὰ πᾶσα ἀξίας ἀνωμαλία βιωτικῆς ἀνῄρηται. Καὶ τί θαυμαστὸν, εἰ Παῦλος τοὺς ὁμοδούλους οὕτως ἐκάλεσεν, ὅπου γε καὶ ὁ Δεσπότης αὐτοῦ τὴν ἡμετέραν οὕτω ἐκάλεσε φύσιν, οὕτω λέγων· Ἀπαγγελῶ τὸ ὄνομά σου τοῖς ἀδελφοῖς μου, ἐν μέσῳ Ἐκκλησίας ὑμνήσω σε; Οὐ μόνον δὲ ἐκάλεσεν ἡμᾶς ἀδελφοὺς, ἀλλὰ καὶ γενέσθαι ἀδελφὸς ἡμῶν ἠθέλησε, καὶ ἐγένετο τὴν σάρκα ὑποδὺς τὴν ἡμετέραν, καὶ τῆς φύσεως ἡμῶν κοινωνήσας τῆς αὐτῆς. Ὅπερ οὖν καὶ αὐτὸ θαυμάζων ὁ Παῦλος ἔλεγεν· Οὐ γὰρ ἀγγέλων ἐπιλαμβάνεται ὁ Θεὸς, ἀλλὰ σπέρματος Ἀβραὰμ ἐπιλαμβάνεται, ὅθεν ὤφειλε κατὰ πάντα τοῖς ἀδελφοῖς ὁμοιωθῆναι. Καὶ πάλιν· Ἐπεὶ οὖν καὶ τὰ παιδία κεκοινώνηκε σαρκὸς καὶ αἵματος, παραπλησίως καὶ αὐτὸς μετέσχε τῶν αὐτῶν. Πάντα δὲ ταῦτα ἀκούοντες, ἀλαζονείαν, καὶ τῦφον, καὶ ἀπόνοιαν ἅπασαν τῆς ψυχῆς ἐξορίσωμεν τῆς ἡμετέρας, καὶ μετὰ πολλῆς τοῦτο κατορθώσωμεν τῆς σπουδῆς, τὸ θεραπευτικοῖς ὀνόμασι καὶ τιμὴν ἔχουσι τοὺς πλησίον καλεῖν. Εἰ γὰρ καὶ μικρὸν καὶ ψιλὸν εἶναι δοκεῖ τὸ κατόρθωμα, ἀλλ' ὅμως μεγάλων ἀγαθῶν ἐστιν αἴτιον· ὥσπερ οὖν τὸ ἐναντίον πολλὰς πολλάκις ἔχθρας καὶ ἔρεις καὶ φιλονεικίας ἐποίησεν. Οὐ ταύτην δὲ μόνον τὴν ῥῆσιν, ἀλλὰ καὶ τὴν ἑξῆς μετὰ πολλῆς ἐξεταστέον τῆς ἀκριβείας· οὐδὲ γὰρ ταύτην ἁπλῶς τέθεικεν. Εἰπὼν γὰρ, Οὐ θέλω ὑμᾶς ἀγνοεῖν, ἀδελφοί, ἐπήγαγεν, Ὅτι οἱ πατέρες ἡμῶν πάντες· οὐκ εἶπεν, ὅτι οἱ Ἰουδαῖοι, οὐδὲ οἱ ἐξ Αἰγύπτου ἐξελθόντες· ἀλλὰ τί; Οἱ πατέρες ἡμῶν πάντες· ὁμοῦ καὶ τὴν ταπεινοφροσύνην ἐπιδεικνύμενος τὴν ἑαυτοῦ, ὅτι οὐκ ἀπηξίωσε τὴν πρὸς ἐκείνους συγγένειαν, τοσοῦτον αὐτοὺς ἀναβεβηκὼς κατὰ τὸν τῆς ἀρετῆς λόγον, καὶ τῶν τὴν Παλαιὰν διαβαλλόντων ἐπιστομίζων τὴν ἀναίσχυντον γλῶτταν. Οὐ γὰρ ἂν, εἰ πρὸς ἐκείνην ἀπεχθῶς διέκειτο, ἀπὸ τῶν εὐφημοτέρων ὀνομάτων ἂν ἐμνήσθη, τῶν τότε γενομένων ἁπάντων διαβολὴν ἐχόντων. Πάντες. Οὐδὲ τοῦτο ἁπλῶς τέθεικε τὸ, Πάντες, οὐδὲ παρέργως, ἀλλὰ μετὰ πολλῆς τῆς σοφίας. Οὐδὲ γὰρ ἅπαξ εἰπὼν ἐσίγησεν, ἀλλὰ καὶ δὶς καὶ τρὶς καὶ πολλάκις, ἵνα μάθῃς, ὅτι οὐ παρέργως αὐτὰ προσέῤῥιψεν. Εἰπὼν γὰρ, Ὅτι οἱ πατέρες ἡμῶν πάντες ὑπὸ τὴν νεφέλην ἦσαν, ἐπήγαγε, Καὶ πάντες διὰ τῆς θαλάσσης διῆλθον, καὶ πάντες εἰς τὸν Μωϋσῆν ἐβαπτίσαντο, καὶ πάντες τὸ αὐτὸ βρῶμα πνευματικὸν ἔφαγον, καὶ πάντες τὸ

nisterii nomine compellemus, non solum liberos, sed etiam servos; non solum divites, sed etiam pauperes: quandoquidem et Paulus non solum Corinthiorum divites, liberos et conspicuos et nobiles, sed etiam privatos et domesticos, et omnes indiscriminatim hac appellatione honoravit. Nam in Christo Jesu neque servus neque liber, non barbarus, non Scytha, non sapiens, neque insipiens, sed omnis sæcularis dignitatis inæqualitas sublata est. (Gal. 3. 28.) Ecquid mirum si Paulus conservos sic appellaverit, quando et Dominus ejus naturam nostram sic vocavit, his verbis: *Narrabo nomen tuum fratribus meis, in medio Ecclesiæ laudabo te?* (Psal. 21. 23.) Neque tantum nos fratres vocavit, sed et ipse frater esse noster voluit, et vere fuit cum carnem nostram induit, et naturæ nostræ consors factus est. Quod ipsum admirans Paulus dicebat: *Non enim angelos apprehendit Deus, sed semen Abrahæ apprehendit; unde debuit per omnia fratribus assimilari.* (Hebr. 2. 16. 17.) Et rursum: *Quoniam vero pueri participaverunt carni et sanguini, similiter et ipse participavit iisdem ipsis.* (Ibid. v. 14.) Hæc porro omnia audientes, arrogantiam, fastum et superbiam quamlibet ex animis nostris eliminemus: id summo studio curemus, ut obsequii et honoris nominibus proximos nostros compellemus. (Proximi honeste compellandi.) Licet enim hoc officium parvi momenti esse videatur, magna tamen parit bona: quemadmodum et oppositum multas inimicitias, lites et contentiones plerumque peperit. Neque hoc solummodo dictum, sed etiam illud quod sequitur, magna accuratione excutiamus: neque enim illud sine causa posuit. Cum enim dixisset, *Nolo vos ignorare, fratres;* adjecit, *Quod patres nostri omnes:* non dixit, quod Judæi, neque ii, qui ex Ægypto egressi fuerant; sed quid? *Patres nostri omnes;* simul suam exhibens humilitatem, cum eorum cognationem non dedignatus est, etsi tantum superior virtute; et impudentem eorum linguam coercens, qui Veterem Legem criminantur. Neque enim si odisset illam, honorabilioribus illam nominibus commemorasset, cum illi omnes qui tunc vixerant criminationi essent obnoxii. *Omnes.* Neque illud temere posuit, *Omnes*, neque supervacanee, sed magna cum sapientia. Neque cum semel dixisset, id postea tacuit; sed et bis et ter et sæpe pronuntiavit, ut ediscas illum non perfunctorie hoc protulisse. Cum dixisset enim, *Quod patres nostri omnes sub nube fuerunt,* adjecit, *Et omnes per mare Rubrum transierunt* et *omnes in Moysem baptizati sunt*, et *omnes eamdem escam spiritualem comederunt, et omnes eumdem potum spiritualem biberunt*. Audisti quomodo sæpe illud, *Omnes*, posuerit? Quod nequaquam fecisset, nisi magnum quid et mirabile mysterium subindicare voluisset. Si enim simpliciter posuisset, satis erat id semel dictum postea tacere, et sic dicere: Quod patres nostri omnes sub nube fuerunt, et per mare transierunt, et in Moysem baptizati sunt, et eamdem escam spiritualem comederunt, et eumdem potum spiritualem biberunt. Nunc autem non ita dixit, sed ad singola gesta illud, *Omnes*, adjiciens, non parvam nobis sententiæ suæ januam aperuit, ut ejus sapientiam consideremus. Cur ergo hanc vocem frequenter repetit? Ut ostendat magnam esse Legis Veteris cum Nova cognationem, et illa fuisse borum figuram, et futurorum umbram. Atque primum hinc consonantiam ostendit. Volebat enim demonstrare quod, quemadmodum in Ecclesia non est discrimen inter servum et liberum, neque inter peregrinum et civem, senem et juvenem, sapientem et insipientem, privatum et principem, mulierem et virum, sed omnis ætas et dignitas, atque uterque sexus similiter in eamdem illam aquarum piscinam descendunt, ac sive rex sive mendicus eadem expiatione fruuntur: id quod est maximum nostræ nobilitatis argumentum, quod simili modo mendicum ac purpura vestitum ad mysteria admittamus, atque in mysteriorum ratione nihil hic plus illo habeat: sic et in Veteri Lege illud, *Omnes*, frequenter posuit. Neque enim dicere potes, Moysem per aridam, Judæos vero per mare transivisse; neque opulentos per hanc viam, pauperes per aliam, neque mulieres sub aere, viros sub nube; sed omnes per mare, sub nube omnes, et in Moysem omnes. Quoniam enim transitus ille futuri baptismatis typus erat, hoc primum per figuram exprimi oportuit, nempe omnes eorumdem consortes fuisse, quemadmodum et hic omnes eadem æqualiter participant. Et quomodo potest, inquies, illud præsentium esse typus? Si prius didiceris quid sit typus, quid veritas, tunc tibi hujusce rei rationem reddam.

Transitus per mare Rubrum baptismi typus.

4. Quid igitur est umbra, et quid veritas? Age, sermonem ad imagines transferamus, quas pictores delineant. Vidisti sæpe imperatoriam imaginem cæruleo tinctam colore; deinde vero

αὐτὸ πόμα πνευματικὸν ἔπινον. Ἤκουσας πῶς πολλάκις τὸ, Πάντες, τέθεικεν; Οὐκ ἂν δὲ τοῦτο ἐποίησεν, εἰ μὴ μέγα τι καὶ θαυμαστὸν μυστήριον αἰνίξασθαι
235 ἤθελεν. Εἰ γὰρ ἁπλῶς ἐτίθει, ἤρκει ἅπαξ εἰπόντα
A σιγῆσαι, καὶ εἰπεῖν οὕτως· ὅτι οἱ πατέρες ἡμῶν πάντες ὑπὸ τὴν νεφέλην ἦσαν, καὶ διὰ τῆς θαλάσσης διῆλθον, καὶ εἰς τὸν Μωϋσῆν ἐβαπτίσαντο, καὶ τὸ αὐτὸ βρῶμα πνευματικὸν ἔφαγον, καὶ τὸ αὐτὸ πόμα πνευματικὸν ἔπιον. Νῦν δὲ οὐχ οὕτως εἶπεν, ἀλλὰ καθ' ἕκαστον τῶν γενομένων τὸ, Πάντες, τιθεὶς, θύραν ἡμῖν τῆς ἑαυτοῦ γνώμης παρήνοιξεν οὐ μικρὰν, ὥστε κατιδεῖν αὐτοῦ τὴν σοφίαν. Τίνος οὖν ἕνεκεν συνεχῶς τῆς λέξεως ταύτης μέμνηται; Βούλεται δεῖξαι πολλὴν οὖσαν τῆς Παλαιᾶς πρὸς τὴν Καινὴν τὴν συγγένειαν, καὶ ὅτι ταῦτα τύπος ἐκείνων ἦν, καὶ σκιὰ τῶν μελλόντων. Καὶ πρῶτον ἀπὸ τούτου τὴν συμφωνίαν δείκνυσι. Βουλόμενος γὰρ δεῖξαι, ὅτι
B ὥσπερ ἐν τῇ Ἐκκλησίᾳ οὐκ ἔστι δούλου καὶ ἐλευθέρου διάκρισις, οὐδὲ ξένου καὶ πολίτου, οὐδὲ γέροντος καὶ νέου, οὐδὲ σοφοῦ καὶ ἀσόφου, οὐδ' ἰδιώτου καὶ ἄρχοντος, οὐδὲ γυναικὸς καὶ ἀνδρὸς, ἀλλὰ πᾶσα ἡλικία, καὶ πᾶσα ἀξία, καὶ ἑκατέρα ἡ φύσις ὁμοίως εἰς τὴν κολυμβήθραν ἐκείνην ἐμβαίνουσι τῶν ὑδάτων, κἂν βασιλεὺς ᾖ τις, κἂν πτωχὸς, τῶν αὐτῶν ἀπολαύουσι καθαρσίων· καὶ τοῦτό ἐστι μάλιστα τὸ μέγιστον τῆς παρ' ἡμῖν εὐγενείας τεκμήριον, ὅτι ὁμοίως καὶ [a] τὸν προσαίτην, καὶ τὸν τὴν ἁλουργίδα ἔχοντα μυσταγωγοῦμεν, καὶ οὐδὲν πλέον οὗτος ἐκείνου κατὰ τὸν τῶν μυστηρίων ἔχει λόγον· οὕτω καὶ ἐν τῇ Παλαιᾷ συνεχῶς
C τὸ, Πάντες, τέθεικεν. Οὐδὲ γὰρ ἔχεις εἰπεῖν, ὅτι Μωϋσῆς μὲν διὰ ξηρᾶς, Ἰουδαῖοι δὲ διὰ τῆς θαλάσσης διῆλθον, οὐδ' ὅτι οἱ μὲν εὔποροι δι' ἑτέρας ὁδοῦ, οἱ δὲ πενέστεροι δι' ἑτέρας, οὐδὲ ὅτι αἱ γυναῖκες μὲν ὑπὸ τὸν ἀέρα, ἄνδρες δὲ ὑπὸ τὴν νεφέλην, ἀλλὰ καὶ διὰ τῆς θαλάσσης πάντες, καὶ ὑπὸ τὴν νεφέλην πάντες, καὶ εἰς τὸν Μωϋσῆν πάντες. Ἐπειδὴ γὰρ ἡ διάβασις ἐκείνη τοῦ μέλλοντος βαπτίσματος ἦν τύπος, ἔδει τοῦτο πρῶτον τῶν ὅλων διατυπωθῆναι, τὸ πάντας τῶν αὐτῶν ἀπολαῦσαι, ὥσπερ οὖν καὶ ἐνταῦθα πάντες τῶν αὐτῶν ἐξίσης μετέχουσι. Καὶ πῶς δύναται, φησὶν, ἐκεῖνο τύπος εἶναι τῶν παρόντων; Ἂν μάθῃς πρότερον, τί μέν ἐστι τύπος, τί δὲ ἀλήθεια, τότε
D σοι καὶ τούτου παρέξομαι τὰς εὐθύνας.

Τί ποτ' οὖν ἐστι σκιὰ, τί δὲ ἀλήθεια; Φέρε, τὸν λόγον ἐπὶ τὰς εἰκόνας ἀγάγωμεν, ἃς οἱ ζωγράφοι γράφουσι. Εἶδες πολλάκις εἰκόνα βασιλικὴν κυανῷ κατακεχρωσμένην χρώματι, εἶτα τὸν ζωγράφον λευ-

[a] Unus τὸν προσαιτῆ.

κὰς περιάγοντα γραμμὰς, καὶ ποιοῦντα βασιλέα, καὶ θρόνον βασιλικὸν, καὶ ἵππους παρεστῶτας, καὶ δορυφόρους, καὶ πολεμίους δεδεμένους καὶ ὑποκειμένους. Ἀλλ' ὅμως ὁρῶν ταῦτα σκιαγραφούμενα, οὔτε οἶδας τὸ πᾶν, οὔτε ἀγνοεῖς τὸ πᾶν, ἀλλ' ὅτι μὲν ἄνθρωπος γράφεται καὶ ἵππος, ἀμυδρῶς ἐπίστασαι· ποῖος δέ ἐστιν ὁ βασιλεὺς, καὶ ποῖος ὁ πολέμιος, οὐ σφόδρα ἀκριβῶς οἶδας, ἕως ἂν ἐλθοῦσα τῶν χρωμάτων ἡ ἀλήθεια τρανώσῃ τὴν ὄψιν καὶ σαφεστέραν ποιήσῃ. Ὥσπερ οὖν ἐπὶ τῆς εἰκόνος ἐκείνης οὐκ ἀπαιτεῖς τὸ πᾶν πρὸ τῆς τῶν χρωμάτων ἀληθείας, ἀλλὰ κἂν ἀμυδράν τινα λάβῃς γνῶσιν τῶν γινομένων, ἱκανῶς τὴν σκιαγραφίαν ἀπηρτίσθαι νομίζεις· οὕτω μοι καὶ ἐπὶ τῆς Παλαιᾶς καὶ ἐπὶ τῆς Καινῆς λογίζου, καὶ μή με πᾶσαν ἀπαιτήσῃς τῆς ἀληθείας τὴν ἀκρίβειαν ἐπὶ τοῦ τύπου· καὶ δυνησόμεθά σε διδάξαι, πῶς εἶχέ τινα συγγένειαν ἡ Παλαιὰ πρὸς τὴν Καινὴν, καὶ ἡ διάβασις ἐκείνη πρὸς τὸ ἡμέτερον βάπτισμα. Κἀκεῖ ὕδωρ, κἀνταῦθα ὕδωρ· κολυμβήθρα ἐνταῦθα, καὶ ἐκεῖ πέλαγος· πάντες ἐνταῦθα εἰς τὰ ὕδατα ἐμβαίνουσι, κἀκεῖ πάντες· κατὰ τοῦτο ἡ συγγένεια. Λοιπὸν βούλει μαθεῖν τῶν χρωμάτων τὴν ἀλήθειαν; Ἐκεῖ μὲν Αἰγύπτου διὰ τῆς θαλάσσης ἀπηλλάττοντο, ἐνταῦθα δὲ εἰδωλολατρείας· κἀκεῖ μὲν ὁ Φαραὼ κατεποντίζετο, ἐνταῦθα δὲ ὁ διάβολος· ἐκεῖ Αἰγύπτιοι ἀπεπνίγοντο, ἐνταῦθα δὲ ὁ παλαιὸς ἄνθρωπος τῶν ἁμαρτημάτων κατορύττεται. Καὶ ἴδε συγγένειαν τύπου πρὸς ἀλήθειαν, καὶ ἀληθείας ὑπεροχὴν πρὸς τύπον. Οὔτε γὰρ ἀπηλλοτριῶσθαι πάντη χρὴ τὸν τύπον τῆς ἀληθείας, ἐπεὶ οὐκ ἂν εἴη τύπος· οὔτε πάλιν ἐξισάζειν πρὸς τὴν ἀλήθειαν, ἐπεὶ πάλιν καὶ αὐτὸς ἀλήθεια ἔσται· ἀλλὰ δεῖ μένειν ἐπὶ τῆς οἰκείας συμμετρίας, καὶ μήτε τὸ πᾶν ἔχειν τῆς ἀληθείας, μήτε τοῦ παντὸς ἐκπεπτωκέναι. Ἂν μὲν γὰρ τὸ πᾶν ἔχῃ, ἀλήθεια πάλιν ἐστὶ καὶ αὐτός· ἂν δὲ τοῦ παντὸς ἐκπέσῃ, τύπος εἶναι λοιπὸν οὐ δύναται· ἀλλὰ δεῖ τὸ μὲν ἔχειν, τὸ δὲ τῇ ἀληθείᾳ τηρεῖν. Μὴ τοίνυν τὸ πᾶν με ἀπαιτήσῃς ἐπὶ τῆς Παλαιᾶς, ἀλλ' εἰ κἂν μικρά τινα καὶ ἀμυδρὰ λάβῃς αἰνίγματα, ἀγαπητὸν εἶναι νόμιζε τοῦτο. Ποῦ οὖν ἐστιν ἡ συγγένεια τοῦ τύπου πρὸς τὴν ἀλήθειαν; Ὅτι πάντες ἐκεῖ, καὶ ἐνταῦθα πάντες· ὅτι δι' ὕδατος ἐκεῖ, καὶ ἐνταῦθα δι' ὕδατος· ὅτι δουλείας ἀπηλλάγησαν ἐκεῖνοι, καὶ ἡμεῖς δουλείας, ἀλλ' οὐ τῆς αὐτῆς· ἀλλ' οἱ μὲν τῆς Αἰγυπτίων, ἡμεῖς δὲ τῆς τῶν δαιμόνων· ἐκεῖνοι τῆς τῶν βαρβάρων, ἡμεῖς τῆς κατὰ τὴν ἁμαρτίαν. Πρὸς ἐλευθερίαν ἀνήχθησαν ἐκεῖνοι, καὶ ἡμεῖς, ἀλλ' οὐ πρὸς τὴν αὐτὴν, ἀλλὰ πρὸς πολλῷ λαμπροτέραν ἡμεῖς. Εἰ δὲ μείζω τὰ ἡμέτερα καὶ ὑπερέχοντα ἐκείνων, μὴ θορυβοῦ. Τοῦτο γὰρ μάλιστά ἐστιν ἀληθείας, τὸ πολλὴν ἔχειν πρὸς τὸν τύπον τὴν ὑπεροχὴν, οὐκ ἐναντίωσιν, οὐδὲ μάχην. Τί δέ ἐστι, Πάντες εἰς τὸν Μωϋσῆν ἐβαπτίσαντο;

pictorem albas lineas ducentem, et imperatorem depingentem, et solium imperatorium, et equos adstantes, et satellites et vinctos hostes atque subactos. Attamen cum vides hæc delineata et adumbrata, neque totum scis, neque totum ignoras: sed hominem pingi et equum obscure E cognoscis; qualis vero sit imperator et qualis hostis, non ita perspicue cognoscis, donec accedens colorum veritas visum certiorem faciat. Sicut igitur in illa imagine non exigis totum ante colorum veritatem; sed si obscuram quamdam rei cognitionem percipias, satis absolutam delineationem esse arbitraris: sic et de Veteri et de Novo Testamento sentias: neque omnimodam in typo veritatis accurationem a me requiras; tumque 235 potero te docere, quo pacto quamdam affinitatem A habuerit Vetus cum Novo, et ille transitus cum baptismo nostro. Illic aqua et hic aqua: hic piscina, illic pelagus: hic omnes in aquam ingrediuntur, illic item omnes: secundum hoc affinitas. Vis demum discere colorum veritatem? Illic ab Ægypto per mare liberabantur, hic ab idololatria: illic Pharao demergebatur, hic diabolus: illic Ægyptii præfocabantur, hic vetus homo peccatis onustus defoditur. Et vide cognationem figuræ cum veritate, ac veritatis præ typo excellentiam. Neque enim omnino alienum oportet esse typum a veritate, alioquin enim ty- B pus non esset: neque rursum par est exæquari typum veritati; alioquin typus ipsa veritas esset: sed in suo modo maneat oportet, neque omnia habeat, quæ veritas habet, neque a toto excidat. Si enim totum haberet, ipsa veritas esset; si a toto excideret, non posset esse typus; sed oportet ut partem habeat, partem veritati reservet. Ne igitur in Veteri totum a me requiras: sed si qua parva et obscura acceperis ænigmata, tecum bene actnm esse puta. Ubi itaque est cognatio typi cum veritate? In eo quod illic omnes, hic item omnes: illic per aquam, hic etiam per C aquam: illi a servitute liberati sunt, et nos item a servitute liberati, sed non ab eadem: nam illi a servitute Ægyptiorum, nos a servitute dæmonum: illi a servitute barbarorum, nos a servitute peccati. Ad libertatem reducti sunt illi, et nos etiam, sed non ad eamdem, sed ad multo splendidiorem nos. Quod si majora suis nostra et excellentiora, ne stupeas. Hoc enim maxime veritatis est, quod sit typo longe excellentior, neque tamen illi adversaria sit, et cum illo pugnet. Quid autem est, *Omnes in Moysem baptizati sunt*? Forte obscurum est quod dicitur;

Discrimen inter umbram et veritatem.

sed clarius efficere conabor. Mare tunc erat diffusum ante oculos eorum et jubebantur transire per extraneam quamdam et admirabilem viam. Nemo umquam sic transierat. Cunctabantur et recusabant, atque ægre ferebant. Transivit Moyses primus, et ut omnes facile sequerentur effecit. Hoc sibi vult illud, *In Moysem baptizati sunt*; cum illi credidissent, tunc in aquas illo duce, ipsique fidentes ingredi ausi sunt. Hoc et in Christo accidit : cum enim nos reduxisset ab errore, et ab idolorum cultu liberasset, et in regnum nos manu duceret, ipse primus viam aperuit, primus in cælos ascendit. Quemadmodum igitur illi Moysi fidentes, iter suscipere sunt ausi, ita et nos Christo fidentes, hanc peregrinationem fidenter suscipimus. Quod autem id sibi velit illud, *In Moysem baptizati sunt*, ex historia palam est. Non enim in nomen Moysis baptizati sunt. Si porro nos non modo Jesum ducem ac principem habemus, sed etiam in nomen ejus baptizamur, licet illi non baptizentur in nomen Moysis, ne ideo turberis : dixi namque oportere ut veritas aliquam ingentem et ineffabilem excellentiam habeat supra figuram. Vidistin' in baptismo qui sit typus, quæ veritas? Age, ostendam tibi et mensam et mysteriorum participationem illic adumbratam fuisse, si non totum rursus a me petas, sed sic ea quæ gesta sunt examines, ut par est umbras et figuras. Nam cum dixisset de mari, de nube deque Moyse, subjunxit : *Et omnes eamdem escam spiritualem comederunt*. Quemadmodum tu, inquit, ex piscina aquarum ascendens, ad mensam curris : sic et illi ex mari ascendentes, ad mensam novam et mirabilem venerunt, de manna loquor. Ac rursum sicut tu mirabilem potum habes, sanguinem Servatoris : sic et illi mirabilem habuere potus naturam; non invenerunt fontes, non fluvios, sed ex petra dura et inaquosa magnam fluentorum copiam acceperunt. Ideo potum illum, spiritualem vocavit; non quod natura talis esset, sed quod ex modo, quo suppeditabatur, talis fieret. Neque enim secundum naturæ rationem ipsis dabatur, sed secundum Dei, ipsos ducentis, operationem. Quod ille ad rectum sensum deducens dicebat. Cum enim dixisset, *Et omnes eumdem potum spiritualem biberunt*, aqua autem erat quæ bibebatur, ut ostenderet se ideo *Spiritualem* dixisse, non ob naturam aquæ, sed ob modum, quo suppeditabatur, adjecit : *Bibebant enim*

Mensa et Mysteria sacra in Veteri Lege adumbrata.

D Καὶ τάχα ἀσαφὲς [a] τὸ λεγόμενον· οὐκοῦν σαφέστερον αὐτὸ ποιῆσαι πειράσομαι. Θάλασσα ἦν πρὸ τῶν ὀφθαλμῶν κεχυμένη τῶν ἐκείνων τότε, καὶ ἐκελεύοντο διαβαίνειν ξένην τινὰ καὶ παράδοξον ὁδὸν, ἣν οὐδεὶς οὐδέποτε ἀνθρώπων διέβη. Ὤκνουν καὶ ἀνεδύοντο, καὶ ἐδυσχέραινον. Διέβη πρῶτος Μωϋσῆς, καὶ πᾶσι μετ' εὐκολίας ἔδωκεν ἀκολουθῆσαι λοιπόν. Τοῦτό ἐστιν, Εἰς τὸν Μωϋσῆν ἐβαπτίσαντο· ἐκείνῳ πιστεύσαντες, οὕτως ἐθάῤῥησαν ἐπιβῆναι τῶν ὑδάτων, ἡγεμόνα τῆς ὁδοιπορίας λαβόντες. Τοῦτο καὶ ἐπὶ τοῦ Χριστοῦ γέγονεν· ἐξαγαγὼν γὰρ ἡμᾶς τῆς πλάνης, καὶ τῆς εἰδωλολατρείας ἀπαλλάξας, καὶ πρὸς E τὴν βασιλείαν χειραγωγῶν, αὐτὸς πρῶτος ταύτης ἡμῖν ἦρξε τῆς ὁδοῦ, πρῶτος εἰς τοὺς οὐρανοὺς ἀναβάς. Ὥσπερ οὖν ἐκεῖνοι Μωϋσῇ θαῤῥήσαντες κατετόλμησαν τῆς ὁδοιπορίας, οὕτως ἡμεῖς Χριστῷ θαῤῥήσαντες κατατολμῶμεν τῆς ἀποδημίας ταύτης. Καὶ ὅτι τοῦτό ἐστι τὸ, Εἰς Μωϋσῆν ἐβαπτίσαντο, δῆλον ἐκ τῆς ἱστορίας. Οὐ γὰρ εἰς τὸ ὄνομα Μωϋσέως ἐβαπτίσαντο. Εἰ δὲ ἡμεῖς οὐ μόνον ἀρχηγὸν τὸν Ἰησοῦν ἔχομεν, ἀλλὰ καὶ εἰς τὸ ὄνομα αὐτοῦ βαπτιζόμεθα, ἐκείνων μὴ βαπτισθέντων εἰς τὸ ὄνομα Μωϋσέως, μηδὲ ἐν- 216 ταῦθα ταράττου· εἶπον γὰρ, ὅτι δεῖ τὴν ἀλήθειαν ἔχειν A τινὰ ὑπεροχὴν πολλὴν καὶ ἄφατον. Εἶδες ἐπὶ τοῦ βαπτίσματος τίς μὲν ὁ τύπος, τίς δὲ ἡ ἀλήθεια; Φέρε, σοὶ δείξω καὶ τὴν τράπεζαν καὶ τὴν τῶν μυστηρίων κοινωνίαν ἐκεῖ σκιαγραφουμένην, ἂν μὴ τὸ πᾶν ἀπαιτῇς με πάλιν, ἀλλ' οὕτως ἐξετάσῃς τὰ γενόμενα, ὡς εἰκὸς ἐν σκιαγραφίᾳ καὶ τύποις ἰδεῖν. Ἐπειδὴ γὰρ εἶπε περὶ τῆς θαλάσσης καὶ τῆς νεφέλης καὶ τοῦ Μωϋσέως, ἐπήγαγε πάλιν, Καὶ πάντες τὸ αὐτὸ βρῶμα πνευματικὸν ἔφαγον. Ὥσπερ σὺ, φησὶν, ἀπὸ τῆς κολυμβήθρας τῶν ὑδάτων ἀναβαίνων, ἐπὶ τὴν τράπεζαν τρέχεις, οὕτω κἀκεῖνοι ἀπὸ τῆς θαλάττης ἀναβάντες, ἐπὶ τράπεζαν ἦλθον καινὴν καὶ παράδοξον, τὸ μάννα λέγω. Καὶ πάλιν ὥσπερ σὺ παρά- B δοξον ἔχεις πότον, τὸ αἷμα τὸ σωτήριον, οὕτω κἀκεῖνοι παράδοξον ἔσχον τοῦ πόματος τὴν φύσιν, οὐ πηγὰς εὑρόντες, οὐδὲ ποταμοὺς ῥέοντας, ἀλλ' ἀπὸ πέτρας σκληρᾶς καὶ ἀνύδρου πολλὴν δεξάμενοι ναμάτων δαψίλειαν. Διὰ τοῦτο αὐτὸ καὶ πνευματικὸν ἐκάλεσεν, οὐχ ἐπειδὴ τῇ φύσει τοιοῦτον ἦν, ἀλλὰ ἐπειδὴ τῷ τρόπῳ τῆς χορηγίας τοιοῦτον ἐγένετο. Οὐ γὰρ κατὰ φύσεως ἀκολουθίαν αὐτοῖς ἐδίδοτο, ἀλλὰ κατὰ τὴν ἐνέργειαν τοῦ στρατηγοῦντος αὐτῶν Θεοῦ. Ὅπερ οὖν καὶ αὐτὸ διορθούμενος ἔλεγεν. Ἐπειδὴ γὰρ εἶπε, Καὶ πάντες τὸ αὐτὸ πόμα πνευματικὸν ἔπιον, ὕδωρ δὲ ἦν τὸ πινόμενον, βουλόμενος δεῖξαι, ὅτι διὰ τοῦτο

[a] [Ἀσαφές, quod in marg. conjecerat Savil., dedimus e Cod. 748. Editiones σαφές.]

Πνευματικὸν εἶπεν, οὐ διὰ τὴν φύσιν τοῦ ὕδατος, C ἀλλὰ διὰ τὸν τῆς χορηγίας τρόπον, ἐπήγαγεν· Ἔπινον γὰρ ἐκ τῆς πνευματικῆς ἀκολουθούσης πέτρας· ἡ δὲ πέτρα ἦν ὁ Χριστός. Οὐχὶ ἡ φύσις τοῦ λίθου, φησὶν, ἀλλ' ἡ δύναμις τοῦ ἐνεργοῦντος Θεοῦ τὰς πηγὰς ἐκείνας ἠφίει.

Ἐνταῦθα καὶ τὴν Παύλου τοῦ Σαμοσατέως αἵρεσιν ἀνέσπασε πρόῤῥιζον. Εἰ γὰρ ὁ Χριστὸς ἦν ὁ πάντα ἐνεργῶν ἐκεῖνα, πῶς αὐτὸν ἐκ τότε εἶναι λέγουσιν, ἐξ οὗ Μαρία αὐτὸν ἔτεκεν; Ὅταν γὰρ πρὸ μὲν τῆς Μαρίας τὰ κατὰ τὴν ἔρημον φαίνηται συμβάντα, ἐκεῖνα δὲ πάντα ὁ Χριστὸς ἦν πεποιηκὼς κατὰ τὴν D τοῦ Παύλου φωνὴν, ἀνάγκη καὶ πρὸ τοῦ τόκου τούτου, καὶ πρὸ τῶν ὠδίνων αὐτὸν εἶναι τούτων· οὐ γὰρ δήπου ὁ μὴ ὢν ἐνεργεῖν ἔμελλεν οὕτω θαυμαστὰ καὶ παράδοξα πράγματα. Ὥσπερ δὲ εἰπὼν, ὅτι Πάντες διὰ τῆς θαλάσσης διῆλθον, τὴν εὐγένειαν τῆς Ἐκκλησίας ἐδήλωσεν ἄνωθεν προδιατυπουμένην· οὕτως εἰπὼν, Τὸ αὐτὸ βρῶμα πνευματικὸν ἔφαγον, τὸ αὐτὸ τοῦτο πάλιν ᾐνίξατο. Καθάπερ γὰρ ἐν τῇ Ἐκκλησίᾳ οὐχ ἑτέρου μὲν σώματος ὁ πλούσιος, ἑτέρου δὲ ὁ πένης, οὐδὲ ἑτέρου μὲν οὗτος αἵματος, ἑτέρου δὲ ἐκεῖνος· οὕτω καὶ τότε, οὐχ ἕτερον μὲν ὁ πλούσιος ἐλάμβανε μάννα, ἕτερον δὲ ὁ πένης· οὐδὲ ἑτέρας μὲν ἐκεῖνος μετέσχε πηγῆς, ἑτέρας δὲ οὗτος E καταδεεστέρας· ἀλλὰ ὥσπερ νῦν ἡ αὐτὴ τράπεζα, τὸ αὐτὸ ποτήριον, ἡ αὐτὴ τροφὴ ἅπασι πρόκειται τοῖς ἐνταῦθα εἰσιοῦσιν· οὕτω καὶ τότε τὸ αὐτὸ μάννα, ἡ αὐτὴ πηγὴ ἅπασι προὔκειτο. Καὶ τὸ δὴ θαυμαστὸν καὶ παράδοξον, ἐπεχείρησάν ποτέ τινες κατὰ τὸν καιρὸν ἐκεῖνον πλέον συλλέξαι τοῦ δέοντος, καὶ οὐδὲν ἀπώναντο τῆς πλεονεξίας. Ἀλλ' ἕως μὲν τὴν ἰσότητα ἐτίμων, ἔμενε τὸ μάννα μάννα ὄν· ἐπειδὴ δὲ πλεονεκτεῖν ἐπεθύμησαν, ἡ πλεονεξία τὸ μάννα σκώληκα ἐποίησε· καίτοι γε οὐ μετὰ τῆς τῶν ἄλλων 237 A ζημίας τοῦτο ἐποίουν· οὐ γὰρ δὴ ἐκ τῆς τοῦ πλησίον ἁρπάζοντες τροφῆς, οὕτως αὐτοὶ πλέον συνέλεγον, ἀλλ' ὅμως ἐπειδὴ τοῦ πλείονος ἐπεθύμησαν, κατεγνώσθησαν. Εἰ γὰρ καὶ μηδὲν τὸν πλησίον ἠδίκουν, ἀλλ' ἑαυτοὺς τὰ μέγιστα κατέβλαπτον, πρὸς πλεονεξίαν τῷ τρόπῳ τῆς συλλογῆς ταύτης συνεθιζόμενοι. Ὥστε ὁμοῦ τὸ αὐτὸ καὶ τροφὴ ἦν καὶ θεογνωσίας διδασκαλία· ὁμοῦ καὶ τὰ σώματα ἔτρεφε, καὶ τὴν ψυχὴν ἐπαίδευεν· οὐκ ἔτρεφε δὲ μόνον, ἀλλὰ καὶ πόνων ἀπήλλαττεν. Οὐ γὰρ ἔδει ζεῦξαι βοῦς, [a] οὔτε ἄροτρον ἑλκύσαι, οὐδὲ ἀνατεμεῖν αὔλακας, οὐδὲ ἐνιαυτὸν ἀναμεῖναι, ἀλλ' ἐσχεδιασμένην B εἶχον τὴν τράπεζαν, πρόσφατον καὶ νεαρὰν καὶ ἐφήμερον· καὶ τὸ εὐαγγελικὸν ἐκεῖνο παράγγελμα διὰ τῶν ἔργων αὐτοὺς ἐπαίδευε, τὸ μὴ μεριμνᾷν εἰς τὴν αὔριον·

[a] [Cod. 748 οὐδέ.]

de spirituali consequente eos petra : petra autem erat Christus. Non, inquit, natura lapidis, sed operantis Dei virtus fontes illos emittebat.

Contra Paulum Samosatenum.

5. Et hic Pauli Samosateni hæresim radicitus evellit. Si enim Christus illa omnia operabatur, quomodo ipsum hinc cœpisse dicunt, cum Maria ipsum genuit? Cum enim ea quæ in deserto gesta sunt, ante Mariam facta sint, et Christus secundum Pauli vocem illa omnia fecerit, necesse est illum et ante partum et ante parturitionem fuisse: neque enim qui non exstitisset, tam mirabilia atque incredibilia opera patrasset. Sicut autem cum dixit, omnes per mare transivisse, Ecclesiæ nobilitatem diu ante typis expressam declaravit: sic cum dixit, omnes eamdem escam spiritualem comedisse, idipsum iterum subindicavit. Quemadmodum enim in Ecclesia non aliud corpus dives, aliud pauper, nec alium sanguinem hic, alium ille accipit: sic et illo tempore non aliud dives manna accepit, aliud pauper; nec alterius ille fontis, alterius hic et indigentioris particeps fuit: sed sicut nunc eadem ipsa mensa idipsum poculum, idem cibus omnibus huc ingredientibus offertur: ita et tunc idipsum manna, idem fons omnibus proponebatur. Quodque stupendum admirandumque est, tentavere quidam illo tempore plus, quam opus erat, colligere, nihilque profuit illis avaritia. Verum donec æqualitatem servabant, manna manebat manna; ubi vero plus accipere studebant, avaritia manna in vermes mutabat: quamvis hoc non cum detrimento aliorum faciebant : non enim proximi escam rapiendo plus colligebant, at tamen quia plus concupiscebant, damnati sunt. Licet enim proximum non læderent, sibi tamen maximum damnum afferebant, cum hoc colligendi modo avaritiæ assuescerent. Itaque idipsum simul et esca erat et Dei cognitionis doctrina : simul corpora nutriebat, et erudiebat animum; neque nutriebat tantum, sed etiam a labore eximebat. Neque enim opus erat jungere boves, aratrum trahere, vel terram sulcare, vel per annum exspectare; sed subito appositam habebant mensam, recentem, novam et quotidianam : rebusque ipsis discebant evangelicum illud præceptum, non debere quempiam *Matth.* 6. 34.
sollicitum esse in crastinum : nulla quippe uti-

litas ex hac sollicitudine consequebatur. Quod enim plus quispiam colligebat, corrumpebatur et peribat, atque argumentum avaritiæ solum manebat. Deinde ne putarent imbrem illum ex naturæ consuetudine manare, in die sabbati nihil hujusmodi fiebat, Deo hæc utraque ipsos docente; quod scilicet ipse præteritis diebus hanc mirabilem pluviam operatus esset, et quod illo die pluviam ideo cohiberet, ut vel inviti discerent illo die feriari. Neque ex cibo tantum, sed etiam ex vestimentis et calceamentis et ex aliis omnibus videre erat, tradita apostolis mandata reipsa completa. Neque enim domum habebant, non mensam, non lectum, non vestem mutatoriam, neque calceos, Deo sic dispensante. Vide quanta sit Veteris Testamenti cum Novo affinitas. Quemadmodum enim Christus apostolos demum ad ea quæ necessaria erant informavit, sic et illis vitæ modus adaptatus est, et omnis creatura ad ministerium eorum præparata erat. Et cur, inquies, hæc facta sunt? Ipsos in unum orbis locum conclusurus erat, et mandaturus eis ut sibi perpetuo illic ministrarent, ac neque templum vel altare alibi per orbem construerent; sed oblationes et sacrificia sua illuc afferrent, festa celebrarent, legerent legem, et omnes alios sanctificationis illius ritus perficerent. Ne igitur ex definito ministerii ritu providentiam suam illic concludi putarent, seque Deum particularem illius loci crederent, prius virtutem suam in aliena terra exhibuit, in Ægypto, in deserto, ubi nemo erat qui se coleret, nemo qui se adoraret: et contrariis rebus creatura serviebat, operibus suis vel incredulis suadens, ut creationem ab initio ab illo factam agnoscerent. Etenim mare alios suffocavit, alios servavit; aer nunc grandinem, quo barbaros perderet, nunc manna, ut Judæos aleret, emittebat. Rursum terra, nunc sciniphes ad ulciscendos hostes, nunc coturnicem ad salutem suorum efferebat. Illis interdiu tenebræ, his noctu lux aderat. Ægyptii interfluentem habentes Nilum, siti et siccitate peribant: hi autem in deserto arido et sicco ca-

οὐδὲ γὰρ ὄφελος ἀπὸ τῆς μερίμνης ταύτης ἐγένετο. Εἰ
γάρ τις πλέον συνέλεξε, διεφθείρετο καὶ ἀπώλλυτο,
καὶ πλεονεξίας ἔλεγχος τὸ γινόμενον μόνον ἦν. Εἶτα
ἵνα μὴ κατὰ φύσεως ἀκολουθίαν εἶναι νομίζωσιν
ἐκεῖνοι τὸν ὄμβρον, ἐν ἡμέρᾳ σαββάτου οὐδὲν τοιοῦτον ἐγίνετο, τοῦ Θεοῦ ταῦτα ἀμφότερα αὐτοὺς διδάσκοντος, ὅτι ἐν ταῖς προτέραις ἡμέραις αὐτὸς ἐνήρ-
C γει τὸν θαυμαστὸν τοῦτον καὶ παράδοξον ὑετὸν, καὶ
ὅτι κατὰ τὴν ἡμέραν ἐκείνην διὰ τοῦτο ἐπεῖχεν, ἵνα
καὶ ἄκοντες παιδεύωνται τοῦ σαββάτου τὴν ἡμέραν
ἀργεῖν. Οὐχ ἐπὶ τῆς τροφῆς δὲ μόνον, ἀλλὰ καὶ ἐπὶ
τῶν ἐνδυμάτων, καὶ ἐπὶ τῶν ὑποδημάτων, καὶ ἐπὶ
τῶν ἄλλων ἁπάντων, δι' αὐτῶν τῶν ἔργων ἦν ἰδεῖν
τὰ τῶν ἀποστόλων παραγγέλματα ἐκτελούμενα. Οὐδὲ
γὰρ οἰκίαν εἶχον, οὐ τράπεζαν, οὐ κλίνην, οὐχ ἱμάτιον δεύτερον, οὐχ ὑποδήματα, τοῦ Θεοῦ οὕτως οἰ-
κονομήσαντος. Ὅρα πόση τῆς Παλαιᾶς πρὸς τὴν
Καινὴν συγγένεια. Ὥσπερ γὰρ τοὺς ἀποστόλους ἐσχη-
μάτιζεν ὁ Χριστὸς ὕστερον τῶν ἀναγκαίων ἕνεκεν,
D οὕτω πως [b] κἀκείνοις ὁ τῆς πολιτείας ἐῤῥυθμίζετο
τρόπος, καὶ ἡ κτίσις ἅπασα πρὸς τὴν ὑπηρεσίαν
ἐκείνων παρεσκευάζετο. Καὶ τίνος ἕνεκεν ταῦτα ἐγένετο, φησί; Ἔμελλεν αὐτοὺς εἰς ἕνα συγκλείειν τῆς
οἰκουμένης τόπον, καὶ κελεύειν ἐκεῖ διηνεκῶς αὐτὸν
θεραπεύειν, καὶ μήτε ναὸν, μήτε βωμὸν ἀλλαχοῦ
που τῆς οἰκουμένης ἱδρῦσθαι, ἀλλὰ καὶ ἀναθήματα
καὶ θυσίας ἐκεῖ φέρειν, καὶ ἑορτὰς ἐπιτελεῖν, καὶ
τὸν νόμον ἀναγινώσκειν, καὶ πάντα τὰ ἄλλα τὰ τῆς
ἁγιαστείας ἐκπληροῦν ἐκείνης. Ἵν' οὖν μὴ τῷ διω-
ρισμένῳ τῆς θεραπείας τρόπῳ καὶ τὴν πρόνοιαν αὐ-
E τοῦ συγκεκλεῖσθαι ἐκεῖ νομίζωσι, καὶ μερικὸν αὐτὸν
εἶναι Θεὸν, προλαβὼν τὴν αὐτοῦ δύναμιν ἐπὶ τῆς
ἀλλοτρίας ἐπέδειξεν, ἐπὶ τῆς Αἰγύπτου, ἐπὶ τῆς ἐρήμου, ἔνθα οὐδεὶς ἦν ὁ θεραπεύων, ἔνθα οὐδεὶς ἦν
ὁ προσκυνῶν· καὶ πρὸς τὰ ἐναντία ἡ κτίσις ὑπηρε-
τεῖτο, δι' ὧν ἐποίει, τὴν ἐξ ἀρχῆς αὐτοῦ δημιουργίαν καὶ τοὺς ἀγνωμονοῦντας αὐτῷ λογίζεσθαι πείθουσα. Καὶ γὰρ ἡ θάλασσα τοὺς μὲν ἀπέπνιγε, τοὺς
δὲ διέσωζε· καὶ ὁ ἀὴρ νῦν μὲν κατέφερε χάλαζαν,
καὶ τοὺς βαρβάρους [c] ἀπώλλυ, νῦν δὲ κατέφερε μάννα,
καὶ τοὺς Ἰουδαίους διέτρεφε. Πάλιν ἡ γῆ νῦν μὲν
238 σκνῖπας ἐπὶ κολάσει τῶν πολεμίων, νῦν δὲ ὀρτυγο-
A μήτραν ἐπὶ σωτηρίᾳ τῶν οἰκείων ἐξέφερε. Κἀκείνοις
μὲν ἐν ἡμέρᾳ σκότος, τούτοις δὲ ἐν νυκτὶ φῶς ἐγίνετο. Καὶ Αἰγύπτιοι μὲν τὸν Νεῖλον ἔχοντες παραῤῥέοντα, δίψει καὶ αὐχμῷ διεφθείροντο· οὗτοι δὲ ἐν
ἐρήμῳ ξηρᾷ καὶ αὐχμώδει στρατοπεδεύοντες, πολλῆς
ἀπέλαυον ὑδάτων δαψιλείας· καὶ τοὺς μὲν βάτραχοι

[b] Alii κἀκείνοις.... ἐῤῥυθμίζετο. Alii κἀκείνους.... ἐῤ-ῥύθμιζε. Priorem lectionem sequutus est Interpres vetus.

[c] Duo Mss. ἀπώλλυεν, Editi ἀπώλλυ.

κατηγωνίζοντο, τούτους δὲ οὐδὲ οἱ γίγαντες ἐκεῖ χειρώσασθαι ἴσχυον.

Ἀλλὰ τίνος ἕνεκεν τούτων ἡμᾶς ἀνέμνησεν ὁ μακάριος Παῦλος; Διὰ τὴν αἰτίαν, ἣν ἐξ ἀρχῆς εἶπον ὑμῖν, ἵνα μάθῃς ὅτι οὔτε βάπτισμα, οὔτε ἁμαρτημάτων ἄφεσις, οὐ γνῶσις, οὐ μυστηρίων κοινωνία, οὐ τράπεζα ἱερὰ, οὐχ ἡ ἀπόλαυσις τοῦ σώματος, οὐχ B ἡ κοινωνία τοῦ αἵματος, οὐκ ἄλλο τούτων οὐδὲν ἡμᾶς ὠφελῆσαι δυνήσεται, ἐὰν μὴ βίον ὀρθὸν, καὶ θαυμαστὸν, καὶ πάσης ἁμαρτίας ἀπηλλαγμένον ἔχωμεν. Ὅτι γὰρ διὰ τοῦτο τούτων ἀνέμνησε, καταλέξας τὸν τύπον τοῦ βαπτίσματος, τὸν διὰ τῆς θαλάσσης καὶ τῆς νεφέλης, τὸν τύπον τῶν μυστηρίων, τὸν διὰ τοῦ μάννα καὶ τῆς πέτρας προδιέγραψεν ἐν τῇ Παλαιᾷ, καὶ εἰπὼν, ὅτι Πάντες τὸ αὐτὸ βρῶμα πνευματικὸν ἔφαγον, καὶ τὸ αὐτὸ πόμα πνευματικὸν ἔπιον, ἐπήγαγε λέγων· Ἀλλ' οὐκ ἐν τοῖς πλείοσιν αὐτῶν εὐδόκησεν ὁ Θεός. Μετὰ τοσαῦτα καὶ τηλικαῦτα θαύματα, φησὶν, οὐκ ἠγάπησεν αὐτοὺς C ὁ Θεός. Ἀλλὰ τί; Κατεστρώθησαν ἐν τῇ ἐρήμῳ. Τίνος οὖν ἕνεκα ταῦτα λέγεις ἡμῖν, ὦ Παῦλε; Ταῦτα δὲ τύπος ἡμῖν ἐγενήθησαν εἰς τὸ μὴ γενέσθαι ἡμᾶς ἐπιθυμητὰς κακῶν, καθὼς κἀκεῖνοι ἐπεθύμησαν, μηδὲ εἰδωλολάτρας γίνεσθαι, καθώς τινες αὐτῶν, ὥσπερ γέγραπται· Ἐκάθισεν ὁ λαὸς φαγεῖν καὶ πιεῖν, καὶ ἀνέστησαν παίζειν. Ὅρα τοῦ Παύλου τὴν σύνεσιν. Εἶπε τὴν ἁμαρτίαν, εἶπε τὴν αἰτίαν τῆς ἁμαρτίας, εἶπε τὴν κόλασιν τὴν ἐπὶ τῇ ἁμαρτίᾳ, διὰ πάντων ἡμᾶς παιδεύων φεύγειν τὴν ἐκείνων μίμησιν. Αἰτία τῆς ἁμαρτίας ἡ ἀδηφαγία· Ἐκάθισε γὰρ ὁ λαὸς φαγεῖν καὶ πιεῖν. Ἡ ἁμαρτία, αὐτὸ τὸ D παίζειν. Εἶτα ἡ τιμωρία, ὅτι Κατεστρώθησαν ἐν τῇ ἐρήμῳ. Πάλιν, Μηδὲ πορνεύωμεν, καθώς τινες αὐτῶν ἐπόρνευσαν. Ἐνταῦθα τὴν αἰτίαν τῆς πορνείας οὐκ ἔθηκεν, ἀλλὰ τὴν τιμωρίαν. Ποίαν δὲ ταύτην; Ἔπεσον ἐν μιᾷ ἡμέρᾳ εἰκοσιτρεῖς χιλιάδες. Τίνος δὲ ἕνεκα τὴν πρόφασιν οὐκ εἶπεν, ἀφ' ἧς ἡ πορνεία γέγονε; Τοῖς φιλοπόνοις διδοὺς ἐπὶ τὴν ἱστορίαν ἐλθεῖν, καὶ μαθεῖν τοῦ κακοῦ τὴν ῥίζαν. Οὗτος [a] γὰρ ἰατρείας τρόπος, τὸ λέγειν ἐξ ὧν τίκτεται τὰ νοσήματα, καὶ φάρμακα ἐπιτιθέναι τοῖς τραύμασι. Διὰ τοῦτό φησι· Ταῦτα δὲ [b] πάντα τύποι συνέβαινον ἐκείνοις, ἐγράφη E δὲ πρὸς νουθεσίαν ἡμῶν. Ὥστε ὁ ποιήσας ἐκεῖνα, καὶ κολάσας τοὺς ἀγνωμονήσαντας, οὗτος ἡμᾶς νουθετεῖ νῦν, οὐ διὰ ῥημάτων μόνον, ἀλλὰ καὶ δι' αὐτῶν τῶν πραγμάτων, ὅπερ μέγιστός ἐστι νουθεσίας τρόπος. Εἶδες πῶς τοῖς ἐν τῇ χάριτι τὸν ἐν τῇ Παλαιᾷ ταῦτα ποιήσαντα διδάσκαλον ἐπέστησε, δεικνὺς ὅτι

stramentantes, multa fruebantur aquarum copia: et illos quidem ranæ oppugnabant, hos autem ne gigantes quidem capere poterant.

6. Sed cur hæc nobis commemorat beatus Paulus? Ob eam causam, quam initio vobis dixi: ut discas neque baptismum, neque peccatorum remissionem, non scientiam, non mysteriorum participationem, non mensam sacram, non corporis fruitionem, non sanguinis participationem nec aliud quidpiam prodesse nobis, nisi vitam rectam, mirabilem, et omni peccato liberam ducamus. Quod enim hæc ideo commemoraverit ostendit, cum postquam recensuerat formam baptismi per mare et per nubem, mysteriorumque typum per manna et per petram in Veteri Lege præfiguratum descripserat, ac dixerat, *Omnes eamdem escam spiritualem comederunt*, et *eumdem potum spiritualem biberunt*; adjecit dicens: *Sed non in pluribus eorum beneplacitum est Deo*. Post tot tantaque miracula, inquit, non dilexit eos Deus. Sed quid? *Prostrati sunt in deserto*. Cur itaque hæc nobis, Paule, narras? *Hæc autem in figura facta sunt nobis, ut non simus concupiscentes malorum, sicut et illi concupierunt*: neque *idololatræ efficiamur, sicut quidam ex ipsis; quemadmodum scriptum est: Sedit populus manducare et bibere*, et *surrexerunt ludere*. Vide *Exod.* 32. 6. Pauli prudentiam. Dixit peccatum, dixit causam peccati, dixit pœnam propter peccatum inflictam: his nos erudiens, ut ne illos imitemur. Causa peccati fuit gula: *Sedit populus manducare et bibere*. Peccatum ipse lusus. Deinde pœna, *Prostrati sunt in deserto*. Iterum vero, *Ne fornicemur, sicut quidam eorum fornicati sunt*. Hic causam fornicationis non posuit, sed pœnam. Quam vero illam? *Ceciderunt una die viginti tria millia*. Cur autem occasionem non dixit, ex qua fornicatio orta est? Studiosis relinquit, ut historiam adirent, et radicem mali discerent. Hic est medicinæ modus, dicere nempe unde nascantur morbi, et remedia adhibere vulneribus. Propterea dicit: *Hæc autem omnia in figura contingebant illis, scripta sunt autem ad correptionem nostram*. Itaque qui fecit illa, et improbos ultus est, is ipse nunc nos admonet, non verbis tantum, sed rebus ipsis; qui maximus est admonitionis modus. Vidistin' quomodo iis qui in gratia sunt, eum, qui in Veteri hoc fecerat,

[a] [Savil. οὕτω γὰρ ἰ. τ. Cod. 748 οὗτος ἄριστος ἰατρ. τρ.]

[b] Alii πάντα τύποι συνέβαινον. In aliis τύποι deest.

magistrum instituerit, ostendens eumdem ipsum esse qui et illa fecerat, et hæc per ipsum loquebatur? Nam si alienus fuisset, nequaquam illa horum figuram, nec ad correptionem nostram ea scripta fuisse dixisset, neque magistrum nobis instituisset, quem non putasset esse Deum: neque ab iis, quæ tunc facta fuerant, nos terruisset, quasi in illins manus deventuros. Nunc autem ostendens nos in illins manus iterum delapsuros esse, atque utrumque populum, illum nempe et hodiernum illius gubernari legibus, omnia illa commemoravit, ac dixit, *Ad nostram correptionem scripta sunt*. Hæc igitur cum sciamus, et præteritis et futuris credamus. Si vero quipiam sint, qui futuris non credant, a præteritis eos ad virtutis studium deducamus, illa narrantes quæ Sodomitis acciderunt, quæ in diluvio item, quæ in Ægypto commemorantes; ut aliorum pœnis ad meliorem frugem reducti, vitamque agentes optimam, doctrinam demum de gehenna et de resurrectione admittant. Quandoquidem et nunc qui judicium non credunt, nonnisi a corrupta vita et prava conscientia sic affecti sunt. Itaque si peccata eluamus, et motu præteritorum nos erudiamus, etiam doctrinam de futuris admittere suadebimus. Quemadmodum enim prava dogmata vitam impuram inducere solent, sic et corrupta vita prava dogmata plerumque peperit. Quod ne contingat et nobis ipsis, et aliis, hæc vociferantes verba et rectam fidem servemus, et vitæ institutum optimum exhibeamus, quandoquidem a nobis ex omni parte demonstratum est, sine proba vita nullam fore rectorum dogmatum utilitatem. Fiat autem precibus sanctorum, et præsulum omnium, ut et recta dogmata, quæ a majoribus olim accepimus, pura servemus; et vitam ipsis congruentem adjiciamus, ut promissa bona consequamur, gratia et benignitate Domini nostri Jesu Christi, quicum Patri simulque sancto Spiritui, gloria, imperium, honor, nunc et semper, et in sæcula sæculorum. Amen.

εἷς ἐστι καὶ ὁ αὐτὸς, ὁ καὶ ἐκεῖνα ποιήσας, καὶ ταῦτα δι' αὐτοῦ φθεγγόμενος; Εἰ γὰρ ἀλλότριος ἦν, οὐκ ἐκεῖνα τούτων τύπους ἐκάλεσεν, οὐκ ἂν εἰς νουθεσίαν ἡμῶν αὐτὰ γεγράφθαι εἶπεν, οὐκ ἂν διδάσκαλον ἡμῖν ἐπέστησεν, ὃν οὐκ ἐνόμιζεν εἶναι Θεὸν, οὐκ ἂν ἀπὸ 239 τῶν ὑπ' ἐκείνου γενομένων τότε ἡμᾶς ἐφόβησεν, ὡς A εἰς τὰς ἐκείνου πάλιν μέλλοντας ἐμπίπτειν χεῖρας. Νῦν δὲ δεικνὺς, ὅτι εἰς τὰς ἐκείνου μέλλομεν ἐμπίπτειν πάλιν χεῖρας, καὶ ἑκάτερος ὁ λαὸς, κἀκεῖνος καὶ οὗτος, τοῖς ἐκείνου διοικοῦνται νόμοις, ἀνέμνησε πάντων ἐκείνων, καὶ εἶπεν, ὅτι Πρὸς νουθεσίαν ἡμῶν ἐγράφη. Ταῦτα οὖν εἰδότες, τοῖς τε παρελθοῦσι, τοῖς τε μέλλουσι πιστεύωμεν. Ἂν δέ τινες ὦσιν οἱ τοῖς μέλλουσιν οὐ πιστεύοντες, ἀπὸ τῶν παρελθόντων αὐτοὺς ἐνάγωμεν εἰς τὴν τῆς ἀρετῆς ἐπιμέλειαν τὰ κατὰ τοὺς Σοδομίτας διηγούμενοι, τὰ κατὰ τὸν κατακλυσμὸν λέγοντες, [a]τὰ κατὰ τὴν Αἴγυπτον B ἀναμιμνήσκοντες, ἵνα ταῖς ἑτέρων σωφρονισθέντες κολάσεσι, καὶ βίον ἄριστον ἐπιδειξάμενοι, καὶ τὸν περὶ τῆς γεέννης καὶ τῆς ἀναστάσεως δέξωνται λόγον. Ἐπεὶ καὶ νῦν ὅσοι τῇ κρίσει διαπιστοῦσιν, οὐδαμόθεν ἑτέρωθεν, ἀλλ' ἀπὸ βίου διεφθαρμένου καὶ πονηροῦ συνειδότος τοῦτο πάσχουσιν. Ὥστε ἐὰν ἐκκαθάρωμεν ἑαυτῶν τὰς ἁμαρτίας, καὶ τῷ φόβῳ τῶν παρελθόντων παιδεύσωμεν, καὶ περὶ τῶν μελλόντων πείσομεν δέξασθαι λόγον. Ὥσπερ γὰρ δόγματα πονηρὰ βίον ἀκάθαρτον εἰσάγειν εἴωθεν, οὕτω καὶ διεφθαρμένος βίος πονηρίαν δογμάτων πολλάκις ἔτεκεν. Ὅπερ ἵνα μὴ γένηται, καὶ ἡμῖν αὐτοῖς, καὶ τοῖς C ἄλλοις ταῦτα κατεπᾴδοντες τὰ ῥήματα, τήν τε ὀρθὴν πίστιν διαμένωμεν ἔχοντες, καὶ πολιτείαν ἀρίστην ἐπιδειξώμεθα, ἐπειδὴ πανταχόθεν ἡμῖν ὁ λόγος ἀπέδειξεν, ὅτι ταύτης χωρὶς οὐδὲν ὄφελος ἡμῖν ὀρθῶν δογμάτων. Γένοιτο δὲ εὐχαῖς τῶν ἁγίων, καὶ τῶν προέδρων ἁπάντων, τήν τε ὀρθότητα τῶν δογμάτων, ἣν ἄνωθεν καὶ ἐκ προγόνων παρελάβομεν, ἀκέραιον διατηρῆσαι, καὶ βίον αὐτῇ συμβαίνοντα προσθεῖναι, ἵνα τῶν ἐπηγγελμένων ἀγαθῶν ἐπιτύχωμεν, χάριτι καὶ φιλανθρωπίᾳ τοῦ Κυρίου ἡμῶν Ἰησοῦ Χριστοῦ, μεθ' οὗ τῷ Πατρὶ, ἅμα τῷ ἁγίῳ Πνεύματι, δόξα, κράτος, τιμὴ, νῦν καὶ ἀεὶ, καὶ εἰς τοὺς αἰῶνας τῶν αἰώνων. Ἀμήν.

[a] Alii τῶν κατά.

MONITUM

AD HOMILIAM IN ILLUD,

OPORTET HÆRESES ESSE IN VOBIS, ETC.

Id unum circa præsentem concionem expiscari possumus, dictam nempe fuisse postquam in præcedenti homilia Jerosolymam calamitates suas ita παθητικῶς deplorantem induxerat Chrysostomus, ut hujusmodi acroamate commoti omnes qui aderant, mox in fletus et gemitus erupturi essent, nisi sedandi luctus causa sermonem alio transtulisset orator. De anno autem vel tempestate, itemque Antiochiæne an Constantinopoli hanc habuerit homiliam, ne conjectando quidem dici potest. Hæc vero præcipue hic demonstranda suscipit : vocem δεῖ seu *Oportet* hic non præcipientis aut consulentis esse, sed futura prænuntiantis, quemadmodum et in aliis non paucis Scripturæ locis observatur ; itemque hæreses, quas hoc loco Paulus commemorat, non dissidia circa fidem et dogmata indicare ; sed SCISSURAS illas, queis in communi ac dominica mensa divites sese a pauperibus sequestrabant, ut seorsim cibum sumerent, in quos ideo invehitur apostolos. Demum postquam Chrysostomus priscæ Ecclesiæ mirabilem in mensa communi ritum graphice descripsit, et ad pauperum suscipiendam curam hortatus est, orationem claudit.

Incerti interpretationem Latinam, utpote non accuratam, rejecimus, novamque adornavimus.

---

240 A

ΕΙΣ ΤΟ ΑΠΟΣΤΟΛΙΚΟΝ ΡΗΤΟΝ

Τὸ λέγον· Δεῖ δὲ καὶ αἱρέσεις εἶναι ἐν ὑμῖν, ἵνα οἱ δόκιμοι φανεροὶ γένωνται.

Ἱκανῶς πρώην ἡμῖν διεθερμάνθη τὸ πνευματικὸν τοῦτο θέατρον, ὅτε τὴν Ἱερουσαλὴμ εἰσήγαγον ὑμῖν τῷ λόγῳ θρηνοῦσαν, καὶ τὰς οἰκείας ἐξαγγέλλουσαν συμφοράς. Καὶ γὰρ εἶδον ὑμῶν τοὺς ὀφθαλμοὺς τότε ὠδίνοντας πηγὰς ἀφιέναι δακρύων· εἶδον, ἐξ ὧν ἔπασχον, τὴν ἑκάστου διάνοιαν ὀλοφυρμῶν γέμουσαν καὶ συγκεχυμένην. Διὸ καὶ ταχέως αἰσθόμενος συνέστειλα τὴν τραγῳδίαν, ἥρπασα ἐκ τοῦ μέσου τὸν λόγον, ὥστε B τὸν θρῆνον ἐκεῖνον τῆς ἑκάστου καρδίας ἐκρήγνυσθαι μέλλοντα προκατασχεῖν. Ψυχὴ γὰρ πένθει κατασχεθεῖσα, οὔτε εἰπεῖν, οὔτε ἀκοῦσαί τι δύναιτ' ἂν ὑγιές. Τίνος οὖν ἕνεκεν ἐκείνων ὑμᾶς ἀνέμνησα νῦν; Ὅτι καὶ τὰ σήμερον ῥηθήσεσθαι μέλλοντα συγγενῆ τῶν τότε εἰρημένων ἐστίν. Ὥσπερ γὰρ ἐκεῖνα τὴν ἐν τῷ βίῳ ῥαθυμίαν ἡμῶν ἀνέστελλε, καὶ τὴν ὀλιγωρίαν τὴν περὶ τὰ πρακτέα διώρθου, οὕτω δὴ τὰ ῥηθησόμενα νῦν περὶ τὴν τῶν δογμάτων ἀκριβῆ παρατήρησιν ἀσφαλεστέρους ἡμᾶς ἐργάσασθαι δύναιτ' ἄν· ὥστε ἐξ ἁπάντων ἀπηρτισμένους εἶναι Εἰς ἄνδρα

IN DICTUM ILLUD APOSTOLI,

Oportet et hæreses esse in vobis, ut qui probati 1. Cor. 11. 19.
sint, manifesti fiant.

1. Satis nuper hoc spirituale theatrum incaluit, cum Jerosolymam oratione vobis inducerem et plorantem et proprias calamitates annuntiantem. Vidi enim oculos vestros lacrymarum flumina parturire : vidi ex affectu vostro singulorum animes gemitibus oppletos atque turbatos. Ideo statim atque id animadverti, tragœdiam illam sedavi, sermonem de medio transtuli, fletumque illum ex singulorum cordibus erupturum coercui. Anima quippe luctu occupata, nihil sanum vel dicere vel audire valet. At cur hoc nunc vobis in memoriam revocavi? Quia ea, quæ sum hodie dicturus, illis quæ tunc loquutus sum admodum sunt affinia. Quemadmodum enim illa vitæ desidiam in nobis reprimebant, segnitiemque in agendo nostram corrigebant : sic ea quæ nunc dicturi sumus circa diligentem dogmatum observationem, securiores nos reddere poterunt ; ita ut undequaque perfecti futuri simus, *In virum* Ephes. 4. 13.

perfectum, in mensuram ætatis pervenientes secundum divinum apostolum. Tunc corpus vestrum curavimus, nunc capiti medicinam afferimus; tunc Jeremiæ verbis, nunc Pauli sermonibus. Quænam sunt illa Pauli verba, quæ nunc nobis explananda proponuntur? *Oportet,* inquit, et *hæreses* esse *in vobis,* ut et *qui probati sunt, manifesti fiant in vobis.* Non minimum est quod quæritur. Nam si consulentis more Paulus loquitur, et vere oportet hæreses esse, inculpati sunt hæresiarchæ.. Atqui non ita est, non ita res se habet: non enim consulentis, sed futura prædicentis hoc dictum est. Quemadmodum enim medicus cum videt ægrum crapulæ et vino aliisque prohibitis deditum, tali intemperantia, inquit, febrim gigni oportet, non legem ponens, non consulens, sed ex præsentibus futura conjectans ac prædicens, ita loquitur; similiterque agricola, aut gubernator videns concursum nubium et tonitrua cum fulguribus erumpentia, dicit, Oportet hasce nubes pluviam parere, et imbrem vehementissimum; non cohortando hæc dicit, sed quod futurum est prænuntiat: sic et Paulus illa voce, *Oportet,* usus est. Et nos sæpenumero cum videmus homines acriter disceptantes, ac sese mutuo gravibus contumeliis afficientes, dicimus, Oportet hosce homines in aliquam pugnam erumpere, et custodiendi sunt; non cohortantes, neque consulentes ita loquimur, (qui enim id fieri possit?) sed ex præsenti futurum conjectantes. Ita et Paulus non consulens ita loquitur, *Oportet hæreses in vobis* esse, sed prædicens et prophetice prænuntians id quod futurum est. Quod enim non consulat hæreses esse, ipse declarat dicens: *Etiamsi angelus vobis evangelizat præter id, quod accepistis, anathema sit.* Ipse est qui circumcisionem, quia intempestive observabatur, et prædicationis puritatem labefactabat, rejecit ac dixit: *Si circumcidamini, Christus vobis nihil proderit.* Quomodo igitur, inquies, causam adjecit, dicens: *Ut qui probati sunt, manifesti fiant?* Illa vox, *Ut,* in Scripturis plerumque non causam significat, sed rerum eventum. Exempli causa, venit Christus, et cæco visum reddidit: ille vero ipsum adoravit: Judæi contra, hoc in sanitatem restituto, nihil non agebant ut miraculum obscurarent; atque Christum expellebant. Tunc igitur ait ille: *In judicium ego veni in mundum*

C τέλειον, εἰς μέτρον ἡλικίας φθάνοντας κατὰ τὸν θεῖον ἀπόστολον. Τότε τὸ σῶμα ὑμῖν ἐθεραπεύσαμεν, νῦν τὴν κεφαλὴν ἰατρεύομεν· τότε διὰ τῶν Ἱερεμίου λόγων, νῦν διὰ τῶν τοῦ Παύλου ῥημάτων. Τίνα οὖν ἐστι τὰ Παύλου ῥήματα, ἃ σήμερον ἡμῖν ἐξεργάσασθαι πρόκειται; Δεῖ δὲ καὶ αἱρέσεις εἶναι, φησὶν, ἐν ὑμῖν, ἵνα οἱ δόκιμοι φανεροὶ γένωνται ἐν ὑμῖν. Οὐ μικρὸν τὸ ζητούμενον. Εἰ γὰρ συμβουλεύων τοῦτό φησιν ὁ Παῦλος, καὶ δεῖ αἱρέσεις εἶναι, ἀναίτιοι οἱ τὰς αἱρέσεις εἰσάγοντες. Ἀλλ' οὐκ ἔστι τοῦτο, οὐκ
D ἔστιν· οὐ γὰρ συμβουλεύοντος τὸ ῥῆμά ἐστιν, ἀλλὰ τὸ μέλλον προλέγοντος. Ὥσπερ γὰρ ἰατρὸς, ὁρῶν τὸν κάμνοντα ἀδηφαγίᾳ καὶ μέθῃ προσέχοντα καὶ ἑτέροις κεκωλυμένοις, φησὶν ὅτι τὴν ἀταξίαν ταύτην δεῖ πυρετὸν τεκεῖν, οὐχὶ νομοθετῶν, οὐδὲ συμβουλεύων, ἀλλ' ἐκ τῶν παρόντων τὸ μέλλον μετὰ σκέψεως προλέγων· καὶ γεωργὸς πάλιν, ἢ κυβερνήτης ὁρῶν νεφῶν συνδρομὰς καὶ βροντὰς καταῤῥηγνυμένας μετὰ ἀστραπῶν, φησὶν ὅτι δεῖ τὰ νέφη ταῦτα τεκεῖν
E ὑετὸν καὶ ὄμβρον σφοδρὸν, οὐδὲ οὗτος παραινῶν, ἀλλὰ τὸ ἐσόμενον προαναφωνῶν· οὕτω καὶ Παῦλος τὸ, Δεῖ, τέθεικε. Πολλάκις γοῦν καὶ ἡμεῖς ὁρῶντες ἀνθρώπους ἀλλήλοις συῤῥηγνυμένους καὶ χαλεπαῖς ἑαυτοὺς πλύνοντας λοιδορίαις, λέγομεν, δεῖ συμπληγάδας γενέσθαι τούτους καὶ φυλακίζεσθαι, οἱ συμβουλεύοντες οὐδὲ ἡμεῖς, οὐδὲ παραινοῦντες ἐκείνοις, (πῶς γάρ;) ἀλλ' ἀπὸ τοῦ παρόντος τὸ μέλλον στοχαζόμενοι. Οὕτω δὴ καὶ ὁ Παῦλος οὐχὶ συμβουλεύων ταῦτά φησιν, ὅτι Δεῖ καὶ αἱρέσεις ἐν ὑμῖν εἶναι, ἀλλὰ προαναφωνῶν καὶ προφητεύων τὸ μέλλον ἔσεσθαι. Ὅτι γὰρ οὐ συμβουλεύει αἱρέσεις εἶναι, αὐτός ἐστιν ὁ λέγων, ὅτι Κἂν ἄγγελος [a] ὑμᾶς εὐαγγελίζηται
241 A παρ' ὃ παρελάβετε, ἀνάθεμα ἔστω. Αὐτός ἐστιν ὁ τὴν περιτομὴν, ἐπειδὴ παρὰ καιρὸν παρελαμβάνετο, καὶ ἐθόλου τὸ καθαρὸν τοῦ κηρύγματος, ἐκβάλλων καὶ λέγων, Ἐὰν περιτέμνησθε, Χριστὸς ὑμᾶς οὐδὲν ὠφελήσει. Πῶς οὖν, φησὶ, καὶ αἰτίαν προσέθηκεν εἰπὼν, Ἵνα οἱ δόκιμοι φανεροὶ γένωνται; Τὸ, Ἵνα, πολλαχοῦ ἐν ταῖς Γραφαῖς οὐκ ἔστιν αἰτιολογίας, ἀλλὰ τῆς τῶν πραγμάτων ἐκβάσεως. Οἷον, ἦλθεν ὁ Χριστὸς, καὶ τὸν τυφλὸν ἀναβλέψαι ἐποίησε· κἀκεῖνος μὲν αὐτὸν προσεκύνησεν· οἱ δὲ Ἰουδαῖοι, τούτου θεραπευθέντος, πάντα ἐποίουν, ὥστε συσκιάσαι τὸ θαῦμα, καὶ τὸν Χριστὸν ἤλαυνον. Τότε
B τοίνυν φησίν· Εἰς κρίμα ἐγὼ ἦλθον εἰς τὸν κόσμον τοῦτον, ἵνα οἱ μὴ βλέποντες βλέπωσι, καὶ οἱ βλέποντες τυφλοὶ γένωνται. Ἆρα οὖν διὰ τοῦτο ἦλθεν, ἵνα ἐκεῖνοι τυφλοὶ γένωνται; Οὐ διὰ τοῦτο ἦλθε, τοῦτο δὲ ἐξέβη, καὶ τὴν ἔκβασιν ἐν σχήματι αἰτιολογίας

[a] [Bibl. ὑμῖν.]

τέθεικε. Πάλιν, νόμος ἐδόθη, ἵνα κωλύσῃ τὴν τῶν ἁμαρτημάτων φορὰν, ἵνα ἐπιεικεστέρους ποιήσῃ τοὺς δεχομένους. Ἀλλὰ τοὐναντίον ἐξέβη παρὰ τὴν ῥᾳθυμίαν ἐκείνων· ηὔξησαν γὰρ τὰ ἁμαρτήματα· καὶ φησὶν ὁ Παῦλος, Νόμος δὲ παρεισῆλθεν, ἵνα πλεονάσῃ τὸ παράπτωμα· καὶ μὴν οὐ διὰ τοῦτο ἐπεισῆλθεν, ἀλλ' ἵνα ἐλαττώσῃ τὸ παράπτωμα. Τοῦτο δὲ ἐξέβη C παρὰ τὴν ἀγνωμοσύνην τῶν δεξαμένων αὐτόν. Οὕτω δὴ καὶ ἐνταῦθα, τὸ, Ἵνα, οὐχὶ αἰτιολογίας ἐστὶν, ἀλλὰ ἐκβάσεως. Ὅτι γὰρ ἄλλη τίς ἐστιν αἰτία τῶν αἱρέσεων, καὶ οὐ διὰ τοῦτο ἐγένοντο αἱρέσεις, ἵνα οἱ δόκιμοι φανεροὶ γένωνται, ἀλλ' ἑτέρωθεν ἔλαβον τὰς προφάσεις, ἄκουσον τοῦ Χριστοῦ δῆλον τοῦτο ποιοῦντος ἡμῖν. Ὡμοιώθη, φησὶν, ἡ βασιλεία τῶν οὐρανῶν ἀνθρώπῳ σπείροντι καλὸν σπέρμα ἐν τῷ ἀγρῷ αὐτοῦ· καὶ ἐν τῷ καθεύδειν τοὺς ἀνθρώπους, ἦλθεν ἐχθρὸς ἄνθρωπος, καὶ ἔσπειρε τὰ ζιζάνια. Ὁρᾷς, ὅτι διὰ τοῦτο αἱρέσεις, ἐπειδὴ ἐκαθεύδησαν οἱ ἄνθρωποι, ἐπειδὴ ἐῤῥᾳθύμησαν; ἐπειδὴ οὐ προσέσχον μετὰ ἀκρι- D βείας τοῖς λεγομένοις; Ἵν' οὖν μὴ λέγῃ τις, τίνος ἕνεκεν συνεχώρησεν ὁ Χριστός; φησὶν ὁ Παῦλος, ὅτι οὐδέν σε βλάπτει ἡ συγχώρησις αὕτη· ἐὰν ᾖς δόκιμος, φανερώτερος ἔσῃ μᾶλλον. Οὐ γάρ ἐστιν ἴσον, μηδενὸς ὑποσκελίζοντος, μηδὲ ἀπατῶντος, ἐπὶ τῆς ὀρθῆς στῆναι πίστεως, καὶ μυρίων προσρηγνυμένων κυμάτων, ἄσειστον καὶ ἀπερίτρεπτον μεῖναι. Καθάπερ οὖν τὰ δένδρα αἱ τῶν ἀνέμων προσβολαὶ πάντοθεν ῥιπίζουσαι ἰσχυρότερα ποιοῦσιν, ἂν ᾖ καλῶς ἐῤῥιζωμένα καὶ μετὰ ἀκριβείας· οὕτω δὴ καὶ τὰς ψυχὰς τὰς πεπηγυίας ἐν τῷ θεμελίῳ τῆς ὀρθῆς πίστεως, ὅσαι E ἂν προσβάλωσιν αἱρέσεις, οὐ περιτρέπουσιν, ἀλλὰ καὶ ἰσχυροτέρας ποιοῦσι. Τί οὖν πρὸς τοὺς ἀσθενοῦντας, φησὶ, καὶ περιτρεπομένους καὶ ὑποσκελιζομένους ῥᾳδίως; Οὐδὲ ἐκεῖνοι παρὰ τὴν τῆς αἱρέσεως προσβολὴν, ἀλλὰ παρὰ τὴν οἰκείαν ἀσθένειαν τοῦτο πάσχουσιν. Ἀσθένειαν δὲ οὐ φυσικὴν λέγω, ἀλλὰ τὴν ἐκ προαιρέσεως, τὴν καὶ ἐγκλημάτων ἀξίαν καὶ ὑπὸ κόλασιν καὶ τιμωρίαν κειμένην, ἣν καὶ ἡμεῖς κύριοι διορθῶσαι. Διὸ κατορθοῦντές τε ἐπαινούμεθα, καὶ μὴ κατορθοῦντες κολαζόμεθα.

Καὶ ἵνα μάθῃς, ὅτι τοὺς νήφοντας οὐδὲν δύναται παραβλάψαι, καὶ ἑτέρωθεν τοῦτο ἀποδεῖξαι πειράσομαι. 242 A Τί τοῦ διαβόλου γένοιτ' ἂν πονηρότερον, τί δὲ μιαρώτερον; Ἀλλ' ὅμως οὗτος ὁ πονηρὸς καὶ κακοῦργος καὶ πολλὴν ἔχων ἰσχὺν, μετὰ πάντων αὐτοῦ τῶν μηχανημάτων προσβαλὼν τῷ Ἰὼβ, καὶ πᾶσαν αὐτοῦ τὴν βελοθήκην εἰς τὴν οἰκίαν καὶ τὸ σῶμα τοῦ δικαίου κενώσας, οὐ μόνον αὐτὸν οὐ περιέτρεψεν, ἀλλὰ

hunc, ut qui non vident videant, et qui vident, cæci fiant. Ergone ea de causa venit, ut illi cæci fierent? Non certe ideo venit: sed illud accidit, et eventum rei ille ceu causam extulit. Rursum, lex data est ut peccatorum cursum coerceret, ut moderatiores efficeret eos, qui ipsam C acciperent. Sed ob illorum ignaviam contrarium accidit: peccata enim auxerunt; dicitque Paulus: *Lex autem subintravit, ut abundaret delictum;* (Rom. 5. 20.) cum tamen non ideo subintraverit, sed ut minueret delictum. Illud autem evenit propter improbitatem eorum, qui illam acceperunt. Sic et hoc loco, *Ut*, non causam indicat, sed eventum. Quod enim alia sit hæresium causa, quodque non idee hæreses fuerint, ut qui probati essent, manifesti fierent, sed aliunde occasiones acceperint, audi Christum nobis declarantem. *Simile factum est*, inquit, *regnum cælorum* (Matth. 13. 24. 25.) D *homini seminanti bonum semen in agro suo; et dum dormirent homines, venit inimicus homo, et seminavit zizania.* Viden' ideo hæreses fuisse, quod dormirent homines, quoniam segnos erant? quoniam dictis non diligenter attendebant? Ne itaque quispiam dixerit, Cur hoc permisit Christus? dicit Paulus: Hæc permissio nihil te lædit: si probatus fueris, clarior apparebis. Non enim par res est, nemine supplantare, nemine decipere connote, in recta stare fide, atque innumeris erumpentibus procellis, incon- E cussum et immobilem manere. Quemadmodum enim arbores ventorum undique irruentium impetu firmiores redduntur, si quidem recte et accurate radicem posuerint: sic et animas in fundamento rectæ fidei defixas quælibet irrumpentes hæreses non subvertunt, sed fortiores reddunt. Quid igitur dicamus de infirmis, qui facile corruunt et supplantantur? Ne illi quidem per hæreseos impetum, sed per propriam infirmitatem hoc patiuntur. Infirmitatem vero non naturalem dico, sed eam, quæ est ex proposito voluntatis, quæ digna reprehensione, pœna atque supplicio, quam emendare penes nos est. Quapropter cum emendamus, laudamur; cum non emendamus, castigamur.

2. Atque ut discas eis, qui vigilant, nihil nocere posse, aliunde etiam id demonstrare satagam. Quid diabolo malignius, quid sceleratius? Attamen hic malignus sceleratusque, qui multa vi pollet, cum omnibus machinis suis Job adortus, totaque pharetra sua in domum et in corpus justi viri evacuata, non modo ipsum non subvertit, sed et clariorem fecit. Et ille quidem a

diabolo nocumenti nihil accepit; Judas vero, quoniam negligens segnisque erat, nihil ex Christi consortio lucratus est, sed post tot illas adhortationes atque consilia proditor mansit. Causa autem est, quia neminem invitum cogit vel vi adducit Deus, ut nec illum coegit. Eodem modo si nos vigilemus, nihil nocumenti nobis afferre poterit diabolus; sin non vigilemus, sed segniter agamus, ne quidem ab iis, quæ prodesse possent, lucri quidpiam accipiemus; sed detrimentum nobis erit extremum: tantum malum est segnities. Judæis ergo non modo nihil profuit Christi adventus, sed etiam nocuit: non Christus illis in causa fuit, sed sua ipsorum segnities et improbitas. Id vero Christum ipsum audi dicentem: *Nisi venissem, inquit, et loquutus fuissem eis, peccatum non haberent: nunc autem excusationem non habent de peccato suo.* Viden' adventum ejus et venia ipsos privasse, et omnem defensionis modum abstulisse? Tantum est malum non attendere sibi, neque sua, ut par est, curare. Hoc et in corporibus videre est: eum enim qui oculis laborat, ipse sol caligine offundere solet, sanum vero ne tenebræ quidem lædere possunt. Non sine causa diutius hunc sermonem produco: sed quia multi, cum segnitiem suam culpare, ac improbitatem stuporemque suum corrigere deberent, hac missa cura circumeunt frigidas excusationes quærentes atque dicentes: Nisi diabolus esset, non periremus; nisi lex esset, non peccaremus; nisi hæreses essent, non supplantaremur. Hæc sunt obtentus et prætextus, mi homo: vigilanti enim nihil nocet unquam, sicut dormienti, pigritanti et salutem suam prodenti, nihil prodest. Idipsum enim et Paulus subindicans dicebat: *Ut qui probati sunt, manifesti fiant in vobis:* hoc est, ne turbemini, neque anxii estote; nihil vobis nocere possunt hæreses. Quod itaque etiamsi de hæresibus sermo sit, prædicta quæstio non sic habeat, hinc palam est. Prophetia namque est, non consilium; prædictio, non admonitio: et illa vox, *Ut*, eventum, non causam, significat. Quod autem non de dogmatibus jam illi sermo sit, sed de pauperibus et divitibus, de cibo, et de abstinentia a cibo, de opulentorum lascivia et crapula, et de pauperum contemtu, qui penes ipsos erat, ferte paulisper id superius narrantem: neque enim alio modo id vobis palam esse potest. Quoniam enim apostoli cœperant verbum pietatis seminare, accesserunt statim tria millia, et rursum quinque millia, et illorum omnium

Vigilanti nihil damni infert diabolus.

Joan. 15. 22.

1. Cor. 11. 19.

Vox ἵνα, *Ut*, aliquando eventum, non causam significat.

καὶ λαμπρότερον ἐποίησε. Καὶ οὗτος μὲν οὐδὲ παρὰ τοῦ διαβόλου τότε ἐβλάπτετο· ὁ δὲ Ἰούδας, ἐπειδὴ ἠμελημένος καὶ ῥάθυμος ἦν, οὐδὲν παρὰ τῆς τοῦ Χριστοῦ συνουσίας ἐκέρδανεν, ἀλλ' ἔμεινεν ὢν προδότης μετὰ τὰς πολλὰς παραινέσεις ἐκείνας καὶ συμβουλάς· τὸ δὲ αἴτιον, ὅτι μὴ βουλόμενόν τινα οὐκ ἀναγκάζει, οὐδὲ βιάζεται ὁ Θεός· ὥσπερ οὖν οὐδὲ B ἐκεῖνον. Οὕτως ἐὰν νήφωμεν καὶ ἡμεῖς, οὐδὲ ὁ διάβολος ἡμᾶς βλάψαι δύναται· ἂν δὲ μὴ νήφωμεν, ἀλλὰ ῥαθυμῶμεν, οὐδὲ παρὰ τῶν ὠφελούντων κερδανοῦμέν ποτε, ἀλλὰ καὶ ζημίαν ὑποστησόμεθα τὴν ἐσχάτην· τοσοῦτόν ἐστι ῥαθυμία κακόν. Οἱ γοῦν Ἰουδαῖοι οὐ μόνον οὐκ ὠφελήθησαν, τοῦ Χριστοῦ παραγενομένου, ἀλλὰ καὶ ἐβλάβησαν· ἀλλ' οὐ παρὰ τὸν Χριστὸν, ἀλλὰ παρὰ τὴν οἰκείαν αὐτῶν ῥαθυμίαν καὶ ἀγνωμοσύνην. Καὶ τοῦτο ἄκουσον αὐτοῦ τοῦ Χριστοῦ λέγοντος· Εἰ μὴ ἦλθον, φησὶ, καὶ ἐλάλησα αὐτοῖς, ἁμαρτίαν οὐκ εἶχον· νῦν δὲ πρόφασιν οὐκ ἔχουσι περὶ τῆς ἁμαρτίας αὐτῶν. Ὁρᾷς, ὅτι ἡ παρουσία αὐτοῦ C καὶ συγγνώμης αὐτοὺς ἀπεστέρησε, καὶ τὴν ἀπολογίαν αὐτῶν ἐξέκοψε; Τοσοῦτόν ἐστι κακὸν μὴ συγκροτεῖν ἑαυτὸν, μηδὲ τὰ καθ' ἑαυτὸν οἰκονομεῖν ὡς χρή. Τοῦτο καὶ ἐπὶ σωμάτων συμβαῖνον ἴδοι τις ἄν· τὸν μὲν γὰρ νοσοῦντα τὰς ὄψεις καὶ αὐτὸς ὁ ἥλιος σκοτίζειν εἴωθε, τὸν δὲ ὑγιῆ οὐδὲ τὸ σκότος παραβλάψαι δύναται. Καὶ τοῦτον οὐχ ἁπλῶς μηκύνω τὸν λόγον· ἀλλ' ἐπειδὴ πολλοὶ τὰς ἑαυτῶν ἀφέντες ῥαθυμίας αἰτιᾶσθαι, καὶ τὴν ἀγνωμοσύνην αὐτῶν καὶ τὴν ἀναισθησίαν διορθοῦν, τοῦτο μὲν οὐ ποιοῦσι, περιέρχονται δὲ ζητοῦντες ἑαυτοῖς ψυχρὰς ἀπολογίας, καὶ λέγοντες· εἰ μὴ ὁ διάβολος ἦν, οὐκ ἂν ἀπωλόμεθα· εἰ μὴ D νόμος ἦν, οὐκ ἂν ἡμάρτομεν· εἰ μὴ αἱρέσεις ἦσαν, οὐκ ἂν ὑπεσκελίσθημεν. Σκήψεις ταῦτα καὶ προφάσεις, ἄνθρωπε· τὸν γὰρ νήφοντα οὐδὲν βλάπτει ποτὲ, ὥσπερ οὖν τὸν καθεύδοντα καὶ ῥαθυμοῦντα καὶ τὴν ἑαυτοῦ προδιδόντα σωτηρίαν οὐδὲν ὠφελεῖ. Τοῦτο γοῦν αὐτὸ καὶ ὁ Παῦλος αἰνιττόμενος ἔλεγεν, Ἵνα οἱ δόκιμοι φανεροὶ γένωνται ἐν ὑμῖν· τουτέστι, μὴ θορυβεῖσθε, μηδὲ ἀλύετε· οὐδὲν ὑμᾶς αἱ αἱρέσεις παραβλάψαι δύνανται. Ὅτι μὲν οὖν, εἰ καὶ περὶ αἱρέσεων ἦν ὁ λόγος, οὐδὲ οὕτως ἔχει ζήτημα τὸ εἰρημένον, ἐκ τούτων δῆλον. Προφητεία γάρ ἐστιν, οὐ E συμβουλή· πρόῤῥησις, οὐ παραίνεσις· καὶ τὸ, Ἵνα, ἐκβάσεως, οὐκ αἰτιολογίας. Ὅτι δὲ οὐδὲ περὶ δογμάτων ἐστὶν ὁ λόγος αὐτῷ νῦν, ἀλλὰ περὶ πενήτων καὶ πλουσίων, περὶ τοῦ φαγεῖν καὶ μὴ φαγεῖν, περὶ τῆς τῶν εὐπόρων ἀσωτίας καὶ λαιμαργίας, περὶ τῆς τῶν πενήτων ἐγκαταλείψεως τῆς παρ' αὐτῶν γενομένης, ἀνάσχεσθε μικρὸν ἄνωθεν διηγουμένου· οὐδὲ γὰρ ἂν ἄλλως ὑμῖν γένοιτο σαφὲς τὸ λεγόμενον. Ἐπειδὴ γὰρ ἤρξαντο σπείρειν τὸν λόγον τῆς εὐσεβείας οἱ ἀπόστολοι, προσῆλθον εὐθέως τρισχίλιοι, καὶ πάλιν πενταχισχίλιοι, καὶ πάντων αὐτῶν ἦν ἡ καρδία καὶ ἡ ψυχὴ μία. Τὸ δὲ τῆς ὁμονοίας αἴτιον, καὶ συνδῆσαν 243 A αὐτῶν τὴν ἀγάπην, καὶ τοσαύτας ψυχὰς εἰς ἓν συναγαγὸν, ἡ τῶν χρημάτων ὑπεροψία ἦν. Οὐδεὶς γάρ τι τῶν ὑπαρχόντων, φησὶν, ἴδιον ἔλεγεν εἶναι, ἀλλ' ἦν αὐτῶν ἅπαντα κοινά. Ἐπειδὴ γὰρ ἀνῃρέθη ἡ ῥίζα τῶν κακῶν, τὴν φιλαργυρίαν λέγω, πάντα ἐπεισῆλθε τὰ ἀγαθὰ, καὶ λοιπὸν συνεσφίγγοντο πρὸς ἀλλήλους, οὐδενὸς ὄντος τοῦ διαιροῦντος αὐτούς. Τὸ γὰρ ἐμὸν, καὶ τὸ σὸν, τοῦτο τὸ ψυχρὸν ῥῆμα καὶ μυρίους πολέμους εἰς τὴν οἰκουμένην εἰσαγαγὸν, ἐκ τῆς ἁγίας ἐκείνης Ἐκκλησίας ἐξώριστο, καὶ τὴν γῆν ᾤκουν, καθάπερ οἱ ἄγγελοι τὸν οὐρανὸν, καὶ οὔτε ἐφθόνουν οἱ πένητες τοῖς πλουτοῦσιν· οὐδὲ γὰρ ἦσαν πλούσιοι· οὔτε ὑπερ- B εώρων οἱ πλούσιοι τῶν πενήτων· οὐδὲ γὰρ ἦσαν πένητες· ἀλλὰ πάντα ἦν κοινά. Καὶ οὐδὲ εἷς τι τῶν ὑπαρχόντων ἴδιον ἔλεγεν εἶναι· οὐ γὰρ, καθάπερ νῦν γίνεται, οὕτω καὶ τότε συνέβαινε. Νῦν μὲν γὰρ ἔχοντες τὰ ἑαυτῶν, διδόασι τοῖς δεομένοις· τότε δὲ οὐδὲ τοῦτο ἦν, ἀλλ' ἀποστάντες τῆς δεσποτείας τῶν οἰκείων χρημάτων, καὶ εἰς μέσον αὐτὰ καταθέντες καὶ ἀναμίξαντες, οὐδὲ δῆλοι λοιπὸν ἦσαν οἱ πρώην ὄντες εὔποροι· ὥστε καὶ εἴ τις ἐκ τῆς ὑπεροψίας τῶν χρημάτων ἐγένετο τῦφος, καὶ οὗτος ἀνῄρητο παντάπασι, πάντων ὄντων ἐν ἰσότητι μιᾷ, καὶ τῶν χρημάτων ἀναμιχθέντων ἁπάντων. Οὐκ ἐκ τούτου δὲ μόνον, C ἀλλὰ καὶ ἐξ αὐτοῦ τοῦ τρόπου τῆς καταβολῆς ἔστιν αὐτῶν ἰδεῖν τὴν εὐλάβειαν. Ὅσοι γὰρ κτήτορες χωρίων ἢ οἰκιῶν ὑπῆρχον, πωλοῦντες ἔφερον τὰς τιμὰς, καὶ ἐτίθουν παρὰ τοὺς πόδας τῶν ἀποστόλων. Οὐκ εἶπεν, ὅτι εἰς τὰς χεῖρας αὐτῶν ἐνέβαλλον, ἀλλὰ, παρὰ τοὺς πόδας αὐτῶν ἐτίθεσαν, τὴν αἰδῶ καὶ τὴν εὐλάβειαν καὶ τὸν φόβον, ὃν περὶ τοὺς ἀποστόλους εἶχον, διὰ τούτου δεικνύντες· οὐ γὰρ διδόναι μᾶλλον, ἢ λαμβάνειν ἐνόμιζον. Καὶ τοῦτο γὰρ μάλιστά ἐστιν ὑπεριδεῖν χρημάτων. τοῦτο θρέψαι γνησίως ἐστὶ Χριστὸν, ὅταν μὴ μετὰ ἀπονοίας καὶ τύφου τοῦτο ποιῇς, ὅταν ὡς σαυτὸν μᾶλλον, ἢ τὸν λαμβάνοντα εὐεργετῶν, οὕτω παρέχῃς. Εἰ γὰρ μὴ οὕτω διάκεισαι, D μηδὲ δῷς· εἰ μὴ νομίζεις λαμβάνειν μᾶλλον ἢ διδόναι, μὴ παράσχῃς. Τοῦτο καὶ ἑτέροις λοιπὸν ὁ Παῦλος ἐμαρτύρησεν, οὕτω λέγων· Γνωρίζω δὲ ὑμῖν, ἀδελφοὶ, τὴν χάριν τοῦ Θεοῦ, τὴν δεδομένην ἐν ταῖς Ἐκκλησίαις τῆς Μακεδονίας, ὅτι ἡ κατὰ βάθος πτωχεία αὐτῶν ἐπερίσσευσεν εἰς τὸν πλοῦτον τῆς ἁπλότητος αὐτῶν, ὅτι κατὰ δύναμιν, μαρτυρῶ, καὶ ὑπὲρ

erat cor unum, et anima una. Concordiæ autem causa, et caritatis eorum vinculum, quod tot animas in unum congregabat, pecuniarum contemtus erat. *Nullus enim*, inquit, *quidpiam* Act. 4. 32.
sibi proprium esse *dicebat, sed erant illis omnia communia.* Quia enim radix malorum sublata fuerat, avaritia nempe, omnia advenerant bona : ac deinde mutuo cohærebant, a nulla re divulsi. Illud enim *meum* et *tuum*, frigidum illud verbum, innumera bella in orbem inducens, ex sancta illa Ecclesia eliminatum erat, et in terra perinde habitabant, atque angeli in cælo. Non divitibus pauperes invidebant, cum nulli essent divites; nec pauperes a divitibus contemnebantur, cum pauperes non essent, sed omnia essent communia. Ac nemo quidpiam ex iis quæ habebat, suum esse dicebat; neque enim ut hodie, sic tune se res habebant. Nunc enim sua habentes, erogant pauperibus : tunc vero non sic; sed a propriarum pecuniarum dominio absistentes, et in medio eas deponentes atque commiscentes, ne quidem internosci poterant qui nuper divites fuerant; ita ut si quis ex pecuniarum despectu fastus oriri posset, ille etiam funditus tolleretur, quandoquidem omnia æqualia erant, omnesque pecuniæ commixtæ fuerant. Neque inde solum, sed etiam ex modo deponendi pecunias, illorum pietatem videre erat. *Quot-* Act. 4. 34.
quot enim agros aut domos possidebant, illas vendentes pretium afferebant, et ponebant ad pedes apostolorum. Non dixit, In manus injiciebant, sed *Ad pedes eorum ponebant*, pudorem, reverentiam, timorem, quo erga apostolos afficiebantur, his declarantes: non enim dare magis, quam accipere se putabant. Et hoc maxime est pecunias despicere, hoc vere Christum nutrire, si non cum arrogantia et fastu hoc facias; si ita largiaris, si ita præbeas, ac si magis in te, quam in accipientem, beneficium conferas. Si enim non sic affectus sis, ne dederis; nisi te putes magis accipere, quam dare, ne præbueris. Idipsum et aliis rursum testificatus est Paulus his verbis : *Notam au-* 2. Cor. 8. 1—4.
tem facio vobis, fratres, gratiam Dei, quæ data est in Ecclesiis Macedoniæ, quoniam altissima paupertas eorum *abundavit in divitias simplicitatis eorum : quia* secundum *virtutem* testimonium *illis reddo, et supra virtutem voluntarii fuerunt, cum multa exhortatione obsecrantes nos gratiam et communicationem ministerii, quod in sanctos impleverunt.* Viden', quod idee plus illos admi-

Pecuniæ quomodo in usum pauperum erogandæ.

retur, quod gratiam scientes et obsecrantes et hortantes, sic pecuniarum copiam exhibuerunt?

3. Ideo Abrahamum miramur, non tantum E quod vitulum mactaverit, non quod farinam miscuerit, sed quod cum multa voluptate et humilitate hospites exceperit, accurrens, ministrans, dominos vocans, thesaurum innumerorum bonorum se reperisse putans, si quando transeuntem hospitem videret. Sic enim duplex est eleemosyna, cum damus, et cum alacritate da- 244 A mus. *Hilarem* enim, inquit, *datorem diligit Deus*. Quandoquidem si cum arrogantia, fastu et vana gloria innumera effuderis talenta, omnia perdidisti; quemadmodum ille Pharisæus, qui bonorum suorum decimam dabat, quia altum sapiebat et superbia tumebat, omnibus amissis, discessit e templo. Apostolorum vero tempore non sic se res habebat, sed gaudentes, exsultantes, magno sibi esse lucro putantes, sic pecunias afferebant; et bene secum actum esse existimabant, si eas apostoli dignarentur accipere. At quemadmodum quidam ad supremos magistratus B vocati, et in præcipuis imperii urbibus semper habitaturi, substantia tota in pecuniam conversa, sic solent eo se transferre: sic tunc faciebant homines illi, ad cælum vocati, ad supernam metropolim et cæleste regnum. Quia enim sciebant illam esse vere patriam suam, substantiam suam in pecunias convertentes, eas per apostolicas manus eo præmittebant. Etenim extremæ est insipientiæ quidpiam ex rebus nostris hic relinquere, cum nos post tantillum temporis hinc emigraturi simus: quod enim relinquitur, in damnum cedit. Omnia igitur illo præmittantur, ubi et nos deinceps semper versaturi sumus. Hæc C secum reputantes ipsi, omnem substantiam deponebant; duplexque officium præstabatur: nam et egenorum paupertatem sublevabant, et ampliorem securioremque sibi substantiam parabant; in cælo thesauros suos deponentes.

Ab hac lege et consuetudine mos quidam mirabilis in Ecclesiam tunc inductus est: coacti namque simul fideles omnes post auditam doctrinam, post orationes, post mysteriorum participationem, soluta synaxi, non statim domum concedebant: sed divites et opulentiores, alimenta et fercula e domibus suis afferon- D tes, pauperes advocabant, communiqué simul

2. Cor. 9. 7.

Luc. 18. 10.—14.

Priscæ mos Ecclesiæ circa mensam communem.

δύναμιν, αὐθαίρετοι μετὰ πολλῆς παρακλήσεως δεόμενοι ἡμῶν, τὴν χάριν καὶ τὴν κοινωνίαν τῆς διακονίας τῆς εἰς τοὺς ἁγίους ἐπλήρωσαν. Ὁρᾷς πῶς αὐτοὺς ἐπὶ τούτῳ μᾶλλον θαυμάζει, ὅτι χάριν εἰδότες, καὶ δεόμενοι, καὶ παρακαλοῦντες, οὕτω τὴν ἐπὶ τῶν χρημάτων δαψίλειαν ἐπεδείκνυντο;

Διὰ τοῦτο καὶ τὸν Ἀβραὰμ θαυμάζομεν, οὐχ ὅτι μόσχον ἔθυσε μόνον, οὐδὲ ὅτι ἄλευρα ἐφύρασεν, ἀλλ' ὅτι μετὰ πολλῆς ἡδονῆς καὶ ταπεινοφροσύνης τοὺς ξένους ὑπεδέχετο, προστρέχων, θεραπεύων, κυρίους καλῶν, θησαυρὸν μυρίων ἀγαθῶν εὑρηκέναι νομίζων, εἴ ποτε ἴδοι παριόντα ξένον. Οὕτω γὰρ διπλῆ ἐλεημοσύνη γίνεται, ὅταν καὶ διδῶμεν, καὶ διδόντες μετὰ προθυμίας παρέχωμεν. Ἱλαρὸν γὰρ δότην, φησὶν, ἀγαπᾷ ὁ Θεός. Ἐπεὶ κἂν μυρία καταβάλῃς τάλαντα μετὰ ἀπονοίας καὶ τύφου καὶ κενοδοξίας, τὰ πάντα ἀπώλεσας· καθάπερ ἐκεῖνος ὁ Φαρισαῖος, ὃς ἀποδεκατῶν αὐτοῦ τὰ ὑπάρχοντα, ἐπειδὴ καὶ μέγα ἐφρόνει καὶ ἐφυσᾶτο, πάντα ἀπολέσας, οὕτω κατῆλθεν ἀπὸ τοῦ ἱεροῦ. Οὐχ ἐπὶ τῶν ἀποστόλων δὲ οὕτως· ἀλλὰ χαίροντες, ἀγαλλόμενοι, κερδαίνειν τὰ μέγιστα νομίζοντες, οὕτως ἔφερον τὰ χρήματα, καὶ ἀγαπητὸν εἶναι ἐνόμιζον, εἰ καταξιώσειαν οἱ ἀπόστολοι δέξασθαι. Καὶ καθάπερ πρὸς τὰς μεγάλας τινὲς ἀρχὰς καλούμενοι, καὶ τὰς βασιλικωτέρας τῶν πόλεων μέλλοντες οἰκεῖν, διαπαντὸς τὴν οὐσίαν αὐτῶν πᾶσαν ἐξαργυρίσαντες, οὕτω μεθίστανται· οὕτω δὴ καὶ οἱ ἄνθρωποι τότε ἐποίουν ἐκεῖνοι, πρὸς τὸν οὐρανὸν κληθέντες, εἰς τὴν ἄνω μητρόπολιν καὶ τὴν ἐκεῖ βασιλείαν. Ἐπειδὴ γὰρ ᾔδεσαν, ὅτι ἐκείνη ὄντως αὐτῶν ἐστιν ἡ πατρὶς, ἐξαργυρίσαντες τὴν ἑαυτῶν οὐσίαν, διὰ τῶν ἀποστολικῶν αὐτὴν χειρῶν ἐκεῖ προέπεμπον. Καὶ γὰρ ἐσχάτης ἀνοίας ἐστὶν ἀφεῖναί τι τῶν ἡμετέρων ἐναπομεῖναι ἐνταῦθα, ἡμῶν μικρὸν ὕστερον μελλόντων ἐντεῦθεν ἀποδημεῖν· καὶ γὰρ ὅπερ ἀπολειφθῇ, ζημία γίνεται. Πάντα τοίνυν ἐκεῖ προπεμπέσθω, ἔνθα καὶ ἡμεῖς διαπαντὸς διατρίβειν μέλλομεν λοιπόν. Ταῦτα γὰρ καὶ αὐτοὶ λογισάμενοι, πᾶσαν ἀπεδύσαντο τὴν οὐσίαν, καὶ διπλοῦν ἐγίνετο τὸ κατόρθωμα· καὶ γὰρ τοῖς δεομένοις τὴν πενίαν διώρθουν, καὶ πλείω καὶ ἀσφαλεστέραν τὴν αὐτῶν οὐσίαν ἐποίουν, εἰς τὸν οὐρανὸν τοὺς ἑαυτῶν μετατιθέντες θησαυρούς. Ἐκ τούτου τοίνυν τοῦ νόμου καὶ τοῦ ἔθους ἐγένετό τις συνήθεια θαυμαστὴ τότε ἐν ταῖς Ἐκκλησίαις· συνιόντες γὰρ οἱ πιστοὶ πάντες μετὰ τὴν τῆς διδασκαλίας ἀκρόασιν, μετὰ τὰς εὐχὰς, μετὰ τὴν τῶν μυστηρίων κοινωνίαν, τῆς συνάξεως λυθείσης, οὐκ ἀνεχώρουν εὐθέως οἴκαδε, ἀλλ' οἱ πλούσιοι καὶ εὐπορώτεροι φέροντες οἴκοθεν τροφὰς καὶ ἐδέσματα, τοὺς πένητας ἐκάλουν, καὶ κοινὰς ἐποιοῦντο τραπέζας, κοινὰς ἑστιάσεις, κοινὰ συμπόσια ἐν αὐτῇ τῇ ἐκκλησίᾳ· ὥστε καὶ ἀπὸ τῆς κοινωνίας τῆς κατὰ τὴν τράπεζαν,

καὶ ἀπὸ τῆς εὐλαβείας τῆς ἀπὸ τοῦ τόπου, καὶ πανταχόθεν τὴν ἀγάπην αὐτοῖς ἐπισφίγγεσθαι, καὶ πολλὴν μὲν τὴν ἡδονὴν, πολλὴν δὲ αὐτοῖς γίνεσθαι τὴν ὠφέλειαν. Οἵ τε γὰρ πένητες παραμυθίας ἀπέλαυον οὐ τῆς τυχούσης, καὶ οἱ πλουτοῦντες πολλὴν εὔνοιαν καὶ παρὰ τῶν τρεφομένων, καὶ παρὰ τοῦ Θεοῦ, δι' ὃν ταῦτα ἐποίουν, καρπωσάμενοι πολλὴν τὴν χάριν, οὕτως ἀπῄεσαν οἴκαδε. Καὶ μυρία ἐκ τοῦ πράγματος τούτου ἐγίνετο τὰ ἀγαθὰ, καὶ τὸ πάντων κεφάλαιον, ἡ φιλία θερμοτέρα ἦν καθ' ἑκάστην σύναξιν, μετὰ τοσαύτης φιλοφροσύνης E ἀλλήλοις συνηνωμένων αὐτῶν εὐεργετούντων τε αὐτῶν καὶ εὐεργετουμένων. Τοῦτο τοίνυν τὸ ἔθος Κορίνθιοι, τοῦ χρόνου προϊόντος, διέφθειρον, καὶ καθ' ἑαυτοὺς ἑστιώμενοι οἱ εὐπορώτεροι τοὺς πένητας παρεώρων, καὶ οὐκ ἀνέμενον ὑστερίζοντας πολλάκις, καὶ ὑπὸ βιωτικῶν χρειῶν, οἷα τὰ τῶν πενήτων, κατεχομένους καὶ βραδύνοντας. Ἐκ δὲ τούτου συνέβαινε παραγενομένους αὐτοὺς ὕστερον μετὰ αἰσχύνης ἀναχωρεῖν, τῆς τραπέζης ἀναιρεθείσης, φθανόντων τούτων, κἀκείνων ὑστεριζόντων. Ὁρῶν τοίνυν ὁ Παῦλος ἐκ τοῦ πράγματος τούτου πολλὰ κακὰ, τὰ μὲν γινόμε- 245
A να, τὰ δὲ μέλλοντα (καὶ γὰρ καταφρόνησις τῶν πενήτων τοῖς πλουσίοις ἐγίνετο καὶ ὑπεροψία πλείων, καὶ τοῖς πένησιν ἀθυμία καὶ ἀπέχθεια πρὸς τοὺς πλουτοῦντας, καὶ ὅσα ἄλλα εἰκὸς ἦν ἀπὸ τούτων τεχθῆναι τῶν κακῶν), διορθοῦται τὴν πονηρὰν ταύτην καὶ πικρὰν συνήθειαν. Καὶ ὅρα μεθ' ὅσης συνέσεως καὶ ἐπιεικείας εἰς τὴν διόρθωσιν ἐνέβαλεν. Ἀρχόμενος γὰρ οὕτω φησί· Τοῦτο δὲ παραγγέλλων οὐκ ἐπαινῶ, ὅτι οὐκ εἰς τὸ κρεῖττον, ἀλλ' εἰς τὸ ἧττον συνέρχεσθε. Τί δέ ἐστιν, Οὐκ εἰς τὸ κρεῖττον; Οἱ πρόγονοι, φησὶν, οἱ ὑμέτεροι καὶ οἱ πατέρες καὶ τὰς ἑαυτῶν οὐσίας ἐπώλουν καὶ τὰ κτήματα καὶ τὰς ὑπάρξεις, καὶ κοινὰ πάντα εἶχον, καὶ πολλὴν πρὸς ἀλλήλους τὴν ἀγάπην· B ὑμεῖς δὲ ὀφείλοντες ἐκείνους ζηλοῦν, οὐ μόνον οὐδὲν ἐποιήσατε τοιοῦτον, ἀλλὰ καὶ ὅπερ εἴχετε μόνον, καὶ τοῦτο ἀπωλέσατε, τὰ συμπόσια τὰ κατὰ σύναξιν γινόμενα· διὰ τοῦτό φησιν, Ὅτι οὐκ εἰς τὸ κρεῖττον, ἀλλ' εἰς τὸ ἧττον συνέρχεσθε. Καὶ ἐκεῖνοι μὲν καὶ τῶν κτημάτων ἁπάντων τοῖς πένησι παρεχώρησαν· ὑμεῖς δὲ τραπέζης αὐτοῖς μεταδιδόντες, καὶ ταύτης ἀπεστερήσατε. Πρῶτον μὲν γὰρ, συνερχομένων ὑμῶν ἐν ἐκκλησίᾳ, ἀκούω σχίσματα ἐν ὑμῖν ὑπάρχειν, καὶ μέρος τι καὶ πιστεύω.

Ὅρα πῶς πάλιν συνετῶς ποιεῖται τὴν διόρθωσιν. Οὐκ εἶπεν, οὔτε ἀπιστῶ, οὔτε πιστεύω· ἀλλὰ μέσον C ἀφῆκε τὸ ῥῆμα, ὅτι Μέρος τι καὶ πιστεύω· οὐ πιστεύω τέλεον, ἀλλ' οὐδὲ ἀπιστῶ τέλεον· τοῦ δὲ ἢ τοῦτο, ἢ ἐκεῖνο συμβῆναι παντελῶς ὑμεῖς κύριοι. Ἂν μὲν γὰρ διορθώσησθε, οὐ πιστεύω· ἂν δὲ ἐπὶ τῶν αὐτῶν μείνητε, πιστεύω. Οὔτε οὖν κατηγόρησε, καὶ

mensa fruebantur, communibus epulis atque conviviis in ipsa ecclesia; ita ut et a consortio mensæ, et a loci reverentia, undequaque caritas constringeretur, cum multa voluptate simul atque utilitate. Pauperes enim consolatione non parva, divites vero benevolentia fruebantur, tum eorum quos pascebant, tum Dei, cujus causa hoc faciebant: sicque magnam assequuti gratiam, domum secedebant. Innumera hinc sequebantur bona: quodque caput bonorum est, per singulas synaxes amor magis magisque accendebatur, cum et ii qui beneficia conferebant, et ii qui accipiebant, tanta cum benevolentia contubernales essent. Hunc morem Corinthii processu temporis labefactarunt, cum opulentiores seorsim cibum sumentes, egenos despicerent, nec exspectarent tardius accedentes, et necessitatibus vitæ detentos, ut pauperes solent, atque moras trahentes. Unde contingebat eos, demum advenientes, cum pudore jam sublata mensa recedere, illis præoccupantibus, his vero tardantibus. Videns itaque Paulus inde multa suboriri mala, tum quæ jam acciderant, tum quæ futura erant (nam a divitibus pauperes contemnebantur, ac superbe tractabantur, hincque pauperibus mœror odiumque in divites, aliaque succedebant mala ex hujusmodi rebus oriri solita), hanc pravam acerbamque consuetudinem corrigit. Et vide cum quanta prudentia et moderatione correctionem aggrediatur. Incipiens enim sic ait: *Hoc* 1. Cor. 11. 17.
autem præcipiens, non laudo, quod non in melius, sed in deterius convenitis. Quid sibi vult illud, *Non in melius?* Majores, inquit, et patres vestri substantias suas vendebant et prædia et possessiones, atque omnia habebant communia, multamque mutuo caritatem: vos autem, quos par esset illos imitari, non modo nihil simile fecistis, sed etiam id, quod solum habebatis amisistis; nempe convivia in collectis fieri solita. Ideoque ait: *Non in melius, sed in deterius convenitis.* Et illi quidem possessiones omnes in usum pauperum concedebant: vos vero mensa etiam illis concessa privatis. *Primum* 1. Cor. 11. 18.
enim convenientibus vobis in ecclesiam, audio scissuras esse inter vos, et *ex parte* credo.

4. Vide quomodo rursum prudenter correctionem adhibeat. Non dixit, Credo, vel, Non credo; sed medio verbo usus est, *Ex parte credo*; non omnino credo, nec omnino fidem nego; ut vero hoc vel illud, in vestra penitus potestate est. Si resipiscatis, non credo: sin ita perseveretis, credo. Itaque non accusavit, et accu-

savit. Non accusavit penitus, ut emendationis
spem et inducias ad pœnitentiam daret: non crimine liberos dimisit, ne in eadem segnitie mane-
rent. Nondum omnino credidi, inquit; idipsum
enim est dicere, *Ex parte credo*. Id vero dicebat cohortans ut sese emendarent ac corrigerent,
ipsumque abducerent, ne rem hujusmodi vel ex
1. Cor. 11. 19. parte crederet. *Oportet* enim *hæreses* esse, *ut*
qui probati sunt, manifesti fiant in vobis.
Dic igitur quænam hæreses? Hic animum adhibete: quoniam non de dogmatibus dicitur illud,
Ibid. v. 20. *Oportet hæreses in vobis* esse, sed de dissen-
sione circa mensam. Cum enim dixisset, *Opor-
tet autem* et *hæreses* esse, modum hæreseon adjunxit: *Convenientibus enim vobis in unum,
non* est *Dominicam cœnam manducare*. Quid
est, *Dominicam cœnam manducare?* Dominicam cœnam, inquit, non est manducare: illam
vocans cœnam, quam ultima nocte tradidit Christus, quando discipuli cum illo omnes erant. In
illa quippe cœna et Dominus et servi omnes simul recumbebant: vos vero, qui conservi estis,
inter vos tamen dissidetis ac dividimini. Ille nec
proditorem expulit: nam et Judas cum illis tunc
erat: tu vero fratrem depellis. Ideo dicit: *Non
est Dominicam cœnam manducare, Dominicam cœnam* vocans eam, quæ concordissime
Ib. v. 21. omnibus convocatis sumitur. *Unusquisque enim
suam cœnam sumit ad manducandum, et
alius quidem esurit, alius autem ebrius* est.
Non dixit, Alius esurit, alius comedit; sed
ebrietatis nomine magis illos tangit. Et hic et
illic, ait, nullus est modus. Tu te crapula dis-
rumpis, dum ille fame contabescit; tu plura,
quam opus sit, sumis, ille vero ne quidem
necessariis fruitur. Duplex hoc corruptæ æqua-
litatis malum hæreses vocat, quia contentiose
invicem agebant et dissidebant, et alio esuriente,
alius inebriabatur. Ac bene dixit, *Convenientibus vobis in unum*. Cur convenitis? inquit;
quid sibi vult ille conventus? ad quid ille communis cœtus, quando mensa non est communis?
Dominicæ sunt facultates, quas accepimus, proindeque communes conservis nostris proponan-
Ibid. v. 22. tur. *Numquid domos non habetis ad manducandum* et *bibendum? aut ecclesiam Dei
contemnitis,* inquit, et *confunditis* eos *qui non
habent?* Tu quidem putas, inquit, fratrem tantum te contumelia afficere, redundat autem contumelia etiam in locum. Ecclesiam quippe totam
contemnis. Ecclesia enim ideo dicitur, quia communiter omnes accipit. Cur ergo domus tuæ vili-

κατηγόρησεν. Οὐ κατηγόρησεν ἀπηρτισμένως, ἵνα
αὐτοῖς ἐλπίδα δῷ διορθώσεως καὶ προθεσμίαν μετα-
νοίας· οὐκ ἀφῆκεν ἀνεγκλήτους, ἵνα μὴ ἐπὶ τῆς αὐτῆς
μείνωσι ῥαθυμίας. Οὔπω τέλεον ἐπίστευσα, φησί·
τοῦτο γάρ ἐστι τὸ εἰπεῖν, Μέρος τι πιστεύω. Τοῦτο
D δὲ ἔλεγε προτρέπων μεταβαλέσθαι καὶ διορθώσασθαι
καὶ ἀπαγαγεῖν αὐτὸν τοῦ κἂν ἐκ μέρους πιστεῦσαί τι
κατ' αὐτῶν τοιοῦτον. Δεῖ γὰρ καὶ αἱρέσεις εἶναι, ἵνα
οἱ δόκιμοι φανεροὶ γένωνται ἐν ὑμῖν. Εἰπὲ οὖν τὰς
αἱρέσεις. Ἐνταῦθα προσέχετε, ὅτι οὐ περὶ δογμάτων
ἐστὶ τὸ, Δεῖ αἱρέσεις ἐν ὑμῖν εἶναι· ἀλλὰ περὶ τῆς
διχονοίας τῆς κατὰ τὰς τραπέζας. Εἰπὼν γὰρ, Δεῖ δὲ
καὶ αἱρέσεις εἶναι, ἐπήγαγε καὶ τὸν τρόπον τῶν αἱρέ-
σεων· Συνερχομένων γὰρ ὑμῶν ἐπὶ τὸ αὐτὸ, οὐκ ἔστι
κυριακὸν δεῖπνον φαγεῖν. Τί ἐστι, Κυριακὸν δεῖπνον
φαγεῖν; Δεσποτικὸν δεῖπνον, φησὶν, οὐκ ἔστι φαγεῖν·
E ἐκεῖνο λέγων τὸ δεῖπνον, ὃ τῇ ἐσχάτῃ νυκτὶ παρέδωκεν ὁ Χριστὸς, ὅτε οἱ μαθηταὶ μετ' αὐτοῦ πάντες
ἦσαν. Ἐν ἐκείνῳ γὰρ τῷ δείπνῳ καὶ Δεσπότης καὶ
δοῦλοι πάντες ὁμοῦ κατέκειντο· ὑμεῖς δὲ σύνδουλοι
ὄντες ἀλλήλους διεστήσατε καὶ ἀπεσχίσατε. Κἀκεῖνος
μὲν οὐδὲ τὸν προδότην ἀπήλασε· καὶ γὰρ ὁ Ἰούδας
μετ' αὐτῶν ἦν τότε· σὺ δὲ τὸν ἀδελφὸν διακρούῃ.
Διὰ τοῦτό φησιν, Οὐκ ἔστι κυριακὸν δεῖπνον φαγεῖν,
κυριακὸν δεῖπνον καλῶν, τὸ μεθ' ὁμονοίας, τὸ κοινῇ
πάντων συγκεκλημένων. Ἕκαστος γὰρ τὸ ἴδιον δεῖπνον
προλαμβάνει φαγεῖν· καὶ ὃς μὲν πεινᾷ, ὃς δὲ μεθύει.
246 A Καὶ οὐκ εἶπεν, ὃς μὲν πεινᾷ, ὃς δὲ ἐσθίει, ἀλλὰ τῷ τῆς
μέθης ὀνόματι μᾶλλον αὐτῶν καθήψατο. Κἀκεῖ καὶ ἐνταῦθα ἀμετρία, φησί. Σὺ μὲν ὑπὸ τῆς ἀδηφαγίας διαρ-
ῥήγνυσαι, ἐκεῖνος δὲ ὑπὸ τοῦ λιμοῦ τήκεται· σὺ καὶ
τῶν ὑπὲρ τὴν χρείαν μετέχεις, ἐκεῖνος δὲ οὐδὲ τῶν
ἀναγκαίων ἀπέλαυσε. Διπλοῦν τὸ δεινὸν, τῆς ἰσότητος διαφθαρείσης, τοῦτο αἱρέσεις καλεῖ: ἐπειδὴ φιλονείκως πρὸς ἀλλήλους διέκειντο καὶ διεστασίαζον,
καὶ ὃς μὲν ἐπείνα, ὃς δὲ ἐμέθυε. Καὶ καλῶς εἶπε,
Συνερχομένων ὑμῶν ἐπὶ τὸ αὐτό. Τίνος γὰρ ἕνεκεν
συνέρχεσθε; φησί· τί βούλεται ἡ σύνοδος; τίνος ἕνε-
B κεν ἡ συλλογὴ κοινὴ, ὅταν ἡ τράπεζα μὴ γίνεται
κοινή; Δεσποτικά ἐστι τὰ χρήματα, ἅπερ ἐλάβομεν·
κοινὰ προκείσθω τοίνυν τοῖς συνδούλοις τοῖς ἡμετέροις. Μὴ γὰρ οἰκίας οὐκ ἔχετε εἰς τὸ ἐσθίειν, καὶ πίνειν; ἢ τῆς ἐκκλησίας τοῦ Θεοῦ καταφρονεῖτε, φησὶ,
καὶ καταισχύνετε τοὺς μὴ ἔχοντας; Σὺ μὲν νομίζεις,
φησὶ, τὸν ἀδελφὸν ὑβρίζειν μόνον, κοινωνεῖ δὲ καὶ ὁ
τόπος τῆς ὕβρεως. Ἐκκλησίας γὰρ ὁλοκλήρου κατα-
φρονεῖς. Ἐκκλησία γὰρ διὰ τοῦτο λέγεται, ὅτι κοινῇ
πάντας ὑποδέχεται. Τί τοίνυν τῆς οἰκίας σου τὴν
εὐτέλειαν εἰς τὴν ἐκκλησίαν εἰσάγεις; Εἰ γὰρ κατα-
φρονεῖς τοῦ ἀδελφοῦ, αἰδέσθητι τὸν τόπον· καὶ γὰρ ἡ
ἐκκλησία ὑβρίζεται. Καὶ οὐκ εἶπεν, ἀποστερεῖτε τοὺς
C μὴ ἔχοντας, ἢ, οὐκ ἐλεεῖτε τοὺς μὴ ἔχοντας, ἀλλὰ τί;

Καταισχύνετε τοὺς μὴ ἔχοντας. Ἐντρεπτικώτατα τὴν ἀσωτίαν αὐτῶν ἐτραγῴδησεν. Οὐ γὰρ οὕτω μέλει τῷ πένητι, φησὶν, ὑπὲρ τῆς τροφῆς, ὡς ὑπὲρ τῆς ὕβρεως. Ὅρα πῶς καὶ ὑπὲρ τούτου σεμνῶς ἀπελογήσατο, κἀκείνων σφοδρότερον καθήψατο. Τί ὑμῖν εἴπω; ἐπαινέσω ὑμᾶς; Ἐν τούτῳ οὐκ ἐπαινῶ. Τί τοῦτο; Μετὰ τὴν ἀπόδειξιν τῆς ἀτοπίας ὑφειμένη ἡ κατηγορία, καὶ μάλα εἰκότως, ἵνα μὴ ἀναισχυντότεροι γένωνται. Πρὶν ἢ μὲν γὰρ ἀποδεῖξαι τὸ πρᾶγμα ἄτοπον, ἀπηρτισμένην ἐξήνεγκε τὴν ἀπόφασιν, εἰπών· Τοῦτο δὲ παραγγέλλων οὐκ ἐπαινῶ· ὅτε δὲ ἀπέδειξεν ἀκρι- D βῶς πολλῶν ὄντας ἐγκλημάτων ἀξίους, ὑφειμένῃ κέχρηται τῇ διαβολῇ, τῇ τῶν εἰρημένων κατασκευῇ καὶ ἀποδείξει τὸ σφοδρότερον τῆς κατηγορίας ἀφεὶς ἐναποκεῖσθαι. Εἶτα ἐπὶ τὴν μυστικὴν τράπεζαν ἐξάγει τὸν λόγον, μειζόνως αὐτοὺς φοβῆσαι βουλόμενος. Ἐγὼ γὰρ, φησὶ, παρέλαβον ἀπὸ τοῦ Κυρίου, ὃ καὶ παρέδωκα ὑμῖν. Ποία ἀκολουθία αὕτη; Περὶ ἀρίστου διαλέγῃ κοινοῦ, καὶ μυστηρίων φρικτῶν μέμνησαι; Ναὶ, φησίν. Εἰ γὰρ τὰ πνευματικὰ ἐκεῖνα, εἰ γὰρ ἡ τράπεζα ἡ φρικώδης κοινὴ πᾶσι πρόκειται, καὶ πλουσίῳ καὶ πένητι, καὶ οὐχὶ δαψιλέστερον ἀπολαύει ταύτης ὁ E πλούσιος, οὐδὲ ἔλαττον ὁ πένης, ἀλλὰ μία τιμὴ, καὶ πρόσοδος μία· καὶ ἕως ἂν πάντες μετασχῶσι καὶ κοινωνήσωσι τῆς πνευματικῆς καὶ ἱερᾶς ταύτης τραπέζης, οὐ συστέλλεται τὰ προκείμενα, ἀλλ' ἑστήκασιν οἱ ἱερεῖς ἅπαντες, καὶ τὸν πάντων πενέστερον καὶ εὐτελέστερον ἀναμένοντες· πολλῷ μᾶλλον ἐπὶ τῆς αἰσθητῆς τοῦτο χρὴ ποιεῖν. Διὰ τοῦτο ἐμνήσθην ἐκείνου τοῦ κυριακοῦ δείπνου. Ἐγὼ γὰρ παρέλαβον ἀπὸ τοῦ Κυρίου, ὃ καὶ παρέδωκα ὑμῖν, ὅτι ὁ Κύριος Ἰησοῦς ἐν τῇ νυκτὶ, ᾗ παρεδίδοτο, ἔλαβεν ἄρτον, καὶ 247 A εὐχαριστήσας ἔκλασε, καὶ εἶπε· τοῦτό μού ἐστι τὸ σῶμα τὸ ὑπὲρ πολλῶν κλώμενον εἰς ἄφεσιν ἁμαρτιῶν. Τοῦτο ποιεῖτε εἰς τὴν ἐμὴν ἀνάμνησιν. Ὡσαύτως καὶ τὸ ποτήριον μετὰ τὸ δειπνῆσαι, λέγων· τοῦτο τὸ ποτήριον ἡ καινὴ διαθήκη ἐστὶν ἐν τῷ ἐμῷ αἵματι.

tatem in ecclesiam inducis? Si enim contemnis
fratrem, reverere locum: etenim ecclesia contumelia afficitur. Neque dixit, Eos privatis, qui
non habent; aut, Non miseremini eorum, qui non
habent; sed quid? *Confunditis* eos *qui non*
habent. Vehementissimo tangendi modo eorum
luxum repræsentat. Non tam curat pauper, inquit, cibum, quam contumeliam. Vide quam
honeste hoc excuset, et quam vehementer illos
tangat. *Quid dicam vobis? laudo vos? In hoc* 1. Cor. 11. 22.
non laudo. Quid hoc est? Post demonstratam
absurditatem lenior sequitur increpatio, et jure
quidem merito, ne impudentiores evaderent.
Priusquam enim rem absurdam esse demonstra-
ret, perfectam sententiam extulit dicens, *Hoc* Ib. v. 17.
autem præcipiens non laudo? Postquam autem
accurate demonstravit illos esse complurium criminum reos, leniore utitur criminatione, in jam
dictorum apparatu et demonstratione accusationis
vehementiam positam relinquens. Deinde in
mysticam mensam sermonem transfert, ut eis
plus timoris incuteret. *Ego enim*, inquit, *accepi* Ib. v. 23.
a Domino, *quod* et *tradidi vobis*. Qualis hæc
consequentia? De communi prandio loqueris, et
horrenda mysteria commemoras? Etiam, inquit.
Si enim tremenda illa mensa omnibus communis
proponitur, et diviti et pauperi, neque illa fruitur uberius dives, et parcius pauper, sed unus
honor, et unus accessus; ac donec omnes com-
municaverint, et participes fuerint hujus spiritualis et sacræ mensæ, quæ proposita sunt non
retrahuntur, sed stant sacerdotes omnes, vel
omnium pauperrimum et vilissimum exspectantes: multo magis in hac sensili mensa id agendum. Ideo illam Dominicam cœnam memoravi.
Ego enim accepi a Domino, *quod* et *tradidi* Ib. v. 23.—25.
vobis, *quoniam Dominus Jesus*, *in qua* nocte
tradebatur, *accepit panem*, et *gratias agens*
fregit, et *dixit*: *Hoc* est *corpus meum*, *quod*
pro multis frangitur, *in remissionem pecca-*
torum. *Hoc facite in meam commemoratio-*
nem. *Similiter* et *calicem postquam cœnavit*,
dicens: *Hic calix novum testamentum* est *in*
meo sanguine.

Εἶτα πολλὰ διαλεχθεὶς περὶ τῶν ἀναξίως κοινωνούντων τοῖς μυστηρίοις, καὶ σφόδρα αὐτῶν καθαψάμενος καὶ διελέγξας, διδάξας τε ὅτι τοῖς τὸν Χριστὸν ἀποκτείνασι τὴν αὐτὴν ὑποστήσονται τιμωρίαν οἱ τὸ αἷμα αὐτοῦ καὶ τὸ σῶμα ἁπλῶς καὶ ὡς ἔτυχε λαμβάνοντες, πάλιν εἰς τὴν προκειμένην ὑπόθεσιν τὸν λόγον B ἐξήγαγεν, εἰπών· Ὥστε, ἀδελφοὶ, συνερχόμενοι εἰς τὸ φαγεῖν, ἀλλήλους ἐκδέχεσθε. Εἰ δέ τις πεινᾷ, ἐν

5. Deinde multa loquutus circa eos, qui indigne mysteria participant, ubi illos vehementer
tetigit et coarguit, docuitque eos, qui sanguinem
et corpus Christi temere ac perfunctorie accipiunt, eamdem subituros esse pœnam, quam ii
qui Christum occiderunt; rursus ad propositum
argumentum sermonem refert, dicens: *Itaque*, 1. Cor. 11. 33.
fratres, *cum convenitis ad manducandum*, *in-*

vicem exspectate. Si quis autem esurit, domi manducet, ut non in judicium conveniatis. Vide quomodo latenter etiam voracitatem eorum damnet. Non dixit, Si esuritis, sed, *Si quis esurit*, ut quisque metu et pudore ductus, ne reus hoc in negotio videatur, sese emendare præeccupet. Atque a metu supplicii sermonem concludit dicens : *Ut non in judicium conveniatis*, id est, in condemnationem et in opprobrium. Non est enim cibus, inquit, neque mensa, quæ cum pudore fratris, cum despectu ecclesiæ, et cum tanta voracitate vel intemperantia conjuncta est. Hæc non sunt lætitia, sed supplicium et pœna. Magnam enim vobis attrahitis ultionem dum fratres contumelia afficitis, ecclesiam contemnitis, sanctumque illum locum propriam domum facitis, quando cibum seorsum sumitis. His et vos auditis, fratres, obturate ora eorum, qui apostolico dicto doctrinaque temere utuntur; corripite eos, qui in suum aliorumque damnum Scripturis utuntur. Nostis enim de quanam re hoc dicat : *Oportet autem et hæreses esse in vobis*, nempe de dissidio circa mensam oboriri solito, quandoquidem *Alius quidem esurit, alius vero ebrius* est. Ac cum recta fide vitæ rationem cum dogmatibus congruentem exhibeamus, multam erga pauperes benevolentiam, multam egenorum curam suscipiamus; negotiationem spiritualem exerceamus, nihil plus inquiramus, quam necessitas postolet. Hæ sunt divitiæ, hæc negotiatio, hic thesaurus indeficiens, si omnia nostra in cælum transferamus, et circa depositi custodiam metu soluti fidamus. Duplex namque ex eleemosyna nobis lucrum accedet : quod scilicet non ultra timeamus circa depositas pecunias, ne fures aut murorum effossores, aut nequissimi servi ipsas pessumdent : et quod sic depositæ non temere defossæ sine fructu jaceant; sed quemadmodum radix in pingui solo plantata annuos tempestivosque fructus profert, sic et argentum in pauperum manibus insitum, non annuos solum, sed etiam quotidianos spirituales nobis referat fructus, fiduciam erga Deum, peccatorum veniam, cum angelis propinquitatem, conscientiam bonam, lætitiam spiritualis exsultationis, spem pudore vacuam, mirabilia bona, quæ præparavit Deus timentibus se, iisque qui ferventi ardentique animo requirunt misericordiam adventus ejus. Quam nos omnes, hac vita secundum placitum ejus transacta, assequi contingat, nec non æternum eorum qui salutem consequuntur, gaudium, gratia et miserationibus veri Dei

1. Cor. 11. 21.

Adhortatio ad pauperum curam.

οἴκῳ ἐσθιέτω, ἵνα μὴ εἰς κρίμα συνέρχησθε. Ὅρα πῶς λανθανόντως καὶ λαιμαργίαν αὐτῶν κατέγνω, καὶ οὐκ εἶπεν, εἰ δὲ πεινᾶτε, ἀλλ', Εἰ δέ τις πεινᾷ, ἵνα ἕκαστος αἰσχυνόμενος αὐτὸς ὑπεύθυνος φανῆναι τοῖς ἐγκλήμασι, προλαβὼν διορθώσηται. Καὶ εἰς κολάσεως δὲ φόβον τὸν λόγον κατέκλεισεν, εἰπών· Ἵνα μὴ εἰς κρίμα συνέρχησθε, τουτέστιν, εἰς κατάκριμα καὶ εἰς ὀνειδισμόν. Οὐ γάρ ἐστι τροφὴ, φησὶν, οὐδὲ τράπεζα ἡ μετὰ αἰσχύνης τοῦ ἀδελφοῦ, ἡ μετὰ κατα- C φρονήσεως τῆς ἐκκλησίας, ἡ μετὰ λαιμαργίας ἢ ἀσωτίας γινομένη. Οὐκ ἔστιν εὐφροσύνη ταῦτα, ἀλλὰ κόλασις καὶ τιμωρία. Μεγάλην γὰρ ἐπισπᾶσθε καθ' ἑαυτῶν δίκην τοὺς ἀδελφοὺς ὑβρίζοντες, τῆς ἐκκλησίας καταφρονοῦντες, οἰκίαν ἰδιωτικὴν τὸν ἅγιον τόπον ποιοῦντες διὰ τὸ καθ' ἑαυτοὺς ἐσθίειν. Ταῦτα καὶ ὑμεῖς ἀκούσαντες, ἀγαπητοὶ, ἐπιστομίζετε τοὺς ἁπλῶς τῇ ἀποστολικῇ κεχρημένους ῥήσει καὶ διδασκαλίᾳ· διορθοῦτε τοὺς ἐπὶ βλάβῃ τῇ ἑαυτῶν καὶ τῇ ἑτέρων ταῖς Γραφαῖς κεχρημένους. Ἔγνωτε γὰρ περὶ τίνος φησὶ τὸ, Δεῖ δὲ καὶ αἱρέσεις εἶναι ἐν ὑμῖν, περὶ τῆς διχοστασίας τῆς ἐν ταῖς τραπέζαις γινομένης, D ἐπειδὴ Ὁ μὲν πεινᾷ, ὁ δὲ μεθύει. Καὶ μετὰ τῆς ὀρθῆς πίστεως καὶ πολιτείαν συμβαίνουσαν τοῖς δόγμασιν ἐπιδειξώμεθα, πολλὴν περὶ τοὺς πένητας φιλοφροσύνην, πολλὴν ὑπὲρ τῶν δεομένων ποιούμενοι πρόνοιαν· ἐμπορίαν πνευματικὴν ἐμπορευσώμεθα, μηδὲν πλέον τῆς χρείας ἐπιζητῶμεν. Τοῦτο πλοῦτος, τοῦτο ἐμπορία, τοῦτο θησαυρὸς ἀνελλιπὴς, τὸ πάντα τὰ ὄντα εἰς τὸν οὐρανὸν μετατιθέναι, καὶ θαῤῥεῖν λοιπὸν ὑπὲρ τῆς φυλακῆς τῶν ἀποκειμένων. Διπλοῦν γὰρ ἡμῖν ἀπὸ τῆς ἐλεημοσύνης ἔσται τὸ κέρδος, ὅτι τε οὐκέτι δεδοίκαμεν ὑπὲρ τῶν καταβληθέντων χρημάτων, μήποτε λῃσταὶ καὶ τοιχωρύχοι καὶ οἰκετῶν κακουργία αὐτὰ λυμήνηται, καὶ ὅτι κείμενα οὐχ ἁπλῶς κατορώρυκται ἄκαρπα· ἀλλ' ὥσπερ ῥίζα ἐν λιπαρῷ φυ- E τευθεῖσα χωρίῳ, καθ' ἕκαστον ἐνιαυτὸν ὡρίμους φέρει τοὺς καρποὺς, οὕτω καὶ ἀργύριον ἐν ταῖς τῶν πενήτων χερσὶ φυτευθὲν, οὐ καθ' ἕκαστον ἐνιαυτὸν μόνον, ἀλλὰ καὶ καθ' ἑκάστην ἡμέραν πνευματικοὺς ἡμῖν φέρει τοὺς καρποὺς, παῤῥησίαν πρὸς τὸν Θεὸν, ἁμαρτημάτων συγχώρησιν, ἀγγέλων ἐγγύτητα, συνειδὸς ἀγαθὸν, εὐφροσύνην πνευματικῆς ἀγαλλιάσεως, ἐλπίδα ἀκαταίσχυντον, τὰ θαυμαζόμενα ἀγαθὰ, ἅπερ 248 A ἡτοίμασεν ὁ Θεὸς τοῖς ἀγαπῶσιν αὐτὸν, καὶ τοῖς ἐν θερμῇ καὶ ζεούσῃ ψυχῇ ἐκζητοῦσι τὸ ἔλεος τῆς ἐπιφανείας αὐτοῦ· ἧς γένοιτο πάντας ἡμᾶς τὸν παρόντα βίον εὐαρέστως διανύσαντας ἐπιτυχεῖν, τῆς αἰωνίου τῶν σωζομένων χαρᾶς, χάριτι καὶ οἰκτιρμοῖς τοῦ ἀληθινοῦ Θεοῦ καὶ Σωτῆρος ἡμῶν Ἰησοῦ Χριστοῦ, ᾧ ἡ δόξα καὶ τὸ κράτος σὺν τῷ Πατρὶ καὶ τῷ παναγίῳ αὐτοῦ Πνεύματι, εἰς τοὺς αἰῶνας τῶν αἰώνων. Ἀμήν.

et Salvatoris nostri Jesu Christi, cui gloria et imperium cum Patre ejusque sanctissimo Spiritu in sæcula sæculorum. Amen.

MONITUM

IN HOMILIAM DE ELEEMOSYNA.

Joannes Chrysostomus, qui non semel ex tempore concionatus est, hanc habuit homiliam occasione mendicorum et egenorum, quos hyemis tempore jacentes, cum per forum et angiportus ad ecclesiam pergeret, repererat. Hunc ad concionandum apparatum, dum iter faceret, adornavit : et hanc elegantem concionem de eleemosyna αὐτοσχεδιαστὴς orator pronuntiavit. Eam porro Antiochiæ habitam fuisse indicat, non modo cum ait, se per forum et angiportus, διὰ τῆς ἀγορᾶς καὶ τῶν στενωπῶν, ecclesiam petiisse : neque enim cum episcopus Constantinopolitanus erat, tam procul ecclesia degebat; sed etiam et longe clarius, num. 6, ubi dicit : *Olim namque cum fames* totum *orbem invasura* esset, *hujus civitatis* (id est Antiochiæ, ut videas Act. 11, 30) *incolæ Jerosolymitanis, iisdem ipsis de quibus jam* sermo *habetur, per Barnabam* et *Saulum pecunias miserunt*. De anno autem habitæ concionis nihil dicendum suppetit.

Interpretationem Latinam incerti cujusdam utpote non accuratam rejecimus, novamque paravimus.

ΠΕΡΙ ΕΛΕΗΜΟΣΥΝΗΣ

Ἐκφωνηθεὶς ἐν τῷ παριέναι αὐτὸν χειμῶνος ὥρᾳ, καὶ ἰδεῖν τοὺς πένητας καὶ πτωχοὺς ἀνεπιμελήτους ἐῤῥιμμένους κατὰ τὴν ἀγοράν.

A Πρεσβείαν τινὰ δικαίαν καὶ λυσιτελῆ καὶ πρέπουσαν ὑμῖν ἀνέστην ποιησόμενος τήμερον πρὸς ὑμᾶς· ἑτέρου μὲν οὐδενὸς, τῶν δὲ τὴν πόλιν οἰκούντων ἡμῖν πτωχῶν ἐπὶ ταύτην με χειροτονησάντων, οὐ ῥήμασι καὶ ψηφίσμασι καὶ κοινῆς γνώμῃ βουλῆς, ἀλλὰ διὰ B τῶν θεαμάτων τῶν ἐλεεινῶν καὶ πικροτάτων. Παριὼν γὰρ διὰ τῆς ἀγορᾶς καὶ τῶν στενωπῶν, καὶ πρὸς τὴν ὑμετέραν σύνοδον σπεύδων, εἶτα ὁρῶν ἐν μέσοις ἀμφόδοις ἐῤῥιμμένους πολλοὺς, καὶ τοὺς μὲν τὰς χεῖρας ἐκκεκομμένους, τοὺς δὲ τοὺς ὀφθαλμοὺς, τοὺς δὲ ἑλκῶν καὶ τραυμάτων ἀνιάτων γέμοντας, καὶ ταῦτα μάλιστα προβάλλοντας τῶν μερῶν, ἃ συγκαλύπτειν ἀναγκαῖον ἦν διὰ τὴν ἐναποκειμένην αὐτοῖς σηπεδόνα, ἐσχάτης ἐνόμισα ἀπανθρωπίας εἶναι, τὸ μὴ περὶ τούτων διαλεχθῆναι πρὸς τὴν ὑμετέραν ἀγάπην, καὶ C

DE ELEEMOSYNA SERMO

Habitus cum hyemis tempore *pertransiisset*, et *pauperes mendicosque neglectos vidisset in foro jacentes*.

1. Legationem quamdam justam, utilem vobisque congruentem apud vos obiturus accessi hodie; non ab alio quopiam orator constitutus, quam a pauperibus, qui vestram hanc civitatem incolunt; non verbis, non calculis, non senatusconsultomissis, sed miserabilibus acerbissimisque spectaculis. Nam cum ad cœtum vestrum properans per forum et angiportus transirem, videremque multos mediis in biviis jacentes, alios exsectis manibus, alios effossis oculis, alios ulceribus vulneribusque insanabilibus plenos, illasque potissimum partes exhibentes, quas propter saniem contegere opus erat : extremæ inhumanitatis esse duxi, si apud caritatem vestram de his non verba facerem, cum maxime præter

Homiliæ hujus habendæ occasio.

ea, quæ dicta sunt, me tempus etiam ad eam rem compelleret. Nam semper quidem convenit de eleemosyna sermonem habere, quandoquidem et nos multa Domini qui nos condidit misericordia egemus; sed hac tempestate maxime, tanto urgente frigore. Æstate namque temporis commoditas magnum affert pauperibus solatium : nam vel nudi sine periculo ambulare possunt, cum solares radii vestimenti loco sint, cum tuto possint in nudo pavimento cubare, et sub dio noctes transigere; neque adeo calceamentis indigent, non vini potu, non lautiore cibo : nam satis sunt ipsis fontes aquarum; his viliora olera, illis pauca aridaque legumina sufficiunt, anni tempestate apparatu facilem ipsis instruente mensam. Aliudque nec minus commodum tunc ipsis adest, operandi nempe facultas : nam qui domos exstruunt, qui terram fodiunt, qui in mari navigant, horum maxime ministerio opus habent. Quod enim divitibus sunt agri, domus cæterique proventus, idipsum est illis corpus, et qui manibus parari potest reditus : aliunde nihil adest. Quapropter æstate quidem quidpiam offertur solatii, hiberno autem tempore magnum illis undique bellum, duplex obsidio, fame intus viscera rodente, frigoreque exstrinsecus carnem congelante, et quasi mortuam reddente. Idcirco largiore cibo, densiore vestitu opus habent, insuperque tecto, strato, calceamentis multisque aliis. Quodque illis acerbius est, ne operandi quidem facultatem habent : neque enim id anni tempestas patitur. Quandoquidem igitur pluribus indigent iisque necessariis rebus, neque operandi facultas adest, nemine miseros conducente, nemine ad opus vocante, age, conducentium vice, misericordium hominum manus porrigamus : atque ad hanc legationem Paulum egenorum vere patronum et curatorem in collegam assumamus. Etenim magnam ille hujusce rei, et quantam nemo alius, sollicitudinem habet. Unde divisis cum Petro discipulis, pauperum curam non divisit :
Gal. 2. 9. sed cum dixisset, *Dextras dederunt mihi et Barnabæ societatis, ut nos in Gentes, ipsi in*
Ibid. v. 10. *circumcisionem*, adjecit, *Tantum ut pauperum memores essemus : quod etiam sollicitus fui hoc ipsum facere*. Etenim ubique per epistolas suas his de rebus sermonem inducit, neque ullam ejus reperias epistolam hujusmodi admonitione vacuam. Sciebat enim, sciebat utique quanti momenti res sit : quamobrem ac si ædificio mirabile fastigium imponat, reliquis monitis et consiliis doctrinam hac de re adjicit. Quod

μάλιστα μετὰ τῶν εἰρημένων καὶ τοῦ καιροῦ πρὸς τοῦτο συνωθοῦντος ἡμᾶς. Ἀεὶ μὲν γὰρ ἀναγκαῖον τοὺς περὶ τῆς ἐλεημοσύνης ποιεῖσθαι λόγους, ἐπειδὴ καὶ ἡμεῖς πολλῆς ταύτης παρὰ τοῦ ποιήσαντος ἡμᾶς δεόμεθα Δεσπότου· μάλιστα δὲ ἐν τῷ παρόντι καιρῷ, ὅτε πολὺς ὁ κρυμός. Ἐν μὲν γὰρ τῷ θέρει πολλὴν
249 παρὰ τῆς ὥρας ἔχουσι παραμυθίαν οἱ πένητες· καὶ
A γὰρ καὶ γυμνοὺς βαδίζειν ἀκίνδυνον, ἀντὶ περιβολῆς τῆς ἀκτῖνος ἀρκούσης αὐτοῖς, καὶ ἐπ' ἐδάφους ἁπλῶς καθεύδειν καὶ αἰθρίους διανυκτερεύειν ἀσφαλές· καὶ οὔτε ὑποδημάτων αὐτοῖς χρεία τοσαύτη, οὔτε οἰνοποσίας, οὔτε δαψιλεστέρας τροφῆς, ἀλλ' ἀρκοῦνται μὲν ταῖς τῶν ὑδάτων πηγαῖς, ἀρκοῦνται δὲ οἱ μὲν τῶν λαχάνων τοῖς φαυλοτέροις, οἱ δὲ σπερμάτων ξηρῶν ὀλιγότητι, τῆς ὥρας τοῦ ἔτους ἐσχεδιασμένην αὐτοῖς παρεχούσης τὴν τράπεζαν. Καὶ ταύτης δὲ οὐκ ἐλάττονα ἔχουσιν ἑτέραν παραμυθίαν, τὴν τῆς ἐργασίας εὐκολίαν· οἱ γὰρ τὰς οἰκίας οἰκοδομούμενοι, καὶ οἱ τὴν γῆν σκάπτοντες, καὶ οἱ τὴν θάλασσαν πλέοντες,
B τῆς τούτων μάλιστα δέονται συνεργίας. Καὶ ὅπερ τοῖς πλουτοῦσιν ἀγροὶ καὶ οἰκίαι καὶ λοιπαὶ πρόσοδοι, τοῦτο τούτοις τὸ σῶμά ἐστι καὶ πᾶσα ἀπὸ τῶν χειρῶν ἡ πρόσοδος, ἑτέρωθεν δὲ οὐδαμόθεν. Διὰ τοῦτο θέρους μὲν ἀπολαύουσί τινος παραμυθίας· ἐν δὲ τῇ τοῦ χειμῶνος ὥρᾳ πολὺς αὐτοῖς πάντοθεν ὁ πόλεμος, καὶ διπλῆ ἡ πολιορκία, τοῦ λιμοῦ κατεσθίοντος ἔνδον τὰ σπλάγχνα, τοῦ κρυμοῦ πηγνύντος τὴν σάρκα ἔξωθεν, καὶ νεκρὰν ἐργαζομένου. Διὸ καὶ πλείονος μὲν αὐτοῖς τροφῆς δεῖ, ἰσχυροτέρας δὲ τῆς περιβολῆς, καὶ στέ-
C γης, καὶ στιβάδος, καὶ ὑποδημάτων, καὶ πολλῶν ἑτέρων. Καὶ τὸ δὴ πάντων χαλεπώτερον, οὐδὲ ἐργασίας τίς ἐστιν αὐτοῖς εὐπορία· οὐ γὰρ ἐπιτρέπει τοῦ ἔτους ἡ ὥρα. Ἐπεὶ οὖν καὶ πλείων αὐτοῖς ἡ τῶν ἀναγκαίων χρεία, καὶ τὸ ἐργάζεσθαι μετὰ τούτου παρῄρηνται, οὐδενὸς τοὺς ἀθλίους μισθουμένου, οὐδὲ καλοῦντος εἰς διακονίαν, φέρε, τὰς τῶν ἐλεημόνων ἀντεισάγωμεν χεῖρας ἀντὶ τῶν μισθουμένων, τὸν ἀληθῶς προστάτην καὶ κηδεμόνα τῶν ἐν πενίᾳ ζώντων Παῦλον συνεργὸν πρὸς τὴν πρεσβείαν ταύτην λαβόντες. Καὶ γὰρ πολλὴν τοῦ πράγματος ποιεῖται τὴν πρόνοιαν οὗτος, καὶ ὅσην
D οὐδεὶς ἕτερος. Διά τοι τοῦτο τοὺς μαθητὰς πρὸς τὸν Πέτρον διελόμενος, τὴν τῶν πενήτων οὐ διείλετο προστασίαν· ἀλλ' εἰπὼν, ὅτι Δεξιὰς ἔδωκαν ἐμοὶ καὶ Βαρνάβᾳ κοινωνίας, ἵνα ἡμεῖς εἰς τὰ ἔθνη, αὐτοὶ δὲ εἰς τὴν περιτομὴν, ἐπήγαγε, Μόνον τῶν πτωχῶν ἵνα μνημονεύωμεν, ὃ καὶ ἐσπούδασα αὐτὸ τοῦτο ποιῆσαι. Καὶ γὰρ πανταχοῦ τῶν ἐπιστολῶν τὸν περὶ τούτων εἰσφέρει λόγον, καὶ οὐκ ἔστιν εὑρεῖν οὐδεμίαν ἐπιστολὴν ταύτης ἐκτὸς οὖσαν τῆς παραινέσεως. Οἶδε γὰρ, οἶδεν ὅση τοῦ πράγματος ἡ ἰσχύς· διὰ τοῦτο καθάπερ οἰκοδομῇ θαυμαστὴν ὀροφὴν ἐπιτιθεὶς ταῖς λοιπαῖς παραινέσεσι καὶ συμβουλαῖς, τὴν περὶ τούτων εἰσ-

ἄγει διδασκαλίαν. Ὅπερ οὖν καὶ ἐνταῦθα πεποίηκε E διαλεχθεὶς περὶ ἀναστάσεως, καὶ τὰ ἄλλα διορθώσας ἅπαντα, εἰς τὸν περὶ τῆς ἐλεημοσύνης κατέλυσε λόγον, οὕτως εἰπών· Περὶ δὲ τῆς λογίας τῆς εἰς τοὺς ἁγίους, καθὼς διέταξα ταῖς Ἐκκλησίαις τῆς Γαλατίας, οὕτω καὶ ὑμεῖς ποιήσατε· κατὰ μίαν σαββάτων ἕκαστος ὑμῶν. Σκόπει σύνεσιν ἀποστολικὴν, πῶς εὐκαίρως ταύτης ἥψατο τῆς παραινέσεως. Ἐπειδὴ γὰρ ἀνέμνησε τοῦ μέλλοντος δικαστηρίου, καὶ τοῦ βήματος ἐκείνου τοῦ φοβεροῦ, καὶ τῆς δόξης, ἧς ἀμφιέννυσθαι ἔμελλον οἱ κατωρθωκότες, καὶ τῆς ἀθανάτου διατριβῆς· τότε λοιπὸν εἰς τὸν περὶ τούτων ἐμβάλλει λόγον, ἵνα ταῖς χρησταῖς ἐλπίσιν ἀναπνεύσας καὶ ῥᾴων γενόμενος ὁ ἀκροατὴς, μετὰ πλείονος αὐτὸν 250 καταδέξηται τῆς προθυμίας, ἐνακμάζοντα τὸν φόβον A ἔχων τῆς κρίσεως, καὶ γαυριωμένην τὴν ψυχὴν ταῖς τῶν ἀποκειμένων ἀγαθῶν προσδοκίαις. Ὁ γὰρ περὶ ἀναστάσεως δυνάμενος φιλοσοφεῖν, καὶ μεταστήσας ἑαυτὸν ὅλον πρὸς τὴν ἐκεῖ ζωὴν, οὐδὲν ἡγήσεται τὰ παρόντα εἶναι, οὐ πλοῦτον, οὐκ εὐπορίαν, οὐ χρυσίον, οὐκ ἄργυρον, οὐχ ἱματίων περιβολὴν, οὐ τρυφὴν, οὐ τραπέζας πολυτελεῖς, οὐκ ἄλλο τῶν τοιούτων οὐδέν· ὁ δὲ ταῦτα μηδὲν εἶναι νομίζων, εὐκολώτερον τῆς τῶν πενήτων ἀνθέξεται προστασίας. Διὰ δὲ τοῦτο καὶ Παῦλος καλῶς προπαρασκευάσας αὐτῶν τὴν διάνοιαν τῇ περὶ τῆς ἀναστάσεως φιλοσοφίᾳ, τότε εἰσ- B ήγαγε τὴν παραίνεσιν. Καὶ οὐκ εἶπε, περὶ δὲ τῆς λογίας τῆς εἰς τοὺς πτωχοὺς, οὐδὲ, τῆς εἰς τοὺς πένητας, ἀλλὰ, Τῆς εἰς τοὺς ἁγίους· παιδεύων τοὺς ἀκούοντας καὶ τοὺς ἐν πενίᾳ θαυμάζειν, ὅταν εὐσεβεῖς ὦσι, καὶ τοὺς ἐν πλούτῳ διαπτύειν, ὅταν ἀρετῆς καταφρονῶσιν. Οἶδε γοῦν καὶ βασιλέα βέβηλον καλεῖν καὶ παράνομον, ὅταν ἐχθρὸς ᾖ τῷ Θεῷ, καὶ πτωχοὺς ἁγίους, ὅταν ἐπιεικεῖς ὦσι καὶ μέτριοι. Τὸν γοῦν Νέρωνα μυστήριον τῆς ἀνομίας καλεῖ, λέγων· Τὸ γὰρ μυστήριον ἤδη ἐνεργεῖται τῆς ἀνομίας· τούτους δὲ καὶ οὐδὲ τῆς ἀναγκαίας εὐποροῦντας τροφῆς, ἀλλ' ἐκ τοῦ ἐπαιτεῖν τρεφομένους, ἁγίους ὠνόμασεν. Ἅμα C δὲ κἀκείνους λανθανόντως ἐδίδασκε μὴ μέγα φρονεῖν, μηδὲ ἐπαίρεσθαι τῇ τῆς ἐντολῆς δόσει, ὡς εὐτελέσι τισὶ καὶ εὐκαταφρονήτοις παρέχοντας, ἀλλ' εἰδέναι σαφῶς καὶ πείθειν ἑαυτοὺς, ὅτι τιμῆς ἀπολαύουσι μεγίστης, καταξιούμενοι κοινωνεῖν ταῖς ἐκείνων θλίψεσιν.

Ἄξιον δὲ κἀκεῖνο ἐξετάζειν, τίνες εἰσὶν οὗτοι οἱ ἅγιοι· οὐδὲ γὰρ ἐνταῦθα αὐτῶν μέμνηται μόνον, ἀλλὰ καὶ ἑτέρωθι πάλιν οὕτω λέγων· Νυνὶ δὲ πορεύομαι εἰς Ἱερουσαλὴμ διακονήσων τοῖς ἁγίοις. Καὶ Λουκᾶς δὲ ἐν ταῖς Πράξεσι, λιμοῦ προσδοκωμένου μεγάλου, τούτων αὐτῶν μεμνημένος τῶν ἁγίων φησί· Τῶν δὲ μαθητῶν, καθὼς εὐπορεῖτό τις, ὥρισεν ἕκαστος πέμψαι πρὸς τοὺς πτωχοὺς τῶν ἁγίων τῶν ἐν Ἱερου- D

etiam hoc loco fecit, cum de resurrectione loquutus, postquam cætera omnia disposuerat, in hunc de eleemosyna sermonem desinit his verbis: *De collectis autem, quæ fiunt in sanctos, sicut ordinavi Ecclesiis Galatiæ, sic et vos facite: in una sabbatorum unusquisque vestrum.* (1. Cor. 16. 1. 2.) Animadverte prudentiam apostolicam, quam opportune hanc tractet admonitionem. Postquam enim futurum judicium et tribunal illud tremendum commemoraverat, nec non gloriam illam, qua amiciendi sunt ii, qui probe vixerint, atque vitam immortalem: tunc demum his de rebus sermonem infert, ut bona spe fultus atque expeditior factus auditor, majore ipsum alacritate susciperet, tum instante judicii timore motus, tum repositorum exspectatione bonorum gestiens. Etenim qui de resurrectione philosophari potest, et ad futuram illam vitam se totum transfert, præsentia nihili faciet, divitias, facoltates, aurum, argentum, sumtuosas vestes, delicias, lautam mensam, aut quidvis aliud simile: qui autem hæc nihil esse reputat, pauperum patrocinium facilius suscipiet. Ideoque Paulus, postquam eorum mentem per philosophiam illam de resurrectione pulchre præparaverat, tunc adhortionem illam intulit. Non dixit, de collecta vero in mendicos, vel, in pauperes; sed, *In sanctos*: auditores instituens ut egenos admirationi haberent, si quidem illi pii essent; divitesque respuerent, si virtutem illi despicerent. (Pauper pius divite improbo præstantior.) Solet enim etiam Imperatorem profanum et iniquum vocare, quando inimicus est Dei; et pauperes sanctos, cum probi modestique sint. Neronem quippe mysterium iniquitatis vocat, dicens: *Mysterium enim nunc operatur iniquitatis;* (2. Thess. 2. 7.) hos autem qui alimentis egebant, et emendicato pane alebantur, sanctos appellat. Interim vero subobscure docet illos, ne efferantur animo, neve de hujusmodi mandato extollantur, ac si vilioribus et despectioribus largiantur, sed certe sciant sibique persuadeant, id sibi maximo esse honori, quod eorum ærumnas participent.

2. Jam vero operæ pretium erit disquirere, quinam sint illi sancti: non enim hic tantum illorum meminit, sed etiam alibi cum dicit: *Nunc autem proficiscor in Jerusalem ministrare sanctis.* (Rom. 15. 25.) Et Lucas in Actis, cum magna fames immineret, hos ipsos sanctus ita commemorat: *Disciputi autem, prout quis habebat, proposuerunt singuli mittere ad pauperes san-* (Act. 11. 29.)

ctorum, qui sunt in Jerusalem. Et iterum,
Gal. 2 10. quod ante dicebam, ait, *Tantum ut pauperum
memores essemus, quod etiam sollicitus fui
hoc ipsum facere.* Postquam vero sic inter nos
divisimus, ut mihi Gentes, Petro Judæi contingerent, communi sententia constituimus, inquit,
Paulus pauperes summopere curat. ut divisio hæc ad pauperes non pertingeret. Nam
cum prædicabant, ille Judæis, hic Gentibus præ-
dicabat : cum vero pauperibus patrocinabantur,
non ita res constituta erat, ut ille pauperibus
Judæorum, hic vero pauperibus Gentium tantum curam impenderet : sed uterque erga pauperes Judæorum magnam gerebat curam. Quamobrem dicebat : *Tantum ut pauperum memores essemus, quod etiam sollicitus fui hoc
ipsum facere.* Quinam ergo sunt illi, de quibus
hic loquitur, necnon in epistola ad Romanos,
et in epistola ad Galatas, pro quibus etiam Macedonas hortatur ? Judæorum pauperes, qui
Jerosolymis degebant. Et cur tantam eorum
curam habet? annon in singulis civitatibus
pauperes et mendici erant? cur ad illos mittit,
et pro eis omnes rogat? Non sine causa sane, nec
temere, neque ex personarum acceptione; sed
utiliter et commode. Rem autem paulo altius
repetere necesse est. Quoniam Judæorum res
conciderant, et cum Jesum crucifigerent, vocem
Joan. 19. 15. illam, *Non habemus regem nisi Cæsarem,*
contra se ratam fecerant, ac demum Romanorum imperio subditi erant, neque sui juris, ut
antea, erant; neque prorsus servi, ut jam sunt,
sed in commilitonum ordine constituti, tributa
Imperatoribus pendebant, et prætores ab eis accipiebant : plerumque etiam suis utebantur legibus, et eos qui apud se delinquerent, secundum
patria placita plectebant. Quod autem tributa
Romanis penderent palam hinc est, quod Jesum
Matth. 22. 17. tentantes interrogarent, *Magister, licetne dare
censum Cæsari, annon?* quando ipse jussis
Ibid. v. 21. ostendere numisma dixit : *Reddite quæ sunt
Luc. 20. 25. Cæsaris Cæsari,* et *quæ sunt Dei Deo;* Lucas
vero dicit, et milites et tribunos habuisse templum. Quæ argumenta non levia sunt fuisse
Judæos Romanis subditos : quod autem propriis
uterentur legibus hinc palam est, quod Stephanum lapidarint nec ad tribunal ductum, Jacobum
fratrem Domini interfecerint, Christum ipsum
crucifixerint, etiamsi judex concederet, ut omni
crimine liber abiret. Quapropter manus lavit
Matth. 27. 24. dicens : *Innocens sum a sanguine hoc.* Et
quia admodum instantes videbat, ipse quidem
calculum non tulit, sed abscessit : illi vero pro-

σαλήμ. Καὶ πάλιν, ὃ καὶ ἔμπροσθεν ἔφθην εἰπών,
Μόνον τῶν πτωχῶν ἵνα μνημονεύωμεν, ὃ καὶ ἐσπούδασα αὐτὸ τοῦτο ποιῆσαι. Ἐπειδὴ δὲ διειλόμεθα, ἐγὼ
μὲν τοὺς Ἕλληνας, ὁ δὲ Πέτρος τοὺς Ἰουδαίους,
κοινῇ γνώμῃ συνεθέμεθα, φησὶν, ὥστε ἐν τοῖς πτωχοῖς μὴ εἶναι τὴν διαίρεσιν ταύτην. Ὅτε μὲν γὰρ
ἐκήρυττον, ὁ μὲν τοῖς Ἰουδαίοις, ὁ δὲ τοῖς Ἕλλησιν
ἐκήρυττον· ὅτε δὲ πενήτων προΐσταντο, οὐκέτι οὕτως,
ὁ μὲν τῶν πενήτων τῶν Ἰουδαίων, ὁ δὲ τῶν πενήτων
τῶν Ἑλλήνων μόνον· ἀλλὰ καὶ τῶν παρὰ Ἰουδαίοις
πτωχευόντων ἕκαστος πολλὴν ἐποιεῖτο πρόνοιαν. Διὸ
καὶ ἔλεγε, Μόνον τῶν πτωχῶν ἵνα μνημονεύωμεν, ὃ
E καὶ ἐσπούδασα αὐτὸ τοῦτο ποιῆσαι. Τίνες οὖν εἰσιν
οὗτοι, περὶ ὧν ἐνταῦθα διαλέγεται, καὶ ἐν τῇ πρὸς
Ῥωμαίους ἐπιστολῇ, καὶ ἐν τῇ πρὸς Γαλάτας, ὑπὲρ
ὧν καὶ Μακεδόνας παρεκάλεσεν; Οἱ τῶν Ἰουδαίων
πένητες, οἱ ἐν Ἱεροσολύμοις καθήμενοι. Καὶ τίνος οὖν
ἕνεκεν τοσαύτην αὐτῶν ποιεῖται πρόνοιαν; μὴ γὰρ
οὐχὶ καὶ καθ' ἑκάστην πόλιν ἦσαν πτωχοὶ καὶ πένητες; τί δήποτε οὖν πρὸς ἐκείνους πέμπει, καὶ
πάντας ὑπὲρ αὐτῶν παρακαλεῖ; Οὐχ ἁπλῶς, οὐδὲ ὡς
251 ἔτυχεν, οὐδὲ προσωποληψίᾳ χρώμενός τινι, ἀλλὰ
A χρησίμως καὶ συμφερόντως. Μικρὸν δὲ ἀνωτέρω τὸν
λόγον ἀγαγεῖν ἀναγκαῖον. Ἐπειδὴ τὰ τῶν Ἰουδαίων
μετέπεσε πράγματα, καὶ τὸν Ἰησοῦν σταυρώσαντες,
τὴν φωνὴν ἐκείνην καθ' ἑαυτῶν ἐκύρωσαν, λέγοντες·
Οὐκ ἔχομεν βασιλέα, εἰ μὴ Καίσαρα, καὶ λοιπὸν ὑπὸ
τὴν Ῥωμαίων ἐτέθησαν ἀρχὴν, οὔτε αὐτόνομοι ἦσαν,
καθάπερ καὶ πρότερον, οὔτε καθόλου δοῦλοι, καθάπερ
καὶ νῦν· ἀλλ' ἐν τάξει συμμάχων ὄντες διετέλουν,
φόρους μὲν τελοῦντες τοῖς βασιλεῦσιν ἑαυτῶν, καὶ
τοὺς παρ' ἐκείνων ἄρχοντας δεχόμενοι· πολλαχοῦ δὲ
τοῖς ἰδίοις κεχρημένοι νόμοις, καὶ τοὺς παρ' αὐτοῖς
ἁμαρτάνοντας κατὰ τὰ πάτρια κολάζοντες νόμιμα.
B Καὶ ὅτι μὲν φόρους ἐτέλουν Ῥωμαίοις, δῆλον ἐξ ὧν
πειράζοντες τὸν Ἰησοῦν, φησὶν, ἠρώτων, Διδάσκαλε,
ἔξεστι δοῦναι κῆνσον Καίσαρι, ἢ οὔ; ὅτε καὶ αὐτὸς
δεῖξαι κελεύσας αὐτοῖς νόμισμα, εἶπεν, Ἀπόδοτε, λέγων, τὰ Καίσαρος Καίσαρι, καὶ τὰ τοῦ Θεοῦ τῷ Θεῷ.
Ὁ Λουκᾶς δὲ καὶ ὅτι στρατηγοὺς καὶ χιλιάρχους εἶχε
τὸ ἱερὸν, λέγει. Τὸ μὲν οὖν ὑποκεῖσθαι τοὺς Ἰουδαίους
Ῥωμαίοις, οὐ μικρὰ ταῦτα δείγματα· ὅτι δὲ καὶ
οἰκείοις ἐκέχρηντο νόμοις, δῆλον ἐκεῖθεν. Τὸν Στέφανον ἐλίθασαν, οὐκ εἰς δικαστήριον ἀγαγόντες· τὸν
Ἰάκωβον ἀπέκτειναν τὸν ἀδελφὸν τοῦ Κυρίου· τὸν
Χριστὸν αὐτὸν ἐσταύρωσαν, καίτοι τοῦ δικαστοῦ
συγχωρήσαντος καὶ ἀφέντος πάσης αὐτὸν κατηγορίας.
C Διὰ γὰρ τοῦτο καὶ τὰς χεῖρας ἐνίψατο, λέγων· Ἀθῷός
εἰμι ἀπὸ τοῦ αἵματος τούτου. Καὶ ἐπειδὴ σφόδρα
ἐπικειμένους εἶδεν, αὐτὸς μὲν τὴν ψῆφον οὐκ ἐξ-
ήνεγκεν, ἀλλ' ἀπέστη· ἐκεῖνοι δὲ οἰκείᾳ χρησάμενοι
τυραννίδι τὸ πᾶν μετὰ ταῦτα εἰργάσαντο· καὶ Παύλῳ

δὲ πολλάκις ἐπέθεντο. Ἐπεὶ οὖν τοῖς ἑαυτῶν ἐκέχρηντο δικαστηρίοις, ἐκ τούτων συνέβαινε τοὺς ἐξ αὐτῶν πιστεύοντας χαλεπώτερα τῶν ἄλλων ἁπάντων πάσχειν κακά. Ἐν μὲν οὖν ταῖς ἄλλαις πόλεσι καὶ δικαστήρια καὶ νόμοι καὶ ἄρχοντες ἦσαν, καὶ οὐκ ἐξῆν τοῖς Ἕλλησι τοὺς ἐξ αὐτῶν ἀποπηδῶντας οἰκείᾳ τυραννίδι ἢ σφάττειν ἢ λιθάζειν, ἢ ἄλλο τι τοιοῦτον διατιθέναι αὐτοὺς κακόν· ἀλλ' εἴ τις ἑάλω τοιοῦτόν τι τολμῶν παρὰ τὴν τῶν δικαζόντων ψῆφον, καὶ αὐτὸς ἐκολάζετο· παρὰ δὲ τοῖς Ἰουδαίοις μετὰ πολλῆς ταῦτα συγκεχώρητο τῆς ἐξουσίας. Διὰ δὴ τοῦτο πάντων δεινότερον ἔπασχον οἱ ἐξ ἐκείνων πιστεύοντες, ὥσπερ ἐν μέσοις ἀπειλημμένοι λύκοις, καὶ οὐδένα τὸν ἐξαιρούμενον ἔχοντες. Οὕτω γοῦν καὶ τὸν Παῦλον ἐμαστίγουν πολλάκις· καὶ ἄκουε αὐτοῦ τοῦτο δηλοῦντος καὶ λέγοντος· Πεντάκις τεσσαράκοντα παρὰ μίαν ὑπὸ Ἰουδαίων ἔλαβον, τρὶς ἐῤῥαβδίσθην, ἅπαξ ἐλιθάσθην. Καὶ ὅτι οὐ στοχασμὸς τὸ εἰρημένον, γράφων πρὸς Ἑβραίους ὁ Παῦλός φησιν· Ἀναμιμνήσκεσθε τὰς πρότερον ἡμέρας, ἐν αἷς φωτισθέντες πολλὴν ἄθλησιν ὑπεμείνατε παθημάτων, τοῦτο μὲν ὀνειδισμοῖς καὶ θλίψεσι θεατριζόμενοι, τοῦτο δὲ κοινωνοὶ τῶν οὕτω πασχόντων γενηθέντες. Καὶ γὰρ τὴν ἁρπαγὴν τῶν ὑπαρχόντων ὑμῶν μετὰ χαρᾶς προσεδέξασθε, γινώσκοντες κρείττονα ὕπαρξιν ἔχειν ἐν οὐρανοῖς καὶ μένουσαν. Καὶ Θεσσαλονικέας δὲ παρακαλῶν, τούτους εἰς μέσον ἤγαγεν· Ὑμεῖς γὰρ μιμηταὶ ἐγενήθητε, ἀδελφοὶ, τῶν Ἐκκλησιῶν τοῦ Θεοῦ τῶν οὐσῶν ἐν τῇ Ἰουδαίᾳ, ὅτι καὶ ὑμεῖς τοιαῦτα ἐπάθετε ὑπὸ τῶν ἰδίων συμφυλετῶν, καθάπερ κἀκεῖνοι ὑπὸ τῶν Ἰουδαίων. Ἐπεὶ οὖν πάντων χαλεπώτερα ἔπασχον, καὶ οὐ μόνον οὐκ ἠλεοῦντο, ἀλλὰ καὶ τὰ ὄντα ἀφῃροῦντο ἅπαντα, καὶ ἤγοντο καὶ ἐφέροντο, καὶ πάντοθεν ἠλαύνοντο, εἰκότως τοὺς πανταχόθεν ἐπὶ τὴν ἐκείνων ἀντίληψιν διεγείρει. Καὶ ἐνταῦθα πάλιν ὑπὲρ τούτων αὐτῶν παρακαλεῖ Κορινθίους, λέγων· Περὶ δὲ τῆς λογίας εἰς τοὺς ἁγίους, καθὼς διέταξα ταῖς Ἐκκλησίαις τῆς Γαλατίας, οὕτω καὶ ὑμεῖς ποιήσατε.

Τίνες μὲν οὖν εἰσιν οἱ ἅγιοι οὗτοι, καὶ τί δήποτε πλείονα ὑπὲρ αὐτῶν ποιεῖται πρόνοιαν, ἱκανῶς ἀποδέδεικται· δεῖ δὲ λοιπὸν ζητῆσαι, τίνος ἕνεκεν Γαλατῶν μέμνηται. Διὰ τί γὰρ μὴ εἶπε· περὶ δὲ τῆς λογίας τῆς εἰς τοὺς ἁγίους τοῦτο ποιήσατε· κατὰ μίαν σαββάτων ἕκαστος ὑμῶν παρ' ἑαυτῷ τιθέτω θησαυρίζων· ἀλλ' εἰπὼν, Περὶ τῆς λογίας τῆς εἰς τοὺς ἁγίους καθὼς διέταξα ταῖς Ἐκκλησίαις τῆς Γαλατίας οὕτω καὶ ὑμεῖς ποιήσατε; Τίνος οὖν ἕνεκεν τοῦτο ποιεῖ, καὶ οὐδὲ μιᾶς, οὐδὲ δύο οὐδὲ τριῶν ἀναμι-

pria tyrannide usi, totum postea perfecerunt.
Paulum etiam sæpe aggrediebantur. Quia igitur
suo tribunali utebantur, hinc contigit ut contri-
bules, qui credebant, cæteris asperiora paterentur. In aliis certe civitatibus et tribunalia et
D leges et magistratus erant; sed non licebat gentilibus eos ex suis, qui deficerent, propria sententia vel interficere vel lapidibus obruere, aut
aliquid ipsis mali inferre: aut si quis deprehen-
debatur tale quiddam præter judicum sententiam
patrasse, is puniebatur; Judæis autem magna Judæorum in Christianos immanitas.
circa rem hanc potestas concedebatur. Quapro-
pter graviora, quam cantori omnes, patiebantur
ii ex illis, qui credebant, ac si inter medios lupos intercepti essent, adstante, qui eriperet, nemine. Ita nempe Paulum sæpe flagellabant: audi
quomodo id ipse declaret: *Quinquies quadrage-* 2. Cor. 11. 24. 25.
nas a Judæis una minus accepi: ter *virgis*
E *cæsus sum*, semel *lapidatus sum*. Quod autem
hæc non conjectura dicta sint, ipse Paulus ad Hebræos scribens declarat: *Rememoramini* autem Heb. 10. 32.—34.
pristinos dies, in quibus illuminati magnum
certamen sustinuistis passionum: et *in altero*
quidem opprobriis et *tribulationibus specta-*
culum facti, in altero autem socii *taliter pa-*
tientium effecti. Etenim rapinam bonorum
252 *vestrorum cum gaudio suscepistis, cognoscen-*
A tes *vos habere meliorem substantiam in cæ-*
lis, et *manentem*. Et cum Thessalonicenses
adhortaretur, illos in medium adduxit: *Vos* 1. Thess. 2. 14.
enim imitatores facti estis, fratres, Eccle-
siarum Dei, quæ sunt in Judæa: quia eadem
passi estis *vos a contribulibus vestris,* sicut
et *ipsi a Judæis*. Quia igitur graviora quam
omnes alii, patiebantur, et non modo sine misericordia cum illis agebatur, sed etiam omnia iis
rapiebantur et auferebantur, et undique ipsi
pellebantur, jure omnes ad eorum suscipiendum
patrocinium excitat. Iterumque Corinthios illorum gratia hortatur his verbis: *De collecta* 1. Cor. 16. 1.
autem in sanctos, sicut or*dinavi Ecclesiis*
Galatiæ, sic et *vos facite*.

3. Itaque quinam illi sancti sint, et cur eo-
B rum majorem curam gerat, jam satis demonstratum est: reliquum est ut quæramus etiam, cur
Galatarum meminerit. Cur autem non dixit: De
collecta autem in sanctos hoc facite: una sabbatorum unusquisque vestrum apud se seponat
thesaurizans; sed postquam dixisset, *De colle-*
cta autem in sanctos, sicut or*dinavi Ecclesiis*
Galatiæ, sic et *vos facite?* Cur hoc agit, nec
unius duarumve, aut trium civitatum meminit,

sed gentis integræ? Ut majus studium susciperent, aliorumque laudes majoris sibi æmulationis occasio essent. Deinde modum, quo præcepit, declarat: *Per unam sabbati*, inquit, *unusquisque vestrum apud se seponat, recondens quod sibi placuerit, ut non cum venero, tunc collectæ fiant.* Unam sabbatorum Dominicam vocavit. Et cur talem diem oblationi deputat? cur non dixit, Secunda sabbatorum aut tertia sabbatorum, aut in ipsis sabbatis? Non temere profecto, nec sine causa; sed quod vellet a temporis opportunitate juvari, ut majus offerentibus studium accederet. Neque enim parva res omnibus in negotiis temporis opportunitas. Et quid, dices, opportunitatis habet tempus, ut quis persuadeatur eleemosynam dare? Quod hac die ab omni opere cessetur, quod hilarior animus ex hac quiete reddatur, quodque omnium maximum est, quod illo die innumeris fruamur bonis. Hac quippe die soluta mors est, exstincta maledictio, deletum peccatum, portæ inferi confractæ, vinctus diabolus, diuturnum bellum diremtum, reconciliati Deo homines, nostrumque genus ad pristinam, imo potius ad longe majorem nobilitatem rediit: viditque sol admirandum illud spectaculum, hominem factum immortalem. Hæc omnia et talia volens ipse nobis in memoriam revocare, diem illum in medium attulit, ceu in advocatum illum assumens, ut singulis dicat: Cogita, homo, quot qualibusque bonis donatus sis hodie, quot quantisque malis ereptus: qualis cum prius esses, qualis postea factus sis. Quod si dies natales nostros recolimus, multi autem servi etiam eos, quibus libertate donati sunt, magno cum honore celebrant, ita ut alii convivia faciant, alii autem liberiores dona largiantur: multo magis nos hunc diem venerari par est, quem non erraverit, si quis totius humanæ naturæ diem natalem vocaverit. Perditi enim eramus, et inventi sumus; mortui, et reviximus; inimici, et reconciliati sumus. Quapropter eum honore spirituali colere par est, non conviviis, non vini potu, non ebrietate, non tripudiis, sed fratribus nostris pauperioribus ad rerum copiam adductis. Hæc dico non ut laudetis tantum, sed ut etiam imitemini. Ne putetis enim hæc ad Corinthios solum dicta fuisse, sed etiam ad nostrum singulos et ad universos, qui post futuri sunt. Idipsum vero faciamus quod Paulus præcepit: et die dominico unusquisque nostrum domi opes dominicas reponat: sitque hoc lex et consuetudo immutabilis,

1. *Cor.* 16 2.

Die dominica præsertim eleemosyna eroganda.

μνήσκει πόλεων, ἀλλὰ ἔθνους ὁλοκλήρου; Ἵνα πλείονα δέξωνται προθυμίαν, καὶ τὰ ἑτέρων ἐγκώμια αὐτοῖς ὑπόθεσις γένηται ζήλου. Εἶτα λέγει καὶ τὸν τρόπον,
C καθ' ὃν διέταξε· Κατὰ μίαν σαββάτων, φησὶν, ἕκαστος ὑμῶν παρ' ἑαυτῷ τιθέτω θησαυρίζων ὅ τι ἂν εὐοδῶται, ἵνα μὴ, ὅταν ἔλθω, τότε λογίαι γίνωνται. Μίαν σαββάτων τὴν κυριακὴν ἐκάλεσε. Καὶ τίνος ἕνεκεν ταύτην ἐπέταξε τῇ εἰσφορᾷ τὴν ἡμέραν; διὰ τί μὴ εἶπε, τῇ δευτέρᾳ τῶν σαββάτων, τῇ τρίτῃ τῶν σαββάτων, ἢ αὐτοῖς τοῖς σάββασιν; Οὐχ ἁπλῶς, οὐδὲ εἰκῇ· ἀλλὰ βουλόμενός τινα καὶ ἀπὸ τοῦ καιροῦ λαβεῖν συμμαχίαν εἰς τὸ προθυμοτέρους ποιῆσαι τοὺς εἰσφέροντας. Οὐ μικρὸν δὲ ἐπιτηδειότης καιροῦ ἐν ἅπασι πράγμασι. Καὶ τί, φησὶν, ὁ καιρὸς ἐπιτήδειον
D ἔχει πρὸς τὸ πεῖσαι διδόναι ἐλεημοσύνην; Κατὰ τὴν ἡμέραν ταύτην τὸ πάσης ἐργασίας ἀφίστασθαι, τὸ φαιδροτέραν γίνεσθαι τὴν ψυχὴν ἐκ τῆς ἀνέσεως, τὸ δὲ πάντων μεῖζον, τὸ μυρίων ἡμᾶς κατ' αὐτὴν ἀπολελαυκέναι καλῶν. Ἐν ταύτῃ γὰρ τῇ ἡμέρᾳ κατελύθη ὁ θάνατος, ἐσβέσθη ἡ κατάρα, ἁμαρτία ἠφανίσθη, ᾅδου πύλαι συνεκλάσθησαν, καὶ δέσμιος ὁ διάβολος γέγονε, καὶ ὁ χρόνιος ἀνῃρέθη πόλεμος, καὶ καταλλαγαὶ Θεοῦ πρὸς ἀνθρώπους ἐγένοντο· καὶ πρὸς τὴν προτέραν, μᾶλλον δὲ πρὸς πολλῷ μείζονα ἐπανῆλθεν εὐγένειαν ἡμῶν τὸ γένος, καὶ τὸ θαυμαστὸν ἐκεῖνο
E καὶ παράδοξον ἐπεῖδε θέαμα ἥλιος, ἄνθρωπον ἀθάνατον γεγενημένον. Τούτων δὲ πάντων ἡμᾶς ἀναμνῆσαι βουλόμενος, καὶ τῶν τοιούτων, τὴν ἡμέραν εἰς μέσον ἤγαγε, μονονουχὶ συνήγορον αὐτὴν λαμβάνων, καὶ πρὸς ἕκαστον λέγων· ἐννόησον πόσων καὶ ἡλίκων ἀπέλαυσας ἀγαθῶν κατὰ τὴν ἡμέραν ταύτην, ἄνθρωπε· πόσων ἀπηλλάγης κακῶν· τίς ὢν τὸ πρότερον, τίς ἐγένου μετὰ ταῦτα. Εἰ δὲ τὰς γενεθλίους ἡμῶν ἡμέρας, πολλοὶ δὲ τῶν οἰκετῶν κἀκείνας, ἐν αἷς ἠλευθερώθησαν, μετὰ πολλῆς ἄγουσι τῆς τιμῆς, καὶ οἱ μὲν συμπόσια ποιοῦνται, οἱ δὲ ἐλεύθεροι καὶ
233 δῶρα δωροῦνται, πολλὰ τὸν καιρὸν τιμῶντες· πολλῷ
A μᾶλλον ἡμᾶς χρὴ τιμᾷν τὴν ἡμέραν ταύτην, ἣν οὐκ ἄν τις ἁμάρτοι τῆς ἀνθρωπίνης φύσεως ἁπάσης γενέθλιον προσειπών. Ἀπολωλότες γὰρ ἦμεν, καὶ εὑρέθημεν· νεκροὶ, καὶ ἀνεζήσαμεν· ἐχθροὶ, καὶ κατηλλάγημεν. Διὰ τοῦτο καὶ προσήκει αὐτὴν τιμᾷν τιμὴν πνευματικὴν, οὐχὶ συμπόσια ποιοῦντας, οὐδὲ οἶνον ἐκχέοντας, οὐδὲ μεθύοντας καὶ χορεύοντας, ἀλλὰ τοὺς πτωχοτέρους τῶν ἀδελφῶν ἐν πολλῇ καθιστάντας ἀφθονίᾳ. Ταῦτα λέγω, οὐχ ἵνα ἐπαινῆτε, ἀλλ' ἵνα καὶ μιμῆσθε. Μὴ γὰρ δὴ μόνον πρὸς Κορινθίους ταῦτα εἰρῆσθαι νομίζετε, ἀλλὰ καὶ πρὸς ἡμῶν ἕκαστον, καὶ τῶν μετὰ ταῦτα ἐσομένων ἁπάντων· καὶ ποιῶμεν
B αὐτὸ δὲ τοῦτο, ὅπερ Παῦλος ἐπέταξε· καὶ κατὰ κυριακὴν ἕκαστος ἀποτιθέσθω οἴκοι χρήματα δεσποτικά· καὶ νόμος ἔστω τὸ πρᾶγμα καὶ συνήθεια ἀκίνητος,

καὶ οὐ δεησόμεθα παραινέσεως λοιπὸν, οὐδὲ συμβουλῆς· οὐ γὰρ οὕτω λόγος καὶ παραίνεσις ἰσχύει τὰ τοιαῦτα κατορθοῦν, ὡς συνήθεια χρόνῳ βεβαιωθεῖσα. Ἂν τοῦτο κυρώσωμεν κατὰ κυριακὴν ἀποτίθεσθαί τι πρὸς τὴν τῶν πενήτων ἀντίληψιν, οὐδ' ἂν μυρίαι γένοιντο ἀνάγκαι, τὸν νόμον παραβησόμεθα τοῦτον. Εἰπὼν δὲ, Κατὰ μίαν σαββάτων, ἐπήγαγεν, Ἕκαστος ὑμῶν. Οὐχὶ πλουσίοις λέγω, φησὶ, μόνον, ἀλλὰ καὶ πένησιν· οὐκ ἐλευθέροις, ἀλλὰ καὶ δούλοις· οὐκ ἀνδράσιν, ἀλλὰ καὶ γυναιξί· μηδεὶς ἔστω ταύτης ἀτελὴς τῆς C λειτουργίας, μηδὲ ἄμοιρος τοῦ κέρδους, ἀλλ' ἕκαστος εἰσφερέτω. Οὐδὲ γὰρ ἡ πενία κώλυμα γένοιτ' ἂν τῆς τοιαύτης εἰσφορᾶς. Κἂν γὰρ μυριάκις ᾖς πένης, οὐκ εἶ πενέστερος τῆς χήρας ἐκείνης, ἣ τὴν οὐσίαν πᾶσαν ἐκένωσε. Κἂν μυριάκις ᾖς πτωχὸς, οὐκ εἶ πτωχότερος τῆς Σιδωνίας γυναικὸς, ἣ δράκα ἀλεύρου μόνον ἔχουσα, οὐδὲ οὕτως ἐστενοχωρεῖτο πρὸς τὴν τοῦ προφήτου δεξίωσιν· ἀλλ' ὁρῶσα καὶ χορὸν περιεστῶτα παίδων, καὶ λιμὸν ἐπικείμενον, καὶ οὐδὲν ἀποκείμενον ἕτερον, μετὰ πολλῆς τῆς προθυμίας τὸν προφήτην ἐδέχετο. Τίνος δὲ ἕνεκεν εἶπεν, ὅτι Παρ' ἑαυτῷ τι- D θέτω θησαυρίζων; Ἐπειδὴ ὁ τιθεὶς ἴσως ᾐσχύνετο καὶ ἠρυθρία ὀλίγον ὂν ἐπιδεῖξαι. Διὰ τοῦτό φησι, σὺ τήρει καὶ φύλαττε, καὶ ὅταν ταῖς κατὰ μέρος εἰσφοραῖς τὸ ὀλίγον πολὺ γένηται, τότε ἄγε εἰς μέσον. Καὶ οὐκ εἶπε, συλλέγων, ἀλλὰ, Θησαυρίζων, ἵνα μάθῃς ὅτι ἡ δαπάνη αὕτη θησαυρός ἐστιν, ὅτι τὸ ἀνάλωμα τοῦτο πρόσοδος γίνεται· θησαυρὸς θησαυροῦ παντὸς βελτίων. Οὗτος μὲν γὰρ ὁ αἰσθητὸς καὶ ἐπιβουλεύεται καὶ μειοῦται, καὶ τοὺς εὑρόντας πολλάκις ἀπώλεσεν· ὁ δὲ ἐν τοῖς οὐρανοῖς, τοὐναντίον ἅπαν· ἀνάλω- E τος μένει καὶ ἀνεπιβούλευτος, σωτηρία τοῖς κεκτημένοις καὶ τοῖς μεταλαμβάνουσιν. Οὐ γὰρ δαπανᾶται χρόνῳ, οὐχ ἁλίσκεται φθόνῳ, ἀλλ' ἔστιν ἀχείρωτος πάσαις ταῖς τοιαύταις ἐπιβουλαῖς, καὶ μυρία κομίζει τοῖς λέγουσιν αὐτὸν ἀγαθά.

Πειθώμεθα τοίνυν, καὶ ποιῶμεν οὕτω καὶ ἡμεῖς· καὶ ἔστω καὶ ἱερὰ χρήματα μετὰ τῶν ἰδιωτικῶν ἐν ταῖς οἰκίαις ἀποκείμενα ταῖς ἡμετέραις, ἵνα καὶ τὰ ἰδιωτικὰ διὰ τούτων φυλάττηται. Καθάπερ γὰρ ἐν ταμιείοις βασιλικοῖς ἂν φανῇ τινος τῶν ἀρχομένων ἀποκείμενα χρήματα, κἀκεῖνα διὰ ταῦτα πολλῆς 254 A ἀπολαύει τῆς ἀσφαλείας· οὕτω δὴ καὶ ἐν τῇ οἰκίᾳ τῇ σῇ ἂν ἀποθῇ χρήματα πενήτων καὶ κατὰ κυριακὴν συλλέξῃς, ταῦτα ἐκείνων ἔσται ἀσφάλεια. Οὕτω καὶ οἰκονόμος γενήσῃ τῶν σαυτοῦ χρημάτων ὑπὸ Παύλου χειροτονηθείς. Τί λέγω; Καὶ τὰ ἤδη συλλεγέντα πρὸς τὸ πλείονα συλλέξαι πάλιν ὑπόθεσίς σοι γενήσε-

neque admonitione deinceps vel consilio opus erit nobis: non enim tantum valet sermo et admonitio, quantum inveterata consuetudo. Si hoc statuamus, ut singulis Dominicis aliquid in subsidium pauperum deponamus, ne quidem si sexcentæ urgeant necessitates, hanc legem transgrediemur. Postquam vero dixit, *Per unam sabbati,* subdidit, *Unusquisque vestrum.* Non divites tantum alloquor, inquit, sed etiam pauperes; non liberos tantum, sed etiam servos; non viros modo, sed et mulieres: nullus sit ab hoc ministerio immunis, neque hoc lucro vacuus, sed unusquisque offerat: neque collationi huic obstet inopia. Quantumcumque enim pauper sis, non es pauperior vidua illa, quæ omnem substantiam suam exhausit. Quantumcumque pauper sis, non es pauperior muliere Sidonia, quæ licet pugillum farinæ tantum haberet, ne sic quidem ab excipiendo propheta cohibita est; sed licet circumstantes liberos videret, urgentemque famem, neque aliud quidquam haberet depositum, magna cum alacritate prophetam excepit. Qua vero de causa dixit, *Apud se seponat thesaurizans?* Quia fortasse cum modicum esset, id ostendere verebatur et erubescebat. Quapropter dixit, Tu serva et custodi, et cum oblationum frequentia quod parvum erat, multum effectum fuerit, tunc in medium producito. Neque dixit, Colligens, sed *Thesaurizans;* ut discas, expensam illam esse thesaurum, quia sumtus ille thesaurus efficitur: thesaurus, inquam, omni thesauro melior. Nam hic, qui sub sensum cadit, thesaurus insidiis impetitur et imminuitur, sæpeque eos, qui ipsum invenerant, perdidit: thesaurus vero cælestis secus; imminui namque et insidiis impeti nequit, salus possidentibus et accipientibus. Non tempore consumitur, non perit invidia, sed talibus prorsus insidiis inaccessus, sexcenta colligentibus confert bona.

Omnes eleemosynam pro viribus dare oportet.

Luc. 21. 2.—4.

3. *Reg.* 17. 10. sqq.

1. *Cor.* 16. 2.

4. Obtemperemus igitur, et sic nos ipsi faciamus: sintque sacræ pecuniæ in domibus nostris cum privatis opibus repositæ, ut per eas privatæ illæ conserventur. Quemadmodum enim in regiis ærariis, si subditi cujusdam pecuniæ intersint, privatæ regiarum causa in tuto collocantur: sic et si domi repositas habeas pauperum pecunias, quas die dominico colligas, illæ tuis securitatem parient. Ita dispensator eris pecuniarum tuarum a Paulo constitutus. Quid dico? Eæ quæ jam collectæ ad plures colligendas occasionem tibi ansamque præbebunt. Si enim bonæ huic con-

suetudini initium dederis, ipse teipsum excitare poteris sine ullo symbolo. Sit igitur hoc modo cujusque domus ecclesia, sacris pecuniis intus repositis. Enimvero gazophylacia, quæ hic habentur, illarum symbolum sunt. Ubi pauperum pecuniæ jacent, inaccessus dæmonibus est locus: collectæ namque ad eleemosynam pecuniæ plus, quam scutum, hasta, et arma, omneque corporis robur, aut militum manus domos muniunt. Cum dixisset ergo, quando, a quibus et quomodo hujusmodi pecuniæ colligendæ sint, quantas illas esse oporteat offerentium arbitrio relinquit. Non enim dixit, Tantum et tantum offer, ne onerosum sit præceptum, multis paupertatem objicientibus; ne pauperes dicerent, Quid igitur si non possimus? sed facultati offerentium oblationis modum permisit: *Unusquisque*, inquit, *vestrum apud se seponat thesaurizans quod sibi placuerit*. (1. Cor. 16. 2.) Non dixit, Quod potuerit, aut quod repertum fuerit; sed, *Quod sibi placuerit*, sive quod commodum fuerit, ostendens supernum nutum et benevolentiam ipsi adfuturam esse. Non enim id solum spectabat Paulus, ut pecuniæ pauperibus subministrarentur, sed ut id magna cum alacritate fieret. Etenim Deus non ob id tantum eleemosynam præcepit, ut alantur egeni, sed etiam ut dantibus beneficia accederent; propterque hos magis, quam propter illos. (Eleemosyna cum gaudio eroganda.) Nam si pauperum dumtaxat habuisset rationem, præcepisset tantum ut pecuniæ erogarentur, neque erogantium alacritatem requisivisset: at nunc vides apostolum omni sollicitudine præcipientem, ut læti hilaresque sint largitores. Et aliquando dicit, *Non ex tristitia, aut ex necessitate: hilarem enim datorem diligit Deus*; (2. Cor. 9. 7.) non simpliciter datorem, sed eum qui libenter id agit. Et iterum alibi: *Qui tribuit in simplicitate, qui præest in sollicitudine, qui miseretur in hilaritate*. (Rom. 12. 8.) Hæc est enim eleemosyna, si ita dederis, ut gaudeas, et putes te magis accipere, quam dare. Ideoque modis omnibus conatur ut leve faciat præceptum, ac cum alacritate fiat oblatio. Et considera quot capitibus præcepti pondus auferre satagat. (Eleemosynæ ritus.) Primo jubet non unum, aut duos tresve offerre, sed universam civitatem. Collecta enim nihil aliud est, quam collatio et symbolum ab omnibus oblatum. Secundo accipientium dignitati prospicit; non enim dixit, Pauperes, sed *Sanctos*. Tertio exemplum affert aliorum, qui simile quiddam fecerant: *Sicut ordinavi*, inquit, *Ecclesiis Galatiæ*. Ad hæc diei opportunitatem adjicit: *Per unam sabbatorum*, ait, *unusquisque ve-*

ται καὶ ἀφορμὴ πλείων. Ἂν γὰρ ἀρχὴν ποιήσῃ μόνον τῆς καλῆς ταύτης συνηθείας, αὐτὸς ὑπὸ σαυτοῦ δυνήσῃ διανίστασθαι πάλιν, οὐδενὸς γενομένου συμβόλου. Γενέσθω τοίνυν ἐκκλησία τῷ τρόπῳ τούτῳ ἡ ἑκάστου οἰκία, χρημάτων ἱερῶν ἔνδον ἀποκειμένων. Καὶ γὰρ τὰ γαζοφυλάκια τὰ ἐνταῦθα κείμενα τούτων ἐστὶ B σύμβολον. Ὅπου πενήτων κεῖται χρήματα, ἄβατος τοῖς δαίμοσιν ὁ τόπος ἐστί· καὶ ὑπὲρ ἀσπίδα, καὶ δόρυ, καὶ ὅπλα, καὶ σώματος ἰσχὺν, καὶ στρατιωτῶν πλῆθος, τὰ πρὸς ἐλεημοσύνην συλλεγόμενα χρήματα τειχίζει τὰς οἰκίας. Εἰπὼν τοίνυν πότε, καὶ παρὰ τίνων, καὶ πῶς τὰ τοιαῦτα συλλέγεσθαι δεῖ χρήματα, τὴν ποσότητα λοιπὸν αὐτοῖς τοῖς εἰσφέρουσιν ἐπέτρεψεν. Οὐ γὰρ εἶπεν, ὅτι τόσον καὶ τόσον εἰσένεγκε, ἵνα μὴ βαρὺ τὸ ἐπίταγμα γένηται, πολλῶν πενίαν προβαλλομένων· ὥστε μὴ λέγειν τοὺς πένητας, τί οὖν, ἂν μὴ δυνώμεθα; ἀλλὰ τῇ δυνάμει τῶν εἰσφερόντων τὸ μέτρον τῆς εἰσφορᾶς ὡρίσατο. C Ἕκαστος, φησὶν, ὑμῶν παρ' ἑαυτῷ τιθέτω θησαυρίζων, ὅ τι ἂν εὐοδῶται. Καὶ οὐκ εἶπεν, ὅπερ ἂν δυνηθῇ, ἢ ὅπερ ἂν εὑρεθῇ, ἀλλ', Ὅπερ ἂν εὐοδωθῇ· δεικνὺς ὅτι καὶ τὴν ἄνωθεν ῥοπὴν καὶ εὔνοιαν ἕξει συναντιλαμβανομένην αὐτῷ. Οὐ γὰρ δὴ τοῦτο μόνον ὁ Παῦλος ἐσκόπει, ὅπως εἰσενεχθείη τοῖς πένησι χρήματα, ἀλλὰ καὶ ὅπως μετὰ προθυμίας πολλῆς. Ἐπεὶ καὶ ὁ Θεὸς τὴν ἐλεημοσύνην διὰ τοῦτο ὥρισεν, οὐχ ἵνα τρέφωνται μόνον οἱ δεόμενοι, ἀλλ' ἵνα καὶ οἱ παρέχοντες εὐεργετῶνται, καὶ διὰ τούτους μᾶλλον, ἢ δι' ἐκείνους. Εἰ γὰρ τὸ ἐκείνων ἐσκόπει μόνον, ὅπως δο- D θείη τὰ χρήματα μόνον ἐπέταττεν ἂν, οὐκ ἂν δὲ τὴν προθυμίαν τῶν διδόντων ἐζήτει· νυνὶ δὲ ὁρᾷς ἄνω καὶ κάτω ὑπὲρ τούτου μάλιστα τὸν ἀπόστολον διαταττόμενον, ὅπως χαίροντες, ὅπως ἱλαροὶ παρέχοιεν οἱ παρέχοντες. Καί ποτε μέν φησι, Μὴ ἐκ λύπης ἢ ἐξ ἀνάγκης· ἱλαρὸν γὰρ δότην ἀγαπᾷ ὁ Θεός· οὐχ ἁπλῶς δότην, ἀλλὰ τὸν μεθ' ἡδονῆς τοῦτο ποιοῦντα. Καὶ πάλιν ἀλλαχοῦ, Ὁ μεταδιδοὺς ἐν ἁπλότητι, ὁ προϊστάμενος ἐν σπουδῇ, ὁ ἐλεῶν ἐν ἱλαρότητι. Ἐπεὶ καὶ τοῦτό ἐστιν ἐλεημοσύνη, τὸ χαίροντα καὶ νομίζοντα λαμβάνειν μᾶλλον ἢ διδόναι, οὕτω παρέχειν. Διὰ τοῦτο παντὶ τρόπῳ πειρᾶται εὔκολον ποιῆσαι τὸ ἐπίταγμα, E ἵνα μετὰ προθυμίας ἡ εἰσφορὰ γένηται. Καὶ σκόπει πόσοις ἐπεχείρησε κεφαλαίοις τὸ βαρὺ τοῦ πράγματος ἐπιτεμνόμενος. Ἑνὶ μὲν καὶ πρώτῳ, τῷ μὴ παρ' ἑνὸς καὶ δύο ἢ τριῶν, ἀλλὰ παρὰ πάσης αὐτὸ κελεῦσαι εἰσενεχθῆναι τῆς πόλεως. Λογία γὰρ οὐδὲν ἕτερόν ἐστιν, ἀλλ' ἡ συλλογὴ καὶ ἔρανος παρὰ πάντων ἐπιδιδόμενος. Δευτέρῳ, τῷ τῶν λαμβανόντων ἀξιώματι· οὐ γὰρ εἶπε, πτωχοὺς, ἀλλ', Ἁγίους. Τρίτῳ, τῷ παραδείγματι τῶν ἤδη πεποιηκότων· Καθὼς διέταξα γὰρ, φησὶ, ταῖς Ἐκκλησίαις τῆς Γαλατίας. Πρὸς τούτοις, τῇ τῆς ἡμέρας εὐκαιρίᾳ· Κατὰ μίαν γὰρ, φησὶ, σαββάτων ἕκαστος ὑμῶν παρ' ἑαυτῷ τιθέτω θησαυρίζων. Πέμπτῳ, τῷ μὴ πᾶσαν ὑφ' ἓν κελεῦσαι 256 εἰσενεχθῆναι τὴν ἐλεημοσύνην· ἀλλ' ἠρέμα καὶ κατὰ μικρόν. Οὐ γάρ ἐστιν ἴσον ἐν ἡμέρᾳ μιᾷ κελεύειν τὸ εἰσφέρειν, καὶ ἐν τοσούτῳ κατακερματίζειν αὐτὸ χρόνῳ· τὸ γὰρ τοιοῦτον οὐδὲ αἴσθησιν παρέχει δαπάνης. Ἕκτῳ, τῷ μὴ μέτρον ὁρίσαι, ἀλλ' ἐπιτρέψαι τῇ γνώμῃ τῶν εἰσφερόντων, καὶ δεῖξαι παρὰ Θεοῦ τοῦτο διδόμενον· τῷ γὰρ εἰπεῖν, Ὅ τι ἂν εὐοδῶται, ἀμφότερα ταῦτα ἐδήλωσε. Προσέθηκε καὶ ἕβδομον ἕτερον τρόπον εἰπὼν, Ἵνα μὴ, ὅταν ἔλθω, τότε λογίαι γίνωνται. Ὁμοῦ τε γὰρ αὐτοὺς καὶ κατεπείγει προσδοκῶντας αὐτοῦ τὴν παρουσίαν, καὶ παραμυθεῖται, προθεσμίαν αὐτοῖς πολλὴν παρέχων. Καὶ οὐδὲ τούτοις ἠρκέσθη μόνον, ἀλλὰ καὶ ὄγδοον προσέθηκεν ἕτερον. Ποῖον δὲ τοῦτο; Ἐπειδὰν δὲ, φησὶ, παραγένωμαι, οὓς ἂν δοκιμάσητε δι' ἐπιστολῶν, τούτους πέμψω ἀπενεγκεῖν τὴν χάριν ὑμῶν· καὶ ἐὰν ᾖ ἄξιον τοῦ κἀμὲ πορεύεσθαι, σὺν ἐμοὶ πορεύσονται. Ὅρα τὸ ἄτυφον καὶ ἐπιεικὲς τῆς μακαρίας καὶ γενναίας ἐκείνης ψυχῆς, καὶ τὸ κηδεμονικὸν καὶ φιλόστοργον. Οὐ γὰρ ἠθέλησεν αὐτὸς, οὐδὲ ἠνέσχετο τοὺς διακονησομένους τοῖς χρήμασι τούτους χειροτονῆσαι ἐξ οἰκείας γνώμης· ἀλλ' ἐκείνοις τὴν αἵρεσιν τούτων ἐπέτρεψε, καὶ οὐχ ἐνόμιζεν ὕβριν εἶναι τὸ πρᾶγμα, εἰ τῇ Κορινθίων ψήφῳ καὶ γνώμῃ, ἀλλὰ μὴ τῇ Παύλου μέλλοιεν οὕτω καθίστασθαι· τοὐναντίον μὲν οὖν αὐτῷ ἄτοπον εἶναι ἐφαίνετο, τὴν μὲν εἰσφορὰν ἐκείνων εἶναι, τὴν δὲ αἵρεσιν τῶν ὑπηρετησομένων αὐτοῦ. Διὰ τοῦτο αὐτοῖς τοῦτο ἐπέτρεψεν, ὁμοῦ τε τὴν ἐπιείκειαν ἐπιδεικνύμενος, ὁμοῦ τε πᾶσαν λαβὴν ἀναιρῶν καὶ σκιὰν ὑποψίας ἀτόπου. Εἰ γὰρ καὶ τοῦ ἡλίου λαμπρότερος ἦν, καὶ πάσης πονηρᾶς ὑποψίας ἀπηλλαγμένος, ἀλλ' ὅμως καὶ οὕτως ἐκ περιουσίας ἐσπούδαζε καὶ τῶν ἀσθενεστέρων φείδεσθαι, καὶ τὰς ψευδεῖς ὑπονοίας διαφεύγειν. Διὰ τοῦτό φησιν· Ἐπειδὰν παραγένωμαι, οὓς ἐὰν δοκιμάσητε, τούτους πέμψω ἀπενεγκεῖν τὴν χάριν ὑμῶν. Τί λέγεις; σὺ δὲ οὐ πλεῖς, οὐδὲ δέχῃ τὰ χρήματα, ἀλλ' ἑτέροις τὸ πρᾶγμα ἐπιτρέπεις; Ἵν' οὖν μὴ ταῦτα ἐννοοῦντες ῥᾳθυμότεροι γένωνται, ὅρα πῶς καὶ τοῦτο πάλιν διώρθωσεν. Οὐ γὰρ εἶπεν ἁπλῶς, οὓς ἐὰν δοκιμάσητε πέμψω, ἀλλὰ τί; Δι' ἐπιστολῶν. Κἂν μὴ τῷ σώματι παρῶ, ἀλλὰ τοῖς γράμμασι παρέσομαι τοῖς ἐμοῖς, καὶ συναντιλήψομαι τῆς διακονίας ἐκείνοις.

Ἆρα ἄξιοι τῆς σκιᾶς ἐσμεν τῆς τοῦ Παύλου, ἢ τῶν ὑποδημάτων ἐκείνου, ὅταν ἐκεῖνος μὲν τοσαύτην παρὰ πᾶσι δόξαν ἔχων διακρούηται τὰς παρὰ πάντων τιμὰς, ἡμεῖς δὲ καὶ ἀγανακτῶμεν, καὶ δυσχεραίνωμεν, ἂν μὴ τῇ ἡμετέρᾳ γνώμῃ μηδὲ τῇ κρίσει καὶ τῇ ψήφῳ οἱ τὰ τοιαῦτα διακονούμενοι χρήματα χειροτονῶνται; ὅταν ὕβριν εἶναι νομίζωμεν τὸ μὴ μεθ'

strum apud se *seponat thesaurizans.* Quinto, non jubet omnem confertim inferri eleemosynam, sed sensim et paulatim. Non enim par est ratio omnia uno die inferri præcipere, aut in diuturnum tempus illa minutatim dividere: nam hoc modo impensa ne sentitur quidem. Sexto, non præscribit mensuram, sed offerentium arbitrio relinquit, et illud a Deo datum declarat : nam cum dicit, *Quod commodum fuerit,* hæc ambo indicat. Septimum quoque alium modum adjicit, dicens, *Ut non, cum venero, tunc collectæ fiant.* Simul enim eos excitat exspectantes adventum suum, et consolatur, certum adventus sui diem significans. Neque his contentus, octavum aliud adjicit. Quodnam illud? *Cum autem* 1. *Cor.* 16. 3. 4.
præsens fuero, inquit, *quos probaveritis per epistolas, hos mittam perferre gratiam vestram. Quod si dignum fuerit ut et ego eam, mecum ibunt.* Vide quam aliena a fastu et quam modesta sit beata et generosa illa anima, vide quam sollicita, quam amoris plena. Noluit enim, neque passus est ut ii, qui pecunias administraturi erant, arbitratu sui ipsius constituerentur, sed eorum electionem ipsis permisit, neque contumeliæ loco habuit, si Corinthiorum calculo atque sententia, non autem Pauli, constituerentur; contra vero absurdum fore censuit, si oblatio eorum esset, ministrorum autem electio sua. Ideoque id illis commisit, modestiam simul suam ostendens, atque omnem ansam umbramque adversæ suspicionis resecans. Nam licet sole splendidior et ab omni mala suspicione alienus esset : ex abundanti tamen curabat infirmioribus se attemperare, et falsas suspiciones effugere. Propterea dicit : *Cum autem præsens fuero, quos probaveritis, hos mittam perferre gratiam vestram.* Quid dicis? tu non navigas, neque pecunias accipis, sed aliis rem committis? Ne igitur talia cogitantes segniores evaderent, vide quomodo et hoc iterum caveat. Non enim simpliciter dixit, Quos probaveritis, mittam, sed quid? *Per epistolas.* Etiamsi corpore non adfuturus sim, at literis meis præsens ero, eorumque ministerii particeps.

5. Num vel umbra Pauli, vel calceamentis ejus digni sumus, quando ille tanta apud omnes gloria fulgens omnium rejicit honores, nos autem stomachamur et ægre ferimus, si non sententia et calculo nostro talium pecuniarum promi creentur, contumeliamque nobis inferri putamus cum nobis inconsultis quipiam pecunias impen-

dunt suas? Vide etiam qua ratione sui ubique mentionem faciat, neque uspiam obliviscatur: neque enim hic mandatum vocat illud, neque eleemosynam, sed *Gratiam;* ostendens sicut mortuos suscitare, dæmones pellere et leprosos mundare, sic et pauperes juvare gratiæ opus esse; imo potius hoc quam illud: atque etiamsi gratia sit, studio tamen et alacritate opus nobis est ut eligamus et velimus, et nos gratia dignos reddamus. Hoc itaque ad consolationem attulit, quod literas suas cum illis mitteret; aliud vero majus adjecit, quod se polliceretur itineris socium fore: Ibid. *Quod si dignum fuerit*, inquit, *ut et ego eam, mecum ibunt.* Hic animadvertas velim ejus prudentiam. Neque enim negavit se simul iturum, neque omnino pollicitus est; sed illud etiam dantium arbitrio permisit, eosque profectionis suæ dominos fecit; indicans, si donum tantum foret, ut se incitare posset, iter se suscepturum esse. Nam cum dicit, *Si dignum fuerit*, id subindicantis est. Quod si profectionem illam omnino negasset, ipsos ignaviores segnioresque reddidisset; sin dubie promisisset, negligentiores fecisset. Ideo nec omnino negat, neque pollicetur; sed illud arbitrio Corinthiorum relinquit dicens, *Quod si dignum fuerit.* Audientes enim Paulum ipsum delaturum oblationem suam, majori studio et alacritate ad id rei ferebantur, quod sanctæ illæ manus dona tractaturæ essent, et huic sacrificio preces illius accederent. Porro si Paulo traditari dona Corinthii, id cum majore alacritate faciebant, tu Pauli Domino daturus (nam per pauperes ille suscipit), quam excusationem habiturus es? Neque enim, nisi magna fuisset oblatio multaque cura digna, ille cui totus orbis creditus, et cui curæ erant omnes sub sole Ecclesiæ, pollicitus esset se pecunias administraturum esse. Hæc igitur animo reputantes, sive largiendum sit, sive aliis largientibus ministrandum, ne segnes simus, neque mœsti, quod facultates nobis minuantur. Quomodo enim absurdum non fuerit, dum agricola semen jaciens, et bona effundens, non tristatur, nec dolet, neque id sumtus loco habet, sed lucrum potius et proventum esse putat, tametsi spes sit incerta: te, qui non pro paribus, sed pro multo majoribus seminas, et qui in ipsas Christi manus argentum jacturus es, refugere, torpere, et inopiam prætendere? Annon poterat Deus præcipere telluri, ut proferret aurum purum? Gen. 1. 11. Qui enim dixit, *Germinet terra herbam fœni*, moxque comantem exhibuit, poterat haud

ἡμῶν καὶ τῆς ἡμετέρας γνώμης τοὺς τὰ αὐτῶν δαπα-
νῶντας τοῦτο ποιεῖν; Καὶ ὅρα πῶς ἑαυτοῦ πανταχοῦ
μέμνηται, καὶ οὐδαμοῦ ἐπιλανθάνεται· οὐδὲ γὰρ ἐνταῦθα ἐντολὴν ἐκάλεσεν, οὐδὲ ἐλεημοσύνην, ἀλλὰ,
Χάριν· δεικνὺς, ὅτι καθάπερ νεκροὺς ἐγείρειν, καὶ
δαίμονας ἐλαύνειν, καὶ λεπροὺς καθαίρειν, χάριτος
ἔργον ἐστίν· οὕτω καὶ πενίαν διορθοῦν, καὶ τοῖς δεομένοις χεῖρα ὀρέγειν, καὶ πολλῷ μᾶλλον τοῦτο ἢ
256 ἐκεῖνο· ἀλλ' εἰ καὶ χάρις ἐστὶ, καὶ τῆς ἡμετέρας δεῖ-
A ται σπουδῆς καὶ προθυμίας, ἵνα ἑλώμεθα καὶ βουληθῶμεν, καὶ τῆς χάριτος ἀξίους ἑαυτοὺς παρασκευάσωμεν. Ἑνὶ μὲν οὖν τούτῳ παρεμυθήσατο, τῷ τὰ
γράμματα αὐτοῦ πέμπειν μετ' ἐκείνων· ἑτέρῳ δὲ
μείζονι τοῦ προτέρου πάλιν, τῷ καὶ αὐτὸν ὑποσχέ-
σθαι τῆς ἀποδημίας ταύτης κοινωνήσειν αὐτοῖς· Ἐὰν
γὰρ ᾖ ἄξιον, φησὶ, τοῦ κἀμὲ πορεύεσθαι, σὺν ἐμοὶ
πορεύσονται. Καὶ σκόπει κἀνταῦθα αὐτοῦ τὴν σύνεσιν. Οὔτε γὰρ ἠρνήσατο συναπιέναι, οὔτε ὑπέσχετο
καθάπαξ, ἀλλὰ πάλιν τῇ τῶν διδόντων γνώμῃ τοῦτο
ἐπέτρεψε, καὶ κυρίους αὐτοὺς ἐποίησε τῆς ἀποδημίας
τῆς ἑαυτοῦ, ἐνδειξάμενος ὅτι εἰ δαψιλὲς εἴη τὸ δεδομένον καὶ τοσοῦτον ὡς καὶ αὐτὸν διαναστῆσαι, πάν-
B τως ἅψεται τῆς ὁδοῦ. Τὸ γὰρ εἰπεῖν, Ἐὰν ᾖ ἄξιον,
τοῦτό ἐστιν αἰνιττομένου. Εἰ μὲν οὖν καθόλου τὴν
ἀποδημίαν ταύτην ἠρνήσατο, ἀθυμοτέρους ἂν ἐποίησε
καὶ ὀκνηροτέρους αὐτούς· πάλιν εἰ ἀμφιβόλως ὡμολόγησε καὶ ὑπέσχετο, ῥαθυμοτέρους ἂν εἰργάσατο.
Διὰ δὴ τοῦτο οὔτε ἀπαγορεύει καθόλου, οὔτε ὑπι-
σχνεῖται· ἀλλ' ἐπὶ τῇ γνώμῃ τῶν Κορινθίων τοῦτο
ποιεῖ, εἰπὼν, Ἐὰν δὲ ᾖ ἄξιον. Ἀκούοντες γὰρ ὅτι
Παῦλος μέλλει τὴν προσφορὰν αὐτῶν ἀποφέρειν,
πλείονι προθυμίᾳ καὶ σπουδῇ πρὸς τὸ πρᾶγμα ἐκέ-
χρηντο· ὥστε τὰς ἁγίας χεῖρας ἐκείνας διακονήσασθαι τοῖς διδομένοις, καὶ τὰς εὐχὰς τὰς ἐκείνου
C προστεθῆναι τῇ θυσίᾳ ταύτῃ. Εἰ δὲ Παύλῳ διδόναι μέλλοντες οἱ Κορίνθιοι ὥστε διακομίσαι, μετὰ
πλείονος τοῦτο ἐποίουν τῆς προθυμίας· σὺ τῷ Παύλου
μέλλων διδόναι Δεσπότῃ (διὰ γὰρ τῶν πενήτων ἐκεῖνος λαμβάνει), ποίαν ἕξεις ἀπολογίαν ἀναβαλλόμενος;
Οὐδὲ γὰρ ἂν, εἰ μὴ μέγα ἦν τὸ πρᾶγμα καὶ πολλῆς
ἄξιον σπουδῆς, ὁ τὴν οἰκουμένην πᾶσαν ἐγχειρισθεὶς,
καὶ τὰς ὑφ' ἡλίῳ κειμένας μεριμνῶν Ἐκκλησίας,
ὑπέσχετο τῇ τῶν χρημάτων οἰκονομίᾳ διακονήσασθαι
τούτων. Ταῦτ' οὖν καὶ ἡμεῖς λογιζόμενοι, ἄν τε δοῦναι δέῃ, ἄν τε παρέχουσιν ἑτέροις ὑπηρετεῖν, μὴ κα-
D τοκνῶμεν, μηδὲ ἀθυμῶμεν, ὡς τῆς οὐσίας ἡμῖν
ἐλαττουμένης. Πῶς γὰρ οὐκ ἄτοπον, τὸν μὲν γηπόνον
τὰ σπέρματα καταβάλλοντα, καὶ τὰ ὄντα κενοῦντα,
μὴ δάκνεσθαι, μηδὲ ἀλγεῖν, μηδὲ ἀνάλωμα νομίζειν
εἶναι τὸ γινόμενον, ἀλλὰ κέρδος καὶ πρόσοδον, καίτοι
ἀδήλου τῆς ἐλπίδος οὔσης· σὲ δὲ οὐκ ἐπὶ τοιούτοις,
ἀλλ' ἐπὶ πολλῷ μείζοσι σπείροντα, καὶ αὐτῷ μέλ-

λοντα τὸ ἀργύριον ἐγχειρίζειν τῷ Χριστῷ, ἀναδύεσθαι, καὶ ναρκᾷν, καὶ πενίαν προβάλλεσθαι; Μὴ γὰρ οὐκ ἠδύνατο ὁ Θεὸς κελεῦσαι τῇ γῇ χρυσίον ἀπηρτισμένον ἐκβαλεῖν; Ὁ γὰρ εἰπὼν, Βλαστησάτω ἡ γῆ βοτάνην χόρτου, καὶ δείξας αὐτὴν ἐξαίφνης κομῶσαν, ἠδύνατο κελεῦσαι καὶ πηγὰς καὶ ποταμοὺς E χρυσίου ῥεῦσαι πάντοθεν. Ἀλλ' οὐκ ἠθέλησεν, ἀλλ' ἀφῆκεν εἶναι πολλοὺς ἐν πτωχείᾳ, διά τε τὸ ἐκείνοις, διά τε τὸ σοὶ συμφέρον. Καὶ γὰρ πρὸς ἀρετὴν ἐπιτηδειότερον πενία πλούτου· καὶ τοῖς ἐν ἁμαρτήμασι καθεστηκόσιν οὐ μικρὰ παραμυθία γίνεται ἀπὸ τῆς εἰς τοὺς δεομένους βοηθείας, καὶ τοσαύτη τοῦ πράγματος σπουδὴ τῷ Θεῷ, ὅτι καὶ παραγενόμενος, καὶ σάρκα περιβαλόμενος, καὶ τοῖς ἀνθρώποις συναναστραφεὶς, οὐ παρῃτήσατο, οὐδὲ αἰσχύνης ἄξιον εἶναι 257 ἐνόμισεν οἰκονομεῖν αὐτὸς τὰ τῶν πενήτων. Καίτοι A γε τοσούτους ἐργασάμενος ἄρτους, καὶ πάντα ἐξ ἐπιτάγματος ποιῶν ἅπερ ἤθελε, καὶ δυνάμενος δεῖξαι μυρίους ἀθρόον θησαυροὺς, οὐκ ἐποίησε τοῦτο· ἀλλὰ γλωσσόκομον ἔχειν ἐκέλευσε τοῖς μαθηταῖς, καὶ τὰ βαλλόμενα βαστάζειν, καὶ τοῖς δεομένοις ἐκεῖθεν ἐπικουρεῖν. Ὅτε γοῦν τῷ Ἰούδᾳ περὶ τῆς προδοσίας αἰνιγματωδῶς διελέγετο, μὴ συνιέντες οἱ μαθηταὶ τὸ λεχθὲν, ἐνόμισαν, φησὶν, ὅτι εἶπεν αὐτῷ ἵνα τοῖς πτωχοῖς τι δῷ· Καὶ γὰρ τὸ γλωσσόκομον αὐτὸς, φησὶν, εἶχε, καὶ τὰ βαλλόμενα ἐβάσταζε. Πολὺς γὰρ τῷ Θεῷ λόγος ἐλέους, οὐ τοῦ παρ' αὐτοῦ μόνον εἰς ἡμᾶς, ἀλλὰ καὶ τοῦ παρ' ἡμῶν εἰς τοὺς συνδούλους ὀφείλοντος γίνεσθαι· καὶ ἐν τῇ Παλαιᾷ, καὶ ἐν τῇ Καινῇ μυ- B ρίους ὑπὲρ τούτου τίθησι νόμους, κελεύων διὰ πάντων εἶναι φιλάνθρωπον, καὶ διὰ ῥημάτων, καὶ χρημάτων, καὶ πραγμάτων. Καὶ Μωϋσῆς ἄνω καὶ κάτω τοὺς περὶ τούτων διασπείρει λόγους ταῖς νομοθεσίαις ἁπάσαις· καὶ οἱ προφῆται ἐκ προσώπου τοῦ Θεοῦ τοῦτο βοῶσιν, ὅτι Ἔλεον θέλω, καὶ οὐ θυσίαν· καὶ οἱ ἀπόστολοι πάντες συνῳδὰ τούτοις καὶ ποιοῦσι καὶ λέγουσι. Μὴ τοίνυν καταμελῶμεν τοῦ πράγματος· οὐ γὰρ τοὺς πένητας, ἀλλ' αὐτοὺς ἡμᾶς τὰ μέγιστα ὠφελοῦμεν, καὶ μείζονα λαμβάνομεν ὧν παρέχομεν.

Ταῦτα δὲ οὐχ ἁπλῶς λέγω νῦν, ἀλλ' ἐπειδὴ πολλοὶ C πολλάκις πρὸς τοὺς δεομένους ἀκριβολογοῦνται, καὶ πατρίδα ἐξετάζοντες, καὶ βίον, καὶ τρόπους, καὶ ἐπιτήδευμα, καὶ τὴν τοῦ σώματος εὐεξίαν, ἐγκλήματα ποιούμενοι, καὶ μυρίας ὑπὲρ ὑγιείας ἀπαιτοῦντες εὐθύνας. Διά τοι τοῦτο, καὶ πολλοὶ πηρώσεις ὑπεκρίναντο σώματος, ἵνα τὴν ὠμότητα τὴν ἡμετέραν καὶ τὴν ἀπανθρωπίαν τῷ τῆς συμφορᾶς ταύτης ἐπικάμψωσι δράματι. Καὶ τὸ μὲν, θέρους ὄντος, ταῦτα ἐγκαλεῖν, δεινὸν ὂν, οὐχ οὕτω δεινόν ἐστι· τὸ δὲ ἐν κρυμῷ καὶ ψύχει οὕτως ὠμὸν καὶ ἀπάνθρωπον γίνεσθαι δικαστὴν, καὶ μηδεμίαν ἀπονέμειν τοῖς ἀργοῦσι συγ- D γνώμην, οὐκ ἂν ἔχοι τινὰ ὠμότητος ὑπερβολήν; Τί

dubie præcipere ut fontes et fluvii aurum jugiter funderent. Verum id noluit, sed multos in paupertate dimisit tum ob ipsorum, tum ob tuam utilitatem. Nam ad virtutem opportunior est paupertas divitiis, et iis, qui in peccatis sunt, non parva consolatio oritur ab auxilio egenis præstito. Tantaque hujusce rei cura est Deo, ut cum advenisset carneque indutus cum hominibus conversaretur, non detrectaret, neque ignominiæ loco haberet, quod ipse quæ ad pauperes spectabant dispensaret. Etsi vero tot panes fecerat, et quæcumque vellet jussu perficiebat, licet posset sexcentos thesauros confertim ostendere, noluit tamen; sed marsupium habere discipulos jussit, et quæ immittebantur portare, atque inde egenis subministrare. Nam cum Judam ænigmatice de proditione alloqueretur, non intelligentes discipuli quod dicebatur, putabant, inquit, ipsum dixisse illi ut pauperibus aliquid daret: nam *Marsupium*, inquit, *ipse habebat*, et *quæ* Joan. 12.
immittebantur portabat. Magnam quippe Deus 6.
rationem habet de misericordia, non de sua tantum erga nos, sed de nostra etiam in conservos: qua de re multas et in Veteri et in Novo Testamento leges constituit, hominem jubens et verbis et pecuniis et operibus benignum esse. Hac de re passim Moyses in legibus sermonem inscrit: hoc ex persona Dei prophetæ clamant, *Miseri-* Osee. 6. 6.
cordiam volo, et non sacrificium: apostoli Matth. 9.
quoque iis consona et faciunt et dicunt. Ne itaque 13.
rem illam negligamus: non enim pauperibus tantum, sed nobis ipsis maxime prosumus, majoraque accipimus, quam præbemus.

Non perquirenda egenorum vita ut eleemosyna erogetur.

6. Hæc non sine causa nunc dico, sed quia plerique egenos curiose interrogant, inquirunt patriam, vitam, mores, artem, corporis valetudinem: accusationes intentant, et sexcentas de sanitate rationes repetunt. Ideoque multi corporis mutilationes simulant, ut fictæ calamitatis artificio crudelitatem immanitatemque nostram flectere valeant. Et æstate quidem taliter criminari, grave licet sit, non usque adeo tamen grave est: hyeme vero, urgente frigore ita se inhumanum et ferum præstare judicem, veniamque nullam otiosis concedere, annon summæ crudelitatis fuerit? Cur itaque Paulus, dicet

aliquis, Thessalonicensibus hanc legem ferebat:
2. Thess. 3. 10. *Si quis non vult laborare, nec manducet?*
Ut et tu hæc audias, et non ipsum tantum, sed
te quoque hisce Pauli verbis compelles. Pauli
quippe leges non pauperibus tantum, sed etiam
nobis positæ sunt. Dicam aliquid onerosum et
molestum: scio fore ut vos succenseatis; attamen dicam; non enim ut offendam, sed ut
emendem dico. Illis otium objicimus, rem sæpe
venia dignam: nos autem ea perpetramus, quæ
otio longe graviora sint. At ego, inquies, paternam hereditatem habeo. An ergo, dic mihi, quia
ille pauper est et ex pauperibus ortus, nec opulentos majores habuit, dignus est qui pereat?
Profecto ea ipsa de causa commiseratione et misericordia apud divites dignus fuerit. Tu quidem sæpe diem in theatris transigens, vel in
concessibus, colloquiisque, ex quibus nihil accedit lucri, multis obloqueris, nihilque mali te
facere nec otiosum esse putas: hunc vero miserum et ærumnosum, qui in precibus, lacrymis
milleque ærumnis toto die versatur, damnas, ad
tribunal trahis, de eoque rationes exposcis?
Hæccine, quæso, humani sunt animi? Igitur
quando dicis, Quid dicemus Paulo? tu ea ipsa
tibi, non pauperibus dicito. Alioquin vero, ne
minas ejus tantum legas, sed et veniam quoque:
nam qui dicit, *Si quis non laborat, nec man-*
2. Thess. 3. 13. *ducet*, adjecit: *Vos autem, fratres, nolite*
deficere bene facientes. At quonam illi specioso obtentu utuntur? Fugitivi sunt, inquiunt,
peregrini, verberones, qui sua relicta patria in
civitatem nostram confluunt. Ideone, quæso,
stomacharis, et civitatis coronam vellicas, quia
omnes eam communem esse portum existimant,
et propriæ alienam præferunt? Imo vero hac de
causa exsultare oportuit ac lætari, quia ad manus vestras, quasi ad commune quoddam emporium, omnes accurrunt, et communem matrem
hanc civitatem esse arbitrantur. Ne, quæso,
tantum encomium labefactetis, neque antiquam
hanc paternamque laudem decidatis. Olim namque cum fames totum orbem invasura esset,
hujus civitatis incolæ Jerosolymitanis, iisdem
ipsis, de quibus jam sermo habetur, per Barna-
Act. 11. 30. bam et Paulum pecunias non paucas miserunt.
Qua igitur fuerimus venia, qua defensione
digni, quando majores quidem nostri etiam
procul positos suis pecuniis, etiam ad ipsos
accurrentes, aluerunt: nos vero eos, qui aliunde
ad nos confugiunt, pellimus, deque illis rationes expetimus, cum sciamus nos plurimo-

οὖν ὁ Παῦλος, φησὶν, ἐνομοθέτει Θεσσαλονικεῦσι,
λέγων· Εἴ τις οὐ θέλει ἐργάζεσθαι, μηδὲ ἐσθιέτω;
Ἵνα καὶ σὺ ταῦτα ἀκούσῃς, καὶ μὴ πρὸς ἐκεῖνον μόνον, ἀλλὰ καὶ πρὸς σαυτὸν διαλέγῃ τὰ τοῦ Παύλου
ῥήματα. Οἱ γὰρ τοῦ Παύλου νόμοι οὐχὶ τοῖς πένησι
μόνον, ἀλλὰ καὶ ἡμῖν κεῖνται. Εἴπω τι φορτικὸν καὶ
ἐπαχθές· οἶδα μὲν ὅτι ὀργιεῖσθε· πλὴν ἀλλ' ὅμως
ἐρῶ· οὐδὲ γὰρ ὥστε πλῆξαι, ἀλλ' ὥστε διορθῶσαι
τοῦτο λέγω. Τούτοις μὲν ἀργίαν ἐγκαλοῦμεν, πρᾶγμα
καὶ συγγνώμης πολλάκις ἄξιον· αὐτοὶ δὲ ἐργαζόμεθα
τοιαῦτα πολλάκις, ἃ πάσης ἀργίας ἐστὶ χαλεπώτερα.
E Ἀλλ' ἐγὼ πατρῷον ἔχω κλῆρον, φησίν. Ἐπεὶ οὖν
οὗτος πένης ἐστὶ, καὶ ἐκ πενήτων, καὶ οὐκ ἔσχε προγόνους εὐπόρους, ἀπόλλυσθαι δίκαιος, εἰπέ μοι; Δι'
αὐτὸ μὲν οὖν τοῦτο μάλιστα ἐλεεῖσθαι καὶ κατοικτείρεσθαι ἄξιος ἂν εἴη παρὰ τῶν ἐχόντων. Σὺ μὲν γὰρ
πολλάκις διημερεύων τὴν ἡμέραν ἐν θεάτροις, ἢ ἐν
συνεδρίοις καὶ συλλόγοις οὐδὲν ἔχουσι κέρδος, καὶ
μυρίοις λέγων κακῶς, οὐδὲν ἡγῇ ποιεῖν δεινὸν,
οὐδὲ ἀργεῖν· τὸν δὲ ἄθλιον τοῦτον καὶ ταλαίπωρον
πᾶσαν ἀναλίσκοντα τὴν ἡμέραν ἐν ἱκετηρίαις, ἐν
258 δάκρυσιν, ἐν μορίᾳ ταλαιπωρίᾳ, κρίνεις, καὶ εἰς
A δικαστήριον ἕλκεις, καὶ εὐθύνας ἀπαιτεῖς; Καὶ ποῦ
ταῦτα γνώμης ἀνθρωπίνης, εἰπέ μοι; Ὥστε ὅταν
λέγῃς, τί οὖν ἐροῦμεν τῷ Παύλῳ; μὴ τοῖς πένησιν,
ἀλλὰ καὶ σαυτῷ διαλεγόμενος ταῦτα λέγε. Ἄλλως δὲ,
μὴ τὴν ἀπειλὴν ἀναγίνωσκε μόνον, ἀλλὰ καὶ τὴν
συγγνώμην· ὁ γὰρ εἰπὼν, Εἴ τις μὴ ἐργάζεται,
μηδὲ ἐσθιέτω, προσέθηκεν· Ὑμεῖς δὲ, ἀδελφοὶ, μὴ
ἐκκακήσητε τὸ καλὸν ποιοῦντες. Ἀλλὰ τίς αὐτῶν ἡ
εὐπρόσωπος πρόφασις; Δραπέται τινές εἰσι, φησὶ,
καὶ ξένοι, καὶ μαστιγίαι, καὶ τὰς αὐτῶν ἀφέντες πατρίδας, εἰς τὴν ἡμετέραν πόλιν συῤῥέουσι. Διὰ τοῦτο
οὖν ἀγανακτεῖς, εἰπέ μοι, καὶ τὸν στέφανον τῆς πόλεως διατίλλεις, ὅτι κοινὸν λιμένα πάντες αὐτὴν εἶναι
B νομίζουσι, καὶ τῆς ἐνεγκούσης τὴν ἀλλοτρίαν προτιθέασι; Διὰ τοῦτο μὲν οὖν ἀγάλλεσθαι ἔδει καὶ χαίρειν, ὅτι καθάπερ εἰς κοινὸν ἐμπόριον τὰς ὑμετέρας
χεῖρας τρέχουσιν ἅπαντες, καὶ μητέρα κοινὴν εἶναι
ταύτην τὴν πόλιν νομίζουσι. Μὴ δὴ διαφθείρητε τὸ
ἐγκώμιον, μηδὲ ἀκρωτηριάσητε τὸν ἔπαινον πάτριον
ὄντα αὐτῇ καὶ ἀρχαῖον. Καὶ γάρ ποτε λιμοῦ μέλλοντος εἰς τὴν γῆν ἐμβαλεῖν ἅπασαν, οἱ τὴν πόλιν ταύτην οἰκοῦντες τοῖς ἐν Ἱεροσολύμοις καθημένοις,
αὐτοῖς δὲ (f. δὴ) τούτοις, περὶ ὧν ἡμῖν οὗτος ὁ λόγος
ἅπας κεκίνηται, διὰ χειρὸς Βαρνάβα καὶ Σαύλου χρήματα ἔπεμψαν οὐκ ὀλίγα. Τίνος οὖν ἂν εἴημεν ἡμεῖς
C συγγνώμης ἄξιοι, ποίας δὲ ἀπολογίας, ὅταν οἱ μὲν
πρόγονοι οἱ ἡμέτεροι καὶ τοὺς πόῤῥωθεν καθημένους
φαίνωνται διὰ τῶν οἰκείων τρέφοντες χρημάτων, καὶ
αὐτοὶ πρὸς ἐκείνους τρέχοντες· ἡμεῖς δὲ καὶ τοὺς ἀλλαχόθεν πρὸς ἡμᾶς καταφεύγοντας ἀπελαύνωμεν, καὶ

ἀπαιτῶμεν εὐθύνας ἀκριβεῖς, καὶ ταῦτα εἰδότες, ὅτι μυρίων ὑπεύθυνοί ἐσμεν κακῶν; Κἂν ὁ Θεὸς οὕτως ἀκριβῶς τὰ καθ' ἡμᾶς ἐξετάσῃ, ὥσπερ ἡμεῖς τὰ τῶν πενήτων, οὐδεμιᾶς τευξόμεθα συγγνώμης, οὐδὲ ἐλέου τινός· Ἐν ᾧ γὰρ κρίματι κρίνετε, φησὶ, καὶ ὑμεῖς κριθήσεσθε. Γενοῦ τοίνυν φιλάνθρωπος καὶ ἥμερος τῷ συνδούλῳ, καὶ πολλὰ ἄφες τῶν ἡμαρτημένων, καὶ D ἐλέησον, ἵνα καὶ αὐτὸς τοιαύτης τύχῃς τῆς ψήφου. Τί πράγματα σαυτῷ πλέκεις; τί περιεργάζῃ; Ἆρα εἰ προσέταξεν ὁ Θεὸς βίους ἐρευνᾷν, καὶ εὐθύνας ἀπαιτεῖν, καὶ πολυπραγμονεῖν τρόπους, οὐκ ἂν ἐδυσχέραινον πολλοί; οὐκ ἂν εἶπον πρὸς ἑαυτούς· τί ποτε τοῦτό ἐστι; δύσκολον ἡμῖν τὸ πρᾶγμα κατέστησεν ὁ Θεός· μὴ γὰρ δυνάμεθα τὴν ἑτέρων ζωὴν ἐξετάζειν; μὴ γὰρ ἴσμεν τὰ ἡμαρτημένα τῷ δεῖνι; Οὐκ ἂν πολλοὶ πολλὰ τοιαῦτα εἶπον; Νῦν δὲ, ὅτε πάσης ἡμᾶς τοιαύτης πολυπραγμοσύνης ἀπήλλαξε, καὶ ὑπέσχετο E δώσειν ἀπηρτισμένον τὸν μισθὸν, κἂν πονηροὶ, κἂν χρηστοὶ οἱ λαμβάνοντες ὦσιν, ἑαυτοῖς πράγματα ἐπισπώμεθα. Καὶ πόθεν τοῦτο δῆλον, φησὶν, ὅτι χρηστοῖς, καὶ τοῖς μὴ τοιούτοις δόντες ληψόμεθα τὸν μισθόν; Ἀφ' ὧν αὐτὸς εἶπεν· Εὔχεσθε ὑπὲρ τῶν ἐπηρεαζόντων καὶ διωκόντων ὑμᾶς, ὅπως γένησθε ὅμοιοι τοῦ Πατρὸς ὑμῶν, τοῦ ἐν τοῖς οὐρανοῖς, ὅτι τὸν ἥλιον αὐτοῦ ἀνατέλλει ἐπὶ πονηροὺς καὶ ἀγαθοὺς, καὶ βρέχει ἐπὶ δικαίους καὶ ἀδίκους. Ὥσπερ οὖν ὁ Δεσπότης σου, μυρίων αὐτὸν βλασφημούντων, μυρίων πορνευόντων, κλεπτόντων, ληστευόντων, τά- 259 A φους ἀνορυττόντων, μυρία ἐργαζομένων κακὰ, οὐκ ἀφίσταται τῆς εἰς ἅπαντας εὐεργεσίας, ἀλλὰ κοινὴν τὴν ἀκτῖνα, κοινοὺς τοὺς ὄμβρους, καὶ τοὺς καρποὺς τοὺς ἀπὸ τῆς γῆς προτίθησι, τὴν φιλανθρωπίαν ἐπιδεικνύμενος τὴν ἑαυτοῦ· οὕτω καὶ σὺ ποίησον, καὶ ὅταν ἐλέους καιρὸς ᾖ καὶ φιλανθρωπίας, διόρθου τὴν πενίαν, λύε τὸν λιμὸν, ἀπάλλαττε τῆς θλίψεως, μηδὲν περαιτέρω περιεργάζου. Εἰ γὰρ δὴ μέλλοιμεν βίους ἐρευνᾶσθαι, οὐδέποτε οὐδένα ἄνθρωπον ἐλεήσομεν· ἀλλ' ὑπὸ τῆς ἀκαίρου ταύτης πολυπραγμοσύνης ἐμποδισθέντες, ἄκαρποι καὶ πάσης ἔρημοι B βοηθείας διαμενοῦμεν, καὶ πολὺν ὑποστησόμεθα πόνον εἰκῇ καὶ μάτην. Διὸ δὴ παρακαλῶ τὴν ἄκαιρον ταύτην περιεργίαν ἐκβαλόντας, τοῖς δεομένοις διδόναι πᾶσι, καὶ μετὰ πολλῆς τοῦτο ποιεῖν τῆς δαψιλείας, ἵνα καὶ αὐτοὶ κατὰ τὴν ἡμέραν ἐκείνην πολλοῦ τοῦ ἐλέους καὶ τῆς παρὰ τοῦ Θεοῦ φιλανθρωπίας τύχωμεν· ἧς γένοιτο πάντας ἡμᾶς ἐπιτυχεῖν, χάριτι καὶ φιλανθρωπίᾳ τοῦ Κυρίου ἡμῶν Ἰησοῦ Χριστοῦ, μεθ' οὗ τῷ Πατρὶ, ἅμα τῷ ἁγίῳ Πνεύματι δόξα, κράτος, τιμὴ, νῦν καὶ ἀεὶ, καὶ εἰς τοὺς αἰῶνας τῶν αἰώνων. Ἀμήν.

rum malorum esse reos? Quod si Deus ita diligenter nos scrutaretur, ut nos causam pauperum, nullam veniam vel misericordiam consequeremur: *In quo* enim *judicio*, inquit, *judicabitis, judicabimini.* Matth. 7. 2. Esto igitur benignus humanusque conservo: multaque peccata dimitte, ac misericordiam exerce, ut et ipse talem impetres sententiam. Quid tibi ipsi negotia facessis? quid curiose scrutaris? Si Deus præcepisset ut aliorum vitam scrutaremur, rationes exposceremus, moresque curiose disquireremus, annon multi id moleste ferrent? annon intra se dicerent, Quid igitur hoc est? difficilem nobis rem Deus præscripsit: an possumus aliorum vitam examinare? num scimus quænam ille talis peccata admiserit? Annon multi similia plurima dicerent? Nunc vero, cum nos ab hujusmodi perquisitione liberavit, ac mercedem nobis perfectam se daturum pollicitus est, sive mali sive boni sint ii, qui accipiunt, nobis ipsis negotium facessimus. Et unde hoc liquet, inquies, quod sive bonis, sive malis dederimus, mercedem accepturi simus? Eo quod ipse dixerit: *Orate pro insectantibus, et calumniantibus vos, ut sitis similes Patris vestri, qui in cælis est, qui solem suum oriri facit super bonos et malos, et pluit super justos et injustos.* Matth. 5. 44. 45. Quemadmodum ergo Dominus tuus, cum innumeri ipsum blasphement, innumeri fornicentur, furentur, latrocinentur, sepulcra effodiant, infinita mala perpetrent, a suis erga omnes beneficiis non absistit; sed communes radios, communes imbres et fructus terræ profert, suam exhibens erga homines beneficentiam: sic et tu facito, et cum tempus misericordiæ humanitatisque exhibendæ adfuerit, pauperes fove, famem seda, ab ærumnis libera, nihil ulterius scrutare. Nam si vitam hominum curiose disquiramus, nullius umquam miserebimur: sed hac intempestiva curiositate præpediti, absque fructu, et omni adjumento destituti manebimus multumque laboris frustra et incassum suscipiemus. Quapropter rogo, inopportunam hanc curiositatem abjicientes, egenis omnibus largiamur, idque abundanter faciamus, ut et ipsi illo die magnam a Deo misericordiam et benignitatem consequamur; quam nos omnes obtinere contingat, gratia et benignitate Domini nostri Jesu Christi, quicum Patri, simulque sancto Spiritui gloria, imperium, honor, nunc et semper, et in sæcula sæculorum. Amen.

MONITUM

AD TRES SEQUENTES HOMILIAS IN ILLUD APOSTOLI,

HABENTES AUTEM EUMDEM SPIRITUM, ETC.

An Chrysostomi sint necne tres sequentes homiliæ ausus est quispiam dubitare, cum tamen ita sese prodat Chrysostomi stylus, dictio, tropus, ut si quis vel primoribus labris ejus conciones attigerit, eumdem ipsum S. doctorem loquentem statim agnoscat. Dubitandi causæ viro alioquin docto et facundo hujusmodi fuere: quod nempe hic concionator hom. I, num. 3, Semipelagianis favore videatur, cum dicit, de initio fidei loquens : *Neque enim Deus, neque Spiritus gratia nostrum prævenit propositum : sed tametsi vocet, exspectat tamen ut sponte et propria voluntate accedamus, ac tum demum, cum accesserimus, nobis suum totum exhibet auxilium.* Verum tum ex præcedentibus subsequentibusque hac in homilia Chrysostomi verbis, tum etiam ex aliis huic similibus per diversa ejus opera dispersis locis demonstrari potest, licet non pauca quæ supra dictis consonant, subinde apud Chrysostomum occurrant, eum tamen vere ad initium fidei gratiæ auxilium necessarium esse censuisse. Quia vero quæ ad gratiam spectant, nondum in controversiam vocata, necdum erant certis vocum limitibus circumscripta, ideo aliqua similia apud Chrysostomum, hæc obiter loquentem, occurrunt; unde si quis hinc νοθείας sententiam ferat, is plane in S. doctoris scriptis sese peregrinum esse comprobet. Verum alius ad hæc fusius pertractanda nobis est constitutus locus. Aliam dubitandi causam effert is ipse qui priorem protulit : Sub initium tertiæ homiliæ, inquit ille, hic scriptor dicit, a Pauli tempore quingentos elapsos annos esse, quæ longe recentiorem Chrysostomo auctorem arguant. Hanc vero nullam esse dubitandi rationem statim advertet, quisquis lectioni Chrysostomi assuetus, perpetuam ejus in annorum calculis negligentiam observaverit. Sic non semel ille annos quingentos enumerat a postrema templi Jerosolymitani destructione, quæ aliquot annis Pauli mortem subsequuta est. Sic et alibi passim ἀναχρονισμοὶ, in scriptore nempe temporum rationem parum curante, deprehenduntur.

Antiochiæ habitas fuisse tres basce conciones, arguunt ea, quæ de monachis habet, verticem mon-
260 tium occupantibus, asperamque vitæ rationem agentibus. Quos sane monachos in vicinis montibus degentes, in Antiochenis homiliis sæpe commemorat, secus vero in Constantinopolitanis. De anno autem ne conjectura quidem loqui possumus. In hisce porro homiliis de eroganda eleemosyna præcipue agitur : quod argumentum summe est a Chrysostomo frequentatum. In secundæ homiliæ priore parte multa contra Manichæos effert, pluribusque demonstrat, Vetus Testamentum cum Novo consonare, atque unum et eumdem esse utriusque legislatorem.

Interpretatio Latina est Sigismundi Gelenii, quam aliquot in locis castigavimus.

[a] ΕΙΣ ΤΗΝ ΑΠΟΣΤΟΛΙΚΗΝ ΡΗΣΙΝ,

Τὴν λέγουσαν, Ἔχοντες δὲ τὸ αὐτὸ πνεῦμα τῆς πίστεως, κατὰ τὸ γεγραμμένον· καὶ εἰς τὸ, Ἐπίστευσα, διὸ ἐλάλησα, καὶ περὶ ἐλεημοσύνης.

Οἱ σοφώτατοι τῶν ἰατρῶν ἐπειδὰν ἴδωσιν ἕλκος σιδήρου δεόμενον, ἐπάγουσι μὲν τὴν τομὴν, ἐπάγουσι δὲ οὐκ ἀναλγήτως, οὐδὲ ἀσυμπαθῶς, ἀλλὰ καὶ ἀλγοῦσι καὶ χαίρουσιν αὐτῶν οὐχ ἧττον τῶν τεμνομένων· καὶ ἀλγοῦσι μὲν διὰ τὴν ἐκ τῆς πληγῆς γινομένην ὀδύνην, χαίρουσι δὲ διὰ τὴν ἐξ αὐτῆς τικτομένην ὑγίειαν. Τοῦτο καὶ ὁ Παῦλος ἐποίησεν ὁ σοφὸς τῶν ψυχῶν ἰατρός. Κορινθίοις γάρ ποτε δεομένοις ἐπιτιμήσεως σφοδροτέρας ἐπιτιμήσας, καὶ ἥσθη καὶ ἐλυπήθη· ἐλυπήθη μὲν, ὅτι ὠδύνησεν, ἥσθη δὲ, ὅτι ὠφέλησε. Καὶ ἀμφότερα ταῦτα δηλῶν, ἔλεγεν· Ὥστε εἰ καὶ ἐλύπησα ὑμᾶς ἐν τῇ προτέρᾳ ἐπιστολῇ, οὐ μεταμέλομαι, εἰ καὶ μετεμελόμην. Διὰ τί μετεμέλου; διὰ τί δὲ πάλιν οὐ μεταμέλῃ; Μετεμελόμην, ἐπειδὴ σφοδρότερον ἔπληξα· οὐ μεταμέλομαι, ἐπειδὴ διώρθωσα. Καὶ ἵνα μάθῃς ὅτι διὰ τοῦτο, ἄκουσον τῶν ἑξῆς· Βλέπω γὰρ, ὅτι ἡ ἐπιστολὴ ἐκείνη, εἰ καὶ πρὸς ὥραν, ἐλύπησεν ὑμᾶς· νῦν χαίρω, οὐχ ὅτι ἐλυπήθητε, ἀλλ' ὅτι ἐλυπήθητε εἰς μετάνοιαν. Εἰ καὶ πρὸς ὥραν ἐλύπησα ὑμᾶς, [b] τὸ λυπητήριον πρόσκαιρον, φησὶ, τὸ δὲ ὠφέλιμον διηνεκές. Δότε δή κἀμοὶ ταῦτα τὰ ῥήματα, παρακαλῶ, πρὸς τὴν ἀγάπην τὴν ὑμετέραν εἰπεῖν· ὥστε εἰ καὶ ἐλύπησα ὑμᾶς ἐπὶ τῇ προτέρᾳ παραινέσει, οὐ μεταμέλομαι, εἰ καὶ μετεμελόμην· βλέπω γὰρ, ὅτι ἡ παραίνεσις ἐκείνη καὶ ἡ συμβουλὴ, εἰ καὶ πρὸς ὥραν ὑμᾶς ἐλύπησεν, ἀλλ' ἡμᾶς μειζόνως ηὔφρανεν, Οὐχ ὅτι ἐλυπήθητε, ἀλλ' ὅτι ἐλυπήθητε εἰς μετάνοιαν. Ἰδοὺ γὰρ αὐτὸ τοῦτο τὸ κατὰ Θεὸν λυπηθῆναι ὑμᾶς πόσην κατειργάσατο ἐν ὑμῖν σπουδήν; Λαμπρότερος ἡμῖν σήμερον ὁ σύλλογος, φαιδρότερον τὸ θέατρον, πλείων τῶν ἀδελφῶν ὁ χορός. Αὕτη ἡ σπουδὴ τῆς λύπης ἐκείνης καρπός. Διὰ τοῦτο, ὅσον ὠδυνήθην τότε, τοσοῦτον νῦν χαίρω, ὁρῶν τὴν ἄμπελον ἡμῖν τὴν πνευματικὴν τῷ καρπῷ βριθομένην. Εἰ γὰρ ἐπὶ τῶν ἐδεσμάτων τῶν αἰσθητῶν φέρει τινὰ φιλοτιμίαν καὶ εὐφροσύνην τῷ καλοῦντι τῶν δαιτυμόνων τὸ πλῆθος, πολλῷ μᾶλλον ἐπὶ τῶν ἐδεσμάτων τῶν πνευματικῶν τοῦτο γένοιτ' ἄν· καίτοι γε ἐκεῖ τὸ πλῆθος τῶν κεκλημένων μᾶλλον ἀναλίσκει τὰ παρακείμενα, καὶ δαπάνην ἐργάζεται πλείω· ἐνταῦθα δὲ

DE VERBIS APOSTOLI,

Habentes autem eumdem spiritum fidei, sicut 2. *Cor.* 4.
scriptum est. *Item de his verbis*, Credidi, 13.
propter quod locutus sum, et *de eleemo-* *Psal.* 115. 10.
syna.

1. Sapientissimi medici ubi vident ulcus egere ferro, admovent quidem sectionem, sed hoc faciunt non sine affectu, et commiseratione, verum et mœrent et gaudent non minus quam ipsi qui secantur: mœrent quidem propter dolorem quem secando inferunt, gaudent autem propter sanitatem, quæ hoc modo comparatur. Idem et Paulus fecit, sapiens ille animarum medicus. Corinthios enim cum acriori objurgatione opus haberent increpans, lætatus est simul et tristatus: tristabatur quod dolorem inferret, lætabatur quod prodesset. Et utrumque hoc significans dicebat: *Quare etiamsi contristavi* 2. *Cor.* 7.
vos per priorem epistolam, non me pœnitet, 8.
tametsi pœnituerat. Cur pœnituerat? et cur non pœnitet? Pœnituerat, quia acrius objurgavi; non pœnitet, quia erratum correxi. Et ut scias hanc esse causam, audi quid sequatur: *Video* *Ibid.* v. 9.
namque quod epistola illa, tametsi ad tempus, contristavit vos: nunc gaudeo, non quod contristati fueritis, sed quod contristati sitis ad pœnitentiam. Etiamsi ad tempus vos contristavi, molestia illa momentanea fuit, inquit: utilitas autem ejus perpetua. Permittite nunc mihi quoque his verbis apud dilectionem vestram uti: quare etiamsi contristavi vos per priorem admonitionem, non me pœnitet, tametsi pœnituerat: video enim admonitionem illam et consilium, tametsi ad tempus vos contristavit, mihi tamen magnam lætitiam attulisse, *Non quod contristati fueritis, sed quod contristati* *Ibid.*
sitis ad pœnitentiam. Ecce enim hoc ipsum quod contristati estis secundum Deum, quantum in vobis excitavit alacritatis? Luculentior est hodie noster conventus, festivius nostrum theatrum, numerosior fratrum chorus. Hæc ipsa alacritas tristitiæ illius est fructus. Ideo quantum tunc indolui, tantum nunc gaudeo, videns spiritualem hanc nostram vineam fructibus refertam. Si enim in vulgaribus istis conviviis

[a] Collata cum Codicibus Mss. Colb. 970 et 1030.

[b] Unus Mss. habet τὸ λυπηρόν.

honorem quemdam et hilaritatem convivatori affert convivarum frequentia, quanto magis in spiritualibus his conviviis idem fieri convenit: quamvis illic invitatorum multitudo magis absumat ea, quæ apponuntur, majorique sit sumtui: hic autem contra, nedum absumat mensas vocatorum multitudo, abundantiam quoque parit; quod si illic sumtus voluptatem affert, quanto magis hic idem faciet accessio et reditus? Hæc est enim spiritualium rerum natura, quo pluribus distribuuntur, hoc amplios crescunt. Quoniam igitur video refertam convivis mensam, exspecto etiam Spiritus gratiam menti nostræ insonaturam. Quando enim multos adesse videt, tunc copiosiores epulas apponere solet; non quod paucos fastidiat, sed quod multorum salutem desideret. Hac de causa Paulum quoque prætercurrentem cæteras urbes, apud Corinthum commorari Christus per visionem jussit, dicens:
Act. 18. 9. 10. *Noli timere, sed loquere*, et *ne taceas, quoniam populus est mihi multus in hac civitate.* Si enim propter unam oviculam montes et nemora et inaccessa loca pervagatus est pastor, qui fieri potest ut non longe majorem curam adhibeat, quoties multæ oves a socordia et errore sunt revocandæ? Quod enim ne paucas
Matth. 18. 14. quidem contemnat, audi ipsum dicentem: *Non est voluntas Patris mei, ut pereat vel unus ex istis parvulis.* Neque paucitas, inquit, neque vilitas inducit eum, ut negligat salutem nostram.

Dona spiritualia largitione crescunt.

Corinthi commorari cur jussus Paulus.

261 A τοὐναντίον, οὐ μόνον οὐκ ἀναλίσκει τὸ πλῆθος τῶν κεκλημένων, ἀλλὰ καὶ πλεονάζει τὴν τράπεζαν· εἰ δὲ ἐκεῖ ἡ δαπάνη ἡδονὴν ἐργάζεται, πολλῷ μᾶλλον ἐνταῦθα [a] πρόσοδος τοῦτο ἐργάσεται· καὶ γὰρ τοιαύτη τῶν πνευματικῶν ἡ φύσις, εἰς πολλοὺς διανεμομένη, μᾶλλον αὔξεται. Ἐπεὶ οὖν πλήρης ἡμῖν ἡ τράπεζα, προσδοκῶ καὶ τὴν τοῦ Πνεύματος χάριν ἐνηχῆσαι ἡμῶν τῇ διανοίᾳ. Ὅταν γὰρ ἴδῃ πολλοὺς παρόντας, τότε δαψιλεστέραν παρατίθεται τὴν ἑστίασιν· οὐχ ἐπειδὴ τῶν ὀλίγων καταφρονεῖ, ἀλλ' ἐπειδὴ τῆς τῶν πολλῶν ἐφίεται σωτηρίας. Διὰ τοῦτο καὶ τὸν Παῦλον παρατρέχοντα τὰς ἄλλας πόλεις, ἐν Κορίνθῳ μένειν B ἐκέλευσε φανεὶς ὁ Χριστὸς, καὶ εἰπών· Μὴ φοβοῦ, ἀλλὰ λάλει, καὶ μὴ σιωπήσῃς, διότι λαὸς πολύς ἐστί μοι ἐν τῇ πόλει ταύτῃ. Εἰ γὰρ ὑπὲρ ἑνὸς προβάτου ὄρη καὶ νάπας καὶ τὴν ἄβατον ἔπεισι χώραν ὁ ποιμὴν, ὅταν πολλὰ πρόβατα μέλλῃ ῥαθυμίας καὶ πλάνης ἀπάγειν, πῶς οὐ πολλὴν ἐπιδείξεται σπουδήν; Ὅτι γὰρ οὐδὲ τῶν ὀλίγων καταφρονεῖ, ἄκουσον αὐτοῦ λέγοντος· Οὐκ ἔστι θέλημα τοῦ Πατρός μου, ἵνα ἀπόληται ἓν τῶν μικρῶν τούτων. Οὔτε οὖν ἡ ὀλιγότης, φησὶν, οὔτε ἡ εὐτέλεια ὑπεριδεῖν αὐτὸν πείθει τῆς σωτηρίας ἡμῶν.

2. Quando igitur tantam habet parvulorum ac paucorum curam, tantam etiam multorum, toti ab ejus favore pendentes, ad Pauli verba
2. Cor. 5. 1. quæ hodie lecta sunt, sermonem flectamus. *Scimus*, inquit, *quod si terrenum nostrum domicilium hujus tabernaculi destructum fuerit.* Imo vero altius et ad ipsum exordium hujus sententiæ redeamus. Quemadmodum enim qui fontem pervestigant, invento riguo loco non illic solum fodiunt, sed humorem eum, et venam sequentes interius scrutantur, donec ad caput ipsum et initium fluentorum perveniant, sic et nos faciamus. Posteaquam invenimus spiritualem fontem e Paulina sapientia manantem, verba hæc tamquam venam quampiam sequendo ad caput ipsum sententiæ ascendamus. Quod est igitur
2. Cor. 4. 13. Psal. 115. 10. illud fontis caput? *Habentes igitur eumdem spiritum fidei, sicut scriptum est, Credidi*

C Ἐπεὶ οὖν τοσαύτη μὲν αὐτῷ τῶν μικρῶν καὶ ἐλαχίστων ἡ πρόνοια, τοσαύτη δὲ τῶν πολλῶν, τὸ πᾶν ἐπὶ τὴν ἐκεῖθεν ῥοπὴν ῥίψαντες, ἐπὶ τὴν Παύλου ῥῆσιν τὴν σήμερον ἀναγνωσθεῖσαν τὸν λόγον ἀγάγωμεν. [b] Τίς δὲ ἡ ῥῆσις; Οἴδαμεν γὰρ, ὅτι ἐὰν ἡ ἐπίγειος ἡμῶν οἰκία τοῦ σκήνους, φησὶ, καταλυθῇ. Μᾶλλον δὲ ἀνωτέρω καὶ ἐπ' αὐτὴν τὴν κεφαλὴν τοῦ νοήματος ἴωμεν. Καθάπερ γάρ τινες πηγὴν ἀνιχνεύοντες, εἶτα διάβροχον ἰδόντες χωρίον, οὐκ ἐκεῖ διασκάπτουσι μόνον, ἀλλ' ὑπὸ τῆς νοτίδος αὐτῆς καὶ τῆς φλεβὸς χειD ραγωγούμενοι ἐνδοτέρω χωροῦσιν, ἕως ἂν ἐπὶ τὴν ῥίζαν καὶ τὴν ἀρχὴν τῶν ναμάτων ἔλθωσιν· οὕτω δὴ καὶ ἡμεῖς ποιήσωμεν. Πηγὴν εὑρόντες πνευματικὴν ἐκ τῆς Παύλου σοφίας ἐξιοῦσαν, ὥσπερ ὑπό τινος φλεβὸς τῆς ῥήσεως χειραγωγούμενοι, πρὸς τὴν ῥίζαν αὐτὴν ἀναβῶμεν τοῦ νοήματος. Τίς οὖν ἐστιν ἡ κεφαλὴ καὶ ἡ ῥίζα; Ἔχοντες δὲ τὸ αὐτὸ πνεῦμα τῆς πίστεως, κατὰ τὸ γεγραμμένον· Ἐπίστευσα, διὸ

[a] Alii πρόσοδον.

[b] [Verba τίς δὲ ἡ ῥῆσις omittit Cod. 748. nec legisse videtur Gelenius.]

ἐλάλησα· καὶ ἡμεῖς πιστεύομεν, διὸ καὶ λαλοῦμεν. Τί λέγεις; ἂν μὴ πιστεύσῃς, οὐ λαλεῖς, ἀλλὰ ἄφωνος ἕστηκας; Ναὶ, φησίν· οὐδὲ διᾶραι στόμα δύναμαι χωρὶς πίστεως, οὐδὲ κινῆσαι γλῶτταν, οὐδὲ ἀνοῖξαι χείλη, ἄφωνος ὁ λογικὸς ἕστηκα χωρὶς τῆς ἐκεῖθεν διδασκαλίας. Καθάπερ γὰρ, ῥίζης μὴ πεφυτευμένης, οὐκ ἂν βλαστήσειε καρπός· οὕτω, πίστεως μὴ προκαταβεβλημένης, οὐκ ἂν προέλθοι διδασκαλίας λόγος. Διὰ τοῦτο καὶ ἀλλαχοῦ φησι· Καρδίᾳ πιστεύεται εἰς δικαιοσύνην, στόματι δὲ ὁμολογεῖται εἰς σωτηρίαν. Τί τοῦ δένδρου τούτου βέλτιον, ἢ ἴσον γένοιτ' ἂν, ὅταν μὴ οἱ κλάδοι μόνον, ἀλλὰ καὶ αὐτὴ ἡ ῥίζα φέρῃ καρπὸν, ἡ μὲν δικαιοσύνην, οἱ δὲ σωτηρίαν; Διὰ τοῦτό φησι· Πιστεύομεν, διὸ καὶ λαλοῦμεν. Καθάπερ γὰρ τὰ ὑπότρομα μέλη καὶ τῷ γήρᾳ παρειμένα βακτηρία μετὰ ἀσφαλείας χειραγωγοῦσα οὐκ ἀφίησιν ὀλισθῆσαι καὶ καταπεσεῖν, οὕτω δὴ καὶ τὴν ψυχὴν τὴν ἡμετέραν σεσαλευμένην καὶ περιφερομένην ὑπὸ τῆς τῶν λογισμῶν ἀσθενείας, βακτηρίας ἀσφαλέστερον ἡ πίστις ἕλκουσα, καὶ τῇ τῆς οἰκείας ἰσχύος ἐπαναπαύουσα δυνάμει, στηρίζει μετὰ ἀκριβείας, καὶ οὐκ ἀφίησιν ὑποσκελισθῆναί ποτε, τὸ τῶν λογισμῶν ἀσθενὲς τῇ τῆς οἰκείας ἰσχύος περιουσίᾳ διορθουμένη, καὶ τὸν ἐξ αὐτοῦ ἀπελαύνουσα ζόφον, καὶ τὴν ψυχὴν, ὥσπερ ἐν οἴκῳ σκοτεινῷ, τῷ θορύβῳ τῶν λογισμῶν καθημένην τῷ οἰκείῳ φωτὶ καταυγάζουσα. Διὰ τοῦτο οἱ ταύτης ἀπεστερημένοι, τῶν ἐν σκότει διατριβόντων οὐδὲν ἄμεινον διάκεινται, ἀλλ' ὥσπερ ἐκεῖνοι καὶ τοίχοις προσπταίουσι, καὶ τοῖς ἀπαντῶσι προσρήγνυνται, καὶ εἰς βάραθρα καὶ κρημνοὺς καταφέρονται, καὶ τῶν ὀφθαλμῶν αὐτοῖς ὄφελος οὐδὲν, οὐκ ὄντος τοῦ χειραγωγοῦντος φωτός· οὕτω καὶ οἱ τῆς πίστεως ἀπεστερημένοι, καὶ ἀλλήλοις προσεῤῥάγησαν, καὶ τοίχοις προσέπταισαν, καὶ τέλος εἰς τὸ τῆς ἀπωλείας βάραθρον φέροντες ἑαυτοὺς κατεκρήμνισαν.

Καὶ μάρτυρες τῶν λόγων τούτων οἱ τὴν ἔξωθεν αὐχοῦντες σοφίαν, οἱ μέγα ἐπὶ τῷ πώγωνι, καὶ τῷ τρίβωνι, καὶ τῇ βακτηρίᾳ φρονοῦντες. Μετὰ γὰρ μακροὺς καὶ πολλοὺς διαύλους λόγων, τοὺς πρὸ τῶν ὀφθαλμῶν κειμένους λίθους οὐκ εἶδον· εἰ γὰρ ὡς λίθους αὐτοὺς ἑώρων, οὐκ ἂν αὐτοὺς ἐνόμισαν εἶναι θεούς. Καὶ ἀλλήλοις δὲ προσεῤῥάγησαν, καὶ εἰς αὐτὸν τῆς ἀσεβείας τὸν βαθύτατον κρημνὸν κατηνέχθησαν, οὐδαμόθεν ἄλλοθεν, ἀλλ' ἢ διὰ τὸ λογισμοῖς ἐπιτρέψαι τὰ καθ' ἑαυτοὺς ἅπαντα. Καὶ τοῦτο ὁ Παῦλος δηλῶν ἔλεγεν· Ἐματαιώθησαν ἐν τοῖς διαλογισμοῖς αὐτῶν, καὶ ἐσκοτίσθη ἡ ἀσύνετος αὐτῶν καρδία· φάσκοντες εἶναι σοφοὶ, ἐμωράνθησαν. Εἶτα λέγων τοῦ σκότους καὶ τῆς μωρίας τὴν ἀπόδειξιν, ἐπήγαγεν· Ἤλλαξαν τὴν δόξαν τοῦ ἀφθάρτου Θεοῦ ἐν ὁμοιώματι εἰκόνος φθαρτοῦ ἀνθρώπου, καὶ πετεινῶν, καὶ τετραπόδων, καὶ ἑρπετῶν. Ἀλλὰ τοῦτο ἅπαν τὸ σκότος

propter quod loquutus sum : et *nos credimus, quapropter* et *loquimur*. Quid ais? nisi credideris, non loqueris, sed mutus perstas? Etiam,
E inquit; neque diducere os possum sine fide, neque movere linguam, neque aperire labia, ratione præditus cum sim, mutus persto nisi fides loqui me doceat. Sicut enim planta absque radice fructum non profert, ita absque fidei fundamento non provenit sermo doctrinæ : quapropter et alibi inquit : *Corde creditur ad justitiam, ore* Rom. 10. 10.
autem confessio fit ad salutem. Quid huic arbori vel præferri vel conferri potest, cujus quidem non rami solum, sed radix quoque ipsa fert fructum, hæc justitiam, illi salutem? Ideo dicit : *Credimus, quapropter et loquimur*. Sicut enim Fides cum baculo comparata.
262 membra tremula, et senectute languida, baculo
A tuto deducente, labi et cadere non permittuntur : sic etiam animam nostram infirmis ratiocinationibus circumactam ac jactatam fides quovis baculo tutius sustentans, suaque vi reficiens, summopere firmat, nec sinit subverti, infirmas cogitationes corrigens præstantia suæ virtutis, et caliginem illam dispellens, animamque velut in domicilio tenebroso inter tumultuantes cogitationes sedentem suo lumine illustrans. Hinc fit, ut qui illa carent, nihilo potiore sint conditione, quam qui in tenebris vitam degunt : sed sicut illi et ad parietes et in obvia quæque impingunt, et
B in foveas ac præcipitia prolabuntur, nec ullum usum oculorum habent, ut quibus nihil præluceat : sic etiam quotquot fide carent, et inter se alii in alios incursant, et in ipsos parietes, et postremo in barathrum aliquod exitiale ultro se ipsi præcipitant.

3. Testes mihi sunt illi qui profanam sapientiam jactant, qui multum sibi promissa barba, Philosophos ridet profanos.
tritoque pallio ac baculo placent. Post longas enim ac sæpe repetitas dissertationes, lapides præ oculis sitos non vident : si enim ut lapides
C eos cernerent, nequaquam eos deos esse putarent. Quin ipsi quoque in alios alii feruntur, atque inter se colliduntur, ut in ipsum impietatis profundissimum præcipitium devolvantur, non aliam ob rem, quam quod ratiocinationibus suis omnia sua permittunt. Id vero Paulus significans dicit: *Evanuerunt in cogitationibus suis, et obtenebratum est insipiens cor eorum : cum se crederent esse sapientes, stulti facti sunt*. Rom. 1. 21. 22.
Declarans deinde quam occæcati et stulti essent, addit hæc verba : *Mutaveruntque gloriam incorruptibilis* Ib. v. 23.
Dei in similitudinem imaginis corruptibilis

hominis, et volatilium, et quadrupedum, et *reptilium*. Sed has tenebras fides adventu suo in universum discutit in anima, quæ se hospitio dignata fuerit : et quemadmodum navem ventorum impetu jactatam, et fluctuum assultu inundatam, demissa ancora omnino stabilit, et vel in medio pelago radicat : ita etiam mentem nostram extraneis cogitationibus jactatam adventu suo fides tutius quam ancora ex imminenti naufragio liberat, tamquam in tranquillum portum, in conscientiæ certitudinem deducens. Quod et ipsum Paulus significans dicit : *Propterea dedit Deus apostolos ad consummationem sanctorum, donec occurramus omnes in unitatem fidei et agnitionis Filii Dei, ut ne amplius simus parvuli fluctuantes, et quovis vento huc atque illuc jactati.* Vides fidei facinus præclarum, quod ceu ancora quæpiam tutissima, a fluctuatione liberat : sicut idem rursus ad Hebræos scribit, hoc modo de fide loquens : *Quam velut ancoram tenemus animæ, tutam firmamque, et introeuntem usque ad ea quæ sunt intra velum.* Ne enim audita ancora putes deorsum te trahendum, ostendit novum esse quoddam ancoræ genus, quæ non deprimat, sed sursum mentem elevet, ad cælum usque sublatam, et intra velum ceu manu deductam : velum enim hoc loco cælum vocavit. Cur, aut quam ob causam ? Quia sicut velum ab exteriore parte tabernaculi dirimebat sancta sanctorum, ita cælum istud tanquam velum medium inter creaturam objectum, ab exteriore tabernaculo, hoc est mundo hoc quem videmus, dirimit sancta sanctorum, videlicet ea quæ supra se sunt, quo præcursor pro nobis ingressus est Christus.

Fides cum ancora collata.

Ephes. 4. 11.—14.

Hebr. 6. 19.

ἐπεισελθοῦσα ἡ πίστις διεσκέδασεν ἐκ τῆς ψυχῆς τοῦ D ὑποδεξαμένου αὐτήν· καὶ καθάπερ πλοῖον [a] ὑπὸ τῆς τῶν πνευμάτων ἐμβολῆς κλυδωνιζόμενον καὶ ταῖς τῶν κυμάτων ἐπαναστάσεσι περιαντλούμενον ἐξαρτηθεῖσα ἄγκυρα πάντοθεν ἵστησι, καὶ ἐν μέσῳ ῥιζοῖ τῷ πελάγει· οὕτω δὴ καὶ τὸν νοῦν τὸν ἡμέτερον ὅταν οἱ προσπίπτοντες ἔξωθεν λογισμοὶ κλυδωνίζωσιν, ἀγκύρας ἀσφαλέστερον ἐπεισελθοῦσα ἡ πίστις ἀπαλλάττει τοῦ ναυαγίου, ὥσπερ ἐν γαληνῷ λιμένι, τῇ τοῦ συνειδότος πληροφορίᾳ τὸ σκάφος ὁρμίζουσα. Καὶ αὐτὸ τοῦτο πάλιν ὁ Παῦλος δηλῶν ἔλεγεν, ὅτι Διὰ τοῦτο ἔδωκεν ἀποστόλους ὁ Θεὸς πρὸς καταρτισμὸν τῶν ἁγίων, μέχρι καταντήσωμεν οἱ πάντες εἰς τὴν ἑνότητα τῆς E πίστεως καὶ τῆς ἐπιγνώσεως τοῦ Υἱοῦ τοῦ Θεοῦ· ἵνα μηκέτι ὦμεν νήπιοι κλυδωνιζόμενοι καὶ περιφερόμενοι παντὶ ἀνέμῳ. Ὁρᾷς τῆς πίστεως τὸ κατόρθωμα, ὅτι ὡς ἄγκυρά τις ἀσφαλὴς, οὕτως ἐκβάλλει τὸν σάλον· ὅπερ οὖν καὶ αὐτὸς πάλιν Ἑβραίοις ἐπιστέλλει, οὑτωσὶ λέγων περὶ τῆς πίστεως· Ἣν ὡς ἄγκυραν ἔχομεν τῆς ψυχῆς ἀσφαλῆ, καὶ βεβαίαν, καὶ εἰσερχομένην εἰς τὸ ἐσώτερον τοῦ καταπετάσματος. 263 Ἵνα γὰρ ἀκούσας ἄγκυραν, μὴ νομίσῃς κάτω καθέλ- A κεσθαι, δείκνυσιν, ὅτι καινή τις αὕτη τῆς ἀγκύρας ἡ φύσις, οὐ κάτω πιέζουσα, ἀλλ' ἄνω κουφίζουσα τὴν διάνοιαν, καὶ πρὸς τὸν οὐρανὸν μεθιστῶσα, καὶ εἰς τὸ ἐσώτερον τοῦ καταπετάσματος χειραγωγοῦσα· καταπέτασμα γὰρ ἐνταῦθα τὸν οὐρανὸν ἐκάλεσε. Τίνος ἕνεκα, καὶ διὰ τί; Ὅτι καθάπερ τὸ καταπέτασμα ἀπὸ τῆς ἔξω σκηνῆς διεῖργε τὰ ἅγια τῶν ἁγίων, οὕτω δὴ καὶ ὁ οὐρανὸς οὗτος, ὥσπερ καταπέτασμα, μέσος τῆς κτίσεως παρεμβεβλημένος ἀπὸ τῆς ἔξω σκηνῆς, τοῦτ' ἔστι, τοῦ κόσμου τούτου τοῦ βλεπομένου, διείργει τὰ ἅγια τῶν ἁγίων, τὰ ἄνω λέγων καὶ τὰ ὑπὲρ αὐτῶν, ὅπου πρόδρομος ὑπὲρ ἡμῶν εἰσῆλθε Χριστός.

4. Quod autem dicit, sic intelligendum est : Illuc, inquit, animam nostram sublimem attollit fides, non sinens ullis præsentibus malis deprimi, sed spe futurorum labores allevans. Qui enim futura spectat, cælestia sperans, et mentis oculos illo dirigens, ne sentit quidem præsentium malorum molestiam, quemadmodum neque Paulus sentiebat, et hujus philosophiæ causam docebat dicens : *Nam momentanea levitas afflictionis nostræ mire supra modum æternum pondus gloriæ parit nobis.* Quomodo et qua ratione? *Dum non spectamus ea quæ videntur, sed ea quæ non videntur*, nimirum oculis fidei. Sicut enim corporis oculi nihil vident in-

2. Cor. 4. 17.

Ib. v. 18.

B Ὃ δὲ λέγει τοιοῦτόν ἐστιν· ἐκεῖ μετεωρίζει τὴν ψυχὴν τὴν ἡμετέραν, φησὶν, ἡ πίστις, οὐκ ἀφιεῖσα οὐδενὶ τῶν παρόντων δεινῶν ταπεινωθῆναι, ἀνακουφίζουσα τοὺς πόνους τῇ τῶν μελλόντων ἐλπίδι. Ὁ γὰρ πρὸς τὰ μέλλοντα ἀφορῶν, καὶ τὴν ἐκ τῶν οὐρανῶν ἀναμένων ἐλπίδα, καὶ τοὺς ὀφθαλμοὺς τῆς διανοίας ἐκεῖ μετάγων, οὐδὲ αἰσθάνεται τῆς ὀδύνης τῶν ἐν τῷ παρόντι δεινῶν, ὥσπερ οὖν οὐδὲ Παῦλος ᾐσθάνετο, καὶ τὴν αἰτίαν τῆς φιλοσοφίας ἐδίδασκε, λέγων· Τὸ γὰρ παραυτίκα ἐλαφρὸν τῆς θλίψεως καθ' ὑπερβολὴν C εἰς ὑπερβολὴν αἰώνιον βάρος δόξης ἡμῖν κατεργάζεται. Πῶς, καὶ τίνι τρόπῳ; Μὴ σκοπούντων ἡμῶν τὰ βλεπόμενα, ἀλλὰ τὰ μὴ βλεπόμενα διὰ τῶν τῆς πίστεως ὀφθαλμῶν. Ὥσπερ γὰρ οἱ τοῦ σώματος οὐδὲν

a Mss. ὑπὲρ τῆς, Editi ὑπὸ τῆς.

βλέπουσι νοητὸν, οὕτως οἱ τῆς πίστεως οὐδὲν βλέπουσιν αἰσθητόν. Ἀλλὰ ποίαν πίστιν ἐνταῦθα λέγει ὁ Παῦλος; τὸ γὰρ τῆς πίστεως ὄνομα διπλῆν ἔχει τὴν σημασίαν. Καὶ γὰρ πίστις λέγεται, καθ' ἣν τὰ σημεῖα ἐποίουν τότε οἱ ἀπόστολοι, περὶ ἧς ὁ Χριστὸς ἔλεγεν· Ἐὰν ἔχητε πίστιν, ὡς κόκκον σινάπεως, ἐρεῖτε τῷ ὄρει τούτῳ, μετάβηθι, καὶ μεταβήσεται. Καὶ πάλιν, ὅτε τὸν σεληνιαζόμενον οὐκ ἴσχυσαν ἀπαλλάξαι τοῦ δαίμονος οἱ μαθηταὶ, καὶ τὴν αἰτίαν ἐβούλοντο μα- [D] θεῖν, ταύτην αὐτοῖς ᾐνίξατο τὴν ἔλλειψιν τῆς πίστεως, λέγων· Διὰ τὴν ἀπιστίαν ὑμῶν. Καὶ ὁ Παῦλος δὲ περὶ αὐτῆς ἔλεγεν· Ἐὰν ἔχω πίστιν, ὥστε ὄρη μεθιστάνειν. Καὶ ὅτε δὲ καταποντίζεσθαι ἔμελλε πεζῇ βαδίζων ἐπὶ τῆς θαλάσσης ὁ Πέτρος, αὐτὸ τοῦτο πάλιν ἐνεκάλεσεν ὁ Χριστὸς, εἰπών· Εἰς τί ἐδίστασας, ὀλιγόπιστε; Λέγεται τοίνυν πίστις ἡ τῶν σημείων καὶ τῶν θαυμάτων ποιητική· λέγεται δὲ πίστις καὶ ἡ τῆς εἰς τὸν Θεὸν γνώσεως παρασκευαστικὴ, καθ' ἣν ἕκαστος ἡμῶν ἐστι πιστός· ὡς ὅταν λέγῃ γράφων Ῥωμαίοις· Εὐχαριστῶ τῷ Θεῷ μου διὰ Ἰησοῦ Χριστοῦ, ὅτι ἡ πίστις ὑμῶν ἐν ὅλῳ τῷ κόσμῳ καταγγέλλεται· καὶ Θεσσαλονικεῦσι πάλιν· Ἀφ' ὑμῶν γὰρ [E] ἐξήχηται ὁ λόγος τοῦ Θεοῦ, οὐ μόνον ἐν τῇ Μακεδονίᾳ, ἀλλὰ καὶ ἐν τῇ Ἀχαΐᾳ, καὶ ἐν παντὶ τόπῳ ἡ πίστις ὑμῶν ἡ πρὸς τὸν Θεὸν ἐξελήλυθε. Ποίαν οὖν αἰνίσσεται ἐνταῦθα πίστιν; Εὔδηλον, ὅτι τὴν τῆς γνώσεως· καὶ δηλοῖ τὰ ἑξῆς. Πιστεύομεν γὰρ, φησὶ, διὸ καὶ λαλοῦμεν. Τί πιστεύομεν; Ὅτι ὁ ἐγείρας Ἰησοῦν, καὶ ἡμᾶς ἐγερεῖ διὰ τῆς δυνάμεως. Ἀλλὰ διὰ τί Πνεῦμα πίστεως αὐτὴν καλεῖ, καὶ εἰς τὴν τῶν χαρισμάτων καταλέγει τάξιν; Εἰ γὰρ χάρισμά ἐστιν ἡ πίστις, καὶ τῆς τοῦ Πνεύματος δωρεᾶς μόνον, ἀλλ' οὐχ ἡμέτερον κατόρθωμα, οὔτε οἱ ἀπιστοῦντες κολα- [264] [A] σθήσονται, οὔτε οἱ πιστεύοντες ἐπαινεθήσονται. Τοιαύτη γὰρ τῶν χαρισμάτων ἡ φύσις, οὐκ ἔχει στεφάνους, οὔτε ἀμοιβάς. Οὐ γὰρ τῶν δεξαμένων τὸ δῶρόν ἐστι κατόρθωμα, ἀλλὰ τῆς τοῦ παρεσχηκότος φιλοφροσύνης χάρισμα. Διὰ τοῦτο καὶ τοῖς μαθηταῖς ἐκέλευσε μὴ χαίρειν ἐπὶ τῷ δαίμονας ἐκβάλλειν, καὶ τοὺς ἐπὶ τῷ ὀνόματι αὐτοῦ προφητεύσαντας καὶ δυνάμεις πολλὰς ποιήσαντας ἐξέβαλε τῆς βασιλείας τῶν οὐρανῶν, ἐπειδὴ ἀπὸ κατορθωμάτων μὲν οἰκείων οὐδεμίαν εἶχον παῤῥησίαν, ἀπὸ δὲ χαρισμάτων ἐβούλοντο σώζεσθαι μόνον.

Εἰ τοίνυν καὶ ἡ πίστις τοιοῦτόν ἐστι, καὶ οὐδὲν [B] ἡμεῖς εἰσηνέγκαμεν, ἀλλὰ τὸ πᾶν τῆς τοῦ Πνεύματός ἐστι χάριτος, καὶ ἐκείνη ταῖς ἡμετέραις αὐτὴν ἐγκατέβαλε ψυχαῖς, καὶ οὐδένα ἀντὶ τούτων ληψόμεθα μισθὸν, πῶς οὖν ἔλεγε, Καρδίᾳ γὰρ πιστεύεται εἰς δικαιοσύνην, στόματι δὲ ὁμολογεῖται εἰς σωτηρίαν; Ὅτι καὶ τῆς τοῦ πεπιστευκότος ἀρετῆς ἐστι κατόρ-

telligibile, ita oculi fidei nilil vident sensibile. Sed de qua fide lic loquitur Paulus? nam fidei vocabulum duplicem labet significationem. Etenim fides dicitur, per quam prodigia tunc faciebant apostoli, de qua Clristus dicebat: *Si* [Matth. 17. 19.] *habueritis fidem sicut granum sinapi, dicetis monti huic, Migra*, et *migrabit*. Et rursum cum discipuli non possent lunaticum liberare a [D] dæmone, causamque sciscitarentur, lanc eis subindicavit, quod fides eos deficeret, dicens, *Propter incredulitatem vestram*. Et Paulus [Ib.] de eadem dicebat: *Si habuero fidem ita* [1. Cor. 13. 2.] *ut montes transferam*. Et Petrus cum periclitaretur ne mergeretur pedibus per mare incedens, camdem increpationem audivit a Clristo: *Modicæ fidei, quare dubitasti?* [Matth. 14. 31.] Itaque fides dicitur, qua miracula et prodigia patrantur: dicitur item fides quæ nos ad agnitionem Dei perducit, ob quam quisque nostrum fidelis est: sicut ad Romanos scribens dicit: *Gratias ago Deo meo per Jesum Christum*, [Rom. 1. 8.] [E] *quod fides vestra annuntiatur in* toto *mundo*; ac rursum ad Thessalonicenses: *A vobis* [1. Thess. 1. 8.] *enim personuit* sermo *Domini, non solum in Macedonia* et *Achaia, verum etiam in omni loco fides vestra, quæ est in Deum, dimanavit*. Qualem igitur subindicat in loc loco fidem? Dubio procul fidem cognitionis: id quod ex sequentibus patet. *Credimus*, inquit, *quapropter et loquimur*. Quid credimus? Quod *qui resus-* [2. Cor. 4. 14.] *citavit Christum, etiam nos resuscitabit per virtutem suam*. Sed quare eam vocat Spiritum [Fidem cognitionis cur Spiritum fidei vocet.] [264] fidei, et in donationum ordinem annumerat? [A] Nam si donum est fides, et solius Spiritus donum, non nostrum meritum, neque increduli punientur, neque credentes laudem promerebuntur. Talis enim est donationum natura, non sunt coronæ, neque præmia. Donum enim non est accipientis meritum, sed largitoris liberalitatis gratificatio. Hanc ob rem etiam discipulos jussit non gaudere eo quod dæmonas ejicerent, et eos qui in nomine suo prophetaverant, et virtutes multas fecerant, expulit e regno cælorum: quoniam ex suis meritis nullam habebant fiduciam, sed ob solas donationes salvi fieri volebant.

[B] 5. Si igitur etiam fides tale quiddam est, et nilil ex nostro contulimus, sed totum est gratiæ Spiritus, et ipsa ultro se in animas nostras ingessit, et nullam pro ea recepturi sumus mercedem, quomodo igitur dicit: *Corde enim credi-* [Rom. 10. 10.] *tur ad justitiam, ore autem confessio fit ad salutem?* Quoniam et ejus qui credidit, virtutis meritum est fides. Quo autem modo alibi id rursum subindicat dicens, *Ei vero qui non operatur, sed credit in eum qui justificat impium, imputatur fides sua ad justitiam,* si totum est gratiæ Spiritus? qui enim etiam patriarcham Abraham plurimis redimivit laudum coronis, eo quod contemtis rebus præsentibus, præter spem in spem credidit? Quam ob rem igitur Spiritum fidei vocat eam? Illud nimirum ostendere volens, quod initio credere, et parere vocanti, nostræ est bonæ mentis: at postquam jacta fuerint fidei fundamenta, jam opus est auxilio Spiritus, ut in nobis perpetuo maneat inconcussa et inexpugnabilis. Neque enim Deus, neque Spiritus gratia nostrum prævenit propositum: sed tametsi vocet, exspectat tamen, ut sponte et propria voluntate accedamus, ac tum demum cum accesserimus nobis suum totum exhibet auxilium. Quoniam enim diabolus, posteaquam ad finem accessimus, continuo subrepit volens egregiam hanc radicem evellere, et zizania properans interserere, germanumque ac purum semen lædere, opus tum habemus auxilio Spiritus, ut quemadmodum strenuus agricola animæ nostræ insidens, multa cura et providentia novellam fidei plantam undequaque muniat. Ideo Thessalonicensibus quoque scribebat dicens: *Spiritum ne exstinguatis:* ut ostendat, accedente Spiritus gratia, inexpugnabiles nos malo dæmoni atque omnibus ejus insidiis futuros esse. Nam si nemo potest dicere Dominum Jesum nisi in Spiritu sancto, multo magis fidem tutam et radicatam non poterit habere nisi in Spiritu sancto.

Rom. 4. 5.

Fides quare auxilio Spiritus indigeat.

1. Thess. 5. 19.

6. At quomodo poterimus allicere auxilium Spiritus, eique persuadere ut apud nos manere velit? Per opera bona et optimam vivendi rationem. Sicut enim lucernæ lumen oleo retinetur, et consumto eo ipsum quoque una consumtum evanescit: ita etiam Spiritus gratia, dum habemus opera bona, et crebris eleemosynis animam rigamus, manet non aliter quam flamma oleo retenta: quæ si non adsint, recedit a nobis et abit; quod etiam quinque illis virginibus accidit. Etenim illæ post multos labores ac sudores, cum nullum haberent ex sua benignitate præsidium, non potuerunt apud se retinere Spiritus gratiam: atque ideo sunt a thalamo repulsæ, vocemque illam terribilem audierunt: *Discedite, non novi vos:* quæ vel gehenna fuit gra-

Quomodo Spiritus sanctus in nobis retineatur.

Matth. 25. 12.

θωμα ἡ πίστις. Πῶς δὲ ἀλλαχοῦ τοῦτο αὐτὸ πάλιν αἰνίττεται λέγων, Τῷ δὲ μὴ ἐργαζομένῳ, πιστεύοντι δὲ ἐπὶ τὸν δικαιοῦντα τὸν ἀσεβῆ, λογίζεται ἡ πίστις εἰς δικαιοσύνην, εἰ τῆς τοῦ Πνεύματος χάριτος τὸ πᾶν ἐστι; πῶς δὲ καὶ τὸν πατριάρχην Ἀβραὰμ [a] δι' αὐτῆς μυρίοις ἀνέδησεν ἐγκωμίων στεφάνοις, ὅτι τὰ παρόντα πάντα παραδραμὼν, παρ' ἐλπίδα ἐπ' ἐλπίδι ἐπίστευσε; Τίνος οὖν ἕνεκα Πνεῦμα πίστεως αὐτὴν καλεῖ; Ἐκεῖνο δεῖξαι βουλόμενος, ὅτι τὸ μὲν παρὰ τὴν ἀρχὴν πιστεῦσαι, τῆς ἡμετέρας εὐγνωμοσύνης ἐστὶ, καὶ τὸ ὑπακοῦσαι κληθέντας· μετὰ δὲ τὸ καταβληθῆναι τὴν πίστιν, τῆς τοῦ Πνεύματος δεόμεθα βοηθείας, ὥστε μένειν αὐτὴν διηνεκῶς ἄσειστον καὶ ἀπερίτρεπτον. Οὔτε γὰρ ὁ Θεὸς, οὔτε ἡ τοῦ Πνεύματος χάρις τὴν ἡμετέραν προφθάνει προαίρεσιν· ἀλλὰ καλεῖ μὲν, ἀναμένει δὲ ὥστε ἑκόντας καὶ βουληθέντας οἴκοθεν προσελθεῖν· εἶτα, ἐπειδὰν προσέλθωμεν, τότε τὴν παρ' ἑαυτοῦ παρέχει συμμαχίαν ἅπασαν. Ἐπειδὴ γὰρ καὶ ὁ διάβολος μετὰ τὸ τῇ πίστει προσελθεῖν ἡμᾶς, εὐθέως ἐπεισέρχεται, τὴν καλὴν ταύτην ῥίζαν ἀνασπάσαι βουλόμενος, καὶ τὰ ζιζάνια σπεῖραι ἐπειγόμενος, καὶ τοῖς γνησίοις καὶ καθαροῖς λυμήνασθαι σπέρμασι, δεόμεθα τῆς τοῦ Πνεύματος βοηθείας τότε ἵνα, καθάπερ γεωργὸς [b] φιλόπονος, ἐγκαθεζόμενος ἡμῶν τῇ ψυχῇ, πολλῇ τῇ φειδοῖ καὶ προνοίᾳ τειχίζῃ πάντοθεν τὸ νεοπαγὲς τῆς πίστεως φυτόν. Διὰ τοῦτο Θεσσαλονικεῦσιν ἐπέστελλε λέγων, Τὸ Πνεῦμα μὴ σβέννυτε, δηλῶν ὅτι τῆς τοῦ Πνεύματος χάριτος ἐπεισελθούσης, ἀκαταγώνιστοι τῷ πονηρῷ δαίμονι λοιπὸν καὶ ταῖς μεθοδείαις αὐτοῦ πάσαις ἐσόμεθα. Εἰ γὰρ οὐδεὶς δύναται εἰπεῖν Κύριον Ἰησοῦν, εἰ μὴ ἐν Πνεύματι ἁγίῳ, πολλῷ μᾶλλον τὴν πίστιν ἀσφαλῆ καὶ ἐῤῥιζωμένην οὐ δυνήσεται κατασχεῖν, εἰ μὴ ἐν Πνεύματι ἁγίῳ.

Πῶς δὲ δυνησόμεθα τὴν τοῦ Πνεύματος ἐπισπάσασθαι βοήθειαν, καὶ πεῖσαι μεῖναι παρ' ἑαυτοῖς; Δι' ἔργων ἀγαθῶν καὶ πολιτείας ἀρίστης. Καθάπερ γὰρ τὸ λυχνιαῖον φῶς ἐλαίῳ κατέχεται, καὶ ἀναλωθέντος [265] τούτου κἀκεῖνο συναναλωθὲν ἄπεισιν· οὕτω δὴ καὶ ἡ τοῦ Πνεύματος χάρις, παρόντων μὲν ἡμῖν ἔργων ἀγαθῶν, καὶ ἐλεημοσύνης πολλῆς ἐπιχεομένης τῇ ψυχῇ, μένει καθάπερ ἐλαίῳ κατεχομένη ἡ φλόξ· ταύτης δὲ οὐκ οὔσης, ἄπεισι καὶ ἀναχωρεῖ· ὅπερ καὶ ἐπὶ τῶν πέντε παρθένων ἐγένετο. Καὶ γὰρ ἐκεῖναι μετὰ τοὺς πολλοὺς πόνους καὶ τοὺς ἱδρῶτας, ἐπειδὴ τὴν ἀπὸ τῆς φιλανθρωπίας οὐκ εἶχον βοήθειαν, οὐκ ἴσχυσαν παρ' ἑαυταῖς κατασχεῖν τὸ τοῦ Πνεύματος χάρισμα· διὸ καὶ τοῦ νυμφῶνος ἐξεβλήθησαν, καὶ τῆς φοβερᾶς ἐκείνης ἤκουσαν φωνῆς, Ὑπάγετε, οὐκ οἶδα ὑμᾶς· ἣ καὶ τῆς γεέννης ἦν χαλεπωτέρα· διὰ

[a] Duo Mss. δι' αὐτήν. [Cod. 748 δι' αὐτῆς omittit.]

[b] Duo Mss. φιλοπόνως.

τοῦτο καὶ μωρὰς αὐτὰς ὠνόμασεν· εἰκότως· ὅτι τυραννικωτέρας ἐπιθυμίας περιγενόμεναι, ὑπὸ τῆς ἀσθενεστέρας ἑάλωσαν. Ὅρα γάρ· φύσεως βίαν ἐνίκησαν, λυττῶσαν μανίαν ἐχαλίνωσαν, τὰ τῆς ἐπιθυμίας ἐστόρεσαν κύματα, ἐν γῇ διατρίβουσαι ἀγγελικὸν ἐπεδείξαντο βίον, σῶμα περικείμεναι πρὸς τὰς ἀσωμάτους ἡμιλλήθησαν δυνάμεις· καὶ μετὰ τοσοῦτον πόνον χρημάτων ἐπιθυμίας οὐκ ἐκράτησαν, ὄντως μωραὶ καὶ ἀνόητοι· διὰ τοῦτο καὶ οὐδὲ συγγνώμης ἠξιώθησαν. Ῥᾳθυμίας γὰρ τὸ πτῶμα γέγονε μόνον· αἱ γὰρ ἐν τοσαύτῃ φλογὶ κάμινον ἐπιθυμίας δυνηθεῖσαι σβέσαι, καὶ ὑπὲρ τὰ σκάμματα πηδήσασαι, καὶ πλείω τῶν προσταχθέντων ἐπιδειξάμεναι (οὐ γάρ ἐστι νόμος ἡ παρθενία, ἀλλὰ τῇ προαιρέσει τῶν ἀκουόντων ἐπιτέτραπται), εἶτα ὑπὸ χρημάτων ἡττηθεῖσαι, τίνος οὐκ ἂν εἶεν ἐλεεινότεραι, δι' ὀλίγων ἀργυρίων τὸν στέφανον ἀπὸ τῆς κεφαλῆς ῥίψασαι; Ταῦτα λέγω, οὐχὶ τὰς χεῖρας τῶν παρθένων ἐκλύων, οὐδὲ τὴν παρθενίαν σβέσαι βουλόμενος, ἀλλ' ἵνα μὴ ἀνόνητα δράμωσιν, ἵνα μὴ μετὰ μυρίους ἱδρῶτας ἀστεφάνωτοι καὶ αἰσχύνης γέμουσαι ἐκ τῶν σκαμμάτων ἀναχωρήσωσι. Καλὸν ἡ παρθενία καὶ ὑπὲρ τὴν φύσιν τὸ κατόρθωμα· ἀλλὰ τὸ καλὸν τοῦτο καὶ μέγα καὶ ὑπὲρ τὴν φύσιν, ἂν μὴ φιλανθρωπίαν ἔχῃ συνεζευγμένην, οὐδὲ ἐπιβαίνειν τῶν τοῦ νυμφῶνος προθύρων δυνήσεται. Καὶ σκόπει μοι τῆς φιλανθρωπίας τὴν ἰσχὺν, καὶ τῆς ἐλεημοσύνης τὴν δύναμιν. Παρθενία μὲν χωρὶς ἐλεημοσύνης οὐκ ἴσχυσεν οὐδὲ μέχρι τῶν προθύρων τοῦ νυμφῶνος ἀγαγεῖν· ἐλεημοσύνη δὲ χωρὶς παρθενίας, τοὺς ἑαυτῆς τροφίμους μετὰ πολλῶν ἐγκωμίων εἰς τὴν πρὸ καταβολῆς κόσμου βασιλείαν ἡτοιμασμένην ἐχειραγώγησεν. Αὗται μὲν γὰρ, ἐπειδὴ ἐλεημοσύνην οὐκ ἐπεδείξαντο δαψιλῆ, ἤκουσαν, Ὑπάγετε, οὐκ οἶδα ὑμᾶς· ἐκεῖνοι δὲ οἱ διψῶντα ποτίσαντες, καὶ πεινῶντα θρέψαντες τὸν Χριστὸν, καίτοι παρθενίαν μὴ προβαλλόμενοι, ἤκουσαν, Δεῦτε οἱ εὐλογημένοι τοῦ Πατρός μου, κληρονομήσατε τὴν ἡτοιμασμένην ὑμῖν βασιλείαν ἀπὸ καταβολῆς κόσμου. Καὶ μάλα εἰκότως· ὁ μὲν γὰρ παρθενεύων καὶ νηστεύων, ἑαυτῷ χρήσιμος· ὁ δὲ ἐλεῶν, κοινός ἐστι τῶν ναυαγούντων λιμὴν, τὰς τῶν πλησίον διορθούμενος πενίας, καὶ τὰς ἑτέρων λύων ἀνάγκας. Τῶν δὲ κατορθωμάτων ἐκεῖνα μάλιστα εὐδοκιμεῖν εἴωθεν, ἅπερ ἂν πρὸς τὸ συμφέρον ἑτέροις [a] γίνεται.

Καὶ ἵνα μάθῃς, ὅτι αὗται μᾶλλον τῷ Θεῷ περισπούδαστοι τῶν ἄλλων αἱ ἐντολαὶ, περὶ μὲν νηστείας καὶ παρθενίας διαλεγόμενος, βασιλείας οὐρανῶν μέ-

[a] [Cod. 748 γίνηται.]

vior; propter hoc etiam stultæ sunt appellatæ; et merito: quoniam cum impotentiores cupiditates vicissent, a minus valida sunt victæ. Vide quæso: naturæ violentiam superaverunt, rabidam insaniam frenaverunt, cupidinum fluctus sedaverunt, in terra degentes angelicam vitam vixerunt, corpore vestitæ incorporeas virtutes æmulatæ sunt, et post tantos labores pecuniarum cupiditatem non superaverunt, stultæ revera et insensatæ: quapropter ne venia quidem dignæ sunt habitæ. Lapsus enim earum socordiæ fuit solius: quæ enim in tanta flamma fornacem potuerant cupidinum exstinguere, et ultra septa transilierant, et plura quam jussæ erant præstiterant (nulla enim lex virginitatem præcipit: liberæ hoc voluntati auditorum relinquitur), post hæc omnia victæ sunt a pecunia: quo quid esse miserabilius potest, si propter paululum argenti coronam e capite projiciant? Hæc dico, non quod manus virginum dissolvam, neque quod virginitatem exstinguere velim, sed ne inutiliter currant, ne post plurimos sudores corona privatæ et pudore plenæ ex arena discedant. Bona res est virginitas, et majus quam pro naturæ viribus meritum: sed bona hæc res et magna et naturam superans, nisi benignitatem habeat adjunctam, ne in vestibulum quidem thalami ingredi poterit. Atque hic mihi considera benignitatis vim et eleemosynæ potentiam. Virginitas sine eleemosyna ne in vestibulum quidem thalami perducere potuit; eleemosyna vero vel sine virginitate alumnos suos cum magna laude in regnum ante conditum orbem præparatum manu deducit. Hæ siquidem quoniam largam eleemosynam non exhibuerant, audierunt: *Abite, non novi vos:* illi vero qui sitientem potaverunt, et esurientem aluerunt Christum, tametsi virginitatem non proferrent in medium, audierunt: *Venite benedicti Patris mei, possidete regnum paratum vobis a constitutione mundi.* Et merito: qui enim virginitatem servat, et jejunat, sibi ipsi utilis est: qui vero miseretur, communis est naufragorum portus, proximorum paupertatem sublevans, et alienis necessitatibus succurrens. Cæterum ex benefactis quæcumque ad aliorum utilitatem fiunt, ea potissimum laudem promereri solent.

Virginitas sit juncta benignitati.

Matth. 25. 34.

266

7. Et ut scias talia præcepta præ cæteris Deo curæ esse, de jejunio et virginitate disserens regni cælorum meminit: ubi vero de eleemosyna

Quæ præcepta Deo curæ sint præ cæteris.

et liberalitate agit, et ut nos misericordes exhibeamus præcipit, longe amplius quam regnum cælorum præmium proponit : *Ut fiatis*, inquit, *similes Patris vestri, qui in cælis* est. Illæ enim potissimum leges lominem similem Deo reddont, quatenus Deo simiiem fieri lominem licet, quæ ad publicam utilitatem faciunt. Et hoc significans Clristus dicit : *Quia solem suum oriri facit super bonos ac malos*, et *pluit super justos ac injustos*. Ita vos quoque pro sua quisque virili facultatibus vestris in communem fratrum utilitatem utendo, imitamini eum qui bona sua proponit ex æquo omnibus. Ingens est virginitatis dignitas, ideoque illam admodum coli et celebrari cupio. Est enim dignitas virginitatis, non solum abstinere a nuptiis, verum etiam benignum esse, et fratrum amantem, et pronum ad commiserationem. Quæ enim est utilitas virginitatis cum crudelitate? quid lucri ex temperantia cum inhumanitate conjuncta? Non es capta corporum concupiscentia, sed capta es cupiditate pecuniarum : non es admirata lominis faciem, sed admirata es auri pulchritudinem : majorem adversarium vicisti, sed minori et imbecilliori succubuisti. Atque ideo turpius victa es; ideo ne venia quidem digna es, videlicet quæ tantam vim sustinuisti, et adversus ipsam naturam pugnasti, ab avaritia vero expugnata es, quam et mancipia sæpenumero, et barbari lomines minimo negotio superare potuerunt.

Matth. 5. 45.

Virginitatis dignitas.

8. Hæc igitur omnia scientes, dilecti, sive in conjugio, sive in virginitate degentes, magna diligentia eleemosynam exerceamus, quandoquidem nulla alia ratione licet ad regnum cælorum pervenire. Nam si virginitas absque eleemosyna ad regnum non valuit perducere, quodnam aliud benefactum hoc efficere sine hac poterit? Profecto nullum. Toto igitur animo, totisque viribus oleum affundamus lampadibus idque largiter ac indesinenter, ut hilare ac largum lumen permaneat. Nec pauperem respicias accipientem, sed Deum redditurum : non eum qui stipem accipit, sed eum qui se tibi debitorem obligat. Nam ideo alius accipit, alius reddit, ut accipientis paupertas et calamitas ad misericordiam te flectant ac commiserationem : divitiæ vero Dei reddituri, fidejubentis etiam cum auctario solutionem futuram, majorem tibi de fructu et usura fiduciam iodant, et ad largiorem eleemosynam provocent. Quis enim, rogo, centuplum recepturus, et de recipiendo securus, non omnia sua libens eroget? Ne igitur parcamus pecuniæ, imo vero par

Cohortatur

μνηται· περὶ δὲ ἐλεημοσύνης καὶ φιλανθρωπίας καὶ τοῦ ποιεῖν ἑαυτοὺς οἰκτίρμονας νομοθετῶν, πολὺ μεῖζον τῆς βασιλείας τῶν οὐρανῶν τέθεικεν ἔπαθλον, Ὅπως γένησθε ὅμοιοι τοῦ Πατρὸς ὑμῶν τοῦ ἐν τοῖς οὐρανοῖς, λέγων. Ἐκεῖνοι γὰρ μάλιστα τῶν νόμων ὁμοίους ποιοῦσι τοὺς ἀνθρώπους τῷ Θεῷ, ὡς ἀνθρώπους εἰκὸς γενέσθαι ὁμοίους τοῦ Θεοῦ, οἱ πρὸς τὸ κοινῇ συμφέρον ἐκβαίνοντες. Καὶ δηλῶν αὐτὸ τοῦτο ὁ Χριστὸς ἔλεγεν· Ὅτι τὸν ἥλιον αὐτοῦ ἀνατέλλει ἐπὶ πονηροὺς καὶ ἀγαθοὺς, καὶ βρέχει ἐπὶ δικαίους B καὶ ἀδίκους. Οὕτω καὶ ὑμεῖς τοῖς οὖσι κατὰ δύναμιν εἰς τὸ κοινῇ συμφέρον τῶν ἀδελφῶν ἀποκεχρημένοι, μιμήσασθε τὸν τὰ ἀγαθὰ αὐτοῦ προτιθέντα πᾶσιν ὁμοίως. Μέγα τὸ τῆς παρθενίας ἀξίωμα, καὶ διὰ τοῦτο μᾶλλον συγκροτηθῆναι αὐτὸ βούλομαι. Παρθενίας γὰρ ἀξίωμα οὐκ ἀποσχέσθαι γάμων μόνον, ἀλλὰ τὸ φιλάνθρωπον εἶναι καὶ φιλάδελφον καὶ συμπαθητικόν. Τί γὰρ ὄφελος παρθενία μετὰ ὠμότητος; τί δὲ κέρδος σωφροσύνη μετὰ ἀπανθρωπίας; Οὐχ ἑάλως σωμάτων ἐπιθυμίᾳ, ἀλλ' ἑάλως χρημάτων ἐπιθυμίᾳ· C οὐκ ἐθαύμασας ἀνθρώπου πρόσωπον, ἀλλ' ἐθαύμασας χρυσίου κάλλος· τὸν μείζονα ἐνίκησας ἀνταγωνιστὴν, ἀλλ' ὁ ἐλάττων καὶ ἀσθενέστερος ἐκράτησέ σου καὶ περιεγένετο. Διὰ τοῦτο αἰσχροτέραν ἐποίησέ σου τὴν ἧτταν· διὰ τοῦτο οὐδὲ συγγνώμης ἔτυχες, τοσαύτης μὲν περιγενομένη βίας, καὶ πρὸς τὴν φύσιν αὐτὴν ἀποδυσαμένη, ὑπὸ δὲ φιλαργυρίας ἁλοῦσα, ἣν καὶ οἰκέται πολλάκις καὶ βάρβαροι ἀπονητὶ νικῆσαι ἠδυνήθησαν.

Ταῦτ' οὖν ἅπαντα εἰδότες, ἀγαπητοὶ, καὶ οἱ γάμοις ὁμιλοῦντες, καὶ οἱ παρθενίαν ἀσκοῦντες, πολλὴν ἐπιδειξώμεθα περὶ τὴν ἐλεημοσύνην σπουδὴν, ἐπειδὴ D μηδὲ ἑτέρως ἔστι τῆς βασιλείας τῶν οὐρανῶν ἐπιτυχεῖν. Εἰ γὰρ παρθενία χωρὶς ἐλεημοσύνης οὐκ ἴσχυσεν εἰς βασιλείαν εἰσαγαγεῖν, ποῖον ἕτερον κατόρθωμα τοῦτο ἰσχύσει, ἢ δυνήσεται ταύτης χωρίς; Οὐκ ἔστιν οὐδέν. Πάσῃ τοίνυν ψυχῇ καὶ δυνάμει τὸ ἔλαιον ἐγχέωμεν ταῖς λαμπάσι, καὶ δαψιλὲς ἔστω καὶ διηνεκὲς τοῦτο, ἵνα φαιδρὸν καὶ πλούσιον μείνῃ τὸ φῶς. Μὴ γὰρ δὴ τὸν πένητα ἴδῃς τὸν λαμβάνοντα, ἀλλὰ τὸν Θεὸν τὸν ἀποδιδόντα· μὴ τὸν δεχόμενον τὸ ἀργύριον, ἀλλὰ τὸν ὑπεύθυνον γινόμενον τῷ ὀφλήματι. Διὰ γὰρ τοῦτο ἕτερος λαμβάνει, καὶ ἕτερος ἀποδίδωσιν, ἵνα ἡ μὲν τοῦ δεχομένου πενία καὶ ἡ συμφορὰ πρὸς ἔλεον ἐπικάμψῃ καὶ συμπάθειαν· ὁ δὲ E τοῦ μέλλοντος ἀποδιδόναι πλοῦτος τὴν καταβολὴν ἐγγυώμενος, καὶ τὴν μετὰ πολλῆς προσθήκης ἔκτισιν ἑπομένην, θαῤῥῆσαι παρασκευάσῃ περὶ τοῦ δανείου καὶ τοῦ τέλους, καὶ μετὰ πλείονος δαψιλείας ἐκκαλέσηται τὴν ἐλεημοσύνην. Τίς γὰρ, εἰπέ μοι, μέλλων ἑκατονταπλασίονα λαμβάνειν, καὶ θαῤῥῶν πάντως ὑπὲρ τῆς ἀποδόσεως, οὐχὶ τὰ πάντα προήσεται; Μὴ τοίνυν φειδώμεθα χρημάτων, μᾶλλον δὲ φειδώμεθα τῶν χρημάτων· ὁ γὰρ φειδόμενος τῶν ὄντων, εἰς τὰς τῶν πενήτων χεῖρας αὐτὰ ἐναποτίθεται, εἰς τὸν ἄσυλον θησαυρὸν, καὶ λησταῖς καὶ οἰκέταις καὶ συκοφάνταις κακούργοις καὶ πάσαις ἐφόδοις ἀνάλωτον. Εἰ 267 A δὲ καὶ ταῦτα ἀκούων ὀκνεῖς προέσθαι τι τῶν ὄντων, καὶ οὔτε τὸ ἑκατονταπλασίονα ἀπολαβεῖν, οὔτε ἡ τοῦ πένητος συμφορὰ, οὔτε ἄλλο οὐδὲν ἐπικάμψαι σε δυνήσεται, ἀναλόγισαι τὰ πεπλημμελημένα σοι· εἴσελθε εἰς τὸ συνειδὸς τῶν ἁμαρτημάτων, πᾶσαν ἐξέτασόν σου τὴν ζωήν· κατάμαθέ σου τὰ παραπτώματα μετὰ ἀκριβείας· κἂν ἁπάντων ἀνθρώπων ἀπηνέστερος ᾖς, πάντως ὑπὸ τοῦ φόβου τῶν ἡμαρτημένων σοὶ παρὰ πάντα τὸν χρόνον ὠθούμενος, καὶ διὰ τῆς ἐλεημοσύνης ἄφεσίν σοι προσδοκῶν γενέσθαι τούτων, καὶ τὸ σῶμα ἐπιδώσεις σαυτοῦ, μήτι γε χρήματα. Εἰ γὰρ τραύματα ἔχοντες, καὶ νοσήματα σωματικὰ ἀποκρούσασθαι βουλόμενοι, οὐδενὸς τῶν ὄντων φειδό- B μεθα, κἂν αὐτὸ τὸ ἱμάτιον ἀποδόσθαι δέοι, ὥστε τῆς ἀῤῥωστίας ἀπαλλαγῆναι ἐκείνης· πολλῷ μᾶλλον τῆς ψυχῆς ἀῤῥωστίαν ἀποτίθεσθαι μέλλοντες καὶ τὰ χαλεπὰ τῶν ἁμαρτημάτων τραύματα διὰ τῆς ἐλεημοσύνης, μετὰ πάσης προθυμίας αὐτὴν ἐργασώμεθα. Καίτοι γε ἐπὶ μὲν τῶν νοσημάτων οὐκ ἔστιν εὐθέως καταβαλόντα ἀργύριον ἀπαλλαγῆναι τῆς νόσου, ἀλλὰ δεῖ καὶ τομῆς πολλάκις καὶ καύσεως καὶ πικρῶν φαρμάκων, καὶ λιμοῦ, καὶ ψύχους, καὶ ἑτέρων φορτικωτέρων ἐπιταγμάτων· ἐνταῦθα δὲ οὐχ οὕτως, ἀλλ' ἀρκεῖ καταβαλεῖν τὸ ἀργύριον εἰς τὰς τῶν πενήτων χεῖρας, καὶ πάντα εὐθέως ἀπολούσασθαι τὰ πεπλημ- C μελημένα χωρὶς ὀδύνης καὶ πόνου. Ὁ γὰρ τὴν ψυχὴν θεραπεύων ἰατρὸς, οὐ δεῖται μεθόδων καὶ ὀργάνων, καὶ σιδήρου καὶ πυρός· ἀλλ' ἀρκεῖ νεῦσαι μόνον, καὶ πάντα ἐκρεῖ τῆς ἡμετέρας ψυχῆς τὰ πλημμελήματα, καὶ εἰς τὸ μὴ ὂν ἀφανίζεται.

Οὐχ ὁρᾷς τοὺς μοναχοὺς τοὺς τὸν μονήρη βίον ἐπιθυμοῦντας καὶ εἰς τὰς κορυφὰς τῶν ὀρέων ἀναχωροῦντας, ὅσην ὑπομένουσι σκληραγωγίαν; Καὶ γὰρ σποδὸν ὑποστρωννύμενοι, καὶ σάκκον περιβαλλόμενοι, καὶ κλοιὰ παντὶ τῷ σώματι περιτιθέντες, καὶ ἐν οἴκῳ καθείρξαντες ἑαυτοὺς, λιμῷ παλαίουσι διηνεκεῖ, θρήνοις σοζῶσι καὶ ἀγρυπνίαις ἀφορήτοις, ἵνα D δυνηθῶσι μικρὸν γοῦν μέρος τῶν ἡμαρτημένων ἀποῤῥίψασθαι· σοὶ δὲ ἔξεστι χωρὶς τῆς σκληραγωγίας ἁπάσης ἐκείνης τὴν εὔκολον ταύτην καὶ ῥᾳδίαν εὐλάβειαν ἐπιδείξασθαι. Ποῖος γὰρ πόνος, εἰπέ μοι, τῶν ὄντων ἀπολαύοντας, τὰ περιττὰ τῆς χρείας εἰς τοὺς δεομένους ἀναλῶσαι; Εἰ γὰρ μὴ μισθὸς ἔκειτο, εἰ γὰρ μὴ ἀμοιβὴ τοσαύτη ὥριστο, αὐτὴ τοῦ πράγματος ἡ φύσις οὐχ ἱκανὴ καὶ τοὺς σφόδρα ἀνημέρους πεῖσαι, τοῖς περιττεύουσιν εἰς παραμυθίαν τῶν

camus pecuniæ : nam qui facultatibus suis parcit, in pauperum manus eas deponit, in thesaurum sacrosanctum, quo nec latrones, nec servi, nec sycophantæ malefici, nec ullæ mortalium insidiæ penetrare valcant. Quod si etiam his auditis piget te e bonis tuis nonnihil erogare, et A neque centuplum recipiendum, neque pauperis calamitas, neque aliud quidquam flectere te potest, reputa quam multa peccaveris, ingredere in conscientiam delictorum, exeute omnem actam vitam, accurate errata tua cognosce, et sis licet hominum omnium inhumanissimus, certe pavoro peccatorum omni tempore compulsus, et remissionem propter eleemosynam sperans, vel corpus tuum insuper impendes, nedum pecuniam. Si enim saucii, et morbos corporales depellere cupientes, nullis facultatibus parcimus, etiamsi indumentum ipsum divendendum sit, ut B ab infirmitate illa liberemur : multo magis animæ infirmitatem et gravissima peccatorum vulnera curaturi per eleemosynam, cum summa alacritate eam excercebimus. Atqui quoties ægrotas, non statim numerata pecunia liberaris a morbo, sed sæpenumero et sectione opus est, et ustione, et amaris pharmacis, et fame, et frigore, et aliis gravioribus mandatis : hic autem non sic, sed satis est dare nummos in manus pauperum, et statim ablueris omnia peccata, sine ullo vel dolore vel labore. Medicus enim qui animam curat, non opus habet arte, non instrumentis ar- C tis, non ferro aut igne : sed solus nutus sufficit, ac mox omnia peccata ab anima auferuntur et evanescunt.

ad eleemosynam impertiendam.

9. Non vides monachos istos qui solitariam vitam amplectuntur, et in vertices montium secedunt, quam duram vivendi rationem perferant? Etenim cinerem sibi substernentes, et saccum induentes, et catenis ferreis totum corpus degravantes, et in casa seipsos concludentes assidue D cum fame luctantur, in fletu vivunt et vigiliis intolerabilibus, ut partem aliquam peccatorum abluant : tibi vero licet sine omni illo duro victu expeditam hanc et facilem pietatis viam ingredi. Qualis enim, rogo, labor est, his quæ adsunt frui, et quod superest in egenos insumere? Nam etiamsi nulla merces esset proposita, etiamsi non tam ampla retributio præfinita esset, annon vel ipsa rei natura quantumvis inhumanis persuadere poterat, ut eo quod ipsis superest ad egeno-

Monachorum dura vivendi ratio.

rum solamen uterentur? Nunc cum tantum coronarum, tantum retributionum, tanta peccatorum oblivio per eleemosynam paretur, quam, rogo, excusationem habebunt, qui pecuniæ parcunt, et animam suam in profundum peccatorum demergunt? Nam etiamsi nihil aliud te moveat et excitet ad condolendum et ad dandam eleemosynam, saltem reputa quam incertus sit vitæ finis, et cogita quod etiamsi pauperibus non des, morte tamen superveniente, velis nolis, tuas res aliis es cessurus. Ergo dispensato divitias tuas, et dum licet, humanus esto. Extremæ enim vesaniæ fuerit, ea quibus vel invitus aliis cessurus es, nolle indigentibus communicare ultro, idque cum tanta bona ex hac benignitate tibi sint pro-

2. Cor. 8. 14.

ventura. *Ut vestra,* inquit, *copia succurrat illorum inopiæ.* Quid est autem quod dicit? Majora accipis, quam das. Das sensibilia, accipis intelligibilia et spiritualia; das pecuniam, accipis remissionem peccatorum; liberas pauperem a fame, ille te liberat ab ira divina. Retributionis hoc genus est et negotiationis, quod majorem ac utiliorem reditum habet quam sumtum. Nam sumtus pecuniarum est: reditus vero non pecunias affert tantum, sed etiam remissionem peccatorum, simulque fiduciam erga Deum, et re-

1. Cor. 2. 9.

gnum cælorum, et bona illa quæ neque oculus vidit, nec auris audivit, nec in cor hominis adscenderunt. Annon igitur absurdum, quod negotiatores nulli rei parcant, idque cum non singularia quædam, sed paria fere paribus permutare soleant: nos vero, cum non corruptibilia et momentanea, sed incorruptibilia et sempiterna liceat pro nostris corruptibilibus ac momentaneis commutare, non eamdem quam illi diligentiam adhibeamus? Non ita, fratres, non ita nostræ saluti male consulamus, sed moti exemplo virginum, et eorum qui ducuntur in ignem paratum diabolo et angelis ejus, eo quod non aluerint, neque potaverint Christum, retineamus sancti Spiritus ignem per largam benignitatem et profusas eleemosynas, ne circa fidem naufragium

Fides indiget auxilio Spiritus.

faciamus. Fides enim opus habet auxilio Spiritus ac perseverantia, ut inconcussa permaneat: auxilium autem Spiritus vitæ puritate moribusque probatis retineri apud nos solet. Quare si cupimus fidem radicatam habere, vivendi ratione pura nobis opus est, quæ Spiritum retineat, a quo totam fidei vim dependere constat. Impossibile

δεομένων ἀποχρήσασθαι; Ὅταν δὲ καὶ τοσοῦτοι στέ-
E φανοι, καὶ τοσαῦται ἀμοιβαὶ, καὶ τοσαύτη ἁμαρτημάτων ἀμνηστία διὰ τῆς ἐλεημοσύνης γίνηται, ποίαν ἕξουσιν ἀπολογίαν, εἰπέ μοι, οἱ χρημάτων φειδόμενοι καὶ τὴν ψυχὴν τὴν ἑαυτῶν καταποντίζοντες τοῖς ἁμαρτήμασιν; Εἰ γὰρ καὶ μηδέν σε ἕτερον κινεῖ καὶ διανίστησι πρὸς συμπάθειαν καὶ πρὸς ἐλεημοσύνην, τῆς τελευτῆς τὴν ἀδηλίαν ἀναλόγισαι· καὶ [a] ἐνθυμηθεὶς, ὅτι κἂν μὴ πένησι δῷς, ἐπελθόντος τοῦ θανάτου καὶ ἄκων ἐκστήσῃ ἑτέροις αὐτῶν, κἂν οὕτω γενοῦ φιλάνθρωπος νῦν. Καὶ γὰρ ἐσχάτης ἀνοίας ἂν
268 εἴη, ὧν καὶ ἄκοντες ἐξίστασθαι μέλλομεν, ἑτέροις
A τούτων μὴ μεταδοῦναι ἑκόντας τοῖς δεομένοις, καὶ ταῦτα μέλλοντας τοσαῦτα ἀπὸ τῆς φιλοφροσύνης ταύτης καρποῦσθαι καλά. Τὸ ὑμῶν περίσσευμα, φησὶ, γενέσθω εἰς τὸ ἐκείνων ὑστέρημα. Τί δέ ἐστιν ὃ λέγει; Μείζονα λαμβάνεις, ἢ δίδως. Δίδως αἰσθητὰ, καὶ λαμβάνεις νοητὰ καὶ πνευματικά· δίδως ἀργύριον, καὶ λαμβάνεις ἁμαρτημάτων ἄφεσιν· λύεις σὺ τῷ πένητι λιμὸν, ἐκεῖνος δέ σοι λύει τοῦ Θεοῦ τὴν ὀργήν. Ἀντίδοσίς τίς ἐστι καὶ πραγματεία πολὺ τῆς δαπάνης μείζω καὶ χρησιμωτέραν τὴν πρόσοδον ἔχουσα. Ἡ μὲν γὰρ δαπάνη ἐν χρήμασι γίνεται· ἡ πρόσοδος δὲ οὐκ ἔτι ἐν χρήμασι μόνον, ἀλλὰ καὶ ἐν ἁμαρτημάτων ἀφέσει, καὶ παῤῥησίᾳ τῇ πρὸ τὸν
B Θεὸν, καὶ βασιλείᾳ τῶν οὐρανῶν, καὶ τῇ τῶν ἀγαθῶν ἀπολαύσει, ἃ μήτε ὀφθαλμὸς εἶδε, μήτε οὖς ἤκουσε, μήτε ἐπὶ καρδίαν ἀνθρώπου ἀνέβη. Πῶς οὖν οὐκ ἄτοπον, τοὺς μὲν ἐμπόρους μηδενὸς φείδεσθαι τῶν ὄντων, καὶ ταῦτα οὐχ ἑτέρας τινὸς καινοτέρας, ἀλλ' ὁμοίας τῇ ἐνθήκῃ τῆς ἐμπορίας αὐτῶν μελλούσης ἔσεσθαι· ἡμᾶς δὲ διὰ φθαρτῶν καὶ ἐπικήρων οὐχὶ φθαρτὰ καὶ ἐπίκηρα, ἀλλ' ἄφθαρτα καὶ ἀθάνατα καρποῦσθαι μέλλοντας ἀγαθὰ, μηδὲ τὴν αὐτὴν ἐκείνοις φιλοτιμίαν περὶ τὰ ὄντα ἐπιδείκνυσθαι; Μὴ, ἀδελφοὶ, μὴ οὕτω κακῶς περὶ τῆς ἑαυτῶν βουλευώμεθα σωτηρίας· ἀλλὰ τὸ παράδειγμα τῶν παρθέ-
C νων εἰδότες, καὶ τοὺς εἰς τὸ πῦρ ἀπαγομένους τὸ ἡτοιμασμένον τῷ διαβόλῳ καὶ τοῖς ἀγγέλοις αὐτοῦ, ἐπειδὴ μὴ ἔθρεψαν, μηδὲ ἐπότισαν τὸν Χριστὸν, κατέχωμεν τοῦ Πνεύματος τὸ πῦρ διὰ φιλανθρωπίας δαψιλοῦς καὶ ἐπιτεταμένης ἐλεημοσύνης, ἵνα μὴ περὶ τὴν πίστιν ναυαγήσωμεν. Ἡ μὲν γὰρ πίστις τῆς τοῦ Πνεύματος δεῖται βοηθείας καὶ τῆς παραμονῆς, ἵνα ἄσειστος μένῃ· ἡ δὲ τοῦ Πνεύματος βοήθεια διὰ βίου καθαροῦ καὶ πολιτείας ἀρίστης ἡμῖν εἴωθε παραμένειν. Ὥστε εἰ μέλλοιμεν ἐῤῥιζωμένην ἔχειν τὴν πίστιν, πολιτείας ἡμῖν δεῖ καθαρᾶς τῆς τὸ Πνεῦμα πειθούσης μένειν καὶ συνέχειν ἐκείνης τὴν δύναμιν.

[a] Duo Mss. ἐνθυμηθέντι.

Οὐ γάρ ἐστιν, οὐκ ἔστι βίον ἀκάθαρτον ἔχοντα, μὴ [D] καὶ περὶ τὴν πίστιν σαλεύεσθαι.

Οἱ γοῦν περὶ εἱμαρμένης ληροῦντες, καὶ τῷ σωτηριώδει τῆς ἀναστάσεως διαπιστοῦντες λόγῳ, ἀπὸ συνειδότος πονηροῦ καὶ πράξεων διεφθαρμένων ἐπὶ τὸ βάραθρον τῆς ἀπιστίας ταύτης κατέπεσον. Καὶ καθάπερ οἱ πυρέττοντες βουλόμενοι τὸ πνῖγος ἀποτινάξασθαι, κατὰ ψυχρῶν ἑαυτοὺς πολλάκις ἔῤῥιψαν ὑδάτων, καὶ πρὸς βραχὺ παραμυθησάμενοι τὴν νόσον, χαλεπωτέραν ὕστερον ἀνῆψαν τὴν φλόγα· οὕτω δὴ καὶ οἱ πονηρῷ συνεχόμενοι συνειδότι, εἶτα παραμυθίαν ζητοῦντες εὑρεῖν, καὶ μὴ βουλόμενοι μετανοίᾳ [E] τὰ ἁμαρτήματα ἀπονίψασθαι, τὴν τῆς εἱμαρμένης ἐπεισήγαγον τυραννίδα, καὶ τὴν τῆς ἀναστάσεως ἀπιστίαν. Διὰ τοῦτο ἐνταῦθα ἑαυτοὺς διὰ τῶν ψυχρῶν λογισμῶν πρὸς βραχὺ παραμυθησάμενοι, μείζονα τῆς γεέννης ἀνάψουσιν ἑαυτοῖς τὴν φλόγα, ὅταν γενόμενοι ῥᾳθυμότεροι, εἶτα ἀπελθόντες ἐκεῖ θεάσωνται τῶν ἑαυτοῖς πεπλημμελημένων ἕκαστον αὐτὸν διδόντα εὐθύνας. Καὶ ἵνα μάθητε ὅτι τοῦτό ἐστιν ἀληθὲς, καὶ πράξεις πονηραὶ τῇ τῆς πίστεως λυμαίνονται στεῤ- [269 A] ῥότητι, ἄκουσον τί φησιν ὁ Παῦλος τῷ Τιμοθέῳ γράφων· Ἵνα στρατεύσῃ, φησὶ, τὴν καλὴν στρατείαν, ἔχων πίστιν καὶ ἀγαθὴν συνείδησιν (ἡ δὲ ἀγαθὴ συνείδησις ἀπὸ βίου καὶ πράξεων ὀρθῶν γένοιτ' ἄν)· ἥν τινες ἀπωσάμενοι, περὶ τὴν πίστιν, φησὶν, ἐναυάγησαν. Καὶ πάλιν ἀλλαχοῦ· Ῥίζα πάντων τῶν κακῶν ἐστιν ἡ φιλαργυρία, ἧς τινες ὀρεγόμενοι ἀπεπλανήθησαν τῆς πίστεως. Εἶδες ὅτι κἀκεῖνοι ἐναυάγησαν διὰ τοῦτο, καὶ οὗτοι διὰ τοῦτο ἀπεπλανήθησαν, ἐπειδὴ οἱ μὲν τὴν ἀγαθὴν συνείδησιν ἀπώσαντο, οὗτοι δὲ τῆς φιλαργυρίας ἐπελάβοντο; Ἅπερ ἅπαντα [a] λογισάμενοι μετ' ἀκριβείας, ἐπιμελώμεθα πολιτείας ἀρίστης, ὥστε γενέσθαι διπλοῦν ἡμῖν τὸν μισθὸν, ἕνα μὲν, τὸν ἐκ τῆς τῶν ἔργων ἀμοιβῆς ἡτοιμασμένον, ἕτερον δὲ, τὸν ἐκ τῆς κατὰ πίστιν στεῤῥότητος. Ὅπερ γάρ ἐστιν ἡ [B] τροφὴ τῷ σώματι, τοῦτο ἡ πολιτεία τῇ πίστει· καὶ καθάπερ ἡ τῆς σαρκὸς φύσις τῆς ἡμετέρας οὐκ ἂν διακρατηθείη χωρὶς τροφῆς, οὕτως οὐδὲ ἡ πίστις χωρὶς ἔργων ἀγαθῶν· Χωρὶς γὰρ ἔργων ἡ πίστις νεκρά. Ἓν ὑπολέλειπται λοιπὸν εἰπεῖν, τί ποτέ ἐστι, Τὸ αὐτό; Οὐ γὰρ εἶπεν ἁπλῶς, ἔχοντες τὸ Πνεῦμα τῆς πίστεως, ἀλλὰ τί; Ἔχοντες τὸ αὐτὸ Πνεῦμα τῆς πίστεως. Καὶ ἐβουλόμην μὲν ἐπεξελθεῖν καὶ τοῦτο τῷ λόγῳ· ἀλλ' ἐπειδὴ πολλοὺς ποταμοὺς ὁρῶ νοημάτων ἐκ τῆς ψιλῆς ταύτης ῥήσεως ἐξιόντας, δέδοικα μὴ τῷ πλήθει τῶν ῥηθήσεσθαι μελλόντων τὰ εἰρημένα ἐπικλύσας ἅπαντα, ἄχρηστον ὑμῖν ποιήσω τὴν διδασκαλίαν διὰ τῆς ἀμετρίας ὑμῖν λυμηνάμε- [C] νος. Διόπερ ἐντεῦθα στήσας τὸν λόγον, παρακαλῶ

[a] Duo Mss. λογιζόμενοι.

enim est, impossibile profecto si vitam impuram habeas in fide non vacillare.

10. Certe qui de fato nugantur, et salutari de resurrectione sermoni non credunt, ob malam conscientiam et mores depravatos in hoc incredulitatis barathrum seipsos præcipitant. Et quemadmodum febre laborantes, dum volunt æstuationem depellere, sæpe in frigidam aquam sese projiciunt, et paulisper mitigato malo, graviorem sibi ardorem accendunt: ita qui mala conscientia premuntur, et consolationem aliquam quærunt, nec tamen volunt per pœnitentiam peccata abluere, ad fati tyrannidem, et resurrectionis confugiunt abnegationem: atque hoc pacto dum se in hac vita frigidis rationibus paulisper consolantur, majorem gehennæ flammam sibi accendunt; quandoquidem segniores hic facti, postquam illuc devenerint, videbunt pro suis quemque peccatis debita supplicia persolvere. Et ut hoc verum esse sciatis, fidei nempe robur mala opera vehementer impedire, audite quid Paulus dicat ad Timotheum scribens: *Ut milites,* inquit, *egregiam militiam, habens fidem ac bonam conscientiam* (bona autem conscientia ex vita et operibus bonis contingere solet): *quam quidam,* inquit, *repellentes, circa fidem naufragium fecerunt.* Rursum alibi: *Radix omnium malorum est avaritia, per cujus cupiditatem quidam a fide aberraverunt.* Vides tum illos propterea naufragium fecisse, tum istos ob hoc ipsum aberravisse: quoniam illi bonam conscientiam repulerunt, isti vero avaritiæ adhæserunt? Quæ quidem omnia cogitantes, magnam curam habeamus vitæ quam optime instituendæ, ut duplex nobis merces contingat, una ex operum retributione, altera ex fidei robore. Sicut enim se habet esca ad corpus, ita recta vita ad fidem; et sicut carnis nostræ natura sine alimento durare non potest, ita neque fides sine bonis operibus: *Fides* enim *sine operibus mortua* est. Unum superest dicendum: quid est, *Eumdem?* Non enim simpliciter dixit, Habentes Spiritum fidei: sed quid? *Habentes eumdem Spiritum fidei.* Et volebam quidem enarrare hoc quoque: sed quoniam video multa sententiarum flumina ex nuda hac vocula prorumpentia, vereor ne multitudine eorum, quæ dicenda essent, inundem omnia, atque ita hæc doctrina nimia prolixitate detrimenti aliquid accipiat. Quapropter hic finem faciens

1. Tim. 1. 18. 19.

Bona conscientia unde.

1. Tim. 6. 10.

Jac. 2. 20.

loquendi, oro et obtestor, ut et quæ audivistis, de honeste vivendo, de fide, de virginitate, de benignitate, de eleemosyna, diligenter observetis: et hæc bene in memoria retinentes, ad ea quæ supersunt audienda præsto sitis. Sic enim nobis solidum erit ac inconcussum doctrinæ nostræ ædificium, si prioribus in mente vestra bene fundatis, ea quæ sequuntur superstruxerimus. Deus autem qui nobis dedit hæc dicere, et vobis cum alacritate audire, dignos nos faciat, ut et per opera fructum aliquem proferamus, gratia et benignitate Domini nostri Jesu Christi, quoniam ipsi gloria in sæcula sæculorum. Amen.

καὶ δέομαι τά τε εἰρημένα μετ' ἀκριβείας φυλάττειν, ὅσα περὶ πολιτείας, καὶ πίστεως, καὶ παρθενίας, καὶ φιλανθρωπίας, καὶ ἐλεημοσύνης ἠκούσατε, καὶ ταῦτα κατέχοντας ἀσφαλῶς, πρὸς τὴν τῶν μελλόντων ἀκρόασιν ἀπαντῆσαι. Οὕτω γὰρ ἡμῖν στεῤῥὰ καὶ ἄσειστος ἔσται ἡ τῶν εἰρημένων οἰκοδομὴ, ὅταν, τῶν προτέρων καλῶς πεπηγότων ἐν ταῖς ὑμετέραις διανοίαις, τὰ δεύτερα ἐπεμβάλωμεν. Ὁ δὲ Θεὸς ὁ καὶ ἡμῖν ταῦτα εἰπεῖν δοὺς, καὶ ὑμῖν μετὰ προθυμίας ἀκοῦσαι, καταξιώσειε καὶ τὸν διὰ τῶν ἔργων ἐπιδείξασθαι καρπὸν, χάριτι καὶ φιλανθρωπίᾳ τοῦ Κυρίου ἡμῶν Ἰησοῦ Χριστοῦ, ὅτι αὐτῷ ἡ δόξα εἰς τοὺς αἰῶνας τῶν αἰώνων. Ἀμήν.

DE EISDEM VERBIS APOSTOLI,

2. Cor. 4. 13.

Habentes autem eumdem Spiritum fidei, sicut scriptum est: *et adversus Manichæos,* et *omnes qui Vetus Testamentum calumniantur,* et *a Novo separare conantur,* et *de eleemosyna.*

D [b] ΕΙΣ ΤΗΝ ΑΠΟΣΤΟΛΙΚΗΝ ΡΗΣΙΝ ΤΗΝ

λέγουσαν, Ἔχοντες δὲ τὸ αὐτὸ Πνεῦμα τῆς πίστεως, κατὰ τὸ γεγραμμένον· καὶ πρὸς Μανιχαίους, καὶ πάντας τοὺς διαβάλλοντας τὴν Παλαιὰν καὶ διαιροῦντας αὐτὴν ἀπὸ τῆς Καινῆς, καὶ περὶ ἐλεημοσύνης.

Veri amatores promissorum memores.

1. Apostolici vobis sermonis expositionem debeo jam diu; sed hoc debitum vos fortassis estis obliti ob temporis longitudinem, ego vero non sum oblitus ob meum erga vos affectum. Sic se habet caritas: vigilans est ac sollicita; nec adamatos solum in animo circumferunt ii qui amant, sed quæ promiserunt magis meminerunt quam ipsi, qui promissa sunt recepturi. Eodem modo mater amantissima postquam mensæ reliquias pueris suis reposuit, etiamsi illi forte obliviscantur, ipsa tamen meminit, easque diligenter asservatas depromit, et famelicos eis pascit. Quod si matres erga liberos tam indulgentes sunt, tanto majori cura et studio vestra caritas nobis est prosequenda, quanto major vis est spiritualis partus, quam naturalis. Quænam igitur fuit illa mensa, cujus reliquias vobis servavimus? Verba erant apostoli, ex quibus tunc non parum nutrimenti spiritualis percepimus, cujus partem vestris mentibus indidimus, partem in hodiernum distulimus, ne multitudine sermonum memoriam vestram obrueremus. Quænam igitur sunt illa verba?

2. Cor. 4. 13.

Habentes autem eumdem Spiritum fidei, sicut scriptum est : Credidi, propter quod loquutus sum : etiam nos credimus,

Ἀποστολικῆς ὑμῖν ἐξηγήσεως χρέος ὀφείλω παλαιόν· ἀλλὰ τοῦτο τὸ χρέος ὑμεῖς μὲν ἴσως ἐπιλέλησθε διὰ τὸν χρόνον, ἐγὼ δὲ οὐκ ἐπιλέλησμαι διὰ τὸν περὶ ὑμᾶς πόθον. Τοιοῦτον γὰρ ἡ ἀγάπη· ἄγρυπνόν τι χρῆμα, καὶ μεμεριμνημένον ἐστί· καὶ οὐχὶ τοὺς φιλουμένους μόνον ἐπὶ τῆς διανοίας περιφέρουσιν οἱ φιλοῦντες, ἀλλὰ καὶ ὅσα ἂν αὐτοῖς ὑπόσχωνται 270 A δώσειν, τῶν μελλόντων ἀπολαμβάνειν ἀκριβέστερον τὴν μνήμην ἔχουσιν. Οὕτω καὶ μήτηρ φιλόστοργος τοῖς παισὶ τοῖς ἑαυτῆς λείψανα τραπέζης διατηρήσασα, κἂν ἐκεῖνοι τύχωσιν ἐπιλαθόμενοι, αὕτη γε οὐκ ἐπιλήσεται, ἀλλὰ μετὰ σπουδῆς αὐτὰ διαφυλάξασα πάσης, εἰς μέσον φέρει καὶ διατρέφει πεινῶντας. Εἰ δὲ μητέρες οὕτω περὶ τὰ ἔκγονα φιλόστοργοι, πολλῷ μᾶλλον ἡμᾶς περὶ τὴν ὑμετέραν ἀγάπην πλείονα σπουδὴν καὶ ἐπιμέλειαν ἐπιδείκνυσθαι χρὴ, ὅσῳ τῶν τῆς φύσεως ὠδίνων αἱ τοῦ πνεύματός εἰσι δυνατώτεραι. Τίς οὖν ἡ τράπεζα ἦν, ἧς τὰ λείψανα διετηρήσαμεν ὑμῖν; Ῥῆσις ἦν ἀποστολικὴ, πολλὴν B ἡμῖν τότε παρασχοῦσα τροφὴν πνευματικὴν, ἧς μέρος μὲν ἐνεθήκαμεν ὑμῶν τῇ διανοίᾳ, μέρος δὲ εἰς τὴν παροῦσαν ἡμέραν ἀνεβαλλόμεθα, ὥστε μὴ τῷ πλήθει τῶν λεγομένων καταχῶσαι τῆς μνήμης τῆς ὑμετέρας τὴν δύναμιν. Τίς οὖν ἐστιν ἡ ῥῆσις; Ἔχοντες δὲ τὸ αὐτὸ Πνεῦμα τῆς πίστεως, κατὰ τὸ γεγραμμέ-

[b] Duo Mss. *τοῦ αὐτοῦ τῇ προτέρᾳ διαλεχθεὶς εἰς τὴν αὐτὴν*] εἴπε. *ἀποστ.... γεγραμμένον. πάλιν εἰς τὴν αὐτὴν* [Cod. 748 *εἰς*

νον· Ἐπίστευσα, διὸ ἐλάλησα· καὶ ἡμεῖς πιστεύομεν, διὸ καὶ λαλοῦμεν. Περὶ ποίας μὲν οὖν πίστεως εἴρηται, πότερον τῆς τῶν σημείων ποιητικῆς, περὶ ἧς ὁ Χριστός φησιν· Ἐὰν ἔχετε πίστιν, ὡς κόκκον σινάπεως, ἐρεῖτε τῷ ὄρει τούτῳ, μετάβηθι, καὶ μεταβήσεται· ἢ τῆς τὴν γνῶσιν ἐμποιούσης ἡμῖν, καθ' ἣν πάντες ἐσμὲν πιστοί· καὶ τίνος ἕνεκα Πνεῦμα πίστεως εἴρηται, καὶ τί ποτέ ἐστιν ἡ πίστις αὕτη, C καὶ πάντα δὴ ταῦτα κατὰ δύναμιν τότε πρὸς τὴν ὑμετέραν διελέχθημεν ἀγάπην, ὅτε καὶ τοὺς περὶ ἐλεημοσύνης ἐκινήσαμεν λόγους. Ἐπειδὴ δὲ ἐλείπετο εἰπεῖν καὶ τίνος ἕνεκεν εἴρηται, Πνεῦμα πίστεως τὸ αὐτὸ, καὶ τὸ πλῆθος τῶν τότε λεχθέντων οὐκ ἐπέτρεπε καὶ ταύτῃ μετ' ἀκριβείας ἐπεξελθεῖν τῇ ῥήσει· τούτου χάριν εἰς τὴν παροῦσαν ἡμέραν αὐτὴν ἐταμιευσάμεθα, καὶ νῦν τοῦτο ἀνέστημεν ἀποδώσοντες ὑμῖν τὸ χρέος. Τίνος οὖν ἕνεκεν εἴρηκε, Τὸ αὐτό; Πολλὴν συγγένειαν τῆς Καινῆς Διαθήκης πρὸς τὴν Παλαιὰν ἐπιδεῖξαι βούλεται· διὰ τοῦτο καὶ προφητικῆς ἡμᾶς ἀνέμνησε ῥήσεως, εἰπὼν, Ἔχοντες δὲ τὸ αὐτὸ Πνεῦμα, καὶ ἐπαγαγὼν, Κατὰ τὸ γεγραμμένον· D Ἐπίστευσα, διὸ ἐλάλησα. Τοῦτο δὲ ἄνωθεν καὶ πρὸ πολλῶν χρόνων ὁ Δαυὶδ ἦν εἰρηκὼς, ὅπερ ὁ Παῦλος παρήγαγε νῦν, δηλῶν ὅτι τοῦ Πνεύματος ἡ χάρις ἡ αὐτὴ καὶ ἐν ἐκείνῳ τότε, καὶ νῦν ἐν ἡμῖν τὴν τῆς πίστεως ἐῤῥίζωσε δύναμιν· ὡσεὶ ἔλεγε, τὸ αὐτὸ Πνεῦμα τῆς πίστεως, τὸ καὶ ἐν ἐκείνῳ λαλῆσαν, καὶ ἐν ἡμῖν ἐνήργησε.

Ποῦ νῦν εἰσιν οἱ τὴν Παλαιὰν διαβάλλοντες, οἱ τὸ σῶμα τῆς Γραφῆς διασπῶντες, οἱ τῇ Καινῇ μὲν ἄλλον, ἕτερον δὲ τῇ Παλαιᾷ Θεὸν ἀπονέμοντες; Ἀκουέτωσαν Παύλου τὰ στόματα τὰ [a] ἄθεα ἐμφράττοντος, καὶ ἐπιστομίζοντος τὴν θεομάχον γλῶτταν, E καὶ διὰ τῆς ῥήσεως ταύτης δεικνύοντος, ὅτι τὸ αὐτὸ Πνεῦμα καὶ ἐν τῇ Παλαιᾷ, καὶ ἐν τῇ Καινῇ. Καὶ γὰρ αὐτὰ τὰ ὀνόματα πολλὴν ἡμῖν τῶν Διαθηκῶν δείκνυσι τὴν συμφωνίαν. Ἡ γὰρ Καινὴ διὰ τὴν Παλαιὰν εἴρηται, καὶ ἡ Παλαιὰ διὰ τὴν Καινήν· καθάπερ οὖν καὶ ὁ Παῦλός φησιν, Ἐν τῷ λέγειν Καινὴν πεπαλαίωκε τὴν προτέραν. Εἰ δὲ μὴ τοῦ αὐτοῦ εἶεν Δεσπότου, οὔτε αὕτη Καινὴ, οὔτ' ἐκείνη Παλαιὰ δύναιτ' ἂν λέγεσθαι. Ὥστε αὕτη ἡ ἐν τοῖς ὀνό- 271 A μασι διαφορὰ τὴν συγγένειαν ἑκατέρας [b] ἐκδείκνυται, καὶ ἡ διαφορὰ δὲ αὕτη οὐ κατὰ τὴν οὐσίαν, ἀλλὰ κατὰ τὴν τῶν χρόνων ἐναλλαγήν ἐστι· καὶ γὰρ τὸ καινὸν τῷ παλαιῷ κατὰ τοῦτο ἀντιδιαστέλλεται μόνον· ἡ δὲ τῶν χρόνων ἐναλλαγὴ οὐδὲ διαφορὰν δεσποτείας οὐδὲ μείωσιν εἰσάγει. Καὶ τοῦτο πάλιν ὁ Χριστὸς ἐνέφηνεν, εἰπών· Διὰ τοῦτο λέγω ὑμῖν, πᾶς γραμματεὺς μαθητευθεὶς ἐν τῇ βασιλείᾳ τῶν οὐρανῶν

quapropter et loquimur. De qua igitur fide sit sermo, utrum de ea per quam patrantur prodigia, de qua Christus dicit, *Si habueritis fidem sicut* Matth. 17. 19.
granum sinapi, dicetis monti huic, Migra, et *migrabit :* an de ea, quæ cognitionem in nobis gignit, secundum quam omnes sumus fideles; tum qua de causa Spiritus fidei sit dictus, et C quænam sit hæc fides : hæc omnia pro viribus apud vestram disseruimus caritatem, atque interim etiam de eleemosyna verba fecimus. Cum vero superesset disquirendum, cur dictum sit, *Eumdem Spiritum fidei*, et præ multitudine eorum quæ jam dixeram, non liceret etiam hæc verba diligenter enarrare : ideo in præsentem diem ea reposuimus, et nunc illud debitum vobis reddituri venimus. Cur igitur dixit, *Eumdem?* Magnam cognationem Novi Testamenti et Veteris vult ostendere : ideo prophetæ etiam verba nobis commemorat dicens : *Habentes autem eumdem Spiritum;* et adjiciens : *Sicut scriptum* D *est : Credidi, propter quod loquutus sum.* Hoc autem jamdudum et ante multas ætates David dixerat, quod nunc Paulus adduxit, indi- Psal. 115. 10.
cans eamdem Spiritus gratiam, et tunc in illo, et nunc in nobis, fidei radices posuisse : ac si diceret, Idem est fidei Spiritus, qui in illo loquutus est, et in nobis operatus.

2. Ubi nunc sunt qui Vetus Testamentum Contra Manichæos.
criminantur, qui corpus Scripturæ dilacerant, qui alium Novo, alium Veteri Testamento Deum attribuunt? Audiant Paulum impia ora obturantem, E impugnatrices Dei linguas cohibentem, et hoc dicto ostendentem eumdem esse Spiritum tam Novi quam Veteris Testamenti. Nam et ipsa nomina magnam nobis Testamentorum consonantiam significant. Novum enim ad differentiam Veteris dicitur, et Vetus ad differentiam Novi, sicut et Paulus inquit : *Dicendo* Heb. 8. 13.
Novum, antiquavit illud prius. Nisi vero ejusdem essent Domini, neque hoc Novum, neque illud Vetus appellari posset. Itaque hoc ipsum 271 A nominum discrimen cognationem utriusque indicat : et differentia hæc non est in eorum essentia, sed in mutatione temporum : solo enim tempore novum a veteri distat. Cæterum temporum differentia nullam dominii mutationem affert, neque diminutionem : id quod et Christus indicavit dicens : *Propterea dico vobis : omnis scriba* Matth. 13. 52.
doctus in regno cælorum similis est homini

a Alii ἄθεα ἐνδιαβάλλοντος, ἐμφράττοντος, ἐπιστομίζοντος.

b [Cod. 748 ἐνδείκνυται.]

patrifamilias, qui profert de thesauro suo nova et vetera. Vides diversas quidem possessiones, idem vero dominium? Quemadmodum igitur ille potest depromere nova et vetera, cum sit unus et idem paterfamilias : ita hic quoque nihil vetat ejusdem esse Dei tum Novum, tum Vetus Testamentum : hoc ipsum enim maxime indicat ejus divitias et abundantiam, quod non solum nova possideat, verum etiam in veteribus abundantiam præ se ferat. Itaque nomine tantum inter se differunt Testamenta, at non pugnant, neque sunt contraria. Vetus enim ex novo fit vetus; hoc autem non pugnæ est neque contrarietatis, sed differentiæ nominis tantummodo. Ego autem addo, quod etiamsi contrariæ essent leges Veteris legibus Novi, asseverarem ne sic quidem alium Deum fuisse superinducendum. Si enim eodem tempore, eisdem hominibus, in eisdem rebus versantibus, eadem munia obeuntibus, contrarias leges statuisset, rationem fortassis aliquam habere potuisset commentum ipsorum : quod si aliis illæ, aliis hæ scriptæ sunt, alio tempore illis, alio his, aliter se habentibus illis hominibus, aliter his, quid necesse est propter legum differentiam duos contrarios legislatores inducere? Equidem nullam necessitatem video : ipsi proferant, si habent quod dicant : sed nihil habere possunt. Namque et medicus sæpenumero multa contraria facit, sed non contraria ratione, imo eadem et conveniente. Etenim urit et non urit, secat et non secat unum et idem corpus : nunc amara, nunc dulcia pharmaca ad bibendum offert : et facit quidem contraria, sed ratione simili atque eadem : unum enim finem spectat, nimirum ægri sanitatem. Annon igitur absurdum est medicum quidem non incusare, quod multa contraria faciat circa unius corporis naturam, Deum autem criminari quod diverso tempore, diversis hominibus, diversa mandata dederit?

Non contraria sunt duo Testamenta.

3. Demonstratum est igitur non fuisse incusandum, etiamsi leges inter se fuissent contrariæ : ut autem sciamus non esse contrarias, sed diversas tantum, age ipsas leges in medium producamus. *Audistis*, inquit, *quod dictum sit antiquis, Non occides.* Hæc lex est vetus; videamus nunc novam : *Ego autem dico vobis, quicumque irascitur fratri suo temere, reus est gehennæ ignis.* Hæccine sunt, obsecro, contraria mandata? Et quis hoc diceret mortalium

Matth. 5. 21. 22.

Contraria non sunt invicem duo Testamenta.

ὅμοιός ἐστιν ἀνθρώπῳ οἰκοδεσπότῃ, ὅστις ἐκβάλλει ἐκ τοῦ θησαυροῦ αὐτοῦ καινὰ καὶ παλαιά. Ὁρᾷς διάφορα μὲν τὰ κτήματα, μίαν δὲ τὴν δεσποτείαν; Ὥσπερ οὖν ἐκεῖνος δύναται ἐκβάλλειν καινὰ καὶ B παλαιὰ εἷς ὢν οἰκοδεσπότης, οὕτω δὴ καὶ ἐνταῦθα δυνατὸν ἑνὸς εἶναι Θεοῦ τὴν Καινὴν καὶ τὴν Παλαιάν· αὐτὸ γὰρ τοῦτο μάλιστα δείκνυσιν αὐτοῦ τὸν πλοῦτον καὶ τὴν περιουσίαν, τὸ μὴ μόνον καινὰ κεκτῆσθαι, ἀλλὰ καὶ ἐν τοῖς παλαιοῖς τὴν περιουσίαν ἐνδείκνυσθαι. Ὥστε διαφορὰ μόνον ἐστὶν ὀνομάτων ἐν ταῖς Διαθήκαις, οὐ μάχη, οὐδὲ ἐναντίωσις. Τὸ γὰρ παλαιὸν ἐκ τοῦ καινοῦ γίνεται παλαιόν· τοῦτο δὲ οὐ μάχης, οὐδὲ ἐναντιώσεως, ἀλλὰ διαφορᾶς ὀνόματος μόνης. Ἐγὼ δὲ τοσαύτην ὑπερβολὴν ποιοῦμαι, ὅτι εἰ καὶ ἐναντίοι ἦσαν οἱ νόμοι τῆς Παλαιᾶς τοῖς τῆς Καινῆς, σφόδρα ἂν διισχυρισάμην, ὡς οὐδὲ C οὕτως ἕτερον ἐπεισάγειν Θεὸν ἐχρῆν. Εἰ μὲν γὰρ κατὰ τὸν αὐτὸν καιρὸν, τοῖς αὐτοῖς ἀνθρώποις, περὶ τὰ αὐτὰ διατρίβουσιν, ἐν τοῖς αὐτοῖς οὖσι πράγμασιν, ἐναντίους ἐπέταττε νόμους, εἶχεν ἄν τινα αὐτοῖς λόγον ἴσως τὸ σόφισμα· εἰ δὲ ἑτέροις μὲν ἐκεῖνοι, ἑτέροις δὲ ἐγράφησαν οὗτοι, καὶ ἐν ἑτέρῳ μὲν ἐκείνοις καιρῷ, ἐν ἑτέρῳ δὲ τούτοις, ἄλλως ἐκείνοις διακειμένοις, καὶ ἑτέρως τούτοις, [b]ποία ἀνάγκη διὰ τὴν τῶν νόμων διαφορὰν ἐναντίους εἰσάγειν νομοθέτας δύο; Ἐγὼ μὲν οὐδεμίαν ὁρῶ, εἰ δὲ αὐτοὶ λέγειν ἔχουσι, εἰπάτωσαν· ἀλλ' οὐκ ἂν ἔχοιεν. Καὶ γὰρ καὶ ἰατρὸς ἐναντία πολλὰ ποιεῖ πολλάκις· ἀλλ' D οὐκ ἀπὸ ἐναντίας τῆς γνώμης, ἀλλ' ἀπὸ μιᾶς καὶ συμφώνου. Καὶ γὰρ καίει καὶ οὐ καίει, τέμνει καὶ οὐ τέμνει τὸ αὐτὸ σῶμα πολλάκις· καὶ νῦν μὲν πικρὰ, νῦν δὲ γλυκέα δίδωσι πίνειν φάρμακα· καὶ τὰ μὲν γινόμενα ἐναντία, ἡ γνώμη δὲ, ἀφ' ἧς ταῦτα γίνεται, σύμφωνος καὶ μία· πρὸς γὰρ ἓν τέλος βλέπει, τὴν τοῦ κάμνοντος ὑγίειαν. Πῶς οὖν οὐκ ἄτοπον ἰατρῷ μὲν μὴ ἐγκαλεῖν ἐναντία ποιοῦντι πολλὰ καὶ περὶ σώματος ἑνὸς φύσιν, τῷ Θεῷ δὲ μέμψιν ἐπάγειν, εἰ κατὰ διαφόρους καιροὺς διαφόροις ἀνθρώποις διάφορα ἔδωκε τὰ προστάγματα;

E Ὅτι μὲν οὖν, εἰ καὶ ἐναντίοι ἦσαν οἱ νόμοι, οὐδὲ οὕτως ἐγκαλεῖν ἔδει, δῆλον ἐκ τούτων· ὅτι δὲ οὐδέ εἰσιν ἐναντίοι, ἀλλὰ διάφοροι μόνον, φέρε, τοὺς νόμους εἰς μέσον προχειρισώμεθα. Ἠκούσατε, φησὶν, ὅτι ἐῤῥέθη τοῖς ἀρχαίοις, Οὐ φονεύσεις. Οὗτος παλαιὸς ὁ νόμος· ἴδωμεν τὸν τῆς Καινῆς· Ἐγὼ δὲ λέγω ὑμῖν, ὁ ὀργιζόμενος τῷ ἀδελφῷ αὐτοῦ εἰκῆ, ἔνοχός ἐστιν εἰς τὴν γέενναν τοῦ πυρός. Ταῦτα ἐναντία, εἰπέ μοι, τὰ προστάγματα; Καὶ τίς ἀνθρώπων, κἂν ὁπωσοῦν διανοίας μετέχων, τοῦτο ἂν εἴποι; Εἰ μὲν γὰρ

[b] Mss. ποία ἀνάγκη. Vox ποία totum mutat sensum. Præstat autem Editorum lectioni, in quibus ποία deest.

272 A τοῦ προτέρου κελεύσαντος μὴ φονεύειν, οὗτος ἐκέλευσεν, ἴσως ἄν τις ἀντινομίαν ἔφησεν εἶναι τὸ λεγόμενον· εἰ δὲ ἐκείνου κελεύοντος μὴ φονεύειν, οὗτος ἐκέλευσε μηδὲ ὀργίζεσθαι, ἐπίτασις, οὐκ ἐναντίωσις ὁ πρότερος [a] τοῦ δευτέρου νόμος ἐστίν· ὁ μὲν γὰρ τὸν καρπὸν τῆς κακίας ἐξέτεμε, τὸν φόνον, οὗτος δὲ καὶ τὴν ῥίζαν ἀνέσπασε, τὴν ὀργήν· ἐκεῖνος τὸ ῥεῦμα τῆς πονηρίας ἐξέκοψεν, οὗτος καὶ τὴν πηγὴν αὐτὴν ἐξήρανε. Πηγὴ γὰρ καὶ ῥίζα τοῦ φόνου θυμὸς καὶ ὀργή. Ἐκεῖνος [b] τοῦτο προπαρεσκεύασεν ὁ νόμος τὴν φύσιν τὴν ἡμετέραν, οὗτος ἐλθὼν τὸ λεῖπον ἐπλήρωσε. Ποία ἐναντιότης, ὅταν ὁ μὲν τὸ τέλος τῶν κακῶν, ὁ δὲ καὶ τὴν ἀρχὴν ἐκκόπτῃ; B Ἐκεῖνος τὴν χεῖρα καθαρὰν ἐποίησεν αἵματος, οὗτος καὶ τὴν διάνοιαν αὐτὴν ἀπήλλαξε τῶν πονηρῶν βουλευμάτων. Ταῦτα δὲ συμφωνούντων ἀλλήλοις νόμων, οὐχὶ μαχομένων ἐστίν· ὅπερ ἄνω καὶ κάτω σπουδάζουσι κατασκευάζειν οἱ τῆς ἀληθείας ἐχθροὶ, μὴ συνορῶντες, ὅτι ἐκ τούτου μεγάλῃ ῥᾳθυμίας καὶ ὑπεροψίας αἰτίᾳ τὸν τῆς Καινῆς Θεὸν ὑποβάλλουσιν· εὑρεθήσεται γὰρ (ἡ δὲ βλασφημία εἰς τὴν τῶν ταῦτα ἀναγκαζόντων ἡμᾶς λέγειν περιτραπείη κεφαλήν) ἀκαίρως τὰ καθ' ἡμᾶς οἰκονομήσας· τὸ δὲ πῶς, ἐγὼ λέγω. Γαλακτοτροφίᾳ προσέοικεν ἡ τῆς Παλαιᾶς Διαθήκης παιδαγωγία, στερεᾷ δὲ τροφῇ τῆς Καινῆς Διαθήκης ἡ φιλοσοφία· οὐδεὶς δὲ πρὶν ἢ θρέψαι γάλακτι, πρὸς τὴν στερεὰν C ἄγει τροφήν. Ὅπερ ἔσται πεποιηκὼς ὁ τῆς Καινῆς Θεὸς ἄνπερ μὴ αὐτὸς ᾖ ὁ τὴν Παλαιὰν δεδωκώς· πρὸ γὰρ τοῦ θρέψαι γάλακτι καὶ τῇ διὰ τοῦ νόμου παιδαγωγίᾳ, ἐπὶ τὴν στερεὰν ἡμᾶς ἤγαγε τροφήν. Οὐ τούτῳ δὲ μόνον, ἀλλὰ καὶ ἑτέρῳ μείζονι τούτου πάλιν αὐτὸν ὑποβάλλουσιν ἐγκλήματι, εἴ γε μετὰ πεντακισχίλια καὶ πλείονα ἔτη τοῦ γένους ἧκε προνοήσων τοῦ ἡμετέρου. Εἰ γὰρ μὴ αὐτὸς ἦν, ὁ διὰ τῶν προφητῶν καὶ τῶν πατριαρχῶν καὶ τῶν δικαίων ἀνθρώπων τὰ καθ' ἡμᾶς ἅπαντα οἰκονομῶν, ἀλλ' ἕτερός τις D παρὰ τοῦτον ὀψέ ποτε καὶ βραδέως εὑρεθήσεται τῆς ἡμετέρας ἐπειλημμένος προνοίας, ὥσπερ ἔκ τινος μετανοίας ἀνενεγκών· ὅπερ οὐ Θεοῦ μόνον, ἀλλὰ καὶ ἀνθρώπου τοῦ τυχόντος ἀνάξιον ἂν εἴη, τοσούτους ἀφέντος ἀπολέσθαι ἐν τοσούτῳ χρόνῳ, ὀψέ ποτε ἐν ἐσχάτῳ τῶν καιρῶν τῆς τῶν ὀλίγων ἐπιλαβέσθαι προνοίας.

modo rationis compos? Si enim priore lege vetante occidere, posterior juberet, fortasse aliquis in his verbis legum pugnam esse diceret: nunc cum illa jubente non occidere, hæc jubet ne irasci quidem, augetur prius mandatum, non affertur contrarium: illa enim fructum malitiæ resecat, videlicet cædem: hæc vero etiam radicem ipsam evellit, nimirum iracundiam: illa rivum tollit vitii, hæc fontem ipsum exsiccat. Fons enim et radix cædis est furor et iracundia. *Radix cædis iracundia.* Illa lex naturam nostram posteriori paratiorem reddidit, hæc superveniens quod desiderabatur supplevit. Quænam hæc est contrarietas, dum una finem malorum, altera vero etiam principium exstirpat? Illa manum puram facit a sanguine, hæc mentem etiam servat a mala cogitatione. Hæc autem consentientium sunt legum, non pugnantium, sicut veritatis inimici adstruere conantur, non animadvertentes, quod hinc magno segnitiæ ac despectus crimini Novi Testamenti Deum obnoxium reddunt: comperietur enim Deus (quæ quidem blasphemia in caput illorum vertat, qui nobis hæc loquendi necessitatem imponunt) intempestive res nostras dispensavisse. Quæ autem dico, sic vobis clariora faciam. Lactis alimento similis est Veteris Testamenti educatio, solido vero cibo Novi Testamenti philosophia: at nemo ante lactis alimoniam solidum cibum adhibet. Quod quidem Novi Testamenti Deus fecit, si non idem est qui etiam Vetus prodidit: prius enim quam lacte nutriret, hoc est legis disciplina, ad solidum nos cibum adduxit. Non hujus autem solum, sed majoris etiam criminis eum reum faciunt, quandoquidem post quinquies mille demum annos aut plures providentiam nostri generis suscepit. Si enim non idem erat, qui per prophetas et patriarchas et justos homines res nostras dispensabat, sed alter quispiam præter hunc, sero admodum et tarde videbitur nostri providentiam aggressus, quasi per anteactorum pœnitentiam ad se reversus: quod quidem tantum abest a Deo, ut nec in unum quemvis e vulgo hominem competat, tanto tempore tam multis perire permissis, in extremis demum sæculis ad paucorum quorumdam providentiam ac curam accedere.

Ὁρᾷς ὅσαις τὸν Θεὸν ὑποβάλλουσι βλασφημίαις ἐκεῖνοι, ἕτερον μὲν τῆς Καινῆς, ἕτερον δὲ τῆς Παλαιᾶς λέγοντες εἶναι νομοθέτην; Ἅπερ ἅπαντα λύεται, ἂν ἕνα ἑκατέρας τῆς Διαθήκης δῶμεν εἶναι

4. Videsne quantis blasphemiis Deum faciant obnoxium isti, qui alium Novi Testamenti legislatorem dicunt, alium Veteris? Quæ sane omnes evanescunt, si unum utriusque Testa- *Unus est utriusque Testamenti legislator.*

[a] [Savil. conj. ὁ δεύτερος τοῦ προτέρου].

[b] Fort. τούτῳ.

menti assentiamur esse Deum. Sic enim apparebit, cum ordine et bona ratione res nostras dispensare, tunc quidem per legem, nunc autem per gratiam : et non recens, neque nuper, sed jam inde ab initio et a prima usque die nostra omnia gubernare. Quo autem magis eorum ora obstruamus, age jam testimonia tum prophetarum, tum apostolorum adducamus, clamantium, unum esse utriusque Testamenti legislatorem. Procedat igitur in medium Jeremias in utero sanctificatus, et probet hoc manifeste, unum esse eumdemque Deum tum Novi Testamenti, tum Veteris. Quid igitur hic dicit ex persona legis-
Jerem. 31. 31. latoris clamans? *Testabor vobis testamentum novum, non sicut testamentum quod testatus sum patribus vestris.* Itaque qui Novum Testamentum dedit, idem est Deus, qui olim
Pauli Samosateni error. Vetus etiam illud dederat. Hic sane Pauli quoque Samosatensis sectatoribus ora sunt occlusa, qui negant ante sæcula fuisse Unigenitum Dei. Si enim ante Mariæ partum, et antequam in carne se videndum præberet, non erat, quomodo legem ferebat cum non esset? quomodo autem dicebat: *Testabor vobis testamentum novum, non sicut testamentum, quod testatus sum patribus vestris?* quomodo enim testamentum dabat patribus eorum, cum nondum esset, ut illi quidem affirmant? Sed contra Judæos quidem, eodemque morbo laborantes Paulianos, idoneum est quod opponatur prophetæ hujus testimonium : ut autem etiam Manichæorum ora cohibeamus, ex Novo Testamento adducamus testimonium, quandoquidem Vetus nihili pendunt : imo vero etiam Novum, cui quamvis honorem habere videre velint, non minorem tamen huic quam illi alteri injuriam inferunt : uno quidem modo, quod dum illud a Veteri exscindunt, hujus quoque auctoritatem labefactant. Non parum enim veritatem ejus illustrant Veteris Testamenti prophetarum præconia, quos isti aversando non intelligunt majore apostolos quam prophetas contumelia se afficere. Unam, inquam, Novo Testamento injuriam faciunt istam ; alio vero modo iterum, quod bonam ex eo partem resecant. Attamen tanta est eorum, quæ in illo continentur, vis, ut vel ex ipsis reliquiis facile maleficium istorum deprehendatur : resecta enim membra clamant, et pristinum cum suis membris consensum indesinenter requirunt.

Probat ex 5. Quomodo igitur demonstrabimus Veteris

E Θεόν. Εὑρεθήσεται γὰρ κατὰ λόγον τὰ καθ' ἡμᾶς οἰκονομῶν, τότε μὲν διὰ τοῦ νόμου, νῦν δὲ διὰ τῆς χάριτος, καὶ οὐ προσφάτως, οὐδὲ νεωστὶ, ἀλλ' ἄνωθεν καὶ ἐκ πρώτης ἡμέρας τῆς ἡμετέρας ἐπειλημμένος προνοίας. Ἵνα δὲ μειζόνως αὐτῶν τὰ στόματα ἀποῤῥάψωμεν, φέρε, καὶ αὐτὰς τὰς ῥήσεις παραγάγωμεν, καὶ προφήτας, καὶ ἀποστόλους βοῶντας, ὅτι Καινῆς καὶ Παλαιᾶς εἷς ἐστιν ὁ νομοθέτης. Παρίτω τοίνυν εἰς μέσον ὁ ἐκ κοιλίας ἁγιασθεὶς Ἱερεμίας,
273 καὶ αὐτὸ τοῦτο δεικνύτω σαφῶς ἕνα καὶ τὸν αὐτὸν
A ἑκατέρας ὄντα τῆς Διαθήκης Θεόν. Τί οὖν οὗτός φησιν, ἐκ προσώπου τοῦ νομοθέτου κηρύττων; Διαθήσομαι ὑμῖν διαθήκην καινὴν, οὐ κατὰ τὴν διαθήκην, ἣν διεθέμην τοῖς πατράσιν ὑμῶν. Ὥστε ὁ τὴν Καινὴν αὐτοῖς διαθέμενος, αὐτός ἐστιν ὁ καὶ τὴν Παλαιὰν δοὺς Θεός. Ἐνταῦθα καὶ τοὺς ἀπὸ Παύλου τοῦ Σαμοσατέως ἐπεστόμισεν ἱκανῶς, οἳ τὴν προαιώνιον ὕπαρξιν ἀναιροῦσι τοῦ Μονογενοῦς. Εἰ γὰρ πρὸ τοῦ τόκου τῆς Μαρίας οὐκ ἦν, οὐδὲ ὑπῆρχε πρὶν ἢ φανῆναι ἐν σαρκὶ, πῶς ἐνομοθέτει ὁ μὴ ὤν; πῶς δὲ ἔλεγε, Διαθήσομαι ὑμῖν διαθήκην καινὴν, οὐ κατὰ τὴν διαθήκην, ἣν διεθέμην τοῖς πατράσιν ὑμῶν; πῶς
B γὰρ διέθετο τοῖς πατράσιν αὐτῶν μὴ ὑπάρχων, μηδὲ ὢν, κατὰ τὸν ἐκείνων λόγον; Ἀλλὰ πρὸς Ἰουδαίους μὲν καὶ τοὺς τὰ Ἰουδαίων νοσοῦντας Παυλιανοὺς ἱκανὴ στῆναι ἡ τοῦ προφήτου μαρτυρία· ἵνα δὲ καὶ Μανιχαίους ἐπιστομίσωμεν, ἀπὸ τῆς Καινῆς τὴν μαρτυρίαν παραγάγωμεν, ἐπειδὴ τῆς Παλαιᾶς οὐδεὶς αὐτοῖς ἐστι λόγος, μᾶλλον δὲ οὐδὲ τῆς Καινῆς· ἀλλὰ καὶ ταύτην, ἣν δοκοῦσι τιμᾷν, οὐχ ἧττον ἐκείνης καθυβρίζουσιν· ἑνὶ μὲν τρόπῳ, τῷ τῆς Παλαιᾶς ἐκκόψαι, καὶ τὸ ἀξιόπιστον αὐτῆς λυμήνασθαι. Οὐ γὰρ μικρὰ τῶν ἐν αὐτῇ κειμένων τῆς ἀληθείας ἀπόδειξις, τῶν
C ἐν τῇ Παλαιᾷ προφητειῶν ἡ προαναφώνησις ἦν, οὓς ἀποστραφέντες οὗτοι οὐκ αἰσθάνονται τῶν προφητῶν μᾶλλον τοὺς ἀποστόλους ἀτιμάσαντες. Ἑνὶ μὲν οὖν τρόπῳ τούτῳ τὴν Καινὴν καθυβρίζουσιν, ἑτέρῳ δὲ πάλιν δευτέρῳ, τῷ τὰ πλείονα αὐτῆς ἐκκόψαι. Πλὴν ἀλλὰ καὶ αὐτὴ τῶν ἐν τῇ αὐτῇ κειμένων ἡ δύναμις [a] τοσαύτη, ὡς καὶ ἀπ' αὐτῶν τῶν λειψάνων εὐφώρατον αὐτῶν γενέσθαι ποιεῖ τὴν κακουργίαν· τὰ γὰρ ἀποκοπέντα μέλη κράζει καὶ βοᾷ, τὴν πρὸς τὰ οἰκεῖα μέλη συμφωνίαν ἐπιζητοῦντα.

D Πῶς οὖν ἀποδείξομεν, ὅτι Καινῆς καὶ Παλαιᾶς εἷς

[a] Τοσαύτη deest in Mss. [Cod. 748 δύν. ἱκανὴ ὡς.]

ἐστιν ὁ νομοθέτης; [b]Ἀπὸ τούτων τῶν παρ' αὐτοῖς ὑπολελειμμένων ῥημάτων τῶν ἀποστολικῶν, ἃ δοκεῖ μὲν ἔχειν τοῦ νόμου κατηγορίαν, συνίστησι δὲ αὐτὸν μάλιστα, καὶ δεικνύει θεῖον ὄντα χρησμὸν καὶ ἄνωθεν ἥκοντα. Καὶ τοῦτο δὲ τῆς τοῦ Πνεύματος ἐγένετο σοφίας, ὥστε τῇ προχείρῳ ῥήσει δελεασθέντας τοὺς τοῦ νόμου κατηγοροῦντας ἄκοντας καὶ ἀγνοοῦντας δέξασθαι τὴν ὑπὲρ αὐτοῦ γεγραμμένην ἀπολογίαν· ἵνα, ἂν μὲν θελήσωσι πρὸς τὴν ἀλήθειαν ἰδεῖν, ἔχωσι τὴν ῥῆσιν τὴν χειραγωγοῦσαν αὐτούς· ἂν δὲ ἐπιμένωσι τῇ ἀπιστίᾳ, μηδεμιᾶς συγγνώμης λοιπὸν τύχωσι, καὶ αὐτοῖς, οἷς δοκοῦσι πιστεύειν, ἀπιστοῦντες κατὰ τῆς ἑαυτῶν σωτηρίας. Ποῦ τοίνυν ἡ Καινὴ ἑαυτῆς καὶ τῆς Παλαιᾶς ἕνα τὸν νομοθέτην εἶναί φησι; Πολλαχοῦ μὲν καὶ ἀλλαχοῦ· ἡμεῖς δὲ ἐκείνην τέως σπουδάζομεν τὴν περικοπὴν εἰς μέσον ἀγαγεῖν, τὴν καὶ παρὰ τοῖς Μανιχαίοις σωζομένην ἔτι καὶ νῦν. Τίς οὖν ἐστιν αὕτη; Λέγετέ μοι, οἱ ὑπὸ νόμον θέλοντες εἶναι, φησὶ, τὸν νόμον οὐκ ἀκούετε, ὅτι Ἀβραὰμ δύο υἱοὺς ἔσχεν, ἕνα ἐκ τῆς παιδίσκης, καὶ ἕνα ἐκ τῆς ἐλευθέρας; Ἤκουσαν οἱ αἱρετικοὶ, ὅτι ἕνα ἐκ τῆς παιδίσκης, καὶ εὐθέως ἐπεπήδησαν· ἐνόμισαν γὰρ κατηγορίαν εἶναι τοῦ νόμου τὸ λεγόμενον· καὶ ἐκκόψαντες αὐτὴν τῆς λοιπῆς ἀκολουθίας, ὡς συνηγοροῦσαν αὐτοῖς κατέχουσι. Φέρε οὖν ἀπ' αὐτοῦ δείξωμεν ἕνα ὄντα τὸν νομοθέτην. Ἀβραὰμ δύο υἱοὺς ἔσχεν, ἕνα ἐκ τῆς παιδίσκης, καὶ ἕνα ἐκ τῆς ἐλευθέρας· ταῦτα δέ ἐστι, φησὶν, ἀλληγορούμενα. Τί δέ ἐστιν, Ἀλληγορούμενα; Τύποι τῶν ἐν τῇ χάριτι γενομένων ἦσαν τὰ ἐν τῇ Παλαιᾷ Διαθήκῃ γινόμενα. Ὥσπερ γὰρ ἐκεῖ δύο γυναῖκες, οὕτως ἐνταῦθα δύο Διαθῆκαι. Πρῶτον μὲν ἐν τούτῳ δείκνυσι τὴν συγγένειαν τῆς Καινῆς πρὸς τὴν Παλαιὰν, ὅταν ἐκεῖνα τούτων ᾖ τύπος. Ὁ γὰρ τύπος τῆς ἀληθείας οὐκ ἐναντίον, ἀλλὰ συγγενές. Εἰ δὲ ἐναντίος ἦν ὁ Θεὸς τῆς Παλαιᾶς τῷ Θεῷ τῆς Καινῆς, οὐκ ἔμελλε διὰ τῶν γυναικῶν προδιατυποῦν τῆς Καινῆς Διαθήκης τὴν ὑπεροχήν. Εἰ δὲ καὶ ἐκεῖνος προδιετύπωσε, τὸν Παῦλον ἐχρῆν μὴ ἀποχρήσασθαι τῷ τύπῳ. Εἰ δὲ λέγοιεν, ὅτι Ἰουδαϊκῇ συγκαταβαίνων ἀσθενείᾳ, τοῦτο ἐποίει, ἐχρῆν καὶ Ἕλλησι κηρύττοντα τύπους Ἑλληνικοὺς εἰσάγειν, καὶ ἱστορίας μεμνῆσθαι τῶν παρ' Ἕλλησι γεγενημένων πραγμάτων. Ἀλλὰ οὐκ ἐποίησε τοῦτο· καὶ μάλα εἰκότως. Ἐκεῖνα μὲν γὰρ οὐδὲν κοινὸν εἶχε πρὸς τὴν ἀλήθειαν, ταῦτα δὲ Θεοῦ χρησμοὶ καὶ νόμοι· διὸ καὶ πολλὴν συγγένειαν ἔχει τὰ παλαιὰ πρὸς τὴν Καινὴν Διαθήκην.

[b] Mss. ἀπ' αὐτῶν.

et Novi Testamenti unum esse legislatorem? Ex ipsis apostolicis verbis, quæ apud ipsos etiam relicta sunt: quæ tametsi prima fronte videantur Vetus illud accusare, non mediocriter tamen id commendant, et divinis oraculis cælitus proditum esse indicant. Et hoc sancti Spiritus sapientia factum est, ut accusatores legis, allecti prima facie verborum, imprudentes et inviti adscriptam ejus defensionem receperint: ut si vellent ad verum respicere, haberent sermonem E quem sequerentur: quod si in incredulitate permanerent, nullam sibi in posterum veniæ spem reliquam facerent: ut qui etiam illis quæ alias recipere videntur, fidem in suam ipsorum perniciem abrogarent. Ubi igitur Novum Testamentum suarum ac veterum legum eumdem auctorem esse testatur? Et alibi quidem non uno loco: nos tamen data opera eam textus partem adducemus, quæ vel in Manichæorum codicibus hacte- 274 A nus mansit incolumis. Quænam hæc? *Dicite mihi*, inquit, *qui sub lege vultis* esse, *legem non audistis? quod Abraham duos filios habuit: unum ex ancilla, alterum* e *libera?* Audiverunt hæretici unum habuisse ex ancilla, et confestim accurrerunt: rati enim his verbis legis accusationem contineri, resectis consequentibus, illam accusationem retinent sibi patrocinantem. Age igitur ex hoc ipso loco ostendamus eumdem esse legislatorem. *Abraham duos filios habuit, unum ex ancilla, alterum ex libera.* B *Hæc autem sunt*, inquit, *per allegoriam dicta.* Quid est, *Per allegoriam dicta?* Figuræ eorum, quæ sub gratia gererentur, erant quæcumque sub Lege fiebant. Sicut enim illic duæ mulieres, ita hic duo Testamenta. Primum in hoc apparet cognatio Novi cum Veteri, quod illa horum figuræ erant. Figura enim veritati non contraria est, sed cognata. Quod si Veteris illius Deus Novi hujus Deo contrarius esset, haudquaquam per illas mulieres Novi præcellentiam præfigurasset. Quod si ille præfiguravit, par erat Paulum non abuti hac figura. Sin autem dicant, quod ad Judaicam infirmitatem sedemittens hoc faciebat, oportebat eum C etiam Græcis prædicantem figuras Græcorum adhibere, et rerum apud Græcos gestarum historias commemerare. Sed hoc nusquam fecit, et merito. Illa enim nihil cum veritate commune habebant, hæc autem Dei leges erant, et oracula: quapropter magna cognatio veteribus illis cum Novo Testamento intercedit.

Apostolicis verbis unum esse legislatorem utriusque Testamenti.

Gal. 4. 21. 22.

Ib. v. 24.

Figura non est contraria veritati.

6. Primum igitur argumentum hoc est, Vetus Testamentum modis omnibus cum Novo consonare: secundum autem illo non minus, ex ipsa historia sumitur. Quemadmodum enim tunc duæ mulieres erant unius viri: ita nunc duo Testamenta unius legislatoris; si enim alius esset Novi, alius Veteris, supervacaneum erat hanc historiam adducere. Neque enim alium habebat Sarra virum, alium Agar; sed utraque unum et eumdem. Itaque dicendo, *Hæc enim sunt duo testamenta*, nihil aliud dicit quam quod eumdem habeant legislatorem, sicut illæ unum virum Abraham. Sed altera quidem erat serva, altera vero libera. Quid tum? hactenus enim quærebatur, an unus utriusque sit legislator. Recipiant igitur prius hoc, ac tum demum ad illud alterum eis respondebimus. Si enim eos hoc ut admittant ac nobis assentiantur, coegeris, universum illorum dogma corruet. Comperto enim etiam Veteris Testamenti eumdem legislatorem esse, sicut revera est, finem habebit omnis illorum nobiscum controversia. Attamen ne vel hinc turbemini, advertamus diligenter hæc verba. Non enim dixit, Una quidem serva, una vero libera: sed, *Una quidem in servitutem gignens*: nec statim serva est, quæ in servitutem gignit: et hoc ipsum ad servitutem natum esse non matris est crimen, sed parvulorum qui nascuntur. Quoniam enim sua malitia seipsos libertate privaverunt, et a jure ingenuitatis exciderunt, non secus quam ingratos servos tractavit eos Deus, terrore ac minis castigans. Quin et hodie multi patres liberos suos non ut filios, sed ut servos metu coercent: quæ culpa non parentum est, sed filiorum, qui causa fuerunt parentibus, ut servilem in modum ab eis educarentur. Eumdem ad modum etiam Deus ejus temporis populum terroribus ac pœnis erudiebat, non aliter quam nullius frugis servum; nec tamen hæc Dei culpa fuit aut legis, sed Judæorum respuentium frenum, et duriori freno opus habentium. Siquidem in ipso Veteri Testamento multos reperire licet, qui non ad eamdem sint tracti disciplinam, ut Abel, Noe, Abraham, Isaac, Jacob, Joseph, Moses, Elias, Elisæus, et omnes qui Novi Testamenti instituta sunt æmulati: non enim terrore ac pœnis, nec minis ac mulctis, sed amore Dei et ferventi erga illum affectione tales erga Deum sunt redditi, quales fuerunt. Non enim opus habebant mandatis neque præscriptis et legibus, ut virtutem sectarentur ac vitia fugerent: sed ut ingenui et liberali ingenio filii, agnoscentes suam conditionem,

Argumentum secundum ex eadem historia.

Gal. 4. 24.

Ib.

Ib.

Non pauci in Veteri Testamento amore ducti, non timore.

Πρῶτον μὲν οὖν τοῦτο δείκνυσιν, ὅτι πολλὴ ἡ συμφωνία τῆς Καινῆς πρὸς τὴν Παλαιάν· δεύτερον δὲ οὐκ ἔλαττον τούτου, καὶ αὐτῇ τῇ ἱστορίᾳ. Ὥσπερ γὰρ τότε δύο γυναῖκες ἦσαν ἑνὸς ἀνδρὸς, οὕτω καὶ νῦν δύο Διαθῆκαι ἑνὸς νομοθέτου· ἐπεὶ, ἂν ἄλλος ᾖ τῆς Καινῆς, καὶ ἄλλος τῆς Παλαιᾶς, περιττῶς τὴν ἱστορίαν εἰσήγαγεν. Οὐ γὰρ ἄλλος μὲν ἦν τῆς Σάῤῥας ἀνὴρ, ἄλλος δὲ τῆς Ἄγαρ, ἀλλ' εἷς καὶ ὁ αὐτός. Ὥστε, ὅταν λέγῃ, Αὗται γάρ εἰσι δύο διαθῆκαι, D οὐδὲν ἕτερον λέγει, ἀλλ' ἢ, ὅτι ἕνα ἔχουσι νομοθέτην, καθάπερ ἐκεῖναι ἕνα ἄνδρα τὸν Ἀβραάμ. Ἀλλ' ἡ μὲν δούλη, φησὶν, ἡ δὲ ἐλευθέρα ἦν. Καὶ τί τοῦτο; τέως γὰρ ζητούμενον ἦν, εἰ εἷς ἑκατέρων νομοθέτης. Καταδεξάσθωσαν τοίνυν τοῦτο πρότερον, καὶ τότε πρὸς ἐκεῖνο αὐτοῖς ἀποκρινούμεθα. Ἂν γὰρ τοῦτο καταναγκάζῃς αὐτοὺς δέξασθαι, καὶ πεισθῶσιν, ἅπαν αὐτῶν τὸ δόγμα οἰχήσεται. Ὅταν γὰρ εὑρεθῇ τοῦ αὐτοῦ νομοθέτου καὶ ἡ Παλαιὰ οὖσα, καθάπερ οὖν καὶ ἔστι, πᾶσα λέλυται ἡμῖν ἡ πρὸς ἐκείνους ἀμφισβήτησις. Ἵνα δὲ μηδὲ τοῦτο ὑμᾶς θορυβῇ, πρόσχωμεν E ἀκριβῶς τῇ ῥήσει. Οὐ γὰρ εἶπε, μία μὲν δούλη, μία δὲ ἐλευθέρα· ἀλλὰ, Μία μὲν εἰς δουλείαν γεννῶσα· οὐ πάντως δὲ ἡ εἰς δουλείαν γεννήσασα, δούλη· καὶ αὐτὸ δὲ τὸ εἰς δουλείαν τεχθῆναι, οὐ τῆς τεκούσης ἔγκλημα, ἀλλὰ τῶν τεχθέντων παιδίων. Ἐπειδὴ γὰρ τῆς ἐλευθερίας διὰ τὴν κακίαν ἑαυτοὺς ἀπεστέρησαν, καὶ τῆς εὐγενείας ἐξέπεσον, ὡς δούλους αὐτοὺς ἀγνώμονας ἐπαίδευσεν ὁ Θεὸς φόβῳ διηνεκεῖ, κολάζων
275 τιμωρίαις καὶ ἀπειλαῖς. Πολλοὶ γοῦν καὶ νῦν πατέρες A τοὺς ἑαυτῶν υἱοὺς, οὐχ ὡς υἱοὺς ἐνάγουσιν, ἀλλὰ μετὰ τοῦ πρέποντος οἰκέταις φόβου· καὶ τὸ ἔγκλημα οὐχὶ τῶν πατέρων ἐστὶν, ἀλλὰ τῶν τοὺς πατέρας παρασκευασάντων παίδων, ὡς δούλοις κεχρῆσθαι τοῖς ἐλευθέροις. Οὕτω καὶ ὁ Θεὸς τὸν λαὸν τότε ἐκεῖνον μετὰ τοσούτου φόβου καὶ τιμωρίας τοσαύτης ἐνῆγε, μεθ' ὅσης εἰκὸς ἦν οἰκέτην ἀγνώμονα· ἀλλ' οὐ κατηγορία τοῦ Θεοῦ τὸ γινόμενον, οὐδὲ ἔγκλημα τοῦ νόμου, ἀλλὰ τῶν ἀφηνιαζόντων Ἰουδαίων, σφοδροτέρου δεηθέντων χαλινοῦ. Ἐν αὐτῇ γοῦν τῇ Παλαιᾷ εὑρεθήσονται πολλοὶ οὐχ οὕτως ἀχθέντες, οἷον ὁ Ἄβελ, ὁ Νῶε, ὁ Ἀβραὰμ, ὁ Ἰσαὰκ, ὁ Ἰακὼβ, ὁ Ἰωσὴφ, ὁ B Μωϋσῆς, ὁ Ἠλίας, ὁ Ἐλισσαῖος, οἱ ἄλλοι πάντες, ὅσοι τὴν ἐν τῇ Καινῇ φιλοσοφίαν ἐζήλωσαν. Οὐ γὰρ φόβῳ καὶ κολάσει, οὐδὲ ἀπειλῇ καὶ τιμωρίᾳ, ἀλλ' ἀγάπῃ θείᾳ καὶ φίλτρῳ ζέοντι τῷ περὶ Θεὸν ἐγένοντο τοιοῦτοι, οἷοι δὴ καὶ ἐγένοντο. Οὐ γὰρ ἐδεήθησαν προσταγμάτων, οὐδὲ ἐντολῶν καὶ νόμων, ὥστε ἀρετὴν ἑλέσθαι καὶ φεύγειν κακίαν, ἀλλ' ὥσπερ εὐγενεῖς παῖδες καὶ ἐλεύθεροι, τὴν οἰκείαν ἐπιγνόντες ἀξίαν, χωρὶς φόβου τινὸς καὶ κολάσεως ηὐτομόλησαν πρὸς τὴν ἀρετήν· οἱ δὲ λοιποὶ πάντες Ἰουδαῖοι, ἐπειδὴ πρὸς κακίαν ἀπέκλιναν, τοῦ κατὰ τὸν νόμον ἐδεήθη-

σαν χαλκοῦ. Ὅτε γοῦν ἐποίησαν τὸν μόσχον, καὶ τὸ C γλυπτὸν προσεκύνησαν, τότε ἤκουσαν· Κύριος ὁ Θεός σου, Κύριος εἷς ἐστιν· ὅτε ἐφόνευσαν, καὶ τὰς γυναῖκας τῶν πλησίον διέφθειραν, τότε ἤκουσαν, Οὐ φονεύσεις, οὐ μοιχεύσεις, καὶ τὰ ἄλλα δὲ πάντα ὁμοίως.

Ὥστε οὐκ ἔγκλημα τοῦ νόμου τὸ κόλασιν ἐπάγειν καὶ τιμωρίαν, καὶ καθάπερ οἰκέτας ἀγνώμονας παιδεύειν καὶ σωφρονίζειν, ἀλλὰ καὶ ἐγκώμιον μέγιστον, καὶ οὐχ ὁ τυχὼν ἔπαινος, ὅτι τοὺς πρὸς τοσαύτην κατενεχθέντας κακίαν ἠδυνήθη διὰ τῆς οἰκείας σφο- D δρότητος ἀπαλλάξαι τῆς πονηρίας, μαλάξαι τε καὶ ποιῆσαι [a] καταπειθεῖς τῇ χάριτι, καὶ πρὸς τὴν τῆς Καινῆς ὁδηγῆσαι φιλοσοφίαν. Τὸ γὰρ αὐτὸ Πνεῦμα καὶ τὰ ἐν τῇ Παλαιᾷ, καὶ τὰ ἐν τῇ Καινῇ πάντα ᾠκονόμει, εἰ καὶ διαφόρως. Διὰ τοῦτο καὶ Παῦλος ἔλεγεν· Ἔχοντες δὲ τὸ αὐτὸ Πνεῦμα τῆς πίστεως κατὰ τὸ γεγραμμένον· Ἐπίστευσα, διὸ ἐλάλησα. Οὐ διὰ τοῦτο δὲ μόνον ἔλεγε, Τὸ αὐτὸ Πνεῦμα, ἀλλὰ καὶ δι' ἑτέραν αἰτίαν οὐκ ἐλάττονα τῆς εἰρημένης, ἣν ἐβουλόμην μὲν νῦν εἰπεῖν, δεδοικὼς δὲ μὴ τὰ εἰρημένα ἐκβλύσητε, εἰς ἑτέραν ὑμῖν διάλεξιν ταύτην ταμιεύσομαι, τέως ταύτης μεμνῆσθαι πάσης παρα- E καλέσας ὑμᾶς, καὶ μετὰ ἀκριβείας φυλάττειν αὐτὴν, καὶ τὴν ἀπὸ τῆς πολιτείας ἀρετὴν προστιθέναι, καὶ τῇ τῶν δογμάτων συνυφαίνειν αὐτὴν καθαρότητι· Ἵνα ἄρτιος ὁ ἄνθρωπος ᾖ τοῦ Θεοῦ, πρὸς πᾶν ἔργον ἀγαθὸν ἐξηρτισμένος· ἐπεὶ κέρδος οὐδὲν ἔσται ἡμῖν τῶν ὀρθῶν δογμάτων, ὅταν ὁ βίος διεφθαρμένος ᾖ· ὥσπερ οὖν οὐδὲ πολιτείας ἀρίστης ὄφελος, πίστεως οὐκ οὔσης ὑγιοῦς. Ἵνα οὖν ἀπηρτισμένην ἔχωμεν τὴν ὠφέλειαν, ἑκατέρωθεν ἑαυτοὺς ἀσφαλιζώμεθα, ἔν τε τοῖς ἄλλοις ἅπασι καρποὺς ἐπιδεικνύμενοι γενναίους, καὶ μετὰ 276 A τῶν ἄλλων τὴν ἐλεημοσύνην, περὶ ἧς καὶ πρῴην ὑμῖν διελέχθην, μετὰ πολλῆς μὲν τῆς προθυμίας, μετὰ πολλῆς δὲ αὐτὴν ἐπιτελοῦντες τῆς δαψιλείας. Ὁ γὰρ σπείρων φειδομένως, φησὶ, φειδομένως καὶ θερίσει· καὶ ὁ σπείρων ἐπ' εὐλογίαις, ἐπ' εὐλογίαις καὶ θερίσει. Τί ἐστιν, Ἐπ' εὐλογίαις; Μετὰ πολλῆς τῆς ἀφθονίας. Ἐνταῦθα μὲν οὖν ἐπὶ τῶν βιωτικῶν πραγμάτων καὶ ὁ ἀμητὸς καὶ ὁ σπόρος τῶν αὐτῶν ἐστι σπερμάτων· καὶ γὰρ ὁ σπείρων, πυρὸν ἢ κριθὰς καταβάλλει, ἢ καὶ ἄλλο τι τῶν τοιούτων, καὶ ὁ θερίζων τὸ αὐτὸ θερίζει πάλιν· ἐπὶ δὲ τῆς ἐλεημοσύνης οὐχ οὕτως, ἀλλὰ ἑτέρως. Σὺ μὲν γὰρ καταβάλλεις B ἀργύριον, συλλέγεις δὲ παῤῥησίαν τὴν πρὸς τὸν Θεόν·

absque metu ullo aut castigatione in virtutis castra se contulerunt: reliquum vero vulgus Judæorum, quoniam ad malitiam defecerant, legis freno necessario coercendi fuerunt. Ideoque postquam vitulum finxerunt, et sculptile adoraverunt, tum demum audierunt, *Dominus Deus tuus Dominus unus* est; posteaquam cædes patraverunt et uxores proximi stupraverunt, tunc audiverunt, *Non occides, non mœchaberis:* et simili modo reliqua omnia. Deut. 6. 4.

7. Itaque non est vituperium legis quod puniat et mulctet, et servos velut improbos emendet ac castiget, sed præconium insigne, nec vulgaris laus, quod eos qui ad extremam malitiam prolapsi fuerant, potuerit severitate sua liberare a vitiis, mollireque et obsequentes gratiæ facere, atque ad novam hanc philosophiam ceu viam quamdam sternere. Idem enim Spiritus tum in Veteri Testamento, tum in Novo dispensabat omnia, licet diverso modo. Propterea Paulus dicebat: *Habentes autem eumdem Spiritum fidei, sicut scriptum est, Credidi, propter quod loquutus sum.* Nec solum propter hoc dixit, *Eumdem Spiritum*, sed et ob aliam non leviorem causam, quam volebam quidem nunc afferre; sed veritus ne pluribus gravati jam dictorum obliviscamini, in aliam diem vobis eum sermonem servabo, interim hortatus, ut præsentem totum in memoriam recondatis, atque diligenter retineatis, utque virtutes Christianas cum dogmatum puritate conjungatis: *Ut sic fiat integer homo Dei ad omne opus bonum præparatus:* quandoquidem nihil nobis profuerit recte sentire, si vita interim fuerit malis moribus vitiata: quemadmodum contra nihil prodest vita incorrupta, nisi accedat fidei quoque sinceritas. Ut igitur integram utilitatem consequamur, utrinque nobis provideamus, fructus etiam generosos in aliis proferentes; et cum primis eleemosynam, de qua etiam nuper ad vos verba feci, magna cum largitate atque alacritate illam exercentes. *Qui enim parce seminat*, ait Scriptura, *parce et metet;* et *qui seminat in benedictionibus, de benedictionibus et metet.* Quid est, *In benedictionibus?* Cum magna largitate. Hic quidem in rebus sæcularibus tam messis quam sementis eorumdem est seminum: nam qui serit, triticum aut hordeum seminat, aut aliquid simile, et qui metit, idipsum metit; at in eleemosyna non idem usu venit: sed spargis argentum, et colligis fi-

2. Tim. 3. 17.

Morum probitas cum fidei sinceritate jungenda.

2. Cor. 9. 6.

a Unus Ms. καταπεισθεὶς προκατασκευάσαι τῇ χάρ. Alius [718] καταπεισθεὶς κατασκευάσαι τῇ χάρ.

duciam erga Deum: das pecuniam, et accipis remissionem peccatorum: præbes panem ac vestem, et pro his regnum cælorum tibi paratur, bonaque illa infinita, quæ nec oculus vidit, nec auris audivit, nec in cor hominis ascenderunt: et quod est omnium bonorum summa, similis efficeris Deo, quatenus id homini est possibile. Nam cum de eleemosyna et benignitate disseruisset Christus, subjunxit: *Ut efficiamini similes Patri vestro cælesti, qui solem suum oriri jubet super malos ac bonos, et pluit super justos ac injustos.* Tu non potes oriri jubere solem, neque imbres immittere, neque beneficus esse in orbem terrarum tam longe lateque patentem: utere facultatibus tuis ad beneficentiam, et factus es similis ei qui solem suum oriri jubet, in quantum hominem Deo similem fieri licet.

1. Cor. 2. 9.

Matth. 5. 45.

8. Animadvertite diligenter quæ dico. *Super bonos ac malos*, inquit. Ergo tu quoque quoties eleemosynam facis, ne vitam examines, neque morum rationem reposcas. Eleemosyna enim, hoc est miseratio, ideo dicitur, ut etiam indignis præbeamus: qui enim miseratur, non recte viventem, sed peccantem miseratur: nam qui recte vivit, laude est dignus et corona; qui vero peccat, venia et misericordia. Quapropter hac quoque parte Deum imitabimur, si etiam malis benignitatem nostram non subducamus. Considera enim quam multi orbem terrarum habitent blasphemi, scelerati, præstigiatores, omnibus vitiis referti; attamen hos quoque per singulos dies enutrit Deus, docens nos ut universos homines beneficentia complectamur. Nos vero omnia contrario modo facimus: non solum enim malos et improbos homines aversamur, verumetiam cum sanus quispiam nos adit, aut propter probitatem, aut propter libertatem, forte etiam propter pigritiam (ut et hoc addam), in paupertate vivens, probra, contumelias, et innumera in eum jaculati dicteria, vacuis ipsum manibus remittimus, valetudinem exprobrantes, otium objicientes, pœnas reposcentes. Hoccine jussus es, o homo, objurgare tantum ac increpare egenos? Miserari ac sublevare paupertatem eorum jussit Deus, non rationem reposcere ac conviciari. Sed vis illius mores corrigere, et hominem inertem a segnitie sua revocatum ad opus aliquod applicare? Da prius, ac tum demum increpa, ut non crudelitatis suspectus fias, sed benignitatis laudem reportes. Eum enim qui nihil dans tantum opprobrat,

Eleemosyna etiam indignis datur.

δίδως χρήματα, καὶ λαμβάνεις ἁμαρτημάτων λύσιν· παρέχεις ἄρτον καὶ ἱμάτιον, καὶ ἀντὶ τούτων σοι ἡ τῶν οὐρανῶν εὐτρεπίζεται βασιλεία, καὶ τὰ μυρία ἀγαθὰ, ἃ μήτε ὀφθαλμὸς εἶδε, μήτε οὖς ἤκουσε, μήτε ἐπὶ καρδίαν ἀνθρώπου ἀνέβη· τὸ δὴ πάντων κεφάλαιον τῶν ἀγαθῶν, ὅμοιος γίνῃ τῷ Θεῷ, κατὰ δύναμιν τὴν ἀνθρωπίνην. Περὶ γὰρ ἐλεημοσύνης καὶ φιλανθρωπίας διαλεχθεὶς ὁ Χριστὸς ἐπήγαγεν· Ὅπως γένησθε ὅμοιοι τοῦ Πατρὸς ὑμῶν τοῦ ἐν τοῖς οὐρανοῖς, ὅτι τὸν ἥλιον αὐτοῦ ἀνατέλλει ἐπὶ πονηροὺς καὶ ἀγα-
C θοὺς, καὶ βρέχει ἐπὶ δικαίους καὶ ἀδίκους. Οὐ δύνασαι ἀνατεῖλαι ἥλιον, οὐδὲ ὄμβρους ἀφεῖναι σὺ, οὐδὲ οἰκουμένην εὐεργετῆσαι τοσαύτην· τοῖς οὖσι χρήμασιν ἀπόχρησαι πρὸς τὴν φιλοφροσύνην, καὶ γέγονας ὅμοιος τῷ τὸν ἥλιον ἀνατέλλοντι, ὡς ἄνθρωπον ὅμοιον Θεῷ γενέσθαι δυνατόν.

Προσέχετε μετὰ ἀκριβείας τοῖς εἰρημένοις. Ἐπὶ πονηροὺς καὶ ἀγαθοὺς, φησί. Καὶ σὺ τοίνυν, ὅτε ἐλεημοσύνην ποιεῖς, μὴ βίον ἐξετάσῃς, μηδὲ τρόπων εὐθύνας ἀπαίτει. Ἐλεημοσύνη γὰρ διὰ τοῦτο λέγεται, ἵνα καὶ τοῖς ἀναξίοις παρέχωμεν· ὁ γὰρ ἐλεῶν, οὐ τὸν κατωρθωκότα, ἀλλὰ τὸν ἡμαρτηκότα ἐλεεῖ· ὁ μὲν
D γὰρ κατορθῶν, ἐπαίνων ἄξιος καὶ στεφάνων ἐστίν· ὁ δὲ ἁμαρτάνων, ἐλέου καὶ συγγνώμης. Ὥστε καὶ κατὰ τοῦτο μιμησόμεθα τὸν Θεὸν, ἐὰν καὶ πονηροῖς παρέχωμεν. Ἐννόησον γὰρ ὅσοι τὴν οἰκουμένην οἰκοῦσι βλάσφημοι, μιαροὶ, γόητες, πάσης ἐμπεπλησμένοι κακίας· ἀλλὰ καὶ τούτους καθ' ἑκάστην τρέφει τὴν ἡμέραν ὁ Θεὸς, ἡμᾶς παιδεύων τὴν φιλοφροσύνην ἐπὶ πάντας ἐκτείνειν. Ἡμεῖς δὲ ἅπαν τοὐναντίον ποιοῦμεν· οὐ γὰρ πονηροὺς, οὐδὲ φαύλους ἀνθρώπους ἀποστρεφόμεθα μόνον, ἀλλὰ κἂν ὑγιαίνων τις ἡμῖν προσέλθῃ ἢ δι' ἐπιείκειαν, ἢ δι' ἐλευθερίαν, ἢ καὶ δι' ἀργίαν ἴσως (καὶ γὰρ καὶ τοῦτο τίθημι), πενίᾳ
E συζῶν, λοιδορίας, ὕβρεις, μυρία κατ' αὐτοῦ συνείροντες σκώμματα, κεναῖς αὐτὸν ἀποπέμπομεν χερσὶ, τὴν ὑγείαν ὀνειδίζοντες, τὴν ἀργίαν προσφέροντες, εὐθύνας ἀπαιτοῦντες. Μὴ γὰρ τοῦτο προσετάγης, ἄνθρωπε, ἐγκαλεῖν καὶ ἐπιτιμᾷν ἁπλῶς τοῖς δεομένοις; Ἐλεεῖν καὶ διορθοῦσθαι τὴν πενίαν αὐτῶν ὁ Θεὸς ἐκέλευσεν, οὐχὶ εὐθύνας ἀπαιτεῖν καὶ ὑβρίζειν. Ἀλλὰ βούλει διορθῶσαι τὸν τρόπον, καὶ τῆς ἀργίας ἀπαγα-
77 γεῖν, καὶ εἰς ἔργον ἐμβαλεῖν τὸν ἀργοῦντα; Δὸς πρό-
A τερον, καὶ τότε ἐπιτίμησον, ἵνα μὴ ὠμότητος ὑποψίαν, [a] ἐγκληθεὶς βαρύτητα, ἀλλὰ κηδεμονίας δόξαν λάβῃς. Τὸν μὲν γὰρ μὴ δόντα, ἀλλ' ἐγκαλοῦντα μόνον ἀποστρέφεται, καὶ ἀηδίζει, καὶ οὐδὲ ἰδεῖν ἀνάσχοιτ' ἂν ὁ πένης· καὶ μάλα εἰκότως. Οὐ γὰρ διὰ κηδεμονίαν, ἀλλὰ διὰ τὸ μὴ βούλεσθαι δοῦναι νομίζει

[a] Mss. ἐγκληθῇς. [Cod. 748 ἵνα μὴ ὠμότητος ὑποψίαν ἐγκληθῇς καὶ βαρύτητα. Recte.]

τὰ ἐγκλήματα γίνεσθαι· ὅπερ οὖν καὶ ἔστιν ἀληθές. Ὁ δὲ μετὰ τὸ δοῦναι ἐγκαλῶν, εὐπαράδεκτον ποιεῖ τὴν παραίνεσιν· οὐ γὰρ ἐξ ἀπανθρωπίας, ἀλλ' ἐκ κηδεμονίας ποιεῖται τὴν ἐπιτίμησιν. Οὕτω καὶ Παῦλος ἐποίησεν· εἰπὼν γὰρ, Εἴ τις οὐ θέλει ἐργάζεσθαι, μηδὲ ἐσθιέτω, ἐπάγει λέγων· Ὑμεῖς δὲ τὸ καλὸν ποιοῦντες μὴ ἐκκακήσητε. Καίτοι δοκεῖ ταῦτα ἐναντία εἶναι τὰ προστάγματα. Εἰ γὰρ οὐ δεῖ τοὺς ἀργοῦντας ἐσθίειν, πῶς τούτοις κελεύεις τὸ καλὸν ποιεῖν; Ἀλλ' οὐκ ἔστιν ἐναντίον· μὴ γένοιτο. Διὰ γὰρ τοῦτο, φησὶν, εἶπον, ὅτι Εἴ τις οὐ θέλει ἐργάζεσθαι, μηδὲ ἐσθιέτω, οὐχ ἵνα τοὺς μέλλοντας διδόναι ἀπαγάγω τῆς ἐλεημοσύνης, ἀλλ' ἵνα τοὺς ἐν ἀργίᾳ ζῶντας ἀπαγάγω τῆς ἀργίας. Τὸ μὲν οὖν εἰπεῖν, Μηδὲ ἐσθιέτω, ἐκείνους διανίστησι πρὸς ἐργασίαν, τῷ φόβῳ τῆς ἀπειλῆς· τὸ δὲ εἰπεῖν, Τὸ καλὸν ποιοῦντες μὴ [b] ἐκκακεῖτε, τούτους διεγείρει πρὸς ἐλεημοσύνην τῷ χρησίμῳ τῆς παραινέσεως. Ἵνα γὰρ μὴ, ἀκούσαντες τῆς κατ' ἐκείνων γεγενημένης ἀπειλῆς, συστείλωσι τὰς χεῖράς τινες, ἐκκαλεῖται πρὸς φιλοφροσύνην αὐτοὺς, λέγων· Τὸ καλὸν ποιοῦντες μὴ ἐκκακεῖτε. Ὥστε καὶ ἀργοῦντι ἐὰν δῷς, καλὸν πεποίηκας.

Τοῦτο καὶ ἐν τοῖς [e] ἑξῆς δῆλον ἐποίησεν. Εἰπὼν γὰρ, Εἴ τις οὐχ ὑπακούει τῷ λόγῳ ἡμῶν διὰ τῆς ἐπιστολῆς, τοῦτον σημειοῦσθε, καὶ μὴ συναναμίγνυσθε αὐτῷ· καὶ ἐκκόψας αὐτὸν τῆς ἱερᾶς αὐλῆς, πάλιν αὐτὸν ἑτέρῳ συνάπτει τρόπῳ, τὰς τῶν ἐκτεμόντων διανοίας οἰκειῶν αὐτῷ καὶ συνάγων· ἐπήγαγε γοῦν λέγων· Μὴ ὡς ἐχθρὸν, φησὶν, ἡγεῖσθε, ἀλλ' ὡς ἀδελφόν. Ὥσπερ οὖν εἰπὼν, Εἴ τις οὐ θέλει ἐργάζεσθαι, μηδὲ ἐσθιέτω, τοῖς κυρίοις ἐκέλευσε πολλὴν αὐτῶν ποιεῖσθαι πρόνοιαν πάλιν· οὕτω καὶ ἐνταῦθα εἰπὼν, Μὴ συναναμίγνυσθε αὐτῷ, οὐκ ἀπέστησεν αὐτοῦ τῆς ἐπιμελείας τοὺς ἀκούοντας, ἀλλὰ καὶ σφόδρα αὐτοῖς ἀντιλαβέσθαι παρεκελεύσατο, προσθεὶς καὶ εἰπὼν, Καὶ μὴ ὡς ἐχθρὸν ἡγεῖσθε, ἀλλ' ὡς ἀδελφόν. Ἐχωρίσθης αὐτοῦ τῆς συνουσίας, ἀλλὰ μὴ χωρισθῇς τῆς κηδεμονίας· ἀπέκοψας αὐτὸν τῆς συνόδου, μὴ ἀποκόψῃς αὐτὸν τῆς ἀγάπης. Καὶ γὰρ αὐτὸ τοῦτο δι' ἀγάπην ἐκέλευσα γίνεσθαι, ἵνα τῷ χωρισμῷ γενόμενος βελτίων, πρὸς τὸ λοιπὸν ἐπανέλθῃ σῶμα· ἐπεὶ καὶ οἱ πατέρες τῆς οἰκίας τῆς ἑαυτῶν ἐκβάλλουσι τοὺς παῖδας, οὐχ ἵνα ἔξω μένωσι διηνεκῶς, ἀλλ' ἵνα τῷ τῆς οἰκίας ἐκπεσεῖν γενόμενοι σωφρονέστεροι, πρὸς τὴν

aversatur pauper, et inique fert, ac ne aspicere quidem sustinet; et merito. Putat enim non quod bene sibi velit, sed quod dare nolit, objurgatorem eum esse; ita ut revera est. Qui vero posteaquam dedit objurgat, facit ut libenti animo objurgatio sua recipiatur: eo quod non propter inhumanitatem, sed propter benevolentiam increpationem adhibere videatur. Sic etiam Paulus fecit; cum enim dixisset: *Qui non vult operari, ne edat,* (2. Thess. 3. 10.) adjungit exhortationem dicens: *Vos autem bonum facientes ne deficiatis.* (Ib. v. 13.) Atqui hæc præcepta contraria esse videntur. Si enim otiosos non oportet cibum capere, quomodo jubes bene talibus facere? Sed non sunt contraria: absit. Ideo enim hoc dixi, inquit, *Qui non vult operari, ne edat,* non ut eos, qui alioqui largituri erant, averterem a danda eleemosyna, sed ut in otio viventes a segnitie sua revocarem. Itaque cum dicit, *Ne edat,* illos exstimulat ad laborem, comminatione hac territos: cum vero dicit, *Bonum facientes ne deficiatis,* hos excitat ad beneficentiam, utili exhortatione impulsos. Ne enim quidam retraherent manus audito qua illi comminatione feriantur, ad beneficentiam his verbis illos provocat: *Bonum faciendo ne deficiatis.* Itaque etiamsi otioso des, bonum fecisti.

Segnes revocat ab otio Paulus.

9. Id et in sequenti contextu manifestum fecit. Cum enim dixisset: *Si quis non audit sermones nostros per epistolam, hunc indicate,* (2. Thess. 3. 14.) et *ne commisceamini illi,* atque hoc modo hominem ejecisset ex Ecclesia, rursum alio modo eum reconciliat, reducens in gratiam cum eis a quibus ejectus fuerat: quapropter hæc verba subdit, *Non ut inimicum existimate, sed ut fratrem.* (Ib. v. 15.) Quemadmodum igitur cum dixisset, *Si quis non vult laborare, ne edat,* (Ib. v. 10.) illos certe, qui possunt, curam eorum habere jussit: ita etiam hic posteaquam dixit, *Ne commisceamini illi,* non alienavit ab ejus cura auditores, sed jubet diligenter eum suscipere, dicens: *Non ut inimicum existimate, sed ut fratrem.* Reliquisti ejus consuetudinem, sed ne relinquas de eo sollicitudinem: exclusisti eum a conventu, ne excludas a caritate. Etenim hoc ipsum affectu caritatis mandavi, ut hac separatione factus melior, ad reliquum corpus reverteretur; quandoquidem etiam patres domo sua filios expellunt, non ut perpetuo foris maneant, sed ut quod domo

[b] [Savil. e var. lect. in marg. et Cod. 748 ἐκκακεῖτε. Edd. ἐκκακῆτε. Ita et infra.]

[e] Alii ἑξῆς κατεσκεύασεν· εἰπών.

exciderint, modestiores facti, domum postliminio revertantur. Atque hæc sufficiant ad illos, qui pigritiam aliis objicere solent. Verum quoniam multi aliis utuntur verbis quibus se excusent, quæ plena crudelitatis ac inhumanitatis sunt, necesse est ut illa quoque redarguam, non ut excusationem eis adimam, sed quo persuadeam ut omissa vana et inutili, ad veram et apud Christi tribunal profuturam defensionem operibus ipsis se exerceant. Quæ est igitur illa vulgarium hominum frigida ac inutilis defensio? Alendi sunt, inquit, liberi, rei familiaris gerenda est cura, uxorem alo, necessarios sumtus multos sustineo: quamobrem non suppetit, unde obvios sublevare possim. Quid ais? Filios alis, et ideo non est unde venientes ad te sublevés? Imo propter hoc ipsum sublevandi sunt egeni, ut exigua pecunia Dominum qui eos tibi dedit, propitios, ut etiam post mortem tuam patronum illis relinquas, ut eis magnum favorem cælitus concilies, dum illa pecunia sumtus Deo gratos facies. Annon vides, a multis homines præpotentes ac opulentos, nihil alioqui ad suum genus attinentes, in testamento suo insertos fuisse, et liberis suis coheredes factos, nihil ob aliud quam ut securitatem filiis modica pecunia pararent? idque cum incertum esset quonam affectu post obitum ipsorum filius illos coheredes essent prosequuturi? Tu vero cum scias humanitatem, bonitatem, et æquitatem tui Domini, expertem eum tui testamenti facies? non facies eum coheredem liberorum tuorum? hoccine est amantissimi patris officium? Nam si prolis tuæ curam geris, relinque illis chartulam scriptam, in qua Deum debitorem habeas. Hæc maxima hereditas, hoc decus est, hæc securitas. Induc eum in terrenam hanc hereditatem, ut te una cum tuis liberis in cælestem illam hereditatem inducat. Hic heres nobilis est, humanus, bonus, potens, dives; quare nihil est cur ejus societatem suspectam habeas. Ideo etiam sementis vocatur eleemosyna, quia res hæc non tam sumtus est, quam reditus: tu autem quando seminandum est, non magni facis quod evacues fructuum veterum promtuaria, sed ad messis futuræ fructum spectas, idque cum eventum nescias. Nam et rubigo, et calamitas, et locusta, et aeris intemperies ac multa spes nostras frustrantur: cum vero in cælum est semen jaciendum, ubi nulla aeris intemperies, nullus dolor, nullæ insidiæ, tergiversaris ac procrastinas? Et

Excusationes alias avarorum refellit.

Coheredes filiorum sunt pauperes.

Sementem cur eleemosynam vocet Scriptura.

οἰκίαν ἐπανέλθωσι πάλιν. Πρὸς μὲν οὖν τοὺς ἀργίαν
ἐγκαλοῦντας ἱκανὰ τὰ εἰρημένα. Ἐπειδὴ δὲ καὶ ἕτερός ἐστι πολλοῖς μεμελετημένος λόγος πρὸς ἀπολογίαν,
ἀπανθρωπίας καὶ ὠμότητος γέμων, ἀνάγκη καὶ τοῦ-
278 τον διεξελέγξαι πάλιν, οὐχ ἵνα ἀπολογίας αὐτοὺς ἀπο-
A στερήσωμεν, ἀλλ' ἵνα πείσωμεν τὴν οὐκ οὖσαν, οὐδὲ
ὠφελοῦσαν ἀπολογίαν ἀποθέσθαι, τὴν δὲ οὖσαν καὶ
προστῆναι δυναμένην ἐπὶ τοῦ βήματος τοῦ Χριστοῦ,
ταύτην διὰ τῶν ἔργων μελετᾷν διηνεκῶς. Τίς οὖν
ἐστιν ἡ ψυχρὰ καὶ ἀνόνητος τῶν πολλῶν ἀπολογία;
Παιδοτροφίᾳ συζῶ, φησὶν, οἰκίας προΐσταμαι, γυναῖκα τρέφω, πολλὰς ἔχω δαπάνης ἀνάγκας· ὅθεν
οὐκ εὐπορῶ τοὺς προσιόντας μοι ἐλεεῖν. Τί λέγεις;
Παιδία τρέφεις, καὶ διὰ τοῦτο τοὺς προσιόντας οὐκ
ἐλεεῖς; Δι' αὐτὰ μὲν οὖν ταῦτα τοὺς δεομένους ἐλεεῖν
δεῖ, διὰ τὰ παιδία, καὶ τὴν αὐτῶν προστασίαν, ἵνα
B ἀπὸ ὀλίγων χρημάτων ἵλεω τὸν δόντα αὐτὰ Θεὸν
ποιήσῃς, ἵνα καταλίπῃς αὐτοῖς προστάτην ἐκεῖνον
καὶ μετὰ τὸν σὸν θάνατον, ἵνα πολλὴν αὐτοῖς ἄνωθεν
εὔνοιαν ἐπισπάσῃ ἀπὸ τῶν ἐκείνων χρημάτων τῷ
Θεῷ δαπανῶν. Οὐχ ὁρᾷς, ὅτι πολλοὶ ἀνθρώπους πλουτοῦντας καὶ ἐν δυναστείαις ὄντας, οὐδαμόθεν αὐτοῖς
προσήκοντας, εἰς τὰς διαθήκας πολλάκις εἰσήγαγον
τὰς ἑαυτῶν, καὶ τοῖς ἑαυτῶν παισὶ συγκληρονόμους
ἐποίησαν, δι' ἄλλο μὲν οὐδὲν, ἵνα δὲ ἀσφάλειαν τοῖς
ἑαυτῶν κτήσωνται παισὶν ἀπὸ ὀλίγων χρημάτων;
καὶ ταῦτα, οὐκ εἰδότες πῶς διακείσονται μετὰ τὴν
C αὐτῶν τελευτὴν περὶ τοὺς αὐτῶν παῖδας οἱ τοῦ κλήρου
γενόμενοι κοινωνοί; Σὺ δὲ εἰδὼς τὸ φιλάνθρωπον καὶ
χρηστὸν καὶ ἐπιεικὲς τοῦ σοῦ Δεσπότου, οὐ ποιήσεις
αὐτὸν κοινωνὸν τῆς διαθήκης τῆς σῆς; οὐ ποιήσεις
αὐτὸν συγκληρονόμον τῶν παίδων τῶν σῶν; καὶ ποῦ
ταῦτα πατρὸς, εἰπέ μοι, παῖδας φιλοῦντος; Εἰ γὰρ
κήδῃ τῶν τεχθέντων παίδων, κατάλειπε γραμματεῖον
αὐτοῖς, ἐν ᾧ τὸν Θεὸν ἔχεις ὑπεύθυνον. Τοῦτο μεγίστη κληρονομία, τοῦτο κόσμος, τοῦτο ἀσφάλεια.
Εἰσάγαγε αὐτὸν εἰς τὴν κληρονομίαν τὴν ἐνταῦθα,
ἵνα σε μετὰ τῶν παίδων εἰς τὴν κληρονομίαν ἀντεισ-
αγάγῃ τὴν ἐκ ἰ. Οὗτος ὁ κληρονόμος γενναῖος, φι-
D λάνθρωπος, χρήστης, δυνατὸς, πλούσιος· ὥστε κατ'
οὐδέν ἐστιν ὑποπτεῦσαι τὴν κοινωνίαν αὐτοῦ. Διὰ
τοῦτο καὶ σπόρος ἡ ἐλεημοσύνη καλεῖται, ἐπειδὴ
οὐκ ἔστι δαπάνη τὸ πρᾶγμα, ἀλλὰ πρόσοδος· σὺ δὲ,
ὅταν μὲν σπείρειν δέῃ, οὐ προσέχεις, ὅτι κενοῖς τὰ
ταμιεῖα τῶν παλαιῶν [a] γεννημάτων, ἀλλὰ προσέχεις
τῷ μηδέπω παρόντι τῶν γεννημάτων ἀμητῷ· καὶ
ταῦτα, οὐκ εἰδὼς, ὅτι πάντως ἐκβήσεται. Καὶ γὰρ
καὶ ἐρυσίβη, καὶ χάλαζα, καὶ ἀκρὶς, καὶ ἀέρων ἀνωμαλία, καὶ πολλὰ τῆς ἐλπίδος ἡμᾶς ἀντικρούει τῆς
E μελλούσης· εἰς δὲ τὸν οὐρανὸν μέλλων σπείρειν, ὅπου

[a] Unus Ms. hic et mox γενημάτων.

πᾶσα μὲν ἀνωμαλία ἀέρων ἐκβέβληται, πάσης δὲ λύπης καὶ ἐπιβουλῆς ἀνῄρηται πρόφασις, ὀκνεῖς καὶ ἀναδύῃ; Καὶ ποίαν εὑρήσεις συγγνώμην, ὅταν εἰς μὲν τὴν γῆν καταβάλλων θαῤῥῇς, καὶ μετὰ προθυμίας τοῦτο ποιῇς, εἰς δὲ τὴν χεῖρα τοῦ Θεοῦ μέλλων καταβάλλειν, ὀκνεῖς καὶ ἀμελεῖς; Εἰ γὰρ ἡ γῆ τὰ καταβληθέντα ἀποδίδωσι, πολλῷ μᾶλλον ἡ τοῦ Θεοῦ χεὶρ, ἅπερ ἂν δέξηται, μετὰ πάσης ἀποδώσει σοι τῆς περιουσίας.

quam speras veniam, qui in terram seminando confidenter et alacriter id facis; cum vero in manum Dei seminandum est, cessas et negligis? Nam si terra reddit quod sibi est creditum, multo magis Dei manus, quæcumque acceperit, magno cum fœnore est reddituru.

Ταῦτ' οὖν εἰδότες, μὴ τῇ δαπάνῃ προσέχωμεν, 279 ὅταν ἐλεημοσύνην ποιῶμεν, ἀλλὰ τῇ προσόδῳ καὶ A ταῖς μελλούσαις ἐλπίσι, καὶ τῷ παρόντι δὲ κέρδει· οὐ γὰρ βασιλείαν οὐρανῶν ἐλεημοσύνη προξενεῖ μόνον, ἀλλὰ καὶ τὴν κατὰ τὸν παρόντα βίον ἀσφάλειάν τε καὶ ἀφθονίαν. Τίς ταῦτά φησιν; Αὐτὸς ὁ ταῦτα δοῦναι κύριος. Ὁ γὰρ τὰ αὐτοῦ πένησι, φησὶ, δοὺς, ἑκατονταπλασίονα λήψεται ἐν τῷ αἰῶνι τούτῳ, καὶ ζωὴν αἰώνιον κληρονομήσει. Ὁρᾷς ἐν ἑκατέρᾳ τῇ ζωῇ τὰς ἀμοιβὰς διδομένας μετὰ πολλῆς τῆς περιουσίας; Μὴ τοίνυν ὀκνῶμεν, μηδὲ ἀναβαλλώμεθα, ἀλλὰ καθ' ἑκάστην ἡμέραν τὸν τῆς ἐλεημοσύνης καρπὸν φέρωμεν, ἵνα καὶ τὰ παρόντα ἡμῖν πράγματα κατὰ ῥοῦν φέρηται, B καὶ τῆς μελλούσης ἐπιτύχωμεν ζωῆς· ἧς γένοιτο πάντας ἡμᾶς μετασχεῖν, χάριτι καὶ φιλανθρωπίᾳ τοῦ Κυρίου ἡμῶν Ἰησοῦ Χριστοῦ, μεθ' οὗ τῷ Πατρὶ, ἅμα τῷ ἁγίῳ Πνεύματι, δόξα, τιμὴ, κράτος εἰς τοὺς αἰῶνας τῶν αἰώνων. Ἀμήν.

10. Hæc igitur scientes non respiciamus sumtum, quando eleemosynam facimus, sed eum qui inde speratur proventum, imo etiam præsens lucrum: non solum enim regnum cælorum eleemosyna procurat, sed in præsenti etiam vita securitatem affert et abundantiam. Quis hæc pollicetur? Ipse qui præstare potest Dominus. Dicit enim: Qui sua pauperibus largitur, centuplum accipiet in hoc sæculo, et vitæ æternæ hereditatem habebit. Vides retributionem in utraque vita cum magno fœnore recipiendam? Ne igitur cessemus, neque procrastinemus, sed per singulos dies eleemosynæ fructum percipiamus, ut et in præsenti sæculo rebus secundis fruamur, et futuram vitam consequamur: quæ nobis omnibus contingat, gratia et benignitate Domini nostri Jesu Christi, cum quo Patri una cum Spiritu sancto gloria, honor, imperium in sæcula sæculorum. Amen.

Matth. 19. 29.

ΠΑΛΙΝ ΕΙΣ ΤΗΝ ΑΥΤΗΝ ΡΗΣΙΝ,

Ἔχοντες δὲ τὸ αὐτὸ Πνεῦμα τῆς πίστεως, κατὰ τὸ C γεγραμμένον· καὶ διὰ τί κοινῇ πάντες ἀπολαμβάνουσι τὰ ἀγαθὰ, καὶ περὶ ἐλεημοσύνης.

Τῇ προτέρᾳ συνάξει καὶ τῇ πρὸ ἐκείνης μίαν τοῦ ἀποστόλου ῥῆσιν ἀπολαβόντες, εἰς τὴν ἐξήγησιν ταύτης ἅπαντα τὸν λόγον ἀνηλώσαμεν· καὶ τήμερον δὲ τῇ αὐτῇ ταύτῃ πάλιν ἐνδιατρίψαι σπουδάζομεν· ποιοῦμεν δὲ τοῦτο ἐπίτηδες πρὸς ὠφέλειαν τῆς ὑμετέρας ἀγάπης, οὐ πρὸς ἐπίδειξιν τὴν ἡμετέραν. Οὐ γὰρ ἵνα [a] γόνιμόν τινα καὶ πολύνουν ἐμαυτὸν ἀποφήνω, ἀλλ' ἵνα καὶ τὴν Παύλου σοφίαν ὑμῖν ἐκκαλύψω, καὶ τὴν ὑμετέραν διεγείρω προθυμίαν, οὕτω μεταχειρίζω τὸν λόγον. Τό τε γὰρ βάθος τῆς ἐκείνου D συνέσεως φαίνεται μειζόνως, ὅταν ἐκ μιᾶς ῥήσεως τοσούτους ἡμῖν τίκτῃ ποταμοὺς νοημάτων· ὑμεῖς τε μαθόντες, ὅτι καὶ ἀπὸ μιᾶς λέξεως ἀποστολικῆς ἀφα-

DE EISDEM VERBIS,

Habentes autem eumdem Spiritum fidei, sicut scriptum est: et *qua de causa rebus bonis omnes ex æquo fruantur,* et *de eleemosyna.* 2. *Cor.* 4. 13.

1. Cum priore convento, et qui illum præcesserat, unum apostoli dictum susceperimus exponendum, in ojus enarratione totum sermonem consumsimus, et hodie quoque in eodem versari proposuimus: hoc autem data opera facimus, ad vestram utilitatem, non ad nostram ostentationem. Non enim ut fecundum me et multiscium ostendam, sed ut tum Pauli sapientiam vobis aperiam, tum vestram alacritatem excitem, ita eumdem verso sermonem. Nam et illins intelligentiæ profunditas magis elucebit, si ex uno dicto tanta nobis sententiarum fluenta proferat; et vos, cum didiceritis ex uno apostoli

[a] Unus Ms. γνώριμον.

verbo ineffabiles sapientiæ divitias depromi posse, non oscitantes percurretis ejus epistolas, sed hac spe inducti singulas carum sententias exquisita cura ac diligentia perscrutabimini. Si enim unum dictum tridio nobis disserendi materiam præbuit, quantum putatis thesaurum nobis profunderet una quæpiam pars diligenter tractata ac considerata? Ne igitur delassemur prius-quam totum quod superest decerpserimus. Si enim metallorum auri fossores, licet quantumvis divitiarum inde exhauserint, non prius tamen inde absistunt, quam totum aurum auferant: multo majorem nos alacritatem ac diligentiam in perscrutandis divinis eloquiis adhibere convenit. Nam et nos aurum effodimus, non sensibile, sed spirituale: non enim in metallis terræ, sed in Spiritus metallis operamur. Paulinæ enim epistolæ metalla sunt Spiritus et fontes: metalla quidem, quia quovis auro pretiosiores nobis præbent divitias: fontes vero, quia numquam deficiunt; sed quamtumlibet exhaurias, tantumdem ac multo amplius rursum affluit. Et hoc evidenter declarare potest totum tempus quod præteriit. Siquidem ex quo Paulus vixit, quingenti jam elapsi sunt anni, totoque hoc tempore multi tum commentatores, tum doctores ac interpretes multa sæpe inde exhauserunt, nec tamen repositas inibi divitias evacuare valuerunt. Non est enim sensibilis hic thesaurus, et idcirco non consumitur a multis effodientium manibus, sed augetur et multiplicatur. Et quid dico de illis qui ante nos fuerunt? Quam multi post nos dicturi sunt, ac rursus post illos alii, nec tamen deficient fontis in modum scatentes divitiæ, neque metallorum hoc genus exhaurietur? spiritualia enim sunt, et suapte natura numquam omnino absumi possunt. Quod est igitur illud dictum apostolicum? *Habentes autem eumdem Spiritum fidei, sicut scriptum est, Credidi, quapropter loquutus sum.*

Quingentos annos numerat ab ætate Pauli.

2. Nuper igitur quæsivimus quanam de causa dixerit, *Eumdem Spiritum fidei;* et unam hactenus causam attulimus: erat autem hæc: ut ostenderet consonantiam Veteris ac Novi Testamenti. Cum enim invenitur idem fidei Spiritus et Davidis lingnam movisse, dicentem, *Credidi, propter quod loquutus sum,* et in Pauli anima operatus esse, satis apparet magnam esse prophetarum cum apostolis cognationem, atque ita necessario sequitur magnam esse Veteris et Novi Testamenti consonantiam. Sed ne iterum eadem repetentes molesti vobis simus,

Psal. 115. 10.

τόν ἐστι καρπώσασθαι φιλοσοφίας πλοῦτον, οὐ παραδραμεῖσθε τὰς ἐπιστολὰς ἁπλῶς, ἀλλὰ προαχθήσεσθε, ταῖς ἐλπίσι ταύταις τρεφόμενοι, τῶν ἐγκειμένων ῥήσεων ἑκάστην μετὰ πολλῆς περιεργάζεσθαι τῆς σπουδῆς. Εἰ γὰρ μία λέξις τριῶν ἡμερῶν διάλεξιν ἡμῖν ἔτεκε, πόσον ἡμῖν ἀναβλύσει θησαυρὸν ὁλόκληρος περικοπὴ μετὰ ἀκριβείας θεωρουμένη; Μὴ τοίνυν ἀποκάμωμεν, ἕως ἂν τὸ πᾶν ἀποτρυγήσωμεν. Εἰ γὰρ οἱ μέταλλα διορύττοντες χρυσίου, ὅσον ἂν ἐκεῖθεν κε- E νώσωσι πλοῦτον, οὐ πρότερον ἀφίστανται, ἕως ἂν τὸ πᾶν ἀνέλωνται χρυσίον· πολλῷ μᾶλλον ἡμᾶς μείζονι προθυμίᾳ κεχρῆσθαι δεῖ καὶ σπουδῇ περὶ τὴν τῶν θείων λογίων ἔρευναν. Καὶ γὰρ καὶ ἡμεῖς χρυσίον ὀρύττομεν, οὐκ αἰσθητὸν, ἀλλὰ πνευματικόν· οὐ γὰρ μέταλλα γῆς, ἀλλὰ μέταλλα τοῦ Πνεύματος ἐργαζόμεθα. Αἱ γὰρ ἐπιστολαὶ τοῦ Παύλου τοῦ Πνεύματός εἰσι μέταλλα καὶ πηγαί· μέταλλα μὲν, ὅτι χρυσίου παντὸς τιμιώτερον ἡμῖν παρέχουσι πλοῦτον· πηγαὶ δὲ, ὅτι οὐδέποτε ἐπιλείπουσιν· ἀλλ' ὅσον ἂν κενώσῃς 280 ἐκεῖθεν, τοσοῦτον καὶ πολλῷ πλέον ἐπιῤῥεῖ πάλιν. A Καὶ τούτου γένοιτ' ἂν ἀπόδειξις σαφὴς ὁ χρόνος ὁ παρελθὼν ἅπας. Ἐξ οὗ γοῦν Παῦλος ἐγένετο, πεντακόσια λοιπὸν ἔτη παρῆλθε· καὶ τοῦτον ἅπαντα τὸν χρόνον πολλοὶ μὲν συγγραφεῖς, πολλοὶ δὲ διδάσκαλοι καὶ ἐξηγηταὶ πολλὰ πολλάκις ἐκεῖθεν ἐξήντλησαν, καὶ τὸν ἀποκείμενον οὐκ ἐκένωσαν πλοῦτον. Οὐ γὰρ αἰσθητὸς ὁ θησαυρός· διὰ τοῦτο οὐκ ἀναλίσκεται τῇ τῶν ὀρυττόντων πολυχειρίᾳ, ἀλλ' αὔξεται καὶ πλεονάζει. Καὶ τί λέγω τοὺς ἔμπροσθεν; Πόσοι μεθ' ἡμᾶς ἐροῦσι καὶ μετ' ἐκείνους ἕτεροι πάλιν, καὶ οὐ παύσεται πηγάζων ὁ πλοῦτος, οὐδὲ ἐπιλείψει ταύτῃ τὰ μέταλλα; πνευματικὰ γάρ ἐστι, καὶ οὐ πέφυκε δαπανᾶσθαί ποτε. Τίς οὖν ἐστιν ἡ ῥῆσις ἡ ἀποστολικὴ, B περὶ ἧς καὶ πρῴην πρὸς τὴν ὑμετέραν ἀγάπην διελέχθημεν; Ἔχοντες δὲ τὸ αὐτὸ Πνεῦμα τῆς πίστεως, κατὰ τὸ γεγραμμένον· Ἐπίστευσα, διὸ ἐλάλησα.

Τότε μὲν οὖν ἐζητοῦμεν, τίνος ἕνεκεν εἴρηκε, Πνεῦμα πίστεως τὸ αὐτό· καὶ μίαν αἰτίαν τέως εἰρήκαμεν· αὕτη δὲ ἦν, τὸ δεῖξαι σύμφωνον τῇ Καινῇ τὴν Παλαιὰν οὖσαν. Ὅταν γὰρ φαίνηται τὸ Πνεῦμα τῆς πίστεως τὸ αὐτὸ καὶ τὴν τοῦ Δαυῒδ κινῆσαν γλῶτταν τὴν λέγουσαν, Ἐπίστευσα, διὸ ἐλάλησα, καὶ εἰς τὴν τοῦ Παύλου ψυχὴν ἐνεργοῦν, εὔδηλον ὅτι πολλὴ συγγένεια προφητῶν καὶ ἀποστόλων, καὶ ἀνάγκη C πολλὴν Παλαιᾶς καὶ Καινῆς εἶναι τὴν συμφωνίαν. Ἀλλ' ἵνα μὴ πάλιν τὰ αὐτὰ ἀνακινοῦντες ἐνοχλῶμεν ὑμῖν, φέρε, καὶ τὴν ἑτέραν αἰτίαν εἴπωμεν, δι' ἣν εἴρηκε, Τὸ αὐτό· καὶ γὰρ καὶ τότε ὑμῖν ὑπεσχόμεθα ἑτέραν αἰτίαν ἐρεῖν τῆς ῥήσεως ταύτης. Ἀλλὰ διανάστητε· βαθὺ γὰρ τὸ νόημα τοῦτό ἐστιν, ὃ μέλλω λέγειν πρὸς τὴν ὑμετέραν ἀγάπην, καὶ διορατικῆς δεόμενον διανοίας, καὶ ὀξυτάτης ψυχῆς· διὸ παρακαλῶ μετὰ ἀκριβείας παρακολουθεῖν τοῖς ῥηθήσεσθαι μέλλουσιν. Εἰ γὰρ ἡμέτερος ὁ πόνος, ἀλλ' ὑμέτερον τὸ κέρδος, μᾶλλον δὲ οὐδὲ ἡμέτερος ὁ πόνος, ἀλλὰ τῆς τοῦ Πνεύματος χάριτος ἡ δωρεά· ὅταν δὲ ἀποκαλύψῃ, οὔτε ὁ λέγων, οὔτε οἱ ἀκούοντες κάμνουσι· πολλὴ γὰρ D τῆς ἀποκαλύψεως ἡ εὐκολία. Προσχῶμεν τοίνυν μετὰ ἀκριβείας· κἂν γὰρ τοῖς πλείοσι παρακολουθήσητε, περὶ δὲ βραχὺ μέρος ἀπονυστάξητε, τὸ πᾶν ἀγνοήσετε τοῦ κάλλους, διακοπείσης τῆς ἀκολουθίας λοιπόν. Καὶ καθάπερ οἱ τὰς ὁδοὺς ἀγνοοῦντες καὶ ἑτέρων δεόμενοι τῶν ὁδηγούντων, κἂν πολὺ προέλθωσιν ἀκολουθοῦντες αὐτοῖς, μικρὸν δὲ ἀποῤῥαθυμήσαντες ἀπολέσωσι τὸν ἡγούμενον, οὐδὲν αὐτοῖς ὄφελος ἔσται τῆς προτέρας ἀκολουθήσεως, ἀλλ' ἵστανται λοιπὸν, οὐκ εἰδότες ὅπου προέλθωσιν· οὕτω καὶ οἱ τῷ λέγοντι E παρακολουθοῦντες, ἐὰν παρὰ πᾶσαν τὴν διδασκαλίαν προσέχοντες μικρὸν ῥαθυμήσωσιν, ἅπασαν τὴν ἀκολουθίαν ῥίψαντες, οὐκ ἔτι λοιπὸν ἐπιστῆναι τῷ τέλει τῶν νοημάτων δυνήσονται. Ἵν' οὖν μὴ τοῦτο πάθητε, διὰ πάντων τῶν μελλόντων ῥηθήσεσθαι τὴν ἴσην μοι παρέχετε σπουδὴν, ἕως ἂν εἰς αὐτὸ τὸ τέλος ἔλθωμεν.

Τίνος οὖν ἕνεκεν εἴρηκεν, Ἔχοντες δὲ τὸ αὐτὸ Πνεῦμα τῆς πίστεως, καὶ σπουδάζει δεῖξαι καὶ ἐν τῇ Παλαιᾷ καὶ ἐν τῇ Καινῇ πίστιν οὖσαν τὴν μητέρα τῶν ἀγαθῶν, μικρὸν ἄνωθεν ἀναγκαῖον εἰπεῖν· οὕτω γὰρ ἔσται 281 κατάδηλος ἡμῖν ἡ αἰτία μᾶλλον. Τίς οὖν ἐστιν ἡ αἰ- A τία; Πολὺς πόλεμος περιειστήκει τοὺς πιστοὺς, ἡνίκα ταῦτα ἐλέγετο, πόλεμος χαλεπὸς καὶ ἀκήρυκτος. Καὶ γὰρ καὶ πόλεις αὐτοῖς ὁλόκληροι καὶ δῆμοι πάντοθεν ἐπανίσταντο, καὶ τύραννοι πάντες ἐπεβούλευον, καὶ βασιλεῖς παρεσκευάζοντο, καὶ ὅπλα ἐκινεῖτο, καὶ ξίφη ἠκονᾶτο, καὶ στρατόπεδα ηὐτρεπίζετο, καὶ πᾶν εἶδος κολάσεως καὶ τιμωρίας ἐπενοεῖτο· ὅθεν ὑπαρχόντων ἁρπαγαὶ καὶ δημεύσεις, καὶ ἀπαγωγαὶ καὶ θάνατοι καθημερινοὶ, καὶ στρεβλώσεις, καὶ δεσμωτήρια, καὶ πῦρ, καὶ σίδηρος, καὶ θηρία, καὶ ξύλον, καὶ τροχὸς, καὶ βάραθρα, καὶ κρημνοὶ, καὶ πάντα τὰ εἰς ἐπίνοιαν πρὸς τὸν τῶν πιστῶν ὄλεθρον ἐκινεῖτο· καὶ οὐδὲ μέχρι τούτων ὁ πόλεμος εἱστήκει. B Οὐδὲ γὰρ παρὰ τῶν ἐχθρῶν ἀνεῤῥιπίζετο μόνον, ἀλλὰ καὶ αὐτὴ καθ' ἑαυτῆς ἡ φύσις ἐσχίζετο. Καὶ γὰρ παισὶν ἐπολέμουν πατέρες, καὶ θυγατέρες ἐμίσουν τὰς κυησάσας, καὶ φίλοι φίλους ἀπεστρέφοντο, καὶ εἰς τὰς συγγενείας καὶ εἰς τὰς οἰκίας ὁ πόλεμος οὗτος ἕρπων εἰσῄει, καὶ θόρυβος ἦν τότε πολὺς κατὰ τὴν οἰκουμένην. Καὶ καθάπερ πλοῖον, κυμάτων διανισταμένων,

age et alteram causam proferamus, ob quam dixit, *Eumdem:* jam tum enim alteram hujus dicti causam promiseramus. Sed opus est ut excitemini: profundus enim est sensus quem caritati vestræ sum dicturus, et perspicaci animo opus habet, ingenioque peracuto: quapropter obtestor ut summa attentione quæ dicenda sunt auscultetis. Vestrum est lucrum, noster vero labor; imo gratiæ Spiritus sancti donum, quo revelante secreta, neque qui dicit, neque qui audit defatigatur: revelationem enim magna facilitas sequitur. Attendamus igitur cum diligentia: licet enim majorem partem auribus persequamini, si vel minimum dormitaveritis, interrupto semel contextu totum ignorabitis. Et quemadmodum iis, qui viam ignorant, et ductore opus habent, diu licet illum sequuti, si per negligentiam vel paululum ex oculis eum amittant, nihil prodest hactenus sequutos esse, sed consistunt ignari quanam sit progrediendum: ita etiam qui dicentem prosequuntur animo, etiamsi attente doctrinam ejus hauserint, si paulisper tantum oscitanter audiant, tota serie amissa, non possunt amplius ad sententiarum finem pervenire. Ne igitur idem vobis accidat, omnibus quæ dicturi sumus pari tenore intendite, donec ad finem perveniamus.

Cur dicat eumdem esse Spiritum fidei.

3. Dicturi igitur qua de causa dicat, *Habentes autem eumdem Spiritum fidei,* volens ostendere eamdem esse utriusque Testamenti fidem omnium bonorum matrem, paulo altius sermonem repetamus: sic enim nobis causa evidentius apparebit. Quænam igitur est hæc causa? Magnum bellum circumsteterat fideles dum hæc dicebantur; bellum, inquam, grave et absque ullis induciis. Nam et civitates integræ et populi undique in eos insurrexerant, et tyranni omnes insidiabantur, et reges contra eos bellum parabant; arma movebantur, gladii acuebantur, exercitus adornabantur, et omnia genera pœnarum ac suppliciorum excogitabantur: inde facultatum rapinæ et confiscationes, et carceres ac mortes quotidianæ, tormenta, vincula, ignis, ferrum, bestiæ, patibula, rotæ, barathra, præcipitia, et quidquid in perniciem fidelium excogitari poterat: ac ne intra hos quidem fines bellum se continuit. Non solum enim ab inimicis excitabatur, sed ipsa etiam natura contra seipsam irritabatur. Etenim liberis insidiabantur patres, et filiæ exosas matres habebant, et amici amicos aversabantur, et in cognationes ac familias bellum hoc latenter sese insinuabat, magnusque

Imago persecutionum.

tumultus erat per universum orbem habitabilem. Et sicut navis nudis insurgentibus, nubibus concurrentibus, elisis tonitribus, caligine undi- C
que scapham cingente, mari furente, belluis sævientibus, piratis oppugnantibus, ipsis vectoribus inter se dissidentibus, haudquaquam evadere potest, nisi cælestis dextera, magna illa ac potens, discusso periculo et sedata tempestate, in tranquillitatem reducat navigantes : ita etiam tunc inter initia prædicationis accidit. Non solum enim externa tempestate pulsabantur, sed intus etiam plerumque seditione laborabant.
2. Cor. 7. 5. Quis hoc dicit? Paulus ipse sic scribens : *Foris pugnæ, intus timores*. Et quod hoc verum sit, quodque doctores pariter ac discipuli innumeris septi fuerint malis, et per omnes ex æquo bellum D
hoc fuerit grassatum, eumdem Paulum iterum testem adduco. Vestræ autem partes sunt meminisse omnium horum quæ dico, ut cognitis periculis ac tentationibus, omnibusque adversitatibus, quas ejus temporis fideles perferebant, tanto majores gratias agatis Deo, qui omnibus illis calamitatibus finem imposuit, et averruncato bello, tranquillissimam pacem nobis confecit : ut nemo vel socordiæ pœnam effugiat, vel ob vitam recto actam extollatur.

4. Neque enim perinde est, si undiquaque impugnatus et innumeris adversitatibus obrutus generose subsistas, ac si in portu nunc sedens, et in summa securitate eumdem animum præ te E
Pace Ecclesiæ non abutendum. feras. Illorum enim conditio nihilo melior erat, quam eorum qui turbato mari jactantur : nos vero securius agimus quam qui in portum devecti incolumes jam per otium se reficiunt. Quapropter neque propter bonam vivendi rationem extollamur, neque tentationibus cedamus, neque securitate Ecclesiæ nostram ad segnitiem abutamur : quin potius sobrii simus ac vigilemus. Nam nobis quoque est lucta adversus innatas concupiscentias. Non insurgunt contra nos ho- 352
mines, sed insurgunt carnales voluptates; non A
impugnant nos reges atque tyranni, sed impugnat ira, vanæ gloriæ cupido, invidia, æmulatio, atque id genus alii affectus innumeri. Quando igitur illas tentationes evasimus, ne ab his vincamur operam demus. Ideo enim vobis
[V. Præf. Tomi hujus § V.] in memoriam revocavi illius temporis calamitates, ut nunc et qui affligitur, idoneam inde consequatur consolationem, et qui in securitate agit, utpote non exercitatus, acre contra absurdas cogitationes certamen suscipiat. Propter nostram enim admonitionem et consolationem ac

νεφῶν συῤῥηγνυμένων, βροντῶν καταῤῥηγνυμένων, ζόφοι πάντοθεν κυκλοῦντος τὸ σκάφος, τῆς θαλάσσης
C μαινομένης, θηρίων ἐπανισταμένων, πειρατῶν προσβαλλόντων, αὐτῶν τῶν ἔνδον στασιαζόντων, οὐκ ἂν διαφύγοι τὸν κίνδυνον, εἰ μὴ ἡ ἄνω χεὶρ, ἡ κραταιὰ καὶ μεγάλη, ἀποκρούσαιτο τὸν πόλεμον, καὶ λύσασα τὸν χειμῶνα καταστήσειεν ἐν γαλήνῃ τοὺς πλέοντας· οὕτω δὴ καὶ τότε ἐν ἀρχῇ τοῦ κηρύγματος γέγονεν. Οὐ γὰρ ἔξωθεν προσέβαλλεν ὁ χειμὼν μόνον, ἀλλὰ καὶ οἱ ἔνδον πολλάκις πρὸς ἀλλήλους ἐστασίαζον. Τίς τοῦτό φησιν; Αὐτὸς ὁ Παῦλος γράφων, Ἔξωθεν μάχαι, ἔσωθεν φόβοι. Καὶ ὅτι ταῦτ᾽ ἔστιν ἀληθῆ, καὶ διδασκάλους καὶ μαθητὰς μυρία περιεστοίχιστο κακὰ, καὶ πάντας ὁ πόλεμος ἐπενέμετο, αὐτοῦ πάλιν τοῦ Παύλου τὴν μαρτυρίαν παράγω. Ὑμεῖς δὲ μνημο-
D νεύετε τῶν λεγομένων ἁπάντων, ἵν᾽ ὅταν μάθητε τοὺς κινδύνους, τοὺς πειρασμοὺς, τὰ μυρία κακὰ, ἅπερ οἱ τότε πιστεύοντες ὑπέμενον, μειζόνως καὶ διὰ τοῦτο εὐχαριστῆτε τῷ Θεῷ, τῷ λύσαντι πάντα ἐκεῖνα τὰ δεινὰ, καὶ εἰρήνην εἰσαγαγόντι βαθεῖαν, καὶ τὸν πόλεμον ἀπελάσαντι, καὶ πολλὴν κατασκευάσαντι τὴν γαλήνην· ἵνα μηδεὶς μήτε ῥαθυμῶν νομίζῃ διαφεύγειν τὴν κόλασιν, μήτε κατορθῶν ἐπαίρηται νῦν.

Οὐ γάρ ἐστιν ἴσον πανταχόθεν πολεμούμενον καὶ μυρίοις περιαντλούμενον κακοῖς δυνηθῆναι στῆναι γενναίως, καὶ καθάπερ ἐν λιμένι καθήμενον νῦν καὶ
E πάσης ἀπολαύοντα ἀδείας τὴν αὐτὴν ἐπιδείξασθαι προθυμίαν. Ἐκεῖνοι μὲν γὰρ τῶν ἐν πελάγει σαλευόντων τότε καὶ κλυδωνιζομένων οὐδὲν ἄμεινον διέκειντο· ἡμεῖς δὲ τῶν ἐν λιμένι καθημένων ἀδεέστερον διάγομεν νῦν. Μὴ τοίνυν μήτε ἐπὶ τοῖς κατορθώμασι μέγα φρονῶμεν, μήτε ἐπὶ τοῖς συμπίπτουσι πειρασμοῖς καταπίπτωμεν, μήτε εἰς ῥαθυμίαν τῇ τῆς εἰρήνης ἀδείᾳ ἀποχρώμεθα· ἀλλὰ νήφωμεν ἀεὶ καὶ γρηγορῶμεν. Ἔστι γὰρ καὶ ἡμῖν πάλη πρὸς τὰς ἐπιθυμίας τῆς φύσεως. Οὐκ ἐπανίστανται νῦν ἡμῖν ἄνθρωποι, ἀλλ᾽ ἐπανίστανται αἱ τῆς σαρκὸς ἡδοναί· οὐ
A πολεμοῦσι τύραννοι καὶ βασιλεῖς, ἀλλὰ πολεμεῖ θυμὸς, κενοδοξίας ἔρως, φθόνος, βασκανίαι, καὶ τὰ μυρία τῆς ψυχῆς πάθη. Ἐπεὶ οὖν ἐκείνων τῶν πειρασμῶν ἀπηλλάγμεθα, τούτων περιγενώμεθα. Διὰ γὰρ τοῦτο ἀνέμνησα ὑμᾶς τῶν καιρῶν ἐκείνων τὰ προσοχθίσματα, ἵνα καὶ ὁ ἐν θλίψει νῦν ὢν, ἱκανὴν ἐκεῖθεν λαμβάνῃ παράκλησιν, καὶ ὁ πολλῆς ἀπολαύων ἀδείας, ἀντὶ τῆς ἀτεχνίας τῶν κινδύνων ἐκείνων πολλὴν εἰσάξῃ προθυμίαν εἰς τὴν τῶν ἀτόπων λογισμῶν μάχην. Εἰς γὰρ ἡμετέραν νουθεσίαν καὶ παράκλησιν καὶ ὑπομονὴν πάντα ἐκεῖνα ἐγράφετο· ἅπερ ἀναγκαῖον νῦν πρὸς ὑμᾶς εἰπεῖν, καὶ διδάξαι τὸ μέγεθος τῶν

τότε τοὺς πιστοὺς περιεστηκότων δεινῶν, οὐχὶ τοὺς διδασκάλους μόνον, ἀλλὰ καὶ τοὺς μαθητάς. Ἄκου- B σον γοῦν τί φησιν ὁ Παῦλος γράφων Ἑβραίοις· Ἀναμιμνήσκεσθε τὰς προτέρας ἡμέρας, ἐν αἷς φωτισθέντες πολλὴν ἄθλησιν ὑπεμείνατε παθημάτων. Οὐδὲ γὰρ βραχὺς διεγένετο χρόνος, ἀλλ' ἐν αὐτοῖς εὐθὺς τοῖς προοιμίοις τῆς κατηχήσεως καὶ τῆς διδασκαλίας ἐπανέστησαν αὐτοῖς πειρασμοὶ, καὶ βαπτισθέντες εὐθέως ἐκινδύνευον· τί πάσχοντες, ἄκουε· Τοῦτο μὲν, ὀνειδισμοῖς καὶ θλίψεσι θεατριζόμενοι. Πάντες γὰρ ἐνέπτυον, ὕβριζον, κατεγέλων, ἐχλεύαζον, μωροὺς ἐκάλουν, ἀνοήτους, ὅτι τῆς πατρῴας ἀποστάντες πολιτείας, καινὸν δόγμα κατεδέξαντο. Οὐ μικρὸν δὲ τοῦτο πρὸς τὸ παρασαλεῦσαι ψυχὴν, ἐὰν μὴ ἐῤῥι- C ζωμένη κατὰ βάθους ἡ πίστις ᾖ. Καὶ γὰρ οὐδὲν οὕτω δάκνει ψυχὴν, ὡς ὄνειδος· οὐδὲν οὕτω τήκει ψυχὴν καὶ διάνοιαν, ὡς σκώμματα καὶ λοιδορίαι· πολλοὶ γὰρ πολλάκις ἄνδρες ὑπεσκελίσθησαν ὀνειδιζόμενοι. Ταῦτα δὲ λέγω νῦν, ἵνα ἐν παῤῥησίᾳ τὴν πίστιν ἔχωμεν. Εἰ γὰρ τότε, ὅτε πᾶσα αὐτοῖς ὠνείδιζεν οἰκουμένη, οὐχ ὑπεσκελίσθησαν, πολλῷ μᾶλλον νῦν ἐν παῤῥησίᾳ τὸ κήρυγμα τῆς ἀληθείας ἔχειν δεῖ, ὅτε πᾶσα ἡ οἰκουμένη πρὸς ἡμᾶς μετετάξατο. Ὅτι δὲ οὐ μέχρι κατηγορίας καὶ ὀνειδισμῶν καὶ λοιδορίας ἵσταντο ἐκεῖνοι, ἀλλὰ καὶ ἔχαιρον οἱ ταῦτα πάσχοντες, ἄκου- D σον τῶν ἑξῆς. Καὶ γὰρ τὴν ἁρπαγὴν τῶν ὑπαρχόντων ὑμῶν, φησὶ, μετὰ χαρᾶς προσεδέξασθε. Ὁρᾷς ὅτι καὶ αἱ οὐσίαι αὐτῶν ἐδημεύοντο τὸ παλαιὸν, καὶ πᾶσιν εἰς ἁρπαγὴν προέκειντο τοῖς βουλομένοις ἐπηρεάζειν. Καὶ ταῦτα μὲν Ἑβραίοις ἐπιστέλλων ἔλεγε.

Θεσσαλονικεῦσι δὲ ἕτερα τοιαῦτα μαρτυρεῖ πάλιν λέγων· Ὑμεῖς γὰρ μιμηταὶ, φησὶν, ἐγενήθητε τοῦ Κυρίου καὶ ἡμῶν, δεξάμενοι τὸν λόγον ἐν θλίψει πολλῇ. Ὅρα καὶ τούτους θλιβομένους, καὶ οὐχ ἁπλῶς, ἀλλ' ἐν θλίψει πολλῇ. Μετ' ἐπιτάσεως [a] γὰρ E ἦν ὁ πειρασμὸς, διηνεκὴς ὁ κίνδυνος, οὐδὲ μικρὸν ἀναπνεῦσαι παρέχων τοῖς ἀγωνιζομένοις τότε. Ἀλλ' ὅμως καὶ ταῦτα πάσχοντες οὐκ ἐδυσχέραινον, οὐδὲ ἀπεδυσπέτουν, ἀλλὰ μᾶλλον καὶ ἔχαιρον. Πόθεν τοῦτο δῆλον; Ἀπ' αὐτῶν τῶν τοῦ Παύλου ῥημάτων· εἰπὼν γὰρ, Ἐν θλίψει πολλῇ, προσέθηκε, Μετὰ χαρᾶς Πνεύματος ἁγίου· δηλῶν ὅτι οἱ μὲν πειρασμοὶ τὴν θλίψιν ἐποίουν, ἡ δὲ τῶν πειρασμῶν ὑπόθεσις τὴν χαρὰν αὐτοῖς ἔτικτεν. Ἤρκει γὰρ εἰς παραμυθίαν τὸ 283 συνειδέναι ἑαυτοῖς, ὅτι ταῦτα διὰ τὸν Χριστὸν ἔπα- A

[a] Hæc, γὰρ ἦν, desunt in duobus Mss.

tolerantiam illa omnia sunt scripta: quæ quidem necesse habemus nunc apud vos eloqui, et docere quantis adversitatibus ejus temporis fideles obsessi fuerint, non doctores solum, verumetiam discipuli. Audi igitur quid dicat Paulus ad Hebræos scribens: *Memores estote priorum dierum, in quibus illuminati multum certamen afflictionum sustinuistis.* (Heb. 10. 32.) Non enim per breve tempus, sed mox ab ipso exordio prædicationis et doctrinæ insurrexerunt adversus eos tentationes, et mox a suscepto baptismo periculis erant obnoxii: at quomodo audi: *Opprobriis et tribulationibus spectaculum facti.* (Ib. v. 33.) Omnes enim despuebant eos, contumeliis afficiebant, deridebant, vituperabant, fatuos vocabant ac insensatos, quod deserta patria vivendi formula, nova placita suscepissent. Quæ quidem non parum valent ad commovendam animam, ni fides profunde sit radicata. Nihil enim æque animam mordet, ac improperium; nihil æque tabefacit mentem, ac dicteria et convicia: nam multi viri per convicia sunt sæpe subversi. Hæc autem loquor nunc, ut cum fiducia fidem teneamus. Si enim illi totius orbis convicio non sunt subversi, multo magis nostra ætate fides magna confidentia retinenda est, quando totus orbis ad nostras partes accessit. Quod autem illi non intra calumnias tantum et opprobria conviciaque patientiam retinuerint, sed illa cum gaudio toleraverint, audi quæ sequuntur. *Nam et direptionem*, inquit, *facultatum vestrarum cum gaudio pertulistis.* (Ib. v. 34.) Vides quod et bona eorum confiscabantur olim, et omnibus in prædam erant, qui eos lædere cuperent. Atque hæc quidem ad Hebræos scribit.

5. De Thessalonicensibus vero rursum aliud quiddam tale testatur: *Vos enim*, inquit, *imitatores facti estis Domini ac nostri, qui suscepistis sermonem hunc in tribulatione magna.* (1. Thess. 1. 6.) Vide etiam hos affligi, neque id simpliciter, sed afflictione magna. Vehemens tentatio, continuum periculum nec minimam quidem respirandi facultatem concedebat eis, qui tunc temporis in certamine erant. Attamen cum hæc tolerarent, non inique ferebant, neque animum despondebant, imo gaudebant etiam. Unde hoc apparet? Ex verbis ipsius Pauli. Ubi enim dixit: *In tribulatione magna*, addidit, *Cum gaudio Spiritus sancti;* (Ibid.) scilicet tentatio pariebat afflictionem, gaudebant tamen reputantes

quare tentarentur. Idonea enim erat consolatio, quod conscii essent propter Christum se hæc pati. Quapropter non tam demiror quod illo tempore affligerentur, quam quod affligi se propter Deum lætarentur. Hoc enim generosæ ac Deum amantis animæ officium est, nimirum afflictiones et adversitates ferre. Cæterum generose tolerare tentationem, atque insuper gratias agere ei, qui se tentari permittit, id demum summæ fortitudinis est, animæque vigilantis, et quæ omnibus humanis affectibus sit superior. Nec hic tantum, sed et alibi docens quanta mala paterentur ejus temporis fideles a familiaribus ac propinquis (hoc enim erat gravissimum), in hunc modum loquitur: *Vos imitatores fuistis Ecclesiarum Dei, quæ sunt in Judæa.* Qua in re imitatores? *Quoniam et vos eadem estis perpessi a propriis contribulibus, sicut et illi a Judæis.* Ecce bellum, sed bellum civile, quod majorem facit indignationem. *Si enim inimicus exprobrasset mihi,* inquit, *sustinuissem utique: tu vero, homo unanimis, dux meus et notus meus;* id quod tum in figura contingebat. Quapropter multa opus habebant consolatione. Quod quidem Paulus cum videret, cosque qui ad suam curam pertinebant laborare ac sudare animadverteret, quod magnis calamitatibus gravarentur, et alias super alias plagas ægre sustinerent, vide quam variis modis animos eorum excitet, nunc quidem his verbis: *Si quidem justum est apud Deum retribuere tribulantibus vos tribulationem,* et *vobis qui tribulamini, requiem nobiscum:* nunc vero his: *Dominus prope est, nihil solliciti sitis.* Ac rursum, *Nolite amittere confidentiam vestram: nam patientia opus habetis, ut Dei voluntatem facientes, reportetis promissionem.* Deinde ad patientiam eos confirmans subinfert: *Adhuc enim modicum aliquantulum qui venturus est veniet,* et *non tardabit.* Sicut puerulum plorantem, moleste ferentem, matremque suam requirentem, assidens aliquis sic consolatur: Paulisper adhuc exspecta, et omnino tua mater aderit: ita etiam Paulus, videns ægre ferentes, conquerentes, adventum Christi requirentes ejus temporis fideles propter intolerabilem malorum vim, consolaturus illos dicit: *Adhuc modicum aliquantulum qui venturus* est *veniet,* et *non tardabit.*

A familiaribus et propinquis vexati Christiani.

1. Thess. 2. 14.

Psal. 54. 13. 14.

2. Thess. 1. 6. 7.

Philip. 4. 5. 6.

Heb. 10. 35. 36.

Ib. v. 37.

σχον. [a] Διότι οὐχ οὕτω θαυμάζω τοὺς τότε, ὅτι ἐθλίβοντο, ὡς θαυμάζω, ὅτι θλιβόμενοι διὰ τὸν Θεὸν ἔχαιρον. Τοῦτο γὰρ γενναίας καὶ φιλοθέου ψυχῆς, τὸ θλίβεσθαι καὶ κακῶς πάσχειν· τὸ δὲ γενναίως φέρειν τὸν πειρασμὸν, καὶ τῷ συγχωροῦντι τὰς θλίψεις εὐχαριστεῖν, τοῦτο μεγίστης ἀνδρείας, τοῦτο διεγηγερμένης ψυχῆς καὶ τῶν ἀνθρωπίνων ἀπηλλαγμένης ἁπάντων. Οὐκ ἐνταῦθα δὲ μόνον, ἀλλὰ καὶ ἑτέρωθι δηλῶν, ὅσα ἔπασχον οἱ πιστεύοντες τότε κακὰ παρὰ τῶν οἰκείων καὶ συγγενῶν (τοῦτο γὰρ ἦν τὸ χαλεπώτατον), οὑτωσί πως φησιν· Ὑμεῖς γὰρ μιμηταὶ ἐγενήθητε, B ἀδελφοὶ, τῶν Ἐκκλησιῶν τοῦ Θεοῦ τῶν οὐσῶν ἐν τῇ Ἰουδαίᾳ. Κατὰ τί μιμηταί; Ὅτι καὶ ὑμεῖς τὰ αὐτὰ ἐπάθετε ἀπὸ τῶν ἰδίων συμφυλετῶν, καθὼς καὶ αὐτοὶ ὑπὸ τῶν Ἰουδαίων. Ἰδοὺ καὶ πόλεμος, ἀλλὰ καὶ πόλεμος ἐμφύλιος, ὃ μείζω ποιεῖ τὴν ὀδύνην. Εἰ γὰρ ἐχθρὸς ὠνείδισέ με, ὑπήνεγκα ἂν, φησί· σὺ δὲ, ἄνθρωπε ἰσόψυχε, ἡγεμών μοι καὶ γνωστέ μοι· ὅπερ τότε συνέβαινε συμβολικῶς. Διὸ καὶ πολλῆς ἐδέοντο τῆς παρακλήσεως. Ὅπερ οὖν καὶ Παῦλος συνορῶν, καὶ τοὺς ὑπ' αὐτῷ ταττομένους βλέπων κάμνοντας καὶ ἱδροῦντας, βαρυνομένους τῷ μεγέθει τῶν συμφορῶν C καὶ ταῖς ἐπαλλήλοις ὀδυνωμένους πληγαῖς, πολυτρόπως αὐτῶν διανίστησι τὰ φρονήματα, νῦν μὲν λέγων, Εἴπερ δίκαιον παρὰ Θεῷ ἀνταποδοῦναι τοῖς θλίβουσιν ὑμᾶς θλίψιν, καὶ ὑμῖν τοῖς θλιβομένοις ἄνεσιν μεθ' ἡμῶν· νῦν δὲ λέγων, Ὁ Κύριος ἐγγὺς, μηδὲν μεριμνᾶτε· καὶ πάλιν, Μὴ ἀποβάλητε τὴν παῤῥησίαν ὑμῶν· ὑπομονῆς γὰρ ἔχετε χρείαν, ἵνα τὸ θέλημα τοῦ Θεοῦ ποιήσαντες, κομίσησθε τὴν ἐπαγγελίαν. Εἶτα πρὸς τὴν ὑπομονὴν ἀλείφων αὐτοὺς, ἐπάγει· Ἔτι γὰρ μικρὸν ὅσον, ὅσον, ὁ ἐρχόμενος ἥξει, καὶ οὐ χρονιεῖ. Καὶ καθάπερ παιδίον κλαυθμυρίζον, D δυσχεραῖνον, καὶ τὴν μητέρα ἐπιζητοῦν παρακαθήμενός τις παραμυθεῖται λέγων, ὅτι ἔτι μικρὸν ἀνάμεινον, καὶ ἀπαντήσεται πάντως ἡ μήτηρ· οὕτω καὶ Παῦλος ὁρῶν δυσανασχετοῦντας, ὀδυρομένους, τὴν παρουσίαν ἐπιζητοῦντας τοῦ Χριστοῦ τοὺς τότε πιστεύοντας διὰ τὴν ἀφόρητον τῶν κακῶν ἐπαγωγὴν, παραμυθούμενος ἔλεγεν· Ἔτι μικρὸν ὅσον, ὅσον, ὁ ἐρχόμενος ἥξει, καὶ οὐ χρονιεῖ.

[a] Alii διόπερ οὐχ.

Ὅτι μὲν οὖν οἱ μαθηταὶ ἐθλίβοντο, καὶ μυρία E ἔπασχον δεινὰ, καὶ καθάπερ ἐν μέσοις ἐπειλημμένοι λύκοις ἄρνες, οὕτω πάντοθεν ἠλαύνοντο, δῆλον ἐκ τούτων· ἵνα δὲ μάθῃς ὅτι καὶ οἱ διδάσκαλοι οὐκ ἐλάττονα τούτων, ἀλλὰ καὶ πολλῷ χαλεπώτερα τότε ὑπέμενον (ὅσῳ γὰρ μειζόνως ἐλύπουν τοὺς ἐχθροὺς τῆς ἀληθείας, τοσούτῳ καὶ παρὰ πλειόνων ἐβάλλοντο), καὶ ταῦτα παρὰ τοῦ τὰ πρότερα εἰρηκότος ἀκούσωμεν. Κορινθίοις γὰρ γράφων, οὕτως ἔλεγε· Μηδεμίαν ἐν μηδενὶ διδόντες προσκοπὴν, ἵνα μὴ μωμασθῇ ἡ διακονία ἡμῶν, ἀλλ' ἐν παντὶ συνιστῶντες ἑαυτοὺς, ὡς Θεοῦ διάκονοι, ἐν ὑπομονῇ πολλῇ, ἐν θλίψεσιν, ἐν ἀνάγκαις, ἐν στενοχωρίαις, ἐν πληγαῖς, ἐν φυλακαῖς, ἐν ἀκαταστασίαις, ἐν κόποις, ἐν ἀγρυπνίαις, ἐν νηστείαις. Εἶδες πόσους ἄθλους ἠρί- 281 θμησε, πόσας πειρασμῶν νιφάδας; A Πάλιν τοῖς αὐτοῖς ἐπιστέλλων, Διάκονοι Χριστοῦ εἰσι, φησὶ, παραφρονῶν λαλῶ, ὑπὲρ ἐγώ. Εἶτα βουλόμενος ἡμᾶς πεῖσαι, ὅτι τοῦ σημεῖα ποιεῖν πολλῷ λαμπρότερον τὸ διὰ τὸν Χριστὸν θλίβεσθαι, καὶ ποιούμενος ἀπόδειξιν ἀποστολῆς, καὶ δεικνὺς ὅτι βελτίων αὐτῶν ἐστιν, οὐχὶ τῶν ἀποστόλων λέγω, ἀλλὰ τῶν ψευδαποστόλων, οὐκ ἀπὸ θαυμάτων καὶ σημείων, ἀλλ' ἀπὸ κινδύνων ἐπαλλήλων ποιεῖται τὸν τῆς ὑπεροχῆς ἔλεγχον, οὑτωσὶ λέγων· Ἐν κόποις περισσοτέρως, ἐν πληγαῖς ὑπερβαλλόντως, ἐν φυλακαῖς περισσοτέρως, ἐν θανάτοις πολλάκις· πεντάκις τεσσαράκοντα παρὰ B μίαν ὑπὸ Ἰουδαίων ἔλαβον, τρὶς ἐῤῥαβδίσθην, ἅπαξ ἐλιθάσθην, τρὶς ἐναυάγησα, νυχθήμερον ἐν τῷ βυθῷ πεποίηκα· ὁδοιπορίαις πολλάκις, κινδύνοις ποταμῶν, κινδύνοις λῃστῶν, κινδύνοις ἐκ γένους, κινδύνοις ἐξ ἐθνῶν, κινδύνοις ἐν πόλει, κινδύνοις ἐν ἐρημίᾳ, κινδύνοις ἐν θαλάσσῃ, κινδύνοις ἐν ψευδαδέλφοις· ἐν κόπῳ καὶ μόχθῳ, ἐν ἀγρυπνίαις πολλάκις, ἐν λιμῷ καὶ δίψει, ἐν ψύχει καὶ γυμνότητι, χωρὶς τῶν παρεκτός. Οὗτοι τῆς ἀκριβοῦς ἀποστολῆς οἱ χαρακτῆρες. Σημεῖα μὲν γὰρ καὶ ἕτεροι πολλοὶ πολλάκις ἐποίησαν, καὶ οὐδὲν ἀπώναντο τῶν θαυμάτων, ἀλλὰ μετὰ C πάντα ἐκεῖνα ἤκουσαν· Ὑπάγετε, οὐκ οἶδα ὑμᾶς οἱ ἐργαζόμενοι τὴν ἀνομίαν· τῶν δὲ ταῦτα δυναμένων εἰπεῖν, ἅπερ ὁ Παῦλος ἀπηριθμήσατο νῦν, οὐδεὶς ἐκείνης ἀκούσεται τῆς φωνῆς· ἀλλὰ μετὰ πολλῆς τῆς παῤῥησίας τῶν οὐρανῶν ἐπιβήσεται καὶ τῶν ἐν τοῖς οὐρανοῖς ἀγαθῶν ἀπολαύσεται πάντων.

Τάχα μακρότερος ἡμῖν ὁ λόγος ἐγένετο· ἀλλὰ μὴ δείσητε· οὐκ ἐπιλελήσμεθα τῆς ὑποσχέσεως, ἀλλ' αὐτίκα δὴ πρὸς αὐτὴν πάλιν ἐπανήξομεν. Καὶ ταῦτα δὲ οὐ μάτην ἐμηκύναμεν, ἀλλὰ διὰ πλείονος κατασκευῆς ἀναμφισβήτητον καὶ σαφέστερον βουλόμενοι

6. Itaque quod discipuli affligerentur, et plurima mala paterentur, et sicut agni in medio luporum undique persequutionem sustinerent, per hæc satis apparet; ut autem sciatis, etiam doctores non minora, imo vero multo graviora *Doctores ipsi gravius afflicti.* sustinuisse (nam quo magis inimicos veritatis contristabant, eo magis et a pluribus infestabantur), hoc quoque ab eodem, qui superiora nos docuit, audiemus. Corinthiis enim scribens, sic loquitur: *Nemini dantes ullam occasionem, ut* 2. Cor. 6. 3.—5. *non vituperetur ministerium* nostrum *: sed in* omnibus *exhibentes nosmetipsos,* sicut *Dei ministros, in multa patientia, in afflictionibus, in necessitatibus, in angustiis, in plagis, in carceribus, in seditionibus, in laboribus, in vigiliis, in jejuniis.* Vidistin' quot certamina enumeraverit, quam crebras tentationes? Rursum eisdem scribens, *Ministri Christi sunt,* 2. Cor. 11. 23. inquit, *ut minus sapiens dico, plus ego.* Deinde volens nobis persuadere, multo præstantius esse propter Christum affligi quam prodigia facere, et probationem afferens apostolatus, ostendensque se præferendum esse aliis, non apostolis, sed pseudo-apostolis, non a miraculis per se editis argumentatur, sed a continuis periculis in quibus versabatur, in hunc modum scribens: *In laboribus copiosius, in verberibus supra* Ib. v. 23.—28. *modum, in carceribus abundantius, in mortibus* frequenter *: a Judæis quinquies quadragenas una* minus *accepi, ter virgis cæsus sum,* semel *lapidatus sum, ter naufragium feci,* nocte *ac die in profundo egi : in itineribus* sæpe, *in periculis fluminum, periculis latronum, periculis ex* genere, *periculis ex* gentibus, *periculis in* civitate, *periculis in deserto, periculis in mari, periculis in falsis fratribus : in labore et molestia, in vigiliis sæpe, in fame* et *siti, in frigore et nuditate, præter illa quæ extrinsecus* sunt. Hi sunt veri apostolatus characteres. Prodigia siquidem et alii sæpe fecerunt, nec eis fecisse profuit, sed post omnia illa audiverunt, *Recedite, non novi vos qui* Matth. 7. 23. *operamini iniquitatem :* nemo vero eorum qui eadem quæ Paulus commemorare possunt, vocem illam umquam est auditurus : verum cum magna fiducia cælum conscendet, bonisque cælestibus perfruetur universis.

7. Fortasse prolixior visus est vobis sermo noster : sed ne sitis solliciti; non sum oblitus promissionis, sed statim ad illam revertar. Hæc autem non temere longiori oratione prosequuti sumus, sed ut prolixiori verborum apparatu

certius ac clarius doctrinam nostram approbaremus, simulque afflictorum animas consolaremur, D
ut quotquot in periculis versantur et tentationibus, idoneam nacti consolationem discedant,
scientes quod socii Pauli per has afflictiones efficiantur, imo vero ipsius Christi angelorum Domini : qui autem afflictionum ejus particeps est
in hoc sæculo, in illo particeps erit etiam gloriæ ;
Rom. 8.17. ait enim : *Si quidem compatimur, ut et conglo-*
2. Tim. 2. *rificemur;* ac rursum : *Si sustinemus, ut simul*
12 *etiam regnemus.* Omnino enim necesse est, ut
2. Tim. 3. fidelium genus afflictionibus prematur : *Omnes* E
12. *enim qui volunt pie in Christo vivere, perse-*
Eccli. 2. 1. *quutionem patientur;* ac rursum : *Fili, dum*
accedis ad serviendum Domino, præpara
animam tuam ad tentationem ; recte fac, et
persevera. Bellæ promissiones, statim ab exordio
in tentationes incidere ! egregia vero exhortatio
et insignis consolatio ejus servitutis, pericola
confestim degustare ! Plane egregia simul et admiranda, et maximum lucrum afferens. Quodnam
Eccli. 2. 5. nam illud? Audi quæ sequuntur : *Sicut enim*
in igne probatur aurum, sic homines accepti
in fornace tentationis. Quod autem dicit sic 255 A
accipe : sicut aurum igne examinatum purius
redditur, pari modo etiam anima, quæ inter afflictiones versatur ac pericula, hilarior ac splendidior per illa evadit, omnemque peccatorum
maculam abstergit. Hinc est quod ad divitem il-
Luc. 16. 25. lum dicebat Abraham : *Lazarus recepit mala*
sua : hic autem consolationem recipit. Ac
1. Cor. 11. Paulus Corinthiis scribens dicit : *Propter hoc*
30.—32. *inter vos multi imbecilles* et *invalidi*, et *dormiunt multi. Etenim si nos ipsos dijudicaremus, non utique judicaremur : at cum judicamur, a Domino corripimur, ne cum mundo damnemur.* Quin et fornicatorem illum B
1. Cor. 5. 5. hac de causa tradidit in interitum carnis, ut
spiritus salvus fieret, ostendens præsenti tentatione salutem perfici, et pericula iis, qui cum gratiarum actione subeunt illa, animæ purgationem esse maximam. Itaque quod afflictiones pertulerint fideles, et innumeras calamitates tam discipuli quam doctores, ac ne minimum quidem respiraverint, variis omnium generum bellis undique circumdati, satis hic noster sermo declaravit, et plura etiam de hoc e sacris Literis studiosi colligere possunt.

ποιήσασθαι τὴν ἀπόδειξιν, ὁμοῦ δὲ τὰς θλιβομένας D παρακαλέσαι ψυχὰς, ἵν' ἕκαστος τῶν ἐν πειρασμοῖς ὄντων καὶ κινδύνοις ἱκανὴν λαβὼν παραμυθίαν ἀπέλθῃ, μαθὼν ὅτι Παύλου κοινωνὸς διὰ τῶν παθημάτων γίνεται, μᾶλλον δὲ τοῦ τῶν ἀγγέλων Δεσπότου Χριστοῦ· κοινωνῶν δὲ αὐτοῦ τῶν παθημάτων ἐνταῦθα, κοινωνήσει τῆς δόξης ἐκεῖ· Εἴπερ γὰρ, φησὶ, συμπάσχομεν, ἵνα καὶ συνδοξασθῶμεν· καὶ πάλιν· Εἰ ὑπομένομεν, ἵνα καὶ συμβασιλεύσωμεν. Ἀνάγκη γὰρ τὸν πιστὸν θλίβεσθαι πάντως· Πάντες γὰρ οἱ θέλοντες ζῆν εὐσεβῶς ἐν Χριστῷ, διωχθήσονται· καὶ πάλιν· E Τέκνον, εἰ προσέρχῃ δουλεύειν Κυρίῳ, ἑτοίμασον τὴν ψυχήν σου εἰς πειρασμὸν, εὔθυνον καὶ καρτέρησον. Καλαὶ αἱ ἐπαγγελίαι ἐκ προοιμίων εἰς πειρασμοὺς ἐμπεσεῖν· μεγάλη προτροπὴ καὶ παράκλησις ἐναργὴς τῆς δουλείας κινδύνων εὐθέως ἀπογεύσασθαι. Μεγίστη μὲν οὖν καὶ θαυμασία, καὶ κέρδος ἔχουσα μέγιστον. Ποῖον δὲ τοῦτο; Ἄκουσον τῶν ἑξῆς· Ὥσπερ γὰρ ἐν πυρὶ δοκιμάζεται χρυσὸς, οὕτως ἄνθρωποι δεκτοὶ ἐν καμίνῳ ταπεινώσεως. Ὃ δὲ λέγει τοιοῦτόν ἐστιν· ὥσπερ τὸ χρυσίον τῷ πυρὶ βασανιζόμενον καθαρώτερον γίνεται, οὕτω καὶ ἡ ψυχὴ, θλίψεσιν ὁμιλοῦσα καὶ κινδύνοις, φαιδροτέρα καὶ 255 A λαμπροτέρα ἄνεισι, καὶ πᾶσαν ἁμαρτημάτων ἀποῤῥίψεται κηλῖδα. Ὅθεν καὶ πρὸς τὸν πλούσιον ἔλεγεν ὁ Ἀβραὰμ, ὅτι Λάζαρος ἀπέλαβε τὰ κακὰ, καὶ ἐνταῦθα παρακαλεῖται. Καὶ Παῦλος Κορινθίοις ἐπιστέλλων ἔγραφε· Διὰ τοῦτο ἐν ὑμῖν πολλοὶ ἀσθενεῖς καὶ ἄῤῥωστοι. Εἰ γὰρ ἑαυτοὺς ἐκρίνομεν, οὐκ ἂν ἐκρινόμεθα· κρινόμενοι δὲ ὑπὸ Κυρίου παιδευόμεθα, ἵνα μὴ σὺν τῷ κόσμῳ κατακριθῶμεν. Καὶ τὸν πεπορνευκότα δὲ δι' αὐτὸ τοῦτο παρέδωκεν εἰς ὄλεθρον τῆς σαρκὸς, ἵνα τὸ πνεῦμα σωθῇ· δεικνὺς ὅτι σωτηρίαν ὁ παρὼν ἐργάζεται πειρασμὸς, καὶ οἱ κίνδυνοι τοῖς B μετ' εὐχαριστίας αὐτοὺς φέρουσι, καθάρσιον ψυχῆς εἰσι μέγιστον. Ὅτι μὲν οὖν ἐθλίβοντο οἱ πιστοὶ, καὶ μυρία ἔπασχον δεινὰ καὶ μαθηταὶ καὶ διδάσκαλοι καὶ οὐδὲ μικρὸν ἀνέπνεον, ποικίλοις τισὶ καὶ παντοδαποῖς πάντοθεν περιεστοιχισμένοι πολέμοις, ἱκανῶς ὁ λόγος ἀπέδειξε, καὶ πλείω δὲ τῶν εἰρημένων τοῖς φιλοπόνοις ἔξεστιν ἀναλέξασθαι ἐκ τῶν θείων Γραφῶν.

8. Superest ut hæc ad propositum nostrum adducamus. Quid autem proposueramus dicere? Qua de causa Paulus dixerit, *Habentes eumdem Spiritum fidei.* Cur igitur dixit? Turbabat hoc C

Λοιπὸν δὲ ἐπὶ τὸ προκείμενον τὸν λόγον ἀγάγωμεν. Τί δὲ τὸ προκείμενον ἦν εἰπεῖν; Τίνος ἕνεκεν εἶπεν ὁ Παῦλος, Ἔχοντες Πνεῦμα πίστεως τὸ αὐτό. C Τίνος οὖν ἕνεκεν εἶπεν; Ἐθορύβει τοῦτο τοὺς μαθητὰς, ὅτι τὰ μὲν δεινὰ ἐν πείρᾳ, τὰ δὲ χρηστὰ ἐν ἐλπίσι· καὶ τὰ μὲν παρῆν, τὰ δὲ ἀφειστήκει· καὶ τὰ μὲν ἐγίνετο, τὰ δὲ ἠλπίζετο. Καὶ τί θαυμαστὸν, εἰ τότε ἐν ἀρχῇ τοῦ κηρύγματος τοῦτο ἔπασχόν τινες, ὅπου γε καὶ νῦν μετὰ τοσοῦτον χρόνον, μετὰ τὸ πανταχοῦ τῆς οἰκουμένης ἐκταθῆναι τὸ κήρυγμα, μετὰ τὸ λαβεῖν ἀποδείξεις τοσαύτας τῶν ὑποσχέσεων, πολλοὶ οἱ τοῦτο πάσχοντές εἰσιν; Οὐ τοῦτο δὲ μόνον αὐτοὺς διετάραττεν, ἀλλὰ καὶ ἕτερον οὐκ ἔλαττον τούτου. Ποῖον δὴ τοῦτο; Ἐνενόουν πρὸς ἑαυτοὺς, ὅτι ἐν τῇ Παλαιᾷ Διαθήκῃ οὐχ οὕτω τὰ πράγματα ᾠκονομήθη, ἀλλὰ τῆς ἀρετῆς τοὺς ἄθλους καὶ τοὺς μισθοὺς εὐθέως ἀπελάμβανον οἱ μετ' ἐπιεικείας καὶ σωφροσύνης προῃρημένοι ζῇν. Οὐ γὰρ μετὰ τὴν τῶν σωμάτων ἀνάστασιν, οὐδὲ ἐν τῇ μελλούσῃ ζωῇ, ἀλλ' ἐνταῦθα, καὶ κατὰ τὸν παρόντα βίον πᾶσαι αὐτοῖς ἐπληροῦντο αἱ ὑποσχέσεις. Ἐὰν γὰρ ἀγαπήσῃς, φησὶ, Κύριον τὸν Θεόν σου, εὖ σοι ἔσται, καὶ πληθυνεῖ ὁ Θεὸς τὰ βουκόλια τῶν βοῶν σου, καὶ τὰ ποίμνια τῶν προβάτων σου· οὐκ ἔσται ἐν σοὶ ἄγονον, οὐδὲ στεῖρον· οὐκ ἔσται ἐν σοὶ μαλακία, φησὶν, οὐδὲ νόσος. Ἐξαποστελεῖ ὁ Θεὸς τὴν εὐλογίαν αὐτοῦ εἰς τὰ ταμιεῖα τῶν ἀποθηκῶν σου· ἀνοίξει τὸν οὐρανὸν, καὶ δώσει σοὶ ὑετὸν πρώϊμον καὶ ὄψιμον. Καταλήψεται ὁ ἀλοητὸς τὸν τρυγητὸν καὶ ὁ τρυγητὸς τὸν σπόρον. Καὶ πολλὰ ἕτερα τοιαῦτα αὐτοῖς ἐπηγγείλατο, ἅπερ ἅπαντα κατὰ τὴν παροῦσαν ζωὴν αὐτοῖς ἀπεδίδοτο. Εἴ τις ὀξύτερος, ἤδη προβλέπει τὴν λύσιν. Ἐπεὶ οὖν σώματος ὑγίεια, καὶ γῆς εὐκληρία, καὶ πολυπαιδία καὶ εὐπαιδία, καὶ λιπαρὸν γῆρας, καὶ ὡρῶν κρᾶσις ἀρίστη, καὶ εὐετηρία, καὶ ὄμβρων εὐκαιρία, καὶ [a] πολλὰ ποίμνια καὶ βουκόλια, καὶ πάντα ἁπλῶς τὰ [286] ἀγαθὰ κατὰ τὴν παροῦσαν αὐτοῖς ἐπληροῦτο ζωὴν, καὶ οὐδὲν ἐν ἐλπίσιν ἦν, οὐδὲ μετὰ τὴν ἐντεῦθεν ἀποδημίαν· ἀναλογιζόμενοι οὖν ταῦτα οἱ πιστοὶ, ὅτι τοῖς προγόνοις τοῖς ἑαυτῶν παρὰ πόδας ἅπαντα τὰ ἀγαθὰ ἀπήντα, αὐτοῖς δὲ εἰς τὴν μέλλουσαν ζωὴν τὰ ἔπαθλα καὶ οἱ στέφανοι πάντες εἰσὶ τεταμιευμένοι, καὶ ἐν πίστει τὰ τῶν ἐπαγγελιῶν, ἔκαμνον, ἐξελύοντο, τὴν παροῦσαν ζωὴν ἅπασαν διὰ πειρασμῶν ἕλκειν ἀναγκαζόμενοι. Ταῦτα οὖν ἐννοῶν ὁ Παῦλος καὶ τὸ μέγεθος τῶν ἐπηρτημένων αὐτοῖς δεινῶν, καὶ ὅτι τούτοις μὲν τὸν μισθὸν τῶν πόνων μετὰ τὴν ἐντεῦθεν αὐτοῖς ἀποδημίαν ὁ Θεὸς ἐπηγγείλατο, τοὺς δὲ προγόνους αὐτῶν ἐντεῦθεν ἠμείψατο, καὶ συνορῶν πολλὴν ἐκ τῶν λογισμῶν τούτων ἀκηδίαν ἐγγινομένην αὐτοῖς, βουλόμενος αὐτοὺς ἀναστῆσαι καὶ διδάξαι, ὅτι καὶ ἐπὶ τῶν πατέρων τῶν αὐτῶν οὕτω τὰ πράγματα ᾠκονόμητο, καὶ ἐν πίστει πολλοὶ τὸν μισθὸν ἔλαβον, οὐκ ἐν τῇ πείρᾳ, ἀνέμνησεν αὐτοὺς τῆς προ-

discipulos, quod gravia quidem in re præsenti experiebantur, bona vero spe solum concipiebant, et illa quidem jam aderant, hæc longe distabant; illa jam contingebant, hæc adhuc sperabantur. Quid mirum si initio prædicationis quibusdam hoc usu veniebat, quandoquidem nunc post tantum temporis spatium, post prædicationem toto orbe propagatam, post tot certa promissionum argumenta, idem multis adhuc usu venire solet? Nec hoc solum illos perterrebat, sed et aliud quiddam, idque non minus. Quodnam hoc? Cogitabant apud se, in Veteri Testamento non ad eum modum res hominum dispensatas fuisse, sed virtutis præmia confestim accepisse quicumque justam ac temperatam vivendi rationem prætulissent. Non enim post corporum resurrectionem, neque in futura vita, sed hic in præsenti vita omnes eis promissiones implebantur. Ait enim: *Si dilexeris Dominum Deum tuum, bene tibi* erit, et *multiplicabit Deus armenta boum tuorum, et greges pecorum tuorum: non erit apud te infecundum,* neque sterile: *non* erit *apud te languor neque ægritudo. Emittet Deus benedictionem in promtuaria cellarum tuarum; aperiet cælum, et dabit tibi pluviam matutinam et serotinam. Excipiet area vindemiam,* et *vindemia sementem.* Aliaque multa simili modo eis promisit, quæ quidem omnia in præsenti vita eis reddidit. Si quis est acutior, jam prævidet solutionem. Quandoquidem igitur corporis sanitas, agrorum felicitas, liberorum bonitas atque copia, fausta senectus, anni partium temperies optima, annonæ bonitas, imbrium opportunitas, armentorum et gregum abundantia, omnia denique bona illis in hac vita repræsentabantur, nihilque post hanc vitam et in futurum sæculum sperandum proponebatur: hæc reputantes fideles, majoribus quidem suis omnia bona præ pedibus fuisse sita, sibi vero in futuram vitam præmia et coronas reposita esse, et ex fide ipsorum promissiones pendere: delassabantur ac deficiebant, ut quibus universa vita inter tentationes necessario esset exigenda. Hæc igitur considerans Paulus, et malorum quæ eis impendebant magnitudinem, et quod his quidem post obitum laborum mercedem Deus esset pollicitus, patribus autem præsentem retributionem præstitisset; perspiciensque magnam in illis segnitiem e talibus cogitationibus suboriri, et volens

In Veteri Testamento præmia hic accipiebantur.

Deut. 1. 13. — 15.

Deut. 28. 8. 12.

Ib. v. 11. 14.

Levit. 26. 4. 5.

[a] Alii [et Cod. 748] πολυποίμνια. [Savil. in marg. πολυποιμνία, καὶ βουκόλια.]

eos excitare ac docere, patrum quoque temporibus eamdem fuisse rerum dispensationem, multosque fide mercedem percepisse, non re, propheticum illis dictum in memoriam revocat dicens: *Habentes eumdem Spiritum fidei, sicut scriptum est, Credidi, propter quod loquutus sum:* tantum non dicens quod magnus etiam ille David, egregius et admirandus propheta, fide retributionem perceperit, non experimento: alioqui, nisi res ita se haberet, non dixis-
Psal. 115. 10. set: *Credidi, propter quod loquutus sum.* Fides
Hebr. 11. 1. enim ad ea quæ sperantur refertur, non ad ea quæ videntur: quod enim videt quis, plane non sperat. Si igitur credidit, illis nimirum credidit quæ sperabat. Quod si eis quæ sperabat credidit, quæ vero sperantur, non videntur, consequitur eum non recepisse ea quæ crediderat; propterea dicit, *Habentes eumdem Spiritum fidei:* hoc est, eamdem fidem, quæ fuit in Veteri Testamento, etiam nos habemus. Quapropter et alibi de ojus temporis sanctis ad hunc modum loquitur:
Hebr. 11. 37. 38. *Circuierunt in melotis, in pellibus caprinis, egentes, afflicti, angustiati, quibus dignus non erat mundus:* deinde docens eos calamitates quidem pertulisse, mercedem vero nondum
Ib. v. 39. et c. 11. 13. recepisse, subdit verba hæc: *In fide mortui sunt omnes hi, nec promissiones receperunt, sed a longe tantum aspectas salutaverunt.* Et quomodo viderunt eas, quæso, quæ nondum erant præsentes? Fidei nimirum oculis, qui cælum penetrant, et quæ in eo sunt universa contemplantur.

φητικῆς ῥήσεως, εἰπών· Ἔχοντες τὸ αὐτὸ Πνεῦμα τῆς πίστεως, κατὰ τὸ γεγραμμένον· Ἐπίστευσα, διὸ ἐλάλησα· μονονουχὶ λέγων, ὅτι καὶ ὁ μέγας Δαυὶδ, ὁ θαυμαστὸς καὶ γενναῖος προφήτης ἐκεῖνος, πίστει τὴν ἀμοιβὴν ἐκομίσατο, οὐχὶ τῇ πείρᾳ· οὐ γὰρ ἂν, εἰ μὴ τοῦτο ἦν, εἶπεν, Ἐπίστευσα, διὸ καὶ ἐλάλησα.
C Ἡ γὰρ πίστις ἐλπιζομένων ἐστὶν ὑπόστασις πραγμάτων, οἱ βλεπομένων· ὃ δὲ βλέπει τις, οὐ πάντως καὶ ἐλπίζει. Εἰ τοίνυν ἐπίστευσε, τοῖς ἐλπιζομένοις ἐπίστευσεν. Εἰ δὲ τοῖς ἐλπιζομένοις ἐπίστευσε, τὰ δὲ ἐλπιζόμενα οὐδέπω βλέπεται, οὔπω ἦν ἀπειληφὼς ταῦτα, εἰς ἅπερ ἐπίστευσε· διὰ τοῦτό φησιν, Ἔχοντες τὸ αὐτὸ Πνεῦμα τῆς πίστεως, τοῦτ' ἔστι, τὴν αὐτὴν πίστιν, τὴν ἐν τῇ Παλαιᾷ, καὶ ἡμεῖς ἔχομεν. Διὰ τοῦτο καὶ ἀλλαχοῦ φησι, περὶ τῶν τότε ἁγίων λέγων· Περιῆλθον ἐν μηλωταῖς, ἐν αἰγείοις δέρμασιν, ὑστερούμενοι, θλιβόμενοι, κακουχούμενοι, ὧν οὐκ ἦν ἄξιος ὁ κόσμος· εἶτα διδάσκων, ὅτι τὰ
D δεινὰ μὲν ὑπέμειναν, τοὺς δὲ μισθοὺς οὐδέπω καὶ νῦν ἀπέλαβον, ἐπήγαγε λέγων· Κατὰ τὴν πίστιν ἀπέθανον οὗτοι πάντες, μὴ κομισάμενοι τὰς ἐπαγγελίας, ἀλλὰ πόῤῥωθεν αὐτὰς ἰδόντες καὶ ἀσπασάμενοι. Καὶ πῶς εἶδον, εἰπέ μοι, τὰς μηδέπω παρούσας; Τοῖς τῆς πίστεως ὀφθαλμοῖς, τοῖς ὑπερβαίνουσι τὸν οὐρανὸν, καὶ τὰ ἐκεῖ κατασκοποῦσιν ἅπαντα.

9. Tu vero considera mihi Dei sapientiam, quomodo illis præmia e longinquo ostenderit, quæ ideo suis non statim dedit, quo major esset eorum patientia: ostendit autem e longinquo ideo, ut hac spe refecti, ne sensum quidem præsentium laborum percipiant. Sed forsan aliquis ex his qui aerins attendunt, inter se pugnantia nos dicere putabit. Dicet enim: Si neque priscis illis statim oblata sunt bona et præmia, quid ita longum habuisti sermonem, enumerando anni partium temperiem, corporis sanitatem, liberorum bonitatem ac copiam, annonæ facilitatem, fructuum abundantiam, armenta, greges, et omnem vivendi felicitatem? Quid igitur ad hoc
Aliter cum vulgo et aliter cum justis et sanctis se gessit Deus. est respondendum? Aliter cum vulgo et imbecilliore populo, aliter cum generosis hominibus, et eam, quæ est Novi Testamenti, philosophiam jam tum meditantibus, se gessisse Deum illo tempore. Multitudini enim quæ humi repebat, nec magnum aliquid videre poterat, neque spem

Σὺ δέ μοι σκόπει Θεοῦ σοφίαν, πῶς καὶ ἔδειξεν αὐτοῖς τὰ βραβεῖα πόῤῥωθεν, καὶ οὐκ ἔδωκε μὲν
E εὐθέως, ἵνα μείζονα αὐτῶν ἐργάσηται τὴν ὑπομονήν· ἔδειξε δὲ πόῤῥωθεν, ἵνα ταῖς ἐλπίσι ταύταις τρεφόμενοι, μηδὲ αἴσθησιν τῶν παρόντων λάβωσι πόνων. Ἀλλὰ τάχα τις τῶν ὀξύτερον προσεχόντων ἑαυτῷ περιπεπτωκέναι τὸν λόγον ἡγήσεται. Εἰ γὰρ οὐδὲ οἱ πρότεροι, φησὶν, ἀπελάμβανον παρὰ πόδας τὰ ἀγαθὰ καὶ τὰς ἀμοιβὰς, πῶς ἡμῖν μακρὸν ἀπέτεινας λόγον, ἀπαριθμούμενος ὡρῶν εὐκρασίαν, σώματος ὑγίειαν, εὐπαιδίαν, πολυπαιδίαν, εὐετηρίαν, καρπῶν ἀφθο-
257 νίαν, βουκόλια, ποίμνια, ἅπασαν τὴν βιωτικὴν εὐ-
A πραγίαν; Τί οὖν ἂν εἴποιμεν πρὸς τοῦτο; Ὅτι ἑτέρως μὲν τὸ πλῆθος καὶ τὸν ἀσθενέστερον δῆμον, ἑτέρως δὲ τοὺς γενναίους καὶ τὴν ἐν τῇ Καινῇ φιλοσοφίαν ἤδη μετιόντας ἦγεν ὁ Θεὸς τότε. Τοῖς μὲν γὰρ πολλοῖς καὶ χαμαὶ ἑρπομένοις καὶ οὐδὲν μέγα δυναμένοις ἰδεῖν, οὐδὲ ἐκτεῖναι τὴν τῆς ψυχῆς ἐλπίδα πρὸς τὴν τῶν μελλόντων ἀπόλαυσιν ἀγαθῶν, ταῦτα τὰ παρόντα παρεῖχεν ἀγαθὰ, τὴν ἀσθένειαν τῆς ψυχῆς αὐ-

τῶν παραμυθούμενος, καὶ διὰ τούτων αὐτοὺς ὁδηγῶν ἐπὶ τὴν τῆς ἀρετῆς ἐργασίαν, καὶ εἰς τὴν τῶν καλῶν ἐπιθυμίαν ἐμβάλλων· τὸν δὲ Ἠλίαν καὶ τὸν Ἐλισσαῖον, τὸν Ἱερεμίαν, τὸν Ἡσαΐαν, καὶ πάντας δὴ ἁπλῶς τοὺς προφήτας, καὶ ὅσοι τοῦ χοροῦ γεγένηνται τῶν ἁγίων καὶ μεγάλων ἀνδρῶν, ἐπὶ τοὺς οὐρανοὺς ἐκάλει καὶ τὰ ἐκεῖ παρεσκευασμένα τοῖς εὐδοκιμηκόσιν ἀγαθά. Διὸ καὶ ὁ Παῦλος οὐχ ἁπλῶς πάντας ἀπηριθμήσατο, ἀλλὰ τοὺς ἐν μηλωταῖς, ἐν αἰγείοις δέρμασι, τοὺς ἐν καμίνῳ, τοὺς ἐν δεσμωτηρίῳ, τοὺς ἀποτυμπανισθέντας, τοὺς καταλευσθέντας, τοὺς ἐν λιμῷ, τοὺς ἐν πενίᾳ, τοὺς ἐν ἐρημίαις, τοὺς ἐν σπηλαίοις, τοὺς ἐν ταῖς ὀπαῖς τῆς γῆς, τοὺς τὰ μυρία παθόντας δεινά. Καὶ τότε εἶπε κατὰ πίστιν πάντας τετελευτηκέναι, καὶ μηδέπω κεκομίσθαι τὰς ἐπαγγελίας· οὐχὶ τὸ πλῆθος τὸ Ἰουδαϊκὸν, ἀλλὰ τοὺς κατὰ τὸν Ἠλίαν ἡμῖν αἰνιττόμενος. Εἰ δὲ λέγοι τις· αὐτοὶ δὲ οὗτοι τίνος ἕνεκεν οὐδέπω καὶ νῦν ἀπέλαβον τοὺς ὀφειλομένους αὐτοῖς στεφάνους; μανθανέτω καὶ ταύτην παρὰ Παύλου τὴν αἰτίαν. Εἰπὼν γὰρ, Κατὰ πίστιν ἀπέθανον οὗτοι πάντες, μὴ κομισάμενοι τὰς ἐπαγγελίας, ἐπήγαγε, Τοῦ Θεοῦ κρεῖττόν τι προβλεψαμένου περὶ ἡμῶν, ἵνα μὴ χωρὶς ἡμῶν τελειωθῶσι. Κοινὴ γάρ ἐστι, φησὶν, ἡ πανήγυρις, ἐπειδὴ καὶ μείζων ἡδονὴ, ὅταν κοινῇ στεφανώμεθα πάντες. Τοῦτο καὶ ἐν τοῖς Ὀλυμπιακοῖς ἀγῶσι γίνεται· ὁ παλαίσας, ὁ πυκτεύσας, ὁ παγκρατιάσας ἐν διαφόροις μὲν καιροῖς τοὺς ἀγῶνας ὑπομένουσιν, ἐν μιᾷ δὲ καιροῦ ῥοπῇ πάντες ἀνακηρύττονται. Οὕτω καὶ ἐν τοῖς ἀρίστοις γίνεται. Ὅταν γὰρ τῶν δαιτυμόνων οἱ μὲν φθάσωσι προαπαντήσαντες, οἱ δὲ ἔτι μέλλωσι, τιμῶντες τοὺς ἀπολειφθέντας οἱ ἑστιάτορες, τοὺς φθάσαντας ἤδη καὶ παραγενομένους κελεύουσιν ἀναμένειν τοὺς ὑστερήσαντας. Τοῦτο καὶ ὁ Θεὸς πεποίηκεν· ἐπειδὴ γὰρ τοὺς ἐκ τῆς οἰκουμένης ἁπάσης κατὰ διαφόρους καιροὺς εὐδοκιμηκότας ἐπὶ κοινήν τε καὶ πνευματικὴν εὐωχίαν ἐκάλεσε, τοὺς ἤδη φθάσαντας καὶ προαπελθόντας κελεύει τοὺς μετὰ ταῦτα ἀπιέναι μέλλοντας ἀναμένειν, ἵν' οὕτω κοινῇ παραγενομένων ἁπάντων, καὶ ἡ τιμὴ καὶ ἡ ἡδονὴ μία ἅπασι γένηται.

Ἐννόησον γὰρ ἡλίκον ἐστὶν εἰς τιμῆς λόγον, Παῦλον καὶ τοὺς κατ' ἐκεῖνον ἅπαντας, τὸν Ἀβραὰμ, καὶ τοὺς κατ' ἐκεῖνον, καὶ τοὺς πρὸ ἐκείνου πάλιν πρὸ τοσούτων ἐτῶν ἀθλήσαντας καὶ νικήσαντας καθῆσθαι νῦν τὴν ἡμετέραν ἀναμένοντας εὐδοκίμησιν. Ὅτι γὰρ οὐδέπω τὸν στέφανον Παῦλος ἀπείληφεν, οὐδὲ ἄλλος οὐδεὶς τῶν ἐξ ἀρχῆς εὐηρεστηκότων, ἀλλ' οὐδὲ ἀπολήψονται, ἕως ἂν ἅπαντες οἱ μέχρι τέλους στεφανοῦσθαι μέλλοντες ἀφίκωνται, ἄκουσον αὐτοῦ τοῦ Παύ-

suam ad futurorum bonorum fruitionem extendere, præsentia boni exhibuit, imbecillitatem animæ eorum consolando, et per hoc ad virtutem exercendam ipsos deducendo, atque ad rerum honestarum desiderium; Eliam autem et Elisæum et Jeremiam et Isaiam et in summa universos prophetas, et quotquot ad magnorum et sanctorum hominum chorum pertinebant, ad cælos vocabat, ad eaque bona quæ electis sunt illic præparata. Quamobrem etiam Paulus non omnes simul enumeravit, sed amictos ovillis ac caprinis pellibus, in fornacem conjectos, vinculis constrictos, distentos, saxis lapidatos, fame et inopia laborantes, in solitudinibus, speluncis et cavernis terræ degentes, innumeraque mala sustinentes. At tum demum dixit omnes hos in spe mortuos, nec adhuc promissionem recepisse: subindicans nobis non vulgus Judaicum, sed homines ad Eliæ similitudinem accedentes. Quod si quis dicat: Hi autem ipsi quamobrem ne nunc quidem debitas sibi coronas perceperunt? causam hujus rei discat a Paulo. Cum enim dixisset, *Fide sunt mortui omnes hi non acceptis promissionibus*, subjunxit, *Deo pro nobis melius aliquid providente, ut non sine nobis consummarentur.* (Hebr. 11. 13. 40.) Communis enim est celebritas hæc, inquit, quandoquidem major etiam est voluptas, dum omnes eadem opera coronamur. Idem fit et in Olympiacis certaminibus: luctator, pugil, pancratiasta, diversis quidem temporibus certamen subeunt, sed uno temporis momento omnes a præcone victores pronuntiantur. Idem fit et in conviviis. Quoties enim convivarum alii venerunt maturius, alii adhuc cunctantur, convivatores in honorem absentium jubent præsentes paulisper manere, donec illi quoque veniant. Idem etiam Deus fecit: quoniam enim ex toto orbe diversis temporibus electos ad commune et spirituale convivium invitavit, jubet eos qui priores iverunt, exspectare eos qui posteriores sunt venturi, ut hoc pacto omnibus una præsentibus, unus omnibus contingat honor et una voluptas.

10. Cogita enim quanta sit honoris accessio, Paulum et sui temporis homines, Abrahamum item atque ejus ætatis viros, ac rursum alios qui tot sæculis ante illum certaverunt et vicerunt, sedere nunc exspectantes donec nos quoque probati simus. Quod enim Paulus nondum coronam receperit, neque eorum quisquam qui umquam ab initio Deo placuerunt, imo ne recepturi quidem sint donec omnes qui coronandi sunt conve-

2. Tim. 4. 7. 8. nerint, audi ipsum Paulum dicentem: *Bonum certamen certavi, cursum consummavi, fidem servavi: in reliquo reposita est mihi corona justitiæ, quam reddet mihi justus judex*. Quando? *In illa die; non solum autem mihi, sed et omnibus qui diligunt adventum ejus*. Et rursum alibi indicans bona illa universis simul ad fruendum concedenda esse, Thessalonicensibus
2. Thess 1. 6. 7. sic scribit: *Siquidem justum est apud Deum ut reddatur affligentibus vos afflictio, vobis autem qui affligimini relaxatio una nobis-*
1. Thess 4. 14. *cum*. Ac rursum: *Quoniam nos qui vivimus, qui relinquimur in adventum Domini, non prævenientemus eos qui dormierunt*: per hæc omnia docens oportere nos simul omnes et in commune cælestis honoris possessionem ac fructum accipere. Hoc ipsum etiam illis qui nos præcesserunt magnam affert voluptatem, quod una cum propriis membris sint ineffabilibus illis bonis perfruituri. Etenim pater mensam habens splendidam ac opiparam, tum demum majore cum voluptate ea fruetur, quando liberi sunt ejus voluptatis ac hilaritatis participes. Sic etiam Paulus ejusque similes ita demum ampliorem sentient animi voluptatem, quando una cum propriis membris illa perfruentur. Neque enim patribus tantus est erga liberos affectus, quantam illi sollicitudinem gerunt de eis qui eamdem virtutis viam sunt ingressi. Ut igitur etiam nos in eorum qui tunc honorabuntur numero simos, demus operam ut sanctos illos assequamur. Et quomodo assequi poterimus, inquies? quis nobis viam, quæ ad illos ducit, indicabit? Ipse sanctorum illorum Dominus, qui non solum quomodo illos assequamur docet, verumetiam quomodo illorum omnium contubernales ac sodales
Luc. 16. 9. fieri possimus: ait enim: *Facite vobis amicos de mammona iniquitatis, ut cum defeceritis, recipiant vos in æterna sua tabernacula*. Recte dixit, *Æterna*. Nam in hoc sæculo etiamsi splendidam domum habeas, omnino vetustate est peritura: imo prius quam illa pereat, mors irruens ejiciet te ex magnifico isto domicilio: non raro quidem vel ante obitum infausta negotia, calumniatorum impetus ac insidiæ faciunt, ut inde ejiciaris. Illic autem non est quod tale quidquam verearis: non corruptionem, non mortem, non ruinam, non damnum a calumniatoribus, non aliud quidquam; sed immobile et immortale est domicilium. Quapropter æternum illud appellavit. *Facite vobis amicos*, inquit, *de mammona iniquitatis*.

λου λέγοντος· Τὸν ἀγῶνα τὸν καλὸν ἠγώνισμαι, τὸν δρόμον τετέλεκα, τὴν πίστιν τετήρηκα· λοιπὸν ἀπόκειταί μοι ὁ τῆς δικαιοσύνης στέφανος, ὃν ἀποδώσει μοι ὁ δίκαιος κριτής. Πότε; Ἐν ἐκείνῃ τῇ ἡμέρᾳ· οὐ μόνον δὲ ἐμοὶ, ἀλλὰ καὶ πᾶσι τοῖς ἠγαπηκόσι τὴν ἐπιφάνειαν αὐτοῦ. Καὶ πάλιν ἀλλαχοῦ δεικνὺς, ὅτι κοινῇ πᾶσιν ἡ τῶν ἀγαθῶν ἀπόλαυσις δίδοται, Θεσσαλονικεῦσι γράφων ἔλεγεν· Εἴπερ δίκαιον παρὰ Θεῷ ἀποδοῦναι τοῖς θλίβουσιν ὑμᾶς θλίψιν, καὶ ὑμῖν τοῖς θλιβομένοις ἄνεσιν μεθ' ἡμῶν. Καὶ πάλιν, Ὅτι ἡμεῖς οἱ ζῶντες, οἱ περιλειπόμενοι εἰς τὴν παρουσίαν τοῦ Κυρίου, οὐ μὴ φθάσωμεν τοὺς κοιμηθέντας· διὰ
B πάντων τούτων δηλῶν, ὅτι κοινῇ πάντας καὶ ὁμοῦ παραγενομένους τῶν οὐρανίων τιμῶν ἀπολαύειν χρή. Τοῦτο καὶ τοῖς φθάσασι πολλὴν φέρει τὴν ἡδονὴν, ὅταν μετὰ τῶν οἰκείων μελῶν τῶν ἀπορρήτων ἐκείνων ἀπολαύσωσιν ἀγαθῶν. Καὶ γὰρ πατὴρ τραπέζης μετέχων λαμπρᾶς καὶ πολυτελοῦς, τότε μετὰ πλείονος αὐτῆς ἀπολαύσεται τῆς εὐφροσύνης, ὅταν μετὰ τῶν αὐτοῦ παιδίων μετέχῃ τῆς εὐωχίας καὶ εὐφροσύνης. Οὕτω καὶ Παῦλος καὶ οἱ κατ' ἐκεῖνον ἅπαντες μείζονος αἰσθήσονται τῆς θυμηδίας, ὅταν μετὰ τῶν οἰκείων μελῶν ὄντες ἀπολαύσωσιν αὐτῆς. Οὐ γὰρ τοσαύτην
C πατέρες περὶ παῖδας ἐπιδείκνυνται φιλοστοργίαν, ὅσην ἐκεῖνοι περὶ τοὺς τὰ αὐτὰ κατωρθωκότας αὐτοῖς ἔχουσι κηδεμονίαν. Ἵν' οὖν καὶ ἡμεῖς τῶν τότε τιμωμένων γενώμεθα, σπουδάζωμεν καταλαβεῖν τοὺς ἁγίους ἐκείνους. Καὶ πῶς δυνησόμεθα, φησὶ, αὐτοὺς καταλαβεῖν; τίς ἡμῖν δείξει τὴν ἐκεῖ φέρουσαν ὁδόν; Αὐτὸς ὁ τῶν ἁγίων ἐκείνων Δεσπότης, ὃς οὐχ ὅπως αὐτοὺς καταληψώμεθα μόνον διδάσκει, ἀλλὰ καὶ ὅπως ὁμωρόφιοι καὶ σύσκηνοι γενώμεθα πᾶσιν αὐτοῖς· Ποιήσατε γὰρ ὑμῖν φίλους ἐκ τοῦ μαμμωνᾶ τῆς ἀδικίας, φησὶν, ἵν' ὅταν ἐκλίπητε, δέξωνται ὑμᾶς εἰς τὰς
D αἰωνίους αὐτῶν σκηνάς. Καλῶς εἶπεν, Αἰωνίους. Ἐνταῦθα μὲν γὰρ κἂν λαμπρὰν ἔχῃς οἰκίαν, ἀπολεῖται πάντως φθειρομένη τῷ χρόνῳ· μᾶλλον δὲ καὶ πρὸ τῆς κατὰ τὸν χρόνον φθορᾶς, θάνατος ἐμπεσὼν ἐκβάλλει σε τῆς λαμπρᾶς ταύτης οἰκήσεως· πολλάκις δὲ καὶ πρὸ τοῦ θανάτου πραγμάτων τινῶν δυσκολίας καὶ συκοφαντῶν ἔφοδοι καὶ ἐπιβουλαὶ ἐκπεσεῖν αὐτῆς παρεσκεύασαν. Ἐκεῖ δὲ οὐδὲν τούτων ἐστὶν ὑποπτεῦ-
E σαι, οὐ φθορὰν, οὐ θάνατον, οὐ κατάπτωσιν, οὐ συκοφαντῶν ἐπήρειαν, οὐκ ἄλλο οὐδὲν, ἀλλ' ἀκίνητος καὶ ἀθάνατός ἐστιν ἡ οἴκησις. Διὰ τοῦτο αἰωνίους αὐτὰς ἐκάλεσε. Ποιήσατε ὑμῖν φίλους, φησὶν, ἐκ τοῦ μαμμωνᾶ τῆς ἀδικίας.

Ὅρα πόση φιλανθρωπία τοῦ Δεσπότου, πόση χρηστότης καὶ ἐπιείκεια· οὐ γὰρ ἁπλῶς ταύτην τέθεικε τὴν προσθήκην· ἀλλ᾽ ἐπειδὴ πολλοῖς πλουσίοις πλοῦτος συνείλεκται ἐξ ἁρπαγῆς καὶ πλεονεξίας, κακῶς μὲν, φησὶ, καὶ οὐκ ἐχρῆν σε οὕτω συλλέξαι τὰ χρήματα· πλὴν ἀλλ᾽ ἐπειδὴ συνέλεξας, στῆθι τῆς ἁρπαγῆς καὶ τῆς πλεονεξίας, καὶ χρῆσαι εἰς δέον τοῖς χρήμασιν. Οὐ λέγω, ἵνα ἁρπάζων ἐλεῇς, ἀλλ᾽ ἵνα τῆς 289 A πλεονεξίας ἀποστὰς, πρὸς ἐλεημοσύνην καὶ φιλανθρωπίαν ἀποχρήσῃ τῷ πλούτῳ. Εἰ γάρ τις μὴ παύσαιτο τῆς ἁρπαγῆς, οὐδὲ ἐλεημοσύνην ἐργάσεται· ἀλλὰ κἂν μυρία καταβάλῃ χρήματα εἰς τὰς τῶν δεομένων χεῖρας, τὰ ἑτέρων ἁρπάζων καὶ πλεονεκτῶν, τοῖς ἀνδροφόνοις ἐξίσης λελόγισται τῷ Θεῷ. Διὸ χρὴ πλεονεξίας ἀποστάντα πρότερον, οὕτω τοὺς δεομένους ἐλεεῖν. Πολλὴ γὰρ τῆς ἐλεημοσύνης ἡ δύναμις, περὶ ἧς καὶ τῇ προτεραίᾳ συνάξει πρὸς ὑμᾶς διελέχθημεν, καὶ νῦν διαλέξομαι. Ἀλλὰ μηδεὶς τὴν συνέχειαν τῆς ὑπομνήσεως κατηγορίαν ἡγείσθω τῶν ἀκουόντων. Καὶ γὰρ ἐν τοῖς ἀγῶσιν ἐκείνους τῶν δρομέων διεγείρουσιν οἱ θεαταὶ, οὓς ἂν ἴδωσιν ἐγγὺς τοῦ βραβείου B γενομένους, καὶ πολλὰς τῆς νίκης ἐλπίδας ἔχοντας. Καὶ ἐγὼ τοίνυν, ἐπειδὴ μετὰ πολλῆς ἀεὶ προθυμίας ὁρῶ τοὺς περὶ ἐλεημοσύνης δεχομένους λόγους ὑμᾶς, διὰ τοῦτο καὶ αὐτὸς συνεχέστερον τὴν ὑπὲρ τούτων κινῶ παραίνεσιν. Ἰατροὶ τῶν ψυχῶν ἡμῶν εἰσιν οἱ πένητες, εὐεργέται καὶ προστάται· οὐ γὰρ τοσοῦτον δίδως, ὅσον λαμβάνεις· δίδως ἀργύριον, καὶ λαμβάνεις βασιλείαν οὐρανῶν· λύεις πενίαν, καὶ καταλλάττεις σεαυτῷ τὸν Δεσπότην. Ὁρᾷς ὅτι οὐκ ἴση ἡ ἀντίδοσις; Ταῦτα ἐπὶ γῆς, ἐκεῖνα ἐν οὐρανῷ· ταῦτα ἀπόλλυται, ἐκεῖνα διαμένει· ταῦτα φθείρεται, ἐκεῖνα πάσης ἐστὶν ἀνώ- C τερα ἀπωλείας. Διὰ τοῦτο καὶ πρὸ τῶν θυρῶν τῶν οἴκων τῶν εὐκτηρίων ἔστησαν τοὺς πένητας οἱ πατέρες οἱ ἡμέτεροι, ἵνα καὶ τὸν νωθρότατον καὶ ἀπανθρωπότατον αὐτὴ τῶν πενήτων ἡ ὄψις πρὸς ὑπόμνησιν ἐγείρῃ τῆς ἐλεημοσύνης. Ὅταν γὰρ ἑστήκῃ χορὸς γερόντων, συγκεκυφότων, ῥάκια περιβεβλημένων, αὐχμώντων, ῥυπώντων, βακτηρίας ἐχόντων, μόλις στηρίζεσθαι δυναμένων, πολλάκις δὲ καὶ τοὺς ὀφθαλμοὺς ἐκκεκομμένων, καὶ τὸ σῶμα ὅλον ἀναπήρων, τίς οὕτω λίθινος, τίς οὕτως ἀδάμας, ὡς καὶ τῆς ἡλικίας, καὶ τῆς ἀσθενείας, καὶ τῆς πηρώσεως, καὶ τῆς πενίας, καὶ τῆς εὐτελοῦς στολῆς, καὶ πάντων ἁπλῶς πρὸς συμπάθειαν ἐπικλώντων αὐτὸν, ἀντιστῆναι καὶ D μεῖναι πρὸς ἅπαντα ταῦτα ἀνένδοτος; Διὰ ταῦτα πρὸ τῶν θυρῶν ἡμῶν ἑστήκασι παντὸς λόγου δυνατώτεροι, διὰ τῆς ὄψεως ἐπισπώμενοι, πρὸς φιλανθρωπίαν τοὺς εἰσιόντας ἐκκαλούμενοι. Καθάπερ γὰρ κρήνας εἶναι ἐν ταῖς αὐλαῖς τῶν εὐκτηρίων οἴκων νενόμισται, ἵνα οἱ μέλλοντες εὔχεσθαι τῷ Θεῷ, πρότερον ἀπονιψάμενοι τὰς χεῖρας, οὕτω [illegible] τὰς εἰς εὐχὴν ἀνατείνω-

11. Vide quanta sit Domini benignitas, quanta bonitas ac æquitas; neque enim temere hoc adjunxit: sed quoniam plerique divites ex rapinis ac fraude divitias sibi comparaverunt, Male, inquit, factum, nec oportebat te ita pecunias colligere; verumtamen quandoquidem jam collegisti, desiste a rapina et fraude, et utere pecunia ad ea, quibus opus habes. Non jubeo te esse ex rapto misericordem, sed a fraude temperantem, divitiis ad benignitatem et eleemosynam uti. Nisi enim a rapina desistas, ne eleemosyna quidem erit: sed etiamsi innumeras pecunias des in manus egenorum, a frande et rapina interim non abstinens, in homicidarum numero a Deo computaberis. Quapropter oportet a fraude absistere, ac tum demum in egenos misericordem esse. Magna enim est eleemosynæ vis, de qua etiam in priore conventu apud vos disseruimus, ac nunc quoque disseremus. Sed nemo vestrum ita cogitet, hanc admonendi assiduitatem ad auditorum tendere accusationem. Nam et in certaminibus illi potissimum a spectatoribus excitantur, qui ad metam propios accedunt, et certiorem victoriæ spem habere videntur. Ergo quia magna alacritate video vos de eleemosyna sermonem excipere, eo magis libet istam exhortationem continuare. Medici animarum nostrarum sunt pauperes, benefactores et protectores: neque enim tantum das, quantum accipis; das pecuniam, et accipis regnum cælorum; sublevas egestatem, et reconcilias tibi Dominum. Vides imparem esse retributionem? Hæc sunt terrena, illa cælestia; hæc peritura, illa permanentia; hæc corrumpuntur, illa sunt extra corruptionis periculum. Hac de causa majores nostri pro foribus ecclesiarum paupores constituerunt, ut vel inhumanissimum et segnissimum quemque aspectus ipse egenorum ad eleemosynam excitet. Ubi enim stat chorus senum incurvorum, pannosorum, squalidorum, sordidatorum, baculos tenentium, atque his ægre se sustentantium, nonnumquam ocolis orbatorum, totoque corpore male mulctatorum, quis tam saxeus est, quis tam adamantinus, qui ad eorum grandævitatem, imbecillitatem, cæcitatem, egestatem, habitus vilitatem, totque alia ad condolendum moventia, obdurare se et inflexibilis queat permanere? Hac de causa pro foribus nostris stant, et ipso aspectu, magis quam illis verbis possunt, ad beneficentiam provocant eos qui introgrediuntur. Quemadmodum enim solenne est ut fontes præsto sint ante oratoria, ut adoraturi Deum manus

Eleemosyna ex rapina data, non est eleemosyna.

Eleemosynæ laudes.

Cur pro foribus templorum pauperes.

Fontes ante oratoria.

prius lotas inter precandum attollant : ita pauperes fontium vice ante fores collocaverunt majores nostri, ut quemadmodum manus abluimus aqua, sic prius per beneficentiam abstersa anima, tum demum preces nostras offeramus.

12. Non enim tam apta est aqua ad abluendas corporis maculas, quam eleemosyna ad abolendas sordes animæ. Quemadmodum igitur non audes illotis manibus ad precandum intrare, quamvis levius sit hoc crimen, ita nec absque eleemosyna ad precandum umquam accedas. Atqui non raro etiam cum puras manus habeamus, non tendimus ad Deum nisi prius lotas : tantum valet consuetudo. Idipsum igitur in eleemosyna est faciendum ; et licet nullius magni peccati nobis simus conscii, tamen eleemosyna data conscientiam nostram abstergere oportet. Multa in foro tibi contraxisti mala : inimicus irritavit, judex aliquid parum decorum facere compulit, verba sæpe effutivisti non bona, ne amicum offenderes peccatum aliquod admisisti : alias non paucas maculas contraxisti, ut solent homines qui in foro versantur, judicum consessui intersunt, rem populi administrant : pro his omnibus accedis Deum exoraturus, et veniam petiturus. Ergo da pecuniam in manus pauperum, et absterge illas maculas, ut cum fiducia invoces rogans illum qui potest hæc tibi peccata remittere. Si te assuefeceris numquam sine eleemosyna sacra hæc vestibula intrare, nec sponte, nec invitus umquam ab hoc bono opere abstinebis : tantum valet consuetudo. Et sicut quomodocumque se res habeat, numquam sustines illotis manibus precari, posteaquam semel consuetudinem hanc usurpasti, ita etiam in eleemosyna si hanc legem tibi præfixeris, volens nolens quotidie illam implebis, ipsa consuetudine ad hoc pertractus. Ignis est precatio, præcipue cum a vigilante et sobria mente proficiscitur : sed ignis iste opus habet oleo, ut ad ipsa cæli convexa perveniat : cæterum oleum, quo ignis hic fovetur, non aliud est quam eleemosyna. Affunde igitur oleum hoc largiter, ut exhilaratus hoc tuo bono opere, cum majore alacritate precationem tuam absolvas. Sicut enim qui nullius bonæ rei sibi sunt conscii, nulla cum fiducia precari possunt : ita qui bene aliquid egerunt, et post ista opera ad precandum se conferunt, læti recordatione bene gestorum, majore cum alacritate supplicationem suam offerunt. Ut igitur hac quoque parte efficaciores sint preces nostræ, nimirum mente per beneficentiæ memo-

Precatio cum igne collata.

σιν· οὕτω καὶ τοὺς πένητας ἀντὶ πηγῶν καὶ κρηνῶν ἔστησαν οἱ πατέρες πρὸ τῶν θυρῶν, ἵν', ὥσπερ ὕδατι τὰς χεῖρας ἀπονίπτομεν, οὕτω φιλανθρωπίᾳ τὴν ψυχὴν ἀποσμήχοντες πρότερον, οὕτως εὐχώμεθα.

E Οὐδὲ γὰρ οὕτως ὕδατος φύσις ἀπονίπτει κηλῖδας σώματος, ὡς ἐλεημοσύνης δύναμις ἀποσμήχει ῥύπον ψυχῆς. Ὥσπερ οὖν οὐ τολμᾷς ἀνίπτοις χερσὶν εἰσελθὼν εὔξασθαι, καίτοι ἔλαττον τὸ ἔγκλημα ἐκεῖνο, οὕτω μήτε χωρὶς ἐλεημοσύνης ἐπ' εὐχὴν ἔλθῃς ποτέ. Καίτοι καὶ καθαρὰς πολλάκις ἔχοντες τὰς χεῖρας, ἂν μὴ πρότερον αὐτὰς ἀποπλύνωμεν ὕδατι, οὐκ ἀνατείνομεν εἰς εὐχήν· τοσοῦτόν ἐστιν ἡ συνήθεια. Τοῦτο τοίνυν
290 καὶ ἐπὶ τῆς ἐλεημοσύνης ποιῶμεν· κἂν μηδὲν ἑαυτοῖς
A ὦμεν συνειδότες μέγα ἁμάρτημα, ὅμως ἀποσμήχωμεν τὸ συνειδὸς διὰ τῆς ἐλεημοσύνης. Πολλὰ ἀπὸ τῆς ἀγορᾶς ἐπεσπάσω δεινά· ἐχθρὸς παρώξυνε, δικαστὴς ἠνάγκασέ τι ποιῆσαι τῶν οὐ προσηκόντων πραγμάτων, ῥήματα πολλάκις ἐξέβαλες ἄτοπα, φίλος ἐδυσώπησεν ἐργάσασθαί τι τῶν ἁμαρτίαν ἐχόντων, ἕτερα προσετρίψω πολλὰ, οἷα εἰκὸς ἄνθρωπον ὄντα προστρίβεσθαι, ἐν ἀγορᾷ στρεφόμενον, δικαστηρίοις προσεδρεύοντα, τὰ τῆς πόλεως πράττοντα πράγματα· ὑπὲρ τούτων ἁπάντων εἰσέρχῃ τὸν Θεὸν αἰτήσων συγγνώμην καὶ ἀπολογησόμενος. Κατάβαλε τοίνυν ἀργύριον εἰς τὰς τῶν πενήτων χεῖρας, καὶ ἀπόσμηξον τὰς κη-
B λῖδας ἐκείνας, ἵνα μετὰ παῤῥησίας καλέσῃς αἰτούμενος τὸν δυνάμενόν σοι ταῦτα ἀφεῖναι τὰ ἁμαρτήματα. Ἂν ἐν συνηθείᾳ καταστήσῃς σαυτὸν μηδέποτε χωρὶς ἐλεημοσύνης τῶν ἱερῶν τούτων προθύρων ἐπιβαίνειν, οὐδέποτε, οὔτε ἑκὼν, οὔτε ἄκων, ὑστερήσεις τῆς καλῆς ταύτης ἐργασίας· τοιοῦτον γὰρ ἡ συνήθεια. Καὶ ὥσπερ οὖν ἀεὶ, ὅ τι οὖν γένοιτο, χερσὶν ἀνίπτοις οὐχ ὑπομένεις εὔξασθαι, ἐπειδὴ κατέστης εἰς συνήθειαν ἅπαξ· οὕτω καὶ ἐπὶ τῆς ἐλεημοσύνης, ἂν τοῦτον σαυτῷ ἐπιθήσῃς τὸν νόμον, καὶ ἑκὼν καὶ ἄκων αὐτὸν καθ' ἑκάστην ἐκπληρώσεις ἡμέραν ὑπὸ τῆς συνηθείας ἑλκόμενος. Πῦρ ἐστιν ἡ εὐχὴ, μάλιστα ὅταν ἀπὸ νη-
C φούσης καὶ διεγηγερμένης ἀναπέμπηται ψυχῆς· ἀλλὰ τὸ πῦρ τοῦτο καὶ ἐλαίου δεῖται, ἵνα αὐτῶν ἅψηται τῶν οὐρανίων ἁψίδων· ἔλαιον δὲ τοῦ πυρὸς τούτου οὐδὲν ἕτερόν ἐστιν, ἀλλ' ἡ ἐλεημοσύνη. Ἐπίχεε τοίνυν τὸ ἔλαιον δαψιλὲς, ἵνα εὐφραινόμενος ἐπὶ τῷ κατορθώματι, μετὰ παῤῥησίας πλείονος καὶ προθυμίας μείζονος τὰς εὐχάς σου ἐπιτελῇς. Ὥσπερ γὰρ οἱ μηδὲν ἑαυτοῖς συνειδότες ἀγαθὸν, οὐδὲ εὔξασθαι μετὰ παῤῥησίας δύνανται, οὕτως οἱ κατορθώσαντές τι, καὶ μετὰ τὴν δικαιοσύνην ἐκείνην ἐπὶ τὴν εὐχὴν ἐρχόμενοι, τῇ μνήμῃ τοῦ κατορθώματος εὐφραινόμενοι, μετὰ πλείονος τῆς προθυμίας ποιοῦνται τὴν ἱκετη-
D ρίαν. Ἵν' οὖν καὶ κατὰ τοῦτο δυνατωτέρα ἡμῖν ἡ εὐχὴ γένηται, γρηγορούσης ἡμῖν τῆς διανοίας ἐν ταῖς

δεήσεσιν ἀπὸ τῆς τῶν κατορθωμάτων μνήμης, μετὰ τῆς ἐλεημοσύνης ἐπὶ τὰς εὐχὰς ἐρχώμεθα, καὶ μνημονεύωμεν μετὰ ἀκριβείας ἅπαντα τὰ εἰρημένα· καὶ πρό γε τῶν ἄλλων ἁπάντων ἐκείνην μοι τὴν εἰκόνα διατηρεῖτε διηνεκῶς, καθ' ἣν εἶπον τοὺς πένητας πρὸ τῶν θυρῶν ἑστάναι τῶν εὐκτηρίων οἴκων, ταύτην ἐπὶ τῆς ψυχῆς ἀναπληροῦντες τὴν χρείαν, ἣν ἐπὶ τοῦ σώματος ἡ κρήνη. Ἂν γὰρ τοῦτο ὦμεν διηνεκῶς μεμνημένοι, συνεχῶς ἀπονιπτόμενοι τὸν λογισμὸν, καθαρὰς μὲν δυνησόμεθα τὰς εὐχὰς ἐπιτελεῖν, πολλὴν δὲ ἐπισπάσασθαι παρὰ τοῦ Θεοῦ τὴν παῤῥησίαν, καὶ τῆς βασιλείας τῶν οὐρανῶν ἐπιτυχεῖν, χάριτι καὶ φιλανθρωπίᾳ τοῦ Κυρίου ἡμῶν Ἰησοῦ Χριστοῦ, ᾧ ἡ δόξα καὶ τὸ κράτος εἰς τοὺς αἰῶνας τῶν αἰώνων. Ἀμήν.

riam excitata, cum eleemosyna ad precandum accedamus, et diligenter omnia quæ dicta sunt in memoria retineamus, et ante omnia illam pauperum imaginem, qua eos dixi pro foribus oratorii consistere, idipsum in animæ usum præstantes, quod in corporis usum fons exhibet. Si enim horum memores continue mentem ablucrimus, poterimus et puras preces ad Dominum allegare, multam apud Deum fiduciam obtinere et cæleste regnum consequi, gratia et benignitate Domini nostri Jesu Christi, cui gloria et imperium in sæcula sæculorum. Amen.

MONITUM 191

AD HOMILIAM IN ILLUD,

UTINAM SUSTINERETIS MODICUM QUID INSIPIENTIÆ MEÆ.

Nullam vel loci vel temporis notam præ se fert hæc homilia. Sed a Pauli laudibus orsus Chrysostomus, ejus exemplo quemque docet abstinendum semper esse a propriis laudibus, quantum facultas ferat; et si quando, urgente casu, cogatur quispiam ea commemorare quæ in suum vortant honorem, id summa cum moderatione præstandum esse. Idipsum vero confirmat exemplo Davidis et Samuelis: et nihil vel obiter tangit, quo internosci valeat Antiochiæne an Constantinopoli hanc concionem habuerit.

Interpretationem incerti cujusdam, quæ minus bene concinnata erat, expûnximus, novamque adornavimus.

ΕΙΣ ΤΟ ΑΠΟΣΤΟΛΙΚΟΝ ΡΗΤΟΝ, A

Ὄφελον ἀνείχεσθέ μου μικρὸν τῇ ἀφροσύνῃ.

Ἅπαντας μὲν φιλῶ τοὺς ἁγίους, μάλιστα δὲ τὸν μακάριον Παῦλον, τὸ σκεῦος τῆς ἐκλογῆς, τὴν σάλπιγγα τὴν οὐράνιον, τὸν νυμφαγωγὸν τοῦ Χριστοῦ. Τοῦτο δὲ εἶπον, καὶ ὃν περὶ αὐτὸν ἔρωτα ἔχω, εἰς μέσον ἐξήνεγκα, ἵνα καὶ ὑμᾶς κοινωνοὺς ποιήσω τοῦ φίλτρου. Οἱ μὲν γὰρ τὸν σωματικὸν ἔρωτα ἐρῶντες εἰκότως αἰσχύνονται ὁμολογεῖν, ἅτε καὶ ἑαυτοὺς καταισχύνοντες, καὶ τοὺς ἀκούοντας βλάπτοντες· οἱ δὲ τὸν B

IN HOC APOSTOLI DICTUM,

Utinam sustineretis modicum quid insipientiæ meæ. 2. Cor. 11. 1.

1. Omnes equidem amo sanctos, maxime vero beatum Paulum, vas electionis, tubam cælestem, Christi pronubum. Id vero dixi, meumque erga illum amorem in medium protuli, ut ejusdem vos participes efficerem. Nam qui corporum amore flagrant, id, et jure quidem, erubescunt profiteri, utpote qui sic et sibi pudorem, et cæteris damnum inferant: qui vero spirituali ardent amore,

id fateri numquam cessent: etenim et sibi et auditoribus suis hac pulchra confessione proderunt. Ille namque amor crimen est, hic vero laudis argumentum: ille ut morbus animæ male audit, hic animi lætitia est, exsultatio, et ornatus optimus: ille bellum in amantium mentem inducit, hic si quod sit bellum eliminat, in magnaque pace constituit amatores. Illinc nulla provenit utilitas, sed multa pecuniarum jactura, sumtus insani, vitæ subversio, domorum extrema pernicies; hinc ingentes bonorum operum divitiæ, virtutis magna copia. Ad hæc vero formosorum corporum amatores, qui ad decoras facies inhiant, si turpes ipsi sint ac deformes, nihil ex earum cupidine ad deformitatem suam commutandam lucrantur; sed ex comparatione turpiores deformioresque esse videntur: contra vero accidit in hoc amore. Nam qui sanctam, formosam, splendidam et decoram diligit animam, etsi deformis ille sit, etsi omnium mortalium turpissimus, in sanctorum amore perseverans, cito talis erit, qualis is qui amatur. Id enim est divinæ benignitatis opus, quod corpus deforme et mutilum nequeat emendari, anima vero turpis ac deformis splendida decoraque possit effici. Ex pulchritudine enim illius nihil lucri provenit; ex pulchritudine autem animæ tot possunt excerpi bona, quot par est obtinere eum, qui Deum amatorem habeat. De hac pulchritudine David in Psalmis canens ait: *Audi, filia, et vide, et inclina aurem tuam, et obliviscere populum tuum, et domum patris tui: et concupiscet rex decorem tuum:* decorem hic animæ dicit, qui virtute pietateque constituitur.

Veri amoris ratio.

Psal. 44. 11. 12.

2. Cum ergo tantum sit lucrum iis, qui cum sanctis communione junguntur, amoris mei participes estote: hunc sanctum summo cum affectu diligamus. Nam si hic amor in animum ingrediatur nostrum, splendidamque flammam excitet: si quid spinosum, si quid saxosum vel asperum vel stupidum in cogitationibus nostris offendat, tum id absumens, tum illud emolliens, animam nostram ceu pingue arvum divinæ sementi aptum efficiet. Nec mihi dicas, Paulus nec adest nunc, nec oculis conspicitur nostris; quomodo possit amari is, quem non videmus? Nihil enim huic amori est impedimento: etenim et absentem amare, et non conspectum diligere possumus, cum maxime tot et talia quotidie virtutis illius

πνευματικὸν, μηδέποτε ὁμολογοῦντες παυέσθωσαν· καὶ γὰρ καὶ ἑαυτοὺς καὶ τοὺς ἀκούοντας ὠφελοῦσι διὰ τῆς καλῆς ταύτης ὁμολογίας. Ἐκεῖνος μὲν γὰρ ὁ ἔρως ἔγκλημα, οὗτος δὲ ἐγκώμιον· ἐκεῖνος μὲν πάθος ψυχῆς διαβεβλημένον ἐστὶν, οὗτος δὲ εὐφροσύνη ψυχῆς, καὶ ἀγαλλίαμα, καὶ κόσμος ἄριστος· ἐκεῖνος εἰσάγει πόλεμον εἰς τὴν τῶν ἐρώντων διάνοιαν, οὗτος καὶ τὸν ὄντα πόλεμον ἐκβάλλει, καὶ ἐν εἰρήνῃ πολλῇ τοὺς ἐρῶντας καθίστησι. Κἀκεῖθεν μὲν C οὐδὲν ὄφελος γίνεται, ἀλλὰ καὶ πολλὴ ζημία χρημάτων καὶ δαπάνη τις ἀνόητος, καὶ ζωῆς ἀνατροπὴ, καὶ οἰκιῶν ὁλόκληροι διαφθοραί· ἐντεῦθεν δὲ πολὺς ὁ πλοῦτος τῶν κατορθωμάτων, πολλὴ ἡ περιουσία τῆς ἀρετῆς. Πρὸς δὲ τοῖς εἰρημένοις, οἱ μὲν σωμάτων εὐμόρφων ἐρῶντες, καὶ πρὸς τὰς λαμπρὰς τῶν ὄψεων κεχηνότες, ἂν ὦσιν αἰσχροὶ καὶ δυσειδεῖς, οὐδὲν ἐκ τῆς ἐκείνων ἐπιθυμίας εἰς ἀπαλλαγὴν τῆς οἰκείας κερδαίνουσιν ἀμορφίας, ἀλλὰ καὶ αἰσχρότεροι κρίνονται καὶ εἰδεχθέστεροι· ἐπὶ δὲ τοῦ ἔρωτος τούτου D τοὐναντίον ἅπαν. Ὁ γὰρ ψυχῆς ἁγίας ἐρῶν, καὶ εὐμόρφου, καὶ λαμπρᾶς, καὶ περικαλλοῦς, κἂν αὐτὸς αἰσχρὸς ᾖ καὶ δυσειδὴς, κἂν ἁπάντων ἀνθρώπων αἴσχιστος, ἐμμένων τῷ ἔρωτι τῶν ἁγίων, ταχέως ἔσται τοιοῦτος, οἷος ὁ ἐρώμενος. Καὶ γὰρ καὶ τοῦτο τῆς τοῦ Θεοῦ φιλανθρωπίας ἔργον, τὸ σῶμα μὲν ἄμορφον καὶ πεπηρωμένον μὴ δύνασθαι διορθοῦν, ψυχὴν δὲ αἰσχρὰν καὶ δυσειδῆ δύνασθαι λαμπρὰν καὶ περικαλλῆ ποιεῖν. Ἀπὸ γὰρ τῆς εὐμορφίας τῆς ἐκείνου οὐδὲν ἂν γένοιτο κέρδος· ἀπὸ δὲ τοῦ κάλλους 292 A τοῦ ταύτης τοσαῦτα ἔξεστι καρπώσασθαι ἀγαθὰ, ὅσα εἰκὸς κεκτῆσθαι τὸν ἐραστὴν ἔχοντα τὸν Θεόν. Περὶ ταύτης τῆς εὐμορφίας καὶ ὁ Δαυὶδ ἐν ψαλμοῖς ᾄδων, Ἄκουσον, φησὶ, θύγατερ, καὶ ἴδε, καὶ κλῖνον τὸ οὖς σου, καὶ ἐπιλάθου τοῦ λαοῦ σου καὶ τοῦ οἴκου τοῦ πατρός σου, καὶ ἐπιθυμήσει ὁ βασιλεὺς τοῦ κάλλους σου· κάλλος ἐνταῦθα λέγων τὸ κατὰ ψυχὴν, ὅπερ δι' ἀρετῆς καὶ εὐλαβείας συνίσταται.

Ἐπεὶ οὖν τοσοῦτόν ἐστι τὸ κέρδος τοῖς κοινωνοῦσι τῶν ἁγίων, κοινωνήσατέ μοι τοῦ ἔρωτος, καὶ φιλήσωμεν τὸν ἅγιον τοῦτον μετὰ πολλῆς τῆς ὑπερβολῆς. Ἂν γὰρ οὗτος εἰς τὴν ψυχὴν τὴν ἡμετέραν ὁ ἔρως B εἰσέλθῃ καὶ φλόγα ἀνάψῃ λαμπρὰν, κἂν ἀκανθῶδες, κἂν λιθῶδές τι καὶ σκληρὸν καὶ ἀναίσθητον ἐν τοῖς λογισμοῖς εὕρῃ τοῖς ὑμετέροις, τὸ μὲν ἀναλώσας, τὸ δὲ μαλάξας, βαθεῖάν τινα καὶ λιπαρὰν ἄρουραν τὴν ἡμετέραν ἐργάσεται ψυχὴν, καὶ πρὸς τὴν τῶν θείων σπερμάτων καταβολὴν ἐπιτηδείαν. Καὶ μή μοι λεγέτω τις, ὅτι νῦν οὐ πάρεστιν, οὐδὲ ὁρᾶται τοῖς ἡμετέροις ὀφθαλμοῖς ὁ Παῦλος· καὶ πῶς δυνατὸν φιλεῖν τὸν μὴ βλεπόμενον; Οὐδὲν γὰρ τῷ ἔρωτι τούτῳ κώλυμα γίνεται· ἔξεστι γὰρ καὶ ἀπελθόντα φιλεῖν, καὶ μὴ ὁρώμενον ἀγαπᾷν, καὶ μάλιστα ὅταν τοσαῦτα καὶ τοιαῦτα τῆς ἀρετῆς ἐκείνου καθ' ἑκάστην ἡμέραν ὑπομνήματα βλέπωμεν, τὰς πανταχοῦ τῆς γῆς Ἐκ- C κλησίας, τῆς ἀσεβείας τὴν ἀνατροπὴν, τοῦ πονηροῦ βίου τὴν ἐπὶ τὸ βέλτιον μεταβολὴν, τῆς πλάνης τὴν ἀπαλλαγὴν, τοὺς ἀνατραπέντας βωμοὺς, τοὺς ἀποκεκλεισμένους ναοὺς, τὴν τῶν δαιμόνων σιγήν. Πάντα γὰρ ταῦτα καὶ τὰ τοιαῦτα τῆς Παύλου γλώττης ἡ δύναμις ὑπὸ τῆς τοῦ Θεοῦ χάριτος ἐμπνεομένη κατέβαλε, καὶ λαμπρὰν πανταχοῦ τῆς εὐσεβείας ἀνῆψε τὴν φλόγα. Ἔχομεν μετὰ τῶν κατορθωμάτων τούτων καὶ τὰς ἐπιστολὰς ἐκείνου τὰς ἁγίας, αἳ τὸν χαρακτῆρα τῆς μακαρίας ἐκείνης ψυχῆς ἀκριβῶς ἡμῖν ὑπογράφουσιν. Ὡς οὖν αὐτῷ τῷ Παύλῳ διαλεγόμενοι παρόντι καὶ συγγινομένῳ, οὕτω μετὰ προ- D θυμίας πειθώμεθα τοῖς γεγραμμένοις, ἀναπτύξωμεν τὰ ἔνδον εἰρημένα, μάθωμεν τί ποτέ ἐστιν ὅπερ σήμερον ἐβόα λέγων· Ὄφελον ἀνείχεσθέ μου μικρὸν τῇ ἀφροσύνῃ· ἀλλὰ καὶ ἀνέχεσθέ μου· ζηλῶ γὰρ ὑμᾶς Θεοῦ ζήλῳ. Τί λέγεις, ὦ Παῦλε; ὁ κελεύων τοῖς μαθηταῖς ἐν σοφίᾳ περιπατεῖν πρὸς τοὺς ἔξω, ὁ λέγων, Ὁ λόγος ὑμῶν πάντοτε ἐν χάριτι, ἅλατι ἠρτυμένος, εἰδέναι πῶς δεῖ ὑμᾶς ἑνὶ ἑκάστῳ ἀποκρίνεσθαι· ὁ πᾶσιν ἐπευχόμενος, ἵνα σοφίας πληρωθῶσι πνευματικῆς, αὐτὸς λέγεις, ὅτι Εἴθε ἀνείχεσθέ μου μικρὸν τῆς ἀνοίας; Οὐκ ἤρκει σοι τὸ φθέγξασθαί τι ἀφροσύνης ῥῆμα, ἀλλὰ καὶ εἰς τοὺς μαθητὰς τοῦτο ἐκφέρεις; καὶ οὐκ εἰς τοὺς μαθητὰς ἐκφέρεις μόνον, E ἀλλὰ καὶ τοῖς μετὰ ταῦτα πᾶσι γινομένοις ἀνθρώποις διὰ τῆς ἐπιστολῆς τοῦτο δῆλον ποιεῖς; Ὁρᾶτε πῶς οὐχ ἁπλῶς δεῖ παρατρέχειν τὰ λεγόμενα, ἀλλ' ἕκαστον περισκοπεῖν ἀκριβῶς; Τοῦτο μὲν γὰρ ἁπλῶς μὲν ἀναγινωσκόμενον [a] περιίσταται τοῖς ἀκροαταῖς, ἐρευνηθὲν δὲ πολλὴν δείκνυσι τοῦ Παύλου τὴν σοφίαν, μεγάλην τὴν σύνεσιν, ἄφατον τὴν κηδεμονίαν.

Τί ποτ' οὖν ἐστι τὸ λεγόμενον; Ψευδαπόστολοι πολλοὶ ἦσαν παρὰ τοῖς Κορινθίοις, διαφθείροντες αὐτοὺς, κατηγοροῦντες τοῦ Παύλου, ὑπορύττοντες αὐ- 293 A τοῦ τὴν δόξαν, ἣν παρὰ τοῖς μαθηταῖς εἶχεν, εἰς εἰρωνείαν αὐτὸν σκώπτοντες, ὡς ἀλαζόνος κατηγοροῦντες. Πρὸς τούτους καὶ διατεινόμενος πολλαχοῦ τῆς ἐπιστολῆς φαίνεται. Καὶ γὰρ ὅταν λέγῃ, Οὐκ ἐσμὲν ὥσπερ οἱ λοιποὶ, καπηλεύοντες τὸν λόγον τοῦ Θεοῦ· καὶ πάλιν εἰπὼν, Ἀβαρῆ ὑμῖν ἐμαυτὸν ἐτήρησα, καὶ ὑποσχόμενος διαπαντὸς τοῦτον ἀκίνητον διατηρῆσαι τὸν νόμον (Ἔστι γὰρ, φησὶν, ἀλήθεια Χριστοῦ ἐν ἐμοὶ, ὅτι ἡ καύχησίς μου αὕτη οὐ φραγήσεται ἐν τοῖς κλίμασι τῆς Ἀχαΐας), ἐν τῇ τῆς αἰτίας ἐπαγωγῇ ᾐνίξατο τοὺς μιαροὺς ἐκείνους οὕτως εἰπών· Διὰ τί; ὅτι οὐκ ἀγαπῶ ὑμᾶς; Ὁ Θεὸς οἶδεν. Ἀλλ' ὃ ποιῶ, καὶ ποιήσω, ἵνα ἐκκόψω τὴν ἀφορμὴν τῶν B

monumenta videamus, nempe Ecclesias ubique C terrarum stabilitas, impietatis eversionem, improbæ vitæ in melius mutationem, erroris explusionem, dirutas aras, occlusa templa, dæmonum silentium. Hæc quippe omnia Pauli efficax lingua, divina inspirante gratia, destruxit, ac splendidam ubique pietatis flammam accendit. Cum tot tantisque gestis ejus, adsunt quoque sacræ illins epistolæ, quæ beatæ ejus animæ formam accurate nobis depingant. Ac si ergo cum ipso Paulo jam præsente et nobiscum versante dissereremus, sic ejus scriptis studiose obtemperemus, intima et profunda expli- D cemus, discamus quid illud sit quod hodie vociferabatur dicens : *Utinam sustineretis mo-* [2. Cor. 11. 1. 2.] *dicum quid insipientiæ meæ ; sed et supportate me : æmulor enim vos Dei æmulatione.* Quid ais, Paule? qui jubes discipulos in sapientia ambulare erga extraneos, qui diois, *Sermo* [Col. 4. 5. 6.] *vester semper in gratia sale sit conditus, ut sciatis quomodo oporteat vos unicuique respondere ;* qui apprecaris omnibus, ut sapientia [Coloss. 1. 9.] repleantur spirituali, ipse dicis, *Utinam sustineretis modicum quid insipientiæ meæ?* Non satis erat tibi aliquod insipientiæ verbum emisisse, sed et discipulis illud offers? nec modo E effers discipulis, sed id omnibus post futuris hominibus per epistolam notum facis? Animadvertite quam non oporteat dicta temere prætercurrere, sed unum quodque accurate scrutari? Illud enim si simpliciter legatur, circum emittitur auditoribus : sin vero examinetur, magnam ostendit Pauli sapientiam, magnam prudentiam, ineffabilem curam.

3. Quid tandem illud est quod dicitur? Pseudoapostoli multi erant apud Corinthios qui ipsos corrumperent ac Paulum accusarent, ejus famam, 293 A qua apud discipulos suos valebat, subdole lædentes, dicteriis illum subsannantes, ut arrogantem insimulantes. Hos plerumque in epistola sua impetere deprehenditur : quemadmodum cum dicit, *Non sumus sicut cæteri, adulterantes* [2. Cor. 2. 17.] *verbum Dei ;* ac rursus cum dicit, *Sine onere* [Ib. 11. 9.] *me vobis servavi :* ac pollicitus se hanc legem semper immotam servaturum esse*: Est* enim, [Ib. v. 10.] inquit, *veritas Christi in me : quoniam hæc gloriatio mea non infringetur in regionibus Achaiæ ;* cum deinde causam subjunxit, sceleratos illos subindicat dicens: Quare? *quia* [Ib. v. 11. 12] *non diligo vos? Deus scit.* Quod autem *fa-* B

[a] [Savil. conj. προΐσταται.]

cio et faciam: ut amputem occasionem eorum, qui volunt occasionem; et ante hæc discipulos cohortatur, ne ipsum inducant in necessitatem suam ipsis potestatem exhibendi, ita
2. Cor. 10. 2. dicens: *Rogo autem vos ne præsens audeam, per eam confidentiam qua existimor audere, in quosdam qui arbitrantur nos tamquam secundum carnem ambulemus.* Hi enim ipsi, de quibus hæc ait, per ironiam ipsum incusantes hæc dicebant: epistolas Pauli magnum præ se ferre tumorem et verborum arrogantiam, C ipsum vero nihili esse, vilem et abjectum. Posteaquam autem huc advenerit, aiebant, nullius pretii dignus videbitur: quod ipsum decla-
Ib. v. 9. 10. rans dicebat: *Ut autem non existimer tamquam terrere vos per epistolas: quoniam quidem epistolæ, inquiunt,* graves *sunt et* fortes: *præsentia autem* corporis *infirma, et sermo contemtibilis.* Deinde Corinthios ipsos,
2. Cor. 11. 7. qui persuasi fuerant accusans ait, *Numquid peccatum feci, meipsum humilians, ut vos exaltemini?* Et hoc crimen diluens ait iterum,
2. Cor. 10. 11. *Quia quales sumus verbo per epistolas absentes, tales* et *præsentes in* facto. Quia igitur multi apud illos erant pseudoapostoli, quos
2. Cor. 11. 13.—15. et operarios dolosos nominat, sic dicit: *Nam ejusmodi pseudoapostoli operarii subdoli sunt, transfigurantes se in apostolos Christi. Et non mirum: ipse enim satanas transfigurat se in angelum lucis. Non est ergo magnum si ministri ejus transfigurentur velut ministri justitiæ.* Cum igitur hi, innumeris excogitatis contra eum calumniis, discipulis nocerent, minus congruentem doctoris existimationem inducentes, cogitur ille demum in propriarum laudum commemorationem incidere: E neque enim ultra silere tutum erat. Quia igitur sua nobis certamina enarraturus est, necnon eas, quas vidit, revelationes, laboresque quos subiit: ut ostendat omnibus se ægre et invitum id agere, ac licet id necessarium esse videat, insipientiam tamen id vocat, sic loquens, *Utinam sustineretis modicum quid insipientiæ meæ.* Rem stultam, inquit, aggressurus sum,
Paulus seipsum laudare cogitur. ut meipsum laudem et celebrem; at non ego in causa sum, sed ii potius, qui me in hanc necessitatem impulerunt: quare rogo me sustineatis, illisque eam causam imputetis.

4. At vide mihi Pauli prudentiam: cum dixisset, *Utinam sustineretis modicum quid insipientiæ meæ; sed et* supportate *me: æmulor* 294 A *enim vos Dei æmulatione,* non statim ad lau-

θελόντων ἀφορμήν· καὶ ἀνωτέρω δὲ τούτων παρακαλεῖ τοὺς μαθητὰς μὴ καταστῆσαι αὐτὸν εἰς ἀνάγκην τοῦ τὴν οἰκείαν ἐπιδεῖξαι δύναμιν αὐτοῖς, οὑτωσὶ λέγων· Δέομαι δὲ τὸ μὴ παρὼν θαῤῥῆσαι τῇ πεποιθήσει, ᾗ λογίζομαι τολμῆσαι ἐπί τινας τοὺς λογιζομένους ἡμᾶς ὡς κατὰ σάρκα περιπατοῦντας. Αὐτοὶ γὰρ οὗτοι, περὶ ὧν ταῦτά φησιν, εἰς εἰρωνείαν αὐτὸν διαβάλλοντες, οὕτως ἔλεγον, ὅτι αἱ μὲν ἐπιστολαὶ Παύλου πολὺν ἔχουσιν ὄγκον καὶ ῥημάτων ἀπόνοιαν, αὐτὸς δὲ οὐδαμινὸς καὶ εὐτελὴς καὶ C ἀπεῤῥιμμένος. Ἐπειδὰν γοῦν ἐνταῦθα παραγένηται, οὐδενὸς ἄξιος φαίνεται λόγου· ὅπερ οὖν καὶ αὐτὸ πάλιν ἐμφαίνων ἔλεγεν, Ἵνα δὲ μὴ δόξω ὡς ἂν ἐκφοβεῖν ὑμᾶς διὰ τῶν ἐπιστολῶν· ὅτι αἱ μὲν ἐπιστολαὶ, φησὶ, βαρεῖαι καὶ ἰσχυραὶ, ἡ δὲ παρουσία τοῦ σώματος ἀσθενὴς, καὶ ὁ λόγος ἐξουθενημένος. Εἶτα αὐτοῖς ἐγκαλῶν τοῖς Κορινθίοις τοῖς ἀναπειθομένοις, φησίν· Ἢ ἁμαρτίαν ἐποίησα ἐμαυτὸν ταπεινῶν, ἵν' ὑμεῖς ὑψωθῆτε; Καὶ ἀποδυόμενος δὲ τὸ ἔγκλημα αὐτὸ ἐκεῖνο πάλιν λέγει· Ὅτι οἷοί ἐσμεν δι' ἐπιστολῶν ἀπόντες, τοιοῦτοι καὶ παρόντες τῷ ἔργῳ. Ἐπεὶ οὖν πολλοὶ παρ' αὐτοῖς ἦσαν ψευδαπόστολοι, D οὓς καὶ ἐργάτας δολίους καλεῖ, οὕτω λέγων· Οἱ γὰρ τοιοῦτοι ψευδαπόστολοι, ἐργάται δόλιοι, μετασχηματιζόμενοι εἰς ἀποστόλους Χριστοῦ. Καὶ οὐ θαυμαστόν· καὶ γὰρ αὐτὸς ὁ σατανᾶς μετασχηματίζεται εἰς ἄγγελον φωτός. Οὐ μέγα οὖν, εἰ καὶ οἱ διάκονοι αὐτοῦ μετασχηματίζονται ὡς διάκονοι δικαιοσύνης. Ἐπεὶ οὖν οὗτοι μυρίας εὑρόντες κατ' αὐτοῦ διαβολὰς, τοὺς μαθητὰς ἔβλαπτον, οὐ τὴν προσήκουσαν περὶ αὐτοῦ πείθοντες αὐτοὺς ἔχειν δόξαν, ἀναγκάζεται λοιπὸν εἰς διήγησιν τῶν οἰκείων ἐγκωμίων ἐμπεσεῖν· οὐδὲ γὰρ ἦν τὸ σιγᾷν λοιπὸν ἀσφαλές. Ἐπεὶ οὖν μέλλει τοὺς οἰκείους ἄθλους ἡμῖν ἐξηγεῖσθαι, καὶ τὰς ἀποκαλύψεις, ἃς εἶδε, καὶ τοὺς μόχθους, οὓς ἐμό- E χθησε, βουλόμενος δεῖξαι πᾶσιν, ὅτι ἄκων καὶ βιαζόμενος τοῦτο ποιεῖ, καὶ ἀνάγκην οὖσαν ὁρῶν, ὅμως ἀφροσύνης αὐτὸ πρᾶγμα ἐκάλεσεν, οὕτως εἰπών· Ὄφελον ἀνείχεσθέ μου μικρὸν τῇ ἀφροσύνῃ. Μέλλω, φησὶ, πρᾶγμα ἀνόητον ποιεῖν, καὶ ἐμαυτὸν ἐγκωμιάζειν καὶ ἐπαινεῖν· ἀλλ' οὐκ ἐγὼ τούτων αἴτιος, ἀλλ' οἱ εἰς τοιαύτην με ἀνάγκην ἐμβαλόντες· διὰ τοῦτο παρακαλῶ ὑμᾶς ἀνασχέσθαι, κἀκείνοις τὴν αἰτίαν λογίσασθαι.

Καὶ ὅρα τὴν Παύλου σύνεσιν· εἰπὼν, Ὄφελον ἀνείχεσθέ μου μικρὸν τῇ ἀφροσύνῃ· ἀλλὰ καὶ ἀνέχεσθέ 294 A μου· ζηλῶ γὰρ ὑμᾶς Θεοῦ ζήλῳ, οὐκ εὐθέως ἦλθεν ἐπὶ τὴν διήγησιν τῶν ἐγκωμίων, ἀλλὰ μεταξὺ πάλι ἐνθεὶς ῥήματα, οὕτω πῶς φησιν· Πάλιν λέγω, μή τις με δόξῃ ἄφρονα εἶναι· εἰ δὲ μή γε, κἂν ὡς ἄφρονα δέξασθέ με. Καὶ οὐδὲ οὕτως ἥψατο τῆς διηγήσεως, ἀλλὰ πάλιν ἐπάγει καὶ λέγει· Ὃ λαλῶ, οὐ λαλῶ κατὰ Κύριον, ἀλλ' ὡς ἐν ἀφροσύνῃ, ἐν ταύτῃ τῇ ὑποστάσει τῆς καυχήσεως. Καὶ οὐδὲ μετὰ ταῦτα τὰ ῥήματα ἐτόλμησε καθεῖναι, ἀλλὰ πάλιν ὁρμήσας ἀνακρούεται καί φησιν· Ἐπειδὴ πολλοὶ καυχῶνται κατὰ τὴν σάρκα, κἀγὼ καυχήσομαι· ἡδέως γὰρ ἀνέχεσθε τῶν ἀφρόνων, φρόνιμοι ὄντες. Εἶτα πάλιν ἀναδύεται καὶ ὀκνεῖ, καὶ ἕτερά τινα εἰπὼν, πάλιν ἐπάγει· Ἐν ᾧ δ' ἄν τις τολμᾷ, ἐν ἀφροσύνῃ λέγω, B τολμῶ κἀγώ. Καὶ τότε μόλις μετὰ τοσαύτας προδιορθώσεις κατετόλμησε τῆς διηγήσεως τῶν ἐγκωμίων. Καὶ καθάπερ ἵππος κρημνὸν ἀπότομον ὑπερβαίνειν μέλλων, ὁρμᾷ μὲν ὡς ὑπερβάλλεσθαι μέλλων, τὸ δὲ βάθος ἰδὼν ναρκᾷ καὶ συστέλλεται, εἶτα τὸν ἐπιβάτην ὁρῶν σφοδρότερον ἀναγκάζοντα, πάλιν ἐπιχειρεῖ, καὶ τὸ αὐτὸ τοῦτο πάσχει, καὶ τὴν ἀνάγκην ἐνδεικνύμενος καὶ τὴν βίαν, ἵσταται ἐπὶ πολὺ χρεμετίζων ἐπὶ τοῦ χείλους τῆς φάραγγος, ὅπως παραθαῤῥύνας ἑαυτὸν κατατολμήσῃ· οὕτω καὶ ὁ μακάριος Παῦλος καθάπερ ἐπὶ κρημνόν τινα μέλλων ἑαυτὸν C ἀφιέναι, τῶν οἰκείων ἐγκωμίων τὴν διήγησιν, καὶ ἅπαξ καὶ δὶς καὶ τρὶς καὶ πολλάκις ἀναδύεται οὕτω λέγων· Ὄφελον ἀνείχεσθέ μου μικρὸν τῇ ἀφροσύνῃ· καὶ πάλιν, Μή τις με δόξῃ ἄφρονα εἶναι· εἰ δὲ μή γε, κἂν ὡς ἄφρονα δέξασθέ με· καὶ, Ὃ λαλῶ, οὐ λαλῶ κατὰ Κύριον, ἀλλ' ὡς ἐν ἀφροσύνῃ, ἐν ταύτῃ τῇ ὑποστάσει τῆς καυχήσεως· καὶ πάλιν, Ἐπεὶ πολλοὶ καυχῶνται κατὰ σάρκα, κἀγὼ καυχήσομαι· ἡδέως γὰρ ἀνέχεσθε τῶν ἀφρόνων, φρόνιμοι ὄντες· καὶ παλιν, Ἐν ᾧ δ' ἄν τις τολμᾷ, ἐν ἀφροσύνῃ λέγω, τολμῶ κἀγώ. Καὶ μυριάκις ἑαυτὸν ἄφρονα καλέσας καὶ ἀνό- D ητον, τότε μόλις ἐτόλμησεν ἐλθεῖν εἰς τοὺς ἐπαίνους τοὺς ἑαυτοῦ· Ἑβραῖοί εἰσι; κἀγώ· Ἰσραηλῖταί εἰσι; κἀγώ· σπέρμα Ἀβραάμ εἰσι; κἀγώ· διάκονοι Χριστοῦ εἰσι; κἀγώ. Καὶ οὐδὲ ἐνταῦθα ἐπελάθετο ἑαυτοῦ, ἀλλὰ πάλιν τίθησι τὴν προδιόρθωσιν, οὕτως ἐπάγων· Παραφρονῶν λαλῶ, ὑπὲρ ἐγώ. Καὶ οὐδὲ ἐνταῦθα ἔστη, ἀλλὰ μετὰ τὸ διηγήσασθαι πάντα αὐτοῦ τὰ ἐγκώμια, λέγει· Γέγονα ἄφρων καυχώμενος· ὑμεῖς με ἠναγκάσατε. Ὡσεὶ ἔλεγεν, ἐκείνων μοι λόγος οὐδεὶς ἦν, εἰ τὰ ὑμέτερα ἦν ἐῤῥωμένα, εἰ μὴ παρετρέπεσθε, μηδὲ ἐσαλεύεσθε. Καὶ γὰρ εἰ διαπαντὸς ἡμᾶς ἔλεγον ἐκεῖνοι κακῶς, οὐδεμία μοι βλάβη διὰ τῆς

dum narrationem venit, sed interpositis verbis,
sic infert : *Iterum dico, ne quis me putet in-* 2. Cor. 11.
sipientem esse : alioquin velut insipientem 16.
accipite me. Neque tamen sic ad enarrationem
venit, sed iterum subjungit ac dicit : *Quod* Ib. v. 17.
loquor, non loquor secundum Dominum, sed
quasi in insipientia, in hac substantia glo-
riæ. Nec etiam post hæc audet ingredi, sed
rem differt ac dicit : *Quoniam multi gloriantur* Ib. v. 18.
secundum carnem, et *ego gloriabor ; liben-* 19.
ter enim suffertis insipientes, cum sitis ipsi
sapientes. Quin etiam postea refugit et cun-
B ctatur, ac quibusdam interjectis rursum infert :
In quo quis audet, in insipientia dico, audeo Id. v. 21.
et ego. Ac tunc demum, post tot præmissas
excusationes, laudum commemorationem vix
audet aggredi. Ac quemadmodum equus præcipitium et præruptum transilire parans, conatum
intendit ut transeat, ut vero profunditatem intuetur, obstupescit contrahiturque, hinc ubi videt
equitem acrius instare, rursus tentat, idipsumque quod antea, patitur, necessitatem vimque
sibi illatam ostendens, stat diu hinniens ad oram
prærupti, ut sibi animes faciens demum transi-
C lire audeat : sic et beatus Paulus, tamquam in
præcipitium quoddam sese mox demissurus,
nempe in propriarum laudum commemorationem,
semel, iterum et tertio, imo pluries retrocedit,
sic dicens : *Utinam sustineretis modicum quid*
insipientiæ meæ : et iterum, *Ne quis me putet*
insipientem esse : *alioquin velut insipientem*
accipite me; et, *Quod loquor, non loquor se-*
cundum Dominum, sed quasi in insipientia,
in hac substantia gloriæ; ac rursum, *Quoniam*
multi gloriantur secundum *carnem,* et *ego*
gloriabor ; libenter enim suffertis insipientes,
cum sitis ipsi sapientes; iterumque, *In quo*
D *quis audet, in insipientia dico, audeo* et *ego.*
Ac postquam sexcenties se stultum et insipientem
appellavit, vix tandem audet in proprias laudes
descendere : *Hebræi sunt,* et *ego : Israelitæ* Ib. v. 22.
sunt, et *ego :* semen *Abrahæ sunt,* et *ego : mi-* 23.
nistri Christi sunt, et *ego.* At neque hic oblitus est sui, sed rursum correctionem apponit,
sic addens, *Ut minus sapiens dico, plus ego.* Ibid.
Neque hic gradum sistit, sed postquam omnes
laudes suas enarraverat, sic loquitur : *Factus* 2. Cor. 12.
sum insipiens gloriando, vos me coegistis. Ac 11.
si diceret : Eos ego nihili ducebam, si res vestræ
bene se haberent, nisi eversi fuissetis, nisi vacil-
lassetis. Nam etsi semper illi me maledictis im-
petiissent, nihil ex eorum maledictis mihi detri-

menti accedebat. Quia vero gregem vidi pessum-
dari, discipulos resilientes, rem gravem et
onerosam despexi, et insipiens fieri coactus sum,
dum laudes meas propter vos vestramque salutem
decanto.

Sancti pec- 5. Hic enim mos sanctorum est: si quid mali
cata sua fa- fecerint, illud evulgant, quotidie deplorant,
cile, laudes omnibusque palam faciunt; si vero quid magni
vero suas ac generosi, occultant et oblivioni tradunt. Hic
nonnisi coa- itaque sanctus peccata, nemine cogente, frequen-
cti enuntiant.
1. Tim. 1. 15. ter versabat et evulgabat, modo dicens, *Christus*
Jesus venit in mundum, ut peccatores salva-
ret, quorum primus sum ego: modo autem,
Ib. v. 12. 13. *Gratias ago ei, qui me confortavit, Christo,*
quia fidelem me existimavit, ponens in mi-
nisterio, qui prius blasphemus fui, et *perse-*
quutor et contumeliosus: sed misericordiam
consequutus sum, quia ignorans feci in incre-
1. Cor. 15. 8. 9. *dulitate*; ac rursum, *Novissime autem omnium*
tamquam abortivo visus est et mihi: ego
enim sum minimus apostolorum, qui non sum
dignus vocari apostolus, quoniam persequu-
Ephes. 3. 8. *tus sum Ecclesiam Dei*; ac rursum, *Mihi*
omnium sanctorum minimo data est hæc gra-
tia. Viden' quomodo non apostolorum modo,
sed etiam simpliciter fidelium omnium se minimum vocet? *Mihi minimo omnium sanctorum*,
inquit, *data est gratia hæc*. Ita neque salute,
quam consequutus est, se dignum esse dicit:
1. Tim. 1. 15. cum enim dixerit, *Christus Jesus venit in*
mundum, ut peccatores salvaret, quorum
primus ego sum: audi qua de causa id dicat:
Ib. v. 16. *Sed ideo misericordiam consequutus sum, ut*
in me primo ostenderet Christus Jesus omnem
patientiam ad informationem eorum, qui
credituri sunt illi, in vitam æternam. Horum
autem sensus est: Non ob condignam vitæ mutationem misericordiam consequutus sum: cave id
existimes; sed ut nemo eorum, qui in nequitia
vixerunt, etiamsi Christo bellum fecerit, desperaret, dum extremum omnium, quo nullus umquam infestior Christo fuit, salutem consequu-
Act. 9. 15. tum videret. Siquidem Christus dicit, *Quoniam*
vas electionis est mihi, ut portet nomen meum
coram gentibus et *regibus*; hic vero tot laudibus non intumescens, post tantam fiduciam se
miserum prædicare pergit, se primum peccatorum vocans, atque ideo misericordiam consequu-
tum dicens, ut nemo vel eorum qui ad extremum nequitiæ devenerint, de propria salute
desperaret, dum se sibique collatum beneficium
respiceret.

E ἐκείνων ἐγίνετο κακηγορίας. Ἐπειδὴ δὲ εἶδον τὸ ποίμνιον διαφθειρόμενον, τοὺς μαθητὰς ἀποπηδῶντας, κατεφρόνησα φορτικοῦ πράγματος καὶ ἐπαχθοῦς, καὶ ἠναγκάσθην ἄφρων γενέσθαι, τὰ ἐμαυτοῦ λέγων ἐγκώμια δι' ὑμᾶς καὶ τὴν ὑμετέραν σωτηρίαν.

Τοιοῦτον γὰρ τῶν ἁγίων τὸ ἔθος· εἰ μέν τι πράξαιεν φαῦλον, ἐκπομπεύουσιν αὐτὸ, καὶ καθ' ἑκάστην ἡμέραν θρηνοῦσι καὶ πᾶσι ποιοῦσι κατάδηλον· εἰ δέ τι γενναῖον καὶ μέγα, ἀποκρύπτουσι καὶ λήθῃ παραπέμπουσιν. Αὐτὸς γοῦν οὗτος ὁ ἅγιος τὰ μὲν ἁμαρ-
295 A τήματα καὶ μηδενὸς βιαζομένου, συνεχῶς ἔστρεφε καὶ ἐξεπόμπευε, νῦν μὲν λέγων, Χριστὸς Ἰησοῦς ἦλθεν εἰς τὸν κόσμον ἁμαρτωλοὺς σῶσαι, ὧν πρῶτός εἰμι ἐγώ· νῦν δὲ λέγων, Χάριν ἔχω τῷ ἐνδυναμώσαντί με Χριστῷ, ὅτι πιστόν με ἡγήσατο, θέμενος εἰς διακονίαν τὸν πρότερον ὄντα βλάσφημον καὶ διώκτην καὶ ὑβριστήν· ἀλλ' ἠλεήθην, ὅτι ἀγνοῶν ἐποίησα ἐν ἀπιστίᾳ· καὶ πάλιν, Ἔσχατον δὲ πάντων ὡσπερεὶ τῷ ἐκτρώματι ὤφθη κἀμοί· ἐγὼ γάρ εἰμι ὁ ἐλάχιστος τῶν ἀποστόλων, ὃς οὐκ εἰμὶ ἱκανὸς καλεῖσθαι ἀπόστολος, ὅτι ἐδίωξα τὴν Ἐκκλησίαν τοῦ Θεοῦ· καὶ
B πάλιν, Ἐμοὶ τῷ ἐλαχιστοτέρῳ πάντων ἁγίων ἐδόθη ἡ χάρις αὕτη. Ὁρᾷς πῶς οὐ τῶν ἀποστόλων μόνον, ἀλλὰ καὶ ἁπλῶς τῶν πιστῶν ἁπάντων ἔσχατον ἑαυτὸν καλεῖ, Ἐμοὶ τῷ ἐλαχιστοτέρῳ, εἰπὼν, πάντων τῶν ἁγίων ἐδόθη ἡ χάρις αὕτη; Οὕτως οὐδὲ τῆς σωτηρίας, δι' ἧς ἐσώθη, ἄξιος εἶναί φησιν· εἰπὼν γὰρ ὅτι Χριστὸς Ἰησοῦς ἦλθεν εἰς τὸν κόσμον ἁμαρτωλοὺς σῶσαι, ὧν πρῶτός εἰμι ἐγώ· ἄκουσον καὶ διὰ ποίαν αἰτίαν τοῦτο λέγει· Ἀλλὰ διὰ τοῦτο ἠλεήθην, ἵνα ἐν ἐμοὶ πρώτῳ ἐνδείξηται Ἰησοῦς Χριστὸς τὴν
C πᾶσαν μακροθυμίαν πρὸς ὑποτύπωσιν τῶν μελλόντων πιστεύειν ἐπ' αὐτῷ εἰς ζωὴν αἰώνιον. Ὃ δὲ λέγει, τοῦτό ἐστιν· οὐ διὰ τὴν ἀξίαν μετάθεσιν τοῦ βίου ἠλεήθην, μὴ τοῦτο νομίσῃς· ἀλλ' ἵνα μηδεὶς ἀπογνῷ τῶν ἐν κακίᾳ βεβιωκότων, μηδὲ τῶν τῷ Χριστῷ πολεμησάντων, τὸν πάντων ἔσχατον, καὶ μεθ' ὃν οὐδεὶς ἦν ἕτερος οὕτω πολέμιος τῷ Χριστῷ, σωθέντα ὁρῶν. Καὶ ὁ μὲν Χριστός φησιν, Ὅτι σκεῦος ἐκλογῆς μοί ἐστι τοῦ βαστάσαι τὸ ὄνομά μου ἐνώπιον ἐθνῶν καὶ βασιλέων· οὗτος δὲ οὐδὲν ὑπὸ τῶν ἐγκωμίων ἐκείνων φυσηθεὶς, μένει ταλανίζων ἑαυτὸν μετὰ τοσαύτην παῤῥησίαν, πρῶτον τῶν ἁμαρτωλῶν ἑαυ-
D τὸν καλῶν, καὶ διὰ τοῦτο ἠλεῆσθαι λέγων, ἵνα μηδεὶς τῶν πρὸς ἐσχάτην ἐληλακότων κακίαν ἀπογνῷ τῆς οἰκείας σωτηρίας, πρὸς αὐτὸν καὶ τὴν εἰς αὐτὸν γενομένην φιλανθρωπίαν βλέπων.

Τὰ μὲν οὖν ἁμαρτήματα, καὶ μηδεμιᾶς οὔσης ἀνάγκης, ἐκπομπεύει καθ' ἑκάστην ἡμέραν ἐν ταῖς ἐπιστολαῖς αὐτοῦ πάσαις, στηλιτεύων καὶ δῆλα ποιῶν οὐχὶ τοῖς τότε μόνον ἀνθρώποις, ἀλλὰ καὶ τοῖς μετὰ ταῦτα ἐσομένοις πᾶσι· τὰ δὲ ἐγκώμια, καὶ ἀνάγκην οὖσαν ὁρῶν, ὅμως ὀκνεῖ καὶ ἀναδύεται διηγήσασθαι. Καὶ τοῦτο δῆλον μὲν ἐξ ὧν μυριάκις ἀφροσύνην τὸ πρᾶγμα ἐκάλεσε, δῆλον δὲ καὶ ἀπὸ τοῦ χρόνου παντὸς, ὃν ἐσίγησε τὴν θαυμαστὴν καὶ θείαν ἀποκάλυψιν ἐκείνην· οὐ γὰρ δὴ τότε, οὐδὲ πρὸ δύο καὶ τριῶν καὶ δέκα ἐτῶν, ἀλλὰ πολλῷ πλειόνων ἦν αὐτὴν ἑωρακώς. Διὰ τοῦτο καὶ τὸν χρόνον αὐτὸν τίθησιν οὕτω λέγων· Οἶδα ἄνθρωπον πρὸ ἐτῶν δεκατεσσάρων ἁρπαγέντα ἕως τρίτου οὐρανοῦ· ἵνα σὺ μάθῃς, ὅτι οὐκ ἂν οὐδὲ τότε ἐφθέγξατο, εἰ μὴ πολλὴν εἶδεν ἀνάγκην ἐπικειμένην. Εἰ γὰρ ἐβούλετο τοὺς οἰκείους ἐπαίνους διεξιέναι, εὐθέως ἂν αὐτὴν εἶπεν, ὅτε εἶδεν, ἢ τῷ πρώτῳ καὶ δευτέρῳ καὶ τρίτῳ ἔτει· νυνὶ δὲ ἔτη δεκατέσσαρα ἐκαρτέρησε καὶ ἐσίγησε καὶ πρὸς οὐδένα ἐξεῖπεν, ἀλλὰ πρὸς Κορινθίους μόνον. Καὶ πότε; Ὅτε τοὺς ψευδαποστόλους εἶδεν ἐπιφυέντας, δεικνὺς ὅτι οὐδ' ἂν τότε ἐφθέγξατο, εἰ μὴ τοσαύτην ἑώρα διαφθορὰν ἐν τοῖς μαθηταῖς γενομένην. Ἀλλ' οὐχ ἡμεῖς οὕτως, ἀλλὰ τοὐναντίον ἅπαν ποιοῦμεν· τῶν μὲν ἁμαρτημάτων οὐδὲ μίαν μεμνήμεθα ἡμέραν, ἀλλὰ κἂν ἑτέρων μνησθέντων ἀκούσωμεν, ἀγανακτοῦμεν, δυσχεραίνομεν, ὕβριν τὸ πρᾶγμα λογιζόμεθα, μυρίαις αὐτοὺς πλύνομεν λοιδορίαις· εἰ δέ τι μικρὸν [a] ἐργασώμεθα ἀγαθὸν, τοῦτο συνεχῶς στρέφομεν, καὶ τοῖς μεμνημένοις αὐτὸ χάριν ἴσμεν, καὶ φίλους τοὺς τοιούτους εἶναι νομίζομεν· καίτοι γε ὁ Χριστὸς τὸ ἐναντίον ἐπέταξε, κατορθωμάτων μὲν ἐπιλελῆσθαι, ἁμαρτημάτων δὲ μεμνῆσθαι. Καὶ τοῦτο δῆλον μὲν ἡμῖν ἐποίησε καὶ δι' ὧν τοῖς μαθηταῖς παρῄνει λέγων· Ὅταν πάντα ποιήσητε, λέγετε ὅτι ἀχρεῖοι δοῦλοί ἐσμεν· καὶ διὰ τῆς τοῦ Φαρισαίου παραβολῆς, τὸν τελώνην αὐτοῦ προθείς. Ὥσπερ γὰρ τοῦτον ἡ μνήμη τῶν ἁμαρτημάτων ἐδικαίωσεν, οὕτως ἐκεῖνον ἡ μνήμη τῶν κατορθωμάτων ἀπώλεσε. Καὶ Ἰουδαίοις δὲ ὁ Θεὸς τὰ αὐτὰ δὴ ταῦτα παραινεῖ, λέγων οὕτως· Ἐγώ εἰμι αὐτὸς ὁ ἐξαλείφων τὰς ἁμαρτίας σου, καὶ οὐ μὴ μνησθῶ· σὺ δὲ μνήσθητι.

Τοιοῦτον τῶν ἀποστόλων τὸ ἦθος ἦν, τοιοῦτον τῶν προφητῶν καὶ τῶν δικαίων ἁπάντων. Ὁ γοῦν Δαυὶδ τῆς μὲν ἁμαρτίας τῆς ἑαυτοῦ συνεχῶς ἐμέμνητο, τῶν δὲ κατορθωμάτων οὐδαμοῦ, πλὴν εἴ ποτε κατηναγκάσθη. Ὅτε γοῦν ὁ βαρβαρικὸς ἐκεῖνος πόλεμος τὴν Ἰουδαίαν κατέλαβε, καὶ πάντα κινδύνων ἦν μεστὰ, νέος ὢν ἔτι καὶ πολέμων ἄπειρος, καταλιπὼν τὰ

6. Peccata itaque sua, nulla coactus necessitate quotidie evulgat in omnibus epistolis suis; illaque traducit et declarat non illius temporis hominibus tantum, sed etiam omnibus post futuris; laudes vero, etiam instante necessitate, narrare cunctatur et refugit. Id sane vel ex eo palam est, quod id sexcenties insipientiam vocet, E palam item est ex tanto tempore, quo mirabilem illam et divinam revelationem tacuit : non enim tunc, vel ante duos tresve aut decem annos, sed ante multo plures illam viderat. Quamobrem ipsum tempus assignat his verbis: *Scio hominem ante annos quatuordecim raptum ad tertium cœlum* : (2. Cor. 12. 2.) ut tu disceres, ne tunc quidem ita locuturum fuisse, nisi magna urgente necessitate. Si namque voluisset laudes suas recensere, statim atque vidisset eam, declarasset, vel saltem primo, vel secundo aut tertio anno : at ille quatuordecim annis in silentio perseveravit, et nemini di- 296 xit, nisi Corinthiis tantum. Quandonam? Cum A pseudoapostolos vidit insurgentes, declarans se ne tunc quidem dicturum fuisse, nisi tantam vidisset corruptionem discipulos invadere. At nos non item : sed prorsus contrarium facimus. Peccatorum ne uno quidem die recordamur; sed si quospiam ea commemorare audiamus, indignamur, ægre ferimus, contumeliam id esse putamus, innumeris illos maledictis incessimus; si quid autem boni præstemus, in ore frequenter versamus, id commemorantibus gratiam habemus, illosque nobis amicos existimamus : licet B Christus contrarium præceperit, ut recte factorum quidem obliviscamur, peccatorum vero recordemur. Quod nobis declaravit dum sic discipulos cohortaretur : *Cum omnia feceritis, dicite, quoniam servi inutiles sumus;* (Luc. 17. 10.) et in parabola Pharisæi, cui publicanum præposuit. Quemadmodum enim hunc peccatorum commemoratio justificavit, sic et illum recte factorum memoria perdidit. Judæis quoque Deus eadem monita tradit, his verbis : *Ego sum ipse, qui deleo peccata tua, et non recordabor; tu vero recordare.* (Isai. 43. 25.)

7. Hic mos erat apostolorum, hic prophetarum et justorum omnium. David enim peccati sui jugiter recordabatur, (1. Reg. 17.) bonorum operum C nusquam nisi forte cogente necessitate. Cum ergo barbaricum illud bellum Judæam vexabat, omniaque periculis plena erant; cum ille juvenis adhuc esset et belli imperitus, relicti

[a] [Savil. ἐργασόμεθα. Leg. ἂν .. ἐργασώμ.]

ovibus in aciem descendit, cumque omnes exterritos, formidantes ac trementes cerneret, nihil humanum passus est, neque cæteros abjectos videns formidolosus fuit, sed fide omnia, quæ conspiciebantur, transcendens, ad Regem cælorum respiciens, multam animo alacritatem concepit, et ad milites fratresque suos accessit, pollicens se ab instanti periculo ipsos liberaturum. Cum D autem dictum irriderent fratres ejus (neque enim videbant Deum intus illum concitantem, neque noverant animum illum generosum, ad cælum usque pertingentem, magnaque fiducia plenum), illis relictis, alios adiit. Ubi autem illum adduxissent ad regem, quem timore emortuum repererit: primo is illius animum erigit, his verbis,
1. Reg. 17. 32. *Ne concidat cor domini mei super ipso, quia servus tuus ibit et pugnabit cum hoc alienigena.* Cum autem ille non fidem haberet ac diceret,
Ib. v. 33. *Non poteris ire; tu puer es, ille autem vir bellator a juventute sua*, in ancipiti con- E stitutus David cogitur proprias efferre laudes. Quod enim id nollet, ex prioribus arguitur, quandoquidem nec fratribus suis de rebus a se fortiter gestis quidpiam dixerat, ut neque militibus, imo ne ipsi regi, donec vidit eum non credere, contendere et congressum suum contra adversarium impedire. Quid tunc faciendum restabat? an tacendæ laudes erant? At non sivisset egredi, et ab imminenti periculo liberare. Ideo 297 cum tacuisset, quando tacere oportebat, ubi A vidit temporis rationem id postulare ut loqueretur, non ultra tacuit, sed sic eum alloquutus est:
1. Reg. 17. 34.-36. *Pascens eram servus tuus gregem patris mei, et cum veniret leo aut ursus, et acciperet ovem de grege, egrediebar post eum, et percutiebam eum, et extrahebam ab ore ejus, et apprehendebam guttur ejus, et occidebam eum: ac leonem et ursum percussit servus tuus: et erit alienigena hic et incircumcisus sicut unus ex eis.* Vides quomodo declaravit qua de causa ab se fortiter gesta commemoraverit? Tum scilicet rex assumta fiducia, jussit abire. Abiit porro, pugnavit et vicit. At nisi B laudes suas enarrasset, nequaquam rex illi monomachiam ejusmodi concessisset; si non credidisset, non sivisset eum in aciem descendere; si non sivisset, victoriam impedivisset: impedita autem victoria, neque Deus tunc glorificatus, neque civitas ab urgentibus malis liberata esset. Ne igitur tot absurda contingerent, neque tantæ dispensationis opus præpediretur, coactus est David proprias recensere victorias. Ut enim

πρόβατα, καὶ εἰς τὴν παράταξιν ἐλθὼν, πάντας κατεπτηχότας βλέπων καὶ δεδοικότας καὶ τρέμοντας, οὐδὲν ἔπαθεν ἀνθρώπινον, οὐδὲ ἐγένετο δειλότερος τοὺς οἰκείους τεταπεινωμένους ὁρῶν· ἀλλὰ τῇ πίστει πάντα τὰ βλεπόμενα ὑπερβὰς, καὶ πρὸς τὸν βασιλέα τῶν οὐρανῶν ἰδὼν, καὶ πολλῆς ἑαυτὸν ἐμπλήσας προθυμίας, προσῆλθε τοῖς στρατιώταις καὶ τοῖς ἀδελφοῖς, ἐπαγγελλόμενος ἀπαλλάσσειν αὐτοὺς τοῦ κατέχοντος κινδύνου. Ὡς δὲ ἐγέλασαν τὸ εἰρημένον οἱ ἀδελφοὶ (οὐ γὰρ ἑώρων τὸν ἔνδον αὐτὸν ἀλείφοντα Θεὸν, οὐδὲ τὴν ψυχὴν τὴν γενναίαν ἐκείνην, καὶ οὐρανομήκη, καὶ πολλῆς γέμουσαν φιλοσοφίας), καταλιπὼν ἐκείνους, πρὸς ἑτέρους ἀπῆλθεν. Ὡς δὲ πρὸς τὸν βασιλέα αὐτὸν εἰσήγαγον, καὶ εὗρεν αὐτὸν ἀποτεθνηκότα τῷ δέει, πρῶτον αὐτοῦ διανίστησι τὸ φρόνημα, οὕτω λέγων· Μὴ συμπεσέτω ἡ καρδία τοῦ κυρίου μου ἐπ' αὐτὸν, ὅτι ὁ δοῦλός σου πορεύσεται καὶ πολεμήσει μετὰ τοῦ ἀλλοφύλου τούτου. Ἐπειδὴ δὲ ἐκεῖνος ἠπίστει λέγων, Οὐ δυνήσῃ πορευθῆναι· σὺ παιδάριον εἶ, αὐτὸς δὲ ἀνὴρ πολεμιστὴς ἐκ νεότητος αὐτοῦ, ἐν ἀπορίᾳ ὢν λοιπὸν ὁ Δαυὶδ ἀναγκάζεται τὰ οἰκεῖα διηγεῖσθαι ἐγκώμια. Ὅτι γὰρ οὐκ ἐβούλετο, διὰ τῶν προτέρων ἔδειξεν, οὔτε πρὸς τοὺς ἀδελφοὺς εἰπών τι τῶν αὐτοῦ κατορθωμάτων, οὔτε πρὸς τοὺς στρατιώτας, ἀλλ' οὐδὲ πρὸς αὐτὸν τὸν βασιλέα, ἕως εἶδεν αὐτὸν ἀπιστοῦντα καὶ ἀγωνιῶντα καὶ κωλύοντα τὴν ἔφοδον τὴν κατ' ἐκείνου. Τί γὰρ ἔδει πρᾶξαι λοιπόν; σιγῆσαι τὰ ἐγκώμια; Ἀλλ' οὐκ ἂν ἐπέτρεψεν ἀπελθεῖν, οὐδὲ ἀπαλλάξαι τῶν κατεχόντων κινδύνων. Διὰ τοῦτο σιγήσας ἡνίκα ἔδει, ἐπειδὴ τὸν καιρὸν εἶδε καταναγκάζοντα εἰπεῖν, οὐκ ἔτι σιγᾷ, ἀλλά φησι πρὸς αὐτόν· Ποιμαίνων ἤμην ὁ δοῦλός σου ἐν τῷ ποιμνίῳ τοῦ πατρός μου, καὶ ὅταν ἤρχετο λέων ἢ ἄρκτος, καὶ ἐλάμβανε πρόβατον ἐκ τῆς ἀγέλης, ἐξηρχόμην κατόπισθεν αὐτοῦ, καὶ ἐπάτασσον αὐτὸν, καὶ ἐξέσπων ἐκ τοῦ στόματος αὐτοῦ, καὶ ἐκράτουν τοῦ φάρυγγος αὐτοῦ, καὶ ἐθανάτουν αὐτόν· καὶ τὸν λέοντα καὶ τὴν ἄρκτον ἔτυπτεν ὁ δοῦλός σου· καὶ ἔσται ὁ ἀλλόφυλος οὗτος καὶ ἀπερίτμητος, ὡς ἓν τούτων. Ὁρᾷς πῶς ἐδήλωσε τίνος ἕνεκεν εἶπε τὰ οἰκεῖα κατορθώματα; Τότε δὴ, τότε θαῤῥήσας ὁ βασιλεὺς λοιπὸν ἐκέλευσεν ἀπελθεῖν. Καὶ ἀπῆλθε, καὶ παρετάξατο, καὶ ἐνίκησεν· Εἰ δὲ μὴ ἐγκώμια εἶπεν, οὐκ ἂν αὐτῷ τὴν μονομαχίαν ἐκείνην ἐπίστευσεν ὁ βασιλεύς· μὴ πιστεύσας δὲ, οὐκ ἂν ἀφῆκεν αὐτὸν εἰς τὴν παράταξιν ἀπελθεῖν· μὴ ἀφεὶς δὲ, διεκώλυσεν ἂν τὸ κατόρθωμα· τοῦ δὲ κατορθώματος κωλυθέντος, οὔτε ὁ Θεὸς ἂν ἐδοξάσθη τότε, οὔτε ἡ πόλις τῶν ἐπικειμένων ἀπηλλάγη κινδύνων. Ἵν' οὖν μὴ τοσαῦτα γένηται ἄτοπα, μηδὲ οἰκονομίας μέγεθος κωλυθῇ τοσοῦτον, ἠναγκάσθη τοὺς οἰκείους ἄθλους εἰπεῖν ὁ Δαυίδ. Ὥσπερ γὰρ σιγᾷν ἴσασιν, οὐδεμιᾶς οὔσης ἀνάγκης, οὕτω καὶ λέγειν ἐπίστανται, ἐπειδὰν πολλὴν ἴδωσι βίαν ἐπικειμένην.

Οὐκ ἐπὶ τούτου δὲ μόνον, ἀλλὰ καὶ ἐπὶ τοῦ Σαμουὴλ τὸ αὐτὸ τοῦτο γεγενημένον ἴδοι τις ἄν. Καὶ γὰρ ἐκεῖνος ἔτη τοσαῦτα προστὰς τοῦ δήμου τῶν Ἰουδαίων οὕτως, ὡς ὁ Θεὸς ἤθελε, καὶ μηδὲν μηδέποτε μέγα περὶ ἑαυτοῦ φθεγξάμενος, καίτοι πολλὰ ἔχων, εἴπερ ἐβούλετο, λέγειν, τὴν ἐκ πρώτης ἡλικίας ἀνατροφὴν, τὴν ἐν τῷ ναῷ διατριβὴν, τὴν ἐκ σπαργάνων αὐτοῦ προφητείαν, τοὺς μετὰ ταῦτα πολέμους, τὰς νίκας ἃς ἐνίκησεν, οὐχ ὅπλοις χρώμενος, ἀλλὰ μετὰ τῆς εὐνοίας τοῦ Θεοῦ παραταττόμενος, ἐν τοῖς ἔμπροσθεν χρόνοις οὐδὲν τούτων εἶπεν. Ἐπειδὴ δὲ ἔμελλεν ἀφίστασθαι τῆς προστασίας, καὶ τὴν ἀρχὴν ἐγχειρίζειν ἑτέρῳ, τότε λοιπὸν ἠναγκάσθη τὰ ἐγκώμια αὐτοῦ διεξελθεῖν, καὶ ταῦτα ὑφειμένως. Καὶ καλέσας τὸν δῆμον ἅπαντα, παρόντος καὶ τοῦ Σαοὺλ, οὕτω πώς φησιν· Ἰδοὺ ἤκουσα τῆς φωνῆς ὑμῶν, καὶ ἐβασίλευσα ἐφ' ὑμᾶς βασιλέα· καὶ ἐγὼ ἰδοὺ ἀνέστραμμαι ἐνώπιον ὑμῶν ἐκ νεότητός μου, καὶ ἕως τῆς ἡμέρας ταύτης, καὶ γεγήρακα. Ἀποκρίθητε κατ' ἐμοῦ ἐνώπιον τοῦ Κυρίου, καὶ ἐνώπιον χριστοῦ αὐτοῦ· μόσχον τίνος ὑμῶν εἴληφα; ἢ ὄνον τίνος εἴληφα; ἢ τίνος ὑμῶν κατεδυνάστευσα; ἢ τίνα ἐξεπίασα ὑμῶν; ἢ ἐκ χειρὸς τίνος ὑμῶν εἴληφα ἐξίλασμα ἢ ὑπόδημα, καὶ ἀπέκρυψα τοὺς ὀφθαλμούς μου ἐν αὐτῷ; Εἴπατε κατ' ἐμοῦ, καὶ ἀποδώσω ὑμῖν. Καὶ ποία ἦν ἀνάγκη ταῦτα λέγειν, φησί; Πολλὴ καὶ μεγάλη. Ἐπειδὴ γὰρ ἄρχοντα ἔμελλεν εἰσάγειν αὐτοῖς τὸν Σαοὺλ, ἐν τῇ κατ' ἑαυτὸν ἀπολογίᾳ διδάξαι βουλόμενος ἐκεῖνον, πῶς προΐστασθαι δεῖ καὶ κήδεσθαι τῶν ἀρχομένων, αὐτοὺς τοὺς ὑπηκόους μάρτυρας αὐτοῦ τῆς φιλοσοφίας παράγει. Καὶ οὐ ποιεῖ τοῦτο ἐν τῷ καιρῷ τῆς ἀρχῆς, ἵνα μή τις εἴπῃ, ὅτι δεδοικότες αὐτὸν καὶ φοβούμενοι, τὰ μὴ ὄντα ἐμαρτύρησαν· ἀλλ' ὅτι παρελύθη τὰ τῆς 298 δημαγωγίας, καὶ εἰς ἕτερον μετέστη τὰ τῆς προστασίας, καὶ κίνδυνος οὐδεὶς ἦν τῷ κατηγοροῦντι λοιπὸν, τότε δικάζεται πρὸς αὐτούς. Καίτοι γε εἰ ἕτερός τις ἦν, ἐμνησικάκησεν ἂν τοῖς Ἰουδαίοις, καὶ οὐκ ἂν ἠθέλησε τὸν ἄρχοντα τὸν μετ' αὐτὸν ἐπιεικῆ γενέσθαι καὶ μέτριον, οὐ διὰ μνησικακίαν δὲ μόνον, ἀλλ' ἵνα καὶ αὐτὸς ἐπαινῆται μειζόνως.

Καὶ γὰρ νόσημα τοῦτο δεινὸν τοῖς ἄρχουσιν ἔνεστι· τοὺς μετ' αὐτοὺς ἐπὶ τὴν ἀρχὴν ἐρχομένους εὔχονται φαύλους εἶναι καὶ πονηρούς. Ἄν τε γὰρ γενναῖοι τύχωσιν ὄντες, λαμπροτέρους αὐτοὺς φανεῖσθαι νομίζουσι, τῶν διαδεξαμένων τὴν ἀρχὴν οὐκ ὄντων τοιούτων· ἄν τε σκαιοὶ καὶ διεφθαρμένοι, ἀπολογίαν τῆς

tacere sciunt, ubi nulla est loquendi necessitas, ita et loqui norunt, vi instante atque imminente.

8. Neque in hoc tantum, sed etiam in Samuele idipsum contigisse quis videat. Etenim ille cum tot annis Judaico populo præfuisset, idque ad Dei placitum, nec quidpiam magni de se unquam loquutus fuisset, multa licet haberet dicenda, si voluisset, suam a primæva ætate educationem, in templo commorationem, prophetiæ donum ab incunabulis, post hæc bella, victorias, quas non armis, sed ex benevolentia Dei aciem instruens reportavit: horum tamen nihil superiori tempore dixerat. At ubi principatum abdicaturus, alterique imperium traditurus erat, tunc coactus est proprias laudes recensere, idque admodum parce. Evocatoque universo populo, præsente Saüle, ita loquutus est: *Ecce audivi vocem vestram,* 1. Reg. 12. 1—3.
et *constitui vobis regem :* et *ego* ecce *conversatus sum in conspectu vestro a juventute mea,* et *usque ad diem hanc,* et *senui. Respondete* contra *me in conspectu Domini,* et *in conspectu christi ejus ; cujus vestrum vitulum accepi ? aut cujus asinum accepi ? aut quem vestrum oppressi ? aut cui vestrum vim feci ? aut ex cujus vestrum manu accepi placationem aut calceum,* et *abscondi* oculos *meos in illo ? Dicite* contra *me,* et *restituam vobis.* Ecqua necessitas hæc dicendi, inquies? Multa magnaque. Quoniam enim principem inducturus illis erat Saülem, ut in sui ipsius defensione doceret eum, quo pacto præesse oporteret, et curam gerere subditorum, ipsos subditos philosophiæ suæ testes adducit. Nec illud egit imperii sui tempore, ne quis diceret illos præ ipsius metu ac formidine quæ non erant testificatos esse; verum jam soluta sua administratione, cum in alium præfectura translata esset, nullumque accusanti periculum instaret, tunc cum illis disceptat. Quamquam si alius fuisset, Judæis infensus futurus erat, nec voluisset principem successorem suum æquum moderatumque esse, idque non solum ex injuriæ acceptæ memoria, sed ut et ipse majorem consequeretur laudem.

9. Illud enim morbi principum animis insidet, ut successores suos improbos sceleratosque esse peroptent. Nam si strenui generosique fuerint, illustriores se existimandos esse putant, si ii, qui imperium excipiunt, non sui similes sint: si autem perversi corruptique sint, successorum

Principes optant improbos habere successores.

nequitiam apologiam sibi fore putant. Sed non talis erat beatus ille vir; optabat quippe votisque omnibus cupiebat, ut longe meliori imperio fruerentur: tanto scilicet amore tenebatur, usque adeo livoris expers erat, et a vana gloria alienus. Siquidem unum tantum expetebat, nempe hominum salutem. Ideo in defensione sua principis officia depingebat. Quia enim, si regem compellasset ac dixisset, Esto æquus, mansuetus, muneribus impervius, nemini vim inferas, neminem lædas, vel defraudes, grave illud molestumque fuisset audienti; si tacuisset item, illud erat populum prodere: defensionis specie utrique remedium adhibuit: illum quippe docuit quem oporteret esse regem, talisque doctrinæ molestiam effugit. Et quidem videtur ille pro suis tantum rebus disceptare, docetque interim illum quo modo quave ratione subditorum curam gerere oporteat. Tu vero mihi perpende quomodo se diligenter omni munere purum esse demonstret. Non enim dixit, Num agros cujuspiam vestrum abstuli? num aurum? sed quod omnium vilissimum erat, Num calceum? inquit. Deinde aliam eamque magnam virtutem suam patefecit. Quia enim multi principes, dum furantur, mansueti sunt et moderati, non suapte natura, sed cogente conscientia, quod scilicet illis admissum furtum fiduciam tollat: contra vero qui munera aversantur, molesti onerosique sunt, nec ipsi suapte natura, sed ex quadam vana gloria, et quod muneribus vacui sint: utraque autem mala in uno concurrere non facile videas: cum ostendere vellet vir ille sanctus, se et muneribus et ira superiorem fuisse, ubi dixisset, *Num vitulum cujusdam vestrum accepi?* non tacuit, sed subjunxit, *Aut oppressi quempiam vestrum, aut depressi?* id est, contrivi. Hujus porro dicti sensus est: Nemo illud dicere possit, quod non acceperim quidem, sed quia non acceperam, ideo gravis, molestus, cru-
1. Reg. 12. 3.—4. delis et immanis fuerim. Propterea dicebat: *Num oppressi quempiam vestrum?* Quid igitur illi? *Non oppressisti nos, neque vexasti, nec accepisti ex manu nostra quidpiam.* Et ut discas illum ut regem erudiret hæc dixisse, subjunxit:
Ib. v. 5. *Testis Dominus*, et testis *christus ejus*: hoc autem ostendens atque declarans, nempe testimonium non fuisse ad gratiam datum, ipsum advocavit testem, qui mentis arcana novit, quod est signum puræ conscientiæ. Nemo quippe, nemo, nisi mente captus ac furiosus sit, conscientiæ suæ testem advocaverit Deum, nisi ad-

οἰκείας ἔσεσθαι πονηρίας τοῦ μετὰ ταῦτα ἄρχοντος τὴν κακίαν. Ἀλλ' οὐχ ὁ μακάριος οὗτος τοιοῦτος· ἀλλ' ἠβούλετο καὶ ηὔχετο καὶ ἐπεθύμει πολλῷ βελτίονος αὐτοὺς ἀπολαῦσαι τῆς προστασίας· οὕτω φιλόστοργος ἦν, οὕτω φθόνου καθαρὸς, οὕτω κενοδοξίας ἀπηλλαγμένος. Καίτοι γε ἓν μόνον ἐζήτει, τῶν ἀνθρώπων τὴν σωτηρίαν. Διὰ τοῦτο καὶ τὸν ἄρχοντα αὐτοῖς ἐν τῇ καθ' ἑαυτὸν ἐῤῥύθμιζεν ἀπολογίᾳ. Ἐπειδὴ γὰρ τὸ μὲν καλέσαι τὸν βασιλέα καὶ εἰπεῖν, ἐπιεικὴς ἔσο
C καὶ μέτριος καὶ ἀδωροδόκητος, καὶ μηδένα βιάζου, μηδὲ ἀδίκει, μηδὲ πλεονέκτει, φορτικὸν ἦν καὶ ἐπαχθὲς τῷ μέλλοντι ταῦτα ἀκούειν· τὸ δὲ σιγῆσαι πάλιν προδοσία τοῦ δήμου ἐγίνετο· ἐν ἀπολογίας προσχήματι ἀμφότερα ταῦτα κατώρθωσε, κἀκεῖνον ἐδίδαξεν ὁποῖον εἶναι χρὴ τὸν βασιλεύοντα, καὶ τὴν ἐκ τοῦ διδάσκειν ἐπάχθειαν ἔφυγε. Καὶ δοκεῖ μὲν ὑπὲρ τῶν καθ' ἑαυτὸν ἀγωνίζεσθαι· παιδεύει δὲ ἐκεῖνον, πῶς καὶ τίνι τρόπῳ τῶν ἀρχομένων ἐπιμελεῖσθαι χρή. Σὺ δέ μοι σκόπει πῶς μετὰ ἀκριβείας ἁπάσης καθαρὸν ἑαυτὸν ἔδειξε λημμάτων. Οὐδὲ γὰρ εἶπε, μὴ ἀγρούς
D τινος ὑμῶν ἔλαβον; μὴ χρυσίον; ἀλλ' ὃ πάντων εὐτελέστερον ἦν, μὴ ὑπόδημα; φησίν. Εἶτα καὶ ἑτέραν ἑαυτοῦ πολλὴν ἡμῖν ἐδήλωσεν ἀρετήν. Ἐπειδὴ γὰρ πολλοὶ τῶν ἀρχόντων, ὅταν μὲν κλέπτωσιν, ἐπιεικεῖς εἰσι καὶ μέτριοι καὶ προσηνεῖς, οὐκ οἴκοθεν, ἀλλὰ διὰ τὴν ἀνάγκην τοῦ συνειδότος, ἐκ τῶν κλεμμάτων περιῃρημένοι τὴν παῤῥησίαν· οἱ δὲ ἀδωροδόκητοι, φορτικοὶ καὶ ἐπαχθεῖς, οὐδὲ αὐτοὶ πάλιν οἴκοθεν, ἀλλ' ὑπό τινὸς κενοδοξίας καὶ τοῦ καθαροὶ λημμάτων εἶναι· ἀμφότερα δὲ οἰκ ἄν τις ἴδοι ῥᾳδίως συνελθόντα εἰς ἕνα· δεῖξαι βουλόμενος ὁ ἅγιος οὗτος, ὅτι ἀμφοτέρων
E περιεγένετο, καὶ λημμάτων ἐκράτει καὶ ὀργῆς, εἰπὼν, Μὴ μόσχον τινὸς ὑμῶν εἴληφα; οὐκ ἐσίγησεν, ἀλλ' ἐπήγαγεν, Ἢ κατεδυνάστευσά τινα ὑμῶν, ἢ ἐξεπίασα; τοῦτ' ἔστιν, ἐξέθλιψα; Ὃ δὲ λέγει τοιοῦτόν ἐστιν· οὐδεὶς ἂν ἔχοι τοῦτο εἰπεῖν, ὅτι οὐκ ἔλαβον μὲν, ἐπειδὴ δὲ οὐκ ἔλαβον, φορτικὸς ἐγενόμην καὶ ἐπαχθὴς καὶ ὠμὸς καὶ ἄγριος. Διὰ τοῦτο ἔλεγεν, Ἢ κατεδυνάστευσά τινα ὑμῶν; Τί οὖν ἐκεῖνοι. Οὔτε κατεδυνάστευσας ἡμᾶς, οὔτε ἐξεπίεσας, οὐδὲ εἴληφας ἐκ χειρὸς ἡμῶν οὐδέν. Καὶ ἵνα μάθῃς, ὅτι καὶ τὸν βασιλέα αὐτὸν παιδεύων ταῦτα ἔλεγεν, ἐπήγαγε· Μάρτυς
299 A Κύριος, καὶ μάρτυς ὁ χριστὸς αὐτοῦ· τοῦτο δὲ ἡμῖν αὐτὸ παραδηλῶν καὶ δεικνὺς, ὡς οὐκ ἦν ἡ μαρτυρία κεχαρισμένη, αὐτὸν ἐκάλεσε μάρτυρα τὸν τὰ ἀπόῤῥητα τῆς διανοίας εἰδότα, ὅπερ ἐστὶ καθαροῦ συνειδότος ἀπόδειξις. Οὐδεὶς γὰρ, οὐδεὶς, εἰ μὴ σφόδρα ἦν μεμηνὼς καὶ ἐξεστηκὼς, τοῦ συνειδότος τοῦ ἑαυτοῦ καλέσειεν ἄν ποτε μάρτυρα τὸν Θεὸν, εἰ μὴ σφόδρα ἑαυτῷ θαῤῥοίη. Μαρτυρησάντων τοίνυν ἐκείνων ἐπὶ τοῖς εἰρημένοις αὐτῷ, καὶ ἑτέραν ἑαυτοῦ δείκνυσιν αὐτὸς ἀρετήν· καὶ τῶν παλαιῶν ἀναμνήσας

ἁπάντων τῶν κατὰ τὴν Αἴγυπτον, καὶ τῆς τοῦ Θεοῦ προστασίας, καὶ τῶν μετ' ἐκείνους πολέμων, ἀναμιμνήσκει τῆς μάχης τῆς ἐπ' αὐτοῦ γενομένης καὶ τῆς νίκης τῆς παραδόξου· καὶ εἰπὼν πῶς πολλάκις διὰ τὰς οἰκείας ἁμαρτίας τοῖς πολεμίοις παραδοθέντων, ἐκάλεσεν αὐτὸς τὸν Θεὸν, καὶ ἀπήλλαξεν αὐτοὺς τῶν πολεμίων, συνάπτων τοῖς παλαιοῖς τὰ νέα, ἐπάγει καὶ λέγει· Ἐξαπέστειλε Κύριος τὸν Ἱεροβάαλ, τὸν Γεδεὼν, καὶ τὸν Βαρὰκ, καὶ τὸν Ἰεφθάε, καὶ τὸν Σαμουὴλ, καὶ ἐξείλετο ὑμᾶς κύκλωθεν ἐκ χειρὸς τῶν ἐχθρῶν ὑμῶν, καὶ κατοικεῖτε πεποιθότες.

Ὁρᾷς πῶς ἔθος τοῖς ἁγίοις μὴ τὰ ἑαυτῶν κατορθώματα λέγειν, εἰ μή ποτε καταναγκασθεῖεν; Διὰ τοῦτο καὶ ὁ Παῦλος πρὸς τούτους βλέπων, καὶ παιδευόμενος ἀκριβῶς, ὅτι τὸ αὐτόν τινα περὶ ἑαυτοῦ λέγειν ἐπαχθὲς καὶ φορτικὸν, ἔλεγεν· Ὄφελον ἀνείχεσθέ μου μικρὸν τῇ ἀφροσύνῃ· οὐ μέγα, ἀλλὰ μικρόν τι. Οὐδὲ γὰρ ἀνάγκης οὔσης μετὰ δαψιλείας ἐκχεῖν ἑαυτὸν εἰς τὴν διήγησιν τῶν ἐγκωμίων παρεσκεύασται, ἀλλὰ διὰ βραχέων αὐτὰ παρατρέχει· καὶ αὐτὸ δὴ τοῦτο δι' ἐκείνους καὶ τὴν ἐκείνων σωτηρίαν. Ὥσπερ γὰρ, οὐκ οὔσης ἀνάγκης λέγειν τὰ οἰκεῖα κατορθώματα, ἀνοίας ἐστὶν ἐσχάτης, οὕτως ἀνάγκης ἐπικειμένης καὶ βίας ὠθούσης, πάλιν προδοσία ἐστὶ τὸ σιγᾷν τὰ αὑτῶν πεπραγμένα. Ἀλλ' ὅμως ὁ Παῦλος καὶ ἀνάγκην οὖσαν ὁρῶν, ἀπώκνει, καὶ τὸ πρᾶγμα ἀφροσύνην ἐκάλει, ἵνα μάθῃς αὐτοῦ τὴν σύνεσιν καὶ τὴν σοφίαν καὶ τὴν πολλὴν ἀσφάλειαν. Καὶ γὰρ εἰπὼν, Ὃ λαλῶ, οὐ λαλῶ κατὰ Κύριον, προσέθηκεν, Ἐν ταύτῃ τῇ ὑποστάσει τῆς καυχήσεως. Μὴ νομίσῃς, φησὶ, καθόλου με τοῦτο λέγειν. Ὥστε διὰ τοῦτο αὐτὸν μάλιστα ἐπαινῶ καὶ θαυμάζω καὶ σοφώτατον καλῶ, ὅτι πρᾶγμα ἀφροσύνης εἶναι ἐνόμισε τὸ ἑαυτὸν ἐγκωμιάζειν καὶ ἐπαινεῖν. Εἰ δὲ οὗτος ἀνάγκην οὖσαν ὁρῶν, ἀφροσύνην τοῦτο ἐκάλει, τίνος ἂν εἶεν συγγνώμης ἄξιοι, ποίας ἀπολογίας, οἱ μηδὲ ἀνάγκης οὔσης περὶ ἑαυτῶν λέγοντες μεγάλα, ἢ καὶ ἑτέρους λέγειν καταναγκάζοντες; Ταῦτ' οὖν εἰδότες, μὴ ἐπαινῶμεν τὰ λεγόμενα μόνον, ἀλλὰ καὶ μιμησώμεθα καὶ ζηλώσωμεν, καὶ κατορθωμάτων ἐπιλανθανόμενοι, τῶν ἁμαρτημάτων ἀεὶ μνημονεύωμεν, ἵνα καὶ μετριάζειν δυνώμεθα, καὶ πρὸς τὰ ἔμπροσθεν ἐπεκτεινόμενοι, τὸ βραβεῖον λάβωμεν τῆς ἄνω κλήσεως, χάριτι καὶ φιλανθρωπίᾳ τοῦ Κυρίου ἡμῶν Ἰησοῦ Χριστοῦ, μεθ' οὗ τῷ Πατρὶ ἅμα τῷ ἁγίῳ Πνεύματι δόξα, κράτος, τιμὴ, νῦν καὶ ἀεὶ, καὶ εἰς τοὺς αἰῶνας τῶν αἰώνων. Ἀμήν.

modum sibi ipsi fidat. Cum itaque illi dicta ipsius suo testimonio confirmarent, aliam ipse virtutem suam prædicat: ac commemoratis antiquis illis omnibus, qui in Ægypto fuerunt, necnon Dei patrocinio, bellisque quæ postea contigerunt, refert pugnam se duce commissam et victoriam inopinatam: ac cum dixisset quomodo sæpe ob peccata sua inimicis traditos, ipso precante, Deus ab hostibus liberaverit, veteribus recentia adjungens, sic infert: *Misit Deus Jerobaal, Gedeon, Barac, Jephtæ, et Samuelem, et eripuit vos in circuitu de manu inimicorum vestrorum, et habitatis confidenter.* 1. Reg. 12. 11.

10. Viden' quomodo in more sit sanctis non præclara sua gesta narrare nisi urgente necessitate? Ideo Paulus ad hos respiciens, et accurate institutus, molestum onerosumque esse, si quis de seipso aliquid proferret, dicebat, *Utinam sustineretis modicum quid insipientiæ meæ;* non magnum, sed *modicum quid.* Neque enim cogente necessitate copiosam laudum suarum narrationem effundere paratus erat, sed paucis illas percurrit: et hoc ipsum propter eos eorumque salutem. Quemadmodum enim sine aliqua necessitate sua recensere præclara gesta extremæ dementiæ est: sic instante necessitate et vi compellente, proditio esset illa tacere quæ probe fecerit. Attamen Paulus etiam cum urgeret necessitas, cunctabatur, remque illam insipientiam vocabat, ut discas ejus prudentiam et sapientiam, magnamque cautionem. Nam cum dixisset, *Quod loquor, non loquor secundum Dominum*, adjecit, *In hac substantia gloriationis.* Ne putes, inquit, me generatim hoc dicere. Itaque ideo maxime virum laudo, admiror et sapientissimum voco, quod rem insipientem esse putaret seipsum laudare et celebrare. Quod si ille, licet necessitatem instare videret, hoc stultitiam vocabat, qua venia, qua excusatione digni erunt ii, qui nulla necessitate de seipsis magna jactant, aut alios jactare cogunt? Hæc cum comperta habeamus, ne illa, quæ dicta sunt, laudemus tantum, sed etiam imitemur et æmulemur, et recte factorum obliti peccata semper commemoremus, ut et moderate agere possimus, et ad ea quæ ante nos sunt contendentes, bravium supernæ vocationis accipiamus, gratia et benignitate Domini nostri Jesu Christi, quicum Patri, una cum sancto Spiritu, gloria, imperium, honor, nunc et semper, et in sæcula sæculorum. Amen.

Sancti nonnisi urgente necessitate laudes suas efferunt.

2. Cor. 11. 1.

2 Cor. 11. 17.

300

MONITUM

AD HOMILIAM IN ILLUD APOSTOLI,

SIVE PER OCCASIONEM, SIVE PER VERITATEM CHRISTUS, ETC.

Hanc Iomiliam habuisse Chrysostomum quo tempore cum Anomœis Antiochiæ concertabat, si non omnino certum, admodum saltem verisimile est. Id enim exordii verba suadent. *Cum nuper*, inquit, *Pharisæi* et *publicani mentionem faceremus* et *duos currus ex virtute et ex vitio jungeremus, utrumque ostendimus*, *quantum sit in humilitate lucri*, et *quantum in arrogantia damni*, etc. Hæc porro confer cum his verbis Homiliæ quintæ contra Anomœos num. 6 et 7 : *Ut autem diseas*, *quantum bonum sit non altum sapere*, *duos finge currus*, *junge justitiam cum arrogantia*, *et peccatum cum humilitate : videbisque peccati currum justitiæ currum præcedere.... Ut porro videas hanc bigam illa velociorem esse*, *recordare Pharisæi* et *publicani ; junxit Pharisæus justitiam* et *arrogantiam*, etc. His conspectis vix est quod dubitemus hanc Homiliam paucis post concionem quintam contra Anomœos diebus pronuntiatam fuisse. Quinta vero Homilia contra Anomæos eam præcessit, quæ in S. Philogonium dicta est quinque ante Natalem Domini diebus. Quamobrem si inter Homilias in Philogonium et in Natalem Domini nulla intercesserit, ut optime conjicit Tillemontius, hæc in dies Natalem Domini subsequentes, atque adeo in postremos anni 386 apposite conjicitur. Qua de re pluribus agetur in Vita Chrysostomi. Occasio autem hujus habendæ concionis ista fuit, ut ipse non semel, maxime autem num. 5 et 6 aperte significat. Cum quidam hæc apostoli verba, *Sive per occasionem, sive per veritatem Christus annuntietur*, et *in hoc gaudeo*, quæ in cœtu Ecclesiæ lecta fuerant, ita prave interpretarentur ut dicerent, dum Christus annuntiaretur, nihil interesse, an hæretica an vera dogmata essent : hoc erroris portentum depellit ille, pluribusque demonstrat non eam esse Pauli mentem ; sed ex vera rerum gestarum historia Pauli sententiam hanc esse confirmat : Cum quidam Pauli inimici eum vinculis constrictum cernerent, ut Neronem in eum magis exasperarent, ipsique perniciem molirentur, veram sanamque fidem ideo prædicabant, ut aucto discipulorum numero tyrannus ille in doctorem catenis onustum magis magisque sæviret, utpote ejus doctrinæ præconem eximium : hac vero de causa, ait Chrysostomus, Paulus dicit, *Sive per occasionem, sive per veritatem Christus annuntietur*, et *in hoc gaudeo*. Multa præfert hæc Homilia in principio de humilitate, et in fine de utilitate necessitateque precationis.

Incerti interpretationem rejecimus, novamque paravimus.

A

IN EOS

Philipp. 1. 18. *Qui male utuntur hoc apostoli dicto*, Sive per occasionem, sive per veritatem Christus annuntiatur ; et *de humilitate*.

1. Cum nuper Pharisæi et publicani mentionem faceremus, ac duos currus ex virtute et ex

[a]ΠΡΟΣ ΤΟΥΣ

Οὐκ εἰς δέον χρωμένους τῷ ἀποστολικῷ ῥητῷ τῷ λέγοντι, Εἴτε προφάσει, εἴτε ἀληθείᾳ, Χριστὸς καταγγέλλεται· καὶ περὶ ταπεινοφροσύνης.

Τοῦ Φαρισαίου καὶ τοῦ τελώνου μνημονεύσαντες πρῴην, καὶ ἅρματα δύο τῷ λόγῳ ζεύξαντες ἐξ ἀρετῆς

[a] Collata cum Mss. Colbertinis 970 et 3058, qui sic titulum efferunt τοῦ αὐτοῦ πρὸ ταύτης ὁμιλήσας εἰς Φαρισαῖον, νῦν πρὸς τοὺς οὐκ εἰς δέον, κ. τ. λ.

καὶ κακίας, ἑκάτερον ἐδείξαμεν, ὅσον μὲν τῆς ταπεινοφροσύνης τὸ κέρδος, ὅσον δὲ τῆς ἀπονοίας τὸ βλάβος. Αὕτη μὲν γὰρ καὶ δικαιοσύνη συμβεβλημένη B καὶ νηστείαις καὶ δεκάταις ὑστέρησεν· ἐκείνη δὲ καὶ μετὰ ἁμαρτίας ζευχθεῖσα [b] προέλαβε τὸ τοῦ Φαρισαίου ζεῦγος, καίτοι καὶ τὸν ἡνίοχον ἔχουσα φαῦλον. Τί γὰρ τελώνου χεῖρον; Ἀλλ' ὅμως ἐπειδὴ συνέτριψεν αὐτοῦ τὴν ψυχὴν, καὶ ἁμαρτωλὸν ἑαυτὸν ἐκάλεσεν, 301 A ὅπερ ἦν, ὑπερέβη τὸν Φαρισαῖον καὶ νηστείας ἔχοντα εἰπεῖν καὶ δεκάτας, καὶ κακίας πάσης ἀπηλλαγμένον. Τίνος ἕνεκεν, καὶ διὰ τί; Ὅτι εἰ καὶ πλεονεξίας καὶ ἁρπαγῆς ἀπήλλακτο, τὴν μητέρα τῶν κακῶν πάντων κενοδοξίαν τε καὶ ἀπόνοιαν εἶχεν ἐῤῥιζωμένην ἐπὶ τῆς ψυχῆς. Διὰ τοῦτο καὶ ὁ Παῦλος παρακαλεῖ καὶ λέγει· Ἕκαστος τὸ ἑαυτοῦ ἔργον δοκιμαζέτω, καὶ τότε εἰς ἑαυτὸν τὸ καύχημα ἕξει, καὶ οὐκ εἰς τὸν ἕτερον. Ἐκεῖνος δὲ τῆς οἰκουμένης ἁπάσης παρῆλθεν εἰς μέσον κατήγορος, καὶ πάντων τῶν ὄντων ἀνθρώπων ἑαυτὸν ἔφησεν εἶναι βελτίω. Καίτοι καὶ εἰ δέκα μόνον, καὶ εἰ πέντε, καὶ εἰ δύο, καὶ εἰ ἑνὸς ἑαυτὸν προὔθηκεν, οὐδὲ τοῦτο ἀνεκτὸν ἦν· νυνὶ B δὲ οὐχὶ προὔθηκεν ἑαυτὸν μόνον τῆς οἰκουμένης, ἀλλὰ καὶ κατηγόρησεν ἁπάντων. Διὰ τοῦτο ὑστέρησε κατὰ τὸν δρόμον. Καὶ καθάπερ ναῦς μυρία διαδραμοῦσα κύματα, καὶ πολλοὺς ἐκφυγοῦσα χειμῶνας, εἶτα ἐν αὐτῷ τῷ στόματι τοῦ λιμένος σκοπέλῳ τινὶ προσαράξασα πάντα τὸν ἐναποκείμενον ἀπόλλυσι θησαυρόν· οὕτω δὴ καὶ ὁ Φαρισαῖος οὗτος, τοὺς πόνους τῆς νηστείας ὑπομείνας καὶ τῆς ἄλλης ἀρετῆς ἁπάσης, ἐπειδὴ γλώττης οὐκ ἐκράτησεν, ἐν αὐτῷ τῷ λιμένι τὸ φορτικὸν ναυάγιον ὑπέμεινε. Τὸ γὰρ ἐξ εὐχῆς, ὅθεν κερδαίνειν ἔδει, τοσαῦτα βλαβέντα μᾶλλον ἀπελθεῖν, οὐδὲν ἕτερόν ἐστιν, ἢ ἐν λιμένι ναυάγιον ὑπομεῖναι.

Ταῦτ' οὖν εἰδότες, ἀγαπητοὶ, κἂν εἰς αὐτὴν τῆς C ἀρετῆς τὴν κορυφὴν ἀνέλθωμεν, πάντων ἑαυτοὺς ἐσχάτους νομίζωμεν, μαθόντες ὅτι καὶ ἐξ αὐτῶν τῶν οὐρανῶν ἀπόνοια δύναται κατενεγκεῖν τὸν μὴ προσέχοντα, καὶ ἐξ αὐτῆς τῆς ἀβύσσου τῶν ἁμαρτημάτων ἀνενεγκεῖν εἰς ὕψος ταπεινοφροσύνη τὸν μετριάζειν εἰδότα. Αὕτη γὰρ πρὸ τοῦ Φαρισαίου τὸν τελώνην ἔστησεν· ἐκείνη δὲ, ἡ ἀπόνοια λέγω, καὶ ἡ ὑπερηφανία, καὶ ἀσωμάτου περιεγένετο δυνάμεως τοῦ διαβόλου· ἡ δὲ ταπεινοφροσύνη καὶ τῶν οἰκείων ἁμαρτημάτων ἡ ἐπίγνωσις εἰς παράδεισον τὸν λῃστὴν εἰσήγαγε πρὸ τῶν ἀποστόλων. Εἰ δὲ οἱ τὰ οἰκεῖα ὁμολογοῦντες ἁμαρτήματα, τοσαύτην ἑαυτοῖς προξενοῦσι D τὴν παῤῥησίαν, οἱ πολλὰ μὲν ἑαυτοῖς συνειδότες ἀγαθὰ, ταπεινοῦντες δὲ ἑαυτῶν τὴν ψυχὴν, πόσων οὐκ ἐπιτεύξονται στεφάνων; Ὅταν γὰρ ἁμαρτία συμβεβλημένη ᾖ τῇ ταπεινοφροσύνῃ, οὕτω τρέχει μετ'

vitio jungeremus, utrumque ostendimus, quantum sit in humilitate lucri, et quantum in arrogantia damni. Hæc quippe etiam cum justitia, et cum jejuniis, atque decimarum solutione conjuncta, defecit tamen: illa vero etiam cum peccato copulata, Pharisæum prævertit, etsi improbum aurigam nacta. Quid enim pejus publicano? Attamen quia animam suam contrivit, et se peccatorem declaravit, ut revera erat, Pharisæum superavit, qui jejunia et decimarum solutionem proferre poterat, eratque ab omni nequitia liber. Cur, et qua de causa? Quia etsi ab avaritia et a rapina esset alienus, omnium malorum matrem vanam gloriam et arrogantiam habuit in animo radicatam. Ideo Paulus hortatur et dicit: *Opus suum probet unusquisque: et sic in semetipso gloriam habebit, et non in altero.* Ille autem totius orbis accusator in medium prorupit, seque omnibus hominibus meliorem dixit. Atqui si denis, si quinis, si binis, imo si uni seipsum prætulisset, ne id quidem ferendum erat: jam vero non se tantum toti orbi anteposuit, sed etiam omnes accusavit. Ideo in cursu defecit. Et ceu navis, quæ innumeros fluctus pertransiit, et tempestates multas effugit, ac deinde in ipso portus ostio in aliquem scopulum impegit, omnem in se repositum thesaurum amittit: ita et hic Pharisæus, post jejunii cæterarumque omnium virtutum labores, quia linguam non cohibuit, in ipso portu naufragium fecit. Ex precibus enim, unde lucrum erat sperandum, cum tanto abire damno, nihil aliud erat, quam in portu naufragium facere.

In humilitate quantum boni, et in arrogantia quantum mali insit.

Gal. 6. 4.

2. Hæc cum sciamus, dilecti, etiamsi in ipsum virtutis fastigium pervenerimus, nos omnium postremos existimemus: cum didicerimus arrogantiam ex ipso cælo posse eum, qui non sibi attendit, dejicere, et humilitatem eum, qui in peccatorum abyssum demersus sit, in altum reducere, si modeste agat. Hæc enim Pharisæo publicanum præposuit; illa vero, nimirum arrogantia et superbia, ipsius diaboli incorporei vim superavit, humilitas autem et propriorum peccatorum agnitio latronem ante apostolos in paradisum induxit. Si autem ii, qui sua confitentur peccata, tantam sibi fiduciam conciliant: ii qui sibi bonorum multorum conscii animam tamen suam humiliant, quantas non coronas assequentur? Quando enim peccatum cum humilitate jugatur, tam expedite currit, ut justi-

[b] Duo Mss. προέλαβε καὶ προέδραμε τὸ τοῦ. Savil. in marg. καὶ προέδραμε.

tiam cum arrogantia junctam superet atque prævertat. Si ergo illam cum justitia junxeris, quo non perveniet? quot cælos non pertransibit? Stabit plane fiducia magna inter angelos ante ipsum Dei thronum. Contra si arrogantia cum justitia copulata, nequitiæ suæ mole ac pondere ejus fiduciam detrahere potuit: si cum peccato jungatur, in quam gehennam non præcipitabit eum, qui illa detentus sit? Hæc dico non ut justitiam negligamus, sed ut fugiamus arrogantiam; non ut peccemus, sed ut modeste agamus. Philosophiæ quippe nostræ fundamentum est humilitas. Etsi innumera sursum ædifices, etsi eleemosynam, preces, jejunium, omnesque virtutes congeras, nisi eam pro fundamento posueris, omnia frustra et incassum ædificasti, citoque corruent, perinde atque ædificium illud super arenam exstructum. Nullum quippe opus bonum non illa eget, nullum sine illa stare poterit. Sed etiamsi continentiam dixeris, etiamsi virginitatem, etiamsi pecuniarum contemtum, etiamsi quidvis aliud, omnia immunda, exsecranda et abominanda absente humilitate sunt. Ubique igitur illam in verbis, in operibus, in cogitationibus assumamus, et cum illa hæc ædificemus.

Humilitas philosophiæ nostræ fundamentum.

Matth. 7. 26. 27.

3. Verum de humilitate hæc satis sunto, non pro dignitate rei; nemo quippe illam condigne celebrare possit; sed ad intelligentiam vestræ caritati dandam. Novi quippe vos ex paucis illis, quæ præfati sumus, illam multo studio suscepisse. Quia vero necesse est apostolicum dictum hodiernæ lectionis, quod multis videtur segnitiei occasionem præbere, planum facere, ut ne quidam inde frigida sumta excusatione salutem suam negligant: age illo sermonem transferamus. Quodnam est dictum illud? *Sive per occasionem*, inquit, *sive per veritatem Christus annuntiatur*. Hoc multi simpliciter et temere circumferunt, qui nec priora nec sequentia legerunt; sed resecta reliquorum membrorum serie, in animarum suarum perniciem hæc segnioribus proponunt. Nam dum tentant eos a sana fide abducere, deindeque vident eos formidolosos ac tremulos, quasi id non vacet periculo: ut timorem eorum solvant, hoc apostolicum proferunt dicentes, Paulus hoc concessit, inquiens, *Sive per occasionem, sive per veritatem, Christus* annuntietur. Sed hæc non ita se habent, non ita utique. Nam primo non dixit, Annuntietur, sed, *Annuntiatur*, quod multum

Philipp. 1. 18.

εὐκολίας, ὡς δικαιοσύνην μετ' ἀπονοίας οὖσαν ὑπερβῆναι καὶ προλαβεῖν. Ἂν τοίνυν μετὰ δικαιοσύνης αὐτὴν συνάψῃς, ποῦ οὐκ ἀφίξεται; πόσους οὐ διαβήσεται οὐρανούς; Παρ' αὐτὸν πάντως στήσεται τοῦ Θεοῦ τὸν θρόνον ἀνὰ μέσον τῶν ἀγγέλων μετὰ παῤῥησίας πολλῆς. Πάλιν εἰ μετὰ δικαιοσύνης ἡ ἀπόνοια ζευχθεῖσα, τῇ τῆς οἰκείας κακίας ὑπερβολῇ καὶ βαρύτητι καθελκύσαι τὴν ἐκείνης παῤῥησίαν E ἴσχυσεν, ἂν μετὰ ἁμαρτίας ᾖ συμβεβλημένη, εἰς πόσην οὐ καταχρημνίσαι δυνήσεται τὸν ἔχοντα αὐτὴν γέενναν; Ταῦτα λέγω, οὐχ ἵνα ἀμελῶμεν δικαιοσύνης, ἀλλ' ἵνα φύγωμεν ἀπόνοιαν· οὐχ ἵνα ἁμαρτάνωμεν, ἀλλ' ἵνα μετριάζωμεν. Θεμέλιος γάρ ἐστι τῆς καθ' ἡμᾶς φιλοσοφίας ἡ ταπεινοφροσύνη. Κἂν μυρία ἄνωθεν οἰκοδομήσῃς, κἂν ἐλεημοσύνην, κἂν εὐχὰς, κἂν νηστείαν, κἂν πᾶσαν ἀρετὴν, ταύτης μὴ προκαταβληθείσης, πάντα εἰκῇ καὶ μάτην ἐποικοδομηθήσεται, καὶ καταπεσεῖται ῥᾳδίως κατὰ τὴν οἰκοδο- 302 A μὴν ἐκείνην τὴν ἐπὶ τῆς ψάμμου τεθεῖσαν. Οὐδὲν γάρ ἐστιν, οὐδὲν τῶν ἡμετέρων κατορθωμάτων, ὃ οὐ ταύτης δεῖται· οὐδέν ἐστιν, ὃ χωρὶς ταύτης στῆναι δυνήσεται. Ἀλλὰ κἂν σωφροσύνην εἴπῃς, κἂν παρθενίαν, κἂν χρημάτων ὑπεροψίαν, κἂν ὁτιοῦν, πάντα ἀκάθαρτα καὶ ἐναγῆ καὶ βδελυρὰ ταπεινοφροσύνης ἀπούσης. Πανταχοῦ τοίνυν αὐτὴν παραλαμβάνωμεν, ἐν ῥήμασιν, ἐν πράγμασιν, ἐν ἐνθυμήμασι, καὶ μετὰ ταύτης ταῦτα οἰκοδομῶμεν.

Ἀλλὰ τὰ μὲν περὶ ταπεινοφροσύνης ἱκανῶς εἴρηται, οὐ πρὸς τὴν ἀξίαν τοῦ κατορθώματος· οὐδεὶς γὰρ B αὐτὴν κατ' ἀξίαν ὑμνῆσαι δυνήσεται· ἀλλὰ πρὸς τὴν σύνεσιν τῆς ὑμετέρας ἀγάπης. Εὖ γὰρ οἶδ' ὅτι καὶ ἀπὸ ὀλίγων τῶν εἰρημένων μετὰ πολλῆς αὐτὴν ἐπισπάσεσθε τῆς σπουδῆς. Ἐπειδὴ δὲ ἀνάγκη καὶ τὴν ἀποστολικὴν ῥῆσιν τὴν σήμερον ἀναγνωσθεῖσαν, πολλοῖς δοκοῦσαν παρέχειν ῥᾳθυμίας πρόφασιν, ποιῆσαι φανερὰν καὶ δήλην, ὥστε μὴ ψυχράν τινα ἀπολογίαν ἐντεῦθέν τινας πορίζομένους τῆς οἰκείας ἀμελεῖν σωτηρίας, φέρε, ἐπὶ ταύτην τὸν λόγον ἀγάγωμεν. Τίς οὖν ἐστιν ἡ ῥῆσις; Εἴτε προφάσει, φησὶν, εἴτε ἀληθείᾳ Χριστὸς καταγγέλλεται. Τοῦτο πολλοὶ περιφέρουσιν ἁπλῶς καὶ ὡς ἔτυχεν, οὐ τὰ πρότερα, οὐ τὰ μετὰ ταῦτα ἀναγινώσκοντες· ἀλλὰ τῆς ἀκολουθίας C τῶν λοιπῶν ἀποκόψαντες μελῶν ἐπ' ὀλέθρῳ τῆς ἑαυτῶν ψυχῆς τοῖς ῥᾳθυμοτέροις προβάλλονται. Ἐπιχειροῦντες γὰρ αὐτοὺς τῆς ὑγιοῦς ἀπάγειν πίστεως, εἶτα ὁρῶντες δεδοικότας καὶ τρέμοντας, ὡς οὐκ ἀκίνδυνον ὂν τοῦτο ποιεῖν, καὶ βουλόμενοι τὸν φόβον αὐτῶν ἐκλῦσαι, τὴν ἀποστολικὴν ταύτην παράγουσι ῥῆσιν, λέγοντες· ὁ Παῦλος συνεχώρησε τοῦτο, εἰπών· Εἴτε προφάσει, εἴτε ἀληθείᾳ Χριστὸς καταγγελλέσθω. Ἀλλ' οὐκ ἔστι ταῦτα, οὐκ ἔστι. Πρῶτον μὲν γὰρ οὐκ εἴρηκε, καταγγελλέσθω, ἀλλὰ, Καταγγέλλεται· πολὺ δὲ τὸ μέσον τούτου κἀκείνου. Τὸ μὲν D γὰρ εἰπεῖν, καταγγελλέσθω, νομοθετοῦντός ἐστι· τὸ δὲ εἰπεῖν, Καταγγέλλεται, τὸ συμβαῖνον ἀπαγγέλλοντος. Ὅτι δὲ οὐ νομοθετεῖ Παῦλος αἱρέσεις εἶναι, ἀλλὰ ἀπάγει πάντας τοὺς αὐτῷ προσέχοντας, ἄκουσον τί φησιν· Εἴ τις ὑμᾶς εὐαγγελίζεται παρ' ὃ παρελάβετε, ἀνάθεμα ἔστω, κἂν ἐγὼ, κἂν ἄγγελος ἐξ οὐρανῶν. Οὐκ ἂν δὲ ἀνεθεμάτισε καὶ ἑαυτὸν καὶ ἄγγελον, εἰ τὸ πρᾶγμα ἀκίνδυνον ᾔδει. Καὶ πάλιν, Ζηλῶ γὰρ ὑμᾶς Θεοῦ ζήλῳ, φησίν· ἡρμοσάμην γὰρ ὑμᾶς ἑνὶ ἀνδρὶ παρθένον ἁγνήν. Φοβοῦμαι δὲ μήποτε ὡς ὁ ὄφις Εὔαν ἠπάτησεν ἐν τῇ πανουργίᾳ αὐτοῦ, οὕτω φθαρῇ τὰ νοήματα ὑμῶν ἀπὸ τῆς ἁπλότητος τῆς εἰς τὸν Χριστόν. Ἰδοὺ καὶ ἁπλότητα τέθεικε, καὶ E συγγνώμην οὐκ ἔδωκεν. Εἰ γὰρ ἦν συγγνώμη, κίνδυνος οὐκ ἦν· εἰ δὲ κίνδυνος οὐκ ἦν, οὐκ ἂν ἐφοβήθη Παῦλος· [a] καὶ οὐχ ὁ Χριστὸς δὲ τὰ ζιζάνια κἂν ἐκέλευσε κατακαῆναι, εἰ πρᾶγμα ἀδιάφορον ἦν καὶ τούτῳ, κἀκείνῳ, καὶ ἑτέρῳ προσέχειν, καὶ πᾶσιν ἁπλῶς.

Τί ποτ' οὖν ἐστι τὸ λεγόμενον; Μικρὸν ἄνωθεν ὑμῖν τὴν ἱστορίαν ἅπασαν διηγήσασθαι βούλομαι· δεῖ γὰρ εἰδέναι ἐν τίσιν ὁ Παῦλος ἦν, ἡνίκα ταῦτα ἐπέστελλεν. Ἐν τίσι τοίνυν ἦν τότε; Ἐν δεσμωτη- 303 A ρίῳ καὶ ἁλύσεσι καὶ κινδύνοις ἀφορήτοις. Πόθεν τοῦτο δῆλον; Ἐξ αὐτῆς τῆς ἐπιστολῆς. Ἀνωτέρω γὰρ τούτου φησί· Γινώσκειν δὲ ὑμᾶς βούλομαι, ἀδελφοὶ, ὅτι τὰ κατ' ἐμὲ μᾶλλον εἰς προκοπὴν τοῦ εὐαγγελίου ἐλήλυθεν, ὥστε τοὺς δεσμούς μου φανεροὺς ἐν Χριστῷ γενέσθαι ἐν ὅλῳ τῷ πραιτωρίῳ, καὶ τοῖς λοιποῖς ἅπασι· καὶ τοὺς πλείονας δὲ τῶν ἀδελφῶν πεποιθότας τοῖς δεσμοῖς μου περισσοτέρως τολμᾷν ἀφόβως τὸν λόγον λαλεῖν. Νέρων δὲ ἦν αὐτὸν ἐμβεβληκὼς τότε τῷ δεσμωτηρίῳ. Καθάπερ γάρ τις λῃστὴς τῆς οἰκίας ἐπιβὰς, καθευδόντων ἁπάντων, τὰ πάντα ὑφαιρούμενος, ἐπειδὰν ἴδῃ τινὰ λύχνον ἅψαντα, καὶ τὸ φῶς σβέννυσι, καὶ τὸν λυχνοῦχον ἀναιρεῖ, ἵνα μετὰ ἀδείας B αὐτῷ τὰ τῶν ἄλλων ὑφαιρεῖσθαι καὶ ἁρπάζειν ἐξῇ· οὕτω δὴ καὶ Νέρων ὁ Καῖσαρ τότε, ὥσπερ τις λῃστὴς καὶ τοιχωρύχος, καθευδόντων ἁπάντων βαθύν τινα καὶ ἀναίσθητον ὕπνον, τὰ πάντων ἁρπάζων, γάμους διορύττων, οἰκίας ἀνατρέπων, ἅπαν κακίας εἶδος ἐπιδεικνύμενος, ἐπειδὴ τὸν Παῦλον εἶδε λύχνον ἅψαντα κατὰ τὴν οἰκουμένην, τὸν τῆς διδασκαλίας λόγον, καὶ ἐλέγχοντα αὐτοῦ τὴν πονηρίαν, ἐσπούδαζε καὶ τὸ κήρυγμα σβέσαι, καὶ τὸν διδάσκαλον ἀνελεῖν, ἵνα μετ' ἐξουσίας αὐτῷ πάντα ποιεῖν ἐξῇ, καὶ δήσας τὸν ἅγιον ἐκεῖνον ἐνέβαλεν εἰς δεσμωτήριον. Τότε τοίνυν C ταῦτα ἔγραφεν ὁ μακάριος Παῦλος. Τίς οὐκ ἂν ἐκπλαγείη; τίς οὐκ ἂν θαυμάσειε; μᾶλλον δὲ τίς κατ'

D differt ab illo. Etenim dicere, Annuntietur, legem dantis est; *Annuntiatur* vero dicere, id quod contingit narrantis est. Quod vero Paulus non legem ferat ut sint hæreses, sed abducat omnes qui ipsi attenderent, audi quid dixerit: *Si quis* Gal. 1. 8. 9. *vobis evangelizat præter id quod accepistis, anathema sit, etsi ego, etsi angelus de cœlis.* Non autem et se et angelum anathematizasset, si rem sine periculo esse scivisset. Ac rursum: *Æmulor enim vos Dei æmulatione: de-* 2. Cor. 11. 2. 3. *spondi enim vos uni viro virginem castam. Timeo autem ne sicut serpens Evam decepit* Gen. 3. 4. *astutia sua, sic corrumpantur sensus vestri* E *a simplicitate quæ est in Christo.* Ecce et simplicitatem posuit, et veniam non dedit. Nam si venia esset, certe periculum non erat; si periculum non erat, non utique timuisset Paulus; neque Christus zizania comburi jussisset, si res indifferens erat huic, illi vel alii attendere, omnibusque simpliciter.

4. Quid sibi vult illud quod dictum est? Paulo altius vobis totam historiam repetam: sciendum quippe est quo in statu Paulus esset 303 cum hæc scriberet. Quo in statu igitur erat? In A carcere, et catenis, ingentibusque periculis. Undenam id liquet? Ex ea ipsa epistola: nam antea dixerat: *Scire autem vos volo, fratres,* Philipp. 1. 12.–14. *quod ea, quæ circa me sunt, magis ad profectum venerunt evangelii; ita ut vincula mea manifesta fierent in Christo in toto prætorio et cæteris omnibus; et plures e fratribus in Domino confidentes vinculis meis, abundantius auderent sine timore verbum Dei loqui.* Nero erat, qui illum in carcerem conjecerat. Quemadmodum enim prædo quidam cunctis dormientibus domum ingressus, dum B omnia abripit, si quem videat lucernam accendere, lumen exstinguit, et illum interimit, ut omnia libere possit auferre et abripere: sic et tunc Nero Cæsar, ceu quidam prædo et compilator, dormientibus omnibus, profundoque somno obrutis, omnium bona abripiebat, nuptias invadebat, domos subvertebat, omne genus nequitiæ exhibebat: cumque Paulum videret lucernam per totum orbem accendere, nempe doctrinæ verbum, ejusque nequitiam redarguere, prædicationem exstinguere et doctorem C occidere conatus est, ut omnia cum potestate sibi facere liceret: vinctumque sanctum illum conjecit in carcerem. Tunc igitur hæc beatus Paulus scri-

[a] Unus Ms. [748] καὶ ὁ Χριστὸς δὲ τὰ ζιζάνια οὐκ ἂν ἐκέλευσε.

psit. Quis non stupeat? quis non admiretur? imo quis, ut par est, stupeat et admiretur generosum illum et ad cælos pertingentem animum, qui Romæ vinctus et incarceratus, ex tanto intervallo Philippensibus scriberet? Scitis quantum spatium sit Macedoniam inter et Romam. Sed neque itineris longitudo, neque diuturnitas temporis, neque rerum tumultus, neque pericula et frequentia mala, neque aliud quidpiam caritatem memoriamque discipulorum dejiciebat; sed omnes ille in mente servabat: neque ita catenis manus ligabantur, ut anima ejus amore discipulorum devincta affixaque erat:
Philip. 1. 7. quod ipsum initio epistolæ declarabat: *Eo quod habeam vos in corde in vinculis meis, et in defensione et confirmatione evangelii.* Et sicut rex mane in solium conscendens, in regalibus aulis sedens, innumeras statim undique recipit epistolas: sic et ille quemadmodum in regiis aulis in carcere sedens, multo plures accipiebat atque mittebat epistolas, gentibus undique negotia sua omnia ad ejus sapientiam referentibus; tantoque plura ille negotia, quam ipse Imperator, gerebat, quanto majus sibi commissum imperium habebat. Neque enim Romanam tantum ditionem, sed etiam barbaros omnes, terram et mare in manus ejus tradiderat
Rom. 1. 13. 14 Deus. Idque Romanis declarans dicebat: *Nolo autem vos ignorare, fratres, quia sæpe proposui venire ad vos,* et *prohibitus sum usque adhuc; ut aliquem fructum habeam* et *in vobis, sicut* et *in cæteris gentibus: Græcis et barbaris, sapientibus et insipientibus debitor sum.* Quotidie ergo sollicitus erat, quid
Sollicitudo Pauli erga omnes. Corinthii, quid Macedones agerent: quomodo Philippenses, quomodo Cappadoces, quomodo Galatæ, quomodo Athenienses, quomodo Pontum incolentes, quomodo omnes homines se haberent. Attamen, cum universus orbis ipsi concreditus esset, non tantum de gentibus omnibus erat sollicitus, sed etiam de uno quopiam homine: et nunc propter Onesimum epistolam mittebat, nunc propter eum, qui apud Corinthies fornicatus erat. Neque enim hoc considerabat, quod unus esset is qui peccaverat, et patrocinio egeret, sed quod homo esset: homo, inquam, pretiosissimum Deo animal, et propter quem Pater Filio suo non pepercit.

5. Ne mihi dixeris quod ille fugitivus, quod latro, quod fur, et innumeris onustus vitiis; vel

ἀξίαν ἐκπλαγείη καὶ θαυμάσειεν ἂν τὴν γενναίαν ἐκείνην καὶ οὐρανομήκη ψυχὴν, ὅτι δεδεμένος ἐν Ῥώμῃ καὶ καθειργμένος, ἀπὸ τοσούτου διαστήματος Φιλιππησίοις ἐπέστελλεν; Ἴστε γὰρ ὅσον τὸ μέσον Μακεδονίας καὶ Ῥώμης. Ἀλλ' οὔτε τῆς ὁδοῦ τὸ μῆκος, οὔτε τοῦ χρόνου τὸ πλῆθος, οὔτε ὁ τῶν πραγμάτων ὄχλος, οὔτε ὁ κίνδυνος καὶ τὰ ἐπάλληλα δεινὰ, οὔτε ἄλλο οὐδὲν τὴν ἀγάπην καὶ τὴν μνήμην ἐξέβαλε τῶν μαθητῶν, ἀλλ' εἶχεν αὐτοὺς ἅπαντας ἐν διανοίᾳ· D καὶ οὐχ οὕτως αὐτῷ ταῖς ἁλύσεσιν αἱ χεῖρες ἐδέδεντο, ὡς τῷ πόθῳ τῶν μαθητῶν ἡ ψυχὴ συνεδέδετο καὶ προσήλωτο· ὅπερ οὖν καὶ αὐτὸ δηλῶν ἐν τῷ προοιμίῳ τῆς ἐπιστολῆς ἔλεγε· Διὰ τὸ ἔχειν με ἐν τῇ καρδίᾳ μου ὑμᾶς, ἔν τε τοῖς δεσμοῖς μου, καὶ ἐν τῇ ἀπολογίᾳ καὶ βεβαιώσει τοῦ εὐαγγελίου. Καὶ καθάπερ βασιλεὺς ἐπὶ τὸν θρόνον ἀναβὰς ὑπὸ τὴν ἕω καὶ καθίσας ἐν ταῖς βασιλικαῖς αὐλαῖς, μυρίας εὐθέως δέχεται πανταχόθεν ἐπιστολάς· οὕτω δὴ κἀκεῖνος, καθάπερ ἐν βασιλικαῖς αὐλαῖς, τῷ δεσμωτηρίῳ καθήμενος, πολλῷ πλείω καὶ ἐδέχετο καὶ [a]ἔπεμπε τὰ γράμματα, τῶν πανταχόθεν ἐθνῶν ἐπὶ τὴν ἐκείνου σοφίαν ὑπὲρ τῶν καθ' ἑαυτοὺς πραγμάτων ἀναφερόντων E ἅπαντα καὶ τοσούτῳ πλείονα πράγματα τοῦ βασιλεύοντος ᾠκονόμει, ὅσῳ καὶ μείζονα ἀρχὴν ἐμπεπίστευτο. Οὐ γὰρ δὴ τοὺς τὴν Ῥωμαίων οἰκοῦντας χώραν μόνον, ἀλλὰ καὶ τοὺς βαρβάρους ἅπαντας, καὶ γῆν καὶ θάλατταν φέρων εἰς τὰς ἐκείνου χεῖρας ἐνέθηκεν ὁ Θεός. Καὶ τοῦτο δηλῶν Ῥωμαίοις ἔλεγεν· Οὐ θέλω δὲ ὑμᾶς ἀγνοεῖν, ἀδελφοὶ, ὅτι πολλάκις ἐλθεῖν προεθέμην πρὸς ὑμᾶς, καὶ ἐκωλύθην ἄχρι τοῦ δεῦρο, ἵνα τινὰ καρπὸν σχῶ καὶ ἐν ὑμῖν, καθὼς καὶ ἐν τοῖς λοιποῖς ἔθνεσιν· Ἕλλησί τε καὶ βαρβάροις, σοφοῖς τε καὶ 304 A ἀνοήτοις ὀφειλέτης εἰμί. Καθ' ἑκάστην τοίνυν ἐφρόντιζε τὴν ἡμέραν, τοῦτο δὴ Κορινθίοις, τοῦτο δὴ Μακεδόσι, πῶς Φιλιππήσιοι, πῶς Καππαδόκαι, πῶς Γαλάται, πῶς Ἀθηναῖοι, πῶς οἱ τὸν Πόντον οἰκοῦντες, πῶς ἅπαντες ἄνθρωποι. Ἀλλ' ὅμως τὴν γῆν ἅπασαν ἐγκεχειρισμένος οὐχ ὑπὲρ ἐθνῶν ὁλοκλήρων ἐμερίμνα μόνον, ἀλλὰ καὶ ὑπὲρ ἑνὸς ἀνθρώπου· καὶ νῦν [b]μὲν δι' Ὀνήσιμον τὴν ἐπιστολὴν ἔπεμπε, νῦν δὲ διὰ τὸν παρὰ Κορινθίοις πεπορνευκότα. Οὐδὲ γὰρ τοῦτο ἐσκόπει, ὅτι εἷς ἦν ὁ ἁμαρτὼν, καὶ δεόμενος προστασίας· ἀλλ' ὅτι ἄνθρωπος ἦν, ἄνθρωπος τὸ τῷ Θεῷ τιμιώτατον ζῶον, καὶ δι' ὃν οὐδὲ τοῦ Μονογενοῦς ὁ Πατὴρ ἐφείσατο.

B Μὴ γάρ μοι τοῦτο εἴπῃς, ὅτι δραπέτης ὁ δεῖνα, καὶ λῃστὴς καὶ κλέπτης, καὶ μυρίων γέμων κακῶν,

[a] Unus Ms. ἔπεμπε συνεχῶς τὰ γρ. Alius [748] συχνῶς.

[b] Duo Mss. μὲν Ὀνησίμῳ τήν.

ἢ ὅτι πτωχὸς καὶ ἀπεῤῥιμμένος, καὶ εὐτελὴς, καὶ οὐδενὸς ἄξιος λόγου· ἀλλ' ἐννόησον ὅτι καὶ ὑπὲρ τούτου Χριστὸς ἀπέθανε, καὶ ἀρκεῖ σοι τοῦτο εἰς πάσης προνοίας ὑπόθεσιν. Ἐννόησον ὁποῖόν τινα ἐκεῖνον εἶναι χρὴ, ὃν τοσούτου Χριστὸς ἐτιμήσατο, ὡς μηδὲ τοῦ αἵματος φείσασθαι τοῦ ἑαυτοῦ. Οὐδὲ γὰρ, εἰ βασιλεὺς ὑπὲρ τινὸς εἵλετο καταθῦσαι ἑαυτὸν, ἐζητήσαμεν ἂν ἑτέραν ἀπόδειξιν τοῦ μέγαν τινὰ εἶναι καὶ περισπούδαστον ἐκεῖνον τῷ βασιλεῖ, οὐκ ἔγωγε οἶμαι· C ἤρκει γὰρ ἡ τελευτὴ δεῖξαι τοῦ τετελευτηκότος τὴν περὶ αὐτὸν ἀγάπην. Νυνὶ δὲ οὐκ ἄνθρωπος, οὐκ ἄγγελος, οὐκ ἀρχάγγελος, ἀλλ' αὐτὸς ὁ τῶν οὐρανῶν Δεσπότης, αὐτὸς ὁ μονογενὴς Υἱὸς τοῦ Θεοῦ σάρκα περιβαλόμενος ἐπέδωκεν ἑαυτὸν ὑπὲρ ἡμῶν. Οὐ πάντα οὖν ποιήσομεν καὶ πραγματευσόμεθα, ὥστε τοὺς οὕτω τιμηθέντας ἀνθρώπους πάσης ἀπολαῦσαι παρ' ἡμῶν προνοίας; Καὶ ποίαν ἕξομεν ἀπολογίαν; τίνα συγγνώμην; Τοῦτο γοῦν αὐτὸ καὶ ὁ Παῦλος ἐνδεικνύμενος ἔλεγε· Μὴ τῷ βρώματί σου ἐκεῖνον ἀπόλλυε, δι' ὃν Χριστὸς ἀπέθανε. Τοὺς γὰρ καταφρονοῦν- D τας τῶν ἀδελφῶν, καὶ ὡς ἀσθενούντων ὑπερορῶντας βουλόμενος ἐντρέψαι καὶ εἰς σπουδὴν ἀγαγεῖν καὶ πεῖσαι κήδεσθαι τῶν πλησίον, ἀντὶ πάντων τὸν τοῦ Δεσπότου θάνατον τέθεικε. Καθήμενος τοίνυν ἐν τῷ δεσμωτηρίῳ τοῖς Φιλιππησίοις ἐπέστελλεν ἐκ τοσούτου τοῦ διαστήματος. Τοιαύτη γὰρ ἡ κατὰ Θεὸν ἀγάπη· οὐδενὶ τῶν ἀνθρωπίνων διακόπτεται, ἄνωθεν ἔχουσα τὰς ῥίζας ἐκ τῶν οὐρανῶν καὶ [b] τὰς ἀμοιβάς. Καὶ τί φησι; Γινώσκειν δὲ ὑμᾶς βούλομαι, ἀδελφοί. Εἶδες πρόνοιαν ὑπὲρ μαθητῶν; εἶδες διδασκάλου κηδεμονίαν; Ἄκουσον καὶ φιλοστοργίαν μαθητῶν περὶ τὸν διδάσκαλον, ἵνα [c] εἰδῇς ὅτι τοῦτο ἦν τὸ ποιοῦν E ἰσχυροὺς ἐκείνους καὶ ἀκαταγωνίστους, τὸ συνδεδέσθαι ἀλλήλοις. Εἰ γὰρ Ἀδελφὸς ὑπὸ ἀδελφοῦ βοηθούμενος, ὡς πόλις ὀχυρὰ, πολλῷ μᾶλλον τοσοῦτοι συνδεδεμένοι τοῖς τῆς ἀγάπης δεσμοῖς, πᾶσαν ἂν ἀπεκρούσαντο τὴν τοῦ πονηροῦ δαίμονος ἐπιβουλήν. Ὅτι μὲν οὖν ὁ Παῦλος συνεδέδετο τοῖς μαθηταῖς, οὐδὲ ἀποδείξεως δεῖ λοιπὸν ἡμῖν, οὐδὲ λόγου, ὅπου γε καὶ δεδεμένος αὐτῶν ἐμερίμνα, καὶ καθ' ἑκάστην ἡμέραν καὶ ὑπὲρ αὐτῶν ἀπέθνησκε τῷ πόθῳ πυρούμενος.

305 A Ὅτι δὲ καὶ οἱ μαθηταὶ τῷ Παύλῳ συνδεδεμένοι μετὰ ἀκριβείας ἦσαν ἁπάσης, καὶ οὐκ ἄνδρες μόνον, ἀλλὰ καὶ γυναῖκες, ἄκουσον τί φησι περὶ τῆς Φοίβης· Συνίστημι δὲ ὑμῖν Φοίβην τὴν ἀδελφὴν, διάκονον οὖσαν τῆς Ἐκκλησίας τῆς ἐν Κεγχρέαις, ἵνα προσδέξησθε αὐτὴν ἐν Κυρίῳ ἀξίως τῶν ἁγίων, καὶ παραστῆτε αὐτῇ, ἐν ᾧ ἂν ὑμῶν πράγματι χρήζῃ, ἥτις προστάτις πολλῶν ἐγενήθη, καὶ αὐτοῦ ἐμοῦ. Ἀλλ' ἐνταῦθα μὲν μέχρι προστασίας ἐμαρτύρησεν αὐτῇ τὴν

quod mendicus, abjectus, vilis et nullius pretii : sed cogita pro illo Christum mortuum esse, idque tibi satis est ad omnem suscipiendam curam. Cogita quem esse oporteat eum quem Christus sic honoraverit, ut neque sanguini suo pepercerit. Neque enim, si rex pro aliquo sese immolare vellet, aliud quæreremus argumentum, quod magnus C ille esset, regique carissimus, ut ego quidem existimo : mors quippe satis esset ad declarandum ejus qui mortem susciperet erga illum affectum. Jam vero non homo, non angelus, non archangelus, sed ipse cælorum Dominus, ipse unigenitus Filius Dei carne indutus seipsum tradidit pro nobis. Annon igitur omnia faciemus, omnia tentabimus, ut homines tanto affecti honore nostra fruantur cura et sollicitudine? Ecquam habebimus excusationem? quam veniam? Hoc ipsum Paulus
indicans dicebat : *Ne cibo tuo illum perdas, pro-* Rom. 14.
pter quem Christus mortuus est. Eos enim qui 15.
D fratres spernunt et tamquam infirmos despiciunt ut pudefaciat, et ad proximi curam studiumque inducat, vice omnium mortem Domini posuit. Ex tanto igitur intervallo in carcere sedens Philippensibus scripsit. Talis quippe est caritas erga Deum; nullis rebus impeditur humanis, utpote quæ in cælis radicem habeat et renumerationem.
Et quid dicit? *Scire vos volo, fratres.* Vidistin' Philipp. 1.
curam erga discipulos? vidistin' magistri sollici- 12.
tudinem? Audi et affectum discipulorum erga magistrum, ut scias ideo illos fortes invictosque fuisse, quod mutuo amore devincti essent. Nam
E si *Frater qui adjuvatur a fratre, quasi civitas* Prov. 18.
firma, multo magis tot homines caritatis vinculis 19.
constricti, omnes depellant maligni dæmonis insidias. Certe quod Paulus devinctus esset discipulis, non opus est demonstrare vel dicere, quando etiam vinculis constrictus illorum sollicitudinem gerebat, et quotidie pro illis moriebatur, incensus amore.

6. Quod vero discipuli Paulo essent omni studio devincti, non viri solum, sed etiam mulieres, audi quid dicat de Phœbe : *Commendo* Rom. 16.
vobis Phœben sororem, quæ in ministerio est 1. 2.
Ecclesiæ, quæ est in Cenchreis, ut eam suscipiatis in Domino digne sanctis, et assistatis ei in quocumque negotio vestri indiguerit, quæ adstitit multis, et mihi ipsi. Verum hic circa patrocinium tantum ipsius studio testimo-

[b] Mss. τὰς ἀμοιβάς. Editi τὰς ἀφορμάς.

[c] [Cum Cod. 748 scripsimus εἰδῇς. Editi ἴδῃς.]

nium dedit : Priscilla vero et Aquila usque ad mortem Pauli gratia processerunt. De illis autem
Rom. 16. 3. 4. hoc modo scribit : *Salutant vos Aquila et Priscilla, qui pro anima mea cervicem suam supposuerunt*, ad mortem videlicet. De alio quo-
Philipp. 2. 30. que sic ad illos scribit : *Usque ad mortem accessit, tradens animam suam, ut impleret id, quod ex vobis deerat erga me obsequium.*
Discipulorum erga magistrum amor, qui esse debeat. Viden' quomodo magistrum diligerent, quomodo prius, quam animæ suæ, ejus tranquillitati prospicerent? Quamobrem nemo tunc illos superabat. Hæc porro dico, non ut audiamus tantum, sed etiam ut imitemur : neque subditis tantum loquor, sed etiam magistratibus ; ut discipuli multam erga magistros curam exhibeant, utque magistri eumdem quem Paulus erga subdi- C tos affectum habeant, nec solum præsentes, sed etiam procul positos. Siquidem Paulus ac si in toto orbe ceu una in domo habitaret, sic de omnium salute sollicitus erat, missisque vinculis suis, ærumnis, plagis, angustiis, considerabat et sciscitabatur quotidie, quomodo se haberent ea, quæ ad discipulos spectabant : sæpeque illa solum de causa mittebat, nunc Timotheum, nunc Tychicum : nam de hoc quidem
Ephes. 6. 22. ait : *Ut sciat quæ ad vos spectant, et consoletur corda vestra* : de Timotheo autem : *Misi*
1 Thess. 3. 5. D *eum ad vos non amplius sustinens, ne forte tentaverit vos is qui tentat.* Alibi vero Titum, alibi alium. Quia enim ipse uno detentus in loco illis adesse non poterat, qui viscera ejus erant, per discipulos suos ipsos conveniebat.

7. Tunc ergo in vinculis cum esset, Philippen-
Philipp. 1. 12. sibus scripsit : *Scire autem vos volo, fratres* ; discipulos vocat fratres. Talis quippe caritas
Caritas inæqualitatem abjicit. est : inæqualitatem omnem abjicit, præeminentiam et dignitatem non novit ; sed etiamsi E quis sit omnibus sublimior, ad omnium humillimum descendit, quod et Paulus faciebat. Sed
Philipp. 1. 12. audiamus quid illos scire velit : *Quia quæ circa me sunt, magis ad profectum venerunt evangelii.* Dic mihi, quomodo et qua ratione? Num a vinculis liberatus es? num catenam deposuisti, et cum libertate in urbe prædicas? num in ecclesiam ingressus longos multosque texuisti sermones circa fidem, multosque adeptus discipulos abscessisti? num mortuos suscitasti, et admiratio- 306 ni fuisti? num leprosos mundasti, et omnes stu- A

σπουδήν· Πρίσκιλλα δὲ καὶ Ἀκύλας καὶ μέχρι θανάτου διὰ τὸν Παῦλον ἐχώρησαν, καὶ περὶ αὐτῶν δὲ B οὕτω γράφει λέγων· * Ἀσπάζονται ὑμᾶς Ἀκύλας καὶ Πρίσκιλλα, οἵτινες ὑπὲρ τῆς ψυχῆς μου τὸν ἑαυτῶν τράχηλον ὑπέθηκαν, εἰς θάνατον δηλονότι. Καὶ περὶ ἑτέρου πάλιν αὐτοῖς τούτοις γράφων, φησίν· Ὅτι ἤγγισεν ἕως θανάτου, παραβουλευσάμενος τῇ ψυχῇ, ἵνα τὸ ὑμῶν ὑστέρημα ἀναπληρώσῃ τῆς πρός με λειτουργίας. Εἶδες πῶς ἐφίλουν τὸν διδάσκαλον; πῶς πρὸ τῆς ψυχῆς τῆς ἑαυτῶν τὴν ἄνεσιν ἐσκόπουν τὴν ἐκείνου; Διὰ τοῦτο οὐδεὶς αὐτῶν περιεγένετο τότε. Ταῦτα δὲ λέγω, οὐχ ἵνα ἀκούωμεν μόνον, ἀλλὰ [a] ἵνα καὶ μιμώμεθα· καὶ οὐ πρὸς τοὺς ἀρχομένους μόνον, ἀλλὰ καὶ πρὸς τοὺς ἄρχοντας ἡμῖν ὁ λόγος ἀποτείνεται, ἵνα καὶ οἱ μαθηταὶ πολλὴν περὶ τοὺς δι- C δασκάλους κηδεμονίαν ἐπιδεικνύωνται, καὶ οἱ διδάσκαλοι τὴν αὐτὴν τῷ Παύλῳ φιλοστοργίαν περὶ τοὺς ὑποταττομένους ἔχωσιν, οὐχὶ τοὺς παρόντας μόνον, ἀλλὰ καὶ τοὺς πόῤῥωθεν ὄντας. Καὶ γὰρ ὁ Παῦλος καθάπερ μίαν οἰκῶν οἰκίαν τὴν οἰκουμένην ἅπασαν, οὕτω τῆς πάντων ἐφρόντιζε σωτηρίας, καὶ τὰ αὐτοῦ πάντα ἀφεὶς δεσμὰ καὶ θλίψεις καὶ πληγὰς καὶ στενοχωρίας, ἐπεσκόπει καὶ ἐπυνθάνετο καθ' ἑκάστην ἡμέραν, πῶς τὰ τῶν μαθητῶν ἔχοι· καὶ πολλάκις δι' αὐτὸ τοῦτο μόνον ἔπεμψε, νῦν μὲν Τιμόθεον, νῦν δὲ Τυχικόν· καὶ περὶ μὲν ἐκείνου φησίν· Ἵνα γνῷ τὰ D περὶ ὑμῶν, καὶ παρακαλέσῃ τὰς καρδίας ὑμῶν· περὶ δὲ Τιμοθέου· Ἔπεμψα αὐτὸν πρὸς ὑμᾶς μηκέτι στέγων, μήπως ἐπείρασεν ὑμᾶς ὁ πειράζων· καὶ Τίτον πάλιν ἀλλαχοῦ, καὶ ἄλλον ἑτέρωσε. Ἐπειδὴ γὰρ αὐτὸς τῇ τῶν δεσμῶν ἀνάγκῃ πολλάκις ἐν ἑνὶ κατεχόμενος τόπῳ συγγενέσθαι τοῖς αὐτοῦ σπλάγχνοις οὐκ ἠδύνατο, διὰ τῶν μαθητῶν αὐτοῖς συνεγένετο.

Καὶ τότε τοίνυν ἐν δεσμοῖς ὢν γράφει τοῖς Φιλιππησίοις λέγων· Γινώσκειν δὲ ὑμᾶς βούλομαι, ἀδελφοὶ, τοὺς μαθητὰς ἀδελφοὺς καλῶν. Τοιοῦτον γὰρ ἡ ἀγάπη· πᾶσαν ἀνωμαλίαν ἐκβάλλει, καὶ ὑπεροχὴν E καὶ ἀξίαν οὐκ οἶδεν, ἀλλὰ κἂν ἁπάντων ὑψηλότερος ᾖ τις, πρὸς τὸν πάντων κάτεισι ταπεινότερον· ὅπερ καὶ Παῦλος ἐποίει. Ἀλλ' ἀκούσωμεν τί βούλεται γινώσκειν αὐτούς· Ὅτι τὰ κατ' ἐμὲ, φησὶ, μᾶλλον εἰς προκοπὴν τοῦ εὐαγγελίου ἐλήλυθεν. Εἰπέ μοι, πῶς καὶ τίνι τρόπῳ; Ἆρα τῶν δεσμῶν ἀφέθης; ἆρα ἀπέθου τὴν ἅλυσιν, καὶ μετὰ ἀδείας κηρύττεις ἐν τῇ πόλει; ἆρα εἰς ἐκκλησίαν εἰσελθὼν, μακροὺς καὶ πολλοὺς κατέτεινας λόγους περὶ τῆς πίστεως, καὶ πολλοὺς λαβὼν μαθητὰς ἀπῆλθες; ἆρα νεκροὺς ἤγειρας, καὶ 306 ἐθαυμαστώθης; ἆρα λεπροὺς ἐκάθηρας, καὶ ἐξεπλάγη- A σαν ἅπαντες; ἆρα δαίμονας ἀπήλασας, καὶ ἀνυψώθης;

* Hæc non quadrant ad textum Epist. ad Romanos.

[a] Duo Mss. ἵνα καὶ [illegible].

Οὐδὲν τούτων, φησί. Πῶς οὖν ἡ προκοπὴ γέγονε τοῦ εὐαγγελίου; εἰπέ. Ὥστε τοὺς δεσμούς μου, φησὶ, φανεροὺς ἐν Χριστῷ γενέσθαι ἐν ὅλῳ τῷ πραιτωρίῳ, καὶ τοῖς λοιποῖς πᾶσι. Τί λέγεις; τοῦτο ἄρα, τοῦτο ἡ προκοπή; τοῦτο ἡ ἐπίδοσις; τοῦτο ἡ αὔξησις τοῦ κηρύγματος, ὅτι πάντες ἔμαθον ὅτι δέδεσαι; Ναὶ, φησίν. Ἄκουσον γοῦν τῶν ἑξῆς, ἵνα μάθῃς ὅτι τὰ δεσμὰ οὐ μόνον οὐκ ἐγίνετο κώλυμα, ἀλλὰ καὶ ὑπόθεσις πλείονος παῤῥησίας· Ὥστε τοὺς πλείονας τῶν ἀδελφῶν ἐν Κυρίῳ, πεποιθότας τοῖς δεσμοῖς μου, περισσοτέρως τολμᾷν ἀφόβως τὸν λόγον λαλεῖν. Τί λέγεις, ὦ Παῦλε; οὐκ ἀγωνίαν ἐνέβαλεν ἀλλὰ θάρσος τὰ δεσμά; οὐ φόβον, ἀλλὰ πόθον; Οὐκ ἔχει τὰ λεγόμενα ἀκολουθίαν. Οἶδα κἀγώ. Οὐδὲ γὰρ κατὰ ἀνθρωπίνων πραγμάτων ἀκολουθίαν ταῦτα συνέβαινε, φησίν· ἀλλ' ὑπὲρ φύσιν ἦν τὰ γινόμενα, καὶ θείας χάριτος τὰ κατορθώματα. Διὰ τοῦτο ὃ τοῖς ἄλλοις ἀγωνίαν ἐποίει, τοῦτο [a] ἐπ' ἐκείνῳ θάρσος παρεῖχε. Καὶ γὰρ στρατηγὸν ἐὰν λαβών τις καὶ καθείρξας ποιήσῃ φανερὸν τοῦτο, εἰς φυγὴν ἐμβάλλει τὸ στρατόπεδον ἅπαν· καὶ ποιμένα δὲ ἐάν τις τῆς ποίμνης ἀπαγάγῃ, μετὰ πολλῆς τῆς ἀδείας ἀπελαύνει τὰ πρόβατα. Ἀλλ' οὐκ ἐπὶ Παύλου οὕτως, ἀλλὰ τοὐναντίον ἅπαν. Ὁ στρατηγὸς γὰρ ἐδέδετο, καὶ οἱ στρατιῶται προθυμότεροι ἐγίνοντο, καὶ μετὰ πλείονος τῆς παῤῥησίας τοῖς ἐναντίοις ἐπεπήδων· ὁ ποιμὴν καθεῖρκτο, καὶ τὰ πρόβατα οὐκ ἀνηλοῦτο, οὐδὲ ἐσκορπίζετο.

pefacti sunt? num dæmones fugasti, et sublimis inde factus es? Nilil horum, inquit. Quomodo igitur profectus evangelii fuit? dic quæso. *Ita ut*, inquit, *vincula mea manifesta in Christo fierent in* toto *prætorio, et in cæteris omnibus.* [Philipp. 1. 13.] Quid dicis? hiccine profectus? hæc accessio? hoc augmentum prædicationis, quod omnes didicerint, te vinctum esse? Etiam, inquit. Audi igitur ea, quæ sequuntur, ut discas, vincula non modo impedimentum non fuisse, sed etiam argumentum majoris fiduciæ: *Ita ut plures* e *fratribus in Domino, confidentes vinculis meis, abundantius auderent sine timore verbum loqui.* [Philipp. 1. 14.] Quid dicis, Paule? vincula non anxietatem, sed fiduciam indidere? non timorem, sed amorem? Non 1abent 1æc dicta consequentiam. Scio et ego. Non enim secundum humanarum rerum morem hæc contigerunt, inquit: sed supra naturam sunt illa, et divinæ gratiæ gesta. Ideo quod aliis anxietatem parit, id apud illum fiduciam præbebat. Etenim si quis capto constrictoque duce id devulget, totum exercitum in fugam conjicit: et si quis pastorem ex ovili abduxerit, abigendi gregis libertatem præbet. Verum non sic in Paulo, sed contrarium eveniebat. Nam dux alligabatur, et alacriores milites erant, majorique animo adversarios adoriebantur: pastor constrictus erat, et oves non consumebantur, nec dispergebantur.

Τίς εἶδε, τίς ἤκουσεν ἐν τοῖς τῶν διδασκάλων δεινοῖς πλείονα παράκλησιν λαμβάνοντας τοὺς μαθητάς; Πῶς οὐκ ἔδεισαν; πῶς οὐκ ἐφοβήθησαν; πῶς οὐκ εἶπον πρὸς τὸν Παῦλον, Ἰατρὲ, θεράπευσον σεαυτόν; ἀπάλλαξον σεαυτὸν τῶν πολυπλόκων δεινῶν, καὶ τότε ἡμῖν τὰ μυρία προξενήσεις ἀγαθά. Πῶς ταῦτα οὐκ εἶπον; Πῶς; ὅτι πεπαιδευμένοι ἦσαν παρὰ τῆς τοῦ Πνεύματος χάριτος, ὅτι ταῦτα οὐκ ἐξ ἀσθενείας ἐγίνετο, ἀλλ' ἐκ τῆς τοῦ Χριστοῦ συγχωρήσεως, ἵνα μειζόνως ἡ ἀλήθεια διαλάμπῃ, διὰ δεσμῶν καὶ φυλακῶν καὶ θλίψεων καὶ στενοχωριῶν αὐξανομένη καὶ πρὸς μεῖζον αἰρομένη μέγεθος. Οὕτως ἡ δύναμις τοῦ Χριστοῦ ἐν ἀσθενείᾳ τελειοῦται. Εἰ μὲν γὰρ ὑπεσκέλισε τὸν Παῦλον τὰ δεσμὰ, καὶ δειλότερον ἐποίησεν, ἢ αὐτὸν, ἢ τοὺς ἐκείνῳ προσήκοντας ἔδει διαπορεῖν· εἰ δὲ μᾶλλον θαῤῥεῖν παρεσκεύασε καὶ εἰς πλείονα δόξαν ἤγαγεν, ἐκπλήττεσθαι δεῖ καὶ θαυμάζειν, πῶς διὰ πράγματος ἀτιμίαν ἔχοντος δόξα τῷ μαθητῇ προεξενεῖτο, διὰ πράγματος δειλίαν ἐμβάλλοντος θάρσος καὶ παράκλησις πᾶσιν ἐκείνοις ἐγένετο. Τίς γὰρ αὐτὸν οὐκ ἐξεπλήττετο τότε, ὁρῶν ἅλυσιν περικείμενον; Τότε

8. Quis vidit, quis audivit in magistrorum ærumnis plus solatii capere discipulos? Quomodo non timuerunt? qui fieri potuit, ut Paulo non dicerent: *Medice, cura teipsum*: crue te [Luc. 4. 23.] ipsum ab iis, quibus constringeris, malis, et tunc nobis innumera bona conciliabis. Cur 1oc non dixerunt? Quam ob rem? quoniam edocti erant a gratia Spiritus, hæc non ex infirmitate, sed ex permissione C1risti fieri, ut veritas magis effulgeret, per vincula, per carceres et ærumnas, angustiasque aucta, et majorem in modum evecta. Sic virtus C1risti in infirmitate perficitur. [2. Cor. 12. 9.] Si enim vincula Paulum supplantassent, et timidiorem reddidissent, sive illum, sive eos, qui ipsi hærebant, tunc formidandum erat; siu majorem fiduciam indiderunt, et ad ampliorem gloriam evexerunt, obstupescere ac mirari oportet, quomodo per rem ignominia plenam gloria discipulo conciliaretur; perque rem quæ metum incutere debebat, fiducia et consolatio illis omnibus pareretur. Quis enim non tum obstupescebat,

[a] Mss. ἐπ' ἐκείνου.

virum cernens catena constrictum? Tunc maxime dæmones fugiebant, cum viderent eum in carcere degentem. Neque enim diadema regium caput perinde conspicuum facit, atque catenæ manus illius, non quidem suapte natura, sed per gratiam in ipsis efflorescentem. Hinc magna consolatio discipulis. Videbant enim corpus vinctum, linguam vero minime ligatam; manus ligatas, sed verbum solutum, quod velocius quam solaris radius totum mundum percurreret. Eratque id illis consolationi, cum per opera ediscerent, nullam rerum præsentium esse gravem. Anima quippe, cum amore desiderioque divino vere corripitur, ad nullam rerum præsentium sese convertit; sed quemadmodum furiosi et ignem et ferrum, et feras et mare et omnia adire nihil dubitant: sic et hi pulcherrimo quodam et spirituali furore correpti, furore, inquam, qui a temperantia proficiscitur, visibilia omnia deridebant. Quapropter cum magistrum cernerent vinctum, magis exsultabant et gaudebant, per ipsa opera adversariis declarantes, se undique invictos insuperabilesque esse.

Catenæ Pauli magnæ consolationi discipulis erant.

9. Tunc igitur, cum res ita se haberent, quidam Pauli inimici, cum vellent acrius bellum movere, et tyrannum ad majorem adversus illum inimicitiam inflammare, se prædicare simulabant, et revera prædicabant rectam sanamque fidem, ut doctrina augeretur: illud vero faciebant, non ut fides disseminaretur, sed ut hoc comperto Nero, quod nempe prædicatio cresceret, et doctrina invalesceret, citius Paulum in barathrum conjiceret. Duo itaque magisteria erant, Pauli nempe discipulorum, ejusdemque inimicorum, illis ex veritate, his ex contentione et odio Pauli prædicantibus. Hæc porro declarans dicebat ille: *Quidam propter invidiam et contentionem Christum prædicant,* proprios indicans adversarios; *Quidam propter bonam voluntatem,* de suis loquens discipulis. Deinde rursum de illis: *Alii quidem ex contentione,* inimici nempe, non caste, non sincere, sed *Existimantes se pressuram suscitare vinculis meis; alii vero ex caritate;* rursus hoc dicit de discipulis suis: *Scientes quoniam in defensionem evangelii positus sum. Quid enim? Dum omni modo, sive per occasionem, sive per veritatem, Christus annuntietur.* Itaque frustra et incassum hoc dictum de hæresibus accipitur. Nam qui tunc prædicabant, non corruptam doctrinam annuntiabant, sed fidem sanam et rectam. Etenim si

Philipp. 1. 15.
Ib.
Ib. v. 17.
Ib. v. 16.
Ib. v. 18.

δαίμονες ἐδραπέτευον μᾶλλον, ὅτε ἑώρων αὐτὸν ἐν δεσμωτηρίῳ διατρίβοντα. Οὐ γὰρ οὕτω βασιλικὴν κεφαλὴν λαμπρὰν τὸ διάδημα ποιεῖ, ὡς τὰς ἐκείνου χεῖρας ἡ ἅλυσις, οὐ παρὰ τὴν οἰκείαν φύσιν, ἀλλὰ παρὰ τὴν ἀπανθοῦσαν αὐταῖς χάριν. Διὰ τοῦτο πολλὴ παράκλησις ἐγίνετο τοῖς μαθηταῖς. Καὶ γὰρ ἑώρων τὸ μὲν σῶμα δεδεμένον, τὴν δὲ γλῶτταν οὐ δεδεμένην·
307 A τὰς μὲν χεῖρας ἐσφιγμένας, τὸν δὲ λόγον λελυμένον, καὶ τῆς ἀκτῖνος τῆς ἡλιακῆς ταχύτερον τὴν οἰκουμένην ἐπιτρέχοντα πᾶσαν. Καὶ τοῦτο αὐτοῖς παράκλησις ἐγίνετο διὰ τῶν ἔργων μανθάνουσιν, ὅτι οὐδὲν τῶν παρόντων δεινόν. Καὶ γὰρ ὅταν ὑπὸ θείου πόθου καὶ ἔρωτος ἡ ψυχὴ βαφεῖσα τύχῃ γνησίως, πρὸς οὐδὲν ἐπιστρέφεται τῶν παρόντων· ἀλλ' ὥσπερ οἱ μαινόμενοι καὶ πυρὸς καὶ σιδήρου καὶ θηρίων καὶ πελάγους καὶ πάντων κατατολμῶσιν, οὕτω καὶ οὗτοι μανίαν τινὰ καλλίστην καὶ πνευματικωτάτην μανέντες, μανίαν ἀπὸ σωφροσύνης γινομένην, πάντων κατεγέλων τῶν ὁρωμένων. Διὰ τοῦτο δεδεμένον ὁρῶντες τὸν διδάσκαλον, μᾶλλον ἐσκίρτων, μᾶλλον ἠγάλλοντο, διὰ
B τῶν ἔργων τοῖς ἐναντίοις δόντες ἀπόδειξιν, ὅτι πάντοθέν εἰσιν ἀνάλωτοι καὶ ἀχείρωτοι.

Τότε τοίνυν, ὅτε ἐν τούτοις τὰ πράγματα ἦν, τινὲς τῶν ἐχθρῶν τῶν Παύλου βουλόμενοι τὸν πόλεμον ἀναῤῥιπίσαι χαλεπώτερον, καὶ μείζονα τοῦ τυράννου ποιῆσαι τὴν πρὸς αὐτὸν ἀπέχθειαν, προσεποιοῦντο καὶ αὐτοὶ κηρύττειν, καὶ ἐκήρυττον τὴν ὀρθὴν καὶ ὑγιῆ πίστιν ὑπὲρ τοῦ τὸ δόγμα ἐπιδοῦναι μειζόνως· τοῦτο δὲ ἐποίουν, οὐχὶ τὴν πίστιν σπεῖραι βουλόμενοι, ἀλλ' ἵνα μαθὼν ὁ Νέρων, ὅτι τὸ κήρυγμα αὔξεται καὶ τὸ δόγμα ἐπιδίδωσι, ταχύτερον τὸν Παῦλον ἐπὶ τὸ βά-
C ραθρον ἀπαγάγῃ. Δύο τοίνυν ἦν διδασκαλεῖα, τῶν Παύλου μαθητῶν, καὶ τῶν ἐχθρῶν τῶν τοῦ Παύλου· τῶν μὲν ἐξ ἀληθείας κηρυττόντων, τῶν δὲ ἀπὸ φιλονεικίας καὶ τῆς πρὸς τὸν Παῦλον ἀπεχθείας. Καὶ ταῦτα δηλῶν ἔλεγε· Τινὲς μὲν διὰ φθόνον καὶ ἔριν τὸν Χριστὸν κηρύττουσιν, ἐκείνους ἐμφαίνων τοὺς ἐχθρούς· Τινὲς δὲ καὶ δι' εὐδοκίαν, περὶ τῶν ἑαυτοῦ μαθητῶν τοῦτο λέγων. Εἶτα πάλιν περὶ ἐκείνων, Οἱ μὲν ἐξ ἐριθείας, οἱ ἐχθροί· οὐχ ἁγνῶς, οὐχ ὑγιῶς, ἀλλ' Οἰόμενοι θλῖψιν ἐπιφέρειν τοῖς δεσμοῖς μου· οἱ δὲ ἐξ ἀγάπης· πάλιν τοῦτο περὶ τῶν ἀδελφῶν τῶν ἑαυτοῦ· Εἰδότες ὅτι εἰς ἀπολογίαν τοῦ εὐαγγελίου κεῖμαι. Τί γάρ; Πλὴν παντὶ τρόπῳ, εἴτε προφάσει,
D εἴτε ἀληθείᾳ, Χριστὸς καταγγέλλεται. Ὥστε μάτην καὶ εἰκῇ ἐπὶ τῶν αἱρέσεων τοῦτο τὸ ῥῆμα παραλαμβάνεται. Οἱ γὰρ τότε κηρύττοντες οὐχὶ δόγμα διεφθαρμένον ἐκήρυττον, ἀλλὰ πίστιν ὑγιῆ καὶ ὀρθήν. Εἰ γὰρ δόγμα διεφθαρμένον ἐκήρυττον, καὶ ἕτερα παρὰ τὸν Παῦλον ἐδίδασκον, οὐκ ἔμελλεν αὐτοῖς προχωρεῖν, ὅπερ ἐβούλοντο. Τί δὲ ἐβούλοντο; Τῆς πί-

στεως αὐξηθείσης καὶ πολλῶν γενομένων τῶν Παύλου μαθητῶν, εἰς μείζονα πόλεμον τὸν Νέρωνα διεγεῖραι. Εἰ δὲ ἕτερα δόγματα ἐκήρυττον, οὐκ ἂν πολλοὺς ἐποίησαν τοὺς Παύλου μαθητάς· μὴ ποιοῦντες δὲ, E οὐκ ἂν παρώξυναν τὸν τύραννον. Οὐ τοίνυν τοῦτό φησιν, ὅτι διεφθαρμένα δόγματα εἰσῆγον, ἀλλ' ὅτι ἡ αἰτία, ἀφ' ἧς ἐκήρυττον, αὕτη ἦν διεφθαρμένη. Ἕτερον γάρ ἐστι λαλεῖν τὴν πρόφασιν τοῦ κηρύγματος, καὶ ἕτερον αὐτὸ τὸ κήρυγμα μὴ εἶναι ὑγιές. Τὸ μὲν γὰρ κήρυγμα οὐ γίνεται ὑγιὲς, ὅταν τὰ δόγματα ᾖ πλάνης γέμοντα· ἡ πρόφασις δὲ οὐ γίνεται ὑγιὴς, ὅταν τὸ μὲν κήρυγμα ὑγιὲς ᾖ, οἱ δὲ κηρύττοντες μὴ διὰ τὸν Θεὸν κηρύττωσιν, ἀλλ' ἢ πρὸς ἔχθραν, ἢ πρὸς χάριν ἑτέρων.

208 Οὐ τοίνυν τοῦτό φησιν, ὅτι αἱρέσεις εἰσῆγον, ἀλλ' A ὅτι οὐκ ἀπὸ προφάσεως ὀρθῆς, οὐδὲ δι' εὐλάβειαν ἐκήρυττον, ὅπερ ἐκήρυττον. Οὐ γὰρ ἵνα τὸ εὐαγγέλιον αὐξήσωσι, τοῦτο ἐποίουν, ἀλλ' ἵνα [a] αὐτὸ πολεμήσωσι, καὶ εἰς μείζονα αὐτὸν ἐμβάλωσι κίνδυνον· διὰ τοῦτο αὐτοῖς ἐγκαλεῖ. Καὶ ὅρα πῶς μετὰ ἀκριβείας αὐτὸ τέθεικεν· Οἰόμενοι θλῖψιν, φησὶν, ἐπιφέρειν τοῖς δεσμοῖς μου. Οὐκ εἶπεν, ἐπιφέροντες, ἀλλ', Οἰόμενοι ἐπιφέρειν, τουτέστι, νομίζοντες· δεικνὺς ὅτι εἰ καὶ ἐκεῖνοι νομίζουσιν, ἀλλ' οὐκ αὐτὸς οὕτω διάκειται, ἀλλὰ καὶ χαίρει διὰ τὴν τοῦ κηρύγματος ἐπίδοσιν. Ἐπήγαγεν οὖν λέγων· Ἀλλὰ καὶ ἐν τούτῳ χαίρω B καὶ χαρήσομαι· εἰ δὲ πλάνην τὰ δόγματα εἶχε, καὶ αἱρέσεις εἰσῆγον ἐκεῖνοι, οὐκ ἠδύνατο χαίρειν ὁ Παῦλος. Ἐπειδὴ δὲ ὑγιὲς καὶ ἀνόθευτον τὰ δόγμα, διὰ τοῦτό φησι, Χαίρω καὶ χαρήσομαι. Τί γὰρ, εἰ ἑαυτοὺς ἀπολλύουσιν ἐκεῖνοι, ἐξ ἀπεχθείας τοῦτο ποιοῦντες; Ἀλλὰ τὰ ἐμὰ καὶ ἄκοντες αὔξουσιν. Εἶδες πόση τοῦ Παύλου ἡ δύναμις; πῶς οὐδενὶ τῶν τοῦ διαβόλου μηχανημάτων ἁλίσκεται; Καὶ οὐ μόνον οὐχ ἁλίσκεται, ἀλλὰ καὶ αὐτοῖς τούτοις αὐτὸν χειροῦται. Πολλὴ μὲν γὰρ οὖν καὶ ἡ τοῦ διαβόλου κακουργία, καὶ τῶν ἐκείνῳ διακονούντων ἡ πονηρία· ἐν προσχήματι γὰρ τοῦ τὰ αὐτὰ φρονεῖν, σβέσαι τὸ κήρυγμα ἐβούλοντο. Ἀλλ' Ὁ δρασσόμενος τοὺς σοφοὺς ἐν τῇ πανουργίᾳ C αὐτῶν, οὐ συνεχώρει τοῦτο γενέσθαι τότε. Τοῦτο γοῦν αὐτὸ ἐμφαίνων ὁ Παῦλος ἔλεγε· Τὸ δὲ ἐπιμεῖναι τῇ σαρκὶ ἀναγκαιότερον δι' ὑμᾶς, καὶ τοῦτο πεποιθὼς οἶδα, ὅτι μενῶ καὶ συμπαραμενῶ πᾶσιν ὑμῖν. Ἐκεῖνοι μὲν γὰρ τῆς παρούσης με ζωῆς ἐκβαλεῖν ἐπιθυμοῦσι, καὶ πάντα διὰ τοῦτο ὑπομένουσιν· ὁ δὲ Θεὸς οὐκ ἀφίησι δι' ὑμᾶς.

[a] αὐτῷ πολεμήσωσι, sic Mss.

corruptam doctrinam prædicassent, et alia, quam Paulus docuissent, neutiquam illis accidisset id quod volebant. Quid autem volebant? Ut aucta fide, multisque additis Paulo discipulis, ad majus inferendum bellum Neronem excitarent. Si autem alia dogmata prædicassent, non multos fecissent Pauli discipulos: si non fecissent, non exasperassent tyrannum. Non illud itaque dicit, quod corrupta dogmata inducerent: sed quod causa propter quam prædicabant, vitiosa esset. Aliud quippe est prædicationis causam dicere, et aliud dicere prædicationem non sanam esse. Tunc enim doctrina non est sana, cum dogmata errore plena sunt; occasio autem non est sana, cum doctrina quidem sana est, qui vero prædicant, non propter Deum prædicant, sed aut propter inimicitiam, vel ad aliorum gratiam.

10. Non itaque dicit eos hæreses induxisse, sed non recta occasione, nec pietatis causa id prædicasse, quod prædicabant. Id quippe non ideo agebant, ut evangelium augerent, sed ut illud impugnarent, et in gravius periculum conjicerent: ideo illos incusat. Et vide quam accurate illud proferat: *Existimantes*, inquit, *se pressuram inferre vinculis meis*. Phil. 1. 17. Non dixit, Inferentes; sed, *Existimantes se inferre*; id est, arbitrantes: ostendens, etiamsi illi sic arbitrarentur, se tamen non ita affectum esse; imo gaudere de prædicationis incremento. Adjecit ergo dicens: *Sed et in hoc gaudeo, et gaudebo*. Ib. v. 18. Si autem error fuisset in dogmatibus, et illi hæreses induxissent, non potuisset gaudere Paulus. Quia vero sanum et non adulteratum dogma erat, ideo dicit, *Gaudeo* et *gaudebo*. Quid enim, si illi ex inimicitia id agentes, se in perniciem conjiciunt? At mea vel inviti augebunt. Viden' quanta fuerit Pauli virtus? quomodo nullis diaboli machinis captus sit? Nec solum non captus est, sed etiam iisdem ipsum machinis cepit. Ingens profecto erat diaboli vafrities, et ministrorum ejus nequitia: nam se idem ipsum sentire simulantes, prædicationem exstinguere volebant. Sed *Qui comprehendit sapientes in astutia eorum*, 1. Cor. 3. 19. id fieri non permittebat. Idipsum porro declarans Paulus dicebat: *Permanere autem in carne magis necessarium est* Philipp. 1. 24. 25. *propter vos; et hoc confidens scio quia manebo, et permanebo cum omnibus vobis*. Illi siquidem ex præsenti vita ejicere me cupiunt, et ea de causa nihil non sustinent: Deus autem vestri causa id non permittet.

Ad precationem hortatur.

11. Horum itaque omnium diligenter recordamini; ut eos qui temere et perfunctorie Scripturis utuntur in perniciem proximi, cum omni sapientia emendare valeatis. Poterimus autem et dictorum meminisse, et alios emendare, si ad orationes semper confugiamus, et Deum obsecremus, qui dat verbum sapientiæ, ut det auditus intelligentiam, atque accuratam et invictam spiritualis hujus depositi custodiam. Nam quæ non possumus sæpe proprio studio perficere, ea precum auxilio facile poterimus exsequi, de precibus loquor assiduis. Semper enim et sine intermissione precandum est, sive quis in ærumnis, sive in tranquillitate, sive in calamitatibus, sive in bonis versetur. Is qui in tranquillitate et bonis multis, ut hæc immota firmaque maneant, et numquam excidant: qui in ærumnis et multis calamitatibus, ut benignam quamdam vicissitudinem videat, et in solatium tranquillitatis transferatur. In tranquillitate es? Roga igitur Deum, ut firma tibi maneat hæc tranquillitas. Tempestatem vides ingruentem? Deum obnixe precare, ut procellam avertat, et tranquillitatem ex tempestate faciat. Exauditus es? Gratias age quod exauditus sis. Non exauditus es? Persevera ut exaudiaris. Licet enim Deus donum aliquando differat, non ideo id facit quod odio habeat aut aversetur, sed ut procrastinando te diutius apud se detineat, quemadmodum patres prolis amantes, qui dona differendo segniores filios solerter cogunt assidue penes se stare. Non tibi apud Deum patronis est opus, neque multa circumcursatione, ut aduleris aliis; sed etiamsi desertus patronoque destitutus sis, tute Deum precatus postulatum assequeris. Non ita solet annuere aliis pro nobis orantibus, ut nobis ipsis precantibus, etiamsi innumeris simus malis onusti. Nam si homines, quos innumeris læsimus offensis, cum matutino tempore, meridie, vespere adimus ipsos indignabundos, conspectus frequentia et assiduitate tandem facile placamus, multo magis id apud Deum contingat.

Perseverantia in precando quantum valeat.

Deus per nos rogatus magis exaudit, quam si per alios rogemus.

12. Sed indignus es? Assiduitate dignus evadas. Quod enim indignus possit assiduitate dignus evadere, et quod per nos magis, quam per alios rogatus Deus annuat; quodque donum sæpe differat, non ut dubios animi reddat, et vacuis manibus remittat; sed ut majorum nobis bonorum auctor sit: hæc, inquam, tria per parabo-

Ταῦτα τοίνυν μετὰ ἀκριβείας ἅπαντα μνημονεύετε, ἵνα τοὺς ἁπλῶς καὶ ὡς ἔτυχε ταῖς Γραφαῖς κεχρημένους καὶ ἐπ' ὀλέθρῳ τῶν πλησίον, μετὰ πάσης σοφίας δύνησθε διορθοῦν. Δυνησόμεθα δὲ καὶ μεμνῆσθαι τῶν εἰρημένων, καὶ ἑτέρους διορθοῦν, ἂν εἰς εὐχὰς ἀεὶ καταφεύγωμεν, καὶ παρακαλῶμεν τὸν Θεὸν τὸν διδόντα λόγον σοφίας, δοῦναι καὶ σύνεσιν ἀκροάσεως, καὶ φυλακὴν τῆς πνευματικῆς ταύτης παρακαταθήκης ἀκριβῆ καὶ ἀχείρωτον. Ἃ γὰρ οὐκ ἰσχύομεν πολλάκις ἐξ οἰκείας κατορθῶσαι σπουδῆς, ταῦτα δυνησόμεθα ἀνύσαι εὐμαρῶς [b] δι' εὐχῶν, εὐχῶν δὲ λέγω τῶν διηνεκῶν. Ἀεὶ γὰρ καὶ ἀδιαλείπτως εὔχεσθαι χρὴ, καὶ τὸν ἐν θλίψει, καὶ τὸν ἐν ἀνέσει; καὶ τὸν ἐν δεινοῖς, καὶ τὸν ἐν ἀγαθοῖς ὄντα· τὸν μὲν ἐν ἀνέσει καὶ πολλοῖς [c] ἀγαθοῖς, ἵνα ἀκίνητα καὶ ἀμετάβλητα ταῦτα μένῃ καὶ μηδέποτε μεταπέσῃ· τὸν δὲ ἐν θλίψει καὶ πολλοῖς τοῖς δεινοῖς, ἵνα τινὰ χρηστὴν αὐτῷ ἴδῃ γενομένην μεταβολὴν, καὶ εἰς γαλήνην παρηγορίας μεταβληθῇ. Ἐν γαλήνῃ εἶ; Οὐκοῦν παρακάλει τὸν Θεὸν βεβαίαν σοι μένειν τὴν γαλήνην ταύτην. Χειμῶνα εἶδες ἐπαναστάντα; Παρακάλει ἐκτενῶς τὸν Θεὸν παρενέγκαι τὸ κλυδώνιον, καὶ γαλήνην ἀπὸ χειμῶνος ποιῆσαι. Ἠκούσθης; Ἐπὶ τούτῳ εὐχαρίστησον, ἐπειδὴ ἠκούσθης. Οὐκ ἠκούσθης; Παράμεινον, ἵνα ἀκουσθῇς. Κἂν 309 γὰρ ἀναβάληταί ποτε τὴν δόσιν ὁ Θεὸς, οὐχὶ μισῶν οὐδὲ ἀποστρεφόμενος, ἀλλὰ τῇ μελλήσει τῆς δόσεως διηνεκῶς σε παρ' ἑαυτῷ κατέχειν βουλόμενος, καθάπερ καὶ πατέρες φιλόστοργοι ποιοῦσι· καὶ γὰρ ἐκεῖνοι τῶν ῥαθυμοτέρων παίδων τὴν διηνεκῆ προσεδρείαν τῇ τῆς δόσεως ἀναβολῇ σοφίζονται. Οὐ χρεία σοι μεσιτῶν ἐπὶ τοῦ Θεοῦ, οὐδὲ πολλῆς τῆς περιδρομῆς, καὶ τοῦ κολακεῦσαι ἑτέρους· ἀλλὰ κἂν ἔρημος ᾖς, κἂν ἀπροστάτευτος, αὐτὸς διὰ σαυτοῦ παρακαλέσας τὸν Θεὸν ἐπιτεύξῃ πάντως. Οὐχ οὕτω δι' ἑτέρων ὑπὲρ ἡμῶν παρακαλούμενος ἐπινεύειν εἴωθεν, ὡς δι' ἡμῶν αὐτῶν τῶν δεομένων, κἂν μυρίων ὦμεν γέμοντες κακῶν. Εἰ γὰρ ἐπ' ἀνθρώπων κἂν μυρία προσκεκρουκότες ὦμεν, ὅταν καὶ ὑπὸ τὴν ἕω, καὶ μέσης ἡμέρας, καὶ ἐν ἑσπέρᾳ φαινώμεθα τοῖς πρὸς ἡμᾶς λελυπημένοις, τῇ συνεχείᾳ καὶ τῇ διηνεκεῖ τῆς ὄψεως συντυχίᾳ καταλύομεν ῥᾳδίως αὐτῶν τὴν ἔχθραν, πολλῷ μᾶλλον ἐπὶ τοῦ Θεοῦ τοῦτο γένοιτ' ἄν.

Ἀλλ' ἀνάξιος εἶ; Γενοῦ τῇ προσεδρείᾳ ἄξιος. Ὅτι γὰρ καὶ τὸν ἀνάξιον δυνατὸν ἄξιον ἐκ τῆς προσεδρείας γενέσθαι, καὶ δι' ἡμῶν αὐτῶν μᾶλλον, ἢ δι' ἑτέρων παρακαλούμενος ὁ Θεὸς ἐπινεύει, καὶ ὅτι τὴν δόσιν ἀναβάλλεται πολλάκις, οὐχ ἡμᾶς ἐξαπορῆσαι βουλόμενος, οὐδὲ κεναῖς ἐκπέμψαι χερσὶν, ἀλλ' ἵνα μειζόνων ἡμῖν ἀγαθῶν αἴτιος γένηται· τὰ τρία ταῦτα διὰ

[b] Alii δι' ἐντεύξεων.

[c] Mss. ἀγαθοῖς φιλοτιμηθέντα, ἵνα.

τῆς παραβολῆς τῆς σήμερον ἀναγνωσθείσης ὑμῖν πειράσομαι ποιῆσαι φανερά. Προσῆλθε τῷ Χριστῷ ἡ Χαναναία ὑπὲρ θυγατρὸς δεομένη δαιμονιζομένης, καὶ βοῶσα μετὰ πολλῆς ἐκτενείας, φησίν· Ἐλέησόν με, Κύριε, ἡ θυγάτηρ μου κακῶς δαιμονίζεται. Ἰδοὺ ἀλλόφυλος ἡ γυνὴ, καὶ βάρβαρος, καὶ τῆς πολιτείας τῆς Ἰουδαϊκῆς ἐκτός. Καὶ τί γὰρ ἕτερον ἢ κύων, καὶ ἀνάξιος τοῦ λαβεῖν τὴν αἴτησιν; Οὐ γάρ ἐστι, φησὶ, καλὸν λαβεῖν τὸν ἄρτον τῶν τέκνων, καὶ δοῦναι τοῖς κυναρίοις. Ἀλλ' ὅμως ἀπὸ τῆς προσεδρείας γέγονεν ἀξία. Οὐ γὰρ μόνον εἰς τὴν τῶν παίδων αὐτὴν εὐγένειαν εἰσήγαγε, κύνα οὖσαν, ἀλλὰ καὶ μετὰ πολλῶν D τῶν ἐγκωμίων ἐξέπεμψεν, εἰπών· Ὦ γύναι, μεγάλη σου ἡ πίστις· γενηθήτω σοι ὡς θέλεις. Ὅταν δὲ ὁ Χριστὸς λέγῃ, Μεγάλη ἡ πίστις, μηδεμίαν ἑτέραν ἀπόδειξιν ζήτει τῆς μεγαλοψυχίας τῆς κατὰ τὴν γυναῖκα. Εἶδες πῶς ἐκ τῆς προσεδρείας γέγονεν ἀξία, ἀναξία οὖσα ἡ γυνή; Βούλει μαθεῖν καὶ ὅτι δι' ἡμῶν αὐτῶν μᾶλλον, ἢ δι' ἑτέρων παρακαλοῦντες αὐτὸν ἀνύομεν; Ἔκραξεν αὕτη, καὶ προσελθόντες οἱ μαθηταὶ λέγουσιν· Ἀπολυσον αὐτὴν, ὅτι κράζει ὄπισθεν ἡμῶν· καὶ πρὸς μὲν ἐκείνους φησὶν, Οὐκ ἀπεστάλην, εἰ μὴ εἰς τὰ πρόβατα τὰ ἀπολωλότα οἴκου E Ἰσραήλ· ὅτε δὲ αὐτὴ δι' ἑαυτῆς προσῆλθε καὶ ἐπέμενε βοῶσα, καὶ λέγουσα· Ναὶ, Κύριε, καὶ γὰρ τὰ κυνάρια ἐσθίει ἀπὸ τῆς τραπέζης τῶν κυρίων αὐτῶν· τότε τὴν χάριν ἔδωκε, καί φησι· Γενηθήτω σοι ὡς θέλεις. Εἶδες πῶς, ὅτε μὲν ἐκεῖνοι παρεκάλουν, διεκρούσατο· ὅτε δὲ αὐτὴ ἡ δεομένη τῆς δωρεᾶς ἐβόησεν, ἐπένευσεν; Ἐκείνοις μὲν γάρ φησιν, Οὐκ ἀπεστάλην, εἰ μὴ εἰς τὰ πρόβατα τὰ ἀπολωλότα οἴκου Ἰσραήλ· ταύτῃ δὲ εἶπε, Μεγάλη σου ἡ πίστις· γενηθήτω σοι ὡς θέλεις. Πάλιν παρὰ μὲν τὴν ἀρχὴν καὶ ἐν προοιμίῳ τῆς αἰτήσεως οὐδὲν ἀπεκρίνατο· ἐπειδὴ 310 A δὲ καὶ ἅπαξ καὶ δεύτερον καὶ τρὶς προσῆλθε, τότε τὴν χάριν ἔδωκε, διὰ τοῦ τέλους ἡμᾶς πείθων, ὅτι τὴν δόσιν ἀνεβάλετο, οὐχ ἵνα αὐτὴν διακρούσηται, ἀλλ' ἵνα πᾶσιν ἡμῖν δείξῃ τὴν ὑπομονὴν τῆς γυναικός. Εἰ γὰρ ἵνα αὐτὴν διακρούσηται ἀνεβάλετο, οὐδ' ἂν πρὸς τῷ τέλει ἔδωκεν· ἐπειδὴ δὲ ἀνέμενε δεῖξαι πᾶσιν αὐτῆς τὴν φιλοσοφίαν, διὰ τοῦτο ἐσίγα. Εἰ γὰρ εὐθέως ἔδωκε καὶ παρὰ τὴν ἀρχὴν, οὐκ ἂν ἔγνωμεν τὴν ἀνδρείαν τῆς γυναικός. Ἀπόλυσον αὐτὴν, φησὶν, ὅτι κράζει ὄπισθεν ἡμῶν. Τί δὲ ὁ Χριστός; Ὑμεῖς φωνὴν ἀκούετε, ἐγὼ δὲ τὴν διάνοιαν ὁρῶ· οἶδα τί μέλλει λέγειν. Οὐ βούλομαι τὸν ἐγκεκρυμμένον αὐτῆς τῇ B διανοίᾳ θησαυρὸν ἀφεῖναι λαθεῖν, ἀλλ' ἀναμένω καὶ σιγῶ, ἵνα αὐτὸν ἐκκαλύψας εἰς τὸ μέσον καταθῶμαι, καὶ πᾶσι ποιήσω φανερόν.

Ταῦτ' οὖν ἅπαντα μαθόντες, κἂν ἐν ἁμαρτήμασιν ὦμεν, καὶ τοῦ λαβεῖν ἀνάξιοι, μὴ ἀπογινώσκωμεν, εἰδότες ὅτι τῇ προσεδρείᾳ τῆς ψυχῆς δυνησόμεθα γε-

lam hodie vobis lectam demonstrare satagam.
Accessit ad Christum Chananæa rogans pro filia
dæmonium habente, vehementerque clamans:
Miserere mei, Domine, filia mea male a dæ- Matth. 15.
monio vexatur. En alienigena mulier et barbara 22.
et Judæorum reipublicæ extranea. Et quid aliud
erat, quam canis, et indigna quæ optatum asse-
queretur? *Non est* enim, inquit, *bonum acci-* Ib. v. 26.
pere panem filiorum, et *dare catellis.* Attamen assiduitate digna evasit. Neque enim tantum
illam in filiorum nobilitatem evexit, quæ canis
erat; sed etiam multis cum laudibus dimisit, dicens: *O mulier! magna est fides tua: fiat* Ib. v. 28.
tibi sicut vis. Cum autem Christus dicat, *Ma-*
gna est fides tua, nullum aliud quæras circa
magnanimitatem hujusce mulieris argumentum.
Vidistin' quomodo ex assiduitate digna facta sit
mulier, quæ indigna prius erat? Vis discere nos
in precando per nosmetipsos plus perficere,
quam per alios? Clamavit hæc, et accedentes discipuli dixerunt: *Dimitte illam, quia clamat* Ib. v. 23.
post nos: et ad illos quidem respondit, *Non* Ib. v. 24.
sum missus nisi ad oves, quæ perierunt, do-
mus Israel: cum autem illa per seipsam accedit, et clamando perseveravit dicens, *Etiam,* Ib. v. 27.
Domine, nam et catelli edunt de mensa do-
minorum suorum: tunc gratiam contulit, et
dixit *Fiat tibi sicut vis.* Vidistin' quomodo, Ib. v. 28.
cum illi precarentur, repulit, cum autem illa
munus clamando postulavit, annuit? Illis quippe
dixit, *Non sum missus nisi ad oves, quæ pe-*
rierunt, domus Israel; huic vero, *Magna est*
fides tua: fiat tibi sicut vis. Et quidem initio
petitionis nihil respondit: ubi autem semel, iterum et tertio accessit, tunc gratiam contulit; ex
fine docens nos, se munus distulisse, non ut illam
repelleret, sed ut nobis omnibus patientiam mulieris exhiberet. Nam si ut illam repelleret dis-
tulisset, neque in fine postulatum dedisset; quia
vero ut philosophiam ejus omnibus exhiberet
exspectabat, ideo tacebat. Nam si statim a principio beneficium contulisset, mulieris virtutem
fortitudinemque non nossemus. *Dimitte illam*,
inquiunt, *quia clamat post nos.* Quid vero Christus? Vos auditis vocem, ego mentem video:
scio quid dictura sit. Nolo thesaurum in mente
ejus reconditum latere: sed exspecto et taceo,
ut ipsum detectum in medium proferam et
omnibus manifestum faciam.

13. Hæc igitur omnia cum didicerimus, etiamsi in peccatis simus, et beneficiis indigni, ne desperemus, scientes nos ex animi assiduitate

qualem habuit accedens Chananæa, et nos ipsum adierimus, etiamsi canes simus, etiamsi quidvis grave perpetraverimus, et nostra mala amolie-mur, tantumque fiduciæ accipiemus, ut aliis quoque patrocinari valeamus: quemadmodum et Chananæa non solum ipsa fiduciam et multas laudes consequuta est, sed etiam filiam intolera-bilibus molestiis eripere potuit. Nihil enim, nihil utique potentius est oratione ferventi atque sincera. Hæc et præsentia mala solvit, et a fu-turis illo tempore suppliciis eripit. Ut itaque et præsentem vitam facilius transigamus, et illuc cum fiducia abeamus, multo studio et alacritate precibus vacemus. Sic enim poterimus et præ-sentia consequi bona, et optima spe frui: quæ nos omnes assequi contingat, gratia, benignitate et commiseratione Domini nostri Jesu Christi, quicum Patri, unaque Spiritui sancto gloria, ho-nor, imperium in sæcula sæculorum. Amen.

θεν, αὐτῷ προσίωμεν καὶ ἡμεῖς, κἂν κ[ι]
ἀτοπῶν εἰργασμένοι δεινὸν, καὶ τὰ οἰκε
μεθα κακὰ, καὶ τοσαύτην ληψόμεθα π
καὶ ἑτέρων προστῆναι· ὃν τρόπον κα
ναναία οὐ μόνον αὐτὴ παῤῥησίας ἀπέλ
ρίων ἐγκωμίων, ἀλλὰ καὶ τὸ θυγάτριον
D ἴσχυσεν ἐξαρπάσαι δεινῶν. Οὐδὲν γὰρ
δυνατώτερον πεπυρωμένης καὶ γνησίας
παρόντα διαλύει δεινὰ, καὶ τῶν κατ' ἐκ
ρὸν συμβαινόντων ἐξαρπάζει κολάσεων
τὸν παρόντα βίον μετ' εὐκολίας διανυ
μετὰ παῤῥησίας ἀπέλθωμεν, πολλῇ σπ
θυμίᾳ ταύτην ἐπιτελέσωμεν διηνεκῶς.
νησόμεθα καὶ τῶν ἀποκειμένων τυχεῖν
των χρηστῶν ἀπολαύσειν ἐλπίδων· ὧν γ
ἡμᾶς ἐπιτυχεῖν, χάριτι καὶ φιλανθρωπ
μοῖς τοῦ Κυρίου ἡμῶν Ἰησοῦ Χρισ
τῷ Πατρὶ ἅμα τῷ ἁγίῳ Πνεύματι
κράτος εἰς τοὺς αἰῶνας τῶν αἰώνων. Ἀμ

MONITUM

IN HOMILIAM DE VIDUIS.

Hanc homiliam eodem anno eodemque ferme tempore habitam fuisse, quo Homilia in K
primo anni die, et Homiliæ de Lazaro, quæ sequentibus ineuntis anni diebus pronuntiatæ
significatur concionis exordio, ubi dicitur, nuper in illud, *De dormientibus nolo vos ig*
resurrectionem oratum fuisse. Hæc porro de dormientibus concio, quinta est in serie H
Lazaro, ut videas Tom. I, p. 762, supra. Eodem igitur anno, et quidem ineunte, hasce
lias, nempe in Kalendas, septem de Lazaro, et hanc De viduis Antiochiæ habuit Chrys
autem ille fuerit annus, nobis prorsus incertum videtur. In annum 387 hæc contulit vir
Tillemontius: sed levissima de causa, ut videas in Monito ad Homiliam in Kalendas,
Hic vero novum contra illam sententiam scrupulum injicimus. Certum est Chrysostomum
387 non paucas habuisse conciones de ὁμοουσίῳ et contra Anomœos: nec minus certum s
stomum præteritarum concionum meminisse: an vero contingere potuit, ut vigente illa
contra Anomœos, in nulla harumce novem homiliarum, quæ sine dubio inter Homilias com
intermixtæ fuerunt, si illo anno dictæ fuerint, de illa controversia umquam meminerit? H
suborta dubitandi causa, animi pendeo donec quid certius emergat.

Interpretatio Latina est Frontonis Ducæi.

[a] ΕΙΣ ΤΟ,

Χήρα καταλεγέσθω μὴ ἔλαττον ἐτῶν ἑξήκοντα γεγονυῖα· καὶ π. παίδων ἀνατροφῆς, καὶ περὶ ἐλεημοσύνης.

Εἰς καιρὸν ν .οῦ Πνεύματος ᾠκονόμησε χάρις ταύτην τῆς ἀπ..ολικῆς ἐπιστολῆς ἀναγνωσθῆναι τὴν περικοπὴν, ἡ ἠκούσατε σήμερον· ἔχει γάρ τινα [b] πρὸς τὰ πρώην ειημένα συγγένειαν καὶ ἀκολουθίαν πολλὴν, εἰ καὶ μ ἐν τοῖς ῥήμασιν, ἀλλ' ἐν τοῖς νοήμασι. Τὸ μὲν .ο πρώην ἀναγνωσθὲν τοῦτο ἦν· Περὶ δὲ τῶν κεκοιμημένων οὐ θέλω ὑμᾶς ἀγνοεῖν, ἀδελφοί· καὶ πο.ὰ περὶ ἀναστάσεως ἐλέχθη τότε, τὸ γενναίως τὰ .αῦτα φέρειν πάθη, καὶ εὐχαριστεῖν τῷ λαμβα.ντι τοὺς προσήκοντας ἡμῖν Θεῷ. Σήμερον τὸ ἀναγ.ωσθὲν τοῦτό ἐστι· Χήρα καταλεγέσθω μὴ ἔλαττω. .τῶν ἑξήκοντα γεγονυῖα. Ἐπεὶ οὖν B ἀπὸ θανάτου χηρεία γίνεται, καὶ τοῦτο μάλιστά ἐστι τὸ τὴν ὀδύνην επτεῖνον, καὶ διεγεῖρον τὸ πένθος, μεμνημένοι τῶν .ρώην εἰρημένων, ἃ τοὺς πενθοῦντας παρακαλοῦντ. εἰρήκαμεν, καὶ ταῦτα μετὰ πάσης ὑποδεξάμενοι τῆς .πουδῆς μετ' ἐκείνων εἰς τὰ ταμιεῖα τῆς διανοίας ἀπ.θεσθε. Τὸ γὰρ τῆς χηρείας ὄνομα δοκεῖ μὲν εἶναι .υμφορᾶς ὄνομα, οὐκ ἔστι δὲ, ἀλλ' ἀξίωμα, καὶ τιμ. καὶ δόξα μεγίστη· οὐκ ὄνειδος, ἀλλὰ στέφανος. Ε. γὰρ καὶ ἄνδρα οὐκ ἔχει συνοικοῦντα ἡ χήρα, ..ὰ τὸν Χριστὸν ἔχει συνοικοῦντα, τὸν πάντα ἀποκ..όμενον τὰ ἐπιόντα δεινά. Ἀρκεῖ γὰρ ἐν ταῖς ἐπιο..... ἐπηρείαις τῆς χήρας, εἰσελθεῖν καὶ γόνυ κλ.., καὶ στενάξαι πικρὸν, καὶ δάκρυα προχεῖν, κ. πᾶσαν ἀποκρούσασθαι τῶν ἐπηρεαζόντων τὴν ἐπιβο..ν· τὰ γὰρ ὅπλα τῆς χήρας τοιαῦτα, δάκρυα, κ. στεναγμοὶ, καὶ εὐχαὶ διηνεκεῖς· διὰ τούτων οὐκ .θρωπίνην ἐπήρειαν μόνον, ἀλλὰ καὶ δαιμονικὰς ..οους ἀποκρούσασθαι δύναται. Ἡ χήρα τῶν μὲν .ιωτικῶν ἀπήλλακται πραγμάτων, πρὸς δὲ τὸν οὐρ..ν ὁδεύει λοιπόν· καὶ ἣν περὶ τὸν ἄνδρα ἐπεδείκνυ. σπουδὴν καὶ θεραπείαν, ταύτην εἰς τὰ πνευματι. πράγματα ἀναλῶσαι δυνήσεται. Εἰ δὲ λέγοις, ὅτι . παλαιὸν συμφορὰ ἦν τὸ πρᾶγμα, ἐκεῖνο ἂν εἴποιμ. ὅτι καὶ ὁ θάνατος κατάρα ἦν· ἀλλὰ γέγονε τιμ. .αὶ ἀξίωμα τοῖς γενναίως αὐτὸν φέρουσιν ἐπιόντα. .ὕτω γοῦν οἱ μάρτυρες στεφανοῦνται· τὸν αὐτ. .ρόπον καὶ ἡ χήρα πρὸς ἀξίωμα μέτεισι μέγα.

IN ILLUD,

Vidua eligatur non minus sexaginta annorum; 1. Tim. 5. 9.
et de liberorum educatione, ac de eleemosyna.

1. Commodum divini spiritus gratia disponente contigit, ut is vobis apostolicæ locus epistolæ, quem hodierno die audivistis, legeretur: habet enim cum iis quæ nuper diximus, cognationem et connexionem haud mediocrem, si minus in verbis, certe in sententiis. Hoc enim illud est, quod nuper legebatur, *De dormientibus autem nolo vos ignorare, fratres*: et de 1. Thess. 4. 13. resurrectione multa tum a nobis sunt dicta, æquo animo ferenda esse mala ejusmodi, Deoque gratias agendas, qui propinquos nostros sibi assumeret. Hodie vero lectum est istud: *Vidua eligatur non minus sexaginta annorum.* 1. Tim. 5. 9. Quando igitur ex occasione mortis viduitas oritur, et hoc est, quod maxime dolorem auget, ac luctum excitat, memores eorum, quæ nuper a nobis dicta sunt ad eos qui lugent consolandos, eaque summo studio suscipientes, in vestræ mentis promtuariis illa recondite. Nam viduitas quidem calamitatis esse nomen videtur, sed tamen non est, verum dignitas, honor, et gloria maxima; non opprobrium, sed corona. Licet enim maritum non habeat, cum quo habitet, vidua: tamen Christum habet cum quo habitet, a quo universa, quæ ingruant, mala propulsentur. 312 A Sufficit enim dum injuriis vexatur vidua, ut introeat, genu flectat, acerbe ingemiscat, lacrymas fundat, et omnes insidias eorum, a quibus vexatur, repellat. Ejusmodi enim arma sunt viduæ, lacrymæ, gemitus, ac preces assiduæ: per Arma viduarum quæ sint. hæc non humanas tantum injurias, sed dæmonum etiam incursus poterit propulsare. Vidua a sæcularibus negotiis immunis est, ad cælum autem deinceps tendit: et quod erga virum studium et cultum exhibebat, eum in res spirituales potest impendere. Quod si dicas, olim rem istam calamitatem fuisse, tum illud subjiciam, mortem quoque maledictam fuisse: tamen in honorem ac dignitatem conversa est his qui patienter tulerint invadentem. Sic nimirum et martyres coronantur, eademque ratione vidua summam ad dignitatem evehitur.

[a] Collata cum .s Reg. 1975, et Colbertinis 970 et 1030.

[b] Omnes Mss. πρὸς τὰ πρώην εἰρημένα. In Editis πρώην deest.

posse dignos postulatis evadere. Licet sine patrocinio ac deserti simus, ne animum despondeamus, gnari magnum illud esse patrocinium, si quis magno cum studio per seipsum ad Deum accedat. Si munus conferre differat et procrastinet, ne concidamus, scientes illam procrastinationem curæ atque benignitatis esse argumentum. Si id persuasum habeamus, et cum animo dolente et fervido, atque excitata voluntate, tali scilicet, qualem habuit accedens Chananæa, et nos ipsum adierimus, etiamsi canes simus, etiamsi quidvis grave perpetraverimus, et nostra mala amelie- mur, tantumque fiduciæ accipiemus, ut aliis quoque patrocinari valeamus: quemadmodum et Chananæa non solum ipsa fiduciam et multas laudes consequuta est, sed etiam filiam intolerabilibus molestiis eripere potuit. Nihil enim, nihil utique potentius est oratione ferventi atque sincera. Hæc et præsentia mala solvit, et a futuris illo tempore suppliciis eripit. Ut itaque et præsentem vitam facilius transigamus, et illuc cum fiducia abeamus, multo studio et alacritate precibus vacemus. Sic enim poterimus et præsentia consequi bona, et optima spe frui: quæ nos omnes assequi contingat, gratia, benignitate et commiseratione Domini nostri Jesu Christi, quicum Patri, unaque Spiritui sancto gloria, honor, imperium in sæcula sæculorum. Amen.

νέσθαι τῆς αἰτήσεως ἄξιοι. Κἂν ἀπροστάτευτοι καὶ ἔρημοι ὦμεν, μὴ ἀπαγορεύωμεν, εἰδότες ὅτι μεγάλη προστασία, τὸ αὐτὸν δι' ἑαυτοῦ προσελθεῖν τῷ Θεῷ μετὰ προθυμίας πολλῆς. Κἂν μέλλῃ καὶ ἀναβάληται
C πρὸς τὴν δόσιν, μὴ ἀναπέσωμεν, μαθόντες ὅτι ἡ μέλλησις καὶ ἀναβολὴ κηδεμονίας καὶ φιλανθρωπίας ἐστὶ τεκμήριον. Ἂν οὕτως ὦμεν πεπεικότες ἑαυτοὺς, καὶ μετὰ ψυχῆς ὀδυνωμένης καὶ θερμῆς καὶ διεγηγερμένης προαιρέσεως, καὶ τοιαύτης οἵας ἡ Χαναναία προσῆλθεν, αὐτῷ προσίωμεν καὶ ἡμεῖς, κἂν κύνες ὦμεν, κἂν ὁτιοῦν εἰργασμένοι δεινὸν, καὶ τὰ οἰκεῖα ἀποκρουσόμεθα κακὰ, καὶ τοσαύτην ληψόμεθα παῤῥησίαν, ὡς καὶ ἑτέρων προστῆναι· ὃν τρόπον καὶ αὕτη ἡ Χαναναία οὐ μόνον αὐτὴ παῤῥησίας ἀπέλαυσε καὶ μυρίων ἐγκωμίων, ἀλλὰ καὶ τὸ θυγάτριον τῶν ἀφορήτων
D ἴσχυσεν ἐξαρπάσαι δεινῶν. Οὐδὲν γὰρ, οὐδὲν εὐχῆς δυνατώτερον πεπυρωμένης καὶ γνησίας. Αὕτη καὶ τὰ παρόντα διαλύει δεινὰ, καὶ τῶν κατ' ἐκεῖνον τὸν καιρὸν συμβαινόντων ἐξαρπάζει κολάσεων. Ἵν' οὖν καὶ τὸν παρόντα βίον μετ' εὐκολίας διανύσωμεν, κἀκεῖ μετὰ παῤῥησίας ἀπέλθωμεν, πολλῇ σπουδῇ καὶ προθυμίᾳ ταύτην ἐπιτελέσωμεν διηνεκῶς. Οὕτω γὰρ δυνησόμεθα καὶ τῶν ἀποκειμένων τυχεῖν ἀγαθῶν, καὶ τῶν χρηστῶν ἀπολαύειν ἐλπίδων· ὧν γένοιτο πάντας ἡμᾶς ἐπιτυχεῖν, χάριτι καὶ φιλανθρωπίᾳ καὶ οἰκτιρμοῖς τοῦ Κυρίου ἡμῶν Ἰησοῦ Χριστοῦ, μεθ' οὗ τῷ Πατρὶ ἅμα τῷ ἁγίῳ Πνεύματι δόξα, τιμὴ, κράτος εἰς τοὺς αἰῶνας τῶν αἰώνων. Ἀμήν.

311

MONITUM

IN HOMILIAM DE VIDUIS.

Hanc homiliam eodem anno eodemque ferme tempore habitam fuisse, quo Homilia in Kalendas, quæ primo anni die, et Homiliæ de Lazaro, quæ sequentibus ineuntis anni diebus pronuntiatæ sunt, in ipso significatur concionis exordio, ubi dicitur, nuper in illud, *De dormientibus nolo vos ignorare*, et in resurrectionem oratum fuisse. Hæc porro de dormientibus concio, quinta est in serie Homiliarum de Lazaro, ut videas Tom. I, p. 762, supra. Eodem igitur anno, et quidem ineunte, hasce novem homilias, nempe in Kalendas, septem de Lazaro, et hanc De viduis Antiochiæ habuit Chrysostomus. Quis autem ille fuerit annus, nobis prorsus incertum videtur. In annum 387 hæc contulit vir doctissimus Tillemontius : sed levissima de causa, ut videas in Monito ad Homiliam in Kalendas, T. I, p. 697. Hic vero novum contra illam sententiam scrupulum injiciemus. Certum est Chrysostomum anno ineunte 387 non paucas habuisse conciones de ὁμοουσίῳ et contra Anomœos : nec minus certum solere Chrysostomum præteritarum concionum meminisse : an vero contingere potuit, ut vigente illa disceptatione contra Anomœos, in nulla harumce novem homiliarum, quæ sine dubio inter Homilias contra Anomœos intermixtæ fuerunt, si illo anno dictæ fuerint, de illa controversia umquam meminerit? Hac mihi nova suborta dubitandi causa, animi pendeo donec quid certius emergat.

Interpretatio Latina est Frontonis Ducæi.

[a] ΕΙΣ ΤΟ,

Χήρα καταλεγέσθω μὴ ἔλαττων ἐτῶν ἑξήκοντα γεγονυῖα· καὶ περὶ παίδων ἀνατροφῆς, καὶ περὶ ἐλεημοσύνης.

Εἰς καιρὸν ἡ τοῦ Πνεύματος ᾠκονόμησε χάρις ταύτην τῆς ἀποστολικῆς ἐπιστολῆς ἀναγνωσθῆναι τὴν περικοπὴν, ἣν ἠκούσατε σήμερον· ἔχει γάρ τινα [b] πρὸς τὰ πρώην εἰρημένα συγγένειαν καὶ ἀκολουθίαν πολλὴν, εἰ καὶ μὴ ἐν τοῖς ῥήμασιν, ἀλλ' ἐν τοῖς νοήμασι. Τὸ μὲν γὰρ πρώην ἀναγνωσθὲν τοῦτο ἦν· Περὶ δὲ τῶν κεκοιμημένων οὐ θέλω ὑμᾶς ἀγνοεῖν, ἀδελφοί· καὶ πολλὰ περὶ ἀναστάσεως ἐλέχθη τότε, τὸ γενναίως τὰ τοιαῦτα φέρειν πάθη, καὶ εὐχαριστεῖν τῷ λαμβάνοντι τοὺς προσήκοντας ἡμῖν Θεῷ. Σήμερον τὸ ἀναγνωσθὲν τοῦτό ἐστι· Χήρα καταλεγέσθω μὴ ἔλαττων ἐτῶν ἑξήκοντα γεγονυῖα. Ἐπεὶ οὖν B ἀπὸ θανάτου χηρεία γίνεται, καὶ τοῦτο μάλιστά ἐστι τὸ τὴν ὀδύνην ἐπιτεῖνον, καὶ διεγεῖρον τὸ πένθος, μεμνημένοι τῶν πρώην εἰρημένων, ἃ τοὺς πενθοῦντας παρακαλοῦντες εἰρήκαμεν, καὶ ταῦτα μετὰ πάσης ὑποδεξάμενοι τῆς σπουδῆς μετ' ἐκείνων εἰς τὰ ταμιεῖα τῆς διανοίας ἀπόθεσθε. Τὸ γὰρ τῆς χηρείας ὄνομα δοκεῖ μὲν εἶναι συμφορᾶς ὄνομα, οὐκ ἔστι δὲ, ἀλλ' ἀξίωμα, καὶ τιμὴ, καὶ δόξα μεγίστη· οὐκ ὄνειδος, ἀλλὰ στέφανος. Εἰ γὰρ καὶ ἄνδρα οὐκ ἔχει συνοικοῦντα ἡ χήρα, ἀλλὰ τὸν Χριστὸν ἔχει συνοικοῦντα, τὸν πάντα ἀποκρουόμενον τὰ ἐπιόντα δεινά. Ἀρκεῖ γὰρ ἐν ταῖς ἐπιούσαις ἐπηρείαις τῆς χήρας, εἰσελθεῖν καὶ γόνυ κλῖναι, καὶ στενάξαι πικρὸν, καὶ δάκρυα προχεῖν, καὶ πᾶσαν ἀποκρούσασθαι τῶν ἐπηρεαζόντων τὴν ἐπιβουλήν 312 A · τὰ γὰρ ὅπλα τῆς χήρας τοιαῦτα, δάκρυα, καὶ στεναγμοὶ, καὶ εὐχαὶ διηνεκεῖς· διὰ τούτων οὐκ ἀνθρωπίνην ἐπήρειαν μόνον, ἀλλὰ καὶ δαιμονικὰς ἐφόδους ἀποκρούσασθαι δύναται. Ἡ χήρα τῶν μὲν βιωτικῶν ἀπήλλακται πραγμάτων, πρὸς δὲ τὸν οὐρανὸν ὁδεύει λοιπόν· καὶ ἣν περὶ τὸν ἄνδρα ἐπεδείκνυτο σπουδὴν καὶ θεραπείαν, ταύτην εἰς τὰ πνευματικὰ πράγματα ἀναλῶσαι δυνήσεται. Εἰ δὲ λέγοις, ὅτι τὸ παλαιὸν συμφορὰ ἦν τὸ πρᾶγμα, ἐκεῖνο ἂν εἴποιμι, ὅτι καὶ ὁ θάνατος κατάρα ἦν· ἀλλὰ γέγονε τιμὴ καὶ ἀξίωμα τοῖς γενναίως αὐτὸν φέρουσιν ἐπιόντα. Οὕτω γοῦν οἱ μάρτυρες στεφανοῦνται· τὸν αὐτὸν τρόπον καὶ ἡ χήρα πρὸς ἀξίωμα μέτεισι μέγα.

IN ILLUD,

Vidua eligatur non minus sexaginta annorum; et *de liberorum educatione, ac de eleemosyna.* 1. Tim. 5. 9.

1. Commodum divini spiritus gratia disponente contigit, ut is vobis apostolicæ locus epistolæ, quem hodierno die audivistis, legeretur: habet enim cum iis quæ nuper diximus, cognationem et connexionem haud mediocrem, si minus in verbis, certe in sententiis. Hoc enim illud est, quod nuper legebatur, *De dormientibus autem nolo vos ignorare, fratres :* 1. Thess. 4. 13. et de resurrectione multa tum a nobis sunt dicta, æquo animo ferenda esse mala ejusmodi, Deoque gratias agendas, qui propinquos nostros sibi assumeret. Hodie vero lectum est istud : *Vidua eligatur non minus sexaginta annorum.* 1. Tim. 5. 9. Quando igitur ex occasione mortis viduitas oritur, et hoc est, quod maxime dolorem auget, ac luctum excitat, memores eorum, quæ nuper a nobis dicta sunt ad eos qui lugent consolandos, eaque summo studio suscipientes, in vestræ mentis promtuariis illa recondite. Nam viduitas quidem calamitatis esse nomen videtur, sed tamen non est, verum dignitas, honor, et gloria maxima; non opprobrium, sed corona. Licet enim maritum non habeat, cum quo habitet, vidua : tamen Christum habet cum quo habitet, a quo universa, quæ ingruant, mala propulsentur. Sufficit enim dum injuriis vexatur vidua, ut introeat, genu flectat, acerbe ingemiscat, lacrymas fundat, et omnes insidias eorum, a quibus vexatur, repellat. Ejusmodi enim arma sunt viduæ, lacrymæ, gemitus, ac preces assiduæ : per hæc non humanas tantum injurias, sed dæmonum etiam incursus poterit propulsare. *Arma viduarum quæ sint.* Vidua a sæcularibus negotiis immunis est, ad cælum autem deinceps tendit : et quod erga virum studium et cultum exhibebat, eum in res spirituales potest impendere. Quod si dicas, olim rem istam calamitatem fuisse, tum illud subjiciam, mortem quoque maledictam fuisse : tamen in honorem ac dignitatem conversa est his qui patienter tulerint invadentem. Sic nimirum et martyres coronantur, eademque ratione vidua summam ad dignitatem evehitur.

[a] Collata cum Mss. Reg. 1975, et Colbertinis 970 et 1030.

[b] Omnes Mss. πρὸς τὰ πρώην εἰρημένα. In Editis πρώην deest.

2. Vis tu intelligere, quanta res sit vidua? quam sit apud Deum honore digna et amore, utque summopere suo possit apud Deum patrocinio juvare, et cum primum apparuerit, jam damnatos, animum despondentes, hiscere non audentes, odiosos Deo, omni excusationis spe spoliatos liberare, ac reconciliare, neque veniam tantum impetrare et supplicio eximere, sed et multam fiduciam ac splendorem acquirere, et solis radiis puriores reddere, licet omnium sint mortalium sordidissimi? Audi Deum ipsum Judæos sic alloquentem:
Isai. 1. 15. *Cum extenderitis manus vestras, avertam oculos meos a vobis: si multiplicaveritis orationem, non exaudiam vos: manus enim vestræ sanguine plenæ sunt.* Attamen his sceleratis homicidis, pudore suffusis, ignominia notatis se reconciliatum iri pollicetur, si affectis injuria viduis auxilium
Isai 1. 17 18. ferant. Postquam enim dixit, *Avertam oculos meos*, et *non exaudiam*, inquit: *Judicate pupillo*, et *justificate viduam*, et *venite*, et *disputemus*; et *si fuerint peccata vestra quasi phœniceum*, *sicut nivem dealbabo.* Vides quantam habeat vidua potestatem? ubi suum ostendat auxilium, non apud magistratum vel regem, qui dominantur in terris, sed apud ipsum cælorum Regem? quantam possit iram sedare, ac Dominum illis, qui incurabili morbo infecti sunt, placare, intolerabili supplicio eripere, animam sordibus obrutam peccatorum ab ejusmodi labe purgare, atque ad summam puritatem perducere? Ne igitur mulierem viduam contemnamus, sed omnem in illam sollicitudinem exhibeamus. Patrona nostra est, quæ vere vidua. Sed operæ pretium fuerit ut attente consideremus, de qua tandem vidua hoc loco verba fiant. Nam et illæ viduæ dicuntur, quæ cum in summam inciderint egestatem et in matriculam relatæ fuerint ex ecclesiasticis pecuniis aluntur, prout tem-
Act. 6. 1. poribus apostolorum fiebat. *Factum est* enim, inquit, *murmur inter Græcos*, eo *quod despicerentur in ministerio quotidiano viduæ eorum.* Neque vero solum istæ viduæ dicuntur, sed et illæ, quæ nulla inopia pressæ, sed facultatibus abundantes, cum domui præsint, maritum tantum amiserunt. Videamus ergo, de quanam vidua hoc
Genera viduarum varia. loco verba faciat, dum ait, *Vidua eligatur non minor annis sexaginta*; an de ea quæ auxilio indigeat, et quam opus sit ex ecclesiasticis pecuniis ali, an de ea quæ minime indiga sit, et opibus circumfluat? Haud dubium quin de ista. Nam de illa quidem cum loquitur, quæ fame confici-

B Βούλει μαθεῖν ὅσον ἐστὶ χήρα; πῶς ἐστι τιμία τῷ Θεῷ, καὶ ἐπέραστος καὶ συνήγορος μεγίστη, καὶ τοὺς καταδικασθέντας, καὶ τοὺς ἀπεγνωσμένους, καὶ τοὺς παῤῥησίαν οὐκ ἔχοντας, καὶ τοὺς ἐκπεπολεμωμένους τῷ Θεῷ καὶ πάσης ἐστερημένους ἀπολογίας φανεῖσα ἐξαρπάζει καὶ καταλλάττει, καὶ οὐχὶ συγγνώμην αὐτοῖς κομίζει μόνον, οὐδὲ ἀπαλλαγὴν τιμωρίας, ἀλλὰ καὶ πολλὴν τὴν παῤῥησίαν καὶ τὴν λαμπρότητα, καὶ τῶν ἡλιακῶν ἀκτίνων καθαρωτέρους ἐργάζεται, κἂν ἁπάντων ὦσι κατεῤῥυπωμένοι μᾶλλον ἀνθρώπων; Ἄκουσον αὐτοῦ τοῦ Θεοῦ λέγοντος
C πρὸς Ἰουδαίους· Ὅταν τὰς χεῖρας ὑμῶν ἐκτείνητε, ἀποστρέψω τοὺς ὀφθαλμούς μου ἀφ' ὑμῶν· ἂν πληθύνητε τὴν δέησιν, οὐκ εἰσακούσομαι ὑμῶν· αἱ γὰρ χεῖρες ὑμῶν αἵματος πλήρεις. Ἀλλ' ὅμως τούτοις τοῖς μιαροῖς, τοῖς ἀνδροφόνοις, τοῖς ἀπαῤῥησιάστοις, τοῖς ἠτιμωμένοις ἐπαγγέλλεται καταλλάττεσθαι, εἰ βοηθήσειαν ἀδικουμέναις χήραις. Μετὰ γὰρ τὸ εἰπεῖν, Ἀποστρέψω τοὺς ὀφθαλμούς μου, καὶ οὐκ εἰσακούσομαι, φησί· Κρίνατε ὀρφανῷ, καὶ δικαιώσατε χήραν· καὶ δεῦτε, καὶ διαλεχθῶμεν· καὶ ἐὰν ὦσιν ὑμῶν αἱ ἁμαρτίαι ὡς φοινικοῦν, ὡς χιόνα λευκανῶ. Εἶδες πό-
D σην ἔχει δύναμιν ἡ χήρα; ποῦ τὴν προστασίαν ἐπιδείκνυται τὴν ἑαυτῆς, οὐ παρὰ ἄρχοντι καὶ βασιλεῖ τῶν ἐπὶ τῆς γῆς, ἀλλὰ παρ' αὐτῷ τῷ τῶν οὐρανῶν βασιλεῖ; πόσην δύναται καταλῦσαι ὀργὴν, καταλλάξαι τὸν Δεσπότην τοῖς ἀνίατα νενοσηκόσιν, ἐξαρπάσαι τιμωρίας ἀφορήτου, ψυχὴν βαφεῖσαν τῷ τῶν ἁμαρτημάτων ῥύπῳ τῆς κηλῖδος ἐκπλῦναι ἐκείνης, καὶ πρὸς τὴν ἄκραν ἀγαγεῖν καθαρότητα; Μὴ τοίνυν καταφρονῶμεν χήρας γυναικὸς, ἀλλὰ πᾶσαν περὶ αὐτὴν ἐπιμέλειαν ἐπιδείξωμεν. Προστάτις ἡμῶν ἐστιν ἡ ὄντως χήρα. Ἄξιον δὲ ἐπιστάντας ἰδεῖν, περὶ ποίας ἐνταῦθα χήρας φησί. Καὶ γὰρ καὶ ἐκεῖναι χῆ-
E ραι λέγονται, αἱ εἰς εὐτέλειαν ἐσχάτην καταπεσοῦσαι, καὶ ἐγγεγραμμέναι, καὶ ἐκ τῶν ἐκκλησιαστικῶν τρεφόμεναι χρημάτων, καθάπερ οὖν ἐπὶ τῶν ἀποστόλων. Ἐγένετο γὰρ, φησὶ, γογγυσμὸς μεταξὺ τῶν Ἑλληνιστῶν, ὅτι παρεθεωροῦντο ἐν τῇ διακονίᾳ τῇ καθημερινῇ αἱ χῆραι αὐτῶν. Οὐχ αὗται δὲ μόνον χῆραι λέγονται, ἀλλὰ κἀκεῖναι, αἱ μηδενὸς μὲν δεόμεναι, ἀλλ' εὐπορίας ἀπολαύουσαι, καὶ οἰκίας προεστῶσαι, τὸν δὲ ἄνδρα ἀποβαλοῦσαι μόνον. Ἴδωμεν οὖν περὶ ποίας χήρας ἐνταῦθά φησι λέγων· Χήρα καταλεγέσθω μὴ ἔλαττων ἐτῶν ἑξήκοντα γεγονυῖα· ἆρα
313 A περὶ τῆς δεομένης βοηθείας καὶ χρείαν ἐχούσης ἐξ ἐκκλησιαστικῶν τρέφεσθαι χρημάτων, ἢ περὶ τῆς ἀνενδεοῦς καὶ ἐν εὐπορίᾳ ζώσης; Εὔδηλον ὅτι περὶ ταύτης. Περὶ μὲν γὰρ ἐκείνης ὅταν λέγῃ, τῆς λιμῷ διαφθειρομένης, οὐ χρόνον τίθησιν, οὐκ ἀκρίβειαν ἀπαιτεῖ τρόπων· ἀλλ' ἁπλῶς, Εἴ τις πιστὸς ἢ πιστὴ, φησὶ, χήρας ἔχει, ἐπαρκείτω αὐταῖς, καὶ μὴ βα-

ρείσθω ἡ Ἐκκλησία. Οὐκ εἶπεν, ὅταν ἑξήκοντα ἐτῶν γένηται· [a] οὐκ εἶπεν, εἰ ἐξενοδόχησεν, εἰ ἁγίων πόδας ἔνιψε· καὶ μάλα εἰκότως. Ἔνθα μὲν γὰρ ἂν πενίαν διορθῶσαι δέοι, οὐκ ἀναμένει χρόνον. Τί γὰρ εἰ πεντήκοντα ἐτῶν οὖσα λιμῷ διαφθείροιτο; τί δὲ ἐὰν ἐν νεότητι τὸ σῶμα ἀνάπηρος οὖσα τύχοι; [b] καθευδεῖται ἀναμένουσα τὸ ἑξηκοστὸν ἔτος; Ἀλλ' ἀπανθρωπίας τοῦτο ἐσχάτης. Διὰ τοῦτο, ὅταν μὲν λιμὸν παραμυθήσασθαι δέοι, οὐδὲν περὶ χρόνων καὶ τῆς κατὰ ψυχὴν ἀρετῆς ἀκριβολογεῖται· ὅταν δὲ μὴ ᾖ διορθώσασθαι πενίαν, ἀλλὰ τιμὴν κατ' ἀξίαν χαρίσασθαι, εἰκότως τοσαύτην ποιεῖται τρόπων ἐξέτασιν.

Καθάπερ γάρ εἰσι παρθένων χοροὶ, οὕτω καὶ χηρῶν τὸ παλαιὸν ἦσαν χοροὶ, καὶ οὐκ ἐξῆν αὐταῖς ἁπλῶς εἰς τὰς χήρας ἐγγράφεσθαι. Οὐ περὶ ἐκείνης οὖν λέγει τῆς ἐν πενίᾳ ζώσης καὶ δεομένης βοηθείας, ἀλλὰ περὶ ταύτης τῆς ἑλομένης χηρείαν. Τίνος δὲ ἕνεκεν καὶ ἐπὶ ταύτης ἀπαιτεῖ χρόνον; Οἶδεν ὅτι πυρά τίς ἐστιν ἡ νεότης, καὶ πέλαγος κυμάτων γέμον καὶ πολλὰς ἔχον ἐπαναστάσεις. Ἐπειδὰν οὖν μέλλωσιν ἀπὸ τῆς ἡλικίας ἀτέλειαν ἔχειν, καὶ ὥσπερ ἐν λιμένι διατρίβωσι τῷ γήρᾳ, τῶν ἐπιθυμιῶν αὐταῖς σβεσθεισῶν, μετὰ ἀδείας αὐτὰς εἰς τὸν χορὸν εἰσάγει τοῦτον. Τί οὖν; οὐχὶ πολλαὶ, φησὶ, καὶ μετὰ εἰκοστὸν ἔτος ἀρξάμεναι μέχρι τέλους διέλαμψαν, καὶ τὸν ζυγὸν ἤνεγκαν, καὶ ἀποστολικὸν ἐπεδείξαντο βίον; κωλύσομεν οὖν ἐκείνας, εἰπέ μοι, καὶ βουλομένας ἐν χηρείᾳ ζῆν ἀναγκάσομεν δευτέροις ὁμιλῆσαι γάμοις; καὶ ποῦ τοῦτο ἄξιον ἀποστολικῆς γνώμης; τί οὖν ἐστι τὸ λεγόμενον; Προσέχετε μετὰ ἀκριβείας, ἀγαπητοὶ, αὐτῇ τῇ σημασίᾳ τῆς λέξεως. Οὐ γὰρ εἶπε, χήρα γινέσθω μὴ ἐλάττων ἐτῶν ἑξήκοντα γεγονυῖα, ἀλλὰ, Χήρα καταλεγέσθω· καὶ πάλιν οὐκ εἶπε, χῆραι νεώτεραι μὴ καταλεγέσθωσαν, ἀλλὰ, Τὰς νεωτέρας δὲ χήρας παραιτοῦ· πρὸς γὰρ τὸν Τιμόθεον ταῦτα διαλέγεται. Ἐπειδὴ γὰρ πολλοὶ τῶν ἀνθρώπων εὐχείρωτοι περὶ κακηγορίας εἰσὶ, καὶ τὰς γλώττας κατὰ τῶν τῆς Ἐκκλησίας προεστώτων [c] ἠκονήκασι, βουλόμενος ἐξαρπάσαι τὸν ἄρχοντα τῶν ἐγκλημάτων, τούτους τίθησι τοὺς νόμους, καί φησι· σὺ παραιτοῦ, καὶ σὺ μὴ κατάλεγε. Ἂν αὐτὴ βούληται οἴκοθεν καὶ παρ' ἑαυτῆς αἱρεῖσθαι ταῦτα, ποιείτω· σὺ μέντοι μὴ καταδέξῃ μηδέπω, ἵνα μὴ λέγωσιν ὅτι νεωτέραν οὖσαν, γήμασθαι βουλομένην, οἰκίας προστῆναι, ὁ

tur, non tempus assignat, non probitatem morum
requirit : sed absolute, *Si quis fidelis, aut si* 1. Tim. 5.
qua fidelis, inquit, *viduas habet, subministret* 16.
illis, et non gravetur Ecclesia : non dixit, Cum
B sexaginta annorum fuerit; non dixit, Si hospitio
recepit, si sanctorum pedes lavit : ac merito sane. 1. Tim. 5.
Ubi enim remedium fuerit adhibendum inopiæ, 10.
tempus non exspectat. Quid enim, si cum annorum sit quinquaginta, fame conficiatur? quid si in juvenili ætate corpore sit mutilato? num dormiet exspectans donec sexagesimus annus appetat? At hoc extremæ foret immanitatis. Quam ob causam cum sedanda fames fuerit, non anxie in tempora et animæ virtutes inquirit : cum vero non inopiæ succurrendum est, sed honor est pro dignitate deferendus, merito hanc de moribus inquisitionem instituit.

3. Nam quemadmodum chori sunt virginum, sic et olim erant viduarum chori, neque passim licebat illis in numerum viduarum referri. Non igitur de illa sermo est, quæ premitur egestate, atque auxilio indiget, sed de ista, quæ viduitatem

Olim chori erant viduarum.

C elegit. Cur autem in hac etiam tempus requirit? Sciebat pyram quamdam esse juventutem, et pelagus plenum fluctuum, ac multis tempestatibus infestum. Postquam igitur ætatis beneficio fuerint immunitatem consequutæ, et tamquam ad portum ad senectutem appulerint, jamque fuerint illis exstinctæ libidines, confidenter eas in cœtum istum adlegit. Quid igitur? nonne plurimæ, dicet aliquis, cum vel post annum vicesimum incepissent, ad finem usque cum laude vixerunt, jugum tulerunt, et apostolicæ vitæ specimen edi-
D derunt? an igitur, quæso, illas probibebimus, et cum viduitatem servare velint, secundis nuptiis jungi cogemus? hoccine dignum est apostoli consilio? quid igitur hæc sibi volunt? Attendite diligenter, dilectissimi, significationem dictionis. Non enim dixit, Vidua fiat non minor sexaginta
annis, sed, *Vidua eligatur :* et rursus non dixit, 1. Tim. 5.
Viduæ juniores ne eligantur, sed, *Juniores vi-* 11.
duas devita : sic enim ait ad Timotheum scribens. Nam quoniam detractionibus et maledictis multi facile sunt obnoxii, et linguas adversus
E Ecclesiæ præsules exacutas habent, volens rectorem a criminationum periculis vindicare, has leges præscribit, et ait : Tu devita, tu ne eligas. Si velit ipsa ultro ac sua sponte hæc amplecti, faciat : tu quidem ne adhuc admittas, ne forte

[a] Οὐκ εἶπεν, εἰ ἐτεκνοτρόφησεν, εἰ ἐξενοδόχ. Sic tres Mss.
[b] Unus [748 recte] καθευδήσει.
[c] Unus [748] ἠκόνησαν.

dicant, Ille talis juniorem coegit, quæ nubere volebat, et domui præesse : propterea lapsa est, et supplantata. Tu illam ne eligas, ut si forte lapsa fuerit, tu a criminationibus sis immunis : si non fuerit lapsa, majori cum securitate convenienti
1. Tim. 5. 14 tempore illam eligas. Quod si dicat, *Volo juniores viduas nubere, filios procreare*, audi quas juniores appellet, eas quæ cum luxuriatæ fuerint adversus Christum, nubere volunt, verbosas, curiosas, circumeuntes domos, loquentes quæ non oportet, quæ conversæ sunt post satanam. Neque enim cum simpliciter dixisset, *Volo juniores nubere*, tacuit, sed et quales juniores dicit, et earum lapsus enuntiat. Quos tandem lapsus? *Cum*
1. Tim. 5. 11. 13. 15 *luxuriatæ fuerint*, inquit, *adversus Christum, nubere volunt*, et *otiosæ discunt*, et *curiosæ, circumeuntes domos, loquentes quæ non oportet*, et *conversæ sunt*. Post quem autem? *Post satanam*. Quando igitur, postquam viduitatem sunt amplexæ, et omnem hanc ignominiam sustinere voluerunt, rursus nubere volunt, satius est priusquam peccato detineantur, et inita cum Christo pacta violent, ad hoc venire : quod si qua talis non fuerit, necessitatem secundarum nuptiarum non imponit.

δεῖνα κατηνάγκασε· διὰ τοῦτο ἔπεσε, καὶ ὑπεσκελίσθη. Σὺ μὴ καταλέξῃς αὐτὴν, ἵνα, κἂν πέσῃ, τῶν ἐγκλημάτων ᾖς ἀπηλλαγμένος· κἂν μὴ πέσῃ, μετὰ πλείονος ἀσφαλείας τῷ προσήκοντι καιρῷ καταλέξῃς. Εἰ δὲ λέγει, Βούλομαι νεωτέρας χήρας γαμεῖν, τε-
314 κνογονεῖν, ἄκουσον ποίας φησὶ νεωτέρας, τὰς μετὰ τὸ
A καταστρηνιᾶσαι τοῦ Χριστοῦ βουλομένας γαμεῖν, τὰς φλυάρους, τὰς περιέργους, τὰς περιερχομένας τὰς οἰκίας, τὰς λαλούσας τὰ μὴ δέοντα, τὰς ἐκτραπείσας ὀπίσω τοῦ σατανᾶ. Οὐ γὰρ εἰπὼν ἁπλῶς, Βούλομαι νεωτέρας γαμεῖν, ἐσίγησεν, ἀλλὰ λέγει καὶ ποίας νεωτέρας, καὶ τὰ πτώματα αὐτῶν ἔπεισι. Ποῖα πτώματα; Ὅταν καταστρηνιάσωσι, φησὶ, τοῦ Χριστοῦ, γαμεῖσθαι θέλουσι, καὶ ἀργαὶ μανθάνουσι, καὶ περίεργοι, περιερχόμεναι τὰς οἰκίας, λαλοῦσαι τὰ μὴ δέοντα, καὶ ἐξετράπησαν. Τίνος ὀπίσω; Τοῦ σατανᾶ. Ἐπεὶ οὖν μετὰ τὸ χηρείαν ἑλέσθαι, καὶ ταύτην
B πᾶσαν ὑπομεῖναι τὴν ἀσχημοσύνην, βούλονται γαμῆσαι πάλιν, βέλτιον πρὶν ἔχεσθαι, καὶ τὰς πρὸς τὸν Χριστὸν καταπατῆσαι συνθήκας, ἐπὶ τοῦτο ἐλθεῖν· ὡς εἰ μή τις εἴη τοιαύτη, οὐκ ἐπιτίθησιν ἀνάγκην γάμου δευτέρου.

4. Porro id verum esse, inde constat. Si enim hoc quasi lege sanxisset omnibus mulieribus, ut nuberent, et domui præessent, superflue illa re-
Ib. v. 10. quisivisset, *Si filios educavit, si sanctorum pedes lavit, si tribulationem patientibus subvenit, si omne opus bonum sectata est* : super-
Ib. v. 9. flue quoque illud dicit, *Quæ fuerit unius viri uxor*. Si enim viduas omnes juniores nubere jubes, quomodo poterit aliqua unius viri uxor esse? Itaque illas ejus spectat oratio. Ita facit et dum loquitur de congressu conjugali. Cum enim
1. Cor. 7. 5. dixisset, *Nolite fraudare invicem, nisi forte ex consensu ad tempus, ut vacetis jejunio et orationi, et iterum revertamini in idipsum*: ne legem esse ac præceptum existimes, causam
Ib. v. 6. 5. adjicit, deinde dicens : *Ne tentet vos satanas. Hoc autem dico secundum indulgentiam, non secundum imperium, propter incontinentiam vestram*. Quemadmodum igitur non omnibus illic ista loquitur, sed iis qui inter homines incontinentiores sunt, et facile capi possunt : sic etiam hoc loco mulieres expugnatu faciles, et quæ non ita facile perferre possunt exactam in viduitate vivendi rationem, hortatur, et consulit, ut alterum virum introducant. Est enim res quædam duplex viduitas. Quid hoc est tandem duplex? Bonorum operum specimen, et honoris

Καὶ ὅτι τοῦτό ἐστιν ἀληθὲς, δῆλον ἐκεῖθεν. Εἰ γὰρ ὡς νόμον τοῦτο τέθεικε πάσαις ταῖς γυναιξὶ τὸ γαμεῖν καὶ οἰκοδεσποτεῖν, περιττῶς ἐκεῖνα ἀπῄτει, Εἰ ἐτεκνοτρόφησεν, εἰ ἁγίων πόδας ἔνιψεν, εἰ θλιβομένοις ἐπήρκεσεν, εἰ παντὶ ἔργῳ ἀγαθῷ ἐπηκολούθησε· περιττῶς κἀκεῖνό φησι τὸ, Ἑνὸς ἀνδρὸς γεγονυῖα.
C Εἰ γὰρ πάσας τὰς νεωτέρας κελεύεις γαμεῖσθαι, πῶς δυνήσεταί τις ἑνὸς ἀνδρὸς εἶναι γυνή; Ὥστε πρὸς ἐκείνας ὁ λόγος αὐτῷ. Οὕτω καὶ ἐπὶ τῆς συνουσίας τῆς κατὰ τὸν γάμον ποιεῖ. Εἰπὼν γὰρ, Μὴ ἀποστερεῖτε ἀλλήλους, εἰ μή τι ἂν ἐκ συμφώνου πρὸς καιρὸν, ἵνα σχολάζητε τῇ νηστείᾳ καὶ τῇ προσευχῇ, καὶ πάλιν ἐπὶ τὸ αὐτὸ συνέρχησθε· ἵνα μὴ νομίζῃς τὸ πρᾶγμα νόμον εἶναι, προστίθησι τὴν αἰτίαν ὕστερον λέγων· Ἵνα μὴ πειράζῃ ὑμᾶς ὁ σατανᾶς. Τοῦτο δὲ λέγω κατὰ συγγνώμην, οὐκ ἐπιταγὴν, διὰ τὴν ἀκρασίαν ὑμῶν. Ὥσπερ οὖν οὐ πᾶσιν ἐκεῖ
D ταῦτα διαλέγεται, ἀλλὰ τοῖς ἀκρατεστέροις τῶν ἀνθρώπων καὶ εὐαλώτοις· οὕτω καὶ ἐνταῦθα ταῖς εὐχειρώτοις τῶν γυναικῶν, καὶ μὴ δυναμέναις ἐνεγκεῖν τὸν μετὰ ἀκριβείας βίον τῆς χηρείας, ταύταις παραινεῖ καὶ συμβουλεύει δεύτερον ἐπεισάγειν νυμφίον. Ἡ γὰρ χηρεία διπλοῦν τι πρᾶγμά ἐστι. Τί ποτέ ἐστι διπλοῦν; Ἔργων ἐπίδειξις ἀγαθῶν, καὶ τιμῆς ὑπεροχὴ μεγίστης. Καθάπερ οὖν καὶ ἡ ἀρχὴ διπλοῦν τι πρᾶγμά ἐστιν· ἔχει γὰρ καὶ ἔργα καὶ ἀξίωμα· ἀξίωμα μὲν ἀρχῆς ἡ ἐξουσία, καὶ ἡ παρὰ τῶν πολλῶν θερα-

πεία, καὶ αὐτὸ τὸ εἶναι ἄρχοντα· ἔργα δὲ ἀρχῆς, τὸ βοηθεῖν τοῖς ἀδικουμένοις, κωλύειν τοὺς ἀδικοῦντας, προεστάναι τῶν πόλεων, διανυκτερεύειν ἐν ταῖς E κοιναῖς τῶν πραγμάτων φροντίσι, καὶ μυρία ἕτερα· οὕτω καὶ ἡ χηρεία καὶ ἀξίωμά ἐστι καὶ ἔργον· ἀξίωμά ἐστιν, αὐτὸ τὸ [a] χήρα εἶναι, μέγιστον ὄν, ὡς ἀπεδείξαμεν ἔμπροσθεν· ἔργον ἐστὶ, τὸ μὴ δεύτερον ἐπεισάγειν ἄνδρα, ἀλλ' ἀρκεσθῆναι τῷ προτέρῳ, τὸ τεκνοτροφῆσαι, τὸ ξενοδοχῆσαι, τὸ ἁγίων πόδας νίψαι, τὸ θλιβομένοις ἐπαρκέσαι, τὸ παντὶ ἔργῳ ἀγαθῷ ἐπακολουθῆσαι. Ὁ τοίνυν Παῦλος περὶ αὐτῶν διαλεγόμενος, τὰ μὲν ἔργα τῆς χήρας ἀφίησιν αὐτὴν πάντα ἐπιτελεῖν· εἰς δὲ τὸ ἀξίωμα τῆς χήρας, καὶ τὸν χορὸν, καὶ τὴν τάξιν οὐκ ἀφίησιν αὐτὴν εἰσελθεῖν, ἕως 315 A ἂν ἑξηκοστὸν ἔτος παρέλθῃ, μονονουχὶ λέγων· ποιείτω μὲν τὰ τῆς χήρας ἔργα, τῆς δὲ τιμῆς ἀξιούσθω τότε, ὅταν πάντα ἐπιδειξαμένη καὶ τὴν ἀπὸ τοῦ χρόνου λοιπὸν ἀσφάλειαν ἔχῃ, καὶ τὴν ἀπὸ τῶν ἔργων ἀπόδειξιν, καὶ τὴν ἔξωθεν μαρτυρίαν. Μηδεὶς γυναιξὶ μόνον τὸν λόγον τοῦτον ἐπιτήδειον εἶναι νομιζέτω. Καὶ γὰρ καὶ ἀνδράσιν ἐστὶ χρήσιμος, ἵνα καὶ αὐτοὶ στέργωσι τὰς ἑαυτῶν καὶ ἀπελθούσας, καὶ μὴ λεαίνας συγκατοικίζωσι τοῖς παιδίοις, μητρυιὰς ἐπεισάγοντες, καὶ τὴν ἀσφάλειαν τὴν ἑαυτῶν ἅπασαν ἀνατρέποντες.

Ταῦτα δὲ λέγομεν οὐχὶ νομοθετοῦντες δεύτερον ἀποστρέφεσθαι γάμον, ἀλλὰ παραινοῦντες καὶ συμβουλεύοντες μετὰ σωφροσύνης ἀρκεῖσθαι τῷ προτέρῳ. B Ἕτερόν ἐστιν παραινεῖν καὶ συμβουλεύειν, ἕτερον νομοθετεῖν. Ὁ μὲν γὰρ παραινῶν καὶ συμβουλεύων, κύριον ἀφίησι τὸν ἀκούοντα τῆς τῶν συμβουλευομένων αἱρέσεως εἶναι· ὁ δὲ νομοθετῶν, ταύτην [b] παραιτεῖται τὴν ἐξουσίαν αὐτῶν. Ἀλλ' ἡ Ἐκκλησία οὐ νομοθετεῖ ταῦτα, ἀλλὰ παραινεῖ μόνον· καὶ γὰρ καὶ δεύτερον ἐπέτρεψε γάμον ὁ Παῦλος, οὕτως εἰπών· Γυνὴ δέδεται νόμῳ, ἐφ' ὅσον χρόνον ζῇ ὁ ἀνὴρ αὐτῆς· ἐὰν δὲ κοιμηθῇ ὁ ἀνὴρ, ἐλευθέρα ἐστὶν ᾧ θέλει γαμηθῆναι, μόνον ἐν Κυρίῳ· μακαριωτέρα δέ ἐστιν, ἐὰν οὕτω μείνῃ. Ὥσπερ οὖν καλὸν μὲν ὁ γάμος, κρείσσων δὲ C ἡ παρθενία· οὕτω καλὸν μὲν καὶ ὁ δεύτερος γάμος, κρείσσων δὲ αὐτοῦ ὁ πρῶτος καὶ μόνος. Οὐ τοίνυν ἐκβάλλομεν δεύτερον γάμον, οὐδὲ νομοθετοῦμεν ταῦτα, ἀλλὰ παραινοῦμεν, εἴ τις δύναιτο σωφρονεῖν, ἐπὶ τῷ προτέρῳ μένειν. Παραινοῦμεν δὲ καὶ συμβουλεύομεν καὶ δι' αὐτὴν τῆς οἰκίας τὴν ἀσφάλειαν· μάχης γὰρ πολλάκις καὶ πολέμων καθημερινῶν ὁ δεύτερος γάμος ἀρχὴ καὶ πρόφασις γέγονε. Πολλάκις γοῦν ἀνὴρ ἐπὶ

summi fastigium. Ut igitur est etiam res quædam duplex magistratus : habet enim et opera et dignitatem; dignitas quidem magistratus est potestas, et cultus qui a vulgo exhibetur, et ipsum esse magistratum; opera vero magistratus sunt injuria affectis succurrere, inferentes injuriam compescere, urbibus præesse, in communibus reipublicæ curis excubando pernoctare, et reliqua innumera : sic et viduitas et dignitas est et opus : maxima dignitas est viduam esse, ut ante demonstravimus; opus est secundum maritum sibi non adsciscere, sed priori esse contentam, filios educare, hospitio recipere, pedes sanctorum lavare, tribulationem patientibus subministrare, omne opus bonum sectari. Itaque Paulus de illis loquens opera quidem omnia viduæ sinit illam perficere : ad dignitatem autem viduæ, ac cœtum, et ordinem illam provehi non sinit, donec sexagesimus annus præterierit, quasi dicat : Opera quidem viduæ faciat, dignitatem vero tum obtineat, cum his omnibus perfectis securitatem beneficio temporis assequuta fuerit, et ex operibus demonstrationem ac testimonium externum. Nemo solis mulieribus arbitretur orationem convenire. Nam et viris prodest, ut et ipsi defunctis uxoribus suis contenti sint, neque velint cum liberis suis leænas habitare, dum novercas introducunt, et suam omnem securitatem evertunt.

Cohortatur ad monogamiam, nec damnat secundas nuptias.

5. Hæc autem a nobis dicuntur, non ut secundas aversari nuptias præcipiamus; sed ut hortemur et consulamus, prioribus esse contentos. Aliud est adhortari, aliud præcipere. Nam qui adhortatur et consulit, in arbitrio ac potestate relinquit auditoris, ut quod consulatur eligat : qui vero præcipit, hanc facultatem ejusmodi non permittit. At Ecclesia ista non præcipit, sed hortatur solum : siquidem secundas etiam nuptias permisit Paulus cum ita dixit : *Mulier alligata est legi, quanto tempore vir ejus vivit : quod si dormierit vir ejus, libera est, cui vult nubat, tantum in Domino. Beatior* est *autem si sic permanserit.* Ut igitur bonum est conjugium, sed melior est virginitas : ita bonum quidem est secundum conjugium, sed melius est primum et solum. Non igitur conjugium secundum rejicimus, neque hæc præcipimus, sed cohortamur, ut si quis castitatem servare possit, sit priori contentus. Cohortamur autem et consulimus ad stabiliendam domus securitatem : sæpe namque secundæ nuptiæ quotidianarum

1. *Cor.* 7. 39. 40.

[a] Alii χήραν.

[b] Unus Ms. [748] παραιρεῖται, alius παραινεῖται.

et pugnarum et contentionum initium et occasionem attulerunt. Sane multoties evenit, ut assidens mensæ maritus prioris uxoris recordatus, leniter fleat: at illa confestim excandescit, D et tamquam fera insilit, et sui in illam amoris ab eo pœnas exigit. Quod si voluerit laudare defunctam, tum contentionis et pugnæ occasio ex laudibus illius offertur. Ac defunctis quidem inimicis reconciliamur, eodemque fine vita illorum et nostrum in illos odium terminatur: in uxoribus autem contrarium penitus evenit. Quam enim non vidit, quam non audivit, a qua nihil est mali passa, hanc odio prosequitur et aversatur, ac ne mors quidem odium exstinguit. Quis umquam vidit, quis audivit zelotypiam in pulverem, pugnam cum cinere susceptam?

E 6. Sed non eousque tantum progreditur malum: quin etiam sive ex secunda nati sint liberi, sive non sint nati, pugna rursus et contentio exoritur. Nam si nati non sint, majori mœrore conficitur, et hac de causa natos ex priori tamquam hostes, et a quibus maximis sit affecta injuriis, intuetur, dum ex illorum vita sterilitatis suæ sensum capit majorem. Si vero nati sint, rursus nihilo minus malum est. Siquidem maritus sæpenumero bene affectus erga defunctam 316 A hos amplectitur, et amore simul ac misericordia in illos propter orbitatem commovetur: at illa suos ubique præferri vult, ac nec fratrum illos haberi loco, sed abjectorum famulorum: quæ omnia domum possunt subvertere, ac vitam marito acerbam et infestam reddere. Propterea ad servandam castitatem adhortamur, si fieri possit, et ut priori conjugio contenti sitis, et neque mariti uxores, neque uxores maritos adsciscant, ne domum suam omnem susque deque vertant. Cur autem cum de viduitate dissereret, priori solo contentus non fuit, cum dixit, *Unius viri uxor?* B Ut intelligas id viduam non facere, si secundo marito solum utcumque non nubat, sed si bonis operibus, eleemosyna, benignitate, atque officiis erga peregrinos abundet. Nam si virginibus nihil profuit virginitas (tametsi multo major est viduitate virginitas), sed cum in lampadibus illarum ignis esset exstinctus, ignominia affectæ recesserunt, quoniam benignitatis et eleemosynæ fructum exhibere minime valuerunt, multo magis viduæ. Certe cum illam parabolam audisset Paulus, et istarum causa timeret, exquisite admodum rem examinat, ne forte propter unicum C

Matth. 25.

Virginitas sine virtutibus aliis non prodest.

τραπέζης καθήμενος, τῆς προτέρας γυναικὸς ἀναμνησθεὶς ἐπὶ τῆς δευτέρας, ἐδάκρυσεν ἠρέμα· ἡ δὲ εὐθέως ἠγρίανε, καὶ καθάπερ θηρίον ἐπεπήδησε, τῆς D φιλοστοργίας αὐτὸν τῆς πρὸς ἐκείνην ἀπαιτοῦσα δίκην· κἂν ἐπαινέσαι τὴν ἀπελθοῦσαν θελήσῃ, γίνεται πολέμου καὶ μάχης πρόφασις ἡ τῶν ἐγκωμίων ὑπόθεσις. Καὶ πρὸς μὲν τοὺς ἐχθροὺς ἀπελθόντας σπενδόμεθα, καὶ μετὰ τῆς ζωῆς αὐτῶν καὶ τὴν πρὸς αὐτοὺς καταλύομεν ἔχθραν· ἐπὶ δὲ τῶν γυναικῶν τοὐναντίον ἅπαν. Ἣν γὰρ οὐκ εἶδεν, ἧς οὐκ ἤκουσε, παρ' ἧς οὐδὲν ἔπαθε δεινὸν, ταύτην μισεῖ καὶ ἀποστρέφεται, καὶ οὐδὲ ὁ θάνατος τὸ μῖσος σβέννυσι. Τίς εἶδε, τίς ἤκουσε ζηλοτυπουμένην κόνιν, καὶ πολεμουμένην τέφραν;

E Ἀλλ' οὐ μέχρι τούτου τὸ δεινόν· ἀλλὰ κἂν γένωνται παῖδες ἐκ τῆς δευτέρας, κἂν μὴ γένωνται, πόλεμος πάλιν καὶ μάχη. Μὴ γενομένων μὲν γὰρ ὀδυνᾶται μειζόνως, καὶ διὰ τοῦτο, καθάπερ πολεμίους καὶ τὰ μέγιστα ἠδικηκότας τοὺς τῆς προτέρας ὁρᾷ, διὰ τῆς ἐκείνων ζωῆς τῆς οἰκείας ἀπαιδίας σαφεστέραν λαμβάνουσα αἴσθησιν. Ἂν δὲ γένωνται, πάλιν οὐκ ἔλαττον τὸ δεινόν. Ὁ μὲν γὰρ ἀνὴρ πολλάκις φιλοστόργως πρὸς τὴν ἀπελθοῦσαν διακείμενος 316 A ἀντέχεται τούτων, φιλῶν τε ὁμοῦ καὶ ἐλεῶν τῆς ὀρφανίας αὐτούς· ἐκείνη δὲ πανταχοῦ τοὺς αὐτῆς προτιμᾶσθαι βούλεται, καὶ οὐδὲ ἐν ἀδελφῶν τάξει, ἀλλ' ἐν οἰκετῶν ἀπεῤῥιμμένων εἶναι βούλεται τούτους· ἅπερ ἅπαντα οἰκίαν ἀνατρέψαι δύναιτ' ἂν, καὶ τῷ γεγαμηκότι ποιῆσαι τὸν βίον ἀβίωτον. Διὰ ταῦτα παραινοῦμεν, εἰ δυνατὸν, σωφρονεῖν, στέργειν τῷ προτέρῳ γάμῳ, καὶ μήτε νυμφίους τὰς γυναῖκας, μήτε γυναῖκας τοὺς ἄνδρας ἐπεισάγειν, ὥστε μὴ τὴν οἰκίαν ἀνατρέπεσθαι πᾶσαν. Τίνος δὲ ἕνεκεν περὶ χηρείας διαλεγόμενος, οὐκ ἠρκέσθη τῷ προτέρῳ μόνῳ, τῷ εἰπεῖν, Ἑνὸς ἀνδρὸς γυνή; Ἵνα μάθῃς, ὅτι χήραν B ποιεῖ οὐ τὸ μὴ γαμῆσαι δεύτερον μόνον ἁπλῶς, ἀλλὰ τὸ κομᾶν ἐν ἔργοις ἀγαθοῖς, ἐν ἐλεημοσύνῃ καὶ φιλανθρωπίᾳ, καὶ ταῖς τῶν ξένων θεραπείαις. Εἰ γὰρ τὰς παρθένους οὐδὲν ὠφέλησεν ἡ παρθενία (καίτοι πολλῷ μείζων χηρείας ἡ παρθενία), ἀλλ' ἀπῆλθον, σβεσθέντος αὐταῖς τοῦ πυρὸς τῶν λαμπάδων, ἠτιμωμέναι, ἐπειδὴ τὸν ἀπὸ τῆς φιλανθρωπίας καὶ ἐλεημοσύνης οὐκ ἔσχον ἐπιδεῖξαι καρπὸν, πολλῷ μᾶλλον αἱ χῆραι. Ἐκείνης γοῦν ἀκούσας τῆς παραβολῆς ὁ Παῦλος, καὶ φοβούμενος ὑπὲρ τούτων, [a] πολλὴν ὑπὲρ τοῦ πράγματος ποιεῖται τὴν ἀκριβολογίαν, ἵνα μὴ τῇ μονογαμίᾳ θαῤῥοῦσαι τῆς λοιπῆς ἀρετῆς καταμελήσωσι· διὰ τοῦτό φησιν, Ἐν ἔργοις καλοῖς μαρτυρου- C

[a] Alii πολλὴν ἐπὶ τοῦ.

μένη· ὥσπερ γὰρ καλὸν ἡ παρθενία, χωρὶς δὲ τῶν λοιπῶν ἄκαρπος γέγονε, καὶ τοῦ νυμφῶνος ἀπέκλεισεν· οὕτω καλὸν ἡ χηρεία, χωρὶς δὲ τῆς λοιπῆς ἀρετῆς μάταιόν ἐστι καὶ περιττόν. Διὰ τοῦτο οὐ μέχρι τοῦ μὴ δεύτερον ἐπεισάγειν ἄνδρα τὴν παραίνεσιν ἔστησεν ὁ Παῦλος, ἀλλὰ καὶ ἕτερα πολλῷ πλείονα καὶ μείζονα ἀπαιτεῖ παρὰ τῆς χήρας. Καὶ καθάπερ οἱ τοὺς στρατιώτας καταλέγοντες σώματος ζητοῦσιν εὐεξίαν, οὕτω καὶ οὗτος εἰς τὸ τοῦ Χριστοῦ στρατόπεδον αὐτὴν καταλέγων, ψυχῆς εὐεξίαν ἐζήτησε καὶ εὐτονίαν καὶ τὴν ἐν ἅπασι τοῖς ἀγαθοῖς ἔργοις σπου- D δὴν, οὕτω λέγων· Εἰ ἐτεκνοτρόφησεν, εἰ ἐξενοδόχησεν, εἰ ἁγίων πόδας ἔνιψεν, εἰ θλιβομένοις ἐπήρκεσεν, εἰ παντὶ ἔργῳ ἀγαθῷ ἐπηκολούθησε. Τούτων γὰρ ἕκαστον δοκεῖ μὲν εἶναι ῥῆμα ψιλὸν, πολλὴν δὲ ἐν ἑαυτῷ συνέχει τὴν ζωήν.

Καὶ εἰ δοκεῖ, πρῶτον, ἐξετάσωμεν ὃ πρῶτον αὐτὸς τέθεικεν· Εἰ ἐτεκνοτρόφησε. Τροφὴν γὰρ ἐνταῦθα λέγει οὐ ταύτην τὴν ψιλὴν καὶ παρὰ τοῖς πολλοῖς νομιζομένην, τὸ μὴ λιμῷ φθειρομένους περιιδεῖν τοὺς παῖδας· τοῦτο γὰρ οὐδὲ αὐτὴ τῆς φύσεως ἡ ἀνάγκη ἀφίησι παραμεληθῆναί ποτε· ὅθεν οὐδὲ προσταγμάτων ὑπὲρ τούτου χρεία καὶ νόμων, ἵνα τὰ ἔκγονα τρέφωσιν αἱ χῆραι· ἀλλὰ τὴν τῆς δικαιοσύνης ἐπιμέ- E λειαν, τὴν ἀνατροφὴν τὴν μετ' εὐλαβείας ἐνταῦθά φησιν· ὡς αἵ γε μὴ οὕτω τρέφουσαι, παιδοκτόνοι μᾶλλόν εἰσιν ἢ μητέρες. Τοῦτο οὐ πρὸς γυναῖκας μόνον λέγω, ἀλλὰ καὶ πρὸς ἄνδρας. Καὶ γὰρ πολλοὶ πολλάκις τῶν πατέρων, ὅπως μὲν ἵππος γένοιτο καλὸς τῷ παιδὶ, καὶ ὅπως οἰκία λαμπρὰ, καὶ ὅπως πολυτελὴς ἀγρὸς, πάντα ποιοῦσι καὶ πραγματεύονται· ὅπως δὲ αὐτῷ ψυχὴ γένοιτο καλὴ καὶ προαίρεσις εὐσεβὴς, οὐδένα 317 ἔχουσι λόγον. Καὶ τοῦτό ἐστιν, ὃ τὴν οἰκουμένην A ἀνατρέπει πᾶσαν, ὅτι τῶν οἰκείων ἀμελοῦμεν παίδων, καὶ τῶν μὲν κτημάτων αὐτῶν ἐπιμελούμεθα, τῆς δὲ ψυχῆς αὐτῶν καταφρονοῦμεν, ἐσχάτης ἀνοίας πρᾶγμα ὑπομένοντες. Τὰ μὲν γὰρ κτήματα κἂν πολλὰ ᾖ καὶ πολυτελῆ, τοῦ δυναμένου μετ' ἀρετῆς αὐτὰ οἰκονομεῖν οὐκ ὄντος σπουδαίου, πάντα ἀπολεῖται καὶ οἰχήσεται [a] μετ' αὐτοῦ, καὶ βλάβην ἐσχάτην ἐνέγκοι τῷ κεκτημένῳ· ἂν δὲ ἡ ψυχὴ γενναία γένηται καὶ φιλόσοφος, κἂν μηδὲν ἔνδον ἀποκείμενον ᾖ, τὰ πάντων δυνήσεται μετὰ ἀδείας συσχεῖν. Δεῖ τοίνυν σκοπεῖν, οὐχ ὅπως αὐτοὺς πλουσίους ἐν ἀργυρίῳ καὶ B

matrimonium sibi confidentes reliquas virtutes negligerent. Propterea dicit, *In operibus bonis testimonium habens*. (1. Tim. 5. 10.) Ut enim bonum est virginitas, absque cæteris autem infructuosa fit, et a conclavi sponsi excludit: sic et viduitas bonum est, sed sine virtutibus cæteris vana res est et superflua. Propterea Paulus dum exhortatur, non eousque solum progreditur, ut non esse superinducendum secundum maritum suadeat, sed et alia plura et majora requirit a vidua. Et quemadmodum ii, qui militum delectum habent, corporis bonam habitudinem requirunt: ita hic, qui ad exercitum Christi hanc deligit, bonam animæ habitudinem requisivit, et fortitudinem, et in omnibus bonis operibus studium, ita dicens: *Si filios educavit, si hospitio recepit, si sanctorum pedes lavit, si tribulationem patientibus subministravit, si omne opus bonum sectata* est. Etenim unumquodque istorum nudum quidem esse nomen videtur, sed multam in seipso vitam continet.

7. Ac si videtur, primum excutiamus, quod ille primo loco posuit: *Si filios educavit*. Educationem enim inquit non hanc simplicem, quam vulgus censet dum fame confectos liberos non negligimus: hoc enim ne ipsa quidem naturæ necessitas umquam omitti permittet: quo fit ut neque mandatis hac de causa sit opus et legibus, ut suam prolem educent viduæ; sed justitiæ curam, educationem cum pietate hoc loco intelligit: quod alioquin eæ, quæ hoc pacto non educant, parricidæ potius sint, quam matres. Hoc non ad mulieres tantum a me dictum est, sed etiam ad viros. Siquidem multi patres, ut bonus equus, filio obveniret, ut ædes magnificæ, ut prædium magni pretii, cuncta faciunt atque moliuntur: ut autem anima ejus bona fiat, et pium propositum, nullius pensi habent. Et hoc est quod totum mundum subvertit, quod nostros liberos non curemus, et possessionum opumque ipsorum curam geramus, sed ipsorum animam negligamus, et extremæ dementiæ facinus admittamus. Nam possessiones quidem sint licet multæ ac sumtuosæ, si probus non sit ac studiosus, qui cum virtute possit eas administrare, omnes cum ipso peribunt et evanescent, ac summum possessori damnum inferent: sin autem generosa fuerit et sapiens anima, licet nihil intus sit in promtuariis reconditum, omnium bona tuto poterit retinere. Illud igitur spectandum est, non

Viduæ in educandis liberis laus.

[a] [Cod. 748 μετὰ τοῦ καὶ βλ. ἐ. ἐνεγκεῖν.]

quo pacto argento et auro, et rebus ejusmodi locuplotes eos reddamus, sed quo pacto pietate ac temperantia, virtutumque acquisitione ditissimi omnium fiant: quo pacto fiat, ut multis non indigeant, ut res sæculi hujus et novas cupiditates non tanti faciant. Et ingressus eorum et egressus diligenter et curiose considerandus est, quibuscum versentur, qui familiares illis sint, cum intelligamus, si hæc a nobis neglecta fuerint, nullam nos a Deo veniam impetraturos. Nam si cum aliorum curam non gesserimus, pœnæ a nobis
1. Cor 10. 24. exiguntur (*Nemo enim quod suum est, quærat*, inquit apostolus, *sed quod alterius*), quanto magis si liberorum curam non gesserimus? Nonne ipsum in tuis ædibus ab initio collocavi, inquit? nonne te præceptorem, præfectum et curatorem et judicem illi te præfeci? omnem in illum potestatem in manus tuas transtuli? Tenerum adhuc conformandum ac fingendum commisi: qua venia dignus eris si reluctantem illum neglexeris? Quid enim dicere poteris? refrenato difficilem et asperum illum esse? At hæc ab initio prævideri oportuit, et quando freno cohiberi poterat, cum juvenis admodum esset, eum diligenter frenari, et officio suo fungi assuefieri, informari, morbis ejus animæ remedium adhiberi. Quando facilior erat agricolatio, tum resecari spinas oportuit, quando, cum tenera esset ætas, facilius evellebantur, neque passiones neglectæ, et auctæ, expugnatu difficiles evasissent.
Eccli. 7. 23. Idcirco dicit: *Curva a pueritia cervicem ejus*, quando facilius potest erudiri. Neque vero præcipit tantum, sed et ipse tecum opus aggreditur.
Exod. 21. 17. Quo tandem pacto? *Qui maledicit patri vel matri*, inquit, *morte pereat*. Vides quantum illis timorem incusserit? quantam formidinem objecerit? quam potenti imperio pollere te voluerit? Quam nos igitur excusationem obtendere poterimus, cum ipse quidem, si nos afficiamur injuria, ne vitæ quidem parcat ipsorum: nos autem, si ab illis Deo inferatur injuria, ne succensere quidem illis velimus? Ego nec occidere illum recuso, qui te affecit injuria: tu vero ne verbis quidem illum contristare dignaris, inquit, a quo leges meæ violantur. Num hæc venia digna? Vides affici contumelia Creatorem, nec indignaris, neque terres, nec reprehendis, præsertim cum intelligas hoc a Deo fuisse prohibitum, non quod ille quidpiam detrimenti patiatur, qui contumeliam accepit (neque enim Numen interitui est obnoxium), sed propter salutem ipsius? Qui enim inique se gerit in Deum et stolide, multo magis

χρυσίῳ καὶ τοῖς τοιούτοις ποιήσωμεν, ἀλλ' ὅπως ἐν εὐλαβείᾳ καὶ φιλοσοφίᾳ καὶ κτήσει τῆς ἀρετῆς πάντων γένοιντ' ἂν εὐπορώτεροι· ὅπως μὴ πολλῶν δέοιντο, ὅπως μὴ περὶ τὰ βιωτικὰ καὶ τὰς νεωτερικὰς ἐπιθυμίας ὦσιν ἐπτοημένοι. Καὶ τὰς εἰσόδους αὐτῶν, καὶ τὰς ἐξόδους μετ' ἀκριβείας περιεργάζεσθαι χρὴ, τὰς διατριβὰς, τὰς συνουσίας, εἰδότας ὅτι τούτων ἀμελουμένων, οὐδεμίαν ἕξομεν παρὰ τῷ Θεῷ συγγνώμην. Εἰ γὰρ τῆς τῶν ἄλλων προνοίας ἀπαιτούμεθα τὰς εὐθύνας (Ἕκαστος γὰρ μὴ τὸ ἑαυτοῦ ζη-
C τείτω, φησὶν, ἀλλὰ τὸ τοῦ πλησίον), πόσῳ μᾶλλον τῆς τῶν παίδων; Οὐ κατῴκισά σοι, φησὶν, αὐτὸν ἐξ ἀρχῆς; ἐπέστησα δέ σε αὐτῷ διδάσκαλον καὶ προστάτην καὶ κηδεμόνα καὶ ἄρχοντα; τὴν ἐξουσίαν αὐτοῦ πᾶσαν φέρων εἰς τὰς σὰς ἐνέθηκα χεῖρας; Ἁπαλὸν ὄντα διαπλάττειν ἐκέλευσα, καὶ ῥυθμίζειν· ποίαν ἂν ἔχοις συγγνώμην, εἰ περιίδοις αὐτὸν ἀποσκιρτήσαντα; Τί γὰρ ἂν εἴποις; ὅτι δυσήνιός ἐστι καὶ τραχύς; Ἀλλ' ἐξ ἀρχῆς ἔδει ταῦτα προορῶντα, ὅτε εὐήνιος ἦν, καὶ κομιδῇ νέος, χαλινοῦν μετ' ἀκριβείας, ἐθίζειν πρὸς τὰ δέοντα, ῥυθμίζειν, κολάζειν αὐτοῦ τὰ νοσήματα τῆς ψυχῆς. Ὅτε εὐκολωτέρα ἡ ἐργασία,
D τότε τὰς ἀκάνθας ἐκτέμνειν ἔδει, ὅτε ἁπαλωτέρας οὔσης τῆς ἡλικίας εὐκολώτερον ἀνεσπῶντο, καὶ οὐκ ἂν ἀμελούμενα τὰ πάθη, καὶ αὐξανόμενα, δυσκατέργαστα γέγονε. Διὰ τοῦτό φησι, Κάμψον ἐκ νεότητος τὸν τράχηλον αὐτοῦ, ὅτε εὐκολωτέρα γένοιτ' ἂν ἡ παιδαγωγία. Οὐκ ἐπιτάττει δὲ μόνον, ἀλλὰ καὶ αὐτὸς συνεφάπτεταί σοι τοῦ ἔργου. Καὶ πῶς, καὶ τίνι τρόπῳ; Ὁ κακολογῶν πατέρα ἢ μητέρα, φησὶ, θανάτῳ τελευτάτω. Ὁρᾷς πόσον αὐτοῖς ἐπέστησε φόβον; πόσην ἐπετείχισεν ἀγωνίαν; πῶς δυνατήν σου τὴν ἀρχὴν ἐποίησε; Τίνα οὖν ἀπολογίαν ἕξοιμεν ἂν εἰ-
E πεῖν, ὅταν αὐτὸς μὲν, ἐπειδὰν ἡμεῖς ὑβριζώμεθα, μηδὲ τῆς ζωῆς αὐτῶν φείδηται· ἡμεῖς δὲ, ὑβριζομένου τοῦ Θεοῦ παρ' αὐτῶν, μηδὲ ἀγανακτεῖν αὐτοῖς ὑπομένωμεν; Ἐγὼ, φησὶν, οὐδὲ ἀποκτεῖναι παραιτοῦμαι τὸν ὑβρίζοντά σε· σὺ δὲ οὐδὲ ῥήματι λυπεῖν ἀνέχῃ, φησὶ, τὸν τοὺς ἐμοὺς καταπατοῦντα νόμους. Καὶ ποῦ ταῦτα συγγνώμης ἄξια; Ὁρᾷς αὐτὸν ὑβρίζοντα εἰς τὸν πεποιηκότα, καὶ οὐ δυσχεραίνεις, εἰπέ μοι, οὐδὲ φοβεῖς καὶ ἐπιτιμᾷς, καὶ ταῦτα εἰδὼς, ὅτι καὶ τοῦτο αὐτὸς ὁ Θεὸς ἐκώλυσεν, οὐχ ἐπειδὴ βλάβη
318 A τις εἰς ὑβριζόμενον γίνεται (ἀνώλεθρον γὰρ τὸ Θεῖον), ἀλλ' ὑπὲρ τῆς ἐκείνου σωτηρίας; Ὁ γὰρ περὶ τὸν Θεὸν ἀγνώμων γενόμενος καὶ ἀναίσθητος, πολλῷ

μᾶλλον εἰς τὸν γεγεννηκότα, καὶ εἰς τὴν ἑαυτοῦ ψυχὴν ἐμπαροινῆσαι δυνήσεται.

Μὴ τοίνυν ἀμελῶμεν, εἰδότες ὅτι τῶν κατὰ Θεὸν αὐτοῖς εὖ διακειμένων, καὶ κατὰ τὸν παρόντα βίον ἔσονται εὐδόκιμοι καὶ λαμπροί. Τὸν γὰρ ἀρετῇ συζῶντα καὶ ἐπιεικείᾳ πάντες αἰδοῦνται καὶ τιμῶσι, κἂν ἁπάντων πενέστερος ᾖ, ὥσπερ οὖν τὸν πονηρὸν καὶ διεστραμμένον ἀποστρέφουσι καὶ μισοῦσιν ἅπαντες, κἂν εὐπορίαν ᾖ κεκτημένος πολλήν. Οὐ τοῖς B ἄλλοις δὲ μόνον ἀνθρώποις ἔσται αἰδέσιμος, ἀλλὰ καὶ σοὶ τῷ γεγεννηκότι ποθεινότερος, πλὴν τῆς φύσεως οὐκ ἐλάττονα ἑτέραν ὑπόθεσιν ἔχων πρὸς τὸ φιλεῖσθαι τὴν ἀρετήν· οὐ ποθεινότερος δὲ μόνον, ἀλλὰ καὶ χρησιμώτερος ἔσται σοι θεραπεύων, δουλεύων, γηροκομῶν. Ὥσπερ γὰρ οἱ περὶ τὸν Θεὸν ἀγνώμονες καὶ τῶν γεγεννηκότων καταφρονοῦσιν· οὕτως οἱ τὸν πεποιηκότα θεραπεύοντες, ἐν πολλῇ καὶ τοὺς γεγεννηκότας ἔχουσι τῇ τιμῇ. Ἵνα οὖν καὶ παρὰ Θεῷ, καὶ παρὰ ἀνθρώποις εὐδοκιμῇ, καί σοι τὴν ζωὴν ἡδεῖαν ποιῇ, καὶ τῆς μελλούσης ἀπαλλάττῃ κολάσεως, πᾶσαν ἐπιδείκνυσο περὶ αὐτὸν τὴν σπουδήν. Ὅτι γὰρ οἱ τῶν παίδων ἀμελοῦντες, κἂν τἄλλα ὦσιν ἐπιεικεῖς C καὶ μέτριοι, διὰ ταύτην τὴν ἁμαρτίαν τὴν ἐσχάτην ὑποστήσονται δίκην, ἱστορίαν σοί τινα διηγήσομαι παλαιάν. Ἱερεύς τις ἦν παρὰ τοῖς Ἰουδαίοις ἐπιεικὴς τὰ ἄλλα καὶ μέτριος, Ἠλεὶ τῷ ὀνόματι. Ἦν οὖν οὗτος Ἠλεὶ δύο παῖδας ἔχων εἰς ἔσχατον πονηρίας ἐληλακότας· οὐ κατεῖχε δὲ, οὐδὲ ἐκώλυε· μᾶλλον δὲ κατεῖχε μὲν καὶ ἐκώλυεν, οὐ μετὰ τῆς προσηκούσης δὲ ἀκριβείας καὶ σφοδρότητος. Δέον γὰρ μαστιγῶσαι, τῆς πατρῴας ἐκβαλεῖν οἰκίας, πάντα ἐπιδείξασθαι διορθώσεως τρόπον, παρῄνει καὶ συνεβούλευε μόνον, οὕτω λέγων· Μὴ, τέκνα, μὴ ποιεῖτε οὕτως· ὅτι οὐκ ἀγαθὴ ἡ ἀκοὴ, ἣν ἐγὼ ἀκούω περὶ ὑμῶν. Τί D λέγεις; τὸν Δεσπότην ὕβρισαν, καὶ τέκνα καλεῖς; ἠγνόησαν τὸν πεποιηκότα, καὶ σὺ ἐπιγινώσκεις αὐτῶν τὴν συγγένειαν; Διὰ τοῦτό φησιν, ὅτι οὐκ ἐνουθέτει αὐτούς· νουθεσία γάρ ἐστιν, οὐκ ἐὰν ἁπλῶς συμβουλεύσωμεν, ἀλλ' ἐὰν σφοδρότερον καὶ τομώτερον καὶ ὅσην ἡ τοῦ τραύματος ἀπαιτεῖ σηπεδὼν, τοσαύτην ἐπαγάγωμεν τὴν πληγήν. Οὐ τοίνυν ἀρκεῖ τὸ εἰπεῖν, οὐδὲ τὸ παραινέσαι μόνον, ἀλλὰ καὶ πολὺν ἐπιτειχίσαι δεῖ τὸν φόβον, ὥστε τὴν τῆς νεότητος περικόψαι ῥαθυμίαν. Ἐπεὶ οὖν παρῄνει μὲν, οὐ παρῄνει δὲ ὡς ἔδει, τοῖς πολεμίοις αὐτοὺς ἐξέδωκε, καὶ μάχης γενομένης ἔπεσον ἐπὶ τῆς παρατάξεως, καὶ E τὴν ἀγγελίαν οὐκ ἐνεγκὼν, πεσὼν συνετρίβη καὶ αὐτὸς καὶ ἀπέθανεν. Ὁρᾷς ὅτι δικαίως εἶπον, ὅτι καὶ παιδοκτόνοι οἱ πατέρες εἰσὶν, οἱ μὴ σφοδρῶς τοῖς αὐτῶν κεχρημένοι παισὶ ῥαθυμοῦσι, μηδὲ τὴν κατὰ Θεὸν ἀπαιτοῦντες αὐτοὺς εὐλάβειαν; Οὕτω γοῦν ὁ Ἠλεὶ παιδοκτόνος ἐγένετο. Εἰ γὰρ οἱ πολέμιοι κατέ-

in patrem suum et in suam ipsius animam contumeliosus et insolens esse poterit.

8. Ne igitur contemnamus, cum sciamus fore, ut si erga Deum recte se gesserint, etiam in iis quæ ad hanc vitam pertinent celebres sint et illustres. Qui enim vitam cum virtute modestiaque traducit, cum omnes reverentur et colunt, sit licet omnium pauperrimus, sicut improbum ac depravatum aversantur et odio prosequuntur omnes, licet opibus multis circumfluat. Neque solum cæteris hominibus venerandus erit, sed tibi ejus parenti erit carier, cum præter naturam nihilo minorem habeat occasionem amoris, ipsam virtutem: neque vero solum carier, sed et utilior erit tibi dum colet, dum inserviet, dum in senectute sustentabit. Ut enim qui sunt in Deum injurii et ingrati, etiam parentes aspernantur: ita qui suum Conditorem colunt, ingentem genitoribus suis honorem deferunt. Ut igitur et apud Deum et apud homines bene audias, tibique vitam jucundam facias, ac futuris pœnis libereris, omni ipsum studio cole. Nam eos quidem qui liberorum curam non gesserint, tametsi cæteroquin modesti fuerint atque moderati, ob istud peccatum pœnas gravissimas luituros, ex veteri constabit historia, quam narrabo. Sacerdos fuit quidam apud Judæos cæteroquin modestus, ac lenis, Heli nomine. Huic igitur Heli 1. Reg. 2. 12. duo fuerunt liberi, qui ad summum improbitatis fastigium pervenerant: illos autem non reprimebat ille, nec prohibebat: imo vero reprimebat ille quidem, atque prohibebat, sed non tanta cum diligentia et vehementia, quanta opus fuit. Cum enim flagris cædere debuisset, domo paterna ejicere, omnem correctionis modum adhibere, cohortabatur solum et consulebat ita dicens: *Ne filii, ne ita faciatis: quoniam* 1. Reg. 2. 24. *non bona auditio, quam audio de vobis.* Quid ais? Deum injuria affecerunt, et filios appellas? Conditorem ignorarunt, et tu propinquitatem illorum agnoscis? Propterea dicit, eum non admonuisse illos: admonitio enim est si non utcumque consilium demus, sed vehementius et acrius, et si quantam vulneris requirit ulcus, tantam plagam infligamus. Non ergo sufficit si solum dicamus, sed et multum incutere timorem oportet, ut juventutis desidiam excutias. Quoniam igitur hortabatur ille quidem, sed non ut oportuit hortabatur, hostibus illos exposuit, et exorto prælio ceciderunt in acie, cumque nuntium ferre non posset, cadens et ipse confractus est et interiit. Vides merito dictum a me fuisse, libero-

Heli pater nimis indulgens.

rum esse parricidas, qui negligentes liberos acriter non castigant, neque ab illis debitum Deo cultum exigunt? Sic nimirum Heli factus est parricida. Licet enim filios ejus hostes occiderint, ille tamen auctor cædis fuit, quod sua circa illos negligentia Dei auxilium ab illis averterit, et nudos ac desertos iis, qui necare vellent, objecerit. Neque vero solum illos, sed et seipsum cum illis interemit.

σφαξαν αὐτοῦ τοὺς υἱοὺς, ἀλλὰ τῆς σφαγῆς οὗτος
319 A αἴτιος ἐγένετο, διὰ τῆς περὶ αὐτοὺς ῥαθυμίας ἀποστήσας τοῦ Θεοῦ τὴν βοήθειαν, καὶ γυμνοὺς καὶ ἐρήμους δείξας τοῖς βουλομένοις αὐτοὺς ἀνελεῖν. Οὐκ ἐκείνους δὲ μόνον, ἀλλὰ καὶ ἑαυτὸν προσαπώλεσε.

Patri indulgens parricida est.

9. Idipsum nunc quoque plurimis patribus evenit: quia verberare noluerunt, nec verbis castigare, neque contristare liberos inordinate et inique viventes, sæpenumero in gravissimis illos criminibus deprehensos, in judicium abreptos, a carnificibus capite truncari viderunt. Cum enim tu eos non castiges, cum tu non corrigas, et sceleratis ac perditis hominibus te ipsum admisceas, et in consortium nequitiæ cum illis venias, ex communibus legibus in eos agitur, et in omnium conspectu puniuntur: ac major cum calamitate fit ignominia, dum patrem illum digito monstrant omnes post illius obitum, et illi fori aditum intercludunt. Quibus enim oculis poterit occurrentes sibi post tantam infamiam et calamitatem filii contueri? Quocirca precor et obsecro multam liberorum curam geramus, et ubique salutem illorum animæ quæramus. Magister et doctor es universæ domus tuæ, tibique uxorem et filios perpetuo docendos committit Deus. Et nunc quidem ait Paulus de uxoribus: *Si quid autem volunt discere, domi viros suos interrogent;* (1 Cor. 14. 35.) nunc vero de liberis, *Educate illos in disciplina* et *correptione Domini.* (Ephes. 6. 4.) Statuas aureas in ædibus habere te existima liberos; singulis diebus eos informa, et diligenter considera, omnique ratione illorum animam exorna et institue: imitare beatum Job, (Job. 1. 5) qui timens ob ea quæ ipsi mente peccassent, sacrificia pro ipsis offerebat, ac multum de illis erat sollicitus. Imitare Abraham: nam et ille pecuniarum et possessionum haud studiosus erat, sed divinarum legum, ut illarum observationem posteris suis exacte commendaret. Quam ejus virtutem testimonio suo declarat Deus in hæc verba: (Gen. 18. 19) *Scio enim, quia constituet Abraham filiis suis judicia et justificationes.* David quoque, dum moreretur, magnæ hereditatis loco vocato filio suo mandabat, ac frequenter dicebat: Si volueris, fili, ex legum Dei præscripto vivere, nullum inopinatum malum te opprimet, sed omnia prospere tibi succedent, ac multa securitate potieris: sin autem ab illo auxilio excidas, nihil tibi regnum et multa hæc po-

Τοῦτο δὴ πολλοὶ καὶ τῶν νῦν πατέρων πάσχουσιν· οὐ βουλόμενοι μαστίξαι, οὐδὲ ἐπιτιμῆσαι ῥήμασιν, οὐδὲ λυπῆσαι τοὺς ἑαυτῶν υἱοὺς ἀτάκτως ζῶντας καὶ παρανόμως, πολλάκις εἶδον ἐπὶ τοῖς ἐσχάτοις ἁλόντας, εἰς δικαστήριον ἁρπαγέντας, ὑπὸ δημίων ἀποτμηθέντας. Ὅταν γὰρ σὺ μὴ παιδεύσῃς, ὅταν σὺ μὴ σωφρονίσῃς, μιαροῖς ἀνθρώποις καὶ διεφθαρμένοις σαυτὸν ἀναμίξας, καὶ κοινωνήσας τῆς πονηρίας αὐτοῖς, ὑπὸ
B τοῖς κοινοῖς ἄγονται νόμοις καὶ κολάζονται πάντων ὁρώντων· καὶ μετὰ τῆς συμφορᾶς μείζων ἡ αἰσχύνη γίνεται, δακτυλοδεικτούντων ἁπάντων τὸν πατέρα μετὰ τὴν ἐκείνου τελευτὴν, καὶ ἄβατον αὐτῷ ποιούντων τὴν ἀγοράν. Ποίοις γὰρ ὀφθαλμοῖς ἀντιβλέψαι δυνήσεται τοῖς ἀπαντῶσιν αὐτῷ μετὰ τὴν τοιαύτην τοῦ παιδὸς ἀσχημοσύνην καὶ συμφοράν; Διὸ δέομαι καὶ ἀντιβολῶ πολλὴν τῶν οἰκείων παίδων ποιεῖσθαι τὴν πρόνοιαν, καὶ πανταχοῦ τὴν σωτηρίαν ζητεῖν αὐτῶν τῆς ψυχῆς. Διδάσκαλος εἶ τῆς οἰκίας ἁπάσης, καὶ τὴν γυναῖκα καὶ τοὺς υἱούς σοι παραπέμπει συνεχῶς ὁ Θεός. Καὶ νῦν μέν φησιν ὁ Παῦλος περὶ τῶν
C γυναικῶν· Εἰ δέ τι μανθάνειν θέλουσιν, ἐν οἴκῳ τοὺς ἰδίους ἄνδρας ἐπερωτάτωσαν· νῦν δὲ περὶ τῶν παίδων, Ἐκτρέφετε αὐτὰ ἐν παιδείᾳ καὶ νουθεσίᾳ Κυρίου. Νόμισον ἀγάλματα χρυσᾶ ἔχειν ἐπὶ τῆς οἰκίας, τὰ παιδία· καθ' ἑκάστην ἡμέραν αὐτὰ ῥύθμιζε καὶ περισκόπει μετὰ ἀκριβείας, καὶ παντὶ τρόπῳ τὴν ψυχὴν αὐτῶν κατακόσμει καὶ διάπλαττε· μίμησαι τὸν μακάριον Ἰὼβ, ὃς καὶ ὑπὲρ τῶν κατὰ διάνοιαν αὐτοῖς πλημμελουμένων δεδοικὼς, προσέφερεν ὑπὲρ αὐτῶν θυσίας, καὶ πολλὴν αὐτῶν ἐποιεῖτο τὴν πρόνοιαν. Μίμησαι τὸν Ἀβραάμ· καὶ γὰρ ἐκεῖνος οὐχ ὑπὲρ χρημάτων καὶ κτημάτων ἐσπούδαζεν, ἀλλ' ὑπὲρ τῶν
D θείων νόμων, ὅπως αὐτῶν τὴν φυλακὴν τοῖς ἐκγόνοις μετὰ ἀκριβείας παρακαταθοῖτο. Καὶ μαρτυρεῖ ταύτην αὐτοῦ τὴν ἀρετὴν ὁ Θεὸς οὕτω λέγων· Ἤδειν γὰρ, ὅτι συντάξει Ἀβραὰμ τοῖς παισὶν αὐτοῦ τὰ κρίματα καὶ τὰ δικαιώματα. Καὶ ὁ Δαυὶδ δὲ, ἡνίκα ἐτελεύτα, ἀντὶ μεγάλης κληρονομίας καλέσας τὸν υἱὸν τὸν ἑαυτοῦ, ταῦτα παρηγγύα καὶ συνεχῶς ἔλεγεν· ὅτι εἰ βουληθείης, παιδίον, κατὰ τοὺς τοῦ Θεοῦ νόμους ζῆν, οὐδὲν ἐμπεσεῖται τῶν ἀδοκήτων, ἀλλὰ πάντα σοι κατὰ ῥοῦν ἥξει τὰ πράγματα, καὶ πολλῆς ἀπολαύσῃ τῆς ἀσφαλείας· ἂν δὲ ἐκείνης ἐκπέσῃς τῆς βοηθείας

οὐδὲν ὄφελός σοι τῆς βασιλείας καὶ τῆς πολλῆς ταύτης δυνάμεως. Ταῦτα καὶ τοιαῦτα ἔλεγεν, εἰ καὶ μὴ τοῖς ῥήμασι τούτοις.

Ταῦτα καὶ ἡμεῖς, καὶ ζῶντες, καὶ μέλλοντες τελευτᾷν, πρὸς τοὺς παῖδας τοὺς ἑαυτῶν διαλεγώμεθα, καὶ πείθωμεν αὐτοὺς, ὅτι μέγας πλοῦτος, καὶ κληρονομία ἀδιάπτωτος, καὶ θησαυρὸς ἀνεπηρέαστος ὁ τοῦ Θεοῦ φόβος ἐστί· καὶ σπουδάζωμεν μὴ χρήματα αὐτοῖς καταλιμπάνειν τὰ ἀπολλύμενα, ἀλλὰ εὐσέβειαν τὴν μένουσαν καὶ μὴ δαπανωμένην. Εὐσεβείας μὲν γὰρ οὐκ οὔσης καὶ τὰ ὄντα ἀπόλλυται χρήματα μετὰ κινδύνων καὶ τῆς ἐσχάτης αἰσχύνης· ταύτης δὲ παρούσης καὶ τὰ οὐκ ὄντα προσγίνεται. Ἐὰν ἀναθρέψῃς σὺ καλῶς τὸ παιδίον, οὕτω κἀκεῖνος τὸν υἱὸν τὸν ἑαυτοῦ, καὶ οὗτος τὸν υἱόν· καὶ καθάπερ σειρά τις καὶ ἀκολουθία πολιτείας ἀρίστης μέχρι παντὸς βαδιεῖται, παρὰ σοῦ λαβοῦσα τὴν ἀρχὴν καὶ τὴν ῥίζαν, καὶ τῆς τῶν ἐγγόνων ἐπιμελείας σοι φέρουσα τοὺς καρπούς. Εἰ μετὰ ἀκριβείας οἱ πατέρες τοὺς ἑαυτῶν ἐπαίδευον παῖδας, οὐ νόμων, οὐ δικαστηρίων ἔδει, οὐ τιμωριῶν καὶ κολάσεων καὶ τῶν δημοσίων [a] φόνων· Δικαίῳ γὰρ, φησὶ, νόμος οὐ κεῖται. Ἐπειδὴ δὲ καταμελοῦμεν αὐτῶν, διὰ τοῦτο μείζοσιν αὐτοὺς περιβάλλομεν κακοῖς, καὶ ταῖς τῶν δημίων ἐκδίδομεν χερσὶ, καὶ εἰς τὰ βάραθρα συνεχῶς ὠθοῦμεν· Ὁ γὰρ περιψύχων τὸν υἱὸν τὸν ἑαυτοῦ, καταδεσμεύσει τὰ τραύματα αὐτοῦ, φησί. Τί ἐστιν Ὁ περιψύχων; Ὁ ἐλεῶν, ὁ κολακεύων, ὁ θεραπεύων ὑπὲρ τὸ μέτρον. Σφοδρότητος γὰρ οὗτος καὶ ἐπιμελείας δεῖται καὶ φόβων. Ταῦτα λέγω οὐχ ἵνα [b] λίαν τραχεῖς ὦμεν τοῖς παισὶν, ἀλλ' ἵνα μὴ εὐκαταφρόνητοι πρὸς αὐτοὺς φαινώμεθα. Εἰ γὰρ γυνὴ τὸν ἄνδρα φοβεῖσθαι ὀφείλει, πολλῷ μᾶλλον τὸ παιδίον τὸν πατέρα. Καὶ μή μοι λέγε, ὅτι ἀδύνατον περιγενέσθαι τῆς νεότητος. Εἰ γὰρ χήραν γυναῖκα ἀπαιτεῖ τὴν πρόνοιαν ταύτην ὁ Παῦλος, πολλῷ μᾶλλον τοὺς ἄνδρας· εἰ ἀδύνατον ἦν, οὐκ ἂν ἐπέταξεν. Ἀλλ' ἡ πᾶσα πονηρία παρὰ τὴν ἡμετέραν γίνεται ῥᾳθυμίαν, καὶ τὸ μὴ ἐξ ἀρχῆς, μηδὲ ἐκ πρώτης ἡλικίας εἰς εὐλάβειαν ἐνάγειν αὐτούς. Ἀλλ' ὅπως μὲν τῆς ἔξωθεν μετάσχοιεν παιδεύσεως, καὶ εἰς στρατείαν τελέσαιεν, σπουδάζομεν, καὶ χρήματα καταβάλλομεν, καὶ φίλους ἀξιοῦμεν, καὶ πολλαῖς κεχρήμεθα ταῖς περιδρομαῖς· ὅπως δὲ εὐδοκιμήσαιεν παρὰ τῷ βασιλεῖ τῶν ἀγγέλων, οὐδένα ποιούμεθα λόγον. Καὶ εἰς θεάματα μὲν συνεχῶς συγχωροῦμεν ἀναβαίνειν, εἰς ἐκκλησίαν δὲ οὐκ ἀναγκάζομεν οὐδέποτε· ἀλλὰ κἂν ἅπαξ ἢ δεύτερον παραγένηται τὸ παιδίον, ἁπλῶς καὶ εἰκῇ καὶ μάτην καὶ ψυχαγωγίας ἕνεκεν ἐνταῦθα παραγίνεται. Οὐκ ἐχρῆν δὲ οὕτως· ἀλλ' ὥσπερ εἰς διδασκαλεῖον πέμποντες τῶν μαθημάτων ἀπαιτοῦμεν τὰς

tentia proderit. Hæc et talia dicebat, etsi non istis plane verbis.

10. Hæc etiam nos et dum vivimus, et cum morituri sumus, liberis nostris dicamus, eisque persuadeamus magnas esse divitias et stabilem hereditatem, thesaurumque nullis obnoxium damnis timorem Dei; ac studeamus illis non pecunias quæ pereunt relinquere, sed pietatem quæ permanet, nec umquam absumitur. Si enim pietas non adsit, pereunt pecuniæ quæ suppetunt, cum periculo et ignominia summa: ea vero si adsit, etiam ea quæ non suppetunt, acquiruntur. Si tu filium tuum recte educaveris, ita suum filium ille, et alter suum; ac veluti catena quædam et series optimæ conversationis ad omnes usque perveniet, a te ducto initio et radice, unde tibi ob susceptam filiorum curam fructus nascentur. Si parentes liberos suos diligenter erudirent, non legibus, non judiciis opus foret, non pœnis ac suppliciis, et cædibus publicis: siquidem *Justo*, inquit ille, *lex non est posita*. (1. Tim. 1. 9.) Quoniam autem illorum curam non gerimus, idcirco majoribus illos malis involvimus, et carnificum illos manibus dedimus, atque in baratlra frequenter impellimus. *Qui enim refrigerat filium*, inquit, *colligabit vulnera ejus*. (Eccli. 30. 7.) Quid est *Qui refrigerat?* Qui miseretur, qui adulatur, qui blanditur ultra modum. Is enim severitate curaque indiget ac metu. Hæc autem non eo dico, ut nimis asperi liberis simus, sed ne despicatui ab illis habeamur. Si enim uxor virum suum metuere debet, multo magis filius patrem. Neque mihi dicas domari non posse juventutem. Nam si a muliere vidua curam ejusmodi requirit Paulus, multo magis a viris: si fieri id non posset, non imperasset. Verum omnis improbitas ex negligentia nostra oritur, et quod non a principio, neque a primæva ætate ad pietatem ipsos informaverimus. Sed ut profanis quidem imbuantur disciplinis, et in castrorum numeros allegantur, operam damus, et pecunias numeramus, et amicos obsecramus, huc illuc frequenter discurrimus: ut autem apud angelorum Regem in existimatione sint, non admodum laboramus. Atque ad spectacula quidem frequenter ascendere sinimus, ad ecclesiam autem numquam venire compellimus: sed si semel aut iterum puerulus huc adveniat, temere, frustra et incassum atque animi causa huc advenit. At non

[a] Omnes Mss. φόβων, Editi φόνων.

[b] Duo Mss. λιμῷ.

ita fieri oportuit : sed quemadmodum cum ad scholas mittimus, disciplinarum ab illis rationem exigimus, ita cum ad ecclesiam mittimus, vel potius ducimus. Non enim aliis eos committere, a vobis ductos huc oportet intrare, et eorum quæ hic audiverint, et quæ didicerint, memoria reposcenda est. Sic enim fieret ut a nobis facile ac nullo negotio ad meliorem frugem liberi revocarentur. Nam si et domi perpetuo nos de philosophia loquentes audirent, et quod opus facto esset consulentes, et cum illis adjungerentur quæ hoc loco dicuntur, et quamprimum istorum seminum uberem nobis fructum producerent. At nos nihil horum præstamus, sed ea quæ nostra intersunt maxime, perfunctorie curamus : quod si de his cohortetur aliquis, statim irridetur ; atque hinc fit, ut omnia susque deque vertantur, quosque parentes non castigant, leges externæ castigent.

Liberi quo-pacto domi docendi.

11. An non te pudet, quæso, nec erubescis, cum filium tuum judex punit, et temperantiorem reddit, quod ille correctione externa indigeat, qui tanto tempore in contubernio tuo vixit? non te abscondis et occultas? An vero tu omnino, dic, quæso, pater illius audes vocari, qui filium ita prodideris, neque necessario illum præsidio munieris, sed ab omni siveris improbitate vitiari? Ac si quempiam quidem fugitivum videas puerulo alapas impingentem, indignaris, irasceris, et fera crudelius in faciem involas ejus, a quo percutitur : cum vero diabolum quotidie videas alapas illi impingere, dæmones ad peccata pellicere, dormis, neque indignaris, neque ex faucibus sævissimæ belluæ filium eripis? Rursus a dæmone si correptum videas, ad omnes sanctos curris, et eos qui cacumina montium incolunt interpellas, ut illum ejusmodi furore liberent : cum autem a peccato semper vexetur, quod dæmone quovis asperius est, nihil tamen te commovet? At a dæmone quidem vexari, nihil grave est : neque enim ullo modo potest dæmonium in gehennam præcipitem agere ; sed si attenti simus ac vigiles, ubi cum gratiarum actione contumelias ejusmodi tulerimus, etiam coronas nobis insignes et illustres illa tentatio comparabit; eum vero qui peccatis vivat addictus, impossibile est umquam salvum fieri, sed plane necesse est et hic ignominiosum esse, et defunctum rursus illic immortali supplicio puniri. Verumtamen licet hæc sciamus, multum

Peccator dæmoniaco miserior.

εὐθύνας, οὕτω καὶ εἰς ἐκκλησίαν πέμποντες, μᾶλλον δὲ ἄγοντες. Οὐ γὰρ ἑτέροις αὐτοὺς ἐπιτρέπειν, ἀλλ' αὐτοὺς κατέχοντας ἐνταῦθα εἰσιέναι ἐχρῆν, καὶ τῆς ἐνταῦθα ἀκροάσεως καὶ διδασκαλίας τὴν μνήμην ἀπαιτεῖν ἔδει. Οὕτω γὰρ, οὕτω ῥᾴων ἐγίνετο καὶ εὔκολος ἡμῖν ἡ τῶν παίδων διόρθωσις· εἰ γὰρ καὶ ἐν E τῇ οἰκίᾳ διαπαντὸς ἤκουον ὑμῶν διαλεγομένων περὶ φιλοσοφίας, καὶ συμβουλευόντων αὐτοῖς τὰ δέοντα, καὶ τὰ ἐνταῦθα αὐτοῖς προσετίθετο μετ' ἐκείνων, καὶ ταχέως ἂν τῶν καλῶν τούτων σπερμάτων γενναῖον ἡμῖν ἐπεδείξαντο καρπόν. Ἀλλ' οὐδὲν τούτων ποιοῦμεν, ἀλλὰ πάρεργα ἡμῖν τὰ ἀναγκαῖα· κἂν παραινέσῃ τις περὶ τούτων, γέλως εὐθέως· καὶ διὰ τοῦτο τὰ ἄνω κάτω γεγένηται, καὶ οὓς οὐ παιδεύουσιν οἱ γονεῖς, οἱ ἔξωθεν παιδεύουσι νόμοι.

Οὐκ αἰσχύνῃ καὶ ἐρυθριᾷς, εἰπέ μοι, ὅταν τὸν υἱὸν τὸν σὸν ὁ δικαστὴς κολάσῃ καὶ σωφρονέστερον ποιήσῃ, καὶ τῆς ἔξωθεν ἐκεῖνος δέηται διορθώσεως, το- 321 A σοῦτον ἐξ ἀρχῆς σοι συνοικήσας χρόνον; οὐκ ἐγκαλύπτῃ καὶ καταδύῃ; Τολμᾷς δὲ ὅλως, εἰπέ μοι, πατὴρ ἔτι καλεῖσθαι, οὕτω προδοὺς τὸν υἱὸν, καὶ τὴν ἀναγκαίαν οὐκ εἰσενεγκὼν αὐτῷ φρουρὰν, ἀλλὰ περιιδὼν ὑπὸ πάσης διαφθαρέντα κακίας; Κἂν μὲν δραπέτην τινὰ [a] ἴδῃς ῥαπίζοντα τὸ παιδίον, ἀγανακτεῖς καὶ ὀργίζῃ καὶ δυσχεραίνεις, θηρίου χαλεπώτερον ἐπιπηδήσας τῇ τοῦ τυπτήσαντος ὄψει· τὸν δὲ διάβολον καθ' ἑκάστην ἡμέραν ὁρῶν αὐτὸν ῥαπίζοντα, δαίμονας εἰς ἁμαρτήματα ἐνάγοντας, καθεύδεις καὶ οὐκ ἀγανακτεῖς, οὐδὲ ἐξαρπάζεις τοῦ χαλεπωτάτου θηρίου τὸν υἱόν; Πάλιν ἂν μὲν ὑπὸ δαίμονος ἐνεργῆται, πρὸς B πάντας τοὺς ἁγίους τρέχεις, καὶ τοὺς ἐν ταῖς κορυφαῖς τῶν ὀρέων ἐνοχλεῖς, ὥστε αὐτὸν τῆς μανίας ἀπαλλάξαι ἐκείνης· ἁμαρτίας δὲ, ἢ παντὸς δαίμονός ἐστι χαλεπωτέρα, συνεχῶς ἐνοχλούσης, οὐδὲν πλέον ποιεῖς; Καὶ τὸ μὲν παρὰ δαίμονος ἐνοχλεῖσθαι χαλεπὸν οὐδέν· οὐ γὰρ εἰς γέενναν ἐμβαλεῖν τὸ δαιμόνιον δύναται πάντως, ἀλλ' ἐὰν νήφωμεν, καὶ στεφάνους ἡμῖν ὁ πειρασμὸς οὗτος οἴσει λαμπροὺς καὶ περιφανεῖς, ὅταν εὐχαρίστως φέρωμεν τὰς τοιαύτας ἐπηρείας· τὸν δὲ ἁμαρτίᾳ συζῶντα ἀμήχανον σωθῆναί ποτε, ἀλλ' ἀνάγκη πάντως καὶ ἐνταῦθα ἐπονείδιστον εἶναι, καὶ ἀπελθόντα ἐκεῖ ἀθάνατα πάλιν κολάζεσθαι. Ἀλλ' C ὅμως ταῦτα εἰδότες, ὑπὲρ μὲν τῶν ἐλαττόνων πολλὴν ποιούμεθα σπουδὴν, ὑπὲρ δὲ τῶν μειζόνων οὐδὲ διαναστῆναι βουλόμεθα· καὶ δαιμονῶντα μὲν ὁρῶντες θρηνοῦμεν, ἁμαρτάνοντα δὲ ὁρῶντες οὐδὲ αἰσθανό-

[a] [Cod. 748 recte ἴδῃς. Edd. εἴδῃς.]

μεθα· δέον τότε κατακόπτεσθαι καὶ ὀδύρεσθαι, μᾶλλον δὲ οὐκ ὀδύρεσθαι μόνον, ἀλλὰ καὶ κατέχειν καὶ
χαλινοῦν, συμβουλεύειν, παραινεῖν, φοβεῖν, ἐπιτι-
μᾶν, παντὶ τρόπῳ θεραπείας τὴν ἀῤῥωστίαν ἀπελαύνειν ἐκείνην, καὶ τὴν χήραν μιμεῖσθαι ταύτην, περὶ
ἧς ὁ Παῦλός φησιν· Εἰ ἐτεκνοτρόφησεν. Οὐ γὰρ πρὸς
ἐκείνην μόνον, ἀλλὰ καὶ πρὸς ἅπαντας τοῦτον ἀπο- D
τείνει τὸν λόγον, καὶ πᾶσι παραινεῖ λέγων, Ἐκτρέφετε
τὰ παιδία ἐν νουθεσίᾳ Κυρίου. Πρῶτον γὰρ τοῦτο καὶ
μέγιστόν ἐστι τῶν ἀγαθῶν· ὅπερ οὖν καὶ παρὰ τῆς
χήρας πρῶτον ἀπήτησεν· εἶτα μετὰ τοῦτό φησιν, Εἰ
ἐξενοδόχησε. Τί λέγεις, εἰπέ μοι; χήραν γυναῖκα
ξενοδοχίαν ἀπαιτεῖς; οὐ γὰρ ἀρκεῖ τὸ θρέψαι παιδία;
Οὐχὶ, φησίν· ἀλλὰ δεῖ καὶ τοῦτο προσεῖναι, καὶ
μετὰ τὴν τῶν οἰκείων προστασίαν, καὶ τῶν ἀλλοτρίων
ἔχειν πρόνοιαν χρὴ, καὶ τὴν οἰκίαν ἀνοῖξαι τοῖς ξένοις. Ἀπῆλθεν ὁ ἀνήρ· πᾶσαν τὴν περὶ ἐκεῖνον
σπουδὴν περὶ τοὺς ξένους ἀνάλωσον. Τί οὖν, φησὶν,
εἰ πένης εἴη; Οὐκ ἔστιν ἐκείνης τῆς χήρας πενεστέρα E
τῆς ἐν ἀλεύρῳ μικρῷ καὶ ἐλαίου κυάθῳ τὸν μέγαν
προφήτην ὑποδεξαμένης τὸν Ἠλίαν. Καὶ γὰρ καὶ ἐκεῖ
παιδία παρῆν· ἀλλ' οὔτε ἡ σπάνις τῶν ὄντων, οὔτε ἡ
τοῦ λιμοῦ τυραννὶς, οὔτε ὁ προσδοκώμενος θάνατος,
οὐχ ἡ τῶν παιδίων φροντὶς, οὐχ ἡ χηρεία, οὐκ ἄλλο
οὐδὲν ἐγένετο κώλυμα τῇ φιλοξένῳ γυναικί.

quidem studii in ea quæ sunt minora conferimus: at cum de majoribus agitur, nolumus excitari: dumque correptum a dæmone cernimus,
lugemus: dum autem peccantem cernimus, ne
percipimus quidem, cum piangere oporteret ac
deflere: vel potius non deflere solum, sed et
cohibere ac refrenare, consulere, cohortari, timorem incutere, reprehendere, omni medelæ genere morbum illum abigere, ac viduam istam
imitari, de qua Paulus ait, *Si filios educavit.* 1. *Tim.* 5. 10.
Neque enim ad illam tantum, sed ad omnes quo-
que sermonem hunc dirigit, omnesque cohor-
tatur, dicens, *Educate filios in correptione* *Ephes.* 6. 4.
Domini. Nam primum hoc quidem est, et maxi-
mum bonum, quod utique primum a vidua exegit; deinde post istud ait: *Si hospitio recepit.*
Quid, quæso, dicis? a muliere vidua requiris,
ut hospitio recipiat? non hoc sufficit, ut liberos
nutriat? Nequaquam, inquit; sed hoc quoque
adjiciatur necesse est, et dum domesticis præest,
etiam alienorum curam gerat, ac peregrinis domum aperiat. Vita functus est maritus; omnem
operam quam olim in illum, in peregrinos im-
pende. Quid ergo, si paupercula sit, dicet aliquis? Non est ulla pauperior illa vidua, quæ 3. *Reg.* 17.
modico illo farinæ, atque olei lecytho magnum
prophetam Heliam excepit. Nam illi erant liberi: sed neque rei familiaris egestas, nec violentia famis, neque mors imminens, neque liberorum cura, nec viduitas, nec aliud quidquam
hospitali mulieri obstaculo fuit.

Οὕτω πανταχοῦ οὐ μέτρα οὐσίας, ἀλλὰ μέτρα 322
διανοίας ζητεῖται. Ὁ μεγαλόψυχος καὶ τῇ διανοίᾳ A
πλούσιος, κἂν ἁπάντων ἀνθρώπων πενέστερος ἐν χρήμασιν ᾖ, πάντας ὑπερβῆναι δυνήσεται καὶ φιλοξενίᾳ
καὶ ἐλεημοσύνῃ, καὶ τῇ λοιπῇ πάσῃ φιλοφροσύνῃ· ὁ
μικρολόγος καὶ πτωχὸς τὴν διάνοιαν, καὶ χαμαὶ
ἕρπων, κἂν ἁπάντων εὐπορώτερος ᾖ, πάντων ἐστὶ
πτωχότερος καὶ ἀπορώτερος· διὰ τοῦτο πρὸς τὰ τοιαῦτα ἅπαντα ὀκνεῖ καὶ ἀναδύεται. Καὶ ὥσπερ οὐδὲν
ἐπὶ τοῦ πένητος ἡ πενία γένοιτ' ἂν κώλυμα πρὸς
ἐλεημοσύνην διὰ τὸν τῆς διανοίας πλοῦτον· οὕτως
οὐδὲν ἐπὶ τοῦ πλουτοῦντος ἡ εὐπορία συμπρᾶξαι δυνήσεται πρὸς τὴν φιλοφροσύνην διὰ τὴν τῆς διανοίας
πενίαν. Καὶ τὰ παραδείγματα ἐγγύθεν· ἡ μὲν γὰρ B
χήρα καὶ ἐν ἀλεύρῳ μικρῷ τὸν προφήτην ἐδέξατο· ὁ
δὲ Ἀχαὰβ τοσοῦτον κεκτημένος πλοῦτον, καὶ τῶν
ἀλλοτρίων ἐπεθύμησεν. Οὕτως οὐκ ἔστι χρημάτων
πλοῦτος, ἀλλὰ πλοῦτος διανοίας ὁ παρέχων ἡμῖν
εὐκολίαν περὶ τὴν ἐλεημοσύνην· ἐπεὶ καὶ ἡ χήρα
ἐκείνη διὰ δύο μόνον ὀβολῶν μυρίους πλουσίους ὑπερηκόντισε, καὶ οὐκ ἐγένετο κώλυμα ἡ πενία. Αὕτη μὲν

12. Sic ubique non facultatum mensura, sed
animi affectusque mensura quæritur. Qui ma-
gnanimus est et mente dives, licet pecunia
sit omnium pauperrimus, et hospitalitate, et
eleemosyna, et omni reliquo genere liberalitatis omnes poterit superare: qui vero parcus
est ac mente pauper, atque humi serpit, sit licet
omnium locupletissimus, omnium pauperrimus
est et egentissimus; idcirco talia cuncta detrectat
et refugit. Et quemadmodum in paupere nullum
potest paupertas ad eleemosynam impedimentum
afferre, propter mentis opulentiam: sic nec divitem possunt opes juvare ad liberalitatem exercendam præ nimia mentis egestate. Nec longe
erunt exempla petenda: siquidem vidua modico
farinæ prophetam excepit: Achaab autem, qui 3. *Reg.* c.
tot divitias possidebat, etiam aliena concupivit. 17. et c. 21.
Ita non pecuniarum divitiæ, sed mentis divitiæ
facilitatem nobis ad eleemosynam præbent:
quandoquidem illa etiam vidua duobus obolis *Luc.* 21. 2.
innumeros divites superavit, nec paupertas im- —4.

pedimentum objecit. Imo hæc ipsa paupertas eleemosynam majorem effecit: quod utique Paulus his verbis expressit: *Altissima paupertas abundavit in divitias simplicitatis eorum.* Non enim hoc considerandum est duos illam obolos erogasse, sed quod cum hos solos haberet, illis minime pepercerit, sed totam substantiam suam contulerit, laudare illam oportet ac coronare. Non igitur opibus, sed animi alacritate nobis est opus, quando excipiendi sunt hospites. Nam quemadmodum si hæc adsit, nihil nocere potest paupertas: sic si hæc absit, nihil proderit opulentia. Quid ais? Curam liberorum gerit vidua, et idcirco peregrinos fovere non potest? Imo vero hanc eamdem ob causam facilius id præstare poterit, cum in consortium officiorum exhibendorum filios possit asciscere, qui simul juvent, et cum illa præclarum illud opus exsequantur. Itaque non impedimentum, sed auxilium hospitalitatis erit multitudo liberorum, et multorum manus operi admotæ magnam afferent ministerio facilitatem. Noli enim mihi sumtuosam mensam commemorare: si peregrinum tecto exceperit, si quæ suppetebant apposuerit, si multam humanitatem et comitatem exhibuerit, mercedem omnem hospitalitatis promeruit. Nam si solus aquæ frigidæ calix regnum cælorum conciliat, suo tecto excipere, mensæ participem asciscere, ac reficere, quantum quæso fructum pariet? Ac vide, quam accurate rem Paulus exponat. Non enim simpliciter hoc loco hospitalitatem exigit, sed eam quæ cum animi promtitudine, fervida mente, atque ardenti affectu exhibetur. Cum enim dixisset, *Si hospitio excepit,* adjecit, *Si sanctorum pedes lavit.* Non illam cum fastu sedentem oportet obsequium erga peregrinum ancillis demandare, sed ipsam operi manum admovere, fructumque sibi arripere, nec ulli præclarum illum thesaurum cedere. Sed qui fieri poterit istud, dicet aliquis? si enim sit nobilis et illustris, ac celebris, et claris orta majoribus, an ipsa peregrini pedes lavabit? nonne hoc turpe fuerit? Turpe sane fuerit si non lavet, mi homo. Quantumvis enim nobilitatem ipsius in cælum efferas, et claritatem generis atque splendorem; ejusdem particeps est naturæ cum eo qui abluitur, et conserva illius est et honore par illi cui defertur obsequium.

2. Cor 8. 2.

Matth. 10. 42.

13. Cogita quis erat ille qui discipulorum pedes lavit, ac de nobilitate verba facere desine. Communis orbis terrarum Dominus, Rex angelorum et lavit, et linteo se præcinxit, nec discipulorum tantum, sed et proditoris ipsius. Vides

Exemplum Christi pedes lavantis. Joan. 13. 4. sqq.

οὖν ἡ πενία μείζονα τὴν ἐλεημοσύνην εἰργάσατο· ὅπερ οὖν καὶ ὁ Παῦλός φησιν, Ἡ κατὰ βάθους πτωχεία ἐπερίσσευσεν εἰς τὸν πλοῦτον τῆς ἁπλότητος αὐτῶν.
C Οὐ γὰρ τοῦτο χρὴ σκοπεῖν, ὅτι δύο κατέβαλεν ὀβολοὺς, ἀλλ' ὅτι μόνους ἔχουσα τούτους, οὐκ ἐφείσατο, ἀλλ' ὁλόκληρον τὴν οὐσίαν εἰσήνεγκε, θαυμάζειν αὐτὴν χρὴ καὶ στεφανοῦν. Οὐ τοίνυν περιουσίας, ἀλλὰ προθυμίας ἡμῖν δεῖ, ὅταν ὑποδεχώμεθα ξένους. Ὥσπερ γὰρ ταύτης παρούσης οὐδὲν βλάβος γένοιτ' ἂν ἀπὸ πενίας, οὕτως ἀπούσης οὐδὲν ὄφελος γένοιτ' ἂν ἐξ εὐπορίας. Τί λέγεις; Παιδίων ἐπιμελεῖται ἡ χήρα καὶ διὰ τοῦτο οὐκ ἂν δύναιτο θεραπεύειν ξένους; Δι' αὐτὸ μὲν οὖν τοῦτο εὐκολώτερον τοῦτο ἐργάσεται, κοινωνοὺς ἔχουσα τῆς θεραπείας τοὺς υἱοὺς, συναντι-
D λαμβανομένους καὶ συνεφαπτομένους αὐτῇ τῆς καλῆς ταύτης πραγματείας. Ὥστε οὐ κώλυμα, ἀλλὰ βοήθεια τῆς φιλοξενίας ἔσται τῶν παίδων τὸ πλῆθος, καὶ ἡ πολυχειρία πολλὴν τῇ διακονίᾳ παρέξει τὴν εὐκολίαν. Μὴ γάρ μοι πολυτελῆ τράπεζαν εἴπῃς· ἂν εἰς τὴν οἰκίαν δέξηται τὸν ξένον, ἂν τὰ ὄντα παραθῇ, ἂν πολλὴν ἐπιδείξηται τὴν φιλοφροσύνην, ἀπήρτισται τῆς ξενοδοχίας ὁ καρπὸς ἅπας. Εἰ γὰρ ποτήριον ψυχροῦ μόνον βασιλείαν οὐρανῶν προξενεῖ, τὸ καὶ
E ὁμωρόφιον ποιῆσαι, καὶ τραπέζης κοινωνὸν, καὶ ἀναπαῦσαι, πόσον οἴσει τὸν καρπὸν, εἰπέ μοι; Σκόπει δή μοι Παύλου τὴν ἀκρίβειαν. Οὐ γὰρ ἁπλῶς ξενοδοχίαν ἐνταῦθα ἀπαιτεῖ, ἀλλὰ τὴν μετὰ προθυμίας καὶ ζεούσης ψυχῆς καὶ διανοίας θερμῆς. Εἰπὼν γὰρ, Εἰ ἐξενοδόχησεν, ἐπήγαγεν· Εἰ ἁγίων πόδας ἔνιψεν. Οὐ θεραπαινίσιν ἐπιτρέπειν χρὴ αὐτὴν μετὰ τύφου καθημένην τοῦ ξένου τὴν θεραπείαν, ἀλλ' αὐτουργὸν γενέσθαι, καὶ τὸν καρπὸν ἁρπάζειν, καὶ μηδενὶ παραχωρεῖν τοῦ καλοῦ τούτου θησαυροῦ. Καὶ πῶς τοῦτο γένοιτ' ἂν, φησίν; εἰ γὰρ εὐγενὴς εἴη καὶ περιφανὴς καὶ λαμπρὰ καὶ ἐπίσημος ἐκ προγόνων, αὐτὴ τοῦ
323 A ξένου νίψει τοὺς πόδας; καὶ πῶς οὐκ αἰσχρόν; Αἰσχρὸν μὲν οὖν τὸ μὴ νίπτειν, ἄνθρωπε. Κἂν γὰρ μυριάκις αὐτῆς τὴν εὐγένειαν ἐπάρῃς καὶ τὴν περιφάνειαν, καὶ τὴν λαμπρότητα, τῆς αὐτῆς μετέχει τῷ νιπτομένῳ φύσεως, καὶ σύνδουλός ἐστι τοῦ θεραπευομένου καὶ ὁμότιμος.

Ἐννόησον τίς τῶν μαθητῶν τοὺς πόδας ἔνιψε, καὶ παῦσαί μοι περὶ εὐγενείας διαλεγόμενος. Ὁ κοινὸς τῆς οἰκουμένης Δεσπότης, ὁ τῶν ἀγγέλων βασιλεὺς καὶ ἔνιψε καὶ λέντιον περιεζώσατο, καὶ οὐχὶ τῶν μαθητῶν μόνον, ἀλλὰ καὶ αὐτοῦ τοῦ προδότου. Εἶδες πόσον τὸ μέσον τοῦ νίπτοντος καὶ τῶν νιπτομένων; Ἀλλ' ὅμως τὸ μέσον ἅπαν τοῦτο κατέβη, καὶ ὁ Δε- B σπότης τὸν δοῦλον ἔνιψεν, ἵνα ἡ δούλη τὸν σύνδουλον μὴ ἐπαισχύνηται. Διὰ τοῦτο καὶ τοῦ προδότου, ἵνα μὴ μέλλῃς λέγειν, ὅτι εὐτελὴς καὶ εὐκαταφρόνητος ὁ μέλλων ἀπολαύειν τῆς θεραπείας. Εἰ γὰρ καὶ εὐτελὴς καὶ εὐκαταφρόνητος, ἀλλ' οὔπω κατὰ τὸν Ἰούδαν ἐστὶν, οὐδὲ τοιαῦτά σοι διέθηκεν, οἷα τὸν Δεσπότην ἐκεῖνος, μετὰ τὰς μυρίας εὐεργεσίας ἐπὶ προδοσίαν ἐλθών. Ἀλλ' ὅμως ἅπαντα ταῦτα προειδὼς [a] ἔνιψεν, ἡμῖν νόμους τιθεὶς, ἵνα κἂν ἁπάντων ὦμεν ὑψηλότεροι, κἂν ἁπάντων λαμπρότεροι καὶ περιφανέστεροι, κἂν ἁπάντων χείρους οἱ μέλλοντες πρὸς ἡμᾶς κατάγε- C σθαι, μὴ διὰ τοῦτο αὐτῶν φεύγωμεν τὴν θεραπείαν, μηδὲ τὴν εὐτέλειαν ἐπαισχυνώμεθα. Σὺ δὲ, ὦ γύναι, ἐὰν μέν τινα ἴδῃς ἐν τοῖς βιωτικοῖς σοι βοηθοῦντα πράγμασιν, ἢ ἐν δικαστηρίῳ συμπράττοντα, ἢ ἐν ἄλλῳ τινὶ τοιούτῳ, καὶ ἀπαντᾷς, καὶ μετὰ πολλῆς δέχῃ τῆς εὐνοίας, καὶ χεῖρας καταφιλεῖς, καὶ ἀργύριον καταβάλλεις, καὶ τὰ τῶν θεραπαινίδων ποιεῖς· ἂν δὲ τὸν Χριστὸν εἰσελθόντα [b] ἴδῃς, ὀκνεῖς καὶ καταδύῃ πρὸς τὴν αὐτοῦ θεραπείαν; Εἰ μὴ ὡς τὸν Χριστὸν δέχῃ τὸν ξένον, μὴ δέξῃ· εἰ δὲ ὡς τὸν Χριστὸν δέχῃ, μὴ ἐπαισχυνθῇς τοῦ Χριστοῦ νίψαι τοὺς πόδας. Οὐχ D ὁρᾷς πόσοι τῶν ἐπηρεαζομένων εἰς ἀνδριάντων κατέφυγον πόδας; Καίτοι γε ἀναίσθητος ἡ ὕλη, καὶ ἄψυχος ὁ χαλκός· ἀλλ' ὅμως ἐπειδὴ βασιλέων εἰσὶν εἰκόνες, προσεδόκησάν τινα καρπώσασθαι παρὰ τῶν ποδῶν ἐκείνων ὠφέλειαν. Σὺ δὲ οὐκ ἀναισθήτους πόδας, οὐδὲ ἄψυχον ὕλην, ἀλλ' εἰκόνα ἔνδον ἔχουσαν τὸν βασιλέα θεωροῦσα πρὸς σὲ εἰσιοῦσαν, οὐ προστρέχεις, εἰπέ μοι, καὶ τοὺς πόδας κατέχεις, καὶ παντὶ θεραπεύῃ τρόπῳ; Καὶ ποῦ ταῦτα συγγνώμης ἄξια; πόσης δὲ οὐκ ἂν εἴη τοῦτο αἰσχύνης; Ἐννόησον τίνι κοινωνεῖς φυσωμένη, καὶ πρὸς ἀλαζονείαν ἐπαιρομένη, καὶ τοῦ ξένου τὴν θεραπείαν αἰσχυνομένη. E Τῷ διαβόλῳ δηλονότι· ἐκείνου γὰρ ἡ ὑπερηφανία νόσημα. Ἂν δὲ προσδράμῃς, ἐννόησον τίνα μιμῇ. Τὸν Δεσπότην τὸν σὸν, καὶ τὸ τοῦ Χριστοῦ ποιεῖς ἔργον. Ποία τοίνυν αἰσχύνη, ἢ ποῖον ὄνειδος τῷ Δεσπότῃ κοινωνεῖν, εἰπέ μοι; Αἰσχύνη μὲν οὖν τὸ ταῦτα ἐπαισχύνεσθαι, καὶ νομίζειν ὄνειδος εἶναι, ὅπερ ἐποίησεν ὁ Χριστός· μεγάλα δύνανται πόδες ἁγίων εἰς οἰκίαν εἰσιόντες· αὐτὸ τὸ ἔδαφος ἁγιάζουσι, θησαυρὸν μυρίων εἰσάγουσιν ἀγαθῶν, φύσιν πεπηρω- 324 A μένην διορθοῦνται, λιμὸν λύουσι, πολλὴν εἰσάγουσι τὴν εὐπορίαν. Οὕτω καὶ οἱ πόδες τοῦ Ἠλίου εἰς τὴν οἰκίαν τῆς χήρας εἰσελθόντες καινόν τινα καὶ παράδοξον εὐετηρίας ἐπεδείξαντο τρόπον. Ἄρουραν τὴν

quantum inter eum qui lavabat, et eos qui la- B vabantur esset intervallum? Attamen toto hoc intervallo se demisit, et Dominus servum lavit, ut serva conservum non erubescat. Idcirco etiam proditoris, ne forte dicere posses vilem et abjectum esse illum, cui cultus esset ille atque obsequium deferendum. Licet enim et vilis sit et abjectus, nondum tamen Judæ similis est, nec in te talia perpetravit, qualia in Dominum ille, qui acceptis innumeris beneficiis ad proditionem venit. Attamen his omnibus prævisis lavit, ac nobis legem constituit, ut licet C sublimiores omnibus simus, licet omnibus clariores et illustriores simus, licet omnibus inferiores sint qui apud nos diversaturi sunt, ne idcirco illis inservire recusemus, neque vilitatis nos pudeat. At tu, mulier, si quempiam videris in sæcularibus tibi negotiis opem ferre, vel in judicio succurrere, vel in alia quapiam re simili, et occurris, et multa cum benevolentia suscipis, manus deoscularis, pecunias erogas, et ancillarum munera obis: Christum autem introeuntem si videas, pigritaris, et cultum ac ministerium illi exhibere D detrectas? Si non ut Christum suscipis peregrinum, ne suscipias: sin autem ut Christum suscipis, lavare Christi pedes non erubescas. Nonne vides, quam multi eorum, qui injuriis afficiuntur, ad statuarum pedes confugiant? Tametsi materia est sensu destituta, et æs animæ expers: sed quoniam Imperatorum sunt illæ imagines, aliquam se a pedibus illis opem impetraturos confidunt. At tu quæ non sensu carentes pedes, neque materiam expertem animæ, sed imaginem intus apud se Regem gestantem domum tuam ingredi videas, non accurris, quæso, nec pedes amplecteris, atque E omni ratione colis? Quis hoc facinus venia dignum judicet? quis non potius omni plectendum ignominiæ nota censeat? Cogita cui communices, dum inflaris et arroganter efferris, atque inservire peregrino erubescis. Haud dubium quin diabolo: illius enim morbus est superbia. Sin autem accurras, cogita quem imiteris. Dominum tuum, et opus Christi perficis. Quis ergo pudor, quæ ignominia, quæso, fieri Christi consortem? Imo vero pudor est, si istorum nos pudeat, et 324 A ignominiam id quod Christus fecerit, arbitremur. Multa possunt domum introeuntes sanctorum pedes: pavimentum ipsum sanctificant, innumerorum thesaurum bonorum invehunt: mutilatam

[a] Duo Mss. ἔνιπτεν.

[b] [Hic et supra ἴδῃς scripsimus cum Cod. 748. Edebatur hic εἴδῃς, Savil. in marg. ἴδῃς, quod et supra legebatur.]

naturam instaurant : famem pellunt, multas opes inducunt. Ita quoque pedes Heliæ viduæ domum ingressi novum quemdam et admirabilem ubertatis annonæ modum intulerunt. Viduæ domum in agrum convertit, et hydriam in arcam. Novum quoddam sementis ac messis genus tunc apparuit : in os justi semen jactabat, et quæ sata fuerant multa cum ubertate ex hydria metebat : seminabat farinam, et farinam metebat; non indiguit bobus, et jugo, et aratro, et sulco, nec pluvia et aere ac falce, nec area et manipulis, neque ventis, qui paleas a granis discernerent, neque mola, quæ tereret : sed uno temporis momento in hydria finem omnium istorum invenit : ac duos fontes, unum farinæ, alterum olei, vox prophetæ perennes effudit.

Exemplum viduæ. 3. Reg. 17.

14. Talia sunt dona sanctorum, et ubertatem et facilitatem ingentem in se continent. Nam ea quidem, quæ decerpuntur e terra, consumuntur : at illi fontes hausti quotidie, non exhauriebantur sed cum illis, qui evacuabant, pari successu scaturigo pugnabat. Talia sunt, quæ sanctorum pedes largiuntur, vel potius his multo plura : ac nisi fieret prolixior oratio, multa ejusmodi dona numerando percenserem. Sed quemadmodum ii qui honorem illis deferunt, talia dona consequuntur : ita qui despiciunt, magnum sibi supplicium et inevitabilem ignem accersunt. Unde id constat? Audi Christum ipsum dicentem discipulis : *In quamcumque civitatem aut domum intraveritis, interrogate quis in ea dignus sit, et ibi manete*, et *intrantes dicite, Pax huic domui.* Ut enim non dicas, Pecunias expendo, facultates absumo, dum peregrinis mensam appono, efficit ut ille ipse, qui domum intrat, prior tibi dona hospitalia muneraque largiatur, quæ divitias omnes exsuperant. Quænam illa porro sunt? Pacis largitatem. Nihil enim est, quod cum illa conferri possit. Vides quanta cum opum affluentia sanctus domum introeat? Hoc verbum quidem nudum est, at infinitorum bonorum est occasio. Quid enim ea domo tutius reperiri possit, quæ pace fruatur? Porro illis a quibus excipiuntur, sancti pacem precantur, non cum invicem tantum, sed cum nobisipsis. Sæpe namque fit, ut pugnam in nostris cogitationibus sentiamus, et nemine interpellante turbemur, atque in eos assidue pravæ cupiditates insurgant. Et hanc igitur pugnam verbum illud sanctorum sedat, ac multam intus tranquillitatem creat. Nam simul atque loquutus est ille, diabolica cuncta cogitatio, pravumque consilium ex

Matth. 10. 11. 12.

οἰκίαν τῆς χήρας ἐποίησε, καὶ τὴν ὑδρίαν ἅλωνα. Καινός τις τρόπος σπόρου καὶ ἀμητοῦ ἐγίνετο τότε· ἔσπειρεν εἰς τὸ τοῦ δικαίου στόμα, καὶ τὰ καταβληθέντα μετὰ πολλῆς τῆς ἀφθονίας ἐκ τῆς ὑδρίας ἐθέριζεν· ἔσπειρεν ἄλευρον, καὶ ἐθέριζεν ἄλευρον· οὐκ ἐδεήθη βοῶν, καὶ ζεύγους, καὶ ἀρότρου, καὶ αὔλακος, οὐδὲ ὑετοῦ καὶ ἀέρος καὶ δρεπάνης, οὐδὲ ἅλωνος καὶ B δραγμάτων, οὐδὲ ἀνέμων διακρινόντων ἀπὸ τοῦ καρποῦ τὰ ἄχυρα, οὐδὲ μύλης τριβούσης· ἀλλὰ ἐν μιᾷ καιροῦ ῥοπῇ τούτων ἁπάντων τὸ τέλος εὗρεν ἐπὶ τῆς ὑδρίας· καὶ δύο πηγὰς, τὴν μὲν ἀλεύρου, τὴν δὲ ἐλαίου διηνεκῶς ἀνῆκεν ἡ τοῦ προφήτου φωνή.

Τοιαῦτα τῶν ἁγίων τὰ δῶρα, καὶ δαψίλειαν καὶ εὐκολίαν ἔχει πολλήν. Τὰ μὲν γὰρ ἀπὸ τῆς γῆς δρεπόμενα δαπανᾶται, ἐκεῖναι δὲ αἱ πηγαὶ ἀντλούμεναι καθημέραν οὐκ ἐκενώθησαν, ἀλλ' ἦν ἰσοστάσιος πρὸς τὴν ἐκκένωσιν τῆς ἐπιῤῥοῆς ἡ μάχη. Τοιαῦτα χαρί- C ζονται πόδες ἁγίων, μᾶλλον δὲ καὶ πολλῷ πλείονα τούτων· καὶ εἰ μὴ μακρὸν ἐποίουν τὸν λόγον, πολλὰς ἂν ἀπηριθμησάμην τοιαύτας δωρεάς. Ἀλλ' ὥσπερ τιμώμενοι τοιαῦτα φέρουσι δῶρα, οὕτως ἀτιμαζόμενοι μεγάλην ἐπάγουσι κόλασιν καὶ πῦρ ἀπαραίτητον. Πόθεν τοῦτο δῆλον; Ἄκουσον αὐτοῦ τοῦ Χριστοῦ λέγοντος τοῖς μαθηταῖς· Εἰς ἣν ἂν πόλιν ἢ οἰκίαν εἰσέλθητε, ἐρωτήσατε τίς ἄξιός ἐστιν ἐν αὐτῇ, κἀκεῖ μείνατε, καὶ εἰσερχόμενοι λέγετε, εἰρήνη τῇ οἰκίᾳ ταύτῃ. Ἵνα γὰρ μὴ λέγῃς, δαπανῶ τὰ χρήματα, ἀναλίσκω τὴν οὐσίαν, τράπεζαν παρατιθεῖσα D τοῖς ξένοις, αὐτὸν πρότερον τὸν εἰσιόντα παρασκευάζει σοι κομίσαι ξένια καὶ δῶρα πᾶσαν ὑπερβαίνοντα περιουσίαν. Ποῖα δὴ ταῦτα; Τῆς εἰρήνης τὴν χορηγίαν. Ταύτης γὰρ ἴσον οὐδέν. Ὁρᾷς μεθ' ὅσης εὐπορίας ὁ ἅγιος εἰσέρχεται εἰς τὴν οἰκίαν; Τὸ ῥῆμα τοῦτο ψιλὸν μέν ἐστι, μυρίων δὲ ἀγαθῶν ὑπόθεσις. Τί γὰρ ἀσφαλέστερον οἰκίας γένοιτ' ἂν εἰρήνης ἀπολαυούσης; Εἰρήνην δὲ ἐπεύχονται οἱ ἅγιοι τοῖς ὑποδεχομένοις, οὐ τὴν πρὸς ἀλλήλους μόνον, ἀλλὰ καὶ τὴν πρὸς ἡμᾶς αὐτούς. Πολλάκις γοῦν πόλεμον ἐν τοῖς λογισμοῖς ἔχομεν, καὶ μηδενὸς ἐνοχλοῦντος ταραττόμεθα, καὶ ἐπιθυμίαι πονηραὶ συνεχῶς ἡμῖν E ἐπανίστανται. Καὶ ταύτην οὖν καταστέλλει τὴν μάχην ἐκεῖνο τῶν ἁγίων τὸ ῥῆμα, καὶ πολλὴν ἔνδον ποιεῖ γαλήνην. Ὁμοῦ τε γὰρ ἐκεῖνος ἐφθέγξατο, καὶ πᾶσα ἐνθύμησις διαβολικὴ καὶ λογισμὸς ἄτοπος ἐδραπέτευσεν ἐκ τῆς ἡμετέρας ψυχῆς· ὥστε μείζονα λαμβάνεις ἢ δίδως. Κἂν μὲν δέξωνται, φησὶν, ὑμᾶς, ἐλθέτω ἡ εἰρήνη ἐπ' αὐτούς· ἐὰν δὲ μὴ δέξωνται, ἐκτινάξατε τὸν κονιορτὸν τῶν ποδῶν ὑμῶν. Ἀμὴν,

λέγω ὑμῖν, ἀνεκτότερον ἔσται γῇ Σοδόμων καὶ Γομόῤῥας ἐν τῇ ἡμέρᾳ ἐκείνῃ, ἢ τῇ πόλει ἐκείνῃ. Ὁρᾷς ὅτι ἀτιμαζόμενοι πόδες ἁγίων πόσον ἐπάγουσι πῦρ; Διὰ τοῦτο κελεύει νίπτειν αὐτοὺς, ἵνα θεραπευόμενοι πολλὴν ἡμῖν προξενήσωσι παρὰ τῷ Θεῷ τὴν παῤῥησίαν· ὁμοῦ δὲ καὶ ἐκεῖνο διὰ ταύτης ἡμᾶς παι- 325
δεύει τῆς παραινέσεως, τὰ τῆς φιλοξενίας ἔργα δι' A
ἑαυτῶν ἅπαντα ἐπιτελεῖν. Μίμησαι τὸν Ἀβραὰμ, γενοῦ θυγάτηρ ἐκείνου, ὃς τριακοσίους δέκα καὶ ὀκτὼ ἔχων οἰκογενεῖς, αὐτὸς μετὰ τῆς γυναικὸς διενείματο τῆς φιλοξενίας τὸν καρπόν· καὶ ὁ μὲν δάμαλιν ἔφερεν, ἡ δὲ [a] ἐφύρασεν ἄλευρον. Τούτους καὶ σὺ ζήλωσον· οὐ γὰρ τὸ δοῦναι χρήματα μόνον, ἀλλὰ καὶ τὸ διακονῆσαι τοῖς δεομένοις πολὺν ἔχει τὸν μισθόν. Διὰ τοῦτο καὶ οἱ ἀπόστολοι τοὺς ἑπτὰ ἐκείνους τοὺς περὶ Στέφανον ἐπέστησαν τῇ τοιαύτῃ διακονίᾳ. Καίτοι γε οὐδὲν οἴκοθεν ἐκεῖνοι παρεῖχον τοῖς πένησιν, ἀλλὰ τὰ παρ' ἑτέρων διδόμενα ᾠκονόμουν καλῶς· ἀλλ' B
ὅμως μέγαν ἀπηνέγκαντο τὸν μισθὸν, ὅτι τὰ παρ' ἑτέρων διδόμενα καλῶς καὶ μετὰ ἀκριβείας ᾠκονόμουν ἁπάσης.

Γενοῦ τοίνυν καὶ σὺ τῶν σαυτοῦ καλὸς οἰκονόμος, ἵνα διπλοῦν λάβῃς τὸν καρπὸν, καὶ τοῦ δοῦναι, καὶ τοῦ καλῶς οἰκονομῆσαι. Μὴ ἐπαισχυνθῇς διὰ τῆς σαυτοῦ χειρὸς θεραπεῦσαι τὸν πένητα. Ὁ Χριστὸς οὐκ ἐπαισχύνεται χεῖρα ἐκτεῖναι καὶ λαβεῖν διὰ τοῦ πένητος, καὶ σὺ χεῖρα ἐκτεῖναι καὶ δοῦναι ἀργύριον ἐπαισχύνῃ; Καὶ πῶς τοῦτο οὐκ ἐσχάτης ἀνοίας; Ἓν μόνον ἐστὶν αἰσχύνη, πονηρία καὶ ὠμότης καὶ ἀπανθρωπία· φιλοφροσύνη δὲ καὶ ἐλεημοσύνη καὶ φιλανθρωπία C
καὶ τὸ διακονεῖσθαι τοῖς δεομένοις λαμπροτέρους ἡμᾶς ἐργάζεται. Ὅσον γὰρ ἂν ᾖς πλουσία καὶ εὔπορος, τοσοῦτον ἐπαινέσονταί σε πάντες, ὅταν πρὸς τοὺς πτωχοὺς καὶ εὐτελεῖς καταβαίνῃς, οὐκ ἄνθρωποι δὲ μόνον, ἀλλὰ καὶ ἄγγελοι, καὶ ὁ τῶν ἀγγέλων Δεσπότης· οὐκ ἐπαινέσεται δὲ μόνον, ἀλλὰ καὶ ἀμείψεται διπλαῖς δωρεαῖς. Οὐ γὰρ τῆς ἐλεημοσύνης μόνον, ἀλλὰ καὶ τῆς ταπεινοφροσύνης πολλούς σοι παρασκευάσει τοὺς μισθούς. Μὴ τοίνυν ἐπαισχυνώμεθα ταῖς τῶν πενήτων θεραπείαις, μηδὲ παραιτώμεθα νίπτειν τῶν ξένων τοὺς πόδας· ἁγιάζονται γὰρ ἡμῶν αἱ χεῖρες διὰ τῆς τοιαύτης διακονίας· κἂν εἰς εὐχὴν D
αὐτὰς ἀνατείνῃς ἀπὸ τῆς θεραπείας ἐκείνης, ὁρῶν αὐτὰς ὁ Θεὸς δυσωπεῖται μᾶλλον, καὶ τὴν αἴτησιν δίδωσι. Τὸ μὲν γὰρ χρήματα δοῦναι, πολλῶν ἂν εἴη· τὸ δὲ δι' ἑαυτῶν θεραπεῦσαι τοὺς δεομένους καὶ μετὰ

[a] Duo Mss. ερυρεν.

animo nostro exsulat: itaque majora recipis, quam largiaris. *Et si quidem vos*, inquit, *receperint, veniat pax super illos: si vero non receperint, excutite pulverem pedum vestrorum. Amen dico vobis, tolerabilius erit terræ Sodomorum et Gomorrhæ in die illa, quam illi civitati.* Vides quantum ignem despecti pedes sanctorum accumulent et attrahant? Propterea jubet, ut eos lavemus, ut cum eos nostro ministerio curaverimus, multam nobis apud Deum concilient gratiam: simulque nos illud hac admonitione docet, ut hospitalitatis opera per nos ipsi omnia exerceamus. Imitare Abrahamum, filia illius fias, qui trecentos decem et octo vernaculos cum haberet, ipse cum uxore fructum hospitalitatis partitus est, et ipse quidem vitulam adferebat, illa vero farinam pinsebat. Hos tu quoque æmulare: non enim solum pecunias erogare, sed etiam pauperibus ministrare multam mercedem obtinet. Propterea etiam apostoli septem illos in quibus Stephanus, ejusmodi ministerio præfecerunt. Tametsi nihil illi de suo pauperibus erogabant, sed ab aliis data recte dispensabant: magnam tamen retulere mercedem, quod a cæteris collata recte diligenterque dispensarent.

Matth. 10. 13.—15.

Act. 6.

15. Esto tu quoque rerum tuarum bonus dispensator, ut duplicem fructum accipias, et quod eroges, et quod recte dispenses. Nec te pudeat manu tua pauperi inservire. Non erubescit Christus per pauperem manum extendere, atque accipere, tu vero manum extendere ac largiri pecuniam erubescis? Quis hoc extremæ dementiæ facinus esse non dicat? Unum solum est pudor et ignominia, nequitia nempe et crudelitas atque inhumanitas: comitas autem, eleemosyna, et humanitas, ac pauperibus ministrare clariores nos efficit. Quanto enim ditior es ac locupletior, tanto te magis omnes laudabunt, cum ad mendicos et viles te demiseris: neque solum homines, sed etiam angeli, et Dominus angelorum: nec laudabit solum, sed et duplici præmio remunerabitur. Non enim eleemosynæ tantum, sed humilitatis etiam multam tibi mercedem præparabit. Ne igitur in pauperes ministerii nos pudeat, neque peregrinorum lavare pedes recusemus: sanctificantur enim tali famulatu manus nostræ; quod si post ministerium illud ad orationem illas extenderis, illis aspectis facilius exoratur Deus, et postulata concedit. Nam pecunias quidem erogare possunt plurimi: per se vero pau-

Pauperibus inserviendum est.

peribus inservire, et cum animi alacritate, et caritate, ac fraterno amore id agere, magno indiget animo, et plilosoplia prædito. Atque loc illud est, quod omnium maxime Paulus requirit, cum eis, qui tribulatione, paupertate et incommodis premuntur, compati jubet, quasi in
Heb. 13. 3. malis eisdem versemur; *Vinctis*, inquit, *tamquam simul vincti*. Quam ob causam non lic solum orationem terminavit, sed et aliud adjecit:
1. Tim. 5. 10. *Si tribulationem patientibus subministravit, si omne opus bonum sectata* est, Quid est? *Si omne opus bonum sectata* est? Ita ut etiam in carcerem introiret, ac vinctos inviseret, et ægrotos visitaret, et recrearet afflictos, et mœrentes consolaretur, et quocumque modo posset, cuncta suppeditaret, ac nilil omnino detrectaret eorum, quæ ad salutem ac solatium nostrorum fratrum pertinerent. Quod si a muliere vidua tam multa requirat bona opera, qua nos excusatieno censeri dignos æquum erit, qui cum viri simos, ea non agamus, quæ mulieribus Paulus agenda præscripsit? Sed fortasse dicet aliquis: Quo tandem pacto a muliere vidua tantam diligentiam requirit, cum vero de virginitate scriberet, nilil tale loquutus est? Ac majorem quidem lis philosophiam ab ipsis exegit. Nam cum di-
1. Cor. 7. 34. 35. cit: *Divisa* es *uxor* et *virgo*; et, *Quæ innupta* est, sollicita est *de iis, quæ sunt Domini, quomodo placeat Domino*; et rursus, *Hoc autem dico propter id quod honestum* est, *et quod facultatem præbeat sine impedimento Dominum obsecrandi*: nilil aliud per hæc significat, nisi virginem, quæ sæcularibus negotiis omnibus nuntium semel remiserit, totam animam consecrare Deo oportere, neque quidquam labere commune cum terra, nec aliquando lis, aliquando illis vacare, sed cum in universom illis abrenuntiarit, totum in res spirituales debere
Matth. 25. studium suum impendere. Sane quidem ipsa quoque decem virginum parabola nobis loc ipsum declaravit. Hanc nimirum ob causam conclavi sponsi exclusæ sunt, quod oleum non haberent: oleum vero nilil aliud est, quam misericordia et eleemosyna, benignitas, et sublevatio eorum qui patiuntur injuriam, et eorum qui dolore premuntur consolatio: quod cum illis deesset, abierunt illæ atque a tlalamo exciderunt.

Ad eleemosynam adhortatio.

16. Hæc igitur omnia cum sciamus et uxores et viri, et virgines et matrimonio junctæ, et viduæ, multum ad eleemosynam studium conferamus, neque dicamus, Ille improbus est, et indignus, qui beneficiom accipiat; ille vilis est, ille

προθυμίας τοῦτο ποιῆσαι καὶ ἀγάπης καὶ φιλαδελφίας, πολλῆς καὶ μεγάλης δεῖται ψυχῆς καὶ φιλοσόφου. Καὶ τοῦτό ἐστιν, ὃ μάλιστα πάντων ὁ Παῦλος ἐπιζητεῖ, τοῖς ἐν θλίψει καὶ πενίᾳ καὶ περιστάσεσιν οὕτω κελεύων συναλγεῖν, ὡς ἐν τοῖς αὐτοῖς ὄντας δεινοῖς. Τοῖς γὰρ δεσμίοις, φησὶν, ὡς συνδεδεμένοι. Διόπερ οὐδὲ ἐνταῦθα τὸν λόγον ἔστησε μόνον, ἀλλὰ καὶ ἕτερον ἐπήγαγεν· Εἰ θλιβομένοις ἐπήρκεσεν, εἰ παντὶ
E ἔργῳ ἀγαθῷ ἐπηκολούθησε. Τί ἐστιν, Εἰ παντὶ ἔργῳ ἀγαθῷ ἐπηκολούθησεν; Ὥστε καὶ εἰς δεσμωτήριον εἰσιέναι, καὶ τοὺς δεδεμένους ἐπισκέπτεσθαι, καὶ ἀῤῥωστοῦντας ἐπισκοπεῖν, καὶ θλιβομένους παραμυθεῖσθαι, καὶ ὀδυνωμένους παρακαλεῖν, καὶ πάντα τρόπον τὰ κατὰ δύναμιν εἰσφέρειν ἅπαντα, καὶ μηδὲν ὅλως παραιτεῖσθαι τῶν εἰς σωτηρίαν καὶ ἀνάπαυσιν τῶν ἀδελφῶν γινομένων τῶν ἡμετέρων. Εἰ δὲ χήραν γυναῖκα
326 τοσαῦτα ἀπαιτεῖ κατορθώματα, τίνος ἂν εἴημεν ἀπο-
A λογίας ἄξιοι οἱ ἄνδρες ἡμεῖς ταῦτα μὴ ποιοῦντες, ἃ γυναῖκας χήρας ποιεῖν ἐνομοθέτησεν ὁ Παῦλος; Ἀλλ' ἴσως ἂν εἴποι τις καὶ πῶς χήραν γυναῖκα τοσαύτην ἀπαιτεῖ ἀκρίβειαν, ὅτε δὲ περὶ παρθενίας ἐπέστελλεν, οὐδὲν διελέχθη τοιοῦτον; Πλείονα μὲν τούτων φιλοσοφίαν αὐτὰς ἀπήτησεν. Ὅταν γὰρ εἴπῃ, Μεμέρισται ἡ γυνὴ καὶ ἡ παρθένος· καὶ, Ἡ ἄγαμος μεριμνᾷ τὰ τοῦ Κυρίου, πῶς ἀρέσει τῷ Κυρίῳ· καὶ πάλιν, Τοῦτο δὲ λέγω διὰ τὸ εὔσχημον καὶ εὐπρόσεδρον τῷ Κυρίῳ ἀπερισπάστως· οὐδὲν ἄλλο διὰ τούτων αἰνίττεται τῶν ῥημάτων ἀλλ' ἢ ὅτι τῶν βιωτικῶν ἁπάντων
B πραγμάτων καθάπαξ ἑαυτὴν ἀποῤῥήξασαν τὴν παρθένον ὁλόκληρον ἀναθεῖναι δεῖ τῷ Θεῷ τὴν ψυχὴν καὶ μηδὲν πρὸς τὴν γῆν ἔχειν κοινὸν, μηδὲ ποτὲ μὲν τούτοις, ποτὲ δὲ ἐκείνοις σχολάζειν, ἀλλὰ καθόλου τούτοις ἀποταξαμένην, ὅλην εἰς τὰ πνευματικὰ πράγματα ἀναλίσκειν τὴν σχολήν. Καὶ ἡ παραβολὴ δὲ τῶν δέκα παρθένων αὐτὸ τοῦτο ἐδήλωσεν ἡμῖν. Διὰ τοῦτο γοῦν ἀπεκλείσθησαν τοῦ νυμφῶνος, ὅτι ἔλαιον οὐκ εἶχον· ἔλαιον δὲ οὐδὲν ἕτερόν ἐστιν, ἀλλ' ἢ φιλανθρωπία καὶ ἐλεημοσύνη καὶ φιλοφροσύνη καὶ προστασία τῶν ἀδικουμένων καὶ παράκλησις τῶν ὀδυνω-
C μένων· ὅπερ οὐκ ἔχουσαι ἀπῆλθον ἐκεῖναι, καὶ τοῦ νυμφῶνος ἐξέπεσον.

Ταῦτ' οὖν εἰδότες ἅπαντα, καὶ γυναῖκες, καὶ ἄνδρες, καὶ παρθένοι, καὶ γεγαμημέναι, καὶ χῆραι, πολλὴν τῆς ἐλεημοσύνης ποιώμεθα σπουδήν· καὶ μὴ λέγωμεν, ὅτι ὁ δεῖνα πονηρὸς καὶ οὐκ ἄξιος εὖ παθεῖν, ὁ δεῖνα εὐτελὴς, ὁ δεῖνα ἀπεῤῥιμμένος. Μὴ πρὸς τὴν ἀξίαν ἴδῃς τοῦ δεομένου τῆς θεραπείας, ἀλλὰ πρὸς τὴν χρείαν μόνον. Κἂν γὰρ εὐτελὴς ᾖ καὶ ἀπερῤῥιμμένος, κἂν εὐκαταφρόνητος, ὁ Χριστὸς οὕτω σοι λογίζεται τὸν μισθὸν, ὡς αὐτὸς εὖ παθὼν δι' ἐκείνου. Ἵνα γὰρ μὴ πρὸς τὴν ἀξίαν βλέπωμεν τῶν εὐεργετουμένων, ἄκουσον τί φησι· Πεινῶντά με εἴδετε, καὶ ἐθρέψατε. D Εἶτα ἐκείνων λεγόντων, Πότε σε εἴδομεν πεινῶντα, καὶ ἐθρέψαμεν; ἐπήγαγε λέγων, Ἐφ' ὅσον ἐποιήσατε ἑνὶ τῶν μικρῶν τούτων, ἐμοὶ ἐποιήσατε· ὥστε οὐδεμία ἡμῖν καταλέλειπται πρόφασις. Ἵνα γὰρ μὴ λέγωμεν, ὅτι ποῦ νῦν κατὰ τὸν Ἠλίαν εὑρεῖν; ποῦ δὲ κατὰ τὸν Ἐλισσαῖον; καὶ, δός μοι τοιούτους ἄνδρας, καὶ μετὰ πάσης αὐτοὺς ὑποδέξομαι τῆς προθυμίας καὶ οὐ παραιτήσομαι νίψαι τοὺς πόδας, καὶ παντὶ θεραπεῦσαι τρόπῳ· ἵνα μὴ ταῦτα λέγωμεν, ὃ πολλῷ μεῖζόν ἐστιν, αὐτὸς ὁ τοῦ Ἠλίου καὶ τοῦ Ἐλισσαίου καὶ τῶν E προφητῶν Δεσπότης ἁπάντων διὰ τῶν πενήτων ὑπέσχετο πρὸς ἡμᾶς εἰσιέναι, λέγων· Ἐφ' ὅσον ἐποιήσατε ἑνὶ τούτων τῶν μικρῶν, ἐμοὶ ἐποιήσατε. Ἀλλὰ μὴ παραδράμῃς τὸ εἰρημένον. Τὸ γὰρ, Πεινῶντά με εἴδετε καὶ ἐθρέψατε, τέσσαρας ἀνάγκας ἐφίστησιν ἐλεημοσύνης· τὸ ἀξιόπιστον τοῦ αἰτοῦντος, ὅτι Δεσπότης ἐστὶν ὁ αἰτῶν· τὸ ἀναγκαῖον τῆς χρείας, ὅτι πεινᾷ· τὸ εὔκολον τῆς δόσεως, ὅτι τραφῆναι ζητεῖ καὶ ἄρτον αἰτεῖ μόνον, οὐχὶ τρυφήν· τὸ μέγεθος τῆς δωρεᾶς, ὅτι βασιλείαν ἀντὶ τούτων τῶν μικρῶν ἐπαγγέλλεται. Ἀπάνθρωπος εἶ καὶ ὠμὸς καὶ ἀνηλεής; Αἰδέσθητι, φησὶ, τὸ ἀξίωμα τοῦ αἰτοῦντος. Ἀλλ' οὐ [a] δυσωπεῖ σε τὸ ἀξίωμα; Πρὸς τὴν συμφορὰν ἐπι- 327 A κάμφθητι. Ἀλλ' οὔτε τὰ τῆς συμφορᾶς εἰς ἔλεόν σε ἐπικάμπτει; Διὰ τὸ τῆς αἰτήσεως εὔκολον δός. Οὔτε τὸ ἀξίωμα, οὔτε τὸ ἀναγκαῖον τῆς χρείας, οὔτε τὸ εὔκολον τῆς δόσεως δύναταί σε πεῖσαι; Οὐκοῦν διὰ τὸ μέγεθος τῶν ἐπηγγελμένων ἀγαθῶν παράσχες τῷ δεομένῳ. Ὁρᾷς τέσσαρας αἰτίας δυναμένας καὶ τὸν λίθον αὐτὸν, καὶ τὸν μικρολόγον, καὶ τὸν τετυφωμένον, καὶ τὸν ἀνηλεῆ, καὶ τὸν νωθρότατον ἁπάντων ἀνθρώπων διαναστῆσαι; Τίς οὖν ἔσται συγγνώμη τοῖς μετὰ τοσαύτην παραίνεσιν καὶ συμβουλὴν τῶν δεομένων ὑπερορῶσιν; Εἴπω δὴ καὶ ἕτερον πρὸς τούτοις· ἀκουέτωσαν οἱ μεμυημένοι. Αὐτὸς, ὅταν δέῃ σε θρέψαι, οὐδὲ τῆς σαρκὸς φείδεται τῆς ἑαυτοῦ· ὅταν δέῃ σε ποτίσαι, οὐδὲ τοῦ αἵματος φείδεται, οὐδὲ φθονεῖ· B σὺ δὲ οὐδὲ ἄρτου μεταδίδως, οὐδὲ ποτηρίου; Καὶ ποίαν ἕξεις συγγνώμην τοιαῦτα λαμβάνων, καὶ οὕτω τίμια, καὶ τῶν εὐτελῶν φειδόμενος; Ὅρα μὴ πολλάκις φειδόμενος τῷ Χριστῷ δοῦναι ἐπὶ κέρδει, δῷς ἐπὶ βλάβῃ τῷ διαβόλῳ. Ὅταν γὰρ πένησι μὴ δῶμεν, συκοφάνταις διδόαμεν· κλέπται πολλάκις, ἢ καὶ οἰκέται κακοῦργοι λαμβάνοντες ἀπῆλθον, ἢ καὶ ἕτεραι

abjectus. Ne dignitatem spectes ejus, qui cultu et subsidio indiget, sed inopiam tantum. Quamvis enim vilis et abjectus sit, et despectus, ita tibi Christus mercedem imputat, ac si per eum ipse beneficium accepisset. Ne enim eorum, qui D beneficiis afficiuntur, dignitatis rationem haberemus, audi quid dicat : *Esurientem me vidistis,* *Matth. 25. 35.* et *aluistis.* Deinde cum illi dicerent, *Quando* *Ib. v. 37.* *te vidimus esurientem, et aluimus?* adjecit dicens : *Quamdiu fecistis uni ex his parvis,* *Ib. v. 40.* *mihi fecistis.* Itaque nullus relictus est prætextus. Siquidem ne dicere possemus, Ubi nunc Heliæ similem inveniemus? ubi similem Elisæo? item, Da mihi tales viros, et summa cum animi alacritate suscipiam illos, neque lavare pedes E recusabo, et omni officiorum genere colam : ne hæc diceremus, quod multo majus est, ipse Heliæ et Elisæi et prophetarum omnium Dominus per pauperes ad nos se ingressurum promisit, cum dixit : *Quamdiu fecistis uni de his minimis, mihi fecistis.* Sed quod dictum est, ne prætereas. Illud enim, *Esurientem me aluistis*, quatuor exhibet eleemosynæ necessitates : quod fide dignus sit is qui petit, quod Dominus sit is qui petit : quod urgeat inopia, dum fames premit : quod facile sit largiri, cum alimenta postulet, et solum panem, non delicias petat : quod magna remuneratio exspectetur, cum pro exiguis istis promissum sit regnum. Inhumanus, 327 A crudelis, et immisericors es? Reverere, inquit, dignitatem ejus qui postulat. At respectu dignitatis non exoraris? Calamitate saltem flectere. Sed neque calamitatis ratio te ad misericordiam inflectit? Ob petitionis facilitatem concede. Neque dignitas, neque inopiæ necessitas, neque largitionis facilitas commovere te potest? Saltem igitur ob eorum bonorum, quæ promissa sunt, magnitudinem egono præbe. Vides quatuor causas, quæ possent vel lapidem ipsum, et avarum, et excæcatum, et immisericordem hominem, et omnium stupidissimum excitare? Quam igitur veniam sperare poterunt, qui post tantam cohor- B tationem et consilium egenos despicient? Dicam et aliud præterea quiddam : audiant qui mysteriis sunt initiati. Cum alite opus fuerit, ne carni quidem suæ parcit ipse : cum tibi potum dari opus fuerit, ne sanguini quidem suo parcit, nec illum invidet : tu vero ne panem quidem impertis, nec calicem? Quam tandem veniam obtinebis, qui tot bonis tam pretiosis acceptis,

Quatuor ob causas Christi nomine dandum.

De mysterio Eucharistiæ agit.

[a] [Quod in marg. conjeceerat Savil. dedimus e Cod. 748. Edebatur δυσωπῆσαι.]

tam vilibus parcas? Vide ne frequenter cum Christo largiri ad lucrum recusaveris, ad damnum diabolo largiaris. Cum enim pauperibus non demus, impostoribus damus: fures plerumque vel malefici famuli abripientes abeunt, vel etiam aliquis alius rerum casus aufert. Et vero postquam hæc evitaverimus omnia, mors interveniens nudum abducet. Ne igitur isthæc eveniant, prius Christo petenti largiamur, et in thesauro nullis prædonibus obnoxio reponamus, ut et de custodia et de proventu confidamus. Non enim solum quæ accepit, diligenter asservat, sed et majori tibi rursus cum accessione restituit. Ne igitur imminui nobis facultates arbitremur, cum eleemosynam erogamus. Non enim minuuntur, sed augentur; non absumuntur, sed multiplicantur, et negotiatio quædam res ista et sementis est: vel potius utroque istorum quæstuosius quiddam et tutius. Nam mercatura quidem ventis ac fluctibus multisque naufragiis est obnoxia, itemque semina siccitatibus acris, imbribus, cæterisque injuriis et inæqualitatibus acris: quæ vero in manus Christi conferuntur pecuniæ, ab insidiis omnibus sunt immunes. Nemo rapere potest de manu ejus, cum acceperit ea quæ semel ei sunt tradita: sed manent, multumque nobis et immensum fructum pariunt, et uberem
2. Cor. 9. 26. in tempore messem proferunt. *Qui* enim *parce seminat*, inquit, *parce* et *metet; et qui seminat in benedictionibus, de benedictionibus etiam metet*. Copiose itaque seminemus, ut ita quoque metamus, et vita fruamur æterna: quam nos omnes utinam consequamur, gratia et benignitate Domini nostri Jesu Christi, cum quo Patri simulque Spiritui sancto gloria, imperium, honor, nunc et semper, et in sæcula sæculorum. Amen.

πραγμάτων περιστάσεις. Καὶ ταῦτα δὲ ὅταν διαφύγωμεν ἅπαντα, θάνατος ἐπελθὼν γυμνὸν ἀπήγαγεν. Ἵν' οὖν μὴ ταῦτα γίνηται, προλαβόντες δῶμεν αἰ-
C τοῦντι τῷ Χριστῷ, καὶ εἰς τὸν ἄσυλον ἀποθώμεθα θησαυρὸν, ἵνα καὶ ὑπὲρ τῆς φυλακῆς καὶ ὑπὲρ τῆς προσόδου θαῤῥῶμεν. Οὐ γὰρ διατηρεῖ μόνον, ἅπερ ἔλαβε, μετὰ ἀκριβείας· ἀλλὰ μετὰ πλείονος αὐτὰ ἀποδίδωσί σοι τῆς προσθήκης πάλιν. Μὴ τοίνυν νομίζωμεν ἡμῖν ἐλαττοῦσθαι τὴν οὐσίαν, ὅταν ἐλεημοσύνην παρέχωμεν. Οὐ γὰρ ἐλαττοῦται, ἀλλ' αὔξεται· οὐ δαπανᾶται, ἀλλὰ πλεονάζει, καὶ πραγματεία τίς ἐστι καὶ σπόρος τὸ γινόμενον· μᾶλλον δὲ ἀμφοτέρων τούτων κερδαλεώτερον καὶ ἀσφαλέστερον. Ἡ μὲν γὰρ ἐμπορία καὶ πνεύμασι καὶ κύμασι θαλάσσης ὑπόκειται καὶ ναυαγίοις πολλοῖς, καὶ τὰ σπέρματα καὶ
D αὐχμοῖς καὶ ἐπομβρίαις καὶ ἑτέραις ἀέρων ἀνωμαλίαις· τὰ δὲ εἰς τὴν χεῖρα τοῦ Χριστοῦ καταβαλλόμενα χρήματα ἀνώτερα πάσης ἐστὶν ἐπιβουλῆς. Οὐδεὶς δύναται ἁρπάζειν ἐκ τῆς χειρὸς τοῦ λαβόντος τὰ δοθέντα ἅπαξ· ἀλλὰ μένει πολὺν ἡμῖν καὶ ἄφατον ἐργαζόμενα τὸν καρπὸν, καὶ τὸν ἄμητον ἐν καιρῷ φέροντα πλούσιον. Ὁ σπείρων γὰρ φειδομένως, φησὶ, φειδομένως καὶ θερίσει· καὶ ὁ σπείρων ἐπ' εὐλογίαις, ἐπ' εὐλογίαις καὶ θερίσει. Σπείρωμεν τοίνυν μετὰ δαψιλείας, ἵνα καὶ οὕτω θερίσωμεν, καὶ τῆς αἰωνίου ζωῆς ἀπολαύσωμεν· ἧς γένοιτο πάντας ἡμᾶς ἐπιτυχεῖν, χάριτι καὶ φιλανθρωπίᾳ τοῦ Κυρίου ἡμῶν Ἰησοῦ Χριστοῦ, μεθ' οὗ τῷ Πατρὶ σὺν τῷ ἁγίῳ Πνεύματι δόξα, κράτος, τιμὴ, νῦν καὶ ἀεὶ, καὶ εἰς τοὺς αἰῶνας τῶν αἰώνων. Ἀμήν.

328

MONITUM

AD HOMILIAM IN HELIAM ET VIDUAM.

Nihil de tempore vel de anno hujus habitæ concionis dicendum succurrit: nihil signi suppetit, quo eam vel Antiochiæ vel Constantinopoli dictam internoscamus. Hoc unum certo et ἀκινδύνως dicere possumus, esse illam genuinam et Chrysostomo dignissimam. Hic propositum cernimus argumentum a S. doctore summopere frequentatum, de eleemosyna scilicet et de hospitalitate, quas ille semper inter præcipua Christianæ vitæ officia habuit.

Interpretatio Latina est Frontonis Ducæi.

ΕΙΣ ΤΟΝ ΗΛΙΑΝ

Καὶ εἰς τὴν χήραν, καὶ περὶ ἐλεημοσύνης.

Ἐν ταῖς ἡμέραις αἷς ἐνηστεύομεν ἅπαντες, τοὺς περὶ τῆς ἐλεημοσύνης πολλάκις ἑλόμενος κινῆσαι λόγους, ἐξεκρουόμην, τῆς ἑσπέρας καταλαμβανούσης καὶ τοῦ λόγου διακοπτούσης ἡμῖν τὸν δρόμον. Τοῦτο δὲ ἐγένετο, τοῦ Θεοῦ τάχα συμφερόντως οἰκονομοῦντος, καὶ πρὸς τὴν παροῦσαν ἡμέραν τὴν περὶ τούτων ὑπερτιθέντος παραίνεσιν· ἵνα μὴ κατὰ τὴν ἐκκλησίαν διηρημένων ὑμῶν, οὕτως ἡ τῆς ἐλεημοσύνης παρατεθῇ τράπεζα * σήμερον· οὐχ ἐπειδὴ μέγα τι καὶ γενναῖον ἡμεῖς ἔχομεν εἰπεῖν, ἀλλ' ἐπειδὴ μεγάλη καὶ γενναία τῆς ἐλεημοσύνης ἡ δύναμις. Πολλὴ γὰρ τοῦ πράγματος ἡ παῤῥησία πρὸς τὸν Θεόν· καὶ καθάπερ τις βασιλεύουσα τῆς καθ' ἡμᾶς πολιτείας, οὕτω μετὰ ἀδείας πολλῆς τῶν οὐρανίων ἀψίδων ἐπιβαίνειν εἴωθε· καὶ αἱ τὰς πύλας τῶν οὐρανῶν ἐγκεχειρισμέναι δυνάμεις, ἂν μὲν ἴδωσι τὴν ἐλεημοσύνην ἐπιβαίνουσαν, μετὰ πολλῆς τῆς τιμῆς καὶ ταῖς ἄλλαις δι' αὐτὴν τὰς πύλας ἐκείνας ἀνοίγουσιν ἀρεταῖς· ἂν δὲ χωρὶς τῆς ἐλεημοσύνης ἴδωσι παραγενομένας, ἀποκλείουσι τὰς θύρας αὐταῖς. Καὶ τοῦτο ἐκ τῶν παρθένων δῆλον ἐκείνων, αἳ διὰ τοῦτο τῆς ἱερᾶς παστάδος ἀπεκλείσθησαν, ἐπειδὴ διηνεκὲς ἔλαιον ἐν ταῖς λαμπάσιν οὐκ εἶχον. Καὶ σκόπει μοι τὴν διαφοράν. Ἐλεημοσύνη μὲν χωρὶς παρθενίας τοὺς αὐτῆς τροφίμους εἰς τὸν οὐρανὸν εἰσήγαγε· παρθενία δὲ χωρὶς ἐλεημοσύνης οὐκ ἴσχυσεν. Ἐπεὶ οὖν τοσαύτη τοῦ πράγματος ἡ δύναμις, μετὰ πάσης σπουδῆς καὶ τοὺς περὶ αὐτῆς δεχώμεθα λόγους. Γένοιτο δ' ἂν ἀρίστη καὶ σύντομος τοῦ πράγματος ἡ παραίνεσις, εἰ πρὸς τὴν χήραν ὑμᾶς ἀπαγάγοιμεν τὴν ἐν Σαρεφθοῖς τῆς Σιδῶνος. Τῶν γὰρ λόγοις συμβουλευόντων οἱ διὰ τῶν ἔργων παιδεύοντες ἀξιοπιστότεροι διδάσκαλοι γίνονται· διὸ καὶ ἡ χήρα ἀρίστη τοῦ πράγματος τούτου γένοιτ' ἂν ἡμῖν διδάσκαλος. Ἡμεῖς μὲν γὰρ λόγῳ παραινοῦμεν· ἐκείνη δὲ διὰ τῶν ἔργων ὑμᾶς παιδεῦσαι δυνήσεται, τὴν ὁμότροπον ἔχουσα μεθ' αὐτῆς συνεζευγμένην. Δύο γάρ εἰσιν αὗται αἱ χῆραι· μία μὲν ἐν τῇ Καινῇ, ἡ τὰ δύο λεπτὰ καταβαλοῦσα, μία δὲ ἐν τῇ Παλαιᾷ, ἡ τὸν προφήτην ὑποδέξασθαι καταξιωθεῖσα· καὶ ἀμφότεραι 329 πρὸς τὴν αὐτὴν ἔφθασαν τῆς φιλοσοφίας ἀρετὴν, καὶ τὴν αὐτὴν ἐπεδείξαντο φιλοφροσύνην, τῇ τῶν κατορθωμάτων ὁμοιότητι τὴν συγγένειαν ἡμῖν τῶν Διαθηκῶν ἐνδεικνύμεναι. Καθάπερ γὰρ σκόπελοί τινες ὑψη-

* Hic videtur mendum subesse.

IN HELIAM,

Et in Viduam, et *de eleemosyna*.

1\. Diebus illis, quibus jejunabamus omnes, cum sæpenumero sermonem instituere de eleemosyna statuissem, superveniente vespera sum impeditus, quæ nobis cursum orationis interrupit. Hoc vero fiebat Deo fortasse in nostram utilitatem ita disponente, atque in hunc diem cohortationem de his rebus differente: ne dum vos in ecclesia divisi eratis, eleemosynæ mensa vobis apponeretur: non quod hodie magnum aliquid et insigne dicendum habeamus, sed quod magna sit et eximia virtus eleemosynæ. Multam quippe fiduciam apud Deum res ista conciliat, et tamquam regina quædam religionem nostram regens multa cum securitate cælestes ingredi sedes consuevit, et illæ, quibus cælorum januæ commissæ sunt, potestates, si quidem intrantem viderint eleemosynam, multo cum honore reliquis etiam virtutibus propter ipsam fores illas aperiunt: sin autem absque eleemosyna venire viderint, fores illis occludunt. Atque hoc ex virginibus illis patet, quæ propterea sacro illo thalamo fuerunt exclusæ, quod oleum in lampadibus suis perpetuo non haberent. Ac mihi discrimen considera. Eleemosyna quidem absque virginitate suos alumnos introduxit in cælum : at virginitas absque eleemosyna minime potuit. Quando igitur tanta rei hujus est virtus, omni studio institutos de ea sermones excipiamus. Enimvero compendiosa fuerit admodum ad hanc rem cohortatio, si vos ad viduam Sareptis Sidonis habitantem abducamus. Nam qui operibus ipsis instruunt, multo digniores fide magistri fiunt, quam qui verbis solis consilium dant : quocirca vidua quoque nobis rei hujus optima erit magistra. Siquidem nos verbis quidem adhortamur: at illa vos operibus docere poterit, cum eisdem præditam moribus, sociam habeat sibi copulatam. Duæ quippe sunt hæ viduæ, una in Novo Testamento, quæ duo minuta misit, altera in Veteri, quæ prophetam suscipere meruit : atque ambæ ad eamdem philosophiæ virtutem pervenerunt, eamdemque comitatem exhibuerunt, et suorum recte factorum similitudine Testamen-

Eleemosynæ dignitas.

Matth. 25.

Duæ viduæ duo testamenta exprimunt.

Luc. 21.

3. *Reg.* 17.

torum nobis affinitatem expresserunt. Nam quemadmodum sublimes quidam scopuli, circumdati portubus, quos appellari Pharos mos est, in quibus tota nocte inexstinctus ignis lucet, errantes in mari splendore luminis ad portus securitatis deducunt: sic istæ tamquam portubus comitate circumdatæ, magnanimitatis suæ lumine profondissima in nocte: non enim potior est conditio vitæ nostræ quam noctis, sicut et

Rom. 13. 12.

Paulus dicit: *Nox præcessit, dies autem appropinquavit;* eos igitur qui profondissima in nocte in avaritiæ mari oberrant, et jamjam submergendi sunt, ad suam invitant securitatem, et humanitatis semper ardentem habentes ignem, inexstinctum eleemosynæ lumen conservant.

2. Sed de illa quidem alio loco; hodierno die apud vos de ista Veteris Testamenti agemus. Omnino enim dum hæc laudabitur, illius quoque præconiorum corona nectetur: nam quarum paria sunt recte facta, earum quoque laudatrix oratio communis est. Orta est igitur hujus tempore fames gravissima, non quod defessa tellus fruges negaret, sed quod hominum peccata Dei donum averterent. Orta est igitur fames gravissima, et omnium acerbissima; atque illam famem Helias magnus invexit, et tamquam terribilem famulum quemdam vocavit, ut conservos injuria Dominum afficientes castigaret: imo vero Judæorum illam advocavere peccata; prophetæ

3. Reg. 17. 1.

autem illam os intulit: *Vivit enim,* inquit, *Dominus Deus, si erit pluvia nisi per* os *meum.* Intolerandum igitur erat malum: neque enim tantum sterilem reddidit terræ uterum terribilis illa vox prophetæ, sed et ipsa fluminum fluenta cohibuit, omnesque tum exarescebant torrentes.

Descriptio sterilitatis et siccitatis aeris.

Et quemadmodum cum vehemens et ardens febris corporis naturam invasit, non superficiem tantum arefacit, sed et interiora permeans ipsam ossium naturam exurit: ita quæ tum vigebat siccitas aeris, non solam terræ faciem incendebat, sed ad ipsa ejus viscera penetrans omnem inferiorem humorem exhauriebat. Quid ergo Deus

3. Reg. 17. 9.

ad prophetam? *Surge,* inquit, *et vade in Sarephtha Sidoniæ: ibi mandabo mulieri viduæ, ut nutriat* te. Quid hoc sibi vult? in sua patria nullam comitatem expertus est, at ad alienam regionem illum mittis, atque ad mulierem viduam? Nam si opulenta esset, si ditissima, si regis uxor ipsius, si multis terræ frugibus repleta haberet promtuaria, nonne voluntatem ejus vehementius quam terram ipsam metus famis sterilem redderet? Ne igitur hæc propheta dice-

λοὶ περιβεβλημένοι λιμένας, οὓς δὴ φάρους καλεῖν εἰώθασι, διὰ πάσης τῆς νυκτὸς ἄσβεστον ἔχοντες πῦρ, τοὺς πεπλανημένους κατὰ τὸ πέλαγος τῇ λαμπηδόνι τοῦ φωτὸς πρὸς τὴν τοῦ λιμένος χειραγωγοῦσιν ἀσφάλειαν· οὕτω καὶ αὗται καθάπερ τινὰς λιμένας τὴν φιλοφροσύνην περιβεβλημέναι, τῷ φωτὶ τῆς οἰκείας μεγαλοψυχίας τοὺς ἐν τῇ βαθυτάτῃ νυκτί· νυκτὸς γὰρ B οὐδὲν ἄμεινον ἡμῶν ἡ ζωὴ διάκειται, καθάπερ καὶ ὁ Παῦλός φησιν, ὅτι Ἡ νὺξ προέκοψεν, ἡ δὲ ἡμέρα ἤγγικε· τοὺς οὖν ἐν τῇ βαθυτάτῃ νυκτὶ κατὰ τὸ πέλαγος τῆς φιλαργυρίας πλανωμένους, καὶ γίνεσθαι μέλλοντας ὑποβρυχίους, πρὸς τὴν παρ' ἑαυτῶν καλοῦσιν ἀσφάλειαν, τὸ τῆς φιλανθρωπίας διαπαντὸς καιόμενον ἔχουσαι πῦρ, καὶ διασώζουσαι τὸ τῆς ἐλεημοσύνης ἄσβεστον φῶς.

Ἀλλὰ περὶ ἐκείνης μὲν ἐν ἑτέρῳ καιρῷ· τήμερον δὲ περὶ τῆς ἐν τῇ Παλαιᾷ πρὸς ὑμᾶς ἐροῦμεν. Πάντως γὰρ καὶ ταύτης ἐπαινουμένης, ἐκείνης τῶν ἐγκωμίων οἱ στέφανοι πλέκονται· ὧν γὰρ τὰ κατορθώματα ἴσα, καὶ οἱ λόγοι τῶν ἐγκωμίων κοινοί. Ἐγένετο τοί- C νυν κατὰ τοὺς ταύτης χρόνους λιμὸς χαλεπός· οὐχὶ ἡ γῆ δὲ καμοῦσα παρῃτήσατο τὴν φορὰν, ἀλλὰ τῶν ἀνθρώπων τὰ ἁμαρτήματα τοῦ Θεοῦ τὴν δωρεὰν ἀπεκρούσαντο. Ἐγένετο τοίνυν λιμὸς χαλεπὸς, καὶ λιμῶν ἁπάντων πικρότατος· καὶ τοῦτον ἤγαγε τὸν λιμὸν ὁ μέγας Ἠλίας, καθάπερ τινὰ φοβερὸν οἰκέτην καλέσας, ὥστε τοὺς συνδούλους τὸν δεσπότην ὑβρίζοντας σωφρονίσαι· μᾶλλον δὲ ἐκάλεσεν αὐτὸν τῶν Ἰουδαίων τὰ ἁμαρτήματα· ἐκόμισε δὲ αὐτὸν τοῦ προφήτου τὸ στόμα, Ζῇ γὰρ, φησὶ, Κύριος ὁ Θεὸς, D εἰ ἔσται ὑετὸς, εἰ μὴ διὰ στόματός μου. Ἦν τοίνυν ἀφόρητον κακόν· οὐδὲ γὰρ τὴν γαστέρα τῆς γῆς ἄγονον ἐποίησε μόνον ἡ φοβερὰ τοῦ προφήτου φωνὴ, ἀλλὰ καὶ αὐτὰ τῶν ποταμῶν τὰ ῥεῖθρα ἀνέστειλε, καὶ οἱ χείμαρροι τότε ἐξηραίνοντο πάντες. Καὶ καθάπερ πυρετὸς λάβρος καὶ διακαὴς εἰς σώματος φύσιν ἐμπεσὼν, οὐχὶ τὴν ἐπιφάνειαν ξηραίνει μόνον, ἀλλὰ καὶ πρὸς αὐτὸ χωρήσας τὸ βάθος, αὐτὴν τῶν ὀστῶν καταφρύγει τὴν φύσιν· οὕτω καὶ ὁ τότε γενόμενος αὐχμὸς, οὐχὶ τὴν ὄψιν τῆς γῆς κατέκαυσε μόνον, ἀλλὰ καὶ πρὸς αὐτὰς τὰς λαγόνας ἐλθὼν, πᾶσαν κάτωθεν ἀνέσπασε τὴν νοτίδα. Τί οὖν ὁ Θεὸς πρὸς τὸν προφήτην; E Ἀνάστηθι, φησὶ, καὶ πορεύθητι εἰς Σαρεφθὰ τῆς Σιδῶνος· ἐκεῖ ἐντελοῦμαι γυναικὶ χήρᾳ τοῦ διαθρέψαι σε. Τί τοῦτο; ἐπὶ τῆς οἰκείας οὐδεμιᾶς ἀπέλαυσε φιλοφροσύνης, καὶ εἰς τὴν ἀλλοτρίαν αὐτὸν πέμπεις, καὶ πρὸς γυναῖκα χήραν; Εἰ γὰρ εὔπορος ἦν, εἰ γὰρ πλουσιωτάτη, εἰ γὰρ αὐτοῦ τοῦ βασιλεύοντος γυνὴ, εἰ γὰρ ταμιεῖα πολλῶν εἶχεν ἐμπεπλησμένα γεννημάτων, οὐκ ἂν αὐτῆς μᾶλλον τῆς γῆς τὴν προαίρεσιν ἀπεστείρωσεν ὁ τοῦ λιμοῦ φόβος; Ἵνα οὖν μὴ ταῦτα ὁ προφήτης λέγῃ, μηδὲ διαλογίζηται, διὰ τοῦτο αὐτὸ, πρότερον διὰ τῶν κοράκων ἔθρεψε, μονονουχὶ πρὸς 330 A αὐτὸν λέγων διὰ τῶν γενομένων, ὅτι εἰ τὴν ἄλογον φύσιν ξενοδοχῆσαί σε παρεσκεύασα, πολλῷ μᾶλλον ἡ λογικὴ πεισθήσεται τοῦτο ποιῆσαι.

Διὰ τοῦτο μετὰ τοὺς κόρακας ἡ χήρα. Καὶ ἦν ἰδεῖν τὸν προφήτην ὑπόδικον γενόμενον γυναικὸς, τὴν οὐρανομήκη καὶ θείαν ψυχὴν ἐκείνην, τὸν γενναῖον καὶ ὑψηλὸν Ἠλίαν, ὥσπερ ἀλήτην τινὰ καὶ προσαίτην πρὸς τὰς θύρας τῆς χήρας ἐρχόμενον, καὶ τὸ στόμα, ὃ τὸν οὐρανὸν ἔκλεισε, τὰς τῶν προσαιτούντων φθεγγόμενον φωνάς· δός μοι ἄρτον, δός μοι ὕδωρ· ἵνα σὺ μάθῃς ὅτι οὐδὲν οὕτως ἐπιτήδειον, ὡς γυναικὸς οἰκία χήρας, καὶ σκηνὴ πενίας γέμουσα, καὶ πλούτου καὶ τῶν ἀπὸ B τοῦ πλούτου κακῶν ἀπηλλαγμένη. Καθαρὸν γὰρ θορύβων ἦν τὸ χωρίον, καὶ πάσης φιλοσοφίας μεστὸν, καὶ λιμένος παντὸς εὐδιώτερον. Τοιαῦτα δὴ μάλιστα ἐνδιαιτήματα τῶν ἁγίων ἐπιζητοῦσιν αἱ ψυχαί. Ἀπῄει τοίνυν πρὸς τὴν χήραν ὁ προφήτης, τῆς Ἰουδαϊκῆς μισοξενίας ἔλεγχον ἐσομένην· ἀπῄει πρὸς τὴν χήραν, διδάσκων ἅπαντας ὅτι δικαίως ἐκείνην τὴν κόλασιν ὑπομένουσιν Ἰουδαῖοι. Καὶ γὰρ ὅταν μέλλῃ τινὰς κολάζειν ὁ Θεὸς, οὐχ ἁπλῶς ἐπάγει τὴν τιμωρίαν, οὐδὲ τῇ τῆς οἰκείας κρίσεως ἀρκεῖται ψήφῳ, ἀλλὰ καὶ τοῖς ἀνθρώποις διὰ τῶν πραγμάτων ἀπολογεῖται, ὥσπερ ἐν κοινῷ δικαστηρίῳ κρινόμενος ταῖς τῶν πολ- C λῶν ὑπονοίαις. Καὶ καθάπερ οἱ δικάζοντες, ὅταν μέλλωσί τινα τὴν ἐπὶ θάνατον ἄγειν ὁδὸν, ἐφ' ὑψηλοῦ τοῦ βήματος προκαθίσαντες, καὶ τὰ παραπετάσματα συνελκυσθῆναι κελεύσαντες, καὶ τὴν πόλιν αὐτοῖς περιστήσαντες ἅπασαν, οὕτω καθάπερ ἐν θεάτρῳ κοινῷ δικάζοντες πρὸς τὸν κατάδικον, ὑπὸ ταῖς ἁπάντων ὄψεσι καὶ ἀκοαῖς τὰς πεύσεις ποιούμενοι, καὶ τὰ ὑπομνήματα τῶν ἐκείνοις τετολμημένων ἀναγνωσθῆναι κελεύοντες, καὶ αὐτὸν τὸν ὑπεύθυνον τῶν αὐτῷ τετολμημένων γενέσθαι κατήγορον παρασκευάζοντες, τότε D τὴν ψῆφον ἐπάγουσιν· οὕτω καὶ ὁ Θεὸς, καθάπερ ἐφ' ὑψηλοῦ τοῦ βήματος, τοῦ τῶν Γραφῶν κηρύγματος προκαθίσας, καὶ τὴν οἰκουμένην ἅπασαν περιστήσας, ὑπὸ ταῖς ἁπάντων ὄψεσι καὶ ἀκοαῖς ποιεῖται τῶν ἁμαρτημάτων τὴν ἐξέτασιν, οὐχ ὑπομνήματα ἀναγνωσθῆναι κελεύων, οὐδὲ γράμματα παράγων εἰς μέσον, ἀλλ' αὐτοῖς ἡμᾶς τοῖς τῶν καταδίκων ἐφιστῶν ἁμαρτήμασιν.

Ὅτε γοῦν τοὺς χαλεποὺς κεραυνοὺς κατὰ τῶν Σοδομιτῶν ἀφεῖναι ἤμελλε, καὶ δήμους καὶ πόλεις ἀναρπάζειν ἐκ μέσου τῆς χώρας διὰ τῆς φοβερᾶς φλογὸς ἐκείνης, ὅτε τὸν καινὸν καὶ παράδοξον ὑετὸν ἐπὶ τὴν γῆν ἠφίει, τοῦ προτέρου φρικωδέστερον ὄντα, ὃν πρῶ- E

ret, aut animo versaret, idcirco prius cum per corvos aluit, ut per ea quæ gerebantur, ista propemodum illi diceret : Si effeci, ut rationis expers natura hospitio te reciperet, multo magis ratione præditæ, ut hoc faciat, persuadebitur. (3. Reg. 17. 6.)

3. Propterea vidua post corvos. Videre erat prophetam mulierculæ factum obnoxium, animam illam ad cælos usque sublimem ac divinam, generosum et excelsum Heliam velut erronem quemdam ac mendicum ad viduæ januam venire, atque illud os, quod cælum clauserat, mendicorum voces effundere : Da mihi panem, da mihi aquam; ut tu discas, nihil æque benevolum et humanum esse ac viduæ domum, et tabernaculum egestatis plenum, ac divitiarum expers, et malorum quæ ex divitiis oriuntur. Locus enim erat a tumultibus liber, omnisque philosophiæ plenus, et portu quovis tranquillior. Talia maxime requirunt domicilia sanctorum animæ. Pergebat igitur ad viduam propheta, quæ Judæos, quibus perosi erant peregrini, exemplo erat suo redargutura : pergebat ad viduam, omnesque docebat, merito Judæos pœnam illam sustinere. Nam cum in aliquos pœnam illaturus est Deus, non quoquo modo supplicium immittit, neque sui judicii contentus est calculo, sed et apud homines excusat se rebus ipsis ac tuetur, perinde quasi communi quodam in judicio suspicionibus vulgi expositus discoptaret. (Deus quomodo punit.) Et quemadmodum qui judicium exercent, cum ad mortis supplicium quempiam sunt abducturi, in sublimi præsidentes tribunali, ac vela contrahi jubentes, totam civitatem circum sese stare curantes, ita velut in publico theatro judicant, et in oculis omnium atque auribus interrogationes adhibent reo, et acta, et commentarios scelerum ab illo perpetratorum legi præcipiunt, et efficiunt ut reus ipse suorum facinorum fiat accusator, ac tum demum sententiam ferunt: ita quoque Deus tamquam in excelso quodam tribunali prædicationis Scripturæ præsidens, universum orbem terrarum præcipiens circumsistere, spectantibus omnibus et audientibus, quæstionem instituit peccatorum, non commentarios et acta legi præcipiens, neque tabulas in medium adducens, sed ipsa reorum peccata nobis ob oculos contemplanda proponens.

4. Sane cum infesta fulmina in Sodomitas erat immissurus, et populos urbesque terribilis illius flammæ opera de medio regionis sublaturus, cum novum et insolitum illum imbrem dejiciebat, multo priori terribiliorem, quem primum et (Gen. 19.)

solum sol umquam aspexit : antequam ejusmodi pœnam inferret, eorum improbitatem, qui puniendi erant, nobis indicavit, non tabulis ut dixi lectis, sed adductis in medium ipsis eorum peccatis. Propterea nimirum angelos misit, non tantum ut Lot educerent, sed ut illorum iniquitatem ostenderent; quod etiam evenit. Cum enim eos Lot excepisset, hospitis domum obsederunt omnes, et in orbem circumsteterunt. Hujus autem obsidionis copiarum dux erat infandus amor, et iniqui cupiditas coitus, qui et ætatis et naturæ limites excedebat. Neque enim juvenes solum circumsteterunt, sed etiam seniores : et neque canities rabiem sedavit, neque furorem senectus exstinxit, sed videre erat in portu naufragium, iniquam in senectute cupiditatem. At non huc usque tantum progressa est illorum improbitas, sed et cum filias suas traditurum se Lot polliceretur, ne sic quidem recesserunt, sed urgebant dicentes non se prius quam viros accepissent recessuros; seque gravissima illaturos mala minabantur ei, qui ut hospitibus honorem deferret, filias suas se promiserat traditurum. Vides ut omni ex parte Sodomitarum nequitiam demonstrarit, ac deinde pœnam illis intulerit? Ne enim postea cum eos affectos supplicio videris, propter calamitatis magnitudinem animo frangaris, neque cum illis Deum accuses, sed illos cum Deo condemnes, antea demonstrata illorum improbitate omnem erga illos misericordiæ occasionem præripuit, et nos ab omni commiseratione in illos avocavit. Quod et nunc erga prophetam præstitit. Ne fame confectos intuens Judæos doleres, immanitatem illorum et crudelitatem ostendit, et quam raro comiter peregrinos exciperent. Non enim solum prophetam non susceperunt, sed et se interfecturos minabantur : id quod ex Dei verbis colligitur. Non enim ait tantum, *Recede*, sed etiam, *Abscondere*. Non sufficit ad salutem fuga, sed et oportet ut te diligenter occultes : populus quippe Judaicus est, populus sanguinem sitiens prophetarum, et in sanctis necandis exercitatus : semper manus suas prophetico sanguine cruentarunt. Et cum illum quidem emittebat ex Judæa, *Vade*, et *abscondere*, inquit : cum autem ad viduam mittebat : *Ego*, inquit, *illi mandabo*. Vides ut inde quidem fugientem jubeat illud cum multa cautione præstare; huc autem confugientem magna cum fiducia præcipiat et securitate discedere?

Sodomitarum nefaria scelera.

3. Reg. 17. 3.

Ib. v. 9.

τον καὶ μόνον ἥλιος [a] ἐπεῖδεν· ἐπεὶ τοιοῦτον πρὶν ἢ τὴν κόλασιν ταύτην ἐπαγαγεῖν, ἔδειξε τῶν μελλόντων κολάζεσθαι τὴν πονηρίαν ἡμῖν, οὐχὶ γράμματα ἀναγινώσκων, καθάπερ ἔφην, ἀλλ' αὐτὰ εἰς μέσον παραγαγὼν τὰ ἁμαρτήματα. Διὰ τοῦτο γοῦν ἔπεμψε τοὺς ἀγγέλους, οὐχ ἵνα τὸν Λὼτ ἐξαγάγωσι μόνον, ἀλλ' ἵνα σοι δείξωσι τὴν παρανομίαν ἐκείνων· ὃ δὴ καὶ γέγονεν. Ἐπειδὴ γὰρ αὐτοὺς ὁ Λὼτ ὑπεδέξατο, τὴν 351 οἰκίαν ἐπολιόρκουν τοῦ ξενοδόχου πάντες, περιιστάν- A τες κύκλῳ. Ἐστρατήγει δὲ τῆς πολιορκίας ἄτοπος ἔρως, καὶ μίξεως ἐπιθυμία παρανόμου, καὶ ἡλικίας καὶ φύσεως ὅρους ὑπερβαίνουσα. Οὐδὲ γὰρ νεανίσκοι περιέστησαν μόνον, ἀλλ' ἤδη καὶ πρεσβῦται· καὶ οὐδὲ ἡ πολιὰ τὴν λύτταν κατέπαυσεν, οὐδὲ τὸ γῆρας τὴν μανίαν ἔσβεσεν, ἀλλ' ἦν ἰδεῖν ἐν λιμένι ναυάγιον, ἐν γήρᾳ παράνομον ἐπιθυμίαν. Καὶ οὐδὲ ἐνταῦθα ἔστησαν τῆς παρανομίας, ἀλλὰ τοῦ Λὼτ ὑποσχομένου τὰς ἑαυτοῦ παραδώσειν θυγατέρας, οὐδὲ οὕτως ἀφίσταντο, ἀλλ' ἐπέκειντο, λέγοντες μὴ πρότερον ἀποστήσεσθαι, ἕως ἂν τοὺς ἄνδρας λάβωσι· καὶ μεγάλα ἠπείλουν δώσειν κακὰ τῷ τὰς ἑαυτοῦ θυγατέρας ὑποσχομένῳ δώσειν διὰ τὴν εἰς τοὺς ξένους τιμήν. B Εἶδες πῶς πανταχόθεν ἔδειξε τῶν Σοδομιτῶν τὴν κακίαν, καὶ τότε τὴν τιμωρίαν ἐπήγαγεν; Ἵνα γὰρ μὴ μετὰ ταῦτα ὁρῶν κολαζομένους αὐτοὺς καταχλασθῇς διὰ τὸ μέγεθος τῆς συμφορᾶς, μηδὲ μετ' ἐκείνων ἐγκαλῇς τῷ Θεῷ, ἀλλὰ μετὰ τοῦ Θεοῦ κατακρίνῃς ἐκείνους, προλαβὼν τῇ τῆς πονηρίας ἀποδείξει, πάντα προανήρπασεν αὐτῶν τὸν ἔλεον, τῆς πρὸς αὐτοὺς συμπαθείας ἀπαγαγὼν ἡμᾶς. Ὃ δὴ καὶ νῦν ἐπὶ τοῦ προφήτου πεποίηκεν. Ἵνα μὴ θεωρῶν ὑπὸ τοῦ λιμοῦ διαφθειρομένους τοὺς Ἰουδαίους ἀλγῇς, δείκνυσί σοι τὴν ἀπανθρωπίαν αὐτῶν καὶ τὴν ὠμότητα, καὶ τῆς C φιλοξενίας τὴν σπάνιν. Οὐ γὰρ δὴ μόνον οὐχ ὑπεδέξαντο τὸν προφήτην, ἀλλὰ καὶ ἀποκτείνειν ἠπείλουν· καὶ τοῦτο δῆλον ἐκ τῶν Θεοῦ ῥημάτων. Οὐ γὰρ εἶπεν, Ἀναχώρησον, μόνον, ἀλλὰ καί, Κρύβηθι. Οὐκ ἀρκεῖ γάρ σοι πρὸς σωτηρίαν ἡ φυγή, ἀλλὰ δεῖ καὶ λαθεῖν μετὰ πολλῆς τῆς ἀκριβείας· δῆμος γάρ ἐστιν Ἰουδαϊκός, δῆμος αἱμάτων διψῶν προφητικῶν, καὶ ταῖς τῶν ἁγίων ἐμμελετήσας σφαγαῖς· ἀπὸ τῶν προφητικῶν αἱμάτων ἀεὶ τὰς ἑαυτῶν ᾕμαξαν δεξιάς. Καί, ὅτε μὲν ἐκ τῆς Ἰουδαίας αὐτὸν ἐξέπεμψεν, Ἄπελθε καὶ κρύβηθι, φησίν· ὅτε δὲ πρὸς τὴν χήραν ἀπέστειλεν, Ἐγώ, φησίν, ἐντελοῦμαι αὐτῇ. Ὁρᾷς πῶς ἐκεῖ- D θεν μὲν φεύγοντα μετὰ πολλῆς ἀσφαλείας τοῦτο ποιῆσαι προστάττει· ἐνταῦθα δὲ καταφεύγοντα μετὰ πολλῆς παῤῥησίας καὶ τοῦ θάῤῥους ἀπιέναι κελεύει;

[a] [Savil. in marg. conj. ἐπεῖδε τοιοῦτον· πρίν.]

Οὐ τοῦτο δὲ μόνον, ἀλλά τι καὶ ἕτερον ᾠκονόμηται διὰ τῆς τοῦ προφήτου πρὸς τὴν χήραν παρουσίας. Ἵνα γὰρ μὴ μετὰ ταῦτα ὁρῶντές τινες τὸν Χριστὸν μετὰ τὰς πολλὰς καὶ ἀφάτους εὐεργεσίας τὰς ἐπὶ τῆς Ἰουδαίας, μετὰ τοὺς μυρίους νεκροὺς, οὓς ἀνέστησε, μετὰ τοὺς τυφλοὺς, οὓς ἀναβλέψαι ἐποίησε, μετὰ τοὺς λεπροὺς, οὓς ἐκάθηρε, μετὰ τοὺς δαίμονας, οὓς ἀπήλασε, μετὰ τὴν θαυμαστὴν καὶ σωτήριον διδασκαλίαν, E παρὰ μὲν τῶν εὐεργετηθέντων ἐλαυνόμενον, παρὰ δὲ τῶν ἐν τοῖς ἔθνεσι τιμώμενον οὐδὲν τοιοῦτον εἰδότων οὔτε ἀκηκοότων, θαυμάζωσι, διαπορῶσι, καὶ ἄπιστον τὸ πρᾶγμα εἶναι νομίζωσιν· ἄνωθεν καὶ πρὸ πολλοῦ τοῦ χρόνου διὰ τῶν δούλων τὴν Ἰουδαϊκὴν ἀγνωμοσύνην διδάσκει, καὶ τῶν ἐθνῶν φιλοφροσύνην ἡμᾶς παιδεύει. Οὕτω γοῦν τὸν Ἰωσὴφ, οὓς παρεγένετο θρέψων ἐκεῖνος, καὶ ἀνελεῖν ἐπεχείρησαν, ἄνθρωπος 332 A δὲ βάρβαρος εἰς μεγίστην ἤγαγε τιμήν. Οὕτω τὸν Μωσέα ἀπήλασαν οἱ εὐεργετηθέντες Ἰουδαῖοι, ὑπεδέξατο δὲ ἄνθρωπος βάρβαρος Ἰωθὼρ, καὶ πολλῆς αὐτὸν φιλοφροσύνης ἠξίωσεν. Οὕτω τὸν Δαυῒδ ἀπήλασε μὲν ὁ Σαοὺλ μετὰ τὴν τοῦ Γολιὰθ κεφαλὴν, μετὰ τοὺς μυρίους κινδύνους, οὓς καὶ αὐτῷ καὶ τῇ πόλει πολλάκις ἐπαγομένους ἔλυσεν· ὑπεδέξατο δὲ Ἀγχοὺς ὁ βαρβάρων βασιλεὺς, καὶ εἰς πολλὴν ἤγαγε τιμήν. Οὕτω καὶ νῦν τὸν Ἡλίαν ἀπήλασαν μὲν Ἰουδαῖοι, ὑπεδέξατο δὲ ἡ χήρα. Ὅταν οὖν ἴδῃς τὸν Χριστὸν ἀπελαυνόμενον μὲν παρὰ αὐτῶν, ὑποδεχόμενον δὲ παρὰ τῶν ἐθνῶν, ἄνωθεν τοὺς τύπους καταμαθὼν, μὴ θαυμάσῃς ἐπὶ τῆς τοῦ πράγματος ἀληθείας. Ἤκουσας γοῦν καὶ σήμερον τοῦ Χριστοῦ λέγοντος, B καὶ αὐτὸ τοῦτο αἰνιττομένου. Πρὸς γὰρ τοὺς Ἰουδαίους δυσχεραίνοντας διαλεγόμενος ἔλεγεν, ὅτι Πολλαὶ χῆραι ἦσαν ἐν ταῖς ἡμέραις Ἡλίου, καὶ πρὸς οὐδεμίαν ἀπεστάλη Ἡλίας, εἰ μὴ πρὸς τὴν χήραν τὴν ἐν Σαρεφθοῖς τῆς Σιδῶνος. Ἀλλ' ἴσως ἐκεῖνο ἄν τις διαπορήσειε, τί δήποτε τὸν οὕτω ζηλώσαντα ὑπὲρ τῆς τοῦ Θεοῦ δόξης θλίβεσθαι καὶ στενοχωρεῖσθαι ἀφῆκεν ὁ Θεὸς, νῦν μὲν εἰς τὸν χειμάῤῥουν πέμπων, νῦν δὲ πρὸς τὴν χήραν, νῦν δὲ εἰς ἄλλο χωρίον, καθάπερ τινὰ μετανάστην τόπους ἐκ τόπων ἀμείβειν παρασκευάζων. Ὅτι γὰρ ἐθλίβετο καὶ ἐστενοχωρεῖτο, ἄκουσον καὶ τοῦ Παύλου λέγοντος, Περιῆλθον ἐν μηλωταῖς, ἐν αἰγείοις δέρμασιν, ὑστερούμενοι, θλιβόμενοι, κακουχούμενοι. C Τίνος οὖν ἕνεκεν θλίβεσθαι αὐτὸν συνεχώρησεν; Εἰ μὲν γὰρ ὑπὲρ τῶν εἰς αὐτὸν ἁμαρτημάτων ταύτην ἀπῄτει τοὺς Ἰουδαίους τὴν δίκην, εἰκότως ἄν τις ἔφησε τῇ στενοχωρίᾳ τῆς θλίψεως αὐτὸν λαμβάνειν πεῖραν, ὥστε γενέσθαι πραότερον, καὶ καθυφεῖναι τῆς ὠμότητος. Εἰ δὲ οὐχ ὑπὲρ τῶν εἰς αὐτὸν γινομένων αὐτοῖς μνησικακῶν, ἀλλ' ὑπὲρ τῆς εἰς τὸν Δεσπότην ἀσεβείας καὶ ὕβρεως τηκόμενος, ταύτην ἐπήγαγεν αὐτοῖς τὴν συμφορὰν, τίνος

5. Neque solum hoc, sed et aliud per hunc prophetæ adventum ad viduam providit ac disposuit. Ne enim postea cum Christum nonnulli cernerent post multa et immensa beneficia in Judæam collata, post innumeros mortuos quos suscitaverat, post cæcos, queis visum restituerat, post leprosos, quos mundaverat, post dæmones, E quos ejecerat, post admirabilem salutaremque doctrinam, ab illis, quos devinxerat beneficiis, esse vexatum, et a gentilibus lonore affectum, qui nihil viderant, nec audiverant, mirarentur, dubitarent, et rem esse incredibilem existimarent: prius ac multo ante tempore per servos suos, et quam improbi fuerint Judæi nos docet, et quam comes et lumani fuerint gentiles nos 332 instruit. Sic nimirum et Josepl illi, quibus ipse A cibaria ministraturus advenerat, etiam necare conati sunt: homo autem barbarus in summum illum lonorem evexit. Non aliter Moysem, quem beneficio affecti expulere Judæi, lomo barbarus Jothor excepit, et multam in eum comitatem et humanitatem exhibuit. Sic Davidem Saül post amputatum Goliatl caput ejecit, post mille pericula quæ ab ejus civitatisque cervicibus sæpe depulerat: Anchus autem rex barbarorum excepit, et in magnum lonorem evexit. Ita nunc etiam Heliam expulere Judæi, sed vidua suscepit. Quando igitur Christum ab illis repulsum videris exceptum a gentibus, animad- B versis antea figuris, ne prodentem se rei veritatem mireris. Audisti ergo Christum lodie dicentem, et hoc ipsum subindicantem. Cum enim Judæos indignantes alloqueretur, dicebat: *Multæ viduæ erant in diebus Heliæ, et ad nullam missus est Helias, nisi ad viduam, quæ erat in Sarephthis Sidonis.* Sed quæret fortasse quispiam, quam ob causam eum qui tantum pro Dei gloria zelum præ se tulerat, vexari Deus permiserit et affligi, cum eum ad torrentem nunc mitteret, nunc ad viduam, nunc alium in locum, tamquam exsulem quemdam volens locum ex C loco mutare. Vexatum enim et afflictum fuisse audi quo pacto Paulus etiam testetur: *Circuierunt in melotis, in pellibus caprinis, egentes, angustiati, afflicti.* Cur igitur illum sivit affligi? Nam si quidem ob ea peccata quæ in ipsum admiserant, has a Judæis pœnas exegisset, merito dixisset eum vexatione ista periculum afflictionis fecisse, ut mitior fieret, et nonnihil de crudelitate remitteret: sin autem non quod malorum memor esset, quæ ab illis passus fuerat, sed quod propter eorum adversus Dominum impro-

Cur ab aliis ejectus, a Vidua susceptus propheta.

Luc. 4. 25.

Hebr. 11. 37.

Cur Heliam Deus affligi siverit.

bitatem et insolentiam contabesceret, hanc illis
calamitatem invehebat: qua de causa in consortium et ipse malorum vocatur, nec multis deliciis ac securitate perfruitur? Quia nimirum si
dum alii calamitate premerentur, et fame perirent, ipse deliciis et opipara mensa frueretur,
illud fortasse factum quispiam crudelitati tri-
buisset. Nihil enim mirum fuisset visum, hominem, cui affatim cuncta suppeterent, aliorum
malis oblectari. Idcirco participem eum esse calamitatis permisit Deus, et experiri mala quæ
accidebant, ac famem pati, ut discas non famem
apud illum, sed zelum fuisse. Neque enim sic
in angustias redactus, egestate pressus, vexatus,
et afflictus, nihilominus rescindere minas noluis-
set, nisi præ nimio zelo beatam illam vocem
emisisset. Quocirca jucundius illi fuisset affligi,
atque castigatos illos cernere, quam urgenti necessitate liberatos ad priorem reversos impietatem videre.

6. Tales enim sunt ubique animæ sanctorum:
ut cæteri resipiscant, securitatem suam periculo
exponunt. Ne quis diceret eum præ nimia crudelitate famem auxisse, participem eum fieri
famis permisit, ut philosophiam prophetæ cognoscas. Præterea vero cum soleat plerumque
miraculorum natura eos, qui miracula patrant,
efferre, atque eorum spectatores in eam mentem
impellere, ut aliquid in eis humana natura sublimius esse arbitrentur: his etiam duobus remedium adhibuit, et naturæ infirmitatem immutavit. Hæc autem ita se habere, facile fuerit ex
Pauli vocibus intelligere. Nam miracula quidem
2 Cor. 12. 7. efferre solere, audi quo pacto testetur: *Et ne
magnitudo revelationum extollat me, datus
est mihi stimulus carnis meæ, angelus satanæ, ut me colaphizet.* Efficere porro miracula,
ut qui ea cernunt, majorem concipiant opinionem
de illis, a quibus eduntur, hoc etiam inde constat. Cum enim suarum revelationum fecisset
2. Cor. 12. 6. mentionem, addit, *Nam si voluero gloriari,
non ero insipiens: veritatem enim dicam.* Cur
non igitur gloriaris? *Parco autem, ne quis in
me existimet, supra id quod videt me, aut aliquid audit ex me.* Ne igitur tale quidpiam prophetæ accideret (licet enim Helias esset, homo tamen erat), immiscuit miraculo naturæ defectum.
Propterea qui cælo imperavit, fami non imperavit: qui terræ partum cohibuit, ventris reprimere necessitatem non potuit, sed muliere vidua
indiguit, ut divinam gratiam agnoscas, et humanam simul infirmitatem. Non ad hoc tantum

ἕνεκεν καὶ αὐτὸς κοινωνεῖ τῶν δεινῶν, καὶ οὐκ ἀπο-
D λαύει πολλῆς τῆς ἀνέσεως καὶ ἀδείας; Ὅτι εἰ τῶν
ἄλλων κακουχουμένων καὶ τῷ λιμῷ διαφθειρομένων,
αὐτὸς ἀνέσεως καὶ τραπέζης ἀπέλαυε πλουσίας, ἴσως
ἄν τις ἐνόμισεν ὠμότητος εἶναι τὸ γεγενημένον. Θαυμαστὸν γὰρ οὐδὲν ἐδόκει, εὐθηνίας ἀπολαύοντα, τοῖς
ἀλλοτρίοις ἐντρυφᾷν κακοῖς. Διὰ τοῦτο ὁ Θεὸς αὐτὸν
ἀφῆκε κοινωνῆσαι τῆς συμφορᾶς, καὶ πεῖραν λαβεῖν
τῶν συμβάντων δεινῶν, καὶ μετασχεῖν τοῦ λιμοῦ, ἵνα
μάθῃς ὅτι οὐ λιμὸς, ἀλλὰ θεῖος ἦν ζῆλος παρ' αὐτῷ.
Οὐ γὰρ ἂν εἵλετο στενοχωρούμενος οὕτω, καὶ ὑστε-
ρούμενος, καὶ θλιβόμενος, καὶ κακουχούμενος, μὴ
λῦσαι τὴν ἀπειλὴν, εἰ μὴ ἀπὸ πολλοῦ τοῦ ζήλου τὴν
E μακαρίαν ἐκείνην ἀφῆκε φωνήν. Διόπερ καὶ ἥδιον ἦν
αὐτῷ στενοχωρεῖσθαι, καὶ σωφρονιζομένους αὐτοὺς
ὁρᾷν, ἢ τῆς ἀνάγκης ἀπαλλαγέντας τῆς ἐπικειμένης,
πρὸς τὴν προτέραν ἀσέβειαν ἐπανελθόντας ἰδεῖν.

Τοιαῦται γὰρ πανταχοῦ τῶν ἁγίων αἱ ψυχαί· ὑπὲρ
τῆς ἑτέρων διορθώσεως τὴν ἑαυτῶν ἀσφάλειαν προδι-
δόασιν. Ἵνα οὖν μή τις λέγῃ, ὅτι διὰ τὴν ὠμότητα
ἐπέτεινε τὸν λιμὸν, ἀφῆκεν αὐτὸν κοινωνῆσαι τοῦ λι-
333 μοῦ, ἵνα μάθῃς τοῦ προφήτου τὴν φιλοσοφίαν. Καὶ
A χωρὶς τούτου δὲ, ἐπειδὴ εἴωθέ πως ἡ τῶν θαυμάτων
φύσις τούς τε θαυματουργοῦντας ἐπαίρειν, τούς τε
ὁρῶντας θαύματα μείζονα τῆς ἀνθρωπίνης φύσεως
περὶ αὐτῶν πείθει ἐπινοεῖν· καὶ ταῦτα ἀμφότερα
διωρθώσατο, τὴν τῆς φύσεως ἐναλλάξας ἀσθένειαν.
Καὶ ὅτι ταῦτα οὕτως ἔχει, ἐκ τῆς τοῦ Παύλου φωνῆς
ῥᾴδιον μαθεῖν. Ὅτι μὲν γὰρ ἐπαίρει τὰ θαύματα,
ἄκουσον τί φησι· Καὶ τῇ ὑπερβολῇ τῶν ἀποκαλύψεων
ἵνα μὴ ὑπεραίρωμαι, ἐδόθη μοι σκόλοψ τῇ σαρκὶ, ἄγγελος σατᾶν, ἵνα με κολαφίζῃ. Ὅτι δὲ καὶ τοὺς ὁρῶντας τὰ θαύματα καὶ τοὺς ἀκούοντας μείζονα πείθει
περὶ τῶν θαυματουργούντων ἐπινοεῖν, καὶ τοῦτο ἐκεῖ-
B θεν δῆλον. Εἰπὼν γὰρ περὶ τῶν ἀποκαλύψεων τῶν
αὐτοῦ, φησίν· Ἐὰν γὰρ καὶ θελήσω καυχήσασθαι, οὐκ
ἔσομαι ἄφρων· ἀλήθειαν γὰρ ἐρῶ. Τίνος οὖν ἕνεκεν
οὐ καυχᾶσαι; Φείδομαι δὲ μή τις εἰς ἐμὲ λογίσηται
ὑπὲρ ὃ βλέπει με, ἢ ἀκούσῃ τι ἐξ ἐμοῦ. Ἵνα οὖν μὴ
καὶ ἐπὶ τοῦ προφήτου τοιοῦτόν τι συμβῇ (εἰ γὰρ καὶ
Ἠλίας ἦν, ἀλλ' ἄνθρωπος ἦν), ἐγκατέμιξε θαύματι τὸ
τῆς φύσεως ἐλάττωμα. Διὰ τοῦτο ὁ τῶν οὐρανῶν κρατήσας, τῆς πείνης οὐκ ἐκράτησεν· ὁ τὰς ὠδῖνας τῆς
γῆς ἐπισχὼν, τῆς γαστρὸς τὴν ἀνάγκην ἐπισχεῖν οὐκ
ἴσχυσεν, ἀλλὰ χήρας ἐδεῖτο γυναικὸς, ἵνα μάθῃς καὶ
C τὴν θείαν χάριν, καὶ τὴν ἀνθρωπίνην ἀσθένειαν. Οὐκ
εἰς τοῦτο δὲ μόνον ὠφέλει τὸ συμβὰν, ἀλλὰ καὶ εἰς
ἕτερον οὐκ ἔλαττον τούτου. Ποῖον δὴ τοῦτο; Ἵν' ὅταν
σε παρακαλῇ τις πρὸς τὸν τοῦ προφήτου ζῆλον, μὴ

καταπέσῃς, μηδὲ ἀπογνῷς νομίζων ἑτέρας εἶναι τὸν ἄνθρωπον φύσεως, καὶ διὰ τοῦτο τοσαύτην πρὸς τὸν Θεὸν ἐσχηκέναι τὴν παῤῥησίαν. Ὅπερ οὖν καί τις ἠνίξατο εἰπών· Ἠλίας ὁμοιοπαθὴς ἡμῖν ἦν ἄνθρωπος· μονονουχὶ λέγων, μὴ νομίσῃς ἀδύνατον εἶναι πρὸς τὴν αὐτὴν ἐκείνῳ φθάσαι τῆς φιλοσοφίας τὴν κορυφήν· καὶ γὰρ καὶ ἐκεῖνος τῆς αὐτῆς ἐκοινώνησε φύσεως. Ἀλλ' ὅμως ἡ θαυμαστὴ καὶ θεία προαίρεσις πολὺ τῶν D ἄλλων αὐτὸν ὑψηλότερον ἔδειξεν.

Ἀλλὰ καιρὸς λοιπὸν πρὸς τὴν χήραν ἐπανελθεῖν. Ἦλθε, φησὶν, εἰς Σαρεφθὰ τῆς Σιδῶνος, καὶ εὗρε γυναῖκα χήραν συλλέγουσαν ξύλα. Ἄξια τῆς ἔνδον πενίας τέως τὰ προπύλαια. Τί οὖν; ἀπετράπη τοιαῦτα τῆς φιλοξενίας ἰδὼν τὰ προοίμια; Οὐδαμῶς· θείας γὰρ ἦν ἀκηκοὼς ἀποφάσεως· ἀλλ' ἐβόησεν ὀπίσω αὐτῆς, καὶ εἶπε, Λάβε δή μοι ὕδωρ, καὶ ἐπορεύθη λαβεῖν. Ὄντως γενναία καὶ φιλόσοφος ἡ γυνὴ, καὶ εἰ μὴ τολμηρὸν εἰπεῖν, καὶ αὐτῆς τοῦ προφήτου μεγα- E λοψυχίας ἀξία· μᾶλλον δὲ οὐ τολμηρὸν εἰπεῖν· εἰ γὰρ μὴ ἦν ἀξία, οὐκ ἂν ὑποδέξασθαι κατηξιώθη τὸν ἅγιον ἐκεῖνον. Καθάπερ ὁ Χριστός φησι πρὸς τοὺς μαθητάς· ὅτι Εἰς ἣν δὲ ἂν πόλιν ἢ κώμην εἰσέλθητε, ἐρωτήσατε τίς ἄξιος ἐν αὐτῇ, κἀκεῖ μείνατε· οὕτω καὶ ἐνταῦθα ὁ Θεὸς, ἐπειδὴ μάλιστα πάντων ἀξίαν ᾔδει τὴν γυναῖκα τοῦ δέξασθαι τὸν προφήτην, διὰ τοῦτο τὰς ἄλλας πάσας ἀφεὶς, ἐκεῖσε αὐτὸν ἔπεμψε. Πλὴν ἀλλὰ καὶ δι' αὐτῶν τῶν πραγμάτων ἴδωμεν αὐτῆς τὴν εὐγέ- 334 A νειαν. Λάβε δέ μοι, φησὶν, ὕδωρ εἰς ἄγγος. Πολλὴ ἡ φιλοφροσύνη τῆς γυναικός. Ὅτι γὰρ ἀπεκρίνατο, ὅτι λόγου μετέδωκεν, ὅτι μὴ κατασχοῦσα αὐτὸν τὴν πόλιν ἅπασαν ἐκάλεσε πρὸς τὴν τιμωρίαν τῆς θείας ἐκείνης κεφαλῆς, οὐκ ἄξιον ἐκπλήττεσθαι καὶ θαυμάζειν; Καὶ γὰρ ὅτι εἰκὸς ἦν τοῦ λιμοῦ τὴν ἀνάγκην πρὸς ταύτην ἐξαγαγεῖν τὴν ὀργὴν τὸ γύναιον, ἐξ Ἰουδαϊκοῦ παραδείγματος μάνθανε. Ὁ Ἐλισσαῖος, ὁ μαθητὴς τοῦ Ἠλίου, ὁ διπλοῦς Ἠλίας (ἐν γὰρ τῷ μαθητῇ διπλοῦν τὸν διδάσκαλον ἦν ἰδεῖν), προεφήτευσε μετὰ ταῦτα λιμόν· οὐχὶ αὐτὸς ἐπήγαγε, καθάπερ Ἠλίας, ἀλλὰ μέλλοντα ἥξειν προεῖπε. Τί οὖν ὁ βασιλεὺς, ὁ κατ' ἐκείνους τοὺς χρόνους βασιλεύων; Περιεβάλλετο σάκ- B κον, φησί· καὶ γὰρ ἐταπείνωσεν αὐτὸν ἡ συμφορά· ἀλλ' ὅμως οὕτω ταπεινωθεὶς, ἀκούσας γυναικὸς ὀδυρομένης τινὸς ἐπὶ συμβᾶσι διὰ τὸν λιμὸν, εἰς τοσαύτην ἐξηνέχθη τότε ὀργὴν, ὡς ἀναβοῆσαι εὐθέως καὶ εἰπεῖν, Τάδε ποιήσαι μοι ὁ Θεὸς, καὶ τάδε προσθείη, εἰ στήσεται ἡ κεφαλὴ Ἐλισσαίου υἱοῦ Σαφὰτ ἐπ' αὐτὸν σήμερον. Εἶδες τοῦ βασιλέως τὴν ὀργήν; Μάθε

factum illud profuit, sed ad aliud quidpiam nihilo minus isto. Quodnam illud tandem? Ut cum te quispiam ad prophetæ zelum fuerit adhortatus, non animum despondeas, nec desperes, quod hominem esse alterius naturæ arbitreris, ideoque tantam apud Deum fiduciam habuisse. Quod quidem innuit quispiam cum D dixit: *Helias homo erat similis nobis passibilis*: (Jac. 5. 17.) quasi diceret: Ne impossibile arbitreris esse, ad idem cum illo philosophiæ fastigium pervenire: nam et ejusdem ille particeps fuit naturæ. Veruntamen admirabile ac divinum illud ejus propositum multo cæteris eum sublimiorem ostendit.

7. Sed jam tempus est, ut ad viduam redeamus. *Venit*, inquit, *in Sarephtha Sidonis*, et *invenit mulierem viduam colligentem ligna*. (3. Reg. 17. 10.) Digna domestica paupertate hactenus sunt vestibula. Quid igitur? num retro conversus est, cum talia vidisset hospitalitatis exordia? Nequaquam; quippe qui sententiam divinam audierat: sed clamavit post eam, et dixit: *Sume vero mihi* (Ib. v. 11.) E *aquam*, et *ivit, ut sumeret*. Vere generosa et sapiens mulier, ac nisi paulo videatur audacius hoc dictum, ipsa etiam prophetæ magnanimitate digna: imo nullo pacto debet audax illud dictum videri: nisi enim digna fuisset, nequaquam habita digna fuisset, quæ sanctum illum exciperet. Quemadmodum et ad discipulos dixit Christus, *In quamcumque civitatem aut castellum intraveritis, interrogate, quis in ea* (Matth. 10. 11.) 334 *dignus sit*, et *ibi manete*: ita Deus hic quoque A quoniam præ omnibus dignam noverat hanc mulierem, quæ prophetam susciperet, propterea cæteris omnibus omissis illuc eum misit. At enim ex rebus ipsis nobilitatem ejus videamus. *Sume mihi*, inquit, *aquam in vase*. Magna sane mulieris humanitas. Quod enim responderit, quod in colloquium ejus venerit, quod illum corripiens totam civitatem ad puniendum sacrum illud caput non vocaverit, nonne stupore et admiratione dignum videtur? Siquidem merito famis adactam necessitate mulierculam eo usque fuisse iracundia commotam, ex hoc Ju- B daico exemplo cognosce. (Eliseus, duplex Helias.) Discipulus Heliæ Eliseus, duplex Helias (duplicem enim magistrum in discipulo licebat intueri), famem postea prophetavit; non ipse immisit sicut Helias, sed venturam prædixit. Quid ergo rex, qui temporibus illis regnabat? Indutus est sacco, inquit: siquidem humiliavit eum calamitas: sic tamen humiliatus cum lamentantem mulierem audiisset propter ea

quæ famis causa acciderant, tanta tum exarsit iracundia, ut confestim exclamarit ac dixerit: [4. Reg. 6. 31.] *Hæc faciat mihi Deus et hæc adjiciat, si stabit caput Elisæi filii Saphat super ipsum hodie.* Vidistin' regis iracundiam? Vide mulieris sapientiam: hæc enim invento eo qui non famem prædixerat, sed invexerat, cum prope civitatem esset, non indignata est, non excanduit, non cæteros ad supplicium sumendum vocavit, sed modestissime paruit.

8. Scitis autem quo pacto, si quando negotio quopiam simus occupati, ne familiares quidem sæpenumero lubenter aspiciamus, sed et adversus eos indignemur: cum vero tanta etiam afflictio ingruerit, vel ipsum etiam lumen molestiam nobis videtur exhibere: id quod rursus ex Judaico patet exemplo. Sane quidem cum venisset Moyses, et innumera Judæis annuntiasset bona, liberationem a tyrannide, libertatem, et in antiquam patriam reditum: [Exod. 6. 9.] *Videntes eum*, inquit, *non audierunt eum præ pusillanimitate*, et *operibus duris*. Illi tam faustum nuntium ferentem cum vidissent, aversati sunt: hæc venientem prophetam cum vidisset, non ut famem depelleret, sed ut illam gravaret, nihil ei tale accidit. Et illi quidem adeo difficiles ac morosi erant propter operum laborem: hæc autem non labore, sed fame vehementer afflicta (magnum quippe est inter laborem famemque discrimen), non modo virum non aversata est, sed etiam totam suam paupertatem exhausit, ut eum susciperet, qui famem illis induxerat. [3. Reg. 17. 11.] *Et ivit ut sumeret aquam*, inquit, et *clamavit propheta*, *et dixit, Sume mihi jam etiam panem*, et *comedam*. Quid igitur mulier? Ne hoc quidem [Ib. v. 12.] ægre fert, sed quid ait? *Vivit Dominus Deus tuus, si est mihi panis subcineritius, nisi quantum pugillus farinæ.* Quam ob causam jurat? Panem petiit propheta; cæterum illa panem non habebat. Timuit ergo, ne forte dum illa coqueret, torreret, præpararet, deinde tardaret, moræ impatiens propheta, discederet, et præda hospitalitatis aufugeret. Propterea juramento illum præoccupavit dicens, non sibi farinam deesse, verum subcineritium panem sibi non esse, farinam esse. Neque juramento solum fidem facit, sed et ipsa rerum quæ fiunt demonstratione. *Ecce enim*, inquit, *colligo duo ligna*, et *ingrediar*, et *faciam illa filiis meis*, et *comedemus*, et *moriemur*. Audiant qui magni- [Nullam relinquit ex-] ficas ædes construunt, et sumtuosa prædia mer-

τῆς γυναικὸς τὴν φιλοσοφίαν· αὕτη γὰρ οὐχὶ τὸν προειπόντα λιμὸν, ἀλλὰ τὸν ἐπαγαγόντα εὑροῦσα, καὶ τῆς πόλεως οὖσα ἐγγὺς, οὐκ ἠγανάκτησεν, οὐκ ἠγρίανεν, οὐχ ἑτέρους πρὸς τιμωρίαν ἐκάλεσεν, ἀλλὰ καὶ μετὰ πολλῆς ὑπήκουσε τῆς ἐπιεικείας.

C Ἴστε δὲ ὅτι ἐπειδὰν περὶ τινὰ χρείαν ὦμεν ἠσχολημένοι, οὐδὲ τοὺς ἐπιτηδείους πολλάκις ὁρῶμεν ἡδέως, ἀλλὰ καὶ πρὸς αὐτοὺς δυσχεραίνομεν· ὅταν δὲ θλῖψις τοσαύτη παρῇ, καὶ αὐτὸ τὸ φῶς ἐνοχλεῖν ἡμῖν δοκεῖ· καὶ τοῦτο πάλιν ἐξ Ἰουδαϊκοῦ μαθεῖν ἐστι παραδείγματος. Ὅτε γοῦν ἦλθεν ὁ Μωϋσῆς τὰ μυρία τοῖς Ἰουδαίοις ἀπαγγέλλων ἀγαθὰ, τυραννίδος ἀπαλλαγὴν, ἐλευθερίαν, καὶ πρὸς τὴν παλαιὰν πατρίδα ἐπάνοδον· Ἰδόντες αὐτὸν, φησὶν, οὐκ ἤκουσαν αὐτοῦ ἀπὸ τῆς ὀλιγοψυχίας, καὶ τῶν ἔργων τῶν σκληρῶν. D Ἐκεῖνοι τὸν κομίζοντα εὐαγγέλια τοσαῦτα ἰδόντες ἐπεστράφησαν· αὕτη δὲ ἰδοῦσα τὸν προφήτην ἐλθόντα, οὐχὶ ὥστε λῦσαι τὸν λιμὸν, ἀλλ' ὥστε καὶ αὐτῇ γενέσθαι βαρὺν, οὐδὲν τοιοῦτον ἔπαθε. Κἀκεῖνοι μὲν οὕτως ἦσαν δυσχερεῖς διὰ τὸν τῶν ἔργων πόνον· αὕτη δὲ οὐχὶ πόνου, ἀλλὰ λιμοῦ σφοδρῶς ἐπικειμένου (πολὺ δὲ πόνου καὶ λιμοῦ τὸ μέσον), οὐ μόνον οὐκ ἀπεστράφη τὸν ἄνδρα, ἀλλὰ καὶ πᾶσαν αὐτῆς τὴν πενίαν ἐκένωσεν, ὥστε ὑποδέξασθαι τὸν ἐπαγαγόντα αὐτοῖς τὸν λιμόν. Καὶ ἐπορεύθη, φησὶ, λαβεῖν ὕδωρ, E καὶ ἐβόησεν ὁ προφήτης καὶ εἶπε, λάβε δή μοι καὶ ἄρτον, καὶ φάγομαι. Τί οὖν ἡ γυνή; Οὐδὲ ἐνταῦθα δυσχεραίνει, ἀλλὰ τί φησι; Ζῇ Κύριος ὁ Θεός σου, εἰ ἔστι μοι ἐγκρυφίας, ἀλλ' ἢ ὅσον δρὰξ ἀλεύρου. Τίνος ἕνεκεν ὄμνυσιν; Ἄρτον ᾔτησεν ὁ προφήτης, αὐτὴ δὲ ἄρτον οὐκ εἶχεν. Ἔδεισεν οὖν μή ποτε πεπτούσης αὐτῆς, ὀπτώσης, καὶ παρασκευαζούσης, εἶτα βραδυνούσης, οὐκ ἀναμείνας τὴν ἀναβολὴν ὁ προφήτης ἀποπηδήσῃ, καὶ φύγῃ τῆς φιλοξενίας τὸ θήραμα. Διὰ τοῦτο αὐτὸν ὅρκῳ προκατέλαβε λέγουσα, οὐχ ὅτι οὐκ 335 ἔστι μοι ἄλευρον, ἀλλ' ὅτι ἐγκρυφίας μὲν οὐκ ἔστιν, A ἄλευρον δέ ἐστι. Καὶ οὐ διὰ τοῦ ὅρκου μόνον αὐτὸν πιστοῦται, ἀλλὰ καὶ δι' αὐτῆς τῶν πραγμάτων τῆς ἀποδείξεως. Ἰδοὺ γὰρ, φησὶ, δύο συλλέγω ξυλάρια, καὶ εἰσελεύσομαι, καὶ ποιήσω αὐτὰ τοῖς τέκνοις μου, καὶ φαγόμεθα, καὶ ἀποθανούμεθα. Ἀκουέτωσαν οἱ τὰς λαμπρὰς οἰκίας οἰκοδομούμενοι, καὶ τοὺς πολυτελεῖς ἀγροὺς ὠνούμενοι, καὶ οἰκετῶν ἀγέλας ἐπὶ τῆς ἀγορᾶς περιφέροντες· μᾶλλον δὲ καὶ εὔποροι καὶ πένητες ἀκουέτωσαν πάντες· οὐδενὶ γὰρ μετὰ τὴν χήραν ταύτην ἀπολογία ἔσται λοιπόν. Τοσαῦτα ἦν αὐτῇ τὰ κωλύματα, ἀλλ' ὅμως πάντα ἐκεῖνα διέκοψε καὶ ὑπερέβη. Ἄκουε δέ. Ἀλλόφυλος ἦν· ἓν τοῦτο τὸ κώλυμα. Σιδωνία· δεύτερον κώλυμα. Οὐδὲ γὰρ ἴσον ἀλλόφυλον εἶναι ἁπλῶς, καὶ Σιδώνιον τῆς πονηροτάτης πόλεως· ὡς γὰρ ἔσχατον κακίας ὑπόδειγμα, τὴν πόλιν ἐκείνην ἐν τοῖς εὐαγγελίοις παρήγαγεν ὁ Χριστός. Ἦν τοίνυν καὶ ἀλλόφυλος, καὶ Σιδωνία, καὶ γυνὴ, τὸ ἀσθενὲς γένος καὶ πάντοθεν δεόμενον τῆς ἀντιλήψεως. Προσῆν καὶ χηρεία, τέταρτον κώλυμα· πέμπτον, ἐκείνων ἁπάντων μεῖζον, παιδοτροφίας ἐπιμέλεια. Ἀκουέτωσαν αἱ χῆραι καὶ παῖδας τρέφουσαι, ὡς οὐκ ἦν ἱκανὴ ἡ σκῆψις αὕτη πρὸς τὸ μὴ ποιεῖν ἐλεημοσύνην, μηδὲ ὑποδέχεσθαι ξένους· καὶ δρὰξ ἀλεύρου ὑπελέλειπτο μόνον, καὶ μετ' ἐκείνην θάνατος προσεδοκᾶτο. Σὺ μὲν γὰρ κἂν ἅπαντα κενώσῃς τὰ χρήματα, κἂν γυμνώσῃς τῆς περιουσίας σαυτὸν, δύνασαι πρὸς τὰς ἑτέρων θύρας ἀπελθεῖν καὶ τυχεῖν παραμυθίας· τότε δὲ οὐδὲ ἐπαιτεῖν δυνατὸν ἦν, οὕτως ἅπαντας τοὺς λιμένας ἔχωσεν ὁ λιμός. Ἀλλ' οὐδὲν τούτων ἐκώλυσεν. Εἴπω καὶ ἕβδομον κώλυμα, αὐτὸν τὸν μέλλοντα ἐπιξενίζεσθαι τῇ γυναικί. Οὐδὲ γὰρ οἰκεῖος, οὐδὲ γνώριμος ἦν, ἀλλὰ ξένος καὶ ἀλλότριος, καὶ κατ' αὐτὸν τῆς εὐσεβείας λόγον κεχωρισμένος αὐτῆς. Οὐ μόνον δὲ ξένος καὶ ἀλλότριος, ἀλλὰ καὶ αὐτὸς ἦν ὁ τὸν λιμὸν ἐπαγαγών.

Ἀλλ' οὐδὲν τούτων ἀπέτρεψε τὴν γυναῖκα, ἀλλ' ἐδίδου τροφὴν στόματι τῷ πᾶσαν αὐτῆς δαπανήσαντι τὴν τροφὴν, καὶ τὸν αἴτιον τοῦ λιμοῦ τοῖς λειψάνοις ἔτρεφε τοῦ λιμοῦ. Διὰ σὲ, φησὶν, ἡ ἅπασά μοι περιουσία εἰς τὴν δράκα περιέστη ταύτην· ἀλλ' οὐδὲ τῆς δρακὸς ταύτης φείδομαι διὰ σὲ, ἀλλὰ καὶ ἐμαυτὴν καὶ τὰ παιδία ἐπιδώσω θανάτῳ, ἵνα σὺ, φησὶν, ὁ τῆς στενοχωρίας αἴτιος, μηδὲ μικρὰν τῆς στενοχωρίας αἴσθησιν λάβῃς. Ποίαν τις ὑπερβολὴν ἐπινοήσειε φιλοξενίας ἑτέραν; Οὐκ ἔστιν οὐδεμίαν εὑρεῖν. Εἶδε ξένον, καὶ τῆς φύσεως εὐθέως ἐπελάθετο, καὶ τὰς ὠδῖνας ἠγνόησε, καὶ πρὸς τὸν τῶν παίδων βλέπουσα χορὸν, οὐ κατεκλάσθη. Καὶ οἶδα μὲν ἀκούσας πολλάκις λεγόντων πολλῶν, ὅτι ὁ δεῖνα πτωχὸν ἰδὼν, τὸν χιτωνίσκον, ὃν περιεβέβλητο μόνον, τοῦτον ἀποδυσάμενος, τὸν γυμνὸν περιέβαλεν, αὐτὸς δὲ παρ' ἑτέρου δανεισάμενος ἱμάτιον, οὕτως ἀπῆλθε· καὶ μέγα ἔδοξε τοῦτο εἶναι καὶ θαυμαστόν. Καὶ γὰρ ὄντως ἐστὶ μέγα· τὸ δὲ τῆς χήρας ταύτης πολὺ τούτου μεῖζον. Ἐκεῖνος

cantur, ac famulorum greges per forum traducunt: vel potius et locupletes et pauperes audiant omnes: nulli enim post viduam istam excusatio relinquetur. Tam multis illa impedimentis intricata erat, sed illa tamen interrupit et transcendit. Audi vero. Alienigena erat: unum est hoc impedimentum. Sidonia; secundum impedimentum. Non enim par est conditio, si alienigena sis quovis pacto, et si ex Sidone oriundus improbissima civitate: tamquam enim summæ improbitatis exemplum in evangeliis illam urbem in medium Christus adduxit. Erat igitur et alienigena, et Sidonia, et mulier, sexus infirmus, et omni ex parte subsidio indigens. Accedebat viduitas, quartum impedimentum: quintum illis omnibus majus, alendorum cura liberorum. Audiant viduæ, ac liberorum nutrices, non fuisse idoneam et legitimam illam excusationem, quo minus impertiret eleemosynam, vel hospites exciperet: et pugillus farinæ reliquus erat tantum, ac post illum mors exspectabatur. Nam tu quidem licet omnes pecunias profuderis, licet facultatibus teipsum spoliaveris, potes ad aliorum fores pergere, atque inde solatium obtinere: tum vero neque mendicare licebat, ita portus omnes fames obstruxerat. Nihil tamen horum prohibuit. Dicam et septimum impedimentum, ipsum nimirum, quem mulier hospitio fuit exceptura. Nam neque familiaris, neque notus erat, sed peregrinus et alienus, et ipso religionis ab illa septo separatus. Neque vero tantum peregrinus et exterus, sed ille ipse erat, qui famem induxerat.

[Margin: ...cusationem divitibus Vidua.]

[Margin: Matth. 11. 21. 22.]

9. Nihil tamen horum feminam avertit, sed ori cibum porrigebat, quod omnes illi cibos absumserat, et famis auctorem famis reliquiis nutriebat. Propter te, inquit, facultates omnes meæ ad hunc pugillum redactæ sunt: sed nec isti pugillo tua causa parcam, verum et me et liberos meos objiciam morti, ut tu, inquit, hujus auctor necessitatis ne minimum quidem necessitatis sensum capias. Cui potuit umquam majus hospitalitatis studium in mentem venire? Nullum plane licebit reperire. Vidit peregrinum, et naturæ confestim oblita est, dolores partus ignoravit, et oculis ad filiorum turbam conversis animo fracta non est. Ac me quidem scio frequenter audisse multos qui dicerent: Ille cum pauperem conspexisset, tunicam, qua sola erat indutus, exuens nudum vestivit; ipse vero, cum mutuam ab altero vestem sumsisset, deinde discessit: et hoc magnum quid et mirabile visum est. Siqui-

dem vere magnum est : istud vero viduæ factum hujus multo illo majus. Nam ille quidem cum se nudasset, ac nudum operuisset, potuit ab altero vestem accipere : hæc vero cum farinæ pugillum prodegisset, alterum pugillum accipere minime potuit; neque nuditatis tantum illi periculum subeundum erat, sed postea mors ipsius ac liberorum erat exspectanda. Cum igitur neque paupertate, neque alendorum cura filiorum, neque gravi fame, neque tanta egestate, neque mortis exspectatione fuerit impedita, quæ nobis reliqua erit excusatio locupletibus, quæ pauperibus? *Vivit Dominus Deus tuus, si est mihi panis subcineritius, nisi quantum pugillus farinæ in hydria*, et *parum olei in lecytho* : et ecce *colligo duo ligna, et ingrediar*, et *faciam illa filiis meis*, et *comedemus, et moriemur*. Hanc unusquisque miserandam, vel potius unusquisque beatam illam vocem ac cælo dignam domus suæ parietibus inscribat, in cubiculo, in quo dormimus, in conclavi, in quo prandemus. Hanc in ædibus, hanc in foro, hanc in amicorum cœtibus, hanc dum ad judicum tribunal pergit, hanc dum ingreditur, hanc dum egreditur vocem quisque meditetur : et constanter affirmo, quantumvis saxeus fuerit quis, si ferreus, et adamas, minime umquam adductum iri ut accedentem pauperem vacuis manibus a se dimittat, si vocem hanc inscripserit, si viduam ante oculos positam habuerit. Sed dicet fortasse quispiam : Adducito mihi prophetam, et eadem cum benevolentia illum suscipiam. Hoc mihi promitte, tum ego tibi prophetam adducam. Quid dico prophetam? Ipsum tibi prophetæ Dominum adducam, communem Deum ac Dominum nostrum Christum. Ipse enim dicit, *Esurientem me vidistis*, et *aluistis*. Quod si qui forte voci fidem derogant, et humanitatem non curant, cum supplicio pœnisque castigati hoc discent. Tamquam enim Christum ipsum non curassent, sic ad intolerandum supplicium abducentur. Sic igitur et qui pauperes aluerint, quasi Christum ipsum curarint, in regnum cælorum introducuntur.

Non prophetæ solum excipiendi sunt.

Matth. 25. 35.

10. Fortasse plura dicta sunt, quam oportuit. Utinam autem dies omnes in sermones de eleemosyna liceret impendere. Quod si vobis hæc sufficere videntur, age summatim omnia illa repetamus. Dixi qua de causa propheta ad viduam mitteretur, ne paupertatem despicias, ne divitias tanti facias, ne locupletem beatum arbitreris, ne

μὲν γὰρ ἑαυτὸν γυμνώσας, καὶ τὸν γυμνὸν περιβαλὼν, ἔσχε παρ' ἑτέρου λαβεῖν ἱμάτιον· αὕτη δὲ τὴν [336 A] δράκα τοῦ ἀλεύρου προϊεμένη, οὐκ ἴσχυσε δράκα ἑτέραν λαβεῖν· οὐδὲ μέχρι γυμνότητος ἦν ὁ κίνδυνος αὐτῇ, ἀλλὰ μετ' ἐκεῖνο θάνατος προσεδοκᾶτο καὶ αὐτῆς καὶ τῶν παίδων. Ὅταν οὖν μήτε πενίας, μήτε παιδοτροφίας ἐπιμέλεια κωλύσῃ, μήτε λιμὸς χαλεπὸς, μήτε πτωχεία τοσαύτη, μήτε θάνατος προσδοκώμενος, ποίαν ἕξομεν ἀπολογίαν οἱ εὔποροι; ποίαν οἱ πένητες; Ζῇ Κύριος ὁ Θεός σου, εἰ ἔστι μοι ἐγκρυφίας, ἀλλ' ἢ ὅσον δρὰξ ἀλεύρου ἐν τῇ ὑδρίᾳ, καὶ ὀλίγον ἔλαιον ἐν τῷ καμψάκῃ· καὶ ἰδοὺ συλλέγω δύο ξυλάρια, καὶ εἰσελεύσομαι, καὶ [B] ποιήσω αὐτὰ τοῖς τέκνοις μου, καὶ φαγόμεθα, καὶ ἀποθανούμεθα. Ταύτην ἕκαστος τὴν ἐλεεινὴν, μᾶλλον δὲ ἕκαστος ταύτην τὴν μακαρίαν φωνὴν καὶ τῶν οὐρανῶν ἀξίαν ἐν τοῖς τοίχοις τῆς οἰκίας ἐγγραφέτω τῆς ἑαυτοῦ, ἐν τῷ θαλάμῳ, ἐν ᾧ ἂν καθεύδωμεν, ἐν τῷ οἴκῳ, ἐν ᾧ ἀριστοποιούμεθα. Ταύτην ἐπὶ τῆς οἰκίας, ταύτην ἐπὶ τῆς ἀγορᾶς, ταύτην ἐν τοῖς συλλόγοις τῶν φίλων, ταύτην εἰς δικαστήριον ἀπιὼν, ταύτην εἰσιὼν, ταύτην ἐξιὼν ἕκαστος μελετάτω τὴν φωνήν· καὶ σφόδρα ἂν ἰσχυρισαίμην, ὅτι οὐδ' ἂν εἰ λίθινός τις εἴη, καὶ σιδηροῦς, καὶ ἀδάμας, ἀνέξεται προσελθόντα [C] πένητα κεναῖς ἀποπέμψαι χερσὶν, ἂν τὴν φωνὴν ἐγγράψῃ ταύτην, ἂν τὴν χήραν πρὸ τῶν ὀφθαλμῶν ἔχῃ. Ἀλλ' ἴσως ἐκεῖνο ἐρεῖ τις· ἄγε κἀμοὶ προφήτην, καὶ μετὰ τῆς αὐτῆς εὐνοίας ὑποδέξομαι. Ὑπόσχου τοῦτο, καὶ ἄγω σοι τὸν προφήτην. Καὶ τί λέγω τὸν προφήτην; Αὐτὸν ἄγω σοι τὸν τοῦ προφήτου Δεσπότην, τὸν κοινὸν ἡμῶν Θεὸν καὶ Κύριον τὸν Χριστόν. Αὐτὸς γάρ φησιν, ὅτι Πεινῶντά με εἴδετε, καὶ ἐθρέψατε. Εἰ δὲ ἀπιστοῦσί τινες τῇ φωνῇ, καὶ τῆς φιλοφροσύνης ἀμελοῦσι, μαθήσονται τότε διὰ τῆς κολάσεως καὶ τῆς τιμωρίας τοῦτο. Ὥσπερ γὰρ αὐτοῦ τοῦ Χριστοῦ παραμελήσαντες, οὕτω πρὸς ἀφόρητον ἀπελεύσονται κόλασιν. Οὕτως οὖν οἱ τοὺς πτωχοὺς τρέφοντες καθάπερ [D] αὐτὸν τὸν Χριστὸν θεραπεύσαντες, εἰς τὴν τῶν οὐρανῶν εἰσάγονται βασιλείαν.

Τάχα πλείω τοῦ δέοντος τὰ εἰρημένα. Εἴθε μὲν οὖν πάσας τὰς ἡμέρας ἐνδιατρίβειν ἦν τοῖς περὶ τῆς ἐλεημοσύνης λόγοις. Εἰ δὲ ἀρκούντως ὑμῖν ἔχειν ταῦτα δοκεῖ, φέρε αὐτὰ ἀνακεφαλαιωσώμεθα πάντα. Εἶπον τίνος ἕνεκεν ὁ προφήτης πρὸς τὴν χήραν ἀπεστάλη, ἵνα μὴ * μακαρίζῃς πενίαν, ἵνα μὴ θαυμάζῃς πλοῦτον, ἵνα μὴ τὸν εὔπορον ζηλωτὸν εἶναι νομίζῃς,

* F. ταλανίζῃς.

ἵνα μὴ τὸν ἐν πτωχείᾳ ζῶντα ἄθλιον καὶ ἐλεεινὸν, ἵνα μάθῃς τὴν Ἰουδαϊκὴν πονηρίαν. Ἔθος γὰρ τῷ Θεῷ μέλλοντι κολάζειν, καὶ ἡμῖν ἀπολογεῖσθαι διὰ τῶν πραγμάτων αὐτῶν· ἵνα μὴ μετὰ ταῦτα ἰδὼν τὸν κοι- E νὸν ἁπάντων Σωτῆρα παρὰ μὲν ἐκείνων ἐλαυνόμενον, παρὰ δὲ τῶν ἐθνῶν ὑποδεχόμενον, θαυμάζῃς καὶ διαπορῇς, ἄνωθεν αὐτῶν τὴν ἀγνωμοσύνην καταμαθὼν, καὶ ὡς ἔθος αὐτοῖς τοὺς εὐεργέτας ἐλαύνειν· ἵνα μὴ νομίσῃς ὠμότητος εἶναι τοῦ προφήτου τὴν εὐχὴν, καὶ τὴν τῆς τιμωρίας παράτασιν, ἀλλὰ ζήλου θείου καὶ κηδεμονίας· ἵνα μάθῃς ὅτι ἐν τοῖς μεγίστοις κατορθώμασι καὶ σωφρονισμοῦ ἡμῶν ἡ φύσις δεῖται· ἵνα μὴ παρακαλούμενος εἰς τὸν αὐτὸν τοῦ προφήτου ζῆ- 337 A λον, ἀδύνατον εἶναι νομίσῃς τὴν μίμησιν. Εἶπον περὶ τῆς χήρας, πῶς ἐν τοσαύτῃ στενοχωρίᾳ οὖσα, τοῦ λιμοῦ καταναγκάζοντος, οὐδὲ ῥῆμα πικρὸν πρὸς τὸν προφήτην ἐξέβαλε, καίτοι γε εἰκὸς ἦν· καὶ ἔδειξα καὶ τοῦτο ἐκ τῶν Ἰουδαϊκῶν φρονημάτων· ἀλλ' οὐδὲν τοιοῦτον ἔπαθεν ἐκείνη, ἀλλὰ μετὰ πάσης αὐτὸν ἐδέξατο φιλοφροσύνης, καὶ τὴν πενίαν ἅπασαν εἰς τὴν ἐκείνου τιμὴν ἐκένωσε, καὶ Σιδωνία οὖσα καὶ ἀλλόφυλος, καὶ οὔτε τῶν προφητῶν φιλοσοφούντων περὶ ἐλεημοσύνης ἤκουσεν, οὔτε τοῦ Χριστοῦ λέγοντος, Πεινῶντά με εἴδετε, καὶ ἐθρέψατε. Τίς οὖν ἡμῖν ἔσται συγγνώμη, εἰ μετὰ τοιαύτας παραινέσεις, εἰ B μετὰ τοιούτων ἐπάθλων ὑπόσχεσιν, εἰ μετὰ τὴν βασιλείαν τῶν οὐρανῶν, μὴ φθάσαιμεν πρὸς τὸ αὐτὸ τῇ χήρᾳ τῆς φιλοφροσύνης μέτρον; Ἐκείνη μὲν γὰρ καὶ Σιδωνία ἦν, καὶ ἀλλόφυλος, καὶ γυνὴ χήρα, καὶ παίδων ἐπεμελεῖτο πολλῶν, καὶ λιμὸν ἐπικίνδυνον ἑώρα καὶ θάνατον προσδοκώμενον, καὶ ἄνθρωπον ἀγνῶτα ὑποδέχεσθαι ἔμελλε καὶ τὸν ἐπαγαγόντα τὸν λιμὸν, καὶ οὐδὲ οὕτως ἐφείσατο τῆς δρακός· ἡμεῖς δὲ καὶ προφητείας μετεσχηκότες, καὶ θεϊκῶν ἀπολαύοντες διδαγμάτων, καὶ πολλὰ περὶ τῶν μελλόντων C φιλοσοφεῖν ἔχοντες, καὶ οὐδὲ λιμὸν ὁρῶντες ἐπικείμενον, καὶ πολὺ πλείονα κεκτημένοι τῆς γυναικὸς, ποίαν δυνησόμεθα ἀπολογίαν προβαλέσθαι φειδόμενοι τῶν ὄντων, καὶ τῆς ἑαυτῶν σωτηρίας ἀφειδοῦντες; Ὅπως ἂν οὖν τὰ χαλεπὰ ἐκεῖνα κολαστήρια ἐκφύγωμεν, πᾶσαν εὐσπλαγχνίαν εἰς τοὺς πένητας ἐπιδειξώμεθα, ἵνα καὶ ἡμεῖς τῶν μελλόντων ἀγαθῶν καταξιωθῶμεν, χάριτι καὶ φιλανθρωπίᾳ τοῦ Κυρίου ἡμῶν Ἰησοῦ Χριστοῦ, μεθ' οὗ δόξα τῷ Πατρὶ, σὺν τῷ ἁγίῳ Πνεύματι, εἰς τοὺς αἰῶνας τῶν αἰώνων. Ἀμήν.

infelicem ac miseratione dignum eum qui egestate premitur, ut Judaicam nequitiam cognoscas. Hic enim Dei mos est, cum supplicium est illaturus, ut rebus ipsis se purget: ne cum postea communem omnium Salvatorem rejectum ab illis videris, et a gentibus susceptum, mireris et dubites, cum multo ante ipsorum improbitatem cognoveris, eosque bene de se meritos vexare consuevisse: ne crudelitatis esse arbitreris orationem prophetæ, atque productionem pœnæ, sed zeli divini ac sollicitudinis: ut discas in maximis recte factis etiam castigatione naturam nostram indigere: ne cum ad eumdem cum propheta zelum te adhortamur, fieri non posse putes, ut illum imiteris. Dixi de vidua, quo pacto in tantas angustias redacta, fame cogente, ne verbum quidem asperum adversus prophetam emisit, tametsi rerum statui consentaneum erat, atque hoc ex superbia Judæorum ostendi: nihil tamen horum illi accidit, sed cum multa illum comitate atque humanitate suscepit, totamque suam egestatem in ejus honorem impendit, cum Sidonia esset et alienigena, neque prophetas de eleemosyna philosophantes audiisset, neque Christum dicentem, *Esurientem me vidistis, et aluistis.* Quanam igitur venia digni censebimur, si tot auditis cohortationibus, si post tantorum promissa præmiorum, si proposito regno cælorum, non ad eumdem cum vidua comitatis et humanitatis gradum perveniamus? Nam illa quidem Sidonia fuit et alienigena, et mulier vidua, et multorum illi erat cura liberorum, periculosam famem videbat et mortem imminentem, et hominem ignotum erat exceptura quique famem invexerat, et ne sic quidem pugillo pepercit: at nos qui et prophetiæ participes fuimus, et divinis exculti dogmatibus, qui de rebus futuris possumus philosophari, neque famem videmus instantem, et qui multo plura, quam mulier, possidemus, quamnam poterimus excusationem obtendere, qui facultatibus parcimus, et nostræ salutis prodigi sumus? Ut igitur gravia illa tormenta vitemus, omnem misericordiam in egenos exhibeamus, ut et nos assequi bona futura mereamur, gratia et benignitate Domini nostri Jesu Christi, cum quo gloria Patri, una cum Spiritu sancto in sæcula sæculorum. Amen.

MONITUM

AD HOMILIAM DE FUTURORUM DELICIIS, ETC.

Hanc pulcherrimam concionem habuit Chrysostomus Antiochiæ, ut arguitur ex iis quæ sub initium dicuntur, nempe ad hunc martyrum locum populum ventitasse. Extra urbem nempe erat ecclesia, propter martyrum reliquias frequentata, quo pergebant populi pietatis gratia, et ubi conciones frequenter habebantur, ut jam non semel vidimus. Æstate vero dictam homiliam declarat initio. Quo autem anno ne conjectura quidem assequi possumus.

Interpretatio Latina est Frontonis Ducæi.

DE FUTURORUM DELICIIS,

et *præsentium vilitate.*

1. Vehemens æstus est, et molestus ardor; attamen alacritatem vestram non debilitavit, nec audiendi cupiditatem repressit. Talis est auditor fervens et attentus; audiendi desiderio corroboratus omnia patienter ferre potest, ut cupiditatem hanc præclaram et spiritualem expleat, et nec a frigore, nec ab æstu, non a negotiorum turba, non a multitudine curarum, non ab aliis rebus ullis ejusmodi potest supplantari: quemadmodum et supinum ac desidem non aeris bona temperies, non otium et securitas, non facilitas aut voluptas potest excitare, sed correptus somno quodam residet crimine ac vituperatione dignissimo. Vos autem tales non estis: sed iis qui nostram incolunt urbem multo meliores estis. Siquidem vos urbis caput ac vertex estis, adeo erecti ac vigiles, et qui ea quæ dicuntur, perpetuo persequi studioso soletis. Hoc mihi theatrum regum aulis est augustius. Nam illio quidem ea quæ tribuuntur, una cum hac vita finiuntur, et tumultus plena sunt ac turbis redundant: hic vero nihil tale; sed et securitas omnis, et honor a turbis immunis est, et magistratus qui numquam finiuntur, nec ipsa morte interrumpuntur, sed tum temporis tutiores fiunt. Nolo enim mihi commemores eum qui sedeat in curru, supercilia attollat, multoque sit satellitio cinctus, neque cingulum et vocem præconis: nolo mihi magi-

D ## [a] ΠΕΡΙ ΤΗΣ ΤΩΝ ΜΕΛΛΟΝΤΩΝ

ἀπολαύσεως, καὶ τῆς τῶν παρόντων εὐτελείας.

Σφοδρὸν τὸ καῦμα, καὶ βαρὺς ὁ αὐχμός· ἀλλὰ τὴν προθυμίαν ὑμῶν οὐκ ἐξέλυσεν, οὐδὲ τὸν πόθον τῆς ἀκροάσεως ἐμάρανε. Τοιοῦτον γὰρ ἀκροατὴς θερμὸς καὶ διεγηγερμένος· τῷ τῆς ἀκροάσεως ἔρωτι νευρούμενος, πάντα ῥᾳδίως ἂν ἐνέγκαι, ὥστε τὴν ἐπιθυμίαν ἐμπλῆσαι ταύτην τὴν καλὴν καὶ πνευματικήν·
338 A καὶ οὔτε κρυμὸς, οὔτε αὐχμὸς, οὐ πραγμάτων ὄχλος, οὐ φροντίδων πλῆθος, οὐκ ἄλλο τῶν τοιούτων οὐδὲν ὑποσκελίσαι δύναιτ' ἄν· ὥσπερ οὖν τὸν ὕπτιον καὶ ἀναπεπτωκότα οὐκ ἀέρων εὐκρασίαι, οὐ σχολὴ καὶ ἄδεια, οὐ ῥᾳστώνη καὶ ἄνεσις διεγείρειεν ἂν, ἀλλὰ μένει καθεύδων ὕπνον τινὰ πολλῆς κατηγορίας ἄξιον. Ἀλλ' οὐχ ὑμεῖς τοιοῦτοι, ἀλλὰ * παρὰ τῶν τὴν πόλιν οἰκούντων ἡμῖν ἀμείνους. Καὶ γὰρ τὸ κεφάλαιον τῆς πόλεως ὑμεῖς, οὕτω συντεταμένοι καὶ νήφοντες, καὶ τοῖς λεγομένοις μετὰ ἀκριβείας παρακολουθοῦντες ἀεί. Τοῦτο ἐμοὶ τὸ θέατρον τῶν βασιλικῶν αὐλῶν σεμνότερον. Ἐκεῖ μὲν γὰρ τὰ διδόμενα, οἷα ἂν ᾖ,
B τῷ παρόντι συγκαταλύεται βίῳ, καὶ θορύβου γέμει καὶ ταραχῆς ἐμπέπλησται· ἐνταῦθα δὲ τοιοῦτον οὐδὲν, ἀλλὰ καὶ ἀσφάλεια πᾶσα, καὶ τιμὴ ταραχῆς ἀπηλλαγμένη, καὶ ἀρχαὶ τέλος οὐκ ἔχουσαι, οὐδὲ αὐτῷ τῷ θανάτῳ διακοπτόμεναι, ἀλλὰ τότε ἀσφαλέστεραι γινόμεναι. Μὴ γάρ μοι τὸν ἐπ' ὀχήματος εἴπῃς καθήμενον, καὶ τὰς ὀφρῦς ἀνασπῶντα, καὶ πολλοὺς ἔχοντα δορυφόρους, μήτε τὴν ζώνην καὶ τὴν τοῦ κήρυκος φωνήν· μὴ ἐντεῦθέν μοι τὸν ἄρχοντα χαρακτηρίσῃς, ἀλλ' ἀπὸ τῆς καταστάσεως τῆς κατὰ ψυχὴν, εἰ

[a] Collata cum Mss. Reg. 1974, et Colb. 3058.

* [Savil. conj. πολύ.]

τῶν ἑαυτοῦ παθῶν ἄρχει, εἰ τῶν νοσημάτων περιγίνεται· οἷον, εἰ χρημάτων ἐπιθυμίας κρατεῖ, εἰ σωμάτων ἀκόρεστον ἔρωτα ὑπέταξεν, εἰ μὴ τήκεται C φθόνῳ, εἰ μὴ σύρεται τῷ χαλεπῷ τῆς κενοδοξίας πάθει, εἰ μὴ δέδοικε καὶ τρέμει πενίαν, εἰ μὴ τὴν ἐπὶ τὸ σκυθρωπότερον μεταβολὴν, εἰ μὴ ἀποτέθνηκε τῷ δέει τούτῳ. Τοιοῦτόν μοι δεῖξον τὸν ἄρχοντα· τοῦτο γὰρ ἀρχή. Εἰ δὲ κρατεῖ μὲν ἀνθρώπων, δουλεύει δὲ πάθεσι, πάντων ἀνθρώπων δουλικώτερον τὸν τοιοῦτον εἴποιμι ἂν ἔγωγε. Καὶ καθάπερ τὸν ἐν τῷ βάθει τὸν πυρετὸν ἔχοντα κατακλειόμενον, κἂν μηδὲν τοιοῦτον ἡ ἐπιφάνεια τοῦ σώματος ἐνδείκνυται, πάντως μάλιστα φαῖεν ἂν πυρέττειν οἱ τῶν ἰατρῶν παῖδες, κἂν οἱ ἰδιῶται ἀγνοῶσιν· οὕτω δὴ κἀγὼ τὸν ψυχὴν ἔχοντα δούλην, καὶ [a] τῶν παθῶν αἰχμάλωτον, D κἂν μή τι τοιοῦτον ἡ ἔξωθεν ἐπιδείκνυται ὄψις, ἀλλὰ τοὐναντίον, ἁπάντων δουλικώτερον φαίην ἂν τὸν ἐν τῷ βάθει τὸν πυρετὸν τῶν κακῶν ἔχοντα, καὶ τὴν τυραννίδα τῶν παθῶν ἐν αὐτῇ ἱδρυμένην τῇ ψυχῇ· ἄρχοντα δὲ καὶ ἐλεύθερον, καὶ βασιλέων βασιλικώτερον, κἂν ῥάκια περιβεβλημένος ᾖ, κἂν δεσμωτήριον οἰκῇ, κἂν ἅλυσιν περικέηται, τὸν ταύτην ἀποδυσάμενον τὴν τυραννίδα, καὶ οὔτε ταῖς πονηραῖς ἐπιθυμίαις κατεχόμενον, οὔτε ἄλογον δέος πενίας καὶ ἀτιμίας, αὐτῶν τῶν δοκούντων εἶναι λυπηρῶν ἐν τῷ παρόντι βίῳ, δεδοικότα καὶ τρέμοντα.

Αὗται αἱ ἀρχαὶ οὐκ εἰσὶ χρημάτων ὠνηταὶ, οὐδὲ τοὺς φθονοῦντας ἔχουσι· ταύτην οὐκ οἶδε κατηγόρου E γλῶττα, οὔτε βασκάνων ὀφθαλμὸς, οὐδὲ ἐπιβούλων μηχανήματα, ἀλλ' ὥσπερ ἐν ἀσύλῳ χωρίῳ τινὶ τῷ τῆς φιλοσοφίας ἐνδιαιτωμένη, μένει διηνεκῶς ἀχείρωτος, οὐ μόνον ταῖς ἄλλαις τῶν πραγμάτων περιστάσεσιν, ἀλλ' οὐδὲ αὐτῇ εἴκουσα τῇ τελευτῇ. Καὶ δεικνύουσι ταῦτα οἱ μάρτυρες, ὧν τὰ σώματα μὲν διελύθη καὶ κόνις γέγονε καὶ τέφρα, ἡ δὲ ἀρχὴ καθ' 339 A ἑκάστην ζῇ τὴν ἡμέραν καὶ ἐνεργεῖ, δαίμονας ἀπελαύνουσα, καὶ νοσήματα δραπετεύειν παρασκευάζουσα, καὶ πόλεις ὁλοκλήρους ἀναπτεροῦσα, καὶ δήμους ἐνταῦθα ἄγουσα. Τοσαύτη τῆς ἀρχῆς ταύτης ἡ δύναμις, οὐχὶ ζώντων τῶν ἀρχόντων μόνον, ἀλλὰ καὶ τελευτησάντων, ὡς ἀνάγκῃ μὲν μηδένα, γνώμῃ δὲ καὶ πόθῳ πάντας ἐνταῦθα ἐλθεῖν, καὶ μηδενὶ μαραίνεσθαι χρόνῳ. Ὁρᾶτε ὡς οὐ μάτην τουτὶ τὸ θέατρον σεμνότερον ἔφην εἶναι τῶν βασιλικῶν αὐλῶν; Τὰ μὲν γὰρ ἐκεῖ φύλλοις ἔοικε μαραινομένοις, καὶ σκιαῖς παρατρεχούσαις· τὰ δὲ ἐνταῦθα διδόμενα τὸν ἀδά-

[a] Duo Mss. τῶν παθῶν καὶ τῶν νόσων αἰχμ.

stratum inde designes : sed ab animi statu, si affectibus imperet, si vitia subigat; exempli gratia, si divitiarum cupiditatem coerceat, si corporum inexplebilem amorem subjecerit, si non invidia tabescat, si non ioanis gloriæ perturbatione distrahatur, si egestatem non metuat et tremat, si non in deterius mutationem, si loc timore non exanimetur. Talem mihi magistratum estende: hoc enim est gerere magistratum. Quod si hominibus quidem imperet, sed affectibus animi serviat, hunc ego dixerim plus quam omnes lomines esse servituti obnoxium. Et quemadmodum qui febrim labeat visceribus ac venis intus inclusam, tametsi nilil tale species corporis externa præ se ferat, omnino febre maxime correptum asserent medici, licet ignorent imperiti: sic et ego illum cui serva sit anima et animi affectibus mancipata, licet nilil tale facies externa, sed contrarium præ se ferat, servitoti obnoxium præ cæteris dixerim, utpote qui vitiorum febrim grassantem intus habeat, ac tyrannidem passionum ipsi animæ insidentem: magistratum autem gerere, et liberum esse ac regibus ipsis augustiorem, quamvis pannis indutus sit, quamvis in carcere habitet, quamvis catena sit circumdatus, cum qui hujus tyrannidis jugum excusserit, et neque pravis cupiditatibus teneatur, nec absurdo paupertatis et ignominiæ, neque eorum quæ in hac vita molesta videntur, timore correptus contremiscat.

Quæ vera sint insignia magistratus.

2. Ejusmodi magistratus non pecunia venales prostant, neque invidorum patent incursibus: hunc accusatoris lingua non novit, nec oculus invidorum, neque insidiatorum maclinæ, sed tamquam in inviolabili quodam plilosopliæ domicilio residens permanet semper invictus, neque tantum cæteris rerum adversarum casibus, sed nec ipsi morti cedit. Ostendunt loc martyres, quorum corpora quidem dissoluta sunt, et in pulverem cineremque redacta: magistratus autem ac principatus quotidie vivit, et operatur, dum dæmones abigit, et morbos in fugam convertit, dum integras urbes excitat, et populos in hunc locum deducit. Tanta magistratus et imperii istius est virtus, non vivorum tantum principum, sed etiam vita functorum, ut necessitate compulsus nemo, sed sponte ac proprio inducti affectu huc omnes accurrant, nec ulla temporis longinquitate minuatur. Videtis quam non sine causa tleatrum istud regum aulis augustius esse

Martyrum potestas quanta.

dixerim? Nam quæ illio sunt, foliis similia sunt exarescentibus, et umbris prætereuntibus : ea vero quæ hic traduntur, adamantem imitantur, vel potius illo firmiora sunt, utpote quæ immortalia sint, et immota, nec ulli cedant umquam mutationi, et ad suos amatores intrepide accedant, pugnæ ac contentionis expertia, atque ab invidia, judiciis, et insidiis, ac calumniis sint immunia. Siquidem sæcularia multos patiuntur invidos, spiritualia vero, quanto pluribus communicata fuerint, eo majorem suam ubertatem ostendunt. Atque id ex hac ipsa oratione intelligere potestis. Quam enim in omnes orationem effundo, si quidem domi apud me detineam, pauperior fiam : sin autem in omnes effundam, tamquam si in vacuum quoddam arvum semen jactem, facultates meas augeo, divitias meas amplifico, locupletiores reddo vos omnes; nec idcirco tamen pauperior evado, sed opulentior multo : quod in pecuniis non licet, imo plane contrarium evenit. Nam si reconditum aurum habeam, et in omnes illud velim distribuere, non amplius tantas possidere potero divitias, cum hac divisione fuerint imminutæ.

Spirituales divitiæ distributione crescunt.

3. Cum igitur spiritualium rerum tanta sit præstantia, tanta facilitas, utpote quæ cunctis volentibus gratis obveniant, has potissimum adamemus, et umbras omittamus, nec præcipitia et scopulos persequamur. Ut enim hunc amorem Deus augeret, etiam ante obitum hominis, a quo possidentur, ista morti obnoxia esse præcepit. Verbi gratia : non cum interierit is, qui hæc possidet, et ista intereunt, sed et ipso adhuc vivente marcescunt et pereunt, ut eorum caduca conditio summo illorum amore flagrantes, et insana cupiditate ductos, ab illa sæva rabie revocet : eorumque naturam admoneat, et experientia magistra doceat, ea quavis umbra imbecilliora esse, atque hac ratione cupiditatem illam exstinguat. Exempli causa : divitiæ non solum cum interit dives, pereunt, sed illo potius vivente discedunt. Juventus possessorem suum non morientem solum, sed spirantem adhuc relinquens evanescit; quæ in ætatis adultæ via finitur, et senectuti locum cedit. Pulchritudo simul et forma, vivente adhuc muliere, desinit et in deformitatem transit: gloria, principatus rursus pari ratione: honores, magistratus, diurni sunt et ad breve tempus durant, et amplius quam homines ipsi, qui eos obtinent, mortales sunt : et quemadmodum quotidianos corporum videre licet interitus, ita quoque rerum. Porro id acci-

Cur caducas esse res vitæ hujus voluerit Deus.

μαντα μιμεῖται, μᾶλλον δὲ κἀκείνου στεῤῥότερα, ἅτε ἀθάνατα ὄντα καὶ ἀκίνητα καὶ οὐδεμιᾷ εἴκοντά ποτε B μεταβολῇ, καὶ τοῖς ἐρῶσιν αὐτῶν ἀδεῶς ἐπιόντα, μάχης ἀπηλλαγμένα καὶ φιλονεικίας, καὶ φθόνου καὶ δικαστηρίων, καὶ ἐπιβούλων καὶ συκοφαντίας. Τὰ μὲν γὰρ βιωτικὰ πολλοὺς ἔχει τοὺς φθονοῦντας· τὰ δὲ πνευματικὰ, ὅσον ἂν εἰς πλείονας ἔλθῃ, τοσοῦτον μᾶλλον τὴν εὐπορίαν ἐνδείκνυται τὴν ἑαυτῶν. Καὶ τοῦτο ἔξεστιν ὑμῖν ἐκ τοῦ λόγου τούτου μαθεῖν. Τὸν γὰρ λόγον, ὃν εἰς πάντας ἐκχέω, ἂν μὲν οἴκοι κατάσχω παρ' ἐμαυτῷ, ἀποριώτερος γίνομαι· ἂν δὲ εἰς πάντας ἐκχέω, ὥσπερ εἰς ἄρουραν καθαρὰν βάλλων τὰ σπέρματα, ἐπιτείνω μου τὴν εὐπορίαν, πλείονα C ποιῶ τὸν πλοῦτον, ἅπαντας ὑμᾶς εὐπορωτέρους ἐργαζόμενος, αὐτὸς δὲ οὐδὲν ἐν ταύτῃ πενέστερος γινόμενος, ἀλλὰ καὶ πλουσιώτερος μειζόνως· ὅπερ ἐπὶ χρημάτων οὐκ ἔνι, ἀλλὰ τοὐναντίον ἅπαν. Εἰ γὰρ ἔχων χρυσίον ἀποκείμενον, εἰς πάντας αὐτὸ διανεῖμαι ἑλοίμην, οὐκέτι ἂν δυναίμην ἔχειν τὴν προτέραν εὐπορίαν, τῇ διαιρέσει ταύτης ἐλαττουμένης.

Ἐπεὶ οὖν τοσαῦτα τῶν πνευματικῶν τὰ ἐξαίρετα, καὶ πολλὴν ἔχει τὴν εὐκολίαν, ἅτε πᾶσι τοῖς βουλομένοις δωρεὰν παραγινόμενα, τούτων μᾶλλον ἐρῶμεν, τὰς σκιὰς ἀφέντες, καὶ μὴ τοὺς κρημνοὺς καὶ τοὺς D σκοπέλους διώκοντες. Καὶ γὰρ ἵνα τοῦτον τὸν ἔρωτα ὁ Θεὸς ἐπιτείνῃ, καὶ πρὸ τῆς τελευτῆς τοῦ κεκτημένου ταῦτα ἀνθρώπου θάνατον αὐτοῖς συνεκλήρωσεν. Οἷόν τι λέγω· οὐχ ὅταν ὁ κεκτημένος ταῦτα τελευτήσῃ, τότε καὶ αὐτὰ τελευτᾷ, ἀλλὰ καὶ ζῶντος ἔτι μαραίνεται ταῦτα καὶ ἀποθνήσκει, ἵνα τὸ ἐπίκηρον αὐτῶν καὶ τοὺς σφόδρα αὐτῶν ἐρῶντας καὶ περὶ αὐτὰ μεμηνότας τῆς χαλεπῆς ταύτης ἀπαγάγῃ λύττης, παιδεύοντα αὐτῶν τὴν φύσιν, καὶ διδάσκοντα διὰ τῆς πείρας, ὅτι σκιᾶς ἐστιν ἀδρανέστερα, καὶ ταύτῃ τὸν ἔρωτα καταλύοντα. Οἷον ὡς ἐπὶ παραδείγματος· ὁ πλοῦτος οὐχὶ τοῦ πλουτοῦντος μόνον E τελευτῶντος καταλύεται, ἀλλὰ καὶ ζῶντος μᾶλλον ἀπέστη. Ἡ νεότης τὸν ἔχοντα οὐχὶ τελευτήσαντα μόνον, ἀλλὰ καὶ ἐμπνέοντα ἔτι ἀπολιποῦσα οἴχεται, ἐν τῇ τῆς ἡλικίας ὁδῷ καταλύουσα, καὶ τῷ γήρᾳ παραχωροῦσα. Τὸ κάλλος ὁμοῦ καὶ ἡ εὐμορφία, ἔτι ζώσης τῆς γυναικὸς, ἐτελεύτησε, καὶ πρὸς ἀμορφίαν μετέστη· αἱ δόξαι, αἱ δυναστεῖαι πάλιν ὁμοίως· αἱ τιμαὶ, αἱ ἀρχαὶ, ἐφήμεροι καὶ πρόσκαιροι, καὶ τῶν ἐχόντων αὐτὰ ἀνθρώπων θνητότεραι· καὶ ὥσπερ σωμάτων θανάτους ἐστὶ καθημερινοὺς ὁρᾷν, οὕτω καὶ πραγμάτων. Τοῦτο δὲ γέγονεν, ἵνα τῶν παρόντων ὑπερορῶντες, 340 A τῶν μελλόντων ἐχώμεθα, καὶ τῆς ἐκείνων ἐκκρεμώμεθα ἀπολαύσεως, καὶ ἐν τῇ γῇ βαδίζοντες, τῷ πόθῳ ἐν οὐρανοῖς διατρίβωμεν. Καὶ γὰρ δύο τούτους αἰῶνας ἐποίησεν ὁ Θεὸς, τὸν μὲν παρόντα, τὸν δὲ μέλλοντα· τὸν μὲν ὁρατὸν, τὸν δὲ ἀόρατον· τὸν μὲν αἰσθητὸν, τὸν δὲ νοητόν· τὸν μὲν σωματικὴν ἔχοντα ἀνάπαυσιν, τὸν δὲ ἀσώματον· τὸν μὲν ἐν πείρᾳ, τὸν δὲ ἐν πίστει· τὸν μὲν ἐν χερσὶ, τὸν δὲ ἐν ἐλπίσι· καὶ τὸν μὲν εἶναι στάδιον ἐκέλευσε, τὸν δὲ βραβεῖον· καὶ τούτῳ μὲν σκάμματα καὶ πόνους καὶ ἱδρῶτας συνεκλήρωσεν, ἐκείνῳ δὲ στεφάνους καὶ ἔπαθλα καὶ ἀμοιβάς· τὸν μὲν πέλαγος, τὸν δὲ λιμένα κατεσκεύασε· καὶ τὸν μὲν B βραχὺν, τὸν δὲ ἀγήρω καὶ ἀθάνατον. Ἐπεὶ οὖν πολλοὶ τῶν ἀνθρώπων τῶν νοητῶν ἐκείνων τὰ αἰσθητὰ προετίμων, συνεκλήρωσε τούτοις τὸ ἐπίκηρον καὶ τὸ πρόσκαιρον, ἵνα ταύτῃ τῶν παρόντων ἀπαγαγὼν, τῷ ἔρωτι τῶν μελλόντων μετὰ πολλῆς αὐτοὺς προσδήσῃ τῆς ἀκριβείας. Εἶτα ἐπειδὴ ἀόρατα ἦν ἐκεῖνα καὶ νοερὰ, καὶ ἐν πίστει καὶ ἐν ἐλπίσιν, ὅρα τί ποιεῖ. Παραγενόμενος ἐνταῦθα, καὶ τὴν σάρκα λαβὼν τὴν ἡμετέραν, καὶ τὴν θαυμαστὴν ἐκείνην οἰκονομίαν ἐργασάμενος, ὑπ' ὄψιν ἄγει τὰ μέλλοντα, τὰς παχοτέρας καὶ ταύτῃ πληροφορῶν διανοίας. Ἐπειδὴ γὰρ ἦλθε κομίζων πολιτείαν ἀγγελικὴν, καὶ τὴν γῆν οὐ- C ρανὸν ἐργαζόμενος, καὶ ταῦτα ἐπιτάττων, ἃ τοῖς ἀσωμάτοις ἐξωμοίουν δυνάμεσι τοὺς μετιόντας, καὶ τοὺς ἀνθρώπους ἀγγέλους ἐποίησε, καὶ πρὸς τὰς ἐλπίδας ἐκάλει τὰς ἄνω, καὶ μικρὰ σκάμματα διέτεινε, καὶ ὑψηλότερα ἵπτασθαι ἐκέλευσε, καὶ πρὸς αὐτὰς ἀναβαίνειν τῶν οὐρανῶν τὰς ἀψῖδας, καὶ πρὸς δαίμονας ἀποδύεσθαι, καὶ πρὸς ἅπασαν τοῦ διαβόλου τὴν φάλαγγα παρατάττεσθαι, σῶμα ἔχοντας, σαρκὶ συμπεπλεγμένους, καὶ τὰ σώματα νεκροῦν, καὶ τῶν παθῶν ἐξορίζειν τὸν θόρυβον, καὶ τὴν σάρκα ἁπλῶς περικεῖσθαι, τὴν ἅμιλλαν δὲ πρὸς τὰς ἀσωμάτους δυνάμεις τείνασθαι.

Ἐπειδὴ ταῦτα ἐπέταξεν, ὅρα τί ποιεῖ, πῶς εὔ- D κολον τὸν ἀγῶνα ἐργάζεται. Μᾶλλον δὲ, εἰ δοκεῖ, πρότερον εἴπωμεν τῶν ἐπιταγμάτων τὸ μέγεθος, καὶ πῶς ὑψηλὸν τὸ πτερὸν κατεσκεύαζε, καὶ τῆς ἀνθρωπίνης σχεδὸν ἐξοικίζων φύσεως, πρὸς οὐρανὸν μεθορμίσθαι πάντας ἐκέλευσε. Τοῦ γὰρ νόμου κελεύοντος ὀφθαλμὸν ἀντὶ ὀφθαλμοῦ, αὐτός φησιν· Ἐάν τίς σε ῥαπίσῃ εἰς τὴν δεξιὰν σιαγόνα, στρέψον αὐτῷ καὶ τὴν ἄλλην. Οὐκ εἶπε, φέρε γενναίως μόνον καὶ πρᾴως τὴν παροινίαν, ἀλλὰ καὶ πρόϊθι περαιτέρω τὴν φιλοσοφίαν, καὶ μείζονα παρασκευάζου πάσχειν, ἢ ἐκεῖνος E ποιῆσαι ἐπιθυμεῖ· τῇ δαψιλείᾳ τῆς φιλοσοφίας νίκησον αὐτοῦ τὸ προπετὲς τῆς παροινίας, ἵνα αἰδε-

dit, ut præsentia contemnentes adhæreamus futuris, et eorum simus exspectatione suspensi, ac dum in terris ambulamus, desiderio in cælo versemur. Etenim duo sæcula condidit Deus, præsens, et futurum; unum visibile, alterum invisibile: unum quod sub sensus cadit, alterum quod est spirituale: unum quod corporali quiete perfruitur, alterum quod incorporea: unum in experientia, alterum in fide: unum in manibus, alterum in spe; et unum esse sta- B dium jussit, alterum bravium: atque huic quidem certamina, labores ac sudores attribuit, illi vero coronas, præmia et retributiones: hoc pelagus, illud portum effecit, et hoc breve quidem, illud vero senectutis expers, et immortale. Quoniam igitur homines multi spiritualibus illis ea quæ sensibilia sunt præferebant, his caducam conditionem ac temporariam attribuit, ut hoc pacto a præsentibus abductos, vehementer amori futurorum addicat. Deinde quoniam invisibilia erant illa et spiritualia, in fide atque in spe posita, vide quid agat. Cum huc advenisset, ac C nostram carnem assumsisset, et mirabilem illam dispensationem perfecisset, futura ponit ob oculos, et hac ratione crassiores mentes securas reddit. Nam quoniam conversationem ac vitæ rationem angelicam afferens veniebat, ac terram in cælum convertebat, eaque mandabat, quæ similes redderent incorporeis virtutibus eos qui ea perficerent, homines reddebat angelos, ad spem cælestium rerum vocabat, longiora certamina proponebat, altius evolare jubebat, et ad ipsa fastigia cælorum ascendere, adversus dæmones pugnam inire, contra universas diaboli copias aciem eos instruere, qui corpus habebant, et cum carne copulati erant, mortificare corpora, ac perturbationum tumultum ablegare, et corpore utcumque esse circumdatos, cæterum cum incorporeis virtutibus certatim contendere.

Angelica est vita evangelica.

D 4. Hæc ubi præcepit, vide quid agat; quo pacto facile certamen reddat. Quinimo, si videtur, prius mandatorum sublimitatem exponamus, et quo pacto in altum nos voluerit evolare, cum ex humana propemodum natura emigrare, atque in cælum omnes transferri jusserit. Cum enim oculum pro oculo reddi lex præciperet, ipse dixit, *Si quis* te *percusserit in dexteram maxillam, obverte illi* et *alteram*. Non dixit, tantum fer patienter ac leniter contumeliam, sed E ulterius philosophia modestiaque progredere, atque ad majora patienda paratus esto, quam ille facere cupiat: et patientiæ tuæ ubertate petulan-

Matth. 5. 39.

tiam ejus et insolentiam vince, ut summam tuam
Math. 5. 44. reveritus modestiam recedat. Et rursus ait, *Orate pro calumniantibus vos : orate pro inimi-
cis vestris : benefacite iis, qui oderunt vos.*
Consilium de virginitate rursus introducens di-
Math. 19. 12. xit : *Qui potest capere capiat.* Nam quoniam e
paradiso illa evolavit, et post transgressionem
recessit, de cælo descendens ipsam rursus reduxit, et tamquam exsulem in antiquam patriam 341
suam restituit, et a diuturna relegatione liberavit: A
primum adveniens nimirum ex virgine natus est,
et leges naturæ mutavit, cum ab ipso exordio
vitæ suæ illam honore affecerit, et virginem
matrem reddiderit. Cum igitur veniens talia
præcepisset, et ad tantam sublimitatem conversationem hominum evexisset, præmia quoque
laboribus digna proposuit, imo vero majora
multo et sublimiora. Verumtamen invisibilia
erant hæc quoque atque in spe, fide et exspectatione posita futurorum. Itaque cum laboriosa
mandata essent ac sublimia, præmia vero et bravia in fide, vide quid faciat, quo pacto levem ago- B
nem, quo pacto facilia reddat certamina. Quo
tandem paoto? Duabus scilicet viis : una, quod
eadem ipse exsequatur; altera, quod præmia
ostendat et sub aspectum proferat. Nam quæ ab illo dicta sunt, quædam mandatum orant, quædam
Math. 5. 44. præmia : mandatum quidem, *Orate pro calumniantibus vos et persequentibus* : præmium
Ibid. v. 45. autem, *Ut sitis filii Patris vestri, qui in cælis*
Ib. v. 11. 12. est. Rursus, *Beati cum maledixerint vobis*, et
persequuti vos fuerint, et *dixerint omne ma-
lum verbum adversum vos mentientes. Gaudete et exsultate, quoniam merces vestra co-* C
piosa est *in cælis*. Vides unum mandatum esse,
Math. 19. 21. alterum præmium? Rursus, *Si vis perfectus
esse, vende quæ habes, et da pauperibus* : et
veni, sequere me, et *habebis thesaurum in
cælo.* Vides aliud mandatum, et præmium?
Alterum enim ipsis præcepit, alterum ipsis paravit, quod merces erat ac retributio. Et rursus,
Ib. v. 29. *Quicumque reliquerit domos, et fratres et
sorores* : hoc mandatum est : *Centuplum accipiet, et vitam æternam possidebit* : hoc præmium est, et corona.

5. Quoniam igitur magna erant præcepta, et præmia non apparebant, vide quid agat : ipse operibus illa ostentat, et in aspectum coronas profert. Ut enim qui minime tritam viam jubetur insistere, si quem viderit per eam prius incedentem, facilius eam aggreditur, et majorem D animo concipit alacritatem : ita quoque fit in

σθείς σου τὴν ὑπερβάλλουσαν ἐπιείκειαν, ἀναχωρήσῃ. Καὶ πάλιν φησίν· Εὔχεσθε ὑπὲρ τῶν ἐπηρεαζόντων ὑμᾶς· εὔχεσθε ὑπὲρ τῶν ἐχθρῶν ὑμῶν· καλῶς ποιεῖτε τοῖς μισοῦσιν ὑμᾶς. Τὴν περὶ τῆς παρθενίας πάλιν εἰσήγαγε συμβουλὴν λέγων· Ὁ δυνάμενος χωρεῖν, χωρείτω. Ἐπειδὴ γὰρ ἐκ παραδείσου τὸ πρᾶγμα ἀπέπτη, καὶ μετὰ τὴν παρακοὴν ἀνεχώρησε κατιὼν ἐκ τοῦ οὐρανοῦ, πάλιν αὐτὴν ἐπανήγαγε, καθάπερ φυγάδα πρὸς τὴν ἀρχαίαν ἐπαναγαγὼν πατρίδα, καὶ A τῆς μακρᾶς ἐξορίας ἀπαλλάττων· καὶ ἐλθὼν πρῶτον ἐκ παρθένου ἐτίκτετο, καὶ τοὺς τῆς φύσεως ἐκίνει νόμους, ἐκ προοιμίων τιμῶν αὐτήν, καὶ μητέρα τὴν παρθένον ἀποφαίνων. Ἐπειδὴ τοίνυν παραγενόμενος τοιαῦτα ἐπέταττε, καὶ ὑψηλὴν τὴν πολιτείαν εἰργάζετο, ἄξια καὶ τὰ ἔπαθλα τῶν πόνων ἐδίδου, μᾶλλον δὲ πολλῷ μείζονα καὶ ὑψηλότερα. Ἀλλ' ἦν καὶ ταῦτα ἀόρατα, καὶ ἐν ἐλπίσι καὶ ἐν πίστει καὶ ἐν προσδοκίᾳ τῇ τῶν μελλόντων. Ἐπεὶ οὖν τὰ μὲν ἐπιτάγματα ἐπίπονα καὶ ὑψηλά, τὰ δὲ ἔπαθλα καὶ τὰ βραβεῖα ἐν πίστει, ὅρα τί ποιεῖ· πῶς εὔκολον τὸν ἀγῶνα ἐργάζεται· πῶς ῥᾴδια τὰ σκάμματα. Πῶς καὶ τίνι B τρόπῳ; Δύο δὴ ταύταις ὁδοῖς· μιᾷ μέν, τὸ αὐτὸν αὐτὰ μετελθεῖν· ἑτέρᾳ δέ, τὸ αὐτὸν δεῖξαι τὰ βραβεῖα καὶ ὑπ' ὄψιν ἀγαγεῖν. Τῶν γὰρ ἀπ' αὐτοῦ λεγομένων τὰ μὲν ἐντολὴ ἦν, τὰ δὲ ἔπαθλα· ἐντολὴ μέν, Εὔχεσθε ὑπὲρ τῶν ἐπηρεαζόντων ὑμᾶς καὶ διωκόντων· ἔπαθλον δέ, Ὅπως γένησθε υἱοὶ τοῦ Πατρὸς ὑμῶν τοῦ ἐν τοῖς οὐρανοῖς. Πάλιν, Μακάριοί ἐστε, ὅταν ὀνειδίσωσιν ὑμᾶς καὶ διώξωσι, καὶ εἴπωσι πᾶν πονηρὸν ῥῆμα καθ' ὑμῶν ψευδόμενοι. Χαίρετε καὶ ἀγαλλιᾶσθε, ὅτι ὁ μισθὸς ὑμῶν πολὺς ἐν τοῖς οὐρανοῖς. Εἶδες τὸ μέν, ἐντολήν, τὸ δέ, ἔπαθλον; Πάλιν, Εἰ θέλεις τέλειος εἶναι, πώλησόν σου τὰ ὑπάρχοντα, C καὶ δὸς πτωχοῖς, καὶ δεῦρο ἀκολούθει μοι, καὶ ἕξεις θησαυρὸν ἐν οὐρανῷ. Εἶδες ἄλλην ἐντολήν, καὶ ἔπαθλον; Τὸ μὲν γὰρ αὐτοὺς ἐκέλευσε ποιεῖν, τὸ δὲ αὐτὸς ἡτοίμασεν, ὅπερ ἦν μισθὸς καὶ ἀντίδοσις. Καὶ πάλιν, Ὅστις ἀφῆκεν οἰκίας καὶ ἀδελφούς, καὶ ἀδελφάς· τοῦτο ἐντολή· Ἑκατονταπλασίονα λήψεται καὶ ζωὴν αἰώνιον κληρονομήσει· τοῦτο βραβεῖον καὶ στέφανος.

Ἐπεὶ οὖν καὶ τὰ ἐπιτάγματα μεγάλα ἦν, καὶ τὰ ἔπαθλα αὐτῶν οὐ φαινόμενα, ὅρα τί ποιεῖ· αὐτὸς αὐτὰ διὰ τῶν ἔργων ἐπιδείκνυται, καὶ τοὺς στεφάνους ἐπ' ὄψιν ἄγει. Ὥσπερ γὰρ ὁ κελευόμενος ἀτριβῆ βαδίζειν ὁδόν, ἐὰν ἴδῃ πρότερόν τινα βαδίσαντα, εὐκολώτερον ἅπτεται, καὶ πλείονα λαμβάνει τὴν προθυμίαν· οὕτω καὶ ἐν ταῖς ἐντολαῖς, οἱ τοὺς προηγουμένους ὁρῶντες, ῥαδίως ἕπονται. Ἵν' οὖν εὐκολώτερον ἡ ἡμετέρα φύσις ἀκολουθήσῃ, ταύτην λαβὼν τὴν σάρκα, καὶ τὴν φύσιν τὴν ἡμετέραν, οὕτως αὐτὴν ἐβάδισε, καὶ τὰς ἐντολὰς διὰ τῶν ἔργων ἐπεδείξατο. Τὸ γὰρ, Ἐάν τίς σε ῥαπίσῃ ἐπὶ τὴν δεξιὰν σιαγόνα, στρέψον αὐτῷ καὶ τὴν ἄλλην, αὐτὸς ἐποίησεν, ὅταν αὐτὸν ἐῤῥάπισεν ὁ δοῦλος τοῦ ἀρχιερέως. Οὐ γὰρ ἠμύνατο αὐτὸν, ἀλλὰ τοσαύτην ἐπιείκειαν ἐπεδείξατο, ὡς εἰπεῖν· Εἰ μὲν κακῶς ἐλάλησα, μαρτύρησον περὶ τοῦ κακοῦ· εἰ δὲ καλῶς, τί με δέρεις; Εἶδες πραότητα φρίκης γέμουσαν; εἶδες ταπεινοφροσύνην ἔκπληξιν ἔχουσαν; Ἐτύπτετο, οὐ παρ' ἐλευθέρου τινὸς, ἀλλὰ παρ' οἰκέτου, μαστιγίου, καὶ οἰκοτρίβου, καὶ μετὰ τοσαύτης ἀποκρίνεται τῆς ἐπιεικείας ταῦτα. Οὕτω καὶ ὁ Πατὴρ αὐτοῦ τοῖς Ἰουδαίοις ἔλεγε· Λαός μου, τί ἐποίησά σοι; ἢ τί σε ἐλύπησα; ἢ τί παρηνώχλησά σοι; ἀποκρίθητι. Ὥσπερ αὐτός φησι, Μαρτύρησον περὶ τοῦ κακοῦ, οὕτω καὶ ὁ Πατὴρ αὐτοῦ, Ἀποκρίθητί μοι· καὶ ὥσπερ αὐτός φησι, Τί με δέρεις, οὕτω καὶ ὁ Πατὴρ, Τί ἐλύπησά σε, ἢ τί παρηνώχλησα; Πάλιν ἀκτημοσύνην παιδεύων, ὅρα πῶς διὰ τῶν ἔργων αὐτὴν ἐπιδείκνυται λέγων· Αἱ ἀλώπεκες φωλεοὺς ἔχουσι, καὶ τὰ πετεινὰ τοῦ οὐρανοῦ κατασκηνώσεις· ὁ δὲ Υἱὸς τοῦ ἀνθρώπου οὐκ ἔχει ποῦ τὴν κεφαλὴν κλῖναι. Εἶδες ἀκτημοσύνης ἐπίτασιν; Οὐ τράπεζα ἦν αὐτῷ, οὐ λυχνία, οὐκ οἶκος, οὐ δίφρος, οὐκ ἄλλο τῶν τοιούτων οὐδέν. Ἐδίδασκε περὶ τοῦ κακῶς ἀκούοντας φέρειν γενναίως, ὅπερ διὰ τῶν ἔργων ἐπεδείξατο. Ὅτε γὰρ δαιμονῶντα αὐτὸν ἐκάλουν καὶ Σαμαρείτην, δυνάμενος αὐτοὺς πάλιν ἀπολέσαι, καὶ τῆς ὕβρεως αὐτῶν ἀποτῖσαι δίκην, οὐδὲν ἐποίει τοιοῦτον, ἀλλὰ καὶ εὐηργέτει, καὶ τοὺς δαίμονας αὐτῶν ἀπήλαυνε. Καὶ εἰπὼν, Εὔχεσθε ὑπὲρ τῶν ἐπηρεαζόντων ὑμᾶς, εἰς τὸν σταυρὸν τοῦτο ἀναβὰς ἐποίησεν. Ἐπειδὴ γὰρ αὐτὸν ἐσταύρωσαν καὶ προσήλωσαν, κρεμάμενος ἔλεγεν, Ἄφες αὐτοῖς· οὐ γὰρ οἴδασι τί ποιοῦσι. Ταῦτα ἔλεγεν οὐκ ἀτονῶν αὐτὸς ἀφιέναι, ἀλλ' ἡμᾶς παιδεύων εὔχεσθαι ὑπὲρ τῶν ἐχθρῶν. Ἐπειδὴ γὰρ οὐ λόγῳ μόνῳ, ἀλλὰ καὶ ἔργῳ τὴν διδασκαλίαν ἐπεδείκνυτο, διὰ τοῦτο καὶ τὴν εὐχὴν προσέθηκε. Μηδεὶς τοίνυν τῶν αἱρετικῶν, διὰ τὴν πολλὴν αὐτοῦ φιλανθρωπίαν, ἀσθένειαν καταγινωσκέτω τῶν εἰρημένων· αὐτὸς γάρ ἐστιν ὁ λέγων, Ἵνα δὲ εἰδῆτε, ὅτι ἐξουσίαν ἔχει ὁ Υἱὸς τοῦ ἀνθρώπου ἀφιέναι ἐπὶ τῆς γῆς ἁμαρτίας. Ἀλλ' ἐπειδὴ παιδεύειν ἐβούλετο (ὁ δὲ παιδεύων οὐ δι' ὧν λέγει μόνον,

mandatis : qui vident eos, qui præcesserint, facile sequuntur. Ut igitur natura nostra facilius sequatur, carnem et naturam nostram assumens, ita per illam incessit, et operibus mandata expressit. Siquidem illud, *Si quis* te *percusserit* Matth. 5.
in dexteram maxillam, obverte illi et alte- 39.
ram, ipse præstitit, quando alapam illi pontificis servus impegit. Non enim ipsum ultus est,
sed tantam modestiam præ se tulit, ut diceret :
E *Si male loquutus sum*, testimonium *perhibe* Joan. 18.
de malo : si autem bene , quid me cædis ? 23.
Vides tremendam lenitatem? vides humilitatem
stupendam? Percutiebatur, non a libero quopiam, sed a servo, a verberone et vernaculo, et
tanta cum modestia respondet. Ita quoque Pater
ejus dicebat Judæis : *Popule meus, quid feci* Mich. 6. 3.
tibi, aut quid contristavi te, *aut quid mole-*
stus fui tibi ? responde mihi. Quemadmodum
ipse dicit, *Testimonium perhibe de malo*, sic
et Pater ejus, *Responde mihi :* et quemadmodum ait ipse, *Quid me cædis ?* sic etiam Pater,
Quid contristavi *te, aut in quo molestus fui*
tibi ? Paupertatem rursus docens, vide quo pa-
342 cto illam opere exhibeat dicens : *Vulpes foveas* Matth. 8.
A *habent,* et *volucres cæli nidos, Filius autem* 20.
hominis non habet ubi caput suum reclinet.
Vides extremam paupertatem? Non mensam
habebat, non lucernam, non domum, non sel-
lam, non aliud quidquam ejusmodi. Docebat ut
male audientes patienter ferrent, id vero ille
opere exhibuit. Quando enim dæmonium habentem, et Samaritanum ipsum appellabant, cum illos rursus necare posset, et contumeliæ pœnam ab illis exigere, nihil tale faciebat, imo etiam bene de illis merebatur et ex illis dæmones expellebat. Cumque dixisset, *Orate pro ca-* Matth. 5.
lumniantibus vos, in crucem cum ascendisset, 44.
id fecit. Postquam enim eum crucifixerunt, et
B clavis affixerunt, pendens dicebat, *Dimitte il-* Luc. 23.
lis : non enim sciunt, quid faciunt. Hæc ab 34.
eo dicebantur, non quod ipse dimittere minime posset, sed ut nos orare pro inimicis doceret. Nam quia non sermone tantum, sed opere quoque doctrinam præ se ferebat, propterea preces etiam adjunxit. Nullus igitur ex hæreticis, ob nimiam ejus humanitatem, infirmitatem hæc verba judicet indicare. Ipse enim est qui dicit :
Ut autem sciatis, quia Filius hominis habet Matth. 9. 6.
potestatem in terra dimittendi peccata. Sed quoniam docere volebat (is autem qui docet non verbis tantum suis, sed etiam factis doctrinam
C profert in medium), hac de causa preces etiam

adjunxit : nam alioqui discipulorum etiam pedes lavit, non quod inferior esset : verum cum Deus esset ac Dominus, ad tantam se humilitatem demisit.

Matth. 11. 29. 6. Hanc etiam ob causam dicebat: *Discite a me, quia mitis sum, et humilis corde.* Alio modo rursus ipsa bravia præmiaque in medium afferri, ac subjici oculis audi. Pollicitus erat corporum resurrectionem, immortalitatem, occursum in aera, raptum in nubibus : hæc rebus ipsis ostendit. Quo tandem modo? Mortuus cum esset, resurrexit : quapropter et quadraginta diebus cum ipsis versatus est, ut certiores illos redderet, et qualia corpora nostra post resurrectionem futura sint, ostenderet. Rursus qui per
1. Thess. 4. 17. Paulum dixit : *In nubibus rapiemur obviam illi in aera,* hoc etiam opere demonstravit. Siquidem post resurrectionem, cum esset in cælos
Act. 1. 9. adscensurus, præsentibus ipsis, *Elevatus est,* inquit, *et nubes suscepit eum ab oculis eorum* et cum intentis oculis essent, dum abiret ille. Sic nimirum et corpus nostrum consubstantiale corpori erit illi, utpote quod ex eadem sit massa : sicut enim caput, ita et corpus ; sicut principium, ita et finis. Atque hoc manifestius indi-
Philipp. 3. 21 cans Paulus dicebat : *Qui reformabit corpus humilitatis nostræ, ut conforme fiat corpori claritatis suæ.* Si igitur conforme sit, eamdem etiam viam conficiet, et in nubibus pariter elevabitur. Hæc tu quoque in resurrectione exspecta. Nam quoniam ad illud usque tempus obscurum fuerat audientibus verbum regni cælorum, pro-
Matth. 17. pterea cum ascendisset in montem, coram disci-
Transfiguratus Christus cur. pulis suis transfiguratus est, cisque futurorum gloriam præmonstravit, et obscure tamquam in ænigmate, quale corpus nostrum futurum esset, ostendit. Verum cum vestibus tum quidem apparuit : at non ita in resurrectione. Neque enim vestibus indiget corpus nostrum, neque tecto, neque concameratione, neque alia ulla re simili. Nam si ante transgressionem Adam, cum esset nudus, non erubescebat, gloria circumdatus : multo magis corpora nostra, quæ ad præstantiorem melioremque conditionem transferentur, nullo horum indigebunt. Hac nimirum de causa cum et ipse resurgeret, vestes in sepulcro et loculo manere permisit, nudumque corpus suscitavit, immensæ gloriæ et beatitudinis plenum. Hæc igitur nobis cum explorata sint, dilectissimi, et verbis eruditi, et per oculos edocti, talem conversationem exhibeamus, ut in nubibus rapti,

ἀλλὰ καὶ δι' ὧν ποιεῖ τὴν διδασκαλίαν προάγει), τούτου χάριν καὶ τὴν εὐχὴν προσέθηκεν· ἐπεὶ καὶ τῶν μαθητῶν τοὺς πόδας ἔνιπτεν, οὐχ ὡς ἐλάττων ὤν, ἀλλὰ Θεὸς ὢν καὶ Δεσπότης εἰς τοσοῦτο κατέβη ταπεινοφροσύνης.

Διὰ δὴ τοῦτο ἔλεγε· Μάθετε ἀπ' ἐμοῦ, ὅτι πρᾶός εἰμι καὶ ταπεινὸς τῇ καρδίᾳ. Ἑτέρως πάλιν τὸ τὰ βραβεῖα αὐτὰ καὶ τὰ ἔπαθλα εἰς μέσον ἀγαγεῖν, καὶ ὑπὸ ὀφθαλμοὺς δεικνύναι, ἄκουσον. Ὑπέσχετο σωμάτων ἀνάστασιν, ἀφθαρσίαν, τὴν εἰς ἀέρα ἀπάντησιν,
D τὴν ἐν νεφέλαις ἁρπαγήν· ταῦτα διὰ τῶν πραγμάτων ἔδειξε. Πῶς καὶ τίνι τρόπῳ; Ἀποθανὼν ἀνέστη· διὸ καὶ τεσσαράκοντα ἡμέρας αὐτοῖς συνῆν, ἵνα αὐτοὺς πληροφορήσῃ καὶ δείξῃ ἡλίκα ἡμῶν εἶναι μέλλει τὰ σώματα μετὰ τὴν ἀνάστασιν. Πάλιν λέγων διὰ τοῦ Παύλου, ὅτι Ἐν νεφέλαις ἁρπαγησόμεθα εἰς ἀπάντησιν αὐτοῦ εἰς ἀέρα, καὶ τοῦτο ἔδειξεν ἔργοις. Μετὰ γὰρ τὴν ἀνάστασιν, ἡνίκα ἔμελλεν ἀνιέναι εἰς οὐρανούς, παρόντων αὐτῶν Ἐπήρθη, φησὶ, καὶ νεφέλη ὑπέλαβεν αὐτὸν ἀπὸ τῶν ὀφθαλμῶν αὐτῶν· καὶ ὡς ἀτενίζοντες ἦσαν, πορευομένου αὐτοῦ. Οὕτως οὖν καὶ τὸ ἡμέτερον σῶμα ὁμοούσιον ἔσται ἐκείνῳ τῷ σώματι,
E ἅτε ἐκ τοῦ φυράματος ὄν· ὥσπερ γὰρ ἡ κεφαλὴ, οὕτω καὶ τὸ σῶμα· ὥσπερ ἡ ἀρχὴ, οὕτω καὶ τὸ τέλος. Καὶ τοῦτο σαφέστερον ὁ Παῦλος δηλῶν ἔλεγεν· Ὃς μετασχηματίσει τὸ σῶμα τῆς ταπεινώσεως ἡμῶν, εἰς τὸ γενέσθαι αὐτὸ σύμμορφον τῷ σώματι τῆς δόξης αὐτοῦ. Εἰ τοίνυν σύμμορφον γίνεται, καὶ τὴν αὐτὴν ὁδὸν βαδιεῖται, καὶ ὁμοίως ἐπὶ νεφελῶν ἀρθήσεται. Ταῦτα προσδόκα καὶ αὐτὸς ἐν τῇ ἀναστάσει. Ἐπειδὴ γὰρ ἄδηλον ἦν τοῖς ἀκούουσι τέως τὸ ῥῆμα τῆς βασιλείας, διὰ τοῦτο ἀνελθὼν ἐν τῷ ὄρει μετεμορφώθη ἔμπροσθεν
343 A τῶν μαθητῶν αὐτοῦ, παρανοίγων αὐτοῖς τῶν μελλόντων τὴν δόξαν, καὶ ὡς ἐν αἰνίγματι καὶ ἀμυδρῶς ἐπιδεικνὺς οἷον ἔσται τὸ σῶμα τὸ ἡμέτερον. Ἀλλὰ τότε μὲν μετὰ ἱματίων ἐφάνη, ἐν δὲ τῇ ἀναστάσει οὐχ οὕτως. Οὐ γὰρ δεῖται τὸ σῶμα ἡμῶν ἱματίων, οὐδὲ στέγης, οὐδὲ ὀρόφου, οὐδὲ ἄλλου τῶν τοιούτων οὐδενός. Εἰ γὰρ ὁ Ἀδὰμ πρὸ τῆς παραβάσεως γυμνὸς ὢν οὐκ ᾐσχύνετο, δόξῃ ἠμφιεσμένος, πολλῷ μᾶλλον τὰ σώματα τὰ ἡμέτερα, ὅσα ἐπὶ μείζονα καὶ ἀμείνω λῆξιν βαδιεῖται, οὐδενὸς τούτων δεηθήσεται. Διὰ δὴ τοῦτο καὶ αὐτὸς ἀνιστάμενος, τὰ ἱμάτια ἐπὶ τοῦ τάφου καὶ
B τῆς σοροῦ κεῖσθαι εἴασε, γυμνὸν ἀναστήσας τὸ σῶμα, δόξης ἀφάτου καὶ μακαριότητος ἐμπεπλησμένον. Ταῦτα οὖν εἰδότες, ἀγαπητοὶ, καὶ διὰ λόγων παιδευθέντες, καὶ δι' ὀφθαλμῶν διδαχθέντες, τοιαύτην ἐπιδειξώμεθα πολιτείαν, ἵνα ἐν νεφέλαις ἁρπαγέντες ἀεὶ μετ' αὐτοῦ διατρίβοντες ὦμεν, σωζόμενοι καὶ τῇ αὐτοῦ χάριτι, καὶ τῶν μελλόντων ἀπολαύοντες ἀγαθῶν· ὧν γένοιτο πάντας ἡμᾶς ἐπιτυχεῖν ἐν Χριστῷ Ἰησοῦ τῷ Κυρίῳ ἡμῶν, μεθ' οὗ τῷ Πατρὶ, ἅμα τῷ ἁγίῳ

Πνεύματι, δόξα, κράτος, τιμὴ, προσκύνησις, νῦν καὶ ἀεὶ, καὶ εἰς τοὺς αἰῶνας τῶν αἰώνων. Ἀμήν.

semper cum illo versemur, ejusque gratia salvi facti, futuris bonis perfruamur: quæ nobis omnibus assequi contingat in Christo Jesu Domino nostro, cum quo Patri una cum Spiritu sancto gloria, imperium, honor, adoratio, nunc et semper, et in sæcula sæculorum. Amen.

MONITUM

AD HOMILIAM DE NON EVULGANDIS FRATRUM PECCATIS,

ET IN SEQUENTEM DE NON DESPERANDO.

Optime calculum posuit Tillemontius cum dixit, Concionem de non evulgandis fratrum peccatis uno die præcedere illam, quæ in Editione Morelli ipsi præmittitur, titulumque habet, *Non esse desperandum*. In hac enim de illa ut pridie habita diserte loquitur Chrysostomus n. 3 : *Sed quam tandem ob causam publicanum tam* cito *exaudivit Deus, Isaac autem viginti annos orare permisit, eique pro uxore sua supplicare, ac tum demum justi precibus annuit ? Sunt enim vobis hesternæ doctrinæ reliquiæ persolvendæ :* ἀνάγκη γὰρ τῆς χθὲς διδασκαλίας ἀποδοῦναι ὑμῖν τὰ λείψανα. Hæc autem fuse prosequitur ille in Homilia de non evulgandis fratrum peccatis num. 3 et 4, ubi de Rebeccæ viginti annorum sterilitate in fecunditatem mutata multa disserit. Cæterum hæc quæ de Rebecca dicuntur, ipsis pene verbis jacent in Homilia 49 in Genesim, totamque pene homiliam illam quadragesimam nonam, paucis exceptis, constituunt. Cave tamen putes, in secunda de non desperando homilia, illam in Genesim concionem memorari : non enim in illam quadrare possunt ea quæ initio hujus secundæ homiliæ dicuntur; nempe : *Quod* et *a vobis hesterno die peractum* est. *Compunctionis sermonem sparseram*, et *confessionis gemitus germinavit, gemitus multas bonorum divitias secum ferens.* Nam in illa in Genesim homilia ne γρῦ quidem exstat quod compunctionem movere possit. In priore vero de non evulgandis fratrum peccatis admodum παθητικῶς loquitur adversus eos qui contra inimicos suos fundunt preces; numero scilicet 5 et 6, præsertim ante finem, ubi ait, σύντριψον τὴν διάνοιαν, ταπείνωσον τὴν ψυχὴν τῇ μνήμῃ τῶν σοι πεπλημμελημένων, *Contere animum tuum, mentem humilia tuorum recordatione delictorum.* Unde etiam evellitur hic Tillemontii scrupulus. Cur, inquit, compunctionem in priore homilia non expresse commemorat, cum tamen in posteriore dicat, se in priore de compunctione verba fecisse? At non dicit ille se in priore compunctionem nominatim commemorasse; sed talia fatur : *Compunctionis sermonem sparseram*, et *confessionis gemitus germinavit.* Quid porro aliud sunt hæc, *Contere animum tuum, mentem humilia tuorum recordatione delictorum,* atque alia multa hinc et inde sparsa, quam compunctionis sermo? Æque facile est alium ejusdem evellere scrupulum, qui hujusmodi est : In posteriore homilia, num. 3, ait Chrysostomus : *Sed quam tandem ob causam publicanum tam cito exaudivit Deus, Isaac autem viginti annos orare permisit, ac tum demum justi precibus annuit ? Sunt enim vobis hesternæ doctrinæ reliquiæ persolvendæ.* Hic innuere videtur Chrysostomus, inquit Tillemontius, se in priori concione de publicano simul et de Isaaco sermonem habuisse, cum tamen nonnisi de Isaaco verba faciat, deque precibus ab illo per annos viginti ad impetrandam a Deo prolem emissis. At nihil est in postremo allatis verbis, ni fallor, quod de publicano habitam in priori concione mentionem fuisse suadeat. Hæc quippe verba, *Sunt enim vobis hesternæ doctrinæ reliquiæ persolvendæ*, ad ea quæ ad Isaacum spectant, quæque hæc postrema præcedunt, non vero ad illa prius posita de publicano, sunt referenda. Hi ergo scrupuli nulli sunt, neque etiam tanti esse a Tillemontio existimantur, ut illum a sententia dimoveant. Utraque igitur homilia de perseverantia in emittendis precibus agit, et in utraque pluribus docetur non esse precandum contra inimicos. In neutra vero aliquam temporis notam expiscari possumus.

Interpretatio utriusque Latina est Frontonis Ducæi.

QUOD NON OPORTEAT PECCATA Fratrum evulgare, neque inimicis imprecari.

1. Laudo vos, dilectissimi, quod tanto studio ad paternam domum concurratis. Nam ex hoc studio de vestra secundum animam sanitate confidendi mihi præbetur occasio: siquidem mirabilis quædam est officina medici Ecclesiæ schola: medici, non corporum, sed animorum. Spiritualis namque est, neque vulnera carnis, sed peccata mentis sanat: porro peccatorum istorum ac vulnerum medicamentum est doctrina. Hoc medicamentum non ex herbis terrestribus, sed ex verbis constat cælestibus: hoc non manibus medicorum, sed linguis prophetarum est compositum. Quam ob causam perpetuum est, et neque temporum longinquitate debilitatur, neque morborum virtute separatur. Nam medicorum quidem medicamenta utroque defectu ac vitio laboraut: dum recentia sunt, vim suam produnt: cum vero multum temporis est elapsum, in modum corporum senectute confectorum imbecilliora redduntur: quin etiam persæpe morborum difficultate vincuntur, quippe quæ humana sint: at divinum medicamentum tale non est, sed multo tempore interjecto suam omnem vim retinet. Sane ex eo tempore, quo vixit Moyses (ab illo enim initium est Scripturarum), tam multos homines sanavit, et suam virtutem non amisit: sed neque ab ulla umquam ægritudine superatum est. Hoc medicamentum non numerata pecunia licet accipere, sed qui sinceram voluntatem et affectum exhibet, totum illud secum reportat. Idcirco divites simul et paupores pariter hac medicina fruuntur. Nam ubi quidem pecunias impendi necesse est, qui locuples est, utilitatis fit particeps: pauper autem sæpe lucri expers discedit: cum tanti reditus illi non suppetant, ut ad medicamentum conficiendum sufficiant. Hic vero quoniam pecuniam numerare non permittitur, sed fides et voluntas est exhibenda, qui numerare potest ista et cum alacritate persolvere, hic potissimum percipit utilitatem: quandoquidem hæc sunt quæ pro mercede medicinæ istius exiguntur. Et dives et pauper pariter hanc utilitatem participant: imo vero non pariter utilitatem participant, sed

344 A ## ΠΕΡΙ ΤΟΥ ΜΗ ΔΗΜΟΣΙΕΥΕΙΝ ΤΑ ἁμαρτήματα τῶν ἀδελφῶν, μηδὲ κατεύχεσθαι τῶν ἐχθρῶν.

Μακαρίζω τῆς σπουδῆς ὑμᾶς, ἀγαπητοὶ, μεθ' ἧς
εἰς τὸν πατρῷον οἶκον συντρέχετε. Ἀπὸ γὰρ τῆς
σπουδῆς ταύτης καὶ περὶ τῆς ὑγιείας ὑμῶν τῆς κατὰ
ψυχὴν ἔχω θαῤῥεῖν· καὶ γὰρ ἰατρεῖον θαυμαστὸν
τῆς Ἐκκλησίας τὸ διδασκαλεῖόν ἐστιν· ἰατρεῖον,
οὐχὶ σωμάτων, ἀλλὰ ψυχῶν. Πνευματικὸν γάρ ἐστι,
καὶ οὐχὶ τραύματα σαρκὸς, ἀλλ' ἁμαρτήματα διανοίας διορθοῦται· τῶν δὲ ἁμαρτημάτων τούτων καὶ
τῶν τραυμάτων τὸ φάρμακον ὁ λόγος ἐστί. Τοῦτο
B τὸ φάρμακον οὐκ ἐκ βοτανῶν τῶν ἐπὶ γῆς, ἀλλ'
ἀπὸ τῶν ῥημάτων τῶν ἐξ οὐρανοῦ σύγκειται· τοῦτο
οὐκ ἰατρῶν χεῖρες, ἀλλὰ προφητῶν κατεσκεύασαν
γλῶτται. Διὰ τοῦτο διαρκές ἐστι, καὶ οὔτε πλήθει χρόνων ἀμαυροῦται, οὔτε δυνάμει νοσημάτων
ἐλέγχεται. Τὰ μὲν γὰρ τῶν ἰατρῶν φάρμακα ἀμφότερα ταῦτα ἔχει τὰ ἐλαττώματα· νεαρὰ μὲν γὰρ
ὄντα τὴν ἰσχὺν ἐπιδείκνυται τὴν ἑαυτῶν· ὅταν δὲ
χρόνος παρέλθῃ πολὺς, καθάπερ τὰ γεγηρακότα τῶν
σωμάτων, ἀσθενέστερα γίνεται· πολλάκις δὲ αὐτὰ
καὶ δυσκολία ἀῤῥωστημάτων διήλεγξεν· ἀνθρώπινα
γάρ ἐστι· τὸ δὲ θεῖον φάρμακον οὐ τοιοῦτον, ἀλλὰ
χρόνου διαγενομένου πολλοῦ, τὴν οἰκείαν ἰσχὺν ἔχει
C πᾶσαν. Ἐξ ὅτου γοῦν ἐγένετο Μωϋσῆς (ἐξ ἐκείνου γὰρ ἡ ἀρχὴ τῶν Γραφῶν), τοσούτους ἐθεράπευσεν ἀνθρώπους, καὶ τὴν οἰκείαν δύναμιν οὐκ ἀπέβαλεν· ἀλλ' οὐδὲ νόσημα αὐτοῦ περιεγένετο πώποτε.
Τοῦτο τὸ φάρμακον οὐκ ἔστιν ἀργύριον καταβαλόντα λαβεῖν, ἀλλ' ὁ προαίρεσιν καὶ διάθεσιν γνησίαν ἐπιδειξάμενος, ἅπαν ἔχων ἀπῆλθε. Διὰ τοῦτο
καὶ πλούσιοι καὶ πένητες ὁμοίως τῆς ἰατρείας ἀπολαύουσι ταύτης. Ἔνθα μὲν γὰρ ἀνάγκη καταθεῖναι
χρήματα, ὁ μὲν εὔπορος μετέχει τῆς ὠφελείας· ὁ δὲ
πένης πολλάκις ἀπεστερημένος τοῦ κέρδους ἀπέρχεται, οὐκ ἀρκούσης αὐτῷ τῆς προσόδου πρὸς τὴν τοῦ
345 φαρμάκου κατασκευήν. Ἐνταῦθα δὲ, ἐπειδὴ ἀργύριον
A οὐκ ἔστι καταβαλεῖν, ἀλλὰ πίστιν ἐπιδείξασθαι δεῖ
καὶ προαίρεσιν, ὁ ταῦτα καταβαλὼν μετὰ προθυμίας,
οὗτος καρποῦται μάλιστα τὴν ὠφέλειαν· ἐπειδὴ καὶ
ταῦτα τῆς ἰατρείας ἐστὶν ὁ μισθός. Καὶ ὁ πλούσιος
καὶ ὁ πένης τῆς ὠφελείας κοινωνοῦσιν ὁμοίως· μᾶλλον
δὲ οὐχ ὁμοίως κοινωνοῦσι τῆς ὠφελείας, ἀλλὰ πολλάκις [a] πλείονος ἀπολαύσας ὁ πένης ἀπέρχεται. Τί δήποτε; Ὅτι ὁ μὲν πλούσιος πολλαῖς προκατειλημμέ-

a [Πλείονος, quod habet in marg. Savil., dedimus e Cod. 748. Edebatur πλειόνως.]

νος φροντίσιν, ἔχων τὴν ἀπόνοιαν καὶ τὸ φύσημα τὸ
τῆς εὐπορίας, ὀλιγωρίᾳ συζῶν καὶ ῥαθυμίᾳ, οὐ μετὰ
πολλῆς τῆς ἀκριβείας, οὐδὲ μετὰ πολλῆς τῆς σπουδῆς
τὸ φάρμακον τῆς ἀκροάσεως τῶν Γραφῶν δέχεται· ὁ
B δὲ πένης τρυφῆς καὶ ἀδηφαγίας καὶ ῥαθυμίας ἀπηλλαγμένος, ἅπαντα τὸν χρόνον ἐν τῇ τῶν χειρῶν ἐργασίᾳ καὶ τοῖς δικαίοις ἀναλίσκων πόνοις, καὶ πολλὴν
ἐντεῦθεν ψυχῇ συλλέγων φιλοσοφίαν, προσεκτικώ-
τερός τε καὶ εὐτονώτερος γίνεται, καὶ μετὰ πλείονος
προσέσχε ἀκριβείας τοῖς λεγομένοις· ὅθεν καὶ πλείονα
καταβαλὼν τὸν μισθὸν, πλείονα τὴν ὠφέλειαν καρπω-
σάμενος ἄπεισιν.

Οὐ τῶν πλουτούντων ἁπλῶς κατηγορῶν ταῦτα εἶπον, οὐδὲ τοὺς πένητας ἁπλῶς ἐπαινῶν· οὔτε γὰρ ὁ
πλοῦτος κακὸν, ἀλλὰ τὸ κακῶς κεχρῆσθαι τῷ πλούτῳ·
οὔτε ἡ πενία καλὸν, ἀλλὰ τὸ καλῶς κεχρῆσθαι τῇ πε-
C νίᾳ. Ἐκολάζετο ὁ πλούσιος ἐκεῖνος ὁ ἐπὶ τοῦ Λαζάρου,
οὐκ ἐπειδὴ πλούσιος ἦν, ἀλλ' ἐπειδὴ ὠμὸς ἦν καὶ ἀπάνθρωπος. Ἐπῃνεῖτο ὁ πένης ἐκεῖνος ὁ ἐν τοῖς κόλποις
τοῦ Ἀβραὰμ, οὐκ ἐπειδὴ πένης ἦν, ἀλλ' ἐπειδὴ μετ'
εὐχαριστίας τὴν πενίαν ἤνεγκε. Τῶν γὰρ πραγμάτων
(προσέχετε δὲ μετὰ ἀκριβείας τούτῳ τῷ λόγῳ· ἱκανὴν γὰρ ὑμῖν ἐνθεῖναι φιλοσοφίαν δυνήσεται, καὶ
πάντα διεφθαρμένον λογισμὸν ἐκβαλεῖν, καὶ ποιῆσαι
περὶ τῶν ὄντων ὀρθὴν ἔχειν τὴν κρίσιν), τῶν τοίνυν
πραγμάτων τὰ μέν ἐστι φύσει καλὰ, τὰ δὲ τὸ ἐναν-
τίον· τὰ δὲ οὔτε καλὰ, οὔτε κακὰ, ἀλλὰ τὴν μέσην
D τάξιν ἐπέχει. Καλὸν ἡ εὐσέβεια φύσει, κακὸν ἡ ἀσέ-
βεια· καλὸν ἡ ἀρετὴ, κακὸν ἡ πονηρία· ὁ δὲ πλοῦτος
καὶ ἡ πενία καθ' ἑαυτὰ μὲν οὔτε τοῦτό ἐστιν, οὔτε
ἐκεῖνο· παρὰ δὲ τὴν προαίρεσιν τῶν χρωμένων ἢ
τοῦτο ἢ ἐκεῖνο γίνεται. Ἂν μὲν γὰρ πρὸς φιλανθρωπίαν χρήσῃ τῷ πλούτῳ, γέγονέ σοι καλοῦ τὸ πρα-
γμα ὑπόθεσις· ἂν δὲ εἰς ἁρπαγὰς καὶ πλεονεξίας καὶ
ὕβριν, πρὸς τὸ ἐναντίον ἔτρεψας αὐτοῦ τὴν χρῆσιν,
ἀλλ' οὐχ ὁ πλοῦτος αἴτιος, ἀλλ' ὁ πρὸς ὕβριν τῷ
πλούτῳ χρησάμενος. Οὕτω καὶ περὶ τῆς πενίας ἐστὶν
E εἰπεῖν· ἂν μὲν γὰρ γενναίως αὐτὴν ἐνέγκῃς εὐχαρι-
στῶν τῷ Δεσπότῃ, γέγονέ σοι στεφάνων τὸ πρᾶγμα
ἀφορμὴ καὶ ὑπόθεσις· ἂν δὲ βλασφημῇς διὰ τοῦτο
τὸν πεποιηκότα, καὶ κατηγορῇς αὐτοῦ τῆς προνοίας,
ἐπὶ κακῷ πάλιν ἐχρήσω τῷ πράγματι· Ἀλλ' ὥσπερ
ἐκεῖ τῆς πλεονεξίας οὐχ ὁ πλοῦτος αἴτιος, ἀλλ' ὁ κακῶς τῷ πλούτῳ χρησάμενος· οὕτω καὶ ἐνταῦθα τῆς
βλασφημίας οὐ τὴν πενίαν αἰτιασόμεθα, ἀλλὰ τὸν
μὴ βουληθέντα σωφρόνως τὸ πρᾶγμα ἐνεγκεῖν. Παν-

majori percepta pauper abscedit. Quid ita? Quod nimirum dives variis præoccupatus sollicitudinibus, superbia tumens, et opibus inflatus ac fastu, desidiæ deditus ac negligentiæ, non admodum attente, neque magno cum studio medicinam auditionis Scripturæ recipiat: pauper autem a deliciis et ingluvie, ac negligentia immunis, multamque inde animæ suæ concilians philosophiam, dum totum tempus in opere manuum ac legitimis laboribus consumit, attentior ac robustior evadat, ac majori cum diligentia quæ dicuntur percipiat: quo fit, ut majori pretio persoluto, majori decerpta utilitate discedat.

Pauperibus utiliores Scripturæ, quam divitibus.

2. Hæc a me non eo dicuntur consilio, ut divites quoscumque vituperem, nec ut pauperes quoscumque laudem: nam neque divitiæ malum sunt, sed divitiis male uti: neque paupertas bonum, sed paupertate bene uti. Torquebatur dives ille qui ætate Lazari vixerat, non quia dives fuerat, sed quia crudelis fuerat et inhumanus. Laudabatur pauper ille in sinu Abrahæ, non quia pauper fuerat, sed quia paupertatem cum gratiarum actione toleraverat. Res enim aliæ (attendite diligenter ad ea quæ dicimus: poterunt enim sufficientem philosophiam modestiamque vobis inserere, ac vitiosam omnem cogitationem expellere, atque efficere ut rectum de rebus judicium feratis); res igitur aliæ sunt natura bonæ, aliæ plane contrariæ; aliæ quæ nec bonæ sunt nec malæ, sed medium quemdam locum tenent. Bonum est quiddam natura sua pietas, malum impietas: bonum virtus, malum improbitas: porro divitiæ ac paupertas per se neque hoc sunt, neque illud: sed pro ratione propositi ac voluntatis eorum qui utuntur illis, aut hoc aut illud fiunt. Nam si ad humanitatem quidem divitiis utare, tibi res ad occasionem boni traducetur: sin autem ad rapinas, avaritiam et injuriam, in contrarium ipsius usum convertes: verumtamen non sunt in causa divitiæ, sed is qui ad injuriam divitiis est usus. Ita quoque de paupertate dici potest: siquidem illam patienter tuleris Domino gratias agens, res tibi occasio fiet ac materia coronarum: sin autem idcirco blasphemus fueris in Creatorem, ejusque providentiam accusaveris, rem ad malum usum rursus traduxisti. Sed quemadmodum illic avaritiæ fraudisve divitiæ causa non sunt, sed is qui male divitiis utitur: sic etiam blasphemiæ culpam non rejiciemus in paupertatem, sed in eum qui rem moderate ferre noluit. Ubique namque cum laus, tum vitupe-

rium ex sententia et voluntate nostra pendet. Bonæ sunt divitiæ, sed non simpliciter, verum illi, cui peccatum non est : et rursus mala est paupertas, sed non simpliciter, verum in ore impii, quoniam ægre fert, quoniam blasphemat, quoniam indignatur, quoniam Creatorem accusat.

Nec divitiæ nec paupertas vituperandæ.

3. Ne igitur divitias accusemus, neque paupertatem simpliciter vituperemus, sed eos qui his rebus recte uti nolunt : res enim ipsæ sunt in medio positæ. Sed quod dicebam (bonum enim est ut ad prius illud argumentum revertamur), et dives et pauper eadem cum fiducia et libertate his nostris medicamentis fruuntur : sæpenumero etiam majori cum studio pauper. Non hæc medicamentorum istorum præcipua laus est, quod animas sanent, quod temporis longinquitate non corrumpantur, quod a morbis non vincantur, quod eorum utilitas gratis proposita sit, quod ex æquo divitibus et pauperibus pateat medicina sed et aliud quidpiam nihilo minus his bonis habent. Quodnam illud tandem est? Quod eos qui ad hanc medici officinam veniunt non divulgamus. Nam illi quidem qui ad profanas medicorum officinas abeunt, multos habent vulnerum spectatores : ac nisi prius medicus ulcus detegat, medicamentum non adhibet : hic vero non ita fit, sed cum innumeros videamus ægrotos, occulte illos curamus. Neque enim in medium adductis peccatoribus, eorum deinde peccata divulgamus : sed communi omnibus doctrina proposita, conscientiæ relinquimus auditorum, ut convenientem suo vulneri ex iis quæ dicta sunt eliciant medicinam. Prodit enim ab oratoris lingua doctrinæ sermo, qui vituperationem vitii continet, laudem virtutis, reprehensionem luxuriæ, commendationem castitatis, accusationem superbiæ, præconium modestiæ, tamquam varium multiplexque pharmacum ex omnibus speciebus compositum : porro conveniens sibi et utile ut accipiat, est uniuscujusque auditorum. Procedit igitur aperte sermo, et cujusque conscientiæ insidens, latenter suam exhibet medicinam, et prius quam ægritudo publicetur, sæpe restituit sanitatem.

4. Heri quidem certe audiistis quo pacto virtutem orationis laudarim, quo pacto eos qui negligenter orabant, vituperarim, nec ullum tamen eorum palam notavi. Quotquot igitur conscii fuerunt suæ diligentiæ, laudem orationis exceperunt, et laudibus diligentiores sunt facti : qui vero suæ conscii negligentiæ fuerunt, rursus re-

346 ταχοῦ γὰρ καὶ ὁ ἔπαινος καὶ ὁ ψόγος τῆς γνώμης τῆς A ἡμετέρας καὶ τῆς προαιρέσεώς ἐστιν. Ἀγαθὸς ὁ πλοῦτος, ἀλλ' οὐχ ἁπλῶς, ἀλλ' ᾧ μή ἐστιν ἁμαρτία· καὶ πάλιν, πονηρὰ ἡ πενία, ἀλλ' οὐχ ἁπλῶς, ἀλλ' ἐν στόματι ἀσεβοῦς, ἐπειδὴ δυσχεραίνει, ἐπειδὴ βλασφημεῖ, ἐπειδὴ ἀγανακτεῖ, ἐπειδὴ κατηγορεῖ τοῦ πεποιηκότος.

Μὴ τοίνυν κατηγορῶμεν πλούτου, μηδὲ κακίζωμεν πενίαν ἁπλῶς, ἀλλὰ τοὺς οὐκ ἐθέλοντας τούτοις χρῆσθαι καλῶς· αὐτὰ γὰρ τὰ πράγματα ἐν μέσῳ κεῖται. Ἀλλ' ὅπερ ἔλεγον (καλὸν γὰρ ἐπανελθεῖν ἐπὶ τὴν προτέραν ὑπόθεσιν), ὅτι καὶ πλούσιος καὶ πένης μετὰ τῆς αὐτῆς ἀδείας καὶ παῤῥησίας τῶν ἐνταῦθα B φαρμάκων ἀπολαύουσι· πολλάκις δὲ μετὰ πλείονος σπουδῆς ὁ πένης. Οὐδὲ γὰρ τοῦτο μόνον ἐστὶ τὸ ἐξαίρετον τῶν φαρμάκων, ὅτι ψυχὰς θεραπεύει, ὅτι μήκει χρόνου οὐ διαφθείρεται, ὅτι ὑπὸ νοσήματος οὐχ ἡττᾶται, ὅτι δωρεὰν πρόκειται ἡ ὠφέλεια, ὅτι ἐξ ἴσου καὶ πλουσίοις καὶ πένησι τὸ τῆς θεραπείας· ἀλλ' ἔχει τι καὶ ἕτερον οὐκ ἔλαττον τούτων τῶν ἀγαθῶν. Ποῖον δὴ τοῦτο; Τοὺς ἐρχομένους εἰς τὸ ἰατρεῖον τοῦτο οὐ δημοσιεύομεν ἡμεῖς. Οἱ μὲν γὰρ εἰς τὰ ἰατρεῖα τὰ ἔξωθεν ἀπιόντες, πολλοὺς ἔχουσι τοὺς τὰ τραύματα θεωροῦντας· κἂν μὴ ἀποκαλύψῃ πρότερον ὁ ἰατρὸς τὸ ἕλκος, τὸ φάρμακον οὐκ ἐπιτίθησιν· ἐν- C ταῦθα δὲ οὐχ οὕτως, ἀλλὰ μυρίους ὁρῶντες κάμνοντας, λανθανόντως ποιούμεθα τὴν θεραπείαν αὐτῶν. Οὐ γὰρ εἰς μέσον ἄγοντες τοὺς ἡμαρτηκότας, οὕτω δημοσιεύομεν αὐτῶν τὰ ἁμαρτήματα· ἀλλὰ κοινὴν ἅπασι προθέντες τὴν διδασκαλίαν, τῷ τῶν ἀκροωμένων συνειδότι καταλιμπάνομεν, ὥστε ἕκαστον τὸ κατάλληλον φάρμακον τῷ οἰκείῳ τραύματι ἐκ τῶν λεγομένων ἐπισπάσασθαι. Πρόεισι μὲν γὰρ ὁ λόγος τῆς διδασκαλίας ἀπὸ τῆς γλώττης τοῦ λέγοντος, ἔχων κατηγορίαν κακίας, ἔπαινον ἀρετῆς, μέμψιν ἀσελγείας, ἐγκώμιον σωφροσύνης, ψόγον ἀπονοίας, ἐπιεικείας ἔπαινον, καθάπερ ποικίλον καὶ παντοδα- D πὸν φάρμακον ἐξ ἁπάντων εἰδῶν συγκείμενον· τὸ δὲ πρόσφορον ἑαυτῷ καὶ χρήσιμον λαβεῖν, ἑκάστου τῶν ἀκουόντων ἐστί. Πρόεισι μὲν οὖν φανερῶς ὁ λόγος, εἰς δὲ τὸ ἑκάστου συνειδὸς ἐγκαθεζόμενος, λανθανόντως καὶ τὴν παρ' ἑαυτοῦ θεραπείαν παρέχει, καὶ πρὶν ἢ δημοσιευθῆναι τὸ νόσημα, τὴν ὑγίειαν πολλάκις ἐπήγαγεν.

Ἠκούσατε γοῦν χθὲς, πῶς ἐπῄνεσα τῆς εὐχῆς τὴν δύναμιν, πῶς ἐκάκισα τοὺς μετὰ ῥᾳθυμίας εὐχομένους, οὐδένα αὐτῶν δημοσιεύσας. Οἱ μὲν οὖν συνειδότες ἑαυτοῖς σπουδὴν, ἐδέξαντο τὸ ἐγκώμιον τῆς εὐχῆς, καὶ ἐγένοντο σπουδαιότεροι τοῖς ἐπαίνοις· οἱ E δὲ συνειδότες ἑαυτοῖς ῥᾳθυμίαν, ἐδέξαντο πάλιν τὴν ἐπιτίμησιν, καὶ τὴν ὀλιγωρίαν ἀπέθεντο. Ἀλλ' οὔτε τούτους, οὔτε ἐκείνους ἴσμεν· ἡ δὲ ἄγνοια ἀμφοτέροις χρήσιμος αὕτη. Πῶς, ἐγὼ λέγω. Ὁ τῶν ἐγκωμίων ἀκούσας τῆς εὐχῆς, καὶ συνειδὼς ἑαυτῷ σπουδὴν, εἰ πολλοὺς εἶχε μάρτυρας τῶν ἐγκωμίων, πρὸς ἀπόνοιαν ἂν ἐξωλίσθησε· νυνὶ δὲ λανθανόντως δεξάμενος τὸν ἔπαινον, πάσης ἀλαζονείας ἀπήλλακται. Πάλιν ὁ συνειδὼς ἑαυτῷ ῥᾳθυμίαν, τῆς κατηγορίας ἀκούσας, ἐγένετο βελτίων ἀπὸ τῆς κατηγορίας, οὐδένα σχὼν τῆς ἐπιτιμήσεως *γνωστῶν ἀνθρώπων· τοῦτο δὲ αὐτὸν οὐχ ὡς ἔτυχεν ὤνησε. Διὰ γὰρ τὸ πρὸς τὴν τῶν πολλῶν ἐπτοῆσθαι δόξαν, ἕως μὲν ἂν λανθάνειν νομίζωμεν ὄντες κακοὶ, σπουδάζομεν γίνεσθαι βελτίους· ἐπειδὰν δὲ πᾶσι γενώμεθα κατάδηλοι, καὶ τὴν ἐκ τοῦ λανθάνειν ἀπολέσωμεν παραμυθίαν, ἀναισχυντότεροι καὶ ῥαθυμότεροι μᾶλλον γινόμεθα. Καὶ καθάπερ τὰ ἕλκη γυμνούμενα, καὶ ἀέρι ψυχρῷ συχνῶς ὁμιλοῦντα, χαλεπώτερα γίνονται· οὕτω καὶ ἡ ψυχὴ ἡμαρτηκυῖα, ἂν μεταξὺ πολλῶν ἐλέγχηται ἐφ' οἷς ἐπλημμέλησεν, ἀναισχυντοτέρα γίνεται. Ἵν' οὖν μὴ τοῦτο γένηται, λανθανόντως ὁ λόγος ὑμᾶς ἐθεράπευσε. Καὶ ἵνα μάθητε, ὅτι ἡ λανθάνουσα αὕτη ἰατρεία πολὺ τὸ κέρδος ἔχει, ἀκούσατε τί φησιν ὁ Χριστός· Ἐὰν ἁμάρτῃ εἰς σὲ ὁ ἀδελφός σου, ἔλεγξον αὐτόν· καὶ οὐκ εἶπε, μεταξὺ σοῦ καὶ τῆς πόλεως, οὐδὲ μεταξὺ σοῦ καὶ τοῦ δήμου, ἀλλὰ, Μεταξὺ σοῦ καὶ αὐτοῦ μόνου. Ἀμάρτυρος ἔστω, φησὶν, ἡ κατηγορία, ἵνα εὔκολος γένηται ἡ πρὸς διόρθωσιν μεταβολή. Μέγα ἄρα ἀγαθὸν, τὸ ποιεῖσθαι τὴν παραίνεσιν μὴ δημοσιευομένην. Ἀρκεῖ τὸ συνειδὸς, ἀρκεῖ ὁ κριτὴς ἐκεῖνος ὁ ἀδέκαστος. Οὐχ οὕτω σὺ ἐπιτιμᾷς τῷ ἡμαρτηκότι, ὡς τὸ συνειδὸς ἑαυτοῦ (πικρότερός ἐστιν ὁ κατήγορος ἐκεῖνος), οὔτε ἀκριβέστερον εἰδὼς τὰ πεπλημμελημένα. Μὴ τοίνυν προσθῇς τραῦμα τραύμασι, δημοσιεύων τὸν ἡμαρτηκότα, ἀλλ' ἀμάρτυρον ποιοῦ τὴν παραίνεσιν. Τοῦτο τοίνυν καὶ ἡμεῖς ποιοῦμεν νῦν, ὅπερ καὶ Παῦλος ἐποίησεν, ἀμάρτυρον κατασκευάζων τοῦ παρὰ Κορινθίοις ἡμαρτηκότος τὴν κατηγορίαν. Καὶ ἄκουε πῶς. Διὰ τοῦτο, φησὶν, ἀδελφοὶ, μετεσχημάτισα ταῦτα εἰς ἐμαυτὸν καὶ Ἀπολλώ. Καὶ μὴν οὐχὶ αὐτὸς, οὐδὲ Ἀπολλὼ ἦσαν οἱ σχίσαντες τὸν δῆμον καὶ τὴν Ἐκκλησίαν διατεμόντες· ἀλλ' ὅμως συνεσκίασε τὴν κατηγορίαν, καὶ καθάπερ προσωπείοις τισὶ, τοῖς αὐτοῦ καὶ Ἀπολλὼ ὀνόμασι τὰς τῶν ὑπευθύνων ἀποκρύψας ὄψεις, ἐξουσίαν αὐτοῖς ἐδίδου μεταβαλέσθαι ἐκ τῆς πονηρίας ἐκείνης. Καὶ πάλιν, Μήπως ἐλθόντα με ὁ Θεὸς ταπεινώσῃ, καὶ πενθήσω πολλοὺς τῶν προημαρτηκότων καὶ μὴ μετανοησάντων ἐπὶ τῇ ἀκαθαρσίᾳ καὶ ἀσελγείᾳ ᾗ ἔπραξαν. Ὅρα πῶς καὶ ἐνταῦθα ἀδιορίστως λέγει τοὺς ἡμαρτηκότας, ἵνα μὴ φανερὰν ποιήσας τὴν κατηγορίαν, ἀναισχυντοτέραν ἐργάσηται

* Forte γνωστήν. [Omisit hanc vocem Cod. 748.]

prehensionem exceperunt, et desidiam excusserunt. Verumtamen neque hi nobis, neque illi sunt noti, atque hæc ignorantia prodest utrisque. Quo pacto id fiat, exponam. Qui laudes orationis audivit, et suæ diligentiæ conscius est, si multos haberet laudum testes, in
347
superbiam laberetur: jam vero laudem clam ex-
A
cipiens ab omni ostentatione est immunis. Rursus is qui sibi conscius est negligentiæ, dum vituperationem audit, hac vituperatione fit melior, cum neminem suæ reprehensionis habeat spectatorem: hoc vero non mediocriter illi prodest. Nam cum vulgi existimationi simus addicti, quamdiu quidem latere nos putamus, qui mali sumus, fieri meliores studemus: postquam autem omnibus innotuimus, et solatium illud ex occultatione perdidimus, eo magis impudentes ac negligentes evadimus. Et quemadmodum quæ
B
deteguntur ulcera, semperque frigido aeri exponuntur, acerbiora fiunt: ita quoque anima peccati rea, si coram multis, ob ea quæ deliquit, reprehendatur, impudentior evadit. Ne igitur hoc accideret, clam vos sermo curavit. Atque ut intelligatis admodum utilem hanc occultam esse medendi rationem, audite quid Christus dicat:
Si peccaverit in te frater tuus, corripe eum: Matth. 18. 15.
et non dixit, inter te et civitatem, neque inter te et populum, sed *Inter te et ipsum solum.* Sit sine testibus accusatio, inquit, ut facilior sit mu-
C
tatio in melius. Magnum ergo bonum est, si non publice fiat cohortatio. Sufficit conscientia: sufficit incorruptus ille judex. Non ita tu peccatorem reprehendis, ut ipsius conscientia (quippe quod asperior ille sit accusator), neque delicta ejus accuratius nosti. Noli ergo vulnus vulneribus addere, dum auctorem peccati divulgas, sed semotis arbitris admonitionem adhibeto. Hoc igitur nunc quoque nos agimus, quod Paulus egit, dum sine testibus apud Corinthios ejus
D
qui peccarat instituit accusationem. Audi vero quo pacto. *Propterea, fratres, transfiguravi* 1. Cor. 4. 6.
hæc in me ipsum et *Apollo.* Atqui non ipse, neque Apollo erant, qui populum sciderant, et Ecclesiam diviserant: accusationem tamen occultavit, et tamquam larvis quibusdam suo et Apollo nominibus reorum vultus obtegens, facultatem illis tribuit ex illa nequitia emergendi. Et rursus: *Ne forte cum venero, humiliet me* 2. Cor. 12. 21.
Deus et *lugeam multos ex iis, qui ante peccarunt,* et *non egerunt pœnitentiam super im-*

munditia et *impudicitia, quam gesserunt.* Vide quo pacto indefinite dicat eos qui peccarunt, ne si manifestam accusationem institueret, impudentiam augeret eorum animæ qui peccarant. Itaque sicut nos tanta cautione reprehensiones facimus, sic, admoneo, et vos omni cum studio emendationem admittatis, ac diligenter iis quæ dicuntur, attendatis.

5. Disseruimus apud vos hesterno die de orationis virtute. Ostendi quo pacto tum temporis diabolus, ut maleficus est, insidias struat. Cum enim maximum nobis lucrum ex oratione cernat obvenire, tunc maxime impetum facit, ut excusatione nos privet, ut vacuis manibus nos domum remittat. Et quemadmodum apud magistratus, si forte satellites, et qui magistratus latus stipant, eos qui ipsum conveniunt, odio prosequantur, virgis procul arceant illos, atque accedere vetant, et conqueri, ejusque clementiam experiri: sic nimirum et diabolus cum accedentes ad judicem homines viderit, procul arcet non virga, sed negligentia. Novit quippe, probe novit, si providi vigilesque accesserint, et peccata sua confessi fuerint, animaque ferventi deflevermit, multam illos veniam impetraturos: benignus enim est Deus: atque idcirco præoccupat illos et ab alloquio repellit, ut nihil eorum quæ postulant, consequantur. Sed milites quidem magistratuum violenter illos summovent, qui eos conveniunt: hic vero non vim afferens, sed nos decipiens, et ad negligentiam impellens. Quapropter nec venia digni sumus, cum nos ipsos bonis sponte privemus. Lux est mentis et animæ cum studio fusa oratio, lux inexstincta et perennis. Propterea innumeras nostris mentibus cogitationum sordes injicit, et quæ nunquam cogitavimus, hæc collecta tempore orationis in animam nostram infundit. Et quemadmodum venti sæpenumero ex adverso ingruentes accensum ignem lucernæ flatu diventilatum exstinguunt: sic et diabolus cum in nobis accensam orationis flammam viderit, innumeris nos sollicitudinibus hinc inde perflatos non prius sinit quiescere, quam lucem exstinxerit. Sed quod illi faciunt, qui lucernas illas accendunt, nos quoque faciamus. Quid illi vero faciunt? Cum vehementem ingruere ventum vident, imposito digito lucernæ foramini spiritui aditum intercludunt. Quamdiu siquidem exterius impetum faciet, resistere valebimus: ubi vero mentis illi fores aperuerimus, et inimicum

Tum præcipue nos vexat dæmon, cum oramus.

Quomodo dæmoni resistendum.

E τὴν τῶν ἡμαρτηκότων ψυχήν. Ὥσπερ οὖν ἡμεῖς μετὰ τοσαύτης φειδοῦς τοὺς ἐλέγχους ποιούμεθα, οὕτω, παρακαλῶ, καὶ ὑμεῖς μετὰ πάσης σπουδῆς δέχεσθε τὴν διόρθωσιν, καὶ μετὰ ἀκριβείας τοῖς λεγομένοις προσέχετε.

Διελέχθημεν ὑμῖν χθὲς περὶ τῆς δυνάμεως τῆς κατὰ τὴν εὐχήν. Ἔδειξα πῶς ὁ διάβολος τότε ἐφεδρεύει κακοῦργος ὤν. Ἐπειδὴ γὰρ μέγιστον κέρδος ἐκ τῆς εὐχῆς ὁρᾷ γινόμενον ἡμῖν, τότε μάλιστα ἐπιτίθεται· ἵνα ἡμᾶς ἐκκρούσῃ τῆς ἀπολογίας, ἵνα κεναῖς οἴκαδε ἀποπέμψῃ χερσί. Καὶ καθάπερ ἐπὶ τῶν ἀρχόντων, ἐπειδὰν οἱ τῆς τάξεως καὶ περὶ αὐτὸν ὄντες τὸν ἄρχοντα ἀπεχθῶς ἔχωσι πρὸς τοὺς ἐντυγχάνοντας, διὰ τῶν ῥάβδων πόῤῥωθεν αὐτοὺς ἀπελαύνουσι, κωλύοντες προσελθεῖν καὶ ἀποδύρασθαι καὶ φιλανθρωπίας τυχεῖν· οὕτω καὶ ὁ διάβολος, ἐπειδὰν ἴδῃ προσ-
348
A ιόντας τῷ δικαστῇ, πόῤῥωθεν ἀπελαύνει, οὐ διὰ ῥάβδου, ἀλλὰ διὰ ῥαθυμίας. Οἶδε γὰρ, οἶδε σαφῶς, ὅτι ἂν προσέλθωσι νήφοντες, καὶ εἴπωσι τὰ ἡμαρτημένα, καὶ ἀποδύρωνται ζεούσῃ τῇ ψυχῇ, πολλὴν λαβόντες συγγνώμην ἀπέρχονται· φιλάνθρωπος γάρ ἐστιν ὁ Θεός· καὶ διὰ τοῦτο προλαμβάνει, καὶ ἀπάγει τῆς ἐντεύξεως αὐτοὺς, ἵνα μηδενὸς ὧν δέονται ἐπιτύχωσιν. Ἀλλ' οἱ μὲν στρατιῶται τῶν ἀρχόντων μετὰ βίας ἀποσοβοῦσι τοὺς ἐντυγχάνοντας· ὁ δὲ οὐ μετὰ ἀνάγκης, ἀλλ' ἀπατῶν ἡμᾶς καὶ εἰς ῥαθυμίαν ἐμβάλλων. Διὰ τοῦτο οὐδὲ συγγνώμης ἐσμὲν
B ἄξιοι, ἑκόντες ἑαυτοὺς ἀποστεροῦντες τῶν ἀγαθῶν. Φῶς ἐστι διανοίας καὶ ψυχῆς ἡ μετὰ σπουδῆς εὐχὴ, φῶς ἄσβεστον καὶ διηνεκές. Διὰ τοῦτο μυρίους συρφετοὺς λογισμῶν ἐμβάλλει ταῖς ἡμετέραις [a] διανοίαις, καὶ ἅπερ οὐδέποτε ἐλογισάμεθα, ταῦτα συνάγων ἐν τῷ καιρῷ τῆς εὐχῆς καταχεῖ ταῖς ψυχαῖς ἡμῶν. Καὶ καθάπερ ἄνεμοι πολλάκις ἀπεναντίας προσπίπτοντες, λυχνιαῖον πῦρ ἀναπτόμενον ῥιπίσαντες ἔσβεσαν· οὕτω καὶ ὁ διάβολος, ἐπειδὰν ἴδῃ τὴν φλόγα τῆς εὐχῆς ἡμῖν ἀναπτομένην, μυρίαις φροντίσιν ἔνθεν καὶ ἔνθεν ῥιπίζων, οὐ πρότερον ἀφίσταται ἕως ἂν σβέσῃ τὸ
C φῶς. Ἀλλ' ὅπερ οἱ τοὺς λύχνους ἐκείνους ἀνάπτοντες ποιοῦσι, τοῦτο καὶ ἡμεῖς ποιήσωμεν. Τί δὲ ἐκεῖνοι ποιοῦσιν; Ἐπειδὰν ἴδωσιν ἄνεμον προσιόντα σφοδρὸν, τὸν δάκτυλον ἐπιθέντες τῇ ὀπῇ τοῦ λύχνου ἀποτειχίζουσι τῷ πνεύματι τὴν εἴσοδον. Ἕως μὲν γὰρ ἂν ἔξωθεν προσβάλλῃ, δυνησόμεθα ἀντιστῆναι· ἐπειδὰν δὲ ἀνοίξωμεν αὐτῷ τὰς θύρας τῆς διανοίας, καὶ ἔνδον δεξώμεθα τὸν ἐχθρὸν, οὐκ ἔτι λοιπὸν οὐδὲ μικρὸν ἀντιστῆναι δυνάμεθα· ἀλλὰ πανταχόθεν κατα-

[a] [Cod. 748 addit ὁ πονηρός.]

σβέσας ἡμῶν τὴν μνήμην, ὥσπερ λύχνον καπνιζόμενον, ἀφίησι τὸ στόμα ῥήματα προφέρειν κενά. Ἀλλ' ὥσπερ ἐκεῖνοι τὸν δάκτυλον ἐπιτιθέασι τῇ ὀπῇ τοῦ λύχνου, οὕτως ἡμεῖς ἐπιθῶμεν τὸν λογισμὸν τῇ D ἡμετέρᾳ διανοίᾳ· ἀποφράξωμεν τοῦ πονηροῦ πνεύματος τὴν εἴσοδον, ἵνα μὴ σβέσῃ ἡμῶν τὸ φῶς τῆς εὐχῆς. Μέμνησθε τούτων ἀμφοτέρων τῶν παραδειγμάτων, καὶ τοῦ τῶν στρατιωτῶν, καὶ τοῦ ἄρχοντος, καὶ τοῦ κατὰ τὸν λύχνον; Διὰ γὰρ τοῦτο ταῦτα λέγομεν ὑμῖν τὰ παραδείγματα, ἐν οἷς στρεφόμεθα, ἐν οἷς ἐσμεν, ἵνα καὶ ἐντεῦθεν ἀναχωρήσαντες καὶ οἴκοι γενόμενοι, ἀπὸ τῶν ἐν χερσὶ πραγμάτων ὑπόμνησιν λαμβάνωμεν τῶν εἰρημένων. Μέγα ὅπλον εὐχὴ, καὶ μεγάλη ἀσφάλεια.

Ἠκούσατε χθὲς, πῶς οἱ τρεῖς παῖδες πεπεδημένοι κατέλυσαν τὴν τοῦ πυρὸς δύναμιν, πῶς κατεπάτησαν τὴν φλόγα, πῶς περιεγένοντο τῆς καμίνου, καὶ E τῆς ἐνεργείας ἐκράτησαν τοῦ στοιχείου; Ἀκούσατε σήμερον πάλιν, πῶς ὁ γενναῖος καὶ μέγας Ἰσαὰκ αὐτῆς περιεγένετο τῆς τῶν σωμάτων φύσεως δι' εὐχῆς. Ἐκεῖνοι κατέλυσαν τοῦ πυρὸς τὴν δύναμιν, οὗτος σήμερον τῆς φύσεως πεπηρωμένης ἔλυσε τὰ δεσμά. Καὶ μάθε πῶς τοῦτο ἐποίει. Ἐδέετο, φησὶν, Ἰσαὰκ περὶ τῆς γυναικὸς αὐτοῦ, ὅτι στεῖρα ἦν. Ταῦτα σήμερον ὑμῖν ἀνεγνώσθη· χθὲς περὶ εὐχῆς ὁ λόγος, καὶ σήμερον πάλιν ἀπόδειξις τῆς δυνάμεως τῆς εὐχῆς. Ὁρᾶτε πῶς ἡ τοῦ Πνεύματος ᾠκονόμησε χάρις σύμφωνα τοῖς χθὲς 349 A εἰρημένοις ἀναγνωσθῆναι τὰ τήμερον; [a] Ἐδέετο, φησὶν, Ἰσαὰκ περὶ Ῥεβέκκας τῆς γυναικὸς αὐτοῦ, ὅτι στεῖρα ἦν. Τοῦτο πρῶτον ἄξιον ζητῆσαι, τίνος ἕνεκεν στεῖρα ἦν. Βίου ἦν θαυμαστοῦ καὶ πολλῆς γέμοντος σωφροσύνης καὶ αὐτὴ, καὶ ὁ ἀνήρ. Οὐκ ἔχομεν ἐπιλαβέσθαι τῆς ζωῆς τῶν δικαίων, καὶ εἰπεῖν, ὅτι ἔργον ἁμαρτιῶν ἡ στείρωσις. Καὶ οὐκ αὐτὴ στεῖρα μόνον, ἀλλὰ καὶ ἡ μήτηρ αὐτοῦ ἡ Σάῤῥα, ἡ τεκοῦσα αὐτόν· οὐχ ἡ μήτηρ δὲ αὐτοῦ μόνον στεῖρα ἦν, οὐδὲ ἡ γυνὴ, ἀλλὰ καὶ ἡ νύμφη, ἡ τοῦ Ἰακὼβ γυνὴ ἡ Ῥαχήλ. Τί βούλεται τῶν στειρῶν τούτων ὁ χορός; Πάντες δίκαιοι, πάντες ἐν ἀρετῇ ζῶντες, πάντες ὑπὸ τοῦ Θεοῦ ἐμαρτυρήθησαν. Περὶ γὰρ αὐτῶν ἔλεγεν· B Ἐγώ εἰμι ὁ Θεὸς Ἀβραὰμ, καὶ ὁ Θεὸς Ἰσαὰκ, καὶ ὁ Θεὸς Ἰακώβ. Περὶ τῶν αὐτῶν καὶ Παῦλος οὑτωπως λέγει· Δι' ἣν αἰτίαν οὐκ ἐπαισχύνεται ὁ Θεὸς, Θεὸς καλεῖσθαι αὐτῶν. Πολλὰ αὐτῶν τὰ ἐγκώμια ἐν τῇ Καινῇ, πολλοὶ αὐτῶν οἱ ἔπαινοι ἐν τῇ Παλαιᾷ. Πανταχόθεν λαμπροὶ καὶ εὐδόκιμοι, καὶ πάντες στείρας ἔσχον γυναῖκας, καὶ ἐν ἀπαιδίᾳ μέχρι πολλοῦ διετέλεσαν χρόνου. Ὅταν οὖν ἴδῃς ἄνδρα καὶ γυναῖκα ἀρετῇ συζῶντας, ὅταν ἴδῃς θεοφιλεῖς, εὐσεβείας ἐπι-

intus admiserimus, tum non amplius, ne minimum quidem resistere possumus : sed memoria nostra undique exstincta ut lucerna fumigans, inania verba sinit os nostrum effundere. Verum ut illi lucernæ foramini digitum imponunt, ita nos rationem menti præficiamus, maligno spiritui aditum intercludamus, ne orationis nostræ lumen exstinguat. Meministis hujus exempli utriusque, et militum ac magistratus, et lucernæ? Propterea namque vobis hæc exempla recitamus, in quibus versamur, in quibus sumus, ut etiam cum hinc recesserimus, ac domi fuerimus, per eas res quas habemus præ manibus, eorum quæ dicta sunt nobis memoria refricetur. Magna est armatura oratio, magnum præsidium. *Magnum telum precatio.*

6. Audistis heri quo pacto tres pueri vincti impetum ignis represserint, quo pacto flammam calcarint, quo pacto fornacem superaverint, quo pacto virtutem elementi devicerint? Audite rursus hodie, quo pacto generosus ac magnus Isaac ipsam corporis naturam oratione superarit. Illi virtutem ignis dissolverunt, hic hodierno die vincula solvit mutilatæ naturæ. Ac disco qua ratione id egerit. *Rogabat*, inquit, *Isaac pro uxore* *Gen.* 25. 21.
sua, quoniam sterilis erat. Hæc vobis hodie sunt lecta : heri de oratione sermo est habitus, et hodie rursus demonstratio virtutis orationis occurrit. Videtis ut ita Spiritus gratia disponente sit factum, ut iis consona, quæ dicta sunt heri, hodierno die legerentur? *Rogabat*, inquit, *pro Rebecca uxore sua, quoniam sterilis erat.* Hoc in primis operæ pretium est quærere, qua de causa sterilis esset. Admirabilis cujusdam vitæ magnæque castitatis plena cum ipsa erat, tum vir ejus. Non possumus carpere sanctorum vitam, ac dicere peccatorum effectum esse sterilitatem. Nec ista sterilis fuit sola, sed et mater ipsius Sarra, quæ illum peperit; neque vero mater ejus tantum sterilis fuit, neque uxor, sed et nurus, Jacobi uxor Rachel. Quid sibi vult hæc turba sterilium? Omnes justi, omnes virtute præditi, omnes Dei testimonio approbati erant. De illis enim dixerat : *Ego sum Deus Abraham,* *Exod.* 3.6
et Deus Isaac, et *Deus Jacob*. De iisdem etiam sic loquitur Paulus : *Quam ob causam non* *Hebr.* 11. 16.
confunditur Deus, vocari Deus eorum. Multa eorum præconia in Novo, multæ illorum laudes in Veteri Testamento : omni ex parte clari et illustres, et omnes steriles habebant uxores, ac sine liberis multo tempore vixerunt. Cum igitur

[a] Hæc ipsa habentur Homilia 49 in Genesim, T. 4 Ed. nostræ, p. 492. E — 495, B.

virum et uxorem videris ex virtutis præscripto vitam degentes, cum religiosos, pietatis studiosos et liberis destitutos, ne peccatorum retributionem omnino esse liberorum existimes orbitatem. Multæ quippe sunt rationes providentiæ divinæ ac nobis occultæ, et pro omnibus agendæ sunt gratiæ, solique illi miseri censendi qui vitiis contaminati vivunt, non qui liberis carent. Sæpenumero Deus utiliter id agit : nos autem eorum quæ fiunt causam ignoramus. Idcirco sapientiam ejus ubique laudari par est, et benignitati ejus ineffabili gloriam deferri.

Orbitas liberorum non est pœna peccati.

7. Atque hic quidem sermo nostros instruere mores potest : sed et tangenda nobis est causa, ob quam steriles illæ mulieres fuerunt. Quænam igitur fuit causa? Ut, cum Virginem parientem communem nostrum Dominum videris, fidem habere non renuas. Ergo mentem tuam in sterilium utero exerce : ut, cum infecundum ac vinctum uterum videris divina gratia ad liberos gignendos adapertum, ne mireris, dum peperisse Virginem audis. Imo vero et mirare et obstupesce, verumtamen credere miraculum ne recusa. Cum dixerit tibi Judæus, Quo pacto peperit virgo? tu dic illi, Quo pacto peperit sterilis et senectute confecta? Duo impedimenta tunc erant, ætas extulea, et inepta natura : in Virgine autem unum fuit impedimentum, quod nuptias experta non esset. Viam igitur sternit Virgini sterilis. Atque ut intelligas idcirco steriles præcessisse, ut partus Virginis crederetur, audi quibus eam verbis Gabriel sit affatus. Cum enim venisset, eique
Luc. 1. 31. dixisset, *Concipies in utero, et paries filium, et vocabis nomen ejus Jesum,* obstupuit Vir-
Ib. v. 34. go et mirata est, dixitque : *Quomodo fiet istud, quoniam virum non cognosco?* Quid
Ib. v. 35. igitur angelus? *Spiritus sanctus superveniet in te.* Noli ordinem quærere naturæ, inquit, cum supra naturam est id quod geritur : ne nuptias et dolores partus circumspice, cum nuptiis superior generationis modus fuerit. *Quomodo fiet istud,* inquit, *quoniam virum non cognosco?* Atqui propterea fiet istud, quia virum non cognoscis. Si enim virum cognovisses, habita digna non esses, quæ huic ministerio inservires. Itaque ob hoc ipsum crede, ob quod fidem renuis habere. Porro ejusmodi inservire ministerio digna non esses habita, non quod malum sit conjugium, sed quia melior est virginitas : augustiorem enim esse nostro ingressum Domini oportebat; regius quippe erat : atqui rex per augustiorem viam ingreditur. Oportuit illum et generatio-

In rebus fidei naturæ ordo quærendus non est.

μελουμένους, καὶ ἀπαιδίαν νοσοῦντας, μὴ νόμισῃς ἁμαρτιῶν εἶναι πάντως τὴν ἀπαιδίαν ἀνταπόδοσιν. C Πολλοὶ γὰρ τῆς οἰκονομίας οἱ τοῦ Θεοῦ λόγοι καὶ ἡμῖν ἀπόῤῥητοι, καὶ ὑπὲρ πάντων εὐχαριστεῖν δεῖ, καὶ μόνους ἐκείνους ταλανίζειν τοὺς ἐν κακίᾳ ζῶντας, οὐχὶ τοὺς παιδία μὴ κεκτημένους. Πολλάκις ὁ Θεὸς ποιεῖ συμφερόντως· ἡμεῖς δὲ τὴν αἰτίαν τῶν γινομένων οὐκ ἴσμεν. Διὰ τοῦτο πανταχοῦ θαυμάζειν χρὴ αὐτοῦ τὴν σοφίαν, καὶ δοξάζειν τὴν φιλανθρωπίαν αὐτοῦ τὴν ἄφατον.

Ἀλλὰ οὗτος μὲν εἰς ἦθος ὁ λόγος ἡμᾶς παιδεῦσαι δύναται· δεῖ δὲ καὶ τὴν αἰτίαν εἰπεῖν, δι' ἣν ἦσαν αἱ γυναῖκες ἐκεῖναι στεῖραι. Τίς οὖν ἡ αἰτία; Ἵν', ὅταν ἴδῃς τὴν παρθένον τίκτουσαν τὸν κοινὸν ἡμῶν Δεσπότην, D μὴ ἀπιστήσῃς. Οὐκοῦν γύμνασόν σου τὴν διάνοιαν ἐν τῇ μήτρᾳ τῶν στειρῶν· ἵν', ὅταν ἴδῃς πεπηρωμένην καὶ δεδεμένην τὴν μήτραν πρὸς παιδοποιίαν ἀνοιγομένην ἐκ τῆς τοῦ Θεοῦ χάριτος, μὴ θαυμάσῃς ἀκούων ὅτι παρθένος ἔτεκε. Μᾶλλον δὲ καὶ θαύμασον, καὶ ἐκπλάγηθι, ἀλλὰ μὴ ἀπιστήσῃς τῷ θαύματι. Ὅταν λέγῃ πρὸς σὲ ὁ Ἰουδαῖος, πῶς ἔτεκεν ἡ παρθένος; εἰπὲ πρὸς αὐτὸν, πῶς ἔτεκεν ἡ στεῖρα καὶ γεγηρακυῖα; Δύο κωλύματα τότε ἦν, τό τε ἄωρον τῆς ἡλικίας, καὶ τὸ ἄχρηστον τῆς φύσεως· ἐπὶ δὲ τῆς παρθένου ἓν κώλυμα μόνον ἦν, τὸ μὴ μετασχεῖν γά- E μου. Προοδοποιεῖ τοίνυν τῇ παρθένῳ ἡ στεῖρα. Καὶ ἵνα μάθῃς ὅτι διὰ τοῦτο αἱ στεῖραι προέλαβον, ἵνα πιστευθῇ τῆς παρθένου ὁ τόκος, ἄκουσον τῶν ῥημάτων τοῦ Γαβριὴλ τῶν πρὸς αὐτήν. Ἐπειδὴ γὰρ ἦλθε καὶ εἶπεν αὐτῇ, Συλλήψῃ ἐν γαστρὶ, καὶ τέξῃ υἱὸν, καὶ καλέσεις τὸ ὄνομα αὐτοῦ Ἰησοῦν, ἐξεπλάγη ἡ παρθένος καὶ ἐθαύμασε, καὶ εἶπε· Πῶς ἔσται μοι τοῦτο, ἐπεὶ ἄνδρα οὐ γινώσκω; Τί οὖν ὁ ἄγγελος; Πνεῦμα 359 ἅγιον ἐπελεύσεται ἐπὶ σέ. Μὴ ζήτει φύσεως ἀκολου- A θίαν, φησὶν, ὅταν ὑπὲρ φύσιν ᾖ τὸ γινόμενον· μὴ περιβλέπου γάμον καὶ ὠδῖνα, ὅταν μείζων γάμου τῆς γενέσεως ὁ τρόπος ᾖ. Καὶ πῶς ἔσται τοῦτο, φησὶν, ἐπεὶ ἄνδρα οὐ γινώσκω; Καὶ μὴν διὰ τοῦτο ἔσται τοῦτο, ἐπεὶ ἄνδρα οὐ γινώσκεις. Εἰ γὰρ ἐγίνωσκες ἄνδρα, οὐκ ἂν κατηξιώθης ὑπηρετήσασθαι τῇ διακονίᾳ ταύτῃ. Ὥστε δι' ὃ ἀπιστεῖς, διὰ τοῦτο πίστευε. Οὐκ ἂν δὲ κατηξιώθης τοιαύτῃ διακονίᾳ ὑπηρετήσασθαι, οὐκ ἐπειδὴ κακὸν ὁ γάμος, ἀλλ' ἐπειδὴ κρείσσων ἡ παρθενία· τὴν δὲ τοῦ Δεσπότου εἴσοδον σεμνοτέραν ἐχρῆν εἶναι τῆς ἡμετέρας· βασιλικὴ γὰρ ἦν· ὁ δὲ βασιλεὺς διὰ σεμνοτέρας εἰσέρχεται. Ἔδει καὶ κοι- B νωνεῖν τὴν γέννησιν ἐκεῖνον, καὶ ἐξηλλάχθαι τῆς ἡμετέρας. Οὐκοῦν ἀμφότερα ταῦτα οἰκονομεῖται. Τὸ μὲν γὰρ ἀπὸ μήτρας γενέσθαι, κοινὸν πρὸς ἡμᾶς· τὸ δὲ χωρὶς γάμων γενέσθαι, μεῖζον ἢ καθ' ἡμᾶς. Καὶ τὸ μὲν γαστρὶ κυηθῆναι καὶ συλληφθῆναι, τῆς φύσεως τῆς ἀνθρωπίνης· τὸ δὲ χωρὶς μίξεως γενέσθαι τὴν κύησιν, σεμνότερον τῆς φύσεως τῆς ἀνθρωπίνης. Διὰ τοῦτο δὲ ἀμφότερα ταῦτα γέγονεν, ἵνα καὶ τὴν ὑπεροχὴν καὶ τὴν κοινωνίαν τὴν πρὸς σὲ μάθῃς τοῦ τικτομένου.

Καὶ σκόπει μοι τὴν σοφίαν τῶν γινομένων. Οὔτε ἡ C ὑπεροχὴ τὴν πρὸς ἡμᾶς ὁμοίωσιν καὶ συγγένειαν ἐλυμήνατο, οὔτε ἡ πρὸς ἡμᾶς συγγένεια τὴν ὑπεροχὴν ἠμαύρωσεν, ἀλλ' ἑκατέρα ἐδείκνυτο διὰ τῶν πραγμάτων ἁπάντων· καὶ τὰ μὲν ὁλόκληρα εἶχεν ἡμέτερα, τὰ δὲ ἐξηλλαγμένα πρὸς ἡμᾶς. Ἀλλ' ὅπερ ἔλεγον, ὅτι διὰ τοῦτο προέλαβον αἱ στεῖραι, ἵνα πιστευθῇ τῆς παρθένου ὁ τόκος, ἵνα αὐτὴ χειραγωγηθῇ πρὸς τὴν πίστιν τῆς ἐπαγγελίας καὶ τῆς ὑποσχέσεως ἐκείνης, ἧς ἤκουσε παρὰ τοῦ ἀγγέλου λέγοντος, Πνεῦμα ἅγιον ἐπελεύσεται ἐπὶ σὲ, καὶ δύναμις ὑψίστου ἐπισκιάσει σοι· οὕτω, φησὶν, ἔχεις τεκεῖν. Μὴ βλέπε πρὸς τὴν γῆν· ἀπὸ τῶν οὐρανῶν ἡ ἐνέργεια D ἔρχεται. Πνεύματός ἐστι χάρις τὸ γινόμενον, μὴ ζήτει μοι φύσιν καὶ νόμους γάμων. Ἀλλ' ἐπειδὴ μείζονα ταύτης ἐκεῖνα ἦν τὰ ῥήματα, βούλεται καὶ ἑτέραν παρασχεῖν ἀπόδειξιν. Σὺ δέ μοι παρατήρει, πῶς ἡ στεῖρα αὐτὴν ὁδηγεῖ πρὸς τὴν πίστιν τούτου. Ἐπειδὴ γὰρ ἐκείνη ἡ ἀπόδειξις μείζων ἦν τῆς διανοίας τῆς παρθένου, ἄκουσον πῶς καὶ ἐπὶ τὰ ταπεινότερα κατήγαγε τὸν λόγον, διὰ τῶν αἰσθητῶν αὐτὴν χειραγωγῶν. Ἰδοὺ γὰρ, φησὶν, Ἐλισάβετ ἡ συγγενής σου, καὶ αὐτὴ συνειληφυῖα υἱὸν ἐν γήρᾳ αὐτῆς· καὶ οὗτος μὴν ἕκτος ἐστὶν αὐτῇ τῇ καλουμένῃ στείρᾳ. Ὁρᾷς ὅτι ἡ στεῖρα διὰ τὴν παρθένον; ἐπεὶ, τίνος ἕνεκεν παρήγα- E γεν αὐτῇ τὸν τόκον τῆς συγγενίδος; τίνος ἕνεκεν ἔλεγεν, Ἐν γήρᾳ αὐτῆς; τίνος ἕνεκεν ἐπήγαγε, Τῇ καλουμένῃ στείρᾳ; Διὰ πάντων τούτων ἐνάγων αὐτὴν δηλονότι πρὸς τὸ πιστεῦσαι τῷ εὐαγγελισμῷ. Διὰ τοῦτο καὶ τὴν ἡλικίαν εἶπε, καὶ τὴν πήρωσιν τῆς φύσεως· διὰ τοῦτο καὶ τὸν χρόνον ἀνέμεινε τὸν ἀπὸ τῆς συλλήψεως· οὐ γὰρ ἐκ προοιμίων αὐτῇ εὐθέως εὐηγγελίσατο, ἀλλ' ἀνέμεινεν ἑξαμηνιαῖον χρόνον τῇ στείρᾳ γενέσθαι· ἵνα ὁ τῆς γαστρὸς ὄγκος λοιπὸν τὴν κύησιν ἐγγυήσηται, 351 A καὶ ἀναμφισβήτητος ἀπόδειξις γένηται τῆς συλλήψεως. Καὶ θέα μοι πάλιν τὴν σύνεσιν τοῦ Γαβριήλ. Οὐδὲ γὰρ ἀνέμνησεν αὐτῆς τῆς Σάῤῥας, οὐδὲ τῆς Ῥεβέκκας, οὐδὲ τῆς Ῥαχήλ· καίτοι καὶ αὗται στεῖραι ἦσαν, καὶ αὗται γεγηρακυῖαι, καὶ θαῦμα τὸ γινόμενον ἦν· ἀλλὰ παλαιὰ τὰ διηγήματα ἦν. Τῶν δὲ ἀρχαίων τὰ νέα καὶ πρόσφατα καὶ κατὰ τὴν γενεὰν συμβαίνοντα τὴν ἡμετέραν μᾶλλον ἡμᾶς εἰς πίστιν τῶν θαυ-

ni communicare, et a nostra differre. Itaque hæc ambo disponuntur. Nam ex utero nasci, commune nobiscum est: sed absque conjugio nasci, conditionem nostram excedit. Atque in utero quidem gestari et concipi, naturæ est humanæ; quod autem sine coitu fiat conceptio natura humana est augustius. Propterea hæc ambo acciderunt, ut et quanto te præstantior sit is qui paritur, discas, et quantum naturæ tuæ communicet.

8. Ac mihi sapientiam considera, quæ in iis quæ geruntur, elucet. Neque præstantia illa similitudinem et cognationem, qua nobiscum junctus est, læsit; neque cognatio nostra præstantiam ejus obscuravit, sed utraque rebus omnibus declarata est; et alia quidem nostra habebat integra, alia vero a nobis diversa. Sed quod dixeram, propterea steriles præcesserunt, ut partus Virginis crederetur, ut ista quasi manu duceretur ad fidem promisso ac pollicitationi illi habendam quam angelo audivit dicente, *Spiritus sanctus superveniet in* te, et *virtus Altissimi obumbrabit tibi*: sic, inquit, paritura es. Ne respicias terram; de cælo venit efficacitas. Spiritus est gratia quod geritur; ne mihi quæras naturam et leges nuptiarum. Sed quoniam illis captum excedebant hæc verba, vult etiam alteram demonstrationem præbere. Tu vero considera, quo pacto sterilis ad fidem hujus rei habendam deducat. Nam quoniam illa demonstratio mentem Virginis excedebat, audi quo pacto ad humiliora sermonem demittens per res subjectas sensibus illam quasi manu ducat. *Ecce* enim, inquit, *Elizabet cognata tua*, et *ipsa concepit filium in senectute sua: et hic mensis sextus* est *illi, quæ vocatur* sterilis. Vides sterilem esse propter Virginem? nam alioqui cur illi protulit in medium cognatæ partum? quam ob causam dixit, *In senectute sua?* cur adjunxit, *Ei quæ vocatur* sterilis? Iilam nimirum his omnibus ad fidem annuntiationi habendam incitabat. Propterea et ætatem et naturæ imbecillitatem narravit: propterea quoque a die conceptionis elapsum tempus exspectavit. Non enim a principio statim illi annuntiavit, sed ut semestre tempus sterili elaberetur, exspectavit: ut ventris tumor conceptionem indicaret, et uterum illam gestare dubitare minime posset. Ac mihi rursus prudentiam Gabrielis considera. Neque enim illi revocavit in memoriam Sarram, nec Rebeccam, nec Rachelem, tametsi steriles etiam erant istæ, ac senectute confectæ, neque res carebat miracu-

Partus sterilis partus virginis fidem facit.

Luc. 1. 36.

lo: sed veteres erant illæ historiæ. Porro quæ nova sunt et recentia, quæ nostra ætate acciderunt, multo magis quam antiqua nos solent ad fidem balendam miraculis incitare. Quam ob causam, illis prætermissis, exemplum ipsi cognatæ suæ Elizabet proponebat, ut ex eo id, quod illi eventurum erat, intelligeret, ut illius partu ad suum illum maxime tremendum atque venerandum certo credendum induceretur. Medius quippe inter nostrum et Domini partum fuit ille sterilis mulieris, minor quidem virgineo, sed major nostro. Propterea tamquam per quemdam pontem per Elizabet, quæ media erat, a naturali partu ad illum qui naturam excedit, subvehit mentem Virginis.

9. Voluissem equidem plura dicere, vosque alias docere rationes, ob quas sterilis erat Rebecca, et Rachel: sed non sinit tempus, quod orationem cogit ad ostendendam virtutem precum festinare. Idcirco namque de his omnibus sermonem instituimus, ut intelligeretis, qua ratione preces Isaac sterilitatem uxoris solverint, et preces temporis tam diuturni. *Deprecabatur*, inquit, *Isaac pro Rebecca uxore sua, et exaudivit eum Deus*. Noli enim putare Deum illum invocasse, ac statim exauditum fuisse: multum enim temporis Deum orando consumsit. Ac si discere velitis quantum, ego vobis illud exacte narrabo. Viginti annorum numerum Deum orando consumsit. Unde id constat? Ex ipsa serie narrationis. Volens enim Scriptura fidem, patientiam et philosophiam justi indicare, ne tempus quidem siluit, sed et ipsum declaravit, licet subobscure, ut negligentiam nostram excitaret: attamen ignotum esse non sivit. Audi ergo quo pacto subobscure nobis tempus indicarit. *Isaac autem erat quadraginta annorum*, inquit, *quando accepit Rebeccam filiam Bathuel Syri*. Didicisti quot annorum esset quando duxit uxorem? Quadraginta annorum, inquit, erat, quando Rebeccam accepit. Sed quoniam quot annorum esset didicimus, cum sibi matrimonio junxit uxorem, discamus et quando tandem susceperit liberos, et quot annorum esset, cum Jacob genuit; tum videre poterimus quanto tempore sterilis uxor manserit, ac toto illo tempore Isaacum Deum esse deprecatum. Quot igitur annorum erat quando Jacobum genuit? *Exiit*, inquit, *Jacob dextera tenens calcaneum fratris sui: propterea vocavit eum Jacob, illum autem Esau. Isaac*

Gen. 25. 21.

Quot annos precatus sit Isaac.

Gen. 25. 20.

Gen. 25. 25. 26.

μάτων ἐνάγειν εἴωθε. Διὰ τοῦτο ἐκείνας ἀφεὶς, ἀπ' αὐτῆς ἐννοῆσαι τῆς συγγενίδος τῆς Ἐλισάβετ τὸ ἐπ' αὐτῇ προεβάλλετο, ὥστε ἀπ' ἐκείνης πρὸς τὸν οἰκεῖον αὐτὴν τόκον ἐναγαγεῖν τὸν φρικωδέστατον ἐκεῖνον καὶ σεμνότατον. Μέσος γὰρ τοῦ τε ἡμετέρου καὶ τοῦ δεσποτικοῦ ὁ τόκος ὁ τῆς στείρας ἦν, ἐλάττων μὲν τοῦ τῆς παρθένου, μείζων δὲ τοῦ ἡμετέρου. Διὰ τοῦτο, ὥσπερ διά τινος γεφύρας, μέσης τῆς Ἐλισάβετ, ἀπὸ τῶν κατὰ φύσιν ὠδίνων ἐπὶ τοὺς ὑπὲρ φύσιν ἀνάγει τῆς παρθένου τὴν διάνοιαν.

Ἐβουλόμην πλείονα εἰπεῖν, καὶ ἑτέρους λόγους ὑμᾶς διδάξαι, δι' οὓς στεῖρα ἡ Ῥεβέκκα καὶ ἡ Ῥαχὴλ ἦν· ἀλλ' ὁ καιρὸς οὐκ ἀφίησι κατεπείγων τὸν λόγον πρὸς τὴν τῆς εὐχῆς δύναμιν. Διὰ γὰρ τοῦτο καὶ ταῦτα πάντα ἐκινήσαμεν, ἵνα μάθητε, πῶς τὴν στείρωσιν τῆς γυναικὸς ἔλυσε τοῦ Ἰσαὰκ ἡ εὐχὴ, καὶ εὐχὴ τοσούτου χρόνου. Ἐδέετο, φησὶν, Ἰσαὰκ περὶ Ῥεβέκκας τῆς γυναικὸς αὐτοῦ, καὶ ἐπήκουσεν αὐτοῦ ὁ Θεός. Μὴ γὰρ νομίσῃς ὅτι ἐκάλεσε τὸν Θεὸν, καὶ εὐθέως εἰσηκούσθη· πολὺν γὰρ ἀνάλωσε χρόνον δεόμενος τοῦ Θεοῦ. Καὶ εἰ βούλεσθε μαθεῖν πόσον, ἐγὼ ὑμῖν καὶ τοῦτο μετὰ ἀκριβείας ἐρῶ. Εἴκοσι ἐτῶν ἀριθμὸν ἀνάλωσε δεόμενος τοῦ Θεοῦ. Πόθεν τοῦτο δῆλον; Ἐκ τῆς ἀκολουθίας αὐτῆς. Βουλομένη γὰρ ἡ Γραφὴ τὴν πίστιν καὶ τὴν ὑπομονὴν καὶ τὴν φιλοσοφίαν δεῖξαι τοῦ δικαίου, οὐδὲ τὸν χρόνον ἀπεσιώπησεν, ἀλλὰ καὶ αὐτὸν δῆλον ἡμῖν ἐποίησε, λανθανόντως μὲν, ὥστε διεγεῖραι ἡμῶν τὴν ῥᾳθυμίαν, πλὴν ἀλλ' οὐκ ἀφῆκεν εἶναι ἀφανῆ. Ἄκουσον γοῦν πῶς λανθανόντως ἡμῖν τὸν χρόνον ἐδήλωσεν. Ἰσαὰκ δὲ ἦν ἐτῶν τεσσαράκοντα, φησὶν, ὅτε ἔλαβε τὴν Ῥεβέκκαν θυγατέρα Βαθουὴλ τοῦ Σύρου. Ἔμαθες πόσων ἐτῶν ἦν, ὅτε τὴν γυναῖκα ἠγάγετο; Τεσσαράκοντα ἐτῶν, φησὶν, ἦν ὅτε ἔλαβε τὴν Ῥεβέκκαν. [a] Ἀλλ' ἐπειδὴ ἐμάθομεν πόσων ἐτῶν ὢν ἔγημε τὴν γυναῖκα, μάθωμεν καὶ πότε ἐγένετο λοιπὸν πατὴρ, καὶ πόσων ἐτῶν ἦν τότε, ὅτε ἐγέννησε τὸν Ἰακώβ· καὶ δυνησόμεθα ἰδεῖν πόσον ἔμεινε χρόνον στεῖρα ἡ γυνὴ, καὶ ὅτι τοῦτον ἅπαντα ἐδέετο τοῦ Θεοῦ τὸν χρόνον. Πόσων οὖν ἐτῶν ἦν, ὅτε ἐγέννησε τὸν Ἰακώβ; Ἐξῆλθε, φησὶν, Ἰακὼβ ἐπειλημμένος τῇ δεξιᾷ τῆς πτέρνης τοῦ ἀδελφοῦ αὐτοῦ· διὰ τοῦτο ἐκάλεσεν αὐτὸν Ἰακὼβ, ἐκεῖνον δὲ Ἡσαῦ. Ἰσαὰκ δὲ ἦν ἐτῶν ἑξήκοντα, ὅτε ἐγέννησεν αὐτούς. Εἰ τοίνυν, ὅτε μὲν ἠγάγετο τὴν Ῥεβέκκαν, τεσσαράκοντα ἐτῶν ἦν, ὅτε δὲ ἐγέννησε τοὺς υἱοὺς, ἑξήκοντα, εὐδη-

[a] Hactenus in Homilia 49 in Genesim.

λον ὅτι εἴκοσιν ἔτη μεταξὺ στεῖρα ἔμεινεν ἡ γυνὴ, καὶ τοῦτον ἅπαντα τὸν χρόνον ἐδέετο τοῦ Θεοῦ ὁ Ἰσαάκ.

357 A Εἶτα οὐκ αἰσχυνόμεθα, οὐδὲ ἐγκαλυπτόμεθα, τὸν μὲν δίκαιον ὁρῶντες εἴκοσιν ἔτη παραμένοντα καὶ οὐκ ἀφιστάμενον· ἡμεῖς δὲ ἐκ πρώτης αἰτήσεως ἢ δευτέρας πολλάκις ἀπαγορεύοντες καὶ δυσχεραίνοντες; Καίτοι ὁ μὲν πολλὴν πρὸς τὸν Θεὸν εἶχε τὴν παῤῥησίαν, καὶ ὅμως οὐκ ἐδυσχέραινε πρὸς τὴν ἀναβολὴν τῆς δόσεως, ἀλλ' ἔμενε καρτερῶν· ἡμεῖς δὲ μυρίων ἁμαρτημάτων γέμοντες, πονηρῷ συνειδότι συζῶντες, οὐδεμίαν εὔνοιαν περὶ τὸν Δεσπότην ἐπιδεικνύμενοι, ἂν μὴ, πρὶν ἢ φθέγξασθαι, ἀκουσθῶμεν, ἀλύομεν, ἀποδυσπετοῦμεν, ἀφιστάμεθα τῆς αἰτήσεως· διὰ τοῦτο κεναῖς ἀεὶ ἀναχωροῦμεν χερσί. B Τίς εἴκοσιν ἔτη ὑπὲρ ἑνὸς πράγματος παρεκάλεσε τὸν Θεὸν, καθάπερ οὗτος ὁ δίκαιος; μᾶλλον δὲ τίς εἴκοσι μῆνας μόνους; Χθὲς μὲν οὖν ἔλεγον, ὅτι πολλοί εἰσιν οἱ μετὰ ῥαθυμίας εὐχόμενοι, καὶ χασμώμενοι, καὶ διατεινόμενοι, καὶ μεταστρεφόμενοι συνεχῶς, καὶ ὀλιγωρίᾳ πάσῃ περὶ τὰς εὐχὰς κεχρημένοι· σήμερον δὲ καὶ ἑτέραν βλάβην εὗρον ταῖς εὐχαῖς προσγινομένην ὀλεθριωτέραν ἐκείνης. Πολλοὶ γὰρ πρηνεῖς ἑαυτοὺς ῥιπτοῦντες, καὶ τῷ μετώπῳ τὴν γῆν τύπτοντες, C καὶ θερμὰ προχέοντες δάκρυα, καὶ πικρὸν κάτωθεν στενάζοντες, καὶ τὰς χεῖρας ἐκτείνοντες, καὶ πολλὴν σπουδὴν ἐπιδεικνύμενοι, τῇ θερμότητι ταύτῃ καὶ τῇ προθυμίᾳ κατὰ τῆς οἰκείας κέχρηνται σωτηρίας. Οὐ γὰρ ὑπὲρ τῶν οἰκείων ἁμαρτημάτων παρακαλοῦσι τὸν Θεὸν, οὐδὲ συγγνώμην αἰτοῦσι τῶν πλημμεληθέντων αὐτοῖς, ἀλλὰ τὴν σπουδὴν ταύτην κατὰ τῶν ἐχθρῶν κινοῦσιν ἅπασαν, ταὐτὸν ποιοῦντες, ὥσπερ ἂν εἴ τις τὸ ξίφος ἀκονήσας, μὴ κατὰ τῶν πολεμίων χρῷτο τῷ ὅπλῳ, ἀλλὰ διὰ τῆς οἰκείας αὐτὸ δέρης ὠθοῖ. Οὕτω καὶ οὗτοι οὐχ ὑπὲρ τῆς ἀφέσεως τῶν οἰκείων ἁμαρτημάτων, ἀλλὰ κατὰ τῆς τιμωρίας τῶν ἐχθρῶν ταῖς εὐχαῖς κέχρηνται· D ὅπερ ἐστὶ καθ' ἑαυτῶν τὸ ξίφος ὠθεῖν. Ἐπενόησε δὲ καὶ τοῦτο ὁ πονηρὸς, ἵνα πάντοθεν ἑαυτοὺς ἀπολλύωμεν, καὶ διὰ ῥαθυμίας, καὶ διὰ σπουδῆς. Οἱ μὲν γὰρ τῇ περὶ τὰς εὐχὰς ὀλιγωρίᾳ παροξύνουσι τὸν Θεὸν, τὴν καταφρόνησιν διὰ τῆς ῥαθυμίας ἐπιδεικνύμενοι· οἱ δὲ ἐπειδὴ σπουδὴν ἐπιδείκνυνται, τὴν σπουδὴν πάλιν κατὰ τῆς ἑαυτῶν ἐπιδείκνυνται σωτηρίας. Ὁ δεῖνα, φησὶ, ῥαθυμεῖ· ἀρκεῖ μοι πρὸς τὸ μηδενὸς αὐτὸν ἐπιτυχεῖν· οὗτος σπουδαῖός ἐστι καὶ διεγηγερμένος· τί οὖν ἵνα γένηται; Οὐ δύναμαι ἐκλῦσαι τὴν σπουδὴν, οὐδὲ εἰς ὀλιγωρίαν ἐμβαλεῖν· ἑτέρως αὐτοῦ περιοδεύσω τὴν E ἀπώλειαν. Πῶς; Εἰς παρανομίαν τῇ σπουδῇ χρήσασθαι παρασκευάσω· τὸ γὰρ κατὰ τῶν ἐχθρῶν εὔχε-

autem erat annorum sexaginta, quando genuit eos. Si ergo cum duxit Rebeccam, quadraginta erat annorum, quando porro filios genuit, sexaginta, liquet viginti annos interim sterilem uxorem mansisse, totoque hoc tempore Isaacum Deum orasse.

10. Annon igitur erubescimus et confundimur, cum justum videmus viginti annos exspectasse, nec abstitisse: nos vero post unam vel alteram petitionem sæpe deficimus, et indignamur? Tametsi hic multam apud Deum fiduciam habebat, et tamen dilationem doni non ægre ferebat, sed patienter exspectabat: at nos innumeris onerati peccatis, prava conscientia torti, nec ullam erga Dominum benevolentiam exhibentes, nisi prius quam eloquuti fuerimus, audiamur, animo concidimus, ægre ferimus, a precatione absistimus: B quo fit ut vacuis semper manibus recedamus. Quis spatio viginti annorum pro una re Deum precatus est sicut hic justus? vel potius, quis viginti solus menses? Heri quidem dicebam multos esse qui negligenter orant, et oscitantes, se extendentes, ac perpetuo se huc illuc vertentes, omnem incuriam præ se ferunt: hodie vero vitium aliud quod precibus intervenit multo perniciosius illo reperi. Multi enim pronos in terram C se projicientes, terram fronte ferientes, calidas fundentes lacrymas, acerbe interius ingemiscentes, extensis manibus, multumque studium præ se ferentes, hoc fervore ac promtitudine animi adversus propriam salutem utuntur. Nam Deo preces offerunt non pro suis delictis, neque ut veniam peccatorum suorum petant, sed hoc studium omne conferunt adversus inimicos: ac perinde faciunt, ac si quis ensem acuat, nec adversus hostes illo genere armorum utatur, sed eo jugulum suum trajiciat. Sic et isti non ad obtinendam suorum veniam delictorum, sed ad D accelerandum inimicorum supplicium precibus utuntur: quod est seipsos gladio suo transfigere. Hoc autem malignus ille excogitavit, ut nos omni ex parte perdamus, et dum negligentes sumus, et dum studium aliquod adhibemus. Hi enim hac sua in precibus incuria Deum irritant, dum per hanc negligentiam contemtum præ se ferunt: illi vero studium exhibent, sed in salutis suæ perniciem exhibent. Ille, inquit, negligens est; hoc mihi sufficit ut nihil obtineat: hic diligens est et attentus; quid ergo faciam? E Non possum studium ejus infringere, neque in eum torporem immittere; alia ratione perniciem in eum machinabor. Quo tandem modo? Effi-

Cui similes sint, qui contra inimicos orant.

ciam ut studio diligentiaque ad iniquitatem utatur: iniquum enim est adversus inimicos preces fundere. Ita fiet, ut non modo nullo reportato lucro ex studio suo discedat, sed plus detrimenti patiatur, quam negligentia invexisset. Ejusmodi sunt diaboli machinæ: alios per negligentiam, alios per ipsum studium perdit, cum non ex præscripto legum adhibetur.

11. Sed operæ pretium fuerit verba orationis audire, et quo pacto puerilis verba sint mentis, et animi infantilis. Me quidem pudet illa dicere, necesse est tamen omnino ea ut dicamus, et indoctam linguam illam imitemur. Quænam igitur illa sunt verba? Vindica me de inimicis meis:
Oratio eorum qui vindicta delectantur. ostende illis me quoque Deum habere. Non tum Deum nos habere discunt, mi homo, cum nos indignamur, et irascimur, et ægre ferimus: sed cum modesti sumus, mites et humani, omnemque philosophiam exercemus. Ita quoque dixit
Matth. 5. 16. Deus: *Luceat lux vestra coram hominibus, ut videant opera vestra bona, et glorificent patrem vestrum qui in cœlis* est. Non animadvertis injuriam te facere Deo, cum Deum adversus inimicos rogas? Quo tandem pacto, inquit,
Ib. v. 44. Deo fit injuria? Quoniam ipse dixit: *Orate pro inimicis vestris*, et divinam hanc legem invexit. Cum igitur legislatorem rogas, ut suas violet leges, et hortaris, ut suis contrarias leges ferat, et eum qui prohibuerat, ne adversus inimicos orares, precaris, ut te adversus inimicos orantem audiat: non oras, dum id facis, neque hortaris, sed legislatori contumeliam infers, et in eum insolescis, qui bona tibi largiturus erat, quæ occasione precum obveniunt. Et quo pacto fieri, quæso, potest, ut audiaris dum oras, si eum qui es auditurus irrites? Hæc enim dum facis, in barathrum salutem tuam compellis, et in præcipitium ruis, dum inimicum in conspectu Regis percutis. Quamvis enim manibus id non facias, verbis tamen eum percutis: quod erga conservos præstare non audes. Igitur id agere audeas magistratu spectante: licet innumera tua sint recte facta, omnino confestim ad mortem abduceris. Ergone coram magistratu non audes æqualem afficere contumelia: coram Deo autem qui id facis, non, quæso, tremis, non times dum orationis tempore ac precum sic excandescis et efferaris, ac majorem præ te fers iniquitatem illo qui centum denarios repetebat? Quod enim tu majorem injuriam inferas, audi quo pacto teste-
Matth. 18. 24. sqq. tur historia. Decies mille talenta quispiam domino debebat: deinde cum non haberet unde

σθαι, παράνομόν ἐστιν. Ἀπελεύσεται τοίνυν οὐ μόνον οὐδὲν κερδάνας ἀπὸ τῆς σπουδῆς, ἀλλὰ καὶ πλείονα τὴν βλάβην ὑπομείνας τῆς διὰ ῥαθυμίας. Τοιαῦται αἱ τοῦ διαβόλου μηχαναί· τοὺς μὲν διὰ τῆς ῥαθυμίας, τοὺς δὲ δι' αὐτῆς ἀπόλλυσι τῆς σπουδῆς, ὅταν μὴ κατὰ νόμους αὕτη γίνηται.

Ἀλλὰ καὶ αὐτῶν ἄξιον ἀκοῦσαι τῶν ῥημάτων τῆς εὐχῆς, καὶ πῶς παιδικῆς ἐστι διανοίας τὰ ῥήματα, πῶς νηπιώδους ψυχῆς. Αἰσχύνομαι μὲν οὖν αὐτὰ μέλλων ἐρεῖν, πλὴν ἀνάγκη πάντως εἰπεῖν καὶ μιμήσα-
353 σθαι τὴν ἀπαίδευτον γλῶτταν ἐκείνην. Τίνα οὖν ἐστι
A τὰ ῥήματα; Ἐκδίκησόν με ἐκ τῶν ἐχθρῶν μου· δεῖξον αὐτοῖς, ὅτι Θεὸν ἔχω κἀγώ. Οὐ τότε μανθάνουσι, ἄνθρωπε, ὅτι Θεὸν ἔχομεν, ὅταν ἀγανακτῶμεν, καὶ ὀργιζώμεθα, καὶ δυσχεραίνωμεν· ἀλλ' ὅταν ἐπιεικεῖς ὦμεν, καὶ πρᾶοι, καὶ ἥμεροι, καὶ πᾶσαν ἀσκῶμεν φιλοσοφίαν. Οὕτω καὶ ὁ Θεὸς εἶπε· Λαμψάτω τὸ φῶς ὑμῶν ἔμπροσθεν τῶν ἀνθρώπων, ὅπως ἴδωσι τὰ καλὰ ἔργα ὑμῶν, καὶ δοξάσωσι τὸν Πατέρα ὑμῶν τὸν ἐν τοῖς οὐρανοῖς. Οὐκ ἐννοεῖς ὅτι ὕβρις ἐστὶν εἰς τὸν Θεὸν, τὸ αἰτεῖν κατὰ τῶν ἐχθρῶν τὸν Θεόν; Καὶ πῶς ὕβρις ἐστί; φησίν. Ὅτι αὐτὸς εἶπεν, Εὔχεσθε ὑπὲρ
B τῶν ἐχθρῶν ὑμῶν, καὶ τὸν θεῖον τοῦτον εἰσήγαγε νόμον. Ὅταν οὖν τὸν νομοθέτην ἀξιοῖς τοὺς οἰκείους παραλύειν νόμους, καὶ παρακαλῇς αὐτὸν ἀντινομοθετεῖν αὐτῷ, καὶ τόν σε κωλύσαντα κατεύχεσθαι τῶν ἐχθρῶν ἱκετεύῃς ἀκοῦσαί σου κατευχομένου τῶν ἐχθρῶν, οὐκ εὔχῃ τοῦτο ποιῶν, οὐδὲ παρακαλεῖς, ἀλλ' ὑβρίζεις τὸν νομοθέτην, καὶ παροινεῖς εἰς τὸν μέλλοντα διδόναι σοι τὰ ἀγαθὰ τὰ ἀπὸ τῆς εὐχῆς. Καὶ πῶς δυνατὸν ἀκουσθῆναι εὐχόμενον, εἰπέ μοι, ὅταν τὸν μέλλοντα ἀκούειν παροξύνῃς; Ταῦτα γὰρ ποιῶν εἰς βάραθρον τὴν οἰκείαν ὠθεῖς σωτηρίαν, καὶ κατὰ
C κρημνοῦ φέρῃ, τὸν ἐχθρὸν ἐπ' ὄψεσι τύπτων τοῦ βασιλέως. Εἰ γὰρ καὶ μὴ ταῖς χερσὶ τοῦτο ποιεῖς, τοῖς ῥήμασιν αὐτὸν τύπτεις· ὅπερ οὐδὲ ἐπὶ τῶν ὁμοδούλων ποιῆσαι τολμᾷς. Τόλμησον γοῦν ἐπὶ ἄρχοντος τοῦτο ποιῆσαι· κἂν μυρία ᾖς κατωρθωκὼς, τὴν ἐπὶ θάνατον εὐθέως ἀπαχθήσῃ πάντως. Εἶτα ἐπὶ ἄρχοντος μὲν οὐ τολμᾷς τὸν ὁμότιμον ὑβρίσαι, ἐπὶ δὲ τοῦ Θεοῦ τοῦτο ποιῶν, εἰπέ μοι, οὐ φρίττεις, οὐδὲ δέδοικας ἐν καιρῷ δεήσεως καὶ εὐχῆς ἀγριαίνων οὕτω καὶ ἐκθηριούμενος, καὶ μείζονα ἀγνωμοσύνην ἐπιδεικνύ-
D μενος τοῦ τὰ ἑκατὸν ἀπαιτοῦντος δηνάρια; Ὅτι γὰρ ἐκείνου σὺ μᾶλλον ὑβρίζεις, αὐτῆς ἄκουσον τῆς ἱστορίας. Μύρια τάλαντα ὤφειλέ τις τῷ δεσπότῃ· εἶτα οὐκ ἔχων ἀποδοῦναι, ἠξίου μακροθυμῆσαι, ἵνα πραθείσης αὐτοῦ τῆς γυναικὸς καὶ τῆς οἰκίας καὶ τῶν παίδων, διαλύσηται τὸ ὄφλημα τὸ δεσποτικόν. Ἰδὼν δὲ αὐτὸν ὀδυρόμενον ὁ δεσπότης κατηλέησε καὶ τὰ

μύρια ἀφῆκε τάλαντα. Ἐξελθὼν ἐκεῖνος καὶ εὑρὼν οἰκέτην ἕτερον ὀφείλοντα αὐτῷ δηνάρια ἑκατὸν, ἄγχων ἀπῄτει μετὰ πολλῆς τῆς ὠμότητος καὶ τῆς ἀπανθρωπίας. E Ἀκούσας ταῦτα ὁ δεσπότης ἐνέβαλεν αὐτὸν εἰς τὸ δεσμωτήριον, καὶ ὃ πρότερον ἀφῆκεν ὄφλημα τῶν μυρίων ταλάντων, ἐπέθηκεν αὐτῷ πάλιν, καὶ τῆς εἰς τὸν σύνδουλον ὠμότητος ἔδωκε τὴν τιμωρίαν ἐκεῖνος.

redderet, orabat ut patienti animo erga se esset, ut vendita uxore, domo, ac filiis debitum domino suo persolveret. Cum autem illum dominus lamentantem videret, miseratione commotus est, et dena millia talentorum remisit. Egressus ille cum alterum servum invenisset, qui centum denarios ipsi debebat, suffocans eum multa cum crudelitate atque immanitate repetebat. His auditis dominus in carcerem eum conjecit, et quod prius remiserat, debitum denum millium talentorum, illi rursus imposuit, et ille suæ in conservum crudelitatis pœnas dedit.

Σὺ δὲ κἀκείνου θέα πόσον ἀγνωμονέστερος καὶ ἀναισθητότερος γέγονας, τῶν ἐχθρῶν κατευχόμενος. Ἐκεῖνος οὐχὶ τὸν δεσπότην ἠξίου ἀπαιτῆσαι, ἀλλ' αὐτὸς ἀπῄτει τὰ ἑκατὸν δηνάρια· σὺ δὲ καὶ τὸν Δεσπότην ἐπὶ τὴν ἀπαίτησιν ταύτην τὴν ἀναίσχυντον καὶ κεκωλυμένην παρακαλεῖς. Κἀκεῖνος μὲν οὐκ ἐπ' ὄψεσι τοῦ κυρίου, ἀλλ' ἔξω τὸν σύνδουλον ἦγχε· σὺ δὲ ἐν αὐτῷ τῷ καιρῷ τῆς εὐχῆς πρὸ τοῦ βασιλέως ἑστὼς ταῦτα ποιεῖς. 354 A Εἰ δὲ ἐκεῖνος οὔτε τὸν δεσπότην παρακαλέσας ἐπὶ τὴν ἀπαίτησιν, καὶ μετὰ τὸ ἐξελθεῖν ταῦτα ποιῶν, οὐδεμιᾶς ἔτυχε συγγνώμης, σὺ καὶ τὸν Δεσπότην ἐπὶ τὴν κεκωλυμένην ταύτην ἔκτισιν διεγείρων, καὶ ἐπ' ὄψεσιν αὐτοῦ ταῦτα ποιῶν, ποίαν οὐ δώσεις τιμωρίαν, εἰπέ μοι; Ἀλλὰ φλεγμαίνει σου τῇ μνήμῃ τῆς ἔχθρας ἡ διάνοια καὶ οἰδεῖ, καὶ ἀνέστηκεν ἡ καρδία, καὶ τοῦ λελυπηκότος ἀναμιμνησκόμενος οὐ δύνασαι καταστεῖλαι τὸ οἴδημα τῶν λογισμῶν; Ἀλλ' ἀντίστησον τῇ φλεγμονῇ ταύτῃ τὴν ἀπὸ τῶν σῶν ἁμαρτημάτων μνήμην, τὸν ἀπὸ τῆς μελλούσης κολάσεως φόβον. Ἀναμνήσθητι πόσων ὑπεύθυνος εἶ τῷ Δεσπότῃ, καὶ ὅτι πάντων ἐκείνων δίκας ὀφείλεις αὐτῷ, καὶ κρατήσει πάντως οὗτος ὁ φόβος τῆς ὀργῆς ἐκείνης, ἐπειδὴ καὶ πολὺ δυνατώτερον τοῦτο ἐκείνου τοῦ πάθους. Ἀναμνήσθητι γεέννης καὶ κολάσεως καὶ τιμωρίας κατὰ τὸν καιρὸν τῆς B εὐχῆς, καὶ οὐδὲ εἰς νοῦν λαβεῖν δυνήσῃ τὸν ἐχθρόν. Σύντριψον τὴν διάνοιαν, ταπείνωσον τὴν ψυχὴν τῇ μνήμῃ τῶν σοι πεπλημμελημένων, καὶ οὐδὲ ἐνοχλῆσαι δυνήσεταί σοι θυμός. Ἀλλὰ τοῦτό ἐστι τὸ πάντων αἴτιον τῶν κακῶν, ὅτι τὰ μὲν τῶν ἄλλων ἁμαρτήματα μετὰ πολλῆς ἐξετάζομεν τῆς ἀκριβείας, τὰ δὲ ἡμέτερα μετὰ πολλῆς παραπεμπόμεθα τῆς ῥᾳθυμίας. Τοὐναντίον δὲ ποιεῖν ἐχρῆν· τὰ μὲν οἰκεῖα κακὰ ἄληστα ἔχειν, τῶν δὲ ἀλλοτρίων μηδέποτε ἔννοιαν λαμβάνειν. Ἂν τοῦτο ποιῶμεν, καὶ τὸν Θεὸν ἕξομεν ἵλεων, καὶ τοῖς πλησίον παυσόμεθα ἀθάνατα ὀργιζόμενοι, καὶ ἐχθρὸν οὐδένα οὐδέποτε ἕξομεν· εἰ δὲ καὶ σχοίημέν ποτε, ταχέως καὶ τὴν ἀπέχθειαν καταλύσομεν, καὶ τῶν οἰκείων ἁμαρτημάτων τα-

12. At tu quanto iniquior illo ac stupidior evaseris, qui adversus inimicos precaris, vide. Ille dominum non rogabat, ut denarios centum repeteret, sed ipse repetebat centum denarios: tu vero Dominum ad impudentem ac prohibitam repetitionem cohortaris. Atque ille quidem non in oculis domini, sed foris conservum suffocabat: at tu in ipso tempore orationis stans coram Rege id facis. Quod si ille cum neque dominum ad repetendum esset hortatus, et postquam egressus fuisset, hoc faceret, nullam est veniam consequutus, tu qui Dominum ad hanc vetitam solutionem impellis, et in ejus conspectu hæc agis, quo non supplicio, quæso, mulctaberis? At inflammatur animus tuus ira ex recordatione inimicitiæ, et intumescit, et cor commovetur, ac dum acceptæ injuriæ meministi, animi tumorem non potes reprimere? Tu vero isti oppone excandescentiæ peccatorum tuorum memoriam, ac futuri judicii timorem. Recordare quam multorum apud Dominum reus sis, teque istorum omnium pœnis obnoxium esse, tum omnino metus iste iracundiam illam vincet, quandoquidem hæc quoque passio longe est illa potentior. Recordare gehennæ, pœnarum ac suppliciorum tempore orationis, ac ne in mentem quidem veniet inimicus. Contere animum tuum, mentem humilia tuorum recordatione delictorum, ac ne molestiam quidem ullam iracundia exhibebit. Sed hoc illud est, unde cuncta mala nascuntur, quod in aliorum quidem peccata diligenter inquiramus, nostra vero negligenter admodum prætereamus. At contrarium agendum esset: propriorum quidem numquam obliviscendum esset, aliena numquam oporteret mente versare. Id si faciamus, et Deus propitius nobis erit, et immortali odio proximum prosequi desinemus, et nullum umquam habebimus inimicum. Quin et si quando habeamus, odium cito deponemus, et celerem peccatorum veniam ob-

tinebimus. Nam quemadmodum is, qui acceptarum a proximo injuriarum memor est, dimitti pœnas minime sinit, quas suis peccatis meretur: ita qui ab ira immunis est, cito etiam immunis erit a peccatis. Si enim nos improbi, et iræ servientes, ob Dei mandatum omnia in nos commissa peccata despicimus: multo magis benignus ac bonus Dominus, cum ab omni perturbatione sit purus, delicta nostra dissimulabit, et nostrorum remissione peccatorum, exhibitam proximo comitatem et humanitatem remunerabitur. Quam utinam nobis omnibus assequi contingat, gratia et benignitate Domini nostri Jesu Christi, cui gloria et imperium in sæcula sæculorum. Amen.

C χεῖαν [a] λάϐωμεν συγχώρησιν. Ὥσπερ γὰρ ὁ τῷ πλησίον μνησικακῶν οὐκ ἀφίησι τὴν ἐπὶ τοῖς οἰκείοις ἁμαρτήμασι καταλυθῆναι κόλασιν, οὕτως ὁ καθαρὸς ὢν ὀργῆς, καθαρὸς καὶ ἁμαρτημάτων ἔσται ταχέως. Εἰ γὰρ ἡμεῖς οἱ πονηροὶ καὶ θυμῷ δουλεύοντες, διὰ τὸ τοῦ Θεοῦ πρόσταγμα πάντα τὰ εἰς ἡμᾶς παρορῶμεν ἁμαρτήματα, πολλῷ μᾶλλον ὁ φιλάνθρωπος καὶ ἀγαθὸς καὶ παντὸς καθαρὸς ὢν πάθους παραϐλέψεται ἡμῶν τὰ πλημμελήματα, τῆς εἰς τὸν πλησίον φιλοφροσύνης, ἐν τῇ τῶν οἰκείων ἁμαρτημάτων συγχωρήσει, τὴν ἀμοιϐὴν ἡμῖν ἀποδιδούς· ἧς γένοιτο πάντας ἡμᾶς ἐπιτυχεῖν, χάριτι καὶ φιλανθρωπίᾳ τοῦ Κυρίου ἡμῶν Ἰησοῦ Χριστοῦ, ᾧ ἡ δόξα καὶ τὸ κράτος, εἰς τοὺς αἰῶνας τῶν αἰώνων. Ἀμήν.

a [Cod. 748 ἕξομεν.]

NON OPORTERE QUEMQUAM DE seipso desperare, aut preces contra inimicos fundere, aut animo deficere, quamvis petens non accipiat; et ad maritos de pace erga uxores conservanda.

D ΠΕΡΙ ΤΟΥ ΜΗ ΑΠΟΓΙΝΩΣΚΕΙΝ ΤΙΝΑΣ ἑαυτῶν, μηδὲ κατεύχεσθαι τῶν ἐχθρῶν, μηδὲ ἀπαγορεύειν ἐν τῷ μὴ λαμϐάνειν αἰτοῦντας· καὶ πρὸς ἄνδρας περὶ τῆς πρὸς τὰς γυναῖκας εἰρήνης.

Chrysostomus sermones de precibus habuerat.

1. Magnas vobis ago gratias, quod cum animi alacritate habitus de precibus sermones excepe-ritis, quod beatum me reddideritis. *Beatus* quippe, *qui narrat in aures audientium*. Id mihi non ex plausibus laudibusve tantum, sed et ex iis quæ fieri a vobis cernebam, persuasum est. Cum enim, ut adversus inimicos preces minime funderetis, vos cohortarer, ac dicerem nos, dum id agimus, Deum irritare, ac legibus ejus alias contrarias ferre (dixit enim ipse, *Orate pro inimicis*, at nos dum adversus inimicos oramus, petimus ab eo ut suam legem ipse dissolvat), cum igitur hæc et talia dicerem, multos inter vos cernebam faciem percutientes et pectus, graviter ingemiscentes, manus in cælum tendentes, veniam a Deo propter ejusmodi preces fusas postulantes. Tum vero ego sublatis in cælum oculis Deo gratias egi, quod tam cito nobis doctrinæ sermo fructum protulisset. Ea quippe spiritualis seminis est conditio: non annis indiget, nec temporibus, nec diebus, sed si animam generosam invaserit, confestim spicam virentem et perfectam ostendit: quod et a vobis hesterno die peractum est. Compunctionis sermonem sparseram, et confessionis gemitus germinavit, gemitus multas bonorum

Eccli. 25. 12.

Matth. 5. 44.

Πολλὰς ὑμῖν ἔχω χάριτας, ὅτι μετὰ προθυμίας τοὺς περὶ τῆς εὐχῆς ἐδέξασθε λόγους, ὅτι με μακάριον ἐποιήσατε. Μακάριος γὰρ ὁ λέγων εἰς ὦτα ἀκουόντων. Οὐκ ἀπὸ τῶν κρότων καὶ τῶν ἐπαίνων
355 μόνον, ἀλλὰ καὶ ἀφ' ὧν ποιοῦντας εἶδον, ἐπείσθην.
A Ὅτε γὰρ ὑμῖν παρῄνουν μὴ κατεύχεσθαι τῶν ἐχθρῶν, καὶ ἔλεγον ὅτι τὸν Θεὸν παροξύνομεν τοῦτο ποιοῦντες, καὶ ἀντινομοθετοῦμεν αὐτῷ (αὐτὸς γὰρ εἶπεν, Εὔχεσθε ὑπὲρ τῶν ἐχθρῶν, ἡμεῖς δὲ κατευχόμενοι τῶν ἐχθρῶν, ἀξιοῦμεν αὐτὸν τὸν ἑαυτοῦ λῦσαι νόμον), ὅτε οὖν ταῦτα καὶ τὰ τοιαῦτα ἔλεγον, πολλοὺς ἐν ὑμῖν εἶδον πρόσωπα τύπτοντας καὶ στήθη, στενάζοντας πικρῶς, εἰς τὸν οὐρανὸν τὰς χεῖρας ἀνατείνοντας, συγγνώμην αἰτοῦντας περὶ τῶν τοιούτων εὐχῶν. Τότε δὲ καὶ ἐγὼ τοὺς ὀφθαλμοὺς εἰς τὸν οὐρανὸν ἀνατείνας, ηὐχαρίστησα τῷ Θεῷ, ὅτι οὕτω ταχέως ὁ λόγος τῆς διδασκαλίας τὸν καρπὸν ἡμῖν ἤνεγκε.
B Τοιοῦτον γὰρ ὁ σπόρος ὁ πνευματικός· οὐ δεῖται ἐνιαυτῶν, οὐδὲ χρόνων, οὐδὲ ἡμερῶν, ἀλλὰ ἂν ἐπιλάϐηται ψυχῆς γενναίας, εὐθέως τὸν στάχυν ἀκμάζοντα καὶ ἀπηρτισμένον δείκνυσιν· ὃ δὲ καὶ χθὲς γέγονεν ὑφ' ὑμῶν. Κατέϐαλον λόγον κατανύξεως, καὶ ἐϐλάστησε στεναγμὸς ἐξομολογήσεως, στεναγμὸς πολὺν ἔχων τὸν πλοῦτον τῶν ἀγαθῶν. Εἰ γὰρ ὁ τελώνης ἐκεῖνος, ἵνα τὸ στῆθος τύπτων εἴπῃ, Ἱλάσθητί μοι τῷ ἁμαρτωλῷ, ἀπῆλθε δεδικαιωμένος ὑπὲρ τὸν Φα-

ρισαῖον, πόσην εἰκὸς ἡμᾶς κτήσασθαι παῤῥησίαν, ἐν βραχεῖ χρόνῳ τοσαύτην κατάνυξιν ἐπιδειξαμένους; Καίτοι τελώνου χεῖρον οὐδέν· οὗτος γὰρ ἔσχατος C ὅρος κακίας ἐστίν· ὅπερ οὖν καὶ ὁ Χριστὸς παραδηλῶν, εἰς παράδειγμα τῶν ἐσχάτων κακῶν τὰς πόρνας καὶ τοὺς τελώνας ἄγει συνεχῶς. Πεπαῤῥησιασμένη γάρ ἐστι βία, ἀνεπιτίμητος ἁρπαγὴ, ἀναίσχυντος πλεονεξίας τρόπος, πραγματεία λόγον οὐκ ἔχουσα, ἀναιδὴς ἐμπορία· ἀλλ' ὅμως ὁ τοσούτοις συζῶν κακοῖς, ἴσχυσεν ἀπὸ ψιλῶν ῥημάτων ἀποῤῥίψασθαι τὰ ὀνείδη, καὶ πλέον ὧν ᾔτησε λαβεῖν. Αὐτὸς μὲν γὰρ ἠξίου λέγων, Ἱλάσθητί μοι τῷ ἁμαρτωλῷ· ὁ δὲ Θεὸς οὐχ ἵλεως μόνον, ἀλλὰ καὶ ἐδικαίωσεν αὐτὸν ὑπὲρ τὸν Φαρισαῖον. Διὰ τοῦτό φησιν ὁ Παῦλος· Τῷ δὲ δυναμένῳ πάντα ποιῆσαι ὑπὲρ ἐκ περισσοῦ ὧν αἰτούμεθα D ἢ νοοῦμεν. Καίτοι ὁ Φαρισαῖος ηὔξατο, καὶ ἐν τῷ ἱερῷ ἔστη, καὶ τὸν αὐτὸν ἐκάλεσε Θεὸν, καὶ πλείονα εἶπε ῥήματα, καὶ ἀπὸ εὐχαριστίας τὸ προοίμιον ἐποιήσατο τῆς εὐχῆς. Πόθεν οὖν ἐκεῖνος μὲν καὶ ἃ εἶχεν ἀπώλεσε καλὰ, οὗτος δὲ καὶ ἣν οὐκ εἶχε προσέλαβε παῤῥησίαν; Ὅτι οὐ τῆς εὐχῆς ὁ αὐτὸς τρόπος ἦν. Ὁ μὲν γὰρ ἀλαζονείας ἔγεμε καὶ τύφου καὶ ἀπονοίας, οὗτος δὲ εὐγνωμοσύνης πολλῆς· διὰ τοῦτο οὗτος μὲν μυρία ἁμαρτημάτων φορτία ἔχων, πάντα ἀπέθετο, καὶ δικαιοσύνην ἔλαβεν· ἐκεῖνος δὲ πλήρη τὴν ναῦν κατορθωμάτων ἀναγαγὼν, καὶ ἐλεημοσύνης, καὶ νηστείας, καθάπερ τινὶ σκοπέλῳ προσαράξας τῷ E τῆς κενοδοξίας καὶ ἀπονοίας φρονήματι, ἐν αὐτῷ τῷ λιμένι τὸ ναυάγιον ὑπέμεινε· τὸ γὰρ ἐν εὐχῇ ζημιωθῆναι, ἐν λιμένι ναυάγιόν ἐστιν ὑπομεῖναι. Ἀλλ' οὐ παρὰ τὴν φύσιν τῆς εὐχῆς τοῦτο γέγονεν, ἀλλὰ παρὰ τὴν προαίρεσιν τὴν αὐτοῦ.

Ὁρᾷς πῶς οὐκ ἀρκεῖ πρὸς σωτηρίαν ἡμῖν ἡ εὐχὴ, ἐὰν μὴ προσῇ τὸ κατ' ἐκείνους εὔξασθαι τοὺς νόμους, οὓς τέθεικεν ὁ Χριστός; Τίνας δὲ τέθεικε νόμους; 356 A Ὑπὲρ τῶν ἐχθρῶν εὔχεσθαι, καὶ τῶν πολλὰ λυπούντων. Κἂν μὴ τοῦτο ποιῶμεν, ἀπολλύμεθα πάντως· καὶ δῆλον ἐκ τοῦ παραδείγματος τοῦ κατὰ τὸν Φαρισαῖον. Εἰ γὰρ οὗτος, οὐχὶ τῶν ἐχθρῶν κατευξάμενος, ἀλλὰ κενοδοξήσας μόνον, τοσαύτην ἔδωκε δίκην, τίς μένει τιμωρία τοὺς μακροὺς καὶ πολλοὺς κατὰ τῶν ἐχθρῶν ἀποτείνοντας λόγους; Τί ποιεῖς, ἄνθρωπε;

divitias secum ferens. Nam si publicanus ille, cum pectus percutiendo dixisset, *Propitius* Luc. 18. 13. C *esto mihi peccatori*, plus quam Pharisæus justificatus recessit, quantam nos apud Deum nobis conciliasse gratiam verisimile est, cum intra perbreve tempus tantam compunctionem ostenderimus? Tametsi publicano nihil est pejus: cum is improbitatis limes sit ultimus: quod utique Christus indicans in extremorum malorum exemplum meretrices ac publicanos semper in medium adducit. Est enim violentia quæ libere confidenterque grassatur, rapina sine reprehensione, impudens avaritiæ genus, negotiatio a ratione aliena, insolens mercatura: D attamen is qui inter tot mala vixerat, nudis verbis potuit tot probra delere, ac plura quam postularat accipere. Nam petierat quidem ille, *Propitius* esto *mihi peccatori*. Deus autem non propitius tantum fuit, sed etiam illum supra Pharisæum justificavit. Propterea inquit Paulus: *Ei autem, qui potest omnia facere superabundanter, quam petimus, aut intelligimus*. Atqui precatus est etiam Pharisæus, et in templo stetit, et eumdem Deum invocavit, et plura verba profudit, et ex gratiarum actione orationis exordium texuit. Unde igitur factum E est, ut ille quidem ea quæ habebat bona perdiderit, hic autem eam gratiam ac fiduciam, quam non habebat, sibi conciliaverit? Quod nimirum orandi modus idem non esset. Nam ille quidem arrogantiæ, fastus, superbiæque totus plenus erat, hic vero multæ probitatis et æquitatis: idcirco licet hic innumeris peccatorum sarcinis gravaretur, omnes abjecit, et justitiam assumsit; ille autem qui plenam recte factorum, eleemosynarum, jejuniorum, navem reduxerat, tamquam scopulo cuipiam inanis gloriæ superbiæque tumori allidens in ipso portu naufragium fecit: siquidem in oratione damnum pati, id vero est in portu naufragium facere. Non tamen id ex natura orationis, sed ex culpa voluntatis ejus evenit.

Publicanus limes ultimus malitiæ.

Ephes. 3. 20.

2. Vides ad salutem nobis orationem non sufficere, nisi simul ex legibus, quas tulit Christus, 356 oremus? Quas porro leges ille tulit? Ut pro ini- A micis oremus, tametsi multis molestiis nos affecerint. Ac nisi hoc præstemus, plane perimus: id quod ex Pharisæi constat exemplo. Si enim iste cum non adversus inimicos orasset, verum inanis gloriæ cupiditati solum addictus fuisset, tantam pœnam sustinuit, quod supplicium illos manet, qui longos multosque sermones producunt

Precationis modus quis.

adversus inimicos? Quid facis, mi homo? adstas, ut veniam peccatorum postules, et animam iracundia reples? Quando omnium mitissimos esse nos oportet, dum alloquimur Dominum, dum pro delictis oramus, misericordiam, clementiam, ac B veniam implorantes, tum excandescimus, in feritatem devolvimur, et os nostrum felle complemus? Quo pacto, quæso, poterimus salutem adipisci, cum supplicum speciem præ nobis feramus, verba superborum efferamus, et in nos Dominum irritemus? Ingressus es, ut propria vulnera curares, non ut propinqui vulnera redderes acerbiora. Propitiationis tempus est, orationis tempus, ac gemitus, non iracundiæ: lacrymarum, non excandescentiæ: compunctionis, non indignationis. Cur confundis ordinem? cur tibi ipsi repugnas? C cur ædificium tuum dirnis? Hominem qui orat, ante alia omnia miti animo esse oportet, modesta mente, corde contrito: qui vero clamat adversus inimicos, numquam illud poterit obtinere: quippe qui sit iræ plenus, neque modestia possit mentem in officio continere. Ne igitur adversus inimicos preces fundamus, sed neque recte factorum memores nostrorum simus, ne nobis id accidat, quod Pharisæo. Nam quemadmodum peccatorum recordari bonum est, ita recte factorum bonum est oblivisci. Quam tandem ob causam? Quoniam recte factorum quidem memoria D nos in superbiam erigit, peccatorum autem memoria mentem deprimit atque humilem reddit: atque illa quidem negligentiores efficit, ista vero diligentiores nos reddit. Nam qui nihil sibi esse boni arbitrantur, alacriores ad acquirenda bona fiunt: qui vero multum sibi repositum quæstum existimant, his opibus confidentes non magnum studium præ se ferunt ad plura sibi deinceps comparanda.

Peccatorum meminisse, recte factorum oblivisci oportet.

3. Noli ergo recte factorum meminisse, ut meminerit illorum Deus. *Dic enim peccata tua primus, ut justificeris*, et rursus: *Iniquitatum tuarum non recordabor*, inquit: *at tu recordare*. Sed quam tandem ob causam publicanum E tam cito exaudivit Deus, Isaac autem viginti annos orare permisit, eique pro uxore sua supplicare, ac tum demum justi precibus annuit? Sunt enim vobis hesternæ doctrinæ reliquiæ persolvendæ. Quam igitur ob causam id accidit? Ut ex iis quæ publicano evenerunt, Domini benignitatem cognoscas: ex iis autem, quæ Isaac evenerunt, patientiam servi cognoscas, qui tarde

Isai. 43. 26.
Ib. v. 25.

ἕστηκας συγγνώμην αἰτῶν ἁμαρτημάτων, καὶ θυμοῦ πληροῖς τὴν διάνοιαν; Ὅτε πάντων ἡμερωτέρους εἶναι χρὴ, Δεσπότῃ διαλεγομένους, ὑπὲρ οἰκείων πλημμελημάτων παρακαλοῦντας, ἔλεον καὶ φιλανθρωπίαν καὶ συγγνώμην αἰτοῦντας, τότε ἀγριούμεθα, καὶ πρὸς θηριωδίαν ἐκπίπτομεν, καὶ πικρίας τὸ στόμα πληροῦμεν; Καὶ πῶς δυνησόμεθα, εἰπέ μοι, τῆς σωτηρίας ἐπιτυχεῖν, σχῆμα μὲν ἱκετῶν προβαλλόμενοι, ῥήματα δὲ ἀπονοίας φέροντες, καὶ καθ' ἑαυτῶν παροξύνοντες τὸν Δεσπότην; Εἰσῆλθες τὰ οἰκεῖα θεραπεῦσαι τραύματα, οὐχὶ τὰ τοῦ πλησίον χαλεπώτερα ἐργάσασθαι· ἱλασμοῦ καιρός ἐστιν, εὐχῆς καιρὸς, καὶ στεναγμοῦ, οὐχὶ ὀργῆς· δακρύων, οὐχὶ θυμοῦ· κατανύξεως, οὐχὶ ἀγανακτήσεως. Τί συγχέεις τὴν τάξιν; τί σαυτῷ πολεμεῖς; τί καταλύεις σου τὴν οἰκοδομήν; Τὸν εὐχόμενον πρὸ τῶν ἄλλων ἁπάντων ἥμερον ἔχειν χρὴ διάνοιαν, κατεσταλμένον νοῦν, συντετριμμένην καρδίαν· ὁ δὲ τῶν ἐχθρῶν καταβοῶν οὐκ ἂν δυνηθείη τοῦτο κατορθῶσαί ποτε· θυμοῦ γάρ ἐστι πεπληρωμένος, καὶ οὐχ [a] οἷός τέ ἐστιν ἔχειν κατεσταλμένην διάνοιαν. Μὴ τοίνυν κατευχώμεθα τῶν ἐχθρῶν, ἀλλὰ μηδὲ τῶν κατορθωμάτων τῶν ἡμετέρων μνημονεύωμεν, ἵνα μὴ πάθωμεν ὅπερ ὁ Φαρισαῖος. Ὥσπερ γὰρ ἁμαρτημάτων μεμνῆσθαι, καλὸν, οὕτω κατορθωμάτων ἐπιλελῆσθαι, καλόν. Τίνος ἕνεκεν; Ὅτι ἡ μὲν τῶν κατορθωμάτων μνήμη πρὸς ἀλαζονείαν ἡμᾶς ἐπαίρει, ἡ δὲ τῶν ἁμαρτημάτων μνήμη καταστέλλει τὴν διάνοιαν καὶ ταπεινοῖ· καὶ ἐκείνη μὲν ῥαθυμοτέρους ποιεῖ, αὕτη δὲ σπουδαιοτέρους ἐργάζεται. Καὶ γὰρ ὅσοι μηδὲν νομίζουσιν ἔχειν καλὸν, προθυμότεροι γίνονται πρὸς τὸ κτήσασθαι τὰ καλά· οἱ δὲ πολλὴν ἑαυτοῖς ἀποτεθεῖσθαι τὴν ἐμπορίαν ἡγούμενοι, θαῤῥοῦντες τῇ ταύτης περιουσίᾳ, οὐκ ἂν πολλὴν ἐπιδείξαιντο σπουδὴν πρὸς τὸ πλείονα περιλαβέσθαι πάλιν.

Μὴ τοίνυν μνησθῇς τῶν κατορθωμάτων, ἵνα μνησθῇ αὐτῶν ὁ Θεός. Λέγε γὰρ, φησὶ, τὰς ἁμαρτίας σου πρῶτος, ἵνα δικαιωθῇς. Καὶ πάλιν· Οὐ μὴ μνησθῶ τῶν ἀνομιῶν σου, φησί· σὺ δὲ μνήσθητι. Ἀλλὰ τίνος ἕνεκεν τοῦ τελώνου οὕτω ταχέως ἐπήκουσεν ὁ Θεὸς, τὸν δὲ Ἰσαὰκ ἀφῆκεν εἴκοσιν ἔτη δέεσθαι καὶ παρακαλεῖν αὐτὸν περὶ τῆς γυναικὸς αὐτοῦ, καὶ τότε ἐπένευσε ταῖς εὐχαῖς τοῦ δικαίου; Ἀνάγκη γὰρ τῆς χθὲς διδασκαλίας ἀποδοῦναι ὑμῖν τὰ λείψανα. Τίνος οὖν ἕνεκεν τοῦτο γέγονεν; Ἵνα ἀπὸ μὲν τῶν κατὰ τὸν τελώνην μάθῃς τὴν φιλανθρωπίαν τοῦ Δεσπότου ταχέως ἐπακούσαντος, ἀπὸ δὲ τῶν κατὰ τὸν Ἰσαὰκ μάθῃς τὴν ὑπομονὴν τοῦ δούλου βραδέως λαβόντος, καὶ οὐκ

a [Savil. et Cod. 748. οὐχ οἷόν τέ ἐστιν.]

ἀποστάντος τῆς ἱκετηρίας· ἵνα, κἂν ἁμαρτωλὸς ᾖς, μὴ ἀπογνῷς, κἂν δίκαιος ᾖς, μὴ ἐπαρθῇς. Οὐ χρείαν 367 ἔχουσιν οἱ ἰσχύοντες ἰατροῦ, ἀλλ' οἱ κακῶς ἔχοντες. A Κακῶς εἶχεν ὁ τελώνης· διὰ τοῖτο ταχέως αὐτῷ ὤρεξε χεῖρα· ὁ δὲ Ἰσαὰκ ἰσχυρότερος ἦν, καὶ διὰ τοῦτο αὐτὸν εἴασεν, ἵνα αὐτοῦ τὴν ὑπομονὴν ἐπιτείνῃ. Ἀλλ' οὗτος μὲν ἐκ περιουσίας ἡμῖν ὁ λόγος εἰρήσθω. Τίνος δὲ ἕνεκεν ἡ γυνὴ στεῖρα ἦν, ἀναγκαῖον εἰπεῖν, ἵν', ὅταν ἴδῃς παρθένον μητέρα γινομένην, μὴ ἀπιστήσῃς· ἵν', ὅταν εἴπῃ σοι ὁ Ἰουδαῖος, πῶς ἔτεκεν ἡ Μαρία; εἴπῃς αὐτῷ, πῶς ἔτεκεν ἡ Σάῤῥα, καὶ ἡ Ῥεβέκκα, καὶ ἡ Ῥαχήλ; Ὅταν γὰρ μέλλῃ τι θαυμαστὸν καὶ μέγα γίνεσθαι θαῦμα, πολλοὶ προτρέχουσι τύποι. Καὶ καθάπερ βασιλέως εἰσιόντος, προτρέχουσι στρατιῶται, ὥστε μὴ ἀθρόον ἀπαρασκευάστως δέξασθαι τὸν βασιλέα· οὕτω καὶ θαύματος μέλλοντος γί- B νεσθαι παραδόξου, προτρέχουσι τύποι, ὥστε ἡμᾶς προμελετήσαντας μὴ καταπλαγῆναι ἀθρόον, μηδὲ ἐκστῆναι τῷ παραδόξῳ τοῦ γινομένου. Τοῦτο καὶ ἐπὶ τοῦ θανάτου. Προέδραμεν Ἰωνᾶς, καὶ ἐγύμνασεν ἡμῶν τὴν διάνοιαν. Καθάπερ γὰρ ἐκεῖνον μετὰ τρεῖς ἡμέρας τὸ κῆτος ἤμεσεν, [a] οὐχ εὑρὸν ἐν αὐτῷ τὴν οἰκείαν τροφὴν καὶ κατάλληλον· οἰκεία γὰρ τροφὴ καὶ κατάλληλος θανάτου τῆς ἁμαρτίας ἡ φύσις· ἐντεῦθεν ἐτέχθη, ἐντεῦθεν ἐῤῥιζώθη, ἐντεῦθεν καὶ τρέφεται. Καθάπερ οὖν ἐφ' ἡμῶν, ἐπειδὰν λίθον καταπίωμεν οὐκ εἰδότες, τότε μὲν πρῶτον ἐπιχειρεῖ πέψαι C τοῦτον ἡ τοῦ στομάχου δύναμις· ἐπειδὰν δὲ εὕρῃ ἀλλοτρίαν αὐτῷ οὖσαν τροφὴν, ὁμιλήσασα ἐπὶ πλέον αὐτῷ τῇ πεπτικῇ δυνάμει, ἐκεῖνον μὲν οὐ διαφθείρει, τὴν δὲ ἑαυτῆς ἀπόλλυσιν ἰσχὺν, ὅθεν οὐδὲ τὴν προτέραν δύναται κατέχειν τροφὴν, ἀλλὰ ἀτονήσασα κἀκείνην αὐτῷ συνεξεμεῖ μετὰ πολλῆς τῆς ὀδύνης· οὕτω καὶ ἐπὶ τοῦ θανάτου γέγονε. Κατέπιε τὸν λίθον τὸν ἀκρογωνιαῖον, καὶ οὐκ ἴσχυσεν αὐτὸν πέψαι· ἠσθένησεν αὐτοῦ πᾶσα ἡ δύναμις· διὰ τοῦτο μετ' αὐτοῦ καὶ τὴν λοιπὴν, ἣν εἶχε, συνεξέβαλε τροφὴν, τῶν ἀνθρώπων συνεξεμέσας τὴν φύσιν. Οὐδὲ γὰρ ταύτην κατασχεῖν δυνήσεται λοιπὸν εἰς τέλος. Διὰ τοῦτο καὶ D αἱ στεῖραι προέδραμον, ἵνα ὁ τόκος πιστωθῇ· μᾶλλον δὲ οὐχ ἵνα ὁ τόκος πιστωθῇ μόνον, ἀλλ' ἐὰν ἀκριβῶς ἐξετάσωμεν, καὶ αὐτοῦ τοῦ θανάτου τὴν στείρωσιν τύπον οὖσαν εὑρήσομεν.

accepit, et precari non destitit; ut licet peccator sis, non desperes: licet justus sis non efferaris. *Non est opus valentibus medico, sed male habentibus.* (Matth. 9. 12.) Male habebat publicanus; propterea cito manum illi porrexit: Isaac autem robustior erat; propterea reliquit ipsum, ut patientiam ejus augeret. Sed hæc quidem ex abundanti a nobis sint dicta. Cur autem uxor sterilis esset, operæ pretium fuerit enarrare: ut, cum virginem videris factam esse matrem, credere non recuses; ut, cum dixerit tibi Judæus, Quo pacto peperit Maria? dicas illi, Quo pacto peperit Sarra, et Rebecca, et Rachel? Cum enim mirabile quidpiam magnumque fuerit eventurum, multæ præcurrunt figuræ. Et quemadmodum cum Imperator ingreditur, præcurrunt milites, ne subito ab imparatis excipiatur: ita cum insolitum futurum esset miraculum, præcedunt figuræ, ut nos prius exercitati ac dispositi non subito attoniti hæreamus, nec rei præter exspectationem visæ territi novitate obstupescamus. Hoc et in morte. Præcessit Jonas, et mentem nostram exercuit. Ut enim illum post tres dies cetus evomuit, cum in eo proprium et conveniens non reperisset alimentum: proprium quippe conveniensque mortis alimentum est peccati natura: inde nata est, inde corroborata est, inde etiam alitur. Ut igitur in nobis, si quando lapidem deglutivimus imprudentes, tum quidem primum illum vis stomachi concoquere aggreditur: cum vero cibum minime sibi proprium compererit, ubi diutius vim suam concoquendi illi applicuit, non illum corrumpit sed virtutem suam perdit: unde nec priorem cibum potest continere, sed defessa cum ipso illum quoque non sine gravi dolore evomit: ita quoque in morte accidit. Lapidem angularem deglutivit, neque concoquere ipsum potuit; omnis ejus virtus elanguit: propterea cum ipso reliquum quem habebat, cibum ejecit, dum hominum naturam simul evomuit. Neque enim deinceps illam in finem poterit continere. Propterea steriles quoque præcesserunt, ut etiam partus fides fieret; vel potius non modo ut fides partus fieret, sed si exacte examinare velimus, ipsius etiam mortis figuram sterilitatem fuisse reperiemus.

Cur esset sterilis uxor Isaac.

Cur sterilis partus præcesserit.

Ἀλλὰ προσέχετε· λεπτὸν γὰρ τὸ ῥηθησόμενον· μέλλομεν γὰρ ἐρεῖν, πῶς πρὸς τὴν πίστιν τῆς ἀναστάσεως ἡμᾶς ἡ μήτρα τῆς Σάῤῥας στειρωθεῖσα χειραγωγεῖ.

4. Sed attendite: subtile namque est quod dicemus: quippe dicturi sumus quo pacto ad fidem resurrectionis nos uteri Sarræ sterilitas

[a] [Savil. in marg. ex conjectura supplet, οὕτω τὸ μνῆμα τὸν Χριστόν. Cod. 748 cum textu nostro consentit. Εὑρὸν scripsimus cum Savil.; Montf. et Cod. 748 εὑρών.]

quasi manu ducat. Quonam igitur pacto manu
ducit? Quemadmodum illa cum esset mortua
beneficio Dei suscitata est, et Isaaci corpus vivum germinavit: sic cum esset mortuus Christus, propria virtute resurrexit. Neque violentam
esse nostram expositionem, audi qua ratione
Paulus testetur. Cum enim de Abrahamo dixis-
Rom. 4. 19.—21. set: *Non consideravit emortuam vulvam*
Sarræ, sed confortatus est *fide dans gloriam*
Deo, plenissime sciens *quia quæcumque pro-*
misit, potens est *et facere:* hoc est, efficere ut
ex corporibus mortuis filius vivus enascatur:
deinde ab illa fide, ut ad hanc nos deduceret,
Rom. 4. 23. 24. adjecit: *Non* est *scriptum tantum propter*
ipsum, quia reputatum est *illi: sed* et *propter*
nos. Ad quid? *Quibus reputabitur,* inquit,
credentibus in eum, qui suscitavit Jesum
Dominum nostrum a mortuis. Quod autem
dicit, est ejusmodi. Isaacum ex mortuis corporibus excitavit: sic etiam Filium suum qui
mortuus erat suscitavit. Visne alterius etiam rei
symbolum fuisse sterilitatem cognoscere? Multitudinem fidelium paritura erat Ecclesia: ut
igitur credere minime recusares quo pacto infecunda, infrugifera, sterilis peperisset, præcessit
ea, quæ natura sterilis erat: quæ sterili voluntati viam præmuniret, et Sarra facta est Ecclesiæ figura. Nam ut illa cum sterilis esset peperit in senecta: sic et ista cum sterilis esset novissimis temporibus peperit. Atque hoc verum
Gal. 4. 31. esse, quo pacto Paulus testetur audi: *Nos au-*
tem sumus liberæ filii. Cum enim figura sit
Ecclesiæ Sarra, quæ libera est, idcirco addidit,
Gal. 4. 28. nos liberæ filios esse. Et rursus: *Itaque, fra-*
tres, secundum Isaac promissionis filii sumus.
Quid est hoc, *Promissionis?* Quemadmodum
illum natura non peperit, sic neque nos natura
Gal. 4. 26. peperit, sed gratia Dei. Et rursus: *Quæ au-*
tem sursum est *Jerusalem libera* est, *quæ* est
Hebr. 12. 22. *mater nostra*, hæc est autem Ecclesia. *Acces-*
sistis enim *ad Sion montem,* inquit, et *civi-*
tatem Dei viventis, Jerusalem cælestem, et
Ecclesiam primitivorum. Si ergo superna Jerusalem est Ecclesia, porro Jerusalem super-
Gal. 4. 24.—26. næ figura est Sarra, prout dixit, *Duæ sunt,*
una quidem in servitutem generans, quæ
est *Agar: quæ autem sursum* est *Jerusalem*
libera est, *quæ* est *mater nostra:* manifestum
est Jerusalem, quæ sursum est, figuram esse
Sarram habita ratione partus ac sterilitatis.

5. Scio subtiliora esse quæ diximus: sed si

Πῶς οὖν ἡμᾶς χειραγωγεῖ; Καθάπερ αὕτη νεκρὰ οὖσα
ἐκ τῆς τοῦ Θεοῦ χάριτος ἀνέστη, καὶ σῶμα ἐβλάστησε ζῶν τὸ τοῦ Ἰσαάκ· οὕτω καὶ ὁ Χριστὸς νεκρω-
E θεὶς ἠγέρθη τῇ οἰκείᾳ δυνάμει. Καὶ ὅτι οὐ βεβίασται
τὸ εἰρημένον, ἄκουσον αὐτοῦ τοῦ Παύλου λέγοντος.
Εἰπὼν γὰρ περὶ τοῦ Ἀβραάμ, ὅτι Οὐκ ἐνενόησε τὴν
νέκρωσιν τῆς μήτρας Σάῤῥας, ἀλλ' ἐνεδυναμώθη τῇ
πίστει, δοὺς δόξαν τῷ Θεῷ, καὶ πληροφορηθεὶς ὅτι ὃ
ἐπήγγελται δυνατός ἐστι καὶ ποιῆσαι, τοῦτ' ἔστιν,
ἀπὸ τῶν νεκρῶν σωμάτων ζῶντα ποιῆσαι γεννηθῆναι
υἱόν· εἶτα ἀπ' ἐκείνης εἰς ταύτην ἡμᾶς τὴν πίστιν
χειραγωγῶν ἐπήγαγεν· Οὐκ ἐγράφη δι' ἐκεῖνον μόνον, ὅτι ἐλογίσθη αὐτῷ, ἀλλὰ καὶ δι' ἡμᾶς. Διὰ τί;
Οἷς μέλλει, φησὶ, λογίζεσθαι τοῖς πιστεύουσιν ἐπὶ
358 τὸν ἐγείραντα Ἰησοῦν τὸν Κύριον ἡμῶν ἐκ νεκρῶν.
A Ὃ δὲ λέγει, τοιοῦτόν ἐστι. Τὸν Ἰσαὰκ ἀπὸ νεκρῶν
σωμάτων ἤγειρεν· οὕτω καὶ τὸν Υἱὸν ἀνέστησε, νεκρὸν γενόμενον. Βούλει καὶ ἑτέρου πράγματος μαθεῖν
σύμβολον οὖσαν τὴν στείρωσιν; Ἤμελλεν ἡ Ἐκκλησία τὸ πλῆθος ἀποκυῆσαι τῶν πιστῶν· ἵν' οὖν μὴ
ἀπιστῇς, πῶς ἡ ἄγονος, ἡ ἄκαρπος, ἡ στεῖρα ἔτεκε,
προέλαβεν ἡ φύσει στεῖρα, προοδοποιοῦσα τῇ προαιρέσει στείρᾳ, καὶ ἡ Σάῤῥα τῆς Ἐκκλησίας ἐγένετο
τύπος. Ὥσπερ γὰρ ἐκείνη στεῖρα οὖσα ἔτεκεν ἐν γήρᾳ,
οὕτω καὶ αὕτη στεῖρα οὖσα ἔτεκεν ἐπ' ἐσχάτων τῶν
καιρῶν. Καὶ ὅτι τοῦτό ἐστιν ἀληθὲς, ἄκουσον Παύλου
λέγοντος· Ἡμεῖς δὲ τῆς ἐλευθέρας τέκνα ἐσμέν·
B Ἐπειδὴ γὰρ ἡ Σάῤῥα τύπος ἐστὶ τῆς Ἐκκλησίας, ἡ
ἐλευθέρα, διὰ τοῦτο ἐπήγαγεν, ὅτι Τῆς ἐλευθέρας
τέκνα ἐσμέν. Καὶ πάλιν· Ἄρα, ἀδελφοὶ, κατὰ Ἰσαὰκ
ἐπαγγελίας τέκνα ἐσμέν. Τί ἐστιν, Ἐπαγγελίας;
Ὥσπερ ἐκεῖνον οὐκ ἔτεκε φύσις, οὐδὲ ἡμᾶς φύσις
ἔτεκεν, ἀλλ' ἡ χάρις τοῦ Θεοῦ. Καὶ πάλιν· Ἡ δὲ ἄνω
Ἱερουσαλὴμ ἐλευθέρα ἐστὶν, ἥτις ἐστὶ μήτηρ ἡμῶν·
αὕτη δέ ἐστιν ἡ Ἐκκλησία. Προσεληλύθατε γὰρ Σιὼν
ὄρει, φησὶ, καὶ πόλει Θεοῦ ζῶντος, Ἱερουσαλὴμ
ἐπουρανίῳ, καὶ Ἐκκλησίᾳ πρωτοτόκων. Εἰ τοίνυν
ἄνω Ἱερουσαλὴμ ἡ Ἐκκλησία ἐστὶ, τῆς δὲ ἄνω
Ἱερουσαλὴμ τύπος ἐστὶν ἡ Σάῤῥα, καθὼς εἶπεν, ὅτι
C Δύο εἰσὶ, μία μὲν εἰς δουλείαν γεννῶσα, ἥτις ἐστὶν
Ἄγαρ· ἡ δὲ ἄνω Ἱερουσαλὴμ ἐλευθέρα ἐστιν, ἥτις
ἐστὶ μήτηρ ἡμῶν, εὔδηλον ὅτι τῆς ἄνω Ἱερουσαλὴμ
τύπος ἐστὶν ἡ Σάῤῥα κατὰ τὸν τόκον καὶ τὴν στείρωσιν.

Οἶδα ὅτι λεπτότερα τὰ εἰρημένα· ἀλλ' ἐὰν [a] λάβω-

[a] [Cod. 748 κάμωμεν.]

μεν, οὐδὲν ἡμᾶς παραδραμεῖται τῶν λεγομένων. Οὗτοι μὲν οὖν μυστικώτεροι καὶ δογματικώτεροι οἱ λόγοι· εἰ δὲ βούλεσθε, καὶ ἠθικώτερον μετὰ τούτων ἐρῶ. Στεῖρα ἦν ἡ γυνὴ, ἵνα μάθῃς τοῦ ἀνδρὸς τὴν σωφροσύνην· ὅτι οὔτε ἐκείνην ἐξέβαλε, καίτοι οὐδενὸς τότε κωλύοντος νόμου, οὔτε ἑτέραν λαβὼν, τῇ ἐλευθέρᾳ ἐπεισήγαγεν· ὃ δὴ πολλοὶ ποιοῦσι προφάσει D παιδοποιίας, τὴν ἀσέλγειαν τὴν ἑαυτῶν πληροῦντες, καὶ τὰς μὲν ἐκβάλλοντες, τὰς δὲ εἰσάγοντες· οἱ δὲ καὶ παλλακίδας ἐφοπλίζοντες, καὶ μυρίων τὰς οἰκίας πληροῦντες πολέμων. Ἀλλ' οὐχ ἐκεῖνος ὁ δίκαιος οὕτως, ἀλλ' ἔμενε στέργων τὴν κληρωθεῖσαν αὐτῷ παρὰ τοῦ Θεοῦ γυναῖκα, καὶ παρεκάλει τὸν τῆς φύσεως Δεσπότην διορθῶσαι τῆς φύσεως τὰ δεσμὰ, καὶ οὐκ ὠνείδισε τῇ γυναικί. Καὶ πόθεν, ὅτι οὐκ ὠνείδισεν; Ἐξ αὐτῆς τῆς Γραφῆς. Εἰ ὠνείδισεν, εἶπεν ἂν ἡ Γραφὴ καὶ τοῦτο, καὶ οὐκ ἐσιώπησε· καὶ γὰρ τὰ κατορθώματα λέγει τῶν δικαίων, καὶ τὰ ἐλαττώματα, E ἵνα τὰ μὲν φύγωμεν, τὰ δὲ ζηλώσωμεν. Ὅτε γοῦν πρὸς τὸν υἱὸν αὐτοῦ ἡ νύμφη ἡ Ῥαχὴλ ἀπωδύρετο, κἀκεῖνος ἐπέπληξεν, ἀμφότερα τέθεικε, καὶ οὐκ ἀπέκρυψεν ἡ Γραφή. Ἐπειδὴ γὰρ εἶπε, Δός μοι τέκνα, εἰ δὲ μὴ, ἀποθανοῦμαι, τί φησιν ἐκεῖνος; Μὴ Θεὸς ἐγὼ, ὃς ἐστέρησέ σε καρποῦ κοιλίας; Δός μοι τέκνα. Γυναικώδης ἡ αἴτησις καὶ ἀλόγιστος. Τῷ ἀνδρὶ λέγεις, Δός μοι τέκνα, παραδραμοῦσα τὸν τῆς φύσεως Δεσπότην; Διὰ τοῦτο καὶ ἐκεῖνος πληκτικώτερον ἀποκρινάμενος κατέστειλεν αὐτῆς τὴν ἄλογον αἴτησιν, 329 A καὶ ἐδίδαξε παρὰ τίνος δεῖ αἰτεῖν. [a] Ἀλλ' οὐχ οὕτως, οὔτε αὐτὸς οὐδὲν τοιοῦτον εἶπεν, οὔτε ἐκείνη πρὸς τοῦτον ἀπωδύρατο καὶ ἐθρήνησεν. Ἐντεῦθεν σωφροσύνην παιδευόμεθα καὶ πίστιν. Τὸ μὲν γὰρ δεηθῆναι τοῦ Θεοῦ, τὴν πίστιν αὐτοῦ δείκνυσι· τὸ δὲ μὴ ἐκβαλεῖν τὴν γυναῖκα, τὴν σωφροσύνην ἡμῖν καθίστησι φανεράν· τὸ δὲ μήτε ὀνειδίσαι, μήτε ἀπογνῶναι, καὶ τὴν ὑπομονὴν καὶ τὴν φιλοσοφίαν καὶ τὴν πολλὴν ἐπιείκειαν καὶ τὴν φιλοστοργίαν τὴν πρὸς τὴν γυναῖκα δήλην ποιεῖ. Οὐδὲ γὰρ, καθάπερ πολλοὶ ποιοῦσι νῦν ἐν ταῖς τοιαύταις περιστάσεσιν εἰς μαγγανείας καὶ γοητείας καταφεύγοντες, τὰ περιττὰ ταῦτα καὶ ἀνόητα B καὶ βλαβερὰ, καὶ ψυχὴν ἀπολλύντα, ἐκεῖνος ἐποίησεν, ἀλλὰ ἅπαντα ταῦτα ἀφεὶς, καὶ πάντων τῶν ἀνθρωπίνων καταγελάσας, πρὸς τὸν τῆς φύσεως Δεσπότην τὸν δυνάμενον ταῦτα διορθοῦν μόνον ἀνέδραμεν.

Ἀκούσατε ταῦτα, ἄνδρες, παιδεύθητε, γυναῖκες, μιμησώμεθα τὸν δίκαιον ἅπαντες. Μηδὲν ἔστω γυναικὶ ἀνδρὸς τιμιώτερον, μηδὲν ἀνδρὶ γυναικὸς ποθεινότερον. Τοῦτο πάντων ἡμῶν συγκρατεῖ τὴν

attendamus, nihil eorum nos effugiet, quæ dicuntur. Hi ergo pleniores mysteriorum sunt dogmatumque sermones: sed si lubet accommodatiorem ad mores cum illis proferemus. Sterilis erat uxor, ut castitatem mariti cognoscas: quod nec illam expulerit, tametsi tum id lex nulla D prohiberet, neque alteram ductam præter liberam introduxit: quod tamen faciunt multi quærendorum specie liberorum, ut luxuriam suam expleant, et has ejiciunt, illas introducunt: alii quoque pellices in eas armant, et infinitis pugnis ac rixis domos complent. At non ita justus ille: sed quietus erat data sibi a Deo uxore contentus, ac naturæ Dominum precabatur, ut naturæ vincula solveret, neque uxori exprobravit. Unde vero constat eum non exprobrasse? Ex ipsa Scriptura. Si exprobrasset, hoc quoque Scriptura E dixisset, neque tacuisset: siquidem et præclara facinora, et vitia justorum commemorat, ut hæc fugiamus, illa æmulemur. Cum igitur apud filium ejus nurus ipsius Rachel lamentaretur, et ille objurgaret, expressit utrumque, nec celavit Scriptura. Cum enim dixisset: *Da mihi liberos: si autem non, moriar:* quid ille ait? *Numquid Deus ego, qui privavit te fructu ventris? Da mihi liberos.* Muliebris postulatio, et a ratione aliena. Marito dicis, *Da mihi liberos*, et naturæ Dominum prætermittis? 329 A Idcirco et ille cum illam increpando respondisset, absurdam ejus petitionem repressit, et a quo petendum esset edocuit. At non ita iste, neque tale quidquam ipse dixit, neque apud istum illa conquesta est aut lamentata. Hinc castitatem docemur simul et fidem. Nam cum Deum precetur, fidem ejus hoc indicat: cum vero nequaquam uxorem ejiciat, id ejus manifestam reddit castitatem: cum autem non exprobret, neque desperet, id patientiam ejus et animi moderationem, multamque modestiam et amorem erga uxorem B ostendit. Neque enim, quemadmodum nunc multi factitant, qui in ejusmodi ærumnis ad veneficia præstigiasque confugiunt, illa superflua, inutilia, noxia, animæque letifera ille fecit, sed omissis omnibus his, cunctisque contemtis rebus humanis, ad naturæ Dominum, qui poterat his solus mederi, recurrit.

Gen. 30. 1. 2.

A veneficiis atque præstigiis declinandum.

6. Audite hæc, mariti, discite, uxores, imitemur justum omnes. Nihil pluris faciat uxor quam virum: nihil magis vir diligat, quam uxorem. Hoc omnium nostrum vitam tuetur, uxorem

[a] [Cod. 748 ἀλλ' οὐχ οὗτος οὔτε αὐτ., quod Savil. conjecerat.]

cum viro concordare: hoc mundum continet universum. Nam quemadmodum concusso fundamento totum corruit ædificium: sic etiam cum dissidia inter conjuges oriuntur, tota vita nostra subvertitur. Vide namque: mundus ex urbibus constat, urbes ex domibus, ex viris ac uxoribus domus. Si igitur inter viros et uxores pugna consurgat, dum ista turbantur, etiam urbes evertuntur: quod si urbes turbentur, universum etiam orbem omnino necesse est tumultibus, bellis, pugnisque compleri. Propterea Deus istius rei maxime curam gerit; propterea uxorem ejici non sinit, præterquam ob solam fornicationem. Quid igitur si contumeliosa sit, dicet aliquis, si profusa sit et sumtuosa, et innumeris aliis vitiis scateat? Patienter fer omnia, neque propter vitia ejice, verumtamen vitia corrige. Propterea tu capitis locum tenes, ut corpori scias mederi. Nam neque si corpus nostrum innumeris sit confossum vulneribus, illud a capite separamus. Ne igitur uxorem quoque separes a teipso: nobis enim corporis loco est uxor. Quam ob causam beatus etiam Paulus aiebat: *Viri diligere uxores sic debent, ut corpora sua.* (Ephes. 5. 28.) Et pro uxoribus eadem lex datur: sicut tuum caput amas, et colis uxor, ita virum tuum cole: neque enim sine causa tantam istius rei rationem habemus. Scio quot bona conciliet istud, si nullum inter virum et uxorem dissidium oriatur: scio quot malorum occasiones pariat, si inter se contendant. Tunc enim non divitiæ, non felicitas quam boni afferunt liberi, non multitudo liberorum, non magistratus ac principatus, non gloria, non honor, non deliciæ, non sumtus, non alia quævis felicitas uxorem exhilarare, vel virum poterit, si inter se rixentur.

7. Huic potissimum rei præ cæteris omnibus studeamus. Vitiosa est uxor, fac quod Isaac fecit, Deum precare. Si enim ille precum assiduitate debilitatem solvit naturæ, multo magis nos, si assidue Deum oremus, poterimus vitia voluntatis corrigere. Si te Deus viderit studio suæ legis observandæ tolerare patienterque ferre delicta uxoris, ad illam docendam te juvabit, ac patientiæ tibi mercedem rependet. *Unde enim scis, vir,* inquit, *si uxorem salvam facies? aut unde scis, uxor, si virum salvum facies?* (1. Cor. 7. 16.) Noli autem animum despondere, noli desperare. Fieri enim potest ut ipsa quoque salva fiat: quod si se non corrigat, tu tamen patientiæ mercedem non amittes: sin autem ejeceris,

ζωὴν, τὸ ὁμονοεῖν γυναῖκα πρὸς ἄνδρα· τοῦτο συνέχει τὸν κόσμον ἅπαντα. Καθάπερ γὰρ τοῦ θεμελίου σαλευθέντος, πᾶσα ἡ οἰκοδομὴ καταφέρεται· οὕτω καὶ γάμων στασιαζόντων, ἅπας ὁ βίος ἡμῶν ἀνατρέπεται. C Ὅρα γάρ· ὁ κόσμος ἐκ τῶν πόλεων συνέστηκεν, αἱ πόλεις ἐκ τῶν οἰκιῶν, αἱ οἰκίαι ἐξ ἀνδρῶν καὶ γυναικῶν. Ἂν τοίνυν ἐπεισέλθῃ πόλεμος μεταξὺ τῶν ἀνδρῶν καὶ τῶν γυναικῶν, εἰς τὰς οἰκίας εἰσῆλθεν ὁ πόλεμος· τούτων δὲ ταραττομένων, καὶ αἱ πόλεις ἀνάστατοι γίνονται· πόλεων δὲ στασιαζουσῶν, καὶ τὴν οἰκουμένην πᾶσαν ἀνάγκη ταραχῆς ἐμπεπλῆσθαι, καὶ πολέμου, καὶ μάχης. Διὰ τοῦτο ὁ Θεὸς πολλὴν ἐποίησε τοῦ πράγματος τούτου τὴν πρόνοιαν· διὰ τοῦτο οὐκ ἀφίησιν ἐκβαλεῖν γυναῖκα, ἀλλ' ἢ ἐπὶ πορνείᾳ μόνον. Τί οὖν ἂν λοίδορος ᾖ, φησὶν, ἂν δαπανηρὰ καὶ πολυτελὴς, καὶ μυρία ἕτερα ἐλαττώματα D ἔχῃ; Φέρε πάντα γενναίως, καὶ μὴ ἐκβάλῃς διὰ τὰ ἐλαττώματα, ἀλλὰ διόρθωσον τὰ ἐλαττώματα. Διὰ τοῦτο κεφαλῆς ἐπέχεις χώραν, ἵνα εἰδῇς θεραπεύειν τὸ σῶμα. Καὶ γὰρ τὸ σῶμα τὸ ἡμέτερον, κἂν μυρία ἔχῃ τραύματα, οὐκ ἀποτέμνομεν τὴν κεφαλήν. Μὴ τοίνυν μηδὲ τὴν γυναῖκα ἀποτέμνῃς ἑαυτοῦ· ἐν τάξει γὰρ ἡμῖν ἐστι τοῦ σώματος ἡ γυνή. Διὰ τοῦτο καὶ ὁ μακάριος Παῦλος ἔλεγεν· Οἱ ἄνδρες οὕτως ὀφείλουσιν ἀγαπᾷν τὰς γυναῖκας, ὡς τὰ ἑαυτῶν σώματα. Καὶ πρὸς τὰς γυναῖκας δὲ ὁ αὐτὸς νόμος ἡμῖν· ὡς τὴν ἑαυτῆς φίλει κεφαλὴν, ὦ γύναι· καὶ εἰ τιμᾷς, οὕτω τίμα τὸν ἄνδρα· οὐ γὰρ εἰκῇ τοσοῦτον ὑπὲρ τοῦ E πράγματος ποιούμεθα λόγον. Οἶδα ὅσων ἀγαθῶν αἴτιόν ἐστι, τὸ γυναῖκα πρὸς ἄνδρα μὴ διχοστατεῖν· οἶδα ὅσων κακῶν ἐστιν ὑπόθεσις, ὅταν οὗτοι πρὸς ἑαυτοὺς διαστασιάζωσι. Τότε γὰρ οὐ πλοῦτος, οὐκ εὐπαιδία, οὐ πολυπαιδία, οὐκ ἀρχὴ καὶ δυναστεία, οὐ δόξα καὶ τιμὴ, οὐ τρυφὴ καὶ πολυτέλεια, οὐκ ἄλλη τις εὐπραγία δύναιτ' ἂν εὐφρᾶναί ποτε γυναῖκα ἢ ἄνδρα, ὅταν πρὸς ἀλλήλους ζυγομαχῶσι.

Τοῦτο δὴ πρὸ τῶν ἄλλων ἁπάντων σπουδάζωμεν. 360 A Ἐλαττώματα ἔχει ἡ γυνή; Ποίησον ὅπερ ἐποίησεν ὁ Ἰσαάκ· δεήθητι τοῦ Θεοῦ. Εἰ γὰρ οὗτος τῇ καρτερίᾳ τῆς εὐχῆς φύσεως ἔλυσε πήρωσιν, πολλῷ μᾶλλον ἡμεῖς προαιρέσεως ἐλαττώματα διορθῶσαι δυνησόμεθα, τὸν Θεὸν συνεχῶς παρακαλοῦντες. Ἐὰν ἴδῃ σε ὁ Θεὸς διὰ τὸν αὐτοῦ νόμον καρτεροῦντα, καὶ φέροντα γενναίως τῆς γυναικὸς τὰ ἁμαρτήματα, συνεφάψεταί σοι τῆς διδασκαλίας, καὶ μισθόν σοι δώσει τῆς ὑπομονῆς. Τί γὰρ οἶδας, φησὶν, ἄνερ, εἰ τὴν γυναῖκα σώσεις; ἢ τί οἶδας, γύναι, εἰ τὸν ἄνδρα σώσεις; Μὴ ἀποκάμῃς δὲ, φησὶ, μηδὲ ἀπελπίσῃς. Συμβαίνει γὰρ αὐτὴν καὶ σωθῆναι· ἂν δὲ ἀδιόρθωτος μένῃ, σὺ τὸν μισθὸν οὐκ ἀπώλεσας τῆς ὑπομονῆς· ἐὰν δὲ ἐκβάλῃς, ἓν πρῶτον ἥμαρτες, τὸ παραβῆναι τὸν νόμον, καὶ μοιχὸς κρίνεσθαι παρὰ τῷ Θεῷ· Ὃς B γὰρ ἂν ἐκβάλῃ τὴν γυναῖκα αὐτοῦ, φησὶ, παρεκτὸς λόγου πορνείας, ποιεῖ αὐτὴν μοιχευθῆναι. Πολλάκις δὲ καὶ ἑτέραν χαλεπωτέραν ἐκείνης λαβὼν, τὴν μὲν ἁμαρτίαν εἰργάσω, ἀναπαύσεως δὲ οὐκ ἀπέλαυσας. Ἂν δὲ καὶ κρείσσω λάβῃς, οὐκ ἀφίησί σοι τὴν ἡδονὴν ἀκέραιον εἶναι τὴν ἐκ τῆς δευτέρας, διὰ τὴν ἄφεσιν τῆς προτέρας, λογιζομένης σοι μοιχείας· μοιχεία γάρ ἐστι τὸ τὴν προτέραν ἀφεῖναι. Ὅταν οὖν ἴδῃς δυσκολίαν τινὰ συμπεσοῦσαν, ἢ ἐν τῷ γάμῳ, ἢ ἐν ἑτέρᾳ πραγμάτων καταστάσει, παρακάλει τὸν Θεόν· αὕτη γὰρ μόνη λύσις ἐστὶν ἀρίστη τῶν συμβαινόντων ἡμῖν δεινῶν. Καὶ γὰρ μέγα τῆς εὐχῆς τὸ ὅπλον ἐστί. Τοῦτο καὶ C πολλάκις εἶπον, καὶ νῦν λέγω, καὶ λέγων οὐ παύσομαι· κἂν ἁμαρτωλὸς ὑπάρχῃς, βλέπε πρὸς τὸν τελώνην τὸν μὴ ἀποτυχόντα, τὸν τοσαῦτα ἁμαρτήματα ἀπονιψάμενον. Βούλει μαθεῖν ὅσον ἐστὶν εὐχή; Οὐκ ἀνύει τοσοῦτον φιλία πρὸς Θεὸν, ὅσον εὐχή. Καὶ οὐκ ἐμὸς ὁ λόγος· οὐ γὰρ ἂν ἐτόλμησα τοσοῦτον πρᾶγμα ἀπὸ τῆς ἐμαυτοῦ γνώμης ἀποφήνασθαι· ἄκουσον ἐκ τῶν Γραφῶν πῶς, ὅσον οὐκ ἤνυσε φιλία, ἤνυσεν εὐχή. Τίς ἐστιν ἐξ ὑμῶν, φησὶν, ὃς ἕξει φίλον, καὶ ἐλθὼν εἴπῃ αὐτῷ· ἑταῖρε, χρῆσόν μοι τρεῖς ἄρτους· κἀκεῖνος ἀποκριθεὶς ἐρεῖ αὐτῷ· ἡ D θύρα κέκλεισται, τὰ παιδία ἐπὶ τῆς κλίνης ἐστί· μή μοι κόπους παρέχε. Λέγω γὰρ ὑμῖν, εἰ καὶ διὰ τὸ εἶναι φίλον αὐτοῦ μὴ δώσει αὐτῷ, διὰ δὲ τὴν ἀναίδειαν αὐτοῦ δώσει αὐτῷ ὅσων ἂν χρήζῃ. Ὁρᾷς πῶς, ὅσον οὐκ ἴσχυσεν ἡ φιλία, τοῦτο ἴσχυσεν ἡ προσεδρεία; Ἐπειδὴ γὰρ φίλος ἦν αἰτῶν, ἵνα μὴ νομίσῃς ὅτι διὰ τοῦτο ἤνυσεν, εἶπεν· Εἰ καὶ διὰ τὸ εἶναι φίλον αὐτοῖ μὴ δώσει αὐτῷ, διὰ δὲ τὴν ἀναίδειαν αὐτοῦ δώσει αὐτῷ. Εἰ καὶ ἡ φιλία μὴ ἐργάσεται, φησὶ, τοῦτο, ἀλλὰ ἡ προσεδρεία ἐργάσεται, ὅσον ἡ φιλία οὐκ ἴσχυσε. Καὶ ποῦ τοῦτο γέγονεν; Ἐπὶ τοῦ τελώνου. Οὐδὲ γὰρ ἦν τῷ Θεῷ φίλος ὁ τελώνης· ἀλλ' ἐγένετο φίλος· ὥστε κἂν ἐχθρὸς ᾖς, E τῇ προσεδρείᾳ γενήσῃ φίλος. Ὅρα καὶ τὴν Συροφοίνισσαν, καὶ ἄκουσον τί φησι πρὸς αὐτήν· Οὐκ ἔστι καλὸν λαβεῖν τὸν ἄρτον τῶν τέκνων, καὶ δοῦναι τοῖς κυναρίοις. Καὶ πῶς ἐποίησεν αὐτὸ, εἰ μή ἐστι καλόν; Τῇ προσεδρείᾳ αὐτὸ ἐποίησεν ἡ γυνὴ καλόν· ἵνα μάθῃς, ὅτι ὧν οὐκ ἐσμὲν ἄξιοι, γινόμεθα ἄξιοι διὰ τῆς προσεδρείας.

361 A Ταῦτα εἶπον ἵνα μὴ λέγῃς ὅτι ἁμαρτωλός εἰμι, ἀπαρρησίαστός εἰμι, οὐκ ἔχω εὐχήν. Ἐκεῖνος ἔχει παρρησίαν ὁ μὴ νομίζων ἔχειν παρρησίαν· ὡς ὁ νομίζων παρρησίαν ἔχειν, ἀπώλεσε τὴν παρρησίαν,

B illud enim primum peccasti quod legem transgressus fueris, et adulter apud Deum judiceris: *Quicumque enim ejecerit uxorem suam,* inquit, *excepta fornicationis causa, facit eam mœchari.* Matth. 5. 32. Sæpenumero autem accepta difficiliori, peccatum admisisti, nec tamen ullam relaxationem aut quietem nactus es. Sin meliorem assumseris, non permittitur tibi, ut sincera voluptate perfruaris ex secunda, ob dimissionem prioris, cum inde tibi adulterium imputetur: est enim adulterium priorem dimittere. Non licet uxorem repudiare, et aliam ducere. Cum igitur aliquam videris oriri difficultatem vel in matrimo- C nio, vel in aliquo alio rerum statu, Deum precare: hic solus optimus e malis emergendi modus. Magna quippe est orationis armatura. Hoc et sæpenumero dixi, et nunc dico, neque dicere cessabo: licet peccator sis, converte oculos tuos in publicanum qui repulsam non tulit, qui tam multis se peccatis expiavit. Visne intelligere quanta res sit oratio? Non tam valet amicitia apud Deum quam oratio. Orationis vis. Neque meus est hic sermo: neque enim anderem tanti momenti rem ex mea sententia definire; audi ex Scriptura, quod amicitia non D perfecit, id ab oratione esse perfectum. *Quis ex vobis* est, *qui habebit amicum,* et *veniens dicet ei, Amice, commoda mihi* tres *panes:* et *ille respondens dicet illi, Ostium clausum est, pueri sunt in cubili:* noli *mihi molestus* esse. Luc. 11. 5.—8. *Dico* enim *vobis, etsi quod amicus ejus sit, non dabit ei,* propter *importunitatem* tamen *ejus dabit ei quotquot habet necessarios.* Vides quo pacto quod non potuit amicitia, hoc assiduitas potuerit? Nam quoniam fuit amicus, qui petebat, ne propterea rem illum perfecisse censeres, dixit, *Etsi quod amicus ejus sit non dabit ei,* propter *importunitatem ejus dabit ei.* E Licet id amicitia non præstet, inquit, assiduitas tamen præstabit id quod amicitia minime potuit. Et ubi tandem id accidit? In publicano. Neque enim erat amicus Deo publicanus, sed amicus est factus: itaque licet inimicus sis, assiduitate fies amicus. Vide etiam Syrophœnissam, et audi quid illi dicat: *Non* est *bonum sumere panem filiorum,* et *dare canibus.* Matth. 15. 26. Cur igitur id fecit, si bonum non est? Assiduitate mulier id bonum effecit: ut diseas nos quibus digni minime sumus, iis per assiduitatem dignos evadere.

361 A 8. Hæc ego dixi, ne dicas, Peccator sum, fiduciam non habeo, preces non habeo. Ille fiduciam habet, qui se non habere illam putat: sicut is qui se fiduciam habere putat, fiduciam amisit,

quemadmodum Pharisæus : qui vero seipsum abjectum putat et fiducia destitutum, is maxime exaudietur, quemadmodum publicanus. Vide quam multa tibi exempla suppetant, Syrophœnissa, publicanus, latro in cruce, amicus in parabola, qui tres panes petebat, quippe non tam propter amicitiam, quam propter assiduitatem obtinuit. Horum unusquisque si dixisset, Peccator sum, et pudore suffusus, et idcirco accedere non deboo, nihil promovisset. At quoniam illo- B rum quisque non ad peccatorum suorum respexit
Ephes. 3. 16. magnitudinem, sed ad divitias benignitatis Dei, confidens et audax fuit, et quamvis peccator præter dignitatem suam postulavit, et quæ voluit quisque perfecit. Hæc igitur omnia mente versemus, et assidue preces fundamus, vigiles, confidentes, bonæ spei pleni, multo cum studio. Quanto cum studio cæteri adversus inimicos preces fundunt, tanto cum studio nos pro inimicis et pro fratribus preces fundamus, et omnino cuncta quæ in rem nostram fuerint obtinebimus. C Benignus enim est qui largitur, nec adeo nos desideramus accipere, ut desiderat ille largiri. Hæc igitur omnia cum sciamus, licet in infimum nequitiæ profundum simus devoluti, ne sic quidem de salute nostra desperemus, sed bona etiam cum spe accedamus, nobisque persuadeamus omnino fore, ut quod petimus assequamur, si ex præ-
Ephes. 3. 20. scripto latarum ab ipso legum petamus. *Eum qui potest omnia facere superabundanter, quam petimus, aut intelligimus*, Christum, omnium Regem, Deum nostrum decet omnis gloria, honor et adoratio, una cum Patre initii experte, ac sanctissimo vivificoque Spiritu, nunc et semper, et in sæcula sæculorum. Amen.

καθάπερ ὁ Φαρισαῖος· ὁ δὲ νομίζων ἑαυτὸν ἀπεῤῥιμμένον καὶ ἀπαῤῥησίαστον, οὗτος μάλιστα εἰσακουσθήσεται, καθάπερ ὁ τελώνης. Ὅρα πόσα ἔχεις παραδείγματα, τὴν Συροφοίνισσαν, τὸν τελώνην, τὸν λῃστὴν τὸν ἐπὶ σταυροῦ, τὸν ἐν τῇ παραβολῇ φίλον τὸν τοὺς τρεῖς ἄρτους αἰτοῦντα, καὶ οὐχ οὕτω διὰ τὴν φιλίαν, ὡς διὰ τὴν προσεδρείαν ἐπιτυχόντα. Τούτων ἕκαστος εἰ εἶπεν, ὅτι ἁμαρτωλός εἰμι, ὅτι κατῃσχυμμένος εἰμὶ, καὶ διὰ τοῦτο οὐκ ὀφείλω προσελθεῖν, οὐκ ἂν ἤνυσέ τι πλέον. Ἀλλ' ἐπειδὴ ἕκαστος τούτων οὐ πρὸς τὸ μέγεθος εἶδε τῶν ἁμαρτημάτων, ἀλλὰ πρὸς τὸν πλοῦτον τῆς τοῦ Θεοῦ φιλανθρωπίας, ἐθάῤῥει, καὶ κατετόλμησε, καὶ ἁμαρτωλὸς ὢν ᾐτεῖτο ὑπὲρ τὴν ἀξίαν τὴν ἑαυτοῦ, καὶ ἤνυσεν ἕκαστος ἅπερ ἠθέλησε. Ταῦτ' οὖν μνημονεύωμεν ἅπαντα καὶ φυλάττωμεν, καὶ εὐχώμεθα διηνεκῶς, μετὰ νήψεως, μετὰ τοῦ θαῤῥεῖν, μετὰ χρηστῶν ἐλπίδων, μετὰ σπουδῆς πολλῆς. Μεθ' ὅσης ἕτεροι σπουδῆς κατεύχονται τῶν ἐχθρῶν, μετὰ τοσαύτης ἡμεῖς σπουδῆς καὶ ὑπὲρ τῶν ἐχθρῶν, καὶ ὑπὲρ τῶν ἑαυτῶν ἀδελφῶν εὐξώμεθα, καὶ πάντως ἐπιτευξόμεθα τῶν συμφερόντων ἁπάντων. Φιλάνθρωπος γὰρ ὁ διδοὺς, καὶ οὐχ οὕτως ἡμεῖς ἐπιποθοῦμεν λαβεῖν, ὡς ἐκεῖνος ἐπιποθεῖ δοῦναι. Ταῦτ' οὖν ἅπαντα εἰδότες, κἂν εἰς ἔσχατον κακίας πυθμένα κατενεχθῶμεν, μηδὲ οὕτως ἀπογνῶμεν τῆς ἑαυτῶν σωτηρίας, ἀλλὰ μετὰ ἀγαθῆς ἐλπίδος προσίωμεν, πείσαντες ἑαυτοὺς ὅτι πάντως ληψόμεθα ἅπερ αἰτοῦμεν, ἂν κατὰ τοὺς ὑπ' αὐτοῦ κειμένους νόμους αἰτῶμεν. Τῷ δυναμένῳ πάντα ποιῆσαι ὑπὲρ ἐκπερισσοῦ ὧν αἰτούμεθα ἢ νοοῦμεν, Χριστῷ τῷ παμβασιλεῖ Θεῷ ἡμῶν πρέπει πᾶσα δόξα, τιμὴ καὶ προσκύνησις, σὺν τῷ ἀνάρχῳ Πατρὶ, καὶ τῷ παναγίῳ καὶ ζωοποιῷ Πνεύματι, νῦν καὶ ἀεὶ, καὶ εἰς τοὺς αἰῶνας τῶν αἰώνων. Ἀμήν.

MONITUM

AD HOMILIAM IN ILLUD,

IN FACIEM EI RESTITI.

Hanc concionem post peractam lectionem Epistolæ ad Galatas Antiochiæ habuit Chrysostomus. Veritus enim ne tantilla, quæ hic apparet inter Petrum et Paulum Ecclesiæ, ait ille, columnas, dissensio, piorum animos interturbaret, longa locum illum oratione explanare nititur. Multis statim explicat, quanta hinc incommoda sequantur, si vere et objurgandi animo, plurimis præsentibus, apostolorum coryphæum Paulus sit adortus. Hinc duas circa hunc locum sententias aperit, statimque refutat : quarum prior est,

Petrum de quo hic agitur, non apostolorum principem, sed alium esse cognominem : altera veram statuit esse reprehensionem, nec simulate factam. Deinde vero suam profert ille opinionem; nempe apostolos Petrum et Paulum ad hanc piam simulationem paratus meditatosque venisse; exque pacto et convento inter ambos inito, cum se a gentibus segregasse Petrum, ne in Judæorum offensionem incurreret, tum Paulum ei in faciem restitisse, illo non reluctante, quia amborum ea mens erat, ut legis jugum gentibus non imponeretur. Cæterum Chrysostomi opinio, quæ ab Origene manasse creditur, ab Hieronymo primum propugnata, ab Augustino refutata est, asserente veram nec simulatam fuisse Pauli reprehensionem, ita ut ejus argumentis cederet vel ipse Hieronymus. Non desunt tamen, qui priorem sententiam, quæ Petrum ab apostolo alium asserit, nec qui posteriorem a Chrysostomo propugnatam hodieque defendant. 362

Interpretatio Latina est Frontonis Ducæi.

---

[a] ΤΗ ΠΡΟΤΕΡΑ ΣΥΝΑΞΕΙ ΕΝ ΤΗ ἐκκλησίᾳ τῇ καινῇ συναχθεὶς μετὰ τοῦ ἐπισκόπου, ταύτην ἐν τῇ παλαιᾷ εἶπεν εἰς τὴν περικοπὴν τοῦ ἀποστόλου· Ὅτε δὲ ἦλθε Πέτρος εἰς Ἀντιόχειαν, κατὰ πρόσωπον αὐτῷ ἀντέστην· καὶ δείκνυσιν, ὅτι οὐκ ἀντίστασις ἦν, ἀλλ' οἰκονομία τὰ γινόμενα.

A *CUM IN PRÆCEDENTI COLLECTA in nova ecclesia cum episcopo conventum celebrasset, hunc sermonem habuit in veteri ecclesia in hunc locum apostoli :* Cum venisset Petrus Antiochiam, in faciem ei restiti : *et ostendit ea quæ tum fiebant, non a contrariis studiis profecta* esse, *verum ex pacto* convento et *per dispensationem.* Gal. 2. 11.

Μίαν ὑμῶν ἀπελείφθην ἡμέραν, καὶ ὡς ἐνιαυτὸν ὁλόκληρον ὑμῶν χωρισθεὶς, οὕτως ἀσχάλλων καὶ ἀλύων διετέλουν. Καὶ ὅτι ἀληθῆ ταῦτα, ἴστε ἐξ ὧν καὶ ὑμεῖς ἐπάθετε. Καθάπερ γὰρ παῖς ὑπομάζιος τῆς μητρικῆς θηλῆς ἀποσπασθεὶς, ὅπουπερ ἂν ἀπενεχθῇ, B πυκνὰ περιστρέφεται, περιβλεπόμενος τὴν ἑαυτοῦ μητέρα· οὕτω δὴ κἀγὼ τῶν κόλπων [b] τῶν μητρικῶν ἀπενεχθεὶς πορρωτέρω, πυκνὰ περιεσκόπουν, πανταχοῦ τὴν ἁγίαν ὑμῶν ἐπιζητῶν σύνοδον. Πλὴν ἀλλ' εἶχον ἱκανὴν τούτων παραμυθίαν, τῷ πατρὶ φιλοστόργῳ πειθόμενος ταῦτα πάσχειν, καὶ ὁ τῆς ὑπακοῆς μισθὸς τὴν ἀκηδίαν τὴν ἐπὶ τῷ ξενισμῷ γινομένην ἀπεῖργε. Τοῦτο γὰρ ἐμοὶ καὶ διαδήματος παντὸς λαμπρότερον, καὶ στεφάνου σεμνότερον, τὸ πανταχοῦ μετὰ τοῦ γεγεννηκότος περιάγεσθαι· τοῦτο ἐμοὶ καὶ κόσμος, καὶ ἀσφάλεια· κόσμος μὲν, ὅτι οὕτως αὐτὸν C ἐχειρωσάμην, καὶ πρὸς τὸν ἔρωτα ἐπεσπασάμην τὸν ἐμὸν, ὡς μηδαμοῦ μηδέποτε ἀνέχεσθαι χωρὶς τοῦ παιδὸς φαίνεσθαι· ἀσφάλεια δὲ, ὅτι παρὼν καὶ ἀγωνιζόμενον βλέπων, πάντως καὶ τὴν παρὰ τῶν εὐχῶν συμμαχίαν ἡμῖν παρέξει. Καὶ καθάπερ πλοῖον κυβερνητῶν χεῖρες, καὶ οἴακες, καὶ ζεφύρου πνοαὶ μετὰ ἀσφαλείας εἰς λιμένα παραπέμπουσιν· οὕτω δὴ καὶ ἡ εὔνοια τούτου, καὶ ἡ ἀγάπη, καὶ ἡ τῶν εὐχῶν βοήθεια, καὶ ζεφύρου καὶ [c] κυβερνήτου κρεῖτ-

1. Unum a vobis abfui diem, et perinde quasi anno integro separatus a vobis fuissem, ita tristis mœstusque permansi. Atque hæc vera esse, ex iis quæ vobis acciderunt, ipsi cognoscitis. Ut enim lactens puerulus a maternis avulsus uberibus, quocumque tandem abductus fuerit, crebro se huc illucque convertit, et matrem suam circumspicit : sic ego quoque procol a materno sinu translatus, crebro circumspiciebam, et undequaque sacrum vestrum hunc cœtum requirebam. Sed ea me res tamen satis consolabatur, quod dum amantissimo patri parerem, id mihi accideret, et conceptum ex separatione mœrorem obedientiæ præmium abstergebat. Est enim hoc mihi vel quovis diademate illustrius, et corona gloriosius, ubique cum genitore peregrinari : hoc mihi ornatus est, et securitas : ornatus quidem, quod sic eum manciparim, et ad amorem meum pellexerim, ut nusquam sine filio velit apparere : securitas autem, quod dum præsentem intuetur atque certantem, omnino suarum etiam precum auxilium nobis suppeditet. Et quemadmodum navem gubernatoris manus, clavus, et zephyri flatus ad portum secure deducunt : sic et hujus benevolentia, cum auxilio precum melius quam zephyrus et gubernator ullus

[a] Collata cum Mss. Regio 2343, et Colbertinis 970 et 1030.

[b] Unus Ms. [748] τῶν πατρικῶν ἀπενεχθείς.

[c] Duo Mss. κυβερνήτου χειρῶν καὶ οἰάκων. [ταχύτερον addit 748.]

aut gubernaculum, orationem nostram dirigit. Me vero præterea consolabatur etiam illud, quod vos opipara tum mensa frueremini, ac liberalem et sumtuosum convivatorem nacti essetis. Porro id non fando tantum audivimus, sed ipso nobis experimento compertum est. Fuere quippe, qui ea quæ dicebantur, cuncta referebant, et ex reliquiis de toto convivio conjecturam fecimus. Itaque convivatorem quidem laudavi, ejusque magnificentiam ac divitias commendavi: sed et vos propter hanc benevolentiam beatos prædicavi, et propter diligentiam, quod tam accurate quæ dicta sunt memoria teneatis, ut etiam ad alios transferre possitis. Propterea nos quoque apud caritatem vestram perlubenter disserimus. Nam qui sua committit huic loco semina, non ea secus viam projicit, nec in spinas effundit, neque supra petram seminat: ita pinguis et fertilis est ager vester, et omnia quæ suo sinu exceperit multiplicantur ab eo semina. Verumtamen si umquam summam alacritatem animi, summumque studium audiendo concionem exhibuistis, sicut semper exhibuistis, hanc et hodierno die mihi peto gratiam concedi. Neque enim de rebus vulgaribus nobis est agendum, sed de iis quæ magni

Excitat attentionem auditorum. sunt momenti. Quocirca mihi perspicacibus opus est oculis, excitata mente, ac sensibus erectis, attenta cogitatione, animo insomni ac vigilanti. Audivistis enim omnes apostolicam lectionem: et si quis diligenter attendit ad ea quæ lecta sunt, magna nobis certamina laboresque nobis hodierno

Gal. 2. 11. die propositos esse cognovit. *Cum enim venisset* inquit, *Petrus Antiochiam, in faciem ei restiti.*

2. Numquid unumquemque vestrum hoc conturbat, dum audit Petro restitisse Paulum: columnas scilicet Ecclesiæ inter se collidi, atque in se invicem incurrere? Siquidem vere columnæ sunt isti, qui fidei tectum sustinent et gestant, et columnæ et propugnacula, et Ecclesiæ corporis oculi, et bonorum fontes ac thesauri, et portus, et quodcumque dixerit quispiam, necdum tamen eorum dignitatem æquabit: sed quanto majores erunt laudes, tanto majora nobis objecta erunt certamina. Attendite igitur: pro patribus enim nobis dicendum est, ut conjecta in eos a profanis et a fidei hostibus crimina re-

Gal. 2. 11.-14. fellamus. *Cum autem venisset Petrus Antiochiam, in faciem ei restiti, quia reprehensibi-*

τον καὶ τῶν οἰάκων κατευθύνει τὸν λόγον ἡμῶν. D Ἐμὲ δὲ πρὸς τούτοις κἀκεῖνο παρεμυθεῖτο, τὸ λαμπρᾶς ὑμᾶς ἀπολαῦσαι τότε τραπέζης, καὶ φιλότιμον καὶ πολυτελῆ τὸν ἑστιάτορα σχεῖν. Ἔγνωμεν δὲ τοῦτο οὐκ ἐξ ἀκοῆς μόνον, ἀλλὰ καὶ ἐξ αὐτῆς τῆς πείρας. Καὶ γὰρ ἦσαν οἱ διακομίζοντες ἡμῖν τὰ εἰρημένα, καὶ ἀπὸ τῶν λειψάνων ὁλόκληρον τὴν εὐωχίαν ἐστοχασάμεθα. Ἐπήνεσα μὲν οὖν τὸν ἑστιάσαντα, καὶ ἐθαύμασα τῆς πολυτελείας καὶ τοῦ πλούτου· ἐμακάρισα δὲ καὶ ὑμᾶς τῆς εὐνοίας, καὶ τῆς ἀκριβείας, ὅτι μετὰ τοσαύτης φυλακῆς τὰ εἰρημένα κατέχετε, [d] ὡς καὶ ἑτέρῳ διακομίσαι. Διὰ τοῦτο καὶ 363 ἡμεῖς πρὸς τὴν ὑμετέραν ἀγάπην προθύμως διαλεγόA μεθα. Ὁ γὰρ καταβάλλων ἐνταῦθα τὰ σπέρματα, οὐ ῥίπτει αὐτὰ παρὰ τὴν ὁδὸν, οὐδὲ εἰς τὰς ἀκάνθας ἐκχεῖ, οὐδὲ ἐπὶ τὴν πέτραν σπείρει· οὕτω λιπαρὰ καὶ βαθύγειος ὑμῶν ἐστιν ἡ ἄρουρα, καὶ πάντα εἰς τοὺς οἰκείους δεχομένη κόλπους, πολυπλασιάζει τὰ σπέρματα. Ἀλλ' εἴπερ ποτὲ προθυμίαν μοι παρέσχετε καὶ πολλὴν [a] σπουδὴν ἐπὶ τὴν ἀκρόασιν, ὥσπερ οὖν ἀεὶ παρεσχήκατε, ταύτην αἰτῶ καὶ τήμερον ἐμοὶ δοῦναι τὴν χάριν. Οὐδὲ μὲν ὑπὲρ τῶν τυχόντων ἡμῖν ἐστιν ὁ λόγος, ἀλλ' ὑπὲρ μεγάλων πραγμάτων. Διόπερ ὀφθαλμῶν δέομαι πανταχόθεν ὀξὺ βλεπόντων, διανοίας διεγηγερμένης, διανεστηκότος φρονήματος, B συντεταμένων λογισμῶν, ψυχῆς ἀγρύπνου καὶ ἐγρηγορυίας. Καὶ γὰρ ἠκούσατε τοῦ ἀναγνώσματος πάντες τοῦ ἀποστολικοῦ· καὶ εἴ τις ὀξέως προσέσχε τοῖς ἀναγνωσθεῖσιν, οἶδεν ὅτι μεγάλοι ἡμῖν ἀγῶνες καὶ ἱδρῶτες πρόκεινται τήμερον. Ὅτε γὰρ ἦλθε Πέτρος, φησὶν, εἰς Ἀντιόχειαν, κατὰ πρόσωπον αὐτῷ ἀντέστην.

Ἆρα οὖν οὐ θορυβεῖ ἕκαστον τῶν ἀκουόντων τοῦτο, ὅτι Παῦλος ἀντέστη τῷ Πέτρῳ, ὅτι οἱ στῦλοι τῆς Ἐκκλησίας συγκρούονται καὶ ἀλλήλοις προσπίπτουσι; Στῦλοι γὰρ ὄντως εἰσὶν οὗτοι, τὴν ὀροφὴν τῆς πίστεως ἀνέχοντες καὶ διαβαστάζοντες, καὶ στῦλοι, καὶ πρόβολοι, καὶ ὀφθαλμοὶ τοῦ σώματος τῆς Ἐκκλησίας, C καὶ πηγαὶ τῶν ἀγαθῶν, καὶ θησαυροὶ, καὶ λιμένες, καὶ πᾶν ὅπερ ἂν εἴποι τις, οὐδέπω τῆς ἀξίας αὐτῶν ἐφίξεται· ἀλλ' ὅσῳπερ ἂν ᾖ μεγάλα αὐτῶν τὰ ἐγκώμια, τοσούτῳ πλείων ἡμῖν ὁ ἀγών. Διανάστητε τοίνυν· ὑπὲρ πατέρων γὰρ ἡμῖν ἐστιν ὁ λόγος, ὥστε ἀποκρούσασθαι τὰ κατ' ἐκείνων φερόμενα ἐγκλήματα παρὰ τῶν ἔξωθεν, καὶ τῶν τῆς πίστεως ἀλλοτρίων. Ὅτε δὲ ἦλθε Πέτρος εἰς Ἀντιόχειαν, κατὰ πρόσωπον αὐτῷ

[d] Omnes Mss. ὡς καὶ ἑτέρωθι διακομίσαι. Editi ὡς καὶ ἑτέρῳ διακομίσαι.

[a] Alii σπουδὴν περὶ τήν.

ἀντέστην, ὅτι κατεγνωσμένος ἦν. Εἶτα καὶ ἡ αἰτία τῆς καταγνώσεως· Πρὸ τοῦ γὰρ ἐλθεῖν τινὰς ἀπὸ Ἰακώβου, μετὰ τῶν ἐθνῶν συνήσθιεν· ὅτε δὲ ἦλθον, ὑπέστελλε καὶ ἀφώριζεν ἑαυτὸν, φοβούμενος τοὺς ἐκ D περιτομῆς. Καὶ συνανεκρίθησαν αὐτῷ καὶ οἱ λοιποὶ Ἰουδαῖοι· ὥστε καὶ Βαρνάβας συναπήχθη αὐτῶν τῇ ὑποκρίσει. Ἀλλ' ὅτε εἶδον, ὅτι οὐκ ὀρθοποδοῦσι πρὸς τὴν ἀλήθειαν τοῦ εὐαγγελίου, εἶπον τῷ Πέτρῳ ἔμπροσθεν πάντων. Καὶ ἄνω λέγει, ὅτι Κατὰ πρόσωπον· καὶ ἐνταῦθα, Ἔμπροσθεν πάντων. Παρατηρεῖτε τοῦτο, τὸ εἰπεῖν, Ἔμπροσθεν πάντων. Εἰ σὺ, Ἰουδαῖος ὑπάρχων, ἐθνικῶς ζῇς, καὶ οὐχὶ Ἰουδαϊκῶς, τί καὶ τὰ ἔθνη ἀναγκάζεις ἰουδαΐζειν; Τάχα ἐπῃνέσατε τὸν Παῦλον τῆς παῤῥησίας, ὅτι οὐκ ᾐδέσθη τὸ ἀξίωμα τοῦ προσώπου, διὰ τὴν ἀλήθειαν τοῦ εὐαγγελίου οὐκ E ἠρυθρίασε τοὺς παρόντας. Ἀλλ' εἰ καὶ Παύλου ἐγκώμιον τοῦτο, ἡμετέρα δὲ αἰσχύνη γίνεται. Τί γὰρ, εἰ Παῦλος καλῶς ἐποίησεν; Ἀλλ' ὁ Πέτρος κακῶς, εἴ γε οὐκ ὠρθοπόδει. Τί οὖν ἐμοὶ τὸ ὄφελος, ὅταν τῆς ξυνωρίδος θάτερος ἵππος χωλεύῃ; Οὐ γὰρ πρὸς Παῦλόν μοι νῦν ὁ λόγος, ἀλλὰ πρὸς τοὺς ἔξωθεν. Διὰ τοῦτο καὶ παρακαλῶ προσέχειν. Καὶ γὰρ αὔξω τὴν κατηγορίαν, καὶ μείζονα ποιῶ, ἵνα ἐπιτείνω ὑμῶν τὴν σπουδήν. Ὁ γὰρ ἀγωνιῶν νήφει, καὶ ὁ δεδοικὼς ὑπὲρ πατρὸς, προσέχει· ὁ ἀκούων τῆς κατηγορίας, 364 A ἐπιθυμεῖ δέξασθαι τὴν ἀπολογίαν. Ἂν τοίνυν ἄρξωμαι αὔξειν τὴν κατηγορίαν, μὴ ἀπὸ γνώμης τῆς ἐμῆς νομίσητε εἶναι τὰ λεγόμενα. Βαθύνω γὰρ ὑμῶν τῷ λόγῳ τὴν διάνοιαν, διασκάπτω τὸν νοῦν, ἵνα ἐν τῷ βάθει τὰ νοήματα καταθέμενος, ἄσυλον αὐτῶν ἐργάσωμαι τὴν φυλακήν. Ἀλλὰ καὶ τῆς πόλεως ὑμῶν ἐγκώμιον τὰ ῥηθησόμενα. Αὕτη γὰρ τὸν ἀγῶνα ἐδέξατο, αὕτη τὴν μάχην, μᾶλλον δὲ οὐ τὴν μάχην, ἀλλὰ τὴν δοκοῦσαν μὲν εἶναι μάχην, πάσης δὲ εἰρήνης γενομένην χρησιμωτέραν. Οὐ γὰρ οὕτως ἡμῶν τὰ μέλη πρὸς ἄλληλα συνέσφιγκται ταῖς τῶν νεύρων περιβολαῖς, ὡς οἱ ἀπόστολοι πρὸς ἀλλήλους ἦσαν συνδεδεμένοι τοῖς τῆς ἀγάπης δεσμοῖς.

Ἐπῃνέσατε τὸν Παῦλον; Ἀκούσατε τοίνυν πῶς B κατηγορία ἐστὶ Παύλου τὰ εἰρημένα, ἂν μὴ τὸν ἐναποκεκρυμμένον τοῖς ῥήμασι θηρεύσωμεν νοῦν. Τί λέγεις, ὦ Παῦλε; ἐπετίμησας Πέτρῳ, ὅτε εἶδες οὐκ ὀρθοποδοῦντα πρὸς τὴν ἀλήθειαν τοῦ εὐαγγελίου; Καλῶς. Τίνος οὖν ἕνεκεν Κατὰ πρόσωπον; τίνος ἕνεκεν Ἔμπροσθεν πάντων; οὐκ ἔδει ἀμάρτυρον γίνεσθαι τὸν ἔλεγχον; Σὺ δὲ πῶς δημοσιεύεις τὸ δικαστήριον, καὶ πολλοὺς τῆς κατηγορίας μάρτυρας ποιεῖς; καὶ τίς οὐκ ἂν εἴποι, ὅτι ἐξ ἀπεχθείας τοῦτο ποιεῖς, καὶ φθόνου, καὶ φιλονεικίας; οὐ σὺ ἦσθα ὁ λέγων, Ἐγενόμην τοῖς ἀσθενέσιν ὡς ἀσθενής; Τί δέ ἐστι, C

lis erat. Deindo additur causa reprehensionis: *Prius enim, quam venirent quidam a Jacobo, cum gentibus edebat: cum autem venissent, subtrahebat et segregabat se, timens eos, qui ex circumcisione erant. Et simulationi ejus consenserunt cæteri Judæi, ita ut et Barnabas duceretur ab eis in illam simulationem. Sed cum vidissem quod non recte ambularent ad veritatem evangelii, dixi Petro coram omnibus.* Et supra dicit, *In faciem*, et hoc loco, *Coram omnibus.* Notate istud quod dixit: *Coram omnibus. Si tu cum Judæus sis, gentiliter vivis, et non Judaice, quomodo gentes cogis Judaizare?* Fortasse Paulum ob loquendi libertatem laudastis, quod personæ dignitatem non reveritus, propter evangelii veritatem præsentes non erubuerit. At licet ea sit laus Pauli, nostrum in dedecus illud cedit. Quid enim refert quod recte Paulus gesserit? At male gessit Petrus, siquidem non recte ambulabat. Quid ergo mihi prodest, quando alter ex biga equus claudicat? Neque enim mihi cum Paulo res est, sed cum profanis. Idcirco etiam obsecro, ut attendatis. Etenim accusationem augeo, gravioremque reddo, ut studium vestrum excitem. Qui enim in certamine versatur, vigilat, et qui pro patre metuit, est attentus: qui accusationem audit, optat excipere defensionem. Si ergo incipiam accusationem augere, ne ex animi mei sententia verba illa proferri censeatis. Profunde quippe mentem excavo, et altius in animo sulcos ago, ut profundius jactæ sententiæ tenacius hæreant, et fideli memoria teneantur. Sed et in laudem urbis vestræ cedunt quæ dicentur. Illa quippe certamen excepit, illa pugnam: imo vero non pugnam, sed quæ videbatur esse pugna, cæterum pace quavis utilior exstitit. Non enim ita membra nostra nervorum amplexibus inter se junguntur, ut apostoli caritatis erant inter se vinculis copulati.

Antiochiæ habita est hæc oratio.

3. Laudastis Paulum? Audite ergo quo pacto ad accusationem tendant Pauli, quæ dicta sunt, nisi unum aliquem in verbis absconditum sensum observemus. Quid ais, o Paule? increpasti Petrum, cum illum videres ad veritatem evangelii non recte incedere? Bene habet. Cur igitur *In faciem?* cur *Coram omnibus?* nonne remotis arbitris fieri reprehensionem oportuit? At tu quomodo publice judicium instituis, et multos accusationis testes reddis? quis non dicet odio impellente hoc a te fieri, vel ex invidia vel studio contentionis? nonne tu es ille, qui dicebas,

1. Cor. 9 22. *Factus sum infirmis ut infirmus?* Quid porro est, *Infirmis ut infirmus?* Condescendens, et occultans illorum vulnera, inquit, neque permittens, ut in impudentiam prolaberentur. Ergone qui erga discipulos adeo sollicitus fuisti et benignus, erga coapostolum crudelis evasisti? Matth. 18. 15. Non audiisti Christum dicentem, *Cum peccaverit frater tuus, vade, corripe eum inter te et ipsum solum?* At tu et publice corripis, et re perpetrata gloriaris. *Cum enim venisset Petrus,* inquit, *Antiochiam, in faciem ei restiti.* Neque publice tantum corripis, sed etiam velut in columna quadam literis exaratis pugnam illam insculpis, ad memoriam facti sempiternam: ut non illi tantum qui adorant, sed et omnes qui orbem terrarum incolunt homines, ex epistola rem illam cognoscant. Siccine tecum egerunt apostoli Jerosolymis, cum post annos quatuordecim ascendisti, ut evangelium cum illis conferres? Gal. 2. 1. 2. Nonne tu dicis, *Post annos quatuordecim ascendi, et contuli cum eis evangelium, seorsum vero cum iis qui videbantur aliquid esse?* Quid igitur? num seorsum conferre te volentem prohibuerunt, et in medium adduxerunt, atque omnibus prodiderunt? Dici non potest. Jam tu igitur seorsum confers, nec ullus contradicit: tu vero apostolum palam traducis? An vero tantum illic benevolentiam illorum expertus es? ac non tum etiam, cum tot adessent millia Judæorum, nonne eadem erga te usi sunt sapientia? nonne te seorsim assumto tibi dixerunt, Act. 21. 20.—24. *Vides frater, quot millia sunt Judæorum, qui convenerunt, et hi omnes æmulatores sunt legis, et audierunt de te, quia discessionem doceas a lege. Quid ergo est? Fac quod tibi dicimus. Sunt inter nos viri votum habentes super se: his assumtis radere cum illis, et sanctifica te cum illis, ut discant, quia quæ de te audierunt, falsa sunt.* Vides ut existimationi tuæ parcant? ut te dispensationis illius sub larva occultent, et sacrificio ac sanctificationibus te obtegant? Cur non eamdem tu quoque sollicitudinem exhibes?

Τοῖς ἀσθενέσιν ὡς ἀσθενής; Συγκαταβαίνων καὶ περιστέλλων αὐτῶν τὰ τραύματα, φησὶ, καὶ οὐκ ἀφιεὶς εἰς ἀναισχυντίαν ἐκπεσεῖν. Εἶτα περὶ τοὺς μαθητὰς οὕτω κηδεμὼν καὶ φιλάνθρωπος ὤν, περὶ τὸν συναπόστολον ἀπάνθρωπος ἐγένου; Οὐκ ἤκουσας τοῦ Χριστοῦ λέγοντος, Ὅταν ἁμάρτῃ ὁ ἀδελφός σου, ὕπαγε, ἔλεγξον αὐτὸν μεταξὺ σοῦ καὶ αὐτοῦ μόνου; Σὺ δὲ καὶ δημοσίᾳ ἐλέγχεις, καὶ μέγα φρονεῖς ἐπὶ τῷ πράγματι. Ὅτε γὰρ ἦλθε Πέτρος, φησὶν, εἰς Ἀντιόχειαν, κατὰ πρόσωπον αὐτῷ ἀντέστην. Καὶ οὐκ ἐλέγχεις δημοσίᾳ μόνον, ἀλλὰ καὶ, καθάπερ ἐν D στήλῃ, τοῖς γράμμασι τὴν μάχην ἐγχαράξας, ἀθάνατον ποιεῖς τὴν μνήμην· ἵνα μὴ οἱ τότε παρόντες μόνον, ἀλλὰ καὶ πάντες οἱ τὴν οἰκουμένην οἰκοῦντες ἄνθρωποι μάθωσι διὰ τῆς ἐπιστολῆς τὸ γεγενημένον. Οὕτω σοι ἐποίησαν οἱ ἀπόστολοι ἐν Ἱεροσολύμοις, ὅτε ἀνῆλθες διὰ δεκατεσσάρων ἐτῶν ἀναθέσθαι αὐτοῖς τὸ εὐαγγέλιον; Οὐ σὺ λέγεις, ὅτι Διὰ δεκατεσσάρων ἐτῶν ἀνέβην, καὶ ἀνεθέμην αὐτοῖς τὸ εὐαγγέλιον, κατ' ἰδίαν δὲ τοῖς δοκοῦσί τι εἶναι; Τί οὖν; βουλόμενόν σε κατ' ἰδίαν ἀναθέσθαι, ἐκώλυσαν καὶ εἰς μέσον ἤγαγον, καὶ δῆλον ἅπασιν ἐποίησαν; Οὐκ ἔστιν εἰπεῖν. Εἶτα σὺ μὲν κατ' ἰδίαν ἀνατίθης, καὶ οὐδεὶς E ἀντιλέγει· τὸν δὲ ἀπόστολον ἐκπομπεύεις; Ἆρα οὖν ἐκεῖ μόνον ταύτης ἀπήλαυσας τῆς εὐνοίας; ἀλλὰ μὴν καὶ ὅτε δὲ μυριάδες τοσαῦται Ἰουδαίων ἦσαν, οὐ μετὰ τῆς αὐτῆς ἐχρήσαντό σοι σοφίας; οὐ κατ' ἰδίαν λαβόντες σε ἔλεγον, Θεωρεῖς, ἀδελφὲ, πόσαι μυριάδες εἰσὶν Ἰουδαίων τῶν συνεληλυθότων, καὶ οὗτοι πάντες ζηλωταὶ τοῦ νόμου εἰσὶ, καὶ κατήχηνται περὶ σοῦ, ὅτι ἀποστασίαν ἀπὸ τοῦ νόμου διδάσκεις. Τί οὖν ἐστι; Ποίησον ὅ σοι λέγομεν. Εἰσὶν ἄνδρες ἐν ἡμῖν 565 ἔχοντες εὐχὴν ἐφ' ἑαυτοῖς· τούτους λαβὼν ξύρησαι A σὺν αὐτοῖς, καὶ ἁγνίσθητι μετ' αὐτῶν, ἵνα μάθωσιν, ὅτι ὧν κατήχηνται περὶ σοῦ, οὐδέν ἐστιν. Εἶδες πῶς φείδονταί σου τῆς ὑπολήψεως; πῶς κρύπτουσί σε τῷ προσωπείῳ τῆς οἰκονομίας ἐκείνης, τῇ θυσίᾳ, τοῖς ἁγνισμοῖς σε περιστέλλοντες; Διὰ τί μὴ τοσαύτην κηδεμονίαν ἐπεδείξω καὶ σύ;

4. Enimvero si vere pugna esset res ista et contentio, his accusationibus locus esset: jam vero certum est non esse pugnam, sed videri quidem, magnam vero Pauli et Petri sapientiam, et inter ipsos mutuam benevolentiam præ se ferre. Interim tamen hanc, quæ talis videtur esse, accusationem audiamus. *Cum autem venisset Petrus Antiochiam, in faciem ei restiti.* Quam ob causam? *Quia reprehensibilis*

Ἀλλ' εἰ ἦν ἀληθῶς μάχη τὰ γενόμενα καὶ φιλονεικία, εἶχεν ἂν λόγον τὰ κατηγορήματα ταῦτα· νῦν δὲ οὐκ ἔστι μάχη, ἀλλὰ δοκεῖ μὲν εἶναι, μεγάλην δὲ καὶ τοῦ Παύλου καὶ τοῦ Πέτρου σοφίαν καὶ εὔνοιαν πρὸς ἀλλήλους ἐπιδείκνυται. Πλὴν τέως αὐτῆς τῆς δοκούσης εἶναι κατηγορίας ἀκούσωμεν. Ὅτε δὲ ἦλθε Πέτρος εἰς Ἀντιόχειαν, κατὰ πρόσωπον αὐτῷ ἀντέστην. Διὰ τί; Ὅτι κατεγνωσμένος ἦν. B Καὶ τίς ὁ τρόπος τῆς καταγνώσεως; Πρὸ τοῦ γὰρ ἐλθεῖν τινὰς ἀπὸ Ἰακώβου, μετὰ τῶν ἐθνῶν συνήσθιεν· ὅτε δὲ ἦλθον, ὑπέστελλε καὶ ἀφώριζεν ἑαυτὸν, φοβούμενος τοὺς ἐκ περιτομῆς. Τί λέγεις; δειλὸς ὁ Πέτρος καὶ ἄνανδρος; οὐ διὰ τοῦτο Πέτρος ἐκλήθη, ἐπειδὴ ἄσειστος ἦν κατὰ τὴν πίστιν; Τί ποιεῖς, ἄνθρωπε; Αἰδέσθητι τὴν προσηγορίαν τοῦ Δεσπότου, ἣν ἔθηκε τῷ μαθητῇ. Δειλὸς ὁ Πέτρος καὶ ἄνανδρος; καὶ τίς σου ταῦτα ἀνέξεται [a] λέγοντος; Οὐ ταῦτα σύνοιδεν αὐτῷ τὰ Ἱεροσόλυμα, καὶ τὸ πρῶτον ἐκεῖνο θέατρον, καὶ ἡ Ἐκκλησία, εἰς ἣν πρῶτος ἐπεπήδησε, καὶ τὴν μακαρίαν ἐκείνην πρῶτος ἀφῆκε φωνὴν, καὶ C εἶπε· Τοῦτον τὸν Ἰησοῦν ἀνέστησεν ὁ Θεὸς, λύσας τὰς ὠδῖνας τοῦ θανάτου. Καὶ πάλιν· Οὐ γὰρ Δαυὶδ ἀνέβη εἰς τὸν οὐρανόν. Αὐτὸς δὲ λέγει, φησὶν, Εἶπεν ὁ Κύριος τῷ Κυρίῳ μου, κάθου ἐκ δεξιῶν μου, ἕως ἂν θῶ τοὺς ἐχθρούς σου ὑποπόδιον τῶν ποδῶν σου. Οὗτος οὖν, εἰπέ μοι, δειλὸς καὶ ἄνανδρος, ὁ τοσούτου φόβου καὶ τοσούτων κινδύνων ἐπικρεμαμένων, μετὰ τοσαύτης παῤῥησίας πρὸς τοὺς αἱμοβόρους κύνας ἐκείνους, καὶ τῷ θυμῷ ζέοντας ἔτι, καὶ φόνου πνέοντας εἰσελθὼν καὶ εἰπὼν, ὅτι ὁ σταυρωθεὶς ὑπ' αὐτῶν, καὶ ἀνέστη, καὶ ἐν τοῖς οὐρανοῖς ἐστι, καὶ ἐκ δεξιῶν κάθηται τοῦ Πατρὸς, καὶ μυρίοις τοὺς ἐχθροὺς αὐτοῦ περιβάλλει κακοῖς; Ὅτι γὰρ διᾶραι στόμα, ὅτι γὰρ D ἀνοῖξαι χείλη, ὅτι στῆναι, ὅτι φανῆναι μόνον μεταξὺ τῶν σταυρωσάντων αὐτὸν ἴσχυσεν, οὐ θαυμάζεις αὐτὸν καὶ στεφανοῖς, εἰπέ μοι; Ποῖος γὰρ λόγος, τίς διάνοια τὴν παῤῥησίαν αὐτοῦ τὴν ἐν ἐκείνῃ τῇ ἡμέρᾳ καὶ τὴν ἐλευθεροστομίαν παραστῆσαι δυνήσεται; Οὐκ ἔστιν οὐδείς. Εἰ γὰρ πρὸ τοῦ σταυροῦ συνέθεντο οἱ Ἰουδαῖοι, ἐάν τις αὐτὸν ὁμολογήσῃ Χριστὸν, ἀποσυνάγωγον ποιεῖν, μετὰ τὸν σταυρὸν καὶ τὴν ταφὴν ἀκούοντες οὐχὶ Χριστὸν ὁμολογοῦντος μόνον, ἀλλὰ καὶ πᾶσαν ὁμοῦ τὴν οἰκονομίαν μετὰ πάσης φιλοσοφίας E ἀνακηρύττοντος, πῶς οὐ διεσπάσαντο, καὶ μεληδὸν αὐτὸν διείλοντο πάντες, πρῶτον πάντων τῆς μανίας αὐτῶν κατατολμήσαντα;

Τὸ γὰρ δὴ μέγα τοῦτό ἐστιν, οὐχ ὅτι Χριστὸν ὡμολόγησεν, ἀλλ' ὅτι πρὸ τῶν ἄλλων ἁπάντων μαινομένων αὐτῶν καὶ οἰδούντων ἀπὸ τοῦ φόνου, ὡμολόγησε μετὰ παῤῥησίας. Ὥσπερ οὖν ἐν πολέμῳ καὶ παρατάξει, φάλαγγος συμπεφραγμένης, ἐκεῖνον μάλιστα θαυμάζομεν τὸν πρὸ τῶν ἄλλων πηδῶντα, 366 A καὶ τὸ μέτωπον αὐτῆς διαῤῥηγνύντα (οὐ γὰρ δὴ τούτου μόνου, ἀλλὰ καὶ τῶν μετὰ ταῦτα ὑφ' ἑτέρων γι-

erat. Quodnam autem genus est reprehensionis? *Prius enim, quam venirent quidam a Jacobo, cum gentibus edebat: cum autem venissent, subtrahebat* et *segregabat* se, *timens* eos *qui ex circumcisione erant.* Quid ais? timidus Petrus, et parum strenuus? annon idcirco Petrus est appellatus, quod immobilem haberet fidem? Quid agis, mi homo? Reverere nomen, quod discipulo imposuit Dominus. Timidus Petrus et parum strenuus? et quis hoc ab ullo sinat affirmari? Non hæc de illo testari potest Jerosolyma, primumque illud theatrum, et Ecclesia, in quam primus prosiliit, et beatam illam vocem primus emisit ac dixit: *Hunc Jesum Deus suscitavit, solutis doloribus inferni.* Et rursus, *Non enim David ascendit in cælum. Dicit autem ipse,* inquit, *Dixit Dominus Domino meo, Sede a dextris meis, donec ponam inimicos tuos scabellum pedum tuorum.* An ergo timidus est iste ac parum strenuus, qui tanto metu, tantisque periculis impendentibus, tanta cum fiducia ad illos sanguine pastos canes, ardentes ira, cædem adhuc spirantes est ingressus, ac dixit eum, qui ab ipsis fuerat crucifixus, et resurrexisse a mortuis, et in cælo versari, ad Patris dexteram sedere, ac malis innumeris inimicos suos obruere? Non tu illum potius, quæso, miraris, et in cælum effers, quod os diducere, quod labra aperire, quod stare, quod comparere solus cum illis potuerit, qui eum crucifixerant? Quis enim sermo, quæ mens fiduciam, quam illo die præ se tulit, ac loquendi libertatem exprimere poterit? Nulla omnino. Si enim ante passionem conspiraverant Judæi, ut si quis eum confiteretur esse Christum, extra synagogam fieret: post passionem et sepulturam audientes eum, non qui Christum confiteretur solum, sed et totam simul dispensationem summa constantia prædicaret, quo pacto non dilacerarunt, et membratim concisum diviserunt eum omnes, qui primus ipsorum furori ausus fuerat resistere?

Actor. 2. 24. et 34. 35.

Petri constantia in Christo prædicando.

Joan. 9. 22.

5. Hoc enim demum est eximium, non quod fuerit Christum confessus, sed quod ante cæteros omnes, cum illi furerent adhuc cæde tumefacti, confidenter confessus fuerit. Ut igitur in bello atque acie, cohorte communita, illum præcipue laudamus, qui ante cæteros prosiluerit, ejusque frontem perruperit (non enim hujus tantum rei, sed et omnium, quæ cæteri patrarint, præcla-

[a] Duo Mss. λέγοντος, σύνοιδεν.

rorum facinorum causam præbuisse dicetur, qui initii et ingressus auctor fuerit): sic nimirum et de Petro reputare oportet, cum primus ingressus sit, et frontem Judaicæ cohortis perruperit, ac prolixam illam concionem habuerit, pari ratione viam cæteris apostolis aperuisse dicendus

Petrus aliis apostolis fiducia antecellit.

est. Quamvis Joannes, quamvis Jacobus, quamvis Paulus, quamvis alius quivis deinde facinus aliquod egregium ediderit, hic omnibus antecellit, qui viam cæteris sua fiducia stravit, et ingressum aperuit, illisque concessit, ut tamquam flumen, quod magno cum undarum impetu ferretur, confidenter intrarent, et eos qui adversarentur secum traherent, eorum vero qui benevole audirent, animas perpetuo rigarent. An igitur ille post crucem talis fuit? nonne ante crucem cunctis fuit ardentior? nonne os fuit apostolorum? nonne silentibus cunctis ipse lo-

Matth. 16. 13.

quebatur? *Quem me dicunt homines esse Filium hominis?* ait Christus; et alii quidem Heliam dicebant, alii vero Jeremiam, alii vero unum

Ibid. v. 16.

ex prophetis. *Vos vero, quem me esse dicitis?* inquit. Tum respondens Petrus, dixit: *Tu es Christus Filius Dei vivi. Vos,* dixit, et pro omnibus ipse loquutus est. Nam quemadmodum pro toto corpore os loquitur, sic apostolorum lingua erat Petrus, et pro omnibus ipse respondit. An igitur hic tantum fuit talis, alibi vero de hoc studio remittit? Nequaquam: sed per omnia, et in omnibus eumdem ardorem ostendit. Cum enim

Marc. 10. 33. 34. Matth. 16. 21.

Christus dixisset, *Tradent Filium hominis,* et *flagellabunt, et crucifigent,* ait ipse, *Propitius tibi esto, Domine: non erit tibi hoc.* Non enim hoc nobis expendendum est, inconsideratam hanc fuisse responsionem, sed ab eximio et ferventi amore profectam. Rursus ascendit in montem, et transfiguratus est: apparuit interim illio Helias et Moyses colloquens. Rursus illio

Matth. 17. 4.

quoque Petrus: *Si vis, faciamus hic tria tabernacula.*

6. Vide quomodo magistrum amabat, ac diligentiam et prudentiam observa. Nam quia tum temporis, cum temere respondisset, os illi occlusum est, hic magistri potestati rem permittit, dicens, *Si vis.* Fieri posset, inquit, ut nunc quoque inconsiderate loquerer amore impulsus. Ne igitur eadem reprehensione feriatur, *Si vis,* inquit. Convivium illud rursus erat sanctum ac

Matth. 26. 21.

tremendum: tumque dicente Jesu, *Unus vestrum me traditurus est:* rursus Petrus ob illam quidem quæ præcesserat increpationem, interrogare magistrum non ausus est: sed ob amo-

νομένων κατορθωμάτων οὗτος ἂν εἴη πάντων αἴτιος, ὁ τὴν ἀρχὴν καὶ τὴν εἴσοδον παρασχὼν), οὕτω δὴ καὶ ἐπὶ τοῦ Πέτρου λογίζεσθαι χρὴ, ὅτι πρῶτος εἰσελθὼν, καὶ τὸ μέτωπον τῆς φάλαγγος τῆς Ἰουδαϊκῆς διαῤῥήξας, καὶ τὴν μακρὰν ἐκείνην δημηγορίαν κατατείνας, οὕτω καὶ τοῖς ἄλλοις ἀποστόλοις ἔδωκεν εἴσοδον. Κἂν Ἰωάννης, κἂν Ἰάκωβος, κἂν Παῦλος, κἂν ἄλλος ὁστισοῦν μετὰ ταῦτα μέγα τι ποιῶν φαίνηται, ἁπάντων οὗτος πλεονεκτεῖ, ὁ προοδοποιήσας αὐτῶν τῇ παῤῥησίᾳ, καὶ διανοίξας τὴν εἴσοδον, καὶ

B δοὺς αὐτοῖς, καθάπερ ποταμῷ πολλῷ φερομένῳ ῥεύματι, μετὰ πολλῆς ἀδείας ἐπεισελθεῖν, καὶ τοὺς μὲν ἐναντιουμένους παρασύρειν, τῶν δὲ μετ' εὐνοίας ἀκουόντων τὰς ψυχὰς ἄρδειν διηνεκῶς. Ἆρ' οὖν μετὰ τὸν σταυρὸν τοιοῦτος; πρὸ δὲ τοῦ σταυροῦ οὐ πάντων θερμότερος; οὐχὶ τὸ στόμα τῶν ἀποστόλων ἦν; οὐχὶ πάντων σιγώντων αὐτὸς ἐφθέγγετο; Τίνα με λέγουσιν οἱ ἄνθρωποι εἶναι τὸν Υἱὸν τοῦ ἀνθρώπου; φησὶν ὁ Χριστός· καὶ οἱ μὲν Ἠλίαν ἔλεγον, οἱ δὲ Ἱερεμίαν, οἱ δὲ ἕνα τῶν προφητῶν. Ὑμεῖς δὲ τίνα με λέγετε, φησὶν, εἶναι; Εἶτα ἀποκριθεὶς Πέτρος εἶπε· Σὺ εἶ, ὁ Χριστὸς ὁ Υἱὸς τοῦ Θεοῦ τοῦ ζῶντος. Ὑμεῖς, εἶπε,

C καὶ ἀντὶ πάντων τοῦ σώματος φθέγγεται, οὕτως ἡ γλῶττα τῶν ἀποστόλων Πέτρος ἦν, καὶ ἀντὶ πάντων αὐτὸς ἀπεκρίνατο. Ἆρ' οὖν ἐνταῦθα μόνον τοιοῦτος, ἀλλαχοῦ δὲ καθυφίησι τῆς σπουδῆς; Οὐδαμῶς· ἀλλὰ διὰ πάντων καὶ ἐν πᾶσι τὴν αὐτὴν ἐμφαίνει θερμότητα. Καὶ γὰρ εἰπόντος τοῦ Χριστοῦ, Παραδώσουσι τὸν Υἱὸν τοῦ ἀνθρώπου, καὶ μαστιγώσουσι, καὶ σταυρώσουσιν, αὐτός φησιν· Ἵλεώς σοι, Κύριε· οὐ μὴ ἔσται σοι τοῦτο. Μὴ γὰρ δὴ τοῦτο ἐξετάσωμεν, ὅτι ἀπερίσκεπτος ἡ ἀπόκρισις, ἀλλ' ὅτι γνησίου πόθου ἦν καὶ ζέοντος. Πάλιν ἀνέβη εἰς τὸ ὄρος, καὶ μετε-

D μορφώθη· ὤφθη μεταξὺ Ἠλίας ἐκεῖ καὶ Μωϋσῆς διαλεγόμενος. Πάλιν κἀκεῖ ὁ Πέτρος· Εἰ θέλεις, ποιήσωμεν ὧδε τρεῖς σκηνάς.

Ὅρα πῶς ἐφίλει τὸν διδάσκαλον, καὶ σκόπει τὴν ἀκρίβειαν, καὶ τὴν σύνεσιν. Ἐπειδὴ γὰρ τότε ἁπλῶς ἀποκριθεὶς ἐπεστομίσθη, ἐνταῦθα τῇ ἐξουσίᾳ τοῦ διδασκάλου ἐπιτρέπει τὸ πρᾶγμα, Εἰ θέλεις, λέγων. Συμβαίνει γὰρ, φησὶ, καὶ νῦν ἀπερισκέπτως με πόθῳ κινούμενον εἰπεῖν. Ἵν' οὖν μὴ τὴν αὐτὴν ἐπιτίμησιν δέξηται, Εἰ θέλεις, φησί. Συμπόσιον ἦν ἐκεῖνο πάλιν τὸ ἅγιον καὶ φρικῶδες· καὶ τότε λέγοντος τοῦ Ἰησοῦ,

E Εἷς ἐξ ὑμῶν παραδώσει με, πάλιν ὁ Πέτρος διὰ μὲν τὴν ἐπιτίμησιν τὴν ἤδη γενομένην ἐρωτῆσαι τὸν διδάσκαλον οὐκ ἐτόλμησε· διὰ δὲ τὸν πόθον, ὃν εἶχε, σιγῆσαι οὐκ ἠνέσχετο· ἀλλ' ἐσπούδασε καὶ μαθεῖν, καὶ μὴ δόξαι προπετής τις εἶναι καὶ ἀπερίσκεπτος. Πῶς οὖν καὶ τὴν ἐπιθυμίαν ἐπλήρωσε, καὶ ἀσφάλειαν ἑαυτῷ προῳκονόμησεν; Ἵνα τῷ μὲν βουληθῆναι μαθεῖν τὸν ἀκάθεκτον δείξῃ πόθον, τῷ δὲ μὴ δι' ἑαυτοῦ τοῦτο ποιῆσαι, ἀλλ' ἕτερον προβαλέσθαι, τὴν εὐλάβειαν ἐμφαίνῃ καὶ τὴν ἐπιείκειαν ἅπασαν. Καὶ 367 A γὰρ στενά μοι πάντοθεν, φησί· περὶ προδοσίας ἐστὶ λόγος τοῦ Δεσπότου· μέγας ὁ κίνδυνος, ὁ κρημνὸς ἑκατέρωθεν. Ἂν σιγήσω, ἡ μέριμνα κατεσθίει μου τὴν ψυχήν· ἂν εἴπω, δέδοικα μή ποτε ἐπιτίμησιν δέξωμαι πάλιν. Μέσην οὖν ἦλθεν ὁδὸν, καὶ ὁ πανταχοῦ προπηδῶν, τότε τῆς Ἰωάννου παῤῥησίας ἐδεῖτο, ὥστε μαθεῖν τὸ λεγόμενον. Οὐδὲν γὰρ ἕτερον ἀνέπνει, καὶ εἶχεν ἐν τῇ ψυχῇ διηνεκῶς, ἀλλ' ἢ τὸν διδάσκαλον μόνον. Διὰ τοῦτο καὶ δεσμωτηρίων καὶ μυρίων μετὰ ταῦτα κατετόλμα θανάτων, καὶ πάσης τῆς παρούσης κατεγέλα ζωῆς. Δι' ἐκεῖνον καὶ μάστιγας λαβὼν, καὶ τοὺς μώλωπας ἔχων ἐπὶ τοῦ νώτου, πρὸς B τοὺς μαστίξαντας ἔλεγεν· Οὐ δυνάμεθα ἡμεῖς ἃ εἴδομεν καὶ ἠκούσαμεν μὴ λαλεῖν. Εἶδες φρόνημα ἀδούλωτον; εἶδες παῤῥησίαν ἀχείρωτον; εἶδες ψυχὴν οὐρανίου πόθου καὶ ἔρωτος γέμουσαν; Πῶς οὖν τολμᾷς λέγειν, ὅτι φοβούμενος τοὺς ἐκ περιτομῆς, ὑπέστελλεν ἑαυτὸν καὶ ἀφώρισε; Καὶ πολλὰ δὲ ἕτερα ἐνῆν εἰπεῖν περὶ Πέτρου, δεικνύντα αὐτοῦ τὴν θερμότητα, καὶ τὴν ἀνδρείαν, καὶ τὸν πόθον, ὃν εἶχε περὶ τὸν Χριστόν· ἀλλ' ἵνα μὴ μηκύνωμεν ἀκαίρως τὸν λόγον, ἀρκεῖ τὰ εἰρημένα. Οὐδὲ γὰρ ἐγκώμιον αὐτοῦ τήμερον εἰπεῖν πρόκειται, ἀλλὰ τὴν δοκοῦσαν εἶναι ζήτησιν C λῦσαι, καὶ εἰς πέρας ἀγαγεῖν.

Σὺ δὲ καὶ ἑτέρωθεν σκόπει, πῶς οὐκ ἔστι πιθανὴ ἡ κατηγορία. Τότε μὲν γὰρ παρὰ τὴν ἀρχὴν, ὅτε ἔλεγε, Τοῦτον τὸν Ἰησοῦν, ὃν ὑμεῖς ἐσταυρώσατε, ἀνέστησεν ὁ Θεὸς, λύσας τὰς ὠδῖνας τοῦ θανάτου, τότε μεταξὺ ἐχθρῶν ἦν, ἔτι φονώντων, ἔτι τῷ θυμῷ ζεόντων, ἔτι βουλομένων διασπάσασθαι τοὺς μαθητάς. Ἤκμαζε γὰρ αὐτοῖς ἔτι τὸ πάθος, καὶ ᾤδει ἡ διάνοια τῷ θυμῷ. Νυνὶ δὲ, ὅτε ταῦτα Παῦλος ἔγρα- D φεν, ἑπτὰ καὶ δέκατον ἔτος εἶχε τὸ κήρυγμα. Εἰπὼν γὰρ, Μετὰ τρία ἔτη ἀνέβην εἰς Ἱεροσόλυμα, λέγει πάλιν, ὅτι Μετὰ δεκατέσσαρα ἔτη ἀνέβην εἰς Ἱεροσόλυμα. Ὁ τοίνυν τότε ἐν προοιμίοις τοῦ κηρύγματος μὴ φοβηθεὶς, νῦν μετὰ χρόνον τοσοῦτον φοβεῖται; ὁ ἐν Ἱεροσολύμοις μὴ δείσας, ἐν Ἀντιοχείᾳ δέδοικεν; ὁ,

rem, quo flagrabat, tacere non poterat : sed et discere nitebatur, et temerarius et inconsideratus non videri. Quo pacto igitur et cupiditatem explevit, et caute suæ securitati providit? Ut hoc ipso quod discere vellet, vehementissimum amorem ostenderet : quod autem hoc ipse per se non faceret, sed alterum objiceret, pietatem et modestiam omnem præ se ferret. Undique enim mihi angustiæ, inquit : de proditione Domini agitur, ingens est periculum, præcipitium utrinque. Si tacuero, exedit animam sollicitudo : si dixero, vereor ne forte rursus increpationem excipiam. Mediam itaque viam tenuit, et qui ubique prosiliebat ante cæteros, tum fiducia Joannis indigebat, ut id, de quo agebatur, cognosceret. Nihil enim aliud spirabat, et in animo perpetuo habebat, quam magistrum tantum. Propterea carceres et innumera deinde mortis genera subibat audacter, totamque vitam præsentem spernebat. Propter illum et cum verberibus cæsos esset, et tergum haberet vibicibus exaratum, sic eos a quibus cæsus verberibus fuerat, alloquebatur, *Non possumus nos quæ vi-* *Act.* 4. 20.
dimus et audivimus non loqui. Vides indomitum animum? vides fiduciam invictam? vides animam cælesti desiderio et amore redundantem? Quomodo ergo dicere audes illum, quod metueret eos, qui ex circumcisione erant, se subtraxisse, ac segregasse? Multa quoque alia de Petro dici poterant, quæ ipsius ardorem, fortitudinem, amorem, quem habebat in Christum, ostenderent : sed ne longius sermonem et importune producamus, sufficient ea quæ dicta sunt. Neque enim de laudibus ejus orationem habere nobis propositum est, sed quæstionem solvere, quæ se videbatur offerre, atque ad finem perducere.

7. Tu vero aliunde quoque perpende, quam parum probabilis sit accusatio. Nam tum quidem sub ipsum principium, quando dicebat, *Hunc Jesum, quem vos crucifixistis, susci-* *Act.* 2. 24.
tavit Deus, solutis doloribus mortis, tum inter inimicos erat, adhuc cædem anhelantes, adhuc ira ferventes, adhuc discipulos volentes discerpere. Vigebat enim adhuc illorum perturbatio, et mens ira tumebat. Nunc autem, cum Paulus ista scriberet, decimus septimus agebatur annus, ex quo cœperat evangelium prædicari. Cum enim dixisset, *Post annos tres* *Gal.* 1. 18.
ascendi Jerosolymam, ait rursus, *Post an-* *Gal.* 2. 1.
nos quatuordecim ascendi Jerosolymam. Qui ergo in prædicationis exordiis non timuit, nunc

post tantum elapsum tempus timet? qui non metuerat Jerosolymis, Antiochiæ metuebat? qui cum ab hostibus circumsessus esset, tum non est territus; nunc cum nec ulli hostes adsunt, sed fideles ac discipuli, metu angitur et reformidat, nec recte ambulat? Quis hoc rationi consentaneum arbitretur, dum succenditur rogus, et in altum exsurgit, audacter in eum pergere, exstinctum autem et redactum in cinerem reformidare et contremiscere? Si timidus fuisset et minime strenuus Petrus, initio prædicationis, in metropoli Judæorum, ubi hostes erant omnes, tunc reformidasset, non post tantum tempus in urbe Christianissima, neque præsentibus amicis et familiaribus. Itaque nec tempus, nec locus, neque conditio personarum nos ita verbis illis finem sivit habere ut dictum est, et Petrum timoris accusare. Laudastis quæ dicta sunt? Atqui Paulum initio mirabamini, ejusque fiduciam obstupescebatis: at ecco accusationem invertit oratio. Sed ut initio dicebam nihil mihi prodesse, si Paulo recte faciente, Petrum constet non recte fecisse (manet enim crimen, et pudor in nos redundat, sive hic sive ille peccaverit): ita nunc etiam idem rursus dico, nihil mihi prodesse, si accusationem a se amoliente Petro, Paulum appareat audacter et inconsiderate coapostolum accusasse. Age igitur hunc etiam crimine liberemus. Quid ergo? talis quidem erat Petrus: Paulus vero talis non erat? et quid Paulo ardentius, qui propter Christum quotidie moriebatur? Verumtamen non agitur nunc apud nos de fortitudine, (quid enim hoc facit ad propositum?) sed num odio quopiam prosequeretur apostolum, vel num vanæ gloriæ causa vel contentionis esset illa pugna exorta. Sed ne hoc quidem dici potest; absit. Non enim Petri sanctorum illorum principis solum, sed et omnium in universum apostolorum servus erat Paulus, idque cum omnes exantlandis laboribus superaret, at-
1. Cor. 15. 1. tamen omnium se ultimum reputabat. *Ego enim*, inquit, *sum minimus apostolorum, qui non sum dignus vocari apostolus*: non solum autem apostolorum, sed et sanctorum plane omnium.
Ephes. 3. 8. *Mihi* enim, inquit, *omnium sanctorum minimo data* est *hæc gratia*.

8. Vides animam humilem? vides ut se omnium sanctorum infimum statuat, non apostolorum tantum? Porro qui sic erga omnes affectus erat, sciebat et quanta honoris prærogativa Petro

[a] Duo Mss. αὐτὸν καταφρονήσας τότε.

πολεμίων κυκλωσάντων [a] αὐτὸν, μὴ πτοηθεὶς τότε, νῦν οὐδὲ πολεμίων παρόντων, ἀλλὰ πιστῶν καὶ μαθητῶν, ἀγωνιᾷ, καὶ δέδοικε, καὶ οὐκ ὀρθοποδεῖ; Καὶ πῶς ἂν ἔχοι ταῦτα λόγον, ἀναπτομένης μὲν τῆς πυρᾶς καὶ εἰς ὕψος ἐγειρομένης κατατολμᾷν, σβεσθεῖσαν δὲ καὶ γε- E νομένην τέφραν δεδοικέναι καὶ τρέμειν; Εἰ δειλὸς ἦν καὶ ἄνανδρος ὁ Πέτρος, ἐν ἀρχῇ τοῦ κηρύγματος, ἐν τῇ μητροπόλει τῶν Ἰουδαίων, ὅπου πάντες ἦσαν οἱ πολέμιοι, τότε ἂν ἔδεισεν, οὐ μετὰ χρόνον τοσοῦτον ἐν τῇ χριστιανικωτάτῃ πόλει, οὐδὲ φίλων καὶ γνησίων παρόντων. Ὥστε οὔτε ὁ καιρὸς, οὔτε ὁ τόπος, οὔτε ἡ ποιότης τῶν προσώπων ἀφίησιν ἡμᾶς πιστεῦσαι τοῖς λεγομένοις οὕτως ὡς εἴρηται, καὶ καταγνῶναι 368 τοῦ Πέτρου δειλίαν. Ἐπῃνέσατε τὰ εἰρημένα; Καίτοι A γε ἐν ἀρχῇ τὸν Παῦλον ἐθαυμάζετε, καὶ τῆς παῤῥησίας αὐτὸν ἐξεπλήττεσθε· ἀλλ' ἰδοὺ περιέτρεψε τὴν κατηγορίαν ὁ λόγος. Ἀλλ' ὥσπερ ἀρχόμενος ἔλεγον, ὅτι οὐδέν μοι ὄφελος, ἐὰν Παύλου καλῶς ποιοῦντος, ὁ Πέτρος δειχθῇ μὴ καλῶς ποιῶν (τὰ γὰρ ἐγκλήματα καὶ ἡ καθ' ἡμῶν αἰσχύνη μένει, ἄν τε οὗτος, ἄν τε ἐκεῖνος διημαρτηκὼς τύχῃ), οὕτω καὶ νῦν τὸ αὐτὸ λέγω πάλιν, ὡς οὐδέν μοι ὄφελος, ἂν Πέτρου τὴν κατηγορίαν ἀποσκευασαμένου, ὁ Παῦλος φαίνηται θαρσαλέως καὶ ἀπερισκέπτως τοῦ συναποστόλου κατηγορῶν. Φέρε οὖν, καὶ τοῦτον τῶν ἐγκλημάτων ἀπολύσωμεν. Τί οὖν; ὁ μὲν Πέτρος τοιοῦτος, ὁ δὲ Παῦλος οὐ τοιοῦτος; καὶ τί Παύλου θερμότερον γένοιτ' ἂν, ὃς καθ' B ἑκάστην ἡμέραν ἀπέθνησκε διὰ τὸν Χριστόν; Ἀλλὰ νῦν οὐ περὶ ἀνδρείας ἡμῖν ὁ λόγος, (τί γὰρ πρὸς τὸ προκείμενον τοῦτο;) ἀλλ' εἰ ἀπεχθῶς πρὸς τὸν ἀπόστολον διέκειτο, ἢ εἰ κενοδοξίας τινὸς καὶ φιλονεικίας ἦν αὕτη ἡ μάχη. Ἀλλ' οὐδὲ τοῦτό ἐστιν εἰπεῖν· μὴ γένοιτο. Οὐδὲ γὰρ Πέτρου τοῦ κορυφαίου τῶν ἁγίων ἐκείνων μόνον, ἀλλὰ καὶ πάντων δοῦλος ἦν ἁπλῶς τῶν ἀποστόλων ὁ Παῦλος, καὶ ταῦτα πλεονεκτῶν ἁπάντων κατὰ τοὺς κόπους· ἀλλ' ὅμως πάντων ἑαυτὸν ἔσχατον εἶναι ἐνόμιζεν. Ἐγὼ γάρ εἰμι, φησὶν, ὁ ἐλάχιστος τῶν ἀποστόλων, ὃς οὐκ εἰμὶ ἱκανὸς καλεῖσθαι ἀπόστο- C λος· οὐ μόνον δὲ τῶν ἀποστόλων, ἀλλὰ καὶ τῶν ἁγίων ἁπλῶς ἁπάντων. Ἐμοὶ γὰρ, φησὶ, τῷ [a] ἐλαχίστῳ πάντων τῶν ἁγίων ἐδόθη ἡ χάρις αὕτη.

Εἶδες συντετριμμένην ψυχήν; εἶδες πῶς ἑαυτὸν κατώτερον πάντων ἵστησι τῶν ἁγίων, οὐχὶ τῶν ἀποστόλων μόνον; Ὁ δὲ οὕτω περὶ πάντας διακείμενος, ᾔδει καὶ πόσης τὸν Πέτρον προεδρίας ἀπολαύειν

[a] Alii ἐλαχιστοτέρῳ.

ἐχρῆν, καὶ ᾐδεῖτο μάλιστα πάντων ἀνθρώπων τοῦτον καὶ ὡς ἄξιος ἦν, οὕτω περὶ αὐτὸν διέκειτο. Καὶ τοῦτο ἐκεῖθεν δῆλον. Ἡ οἰκουμένη πᾶσα πρὸς αὐτὸν ἔβλεπεν, αἱ φροντίδες τῶν πανταχοῦ τῆς γῆς Ἐκκλησιῶν τῆς ἐκείνου ψυχῆς ἦσαν ἐξηρτημέναι, μυρία D ἐμερίμνα καθ' ἑκάστην ἡμέραν πράγματα, πάντοθεν αὐτὸν ἐκύκλουν κηδεμονίαι, προστασίαι, διορθώσεις, συμβουλαὶ, παραινέσεις, διδασκαλίαι, μυρίων οἰκονομίαι πραγμάτων· καὶ πάντα ἐκεῖνα ἀφεὶς, ἀπῆλθεν εἰς Ἱεροσόλυμα, καὶ πρόφασις τῆς ὁδοῦ οὐδεμία ἑτέρα ἦν, ἀλλ' ἢ τὸ Πέτρον ἰδεῖν, καθὼς αὐτός φησιν· Ἀνέβην εἰς Ἱεροσόλυμα ἱστορῆσαι Πέτρον· οὕτως αὐτὸν ἐτίμα, καὶ πρὸ πάντων ἦγε. Τί οὖν; ἰδὼν αὐτὸν εὐθέως ἀνεχώρησεν; Οὐδαμῶς· ἀλλ' ἐπέμεινε πρὸς αὐτὸν ἡμέρας δεκαπέντε. Εἴ τινα οὖν στρατηλάτην ἴδοις, εἰπέ μοι, γενναῖον καὶ θαυμαστὸν, τοῦ E πολέμου συγκεκροτημένου, τῆς παρατάξεως συνεστώσης, τῆς μάχης ζεούσης, μυρίων αὐτὸν πάντοθεν καλούντων πραγμάτων, ἀφέντα τὴν παράταξιν, καὶ πρὸς ἐπίσκεψίν τινος ἀπελθόντα φίλου, ἆρα ἑτέραν μείζονα ταύτης ζητεῖς ἀπόδειξιν, εἰπέ μοι, τῆς πρὸς τὸν ἄνθρωπον ἐκεῖνον εὐνοίας; Οὐκ ἔγωγε οἶμαι. Τοῦτο τοίνυν καὶ ἐπὶ Παύλου καὶ Πέτρου λογίζου. Καὶ γὰρ καὶ ἐνταῦθα πόλεμος συνειστήκει χαλεπὸς, καὶ παράταξις ἦν, καὶ μάχη, οὐ πρὸς ἀνθρώπους μόνον, 369 A ἀλλὰ πρὸς τὰς ἀρχὰς, πρὸς τὰς ἐξουσίας, πρὸς τοὺς κοσμοκράτορας τοῦ σκότους τοῦ αἰῶνος τούτου, καὶ μάχη περὶ τῆς τῶν ἀνθρώπων σωτηρίας· ἀλλ' ὅμως οὕτως ᾐδεῖτο τὸν Πέτρον, ὥστε καὶ τοσαύτης ἀνάγκης ἐπικειμένης καὶ κατεπειγούσης, ἐκδραμεῖν δι' ἐκεῖνον εἰς Ἱεροσόλυμα, καὶ μεῖναι πρὸς αὐτὸν ἡμέρας δεκαπέντε, καὶ τότε ἐπανελθεῖν. Ἔγνωτε τὴν ἀνδρείαν τοῦ Πέτρου, ἐμάθετε τὴν φιλοφροσύνην Παύλου, τὴν περὶ τοὺς ἀποστόλους πάντας, τὴν περὶ αὐτὸν τὸν Πέτρον· ἀνάγκη λοιπὸν ἐπὶ τὴν λύσιν ἐλθεῖν τοῦ ζητήματος. Εἰ γὰρ καὶ οὗτος ἐφίλει τὸν Πέτρον, κἀκεῖνος δειλὸς οὐκ ἦν καὶ ἄνανδρος, καὶ ἡ φιλονεικία καὶ ἡ ἀντίστασις οὐκ ἀπὸ ψυχῆς ἐγένετο, τί ποτέ ἐστι τὸ B λεγόμενον; καὶ τίνος ἕνεκεν ταῦτα ᾠκονομεῖτο;

Ἐνταῦθα προσέχετε, καὶ διανάστητέ μοι, καὶ συντείνατε ἑαυτοὺς, ὥστε δέξασθαι σαφῆ τὴν ἀπολογίαν. Καὶ γὰρ ἄτοπον ἐμὲ μὲν τὸν διασκάπτοντα τοσοῦτον πόνον ὑπομένειν, ὑμᾶς δὲ τοὺς ἐξ εὐκολίας μέλλοντας τὸ χρυσίον ὁρᾷν, τῇ ῥᾳθυμίᾳ τὸ κέρδος τοῦτο παραδραμεῖν. Ἀνάγκη δὲ μικρὸν ἀνωτέρω τὸν λόγον ἀγαγεῖν, ὥστε σαφεστέραν ὑμῖν ποιῆσαι τὴν διδασκαλίαν. Ἐπειδὴ γὰρ ἀνῆλθεν εἰς τοὺς οὐρανοὺς ὁ Ἰησοῦς, τὴν ὑπὲρ ἡμῶν οἰκονομίαν πληρώσας, τὸν λόγον τῆς διδασκαλίας κατέλιπε τοῖς ἑαυτοῦ ἀποστό-

deberetur, cumque præ cæteris omnibus colebat hominibus, et ut dignus erat, ita erga illum affectus erat. Atque hoc inde constat. In illum totius orbis terrarum oculi erant conversi, Ecclesiarum D universæ terræ cura ab illius anima pendebat, de rebus innumeris quotidie sollicitus erat, undique illum circumsidebant procurationes, præfecturæ, correctiones, consilia, cohortationes, doctrinæ, mille negotiorum expeditiones : et omnibus illis omissis Jerosolymam se contulit, nec illius suscepti itineris alia fuit occasio ulla, nisi ut Petrum videret, sicut ait ipse : *Ascendi* Gal. 1. 18 *Jerosolymam videre Petrum,* sic ipsum honorabat, et omnibus præferebat. Quid ergo? cum ipsum vidisset, confestim recessit? Nequaquam : E sed apud ipsum diebus quindecim mansit. Si quem igitur magistrum militum videas, dic, sodes, generosum et eximium, indicto jam bello, militum acie jam disposita, jam pugna commissa, cum innumera illum vocarent negotia, relicta acie ad visitandum quempiam amicum se alio conferre, num quam aliam majorem, quæso, demonstrationem quæreres ipsius erga hominem illum benevolentiæ? Non equidem arbitrer. 369 Hoc igitur et de Paulo Petroque existima. A Siquidem hic quoque bellum grave conflatum erat, et acies et pugna erat non adversus homines tantum, sed et adversus principes, adversus potestates, adversus mundi rectores tenebrarum Eph. 6. 12. sæculi hujus, et de salute hominum pugna : sic tamen Petrum reverebatur, ut cum tanta immineret, urgeretque necessitas, ad illum excurreret Jerosolymam, et cum apud eum quindecim dies mansisset, tum demum rediret. Cognovistis fortitudinem Petri, didicistis comitatem Pauli erga omnes apostolos, erga ipsum Petrum : jam necesse est ad ipsam quæstionis solutionem ve- B niamus. Si enim et hic Petrum amabat, et ille timidus aut parum strenuus non erat, et contentio ac contradictio illa ex animo suscepta non erat, quid sibi vult ista narratio? aut qua de causa hæc dispensatio fiebat?

9. Hoc loco advertite, animosque vestros erigite, ac diligenter attendite, ut manifestam defensionem intelligatis. Quippe absurdum esset me qui terram effodio, tantum laborem exantlare, vos autem, qui nullo negotio visuri estis aurum, præ nimia socordia tantum lucrum prætermittere. Necesse est autem, ut orationis initium altius repetamus, ut clariorem vobis doctrinam reddamus. Postquam enim in cælos Jesus reversus est, expleta quam nostra causa

susceperat dispensatione, verbum doctrinæ suis
2. Cor. 5. 19. 20. reliquit apostolis, ut ait Paulus, *Et posuit in nobis verbum reconciliationis;* et rursus, *Pro Christo legatione fungimur, tamquam Deo exhortante per nos,* hoc est: vice Christi. Tunc igitur cum per universum orbem terrarum isti prædicabant, nulla erat hæresis; sed natura omnis humana duo habebat hæc dogmata, unum rectum et sanum, alterum corruptum et pravum. Aut enim gentiles omnes erant orbis incolæ, aut Judæi: neque Manichæus, neque Marcion, neque Valentinus, nec alius ullus omnino erat: quid enim attinet omnes hæreses enumerare? siquidem post triticum tunc proseminata sunt zizania, varia nimirum hæresum corruptela. Ac Judæos quidem Petro commisit, gentilibus autem Paulum præfecit Christus. Et hoc a me ipso non dico, sed ipsius Pauli verba
Gal. 2. 8. licet audire: *Qui enim operatus* est *Petro in apostolatum circumcisionis, operatus* est et *mihi,* inquit, *inter gentes:* circumcisionem hoc loco ipsam nationem appellans. Unde vero id constat? Ex eo quod additur. Cum enim dixerit, *Qui operatus* est *Petro in apostolatum circumcisionis, operatus* est *mihi,* inquit, *inter gentes,* hoc nimirum indicavit, ad distinctionem gentium circumcisionem positam esse. Ad distinctionem vero gentium non circumcisio, sed Judæi sunt, quos per circumcisionem subindicavit: quasi diceret, Qui operatus est Petro in apostolatum Judæorum, operatus est et mihi inter gentes. Ut enim rex sapiens, qui idoneos quosque probe noverit, alteri quidem in equites, alteri vero in pedites committit imperium: sic nimirum et Christus cum in has duas partes suum exercitum divisisset, Judæos quidem Petro, gentiles autem Paulo commisit. Ac licet diversi sint exercitus, Rex tamen est unus. Ut enim illic discrimen exercituum in armorum apparatu, non in hominum natura consistit: sic nimirum et hic differentia in exigua quadam carnis figura, non in substantiæ diversitate cernitur.

C λοις, καθὼς Παῦλός φησι, Θέμενος ἐν ἡμῖν τὸν λόγον τῆς καταλλαγῆς· καὶ πάλιν, Ὑπὲρ Χριστοῦ πρεσβεύομεν, ὡς τοῦ Θεοῦ παρακαλοῦντος δι' ἡμῶν, τουτέστιν, ἀντὶ Χριστοῦ. Τότε τοίνυν, ἡνίκα ἐκήρυττον οὗτοι κατὰ τὴν οἰκουμένην ἅπασαν, αἵρεσις οὐδεμία ἦν· πᾶσα δὲ ἡ φύσις τῶν ἀνθρώπων δύο ταῦτα δόγματα εἶχε, τὸ μὲν ὑγιὲς, τὸ δὲ διεφθαρμένον. Ἢ γὰρ Ἕλληνες, ἢ Ἰουδαῖοι οἱ τὴν γῆν οἰκοῦντες ἅπαντες ἦσαν· οὔτε δὲ Μανιχαῖος, οὔτε Μαρκίων, οὔτε δὲ Οὐαλεντῖνος, οὐκ ἄλλος οὐδεὶς ἁπλῶς· τί γὰρ δεῖ πάσας καταλέγειν τὰς αἱρέσεις; καὶ γὰρ μετὰ τὸν σῖτον τότε
D τὰ ζιζάνια ἐσπάρη, ἡ παντοδαπὴ τῶν αἱρέσεων διαφθορά. Τοὺς μὲν οὖν Ἰουδαίους ἐπέτρεψε τῷ Πέτρῳ, τοῖς δὲ Ἕλλησι τὸν Παῦλον ἐπέστησεν ὁ Χριστός. Καὶ τοῦτο οὐκ [a] ἀφ' ἑαυτοῦ λέγω, ἀλλ' αὐτοῦ τοῦ Παύλου λέγοντός ἐστιν ἀκοῦσαι· Ὁ γὰρ ἐνεργήσας Πέτρῳ εἰς ἀποστολὴν τῆς περιτομῆς, ἐνήργησε κἀμοὶ, φησὶν, εἰς τὰ ἔθνη· περιτομὴν ἐνταῦθα αὐτὸ τὸ ἔθνος καλῶν. Καὶ πόθεν δῆλον; Ἐκ τῆς ἐπαγωγῆς. Εἰπὼν γὰρ, Ὁ ἐνεργήσας Πέτρῳ εἰς ἀποστολὴν τῆς περιτομῆς, ἐνήργησε κἀμοὶ, [b] φησὶν, εἰς τὰ ἔθνη, δεικνύντος ἐστὶν, ὅτι πρὸς ἀντιδιαστολὴν τῶν ἐθνῶν περιτομὴν εἶπε. Πρὸς δὲ ἀντιδιαστολὴν τῶν ἐθνῶν, οὐχὶ
E περιτομὴ, ἀλλ' Ἰουδαῖοί εἰσιν, οὓς διὰ τῆς περιτομῆς ᾐνίξατο· ὡσανεὶ ἔλεγεν, ὁ ἐνεργήσας Πέτρῳ εἰς ἀποστολὴν τῶν Ἰουδαίων, ἐνήργησε κἀμοὶ εἰς τὰ ἔθνη. Καθάπερ γάρ τις βασιλεὺς σοφὸς, τὸν ἐπιτήδειον μετὰ ἀκριβείας εἰδὼς, ἑτέρῳ μὲν τοὺς ἱππεῖς, ἑτέρῳ δὲ τῶν πεζῶν ἐγχειρίζει τὴν προστασίαν· οὕτω δὴ καὶ ὁ Χριστὸς, τὸ στρατόπεδον τὸ ἑαυτοῦ διελὼν εἰς δύο ταῦτα μέρη, τοὺς μὲν Ἰουδαίους Πέτρῳ, τοὺς δὲ Ἕλ-
370 ληνας ἐπέτρεψε Παύλῳ. Εἰ δὲ διάφορα τὰ στρατόπεδα,
A ἀλλ' εἷς ὁ βασιλεύς. Ὥσπερ γὰρ ἐκεῖ ἡ διαφορὰ τῶν στρατοπέδων ἐν τῇ κατασκευῇ τῶν ὅπλων, οὐκ ἐν τῇ φύσει τῶν ἀνθρώπων ἐστίν· οὕτω δὴ καὶ ἐνταῦθα ἡ διαφορὰ ἐν σχήματι μικρῷ τινι τῆς σαρκὸς, οὐκ ἐν τῇ τῆς οὐσίας ἐναλλαγῇ φαίνεται,

10. Quemadmodum ergo dicebam, commissi erant utrique hi exercitus. Ac nisi forte prolixior videtur oratio, si defessi non estis, alteram etiam vobis causam proferam, ob quam isti Judæi, illi vero gentiles sunt crediti. Siquidem quæstione non indigna res est, quam tandem ob causam qui tam exacte patriam legem didicerat,

Ὥσπερ οὖν ἔλεγον, ἦσαν ἀμφότεροι τὰ στρατόπεδα ταῦτα ἐγκεχειρισμένοι. Καὶ εἰ μὴ μηκύνω τὸν λόγον, εἰ μὴ ἀπεκάμετε, ἐρῶ καὶ τὴν αἰτίαν ὑμῖν, δι' ἣν οὗτος μὲν τοὺς Ἰουδαίους, ἐκεῖνος δὲ τοὺς ἐξ ἐθνῶν ἐπιστεύθησαν. Καὶ γὰρ ἄξιον ζητήσεως, τί δήποτε Παῦλος μὲν, ὁ μετὰ ἀκριβείας τὸν πατρῷον νόμον παιδευθεὶς, ὁ παρὰ τοὺς πόδας Γαμαλιὴλ διατρίβων,

[a] [Cod. 748 ἀπ' ἐμαυτοῦ.]

[b] [Hoc φησὶν omittit Cod. 748, qui mox δείκνυσιν ὅτι.]

ὁ κατὰ δικαιοσύνην τὴν ἐν νόμῳ γενόμενος ἄμεμπτος, οὐκ ἐγχειρίζεται τοὺς Ἰουδαίους, ἀλλὰ τοὺς Ἕλλη- B νας· ὁ δὲ ἁλιεὺς, καὶ ἀγράμματος, καὶ μηδὲν τοσοῦτον εἰδὼς Πέτρος, τὴν τῶν Ἰουδαίων ἐνεπιστεύθη προστασίαν. Συντελεῖ γάρ τι καὶ πρὸς τὴν λύσιν ἡμῖν τὸ λεγόμενον, ἂν αὐτὸ δυνηθῶμεν φράσαι καλῶς. Οὐ γὰρ δὴ τοῦτό ἐστιν εἰπεῖν ὅτι ὀκνοῦντα καὶ ἀναδυόμενον ἰδὼν τὸν Παῦλον καὶ φεύγοντα τῶν οἰκείων τὴν προστασίαν, οὐκ ἠθέλησε βιάσασθαι καὶ ἀναγκάσαι. Τοὐναντίον μὲν οὖν ἅπαν ἐπεδείξατο. Οὐ γὰρ δὴ μόνον οὐκ ἔφυγε τῶν Ἰουδαίων τὴν ἐπιστασίαν, ἀλλὰ καὶ πρῶτος ἐπεπήδησε, καὶ τοῦ Χριστοῦ κελεύοντος ἀπελθεῖν εἰς τὰ ἔθνη, αὐτὸς ἀξιοῖ τὴν τῶν Ἰουδαίων οἰκονομίαν ἐγχειρισθῆναι· καὶ μυρία πολλαχοῦ πά- C σχων παρ' αὐτῶν δεινὰ, καὶ τῶν ἐθνῶν τὴν διδασκαλίαν πεπιστευμένος, οὐ παύεται παρακαλῶν ὑπὲρ ἐκείνων, καὶ λέγων, νῦν μὲν, Ηὐχόμην ἀνάθεμα εἶναι ὑπὲρ τῶν ἀδελφῶν μου, τῶν συγγενῶν μου κατὰ σάρκα· νῦν δὲ, Ἀδελφοί μου, ἡ μὲν εὐδοκία μου, καὶ ἡ δέησις ἡ πρὸς τὸν Θεὸν, ὑπὲρ αὐτῶν ἐστιν εἰς σωτηρίαν. Τίνος οὖν ἕνεκεν βουλόμενον αὐτὸν καὶ ἐπιθυμοῦντα διδάσκειν ἐκείνους, οὐκ εἴασεν αὐτοῖς κηρύσσειν, ἀλλ' ἀντ' ἐκείνων διδάσκαλον αὐτὸν τοῖς ἔθνεσιν ἔπεμπεν; Ἀκούσωμεν αὐτοῦ τοῦ Χριστοῦ λέγοντος, καὶ Παύλου τὸ πᾶν διηγουμένου· Ἐγένετο δέ μοι προσευχομένῳ, φησὶ, γενέσθαι με ἐν ἐκτάσει, καὶ εἰδέναι τὸν Χριστὸν λέγοντά μοι· σπεῦσον καὶ ἔξελθε D ἐν τάχει, ὅτι οὐ παραδέξονταί σου τὴν μαρτυρίαν περὶ ἐμοῦ. Καὶ τὴν αἰτίαν εἶπε τῆς ἀποδημίας· μισήσουσί σε, φησὶ, καὶ ἀποστραφήσονται· διὰ τοῦτό σου διδάσκοντος οὐκ ἀνέξονται. Καὶ μὴν αὐτὸ τοῦτο ἦν ἱκανὸν, ἀξιόπιστον αὐτὸν ποιῆσαι διδάσκαλον, καὶ πεῖσαι ἐκείνους, ὅτι οὐκ ἀνθρωπίνη ἡ μετάθεσις ἐγένετο. Οὐ γὰρ ἂν τὸν οὕτω μαινόμενον, καὶ θυμῷ ζέοντα, καὶ φόνου πνέοντα, καὶ θαυματουργοῦντι μὴ πεισθέντα τῷ Χριστῷ, μηδὲ τοῖς ἀποστόλοις τοῖς ἐκείνου, νεκροὺς ἐγείρασιν, ἴσχυσεν ἄν ποτε ἄνθρωπος ἐν αὐτῇ μέσῃ τῇ μανίᾳ μεταθεῖναι, καὶ τὴν ὑπερβολὴν, ἣν κατὰ τοῦ κηρύγματος ἐπεδείκνυτο, ταύτην E ὁλόκληρον καὶ πολλῷ πλείονα πεῖσαι πάλιν ὑπὲρ τῆς εἰς Χριστὸν ὁμολογίας ἐπιδείξασθαι· ἀλλὰ θείας ὄντως δυνάμεως ἔργον ἦν ἡ μετάστασις αὕτη καὶ ἡ μεταβολή.

Ὅπερ οὖν καὶ ὁ Παῦλος, ἐπιθυμῶν αὐτῶν τὴν προστασίαν λαβεῖν, πρὸς τὸν Ἰησοῦν προεβάλλετο λέγων· Κύριε, αὐτοὶ ἐπίστανται, ὅτι ἐγὼ ἤμην φυλακίζων, καὶ δέρων τοὺς πιστεύοντας εἰς τὸ ὄνομά σου· καὶ ὅτε ἐξεχύνετο τὸ αἷμα Στεφάνου, τοῦ μάρ- 371 τυρός σου, ἐγὼ ἤμην συνευδοκῶν τῇ ἀναιρέσει αὐτοῦ. A

Cur præfectus fuerit Paulus gentilibus, Petrus Judæis.

qui ad pedes Gamalielis diu vixerat, qui secun- B dum justitiam, quæ in lege est, sine querela conversatus erat, non illi Judæorum cura demandatur, sed gentilium; piscatori autem et illiterato Petro, qui nihil tale noverat, Judæorum est credita præfectura. Confert enim quidpiam nobis ad solutionem quod dicitur, si recte illud possimus effari. Neque enim hoc causari licet, eum cum cunctantem ac detrectantem vidisset Paulum cognatorum suorum præfecturam defugere, noluisse illi vim facere, et eum cogere. Imo vero contrarium præ se tulerat. Non enim tantum Judæorum præfecturam non defugit, sed et C se primus obtulit, et cum Christus præciperet ut ad gentes abiret, ipse petit ut sibi Judæorum cura committatur: et innumera cum ab eis illata mala pertulisset, eique gentes docendi provincia esset credita, pro illis deprecari non cessat, dicens, nunc quidem, *Optabam esse anathema* Rom. 9. 3.
pro fratribus meis, cognatis meis, secundum carnem: nunc autem, *Fratres, voluntas mea* Rom. 10. 1.
et obsecratio ad Deum, pro illis est in salutem. Cur igitur cum vellet ipse, ac percuperet illos docere, non permisit ut ipsis prædicaret, sed loco illorum doctorem ipsum gentibus misit? Audiamus Christum ipsum dicentem, et Paulum D rem omnem narrantem: *Factum est mihi*, in- Act. 22. 17. 18.
quit, *oranti fieri me in stupore mentis*, et *videre Christum dicentem mihi: Festina*, et *exi velociter, quoniam non recipient testimonium tuum de me*. Et causam dixit profectionis; Odio habebunt te, inquit, et aversabuntur: propterea te docentem non ferent. Atque hoc ipsum idoneum erat ad fidem illi apud eos docenti conciliandam, et ad persuadendum illis illam mutationem humanam non fuisse. Neque enim adeo furentem et ira succensum, ac cædem spirantem, neque miracula facienti Christo cre- E dentem, neque apostolis ejus, mortuos suscitantibus, potuisset homo umquam in medio ipso furore mutare, atque illum ita flectere, ut vehementem illum affectum, quem adversus prædicationem verbi præ se ferebat, totum atque adeo majorem pro confessione Christi præ se ferret: sed vere divinæ virtutis opus exstitit illa conversio ac mutatio.

11. Atque hoc ipsum etiam Paulus, cum cuperet illorum præfecturam sibi deferri, Christum alloquens objiciebat: *Domine, ipsi sciunt*, Act. 22. 19. 20.
quia ego eram concludens in carcerem, et
371 *cædens eos qui credebant in nomen tuum*; et
A *cum funderetur sanguis Stephani, marty-*

ris tui, ego consentiebam cædi ejus. Et ingens
illa insania tam subito factam mutationem non
esse ostendit humanam, sed divinam, et a cælis
Act. 22. 21. originem ducere. Quid ergo Christus? *Vade,*
quoniam ad gentes longe te *mittam.* Nonne
igitur, inquit, hæc sufficiunt ad quosvis etiam
plane stupidos commovendos, ut humanam esse
prædicationem istam non arbitrentur, sed humanæ
naturæ vires hæc omnia excedere, Deumque
vere mutationis fuisse et conversionis auctorem?
Sufficiunt illa quidem, o beate Paule, si
ipsam rerum naturam examines; sed Judæi
omnium sunt iniquissimi: neque rerum naturam
examinant, non quod æquum et rationi consentaneum
commodumve considerant, sed id unum
spectant, ut contentionis desiderium suum expleant.
Ac tu quidem ad rerum ordinem respicis;
Deus autem mentis eorum novit arcana. Idcirco
dicit: *Vade, quoniam ad* gentes *longe* te *mittam,*
ut etiam odium distantia mitigetur. Propterea
cum ad alios quidem omnes scribit, nomen
suum epistolarum exordio præfigit: ad Hebræos
autem mittens literas, nihil tale fecit, sed simpliciter,
non exprimens quis esset, vel ad quos
scriberet, ut mos illius erat, ita demum incepit:
Hebr. 1. 1. *Multifariam multisque modis olim Deus loquens
patribus nostris.* Et vero Pauli sapientiæ
hoc fuit. Ne enim in consortium odii literæ
venirent, tamquam larva quadam, nominis suppressione
seipsum occultans, ita clam cohortationis
ipsi adhibet medicinam. Cum enim odio prosequimur
quempiam, quamvis aliquid rectum
dicat, non propenso animo neque cum voluptate
quæ ab eo dicuntur excipimus: quod ipsum ne
tum quoque accideret, suum nomen ex epistola
sustulit, ut nullum epistolæ objiceretur impedimentum,
quo minus posset audiri. Neque enim
Judæi tantum qui erant increduli, sed et illi qui
crediderant, oderant eum, et aversabantur. Cum
igitur ascendisset Jerosolymam, audi quid illi
Act. 21. 20. 21. Jacobus dicat, et alii omnes. *Vides, frater,
quot millia* sunt *Judæorum, qui convenerunt,*
et *hi* omnes *æmulatores* sunt *legis,* et
audierunt de te, *quia discessionem doceas a
lege.* Idcirco illum oderant et aversabantur.

Cur non præfigat nomen suum Paulus epistolæ ad Hebræos.

12. Hæc igitur causa est propter quam non
Judæi fidei ejus crediti sunt, sed gentiles. Cum
vero crediti fuissent ipsi, non jam pari ratione ac
Petrus, neque eadem via deducebat illos ad
fidem, sed alia. Cum autem aliam audis, ne dis-

Καὶ ἡ πολλὴ μανία τὴν ἀθρόον γεγενημένην ἐγγυᾶται
μεταβολὴν, ὡς οὐκ ἔστιν ἀνθρωπίνη τις, ἀλλ'
ἄνωθεν, καὶ ἐκ τῶν οὐρανῶν ἔλαβε τὴν ἀρχήν. Τί
οὖν ὁ Χριστός; Πορεύου, ὅτι εἰς ἔθνη μακρὰν ἐξαποστελῶ
σε. Ταῦτ' οὖν οὐχ ἱκανὰ, φησὶ, πεῖσαι καὶ
τοὺς σφόδρα ἀναισθητοῦντας, ὅτι οὐκ ἔστιν ἀνθρώπινον
τοῦτο τὸ κήρυγμα, ἀλλ' ὑπὲρ φύσιν ἀνθρωπίνην
ἅπαντα τὰ γεγενημένα, καὶ Θεὸς ὄντως ἐστὶν
ὁ μεταθεὶς καὶ μεταβαλών; Ἱκανὰ μὲν οὖν, ὦ μακάριε
Παῦλε, ἂν αὐτὴν τῶν πραγμάτων ἐξετάσῃς
τὴν φύσιν· ἀλλ' Ἰουδαῖοι πάντων εἰσὶν ἀγνωμονέ-
B στεροι· οὐ φύσιν πραγμάτων ἐξετάζοντες, οὐ τὸ εἰκὸς
καὶ τὸ εὔλογον καὶ τὸ ἀναγκαῖον σκοποῦντες,
*ἀλλ' εἰς ἓν μόνον βλέποντες, ὅπως τὴν φιλονεικίαν
τὴν ἑαυτῶν ἐμπλήσωσι. Καὶ σὺ μὲν πρὸς τὴν τῶν
πραγμάτων ἀκολουθίαν βλέπεις· ὁ δὲ Θεὸς τὰ ἀπόῤῥητα
τῆς διανοίας αὐτῶν οἶδε. Διὰ τοῦτό φησι, Πορεύου,
ὅτι εἰς ἔθνη μακρὰν ἐξαποστελῶ σε, ὥστε καὶ
τῷ διαστήματι παραμυθήσασθαι τὸ μῖσος. Διὰ τοῦτο
τοῖς μὲν ἄλλοις ἅπασι γράφων, τὸ ὄνομα αὐτοῦ προστίθησιν
ἐν τῷ προοιμίῳ τῶν ἐπιστολῶν, Ἑβραίοις
δὲ ἐπιστέλλων, οὐδὲν τοιοῦτον ἐποίησεν, ἀλλ' ἁπλῶς,
οὐκ εἰπὼν, τίς ἦν, ἢ πρὸς τίνας, ὥσπερ ἔθος εἶχε
C ποιεῖν, οὕτω πως ἤρξατο· Πολυμερῶς καὶ πολυτρόπως
πάλαι ὁ Θεὸς λαλήσας τοῖς πατράσιν ἡμῶν. Καὶ
τοῦτο δὴ τῆς τοῦ Παύλου σοφίας. Ἵνα γὰρ μὴ μετασχῇ
τοῦ μίσους τὰ γράμματα, καθάπερ προσωπείῳ
τινὶ, τῇ τοῦ ὀνόματος ἀφαιρέσει κρύψας ἑαυτὸν,
οὕτως αὐτοῖς λανθανόντως τὸ τῆς παραινέσεως ἐπιτίθησι
φάρμακον. Ὅταν γὰρ πρός τινα ἀηδῶς ἔχωμεν,
κἂν ὑγιές τι λέγῃ, οὐ προθύμως, οὐδὲ μεθ'
ἡδονῆς δεχόμεθα τὰ λεγόμενα· ὅπερ οὖν, ἵνα μὴ καὶ
τότε συμβῇ, ἀφεῖλε τὴν ἰδίαν προσηγορίαν τῆς ἐπιστολῆς,
ὥστε μηδὲν τοῦτο γενέσθαι κώλυμα τῇ τῆς
ἐπιστολῆς ἀκροάσει. Οὐδὲ γὰρ οἱ ἄπιστοι μόνον Ἰου-
D δαῖοι, ἀλλὰ καὶ οἱ πιστεύσαντες αὐτοὶ ἐμίσουν αὐτὸν
καὶ ἀπεστρέφοντο. Ὅτε γοῦν ἀνῆλθεν εἰς Ἱεροσόλυμα,
ἄκουσον τί φησι πρὸς αὐτὸν ὁ Ἰάκωβος, καὶ
οἱ λοιποὶ ἅπαντες. Θεωρεῖς, ἀδελφὲ, πόσαι μυριάδες
εἰσὶν Ἰουδαίων τῶν συνεληλυθότων· καὶ οὗτοι πάντες
ζηλωταὶ τοῦ νόμου ὑπάρχουσι, καὶ κατήχηνται
περὶ σοῦ, ὅτι ἀποστασίαν ἀπὸ τοῦ νόμου διδάσκεις.
Διὰ τοῦτο αὐτὸν μάλιστα ἐμίσουν καὶ ἀπεστρέφοντο.

Ἡ μὲν οὖν αἰτία, δι' ἣν οὐκ ἐπιστεύθη τοὺς Ἰουδαίους,
ἀλλὰ τοὺς ἐξ ἐθνῶν, ἐστὶν αὕτη. Πιστευθεὶς δὲ
λοιπὸν ἐκείνους, οὐχ ὁμοίως τῷ Πέτρῳ, οὐδὲ διὰ τῆς
E αὐτῆς ὁδοῦ πρὸς τὴν πίστιν αὐτοὺς ἐνῆγεν, ἀλλὰ δι'
ἑτέρας. Ἑτέρας δὲ ὅταν ἀκούσῃς, μὴ διαφορὰν ἐν τῷ

* [Addidimus ἀλλ' e Morel. et Savil. et Cod. 748.]

κηρύγματι νομίσῃς εἶναι. Τὰ γὰρ αὐτὰ ἀμφότεροι καὶ Ἰουδαίοις καὶ Ἕλλησιν ἐκήρυττον· οἷον, ὅτι Θεὸς ὁ Χριστὸς, ὅτι ἐσταυρώθη καὶ ἐτάφη, καὶ ἀνέστη, καὶ ἔστιν ἐν δεξιᾷ τοῦ Πατρὸς, ὅτι μέλλει κρίνειν ζῶντας καὶ νεκροὺς, καὶ ὅσα τοιαῦτα ἦν, ὁμοίως καὶ Παῦλος καὶ Πέτρος ἐκήρυττον. Ἐν τίσιν οὖν ἦν ἡ διαφορά; Ἐν τῇ παρατηρήσει τῶν βρωμάτων, ἐν τῇ περιτομῇ, ἐν τοῖς ἄλλοις τοῖς Ἰουδαϊκοῖς ἔθεσιν. Ὁ μὲν γὰρ Πέτρος οὐκ ἐτόλμα τοῖς ἑαυτοῦ μαθηταῖς φανερῶς λέγειν καὶ διαῤῥήδην, ὅτι δεῖ τούτων ἀποστῆναι καθάπαξ. Ἐδεδοίκει γὰρ, μήποτε πρὸ καιροῦ τὴν συνήθειαν ταύτην ἀνασπάσαι βουλόμενος, καὶ τὴν εἰς τὸν Χριστὸν πίστιν συναναςπάσῃ μετ' ἐκείνων, τῆς ψυχῆς τῶν Ἰουδαίων οὐκ ἀνεχομένης οὐδέπω, διὰ τὴν χρονίαν τὴν περὶ τὸν νόμον πρόληψιν, τῶν ῥημάτων ἀκούειν τούτων. Διὰ τοῦτο ἠνείχετο ὁ μακάριος Πέτρος ἰουδαϊζόντων αὐτῶν. Καὶ καθάπερ τις γεωργὸς ἄριστος φυτὸν ἁπαλὸν πλησίον δένδρου γεγηρακότος καταθέμενος, οὐ τολμᾷ, οὐδὲ ὑπομένει τὸ γεγηρακὸς ἀνασπάσαι δένδρον, δεδοικὼς μὴ, τῶν ῥιζῶν ἐκείνων ἀνελκομένων, καὶ τὸ νεόφυτον συνανελκυσθῇ, ἀλλ' ἀναμένει πρότερον παγῆναι ἐκεῖνο καλῶς, καὶ ἐν αὐτοῖς κάτω ῥιζωθῆναι τοῖς κόλποις τῆς γῆς, καὶ τότε τὸ παλαιωθὲν μετὰ ἀδείας ἀνέλκει, οὐδὲν ἔτι δεδοικὼς περὶ τοῦ νεοφύτου· οὕτω δὴ καὶ ὁ μακάριος Πέτρος ἐποίει· τὴν πίστιν νεόφυτον οὖσαν ἔμενε παγῆναι καλῶς ἐν ταῖς τῶν ἀκουόντων ψυχαῖς, ἵνα ῥιζωθείσης ἐκείνης μετὰ ἀδείας λοιπὸν τὴν Ἰουδαϊκὴν ἀνέλῃ πρόληψιν ἅπασαν. Ἀλλ' οὐχ ὁ Παῦλος οὕτω· πάσης γὰρ ταύτης ἀπηλλαγμένος ἦν τῆς ἀνάγκης, Ἕλλησι κηρύττων, τοῖς οὐδέποτε μετεσχηκόσι νόμου, οὐδὲ Ἰουδαϊκῶν παρατηρήσεων ἀκηκοόσιν. Ὅτι γὰρ οὐκ ἀλλήλοις ἐναντιούμενοι ταῦτα ἐποίουν, ἀλλὰ τῇ τῶν μαθητῶν ἀσθενείᾳ συγκαταβαίνοντες, ἔστιν ἰδεῖν καὶ Παῦλον ὁμοίως Πέτρῳ ταῦτα αὐτὰ συγχωροῦντα, καὶ οὐ συγχωροῦντα μόνον, ἀλλὰ καὶ αὐτὸν συνεργοῦντα, καὶ Πέτρον πάλιν τὴν αὐτὴν ἐλευθερίαν νομοθετοῦντα, ἣν καὶ Παῦλος τοῖς ἔθνεσι πᾶσιν ἐκήρυττε. Καὶ ποῦ ταῦτα, φησὶν, ἀμφότερά ἐστιν ἰδεῖν; Ἐν αὐτοῖς τοῖς Ἱεροσολύμοις. Οὗτος μὲν γὰρ καὶ ἐξύρατο, καὶ ἔθυσε, καὶ ἁγνισμὸν ἐπετέλεσεν, ὁ τῶν ἐθνῶν διδάσκαλος. Τοῦτο γὰρ καὶ ὁ καιρὸς ἀπῄτει, καὶ τὸ παρεῖναι πολλοὺς Ἰουδαίους. Θεωρεῖς γὰρ, φησὶν, ἀδελφὲ, πόσαι μυριάδες εἰσὶν Ἰουδαίων τῶν συνεληλυθότων, καὶ κατήχηνται περὶ σοῦ, ὅτι ἀποστασίαν ἀπὸ τοῦ νόμου διδάσκεις.

Ἐκεῖνος τοίνυν συγκαταβῆναι ἀναγκαζόμενος ἰουδάϊζεν· ἀλλ' οὐχὶ τῆς γνώμης, ἀλλὰ τῆς οἰκονομίας τὸ γινόμενον ἦν. Πάλιν ὁ Πέτρος, ὁ τῶν Ἰουδαίων διδάσκαλος, καὶ πανταχοῦ συγχωρῶν περιτομὴν καὶ Ἰουδαϊκὰς παρατηρήσεις, διὰ τὴν ἀσθένειαν τῶν μα-

crimen in prædicatione esse arbitreris. Eadem quippe uterque Judæis et gentilibus prædicabat; exempli causa, Deum esse Christum, crucifixum fuisse ac sepultum, et resurrexisse, atque in dextera Patris sedere, tum judicaturum vivos et mortuos, et quæcumque talia pariter Paulus et Petrus prædicabant. In quo igitur discrimen fuit? In observatione ciborum, in circumcisione, in
372 aliis Judaicis ritibus. Nam Petrus quidem disci-
A pulis suis palam et aperte dicere non audebat ab his penitus abstinendum esse. Metuebat enim ne forte, si consuetudinem istam ante tempus vellet evellere, simul etiam cum illis Christi fidem evelleret, cum nondum mens Judæorum ob diuturnam anticipatam opinionem circa legem hæc verba posset audire. Propterea sinebat eos beatus Petrus judaizare. Et quemadmodum optimus agricola cum juxta veterem arborem teneram plantam conseverit, non audet veterem evellere arborem, metuens ne, radicibus illis avulsis, nova planta simul avellatur, sed exspectat prius
B illam recte defigi, et in terræ visceribus radices agere, tum deinde veterem confidenter evellit, neque jam de planta novella quidquam timet: sic nimirum et beatus Petrus agebat: recens plantatam fidem recte defigi in auditorum mentibus sinebat, ut cum altas radices egisset, confidenter deinde Judaicam omnem anticipatam opinionem exstirparet. Sed non ita Paulus, qui omni ejusmodi necessitate liberatus erat, dum gentilibus prædicaret, qui legis necdum participes facti erant, neque Judaicas observationes audiverant. Non enim illos hæc egisse, quod sibi
C invicem essent contrarii, sed quod discipulorum imbecillitati se attemperarent, ex eo colligere licet, quod Paulum ista non aliter ac Petrum permittere videamus, neque permittere tantum, sed etiam ipsum cooperari, ac Petrum rursus eamdem libertatem sancire, quam Paulus omnibus gentibus prædicabat. Sed ubi tandem, inquit, istud utrumque licet videre? In ipsis Jerosolymis. Hic enim et caput rasit et sacrificavit, sanctificationem perfecit gentium doctor. Hoc nimirum tempus exigebat, et quod multi adessent Judæi. *Vides enim*, inquit, *frater*, *quot millia* Act. 21. 20.
sunt Judæorum qui convenerunt, et audierunt 21.
de te, *quia discessionem* doces *a lege?*

D 13. Ille itaque cum condescendere cogeretur, judaizabat: sed non jam ex animi sui sententia, sed secundum dispensationem id agebat. Petrus rursus, Judæorum doctor, et qui circumcisionem ubique ac Judaicas observationes permittebat,

propter discipulorum infirmitatem, quoniam tempus videbat se ab hac necessitate liberasse, neque tutum erat tamdiu illi condescensioni indulgere, sed dogmatum tempus erat et legum : audi quid dixerit. Nam quoniam ascenderant ex Antiochia Paulus et Barnabas, ut quid certum esset ediscerent : cum multa esset orta quæstio, sur-
Act. 15. 7. gens Petrus dixit : *Viri fratres, vos scitis, quoniam ab antiquis diebus Deus in nobis elegit, per os meum audire gentes verbum evangelii*, et *credere*. Deinde cum alia inter-
Ibid. v. 10. 11. jecta dixisset, adjunxit : *Quid ergo tentatis Deum imponere jugum super cervices gentium, quod neque patres nostri, neque nos portare potuimus? sed per fidem Jesu Christi credimus salvari, quemadmodum et illi.* Vides tum quidem cum tempus esset indulgentiæ, et Paulum judaizasse, cum vero tempus condescensionis non esset, verum dogmata spargenda essent, et sancienda mandata, Petrum ab illa condescensione liberatum sincera puraque dogmata tradidisse. Atque hæc cum dicerentur, Paulus intererat, et audiebat, et acceptam epistolam quovis gentium deferebat, neque dici potest eum apostoli mentem ignorasse. Cur igitur nunc eum
Gal. 2. 12. reprehendit, dicens eum timuisse illos qui ex circumcisione orant?

θητῶν, ἐπειδὴ καιρὸν εἶδεν ἀπαλλάττοντα αὐτὸν τῆς ἀνάγκης ταύτης, καὶ οὐκ ἦν ἀσφαλὲς μέχρι τοσούτου κεχρῆσθαι τῇ συγκαταβάσει, ἀλλὰ δογμάτων ἦν καιρὸς καὶ νόμων, ἄκουσον τί φησιν. Ἐπειδὴ γὰρ ἀνέβησαν ἐξ Ἀντιοχείας οἱ περὶ Παῦλον καὶ Βαρνάβαν, περὶ τούτων αὐτῶν μαθησόμενοι τὸ σαφὲς, πολλῆς ζητήσεως γενομένης, ἀναστὰς ὁ Πέτρος ἔλεγεν· Ἄν-
E δρες ἀδελφοὶ, ὑμεῖς ἐπίστασθε ἀφ' ἡμερῶν ἀρχαίων, ὡς ἐν ἡμῖν ἐξελέξατο ὁ Θεὸς ἀκοῦσαι τὰ ἔθνη διὰ τοῦ στόματός μου τὸν λόγον τοῦ εὐαγγελίου, καὶ πιστεῦσαι. Εἶτα ἕτερά τινα εἰπὼν μεταξὺ, ἐπήγαγε λέγων· Τί οὖν πειράζετε τὸν Θεὸν ἐπιθεῖναι ζυγὸν ἐπὶ τὸν τράχηλον τῶν ἐθνῶν, ὃν οὔτε οἱ πατέρες ἡμῶν, οὔτε ἡμεῖς ἰσχύσαμεν βαστάσαι; ἀλλὰ διὰ πίστεως Ἰησοῦ Χριστοῦ πιστεύομεν σωθῆναι, ὃν τρόπον κἀκεῖνοι. Ὁρᾷς ὅτι ἡνίκα μὲν καιρὸς συγκαταβάσεως ἦν, καὶ
373 Παῦλος ἰουδάϊζεν· ἡνίκα δὲ οὐχὶ συγκαταβάσεως και-
A ρὸς ἦν, ἀλλὰ δογματίζειν ἔδει καὶ νομοθετεῖν, καὶ Πέτρος ἐκείνης τῆς συγκαταβάσεως ἀπαλλαγεὶς, εἰλικρινῆ καὶ καθαρὰ τὰ δόγματα παραδίδωσι· καὶ τούτων λεγομένων ὁ Παῦλος παρῆν, καὶ ἤκουε, καὶ τὴν ἐπιστολὴν αὐτὸς δεξάμενος, πανταχοῦ διεκόμισε, καὶ οὐκ ἔστιν εἰπεῖν, ὡς ἠγνόει τὴν τοῦ ἀποστόλου γνώμην. Τίνος οὖν ἕνεκεν τοιαῦτα ἐγκαλεῖ νῦν, λέγων, ὅτι Φοβούμενος τοὺς ἐκ περιτομῆς;

14. Ut autem eorum quæ dicuntur historiam cognoscatis, paulo altius illam exorsus narrabo; sed attendite, quæso : jam enim ad penitissimas partes pervenimus quæstionis. Jacobus frater Domini tum initio Ecclesiæ Jerosolymitanæ erat episcopus, et Judæis præerat omnibus qui crediderant. Accidit autem, ut essent Antiochiæ quoque Judæi, qui cum Christo credidissent, eo quod procul abessent ab Jerosolyma, viderentque multos qui crediderant ex gentibus confidenter et absque Judaicis observationibus vivere, sensim ac paulatim inducerentur, ut a Judaica consuetudine abstinerent, et puram minimeque adulteratam fidei doctrinam retinerent. Cum ergo descendisset Petrus, et nullam esse condescensionis necessitatem videret, gentiliter deinceps vivebat.
Gentiliter vivere quid sit. Hoc autem appellat gentiliter vivere Paulus, absque Judaica vivere observatione, nihil ex illis legis ritibus custodire, exempli causa, circumcisionem, sabbatum, vel quidpiam ejusmodi. Cum igitur Petrus ita viveret, descenderunt quidam a Jacobo Judæi, hoc est ex Jerosolyma, qui, quod in metropoli semper versati essent,

Ἵνα δὲ καὶ τὴν ἱστορίαν αὐτὴν [a] ἴδητε τῶν λεγομένων, μικρὸν ἄνωθεν ὑμῖν διηγήσομαι· ἀλλὰ προσέχετε, παρακαλῶ· πρὸς γὰρ αὐτὸ τὸ βάθος τῆς λύ-
B σεως κατηντήσαμεν. Ἰάκωβος ὁ ἀδελφὸς τοῦ Κυρίου τὴν Ἐκκλησίαν τότε ἐπεσκόπευεν ἐν ἀρχῇ, τὴν ἐν Ἱεροσολύμοις, καὶ τῶν ἐξ Ἰουδαίων πιστευσάντων προειστήκει πάντων. Συνέβαινε δὲ εἶναι καὶ ἐν Ἀντιοχείᾳ Ἰουδαίους, οἵτινες πιστεύσαντες τῷ Χριστῷ, διὰ τὸ τῶν Ἱεροσολύμων εἶναι πόῤῥω, καὶ πολλοὺς ὁρᾷν τοὺς ἐξ ἐθνῶν πεπιστευκότας ἀδεῶς καὶ χωρὶς Ἰουδαϊκῶν παρατηρήσεων βιοῦντας, ἠρέμα καὶ κατὰ μικρὸν ἐνήγοντο καὶ αὐτοὶ τῆς Ἰουδαϊκῆς ἀφίστασθαι συνηθείας, καὶ καθαρὰν καὶ ἀνόθευτον ἔχειν τὴν τῆς πίστεως διδασκαλίαν. Κατελθὼν τοίνυν ὁ Πέτρος, καὶ ἰδὼν οὐκ οὖσαν ἀνάγκην οὐδεμίαν συγκαταβάσεως,
C ἐθνικῶς ἔζη λοιπόν. Τὸ δὲ, ἐθνικῶς ζῇν, τοῦτό φησιν ὁ Παῦλος, τὸ χωρὶς Ἰουδαϊκῆς παρατηρήσεως, τὸ μηδὲν τῶν νομίμων ἐκείνων παραφυλάττειν, οἷον, περιτομὴν, ἢ σάββατον, ἤ τι τῶν τοιούτων. Ζῶντος τοίνυν οὕτω τοῦ Πέτρου, κατῆλθόν τινες Ἰουδαῖοι ἀπὸ Ἰακώβου, τουτέστιν, ἐξ Ἱεροσολύμων, οἳ, διὰ τὸ διαπαντὸς ἐπὶ τῆς μητροπόλεως διατρίβειν, καὶ μηδένα ὁρᾷν ἑτέρως πολιτευόμενον, ἔτι τὴν πρόληψιν

[a] [Fronto εἰδῆτε legisse videtur. Editiones et Cod. 748 ἴδητε habent.]

εἶχον τὴν Ἰουδαϊκὴν, καὶ πολλὰς τῶν παρατηρήσεων ἐκείνων ἐπεσύροντο. Τούτους ἰδὼν ὁ Πέτρος, τοὺς ἀπὸ Ἰακώβου καὶ ἐξ Ἱεροσολύμων κατελθόντας, ἀσθενέστερον διακειμένους ἔτι, καὶ φοβηθεὶς μὴ σκανδαλισθέντες τῆς πίστεως ἀποπηδήσωσι D μετετάξατο πάλιν, καὶ τὸ ζῆν ἐθνικῶς ἀφεὶς, ἐπὶ τὴν προτέραν συγκατάβασιν ἦλθε, βρωμάτων παρατηρήσεις φυλάττων. Ἰδόντες οὖν αὐτὸν οἱ Ἰουδαῖοι, οἱ ἐν Ἀντιοχείᾳ διατρίβοντες, τοῦτο ποιοῦντα, καὶ οὐκ εἰδότες αὐτοῦ τὴν γνώμην, μεθ' ἧς ταῦτα ἔπραττε, συναπήχθησαν καὶ αὐτοὶ, καὶ ἠναγκάζοντο ἰουδαΐζειν διὰ τὸν διδάσκαλον. Καὶ τοῦτό ἐστιν, ὅπερ ὁ Παῦλος ἐγκαλεῖ· καὶ ἵνα σαφέστερον γένηται τὸ λεγόμενον, αὐτὰ ὑμῖν λοιπὸν ἀναγνώσομαι τὰ ἀποστολικὰ ῥήματα. Ὅτε δὲ ἦλθε Πέτρος εἰς Ἀντιόχειαν, κατὰ πρόσωπον αὐτῷ ἀντέστην, ὅτι κατεγνωσμένος ἦν. Πρὸ τοῦ γὰρ ἐλθεῖν E τινας ἀπὸ Ἰακώβου, τουτέστιν, ἐξ Ἱεροσολύμων, μετὰ τῶν ἐθνῶν συνήσθιε, τουτέστι, τῶν ἐν Ἀντιοχείᾳ. Ὅτε δὲ ἦλθόν τινες ἐξ Ἱεροσολύμων, νομομαθεῖς, ὑπέστελλε, καὶ ἀφώρισεν ἑαυτὸν ὁ Πέτρος, φοβούμενος τοὺς ἐκ περιτομῆς. Ποίους; Τοὺς ἀπὸ Ἰακώβου κατελθόντας· Καὶ συναπήχθησαν αὐτῷ καὶ οἱ λοιποὶ Ἰουδαῖοι· Ποῖοι Ἰουδαῖοι; Οἱ πρὶν τοὺς ἐξ Ἱεροσολύμων καταβῆναι ἐν Ἀντιοχείᾳ διατρίβοντες, καὶ μηδεμίαν Ἰουδαϊκὴν παρατήρησιν φυλάττοντες· Ὥστε καὶ Βαρνάβας συναπήχθη αὐτῶν τῇ ὑποκρίσει. 374 A Καὶ τὸ μὲν δοκοῦν ἔγκλημα εἶναι, τοῦτο.

Εἰ δὲ βούλεσθε, καὶ τὰς παρ' ἑτέρων ἀπολογίας ἐπινενοημένας πρότερον θεὶς, τότε καὶ τὸν ἐμαυτοῦ λόγον εἰσαγαγεῖν πειράσομαι, ἐφ' ὑμῖν τῶν λεγομένων τὴν αἵρεσιν ποιησάμενος. Πῶς οὖν τινες τὴν ζήτησιν ταύτην ἔλυσαν; Οὐκ ἦν οὗτος Πέτρος, φησὶν, ἐκεῖνος, ὁ τῶν ἀποστόλων πρῶτος, ὁ παρὰ τοῦ Κυρίου τὰ πρόβατα πιστευθεὶς, ἀλλ' ἕτερός τις εὐτελὴς καὶ ἀπεῤῥιμμένος, καὶ τῶν πολλῶν εἷς. Πόθεν τοῦτο δῆλον; Εἰπὼν ὁ Παῦλος, ὅτι συναπήχθησαν αὐτῷ καὶ οἱ λοιποὶ Ἰουδαῖοι, ἐπήγαγε, φησὶν, Ὥστε καὶ Βαρνάβας συναπήχθη αὐτῶν τῇ ὑποκρίσει. B Τὸ δὲ εἰπεῖν, Ὥστε καὶ Βαρνάβας, δηλοῦντός ἐστιν, ὅτι πολὺ τοῦτο θαυμαστότερον ἦν τοῦ Πέτρον ἀπαχθῆναι. Ὡς γὰρ μείζονα αὐτὸν τιθεὶς, οὕτως εἶπεν, ὅτι οὐ μόνον Πέτρος, ἀλλὰ καὶ Βαρνάβας· Πέτρου δὲ ἐκείνου μείζων Βαρνάβας οὐκ ἦν. Ἀλλ' οὐκ ἔστι ταῦτα, οὐκ ἔστιν. Οὐ γὰρ, ἐπειδὴ μείζων ἦν ὁ Βαρνάβας, διὰ τοῦτο ἐπὶ τούτῳ θαυμάζει μᾶλλον, ἀλλὰ τίνος ἕνεκεν; Ὅτι ἐκεῖνος μὲν εἰς τὴν περιτομὴν ἀπεστάλη, Βαρνάβας δὲ μετὰ Παύλου τοῖς ἔθνεσιν ἐκήρυττε, καὶ πανταχοῦ τῷ Παύλῳ συνέζευκται· ὥσπερ οὖν ἀλλαχοῦ φησιν,

neque quemquam vidissent ita viventem, adhuc anticipatam illam Judaicam opinionem retinebant, multasque ex observationibus illis secum trahebant. Hos cum vidisset Petrus, quia a Jacobo D et Jerosolyma descenderant, qui adhuc infirmi erant, timeretque ne scandalum passi a fide resilirent, mutatus est rursus, et omissa gentili vitæ ratione, ad priorem rediit indulgentiam, et ciborum observationes custodivit. Illum ergo Judæi cum vidissent, qui Antiochiæ versabantur, id agentem, neque mentem ejus perspectam haberent, qua id agebat, abducti sunt et ipsi, ac propter magistrum judaizare cogebantur. Atque hoc est, quod reprehendit Paulus : ut autem clarius fiat quod dicimus, ipsa vobis apostolica E verba recitabo : *Cum autem venisset Petrus Antiochiam, in faciem ei restiti, quia reprehensibilis erat. Prius enim quam venirent quidam a Jacobo,* hoc est, Jerosolymis, *cum gentibus edebat,* hoc est, cum iis qui erant Antiochiæ. *Cum autem venissent quidam Jerosolymis,* periti legis, *subtrahebat et segregabat se Petrus, timens eos qui ex* circumcisione *erant.* Quosnam? Eos qui a Jacobo descenderant; *Et abducebantur cum eo cæteri Judæi.* 374 Quinam Judæi? Qui, priusquam Jerosolymitani A descendissent, Antiochiæ degebant, nec ullam observationem Judaicam custodiebant : *Ita ut et Barnabas duceretur ab eis in illam simulationem.* Atque hæc quidem est, quæ apparet reprehensio.

Aliorum quorumdam solutionem præmittit.

15. Porro si lubet, excogitatas etiam ab aliis defensiones ubi primo loco posuero, tum meam quoque sententiam conabor expromere, vobisque faciam optionem, ut ex iis, quæ dicta fuerint, quod potissimum placeat, eligatis. Quo igitur pacto nonnulli hanc quæstionem solverunt? Non erat hic Petrus, inquiunt, ille primus apostolorum, cui fuerunt oves a Christo creditæ, sed alius quispiam vilis et abjectus, et unus e vulgo. Unde id constat? Cum cæteros Judæos abductos B fuisse cum illo dixisset, adjecit, inquiunt, *Ita ut* et *Barnabas duceretur cum eis in illam simulationem.* Quod autem dixit, *Ita ut et Barnabas,* indicat multo fuisse mirabilius illud, quam Petrum abductum esse. Sic enim loquutus est, ut majorem illum censere videatur, Non modo Petrus, inquiens, sed et Barnabas : atqui Barnabas Petro illo major non erat. Verumtamen non ita se res habet, plane ita se non habet. Neque enim eo quod Barnabas major esset, ideo miratur magis : sed quam ob causam? Quod ai-

mirum ille quidem in circumcisionem missus esset, at Barnabas cum Paulo gentibus prædicaret, et ubique cum Paulo copularetur: quemadmodum igitur alibi dicit, *Aut ego solus et Barnabas non habemus potestatem non operandi?* et rursus, *Ascendi Jerosolymam cum Barnaba*: et ubique vides illum cum Paulo docere. Non ergo quod Petro major esset, idcirco eum quoque abductum esse miratur: sed quod is qui secum semper prædicabat, cuique nihil erat commune cum Judæis, verum inter gentes docebat, ipse quoque esset abductus. Cæterum Petrum illum esse de quo hæc omnia dicit, cum ex iis quæ præcesserunt, tum ex iis quæ sequuntur, manifestum est. Quod enim se in faciem restitisse illi dicit, ac pro magno illud habet, nihil aliud indicat, nisi se dignitatem minime reveritum esse personæ: porro de altero quopiam si dixisset, se in faciem illi restitisse, nequaquam hoc pro magno habuisset. Præterea si quispiam alius Petrus fuisset, non tantum valuisset ejus mutatio, ut cæteros etiam Judæos attraheret. Neque enim adhortatus est, neque consuluit: sed tantum subtrahebat et segregabat se: atque illa subtractio et segregatio cæteros omnes discipulos attrahere potuit propter personæ dignitatem.

1. Cor. 9. 6.

Gal. 2. 1.

C Ἢ μόνος ἐγὼ καὶ Βαρνάβας οὐκ ἔχομεν ἐξουσίαν τοῦ μὴ ἐργάζεσθαι; καὶ πάλιν, Ἀνέβην εἰς Ἱεροσόλυμα μετὰ Βαρνάβα, καὶ πανταχοῦ μετὰ τοῦ Παύλου διδάσκοντα αὐτὸν ὁρᾷς. Οὐκ ἐπειδὴ οὖν μείζων ἦν Πέτρου, διὰ τοῦτο θαυμάζει, ὅτι καὶ αὐτὸς συναπήχθη· ἀλλ' ἐπειδὴ μετ' αὐτοῦ κηρύττων ἀεὶ, καὶ οὐδὲν κοινὸν πρὸς Ἰουδαίους ἔχων, ἀλλ' ἐν τοῖς ἔθνεσι διδάσκων, καὶ αὐτὸς συναπήχθη. Ὅτι δὲ Πέτρος ἐστὶ, περὶ οὗ ταῦτα πάντα φησὶ, δῆλον καὶ ἐκ τῶν ἀνωτέρω, καὶ ἐκ τῶν μετὰ ταῦτα. Τὸ γὰρ εἰπεῖν, ὅτι Κατὰ πρόσωπον αὐτῷ ἀντέστην, καὶ ὡς μέγα θεῖναι τοῦτο, οὐδὲν ἕτερον δηλοῦντος ἦν, ἀλλ' ἢ ὅτι οὐκ ᾐδέσθη τοῦ προσώ- D που τὸ ἀξίωμα· οὐκ ἂν δὲ περὶ ἑτέρου λέγων, ὅτι Κατὰ πρόσωπον αὐτῷ ἀντέστην, ὡς μέγα τι τοῦτο ἂν ἔθηκε. Πάλιν, εἰ ἄλλος ἦν Πέτρος, οὐκ ἂν ἡ μετάστασις αὐτοῦ τοσοῦτον ἴσχυσεν, ὥστε καὶ τοὺς λοιποὺς ἐφελκύσασθαι Ἰουδαίους· οὔτε γὰρ παρῄνεσέ τι, οὔτε συνεβούλευσεν, ἀλλὰ μόνον ὑπέστελλε, καὶ ἀφώριζεν ἑαυτόν· καὶ ἴσχυσεν ἡ ὑποστολὴ καὶ ὁ ἀφορισμὸς πάντας ἐπισπάσασθαι τοὺς μαθητὰς διὰ τὸ τοῦ προσώπου ἀξίωμα.

16. Itaque Petrum fuisse satis ex his constat: cæterum aliam solutionem, si velitis, dicemus. Quænam igitur est altera? Recte Petrum reprehendebat Paulus, quod ultra modum indulgentia uteretur. Nam qua ratione ipse, cum esset Jerosolymis, condescendebat Judæis, eadem quoque illum oportuit, cum Antiochiam venisset, non ad Judæos respicere, sed ad eos qui crediderant ex gentibus. Ut enim, cum omnes erant Judæi, etiam Paulus judaizare coactus est: ita cum plures erant ex gentibus, nec ullam civitas necessitatem indulgentiæ afferebat, non oportebat propter paucos Judæos scandalo esse tot gentibus. At enim hoc non jam solutio est, sed amplificatio quæstionis. Quod enim in exordio dixi orationis, non id nobis propositum est, ut ostendamus recte reprehendisse Paulum; sic enim adhuc restabit quæstio. Petrus enim obnoxius criminationi videbitur; sed id potissimum quærimus, quo pacto et hunc, et illum reprehensione liberemus. Quonam igitur pacto id fiet? Si qua mente unus increparit, et alter fuerit increpatus, discamus, et sententiam illam explicemus. Quæ tandem igitur est illa sententia? Vehementer optabat Petrus, eos qui descenderant Jerosolyma a Jacobo profecti, Judaica observatione liberare.

Altera solutio quæstionis, cur reprehensus sit Petrus.

Quo consilio Paulus Petrum argueret.

Ὅτι μὲν οὖν Πέτρος ἦν, ἐκ τούτων δῆλον· εἰ δὲ βούλεσθε, καὶ τὴν ἑτέραν λύσιν ἐροῦμεν. Τίς οὖν ἐστιν E ἡ ἑτέρα; Καλῶς ἐνεκάλεσε Παῦλος, φησὶ, τῷ Πέτρῳ, ὅτι πέρα τοῦ μέτρου τῇ συγκαταβάσει ἐχρήσατο. Καὶ γὰρ ὃν τρόπον αὐτὸς ἐν Ἱεροσολύμοις γενόμενος συγκατέβη τοῖς Ἰουδαίοις, οὕτω κἀκεῖνον ἐχρῆν, φησὶν, εἰς Ἀντιόχειαν ἐλθόντα, μὴ πρὸς Ἰουδαίους ἰδεῖν, ἀλλὰ πρὸς τοὺς ἐξ ἐθνῶν. Ὥσπερ γὰρ ἡνίκα πάντες Ἰουδαῖοι ἦσαν, καὶ Παῦλος ἠναγκάσθη ἰουδαΐζειν· οὕτως ἔνθα πλείους ἦσαν οἱ ἐξ ἐθνῶν, καὶ ἡ πόλις οὐδεμίαν ἀνάγκην παρεῖχε συγκαταβάσεως, οὐκ ἐχρῆν διὰ τοὺς ὀλίγους Ἰουδαίους σκανδαλίσαι τοὺς τοσού- 375 A τους Ἕλληνας. Ἀλλὰ τοῦτο οὐκ ἔστι λύσις, ἀλλ' ἐπίτασις τοῦ ζητήματος. Ὃ γὰρ ἀρχόμενος εἶπον τοῦ λόγου, οὐ τοῦτό ἐστι τὸ σπουδαζόμενον ἡμῖν, δεῖξαι ὅτι καλῶς ἐνεκάλεσε Παῦλος· ἐπεὶ οὕτω μενεῖ τὸ ζήτημα. Φανήσεται γὰρ ὑπεύθυνος ὢν ταῖς μέμψεσιν ὁ Πέτρος· τὸ δὲ ζητούμενον, καὶ τοῦτον κἀκεῖνον ἀπαλλάξαι τῶν ἐγκλημάτων. Πῶς οὖν ἔσται τοῦτο; Ἂν τὴν γνώμην, μεθ' ἧς ὁ μὲν ἐπετίμησεν, ὁ δὲ ἐπετιμήθη, μάθωμεν, καὶ τὴν διάνοιαν αὐτὴν ἀναπτύξωμεν. Τίς οὖν ἐστιν ἡ διάνοια; Σφόδρα ὁ Πέτρος ἐπεθύμει καὶ τοὺς ἐξ Ἱεροσολύμων κατελθόντας, τοὺς B ἀπὸ Ἰακώβου, ἀπαλλάξαι τῆς παρατηρήσεως τῆς Ἰουδαϊκῆς. Ἀλλ' εἰ μὲν αὐτὸς ταύτην εἰσηγήσατο τὴν γνώμην, καὶ παρελθὼν εἶπε, παύσασθε τοῖς Ἰουδαϊκοῖς ἔθεσι χρώμενοι, ὡς ἐναντία ἑαυτῷ δημηγορῶν, καὶ τοῖς ὑπ' αὐτοῦ γεγενημένοις ἅπασι κατὰ τὸν ἔμπροσθεν χρόνον, ἐσκανδάλισεν ἂν τοὺς μαθητάς. Πάλιν, εἰ Παῦλος πρὸς αὐτοὺς τοῦτον ἀπέτεινε τὸν λόγον, οὐδ' ἂν προσέσχον, οὐδ' ἂν ἠνέσχοντο τῆς ἀκροάσεως. Οἱ γὰρ καὶ χωρὶς τούτου μισοῦντες αὐτὸν καὶ ἀποστρεφόμενοι διὰ τὴν τοιαύτην φήμην, πολλῷ μᾶλλον, εἰ καὶ συμβουλεύοντος ταῦτα ἤκουσαν, ἀπεπήδησαν ἄν. Τί οὖν γίνεται; Ἰουδαίοις μὲν οὐδεὶς αὐτῶν ἐπετίμα τοῖς ἐξ Ἰακώβου, δέχεται δὲ τὴν ἐπιτίμησιν ὁ Πέτρος παρὰ τοῦ Παύλου, ἵνα ἐγκαλούμενος ὑπὸ τοῦ συναποστόλου, δικαίαν ἔχοι λοιπὸν τὴν παῤῥησίαν τοῦ καὶ τοῖς μαθηταῖς ἐπιπλῆξαι· καὶ ἐπιτιμᾶται μὲν ὁ Πέτρος, διορθοῦνται δὲ οἱ μαθηταί. Τοῦτο δὲ καὶ ἐπὶ συναλλαγμάτων γίνεται βιωτικῶν. Ὅταν γάρ τινες ὀφείλωσί τινα ἐλλείμματα πολιτικῶν εἰσφορῶν, εἶτα οἱ μέλλοντες αὐτοὺς ἀπαιτεῖν, αἰσχύνωνται καὶ ἐρυθριῶσι προσενεχθῆναι σφοδρότερον, βουλόμενοι πλείονα λαβεῖν ἀφορμὴν καὶ ἐξουσίαν τῆς κατ' αὐτῶν σφοδρότητος, παρασκευάζουσιν ἑτέρους τῶν συντρατιωτῶν ἀποδῦσαι, λοιδορήσασθαι, μυρία ἕτερα αὐτοῖς διαθεῖναι δεινὰ δρώντων ἐκείνων, ἵνα τούτων γενομένων, μηκέτι παρ' ἑαυτῶν, μηδὲ οἴκοθεν, ἀλλ' ἐκ τῆς ἑτέρων ἀνάγκης δοκῶσιν ἐκείνοις σφοδρότερον ἐπιτίθεσθαι· καὶ γίνεται ἡ ἑτέρων ὕβρις αὐτοῖς ἀπολογία πρὸς τοὺς ὑπευθύνους τοὺς ἑαυτῶν.

Τοῦτο καὶ ἐπὶ Παύλου καὶ ἐπὶ Πέτρου γέγονεν. Ὤφειλον γάρ τινα ἐλλείμματα οἱ Ἰουδαῖοι. Ποῖα δὴ ταῦτα; Τὸ παντελῶς ἀποστῆναι τοῦ Ἰουδαϊσμοῦ. Ἀπαιτῆσαι ταῦτα τὰ ἐλλείμματα σφοδρότερον ὁ Πέτρος ἐβούλετο, καὶ καθαρὰν εἰσπράξασθαι παρ' αὐτῶν τὴν πίστιν. Βουλόμενος τοίνυν πλείονα λαβεῖν ἐξουσίαν καὶ ἀφορμὴν τῆς τοιαύτης εἰσπράξεως, παρασκευάζει τὸν Παῦλον ἐπιτιμῆσαι μεθ' ὑπερβολῆς, καὶ ἐπιπλῆξαι, ἵνα ἡ ἐπίπλαστος ἐπιτίμησις αὕτη δικαίαν αὐτῷ παῤῥησίας κατ' ἐκείνων ἀφορμὴν παρέχῃ καὶ πρόφασιν. Διὰ τοῦτο καὶ ἀρχόμενός φησι, Κατὰ πρόσωπον αὐτῷ ἀντέστην· καὶ ἐνταῦθα πάλιν, Εἶπον τῷ Πέτρῳ ἔμπροσθεν πάντων. Εἰ μὲν γὰρ τὸν ἀπόστολον διορθώσασθαι ἐβούλετο, κατ' ἰδίαν ἂν τοῦτο ἐποίησεν· ἐπειδὴ δὲ οὐ τοῦτο ἦν τὸ σπουδαζόμενον (ᾔδει γὰρ τὴν γνώμην, μεθ' ἧς ἅπαντα ταῦτα ἐποίει), ἀλλ' ἐκείνους μέχρι πολλοῦ χωλεύοντας στηρίξαι ἐσπούδαζε, διὰ τοῦτο ἔμπροσθεν πάντων ποιεῖται τὴν ἐπιτίμησιν. Ὁ δὲ Πέτρος ἀνέχεται, καὶ σιγᾷ, καὶ οὐκ ἀντιλέγει. Ἤδει γὰρ τὴν γνώμην, μεθ' ἧς ὁ Παῦλος ἐπετίμα· καὶ τὸ πᾶν ὁ Πέτρος κατώρθωσε σιγήσας. Ἡ γὰρ τούτου σιγὴ διδασκαλία τοῖς Ἰουδαίοις ἐγένετο τοῦ μηκέτι τοῖς νομίμοις ἐνέχεσθαι.

Quod si hanc ipse sententiam introduxisset, et in medium progressus dixisset, Judaicis ritibus uti desinite, quasi contraria sibi ipsi, et iis omnibus, quæ ab ipso fuerant ante patrata, prædicaret, discipulis suis scandalum attulisset. Rursus si hanc ad illos Paulus orationem direxisset, nequaquam acquievissent, neque audire potuissent. Nam qui alioquin oderant illum, et aversabantur ob similem sparsum rumorem, C multo magis, si etiam ista consulentem audissent, plane abhorruissent. Quid ergo factum est? Judæos quidem, qui erant a Jacobo, nullus illorum increpabat, sed increpationem excepit Petrus a Paulo reprehensus, ut cum a coapostolo correctus fuerit, justa cum fiducia deinde possit discipulos objurgare: et reprehenditur quidem Petrus, corriguntur autem discipuli. Hoc etiam in contractibus fit sæcularibus. Nam si quando nonnulli civilium tributorum reliqua debeant, ac deinde illi qui exacturi sunt illa, non audeant, sed erubescant vehementius illos urgere, ut ma- D jorem captent occasionem ac facultatem illis vehementius instandi, a commilitonibus spoliari se curant, et conviciis affici, atque aliis innumeris vexari malis in conspectu illorum, ut dum ista fiunt, nequaquam ex se, aut sua sponte, sed imposita a cæteris necessitate videantur illos urgere: et illata a cæteris contumelia apud alios ipsis obnoxios excusationis ansam suppeditat.

17. Hoc et in Paulo ac Petro accidit. Debebant enim reliqua nonnulla Judæi. Quænam illa porro? Nimirum ut a Judaismo penitus abstinerent. Hæc reliqua Petrus vehementer repetere cupiebat, et puram ab illis fidem exi- E gere. Cum igitur majorem facultatem et occasionem exactionis ejusmodi nancisci vellet, a Paulo se vehementer increpari et objurgari curavit, ut hæc simulata increpatio justam ipsi adversus illos ansam et occasionem præberet. Idcirco etiam in ipso initio, *In faciem*, inquit, *ipsi restiti*, et hic rursus, *Dixi Petro coram omnibus*. Nam si quidem Petrum corrigere voluisset, privatim id egisset, sed quoniam non id erat, quod studiose expetebat (noverat enim qua mente cuncta illa faceret), sed eos, qui diu 376 claudicaverant, stabilire cupiebat, idcirco in A conspectu omnium adhibet increpationem. At Petrus sustinet, et tacet, neque contradicit. Sciebat quippe quo animo Paulus increparet, et totum Petrus tacendo perficiebat. Ejus quippe silentium Judæos docebat non amplius legis ritibus adhærendum esse. Neque enim magister

Cur se argui voluerit Petrus.

ipse tacuisset, inquiebant, nisi sibi conscius esset, merito se a Paulo fuisse reprehensum. Sed, si placet, ipsam reprehensionem audiamus. *Dixi Petro coram omnibus*, inquit, *Si tu*, *cum Judæus sis, gentiliter vivis*. Animadverte prudentiam : non dixit illi : Male agis, dum judaice vivis : sed priorem ejus arguit conversationem, ut non jam ex sententia Pauli admonitio et consilium, sed ex Petri judicio jam expresso videatur inferri. Nam si quidem dixisset, Male agis, dum legem observas, reprehendissent Petri discipuli : jam vero cum audiunt, non esse ex mente Pauli admonitionem illam, vel correctionem, sed ipsum Petrum ita vivere solitum, et hæc dogmata in animo habuisse, vellent nollent, quiescere debuerunt. Propterea neque Petrus illam sententiam introducit, verum ab altero se coargui, hoc est a Paulo, permittit, et silet, ut doctrina facilius possit admitti.

18. Neque vero tantum inde Pauli prudentiam spectare licet, sed ex iis etiam, quæ deinde sunt dicta. Non enim dixit, Si tu, cum Judæus sis gentiliter vivebas, et non judaice, sed *Vivis* : itaque nunc etiam eamdem sententiam sequeris : quodque multam sapit prudentiam, mox adjicitur. Cum enim dixisset, *Gentiliter vivis, cum Judæus sis*, non adjunxit, Cur Judæos cogis judaizare? sed quid? *Cur gentes*, inquit, *cogis judaizare?* ut dum sibi discipulos suos videtur vindicare, et de gentibus sibi curæ esse, Judæis suadeat, ut ab antiqua consuetudine recedant. Nam simulatam esse reprehensionem, ex iis ipsis quæ dicta sunt, liquet. Cum enim paulo ante dixisset, *Abducebantur cum eo cæteri Judæi*, hoc loco ait, *Cur gentes cogis judaizare?* Atqui dicendum erat, Cur Judæos cogis judaizare? Qui enim simul abducti fuerant, non ex gentibus erant, sed Judæi. Verumtamen si hoc dixisset, paulo asperior visa esset oratio, nec ullo modo ei conveniens, quippe qui gentium doctor esset : jam vero per speciem defensionis et curæ suorum discipulorum, immunem ac liberam objurgationem suam reddit. Atque ut intelligatis orationem illam non jam reprehensionem Petri fuisse, sed admonitionem, ac doctrinam Judæis per speciem reprehensionis Petri adhibitam, audi quæ sequuntur : *Nos natura Judæi, et non ex gentibus peccatores.* Hæc enim jam sunt verba docentis, neque ad Petrum cuncta referuntur, sed orationem reddit

Simulatam fuisse reprehensionem ostendit.

Gal. 2 15.

Οὐ γὰρ ἂν ὁ διδάσκαλος ἐσίγησε, φησὶν, εἰ μὴ συνῄδει δικαίως ἐπιτιμῶντι τῷ Παύλῳ. Ἀλλ' εἰ δοκεῖ, καὶ αὐτῆς τῆς ἐπιτιμήσεως ἀκούσωμεν. Εἶπον τῷ Πέτρῳ πάντων ἔμπροσθεν, φησὶν, εἰ σὺ Ἰουδαῖος ὑπάρχων, ἐθνικῶς ζῇς. Σκόπει σύνεσιν· οὐκ εἶπεν αὐτῷ, ὅτι B κακῶς ποιεῖς Ἰουδαϊκῶς ζῶν· ἀλλ' ἐλέγχει αὐτοῦ τὴν προτέραν ἀναστροφὴν, ἵνα μὴ ἐκ τῆς Παύλου γνώμης ἡ παραίνεσις καὶ ἡ συμβουλὴ, ἀλλ' ἐκ τῆς Πέτρου κρίσεως τῆς ἤδη γεγενημένης εἰσενηνέχθαι δοκῇ. Εἰ μὲν γὰρ εἶπε, [a] κακῶς ποιεῖς τὸν νόμον τηρῶν, ἐπετίμησαν ἂν οἱ μαθηταὶ οἱ Πέτρου· νυνὶ δὲ ἀκούσαντες, ὅτι οὐ τῆς Παύλου γνώμης ἡ παραίνεσις ἦν καὶ ἡ διόρθωσις αὕτη, ἀλλ' αὐτὸς ὁ Πέτρος οὕτως ἔζη, καὶ ταῦτα εἶχεν ἐν τῇ ψυχῇ τὰ δόγματα, καὶ ἑκόντες καὶ ἄκοντες ἡσύχαζον. Διὰ τοῦτο οὔτε Πέτρος εἰσηγεῖται τὴν γνώμην, ἀλλ' ἀνέχεται παρ' ἑτέρου, τοῦ Παύλου λέγω, διελέγχεσθαι, καὶ σιγᾷ, ὥστε εὐπαράδεκτον γενέσθαι τὴν διδασκαλίαν.

C Οὐκ ἐντεῦθεν δὲ μόνον τὴν σύνεσίν ἐστιν ἰδεῖν τοῦ Παύλου, ἀλλὰ καὶ ἐκ τῶν ἑξῆς εἰρημένων. Οὐ γὰρ εἶπεν, εἰ σὺ Ἰουδαῖος ὑπάρχων, ἐθνικῶς ἔζης, καὶ οὐκ Ἰουδαϊκῶς, ἀλλ' ὅτι Ζῇς· ὥστε καὶ νῦν τὴν αὐτὴν γνώμην ἔχεις· καὶ τὸ πολλῆς γέμον συνέσεως, τὸ ἐπαγόμενόν ἐστιν. Εἰπὼν γὰρ, Ἐθνικῶς ζῇς, Ἰουδαῖος ὢν, οὐκ ἐπήγαγε· τί τοὺς Ἰουδαίους ἀναγκάζεις ἰουδαΐζειν, ἀλλὰ πῶς; Τί τὰ ἔθνη, φησὶν, ἀναγκάζεις ἰουδαΐζειν, ἵνα τῷ δοκεῖν τῶν ἰδίων ἀντιποιεῖσθαι μαθητῶν, καὶ προσχήματι τῆς ὑπὲρ τῶν ἐθνῶν κηδεμονίας, πείσῃ τοὺς Ἰουδαίους ἀποστῆναι τῆς παλαιᾶς συνηθείας. Ὅτι γὰρ πέπλασται τὰ ἐγκλήματα, ἐξ D αὐτῶν τῶν εἰρημένων δῆλον. Ἀνωτέρω γὰρ εἰπὼν, Συναπήχθησαν αὐτῷ καὶ οἱ λοιποὶ Ἰουδαῖοι, ἐνταῦθα λέγει· Τί τὰ ἔθνη ἀναγκάζεις ἰουδαΐζειν; Καὶ μὴν ἐχρῆν εἰπεῖν, τί τοὺς Ἰουδαίους ἀναγκάζεις ἰουδαΐζειν; Οἱ γὰρ συναπαχθέντες, οὐχ οἱ ἐξ ἐθνῶν ἦσαν, ἀλλ' Ἰουδαῖοι. Ἀλλ' εἰ μὲν τοῦτο εἶπεν, ἔδοξεν ἂν ὁ λόγος τραχὺς εἶναι, καὶ οὐδὲν αὐτῷ προσήκων· τῶν γὰρ ἐθνῶν διδάσκαλος ἦν, νῦν δὲ ἐν προσχήματι κηδεμονίας τῶν ἰδίων μαθητῶν ἀνεύθυνον καὶ ἐλευθέραν ποιεῖται τὴν ἐπιτίμησιν· καὶ ἵνα μάθητε, ὅτι οὐκ ἐπιτίμησις ἦν κατὰ Πέτρου τὰ λεγόμενα, ἀλλὰ παραίνεσις καὶ διδασκαλία τοῖς Ἰουδαίοις ἐν τάξει τῆς E ἐπιτιμήσεως τῆς κατὰ Πέτρου, ἄκουσον τῶν ἑξῆς· Ἡμεῖς φύσει Ἰουδαῖοι, καὶ οὐκ ἐξ ἐθνῶν ἁμαρτωλοί. Ταῦτα γὰρ λοιπὸν διδάσκοντός ἐστι, καὶ οὐκ ἔτι εἰς Πέτρον τὸ πᾶν περιίστησιν, ἀλλὰ κοινοῖ τὸν λόγον. Εἰ μὲν γὰρ ὡς διδάσκων ἐξ ἀρχῆς εἰσέβαλεν, οὐκ ἂν ἠνέσχοντο Ἰουδαῖοι· νῦν δὲ τὴν ἀρχὴν ἐξ ἐπιτιμήσεως λαβὼν, καὶ δόξας δικαίαν ποιεῖσθαι κατὰ τοῦ Πέτρου

[a] Alii [et 748] κακῶς ποιεῖς.

τὴν ἐπιτίμησιν, ὡς τοὺς ἐξ ἐθνῶν ἕλκοντος πρὸς τὴν 377 τῶν νομίμων παρατήρησιν, ἐκβαίνει λοιπὸν ἀδεῶς A εἰς παραίνεσιν καὶ συμβουλὴν, ὡς τῆς ἀκολουθίας ἐπὶ τοῦτο ἀγούσης αὐτόν. Ἵνα γὰρ μή τις ἀκούσας, ὅτι Τὰ ἔθνη ἀναγκάζεις ἰουδαΐζειν, νομίσῃ ὅτι μόνοις ἐκείνοις οὐκ ἔξεστιν ἰουδαΐζειν, τοῖς δὲ Ἰουδαίοις ἐφεῖται, εἰς αὐτοὺς τοὺς διδασκάλους τὸν λόγον περιΐστησι. Τί λέγω, φησὶ, περὶ ἐθνῶν, ἢ τῶν λοιπῶν Ἰουδαίων; Ἀλλὰ καὶ ἡμεῖς οἱ διδάσκαλοι, ἡμεῖς οἱ ἀπόστολοι. Καὶ οὐ τοῦτο λέγει μόνον τὸ δικαίωμα, ὅτι οἱ διδάσκαλοι καὶ οἱ ἀπόστολοι, ἀλλ' ὅτι καὶ οἱ ἐκ προγόνων Ἰουδαῖοι καθάπαξ ἀπέστημεν τοῦ νόμου. Ποίαν οὖν ἔχομεν ἀπολογίαν, ἑτέρους εἰς τοῦτο ἕλκοντες; Ὁρᾷς πῶς λανθανόντως τῶν Ἰουδαίων καθάπτεται, B καὶ τὴν διδασκαλίαν συντίθησιν ἀπηρτισμένην; Εἰπὼν γὰρ, Ἡμεῖς φύσει Ἰουδαῖοι, καὶ οὐκ ἐξ ἐθνῶν ἁμαρτωλοί· καὶ αἰτίαν τίθησιν εὔλογον, δι' ἣν ἀπέστησαν τοῦ Ἰουδαϊσμοῦ· Εἰδότες ὅτι οὐ δικαιοῦται ἄνθρωπος ἐξ ἔργων νόμου, εἰ μὴ διὰ πίστεως Ἰησοῦ Χριστοῦ· καὶ ἡμεῖς εἰς Χριστὸν Ἰησοῦν ἐπιστεύσαμεν, ἵνα δικαιωθῶμεν ἐκ πίστεως Χριστοῦ, καὶ οὐκ ἐξ ἔργων νόμου· διότι οὐ δικαιοῦται ἄνθρωπος ἐξ ἔργων νόμου, εἰ μὴ διὰ πίστεως Ἰησοῦ Χριστοῦ.

communem. Si enim tamquam docens ab initio hæc introduxisset, non tulissent Judæi; jam vero cum initio a reprehensione ducto, et quod videatur merito Petrum reprehendere, ut qui conversos ex gentibus ad legis rituum observationem allicere videretur, transit deinde confidenter ad admonitionem et consilium, quasi ab ipsa serie tractuque sermonis eo delatus fuisset. Ne enim quispiam forte cum audiisset, *Gentes cogis judaizare*, solis illis putaret judaizare non esse permissum, sed Judæis licere, orationem redigit ad ipsos doctores. Quid ego de gentibus, inquit, aut reliquis Judæis loquor? Imo etiam doctores nos et apostoli. Neque hoc solum causæ firmamentum affert, sed etiam quod nos ex posteris Judæi penitus a lege discesserimus. Quæ nobis igitur dari venia poterit, si cæteros ad hoc pertrahamus? Vides ut Judæos occulte carpat, et doctrinam perfectam constituat? Cum enim dixisset, *Nos natura Judæi, et non ex gentibus, peccatores* : et causam affert rationi consentaneam ob quam a Judaismo desciverant : *Scientes, quod non justificatur* Gal. 2. 16. *homo ex operibus legis, nisi per fidem Jesu Christi : nos quoque in Christum Jesum credidimus, ut justificemur ex fide Christi, et non ex operibus legis; eo quod non justificetur homo ex operibus legis, nisi per fidem Jesu Christi.*

Ὁρᾷς πῶς συνεχῶς καὶ τῆς ἀσθενείας τοῦ νόμου μνημονεύει, καὶ τῆς κατὰ τὴν πίστιν δικαιοσύνης; Καὶ πυκνῶς στρέφει τὰ ὀνόματα, ὅπερ οὐκ ἔστιν ἐπι- C τιμῶντος, ἀλλὰ διδάσκοντος, καὶ συμβουλεύοντος. Ἀλλ', ὅπερ ἔφην, εἰ μὲν πρὸς Ἰουδαίους ἀποτεινόμενος ταῦτα ἔλεγε, τὸ πᾶν ἂν διεῤῥύη καὶ ἀπώλετο, οὐκ ἀνεχομένων ἐκείνων τῆς τούτου διδασκαλίας· ἐπειδὴ δὲ πρὸς Πέτρον τὸν λόγον ἐπέστρεψε, λανθανόντως ἐκεῖνοι τὴν ὠφέλειαν ἐκαρποῦντο, ἐπιτιμωμένου καὶ σιγῶντος τοῦ Πέτρου, καὶ τῆς γνώμης αὐτοῦ πάσης ἐκκαλυπτομένης, οὐχὶ παρ' ἑαυτοῦ, ἀλλὰ παρὰ τοῦ συναποστόλου, καὶ τῆς ἀναστροφῆς τῆς προτέρας εἰς μέσον ἀγομένης. Εἶτα, ἵνα μὴ λέγωσι παρ' ἑαυτοῖς, τί οὖν εἰ καὶ Πέτρος καὶ Παῦλος κακῶς ἐποίησαν; αἰτίας δικαίας καὶ ἀναμφισβητήτους τίθησι, D δι' ἃς οὐ δεῖ τῶν Ἰουδαϊκῶν ἐθῶν ἔχεσθαι. Αὗται δέ εἰσι, τὸ μὴ δύνασθαι τὸν νόμον δικαιοῦν, ἀλλὰ τὴν πίστιν μόνον. Καὶ ἐνταῦθα μὲν ἡμερώτερον κέχρηται τῷ λόγῳ· προϊὼν [a] δὲ καταφορικώτερον ποιεῖ καὶ σφοδρότερον. Εἰ δὲ ζητοῦντες δικαιωθῆναι ἐν Χριστῷ ηὑρέθημεν καὶ αὐτοὶ ἁμαρτωλοὶ, ἆρα Χριστὸς ἁμαρ-

19. Vides ut frequenter infirmitatis legis faciat mentionem, et justitiæ quæ est ex fide? Et crebro inculcat ea nomina, quod non est reprehendentis, sed docentis et consulentis. Verum, ut dicebam, si quidem, ut in Judæos inveheretur, hæc diceret, actum esset, ac res esset plane deplorata, quod illi hujus doctrinam minime ferrent : quoniam autem ad Petrum orationem convertit, illi clam utilitatem percipiebant, dum reprehenderetur ac taceret Petrus, ejusque sententia omnis detegeretur non ab ipso, sed a coapostolo, et prior ejus conversatio in medium proferretur. Deinde vero ne apud se dicerent : Itaque licet Petrus et Paulus perperam egerint : justas et indubitatas affert causas, ob quas Judaicis ritibus adhærendum non est. Eæ vero sunt, quod justificare lex minime possit, sed fides tantum. Atque hic quidem leni ac moderata utitur oratione : progressus autem paulalum vehementiorem adhibet et acriorem. *Quod si* Ibid. v. 17. *quærentes justificari in Christo inventi su-*

Infirmitatem legis inculcat apostolus.

[a] Alii δὲ καὶ φορτικώτερον λοιπὸν καὶ σφοδρ.

mus et ipsi peccatores, num Christus peccati
minister est. Quod autem dicit, talem sententiam
habet : Fides justificat, et a ritibus Judaicis jubet discedere, ut qui jam cessarint : quod
si adhuc lex imperat atque dominatur, et qui
eam deseruerit, prævaricationis est reus, Christus, qui nobis, ut illam desereremus, imperavit,
nobis prævaricationis auctor fuisse reperietur,
neque solum nos peccato non liberasse, sed et in
peccatum impulisse. Si enim ob fidem legem
deseruimus, porro a lege discessisse peccatum
est, fides ob quam legem deseruimus, ipsa nobis
facta est causa peccati. Quando autem ad absurdum jam sermonem redegit, neque ulla demonstratione indiguit ad refutandum, sed contentus
Gal. 2. 18. fuit dicere, *Absit*, quod absurditas in confesso
esset : *Si enim*, inquit, *quæ destruxi, iterum*
hæc ædifico, prævaricatorem me constituo :
in contrarium convertit orationem, et ostendit,
non transgredi legem, sed legem non deserere,
hoc prævaricatorem reddere; et per speciem
propriæ personæ rursus Petrum designat. In quo
enim Petrus ciborum observationem violavit,
qui gentiliter statuerat vivere? Cum igitur ad
Judæos iterum redierit, et cum illis vivat, reperietur ædificare quæ destruxerat.

τίας διάκονος; Ὃ δὲ λέγει, τοιοῦτόν ἐστιν· ἡ πίστις
δικαιοῖ, καὶ κελεύει ἀποστῆναι τῶν Ἰουδαϊκῶν ἐθῶν,
ὡς πεπαυμένων λοιπόν· εἰ δὲ ἔτι κρατεῖ ὁ νόμος καὶ
κύριός ἐστι, καὶ ὁ ἀφεὶς αὐτὸν παραβάσεως κρίνεται,
E εὑρεθήσεται ὁ Χριστὸς, ὁ κελεύσας ἡμῖν αὐτὸν ἀφιέναι, τῆς παραβάσεως ἡμῖν αἴτιος γεγενημένος, καὶ οὐ
μόνον οὐκ ἀπαλλάξας ἡμᾶς ἁμαρτίας, ἀλλὰ καὶ ἐμβαλὼν εἰς ἁμαρτίαν. Εἰ γὰρ διὰ τὴν πίστιν τὸν νόμον
ἀφήκαμεν, τὸ δὲ ἀφιέναι τὸν νόμον ἁμαρτία ἐστὶν, ἡ
πίστις, δι' ἣν τὸν νόμον ἀφήκαμεν, αὕτη τῆς ἁμαρτίας ἡμῶν αἰτία ἐγένετο. Καὶ ἐπειδὴ λοιπὸν εἰς ἄτοπον τὸν λόγον περιέστησεν, οὐδὲ ἐδεήθη κατασκευῆς
τινος πρὸς ἀνατροπὴν, ἀλλὰ τῷ Μὴ γένοιτο ἠρκέσθη,
378 ὡς αὐτόθεν τῆς ἀτοπίας ὡμολογημένης· Εἰ γὰρ,
A φησὶν, ἃ κατέλυσα, ταῦτα πάλιν οἰκοδομῶ, παραβά-
την ἐμαυτὸν συνίστημι· εἰς τὸ ἐναντίον περιέστησε τὸν
λόγον, καὶ ἔδειξεν, ὅτι οὐ τὸ παραβῆναι νόμον, ἀλλὰ
τὸ μὴ ἀφεῖναι νόμον, τοῦτο ποιεῖ παραβάτην· καὶ ἐν
τάξει τοῦ οἰκείου προσώπου πάλιν τὸν Πέτρον αἰνίττεται. Τί γὰρ κατέλυσεν ὁ Πέτρος τὴν τῶν βρωμάτων
παρατήρησιν, ἐθνικῶς ζῆν προῃρημένος; Πάλιν οὖν
πρὸς Ἰουδαίους ἐπανελθὼν, κἀκείνοις συζῶν, εὑρεθήσεται ἃ κατέλυσεν οἰκοδομῶν.

20. Vides quo pacto ubique in condemnatione
Petri hæreat, et priorem ipsius conversationem
manifestet : ut non a lingua Pauli, sed a mente
Petri, quam rebus ipsis ostenderat, Judæi admonitionem accipere videantur? Propterea dicit : *Timens eos qui ex circumcisione erant*,
et *Quia reprehensus erat ;* et *Quod non* recte
ambularet ad veritatem evangelii. Non quod
ita se haberet : absit; hoc enim pluribus demonstravimus : sed quemadmodum tum temporis reprehendebat Paulus, et hæc audiens Petrus
tacebat, ne Pauli dispensationem everteret, et
contentus erat, quasi non recte ageret, objurgationem admittere, ut illud sibi apud discipulos
excusationi esset : ita nimirum nunc iste eodem
consilio quo Petrum arguebat, hæc scribit quæ
tum scribebat ad Galatas. Nam si tum objurgari
Petrum, et tacere, utile Judæis erat, multo magis nunc etiam ista de ipso prædicari, utile iis
erat ex Galatis, qui fuerant depravati. Ut enim
qui tum Antiochiæ degebant, cum acriter reprehensum cernerent Petrum, et tacentem, magistri
accusatione corrigebantur, ac silentio : sic et
nunc Galatæ, qui eodem morbo Judaicæ observationis laborant, et dum Paulum audiunt hæc
de ipso dicentem, utpote quia reprehensus erat,

Ὁρᾷς πῶς πανταχοῦ τῆς κρίσεως ἔχεται τοῦ Πέτρου, καὶ τὴν προτέραν αὐτοῦ ἐκκαλύπτει ἀναστρο-
φήν· ἵνα μὴ παρὰ τῆς τοῦ Παύλου γλώττης, ἀλλὰ
B παρὰ τῆς τοῦ Πέτρου γνώμης, ἣν διὰ τῶν πραγμάτων ἐπεδείξατο, δοκῶσιν οἱ Ἰουδαῖοι τὴν παραίνεσιν
δέχεσθαι; Διὰ ταῦτά φησι, Φοβούμενος τοὺς ἐκ περιτομῆς, καὶ Ὅτι κατεγνωσμένος ἦν, καὶ Ὅτι οὐκ
ὀρθοποδεῖ πρὸς τὴν ἀλήθειαν τοῦ εὐαγγελίου. Οὐχ
οὕτως δὲ ἔχων· μὴ γένοιτο· διὰ γὰρ πολλῶν τοῦτο
ἀπεδείξαμεν· ἀλλ' ὥσπερ τότε ἐπετίμα Παῦλος, καὶ
ταῦτα ἀκούων ὁ Πέτρος ἐσίγα, ὥστε μὴ ἀνατρέψαι
τὴν οἰκονομίαν Παύλου, καὶ κατεδέχετο, ὡς οὐκ ὀρθῶς
πεποιηκὼς, δέχεσθαι τὴν ἐπίπληξιν, ἵνα ἀπολογία
αὐτῷ γένηται τοῦτο πρὸς τοὺς μαθητάς· οὕτω δὴ καὶ
οὗτος νῦν μετὰ τῆς αὐτῆς γνώμης, μεθ' ἧς ἐπετίμησε
C Πέτρῳ, γράφει ταῦτα, ἅπερ ἔγραψε Γαλάταις. Εἰ
γὰρ τότε τὸ ἐπιτιμηθῆναι Πέτρον, καὶ σιγῆσαι, χρήσιμον ἦν τοῖς Ἰουδαίοις, πολλῷ μᾶλλον ἂν καὶ νῦν τὸ
ταῦτα περὶ αὐτοῦ λεχθῆναι χρήσιμον ἦν τῶν Γαλατῶν τοῖς διεφθαρμένοις. Ὥσπερ γὰρ οἱ τότε ἐν Ἀντιοχείᾳ διατρίβοντες, ὁρῶντες Πέτρον ἐπιτιμώμενον
μεθ' ὑπερβολῆς, καὶ σιγῶντα, διωρθοῦντο τῇ κατὰ
τοῦ διδασκάλου κατηγορίᾳ, καὶ τῇ σιγῇ· οὕτω καὶ
νῦν Γαλάται περὶ τὰ Ἰουδαϊκὰ νοσοῦντες, καὶ τοῦ
Παύλου ταῦτα περὶ αὐτοῦ λέγοντος ἀκούοντες, οἷον
ὅτι κατεγνωσμένος ἦν, καὶ οὐκ ὠρθοπόδησε πρὸς τὴν

ἀλήθειαν τοῦ εὐαγγελίου, καὶ ὅτι ἐπιτιμηθεὶς ἐπὶ τούτοις ἐσίγησε, μεγίστην ἀπὸ τῆς κατηγορίας ταύτης διδασκαλίαν ἐλάμβανον, εἰς τὸ μηκέτι προσέχειν τοῖς Ἰουδαϊκοῖς ἔθεσι. Διὰ τοῦτο καὶ Παῦλος καὶ τότε ἐπετίμησε, καὶ νῦν μέμνηται τῆς τότε γενομένης ἐπιπλήξεως· καὶ τούτου οὐκ ἔλαττον τὸν Πέτρον διὰ τοῦτο θαυμάσαι χρὴ, καταδεξάμενον ἅπαντα τὰ εἰρημένα. Ὁ γὰρ τὸ πᾶν κατωρθωκὼς οὗτός ἐστιν, ὁ ἀνασχόμενος κατηγορηθῆναι, καὶ σιγήσας. Τοῦτο τῆς οἰκονομίας τὸ κέρδος. Οὕτως ἡμῖν ἑκάτερος τῶν ἀποστόλων ἐγκλημάτων μὲν ἀπήλλακται, μυρίων δέ ἐστιν ἐγκωμίων ἄξιος, πρὸς τὴν τῶν λοιπῶν σωτηρίαν ἅπαντα καὶ ἀκούειν καὶ λέγειν σπουδάζων. Ἡμεῖς δὲ λοιπὸν τὸν Παύλου καὶ Πέτρου Θεὸν παρακαλέσωμεν, τὸν ἐκείνους ἀλλήλοις συνδήσαντα τοῖς τῆς ὁμονοίας δεσμοῖς, καὶ ἡμᾶς εἰς τὴν πρὸς ἀλλήλους ἀγάπην ἐπισφίγξαι σφοδρότερον· ἵνα τὴν κατὰ Θεὸν ὁμόνοιαν πρὸς ἀλλήλους ἔχοντες, δυνηθῶμεν καταξιωθῆναι τοὺς ἁγίους ἐκείνους ἰδεῖν, καὶ παρὰ τὰς αἰωνίους αὐτῶν εὑρεθῆναι σκηνὰς, χάριτι καὶ φιλανθρωπίᾳ τοῦ Κυρίου ἡμῶν Ἰησοῦ Χριστοῦ, δι' οὗ καὶ μεθ' οὗ τῷ Πατρὶ καὶ τῷ ἁγίῳ Πνεύματι δόξα, κράτος, τιμὴ, καὶ προσκύνησις, νῦν καὶ ἀεὶ, καὶ εἰς τοὺς αἰῶνας τῶν αἰώνων. Ἀμήν.

et non recte ambulabat ad veritatem evangelii, cumque propter hæc objurgatus siluisset: maximam inde percipiebant doctrinam, ut non amplius Judaicis ritibus adhærerent. Idcirco etiam Paulus et tunc increpavit, et nunc illius temporis objurgationis mentionem facit: neque minus idcirco Petrum laudari convenit, quod omnibus iis, quæ dicta sunt, assensum præbuerit. Ille enim fuit, qui omnia præstitit, qui accusari se passus est, et conticuit. Hic dispensationis est fructus. Ita nos utrumque apostolorum crimine liberavimus, utrique vero laudes debentur innumeræ, quod ad aliorum salutem omnia audire studuerint simul, ac dicere. Nos autem deinceps Petri et Pauli Deum rogemus, ut qui mutuis illos concordiæ vinculis inter se devinxit, nos quoque mutuo vehementiori caritate constringat: quo tandem mutuam inter nos secundum Deum concordiam foventes, sanctorum illorum conspectu dignemur, et in æternis eorum possimus tabernaculis inveniri, gratia et benignitate Domini nostri Jesu Christi, per quem et cum quo Patri et Spiritui sancto gloria, imperium, honor, et adoratio, nunc et semper, et in sæcula sæculorum. Amen.

379 # S. JOANNIS CHRYSOSTOMI,

ARCHIEPISCOPI CONSTANTINOPOLITANI,

OPUSCULA

DE MOTIBUS CONSTANTINOPOLITANIS,

DEQUE IIS QUÆ AD UTRUMQUE EJUS EXSILIUM SPECTANT.

PROOEMIUM.

Visum est ea omnia Opuscula quæ ad historiam motuum Constantinopolitanorum, et ad utrumque Chrysostomi exsilium spectant, in prius Editis hinc et inde sparsa, secundum temporis ordinem hic simul collocare, et Epistolarum collectioni præmittere. Sunt autem hæc Opuscula hujusmodi :

1. Homilia in Entropium eunuchum et Patricium, qui ad ecclesiæ asylum confugerat.
2. Homilia in eumdem Eutropium, qui ecclesiæ asylo relicto captus est.
3. Homilia cum Saturninus et Aurelianus acti essent in exsilium, et Gainas egressus esset ex civitate.
4. Homilia Chrysostomi post reditum ex Asia, ex quo itinere Asiatico occasiones incusandi Chrysostomi captatæ fuere.
5. Homilia seu Oratiuncula de recipiendo Severiano, qui tumultante populo pulsus fuerat.
6. Homilia seu Oratiuncula Severiani, cum susceptus esset a beato Joanne episcopo Constantinopolitano.
7. Homilia antequam iret in exsilium, et vetus versio Latina ejusdem.
8. Altera antequam iret in exsilium, ἀνέκδοτος.
9. Homilia post reditum a priore exsilio, et vetus versio Latina ejusdem.
10. Altera post reditum a priore exsilio.
11. Homilia de Chananæa post reditum habita.
12. Liber, Quod nemo læditur nisi a seipso, ab exsilio scriptus.
13. Liber adversus eos qui scandalizati sunt, item ab exsilio scriptus.

Hæc omnia Opuscula cum præviis Monitis subjiciuntur.

CIRCA DUAS

SEQUENTES IN EUTROPIUM HOMILIAS

MONITUM.

Eutropius eunuchus gratia apud Imperatorem Arcadium plurimum valebat, ejusque consilio et auctoritate quæque maxima Imperii negotia gerebantur. Is cum Joannis Chrysostomi in sedem Constantinopolitanam promovendi auctor fuisset, initio ejus monitis placitisque haud ægro morem gerebat. Sed cum eum S. doctor ob avaritiam ambitionemque, amico licet animo, frequenter objurgaret, in ejus tandem offensionem incurrit. Inter alia vero, quæ præter Chrysostomi consilium et voluntatem designavit Eutropius, legem ferri curavit, ut asyli et immunitatis jus ecclesiis tolleretur. Verum id ille in ca- 380
pitis sui perniciem molitus est : cum enim Consulatum anni undequadragentesimi, Arcadii nutu, consequutus esset, universorum in se odium concitavit. Tum Tribigildus Tribunus, clam favente Gaina, coacta militum manu, a formidoloso principe impetravit, ut gradu dejiceretur Eutropius : qui, quod unum ipsi perfugium residuum erat, in ecclesiam se recepit, et asylum, quod ille abrogandum curaverat, supplex adire coactus est. Unus tum et asyli et Eutropii defensor adfuit Chrysostomus, qui fortiter et militum impetui et Imperatoris decreto obstitit, et ne jus ecclesiæ violaretur effecit. Verum hæc pluribus in Vita Chrysostomi. Insequente post Eutropii in ecclesiam receptum die, hanc elegantissimam concionem habuit Chrysostomus : ubi de fluxa rerum humanarum conditione mirifice disserit, Eutropium compellat, exponit quam inconsulto immunitatem ecclesiæ violare tentaverit, quam ipse prior adire et expetere compulsus sit : ad ejus tamen misericordiam populi cœtum ita παθητικῶς perpulit, ut omnium lacrymas excuteret.

Elapsis post illam habitam homiliam aliquot diebus, Eutropius ut inimicorum excubias falleret, seseque proriperet, ab ecclesia aufugit. Verum captus, moxque in Cyprum relegatus, deindeque haud ita multo elapso tempore Chalcedonem adductus, damnatus capiteque plexus est. Hanc porro tragœdiam in Vita Chrysostomi ad annum 399 pluribus recensebimus : ac multa quæ ad hanc historiam spectant, vel hactenus intacta, vel intricata admodum, ad veram germanamque rerum seriem nos reducturos speramus.

Vix elapsis duobus post Eutropii fugam diebus concionem sequentem habuit Chrysostomus : ubi quibusdam præmissis de utilitate lectionis divinarum Scripturarum, obsessam paucis ante diebus ecclesiam fuisse narrat, neque tamen traditum inimicis Eutropium, qui si ecclesiam non deseruisset, captus nunquam fuisset. Fluxam iterum humanarum facultatum divitiarumque conditionem ob oculos ponit : desertumque dicit ab amicis, a domesticis, a fortunis omnibus Eutropium. Multisque additis de vero legitimoque divitiarum usu, deque vita præsenti, quam peregrinationem esse commonstrat, ad Ecclesiæ laudes transit, ejusque nuptias cum Christo pluribus prosequitur, hoc frequenter usus Psalmi quadragesimi quarti versiculo, *Adstitit regina a dextris tuis in vestitu deaurato*, etc. Hujus autem versiculi occasione Savilius et Fronto Ducæus hanc concionem inter Homilias varias in Psalmos locaverunt, reclamante licet et titulo et priori homiliæ parte, ubi de capto a militibus Eutropio pluribus agitur. Enimvero hæc homilia ubinam commodius locetur, quam post illam ipso præsente Eutropio habitam? In illa quippe de Eutropio ecclesiæ asylum et præsidium implorante agitur ; in hac vero de eodem eunucho post dimissum ecclesiæ asylum capto sermo habetur. Hujusmodi autem homilias separandas non esse cum ipsa ratio, tum eruditorum, quos consulimus, judicium suadebat.

Cæterum in hac posteriori homilia Chrysostomus a solito dicendi genere non parum deflectit. Hic enim illam, ceu sponte fluentem sancto doctori familiarem elegantiam non deprehendimus. Orationis genus non expolitum est, sed strigosum et intricatum : ordo sententiarum interceptus plerumque : interturbata series, ut vix capias qua de causa ab hoc argumento in illud transeat. Denique per totam homiliam multa videtur infusa peregrinitas. His haud dubie permotus Tillemontius putavit secundam partem ubi de Ecclesiæ nuptiis agitur, alicunde excerptam priori de Eutropio assutam fuisse; nec obscure innuit dubitare se an illa pars posterior sit Chrysostomi, tantum scilicet abhorrere videtur ab illius dicendi genere. Verum si quis priorem cum posteriore parte sedulo conferat, utriusque stylum a consueto Chrysostomi dicendi genere longe diversum haud dubie deprehendet : sed primam partem secundæ hac in re omnino similem, ni mea me fallit opinio, judicabit. Quod non eo a me dictum animo existimes, ut totam homiliam Chrysostomo abjudicari velim. Non enim ubique sui similis ille est, quod in aliis summis viris, oratoribus maxime, passim observatur. Certe nonnullas jam vidimus homilias, quas Chrysostomi esse vix dubitare licet, ubi mirum quantum a consueto styli genere deflectat S. doctor. In hac autem concione multo minus liceat νοθείας suspicionem admittere. Nam illa quæ de Eutropio eunucho frequenter dicuntur, non alium, quam Chrysostomum auctorem habere posse videntur. Et alioquin in homilia secunda, modico post priorem tempore habita, aperte declarat se nuper multa contra divites divitiasque dixisse, ita ut hac de causa in multorum offensionem incurreret, quod cum illa priori homilia ita convenit, ut dubitare non liceat, quin hæc ipsa ibi prior commemoretur. Vide in homilia priore numerum 2.

Prioris homiliæ interpretationem Latinam a Sigismundo Gelenio editam, sed aliquot in locis emendatam e regione Græci textus edidimus. Posterioris autem novam paravimus, quia illa, quam Godefridus Tilmannus ediderat, paraphrasin omnino sapiebat.

HOMILIA

In Eutropium eunuchum Patricium ac consulem.

Scripta anno Christi 399.

1. Semper quidem, nunc vero maxime opportunum est dicere : *Vanitas vanitatum, et omnia vanitas*. Ubi nunc inclytus ille consulatus splendor? ubi illustres illæ faces? ubi applausus illi, ac choreæ epulæque et festi conventus? ubi coronæ et aulæa? ubi strepitus urbis, et illæ circensium faustæ acclamationes, spectatorumque adulationes? Omnia illa perierunt : procella vehemens folia dejecit, arborem spoliatam reddidit, jam radicitus vacillantem : tantaque vis venti impacta est, ut cum nervos ejus universos concusserit, tum ipsam funditus prosternere minetur. Ubi nunc fucati illi amici? ubi compotationes et cœnæ? ubi parasitorum examen, et merum per totam diem exhaustum, variæque coquorum artes, et potentatus cultores illi, ad gratiam omnia dicere ac facere assueti? Omnia illa nihil nisi nox et somnium fuerunt, et appetente die evanuerunt : flores fuerunt verni, et vere exacto emarcuerunt omnia : umbra erant, et præteric-

Eccles. 1. 2.

Quam fluxæ res hujus vitæ.

381 A

[a] ΟΜΙΛΙΑ

Εἰς Εὐτρόπιον εὐνοῦχον πατρίκιον καὶ ὕπατον.

Ἀεὶ μὲν, μάλιστα δὲ νῦν εὔκαιρον εἰπεῖν· Ματαιότης ματαιοτήτων, καὶ πάντα ματαιότης. Ποῦ νῦν ἡ λαμπρὰ τῆς ὑπατείας περιβολή; ποῦ δὲ αἱ φαιδραὶ λαμπάδες; ποῦ δὲ οἱ κρότοι, καὶ οἱ χοροὶ, καὶ αἱ θαλίαι, καὶ αἱ πανηγύρεις; ποῦ οἱ στέφανοι καὶ τὰ παραπετάσματα; ποῦ ὁ τῆς πόλεως θόρυβος, καὶ αἱ ἐν ἱπποδρομίαις εὐφημίαι, καὶ τῶν θεατῶν αἱ κολακεῖαι; Πάντα ἐκεῖνα οἴχεται· καὶ ἄνεμος πνεύσας ἀθρόον τὰ μὲν φύλλα κατέβαλε, γυμνὸν δὲ ἡμῖν τὸ δένδρον ἔδειξε, καὶ ἀπὸ τῆς ῥίζης αὐτῆς σαλευόμενον
B λοιπόν· τοιαύτη γὰρ ἡ τοῦ πνεύματος γέγονε προσβολὴ, ὡς καὶ πρόῤῥιζον ἀπειλεῖν ἀνασπᾷν, καὶ αὐτὰ διασαλεῦσαι τοῦ δένδρου τὰ νεῦρα. Ποῦ νῦν οἱ πεπλασμένοι φίλοι; ποῦ τὰ συμπόσια καὶ τὰ δεῖπνα; ποῦ ὁ τῶν παρασίτων ἑσμὸς, καὶ ὁ δι' ὅλης ἡμέρας ἐγχεόμενος ἄκρατος, καὶ αἱ ποικίλαι τῶν μαγείρων τέχναι, καὶ οἱ τῆς δυναστείας θεραπευταὶ, οἱ πάντα πρὸς χάριν ποιοῦντες καὶ λέγοντες; Νὺξ ἦν πάντα ἐκεῖνα καὶ ὄναρ, καὶ ἡμέρας γενομένης ἠφανίσθη· ἄνθη ἦν ἐαρινὰ, καὶ παρελθόντος τοῦ ἔαρος ἅπαντα

[a] Collata cum Ms. Regio 1974. Post, *Patricium ac Consulem*, Sigismundus Gelenius addit, *Præfectumque cubiculi Arcadii Aug. cum offenso principe delitesceret sub altari ecclesiæ, cui ipse antea jus asyli abrogare conatus fuerat.* Quæ in nullo Exemplari Græco, hactenus a nobis conspecto, exstant.

κατεμαράνθη· σκιὰ ἦν, καὶ παρέδραμε· καπνὸς ἦν,
καὶ διελύθη· πομφόλυγες ἦσαν, καὶ διεῤῥάγησαν·
ἀράχνη ἦν, καὶ διεσπάσθη. Διὸ ταύτην τὴν πνευματικὴν ῥῆσιν ἐπᾴδομεν συνεχῶς ἐπιλέγοντες· Ματαιότης
ματαιοτήτων, καὶ πάντα ματαιότης. Ταύτην γὰρ τὴν C
ῥῆσιν καὶ ἐν τοίχοις, καὶ ἐν ἱματίοις, καὶ ἐν ἀγορᾷ,
καὶ ἐν οἰκίᾳ, καὶ ἐν ὁδοῖς, καὶ ἐν θύραις, καὶ ἐν
εἰσόδοις, καὶ πρὸ πάντων ἐν τῷ ἑκάστου συνειδότι
συνεχῶς ἐγγεγράφθαι δεῖ, καὶ διαπαντὸς αὐτὴν μελετᾷν. Ἐπειδὴ ἡ τῶν πραγμάτων ἀπάτη, καὶ τὰ
προσωπεῖα, καὶ ἡ ὑπόκρισις, ἀλήθεια παρὰ τοῖς πολλοῖς εἶναι δοκεῖ· ταύτην καθ' ἑκάστην ἡμέραν, καὶ ἐν
δείπνῳ, καὶ ἐν ἀρίστῳ, καὶ ἐν συλλόγοις ἐπιλέγειν
ἕκαστον τῷ πλησίον ἐχρῆν, καὶ παρὰ τοῦ πλησίον
ἀκούειν, ὅτι Ματαιότης ματαιοτήτων, τὰ πάντα
ματαιότης. Οὐκ ἔλεγόν σοι συνεχῶς, ὅτι δραπέτης ὁ
πλοῦτός ἐστι; [b] Σὺ δὲ ἡμῶν οὐκ ἠνείχου. Οὐκ ἔλεγον
ὅτι ἀγνώμων ἐστὶν οἰκέτης; Σὺ δὲ οὐκ ἐβούλου πεί- D
θεσθαι. Ἰδοὺ ἐκ τῶν πραγμάτων ἔδειξεν ἡ πεῖρα, ὅτι
οὐ δραπέτης μόνον, οὐδὲ ἀγνώμων, ἀλλὰ καὶ ἀνδρο-
φόνος· οὗτος γάρ σε τρέμειν νῦν καὶ δεδοικέναι παρεσκεύασεν. Οὐκ ἔλεγόν σοι, ἡνίκα συνεχῶς ἐπετίμας
μοι λέγοντι τἀληθῆ, ὅτι ἐγώ σε φιλῶ μᾶλλον τῶν
κολακευόντων; ἐγὼ ὁ ἐλέγχων πλέον κήδομαι τῶν
χαριζομένων; Οὐ προσετίθην τοῖς ῥήμασι τούτοις, ὅτι
ἀξιοπιστότερα τραύματα φίλων ὑπὲρ ἑκούσια φιλήματα ἐχθρῶν; Εἰ τῶν ἐμῶν ἠνέσχου τραυμάτων, οὐκ
ἄν σοι τὰ φιλήματα ἐκείνων τὸν θάνατον τοῦτον
ἔτεκον· τὰ γὰρ ἐμὰ τραύματα ὑγείαν ἐργάζεται, τὰ
δὲ ἐκείνων φιλήματα νόσον ἀνίατον κατεσκεύασε. Ποῦ
νῦν οἱ οἰνοχόοι; ποῦ δὲ οἱ σοβοῦντες ἐπὶ τῆς ἀγορᾶς, 382
καὶ μυρία παρὰ πᾶσιν ἐγκώμια λέγοντες; Ἐδραπέ- A
τευσαν, ἠρνήσαντο τὴν φιλίαν, ἀσφάλειαν ἑαυτοῖς
διὰ τῆς σῆς ἀγωνίας πορίζουσιν. Ἀλλ' οὐχ ἡμεῖς
οὕτως, ἀλλὰ καὶ τοῦ δυσχεραίνοντός σου οὐκ ἀποπη-
δῶμεν, καὶ νῦν πεσόντα περιστέλλομεν καὶ θεραπεύο-
μεν. Καὶ ἡ μὲν πολεμηθεῖσα Ἐκκλησία παρὰ σοῦ
τοὺς κόλπους ἥπλωσε καὶ ἐπεδέξατο· τὰ δὲ θεραπευ-
θέντα θέατρα, ὑπὲρ ὧν πολλάκις πρὸς ἡμᾶς ἠγανά-
κτεις, προύδωκε καὶ ἀπώλεσεν. Ἀλλ' ὅμως οὐκ ἐπαυσάμεθα ἀεὶ λέγοντες· τί ταῦτα ποιεῖς; ἐκβακχεύεις
τὴν Ἐκκλησίαν, καὶ κατὰ κρημνῶν σαυτὸν φέρεις·
καὶ παρέτρεχες ἅπαντα. Καὶ αἱ μὲν ἱπποδρομίαι,
τὸν πλοῦτον τὸν σὸν ἀναλώσασαι, τὸ ξίφος ἠκόνησαν· B
ἡ δὲ Ἐκκλησία ἡ τῆς ὀργῆς τῆς σῆς ἀπολαύσασα τῆς
ἀκαίρου, πανταχοῦ παρατρέχει, τῶν δικτύων σε
ἐξαρπάσαι βουλομένη.

runt: fumus erant, et soluta sunt: bullæ erant, et
dirupta sunt: araneæ erant, et lacerata sunt. Quapropter spirituale hoc dictum occinimus, frequenter dicentes: *Vanitas vanitatum, et omnia va-*
nitas. Hoc enim dictum in parietibus, in vestibus,
in foro, in ædibus, in viis, in januis, in atriis:
sed potissimum in ipsa cujusque conscientia continenter inscriptum esse oportet, omnique tempore
cogitationi obversari. Quandoquidem negotia
fraudulenta et personata ac mimica veritatis opinionem apud plerosque sibi paraverunt: hoc
dicto in prandio, in cœna, in cœtu hominum,
quemque proximum suum compellare oportebat,
idemque ab illo vicissim audire, nempe *Vanitas*
vanitatum, omnia vanitas. Annon assidue tibi
dicebam fugitivas esse divitias? Tu vero nos non
ferebas. Annon dicebam eas ingratum domesticum esse? Tu vero credere nolebas. Ecce experientia docuit non solum fugitivas et ingratas,
sed homicidas etiam esse, ut quæ in tremorem ac
metum nunc te conjecerint. Nonne dicebam tibi,
cum me indesinenter objurgares vera monen-
tem, me tibi potius amicum esse, quam adulatores? me qui arguerem, majorem tui curam gerere, quam eos, qui tibi per omnia obsequerentur?
Nonne et hoc addebam, fide digniora esse vulnera
ab amicis, quam voluntaria oscula inimicorum? *Prov 27.6.*
Si mea vulnera tulisses, haudquaquam tibi illorum oscula hoc exitium attulissent: mea enim
vulnera sanitatem afferunt, illorum oscula morbum immedicabilem tibi conciliaverunt. Ubi
nunc pocillatores tui? ubi qui in foro populum de via decedere cogebant, tuasque laudes
passim apud omnes prædicabant? Transfugerunt,
abnegarunt tuam amicitiam, suam securitatem
tuis periculis quærunt. At non tales nos, sed et
tunc quamvis ægre ferentem non destituimus, et
nunc collapsum protegimus ac curamus. Ecclesia a te hostiliter habita, expanso sinu te suscepit: theatra autem magnis obsequiis a te culta,
quorum causa sæpius nobis infensus fuisti, et
prodiderunt te et perdiderunt. Attamen numquam
destitimus his te verbis alloqui: Cur ista facis?
in Ecclesiam debaccharis, et teipsum in exitium
præcipitem agis: et tu hæc omnia monita negligenter prætercurrebas. Et circensis quidem multitudo exhaustis in se tuis facultatibus gladium
in te acuit: Ecclesia vero importuno tuo furore
exagitata, ultro citroque cursitat, si quo pacto te
ex his cassibus implicitum extricare queat.

[b] Sic Savil. et Reg. qui postremus habet, ὅτι δραπέτης ἐστὶν οἰκέτης. In Morel. hæc mutila sunt.

2. Et hæc nunc dico, non quo prostrato insultem, sed quod eos qui adhuc stant, tutiores reddere cupiam: nec ut plagas vulnerati refricem, sed ut nondum vulneratos in sanitate conservem: non ut jactatum fluctibus demergam, sed ut eos, qui secundis auris navigant, erudiam, ne forte in profundum deferantur. Quo autem modo caveri possit? Nimirum si rerum humanarum mutationes consideremus. Si enim iste mutationem timuisset, nunc eam non pateretur; sed quoniam iste nec domesticis nec alienis consiliis corrigi potuit, vos saltem qui divitiis extollimini, hujus calamitatem in vestrum profectum convertite: nihil enim est humanis rebus infirmius. Quapropter quocumque nomine earum vilitatem significaveris, minus quam pro rei veritate dixeris: vel si fumum eas, vel fœnum, vel somnum, vel flores vernos, vel quidlibet aliud nominaveris: usque adeo sunt fragiles, et magis nihili quam nihil ipsum; quod autem non solum nihili sint, sed et in præcipiti stent, vel hinc apparet.

Eutropii splendor ante calamitatem.

Quis hoc homine fuit excelsior? nonne in toto orbe divitiis præcellebat? nonne ad ipsa fastigia honorum conscendit? nonne omnes eum formidabant ac verebantur? Sed ecce factus est et vinctis miserior, et servis miserabilior, et mendicis fame tabescentibus indigentior, per singulos dies gladios præ oculis habens in se exacutos, et barathra et carnifices, et viam quæ ad supplicium ducit: ac neque memoria præteritarum voluptatum fruitur, imo ne luce quidem communi, sed meridie quoque tamquam in densissima nocte angustiis parietum inclusus, oculorum usu privatur. Et quorsum hæc commemorare attinet, cum quantumvis adnitar, nullis verbis exprimere valeam, quis illi animus sit, per singulas horas capitis supplicium exspectanti?

Eutropium Arcadius Imperator abduci a templo jubet.

Aut quid nostris verbis opus est, cum ipse hæc nobis tamquam in imagine depingat? Heri namque missis ad eum ab Imperatore qui vel per vim hominem pertraherent, cum ad sacrarium confugisset, nihilo meliorem, ut nunc quoque, quam mortui colorem obtinebat: tunc dentium stridor, tremor totius corporis, vox singultiens et lingua titubans, in summa talis habitus, qualem oportebat habere animam quæ lapidea esset.

3. Hæc dico non exprobrandi causa, neque insultans ejus infortunio, sed ut vestrum animum molliam, et ad commiserationem pertraham, eo-

Καὶ ταῦτα λέγω νῦν, οὐκ ἐπεμβαίνων τῷ κειμένῳ, ἀλλὰ τοὺς ἑστῶτας ἀσφαλεστέρους ποιῆσαι βουλόμενος· οὐκ ἀναξαίνων τὰ ἕλκη τοῦ τετρωμένου, ἀλλὰ τοὺς μηδέπω τετρωμένους ἐν ὑγείᾳ διατηρῆσαι ἀσφαλεῖ· οὐ καταποντίζων τὸν κλυδωνιζόμενον, ἀλλὰ τοὺς ἐξ οὐρίας πλέοντας παιδεύων, ὥστε μὴ γενέσθαι ὑποβρυχίους. Πῶς δ' ἂν τοῦτο γένοιτο; Εἰ τὰς μετα-
C βολὰς τῶν ἀνθρωπίνων ἐννοώμεθα πραγμάτων. Καὶ γὰρ οὗτος εἰ ἔδεισε μεταβολὴν, οὐκ ἂν ὑπέμεινε μεταβολήν· ἀλλ' ἐπείπερ οὗτος οὔτε οἴκοθεν, οὔτε παρ' ἑτέρων ἐγίνετο βελτίων, ὑμεῖς γοῦν οἱ κομῶντες τῷ πλούτῳ, ἀπὸ τῆς τούτου κερδάνατε συμφορᾶς· οὐδὲν γὰρ τῶν ἀνθρωπίνων πραγμάτων ἀσθενέστερον. Διόπερ οἷον ἂν εἴποι τις ὄνομα τῆς εὐτελείας αὐτῶν, ἔλαττον τῆς ἀληθείας ἐρεῖ· κἂν καπνὸν αὐτὰ, κἂν χόρτον, κἂν ὄναρ, κἂν ἄνθη ἐαρινὰ, κἂν ὁτιοῦν ὀνομάσῃ· οὕτως ἐστὶν ἐπίκηρα, καὶ τῶν οὐδὲν ὄντων οὐδαμινώτερα· ὅτι δὲ μετὰ τῆς οὐθενείας καὶ πολὺ ἔχει τὸ
D ἀπόκρημνον, δῆλον ἐντεῦθεν. Τίς γὰρ τούτου γέγονεν ὑψηλότερος; οὐ πᾶσαν τὴν οἰκουμένην παρῆλθε τῷ πλούτῳ; οὐ πρὸς αὐτὰς τῶν ἀξιωμάτων ἀνέβη τὰς κορυφάς; οὐχὶ πάντες αὐτὸν ἔτρεμον, καὶ ἐδεδοίκεισαν; Ἀλλ' ἰδοὺ γέγονε καὶ δεσμωτῶν ἀθλιώτερος, καὶ οἰκετῶν ἐλεεινότερος, καὶ τῶν λιμῷ τηκομένων πτωχῶν ἐνδεέστερος, καθ' ἑκάστην ἡμέραν ξίφη βλέπων ἠκονημένα, καὶ βάραθρον, καὶ δημίους, καὶ τὴν ἐπὶ θάνατον ἀπαγωγήν· καὶ οὐδὲ εἴποτε γέγονεν ἐπὶ τῆς ἡδονῆς οἶδεν ἐκείνης, οὐδὲ αὐτῆς αἰσθάνεται τῆς ἀκτῖνος· ἀλλ' ἐν μεσημβρίᾳ μέσῃ, καθάπερ ἐν πυκνο-
E τάτῃ νυκτὶ, περιεστοιχισμένος οὗτος τὰς ὄψεις πεπήρωται. Μᾶλλον δὲ ὅσα ἂν φιλονεικήσωμεν, οὐ δυνησόμεθα τῷ λόγῳ παραστῆσαι τὸ πάθος, ὅπερ ὑπομένειν αὐτὸν εἰκὸς, καθ' ἑκάστην ὥραν ἀποκτείνεσθαι προσδοκῶντα. Ἀλλὰ γὰρ τί δεῖ τῶν λόγων τῶν παρ' ἡμῶν, αὐτοῦ ταῦτα καθάπερ ἐν εἰκόνι σαφῶς ὑπογράψαντος ἡμῖν; Τῇ γὰρ προτεραίᾳ, ὅτε ἐπ' αὐτὸν ἦλθον ἐκ τῶν βασιλικῶν αὐλῶν πρὸς βίαν ἀφελκύσαι
383 βουλόμενοι,[a] καὶ τοῖς σκεύεσι προσέδραμε τοῖς ἱεροῖς,
A ἦν αὐτοῦ τὸ πρόσωπον, καὶ τανῦν, νεκρωθέντος ἅπαξ οὐδὲν ἄμεινον διακείμενον· κτύπος δὲ τῶν ὀδόντων, καὶ πάταγος καὶ τρόμος παντὸς τοῦ σώματος, καὶ φωνὴ διακοπτομένη, καὶ γλῶττα διαλυομένη, καὶ σχῆμα τοιοῦτον, οἷον εἰκὸς τὴν λιθίνην ἔχειν ψυχήν.

Καὶ ταῦτα λέγω, οὐκ ὀνειδίζων, οὐδὲ ἐπεμβαίνων αὐτοῦ τῇ συμφορᾷ, ἀλλὰ τὴν ὑμετέραν διάνοιαν μαλάξαι βουλόμενος, καὶ εἰς ἔλεον ἐπισπάσασθαι, καὶ

[a] Ad literam vertendum esset, *cum ad sacra vasa confugisset*. Sed quæ hic sacra vasa dicuntur, mox βῆμα sive ara appellabuntur. Verum de his undecimo Tomo agetur, ubi de disciplina Ecclesiastica.

πεῖσαι ἀρκεσθῆναι τῇ τιμωρίᾳ τῇ γεγενημένῃ. Ἐπειδὴ γάρ εἰσι πολλοὶ παρ' ἡμῖν ἀπάνθρωποι, ὥστε ὁμοίως καὶ ἡμῖν ἐγκαλεῖν, ὅτι αὐτὸν ἐδεξάμεθα τῷ βήματι· τὸ ἄστοργον αὐτῶν τοῖς διηγήμασι μαλάξαι βουλόμενος, ἐκπομπεύω τὰ τούτου πάθη. Τίνος γὰρ ἕνεκεν ἀγανακτεῖς, εἰπέ μοι, ἀγαπητέ; Ὅτι, φησὶν, εἰς ἐκκλησίαν κατέφυγεν ὁ πολεμήσας αὐτὴν διηνεκῶς. Διὰ τοῦτο μὲν οὖν μάλιστα δοξάζειν ἐχρῆν τὸν Θεὸν, ὅτι ἀφῆκεν αὐτὸν ἐν τοσαύτῃ καταστῆναι ἀνάγκῃ, ὥστε καὶ τὴν δύναμιν τῆς Ἐκκλησίας καὶ τὴν φιλανθρωπίαν μαθεῖν· τὴν δύναμιν μὲν, ἀφ' ὧν τοσαύτην ὑπέμεινε μεταβολὴν ἐκ τῶν πρὸς ἐκείνην πολέμων· τὴν φιλανθρωπίαν δὲ, ἐξ ὧν πολεμηθεῖσα νῦν τὴν ἀσπίδα προβάλλεται, καὶ ὑπὸ τὰς πτέρυγας ἐδέξατο τὰς αὐτῆς, καὶ ἐν ἀσφαλείᾳ πάσῃ κατέστησεν, οὐ μνησικακήσασα ὑπὲρ τῶν ἔμπροσθεν οὐδενὸς, ἀλλὰ τοὺς κόλπους αὐτῷ μετὰ πολλῆς ἁπλώσασα τῆς φιλοστοργίας. Τοῦτο γὰρ τροπαίου παντὸς λαμπρότερον, τοῦτο νίκη περιφανὴς, τοῦτο Ἕλληνας ἐντρέπει, τοῦτο καὶ Ἰουδαίους καταισχύνει, τοῦτο φαιδρὸν αὐτῆς τὸ πρόσωπον δείκνυσιν· ὅτι τὸν πολέμιον αἰχμάλωτον λαβοῦσα, φείδεται, καὶ πάντων αὐτὸν ἐν ἐρημίᾳ παριδόντων, μόνη καθάπερ μήτηρ φιλόστοργος, ὑπὸ τὰ παραπετάσματα αὐτῆς ἔκρυψε, καὶ πρὸς βασιλικὴν ὀργὴν ἔστη, πρὸς δήμου θυμὸν, καὶ πρὸς μῖσος ἀφόρητον· τοῦτο τῷ θυσιαστηρίῳ κόσμος. Ποῖος κόσμος, φησὶ, τὸ τὸν ἐναγῆ καὶ πλεονέκτην καὶ ἅρπαγα ἅπτεσθαι τοῦ θυσιαστηρίου; Μὴ λέγε ταῦτα· ἐπειδὴ καὶ ἡ πόρνη ἥψατο τῶν ποδῶν τοῦ Χριστοῦ, ἡ σφόδρα ἐναγὴς καὶ ἀκάθαρτος· καὶ οὐκ ἦν ἔγκλημα τῷ Ἰησοῦ τὸ γενόμενον, ἀλλὰ θαῦμα καὶ ὕμνος μέγας· οὐ γὰρ τὸν καθαρὸν ἔβλαπτεν ἡ ἀκάθαρτος, ἀλλὰ τὴν ἐναγῆ πόρνην ὁ καθαρὸς καὶ ἄμωμος διὰ τῆς ἀφῆς καθαρὰν εἰργάσατο. Μὴ δὴ μνησικακήσῃς, ὦ ἄνθρωπε. Ἐκείνου οἰκέται ἐσμὲν τοῦ σταυρουμένου καὶ λέγοντος· Ἄφες αὐτοῖς, οὐ γὰρ οἴδασι τί ποιοῦσιν. Ἀλλ' ἀπετείχισε, φησὶ, τὴν ἐνταῦθα καταφυγὴν γράμμασι καὶ νόμοις διαφόροις. Ἀλλ' ἰδοὺ διὰ τῶν ἔργων ἔμαθεν, ὅπερ ἐποίησε, καὶ τὸν νόμον ἔλυσε πρῶτος αὐτὸς, δι' ὧν ἐποίησε, καὶ γέγονε τῆς οἰκουμένης θέατρον, καὶ σιγῶν ἐντεῦθεν ἀφίησι φωνὴν ἅπασι παραινῶν, μὴ ποιεῖτε τοιαῦτα, ἵνα μὴ πάθητε τοιαῦτα. Διδάσκαλος ἀνεφάνη διὰ τῆς συμφορᾶς, καὶ λαμπηδόνα μεγάλην ἀφίησι τὸ θυσιαστήριον, νῦν φοβερὸν μάλιστα καὶ ἐκ τούτου φαινόμενον, ὅτι τὸν λέοντα δεδεμένον ἔχει· ἐπεὶ καὶ βασιλικῇ εἰκόνι μέγας γένοιτο κόσμος, οὐχ ὅταν ἐπὶ τοῦ θρόνου κάθηται πορφυρίδα περιβεβλημένος, καὶ διάδημα περικείμενος ὁ βασιλεὺς μόνον, ἀλλὰ καὶ ὅταν ὑπὸ τῷ ποδὶ τῷ βασιλικῷ βάρβαροι τῶν χειρῶν 384 ὀπίσω δεδεμένοι, κάτω τὰς κεφαλὰς νεύωσι κείμενοι. Καὶ ὅτι οὐ πιθανότητι κέχρηται λόγων, ὑμεῖς

que inducam ut præsenti hominis pœna sit contentus. Quoniam enim multi sunt e nostris adeo inhumani, ut nos etiam incusent, qui eum sacrario exceperimus, illorum duritiem nostris sermonibus mollire volens, miserias istius traduco. Quid enim est, quæso, dilecte, quod indigne fers? Dices, Quia in ecclesiam confugit, qui eam indesinenter impugnabat. Atqui hoc potissimum nomine glorificandus erat Deus, quod permisit eum in tanta constitui necessitate, ut et potentiam Ecclesiæ et clementiam disceret : potentiam, eo quod in tantam inciderit mutationem ob bella quæ ipsi intulerat : clementiam vero, quod ipsum objecto nunc scuto protegat, et alarum obtentu tueatur, præteritarumque injuriarum oblita, sinus ei amantissime pandat. Hoc enim quovis tropæo splendidius, quavis victoria illustrius, hoc ethnicos, hoc Judæos pudefacit, hoc placiditatem vultus ejus ostentat : quod hosti captivo parcat, et ab omnibus desertum ac contemtum sola ut amantissima mater suis velamentis occultet, Imperatoris simul iræ et intolerabili populi furori ac odio se opponens : hoc ipsum est eximium altaris ornamentum. Dices, Hoccine ornamentum, hominem scelestum, avarum, rapacem, altare contingere? Cave talia dixeris : quandoquidem et meretrix pedes ipsius Christi contigit, incesta illa et impura : nec tamen hoc in crimen Domino Jesu cessit, sed in laudem magnam et admirationem : neque enim purum impura offendit, sed scelestam meretricem purus et inculpabilis suo contactu purificavit. Cave injuriarum memineris, o homo. Crucifixi illius servi sumus dicentis : *Remitte illis, non enim sciunt quid faciunt*. (Luc. 23. 34.) Dices : At præclusit hujus loci refugium legibus scriptis, quibus hoc irritum facere conatus est. At nunc reipsa didicit, quale sit quod fecit : et suomet facto legem suam primus abrogavit, factus orbis totius spectaculum : et sileat licet, omnes tamen admonet, Nolite hæc facere, ne qualia ego patiamini. Sua calamitate alios docet, et altare hoc ipso illustrem ex se splendorem emittit, ac vel hinc tremendum videtur, quod leonem vinctum contineat : quandoquidem et regiæ effigiei non tantum ornatus ex eo contingat, si solio rex sublimi sedeat purpuratus et diademate redimitus, quantum si sub pedibus quoque regiis barbari manibus post terga revinctis proni jaceant. Et quod verbis non sit usus ad persuadendum paratis, vosmet festinatione vestra ac concursu attestamini. Etenim præclarum hodie nobis spe-

Eutropius in ecclesiam, cujus immunitatem violaverat, confugere coactus est.

ctaculum et hilaris conventus contingit : nec minorem nunc video populi frequentiam, quam in sacra Paschæ celebritate : adeo exciti estis istius silentio, quod impræsentiarum quavis tuba clariorem sonum emittit. Et virgines thalamis, et mulieres gynæceis desertis, et viri foro vacuo relicto, universi huc concurristis, ut humanam naturam traduci videretis, et sæcularium negotiorum momentaneam mutabilitatem detegi, illamque meretriciam faciem heri ac nudius tertius præclarissime splendentem (talis enim est ex alienis injuriis felicitas, quæ rugosa quavis anicula deformior apparet), rerum mutatione tamquam spongia quadam tectoria fucosque abstersisse.

4. Tanta nempe est hujus infortunii vis, quæ virum felicem ac conspicuum, nunc omnium abjectissimum reddidit. Introeat dives aliquis, et magnam utilitatem percipiet : videns enim tam celso fastigio delapsum eum qui totum orbem nutu concutiebat, ac formidine contractum, quavisque rana aut lepore timidiorem, et absque vinculis columnæ huic hærentem, et vice catenæ timore affixum trementemque, reprimet arrogantiam, fastum exuet, et consideratis quæ in humanis casibus consideranda sunt, discedet re ipsa doctus, quæ Scripturæ nos docent : quale est
Isai. 40. 6. 7. illud : *Omnis caro fœnum, et omnis gloria hominis ut flos fœni : aruit fœnum, et flos*
Psal. 36. 2. *ejus decidit* : item illud : *Sicut fœnum velociter arescent, et sicut olera herbarum cito decident* : et *Quoniam sicut fumus dies ejus sunt*,
Psal. 101. 4. et reliqua similia. Contra pauper introgressus, et hoc spectaculum animadvertens, non displicet sibi ipse, neque sortem suam deplorat; sed gratias insuper paupertati habet, quæ sibi et asyli vice sit tutissimi, et portus tranquillissimi, et areis munitissimæ : et his visis, si detur optio, mallet præsenti conditione contentus esse, quam omnium facultatibus paulisper occupatis, mox in proprii sanguinis periculum venire. Vides non parvam utilitatem divitibus et pauperibus, et celsis et humilibus, servis et ingenuis, ex hoc istius refugio enatam esse? vides ut cum remedio quisque hinc abeat, hujus rei spectaculo affectus curans suos? Num igitur mollivi vestros animos, aut indignationem expuli? num inhumanitatem exstinxi? num ad commiserationem adduxi? Equidem adduxisse me opinor : idque ex vultibus

μάρτυρες τῆς σπουδῆς καὶ τῆς συνδρομῆς. Καὶ γὰρ λαμπρὸν ἡμῖν τὸ θέατρον σήμερον, καὶ φαιδρὸς ὁ σύλλογος, καὶ ὅσον ἐν τῷ Πάσχα τῷ ἱερῷ δῆμον εἶδον ξυναγόμενον, τοσοῦτον ὁρῶ καὶ ἐνταῦθα νῦν· καὶ οὕτω σιγῶν πάντας ἐκάλεσε, σάλπιγγος λαμπροτέραν φωνὴν διὰ τῶν πραγμάτων ἀφείς. Καὶ παρθένοι θαλάμους, καὶ γυναῖκες γυναικῶνας, καὶ ἄνδρες τὴν ἀγορὰν κενώσαντες, πάντες ἐνταῦθα συνεδράμετε, ἵνα τὴν ἀνθρωπίνην φύσιν ἴδητε ἐλεγχομένην, καὶ τῶν βιωτικῶν πραγμάτων τὸ ἐπίκηρον ἀπογυ- B μνούμενον, καὶ τὴν πορνικὴν ὄψιν τὴν χθὲς καὶ πρώην φαιδρὸν ἀπολάμπουσαν (καὶ γὰρ τοιοῦτον ἡ εὐπραγία ἡ ἀπὸ τῶν πλεονεξιῶν, παντὸς γραϊδίου ῥυτίδας ἔχοντος αἰσχροτέρα φαινομένη), καθάπερ σπογγιᾷ τινι τῇ μεταβολῇ τὰ ἐπιτρίμματα καὶ τὰς ἐπιγραφὰς [a] ἐκμάξασαν.

Τοιαύτη γὰρ τῆς δυσημερίας ταύτης ἡ ἰσχύς· τὸν φαιδρὸν καὶ περιφανῆ πάντων ἐποίησεν εὐτελέστερον φαίνεσθαι νῦν. Κἂν πλούσιος εἰσέλθῃ, μεγάλα κερδαίνει· ὁρῶν γὰρ ἐκ τοσαύτης κορυφῆς κατενεχθέντα τὸν σείοντα τὴν οἰκουμένην ἅπασαν, καὶ συνεσταλ- C μένον, καὶ λαγωοῦ καὶ βατράχου δειλότερον γεγενημένον, καὶ χωρὶς δεσμῶν τῷ κίονι τούτῳ προσηλωμένον, καὶ ἀντὶ ἁλύσεως τῷ φόβῳ περισφιγγόμενον, καὶ δεδοικότα, καὶ τρέμοντα, καταστέλλει τὴν φλεγμονήν, καθαιρεῖ τὸ φύσημα, καὶ φιλοσοφήσας ἃ χρὴ περὶ τῶν ἀνθρωπίνων φιλοσοφεῖν, οὕτως ἄπεισιν, ἃ διὰ ῥημάτων λέγουσιν αἱ Γραφαὶ, ταῦτα διὰ τῶν πραγμάτων μανθάνων· ὅτι Πᾶσα σὰρξ χόρτος, καὶ πᾶσα δόξα ἀνθρώπου ὡς ἄνθος χόρτου· καὶ ὁ χόρτος ἐξηράνθη, καὶ τὸ ἄνθος ἐξέπεσεν· οἷον, Ὡσεὶ χόρτος ταχὺ ἀποξηρανθήσονται, καὶ ὡσεὶ λάχανα χλόης ταχὺ ἀποπεσοῦνται· ὅτι Ὡσεὶ καπνὸς αἱ ἡμέραι αὐ- D τοῦ, καὶ ὅσα τοιαῦτα. Πάλιν ὁ πένης εἰσελθὼν, καὶ πρὸς τὴν ὄψιν ταύτην ἰδὼν, οὐκ ἐξευτελίζει ἑαυτὸν, οὐδὲ ὀδυνᾶται διὰ τὴν πτωχείαν· ἀλλὰ καὶ χάριν οἶδε τῇ πενίᾳ, ὅτι χωρίον αὐτῷ γέγονεν ἄσυλον καὶ λιμὴν ἀκύμαντος, καὶ τεῖχος ἀσφαλές· καὶ πολλάκις ἂν ἕλοιτο ταῦτα ὁρῶν μένειν, ἔνθα ἐστὶν, ἢ πρὸς βραχὺ τὰ πάντων λαβὼν, ὕστερον καὶ ὑπὲρ αἵματος κινδυνεύειν ἑαυτοῦ. Ὁρᾷς ὡς οὐ μικρὸν κέρδος γέγονε καὶ πλουσίοις, καὶ πένησι, καὶ ταπεινοῖς, καὶ ὑψηλοῖς, E καὶ δούλοις, καὶ ἐλευθέροις ἀπὸ τῆς ἐνταῦθα τούτου καταφυγῆς; ὁρᾷς πῶς ἕκαστος φάρμακα λαβὼν ἐντεῦθεν ἄπεισιν, ἀπὸ τῆς ὄψεως ταύτης μόνης θεραπευόμενος; Ἆρα ἐμάλαξα ὑμῶν τὸ πάθος, καὶ ἐξέβαλον ὀργήν; ἆρα ἔσβεσα τὴν ἀπανθρωπίαν; ἆρα εἰς συμπάθειαν ἤγαγον; Σφόδρα ἔγωγε οἶμαι, καὶ δηλοῖ τὰ πρόσωπα, καὶ αἱ τῶν δακρύων πηγαί. Ἐπεὶ οὖν ὑμῖν ἡ πέτρα γέγονε βαθύγειος, καὶ λιπαρὰ

[a] Reg. ἐκμυχθεῖσαν.

χώρα, φέρε δὴ καὶ καρπὸν ἐλεημοσύνης βλαστήσαντες, καὶ τὸν στάχυν κομῶντα τῆς συμπαθείας ἐπιδειξάμενοι, προσπέσωμεν τῷ βασιλεῖ, μᾶλλον δὲ παρακαλέσωμεν τὸν φιλάνθρωπον Θεὸν, μαλάξαι τὸν θυμὸν τοῦ βασιλέως, καὶ ἁπαλὴν αὐτοῦ ποιῆσαι τὴν 385 καρδίαν, ὥστε ὁλόκληρον ἡμῖν δοῦναι τὴν χάριν. Καὶ A ἤδη μὲν γὰρ ἀπὸ τῆς ἡμέρας ἐκείνης, ἧς οὗτος κατέφυγεν ἐνταῦθα, οὐ μικρὰ γέγονεν ἡ μεταβολή· ἐπειδὴ γὰρ ὁ βασιλεὺς ἔγνω, ὅτι εἰς τὸ ἄσυλον τοῦτο χωρίον κατέδραμε, τοῦ στρατοπέδου παρόντος, καὶ παροξυνομένου ὑπὲρ τῶν αὐτῷ πεπλημμελημένων, καὶ εἰς σφαγὴν αὐτὸν αἰτούντων, μακρὸν ἀπέτεινε λόγον, τὸν στρατιωτικὸν καταστέλλων θυμὸν, ἀξιῶν μὴ τὰ ἁμαρτήματα μόνον, ἀλλὰ καὶ εἴ τι αὐτῷ γέγονε κατόρθωμα, καὶ τοῦτο λογίζεσθαι, καὶ τοῖς μὲν εἰδέναι χάριν ὁμολογῶν, ὑπὲρ δὲ τῶν ἑτέρως ἐχόντων ὡς ἀνθρώπῳ συγγινώσκων. Ὡς δὲ ἐπέκειντο πάλιν B εἰς ἐκδικίαν τοῦ ὑβρισμένου βασιλέως, βοῶντες, πηδῶντες, θανάτου μεμνημένοι, καὶ τὰ δόρατα σείοντες, πηγὰς λοιπὸν ἀφεὶς δακρύων ἀπὸ τῶν ἡμερωτάτων ὀφθαλμῶν, καὶ ἀναμνήσας τῆς ἱερᾶς τραπέζης, εἰς ἣν κατέφυγεν, οὕτω τὴν ὀργὴν κατέπαυσε.

Πλὴν ἀλλὰ καὶ ἡμεῖς τὰ παρ' ἑαυτῶν προσθῶμεν. Τίνος γὰρ ἂν ἦτε συγγνώμης ἄξιοι, εἰ τοῦ βασιλέως τοῦ ὑβρισμένου μὴ μνησικακοῦντος, ὑμεῖς οἱ μηδὲν τοιοῦτον παθόντες τοσαύτην ὀργὴν [a] ἐπεδείξασθε: πῶς δὲ τοῦ θεάτρου τούτου λυθέντος, ὑμεῖς μυστηρίων ἅψεσθε, καὶ τὴν εὐχὴν ἐρεῖτε ἐκείνην, δι' ἧς κε- C λευόμεθα λέγειν· Ἄφες ἡμῖν καθὼς καὶ ἡμεῖς ἀφίεμεν τοῖς ὀφειλέταις ἡμῶν, τὸν ὑμῶν ὀφειλέτην ἀπαιτοῦντες δίκην; Ἠδίκησε μεγάλα καὶ ὕβρισεν; Οὐδὲ ἡμεῖς ἀντεροῦμεν. Ἀλλ' οὐ δικαστηρίου καιρὸς νῦν, ἀλλ' ἐλέους· οὐκ εὐθύνης, ἀλλὰ φιλανθρωπίας· οὐκ ἐξετάσεως, ἀλλὰ συγχωρήσεως· οὐ ψήφου καὶ δίκης, ἀλλὰ οἴκτρου καὶ χάριτος. Μὴ τοίνυν φλεγμαινέτω τις, μηδὲ δυσχεραινέτω, ἀλλὰ μᾶλλον δεηθῶμεν τοῦ φιλανθρώπου Θεοῦ, δοῦναι αὐτῷ προθεσμίαν ζωῆς, καὶ τῆς ἀπειλουμένης ἐξαρπάσαι σφαγῆς, ὥστε αὐτὸν ἀποδύσασθαι τὰ πεπλημμελημένα, καὶ κοινῇ προσέλθωμεν τῷ φιλανθρώπῳ βασιλεῖ, ὑπὲρ D τῆς Ἐκκλησίας, ὑπὲρ τοῦ θυσιαστηρίου, ἕνα ἄνδρα τῇ τραπέζῃ τῇ ἱερᾷ χαρισθῆναι παρακαλοῦντες. Ἂν τοῦτο ποιήσωμεν, καὶ αὐτὸς ὁ βασιλεὺς ἀποδέξεται, καὶ ὁ Θεὸς πρὸ τοῦ βασιλέως ἐπαινέσεται, καὶ μεγάλην ἡμῖν τῆς φιλανθρωπίας ἀποδώσει τὴν ἀμοιβήν. Ὥσπερ γὰρ τὸν ὠμὸν καὶ ἀπάνθρωπον ἀποστρέφεται

[a] [Savil. ἐπεδείξασθε. Motel. et Montf. ἐπιδείξησθε.]

vestris ac lacrymis colligo. Quandoquidem igitur petra cordis vestri in pinguem et fertilem agrum versa est, age jam fructum quoque misericordiæ proferentes, uberesque commiserationis spicas præ nobis ferentes, procumbamus Imperatori ad genua: vel potius deprecemur benignissimum Deum, ut molliat iram Imperatoris, et cor illi tenerum dare dignetur, quo hanc gratiam integram ab ipso auferre possimus. Jam enim ex illo die quo huc confugit iste, non parva est facta mutatio: postquam enim cognovit Imperator eum ad asylum hoc se recepisse, affluente exercitu et concitato ob ejus crimina, deposcenteque hominem ad supplicium, longam habuit orationem, qua militarem indignationem compesceret, postulans ut non culparum modo, sed etiam recte factorum rationem haberent: ut qui pro illis gratiam haberet, et si quid secus accidisset, tamquam homini ignoscendum duceret. Cum autem illi de integro urgerent ad vindictam læsi Imperatoris, clamantes, exsilientes, ad mortem deposcentes, hastas vibrantes: tum vero fontes lacrymarum clementissimis suis oculis effundens, et sacrosanctæ mensæ, ad quam perfugerat, religionem illis incutiens, ægre tandem iram eorum sedavit.

5. Admoveamus igitur nos quoque quæ a nobis adhiberi par est. Qua enim ipsi venia digni essetis, si, Imperatore propriam injuriam condonante et oblito, vos nihil tale passi in ira obstinate pergeretis? aut quomodo hoc spectaculo soluto sacramenta contrectabitis: et precationem illam dicetis, qua rogare jubemur: *Dimitte nobis sicut et nos dimittimus debitoribus nostris*, si a debitore vostro pœnas exigatis? (Matth. 6. 12.) Injuriis vos forte magnis affecit ac contumeliis? Ne nos quidem istud inficias ibimus. Sed non tribunalis est præsens tempus, sed misericordiæ potius: non repetundarum, sed clementiæ: non examinis, sed condonationis: non suffragiorum ac calculorum, sed miserationis ac gratiæ. Ne igitur quis vestrum accendatur, neve ægre ferat, sed potius mitissimum Deum deprecemur, ut reo vitam proroget, cumque ex impendente cæde eripiat, ut ipse errata sua corrigat: et communi opera interpellemus clementissimum Imperatorem pro Ecclesia et altari, unum hominem sacrosanctæ mensæ donari obsecrantes. Quod si fecerimus, et Imperatori gratum faciemus, et Deus prius quam Imperator factum nostrum

approbabit, magnamque nobis hujus humanitatis mercedem retribuet. Sicut enim crudelem et inhumanum aversatur et odit : ita misericordem et humanum amplectitur et amat : eique, sive justus sit, splendidiores plectit coronas : sive peccator, peccata ejus dissimulat, commiserationis erga conservum talionem illi retribuens :
Osee. 6. 6. *Misericordiam volo*, inquit, *et non sacrificium;* et per universam Scripturam vides eum semper hoc requirere, atque hanc esse dicere peccatorum medelam. Proinde nos quoque ad hunc modum illum propitium reddemus, sic peccata nostra redimemus, sic Ecclesiam ornabimus, sic et Imperator clementissimus, ut dixi, nos laudabit : ita fiet ut universus populus nobis applaudat, et usque ad fines orbis terræ humanitatis et clementiæ nostræ fama celebretur, et hoc comperto ubique terrarum laude afficiamur. Ut igitur talibus bonis frui contingat, procidamus ad genua, obtestemur, deprecemur : eripiamus e periculis captivum, profugum, supplicem, ut et ipsi futura bona consequamur, gratia et benignitate Domini nostri Jesu Christi, cui gloria et imperium nunc et semper et in sæcula sæculorum. Amen.

καὶ μισεῖ, οὕτω τὸν ἐλεήμονα καὶ φιλάνθρωπον προσίεται καὶ φιλεῖ· κἂν μὲν δίκαιος ὁ τοιοῦτος ᾖ, λαμπροτέρους αὐτῷ πλέκει τοὺς στεφάνους· ἂν δὲ ἁμαρ-
E τωλὸς, παρατρέχει τὰ ἁμαρτήματα, τῆς πρὸς τὸν ὁμόδουλον συμπαθείας ἀμοιβὴν αὐτῷ ταύτην ἀποδιδούς· Ἔλεον γὰρ, φησὶ, θέλω, καὶ οὐ θυσίαν· καὶ πανταχοῦ τῶν Γραφῶν ὁρᾷς αὐτὸν τοῦτο ἀεὶ ἐπιζητοῦντα, καὶ ταύτην λύσιν τῶν ἁμαρτημάτων εἶναι λέγοντα. Οὕτω τοίνυν αὐτὸν καὶ ἡμεῖς ἵλεων [b]ἐργασόμεθα, οὕτω τὰ ἡμέτερα διαλύσομεν πλημμελήματα, οὕτω τὴν Ἐκκλησίαν κοσμήσομεν, οὕτω καὶ βασιλεὺς ἡμᾶς ὁ φιλάνθρωπος ἐπαινέσεται, καθάπερ ἔφθην εἰπὼν, καὶ ἅπας ὁ δῆμος κροτήσει, καὶ τὰ πέρατα τῆς οἰκουμένης τὸ φιλάνθρωπον καὶ ἥμερον τῆς
386 πόλεως θαυμάσεται, καὶ μαθόντες οἱ πανταχοῦ τῆς
A γῆς τὰ γενόμενα κηρύξουσιν ἡμᾶς. Ἵνα οὖν ἀπολαύσωμεν τῶν τοσούτων ἀγαθῶν, προσπέσωμεν, παρακαλέσωμεν, δεηθῶμεν, ἐξαρπάσωμεν τοῦ κινδύνου τὸν αἰχμάλωτον, τὸν φυγάδα, τὸν ἱκέτην, ἵνα καὶ αὐτοὶ τῶν μελλόντων ἀγαθῶν ἐπιτύχωμεν, χάριτι καὶ φιλανθρωπίᾳ τοῦ Κυρίου ἡμῶν Ἰησοῦ Χριστοῦ, ᾧ ἡ δόξα καὶ τὸ κράτος, νῦν καὶ ἀεὶ, καὶ εἰς τοὺς αἰῶνας τῶν αἰώνων. Ἀμήν.

b Ms. Reg. ἐργασώμεθα... διαλύσωμεν... κοσμήσωμεν. Morel. et Savil. ἐργασόμεθα... διαλύσομεν.... κοσμήσομεν.

HOMILIA

Cum extra ecclesiam deprehensus Eutropius abreptus fuit. De paradiso seu horto, et de
Psal. 44. 10. *Scripturis; atque in illud,* Adstitit regina a dextris tuis.

[a]ΟΜΙΛΙΑ

Ὅτε τῆς ἐκκλησίας ἔξω εὑρεθεὶς Εὐτρόπιος ἀπε-
B σπάσθη, καὶ περὶ παραδείσου καὶ Γραφῶν, καὶ εἰς τὸ, Παρέστη ἡ βασίλισσα ἐκ δεξιῶν σου.

1. Suave pratum, suavis est hortus, at longe suavior divinarum Scripturarum lectio. Illic quippe marcescentes flores, hic sententiæ vividæ : illic zephyrus spirat, hic aura Spiritus : illic spinæ sepiunt, hic providentia Dei tutatur : illic cicadæ cantitant, hic prophetæ modulantur : illic ex aspectu voluptas, hic ex lectione utilitas. Hortus uno in loco, Scripturæ ubique terrarum; hortus tempestatum necessitati subditus est, Scripturæ et hyeme et æstate comantes foliis, fru-
Lectionis Scripturarum utilitas. ctibus onustæ sunt. Attendamus igitur Scripturarum lectioni : nam si Scripturæ attendas, abigit

[b]Ἡδὺς μὲν λειμὼν καὶ παράδεισος, πολὺ δὲ ἡδύτερον τῶν θείων Γραφῶν ἡ ἀνάγνωσις. Ἐκεῖ μὲν γάρ ἐστιν ἄνθη μαραινόμενα, ἐνταῦθα δὲ νοήματα ἀκμάζοντα· ἐκεῖ ζέφυρος πνέων, ἐνταῦθα δὲ Πνεύματος αὔρα· ἐκεῖ ἄκανθαι αἱ τειχίζουσαι, ἐνταῦθα δὲ πρόνοια Θεοῦ ἡ ἀσφαλιζομένη· ἐκεῖ τέττιγες ᾄδοντες, ἐνταῦθα δὲ προφῆται κελαδοῦντες· ἐκεῖ τέρψις ἀπὸ τῆς ὄψεως, ἐνταῦθα δὲ ὠφέλεια ἀπὸ τῆς ἀναγνώσεως.
C Ὁ παράδεισος ἐν ἑνὶ χωρίῳ, αἱ δὲ Γραφαὶ πανταχοῦ τῆς οἰκουμένης· ὁ παράδεισος δουλεύει καιρῶν ἀνάγκαις, αἱ δὲ Γραφαὶ καὶ ἐν χειμῶνι καὶ ἐν θέρει κομῶσι τοῖς φύλλοις, βρίθουσι τοῖς καρποῖς. Προσέχω-

a Collata cum Mss. Reg. 1933, 1963, 1965, 2343. Titulum damus ut in Mss. et Savil. habetur.

b Savil. et unus Cod. ἡδύ. V. Præf. Tomi hujus § V.

μεν τοίνυν τῇ τῶν Γραφῶν ἀναγνώσει· ἐὰν γὰρ τῇ Γραφῇ προσέχῃς, ἐκβάλλει σου τὴν ἀθυμίαν, φυτεύει σου τὴν ἡδονὴν, ἀναιρεῖ τὴν κακίαν, ῥιζοῖ τὴν ἀρετὴν, οὐκ ἀφίησιν ἐν θορύβῳ πραγμάτων τὰ τῶν κλυδωνιζομένων πάσχειν. Ἡ θάλασσα μαίνεται, σὺ δὲ μετὰ γαλήνης πλέεις· ἔχεις γὰρ κυβερνήτην τῶν Γραφῶν τὴν ἀνάγνωσιν· τοῦτο γὰρ τὸ σχοινίον οὐ διαῤῥήγνυσι τῶν πραγμάτων ὁ πειρασμός. Καὶ ὅτι οὐ D ψεύδομαι, μαρτυρεῖ τὰ πράγματα αὐτά. Ἐπολιορκήθη ἡ Ἐκκλησία πρὸ ὀλίγων ἡμερῶν· ἦλθε στρατόπεδον, καὶ πῦρ ἀπὸ τῶν ὀφθαλμῶν ἠφίει, καὶ τὴν ἐλαίαν οὐκ ἐμάρανε· ξίφη γεγύμνωντο, καὶ τραύματα οὐδεὶς ἐδέξατο· αἱ βασιλικαὶ πύλαι ἐν ἀγωνίᾳ, καὶ ἡ Ἐκκλησία ἐν ἀσφαλείᾳ· καίτοι γε ὁ πόλεμος ἐνταῦθα ἔῤῥευσεν. Ἐνταῦθα γὰρ ἐζητεῖτο ὁ καταφυγὼν, καὶ παριστάμεθα μὴ δεδοικότες τὸν ἐκείνων θυμόν. Τί δήποτε; Εἴχομεν ἐνέχυρον ἀσφαλὲς τὸ, Σὺ εἶ Πέτρος, καὶ ἐπὶ ταύτῃ τῇ πέτρᾳ οἰκοδομήσω μου τὴν Ἐκκλησίαν· καὶ πύλαι ᾅδου οὐ κατισχύσουσιν αὐτῆς. Ἐκκλησίαν δὲ λέγω, οὐ τόπον μόνον, ἀλλὰ καὶ τρόπον· οὐ τοίχους ἐκκλησίας, ἀλλὰ νόμους Ἐκκλησίας. Ὅταν καταφεύγῃς ἐν ἐκκλησίᾳ, μὴ τόπῳ καταφύγῃς, ἀλλὰ γνώμῃ. Ἐκκλησία γὰρ οὐ τοῖχος καὶ ὄροφος, ἀλλὰ πίστις καὶ βίος. Μὴ λέγε, ὅτι προεδόθη ἀπὸ Ἐκκλησίας ὁ προδοθείς· εἰ μὴ ἀφῆκε τὴν ἐκκλησίαν, οὐκ ἂν προεδίδοτο. Μὴ λέγε, ὅτι καὶ κατέφυγε καὶ προεδόθη· οὐχ ἡ Ἐκκλησία αὐτὸν ἀφῆκεν, ἀλλ' αὐτὸς τὴν ἐκκλησίαν ἀφῆκεν. Οὐκ ἔνδοθεν παρεδόθη, ἀλλ' ἔξωθεν. [a] Διὰ τί κατέλιπε τὴν ἐκ- 387 A κλησίαν; Ἐβούλου σώζεσθαι; Ὤφειλες κατέχειν τὸ θυσιαστήριον. Οὐκ ἦσαν ἐνταῦθα τοῖχοι, ἀλλὰ Θεοῦ πρόνοια ἡ ἀσφαλιζομένη. Ἁμαρτωλὸς ἦς; Οὐκ ἀποπέμπεταί σε ὁ Θεός· οὐκ ἦλθε γὰρ καλέσαι δικαίους, ἀλλὰ ἁμαρτωλοὺς εἰς μετάνοιαν. Πόρνη ἐσώθη, ἐπειδὴ πόδας κατέσχεν. Ἠκούσατε τοῦ σήμερον ἀνεγνωσμένου; Ταῦτα δὲ λέγω, ἵνα μηδέποτε εἰς Ἐκκλησίαν καταφεύγων ἀμφιβάλῃς. Μένε εἰς Ἐκκλησίαν, καὶ οὐ προδίδοσαι ἀπὸ τῆς Ἐκκλησίας. Ἐὰν δὲ φύγῃς ἀπὸ Ἐκκλησίας, οὐκ αἰτία ἡ Ἐκκλησία. Ἐὰν μὲν γὰρ ᾖς ἔσω, ὁ λύκος οὐκ εἰσέρχεται· ἐὰν δὲ ἐξέλθῃς ἔξω, θηριάλωτος γίνῃ· ἀλλ' οὐ παρὰ τὴν μάνδραν τοῦτο, ἀλλὰ παρὰ τὴν σὴν μικροψυχίαν. Ἐκκλησίας οὐδὲν ἴσον. Μή μοι λέγε τείχη καὶ ὅπλα· B τείχη μὲν γὰρ τῷ χρόνῳ παλαιοῦνται, ἡ Ἐκκλησία δὲ οὐδέποτε γηρᾷ. Τείχη βάρβαροι καταλύουσιν, Ἐκκλησίας δὲ οὐδὲ δαίμονες περιγίνονται. Καὶ ὅτι οὐ κόμπος τὰ ῥήματα, μαρτυρεῖ τὰ πράγματα. Πόσοι ἐπολέμησαν τὴν Ἐκκλησίαν, καὶ οἱ πολεμήσαντες ἀπώλοντο; αὕτη δὲ ὑπὲρ τῶν οὐρανῶν ἀναβέβηκε. Τοιοῦτον ἔχει μέγεθος ἡ Ἐκκλησία· πολεμουμένη

illa mœrorem, voluptatem inserit tibi, malitiam tollit, virtutis radices roborat, nec sinit in negotiorum tumultu fluctantium more turbari. Furit pelagus, tu vero cum tranquillitate navigas; vice namque gubernatoris habes Scripturarum lectionem: hunc enim funiculum non abrumpit negotiorum tentatio. Quod autem non mentiar, res ipsæ testificantur. Ante dies aliquot obsessa fuit Ecclesia: venit exercitus, qui ignem oculis emittebat, neque tamen olivam marcidam reddidit: nudabantur enses, nemoque vulnus accepit: imperatoria ostia in anxietate versabantur, et Ecclesia in tuto posita erat, etiamsi huc bellum eruperit. Hic quærebatur is, qui huc confugerat: illorumque furorem non formidantes adstitimus. Quare? Aderat nobis tutissimum pignus, nempe illud: *Tu es Petrus, et super hanc petram* Matth. 16. *ædificabo Ecclesiam meam, et portæ inferi* 18. *non prævalebunt adversus eam*. Ecclesiam dico, non locum tantum, sed mores; non muros ecclesiæ, sed leges Ecclesiæ. Cum confugeris in ecclesiam, non locum pete, sed animo transfuge. Ecclesia enim non murus et tectum, sed fides et vitæ ratio est. Ne dicas eum, qui proditus est, ab Ecclesia proditum esse: nisi deseruisset ecclesiam, captus non fuisset. Ne dicas ipsum confugisse et proditum fuisse: non Ecclesia ipsum dimisit, sed ipse ecclesiam dimisit. Non intus proditus est, sed foris. Cur reliquit ecclesiam? Te servatum volebas? Altare complecti oportebat. Non hi muri, sed Dei providentia te tutum præstare poterat. Peccator eras? Non te Deus ideo respuit: non enim venit vocare justos, sed Matth. 9. peccatores ad pœnitentiam. 13. Meretrix salutem consequuta est, quia pedes apprehendit. Audistisne hodiernam lectionem? Hæc porro dico, ut numquam dubites in Ecclesiam confugere. Mane in Ecclesia, et non proderis ab Ecclesia. Quod si fugeris ab Ecclesia, tunc Ecclesia in causa non erit. Nam si intus fueris, lupus non ingreditur; sin exieris, a bellua capieris; verum non caula, sed pusillanimitas tua in causa erit. Nihil Ecclesiæ par est. Ne mihi commemores muros et arma: muri enim tempore deteruntur, Ecclesia vero numquam senescit. Muros barbari demoliuntur, Ecclesiam ne dæmones quidem vincunt. Quod hæc non sint jactantiæ verba, res ipsæ testantur. Quot Ecclesiam oppugnarunt, ipsique perierunt? Ecclesia vero cælos transcendit. Talis est Ecclesiæ magnitudo: vincit impugnata; insidiis ap-

Eutropius quomodo captus.

[a] Alii cum Savil. διότι κατέλιπε: alii cum Morel. διὰ τί κατέλιπε.

petita superat; contumeliis affecta splendidior evadit; vulnera excipit, nec ulceribus cadit; agitata fluctibus non demergitur; procellis impetita naufragium non patitur; luctatur, nec prosternitur; pugilatu certat, nec vincitur. Cur ergo bellum permisit? Ut illa splendidius tropæum erigeret. Aderatis illo die, ac vidistis quanta moverentur arma: militaris furor igne vehementior erat: nosque ad aulam imperatoriam properabamus. Sed quid? Per Dei gratiam nihil eorum nos terruit.

Vero Christiano nihil timendum.

2. Hæc porro dico, ut et vos imitemini. Cur non perterriti sumus? Quod nullum præsentium malorum formidaremus. Quid enim grave est? An mors? Nequaquam gravis est illa: citius enim ad tranquillum portum deveniemus. An bonorum publicationes? *Nudus egressus sum de utero matris meæ, et nudus revertar.* Num exsilia? *Domini est terra, et plenitudo ejus.* Num calumniæ? *Gaudete et exsultate, cum dixerint omne malum verbum adversum vos mentientes, quoniam merces vestra multa est in cælis.* Videbam gladios, et cælum cogitabam: exspectabam mortem, et in mentem veniebat resurrectio: has infimas ærumnas cernebam, et superna præmia numerabam: insidias observabam, et supernam coronam meditabar; certaminum argumentum satis erat ad consolationem. Abducebar utique; sed id mihi contumeliæ non erat: una quippe contumelia est, peccatum. Licet enim te totus orbis contumelia affecerit, si eam tu tibi ipse non inferas, nequaquam contumelia affectus es. Proditio ea solum est, quæ ex conscientia procedit. Ne tuam prodas conscientiam, et nemo te prodet. Abducebar, et videbam negotia; imo potius verba mea in negotia conversa, nempe concionem meam, quam verbis habueram, in foro per res ipsas denuntiatam. Quam concionem? Eam quam semper dicebam. Insufflavit ventus, et folia dejecit. *Exsiccatum est fœnum, et flos decidit.* Abiit nox, et illuxit dies; rejecta est umbra, et apparuit veritas. Ascenderunt usque ad cælos, et descenderunt usque ad planitiem. Fluctus enim, qui se in altum extulerant, per humana negotia depressi sunt. Quomodo? Doctrina erant ea, quæ gesta sunt. Et dicebam intra meipsum: An posteri hinc erudientur? an duobus non transactis diebus hæc, quæ gesta sunt, oblivioni sunt tradita? Manentia erant illa monita. Rursus dicam, ite-

Job. 1. 21.
Psal. 23. 2.
Matth. 5. 12.
Isai. 40. 8.

νικᾷ· ἐπιβουλευομένη περιγίνεται· ὑβριζομένη, λαμπροτέρα καθίσταται· δέχεται τραύματα, καὶ οὐ καταπίπτει ὑπὸ τῶν ἑλκῶν· κλυδωνίζεται, ἀλλ' οὐ καταποντίζεται· χειμάζεται, ἀλλὰ ναυάγιον οὐχ ὑπομένει· παλαίει, ἀλλ' οὐχ ἡττᾶται· πυκτεύει, ἀλλ' οὐ νικᾶται. Διὰ τί οὖν συνεχώρησε τὸν πόλεμον; Ἵνα [a] δείξῃ λαμπρότερον τὸ τρόπαιον. Παρῆτε κατὰ τὴν ἡμέραν ἐκείνην, καὶ ἐβλέπετε ὅσα ἐκινεῖτο ὅπλα, καὶ θυμὸς στρατιωτικὸς πυρὸς σφοδρότερος, καὶ ἡμεῖς ἐπὶ τὰς βασιλικὰς αὐλὰς ἐπειγόμεθα. Ἀλλὰ τί; Τοῦ Θεοῦ χάριτι οὐδὲν ἡμᾶς ἐκείνων κατέπληξε.

Ταῦτα δὲ λέγω, ἵνα καὶ ὑμεῖς μιμῆσθε. Διὰ τί δὲ οὐ κατεπλάγημεν; Ὅτι οὐδὲν τῶν παρόντων δεινῶν ἐδεδοίκαμεν. Τί γάρ ἐστι δεινόν; Θάνατος; Οὐκ ἔστι τοῦτο δεινόν· ταχέως γὰρ ἐπὶ τὸν λιμένα ἀπερχόμεθα τὸν ἀκύμαντον. Ἀλλὰ δημεύσεις; Γυμνὸς ἐξῆλθον ἐκ κοιλίας μητρός μου, γυμνὸς καὶ ἀπελεύσομαι. Ἀλλ' ἐξορίαι; Τοῦ Κυρίου ἡ γῆ καὶ τὸ πλήρωμα αὐτῆς. Ἀλλὰ συκοφαντίαι; Χαίρετε καὶ ἀγαλλιᾶσθε, ὅταν εἴπωσι πᾶν πονηρὸν ῥῆμα καθ' ὑμῶν ψευδόμενοι, ὅτι ὁ μισθὸς ὑμῶν πολὺς ἐν τοῖς οὐρανοῖς. Ἑώρων τὰ ξίφη, καὶ τὸν οὐρανὸν ἐλογιζόμην· προσεδόκων τὸν θάνατον, καὶ τὴν ἀνάστασιν ἐνενόουν· ἑώρων τὰ κάτω πάθη, καὶ ἠρίθμουν τὰ ἄνω βραβεῖα· ἔβλεπον τὰς ἐπιβουλὰς, καὶ ἐλογιζόμην τὸν ἄνω στέφανον· ἡ γὰρ ὑπόθεσις τῶν ἀγώνων ἀρκοῦσα ἦν εἰς παράκλησιν καὶ παραμυθίαν. Ἀπηγόμην δὲ, ἀλλ' οὐκ ἦν ὕβρις ἐμοὶ τὸ γινόμενον· ὕβρις γὰρ ἓν μόνον ἐστὶν, ἡ ἁμαρτία. Κἂν γὰρ ἡ οἰκουμένη πᾶσά σε ὑβρίζῃ, σὺ δὲ σαυτὸν μὴ ὑβρίσῃς, οὐχ ὑβρίσθης. Προδοσία μόνη ἡ τοῦ συνειδότος. Μὴ προδῷς σου τὸ συνειδὸς, καὶ οὐδείς σε προδίδωσιν. Ἀπηγόμην, καὶ ἑώρων τὰ πράγματα, μᾶλλον δὲ τὰ ῥήματά μου πράγματα γινόμενα, τὴν ὁμιλίαν μου, τὴν διὰ τῶν ῥημάτων, ἐπὶ τῆς ἀγορᾶς διὰ τῶν πραγμάτων κηρυττομένην. Ποίαν ὁμιλίαν; Ἣν ἔλεγον ἀεί. Ἄνεμος ἔπνευσε, καὶ τὰ φύλλα κατέβαλεν. Ἐξηράνθη ὁ χόρτος, καὶ τὸ ἄνθος ἐξέπεσεν. Ἀπῆλθεν ἡ νὺξ, καὶ ἐφάνη ἡ ἡμέρα· ἠλέγχθη ἡ σκιὰ, καὶ ἐφάνη ἡ ἀλήθεια. Ἀνέβησαν ἕως τῶν οὐρανῶν, καὶ κατέβησαν ἕως τῶν πεδίων. Τὰ κύματα γὰρ ἄνω κατεστάλη διὰ τῶν ἀνθρωπίνων πραγμάτων. Πῶς; Διδασκαλία ἦν τὰ γινόμενα. Καὶ ἔλεγον πρὸς ἐμαυτόν· ἆρα σωφρονίσονται οἱ μετὰ ταῦτα; ἆρα οὐ παρέρχονται δύο ἡμέραι, καὶ λήθῃ τὰ γινόμενα παραδίδοται; Ἔναυλα τὰ ὑπομνήματα ἦν. Πάλιν εἴπω, πάλιν λαλήσω. Τί ὄφελος; Μᾶλλον δὲ ὄφελος. Κἂν γὰρ μὴ πάντες ἀκούσωσι, οἱ ἡμίσεις ἀκούσονται· κἂν μὴ οἱ ἡμίσεις ἀκούσωσι, τὸ τρίτον μέρος· κἂν μὴ τὸ τρίτον, τὸ τέταρτον· κἂν μὴ τὸ τέταρτον, κἂν δέκα· κἂν μὴ

a Alii [et Savil.] δέξῃ, alii δείξῃ.

δέκα, κἂν πέντε· κἂν μὴ πέντε, κἂν εἷς· [a] κἂν μὴ εἷς, ἐγὼ τὸν μισθὸν ἀπηρτισμένον ἔχω. Ἐξηράνθη ὁ χόρτος, καὶ τὸ ἄνθος ἐξέπεσε· τὸ δὲ ῥῆμα τοῦ Θεοῦ μένει εἰς τὸν αἰῶνα.

Εἴδετε τῶν ἀνθρωπίνων πραγμάτων τὴν εὐτέλειαν; εἴδετε τῆς δυναστείας τὸ ἐπίκηρον; εἴδετε τὸν πλοῦτον, ὃν ἀεὶ δραπέτην ἐκάλουν, οὐ δραπέτην δὲ μόνον, ἀλλὰ καὶ ἀνδροφόνον; Οὐ γὰρ καταλιμπάνει τοὺς ἔχοντας μόνον, ἀλλὰ καὶ σφάζει αὐτούς· ὅταν γάρ C τις αὐτὸν θεραπεύῃ, τότε μάλιστα αὐτὸν παραδίδωσι. Τί θεραπεύεις τὸν πλοῦτον τὸν σήμερον πρὸς σὲ, καὶ αὔριον πρὸς ἄλλον; τί θεραπεύεις πλοῦτον, τὸν μηδέποτε κατασχεθῆναι δυνάμενον; Βούλει θεραπεῦσαι αὐτόν; βούλει αὐτὸν κατασχεῖν; Μὴ κατορύξῃς αὐτὸν, ἀλλὰ δὸς αὐτὸν εἰς τὰς χεῖρας τῶν πενήτων. Θηρίον ἐστὶν ὁ πλοῦτος· ἂν μὲν κατέχηται, φεύγει· ἂν δὲ σκορπίζηται, μένει. Ἐσκόρπισε γὰρ, φησὶν, ἔδωκε τοῖς πένησιν, ἡ δικαιοσύνη αὐτοῦ μένει εἰς τὸν αἰῶνα. Σκόρπισον, ἵνα μείνῃ· μὴ κατορύξῃς, ἵνα μὴ φύγῃ. Ποῦ ὁ πλοῦτος; ἡδέως ἂν ἐροίμην τοὺς ἀπελθόν- D τας. Λέγω δὲ ταῦτα οὐκ ὀνειδίζων, μὴ γένοιτο, οὐδὲ ἀναξαίνων τὰ ἕλκη, ἀλλὰ τὰ ἑτέρων ναυάγια ὑμῖν λιμένα κατασκευάζων. Ὅτε οἱ στρατιῶται, καὶ τὰ ξίφη, [b] ὅτε πόλις ἐκαίετο, ὅτε διάδημα οὐκ ἴσχυεν, ὅτε πορφύρα ὑβρίζετο, ὅτε μανίας πάντα ἔγεμε, ποῦ ὁ πλοῦτος; ποῦ τὰ ἀργυρώματα; ποῦ αἱ κλῖναι αἱ ἀργυραῖ; ποῦ οἱ οἰκέται; Πάντες ἐν φυγῇ. Ποῦ οἱ εὐνοῦχοι; Πάντες ἐδραπέτευσαν. Ποῦ οἱ φίλοι; Τὰ προσωπεῖα ἤλλασσον. Ποῦ αἱ οἰκίαι; Ἀπεκλείοντο. Ποῦ τὰ χρήματα; Ἔφυγεν ὁ ἔχων αὐτά. Καὶ τὰ χρήματα ποῦ; Κατω- E ρύγη. Ποῦ ἐκρύβη τοῦτο ὅλον; Μὴ φορτικός εἰμι, μὴ ἐπαχθὴς, ἀεὶ λέγων, ὅτι ὁ πλοῦτος τοὺς κακῶς κεχρημένους προδίδωσιν; Ἦλθεν ὁ καιρὸς δεικνὺς τῶν ῥημάτων τὴν ἀλήθειαν. Τί κατέχεις αὐτὸν, ἐν πειρασμῷ σε μηδὲν ὠφελοῦντα; Εἰ ἔχει ἰσχὺν, ὅταν ἐμπέσῃς εἰς ἀνάγκην, παρέστω σοι· εἰ δὲ τότε φεύγει, τί χρείαν αὐτοῦ ἔχεις; Αὐτὰ τὰ πράγματα μαρτυρεῖ. Τί τὸ ὄφελος; Ξίφη ἠκονημένα, θάνατος ἀπειλού- 389 A μενος, στρατόπεδον μαινόμενον, προσδοκία ἀπειλῆς τοσαύτης· καὶ ὁ πλοῦτος οὐδαμοῦ. Ποῦ ἔφυγεν ὁ δραπέτης; Αὐτός σοι κατεσκεύασε ταῦτα πάντα, καὶ ἐν καιρῷ ἀνάγκης φεύγει. Καίτοι πολλοὶ ἐγκαλοῦσί μοι ἀεὶ λέγοντες, κεκόλλησαι τοῖς πλουσίοις· καὶ γὰρ καὶ ἐκεῖνοι ἀεὶ κεκόλληνται τοῖς πένησιν. Ἐγὼ δὲ

rum loquar. Quæ hinc utilitas? Into utilitas aderit. Licet enim non omnes audiant, pars saltem dimidia audiet; si nec dimidia pars, saltem tertia; si neque tertia, quarta; si non quarta pars, saltem decem; si non decem, quinque; si non quinque, saltem unus; si neque unus, ego paratam mercedem habeo. *Exsiccatum est fœnum, et flos decidit: verbum autem Dei manet in æternum.* Isai. 40. 8.

3. Vidistisne humanarum rerum vilitatem? vidistisne potentiæ fragilitatem? vidistisne divitias, quas semper fugitivas dixeram, non modo fugitivas, sed etiam homicidas? Non C enim solum se possidentes deserunt, sed etiam jugulant: cum enim quis eas studiose colit, tum maxime illæ cultorem suum produnt. Cur divitias colis, quæ hodie penes te sunt, cras penes alium? cur divitias colis, quæ numquam retineri possunt? Vis eas colere? vis retinere? Ne defodias eas, sed in pauperum manus tradas. Feræ sunt divitiæ: si retineantur, fugiunt; sin dispergantur, manent. Nam *Dispersit*, inquit, *dedit pauperibus, justitia ejus manet in sæculum*. Disperge, ut maneant: ne D defodias, ne fugiant. Ubinam sunt divitiæ? ut placide interrogem eos, qui tunc abscesserunt. Hæc autem non exprobrans dico, neque ulcera refricans, absit, sed ut aliorum naufragia in portum vobis convertam. Cum milites, cum gladii adorant, cum urbs incendebatur, cum diadema nihil poterat, cum purpura contumeliis afficiebatur, cum omnia furore plena erant, ubinam divitiæ? ubi vasa argentea? ubi argentei lecti? ubi domestici? In fuga omnes. Ubi eunuchi? E Omnes sese proripuerunt. Ubi amici? Larvas ponebant. Ubi domus? Claudebantur. Ubi pecuniæ? Earum possessor aufugit. Et ubi tandem pecuniæ? Defossæ sunt. Ubinam reconditæ? Num molestus vobis sum, num onerosus, dum semper dico, divitias eos, qui ipsis male utuntur, prodere? Venit tempus, quo verborum veritas ostenderetur. Quid eas retines, quæ in 389 A tentatione nihil te juvare possunt? Si quid habent virium, adsint tibi cum in necessitatem incideris: si tunc diffugiunt, cuinam tibi usui sunt? Ipsæ res testificantur. Quænam ex iis utilitas? Gladii acuti, mors imminens, exercitus furens, tot minarum exspectatio: divitiæ vero nusquam comparent. Quo se subduxerunt illæ fugitivæ? Ipsæ

Divitiarum quis usus.

Psal. 111. 9.

[a] Κἂν μὴ εἷς deerat in Edito Morel., sed habetur in Mss. et in Savil.

[b] Unus sic habet, ὅτε ἡ πόλις ἐκαίετο, ὅτε μανία ἠρό-ρητος, ὅτε νόμοι ἐπατοῦντο, ὅτε βασιλεῖς κατεφρονοῦντο, ὅτε διάδημα.

tibi hæc omnia mala procurarunt, et in tempore necessitatis fugiunt. Quamquam me multi semper accusant, quod divites incessam : at illi pauperes semper incessunt. Ego vero semper incesso divites ; non, inquam, divites, sed eos, qui male divitiis utuntur. Semper enim dico me non criminari divitem, sed rapacem. Aliud dives, aliud rapax ; aliud opulentus, aliud avarus. Res distingue, ne confundas ea, quæ commisceri non possunt. Dives es? Non prohibeo. Rapax es? Hoc do crimini. Tua possides? His fruare. Aliena rapis? Non sileo. Vis me lapidare? Paratus sum sanguinem profundere, peccatum dumtaxat tuum prohibeo. Non curo odia, non bellum : una mihi cura est auditorum profectus. Filii mei sunt perinde divites atque pauperes : ambos enim eadem parturivit alvus ; iisdem ambo doloribus nati. Si itaque pauperem incessas, te arguo : non tantum est damnum pauperis, quantum divitis. Nam pauper non multum detrimenti patitur ; in pecuniis enim læditur : tu vero in anima læderis. Qui vult, cædat, lapidibus impetat, odio habeat : materia quippe coronarum insidiæ sunt, præmiorum idem numerus, qui vulnerum.

κεκόλλημαι τοῖς πλουσίοις· οὐ τοῖς πλουσίοις δὲ, ἀλλὰ τοῖς κακῶς τῷ πλούτῳ κεχρημένοις. Ἀεὶ γὰρ λέγω, ὅτι οὐ τὸν πλούσιον διαβάλλω, ἀλλὰ τὸν ἅρπαγα. Ἄλλο δὲ πλούσιος, καὶ ἄλλο ἅρπαξ· ἄλλο εὔπορος, καὶ ἄλλο πλεονέκτης. Διαίρει τὰ πράγματα, καὶ μὴ σύγχεε τὰ ἄμικτα. Πλούσιος εἶ; Οὐ κωλύω. Ἅρπαξ εἶ; Κατηγορῶ. Ἔχεις τὰ σά; Ἀπόλαυε. Λαμβάνεις τὰ ἀλλότρια; Οὐ σιγῶ. Θέλεις με λιθάσαι; Ἕτοιμός εἰμι τὸ αἷμά μου ἐκχέειν, μόνον τὴν ἁμαρτίαν σου κωλύω. Ἐμοὶ οὐ μέλει μῖσος, οὐ μέλει μοι πόλεμος· ἑνὸς δέ μοι μόνον μέλει, τῆς προκοπῆς τῶν ἀκουόντων. Καὶ οἱ πλούσιοι ἐμὰ τέκνα, καὶ οἱ πένητες ἐμὰ τέκνα· ἡ αὐτὴ γαστὴρ ἀμφοτέρους ὤδινεν· αἱ αὐταὶ ὠδῖνες ἀμφοτέρους ἔτεκον. Ἂν τοίνυν κεκόλλησαι τῷ πένητι, κατηγορῶ σου· [a] οὐ γὰρ τοῦ πένητος τοσαύτη ζημία, ὅση τοῦ πλουσίου. Ὁ μὲν γὰρ πένης οὐδὲν μέγα ἀδικεῖται· εἰς χρήματα γὰρ βλάπτεται· σὺ δὲ εἰς ψυχὴν βλάπτῃ. Ὁ βουλόμενος ἀποτεμνέτω, ὁ βουλόμενος λιθαζέτω, ὁ βουλόμενος μισείτω· ὑποθῆκαι γὰρ ἐμοὶ στεφάνων αἱ ἐπιβουλαὶ, καὶ ἀριθμὸς βραβείων τὰ τραύματα.

4. Insidias igitur non timeo : unum timeo, peccatum. Ne me quis peccati arguere possit, et totus orbis me bello impetat. Hoc quippe bellum me splendidiorem efficit. Ita et vos instituere volo. Ne timeatis insidias viri potentis, sed timete vim peccati. Homo te non lædet, nisi tu teipsum. Si peccatum non habeas, et innumeri adsint gladii, te Deus eripiet; si peccatum habeas, et in paradiso fueris, inde excides. In paradiso erat Adam, et cecidit; in fimo sedebat Job, et coronatus est. Quid illi profuit paradisus, quid huic obfuit fimus? Illi nemo insidiabatur, et supplantatus est; huic diabolus insidiabatur, et coronatus est. Nonne facultates ejus abstulit? Sed pietatem non eripuit. Nonne filios ejus sustulit? Sed fidem non succussit. Nonne corpus ejus sauciavit? Sed thesaurum non invenit. Nonne uxorem ejus armis instruxit? Sed militem non prostravit. Nonne tela sagittasque emisit? Sed ille vulnera non accepit. Machinas admovit, sed turrim non quassavit; fluctus induxit, sed navem non demersit. Hanc mihi legem

Solum peccatum lædere potest.

Οὐ δέδοικα τοίνυν ἐπιβουλήν· ἓν δέδοικα μόνον, ἁμαρτίαν. Μή μέ τις ἐλέγξῃ ἁμαρτάνοντα, καὶ ἡ οἰκουμένη πᾶσα πολεμείτω μοι. Ὁ γὰρ πόλεμος οὗτος λαμπρότερόν με ἐργάζεται. Οὕτω καὶ ὑμᾶς παιδεῦσαι βούλομαι. [b] [Μὴ φοβηθῆτε ἐπιβουλὴν δυνάστου, ἀλλὰ φοβήθητε ἁμαρτίας δύναμιν. Ἄνθρωπός σε οὐ βλάψει, ἐὰν μὴ σὺ σεαυτὸν πλήξῃς. Ἐὰν μὴ ἔχῃς ἁμαρτίαν, καὶ μυρία ξίφη [παρῇ], ἁρπάζει σε ὁ Θεός· ἐὰν δὲ ἔχῃς ἁμαρτίαν καὶ ἐν παραδείσῳ ᾖς, ἐκπίπτεις. Ἐν παραδείσῳ ἦν ὁ Ἀδὰμ, καὶ ἔπεσεν· ἐν κοπρίᾳ ἦν ὁ Ἰὼβ, καὶ ἐστεφανώθη. Τί ὠφέλησεν ἐκεῖνον ὁ παράδεισος; ἢ τί ἔβλαψε τοῦτον ἡ κοπρία; Ἐκείνῳ οὐδεὶς ἐπεβούλευσεν, καὶ ὑπεσκελίσθη· τούτῳ ὁ διάβολος, καὶ ἐστεφανώθη. Οὐ τὰ χρήματα αὐτοῦ ἔλαβεν; Ἀλλὰ τὴν εὐσέβειαν οὐκ ἐσύλησεν. Οὐ τοὺς παῖδας αὐτοῦ ἥρπασεν; Ἀλλὰ τὴν πίστιν οὐκ ἐσάλευσεν. Οὐ τὸ σῶμα αὐτοῦ διέῤῥηξεν; Ἀλλὰ τὸν θησαυρὸν οὐχ εὗρεν. Οὐ τὴν γυναῖκα αὐτοῦ ὥπλισεν; Ἀλλὰ τὸν στρατιώτην οὐχ ὑπεσκέλισεν. Οὐκ ἔβαλε τόξα καὶ βέλη; Ἀλλὰ τραύματα οὐκ ἐδέξατο. Προσήγαγε μηχανήματα, ἀλλὰ τὸν πύργον οὐκ ἔσεισεν· ἐπήγαγε κύματα, ἀλλὰ τὸ πλοῖον οὐ κατεπόν-

[a] Sic unus Regius optime. Editi et alii *οὐ τοῦ πένητος δὲ τοσοῦτον ὅσον τοῦ πλουσίου τὸ ἀδίκημα.*

[b] Hæc verba, *μὴ φοβηθῆτε ἐπιβουλὴν δυνάστου*, et sequentia, usque ad *ἐὰν τὸ συνειδός σου καθαρὸν ᾖ*, p. 390, A, quæ mediam circiter paginam absolvunt, in Editis et in Mss. bene multis desiderantur : sed habentur in Regio Codice 1963, et optime quadrant ad sensum.

τισε. Τοῦτόν μοι τὸν νόμον τηρήσατε, παρακαλῶ, καὶ τῶν γονάτων ὑμῶν ἅπτομαι, εἰ καὶ μὴ χειρὶ, ἀλλὰ τῇ γνώμῃ, καὶ δάκρυα ἐκχέω. Τοῦτόν μοι τηρήσατε τὸν νόμον, καὶ οὐδεὶς ὑμᾶς βλάπτει. Μηδέποτε μακαρίζετε πλούσιον· μηδέποτε ταλανίζετε [εἰ μὴ τὸν] ἐν ἁμαρτίᾳ· μακαρίζετε τὸν ἐν δικαιοσύνῃ. Οὐ γὰρ ἡ φύσις τῶν πραγμάτων, ἀλλ' ἡ γνώμη τῶν ἀνθρώπων καὶ τοῦτον κἀκεῖνον ποιεῖ. Μηδέποτε φο- 390 βηθῇς ξίφη, ἐὰν μὴ τὸ συνειδός σου κατηγορήσῃ· A μηδέποτε φοβηθῇς ἐν πολέμῳ, ἐὰν τὸ συνειδός σου καθαρὸν ᾖ.] Ποῦ οἱ ἀπελθόντες; εἰπέ μοι· Οὐχὶ πάντες ὑπέκυπτον; οὐχὶ οἱ ἐν ἀρχῇ ὄντες μεῖζον ἔτρεμον αὐτούς; οὐκ ἐθεράπευον; Ἀλλ' ἦλθεν ἡ ἁμαρτία, καὶ πάντα ἠλέγχθη· καὶ οἱ θεράποντες δικασταὶ ἐγένοντο, οἱ κολακεύοντες δήμιοι· οἱ τὰς χεῖρας καταφιλοῦντες, αὐτοὶ αὐτὸν εἷλκον ἀπὸ τῆς ἐκκλησίας· καὶ ὁ χθὲς τὴν χεῖρα καταφιλῶν, σήμερον πολέμιος. Διὰ τί; Ὅτι οὔτε χθὲς μετὰ ἀληθείας ἐφίλει. Ἦλθε γὰρ ὁ καιρὸς, καὶ ἠλέγχθη τὰ προσωπεῖα. Οὐ χθὲς τὰς χεῖρας κατεφίλεις, καὶ σωτῆρα ὠνόμαζες, καὶ κηδεμόνα, καὶ εὐεργέτην; οὐκ ἐγκώμια ὕφαινες μυ- B ρία; Διὰ τί σήμερον κατηγορεῖς; Χθὲς ἐπαινέτης, καὶ σήμερον κατήγορος; χθὲς ἐγκώμια, καὶ σήμερον ἐγκλήματα μιγνύεις; Τίς ἡ μεταβολή; τίς ἡ μετάστασις;

Ἀλλ' οὐκ ἐγὼ τοιοῦτος· ἀλλ' ἐγὼ ἐπιβουλευόμενος, προστάτης ἐγενόμην. Μυρία ἔπαθον δεινὰ, καὶ οὐκ ἠμειψάμην. Τὸν γὰρ Δεσπότην τὸν ἐμαυτοῦ μιμοῦμαι, ὃς ἐν τῷ σταυρῷ ἔλεγεν· Ἄφες αὐτοῖς· οὐ γὰρ οἴδασι τί ποιοῦσιν. Ταῦτα δὲ λέγω, ἵνα μὴ τῇ ὑπονοίᾳ τῶν πονηρῶν παραφθείρησθε. Πόσαι μεταβολαὶ γεγόνασιν, ἐξ οὗ τῆς πόλεως ἐπέστην, καὶ οὐδεὶς σωφρονίζεται; Οὐδεὶς δὲ ὅταν εἴπω, οὐ πάντων κατα- C γινώσκω· μὴ γένοιτο. Οὐ γάρ ἐστι τὴν ἄρουραν ταύτην τὴν λιπαρὰν, δεξαμένην σπέρματα, μὴ καὶ στάχυν ἐνεγκεῖν· ἀλλ' ἐγὼ ἀκόρεστός εἰμι, οὐ βούλομαι ὀλίγους σωθῆναι, ἀλλὰ πάντας. Κἂν εἷς ἀπολειφθῇ ἀπολλύμενος, ἐγὼ ἀπόλλυμαι, καὶ οἶμαι τὸν ποιμένα ἐκεῖνον μιμεῖσθαι, ὃς ἐνενήκοντα ἐννέα εἶχε πρόβατα, καὶ ἐπὶ τὸ ἓν πεπλανημένον ἔδραμεν. Μέχρι πότε χρήματα; μέχρι πότε ἄργυρος; μέχρι πότε χρυσός; μέχρι πότε οἶνος ἐκχεόμενος; μέχρι πότε κολακεῖαι οἰκετῶν; μέχρι πότε κρατῆρες ἐστεμμένοι; μέχρι πότε συμπόσια σατανικὰ, καὶ διαβολικῆς γέμοντα ἐνεργείας; Οὐκ οἶσθα, ὅτι ἀποδημία ὁ παρὼν βίος; D Μὴ γὰρ πολίτης εἶ; Ὁδίτης εἶ. Συνῆκας τί εἶπον; Οὐκ εἶ πολίτης, ἀλλ' ὁδίτης εἶ καὶ ὁδοιπόρος. Μὴ εἴπῃς· ἔχω τήνδε τὴν πόλιν, καὶ ἔχω τήνδε. Οὐκ ἔχει οὐδεὶς πόλιν. Ἡ πόλις ἄνω ἐστί. Τὰ παρόντα ὁδός ἐστιν. Ὁδεύομεν τοίνυν καθ' ἡμέραν, ἕως ἡ φύσις ἐπιτρέχει. Ἔστι τις ἐν ὁδῷ χρήματα ἀποτιθέμενος· ἔστι τις ἐν ὁδῷ χρυσίον κατορύττων. Ὅταν

servate, quæso, vestraque tango genua, etsi non manu, saltem animo, lacrymasque fundo. Hanc mihi servato legem, et nemo vos lædet. Numquam beatum prædicetis divitem; neminem miserum dicatis nisi eum qui in peccato sit: beatum prædicate eum qui in justitia. Non enim natura rerum, sed mens hominum et hunc et illum talem efficit. Numquam gladios timeas, nisi conscientia te accuset: numquam timeas in bello, si conscientia tua pura sit. Ubinam sunt ii, qui hinc abscesserunt? Nonne omnes demissi stabant? nonne qui in maxima dignitate constituti erant, tremebant illos? nonne venerabantur? Sed venit peccatum, et omnia prostrata sunt; famuli judices, adulatores carnifices effecti sunt; qui manus ejus osculabantur, ipsum ab ecclesia abripuerunt; qui heri manum ejus osculabatur, hodie inimicus illius est. Quare? Quia heri non vere illum diligebat. Venit tempus, et larvæ deprehensæ sunt. Annon heri manus osculabaris, cumque servatorem, curatorem et beneficum vocabas? nonne laudes texebas innumeras? Cur hodie accusas? Heri laudator, hodie accusator? Heri laudes, hodie crimina offers? Quæ mutatio? quæ translatio?

5. At non ego talis: qui insidiis appetebar, patronos effectus sum. Innumera gravia passus, non par pari retuli. Dominum meum imitor, qui in cruce dixit: *Dimitte eis: non enim sciunt quid faciunt*. (Luc. 23. 34.) Hæc autem dico, ne malorum vos suspicio corrumpat. Quot mutationes exstiterunt, ex quo civitati huic præfui, et nemo ad meliorem se frugem recipit? Cum autem dico, nemo, non omnes condemno, absit. Non enim fieri potest, ut hoc pingue arvum, sementem recipiens, segetem non proferat: sed ego insatiabilis sum, nolo paucos, sed omnes salutem consequi. Si vel unus pereat, ego perii; puto me (Luc. 15. 4.) pastorem illum imitari, qui cum nonaginta novem haberet oves, ad unam quæ erraverat accurrit. Quousque pecuniæ? quousque argentum? quousque aurum? quousque vinum effusum? quousque famulorum adulationes? quousque crateres coronati? quousque satanica convivia, diabolica operatione plena? Num nosti vitam præsentem esse peregrinationem? (Hæc vita peregrinatio.) Numnam tu civis? Viator es. Intellexisti quid dixerim? Non es civis, sed viator et peregrinus. Ne dixeris: Hanc et illam civitatem habeo. Nemo civitatem habet. Civitas sursum est. Præsentia via sunt. Quotidie igitur iter facimus, donec natura cursum perficit. Est qui in via pecunias recondat: est qui in via

aurum defodiat. Ingressus diversorium, illudne exornas? Minime, sed comedis et bibis, atque hinc egredi festinas. Diversorium est vita præsens. Ingressi sumus, præsentem vitam finimus: E curemus cum bona spe egredi, nihil hic relinquamus, ne illic nobis pereat. Ingressus in cauponam quid puero dicis? Vide quo loco res nostras deponis, ne quid hic relinquatur, ne quid quantumvis leve vel exiguum pereat, ut omnia domum reportemus. Sic et nos in præsenti vita: eam quasi cauponam respiciamus, nihilque hic relinquamus, sed omnia in metropolim reportemus. Viator es ac peregrinus, imo viatore vilior. Quomodo? ego dicam. Viator scit quando ingreditur diversorium, et quando egreditur: in 391 ejus enim arbitrio est egressus, quemadmodum A et ingressus; ego autem ingressus in diversorium, hoc est, in præsentem vitam, quando egressuros sim ignoro. Atque interdum pro longo tempore alimenta paro, et Dominus repente me
Luc. 12. 20. vocat: *Stulte, quæ parasti cujus erunt? Hac enim nocte accipient animam tuam.* Incertus exitus, instabilis possessio, sexcenta præcipitia, undique procellæ. Cur insanis circa umbras? cur relicta veritate ad umbras confugis.

6. Hæc dico, nec dicere desinam, dolorem inferens, et vulnera comprimens; idque non propter eos qui ceciderunt, sed propter eos qui supersunt. Illi namque abscesserunt, finemque acceperunt: B qui vero supersunt, eorum calamitatibus cautiores evaserunt. Et quid, inquies, faciemus? Unum hoc facito, pecunias odio habeas, et vitam tuam diligas. Abjice facultates, non dico omnes, sed superfluas reseca. Aliena ne concupiscas, viduam ne exspolies, pupilli bona ne rapias, domum ne accipias: non personas dico, sed res. Si quem conscientia mordet, ipse in causa est, non meus sermo. Cur rapis, ubi invidia? Rape, ubi corona.
Matth. 11. 12. Ne rapias terram, sed cælum. *Violentorum est regnum cælorum, et violenti rapiunt illud.* C Quid rapis pauperem accusantem? Rape Christum laudantem. Vidisti improbitatem et insaniam? Rapis pauperem pauca possidentem? Christus dicit, Me rapito, rapinæ tibi gratiam habeo: regnum meum rapito, et vim facito. Terrenum regnum si rapere volueris, imo si id vel cogitaveris, supplicium lues: supernum vero si non rapueris, pœnas lues. Ubi mundana, ibi invidia: ubi vero spiritualia, ibi caritas.

οὖν εἰσέλθῃς εἰς πανδοχεῖον, εἰπέ μοι, τὸ πανδοχεῖον καλλωπίζεις; Οὐχὶ, ἀλλ' ἐσθίεις καὶ πίνεις, καὶ ἐπείγῃ ἐξελθεῖν. Πανδοχεῖόν ἐστιν ὁ παρὼν βίος. Εἰσήλ- E θομεν, καταλύομεν τὸν παρόντα βίον· σπουδάζωμεν ἐξελθεῖν μετὰ καλῆς ἐλπίδος, μηδὲν ἀφῶμεν ὧδε, ἵνα μὴ ἀπολέσωμεν ἐκεῖ. Ὅταν εἰσέλθῃς εἰς τὸ πανδοχεῖον, τί λέγεις τῷ παιδί; Βλέπε ποῦ ἀποτίθης τὰ πράγματα, μήτι καταλείπῃς ἐνταῦθα, ἵνα μή τι ἀπόληται, μήτε μικρὸν, μήτε εὐτελὲς, ἵνα πάντα εἰς τὴν οἰκίαν ἀπενέγκωμεν. Οὕτω καὶ ἡμεῖς ἐν τῷ παρόντι βίῳ· βλέπωμεν ὥσπερ πανδοχεῖον τὸν βίον; καὶ μηδὲν ὧδε καταλείπωμεν ἐν τῷ πανδοχείῳ, ἀλλὰ πάντα εἰς τὴν μητρόπολιν ἀπενέγκωμεν. Ὁδίτης εἶ καὶ ὁδοιπόρος, μᾶλλον δὲ καὶ ὁδίτου εὐτελέστερος. 391 Καὶ πῶς; ἐγὼ λέγω. Ὁ ὁδίτης οἶδε τὸ πότε εἰσέρ- A χεται εἰς τὸ πανδοχεῖον, καὶ πότε ἐκβαίνει· κύριος γάρ ἐστι τοῦ ἐξελθεῖν, ὥσπερ καὶ τοῦ εἰσελθεῖν· ἐγὼ δὲ εἰσερχόμενος εἰς τὸ πανδοχεῖον, τουτέστιν, εἰς τὸν παρόντα βίον, πότε ἐξέρχομαι οὐκ οἶδα. Καὶ ἐνίοτε παρασκευάζομαι πολλοῦ χρόνου διατροφὰς, καὶ ὁ Δεσπότης παραχρῆμα καλεῖ με· Ἄφρων, ἃ ἡτοίμασας, τίνι ἔσται; Τῇ νυκτὶ γὰρ ταύτῃ λαμβάνουσι τὴν ψυχήν σου. Ἄδηλος ἡ ἔξοδος, ἄστατος ἡ κτῆσις, μυρίοι κρημνοὶ, πανταχόθεν κύματα. Τί μαίνῃ περὶ τὰς σκιάς; τί ἀφεὶς τὴν ἀλήθειαν κατατρέχεις ἐπὶ τὰς σκιάς;

Ταῦτα λέγω, καὶ λέγων οὐ παύσομαι, συνεχῆ τὴν ὀδύνην ἐργαζόμενος, καὶ τὰ τραύματα καταστέλλων, καὶ οὐ διὰ τοὺς πεσόντας, ἀλλὰ διὰ B τοὺς ἑστῶτας. Ἐκεῖνοι γὰρ ἀπῆλθον, καὶ τέλος ἔλαβον· οἱ δὲ ἑστῶτες ἐν ταῖς ἐκείνων συμφοραῖς ἀσφαλέστεροι γεγόνασι. Καὶ τί, φησὶ, ποιήσομεν; Ἓν μόνον ποίησον, μίσησον χρήματα, καὶ φίλει σου τὴν ζωήν. Ῥῖψον τὰ ὄντα, οὐ λέγω τὰ πάντα, ἀλλὰ τὰ περιττὰ περίκοψον. Τῶν ἀλλοτρίων μὴ ἐπιθύμει, τὴν χήραν μὴ γυμνώσῃς, τὸν ὀρφανὸν μὴ ἁρπάσῃς, τὴν οἰκίαν μὴ λάβῃς· οὐ λέγω πρόσωπα, ἀλλὰ πράγματα. Εἴ τινος δὲ * ἐπιλαμβάνεται τὸ συνειδὸς, αὐτὸς αἴτιος, οὐχ ὁ ἐμὸς λόγος. Τί ἁρπάζεις, ὅπου φθόνος; Ἅρπασον, ὅπου στέφανος. Μὴ ἅρπαζε τὴν C γῆν, ἀλλὰ τὸν οὐρανόν. Βιαστῶν ἐστιν ἡ βασιλεία τῶν οὐρανῶν, καὶ βιασταὶ ἁρπάζουσιν αὐτήν. Τί ἁρπάζεις τὸν πένητα τὸν ἐγκαλοῦντα; Ἅρπασον τὸν Χριστὸν τὸν ἐπαινοῦντα. Εἶδες ἀγνωμοσύνην καὶ μανίαν; Ἁρπάζεις πένητα τὸν ἔχοντα ὀλίγον; Ὁ Χριστὸς λέγει· ἐμὲ ἅρπασον, χάριν σοι ἔχω τῆς ἁρπαγῆς· τὴν ἐμὴν βασιλείαν ἅρπασαι καὶ βίασαι. Τὴν κάτω βασιλείαν ἐὰν θελήσῃς ἁρπάσαι, μᾶλλον δὲ κἂν θελήσῃς ἐννοῆσαι, κολάζῃ· τὴν ἄνω δὲ ἐὰν μὴ ἁρπάσῃς, τότε κολάσῃ. Ὅπου τὰ βιωτικὰ, φθόνος· ὅπου δὲ τὰ

* [Dedimus ἐπιλαμβάνεται cum Savil. Morel. et Montf. ἐκλαμβάνεται.]

πνευματικὰ, ἀγάπη. Ταῦτα μελέτα καθ' ἑκάστην ἡμέραν, καὶ μὴ πάλιν ἰδὼν μετὰ δύο ἡμέρας ἄλλον ὀχήματι φερόμενον, σηρικὸν περιβεβλημένον ἱμάτιον, D κορυφούμενον, θορυβηθῇς, ταραχθῇς. [a] Μὴ ἐπαίνει πλούσιον, ἀλλὰ τὸν ἐν δικαιοσύνῃ μόνον. Μὴ κάκιζε πένητα, ἀλλὰ μάθε τῶν πραγμάτων τὴν κρίσιν ἔχειν ὀρθὴν καὶ ἀδιάπτωτον. Μὴ ἀπέχου ἐκκλησίας· οὐδὲν γὰρ Ἐκκλησίας ἰσχυρότερον. Ἡ ἐλπίς σου ἡ Ἐκκλησία, ἡ σωτηρία σου ἡ Ἐκκλησία, ἡ καταφυγή σου ἡ Ἐκκλησία. Τοῦ οὐρανοῦ ὑψηλοτέρα ἐστὶ, τῆς γῆς πλατυτέρα ἐστίν. Οὐδέποτε γηρᾷ, ἀεὶ δὲ ἀκμάζει. Διὰ τοῦτο τὸ στεῤῥὸν αὐτῆς καὶ ἀσάλευτον δηλοῦσα ἡ Γραφὴ ὄρος αὐτὴν καλεῖ· [b] τὸ ἄφθορον, αὐτὴν καλεῖ παρθένον· τὸ πολυτελὲς, βασίλισσαν αὐτὴν καλεῖ· τὸ συγγενὲς τὸ πρὸς τὸν Θεὸν, θυγατέρα αὐτὴν καλεῖ· τὸ E πολύγονον, στεῖραν αὐτὴν καλεῖ τίκτουσαν ἑπτά· μυρία ὀνόματα, ἵνα παραστήσῃ αὐτῆς τὴν εὐγένειαν. Ὥσπερ γὰρ ὁ Δεσπότης αὐτῆς πολλὰ ὀνόματα ἔχει· καὶ πατὴρ καλεῖται, καὶ ὁδὸς καλεῖται, καὶ ζωὴ καλεῖται, καὶ φῶς καλεῖται, καὶ βραχίων καλεῖται, καὶ ἱλασμὸς καλεῖται, καὶ θεμέλιος καλεῖται, καὶ θύρα καλεῖται, καὶ ἀναμάρτητος καλεῖται, καὶ θησαυρὸς καλεῖται, καὶ κύριος καλεῖται, καὶ Θεὸς καλεῖται, καὶ υἱὸς καλεῖται, καὶ μονογενὴς καλεῖται, καὶ μορφὴ 302 Θεοῦ, καὶ εἰκὼν Θεοῦ καλεῖται· μὴ ἀρκεῖ ἓν ὄνομα A παραστῆσαι τὸ ὅλον; Οὐδαμῶς· ἀλλὰ διὰ τοῦτο μυρία ὀνόματα, ἵνα μάθωμέν τι περὶ Θεοῦ, κἂν μικρόν. Οὕτω δὴ καὶ ἡ Ἐκκλησία πολλὰ καλεῖται. Παρθένος λέγεται, καὶ μὴν πόρνη ἦν πρὸ τούτου· τὸ γὰρ θαυμαστὸν τοῦ νυμφίου, ὅτι ἔλαβε πόρνην, καὶ ἐποίησε παρθένον. Ὢ καινῶν καὶ παραδόξων πραγμάτων. Γάμος παρ' ἡμῖν παρθενίαν λύει, γάμος παρὰ Θεῷ παρθενίαν ἀνέστησε. Παρ' ἡμῖν ἡ οὖσα παρθένος, γαμουμένη, οὐκ ἔστι παρθένος· παρὰ Χριστῷ ἡ οὖσα πόρνη, γαμουμένη, παρθένος γέγονεν.

Ἑρμηνευέτω ὁ αἱρετικὸς τοῦτο μόνον, ὁ περιεργα- B ζόμενος τὴν ἄνω γέννησιν, καὶ λέγων· πῶς ἐγέννησεν ὁ Πατήρ; Εἰπὲ αὐτῷ· πῶς ἡ Ἐκκλησία, πόρνη οὖσα, παρθένος ἐγένετο; πῶς δὲ ἡ γεννήσασα, παρθένος ἔμεινε; Ζηλῶ γὰρ ὑμᾶς Θεοῦ ζήλῳ, ὁ Παῦλός φησιν· ἡρμοσάμην γὰρ ὑμᾶς ἑνὶ ἀνδρὶ παρθένον ἁγνὴν παραστῆσαι τῷ Χριστῷ. Ὢ σοφία καὶ σύνεσις. Ζηλῶ γὰρ ὑμᾶς Θεοῦ ζήλῳ. Τί ἐστι τοῦτο; Ζηλῶ, λέγει. Ζηλοῖς, ὁ πνευματικός; Ζηλῶ γὰρ, λέγει, ὡς ὁ Θεός. Καὶ Θεὸς ζηλοῖ; Ναὶ, ζηλοῖ, οὐ πάθει, ἀλλὰ ἀγάπῃ, καὶ C ζηλοτυπίᾳ. Ζηλῶ γὰρ ὑμᾶς Θεοῦ ζήλῳ. Εἴπω σοι, πῶς ζηλοῖ; Εἶδεν ὑπὸ δαιμόνων διαφθειρομένην τὴν γῆν, καὶ τὸν Υἱὸν αὐτοῦ ἐξέδωκε. Τὰ γὰρ ῥήματα ἐπὶ τοῦ Θεοῦ λεγόμενα οὐ τὴν αὐτὴν ἔχει ἰσχύν·

Hæc singulis diebus meditare, ne post biduum cernens alium curru vectum, serico indutum D vestimento, sese offerentem, conturberis aut stupeas. Ne laudes divitem, sed eum tantum qui in justitia vivit. Pauperem ne vituperes, sed circa res omnes disce recto et incorrupto uti judicio. Ab ecclesia ne abstineas: nihil enim fortius Ecclesia. Spes tua Ecclesia, refugium tuum Ecclesia. Cælo excelsior et terra latior est illa. *Ecclesiæ laudes.* Numquam senescit, sed semper viget. Quamobrem ejus firmitatem stabilitatemque demonstrans Scriptura montem illam vocat; ejus incorruptibilitatem, appellat virginem; magnificentiam ejus reginæ nomine declarat; cognatio- E nem, quam cum Deo habet, filiæ voce indicat; propter numerosam prolem illam olim sterilem, nunc vocat eam, quæ peperit septem: sexcenta nomina, ut ejus nobilitatem indicet. Quemadmodum enim Dominus ejus multa habet nomina: nam pater vocatur, via, vita, lux, brachium, propitiatio, fundamentum, ostium impeccabilis, thesaurus, dominus, Deus, filius, unigenitus, forma Dei, imago Dei: an sufficit nomen unum ad totum repræsentandum? Nullo modo: ideo- A que innumera sunt nomina, ut de Deo vel tantillum ediscamus. Sic et Ecclesia multis vocatur nominibus. Virgo appellatur, quæ tamen prius meretrix erat: nam, quod in sponso mirabile est, accepit meretricem, et effecit virginem. O rem novam et admirabilem! Nuptiæ apud nos virginitatem solvunt, nuptiæ apud Deum virginitatem resuscitant. Apud nos quæ virgo erat, nupta, non est virgo; apud Christum quæ meretrix erat, nupta, virgo efficitur.

B 7. Hoc solum velim interpretetur hæreticus, qui de superna generatione curiosius inquirit, ac dicit, Quomodo genuit Pater? Dic illi, Quomodo Ecclesia, quæ meretrix erat, virgo effecta est? quomodo illa, quæ genuit, virgo permansit? *Æmulor enim vos Dei æmulatione*, inquit Paulus; *despondi enim vos uni viro, virginem castam exhibere Christo.* O sapientiam et intelligentiam! *Æmulor enim vos Dei æmulatione.* Quid hoc est? *Æmulor*, inquit. Æmu- C laris tu, qui spiritualis es? *Æmulor enim*, inquit, ut Deus. Ergone Deus æmulatur? Etiam, æmulatur, non animi morbo, sed caritate et zelotypia. *Æmulor enim vos Dei æmulatione.* *2. Cor. 11. 2.*

[a] Sic μὴ ἐπαίνει omnes et Savil. Morel. vero καὶ ἐπαίνει.

[b] [Sic dedimus e Savil. quam lectionem verterunt Benedd.; Morel. et Montf. καὶ ἄφθ. κ. κ., π.]

Dicam tibi quomodo æmulatur? Vidit terram a dæmonibus corruptam, et Filium suum tradidit. Affectus in Deo quomodo. Verba quippe de Deo dicta non eadem sunt vi prædita: exempli causa, æmulatur Deus, irascitur, pœnitentia movetur, odit. Verba sunt humana, sed sensum habent Deo congruentem. Quomodo æmulatur Deus? *Æmulor enim vos* D *Dei æmulatione*. Irascitur Deus? *Domine, ne in furore tuo arguas me*. Itaque etiam dormit Deus? *Exsurge, quare obdormis, Domine?* Pœnitentia movetur Deus? *Pœnitet*, inquit, *me fecisse hominem*. Odio habet Deus? *Solennitates vestras et neomenias odit anima mea*. Verum ne verborum vilitatem spectes, sed sententias, ut Deum decet, intellige. Æmulatur Deus, quippe qui diligat. Irascitur Deus, non animi motu, sed ultione et supplicio. Somnum capit Deus, non dormiens, sed diutius tolerans. Dictiones cum delectu accipe. Sic cum audieris Deum gignere, ne sectiones cogites, sed consubstantialitatem. Verba enim multa similia a nobis mutuatus est Deus, ut et nos ab illo mutuati sumus, ut id nobis sit honori.

Psal. 6. 1. Psal. 43. 23. Gen. 6. 7. Isai. 1. 14.

οἷον, ζηλεύει Θεὸς, ὀργίζεται Θεὸς, μετανοεῖ Θεὸς, μισεῖ Θεός. Τὰ ῥήματα ταῦτα ἀνθρώπινα, ἀλλὰ τὰ νοήματα θεοπρεπῆ. Πῶς ζηλεύει Θεός; Ζηλῶ γὰρ ὑμᾶς Θεοῦ ζήλῳ. Ὀργίζεται Θεός; Κύριε, μὴ τῷ θυμῷ σου ἐλέγξῃς με. Ὥστε καὶ καθεύδει Θεός; Ἀνάστηθι, ἵνα τί ὑπνοῖς, Κύριε; Μετανοεῖ Θεός; Μετενόησα, ὅτι ἐποίησα τὸν ἄνθρωπον. Μισεῖ ὁ Θεός; Τὰς ἑορτὰς ὑμῶν καὶ τὰς νεομηνίας μισεῖ ἡ ψυχή μου. Ἀλλὰ μὴ πρόσεχε τῇ εὐτελείᾳ τῶν λέξεων· ἀλλὰ λάβε θεοπρεπῆ τὰ νοήματα. Ζηλεύει ὁ Θεὸς, ἀγαπᾷ γάρ. Ὀργίζεται ὁ Θεὸς, οὐ πάθει, ἀλλὰ τιμωρίᾳ καὶ κολάσει. Ὑπνοῖ Θεὸς, οὐ καθεύδων, ἀλλὰ μακροθυμῶν. Ἔκλεγε τὰς λέξεις. Οὕτω καὶ ὅταν ἀκούσῃς, ὅτι γεννᾷ Θεὸς, μὴ τμῆσιν νόμιζε, ἀλλὰ τὸ ὁμοούσιον. Τὰ γὰρ ῥήματα ταῦτα πολλὰ παρ' ἡμῶν ἐχρήσατο ὁ Θεὸς, καὶ ἡμεῖς παρ' αὐτοῦ, ἵνα τιμηθῶμεν.

8. Intellexisti quid dixerim? Attende sedulo, E dilecte. Divina sunt nomina, et humana sunt nomina. A me accepit, et mihi dedit ipse. Da mihi tua, inquit, et accipe mea. Meorum opus habes verborum: non opus habeo ego, sed tu: quia enim substantia mea incorrupta est, tu autem homo es, corpori connexus, corporeas quærens dictiones, ut tu, corpori connexus, a notis tibi verbis sententias quæ te superant intelligas. Quænam accepit a me, quænam dedit mihi nomina? Ipse Deus est, et deum me vocavit: ibi Psal. 81. 6. natura rei, hic honor nominis. *Ego dixi: Dii estis, et filii Excelsi omnes*. Hic verba sunt, 393 A illic rerum natura. Vocavit me deum, hoc enim Varia Christi nomina. me honore dignatus est: ille vocatus est homo, vocatus est filius hominis, vocatus est via, ostium, petra. Hæc a me accepit, illa vero sibi propria nomina dedit mihi. Cur vocatus est via? Ut discas nos per eum ad Patrem ascendere. Cur vocatus est petra? Ut ediscas sinceram simul et inconcussam fidem. Cur vocatus est fundamentum? Ut scias eum omnia portare. Cur vocatus est radix? Ut discas nos in ipso florere. Cur vocatus est pastor? Quia nos pascit. Cur vocatus est ovis? Quia pro nobis immolatus, factus est pro- B pitiatio. Cur vita? Quia nos mortuos suscitavit. Quare lux? Quia nos a tenebris liberavit. Cur brachium dicitur? Quia consubstantialis Patri. Quare verbum? Quia a Patre genitus. Quemad-

Συνῆκας τί εἶπον; Πρόσεχε μετὰ ἀκριβείας, ἀγαπητέ. Ὀνόματά ἐστι θεῖα, καὶ ὀνόματα ἀνθρώπινα. Ἔλαβε παρ' ἐμοῦ, καὶ ἔδωκέ μοι αὐτός. Δός μοι τὰ σὰ, καὶ λάβε τὰ ἐμὰ, λέγει. Τῶν ἐμῶν χρείαν ἔχεις· οὐκ ἐγὼ χρείαν ἔχω, ἀλλὰ σύ· ἐπειδὴ γὰρ ἡ οὐσία μου ἀκήρατός ἐστι, σὺ δὲ ἄνθρωπος εἶ, σώματι συμπεπλεγμένος, σωματικὰς ζητῶν καὶ λέξεις, ἵνα σὺ, ὁ σώματι συμπεπλεγμένος, λαβὼν ἀπὸ τῶν παρὰ σοὶ γνωρίμων ῥημάτων, νοήσῃς τὰ ὑπερβαίνοντά σε νοήματα. Ποῖα ἔλαβε παρ' ἐμοῦ, ποῖα δὲ ἔδωκέ μοι ὀνόματα; Αὐτὸς Θεός ἐστι, καὶ ἐμὲ θεὸν ἐκάλεσεν· ἐκεῖ φύσις πράγματος, ἐνταῦθα τιμὴ ὀνόματος. Ἐγὼ εἶπα· Θεοί ἐστε, καὶ υἱοὶ Ὑψίστου πάντες. Ῥήματά ἐστιν ἐνταῦθα, ἐκεῖ δὲ πραγμάτων φύσις. Ἐκάλεσέ με θεὸν, ἐτιμήθην γάρ. Ἐκλήθη αὐτὸς ἄνθρωπος, ἐκλήθη αὐτὸς υἱὸς ἀνθρώπου, ἐκλήθη αὐτὸς ὁδὸς, ἐκλήθη αὐτὸς θύρα, ἐκλήθη αὐτὸς πέτρα. Ταῦτα παρ' ἐμοῦ ἔλαβεν, ἐκεῖνα παρ' ἑαυτοῦ τὰ ῥήματά μοι ἔδωκε. Διὰ τί ἐκλήθη ὁδός; Ἵνα μάθῃς, ὅτι δι' αὐτοῦ πρὸς τὸν Πατέρα ἀνερχόμεθα. Διὰ τί ἐκλήθη πέτρα; Ἵνα μάθῃς τὸ ἐπιτήδειον καὶ ἀσάλευτον τῆς πίστεως. Διὰ τί ἐκλήθη θεμέλιος; Ἵνα μάθῃς, ὅτι πάντα βαστάζει. Διὰ τί ἐκλήθη ῥίζα; Ἵνα μάθῃς, ὅτι ἐν αὐτῷ ἀνθοῦμεν. Διὰ τί ἐκλήθη ποιμήν; Ὅτι ἡμᾶς νέμει. Διὰ τί ἐκλήθη πρόβατον; Ὅτι ὑπὲρ ἡμῶν ἐτύθη, καὶ ἱλασμὸς ἐγένετο. Διὰ τί ἐκλήθη ζωή; Ὅτι νεκροὺς ὄντας ἡμᾶς ἀνέστησε. Διὰ τί ἐκλήθη φῶς; Ὅτι σκότους ἡμᾶς ἀπήλλαξε. Διὰ τί ἐκλήθη βραχίων; Ὅτι ὁμοούσιός ἐστι τῷ Πατρί. Διὰ τί ἐκλήθη λόγος; Ὅτι ἀπὸ τοῦ Πατρὸς ἐτέχθη. Ὥσπερ γὰρ ὁ λόγος ὁ ἐμὸς ἀπὸ τῆς ψυχῆς μου γεννᾶται, οὕτω καὶ ὁ Υἱὸς ἀπὸ τοῦ Πατρὸς ἐτέχθη. Διὰ τί ἐκλήθη ἱμάτιον; Ὅτι ἐνδέδυμαι αὐτὸν βαπτισθείς. Διὰ τί ἐκλήθη τράπεζα; Ὅτι ἐσθίω αὐτὸν ἀπολαύσας τῶν μυστηρίων. Διὰ τί ἐκλήθη οἶκος; Ὅτι οἰκῶ ἐν αὐτῷ. Διὰ τί ἔνοικος; Ὅτι ναὸς αὐτοῦ γινόμεθα. Διὰ τί ἐκλήθη κεφαλή; Ὅτι μέλος αὐτοῦ κατέστην. Διὰ τί ἐκλήθη νυμφίος; Ὅτι νύμφην με ἡρμόσατο. C Διὰ τί ἐκλήθη ἁγνός; Ὅτι παρθένον με ἔλαβε. Διὰ τί ἐκλήθη δεσπότης; Ὅτι δούλη αὐτοῦ εἰμι.

Ὅρα γὰρ τὴν Ἐκκλησίαν, ὅπερ ἔλεγον, ὅτι ποτὲ νύμφη ἐστὶ, ποτὲ θυγάτηρ ἐστὶ, ποτὲ παρθένος ἐστὶ, ποτὲ δούλη ἐστὶ, ποτὲ βασίλισσά ἐστι, ποτὲ στεῖρά ἐστι, ποτὲ ὄρος ἐστὶ, ποτὲ παράδεισός ἐστι, ποτὲ πολυτόκος ἐστὶ, ποτὲ κρίνον ἐστὶ, ποτὲ πηγή ἐστι, πάντα ἐστί. Διὰ τοῦτο ἀκούσας ταῦτα, μὴ νόμιζε σωματικὰ εἶναι, παρακαλῶ· ἀλλὰ σύντεινόν σου τὴν διάνοιαν· τὰ γὰρ σωματικὰ τοιαῦτα εἶναι οὐ δύνανται. Οἷόν τι λέγω· τὸ ὄρος παρθένος οὐκ ἔστιν· ἡ D παρθένος νύμφη οὐκ ἔστιν· ἡ βασίλισσα δούλη οὐκ ἔστιν· ἡ Ἐκκλησία πάντα ἐστί. Διὰ τί; Ὅτι οὐκ ἐν σώματι ταῦτα, ἀλλ' ἐν ψυχῇ. Ἐν μὲν γὰρ σώματι ταῦτα ἐστενοχώρηται· ἐν δὲ ψυχῇ πολὺ ἔχει τὸ πέλαγος. Παρέστη ἡ βασίλισσα ἐκ δεξιῶν σου. Βασίλισσα; Ἡ πεπατημένη, ἡ πτωχὴ, πῶς βασίλισσα ἐγένετο; καὶ ποῦ ἀνέβη; Ἄνω παρέστη ἡ βασίλισσα αὐτή. Πῶς; Ἐπειδὴ ὁ βασιλεὺς ἐγένετο δοῦλος· οὐκ ἦν, ἀλλ' ἐγένετο. Μάθε οὖν τὰ τῆς θεότητος, καὶ σοφίζου τὰ τῆς οἰκονομίας· μάθε τίς ἦν, καὶ τίς ἐγένετο E διὰ σὲ, καὶ μὴ σύγχεε τὰ πράγματα, μηδὲ τὴν ὑπόθεσιν τῆς φιλανθρωπίας ἀφορμὴν ποιοῦ βλασφημίας. Ὑψηλὸς ἦν, καὶ αὕτη ταπεινή· ὑψηλὸς οὐ τόπῳ, ἀλλὰ φύσει. Ἀκήρατος ἦν, ἀνώλεθρος ἡ οὐσία, ἄφθαρτος ἦν ἡ φύσις, ἀπερινόητος, ἀόρατος, ἀκατάληπτος, ἀεὶ ὢν, ὡσαύτως ὢν, ὑπερβαίνων ἀγγέλους, ἀνώτερος τῶν ἄνω δυνάμεων, νικῶν λογισμὸν, ὑπερβαίνων διάνοιαν, ὀφθῆναι μὴ δυνάμενος, πιστευθῆναι δὲ μόνον. Ἄγγελοι ἔβλεπον καὶ ἔτρεμον, τὰ Χερουβὶμ τὰς πτέρυγας 394 A ἐπέβαλλον, πάντα ἐν φόβῳ. Ἐπέβλεπεν ἐπὶ τὴν γῆν, καὶ ἐποίει αὐτὴν τρέμειν· ἠπείλει τῇ θαλάσσῃ, καὶ ἐξήραινεν αὐτήν· ποταμοὺς ἐξ ἐρήμου· τὰ ὄρη ἔστησε σταθμῷ καὶ τὰς νάπας ζυγῷ. Πῶς εἴπω; πῶς παραστήσω; Ἡ μεγαλωσύνη αὐτοῦ πέρας οὐκ ἔχει, ἡ σοφία αὐτοῦ ἀριθμὸν οὐκ ἔχει, τὰ κρίματα αὐτοῦ ἀνεξιχνίαστα, αἱ ὁδοὶ αὐτοῦ ἀνεξερεύνητοι. Ἀλλ' οὗτος ὁ τοσοῦτος καὶ τηλικοῦτος, εἰ ἀσφαλὲς καὶ τοῦτο εἰπεῖν, τοσοῦτος καὶ τηλικοῦτος. Ἀλλὰ τί πάθω; ἄνθρωπός εἰμι, καὶ ἀνθρωπικῶς διαλέγομαι· πηλίνην κέκτημαι γλῶσσαν, συγγνώμην αἰτῶ παρὰ τοῦ Δεσπότου. Οὐ γὰρ ἐξ ἀπονοίας ταῖς λέξεσι ταύταις κέχρημαι, ἀλλὰ δι' ἀπορίαν τῆς ἀσθενείας, καὶ τῆς φύσεως τῆς γλώτ-

modum enim verbum meum ab anima mea gignitur, sic et Filius a Patre genitus est. Cur vocatus est vestimentum? Quia ipso indutus sum in baptismo. Cur mensa? Quia ipsum comedo, dum fruor mysteriis. Quare domus? Quia in ipso habito. Cur inhabitans dicitur? Quia templum ejus efficimur. Cur caput? Quia membrum ejus sum constitutus. Quare sponsus vocatus est? Quia in sponsam me concinnavit. Quare castus dicitur? Quia me virginem duxit. Cur dominus vocatur? Quia ancilla ejus sum.

9. Vide enim Ecclesiam, ut dicebam, quomodo aliquando sponsa sit, aliquando filia, interdum virgo, nonnumquam ancilla, modo regina, modo sterilis, aliquando mons, deinde paradisus, interdum fecunda, modo lilium, aliquando fons: omnia est. Quamobrem his auditis, cave putes corporea illa esse: sed mentem tuam ad scopum dirige; corporea quippe talia esse non possunt. Verbi gratia: mens non est virgo; virgo non est sponsa; regina non est ancilla; Ecclesia hæc omnia est. Quare? Quia hæc non in corpore, sed in anima. Nam in corpore hæc contineri nequeunt: in anima vero magnum est pelagus. *Adstitit regina a dextris tuis.* (Psal. 44. 10.) Regina? Illa conculcata et inops, quomodo facta est regina? quo ascendit? Sursum adstitit hæc regina. Quomodo? Quia rex factus est servus: non erat, sed factus est. Disce igitur quæ sunt divinitatis, et sapienter intellige quæ ad œconomiam spectant. Disce quis erat, et quis propter te factus sit: ne res confundas, neque ejus erga nos benignitatis argumentum blasphemiæ occasionem efficias. Sublimis erat, et hæc humilis; sublimis non loco, sed natura. Incorrupta et immortalis erat substantia, incorrupta, natura incogitabilis, invisibilis, incomprehensibilis, semper exsistens, eodem modo exsistens, transcendens angelos, supernis virtutibus superior, ratiocinia superans, mentem transcendens: videri non potest, credi solum potest. Angeli videbant et tremebant, Cherubim alas obtendebant præ metu. Respiciebat terram, et faciebat eam tremere: minabatur mari, et exsiccabat illud. Fluvios ex deserto educebat; montes statuit in pondere, et saltus in statera. Quomodo narrabo? quomodo declarabo? Magnitudinis ejus non est terminus, sapientiæ ejus non est numerus, judicia ejus investigabilia, viæ ejus inscrutabiles. At ille tantus et talis, si tamen sine periculo dici potest, tantus et talis. Verum quid faciam? Homo sum, et humane loquor; luteam possideo linguam, veniam a Domino postulo. Non enim

ex arrogantia his vocibus usus sum, sed ex infirmitatis penuria, et ex linguæ nostræ natura. Propitius esto, Domine, non enim ex arrogantia hujusmodi voces usurpo, sed quod aliæ non suppetant. Neque tamen in dictionis vilitate consisto, sed alis intelligentiæ ascendo. Tantus et talis. Hæc dico, ut ne dictionibus vel dictorum inopiæ immorans, tu quoque idipsum facere discas. Quid miraris si id ego facio, quod et ipse facit, quando vult quidpiam indicare quod humana transcendat? Quoniam homines alloquitur, humanis utitur imaginibus, quæ quod dicitur satis quidem demonstrare non possunt, neque totam rei mensuram in medium adducere, sed ad auditorum infirmitatem sufficiunt.

10. Hic mentis contentionem adhibe, nec sermonis prolixitate fatiscas. Sicut enim cum apparet, non ut est videtur, neque nuda substantia apparet: (nemo enim vidit Deum, hoc ipsum scilicet quod ille est; nam licet attemperatione quadam appareret, Cherubim tremebant; attemperate descendit, et montes fumigant; attemperate descendit, et mare siccatur; attemperate descendit, et cælum commovetur: ac nisi attemperate descendisset, quis ferre potuisset?) ut enim non apparet id quod est, sed pro facultate ejus qui respicit: ideo aliquando senex apparet, aliquando juvenis, interdum in igne, interdum in aura, modo in aqua, modo in armis, non mutuans substantiam, sed visum conformans ad subjectorum varietatem. Sic quoties vult quidpiam de seipso dicere, humanis utitur imaginibus. Exempli causa: ascendit in montem, *Et transfiguratus est ante eos, et resplenduit facies ejus sicut lux, vestimenta autem ejus facta sunt alba sicut nix.* Aliquatenus ipsis divinitatem suam aperuit, ostendit eis inhabitantem Deum, *Et transfiguratus est ante eos.* Attendite sermoni diligenter. Dicit: *Et transfiguratus est ante eos, et resplenduerunt vestimenta ejus sicut lux, et vultus ejus sicut sol.* Quando dixi, Tantus et talis, et dixi etiam, Propitius esto mihi, Domine (non enim in hac dictione persto, sed hæreo, nec habeo aliam compositam loquendi formam), volo discas, me a Scriptura hoc edoctum esse. Ejus ergo splendorem declarare voluit evangelista, dicitque, *Resplenduit.* Quomodo resplenduit? dic mihi. Vehementer. Quo pacto dicis? *Sicut sol. Sicut sol*, dicis? Etiam. Quare? Quia nullum aliud splendidius astrum dicendum

Matth. 17. 2.

της τῆς ἡμετέρας. Ἵλεως ἔσο, Δέσποτα, οὐ γὰρ ἀπονοίᾳ κεχρημένος ταύτας λέγω τὰς λέξεις, ἀλλ' οὐκ ἔχω ἄλλας· οὐ μὴν οὐδὲ ἵσταμαι ἐν τῇ εὐτελείᾳ τῆς λέξεως, ἀλλὰ ἀναβαίνω τῷ πτερῷ τοῦ νοήματος. Ὁ τοσοῦτος καὶ τηλικοῦτος. Ταῦτα λέγω, ἵνα μὴ ταῖς λέξεσι παραμένων, μηδὲ τῇ πτωχείᾳ τῶν λεγομένων, μάθῃς καὶ αὐτὸς τοῦτο ποιεῖν. Τί θαυμάζεις, εἰ ἐγὼ τοῦτο ποιῶ, ὅπουγε καὶ αὐτὸς, ὅταν βούληταί τι παραστῆσαι ὑπερβαῖνον τὰ ἀνθρώπινα; Ἐπειδὴ ἀνθρώποις διαλέγεται, καὶ ἀνθρωπίναις κέχρηται εἰκόσιν, οὐκ ἀρκούσαις μὲν παραστῆσαι τὸ λεγόμενον, οὐδὲ δυναμέναις ὅλον τὸ μέτρον ἀγαγεῖν εἰς τὸ μέσον, ἀρκούσαις δὲ τῇ ἀσθενείᾳ τῶν ἀκουόντων.

Σύντεινον σαυτὸν, μὴ ἀπόκαμνε δὲ τοῦ λόγου μηκυνομένου. Ὥσπερ γὰρ ὅταν φαίνηται, οὐχ ὅπερ ἐστὶ φαίνεται, οὐδὲ γυμνὴ ἡ οὐσία φαίνεται (οὐδεὶς γὰρ εἶδε Θεὸν, αὐτὸ ὅ ἐστιν· τῇ γὰρ συγκαταβάσει, καὶ τὰ Χερουβὶμ ἔτρεμεν· συγκατέβη, καὶ τὰ ὄρη καπνίζεται· συγκατέβη, καὶ ἡ θάλασσα ξηραίνεται· συγκατέβη, καὶ ὁ οὐρανὸς σαλεύεται· καὶ εἰ μὴ συγκατέβη, τίς ἂν ἤνεγκεν;) ὥσπερ οὖν οὐ φαίνεται ὅπερ ἐστὶν, ἀλλ' ὃ δύναται ὁ ὁρῶν ἰδεῖν· διὰ τοῦτο ποτὲ μὲν παλαιὸς φαίνεται, ποτὲ δὲ νέος, ποτὲ δὲ ἐν πυρὶ, ποτὲ δὲ ἐν αὔρᾳ, ποτὲ δὲ ἐν ὕδατι, ποτὲ δὲ ἐν ὅπλοις, οὐ μεταβάλλων τὴν οὐσίαν, ἀλλὰ σχηματίζων τὴν ὄψιν πρὸς τὴν ποικιλίαν τῶν ὑποκειμένων. Οὕτω δὴ καὶ ὅταν βούληταί τι περὶ αὐτοῦ εἰπεῖν, ἀνθρωπίναις εἰκόσι κέχρηται. Οἷόν τι λέγω· ἀνέβη εἰς τὸ ὄρος, Καὶ μετεμορφώθη ἔμπροσθεν αὐτῶν, καὶ ἔλαμψε τὸ πρόσωπον αὐτοῦ ὡς τὸ φῶς, τὰ δὲ ἱμάτια αὐτοῦ ἐγένοντο λευκὰ ὡσεὶ χιών. Παρήνοιξε, φησὶν, ὀλίγον τῆς θεότητος, ἔδειξεν αὐτοῖς τὸν ἐνοικοῦντα Θεὸν, Καὶ μετεμορφώθη ἔμπροσθεν αὐτῶν. Προσέχετε μετὰ ἀκριβείας τῷ λόγῳ. Λέγει, Καὶ μετεμορφώθη ἔμπροσθεν αὐτῶν, καὶ ἔλαμψε τὰ ἱμάτια αὐτοῦ ὡς τὸ φῶς, καὶ ἡ ὄψις ὡς ὁ ἥλιος. Ἐπειδὴ εἶπον, [a] τοσοῦτος καὶ τηλικοῦτος, καὶ εἶπον, ἵλεώς μοι γενοῦ, Δέσποτα (οὐ γὰρ ἐναπομένω τῇ λέξει, ἀλλ' ἀπορῶ, καὶ οὐκ ἔχω ἄλλην λέξιν συντιθεμένην), θέλω σε μαθεῖν, ὅτι ἀπὸ τῆς Γραφῆς τοῦτο ἐπαιδεύθην. Ἠθέλησεν οὖν δεῖξαι τὴν λαμπηδόνα αὐτοῦ ὁ εὐαγγελιστὴς, καὶ λέγει, Ἔλαμψε. Πῶς ἔλαμψεν; εἰπέ μοι. Σφοδρῶς. Καὶ πῶς λέγεις, Ὡς ὁ ἥλιος. Ὡς ὁ ἥλιος, λέγεις; Ναί. Διὰ τί; Διότι οὐκ ἔχω ἄλλο ἄστρον φαιδρότερον. Καὶ λευκὸς ἦν Ὡς χιών; Διὰ τί, Ὡς χιών; Διότι οὐκ ἔχω ἄλλην ὕλην λευκοτέραν. Ὅτι γὰρ οὐχ οὕτως ἔλαμψεν, ἀπὸ τοῦ ἑξῆς δείκνυται. Καὶ ἔπεσον χαμαὶ οἱ μαθηταί. Εἰ ὡς ὁ ἥλιος ἔλαμψεν, οὐκ ἂν ἔπιπτον οἱ μαθηταί· ἥλιον γὰρ

[a] Hic [in Morel. verba τοσοῦτος.... εἶπον] deerant, quæ ex Mss. supplentur. [Savil. locum plene habet.]

ἔβλεπον καθ' ἡμέραν, καὶ οὐκ ἔπιπτον· ἀλλ' ἐπειδὴ ὑπὲρ τὸν ἥλιον ἔλαμψε, καὶ ὑπὲρ τὴν χιόνα, διὰ τοῦτο μὴ φέροντες τὴν λαμπηδόνα, κατέπεσον.

Εἰπέ μοι οὖν, ὦ εὐαγγελιστὰ, ὑπὲρ τὸν ἥλιον B ἔλαμψε, καὶ σὺ λέγεις· Ὡς ὁ ἥλιος; Ναί· γνώριμόν σοι θέλων ποιῆσαι τὸ φῶς, οὐκ ἔχω ἄλλο ἄστρον μεῖζον, οὐκ ἔχω ἄλλην εἰκόνα τὴν ἐν τοῖς ἄστροις βασιλεύουσαν. Ταῦτα εἶπον, ἵνα μὴ τῇ εὐτελείᾳ τῆς λέξεως ἐναπομείνῃς. Ἔδειξά σοι τὸ πτῶμα τῶν μαθητῶν. Ἔπεσον χαμαὶ, καὶ ἐκαρώθησαν καὶ κατεχώννυντο. Ἀνάστητε, λέγει, καὶ ἤγειρεν αὐτοὺς, καὶ ἦσαν βεβαρημένοι. Τὴν γὰρ ὑπερβολὴν τῆς λαμπηδόνος οὐκ ἤνεγκαν, ἀλλὰ κάρος ἔλαβε τοὺς ὀφθαλμοὺς αὐτῶν· οὕτω τὸ φαινόμενον φῶς ὑπὲρ τὸν ἥλιον ἦν. Εἶπε δὲ ὁ εὐαγγελιστὴς, [a] Ὡς ὁ ἥλιος, ἐπειδὴ τὸ ἄστρον τοῦτο γνώριμον ἡμῖν ἐστι, καὶ ἐν ὑπερβολῇ τῶν λοιπῶν ἄστρων ἁπάντων. Ἀλλ' ὅπερ ἔλεγον, ὁ τοσοῦτος καὶ C τηλικοῦτος ἐπεθύμησε πόρνης. Πόρνης ἐπεθύμει ὁ Θεός; Ναὶ, πόρνης· τῆς φύσεως ἡμετέρας λέγω. Πόρνης ἐπεθύμει ὁ Θεός; Καὶ ἄνθρωπος μὲν, ἐὰν ἐπιθυμήσῃ πόρνης, καταδικάζεται, Θεὸς δὲ πόρνης ἐπιθυμεῖ; Καὶ [b] πάνυ. Πάλιν ἄνθρωπος ἐπιθυμεῖ πόρνης, ἵνα γένηται πόρνος· Θεὸς δὲ ἐπιθυμεῖ πόρνης, ἵνα τὴν πόρνην παρθένον ἐργάσηται· ὥστε ἡ ἐπιθυμία τοῦ ἀνθρώπου, ἀπώλεια τῆς ἐπιθυμουμένης· ἡ δὲ ἐπιθυμία τοῦ Θεοῦ, σωτηρία τῇ ἐπιθυμουμένῃ. Ὁ τοσοῦτος καὶ τηλικοῦτος ἐπεθύμησε πόρνης; Καὶ τί; Ἵνα γένηται ὁ νυμφίος. Τί ποιεῖ; Οὐ πέμπει πρὸς αὐτὴν οὐδένα τῶν δούλων, οὐ πέμπει τὸν ἄγγελον D πρὸς πόρνην, οὐ πέμπει ἀρχάγγελον, οὐ πέμπει τὰ Χερουβὶμ, οὐ πέμπει τὰ Σεραφίμ· ἀλλ' αὐτὸς παραγίνεται ὁ ἐρῶν. Πάλιν ἔρωτα ἀκούσας, μὴ αἰσθητὸν νόμιζε. Ἔκλεγε τὰ νοήματα ἀπὸ τῶν λέξεων, καθάπερ ἀρίστη μέλιττα ἐφιπταμένη τοῖς ἄνθεσι, καὶ τὸ κηρίον λαμβάνουσα, τὰς δὲ βοτάνας ἐῶσα. Ἐπεθύμησε πόρνης· καὶ τί ποιεῖ; Οὐκ ἀνάγει αὐτὴν ἄνω· οὐ γὰρ ἐβούλετο πόρνην εἰς τὸν οὐρανὸν ἀγαγεῖν, ἀλλὰ καταβαίνει αὐτὸς κάτω. Ἐπειδὴ αὐτὴ οὐκ ἠδύνατο ἀναβῆναι ἄνω, αὐτὸς κατέβη κάτω. Πρὸς τὴν πόρνην ἔρχεται καὶ οὐκ αἰσχύνεται· ἔρχεται εἰς τὴν E καλύβην αὐτῆς. Ὁρᾷ αὐτὴν μεθύουσαν. Καὶ πῶς ἔρχεται; Οὐ γυμνῇ τῇ οὐσίᾳ, ἀλλὰ γίνεται, ὅπερ ἦν ἡ πόρνη, οὐ τῇ γνώμῃ, ἀλλὰ τῇ φύσει γίνεται τοῦτο, ἵνα μὴ ἰδοῦσα αὐτὸν πτοηθῇ, ἵνα μὴ ἀποπηδήσῃ, ἵνα

habeo. Et albus erat *Sicut nix.* Quare, *Sicut nix?* Quia nulla alia suppetit candidior materia. Nam quod non ad eum modum splenduerit, ex sequentibus ostenditur. Et ceciderunt in terram discipuli. Si resplenduisset sicut sol, non cecidissent discipuli : nam solem quotidie videbant, neque cadebant : sed quia plus quam sol, et plus quam nix resplenduit, ideo splendorem non ferentes ceciderunt.

Matth. 1- 6.

11. Dic ergo mihi, o evangelista, plus quam sol refulsit, et tu dicis, *Sicut sol?* Etiam ; cum tibi lucem illam repræsentare volo, nullum astrum majus habeo, non aliam imaginem inter astra regnantem. Hæc dixi, ut ne in dictionis tenuitate consistas. Lapsum discipulorum ostendi. Ceciderunt in terram, sopore oppressi et aggravati sunt. *Surgite,* inquit, et excitavit eos, aggravatique erant. Splendoris quippe vehementiam non tulerant, sed sopor occupaverat oculos eorum : ita nempe lux illa splendens solem superabat. Dixit autem evangelista, *Sicut sol,* quia hoc astrum notum nobis est, ut alia astra superans. Verum, ut dicebam, ille tantus et talis meretricem concupivit. An meretricem concupiscit Deus? Etiam meretricem : naturam dico nostram. Meretricemne concupiscit Deus? Homo quidem si meretricem concupiscat, damnatur, et Deus meretricem concupiscit? Sane quidem. Homo meretricem concupiscit, ut fornicarius efficiatur ; Deus vero meretricem concupiscit, ut eam virginem efficiat : itaque concupiscentia hominis, concupitæ pernicies est: concupiscentia vero Dei, est concupitæ salus. Tantus ac talis meretricem concupivit? Quare? Ut fieret sponsus. Quid vero facit? Non mittit ad eam aliquem servorum, non mittit angelum ad meretricem, non archangelum, non Cherubim vel Seraphim : sed ipse amator accedit. Rursum cum audis amorem, ne putes eum esse qui sub sensum cadit. Delectum habe sententiarum in verbis, quemadmodum optima apis, quæ ad flores advolat, et favum accipit, herbasque relinquit. Meretricem concupivit : et quid facit? Non sursum eam ducit : nollet enim meretricem in cælum adducere, sed ille descendit. Quia illa non poterat sursum ascendere, ipse deorsum properat. Ad meretricem ingreditur, nec erubescit : in ejus latibulum intrat. Videt eam ebriam. Et quomodo venit? Non nuda substantia ; sed id efficitur, quod erat meretrix, non voluntate et

Exempla nulla Deo digna.

Ibid. v. 7

[a] Sic Mss. Edit. ὑπὲρ τὸν ἥλιον.

[b] [Savil. πάνυ. ἄνθρ. μὲν γὰρ ἐπ.]

proposito, sed natura, ne videns eum perturbaretur, ne resiliret, aut fugeret. Venit ad meretricem, et efficitur homo. Et quomodo efficitur? Gestatur in utero, paulatim crescit, venitque in viam ætatis meæ. Quisnam? OEconomia, non divinitas: servi forma, non Domini: caro mea, non substantia ejus: crescit paulatim, et cum hominibus miscetur: etsi invenit eam ulceribus plenam, efferatam, a dæmonibus oneratam: ecquid facit? Accedit ad eam. Vidit illa et fugit. Vocat ille magos. Quid timetis Non sum judex,

Joan. 12. 47. sed medicus: *Non veni ut judicem mundum, sed ut salvum faciem.* Statim magos vocat. O rem novam atque mirabilem! Magi mox primitiæ sunt. In præsepi jacet qui portat orbem, et pannis involvitur qui universa administrat. Ponitur templum, et inhabitat Deus. Veniunt magi, et statim adorant; venit publicanus, et fit evangelista; venit meretrix, et virgo efficitur; venit Chananæa, et benignitate fruitur. Id amantis erat peccatorum pœnas non reposcere, sed delicta peccataque condonare. Ecquid facit? Accipit eam, despondet sibi. Quid illi dat? Annulum. Qualem? Spiritum sanctum. Dicit Paulus: *Qui autem confirmat nos vobiscum*

2. Cor. 1. 21. 22. *Deus, qui* et *obsignavit nos, deditque pignus Spiritus sancti.* Spiritum ei dat. Deinde ait: Nonne in paradiso te plantavi? Respondet, Etiam. Ecquo modo istinc excidisti? Venit diabolus, et ex paradiso me abripuit. Plantata eras in paradiso, et te inde ejecit; ecce in meipso planto te, ego te gesto. Quomodo? Non audet ille ad me accedere. Non te in cælum inducam: sed melius hic eris, quam in cælo: in meipso te porto, qui sum Dominus cæli. Pastor gestat et lupus non ultra accedet; imo potius ut accedat permitto. Ille portat naturam nostram; et accedit diabolus, et vincitur. Plantavi te in meipso.

Joan. 15. 5. Ideoque dicit: *Ego radix, vos palmites;* et plantavit eam in seipso. Ecquid postea? Sed

Similia habentur supra in Catechesi ad illuminandos circa medium. peccator sum, inquit, et immundus. Ne sis sollicitus, medicus sum. Novi vas meum, scio quo pacto depravatum sit. Luteum prius erat, et perversum est. Refingo illud per lavacrum regenerationis, et trado illud igni. Vide namque: accepit pulverem de terra, et fecit hominem; formavit eum. Venit diabolus, et pervertit eum. Venit ipse et denuo acceptum refinxit eum, denuo conflavit eum in baptismate; neque sivit ejus corpus esse luteum, sed testaceum ipsum

μὴ φύγῃ. Ἔρχεται πρὸς τὴν πόρνην, καὶ γίνεται ἄνθρωπος. Καὶ πῶς γίνεται; Εἰς μήτραν κυοφορεῖται, αὔξεται κατὰ μικρὸν, καὶ ἔρχεται τὴν ὁδὸν τῆς ἡλι-
396 κίας τῆς ἐμῆς. Τίς; Ἡ οἰκονομία, οὐχ ἡ θεότης· ἡ
A τοῦ δούλου μορφὴ, οὐχ ἡ τοῦ Δεσπότου· ἡ σὰρξ ἡ ἐμὴ, οὐχ ἡ οὐσία ἐκείνου· αὔξεται κατὰ μικρὸν, καὶ μίγνυται ἀνθρώποις· καίτοι εὑρίσκει αὐτὴν ἑλκῶν γέμουσαν, ἐκτεθηριωμένην, ὑπὸ δαιμόνων πεφορτισμένην· καὶ τί ποιεῖ; Προσέρχεται αὐτῇ. Εἶδεν ἐκείνη καὶ ἔφυγε. Καλεῖ μάγους. Τί φοβεῖσθε; Οὐκ εἰμὶ κριτὴς, ἀλλ' ἰατρός· Οὐκ ἦλθον ἵνα κρίνω τὸν κόσμον, ἀλλ' ἵνα σώσω τὸν κόσμον. Καλεῖ εὐθέως μάγους. Ὢ καινῶν καὶ παραδόξων πραγμάτων. Αἱ ἀπαρχαὶ εὐθέως μάγοι. Κεῖται ἐν φάτνῃ ὁ τὴν οἰκουμένην βαστάζων, καὶ ἐσπαργάνωται ὁ πάντα περιέπων. Κεῖται ὁ ναὸς, καὶ ἐνοικεῖ ὁ Θεός. Καὶ ἔρχονται
B μάγοι, καὶ προσκυνοῦσιν εὐθέως· ἔρχεται τελώνης, καὶ γίνεται εὐαγγελιστής· ἔρχεται πόρνη, καὶ γίνεται παρθένος· ἔρχεται Χαναναία, καὶ ἀπολαύει φιλανθρωπίας. Τοῦτο ἐρῶντος, τὸ μὴ ἀπαιτῆσαι εὐθύνας ἁμαρτημάτων, ἀλλὰ συγχωρῆσαι παρανομήματα πλημμελημάτων. Καὶ τί ποιεῖ; Λαμβάνει αὐτὴν, ἁρμόζεται αὐτήν. Καὶ τί αὐτῇ δίδωσι; Δακτύλιον. Ποῖον; Τὸ Πνεῦμα τὸ ἅγιον. Λέγει Παῦλος· Ὁ δὲ βεβαιῶν ἡμᾶς σὺν ὑμῖν Θεὸς, ὁ καὶ σφραγισάμενος ἡμᾶς, καὶ δοὺς τὸν ἀῤῥαβῶνα τοῦ Πνεύματος. Πνεῦμα αὐτῇ δίδωσιν. Εἶτά φησιν· οὐκ εἰς παράδεισόν σε ἐφύτευσα; Λέγει, ναί. Καὶ πῶς ἐξέπεσες ἐκεῖθεν; Ἦλ-
C θεν ὁ διάβολος, καὶ ἔλαβέ με ἀπὸ τοῦ παραδείσου. Ἐφυτεύθης ἐν τῷ παραδείσῳ, καὶ ἔβαλέ σε ἔξω· ἰδοὺ φυτεύω σε ἐν [a] ἐμαυτῷ, ἐγώ σε βαστάζω. Πῶς; Οὐ τολμᾷ ἐμοὶ προσελθεῖν. Οὐδὲ εἰς τὸν οὐρανόν σε ἀνάγω· ἀλλὰ μεῖζον ἐνταῦθα τοῦ οὐρανοῦ· ἐν ἐμαυτῷ τῷ Δεσπότῃ τοῦ οὐρανοῦ βαστάζω σε. Ποιμὴν βαστάζει, καὶ ὁ λύκος οὐκέτι ἔρχεται· μᾶλλον δὲ ἀφῶ αὐτὸν καὶ προσελθεῖν. Καὶ βαστάζει τὴν ἡμετέραν φύσιν· καὶ προσέρχεται ὁ διάβολος, καὶ ἡττᾶται. Ἐφύτευσά σε ἐν ἐμαυτῷ. Διὰ τοῦτο λέγει, Ἐγώ ἡ ῥίζα, ὑμεῖς τὰ κλήματα· καὶ ἐφύτευσεν αὐτὴν ἐν ἑαυτῷ. Καὶ τί λοιπόν; Ἀλλὰ ἁμαρτωλός εἰμι, φησὶ, καὶ
D ἀκάθαρτος. Μή σοι μελέτω, ἰατρός εἰμι. Οἶδα τὸ σκεῦος τὸ ἐμὸν, οἶδα πῶς διεστράφη. Πήλινον ἦν πρὸ τούτου, καὶ διεστράφη. Ἀναπλάττω αὐτὸ διὰ λουτροῦ παλιγγενεσίας, καὶ παραδίδωμι αὐτὸ τῷ πυρί. Ὅρα γάρ· ἔλαβε χοῦν ἀπὸ τῆς γῆς, καὶ ἐποίησε τὸν ἄνθρωπον· ἔπλασεν αὐτόν. Ἦλθεν ὁ διάβολος, διέστρεψεν αὐτόν. Ἦλθεν αὐτὸς, ἔλαβε πάλιν, ἀνεφύρασεν αὐτὸν, ἀνεχώνευσεν αὐτὸν ἐν τῷ βαπτίσματι, ἀλλ' οὐκ ἀφῆκεν αὐτῷ πήλινον εἶναι τὸ σῶμα, ἀλλ' ἐποίησεν αὐτὸ ὀστράκινον. Παρέδωκε τὸν πηλὸν τῷ

[a] [Savil. ἐμαυτῷ. πῶς; ὁ. σ. β. οὐ τολ.]

πυρὶ τοῦ Πνεύματος· Αὐτὸς ὑμᾶς βαπτίσει ἐν Πνεύματι ἁγίῳ, καὶ πυρί· ἐν ὕδατι, ἵνα ἀναπλασθῇ· ἐν E πυρὶ, ἵνα στερεωθῇ. Διὰ τοῦτο ὁ προφήτης ἄνωθεν προαγορεύων ἔλεγεν· Ὡς σκεύη κεραμέως συντρίψεις αὐτούς. Οὐχ εἶπεν, ὡς σκεύη ὀστράκινα, ἃ ἕκαστος κέκτηται· ἔστι γὰρ σκεύη κεραμέως ἐκεῖνα, ἃ ἐργάζεται ὁ κεραμεὺς ἐν τῷ τροχῷ· ἀλλὰ τὰ σκεύη τοῦ κεραμέως πήλινα, τὰ δὲ ἡμέτερα ὀστράκινα. Προαναφωνῶν οὖν τὴν διὰ τοῦ βαπτίσματος ἀναχώνευσιν, Ὡς σκεύη, φησὶ, κεραμέως συντρίψεις αὐτούς. Ἀναπλάττει, λέγει, καὶ χωνεύει. Καταβαίνω εἰς τὸ βάπτισμα, καὶ ἀναπλάττεταί μου τὸ σχῆμα, καὶ ἀναχωνεύει τοῦ Πνεύματος τὸ πῦρ, καὶ γίνεται ὀστράκινον. 397 A Ὅτι δὲ οὐ κόμπος τὰ ῥήματα, ἄκουσον τοῦ Ἰὼβ· Ἐποίησε δὲ ἡμᾶς πηλόν· ὁ δὲ Παῦλος· Ἔχοντες δὲ τὸν θησαυρὸν τοῦτον ἐν ὀστρακίνοις σκεύεσιν. Ἀλλὰ βλέπε ὀστράκου ἰσχύν. Οὐ γὰρ πυρὶ ὤπτηται, ἀλλὰ Πνεύματι. Πῶς ὀστράκινον; Πεντάκις τεσσαράκοντα παρὰ μίαν ἔλαβον, τρὶς ἐῤῥαβδίσθην, ἅπαξ ἐλιθάσθην, καὶ τὸ ὀστράκινον σκεῦος οὐ κατεκλάσθη. Νυχθήμερον ἐν τῷ βυθῷ πεποίηκα. Ἐν τῷ βυθῷ πεποίηκεν, καὶ τὸ ὀστράκινον οὐ διελύθη· ἐναυάγησε, καὶ ὁ θησαυρὸς οὐκ ἀπώλετο· τὸ πλοῖον ὑποβρύχιον, καὶ ὁ φόρτος ἔπλευσεν. Ἔχοντες δὲ τὸν θησαυρόν. Ποῖον θησαυρόν; Πνεύματος χορηγίαν, δικαιοσύνην, ἁγιασμὸν, ἀπολύτρωσιν. Ποῖον; εἰπέ μοι. Ἐν τῷ ὀνόματι B Ἰησοῦ Χριστοῦ, ἔγειραι καὶ περιπάτει. Αἰνέα, ἰᾶταί σε Ἰησοῦς ὁ Χριστός. Σοὶ λέγω, τὸ πονηρὸν πνεῦμα, ἄπελθε ἀπ' αὐτοῦ.

Εἶδες θησαυρὸν βασιλικῶν θησαυρῶν λαμπρότερον; Τί γὰρ τοιοῦτον δύναται ποιήσειν μαργαρίτης βασιλέως, οἷον ῥήματα ἀποστόλου; Ἐπίθες μυρία διαδήματα νεκρῶν, καὶ οὐκ ἐγείρεται· ἓν δὲ ῥῆμα ἐξῆλθεν ἀποστόλου, καὶ στασιάζουσαν τὴν φύσιν ἐπανήγαγε, καὶ πρὸς τὸ ἀρχαῖον ἀποκατέστησεν. Ἔχοντες δὲ τὸν θησαυρὸν τοῦτον. Ὢ θησαυρὸς οὐ τηρούμενος μόνον, ἀλλὰ καὶ τηρῶν τὸν οἶκον, ἔνθα ἀπόκειται. Συνῆκας τί εἶπον; Οἱ βασιλεῖς τῆς γῆς καὶ οἱ ἄρχοντες, ὅταν ἔχωσι θησαυρούς, μεγάλους οἴκους κατασκευάζουσιν, C οἷον τοίχους, μοχλοὺς, θύρας, φύλακας, κλεῖθρα, ἵνα τηρηθῇ ὁ θησαυρός· ὁ Χριστὸς δὲ τοὐναντίον ἐποίησεν· οὐκ ἐν λιθίνῳ, ἀλλ' ἐν ὀστρακίνῳ σκεύει τὸν θησαυρὸν ἔθηκεν. Εἰ μέγας ὁ θησαυρὸς, διὰ τί τὸ σκεῦος ἀσθενές; Ἀλλὰ μὴ διὰ τοῦτο ἀσθενὲς τὸ σκεῦος, ἐπειδὴ μέγας ὁ θησαυρός· οὐ γὰρ τηρεῖται ὑπὸ τοῦ σκεύους, ἀλλ' αὐτὸς τηρεῖ τὸ σκεῦος. Τίθημι ἐγὼ τὸν θησαυρὸν, τίς δύναται λοιπὸν κλέψαι; Ἦλθεν ὁ διάβολος, ἦλθεν ἡ οἰκουμένη, ἦλθον μυρίοι, καὶ τὸν θησαυρὸν οὐκ ἔκλεψαν· ἐμαστίχθη, καὶ ὁ θησαυρὸς οὐ προεδόθη· κατεποντίσθη εἰς θάλασσαν,

effecit. Lutum tradidit igni Spiritus : *Ipse vos* Matth. 3.
E *baptizabit in Spiritu sancto*, et *igni* : in aqua, 11.
ut reformaretur; in igni, ut consolidaretur.
Ideo propheta olim vaticinans dicebat : *Tam-* Psal. 2. 9.
quam vasa figuli conteres *eos*. Non dixit,
Tamquam vasa testacea, quæ singuli possident :
sunt enim illa vasa figuli, quæ figulus in rota
sua effingit : sed vasa figuli lutea, nostra vero
testacea. Prænuntians itaque conflationem per
baptisma denuo repetendam, *Tamquam vasa*,
inquit, *figuli* conteres eos. Refingit, inquit, et
conflat. Descendo in baptisma, et refingitur
397 forma mea, denuo conflat ignis Spiritus, et effi-
A citur testacea. Quod autem hæc non ex jactantia
prodeant, audi Jobum : *Fecit autem nos lutum* ; Job. 10. 9?
Paulus autem : *Habentes autem thesaurum* 2. Cor. 4. 7.
hunc in vasis testaceis. At vide testæ fortitudinem. Non enim in igne cocta est, sed in Spiritu.
Quomodo testaceum est? *Quinquies quadra-* 2. Cor. 11.
genas una minus accepi : ter virgis cæsus 24. 25.
sum, semel lapidatus sum, et testaceum vas
non confractum est. *Nocte et die in profundo*
maris fui. In profundo fuit, et vas testaceum
non solutum est : naufragium fecit, et thesaurus
non periit : navis submersa est, et onus ejus na-
B vigavit. *Habentes autem thesaurum*. Quem
thesaurum? Spiritus commeatum, justitiam,
sanctificationem, redemtionem. Quem, quæso,
thesaurum? *In nomine Jesu Christi, surge et* Act. 3. 6.
ambula. Ænea, sanat te Jesus Christus. Ti- Act. 9. 34.
bi dico, maligne spiritus : exi ab eo. Act. 16. 18?

12. Vidisti thesaurum regiis thesauris splendidiorem? Quid enim tale facere umquam poterit regia margarita, quale verba apostoli ediderunt? Appone innumera diademata mortuis, et non excitabuntur : unum ex apostolo egressum verbum rebellem naturam reduxit, et in pristinum statum restituit. *Habentes autem thesaurum hunc*. (2. Cor. 4. 7.) O thesaure qui non servatur solum, sed qui servat domum in qua reconditur! Intellexisti C quid dixerim? Reges terræ et principes, cum thesauros habent, magnas construunt domos, muros nempe, vectes, fores, custodes, seras, ut custodiatur thesaurus : Christus autem contrarium fecit; non in lapideo, sed in testaceo vase thesaurum posuit. Si magnus thesaurus, cur vas infirmum? Atqui ideo vas infirmum est, quia magnus est thesaurus : non enim servatur a vase, sed ipse vas conservat. Ego thesaurum pono, quis eum suffurari potest? Venit diabolus, venit orbis terræ, venerunt sexcenti homines, et thesaurum non furati sunt : flagellatum est

Qui verus thesaurus.

vas, et thesaurus non proditus est: demersum est in mare, et naufragium non fecit: mortuum est, et thesaurus manet. Dedit igitur arrhabonem. Ubinam sunt qui in Spiritus majestatem blasphemant? Mentem adhibete. *Qui autem confirmat nos vobiscum in Christum Deus, qui dedit arrhabonem Spiritus.* Scitis vos omnes, arrhabonem partem exiguam esse totius: audi quomodo. Abit quis empturus domum pretio multo, et dicit: Da mihi arrhabonem pro cautione. Abit quis mulierem ducturus, de dote et de facultatibus paciscitur, et dicit: Da mihi arrhabonem. Attende: in auctione servi arrhabo, itemque in omnibus commerciis. Cum itaque Christus pacta nobiscum inibat (me etenim sicut sponsam erat ducturus), mihi etiam dotem adscribit, non pecuniæ, sed sanguinis. Dotem vero mihi adscribit, largitionem bonorum, *Quæ oculus non vidit, et auris non audivit, et in cor hominis non ascenderunt.* In dotem igitur adscripsit immortalitatem, laudem cum angelis, immunitatem a morte, libertatem a peccato, hereditatem regni (ingentes sunt divitiæ), justitiam, sanctificationem, liberationem a præsentibus, futurorum adeptionem. Magna mihi dos erat. Attende diligenter: vide quid faciat. Venit acceptum meretricem, sic eam voco, quod esset impura, ut sponsi amorem odiseas. Venit, accepit me, dotem mihi adscripsit: dicit, Do tibi divitias meas. Quomodo? Perdidisti, inquit, paradisum? accipe illum. Perdidisti, inquit, formam? accipe illam: hæc omnia accipe. Verum dos mea hic mihi non datur.

2. Cor. 1. 21. 22.

1. Cor. 2. 9.

Dos sponsæ Christi.

καὶ ναυάγιον οὐκ ἐποίησεν· ἀπέθανε, καὶ ὁ θησαυρὸς D μένει. Ἔδωκε τοίνυν τὸν ἀῤῥαβῶνα. Ποῦ εἰσιν οἱ τοῦ Πνεύματος τὴν ἀξίαν βλασφημοῦντες; Προσέχετε. Ὁ δὲ βεβαιῶν ἡμᾶς σὺν ὑμῖν εἰς Χριστὸν Θεὸς, ὁ καὶ δοὺς τὸν ἀῤῥαβῶνα τοῦ Πνεύματος. Ἴστε πάντες ὑμεῖς, ὅτι ὁ ἀῤῥαβὼν μέρος ἐστὶ μικρὸν τοῦ παντός· ὅπως ἄκουε. Ἀπέρχεταί τις ἀγοράσαι οἰκίαν πολλῆς τιμῆς, καὶ λέγει· δός μοι ἀῤῥαβῶνα, ἵνα θαῤῥῶ. Ἀπέρχεταί τις γυναῖκα ἀγαγέσθαι, προῖκα συντίθησι καὶ [a] πράγματα, καὶ λέγει· δός μοι ἀῤῥαβῶνα. Πρόσχες· καὶ ἐν πράσει δούλου ἀῤῥαβὼν, καὶ ἐν πᾶσι τοῖς συναλλάγμασιν ἀῤῥαβών. Ἐπεὶ οὖν ὁ Χριστὸς συνάλλαγμα E μεθ' ἡμῶν ἐποίει (καὶ γὰρ ὡς νύμφην με ἔμελλε λαμβάνειν), καὶ προῖκά μοι γράφει, οὐ χρημάτων, ἀλλ' αἵματος. Προῖκα δέ μοι ταύτην γράφει τῶν ἀγαθῶν τὴν ἀντίδοσιν, Ἃ ὀφθαλμὸς οὐκ εἶδε, καὶ οὖς οὐκ ἤκουσεν, καὶ ἐπὶ καρδίαν ἀνθρώπου οὐκ ἀνέβη. Ἔγραψε τοίνυν εἰς τὴν προῖκα ἀθανασίαν, αἶνον μετὰ ἀγγέλων, ἀπαλλαγὴν θανάτου, ἐλευθερίαν ἁμαρτίας, 398 κληρονομίαν βασιλείας (πολὺς ὁ πλοῦτος), δικαιοσύ- A νην, ἁγιασμὸν, ἀπαλλαγὴν τῶν παρόντων, εὕρεσιν τῶν μελλόντων. Μεγάλη μοι ἦν ἡ προΐξ. Πρόσχες μετὰ ἀκριβείας· βλέπε τί ποιεῖ. Ἦλθε λαβεῖν τὴν πόρνην, λέγω γὰρ αὐτὴν, ὡς ἦν ἀκάθαρτος, ἵνα μάθῃς τοῦ νυμφίου τὸν ἔρωτα. Ἦλθεν, ἔλαβέ με, γράφει μοι προῖκα· λέγει· δίδωμί σοι πλοῦτον τὸν ἐμόν; Πῶς; Ἀπώλεσας, λέγει, παράδεισον; λάβε αὐτόν. Ἀπώλεσας, λέγει, τὸ εὐειδές; λάβε αὐτό· λάβε ταῦτα πάντα. Ἀλλ' ἡ προΐξ μου οὐκ ἐδόθη μοι ὧδε.

13. Adverte animum, quapropter hanc dotem prædicit. Mihi in dotem adscripsit resurrectionem corporum et incorruptionem. Resurrectionem quippe non necessario sequitur incorruptio, sed hæc duo erant. Etenim multi resurrexerunt, et rursus defuncti sunt: quemadmodum Lazarus et corpora sanctorum. Verum hic non similiter: sed resurrectionem promittit, incorruptionem, choreas cum angelis, Filii occursum in nubibus, *Et sic semper cum Domino erimus*, ereptionem a morte, libertatem a peccato, demersionem interitus. Quale illud est? *Oculus non vidit, nec auris audivit, nec in cor hominis ascenderunt ea, quæ præparavit Deus diligentibus se.* Bonane mihi das quæ non novi? Etiam, ait: hic te desponso, hic me ama. Cur mihi non hic dotem tradis? Cum ad Patrem meum veneris,

1. Thess. 4. 17.

1. Cor. 2. 9.

Πρόσεχε, διὰ τοῦτο εἰς τὴν προῖκα ταύτην [b] προλέγει· ἔγραψέ μοι ἐν τῇ προικὶ ἀνάστασιν σωμάτων, ἀφθαρσίαν. Οὐ γὰρ ἀκολουθεῖ πάντως τῇ ἀναστάσει B ἡ ἀφθαρσία, ἀλλὰ δύο ἦν ταῦτα. Καὶ γὰρ πολλοὶ ἀνέστησαν, καὶ πάλιν ἔπεσον, ὥσπερ ὁ Λάζαρος, καὶ τὰ σώματα τῶν ἁγίων. Ἀλλ' οὗτος οὐχ οὕτως, ἀλλ' ἀνάστασιν, ἀφθαρσίαν, τὴν μετὰ ἀγγέλων χορείαν, τὴν τοῦ Υἱοῦ ἀπάντησιν ἐν νεφέλαις, καὶ τὸ Οὕτω πάντοτε σὺν Κυρίῳ ἐσόμεθα, τὴν ἀπαλλαγὴν τοῦ θανάτου, τὴν ἐλευθερίαν τῆς ἁμαρτίας, τὸν καταποντισμὸν τῆς τελευτῆς. Ποῖον ἐκεῖνον; Ἃ ὀφθαλμὸς οὐκ εἶδε, καὶ οὖς οὐκ ἤκουσεν, καὶ ἐπὶ καρδίαν ἀνθρώπου οὐκ ἀνέβη, ἃ ἡτοίμασεν ὁ Θεὸς τοῖς ἀγαπῶσιν αὐτόν. Ἀγαθά μοι δίδως, ἃ οὐκ οἶδα; Λέγει, ναί· ὧδε ἁρμόC ζω, ὧδέ με φίλει. Εἰς τί οὐ δίδως μοι τὴν προῖκα ὧδε; Ὅταν ἔλθῃς πρὸς τὸν Πατέρα μου, ὅταν ἔλθῃς εἰς τὰς βασιλικὰς αὐλάς. Ἐγὼ πρὸς σὲ ἦλθον, μὴ γὰρ

[a] [Savil. in textu γραμματεῖα, in marg. πράγματα.]

[b] Sic duo Mss. Alii προλέγει ἅπερ ἔγραψ.

σὺ πρὸς μέ; Ἦλθον οὐχ ἵνα μείνῃς, ἀλλ' ἵνα λάβω σε καὶ ἀνέλθω. Μὴ ζήτει ὧδε τὴν προῖκα· πάντα ἐν ἐλπίδι, πάντα ἐν πίστει. Καὶ οὐδέν μοι δίδως ἐνταῦθα; Λέγει· λάβε ἀῤῥαβῶνα, ἵνα μοι πιστεύσῃς περὶ τοῦ μέλλοντος· λάβε ὑπόβολα, λάβε καὶ μνῆστρα. Διὰ τοῦτο Παῦλος λέγει, Ἡρμοσάμην γὰρ ὑμᾶς. Ὡς μνῆστρα ἔδωκεν ἡμῖν τὰ παρόντα ὁ Θεός· μνῆστρά ἐστι τὰ παρόντα, ἀῤῥαβών ἐστιν· ἡ προῖξ ὅλη ἐκεῖ μένει. D Πῶς; ἐγὼ λέγω· ὧδε γηρῶ, ἐκεῖ οὐ γηρῶ· ὧδε θνήσκω, ἐκεῖ οὐ θνήσκω· ὧδε λυποῦμαι, ἐκεῖ οὐ λυποῦμαι· ὧδε πενία, καὶ νόσος, καὶ ἐπιβουλαὶ, ἐκεῖ οὐδὲν τοιοῦτον· ὧδε σκότος, καὶ φῶς, ἐκεῖ φῶς μόνον· ὧδε ἐπιβουλὴ, ἐκεῖ ἐλευθερία· ὧδε νόσος, ἐκεῖ ὑγίεια· ὧδε ζωὴ ἔχουσα τέλος, ἐκεῖ ζωὴ οὐκ ἔχουσα τέλος· ὧδε ἁμαρτία, ἐκεῖ δικαιοσύνη, ἁμαρτία δὲ οὐδαμοῦ· ὧδε φθόνος, ἐκεῖ οὐδὲν τοιοῦτον. Δός μοι, φησὶν, ταῦτα. Ἀνάμενε, ἵνα καὶ οἱ σύνδουλοί σου σωθῶσιν, ἀνάμενε. Ὁ βεβαιῶν ἡμᾶς, καὶ δοὺς ἡμῖν τὸν ἀῤῥαβῶνα. Ποῖον ἀῤῥαβῶνα; E Τὸ Πνεῦμα τὸ ἅγιον, τοῦ Πνεύματος τὴν χορηγίαν. Ἀλλὰ λέγω περὶ τοῦ Πνεύματος. Ἔδωκε τοῖς ἀποστόλοις τὸν δακτύλιον, εἰπών· λάβετε καὶ δότε πᾶσιν. Ὁ δακτύλιος μερίζεται; Μερίζεται καὶ οὐ διαιρεῖται· μερίζεται καὶ οὐκ ἀναλίσκεται. Μάθε Πνεύματος χορηγίαν· ἔλαβε Πέτρος, ἔλαβε καὶ Παῦλος Πνεῦμα ἅγιον. Περιῆλθε τὴν οἰκουμένην, ἁμαρτωλοὺς ἀπήλλαττεν ἁμαρτημάτων, χωλοὺς διώρθου, γυμνοὺς ἐνέδυε, νεκροὺς ἤγειρε, λεπροὺς ἐκαθάριζε, διάβολον ἐπεστόμιζε, δαίμονας ἀπέπνιγε, τῷ Θεῷ διελέγετο, 399 A Ἐκκλησίαν ἐφύτευσε, ναοὺς κατέσκαψε, βωμοὺς ἀνέτρεψε, τὴν κακίαν ἔλυσε, τὴν ἀρετὴν ἐφύτευσε, τοὺς ἀνθρώπους ἀγγέλους ἐποίησε.

Ταῦτα πάντα ἦμεν. Ἀῤῥαβὼν ἐπλήρωσε τὴν οἰκουμένην ἅπασαν. Ἅπασαν δὲ ὅταν εἴπω, λέγω, ὅσην ἥλιος ἐφορᾷ γῆν, θάλασσαν, νήσους, ὄρη, νάπας, καὶ βουνούς. Περιῆλθε καθάπερ ὑπόπτερος ὁ Παῦλος ἑνὶ στόματι παλαίων, ὁ σκηνοποιὸς, ὁ σμίλην μεταχειριζόμενος, καὶ δέρματα ῥάπτων· καὶ αὕτη ἡ τέχνη κώλυμα τῇ ἀρετῇ οὐκ ἐγένετο, ἀλλ' ὁ σκηνοποιὸς δαιμόνων ἰσχυρότερος, ὁ ἄστομος φιλοσόφων φιλοσοφώτερος. B Πόθεν; Ἔλαβε τὸν ἀῤῥαβῶνα, ἐβάσταζε τὸν δακτύλιον καὶ περιέφερεν. Ἔβλεπον πάντες, ὅτι βασιλεὺς ἡρμόσατο τὴν φύσιν ἡμῶν· εἶδεν ὁ δαίμων, καὶ ἀνεχώρει· εἶδε τὸν ἀῤῥαβῶνα, καὶ ἔτρεμε, καὶ ὑπεχώρει· ἱμάτια ἔβλεπε, καὶ ἐδραπέτευεν. Ὢ δύναμις Πνεύματος· οὐ ψυχῇ ἔδωκε τὴν ἐξουσίαν, οὐ σώματι, ἀλλὰ καὶ ἱματίῳ· οὐχ ἱματίῳ, ἀλλὰ καὶ σκιᾷ. Περιῄει ὁ Πέτρος, καὶ ἡ σκιὰ αὐτοῦ νόσους ἐφυγάδευε, καὶ δαίμονας ἀπήλαυνε, καὶ νεκροὺς ἤγειρεν. Περιῄει Παῦλος τὴν οἰκουμένην, τὰς ἀκάν-

cum veneris in regia atria: Ego ad te veni, an tu ad me? Veni non ut hic maneas, sed ut te assumam, et ascendam. Ne hic quæras dotem; omnia in spe, omnia in fide. Nihilne hic das mihi? Respondet: Accipe arrhabonem, ut mihi de futuro credas: accipe pignora, accipe sponsalia. Ideo Paulus dicit, *Despondi enim vos.* (2. Cor. 11. 2.) Ceu sponsalia tradidit nobis Deus præsentia bona; D sponsalia et pignus sunt præsentia: dos tota illic manet. (Quam præstet vita futura præsenti.) Quomodo? ego dicam. Hic senesco, illic non senesco; hic morior, illic non morior; hic doleo, illic non item; hic paupertas, morbus, insidiæ, illic nihil ejusmodi; hic tenebræ et lux, illic lux tantum; hic insidiæ, illic libertas; hic morbus, illic sanitas; hic vita, quæ finem habet, illic vita, quæ non habet terminum; hic peccatum, illic justitia, peccatum vero numquam; hic invidia, illic nihil simile. Hæc mihi dato, inquit. E Exspecta, ut et conservi tui salvi fiant: exspecta. Qui nos confirmat, dedit nobis arrhabonem. Quem arrhabonem? Spiritum sanctum, Spiritus sancti donum. Sed de Spiritu loquor. Annulum dedit apostolis dicens: Accipite, et date omnibus. Annulusne in partes scinditur? In partes scinditur, nec dividitur; in partes scinditur, nec absumitur. Disce Spiritus donum. Accepit Petrus, accepit et Paulus Spiritum sanctum. Circuibat orbem, peccatores a peccato liberabat: claudos erigebat, nudos induebat, 399 A mortuos suscitabat, leprosos mundabat, diabolo os obturabat, dæmonas suffocabat, cum Deo loquebatur, Ecclesiam plantavit, templa diruit, altaria evertit, malitiam solvit, virtutem plantavit, homines angelos fecit.

14. Hæc omnia eramus. Hæc arrha implevit totum orbem terrarum. Cum dico totum, terram dico, quantam sol respicit, mare, insulas, montes, saltus, colles. Circuibat ceu volucris Paulus uno tantum ore decertans, tentoriorum opifex, qui cultrum concinnandis coriis tractabat, et pelles consuebat: hoc artificium non fuit virtutis impedimentum: sed tentoriorum opifex dæmo- B nibus fortior erat, infacundus philosophis argutior. Undenam? Accepit arrhabonem, gestavit annulum et circumtulit. Videbant omnes a Rege desponsatam naturam nostram, videbat dæmon, et recedebat: videbat arrhabonem, et tremebat, seque subducebat: vestimenta videbat, et fugam faciebat. O virtutem Spiritus! Non animæ dedit potestatem, non corpori tantum; sed et vestimento, nec vestimento solum, sed umbræ. Circuibat Petrus, et umbra ejus morbos fugabat,

dæmonas abigebat, mortuos suscitabat. Circuibat Paulus orbem, impietatis spinas resecans, semina pietatis jaciens; sicut arator optimus, aratrum doctrinæ tractans. Et ad quosnam venit? Ad Thracas, Scythas, Indos, Mauros, Sardos, Gotlos, ad feras agrestes, et omnia mutavit. Undenam? Ex arrhabone. Quomodo ad hæc sufficere potuit? Per gratiam Spiritus. Idiota, nudus, discalceatus: qui dabat arrhabonem Spiritus. Ideo dicit: *Et ad hæc quis idoneus? Sed sufficientia nostra ex Deo est, qui et idoneos nos fecit ministros Novi Testamenti, non literæ, sed Spiritus.* Vide quid fecerit Spiritus: invenit terram dæmonibus plenam, et ipsam cælum fecit. Ne præsentia cogitetis: sed illa cogitatione repetite. Tunc luctus erat, tunc ubique altaria, ubique fumus, ubique nidores, ubique fornicationes, ubique initiationes, ubique sacrificia, ubique dæmones debacchantes, ubique arx diaboli, ubique fornicatio coronabatur: unusque Paulus erat. Quomodo non submersus est? quomodo non discerptus? quomodo os aperuit? Ingressus est in Thebaidem, et captivos fecit. Ingressus est in aulam regiam, et regem fecit discipulum. Ingressus est ad tribunal, et dicit ei judex: *Parum abest quin suadeas mihi ut fiam Christianus:* judexque factus est discipulus. Ingressus est carcerem, et carceris custodem cepit. Ingressus in barbarorum insulam, viperam fecit doctorem. Abiit ad Romanum populum, et senatum ad se pertraxit. Abiit ad flumina, ad deserta loca quocumque per orbem. Non terra, non mare ejus præclarorum officiorum expers fuit: dedit enim arrhabonem annuli, datoque arrhabone ait: Hæc tibi jam do, cætera polliceor. Quamobrem dicit ei propheta: *Adstitit regina a dextris tuis in vestitu deaurato.* Non vestimentum dicit, sed virtutem. Ideo Scriptura alibi ait: *Quomodo huc intrasti non habens vestem nuptialem?* Itaque non vestem dicit, sed fornicationem, et obscœnum impurumque facinus. Quemadmodum sordida vestimenta peccatum sunt: sic et aurea, virtus. Sed vestimentum hoc regis erat: ipse vestitum illi dedit: nuda quippe erat, nuda et turpiter deformata. *Adstitit regina a dextris tuis in vestitu deaurato.* Non vestimenta dicit, sed virtutem: non dixit, In auro. Attende: vox hæc magnam habet sententiarum nobilitatem. Non dixit, In auro, sed, *Deaurato.* Solerter audi. Aureum vestimentum, totum est aureum; deauratum vero quasdam aureas, quasdam sericas partes habet. Cur ergo non dixit sponsam

Hæc non videntur Chrysostomo digna.

2. Cor. 2. 16.

2. Cor. 3. 5 6.

Act. 26. 28.

Act. 16.

Act. 28.

Psal. 44. 10.

Matth. 22. 12.

θας ἀνατέμνων τῆς ἀσεβείας, τὰ σπέρματα καταβάλλων τῆς εὐσεβείας, καθάπερ ἀροτὴρ ἄριστος τὸ C ἄροτρον ἔχων τῆς διδασκαλίας. Καὶ πρὸς τίνας ἦλθε; Πρὸς Θρᾷκας, πρὸς Σκύθας, πρὸς Ἰνδοὺς, πρὸς Μαύρους, πρὸς Σαρδονίους, πρὸς Γοτθοὺς, πρὸς θηρία ἄγρια, καὶ μετέβαλε πάντα. Πόθεν; Ἀπὸ τοῦ ἀῤῥαβῶνος. Πῶς διήρκεσεν; Ἀπὸ τῆς τοῦ Πνεύματος χάριτος. Ἰδιώτης, γυμνὸς, ἀνυπόδετος· ὁ καὶ δοὺς τὸν ἀῤῥαβῶνα τοῦ Πνεύματος. Διὰ τοῦτο λέγει· Καὶ πρὸς ταῦτα τίς ἱκανός; Ἀλλ᾽ ἡ ἱκανότης ἡμῶν ἐκ τοῦ Θεοῦ, ὃς καὶ ἱκάνωσεν ἡμᾶς διακόνους καινῆς Διαθήκης, οὐ γράμματος, ἀλλὰ Πνεύματος. Ἴδε τί τὸ Πνεῦμα ἐποίησεν· εὗρε τὴν γῆν δαιμόνων γέμουσαν, καὶ ἐποίησεν αὐτὴν οὐρανόν. Μὴ γὰρ τὰ παρόντα D ἐννοῆτε· ἀλλὰ ἀναλάβετε τῷ λογισμῷ αὐτά. Τότε ἦν θρῆνος, τότε πανταχοῦ βωμοὶ, πανταχοῦ καπνὸς, πανταχοῦ κνῖσαι, πανταχοῦ πορνεῖαι, πανταχοῦ τελεταὶ, πανταχοῦ θυσίαι, πανταχοῦ δαίμονες βακχεύοντες, πανταχοῦ ἀκρόπολις τοῦ διαβόλου, πανταχοῦ πορνεία στεφανουμένη· καὶ εἷς ἦν ὁ Παῦλος. Πῶς οὐ κατεποντίσθη; πῶς οὐ διεσπάσθη; πῶς ἤνοιξε τὸ στόμα; Εἰσῆλθεν εἰς Θηβαΐδα, καὶ αἰχμαλώτους ἔλαβεν. Εἰσῆλθεν εἰς τὰς βασιλικὰς αὐλὰς, καὶ τὸν βασιλέα μαθητὴν ἐποίησεν. Εἰσῆλθεν εἰς τὸ δικαστήριον, καὶ λέγει αὐτῷ ὁ δικαστής· Παρ᾽ ὀλίγον με πείθεις Χριστιανὸν γενέσθαι· καὶ ὁ δικαστὴς μαθητὴς ἐγένετο. Εἰσῆλθεν εἰς τὸ δεσμωτήριον, καὶ τὸν δε- E σμοφύλακα ἔλαβεν. Ἀπῆλθεν εἰς βαρβάρων νῆσον, καὶ τὴν ἔχιν διδάσκαλον ἐποίησεν. Ἀπῆλθεν εἰς τὸν δῆμον τῶν Ῥωμαίων, καὶ τὴν σύγκλητον ἀπέσπασεν. Ἀπῆλθεν εἰς ποταμοὺς, ἀπῆλθεν εἰς ἐρήμους τόπους πανταχοῦ τῆς οἰκουμένης. Οὐ γῆ, οὐ θάλασσα ἄμοιρος αὐτοῦ ἐστι τῶν κατορθωμάτων· ἔδωκε γὰρ τὸν ἀῤῥαβῶνα τοῦ δακτυλίου, καὶ δοὺς τὸν ἀῤῥαβῶνα, λέγει· τὰ μὲν ἤδη δίδωμί σοι, τὰ δὲ ἐπαγγέλλομαι. 400 Διὰ τοῦτο λέγει αὐτῇ ὁ προφήτης· Παρέστη ἡ βασί- A λισσα ἐκ δεξιῶν σου ἐν ἱματισμῷ διαχρύσῳ. Οὐχ ἱμάτιον λέγει, ἀλλ᾽ ἀρετήν. Διὰ τοῦτο ἡ Γραφὴ ἀλλαχοῦ λέγει· Πῶς εἰσῆλθες ὧδε μὴ ἔχων ἔνδυμα γάμου; Ὥστε οὐκ ἔνδυμα λέγει, ἀλλὰ τὴν πορνείαν, καὶ τὴν ῥυπαρὰν πρᾶξιν καὶ ἀκάθαρτον. Ὥσπερ οὖν τὰ ῥυπαρὰ ἱμάτια, ἁμαρτία· οὕτω τὰ διάχρυσα, ἀρετή. Ἀλλὰ τὸ ἱμάτιον τοῦτο τοῦ βασιλέως ἦν· αὐτὸς αὐτῇ καὶ ἱμάτιον ἔδωκεν· γυμνὴ γὰρ ἦν, γυμνὴ καὶ ἀσχημονοῦσα. Παρέστη ἡ βασίλισσα ἐκ δεξιῶν σου ἐν ἱματισμῷ διαχρύσῳ. Οὐχ ἱμάτια λέγει, ἀλλ᾽ ἀρετήν· οὐκ εἶπεν, ἐν χρυσῷ. Πρόσεχε· καὶ αὐτὴ ἡ λέξις πολλὴν ἔχει εὐγένειαν νοημάτων. Οὐκ εἶπε, ἐν χρυσῷ, B ἀλλὰ, Διαχρύσῳ. Ἄκουε συνετῶς. Τὸ χρυσοῦν ἱμάτιον ὅλον ἐστὶ χρυσοῦν· τὸ δὲ διάχρυσον μέρη μὲν ἔχει χρυσᾶ, μέρη δὲ σηρικά. Διὰ τί οὖν μὴ χρυσοῦν ἱμάτιον εἶπε φορεῖν τὴν νύμφην, ἀλλὰ διάχρυσον;

Πρόσεχε ἀκριβῶς. Τὴν πολιτείαν λέγει τῆς Ἐκκλησίας, τὴν ποικίλην. Ἐπειδὴ γὰρ οὐ πάντες βίου ἑνός ἐσμεν, ἀλλ' ὁ μὲν παρθενίαν, ὁ δὲ χηρείαν, ὁ δὲ εὐσέβειαν ἀσκεῖ· ἱμάτιον τῆς Ἐκκλησίας ἡ πολιτεία τῆς Ἐκκλησίας.

Ἐπειδὴ οὖν ᾔδει ὁ Δεσπότης ἡμῶν, ὅτι ἂν μίαν ὁδὸν τέμῃ, πολλοὶ ἔχουσιν ὀκνῆσαι, ποικίλας ἔτεμεν ὁδούς. Οὐ δύνασαι διὰ παρθενίας εἰσελθεῖν; Εἴσελθε διὰ μονογαμίας. Οὐ δύνασαι διὰ μονογαμίας; Κἂν διὰ δευτερογαμίας. Οὐ δύνασαι διὰ σωφροσύνης εἰσελθεῖν; Εἴσελθε δι' ἐλεημοσύνης. Οὐ δύνασαι δι' ἐλεημοσύνης; Εἴσελθε διὰ νηστείας. Οὐ δύνασαι ταύτην; Δεῦρο ἐκείνην. Οὐ δύνασαι ἐκείνην; Δεῦρο ταύτην. Διὰ τοῦτο οὐκ ἔδειξε τὸ ἱμάτιον χρυσοῦν, ἀλλὰ διάχρυσον. Ἢ σηρική ἐστιν, ἢ πορφυρᾶ ἐστιν, ἢ χρυσᾶ ἐστιν. Οὐ δύνασαι εἶναι χρυσοῦς; Γενοῦ σηρικός. Δέχομαί σε, μόνον ἐν τῷ ἱματίῳ. Διὰ τοῦτο καὶ ὁ Παῦλος· Εἴ τις ἐποικοδομεῖ ἐπὶ τὸν θεμέλιον τοῦτον, χρυσὸν, ἄργυρον, λίθους τιμίους. Οὐ δύνασαι εἶναι ὁ λίθος τίμιος; Γενοῦ χρυσός. Οὐ δύνασαι εἶναι χρυσός; Γενοῦ ἄργυρος, μόνον ἐν θεμελίῳ. Καὶ πάλιν ἀλλαχοῦ· Ἄλλη δόξα ἡλίου, καὶ ἄλλη δόξα σελήνης, καὶ ἄλλη δόξα ἀστέρων. Οὐ δύνασαι εἶναι ἥλιος; Γενοῦ σελήνη. Οὐ δύνασαι εἶναι σελήνη; Γενοῦ ἀστήρ. Οὐ δύνασαι εἶναι μέγας ἀστήρ; Γενοῦ κἂν μικρὸς, μόνον ἐν τῷ οὐρανῷ. Οὐ δύνασαι εἶναι παρθένος; Γάμησον μετὰ σωφροσύνης, μόνον ἐν τῇ Ἐκκλησίᾳ. Οὐ δύνασαι εἶναι ἀκτήμων; Ἐλέησον, μόνον ἐν τῇ Ἐκκλησίᾳ, μόνον ἐν τῷ ἱματίῳ, μόνον ὑπὸ τὴν βασίλισσαν. Διάχρυσον τὸ ἱμάτιον, ποικίλον τὸ ἱμάτιον. Οὐκ ἀποκλείω σοι τὴν ὁδόν· ἡ ἀφθονία γὰρ τῶν ἀρετῶν εὔκολον ἐποίησε τὴν οἰκονομίαν τοῦ βασιλέως. Ἐν ἱματισμῷ διαχρύσῳ περιβεβλημένη, πεποικιλμένη. Ποικίλον ἐστὶν αὐτῆς τὸ ἱμάτιον· καὶ εἰ βούλει, ἀνάπτυξον τὸ βάθος τοῦ λόγου τοῦ εἰρημένου, καὶ βλέπε τὸ ἱμάτιον τὸ διάχρυσον. Ἐνταῦθα μὲν γὰρ οἱ μὲν μονάζοντές εἰσιν, οἱ δὲ γάμον σεμνὸν ἀσκοῦσιν, οὐ πολὺ ἐκείνων ἀπολιμπανόμενοι· καὶ οἱ μὲν μονόγαμοι, αἱ δὲ χῆραι ἀνθοῦσαι. Διὰ τί παράδεισος; διὰ τί ποικίλος; Ἔχων ἄνθη διάφορα, καὶ δένδρα, καὶ πολλοὺς τοὺς μαργαρίτας. Πολλοὶ οἱ ἀστέρες, ἀλλὰ εἷς ὁ ἥλιος· πολλοὶ οἱ βίοι, ἀλλὰ εἷς ὁ παράδεισος· πολλοὶ οἱ ναοὶ, ἀλλὰ εἷς ὁ παράδεισος· πολλοὶ οἱ ναοὶ, ἀλλὰ μία ἡ μήτηρ. Τὸ μὲν, σῶμα, τὸ δὲ, ὀφθαλμοὶ, τὸ δὲ, δάκτυλος, ἀλλὰ πάντες εἷς. Τὸ αὐτὸ γὰρ τὸ μικρὸν, καὶ τὸ μέγα, καὶ τὸ ἧττον. Ἡ παρθένος τῆς γεγαμημένης χρείαν ἔχει· καὶ γὰρ ἡ παρθένος ἀπὸ γάμου, ἵνα μὴ καταφρονῇ γάμου. Ἡ παρθένος ῥίζα τοῦ γάμου. Πάντα συνδεδεμένα, τὰ μικρὰ τοῖς μεγάλοις, καὶ τὰ μεγάλα τοῖς μικροῖς. Παρέστη ἡ βασίλισσα ἐκ δεξιῶν σου, ἐν ἱματισμῷ διαχρύσῳ περιβεβλημένη, πεποικιλμένη.

ferre aureum vestimentum, sed deauratum? Attende diligenter. Conversationem Ecclesiæ dicit, quæ varia est. Quia non unam omnes ducimus vitam; sed alius virginitatem, alius viduitatem, alius pietatem exercet: vestimentum Ecclesiæ est conversatio Ecclesiæ.

15. Cum igitur sciret Dominus noster, si unam posuisset viam, multos in segnitie victuros fuisse, (Viæ sunt variæ ad salutem.) C multas instituit vias. Non potes per virginitatem ingredi? Intra per unicum matrimonium. Non potes per unicum? Ingredere saltem per secundum. Non potes per continentiam? Ingredere per eleemosynam. Non potes per eleemosynam? Intra per jejunium. Non potes hoc modo? Illo saltem. Non potes illo? Alio ingredere. Ideo non ostendit aureum vestimentum, sed deauratum. Aut serica vestis est, vel purpurea, vel aurea. Non potes esse aureus? Esto sericus. Suscipio te, tantum in vestimento. Ideo Paulus: *Si quis ædificat super* (1. Cor. 3. 12.) D *fundamentum hoc, aurum, argentum, lapides pretiosos.* Non potes esse lapis pretiosus? Esto aurum. Non potes esse aurum? Esto argentum, tantum in fundamento. Et alibi rursum: *Alia* (1. Cor. 15. 41.) *claritas solis, alia claritas lunæ, et alia claritas stellarum.* Non potes esse sol? Esto luna. Non potes esse luna? Esto stella. Non potes esse magna quædam stella? Esto saltem parva, tantum sis in cælo. Non potes esse virgo? Nuptias contrahe cum continentia, sed tantum in Ecclesia. Non potes esse inops? Fac eleemosynam, tantum E in Ecclesia, tantum in vestimento, tantum sub regina. Deauratum vestimentum, varium vestimentum. Non tibi occludo viam: virtutum enim copia Regis dispensationem facilem reddit. *In vestitu deaurato circumdata, varietate ornata.* Varium est ejus vestimentum: ac si vis, profundum hujus sermonis explica, ac vide vestitum deauratum. Hic enim sunt monachi, alii honorabile connubium colunt, nec multum ab illis distant; alii unas contraxere nuptias, alii viduæ sunt ætate florentes. Quare paradisus? quare varius? Habens scilicet varios flores, et arbores 401 A et multas margaritas. Multæ stellæ, sed unus sol; multa vivendi genera, sed unus paradisus; multa templa, sed unus paradisus: multa templa, sed una mater. Illud est corpus, illud oculi, illud digitus, sed omnes unus. Idipsum enim est parvum, et magnum, et minus. Virgo opus habet ea, quæ nupta est: nam virgo ex nuptiis, ne nuptias aspernetur. Virgo est radix nuptiarum. Omnia copulantur, parva magnis, et magna parvis. *Adstitit regina a dexteris tuis in vestitu* (Psal. 44. 10.)

deaurato circumdata, varietate ornata. Quod
Psal. 44.4. reliquum est, *Audi, filia.* Pronubus ait, te egressuram esse ad sponsum, qui et substantia et natura sit longe superior. Ego pronubus. *Audi, filia.* Statimne facta est uxor? Etiam: nihil enim hic corporeum. Etenim ut uxorem desponsavit, ut filiam diligit, ut ancillam curat, ut virginem servat, ut hortum muro cingit, ut membrum fovet, ut caput providet, ut radix pullulat, ut pastor pascit, ut sponsus desponsat, ut propitiatorium condonat, ut ovis immolatur, ut sponsus in decore sponsam conservat, et ut vir ipsi providet. Multi sunt variique sensus, ut vel minima dispensationis parte fruamur. *Audi, filia, et vide,* et nuptialia spiritualiaque negotia respice. *Audi, filia.* Hæc prius dæmonum filia erat, filia terræ, ipsa tellure indigna; et nunc facta est filia regis. Id autem voluit ejus amator. Qui amat enim, formam non requirit; amor non respicit deformitatem; ideo autem vocatur ἔρως, quia plerumque deformem amat. Sic et Christus fecit: deformem vidit (non enim illam formosam dixerim), et adamavit: illamque innovat, ut non habeat maculam, aut rugam. O sponsum ornantem deformitatem sponsæ! *Audi, filia,* audi, et *vide.* Duo dicit, *Audi,* et, *Vide.* Duo hæc ex te sunt, illud ab oculis, hoc ab auribus. Quoniam igitur dos ejus in auditu erat (si qui ex vobis acutius prævident, exspectent tamen infirmiores: et vos laudo præoccupantes, et illis ignosco sequentibus), quoniam dos ejus in
Rom. 10. 17. auditu erat (quid est, in auditu? In fide: *Nam fides ex auditu.* In fide, non in fruitione, nec in experientia omni), prius dixi, ipsum in duas partes divisisse dotem ejus, et alia ipsi dedisse pro arrhabone, alia vero in futurum tempus pollicitum esse. Quid ipsi dedit? Peccatorum veniam, supplicii remissionem, justitiam, sanctificationem, redemtionem, corpus dominicum, mensam divinam ac spiritualem, mortuorum resurrectionem. Hæc quippe omnia habuerunt apostoli. Itaque alia dedit, alia promisit: alia in experientia erant et fruitione, alia in spe et fide. Audi iterum. Quid dedit? Baptisma, sacrificium. Hæc in experientia. Vide autem. Quid promisit? Resurrectionem, corporum incorruptionem, unionem cum angelis, choreas cum archangelis, vitam in ipsius consortio, vitam im-
1. Cor. 2. 9. mortalem, bona *Quæ oculus non vidit, et*

Τὸ λοιπὸν, Ἄκουσον, θύγατερ. Ὁ νυμφαγωγός φησιν
B ὡς μέλλεις ἐξέρχεσθαι πρὸς τὸν νυμφίον, ὑπερβαίνοντά σου τὴν οὐσίαν, ὑπερβαίνοντά σου τὴν φύσιν. Ἐγὼ νυμφαγωγός. Ἄκουσον, θύγατερ. Εὐθέως ἐγίνετο ἡ γυνή; Ναί· οὐδὲν γὰρ σωματικόν. Καὶ γὰρ ὡς γυναῖκα ἡρμόσατο, καὶ ὡς θυγατέρα φιλεῖ, καὶ ὡς δούλης προνοεῖ, καὶ ὡς παρθένον τηρεῖ, καὶ ὡς παράδεισον τειχίζει, καὶ ὡς μέλος περιέπει, καὶ ὡς κεφαλὴ προνοεῖ, καὶ ὡς ῥίζα φυτεύει, καὶ ὡς ποιμὴν βόσκει, καὶ ὡς νυμφίος ἁρμόζεται, καὶ ὡς ἱλαστήριον συγχωρεῖ, καὶ ὡς πρόβατον θύεται, καὶ ὡς νυμφίος διατηρεῖ ἐν κάλλει, καὶ ὡς ἀνὴρ προνοεῖ τῆς κηδεμονίας. Πολλὰ τὰ νοήματα, ἵνα κἂν μικροῦ μέρους τῆς
C οἰκονομίας ἀπολαύσωμεν. Ἄκουσον, θύγατερ, καὶ ἴδε, καὶ βλέπε τὰ γαμικὰ πράγματα, καὶ πνευματικά. Ἄκουσον, θύγατερ. Θυγάτηρ ἦν τῶν δαιμόνων αὐτὴ πρῶτον, θυγάτηρ τῆς γῆς, ἀναξία τῆς γῆς, καὶ νῦν γέγονε θυγάτηρ τοῦ βασιλέως. Τοῦτο δὲ ἠθέλησεν ὁ ἐρῶν αὐτῆς. Ὁ γὰρ ἐρῶν οὐκ ἐξετάζει τρόπον· ὁ ἔρως οὐ βλέπει ἀμορφίαν· διὰ τοῦτο δὲ καλεῖται [a] ἔρως, ὅτι πολλάκις καὶ ἄμορφον φιλεῖ. Οὕτω καὶ ὁ Χριστὸς ἐποίησεν· ἄμορφον εἶδεν (οὐ γὰρ ἂν αὐτὴν εἴποιμι εὔμορφον), καὶ ἠράσθη, καὶ ποιεῖ αὐτὴν νέαν, μὴ ἔχουσαν σπῖλον ἢ ῥυτίδα. Ὢ νυμφίου καλλωπίζοντος ἀμορφίαν νύμφης. Ἄκουσον, θύγατερ, ἄκουσον, καὶ
D ἴδε. Δύο λέγει, Ἄκουσον, καὶ, Βλέπε, τὰ δύο ἀπὸ σοῦ, τὰ μὲν τοῖς ὀφθαλμοῖς, τὰ δὲ τῇ ἀκοῇ. Ἐπεὶ οὖν ἡ προῖξ αὐτῆς ἐν ἀκοῇ ἦν· εἰ καί τινες ὀξύτερον προεῖδον, ἀναμενέτωσαν τοὺς ἀσθενεστέρους· καὶ ὑμᾶς ἐπαινῶ προλαβόντας, καὶ ἐκείνοις συγγινώσκω ἀκολουθοῦσιν· ἐπειδὴ ἡ προῖξ αὐτῆς ἐν ἀκοῇ ἦν (τί ἐστιν ἐν ἀκοῇ; Ἐν πίστει, Ἡ γὰρ πίστις ἐξ ἀκοῆς· ἐν πίστει, οὐκ ἐν ἀπολαύσει, οὐκ ἐν πείρᾳ πάσῃ), προεῖπον, ὅτι εἰς δύο μέρη διεῖλε τὴν προῖκα αὐτῆς, καὶ τὰ μὲν ἔδωκεν αὐτῇ ἀντὶ ἀρραβῶνος, τὰ δὲ ἐπηγγείλατο αὐτῇ εἰς τὸ μέλλον. Τί αὐτῇ ἔδωκεν; Ἔδωκεν αὐτῇ ἁμαρτημάτων συγχώρησιν, κολάσεως ἄφε-
E σιν, δικαιοσύνην, ἁγιασμὸν, ἀπολύτρωσιν, σῶμα δεσποτικὸν, τράπεζαν θείαν, πνευματικὴν, νεκρῶν ἀνάστασιν. Ταῦτα γὰρ πάντα εἶχον οἱ ἀπόστολοι. Οὐκοῦν τὰ μὲν ἔδωκεν, τὰ δὲ ἐπηγγείλατο· καὶ τὰ μὲν ἐν πείρᾳ ἦν καὶ ἀπολαύσει, τὰ δὲ ἐν ἐλπίδι καὶ ἐν πίστει. Καὶ ἄκουε. Τί ἔδωκε; Τὸ βάπτισμα, τὴν

[a] Ἔρως, ὅτι πολλάκις καὶ ἄμορφον φιλεῖ. Etymologicon: Ἔρως, παρὰ τὸ ἐρεῖν τὰς ψυχὰς τῶν ἐρώντων τοῖς ἐρωμένοις, ὅ ἐστιν ἕπεσθαι· τυφλὸς γὰρ ὁ ἐρῶν περὶ τοῦ ἐρωμένου. Sed hoc ultimum de Christo dici nequit.

θυσίαν. Ταῦτα ἐν πείρᾳ· βλέπε δέ. Τί ἐπηγγείλατο; Ἀνάστασιν, σωμάτων ἀφθαρσίαν, τὴν μετὰ ἀγγέλων 602 ἕνωσιν, τὴν μετὰ ἀρχαγγέλων χορείαν, τὴν μετ' A αὐτοῦ πολιτείαν, τὴν ζωὴν τὴν ἀκήρατον, τὰ ἀγαθὰ, Ἃ ὀφθαλμὸς οὐκ εἶδε, καὶ οὖς οὐκ ἤκουσε, καὶ ἐπὶ καρδίαν ἀνθρώπου οὐκ ἀνέβη, ἃ ἡτοίμασεν ὁ Θεὸς τοῖς ἀγαπῶσιν αὐτόν.

Σύνετε τὸ λεγόμενον, μὴ ἀπολέσητε αὐτό· διὰ τοῦτο κάμνω, ἵνα νοήσητε. Εἰς δύο οὖν ἦν αὐτῆς ἡ προῖξ διῃρημένη, εἰς τὰ παρόντα, καὶ εἰς τὰ μέλλοντα· εἰς τὰ ὁρώμενα, καὶ εἰς τὰ ἀκουόμενα· εἰς τὰ δεδομένα, καὶ εἰς τὰ πιστευόμενα· εἰς τὰ ἐν πείρᾳ, καὶ εἰς τὰ ἐν ἀπολαύσει· εἰς τὰ ἐν τῇ παρούσῃ ζωῇ, καὶ εἰς τὰ μετὰ τὴν ἀνάστασιν. Ταῦτα βλέπεις, ἐκεῖνα ἀκούεις. Βλέπε οὖν, τί λέγει αὐτῇ, ἵνα μὴ B νομίσῃ, ὅτι ταῦτα μόνον ἔλαβε· καίτοι μεγάλα ἦν καὶ ἀπόῤῥητα καὶ πᾶσαν διάνοιαν ὑπερβαίνοντα. Ἄκουσον, θύγατερ, καὶ ἴδε· ἄκουσον ἐκεῖνα, καὶ βλέπε ταῦτα· ἵνα μὴ λέγῃς, πάλιν ἐπ' ἐλπίδι; πάλιν ἐν πίστει; πάλιν ἐν τῷ μέλλοντι; Καὶ βλέπε· τὰ μὲν δίδωμι, τὰ δὲ ἐπαγγέλλομαι· ἐκεῖνα μὲν οὖν ἐν ἐλπίδι, ταῦτα δὲ λάβε ἐνέχυρα, ταῦτα λάβε ἀῤῥαβῶνα, ταῦτα λάβε εἰς ἀπόδειξιν. Ἐπαγγέλλομαί σοι βασιλείαν· πίστευε ἀπὸ τῶν παρόντων, πίστευέ μοι. Βασιλείαν μοι ἐπαγγέλλῃ; Ναί. Τὸ μεῖζόν σοι ἔδωκα, τὸν Δεσπότην τῆς βασιλείας, ὅς γε τοῦ ἰδίου Υἱοῦ οὐκ ἐφείσατο, ἀλλ' C ὑπὲρ ἡμῶν πάντων παρέδωκεν αὐτόν· πῶς οὐχὶ καὶ σὺν αὐτῷ τὰ πάντα ἡμῖν χαρίσεται; Ἀνάστασιν δίδως σωμάτων; Ναί. Τὸ μεῖζόν σοι ἔδωκα. Ποῖον; Ἀπαλλαγῆναι ἁμαρτίας. Πῶς τὸ μεῖζον; Ὅτι τὸν θάνατον ἡ ἁμαρτία ἔτεκεν. Τὴν μητέρα ἔσφαξα, καὶ τὸν υἱὸν οὐ σφάξω; τὴν ῥίζαν ἐξήρανα, καὶ τὸν καρπὸν οὐκ ἀναιρῶ; Ἄκουσον, θύγατερ, καὶ ἴδε. Τί ἴδω; Νεκροὺς ἐγειρομένους, λεπροὺς καθαιρομένους, χαλινουμένην θάλασσαν, παραλυτικὸν σφιγγόμενον, παράδεισον ἀνοιγόμενον, ἄρτους πηγάζοντας, ἁμαρτήματα λυόμενα, χωλὸν πηδῶντα, λῃστὴν παραδείσου πολίτην γενόμενον, τελώνην εὐαγγελιστὴν γενόμενον, παρθένου σεμνοτέραν τὴν πόρνην. Ἄκουσον, καὶ ἴδε· D ἄκουσον ἐκεῖνα, καὶ βλέπε ταῦτα. Ἀπὸ τῶν παρόντων λάβε ἀπόδειξιν· καὶ περὶ ἐκείνων ἔδωκά σοι ἐνέχυρα· ταῦτα ἐκείνων ἀμείνω. [a] Καὶ τί θέλεις λέγειν; Ταῦτα ἐμά. Ἄκουσον, θύγατερ, καὶ ἴδε. Ταῦτα ἡ προῖξ. Τί εἰσφέρει ἡ νύμφη; Ἴδωμεν. Καὶ σὺ εἰσένεγκε. Τί ποτε, ἵνα μὴ ᾖς ἄπροικος; Ἐγὼ τί ἔχω, φησὶν, εἰσενεγκεῖν ἀπὸ βωμῶν, ἀπὸ κνίσης, ἀπὸ δαιμόνων; τί ἔχω εἰσενεγκεῖν; Τί; Γνώμην καὶ πίστιν. Ἄκουσον θύγατερ, καὶ ἴδε. Καὶ τί θέλεις ποιήσω; Ἐπιλάθου τοῦ λαοῦ σου. Ποίου λαοῦ; Τῶν δαιμόνων, τῶν εἰδώλων, τοῦ καπνοῦ, τῆς κνίσης, τοῦ αἵματος. Καὶ ἴδε, E

auris non audivit, et *in cor hominis non ascenderunt, quæ præparavit Deus diligentibus* se.

16. Intelligite id, quod dicitur: ne perdatis illud: ideo laboro, ut intelligatis. In duas igitur partes erat dos ejus divisa; in præsentia, et in futura; in ea quæ visu, et in ea quæ auditu percipiuntur; in ea quæ dantur, et in ea quæ creduntur; in ea quæ in experientia, et in ea quæ in fruitione; in ea quæ in præsenti vita, et in ea quæ post resurrectionem. Hæc vides, illa audis. Vide igitur quid dicat illi, ut ne putaret quod hæc solum accepisset: etsi magna erant et ineffabilia, et mentem omnem superantia. *Audi, filia, et vide:* audi illa, et hæc vide; ut ne dicas: Rursum in spe? rursum in fide? rursum in futuro? Et vide: alia do, alia promitto: illa itaque in spe, hæc vero accipe pignora, hæc accipe in arrhabonem, hæc in specimen accipe. Promitto tibi regnum: crede ex præsentibus, crede mihi. Regnum mihi promittis? Etiam. Quod majus erat tibi dedi, nempe Dominum regni, *Qui proprio Filio non* Rom. 8. 32. *pepercit, sed pro nobis omnibus tradidit eum; quomodo non etiam cum illo omnia nobis donabit?* Resurrectionemne das corporum? Etiam. Quod majus erat tibi dedi. Quodnam illud? Quod libereris a peccato. Quo pacto majus est illud? Quia peccatum mortem peperit. Matrem interfeci et filium non interficiam? radicem arefeci, et fructum non tollam? *Audi, filia*, et *vide.* Quid videam? Mortuos suscitatos, leprosos mundatos, mare frenatum, paralyticum in vigorem restitutum, paradisum apertum, panes ubertim erogatos, peccata soluta, claudum subsilientem, latronem paradisi civem factum, publicanum in evangelistam mutatum, meretricem virgine continentiorem. Audi, et vide: audi illa, hæc vide. A præsentibus argumentum accipe: de illis etiam pignora dedi tibi: hæc illis meliora sunt. Ecquid tandem dictura es? Mea hæc sunt. *Audi, filia*, et *vide.* Hæc dos sunt. Quid infert sponsa? Videamus. Et tu inferas quoque. Ecquid tu tandem, ut ne maneas indotata? Ego quid possim inferre ab altaribus, a nidore, a dæmonibus? quid inferendum habeo? Quid? Voluntatem et fidem. *Audi, filia, et vide.* Ecquid vis

[a] [Savil. καὶ τί θέλεις, λέγει;]

Psal. 44. 11.

faciam? *Obliviscere populum tuum.* Quem populum? Dæmonas, idola, fumum, nidorem, sanguinem. *Et vide, et obliviscere populum tuum, et domum patris tui.* Dimitte patrem, et ad me veni. Ego Patrem dimisi, et ad te veni, et tu non dimittes patrem tuum? Cæterum illud, dimisi, de Filio dictum, ne ita intelligas, quasi dimiserit. Me tibi attemperavi, dispensatione usus sum, carnem assumsi. Hoc sponsi, hoc sponsæ est, ut relinquamus parentes, et nos mutuo copulemur. *Audi, filia, et vide, et obliviscere populum tuum, et domum patris tui.* Ecquid mihi das, si obliviscar? *Et concupiscet rex decorem tuum.* Habes amatorem Dominum. Si illum amatorem habeas, quæ illius sunt utique habes: si tamen quod dictum est possitis intelligere: subtilis quippe est sententia; voloque Judæorum linguam consuere. Sed hic mentem adhibete: sive enim quis audiat, sive non, ego fodio, ego terram aratro scindo. *Audi, filia, et vide, et obliviscere populum tuum, et domum patris tui, et concupiscet rex decorem tuum.* Hic decorem, qui sensum movet, intelligit Judæus; non spiritualem, sed corporeum.

Ibid. v. 12.

Pulchritudo corporis ex natura; animæ ex virtute proficiscitur.

17. Attende, discamus quæ sit corporea pulchritudo, et quæ spiritualis. Est anima, est corpus, duæ substantiæ sunt; est pulchritudo corporis, et est pulchritudo animæ. Quæ est pulchritudo corporis? Supercilium extensum, subridens gratia oculorum, gena rubens, labia puniceo colore, collum erectum, coma leniter fluctuans, digiti prælongi, statura arrecta, candor efflorescens. Hæc pulchritudo corporis vel a natura, vel a voluntate efficitur? In confesso autem est a natura proficisci. Attende ut philosophorum sententiam ediscas. Hæc pulchritudo, sive vultus, sive oculorum, seu comæ, seu frontis, vel a natura, vel a voluntate efficitur. Palam est a natura effici. Nam deformis etiamsi innumeris utatur artificiis, quod ad corpus attinet, formosa effici nequit: etenim quæ sunt a natura, immota manent, definita terminis, qui præteriri nequeunt. Quæ igitur pulchra est, semper est pulchra, etsi nullo utatur artificio; deformis vero se formosam facere nequit, nec formosa deformem. Quare? Quia naturæ sunt hæc. Vidistine ergo corpoream pulchritudinem? Eamus intus ad animam: ancilla dominam adeat. Ad animam ducamus. Vide pulchritudinem illam, imo potius audi; non po-

καὶ ἐπιλάθου τοῦ λαοῦ σου, καὶ τοῦ οἴκου πατρός σου. Ἄφες τὸν πατέρα, καὶ δεῦρο πρὸς μέ. Ἐγὼ τὸν Πατέρα ἀφῆκα, καὶ ἦλθον πρὸς σὲ, καὶ σὺ οὐκ ἀφίης τὸν σὸν πατέρα; Ἀλλὰ τὸ ἀφῆκα ἐπὶ τοῦ Υἱοῦ, μὴ ἐγκατάλειψιν νόμιζε. Συγκατέβην, ᾠκονόμηκα, σάρκα ἀνέλαβον. Τοῦτο νυμφίου, τοῦτο νύμφης, ἵνα καταλείψῃ τοὺς γονέας, καὶ ἀλλήλοις ἁρμοσώμεθα. Ἄκουσον, θύγατερ, καὶ ἴδε, καὶ ἐπιλάθου τοῦ λαοῦ σου, καὶ τοῦ οἴκου τοῦ πατρός σου. Καὶ τί μοι δίδως, ἐὰν 403 A ἐπιλάθωμαι; Καὶ ἐπιθυμήσει ὁ βασιλεὺς τοῦ κάλλους σου. Ἔχεις ἐραστὴν τὸν Δεσπότην. Ἂν ἐκεῖνον ἐραστὴν ἔχῃς, [a] τὰ ἐκείνου καὶ ἔχεις· ἐὰν δυνηθῆτε συνιδεῖν τὸ λεγόμενον· λεπτὸν γάρ ἐστι τὸ νόημα, καὶ βούλομαι ἀποῤῥάψαι Ἰουδαίων τὴν γλῶτταν. Ἀλλὰ συντείνατέ μοι τὴν διάνοιαν· ἄν τε γὰρ ἀκούῃ τις, ἄν τε μὴ ἀκούῃ, ἐγὼ σκάπτω, ἐγὼ ἀροτριῶ. Ἄκουσον, θύγατερ, καὶ ἴδε, καὶ ἐπιλάθου τοῦ λαοῦ σου, καὶ τοῦ οἴκου τοῦ πατρός σου, καὶ ἐπιθυμήσει ὁ βασιλεὺς τοῦ κάλλους σου. Κάλλος ἐνταῦθα τὸ αἰσθητὸν λέγει ὁ Ἰουδαῖος, οὐχὶ τὸ νοητὸν, ἀλλὰ τὸ σωματικόν.

B Πρόσχες, μάθωμεν τί ἐστι σωματικὸν κάλλος, καὶ τί ἐστι νοητόν. Ἔστι ψυχὴ, ἔστι σῶμα, δύο οὐσίαι εἰσίν· ἔστι κάλλος σώματος, καὶ ἔστι κάλλος ψυχῆς. Τί ἐστι κάλλος σώματος; Ὀφρὺς ἐκτεταμένη, ὀφθαλμὸς μειδιῶν, παρειὰ ἐρυθραινομένη, χείλη φοινικίζοντα, τράχηλος ἀνεστηκὼς, κόμη κραδαινομένη, δάκτυλοι εὐμήκεις, ἡλικία ἀνεστηκυῖα, λευκότης ἐπανθοῦσα. Τοῦτο τὸ κάλλος τὸ σωματικὸν ἀπὸ φύσεως γίνεται, ἢ ἀπὸ προαιρέσεως; Ὡμολόγηται, ὅτι ἀπὸ φύσεως. Πρόσεχε ἵνα μάθῃς φιλοσόφων νοήματα. Τοῦτο τὸ κάλλος, τὸ τῆς ὄψεως, τὸ τοῦ ὀφθαλμοῦ, τὸ C τῆς κόμης, τὸ τοῦ μετώπου, φύσεως γίνεται, ἢ ἀπὸ προαιρέσεως. Εὔδηλον ὅτι ἀπὸ φύσεως γίνεται. Ἡ γὰρ ἄμορφος, κἂν μυρία φιλοκαλήσῃ, εὔμορφος γενέσθαι οὐ δύναται κατὰ τὸ σῶμα· τὰ γὰρ τῆς φύσεως ἀκίνητα, ὅροις πεπέδηται, μὴ μεταβαίνοντα. Ἡ τοίνυν καλὴ, ἀεὶ καλὴ, κἂν μὴ ἔχῃ φιλοκαλίαν· ἡ δὲ ἄμορφος εὔμορφον ποιῆσαι οὐ δύναται, οὐδὲ ἡ εὔμορφος ἄμορφον. Διὰ τί; Ἐπειδὴ φύσεώς ἐστι ταῦτα. Εἶδες οὖν σωματικὸν κάλλος; Ἄγωμεν ἔσω εἰς τὴν ψυχήν· ἡ δούλη πρὸς τὴν δέσποιναν. Πρὸς τὴν ψυχὴν ἄγωμεν. Βλέπε ἐκεῖνο κάλλος, μᾶλλον δὲ ἄκουε ἐκεῖνο· οὐ γὰρ δύνασαι αὐτὸ ἰδεῖν· ἀόρατον γάρ ἐστιν. Ἄκουε D ἐκεῖνο τὸ κάλλος. Τί οὖν ἐστι κάλλος ψυχῆς; Σωφροσύνη, ἐπιείκεια, ἐλεημοσύνη, ἀγάπη, φιλαδελ-

[a] [Savil. τὰ ἐκείνου κέκτησαι. λάβε τὰ ἐκείνου, καὶ ἔχεις ἐκεῖνον, ἐάν..]

φία, φιλοστοργία, ὑπακοὴ Θεοῦ, νόμου πλήρωσις, δικαιοσύνη, συντριβὴ διανοίας. Ταῦτα κάλλη ψυχῆς. Ταῦτα τοίνυν οὐκ ἔστι φύσεως, ἀλλὰ προαιρέσεως. Καὶ ὁ μὴ ἔχων, δύναται ταῦτα λαβεῖν, ὁ δὲ ἔχων, ἐὰν ῥαθυμήσῃ, ἀπώλεσεν. Ὥσπερ γὰρ ἔλεγον ἐπὶ τοῦ σώματος, ὅτι ἡ ἄμορφος εὔμορφος γενέσθαι οὐ δύναται· οὕτω καὶ ἐπὶ τῆς ψυχῆς τὸ ἐναντίον λέγω, ὅτι ἡ ἄμορφος ψυχὴ εὔμορφος γενέσθαι δύναται. Τί γὰρ ἀμορφότερον τῆς ψυχῆς Παύλου, ὅτε βλάσφημος ἦν καὶ ὑβριστής· τί δὲ εὐμορφότερον αὐτοῦ, ὅτε ἔλεγε, Τὸν ἀγῶνα τὸν καλὸν ἠγώνισμαι, τὸν δρόμον τετέλεκα, τὴν πίστιν τετήρηκα; E Τί ἀμορφότερον τῆς ψυχῆς τοῦ λῃστοῦ; τί δὲ εὐμορφότερον αὐτοῦ ἐγένετο, ὅτε ὑπήκουσεν, Ἀμὴν λέγω σοι, σήμερον μετ' ἐμοῦ ἔσῃ ἐν τῷ παραδείσῳ; Τί ἀμορφότερον τοῦ τελώνου, ὅτε ἥρπασε; τί δὲ εὐμορφότερον, ὅτε τὴν οἰκείαν ἔδωκε γνώμην; Ὁρᾷς ὅτι τὴν εὐμορφίαν τοῦ σώματος οὐ δύνασαι μεταλλάσσειν· οὐ γάρ ἐστι προαιρέσεως, ἀλλὰ φύσεως. Ἡ δὲ τῆς ψυχῆς εὐμορφία ἐκ τῆς προαιρέσεως ἡμῖν πορίζεται. Ἔλαβες τοὺς ὅρους. Ποίους; Ὅτι τὸ κάλλος τῆς ψυχῆς ἀπὸ ὑπακοῆς τοῦ 404 A Θεοῦ. Ἐὰν γὰρ ὑπακούσῃ τῷ Θεῷ ἡ ἄμορφος ψυχὴ, ἀποτίθεται τὴν ἀμορφίαν, καὶ γίνεται εὔμορφος. Σαῦλε, Σαῦλε, τί με διώκεις; Ὁ δὲ, καὶ τίς εἶ, Κύριε; Ἐγώ εἰμι Ἰησοῦς. Καὶ ὑπήκουσε, καὶ ἡ ὑπακοὴ τὴν ἄμορφον ψυχὴν εὔμορφον ἐποίησε. Πάλιν τῷ τελώνῃ λέγει, Δεῦρο, ἀκολούθει μοι. Καὶ ἀνέστη ὁ τελώνης, καὶ ἐγένετο ἀπόστολος· ἡ ἄμορφος ψυχὴ ἐγένετο εὔμορφος. Πόθεν; Ἀπὸ ὑπακοῆς. Πάλιν τοῖς ἁλιεῦσι λέγει, Δεῦτε ὀπίσω μου, καὶ ποιήσω ὑμᾶς γενέσθαι ἁλιεῖς ἀνθρώπων· καὶ ἀπὸ τῆς ὑπακοῆς ἐγένετο εὔμορφος αὐτῶν ἡ διάνοια. Ἴδωμεν ὧδε ποῖον λέγει κάλλος. Ἄκουσον, θύγατερ, καὶ ἴδε, καὶ ἐπιλάθου τοῦ λαοῦ σου, καὶ τοῦ οἴκου τοῦ πατρός σου, καὶ B ἐπιθυμήσει ὁ βασιλεὺς τοῦ κάλλους σου. Ποῖον κάλλος ἐπιθυμήσει; Τὸ ψυχικόν. Πόθεν; Ὅτι ἐπελάθετο. Λέγει, Ἄκουσον οὖν, καὶ ἐπιλάθου. Ταῦτα προαιρέσεώς ἐστιν. Ἄκουσον, εἶπεν. Ἄμορφος ἀκούει, καὶ ἡ ἀμορφία αὕτη οὐ λύεται ἡ τοῦ σώματος. Εἰπὲ τῇ ἁμαρτωλῷ, ἄκουσον, καὶ εἰ ὑπακούσει, βλέπει οἵα ἡ εὐμορφία. Ἐπεὶ οὖν ἡ ἀμορφία τῆς νύμφης οὐκ ἦν φυσικὴ, ἀλλὰ προαιρετικὴ (οὐ γὰρ ἤκουσε τοῦ Θεοῦ, ἀλλὰ παρέβη), διὰ τοῦτο ἑτέρῳ φαρμάκῳ ἄγει αὐτήν. Ἄμορφος τοίνυν ἐγένου, οὐκ ἀπὸ φύσεως, ἀλλὰ προαιρέσεως· καὶ εὔμορφος ἐγένου ἀπὸ ὑπακοῆς. C Ἄκουσον, θύγατερ, καὶ ἴδε, καὶ ἐπιλάθου τοῦ λαοῦ σου, καὶ τοῦ οἴκου τοῦ πατρός σου, καὶ ἐπιθυμήσει ὁ βασιλεὺς τοῦ κάλλους σου. Εἶτα ἵνα μάθῃς, ὅτι οὐδὲν λέγει αἰσθητὸν, ἀκούων τὸ κάλλος, μὴ ὀφθαλμὸν νομίσῃς, μὴ ῥῖνα, μὴ στόμα, μηδὲ τράχηλον, ἀλλ' εὐλάβειαν, πίστιν, ἀγάπην, τὰ ἔνδον· Πᾶσα γὰρ ἡ δόξα τῆς θυγατρὸς τοῦ βασιλέως ἔσωθεν. Ὑπὲρ δὲ

tes enim illam videre : invisibilis quippe est.
Audi illam pulchritudinem. Quid igitur est animæ pulchritudo? Temperantia, modestia, eleemosyna, caritas, fratrum amor, benignitas, obsequentia Deo præstita, legis observatio, justitia, contritio animi. Hæc animæ pulchritudo.
Hæc itaque naturæ non sunt, sed propositi. Ea
qui non habet, adipisci potest : qui habet,
si supine se gerat, utique perdit. Ut enim de
corpore dicebam, deformem non posse formosam fieri : sic et de anima contrarium dico,
E deformem animam formosam fieri posse. Quid
enim anima Pauli deformius, quando blasphemus et contumeliosus erat? quid vero formo-
sius illa, cum diceret : *Bonum certamen cer-* 2. Tim. 4. 7.
tavi, cursum consummavi, fidem servavi?
Quid deformius anima latronis? quid contra
formosius ea cum audivit, *Amen, dico tibi,* Luc. 23. 43.
hodie mecum eris in paradiso? Quid deformius
publicano, quando rapiebat? quid vero formosius illo, quando propriam edidit sententiam?
404 A Vides te formam corporis non posse mutare :
non enim id voluntatis est, sed naturæ. Animæ
vero decor ex proposito nobis comparatur.
Accepistis definitiones. Quas vero? Pulchritudinem animæ ex obsequentia erga Deum proficisci. Si enim deformis anima Deo obtempera-
verit, deformitatem ponit, et formosa efficitur.
Saule, Saule, quid me persequeris? Ille vero, Act. 9. 4. 5.
Et quis es, Domine? Ego sum Jesus. Et obedi-
vit, et obedientia deformem animam formosam effecit. Rursum publicano dicit : *Veni, sequere me.* Matth. 19.
Et surrexit publicanus, factusque est apostolus : 21.
B deformis anima formosa effecta est. Undenam?
Ex obedientia. Rursum piscatoribus dicit : *Veni-* Matth. 4.
te post me, et faciam vos fieri piscatores ho- 19.
minum : exque obedientia ipsorum mens formosa facta est. Hic videamus quam dicat pulchritudinem, *Audi, filia,* et *vide,* et *obliviscere popu-*
lum tuum, et domum patris tui, et *concupi-*
scet rex decorem tuum. Quem decorem concupiscet? Utique animæ. Undenam? Quia oblita
est. Dicit, *Audi* igitur, *et obliviscere.* Hæc
voluntatis sunt. *Audi,* ait. Deformis audit, et
C deformitas corporis non solvitur. Dic peccatrici
animæ, Audi : et si obediat, vide quali decore
ornetur. Quia igitur deformitas sponsæ non erat
naturalis, sed voluntaria (non enim audierat
Deum, sed prævaricata fuerat), ideo alia illam
medicina ducit. Deformis igitur facta es, non ex
natura, sed ex voluntate ; et ex obedientia formosa facta es. *Audi, filia,* et *vide,* et *oblivi-*

scere populum tuum, et domum patris tui : et concupiscet rex decorem tuum. Deinde ut discas, eum hic nihil sensibile dicere, cum audis pulchritudinem, ne oculos putes, non nasum, non os, non collum ; sed pietatem, fidem, caritatem
Psal. 44. 9. quæ intus sunt : *Omnis enim gloria filiæ regis ab intus.* Pro his vero omnibus gratias agamus Deo bonorum datori, quia ipsum solum decet gloria, honor, imperium in sæcula sæculorum. Amen.

τούτων ἁπάντων εὐχαριστήσωμεν τῷ Θεῷ, τῷ Σωτῆρι, ὅτι αὐτῷ πρέπει μόνῳ δόξα, τιμὴ, κράτος εἰς τοὺς αἰῶνας τῶν αἰώνων. Ἀμήν.

MONITUM

IN HOMILIAM CUM SATURNINUS ET AURELIANUS, ETC.

Hanc homiliam duabus prioribus de Eutropio subnectendam esse, ipsa rerum series suadet. Cum enim Gainas post impetratam, partim vi, partim dolo, Eutropii ruinam perniciemque, petulantior in dies evaderet, eo demum impudentiæ processit, ut armis copiisque instructus, Saturnini et Aureliani, qui inter Imperii proceres eminebant, capita deposceret, nec nisi hac conditione se arma positurum esse minitaretur. Arcadius vero Imperator, qui ob inertiam metumque cuivis injuriæ opportunus erat, rem quantumvis indignam denegare non ausus, tantos viros ad necem traditurus erat ; nisi Chysostomus, utpote communis omnium pater, sic ille Gainam adiisset, *Obambulans,* inquit, *exhortans, obtestans, supplicans, ut a dominis ea calamitas depelleretur ;* idque demum a barbaro impetrasset, ut satis haberet si Saturninus et Aurelianus in exsilium mitterentur. Id accidit anno circiter ineunte 400, ut pluribus in Vita Chrysostomi narrabitur. Quo peracto negotio hanc concionem habuit ; ubi de Constantinopolitano tumultu, de vicissitudine humanarum rerum, de divitiarum vanitate eleganter pro more
405 suo disserit. Paupertatis bona deprædicat, utpote quæ tantam præstet securitatem, quantum divitiæ periculum pariunt. Demum exemplo Jobi ad calamitates fortiter ferendas hortatur, et sic concionem claudit.

Incerti interpretationem Latinam, plurimis in locis emendatam, e regione Græci textus posuimus.

HOMILIA,

Cum Saturninus et Aurelianus acti essent in exsilium, et *Gainas egressus* esset e *civitate ;* et *de avaritia.*

A

[a] ΟΜΙΛΙΑ

Ὅτε Σατορνῖνος καὶ Αὐρηλιανὸς ἐξωρίσθησαν, καὶ Γαϊνᾶς ἐξῆλθε τῆς πόλεως· καὶ περὶ φιλαργυρίας.

1. Multo tempore silui, et post longum temporis spatium ad caritatem vestram reversus sum : verum id non accidit ulla vel animi socordia, vel corporis desidia, sed abfui tumultus componens, fluctus atque tempestatem sedans : eosque qui jam demergi cœperant, ad portum

Πολὺν ἐσίγησα χρόνον, καὶ διὰ μακροῦ πάλιν πρὸς τὴν ὑμετέραν ἐπανῆλθον ἀγάπην· ἀλλ' οὐ ῥᾳθυμίᾳ τινὶ καὶ ὄκνῳ σώματος, ἀλλὰ τὰς ταραχὰς καταστέλλων, τὰ κύματα κοιμίζων, τὸν χειμῶνα διορθούμενος, τοὺς ναυαγοῦντας ἀνιμώμενος, τοὺς γινομένους ὑποβρυχίους πρὸς λιμένα καὶ γαλήνην χειραγωγῆσαι

[a] Collata cum Ms. Reg. 1974.

σπεύδων. Κοινὸς γάρ εἰμι πάντων πατὴρ, καὶ οὐ τῶν ἑστώτων μόνον, ἀλλὰ καὶ τῶν πεπτωκότων φροντίζειν ἀναγκαῖον· οὐχὶ τῶν ἐξουρίας φερομένων, ἀλλὰ καὶ τῶν κλυδωνιζομένων· οὐχὶ τῶν ἐν ἀσφαλείᾳ, ἀλλὰ καὶ τῶν ἐν κινδύνοις. Διὰ δὴ ταῦτα τὸν παρελθόντα ἀπελείφθην ἐνδοὺς χρόνον περιιὼν, παρακαλῶν, δεόμενος, ἱκετεύων τοῖς κυρίοις λυθῆναι τὴν συμφοράν. Καὶ ἐπειδὴ τέλος ἔλαβεν ἐκεῖνα τὰ σκυθρωπὰ, πάλιν πρὸς ὑμᾶς ἐπανῆλθον τοὺς ἐν ἀσφαλείᾳ ὄντας, τοὺς μετὰ πολλῆς πλέοντας τῆς γαλήνης. Πρὸς ἐκείνους ἀφικόμην ὥστε λῦσαι τὸν χειμῶνα· πρὸς ὑμᾶς ἐπανῆλθον, ὥστε μὴ γενέσθαι χειμῶνα. Πρὸς ἐκείνους ἀπῄειν, ἵνα ἀπαλλάξω τῶν λυπηρῶν· πρὸς ὑμᾶς παρεγενόμην, ἵνα μὴ περιπέσητε τοῖς σκυθρωποῖς. Ὥσπερ οὐχὶ τῶν ἑστώτων δεῖ φροντίζειν μόνον, ἀλλὰ καὶ τῶν πεπτωκότων· οὕτω πάλιν οὐχὶ τῶν πεπτωκότων μόνον, ἀλλὰ καὶ τῶν ἑστώτων· ἐκείνων μὲν, ἵνα ἀναστῶσιν, τούτων δὲ, ἵνα καταπέσωσιν· ἐκείνων μὲν, ἵνα ἀπαλλαγῶσι τῶν κατεχόντων δεινῶν, τούτων δὲ ἵνα μὴ περιπέσωσι τοῖς προσδοκωμένοις λυπηροῖς. Οὐδὲν γὰρ βέβαιον, οὐδὲν ἀκίνητον τῶν ἀνθρωπίνων πραγμάτων, ἀλλὰ μιμεῖται θάλασσαν μαινομένην, καὶ καθ' ἑκάστην ἡμέραν ὠδίνει ναυάγια ξένα καὶ χαλεπά. Πάντα θορύβων γέμει καὶ ταραχῆς· πάντα σκόπελοι καὶ κρημνοί· πάντα ὕφαλοι καὶ σπιλάδες· πάντα φόβοι, καὶ κίνδυνοι, καὶ ὑποψίαι, καὶ τρόμοι, καὶ ἀγωνίαι. Οὐδεὶς οὐδενὶ θαῤῥεῖ, τὸν πλησίον ἕκαστος δέδοικεν. Ἐκεῖνος πάρεστιν ὁ καιρὸς τάχα, ὃν ὁ προφήτης ὑπογράφων ἔλεγε· Μὴ πιστεύετε ἐν φίλοις, καὶ ἐπὶ ἡγουμένοις μὴ ἐλπίζετε· ἕκαστος ἀπὸ τοῦ πλησίον ἀφέξεσθε· Ἀπὸ τῆς συγκοίτου σου φύλαξον [b] τοῦ ἀναθέσθαι αὐτῇ. Τί δήποτε; Ὅτι καιρὸς πονηρός ἐστιν, Ὅτι πᾶς ἀδελφὸς πτέρνῃ πτερνιεῖ, καὶ πᾶς φίλος δολίως πορεύεται. Οὐκ ἔστι φίλος ἀσφαλὴς, οὐκ ἀδελφὸς βέβαιος. Ἀνῄρηται τὸ τῆς ἀγάπης καλόν· ἐμφύλιος ἅπαντα κατέχει πόλεμος, 405 ἐμφύλιος, καὶ οὔτε οὗτος δῆλος, ἀλλὰ συνεσκιασμένος. Μυρία πανταχοῦ προσωπεῖα. Πολλαὶ τῶν προβάτων αἱ δοραὶ, ἀναρίθμητοι πανταχοῦ κεκρυμμένοι λύκοι· καὶ ἀσφαλέστερον ἄν τις ἐν πολεμίοις μᾶλλον βιώσειεν, ἢ ἐν τοῖς δοκοῦσιν εἶναι φίλοις. Οἱ χθὲς θεραπεύοντες, οἱ κολακεύοντες, οἱ χεῖρας καταφιλοῦντες, ἀθρόον νῦν πολέμιοι ἀνεφάνησαν, καὶ τὰ προσωπεῖα ῥίψαντες, κατηγόρων ἁπάντων πικρότεροι γεγόνασιν, ὑπὲρ ὧν πρῴην χάριτας ὡμολόγουν, ὑπὲρ τούτων ἐγκαλοῦντες καὶ διαβάλλοντες.

et in tranquillum porrecta manu reducere studens. Sum enim communis omnium pater, coque necesse est curam agere non tantum eorum qui stant, sed eorum quoque qui collapsi sunt: non illorum tantum, qui secundis navigant ventis, sed et illorum qui tempestate jactantur: non eorum modo qui in tuto sunt, verumetiam illorum qui periclitantur. Harum sane rerum gratia reliqui vos ad temporis spatium, obambulans, exhortans, obtestans, supplicans, ut a dominis ea calamitas depelleretur. Posteaquam autem inamœnis illis ac tristibus finis est impositus, denuo me ad vos recepi, qui in tuto estis, qui multa cum tranquillitate navigatis. Ad illos profectus eram, ut tempestatem sedarem: ad vos reversus sum, ne qua tempestas exoriatur. Ad illos discesseram ut eos a molestiis liberarem: ad vos redii, ne in molestias incidatis. Quemadmodum enim oportet habere curam, non eorum modo qui stant, sed eorum quoque qui lapsi sunt: ita rursus non lapsi tantum nobis debent esse curæ, sed et stantes: illi, ut erigantur, hi, ne cadant: illi, ut ab urgentibus malis liberentur, hi, ne incurrant in ærumnas imminentes. Nihil enim est in rebus humanis stabile, nihil inconcussum, sed ea sunt quasi mare vesaniens, quotidie parturiens naufragia stupenda gravissimaque. Omnia tumultuum ac turbarum plena sunt; omnia scopuli et præcipitia; omnia rupes sub aquis latentes; omnia terrores, discrimina, suspiciones, tremores et angores. Nemo cuiquam fidit, a suo quisque proximo metuit. Tempus fortassis illud in propinquo est, quod propheta depinxit his verbis: *Ne fiduciam habeatis in amicis*, et *in principibus nolite spem ponere*; a suo quisque proximo cavete; *A conjuge tua cave, ne quid illi credas*. Quid ita tandem? Quia tempus malum est, *Quia omnis frater insidiatur calcaneo*, et *omnis amicus dolose incedit*. Non est amicus tutus, non frater firmus. Sublatum est caritatis bonum; civile bellum occupat omnia, civile, et non apertum, sed obumbratum. Innumeræ ubique larvæ, simulatæque facies. Multa ovium vellera, innumeri ubique lupi sub his occultati: ut jam inter hostes aliquis tutius vixerit, quam inter eos qui videntur amici. Qui heri adulabantur, qui manus osculabantur, hodie repente comperti sunt esse hostes, abjectisque larvis facti sunt omnibus accusatoribus acerbiores; pro quibus hesterno die gratias agebant, hos nunc incusant et calumniantur.

Constantinopolitani tumultus imago.

Mich. 7. 5.

Jerem. 9. 4.

[b] Reg. τοῦ ἀναθέσθαι, et sic legitur apud Michæam [addito τι ante αὐτῇ]. Editt. ἀνακεῖσθαι.

Adversus avaritiam.

2. Quæ est igitur horum omnium causa? Pecuniarum amor, vesana divitiarum cupiditas, morbus insanabilis, fornax quæ numquam exstinguitur, tyrannis quaquaversum per totum orbem terrarum diffusa. Hanc ob causam et nos quæ prius dicebamus, nunc dicere non desinemus, tametsi nuper complures incusabant nos, talia loquentes: Itane numquam desines adversus divites armatam habere linguam? non desines hos assidue impugnare? Num ego cum illis bellum gero? num adversus illos armor? an non potius pro illis cuncta tum dico, tum facio; ipsi vero adversus seipsos gladios acuunt? an non id declaravit ipsa rerum experientia, quod ego quidem, increpans et assidue objurgans, quærebam illorum commodum, sed illi verius sunt hostes qui nobis hæc loquentibus culpam impingunt? Vidistis eventus rerum cum oratione nostra congruere. An non semper dixi, fugitivas esse divitias, ab hoc ad illum transeuntes? Atque utinam transissent solum, non etiam occidissent: utinam discessissent tantum, ac non e medio quoque sustulissent. Nunc autem præterquam quod deserunt, etiam gladio tradunt, et in barathrum pertrahunt, eo quod sint periculosæ proditrices, cumque iis potissimum bellum gerunt, a quibus amantur. Ingratæ sunt, fugitivæ, homicidæ, implacabiles, bestiæ incurabiles, præcipitium undequaque præruptum, scopulus assiduis plenus fluctibus, mare innumeris ventis agitatum, tyranni acerbe imperantes, dominæ quovis barbaro sæviores, inimicæ irreconciliabiles, hostes implacabiles, quæque numquam erga eos a quibus possidentur, remittunt simultatem.

Paupertatis bona.

3. At non hujusmodi paupertas, sed iis quæ dicta sunt contraria. Ea siquidem est tutum asylum, portus tranquillus, perpetua securitas, deliciæ periculorum expertes, voluptas sincera, vita turbationum nescia, vita fluctuum ignara, copia inexpugnabilis, philosophiæ parens, frenum arrogantiæ, supplicii sublatio, radix modestiæ. Cur itaque hanc fugientes, illas persequimini? illas hostes, illas homicidas, illas quavis bestia sæviores? Talis enim est pecuniarum amor, tale vesanum auri studium. Cur hostem tibi perpetuum contubernalem facis? cur bestiam irritas, quam delinire oportuit? Et quo pacto, inquis, fiet mansueta? Si vel nunc mea verba toleretis, cum clades adsunt, cum calamitas viget, cum omnes in tumultu sunt ac mœrore. Qui fieri

Τί οὖν πάντων αἴτιον; Τούτων ὁ τῶν χρημάτων ἔρως, ἡ περὶ τὴν φιλαργυρίαν μανία, τὸ νόσημα ἀνίατον, ἡ κάμινος ἡ μηδέποτε σβεννυμένη, ἡ τυραννὶς ἡ πανταχοῦ τῆς οἰκουμένης ἐκτεταμένη. Διὰ δὴ τοῦτο καὶ ἡμεῖς ἃ πρότερον ἐλέγομεν, καὶ νῦν λέγοντες οὐ παυσόμεθα, καίτοι πολλοὶ πρῴην ἡμῖν ἐνεκάλουν, καὶ ταῦτα ἔλεγον· οὐ παύῃ κατὰ τῶν πλουτούντων ὁπλιζόμενος τῇ γλώττῃ; οὐ παύῃ συνεχῶς τοιούτοις πολεμῶν; Μὴ ἐγὼ τούτοις πολεμῶ; μὴ ἐγὼ κατ᾽ αὐτῶν ὁπλίζομαι; οὐχ ἐγὼ μὲν ὑπὲρ αὐτῶν πάντα λέγω καὶ ποιῶ, αὐτοὶ δὲ κατ᾽ αὐτῶν τὰ ξίφη ἠκόνησαν; οὐκ ἔδειξε τῶν πραγμάτων ἡ πεῖρα, πῶς ἐγὼ μὲν, ὁ ἐπιτιμῶν καὶ συνεχῶς ἐγκαλῶν, τὸ συμφέρον ἐζήτουν, πολέμιοι δὲ μᾶλλον ἐκεῖνοι, οἱ ἐπιτιμῶντες ταῦτα λέγουσιν ἡμῖν; Ἴδετε ἐπὶ τῶν πραγμάτων τὰ ῥήματα ἐξελθόντα τὰ ἡμέτερα. Οὐκ ἀεὶ ἔλεγον, ὅτι δραπέτης ἐστὶν ὁ πλοῦτος ἀπὸ τούτου πρὸς ἐκεῖνον βαίνων; Καὶ εἴθε μετέβαινε μόνον, καὶ μὴ καὶ ἀπέκτεινεν· εἴθε μεθίστατο, καὶ μὴ καὶ ἀνῄρει. Νῦν δὲ καὶ ἐρήμους καταλιμπάνει τῆς αὐτοῦ προστασίας, καὶ τῷ ξίφει παραδίδωσι, καὶ ἐπὶ τὸ βάραθρον ἄγει, προδότης ὢν χαλεπὸς, καὶ τούτοις μάλιστα πολεμῶν, τοῖς φιλοῦσιν αὐτόν. Δραπέτης ἐστὶν ἀγνώμων, ἀνδροφόνος ἀμείλικτος, θηρίον ἀτιθάσσευτον, κρημνὸς πανταχόθεν ἀπότομος, σκόπελος διηνεκῶν κυμάτων γέμων, πέλαγος ὑπὸ μυρίων ἀνέμων διακοπτόμενον, τύραννος [a] χαλεπῶς ἐπιτάττων, δεσπότης βαρβάρου τινὸς χαλεπώτερος, ἐχθρὸς ἄσπονδος, πολέμιος ἀκατάλλακτος, οὐδέποτε τὴν πρὸς τοὺς κεκτημένους αὐτὸν καταλύων ἔχθραν.

Ἀλλ᾽ οὐχ ἡ πενία τοιοῦτον, ἀλλ᾽ ἀπεναντίας τῶν εἰρημένων. Χωρίον γάρ ἐστιν ἄσυλον, λιμὴν γαληνὸς, ἀσφάλεια διηνεκὴς, τρυφὴ κινδύνων ἀπηλλαγμένη, ἡδονὴ εἰλικρινὴς, βίος ἀτάραχος, ζωὴ ἀκύμαντος, εὐπορία ἀκαταμάχητος, φιλοσοφίας μήτηρ, χαλινὸς ἀπονοίας, ἀναίρεσις κολάσεως, ῥίζα ταπεινοφροσύνης. Τίνος οὖν ἕνεκεν, εἰπέ μοι, ταύτην φεύγοντες ἐκείνην διώκετε τὴν πολεμίαν, τὴν ἀνδροφόνον, τὴν θηρίου παντὸς χαλεπωτέραν; Τοιοῦτον γὰρ ἡ φιλαργυρία: τοιοῦτον ἡ περὶ τὰ χρήματα μανία. Τί πολέμιον συγκατοικίζεις σαυτῷ διηνεκῆ διαπαντός; τί τὸ θηρίον ἀγριαίνεις, ὃ τιθασσεύειν δέον; Καὶ πῶς ἂν γένοιτο, φησὶν, χειροῆθες; Εἰ τῶν ἐμῶν ἀνάσχοισθε λόγων, κἂν νῦν ὅτε τὰ πτώματα ἔναυλα, ὅτε ἡ συμφορὰ ἀκμάζουσα, ὅτε πάντες ἐν θορύβῳ καὶ κατηφείᾳ. Πῶς οὖν τὸ θηρίον ἀπαλλαγῇ τοῦ θηρίον εἶναι; δύ-

[a] Reg. χαλεπῶν ἐπιταγμάτων δεσπότης.

ναμαι γὰρ αὐτὸ μεταβάλλειν, ἐὰν ὑμεῖς θελήσητε· τοιαύτη γὰρ ἡ τῶν λόγων ἰσχύς. Πῶς ἂν οὖν μεταβληθείη τῆς θηριωδίας; Ἐὰν μάθωμεν, πῶς γίνεται χαλεπόν. Πῶς οὖν γίνεται χαλεπόν; Ὥσπερ οἱ λέοντες, ὥσπερ αἱ παρδάλεις, ὥσπερ αἱ ἄρκτοι συγκλειόμεναι καὶ ἐν σκότῳ καθειργόμεναι διεγείρουσι τὸν θυμὸν, αὔξουσι τὴν ὀργήν· οὕτω δὴ καὶ ὁ πλοῦτος συγκλειόμενος καὶ κατορυττόμενος λέοντος μᾶλλον ὠρύεται, καὶ πάντοτε ἀνασοβεῖ· εἰ δὲ ἐξάγεις αὐτὸν ἐκ τοῦ σκότους, καὶ διασπείρεις εἰς τὰς τῶν πενήτων γαστέρας, τὸ θηρίον γίνεται πρόβατον, ὁ ἐπίβουλος προστάτης, ὁ σκόπελος λιμὴν, τὸ ναυάγιον γαλήνη. Ἐπεὶ καὶ ἐπὶ τῶν πλοίων τοῦτο ἂν ἴδοις· ὅταν ὑπὲρ ὄγκον ᾖ τὸ φορτίον, βαπτίζει τὸ σκάφος· ὅταν δὲ σύμμετρον, ἐξουρίας φέρεται. Τοῦτο δὴ καὶ ἐπὶ τῶν οἰκιῶν γίνεται τῶν ἡμετέρων· ὅταν ὑπὲρ τὴν χρείαν συναγάγῃς τὰ χρήματα, μικρὰ ἀνέμου προσβολὴ, καὶ ἡ τυχοῦσα τῶν ἀδοκήτων πραγμάτων περίστασις αὔτανδρον καταδύει τὸ σκάφος· εἰ δὲ τοσαῦτα ἀποθῇς, ὅσάπερ ἡ χρεία ἀπαιτεῖ, κἂν καταιγὶς ἐπέλθῃ, ῥᾳδίως διατρέχεις τὰ κύματα. Μὴ τοίνυν ἐπιθύμει τοῦ πλείονος, ἵνα μὴ τοῦ παντὸς ἐκπέσῃς· μηδὲ τὰ περιττὰ τῆς χρείας συνάγαγε, ἵνα μὴ τὰ πρὸς τὴν χρείαν ἀπολέσῃς· μηδὲ τοὺς νενομισμένους ὅρους ὑπέρβαινε, ἵνα μὴ τῶν ὄντων ἁπάντων ὁμοῦ γυμνωθῇς· ἀλλὰ περίκοπτε τὸ περιττὸν, ἵνα ἐν τοῖς ἀναγκαίοις πλουτῇς. Οὐχ ὁρᾷς, ὅτι καὶ γηπόνοι τὴν ἄμπελον περιτέμνουσιν, ὥστε τὴν δύναμιν ἅπασαν μὴ ἐν τοῖς φύλλοις, καὶ ἐν τοῖς κλήμασιν, ἀλλ' ἐν τῇ ῥίζῃ τοῦ φυτοῦ ἐπιδείκνυσθαι; Τοῦτο δὴ καὶ αὐτὸς ποίει· περίκοπτε τὰ φύλλα, καὶ τὴν σπουδὴν ἅπασαν εἰς τὴν τῶν καρπῶν φορὰν ἀνάλισκε. Εἰ δὲ οὐ βούλει ἐν ταῖς εὐημερίαις, ἔλπιζε τὰς δυσημερίας· ἐν τῇ γαλήνῃ χειμῶνα προσδόκα· ἐν τῇ ὑγείᾳ νόσον ἀνάμενε· ἐν τῷ πλούτῳ πενίαν καὶ πτωχείαν ἔλπιζε. Μνήσθητι γὰρ, φησὶ, καιρὸν λιμοῦ ἐν καιρῷ πλησμονῆς, πτωχείαν καὶ ἔνδειαν ἐν ἡμέρᾳ πλούτου. Ἂν γὰρ οὕτω διακείμενος ᾖς, τόν τε πλοῦτον μετὰ πολλῆς διοικήσεις τῆς σωφροσύνης, τήν τε πενίαν ἐπελθοῦσαν μετὰ πολλῆς οἴσεις τῆς ἀνδρείας. Τὸ μὲν γὰρ μὴ προσδοκηθὲν θορυβεῖ προσπεσὸν, καὶ ταράττει· τὸ δὲ ἐλπισθὲν συμβὰν οὐ πολὺν ἐπάγει τὸν θόρυβον. Δύο δὴ ταῦτα κερδαίνεις τὰ καλὰ, τὸ μήτε μεθύειν καὶ παραπαίειν ἐπὶ τῆς εὐημερίας, μήτε θορυβεῖσθαι καὶ ταράττεσθαι ἐπὶ τῆς εἰς τὰ ἐναντία μεταβολῆς, μάλιστα μὲν εἰ μέλλεις ἀεὶ καραδοκεῖν τὰ ἐναντία· ἀρκεῖ γὰρ ἀντὶ τῆς πείρας ἡ προσδοκία. Οἷόν τι λέγω· πλουτεῖς; Ἔλπιζε πενίαν καθ' ἑκάστην ἡμέραν. Τίνος ἕνεκεν καὶ διατί; Ὅτι τὰ μάλιστά σε ὠφελῆσαι δυνήσεται ἡ προσδοκία αὕτη. Ὁ γὰρ ἐλπίζων πενίαν, ἐν πλούτῳ ὢν οὐ τυφοῦται, οὐ χαυνοῦται, οὐ διαῤῥεῖ, οὐκ ἐφίεται τῶν ἀλλοτρίων·

possit ut bestia non sit bestia? Equidem possum illam immutare, si vos velitis: nam ea sermonum vis est. Quo pacto igitur a feritate sua mutabitur? Si didicerimus quomodo sæva efficitur. Quomodo ergo sæva efficitur? More leonum, more pardorum, more ursorum, qui dum includuntur coercenturque in tenebris, erigunt animos, acuuntque iras: itidem et divitiæ dum includuntur et defodiuntur, acrius rugiunt quam leones, ac terrorem undique incutiunt; quod si eas e tenebris educas, et in egenorum ventres dissemines, ex feris bestiis fiunt oves, ex insidiis B præsidia, ex scopulis portus, ex naufragio tranquillitas. Quandoquidem hoc et in navigiis videre licet: si quando onus est justo gravius, demergit cymbam: rursum cum est moderatum, prospero fertur cursu. Idem usu venit in nostris ædibus: cum ultra quam usus postulat, congeris pecunias, exigui venti flatus, et quivis rerum inexspectatarum incursus demergit cum viris cymbam: at si tantum reponas, quantum postulat necessitas, etiamsi vehemens turbo ingruat, facile percurris undas. Noli igitur plus concupiscere, quam exigit necessitas, ne totum amittas; C noli quæ superant usum congregare, ne perdas etiam necessaria; noli præfinitos terminos prætergredi, ne facultatibus universis exuaris: sed quod superest reseca, ut in necessariis ditescas. An non vides quod agricolæ vitem putant, ne vim omnem in pampinis et palmitibus, sed in radice proferat? Idem et tu facito: amputa folia, omneque studium huc intende, ut quam plurimum fructus ferat. Quod si facere recuses in rebus prosperis, exspectes adversas; in tranquillitate tempestatem, in sanitate morbum, in divi- D tiis paupertatem ac mendicitatem exspecta. *Memento, inquit, temporis famis in tempore abundantiæ, mendicitatis et egestatis, in diebus opulentiæ.* (Eccli. 18. 25.) Ad hunc modum si fueris affectus, tum et divitias multa cum sobrietate administrabis, et egestatem, si incidat, fortissime perferes. Malum quippe inexspectatum perturbat animum, si incidat; quod autem exspectabatur, si accidat, non multam adfert perturbationis. Ita duo commoda lucrifeceris, alterum ne prosperitas te reddat ebrium et insolen- E tem, alterum, ne commovearis ac perturberis rebus in diversum commutatis, maxime si semper exspectatione contrariorum pendebis: sufficit enim pro experientia exspectatio. Tale est quod dico: dives es? Exspecta quotidie paupertatem. Quare et quamobrem? Quoniam ista exspectatio tibi maximam adferre poterit utilitatem. Etenim qui exspectat paupertatem, in divitiis non extollitur, non mollescit, non diffluit, non concupiscit aliena: nam exspectationis metus pædagogi cujusdam vice cohibet ejus mentem, nec patitur mala avaritiæ germina subnasci, dum ea metu contrariorum voluti falce quadam prohibet crescere amputatque.

ὁ γὰρ τῆς προσδοκίας φόβος ἀντὶ παιδαγωγοῦ τινος παρὼν σωφρονίζει, καταστέλλει τὴν διάνοιαν, καὶ πονηρὰ βλαστήματα τὰ ἀπὸ τῆς φιλαργυρίας οὐκ ἀφίησι φυῆναι, ὥσπερ δρεπάνῃ τινὶ τῷ φόβῳ τῶν ἐναντίων κωλύων αὐτὰ καὶ περικόπτων.

Exspectatio tristium, ea cum advenerint mitigat.

Jonas c. 3.

Prov. 14. 16.

4. Hoc igitur unum est e maximis bonis quæ lucrifacies: alterum autem non est isto minus, videlicet ut si accesserit paupertas, non expavescas. Prævertat ergo tristis exspectatio, nequando veniat ipsa tristium experientia: ob hoc enim venit experientia, quod non adsit exspectatio; quod si illa correxisset hominem, hac non erat opus admodum. Hujus rei testis Jonas Ninivitis prædicans interitum: siquidem illi dum exspectant quod propheta prædixerat, eis imminere calamitatem insanabilem, exspectatione malorum venturorum fregerunt iram numinis; contra Judæi non credentes prophetæ prædicenti Jerosolymorum excidium, acerba perpessi sunt. *Sapiens enim metuens declinavit malum; insipiens fiducia sua confunditur.* Qui exspectat paupertatem, dum versatur in divitiis, haud facile fiet pauper: nam quod ab exspectatione lucrari noluisti, id ab ipsa experientia pulchre disces. Proinde cum in divitiis es, exspecta paupertatem: cum in affluentia, exspecta famem: cum in gloria, exspecta ignominiam: cum in sanitate vivis, exspecta morbum. Assidue perpende rerum humanarum naturam, quæ nihilo melius habet, quam amnium defluxus, et fumo in aerem evanescente fugacior est, et umbra prætercurrente inanior. In his si philosophatus fueris, nec suavia te poterunt inflare, nec molesta dejicere: si præsentibus bonis non admodum inhæreas, neque iis absentibus discruciaberis. Si consuefacias animum ad exspectationem adversorum, sæpe quidem fiet ut adversa non accidant, sed si acciderint, non vehementer te commovebunt.

408 A Ἓν μὲν οὖν τοῦτο μέγιστον ἀγαθὸν κερδανεῖς· ἕτερον δὲ οὐκ ἔλαττον τούτου, τὸ καὶ παραγενομένης αὐτῆς μὴ δεδοικέναι. Προλαμβανέτω τοίνυν ἡ προσδοκία τῶν θλιβερῶν, ἵνα μὴ παραγένηται ἡ πεῖρα τῶν λυπηρῶν· διὰ τοῦτο ἡ πεῖρα ἔρχεται, ἐπειδὴ ἡ προσδοκία οὐ πάρεστιν· ἐπεὶ εἴγε ἐκείνη κατώρθου τὸν ἄνθρωπον, οὐ σφόδρα ταύτης ἔδει. Καὶ μάρτυς τούτου ἐπὶ τῶν Νινευιτῶν Ἰωνᾶς ὁ προφήτης· ὡς ἐλπίζοντες ἐκεῖνοι τῇ τοῦ προφήτου προῤῥήσει ἀνηκέστῳ περιπεσεῖν συμφορᾷ, τῇ προσδοκίᾳ τῶν ἐλευσομένων κακῶν ἀπέστρεψαν τὴν ὀργήν· Ἰουδαῖοι δὲ μὴ πει-
B σθέντες τῷ προφήτῃ λέγοντι τὴν ἅλωσιν Ἱερουσαλὴμ, ὑπέστησαν τὰ δεινά. Σοφὸς γὰρ φοβηθεὶς ἐξέκλινεν ἀπὸ κακοῦ· ὁ δὲ [a] ἄφρων μίγνυται πεποιθώς. Ὁ ἐλπίζων γενέσθαι πένης, ἐν εὐημερίᾳ διάγων, οὐκ ἂν ταχέως γένηται πένης· ὃ γὰρ ἀπὸ τῆς προσδοκίας κερδᾶναι οὐκ ἠθέλησας, ἀπὸ τῆς πείρας τοῦτο μαθήσῃ καλῶς. Ἐν πλούτῳ τοίνυν ὢν προσδόκα πενίαν, ἐν εὐημερίᾳ τυγχάνων προσδόκα λιμόν· ἐν δόξῃ ὢν ἔλπιζε ἀδοξίαν· ἐν ὑγείᾳ διάγων νόσον ἀνάμενε. Συνεχῶς ἐπισκέπτου τῶν ἀνθρωπίνων πραγμάτων τὴν φύσιν, τῶν ποταμίων ῥευμάτων οὐδὲν ἄμεινον διακειμένην, καὶ καπνοῦ εἰς ἀέρα διαλυομένου ὀξυῤῥεπε-
C στέραν καὶ σκιᾶς παρατρεχούσης οὐδαμινωτέραν. Ἂν ταῦτα φιλοσοφῇς, οὔτε τὰ χρηστά σε φυσῆσαι δυνήσεται, οὔτε τὰ λυπηρὰ ταπεινῶσαι· ἂν παρόντων τῶν χρηστῶν μὴ σφόδρα τούτων ἀντέχῃ, οὐδὲ ἀπελθόντων ὀδυνηθήσῃ. Ἂν ἐθίσῃς τὴν διάνοιάν σου ἐν τῇ προσδοκίᾳ τῶν ἐναντίων, πολλάκις μὲν οὐδὲ παρέσονται τὰ ἐναντία, εἰ δὲ καὶ παραγένοιντο, οὐ σφόδρα σου καθάψονται.

Jobi historia et laudes.

5. Atque ut intelligatis me hæc non ex conjectura loqui, volo vobis narrare veterem quamdam historiam. Fuit vir quidam admirabilis et magnus et ubique per orbem terrarum celebratus, beatus ille Job, ille pietatis athleta, ille totius mundi victor et coronifer, qui per omnia certaminum genera transivit, qui innumera tropæa erexit devicto diabolo. Hic fuit dives et

Καὶ ἵνα μάθητε ὅτι οὐ στοχαζόμενος ταῦτα λέγω, παλαιάν τινα ἱστορίαν διηγήσασθαι ὑμῖν βούλομαι. Ἐγένετό τις ἀνὴρ θαυμαστὸς καὶ μέγας, καὶ πανταχοῦ
D τῆς οἰκουμένης ἀοίδιμος, ὁ μακάριος Ἰὼβ, ὁ τῆς εὐσεβείας ἀθλητὴς, ὁ στεφανίτης τῆς οἰκουμένης, ὁ διὰ πάντων τῶν ἄθλων ἐλθὼν, ὁ μυρία κατὰ τοῦ διαβόλου τρόπαια στήσας. Οὗτος ἐγένετο πλούσιος καὶ πένης, ἔνδοξος καὶ εὐκαταφρόνητος, πολύπαις

[a] In Proverbiis legitur 14, 16, ὁ δὲ ἄφρων ἑαυτῷ πεποιθὼς μίγνυται ἀνόμῳ.

καὶ ἄπαις· οὗτος ἐγένετο ἐν βασιλικαῖς αὐλαῖς, ἐγένετο δὲ καὶ ἐν κοπρίᾳ· οὗτος ἐγένετο ἐν λαμπρᾷ στολῇ, καὶ μετ' ἐκείνην ἐν πληγῇ σκωλήκων· οὗτος μυρίας ἀπέλαυσε θεραπείας, καὶ μετὰ ταῦτα μυρίας ὑπέμεινεν ὕβρεις, οἰκετῶν ἐπανισταμένων, φίλων ὀνειδιζόντων, γυναικὸς ἐπιβουλευούσης. Πάντα αὐτῷ τὴν ἀρχὴν καθάπερ ἐκ πηγῶν ἐπέῤῥει, χρημάτων περιουσία, δυναστείας μέγεθος, δόξης περιβολὴ, εἰρήνη καὶ ἀσφάλεια, τιμαὶ καὶ θεραπεῖαι, καὶ σώματος ὑγίεια, καὶ παίδων εὐκληρία, καὶ οὐδὲν ἦν ἐκεῖ λυπηρόν· παρῆν αὐτῷ πλοῦτος μετὰ ἀσφαλείας, καὶ εὐημερία ἀδιάπτωτος, καὶ μάλα εἰκότως· ὁ Θεὸς γὰρ πανταχόθεν αὐτὸν ἐτείχιζεν. Ἀλλ' ὕστερον πάντα ἐκεῖνα ἀπέπτη, καὶ μυρίοι χειμῶνες λοιπὸν ἐσκήνουν εἰς τὴν οἰκίαν ἐκείνου, καὶ πάντες ἐπάλληλοι καὶ συνεχεῖς, καὶ μεθ' ὑπερβολῆς ἅπαντες. Τὰ γὰρ ὄντα αὐτῷ ἅπαντα ἀθρόον ἀνηρπάζετο· οἰκέται, παῖδες κατεχώννυντο βιαίῳ καὶ ἀώρῳ θανάτῳ, ἐπὶ τῆς τραπέζης καὶ τοῦ συμποσίου κατασφαγέντες, οὐ μαχαίρᾳ καὶ ξίφει, ἀλλὰ πνεύματι πονηρῷ τὴν οἰκίαν κατασείσαντι. Καὶ γυνὴ μετὰ ταῦτα ὥπλιζε τὰ ἑαυτῆς μηχανήματα, καὶ τῷ δικαίῳ προσῆγε· καὶ οἰκέται, καὶ φίλοι, οἱ μὲν ἐνέπτυον εἰς τὸ πρόσωπον, ὥς φησιν αὐτός· Ἀπὸ γὰρ προσώπου μου οὐκ ἐφείσαντο πτυέλου· οἱ δὲ ἐπέβαινον, καὶ τῆς οἰκίας ἐξεβάλλετο πάσης, καὶ ἐνδιαίτημα αὐτῷ ἦν ἡ κοπρία λοιπὸν, καὶ πηγαὶ σκωλήκων ἔβρυον, πάντοθεν καὶ αἵματι καὶ ἰχῶρι κατεῤῥεῖτο ὁ ἀδάμας, καὶ λαβὼν ὄστρακον ἔξεε τοὺς ἰχῶρας, δήμιος αὐτὸς ἑαυτῷ γινόμενος· καὶ ὀδύναι ἐπάλληλοι, καὶ βάσανοι ἀκαρτέρητοι, καὶ νὺξ ἡμέρας χαλεπωτέρα, καὶ ἡμέρα νυκτὸς φρικωδεστέρα, ὥς φησιν· Ὡς ἂν κοιμηθῶ, λέγω, πότε ἡμέρα; ὡς δ' ἂν ἀναστῶ, λέγω πάλιν, πότε ἑσπέρα; πλήρης δὲ γίνομαι ὀδυνῶν ἀπὸ ἑσπέρας μέχρι πρωΐ. Καὶ πάντα κρημνοὶ, καὶ σκόπελοι, καὶ ὁ μὲν παρακαλῶν οὐδεὶς, οἱ δὲ ἐπεμβαίνοντες μυρίοι· ἀλλ' ὅμως ἐν χειμῶνι τοσούτῳ καὶ κύμασιν ὄντως ἀφορήτοις ἔστη πρὸς πάντα γενναῖος καὶ ἀπερίτρεπτος· τὸ δὲ αἴτιον τούτων τοῦτο ἦν, ὅπερ ἔφην, ὅτι ὅταν ἐπλούτει, προσεδόκα πενίαν· ὅτε ὑγίαινε, νόσον ἀνέμενεν· ὅτε παίδων τοσούτων πατὴρ ἐγένετο, καὶ ἄπαις ἀθρόον ἤλπιζεν ἔσεσθαι. Καὶ τοῦτον τὸν φόβον ἀεὶ παρ' ἑαυτῷ ἀνείλιττε, καὶ ταύτην τὴν ἀγωνίαν ἀεὶ ἔτρεφε, τῶν ἀνθρωπίνων πραγμάτων εἰδὼς τὴν φύσιν, καὶ τὸ ἐπίκαιρον αὐτῶν λογιζόμενος. Διὸ καὶ ἔλεγε· Φόβος ὃν ἐφοβούμην ἦλθέ μοι, καὶ ὃν ἐδεδοίκειν κίνδυνον συνήντησέν μοι. Ἀεὶ γὰρ τοῖς λογισμοῖς πρὸς αὐτὸν ἐβάδιζεν ἀναμένων αὐτὸν, ἐλπίζων, καὶ προσδοκῶν· διὰ τοῦτο παραγενόμενος οὐκ ἐτάραξεν· Οὔτε εἰρήνευσα, οὔτε ἡσύχασα, οὔτε ἀνεπαυσάμην, ἦλθε δέ μοι ὀργή. Οὐκ εἶπεν, οὐκ εἰρηνεύω, οὐδὲ ἡσυχάζω, ἀλλ', Οὐκ εἰρήνευσα, ἐν τῷ παρελθόντι χρόνῳ. Εἰ γὰρ καὶ τὰ πρά-

pauper, gloriosus et vilis, multorum liberorum
pater et orbus; hic versatus est in aulis regalibus, sed idem fuit in sterquilinio; hic fuit in
splendida veste, sed post illam in corrosione ti-
nearum; hic possedit innumerum famulitium,
sed postea sustinuit innumeras contumelias, a
familiaribus in ipsum insurgentibus, ab amicis
E conviciantibus, ab uxore insidiante. Omnia illi
prius velut e fonte affluebant, pecuniarum copia,
potentiæ magnitudo, gloriæ accessio, pax et securitas, honores et obsequium, corporis sanitas,
et filiorum opulentia, nec erat in his quidquam
molestum; aderant illi divitiæ cum securitate,
prosperitas stabilis: atque optimo quidem jure:
Deus enim illum undique vallaverat. Sed postea
409 illa omnia recesserunt, moxque innumeræ tempe-
A states immigrarunt in domum illius, omnes, inquam, sibi vicissim succedentes ac perpetuæ et
ingentes. Siquidem universæ facultates illi simul
ereptæ sunt: famuli liberique præmatura vio-
lentaque morte oppressi sunt, ad mensam et ipso
in convivio mactati, non quidem securi aut gladio, sed a malo spiritu, qui domum concussit.
Tum uxor in illum armabatur, suasque machinas admovit justo; famuli porro et amici partim exspuerunt in faciem ejus, quemadmodum
ait ipse, *Non pepercerunt faciem meam con-* Job. 30. 10.
B *spuere*: partim irruerunt in eum, et ex domo
ejectus est, ac deinceps in sterquilinio vitam
egit; ac vermium fontes scatebant, undique sanguine et sanie diffluebat ille pretiosus adamas;
et accepta testa abstergebat saniem, ipse sibi factus carnifex: dolor dolorem excipiebat, et cruciatus intolerabiles, et nox die molestior, et dies
nocte terribilior, sicut ipse dicit: *Cum obdor-* Job. 7. 4.
*miero, dico, Quando erit dies? cum surgo,
rursum dico, Quando erit vespera? plenus
dolore sum a vespera usque ad diluculum.*
C Omnia præcipitia, omnia scopuli, nec est ullus
qui consoletur, qui insultent innumeri: attamen
in tanta tempestate, tantisque fluctibus adeo intolerandis, constitit adversus omnia generoso
animo et inconcussus; in causa fuit id quod dixi ante: nimirum quia cum dives esset, exspectabat egestatem: cum sanus esset, exspectabat ægro-
tationem: cum tot liberorum esset pater subitam
orbitatem. Atque hunc timorem semper apud se
suscepit, et hanc anxietatem semper apud se
aluit, intelligens rerum humanarum naturam,
D momentaneamque volubilitatem negotiorum considerans. Eoque dixit: *Timor quem timebam,* Job. 3. 25.
evenit mihi: et *periculum quod metuebam*,

occurrit mihi. Semper enim cogitatione spectabat ad illum timorem, operiens eum, sperans exspectansque; ideo cum advenisset, non pertur-
Job. 3. 26. bavit illum : *Neque pacem habui*, inquit, *neque quievi, sed mihi venit ira.* Non dixit, Non pacem habeo, neque quiesco, præsenti tempore: sed, *Non quievi*, præterito tempore. Etiamsi enim rerum prosperitas arrogantiam suadebat, sed exspectatio tristium non sinebat me quiescere. Quamquam affluentia vehementer hortabatur ad delicias, sed asperitas eorum quæ exspectabantur, profligabat securitatem : et licet præsens felicitas cogeret frui rebus, tamen futurorum sollicitudo voluptatem interrupit. Ideoque quoniam præmeditans in animo suo hæc ventura prospexerat rebus lætis, hæc certamina posteaquam acciderunt fortiter et animose pertulit, utpote jam olim ad illa exercitatus : et quoniam ea exspectatione jam ceperat, non est perturbatus cum cerneret illa adesse. Quod autem ne tum quidem cum addessent læta, vehementer illis ad-
Job. 31. 24. 25. hæserit, audi quid dicat : *Si delectatus sum cum mihi multæ affluerent divitiæ, si reposui aurum fortitudinem meam, si fiduciam habui in lapidibus pretiosis, si ad innumerabilia posui manum meam.* Quid ais, homo? Non delectatus es divitiis affluentibus tibi? Nequaquam, inquit. Quid ita? Quoniam videbam illarum instabilem fluxamque naturam, videbam
Ib. v. 26. possessionem haud durabilem : *At video quidem*, inquit, *solem orientem ac deficientem, lunam vero intereuntem : non enim penes ipsos est.* Quod autem dicit, tale est. Si stellæ quæ sunt in cælis perpetuoque lucent, recipiunt nonnullam mutationem, sol nempe deficiens, et luna interiens, an non extremæ dementiæ sit, terrena pro stabilibus fixisque ducere? Eoque nec præsentibus magnopere delectabatur, nec discedentibus vehementer contristatus est : quoniam probe noverat earum rerum naturam. Hæc nos audientes, carissimi, neque paupertate dejiciamur, neque divitiis intumescamus; sed in rerum permutatione animum immutabilem retinentes, philosophiæ fructum metamus, ut et hic voluptate perfruamur, et futura assequamur bona; quæ contingat nobis omnibus adipisci, gratia et bonitate Domini nostri Jesu Christi.

γματα μέγα φρονεῖν παρεσκεύαζεν, ἀλλ' ἡ προσδοκία τῶν λυπηρῶν οὐκ εἴα με ἡσυχάζειν. Εἰ καὶ ἡ ἄγαν εὐημερία τρυφᾷν ἐποίει, ἀλλ' ἡ ἀγωνία τῶν ἐλπιζομένων τὴν ἄδειαν ἀπεδίωκεν· εἰ καὶ τὰ παρόντα ἀπολαύειν ἠνάγκαζεν, ἀλλ' ἡ τῶν προσδοκωμένων φροντὶς ταύτην διέκοπτε. Διὰ τοῦτο ἅπερ ἐμελέτησεν ἐπὶ τῶν
E λογισμῶν, ταῦτα ἰδὼν ἐπὶ τῶν πραγμάτων συμβάντα γενναίως ἤνεγκε, τὰ πάλαι μελετηθέντα παλαίσματα, καὶ τὰ τῇ προσδοκίᾳ προειλημμένα, ταῦτα παρόντα βλέπων οὐκ ἐταράττετο. Ὅτι γὰρ οὐδὲ παρόντων τῶν χρηστῶν σφόδρα τούτων ἀντέχετο, ἄκουσον τί φησιν· Εἰ δὲ καὶ εὐφράνθην πολλοῦ πλούτου γενομένου μοι, εἰ κατέταξα χρυσίον ἰσχύν μου, εἰ λίθῳ πολυτελεῖ ἐπεποίθησα, εἰ δὲ καὶ ἐπ' ἀναριθμήτοις ἐθέμην χεῖρά μου. Τί λέγεις, ἄνθρωπε; Οὐκ εὐφραίνου τοῦ πλούτου περιῤῥέοντός σοι; Οὐδαμῶς, φησί. Τί δήποτε; Ὅτι
410 A ᾔδειν αὐτοῦ τὸ ἄστατον καὶ διαῤῥέον, ᾔδειν τὸ κτῆμα οὐ μόνιμον. [a] Καὶ ὁρῶ μὲν, φησὶν, ἥλιον ἐπιφαύσκοντα, καὶ ἐκλείποντα, σελήνην δὲ φθίνουσαν· οὐ γὰρ ἐπ' αὐτῶν ἐστιν. Ὃ δὲ λέγει, τοιοῦτόν ἐστιν. Εἰ τὰ κατ' οὐρανὸν ἄστρα, καὶ διηνεκῶς λάμποντα δέχεταί τινα μεταβολὴν, ἥλιος μὲν ἐκλείπων, σελήνη δὲ φθίνουσα, πῶς οὐκ ἐσχάτης ἀνοίας τὸ τὰ ἐπίγεια νομίζειν εἶναι μόνιμα, καὶ πεπηγότα; Διὰ τοῦτο οὔτε παρόντων εὐφραίνετο λίαν, οὔτε ἀπελθόντων ἤλγησε χαλεπῶς, ἐπειδὴ καλῶς ᾔδει τὴν φύσιν αὐτῶν. Ταῦτα δὲ καὶ ἡμεῖς ἀκούοντες, ἀγαπητοὶ, μὴ πενίᾳ πιεζώμεθα, μήτε πλούτῳ φυσώμεθα· ἀλλ' ἐν τῇ τῶν πραγμάτων μεταβολῇ τὴν γνώμην ἀμετάβλητον διατηροῦντες, τὸν ἀπὸ τῆς φιλοσοφίας δρεψώμεθα καρπὸν, ἵνα καὶ τῆς ἐνταῦθα ἡδονῆς ἀπολαύσωμεν, καὶ τῶν μελλόντων ἀγαθῶν ἐπιτύχωμεν· ὧν γένοιτο πάντας ἡμᾶς ἐπιτυχεῖν, χάριτι καὶ φιλανθρωπίᾳ τοῦ Κυρίου ἡμῶν Ἰησοῦ Χριστοῦ.

[a] Reg. [et Bibl.] ἢ οὐχ ὁρῶμεν.... φθίνουσαν.

MONITUM

IN TRIA SEQUENTIA OPUSCULA.

Hæc opuscula Latine tantum habemus; Græca enim vel prorsus amissa sunt, vel latent alicubi Germana autem esse, tum rerum negotiorumque de quibus agitur series, tum stylus ipse suadet. Genuina item esse fatentur docti viri omnes, uno excepto nupero, qui, ut observat Tillemontius, p. 586, esse genuina negavit, et tamen postea dictorum immemor, inter γνήσια recensuit : id vero consequutus est, ut non magis negantem quam asserentem curemus.

Homilia prior a Chrysostomo babita fuit postridie quam ille ex Asia Constantinopolin redierat. Iter autem in Asiam susceperat, ut Ephesinæ Ecclesiæ lites componeret, Simoniacosque episcopos deturbaret, quod etiam præstitum est; absens autem per dies plusquam centum, ut ipso initio ait, magnum sui desiderium populo se summopere amanti reliquerat. Id vero saltem optabant Constantinopolitani, ut Pascha secum celebraturus reverteretur : quod tamen consequi non potuerunt; post Pascha reversus consolatur ipsos, dicitque quotidie celebrari posse; nam Pascha celebramus, inquit, quotiescumque corpus et sanguinem Christi percipientes mortem Domini annuntiamus. Per totam homiliam plebi gratulatur bonum servatum ordinem, fidem caritatemque, et in sui præsentia et se absente exhibitam.

Oratiuncula sequens a Chrysostomo hac occasione babita fuit. Severianus, Gabalorum episcopus, qui Constantinopoli tunc agebat, et simulatis obsequiis S. præsulis amicitiam sibi conciliaverat, ac frequenter concionem ad populum habebat, absentis et in Asiam profecti Chrysostomi occasione captata, populum sibi devincire, ejusque, ut putatur, studia a Chrysostomo avertere satagebat : qua de re monitus a Serapione Chrysostomus, cum ex Asia rediit, ut vidit populum sibi gratulantem, lætitiaque plenum, rem non multum curasse videtur. Sed cum subindo Severianus in Serapionem indignatus, impiotate plena verba protulisset, tumultuante et in iram concitato populo, Constantinopoli pulsus est. Deindo curante Eudoxia Augusta ipsoque Imperatore revocatus et a Chrysostomo, ægre licet, admissus est. Sed quia indignatus populus nonnisi pastoris sui monitis conceptam in Severianum iram sedare poterat, hac oratiuncula Chrysostomus exasperatos animos mitigavit, et ad Severianum admittendum deduxit.

Tertiam oratiunculam insequente die Severianus ipse habuit, ubi de conciliata pace populo gratulatur; quam ille pacem curante communi patre, sic ille, partam summis commendat laudibus. Hæc carptim tangimus, quia si rei gestæ historiam cum iis omnibus quæ tunc contigere minutatim persequeremur, foret hoc argumentum subsequentibus opusculis longius. Hæc vero præludia fuerunt ejus tumultus quo vexatus Chrysostomus et in exsilium actus est.

DE REGRESSU SANCTI JOANNIS 611

de Asia Constantinopolin.

a 401. Moses magnus ille Dei famulus, caput prophetarum, maris viator, aeris agitator, mensæ apparator, qui a genitrice projectus est, et ab impugnatrice salvatus (genuit quidem eum mater, abstulit autem eum Ægyptia, et enutrivit), et qui in Ægypto nutriebatur, in cælis conversabatur : qui tantum ac tale statuit tropæum, iste talis ac tantus vir, qui quadraginta dies reliquerat populum, invenit eum idola fabricantem, et seditiones commoventem. Ego autem non quadraginta dies

tantum, sed et quinquaginta et centum, et amplius, et inveni vos lætantes, et philosophantes, et in Dei timore perseverantes. Numquid ego Mose altior sum? Absit : hoc enim dicere extremæ dementiæ est. Sed quia populus iste illo populo sublimior, propterea et ille de monte descendens increpabat Aaron ob seditionem populi, et irascens invehebatur in eum, cur acquieverit voluntati eorum. Ego autem adveniens præconia vestra et coronas contexam. Ubi enim prævaricatio, ibi reatus subsequatur necesse est, et objurgatio; ubi autem correctio, ibi laudes et præconia et coronæ : ideoque etsi ampliori tempore demoratus sum foras, non me pœnitet, quia confidebam de vestræ caritatis affectu, et integritate fidei : sciebam enim uxorem mihi desponsatam castitate esse munitam, sicut in sæculari conjugio assolet evenire. Etenim vir quando impudicam uxorem habere se novit, nec prospicere ei de domo permittit : qui etsi peregrinari aliquando coactus fuerit, cogitur cito reverti, quasi quodam suspicionis aculeo stimulatus; qui autem sobriam et castam habet, foras securus moratur, sufficientes pro curatorum munimine mores relinquens uxoris. Hoc ego et Moses passi sumus. Ille quidem, quia inemendabilem synagogam habebat uxorem, reliquit eam, et fornicata est, et compellit eum Deus,
Exod. 32. 7. dicens: *Exsurge, descende : impie enim fecit populus tuus.* Sed ego nullam hujusmodi jussionem accepi. Et cum paululum mihi infirmitas corporis accidisset, non me inquietavit vestra
Matth. 9. 12. absentia, sed securus de vobis ægrotationis meæ exspectavi medelam. *Non enim opus habent sani medico, sed qui male habent.* Nam et si tardavi parumper a vobis, non hoc ad detrimentum vestri, sed ad divitias puto proficere vestras : quæ enim per me, imo magis per gratiam Dei correcta sunt, vestra corona est, vester profectus est. Et ideo gaudeo et tripudio, et tamquam volitare me credo, et gaudii hujus magnitudinem effari non queo. Quid ergo faciam? quomodo indicabo exsultationem mentis meæ? In testimonium voco conscientiam vestram, quoniam video ex adventu meo gaudio esse repletam : quod gaudium, corona et laus mea est. Si enim mea unius viri præsentia tantam plebem tali replevit voluptate : quantum putatis mihi ex visione vestra gaudium cumulatum? Et Jacob quidem unum filium videns Joseph, gaudebat senex, et recreabatur spiritu : ego autem non unum Joseph, sed omnes vos illi similes video et gaudeo, quia paradisum meum recepi illo Paradiso meliorem : et ibi quidem serpens erat insidians, hic autem Christus mysteria celebrans : ibi Heva erat seducens, hic autem et coronans Ecclesia : ibi Adam seducebatur, hic autem populus adhæret Deo : ibi arbores diversæ, hic autem donationes variæ : in Paradiso arbores marcescentes, in Ecclesia arbores fructificantes : in illo Paradiso unumquodque genus sementis in suo perseverat statu, in isto vero paradiso si invenero labruscam, vitem uberem efficiam : si invenero oleastrum, veram olivam efficiam : talis etenim est terræ istius natura. Propter hæc gaudeo, prætermitto satisfactionem : quomodo vero vos abduxit tanti temporis longitudo, suscipite satisfactionem meam, carissimi. Si servum alicubi dirigatis non revertentem, exigitis causas ubi moratus sit, ubi tantum expenderit temporis : et ego servus sum vestræ caritatis : emistis enim me, non pecuniam conficientes, sed caritatem ostendentes. Gaudeo quippe tali servitio mancipatus, nec umquam hoc famulatu opto me solvi : etenim istud servitium mihi libertate elegantius : istud servitium in illud tribunal beatum collocavit mihi sedem : istud servitium non est necessitatis, sed voluntatis. Quis enim non libentissime serviat dilectioni vestræ, tam elegantissimis amatoribus? Quod etsi lapideam haberem animam, cera fecissetis molliorem. Quid dicam desiderio vostro, et favori, quem hesterna ostendistis die, quomodo voces vestræ cum gaudio cælum penetrarunt? Ipsum sanctificantes aerem, civitatem fecistis Ecclesiam : honorabar ego, et Deus glorificabatur : hæretici confundebantur, Ecclesia vero coronabatur : quia magna lætitia est matri, cum exsultant filii : et grande gaudium pastori, cum exsultant agni gregis. Veni ad gaudia virtutum vestrarum, audivi quia cum hæreticis colluctati estis, et quia inique egerunt in baptismo, redarguistis. Numquid incassum dicebam quoniam casta uxor absente viro repellit adulteros, absente passore abigit lupos, sine gubernatore nautæ salvaverunt navem, sine duce milites victoriam reportaverunt, sine doctore discipuli profecerunt, sine patre filii roborati sunt? Imo magis non sine patre : vester enim profectus meum gaudium, vestra glorificatio mea corona est. Sed desiderabamus, inquitis, tecum facere Pascha. Satisfacio dilectioni vestræ, quippe cum jam iracundiam vestro dissolveritis aspectu. Nam si pater prodigum suscipiens filium statim reconciliavit, neque pœnas exegit ab eo, sed illico amplexus est : multo magis filii pa-

Postri[die] quam dicerat, h[anc] oration[em] habuit.

412 trem suscipientes.[a] Sed tamen et ad hoc respondeo:
Pascha mecum in votis facere habebatis, nemo
prohibet hodie vos mecum facere Pascha : sed forsitan dicetis, Numquid duo Pascha facturi sumus?
Non, sed unum, et ipsum multipliciter. Sicut enim
semper sol exoritur, et non dicimus multos soles,
sed est sol quotidie oriens : sic et Pascha semper
consummatur, et cum semper celebretur, unum
est solemnitatis nostræ. Judæorum similes non
sumus, non servimus loco, nec subditi sumus ne-
or. 11. cessitati temporis, dominica voce firmati. *Quotiescumque*, inquit, *manducaveritis panem istum,
et hunc biberitis calicem, mortem Domini an-
nuntiabitis.* Annuntiamus namque hodie mortem
Christi. Sed tunc quidem festivitas : et hodie festivitas. Ubi enim caritas gaudet, ibi est festivitas :
et ubi recepi lætantes filios, maximam celebro fe-
. 3. 16. stivitatem. Etenim et illa festivitas caritas est. *Sic
enim*, inquit apostolus, *Deus dilexit mundum,
ut Filium suum unigenitum daret pro eo.* Sed
multi, inquiunt, te absente baptizati sunt. Et
quid tum? Nihil minus habet gratia, non claudicat
donum Dei; præsente me baptizati non sunt, sed
præsente Christo sunt baptizati. Numquid homo
est qui baptizat? Homo dexteram porrigit, sed
Deus manum gubernat. Noli de gratia dubitare,
carissime, quia donum Dei est. Attende diligenter
quæ dicuntur, si forte aliqua de causa[b] sacra ex-
plicanda est, cum obtuleris preces, et subscriptam
acceperis sacram, non requiris quali calamo subscripserit rex, neque in quali charta, neque quali,
quove atramento, sed unum solummodo quæris,
si rex subscripserit : sic et in baptismo, charta,
conscientia est : calamus, lingua sacerdotis : manus,
gratia est Spiritus sancti. Sive ergo per me, sive
per illum qui officio fungitur sacerdotis, ipsa
manus scribit, nos ministri sumus, non auctores.
·4. 1. Et Paulus minister est : *Sic enim*, inquit, *æstimet
nos homo tamquam ministros Christi, et dis-*
7. *pensatores mysteriorum Dei. Quid enim habes,
quod non accepisti?* Si quid habeo, accepi : si autem accepi, non meum, sed ejus qui
dedit donum est. Neli ergo dubitare, carissime :
gratia enim Dei perfecta est. Locus non prohibet,
sive hic baptizeris, sive in navi, sive in itinere.
Philippus baptizavit in via, Paulus in vinculis,
Christus in cruce latronem ex vulnere, et statim
paradisi meruit januam reserare. Propter hæc
gaudeo et exsulto, et orationes vestras exigo, cum
quibus ad Asiam perrexi, cum quibus reversus
sum, cum quibus pelagum transfretavi, et adjutus
vestris orationibus feliciter navigavi : nec enim
navim citra vos ingressus sum, nec exivi citra vos,
non in civitate eitra vos, aut in ecclesia sine vobis,
sed avulsus quidem eram corpore, connexus autem
caritate. Videbam namque Ecclesiam vestram et
in pelago, et in exsultatione gaudebam. Tale enim
quid significat caritas, quæ nescit angustari : in-
trabam in ecclesiam, adstabam altari, orationes
offerebam, et dicebam : Domine, conserva Ecclesiam quam mihi tradidisti. Ego quidem corpore
absens sum, sed tua misericordia præsens est, quæ
me illuc perduxit, et plus quam merebar concessit.
Et quia amplificavit, multitudo testator præsentium. Florere video vineam, et nusquam spinæ,
neque sentium ulla vestigia : exsultant oves, et
nusquam lupus. Quod si etiam alicubi repertus
fuerit, demutatur, et fit ovis. Tanta enim vestra
est fides et caritas, ut æmulatione vestra cæteros
provocetis. Ipse Dominus vos conservavit, et ipse
me reduxit, et in infirmitate positus orationum
vestrarum sensi auxilium, quas mihi quotidie in
suffragium postulo. Peregrinatio mea coronavit
civitatem vestram. Et quia diligebatis ex initio,
nunc omnibus manifestum est. Sic enim me absentem, tamquam præsentem habuistis. Nam in
Asia cum essem ad corrigendas Ecclesias, hinc
illo venientes nuntiabant nobis, dicentes : Inflam-
masti civitatem. Et certe caritas tempore solet
marcescere, vestra autem dilectio quotidie au-
gmentabatur. Et quem ita absentem diligebatis,
præsentem credo quod melius ametis. Iste meus
thesaurus, hæ sunt meæ divitiæ. Et ideo vestras
orationes requiro. Orationes vestræ murus mihi et
munimen sunt. Noli dicere, Ego languidus sum,
quomodo potere pro sacerdote orare? Audi Scripturam dicentem : *Oratio autem fiebat conti-* Act. 12. 5.
nua. Et ecclesiastica eratio solvit vincula Petri,
et Pauli dilatavit prædicationis fiduciam. Oratio
caminum ignis exstinxit, eratio conclusit ora
leonum, oratio seditionem compescuit, oratio paradisum aperuit, oratio cæli cardines reseravit, ora-

[a] Cum his confer quæ Chrysost. dicit supra Tomo II, p. 458, D, E.

[b] *Sacra.* Sic vocabatur imperiale diploma : qua de re vide utrumque Cangii Glossarium in voce *Sacra* et Σάκρα. Hic regem intellige Imperatorem.

tio sterilem fecundavit, oratio Cornelii cælos penetravit, oratio publicanum justificavit. Tale a vobis munimen requiro, talem gratiam postulo : et Deus gloriæ suscipiens orationes vestras, det mihi in apertione oris mei sermonem, quo possim creditum mihi populum instruere ad salutem per Christum Dominum nostrum, cum quo est Deo Patri cum Spiritu sancto honor, gloria, et potestas in sæcula sæculorum. Amen.

DE RECIPIENDO SEVERIANO.

Sicuti capiti corpus cohærere necessarium est, ita Ecclesiam sacerdoti, et principi populum : utque virgulta radicibus, et fontibus fluvii, ita et filii patri, et magistro discipuli. Hæc autem non superfluo ad caritatem vestram præfati sumus : sed quoniam dicenda mihi sunt quædam apud vos, ut nemo turbetur, neque sermoni nostro aliqua oriatur interruptio, sed ut obedientia discipulorum crescat in vobis, et quantum affectum patri defe-
413 ratis, appareat. Adornate me, filii, et imponite mihi obedientiæ vestræ coronam, facite me apud omnes beatum judicari, et doctrinam meam magnificate per obedientiam vestram secundum apo-
Hebr. 13. stoli monita, dicentis : *Obedite præpositis vestris,*
17. et *obtemperate eis ; quia ipsi pervigilant pro vobis, quasi pro animabus vestris rationem reddituri.* Hæc ergo præmoneo, ne quis superbiat in commonitionem nostram. Pater enim sum, et necesse est me filiis consilium suadere : quod enim in carnalibus patribus natura carnis, hoc in nobis gratia Spiritus agit. Pater sum, et pater nimis super filios tremens, ita ut sanguinem meum pro vobis fundere paratus sim. Et in hoc non est mihi gratia. Apostolica enim lex est, et Domini præce-
Joan. 10. ptum dicentis : *Pastor bonus animam suam ponit*
11. *pro ovibus suis.* Sed et vos eadem facite pro nobis : simili namque erga nos devincti estis affectu. Nam
Rom. 16. et Paulum audite quid dicit. *Salutate*, inquit,
3. 4. *Priscillam et Aquilam, adjutores meos in Christo, qui pro anima mea suas cervices posuerunt.* Sicut enim pulchrum est pastorem pro ovibus immolari : ita rursum pulchrum est et oves a pastore nec morte sejungi. Cum enim inseparabiles fuerint ab eo, lupum diabolum non timebunt. Murus enim caritatis firmior est adamante;
Prov. 18. *Et frater cum adjuvatur a fratre, erit sicut ci-*
19. *vitas munita et firma.* Hæc autem præmitto, ut cum omni affectu, quæ dicimus, audiatis, neque aliquis vestrum incipiat perturbari. Loquimur rem, quam dignum est in ecclesia loqui, et quam dignum est libenter audiri. Pro pace loquimur ad vos. Et quid ita conveniens, quam sacerdotem Dei pacem populo persuadere? Contradictio nulla est, ubi et legatio sancta et legatus acceptus est. Pro pace loquimur, pro qua Filius Dei descendit ad terras, ut pacificaret per sanguinem non solum quæ in terra sunt, sed et quæ in cælis, et terrena cælestibus sociaret. Pro pace loquimur, pro qua Filius Dei passus est, propter quam crucifixus est et sepultus, quam nobis pro omni hereditatis censu reliquit, et velut murum Ecclesiæ dedit, quam scutum adversum diabolum posuit, quam gladium adversum dæmones dedit, quam portum tranquillissimum fidelibus collocavit, quam repropitiationem ad Deum dedit, quam delictorum absolutionem concessit : pro hac ergo legatus ad vos missus sum. Nolite mihi incutere pudorem, nolite legationem meam fœdare, acquiescite mihi, quæso vos. Multa dudum tristia gesta sunt in Ecclesia, Deum confiteor, sed non laudo perturbationes, seditiones non amplector. Sed omittamus jam hæc ; desinite, conquiescite, cohibete animos, refrenate iracundiam : sufficit jam quod laboravit Ecclesia, finis sit, desinat turbatio : hoc enim et Deo placitum, et piissimo principi acceptum est. Oportet enim et regibus obedire, maxime cum et ipsi obtemperent ecclesiasticis legibus. Dicit enim
apostolus : *Principibus et potestatibus subditi* Tit. 3
estote. Quanto magis religioso principi, et pro Ecclesia laboranti? Si ergo præparavi animos vestros ad suscipiendam legationem meam, recipite fratrem nostrum Severianum episcopum. Habeo gratiam quod sermonem meum laudibus prosequuti estis. Dedistis mihi fructus obedientiæ : nunc me semen bonum gratulor seminasse. Ecce enim statim frumenti manipulos colligam. Retribuat vobis Dominus præmium benignitatis, et obedientiæ mercedem. Nunc enim veram hostiam pacis obtulistis Deo, quia nemo turbatus est audito hoc nomine, sed cum caritate suscipitis ; simul ut ser-

mone loquuti sumus, omnem ex animo fugastis iracundiam. Suscipite ergo cum pleno pectore, apertis manibus. Si quid triste gestum est, omittite: quia ubi tempus pacis, recordatio dissensionis nulla est, ut sit gaudium in cælo, gaudium in terra, lætitia et exsultatio spiritualis in Ecclesia Dei. Et oremus de reliquo, ut pacificam Deus custodire dignetur Ecclesiam, pacem fixam et perpetuam dare, in Christo Jesu Domino nostro, cum quo est gloria Deo Patri, una cum Spiritu sancto, in sæcula sæculorum. Amen.

SERMO IPSIUS SEVERIANI DE PACE,

cum susceptus esset *a beato Joanne, episcopo Constantinopolitano.*

In adventu Domini et Salvatoris nostri atque in
præsentia ejus corporali, angeli ducentes choros
c. 2. 10. cælestes evangelizabant pastoribus, dicentes: *Annuntiamus vobis hodie gaudium magnum quod
erit omni populo.* Ab ipsis enim sanctis angelis
etiam mutuati nos vocem, annuntiamus vobis hodie gaudium magnum. Hodie enim in pace Ecclesia est, et hæretici in ira. Hodie Ecclesiæ navis
in portu est, et hæreticorum furor jactatur in fluctibus. Hodie pastores Ecclesiæ in securitate, et hæretici in perturbatione sunt. Hodie oves Domini in
tuto, et lupi insaniunt. Hodie vinea Domini in
abundantia, et operarii iniquitatis in egentia. Hodie populus Christi exaltatus est, et inimici veritatis humiliati sunt. Hodie Christus in lætitia, et
diabolus in luctu. Hodie angeli in exsultatione, et
dæmones in confusione. Et quid opus est multa
dicere? Hodie Christus, qui est Rex pacis, cum
sua pace procedens, fugavit omne dissidium, dis-
sensiones depulit, discordiam perturbavit. Et sicut
cælum splendor solis, ita Ecclesiam fulgor pacis illuminat. O quam desiderabile nomen pacis,
quam religionis Christianæ stabile fundamentum,
et altaris dominici cælestis armatura! Et quid possumus de pace proloqui? Pax nomen est ipsius
hes. 2. Christi, sicut dicit et apostolus: *Quia Christus
pax nostra, qui fecit utraque unum,* quæ nequaquam fide, sed invidia diaboli dissidebant. Verum sicut procedente rege et plateæ mundantur, et
tota civitas diversis floribus et ornatibus coronatur,
414 ut nihil sit quod minus dignum vultui regis appareat: ita et nunc procedente Christo, Rege pacis, omne quod triste est, auferatur e medio, et
illucescente veritate fugetur mendacium: fugiat
discordia, resplendescente concordia. Et sicut frequenter fieri vidimus, ubi regum vel fratrum tabulæ pinguntur, ut in utrisque unanimitatis decla-
rentur insignia, artifex picto femineo habitu post
tergum utriusque concordiam statuit, brachiis
suis utrumque complectentem, indicans quod hi
qui videntur corporibus separati, sententiis et voluntate conveniant: ita nunc pax Domini media
assistens, et utrumque nostrum gremio palpante
connectens, discreta corpora in unum convenire
animum, ulnis jungentibus docet. In qua sine du-
bio completur sermo propheticus, qui ait: *Et erit* Zach. 6. 13.
consilium pacificum inter utrosque. Et hester-
no quidem die pater noster communis evangelico
pacem sermone præfatus est: hodie vero nos verba pacis exponamus. Ipse nos heri resupinis manibus in verbo pacis excepit, et nos hodie dilatato
pectore, ulnisque patentibus ad Dominum cum muneribus pacis occurramus. Jam bella destructa
sunt, pulchritudo pacis obtinuit. Nunc in luctu est
diabolus, et in lamentione omnis dæmonum tur-
ma; nunc in cælestibus lætitia, et in angelis exsultatio, quibus specialis familiaris pax. Hoc enim
etiam cælestes admirantur virtutes opus, quas fons
ejus habet perennis, ex quo etiam terrena hæc nostra guttis quibusdam exinde stillantibus irroran-
tur. Et ideo etiamsi in terris pax, laudis ejus splendor redundat in cælum, laudant eam cælestes angeli,
et dicunt: *Gloria in excelsis Deo,* et *in terra* Luc. 2. 14.
pax hominibus bonæ voluntatis. Vides quo-
modo cælestes omnes et terrestres invicem sibi munera pacis emittunt? Cælestes angeli pacem terris
annuntiant, sancti in terris Christum, qui est pax
nostra, collaudant in cælestibus positum, et mysticis clamoribus acclamant, *Osanna in excelsis.* Dicamus ergo et nos, *Gloria in altissimis Deo,* Matth. 21.
qui humiliavit diabolum, et exaltavit Christum 9.
suum. *Gloria in altissimis Deo,* qui discordiam

fugat, et pacem statuit. Dico enim vobis artem diaboli, cujus neque vos astutiam ignoratis. Vidit satanas firmitatem fidei, stabilitatem in ea pietate dogmatum septam, vidit et operum bonorum fructibus abundantem: et ideo pro his omnibus ad insaniam venit, et rabie furoris exarsit, ut scinderet amicitiam et evelleret caritatem, ut disrumperet pacem: sed pax Domini semper sit nobiscum, in Christo Jesu Domino nostro, cum quo est Deo Patri et Spiritui sancto gloria in sæcula sæculorum. Amen.

MONITUM

IN SEQUENTEM CHRYSOSTOMI ORATIONEM

ANTEQUAM IRET IN EXSILIUM.

In postrema Morelli Editione ad calcem Tomi quarti edita fuit Oratio Chrysostomi antequam iret in exsilium, ad populum habita, ex Vita Chrysostomi per Georgium Alexandrinum excerpta, quæ, quod spectat ad dimidiam priorem partem ad hæc usque verba, ἀλλ' ὁρῶ τοῖς ἐμαυτοῦ δόγμασί τινας, non indigna Chrysostomo videtur: et talis a viris doctis habetur, paucioribus aliis reclamantibus. In hac certe prima parte, meo quidem judicio, occurrit nihil quod eo adigat, ut alium quam Chrysostomum quæramus auctorem. Posteriorem vero partem, salebris plenam, intricatam, quæ sæpe vix, ac ne vix quidem, intelligi potest, saltem ut exstat hodie, Chrysostomo abjudicandam censemus. Nam stylus abhorret a priori orationis parte. Si quid vero enuntiatur, quod ad veram ejus exsilii historiam quadret, id certe ita remisso, ne quid ultra proferam, dicendi genere narratur, ut fas esse non videatur id Chrysostomo adscribere. Certe alium quærendum auctorem esse suadet vetus interpretatio, quam subjungimus, quæque postremam totam partem tacuit. Illam vero subjungendam putavimus, quia quædam complectitur, quæ in Græca serie non comparent. Eam se vidisse commemorat in Codice quodam montis Cassini Joan. Mabillonius noster in Itinere Italico p. 124, ubi Severiano Gabalorum, inquit ille, adscribitur. Verum Severiani numquam esse potuit, nec ad ejus historiam quadrare valet.

Tilmanni interpretationem, utpote παραφραστικῶς adornatam, rejecimus, novamque paravimus.

HOMILIA ANTE EXSILIUM.

1. Multi fluctus instant gravesque procellæ; sed non timemus ne submergamur: nam in petra consistimus. Sæviat mare, petram dissolvere nequit: insurgant fluctus, Jesu navigium demergere non possunt. Quid, quæso, timeamus? Mortemne? *Mihi vivere Christus est, et mori*
Philipp. 1. 21. *lucrum*. An exsilium, dic mihi? *Domini est ter-*
Psal. 23. 1. *ra et plenitudo ejus*. An facultatum publica-
1. Tim. 6. 7. tionem? *Nihil intulimus in mundum, certumque est nos nihil hinc efferre posse*: terribiliaque hujus mundi mihi despectui sunt, et bona ejus risu digna. Non paupertatem timeo, non divitias concupisco: non mortem metuo, nec vivere opto, nisi ad profectum vestrum. Ideo

415 A ΤΟΥ ΑΥΤΟΥ ΟΜΙΛΙΑ ΠΡΟ ΤΗΣ ΕΞΟΡΙΑΣ.

Πολλὰ τὰ κύματα καὶ χαλεπὸν τὸ κλυδώνιον· ἀλλ' οὐ δεδοίκαμεν, μὴ καταποντισθῶμεν· ἐπὶ γὰρ τῆς πέτρας ἑστήκαμεν. Μαινέσθω ἡ θάλασσα, πέτραν διαλῦσαι οὐ δύναται· ἐγειρέσθω τὰ κύματα, τοῦ Ἰησοῦ τὸ πλοῖον καταποντίσαι οὐκ ἰσχύει. Τί δεδοίκαμεν, εἰπέ μοι; Τὸν θάνατον; Ἐμοὶ τὸ ζῆν Χριστὸς, καὶ τὸ ἀποθανεῖν κέρδος. Ἀλλ' ἐξορίαν, εἰπέ μοι; Τοῦ Κυρίου ἡ γῆ, καὶ τὸ πλήρωμα αὐτῆς. Ἀλλὰ χρημάτων δήμευσιν; Οὐδὲν εἰσηνέγκαμεν εἰς τὸν κόσμον, δῆλον ὅτι οὐδὲν ἐξενεγκεῖν δυνάμεθα· καὶ τὰ
B φοβερὰ τοῦ κόσμου ἐμοὶ εὐκαταφρόνητα, καὶ τὰ χρηστὰ καταγέλαστα. Οὐ πενίαν δέδοικα, οὐ πλοῦτον ἐπιθυμῶ· οὐ θάνατον φοβοῦμαι, οὐ ζῆσαι εὔχομαι, εἰ μὴ διὰ τὴν ὑμετέραν προκοπήν. Διὸ καὶ τὰ

νῦν ὑπομιμνήσκω, καὶ παρακαλῶ τὴν ὑμετέραν θαῤῥεῖν ἀγάπην. Οὐδεὶς γὰρ ἡμᾶς ἀποσπάσαι δυνήσεται· ὃ γὰρ ὁ Θεὸς συνέζευξεν, ἄνθρωπος χωρίσαι οὐ δύναται. Εἰ γὰρ περὶ γυναικὸς καὶ ἀνδρὸς λέγει· Ἀντὶ τούτου καταλείψει ἄνθρωπος τὸν πατέρα αὐτοῦ καὶ τὴν μητέρα, καὶ προσκολληθήσεται τῇ γυναικὶ αὐτοῦ, καὶ ἔσονται οἱ δύο εἰς σάρκα μίαν· ὃ οὖν ὁ Θεὸς ἔζευξεν, ἄνθρωπος μὴ χωριζέτω. Εἰ γάμον οὐ δύνασαι C διασπάσαι, πόσῳ μᾶλλον Ἐκκλησίαν Θεοῦ οὐκ ἰσχύεις καταλῦσαι; ἀλλὰ πολεμεῖς αὐτὴν, οὐ δυνάμενος βλάψαι τὸν πολεμούμενον. Ἀλλ' ἐμὲ μὲν ἐργάζῃ λαμπρότερον, ἑαυτοῦ δὲ τὴν ἰσχὺν καταλύεις [a]τῆς πρὸς ἐμὲ μάχης· Σκληρὸν γάρ σοι πρὸς κέντρα ὀξέα λακτίζειν. Οὐκ ἀμβλύνεις τὰ κέντρα, ἀλλὰ τοὺς πόδας αἱμάσσεις· ἐπεὶ καὶ τὰ κύματα τὴν πέτραν οὐ διαλύει, ἀλλ' αὐτὰ εἰς ἀφρὸν διαλύονται. Οὐδὲν Ἐκκλησίας δυνατώτερον, ἄνθρωπε. Λῦσον τὸν πόλεμον, ἵνα μὴ καταλύσῃ σου τὴν δύναμιν· μὴ εἴσαγε πόλεμον εἰς οὐρανόν. Ἄνθρωπον ἐὰν πολεμῇς, ἢ ἐνί- D κησας, ἢ ἐνικήθης· Ἐκκλησίαν δὲ ἐὰν πολεμῇς, νικῆσαί σε ἀμήχανον· ὁ Θεὸς γάρ ἐστιν ὁ πάντων ἰσχυρότερος. Μὴ παραζηλοῦμεν τὸν Κύριον; μὴ ἰσχυρότεροι αὐτοῦ ἐσμεν; Ὁ Θεὸς ἔπηξε, τίς ἐπιχειρεῖ σαλεύειν; Οὐκ οἶσθα αὐτοῦ τὴν δύναμιν. Ἐπιβλέπει ἐπὶ τὴν γῆν, καὶ ποιεῖ αὐτὴν τρέμειν· κελεύει, καὶ τὰ σειόμενα ἡδράζετο. Εἰ τὴν πόλιν σαλευομένην ἔστησε, πολλῷ μᾶλλον τὴν Ἐκκλησίαν στῆσαι δύναται. Ἡ Ἐκκλησία οὐρανοῦ ἰσχυροτέρα· ὁ οὐρανὸς καὶ ἡ γῆ παρελεύσονται, οἱ δὲ λόγοι μου οὐ μὴ παρέλθωσι. Ποῖοι λόγοι; Σὺ εἶ Πέτρος, καὶ ἐπὶ ταύτῃ E μου τῇ πέτρᾳ οἰκοδομήσω μου τὴν Ἐκκλησίαν, καὶ πύλαι ᾅδου οὐ κατισχύσουσιν αὐτῆς.

præsentia commemoro, rogoque caritatem vestram, ut fiduciam habeat. Nullus quippe nos separare poterit; quod enim Deus conjunxit, homo separare nequit. Nam si de viro ac de muliere dicit: *Propter hoc relinquet homo patrem* Gen. 2. 24. *suum* et *matrem suam*, et *adhærebit uxori* Matth. 19. 5. 6. *suæ*, et *erunt duo in carnem unam: quod* C ergo *Deus conjunxit, homo non separet.* Si nuptias non potes dirimere, quanto minus Ecclesiam Dei potes dissolvere? sed eam oppugnas, cum nihil possis lædere eum quem impetis. Verum me reddes splendidiorem, tuamque vim mecum pugnando dejicies: *Durum* namque Act. 9. 5. *tibi* est *contra stimulum* acutum *calcitrare.* Non obtundes stimules, imo sanguine pedes inficies: quandoquidem fluctus non petram dissolvunt, sed ipsi in spumam abeunt. Nihil Ecclesia potentius, o homo. Bellum solve, ne robur dis- D solvas tuum; ne inferas cælo bellum. Si homini bellum inferas, aut vinces, aut superaberis: si Eclesiam oppugnes, vincere nequis: omnibus quippe fortior est Deus. *An æmulamur Dominum? an fortiores illo sumus?* 1. Cor. 10. 22. Deus fixit et firmavit, quis concutere tentaverit? Non nosti virtutem ejus. *Respicit terram, et* Psal. 103. 32. *facit eam tremere*: jubet, et quæ concutiebantur firma consistunt. Si concussam urbem firmavit, quanto magis Ecclesiam firmare poterit? Ecclesia est ipso cælo fortior: *Cælum* et Matth. 24. 35. E *terra transibunt: verba autem mea non transibunt.* Quæ verba? *Tu es Petrus*, et *super hanc meam petram ædificabo Ecclesiam* Matth. 16. 18. *meam*, et *portæ inferi non prævalebunt adversus eam.*

Εἰ ἀπιστεῖς τῷ λόγῳ, πίστευε τοῖς πράγμασι. Πόσοι τύραννοι ἠθέλησαν περιγενέσθαι τῆς Ἐκκλησίας; πόσα τήγανα; πόσοι κάμινοι, θηρίων ὀδόντες, ξίφη ἠκονημένα; καὶ οὐ περιεγένοντο. Ποῦ οἱ πολεμήσαντες; Σεσίγηνται καὶ λήθῃ παραδέδονται. Ποῦ δὲ ἡ Ἐκκλησία; Ὑπὲρ τὸν ἥλιον λάμπει. Τὰ ἐκείνων ἔσβεσται, τὰ ταύτης ἀθάνατα. Εἰ ὅτε ὀλίγοι ἦσαν, οὐκ ἐνικήθησαν, ὅτε ἡ οἰκουμένη ἐπλήσθη εὐσεβείας, 416 A πῶς νικῆσαι δύνασαι; Ὁ οὐρανὸς καὶ ἡ γῆ παρελεύσονται, οἱ δὲ λόγοι μου οὐ μὴ παρέλθωσι. Καὶ μάλα εἰκότως· ποθεινοτέρα γὰρ ἡ Ἐκκλησία τῷ Θεῷ τοῦ οὐρανοῦ. Οὐρανοῦ σῶμα οὐκ ἀνέλαβεν, Ἐκκλησίας δὲ σάρκα ἀνέλαβε· διὰ τὴν Ἐκκλησίαν ὁ οὐρανὸς, οὐ διὰ τὸν οὐρανὸν ἡ Ἐκκλησία. Μηδὲν ὑμᾶς θορυβείτω τῶν γενομένων. Τοῦτό μοι χαρίσασθε, πίστιν ἀπερίτρεπτον. Οὐκ εἴδετε τὸν Πέτρον περιπατοῦντα

2. Si non credis verbo, rebus crede. Quot tyranni Ecclesiam opprimere tentaverunt? quot sartagines? quot fornaces, ferarum dentes, gladii acuti? nihilque perfecerunt. Ubinam sunt hostes illi? Silentio et oblivioni traditi sunt. Ubinam Ecclesia? Plus quam sol splendescit. Quæ illorum erant exstincta sunt, quæ ad illam spectant sunt immortalia. Si cum pauci erant 416 A Christiani, non victi sunt, quando orbis totus pia religione plenus est, quomodo illos vincere possis? *Cælum et terra transibunt, verba autem mea non transibunt*, Matth. 24. 35. Et jure quidem: amabilior enim est Ecclesia Deo, quam cælum ipsum. Cæli corpus non accepit, sed Ecclesiæ carnem accepit; propter Ecclesiam cælum, non propter cælum Ecclesia. Ne vos conturbent ea,

[a] Savillus legendum putat τῇ πρὸς ἐμὲ μάχῃ. Forte melius διὰ τῆς πρὸς ἐμὲ μάχης.

quæ acciderunt. Hanc mihi gratiam præbeatis, immobilem fidem. Annon vidistis Petrum ambulantem super aquas, paululum dubitantem, in periculum submersionis venisse, non ob aquarum impetum, sed ob fidei infirmitatem? Num humanis calculis huc accessimus? num homo nos adduxit, ut homo dejiciat? Hæc non ex arrogantia vel jactantia dico, absit, sed ut quod in vobis fluctuat constabiliam. Quoniam sedata erat civitas, Ecclesiam diabolus concutere voluit. O scelestc et flagitiosissime! muros non expugnasti, et Ecclesiam te succussurum speras? An muris Ecclesia constat? In multitudine fidelium Ecclesia consistit. En quam firmæ columnæ, non ferro ligatæ, sed fide constrictæ. Non dico tantam multitudinem igne vehementiorem esse: sed nec, si unus tantum esset, superasses. Nosti quantas tibi plagas inflixerint martyres. Ingressa sæpe est puella tenera innupta: cera mollior erat, sed petra solidior exstitit. Ejus latera lancinabas, et fidem non auferebas. Cessit carnis natura, neque concidit fidei virtus; consumebatur corpus, et viriliter agebat animus; absumebatur substantia, et manebat pietas. Ne unam quidem mulierem superasti, et tantum populum te superaturum confidis? Non
Matth. 18. 20. audis Dominum dicentem: *Ubi duo vel tres congregati sunt in nomine meo, illic sum in medio eorum*? Et ubi tam numerosus populus caritatis vinculis constrictus, non aderit? Ejus pignus habeo: num propriis sum viribus fretus? Scriptum ejus teneo. Hic mihi baculus: hæc mihi securitas: hic mihi portus tranquillus. Etsi conturbetur orbis totus, rescriptum teneo: ejus literas lego: hic mihi murus, hoc præsidium.
Matth. 28. 20. Quas literas? *Ego vobiscum sum omnibus diebus usque ad consummationem sæculi.* Christus mecum, quem timebo? Etsi fluctus adversum me concitentur, etsi maria, etsi principum furor: mihi hæc omnia aranea sunt viliora. Ac nisi caritas me vestra detinuisset, ne hodie quidem abnuissem alio proficisci. Semper enim dico,
Matth. 6. 10. *Domine, fiat voluntas tua*: non quod talis et talis, sed quod tu vis [faciam]. Hæc mihi turris, hæc mihi petra immobilis; hic mihi baculus non vacillans. Si id Deus velit, fiat. Si velit me hic manere, gratias habeo. Ubicumque voluerit, gratias refero.

3. Nemo vos conturbet: precibus vacate. Hoc effecit diabolus, ut vestrum circa supplicationes studium interciperet. Sed nihil profecit: imo vos diligentiores alacrioresque invenimus.

ἐπὶ τῶν ὑδάτων, καὶ ὀλίγον διστάσαντα, καὶ μέλλοντα καταποντίζεσθαι, οὐ διὰ τὴν ἄτακτον τῶν ὑδάτων ὁρμὴν, ἀλλὰ διὰ τὴν ἀσθένειαν τῆς πίστεως; Μὴ γὰρ ἀνθρωπίναις ψήφοις ἐνταῦθα ἤλθομεν; μὴ γὰρ
B ἄνθρωπος ἤγαγεν, ἵνα ἄνθρωπος καταλύσῃ; Ταῦτα λέγω οὐκ ἀπονοούμενος, μὴ γένοιτο, οὐδὲ ἀλαζονευόμενος, ἀλλὰ τὸ ὑμῶν σεσαλευμένον στηρίξαι βουλόμενος. Ἐπειδὴ ἔστη ἡ πόλις, Ἐκκλησίαν ὁ διάβολος ἠθέλησε σαλεῦσαι. Μιαρὲ καὶ παμμίαρε διάβολε, τοίχων οὐ περιεγένου, καὶ Ἐκκλησίαν προσδοκᾷς σαλεῦσαι; Μὴ γὰρ ἐν τοίχοις ἡ Ἐκκλησία; Ἐν τῷ πλήθει τῶν πιστῶν ἡ Ἐκκλησία. Ἰδοὺ πόσοι στῦλοι ἑδραῖοι, οὐ σιδήρῳ δεδεμένοι, ἀλλὰ πίστει ἐσφιγμένοι. Οὐ λέγω ὅτι τοσοῦτον πλῆθος πυρὸς σφοδρότερον· ἀλλ᾽ οὔτε, εἰ εἷς ἦν, περιεγένου. Καὶ οἶδας, οἷά σοι τραύματα παρέσχον οἱ μάρτυρες. Εἰσῆλθε πολλάκις
C κόρη ἁπαλὴ ἀπειρόγαμος· κηροῦ ἦν ἁπαλωτέρα, καὶ πέτρας ἐγένετο στερεωτέρα. Τὰς πλευρὰς αὐτῆς ἔξεες, καὶ τὴν πίστιν αὐτῆς οὐκ ἔλαβες. Ἠτόνησε τῆς σαρκὸς ἡ φύσις, καὶ οὐκ ἀπηγορεύθη τῆς πίστεως ἡ δύναμις· ἐδαπανᾶτο τὸ σῶμα, ἐνεανιεύετο τὸ φρόνημα· ἀνηλίσκετο δὲ ἡ οὐσία, καὶ ἔμενεν ἡ εὐλάβεια. Γυναικὸς οὐ περιεγένου μιᾶς, καὶ τοσούτου περιγενέσθαι δήμου προσδοκᾷς; Οὐκ ἀκούεις τοῦ Κυρίου λέγοντος, Ὅπου δύο ἢ τρεῖς εἰσι συνηγμένοι εἰς τὸ ὄνομά μου, ἐκεῖ εἰμι ἐν μέσῳ αὐτῶν; Ὅπου τοσοῦτος δῆμος ἀγάπῃ ἐσφιγμένος, οὐ πάρεστιν; Ἔχω αὐτοῦ ἐνέ-
D χυρον· μὴ γὰρ οἰκείᾳ δυνάμει θαῤῥῶ; Γραμματεῖον αὐτοῦ κατέχω. Ἐκεῖνό μοι βακτηρία, ἐκεῖνό μοι ἀσφάλεια, ἐκεῖνό μοι λιμὴν ἀκύμαντος. Κἂν ἡ οἰκουμένη ταράττηται, τὸ γραμματεῖον κατέχω· αὐτῷ (f. αὐτὸ) ἀναγινώσκω· τὰ γράμματα ἐκεῖνα τεῖχος ἐμοὶ καὶ ἀσφάλεια. Ποῖα ταῦτα; Ἐγὼ μεθ᾽ ὑμῶν εἰμι πάσας τὰς ἡμέρας ἕως τῆς συντελείας τοῦ αἰῶνος. Χριστὸς μετ᾽ ἐμοῦ, καὶ τίνα φοβηθήσομαι; Κἂν κύματα κατ᾽ ἐμοῦ διεγείρηται, κἂν πελάγη, κἂν ἀρχόντων θυμοί· ἐμοὶ ταῦτα πάντα ἀράχνης εὐτελέστερα. Καὶ εἰ μὴ διὰ τὴν ὑμετέραν ἀγάπην, οὐδὲ σήμερον ἂν παρῃτησάμην ἀπελθεῖν. Ἀεὶ γὰρ λέγω,
E Κύριε, τὸ σὸν θέλημα γενέσθω· μὴ ὅ τι ὁ δεῖνα, καὶ ὁ δεῖνα, ἀλλ᾽ εἴ τι σὺ βούλει. Οὗτος ἐμοὶ πύργος, τοῦτο ἐμοὶ πέτρα ἀκίνητος· τοῦτο ἐμοὶ βακτηρία ἀπερίτρεπτος. Εἰ βούλεται ὁ Θεὸς τοῦτο γενέσθαι, γινέσθω. Εἰ βούλεται ἐνταῦθα εἶναί με, χάριν ἔχω. Ὅπου βούλεται, εὐχαριστῶ.

Μηδεὶς ὑμᾶς θορυβείτω· ταῖς εὐχαῖς προσέχετε. Ταῦτα ἐποίησεν ὁ διάβολος, ἵνα ἐκκόψῃ τὴν σπουδὴν τὴν περὶ τὰς λιτανείας. Ἀλλ᾽ οὐ προχωρεῖ αὐτῷ· ἀλλὰ σπουδαιοτέρους ὑμᾶς καὶ θερμοτέρους εὑρήκαμεν. Αὐριον εἰς λιτανεῖον ἐξελεύσομαι μεθ' ὑμῶν. [a] Ἡ ὅπου 417 A ἐγὼ. καὶ ὁμεῖς ἐκεῖ· ὅπου ὑμεῖς, ἐκεῖ κἀγώ· ἓν σῶμά ἐσμεν· οὐ σῶμα κεφαλῆς, οὐ κεφαλὴ σώματος χωρίζεται. Διειργόμεθα τῷ τόπῳ, ἀλλ' ἡνώμεθα τῇ ἀγάπῃ· οὐδὲ θάνατος διακόψαι δυνήσεται. Κἂν γὰρ ἀποθάνῃ μου τὸ σῶμα, ζῇ ἡ ψυχὴ, καὶ μέμνηται τοῦ δήμου· ὁμεῖς ἐμοὶ πατέρες· πῶς ὑμῶν δύναμαι ἐπιλαθέσθαι; ὑμεῖς ἐμοὶ πατέρες, ὑμεῖς ἐμοὶ ζωὴ, ὑμεῖς ἐμοὶ εὐδοκίμησις. Ἐὰν ὑμεῖς προκόψητε, ἐγὼ εὐδοκιμῶ· ὥστε ἐμοὶ ζωὴ πλοῦτος ἐν τῷ ὑμετέρῳ κεῖται θησαυρῷ. Ἐγὼ μυριάκις ὑπὲρ ὑμῶν σφαγῆναι ἕτοιμος (καὶ οὐδεμίαν χάριν παρέχω, ἀλλὰ καὶ ὀφειλὴν ἀποδίδωμι· Ὁ γὰρ ποιμὴν ὁ καλὸς τὴν ψυχὴν B αὐτοῦ τίθησιν ὑπὲρ τῶν προβάτων), καὶ σφαγῆναι μυριάκις, καὶ μυρίας κεφαλὰς ἀποτμηθῆναι. Ἐμοὶ ὁ θάνατος οὗτος ἀθανασίας ὑπόθεσις, ἐμοὶ αἱ ἐπιβουλαὶ αὗται ἀσφαλείας ἀφορμή. Μὴ γὰρ διὰ χρήματα ἐπιβουλεύομαι, ἵνα λυπηθῶ; μὴ γὰρ δι' ἁμαρτήματα, ἵνα ἀλγήσω; Διὰ τὸν ἔρωτα τὸν περὶ ὑμᾶς· ἐπειδὴ πάντα ποιῶ, ὥστε ὑμᾶς ἐν ἀσφαλείᾳ μεῖναι, ὥστε μηδένα παρεισελθεῖν τῇ ποίμνῃ, ὥστε μεῖναι ἀκέραιον τὸ ποίμνιον. Ἡ ὑπόθεσις τῶν ἀγώνων ἀρκεῖ μοι εἰς στέφανον. Τί γὰρ ἂν πάθοιμι ὑπὲρ ὑμῶν; Ὑμεῖς ἐμοὶ πολῖται, ὑμεῖς ἐμοὶ πατέρες, ὑμεῖς ἐμοὶ ἀδελφοὶ, ὑμεῖς ἐμοὶ τέκνα, ὑμεῖς ἐμοὶ μέλη, ὑμεῖς ἐμοὶ σῶμα, ὑμεῖς ἐμοὶ φῶς, μᾶλλον δὲ καὶ τοῦ φωτὸς τούτου γλυ- C κύτεροι. Τί γὰρ τοιοῦτον παρέχει μοι ἡ ἀκτῖνα (l. ἀκτὶς) οἷον ἡ ὑμετέρα ἀγάπη; * Ἡ ἀκτῖνα (l. ἀκτὶς ἐν τῷ παρόντι με βίῳ ὠφελεῖ, ἡ δὲ ὑμετέρα ἀγάπη στέφανόν μοι πλέκει ἐν τῷ μέλλοντι. Ταῦτα δὲ λέγω εἰς ὦτα ἀκουόντων· τί δὲ τῶν ὤτων ὑμῶν ἀκουστικώτερον; Τοσαύτας ἡμέρας ἠγρυπνήσατε, καὶ οὐδὲν ὑμᾶς ἔκαμψεν, οὐ χρόνου μῆκος μαλακωτέρους ὑμᾶς ἐποίησεν, οὐ φόβοι, οὐκ ἀπειλαί· πρὸς πάντα ἐγένεσθε γενναῖοι. Καὶ τί λέγω, ἐγένεσθε; Τοῦτο ὅπερ ἐπεθύμουν ἀεὶ, κατεφρονήσατε τῶν βιωτικῶν πραγμάτων, ἀπετάξασθε τῇ γῇ, εἰς τὸν οὐρανὸν μετέστητε· ἀπηλλάγητε τῶν συνδέσμων τοῦ σώματος, D πρὸς τὴν μακαρίαν ἐκείνην ἁμιλλᾶσθε φιλοσοφίαν. Ταῦτα ἐμοὶ στέφανοι, ταῦτα παράκλησις, ταῦτα παραμυθία, ταῦτα ἐμοὶ ἄλειμμα, ταῦτα ζωὴ, ταῦτα ἀθανασίας ὑπόθεσις.

[a] Ἀλλ' ὁρῶ τοῖς ἐμαυτοῦ δόγμασί τινας ἐγκαρτερεῖν με πειθόντων. Φέρει γὰρ πολλὰ τῶν εὐτυχημάτων εἰς τοὐναντίον· ὅτι οἷς ἐδόκουν ζηλωτὴς εἶναι, περιπέπτωκα τῇ μοχθηρίᾳ· οἱ μὲν κατὰ τὸν τρόπον καθαιροῦντες νικῶσι τὸν ἀγῶνα τῇ διαφορᾷ τῶν πρα-

Cras ad supplicationem vobiscum pergam. Atque ubi sum ego, illic et vos estis; ubi vos estis, illic et ego: unum corpus sumus, neque corpus a capite, neque caput a corpore separatur. Loco dissiti sumus, sed caritate jungimur, neque mors ipsa poterit abscindere. Etsi enim corpus meum moriatur, vivet tamen anima, quæ populi recordabitur. Vos mihi patres estis; qui possim vestrum oblivisci? vos mihi patres, vos mihi vita, vos mihi gloria. Si vos proficiatis, id mihi in gloriam vertitur; ita ut vita mea ceu divitiæ quædam in vestro reposita sit thesauro. Paratus sum ad vitam sexcenties pro vobis effundendam, nec gratiam exhibeo, sed debitum solvo. Nam *Bonus pastor animam* Joan. 10. 11.
suam dat pro ovibus. Millies jugulent, toties caput abscindant. Mors enim talis mihi immortalitatis est argumentum: hæ mihi insidiæ securitatis sunt occasio. Num ob divitias insidiis objectus sum, ut doleam? num ob peccata, ut lugeam? Id patior ob vestrum amorem; quia nihil non ago, ut vos in tuto collocemini; ut nemo alienus se in ovile ingerat; ut illæsus grex maneat. Certaminis argumentum mihi sufficit ad coronam. Quid enim patiar pro vobis? Vos mihi cives, vos mihi patres, vos mihi fratres, vos filii, vos membra, vos corpus, vox mihi lux, imo hac luce suaviores. Quid enim tale mihi confert radius, quale vestra caritas? Radius mihi in præsenti vita utilis est, vestra autem caritas coronam mihi nectit in futuro. Hæc porro dico in aures vestras: quid autem est ad audiendum promtius auribus vestris? Tot diebus vigilastis, nihilque vos inflectere potuit, non temporis diuturnitas emollivit, non timores, non minæ: ad omnia strenuos vos exhibuistis. Et quid dico, vos exhibuistis? Quod semper optaveram, sæcularia despexistis, terræ vale dixistis; a vinculis corporis vos expedivistis, ad beatam illam philosophiam certatim properastis. Hæc mihi corona sunt, hæc consolatio, hæc unctio, hæc vita, hæc immortalitatis argumentum.

4. Sed video quosdam qui mihi auctores sunt, ut in dogmatibus meis insistam. Pleraque enim prospera in contrarium cedunt, quoniam ii, quibus videbar zelo plenus esse, id improbitate sua egerunt ut conciderem: qui ad libitum suum

[a] Legendum videtur καὶ ὅπου, atque ita legit vetus Interpres.

* [ἡ ἀκτίνα nominativus est hodiernæ Græcorum linguæ.]

[a] Quæ sequuntur adjectitia sunt et Chrysostomi esse non videntur, ut diximus in Monito: et usque adeo intricata sunt ut nonnisi divinando possint Latine reddi.

me deposuerunt, per varium rerum exitum me in loc certamine vincunt: non minabantur, sed instabant. Jam tempus est ea enarrare, quæ ad meam calamitatem spectant. Lex est, sed legislator vincitur. Filii, per vestram caritatem, video conjurationem ad bellum inferendum paratam, Deumque contumeliis affectum: video delapsum agonem, et agonothetam mœrentem: video veritatis persuasionem emarcescere, et conspirationem superare. Mili illi objiciunt: Comedisti et baptizasti. Si hoc feci, anatlema sit mili; ne numerer inter episcopos; ne sim cum angelis; ne sim Deo acceptus. Si vero comedi et baptizavi, nilil inopportune feci. Attende diligenter iis quæ dico, neque finem dicendi faciam. Non me piget loqui, vobisque totum est si loquar. Sed ad propositum redeamus. Dicunt me comedisse et baptizasse. Deponant ergo Paulum, quod post cœnam custodi carceris baptisma contulerit. Ausim dicere, deponant ipsum Clristom, quod post cœnam discipulis communionem largitus sit. Sed læc nobis congruentia magnaque sunt: hæc læta pacis signa: hæc populi encomia. Mihi corona, vobis fructus. Sed scitis, fratres, qua de causa velint me deponere. Quia tapotes non expandi, nec serica vestimenta indui, et quia ipsorum ingluviem non fovi. Floruere aspidis fetus, adhuc relictum est Jezabelis semen: verum adhuc etiam gratia cum Helia concertat. Age mili in medium mirabilem illum divitemque vitæ præconem, Joannem dico pauperem, qui ne lucernam quidem possidebat; sed habebat Christum lampadem: cujus caput expetivit Evæ comministra: quæ sanctis impedimento fuit, quæ prophetas persequuta est, quæ dolose jejunium prædicavit, quæ parem cum vipera nomenclaturam obtinuit, nempe saltationem, quæ prandio nondum absoluto saltavit. Non vitam concupivit, non opum molem, non regni dignitatem, non aliam quampiam facultatem; sed dic mili, quæso, quid desideravit? Caput hominis. Quid autem dico? Non solum hominis, sed etiam evangelistæ. Attamen non vicit caput, licet acceperit. Abscidit caput petendo, iniquum desiderium per discum implevit. Vide, et mirare Dei virtutem. Coarguit inculpatus lomo, capite truncatus est; sed qui capite cæsus, in dextera Christi est, illam vero indeprecabile supplicium excipit. Rursus ejus

Act. 16. 33.

γμάτων· οὐκ ἠπείλουν, ἀλλὰ παρίσταντο. Ἔστι γὰρ καιρὸς νῦν εἰπεῖν τὰ περὶ τῆς ἐμῆς θλίψεως. Νόμος E ἐστὶν, ἀλλ' ὁ νομοθέτης νικᾶται. Τέκνα, μὰ τὴν ὑμετέραν ἀγάπην, βλέπω συσκευὴν πολεμοῦσαν, καὶ τὸν Θεὸν ὑβριζόμενον· βλέπω τὸν ἀγῶνα πίπτοντα, καὶ τὸν ἀγωνοθέτην λυπούμενον· βλέπω τὸ πιθανὸν τῆς ἀληθείας μαραινόμενον, καὶ τὴν συσκευὴν ἀνθοῦσαν. Λέγουσί μοι ὅτι ἔφαγες καὶ ἐβάπτισας. Εἰ ἐποίησα τοῦτο, ἀνάθεμα ἔσομαι· μὴ ἀριθμηθείην εἰς ἐπισκό- 418 A πων ῥίζαν· μὴ γένωμαι μετ' ἀγγέλων· μὴ ἀρέσω Θεῷ· [a] εἰ δὲ καὶ ἔφαγον καὶ ἐβάπτισα, οὐδὲν ἄκαιρον τῶν πραγμάτων ἐποίησα. Πρόσχες μοι μετὰ ἀκριβείας ὃ λέγω, καὶ λέγων οὐ παύσομαι. Ἐμοὶ μὲν τὸ λέγειν οὐκ ὀκνηρὸν, ὑμῖν δὲ ἀσφαλές. Ἀλλ' ἐπανέλθωμεν ἐπὶ τὸ προκείμενον. Λέγουσιν ὅτι ἔφαγον καὶ ἐβάπτισα. Καθελέτωσαν οὖν Παῦλον, ὅτι μετὰ τὸ δειπνῆσαι ἐχαρίσατο τῷ δεσμοφύλακι τὸ βάπτισμα. Τολμῶ λέγειν, καθελέτωσαν καὶ αὐτὸν τὸν Χριστὸν, ὅτι μετὰ τὸ δεῖπνον τοῖς μαθηταῖς τὴν κοινωνίαν ἐχαρίσατο. Ἀλλ' εἰκότα καὶ μεγάλα ἡμῖν ταῦτα· ταῦτα φαιδρὰ τῆς εἰρήνης· ταῦτα τοῦ λαοῦ B τὰ ἐγκώμια. Ἐμοῦ ὁ στέφανος, ὑμῶν ὁ καρπός. Ἀλλ' οἴδατε, ἀγαπητοὶ, διὰ τί με θέλουσι καθελεῖν. Ὅτι τάπητας οὐχ ἥπλωσα, οὔτε σηρικὰ ἱμάτια οὐκ ἐνεδυσάμην, καὶ ὅτι τὴν γαστριμαργίαν αὐτῶν οὐ παρεμυθησάμην. Ἤνθησαν γὰρ τὰ ἔγγονα τῆς ἀσπίδος, ἔτι περιλέλειπται τῆς Ἰεζάβελ ὁ σπόρος· ἔτι δὲ καὶ ἡ χάρις τῷ Ἠλίᾳ συναγωνίζεται. Φέρε δέ μοι εἰς μέσον τὸν θαυμαστὸν καὶ πλούσιον τῆς ζωῆς κήρυκα, Ἰωάννην λέγω, τὸν πένητα, καὶ ἕως λύχνου μὴ κτησάμενον· εἶχε γὰρ τὴν λαμπάδα τοῦ Χριστοῦ· οὗ τὴν κεφαλὴν ἐπεθύμησεν ἡ τῆς Εὔας συλλειτουργὸς, ἡ τῶν ἁγίων ἐμπόδιον γενομένη, ἡ τοὺς προφήτας διώ- C ξασα, ἡ τὴν ἐν δόλῳ νηστείαν κηρύξασα, ἡ ὁμότιμον [b] τοῦ ὀνόματος τῆς ἐχίδνης ἐπισταμένη τὴν ὄρχησιν, ἐν τῷ ἀρίστῳ τῷ ἀτελεῖ ὀρχησαμένη. Οὐκ ἐπεθύμησε ζωὴν, οὐκ ἐπεθύμησε χρημάτων ὄγκον, οὐ βασιλείας ἀξίωμα, οὐκ ἄλλης τινὸς περιουσίας. Ἀλλ' εἰπέ μοι, ἄνθρωπε, τί ἐπεθύμησε; Κεφαλὴν ἀνθρώπου. Τί δὲ λέγω; Οὐ μόνον ἀνθρώπου, ἀλλ' εὐαγγελιστοῦ. Ἀλλ' οὐκ ἐνίκησε λαβοῦσα τὴν κεφαλήν. Ἔτεμε γὰρ τὴν κεφαλὴν αἰτησαμένη, τὴν ἄνομον ἐπιθυμίαν σπουδαίως διὰ πίνακος δεξαμένη. Βλέπε, καὶ θαύμασον τοῦ Θεοῦ τὴν δύναμιν. Διήλεγχεν ὁ ἀναίτιος, ἀπετμήθη· ἀλλ' ὁ ἀποτμηθεὶς ἐν δεξιᾷ τοῦ Χριστοῦ, ἡ δὲ ἀπαραίτητον D κόλασιν ἐκδέχεται. Πάλιν ἐκείνης τὸ σπέρμα, ὁ σπόρος ὁ ἀκανθώδης ἐπιζητεῖ καὶ σπεύδει. Ἀλλ' Ἡρωδιὰς Ἰωάννου τὴν κεφαλὴν ζητοῦσα πάλιν ὄρχησιν· οὐχ ἣν τοῖς ποσὶ παίζομεν, ἀλλὰ τὴν τῆς Μαρίας

[a] Hic sibi prorsus contradicere videtur hic quisquis sit scriptor.

[b] Hæc mirum quantum vel inepta, vel vitiata.

ἐπερειδομένην. Πάλιν βοᾷ καὶ λέγει Ἰωάννης· Οὐκ ἔξεστί σοι τὴν γυναῖκα ἔχειν τοῦ ἀδελφοῦ σου.

Ἀλλὰ τί εἴπω; Δακρύων ὁ παρὼν καιρός· πάντα γὰρ εἰς ἀδοξίαν ἐκτρέχει, καὶ πάντα χρόνος κρίνει. Χρυσὸς τὸ ὅλον δοξάζει. Ἀλλὰ φέρε μοι τὸν ἅγιον Δαυὶδ τὸν λέγοντα καὶ βοῶντα· Χρυσὸς ἐὰν ῥέῃ, μὴ προστίθεσθε καρδίαν. Ἀλλ' εἰπέ μοι, τίς ἦν οὗτος ὁ ταύτης τὴν φωνὴν ἐπαφείς; Οὐχὶ τὸ τῆς βασιλείας ἐπὶ τῆς κορυφῆς συγκείμενον εἶχεν; οὐκ ἐν τῇ βασι-
E λικῇ ἐξουσίᾳ [c] διέταττεν; Ἀλλ' οὐ πρὸς ἁρπαγὴν ἔβλεπεν, οὐκ εἰς καθαίρεσιν εὐσεβείας ἦν αὐτῷ τὸ φρόνημα, οὐδὲ μέριμνα θησαυρῶν, ἀλλὰ τῆς στρατοπέδων συλλογῆς· οὐ γυναικὸς συγκατάθεσιν. Φεύγετε οὖν, γυναῖκες, τὰς ἀλλοτρίας συλλογάς· μὴ συμβουλεύετε τοῖς ἀνδράσι συμβουλίαν κακήν· ἀλλ' ἀσφα-
419 A λίσθητε τοῖς λεχθεῖσιν. Ἆρα ἐσβέσαμεν ὑμῶν τὴν φλόγα; ἆρα ἐμαλάχθη ὑμῖν ἡ καρδία; Ἀλλ' οἶδα ὅτι ὠφεληθήσεσθε μὲν αἱ τῆς Μαρίας θυγατέρες· ἄλλαι δὲ ἄνευ οἴνου κεκορεσμέναι καὶ μεθύουσαι τῇ φιλαργυρίᾳ, ὡς ὁ μακάριος Παῦλος βοᾷ καὶ κηρύττει λέγων· Ῥίζα πάντων τῶν κακῶν ἡ φιλαργυρία. Οὕτω καὶ αἱ ἀσύνετοι γυναῖκες ἀποφράττουσιν ἑαυτῶν τὰ ὦτα, καὶ ἀντὶ σπόρου ἀγαθοῦ ἀκάνθας τίκτουσιν. Ἀλλὰ, παρακαλῶ, μὴ ἡμῶν τὸν σπόρον ὡς ἐπὶ πέτραν καταβάλλωμεν. Χριστοῦ ἐσμεν γεώργιον, παρ' οὗ ἀκούσωμεν, Εὖ, δοῦλε ἀγαθὲ, εἴσελθε εἰς τὸν οἶκόν μου· μὴ ἀντὶ τῆς φωνῆς ταύτης λεχθῇ, Εὖ, δοῦλε κακέ. Ἀλλὰ, παρακαλῶ, λαμψάτω ὑμῶν ἡ
B πολιτεία ἔμπροσθεν τῶν ἀνθρώπων, μὴ μωράνωμεν ἡμῶν τὸ ἅλας, ἀλλὰ δοξάσωμεν, εὐχαριστήσωμεν, οἱ πλούσιοι τῷ πλουσίῳ, οἱ πένητες τῷ φιλανθρώπῳ καὶ φιλοπτώχῳ Χριστῷ, οἱ δυνατοὶ τῇ κραταιᾷ χειρὶ αὐτοῦ. Καὶ ταῦτα μὲν περὶ ὑμῶν. Ἴσως δὲ συγχωρεῖ ὁ Θεὸς ταῦτά με πάσχειν ἅπερ βουλεύονται κατ' ἐμοῦ, ἵνα ἐν συμφοραῖς δοκιμάσῃ τὰ κατ' ἐμέ· ὅτι ἐν τοῖς πόνοις ἐναπόκειται νίκη πάντως, καὶ ἐν τοῖς ἀγῶσιν ἡτοίμασται στέφανος. Καὶ γὰρ ὁ θεσπέσιος Παῦλος ἔλεγε· Τὸν δρόμον τετέλεκα, τὴν πίστιν τετήρηκα· λοιπὸν ἀπόκειταί μοι ὁ τῆς δικαιοσύνης στέφανος· οὗ στεφάνου καταξιώσει ὑμᾶς ὁ τῶν ὅλων Δεσπότης εἰς τοὺς αἰῶνας. Ἀμήν.

semen, spinosum germen, quærit et festinat. Sed Herodias Joannis caput expetit, rursus saltationem inimus non pedibus, sed qualem Maria olim firmam et immotam. Rursus clamat Joannes ac dicit : *Non licet tibi uxorem habere fratris tui.* Marc. 6. 18.

5. Sed quid dicam? Lacrymarum est præsens tempus : omnia quippe ad ignominiam vergunt, et omnia tempus judicat. Aurum universim gloriam parit. Sed age in medium David dicentem atque clamantem : *Aurum si affluat, nolite cor apponere.* At dic mihi, Quis ille erat, Psal. 61. 11.
qui talem vocem protulit? Annon regni fastigium occupabat? annon regia potestate splendebat? Sed non ad rapinam respiciebat, non ad pietatis destructionem, non curabat thesauros, sed militarem delectum; non uxoris consensum requirebat. Fugite ergo, mulieres, alienos cœtus : ne consilium pravum viris dederitis : sed ex hisce dictis vos confirmate. Num exstinximus flammam vestram? num emollitum est cor vestrum? Sed scio vos, quæ Mariæ filiæ estis, utilitatem accepturas. Aliæ vero absque vino satiatæ sunt, et ebriæ avaritia, ut beatus Paulus clamat et prædicat his verbis : *Radix omnium malorum avaritia.* Sic insipientes mulieres aures suas 1. Tim. 6. 10.
obturant, et pro bono semine spinas pariunt. At, obsecro, ne semen nostrum quasi supra petram jaciamus. Christi sumus agricultura, a quo audiamus, *Euge, serve bone, intra in domum* Matth. 25. 23.
meam, ne forte illius vocis loco dicatur, *Serve* Ib. v. 26.
nequam. Sed, obsecro, luceat institutum vestrum coram hominibus, ne infatuemus sal nostrum. Sed glorificemus, gratias agamus, divites diviti, pauperes benigno et pauperum amanti Christo, potentes robustæ illius manui. Et hæc quidem de vobis. Verum fortasse Deus ea me pati concedit quæ illi adversum me machinantur, ut in calamitatibus me probet, quia in laboribus victoria omnino consistit, et per certamina præparatur corona. Etenim divinus Paulus dixit : *Cursum consummavi, fidem servavi : in reliquo reposita est mihi corona justitiæ ;* 2. Tim. 4. 7.
qua corona nos dignabitur universorum Dominus in sæcula. Amen.

[a] Putat Savilius legendum διέλαμπεν.

CUM DE EXPULSIONE IPSIUS SANCTI JOANNIS AGERETUR.

Multi quidem fluctus, et undæ immanes; sed submergi non vereor: quia supra petram sto. Insaniat licet mare, petram non potest commovere: insurgant quantumlibet fluctus, navis Jesu obrui non potest. Sed quid potant? ne mortem verear,
Philipp. 1. 21. cui vivere Christus est, et mori lucrum? ne exsilium pertimescam, qui noverim Domini esse
Psal. 23. 1. terram, et plenitudinem ejus? Sed bonorum pro-
1. Tim. 6. 7. scriptionem metuam, qui sciam quod nihil intulerim in hunc mundum, sed neque auferre quid possim? Quidquid terroris habet mundus, contemno: quidquid delectabile habet, rideo. Divitias non cupio, paupertatem non horresco, mortem non timeo. Vita enim mihi ad vestrum profectum tantummodo ducitur; sed caritatem vestram precor, ut æquo animo sitis. Nemo enim nos a vobis poterit divellere. Quos enim Christus conjunxit, homo non separabit. Quod si de
Gen. 2. 24. muliere et viro dicitur: *Propter hoc relinquet homo patrem suum et matrem et adhærebit uxori suæ, et erunt duo in carne una*: et si hujusmodi nuptiarum conjunctio ab homine non potest separari, multo magis Ecclesia non potest a pastore divelli. Sed inpugnas me. Quid mihi nocebit impugnatio tua, nisi quia me quidem clariorem impugnationibus tuis reddes, tuas ve-
Act. 9. 5. ro conteras vires? Durum enim tibi erit adversum stimulum calcitrare: quia non stimulum retundes, sed pedes calcitrans vulnerabis: neque fluctus, qui saxo alliduntur, amplius aliquid proficient, quam ut semetipsos fracti dissolvant, et in spumas extenuati depereant. Christi Ecclesia nihil fortius: si quis eam impugnare proponit, vires atterat necesse est: tale est enim, velut si cælo bellum meditetur inferre. Homini si bellum inferas, fortasse vinces, aut forte vinceris: Ecclesiam vincere nulla vis poterit. Dei est Ecclesia, qui est
1. Cor. 10. 22. omnibus fortior. *Aut æmulamur Dominum? Numquid fortiores illo sumus?* Deus fundavit hoc, quod labefactare conaris. Aut experiri vis po-
Psal. 103. 32. tentiam Domini? Ipse est *Qui respicit super terram, et facit eam tremere*: et iterum qui jubet, et tremor ejus solidatur. Aut non vidisti, trementem civitatem tuam quoties stare fecit? Multo magis Ecclesiam suam trementem poterit confirmare: fortior enim Ecclesia multo quam terra, Matth. 24. 35
imo et fortior cælo. *Cælum et terra transibunt, verba autem mea non transibunt.* Quæ verba? Matth. 16. 18.
Tu es Petrus et super hanc petram ædificabo Ecclesiam meam et portæ inferi non prævalebunt in eam. Quod si non credis verbo, rebus ipsis et operibus crede. Quanti tyranni aggressi sunt impugnare Ecclesiam Dei? quanta tormenta, quantas cruces adhibuerunt, ignes, fornaces, feras, bestias, gladios intendentes, et nihil agere potuorunt? Ubi nunc sunt illi qui hæc fecerunt, et ubi illi qui hæc fortiter pertulerunt? Nunc ii æternis pœnis premuntur, et isti æternis gaudiis eriguntur: fulget enim Ecclesia super splendorem 420
solis, et persequutores ejus perpetuis tenebris conteguntur. Non legis scriptum, quia undecim soli erant, et vinci non potuerunt? Nunc, ubi orbis terrarum repletus est piorum multitudine, quomodo poterunt vinci? *Cælum et terra transibunt, verba autem mea non transibunt.* Et merito: carior enim Ecclesia Dei, quam cælum. Non enim Ecclesia propter cælum, sed propter Ecclesiam cælum. Nihil enim, quæso, perturbet vos eorum quæ agi videtis. Ponamus ante oculos nostros Petrum super aquas incedentem, et parum quid hæsitantem, atque ob hoc paululum periclitantem, non propter potentiam fluctuum, sed propter infirmitatem fidei. Numquid humana voluntate huc venimus, aut propter hominem huc producti sumus? Et hæc non arroganter loquor, neque jactantia agitatus, sed animos vestros, qui forte turbantur, cupio confirmare. Intuemini ergo quomodo *Commota est et contremuit terra*, et Psal. 17
tamen non corruit civitas. Quomodo, impurissime diabolo, Ecclesiam te putas posse dejicere, qui trementes parietes dejicere minime valuisti? Non est in parietibus Ecclesia, sed in multitudine piorum. Ecce quam fortes, quam immobiles statis, non ferro, sed fide vincti. Et quid de tanta multitudine loquor? Unum fidelem vincere non potes. O diabole, nescis quæ tibi fecerint martyres? Quomodo frequenter ingressa est puella ætate tenera, annis immatura, et inventa est ferro fortior, cum latera ejus scinderes, fidem tamen ejus movere non posses? Defecit frequenter caro in tormentis, et

robur fidei non defecit; consumtum est corpus,
et mens non potuit inclinari; interiit substantia,
et perstitit patientia. Si ergo frequenter ab una
puella victus es, quomodo speras tantæ hujus et
tam fidelis multitudinis fidem te posse evincere?
atth. 18. Non audis Domini vocem dicentis: *Quia, ubi duo
aut tres sunt congregati in nomine meo, ibi
sum et ego in medio eorum? Quid, ubi tanta
fidelium multitudo est caritatis nexibus vincta?
Non ego propria virtute confido, habeo scripturam
Domini mei, manum ipsius teneo, illa mihi
cautio satis tuta est, illa me securum reddet et
intrepidum: etiamsi orbis terræ commoveatur,
ego cautionem Domini mei teneo. Lego manum
ejus; ipsa mihi murus est inexpugnabilis. Vul-
tth. 28. tis vobis recitem Domini cautionem? *Ecce*, inquit, *vobiscum sum omnibus diebus usque ad*
consummationem sæculi. Christus mecum est,
quem timebo? Etiamsi fluctus insurgat, etiamsi
totum pelagus adversum me conturbetur, etiamsi
principum furor, omnia mihi illa araneæ erunt,
et araneis fragiliora. Et nisi propter fragilita-
tth. 6. tem vestram, hodie non dubitarem ire quo vellent. Semper enim dico: *Domine, voluntas tua*
fiat: non quod ille vult, vel ille, sed quod tu
vis: tua voluntas mihi turris fortissima, et petra stabilis, et baculus fidus. Si tu vis permanere mecom hic, habeo gratiam: si non vis,
similem refero gratiam. Nemo vos conturbet, fratres, orate tantum: hæc enim diabolus movet,
non aliam ob causam, quam ut religiosa studia
vestra disrumpat, et exercitia vestra, quæ in orationibus et vigiliis gerebatis, exstinguat. Sed non
obtinebit, nec eripiet a vobis studia religiosa: nisi
quia sollicitiores vos inveniet, et fervidiores efficiet. Crastina vobiscum exibo ad orationes: et
ubi ego sum, ibi et vos eritis: et ubi vos estis, ibi
ero et ego. Unum corpus sumos, neque caput a
corpore, neque corpus a capite separabitur, etiamsi
loco dividamur, sed caritote conjungimur; ego a
vobis nec morte divellar. Nam etsi corpus meum
moriatur, anima mea vivit, et memoriam vestri
tenebit. Vos estis mihi patres, vos mihi mater,
vos mihi vita, vos mihi gratia: si vos proficitis,
mihi placebit. Vos estis corona mea, et divitiæ
meæ; vos estis thesaurus meus. Ego millies pro
vobis immolari paratus sum: et nec gratia mihi
in hoc est, sed debitum reddo. Bonus enim pastor Joan. 10.
debet animam suam pro ovibus suis ponere: hu- 11.
jusmodi enim mors immortalitatem parit. Non
enim propter divitias mundi insidias patior: quod
si esset, utique contristari deberem: nec propter
aliquod peccatum, sed propter caritatem, quam
erga vos habeo: quia omnia ago, ut vos proficiatis: et ne subintroeat conturbare gregem bene institutum, sed ut permaneatis in simplicitate fidei.
Hæc est causa periculorum meorum, et hæc sufficiant mihi ad coronam. Quid enim non patior pro
vobis? Vos mihi cives, vos mihi fratres, vos mihi
filii, vos mihi membra, vos mihi corpus, vos mihi
lux, imo et ista luce dulciores. Quid enim mihi
tantum præstant radii solis, quantum caritatis vestræ splendor acquirit? Ecce pro caritate vestra
corona mihi paratur in futuro sæculo; hoc mihi
solis hujus splendor præstare non poterit. Hæc
autem dico in auribus audientium. Et quid ita ad
audiendum sollicitum et paratum, quam aures
vestræ? Ecce quot dies sunt quod vigilatis, et
nullum vestrum somnium inclinavit, nec temporis spatium frangit; nullum timor, nullum minæ
deterrent, sed terror eorum fortiores vos reddet.
Video in vobis quod semper optavi, ideo quod
contemsistis mundi negotia, renuntiastis omnibus:
nihil jam de terra, neque de terrenis actibus cogitatis. Ad cælestia vos migrasse jam cerno, absoluti
estis vinculis corporis, ad beatam illam et cælestem contenditis philosophiam. Hoc mihi sufficit
vidisse de vobis; hæc mea consolatio; ista me in
agonibus meis velut unguenta quædam corrobo-
rant, et fortiorem me agonibus reddunt, et ad gaudia immortalia atque æterna transmittunt: pro
his gratias agamus Deo, cui gloria in sæcula sæculorum. Amen.

421

MONITUM

IN ALTERAM ORATIONEM ANTEQUAM IRET IN EXSILIUM.

Aliam edimus oratiunculam, Chrysostomo adscriptam, quam ex Vaticano quodam Codice eruimus, et in qua præter initium, ubi quædam comparent eadem quæ in priori oratione, cætera perplexa, infimæque notæ videntur esse, quædam item ex posteriore primæ orationis parte excerpta. Unum tamen est, quod hujus opusculi γνησιότητα propugnare videatur. Nimirum Chrysostomus, Oratione prima post reditum ab exsilio, quam cum eruditis pene omnibus germanam censemus, hæc ait : *Meministis me Jobum in medium adducere , ac dicere : Sit nomen Domini benedictum in sæcula. Hæc vobis pignora exiens reliqui, has gratiarum actiones repeto : Sit nomen Domini benedictum in sæcula.* Hanc vero Jobi benedictionem, quam ante profectum se commemorasse testificatur Chrysostomus, sub finem hujus ante exsilium oratiunculæ, commemorat, plurimumque commendat ille. Verum potuit is qui Chrysostomum ementitus est ex vera quæ tum supererat oratione hæc excerpere. Si quis vero hoc fultus testimonio contendat, hunc esse germanum Chrysostomi fetum, is fateatur necesse est, fuisse hanc oratiunculam librariorum ausibus admodum temeratam et adulteratam.

CUM IRET IN EXSILIUM.

1. Læta nobis oratio, fratres, splendidusque
conventus, et latum spatiosumque mare plenum,
sed non ventorum impetu agitatum. Venit enim
mater pacis, quæ ventorum impetum exstinguit.
Psal. 86.5. *Mater Sion dicet, homo* et *homo natus* est *in
ea,* et *ipse fundavit eam.* Filioli mei, me inter-
Philipp. 1. fecturi sunt? Et quid mortem timeam? *Mihi
21. vivere Christus* est, et *mori lucrum.* Sed in
Psal. 23.1. exsilium mittent? *Domini* est *terra*, et *plenitudo ejus.* Sed facultates meæ publicabuntur?
1. Tim. 6 *Nihil intulimus in hunc mundum, certumque
7. est quod nihil hinc poterimus auferre.* Sed
scitis qua de causa me deposituri sint. Quia tape-
tes non expandi, et sericis vestibus non sum B
usus, quia eorum ingluviem non fovi, nec aurum vel argentum ipsis obtuli. Dicunt porro mihi : Comedisti et bibisti, et baptizasti. Si hoc feci,
anathema mihi, ne numerer cum episcopis, ne
sim cum angelis, ne Deo placeam. Etiamsi vero
comederim et baptizaverim, nihil eorum inop-
portuno feci. Deponant et Paulum apostolum,
Act. 16. quod post cœnam custodi carceris baptisma con-
33. tulerit : deponant ipsum Dominum, quod post
cœnam communionem discipulis dederit. Multos
video fluctus, gravemque procellam, paratasque

A ΟΤΕ ΑΠΗΕΙ ΕΝ ΤΗ ΕΞΟΡΙΑ.

Φαιδρὸς ἡμῖν ὁ λόγος, ἀδελφοί μου, καὶ λαμπρὰ πανήγυρις, καὶ θάλαττα εὐρύχωρος ἐμπεπλησμένη, ἀλλ' οὐ ταραττομένη τῇ ζάλῃ τῶν ἀνέμων. Ἦλθε γὰρ ἡ μήτηρ τῆς εἰρήνης, ἡ κατασβεννύουσα τὴν ζάλην τῶν ἀνέμων· Μήτηρ Σιὼν ἐρεῖ, ἄνθρωπος καὶ ἄνθρωπος ἐγεννήθη ἐν αὐτῇ, καὶ αὐτὸς ἐθεμελίωσεν αὐτήν. Τεκνία μου, μέλλουσί με καθελεῖν; καὶ τί δέδοικα τὸν θάνατον; Ἐμοὶ τὸ ζῆν ὁ Χριστὸς, καὶ τὸ ἀποθανεῖν κέρδος. Ἀλλ' ἐξορίᾳ παραπέμψουσι; Τοῦ Κυρίου ἡ γῆ, καὶ τὸ πλήρωμα αὐτῆς. Ἀλλὰ χρημάτων δήμευσις ἔσται μοι; Οὐδὲν εἰς τὸν κόσμον εἰσηνέγκαμεν, δῆλον ὅτι οὐδὲ ἐξενεγκεῖν τι δυνάμεθα. Ἀλλ' οἴδατε, ἀδελφοὶ, δι' ἣν αἰτίαν μέλλουσί με B καθελεῖν. Ἐπειδὴ τάπητας οὐχ ἥπλωσα, καὶ σηρικὰ ἱμάτια οὐκ ἐνεδυσάμην, ὅτι τὴν γαστριμαργίαν αὐτῶν οὐ παρεμυθησάμην, χρυσὸν καὶ ἄργυρον οὐ προσήνεγκα. Λέγουσι δέ μοι, ὅτι ἔφαγες καὶ ἔπιες, καὶ ἐβάπτισας. Εἰ ἐποίησα τοῦτο, ἀνάθεμά μοι ἔστω· μὴ ἀριθμηθείην μετὰ τῶν ἐπισκόπων, μὴ γίνωμαι μετὰ ἀγγέλων, μὴ ἀρέσω τῷ Θεῷ. Εἰ δὲ καὶ ἔφαγον καὶ ἐβάπτισα, οὐδὲν τῶν λεγομένων ἄκαιρον ἐποίησα. Καθελέτωσαν καὶ Παῦλον τὸν ἀπόστολον, ὅτι μετὰ τὸ δεῖπνον τῷ δεσμοφύλακι τὸ βάπτισμα ἐχαρίσατο· καὶ καθελέτωσαν αὐτὸν τὸν Κύριον, ὅτι μετὰ τὸ δεῖπνον τὴν κοινωνίαν τοῖς μαθηταῖς ἐχαρίσατο. Πολλὰ ὁρῶ κύματα καὶ χαλεπὸν τὸ κλυδώνιον, καὶ δόρατα παρεσκευασμένα· κἀγὼ ὡς κυβερνήτης ἐν μεγάλῳ κλύδωνι, καθέζομαι ἐπὶ τὰς δύο πρύμνας τοῦ πλοίου, ἤγουν ἐπὶ τὴν παλαιὰν καὶ νέαν Διαθήκην, καὶ ταῖς κώπαις ἀπωθοῦμαι τὴν ζάλην· οὐ ταῖς κώπαις ταῖς 422 A ξυλίναις, ἀλλὰ τῷ σταυρῷ τῷ τιμίῳ τοῦ Δεσπότου τὴν ζάλην εἰς εἰρήνην μεταστρέφω. Δεσπότης κελεύει, καὶ δοῦλος στεφανοῦται· διὰ τοῦτο αὐτὸν (οὐ) παραδίδωσιν αὐτὸς διαβόλῳ. * Ἐν (l. ἂν) δὲ οὐκ οἴδασιν οἱ ἄνθρωποι ὅτι διὰ τοῦ ἀκαθάρτου τὸ καθαρώτατον σκεῦος φανεροῦται; Ἀδελφοὶ, τρεῖς ὑμῖν ὑποθέσεις τίθημι, πίστιν, πειρασμὸν, σωφροσύνην. Εἰ λέγετε πίστιν ὑπομένειν, μιμήσασθε τὸν μακάριον Ἀβραὰμ, τὸν παρηκμακότα τῇ ἡλικίᾳ καὶ καρποὺς ὡρίμους δεξάμενον. Εἰ δὲ λέγετε πειρασμὸν ὑπομένειν, μιμεῖσθε τὸν μακάριον Ἰώβ. Τὸν αὐτοῦ τρόπον οἴδατε, καὶ τὴν ὑπομονὴν ἠκούσατε, καὶ τὸ τέλος αὐτοῦ οὐκ B ἔλαθεν ὑμῖν. Εἰ δὲ θέλετε σωφροσύνην ὑπομένειν, μιμήσασθε τὸν μακάριον Ἰωσὴφ, τὸν πραθέντα εἰς Αἴγυπτον, καὶ λιμῷ τηκομένην Αἴγυπτον ἐλευθερώσαντα. Προσετέθη γὰρ αὐτῷ πειρασμὸς ἐκ πόρνης Αἰγυπτίας τῷ ἔρωτι δεδουλωμένης, ἥτις αὐτῷ παρεκάθητο, Κοιμήθητι, λέγουσα, μετ' ἐμοῦ. Ἐβούλετο γὰρ τῆς σωφροσύνης αὐτὸν ἀπογυμνῶσαι ἐν τῇ Αἰγύπτῳ ἡ Αἰγυπτία· ἐνταῦθα δὲ ὁ Αἰγύπτιος. Ἀλλ' οὔτε ἐκείνη τὸν ἅγιον ἐσκέλισεν, οὔτε οὗτος τοῦτον· ἀλλ' ἐφάνη ὁμοῦ τῆς ἐλευθερίας ἡ σωφροσύνη, καὶ τῶν τέκνων ἡ εὐγένεια, καὶ τῆς βαρβάρου ἡ ἀκολασία.

Ἀδελφοὶ, ὁ κλέπτης οὐκ ἔρχεται ὅπου καλάμη, C καὶ χόρτος, καὶ ξύλον· ἀλλ' ὅπου κεῖται χρυσὸς, ἢ ἄργυρος, ἢ μαργαρίτης· οὕτως ὁ διάβολος οὐκ εἰσέρχεται ὅπου πόρνος, ἢ βέβηλος, ἢ ἅρπαξ, ἢ πλεονέκτης· ἀλλ' ὅπου οἱ τὸν ἔρημον βίον διάγοντες. Ἀδελφοὶ, βουλόμεθα ἐφαπλῶσαι τὴν γλῶτταν πρὸς τὴν βασιλίδα; Ἀλλὰ τί εἴπω; Ἰεζάβελ θορυβεῖται, καὶ Ἠλίας φεύγει· Ἡρωδιὰς εὐφραίνεται, καὶ Ἰωάννης δεσμεύεται· ἡ Αἰγυπτία ψεύδεται, καὶ Ἰωσὴφ φυλακίζεται. Ἐὰν οὖν ἐξορίσωσί με, τὸν Ἠλίαν μιμοῦμαι· ἐὰν εἰς βόρβορον βάλωσι, τὸν Ἱερεμίαν· ἐὰν εἰς θάλατταν, τὸν προφήτην Ἰωνᾶν· ἐὰν καὶ εἰς λάκκον, τὸν Δανιήλ· ἐὰν λιθάσωσί με, Στέφανον· ἐὰν ἀποκεφαλίσωσι, Ἰωάννην τὸν πρόδρομον· ἐὰν D ῥαβδίσωσι, Παῦλον· ἐὰν πρίσωσι, τὸν Ἡσαΐαν. Εἴθε ξυλίνῳ πρίονι, ἵνα τοῦ σταυροῦ τοῦ πόθου ἀπολαύσω. Ἡ σεσωματωμένη πολεμεῖ τὸν ἀσώματον· ἡ λουτροῖς καὶ μυρίσμασι καὶ μετ' ἀνδρὸς περιπλεκομένη, πολεμεῖ τὴν καθαρὰν καὶ ἄσπιλον Ἐκκλησίαν. Ἀλλά γε καὶ αὐτὴ καθίσει χήρα, ἔτι ζῶντος τοῦ ἀνδρός· ὅτι γυνὴ εἶ, καὶ χηρεῦσαι θέλεις τὴν Ἐκκλησίαν.

* [Leg. videtur τί δέ; οὐκ οἴδ.]

hastas: at ego gubernator magna ingruente tempestate, in duabus navigii puppibus sedeo, scilicet, in Veteri et Novo Testamento, atque remis tempestatem depello: non remis ligneis, sed veneranda cruce Domini tempestatem in pacem converto. Dominus jubet, et coronatur servus: ideoque non eum in diaboli manus tradit. An ignorant homines, vas purissimum immundi comparatione conspicuum fieri? Fratres, hypotheses vobis tres pono, fidem, tentationem, continentiam. Si dicatis fidem vos sustinere, imitamini beatum Abraham, qui ad senectutem pervenit, et maturos accepit fructus. Si dicatis vos tentationem sustinere, imitamini beatum Job. Ejus mores nostis, et patientiam audistis, nec ignoratis qualem sortitus sit finem. Sin velitis continentiam sustinere, imitamini beatum Joseph, qui venditus est in Ægyptum ducendus, et fame tabescentem Ægyptum liberavit. Illi quippe tentatio oblata est per meretricem Ægyptiam amore ejus captam, quæ ipsi assidebat, *Cuba mecum*, dicens. (Gen. 39. 7.) Volebat enim eum a castitate abducere in Ægypto Ægyptia: hic vero Ægyptius (Theophilus.) adest. Verum neque illa sanctum supplantavit, neque hunc ille. Sed apparuit simul libertatis temperantia, filiorum nobilitas, et barbaræ mulieris incontinentia.

2. Fratres, fur non ingreditur eo, ubi palea, fœnum, et lignum adsunt; sed ubi aurum, argentum, aut margarita: sic et diabolus non eo ingreditur, ubi scortator, aut profanus, aut rapax, aut avarus; sed ubi illi, qui solitariam agunt vitam. Fratres, volumusne linguam acuere adversus Imperatricem? Sed quid dicam? Jezabel tumultum agit, et Helias fugit: Herodias lætatur, et Joannes vinculis stringitur: Ægyptia mentitur, et Joseph in carcerem truditur. Si itaque me in exsilium miserint, Heliam imitabor; si in cœnum projecerint, Jeremiam; si in mare præcipitaverint, Jonam prophetam; si in lacum, Danielem; si lapidaverint, Stephanum; si capite truncaverint, Joannem Præcursorem; si verberaverint, Paulum; si serra secuerint, Isaiam. Utinam vero serra lignea, ut amore crucis fruar. Corporea incorporeum oppugnat: quæ balneis et unguentis fruitur, quæ cum viro circumplicatur, bellum gerit adversus puram et immaculatam Ecclesiam. At enim illa jam vidua sedebit, etiam

viro-superstite: quia nempe mulier es, et vis Ecclesiam viduam facere. Heri vesperi me tertium
decimum apostolum vocabat, et hodie Judam appellat. Heri cum libertate mecum considebat, et
hodie ceu fera in me irruit. Oportuit solem apud
nos exstingui, et lunam non apparere potius,
quam verbi Job oblivisceremur. Etenim Job,
qui tantam perpessus est plagam, nihil aliud cla-
Job. 1. 21. mabat, quam, *Sit nomen Domini benedictum*
in sæcula. Cum enim uxor ejus occlamans dice-
Job. 2 9. ret: *Dic verbum contra Dominum, et morere;*
Ib. v 10. ipsam increpavit dicens: *Cur quasi una ex in-*
sipientibus mulieribus loquuta es? O ingratam
mulierem! o emplastrum dolorum! Numquid,
o mulier, te morbo laborante, talia tecum loquutus est Job? nonne precibus et officiis tuam abstersit ægritudinem? Cum in regiis atriis degeret,
cum opibus floreret, cum regio cultu, nihil simile dicebat, et nunc ubi vides illum in limo
sedentem, et a vermibus circumvolutum, hoc loqueris: *Dic verbum contra Dominum, et mo-*
rere. Non satis erat illi temporanea castigatio,
sed ei per hoc verbum, æternum supplicium pro-
curas? Sed quid beatus Job? *Cur quasi una ex*
insipientibus mulieribus loquuta es? *Si bona*
suscepimus de manu Domini, mala non sus-
tinebimus? Quid autem hæc iniqua et odiosa;
hæc, inquam, nova Jezabel, ... Sed
mittit mihi consules et tribunos, tantumque mi-
nitatur. Et quid ad me attinet? Araneæ ab aranea missæ. Fratres, quoniam laboribus victoria,
certaminibus corona paratur, ut divinus Pau-
2 Tim 4. 7. lus modo dicebat, *Bonum certamen certavi,*
cursum consummavi, fidem servavi: in
reliquo reposita est *mihi corona justitiæ,*
quam reddet mihi Dominus in illa die justus
judex. Quoniam ipsi gloria et imperium in sæcula sæculorum. Amen.

Ἑσπέρας ἐκάλει με τρισκαιδέκατον ἀπόστολον, καὶ
σήμερον Ἰούδα προσεῖπε. Χθὲς μετ' ἐλευθερίας συν-
εκάθητό μοι, καὶ σήμερον ὡς θηρίον μοι ἐπεπήδησε.
E Ἔδει τὸν ἥλιον παρ' ἡμῖν σβεσθῆναι, καὶ τὴν σελήνην μὴ φανῆναι, καὶ μόνον τοῦ ῥήματος Ἰὼβ μὴ
ἐπιλαθέσθαι. Καὶ γὰρ Ἰὼβ, ὁ τηλικαύτην ὑπομείνας
πληγὴν, ἄλλο οὐδὲν ἐβόα ἢ ὅτι, Εἴη τὸ ὄνομα Κυρίου
εὐλογημένον εἰς τοὺς αἰῶνας. Ὅτε γὰρ ἡ τούτου γυνὴ
ἐβόα λέγουσα· Εἰπόν τι ῥῆμα πρὸς Κύριον, καὶ τελεύτα, ἐπετίμησεν αὐτῇ λέγων· Ἵνα τί ὡς μία τῶν
ἀφρόνων γυναικῶν ἐλάλησας; Ὦ ἀχαροῦς γυναικός·
ὢ μάλαγμα ὀδυνῶν. Ἆρα, γύναι, σοῦ ποτε ἀῤῥω-
στούσης τοιαῦτά σοι ἐφθέγξατο Ἰώβ; καὶ οὐχὶ εὐχαῖς
423 καὶ εὐποιΐαις ἀπεσμήξατό σου τὴν νόσον; Ὅτε ἐν
A βασιλικαῖς αὐλαῖς διῆγεν, ὅτε τὰ χρήματα εἶχεν, ὅτε
τὴν θεραπείαν τὴν βασιλικὴν, οὐδὲν τοσοῦτον ἔλεγες,
καὶ νῦν ὁρῶσα ἐπὶ κοπρίας καθήμενον, καὶ ὑπὸ σκωλήκων συνειλισσόμενον, τοῦτο λέγεις, Εἰπόν τι ῥῆμα
πρὸς Κύριον, καὶ τελεύτα. Οὐκ ἤρκει αὐτῷ ἡ πρόσκαιρος παιδεία, ἀλλὰ καὶ διὰ τοῦ ῥήματος αἰωνίαν
αὐτῷ τὴν κόλασιν προξενεῖς; Ἀλλὰ τί ὁ μακάριος
Ἰώβ; Ἵνα τί ὥσπερ μία τῶν ἀφρόνων γυναικῶν ἐλάλησας; Εἰ τὰ ἀγαθὰ ἐδεξάμεθα ἐκ χειρὸς Κυρίου, τὰ
κακὰ οὐχ ὑποίσωμεν; Τί δὲ καὶ ἡ παράνομος καὶ
στυγερὰ, αὕτη ἡ νέα, φημὶ, Ἰεζάβελ οὐ βοᾷ καὶ
B λέγει ἐκ... καὶ διαπερα.... ἀποδρ... ἀλλὰ ἀποστέλλει
μοι ὑπάτους καὶ τριβούνους, * καὶ μόνον ἀπειλεῖ. Καὶ
τί μοι ἀνῆκεν; Ἀράχναι ὑπὸ ἀράχνης ἀποστελλόμε-
ναι. Ἀδελφοὶ πάντες, ὅτι καὶ ἐν πόνοις ἀπόκειται
νίκη, καὶ ἐν τοῖς ἀγῶσιν ἀπόκειται στέφανος, ὡς ὁ
θεσπέσιος Παῦλος ἀρτίως ἔλεγε, Τὸν καλὸν ἀγῶνα
ἠγώνισμαι, τὸν δρόμον τετέλεκα, τὴν πίστιν τετήρηκα, καὶ λοιπὸν ἀπόκειται ὁ τῆς δικαιοσύνης στέφανος, ὃν ἀποδώσει μοι Κύριος ἐν ἐκείνῃ τῇ ἡμέρᾳ
ὁ δίκαιος κριτής· ὅτι αὐτῷ ἡ δόξα καὶ τὸ κράτος εἰς
τοὺς αἰῶνας τῶν αἰώνων. Ἀμήν.

* [Fort. leg. καὶ οὐ μόνον.]

MONITUM

IN DUAS

SEQUENTES POST REDITUM AB EXSILIO ORATIONES.

Postquam Chrysostomus, curante Theophilo Alexandrino, in pseudosynodo *in quercu* dicta damnatus depositusque fuerat, tumultuante populo, et abduci antistitem doctoremque suum non sinente, clam illo Chrysostomus se in exsilium, post triduum quam damnatus fuerat, adducendum præbuit, et Prenetum in Bithyniam deportatus est. Exindeque populo magis magisque in iram concitato, vociferante et ad Imperatorias ædes episcopi sui reditum postulante, interimque terræ motu palatium urbemque concutiente, Eudoxia Augusta perterrita sanctum virum reducendum restituendumque curavit; quod qua ratione, quantaque civitatis lætitia factum fuerit, pluribus narrabitur in Vita Chrysostomi. In ecclesiam deductus, *extemporalem,* inquit Sozomenus, 8, 18, *habuit orationem : sumtoque argumento ex elegantissima similitudine, subindicavit Theophilum Ecclesiæ suæ vim inferre tentavisse, perinde atque olim regem Ægyptium uxori patriarchæ Abrahami.* His aperte indicat Sozomenus secundam post reditum orationem, quæ ab hujusmodi similitudine orditur; quæque in fine Vitæ Chrysostomi per Georgium Alexandrinum legitur. Sed illud cum Chrysostomo non consonare videtur, qui postridie adventum suum hanc secundam orationem habuisse putatur; ut ex his verbis arguunt : *Heri vesperi hæc verba ad me misit* [*Eudoxia*]; ergo, inquiunt, hanc secundam habuerit postridie, primam vero ipso adventus die. Verum circa hæc Chrysostomi verba non leves exsurgunt difficultates, quas in ejus Vita pluribus expendemus. Ut ut autem est, existimo et ego, primam esse eam oratiunculam, quæ sic incipit : *Quid dicam aut quid loquar? Benedictus Deus,* etc. Illam quippe ex tempore, inque ipso adventu dictam fuisse suadet omnino vel ipse ordiendi modus : neque puto ullum esse qui non fateatur eam et in ipso adventu habitam et extemporalem esse, ideoque brevissimam; secunda autem longior insequente die dicta fuerit : lapsus ergo Sozomenus est qui extemporalem, σχέδιον, illam orationem, quam reversus Chrysostomus ad populum habuit, dicit eam esse quæ Abrahami et Saræ similitudinem adhibet, ab illaque orditur.

Huic orationi Græcæ, quam Latine convertimus, veterem interpretationem, quæ in prius editis fertur, subjungimus; quoniam hinc et inde nonnulla habentur Græcis auctiora, quædam etiam secus posita.

Secundam etiam ut verum Chrysostomi fetum omnes admittunt : ejusque γνησιότητα Sozomenus asserit 424 in loco supra allato. Unum est quod non parum negotii facessat. Primum Chrysostomi exsilium, et ab illo exsilio reditus in annum cadunt 403; secundum, a quo numquam rediit Chrysostomus, anno 404 contigit. Cum secundo ejectus fuit Chrysostomus, irruptio in ecclesiam facta est, baptisterium sanguine repletum fuit; hæc vero, quæ anno 404 gesta sunt, in hac homilia, anno 403 habita, commemorantur, τὸ φωτιστήριον αἵματος ἐμπέπλησται. Quomodo potuit Chrysostomus ea anno 403 ut gesta referre, quæ anno solum sequenti gesta sunt? Hæc objicit Savilius, quibus respondet Tillemontius : idipsum et hoc et sequenti anno contingere potuisse. Alius fortasse dicet, hæc adjectitia esse, et ex alio forte opusculo Chrysostomi, quod perierit, huc translata fuisse. Certe res hæc difficultate non vacat, et in Chrysostomi Vita pluribus expendetur.

Godefridi Tilmanni, qui paraphrasten potius, quam interpretem egit, versionem rejecimus, novamque paravimus.

POST REDITUM

a priore exsilio.

1. Quid dicam, aut quid loquar? Benedictus Deus. Hoc egressus dixi, hoc iterum profero, imo illic cum essem non intermisi dicere. Meministis me Jobum in medium adducere, ac
Job. 1. 21. dicere : *Sit nomen Domini benedictum in sæcula*. Hæc vobis pignora exiens reliqui, has gratiarum actiones repeto : *Sit nomen Domini benedictum in sæcula*. Diversæ res, sed una glorificatio. Pulsus gratias agebam, reversus gratias ago. Diversæ res, sed finis unus hiemis et æstatis; unus finis, agri felicitas. Benedictus Deus, qui permisit egredi; benedictus iterum, qui ad reditum evocavit; benedictus Deus, qui tempestatem permisit; benedictus Deus, qui tempestatem solvit, et tranquillitatem paravit. Hæc dico, ut vos ad benedicendum Deo instituam. Bona contigerunt? Benedic Deo, et bona manent. Mala acciderunt? Benedic Deo, et mala solvuntur. Quandoquidem et Job dives cum esset, gratias agebat, et pauper effectus Deo gloriam reddebat. Neque tunc rapuit, neque postea blasphemavit. Varia tempora, et una mens fuit : gubernatoris virtutem nec tranquillitas resolvit, nec tempestas demergit. Benedictus Deus et cum a vobis separatus sum, et cum vos recuperavi. Utraque ejusdem providentiæ fuerunt. A vobis separatus sum corpore, sed nequaquam mente. Videte quanta fecerint inimicorum insidiæ. Studium intenderunt, desiderium incenderunt, et sexcentos mihi procurarunt amatores : antehac me mei amabant, nunc etiam Judæi honorant. Sperabant se a meis me separaturos esse, et alienos adsciverunt. Verum non illis, sed Dei nomini gratiæ referendæ, qui illorum nequitia ad honorem nostrum usus est : nam et Judæi Dominum nostrum crucifixerunt, et servatus est mundus : neque gratiam Judæis habeo, sed crucifixo. Videant quomodo Deus noster videt : quam pacem eorum insidiæ pepererunt, quam gloriam paraverunt. Antehac ecclesia sola implebatur, nunc forum universum ecclesia factum est. Unum caput inde huc usque locum occupat. Nemo choro vestro silentium imperavit, et tamen omnes in silentio, omnes in compunctione versabantur. Alii psallebant, alii

ΤΟΥ ΑΥΤΟΥ ΟΤΕ ΗΛΘΕΝ

ἀπὸ τῆς ἐξορίας.

Τί εἴπω, ἢ τί λαλήσω; Εὐλογητὸς ὁ Θεός. Τοῦτο εἶπον ἐξιὼν τὸ ῥῆμα, τοῦτο πάλιν ἐπαναλαμβάνω, μᾶλλον δὲ κἀκεῖ ὢν οὐκ ἀφῆκα αὐτό. Μέμνησθε, ὅτι τὸν Ἰὼβ εἰς μέσον ἤγαγον, καὶ ἔλεγον· Εἴη τὸ ὄνομα Κυρίου εὐλογημένον εἰς τοὺς αἰῶνας. Ταῦτα ὑμῖν κατέλειψα τὰ ἐξιτήρια, ταῦτα λαμβάνω τὰ εὐχαριστήρια· Εἴη τὸ ὄνομα Κυρίου εὐλογημένον εἰς τοὺς αἰῶνας. Διάφορα τὰ πράγματα, ἀλλὰ μία ἡ δοξολογία. Ἐλαυνόμενος ηὐλόγουν, ἐπανελθὼν εὐλογῶ. Διάφορα τὰ πράγματα, ἀλλ᾽ ἓν τὸ τέλος τοῦ χειμῶνος καὶ θέρους· ἓν τὸ τέλος, τῆς ἀρούρας ἡ εὐημερία. Εὐλογητὸς ὁ Θεὸς ὁ συγχωρήσας ἐξελθεῖν· εὐλογητὸς πάλιν ὁ καλέσας ἐπανελθεῖν· εὐλογητὸς ὁ Θεὸς ὁ ἐάσας τὸν χειμῶνα· εὐλογητὸς ὁ Θεὸς ὁ λύσας τὸν χειμῶνα, καὶ ποιήσας γαλήνην. Ταῦτα λέγω παιδεύων ὑμᾶς εὐλογεῖν τὸν Θεόν. Καλὰ συνέβη; Εὐλόγησον τὸν Θεὸν, καὶ μένει τὰ καλά. Κακὰ συνέβη; Εὐλόγησον τὸν Θεὸν, καὶ λύεται τὰ κακά. Ἐπεὶ καὶ ὁ Ἰὼβ πλούσιος ὢν ηὐχαρίστει, καὶ πένης γενόμενος ἐδοξολόγει. Οὔτε τότε ἥρπασεν, οὔτε τότε ἐβλασφήμησε. Διάφοροι οἱ καιροὶ, καὶ μία ἡ γνώμη, καὶ τοῦ κυβερνήτου τὸ γενναῖον οὔτε ἡ γαλήνη ἐκλύει, οὔτε ὁ χειμὼν βαπτίζει. Εὐλογητὸς ὁ Θεὸς, καὶ ὅτε ὑμῶν ἐχωρίσθην, καὶ ὅτε ὑμᾶς ἀπελάμβανον. Ἀμφότερα τῆς αὐτῆς κηδεμονίας. Ἐχωρίσθην ὑμῶν τῷ σώματι, ἀλλ᾽ οὐκ ἐχωρίσθην ὑμῶν τῇ γνώμῃ. Ἴδετε πόσα εἰργάσατο τῶν ἐχθρῶν ἡ ἐπιβουλή. Τὴν σπουδὴν ἐπέτεινε, τὸ φίλτρον ἀνῆψε, μυρίους ἐραστάς μοι κατεσκεύασεν· πρὸ τούτου γὰρ οἱ ἐμοί με ἐφίλουν, νῦν δὲ καὶ Ἰουδαῖοι τιμῶσι. Προσεδόκησάν με χωρίσαι τῶν ἐμῶν, καὶ ἀλλότριά μοι προσέθηκαν. Ἀλλ᾽ οὐκ ἐκείνοις χάρις, ἀλλὰ τῇ τοῦ Θεοῦ προσηγορίᾳ, ὅτι γε τῇ ἐκείνων πονηρίᾳ εἰς τὴν ἡμετέραν τιμὴν ἀπεχρήσατο· ἐπεὶ καὶ οἱ Ἰουδαῖοι ἐσταύρωσαν τὸν Κύριον ἡμῶν, καὶ ἡ οἰκουμένη ἐσώθη· οὐκ Ἰουδαίων ἔχω χάριν, ἀλλὰ τοῦ σταυρωθέντος. Ὁράτωσαν ὡς ὁ Θεὸς ἡμῶν· οἵαν εἰρήνην ἔτεκεν ἡ ἐπιβουλὴ αὐτῶν, οἵαν δόξαν κατεσκεύασεν. Πρὸ τούτου γὰρ ἡ ἐκκλησία μόνη πεπλήρωται, νῦν δὲ καὶ ἡ ἀγορὰ ἐκκλησία ἐγένετο· μία κεφαλὴ ἐκεῖθεν ἕως ὧδε· οὐδεὶς ἔπαυσεν ὑμῶν τὸν χορὸν, πάντες ἐν σιγῇ, πάντες ἐν κατανύξει. Οἱ μὲν ἔψαλλον, οἱ δὲ ἐμακάριζον τοὺς ψάλλοντας. Ἱπποδρομία σήμερον, καὶ οὐδεὶς ἐκεῖ, ἀλλὰ πάντες εἰς τὴν ἐκκλησίαν ὡς χείμαρροι· τοῦτο δὲ ἐγένετο ὑμῶν τὸ πλῆθος, καὶ ποταμὸς φωναὶ εἰς τὸν οὐρανὸν ἀναβαίνουσαι, τὸ περὶ τὸν πατέρα φίλτρον ἐπιδεικνύμεναι. Εὐχαὶ ὑμῶν ἐμοὶ διαδήματος λαμπρότεραι. Ἄνδρες ὁμοῦ καὶ γυναῖκες· Ἐν γὰρ Χριστῷ Ἰησοῦ οὐκ ἔνι ἄρσεν καὶ θῆλυ. Πῶς λαλήσω τὰς δυναστείας τοῦ Κυρίου; Οἴδατε πῶς ὃ λέγω ἀεὶ ἀληθές ἐστιν· ὅτι ἐάν τις γενναίως φέρῃ πειρασμὸν, καὶ καρπὸν ἀπ' αὐτοῦ μέγαν τρυγᾷ.

Διὰ τοῦτο ὑμᾶς ἐκάλεσα πρὸς τοὺς ἀποστόλους. Ἤλθομεν οἱ διωχθέντες πρὸς τοὺς ἐλαθέντας. Ἡμεῖς ἐπεβουλεύθημεν, ἐκεῖνοι ἠλάθησαν. Ἤλθομεν πρὸς Τιμόθεον τὸν νέον Παῦλον. Ἤλθομεν πρὸς τὰ σώματα ἅγια τοῦ Χριστοῦ βαστάσαντα τὰ στίγματα. Μηδέποτε φοβηθῇς πειρασμὸν, ἐὰν γενναίαν ἔχῃς τὴν ψυχήν· πάντες οἱ ἅγιοι οὕτως ἐστεφανώθησαν. Πολλὴ μὲν ἡ θλίψις τῶν σωμάτων, μείζων δὲ ἡ ἄνεσις τῶν ψυχῶν. Γένοιτο ὑμᾶς ἀεὶ θλίβεσθαι. Οὕτω καὶ ποιμὴν χαίρει ὑπὸ προβάτων καταπονούμενος. Τί λαλήσω; ποῦ σπείρω; Οὐκ ἔχω χώραν ἔρημον. Ποῦ ἐργάσομαι; Οὐκ ἔχω ἄμπελον γεγυμνωμένην. Ποῦ οἰκοδομήσω; Ἀπήρτισται ὁ ναός· τὰ δίκτυά μου διαῤῥήγνυνται ὑπὸ τῶν ἰχθύων. Τί ποιήσω; Ἐργάσασθαι καιρὸν οὐκ ἔχω. Διὰ τοῦτο παρακαλῶ, οὐχ ὡς δεομένων ὑμῶν διδασκαλίας, ἀλλ' ἵνα δείξω τὴν πρὸς ὑμᾶς ἀγάπην γνησίαν. Πανταχοῦ στάχυες κομῶσιν. Τοσαῦτα πρόβατα, καὶ οὐδαμοῦ λύκος· τοσοῦτοι στάχυες, καὶ οὐδαμοῦ ἄκανθαι· τοσαῦται ἄμπελοι, καὶ οὐδαμοῦ ἀλώπηξ. Αἱ δάκες κατεποντίσθησαν, καὶ οἱ λύκοι ἔφυγον. Τίς αὐτοὺς ἐδίωξεν; Οὐχ ὁ ποιμὴν ἐγὼ, ἀλλ' ὑμεῖς τὰ πρόβατα. Ὦ προβάτων εὐγένεια· ἀπόντος τοῦ ποιμένος τοὺς λύκους ἤλασαν. Ὦ κάλλος νύμφης, μᾶλλον δὲ καὶ σωφροσύνη· μὴ παρόντος τοῦ ἀνδρὸς τοὺς μοιχοὺς ἀπήλασεν. Ὦ κάλλος καὶ σωφροσύνη νύμφης· ἔδειξε γυμνὸν αὐτῆς τὸ κάλλος· ἔδειξεν αὐτῆς τὴν σεμνότητα. Πῶς ἤλασας τοὺς μοιχούς; Τὸν ἄνδρα ἐπιποθοῦσα. Πῶς ἤλασας τοὺς μοιχούς; Τῇ τῆς σωφροσύνης ὑπερβολῇ. Οὐκ ἔλαβον ὅπλα, οὐκ ἔλαβον δόρατα, οὐδὲ ἀσπίδας· ἔδειξα αὐτοῖς τὸ κάλλος μου, καὶ οὐκ ἤνεγκαν τὴν λαμπηδόνα. Ποῦ νῦν ἐκεῖνοι; Ἐν αἰσχύνῃ. Ποῦ δὲ ἡμεῖς; Ἐν ἀγαλλιάσει. Βασιλεῖς μεθ' ἡμῶν· ἄρχοντες μεθ' ἡμῶν. Καὶ τί εἴπω; τί λαλήσω; Προσθείη [Κύριος] καὶ ἐφ' ὑμᾶς καὶ ἐπὶ τὰ τέκνα ὑμῶν, καὶ τὴν προθυμίαν ὑμῶν σαγηνεύσῃ. Ἐνταῦθα δὲ καταπαύσωμεν τὸν λόγον εὐχαριστοῦντες ἐπὶ πᾶσι τῷ φιλανθρώπῳ Θεῷ, ᾧ ἡ δόξα εἰς τοὺς αἰῶνας. Ἀμήν.

beatos prædicabant eos qui psallerent. Hodie circenses sunt, et nemo adest; sed omnes in ecclesiam ceu torrentes confluxerunt: torrens vero vester cœtus, et flumina sunt voces, quæ in cælum ascendunt, quæque amorem erga patrem perhibent. Preces vestræ diademate splendidiores mihi sunt. Viri mulieresque simul: *In Christo enim Jesu non est masculus neque femina.* (Gal. 3. 28.) Quomodo loquar potentias Domini? Scitis quam sit verum id, quod dico: Si quis fortiter tentationes ferat, magnum inde fructum demetet.

2. Ideo vos ad apostolos convocavi. (Oratio in ecclesia Apostolorum habita.) Venimus pulsi ad eos, qui pulsi sunt. Nos insidiis sumus appetiti, illi pulsi sunt. Venimus ad Timotheum, novum Paulum. Venimus ad sancta corpora, quæ Christi stigmata gestaverunt. Numquam timeas tentationem, si animo sis instructus generoso: sancti omnes sic coronati sunt. Multa corporum afflictio, major vero animorum tranquillitas. Utinam semper in ærumna sitis. Sic et pastor gaudet cum laborem propter oves subit. Quid loquar? ubi seram? Locum desertum non habeo. Ubi laborabo? Non est mihi vinea aperta. Ubi ædificabo? Absolutum est templum; retia mea rumpuntur ob multitudinem piscium. Quid faciam? Laborandi tempus non suppetit. Ideo hortor, non quod doctrina vos egeatis, sed ut ostendam genuinam meam erga vos caritatem. Ubique spicæ vernant. Tot sunt oves, et nusquam lupus; tot sunt spicæ, et nusquam spinæ; tot sunt vites, et nusquam vulpes. Mordaces bestiæ submersæ sunt, lupi fugerunt. Quis illos insequutus est? Non ego pastor, sed vos oves. O nobilitas ovium! Absente pastore, lupos profligarunt. O pulchritudo sponsæ, imo potius castitas! absente viro adulteros abegit. O pulchritudo et castitas sponsæ! ostendit pulchritudinem; ostendit et probitatem. Quomodo abegisti adulteros? Quod virum amares. Quomodo abegisti adulteros? Castitatis magnitudine. Non arripui arma, non hastas, non clipeos: ostendi illis pulchritudinem meam, non tulerunt splendorem. Ubi nunc illi? In turpitudine. Ubi nos? In exsultatione. Imperatores nobiscum; principes nobiscum. Ecquid dicam? quid loquar? *Adjiciat Dominus super vos et super filios vestros,* (Psal. 113. 14.) alacritatemque vestram quasi sagena capiat. Hic vero finem loquendi faciamus, in omnibus gratias agentes benigno Deo, cui gloria in sæcula. Amen.

428

POST REDITUM A PRIORE EXSILIO.

Quid dicam? quid loquar? Benedictus Deus. Hunc egrediens dixi sermonem, hunc iteravi revertens, et illic constitutus hunc in ore volvebam. Puto vos meminisse, cum ante hoc beatum Job ad-
Job. 1. 21. duxissem in medio dicentem: *Sit nomen Domini benedictum.* Hanc vobis historiam dereliqui, has gratiarum actiones iterabo regressus. *Sit nomen Domini benedictum in sæcula.* Diversæ rerum causæ, sed una glorificatio. Et cum expellebar, benedicebam, et reversus iterum benedico. Et si variæ quidem causæ, sed una definitio. Super hiemem et æstatem unus est finis: culturæ, fertilitas subsequens campi. Benedictus Deus, qui concessit exire; benedictus Deus, qui redire præcepit; benedictus Deus, qui permisit hiemem; benedictus Deus, qui dissolvit hiemem, et fecit tranquillitatem. Hæc dico admonens vos, ut semper benedicatis. Si evenerint mala, benedicite, et dissolventur mala. Si prospera venerint, benedicite, et perseverabunt prospera. Siquidem Job cum in prosperis esset, benedicebat: et cum pauper esset effectus, glorificabat. Neque tunc ingratus fuit, neque postea blasphemavit. Diversa quidem tempora, sed una voluntas: gubernantis actum nec tranquillitas resolvit, nec tempestas hiemis demergit. Benedictus Deus, et cum a vobis sum segregatus, et cum iterum recepi vos. In utroque Dei providentia est. Separatus a vobis corpore, sed anima non sum a vobis divisus. Et ex vestro affectu meum metimini animum. Et quid dicam? Non sum separatus a vobis, sed magis accensus sum desiderio vestri, quod etiam de vobis confido. Nihil nobis nocuere insidiæ, nihil læsit invidia, sed magis augmentum præstitit caritati, et multiplicavit discipulorum numerum: ante hoc enim diligebar a meis, nunc vero honorificabor a Judæis. Sperabant me a meis filiis separare, sed magis mihi extraneos adjunxerunt. Non illis agam gratias: sed Dei misericordiæ gloriam referam, qui conatus illorum malos in melius commutavit: nam et Judæi crucifixerunt Christum, et illius morte humanum salvatum est genus; non illis gratiæ, sed crucifixo. Considerent quid boni pugna eorum præstitit, insidiæ eorum qualem nobis lætitiam præparaverunt. Ante hoc quidem ecclesia replebatur, sed nunc et in plateis ecclesiæ factæ sunt. Et unanimes, et conjuncti psallentes, Dei in vos provocatis aspectum: voces vestræ cæli secreta penetrarunt, ut omnis ætas vestras psalmodias miraretur attenta. Cursus equorum hodie, et pauci illuc, imo cuncti in ecclesia: quasi torrens quidam ac fluvius vestra facta est multitudo. Voces vestræ elevantur ad cælum, amorem qui ad patrem est ostendentes. Orationes vestræ meum coronaverunt caput. Oratio omni monili præclarior viri et mulieris. *In Christo enim Jesu non masculus, neque femina.* Qualiter enarrem potentias Domini, aut mirabilia ejus recenseam? Videtis quia quod dico verum est: Quoniam si quis tentationem viriliter tulerit, magnum ex ipsa vindemiat fructum. Ideo vos ad apostolos invitavit, ut ad eos, qui aliquando persequutionem passi fuerant, veniremus. Et nos quidem insidias passi, illi vero impugnati. Sed inimici illis nihil nocuerunt: quia isti orbem terrarum lucraverunt. Veniamus ad sancta corpora, quæ Christi stigmata portaverunt. Veniamus ad Timotheum novum Paulum, et Andream alterum Petrum. Credimus juvari nos illorum meritis. Si virilem animum geris, non timeas tentationes. Omnes sancti per ista transierunt. Multa tribulatio corporum, sed majus refrigerium animarum. Præstet vos Dominus semper augeri, et celebres conventus agere. Gloria quippe pastoris est ovium multitudo. Quid faciam? quid loquar? Incultum ubi seminem non habeo agrum. Extensa est propago vitium, perfectum est templum, et præ multitudine piscium rumpuntur retia mea. Quid faciam? Laborandi locum non habeo, gaudendi habeo tempus. Ideo loquor: non quia indigetis doctrina, sed ut meam voluntatem vobis ostendam. Ubique spicæ comant. Tantæ oves, et nusquam lupus; tot spicæ, et nusquam lolium; tantæ vineæ, et nusquam vulpes. Ubi nunc latent lupi? quo abierunt vulpes, quæ eos persequutæ sunt? O rem inauditam! pastor quiescit, et oves luporum rabiem abegerunt, insidias vulpium oppresserunt. O ovium sapientia! o filiorum affectus! o discipulorum caritas! o pulchritudo sponsæ! absente viro abegit adulteros; ostensæ sunt ejus divi-

tiæ, apparuit pulchritudo. Latrones confusi ierunt, et aufugerunt. Dicite mihi, quomodo persequuti estis lupos? quomodo pepulistis latrones? Frequenti, inquit, oratione ad Deum. Quomodo despexistis adulteres? Continuis, inquit, lacrymis, ex desiderio viri. Non accepi arma, non sumsi lanceas, non arripui scutum : solummodo ostendi eis pulchritudinem meam, qua perspecta vulnerati fugerunt. Ubi nunc illi? Procul dubio in confusione. Ubi nos? In lætitia. Ubi nunc illi? Conscientiæ suæ malo tabescunt. Ubi vero nos? In magna exsultatione glorificamus Deum. Quid dicam? quid loquar? *Adjiciat Dominus super vos, et super filios vestros* : et allevet Dominus vultum suum, et misereatur vostri, in Christo Jesu Domino nostro, cum quo est Deo Patri, et Spiritui sancto honor, gloria, et potestas per immortalia sæcula. Amen. (Psal. 113. 14.)

ΤΟΥ ΑΥΤΟΥ ΕΠΑΝΕΛΘΟΝΤΟΣ

ἀπὸ τῆς προτέρας ἐξορίας ὁμιλία.

427 A

Ὅτε τὴν Σάῤῥαν ἀπὸ τοῦ Ἀβραὰμ ἥρπασεν ὁ Φαραὼ, τὴν καλὴν καὶ εὐειδῆ γυναῖκα ὁ πονηρὸς καὶ βάρβαρος καὶ Αἰγύπτιος, ἀδίκοις ὀφθαλμοῖς ἰδὼν αὐτῆς τὸ κάλλος, καὶ μοιχείας ἐργάσασθαι δρᾶμα βουλόμενος· τότε δὴ, τότε παρὰ μὲν τὴν ἀρχὴν οὐκ ἐκόλασεν ὁ Θεὸς, ἵνα δειχθῇ καὶ τοῦ δικαίου ἡ ἀνδρεία, καὶ τῆς γυναικὸς ἡ σωφροσύνη, καὶ τοῦ βαρβάρου ἡ ἀκολασία, καὶ ἡ τοῦ Θεοῦ φιλανθρωπία· τοῦ δικαίου ἡ ἀνδρεία, ὅτι ἔφερεν εὐχαρίστως τὸ γενόμενον· τῆς B γυναικὸς ἡ σωφροσύνη, ὅτι ἐνέπεσεν εἰς τὰς βαρβαρικὰς χεῖρας, καὶ τὴν σεμνότητα διετήρησε· τοῦ βαρβάρου ἡ ἀκολασία, ὅτι ἀλλοτρίᾳ ἐπῆλθεν εὐνῇ· τοῦ Θεοῦ ἡ φιλανθρωπία, ὅτι μετὰ ἀπόγνωσιν ἀνθρώπων, τότε τὸν στέφανον ἤνεγκε τῷ δικαίῳ. Ταῦτα ἐγίνετο τότε ἐπὶ τοῦ Ἀβραὰμ, ἐγένετο δὲ σήμερον ἐπὶ τῆς Ἐκκλησίας. Αἰγύπτιος οὗτος, ὡς ἐκεῖνος Αἰγύπτιος· οὗτος δορυφόρους εἶχεν, ἐκεῖνος ὑπασπιστάς· ἐκεῖνος τὴν Σάῤῥαν, οὗτος τὴν Ἐκκλησίαν· μίαν νύκτα ἐκεῖνος συνέσχε, μίαν ἡμέραν οὗτος εἰσῆλθεν· οὐδ' ἂν τὴν μίαν συνεχωρήθη, ἀλλ' ἵνα δειχθῇ τῆς νύμφης ἡ σωφροσύνη, ὅτι εἰσέρχεται, καὶ οὐ διεφθάρη C αὐτῆς τὸ κάλλος τῆς σωφροσύνης, καίτοι μοιχὸν ἡτοίμασε, καὶ τὰ γραμματεῖα συνετελεῖτο, καὶ πολλοὶ τῶν τῆς οἰκίας ὑπέγραφον. Ἀπηρτίσθη ἡ μηχανὴ, καὶ τὸ τέλος οὐκ ἐγένετο. Ἐφάνη ἐκείνου ἡ πονηρία, καὶ τοῦ Θεοῦ ἡ φιλανθρωπία. Ἀλλ' ὁ μὲν βάρβαρος τότε ἐκεῖνος ἐπιγνοὺς τὸ ἁμάρτημα, ὡμολόγησε τὸ παρανόμημα· λέγει γὰρ τῷ Ἀβραάμ· Τί ἐποίησας τοῦτο; εἰς τί εἶπας, ὅτι ἀδελφή μού ἐστι; καὶ μικροῦ ἂν ἥμαρτον· οὗτος δὲ μετὰ τὴν παρανομίαν ἐπηγωνίσατο. Ἄθλιε καὶ ταλαίπωρε, Ἥμαρτες, ἡσύχασον, μὴ πρόσθες ἁμαρτίαν ἐφ' ἁμαρτίαν. Κἀκείνη μὲν ἐπανῆλθε, πλοῦτον ἔχουσα τὸν Αἰγυπτιακόν· D ἡ δὲ Ἐκκλησία ἐπανῆλθε, πλοῦτον ἔχουσα τὸν ἀπὸ τῆς γνώμης, καὶ σωφρονεστέρα ἐφάνη. Ὅρα δὲ

EJUSDEM POST REDITUM

a priore exsilio Homilia.

1. Cum Saram ab Abrahamo abstulit Pharao, pulchram formosamque mulierem improbus barbarusque Ægyptius, et iniquis oculis ejus pulchritudine conspecta, adulterium perpetrare vellet : tunc non in ipso statim initio pœnam immisit Deus, ut justi viri virtus, mulieris castitas, barbari intemperantia, Deique benignitas eminerent : viri justi virtus, quia rem cum gratiarum actione tulit; mulieris castitas, quia in barbarorum manus delapsa pudicitiam servavit; barbari intemperantia, quia alienum torum invasit; Dei benignitas, quoniam cum res hominibus desperatæ essent, tunc coronam justo contulit. Hæc tunc in Abrahamum gesta sunt : gesta item hodie in Ecclesiam. Ægyptius hic, ut ille Ægyptius erat : hic satellites habuit, ille protectores : ille Saram, hic Ecclesiam rapuit : una nocte ille detinuit, hic per unum diem occupavit; ac ne quidem per unum diem occupare permissus est; sed solum ut sponsæ castitas nota esset, quia illo licet ingrediente ejus castitatis decor corruptus non est : tametsi mœchum paraverat, et tabellæ adornatæ erant, et multi e domo subscripserant. Adornata est machina, sed exitum non habuit. Eluxit simul ejus nequitia, et Dei benignitas. At barbarus tunc ille, peccato agnito, delictum confessus est : dixit enim Abrahæ : *Cur hoc fecisti? cur dixisti, Soror mea est?* et *parum abfuit, quin peccaverim* : hic vero etiam post scelus in certamine perstitit. O miser et infelix! *Peccasti, quiesce*, ne adjicias peccatum peccato. Et illa quidem rediit opibus instructa Ægyptiacis : et Ecclesia quoque rediit, mentis divitiis instructa, et continentior effecta. Vide barbari insaniam. Ejecisti pastorem : cur

(Theophilum Alexandrinum notat.)
(Gen. 12. 18. 19.)
(Gen. 4. 7.)

gregem dissipasti? Amovisti gubernatorem : cur
gubernacula confregisti? Vinitorem ejecisti; cur
vites avulsisti? cur monasteria pessumdedisti?
Barbarorum invasionem imitatus es.

2. Hæc omnia fecit ille, ut virtus appareret
vestra; omnia fecit, ut edisceret hic adesse gregem a Christo pastore ductum. Absente pastore
grex simul manebat, et apostolicus sermo imple-
Philipp. 2. 12. batur : *Non in præsentia mei tantum, sed*
etiam in absentia, cum timore et *tremore sa-*
lutem vestram operati estis. Hæc minabantur
timentes virtutem vestram, caritatis vim, amoremque mei. Nihil audemus, aiebant, in urbe :
eum nobis date foris. Capite me foris, ut discatis
Ecclesiæ amorem, agnoscatis filiorum meorum
generosam indolem, militum virtutem, armato-
rum robur, diadematum splendorem, divitiarum
facultatem, amoris magnitudinem, constantem
patientiam, libertatis florem, victoriæ gloriam, cladis tuæ ludibrium. O res novas et
admirandas! pastor abest, et grex exsultat : dux
procul, et milites armantur. Non solum ecclesia
exercitum habuit, sed tota civitas ecclesia fuit.
Vici, fora, aer sanctificabantur : hæretici con-
vertebantur, Judæi meliores efficiebantur, sacerdotes damnabantur, et Judæi Deum laudabant,
atque ad nos accurrebant. Ita Christi tempore
factum est. Caiphas cruci affixit, et latro confessus est. O novas res et admirandas! sacerdotes
occiderunt, et magi adoraverunt. Hæc ne Ecclesiam perturbent. Nisi hæc contigissent, divitiæ nostræ, quæ vere aderant, non ostensæ
fuissent. Sicut enim Job, etsi justus esset, non
talis visus fuisset, nisi vulnera et vermes apparuis-
sent; ita et vestræ divitiæ numquam notæ fuissent
nisi paratis insidiis. Deus sane quasi sese excu-
Job. 40. 8. sans Jobo dicit : *Putasne me aliter tibi re-*
spondisse, quam ut justus appareres? Insi-
diati sunt illi, bellum moverunt, et victi sunt.
Quomodo bellum gesserunt? Fustibus. Quomo-
Matth. 5. 39. do victi sunt? Precibus. *Si quis te percusserit*
in dexteram maxillam, verte illi et aliam.
Tu fustes in ecclesiam infers et eam oppugnas;
ubi pax est omnibus, bellum moves : nec locum
revereris, miser et infelix, non sacerdotii dignitatem, non principatus amplitudinem. Baptisterium sanguine repletum est; ubi peccatorum remissio, ibi sanguinis effusio. In quanam acie hæc
facta sunt? Imperator intrat et projicit clipeum
et diadema; tu intrasti, et clavas arripuisti. Ille
Imperii symbola foras relinquit; tu belli sym-

τὴν μανίαν τοῦ βαρβάρου. Ἐξέβαλες τὸν ποιμένα·
τί τὴν ἀγέλην διέσπασας; Ἀπέστησας τὸν κυβερνή-
την· τί τοὺς οἴακας κατέκλασας; Τὸν ἀμπελουργὸν
ἐξέβαλες· τί τὰς ἀμπέλους ἀνέσπασας; τί τὰ μοναστήρια διέφθειρας; Βαρβάρων ἔφοδον ἐμιμήσω.

Ἐποίησεν ἅπαντα, ἵνα δειχθῇ ὑμῶν ἡ ἀνδρεία·
ἐποίησεν ἅπαντα, ἵνα μάθῃ ὅτι ποίμνη ἐστὶν ἐνταῦθα
ὑπὸ Χριστοῦ ποιμαινομένη. Ἔξω ὁ ποιμὴν, καὶ ἡ
E ἀγέλη συνεκροτεῖτο, καὶ τὸ ἀποστολικὸν ἐπληροῦτο
ῥῆμα· Οὐκ ἐν τῇ παρουσίᾳ μου μόνον, ἀλλὰ καὶ ἐν
τῇ ἀπουσίᾳ μου, μετὰ φόβου καὶ τρόμου τὴν ἑαυτῶν
σωτηρίαν κατεργάζεσθε. Καὶ τοιαῦτα ἠπείλουν δεδοικότες ὑμῶν τὴν ἀνδρείαν καὶ τῆς ἀγάπης τὸ φίλτρον,
καὶ τὸν πόθον τὸν περὶ ἐμέ. Οὐδὲν τολμῶμεν, φησὶν,
ἐν τῇ πόλει· δότε ἡμῖν αὐτὸν ἔξω. Λάβετέ με ἔξω,
ἵνα μάθητε τὸν πόθον τῆς Ἐκκλησίας, μάθητε τῶν
ἐμῶν τέκνων τὴν εὐγένειαν, τῶν στρατιωτῶν τὴν ἰσχὺν,
τῶν ὁπλιτῶν τὴν δύναμιν, τῶν διαδημάτων τὴν περιφάνειαν, τοῦ πλούτου τὴν περιουσίαν, τῆς ἀγάπης
428 τὸ μέγεθος, τῆς καρτερίας τὴν ὑπομονὴν, τῆς ἐλευθε-
A ρίας τὸ ἄνθος, τῆς νίκης τὸ περιφανὲς, τῆς ἥττης σου
τὸν γέλωτα. Ὢ καινῶν καὶ παραδόξων πραγμάτων· ὁ
ποιμὴν ἔξω, καὶ ἡ ἀγέλη σκιρτᾷ· ὁ στρατηγὸς πόῤῥω,
καὶ οἱ στρατιῶται ὡπλίζοντο. Οὐκέτι ἡ ἐκκλησία
εἶχε τὸ στρατόπεδον μόνον, ἀλλὰ καὶ ἡ πόλις ἐκκλησία
ἐγένετο. Αἱ ῥῦμαι, αἱ ἀγοραὶ, ὁ ἀὴρ ἡγιάζετο· αἱρετικοὶ ἐπεστρέφοντο, οἱ Ἰουδαῖοι βελτίους ἐγένοντο·
οἱ ἱερεῖς κατεδικάζοντο, καὶ οἱ Ἰουδαῖοι τὸν Θεὸν εὐ-
φήμουν, καὶ ἡμῖν προσέτρεχον. Οὕτω καὶ ἐπὶ τοῦ
Χριστοῦ ἐγένετο. Καΐφας ἐσταύρωσε, καὶ λῃστὴς
ὡμολόγησεν. Ὢ καινῶν καὶ παραδόξων πραγμάτων·
ἱερεῖς ἀπέκτειναν, καὶ μάγοι προσεκύνησαν. Μὴ ξε-
B νιζέτω ταῦτα τὴν Ἐκκλησίαν. Εἰ μὴ ταῦτα ἐγένετο,
ὁ πλοῦτος ἡμῶν οὐκ ἂν ἐφάνη· ἦν μὲν, οὐκ ἂν δὲ
ἐφάνη. Ὥσπερ γὰρ ὁ Ἰὼβ δίκαιος μὲν ἦν, οὐκ ἂν δὲ
ἐφάνη, εἰ μὴ τὰ τραύματα, καὶ οἱ σκώληκες· οὕτω
καὶ ὁ ὑμέτερος πλοῦτος, εἰ μὴ αἱ ἐπιβουλαὶ, οὐκ ἂν
ἐφάνη. Ἀπολογούμενος δὲ τῷ Ἰὼβ ὁ Θεός φησιν, ὅτι
Οἴει με ἄλλως σοι κεχρηματικέναι, ἢ ἵνα δίκαιος
ἀναφανῇς; Ἐπεβούλευσαν ἐκεῖνοι, ἐπολέμησαν, καὶ
ἡττήθησαν. Πῶς ἐπολέμησαν; Ῥοπάλοις. Πῶς ἡττήθησαν; Εὐχαῖς. Ἐάν τίς σε ῥαπίσῃ εἰς τὴν δεξιὰν
σιαγόνα, στρέψον αὐτῷ καὶ τὴν ἄλλην. Σὺ ῥόπαλα
εἰσφέρεις εἰς τὴν ἐκκλησίαν καὶ πολεμεῖς· ὅπου εἰ-
C ρήνη πᾶσι, πολέμου ἀρχῇ· οὐδὲ τὸν τόπον ᾐδέσθης,
ἄθλιε καὶ ταλαίπωρε, οὐδὲ τῆς ἱερωσύνης τὸ ἀξίωμα,
οὐδὲ τῆς ἀρχῆς τὸ μέγεθος. Τὸ φωτιστήριον αἱμάτων
ἐμπέπλησται· ὅπου ἁμαρτημάτων ἄφεσις, αἱμάτων
ἔκχυσις. Ἐν ποίᾳ παρατάξει ταῦτα γίνεται; Βασιλεὺς εἰσέρχεται καὶ ῥίπτει ἀσπίδα καὶ διάδημα· σὺ
εἰσῆλθες, καὶ ῥόπαλα ἥρπασας. Ἐκεῖνος καὶ τὰ
συνθήματα τῆς βασιλείας ἔξω ἀφίησι· σὺ τὰ συνθή-

ματα τοῦ πολέμου ἐνταῦθα εἰσήνεγκας. Ἀλλὰ τὴν νύμφην μου οὐδὲν ἔβλαψας, ἀλλὰ μένει τὸ κάλλος αὐτῆς ἐπιδεικνυμένη.

Διὰ τοῦτο χαίρω, οὐχ ὅτι ἐνικήσατε. Εἰ παρήμην, * ἐμεριζόμην μεθ' ὑμῶν τὴν νίκην· ἐπειδὴ δὲ ἀνεχώρησα, γυμνὸν ὑμῶν τὸ τρόπαιον ἐφάνη. Ἀλλὰ καὶ D τοῦτο ἐμὸν ἐγκώμιον, καὶ πάλιν μερίζομαι ἐγὼ μεθ' ὑμῶν τὴν νίκην, ὅτι οὕτως ὑμᾶς ἀνέθρεψα, ὡς καὶ ἀπόντος τοῦ πατρὸς τὴν οἰκείαν εὐγένειαν ἐπιδείκνυσθαι. Ὥσπερ γὰρ οἱ γενναῖοι τῶν ἀθλητῶν καὶ ἀπόντος τοῦ παιδοτρίβου τὴν ἑαυτῶν ῥώμην ἐπιδείκνυνται· οὕτω καὶ ἡ εὐγένεια τῆς ὑμετέρας πίστεως καὶ ἀπόντος τοῦ διδασκάλου τὴν οἰκείαν εὐμορφίαν ἐπεδείξατο. Τίς χρεία λόγων; Οἱ λίθοι βοῶσιν· οἱ τοῖχοι φωνὴν ἀφιᾶσιν. Ἄπελθε εἰς βασιλικὰς αὐλὰς, καὶ ἀκούεις εὐθέως, οἱ λαοὶ Κωνσταντινουπόλεως. Ἄπελθε εἰς τὴν θάλατταν, εἰς τὴν ἔρημον, εἰς τὰ ὄρη, εἰς τὰς οἰκίας, τὸ ἐγκώμιον ὑμῶν ἀναγέ- E γραπται. Ἐν τίνι ἐνικήσατε; Οὐ χρήμασιν, ἀλλὰ πίστει. Ὦ λαὸς φιλοδιδάσκαλος, ὦ λαὸς φιλοπάτωρ, μακαρία ἡ πόλις, οὐ διὰ κίονας καὶ χρυσοῦν ὄροφον, ἀλλὰ διὰ τὴν ὑμετέραν ἀρετήν. Τοσαῦται αἱ ἐπιβουλαὶ, καὶ αἱ εὐχαὶ ὑμῶν ἐνίκησαν· καὶ μάλα εἰκότως· καὶ γὰρ ἐκτενεῖς ἦσαν αἱ εὐχαὶ, καὶ αἱ πηγαὶ τῶν δακρύων ἐπέῤῥεον. Ἐκεῖνοι βέλη, ὑμεῖς δὲ δάκρυα· ἐκεῖνοι θυμὸν, ὑμεῖς δὲ πραΰτητα. Ὃ βούλει ποίησον· ὑμεῖς εὔχεσθε. Κἀκεῖνοι, οἳ ἀντέλεγον, ποῦ νῦν 429 A εἰσιν; Ὅπλα ἐκινήσαμεν; μὴ τόξα ἐτείναμεν; μὴ βέλη ἀφήκαμεν; Εὐχόμεθα, κἀκεῖνοι ἔφυγον· ὡς γὰρ ἀράχνη διεσπάσθησαν, καὶ ὑμεῖς ὡς πέτρα ἑστήκατε. Μακάριος ἐγὼ δι' ὑμᾶς. Ἤδειν μὲν καὶ πρὸ τούτου ἡλίκον ἔχω πλοῦτον, ἐθαύμασα δὲ καὶ νῦν. Πόῤῥω ἤμην, καὶ πόλις μετῳκίζετο. Δι' ἕνα ἄνθρωπον τὸ πέλαγος πόλις ἐγίνετο. Γυναῖκες, ἄνδρες, παιδία ἄωρα τὴν ἡλικίαν, γυναῖκες βαστάζουσαι παιδία, κατετόλμων πελάγους, κατεφρόνησαν κυμάτων. Οὐ δοῦλος ἐδεδοίκει δεσπότην, οὐ γυνὴ τῆς φυσικῆς ἀσθενείας ἐμέμνητο. Γέγονεν ἡ ἀγορὰ ἐκκλησία, τὰ πανταχοῦ δι' ἡμᾶς. Τίνα γὰρ οὐκ ἐπαιδεύσατε; Βα- B σιλίδα συγχορεύουσαν ἐλάβετε· οὐ γὰρ ἀποκρύψομαι τὸν ζῆλον αὐτῆς. Οὐ βασιλίδα κολακεύων ταῦτα λέγω, ἀλλ' εὐσέβειαν θεραπεύων· οὐ γὰρ ἀποκρύψομαι αὐτῆς τὸν ζῆλον. Οὐ γὰρ ὅπλα ἔλαβεν, ἀλλὰ κατορθώματα ἀρετῆς. Ἀπηγόμην τότε, ἴστε πῶς. Δεῖ γὰρ καὶ λυπηρὰ εἰπεῖν, ἵνα μάθητε τὰ χρηστά· ἀλλὰ μάθητε πῶς ἀπηγόμην, καὶ πῶς ἐπανῆλθον. Οἱ σπείροντες ἐν δάκρυσιν, ἐν ἀγαλλιάσει θεριοῦσι. Πορευόμενοι ἐπορεύοντο καὶ ἔκλαιον, βάλλοντες τὰ σπέρματα αὐτῶν· ἐρχόμενοι δὲ ἥξουσιν ἐν ἀγαλλιάσει, αἴροντες τὰ δράγματα αὐτῶν. Ταῦτα τὰ ῥήματα ἐγέ- C

* Hic textus Græcus deficit.

lola intromittis. Sed sponsam meam nullo modo læsisti, at manet illa pulchritudinem suam exhibens.

3. Idcirco gaudeo, non solum quia vicistis, sed quia me absente vicistis. Si adfuissem, in D partem victoriæ vobiscum venissem: quia vero secessi, nudum vobis tropæum fuit. Verum et illud mea laus est: atque rursum in partem victoriæ vobiscum venio, quia sic vos educavi, ut etiam absente patre vestram nobilitatem ostenderetis. Quemadmodum enim strenui athletæ etiam absente pædotriba robur suum exhibent: sic et fidei vestræ generositas, etiam absente doctore, bonam suam indolem exhibuit. Quid opus verbis? Lapides clamant, muri vocem emittunt. Adi imperatorias aulas, et statim audis: Populi Constantinopolitani. Ad mare te confer, deser- E tum pete, montes, domos: encomium vestrum ubique descriptum est. Quibus telis vicistis? Non opibus, sed fide. O popule doctoris amans! o popule patrem diligens! beata urbs, non propter columnas et laquearia aurea, sed propter virtutem vestram! Tot tantæque erant insidiæ, et preces vestræ vicerunt: idque jure merito: nam preces erant assiduæ, et lacrymarum fontes effluebant. Illi tela vibrabant, 429 vos lacrymas: illi furorem spirabant, vos A mansuetudinem. Quod vis facito: vos oratis. Illi vero, qui obsistebant, ubinam sunt? An arma movimus? an arcus intendimus? an tela emisimus? Precabamur, et illi fugiebant: nam quasi aranea dissipati sunt, et vos quasi petra stetistis. Beatus ego propter vos. Sciebam et antea quantis instructus essem divitiis, id tamen nunc miratus sum. Procul eram, et civitas alio transferebatur. Hominis unius causa pelagus in civitatem mutatum est. Mulieres, viri, immaturæ ætatis parvuli; mulieres infantulos gesta- B bant, pelagos adire non dubitabant, fluctus spernebant. Non metuebat herum servus, mulier infirmitatis suæ non meminerat. Forum in ecclesiam versum est; omnia ubique propter nos movebantur. Quem non erudivistis? Imperatricem vobiscum choros ducentem accepistis, neque enim ejus studium taceb o. Non adulandi causa dico, sed ejus pietatem celebro, neque enim zelum ejus silentio præteribo. Non arma tulit, sed virtutis præclara gesta. Tunc abducebar: scitis quo pacto. Nam injucunda illa C memorare convenit, ut jucunda et fausta edisca-

Lætitia in reditu Chrysostomi.

tis, et noscatis quomodo abductus sim, et quo
Psal. 125. 5. 6. pacto redierim. *Qui seminant in lacrymis, in exsultatione metent. Euntes ibant et flebant, mittentes semina sua : venientes autem venient cum exsultatione, portantes manipulos suos.* Hæc verba re gesta sunt. Cum gratiarum actione suscepistis eum, quem mœsti deduxeratis. Ac non multo post tempore, sed post unum diem omnia soluta sunt. Etenim propter vos fuit hæc mora : Deus quippe jam ab initio hæc dissolverat.

4. Rem nunc vobis arcanam dico. Pelagus trajeci solus Ecclesiam gestans; dilectio enim non in angustum redigitur. Non angusta navis
2. Cor. 6. 12. erat; vos quippe *Non angustiamini in nobis.* Discessi vestra curans, separatus corpore, mente conjunctus; discessi Deo supplicans, ac vestram dilectionem commendans; sedebam solus, de rebus vestris sollicitus, solus, de profectu deliberans. Protinus intempesta nocte hæc religio-
De Eudoxia loquitur. sissima Domina ipso primo die literas misit, quarum hæc erant verba; etenim verba ipsa sunt referenda: *Ne arbitretur Sanctitas tua me illa novisse quæ gesta sunt. Innocens ego sum a sanguine tuo. Improbi et perditi homines hanc struxere machinam. Mearum vero lacrymarum testis Deus, cui sacra facio.* Quam libationem effudit? etenim lacrymæ ejus libatio erant. *Cui sacra facio.* Sacerdos illa nempe per seipsam ordinata, quæ Deo offerebat lacrymas, confessionem et pœnitentiam, non pro sacerdote, sed pro Ecclesia, pro populo disperso. Memor erat, memor certe erat, et filiorum et baptismatis. *Recordor per manus tuas filios meos fuisse baptizatos.* Hæc Imperatrix; sacerdotes porro omnes invidia excæcati locum ignorabant, quo diverteram. Quodque mirabile dictu est, illa, ac si filio timeret, quoquoversum ibat, non corpore, sed militaris manus missione. Neque enim sciebat locum, ubi degerem. Quoquoversum mittebat, ne pastor dolo circumventus occideretur et venatum amitteret. Hoc tantum, quæ mearum sunt partium præsto. Quæro solum, ut illi non prævaleant. Hostes undique circuibant expandentes retia, ut caperent et in illorum manus adducerent. Hinc illa rogabat, Imperatorisque genua tangebat, ut virum faceret venationis consortem: quemadmodum Abraham Saram, sic illa virum. Perdidimus, inquit, sacerdotem: sed reducamus. Nulla nobis imperii spes superest,

νετο πράγματα. Μετ' εὐχαριστίας ὑπεδέξασθε ὃν ὀδυνώμενοι προεπέμψατε. Καὶ οὐδὲ ἐν μακρῷ χρόνῳ· μετὰ μίαν ἡμέραν πάντα ἐλύθη. Καὶ γὰρ ἡ ἀναβολὴ ἐγένετο δι' ὑμᾶς, ἐπεὶ ὁ Θεὸς ἐξ ἀρχῆς ἔλυσε.

Λέγω ὑμῖν τὸ ἀπόῤῥητον. Ἐπεραιώθην τὸ πέλαγος μόνος τὴν Ἐκκλησίαν βαστάζων· ἡ γὰρ ἀγάπη οὐ στενοῦται. Οὐκ ἐστενοχωρεῖτο τὸ πλοῖον· οὐ στενοχωρεῖσθε γὰρ ἐν ἡμῖν. Ἀπῄειν τὰ ὑμέτερα μεριμνῶν, κεχωρισμένος μὲν τῷ σώματι, συνημμένος δὲ τῇ
D γνώμῃ· ἀπῄειν τὸν Θεὸν παρακαλῶν, καὶ παρακατατιθέμενος ὑμῶν τὴν ἀγάπην· ἀπῄειν, ἐκαθεζόμην μόνος τὰ ὑμέτερα μεριμνῶν, βουλευόμενος περὶ ἀποδημίας μόνος. Ἀθρόον ἀωρίας γενομένης γράμματα ἔπεμψεν ἡ θεοφιλεστάτη αὕτη ἐν τῇ πρώτῃ ἡμέρᾳ, ταῦτα λέγουσα τὰ ῥήματα (δεῖ γὰρ αὐτῆς καὶ τὰ ῥήματα εἰπεῖν)· Μὴ νομίσῃ σου ἡ ἁγιωσύνη ὅτι ἔγνων τὰ γεγενημένα. Ἀθῶος ἐγὼ ἀπὸ τοῦ αἵματός σου. Ἄνθρωποι πονηροὶ καὶ διεφθαρμένοι ταύτην τὴν μηχανὴν διεσκεύασαν· τῶν δὲ ἐμῶν δακρύων μάρτυς
E ὁ Θεὸς, ᾧ ἱερεύω. Οἵαν σπονδὴν ἐξέχεε; τὰ γὰρ δάκρυα αὐτῆς σπονδὴ ἐγένετο. Ὧ ἱερεύω. Ἡ ἱέρεια, αὐτοχειροτόνητος θύουσα τῷ Θεῷ καὶ σπένδουσα δάκρυα καὶ ἐξομολόγησιν καὶ μετάνοιαν, οὐχ ὑπὲρ ἱερέως, ἀλλ' ὑπὲρ Ἐκκλησίας, ὑπὲρ δήμου διεσπαρμένου. Ἐμέμνητο, ἐμέμνητο καὶ τῶν παιδίων καὶ τοῦ βαπτίσματος. Μέμνημαι ὅτι διὰ τῶν χειρῶν τῶν σῶν τὰ παιδία τὰ ἐμὰ ἐβαπτίσθη. Ταῦτα ἡ βασίλισσα· οἱ δὲ ἱερεῖς [a] περὶ φθόνου πάντες ἠγνόουν τὸ χωρίον, ἔνθα κατέλυον. Καὶ τὸ δὴ θαυμαστὸν εἰπεῖν, ἐκείνη μὲν ὡς ὑπὲρ τέκνου τρέμουσα περιῄει πανταχοῦ, οὐ
430 τῷ σώματι, ἀλλὰ τῇ ἰδίᾳ πομπῇ τῶν στρατιωτῶν.
A Οὐ γὰρ κατείληφε τὸ χωρίον, ἔνθα διῆγον. Πανταχοῦ ἔπεμπε μεριμνῶσα μὴ δολοφονηθῇ, μὴ ἀναιρεθῇ, καὶ ἀπολέσωμεν τὸ θήραμα. Τοῦτο μόνον, καὶ τὰ παρ' ἐμαυτῆς ἐπιδείκνυμι. Ζητῶ μόνον, καὶ οὐ περιγίνονται. Οἱ ἐχθροὶ πανταχοῦ περιῄεσαν δίκτυα ἁπλοῦντες, ἵνα λάβωσι καὶ ἐπαναγάγωσιν εἰς τὰς ἐκείνων χεῖρας. Εἶτα καὶ παρεκάλει, καὶ τῶν γονάτων ἥπτετο τῶν βασιλικῶν, κοινωνὸν τὸν ἄνδρα ποιοῦσα τοῦ θηράματος· καθάπερ ὁ Ἀβραὰμ τὴν Σάῤῥαν, οὕτως αὐτὴ τὸν ἄνδρα. Ἀπωλέσαμεν, φησὶ, τὸν ἱερέα, ἀλλ' ἐπαναγάγωμεν. Οὐκ ἔστιν ἡμῖν οὐδεμία ἐλπὶς τῆς βασιλείας, ἐὰν μὴ ἐκεῖνον ἐπαναγάγωμεν.

[a] Forte παρὰ φθόνον. Facilis mutatio τοῦ παρὰ in περὶ.

Ἀμήχανον ἐμὲ κοινωνῆσαί τινι τῶν ταῦτα ἐργασαμένων· δάκρυα ἐξαφιεῖσα, τὸν Θεὸν ἱκετεύουσα, πᾶσαν μηχανὴν ἐπιδεικνυμένη. Ἴστε καὶ ὑμεῖς μεθ' ὅσης εὐνοίας ἡμᾶς ὑπεδέξατο, πῶς ἐνηγκαλίσατο ὡς οἰκεῖα μέλη, πῶς μεθ' ὑμῶν ἔλεγε καὶ αὐτὴ σπουδάζειν. Οὐδὲ γὰρ ταῦτα τὰ ῥήματα ἔλαθε τὴν εὐγνωμοσύνην ὑμῶν, ὅτι ἀπεδέξασθε τὴν μητέρα τῶν Ἐκκλησιῶν, τὴν τροφὸν τῶν μοναζόντων, καὶ προστάτιν τῶν ἁγίων, τῶν πτωχῶν τὴν βακτηρίαν. Ὁ ἔπαινος ἐκείνης δόξα εἰς Θεὸν γίνεται, στέφανος τῶν Ἐκκλησιῶν. Εἴπω θερμὸν αὐτῆς πόθον; εἴπω φιλοτιμίαν τὴν περὶ ἐμέ; Ἐν ἑσπέρᾳ βαθείᾳ χθὲς ἀπέστειλε ταῦτα λέγουσα τὰ ῥήματα· εἰπὲ πρὸς αὐτόν· ἡ εὐχή μου πεπλήρωται· ἀπήτησα τὸ κατόρθωμα· ἐστεφανώθην μᾶλλον τοῦ διαδήματος· ἀπέλαβον τὸν ἱερέα, ἀπέδωκα τὴν κεφαλὴν τῷ σώματι, τὸν κυβερνήτην τῇ νηΐ, τὸν ποιμένα τῇ ποίμνῃ, τὸν νυμφίον τῇ παστάδι.

Κατῃσχύνθησαν οἱ μοιχοί. Ἐὰν ζήσω, ἐὰν ἀποθάνω, οὐκέτι μοι μέλει. Ἴδετε τοῦ πειρασμοῦ τὰ κατορθώματα. Τί ποιήσω, ἵνα ὑμῖν ἀξίαν ἀποδῶ τῆς ἀγάπης τὴν ἀμοιβήν; Ἀξίαν μὲν οὐ δύναμαι, ἣν δὲ ἔχω, δίδωμι. Ἀγαπῶ ἑτοίμως τὸ αἷμά μου ἐκχέειν ὑπὲρ τῆς ὑμετέρας σωτηρίας. Οὐδεὶς ἔχει τέκνα τοιαῦτα, οὐδεὶς ἀγέλην τοιαύτην, οὐδεὶς ἄρουραν οὕτως εὐθαλῆ. Οὐ χρεία μοι γεωργίας· ἐγὼ καθεύδω, καὶ οἱ στάχυες κομῶσιν. Οὐ χρεία μοι πόνου· ἐγὼ ἡσυχάζω, καὶ τὰ πρόβατα τῶν λύκων περιγίνονται. Τί ὑμᾶς καλέσω; πρόβατα, ἢ ποιμένας, ἢ κυβερνήτας, ἢ στρατιώτας καὶ στρατηγούς; Πάντα ὑμῖν ἐπαληθεύω τὰ ῥήματα. Ὅταν ἴδω τὴν εὐταξίαν, πρόβατα καλῶ· ὅταν ἴδω τὴν πρόνοιαν, ποιμένας προσαγορεύω· ὅταν ἴδω τὴν σοφίαν, κυβερνήτας ὀνομάζω· ὅταν ἴδω τὴν ἀνδρείαν καὶ τὴν εὐτονίαν, στρατιώτας καὶ στρατηγοὺς ὑμᾶς ἅπαντας λέγω. Ὢ πόνος, ὢ πρόνοια λαοῦ· ἠλάσατε τοὺς λύκους, καὶ οὐκ ἀμεριμνήσετε. Οἱ ναῦται οἱ μεθ' ὑμῶν καθ' ὑμῶν γεγόνασιν, οἵτινες τὸν πόλεμον τῷ πλοίῳ κατεσκεύασαν. [a] Βοᾶτε ἔξω τὸν κλῆρον, καὶ ἄλλον κλῆρον τῇ Ἐκκλησίᾳ. Τίς χρεία βοῆς; Ἀπῆλθον, καὶ ἀπηλάθησαν, μηδενὸς διώκοντος ἐφυγαδεύθησαν. Οὐ κατηγορεῖ αὐτῶν ἄνθρωπος, ἀλλὰ τὸ συνειδός. Εἰ ἐχθρὸς ὠνείδισέ με, ὑπήνεγκα ἄν. Οἱ μεθ' ἡμῶν καθ' ἡμῶν γεγόνασιν· οἱ μεθ' ἡμῶν τὸ πλοῖον κυβερνῶντες, τὸ πλοῖον καταποντίσαι ἠθέλησαν. Ἐθαύμασα ὑμῶν τὴν σύνεσιν. Ταῦτα λέγω, οὐκ εἰς στάσιν ὑμᾶς ἀλείφων. Στάσις γὰρ τὰ ἐκείνων, τὰ δὲ ὑμέτερα ζῆλος. Οὐ γὰρ ἠξιώσατε αὐτοὺς ἀναιρεθῆναι, ἀλλὰ κωλυθῆναι τοῦτο καὶ ὑπὲρ ὑμῶν, καὶ ὑπὲρ τῆς Ἐκκλησίας, ἵνα μὴ πάλιν ὑποβρύχιος γένηται. Ἡ γὰρ ἀνδρεία ὑμῶν οὐκ ἀφῆκε

B nisi illum reducamus. Non possum cum quopiam eorum communicare, qui hæc perpetrarunt: lacrymas fundens, Deo supplicans, nullamque machinam non movens. Scitis cum quanta benevolentia nos susceperit, quomodo ulnis exceperit, ceu propria membra: quo pacto diceret se vobiscum sollicitam esse. Neque enim hæc verba vestrum affectum latebant: quoniam suscepistis matrem Ecclesiarum, altricem monachorum, sanctorum patronam, pauperum baculum. Laus ejus in Dei gloriam vertit, in coronam Ecclesia-
C rum. Dicamne ardentem ejus amorem? dicam ejus erga me sollicitudinem? Heri vesperi hæc ad me verba misit: Dicito ei: Oratio mea impleta est, rem impetravi: melius coronata sum, quam per ipsum diadema. Recepi sacerdotem, caput corpori restitui, gubernatorem navi, pastorem gregi, thalamo sponsum.

Eudoxiæ verba de Chrysostomo.

5. Pudore affecti sunt adulteri. Seu vivam, seu moriar, nihil mihi curæ est. Videte tentationis præclarum exitum. Quid faciam, ut pro dilectione dignum vobis munus rependam? Dignum nequeo, quale adest tribuo. Usque adeo
D diligo, ut paratus sim ad effundendum pro salute vostra sanguinem. Nemo tales habet filios, nemo talem gregem, nullus agrum ita florentem. Non opus mihi agricultura; me dormiente vernant spicæ. Nullo mihi opus est labore: me quiescente oves lupum superant. Qui vos compellabo? oves, an pastores, an gubernatores, militesne an duces? Hæc nomina vera esse dicere possum. Cum bonum ordinem video, oves voco; cum providentiam, pastores; cum sapientiam, gubernatores; cum virtutem et constantiam, et milites et duces vos omnes dico. O laborem! o providentiam populi! lupes expulistis, et solli-
E citudinem non deposuistis. Nautæ, qui vobiscum erant, contra vos conversi sunt, et navi bellum intulerunt. Clamate, Facessat clerus, aliumque clerum Ecclesiæ postulate. Quid opus clamore? Abierunt, et depulsi sunt, nemine insequente in fugam versi. Non homo illos, sed conscientia accusat: *Si inimicus exprobrasset mihi, sustinuissem utique*. Qui nobiscum erant, contra nos
431 A conversi sunt: qui nobiscum navim gubernabant, navim demergere conati sunt. Miratus sum conscientiam vestram. Hæc dico, non ut ad seditionem vos excitem. Nam quæ illi paravere, seditio sunt, quæ vos fecistis, zelus. Non enim rogastis illos occidi, sed impediri quominus illud eveni-

Psal. 54. 13.

[a] Imperfectam esse putat sententiam Savilius; sed ut est, nostram facile interpretationem admittit.

ret vel vobis, vel Ecclesiæ, ne rursus submergeretur. Virtus quippe vestra non sivit ingruere tempestatem, sed illorum sententia fluctus concitavit. Ego vero rem non secundum exitum, sed secundum illorum mentem æstimo. Tu homo qui altari adstas, cui tanti populi cura commissa, cum hæc tristia comprimere deberes, tempestatem auxisti, contra teipsum gladium vibrasti, filios tuos consumsisti, si non reipsa et experimento, certe animo. Sed Deus prohibuit. Itaque vos demiror et laudo, quod post bellum, pace conciliata, caveatis ut perfecta pax maneat. Oportet enim gubernatorem cum nautis concordi esse animo: si enim dissideant, scapha demergitur. Vos pacem hanc per Dei gratiam stabilite: vos securitatis consortes efficiam. Sine vobis nihil faciam, nec sine religiosissima Augusta. Namque et illa curat, sollicita est, nihilque non agit, ut quod plantatum est, firmum maneat, ut Ecclesia sine fluctibus degat. Laudavi itaque et vestram conscientiam, et Imperatorum providentiam. Non enim ita de bello solliciti sunt, ut de Ecclesia, non ita de civitate, ut de Ecclesia. Precemur itaque Deum, rogemus illam, in precibus perseveremus: neque, quoniam calamitas soluta est, segniores evadamus. Ideo ad hanc usque diem precamur, ut illa tristia solvantur. Gratias Deo agamus: ut tunc strenui fuimus, sic jam studiosi simus. Pro his vero omnibus gratias agamus Deo, cui gloria et imperium cum Filio et sancto vivificoque Spiritu nunc et semper, et in sæcula sæculorum. Amen.

γενέσθαι τὸν χειμῶνα, ἀλλ' ἡ γνώμη ἐκείνων τὸ κλυδώνιον εἰργάσατο. Ἐγὼ δὲ, οὐ τῷ τέλει, ἀλλὰ τῇ γνώμῃ ἐκείνων λογίζομαι. Ἄνθρωπος θυσιαστηρίῳ παρεστηκὼς, δήμου τοσούτου ἐγκεχειρισμένος πρόνοιαν, ὀφείλων καταστέλλειν τὰ λυπηρὰ, ηὔξησας τὸν χειμῶνα, κατὰ σαυτοῦ τὸ ξίφος ἤλασας, τὰ τέκνα τὰ
B σὰ ἀναλώσας τῇ γνώμῃ, εἰ καὶ μὴ τῇ πείρᾳ. Ἀλλ' ὁ Θεὸς ἐκώλυσεν. Ὥστε θαυμάζω ὑμᾶς καὶ ἐπαινῶ, ὅτι μετὰ τὸν πόλεμον καὶ τῆς εἰρήνης γενομένης σκοπεῖτε, ὅπως ἂν τελεία γένηται εἰρήνη. Δεῖ γὰρ τὸν κυβερνήτην μετὰ τῶν ναυτῶν ὁμόνοιαν ἔχειν· ἐὰν γὰρ διαστασιάζωσι, καταποντίζεται τὸ σκάφος. Ὑμεῖς κατορθώσατε τὴν εἰρήνην μετὰ τὴν τοῦ Θεοῦ χάριν· ὑμᾶς κοινωνοὺς ποιήσομαι τῆς ἀσφαλείας. Χωρὶς ὑμῶν οὐδὲν ἐργάσομαι, εἶτα καὶ τῆς θεοφιλεστάτης Αὐγούστης. Καὶ γὰρ κἀκείνη φροντίζει καὶ μεριμνᾷ καὶ πάμπολλα ποιεῖ, ὥστε τὸ φυτευθὲν μεῖναι
C βέβαιον, ὥστε τὴν Ἐκκλησίαν ἀκλυδώνιστον μεῖναι. Ἐπῄνεσα οὖν καὶ ὑμῶν τὴν σύνεσιν, καὶ τῶν βασιλέων τὴν πρόνοιαν. Οὐ γὰρ οὕτως αὐτοῖς μέλει περὶ πολέμου, ὡς περὶ Ἐκκλησίας, οὐχ οὕτω περὶ πόλεως, ὡς περὶ Ἐκκλησίας. Παρακαλέσωμεν τὸν Θεὸν, [a] ἀξιώσωμεν ἐκείνην, παραμείνωμεν ταῖς εὐχαῖς· καὶ μὴ, ἐπειδὴ ἐλύθη τὰ δεινὰ, χαυνότεροι γενώμεθα. Διὰ τοῦτο ἕως τῆς σήμερον εὐχόμεθα λυθῆναι τὰ δεινά. Εὐχαριστήσωμεν τῷ Θεῷ, ὥσπερ τότε ἀνδρεῖοι, οὕτω καὶ σήμερον σπουδαῖοι. Ὑπὲρ δὲ τούτων ἁπάντων εὐχαριστήσωμεν τῷ Θεῷ, ᾧ ἡ δόξα καὶ τὸ κράτος ἅμα τῷ Υἱῷ σὺν τῷ ἀγαθῷ καὶ ζωοποιῷ Πνεύματι νῦν καὶ ἀεὶ, καὶ εἰς τοὺς αἰῶνας τῶν αἰώνων. Ἀμήν.

[a] ἀξιώσωμεν ἐκείνην, forte ἐκεῖνον. Si stet lectio ἐκείνην, et quidem stare posse videtur, referenda est ad Imperatorum providentiam paulo ante memoratam.

MONITUM

IN HOMILIAM DE CHANANÆA

POST REDITUM AB EXSILIO A CHRYSOSTOMO HABITAM.

Circa hujus homiliæ γνησιότητα disputatum fuit. Savilius vir sagax et eruditus eam ut genuinam habuit: hæc enim ait in Notis p. 726: *Orationis hujus apographum ex Bibliotheca Palatina descriptum emendavimus ex duobus Manuscriptis in Bibliotheca Ducis Bavariæ. Multa habet communia cum Homil.* 52 *in Matthæum* (quæ est 53 apud Morellum), *neque agnoscit Catalogus*

Augustanus. Puto tamen germanam esse, quamvis languidiuscule scriptam, ut sunt multæ hujus nostri Constantinopolitanæ. Aliud sentire videtur Fronto Ducæus, qui in Notis ad hanc homiliam p. 1034. tomo VI, ita loquitur : *Hujus homiliæ Græcum textum ex Palatinis Codicibus exscribi curavit Savilius,* et *ex Bavaricis emendavit, qui* et *germanum* esse *putat opus Chryso-* 432
stomi, quamvis ab Augustano Catalogo non agnoscatur, et *languidiuscule* scri*pta videatur.* Quod *sane mirum, cum Sixtus Senensis ante monuerit eamdem apud Origenem exstare Serm.* 7 *in diversos locos,* et *inter homilias ex variis in Matthæum locis* esse *decimam septimam, hoc est in ea Sermonum farragine, quam judicat* esse *monachi potius cujusdam, qui evangeliorum explanationes variis intermixtas allegoriis edidit. Porro apud Origenem alium* interpretem *habet,* et *brevior* est, *quam in libro ex variis in Matthæum locis : in utroque tamen loco incipit ab illis verbis,* Miratur evangelista : *quæ reperies p.* 298, D, [edit. Morel.] *hujus editionis : quæ vero præcedunt ab initio homiliæ* vetus *quidam interpres Latine vertit* : et *habentur homilia decima quarta ex variis in Matthæum locis* : Multæ tempestates, inquietudo acris : et *aliam rursus interpretationem in Lotharingia naeti sumus ex Ms. Codice erutam, quam cum eadem homilia* 17 *conjunctam recensuimus,* et *variis lectionibus atque emendationibus ex collatione cum Codice Græco illustrissimi Cardinalis Perronii amplificavimus.* Hæc Fronto Ducæus, secundum cujus haud dubie sententiam hæc homilia in edit. Morel. Tomo VI inter Spuria cusa fuit. Sed huic sententiæ reclamat Tillemontius; eamque inter veras germanasque censet retinendam, quod nulla sat idonea ejus rejiciendæ ratio afferatur.

Certe quod spectat ad primam partem ad usque illud, num. 3 : *Miratur evangelista,* ecce *mulier,* etc., ea omnibus γνησιότητος signis ita munita est, ut de illa neminem bene consultum putem esse dubitaturum : nam pauca illa quæ de exsilio suo primo, deque regressu suo tangit, ita accurate posita sunt, ut ea Græculo cuipiam, ex eorum numero qui orationes et homilias ab se vel factas vel hinc inde consarcinatas Chrysostomo aliisque Patribus adscribebant, tribui non possit. Non ii quippe erant, qui possent historica acta diligenter et secundum veram seriem referre; non erat nugacis Græculi carptim dicere in priore exsilio multos ex iis, qui adversarii Chrysostomi fuerant, misericordia motos ad ejus partes transiisse, quod utique gestum fuit, ut et in hac homilia significatur; non erat Græculi enarrare, statim post regressum Chrysostomi, omnes adversarios ejus fugam fecisse, ita ut ne unus quidem compareret; id quod veræ historiæ apprime consonum est. Cætera quæ sequuntur in hac homilia existimo etiam Chrysostomi esse, licet non ausim affirmare ea prorsus esse alienis quibusdam assumentis vacua; possent enim extranea manu retractata fuisse aliquot in locis. Hic non pauca sunt, quæ Homilia 53 in Matthæum iisdem pene verbis feruntur; tam familiare autem fuit Chrysostomo, ea quæ pridem dixerat, in aliis homiliis referre, ut id potius ad nostram, quam ad contrariam sententiam tuendam afferri posse putemus. Ubi etiam advertendum illud in fine hujus homiliæ positum, quod μνημονικὸν Chrysostomi ἁμάρτημα fortasse fuerit; nempe *Dixit Deus, Fiat cælum, et factum est cælum,* in Homilia quoque illa 53 in Matthæum reperiri. Illa vero clausula in Scriptura sacra non reperitur. Verum non raro Chrysostomus memoriter Scripturæ verba referre solet, et alio quam habeantur modo expromere.

Ea porro Homilia, quæ inter alias falso, ut consentiunt omnes, Origeni adscriptas, recensetur, cujus meminit supra Fronto Ducæus, hujus est pene compendium. Huic similis, sed multo longior est alia, quæ inter Homilias ex variis in Matthæum locis decima septima numeratur, quæque in Editionibus Chrysostomi Latinis ante Frontonem Ducæum publicatis cusa fuit.

Hujus homiliæ interpretationem novam Latinam adornavimus.

IN DIMISSIONEM CHANANÆÆ.

Habita autem est post ejus reditum ab exsilio.

1. Tempestas ingens sævit, sed eorum qui convenerunt alacritatem non cohibuit; multæ tentationes, sed desiderium vestrum non solverunt. Non cessat Ecclesia oppugnari, et vincere; insidiis impeti, et superare insidias. Quanto magis alii insidiantur, tanto magis illa augetur: fluctus dissipantur, et petra stat immobilis. Interdiu doctrina, noctu vigiliæ; dies cum nocte certat; illic collectæ, et hic collectæ: nox forum convertit in ecclesiam; alacritas animi vestri igne vehementior est. Cohortatione non indigetis, et studium exhibetis vestrum. Quis non obstupescat? quis non miretur? Non modo qui nostri sunt, non abfuerunt, sed etiam qui nostri non sunt, accesserunt. Hujusmodi est tentationum lucrum: nam sicut pluvia decidens semina excitat, sic et animam invadens tentatio erigit animum. Verbum Dei est: inconcussa est Ecclesia:
Matth. 16. 18. *Portæ inferi non prævalebunt adversus eam.* Qui impugnat illam, se ipsum profligat, ipsamque fortiorem ostendit: qui impugnat illam, vires suas dejicit, nostrumque tropæum reddit illustrius. Splendidus erat antea Job, postea vero splendidior apparuit. Quando corpore sanus erat, non ita splendidus fuit, ut cum vulnerum sanie coronabatur. Noli tentationem umquam reformi-
Rom. 5. 3. dare, si præparatam habeas animam. Tribulatio nihil officit, sed patientiam operatur. Nam quemadmodum nihil officit auro fornax, sic neque tribulatio generoso nocet. Quid facit fornax quæ aurum excipit? Purum illud reddit. Quid operatur tribulatio toleranti? Patientiam. Sublimiorem illum efficit, desidiam resecat, animum

A *ΕΙΣ ΤΗΝ ΕΠΙΛΥΣΙΝ ΤΗΣ ΧΑΝΑΝΑΙΑΣ.

Ἐῤῥήθη δὲ μετὰ τὸ ὑποστρέψαι αὐτὸν ἐκ τῆς ἐξορίας.

Πολὺς ὁ χειμὼν, ἀλλὰ τὴν προθυμίαν τῶν παραγενομένων οὐ διεκώλυσε· πολλοὶ οἱ πειρασμοὶ, ἀλλὰ τὸν πόθον ὑμῶν οὐκ ἐξέλυσαν. Οὐ παύεται ἡ Ἐκκλησία πολεμουμένη καὶ νικῶσα, ἐπιβουλευομένη καὶ περιγινομένη. Ὅσον ἄλλοι ἐπιβουλεύουσι, τοσοῦτον αὕτη αὔξεται· καὶ τὰ μὲν κύματα διαλύεται, ἡ δὲ πέτρα ἕστηκεν ἀκίνητος. Ἐν ἡμέρᾳ διδασκαλία, ἐν
433 A νυκτὶ παννυχίδες· ἡ ἡμέρα πρὸς τὴν νύκτα ἁμιλλᾶται· ἐκεῖ συνάξεις, καὶ ἐνταῦθα συνάξεις. Ἡ νὺξ τὴν ἀγορὰν ἐκκλησίαν ἐργάζεται· ἡ δὲ προθυμία [a] πυρὸς σφοδροτέρα. Οὐ δεῖσθε παραινέσεως, καὶ ἐπιδείκνυσθε τὴν σπουδήν. Τίς οὐκ ἂν ἐκπλαγείη; τίς οὐκ ἂν θαυμάσειεν; Οὐ μόνον οἱ ὄντες οὐκ ἀπελείφθησαν, ἀλλὰ καὶ οἱ μὴ ὄντες προσεγένοντο. Τοιοῦτον τῶν πειρασμῶν τὸ κέρδος· καθάπερ γὰρ ὑετὸς εἰς τὴν γῆν κατιὼν διεγείρει τὰ σπέρματα, οὕτω καὶ ὁ πειρασμὸς εἰς τὴν ψυχὴν εἰσιὼν διεγείρει τὴν προθυμίαν. Λόγος ἐστὶ τοῦ Θεοῦ· [b] ἀκίνητος ἡ Ἐκκλησία· Πύλαι ᾅδου οὐ κατισχύσουσιν αὐτῆς. Ὁ πολεμῶν ἑαυτὸν κατα-
B λύει, τὴν δὲ Ἐκκλησίαν ἰσχυροτέραν δείκνυσιν· ὁ πολεμῶν τὴν ἰσχὺν ἑαυτοῦ [c] καταβάλλει, ἡμῶν δὲ λαμπρότερον ἐργάζεται τὸ τρόπαιον. Ὁ Ἰὼβ ἦν καλὸς καὶ πρὸ τούτου· μετὰ δὲ ταῦτα βελτίων ἐφάνη. Οὐχ οὕτω καλὸς ἦν, ὅτε ἀσινὴς ἦν τὸ σῶμα, ὡς καλὸς ἦν ὅτε τῷ ἰχῶρι τῶν τραυμάτων ἐστεφανοῦντο. Μηδέποτε φοβηθῇς πειρασμὸν, ἐὰν ψυχὴν παρεσκευασμένην ἔχῃς. Οὐ βλάπτει ἡ θλίψις, ἀλλ' ὑπομονὴν κατεργάζεται. Ὥσπερ γὰρ τὸ χρυσίον οὐ βλάπτει ἡ κάμινος, οὕτως οὐδὲ τὸν γενναῖον διαφθείρει ἡ θλίψις. Τί ποιεῖ ἡ κάμινος τῷ χρυσίῳ; [d] Καθαρὸν ἀποτελεῖ. Τί ἐργάζεται ἡ θλίψις τῷ φέροντι; Τὴν ὑπομονήν.
C Ὑψηλότερον κατασκευάζει, ῥᾳθυμίαν περικόπτει, συνάγει τὴν ψυχὴν, σωφρονέστερον ποιεῖ τὸν λογι-

* Collata cum Codice Colbertino 365.

[a] Colbert. πυρὸς φαιδροτέρα, non male. Verba οὐ μόνον οἱ ὄντες οὐκ ἀπελείφθησαν, ἀλλὰ καὶ οἱ μὴ ὄντες προσεγίνοντο, *Non modo qui nostri sunt non abfuerunt, sed etiam qui nostri non sunt, advenerunt*, sic breviter enuntiata explicari puto per hæc Socratis verba: Ὁ δὲ λαὸς ἄῤῥητα ἐστασίαζεν· οἷα δὲ ἐν τοῖς τοιούτοις φιλεῖ γίνεσθαι, πολλοὶ τῶν ἀπεχθῶς πρὸς αὐτὸν ἐχόντων ἐπὶ οἶκτον μετεβάλλοντο, καὶ συκοφαντεῖσθαι ἔλεγον, ὃν μικρῷ ἔμπροσθεν καθῃρημένον ἐπεθύμουν θεάσασθαι, *Populus horrendum in modum tumultuabatur: utque in hujusmodi rebus solet evenire, multi eorum qui infenso in illum animo erant, miseratione movebantur, eumque calumniis oppressum dicebant, quem paulo ante depositum videre optaverunt.*

[b] Sic recte Colbert. ἡ ἐκκλησία desiderabatur in Editis.

[c] Colbert. καταλύει.

[d] Colb. καθαρὸν ποιεῖ. Ibid. τί ἐργάζεται, etc. Sic nulla facta mutatione, puncto solum interrogante interposito post φέροντι, locus bene habet, et ad seriem omnino quadrat. Hic corrigi jubet Fronto ex Cod. Perroniano, ἡ θλίψις τῷ φέροντι; τὴν ὑπομονὴν ὑψηλοτέραν κατασκευάζει, vel τὴν ὑπομονὴν ἐμποιεῖ, ὑψηλότερον κατασκευάζει: sed Editi nostri lectio melior, quæ confirmatur etiam ex Codice Colbertino.

σμόν. [c] Ἐπήγαγον πειρασμὸν, ἵνα τὰ πρόβατα ἀπελάσωσι, καὶ τὸ ἐναντίον ἐξέβη· εἰσήγαγε γὰρ ποιμένα. Ἐν τίσι τὰ ἡμέτερα; Ἐν εὐδοκιμήσει. Ἐν τίσι τὰ ἐκείνων; Ἐν αἰσχύνῃ. Ποῦ εἰσι τὰ ἐκείνων; Οὐδὲ φαίνονται. Τὴν ἀγορὰν περιέρχομαι, καὶ οὐδένα βλέπω. Φύλλα ἦν, καὶ ἀνέμου φυσήσαντος ἐξέπεσεν· ἄχυρα ἦν, καὶ ἀνεῤῥιπίσθη, καὶ ὁ σῖτος ἐφάνη ὥριμος· μόλυβδος ἦν, καὶ ἐτάκη, καὶ τὸ χρυσίον διέμεινε καθαρόν. Τίς αὐτοὺς ἐλαύνει; Οὐδείς· ἀλλὰ τὸ συνειδὸς πολέμιον ἔχουσι συνοικοῦντα μετὰ D τὴν ἁμαρτίαν. Ἴσασι τί ἔπραξαν. Ἐπεὶ καὶ ὁ Κάϊν ἐβούλετο σφάξαι τὸν ἀδελφὸν αὐτοῦ· ἀλλ' ὅτε ἐβούλετο σφάξαι, ἡ ἐπιθυμία ἤνθει· ἐπειδὴ δὲ τὴν ἁμαρτίαν εἰργάσατο, στένων καὶ τρέμων πανταχοῦ τῆς οἰκουμένης περιήρχετο. Οὗτοι δὲ, εἰ καὶ μὴ ἔσφαξαν τῇ πείρᾳ, ἀλλ' ἔσφαξαν τῇ γνώμῃ. Ἡ σφαγὴ προεχώρησεν ὅσον κατὰ τὴν ἐκείνων πονηρίαν· ἡ δὲ ζωὴ συνεχωρήθη διὰ τὴν τοῦ Θεοῦ φιλανθρωπίαν. Ταῦτα λέγω, τὴν προθυμίαν τὴν ὑμετέραν ἐπαλείφων, ἵνα μηδέποτε φοβηθῆτε πειρασμόν. Πέτρα εἶ; Μὴ φοβοῦ τὰ κύματα· Ἐπὶ γὰρ ταύτῃ τῇ πέτρᾳ οἰκοδομήσω μου τὴν Ἐκκλησίαν, καὶ πύλαι ᾅδου οὐ κατισχύσουσιν αὐτῆς, φησί. Ποτὲ ἔξωθεν οἱ πόλεμοι, ποτὲ ἔνδοE θεν· ἀλλὰ οὐδεὶς καταποντίζει τὸ σκάφος.

434 A Ἀλλ' ἵνα μὴ τὸν ἅπαντα καιρὸν εἰς τὰ ἐκείνων ἐγκλήματα ἀναλώσωμεν, παραδόντες [a] ἑαυτοὺς τῷ φόβῳ τοῦ συνειδότος, καὶ τὸν δήμιον ἀφέντες ταλανίζειν αὐτῶν τὴν διάνοιαν καὶ τὸν λογισμὸν τῶν ἀκαίρων ἐπιθυμιῶν, ἀφέντες εἶναι φυγάδας, μηδενὸς ἐλαύνοντος, ἀφέντες εἶναι ἀτίμους, μηδενὸς αὐτοῖς πολεμοῦντος· ἡμεῖς τὴν συνήθη παραθήσωμεν τράπεζαν. Οὐδὲ γὰρ δίκαιον τὸν καιρὸν ἀναλῶσαι εἰς τὰ ἐγκλήματα τῶν ἐχθρῶν, καὶ τὰ παιδία λιμῷ τηκόμενα παριδεῖν. Χθὲς τοίνυν ὁ Παῦλος τὴν τράπεζαν ἡμῖν παρέθηκε, σήμερον ὁ Ματθαῖος· χθὲς ὁ σκηνοποιὸς, σήμερον ὁ τελώνης· χθὲς ὁ βλάσφημος, σήμερον ὁ ἅρπαξ· χθὲς B ὁ διώκτης, σήμερον ὁ πλεονέκτης. Ἀλλ' ὁ βλάσφημος οὐκ ἔμεινε βλάσφημος, ἀλλ' ἐγένετο ἀπόστολος· καὶ ὁ ἅρπαξ οὐκ ἔμεινεν ἅρπαξ, ἀλλ' ἐγένετο εὐαγγελιστής. Λέγω καὶ τὴν προτέραν κακίαν, καὶ τὴν μετὰ ταῦτα ἀρετὴν, ἵνα μάθῃς ὅση [b] τῆς μετανοίας ἡ ὠφέλεια, ἵνα μηδέποτέ σου τῆς σωτηρίας ἀπογνῷς. Οἱ διδάσκαλοι ἡμῶν ἀπὸ ἁμαρτίας ἔλαμπον πρὸ τούτου, ἀλλ' ὕστερον ἔλαμψαν ἀπὸ δικαιοσύνης, τελώνης καὶ βλάσφημος, τὰ ἀκροθίνια τῆς πονηρίας. Τί γὰρ

colligit, mentem reddit temperantiorem. Invexerunt tentationem, ut oves abigerent, et contrarium evenit; illa enim pastorem introduxit. Quo in statu sunt res nostræ? Laudibus celebrantur. Quo in statu res illorum? Ignominia cumulantur. Qua conditione sunt illorum negotia? Ne apparent quidem. Forum percurro, et neminem video. Frondes erant, et flante vento ceciderunt; paleæ erant, et dissipatæ sunt, frumentumque D maturum apparuit: plumbum erat, et liquefactum est, atque purum remansit aurum. Quis fugavit illos? Nemo; sed domesticum habent hostem conscientiam post peccatum. Sciunt quid fecerint. Nam et Cain volebat fratrem suum occidere: sed cum volebat occidere, cupiditas ardebat: postquam autem peccatum perpetravit, gemens ac tremens ubique terrarum vagabatur. Hi vero licet reipsa non occiderint, at voluntate tamen occiderunt. Perpetrata est cædes quantum in illorum malignitate situm fuit; sed vita concessa est Dei benignitate. Hæc a me dicuntur, ut alacritatem vestram excitem, ut numquam tentaE tionem reformidetis. Petra es? Ne fluctus timeas, nam *Super hanc petram ædificabo Ecclesiam meam, et portæ inferi non prævalebunt adversus eam*, inquit. Aliquando extranea, interdum intestina sunt bella; sed nemo potest navim submergere.

Hostes Chrysostomi illo reverso fugerunt.

Gen. 4.

Matth. 16. 18.

434 A 2. Verum ne totum tempus in referendis illorum criminibus impendamus, conscientiæ terrori committamus eos, et sinamus mentem illorum ac nefariæ cupidinis impetum a domestico carnifice divexari: sinamus eos fugere nemine persequente; sinamus in ignominia, nemine oppugnante: nosque consuetam mensam vobis apponamus. Non enim æquum est, ut tempus teramus referendis illorum sceleribus, et filios sinamus fame cruciari. Hesterno igitur die Paulus nobis mensam apparavit, hodie Matthæus; heri tenB toriorum opifex, hodie publicanus; heri blasphemus, hodie raptor; heri persequutor, hodie avarus. Sed blasphemus ille, blasphemus non mansit, sed apostolus factus est; nec raptor in rapinis permansit, sed factus est evangelista. Commemoro pristinam nequitiam, et subsequentem virtutem, ut discas quanta sit pœnitentiæ utilitas, nec umquam de tua salute desperes. Doctores nostri prius nequitia illustres fuere, sed deinde a justitia celebrati sunt, publicanus

[c] Colb. ἐπήγαγε πειρασμὸν..... ἐναντίον παρέσχε, καὶ ποιμένα εἰσήγαγε.

[a] [Savil. in marg. conj. αὐτούς.]

[b] Colb. τῆς μεταβολῆς ἡ προθυμία.

et blasphemus, duo vertices improbitatis. Quid enim est telonium? Rapina legitima, violentia fiduciæ plena, iniquitas legis patrocinio fulta : furibus ipsis durior est publicanus. Quid est telonium? Violentia quæ patrocinium legis obtendit, quæ carnificem pro medico habet. Intelligisne quid dixerim? Leges sunt medici, deinde fiunt carnifices : non enim ulcus sanant, sed augent. Quid est telonium? Peccatum impudens, rapina occasione destituta, latrocinio deterior. Latro dum furatur, saltem erubescit; hic vero cum fiducia prædatur. Verum hic publicanus repente evangelista factus est. Quomodo et qua ratione? *Transiens,* inquit, *Jesus vidit Matthæum sedentem in* telonio, et *dixit ei, Sequere me.* O virtus sermonis! intravit hamus, et captivum militem effecit, lutum in aurum convertit; intravit hamus, *Et* statim *surgens sequutus* est *eum.* In fundo erat iniquitatis, et ad culmen virtutis ascendit. Nemo itaque, dilecti, de sua salute desperet. Non enim improbitas malum est a natura insitum : libero arbitrio et libertate decorati sumus. Publicanus es? Potes fieri evangelista. Blasphemus es? Potes apostolus esse. Latro es? Potes deprædari paradisum. Magus es? Potes adorare Dominum. Non est vitium ullum, quod non pœnitentia solvatur. Idcirco Christus nequitiæ culmina delegit, ut in fine nullum subterfugium relinquat.

Publicanus quis.

Matth. 9. 9.

Liberum arbitrium.

Pœnitentia omnia vitia solvit.

3. Ne mihi dicas, Perii, quid mihi faciendum restat? ne mihi dicas, Peccavi, et quid faciam? Habes medicum morbo potentiorem, medicum habes qui morbi naturam superat, medicum habes qui nutu solo curat, medicum habes qui voluntate corrigit, qui potest et vult sanare. Cum non esses, te produxit; cum jam sis et perversus sis, multo magis poterit te corrigere. Non audisti quomodo olim pulverem de terra sumserit, et hominem finxerit? Quomodo terram converterit in carnem? quomodo nervos condiderit, quomodo ossa, quomodo pellem, quomodo venas, quomodo nasum, quomodo oculos, quomodo palpebras, quomodo supercilium , quomodo linguam, quomodo pectus, quomodo manus, quomodo pedes, quomodo reliqua omnia? Terra erat subjecta, una substantia; et intravit ars, atque varium opificium produxit. Numquid modum potes exponere, quo creatus es? Sic neque modum potes effari, quo peccata tolluntur. Si enim ignis incidens in spinas, illas ab-

C ἐστι τελώνιον; Ἁρπαγὴ ἔννομος, βία πεπαῤῥησιασμένη, ἀδικία νόμον ἔχουσα συνήγορον· ληστῶν χαλεπώτερος ὁ τελώνης. Τί ἐστι τελώνιον; Βία νόμον εἰς συνηγορίαν προβαλλομένη, τὸν ἰατρὸν ἔχουσα δήμιον. Συνήκατε ὃ εἶπον; Οἱ νόμοι ἰατροί εἰσιν, ἔπειτα καὶ δήμιοι γίνονται· οὐ γὰρ λύουσι τὸ ἕλκος, ἀλλὰ αὔξουσι. Τί ἐστι τελώνιον; Ἀναίσχυντος ἁμαρτία, ἁρπαγὴ πρόφασιν οὐκ ἔχουσα, ληστείας χαλεπώτερον. Ὁ ληστὴς κἂν αἰσχύνεται κλέπτων· οὗτος δὲ παῤῥησιάζεται ἁρπάζων. Ἀλλ' οὗτος ὁ τελώνης ἀθρόον εὐαγγελιστὴς ἐγένετο. Πῶς καὶ τίνι τρόπῳ; Παράγων, D φησὶν, ὁ Ἰησοῦς, εἶδε Ματθαῖον ἐπὶ τὸ τελώνιον καθήμενον, καὶ λέγει αὐτῷ, ἀκολούθει μοι. Ὢ λόγου δύναμις· εἰσῆλθε τὸ ἄγκιστρον, καὶ τὸν αἰχμάλωτον στρατιώτην ἐποίησε, τὸν πηλὸν χρυσὸν εἰργάσατο· εἰσῆλθε τὸ ἄγκιστρον, Καὶ εὐθέως ἀναστὰς ἠκολούθησεν αὐτῷ. Εἰς τὸ βάθος ἦν τῆς πονηρίας, καὶ εἰς τὴν ἀψῖδα ἀνέβη τῆς ἀρετῆς. Μηδεὶς τοίνυν, ἀγαπητοὶ, ἀπογινωσκέτω τῆς ἑαυτοῦ σωτηρίας. Οὐκ ἔστι φύσεως τὰ τῆς πονηρίας· προαιρέσει τετιμήμεθα καὶ ἐλευθερίᾳ. Τελώνης εἶ; Δύνασαι γενέσθαι εὐαγγελιστής. Βλάσφημος εἶ; Δύνασαι γενέσθαι ἀπόστολος. Ληστὴς εἶ; Δύνασαι παράδεισον συλῆσαι. Μάγος εἶ; Δύνασαι E προσκυνῆσαι τὸν Δεσπότην. Οὐκ ἔστιν οὐδεμία κακία μετανοίᾳ μὴ λυομένη. Διὰ τοῦτο τὰ ἀκροθίνια τῆς πονηρίας ἐξελέξατο ὁ Χριστὸς, ἵνα μηδεὶς πρὸς τὸ τέλος ἀποφυγεῖν ἔχοι.

Μή μοι λέγε, ἀπωλόμην, καὶ τί λοιπόν; μή μοι λέγε, ἡμάρτηκα, καὶ τί ποιήσω; Ἰατρὸν ἔχεις ἀνώτερον τῆς ἀῤῥωστίας, ἰατρὸν ἔχεις νικῶντα τοῦ νοσήματος τὴν φύσιν, ἰατρὸν ἔχεις νεύματι θεραπεύοντα, ἰατρὸν ἔχεις [c] θελήματι διορθούμενον, καὶ δυνάμενον καὶ βουλόμενον. Οὐκ ὄντα σε παρήγαγεν· ὄντα σε καὶ διαστραφέντα πολλῷ μᾶλλον διορθῶσαι δυνήσεται. 435 A Οὐκ ἤκουσας ὡς τὸ πρότερον ἔλαβε χοῦν ἀπὸ τῆς γῆς, καὶ ἔπλασε τὸν ἄνθρωπον; πῶς τὴν γῆν σάρκα ἐποίησε; πῶς νεῦρα; πῶς ὀστέα; πῶς δέρμα; πῶς φλέβας; πῶς ῥῖνα; πῶς ὀφθαλμούς; πῶς βλέφαρα; πῶς ὀφρῦν; πῶς γλῶτταν; πῶς θώρακα; πῶς χεῖρας, πῶς πόδας; πῶς τὰ ἄλλα πάντα; Γῆ ἦν τὸ ὑποκείμενον, μία οὐσία· καὶ εἰσῆλθεν ἡ τέχνη, καὶ ποικίλην εἰργάσατο τὴν δημιουργίαν. Μὴ δύνασαι τὸν τρόπον εἰπεῖν καθ' ὅνπερ ἐδημιουργήθης; Οὕτως οὐδὲ τὸν τρόπον δύνασαι εἰπεῖν καθ' ὃν καθαιρεῖται τὰ ἁμαρτήματα. Εἰ γὰρ τὸ πῦρ ἐμπῖπτον εἰς τὰς ἀκάνθας, B ἀναλίσκει αὐτὰς, πολλῷ μᾶλλον τὸ βούλημα τοῦ Θεοῦ τὰ πλημμελήματα ἡμῶν δαπανᾷ καὶ πρόῤῥιζα ἀνασπᾷ, καὶ τοῦ μὴ ἡμαρτηκότος τὸν ἡμαρτηκότα

[c] Colb. νεύματι διορθούμενον.

ὅμοιον κατασκευάζει. Μὴ ζήτει τὸν τρόπον, μὴ περιεργάζου τὸ γινόμενον, ἀλλὰ πίστευε τῷ θαύματι. Ἡμάρτηκα, λέγεις, πολλὰ καὶ μεγάλα. Καὶ τίς ἐστιν ἀναμάρτητος; Ἀλλὰ ἐγὼ χαλεπὰ, φησὶ, καὶ μεγάλα καὶ ὑπὲρ πάντα ἄνθρωπον. Ἀρκεῖ σοι εἰς θυσίαν τοῦτο· Λέγε σὺ τὰς ἀνομίας σου πρῶτος, ἵνα δικαιωθῇς. Ἐπίγνωθι ὅτι ἥμαρτες, καὶ ἀρχή σοι διορθώσεως τοῦτο γενήσεται. Στύγνασον, γενοῦ κατηφὴς, ἔκχεε δάκρυα. Μὴ γὰρ ἄλλο τι ἐξέχεεν ἡ πόρνη; Οὐδὲν C ἕτερον, ἢ δάκρυα καὶ μετάνοιαν· ἔλαβε χειραγωγὸν τὴν μετάνοιαν, καὶ προσῆλθε τῇ πηγῇ.

Τί δέ φησιν ὁ τελώνης καὶ ὁ εὐαγγελιστὴς, ἀκούσωμεν. Καὶ ἐξελθὼν ὁ Ἰησοῦς ἐκεῖθεν, ἦλθεν εἰς τὰ μέρη Τύρου καὶ Σιδῶνος· καὶ ἰδοὺ γυνή. Θαυμάζει ὁ εὐαγγελιστής· Ἰδοὺ γυνὴ, τὸ παλαιὸν ὅπλον τοῦ διαβόλου, ἡ τοῦ παραδείσου με ἐκβαλοῦσα, ἡ μήτηρ τῆς ἁμαρτίας, ἡ ἀρχηγὸς τῆς παραβάσεως· αὕτη ἐκείνη ἡ γυνὴ ἔρχεται, αὕτη ἡ φύσις· καινὸν θαῦμα καὶ παράδοξον· Ἰουδαῖοι φεύγουσι, καὶ ἡ γυνὴ καταδιώκει. Καὶ ἰδοὺ γυνὴ ἀπὸ τῶν ὁρίων ἐκείνων ἐξελθοῦσα, D παρεκάλει αὐτὸν λέγουσα· Κύριε, υἱὲ Δαυὶδ, ἐλέησόν με. Εὐαγγελίστρια γίνεται ἡ γυνὴ, καὶ τὴν θεότητα καὶ τὴν οἰκονομίαν ὁμολογεῖ· Κύριε, τὴν δεσποτείαν· Υἱὲ Δαυὶδ, τῆς σαρκὸς τὴν ἀνάληψιν. Ἐλέησόν με. Ὅρα φιλόσοφον ψυχήν. Ἐλέησόν με· οὐκ ἔχω κατορθώματα βίου, οὐκ ἔχω παῤῥησίαν πολιτείας· ἐπὶ ἔλεον καταφεύγω, ἐπὶ τὸν κοινὸν τῶν ἡμαρτηκότων λιμένα· ἐπὶ ἔλεον καταφεύγω, ὅπου δικαστήριον οὐκ ἔστιν, ὅπου ἀνεξέταστος ἡ σωτηρία· καίτοι οὕτω πονηρὰ οὖσα καὶ παράνομος, ἐτόλμησε προσελθεῖν. Καὶ ὅρα γυναικὸς φιλοσοφίαν· οὐ παρακαλεῖ Ἰάκωβον, E οὐ δέεται Ἰωάννου, οὐδὲ προσέρχεται Πέτρῳ, οὐδὲ διέτεμε τὸν χορόν. Οὐκ ἔχω μεσίτου χρείαν, ἀλλὰ λαβοῦσα τὴν μετάνοιαν συνήγορον, αὐτῇ τῇ πηγῇ προσέρχομαι. Διὰ τοῦτο κατέβη, διὰ τοῦτο σάρκα ἀνέλαβεν, ἵνα κἀγὼ αὐτῷ διαλεχθῶ. Ἄνω τὰ Χερουβὶμ αὐτὸν τρέμει, καὶ κάτω πόρνη αὐτῷ διαλέγεται. Ἐλέησόν με. Ψιλὸν τὸ ῥῆμα, καὶ πέλαγος ἀχανὲς σωτηρίας εὑρίσκει. Ἐλέησόν με· διὰ τοῦτο παρεγένου, διὰ τοῦτο σάρκα ἀνέλαβες, διὰ τοῦτο ἐγένου ὅπερ ἐγώ εἰμι. Ἄνω τρόμος, καὶ κάτω παῤῥησία. Ἐλέησόν με· οὐ χρείαν ἔχω μεσίτου, Ἐλέησόν με. Τί ἔχεις; Ἔλεον 436 ζητῶ. Τί πάσχεις; Ἡ θυγάτηρ μου κακῶς δαιμονί- A ζεται· ἡ φύσις βασανίζεται, ἡ συμπάθεια γυμνάζεται. Ἐξῆλθε συνήγορος τοῦ θυγατρίου· οὐ φέρει τὴν νοσοῦσαν, ἀλλὰ φέρει τὴν πίστιν· Θεός ἐστι, καὶ τὰ πάντα βλέπει. Ἡ θυγάτηρ μου κακῶς δαιμονίζεται. Πένθος χαλεπόν· τὸ κέντρον τῆς φύσεως τὴν μήτραν διέσχισε, τὸ κλυδώνιον ἐν τοῖς σπλάγχνοις. Τί ποιή-

sumit, multo magis voluntas divina delicta nostra consumit, radicitus evellit, et peccatorem ei qui non peccavit similem reddit. Ne quæras modum, ne investiges quid factum sit; sed miraculo crede. Multa magnaque peccavi, dicis. *Etiam gravissima peccata expiantur.* Ecquis a peccato immunis? At mea gravia sunt, et quorumvis hominum peccata superant. Hoc tibi sufficit ad sacrificium : *Dic tu iniquitates* Isai. 43. 26. *tuas primus, ut justificeris.* Agnosce te peccasse, et initium tibi correctionis hoc fiet. Mœstus esto, lacrymas fundo. Numquid aliud quidpiam meretrix effudit? Nihil aliud, quam lacrymas et pœnitentiam; ducem assumsit pœnitentiam, et ad fontem accessit.

4. Quid vero publicanus et evangelista dicat, audiamus. *Et egressus inde Jesus venit in par-* Matth. 15. 21. 22.
tes *Tyri* et *Sidonis* : et ecce *mulier.* Miratur evangelista : *Ecce mulier,* vetusta armatura diaboli, quæ me de paradiso expulit, mater peccati, princeps prævaricationis; illa ipsa mulier venit, ipsa natura : novum ac stupendum spectaculum : Judæi fugiunt, et mulier sequitur. *Et ecce mulier de finibus illis egressa rogabat eum dicens, Domine, fili David, miserere mei.* Evangelista fit mulier, ac divinitatem incarnationemque confitetur; *Domine,* dominationem; *fili David,* incarnationem denotat. *Miserere mei.* Vide philosophicam animam. *Miserere mei* : non habeo conscientiam bonorum operum, non rectæ vitæ fiduciam; ad misericordiam confugio, ad communem peccatorum portum : ad misericordiam confugio, ubi nullum tribunal, ubi sine examine salus : sic peccatrix et iniqua accedere ausa est. Vide mihi philosophiam mulieris; non rogat Jacobum, non supplicat Joanni, non accedit ad Petrum, nec divisit apostolorum chorum. Non egeo mediatore, sed pœnitentiam assumens advocatum, ad ipsum fontem pergo. Ideo descendit, ideo carnem assumsit, ut ego ipsum alloquar. Sursum Cherubim ipsum tremunt, et deorsum meretrix illum alloquitur. *Miserere mei.* Nudus sermo, sed salutis immensum pelagus reperit. *Miserere mei*; ideo venisti, ideo carnem assumsisti, ideo factus es quod ego sum. Superne tremor, et deorsum fiducia. *Miserere mei;* non egeo mediatore, *Miserere mei.* Quo opus habes? Misericordiam quæro. Quid pateris? *Filia mea male a dæmonio vexatur* : Ibid. natura torquetur, commiseratio exercetur. Egressa est advocata filiæ : non affert ægram, sed fidem affert : Deus est, et omnia videt. *Filia mea male a dæmonio vexatur.*

Gravis luctus : naturæ stimulus uterum discidit, in visceribus tempestas. Quid faciam? perii. Cur non dicis, Miserere filiæ meæ, sed, *Miserere mei?* Illa morbi sensum non habet, nescit quid patiatur, dolorem non sentit : doloris, imo et sensus vacuitas est ipsi velum calamitatis. *Miserere mei* diurnorum malorum spectatricis; domi calamitatis theatrum adest. Quo pergam? In desertum? At non audeo illam solam relinquere. Domine sedeam? Sed intrinsecus est inimicus, tempestas in portu, spectaculum calamitatis. Quo nomine vocabo illam? Mortuamne? Sed movetur. Viventem? At nescit quid faciat. Invenire nomen nequeo quo morbum appellem. *Miserere mei.* Si mortua esset filia mea, non talia paterer; corpus in visceribus terræ deposuissem, et elapso tempore in oblivionem malorum venissem, et ulcus obduxissem : nunc autem cadaver habeo assiduum spectaculum, quod mihi vulnus perennet, et dolorem augeat. Quomodo cernam oculos transversos, manus contortas, passos crines, emissam spumam, carnificem intus positum et non apparentem, flagellantem qui non videatur, dum flagellum ipsum videtur? Sto spectatrix alienorum malorum, sto natura stimulante; *Miserere mei.* Gravis tempestas ægritudo et timor; ægritudo naturæ, et timor dæmonis. Accedere non possum, neque contingere. Impellit me affectus, abigit timor; *Miserere mei.*

σω; ἀπόλλυμαι. Καὶ διὰ τί μὴ λέγεις, ἐλέησον τὴν θυγατέρα μου, ἀλλὰ, Ἐλέησόν με; Ἐκείνη ἐν ἀναισθησίᾳ ἔχει τὸ πάθος, οὐκ οἶδε τί πάσχει, οὐκ αἰσθάνεται τῆς ὀδύνης, παραπέτασμα τῆς συμφορᾶς ἔχουσα [B] τὸν ἀνώδυνον, μᾶλλον δὲ τὸ ἀναίσθητον. Ἐμὲ δὲ ἐλέησον τὴν θεωρὸν τῶν καθημερινῶν κακῶν· θέατρον ἔχω συμφορᾶς ἐν τῇ οἰκίᾳ. Ποῦ ἀπέλθω; Εἰς τὴν ἔρημον; Ἀλλ' οὐ τολμῶ αὐτὴν καταλιπεῖν μόνην. Ἀλλὰ εἰς τὴν οἰκίαν; Ἀλλ' εὑρίσκω τὸν πολέμιον ἔνδον, τὰ κύματα ἐν τῷ λιμένι, θέατρον συμφορᾶς. Τί αὐτὴν καλέσω; Νεκράν; Ἀλλὰ κινεῖται. Ἀλλὰ ζῶσαν; Ἀλλ' οὐκ οἶδε τί ποιεῖ. Οὐκ οἶδα εὑρεῖν ὄνομα ἑρμηνεῦον τὸ πάθος. Ἐλέησόν με. Εἰ ἐτεθνήκει τὸ θυγάτριον, οὐκ ἂν [C] τοιαῦτα ἔπασχον· παρέδωκα ἂν τοῖς κόλποις τῆς γῆς τὸ σῶμα, καὶ τῷ χρόνῳ τὴν λήθην ἂν εἰσήγαγον, καὶ διεφόρησα ἂν τὸ ἕλκος· νῦν δὲ νεκρὸν ἔχω διηνεκῆ θεωρίαν μοι ἐργαζόμενον, ὑφαίνοντά μοι τὸ τραῦμα, πλεονάζοντά μοι τὸ πάθος. Πῶς ἴδω ὀφθαλμοὺς διαστρεφομένους; χεῖρας στραγγαλουμένας; πλοκάμους λυομένους; ἀφρὸν προϊέμενον; τὸν δήμιον ἔνδον ὄντα καὶ μὴ φαινόμενον; τὸν μαστίζοντα μὴ ὁρώμενον, τὰς δὲ μάστιγας φαινομένας; Ἕστηκα θεωρὸς τῶν ἀλλοτρίων κακῶν, ἕστηκα τῆς φύσεώς με κεντριζούσης· Ἐλέησόν με. Χαλεπὸν τὸ κλυδώνιον, πάθος καὶ φόβος· πάθος φύσεως, καὶ φόβος δαίμονος. Προσελθεῖν οὐ δύνα- [D] μαι, οὐδὲ κατασχεῖν. Ὠθεῖ με τὸ πάθος, καὶ διακρούεταί με ὁ φόβος. Ἐλέησόν με.

5. Cogita mulieris philosophiam. Non adiit magos, non vocavit divinos, non ligaturas admisit, non maleficas mulieres mercede conduxit, eas quæ solent dæmonas evocare et ulcus augere; sed dimisit diaboli officinam, et accessit ad Servatorem animarum nostrarum. *Miserere mei, filia mea male a dæmonio vexatur.* Nostis affectum miserationis, quotquot patres fuistis; juvate me verbis, quotquot matres fuistis. Non possum describere tempestatem quam sustinuit muliercula illa. *Miserere mei : filia mea male a dæmonio vexatur.* Vidisti philosophiam mulieris, vidisti perseverantiam, vidisti virilitatem, patientiam? [Matth. 15. 23.] *Ille vero non respondit ei verbum.* Rem novam! Rogat, obsecrat, calamitatem deplorat, auget tragœdiam, afflictionem narrat; et ille hominum amator non respondet. Verbum tacet, fons clausus est, medicus pharmaca retinet. Quid novum? quid admirabile? Ad alios curris, et hanc miseram accurrentem abigis? Sed considera medici philosophiam. *Ille autem non respondit ei verbum.* Quare? Quia verba non

Ἐννόησον γυναικὸς φιλοσοφίαν. Οὐκ ἀπῆλθε πρὸς μάγους, οὐκ ἐκάλεσε μάντεις, οὐ περίαπτα ἐποίησεν, οὐ μαγγανευτρίας γυναῖκας ἐμισθώσατο, ταύτας τὰς γοητευούσας δαίμονας καὶ αὐξούσας τὸ ἕλκος· ἀλλ' ἀφῆκε τοῦ διαβόλου τὸ ἐργαστήριον, καὶ ἔρχεται ἐπὶ τὸν Σωτῆρα τῶν ψυχῶν τῶν ἡμετέρων. Ἐλέησόν με· ἡ θυγάτηρ μου κακῶς δαιμονίζεται. Ἴστε τὸ πάθος, ὅσοι πατέρες ἐγένεσθε· βοηθήσατέ μου τῷ λόγῳ, ὅσαι μητέρες ἐγένεσθε. Οὐ δύναμαι ἑρμηνεῦσαι τὸν χειμῶνα, ὃν ὑπέμεινε τὸ γύναιον. Ἐλέησόν με· ἡ θυγά- [E] τηρ μου κακῶς δαιμονίζεται. Εἶδες τὴν φιλοσοφίαν τῆς γυναικός; εἶδες τὴν καρτερίαν; τὴν ἀνδρείαν; τὴν ὑπομονήν; Ὁ δὲ οὐκ ἀπεκρίνατο αὐτῇ λόγον. Καινὰ πράγματα. Παρακαλεῖ, δέεται, κλαίει τὴν συμφορὰν, αὔξει τὴν τραγῳδίαν, διηγεῖται τὸ πάθος· καὶ ὁ φιλάνθρωπος οὐκ ἀποκρίνεται· ὁ Λόγος σιωπᾷ, ἡ πηγὴ κλείεται, ὁ ἰατρὸς τὰ φάρμακα συστέλλει. Τί τὸ καινόν; τί τὸ παράδοξον; Ἄλλοις ἐπιτρέχεις, καὶ ταύτην ἐπιτρέχουσαν ἐλαύνεις; Ἀλλ' ἐννόησον τοῦ ἰατροῦ τὴν φιλοσοφίαν. Ὁ δὲ οὐκ ἀπεκρίνατο αὐτῇ λόγον. Τίνος ἕνεκα; Ὅτι οὐ τὰ ῥήματα ἐξήταζεν, ἀλλὰ τὰ ἀπόρρητα τῆς διανοίας κατεμάνθανεν. Ὁ δὲ οὐκ ἀπεκρίνατο αὐτῇ λόγον. Τί δὲ οἱ μαθηταί; Ἐπειδὴ 437 A οὐκ ἔτυχεν ἡ γυνὴ ἀποκρίσεως, προσελθόντες αὐτῷ λέγουσιν· Ἀπόλυσον αὐτὴν, ὅτι κράζει ὄπισθεν ἡμῶν. Ἀλλὰ σὺ τῆς ἔξωθεν ἀκούεις κραυγῆς, ἐγὼ δὲ τῆς ἔνδοθεν· μεγάλη ἡ φωνὴ τοῦ στόματος, ἀλλὰ μείζων ἡ τῆς διανοίας. Ἀπόλυσον αὐτὴν, ὅτι κράζει ὄπισθεν ἡμῶν· ἄλλος δὲ λέγει [a] εὐαγγελιστὴς, Ἔμπροσθεν ἡμῶν. Ἐναντία τὰ εἰρημένα, ἀλλ' οὐ ψευδῆ· ἀμφότερα γὰρ ἐποίει. Πρότερον γὰρ ὄπισθεν ἔκραζεν· ὅτε δὲ οὐκ ἀπεκρίθη, ἦλθεν ἔμπροσθεν, καθάπερ κύων λείχων τοὺς πόδας τοῦ κυρίου αὐτοῦ. Ἀπόλυσον αὐτήν· θέατρον περιέστησε, δῆμον συνήγαγε· τὴν ὀδύνην ἐθεώρουν τὴν ἀνθρωπίνην ἐκεῖνοι, ὁ δὲ Δεσπότης τὴν φιλανθρωπίαν, καὶ τὴν σωτηρίαν τῆς γυναικός. Ἀπό- B λοσον αὐτὴν ὅτι κράζει ὄπισθεν ἡμῶν. Τί οὖν ὁ Χριστός; Οὐκ ἀπεστάλην εἰ μὴ εἰς τὰ πρόβατα τὰ ἀπολωλότα οἴκου Ἰσραήλ. Ὅτε ἀπεκρίνατο, χεῖρον αὐτῆς ἐποίησε τὸ ἕλκος· ἰατρὸς γὰρ ἦν τέμνων, οὐχ ἵνα διέλῃ, ἀλλ' ἵνα συνάψῃ.

Ἐνταῦθα προσέχετέ μοι μετὰ ἀκριβείας, καὶ συντείνατέ μοι τὴν διάνοιαν. Ζήτημα γὰρ βαθὺ ἀνερευνῆσαι βούλομαι. Οὐκ ἀπεστάλην εἰ μὴ εἰς τὰ πρόβατα τὰ ἀπολωλότα οἴκου Ἰσραήλ. Τοῦτο ὅλον; Διὰ τοῦτο ἄνθρωπος ἐγένου, σάρκα ἀνέλαβες, οἰκονομίας τοσαύτας εἰργάσω, ἵνα μίαν γωνίαν σώσῃς, καὶ ταύτην ἀπολλυμένην; ἡ δὲ οἰκουμένη πᾶσα ἔρημος, Σκύθαι, Θρᾷκες, Ἰνδοὶ, Μαῦροι, Κίλικες, Καππά- C δοκες, Σύροι, Φοίνικες, ὅσην ὁ ἥλιος ἐφορᾷ γῆν; Διὰ Ἰουδαίους μόνους ἦλθες, τὰ δὲ ἔθνη ἐν ἐρημίᾳ ὑπερορᾷς; καὶ περιορᾷς κνίσσαν; περιορᾷς καπνόν; περιορᾷς τὸν Πατέρα σου ὑβριζόμενον; εἴδωλα προσκυνούμενα; δαίμονας θεραπευομένους; Καίτοι οἱ προφῆται οὐ ταῦτα λέγουσιν, ἀλλ' ὁ πρόγονός σου ὁ κατὰ σάρκα τί φησιν; Αἴτησαι παρ' ἐμοῦ, καὶ δώσω σοι ἔθνη τὴν κληρονομίαν σου, καὶ τὴν κατάσχεσίν σου τὰ πέρατα τῆς γῆς. Ἡσαΐας δὲ ὁ τῶν Σεραφὶμ θεωρός· Καὶ ἔσται ἡ ῥίζα τοῦ Ἰεσσαὶ, καὶ ὁ ἀνιστάμενος ἄρχειν ἐθνῶν· ἐπ' αὐτὸν ἔθνη ἐλπιοῦσι. Καὶ Ἰακώβ· D Οὐκ ἐκλείψει ἄρχων ἐξ Ἰούδα, οὐδὲ ἡγούμενος ἐκ τῶν μηρῶν αὐτοῦ, ἕως οὗ ἔλθῃ ᾧ ἀπόκειται, καὶ αὐτὸς προσδοκία ἐθνῶν. Καὶ Μαλαχίας· Διότι ἐν ὑμῖν συγκλεισθήσονται πύλαι χαλκαῖ, καὶ οὐκ ἀλλάξονται τὸ προκείμενον, ὅτι ἀπὸ ἀνατολῶν καὶ μέχρι δυσμῶν ἡλίου τὸ ὄνομά σου δοξάζεται ἐν τοῖς ἔθνεσι, καὶ ἐν παντὶ τόπῳ θυμίαμα προσφέρεται τῷ Κυρίῳ, καὶ θυσία καθαρά. Καὶ ὁ Δαυὶδ πάλιν· Πάντα τὰ ἔθνη κροτήσατε χεῖρας, ἀλαλάξατε τῷ Θεῷ ἐν φωνῇ

examinabat; sed arcana mentis animadvertebat. *Ille autem non respondit ei verbum.* Quid autem discipuli? quia responsum mulier non obtinebat, accedentes ad eum dicunt : *Dimitte illam, quia clamat post nos.* Sed tu externum audis clamorem, ego internum : magna est vox oris, sed major mentis. *Dimitte illam, quia clamat post nos :* alius autem evangelista dicit, *Ante nos.* Contraria hæc dicta videntur; sed non mendacia sunt : utrumque enim agebat. Primo enim retro clamabat; cum autem non responderet ille, anteperrexit, quasi canis lambens vestigia domini sui. *Dimitte illam ;* spectaculum circum edebat, populum advocabat : illi ad humanum dolorem respiciebant, Dominus autem ad salutem mulieris spectabat. *Dimitte illam, quia clamat post nos.* Quid igitur Christus? *Non sum missus nisi ad oves quæ perierunt domus Israel.* Cum respondit, illius ulcus auxit : medicus enim erat secans, non ut divideret, sed ut conjungeret.

Matth. 15. 23.

Ib. v. 24.

6. Hic mihi vos attentos præbete, et animum advertite : profundam enim quæstionem investigare volo. *Non sum missus nisi ad oves quæ perierunt domus Israel.* Hoccine totum est? Ideone homo factus es et carnem assumsisti, tantamque œconomiam adhibuisti, ut unum servares angulum, et hunc pereuntem? orbisne totus desertus est, Scythæ, Thraces, Indi, Mauri, Cilices, Cappadoces, Syri, Phœnices, totaque, quam sol respicit, terra? An propter Judæos solum venisti, et gentes deseris despicisque? an contemnis nidorem, an fumum? an contemnis Patrem tuum contumelia affectum? an idolorum dæmonumque cultum non curas? Atqui non hoc dicunt prophetæ, sed proavus tuus secundum carnem quid loquitur? *Postula a me, et dabo tibi gentes hereditatem tuam,* et *possessionem tuam terminos terræ.* Hesaias vero, qui Seraphim contemplatus est : *Et erit radix Jesse,* et *qui exsurget imperare gentibus : in ipsum gentes sperabunt.* Et Jacob : *Non deficiet princeps ex Juda, neque dux de femoribus ejus, donec veniat cui repositum* est : et *ipse exspectatio gentium.* Et Malachias : *Quia in vobis concludentur portæ æreæ,* et *non mutabunt quod propositum est, quia ab ortu solis usque ad occasum nomen tuum glorificatur in gentibus,* et *in omni loco incensum*

Christus pro omnibus gentibus venit in mundum.

Psal. 2. 8.

Isai. 11. 10.

Gen. 49. 10.

Malach. 1. 10. 11.

[a] Marcus 7, 25 : προσέπεσε πρὸς τοὺς πόδας αὐτοῦ, *Procidit ante pedes ejus.* Hæc dicit de Syrophœnissa, quæ eadem est atque Chananæa. Hinc Chrysostomus, memoriter loquens, ἔμπροσθεν ἡμῶν dixerit.

offertur Domino, et sacrificium mundum. Et
Psal. 46. 2. David rursum : *Omnes gentes plaudite mani-*
3. 5. *bus, jubilate Deo in voce exsultationis; quo-*
niam Dominus excelsus, terribilis, Rex ma-
gnus super omnem terram. Ascendit Deus in
jubilatione, Dominus in voce tubæ. Et alius :
Deut. 32. 43. *Lætamini gentes cum populo ejus.* Et tu ipse
veniens, nonne magos statim advocasti, arcem
gentium, diaboli tyrannidem, virtutem dæmonum? nonne descendens, prophetas eos reddidisti? Tu magos vocas : prophetæ de gentibus hoc
dicunt. Postquam ab inferis resurrexeras, disci-
Matth. 28. 19. pulis dicis : *Euntes docete omnes gentes, ba-*
ptizantes eos in nomine Patris, et *Filii,* et
Spiritus sancti; et quando venit infelix et misera illa, pro filia rogans, ærumnamque dispelli
supplicans, tunc dicis : *Non sum missus nisi ad*
oves quæ perierunt domus Israel; et cum cen-
Matth. 8. 7. tenarius accedit, dicis : *Ego veniens curabo*
Luc. 23. 43. *eum;* cum latro supplicat : *Hodie mecum eris*
Matth. 9. 6. *in paradiso;* cum paralyticus : *Surge, tolle*
lectum tuum, et *vade :* cum Lazaro loqueris,
Joan. 11. 43. *Lazare, veni foras,* et quatriduanus exivit. Leprosos mundas, mortuos suscitas, paralyticum
firmas, cæcos illuminas, latrones servas, meretricem reddis virgine castiorem, et huic nihil
respondes? Quam novum id! quam stupendum!
quam insolitum!

7. Animum advertite diligenter, ut discatis
mulieris virilitatem ac Domini sapientiam pro-
videntiamque; ut discatis moras lucrum attulisse,
et negationem divitias peperisse; ut si oraveris
et tu, et non accipias, numquam desistas. Animum diligenter adhibe. Quando Judæi ab Ægy-
tiaca tyrannide liberati sunt, et Pharaonis manus effugerunt, ad desertumque perrexerunt,
intraturi in terram Chananæorum idololatrarum
impiorumque hominum, qui lapides adorabant,
lignaque colebant, magnamque impietatem præ
Exod. 23. 24. se ferebant, dedit ipsis Deus hanc legem : ne accipias ex filiis eorum generos, neque des filiam
Deut. 7. 3? tuam nurum ipsis. Ne tradas illis aurum, neque
mensæ societatem, neque consortium, neque aliud
quidpiam simile; quia iniquæ sunt gentes, ad
quas introduco te, ut possideas illas. Hoc igitur
illis propemodum lex præcipiebat : ne emas, ne
vendas, ne connubia jungas, neque contractus,
sed etsi loco vicinus, moribus separatus esto.
Nihil tibi sit commune cum illis, non pacta, non
venditiones, non emtiones, non matrimonia; ne
forte cognationis necessitas id efficiat ut in impietatem prolabaris : ne dum illis das et ab illis

ἀγαλλιάσεως· ὅτι Κύριος ὕψιστος, φοβερὸς, βασιλεὺς
μέγας ἐπὶ πᾶσαν τὴν γῆν. Ἀνέβη ὁ Θεὸς ἐν ἀλαλαγμῷ,
E Κύριος ἐν φωνῇ σάλπιγγος. Καὶ ἄλλος· Εὐφράνθητε
ἔθνη μετὰ τοῦ λαοῦ αὐτοῦ. Καὶ σὺ αὐτὸς ἐλθὼν οὐ μάγους εὐθέως ἐκάλεσας, τὴν ἀκρόπολιν τῶν ἐθνῶν; τὴν
τυραννίδα τοῦ διαβόλου; τὴν δύναμιν τῶν δαιμόνων; οὐ
καταβὰς προφήτας αὐτοὺς ἐποίησας; Σὺ μάγους καλεῖς·
οἱ προφῆται περὶ ἐθνῶν λέγουσιν. Ἀναστὰς ἀπὸ τοῦ
ᾅδου λέγεις τοῖς μαθηταῖς· Πορευθέντες μαθητεύσατε
438 πάντα τὰ ἔθνη, βαπτίζοντες αὐτοὺς εἰς τὸ ὄνομα τοῦ
A Πατρὸς, καὶ τοῦ Υἱοῦ, καὶ τοῦ ἁγίου Πνεύματος· καὶ
ὅτε ἦλθεν ἡ ἀθλία, ἡ ταλαίπωρος, ὑπὲρ θυγατρὸς
παρακαλοῦσα, συμφορὰν δεομένη λῦσαι, τότε λέγεις·
Οὐκ ἀπεστάλην εἰ μὴ εἰς τὰ πρόβατα τὰ ἀπολωλότα οἴκου Ἰσραήλ; Καὶ ὅτε μὲν ἑκατόνταρχος προσῆλθε, λέγεις· Ἐγὼ ἐλθὼν ἰάσομαι αὐτόν· ὅτε ὁ λῃστὴς, Σήμερον μετ' ἐμοῦ ἔσῃ ἐν τῷ παραδείσῳ· ὅτε
ὁ παραλυτικὸς, Ἐγερθεὶς ἆρον σοῦ τὴν κλίνην, καὶ
ὕπαγε· ὅτε ὁ Λάζαρος, Λάζαρε δεῦρο ἔξω, καὶ ἐξῆλθε
τετραήμερος. Λεπροὺς καθαίρεις, νεκροὺς ἐγείρεις,
παραλυτικὸν σφίγγεις, τυφλοὺς θεραπεύεις, λῃστὰς
σώζεις, πόρνην παρθένου σωφρονεστέραν ποιεῖς, καὶ
B ταύτῃ οὐδὲν ἀποκρίνῃ; Τί τὸ καινόν; τί τὸ ξένον;
τί τὸ παράδοξον;

Προσέχετε ἀκριβῶς, ἵνα μάθητε γυναικὸς ἀνδρείαν
καὶ Δεσπότου σοφίαν καὶ κηδεμονίαν, ἵνα μάθητε
μέλλησιν κέρδος ἔχουσαν, ἵνα μάθητε παραίτησιν
πλοῦτον παρεχομένην· ἵνα κἂν εὔξῃ καὶ σὺ, καὶ μὴ
λάβῃς, μηδέποτε ἀποστῇς. Πρόσεχε καὶ σύντεινον
σεαυτόν. Ὅτε τῆς Αἰγυπτιακῆς ἀπηλλάγησαν Ἰουδαῖοι τυραννίδος, καὶ τοῦ Φαραὼ τὰς χεῖρας ἀποφυ-
γόντες ἐπὶ τὴν ἔρημον ᾔεσαν, καὶ ἔμελλον εἰσιέναι
τὴν Χαναναίων γῆν, τῶν εἰδωλομανῶν καὶ ἀσεβῶν
C ἀνθρώπων, προσκυνούντων λίθους, θεραπευόντων
ξύλα, πολλὴν ἀσέβειαν ἐπιδεικνυμένων, δέδωκεν αὐτοῖς ὁ Θεὸς τὸν νόμον τοῦτον, λέγων· Μὴ λάβῃς
παρὰ τῶν υἱῶν εἰς γαμβροὺς, μηδὲ δῷς τὴν θυγατέρα σου νύμφην αὐτοῖς. Μὴ μεταδῷς αὐτοῖς χρυσίον,
μήτε τραπέζης κοινωνίαν, μηδὲ συνουσίαν, μηδὲ
ἄλλου μηδενὸς τῶν τοιούτων, ὅτι παράνομα τὰ ἔθνη,
εἰς ἃ εἰσάγω σε κληρονομῆσαι αὐτῶν. Τοῦτο οὖν αὐτοῖς ὁ νόμος μονονουχὶ ἐντέλλετο· μὴ ἀγοράσῃς,
μὴ πωλήσῃς, μὴ γάμον ἐπιτελέσῃς, μηδὲ συμβόλαια, ἀλλ' ἔσο, εἰ καὶ τῷ τόπῳ ἐγγὺς, ἀλλὰ τῷ
D τρόπῳ κεχωρισμένος. Μηδέν σοι κοινὸν πρὸς αὐτοὺς, μὴ συναλλάγματα, μὴ πράσεις, μὴ ἀγορα-
σίαι, μὴ ἐπιγαμίαι, μὴ ἐπιγαμβρίαι, ἵνα μὴ τῆς
συγγενείας ἡ ἀνάγκη εἰς ἀσέβειάν σε ἐξολισθῆσαι πα-

ρασκευάση, ἵνα μὴ τὸ δοῦναι καὶ τὸ λαβεῖν ποιῇ σε φίλον αὐτῶν· ἀλλ' ἐχθρὸς ἀεὶ ἔσο αὐτοῖς. Μηδέν σοι καὶ Χαναναίοις· μὴ χρυσὸν αὐτῶν λάβῃς, μηδὲ ἀργύριον, μὴ ἱματισμὸν, μὴ θυγατέρα, μὴ υἱὸν, μὴ ἄλλο τι τῶν τοιούτων μηδέν· ἀλλ' αὐτὸς καθ' ἑαυτὸν ἔσο. Γλῶτταν ἔχεις χωρίζουσάν σε, καὶ νόμον σοι ἔδωκα· διὰ τοῦτο καὶ ὁ νόμος φραγμὸς λέγεται. Ὥσπερ γὰρ ἀμπελῶνι φραγμὸς περίκειται, οὕτω καὶ τοῖς Ἰουδαίοις ὁ νόμος, ἵνα μὴ ὑπερβάντες ἀναμι- E γῶσι τοῖς Χαναναίοις. Ἦσαν γὰρ παρ' αὐτοῖς παράνομοι ἐπιμιξίαι, διεφθαρμένοι τῆς φύσεως οἱ νόμοι, εἴδωλα προσκυνούμενα, ξύλα θεραπευόμενα, Θεὸς ὑβριζόμενος, τέκνα σφαττόμενα, πατέρες ἐμπτυόμενοι, μητέρες ἀτιμαζόμεναι, πάντα ἠλλοίωτο, πάντα ἀνατέτραπτο, δαιμόνων ζωὴν ἔζων. Διὰ τοῦτο οὐδέποτε συναλλάγματα ἐποίουν, οὐ συμβόλαια, οὐ πράσεις μετ' ἐκείνων· ἀλλ' ὁ νόμος ἐπὶ τοῖς μεγίστοις κείμενος, εἶργε μετ' ἀλλήλων τοὺς γάμους, τὰ συμβόλαια, τὰς ἐπιγαμβρίας· οὐδὲν κοινὸν πρὸς ἐκείνους εἶχον. Ἀπειρημένον οὖν ἦν τῷ νόμῳ τὸ συναλλάξαι Χαναναίοις, τὸ χρυσίον μεταδοῦναι, ἢ ἕτερόν τι, ἵνα μὴ τῆς φιλίας ἡ ὑπόθεσις ἀσεβείας ἀφορμὴ γένηται· ὁ 439
A νόμος περιέκειτο ἀντὶ φραγμοῦ· Ἀμπελῶνα, φησὶν, ἐφύτευσα, καὶ φραγμὸν περιέθηκα, τουτέστι νόμον, οὐχὶ ἀπὸ ἀκανθῶν, ἀλλ' ἀπὸ ἐντολῶν, τειχίζοντα καὶ ἀπείργοντα αὐτούς. Ἀπειρημένοι οὖν οἱ Χαναναῖοι, βδελυροὶ, ἀσεβεῖς, ἐναγεῖς, μιαροὶ, ἀκάθαρτοι· διὸ καὶ οὐδὲ ἀκοῦσαι αὐτῶν ἠνείχοντο οἱ Ἰουδαῖοι τὸν νόμον πληροῦντες αὐτὸν λοιπόν. Ἐπεὶ οὖν αὕτη ἡ γυνὴ ἀπὸ τῶν Χαναναίων ἦν (Ἰδοὺ γὰρ γυνὴ, φησὶν, ἀπὸ τῶν ὁρίων ἐκείνων ἐξελθοῦσα), ἐπεὶ οὖν αὕτη ἡ γυνὴ ἀπὸ τῶν Χαναναίων ἦν, προσῆλθε δὲ τῷ Χριστῷ, [a] διὰ τοῦτο ἔλεγε, τίς ἐξ ὑμῶν ἐλέγχει με περὶ ἁμαρτίας; εἰ παρέβην τὸν νόμον; Ἐπειδὴ γὰρ ἄνθρωπος ἦν, καὶ τὰ ἀνθρώπινα ἐπεδείκνυτο.

B Λοιπὸν προσέχετε μετὰ ἀκριβείας τῷ λόγῳ. Ἐπειδὴ ἡ γυνὴ Χαναναία ἦν, καὶ τῶν ὁρίων ἐκείνων, ἔνθα καὶ λύσσαι, καὶ μανία, καὶ ἀσέβεια, ἔνθα διαβόλου τυραννὶς, καὶ δαιμόνων βακχεῖαι, καὶ φύσις πατουμένη, καὶ εἰς ἀλόγων ἀλογίας κατηνέχθησαν, εἰς δαιμόνων μανίας, ἐπέταττε δὲ καὶ ὁ νόμος, μηδέν σοι καὶ Χαναναίοις, μὴ δῷς, μὴ λάβῃς παρ' ἐκείνων, μὴ γυναῖκα λάβῃς, μὴ υἱὸν λάβῃς, μὴ συμβόλαια ποιήσῃς, μὴ συναλλάγματα· διὰ τοῦτο δὲ φραγμὸν περιέθηκα· ἐλθὼν δὲ ὁ Χριστὸς, καὶ τὰ τῶν ἀνθρώπων ἀναλαβὼν ὅπλα, αὐθωρὸν περιετμήθη, θυσίας προσ- C ήνεγκε, προσφορὰς, τὰ ἄλλα πάντα, ἔμελλε δὲ λύειν τὸν νόμον· ἵνα μὴ λέγωσιν, ὅτι ἀτονήσας πληρῶσαι αὐτὸν, διὰ τοῦτο ἔλυσε, πρότερον αὐτὸν πληροῖ, καὶ τότε λύει, ἵνα μὴ νομίσῃς ὅτι ἀτονεῖ, ἀλλὰ πληροῖ

[a] Hæc deficere videntur.

accipis, amicus eorum fias : sed illi semper inimicus esto. Nihil tibi commune sit cum Chananæis; ne aurum illorum, ne argentum, ne vestem, ne filiam, ne filium, nec aliud quidpiam simile accipias; sed ipse seorsim degas. Linguam habes te separantem, legemque tibi dedi : quapropter lex sepes vocatur. Quemadmodum enim vinea sepe circumdatur, sic et Judæi lege circummu- E niuntur, ut ne hanc transgredientes cum Chananæis misceantur. Erant enim apud illos iniqua commercia depravatæ naturæ leges : adorabantur idola, ligna colebantur, Deus contumelia afficiebatur, filii mactabantur, patres despiciebantur, matres contemnebantur, omnia immutata erant, omnia subversa, dæmonum more vivebant. Ideoque nulla commercia inibant cum illis, nihil ipsis vendebant, sed lex magnis indictis pœnis vetabat connubia cum illis, pacta, venditiones : nihilque commune cum ipsis habebant. Cautum igitur lege erat, ne pacta cum Chananæis inirentur, ne aurum ipsis traderetur, nec aliud quidpiam, ne amicitia 439 impietatis occasio esset; lex ipsos quasi sepes cir-
A cummuniebat. *Vineam*, inquit, *plantavi et sepem ipsi circumdedi*, id est legem non spinis, sed mandatis constantem, quæ ipsos communiret et separaret. Abominabiles ergo erant Chananæi, exsecrandi, impii, scelesti, impuri, immundi; ideoque ne audire quidem illos volebant Judæi legem suam implentes. Cum ergo hæc mulier ex Chananæis esset (nam *Ecce mulier*, inquit, *ex finibus illis egressa* est), quia, inquam, hæc mulier ex Chananæis erat, et accessit ad Christum, ideo dicebat, *Quis ex vobis arguet me de peccato?* num legem transgressus sum? Cum enim homo esset, humana exhibebat officia.

Isai. 5. 1. 2. — Matth. 15. 22. — Joan. 8. 46.

B 8. Hic demum attendite diligenter. Quia mulier Chananæa erat et ex finibus illis, ubi rabies, furor, et impietas, ubi diaboli tyrannis, dæmonum debacchationes, natura conculcata; ubi ad brutorum brutos affectus devoluti erant, et ad dæmonum furores, et quia lex præcipiebat nihil tibi sit cum Chananæis, ne des illis, ne accipias ab illis, ne uxorem ducas, ne filium accipias, ne pacta ineas, vel conventa; nam ideo sepem circumposui; Christusque veniens homi- C num assumsit arma, suo tempore circumcisus est, sacrificia obtulit, oblationes et alia omnia, cum legem abrogaturus esset; ne objicerent, Eo quod non posset implere legem, ideo eam abrogavit : prius ipsam implet, postea abrogat; ne

Christus legem implevit, quare?

putes ipsum implere non posse, omnia secundum morem exsequitur. Propterea clamat his verbis:
Joan. 8. 46. *Quis ex vobis arguet me de peccato?* Cum itaque illud etiam ad legem pertineret, ne quid commune cum Chananæis haberetur; ne ipsum Judæi incusarent dicerentque: Ideo non credimus tibi, quod sis iniquus, quod legem solvas: in terram Chananæorum abiisti, et cum iis habuisti consortium, licet id lege prohibeatur: ideo statim nihil loquebatur. Attende quomodo legem impleat, nec salutem statim impertiat, Judæosque refrenet, et hanc reerect. *Ille autem*, inquit, *non respondit ei verbum*. Ne incusandi occasionem arripias; ecce non loquor, non sermonem misceo: adest calamitas, et quod soleo facere, non exhibeo: ecce naufragium, et ego gubernator non solvo tempestatem ob improbum animum vestrum, ne ulla sit vobis detractandi occasio. Ecce mulier spectatores mihi circum advocavit, et nondum ei respondi; ne dicatis, Te Chananæis tradidisti, et legem transgressus es, et hinc nobis occasio tibi non credendi. Animadverte quomodo mulieri non responderit, ut responderet Judæis: silentium erga mulierem, vox erat quæ Judæorum improbum animum arguebat.

πάντα κατὰ τὸ ἔθος. Διὰ τοῦτο βοᾷ καὶ λέγει, Τίς ἐξ ὑμῶν ἐλέγχει με περὶ ἁμαρτίας; Ἐπεὶ οὖν καὶ τοῦτο νόμιμον ἦν, τὸ μηδὲν κοινὸν ἔχειν μετὰ Χαναναίων, ἵνα μὴ ἄρξωνται ἐγκαλεῖν αὐτῷ οἱ Ἰουδαῖοι καὶ λέγειν, διὰ τοῦτο οὐκ ἐπιστεύσαμέν σοι· παράνομος γὰρ ἦς, ἔλυσας τὸν νόμον· ἀπῆλθες εἰς τὴν Χαναναίων χώραν, Χαναναίοις ἀνεμίγης, τοῦ νόμου λέγοντος·
D μὴ ἀναμιγῇς· διὰ τοῦτο αὐτῇ οὐδὲν λαλεῖ τέως. Πρόσεχε πῶς πληροῖ τὸν νόμον, καὶ οὐ προδίδωσι τὴν σωτηρίαν· καὶ Ἰουδαίους ἐπιστομίζει, καὶ ταύτην ἀνακτᾶται. Ὁ δὲ οὐκ ἀπεκρίνατο, φησὶν, αὐτῇ λόγον. Μή μοι προφάσεις εἴπῃς. Ἴδε, οὐ λαλῶ· ἴδε, οὐ διαλέγομαι· ἴδε συμφορὰ, καὶ τὸ ἐμαυτοῦ οὐκ ἐπιδείκνυμι· ἴδε ναυάγιον, καὶ ὁ κυβερνήτης οὐκ ἀναλύω τὸν χειμῶνα διὰ τὴν ὑμετέραν ἀγνωμοσύνην, ἵνα μὴ ἔχητε πρόφασιν. Ἴδε, γυνὴ θέατρόν μοι περιέστηκε, καὶ οὔπω λαμβάνει ἀπόκρισιν, ἵνα μὴ λέγητε, ὅτι ἐπέδωκας σεαυτὸν Χαναναίοις, καὶ παρέβης τὸν νόμον, καὶ
E ταύτην πρόφασιν ἔχομεν τοῦ μὴ πιστεῦσαί σοι. Σκόπει πῶς διὰ τοῦτο οὐκ ἀπεκρίνατο τῇ γυναικὶ, ἵνα ἀποκριθῇ Ἰουδαίοις· ἡ πρὸς τὴν γυναῖκα σιγὴ, φωνὴ ἀγνωμοσύνης τοῖς Ἰουδαίοις ἐγίνετο.

9. Hæc autem faciebat non secundum suam dignitatem, sed illorum se infirmitati attemperans. Nam cum leprosum mundaret, dixit,
Matth. 8. 4. *Vade, offer munus tuum, quod præcepit Moyses*. Tu mundasti, et mittis illum ad legem Moysis. Etiam. Cur hoc? Propter Judæos, ne me violatæ legis accusent. Ideo cum leprosum mun-
Matth. 8. 2. 3. davit, id insolito modo fecit: audi quomodo. *Et ecce leprosus accedens rogabat eum dicens: Domine, si vis, potes me mundare; et extendens manum suam tetigit eum dicens: Volo, mundare*. Secundum legem non licebat lepro-
4. Reg. 5. sum tangere. Cum ergo venit Neæman dux exercitus leprosus ad Elisæum prophetam, dicit illi discipulus, Ecce leprosus princeps militiæ foris est. Ille vero mittit discipulum qui ipsi diceret:
Ib. v. 10. *Vade lavatum ad Jordanem fluvium*; nec ausus est ipse egredi, nec videre leprosum, ipsumve tangere. Quia igitur mundavit Elisæus leprosum, ne dicerent Judæi ipsum eodem quo Elisæus modo mundasse, ideo Elisæus quidem non ausus est tangere; hic vero tangit et dicit, *Volo, mundare; et extendens manum tetigit leprosum*. Cur tetigit? Ut te doceret se non esse servum

Ταῦτα δὲ ἐποίει οὐ πρὸς τὴν οἰκείαν ἀξίαν, ἀλλὰ πρὸς τὴν ἐκείνων συγκαταβαίνων ἀσθένειαν. Καὶ γὰρ ὅτε τὸν λεπρὸν ἐκαθάρισε, λέγει· Ἄπελθε, προσ-
440 ένεγκε τὸ δῶρον, ὃ προσέταξε Μωϋσῆς. [b] Σὺ ἐκάθα-
A ρας, καὶ πέμπεις αὐτὸν εἰς τὸν νόμον Μωϋσέως; Ναί. Διὰ τί; Διὰ τοὺς Ἰουδαίους, ἵνα μὴ ἄρξωνται ἐγκαλεῖν, ὅτι παρέβην τὸν νόμον. Διὰ τοῦτο καὶ ὅτε ἐθεράπευσε τὸν λεπρὸν, ξένως ἐθεράπευσεν αὐτόν· καὶ ἄκουε πῶς. Καὶ ἰδοὺ λεπρὸς προσελθὼν παρεκάλει αὐτὸν λέγων, Κύριε, ἐὰν θέλῃς, δύνασαί με καθαρίσαι· καὶ ἐκτείνας τὴν χεῖρα αὐτοῦ, ἥψατο αὐτοῦ λέγων· θέλω, καθαρίσθητι. Ἐν τῷ νόμῳ οὐκ ἐχρῆν ἅπτεσθαι λεπροῦ. Ὅτε οὖν ἦλθε Νεαιμὰν ὁ στρατηλάτης πρὸς Ἐλισσαῖον τὸν προφήτην λέπρᾳ κατεχόμενος, λέγει αὐτῷ ὁ μαθητὴς, ἰδοὺ λεπρὸς στρατηλάτης ἔξω. Ὁ δὲ πέμπει τὸν μαθητὴν ἐξελθεῖν καὶ
B εἰπεῖν αὐτῷ, Ἄπελθε λοῦσαι εἰς τὸν Ἰορδάνην. Καὶ οὐκ ἐτόλμησεν ἐξελθεῖν αὐτὸς καὶ ἰδεῖν τὸν λεπρὸν, καὶ ἅψασθαι αὐτοῦ. Ἐπεὶ οὖν ἐκαθάρισεν ὁ Ἐλισσαῖος λεπρὸν, ἵνα μὴ λέγωσιν οἱ Ἰουδαῖοι, ὅτι ὁμοίως Ἐλισσαίῳ ἐκάθαρε, διὰ τοῦτο ἐκεῖνος μὲν οὐ τολμᾷ ἅψασθαι, οὗτος δὲ ἅπτεται, καὶ λέγει, Θέλω, καθαρίσθητι· καὶ ἐκτείνας τὴν χεῖρα αὐτοῦ, ἥψατο τοῦ λεπροῦ. Διὰ τί ἥψατο; Ἵνα σε διδάξῃ ὅτι οὐκ ἔστι

[b] Colb. οὐ ἐκάθαρες. Alia præfert Colb. lectionum discrimina, sed nullius pretii.

δοῦλος ὑποκείμενος νόμῳ, ἀλλὰ Δεσπότης ἐπικείμενος τῷ νόμῳ. Πῶς οὖν ἐτήρησε τὸν νόμον; Τῷ εἰπεῖν, Θέλω, καθαρίσθητι, καὶ μὴ εὐθέως αὐτοῦ
ἅψασθαι. Προέλαβεν ὁ λόγος, ἐδραπέτευσε τὸ νόσημα, εἶτα ἥψατο τοῦ ἀκαθάρτου, καὶ εἶπε, Θέλω, C
καθαρίσθητι. Πῶς; Εὐθέως ἐκαθαρίσθη. Οὐχ εὑρίσκει
ὁ εὐαγγελιστὴς εἰπεῖν (καὶ γὰρ τὸ εὐθέως βαρδύ
ἐστι), οὐχ εὑρίσκει λόγον ἰσόῤῥοπον τῷ τάχει τῆς
ἐνεργείας. Εὐθέως· πῶς; Ἅμα ἐξέβη ὁ λόγος, καὶ
ἐδραπέτευσε τὸ νόσημα, ἐφυγαδεύθη ἡ λέπρα, λοιπὸν καθαρὸς ὁ λεπρός. Διὰ τοῦτο λέγει· Ὕπαγε,
σεαυτὸν δεῖξον τῷ ἱερεῖ, καὶ προσένεγκε τὸ δῶρον,
ὃ προσέταξε Μωϋσῆς, εἰς μαρτύριον αὐτοῖς. Τίσι;
Τοῖς Ἰουδαίοις, ἵνα μὴ λέγωσιν ὅτι παραβαίνω τὸν
νόμον. Ἐγὼ ἐθεράπευσα, καὶ λέγω, Προσένεγκε τὸ
δῶρον τοῦ νόμου, ἵνα ἐκείνῃ τῇ ἡμέρᾳ ὁ λεπρὸς αὐτῶν D
κατηγορήσῃ λέγων, ἐμοὶ προσέταξε δῶρον κατὰ νόμον προσενεγκεῖν. Καὶ ὥσπερ πολλὰ ἕνεκεν Ἰουδαίων
ἐποίει ὁ Χριστὸς, ἀναπολογήτους αὐτοὺς εἰς πάντα
ποιῶν, οὕτω καὶ ἐνταῦθα. Ἐλέησόν με, ὅτι ἡ θυγάτηρ μου κακῶς δαιμονίζεται. Ὁ δὲ οὐκ ἀπεκρίνετο
αὐτῇ λόγον. Προσελθόντες δὲ οἱ μαθηταὶ αὐτοῦ, λέγουσιν, ἀπόλυσον αὐτὴν, ὅτι κράζει ὄπισθεν ἡμῶν.
Τί οὖν αὐτός; Οὐκ ἀπεστάλην εἰ μὴ εἰς τὰ πρόβατα
τὰ ἀπολωλότα οἴκου Ἰσραήλ· ἵνα μὴ λέγωσιν Ἰουδαῖοι, ὅτι ἀφῆκας ἡμᾶς, καὶ ἀπῆλθες ἔξω, καὶ διὰ
τοῦτό σοι οὐκ ἐπιστεύσαμεν· ἰδοὺ, φησὶ, καὶ ἀπὸ
ἐθνῶν ἔρχονται, καὶ οὐ δέχομαι αὐτούς· ὑμᾶς δὲ E
καὶ φεύγοντας καλῶ, Δεῦτε πρός με πάντες οἱ κο-
πιῶντες, καὶ οὐκ ἔρχεσθε· ταύτην ἀποῤῥίπτω, καὶ
παραμένει. Λαὸς, ὃν οὐκ ἔγνω, ἐδούλευσέ μοι, φησίν·
εἰς ἀκοὴν ὠτίου ὑπήκουσέ μου· καὶ ἀλλαχοῦ· Ἐμφα-
νὴς ἐγενόμην τοῖς ἐμὲ μὴ ζητοῦσι, καὶ εὑρέθην τοῖς
ἐμὲ μὴ ἐπερωτῶσιν. Ἀπόλυσον αὐτὴν, ὅτι κράζει ὄπισθεν ἡμῶν. Ἴδωμεν οὖν τί φησιν ὁ Χριστός. Οὐκ
ἀπεστάλην εἰ μὴ εἰς τὰ πρόβατα τὰ ἀπολωλότα οἴκου
Ἰσραήλ. Οὐκ ἦν τὰ ῥήματα ἀποτρεπτικά; Μονονουχὶ γὰρ λέγει, ἀπόστηθι, ὅτι οὐδὲν κοινὸν ἔχεις
πρὸς ἐμέ· οὐκ ἦλθον διὰ σὲ, ἀλλ' ἦλθον διὰ Ἰουδαίους. 441
Οὐκ ἀπεστάλην εἰ μὴ εἰς τὰ πρόβατα τὰ ἀπολω- A
λότα οἴκου Ἰσραήλ. Ἡ δὲ ἀκούσασα εἶπε· Ναὶ, Κύριε, βοήθει μοι, καὶ προσεκύνει, λέγουσα· ὁ δὲ οὐκ
ἀπεκρίνατο αὐτῇ. Ἀλλὰ ὅρα ἀπόκρισιν· Οὐκ ἔστι
καλὸν λαβεῖν τὸν ἄρτον τῶν τέκνων, καὶ βαλεῖν τοῖς
κυναρίοις. Ὢ κηδεμονία ἰατροῦ· ἐν ἀπαγορεύσει ἐπισπᾶται αὐτήν. Οὐκ ἔστι καλὸν λαβεῖν τὸν ἄρτον τῶν
τέκνων· τίνων; Τῶν Ἰουδαίων· καὶ δοῦναι τοῖς κυναρίοις, τουτέστιν, ὑμῖν.

legi subditum, sed Dominum legi imperantem.
Quomodo igitur legem servavit? Quod dixerit,
Volo, mundare, et non statim ipsum tetigerit.
Præcessit sermo, fugatus est morbus; deinde
tetigit immundum, et dixit, *Volo, mundare.*
Qua ratione? *Et statim mundatus* est. Non
potuit evangelista vocem reperire velocitatem
curationis exprimentem; nam illud, *statim*,
etiam tardius rem factam significat. *Statim;*
quomodo? Simul egressus sermo est, et fugatus
est morbus, fugata est lepra, deinceps mundus
erat leprosus. Propterea dicit : *Vade, teipsum*
ostende sacerdoti, et *offer donum, quod jus-*
sit Moyses in testimonium *illis*. Quibus? Judæis, ne dicant me legem transgredi. Ego sa-
navi, et dico : *Offer donum,* secundum legem,
ut in die illa leprosus ipsos accuset lis verbis,
Præcepit mili donum secundum legem offerre.
Ac quemadmodum multa faciebat Clristus propter Judæos, ut in omnibus ipsos inexcusabiles
redderet : ita et lic fecit. *Miserere mei, quia* *Matth.* 15.
filia mea male a dæmonio vexatur. Ille vero 22. 23.
non respondebat ei verbum. Accedentes au-
tem discipuli ad eum dicunt, Dimitte illam,
quia clamat post *nos.* Quid igitur ille? *Non* *Ibid.* v. 24.
sum missus nisi ad oves quæ perierunt do-
mus Israel. Ne dicerent Judæi : Nos dimisisti,
et ad extraneos perrexisti, ideoque tibi non credidimus : Ecce, inquit, ex gentibus accedunt,
illosque non recipio : vos autem etiam fugientes
advoco : *Venite ad me* omnes *qui laboratis,* *Matth.* 11.
et non venitis; lanc vero rejicio, et tamen per- 28.
stat. *Populus, quem non cognovi, servivit* *Psal.* 17.
mihi, inquit; *in auditu auris obedivit mihi;* et 45.
alibi : *Apparui iis qui me non quærebant, et* *Isai.* 65.
inventus sum ab iis, qui me non interroga- 1.
bant. Dimitte illam, quia clamat post *nos.*
Videamus itaque quid Clristus dicat. *Non sum*
missus nisi ad oves quæ perierunt domus
Israel. Annon læc verla erant repellentis? Ita
enim propemodum dicit : Abscede, quia
nilil tibi rei mecum est : non veni propter te,
sed propter Judæos. *Non sum missus nisi*
ad oves quæ disperierunt domus Israel. His
auditis illa dixit, *Etiam, Domine; adjuva* *Ib.* v. 25.
me, et *adorabat dicens;* ille vero non re-
spondit ei. Sed vide responsionem : *Non est bo-* *Ibid.* v. 26.
num sumere panem filiorum, et projicere ca-
nibus. O cura medici! in desperationem deducit eam. *Non est bonum sumere panem filio-*
rum : quorum? Judæorum; et *dare canibus,*
loc est, vobis.

10. Certe ad ignominiam Judæorum hæc dixit Dominus: nam filii vocati, canes effecti sunt. *Philipp. 3. 2. 3.* Ideoque Paulus dicit : *Videte canes, videte malos operarios, videte circumcisionem : nos enim sumus circumcisio.* Gentiles canes vocati sunt, et filii sunt effecti. *Galat. 4. 19.* *Filioli mei, quos iterum parturio, donec formetur Christus in vobis.* Laus hæc, Judæorum accusatio est. *Non est bonum sumere panem filiorum,* et *dare canibus.* Quid igitur mulier? *Etiam, Domine.* O violentia mulieris! o contentio animæ! Medicus dicit, *Non;* et illa dicit, *Etiam :* Dominus dicit, *Non;* et illa dicit, *Etiam :* non incusans aut impudenter agens hoc dicit; sed salutem exspectans. *Non est bonum sumere panem filiorum,* et *dare canibus. Etiam, Domine.* Canem me vocas, ego te Dominum voco : tu me contumelia afficis, ego te celebro. *Matth. 15. 27.* *Etiam, Domine: nam* et *catelli edunt de micis, quæ cadunt de mensa dominorum suorum.* O sapientia mulieris! ab allato exemplo sermonem eruit consentaneum. Canem me vocas, ut canis alor. Non respuo opprobrium; non recuso appellationem : accipiam ergo canis alimentum ; remque dicit consuetam. Tu verba tua confirma : canem me vocasti; da mihi micam : advocatus petitionis meæ factus es; in recusatione consensum tuum ostendo. *Etiam, Domine; nam* et *catelli edunt de micis, quæ cadunt de mensa dominorum suorum.* Quid igitur ille qui recusabat, qui rejiciebat, qui pellebat, qui dicebat, *Non est bonum accipere panem filiorum,* et *projicere canibus?* qui dicebat : *Non sum missus nisi ad* oves *quæ perierunt domus Israel! O mulier! magna est fides tua.* *Ibid. v. 28.* An laudator derepente factus es? mulierem deprædicas? annon repellebas? annon rejiciebas? Confide; ideo distuli. Nam si ab initio illam repulissem, ejus fidem non edidicisses. Si a principio accepisset, cito recessisset, ejusque thesaurum nemo novisset. Ideo munus distuli, ut ejus fidem omnibus ostenderem. *O mulier.* Deus dicit, *O mulier!* Audiant ii, qui cum quadam imperitia precantur. *Perseverandum in precatione.* Cum alicui dico, Roga Deum, obsecra eum, supplica ei; respondet ille, Rogavi semel, secundo, tertio, decies et vigesies, et nequaquam accepi. Ne cesses, frater, donec accipias : finis petitionis est donum acceptum. Tunc cessa, cum acceperis; imo potius ne tunc etiam cesses, sed adhuc persevera. Si non acceperis, pete ut accipias; cum autem acceperis, de

Ὄντως εἰς αἰσχύνην Ἰουδαίων ταῦτα εἴρηκεν ὁ Κύριος· τέκνα γὰρ καλούμενοι, κύνες ἐγένοντο. Διὰ τοῦτο καὶ Παῦλος λέγει· Βλέπετε τοὺς κύνας, βλέπετε τοὺς κακοὺς ἐργάτας, βλέπετε τὴν κατατομήν· B ἡμεῖς γάρ ἐσμεν ἡ περιτομή. Οἱ ἐθνικοὶ κύνες ἐκλήθησαν, καὶ ἐγένοντο τέκνα. Τέκνα μου, οὓς πάλιν ὠδίνω, ἄχρις οὗ μορφωθῇ Χριστὸς ἐν ὑμῖν. Τὸ ἐγκώμιον τοῦτο, Ἰουδαίου κατηγορία ἐστίν. Οὐκ ἔστι καλὸν λαβεῖν τὸν ἄρτον τῶν τέκνων, καὶ δοῦναι τοῖς κυναρίοις. Τί οὖν ἡ γυνή; Ναὶ, Κύριε. Ὢ βία γυναικὸς, ὢ φιλονεικία ψυχῆς. Ὁ ἰατρὸς λέγει, Οὐχὶ, καὶ αὐτὴ λέγει, Ναί· ὁ Δεσπότης λέγει, Οὐχ· αὐτὴ λέγει, Ναί· οὐ κατηγοροῦσα οὐδὲ ἀναισχυντοῦσα, ἀλλὰ σωτηρίαν ἐκδεχομένη. Οὐκ ἔστι καλὸν λαβεῖν τὸν ἄρτον τῶν τέκνων, καὶ δοῦναι τοῖς κυναρίοις. Ναὶ, C Κύριε. Κύνα με καλεῖς, ἐγὼ δέ σε Κύριον καλῶ· σύ με ὑβρίζεις, ἐγὼ δέ σε ὑμνῶ. Ναὶ, Κύριε· καὶ γὰρ τὰ κυνάρια ἐσθίουσιν ἀπὸ τῶν ψιχίων τῶν πιπτόντων ἐκ τῆς τραπέζης τῶν κυρίων αὐτῶν. Ὢ σοφία γυναικός· ἀπὸ τοῦ ὑποδείγματος εὗρε λόγον πρέποντα. Κύνα με καλεῖς, ὡς κύων [a] τρέφομαι. Οὐ παραιτοῦμαι τὸ ὄνειδος· οὐ φεύγω τὴν κλῆσιν· λάβω οὖν τὴν τροφὴν τοῦ κυνός· καὶ λέγει πρᾶγμα ἐν συνηθείᾳ συμβαῖνον. Σὺ τὰ σὰ στῆσον· κύνα με ἐκάλεσας, δός μοι ψιχίον· συνήγορος ἐγένου μοι τῇ αἰτήσει· ἐν τῇ παραιτήσει τὴν συγκατάθεσιν ἐπίδειξον. Ναὶ, Κύριε· καὶ γὰρ τὰ κυνάρια ἐσθίουσιν ἀπὸ τῶν ψιχίων τῶν πιπτόντων ἀπὸ D τῆς τραπέζης τῶν κυρίων αὐτῶν. Τί οὖν ὁ παραιτούμενος, ὁ διώκων, ὁ ἐλαύνων, ὁ λέγων, Οὐκ ἔστι καλὸν λαβεῖν τὸν ἄρτον τῶν τέκνων, καὶ βαλεῖν τοῖς κυναρίοις; ὁ λέγων, Οὐκ ἀπεστάλην εἰ μὴ εἰς τὰ πρόβατα τὰ ἀπολωλότα οἴκου Ἰσραήλ; Ὦ γύναι, μεγάλη σου ἡ πίστις. Ἐπαινέτης ἀθρόον ἐγένου; ἀνακηρύττεις τὴν γυναῖκα; οὐκ ἤλαυνες, οὐκ ἐδίωκες; Θάρσει· διὰ τοῦτο ἀνεβαλόμην. Εἰ γὰρ ἐξαρχῆς αὐτὴν ἀπέλυσα, οὐκ ἂν ἔμαθες αὐτῆς τὴν πίστιν. Εἰ ἐκ προοιμίων ἔλαβεν, ἀνεχώρει ἂν ταχὺ, καὶ τὸν θησαυρὸν αὐτῆς οὐκ ἂν ἠπίστατό τις. Διὰ τοῦτο ἀνεβαλόμην τὴν δόσιν, ἵνα ἅπασι δείξω τὴν πίστιν. Ὦ γύναι. E Θεὸς λέγει, Ὦ γύναι. Ἀκουέτωσαν οἱ εὐχόμενοι μετὰ βαναυσίας. Ὅταν εἴπω τινὶ, παρακάλεσον τὸν Θεὸν, δεήθητι αὐτοῦ, ἱκέτευσον αὐτὸν, λέγει· παρεκάλεσα ἅπαξ, δεύτερον, τρίτον, δέκατον, εἰκοστόν· καὶ οὐκέτι οὐκ ἔλαβον. Μὴ ἀποστῇς, ἀδελφὲ, ἕως ἂν λάβῃς· τέλος αἰτήσεως, ἡ δόσις τοῦ αἰτουμένου. Τότε ἀπόστηθι, ὅταν λάβῃς, μᾶλλον δὲ μηδὲ τότε, ἀλλὰ καὶ τότε παράμενε. Κἂν μὴ λάβῃς, αἴτει ἵνα λάβῃς· ὅταν δὲ λάβῃς, εὐχαρίστησον, ὅτι ἔλαβες. Εἰσέρχον- 442 A ται πολλοὶ ἐν τῇ Ἐκκλησίᾳ, ἀπαρτίζουσι μυρίους στίχους εὐχῆς, καὶ ἐξέρχονται, καὶ οὐκ οἴδασι τί

[a] Τρέφομαι : mavult Fronto Ducæus τρέφωμαι : sed utrumque, ni fallor, quadrat.

εἶπον· τὰ χείλη κινεῖται, ἡ δὲ ἀκοὴ οὐκ ἀκούει. Σὺ οὐκ ἀκούεις τῆς εὐχῆς σου, καὶ τὸν Θεὸν θέλεις εἰσακοῦσαι τῆς εὐχῆς σου; Ἔκλινα, λέγεις, τὰ γόνατα· ἀλλ' ἡ διάνοιά σου ἔξω ἐπέτετο· τὸ σῶμά σου ἔνδον τῆς ἐκκλησίας, καὶ ἡ γνώμη σου ἔξω· τὸ στόμα ἔλεγε τὴν εὐχὴν, καὶ ἡ διάνοια ἠρίθμει τόκους, συμβόλαια, συναλλάγματα, χωρία, κτήματα, φίλων συνουσίας. Ὁ γὰρ διάβολος πονηρὸς ὢν, καὶ εἰδὼς ὅτι ἐν καιρῷ εὐχῆς μεγάλα ἀνύομεν, τότε ἐπέρχεται. Πολλάκις κείμεθα ὕπτιοι ἐν κλίνῃ, καὶ οὐδὲν λογιζόμεθα· ἤλθομεν εὔξασθαι, καὶ μυρίοι λογισμοὶ, ἵνα B ἐκβάλῃ ἡμᾶς κενούς.

Ταῦτα τοίνυν εἰδὼς ἐν ταῖς εὐχαῖς, ἀγαπητὲ, γίνεσθαι, τὴν Χαναναίαν μίμησαι, ὁ ἀνὴρ τὴν γυναῖκα, τὴν ἀλλόφυλον, τὴν ἀσθενῆ, τὴν ἀπεῤῥιμμένην καὶ εὐκαταφρόνητον. Ἀλλ' οὐκ ἔχεις θυγατέρα δαιμονιζομένην; Ἀλλ' ἔχεις ψυχὴν ἁμαρτάνουσαν. Τί εἶπεν ἡ Χαναναία; Ἐλέησόν με· ἡ θυγάτηρ μου κακῶς δαιμονίζεται· εἰπὲ καὶ σὺ, Ἐλέησόν με· ἡ ψυχή μου κακῶς δαιμονίζεται. Μέγας γὰρ δαίμων ἡ ἁμαρτία. Ὁ δαιμονῶν ἐλεεῖται, ὁ ἁμαρτάνων μισεῖται· ἐκεῖνος συγγνώμην ἔχει, οὗτος ἀπολογίας ἐστέρηται. Ἐλέησόν με· βραχὺ τὸ ῥῆμα, καὶ πέλαγος εὗρε φιλανθρω- C πίας· ὅπου γὰρ ἔλεος, πάντα τὰ ἀγαθά. Κἂν ἔξω ᾖς, κράζε καὶ λέγε, Ἐλέησόν με, μὴ κινῶν τὰ χείλη, ἀλλὰ τῇ διανοίᾳ βοῶν· καὶ σιωπώντων γὰρ ἀκούει ὁ Θεός. Οὐ ζητεῖται τόπος, ἀλλ' ἀρχὴ τρόπου. Ὁ Ἱερεμίας ἐν βορβόρῳ ἦν, καὶ τὸν Θεὸν ἐπεσπάσατο· ὁ Δανιὴλ ἐν λάκκῳ λεόντων, καὶ τὸν Θεὸν ἐξευμενίσατο· οἱ παῖδες οἱ τρεῖς ἐν τῇ καμίνῳ ἦσαν, καὶ Θεὸν ὑμνοῦντες ἐδυσώπησαν· ὁ λῃστὴς ἐσταυρώθη, καὶ οὐκ ἐκώλυσεν ὁ σταυρὸς, ἀλλὰ παράδεισον ἤνοιξεν· ὁ Ἰὼβ ἐν κοπρίᾳ ἦν, καὶ τὸν Θεὸν ἵλεων κατεσκεύασεν· ὁ D Ἰωνᾶς ἐν τῇ κοιλίᾳ τοῦ κήτους, καὶ τὸν Θεὸν ὑπήκοον ἔσχε. Κἂν ἐν βαλανείῳ ᾖς, εὔχου, κἂν ἐν ὁδῷ, κἂν ἐπὶ κλίνης· ὅπου ἐὰν ᾖς, εὔχου. Ναὸς εἶ τοῦ Θεοῦ, μὴ ζήτει τόπον· γνώμης χρεία μόνον. Κἂν δικαστῇ παραστῇ, εὔχου· ὅταν ὀργίζηται ὁ δικαστὴς, εὔχου. Θάλαττα ἦν ἔμπροσθεν, ὄπισθεν Αἰγύπτιοι, μέσος ὁ Μωϋσῆς· πολλὴ ἐν τῇ εὐχῇ στενοχωρία, ἀλλὰ μέγα τὸ πλάτος τῆς εὐχῆς ἦν. Ὄπισθεν οἱ Αἰγύπτιοι ἐδίωκον, ἔμπροσθεν ἡ θάλασσα, μέση ἡ εὐχή· καὶ οὐδὲν ἐλάλει ὁ Μωϋσῆς· καὶ λέγει αὐτῷ ὁ Θεός· Τί βοᾷς πρός με; Τὸ μὲν στόμα οὐ λαλεῖ, ἡ δὲ διάνοια βοᾷ. Καὶ σὺ τοίνυν, ἀγαπητὲ, ὅταν παρα- E στῇς δικαστῇ μαινομένῳ, τυραννοῦντι, τὰ μέγιστα ἀπειλοῦντι, καὶ ἄλλοις δημίοις τὰ αὐτὰ ποιοῦσιν, εὖξαι σὺ τῷ Θεῷ, καὶ εὐχομένου σου τὰ κύματα καταστέλλεται. Ὁ δικαστὴς ἐπὶ σέ; Σὺ ἐπὶ τὸν Θεὸν

accepto gratias age. Multi intrant in ecclesiam, et mille versus orando profundunt et egrediuntur; nec sciunt quid dixerint; labia moventur, nec ipsi audiunt. Tu ipse non audis orationem tuam, et Deum vis exaudire? Flexi, ais, genua: verum mens tua foras avolavit: corpus tuum in ecclesia erat, et cogitatio tua foris vagabatur; os tuum precationem recitabat, sed mens usuras supputabat, pacta, contractus, agros, possessiones, amicorum consortia. Diabolus enim, malignus cum sit, cumque sciat nos tempore precationis admodum proficere, tunc maxime instat. Sæpe in lecto supini jacemus, et nihil cogitamus; sed si precatum veniamus, sexcentas cogitationes immittit, ut fructu vacui recedamus.

11. Hæc cum scias, dilecte, in precationibus accidere, Chananæam imitare; vir mulierem, alienigenam, infirmam, abjectam, vilem. At non habes filiam a dæmone vexatam? Sed habes animam peccatricem. Quid ait Chananæa? *Miserere mei; filia mea male a dæmonio vexatur*: dic et tu: *Miserere mei;* anima mea male a dæmonio vexatur. Grandis enim dæmon peccatum est. Dæmoniacus ad misericordiam movet, peccator odio habetur: illi venia conceditur, hic excusatione privatur. *Miserere mei*: brevis sententia, sed benignitatis pelagus invenit: ubi enim misericordia, ibi bona omnia. Etiamsi extra ecclesiam sis, clama et dic, *Miserere mei*, non labia movens, sed mente clamans: nam vel tacentes audit Deus. Non requiritur locus, sed morum initium. Jeremias in cœno erat, et Deum attraxit; Daniel in lacu leonum, et Deum sibi propitium reddidit; tres pueri in camino erant, et Deum celebrantes flexerunt; latro crucifixus est et nihil ipsi obfuit crux, sed paradisum aperuit; Job in fimo erat, et Deum propitium reddidit; Jonas in ventre ceti, et Deum sibi obsequentem habuit. Si in balneo sis, precare; si in via, si in lecto, similiter: ubicumque fueris, precare. Templum es Dei, ne quæras locum; voluntatis affectus solum requiritur. Si coram judice sistaris, precare; cum irascitur judex, precare. Mare coram erat, a tergo Ægyptii, in medio Moyses; multa in precatione angustia; sed amplum erat orandi spatium. A tergo Ægyptii insequebantur; mare coram erat, in medio autem oratio; nihilque loquebatur Moyses, et ait illi Deus: *Quid clamas ad me?* Os non loquebatur, sed mens clamabat. Et tu itaque, dilecte, cum steteris coram judice furente, tyrannice loquente, acriter minitante, et aliis carnificibus similiter agentibus, Deum pre-

Omnis locus ad precandum opportunus.

Exod. 14. 15.

care, et te precante fluctus mitigabuntur. Judex instat? Tu ad Deum confugito. Princeps adest? Tu Dominum voca. Numquid homo est, ut ad aliquem pergas locum? Deus prope semper est. Si hominem rogare volueris, interrogas quid agat, dormiatne, an a negotiis vacet; ministerque non tibi respondet. Ad Deum precandum nullo horum opus habes: quocumque ieris et invocaveris, illa audiet: nulla occupatio, nullus intermedius, mi-
Isai. 58. 9. nister nullus auditum intercludit. Dic, *Miserere mei*, et statim Deus aderit: *Adhuc te loquente*, inquit, *dicam, ecce adsum*. O sermo benignitate plenus! Non exspectat precationis finem: nondum finita oratione domum accipis. *Miserere mei*. Hanc imitemur Chananæam, quæso: *Miserere mei: filia mea male a dæmonio vexatur:*
Matth. 15. 28. Dominus autem dicit ad eam: *O mulier! magna est fides tua: fiat tibi sicut vis*. Ubinam hæreticus? Num dixit, Rogabo Patrem meum? num dixit, Precabor Genitorem meum? numquid oratione eguit? Minime. Quare? Quia magna erat fides, magnum vas, copiosa effusa est gratia. Ubi oratio necessaria est, ibi vas infirmum est. *O mulier! magna est fides tua*. Non vidisti mortuum suscitatum, non leprosum mundatum, non audisti prophetas, non legem meditata es, non mare divisum vidisti, non aliud a me patratum signum vidisti; imo a me despecta et conturbata es; ærumnosam te repuli, et non recessisti, sed perstitisti: demum a me dignam et consentaneam accipe laudem: *O mulier! magna est fides tua*. Mortua est mulier, et præconium ejus manet, diademate splendidius. Quocumque ieris, audies Christum dicentem, *O mulier! magna est fides tua*. Ingredere in ecclesiam Persarum, et audies Christum dicentem, *O mulier! magna est fides tua;* in Gothorum item, in barbarorum, in Indorum, in Maurorum, et in quantamcumque sol respicit terram: verbum unum protulit Christus, et verbum illud non cessat efferri, sed magna voce ejus fidem prædicat: *O mulier! magna est fides tua: fiat tibi sicut vis*. Non dixit: Sanetur filia tua; sed, *Sicut vis*. Tu ipsam sana, tu esto medicus, tibi medicamentum trado, vade, appone, *Fiat tibi sicut vis*. Voluntas tua sanet ipsam. Chananæa voluntate sua sanavit, et Filius Dei a seipso non sanabit? *Fiat tibi sicut vis*. Non jussit mulier, neque diabolo præcepit; sed voluit tantum, et voluntas mulieris sanavit, dæmonasque ejecit.

καταφευγε. Ὁ ἄρχων πλησίον σου; Σὺ τὸν Δεσπότην κάλεσον. Μὴ γὰρ ἄνθρωπός ἐστιν, ἵνα ἀπέλθῃς εἰς τόπον; Θεὸς ἀεὶ ἐγγύς ἐστιν. Ἐὰν θέλῃς παρακαλέσαι ἄνθρωπον, ἐρωτᾷς τί ποιεῖ, καθεύδει, ἀσχολεῖται· 443 διακονῶν οὐκ ἀποκρίνεταί σοι. Ἐπὶ δὲ τοῦ Θεοῦ A οὐδὲν τούτων· ὅπου ἐὰν ἀπέλθῃς καὶ καλέσῃς, ἀκούει· οὐκ ἀσχολία, οὐ μεσίτης, οὐ διάκονος διατειχίζει. Εἰπὲ, Ἐλέησόν με, καὶ παρευθὺ Θεὸς παραγίνεται· Ἔτι γὰρ, φησὶ, λαλοῦντός σου, ἐρῶ, ἰδοὺ ἐγὼ πάρειμι. Ὢ ῥῆμα ἡμερότητος γέμον. Οὐδὲ ἀναμένει τελέσαι τὴν εὐχήν· οὔπω τελεῖς τὴν εὐχὴν, καὶ λαμβάνεις τὴν δόσιν. Ἐλέησόν με. Ταύτην μιμησώμεθα τὴν Χαναναίαν, παρακαλῶ· Ἐλέησόν με· ἡ θυγάτηρ μου κακῶς δαιμονίζεται. Ὁ δὲ Κύριος λέγει πρὸς αὐτήν· Ὦ γύναι, μεγάλη σου ἡ πίστις· γενηθήτω σοι ὡς θέλεις. Ποῦ ὁ αἱρετικός; Μὴ εἶπε, παρακαλέσω μου τὸν Πατέρα; μὴ εἶπεν, ἱκετεύσω τὸν γεννήσαντά με; μὴ εὐχῆς χρεία ἐνταῦθα; Οὐδαμῶς. Διὰ τί; B Ἐπειδὴ μεγάλη ἦν ἡ πίστις, μέγα ἦν τὸ σκεῦος, μεγάλη καὶ ἡ χάρις ἐξεχύθη. Ὅπου δεῖ εὐχῆς, ἀσθενὲς τὸ σκεῦος. Ὦ γύναι, μεγάλη σου ἡ πίστις. Οὐ νεκρὸν εἶδες ἐγειρόμενον, οὐ λεπρὸν καθαριζόμενον, οὐ προφητῶν ἤκουσας, οὐ νόμον ἐμελέτησας, οὐ θάλατταν εἶδες σχιζομένην, οὐχ ἕτερόν τι σημεῖον ἑώρακας παρ' ἐμοῦ γενόμενον· ὑβρίσθης δὲ μᾶλλον παρ' ἐμοῦ, καὶ ἐξηπορήθης· ἀπηγόρευσά σου τὸ πάθος, καὶ οὐκ ἀνεχώρησας, ἀλλὰ παρέμεινας· λοιπὸν ἀπόλαβε καὶ σὺ παρ' ἐμοῦ ἀξίαν καὶ πρέπουσαν εὐφημίαν· Ὦ γύναι, μεγάλη σου ἡ πίστις. Ἀπέθανεν ἡ γυνὴ, καὶ τὸ ἐγκώμιον αὐτῆς μένει, διαδήματος ὂν C λαμπρότερον. Ὅπου ἐὰν ἀπέλθῃς, ἀκούεις τοῦ Χριστοῦ λέγοντος, Ὦ γύναι, μεγάλη σου ἡ πίστις. Εἴσελθε εἰς Περσῶν τὴν ἐκκλησίαν, καὶ ἀκούσεις τοῦ Χριστοῦ λέγοντος, Ὦ γύναι, μεγάλη σου ἡ πίστις· εἰς τὴν Γότθων, εἰς τὴν βαρβάρων, εἰς τὴν Ἰνδῶν, εἰς τὴν Μαύρων, ὅσην ἥλιος ἐφορᾷ γῆν· ἕνα λόγον ὁ Χριστὸς ἐφθέγξατο, καὶ οὐ σιωπᾷ ὁ λόγος, ἀλλὰ μεγάλῃ τῇ φωνῇ ἀνακηρύττει τὴν πίστιν αὐτῆς, λέγων, Ὦ γύναι, μεγάλη σου ἡ πίστις· γενηθήτω σοι ὡς θέλεις. Οὐκ εἶπε, θεραπευθήτω τὸ θυγάτριόν σου· ἀλλ', Ὡς θέλεις. Σὺ αὐτὴν θεράπευσον· σὺ γενοῦ ἰατρός· σοὶ ἐγχειρίζω τὸ φάρμακον· ὕπαγε, ἐπίθες, D Γενηθήτω σοι ὡς θέλεις. Τὸ θέλημά σου θεραπευσάτω αὐτήν. Ἡ Χαναναία θελήματι ἐθεράπευσε, καὶ ὁ Υἱὸς τοῦ Θεοῦ ἀφ' ἑαυτοῦ οὐ θεραπεύει; Γενηθήτω σοι ὡς θέλεις. Οὐδὲ ἐκέλευσεν ἡ γυνὴ, οὐδὲ ἐπέταξε τῷ δαιμονίῳ, ἀλλ' ἠθέλησε μόνον, καὶ τὸ θέλημα τῆς γυναικὸς ἐθεράπευσε, καὶ δαίμονας ἐξέβαλε. Ποῦ εἰσιν οἱ τολμῶντες λέγειν, ὅτι δι' εὐχῆς ὁ Υἱὸς ἤνυσε; Γενηθήτω σοι ὡς θέλεις. Βλέπε [a] καὶ τῆς λέξεως τὴν

[a] Recte notat Fronto Ducæus hic legendum esse, καὶ τῆς λέξεως τὸν συγγένειαν: nam paulo post legitur ἡ συγγένεια τῆς λέξεως.

εὐγένειαν· τὸν Πατέρα τὸν ἑαυτοῦ μιμεῖται. Ὅτε γὰρ ἐποίει τὸν οὐρανὸν ὁ Θεὸς, εἶπε, γενηθήτω ὁ
E οὐρανός· γενηθήτω ἥλιος, καὶ ἐγένετο ἥλιος· γενηθήτω γῆ, καὶ ἐγένετο γῆ· ἐπιτάγματι τὴν οὐσίαν ἤγαγεν. Οὕτω καὶ αὐτὸς, Γενηθήτω σοι ὡς θέλεις. Ἡ συγγένεια τῆς λέξεως τὴν κοινωνίαν τῆς φύσεως ἔδειξε. Καὶ ἰάθη ἡ θυγάτηρ αὐτῆς. Πότε; Ἀπὸ τῆς ὥρας ἐκείνης· οὐχ ἐξ ὅτου ἦλθεν ἡ μήτηρ αὐτῆς ἐν τῷ οἴκῳ, ἀλλὰ πρὶν ἐλθεῖν. Ἦλθεν εὑρεῖν δαιμονιῶσαν, καὶ εὗρεν ὑγιαίνουσαν, τῷ θελήματι αὐτῆς θεραπευθεῖσαν. [b] Ὑπὲρ δὲ τούτων ἁπάντων εὐχαριστήσωμεν τῷ Θεῷ, ὅτι αὐτῷ πρέπει δόξα εἰς τοὺς αἰῶνας τῶν αἰώνων. Ἀμήν.

Ubi sunt ii qui dicere andent Filium per orationem operatum esse? *Fiat tibi sicut vis.* Vide dictionis cognationem : Patrem suum imitatur. Cum enim Deus cælum faciebat, dixit, Fiat cælum, et factum est cælum; Fiat sol, et factus est sol; Fiat terra, et facta est terra. Jussione substantiam produxit. Sic et ille, *Fiat tibi sicut vis:* cognatio sermonis communionem ostendit naturæ. *Et sanata est filia ejus.* Quandonam? *In illa* Matth. 15. 28.
hora; non quando mater venit domum, sed antequam veniret. Venit inventura dæmoniacam, et invenit sanam, voluntate sua sanitati restitutam. Pro his omnibus gratias agamus Deo, quia ipsum docet gloria in sæcula sæculorum. Amen.

[b] Sic Græca habent. In veteri interpretatione Latina sic clauditur : *Pro his autem omnibus gratias agamus Deo per Christum Dominum nostrum, cum quo est Deo Patri una cum sancto Spiritu honor, gloria et potestas per immortalia sæcula sæculorum. Amen.*

IN LIBRUM,

QUOD NEMO LÆDATUR NISI A SEIPSO, 443

ADMONITIO.

Hic pulcherrimus liber, cujus vel titulus Christianæ philosophiæ summam complectitur, sic a Chrysostomo commemoratur infra, p. 576, C, Epistola quarta ad Olympiadem his verbis: *Mitto ad te id quod nuper literis mandavi, nempe eum qui seipsum non læserit, a nemine alio lædi posse. Hoc quippe contendit illa oratio, quam nunc ad te mitto. Illam igitur assidue volvas, imo etiam, si per valetudinem licet, recites. Id enim pharmacum, si quidem volueris, tibi sufficit. Sin nobis pertinacius oblucteris, ac neque teipsam cures, nec quamvis innumeras admonitiones et cohortationes præsto habeas, e mæroris tamen cœno emergere animum inducas: nos quoque haud facile tibi morem geremus, vel adducemur, ut longas et crebras epistolas mittamus, si nihil ad animi alacritatem hinc fructus atque utilitatis perceptura es.*

E Cucuso scriptum librum fuisse fertur in titulo secundum manuscriptos Codices quosdam: ea vero de re agetur in Vita Chrysostomi. Anno 406 hæc scripsisse putatur Chrysostomus.

Interpretatio Latina est cujusdam viri docti ex Societate Jesu, qui nomen tacuit.

LIBER,

Quod qui seipsum non lædit, nemo lædere possit.

1. Scio fore, ut crassioribus, quique præsentibus rebus inhiant, ac terræ sunt affixi, et sensuum voluptatibus serviunt, spiritualibus non admodum dediti, nova hæc, insolensque videatur oratio; ac nos ubertim rideant, et contemnant, ut qui ab initio promissionis minime verisimilia dicamus. Verum non ideo nos a pollicitatione desistemus: quin etiam hanc ipsam maxime ob causam ad comprobanda ea quæ promisimus, magno studio aggrediemur. Si enim voluerint qui ita sunt affecti, non tumultuari, neque obturbare, sed finem orationis exspectare, a nobis, sat scio, stabunt, seseque prioris erroris condemnabunt, palinodiam canent, veniam cum excusatione petent, eo quod non veram de rebus tenuerint sententiam, magnamque nobis gratiam habebunt, ut medici ægri, e morbis, quibus eorum corpus velut obsessum fuerat, recreati. Ne enim mihi quæ te nunc tenet, profer sententiam, sed exspecta etiam nostræ orationis contentionem et conatus, actum poteris, ignorantia verum judicium non impediente, sincere ferre sententiam. Nam et sæcularium rerum istarum judices, etiamsi videant eum qui prius dicit, oratorem concitato eloquentiæ flumine omnia inundantem, non audent, nisi etiam adversarii responsionibus cum longanimitate auditis, pronuntiare sententiam: sed etiamsi prior justissimam causam habere videatur, integras aures etiam alteri reservant. Siquidem hæc quoque judicum virtus est, ut utriusque partis causa quam accuratissime cognita, tum demum ipsi suum interponant judicium. Quoniam igitur etiam nunc velut rhetoris cujusdam loco est illa multorum communis et anticipata opinio, quæ longo tempore in animis multitudinis radicata, hæc per totum terrarum orbem declamat, omnia sursum deorsum versa esse, in magnam confusionem genus humanum incidisse, in dies injurias, calu-

Judex utramque partem audire debet.

A

ᵃΛΟΓΟΣ,

Ὅτι τὸν ἑαυτὸν μὴ ἀδικοῦντα οὐδεὶς παραβλάψαι δύναται.

Οἶδα μὲν, ὅτι τοῖς παχυτέροις, καὶ πρὸς τὰ παρόντα κεχηνόσι, καὶ τῇ γῇ προσηλωμένοις, καὶ αἰσθηταῖς μὲν δουλεύουσιν ἡδοναῖς, τῶν δὲ νοερῶν οὐ σφόδρα ἀντεχομένοις, καινός τις καὶ παράδοξος ὁ λόγος οὗτος εἶναι δόξει· καὶ γελάσονται δαψιλὲς, καὶ καταγνώσονται ἡμῶν, ὡς ἀπίθανα λεγόντων ἐκ προοιμίων τῆς ὑποσχέσεως. Οὐ μὴν διὰ τοῦτο ἀποστησόμεθα τῆς ἐπαγγελίας, ἀλλὰ καὶ δι' αὐτὸ μὲν οὖν τοῦτο μάλιστα ἐπὶ τὰς ἐποδείξεις, ὧν ὑπεσχόμεθα, μετὰ B πολλῆς βαδιούμεθα τῆς σπουδῆς. Ἂν γὰρ βουληθῶσιν οἱ οὕτω διακείμενοι μὴ θορυβεῖν, μηδὲ ταράττειν, ἀλλὰ ἀναμένειν τοῦ λόγου τὸ τέλος, εὖ οἶδ' ὅτι μεθ' ἡμῶν στήσονται, καὶ ἑαυτῶν καταγνώσονται, ὡς τὸν ἔμπροσθεν ἠπατημένοι χρόνον, καὶ παλινῳδίαν ᾄσονται, καὶ ἀπολογήσονται, καὶ συγγνώμην αἰτήσονται, ὑπὲρ ὧν οὐκ ὀρθὴν περὶ τῶν πραγμάτων ἔσχον τὴν ψῆφον, καὶ χάριν ἡμῖν εἴσονται πολλὴν, ὥσπερ οἱ κάμνοντες τοῖς ἰατροῖς, ἐπειδὰν τῶν νοσημάτων ἀπαλλαγῶσι, τῶν τὸ σῶμα πολιορκούντων αὐτοῖς. Μὴ C γάρ μοι τὴν νῦν κατέχουσαν παρὰ σοὶ κρίσιν λέγε, ἀλλὰ ἀνάμεινον καὶ τῶν λόγων τῶν ἡμετέρων τοὺς ἀγῶνας, καὶ τότε δυνήσῃ τὴν ψῆφον ἀδέκαστον ἐνεγκεῖν, οὐδὲν ἐξ ἀγνοίας εἰς τὸ τἀληθῆ κρίνειν παραβλαπτόμενος. Ἐπεὶ καὶ οἱ ἐπὶ τῶν βιωτικῶν τούτων πραγμάτων καθήμενοι δικασταὶ, οὐκ ἀνέχονται, κἂν σφοδρῶς ῥέοντα ἴδωσι τὸν πρότερον ῥήτορα, καὶ πάντα ἐπικλύζοντα τῇ γλώττῃ, μὴ καὶ τὰ θατέρου μετὰ μακροθυμίας ἀκούσαντες τοῦ πρὸς αὐτὸν ἱσταμένου, τὴν ψῆφον ἐνεγκεῖν· ἀλλὰ κἂν μυριάκις ὁ
445 A πρότερος δοκῇ δίκαια λέγειν, ἀνέπαφον τὴν ἀκοὴν καὶ τῷ δευτέρῳ τηροῦσιν. Ἐπειδήπερ καὶ αὕτη δικαστῶν ἐστιν ἀρετὴ, τὰ παρ' ἑκατέρων μαθόντας μετὰ ἀκριβείας ἁπάσης, τότε τὰ παρ' ἑαυτῶν ἐπάγειν. Ἐπεὶ οὖν καὶ νῦν ἀντὶ ῥήτορός τινος ἡ κοινὴ τῶν πολλῶν πρόληψις, καὶ ἐν τῷ μακρῷ χρόνῳ ῥιζωθεῖσα παρὰ ταῖς τῶν πολλῶν διανοίαις, ταῦτα κατὰ τὴν οἰκουμένην ἅπασαν ῥητορεύει λέγουσα, πάντα, φησὶν, ἄνω καὶ κάτω γέγονε, πολλῆς συγχύσεως τὸ τῶν ἀν-

ᵃ Unus Regius ut et Savil. in marg. Ἐπιστολὴ γραφεῖσα ἀπὸ Κουκουσοῦ τῆς Κιλικίας, ὄντος αὐτοῦ ἐν ἐξορίᾳ, ὅτι τὸν ἑαυτὸν μὴ ἀδικοῦντα οὐδεὶς παραβλάψαι δυνήσεται, id est, *Epistola scripta ex Cucuso in Cilicia, cum in exsilio esset: quod qui seipsum non lædit, nemo lædere possit.* Idem Reg. addit, καὶ εἰς τοὺς τρεῖς παῖδας, *Et in tres pueros.* Alii duo Mss. priora non habent usque ad ἐξορίᾳ: sed unus adjicit, ἐν ᾧ καὶ περὶ τῶν ἁγίων τριῶν παίδων. [Inspeximus nos codicem Coislianum n° 147, quem litera C designamus. V. tom. 2, p. 890, not. a, et p. 894. not. a, nostræ hujus Editionis. In titulo post παραβλάψαι δυνήσεται addit καὶ εἰς τοὺς ἁγίους τρεῖς παῖδας.]

θρώπων ἐμπέπλησται γένος, καὶ πολλοὶ καθ' ἑκάστην ἡμέραν οἱ ἀδικούμενοι, οἱ ἐπηρεαζόμενοι, οἱ βιαζόμενοι, οἱ βλαπτόμενοι, οἱ ἀσθενεῖς παρὰ τῶν δυνατωτέρων, οἱ πένητες παρὰ τῶν πλουσίων· καὶ ὥσπερ B
τὰ κύματα τῆς θαλάσσης οὐκ ἔστιν ἀριθμεῖν, οὕτως οὐδὲ τὸ πλῆθος τῶν ἐπιβουλευομένων, τῶν ἐπηρεαζομένων, τῶν κακῶς πασχόντων· καὶ οὔτε νόμων διόρθωσις, οὔτε δικαστηρίων φόβος, οὔτε ἄλλο οὐδὲν τὸν λοιμὸν τοῦτον ἔστησε καὶ τὴν νόσον, ἀλλὰ καθ' ἑκάστην ἡμέραν αὔξάνεται τὸ κακὸν, καὶ οἰμωγαὶ πανταχοῦ, καὶ θρῆνοι, καὶ δάκρυα τῶν ἀδικουμένων· καὶ οἱ ταχθέντες τὰ τοιαῦτα διορθοῦν δικασταὶ, αὐτοὶ τὸν χειμῶνα ἐπιτείνουσι, καὶ τὴν νόσον ἐπιτρίβουσι· πολλοὶ δὲ ἐντεῦθεν τῶν ἀνοητοτέρων καὶ ἀθλιωτέρων, καινήν τινα μανέντες μανίαν, τῆς τοῦ Θεοῦ κατηγο- C
ροῦσι προνοίας, ὁρῶντες τὸν μὲν ἐπιεικῆ πολλάκις ἑλκόμενον, σπαραττόμενον, ἀρχόμενον, τὸν δὲ θρασὺν, [a] καὶ ἰταμὸν, καὶ ἄτιμον, καὶ ἐξ ἀτίμων, πλουτοῦντα, καὶ δυναστείαν περιβεβλημένον, φοβερόν τε πολλοῖς γινόμενον, καὶ μυρία προστριβόμενον τοῖς ἐπιεικεστέροις δεινὰ, καὶ ταῦτα ἐν πόλεσι καὶ ἐν χώραις, καὶ ἐν ἐρημίαις, καὶ ἐν γῇ καὶ ἐν θαλάττῃ τολμώμενα· ἀναγκαῖος ἡμῖν ὁ λόγος οὗτος εἰσέρχεται, ἀπεναντίας τοῖς εἰρημένοις ἱστάμενος, καὶ ἀγῶνα [b] ἀγωνιζόμενος καινὸν μὲν, ὅπερ ἀρχόμενος εἶπον, καὶ παράδοξον, χρήσιμον δὲ καὶ ἀληθῆ, καὶ τοῖς βουλομένοις προσέχειν καὶ πείθεσθαι λυσιτελῆ· καὶ γὰρ ἐπαγγέλλεται D
δείξειν (ἀλλὰ μὴ θορυβεῖσθε) οὐδένα τῶν ἀδικουμένων παρ' ἑτέρου τινὸς ἀδικούμενον, ἀλλὰ παρ' ἑαυτοῦ τοῦτο πάσχοντα.

Ἵνα δὲ σαφέστερος ὁ λόγος γένηται, φέρε πρῶτον ἐξετάσωμεν τί ἐστιν ἀδικία, καὶ περὶ ποίων πραγμάτων ὕλην συνίστασθαι πέφυκε· καὶ τί ποτέ ἐστιν ἀνθρωπίνη ἀρετὴ, καὶ τί τὸ λυμαινόμενον ταύτην· καὶ τί ποτε δοκεῖ μὲν λυμαίνεσθαι, οὐ λυμαίνεται δέ. Οἷον (δεῖ γὰρ ἐκ παραδειγμάτων ἐντελῆ ποιῆσαι τὸν λόγον), ἕκαστον τῶν πραγμάτων [c] ἓν ἔχει τὸ λυμαινόμενον· ὁ σίδηρος τὸν ἰὸν, τὸν σῆτα τὸ ἔριον, προβάτων ἀγέλαι τοὺς λύκους. Καὶ οἴνου μὲν ἀρετῆς βλάβη τὸ E
παρατραπῆναι καὶ εἰς ὀξίνην καταπεσεῖν· μέλιτος δὲ, τὸ τὴν σύμφυτον ἀπολέσαι γλυκύτητα, καὶ εἰς πικρὸν κατενεχθῆναι χυμόν. Λυμαίνεται δὲ καὶ ληΐων κόμαις ἐρυσίβη καὶ αὐχμὸς, καὶ ἀμπέλων καρπῷ, καὶ φύλλοις, καὶ κλήμασι τὸ πονηρὸν τῶν ἀκρίδων στρατόπεδον, καὶ ἑτέροις δένδρεσιν ἡ κάμπη, καὶ σώμασι δὲ ἀλόγοις ποικίλα νοσήματα· καὶ ἵνα μὴ πάντα ἐπεξιόντες μακρὸν ποιήσωμεν τὸν λόγον, καὶ τῇ σαρκὶ δὲ τῇ ἡμετέρᾳ καὶ πυρετοὶ, καὶ παρέσεις, καὶ ἑτέρων

mnias, vim, damna afferri, imbecillis a potentibus, pauperibus ab opulentis; et ut fluctus maris numerari non possunt, ita nec multitudo eorum, qui insidiis petuntur, damnis afficiuntur, male mulctantur; ac neque legum correctione, neque judiciorum motu, neque ulla re alia hanc exstingui pestem ac morbum, sed malum quotidie augeri, ubique esse gemitus, lamenta, lacrimas eorum qui injurias accipiunt: judices ipsos quibus hujuscemodi rerum emendatio mandata est, tempestatem intendere, morbum fovere: hinc autem multi ex insipientioribus ac infelicioribus, novo quodam furore correpti, Dei providentiam incusant, cum vident moderatum ac probum sæpe trahi, laniari, præfocari; audacem, improbum, infamem, et ex infamibus ortum ditescere, potentiam nancisci, multis formidabilem esse, ac melioribus se infinita mala inferre, atque hæc in civitatibus, in agris, in solitudinibus, terra marique perpetrari: necessario a nobis hæc instituitur oratio, quæ supra dicta refutet, et certamen ineat, novum quidem, ut initio dixi, et inopinatum, sed utile, justum, et auditoribus auscultandi obtemperandique cupidis conducibile: profitetur enim se ostensuram (sed ne tumultuemini) neminem eorum qui damno afficiuntur, ab alio, sed a seipso lædi.

2. Ut autem dilucidior sit oratio, age primum inquiramus quid sit damnum, et in quarum rerum materia versari soleat: et quid tandem sit humana virtus, quidque eam lædat, quid item videatur lædere, nec tamen lædat. Exempli causa (exemplis enim oratio perficienda est), singulæ res a singulis læduntur, ferrum a rubigine, lana a tinea, ovium greges a lupis. Ac vini quidem vis labefactatur, cum id depravatur, et in vappam commutatur; mellis vero, cum ingenitam amittit dulcedinem, et in amarum liquorem convertitur. Triticeis frugibus obest ærugo et siccitas, vitium fructui, pampinis et palmitibus malus locustarum exercitus; aliis arboribus eruca, corporibus item rationis expertibus varii morbi: ac ne singulis percensendis longum nectamus sermonem, corpori quoque nostro et febres, et paralysis, aliique morbi

[a] Καὶ ἰταμὸν deest in Savil. et in duobus Mss. et infra καὶ ante μυρία similiter.

[b] Post ἀγωνιζόμενος unus tantum Codex hæc intersecrit, ἐπεὶ οὖν ταῦτα τοῖς πολλοῖς ὑπείληπται.

[c] Ἓν deest in duobus Mss.

plurimi. Quemadmodum ergo hæc singula habent a quo virtus eorum labefactetur, age videamus quid etiam hominum generi noceat, et quid tandem sit quod hominis virtutem labefactet. Vulgus quidem alia quædam eam lædere opinatur. Nam etiam falsæ opiniones recitandæ sunt, iisque confutatis, vera nostrarum virtutum corruptela in medium proferenda, et perspicue ostendendum, id detrimentum, aut id damnum a nemine nobis dari posse, nisi nosmetipsi prodamus. Vulgus ergo pravis imbutum opinionibus diversa existimat nostræ virtuti nocere, alii paupertatem, alii corporis morbum, alii pecuniæ jacturam, alii calumniam, alii mortem, atque hæc perpetuo lamentantur ac deplorant; et eos, quibus illa contigerunt, miserantes, et flentes, et obstupefacti dicunt inter se: Qualia perpessus est ille? repente omnibus fortunis eversus est. Alius de alio vicissim: At ille in gravem morbum incidit, et a medicis, qui ad eum accedebant, desperatus est. Jam alius carceris incolas, alius patria pulsos, et in exsilium relegatos: hic libertate exutos, ille ab hostibus in captivitatem abreptos, iste submersum, aut combustum, alius ruina domus oppressum, luget ac deflet, at improbe viventes nemo: sed quod omnibus est gravius, eos sæpe quoque beatos prædicant, quæ etiam omnium malorum causa est. Age igitur (sed ut principio rogavi, ne tumultuemini), ostendamus nihil eorum quæ diximus, nocere sobrio homini, neque virtutem ejus labefactare posse. Quid enim, dic mihi, omnibus opibus spoliato, aut a calumniatoribus, sive a prædonibus, aut etiam improbis servis exuto omnibus facultatibus suis, hoc damnum obfuit, quantum ad virtutem hominis? Sed potius, si ita videtur, primum describamus virtutem hominis, quidnam ea tandem sit, ubi prius ad alias res orationem converterimus, ut eam multitudini ad intelligendum faciliorem et dilucidiorem efficiamus.

Quid sit virtus hominis, et quid eam lædere possit.

3. Quid ergo est virtus equi? Numquid aureum habere frenum, et hujuscemodi cingula, stragulorum vincula ex sericis filis contexta, tapetas variegatos auroque intertextos, phaleras gemmis distinctas, jubas aureis funiculis complicatas: an vero cursu esse velocem, cruribus bene firmis, numerose incedere, et ungulas ha-

446 A νοσημάτων ἐσμός. Ὥσπερ οὖν τούτων ἕκαστον ἔχει τὸ λυμαινόμενον αὐτοῦ τῇ ἀρετῇ, φέρε σκοπήσωμεν τί καὶ τὸ τῶν ἀνθρώπων παραβλάπτει γένος, καὶ τί ποτέ ἐστι τὸ λυμαινόμενον ἀνθρώπου ἀρετήν. Οἱ μὲν οὖν πολλοὶ ἕτερά τινα ἄλλα νομίζουσι. Δεῖ γὰρ καὶ τὰς πεπλανημένας δόξας εἰπεῖν, καὶ ἀνελόντας αὐτὰς, οὕτω τὴν ὄντως λυμαινομένην ἡμῶν ταῖς ἀρεταῖς εἰς μέσον ἀγαγεῖν, καὶ δεῖξαι σαφῶς, ὅτι ταύτην ἡμᾶς οὐδεὶς δύναιτ' ἂν ἀδικῆσαι τὴν ἀδικίαν, οὐδὲ λυμήνασθαι τὴν λύμην, εἰ μὴ αὐτοὶ ἑαυτοὺς προδοίημεν. Οἱ μὲν οὖν πολλοὶ πεπλανημένας ἔχοντες δόξας, ἕτερα νομίζουσιν εἶναι τὰ λυμαινόμενα ἡμῶν [a] τῇ ἀρετῇ, οἱ μὲν πενίαν, οἱ δὲ νόσον σώματος, οἱ δὲ τὴν ἐν χρή- B μασι ζημίαν, ἕτεροι συκοφαντίαν, ἄλλοι θάνατον, καὶ ταῦτα ἀποδυρόμενοι καὶ θρηνοῦντες διατελοῦσι· καὶ τοὺς πάσχοντας ἐλεοῦντες, καὶ δακρύοντες, καὶ ἐκπληττόμενοι πρὸς ἀλλήλους λέγουσιν· οἷα πέπονθεν ὁ δεῖνα; ἀθρόον ἀφῃρέθη τὴν οὐσίαν ἅπασαν. Ἕτερος περὶ ἑτέρου πάλιν· ὁ δεῖνα δὲ ἀῤῥωστίᾳ χαλεπῇ περιπεσὼν ἀπέγνωσται παρὰ τῶν πρὸς αὐτὸν εἰσιόντων ἰατρῶν. Καὶ ὁ μὲν τοὺς τὸ δεσμωτήριον οἰκοῦντας, ὁ δὲ τοὺς τῆς πατρίδος ἐκπεσόντας, καὶ πρὸς τὴν ὑπερορίαν [b] μεταναστάντας, ἄλλος τοὺς ἐλευθερίας ἐκπεπτωκότας, ἕτερος τοὺς ὑπὸ πολεμίων ἁρπαγέντας, καὶ C γενομένους αἰχμαλώτους, ἕτερος τὸν καταποντισθέντα, ἢ καέντα, ἄλλος τὸν ὑπὸ οἰκίας καταχωσθέντα θρηνοῦσι, καὶ ὀλοφύρονται, τοὺς δὲ ἐν πονηρίᾳ ζῶντας οὐδείς· ἀλλ', ὃ πάντων ἐστὶ χαλεπώτερον, πολλάκις αὐτοὺς καὶ μακαρίζουσιν, ὃ καὶ πάντων αἴτιόν ἐστι τῶν κακῶν. Φέρε οὖν (ἀλλ' ὅπερ ἐξ ἀρχῆς παρεκάλεσα, μὴ θορυβεῖτε), δείξωμεν, ὡς οὐδὲν τῶν εἰρημένων ἀδικεῖ τὸν νήφοντα ἄνθρωπον, οὐδὲ τὴν ἀρετὴν αὐτοῦ λυμήνασθαι δύναιτ' ἄν. Τί γὰρ, εἰπέ μοι, τὸν τὰ αὐτοῦ πάντα ἀπολωλεκότα, ἢ παρὰ συκοφαντῶν, ἢ παρὰ λῃστῶν, ἢ καὶ οἰκετῶν κακούργων ἀφαιρεθέντα τὰ ὄντα, ἔβλαψεν αὕτη ἡ ζημία εἰς ἀρετὴν τοῦ D ἀνθρώπου; Μᾶλλον δὲ, εἰ δοκεῖ, πρῶτον [c] ὑπογράφωμεν, τί ποτέ ἐστιν ἀνθρώπου ἀρετὴ, ἐν ἑτέραις οὐσίαις πρότερον τὸν λόγον γυμνάσαντες, ὥστε εὐμαθέστερον αὐτὸν ποιῆσαι καὶ σαφέστερον τοῖς πολλοῖς.

Τί ποτ' οὖν ἐστιν ἵππου ἀρετή; Ἆρα τὸ χρυσοῦν ἔχειν χαλινὸν, καὶ τελαμῶνας τοιούτους, καὶ στρωμάτων δεσμὸν ἐκ σηρικῶν νημάτων συγκείμενον, καὶ τάπητας ποικίλους καὶ χρυσοπάστους, καὶ φάλαρα λιθοκόλλητα, καὶ πλοκάμους χρυσοῖς σχοινίοις συμπεπλεγμένους· ἢ τὸ δρομικὸν εἶναι καὶ εὐσκελῆ, καὶ βαδίζειν εὔρυθμα, καὶ ὁπλὰς ἔχειν ἵππῳ πρεπούσας

[a] Duo Mss. τὴν ἀρετήν.

[b] Alii μεταστάντας.

[c] Tres Mss. ὑπογράψωμεν, quorum unus ab hoc verbo incipit: nam cætera, quæ præcedunt, deficiunt. Infra duo Mss. et Savil. in marg. στρωματόδεσμον.

γενναίῳ, καὶ ἀνδρίαν κεκτῆσθαι τὴν ἐν ἀποδημίαις E
μακραῖς, τὴν ἐν πολέμοις ἁρμόζουσαν, καὶ δύνασθαι
καὶ ἐν παρατάξει μετὰ πολλοῦ φαίνεσθαι τοῦ παρα-
στήματος, καὶ τροπῆς γενομένης σώζειν τὸν ἀναβά-
την; Οὐκ εὔδηλον ὅτι ταῦτα ἵππου ἀρετὴ, οὐκ
ἐκεῖνα; Τί δὲ, ὄνων καὶ ἡμιόνων ποίαν φαίης ἀρετὴν
εἶναι; Οὐ τὸ δύνασθαι μετ' εὐκολίας ἀχθοφορεῖν, καὶ
ῥᾳδίως τὰς ὁδοὺς διανύειν, καὶ πόδας ἔχειν στεῤῥότητι πέτρας μιμουμένους; Μὴ τὰ ἔξωθεν αὐτοῖς
περικείμενα συντελεῖν τι πρὸς τὴν οἰκείαν ἀρετὴν
αὐτῶν φήσομεν; Οὐδαμῶς. Ἄμπελον δὲ ποίαν θαυ-
μασόμεθα; Τὴν τοῖς φύλλοις κομῶσαν καὶ τοῖς κλή- 447
μασιν, ἢ τὴν τῷ καρπῷ βριθομένην; Ποίαν δὲ ἀρετὴν A
ἐλαίας εἶναι φαμέν; Ὅταν μεγάλους ἔχῃ τοὺς κλάδους, καὶ πολλὴν τὴν ἀπὸ τῶν φύλλων κόμην, ἢ ὅταν
τὸν οἰκεῖον καρπὸν δαψιλῆ καὶ πανταχοῦ διεσπαρμέ-
νον ἐμφαίνῃ; Οὕτω δὴ καὶ ἐπὶ τῶν ἀνθρώπων ποιῶ-
μεν· διευκρινήσωμεν τὴν ἀρετὴν τὴν τοῦ ἀνθρώπου,
καὶ βλάβην εἶναι ἐκείνην νομίσωμεν μόνην, τὴν αὐτῇ
λυμαινομένην. Τί οὖν ἐστιν ἀρετὴ ἀνθρώπου; Οὐ
χρήματα, ἵνα πενίαν δείσῃς· οὐδὲ ὑγίεια σώματος,
ἵνα [a] φοβηθῇς νόσον· οὐδὲ ἡ τῶν πολλῶν ὑπόληψις, ἵνα
ὑπίδῃς δόξαν πονηράν· οὐδὲ τὸ ζῆν ἁπλῶς καὶ εἰκῆ, B
ἵνα φοβερός σοι γένηται ὁ θάνατος· οὐδὲ ἐλευθερία,
ἵνα δουλείαν φύγῃς· ἀλλ' ἡ τῶν ἀληθῶν δογμάτων
ἀκρίβεια, καὶ ἡ κατὰ τὸν βίον ὀρθότης. Ταῦτα δὲ
οὐδὲ αὐτὸς ὁ διάβολος ἀποσυλῆσαι δυνήσεται, ἐὰν ὁ
κεκτημένος αὐτὰ μετὰ τῆς προσηκούσης ἀκριβείας
διαφυλάττῃ· καὶ ταῦτα καὶ ὁ πονηρότατος καὶ ἄγριος
δαίμων ἐκεῖνος οἶδε. Διὰ γάρ τοι τοῦτο καὶ τὴν
οὐσίαν ἐσύλα τοῦ Ἰὼβ, οὐχ ἵνα πένητα ποιήσῃ, ἀλλ'
ἵνα βλάσφημόν τι ῥῆμα ἐκβαλεῖν βιάσηται· καὶ τὸ
σῶμα κατέτεμεν, οὐχ ἵνα ἀῤῥωστίᾳ περιβάλῃ, ἀλλ'
ἵνα ὑποσκελίσῃ τὴν κατὰ ψυχὴν ἀρετήν. Ἀλλ' ὅμως C
πάντα αὐτοῦ κινήσας τὰ μηχανήματα, καὶ πένητα
ἀντὶ πλουτοῦντος ποιήσας (τοῦτο δὴ τὸ [b] πάντων ἡμῖν
φρικωδέστατον εἶναι δοκοῦν), ἀντὶ πολύπαιδος ἄπαιδα,
καὶ καταξάνας αὐτοῦ τὸ σῶμα ἅπαν, τῶν ἐν δικαστηρίοις δημίων χαλεπώτερον (οὐ γὰρ οὕτω διορύττουσιν
οἱ ἐκείνων ὄνυχες τὰς πλευρὰς τῶν ἐμπιπτόντων αὐτοῖς, ὡς κατέξαναν αὐτοῦ τὴν σάρκα τῶν σκωλήκων
τὰ στόματα), καὶ πονηρὰν αὐτῷ περιθεὶς δόξαν (οἱ
γὰρ φίλοι αὐτῷ παρόντες ἔλεγον, οὐκ ἄξια ὧν ἡμαρ-
τες μεμαστίγωσαι, καὶ πολλοὺς ἐπέτεινον κατ' αὐτοῦ
κατηγορίας λόγους), καὶ οὐχὶ τῆς πόλεως ἐκβαλὼν
μόνον, οὐδὲ τῆς οἰκίας, καὶ εἰς ἄλλην μεταστήσας D
πόλιν, ἀλλὰ τὴν κοπρίαν καὶ οἰκίαν αὐτῷ καὶ πόλιν
καταστήσας, οὐ μόνον οὐδὲν αὐτὸν ἐλυμήνατο, ἀλλὰ
καὶ λαμπρότερον δι' ὧν ἐπεβούλευσεν ἀπέφηνεν. Ὁ
δὲ οὐ μόνον τι τῶν ὄντων οὐκ ἀφείλετο, καίτοι το-

bere generoso equo dignas; fortitudine præditum esse, longis itineribus ac bellis idonea; posse et in acie magno animo stare, et facta fuga equitem incolumem conservare? Annon perspicuum est, his, non illis equi virtutem contineri? Asinorum vero et mulorum quam virtutem esse diceres? Annon posse onera commode gestare, itinera facile conficere, habere pedes, qui firmitate saxa imitentur? Num ea, quibus extrinsecus circumdati sunt, aliquid ad virtutem ipsorum proprium conferre dicemus? Nequaquam. Vineam deinde quam admirabimur? Foliis comatam et palmitibus, an fructu onustam? Quam etiam olivæ virtutem esse dicimus? Cum magnos habet ramos, et multam foliorum comam, an cum suum fructum uberem et in omnes partes dispersum ostentat? Sic igitur etiam in hominibus faciamus. Discernamus virtutem hominis, idque solum damnum existimemus, quod illam violet. Quid igitur est virtus hominis? Non pecuniæ, ut paupertatem metuas; nec sanitas corporis, ut timeas morbum; non multitudinis opinio, ut suspectam habeas existimationem malam; nec vita per se sola sine abjectione, certoque proposito fine, ut mors tibi formidabilis exsistat; nec libertas, ut servitutem fugias: sed veræ doctrinæ diligens studium, et vitæ honestas. Hæc vero nec ipse diabolus poterit eripere, si possessor ea, qua par est, cura custodiat: idque nequissimus et truculentus ille dæmon novit. Hanc enim ob causam etiam Job bonis spoliavit, non ut eum pauperem redderet, sed ut blasphemum aliquod verbum efferre cogeret: et corpus concidit, non ut in morbum conjiceret, sed ut animæ virtutem labefactaret. Sed tamen cum omnes suas machinas admovisset, et ex divite pauperem effecisset (id quod nobis omnium maxime horribile videtur), ex multorum liberorum patre orbum; cum totum ejus corpus gravius lacerasset, quam carnifices in prætoriis (neque enim illorum ungulæ ita perfodiunt eorum, qui in manus ipsorum incidunt, latera, ut ejus carnem vermes lacerarunt), cum malam ei existimationem conciliasset (amici enim, qui aderant, Non dignas, aiebant, peccatis tuis pœnas dedisti, multisque verbis eum accusabant), cum non urbe exactum aut domo in aliam civitatem tantum transtulisset, sed sterquilinium ei et domus et urbis loco constituisset: non modo ei non nocuit, sed etiam illustriorem per insidias red-

[a] Tres Mss. φοβηθῇς ἀῤῥωστίαν.

[b] Sic Morel. et recte, ni fallor: alii omnes, πᾶσιν ἡμῖν.

didit. Neque tantum quidquam de bonis non abstulit, quamquam tot tantaque abstulisset, sed etiam majores ei divitias virtutis comparavit. Etenim majore deinceps fruebatur fiducia, quippe difficiliori quoque certamine perfunctus. Quod si is, qui tanta perpessus est, detrimenti nihil accepit, ac perpessus non ab homine, sed a dæmone omnibus hominibus nequiore: quid excusationis deinceps habebit quisquam eorum, qui dictitant: Ille mihi damnum aut detrimentum attulit? Si enim diabolus tanta plenus improbitate, omnibus instrumentis adhibitis, omnibus missis telis, omnibus malis, quæ in hominibus erant, magno cum excessu et in familiam justi illius et in corpus congestis, nihil viro obfuit, sed, ut dixi, potius etiam profuit: qui poterunt quidam hunc aut illum accusare, quasi alter ab altero, ac non potius a semetipsis damno affecti?

Adami exemplo idipsum probat.

4. Quid ergo, dicet aliquis, Adamum non læsit ac supplantavit, et paradiso ejecit? Non ille, sed læsi ignavia, qui nec sobrius, nec vigilans fuisset. Nam qui talibus ac tantis allatis machinis Job deturbare nequivit, quomodo minoribus superasset Adamum, nisi is per suam ignaviam semet ipse dedidisset? Quid igitur? qui a calumniatoribus circumventus et publicatis bonis proscriptus est, an is non damnum accepit omnibus facultatibus spoliatus, amisso patrimonio, colluctans cum extrema paupertate? Non damnum accepit, sed lucrum, si sobrius est. Quid enim, quæso, id obfuit apostolis? Nonne cum fame, siti, nuditate continenter luctabantur? et ob hoc ipsum proinde etiam admodum illustres erant et clari, magnumque a Deo auxilium impetrarunt. Quid Lazaro morbus, ulcera, paupertas, solitudo eorum qui assisterent, obfuit? Annon his rebus ei magis sunt contextæ coronæ? Quid Josepho mala fama domi forisque collecta? nam et adulter et scortator habebatur: quid servitus? quid exsilium? Annon ob hæc eum maxime admiramur et obstupescimus? Quid dico exsilium, paupertatem, malam famam, et servitutem? Mors enim ipsa quid Abel obfuit, et violenta et immatura, et per fratris manum scelerate allata? Annon hanc ob rem ubique terrarum celebratur? Videsne ut plura quam promiserit, oratio demonstrarit? Non enim tantum declaravit neminem a quoquam damno affici, verum etiam potius lucrum facere

Objectioni respondet de pœnis et suppliciis.

eos qui sibi attendunt. Cujus igitur gratia pœnæ et supplicia? dicet aliquis; cujus gratia gehenna? cujus gratia tot minæ intenduntur, si nemo nec

σαῦτα ἀφελόμενος, ἀλλὰ καὶ μείζονα αὐτῷ τὸν πλοῦτον τῆς ἀρετῆς εἰργάσατο. Καὶ γὰρ πλείονος μετὰ ταῦτα ἀπήλαυσε παῤῥησίας, ἅτε καὶ σφοδρότερον ἀγωνισάμενος ἀγῶνα. Εἰ δὲ ὁ τοσαῦτα παθὼν οὐδὲν ἠδίκηται, καὶ παθὼν οὐ παρὰ ἀνθρώπου, ἀλλὰ παρὰ τοῦ πάντων ἀνθρώπων πονηροτέρου δαίμονος, τίς ἕξει λοιπὸν ἀπολογίαν τῶν λεγόντων, ὅτι ὁ δεῖνά με ἠδίκησε
E καὶ παρέβλαψεν; Εἰ γὰρ ὁ διάβολος ὁ τοσαύτης γέμων κακίας, πάντα αὐτοῦ κινήσας τὰ ὄργανα, καὶ πάντα ἀφεὶς τὰ βέλη, καὶ ὅσα ἦν ἐν ἀνθρώποις κακὰ, μετὰ πολλῆς τῆς ὑπερβολῆς, καὶ εἰς τὴν οἰκίαν τοῦ δικαίου καὶ εἰς τὸ σῶμα κενώσας, οὐδὲν τὸν ἄνδρα ἠδίκησεν, ἀλλ', ὅπερ ἔφην, καὶ μᾶλλον ὠφέλησε· πῶς δυνήσονταί τινες τὸν δεῖνα καὶ τὸν δεῖνα αἰτιάσασθαι, ὡς παρ' αὐτῶν, ἀλλ' οὐχ ὡς οἴκοθεν ἠδικημένοι;

448 Τί οὖν, φησὶ, τὸν Ἀδὰμ οὐκ ἠδίκησε, καὶ ὑπεσκέλισε,
A καὶ ἐξέβαλε τοῦ παραδείσου; Οὐχ οὗτος, ἀλλ' ἡ τοῦ ἀδικηθέντος ῥᾳθυμία, καὶ τὸ μὴ νήφειν, μηδὲ ἐγρηγορέναι. Ὁ γὰρ τοιαῦτα καὶ τοσαῦτα προσαγαγὼν μηχανήματα, καὶ τὸν Ἰὼβ κατενεγκεῖν μὴ δυνηθεὶς, πῶς ἂν ἐξ ἐλαττόνων ἐκράτησε τοῦ Ἀδὰμ, εἰ μὴ διὰ τῆς οἰκείας ῥᾳθυμίας ἑαυτὸν προέδωκεν ἐκεῖνος; Τί οὖν; ὁ συκοφάνταις περιπεσὼν, καὶ δημευθεὶς τὴν οὐσίαν, οὐκ ἠδίκηται, τὰ ὄντα πάντα ἀφαιρεθεὶς, καὶ πατρῴων ἐκπεσὼν, καὶ πενίᾳ παλαίων ἐσχάτῃ; Οὐκ ἠδίκηται, ἀλλὰ καὶ ἐκέρδανεν, ἐὰν νήφῃ. Τί γὰρ,
B εἰπέ μοι, τοῦτο παρέβλαψε τοὺς ἀποστόλους; Οὐ λιμῷ καὶ δίψει καὶ γυμνότητι συνεχῶς ἐπάλαιον; καὶ δι' αὐτὸ μὲν οὖν τοῦτο καὶ σφόδρα ἦσαν λαμπροὶ καὶ ἐπίσημοι, καὶ πολλὴν παρὰ τοῦ Θεοῦ τὴν βοήθειαν ἐπεσπάσαντο. Τί δὲ τὸν Λάζαρον ἡ νόσος, καὶ τὰ ἕλκη, καὶ ἡ πενία, καὶ ἡ ἐρημία τῶν προστησομένων παρέβλαψεν; Οὐκ ἐντεῦθεν αὐτῷ μειζόνως ἐπλάκησαν οἱ στέφανοι; Τί δὲ τὸν Ἰωσὴφ τὸ πονηρὰν δόξαν κτήσασθαι ἐπὶ τῆς οἰκείας γῆς καὶ ἐπὶ τῆς ἀλλοτρίας; καὶ γὰρ καὶ μοιχὸς καὶ ἑταιρικὸς εἶναι ἐνομίζετο· τί δὲ ἡ δουλεία; τί δὲ τὸ τῆς πατρίδος ἐκπεσεῖν; Οὐ διὰ ταῦτα αὐτὸν μάλιστα θαυμάζομεν καὶ ἐκπληττόμεθα; Καὶ τί λέγω τὴν εἰς τὴν ὑπερορίαν μετάστασιν,
C καὶ πενίαν, καὶ πονηρὰν δόξαν, καὶ δουλείαν; Αὐτὸς γὰρ ὁ θάνατος τί τὸν Ἄβελ παρέβλαψε, καὶ βίαιος καὶ ἄωρος γενόμενος, καὶ ὑπὸ χειρὸς ἀδελφικῆς τολμηθείς; Οὐ διὰ τοῦτο πανταχοῦ τῆς οἰκουμένης ᾄδεται; Ὁρᾷς πῶς πλέον, ἤπερ ὑπέσχετο, ὁ λόγος ἀπέδειξεν; Οὐ γὰρ δὴ μόνον οὐδένα παρ' οὐδενὸς ἀδικούμενον ἀπέφηνεν, ἀλλὰ καὶ μειζόνως κερδαίνοντας τοὺς ἑαυτοῖς προσέχοντας. Τίνος οὖν ἕνεκεν τιμωρίαι καὶ κολάσεις, φησί; τίνος ἕνεκεν γέεννα; τίνος ἕνεκεν ἀπειλαὶ τοσαῦται, εἰ μηδεὶς μήτε ἀδικεῖται,

μήτε ἀδικεῖ; Τί λέγεις; τί συγχέεις τὸν λόγον; Οὐδὲ γὰρ εἶπον ὅτι οὐδεὶς ἀδικεῖ, ἀλλ' ὅτι οὐδεὶς ἀδικεῖται. Καὶ πῶς ἔνι, φησὶν, ἀδικούντων πολλῶν, μὴ ἀδικεῖσθαί τινα; Οὕτως ὡς ἐδίδαξα νῦν. Ἐπεὶ καὶ τὸν Ἰωσὴφ ἠδίκησαν μὲν οἱ ἀδελφοὶ, αὐτὸς δὲ οὐκ ἠδικήθη· καὶ τῷ Ἄβελ ἐπεβούλευσε μὲν ὁ Κάϊν, αὐτὸς δὲ οὐκ ἐπεβουλεύθη. Διὰ τοῦτο τιμωρίαι καὶ κολάσεις. Οὐδὲ γὰρ διὰ τὴν τῶν πασχόντων ἀρετὴν ἀναιρεῖ τὰς τιμωρίας ὁ Θεός· ἀλλὰ διὰ τὴν κακίαν τῶν πονηρευομένων τίθησι τὰς κολάσεις. Εἰ γὰρ καὶ λαμπρότεροι οἱ πάσχοντες κακῶς ἀπὸ τῶν ἐπιβούλων γίνονται, ἀλλ' οὐ τῆς γνώμης τοῦτο τῶν ἐπιβουλευόντων, ἀλλὰ τῆς ἀνδρείας τῶν ἐπιβουλευομένων ἐστί. Διὰ τοῦτο τοῖς μὲν τῆς φιλοσοφίας τὰ βραβεῖα, ἐκείνοις δὲ τῆς πονηρίας αἱ τιμωρίαι εὐτρεπίζονται καὶ παρασκευάζονται. Ἀφῃρέθης τὰ χρήματα; Λέγε, Γυμνὸς ἐξῆλθον ἐκ κοιλίας μητρός μου, γυμνὸς καὶ ἀπελεύσομαι. Καὶ προστίθει τὸ ἀποστολικόν· Οὐδὲν γὰρ εἰσηνέγκαμεν εἰς τὸν κόσμον τοῦτον· δῆλον ὅτι οὐδὲ ἐξενεγκεῖν τι δυνάμεθα. Ἤκουσας κακῶς, καὶ μυρίαις σέ τινες ἔπλυναν λοιδορίαις; Ἀναμνήσθητι τῆς ῥήσεως ἐκείνης τῆς λεγούσης· Οὐαὶ ὑμῖν ὅταν καλῶς ὑμᾶς εἴπωσι πάντες οἱ ἄνθρωποι· καὶ, Χαίρετε καὶ σκιρτᾶτε, ὅταν ἐκβάλωσι καθ' ὑμῶν ὄνομα πονηρόν. Πρὸς τὴν ὑπερορίαν μετῳκίσθης; Ἐννόησον ὅτι οὐκ ἔχεις ἐνταῦθα πατρίδα, ἀλλ' εἰ μέλλεις φιλοσοφεῖν, καὶ τὴν γῆν ἅπασαν ξένην ἐκελεύσθης εἶναι νομίζειν. Ἀλλὰ νόσῳ παρεδόθης χαλεπῇ; Εἰπὲ τὸ ἀποστολικὸν ἐκεῖνο· Ὅσῳ ὁ ἔξωθεν ἡμῶν ἄνθρωπος διαφθείρεται, τοσούτῳ ὁ ἔσω ἀνακαινοῦται ἡμέρᾳ καὶ ἡμέρᾳ. Ἀλλὰ θάνατον ὑπέμεινέ τις βίαιον; Ἐννόησον τὸν Ἰωάννην, καὶ τὴν ἀποτμηθεῖσαν ἐν δεσμωτηρίῳ κεφαλὴν, ἐπὶ πίνακος ἐνεχθεῖσαν, καὶ πορνικῆς ὀρχήσεως γενομένην μισθόν. Ἐννόησον τὰς ἐντεῦθεν ἀμοιβάς· ταῦτα γὰρ ἅπαντα τὰ παθήματα, ὅταν ἀδίκως παρά τινος ἐπάγηταί τινι, καὶ ἁμαρτήματα λύει, καὶ δικαιοσύνην ἐργάζεται. Τοσοῦτον αὐτῶν τῆς ὠφελείας τὸ μέγεθος ἐπὶ τῶν γενναίως αὐτὰ φερόντων.

Ὅταν οὖν μήτε ζημία χρημάτων, μήτε συκοφαντίαι καὶ λοιδορίαι, μήτε τὸ πρὸς τὴν ὑπερορίαν μεταστῆναι, μήτε νόσοι καὶ βάσανοι, μήτε αὐτὸ, ὃ πάντων δοκεῖ φοβερώτερον εἶναι, ὁ θάνατος, βλάπτῃ τοὺς πάσχοντας, ἀλλὰ καὶ ὠφελῇ μειζόνως, πόθεν ἔχεις μοι δεῖξαί τινα ἀδικούμενον, ὅταν ἐντεῦθεν μηδὲν ἀδικῆται; Ἐγὼ γὰρ τοὐναντίον ἀποδεῖξαι πειράσομαι, ὅτι οἱ μάλιστα ἀδικούμενοι καὶ ἐπηρεαζόμενοι, καὶ τὰ ἀνήκεστα πάσχοντες, οἱ ταῦτα ποιοῦντές εἰσι. Τί γὰρ ἀθλιώτερον γένοιτ' ἂν τοῦ Κάϊν, τοῦ τοιαῦτα τὸν ἀδελφὸν διαθέντος; τί δὲ τῆς Φιλίππου γυναικὸς

damnum dat, nec accipit? Quid dicis? quid confundis orationem? Neque enim dixi, neminem
D damnum dare, sed neminem accipere. Ecqua ratione fieri potest, inquies, multis damnum dantibus non aliquem accipere? Ea qua jam docui ratione. Nam et Josepho fratres damnum dederunt, ipse tamen non accepit : et Abel insidias tetendit Cain, ille tamen iis non est implicitus. Hac de causa pœnæ et supplicia constituta sunt. Neque enim ob eorum qui patiuntur virtutem, Deus pœnas tollit, sed propter improbitatem malitiose agentium, proponit supplicia. Etsi enim qui mali quid ab insidiatoribus patiuntur,
E illustriores evadunt, id tamen non insidiantium menti, sed eorum quibus insidiæ struuntur fortitudini tribuendum est. Quocirca his sapientiæ præmia, illis nequitiæ supplicia constituuntur ac
præparantur. Spoliatus es pecuniis? Dic, *Nudus* *Job.* 1. 21.
egressus sum ex utero matris meæ, nudus
etiam revertar; adde illud apostolicum : *Nihil* 1. *Tim.* 6.
enim intulimus in hunc mundum ; haud du- 7.
bium quod nec auferre quid possumus. Male
audisti, ac te sexcentis quipiam conviciis onera-
runt? Recordare illius dicti : *Væ vobis cum* *Luc.* 6. 26.
449 *benedixerint vos omnes homines ;* et, *Gau-* *Ib.* v. 22.
A *dete et exsultate, cum protulerint adver-* 23.
sum vos nomen malum. In exsilium ejectus
es? Cogita te hic non habere patriam, sed si
philosophari velis, jussum esse etiam totam terram pro peregrina ducere. At in gravem inci-
disti morbum? Dic illud apostolicum : *Quanto* 2. *Cor.* 4.
magis exterior noster homo corrumpitur, 16.
tanto magis interior renovatur de die in diem.
At violentam quis mortem sustinuit? Cogita Joannem, et abscissum in carcere caput, in lance allatum, et in meretriciæ saltationis mercedem
B datum. Cogita remunerationes inde secuturas : omnia enim isthæc damna cum per injuriam inferuntur, et peccata expiant, et justitiam conferunt. Tanta est utilitatis eorum magnitudo in iis qui generoso ea animo ferunt.

5. Cum igitur neque pecuniæ jactura, neque calumniæ et convicia, neque exsilium, neque morbi, neque cruciatus, neque id ipsum, quod omnibus terribilius esse videtur, mors, perferentibus damnum afferat, sed utilitatem potius : quibus rebus mihi potes ostendere quempiam lædi, quando his non læditur? Ego enim contrarium demonstrare conabor : nempe, qui maxima damna ac detrimenta, et incurabiles clades perferant, eos esse qui inferunt. Quid enim misera-
C bilius esse possit, quam Cain, qui talibus modis

fratrem accepit? quid infelicius uxore Philippi, quæ Joanni caput abscidit? quid fratribus Joseph, qui eum venumdederunt, et in exsilium relegarunt? quid diabolo, qui Job tot malis affecit? Non enim cæterorum dumtaxat scelerum, sed ita quoque non vulgares insidiarum pœnas dabit. Cernis etiam hic plura, quam pollicita fuerat, orationem demonstrasse? non modo nullum incommodum eos, qui perferunt insidias, ab insidiatoribus accipere, verum etiam id omne in caput insidiantium converti? Quoniam enim nec in divitiis, neque in libertate, neque in habitanda patria, neque in cæteris, quæ dixi, hominis sita est virtus, sed in animæ recte factis: merito, cum horum fit jactura, nihil detrimenti accipit virtus hominis. Quid igitur, si ipsius animæ philosophiæ jacturam quis faciat? Neque hic, si læditur, ab alio læditur, sed a seipso. Quomodo, inquies, a seipso? Cum quis cæsus a quopiam, aut facultatibus exutus, aut aliquam aliam gravem perpessus injuriam, blasphemum aliquod verbum protulit, hic affectus est ille quidem damno, eoque maximo, non tamen ab injurio, sed a propria pusillanimitate. Quod enim ante dixi, etiamnum dicam, nullum hominem, mille licet nocendi artibus imbutum, infesto illo dæmone et implacabili nostro hoste, diabolo, pejus aliquid cuipiam infligere posse, aut acerbius: at istum sævum dæmonem tamen non valuisse eum qui ante legem, ante gratiam vixit, tot in illum, tamque gravibus immissis undique jaculis, supplantare et dejicere. Tanta est animæ generositas. Quid vero Paulus? Annon pertulit tot mala, quæ ne recensere quidem facile est? Carceres inhabitans, vinctus catenis, actus et circumactus, flagellis cæsus a Judæis, lapidatus, non loris tantum, sed etiam virgis humeros laceratus, in mare demersus, sæpe in latrones incidens, intestinum bellum ferens, ab inimicis, ab amicis jactatus continenter, infinitis insidiis exagitatus, cum fame ac nuditate luctatus, alios crebros et assiduos casus et afflictiones perpessus: quid opus est multis? quotidie moriens; sed tamen tot tantaque passus, non modo nullum verbum maledicum edidit, sed gaudebat his rebus
Col. 1. 24. et gloriabatur; atque alias, *Gaudeo*, inquit, *in*
Rom. 5. 3. *passionibus meis*; alias: *Non solum autem, sed et gloriamur in tribulationibus*. Si igitur ipse tanta perferens gaudebat et gloriabatur, quæ venia dabitur, quæ excusatio tibi, qui nec minimam illorum partem sustines, et tamen maledicis?

ἐλεεινότερον, τῆς τὸν Ἰωάννην ἀποτεμούσης; τί δὲ τῶν ἀδελφῶν τοῦ Ἰωσήφ, τῶν ἀπεμπολησάντων αὐτὸν, καὶ πρὸς τὴν ὑπερορίαν μεταστησάντων; τί δὲ τοῦ διαβόλου τοῦ τὸν Ἰὼβ τοσούτοις καταξάναντος κακοῖς; Οὐ γὰρ δὴ μόνον τῶν ἄλλων, ἀλλὰ καὶ οὕτως οὐ τὴν τυχοῦσαν δώσει δίκην τῆς ἐπιβουλῆς. Εἶδες πῶς κἀνταῦθα πλείω τῆς ὑποσχέσεως ὁ λόγος ἀπέδειξεν; οὐ μόνον οὐδεμίαν λύμην ἀπὸ τῶν ἐπιβούλων τούτων ὑπομένοντας τοὺς ἐπηρεαζομένους, ἀλλὰ καὶ τὸ πᾶν εἰς τὴν τῶν ἐπιβουλευόντων περιτρεπόμενον κεφαλήν; Ἐπειδὴ γὰρ οὔτε πλοῦτος, οὔτε τὸ ἐλεύθε-
D ρον εἶναι, οὔτε τὸ πατρίδα οἰκεῖν, οὔτε τὰ ἄλλα, ἅπερ εἶπον, ἀνθρώπου εἰσὶν ἀρεταὶ, ἀλλὰ τῆς ψυχῆς τὰ κατορθώματα· εἰκότως, ὅταν εἰς ταῦτα ἡ βλάβη γίνηται, οὐδὲν ἡ ἀνθρωπίνη παραβλάπτεται ἀρετή. Τί οὖν, ἂν εἰς αὐτήν τις παραβλαβῇ τῆς ψυχῆς τὴν φιλοσοφίαν; Οὐδὲ ἐνταῦθα, ἂν βλαβῇ, παρ' ἑτέρου βλάπτεται, ἀλλ' οἴκοθεν καὶ παρ' ἑαυτοῦ. Πῶς οἴκοθεν καὶ παρ' ἑαυτοῦ, φησίν; Ὅταν μαστιχθεὶς παρ' ὁτουοῦν, ἢ τὰ ὄντα ἀφαιρεθεὶς, ἢ χαλεπήν τινα ἑτέραν ὑπομείνας ἐπήρειαν, βλάσφημόν τι ῥῆμα ἐξενέγκῃ, ἐβλάβη μὲν ἐνταῦθα, καὶ βλάβην μεγίστην, οὐ μὴν παρὰ τοῦ ἐπηρεάσαντος, ἀλλὰ παρὰ τῆς οἰκείας μι-
E κροψυχίας. Ὅπερ γὰρ ἔμπροσθεν εἶπον, καὶ νῦν ἐρῶ, οὐδεὶς ἀνθρώπων κἂν μυριάκις ᾖ πονηρὸς, τοῦ ἀλάστορος ἐκείνου δαίμονος καὶ ἀκαταλλάκτως πρὸς ἡμᾶς ἔχοντος, τοῦ διαβόλου, πονηρότερον ἄν τινι προσβάλοι, οὐδὲ πικρότερον· ἀλλ' ὅμως ὁ χαλεπὸς οὗτος δαίμων οὐκ ἴσχυσε τὸν πρὸ τοῦ νόμου, τὸν πρὸ τῆς χάριτος, τοσαῦτα κατ' αὐτοῦ βέλη καὶ οὕτω πικρὰ πανταχόθεν ἀφεὶς, ὑποσκελίσαι καὶ καταβαλεῖν. Τοσαύτη τῆς ψυχῆς ἐστιν ἡ εὐγένεια. Τί δὲ ὁ Παῦλος; Οὐ τοσαῦτα
450 ἔπαθε δεινὰ, ἃ μηδὲ καταλέξαι ῥᾴδιον; Δεσμωτήρια
A οἰκῶν, ἁλύσεις περικείμενος, ἀγόμενος καὶ περιαγόμενος, μαστιγούμενος παρὰ Ἰουδαίων, λιθαζόμενος, οὐχ ἱμᾶσι μόνοις, ἀλλὰ καὶ ῥάβδοις τὰ νῶτα ξαινόμενος, καταποντιζόμενος, λῃσταῖς πολλάκις περιπίπτων, ἐμφύλιον ὑπομένων πόλεμον, παρὰ τῶν ἐχθρῶν, παρὰ τῶν γνωρίμων βαλλόμενος διηνεκῶς, μυρίαις ἐπιβουλευόμενος ἐπιβουλαῖς, λιμῷ καὶ γυμνότητι παλαίων, ἑτέρας πυκνὰς καὶ συνεχεῖς ὑπομένων περιστάσεις καὶ θλίψεις· καὶ τί δεῖ τὰ πολλὰ λέγειν; καθ' ἑκάστην ἀποθνήσκων τὴν ἡμέραν· ἀλλ' ὅμως τοσαῦτα πάσχων καὶ τηλικαῦτα, οὐ μόνον οὐδὲν ἐξήνεγκε ῥῆμα βλάσφημον, ἀλλ' ἔχαιρεν ἐπὶ τού-
B τοις καὶ ἐκαυχᾶτο· καὶ νῦν μέν φησι· Χαίρω ἐν τοῖς παθήμασί μου· νῦν δὲ πάλιν· Οὐ μόνον δὲ, ἀλλὰ καὶ καυχώμεθα ἐν ταῖς θλίψεσιν. Εἰ τοίνυν τοσαῦτα πάσχων αὐτὸς ἔχαιρε, καὶ ἐκαυχᾶτο, τίνα ἕξεις συγγνώμην, ποίαν δὲ ἀπολογίαν σὺ οὐ τὸ πολλοστὸν αὐτῶν ὑπομένων μέρος, καὶ βλασφημῶν;

Ἀλλ' ἑτέρως ἀδικοῦμαι, φησὶ, κἂν μὴ βλασφημήσω, τὰ χρήματα ἀφαιρεθεὶς ἄχρηστος γίνομαι πρὸς τὴν ἐλεημοσύνην, φησί. Σκῆψις ταῦτα καὶ πρόφασις. Εἰ γὰρ διὰ τοῦτο ἀλγεῖς, μάθε σαφῶς, ὅτι πενία ἐλεημοσύνης οὐ γίνεται κώλυμα. Κἂν γὰρ μυριάκις εἶ πένης, οὐκ εἶ πενέστερος τῆς δράκα ἀλεύρου μόνον C κεκτημένης, καὶ τῆς δύο μόνον ἐχούσης ὀβολοὺς, ὧν ἑκατέρα τὴν οὐσίαν ἅπασαν εἰς τοὺς δεομένους κενώσασα παραδόξως ἐθαυμάσθη· καὶ ἡ τοσαύτη πενία τῇ τοσαύτῃ φιλανθρωπίᾳ οὐ γέγονε κώλυμα, ἀλλ' οὕτω δαψιλὴς καὶ φιλότιμος ἡ ἐκ τῶν δύο λεπτῶν γέγονεν ἐλεημοσύνη, ὡς τοὺς πλουτοῦντας ἅπαντας ἀποκρύψαι, καὶ τοὺς πολλοὺς στατῆρας καταβαλόντας ὑπερακοντίσαι τῷ πλούτῳ τῆς γνώμης καὶ τῇ περιουσίᾳ τῆς προθυμίας. Ὥστε οὐδὲ ἐνταῦθα ἠδίκησαι, ἀλλὰ καὶ μειζόνως ἐκέρδανας, δι' ὀλίγης εἰσφορᾶς τῶν τὰ πολλὰ καταθέντων λαμπροτέρους λαβὼν τοὺς στεφά- D νους. Ἀλλ' ἐπειδὴ, κἂν μυριάκις ταῦτα εἴπωμεν, αἱ φιλοσώματοι ψυχαὶ καὶ τοῖς βιωτικοῖς ἡδέως ἐγκαλινδούμεναι, καὶ τοῖς παροῦσιν ἐνηδυπαθοῦσαι πράγμασιν, οὐκ ἂν ῥᾳδίως ἀνάσχοιντο τῶν κατασηπομένων ἀνθῶν ἀποστῆναι (τοιαῦτα γὰρ τοῦ βίου τὰ φαιδρὰ τούτου), οὐδὲ τὰς σκιὰς ἀφεῖναι ἀνέχονται· ἀλλ' οἱ μὲν ἐπιεικέστεροι κἀκείνων καὶ τούτων ἀντέχονται, οἱ δὲ ἐλεεινότεροι καὶ ἀθλιώτεροι ἐκ πλείονος μὲν ἐκείνων μοίρας, τούτων δὲ ἐξ ἐλάττονος σφόδρα· φέρε δὴ τὰ προσωπεῖα ἀφελόντες τὰ φαιδρὰ καὶ περιφανῆ E τῆς αἰσχρᾶς καὶ δυσειδοῦς τῶν πραγμάτων ὄψεως τούτων, δείξωμεν τῆς ἑταιριζομένης γυναικὸς τὴν [b] βδελυγμίαν. Τοιοῦτον γὰρ ἡ τοιαύτη ζωὴ, ἡ τρυφαῖς καὶ πλούτῳ καὶ δυναστείαις προσέχουσα· τὸ αἰσχρὸν καὶ δυσειδὲς καὶ πολλῆς βδελυγμίας γέμον, τὸ ἀηδὲς καὶ φορτικὸν καὶ πικρίας ἐμπεπλησμένον. Καὶ γὰρ δὴ τοῦτο μάλιστά ἐστι τὸ πάσης ἀποστεροῦν τοὺς ἁλόντας συγγνώμης, ὅτι καὶ ἀηδίας καὶ πολλῆς τῆς πικρίας ἐμπεπλησμένος ὁ βίος οὗτος, ποθεινός τε αὐτοῖς καὶ περισπούδαστός ἐστι, καὶ μυρίων γέμων κακῶν, κινδύνων, αἱμάτων, κρημνῶν, σκοπέλων, καὶ 451 A φόνων, καὶ φόβων, καὶ τρόμων, καὶ φθόνου, καὶ βασκανίας, καὶ ἐπιβουλῆς, καὶ φροντίδος διηνεκοῦς καὶ μερίμνης, καὶ κέρδος ἔχων οὐδὲν, οὐδὲ καρπὸν τῶν τοσούτων κακῶν οὐδένα φέρων, ἀλλ' ἢ κόλασιν καὶ τιμωρίαν, καὶ τὸ διηνεκῶς βασανίζεσθαι. [a] Καίπερ τοιοῦτος ὢν, ζηλωτὸς εἶναι τοῖς πολλοῖς δοκεῖ καὶ περιμάχητος, ὃ τῆς ἀνοίας τῶν ἁλισκομένων ἐστὶν, οὐ τῆς τοῦ πράγματος μακαριότητος. Ἐπεὶ καὶ τὰ παιδία τὰ μικρὰ πρὸς μὲν τὰ ἀθύρματα κέχηνε καὶ ἐπτόηται, τῶν δὲ τελείοις ἀνδράσι πρεπόντων πραγμάτων οὐδὲ αἴσθησιν λαβεῖν δύναιτ' ἄν. Ἀλλ' ἐκείνοις μὲν συγγνώμη

6. Sed variis injuriis afficior, inquies, ac nisi maledicam, direptis bonis ad stipem erogandam nihil mihi fit reliquum. Hoc nihil est aliud, quam prætextus ac species quædam. Si enim hoc tibi dolet, certo scias paupertatem erogandæ stipi non impedimento esse. Etsi enim quam pauperrimus sis, non pauperior es tamen illa, quæ farinæ tantum pugillum habebat, et illa, quæ duos tantum obolos, quarum utraque omni re familiari in egentes collata, magnam sui admirationem reliquit : nec tanta paupertas tantæ liberalitati impedimento fuit, sed duorum minutorum stips adeo larga et gloriosa fuit, ut omnes divites obscuraret, eosque qui multos stateras conjecerant, divitiis mentis, et alacritatis opibus superaret. Quare neque hic damnum passus es, sed lucrum habuisti potius, exigua pensione insigniores, quam qui multa contulerunt, coronas adeptus. Verum quoniam, licet hæc sexcenties dicamus, animæ corpus nimis amantes, sæcularibus negotiis libenter implicitæ, præsentium rerum voluptate captæ, non facile poterunt marcescentes flores relinquere (talia enim sunt hujus vitæ gaudia), neque umbras missas facere : sed honestissimi quique tam illa quam ista mordicus retinent; miseriores vero et infeliciores illa quidem majori, hæc vero longe minori ex parte : age vero speciosis larvis a turpi ac deformi harum rerum facie detractis, meretricis mulieris fœditatem ostendamus. Talis enim est vita ad voluptates, divitias, et potentiam attenta; turpis, deformis, multa fœditate referta, molesta, gravis, amaritudine plena. Hoc enim est, quod hac vita captis omnem adimit veniam, quod ea et molestia et magna amaritudine referta, desideratur ab eis, et magnopere expetitur, infinitis malis plena, periculis, sanguine, præcipitiis, scopulis, cædibus, timoribus, terroribus, invidia, livore, insidiis, perpetua cura et sollicitudine, quæque nullum lucrum, nullum tantorum laborum fruetum afferat, nisi pœnam, ac supplicium, et æternos cruciatus. Ac licet ejusmodi sit, multis tamen beata videtur, et maxime appetenda, quæ mente captorum opinio est, non vera rei felicitas. Nam et pueruli dediti intentique sunt ludicris, negotia vero adultis viris digna ne percipere quidem possunt. Verum his quidem ob immaturam ætatem venia concedenda est; illi vero omni excusatione carent, in integra ætate puerilem

Num afflictiones vetent eleemosynam impertiri.

3. Reg. 17. 12. Luc. 21. 2.

[b] Unus βδελυρίαν.

[a] Hæc, καίπερ τοιοῦτος ὤν, in tribus Mss. desunt. Mox duo Mss. ὁ τῆς διανοίας.

De cupiditate divitiarum, et cur eæ sint expetendæ.

animum gerentes, illisque dementiores. Dic enim mihi, quamobrem expetendæ sunt divitiæ? Nam hinc exordiendum est, quoniam sanitate, vita, populi commendatione, ac bona existimatione, patria, familiaribus, amicis, cognatis, præstabiliores videntur plerisque eorum, qui gravi hoc morbo correpti sunt. Ad ipsas deinde nubes ascendit hæc pyra; terramque et mare caminus iste occupavit. Et quidem qui exstinguat flammam, est nemo; qui vero accendant, sunt omnes, tam ipsi jam capti, quam nondum capti, ut capiantur. Singulos videre licet, viros ac feminas, servos ac liberos, divites et pauperes pro viribus onera portare, quæ flammæ huic die nocteque multum pabulum præbent; onera non lignorum, neque virgultorum (non enim flamma est ejusmodi), sed animarum et corporum, injustitiæ et iniquitatis. Hæc enim flamma natura ita comparata est, ut istis rebus accendatur. Nam et divites absurdæ huic cupiditati nusquam terminum constituunt, quamquam omnem terrarum orbem comparaverint; et pauperes connituntur illos prævenire : ac rabies quædam incurabilis, furor effrenatus, morbus insanabilis omnium animos obtinet. Hic amor omnem amorem devictum et repulsum ejecit ex animo. Neque amicitiæ ratio habetur, neque cognationis; quid dico, amicitiæ et cognationis? non uxoris et liberum, quo quid viris esse queat carius? sed omnia humi abjecta et conculcata sunt, ubi crudelis isthæc et inhumana captorum domina omnium animos occupavit. Etenim tamquam inhumana eorum domina, tamquam sævus tyrannus, barbara quædam immanis, tamquam meretrix publica et sumtuosa dedecorat, conficit, et sexcentis objicit periculis ac pœnis eos, qui illi servire in animum induxerunt; cumque sit terribilis, acerba, crudelis, sæva, vultu barbarico, quin potius ferino, et quam lupus ac leo truciore; mansueta tamen et expetenda, et melle dulcior esse videtur captivis ejus. Cum etiam gladios et arma quotidie contra eos cudat, ac barathra effodiat, ad præcipitia ducat et scopulos, et infinita supplicii retia texat, beatos eos tamen præstare censetur tum ab ipsis captis, tum a cupientibus capi. Atque ut in cloaca et cœno sus cum voluptate et deliciis volutatur, aut ut scarabæi in stercore continenter versantur : ita etiam avaritia capti istis animantibus sunt miseriores. Etenim major hæc est

B διὰ τὸ τῆς ἡλικίας ἄωρον· οὗτοι δὲ ἀπολογίας ἐκβέ-
βληνται, ἐν ἡλικίᾳ τελείᾳ παιδικὴν ἔχοντες γνώμην,
κἀκείνων ἀνοητότερον διακείμενοι. Διὰ τί γὰρ ζηλωτὸν ὁ πλοῦτος, εἰπέ μοι; Καὶ γὰρ ἀναγκαῖον ἐντεῦθεν
προοιμιάσασθαι, ἐπειδὴ ὑγείας καὶ ζωῆς καὶ τῆς
παρὰ τῶν πολλῶν εὐφημίας, καὶ χρηστῆς ὑπολήψεως, καὶ πατρίδος, καὶ οἰκείων, καὶ φίλων, καὶ
συγγενῶν, καὶ τῶν ἄλλων ἁπάντων τῶν τὸ χαλεπὸν τοῦτο νόσημα νενοσηκότων τιμιώτερον τοῖς πολλοῖς ἔδοξεν εἶναι. Καὶ πρὸς αὐτὰς ἀνέβη λοιπὸν τὰς
νεφέλας ἡ πυρά· καὶ γῆν καὶ θάλατταν ἡ κάμινος
αὕτη κατέλαβε. Καὶ ὁ μὲν σβεννύων τὴν φλόγα ταύ-
C την οὐδείς· οἱ δὲ ἀνακαίοντες, ἅπαντες, αὐτοί τε οἱ
ἁλόντες ἤδη, οἵ τε μηδέπω ἁλόντες, ἵνα ἁλῶσι. Καὶ
ἕκαστον ἴδοι τις ἂν, καὶ ἄνδρα καὶ γυναῖκα, καὶ οἰκέτην καὶ ἐλεύθερον, καὶ πλούσιον καὶ πένητα, κατὰ
δύναμιν τὴν ἑαυτοῦ φορτία βαστάζοντα, τὰ τῇ φλογὶ
ταύτῃ δι' ἡμέρας τε καὶ νυκτὸς πολλὴν παρέχοντα
τὴν τροφήν· φορτία οὐ ξύλων, οὐδὲ φρυγάνων (οὐ
γὰρ τοιαύτη ἡ φλὸξ), ἀλλὰ ψυχῶν καὶ σωμάτων, ἀδικίας καὶ παρανομίας. Ἀπὸ γὰρ τούτων ἀνάπτεσθαι
πέφυκεν αὕτη τῆς φλογὸς ἡ φύσις. Οἵ τε γὰρ πλουτοῦντες οὐδαμοῦ τῆς ἀτόπου ταύτης ἵστανται ἐπιθυμίας, κἂν ἅπασαν περιβάλωνται τὴν οἰκουμένην· οἵ
D τε πένητες ἐπείγονται φθάσαι ἐκείνους, καὶ λύσσα τις
ἀνίατος καὶ μανία ἀκάθεκτος, καὶ νόσος ἀδιόρθωτος
τὰς πάντων κατέχει ψυχάς. Καὶ πάντα ἔρωτα οὗτος
νικήσας ὁ ἔρως καὶ παρωσάμενος ἐξέβαλε τῆς ψυχῆς.
Καὶ οὔτε φιλίας λόγος, οὔτε [b] συγγενείας· καὶ τί
λέγω φιλίας καὶ συγγενείας; οὐ γυναικὸς καὶ παίδων,
οὗ τί γένοιτ' ἂν ἀνδράσι ποθεινότερον; ἀλλὰ πάντα
χαμαὶ ἔῤῥιπται καὶ καταπεπάτηται, τῆς ὠμῆς ταύτης
καὶ ἀπανθρώπου δεσποίνης τῶν ἁλόντων τὰς ἁπάντων
καταλαβούσης ψυχάς. Καὶ γὰρ ὡς δέσποινα τούτων
ἀπάνθρωπος, καὶ ὡς τύραννος ἀπηνὴς, καὶ ὡς βάρβαρος ὠμὴ, καὶ ὡς πόρνη πάνδημος καὶ πολυτελὴς;
E καταισχύνει καὶ κατατείνει, καὶ μυρίοις κολάζει κινδύνοις τε καὶ τιμωρίαις τοὺς ἑλομένους δουλεύειν
αὐτῇ· καὶ φοβερά τις οὖσα καὶ ἀμείλικτος, ἀγρία τε
καὶ ἀπηνὴς, καὶ πρόσωπον ἔχουσα βαρβαρικὸν, μᾶλλον δὲ θηριῶδες, καὶ λύκου καὶ λέοντος ἀγριώτερον,
προσηνής τις εἶναι δοκεῖ, καὶ ποθεινὴ καὶ μέλιτος
γλυκυτέρα τοῖς αἰχμαλωτισθεῖσιν ὑπ' αὐτῆς. Καὶ ξίφη
καὶ ὅπλα καθ' ἑκάστην κατ' αὐτῶν χαλκεύουσα τὴν
452 ἡμέραν, καὶ βάραθρα ἀνορύττουσα, καὶ ἐπὶ κρημνοὺς
A ἄγουσα καὶ σκοπέλους, καὶ μορία αὐτοῖς πλέκουσα
κολάσεως δίκτυα, ζηλωτοὺς αὐτοὺς νομίζεται ποιεῖν
τοῖς τε ἑαλωκόσιν αὐτοῖς, τοῖς τε ἐπιθυμοῦσιν ἁλῶναι. Καὶ καθάπερ ὗς ἐν ἀμάρᾳ καὶ βορβόρῳ ἐγκαλιν-

[b] In uno Ms. post *συγγενείας* in margine additur eadem manu *ἴσχυσε ἐπισχεῖν τὴν ἀκάθεκτον ταύτην ὁρμήν. καὶ τί.*

δουμένη ἥδεται καὶ τρυφᾷ, καὶ κάνθαροι κόπρον συνεχῶς ἀνελίττοντες· οὕτω δὴ καὶ οἱ τῇ φιλαργυρίᾳ ἁλόντες τῶν ζώων τούτων εἰσὶν ἀθλιώτεροι. Καὶ γὰρ μείζων ἡ ἐνταῦθα βδελυγμία, καὶ ὁ βόρβορος δυσωδέστερος· ἐνδιατρίβοντες γὰρ τῷ πάθει, πολλὴν νομίζουσιν ἡδονὴν ἐντεῦθεν καρποῦσθαι· ὅπερ οὐ τῆς φύσεως τοῦ πράγματός ἐστιν, ἀλλὰ τῆς τὴν τοιαύτην ἀλογίαν νοσούσης διανοίας. Τοῦτο δὲ τῆς ἀλογίας ἐκείνων χεῖρον. Ὥσπερ οὖν ἐπὶ τοῦ βορβόρου καὶ τῆς B κόπρου, οὐ τοῦ βορβόρου καὶ τῆς κόπρου τὸ αἴτιον, ἀλλὰ τῆς ἀλογίας τῶν ἐμπεπτωκότων ζώων· οὕτω καὶ ἐπὶ τῶν ἀνθρώπων λογίζου.

Καὶ πῶς ἂν ἰασαίμεθα τοὺς οὕτω διακειμένους; Εἰ βουληθείησαν ἡμῖν ἀνοῖξαι τὰς ἀκοὰς, καὶ ἁπλῶσαι τὴν διάνοιαν, καὶ δέξασθαι τὰ λεγόμενα. Τὰ μὲν γὰρ ἄλογα μεταθεῖναι τῆς ἀκαθάρτου διατριβῆς καὶ ἀπαγαγεῖν οὐκ ἔνι· λογισμοῦ γάρ ἐστιν ἔρημα· τὸ δὲ ἡμερώτατον τοῦτο γένος, καὶ λογισμῷ καὶ λόγῳ τετιμημένον, τὴν ἀνθρωπείαν λέγω φύσιν, εἰ βουληθείη, ῥᾴδιόν τε καὶ σφόδρα εὔκολον καὶ τοῦ βορβόρου καὶ C τῆς δυσωδίας, καὶ τῆς κόπρου καὶ τῆς βδελυγμίας ἀπαλλάξαι ἐκείνης. Διὰ τί γὰρ ὁ πλοῦτος, ἄνθρωπε, περισπούδαστος εἶναί σοι δοκεῖ; Διὰ τὴν ἡδονὴν πάντως τὴν ἀπὸ τῶν τραπεζῶν; διὰ τὴν τιμὴν, καὶ τὴν δορυφορίαν τὴν ἀπὸ τῶν διὰ τοῦτον θεραπευόντων; διὰ τὸ δύνασθαι τοὺς λυποῦντας ἀμύνασθαι, καὶ πᾶσιν εἶναι φοβερόν; Οὐδὲ γὰρ ἂν ἑτέρας αἰτίας ἔχοις εἰπεῖν, ἀλλ' ἢ ἡδονὴν, καὶ κολακείαν, καὶ φόβον, καὶ τιμωρίαν· οὔτε γὰρ σοφώτερον, οὔτε σωφρονέστερον, οὔτε ἐπιεικέστερον, οὔτε συνετώτερον πάντως ὁ πλοῦτος ποιεῖν εἴωθεν, οὐ χρηστὸν, οὐ φιλάνθρωπον, οὐκ ὀργῆς κρείττονα, οὐ γαστρὸς ἀμείνω, οὐχ ἡδονῶν ἀνώτερον· οὐ μετριάζειν παιδεύει, οὐ συνεστάλθαι D διδάσκει, οὐκ ἄλλο τι μέρος τῆς ἀρετῆς εἰς τὴν ψυχὴν εἰσάγει καὶ καταφυτεύει. Οὐδ' ἂν ἔχοις εἰπεῖν διὰ τί τούτων περισπούδαστός ἐστί σοι καὶ ποθεινὸς οὗτος. Οὐ γὰρ δὴ μόνον οὐδὲν οἶδε φυτεύειν ἢ γεωργεῖν τῶν ἀγαθῶν, ἀλλὰ κἂν ἀποκείμενα εὕρῃ, λυμαίνεται καὶ κωλύει καὶ καταμαραίνει· ἔνια δὲ καὶ ἀνασπᾷ, καὶ τὰ ἐναντία τούτων ἐπεισάγει, ἀκολασίαν ἄμετρον, θυμὸν ἄκαιρον, ὀργὴν ἄδικον, ἀπόνοιαν, ὑπερηφανίαν, ἄνοιαν. Ἀλλὰ μὴ εἴπω περὶ τούτων· οἱ E γὰρ τῇ νόσῳ ταύτῃ ἑαλωκότες οὐκ ἂν ἀνάσχοιντο περὶ ἀρετῆς καὶ κακίας ἀκούοντες, τῆς ἡδονῆς ὄντες ὅλοι, καὶ διὰ τοῦτο αὐτῆς γινόμενοι δοῦλοι, κατηγορουμένων αὐτῶν ὁμοῦ καὶ ἐλεγχομένων [a] ἰδεῖν. Φέρε οὖν τέως τὸν περὶ τούτων λόγον ἀφέντες, τὰ λοιπὰ εἰς μέσον ἀγάγωμεν, καὶ ἴδωμεν, εἴ τινα ἡδονὴν ὁ πλοῦτος ἔχει, εἴ τινα τιμήν· τοὐναντίον γὰρ ἅπαν ὁρῶ. Καὶ εἰ βούλεσθε, πρῶτον τὰς τραπέζας τῶν πλου-

fœditas, et cœnum gravius olens: nam dum in hoc morbo versantur, magnum inde se voluptatis fructum reportare putant: quod non ad rei naturam, sed ad ægrotantem animum referendum est, eaque ex parte illis ratione destitutis sunt deteriores. Quemadmodum igitur in cœno ac stercore, non cœnum ac stercus in causa est, sed rationis penuria immergentium sese animantium: sic etiam de homine ratiocinare.

7. Ecqua ratione medebimur hunc in modum affectis? Si voluerint nobis patefacere aures, animumque pandere, et amplecti quæ dicuntur. Nam animantes quidem rationis expertes ab impura volutatione transferre et abducere non possumus: rationis enim expertes sunt; at vero mansuetissimum hoc genus, intelligentia et ratione cohonestatum, humanam, inquam, naturam, si velit, facile est valdeque expeditum, cœno et graveolentia, stercore et fœditate illa liberare. Quare enim, o homo, divitiæ tibi magnopere expetendæ videntur? Propter voluptatem omnino quæ e mensis hauritur? propter honorem et comitatum eorum, qui divitiarum causa te colunt? propter potestatem ulciscendi qui te offenderint, et ut omnibus sis terrori? Neque enim alias causas afferre poteris, quam voluptatem, adulationem, terrorem et ultionem: nam neque sapientiorem, neque temperantiorem, neque mitiorem, neque prudentiorem omnino divitiæ efficere solent; non benignum, non humanum, non iræ potentem, non ventri imperantem, non voluptatibus superiorem; non moderationem docent, non humilitatem, non aliquam aliam virtutis partem in animum inducunt et inserunt. Neque dicere poteris, ob quidnam ex istis earum adeo studiosus sis et cupidos. Nam non modo non norunt plantare aut serere quidquam bonorum, sed etiamsi recondita inveniant, vastant, impediunt, et ut emarcescant efficiunt: quædam enim evellunt, iisque contraria inducunt, luxum immoderatum, furorem intempestivum, iram injustam, arrogantiam, superbiam, amentiam. Verum de his non dicam: qui enim hoc morbo correpti sunt, non sustinerent audire de virtute et vitio, si accusarentur simul et convincerentur, cum in voluptate toti sint, ideoque ejus facti servi. Age igitur missa interim de his

An expetendæ sint divitiæ ob voluptates.

[a] [Cod. C. et Savil. omittunt ἰδεῖν.]

disputatione, quæ reliqua sunt in medium adferamus, ac videamus, num quam divitiæ voluptatem habeant, num quem honorem; omnia enim contraria video. Ac si vultis, primum in mensas divitum et pauperum inquiramus, rogemusque vescentes quinam maxime pura et liquida perfruantur voluptate? qui ad dimensum diem super toros accumbunt, cœnas cum prandiis copulant, ventrem disrumpunt, sensus depravant, immodico eduliorum onere navigium demergunt, sentinam inexhaustam et exundantem reddunt, et tanquam in corporis naufragio navem undis obruunt, pedicas, manicas, et linguæ vincula nectunt, totumque corpus suum vinciunt vinculo ebrietatis et luxus graviore quam ferrea catena, ac nec sincerum et purum capiunt somnum, neque ab horribilibus insomniis liberi sunt, furentibusque miseriores, voluntarium quemdam dæmonem in animum inducunt, risui spectantium famulorum expositi, imo vero etiam luctui et lacrymis meliorum inter eos; neminem noverunt eorum, qui adsunt, neque dicere quid, neque audire possunt, sed inter gestantium manus a toris ad lectulum feruntur? an vero sobrii, vigilantes, quique modum necessitate definiunt, secundis ventis navigant, ac pro maximo oblectamento tam in cibis quam in potu famem et sitim habent? Nihil enim ita et ad voluptatem et ad sanitatem facit, ut esurientem ac sitientem, ita demum quæ apponuntur capessere, et solam necessitatem pro satietate ducere, neque ejus limites transilire, neque corpori majus quam ferre possit, onus imponere.

Utræ jucundiores mensæ, divitum an pauperum.

8. Quod si orationi meæ non habes fidem, consule utrorumque corpora, et singulorum animam. Nonne ita moderate viventium (ne enim mihi quod raro contingit, dicas, et si qui ex alia quadam circumstantia ægri sunt, sed ex iis, quæ semper et continenter eveniunt, fer sententiam), nonne, inquam, moderate vescentium corpora bene firma sunt, ac sensus integri, quique magna cum facilitate vicem suam impleant? illorum vero nimio humore vitiata omni cera molliora, et agmine morborum obsessa? Nam et podagræ celeriter invadunt, et tremor importunus, et senectus immatura, et capitis dolores, distensiones et stomachorum depravationes, appetitus amissio; perpetuis indigent medicis, continuis medicamentis et curatione quotidiana. Hæccine voluptuosa sunt? dic mihi. Ecquis sciens quid tandem sit voluptas, dicet esse? Voluptas enim percipitur, cum præeunte cupiditate fru-

453 τούντων καὶ πενομένων ἐξετάζωμεν, καὶ ἐρώμεθα
A τοὺς ἑστιωμένους, τίνες μάλιστά εἰσιν οἱ καθαρὰν καὶ γνησίαν καρπούμενοι ἡδονήν; οἱ πρὸς διαμεμετρημένην τὴν ἡμέραν ἐπὶ τῶν στιβάδων κατακείμενοι, καὶ τὰ δεῖπνα τοῖς ἀρίστοις συνάπτοντες, καὶ τὴν γαστέρα διαῤῥηγνύντες, καὶ τὰς αἰσθήσεις πηροῦντες, καὶ τῷ ὑπερόγκῳ τῶν ἐδεσμάτων φορτίῳ τὸ πλοῖον καταποντίζοντες, καὶ ὑπέραντλον ποιοῦντες τὴν ναῦν, καὶ καθάπερ ἐν ναυαγίῳ τῷ τοῦ σώματος κατακλύζοντες αὐτὴν, καὶ πέδας, καὶ χειροπέδας, καὶ γλωσσοπέδας ἐπινοοῦντες, καὶ ἅπαν αὐτῶν καταδεσμοῦντες τὸ σῶμα ἁλύσεως σιδηρᾶς χαλεπωτέρῳ δεσμῷ τῷ τῆς μέθης καὶ τῆς τρυφῆς, καὶ μήτε ὕπνον αἰ-
B ρούμενοι γνήσιον εἰλικρινῆ, μήτε ὀνειράτων ἀπηλλαγμένοι φοβερῶν, τῶν τε μαινομένων ὄντες ἀθλιώτεροι, καὶ αὐθαίρετόν τινα δαίμονα ἐπεισάγοντες τῇ ψυχῇ, καὶ γέλως προκείμενοι τῷ θεάτρῳ τῶν οἰκετῶν, μᾶλλον δὲ καὶ τραγῳδία καὶ δακρύων ὑπόθεσις τοῖς ἐπιεικεστέροις αὐτῶν, καὶ μηδένα εἰδότες τῶν παρόντων, μήτε εἰπεῖν τι καὶ ἀκοῦσαι δυνάμενοι, ἀλλὰ φοράδην ἀπὸ τῶν στιβάδων ἐπὶ τὴν κλίνην ἀγόμενοι; ἢ οἱ νήφοντες καὶ οἱ ἐγρηγορότες, καὶ τῇ χρείᾳ τὸ μέτρον ὁρίζοντες, καὶ ἐξ οὐρίας πλέοντες, καὶ μέγιστον ἥδυσμα τὸ πεινῆν καὶ διψῆν ἔχοντες ἐπί τε τῶν σιτίων, ἐπί τε τῶν ποτῶν; Οὐδὲν γὰρ οὕτω καὶ ἡδονὴν
C καὶ ὑγίειαν ἐργάζεται, ὡς τὸ πεινῶντα καὶ διψῶντα οὕτω τῶν προκειμένων ἅπτεσθαι, καὶ κόρον εἰδέναι τὴν χρείαν μόνην, καὶ μὴ ὑπερβαίνειν ταύτης τὰ σκάμματα, μηδὲ μεῖζον τῆς δυνάμεως ἐπιτιθέναι τὸ ἄχθος τῷ σώματι.

Εἰ δὲ ἀπιστεῖς μου τῷ λόγῳ, κατάμαθε τὰ ἑκατέρων σώματα, καὶ τὴν ἑκάστου ψυχήν. Οὐχὶ τὰ μὲν τῶν οὕτω διαιτωμένων συμμέτρως (μὴ γάρ μοι τὸ σπανιάκις συμβαῖνον εἴπῃς, καὶ εἴ τινες ἀσθενεῖς εἶεν ἐκ περιστάσεως ἑτέρας τινὸς, ἀλλ' ἀπὸ τῶν ἀεὶ καὶ συνεχῶς συμβαινόντων τὰς ψήφους λάμβανε), οὐχὶ τῶν μὲν συμμέτρως ἑστιωμένων εὔρωστα τὰ σώματα,
D καὶ τετρανωμέναι αἱ αἰσθήσεις, τὴν οἰκείαν χρείαν πληροῦσαι μετὰ πολλῆς τῆς εὐκολίας; ἐκείνων δὲ πλαδαρὰ καὶ παντὸς κηροῦ μαλακώτερα, καὶ ἑσμῷ νοσημάτων πολιορκούμενα; Καὶ γὰρ καὶ ποδάγραι ταχέως αὐτοῖς ἐφίπτανται, καὶ τρόμος ἄκαιρος, καὶ γῆρας ἄωρον, καὶ κεφαλαλγίαι, καὶ διατάσεις, καὶ στομάχων πηρώσεις, καὶ ὀρέξεως ἀναίρεσις, καὶ διηνεκῶν δέονται ἰατρῶν, καὶ συνεχῶν τῶν φαρμάκων, καὶ καθημερινῆς τῆς θεραπείας. Ταῦτα οὖν ἡδονῆς; εἰπέ μοι. Καὶ τίς ἂν εἴποι τῶν εἰδότων ὅ τι ποτέ ἐστιν ἡδονή; Ἡδονὴ γὰρ γίνεται τότε, ὅταν ἐπιθυμίας

ἡγουμένης ἀπόλαυσις [a] ἕπηται· ἂν δὲ ἀπόλαυσις μὲν ᾖ, ἐπιθυμία δὲ μηδαμοῦ φαίνηται, τὰ τῆς ἡδονῆς οἴχεται καὶ ἠφάνισται. E Διά τοι τοῦτο καὶ οἱ νοσοῦντες καίτοι σιτίων περισπουδάστων αὐτοῖς προκειμένων, ναυτιῶντες, καὶ ἐνοχλεῖσθαι δοκοῦντες, οὕτως αὐτῶν ἀπογεύονται· ἐπειδὴ ἐπιθυμία οὐκ ἔστιν, ἡ τὴν ἀπόλαυσιν ἡδίστην ποιοῦσα. Οὔτε γὰρ ἡ τῶν σιτίων φύσις, οὔτε ἡ τῶν ποτῶν, ἀλλ' ἡ τῶν ἑστιωμένων ὄρεξις τὴν ἐπιθυμίαν τίκτειν εἴωθε, καὶ τὴν ἡδονὴν ἐργάζεσθαι πέφυκε. Διὰ τοῦτο καί τις σοφὸς ἀνὴρ, τὰ περὶ τῆς ἡδονῆς ἀκριβῶς εἰδὼς, καὶ φιλοσοφεῖν [b] περὶ 404 A τούτων ἐπιστάμενος, ἔλεγε· Ψυχὴ ἐμπεπλησμένη κηρίοις ἐμπαίζει· δεικνὺς ὅτι οὐκ ἐν τῇ φύσει τῆς τραπέζης, ἀλλ' ἐν τῇ διαθέσει τῶν ἑστιωμένων τὰ τῆς ἡδονῆς ἕστηκε. Διὰ τοῦτο καὶ ὁ προφήτης τὰ ἐν Αἰγύπτῳ θαύματα καὶ τὰ ἐν τῇ ἐρήμῳ καταλέγων, μετὰ τῶν ἄλλων καὶ τοῦτο εἴρηκεν, ὅτι Ἐκ πέτρας μέλι ἐχόρτασεν αὐτούς. Καίτοι γε οὐδαμοῦ μέλι φαίνεται πέτρα αὐτοῖς ἀναβλύσασα· τί οὖν ἐστι τὸ εἰρημένον; Ἐπειδὴ πολλῷ κατειργασμένοι τῷ καμάτῳ καὶ τῇ ὁδοιπορίᾳ, καὶ σφοδρῷ κατεχόμενοι τῷ δίψει ψυχροῖς τοῖς νάμασι προσέπιπτον, ἀντὶ ἡδύσματος μεγάλου τὸ διψῆν ἔχοντες, τὴν ἡδονὴν τῶν ναμάτων ἐκείνων παραστῆσαι βουλόμενος, μέλι τὸ ὕδωρ ἐκά- B λεσεν, οὐχ ὡς τῆς φύσεως εἰς μέλι μεταβληθείσης, ἀλλ' ὡς τῆς ἡδονῆς τοῦ ὕδατος ἁμιλλωμένης ἐκείνῃ τῇ γλυκύτητι, διὰ τὸ διψῶντας τότε προσπεσεῖν τοὺς ἀπολελαυκότας αὐτοῦ. Ὅταν τοίνυν ταῦτα τοῦτον ἔχῃ τὸν τρόπον, καὶ μηδεὶς ἀντιλέγειν δύνηται, κἂν σφόδρα ἀναίσθητος ᾖ· οὐκ εὔδηλον ὅτι παρὰ ταῖς τῶν πενήτων τραπέζαις ἡ καθαρὰ καὶ εἰλικρινὴς καὶ σφοδρὰ ἡδονή; ἐν δὲ ταῖς τῶν πλουσίων ἀηδία, καὶ βδελυγμία, καὶ μολυσμός; καὶ καθὼς εἶπεν ὁ σοφὸς ἐκεῖνος ἀνὴρ, Καὶ τὰ ἡδέα παρενοχλεῖν δοκεῖ.

Ἀλλὰ τιμᾶσθαι παρασκευάζει τοὺς ἔχοντας ὁ πλοῦ- C τος, φησὶ, καὶ ἐχθροὺς ἀμύνασθαι μετ' εὐκολίας. Διὰ τοῦτο οὖν, εἰπέ μοι, ποθεινὸς ὑμῖν καὶ περιμάχητος εἶναι δοκεῖ, ὅτι τὰ χαλεπώτατα ἐν ἡμῖν τρέφει πάθη, ὀργήν τε εἰς ἔργον ἐξάγων, καὶ τῆς δοξομανίας τοὺς πομφόλυγας εἰς μείζονα ὄγκον ἐπαίρων, καὶ πρὸς ἀπόνοιαν ἀλείφων τε καὶ διεγείρων; Διὰ ταῦτα μὲν οὖν μάλιστα ἀμεταστρεπτὶ φεύγειν αὐτὸν χρὴ, ὅτι θηρία τινὰ ἄγρια καὶ χαλεπὰ εἰς τὴν διάνοιαν εἰσοικίζει τὴν ἡμετέραν, τῆς μὲν ὄντως τιμῆς τῆς παρὰ πάντων ἀποστερῶν, τὴν δὲ ἐναντίαν ἐκείνης, τοῖς ἐκείνης χρώμασιν ἀναχρωννὺς, καὶ οὕτω προσάγων τοῖς ἠπατημένοις, καὶ πείθων ταύτην ἐκείνην εἶναι νομί- D ζειν, οὐκ οὖσαν τῇ φύσει, ἀλλὰ τῇ ὄψει δοκοῦσαν εἶναι. Καθάπερ γὰρ τὰ κάλλη τῶν ἑταιριζομένων

ctus sequitur : quod si fructus quidem exstet, cupiditas vero nusquam appareat, voluptas eva- E nescit et exstincta est. Quapropter etiam ægri, quamquam suavissimi apponuntur cibi, cum nausea tamen degustant, sibique molestiam exhiberi opinantur : quoniam abest cupiditas, quæ fructum jucundissimum reddit. Neque enim ciborum natura, neque potus, sed vescentium appetitus cupiditatem parere solet, et ut voluptatem afferat a natura comparatus est. Id- 404 circo sapiens quidam vir, qui voluptatem ac- A curate cognitam habuit, atque de his philosophari poterat, dicebat : *Anima saturata favis illudit* ; (Prov. 27. 7) ut ostenderet non in natura cibi, sed in vescentium affectione voluptatem consistere. Quam ob causam etiam propheta, cum miracula in Ægypto et in solitudine edita recenseret, inter alia hoc quoque dixit : *De petra melle saturavit* eos. (Psal. 80. 17) Atqui nusquam apparet petram eis mel fudisse : quid ergo est quod dixit? Quandoquidem multo confecti labore et itinere, vehementique conflictati siti, in frigidas aquas inciderunt, et pro magna oblectatione habuerunt bibere, ut vo- B luptatem aquarum illarum repræsentaret, aquam vocavit mel, non quod ejus natura in mel commutata fuisset, sed quod voluptas aquæ certaret cum illa dulcedine, quia sitibundi in eam incidissent qui biberunt. Quæ cum ita sint, nemoque contradicere possit, etiamsi valde sit stupidus : annon clarum est, puram, liquidam et genuinam voluptatem esse in mensis pauperum? in mensis autem divitum, molestiam, fastidium, spurcitiem? atque ut sapiens ille vir dixit, *Etiam dulcia molestiam præbere videntur*. (Prov. 27. 7.)

C 9. At divitiæ, dicet quispiam, faciunt ut possessores earum honorentur, atque inimicos ulcisci facile possint. Proptereane igitur, dic mihi, expetendæ et omnibus opibus ac viribus comparandæ vobis videntur divitiæ, quod gravissimas nutriant in nobis ægritudines, dum iram ad effectum perducunt, insanum gloriæ amorem quasi quasdam bullas in majorem tumorem efferunt, ad superbiam excitant et exstimulant? Has ergo maxime ob causas eæ non retroversa facie fugiendæ sunt, quod feroces quasdam ac sævas bestias in animum nostrum introducunt, ac vera quidem, D et quæ apud universos conciliari solet, gloria nos fraudant, eique contrariam coloribus illius fucatam deceptis offerunt, ac suadent ut hanc

Num concilient honorem divitiæ et ad ultionem juvent.

[a] [Montf. ἕπεται. Savil. ἕπηται. Cod. C. ᾖ.]

[b] Sic tres Mss. Savil. autem et Morel. φιλοσοφεῖν ταῦτα ἐπιστ.

illam esse existimemus, cum ex natura sua non sit, sed specie tenus esse videatur. Ut enim pulchritudo meretricum fucis et pigmentis comparata, pulchritudine destituta, turpem ac deformem faciem pulchram et formosam esse facit illis, qui ea decipiuntur, cum pulchra non sit: ita etiam divitiæ faciunt, cum adulationem volunt honorem videri. Ne enim apertas et ex metu blanditiisque profectas laudes intuearis: hæ enim sunt colores et pigmenta; sed eorum, qui ita tibi adulantur, uniuscujusque conscientiam aperi, et videbis intus infinitos accusatores, qui contra te vociferentur, teque magis aversentur et oderint, quam inimicissimi et infestissimi quique. Ac si quando indutam isto metu larvam superveniens mutatio rerum sustulerit ac detexerit quemadmodum vultus illos sol missis radiis calidioribus, tum sic clare videbis te omni superiori tempore in maximo fuisse contemtu apud eos qui te colebant, tibique visum esse honore affici ab iis qui te maxime oderant, infinitisque apud animum conviciis proscindebant, et in extremis calamitatibus videre cupiebant. Honorem enim nihil ita conciliare solet, ut virtus, honorem non coactum, honorem non fictum, neque larva aliqua fallaciæ tectum, sed verum et genuinum, quique nulla temporum difficultate refutetur.

Honorem sola virtus conciliat.

10. At ulcisci vis eos qui te offenderunt? Hanc ipsam ob causam maxime, quemadmodum ante dixi, fugiendæ sunt divitiæ. Efficiunt enim, ut ensem in teipsum adigas, et graviores in futuro rationes tibi reddunt, et intolerabiles pœnas parant. Tantum namque malum est ultio, ut etiam Dei benignitatem revocaverit, et jam datam infinitorum peccatorum veniam fecerit irritam. Nam qui decies mille talentorum condonationem adeptus, solaque obtestatione tantam gratiam consequutus fuerat, cum centum denarios exigeret a conservo, hoc est, cum delictorum adversus se admissorum pœnas reposceret, sævitia erga conservum suum seipsum damnavit; neque vero ullam aliam nisi hanc ob rem tortoribus traditus, et cruciatus, et decies mille talenta reddere jussus est: nullum veniæ aut excusationis locum invenit, sed acerbissimum supplicium perpessus est, jussus totum solvere debitum, quod præveniens Dei benignitas condonaverat. Proptereane igitur divitiarum adeo cupidus es, quod te facile ad ejusmodi peccatum perducunt? Atqui ob id eæ tamquam inimi-

An efficiant divitiæ ut hostes ulciscamur.

Matth. 18.

γυναικῶν ἐπιτρίμμασι καὶ ὑπογραφαῖς συγκείμενα, κάλλους μὲν ἀπεστέρηται, τὴν δὲ αἰσχρὰν ὄψιν καὶ δυσειδῆ καλήν τε καὶ εὐειδῆ εἶναι ποιεῖ παρὰ τοῖς ὑπ' αὐτῆς ἠπατημένοις, οὐκ οὖσαν καλήν· οὕτω δὴ καὶ ὁ πλοῦτος τὴν κολακείαν βιαζόμενος τιμὴν δεικνύναι ποιεῖ. Μὴ γάρ μοι τὰς ἐν τῷ φανερῷ διὰ φόβον καὶ θωπείαν γινομένας εὐφημίας ἴδῃς· αὗται γάρ εἰσι τὰ χρώματα, καὶ αἱ [a] ὑπογραφαί· ἀλλὰ τὸ ἑκάστου συν-E ειδὸς τῶν τὰ τοιαῦτά σε κολακευόντων ἀνάπτυξον, καὶ ὄψει μυρίους ἔνδον καταβοῶντάς σου κατηγόρους, καὶ τῶν μάλιστα ἐχθρῶν καὶ πολεμίων μᾶλλον ἀποστρεφομένους καὶ μισοῦντας. Καὶ εἴ ποτε τὸ ἐκ τοῦ φόβου τούτου συγκείμενον προσωπεῖον μεταβολὴ πραγμάτων ἐπελθοῦσα ἀφανίσειέ τε καὶ διελέγξειε, καθάπερ τὰς ὄψεις ἐκείνας ἥλιος θερμοτέραν ἀκτῖνα ἀφεὶς, τότε ὄψει καλῶς ὅτι παρὰ πάντα τὸν ἔμπροσθεν χρόνον ἐν ἐσχάτῃ μὲν ἦς ἀτιμίᾳ παρὰ τοῖς θεραπεύουσι, τιμῆς δὲ ἐνόμιζες ἀπολαύειν ὑπὸ τῶν μάλιστα μισούντων σε,
455 καὶ μυρίαις σε κατὰ διάνοιαν πλυνόντων λοιδορίαις,
A καὶ ἐν ἐσχάταις σε συμφοραῖς ἐπιθυμούντων ἰδεῖν. Τιμὴν γὰρ οὐδὲν οὕτως εἴωθε ποιεῖν, ὡς ἀρετὴ, τιμὴν οὐ κατηναγκασμένην, τιμὴν οὐ πεπλασμένην, οὐδὲ προσωπείῳ τινὶ φενακισμοῦ κεκρυμμένην, ἀλλὰ ἀληθῆ καὶ γνησίαν, καὶ οὐδεμιᾷ καιρῶν δυσκολίᾳ ἐλεγχομένην.

Ἀλλ' ἀμύνασθαι βούλει τοὺς λελυπηκότας; Καὶ δι' αὐτὸ μὲν οὖν τοῦτο μάλιστα, καθάπερ ἔφθην εἰπὼν, φευκτὸς ὁ πλοῦτος. Κατὰ γὰρ σαυτοῦ τὸ ξίφος ὠθεῖν σε παρασκευάζει, καὶ βαρυτέρας τὰς ἐν τῷ μέλλοντί σοι καθίστησιν εὐθύνας, καὶ ἀφορήτους ποιεῖ τὰς τιμωρίας. Τοσοῦτον γὰρ κακὸν τὸ ἀμύνασθαι, ὅτι
B καὶ Θεοῦ φιλανθρωπίαν ἀνεκαλέσατο, καὶ δοθεῖσαι ἤδη ἁμαρτημάτων ἀπείρων συγχώρησιν ἠκύρωσεν. Ὁ γὰρ μυρίων λαβὼν ταλάντων τὴν ἄφεσιν, καὶ ἀπὸ ψιλῆς παρακλήσεως τοσαύτης ἀπολαύσας δωρεᾶς, ἐπειδὴ ἑκατὸν δηναρίων ἀπαίτησιν ἐποιεῖτο παρὰ τοῦ συνδούλου, τοῦτ' ἔστιν, ἐπειδὴ τῶν εἰς αὐτὸν πλημμελημάτων ἀπῄτει δίκας, ἐν τῇ περὶ τὸν ὁμόδουλον σφοδρότητι καθ' ἑαυτοῦ τὴν καταδίκην ἐξήνεγκε· καὶ δι' ἕτερον μὲν οὐδὲν, διὰ τοῦτο δὲ μόνον καὶ τοῖς βασανισταῖς παρεδίδοτο, καὶ ἐστρεβλοῦτο, καὶ τὰ μύρια τάλαντα ἀπαιτεῖσθαι ἐκελεύετο· καὶ συγγνώμης οὐδεμιᾶς, οὐδὲ ἀπολογίας ἀπήλαυεν, ἀλλὰ τὰ ἀνή-
C κεστα ἔπασχε, κελευσθεὶς ἅπαν καταθεῖναι τὸ χρέος, ὃ προλαβοῦσα ἡ τοῦ Θεοῦ φιλανθρωπία συνεχώρησε. Διὰ τοῦτο οὖν, εἰπέ μοι, ὁ πλοῦτός σοι περισπούδαστος, ὅτι σε εἰς τοιαύτην ἁμαρτίαν μετ' εὐκολίας ἐξάγει; Καὶ μὴν διὰ τοῦτο αὐτὸν ὡς ἐχθρὸν καὶ πολέ-

[a] Morel. et duo Mss. ὑπογραφαί, Savil. et unus ἐπιγραφαί.

μιον καὶ μυρίων γέμοντα φόνων ἀποστρέφεσθαι δεῖ. Ἀλλ' ἡ πενία, φησὶ, παρασκευάζει δυσχεραίνειν, καὶ πολλάκις καὶ βλάσφημα ῥήματα ἐκβάλλειν, καὶ ἀνελεύθερα πράγματα ὑπομένειν. Οὐχ ἡ πενία, ἀλλ' ἡ μικροψυχία· ἐπεὶ καὶ ὁ Λάζαρος πένης ἦν, καὶ σφόδρα γε πένης· καὶ τῇ πενίᾳ προσῆν καὶ ἀῤῥωστία πενίας ἁπάσης πικροτέρα, ἡ καὶ τὴν πενίαν ταύτην D χαλεπωτέραν ποιοῦσα· καὶ τῇ ἀῤῥωστίᾳ ἐρημία τῶν προστησομένων, καὶ ἀπορία τῶν θεραπευόντων, ἥτις καὶ τὴν πενίαν καὶ τὴν ἀῤῥωστίαν πικροτέραν εἰργάζετο. Τούτων γὰρ ἕκαστον καὶ καθ' ἑαυτὸ μὲν ὀδυνηρὸν, ὅταν δὲ μηδὲ οἱ θεραπεύοντες ὦσι, μεῖζον γίνεται τὸ δεινὸν, χαλεπωτέρα ἡ φλὸξ, πικροτέρα ἡ ὀδύνη, ἀγριώτερος ὁ χειμὼν, σφοδρότερον τὸ κλυδώνιον, φλογωδεστέρα ἡ κάμινος. Εἰ δέ τις ἀκριβῶς ἐξετάσειε, καὶ ἕτερον τούτοις τέταρτον προσῆν, ἡ τοῦ πλουτοῦντος ἐκ γειτόνων οἰκοῦντος ἄδεια καὶ τρυφή. E Εἰ δὲ βούλει τι καὶ πέμπτον ἄλλο εὑρεῖν, ὑπέκκαυμα τῆς φλογὸς, καὶ τοῦτο ὄψει σαφῶς αὐτῷ περικείμενον. Οὐ γὰρ δὴ μόνον ἐτρύφα ὁ πλούσιος ἐκεῖνος, ἀλλὰ καὶ δεύτερον καὶ τρίτον, μᾶλλον δὲ καὶ πλεονάκις τῆς ἡμέρας αὐτὸν ὁρῶν· παρὰ γὰρ τὴν εἴσοδον ἔῤῥιπτο, [a] θέατρον χαλεπὸν ἐλεεινῆς τραγῳδίας ὢν, καὶ τῇ ὄψει μόνον καὶ λιθίνην ἱκανὸς καταμαλάξαι ψυχήν· καὶ ὅμως οὐδὲ τοῦτο ἐπεσπάσατο τὸν ἀπάνθρωπον ἐκεῖνον εἰς τὴν τῆς πενίας ἐκείνης ἀντίληψιν· ἀλλ' ὁ μὲν συβαριτικὴν παρετίθετο τράπεζαν, καὶ κρατῆρας εἶχεν ἐστεμμένους, καὶ ἄκρατον ἁπλῶς ἐκχεόμενον, καὶ στρατόπεδα μαγείρων 456 A λαμπρὰ, καὶ παρασίτους καὶ κόλακας ἅμα πρωῒ, καὶ χοροὺς ᾀδόντων, οἰνοχοούντων, γελωτοποιούντων· καὶ πᾶν εἶδος ἐπινοῶν ἀσωτίας, καὶ μεθύων καὶ κραιπαλῶν, καὶ στολῇ καὶ τραπέζῃ, καὶ ἑτέροις πλείοσι τρυφῶν ἅπαντα διετέλει τὸν χρόνον. Τοῦτον δὲ λιμῷ χαλεπῷ καὶ ἀῤῥωστίᾳ πικροτάτῃ, καὶ πολιορκίᾳ τοσούτων ἑλκῶν, καὶ ἐρημίᾳ, καὶ τοῖς ἐκ τούτων κακοῖς ὁρῶν καθ' ἑκάστην κατατεινόμενον τὴν ἡμέραν, οὐδὲ εἰς νοῦν ποτε ἐβάλλετο· ἀλλ' οἱ μὲν παράσιτοι, καὶ οἱ κόλακες καὶ ὑπὲρ τὴν χρείαν διεῤῥήγνυντο· ὁ δὲ πένης, καὶ οὕτω πένης, καὶ ἐν τοσούτοις κείμενος τοῖς κακοῖς, οὐδὲ ψιχίων ἐκ τῆς τραπέζης ἀπήλαυεν ἐκείνης, καὶ ταῦτα σφόδρα ἐπιθυμῶν· καὶ B ὅμως οὐδὲν αὐτὸν τούτων παρέβλαψεν, [a] οὐ ῥῆμα πικρὸν ἐξέβαλεν, οὐ βλάσφημον ἐφθέγξατο λόγον· ἀλλ' ὥσπερ χρυσίον τῇ σφοδροτέρᾳ πυρώσει μειζόνως καθαιρόμενον λαμπρύνεται, οὕτω δὴ καὶ ἐκεῖνος ὑπὸ τῶν παθημάτων τούτων ἐνοχλούμενος, πάντων ὑψηλότερος ἦν καὶ τῶν παθῶν, καὶ αὐτῶν τῶν ἐντεῦθεν πολλοῖς τικτομένων θορύβων. Εἰ γὰρ ἁπλῶς πένητες

cæ et hostes, atque infinitis refertæ cædibus, aversandæ sunt. At paupertas, inquit, molestias creat, ac sæpe etiam facit, ut maledica in Deum verba effutias, ac illiberalia negotia suscipias. Non paupertas, sed pusillanimitas : nam et Lazarus pauper erat, et admodum quidem pauper; paupertati accedebat adversa valetudo omni D paupertate acerbior, quæ paupertatem quoque reddebat graviorem; adversæ valetudini solitudo et penuria eorum, qui ministrarent, quæ cum paupertatem, tum adversam valetudinem faciebat acerbiorem. Horum namque singula per se quoque molesta sunt; cum vero neque qui ministrent, adsunt, major fit calamitas, sævior flamma, dolor acerbior, tempestas atrocior, fluctus vehementiores, caminus ardentior. Quod si quis accurate circumspiciat, aliud etiam E his quartum accedebat, nempe divitis in vicinia habitantis licentia et luxus. Sin aliud etiam quintum vis invenire, flammæ illius fomitem, id quoque in eo perspicue videbis. Non enim dumtaxat genio indulgebat dives ille, verum etiam etsi iterum, tertium, imo vero sæpius in die eum videbat : juxta ingressum namque jacebat, spectaculum dirum miserabilis tragœdiæ, et qui aspectu solo vel lapideum pectus poterat emollire : tamen neque hoc inhumanum illum ad eam paupertatem levandam permovit : sed ille sybariticam apponebat mensam, crateras habe- A bat plenas, merum large diffundendum, nitidos coquorum exercitus, parasitos et adulatores prima luce, et choros canentium, vina infundentium, risus moventium : omne genus helluationis excogitabat, inebriabatur, ingurgitabatur, in luxu vestium, mensæ aliarumque plurium rerum perpetuo vivebat. Istum vero, quem gravi fame, morbo acerbissimo, obsidione tot ulcerum, solitudine, et malis inde consequentibus in dies singulos premi videbat, ne in animum quidem aliquando admisit : parasiti et adulatores nimiis epulis pene disrumpebantur; at iste pauper, et B adeo pauper, tot malis cinctus, nec micas ex illa mensa obtinuit, etsi valde cupidus : neque horum quidpiam eum læsit, non verbum protulit asperum, non vocem edidit blasphemam : sed ut aurum vehementiore incendio magis purgatum splendescit, sic etiam ille afflictionibus istis vexatus, omnibus fuit superior tam plagis, quam, quæ multis nascuntur inde, perturbationibus. Si

Luc. 16. 20.

Exemplo Lazari rem illustrat.

[a] Unus Reg. *θέατρον χαλεπῆς θεωρίας ὤν*, duo alii *θέατρον καὶ λύπη θεωρίας ὤν*.

[a] Duo Mss. *οὐ ῥῆμά τι οὐ μικρὸν οὐ μέγα ἐξέβ.*

enim omnino pauperes, cum divites vident, tabescunt invidia, et æmulatione conficiuntur, ac vitam sibi non esse vitalem existimant, idque cum necessarius eis victus suppetit, necnon qui ministrent: iste pauper, et quidem pauper ut nullus alius, nec pauper modo, verum etiam æger, quique non habebat qui adstaret aut solatium daret, sed in media urbe velut in extrema jacebat solitudine, fame tabescebat acerbissima, illi omnia tamquam ex fontibus affluere videbat, omni humano solatio destitutus, canum linguis ceu perpetua quædam mensa propositus (ita enim omnia ejus membra luxata ac dissoluta erant, ut nec illos arcere posset), quam iniquo animo fuisset, nisi valde generosus ac sapiens exstitisset? Cernis, qui se non lædat, etsi ab omnibus lædatur, nihil mali perpeti? repetam enim eamdem orationem.

11. Quid namque adversa valetudo? quid solitudo eorum qui adstarent? quid accessus canum? quid mala divitis vicinitas? quid magnus luxus, superbia et arrogantia illius athletæ huic nocuerunt? num cum ad sustinenda pro virtute certamina reddiderunt molliorem? quid vero constantiam ejus læsit? Nihil usquam, sed eum etiam magis corroboravit, et infinitarum ei materia coronarum, accessio præmiorum, incrementum mercedis, seges majoris remunerationis exstitit illa malorum multitudo, divitisque crudelitas. Neque enim ob paupertatem coronatus est tantum, neque ob famem, neque ob ulcera, neque ob linguas canum, sed quod talem vicinum cum haberet, a quo in dies aspiceretur et despiceretur perpetuo, eam tentationem generoso tulerit animo, magnaque constantia, quæ quidem tentatio et paupertati et adversæ valetudini, et solitudini non exiguam, sed acerrimam flammam addebat. Quid vero beatus Paulus, dic mihi? nihil enim prohibet iterum meminisse viri. Annon infinitos tentationum tamquam nivium imbres sustinuit? Quid ergo inde damni accepit? Annon propterea majoribus donatus est coronis, quod esuriisset, quod algore ac nuditate confectus, quod verberibus sæpenumero concisus, quod lapidibus appetitus, quod in mare demersus fuisset? At ille Paulus erat, inquit, et vocatus a Christo. Atqui Judas quoque unus erat ex duodecim, vocatus etiam a Christo; verum neque quod esset ex duodecim, neque vocatio Christi quidpiam ei profuit, quo-

Amplificat eamdem sententiam exemplo Pauli ostendens neminem ab afflictionibus lædi.

πλουσίους ὁρῶντες τήκονται τῷ φθόνῳ, καὶ κατατείνονται τῇ βασκανίᾳ, καὶ τὸν βίον ἀβίωτον νομίζουσιν εἶναι, καὶ ταῦτα τῆς ἀναγκαίας εὐποροῦντες
C τροφῆς, καὶ θεραπεύοντας ἔχοντες· ὁ πένης οὗτος ὡς
οὐδεὶς ἕτερος πένης ὢν, καὶ οὐχὶ πένης μόνον, ἀλλὰ καὶ ἀσθενὴς, καὶ μηδένα ἔχων τὸν προστησόμενον καὶ παρακαλέσοντα, ἀλλ' ἐν μέσῃ τῇ πόλει καθάπερ ἐν ἐσχάτῃ κείμενος ἐρημίᾳ, καὶ λιμῷ τηκόμενος πικροτάτῳ, καὶ πάντα ὁρῶν ἐκείνῳ καθάπερ ἐκ πηγῶν ἐπιῤῥέοντα, καὶ ἀνθρωπίνης μὲν οὐδεμιᾶς ἀπολαύων παραμυθίας, ταῖς δὲ τῶν κυνῶν γλώσσαις προκείμενος τράπεζα διηνεκὴς (οὕτω γὰρ ἦν τὸ σῶμα παρειμένος καὶ διαλελυμένος, ὡς μηδὲ ἐκείνους ἀποσοβεῖν δύνασθαι), τί οὐκ ἂν ἔπαθεν, εἰ μὴ σφόδρα γενναῖος καὶ φιλόσοφος ἦν; Ὁρᾷς ὅτι ὁ ἑαυτὸν μὴ ἀδικῶν, κἂν
D παρὰ πάντων ἀδικῆται, οὐδὲν πάσχει δεινόν; πάλιν
γὰρ τὸν αὐτὸν ἀναλήψομαι λόγον.

Τί γὰρ ἡ ἀῤῥωστία; τί δὲ ἡ ἐρημία τῶν προστησομένων; τί δὲ ἡ ἔφοδος τῶν κυνῶν; τί δὲ τὸ γειτόνημα τοῦ πλουσίου τὸ πονηρόν; τί δὲ ἡ πολλὴ χλιδὴ καὶ ὑπερηφανία, καὶ ἡ ἀπόνοια ἐκείνου τὸν ἀθλητὴν τοῦτον παρέβλαψεν; ἢ μαλακώτερον πρὸς τὰ ὑπὲρ τῆς ἀρετῆς ἐποίησε σκάμματα; τί δὲ αὐτοῦ τὴν εὐτονίαν ἐλυμήνατο; Οὐδὲν οὐδαμοῦ, ἀλλὰ καὶ μᾶλλον αὐτὸν ἐπέῤῥωσε, καὶ μυρίων αὐτῷ στεφάνων ὑπόθεσις γέγονε, καὶ προσθήκη βραβείων, καὶ πλεο-
E νασμὸς ἀντιδόσεως, καὶ μειζόνων ἀμοιβῶν ὑπόθεσις,
τῶν δεινῶν τὸ πλῆθος ἐκεῖνο, καὶ ἡ τοῦ πλουτοῦντος ὠμότης. Οὐ γὰρ δὴ διὰ τὴν πενίαν ἐστεφανοῦτο μόνον, οὐδὲ διὰ τὸν λιμὸν, οὐδὲ διὰ τὰ ἕλκη, οὐδὲ διὰ τὰς γλώσσας τῶν κυνῶν· ἀλλ' ὅτι τοιοῦτον γείτονα ἔχων, καὶ καθ' ἑκάστην ὁρώμενος ὑπ' αὐτοῦ τὴν ἡμέραν, καὶ ὑπερορώμενος διηνεκῶς, τοῦτον ἤνεγκε γενναίως τὸν πειρασμὸν, καὶ μετὰ πολλῆς τῆς καρτερίας, καὶ τῇ πενίᾳ καὶ τῇ ἀῤῥωστίᾳ, καὶ τῇ ἐρημίᾳ, οὐ μικρὰν, ἀλλὰ καὶ σφόδρα εὐτονωτάτην συνεισφέροντα τὴν φλόγα. Τί δὲ ὁ μακάριος Παῦλος, εἰπέ μοι; οὐδὲν
457 γὰρ κωλύει πάλιν ἐπιμνησθῆναι τοῦ ἀνδρός. Οὐχὶ
A μυρίας ἐδέξατο πειρασμῶν νιφάδας; Τί οὖν ἐντεῦθεν
ἐβλάβη; Οὐκ ἐντεῦθεν μὲν οὖν καὶ μειζόνως ἐστεφανοῦτο, ὅτι ἐλίμωττεν, ὅτι κρυμῷ καὶ γυμνότητι [a] κατετήκετο, ὅτι μάστιξι πολλάκις κατεξαίνετο, ὅτι λίθοις ἐβάλλετο, ὅτι κατεποντίζετο; Ἀλλ' ἐκεῖνος Παῦλος ἦν, φησὶ, καὶ κλητὸς τοῦ Χριστοῦ. Καίτοι καὶ Ἰούδας εἷς τῶν δώδεκα ἦν, καὶ κλητὸς καὶ αὐτὸς τοῦ Χριστοῦ· ἀλλ' οὔτε τὸ εἶναι τῶν δώδεκα, οὔτε ἡ κλῆσις αὐτὸν ὤνησεν, ἐπειδὴ γνώμην οὐκ εἶχε πρὸς ἀρετὴν παρεσκευασμένην. Ἀλλ' ὁ μὲν Παῦλος καὶ λιμῷ παλαίων, καὶ τῆς ἀναγκαίας ἀπορῶν τροφῆς,

[a] Alii κατετείνετο.

καὶ τοσαῦτα καθ' ἑκάστην πάσχων τὴν ἡμέραν, μετὰ πολλῆς τῆς προθυμίας τὴν εἰς οὐρανὸν φέρουσαν ἔτρεχεν ὁδόν· ἐκεῖνος δὲ καὶ πρὸ τούτου κληθεὶς, καὶ τῶν αὐτῶν ἀπολαύσας ὧνπερ καὶ αὐτὸς, καὶ μυηθεὶς τὴν ἀνωτάτω φιλοσοφίαν, καὶ τραπέζης μετασχὼν ἱερᾶς καὶ τῶν φρικωδεστάτων ἐκείνων δείπνων, καὶ χάριν λαβὼν τοσαύτην ὡς καὶ νεκροὺς ἐγείρειν, καὶ λεπροὺς καθαίρειν, καὶ δαίμονας ἐλαύνειν, καὶ τοὺς περὶ ἀκτημοσύνης πολλάκις ἀκούσας λόγους καὶ αὐτῷ τοσοῦτον χρόνον συγγενόμενος τῷ Χριστῷ, καὶ τῶν πενήτων τὰ χρήματα πιστευθεὶς, ὥστε τοῦ πάθους ἐκεῖθεν ἔχειν παραμυθίαν (καὶ γὰρ κλέπτης ἦν), οὐδὲ οὕτως ἐγένετο βελτίων, καίτοι τοσαύτης συγκαταβάσεως ἀπολαύσας. Ἐπειδὴ γὰρ ᾔδει ὁ Χριστὸς, ὅτι φιλάργυρος ἦν, καὶ διὰ χρημάτων ἔρωτα ἔμελλεν ἀπόλλυσθαι, οὐ μόνον αὐτὸν οὐκ ἀπήτησε τούτου δίκας τότε, ἀλλ' ὥστε αὐτοῦ καταλεᾶναι τὸ πάθος, καὶ τὰ χρήματα αὐτῷ τῶν πενήτων ἐπίστευσεν, ἵν' ἔχων ὅθεν κορέσῃ τὴν φιλοχρηματίαν, μὴ καταπέσῃ εἰς τὸ φρικῶδες βάραθρον ἐκεῖνο, ἐλάττονι κακῷ τὸ μεῖζον προαναστέλλων.

Οὕτω πανταχοῦ τὸν μὲν ἑαυτὸν μὴ βουλόμενον ἀδικεῖν οὐδεὶς ἕτερος ἀδικῆσαι δυνήσεται· τὸν δὲ οὐκ ἐθέλοντα νήφειν, καὶ τὰ παρ' ἑαυτοῦ συνεισφέρειν οἴκοθεν, οὐδεὶς οὐδέποτε ὠφελήσει. Διὰ τοῦτό σοι καὶ ἡ θαυμασία τῶν Γραφῶν ἱστορία, καθάπερ ἐν εἰκόνι τινὶ ὑψηλῇ καὶ μεγάλῃ καὶ πολὺ τὸ εὖρος ἐχούσῃ, τῶν παλαιῶν ἀνεγράψατο τοὺς βίους, ἀπὸ τοῦ Ἀδὰμ μέχρι τῆς τοῦ Χριστοῦ παρουσίας ἐκτείνασα τὴν διήγησιν· καὶ δείκνυσί σοι καὶ τοὺς [b] ὑποσκελιζομένους, καὶ τοὺς στεφανουμένους, ἵνα σε διὰ πάντων παιδεύσῃ, ὅτι τὸν παρ' ἑαυτοῦ μὴ ἀδικούμενον οὐδεὶς ἕτερος ἀδικῆσαι δυνήσεται, κἂν πᾶσα ἡ οἰκουμένη πρὸς αὐτὸν χαλεπὸν ἀναῤῥιπίζῃ πόλεμον. Οὔτε γὰρ δυσκολία πραγμάτων, οὔτε καιρῶν μεταβολαὶ, οὔτε δυναστευόντων ἐπήρειαι, οὔτε ἐπιβουλῶν νιφάδες, οὔτε συμφορῶν ὄχλος, οὔτε πάντων τῶν ἐν ἀνθρώποις κακῶν συλλεγόμενος ὁ φορυτὸς παρασαλεῦσαί τι κἂν μικρὸν δυνήσεται τὸν γενναῖον, καὶ νήφοντα, καὶ ἐγρηγορότα· ὥσπερ αὖ τὸν ῥᾴθυμον, καὶ ἀναπεπτωκότα, καὶ οἴκοθεν προδεδομένον, κἂν μυρίαι προσάγωνται θεραπεῖαι, οὐδὲν ἀμείνω ποιοῦσι. Τοῦτο γοῦν καὶ ἡ παραβολὴ ἡ περὶ τῶν ἀνθρώπων ἐκείνων παρεδήλωσεν ἡμῖν, ὧν ὁ μὲν ἐπὶ τῆς πέτρας, ὁ δὲ ἐπὶ τῆς ψάμμου τὴν οἰκίαν ᾠκοδόμησε τὴν ἑαυτοῦ· οὐχ ἵνα ψάμμον καὶ πέτραν νοήσωμεν, οὐθ' ἵνα οἰκοδομὴν λίθων, καὶ ὄροφον, οὐθ' ἵνα ποταμοὺς, καὶ ὑετὸν, καὶ πνεύματα ἄγρια προσπίπτοντα ταῖς οἰκο-

niam animum ad virtutem paratum non habebat. Sed Paulus quidem et cum fame luctans, et necessario egens alimento, et tanta in dies singulos perferens, magna cum alacritate viam quæ ad cælum ducit, currebat; at ille et ante hunc vocatus, et iisdem, quibus ipse, bonis potitus, suprema philosophia initiatus, particeps mensæ sacræ ac tremendæ illius cœnæ, tantam gratiam adeptos, ut etiam mortuos excitaret, leprosos mundaret, et dæmonas expelleret, crebris de paupertate sermonibus auditis, tam diu versatus cum Christo, cuique pauperum pecuniæ creditæ fuerant, ut inde ægritudinis solatium caperet (fur enim erat), ne sic quidem factus est melior, quamquam tantam expertus indulgentiam. Cum enim sciret Christus eum avarum esse, et amore pecuniæ periturum, non modo ejus rei tum ab eo pœnas non repoposcit, verum ut ipsius ægritudinem deliniret, et minori malo præcaveret majus, etiam pauperum ei pecunias credidit, ut cum haberet unde pecuniæ cupiditatem satiaret, in horribile illud barathrum non corrueret.

12. Adeo nusquam quisquam lædere poterit eum, qui seipsum lædere nolit; ei vero qui vigilans ac sobrius esse, suamque operam conferre nolit, nemo umquam proderit. Propterea tibi mirabilis quoque Scripturarum historia velut in effigie quadam sublimi magnaque, et in magnam latitudinem extensa, veterum vitas descripsit, narratione ab Adam usque ad Christi adventum producta : ostenditque tibi tam supplantatos, quam coronatos, ut omnium exemplis te doceat, eum qui seipsum non lædat, a nemine alio lædi posse, etiamsi totus orbis grave contra illum concitet bellum. Neque enim difficultas rerum, nec temporum mutationes, nec potentum injuriæ, neque insidiarum tamquam nivium imbres, neque calamitatum multitudo, neque omnium, quibus homines premuntur, malorum collectus acervus, generosum, sobrium ac vigilantem vel parum labefactare poterit : quemadmodum vicissim ignavum, collapsum, et a seipso proditum, etiamsi infinitæ curationes admoveantur, nihilo faciunt meliorem. Hoc siquidem etiam insinuavit nobis illa parabola de hominibus illis, quorum alter super petram, super arenam alter suam domum ædificavit : non ut arenam et petram intelligamus, nec structuram lapidum, et tectum, neque ut flumina, et

Cur etiam improborum lapsus exprimat Scriptura.

Parabola ædificantium explicatur.

Matth. 7. 24 sqq.

[b] Alii ὑποσκελισθέντας, καὶ τοὺς στεφανωθέντας.

pluviam, et sævos spiritus in ædificia irruentes; sed ut virtutem et vitium ex his colligamus, atque etiam hinc perspiciamus, eum qui se ipse non lædat a nemine lædi. Ergo nec pluviæ magna quamquam vi delatæ, neque flumina magno impetu irruentia, neque sævi spiritus vehementi cum insultu adorti, partem ullam domus illius labefactarunt; sed mansit et inexpugnabilis, et immota : ut discas, qui se ipse non prodat, eum nulla tentatione posse labefactari. At illa alterius facile eversa est, non ob tentationum impetum (alioquin alteri quoque idem accidisset), sed ob ipsius vecordiam : non enim quia ventus afflavit, ideo cecidit, sed quod super arenam, hoc est, super ignaviam et nequitiam ædificata fuit, ruinam fecit. Nam prius etiam quam illa tempestas ingrueret, infirma erat et ad casum parata. Hujuscemodi enim ædificia, etiam nemine infestante, dum subtrahitur ac diffluit fundamentum, sua sponte corruunt. At ut araneæ ultro, nemine ipsis infesto, distrahuntur, adamas contra etiam percussus non frangitur : sic etiam qui semetipsi non lædunt, etsi ab infinitis feriantur, fortiores evadunt : qui vero semetipsi produnt, etsi nemo sit infestus, sua sponte devolvuntur, diffluunt ac pereunt. Quemadmodum Judas quoque, non modo nulla infestante hujusmodi tentatione, sed magna etiam curatione adhibita, periit.

13. Vis integrarum gentium exemplis hanc orationem illustrem? Quanta Judæorum gentis fuit providentia? Annon tota quæ videtur creatura ad eorum obsequium fuit comparata? et nova quædam ipsis ac mira vivendi ratio introducta? Neque enim ad forum mittebant, itaque non numerata pecunia venalibus rebus fruebantur : nec sulcos findebant, neque aratrum trahebant, nec terram proscindebant, nec semina jaciebant, neque pluviis indigebant et ventis et anni temporibus, non solis radiis, non cursu lunæ, non aeris natura, non ulla hujusmodi re alia; non aream præparabant, non fruges triturabant, non ventos desiderabant ad secernenda grana a paleis, non molam versabant, non clibanum ædificabant, non ligna et ignem domum inferebant, non panifica egebant arte, non ligonem tractabant, non falcem acuebant, non aliqua alia indigebant arte, textoria, inquam, archite-

δομαῖς, ἀλλ' ἵνα ἀρετὴν καὶ κακίαν ἐκ τούτων ἐκλάβωμεν, καὶ ἴδωμεν κἀντεῦθεν ὅτι τὸν ἑαυτὸν μὴ ἀδικοῦντα οὐδεὶς ἀδικεῖ. Οὐκοῦν οὔτε ὁ ὑετὸς καίτοι ῥαγδαίως φερόμενος, οὔτε οἱ ποταμοὶ πολλῷ ῥοθίῳ προσπίπτοντες, οὔτε τὰ πνεύματα τὰ ἄγρια μετὰ σφοδρᾶς τῆς ῥύμης προσβάλλοντα παρεσάλευσάν τι τὴν οἰκίαν ἐκείνην· ἀλλ' ἔμεινε καὶ ἀχείρωτος, καὶ ἀκίνητος· ἵνα μάθῃς, ὅτι τὸν ἑαυτὸν οὐ προδιδόντα οὐδεὶς πειρασμὸς παρασαλεῦσαι δύναται. Ἡ δὲ τοῦ B ἑτέρου κατεφέρετο ῥᾳδίως, οὐ διὰ τὴν τῶν πειρασμῶν ἐπιβολὴν ([a] ἦ γὰρ ἂν καὶ ἡ ἑτέρα τὸ αὐτὸ ἔπαθεν), ἀλλὰ διὰ τὴν οἰκείαν ἄνοιαν· οὐ γὰρ ἐπειδὴ ἄνεμος προσέπνευσεν, διὰ τοῦτο ἔπεσεν, ἀλλ' ἐπειδὴ ἐπὶ τῆς ψάμμου ἦν οἰκοδομηθεῖσα, τοῦτ' ἔστιν ἐπὶ ῥᾳθυμίας καὶ πονηρίας, τοῦτο πέπονθε. Καὶ γὰρ καὶ πρὶν ἢ τὸν χειμῶνα προσβαλεῖν ἐκεῖνον, ἀσθενής τε ἦν καὶ πρὸς τὸ πεσεῖν ἑτοίμη. Αἱ γὰρ τοιαῦται οἰκοδομαὶ, καὶ μηδενὸς ἐνοχλοῦντος, αὐτόματοι καταφέρονται, ὑποσυρομένης αὐταῖς τῆς κρηπῖδος καὶ πάντῃ διαῤῥεούσης. Καὶ καθάπερ αἱ μὲν ἀράχναι αὐτόματοι διασπῶνται, μηδενὸς αὐταῖς ἐνοχλοῦντος, ὁ δὲ ἀδάμας C καὶ παιόμενος ἀδιάλυτος μένει· οὕτω δὴ καὶ οἱ μὴ ἑαυτοὺς ἀδικοῦντες, κἂν ὑπὸ μυρίων παίωνται, ἰσχυρότεροι γίνονται· οἱ δὲ ἑαυτοὺς προδιδόντες, κἂν μηδεὶς ὁ ἐνοχλῶν ᾖ, αὐτόματοι φέρονται, καὶ διαῤῥέουσι, καὶ ἀπόλλυνται. Ὥσπερ καὶ ὁ Ἰούδας, οὐ μόνον οὐδενὸς ἐνοχλήσαντος πειρασμοῦ τοιούτου, ἀλλὰ καὶ πολλῆς ἀπολαύσας τῆς θεραπείας, ἀπώλετο.

Βούλει σοι τοῦτον καὶ ἐπὶ δήμων ὁλοκλήρων δείξω διαλάμποντα τὸν λόγον; Πόσης ὁ Ἰουδαίων δῆμος ἀπήλαυσε προνοίας; Οὐ πᾶσα ἡ ὁρωμένη κτίσις πρὸς D ὑπηρεσίαν αὐτῶν παρεσκευάζετο; καὶ καινός τις αὐτοῖς καὶ ξένος εἰσήγετο διαγωγῆς βίου τρόπος; Οὐδὲ γὰρ εἰς ἀγορὰν ἐνέβαλλον, καὶ οὕτω τῶν ὠνίων ἀπήλαυον, οὐκ ἀργύριον κατατιθέντες· οὐδὲ αὔλακας ἔτεμνον, οὐδὲ ἄροτρον εἷλκον, οὐδὲ γῆν ἐσπάραττον, οὐδὲ σπέρματα κατέβαλλον, οὐδὲ ὑετῶν ἐδέοντο καὶ ἀνέμων καὶ τῶν τοῦ ἔτους ὡριῶν, οὐχ ἡλιακῆς ἀκτῖνος, οὐ σεληνιαίου δρόμου, οὐ φύσεως ἀέρος, οὐκ ἄλλου τῶν τοιούτων οὐδενός· οὐχ ἅλωνα παρεσκεύαζον, οὐ καρπὸν ἔτριβον, οὐ πνευμάτων ἔχρῃζον πρὸς τὸ διακρῖναι τοὺς πυροὺς τῶν ἀχύρων, οὐ μύλην E ἔστρεφον, οὐ κλίβανον ᾠκοδόμουν, οὐ ξύλα καὶ πῦρ εἰς τὴν οἰκίαν εἰσῆγον, οὐκ ἀρτοποιητικῆς ἐδέοντο τέχνης, οὐ μάκελλαν μετεχείριζον, οὐ δρεπάνην ἠκόνων, οὐκ ἄλλης τινὸς ἐδέοντο τέχνης, ὑφαντικῆς λέγω καὶ οἰκοδομικῆς, [b] καὶ τῆς τὰ ὑποδήματα παρεχού-

[a] [Dedimus Morelli Ed. lectionem quam e conjectura proposuit Savil. in marg. Montf. ἡ γὰρ ἄν. Savil. in textu, et Cod. C. ἡ γ. ἄν.]

[b] Manuscripti et Savil. in marg. οὐ τῆς τὰ ὑποδήματα περιεχούσης, Savil. in textu καὶ τῆς περὶ τὰ ὑποδήματα ἐχούσης, Morel. καὶ τῆς τὰ ὑποδήματα παρεχούσης.

σης· ἀλλὰ πάντα ἦν αὐτοῖς ὁ τοῦ Θεοῦ λόγος. Καὶ ἐσχεδιασμένην εἶχον τράπεζαν, καὶ ἱδρώτων καὶ πόνων ἀπηλλαγμένην. Τοιαύτη γὰρ ἡ τοῦ μάννα φύσις· νεαρά τε καὶ πρόσφατος, καὶ οὐδαμοῦ παρέχουσα αὐτοῖς πράγματα, οὐδὲ κατατείνουσα πόνῳ. Καὶ τὰ ἱμάτια δὲ αὐτοῖς, καὶ τὰ ὑποδήματα, καὶ αὐτὴ ἡ τοῦ σώματος φύσις τῆς οἰκείας ἐπελανθάνετο ἀσθενείας· ἐν γὰρ χρόνῳ οὕτω μακρῷ οὔτε ἐκεῖνα ἐτρίβετο, 409 A οὔτε οἱ πόδες αὐτῶν καίτοι τοσαῦτα βαδιζόντων ἐτυλώθησαν. Ἰατρῶν αὐτοῖς καὶ φαρμάκων, καὶ τῆς ἄλλης τῆς περὶ τοιαύτην τέχνην σπουδῆς, οὐδὲ μνήμη τις ἦν ἐν αὐτοῖς· οὕτω πᾶσα ἐκποδὼν ἀῤῥωστία ἦν. Ἐξήγαγε γὰρ αὐτοὺς ἐν ἀργυρίῳ καὶ χρυσίῳ, φησί· καὶ οὐκ ἦν ἐν ταῖς φυλαῖς αὐτῶν ὁ ἀσθενῶν. Ἀλλ' ὥσπερ τὸν κόσμον τοῦτον ἀφέντες, καὶ πρὸς ἑτέραν βελτίονα μετοικισθέντες οἰκουμένην, οὕτως ἤσθιον, οὕτως ἔπινον, καὶ οὔτε ἡ ἀκτὶς θερμοτέρα γινομένη τὰς κεφαλὰς ἔπληττε τὰς ἐκείνων· διετείχιζε γὰρ τὴν φλόγα νεφέλη πάντοθεν [a] αἰωρουμένη, καὶ περιφορητὴ γινομένη στέγη τοῖς δήμοις ἅπασιν ἐκείνοις. B Ἀλλ' οὔτε ἐν νυκτὶ λαμπάδος ἐδέοντο τῆς διαιρούσης τὸ σκότος, ἀλλ' ἦν αὐτοῖς ὁ στῦλος τοῦ πυρὸς πηγὴ φωτὸς ἀφάτου, δύο χρείας παρέχων, τήν τε ἀπὸ τοῦ φαίνειν, τήν τε ἀπὸ τοῦ κατευθύνειν αὐτοῖς τὴν ἀποδημίαν. Οὐ γὰρ φωτοειδὴς μόνον ἦν, ἀλλὰ καὶ ὁδηγοῦ παντὸς ἀκριβέστερον ἐχειραγώγει [b] κατὰ τὴν ἔρημον ἐκείνην τὸν ἄπειρον δῆμον ἐκεῖνον. Ἐβάδιζον δὲ, οὐκ ἐπὶ γῆς μόνον, ἀλλὰ καὶ ἐπὶ τῆς θαλάσσης ὡς ἐπὶ γῆς· καὶ τῶν ὅρων τῆς φύσεως κατετόλμων, τὸ χαλεπὸν ἐκεῖνο πεζεύοντες πέλαγος, ὡς διὰ πέτρας στεῤῥᾶς καὶ ἀντιτύπου τινὸς ὁδοιποροῦντες· καὶ ὅτε μὲν αὐτοῖς ὑπεστόρεστο, γῆν ἐμιμεῖτο στεῤῥὰν τὸ στοιχεῖον, καὶ πεδία ὕπτια, καὶ ἀρούρας· ὅτε δὲ τοὺς ἐχθροὺς ἐπέλαβε, τὰ θαλάττης C κατειργάζετο· καὶ αὐτοῖς μὲν ἐγένετο ὄχημα, τοῖς δὲ πολεμοῦσιν αὐτοὺς τάφος· τοὺς μὲν μετ' εὐκολίας παραπέμπουσα, τοὺς δὲ μετὰ πολλῆς τῆς σφοδρότητος καταποντίζουσα. Καὶ ἡ ἄτακτος τῶν ὑδάτων ῥύμη, ἀνδρῶν λογικῶν καὶ συνετωτάτων καὶ εὐταξίαν καὶ ὑπακοὴν ἐπεδείκνυτο, νῦν μὲν φύλακος, νῦν δὲ δημίου τάξιν ἐπέχουσα, καὶ ἐν ἡμέρᾳ μιᾷ τὰ ἐναντία ἀθρόον ἐπιδεικνυμένη. Τί ἄν τις εἴποι τὰς πέτρας, αἳ ποταμοὺς ἠφίεσαν ὑδάτων; τί δὲ τὰ νέφη τῶν ὀρνίθων, οἳ τῷ πλήθει τῶν σωμάτων τὴν γῆν ἀπέκρυψαν ἅπασαν; τί τὰ ἐν Αἰγύπτῳ θαύματα; τί τὰ ἐν D ἐρήμῳ παράδοξα; τί τὰ τρόπαια καὶ τὰς νίκας τὰς ἀναιμωτὶ γινομένας; Ὡς γὰρ χορεύοντες, οὐχ ὡς πολεμοῦντες τοὺς ἀντιπίπτοντας ἐχειροῦντο. Καὶ τῶν μὲν οἰκείων δεσποτῶν χωρὶς ὅπλων ἐκράτησαν· τῶν

ctonica, et sutoria : sed omnia eis erat verbum Dei. Mensam habebant paratam ex tempore, sudoribus et laboribus vacuam. Ejus enim naturæ erat manna; nova, recens, nusquam ipsis negotia facessens, neque labore conficiens. Jam vestimenta eorum et calcei et ipsa corporis natura quodammodo suæ fragilitatis obliviscebantur : tempore enim ita longo neque illa terebantur, neque pedes eorum tot tantaque licet itinera decurrentium occalluerunt. Medicorum, remediorum cæteræque in hac arte curæ ne memoria quidem apud eos erat : adeo longe aberat omnis invaletudo. *Eduxit enim eos* Psal. 104. 37. *in auro et argento*, inquit; et *non erat in tribubus eorum infirmus*. Verum quasi relicto hoc mundo, et in alium meliorem orbem inhabitandum translati, sic comedebant, sic bibebant, ac neque radii calidiores effecti capita illorum feriebant : disterminabat enim flammam nubes undique impendens, et omnibus illis familiis gestatorii tecti instar erat. Neque vero noctu face indigebant quæ tenebras discuteret, sed erat eis columna ignis, fons lucis ineffabilis in duplicem usum, tum ut luceret, tum ut iter dirigeret. Neque enim lucida dumtaxat erat, verum Miracula edita in exitu ex Ægypto. etiam omni viæ duce certius infinitum illum populum per solitudinem illam ducebat. Ibant non terra solum, sed etiam mari quasi terra. Ausi sunt transcendere fines naturæ, cum sævum illud pelagus ambularent, quasi per solidam ac firmam petram iter facerent; cumque illis substratum esset elementum illud, solidam terram, camposque supinos, et agros imitabatur : cum vero hostes excepisset, maris munus exsequebatur : illis fuit vehiculum, hostibus ipsorum sepulcrum; illos facile transmisit, hos magna cum vehementia submersit. Inordinatus aquarum impetus, virorum ratione præditorum atque prudentissimorum ordinem et obedientiam præ se ferebat, cum jam custodis, jam carnificis vicem obtineret, unoque die contraria repente præstaret. Quid commemorem petras, quæ fluvies effuderunt aquarum? quid nubes volucrum, quæ corporum multitudine totam terram texerunt? quid miracula patrata in Ægypto? quid prodigia quæ contigerunt in solitudine? quid tropæa et incruentas victorias? Tamquam enim choreas ducerent, non bellum gererent, ita adversarios domuerunt. Ac dominos quidem suos

[a] Alii ἀπαιωρουμένη, alii ἐπαιωρουμένη, Morel. αἰωρουμένη.

[b] Alii κατὰ τὴν ἤπειρον.

sine armis superarunt; qui vero extra Ægyptum cum ipsis pugnarunt, eos tubis canendo psallendoque vicerunt: resque illa, chorea potius erat quam bellum, initiatio potius quam pugna. Omnia namque ista prodigia non ob id solum acciderunt ut eis necessarium ferrent subsidium, verum ut doctrinam quoque cognitionis Dei, qua eos Moyses instituerat, certius conservarent; undique voces edebantur, quæ Dominum prædicarent. Hæc enim mare declamabat, cum nunc pedestri itinere trajiceretur, nunc ad ingenium rediret; hanc vocem edebant undæ Nili in sanguinem mutatæ, ranæ, locustarum ille exercitus, crucæ, et rubigo, hæc omni populo loquebantur: prodigia quoque in solitudine, manna, columna, nubes, ortygometra, cætera omnia fuerunt eis vice libri et literarum, quæ numquam delentur, cum memoriam eis quotidie refricarent, et ipsorum animo insonarent. Verumtamen post tantam tamque multiplicem provisionem, post ineffabilia illa beneficia, post tanta miracula, post inenarrabilem curam, post longam institutionem, post instructionem verborum, post adhortationem ipsarum rerum, post insignes victorias, post admirabilia tropæa, post lautitiam mensarum, post ubertatem illarum aquarum, post ineffabilem gloriam, quam apud hominum genus universum fuerant consequuti, ingrati et stupidi cum essent, vitulum adoraverunt, et bovis caput coluerunt, deosque sibi fieri postularunt, cum recentia beneficiorum Dei in Ægypto acceptorum monumenta tenerent, ac multis etiam aliis adhuc fruerentur.

Aliud exemplum Ninivitarum confirmat afflictiones homini nocere non posse.

14. Ninivitarum vero populus, barbarus cum esset atque alienigena, nihilque bonum participasset, non parvum, non magnum, non orationes, non miracula, non res, non verba; vidissetque hominem ex naufragio conservatum, numquam secum antea versatum, sed tum primum visum, ingressum, ac dicentem: *Adhuc tres dies, et Ninive subvertetur*: adeo nudis hisce verbis mutati ac meliores facti sunt, et deposita priori vitiositate ad virtutem per pœnitentiam contenderunt, ut decretum Dei revocarent, nutantem urbem sisterent, divinitus impendentem iram propulsarent, omnique afflictione liberarentur. *Vidit* enim *Deus*, inquit, *quia aversus est unusquisque de via sua mala, et conversus est ad Dominum*. Quomodo conversus est, dic mihi? Atqui magna eorum erat malitia, ineffabilis nequitia, ulcera curatu difficilia; idque ut

Jon. 3. 4.

Ib. v. 10.

δὲ μετὰ τὴν Αἴγυπτον μαχομένων αὐτοῖς, σαλπίζοντες καὶ ψάλλοντες, οὕτω περιεγένοντο· καὶ ἦν χορεία μᾶλλον ἢ πόλεμος τὰ γινόμενα, μυσταγωγία μᾶλλον ἢ μάχη. Καὶ γὰρ πάντα τὰ τεράστια ταῦτα οὐ διὰ τοῦτο ἐγένετο μόνον, ἵνα τὴν χρείαν αὐτοῖς πληρώσῃ, ἀλλ' ἵνα καὶ τὴν διδασκαλίαν, ἣν ἐνέθηκεν αὐτοῖς ὁ Μωϋσῆς, τῆς θεογνωσίας ἀκριβέστερον διατηρήσωσι· καὶ φωναὶ πανταχόθεν ἐφέροντο τὸν Δεσπότην E ἀνακηρύττουσαι. Καὶ γὰρ ἡ θάλαττα ταῦτα ἐβόα, νῦν μὲν πεζευομένη, νῦν δὲ θάλαττα γινομένη· καὶ τὰ Νειλῷα νάματα ταύτην ἠφίει τὴν φωνὴν πρὸς αἵματος μεταβαλλόμενα φύσιν· καὶ οἱ βάτραχοι, καὶ τὸ τῶν ἀκρίδων στρατόπεδον ἐκεῖνο, καὶ ἡ κάμπη καὶ ἡ ἐρυσίβη ταῦτα διελέγετο τῷ δήμῳ παντί· καὶ τὰ ἐπὶ τῆς ἐρήμου τεράστια, τὸ μάννα, ὁ στῦλος, ἡ νεφέλη, ἡ ὀρτυγομήτρα, τὰ ἄλλα πάντα ἀντὶ βιβλίου τότε αὐτοῖς ἐγένετο καὶ γραμμάτων οὐδέποτε ἐξαλειφομένων, ἔναυλον καθ' ἑκάστην ἡμέραν παρε- 460 χόμενα αὐτοῖς τὴν μνήμην, καὶ ἐνηχοῦντα αὐτῶν A τὴν διάνοιαν. Ἀλλ' ὅμως μετὰ τοσαύτην καὶ τηλικαύτην πρόνοιαν, μετὰ τὰς εὐεργεσίας τὰς ἀφάτους ἐκείνας, μετὰ τὸ μέγεθος τῶν θαυμάτων, μετὰ τὴν κηδεμονίαν τὴν ἄῤῥητον, μετὰ τὴν διδασκαλίαν τὴν διηνεκῆ, μετὰ τὴν κατήχησιν τὴν ἀπὸ τῶν ῥημάτων, μετὰ τὴν παραίνεσιν τὴν ἀπὸ τῶν ἔργων, μετὰ τὰς νίκας τὰς λαμπρὰς, μετὰ τὰ τρόπαια τὰ παράδοξα, μετὰ τὴν τῶν τραπεζῶν ἀφθονίαν, μετὰ τὴν δαψίλειαν τῶν ναμάτων ἐκείνων, μετὰ τὴν ἄφατον δόξαν, ἣν περιεβάλλοντο παρὰ παντὶ τῷ τῶν ἀνθρώπων γένει, ἐπειδὴ ἀγνώμονες ἦσαν καὶ ἀναίσθητοι, μόσχον προσεκύνησαν, καὶ βοὸς κεφαλὴν ἐθεράπευον, B καὶ θεοὺς ἐπεζήτουν αὐτοῖς γενέσθαι, νεαρὰ τὰ ὑπομνήματα τῶν ἐν Αἰγύπτῳ εὐεργεσιῶν ἔχοντες τοῦ Θεοῦ, καὶ πολλῶν καὶ ἄλλων ἀπολαύοντες ἔτι.

Ὁ δὲ τῶν Νινευιτῶν δῆμος, βάρβαρος ὢν καὶ ἀλλόφυλος, οὐδενὸς τούτων μετεσχηκὼς, οὐ μικροῦ, οὐ μεγάλου, οὐ λόγων, οὐ θαυμάτων, οὐκ ἔργων, οὐ ῥημάτων, ἐπειδὴ ἄνθρωπον εἶδον ἐκ ναυαγίου διασωθέντα, οὐδέποτε αὐτοῖς συγγενόμενον ἔμπροσθεν, ἀλλὰ τότε πρῶτον ὀφθέντα, εἰσελθόντα καὶ εἰπόντα, Ἔτι τρεῖς ἡμέραι, καὶ Νινευὴ καταστραφήσεται· οὕτως ἀπὸ τῶν ψιλῶν τούτων ῥημάτων μετεβάλοντο καὶ βελ- C τίους ἐγένοντο, καὶ τὴν προτέραν ἀποθέμενοι κακίαν, πρὸς ἀρετὴν διὰ μετανοίας ὥδευσαν, ὡς ἀπόφασιν ἀνακαλέσασθαι Θεοῦ, καὶ σειομένην στῆσαι πόλιν, καὶ θεήλατον ὀργὴν ἀποκρούσασθαι, καὶ πάσης ἀπαλλαγῆναι κακίας. Εἶδε γὰρ ὁ Θεὸς, φησὶν, ὅτι ἀπέστη ἕκαστος ἀπὸ τῆς ὁδοῦ αὐτοῦ τῆς πονηρᾶς, καὶ ἐπέστρεψεν ἐπὶ τὸν Κύριον. Πῶς ἀπέστη, εἰπέ μοι; Καίτοι μεγάλη ἦν αὐτῶν ἡ κακία, ἄφατος ἡ πονηρία, δυσίατα τὰ ἕλκη· καὶ τοῦτο δηλῶν ὁ προφήτης ἔλεγεν· Ἀνέβη ἡ κακία αὐτῶν ἕως τοῦ οὐρανοῦ· τῷ διαστήματι τοῦ τόπου τὸ μέγεθος τῆς κακίας αὐτῶν ἐνδεικνύμενος. Ἀλλ' ὅμως τὴν τοσαύτην πονηρίαν, τὴν οὕτω κορυφωθεῖσαν καὶ ὑψωθεῖσαν, ὡς καὶ ἕως τοῦ οὐρανοῦ φθάσαι, ταύτην ἐν τρισὶν ἡμέραις, ἐν D βραχείᾳ καιροῦ ῥοπῇ, διὰ ῥημάτων ὀλίγων, ἃ παρ' ἑνὸς ἤκουσαν ἀνθρώπου, ἀγνώστου, ξένου, ναυαγοῦ γεγενημένου, οὕτω κατέλυσαν, οὕτως ἠφάνισαν, οὕτως ἐκποδὼν ἐποίησαν, ὡς τοιαύτης ἀπολαῦσαι φωνῆς, ὅτι Εἶδεν ὁ Θεὸς, ὅτι ἀπέστη ἕκαστος ἀπὸ τῆς ὁδοῦ αὐτῶν τῆς πονηρᾶς, καὶ μετενόησεν ἀπὸ τῆς κακίας ἧς εἶπεν ὁ Θεὸς ποιῆσαι αὐτοῖς. Ὁρᾷς ὅτι ὁ μὲν νήφων καὶ ἐγρηγορὼς οὐ μόνον παρὰ ἀνθρώπων οὐδὲν ἀδικεῖται, ἀλλὰ καὶ θεήλατον ὀργὴν ἀνατρέπει; ὁ δὲ οἴκοθεν ἑαυτὸν προδιδοὺς καὶ καταβλάπτων, [a] κἂν μορίας εὐεργεσίας ἀπολάβῃ, οὐδὲν μέγα E κερδαίνει; Οὕτω γοῦν οὐδὲ ἐκείνους ὠφέλησε τὰ τοσαῦτα σημεῖα, οὐδ' αὐτοὺς τούτους τὸ μὴ μετασχεῖν τούτων παρέβλαψεν· ἀλλ' ἐπειδὴ οἴκοθεν ἦσαν εὐγνώμονες, μικρᾶς ἐπιλαβόμενοι ῥοπῆς, βελτίους ἐγένοντο, καίτοι βάρβαροι ὄντες, καὶ ἀλλόφυλοι, καὶ πάντων ἀνήκοοι τῶν θείων χρησμῶν, καὶ πόῤῥω που τῆς Παλαιστίνης ἀπῳκισμένοι.

Τί δὲ τῶν παίδων τῶν τριῶν, εἰπέ μοι, τὴν ἀρετὴν τὰ ἐπελθόντα κακὰ ἐλυμήνατο; Οὐχὶ ἔτι νέοι ὄντες καὶ νέοι κομιδῇ, ἐν ἡλικίᾳ ἀώρῳ τὴν χαλεπὴν ἐκείνην ὑπέμειναν τιμωρίαν καὶ αἰχμαλωσίαν, καὶ τὴν μακρὰν ἀπεδήμησαν ἀποδημίαν, καὶ πατρίδος 461 A καὶ οἰκίας, καὶ ναοῦ καὶ βωμοῦ καὶ θυσιῶν, καὶ προσφορῶν καὶ σπονδῶν, καὶ αὐτοῦ δὲ τοῦ ψάλλειν, εἰς τὴν ἀλλοτρίαν ἐλθόντες γῆν, ἐχωρίσθησαν; Οὐ γὰρ ἡ οἰκία αὐτοῖς μόνον ἄβατος ἦν, ἀλλὰ καὶ πολλὰ τῆς λατρείας ἐντεῦθεν εἴδη. Οὐχὶ βαρβαρικαῖς ἐξεδόθησαν χερσὶ, καὶ λύκοις μᾶλλον ἢ ἀνθρώποις, καὶ, τὸ δὴ χαλεπώτατον, εἰς μακρὰν οὕτω κειμένην καὶ βάρβαρον ἀποικισθέντες γῆν, [a] καὶ αἰχμαλωσίαν χαλεπωτάτην, οὐ διδάσκαλον εἶχον, οὐ προφήτην, οὐκ ἄρχοντα; Οὐ γάρ ἐστι, φησὶν, ἄρχων, οὐδὲ προφή- B της, καὶ ἡγούμενος, οὐδὲ τόπος τοῦ καρπῶσαι ἐνώπιόν σου, καὶ εὑρεῖν ἔλεος. Ἀλλὰ καὶ εἰς βασιλικὴν οἰκίαν, ὡς εἰς σκόπελόν τινα καὶ κρημνὸν, καὶ πέλαγος ὑφάλων γέμον καὶ σπιλάδων, οὕτως εἰσήχθησαν, χωρὶς κυβερνήτου, καὶ πρωρέως, καὶ ναυτῶν, καὶ ἱστίων, ἀναγκαζόμενοι τὴν χαλεπὴν ἐκείνην θάλατταν πλεῖν· καὶ καθάπερ ἐν δεσμωτηρίῳ ταῖς βασιλικαῖς αὐλαῖς ἐναπειλημμένοι. Ἐπειδὴ γὰρ φιλοσοφεῖν ᾔδεσαν, καὶ τῶν βιωτικῶν ἦσαν ἀνώτεροι πραγμάτων, καὶ τὸν τῦφον ἅπαντα κατεπάτησαν τὸν ἀνθρώπινον, καὶ κοῦφον αὐτοῖς τὸ πτερὸν εἰργάσαντο, προσθήκην κακῶν καὶ τὴν αὐτόθι διατριβὴν ἐνόμιζον C

indicaret propheta, dixit : *Ascendit malitia eorum usque ad cælum* : *Jon.* 1. 2. distantia loci magnitudinem malitiæ ipsorum significavit. Sed tamen D tantam nequitiam, usque adeo elatam et exaltatam, ut ad cælum quoque pertingeret, tribus diebus, brevi temporis momento, paucis verbis, quæ ab uno homine audiverant, ignoto, hospite, naufragium passo, ita profligaverunt, ita aboleverunt, ita e medio sustulerunt, ut tali voce recrearentur : *Vidit Deus quia aversus est unusquisque de via sua mala,* et *pœnituit eum super malitia, quam loquutus fuerat Deus ut faceret eis*. Videsne sobrium ac vigilantem non modo ab hominibus non lædi, verum E etiam iram divinitus impendentem avertere? qui vero semetipse prodat ac noceat, etsi infinita accipiat beneficia, non multum lucri facere? Sic enim neque illis profuerunt tanta portenta, neque his obfuit iisdem caruisse : verum cum natura forent candidi, exiguum naeti momentum, meliores evaserunt, quamquam barbari et alienigenæ, inauditis omnibus divinis oraculis, longeque a Palæstina dissiti.

15. Quid vero illorum trium puerorum, dic mihi, virtuti supervenientia mala offecerunt? *De tribus pueris Danielis sociis.* Annon adhuc juvenes, et admodum quidem juvenes, in immatura ætate grave illud subiere supplicium et captivitatem, longam peregrina- 461 A tionem peregrinati sunt, a patria, domo, templo, altari, sacrificiis, oblationibus, libationibus, ab ipso quoque psalmorum cantu, ubi in alienam regionem venerunt, separati sunt? Non enim domus eis dumtaxat eam ob causam inaccessa erat, sed multa quoque divini cultus genera. Annon barbarorum manibus dediti sunt, lupis potius quam hominibus, et quod est gravissimum, in tam longe dissitam ac barbaram abducti B terram, et servitutem gravissimam, non magistrum habebant, non prophetam, non principem? *Non* enim *est,* inquit, *princeps, neque propheta, neque dux, neque locus sacrificandi coram te,* et *inveniendi misericordiam*. *Dan.* 3. 38. Quin etiam in domum regiam, tamquam in scopulum quemdam ac præcipitium, et pelagus saxis petrisque sub aqua latentibus refertum, introducti sunt, sine gubernatore, sine proreta, sine nautis, sine velis, sævum illud mare navigare coacti; atque in aula regia tamquam in carcere inclusi. Cum enim philosophari nossent, et rebus sæcularibus C essent superiores, omnem quoque lumanum fa-

[a] Savil. et unus *κἂν μυρίων εὐεργετιῶν ἀπολαύῃ*.

[a] Alii *καὶ αἰχμαλωσίας νόμῳ χαλεπωτάτῳ*.

stum conculcassent, alasque sibi leves reddidissent, accessionem malorum etiam illam commorationem esse existimabant. Si enim foris fuisset, et in domo privata, majori libertate fruituri erant: at verò introducti in illum carcerem (carcere namque omnem illam splendoris et magnificentiæ speciem, et præcipitiis scopulisque nihilo censebant esse meliorem), continuo gravem difficultatem sustinuere. Rex enim eos illius voluptuosæ impuræque et profanæ mensæ suæ jussit esse socios, id quod eis interdictum erat, et morte gravius videbatur: ac soli velut agni in medio tot luporum erant inclusi. Necesse erat aut fame tabescere, imo vero ad mortem rapi, aut prohibita edulia degustare. Quid ergo faciunt juvenes, orphani, captivi, peregrini, servi illorum qui hæc imperabant? Non existimarunt necessitatem sibi ad excusationem sufficere, neque tyrannidem ejus, qui urbem obtinebat; sed omnia machinabantur moliebanturque, ut peccatum effugerent, omni licet ex parte deserti. Neque enim pecuniis persuadere poterant, utpote captivi; non amicitia et familiaritate, utpote peregrini; non potentia superare, utpote servi; non multitudine vincere, utpote tres tantum. Accedunt igitur ad eunuchum, qui eam potestatem obtinebat, eique verbis persuadent. Cum enim invenissent eum trepidum ac timidum, deque salute sua sollicitum, et metus mortis intolerandus animum ejus concuteret: *Timeo enim* Dan. 1. 10. *ego*, inquit, *dominum meum regem, nequando videat vultus vestros macilentiores præ cæteris adolescentulis coævis vestris, et condemnetis caput meum regi:* eo timore liberatum inducunt, ut daret ipsis eam gratiam. Ac postquam omne officium suum fecissent, Deus quoque deinceps fecit suum. Neque enim solius Dei erat præclarum illud facinus in iis, quorum gratia mercedem illi erant accepturi, sed principium et exordia proficiscebantur ab illorum animo, quem cum præstitissent generosum ac fortem, Dei favorem sibi conciliarunt, et ad finem quod moliebantur perduxerunt.

16. Vides, qui seipse non lædit, ei neminem alium posse nocere? Ecce enim nec juventus, neque captivitas, neque orbitas, neque abductio in regionem alienam, nec solitudo et destitutio eorum, qui ab ipsis starent, nec mandatum grave, nec magnus mortis timor, qui eunuchi cingebat animum, nec paupertas, nec paucitas, non quod

εἶναι. Ἔξω μὲν γὰρ ὄντες, καὶ ἐν ἰδιωτικῇ οἰκίᾳ, πλείονος ἔμελλον ἀπολαύσεσθαι τῆς ἐξουσίας· εἰς δὲ τὸ δεσμωτήριον εἰσαχθέντες ἐκεῖνο (δεσμωτηρίου γὰρ τὴν φαντασίαν ἅπασαν ἐκείνην, καὶ κρημνῶν καὶ σκοπέλων οὐδὲν ἄμεινον εἶναι ἐνόμιζον), εὐθέως δυσκολίαν ὑπέμειναν χαλεπήν. Ὁ μὲν γὰρ βασιλεὺς ἐκέλευσε κοινωνοὺς αὐτοὺς τῆς τραπέζης εἶναι τῆς ἑαυτοῦ, τῆς συβαριτικῆς ἐκείνης, καὶ ἀκαθάρτου καὶ βεβήλου, αὐτοῖς δὲ ἀπηγορεύετο τοῦτο, καὶ θανάτου χαλεπώτερον εἶναι ἐδόκει· καὶ μόνοι καθάπερ ἀρνία D λύκων μεταξὺ τοσούτων ἦσαν ἀπειλημμένοι. Καὶ ἀνάγκη ἦν, ἢ λιμῷ τήκεσθαι, μᾶλλον δὲ καὶ τὴν ἐπὶ θάνατον ἄγεσθαι, ἢ τῶν κεκωλυμένων ἀπογεύεσθαι ἐδεσμάτων. Τί οὖν ποιοῦσιν οἱ νέοι, οἱ ἐν ὀρφανίᾳ, οἱ αἰχμάλωτοι, οἱ ξένοι, οἱ δοῦλοι τῶν ταῦτα κελευόντων; Οὐκ ἐνόμισαν ἀρκεῖν αὐτοῖς εἰς ἀπολογίαν τὴν ἀνάγκην, οὐδὲ τὴν τυραννίδα τοῦ τὴν πόλιν ἔχοντος· ἀλλὰ πάντα μηχανῶνται, καὶ πραγματεύονται, ὥστε τὴν ἁμαρτίαν φυγεῖν, καίτοι πανταχόθεν προδεδομένοι. Οὔτε γὰρ χρήμασι πείθειν ἠδύναντο· πῶς γὰρ οἱ E αἰχμάλωτοι; οὐ φιλίᾳ καὶ συνουσίᾳ· πῶς γὰρ οἱ ξένοι; οὐ δυναστείᾳ περιγενέσθαι· πῶς γὰρ οἱ δοῦλοι; οὐ πλήθει κρατῆσαι· πῶς γὰρ οἱ τρεῖς μόνοι; Προσελθόντες τοίνυν πείθουσι τὸν εὐνοῦχον ἐκεῖνον λόγοις, τὸν ταύτην ἔχοντα τὴν ἐξουσίαν. Ἐπειδὴ γὰρ εὗρον αὐτὸν περιδεῆ καὶ τρέμοντα, καὶ περὶ τῆς οἰκείας σωτηρίας ἀγωνιῶντα, καὶ φόβος ἀφόρητος ἦν ὁ περὶ τοῦ θανάτου κατασείων αὐτοῦ τὴν ψυχήν· Φοβοῦμαι γὰρ ἐγὼ, φησὶ, τὸν κύριόν μου τὸν βασιλέα, μή ποτε ἴδῃ τὰ πρόσωπα ὑμῶν σκυθρωπὰ ὑπὲρ τὰ παιδάρια τὰ συνήλικα ὑμῶν, καὶ καταδικάσητε τὴν κεφαλήν μου τῷ βασιλεῖ· ἀπαλλάξαντες αὐτὸν τούτου τοῦ δέους πείθουσι δοῦναι τὴν χάριν. Καὶ ἐπειδὴ πάντα 462 παρ' ἑαυτῶν εἰσήνεγκαν, καὶ ὁ Θεὸς τὰ παρ' ἑαυτοῦ A λοιπὸν εἰσέφερεν. Οὐδὲ γὰρ τοῦ Θεοῦ μόνου τὸ κατόρθωμα ἐπὶ τούτοις ἦν, οἷς ἔμελλον ἐκεῖνοι μισθὸν λαμβάνειν, ἀλλὰ τῆς ἐκείνων γνώμης ἡ ἀρχὴ καὶ τὰ προοίμια, ἣν παρασχόμενοι γενναίαν καὶ ἀνδρείαν, ἐπεσπάσαντο τοῦ Θεοῦ τὴν ῥοπὴν, καὶ εἰς τέλος ἤγαγον ὅπερ ἐσπούδαζον.

Ὁρᾷς ὅτι τὸν μὴ ἑαυτὸν ἀδικοῦντα οὐδεὶς ἕτερος παραβλάψαι δυνήσεται; Ἰδοὺ γοῦν καὶ νεότης, καὶ αἰχμαλωσία, καὶ ὀρφανία, καὶ εἰς ἀλλοτρίαν ἀπαγωγὴ, καὶ μόνωσις, καὶ ἐρημία [a] τῶν προστησόντων, καὶ ἐπίταγμα χαλεπὸν, καὶ φόβος θανάτου πολὺς ἐπιτειχίζων τοῦ εὐνούχου τὴν διάνοιαν, καὶ πενία, B καὶ ὀλιγότης, καὶ τὸ ἐν μέσῳ βαρβάρων εἶναι καὶ

[a] Alii τῶν βοηθούντων. Infra aliqui τοῦ εὐνούχου τὴν δειλίαν.

τὸ τοὺς ἐχθροὺς ἔχειν δεσπότας, καὶ τὸ εἰς αὐτὰς ἐκδεδόσθαι τὰς χεῖρας τὰς βασιλικὰς, καὶ τῶν οἰκείων ἁπάντων ὁ χωρισμὸς, καὶ ἱερέων καὶ προφητῶν, καὶ τῶν ἄλλων τῶν ἐπιμελουμένων αὐτῶν ἀλλοτρίωσις, καὶ σπονδῶν καὶ θυσιῶν ἀργία, καὶ ναοῦ καὶ ψαλμῶν ἀφαίρεσις, καὶ οὐδὲν τούτων αὐτοὺς παρέβλαψεν· ἀλλὰ τότε μειζόνως εὐδοκίμησαν, ἢ ὅτε τούτων ἀπήλαυον ἐπὶ τῆς πατρίδος τῆς ἑαυτῶν. Καὶ πρῶτον ἆθλον ἀνύσαντες τοῦτον, καὶ λαμπρὸν ἀναδησάμενοι τὸν στέφανον, καὶ τὸν νόμον καὶ ἐν ἀλλοτρίᾳ τηρήσαντες, καὶ ἐπίταγμα καταπατήσαντες τυραννικὸν, καὶ φόβον νικήσαντες τοῦ ἀλάστορος, καὶ C μηδὲν μηδαμόθεν παραβλαβέντες, ὥσπερ οἴκοι καθήμενοι, καὶ πάντων ἐκείνων ἀπολαύοντες, οὕτω τὸ ἔργον μετὰ ἀδείας ἀνύσαντες, ἐφ' ἕτερα πάλιν ἐκαλοῦντο σκάμματα. Καὶ πάλιν ἦσαν οἱ αὐτοί· καὶ ἀγὼν τοῦ προτέρου χαλεπώτερος αὐτοῖς ἐπετίθετο, καὶ κάμινος ἀνήπτετο, καὶ βαρβαρικὸν πρὸς αὐτοὺς στρατόπεδον μετὰ τοῦ βασιλέως παρετάττετο· καὶ ἡ Περσικὴ πᾶσα δύναμις ἐκινεῖτο, καὶ πάντα πρὸς ἀπάτην αὐτῶν ἐπετηδεύετο, καὶ βίαν· καὶ μουσικῆς εἴδη διάφορα, καὶ κολάσεων ποικίλοι τρόποι, καὶ ἀπειλαὶ, καὶ ὄψις πάντοθεν ἦν φοβερὰ, καὶ ῥήματα ὄψεως φοβερώτερα· ἀλλ' ὅμως ἐπειδὴ ἑαυτοὺς οὐ D προέδωκαν, ἀλλὰ τὰ παρ' ἑαυτῶν πάντα εἰσήνεγκαν, οὐδὲν οὐδέποτε παρεβλάβησαν· ἀλλὰ καὶ λαμπροτέρους τῶν προτέρων ἀνεδήσαντο τοὺς στεφάνους. Ἔδησε μὲν γὰρ αὐτοὺς ὁ Ναβουχοδονόσορ, καὶ ἐνέβαλεν εἰς τὴν κάμινον, οὐ μὲν παρέβλαψεν, ἀλλὰ καὶ μειζόνως ὠφέλησε, καὶ ἐνδοξοτέρους εἰργάσατο. Καὶ οὔτε ναὸν (πάλιν γὰρ τὰ αὐτὰ ἐρῶ), οὔτε θυσιαστήριον, οὐ πατρίδα, οὐχ ἱερέας, οὐ προφήτας ἔχοντες, ἐν ἀλλοτρίᾳ καὶ βαρβάρῳ χώρᾳ, ἐν αὐτῇ μὲν οὖν μέσῃ τῇ καμίνῳ, μεταξὺ τοῦ στρατοπέδου παντὸς ἐκείνου, αὐτοῦ τοῦ βασιλέως τοῦ ταῦτα ἐργαζομένου θεωροῦντες, λαμπρὸν ἀνεστήσαντο τρόπαιον, E καὶ περιφανῆ νίκην ἤραντο, τὴν θαυμαστὴν ἐκείνην καὶ παράδοξον ᾄσαντες ᾠδὴν, τὴν καὶ μέχρι τοῦ νῦν ἐξ ἐκείνου πανταχοῦ τῆς οἰκουμένης ᾀδομένην, καὶ ᾀσθησομένην δὲ καὶ εἰς τὰς μετὰ ταῦτα γενεάς. Οὕτως οὖν ὅταν μηδεὶς ἑαυτὸν ἀδικῇ, οὐδὲν παρ' ἑτέρου βλαβῆναι δυνήσεται· οὐ γὰρ παύσομαι συνεχῶς τοῦτο ἐπᾴδων τὸ ῥῆμα. Εἰ γὰρ αἰχμαλωσία, καὶ δουλεία, καὶ μόνωσις, καὶ πατρίδος ἀποβολὴ καὶ τῶν οἰκείων ἁπάντων, καὶ 463 A θάνατος, καὶ ἐμπρησμὸς, καὶ στρατόπεδον τοσοῦτον, καὶ τύραννος οὕτως ὠμὸς, οὐκ ἴσχυσαν παῖδας τρεῖς νέους, αἰχμαλώτους, δούλους, ξένους, ἐπ' ἀλλοτρίας ὄντας λυμήνασθαί τι εἰς τὴν οἰκείαν αὐτῶν ἀρετὴν, ἀλλὰ καὶ μείζονος αὐτοῖς παῤῥησίας γέγονε πρόφασις ἡ ἐπιβουλή· τί τὸν νήφοντα παραβλάψαι δυνήσεται; Οὐκ ἔστιν οὐδὲν, κἂν πᾶσαν τὴν οἰκουμένην ἔχῃ πολεμοῦσαν αὐτῷ. Ἀλλ' ὁ Θεὸς τότε, φησὶ, παρέστη

in medio barbarorum essent, non quod hostes haberent dominos, non quod in ipsius regis manus essent traditi, neque cognatorum omnium separatio, neque sacerdotum et prophetarum, et aliorum, qui curam ipsorum gerebant, alienatio, nec libationum et sacrificiorum cessatio, neque templi et psalmorum ademtio, neque quidquam horum eis nocuit; sed tum in majori gloria fuerunt, quam cum iis rebus in patria sua fruerentur. Hoc primo certamine perfecto, insigni corona redimiti, lege in aliena quoque regione C servata, conculcato tyranni mandato, victo dæmonis terrore, neque ullo ulla ex parte damno affecti, quasi domi sederent, et omnibus illis fruerentur, opere ita libere perfecto, ad alios rursus agones sunt vocati. Iterum erant iidem; et certamen priore difficilius ipsis proponebatur, caminus incendebatur, barbaricus adversum eos exercitus cum rege instruebatur velut in acie: tota Persica potentia incitabatur, omnia ad fraudem ac vim ipsis afferendam comparabantur; diversa cantionum genera, variæ suppliciorum formæ, minæ, aspectus omni ex parte terribilis, D et verba aspectu terribiliora: sed tamen quoniam semetipsi non prodiderunt, sed omnem suam operam contulerunt, nihil umquam damni acceperunt: quin etiam coronis, quam priores fuerant, illustrioribus redimiti sunt. Vinxit enim eos Nabuchodonosor, et in caminum conjecit, non tamen damno, quin potius etiam commodo affecit, et illustriores reddidit. Cumque nec templum (iterum enim eadem dicam), neque altare, non patriam, non sacerdotes, non prophetas haberent, in aliena et barbara regione, in medio camini, totiusque illius exercitus, rege harum E rerum auctore spectante, splendidum statuerunt tropæum et insignem reportarunt victoriam, admirabili illa et inopinata cantione decantata, quæ ex illo etiamnum ubique terrarum cantatur, et cantabitur etiam in postera sæcula. Sic ergo si nemo seipsum lædat, ab alio lædi non poterit: non enim cessabo hoc dictum continenter decantare. Nam si captivitas, servitus, solitudo, patriæ 463 amissio, et omnium cognatorum, mors, incendi- A um, tantus exercitus, tyrannus tam crudelis, non valuerunt tribus pueris, juvenibus, captivis, servis, peregrinis, in aliena regione versantibus quidquam nocere quoad suam virtutem, sed majoris etiam loquendi libertatis occasio fuerunt illæ insidiæ: quid sobrium lædere poterit? Non est quidquam, etsi totum orbem adversarium haberet. At Deus tum, inquit, eis adstitit, eosque ex flamma eripuit. Maxime id quidem; tu quoque si omnia, quæ a te requiruntur, præstiteris, divinum auxilium sequetur omnino.

17. Verumtamen ego pueros non eo miror, beatosque ac felices æstimo, quod flammam conculcarunt, et vim ignis vicerunt; sed quod verorum dogmatum causa vincti, in caminum conjecti et igni traditi sunt. Hic enim eis totum tropæum absolutum est, et simul atque in caminum conjecti sunt, imposita corona, et ab illis verbis texi cœpta etiam ante rerum eventum, quæ magna cum fiducia libertateque loquendi ad regem ducti in medium protulerunt [Dan. 3. 16.—18.]: *Non oportet de hac re respondere tibi. Potest* enim *Deus noster qui est in cælis, quem nos colimus, eripere nos ex camino ignis ardentis; et de tuis manibus, o rex, liberabit nos: sin minus, notum sit tibi, rex, quia deos tuos non colimus, et statuam auream, quam erexisti, non adoramus.* Jam inde ab illis verbis eos victores pronuntio; jam inde ab illis reportato victoriæ præmio ad insignem martyrii coronam, confessioni verborum addita confessione rerum, cucurrerunt. Sin ignis reveritus est immissa eorum corpora et vincula solvit, securom descensum præbuit, suæ virtutis oblitus, et caminus ignis factus est fons frigidarum aquarum: id jam divinæ gratiæ, et supernæ stupendarum rerum operationis miraculum fuit. Quare athletæ quidem prius etiam quam hæc fierent, simul ac flammam ingressi sunt, et tropæum statuerunt, et victoriam reportarunt, et corona redimiti, et in cælo terraque deprædicati sunt, et nihil eis ad gloriam erat reliquum. Quid ergo dicere poteris? In exsilium relegatus es, et patria ejectus? Ecce etiam isti. Captivitatem sustinuisti et sub barbaris dominis fuisti? At hoc quoque istis contigisse reperies. At non habes ibi qui tibi adsit, resque tuas moderetur, neque qui te admoneat et doceat? Hac quoque isti cura erant fraudati. At vinctus es? at combustus es? at mortuus es? nihil enim his potes dicere gravius. At ecce isti quoque per hæc omnia tetenderunt, et per eorum singula illustriores exstiterunt, longeque clariores, et cælestes merces auxerunt. Judæi quidem cum haberent templum, altare, arcam, Cherubim, propitiatorium, velum, infinitam sacerdotum multitudinem, cultum Dei quotidianum, sacrificia cum matutina tum vespertina, et continenter prophetas audirent, vivos, mortuos,

αὐτοῖς, καὶ ἐξήρπασεν αὐτοὺς τῆς φλογός. Μάλιστα μὲν οὖν· καὶ σὺ τὰ παρ' ἑαυτοῦ πάντα ἐὰν παράσχῃς, τὰ παρὰ τοῦ Θεοῦ ἕψεται πάντως.

Πλὴν ἀλλ' ἐγὼ τοὺς παῖδας ἐκείνους οὐ διὰ τοῦτο θαυμάζω καὶ μακαρίζω, καὶ ζηλωτοὺς εἶναί φημι, ὅτι τὴν φλόγα κατεπάτησαν, καὶ τῆς τοῦ πυρὸς ἐνεργείας κρείττους ἐγένοντο· ἀλλ' ὅτι ὑπὲρ τῶν ἀληθῶν ἐδέθησαν δογμάτων, καὶ εἰς κάμινον ἐνεβλήθησαν, καὶ τῷ πυρὶ παρεδόθησαν. Ἐνταῦθα γὰρ αὐτοῖς ἅπαν τὸ τρόπαιον ἀπήρτισται, καὶ ὁμοῦ κατενεχθεῖσιν εἰς τὴν κάμινον στέφανος ἐπετίθετο, καὶ ἀπὸ τῶν ῥημάτων δὲ ἐκείνων ἤρξατο πλέκεσθαι, καὶ πρὸ τῆς τῶν πραγμάτων ἐκβάσεως, ἃ μετὰ πολλῆς τῆς παῤῥησίας καὶ τῆς ἐλευθεροστομίας πρὸς τὸν βασιλέα ἀχθέντες εἰς μέσον ἔλεγον· Οὐ χρείαν ἔχομεν ἡμεῖς περὶ τοῦ ῥήματος τούτου ἀποκριθῆναί σοι. Ἔστι γὰρ ὁ Θεὸς ἡμῶν ἐν οὐρανοῖς, ᾧ ἡμεῖς λατρεύομεν, ἱκανὸς ἐξελέσθαι ἡμᾶς ἐκ τῆς καμίνου τοῦ πυρὸς τῆς καιομένης· καὶ ἐκ τῶν χειρῶν σου, βασιλεῦ, ῥύσεται ἡμᾶς. Καὶ ἐὰν μή, γνωστὸν ἔστω σοι, βασιλεῦ, ὅτι τοῖς θεοῖς σου οὐ λατρεύομεν, καὶ τῇ εἰκόνι τῇ χρυσῇ, ᾗ ἔστησας, οὐ προσκυνοῦμεν. Ἀπὸ τούτων αὐτοὺς τῶν ῥημάτων ἀνακηρύττω· ἀπὸ τούτων τὸ βραβεῖον τῆς νίκης ἁρπάσαντες, ἐπὶ τὸν λαμπρὸν ἔδραμον τοῦ μαρτυρίου στέφανον, τῇ τῶν ῥημάτων ὁμολογίᾳ τὴν διὰ τῶν πραγμάτων προστιθέντες. Εἰ δὲ [a] ἐμβληθέντων ᾐδέσθη τὸ πῦρ αὐτῶν τὰ σώματα, καὶ τὰ δεσμὰ ἔλυσε, καὶ παρέσχε κάτω μετὰ ἀδείας βαδίζειν, καὶ τῆς οἰκείας ἐνεργείας ἐπελάθετο, καὶ πηγὴ ψυχρῶν ὑδάτων γέγονε τοῦ πυρὸς ἡ κάμινος· τοῦτο λοιπὸν τῆς τοῦ Θεοῦ χάριτος τὸ θαῦμα ἦν, καὶ τῆς ἄνωθεν παραδοξοποιίας. [b] Ὡς οἵ γε ἀθληταὶ καὶ πρὶν ἢ ταῦτα γενέσθαι, ὁμοῦ τῆς φλογὸς ἐπιβάντες, καὶ τὸ τρόπαιον ἔστησαν, καὶ τὴν νίκην ἤραντο, καὶ τὸν στέφανον ἀνεδήσαντο, καὶ ἐν οὐρανοῖς καὶ ἐπὶ γῆς ἀνεκηρύχθησαν, καὶ τὸ λεῖπον αὐτοῖς εἰς εὐδοκίμησιν οὐδὲν ἦν. Τί οὖν ἂν ἔχοις πρὸς ταῦτα εἰπεῖν; Εἰς ὑπερορίαν ἀπηνέχθης, καὶ τῆς πατρίδος ἐξεβλήθης; Ἰδοὺ καὶ οὗτοι. Αἰχμαλωσίαν ὑπέμεινας, καὶ ὑπὸ βαρβάροις ἐγένου [c] δεσπόταις; Ἀλλὰ καὶ τοῦτο εὑρήσεις τούτοις συμβάν. Ἀλλ' οὐδένα ἔχεις ἐκεῖ παρόντα καὶ διορθούμενον τὰ σά, οὐδὲ νουθετοῦντα καὶ διδάσκοντα; Καὶ ταύτης οὗτοι τῆς ἐπιμελείας ἦσαν ἐστερημένοι. Ἀλλ' ἐδέθης; ἀλλ' ἐνεπρήσθης; ἀλλ' ἀπέθανες; οὐδὲν γάρ μοι τούτων χαλεπώτερον ἔχεις εἰπεῖν. Ἀλλ' ἰδοὺ καὶ οὗτοι διὰ πάντων ἐλθόντες, λαμπρότεροι δι' ἑκάστου τούτων ἐγένοντο, καὶ λίαν περιφανέστεροι, καὶ μείζονα τὴν ἐμπορίαν τὴν ἐν οὐρανοῖς συνήγαγον. Καὶ οἱ μὲν Ἰουδαῖοι καὶ ναὸν ἔχοντες, καὶ θυσιαστήριον, καὶ

[a] Alii ἐμβληθέντας, alii ἐμβληθέντων.

[b] Alii ὥστε οἱ ἀθληταί.

[c] Savil. in textu δεσμώτης, in marg. δεσπόταις.

κιβωτὸν, καὶ τὰ Χερουβὶμ, καὶ τὸ ἱλαστήριον, καὶ τὸ καταπέτασμα, καὶ τὸ ἄπειρον τῶν ἱερέων πλῆθος, καὶ τὰς καθημερινὰς λατρείας, καὶ τὰς θυσίας τὰς ἑωθινὰς, τὰς ἑσπερινὰς, καὶ συνεχῶς τῶν προφητῶν ἀκούοντες τῶν ζώντων, τῶν τεθνηκότων, ἐνηχούντων αὐτῶν ταῖς ἀκοαῖς, καὶ τῶν θαυμάτων τὴν μνήμην περιφέροντες τῶν ἐν Αἰγύπτῳ, τῶν ἐν ἐρήμῳ, τῶν ἄλλων ἁπάντων, καὶ ἐπὶ τῶν χειρῶν ταῦτα σαλεύοντες, ἐπὶ τῶν φλιῶν ἔχοντες ἐγγεγραμμένα, καὶ πολλῆς τῆς τότε θαυματουργίας ἀπολαύοντες, καὶ ἑτέρας ἐπιμελείας, οὐ μόνον οὐδὲν ὠφελήθησαν, ἀλλὰ καὶ παρεβλάβησαν, ἐν αὐτῷ τῷ ναῷ εἴδωλα στήσαντες, καὶ τοὺς υἱοὺς αὐτῶν καὶ τὰς θυγατέρας σφάξαντες ὑπὸ B δένδρα, καὶ πανταχοῦ σχεδὸν τῆς χώρας τῆς ἐν Παλαιστίνῃ τὰς παρανόμους ἐκείνας καὶ ἐναγεῖς ἐργασάμενοι θυσίας, καὶ ἕτερα ἀτοπώτερα μυρία τολμήσαντες. Οὗτοι δὲ ἐν βαρβάρῳ μέσῃ, ἐν πολεμίᾳ καὶ ἐχθρᾷ γῇ, ἐν οἰκίᾳ τυραννικῇ στρεφόμενοι, πάσης ἐκείνης τῆς ἐπιμελείας ἐστερημένοι, ἀπαγόμενοι, καιόμενοι, οὐ μόνον ἐντεῦθεν οὐδὲν παρεβλάβησαν, οὐ μικρὸν, οὐ μέγα· ἀλλὰ καὶ μειζόνως διέλαμψαν. Ταῦτ' οὖν εἰδότες, καὶ τὰ τούτοις ἐοικότα συλλέγοντες ἀπὸ τῶν θεοπνεύστων καὶ θείων Γραφῶν (πολλὰ γάρ ἐστιν εὑρεῖν τοιαῦτα ὑποδείγματα καὶ ἐφ' ἑτέρων διαφόρων προσώπων), μήτε δυσκολίαν καιρῶν ἢ πραγμάτων, μήτε ἀνάγκην καὶ βίαν, καὶ τυραννίδα τῶν δυναστευόντων νομίζωμεν ἀρκεῖν ἡμῖν εἰς ἀπολογίαν, C ἡνίκα ἂν πλημμελῶμεν. Ὅπερ καὶ ἀρχόμενος εἶπον, εἰς τοῦτο καὶ νῦν καταλύσω τὸν λόγον, ὅτι εἴ τις βλάπτοιτο καὶ ἀδικοῖτο, παρ' ἑαυτοῦ πάντως τοῦτο πάσχει, οὐ παρ' ἑτέρων, κἂν μυρίοι οἱ ἀδικοῦντες καὶ ἐπηρεάζοντες ὦσιν. Ὡς εἴ γε μὴ παρ' ἑαυτοῦ τοῦτο πάθοι, οἱ γῆν ἅπασαν καὶ θάλατταν οἰκοῦντες κοινῇ ἅπαντες, εἰ ἐπέλθοιεν, οὐδὲ μικρὸν τοῦτον παραβλάψαι δυνήσονται τὸν ἐν Κυρίῳ γρηγοροῦντα καὶ νήφοντα. Νήφωμεν τοίνυν, παρακαλῶ, καὶ γρηγορῶμεν διὰ παντὸς, καὶ φέρωμεν πάντα γενναίως τὰ λυπηρὰ, ἵνα τῶν αἰωνίων ἐκείνων καὶ ἀκηράτων ἐπιτύχωμεν ἀγαθῶν, ἐν Χριστῷ Ἰησοῦ τῷ Κυρίῳ ἡμῶν, ᾧ ἡ δόξα καὶ τὸ κράτος, νῦν καὶ ἀεὶ, καὶ εἰς τοὺς αἰῶνας τῶν αἰώνων. Ἀμήν.

qui aures ipsorum personabant, miraculorum in Ægypto, in solitudine editorum, omnium aliorum memoriam renovarent, eaque manibus versarent, in postibus inscripta haberent, rebusque multis tum supra naturalem potestatem confectis, cæteraque sui cura fruerentur, non modo nullo emolumento, verum etiam damno sunt affecti, simulacris in ipso templo cultis, mactatis filiis et filiabus sub arboribus, et illis lege vetitis exsecrandisque sacris in omni propemodum agri Palæstini loco factis, aliisque facinoribus infinitis absurdioribus perpetratis. At vero isti in media B barbaria, in terra hostili et inimica, in domo tyrannica versantes, omni illa cura destituti, ad supplicium abrepti, usti, non solum hinc læsi non sunt, non parum, non multum; verum magis etiam claruerunt. His igitur cognitis, horumque similibus e Scriptura divinitus inspirata collectis (multa enim hujuscemodi suppetunt exempla in diversis etiam personis aliis), neque difficultatem temporum aut rerum, neque necessitatem et vim ac tyrannidem potentium sufficere nobis existimemus ad defensionem, quando deliquerimus. Quod enim in principio dixi, in eo nunc quoque orationem terminabo; si quis damnum ac detrimentum accipiat, a seipso prorsus C id, non ab aliis accipere, etsi infiniti sint qui damna et injurias inferant. Nam si quidem hæc a semetipso non accipiat, si totius terræ marisque incolæ communi consilio irruant, ne parum quidem lædere poterunt eum, qui in Domino vigilat ac sobrius est. Simus ergo, quæso, sobrii, et vigilemus semper, et acerba omnia generoso animo feramus, ut æternis illis et immortalibus bonis potiamur, in Christo Jesu Domino nostro, cui gloria et imperium, nunc et semper, et in sæcula sæculorum. Amen.

IN LIBRUM

AD EOS QUI SCANDALIZATI SUNT OB ADVERSITATES, ETC.

ADMONITIO.

Ordinem sequimur ab ipso Chrysostomo indicatum infra cap. 15 : μὴ τοίνυν μοι λέγε τοὺς ἀπολλυμένους· ὅπερ γὰρ ἐν τῷ ἔμπροσθεν εἶπον λόγῳ, οὐδεὶς τῶν ἑαυτοὺς μὴ ἀδικούντων παρ' ἑτέρων ἀδικεῖταί ποτε, κἂν εἰς αὐτὸ τὸ ζῆν κινδυνεύῃ : *Noli ergo mihi eos commemorare qui pereunt : quod enim in priore libro dixi, nullus ex iis, qui seipsos injuria non afficiunt, ab aliis lædi potest, quamvis de vita ipsa sit periculum subeundum.* Quibus manifeste declarat librum illum, *Quod nemo læditur nisi a*
465 *seipso,* prius ab se factum esse, quam hunc ederet, utrumque vero continenter eodemque tempore elucubratum fuisse. Verum igitur ordinem non tenuit Savilius, qui hunc priorem posuit ; alterum vero, qui præmitti debuerat, luie subjunxit; sed loc erratum ipse postea animadvertit. Fronto Ducæus eos longo intervallo separavit, qui priorem in medio Tomo quarto locavit, posteriorem vero, sive luno de quo agimus, versus finem Tomi quinti posuit, aut ponendum reliquit.

Georgius Alexandrinus in Vita Chrysostomi, quæ infra edetur, n. 67, ait hunc librum Cucusi a S. doctore factum fuisse ad consolationem institutionemque populi Constantinopolitani, esseque in capita viginti quatuor divisum, quæ divisio ad loc usque tempus in manuscriptis Codicibus et in Editis observatur.

Existimat v. cl. Tillemontius hunc librum quasi ad Olympiadem missum commemorari in Epistola quarta ad eamdem, ubi dicitur : ἔπεμψά σοι ἅπερ ἔγραψα πρῴην, ὅτι τὸν ἑαυτὸν ἀδικοῦντα οὐδεὶς ἕτερος παραβλάψαι δυνήσεται· καὶ τοῦτον ἠγωνίσατο τὸν ἀγῶνα ὁ λόγος, ὃν ἀπέσταλκά σου τῇ τιμιότητι νῦν. Συνεχῶς δὴ οὖν αὐτὸν ἐπέρχου· εἰ δὲ ὑγιαίνοις, καὶ ἐπὶ γλώττης φέρε : id est, *Misi ad te id quod nuper literis mandavi, nempe eum, qui seipsum non læserit, a nemine alio lædi posse : et hoc [quoque] contendit liber hic, quem ad te nunc misi. Quare illum assidue pervolvas, imo etiam, si per valetudinem licet, recites.* Liber certe l ic secundo loco commemoratus, l ic ipse quem tractamus esse videtur, etsi res non omnino explorata sit.

Idem fere argumentum prosequitur l ic liber, quod in præcedenti tractatum vidimus. Agitur de ferendis rebus adversis cujuscumque tandem generis sint, exemploque sanctorum Veteris Novique Testamenti ad eam rem instituuntur Constantinopolitani, qui tunc a scelestis perversisque hominibus vexabantur : ad eos maxime spectat oratio, qui probos videntes a seditiosis nefariisque vexari, divinam incusarent providentiam. Atticum vero sibi in successorem a consceleratis cooptatum perstringit, cum ait cap. 20 : μηδὲν οὖν σε τούτων σκανδαλιζέτω, μὴ ἱερεὺς νῦν φαῦλος γεγενημένος, καὶ λύκου παντὸς ἀγριώτερον ἐπιπηδῶν τῇ ἀγέλῃ : *Nihil ergo istorum tibi offendiculo sit, non sacerdos nunc depravatus, lupo quovis sævius in gregem insiliens.* Hic liber non diu ante obitum a Chrysostomo scriptus est : qua de re pluribus in Vita ejus.

Interpretatio Latina est Frontonis Ducæi.

[a] ΤΟΥ ΑΥΤΟΥ ΛΟΓΟΣ

Πρὸς τοὺς σκανδαλισθέντας ἐπὶ ταῖς δυσημερίαις ταῖς γενομέναις, καὶ τῇ τοῦ λαοῦ καὶ πολλῶν ἱερέων διώξει καὶ διαστροφῇ, καὶ περὶ ἀκαταλήπτου, καὶ κατὰ Ἰουδαίων.

Ἰατρῶν μὲν παῖδες, ὅταν πυρέττοντάς τινας, ἢ ἕτερόν τι νόσημα νοσοῦντας μέλλωσι θεραπεύειν, αὐτοὺς πρῶτον ζητοῦσι τοὺς κάμνοντας ἰδεῖν, ὅτι πόῤῥωθεν αὐτῶν ὄντες, οὐκ ἂν δύναιντο τὰ παρ' ἑαυτῶν εἰσενεγκεῖν· τοιοῦτον γὰρ καὶ ἡ τέχνη, καὶ αὐτὴ τῶν νοσημάτων ἡ φύσις ἐκείνων. Ἡμεῖς δὲ οὐχ ἕνα που καὶ δεύτερον, ἀλλὰ πάντας τοὺς κατὰ τὴν οἰκουμένην σκανδαλιζομένους θεραπεύειν ἐσπουδακότες οὐ δεόμεθά
B
τινος τοιούτου. Οὐδὲ γὰρ εἰς οἶκόν τινος τῶν νοσούντων εἰσελθεῖν αἰτοῦμεν, οὐδ' ἔνθα κατάκεινται μαθεῖν, ἀλλ' οὐδὲ αὐτοὺς τοὺς ἀῤῥώστους ἰδεῖν ἐπιζητοῦμεν. [b] Οὐκ ὄργανα μεταχειρίζομεν, οὐ χρημάτων ποιούμεθα δαπάνην, τὰ πρὸς ἰατρείαν ὠνεῖσθαι κελεύοντες τοὺς ἀσθενοῦντας· ἀλλὰ κἂν ἄγνωστοι ἡμῖν ὦσι, κἂν πρὸς αὐτὰς ἀπῳκισμένοι τὰς τῆς οἰκουμένης ἐσχατιὰς, κἂν ἐν μέσοις βαρβάροις, κἂν ἐν αὐτῷ κείμενοι τῷ τῆς πτωχείας πυθμένι, κἂν πένητες τοσαύτην πενίαν, ὥστε καὶ τῆς ἀναγκαίας ἀπορεῖν τροφῆς, οὐδὲν ἡμῖν
466 A
τούτων πρὸς τὴν ἰατρείαν γίνεται κώλυμα· ἀλλ' ἑνὶ ἱδρυμένοι χωρίῳ, χωρὶς ὀργάνων, καὶ φαρμάκων, καὶ σιτίων, καὶ ποτῶν, καὶ χρημάτων, καὶ μακρᾶς ἀποδημίας, τὴν νόσον ἀπελαύνομεν ταύτην. Πῶς [a] καὶ ποίῳ τρόπῳ; Τὸ τοῦ λόγου κατασκευάζοντες φάρμακον, τὸ ταῦτα πάντα γινόμενον τοῖς νοσοῦσι, καὶ ἄμεινον ἢ τὰ εἰρημένα ἅπαντα. Καὶ γὰρ καὶ ἄρτου τρέφει μᾶλλον, καὶ φαρμάκου διορθοῦται πλέον, καὶ πυρὸς εὐτονώτερον καίει, ἀλγηδόνα μὲν οὐδεμίαν παρέχον, τῶν δὲ πονηρῶν λογισμῶν τὰ δυσώδη ῥεύματα ἀναστέλλον· καὶ σιδήρου τομώτερον τέμνει τὰ σεσηπότα ἀνωδύνως· καὶ τοῦτο ποιοῦν δαπάνην οὐδεμίαν
B
ἐργάζεται χρημάτων, οὐδὲ ἐπιτρίβει πενίαν. Τοῦτο οὖν κατασκευάσαντες τὸ φάρμακον, πᾶσι παραπεμπόμεθα, καὶ πάντες οἶδ' ὅτι ἀπολαύσονται θεραπείας, μόνον εἰ τοῖς λεγομένοις μετὰ ἀκριβείας καὶ εὐγνωμοσύνης προσέχοιεν.

EJUSDEM LIBER

Ad eos qui scandalizati sunt ob adversitates quæ contigerunt, populique et multorum sacerdotum persequutionem ac perversionem, et de incomprehensibili, et adversus Judæos.

Medici quidem, si quando quospiam febre correptos, aut aliquo alio morbo laborantes sanandos suscipiant, id primum student, ut ægros videant, quod procul ab eis positi, sic non possent eos subsidio juvare: ea quippe artis illius est conditio, ea morborum illorum natura. Nos vero, qui non unum aliquem alterumve, sed omnes qui totum incolunt orbem terrarum, scandalum passos sanare studemus, nihil tale requirimus. Neque enim petimus, ut in ædes alicujus ex ægrotis pateat aditus, aut ubi jaceant, discamus, sed neque ipsos ægros cupimus intueri. Non manibus instrumenta tractamus, non pecuniarum sumtus facimus, dum ad curationem necessaria coemere jubemus infirmos: sed quamvis ignoti sint nobis, quamvis ad ultimos orbis terræ fines amandati sint, quamvis in medio barbarorum, quamvis in ipso mendicitatis fundo versentur, quamvis tanta premantur inopia ut etiam necessariis destituantur alimentis, nullum tamen ista curationi nostræ adhibent impedimentum: sed in uno constituti loco, sine instrumentis, sine medicamentis, sine cibo ac potu, vel pecuniis, vel longinqua peregrinatione morbum istum depellimus. Quo tandem modo? Dum orationis medicinam componimus, quæ horum omnium vices apud ægrotos supplebit, imo quæ melior sit illis omnibus. Nam et amplius quam panis alit, et amplius medetur quam pharmacum, et vehementius quam ignis urit, nec tamen ullum dolorem inurit: pravarum autem cogitationum fœtidum fluxum adstringit, et acutius quam ferrum putrida secat ulcera sine dolore; et hoc dum facit, nullos impendere sumtus cogit, nec ad ullam redigit egestatem. Hoc igitur medicamento confecto, ad omnes illud transmittimus, atque omnes dubium non est quin sanitatem recuperaturi sint, dummodo verbis nostris benevolo ac diligenter attendant.

[a] Collata cum Mss. Regiis 1819, 2291, Colbertinis, vero 363, 629, 3055.

[b] Hæc, οὐκ ὄργανα μεταχειρίζομεν, desunt in tribus Mss.

[a] Alii καὶ τίνι τρόπῳ.

Cap. I. *Necessarium esse ut causa dicatur, ex qua scandalum ortum est.*

Quoniam autem in corporum etiam curatione non mediocriter, imo plurimum ad abigendam ægritudinem conferre solet, ut occasionem ægritudinis discat ægrotus (neque enim tantum hoc cognito, liberabitur morbo quo detinetur, sed nec in eum postea incidet, ubi causam intellexerit, ex qua in eum semel inciderit, et sibi ab ea cavebit), age nos etiam hoc primum ægros doceamus, unde illis hic scandali morbus acciderit. Nam si hoc cognoverint, et ab eo sibi diligenter cavere voluerint, non hac tantum, aut nunc tantum ægritudine liberabuntur, sed et in perpetuum, et ab hac et a pluribus cæteris. Ejusmodi enim est hujus medicamenti natura, ut et in præsenti sanet, et usui sit ad reliquas ægritudines præcavendas. Neque enim unum, vel duo, vel tria, sed et multa sunt in hac vita, quæ imbecillioribus scandalum afferunt, et hos omnes se liberaturam ægrotos oratio nostra pollicetur, si voluerint, ut etiam ante dixi, et discere, et observare quæ dicemus. Hæc autem a me adhibetur medicina, non ex sacris tantum Scripturis composita, sed etiam ex iis quæ in hac vita fiunt, et perpetuo contingunt: sic ut iis etiam in commune medeatur, qui Scripturas non legunt, modo voluerint: neque enim hoc identidem inculcare desino. Non enim fieri potest, ut necessitate ac vi, et invito medeatur umquam hæc medicina, vel ei qui divinis oraculis non paruerit: et inde sumetur, et inde amplius quam ex ulla eventuum ac rerum demonstratione. Siquidem prolatam a Deo sententiam fide digniorem esse, quam quæ oculis usurpamus credendum est. Quam ob causam et his gravius supplicium imminet, si correcti non fuerint, quod cum Scripturas audiverint, nullam tamen inde talem utilitatem perceperint. Ne igitur illis hoc eveniat, age jam ad correctionem nos accingamus, atque in primis causam ægritudinis indicemus.

Cap. II. *Periculosum esse ac dementiæ plenum curiose inquirere et scrutari arcanam Dei sapientiam.*

Quænam igitur tantæ ægritudinis est causa? Curiosum nimirum, et supervacaneum istorum studium, et quod omnium quæ fiunt, singulas velint causas cognoscere, quod incomprehensibilem et ineffabilem Dei providentiam, infinitam, et investigabilem scrutari, et in eam impudenter ac curiose conentur inquirere. Quamquam quis umquam sapientior exstitit Paulo? Dic enim mihi, nonne vas electionis erat iste? nonne magnam et ineffabilem sibi Spiritus gratiam conci-

Ἐπειδὴ δὲ καὶ ἐπὶ τῶν σωμάτων οὐ μικρὸν, ἀλλὰ καὶ μέγιστον πρὸς τὴν τῆς ἀῤῥωστίας ἀπαλλαγὴν
C συντελεῖν εἴωθε τὸ μαθεῖν τὸν κάμνοντα τῆς ἀῤῥωστίας τὴν ὑπόθεσιν (οὐ γὰρ δὴ μόνον τῆς κατεχούσης αὐτὸν ἀπαλλαγήσεται νόσου τοῦτο μαθὼν, ἀλλ' οὐδὲ μετὰ ταῦτα αὐτῇ περιπεσεῖται, τὴν αἰτίαν γνοὺς, ἀφ' ἧς αὐτῇ περιέπεσεν ἅπαξ, καὶ φυλαττόμενος), φέρε καὶ ἡμεῖς τοῦτο πρῶτον τοὺς τὰ τοιαῦτα νοσοῦντας διδάξωμεν, πόθεν αὐτοῖς τὸ νόσημα τοῦτο γέγονε τοῦ σκανδάλου. Εἰ γὰρ δὴ τοῦτο μάθοιεν, καὶ βουληθεῖεν φυλάξασθαι μετὰ ἀκριβείας αὐτὸ, οὐ ταύτης μόνον ἀπαλλαγήσονται τῆς ἀῤῥωστίας, οὐδὲ νῦν μόνον, ἀλλὰ καὶ διηνεκῶς καὶ ταύτης καὶ ἑτέρων πλειό-
D νων. Τοιαύτη γὰρ καὶ ἡ τοῦ φαρμάκου τούτου φύσις ἐστὶν, ὡς καὶ τὸ παρὸν θεραπεῦσαι, καὶ τῶν ἄλλων γενέσθαι προφυλακτικὸν παθῶν. Οὐ γὰρ ἓν καὶ δύο καὶ τρία, ἀλλὰ καὶ πολλὰ κατὰ τὸν παρόντα βίον ἐστὶ τὰ σκανδαλίζοντα τοὺς ἀσθενεστέρους· καὶ τούτων ἁπάντων ὁ λόγος ἡμῶν ἐπαγγέλλεται τοὺς ἁλόντας ἐλευθεροῦν, μόνον εἰ βουληθεῖεν (ὅπερ καὶ ἔμπροσθεν εἶπον) καὶ μαθεῖν καὶ φυλάξαι τὰ λεγόμενα. Ποιοῦμαι δὲ τὴν θεραπείαν ταύτην, οὐκ ἀπὸ τῶν θείων μόνον Γραφῶν συντιθεὶς, ἀλλὰ καὶ ἀπὸ τῶν κατὰ τὸν παρόντα βίον γινομένων καὶ συμβαινόντων διηνεκῶς· ὥστε καὶ τοῖς μὴ προσέχουσι Γραφαῖς κοι-
E νὴν γενέσθαι τὴν διόρθωσιν, εἰ βουληθεῖεν· οὐ γὰρ παύσομαι τοῦτο συνεχῶς ἐπιλέγων. Ἀνάγκῃ γὰρ καὶ βίᾳ, καὶ μὴ βουλομένῳ οὐκ ἔνι ταύτην ποτὲ θεραπευθῆναι τὴν ἰατρείαν, καὶ τοὺς θείους μὴ καταδεχομένῳ χρησμούς· καὶ ἐντεῦθεν, μᾶλλον δὲ πλέον ἐντεῦθεν, ἢ ἐκ τῆς [b] τῶν πραγμάτων ἀποδείξεως. Τῶν γὰρ δρωμένων ἀξιοπιστοτέραν δεῖ τὴν τοῦ Θεοῦ ἀπόφασιν πιστεύειν εἶναι. Διά τοι τοῦτο καὶ χαλεπωτέρα τούτους μένει τιμωρία μὴ διορθουμένους, ὅτι δεξάμενοι τὰς Γραφὰς, οὐδὲν ἐκεῖθεν εἰς τὴν τοιαύτην καρποῦνται ὠφέλειαν. Ἵν' οὖν μὴ τοῦτο πάσχωσι, φέρε ἀψώμεθα τῆς διορθώσεως λοιπὸν, τὴν αἰτίαν εἰπόντες τοῦ νοσήματος πρῶτον.

467 A Τίς οὖν ἡ αἰτία τῆς ἀῤῥωστίας τῆς τοσαύτης ἐστίν; Ἡ πολυπράγμων καὶ περίεργος γνώμη, καὶ τὸ βούλεσθαι πάντων τῶν γινομένων εἰδέναι τὰς αἰτίας ἁπάσας, καὶ φιλονεικεῖν τὴν ἀκατάληπτον καὶ ἄῤῥητον τοῦ Θεοῦ πρόνοιαν, τὴν ἀπέραντον καὶ ἀνεξιχνίαστον περιεργάζεσθαι ἀναισχύντως, καὶ πολυπραγμονεῖν. Καίτοι τίς τοῦ Παύλου σοφώτερος γέγονεν; Εἰπὲ γάρ μοι, οὐ σκεῦος ἐκλογῆς ἦν οὗτος; οὐ πολλὴν καὶ ἄφατον ἐπεσπάσατο τοῦ Πνεύματος τὴν χάριν; οὐ τὸν Χριστὸν εἶχεν ἐν ἑαυτῷ λαλοῦντα; οὐκ ἀποῤῥή-

[b] Tres Mss. ἐκ τῆς τῶν γραφῶν ἀποδ. Hæc vitio laborare putat Savilius: certe videtur in serie Græca aliquid desiderari.

των ἐκοινώνησε τοῦ Θεοῦ ῥημάτων; οὐχ ἃ μηδενὶ ἀνθρώπων λαλῆσαι ἐξὸν ἦν, μόνος ἤκουσεν ἐκεῖνος; οὐκ εἰς παράδεισον ἡρπάγη; οὐκ εἰς τρίτον οὐρανὸν ἀνηνέχθη; οὐ γῆν καὶ θάλασσαν περιέδραμεν; οὐ βαρβάρους φιλοσοφεῖν ἔπεισεν; οὐ πολλὰς καὶ ποικίλας εἶχε τοῦ Πνεύματος ἐνεργείας; οὐ δήμους ὁλοκλήρους, καὶ πόλεις ἐῤῥύθμιζεν; οὐ τὴν οἰκουμένην ἅπασαν εἰς χεῖρας αὐτῷ φέρων ἔθηκεν ὁ Θεός; Ἀλλ' ὅμως ὁ τοσοῦτος καὶ τηλικοῦτος, ὁ σοφὸς οὕτω καὶ δυνατὸς, καὶ πνευματικὸς ἀνὴρ, ὁ τοσούτων ἀπολελαυκὼς, ὅταν εἰς τὴν ἐξέτασιν τῆς τοῦ Θεοῦ προνοίας ἐμπέσῃ, καὶ οὐδὲ ὁλοκλήρου προνοίας, [a] ἀλλὰ μόνον εἰς μέρος αὐτῆς, ἄκουσον πῶς ἐκπλήττεται, πῶς ἰλιγγιᾷ, πῶς ἀποπηδᾷ ταχέως τῷ ἀκαταλήπτῳ παραχωρῶν. Ὅτε οὖν ἐσκοπεῖτο, οὐχ ὅπως ἀγγέλων προνοεῖ καὶ ἀρχαγγέλων ὁ Θεὸς, καὶ τῶν Χερουβεὶμ, καὶ τῶν Σεραφεὶμ, καὶ τῶν ἄλλων ἀοράτων δυνάμεων, οὐδὲ πῶς ἡλίου, καὶ σελήνης, καὶ οὐρανοῦ, καὶ γῆς, καὶ θαλάσσης, οὐδὲ πῶς τοῦ γένους τῶν ἀνθρώπων παντὸς, οὐδὲ πῶς ἀλόγων, καὶ φυτῶν, καὶ σπερμάτων, καὶ βοτανῶν, καὶ ἀέρων, καὶ πνευμάτων, καὶ πηγῶν, καὶ ποταμῶν, οὐδὲ τῆς κατὰ φύσιν γεννήσεως, καὶ αὐξήσεως, καὶ διατροφῆς, καὶ τῶν ἄλλων τῶν τοιούτων· ἀλλ' ἕν τι μέρος ἀπολαβὼν τῆς προνοίας αὐτοῦ τὸ κατὰ Ἰουδαίους καὶ Ἕλληνας (καὶ γὰρ περὶ τούτων τὸν ἅπαντα διεξήει λόγον, διδάσκων πῶς μὲν τοὺς ἐξ ἐθνῶν ἐκάλεσε, πῶς δὲ τοὺς ἐξ Ἰουδαίων ἀπώσατο, καὶ πῶς ἐλέῳ τὴν ἑκατέρων σωτηρίαν ἐπραγματεύσατο), ἄκουσον οἷά φησιν. Ἰδὼν γὰρ πέλαγος ἀχανὲς ἀνεῳχθὲν, καὶ ἐν αὐτῷ τῷ μέρει τούτῳ, καὶ πρὸς αὐτὸ τῆς προνοίας αὐτοῦ ταύτης τὸ βάθος διακύψαι βουληθεὶς, ὥσπερ τινὶ σκοτοδίνῳ κατασχεθεὶς τῷ ἀῤῥήτῳ τῆς οἰκονομίας ταύτης, καὶ θαυμάσας καὶ ἐκπλαγεὶς τὸ ἄφατον, τὸ ἀπέραντον, τὸ ἄῤῥητον καὶ ἀκατάληπτον τῆς τοῦ Θεοῦ σοφίας τε καὶ προνοίας, ἀπεπήδησε, ταύτας ἀφεὶς τὰς φωνὰς, καὶ μετὰ πολλῆς τῆς ἐκπλήξεως ἀνακεκραγὼς ταῦτα τὰ ῥήματα· Ὢ βάθος πλούτου καὶ σοφίας καὶ γνώσεως Θεοῦ. Εἶτα δεικνὺς, ὅτι τὸ βάθος μὲν εἶδε, πόσον δὲ μαθεῖν οὐκ ἠδυνήθη, ἐπήγαγεν· Ὡς ἀνεξερεύνητα τὰ κρίματα αὐτοῦ, καὶ ἀνεξιχνίαστοι αἱ ὁδοὶ αὐτοῦ. Οὐκ εἶπεν ἀκατάληπτα μόνον, ἀλλὰ καὶ Ἀνεξερεύνητα τὰ κρίματα αὐτοῦ. Οὐ μόνον γὰρ καταλαβεῖν τις οὐ δύναται, ἀλλ' οὐδὲ ἀρχὴν ἐρεύνης ποιήσασθαι· ὥστε οὐ μόνον εἰς τὸ πέρας τις

[a] Alii ἀλλ' ὅταν εἰς.

liaverat? nonne Christum in se loquentem habebat? nonne verborum factus particeps et Dei fuerat arcanorum? nonne quæ nulli homini loqui licebat, ille solus audiverat? nonne in paradisum raptus fuerat? nonne sublatus in tertium cælum? nonne terram et mare percurrerat? nonne barbaros philosophari docuerat? nonne varias Spiritus operationes exhibebat? nonne populos integros urbesque moderabatur? nonne totum orbem terrarum Deus manibus ejus commiserat? Verumtamen ille tantus ac talis, adeo sapiens ac potens, ac spiritualis ille vir, qui tam multa obtinuerat, cum ad expendendam Dei providentiam se convertit, et non jam totam providentiam, sed unam ejus solum partem considerat, audi quo pacto miretur, quo pacto vertigine laboret, quo pacto confestim resiliat, seque illam minime comprehendere posse fateatur. Quando igitur contemplabatur, non quomodo angelis provideret et archangelis Deus, et Cherubinis, aut Seraphinis, aut cæteris potestatibus, quæ sub aspectum minime cadunt, neque quo pacto soli, lunæ, cælo, terræ, mari, neque quo paeto humano generi universo, neque quo pacto brutis animantibus, et plantis, et seminibus, et herbis, et aeri, et ventis, et fontibus, et fluminibus, neque quo pacto naturali rerum ortui et accretioni, et sustentationi, ac reliquis ejusmodi: sed unam ejus providentiæ partem assumens, nimirum erga Judæos et gentiles (siquidem totam de illis orationem pertexuerat, cum doceret, quo pacto alios vocarat ex gentibus, quo pacto ex Judæis profectos rejecerat, et quo paeto misericordia motus utrorumque saluti consuluerat), audi quæ dicat. Animadvertens enim quam immensum se pelagus aperiret etiam in hac ipsa parte, et in profundum ipsum ejus providentiæ volens despicere, tamquam vertigine correptus et ineffabili dispensationis hujus mysterio commotus, admirans et obstupescens immensam, ineffabilem et incomprehensibilem Dei sapientiam ac providentiam, resiliit, has voces emittens, et multa cum animi consternatione in hæc verba prorupit: *O altitudo divitiarum et sapientiæ et scientiæ Dei!* (Rom. 11. 33.) Deinde ut ostenderet altitudinem se quidem videre, sed quanta sit discere minime posse, subjecit: *Quam inscrutabilia sunt judicia ejus, et investigabiles viæ ejus!* Non dixit incomprehensibilia solum, sed et *Inscrutabilia judicia ejus*. Non enim solum comprehendere non

468

potest nullus, sed neque perscrutationis principium invenire: ita non modo ad finem pervenire non valet, sed neque initium dispensationum ejus investigare. Cum autem dixisset, *Quam inscrutabilia judicia ejus, et investigabiles viæ ejus*, et admiratus esset, et obstupuisset, glorificatione sermonem terminavit, hæc adjiciens, ac dicens:
Rom. 11. 34.—36. *Quis cognovit sensum Domini, aut quis consiliarius ejus fuit? aut quis prior dedit illi, et retribuetur ei? Quoniam ex ipso, et per ipsum, et in ipso sunt omnia: ipsi gloria in sæcula. Amen.* Horum autem verborum hic sensus est: ipse fons est, ipse auctor bonorum, nullo indiget participe, nullo consiliario; non ab altero fœneratur cognitionem aut intelligentiam ipse opifex, ipse omnia cum non essent, produxit, et ipse producta conservat et tuetur ut ipsi placet. Illa enim verba, *Ex ipso et per ipsum et in ipso omnia*, nihil aliud indicant, nisi auctorem rerum creatarum illum esse, atque ab illo retineri cuncta, et conservari. Deinde memor
2. Cor. 9. 15. muneris quo nos donavit, alibi ait: *Gratias Deo super inenarrabili dono ejus.* Jam pacem quoque, quam nobis dedit, non modo non posse nos oratione complecti, neque explicare, sed et omnem mentem excedere declarat, cum ait:
Philipp. 4. 7. *Pax Dei, quæ exsuperat omnem sensum, custodiet corda vestra.* Si igitur altitudo divitiarum et sapientiæ et scientiæ ipsius immensa est, si inscrutabilia judicia ejus, et viæ ipsius investigabiles, si donum ejus est inenarrabile, et pax ejus omnem sensum exsuperat, non meum tantum, et tuum, vel alicujus alterius, neque Pauli, vel Petri tantum, sed et ipsum archangelorum et supernarum sensum virtutum, qua tu excusatione dignus, qua venia judicaberis, quæso, qui tanta dementia præceps feraris et insania, ut quæ investigabilia sunt, curiose studeas comprehendere, deque omni Dei providentia rationem exigas? Nam si is qui tanta scientia donatus est, quique tam immensa apud Deum fiducia valebat, et gratia totque spiritualibus donis ditatus fuerat, cedit, et se scientiam inquirere posse diffidit, et non modo reperire non valere, sed ne a principio quidem scrutari, quandoquidem et hoc est impossibile, nonne omnium infelicissimus es, et gravissimo furore correptus, qui contrariam illi viam insistas? Neque enim dicit hæc tantum, sed et ad Corinthios olim de scientia scribens, ostendensque quo pacto, licet multa didicerimus,

ἐλθεῖν οὐκ ἰσχύει, ἀλλ' οὐδὲ τὴν ἀρχὴν ἐξιχνιάσαι τῶν οἰκονομιῶν αὐτοῦ. Εἰπὼν δὲ, Ὡς ἀνεξερεύνητα τὰ κρίματα αὐτοῦ, καὶ ἀνεξιχνίαστοι αἱ ὁδοὶ αὐτοῦ, καὶ θαυμάσας καὶ ἐκπλαγεὶς, εἰς δοξολογίαν τὸν λόγον κατέπαυσεν, οὕτως ἐπάγων καὶ λέγων· Τίς ἔγνω νοῦν Κυρίου, ἢ τίς σύμβουλος αὐτοῦ ἐγένετο; ἢ τίς προέδωκεν αὐτῷ, καὶ ἀνταποδοθήσεται αὐτῷ; Ὅτι ἐξ αὐτοῦ καὶ δι' αὐτοῦ καὶ εἰς αὐτὸν τὰ πάντα· αὐτῷ ἡ
B δόξα εἰς τοὺς αἰῶνας. Ἀμήν. Ὃ δὲ λέγει τοιοῦτόν ἐστιν· αὐτὸς πηγὴ, αὐτὸς αἴτιος τῶν ἀγαθῶν, οὐδενὸς δεῖται κοινωνοῦ, οὐδενὸς δεῖται συμβούλου· οὐ παρ' ἑτέρου δανειζόμενος γνῶσιν, [a] ἢ σύνεσιν, οὕτω βουλεύεται, θαυματουργεῖ· ἀλλ' αὐτὸς ἀρχὴ καὶ αἰτία καὶ πηγὴ πάντων τῶν ἀγαθῶν, αὐτὸς δημιουργὸς, αὐτὸς αὐτὰ οὐκ ὄντα παρήγαγε, καὶ αὐτὸς παραχθέντα διακρατεῖ καὶ διατηρεῖ ὡς βούλεται. Τὸ γὰρ, Ἐξ αὐτοῦ, καὶ δι' αὐτοῦ, καὶ εἰς αὐτὸν τὰ πάντα, τοῦτό ἐστι δηλοῦντος, ὅτι αἴτιος τῶν ὄντων αὐτὸς καὶ δημιουργὸς, καὶ διακρατῶν καὶ συνέχων τὰ πάντα. Εἶτα πάλιν τῆς δωρεᾶς μνησθεὶς τῆς εἰς ἡμᾶς γεγενημένης, ἀλλαχοῦ λέγει· Χάρις δὲ τῷ
C Θεῷ ἐπὶ τῇ ἀνεκδιηγήτῳ αὐτοῦ δωρεᾷ. Καὶ τὴν εἰρήνην δὲ τὴν δοθεῖσαν ἡμῖν, οὐχὶ λόγον νικᾷν μόνον, οὐδὲ διήγησιν ὑπερβαίνειν, ἀλλὰ καὶ νοῦ παντὸς ἀνωτέραν εἶναι δηλοῖ, διὸ λέγει· Ἡ εἰρήνη τοῦ Θεοῦ, ἡ ὑπερέχουσα πάντα νοῦν, φρουρήσει τὰς καρδίας ὑμῶν. Εἰ τοίνυν τὸ βάθος ἄπειρον τοῦ πλούτου, καὶ τῆς σοφίας καὶ τῆς γνώσεως, καὶ τὰ κρίματα αὐτοῦ ἀνεξερεύνητα, καὶ αἱ ὁδοὶ αὐτοῦ ἀνεξιχνίαστοι, καὶ ἡ δωρεὰ αὐτοῦ ἀνεκδιήγητος, καὶ ἡ εἰρήνη ὑπερέχει πάντα νοῦν, οὐ τὸν ἐμὸν καὶ τὸν σὸν καὶ τοῦ δεῖνος, οὐδὲ τὸν τοῦ Παύλου καὶ Πέτρου μόνον, ἀλλὰ καὶ αὐτὸν τὸν τῶν ἀρχαγγέλων καὶ τῶν ἄνω δυνάμεων,
D ποίαν ἕξεις αὐτὸς ἀπολογίαν, εἰπέ μοι; τίνα δὲ συγγνώμην, τοσαύτῃ κεχρημένος μανίᾳ καὶ ἀπονοίᾳ, τὰ ἀνεξιχνίαστα [b] βουλόμενος καταλαβεῖν, καὶ περὶ πάσης τῆς τοῦ Θεοῦ προνοίας λόγον ἀπαιτῶν; Εἰ γὰρ ὁ τοσαύτης ἀπολελαυκὼς γνώσεως, καὶ παῤῥησίαν οὕτως ἄφατον ἔχων, καὶ τῶν τοσούτων χαρισμάτων ἐμπεπλησμένος Παῦλος παραχωρεῖ, καὶ ἐξίσταται τῆς ὑπὸ τὴν ζήτησιν γνώσεως, καὶ οὐ μόνον εὑρεῖν οὐ δύναται, ἀλλ' οὐδὲ ἐρευνῆσαι τὴν ἀρχὴν, ἐπεὶ μηδὲ δυνατὸν, πῶς οὐ πάντων ἀθλιώτερος, καὶ τὴν χαλεπωτάτην μαινόμενος μανίαν, ὁ τὴν ἐναντίαν ὁδὸν

[a] Alii σύνεσιν πραγματεύεται καὶ θαυματουργεῖ.

[b] Alii βουλευόμενος.

ἐρχόμενος ἐκείνῳ; Οὐδὲ γὰρ ταῦτα εἴρηκε μόνον, E
ἀλλὰ καὶ περὶ γνώσεώς ποτε Κορινθίοις ἐπιστέλλων,
καὶ δεικνὺς, ὅπως, εἰ καὶ πολλὰ μεμαθήκαμεν, ἀλλ'
ὀλίγον καὶ σφόδρα ἐλάχιστον μέτρον γνώσεως ἔχομεν,
οὕτω πώς φησιν· Εἴ τις δοκεῖ ἐγνωκέναι τι, οὔπω
εἶδε καθὼς δεῖ γνῶναι. Εἶτα δηλῶν ὅτι πολὺ λείπει
τῆς γνώσεως ἡμῖν, καὶ τὸ πλέον ἐν τῷ μέλλοντι τε-
ταμίευται χρόνῳ, ὀλίγον δέ τι ἡμῖν δέδοται, ἐπήγα-
γεν· Ἐκ μέρους γινώσκομεν, καὶ ἐκ μέρους προφη- 469
τεύομεν. Ὅταν δὲ ἔλθῃ τὸ τέλειον, τότε τὸ ἐκ μέρους A
καταργηθήσεται. Καὶ οὐδὲ ἐνταῦθα ἔστη, ἀλλὰ δεῖξαι
βουλόμενος πόσον τὸ μέσον ταύτης κἀκείνης τῆς γνώσεως, καὶ ὅτι πολὺ τὸ λειπόμενον, διὰ εἰκόνων τινῶν
σαφὲς τοῦτο ποιεῖ λέγων· Ὅτε ἤμην νήπιος, ὡς νήπιος ἐλάλουν, ὡς νήπιος ἐφρόνουν, ὡς νήπιος ἐλογιζό-
μην· ὅτε δὲ γέγονα ἀνὴρ, τὰ τοῦ νηπίου κατήργηκα.
Βλέπομεν γὰρ ἄρτι δι' ἐσόπτρου ἐν αἰνίγματι, τότε
δὲ πρόσωπον πρὸς πρόσωπον. Εἶδες πόσον τὸ μέσον;
Ὅσον νηπίου παιδὸς, καὶ ἀνδρὸς τελείου· ὅσον ἐσόπτρου καὶ αἰνίγματος καὶ τῆς ἄλλης τῆς ἀσαφοῦς τῶν
πραγμάτων ὄψεως πρὸς σαφῆ ὄψιν· τοῦτο γάρ ἐστι,
Πρόσωπον πρὸς πρόσωπον. Τί οὖν μαίνῃ καὶ λυττᾷς, B
τῶν κεκωλυμένων κατατολμῶν εἰκῇ καὶ μάτην; τί
δὲ οὐ πείθῃ Παύλῳ λέγοντι· Μενοῦν γε σὺ τίς εἶ, ἄνθρωπε, ὁ ἀνταποκρινόμενος τῷ Θεῷ; Μὴ ἐρεῖ τὸ
πλάσμα τῷ πλάσαντι, τί με ἐποίησας οὕτως; Ὁρᾷς
πόσην ἀπαιτεῖ τὴν ὑπακοήν; πόσην τὴν σιγήν; Οὐ
γὰρ δὴ τὸ αὐτεξούσιον ἡμῶν ἀναιρῶν τοῦτο λέγει· μὴ
γένοιτο· ἀλλὰ δηλῶν, ὅτι τὸν ταῦτα ζητοῦντα οὕτως
ἄφωνον εἶναι δεῖ, ὡς ἡ τοῦ πηλοῦ φύσις, ἑπομένη
ᾗπερ ἂν ὁ τεχνίτης ἄγῃ, μὴ ἀντιτείνοντα, μηδὲ περι-
εργαζόμενον. Διὸ καὶ τῆς φύσεως ἡμᾶς ἀναμιμνήσκει C
τῆς ἡμετέρας, καὶ πηλοῦ μέμνηται καὶ κεραμέως.
Καίτοιγε κεραμέως καὶ πηλοῦ ἡ αὐτὴ οὐσία. Εἰ δὲ
ἔνθα ἡ αὐτὴ οὐσία, τοσαύτη ἡ ὑπακοή· ἔνθα ἄπειρον
τὸ μέσον καὶ οὐσίας καὶ γνώσεως καὶ τῶν ἄλλων ἁπάντων, ποίας τεύξεται συγγνώμης ὁ οὕτως ἰταμὸς καὶ
ἀναιδὴς, ὥστε πολυπραγμονεῖν τὰ τοῦ πεποιηκότος
αὐτὸν Θεοῦ; Ἐννόησον, ὦ ἄνθρωπε, τίς εἶ· τοῦτο
γὰρ δηλοῖ δι' ὧν λέγει, Σὺ τίς εἶ; Οὐχὶ πηλός; οὐχὶ
τέφρα καὶ σποδός; οὐχὶ κόνις; οὐ καπνός; οὐ χόρτος;
οὐκ ἄνθος χόρτου; Ταύτας γὰρ πάσας τὰς εἰκόνας
εἰς μέσον οἱ προφῆται [a] συνεχῶς ἔχουσι, τὴν εὐτέ- D
λειαν ἡμῶν τῆς φύσεως παραστῆσαι φιλονεικοῦντες.

E tamen exigua valde ac minima est scientiæ nostræ mensura, sic ait : *Si quis se existimat sci-* 1. Cor. 8.
re aliquid, nondum cognovit quemadmodum 2.
oportet eum scire. Tum significans multum nobis scientiæ deesse, cumulatiorem vero et ampliorem partem in futuro sæculo reservari, cæterum
perexiguum quid nobis esse concessum, adjecit :
Ex parte cognoscimus, et ex parte propheta- 1. Cor. 13.
mus. Cum autem venerit quod perfectum est, 9. 10.
tunc evacuabitur quod ex parte est. Neque
469 A hic substitit, sed cum vellet ostendere quantum
inter hanc scientiam et illam intersit, multumque esse defectum, hoc diversis comparationibus
manifestum reddit : *Cum essem parvulus, lo-* Ib. v. 11.
quebar ut parvulus, sapiebam ut parvulus, 12.
cogitabam ut parvulus : quando autem fa-
ctus sum vir, evacuavi quæ erant parvuli. Vi-
demus enim nunc per speculum in ænigmate,
tunc autem facie ad faciem. Vides quantum
intersit? Quantum inter parvulum puerum, et
virum perfectum ; quantum inter speculum, et
ænigma, vel aliam obscuram rerum visionem,
et claram visionem : hoc enim est, *Facie ad fa-*
ciem. Cur igitur furis et insanis, dum ea quæ
B prohibita sunt audacter frustra et incassum ag-
grederis? cur vero Paulo non parcs dicenti :
Imo vero tu quis es, o homo, qui respondeas Rom. 9 20.
Deo? Numquid dicet figmentum ei, qui se
finxerit, Quid me fecisti sic? Vides quantam
obedientiam requirat? quantum silentium? Non Liberum
enim quod liberum tollat arbitrium, hoc dicit ; arbitrium.
absit : sed hoc indicat, eum qui ista quærit, ita
mutum esse debere, ut est ipsa luti natura, quæ
artificem sequitur, quocumque ducat, neque resistere, aut enriose inquirere. Quocirca nostræ
C naturæ nos admonet, et luti et figuli mentionem
facit. Tametsi figuli et luti est eadem substantia.
Quod si ubi substantia est eadem, tanta est obedientia : ubi discrimen est immensum et substantiæ et scientiæ ac reliquorum omnium, quam
veniam obtinebit, qui adeo temerarius est et impudens, ut res Dei creatoris sui curiose scrutetur?
Cogita, o homo, quis sis : hoc enim significant
ea quæ dicit, *Tu quis es?* Nonne lutum? nonne
cinis et pulvis? nonne favilla? nonne fumus?
nonne fœnum? nonne flos fœni? Has enim omnes
similitudines frequenter in medium adducunt
prophetæ, dum naturæ nostræ nituntur expri-
D mere vilitatem. Atqui is quem curiose scrutaris,
immortalis est, immutabilis, semper est, et eodem

[a] Alii συνεχῶς φέρουσι, τήν.

modo est, sine principio, sine fine, animo incomprehensibilis, mentem exsuperat, cogitationem excedit, inexplicabilis, ineffabilis, incomprehensibilis non mihi tibique solum, non prophetis et apostolis, sed et cælestibus virtutibus, quæ puræ sunt, invisibiles, incorporeæ, quæ perpetuo versantur in cælis.

Cap. III. Non nobis solum, sed et cælestibus virtutibus incomprehensibilem esse divinitatem.

Cum ergo Seraphinos videris circa sublimem illum elatumque thronum volantes alarum obtentu suos oculos obvelare, pedesque suos, et terga, et facies occultare, ac clamorem plenum admirationis effundere, ne putes alas et pedes ipsis esse; quippe cum incorporeæ sint illæ virtutes; sed ex his figuris inaccessum et incompre-
Is. 6. 2. 3. hensibilem esse illum intellige qui in throno sedet. Nam et illis est incomprehensibilis et inaccessus, tametsi se infirmitati nostræ attemperet: neque enim id quod erat, tum apparebat. Deus enim non sedet, neque throno continetur, neque loco circumscribitur. Quod si sedentem, et in throno collocatum, atque ab ipsis circumdatum (quæ omnia sunt ad nostram infirmitatem se attemperantis, et non sedentis) intueri minime potuerunt, sed exsilientem inde fulgorem non ferentes, alarum obtentu oculos obvelabant, tantumque glorificabant, tantum hymnos canebant, et multo cum tremore mysticum illum sanctificationis cantum offerebant: non tu hinc facessens, te ipsum in terram abdes ac defodies, qui ineffabilem et inexplicabilem et supernis virtutibus incomprehensibilem virtutis divinæ providentiam non dubites curiose tanta cum temeritate scrutari? Quæ enim illius sunt, solum Filio et Spiritui sancto exacte nota sunt omnia, nulli vero alteri: et ex his alterum quidem Joannes evangelista, alterum vero Paulus apostolus declaravit. Itaque Tonitrui filius, et qui Christo admodum carus fuit, quique hac nota designabatur; quod erat summæ virtutis indicium; qui tantam habebat fiduciam, ut et supra pectus ejus recum-
Joan. 1. 18. beret, sic ait: *Deum nemo vidit umquam;* visionem appellat cognitionem; *Unigenitus Filius, qui est in sinu Patris, ipse enarravit.* Hoc et ipse Christus insinuans olim, dum po-
Joan. 6. 46. pulum alloqueretur Hebræum, dicebat, *Nemo vidit Patrem, nisi is qui est a Deo: hic vidit Patrem.* Vas autem electionis, cum in sermonem de ipsius dispensatione incidisset, cumque vellet arcana cuncta quæ didicerat, quo pacto cognovis-

Ὁ δὲ πολυπραγμονούμενος ὑπὸ σοῦ ἀνώλεθρος, ἀναλλοίωτος, ἀεὶ ὢν, καὶ ὡσαύτως ὢν, ἄναρχος, ἀτελεύτητος, ἀπερινόητος, ὑπερβαίνων νοῦν, νικῶν λογισμὸν, ἀνέκφραστος, ἄῤῥητος, ἀκατάληπτος οὐκ ἐμοὶ καὶ σοὶ μόνον, καὶ προφήταις καὶ ἀποστόλοις, ἀλλὰ καὶ ταῖς ἄνω δυνάμεσι, ταῖς καθαραῖς, ταῖς ἀοράτοις, ταῖς ἀσωμάτοις, ταῖς διηνεκῶς ἐν οὐρανῷ διατριβούσαις.

E Ὅταν οὖν ἴδῃς τὰ Σεραφεὶμ τὰ περιιπτάμενα τὸν θρόνον τὸν ὑψηλὸν ἐκεῖνον καὶ ἐπηρμένον, τῇ προβολῇ τῶν πτερύγων ἀποτειχίζοντα τὰς ἑαυτῶν ὄψεις, καὶ τοὺς πόδας καλύπτοντα, καὶ νῶτα, καὶ πρόσωπα, καὶ κραυγὴν ἀφιέντα ἐκπλήξεως γέμουσαν, μὴ πτερὰ νόμιζε καὶ πόδας, καὶ πτέρυγας αὐταῖς εἶναι· ἀόρατοι γὰρ αἱ δυνάμεις ἐκεῖναι· ἀλλὰ διὰ τῶν εἰκόνων τούτων τὸ ἀπρόσιτον, τὸ ἀκατάληπτον τοῦ καθημένου ἐπὶ τοῦ θρόνου λογίζου. Καὶ γὰρ καὶ ἐκείναις ἀκα-
470 τάληπτος καὶ ἀπρόσιτός ἐστι, καίτοι συγκαταβαίνων·
A οὐδὲ γὰρ ὅπερ ἦν ἐφαίνετο τότε. Θεὸς γὰρ οὐ κάθηται, οὐδὲ θρόνῳ περιέχεται, οὐδὲ τόπῳ περιείληπται. Εἰ δὲ καθήμενον, καὶ ἐπὶ θρόνου ἱδρυμένον, καὶ κυκλούμενον ὑπ' αὐτῶν (ἅπερ ἐστὶν ἅπαντα συγκαταβαίνοντος, οὐ καθημένου), οὐκ ἴσχυσαν ἰδεῖν, ἀλλὰ μὴ φέρουσαι τὴν ἐκεῖθεν ἐκπηδῶσαν ἀστραπὴν τῇ προβολῇ τῶν πτερύγων τὰς ὄψεις ἀπετείχιζον, καὶ μόνον ἐδοξολόγουν, μόνον ὕμνουν, μετὰ πολλῆς τῆς φρίκης τὸ μυστικὸν ἐκεῖνο τοῦ ἁγιασμοῦ ἀναφέρουσαι μέλος· οὐκ ἀπελθὼν κατορύξεις σεαυτὸν καὶ [a] καταδύσεις, τῆς ἀῤῥήτου, καὶ ἀφράστου, καὶ ταῖς ἄνω δυνάμεσιν ἀκαταλήπτου Θεοῦ δυνάμεως τὴν πρόνοιαν μετὰ τοσαύτης περιεργάζεσθαι βουλόμενος τῆς ἰταμότητος;
B Τὰ γὰρ ἐκείνου Υἱῷ καὶ Πνεύματι ἁγίῳ δῆλα μόνον ἅπαντα μετ' ἀκριβείας, ἑτέρῳ δὲ οὐδενί· καὶ τούτων τὸ μὲν Ἰωάννης ὁ εὐαγγελιστὴς, τὸ δὲ Παῦλος ὁ ἀπόστολος παρεδήλωσεν. Ὁ μὲν οὖν τῆς βροντῆς υἱὸς, καὶ σφόδρα ἐπέραστος ὢν τῷ Χριστῷ, καὶ τοῦτο παράσημον ἔχων, ὅπερ ἦν μεγίστης ἀρετῆς ἀπόδειξις, καὶ τοσαύτης ἀπολαύων παῤῥησίας, ὡς καὶ ἐπὶ τὸ στῆθος αὐτοῦ κατακλίνεσθαι, οὕτω φησί· Θεὸν οὐδεὶς ἑώρακε πώποτε· ὅρασιν τὴν γνῶσιν λέγων· Ὁ μονογενὴς Υἱὸς ὁ ὢν εἰς τὸν κόλπον τοῦ Πα-
C τρὸς, ἐκεῖνος ἐξηγήσατο. Τοῦτο καὶ ὁ Χριστὸς δηλοποιῶν δι' ἑαυτοῦ πάλαι τῷ δήμῳ τῶν Ἑβραίων διαλεγόμενός φησιν· Οὐδεὶς ἑώρακε τὸν Πατέρα, εἰ μὴ ὁ ὢν ἐκ τοῦ Θεοῦ· οὗτος ἑώρακε τὸν Πατέρα. Τὸ δὲ σκεῦος τῆς ἐκλογῆς εἰς τὸν τῆς οἰκονομίας αὐτοῦ λόγον ἐμπεσὼν, καὶ τὰ ἀπόῤῥητα, ἅπερ ἔμαθεν, ἅπαντα βουλόμενος εἰπεῖν, πῶς αὐτὰ ἔγνω, οὕτω λέγει· Λαλοῦμεν δὲ σοφίαν ἐν μυστηρίῳ, τὴν ἀποκεκρυμμένην, ἣν προώρισεν ὁ Θεὸς πρὸ τῶν αἰώνων, εἰς δόξαν

[a] Alii καταδύσῃ.

ἡμῶν, ἣν οὐδεὶς τῶν ἀρχόντων τοῦ αἰῶνος τούτου ἔγνω. Εἰ γὰρ ἔγνωσαν, οὐκ ἂν τὸν Κύριον τῆς δόξης ἐσταύρωσαν. Ἀλλὰ, καθὼς γέγραπται, ἃ ὀφθαλμὸς D οὐκ εἶδε, καὶ οὖς οὐκ ἤκουσε, καὶ ἐπὶ καρδίαν ἀνθρώπου οὐκ ἀνέβη, ἃ ἡτοίμασεν ὁ Θεὸς τοῖς ἀγαπῶσιν αὐτόν. Πῶς οὖν αὐτὰ ἔγνωμεν ἡμεῖς, ὦ Παῦλε; τίς ὁ μηνύσας, καὶ δῆλα καταστήσας αὐτὰ τὰ ἀθέατα, τὰ ἀνήκουστα, τὰ εἰς καρδίαν ἀνθρώπου μὴ ἀναβάντα; Εἰπὲ καὶ δεῖξον τίς ὁ τοσαύτην ἡμῖν γνῶσιν κομίσας; Ἡμῖν δὲ, φησὶν, ὁ Θεὸς ἀπεκάλυψε διὰ τοῦ Πνεύματος αὐτοῦ. Εἶτα ἵνα μή τις νομίσῃ, ὅτι ταῦτα μόνον ἐπίσταται, ἅπερ ἀπεκάλυψεν ἡμῖν ὁ Θεὸς δι' αὐτοῦ, οὐχὶ δὲ καὶ πᾶσαν ἔχει τὴν γνῶσιν, ἐπήγαγε· Τὸ γὰρ πνεῦμα πάντα ἐρευνᾷ, καὶ τὰ βάθη τοῦ Θεοῦ. Τίς γὰρ οἶδεν ἀνθρώπων τὰ τοῦ ἀνθρώπου, εἰ μὴ E τὸ πνεῦμα τοῦ ἀνθρώπου τὸ ἐν αὐτῷ; οὕτω καὶ τὰ τοῦ Θεοῦ οὐδεὶς οἶδεν, εἰ μὴ τὸ Πνεῦμα τοῦ Θεοῦ. Ὃ δὲ λέγει τοιοῦτόν ἐστιν· ὥσπερ ἄνθρωπος αὐτὸς οἶδε τὰ ἑαυτοῦ, καὶ ἃ βουλεύεται, καὶ ἐν διανοίᾳ ἔχει, μετὰ ἀκριβείας ἐπίσταται πάντα, οὕτω καὶ τὸ Πνεῦμα τὸ ἅγιον μετὰ ἀκριβείας οἶδε τοῦ Θεοῦ τὴν ἀπόῤῥητον γνῶσιν ἅπασαν. Εἰπὼν τοίνυν, Οὕτω καὶ τὰ τοῦ Θεοῦ οὐδεὶς οἶδεν, εἰ μὴ τὸ Πνεῦμα τοῦ Θεοῦ, οὐκ ἀνθρώπους μόνον, ἀλλὰ καὶ τὴν ἄνω κτίσιν ἅπα- 471 A σαν τῆς ἀκριβοῦς ταύτης ἐξέβαλε γνώσεως. Διὸ καὶ σοφός τις παραινεῖ λόγος· Χαλεπώτερά σου μὴ ζήτει, καὶ ἰσχυρότερά σου μὴ ἐξέταζε· ἃ προσετάγη σοι, ταῦτα διανοοῦ· πλείονα γὰρ συνέσεως ἀνθρώπων ὑπεδείχθη σοι. Ὃ δὲ λέγει τοιοῦτόν ἐστιν· οὐδὲ ταῦτα ἅπερ ἔχεις, οἴκοθεν μαθὼν ἔχεις ἅπαντα, οὐδὲ ἤρκεσέ σοι ἡ φύσις πρὸς τὴν τῶν ἁπάντων εἴδησιν, ἀλλ' ἄνωθεν τῶν πλειόνων ἔλαβες τὴν γνῶσιν· πολλῷ γὰρ μείζονα ἦν, ἢ ὥστε τῇ συνέσει καταληφθῆναι τῇ σῇ. Τί τοίνυν οἴκοθεν φιλονεικεῖς τὰ βαθύτερα ἐρευνᾷν, ὅταν καὶ αὐτῶν ὧν οἶδας πολλὰ ὑπερβαίνῃ σου τὴν φρόνησιν, καὶ ταῦτα ἑτέρωθεν ἔχῃς; Τοῦτο καὶ ὁ B Παῦλος παραδηλῶν ἔλεγε· Τί γὰρ ἔχεις, ὃ οὐκ ἔλαβες; εἰ δὲ καὶ ἔλαβες, τί καυχᾶσαι ὡς μὴ λαβών; Παῦσαι τοίνυν ὀψὲ γοῦν ποτε τῆς τοσαύτης φιλονεικίας, καὶ ἀνέχου τῆς σοφωτάτης συμβουλῆς ἐκείνης τῆς λεγούσης· Μὴ εἴπῃς, τί τοῦτο; εἰς τί τοῦτο; πάντα γὰρ εἰς χρείαν αὐτῶν ἔκτισται.

set, indicare, his et ipse verbis utitur: *Loquimur autem sapientiam in mysterio, quæ abscondita est, quam prædestinavit Deus ante sæcula in gloriam nostram, quam nemo principum hujus sæculi cognovit. Si enim cognovissent, numquam Dominum gloriæ crucifixissent. Sed sicut scriptum est, Quæ oculus non vidit, et auris non audivit, et in cor hominis non ascenderunt, quæ præparavit Deus iis qui diligunt illum.* [1. Cor. 2. 7. —9.] Quomodo ergo cognovimus nos, o Paulo? quis illa revelavit, et manifesta reddidit illa nulli conspecta, vel audita, et quæ nullius in cor ascenderunt? Dic, et indica quis ille sit qui tantam nobis scientiam advexit? *Nobis autem revelavit Deus par Spiritum suum.* [1. Cor. 2. 10.] Deinde ne quis cum putaret hæc nosso tantum, quæ per ipsum nobis Deus revelavit, non autem omnem scientiam callere, subjecit: *Spiritus enim omnia scrutatur, etiam profunda Dei. Quis enim hominum scit, quæ sunt hominis, nisi spiritus hominis qui in ipso est? ita et quæ Dei sunt, nemo cognovit, nisi Spiritus Dei.* [Ib. v. 11.] Horum autem verborum hic sensus est: Sicut homo novit ea quæ ipsius sunt, quæque cogitat, et habet in animo, cuncta scit exacte, sic etiam Spiritus sanctus arcanam Dei scientiam omnem exacte novit. Cum igitur dixit, *Ita et quæ Dei sunt nemo cognovit nisi Spiritus Dei,* non homines solum, sed et omnem cælestem creaturam ab hac perfecta cognitione seclusit. Quam ob causam et sapiens quidam sermo admonet: *Difficiliora te ne quæsieris, et fortiora te ne scrutatus fueris; quæ præcepta sunt tibi, hæc cogita: plurima enim supra sensum hominis ostensa sunt tibi.* [Eccli. 3. 22. 25.] Quod autem dicit, est ejusmodi: Ne hæc quidem quæ habes, tua industria cuncta didicisti: neque naturæ tuæ viribus nixus hanc cognitionem adipisci potuisti, sed cælitus missam hanc scientiam accepisti: multo quippe majora erant, quam ut tua possent intelligentia comprehendi. Cur ergo tuis viribus nixus conaris profundiora scrutari, cum pleraque ex iis quæ nosti, tuum sensum exsuperent, et aliunde ad te derivata illa possideas? Hoc et ipse Paulus ut declararet, aiebat: *Quid enim habes, quod non accepisti? si autem accepisti, quid gloriaris, quasi non acceperis?* [1. Cor. 4. 7.] Tantum igitur conatum aliquando tandem omitte, et sapientissimo illi consilio parere dignare, quod monet, *Ne dixeris, Quid est hoc? ad quid hoc? omnia enim ad usum ipsorum creata sunt.* [Eccli. 39. 21.]

CAP. IV. Moysem prophetam periculosam curiositatem in exordio libri uno verbo sustulisse.

Hanc enim ob causam, cum orta esset omnis creatura, suumque accepisset ornatum, et admodum concinnum, mirabile, ac stupore dignum opus processisset in medium, cumque insipientes et insani nonnulli res croatas essent reprehensuri: vide quo paeto importunum illorum judicium, ac furiosam sententiam multo ante reprimens legislator uno verbo impudens quodvis os eorum occluserit, cum dixit: *Vidit Deus cuncta quæ fecerat, et eece bona valde.* (Gen. 1. 31.) Nam quoniam inter ea quæ videbantur, erant non lux tantum, sed et tenebræ: non fruges tantum, sed et spinæ: non arbores tantum sativæ, sed et silvestres: non plani solum campi, sed etiam montes, et colles, et valles: non homines solum, sed et reptilia venenata: non pisces tantum, sed etiam cete: non frequentata solum æquora, sed etiam mare innavigabile: non sol tantum et luna, et sidera, sed etiam fulmina, et ignei turbines: non venti solum secundi, sed et procellæ: non columbæ tantum, et aves canoræ, sed et milvi, et accipitres, et vultures, et alia carnivora animalia: non pecudes tantum et boves, sed et lupi, et pardi, et leones: non cervi tantum, et lepores, et damæ, sed et scorpii, et viperæ, et dracones: atque inter herbas quoque non salubres modo plantæ, sed et venenatæ, ac futurum erat ut hæc multis offendiculo essent, et hinc hæreses orirentur: postquam res omnes creatæ sunt natæ, suumque singulæ sunt ornatum adeptæ, creatorem ostendit in singulis, id quod exortum erat, laudare, imo vero unamquamque sigillatim et omnes simul, ut cognito illius judicio, licet temerarius quispiam sit et impudens, nihil amplius eorum, quæ sub oculos cadunt, curiose scrutetur. Ideo ubi dixit factam esse lucem, adjunxit: *Et vidit Deus lucem, quod esset bona,* (Gen. 1. 4.) et ita de singulis. Deinde ne, si cuncta persequatur nominatim, prolixiorem reddat orationem, simul pronuntiat de omnibus, et ait rursus: *Vidit Deus cuncta quæ fecerat, et ecce bona valde.* (Gen. 1. 31.) Non quod ubi facta fuerant, cognoverit Deus bona esse quæ facta erant: absit. Si enim artifex homo, etiam antequam fiant ea quæ sunt artis, novit, edoctus ea bona esse quæ ab ipso fieri debent: multo magis ineffabilis illa sapientia, quæ sola sua voluntate nutuque cuneta produxit, etiam antequam fierent, ea bona esse noverat. Neque enim illa produxisset, si ignota

Διὰ γάρ τοι τοῦτο, ἐπειδὴ πᾶσα ἡ κτίσις ἐγένετο, καὶ τὸν οἰκεῖον κόσμον ἀπέλαβε, καὶ παναρμόνιον τοῦτο καὶ παράδοξον καὶ πολλῆς [a] γέμον ἐκπλήξεως ἔργον εἰς μέσον προύκειτο, ἔμελλον δὲ πολλοὶ τῶν C ἀνοήτων καὶ μαινομένων ἐπιλαμβάνεσθαι τῶν γενομένων· ὅρα πῶς προαναστέλλων αὐτῶν τὴν ἄκαιρον κρίσιν καὶ μανιώδη ψῆφον, ἑνὶ ῥήματι πᾶσαν ἀναίσχυντον ἐνέφραξε γλῶσσαν ὁ νομοθέτης εἰπών· Εἶδεν ὁ Θεὸς πάντα, ὅσα ἐποίησε, καὶ ἰδοὺ καλὰ λίαν. Ἐπειδὴ γὰρ ἐν τοῖς ὁρωμένοις ἦν οὐχὶ φῶς μόνον, ἀλλὰ καὶ σκότος· οὐ καρποὶ μόνον, ἀλλὰ καὶ ἄκανθαι· οὐ δένδρα ἥμερα, ἀλλὰ καὶ ἄγρια· οὐχ ὕπτια πεδία, ἀλλὰ καὶ ὄρη καὶ νάπαι καὶ φάραγγες· οὐχ ἄνθρωποι μόνον, ἀλλὰ καὶ ἑρπετὰ ἰοβόλα· οὐχ ἰχθύες μόνον, D ἀλλὰ καὶ κήτη· οὐχ ἥμερα πελάγη, ἀλλὰ καὶ ἄπλωτος θάλασσα· οὐχ ἥλιος μόνον καὶ σελήνη καὶ ἄστρα, ἀλλὰ καὶ κεραυνοὶ καὶ πρηστῆρες· οὐχ ἄνεμοι μόνον προσηνεῖς, ἀλλὰ καὶ καταιγίδες· οὐ περιστεραὶ μόνον καὶ ὄρνιθες ᾠδικοὶ, ἀλλὰ καὶ ἰκτῖνοι καὶ κόρακες καὶ γῦπες καὶ ἕτερα ἀνθρωποφάγα ζῶα· οὐ πρόβατα καὶ βόες, ἀλλὰ καὶ λύκοι καὶ παρδάλεις καὶ λέοντες· οὐκ ἔλαφοι καὶ λαγωοὶ καὶ δορκάδες, ἀλλὰ καὶ σκορπίοι καὶ ἔχεις καὶ δράκοντες· καὶ ἐν βοτάναις δὲ οὐχὶ σωτήρια μόνον φυτὰ, ἀλλὰ καὶ δηλητήρια, καὶ πολλοὶ ἐντεῦθεν σκανδαλίζεσθαι ἔμελλον καὶ αἱρέσεις τίκτειν· E μετὰ τὸ γενέσθαι τὰ γενόμενα, καὶ τὸν οἰκεῖον ἕκαστον ἀπολαβεῖν κόσμον, καθ' ἕκαστον δείκνυσι τὸν δημιουργὸν ἐπαινοῦντα τὸ γεγενημένον, μᾶλλον δὲ καθ' ἕνα αὐτῶν, καὶ κοινῇ πάντα, ἵνα τὴν ἐκείνου κρίσιν μαθὼν, κἂν σφόδρα τις ἰταμὸς καὶ ἀναίσχυντος ᾖ, μηδὲν περιεργάζηται λοιπὸν τῶν ὁρωμένων. Διὰ τοῦτο εἰπὼν, ὅτι ἐγένετο φῶς, ἐπήγαγε, Καὶ εἶδεν ὁ Θεὸς τὸ φῶς ὅτι καλὸν, καὶ καθέκαστον οὕτως. Εἶτα ἵνα 472 A μὴ πάντα κατ' ὄνομα [b] εἰπὼν, μηκύνῃ τὸν λόγον, ὁμοῦ περὶ πάντων ἀποφαίνεται ἀπαξαπλῶς, καὶ πάλιν λέγει· Εἶδεν ὁ Θεὸς πάντα, ὅσα ἐποίησε, καὶ ἰδοὺ καλὰ λίαν. Οὐχ ἐπειδὴ μετὰ τὸ γενέσθαι ἔγνω ὁ Θεὸς ὅτι καλὸν τὸ γενόμενον· ἄπαγε. Εἰ γὰρ τεχνίτης ἄνθρωπος, καὶ πρὸ τοῦ γενέσθαι τὰ τῆς τέχνης μαθὼν, οἶδεν ὅτι καλὰ τὰ παρ' αὐτοῦ μέλλοντα γίνεσθαι, πολλῷ μᾶλλον ἡ ἄῤῥητος ἐκείνη σοφία βουλήματι μόνῳ τὰ πάντα παραγαγοῦσα, καὶ πρὸ τῆς [a] γεννήσεως ᾔδει ὅτι καλά. Οὐδὲ γὰρ ἂν αὐτὰ παρήγαγεν, εἰ ἠγνόει. Τίνος οὖν ἕνεκεν οὕτως εἴρηται; Διὰ τὴν αἰτίαν, ἣν εἶπον. Ἀκούσας τοίνυν τοῦ προφήτου πρὸς B σὲ λέγοντος, ὅτι ὁ Θεὸς αὐτὰ εἶδε καὶ ἐπῄνεσε, μὴ ζήτει λοιπὸν ἑτέραν βάσανον καὶ ἀπόδειξιν τοῦ κάλλους αὐτῶν, μηδὲ λέγε, πῶς καλά; Τῆς γὰρ διὰ τῶν ἔργων ἀποδείξεως σαφεστέρα ἡ διὰ τῆς ψήφου καὶ τῆς

[a] Alii γέμον θαυματουργίας ἔργον.

[b] Aliquot Mss. ἐπιών.

[a] Alii γενέσεως.

κρίσεως τοῦ ποιήσαντος ἀπόφασις. Διά τοι τοῦτο καὶ
παχυτέρᾳ κέχρηται τῇ λέξει. Ὥσπερ γὰρ εἴ τις φάρμακα βουλόμενος ὠνεῖσθαι, ἄπειρος ὢν, κελεύοι πρότερον ἐπιδείκνυσθαι τῷ ἰατρῷ ταῦτα, κἂν μάθῃ σαφῶς,
ὅτι ἰδὼν ἐκεῖνος ἐπῄνεσεν, οὐδεμίαν ἑτέραν ἀπόδειξιν
τῆς τούτων ἀρετῆς ἐπιζητεῖ, ἀλλ' ἀκούσας ὅτι εἶδεν
αὐτὰ ὁ ἰατρὸς καὶ ἐπῄνεσεν, ἀρκεῖται τῇ ψήφῳ τοῦ
τεχνίτου· οὕτω δὴ καὶ ὁ Μωσῆς πᾶσαν περιεργίαν
ἀναίσχυντον περιελεῖν βουλόμενος τῶν μετὰ ταῦτα
μελλόντων ἀπολαύειν τῆς κτίσεως, ἀπήγγειλε καὶ
εἶπεν, ὅτι εἶδεν αὐτὰ ὁ Θεὸς καὶ ἐπῄνεσε, καὶ ἐψηφί-
σατο εἶναι καλὰ, καὶ οὐχ ἁπλῶς καλὰ, ἀλλὰ καὶ καλὰ
λίαν. Μὴ τοίνυν περιεργάζου, μηδὲ πολυπραγμόνει
λογισμοῖς τὰ γεγενημένα, τοιαύτην ἔχων τοῦ κάλλους
αὐτῶν μαρτυρίαν. Εἰ γὰρ μὴ ἀρκεσθῇς τῷ ῥήματι
τούτῳ, ἀλλὰ βουληθῇς εἰς ζήτησιν τῶν γεγενημένων
ἐλθεῖν, εἰς εὔριπον λογισμῶν καὶ κύματα πολὺν ἐργαζόμενα χειμῶνα σαυτὸν ἐμβαλὼν μόνον, εἴσῃ μὲν
πλέον οὐδὲν, ναυάγιον δὲ ἐργάσῃ σεαυτῷ χαλεπόν.
Οὐδὲ γὰρ δυνήσῃ τοὺς λόγους ἅπαντας ἑκάστου τῶν
γεγενημένων εὑρεῖν, ἀλλὰ καὶ τῶν δοκούντων εἶναί
σοι νῦν καλῶν πολλὰ διαβαλεῖς, ἐὰν ἀγνώμονι κεχρημένος ᾖς τῇ γνώμῃ. Οὕτω γὰρ ἀσθενὴς τῶν ἀνθρώπων
ὁ λογισμὸς, ὡς εἰς ἐναντία περιαχθῆναι πολλάκις,
καὶ ἐκ διαμέτρου κατὰ ἀλλήλων στῆναι πολλοὺς ἐν
τῇ περὶ τῆς κτίσεως ψήφῳ. Ἑλλήνων μὲν γὰρ παῖδες
ὑπὲρ τὸ δέον αὐτὴν θαυμάσαντες, τὸ μέτρον ὑπερεκ-
βάντες καὶ θεὸν εἶναι αὐτὴν ἐνόμισαν· Μανιχαῖοι δὲ
καὶ ἕτεροι πάλιν αἱρετικοὶ, οἱ μὲν οὐκ ἀγαθοῦ θεοῦ
ἔργον ἔφησαν αὐτὴν εἶναι· οἱ δὲ ἓν αὐτῆς ἀποτεμόν-
τες μέρος, αὐτομάτῳ τινὶ προσέῤῥιψαν ὕλῃ, καὶ
ἀναξίαν ἔκριναν τῆς τοῦ Θεοῦ δημιουργίας εἶναι.
Οὕτως, ὥσπερ ἔφθην εἰπὼν, εἴ τις λογισμοῖς καὶ
ἀγνώμονι χρήσαιτο γνώμῃ, καὶ τῶν δοκούντων εἶναι
καλῶν πολλὰ διαβαλεῖ. Τί γάρ σοι ὡραιότερον ἡλίου
εἶναι δοκεῖ; Ἀλλ' ὅμως τοῦτο τὸ φαιδρὸν ἄστρον καὶ
γλυκὺ καὶ ὀφθαλμοὺς λυμαίνεται ἀσθενοῦντας, καὶ
γῆν κατακαίει θερμοτέρας ἀφεὶς τὰς ἀκτῖνας, καὶ
πυρετοὺς τίκτει, καὶ καρπὸν πολλάκις κατεξήρανε καὶ
ἐποίησεν ἄχρηστον, καὶ δένδρα ἄκαρπα εἰργάσατο,
καὶ μέρος τῆς οἰκουμένης ἀοίκητον κατέστησεν ἡμῖν.
Τί οὖν, εἰπέ μοι; διαβαλοῦμεν τὸν ἥλιον διὰ τοῦτο;
Ἄπαγε· ἀλλὰ τοὺς λογισμοὺς ἡσυχάζειν ἀφέντες καὶ
τὸν τούτων θόρυβον, ἐπιληψώμεθα τῆς πέτρας ἐκείνης, καὶ τῆς ῥήσεως τῆς λεγούσης, Καὶ εἶδεν ὁ Θεὸς
πάντα ὅσα ἐποίησε, καὶ ἰδοὺ καλὰ λίαν· ἐπεὶ καὶ
αὐτὰ, ἃ ἀπηριθμησάμην νῦν, καλὰ λίαν καὶ χρηστά.
Ἀλλ', ὅπερ ἔμπροσθεν εἶπον, ἐπὶ τὴν ῥῆσιν ἐκείνην
ἐπανιέναι χρὴ διαπαντὸς καὶ λέγειν, ἰδοὺ πάντα, ὅσα
ἐποίησεν ὁ Θεὸς, καλὰ λίαν. Ἀλλὰ τὸ τρυφᾷν, καὶ
γελᾷν, καὶ ἐν ἡδονῇ εἶναι, καλόν; Οὐκοῦν ἄκουε Σολομῶντος, τοῦ πᾶν εἶδος τρυφῆς ἐπελθόντος, λέγον-

ipsi fuissent. Cur igitur ita loquutus est? Ob
eam causam, quam attigi. Cum igitur prophetam
audieris dicentem tibi Deum illa vidisse, atque
laudasse, noli jam amplius ullum examen vel indicium quærere pulchritudinis ipsorum, neque
dicas, Quomodo bona? Ipsa enim ex operibus
demonstratione clarior est sententia, quæ ex cal-
C culo et judicio conditoris emanat. Atque idcirco
rudioribus verbis est usus. Nam quemadmodum
si quis coemere medicamenta velit, alioquin imperitus, eaque jusserit medico prius ostendi, nullam aliam virtutis eorum demonstrationem requirit, ubi certo didicerit illa ab eo visa fuisse,
ac laudata, sed artificis calculo contentus abit,
cum audierit illa vidisse medicum, atque laudasse : sic nimirum Moyses, cum omnem vellet
occasionem impudentis curiositatis amputare il-
D lis, qui creaturis essent fruituri, denuntiavit eis,
ac dixit, Deum illa vidisse, laudasse, ac bona
esse judicasse, neque simpliciter bona, sed bona
valde. Noli ergo curiose inquirere, neque ratio-
cinando scrutare quæ facta sunt, cum tali de eorum præstantia testimonio sis instructus. Si enim
minime contentus hoc verbo, ad inquisitionem
rerum creatarum progredi velis, teque in ratiocinationum euripum ac fluctus solum injicias,
ex quibus multam senties excitatam procellam,
nihil quidem intelliges amplius, sed in naufra-
E gium te ipsum gravissimum præcipitem ages.
Neque enim rationes omnes singulorum quæ
facta sunt poteris reperire, sed et eorum quæ
bona tibi nunc videntur, multa vituperabis,
si animum adhibueris depravatum. Adeo namque imbecillis est hominum ratio, ut sæpenumero in contrarium agatur, et in judicio de creatura ferendo multi directe oppositi inter se
pugnent. Nam gentiles quidem cum plus quam
473 opus sit ipsam mirati essent, modum excesse-
A runt, eamque deum esse arbitrati sunt : Manichæi vero, et alii rursus hæretici quidam
dei minime boni opus eam esse dixerunt : quidam unam ejus partem avulsam a cæteris spon-
taneæ cuidam materiæ attribuerunt, eamque indignam esse Dei opificio judicarunt. Ita, sicut
ante dixi, si quis rationem ac mentem depava-
tam adhibeat, multa ex iis, quæ bona esse videntur, accusabit. Quid enim tibi sole pulchrius
videtur? Attamen splendidum istud et jucundum
astrum et oculos lædit infirmos, et cum radios
ardentiores emittit, terram urit, febres gignit,
B fruges sæpenumero arefacit et inutiles reddit,
arbores infecundas efficit, ac partem orbis ter-

Manichæi malum deum admittebant.

rarum nostræ inceptam habitationi et infestam reddit. Quid ergo? num, quæso, solem idcirco accusabimus? Absit; imo vero rationem quiescere jubentes, petram illam occupabimus, et
Gen. 1. 31. dictum illud, *Et vidit Deus cuncta quæ fecerat, et ecce bona valde:* siquidem et illa ipsa quæ nunc enumerata sunt a me, bona valde sunt et commoda. Sed ut superius dixi, ad vocem illam recurrendum est semper, ac dicendum: Ecce omnia, quæ fecit Deus, bona sunt valde. Sed nonne deliciis vacare, jocari, et voluptati operam dare, bonum est? Audi Salomonem, qui
Eccles. 7. 3. deliciarum omne genus tentavit, et ait, *Melius est ire ad domum luctus, quam ire ad domum convivii.* At mala res nox est? (oportet enim adversariorum uti verbis.) Imo ipsa laborum est relaxatio, liberatio a curis, morborum solatium, a metu ac periculis requies non mediocris: juvenile reddit corpus, mentem vividam, membra laboribus fatigata recreat reficitque. At mala res est morbus? Unde igitur Lazarus coronam reportavit? Sed mala paupertas? Unde vero Job gloriam est consequutus? At noxiæ afflictiones frequentes, et continuæ? Unde autem factum est ut apostoli celebres et illustres evaderent? quæ porro via ducit ad vitam? nonne arcta et angusta? Noli ergo dicere, Cur hoc? ad quid hoc? sed tam in dispensationibus quam in creaturis Dei, quod silentium præbet lutum figulo, idem et ipse Conditori tuo præbe, mi homo.

Cap. V. Credendum esse providentia Dei regi omnia: ejusque rei maximam demonstrationem iis qui dubitant, a rebus creatis suppeditari.

Quid ergo? dicet aliquis; non vis me certo scire, ac credere Dei providentia res omnes regi? Volo equidem et opto, ac vehementer desidero: non tamen ejus providentiam scrutari, neque curiose in eam inquirere. Si enim jam scis, et fidem habere statuisti, noli quærere: sin autem dubitas, terram interroga, cælum, solem, lunam, varia brutarum animantium genera interroga, semina, plantas, mutos pisces, saxa, montes, saltus, colles, noctem, diem. Siquidem sole ac radiis ejus clarior est Dei providentia, et quovis tempore, quovis in loco, in desertis, in regionibus cultis et incultis, in terra, in mari, et quocumque te contuleris, manifesta et idonea, cum vetera tum nova providentiæ istius monumenta conspicies, vocesque undique missas hac nostra rationali voce clariores, a quibus de hac ejus cura instruetur, qui aures voluerit admovere. Idcirco propheta quoque vocum istarum præstantiam volens ostendere, dicebat:
Psal. 18. 4. *Non sunt loquelæ, neque sermones, quorum non audiantur voces eorum.* Nam nostra quidem nota est illis tantum,

τος, Ἀγαθὸν πορευθῆναι εἰς οἶκον πένθους, ἢ πορευθῆναι εἰς οἶκον πότου. Ἀλλὰ νὺξ φαῦλον; (δεῖ γὰρ ἐκ τῶν ἐναντίων μεταχειρίσασθαι τὸν λόγον.) Ἀλλὰ καὶ αὕτη πόνων ἀνάπαυσις, φροντίδων ἀπαλλαγὴ, νοσημάτων παραμυθία, φόβων καὶ κινδύνων οὐ μικρὰ ἀναψυχή· νεαρὸν ποιεῖ τὸ σῶμα, ἀκμάζουσαν τὴν διάνοιαν, ἀναπαύει τὴν σάρκα πεπονηκυῖαν. Ἀλλὰ νόσος κακόν; Πόθεν οὖν ὁ Λάζαρος ἐστεφανώθη; Ἀλλὰ πενία; Καὶ πόθεν ὁ Ἰὼβ εὐδοκίμησεν; Ἀλλὰ θλίψεις ἐπάλληλοι καὶ συνεχεῖς; Καὶ πόθεν οἱ ἀπόστολοι
C ἀνεκηρύχθησαν; ποία δὲ ὁδὸς ἡ εἰς τὴν ζωὴν ἄγουσα; οὐχ ἡ στενὴ καὶ τεθλιμμένη; Μὴ τοίνυν λέγε, διὰ τί τοῦτο; εἰς τί τοῦτο; ἀλλὰ καὶ ἐπὶ τῶν οἰκονομιῶν καὶ ἐπὶ τῶν κτισμάτων τοῦ Θεοῦ, ἣν παρέχει σιγὴν ὁ πηλὸς τῷ κεραμεῖ, ταύτην καὶ αὐτὸς τῷ ποιήσαντί σε Θεῷ πάρεχε, ἄνθρωπε.

Τί οὖν; φησίν· οὐ βούλει με εἰδέναι σαφῶς καὶ πιστεύειν ὅτι προνοεῖ πάντων ὁ Θεός; Καὶ μάλα καὶ βούλομαι καὶ εὔχομαι, καὶ ἐπιθυμῶ σφόδρα· οὐ μὴν περιεργάζεσθαι τὴν πρόνοιαν, οὐδὲ πολυπραγμονεῖν. Εἰ μὲν γὰρ οἶσθα καὶ πέπεικας σεαυτὸν, μὴ ζήτει· εἰ δὲ ἀμφιβάλλεις, ἐρώτησον τὴν γῆν, τὸν οὐρανὸν,
D τὸν ἥλιον, τὴν σελήνην, ἐρώτησον τὰ ποικίλα τῶν ἀλόγων γένη, τὰ σπέρματα, τὰ φυτὰ, τοὺς ἀφώνους ἰχθύας, τὰς πέτρας, τὰ ὄρη, τὰς νάπας, τοὺς βουνοὺς, τὴν νύκτα, τὴν ἡμέραν. Τοῦ γὰρ ἡλίου καὶ τῆς ἀκτῖνος αὐτῆς φανερωτέρα ἡ τοῦ Θεοῦ πρόνοια, καὶ καθ' ἕκαστον καιρὸν, καὶ καθ' ἕκαστον τόπον, καὶ ἐν ἐρημίᾳ, καὶ ἐν οἰκουμένῃ, καὶ ἐν ἀοικήτῳ, καὶ ἐν γῇ, καὶ ἐν θαλάσσῃ, καὶ ὅπουπερ ἂν ἀφίκῃ, ὑπομνήματα ὄψει τῆς προνοίας ταύτης σαφῆ καὶ διαρκῆ, καὶ παλαιὰ καὶ νέα, καὶ φωνὰς τῆς φωνῆς ἡμῶν ταύτης τῆς λογικῆς τρανοτέρας πανταχόθεν φερομένας, καὶ τὸν
E βουλόμενον ἀκούειν παιδευούσας αὐτοῦ τὴν κηδεμονίαν. Διὰ τοῦτο καὶ ὁ προφήτης τῶν φωνῶν τούτων τὸ ἐξαίρετον δηλῶν ἔλεγεν· Οὐκ εἰσὶ λαλιαὶ, οὐδὲ λόγοι, ὧν οὐχὶ ἀκούονται αἱ φωναὶ αὐτῶν. Ἡ μὲν γὰρ ἡμετέρα τοῖς ὁμοφώνοις ἐστὶ γνώριμος μόνον, ἑτερο-

γλώσσοις δὲ οὐκέτι· ἡ δὲ διὰ τῆς κτίσεως φωνὴ πᾶσι
τοῖς ἔθνεσι τοῖς κατὰ τὴν οἰκουμένην ἐστὶν ἀκουστή.

Τοῖς μὲν οὖν εὐγνώμοσιν ἀρκεῖ καὶ πρὸ τῆς διὰ
τῶν ἔργων ἀποδείξεως ἡ ἀπόφασις αὐτὴ μόνη τοῦ
Θεοῦ, οὐχὶ τὴν πρόνοιαν αὐτοῦ δεῖξαι μόνον, ἀλλὰ 474
A καὶ τὸν σφοδρὸν ἔρωτα τὸν περὶ ἡμᾶς. Οὐ γὰρ ἁπλῶς
ἡμῶν προνοεῖ, ἀλλὰ καὶ ἐρῶν, καὶ σφόδρα ἐρῶν
ἔρωτά τινα ἀμήχανον, ἔρωτα ἀπαθῆ μὲν, θερμότατον
δὲ καὶ εὐτονώτατον, καὶ γνήσιον καὶ ἀκατάλυτον, καὶ
σβεσθῆναι μὴ δυνάμενον. Καὶ τοῦτο παραστῆναι βουλομένη ἡ θεία Γραφὴ, παράγει μὲν εἰκόνας τὰς ἐν
ἀνθρώποις, παράγει δὲ καὶ πολλὰ ἔρωτος ὑποδείγματα καὶ προνοίας καὶ κηδεμονίας. Οὐ μὴν μέχρι
τούτων ἡμᾶς μόνον βούλεται ἑστάναι, ἀλλὰ καὶ ὑπερβαίνειν τὰ παραδείγματα τῷ λογισμῷ. Οὐδὲ γὰρ ὡς
ἀρκοῦντα δεῖξαι τὸ φίλτρον παράγει ταῦτα, ἀλλ' ὡς
γνώριμα τοῖς ἀκούουσι, καὶ τῶν ἄλλων μᾶλλον δυνά-
B μενα δεῖξαι τοῦτο. Οἷόν τι λέγω· πρός τινας ὀδυρομένους καὶ πενθοῦντάς ποτε καὶ λέγοντας, Ἐγκατέλιπέ
με Κύριος, καὶ ἐπελάθετό μου ὁ Θεὸς τοῦ Ἰσραὴλ,
τηνικαῦτα ἐπάγει λέγων ὁ προφήτης· Μὴ ἐπιλήσεται
γυνὴ τοῦ παιδίου αὐτῆς, ἢ τοῦ ἐλεῆσαι τὰ ἔκγονα τῆς
κοιλίας αὐτῆς; τοῦτο λέγων, ὅτι ὥσπερ ἐκείνη οὐκ ἂν
ἐπιλάθοιτο τῶν παιδίων τῶν ἑαυτῆς, οὕτως οὐδὲ ὁ
Θεὸς τοῦ γένους τῶν ἀνθρώπων. Εἶτα ἵνα μάθῃς ὅτι
τὴν εἰκόνα ταύτην παρήγαγεν ὁ προφήτης, οὐχὶ τοσοῦτον βουλόμενος δεῖξαι τὸ μέτρον τῆς ἀγάπης τοῦ
Θεοῦ, ὅση μητρός ἐστι περὶ τὰ ἔκγονα τῆς κοιλίας
C αὐτῆς, ἀλλ' ἐπειδὴ τοῦτο μᾶλλον τῶν ἄλλων ἐξαίρετον
μέτρον ἀγάπης γνώριμον εἶχε (τὸ μέντοι φίλτρον τοῦ
Θεοῦ πολλῷ μεῖζον ἐκείνου), ἐπήγαγεν· Εἰ δὲ καὶ
ἐπιλάθοιτο ταῦτα γυνὴ, ἀλλ' ἐγὼ οὐκ ἐπιλήσομαί σου,
λέγει Κύριος. Εἶδες πῶς ὑπερέβη τῆς μητρὸς τὸ μέτρον; Καὶ ἵνα μάθῃς ὅτι ἐκ πολλοῦ τοῦ περιόντος
ὑπερέβη καὶ μητρὸς φιλοστοργίαν, καὶ πατρὸς περὶ
παῖδας πόθον, ὁ μὲν προφήτης φησί· Καθὼς οἰκτείρει
πατὴρ υἱοὺς, ᾠκτείρησε Κύριος τοὺς φοβουμένους
αὐτόν. Καὶ αὐτὸς δὲ πάλιν ταύτην εἰσάγει τὴν εἰκόνα
τῆς ἀγάπης· ᾔδει γὰρ ταύτην τῶν ἄλλων ἔχουσάν τι
D ἐξαίρετον. Ὁ δὲ καὶ προφητῶν καὶ πάντων Δεσπότης
δηλῶν, ὅτι καὶ ταύτης τὸ μέτρον ἐκ πολλοῦ τοῦ
περιόντος ὑπερβαίνει τοῦ Θεοῦ ἡ κηδεμονία, καὶ
ὅσον τοῦ φωτὸς τὸ μέσον ἐστὶ πρὸς σκότος, καὶ
πονηρίας πρὸς ἀγαθότητα, τοσοῦτον τὸ μέτρον τῆς
τοῦ Θεοῦ χρηστότητος καὶ προνοίας πρὸς τὴν πατρικὴν φιλοστοργίαν, ἄκουε τί φησι· Τίς ἐστιν ἐξ
ὑμῶν, ὃν ἐὰν αἰτήσῃ ὁ υἱὸς αὐτοῦ ἄρτον, μὴ λίθον ἐπιδώσει αὐτῷ; καὶ ἐὰν ἰχθὺν αἰτήσῃ, μὴ ὄφιν
ἐπιδώσει αὐτῷ; Εἰ δὲ ὑμεῖς πονηροὶ ὄντες οἴδατε
E δόματα ἀγαθὰ διδόναι τοῖς τέκνοις ὑμῶν, πολλῷ

qui ejusdem sunt linguæ: non item illis qui diversæ: at illa vox quæ mittitur a creaturis, ab
omnibus, quæ totum orbem terrarum incolunt,
nationibus potest audiri.

Atque apud probos quidem ac modestos, ante Cap. VI.
ullam ex operibus demonstrationem, ipsa sola De caritate Dei,
474 Dei sufficit affirmatio, non ad providentiam tan- quæ caritatem omnem
A tum, sed et ad amorem etiam illius erga nos longe excedit.
eximium ostendendum. Non enim quovis modo
providet nobis, sed ita ut amet simul, et vehementi nos et immenso quodam amore prosequa-
tur, ab omni quidem passione immuni, sed ardentissimo et intentissimo, sincero, indissolubili,
et qui numquam possit exstingui. Atque hoc nobis cum vellet insinuare Scriptura divina, profert quidem similitudines ductas a rebus humanis, profert et amoris, providentiæ, curæque exempla permulta. Non tamen in his tantum vult nos
subsistere, sed etiam exempla mente transcen-
B dere. Neque enim tamquam sufficientia ad ejus
benevolentiam indicandam ista protulit, sed tamquam auditoribus nota, quæque magis quam alia
quævis hoc possent ostendere. Exempli causa:
dum agit cum illis qui lamentabantur ac gemebant olim, et dicebant: *Dereliquit me Domi-* Isai. 49. 14.
nus, et *oblitus* est *mihi Deus Israel*, tum adji- 15.
cit hæc verba propheta: *Numquid obliviscetur*
mulier parvuli sui, vel ut non misereatur fe-
tuum uteri sui? Hoc nimirum dicit: quemadmodum illa nequit oblivisci parvulorum suorum,
C sic neque Deus generis humani. Deinde ut intelligas hanc adductam esse a propheta similitudinem, non quod tantam vellet ostendere Dei caritatis esse mensuram, quanta sit matris erga
fetus uteri sui; sed quoniam hunc eximium præ
cæteris notum habuit caritatis modum (tametsi
multo major illo Dei amor), adjecit: *Sin au-* Ibid.
tem et *horum oblita fuerit mulier, ego tamen*
non obliviscar tui, dicit Dominus. Vides ut
materni amoris modum excedat? Atque ut intelligas maternum affectum et patris in filios bene-
D volentiam eum longo intervallo superare, ait
quidem propheta: *Quomodo miseretur pater* Psal. 102.
filiorum, misertus est Dominus timentibus 13.
se. Idemque rursus hanc caritatis similitudinem
adducit: quippe qui sciret præ cæteris hanc ex-
cellere. At prophetarum et omnium Dominus,
ut Dei providentiam et curam ostenderet hujus
mensuram longo intervallo superare, quantumque inter lucem ac tenebras, et inter bonitatem
ac malitiam est discrimen, tantum a divina bo-
E nitate ac providentia paternum amorem superari,

Matth. 7. 9.—11. audi quid dicat: *Quis est ex vobis homo, a quo si petierit filius ejus panem, numquid lapidem porriget ei? et si petierit piscem, numquid serpentem porriget ei? Quod si vos, cum sitis mali, nostis bona data dare filiis vestris, multo magis pater vester, qui in cælis est, dabit bona iis, qui a se petierint;* indicans, quantum est inter nequitiam bonitatemque discrimen, tanto paterna sollicitudine subliniorem divinam esse benignitatem. Hæc autem a me idcirco exempla sunt allata, ut si quando alias comparationes induxero, ne intra limites eorum, quæ exprimuntur a prophetis, mentem circumscribas, sed hac utens regula, cogitatione superius ascendas, et immensum caritatis ejus excessum agnoscas. Neque enim naturæ finibus est contentus, sed illis omissis atque superatis alia rursus adjungit exempla. Ea quippe conditio est amantis: multis argumentis id ei conatur ostendere, quem amore complectitur: quod et ipse facit, dum ad locorum intervalla magnamque intercapedinem orationem traducit, non ut iterum tantum ejus esse affectum arbitreris, sed quod hoc præcipue mensuræ genus cæteris sciret antecellere, atque auditoribus esse notum.
Psal. 102. 11. Ac per Davidem quidem ait: *Secundum altitudinem cæli a terra corroboravit Dominus misericordiam suam super timentes se:*
Ib. v. 12. et, *Quantum distat ortus ab occidente, longe fecit a nobis iniquitates nostras:* per Isaiam
Isai. 55. 8. 9. vero, *Neque enim sunt cogitationes meæ, sicut cogitationes vestræ, neque viæ meæ, sicut viæ vestræ; sed sicut distat cælum a terra, sic distant viæ meæ a viis vestris,* et *cogitationes meæ a cogitationibus vestris.* Hæc porro dicebat, quod paulo superius de remis-
Ibid. v. 7. sione peccatorum disseruerat, et dixerat, *Quia multum dimittam iniquitates vestras.* Deinde ostendens quantum sit illud multum, hoc adjecit exemplum: sed neque solis istis contentus est, verum etiam ad alteram crassiorem comparationem orationem dimittit. Nam apud Osee dice-
Osee. 11. 8. bat: *Quid faciam tibi, Ephraim? quid faciam tibi, Juda? Sicut Adama ponam te,* et *sicut Seboim. Conversum* est *cor meum in ipso; conturbata* est *pœnitudo mea.* Horum autem verborum hæc est sententia: Ne verbum quidem minarum toleravi. Ac loquitur quidem hominum more, non ut humanum quiddam su-

μᾶλλον ὁ Πατὴρ ὑμῶν ὁ ἐν τοῖς οὐρανοῖς δώσει ἀγαθὰ τοῖς αἰτοῦσιν αὐτόν· δεικνὺς ὅτι ὅσον πονηρίας καὶ ἀγαθότητος τὸ μέσον, τοσοῦτον ἡ τοῦ Θεοῦ ἀγαθότης τῆς τῶν πατέρων κηδεμονίας ἐστὶν ἀνωτέρα. Ταῦτα δὲ εἶπον τὰ ὑποδείγματα, ἵν', ὅταν ἑτέρας ἐπαγάγω φίλτρου εἰκόνας, μὴ μέχρι τοῦ μέτρου τοῦ λεγομένου παρὰ τῶν προφητῶν στήσῃς τὴν διάνοιαν, ἀλλ' ἔχων τὸν κανόνα τοῦτον ὑπερβῇς τῷ λογισμῷ περαιτέρω, καὶ ἴδῃς τῆς ἀγάπης αὐτοῦ τὴν ἄφατον ὑπερβολήν. Οὐδὲ γὰρ ἀρκεῖται τοῖς τῆς φύσεως μέτροις, ἀλλ' ἀφεὶς αὐτὰ καὶ ὑπερακοντίσας, καὶ ἕτερα πάλιν
475 προστίθησιν ὑποδείγματα. Τοιοῦτον γὰρ ὁ φιλῶν·
A διὰ πλειόνων βούλεται δεικνύναι τοῦτο τῷ φιλουμένῳ· ὃ δὴ καὶ αὐτὸς ποιεῖ εἰς τοπικῶν διαστημάτων μέγεθος ἐξάγων τὸν λόγον, οὐχ ἵνα πάλιν τοσοῦτον αὐτοῦ νομίσῃς τὸ φίλτρον, ἀλλ' ἐπειδὴ τοῦτο μόνον τὸ μέτρον τῶν διαστημάτων τῶν ἄλλων ἐξαίρετον καὶ γνώριμον ἦν τοῖς ἀκούουσι. Καὶ διὰ μὲν τοῦ Δαυὶδ φησι· Κατὰ τὸ ὕψος τοῦ οὐρανοῦ ἀπὸ τῆς γῆς ἐκραταίωσε Κύριος τὸ ἔλεος αὐτοῦ ἐπὶ τοὺς φοβουμένους αὐτόν· καὶ, Καθ' ὅσον ἀπέχουσιν ἀνατολαὶ ἀπὸ δυσμῶν, ἐμάκρυνεν ἀφ' ἡμῶν τὰς ἀνομίας ἡμῶν· διὰ τοῦ Ἡσαΐου δέ· Οὐ γάρ εἰσιν αἱ βουλαί μου, ὡς αἱ βουλαὶ ὑμῶν, οὐδὲ αἱ ὁδοί μου, ὡς αἱ ὁδοὶ ὑμῶν· ἀλλ'
B ὅσον ἀπέχει ὁ οὐρανὸς ἀπὸ τῆς γῆς, τοσοῦτον ἀπέχουσιν αἱ ὁδοί μου ἀπὸ τῶν ὁδῶν ὑμῶν, καὶ τὰ διανοήματά μου ἀπὸ τῶν διανοημάτων ὑμῶν. Ταῦτα δὲ ἔλεγεν, ἀνωτέρω περὶ ἀφέσεως ἁμαρτημάτων διαλεχθεὶς, καὶ εἰπὼν, Ὅτι ἐπὶ πολὺ ἀφήσω τὰς ἀνομίας ὑμῶν. Εἶτα δεικνὺς πόσον, ἐπήγαγε τοῦτο τὸ ὑπόδειγμα· καὶ οὐδὲ τούτοις ἀρκεῖται μόνοις, ἀλλ' εἰς ἑτέραν [a] παχυτέραν καταφέρει τὸν λόγον εἰκόνα. Ἐν γὰρ τῷ Ὠσηὲ ἔλεγε· Τί σοι ποιήσω, Ἐφραΐμ; [b] τί σοι ποιήσω, Ἰούδα; Ὡς Ἀδάμα θήσομαί σε, καὶ ὡς Σεβοείμ. Μετεστράφη ἡ καρδία μου ἐν τῷ αὐτῷ· συνεταράχθη
C ἡ μεταμέλειά μου. Ὃ δὲ λέγει, τοιοῦτόν ἐστιν· οὐδὲ τὸ ῥῆμα ἤνεγκα τῆς ἀπειλῆς, φησί. Καὶ ἀνθρωπίνως μὲν διαλέγεται, οὐχ ἵνα τι ἀνθρώπινον ὑποπτεύσῃς, ἄπαγε, ἀλλ' ἵνα ἀπὸ τῆς [c] παχυτάτης λέξεως θεοπρεπῆ τὴν ἀγάπην, καὶ γνησίαν, καὶ ἀκατάλυτον νοήσῃς. Ὥσπερ γάρ τις μανικῶς τινος ἐρῶν, οὐδὲ μέχρι ῥημάτων αἱρεῖται λυπῆσαι τὸν ἐρώμενον, οὕτω δὴ καὶ αὐτός φησιν· ἐπειδὴ μόνον εἶπον, καὶ ἐλύπησα τῇ λέξει, Μετεστράφη ἡ καρδία μου ἐν ταὐτῷ. Οὐδὲ γὰρ τὰς βαρυτάτας ταύτας παραιτεῖται εἰκόνας παράγειν, ἵνα δείξῃ τὸ φίλτρον, ὅτι μάλιστα ἐρῶντός ἐστι.
D Καὶ οὐδὲ ἐνταῦθα ἔστη, ἀλλὰ καὶ περαιτέρω πρόεισι πάλιν, ἕτερον βαθύτερον ἐπάγων ὑπόδειγμα καὶ λέγων· Ὃν τρόπον εὐφρανθήσεται νυμφίος ἐπὶ νύμφῃ,

[a] Alii βαρυτέραν.
[b] Τί ποιήσω σοι, Ἰούδα, Hæc aliunde desumta sunt.
[c] Alii βαρυτάτης.

οὕτως εὐφρανθήσεται [d] Κύριος ἐπὶ σοί· ὅτι μάλιστα ἐν ἀρχῇ θερμότεροι οἱ ἔρωτες καὶ ζέοντες καὶ ἀκμάζοντές εἰσιν. Οὕτω δὲ εἴρηται, οὐχ ἵνα τι ἀνθρώπινον ὑποπτεύσῃς (πάλιν γὰρ τὰ αὐτὰ λέγειν οὐ παύσομαι), ἀλλ' ἵνα ἐκ τούτων τὸ θερμὸν, τὸ γνήσιον, τὸ σφοδρὸν, τὸ πεπυρωμένον τῆς ἀγάπης ἴδῃς. Εἶτα εἰπὼν, ὅτι ὡς πατὴρ φιλεῖ, καὶ πλέον ἢ πατὴρ, ὡς μήτηρ, καὶ πλέον ἢ μήτηρ, ὡς νυμφίος καὶ πλέον ἢ νυμφίος, ὅτι E τοσοῦτον ὅσον τὸ διάστημα τοῦ οὐρανοῦ ἀπὸ τῆς γῆς, καὶ πλέον ἢ τοσοῦτον, ὅτι τηλικοῦτον, ὅσον ἀπέχουσιν ἀνατολαὶ ἀπὸ δυσμῶν, καὶ πλέον ἢ τηλικοῦτον, οὐδὲ ἐνταῦθα ἵσταται τῶν εἰκόνων, ἀλλὰ καὶ περαιτέρω πρόεισιν εἰς ἐπίδειξιν πολλῷ ταπεινοτέρου ὑποδείγματος. Τοῦ γὰρ Ἰωνᾶ μετὰ τὴν φυγὴν καὶ τοῦ Θεοῦ τὴν καταλλαγὴν τὴν πρὸς Νινευίτας ἐξαπορηθέντος, ὡς οὐκ ἐλθόντων εἰς ἔργον τῶν ἀπειληθέντων, 476 A καὶ παθόντος τι ἀνθρώπινον πάθος, καὶ σκυθρωπάσαντος, ἐπιτάξας τῇ ἀκτῖνι θερμοτέραν ἀφεῖναι τὴν φλόγα, εἶτα κελεύσας τῇ γῇ σχεδιάσαι αὐτῷ στέγην ἀπὸ λαχάνου, καὶ θάλψας αὐτὸν μεθ' ὑπερβολῆς καὶ ἀναπαύσας, εἶτα λυπήσας τῷ ταύτην ἀφανίσαι τὴν στέγην, ἐπειδὴ [a] τῷ μὲν εἶδεν ἀνεθέντα, τῷ δὲ κατατεινόμενον, ἄκουε τί φησι πρὸς αὐτόν· Σὺ μὲν ἐφείσω ὑπὲρ τῆς κολοκύντης, ὑπὲρ ἧς οὐκ ἐκακοπάθησας, οὐδὲ ἐξέθρεψας· ἐγὼ δὲ οὐ φείσομαι ὑπὲρ Νινευὴ τῆς πόλεως τῆς μεγάλης, ἐν ᾗ κατοικοῦσιν ἐν αὐτῇ πλείους ἢ δώδεκα μυριάδες ἀνδρῶν, οἵτινες οὐκ ἔγνωσαν δεξιὰν ἢ ἀριστεράν; Ὃ δὲ λέγει τοιοῦτόν ἐστιν· οὐχ B οὕτως ἀνέπαυσέ σε ἡ σκιὰ τοῦ λαχάνου ὡς ἐμὲ εὔφρανεν ἡ σωτηρία τῶν Νινευιτῶν· οὐδὲ οὕτως σε ἐλύπησεν ἡ ἀφαίρεσις αὐτοῦ, ὡς ἐμὲ ὁ τούτων ὄλεθρος. Οὕτω παρὰ γνώμην μου ἡ ἀπώλεια αὐτῶν ἦν. Ὁρᾷς πῶς καὶ ἐνταῦθα ὑπερβαίνει τὴν εἰκόνα. Οὐ γὰρ εἶπε, Σὺ μὲν ἐφείσω ὑπὲρ τῆς κολοκύντης, καὶ ἐσίγησεν, ἀλλ' ἐπήγαγεν· Ἐφ' ᾗ οὐκ ἐκακοπάθησας, οὐδὲ ἐξέθρεψας αὐτήν. Ἐπειδὴ γὰρ ἐκεῖνα μάλιστα φιλοῦσι τῶν φυτῶν οἱ γηπόνοι, περὶ ἃ πολὺν ἐπεδείξαντο πόνον, δεῖξαι θέλων ὅτι καὶ κατὰ τοῦτο φιλεῖ τὸ εἶδος τοῦ φίλτρου τοὺς ἀνθρώπους, τοῦτο προσέθηκεν· εἰ γὰρ σὺ τοῦ ἀλλοτρίου ἔργου οὕτως ἀντείχου, φησὶ, C πολλῷ μᾶλλον ἐγὼ τοῦ οἰκείου, καὶ οὗ ποιητής εἰμι. Εἶτα καὶ ὑποτέμνεταί τι τῆς κατηγορίας αὐτῶν λέγων, ὅτι Οὐκ ἔγνωσαν δεξιὰν ἢ ἀριστεράν· ἀφελείᾳ μᾶλλον ἢ [b] κακίᾳ πεπλημμεληκέναι αὐτοὺς ἀποφηνάμενος, ὃ καὶ ἔδειξε τὸ τῆς μετανοίας τέλος. Καὶ ἑτέροις δὲ ἐπιτιμῶν θρηνοῦσιν ὡς ἐγκαταλειφθεῖσι, ταῦτα λέγει τὰ ῥήματα· Ἐρωτήσατέ με περὶ τῶν υἱῶν μου, καὶ περὶ τῶν ἔργων τῶν χειρῶν μου ἐντείλασθέ μοι. Ὃ δὲ λέγει τοιοῦτόν ἐστι· τίς πα-

spiceris, absit, sed ut hac crassiori loquendi ratione caritatem quamdam Deo convenientem, sinceram, et indissolubilem intelligas. Nam quemadmodum si quis insano quempiam amore diligat, ne verborum quidem tenus cum vellet offendere, quem ita diligit : sic nimirum et ipse inquit : Quoniam dixi tantum, et verbis offendi, E *Conversum* est *cor meum in ipso*. Neque enim crassiores istas comparationes proferre dedignatur, ut amorem ostendat, quod est maxime diligentis. Neque hic substitit, sed pergit ulterius, et alterum rursus crassius exemplum adjungit, ita dicens : Quo*modo lætabitur sponsus super* *Isai. 62. 5.* *sponsa, sic lætabitur* *Christus super te :* quod initio præsertim ardentiores ac ferventiores, et 476 vividiores sint amores. Ita porro loquutus est, A non ut humanum quidpiam suspiceris (iterum enim illud dicere non desinam), sed ut ex his ardorem, sinceritatem, vehementiam, flammam denique caritatis intelligas. Deinde cum dixisset, Sicut diligit pater, et amplius quam pater, sicut mater, et amplius quam mater, sicut sponsus et amplius quam sponsus, quantum est intervallum cæli a terra, et amplius quam illud, quantum distat ortus ab occidente, et amplius quam illud, ne hic quidem substitit comparationibus utens, sed ulterius progreditur, ut multo ab- B jectius exemplum ostentet. *Alio exemplo utitur Jonæ.* Cum enim Jonas post fugam, Deique cum Ninivitis reconciliationem inops consilii esset, et æstuaret, quod ea quæ minatus erat, in opus non procederent, et humano quodam turbaretur affectu, ac mœstus esset, cum soli imperasset Deus, ut ardentiores emitteret radios, ac deinde terræ jussisset, ut illi tegmen ex herba subitario opere strueret, cum magnopere illum levasset atque recreasset, deinde rursus cum ob sublatum e medio tegmen illud eum contristasset, postquam altero recreatum, et altero cruciatum illum vi- C dit, audi quid ei dicat : *Tu quidem pepercisti* *Jon. 4. 10. 11.* *super cucurbita, pro qua non laborasti, neque nutriisti : ego autem non parcam super Ninive civitate magna, in qua habitant plures quam centum viginti millia hominum, qui non noverunt dextram aut sinistram suam?* Horum autem verborum hæc est sententia : Non ita recreavit te umbra oleris, ut me salus Ninivitarum exhilaravit : neque ita te destructio ejus contristavit, ut me illorum interitus. Ita præter

[d] [Κύριος dedimus cum Savil. et Bibl. Montf. Χριστός.]

[a] [Savil. τὸ μὲν εἶδεν ἀναιρεθὲν, τὸ δὲ κατατ.]

[b] Alii πονηρίᾳ.

mentem meam illorum exitium accidisset. Vides hic quoque comparationem illum excedere? Non enim dixit, *Tu quidem pepercisti super cucurbita,* et conticuit : sed adjunxit : *Pro qua non laborasti, neque nutriisti eam.* Nam quoniam eas potissimum plantas amant agricolæ, in quas plurimum laboris impenderint, ut hoc quoque se genere amoris complecti homines indicaret, hoc addidit : Si enim tu alienum opus ita defendis, inquit, multo magis ego proprium, et cujus sum conditor. Deinde mitigat accusationem illorum, cum ait : *Qui non noverunt dexteram aut sinistram suam,* ut simplicitate potius quam malitia illos deliquisse declaret, id quod et pœnitentiæ finis ostendit. Enimvero cum alios quoque reprehendit, qui gemebant, utpote derelicti, his eos verbis affatur : *Interrogate me de filiis meis, et de operibus manuum mearum mandate mihi.* Quasi diceret : Quis patrem admonet, hortaturque ut filii sui curam gerat? aut artificem et opificem, ne suum opus sinat interire? Itane vero inter homines sufficit vobis naturæ vel artis conditio, ut de sollicitudine minime dubitetur : mihi vero putatis hortatore opus esse, ut liberos meos vel opera tuear et defendam? Hæc autem dicebat, non ut ipsum non hortarentur, sed ut scire possent Deum etiam ante cohortationem suas partes agere, velle tamen ut alii se cohortentur, et rogent, quod sciat ad hortatores magnam inde utilitatem dimanare. Vides ut manifestissime ac sole clarius per hæc exempla ineffabilis ejus providentiæ demonstratio elucescat? Perpende autem. Patrem in medium protulit, matrem, sponsum, sponsam, distantiam cæli et terræ, intervallum quod est inter ortum et occasum, agricolam, et olerum cultorem, architectum, genitorem, vehementem amatorem, qui turbetur, si vel etiam verbo tenus eum, quem amat, offenderit : et omnes illos tantum superare Dei bonitatem ostendit his omnibus, quantum malitiam probitas vincit.

Isai. 45. 11.

τέρα ἀναμιμνήσκει, καὶ παρακαλεῖ, ὥστε προνοῆσαι παιδός; ἢ τεχνίτην καὶ δημιουργὸν, ὥστε μὴ D ἀφεῖναι διαπεσεῖν τὸ ἔργον; Εἶτα ἐπ' ἀνθρώπων μὲν ἀρκεῖσθε τῇ φύσει καὶ τῇ τέχνῃ εἰς ἀπόδειξιν τῆς κηδεμονίας, ἐμὲ δὲ οἴεσθε χρήζειν τοῦ παρακαλοῦντός με, ἵνα τῶν τέκνων τῶν ἐμῶν καὶ τῶν ἔργων ἀντιλήψομαι; Ταῦτα δὲ ἔλεγεν, οὐχ ἵνα μὴ παρακαλῶσιν, ἀλλ' ἵνα εἰδέναι ἔχωσιν ὅτι καὶ πρὸ τῆς παρακλήσεως ὁ Θεὸς τὰ ἑαυτοῦ ποιεῖ, βούλεται δὲ καὶ παρακαλεῖσθαι, ἐπειδὴ μέγα οἶδε τοῖς παρακαλοῦσιν ἐντεῦθεν ὑπάρχον τὸ κέρδος. Εἶδες πῶς σαφέστερον καὶ ἡλίου φαιδρότερον διὰ τῶν ὑποδειγμάτων τούτων τῆς ἀφάτου προνοίας αὐτοῦ ἡ ὑπόδειξις διαλάμπει; E Σκόπει δέ. Παρήγαγεν εἰς μέσον τὸν πατέρα, τὴν μητέρα, τὸν νυμφίον, τὴν νύμφην, τὸ διάστημα τοῦ οὐρανοῦ καὶ τῆς γῆς, τὸ μέσον τῶν ἀνατολῶν πρὸς δυσμὰς, τὸν φυτουργὸν καὶ περὶ λάχανα πονούμενον, τὸν οἰκοδόμον τῶν γενησομένων, τὸν σφοδρὸν ἐραστὴν, τὸν ταραττόμενον, εἰ καὶ μέχρι ῥημάτων λυπήσειε τὸν ἐρώμενον· καὶ τοσοῦτον ἁπάντων ὑπερακοντίζειν διὰ πάντων τούτων ἔδειξε τὴν τοῦ Θεοῦ ἀγαθότητα, ὅσον πονηρίαν χρηστότητος.

Cap. VII. Demonstratio divinæ providentiæ ex creaturis.

Ac probis quidem et modestis, ut dixi, ista sufficiunt : sed quoniam nonnulli sunt lutei, contumaces, refractarii, carni addicti, age vel ex ipsis operibus, quantum in nobis situm fuerit, ejus providentiam demonstremus. Nam totam quidem illam, imo ne minimam quidem ejus partem aliquam facile fuerit expressisse : adeo immensa est et infinita, et tum ex parvis, tum ex magnis rebus elucet, sive quæ sub oculos cadunt, sive quæ minime cernuntur. Verumtamen ex iis quæ sub oculos cadont, probationem

477 A Καὶ τοῖς μὲν οὖν εὐγνώμοσιν, ὅπερ ἔφην, ἀρκεῖ καὶ ταῦτα· ἀλλ' ἐπειδή τινές εἰσι πήλινοι, καὶ δυσανάγωγοι, καὶ δυσπειθεῖς, καὶ αὐτόσαρκες, φέρε δὴ καὶ διὰ τῶν ἔργων αὐτῶν ἀποδείξωμεν αὐτοῦ τὴν πρόνοιαν, καθ' ὅσον ἡμῖν οἷόν τε. Ἅπασαν γὰρ αὐτὴν, μᾶλλον δὲ οὐδὲ τὸ πολλοστὸν αὐτῆς μέρος παραστῆσαι ῥᾴδιον· οὕτως ἐστὶν ἄπειρος καὶ ἄφανος, καὶ διὰ τῶν μικρῶν καὶ διὰ τῶν μεγάλων διαλάμπουσα, καὶ τῶν ὁρωμένων, καὶ τῶν οὐχ ὁρωμένων. Πλὴν ἀλλ' ἀπὸ τῶν ὁρωμένων τέως ποιησώμεθα τὴν ἀπόδειξιν. Τὴν γὰρ θαυμασίαν ταύτην καὶ παναρμόνιον

κτίσιν δι' οὐδένα ἕτερον ἐποίησεν, ἢ διὰ σέ· καὶ καλὴν οὕτω, καὶ μεγάλην οὕτω, καὶ ποικίλην, καὶ πολυτελῆ, καὶ διαρκῆ, καὶ χρησίμην καὶ πανταχόθεν κερδαλέαν, καὶ πρὸς σώματος διατροφὴν καὶ σύστασιν, καὶ πρὸς ψυχῆς φιλοσοφίαν, καὶ πρὸς θεογνωσίας ὁδὸν ἐπιτηδείαν κατεσκεύασε διὰ σέ. Οὐδὲ γὰρ ἄγγελοι ταύτης ἐδέοντο· πῶς γὰρ οἱ καὶ πρὶν ἢ γενέσθαι αὐτὴν ὄντες; Ὅτι γὰρ ἐκεῖνοι πολλῷ ταύτης πρεσβύτεροι, ἄκουε τί φησιν ὁ Θεὸς τῷ Ἰὼβ διαλεγόμενος· Ὅτε ἐγένετο ἄστρα, ᾔνεσάν με πάντες ἄγγελοί μου, καὶ ὕμνησαν φωνῇ μεγάλῃ· τοῦτ' ἔστιν, ἐκπλαγέντες τὸ πλῆθος, τὸ κάλλος, τὴν θέσιν, τὴν χρείαν, τὴν ποικιλίαν, τὴν φαιδρότητα, τὴν λαμπηδόνα, τὴν ἁρμονίαν, τὰ ἄλλα πάντα, ἅπερ ἀκριβέστερον ἡμῶν συνορῶσιν ἐκεῖνοι. Οὐκ ἄστρασι δὲ ἐκαλλώπισε μόνον, ἀλλὰ καὶ ἡλίῳ καὶ σελήνῃ κατεκόσμησεν, ἐν ἑκατέρῳ τῷ καιρῷ πολλὴν μέν σοι τὴν ἡδονὴν, πολλὴν δὲ παρέχων τὴν χρείαν ἐξ ἀμφοτέρων. Τί γὰρ ὡραιότερον οὐρανοῦ, νῦν μὲν ὑφ' ἡλίου τε καὶ σελήνης καταλαμπομένου, νῦν δὲ, καθάπερ τισὶν ὀφθαλμῶν βολαῖς, τῷ ἀπείρῳ τῶν ἄστρων πλήθει καταυγάζοντος τὴν γῆν, καὶ ναύταις καὶ ὁδοιπόροις ὁδηγούς τινας διδόντος καὶ χειραγωγούς; Ὁ γὰρ τὸ πέλαγος τέμνων, καὶ ἐπὶ τῶν οἰάκων καθήμενος, καὶ κυμάτων ἐμβολαῖς, καὶ ὑδάτων ἀτάκτων ῥύμῃ, καὶ [a] πνευμάτων βιαίων φορᾷ, καὶ νυκτὸς ἀσελήνῳ σκότῳ ἐκδίδωσιν ἑαυτὸν, τῇ παρὰ τούτου ὁδηγίᾳ θαῤῥῶν· καὶ ὁ ἐν ὕψει κείμενος ἀστὴρ τὸν ἐκ τοσούτου καθήμενον διαστήματος, ὥσπερ ἐγγὺς καὶ πλησίον παρὼν, οὕτω μετὰ ἀκριβείας χειραγωγεῖ, καὶ πρὸς λιμένας ὁρμίζει, φωνὴν μὲν οὐκ ἀφιεὶς, τῷ δὲ ὕψει δεικνὺς αὐτοῖς τὰς ὁδοὺς, καὶ τὴν θάλασσαν τέμνειν αὐτοῖς χαριζόμενος μετ' ἀσφαλείας, καιροὺς ὑποδεικνὺς, ὥστε νῦν μὲν εἴσω τοῦ λιμένος κατέχειν τὸ πλοῖον, νῦν δὲ θαῤῥοῦντας εἰς τὸ πέλαγος ἐξάγειν, καὶ μὴ διὰ τὴν τοῦ μέλλοντος ἀδηλίαν ἀπροόπτως εἰς χειμέριον ἐμπίπτοντας ἡμέραν ναυάγιον ὑπομένειν. Καὶ οὐχ ὁλοκλήρων δὲ ἐνιαυτῶν μέτρα μόνον καὶ καιροὺς χαρακτηρίζουσιν οὗτοι, ἀλλὰ καὶ ἑκάστης νυκτὸς καὶ ὥραν καὶ τροπὴν μετὰ πολλῆς παριστῶσι τῆς ἀκριβείας, καὶ ποιοῦσιν εἰδέναι τοὺς ὁρῶντας, πότε μὲν τὸ πλέον αὐτῆς παρῆλθε, πότε δὲ τὸ ἔλαττον ὑπολέλειπται, καὶ αὖ τοὐναντίον πάλιν, ὅπερ οὐ ναύταις μόνον, ἀλλὰ καὶ ὁδοιπόροις χρήσιμον, ὥστε μὴ ἀωρὶ τῆς νυκτὸς τῆς ὁδοιπορίας ἅπτεσθαι, μήτε ἐν καιρῷ τῷ προσήκοντι οἴκοι καθῆσθαι. 479 Τοῦτο μετὰ τῶν ἀστέρων καὶ οἱ σεληναῖοι δρόμοι μετὰ ἀκριβείας εἰσὶν ἐμπεπιστευμένοι. Καθάπερ γὰρ ὁ ἥλιος τὰς ὥρας τῆς ἡμέρας, οὕτω καὶ ἡ σελήνη τὰς τῆς νυκτὸς κανονίζει, καὶ πολλὴν ἑτέραν χρείαν παρέχει, καὶ ἀέρος εὔκρατον χύσιν, καὶ δρό-

[a] Alii πνευμάτων ἀγρίων φορᾷ.

instituamus. Hanc enim mirabilem concinnamque creaturam propter alium nullum condidit, nisi propter te; ac tam pulchram et magnam, tam variam et pretiosam, ac perennem, utilem, et omni ex parte fructuosam, et ad corporis sustentationem et corroborationem, et ad animæ instructionem, et aptam ad viam sternendam ad cognitionem Dei, tua unius causa creavit. Neque enim angeli indigebant illa: quomodo enim indigerent, qui priusquam oriretur ipsa, jam erant? Illos enim ista multo antiquiores esse, audi quo pacto verbis illis ostendat Deus, quibus ita Jobum alloquitur: *Quando facta sunt sidera, laudaverunt me omnes angeli mei, et voce magna cecinerunt*: hoc est obstupefacti multitudine, pulchritudine, situ, utilitate, varietate, amœnitate, splendore, concinnitate, cæteris omnibus, quæ longe melius illi quam nos perspiciunt. Neque vero sideribus tantum exornavit, sed et sole et luna decoravit, utroque tempore multam tibi voluptatem, multam ex utroque suppeditans utilitatem. Quid cælo pulchrius, quod nunc a sole lunaque collustratur, nunc veluti quibusdam oculorum jactibus, immenso siderum examine terram illuminat, et nautis ac viatoribus indices viæ quosdam ducesque subministrat? Qui enim pelagus sulcat, et ad clavum sedet, incursibus fluctuum, et turbatarum undarum insultibus, ac violento ventorum afflatui, noctisque illunis tenebris seipsum exponit, adeo illius regimini confidit et ductui: et quod in sublimi situm est astrum, illum tanto dissitum intervallo, quasi vicinum sit et propinquum, ita secure deducit, et ad portum appellit, nec tamen ullam vocem mittit, sed conspectu suo viam illis monstrat, et illis tribuit, ut maria tuto possint emetiri, dum illis tempora designat, sic ut nunc quidem intra portum retinenda sit navis, nunc autem in pelagus confidenter educenda, et non improvido propter ignorantiam futuri in diem incidentes hiemalem, naufragium patiantur. Neque vero tantum integrorum annorum mensuras et tempestates illa designant, sed et cujusque noctis horam et conversionem diligenter repræsentant, et efficiunt, ut ex ipso aspectu discamus, quando major ejus pars præterierit, quando minor adhuc restet, et contra rursus, quod non solum nautis, sed etiam viatoribus commodum est, ne nocte intempesta viam ingrediantur, neque convenienti tempore

Job. 38. 7.

Utilitas siderum quæ de cælo nos regunt.

domi resideant. Hoc una cum stellis etiam ex lunæ cursibus notum diligenter observator. Nam quemadmodum sol diurnas, ita luna nocturnas horas dirigit, aliasque multas utilitates parit, et gratam aeris temperiem, et roris generationem, ut irrigata semina germinent, ac multa ex se commoda ad corroborandum genus humanum suppeditat, dumque media inter stellarum chorum, et solis splendorem interjacet : hoc quidem minor, illis vero præstantior est, ac multo major. Neque vero mediocris nascitur ex illa varietate spectatoribus voluptas et utilitas, ut neque vulgaris commoditas ex temporibus, et quatuor anni tempestatibus, seu mensuram, seu magnitudinem ac brevitatem, sive infinitam diversitatem consideres : aliam enim minorem, aliam majorem ac splendidiorem spectare licet, et quasdam ex illis diversis temporibus apparere. Summa nimirum ac solertissima Dei sapientia multam ubique varietatem efficit, cum ut potentiæ suæ miraculorum effectricis specimen edat, tum ut rerum quæ cernuntur oculis, commoditati provideat, ac multam immensamque præbeat utilitatem, et cum his omnibus etiam voluptatem. Quid enim cælo jucundius, quod nunc tanquam linteum quoddam mundum ac pellucidum super caput nostrum expansum est, nunc tanquam floribus refertum ac variegatum cernitur pratum, suamque coronam ostentat? Neque enim æque jucundum est interdiu pratum cernere, ac jucundum est et suave cælum de nocte spectare, innumeris stellarum floribus undique coronatum, floribus qui numquam marcescunt, sed illæsam suam pulchritudinem semper ostentant. Quid illo rursus jucundius, cum nocte jam pulsa, necdum tamen oriente sole, veluti croceo quodam peplo auroræ primordiis purpuratum ornatur? Quodnam porro spectaculum pulchrius oriente sub auroram sole, cum parvo temporis momento terram totam, totum mare, montes omnes, saltus, et colles, cælum universum radiorum sparsionibus illustrat, et exuto excussoque a rebus, quas oculis cernimus, amictu noctis, nobis ante oculos omnia nuda proponit? Quis satis miretur cursus ejus rectum ordinem, inter tot annorum circuitos immutabile ac nusquam interruptum ministerium, semper florentem ejus pulchritudinem, splendorem, fulgorem, puritatem, quæ, licet cum tot corporibus misceatur, nusquam tamen inquinatur? His adde utilitatem immensam in seminibus, in plantis, in hominum corporibus, quadrupedum, piscium,

σου γένεσιν πρὸς τὴν τῶν σπερμάτων βλάστην, καὶ
πολλὴν οἴκοθεν εἰς τὴν σύστασιν τῶν ἀνθρώπων παρεχομένη τὴν ὠφέλειαν, καὶ μέση τοῦ χοροῦ τῶν ἀστέρων καὶ τῆς ἡλιακῆς ἱσταμένη λαμπηδόνος · τοῦ μὲν
γάρ ἐστιν ἐλάττων, τῶν δὲ ἀμείνων καὶ πολλῷ μείζων. Οὐ μικρὰ δὲ καὶ ἐκ τῆς ποικιλίας ταύτης ἡδονὴ
τοῖς θεαταῖς καὶ χρεία, ὥσπερ οὐδὲ τυχοῦσα ἡ ὄνησις
ἡ ἀπὸ τῶν καιρῶν, ἡ ἀπὸ τῶν ὡρῶν, ἡ ἀπὸ τοῦ μέτρου, ἡ ἀπὸ τοῦ μεγέθους καὶ τῆς βραχύτητος, ἡ
B ἀπὸ τῆς διαφορᾶς τῆς ἀφάτου · τὸν μὲν γὰρ ἐλάττω,
τὸν δὲ μείζω καὶ φαιδρότερόν ἐστιν ἰδεῖν, καὶ κατὰ
διαφόρους καιροὺς φαινομένους αὐτῶν τινας. Ἡ γὰρ
περιουσία τῆς εὐμηχάνου σοφίας πολλὴν πανταχοῦ
τὴν ποικιλίαν ἐργάζεται, ὁμοῦ μὲν τῆς οἰκείας θαυματουργίας τὴν ἀπόδειξιν ἐπιδεικνυμένη, ὁμοῦ δὲ καὶ
τῆς τῶν ὁρώντων προνοοῦσα χρείας, καὶ πολλὴν καὶ
ἄφατον τὴν ὠφέλειαν παρεχομένη, καὶ μετὰ τούτων
ἁπάντων καὶ τὴν ἡδονήν. Τί γὰρ τερπνότερον οὐρανοῦ, νῦν μὲν ὡς σινδόνος καθαρᾶς καὶ διαυγοῦς ὑπὲρ
κεφαλῆς ἡπλωμένου, νῦν δὲ ὡς λειμῶνος πολυανθοῦς
ποικιλλομένου, καὶ τὸν αὐτοῦ φαίνοντος στέφανον;
C Οὐδὲ γὰρ οὕτως ἡδὺ λειμῶνα ἰδεῖν ἐν ἡμέρᾳ, ὡς ἡδὺ
καὶ τερπνὸν οὐρανὸν ἰδεῖν ἐν νυκτὶ μυρίοις ἄνθεσι τοῖς
τῶν ἀστέρων πανταχόθεν κατεστεμμένον, ἄνθεσιν οὐδέποτε μαραινομένοις, ἀλλ' ἀκραιφνὲς ἀεὶ τὸ οἰκεῖον
κάλλος ἐπιδεικνυμένοις. Τί δὲ αὐτοῦ ἡδύτερον, ὅταν
τῆς νυκτὸς ἀπελθούσης, καὶ μηδέπω τῆς ἀκτῖνος ἀνι-
σχούσης, καθάπερ κροκωτῷ τινι πέπλῳ τοῖς προοιμίοις τῆς ἀνατολῆς τοῦ ἡλίου φοινισσόμενος καλλω-
πίζηται; τί δὲ ἡλίου γένοιτ' ἂν ὡραιότερον θέαμα
ἀνίσχοντος ὑπὸ τὴν ἕω, καὶ μικρᾷ καιροῦ ῥοπῇ πᾶσαν μὲν γῆν, πᾶσαν δὲ θάλασσαν, πᾶν δὲ ὄρος καὶ
D νάπας καὶ βουνοὺς, πάντα δὲ οὐρανὸν ταῖς τῶν ἀκτίνων καταλάμποντος βολαῖς, καὶ τῆς νυκτὸς τὸ περι-
βόλαιον ἀπαμφιεννύντος τῶν ὁρωμένων, καὶ γυμνὰ
πάντα πρὸ τῶν ὀφθαλμῶν δεικνύντος ἡμῖν; Πῶς ἄν
τις αὐτοῦ ἐκπλαγείη τοὺς δρόμους, τὴν εὐταξίαν, τὴν
ἐν τοσαύταις ἐτῶν περιόδοις ἀπαράλλακτον καὶ ἀνεμ-
πόδιστον διακονίαν, τὸ κάλλος αὐτοῦ τὸ διηνεκῶς
ἀκμάζον, τὴν λαμπηδόνα, τὴν φαιδρότητα, τὴν καθαρότητα, τὴν τοσούτοις ὁμιλοῦσαν σώμασι, καὶ μηδαμοῦ μολυνομένην; Πρὸς δὲ τούτοις, τὴν χρείαν τὴν
E ἄφατον, τὴν ἐν σπέρμασι, τὴν ἐν φυτοῖς, καὶ ἐν σώμασιν ἀνθρώπων, τετραπόδων, ἰχθύων, ἀέρων, λίθων,
βοτανῶν, τὴν ἐν γῇ, τὴν ἐν θαλάσσῃ, τὴν ἐν ἀέρι,
τὴν ἐν πᾶσιν ἁπλῶς τοῖς ὁρωμένοις; Πάντα γὰρ
αὐτοῦ δεῖται καὶ ἀπολαύει τῆς χρείας, καὶ ἀμείνω
γίνεται ταύτης μετέχοντα, οὐ σώματα δὲ μόνον, οὐδὲ
φυτὰ, ἀλλὰ καὶ ὕδατα, καὶ λίμναι, καὶ πηγαὶ, καὶ
ποταμοὶ, καὶ αὐτὴ τοῦ ἀέρος ἡ φύσις λεπτυνομένη
καὶ καθαιρομένη καὶ διειδεστέρα γινομένη. Διὰ δὴ
τοῦτο καὶ ὁ ψαλμῳδὸς τὸ κάλλος αὐτοῦ παραδηλῶσαι

βουλόμενος, τὸ διηνεκῶς φαιδρὸν, τὴν ἀκμάζουσαν ὥραν, τὸ μηδέποτε διαπῖπτον ἄνθος, τὴν εὐπρέπειαν, τὴν εὐμορφίαν, τὴν ἀπαραπόδιστον διακονίαν, οὕτω πως ἔλεγεν· Ἐν τῷ ἡλίῳ ἔθετο τὸ σκήνωμα αὐτοῦ, τοῦτ' ἔστιν, ἐν αὐτοῖς τοῖς οὐρανοῖς· τοῦτο, σκήνωμα Θεοῦ λέγων, αἰνίττεται. Καὶ αὐτὸς ὡς νυμφίος ἐκπορευόμενος ἐκ παστοῦ αὐτοῦ. Εἶτα καὶ τὸ εὔκολον τῆς διακονίας αὐτοῦ δηλῶν ἐπήγαγεν, Ἀγαλλιάσεται ὡς γίγας δραμεῖν ὁδὸν αὐτοῦ. Εἶτα τὸ διαρκὲς καὶ ἀποχρῶν τῇ οἰκουμένῃ πάσῃ, Ἀπ' ἄκρου τοῦ οὐρανοῦ ἡ ἔξοδος αὐτοῦ, καὶ τὸ κατάντημα αὐτοῦ ἕως ἄκρου τοῦ οὐρανοῦ. Εἶτα τὸ πᾶσι χρήσιμον καὶ ὠφέλιμον, Καὶ οὐκ ἔστιν ὃς ἀποκρυβήσεται τῆς θέρμης αὐτοῦ. Ἔξεστιν, εἰ μὴ ἀπέκαμες, μαθεῖν αὐτοῦ τὴν πρόνοιαν καὶ ἑτέρωθεν· ἀπὸ τῶν νεφῶν, ἀπὸ τῶν ὡρῶν, ἀπὸ τῶν τροπῶν, ἀπὸ τῶν ἀνέμων, ἀπὸ τῆς θαλάσσης καὶ τῶν ἐν αὐτῇ ποικίλων γενῶν, ἀπὸ τῆς γῆς καὶ τῶν ἐν αὐτῇ τετραπόδων, ἑρπετῶν, πτηνῶν τῶν ἀεροπόρων, τῶν χερσαίων, ἀπὸ τῶν ἀμφιβίων τῶν ἐν λίμναις καὶ πηγαῖς καὶ ποταμοῖς, ἀπὸ τῆς οἰκουμένης, ἀπὸ τῆς ἀοικήτου, ἀπὸ τῶν φυομένων σπερμάτων, δένδρων, βοτανῶν, φυτῶν ἐν ταῖς ἐρήμοις, ἐν ταῖς οὐκ ἐρήμοις, ἀπὸ τῶν βλαστανόντων ἐν πεδίοις, ἐν φάραγξιν, ἐν ὄρεσιν, ἐν νάπαις, ἀπὸ τῶν αὐτομάτως φυομένων, ἀπὸ τῶν μετὰ πόνου καὶ γεωργίας, ἀπὸ τῶν ζώων τῶν ἡμέρων, τῶν ἀνημέρων, τῶν ἀγρίων, τῶν χειροηθῶν, τῶν μικρῶν, τῶν μεγάλων, ἀπὸ τῶν ἐν χειμῶνι, τῶν ἐν θέρει, τῶν ἐν μετοπώρῳ φαινομένων ὀρνίθων καὶ τετραπόδων, καὶ ἰχθύων, καὶ φυτῶν, καὶ βοτανῶν, ἀπὸ τῶν ἐν νυκτὶ γινομένων, ἀπὸ τῶν ἐν ἡμέρᾳ, ἀπὸ τῶν ὑετῶν, ἀπὸ τοῦ μέτρου τῶν ἐνιαυτῶν, ἀπὸ θανάτου, ἀπὸ ζωῆς, ἀπὸ τοῦ πόνου τοῦ συγκεκληρωμένου ἡμῖν, ἀπὸ ἀθυμίας, ἀπὸ ἀνέσεως, ἀπὸ σίτων καὶ ποτῶν τῶν δεδομένων ἡμῖν, ἀπὸ τῶν ἐπιτηδευμάτων, ἀπὸ τεχνῶν, ἀπὸ ξύλων, ἀπὸ λίθων, ἀπὸ τῶν ὀρῶν τῶν μεταλλικῶν, ἀπὸ τῆς πλεομένης θαλάττης, ἀπὸ τῆς ἀπλώτου, ἀπὸ τῶν νήσων, ἀπὸ τῶν ὅρμων, ἀπὸ τῶν ἀκτῶν, ἀπὸ τῆς ἐπιφανείας τοῦ πελάγους, ἀπὸ τοῦ βάθους τῶν ὑδάτων, ἀπὸ τῆς φύσεως τῶν στοιχείων, ἀφ' ὧν ὁ κόσμος ἡμῖν συνέστηκεν, ἀπὸ τῆς διατάξεως τῶν καιρῶν, ἀπὸ τῆς διαφορᾶς τοῦ μέτρου τῆς ἡμέρας καὶ τῆς νυκτὸς, ἀπὸ νόσου καὶ ὑγιείας, ἀπὸ τῶν μελῶν τῶν ἡμετέρων, ἀπὸ τῆς κατασκευῆς τῆς ψυχῆς, ἀπὸ τῶν τεχνῶν καὶ τῆς σοφίας τῆς ἐν αὐταῖς παρασχεθείσης τῷ τῶν ἀνθρώπων γένει, ἀπὸ τῆς χρείας τῶν ὑπηρετουμένων ἡμῖν ἀλόγων καὶ φυτῶν καὶ ἑτέρων κτισμάτων, ἀπὸ τῶν μικροτάτων καὶ εὐτελεστάτων ζώων. Τί γὰρ μελίττης βραχύτερον καὶ εἰδεχθέστερον; τί δὲ μορμήκων καὶ τεττίγων εὐτελέστερον; Ἀλλ' ὅμως καὶ ταῦτα λαμπρὰν ἀφίησι φωνὴν ὑπὲρ τῆς τοῦ Θεοῦ προνοίας καὶ δυνάμεως καὶ σοφίας. Διὰ τοῦτο καὶ ὁ προφήτης,

479 A aeris, lapidum, herbarum in terra, in mari, in omnibus demum, quæ oculis usurpamus. Si quidem omnia ejus ope indigent, et si ea fruantur, meliora redduntur: neque solum corpora, neque plantæ, sed etiam aquæ, lacus, fontes, flumina, et aeris ipsa natura, quæ subtilior, purior, ac pellucidior evadit. Hanc nimirum ob causam et auctor Psalmorum, cum ejus pulchritudinem vellet exprimere, perennem splendorem, formam florentem ac vividam, florem numquam excidentem, ornatum, decorem, ministerium nusquam interruptum, ita dicebat: *In sole posuit taber-* Psal. 18. 6.
B *naculum suum,* hoc est, in ipsis cælis: hoc subindicat, dum tabernaculum Dei appellat. *Et ipse tamquam sponsus procedens de thalamo suo.* Tum ut facilitatem ministerii ejus, et agilitatem exprimeret, addidit: *Exsultabit ut gigas ad currendam viam suam.* Deinde, quomodo satis sit et sufficiat solus universo terrarum orbi: *A summo cælo egressio ejus, et* Ibid. v. 7. *occursus ejus usque ad summum cæli.* Postea quam sit omnibus utilis et commodus: *Nec est qui se abscondat a calore ejus.* Licet aliunde quoque, nisi forte jam defessus es, providen-
C tiam ejus intelligere: ex nubibus, ex quatuor anni tempestatibus, ex solstitiis, ex ventis, ex mari, ac diversis generibus piscium, ex terra, et quadrupedibus, ac reptilibus animantibus quæ in ipsa versantur, ex volucribus qui in aere volitant, ex terrestribus, iis quæ ancipitem vitam habent in lacubus, in fontibus et fluminibus, ex habitabili terra, ex inhabitabili et inculta, ex seminibus quæ nascuntur ex ea, ex arboribus, herbis, plantis, quæ in desertis et non desertis locis pullulant, quæ in campis germi-
D nant, in vallibus, in montibus, in collibus, ex iis quæ sponte nascuntur, ex iis quæ cum agriculturæ labore, ex cicuribus animalibus, ex feris, et ex sylvestribus, mansuetis, parvis, magnis, ex iis avibus quæ hiberno tempore, quæ æstivo, quæ autumnali apparent, et quadrupedibus, et piscibus, et plantis et herbis, ex iis quæ in nocte fiunt, quæ in die, ex pluviis, et annorum mensura, ex morte, ex vita, ex labore cui sumus addicti, ex tristitia, ex voluptate, ex
E cibis et potibus qui nobis dati sunt, ex institutis, ex artibus, ex lignis, ex lapidibus, ex montibus metallicis, ex mari quod navigari solet, ex eo quod non est navigabile, ex insulis, ex portubus, ex litoribus, ex superficie pelagi, ex aquarum profundo, ex elementorum natura, ex quibus nobis conflatus est mundus, ex temporum

Solem et ejus utilitatem commendat.

dispositione, ex diversis dici noctisque mensuris, ex morbo et sanitate, ex membris nostris, ex constitutione animæ, ex artibus, ex sapientia quam Deus in illis generi humano largitus est, ex utilitate brutorum, plantarum, cæterarumque creaturarum quæ nobis inserviunt, ex minimis et vilissimis animalibus. Quid enim brevius, aut deformius ape? quid porro formicis et cicadis vilius? Verumtamen hæc quoque claram vocem emittunt, qua Dei providentiam, virtutem, sapientiamque testentur. Quam ob causam etiam propheta, qui tanto Spiritu donatus erat, creaturæ corpus percurrens, et cum pauca quædam attigisset, magno cum stupore exclamavit, et mirabilem illam vocem misit : *Quam magnificata sunt opera tua, Domine! omnia in sapientia fecisti.* Atque hæc omnia propter te, o homo.

Psal. 103. 24.

Ventorum utilitates et commoda.

Nam et venti propter te (rursus enim ad principium suum oratio revolvetur), ut defessa corpora flatu diventilent, ut contractas ex luto sordes, et molestiam ortam ex fumi et caminorum aliarumque rerum exhalationibus abstergant, ut calorem solis mitigent, ut leviorem æstum reddant, ut semina nutriant, ut plantas augeant, ut te in mari comitentur, et in terra fiant agriculturæ administri, dum illic quidem naves sagitta velocius impellunt, adeo facilem prenamque navigationem reddunt, hic vero tecum areas expurgant, et paleas a fructu separant, ac molestias operum levant, ut levem tibi lenemque aerem reddant, ut et aliunde te oblectent, dum nunc quidem suaviter ac leniter sibilant, nunc autem sensim in plantas se insinuant, et arborum frondes agitant, ut somnum tibi sub æstatis ac veris tempus jucundiorem, dulcioremque melle reddant, ut quod in arboribus faciunt, hoc in dorso maris efficiant, et in fluminum aquis, dum illarum superficiem in sublime tollunt, et multam inde præbent illo spectaculo voluptatem, et ante voluptatem illam maximam etiam utilitatem. Nam et aquis ipsi alioqui sunt utiles, dum perpetuo stagnantes illas corrumpi non sinunt, sed dum illas frequenter movent, ac ventilant, recentes ac vividas reddunt, et ad alenda animalia quæ in eis natant, aptiores. Quod si noctem ipsam volueris observare, non mediocrem Creatoris providentiam inde cognosces. Siquidem defatigatum corpus tuum recreat, et membra diurnis laboribus distenta remittit et relaxat, alternaque vicissitudine refecta, per quietem rursus ad pristinum vigorem reducit; neque vero id tantum, sed et diurnis te molestiis

ὁ τοσούτου Πνεύματος ἠξιωμένος, ἐπιὼν τῆς κτίσεως
τὸ σῶμα, καὶ ὀλίγα ἄττα διεξελθὼν, ἀνεβόησε μετ᾽
ἐκπλήξεως πολλῆς τὴν θαυμασίαν ἐκείνην φωνήν·
Ὡς ἐμεγαλύνθη τὰ ἔργα σου, Κύριε· πάντα ἐν σο-
480 φίᾳ ἐποίησας. Καὶ ταῦτα πάντα, ἄνθρωπε, διὰ σέ.
A Καὶ γὰρ καὶ ἄνεμοι διὰ σὲ (ἐπὶ γὰρ τὴν ἀρχὴν τὸν
λόγον ἐπανάξομεν πάλιν), ἵνα τὰ σώματα πεπονηκότα
ῥιπίζωσιν, ἵνα τὸν ἀπὸ τοῦ βορβόρου μολυσμὸν, καὶ
τὴν γινομένην βαρύτητα ἀπὸ τοῦ καπνοῦ καὶ τῶν κα-
μίνων καὶ ἑτέρων ἀναθυμιάσεως διακαθαίρωσιν, ἵνα
τὴν ἐκ τῆς ἀκτῖνος θερμότητα παραμυθῶνται, ἵνα
κοῦφον ποιῶσι τὸ πνῖγος, ἵνα τὰ σπέρματα τρέφωσιν,
ἵνα τὰ φυτὰ αὔξωσιν, ἵνα σοι καὶ ἐν θαλάσσῃ συνο-
δοιπορῶσι, καὶ ἐν γῇ τῆς γεωργίας ὑπηρέται γένωνται, ἐκεῖ μὲν βέλους ὀξύτερον τὰ πλοῖα παραπέμποντες,
οὕτω τὸν πλοῦν κοῦφον καὶ εὐμαρῆ κατασκευάζοντες,
B ἐνταῦθα δὲ μετὰ σοῦ τὰς ἅλωνας ἀνακαθαίροντες, καὶ
τὰ ἄχυρα τοῦ καρποῦ διαχωρίζοντες, καὶ τὴν ἐκ τῆς
ἐργασίας ταλαιπωρίαν ἐπικουφίζοντες, ἵνα σοι τὸν
ἀέρα κοῦφον καὶ προσηνῆ κατασκευάσωσιν, ἵνα σε καὶ
ἑτέρωθεν τέρπωσι, νῦν μὲν γλυκὺ καὶ προσηνὲς συ-
ρίζοντες, νῦν δὲ ἠρέμα φυτοῖς προσβάλλοντες καὶ
πέταλα δένδρων σείοντες, ἵνα σοι τὸν ὕπνον καὶ θέρους καὶ ἔαρος ὥρᾳ ἡδίω καὶ μέλιτος γλυκύτερον
ἐργάσωνται, ἵν᾽, ὅπερ ἐπὶ τῶν δένδρων ποιοῦσι, τοῦτο
καὶ ἐπὶ τῶν θαλαττίων νώτων ἐργαζόμενοι, ἐπί τε
τῶν ποταμίων ναμάτων, καὶ τὴν ἐπιφάνειαν αὐτῶν
μετεωρίζοντες, πολλήν σοι ἐντεῦθεν παρέχωσι τὴν
C ἀπὸ τῆς θέας τέρψιν, καὶ πρὸ τῆς τέρψεως δὲ ταύτης
καὶ ὠφέλειαν μεγίστην. Καὶ γὰρ καὶ τοῖς ὕδασιν οὗτοι
καὶ ἄλλως χρήσιμοι, οὐκ ἀφιέντες διηνεκῶς ἑστῶτα
τὰ ὕδατα κατασήπεσθαι, ἀλλὰ τῷ συνεχῶς αὐτὰ κινεῖν καὶ ἀναῤῥιπίζειν νεαρὰ καὶ ἀκμάζοντα καθιστῶν-
τες, καὶ πρὸς τροφὴν τῶν ἐν αὐτοῖς νηχομένων ζώων
ἐπιτηδειότερα. Εἰ δὲ καὶ αὐτὴν βουληθείης περιεργάζεσθαι τὴν νύκτα, ὄψει καὶ ἐντεῦθεν πολλὴν τοῦ ποιη-
τοῦ τὴν πρόνοιαν. Καὶ γὰρ ἀναπαύει σοι τὸ σῶμα
πεπονηκὸς, καὶ τὰ μέλη σοι κατατεινόμενα τοῖς με-
θημερινοῖς πόνοις ἀνίησι καὶ χαλᾷ, ἀλλοιοῦσα καὶ
πρὸς ἀκμὴν διὰ τῆς ἡσυχίας ἐπανάγουσα πάλιν· οὐ
D μόνον δὲ, ἀλλὰ καὶ τῶν μεθημερινῶν σε ἀπαλλάττει
λυπῶν, καὶ τῶν ἀκαίρων ἀνίησι φροντίδων· πολλάκις
δὲ καὶ νοσοῦντος πυρετὸν ἔσβεσεν, ἀντιφάρμακον
ὕπνον ἐπάξασα, καὶ τὴν τῶν ἰατρῶν ἀπορουμένην
τέχνην εἰς εὔδιον ὁρμίσασα λιμένα, καὶ πολλῶν ἀπαλ-
λάξασα πόνων. Καὶ τοσαύτη αὐτῆς ἡ χρεία, τηλικαύτη ἡ ὠφέλεια, ὡς καὶ τὴν ἡμέραν πολλάκις παρα-
πόλλυσθαι τοῖς ἐν αὐτῇ σχολάζειν ἀποστερηθεῖσιν. Εἰ
γάρ τις ἀνέλοι τῷ λόγῳ τὴν τῆς νυκτὸς ἡσυχίαν καὶ
τὴν ἄνεσιν καὶ τὴν ἀνακωχὴν, δι᾽ ἧς ἅπαντα ἀνα-
παύονται, καὶ ψυχὴ πεπονηκυῖα καὶ σῶμα ταλαιπω-
ρηθὲν, ἀκμαζούσῃ τῇ διανοίᾳ τῆς μεθ᾽ ἡμέραν ἐργα-

γασίας ἅπτεται, ἄχρηστον ὄψεται τὸ ζῶον τοῦτο γινό- E
μενον. Εἰ δέ τις προσθείη τὰς νύκτας ταῖς ἡμέραις
ἐγρηγορὼς καὶ ἐργαζόμενος, ἢ καὶ ἀργῶν, καὶ ἐπὶ
πλέον τοῦτο ποιήσειεν, ἀποθανεῖται εὐθέως, ἢ εἰ μὴ
τοῦτο, νόσῳ πάντως μακρᾷ παραδοθεὶς, οὐδὲν ἀπὸ τῆς
ἡμέρας καρπώσεται εἰς τὴν τῆς οἰκείας χρείας ἐνέργειαν, τῆς δυνάμεως αὐτῷ κατασβεσθείσης. Εἰ δὲ καὶ
ἐπὶ τὸν ἄπειρον τῶν ἰχθύων δῆμον ἁπλώσαιμεν τὸν λόγον, τῶν ἐν λίμναις, τῶν ἐν πηγαῖς, τῶν ἐν ποταμοῖς,
τῶν ἐν τῇ πλεομένῃ, τῶν ἐν τῇ ἀπλώτῳ θαλάττῃ, ἢ
καὶ τὰ ἄφατα τῶν ὀρνίθων κατίδοιμεν ἔθνη, τῶν ἐν ἀέρι, 481
τῶν ἐν γῇ, τῶν ἐν ὕδασιν ὁμοῦ καὶ γῇ (καὶ γάρ ἐστιν A
ἀμφίβια πολλὰ ἐν αὐτοῖς), τῶν ἀγρίων, τῶν ἡμέρων,
τῶν ἀγρίων μὲν, τιθασσευομένων δὲ, τῶν δι' ὅλου μενόντων ἀγρίων, τῶν ἐσθιομένων, τῶν οὐκ ἐσθιομένων, καὶ
περιεργασαίμεθα ἑκάστου καὶ κάλλος καὶ πτερὸν καὶ
φωνὴν ᾠδικὴν, ἔτι τε τὰς διαφορὰς μόνον αὐτῶν εἰ
καταμάθοιμεν καὶ ᾠδῆς, καὶ τραπέζης, καὶ διαγωγῆς, καὶ τὰς διατριβὰς, καὶ τὰ ἤθη, καὶ τὰς χρείας,
καὶ τὰς διακονίας, ἃς παρέχουσιν ἡμῖν, πάσας ἐπέλ-
θοιμεν, καὶ τὰ μεγέθη, καὶ τὴν βραχύτητα, καὶ τὰς
ὠδῖνας, καὶ τὴν ἀνατροφὴν, καὶ τὴν πολλὴν ἐν τούτοις καὶ ἄφατον ποικιλίαν, καὶ τὸ αὐτὸ δὴ τοῦτο
καὶ ἐπὶ ἰχθύων ποιήσαιμεν, καὶ ἐντεῦθεν ἔλθοιμεν B
καὶ ἐπὶ τὰς βοτάνας, τὰς πανταχοῦ τῆς γῆς φυομέ-
νας, ἑκάστου τε τούτων καὶ καρπὸν ἴδοιμεν, καὶ χρείαν,
καὶ εὐωδίαν, καὶ ὄψιν, καὶ θέσιν, καὶ φύλλα, καὶ
χρῶμα, καὶ σχῆμα, καὶ μέγεθος, καὶ μικρότητα, καὶ
ὠφέλειαν, καὶ ἐργασίας τρόπους, καὶ φλοιῶν καὶ
στελεχῶν καὶ κλάδων διαφορὰς, καὶ λειμῶνας, καὶ
παραδείσους, εἶτα μετέλθοιμεν ἐπὶ τὰ ποικίλα ἀρώ-
ματα, καὶ τοὺς παντοδαποὺς τόπους αὐτῶν περιεργασαίμεθα, καὶ τοὺς τρόπους τῆς εὑρέσεως, καὶ τῆς
ἐπιμελείας, καὶ τῆς γεωργίας, καὶ ὅτι πρὸς ἰατρείαν
ἡμῖν συντελεῖ· καὶ μετὰ τούτων πάλιν, εἰ ἐπὶ τὰ με-
ταλλικὰ ἔτι χωρήσαιμεν ὄρη, πολλὰ ὄντα κἀκεῖνα,
καὶ ὅσα ἕτερα πολλῷ πλείονα κατὰ τὴν κτίσιν διερευ- C
νήσαιμεν, ποῖος λόγος, ἢ ποῖος ἡμῖν διαρκέσει χρόνος πρὸς τὴν τούτων ἀκριβῆ κατανόησιν; Καὶ ταῦτα
ἅπαντα, ἄνθρωπε, διὰ σέ· καὶ τέχναι διὰ σὲ, καὶ
ἐπιτηδεύματα, καὶ πόλεις, καὶ κῶμαι, καὶ ὕπνος
διὰ σὲ, καὶ θάνατος διὰ σὲ, καὶ ζωὴ διὰ σὲ, καὶ
αὔξησις καὶ φύσεως ἔργα τοσαῦτα, καὶ τοιοῦτος ὁ
κόσμος διὰ σὲ νῦν, καὶ πάλιν ἀμείνων διὰ σέ. Ὅτι
γὰρ ἀμείνων ἔσται, καὶ τοῦτο διὰ σὲ, ἄκουσον τί
φησιν ὁ Παῦλος· Ὅτι καὶ αὐτὴ ἡ κτίσις ἐλευθερωθή-

levat, et intempestivis liberat eum is; sæpe etiam
ægrotanti febrem exstinguit, dum contrarium
somni remedium adhibet, et medicorum artem
æstuantem ac fluctuantem ad tranquillum portum deducit, et a multis laboribus reddit immunem. Ac tanta sane illius est utilitas, tanta
commoditas, ut et dies sæpe male pereat iis,
quibus negatum fuerit in illa interquiescere. Si
enim quis supponat quietem noctis, remissionem,
ac relaxationem tolli, cujus beneficio cuncta
recreantur, et anima defessa, et corpus defatigatum, excitata et alacri mente diurnos labores
aggreditur, inutile redditum hoc animal intue-
bitur. Quod si quis vigilando, et operando, vel
etiam otiando noctes diebus addat, et hoc diutius agat, confestim morietur, aut si id non accidat, plane longo correptus morbo nihil ex
diurnis suis laboribus utilitatis percipiet, cum
vires ejus penitus attritæ fuerint, et exhaustæ.
Quod si placuerit innumeras piscium turmas
oratione explicata percurrere, qui degunt in stagnis, in fontibus, qui in mari navigabili, qui
in eo quod navibus non frequentatur, vel si
volucrum immensa spectemus examina, quæ in
aere, quæ in terra, quæ in aquis simul, et terra (nam quædam ex illis ancipitem vitam habent), quæ silvestres sunt, aliæ mansuefiunt,
aliæ perpetuo silvestres permanent, aliæ esui
aptæ, aliæ non aptæ, et singularum scrutemur
pulchritudinem, alas, vocem canoram; sed et si
earum tantum differentias exquiramus, sive in
cantu, si in victu, et habitationem, mores, usus,
et ministeria, quibus nobis inserviunt, omnia
persequamur, et magnitudines, et exiguitatem,
et partus, et educationem, et multam in his immensamque varietatem, et hoc ipsum etiam in
piscibus agamus, atque inde orationem ad herbas, quæ ubique terrarum nascuntur, traducamus, et horum cujusque fructum spectemus,
et utilitatem, et suavem odorem, et speciem, et
situm, et folia, et colorem, et figuram, et magnitudinem, et exiguitatem, et commoditatem,
et operandi modos, et corticum, truncorum,
ramorumque discrimina, et prata, et viridaria,
deinde ad diversa transeamus aromata, variaque
illorum loca perscrutemur, et quibus modis
adinveniantur, et curentur, et colantur, et quam
nobis usui sint ad medendum; præter hæc autem rursus, si ad montes quoque metallis abundantes gradum faciamus, qui et ipsi numero
sunt non mediocri, et alia multo plura inter
creaturas pervestigemus: quæ tandem oratio,

De piscium et ferarum variis generibus agit.

quodve spatium temporis nobis ad eorum cognitionem adipiscendam sufficiet? Atque hæc omnia propter te unum condita sunt, mi homo; et artes propter te, et instituta, et civitates, et pagi, et somnus propter te, et mors propter te, et vita propter te, et aceretio, naturæque opera tam multa, et talis hic mundus propter te nunc, et rursus melior propter te. Nam meliorem illum futurum, idque tua causa, potes ex
Rom. 8.21. Pauli verbis cognoscere : *Et ipsa creatura liberabitur a servitute corruptionis :* hoc est, ne amplius corruptioni sit obnoxia. Tum ut indicaret eam tanto honore tua causa decoratum iri subjecit : *In libertatem gloriæ filiorum Dei.* Quod si valde prolixa non fieret et modum excederet oratio nostra, multa de morte philosopharer, et in hoc maxime Dei sapientiam et providentiam indicarem, multaque de corruptione, de sanie, de vermibus, et cinere dicerem, quæ potissimum queruntur et deplorant multi, quod in pulverem, in vermes nostra corpora resolvenda sint, atque inde ipsius immensam providentiam ac sollicitudinem indicaremus. Ab eadem enim providentia, ab eadem bonitate, qua nos condidit, cum nondum essemus, hoc etiam promanat, quod mori nos jusserit, et talem finem nancisci. Quamvis enim res sint natura diversæ, tamen unius bonitatis opificia sunt : quandoquidem e vita decedens homo nullo inde damno afficitur, siquidem et dum vita suppetit, multa inde lucra colligit, et ex alieno corpore propriam percipit utilitatem. Cum enim viderit eum, qui non ita pridem cum ipso incedebat, in vermes, et saniem, et cinerem, et pulverem esse resolutum, licet ipsius diaboli arrogantia intumescat, metu contrahitur, reprimitur, modeste se gerit, philosophari docetur, bonorum parentem humilitatem in suam mentem introducit. Ita fit ut neque qui e vita discessit, lædatur : recuperabit enim hoc corpus incorruptum et immortale; et qui adhuc in stadio versatur, ex eo, quod nihil alter est læsus, maxima lucra decerpet. Non enim vulgaris modestiæ magistra in vitam nostram mors introducta est, quæ mentem instruat, et animæ passiones refrenet, fluctus sedet, et tanquillitatem reducat. Cum enim tum ex iis quæ dicta sunt, tum ex aliis pluribus hac luce clarius eluceat providentia Dei, noli supervacanea curiose scrutari, neque causas omnium rerum exquirens, ea quæ comprehendere nequis, persequere. Nam et hoc ipsum ut essemus ex sua nobis bonitate

σεται ἀπὸ τῆς δουλείας τῆς φθορᾶς· τοῦτ' ἔστιν, ἀπὸ
τοῦ εἶναι φθαρτή. Πῶς δὲ καὶ τῆς τοσαύτης ἀπολαύσεται τιμῆς διὰ σὲ δηλῶν ἐπήγαγεν, Εἰς τὴν ἐλευθε-
D ρίαν τῆς δόξης τῶν τέκνων τοῦ Θεοῦ. Εἰ δὲ μὴ μακρὸν σφόδρα καὶ ὑπὲρ τὸ μέτρον ἐποιούμην τὸν λόγον, πολλὰ ἂν καὶ περὶ θανάτου ἐφιλοσόφησα, καὶ ἐν
τούτῳ μάλιστα ἐδείκνυον τὴν σοφίαν τοῦ Θεοῦ καὶ
τὴν πρόνοιαν, καὶ πολλὰ περὶ φθορᾶς, περὶ ἰχῶρος,
περὶ σκωλήκων, καὶ περὶ τέφρας εἶπον ἄν, ἅπερ μάλιστα θρηνοῦσιν οἱ πολλοὶ καὶ ἀποδύρονται, ὅτι εἰς
τέφραν, ὅτι εἰς χόνιν, ὅτι εἰς σκώληκας διαλυθήσεται
ἡμῶν τὰ σώματα, κἀντεῦθεν ἐδείξαμεν τὴν ἄφατον
αὐτοῦ πρόνοιαν καὶ κηδεμονίαν. Ἀπὸ γὰρ τῆς αὐτῆς
προνοίας, ἀπὸ τῆς αὐτῆς ἀγαθότητος, ἀφ' ἧς οὐκ
E ὄντας ἐποίησεν, ἀπὸ τῆς αὐτῆς καὶ ἀποθνήσκειν ἐκέλευσε, καὶ τοιοῦτον ἔχειν τὸ τέλος. Εἰ γὰρ καὶ διάφορα τὰ γινόμενα, ἀλλὰ μιᾶς εἰσιν ἀγαθότητος· ὅ τε
γὰρ ἀπελθὼν οὐδὲν ἐντεῦθεν παραβλάπτεται, ὅ τε
ζῶν τὰ μέγιστα ἐντεῦθεν κερδανεῖ, ἐν ἀλλοτρίῳ σώματι οἰκείαν καρπούμενος ὠφέλειαν. Ὅταν γὰρ ἴδῃ
τὸν χθὲς καὶ πρώην μετ' αὐτοῦ βαδίζοντα, τοῦτον εἰς
σκώληκας διαλυόμενον καὶ εἰς ἰχῶρα καὶ τέφραν καὶ
κόνιν, κἂν αὐτοῦ τοῦ διαβόλου τὴν ἀπόνοιαν ἔχῃ,
482
A καταπτήσσει, συστέλλεται, μετριάζει, φιλοσοφεῖν
παιδεύεται, καὶ τὴν μητέρα τῶν ἀγαθῶν τὴν ταπεινοφροσύνην εἰς τὴν διάνοιαν εἰσοικίζει. Οὕτως οὔτε ὁ
ἀπελθών τι παρεβλάβη· ἀπολήψεται γὰρ τοῦτο τὸ
σῶμα ἀκήρατον καὶ ἄφθαρτον· ὅ τε ἔτι ἐν τῷ σκάμματι ὤν, ἀφ' ὧν οὐδὲν ἕτερος ἐβλάβη, τὰ μέγιστα
κερδανεῖ. Οὐχ ὁ τυχὼν διδάσκαλος φιλοσοφίας ὁ θάνατος εἰσηνέχθη εἰς τὸν ἡμέτερον βίον, παιδαγωγῶν
τὴν διάνοιαν, καὶ τὰ πάθη τῆς ψυχῆς χαλινῶν, καὶ
τὰ κύματα καταστέλλων, καὶ γαλήνην ποιῶν. Μαθὼν
τοίνυν καὶ ἐκ τῶν εἰρημένων, καὶ ἐξ ἑτέρων πλειόνων,
τοῦ φωτὸς τούτου φανερώτερον διαλάμπουσαν τὴν τοῦ
B Θεοῦ πρόνοιαν, μὴ περιεργάζου τὰ περιττὰ, μηδὲ
ἀκίχητα δίωκε, τὰς αἰτίας πάντων ἐξετάζων. Καὶ γὰρ
αὐτὸ τὸ εἶναι ἐξ ἀγαθότητος ἡμῖν παρέσχεν οὐ χρείαν
ἔχων ἡμῶν τῆς διακονίας. Καὶ χρὴ θαυμάζειν αὐτὸν
καὶ προσκυνεῖν, οὐχ ὅτι ἐποίησε μόνον, οὐδ' ὅτι ψυχὴν
ἐχαρίσατο ἀσώματον καὶ λογικὴν, οὐδ' ὅτι τῶν ἄλλων
ἁπάντων βελτίους εἰργάσατο, οὐδ' ὅτι τὴν δεσποτείαν
ἐνεχείρισε τῶν δρωμένων, καὶ τὴν ἐξουσίαν ἐπέτρεψεν, ἀλλ' ὅτι μηδὲν δεόμενος ἡμῶν. Τὸ γὰρ δὴ θαυμαστὸν τῆς ἀγαθότητος αὐτοῦ τοῦτό ἐστιν, ὅτι οὐδὲν
C χρῄζων ἡμῶν τῆς διακονίας παρήγαγε. Καὶ γὰρ πρὶν

γενέσθαι καὶ ἡμᾶς, καὶ ἀγγέλους, καὶ τὰς ἄνω δυνάμεις, ἣν τὴν οἰκείαν δόξαν ἔχων καὶ τὴν μακαριότητα, διὰ φιλανθρωπίαν δὲ μόνην ἡμᾶς παρήγαγε, καὶ ἅπαντα ταῦτα ἐποίησε δι' ἡμᾶς, καὶ ἔτι πολλῷ πλείονα τούτων.

concessit, non quod nostro ministerio indigeret. Itaque laudandus a nobis est, et adorandus, non modo quod condiderit, neque quod animam incorpoream, et ratione præditam sit largitus, neque quod aliis omnibus præstantiores reddiderit, neque quod in omnia, quæ cernuntur, dominatum detulerit, et potestatem permiserit, sed quod id egerit, cum nullo modo nobis egeret. Hoc enim est in ejus bonitate mirabile, quod cum nostro ministerio nihil opus illi esset, nos produxerit. Prius enim quam nos in lucem ederemur, et angeli, et supernæ virtutes, erat sua gloria præditus ac felicitate, sed ob solam suam benignitatem nos procreavit, et hæc omnia nostra causa, atque adeo multo istis plura condidit.

Διὰ τοῦτο καὶ νόμον γράψας ἔδωκε δι' ἡμᾶς, καὶ προφήτας ἀπέστειλε, καὶ θαύματα εἰργάσατο, καὶ πρὸ τούτων ἁπάντων ὁμοῦ πλάσας τὸν ἄνθρωπον, διδάσκαλον αὐτῷ τὸν ἔμφυτον ἐναπέθετο νόμον; ὥσπερ πλοίῳ κυβερνήτην, καὶ ἡνίοχον ἵππῳ, τοῖς λογισμοῖς ἡμῶν ἐπιστήσας αὐτόν. Οὕτω γοῦν καὶ Ἄβελ αὐτὸν D ἔγνω, οὐ γραμμάτων ὄντων, οὐ προφητῶν, οὐκ ἀποστόλων, οὐ νόμου γραπτοῦ τινος ἐνηχοῦντος· ἀλλὰ τὸν ἔμφυτον ἔχων νόμον. Οὕτως ὁ Κάϊν· καὶ γὰρ καὶ ἐκεῖνος ἔγνω· καὶ ἀμφότεροι μὲν αὐτὸν ᾔδεσαν, καὶ τὴν δεσποτείαν ἐπεγίνωσκον, οὐκ ἀμφότεροι δὲ τὴν αὐτὴν ἦλθον ὁδόν· ἀλλ' ὁ μὲν τὴν τῆς κακίας, ὁ δὲ τὴν τῆς ἀρετῆς. Καὶ ὅμως οὐδὲ οὕτως αὐτὸν ἐγκατέλιπεν, ἀλλὰ καὶ πεσόντα καὶ ὑποσκελισθέντα ἐπηνώρθου, καὶ ἐπιμελείας ἀπολαύειν ἐποίει· καὶ πρῶτον μὲν παραινῶν καὶ συμβουλεύων, ὕστερον δὲ τῷ φόβῳ, τῷ τρόμῳ νουθετῶν, παιδεύων, διδάσκων. Ἐπειδὴ δὲ τοσοῦτον E προύδωκαν δῶρον οἱ πολλοὶ τῶν ἀνθρώπων, τὴν ἀπὸ τῆς φυσικῆς διδασκαλίας λέγω ὠφέλειαν, οὐδὲ οὕτως αὐτοὺς κατέλιπεν, οὐδὲ πανωλεθρίᾳ παρέδωκεν, ἀλλ' ἔμεινε διὰ πραγμάτων, δι' εὐεργεσιῶν, διὰ κολάσεων παιδεύων, νουθετῶν, διὰ τῆς κτίσεως αὐτῆς καθ' ἡμέραν ἐργαζομένης καὶ τὴν διακονίαν πληρούσης τὴν εἰωθυῖαν, διὰ τῶν παραδόξως παρὰ τὰ εἰωθότα γινομένων, διὰ τῶν ἐν ἀρχῇ δικαίων. Καὶ γὰρ ἄνδρας θαυμαστοὺς καὶ φιλοσοφίας γέμοντας ἀπὸ τόπων εἰς τόπους μετήγαγε. Καὶ γὰρ καὶ τὸν Ἀβραὰμ νῦν μὲν 483 A εἰς Παλαιστίνην, νῦν δὲ εἰς Αἴγυπτον παρεσκεύασεν ἀπελθεῖν, καὶ τὸν Ἰακὼβ εἰς Συρίαν· Μωσέα πάλιν εἰς Αἴγυπτον, τοὺς τρεῖς παῖδας εἰς Βαβυλῶνα, καὶ τὸν Δανιὴλ, καὶ τὸν Ἰεζεχιὴλ, τὸν δὲ Ἱερεμίαν εἰς Αἴγυπτον. Εἶτα καὶ νόμον ἔδωκε, καὶ προφήτας ἀπέστειλε, καὶ ἔπληξε, καὶ ἀνῆκε, καὶ αἰχμαλωσίᾳ παρέδωκε, καὶ ἐλευθερίας ἠξίωσε, καὶ οὐ διέλιπεν ἐξ ἀρχῆς ἕως τέλους πάντα ποιῶν καὶ πραγματευόμενος ὑπὲρ τοῦ γένους τοῦ ἡμετέρου. Οὐδὲ γὰρ ἠρκέσθη τῇ

CAP. VIII.

Multæ providentiæ demonstrationem esse, quod lex naturalis et scripta sit data, quodque viros eximios per suas transmigrationes fieri magistros curarit earum gentium a quibus suscipiebantur, et quod deinde caput bonorum largitus sit Unigeniti sui adventum.

Propterea quoque legem a se scriptam nobis dedit, et prophetas misit, ac miracula edidit, et ante hæc omnia, simul atque hominem finxit, magistrum a natura insitam legem indidit, et tamquam navi gubernatorem, et equo aurigam, cogitationibus nostris eum præfecit. Ita nimirum et Abel ipsum novit, cum non essent literæ, non prophetæ, non apostoli, neque scripta lex instilueret, sed quod a natura insitam legem haberet. Ita Cain: nam et ille novit; et uterque quidem ipsum sciebat, et dominatum agnoverat, sed non eamdem uterque viam ingressus est, verum alter quidem vitii, alter autem virtutis. Verumtamen ne sic quidem ipsum deseruit, sed et lapsum ac supplantatum erexit, et sua cura dignatus est: ac primum quidem hortatus est, et consilium dedit, postea vero metu ac tremore commonuit, erudivit, edocuit. Quoniam autem tantum munus homines multi prodiderunt, hanc inquam naturalis doctrinæ utilitatem, ne sic quidem eos dereliquit, neque extremo exitio expositos esse voluit, sed constanter eos rebus ipsis, beneficiis, suppliciis erudire atque admonere non cessavit, ac per ipsam creaturam quæ singulis diebus operatur, et consuetum ministerium suum implet, per ea quæ præter opinionem et consuetudinem fiunt, per eos justos, qui ab initio vixerunt. Siquidem viros eximios, et philosophia summa præditos e loco in locum transtulit. Nam et Abraham nunc quidem in Palæstinam, nunc autem in Ægyptum proficisci jussit, et Jacob in Syriam; Moysem rursus in Ægyptum, tres pueros in Babylonem, et Danielem, et Ezechielem, Jeremiam autem in Ægyptum. Deinde vero legem etiam dedit, ac prophetas misit, et afflixit, et condonavit, et captivitati tradidit, et libertate donavit,

Viri justi peregrinari coacti.

neque a principio ad finem usque pro genere humano cuncta facere molirique cessavit. Neque enim sola doctrina, quæ elicitur ex creaturis, et ad Dei cognitionem deducit, contentus fuit, sed quoniam permulti præ nimia sua improbitate nihil ex ea fuerant adjuti, alias docendi vias rationesque tentavit, ac tandem id quod caput est bonorum omnium largitus est, suumque Filium misit dilectum, unigenitum, et qui ejusdem est atque ipse naturæ, fit quod ego sum, et in terris ambulans cum hominibus conversabatur, et manducabat, et bibebat, et circuibat terram, instruens, docens, admonens, edens miracula, dum futura prædiceret, dum cohortaretur, dum consilium daret, dum pateretur, dum sustineret, dum promitteret, dum largiretur. Quædam enim jam inde ab hoc sæculo præbebat, quædam in futurum reservabat, quæ se daturum ostendebat, cum ex miraculis, quæ adhuc in terris superstes edebat, tum ex earum omnium rerum eventu consequente, quas ante prædixerat. *Quis loquetur potentias Domini, auditas faciet omnes laudes ejus?* Quis non obstupescat? quis non contremiscat immensam ejus curam considerans, quo pacto pro servis ingratis unigenitum Filium suum in mortem tradiderit, mortem detestandam et ignominiosam eorum, qui scelera nefaria patrarant, mortem reorum? Siquidem in sublimi suffixus patibulo crucis pendebat, conspuebatur, alapis cædebatur et colaphis, et subsannabatur; ac beneficii loco sepeliebatur, et monumentum obsignabatur: atque hæc omnia tua causa perpessus est, et ob eam curam, quam gerebat tui, ut tyrannis peccati tolleretur, ut arx diaboli everteretur, ut nervi mortis exscinderentur, ut cæli januæ nobis recluderentur, ut maledictio deleretur, ut prior condemnatio rescinderetur, ut patientiam disceres, ut tolerantiam doceretis, ne quid ex hujus vitæ rebus molestia te afficeret, non mors, non ignominia, non convicia, non sannæ, non verbera, non inimicorum insidiæ, non contumeliæ, non incursus, non calumniæ, non pravæ suspiciones, non aliud quidquam ejusmodi. Per hæc enim omnia transivit ille, tecumque in communionem istorum venit, et in his omnibus egregiam victoriam reportavit, teque docuit et instruxit, ut nihil ejusmodi reformides. At ne his quidem contentus fuit, sed in cælos cum ascendisset, ineffabilem Spiritus largitus est gratiam, et apostolos misit, quorum ad hoc ministerio uteretur. Cumque illos cerneret vitæ præcones innumera mala perpeti, verberari, contumeliis affici, in

Psal. 105. 2.

ἀπὸ τῆς κτίσεως διδασκαλίᾳ πρὸς θεογνωσίαν φερούσῃ μόνον, ἀλλ' ἐπειδὴ πολλοὶ παρὰ τὴν οἰκείαν ἀγνωμοσύνην οὐδὲν ἐντεῦθεν ἀπώναντο, καὶ ἑτέρας ἔτεμεν B ὁδοὺς διδασκαλίας, καὶ τέλος τὸ κεφάλαιον τῶν ἀγαθῶν εἰργάσατο, καὶ τὸν Υἱὸν ἀπέστειλε τὸν ἑαυτοῦ, τὸν Υἱὸν τὸν γνήσιον, τὸν μονογενῆ· καὶ ὁ τῆς αὐτῆς φύσεως ὢν αὐτῷ, γίνεται ὅπερ ἐγὼ, καὶ ἐπὶ γῆς βαδίζων τοῖς ἀνθρώποις συνανεστρέφετο, καὶ ἤσθιε, καὶ ἔπινε, καὶ περιεπόλει τὴν γῆν παιδεύων, διδάσκων, νουθετῶν, θαυματουργῶν, δι' ὧν προύλεγε, δι' ὧν παρῄνει, δι' ὧν συνεβούλευε, δι' ὧν ἔπασχε, δι' ὧν ὑπέμεινε, δι' ὧν ἐπηγγέλλετο, δι' ὧν ἐδίδου. Καὶ γὰρ τὰ μὲν ἐντεῦθεν ἤδη παρέσχε, τὰ δὲ πρὸς τὸ μέλλον ἐταμιεύσατο, ἃ καὶ ὅτι δώσει, καὶ δι' ὧν ἔτι περιὼν C ἐπὶ γῆς θαυμάτων εἰργάσατο, δῆλον ἐποίησε, καὶ διὰ τῆς μετὰ ταῦτα ὧν προεῖπε πάντων ἐκβάσεως. Τίς λαλήσει τὰς δυναστείας τοῦ Κυρίου, ἀκουστὰς ποιήσει πάσας τὰς αἰνέσεις αὐτοῦ; Τίς οὐκ ἂν ἐκσταίη, τίς οὐκ ἂν φρίξειε τὴν ἄφατον αὐτοῦ κηδεμονίαν, ἐννοῶν πῶς ὑπὲρ τῶν ἀγνωμόνων οἰκετῶν τὸν μονογενῆ Υἱὸν εἰς θάνατον ἐκδέδωκε, θάνατον τὸν ἐπάρατον, τὸν ἐπονείδιστον τῶν τὰ ἀνήκεστα τετολμηκότων, θάνατον τὸν τῶν καταδίκων; Καὶ γὰρ ἐφ' ὑψηλοῦ τοῦ ἰκρίου ἀνεσκολοπίζετο, καὶ ἐνεπτύετο, καὶ ἐῤῥαπίζετο, καὶ ἐπὶ κόῤῥης ἐτύπτετο, καὶ ἐκωμῳδεῖτο, καὶ ἐν μέρει χάριτος ἐθάπτετο, καὶ σήμαντρα αὐτοῦ τῷ μνήματι D ἐπετίθετο· καὶ ταῦτα ἅπαντα ὑφίστατο διὰ σὲ, καὶ τὴν κηδεμονίαν τὴν σὴν, ἵνα τῆς ἁμαρτίας ἡ τυραννὶς ἀναιρεθῇ, ἵνα καθαιρεθῇ τοῦ διαβόλου ἡ ἀκρόπολις, ἵνα τμηθῇ τοῦ θανάτου τὰ νεῦρα, ἵνα ἀνοιγῶσιν ἡμῖν αἱ τοῦ οὐρανοῦ πύλαι, ἵνα ἀφανισθῇ ἡ ἀρὰ, ἵνα ἡ προτέρα καταδίκη λυθῇ, ἵνα μάθῃς ὑπομονὴν, ἵνα παιδευθῇς καρτερίαν, ἵνα μηδέν σε τῶν τοῦ παρόντος βίου λυπῇ, μὴ θάνατος, μὴ ὕβρις, μὴ λοιδορίαι, μὴ σκώμματα, μὴ μάστιγες, μὴ ἐχθρῶν ἐπιβουλαὶ, μὴ ἐπήρειαι, μὴ ἔφοδοι, μὴ συκοφαντίαι, μὴ ὑπολήψεις πονηραὶ, μὴ ἄλλο τῶν τοιούτων μηδέν. Διὰ γὰρ E πάντων καὶ αὐτὸς ἦλθε, καὶ πάντων σοι τούτων ἐκοινώνησε, καὶ διὰ πάντων μεθ' ὑπερβολῆς ἐκράτησε, παιδεύων σε καὶ διδάσκων μηδὲν τῶν τοιούτων δεδοικέναι. Καὶ οὐδὲ τούτοις ἠρκέσθη μόνον, ἀλλὰ καὶ ἀνελθὼν εἰς οὐρανοὺς Πνεύματος ἁγίου ἐχαρίσατο χάριν ἄφατον, καὶ ἀποστόλους ἔπεμψε τοὺς πρὸς τοῦτο διακονησομένους. Καὶ ὁρῶν αὐτοὺς τοὺς τῆς ζωῆς κήρυκας τὰ μυρία πάσχοντας κακὰ, μαστιζομένους, ὑβριζομένους, καταποντιζομένους, κατατεινομένους 484 A λιμῷ καὶ δίψει, καθ' ἑκάστην ἡμέραν ἀγχομένους, θανάτοις συζῶντας καθημερινοῖς, ἠνείχετο διὰ σὲ, καὶ τὴν κηδεμονίαν τὴν σήν. Διὰ σὲ, ἄνθρωπε, καὶ βασιλείαν ἡτοίμασε, διὰ σὲ τὰ ἀγαθὰ τὰ ἀπόῤῥητα, τὴν λῆξιν ἐκείνην τὴν ἐν οὐρανοῖς, τὰς μονὰς τὰς διαφόρους καὶ ποικίλας, τὴν μακαριότητα, τὴν οὐδέποτε λόγῳ ἑρμηνευθῆναι δυναμένην. Τοσαῦτα οὖν ἔχων δείγματα αὐτοῦ τῆς προνοίας, τὰ ἐν τῇ Καινῇ, τὰ ἐν τῇ Παλαιᾷ, τὰ ἐν τῷ παρόντι βίῳ, τὰ ἐν τῷ μέλλοντι, τὰ ἐσόμενα, τὰ γενόμενα, τὰ καθ' ἑκάστην ἐπιτελούμενα τὴν ἡμέραν, τὰ ἐξ ἀρχῆς, τὰ ἐν τῷ μέσῳ, τὰ ἐν τῷ τέλει, τὰ διηνεκῶς, τὰ περὶ σῶμα, B τὰ περὶ ψυχὴν, καὶ νιφάδας ὁρῶν πάντοθεν φερομένας ἀποδείξεων, ἀνακηρυττούσας αὐτοῦ τὴν πρόνοιαν, ἀμφιβάλλεις ἔτι; Ἀλλ' οὐκ ἀμφιβάλλεις, πιστεύεις δὲ ὅτι προνοεῖ, καὶ πέπεικας σαυτὸν τοῦτο. Οὐκοῦν μηδὲν περιεργάζου πλέον, εἰδὼς τοῦτο σαφῶς, ὅτι Δεσπότην ἔχεις πατέρων φιλοστοργότερον, καὶ μητέρων κηδεμονικώτερον, νυμφίου καὶ νύμφης ἐρῶντος ἐρωτικώτερον, οἰκείαν ἀνάπαυσιν τὴν σὴν ἡγούμενον σωτηρίαν, καὶ μᾶλλον ἐπὶ ταύτῃ χαίροντα, ἢ σὺ ἐπὶ ἀπαλλαγῇ κινδύνων καὶ θανάτων (ὅπερ ἔδειξα διὰ C τοῦ Ἰωνᾶ), καὶ πᾶν εἶδος ἀγάπης ἐπιδεικνύμενον, ὃ πατὴρ περὶ παῖδας ἔχει, ἡ μήτηρ περὶ ἔκγονα, ὁ ἀμπελουργὸς περὶ φυτὰ, ὁ οἰκοδόμος περὶ τέχνην, ὁ νυμφίος περὶ νύμφην, ὁ νεανίσκος περὶ παρθένον· καὶ βουλόμενον ἀποστῆσαί σου τὰ κακὰ, ὅσον ἀφέστηκεν ἀνατολὴ τῆς δύσεως, ὅσον ὑψηλότερος τῆς γῆς ὁ οὐρανὸς (καὶ γὰρ καὶ τοῦτο ἀπεδείξαμεν), μᾶλλον δὲ οὐ τοσοῦτον μόνον, ἀλλὰ καὶ πολλῷ πλέον· καθάπερ ἐδείξαμεν τὸν περὶ τούτων κινοῦντες λόγον, καὶ παραινέσαντες μὴ μέχρι τῶν εἰκόνων ἑστάναι, ἀλλ' D ὑπερβαίνειν τοῖς λογισμοῖς. Ἀνερμήνευτος γὰρ ἡ τοῦ Θεοῦ πρόνοια, καὶ ἀκατάληπτος αὐτοῦ ἡ κηδεμονία, ἄῤῥητος ἡ ἀγαθότης καὶ ἀνεξιχνίαστος ἡ φιλανθρωπία. Ταῦτα οὖν ἅπαντα εἰδὼς, καὶ δι' ὧν ἀπεφήνατο, καὶ δι' ὧν ἐποίησε, καὶ δι' ὧν ποιήσει, μηδὲν περιεργάζου, μηδὲ πολυπραγμόνει, μηδὲ λέγε, διὰ τί τοῦτο; εἰς τί τοῦτο; Πῶς γὰρ οὐ μανικὸν, καὶ ἐσχάτης ἀπονοίας καὶ παραπληξίας ἀνάμεστον, ἰατρὸν μὲν μηδέποτε πολυπραγμονεῖν τέμνοντα, καίοντα, πικρὰ ἐπιτιθέντα φάρμακα, κἂν οἰκέτης ᾖ, ἀλλὰ κεῖσθαι σιγῇ τὸν δεσπότην ταῦτα πάσχοντα, καὶ χάριν εἰδέ- E ναι καὶ τῆς καύσεως αὐτῷ, καὶ τῆς τομῆς καὶ τῶν φαρμάκων, καὶ ταῦτα ἐπ' ἀδήλῳ τῷ μέλλοντι· πολλοὶ γὰρ πολλοὺς καὶ ἀπέκτειναν ταῦτα ποιήσαντες· καὶ παραχωρεῖν αὐτῷ μετὰ πολλῆς τῆς ὑποταγῆς ταῦτα ποιοῦντι· καὶ ἐπὶ ναύτου δὲ τὸ αὐτὸ τοῦτο ποιεῖν, καὶ οἰκοδόμου, καὶ ἐπὶ τῶν τὰ ἄλλα ἐπιτηδεύματα μετιόντων· λέγω δὲ καταγέλαστον εἶναι νομίζειν, τὸ τὸν ἰδιώτην καὶ ἄπειρον ἀπαιτεῖν τὰς αἰτίας τῶν γινομένων ἁπάντων τὸν τεχνίτην, τὴν δὲ ἄφατον σοφίαν ἐκείνην, τὴν ἄφραστον, τὴν ἄῤῥητον, τὴν ἀκατάληπτον περιεργάζεσθαι, καὶ ζητεῖν διὰ τί 485 τὸ καὶ τὸ γέγονε, καὶ ταῦτα εἰδότας σαφῶς, ὅτι A ἀδιάπτωτος ἡ σοφία αὕτη, ὅτι πολλὴ ἀγαθότης αὐτοῦ, ὅτι ἄῤῥητος ἡ πρόνοια, ὅτι πάντα πρὸς τὸ τέλος ἀπαντᾷ χρηστὸν τὰ παρ' αὐτοῦ γινόμενα εἰς ἡμᾶς·

marc demergi, fame ac siti torqueri, quotidie cruciari, in perpetuo mortis periculo singulis diebus versari, hoc tua causa permittebat, et ob tui curam. Propter te, mi homo, et regnum cælorum præparavit, propter te bona ineffabilia, sortem illam et conversationem in cælis, varias mansiones atque differentes, beatitudinem, quam nulla potest oratio explicare. Cum tot ergo tibi suppetant ejus indicia providentiæ, cum in Novo, tum in Veteri Testamento, cum in hac vita, tum in futura, tam futura quam quæ jam evenerunt, quæ singulis diebus fiunt, quæ a principio, quæ tempore interjecto, quæ in fine, quæ perpetuo durabunt, quæ ad corpus, quæ ad animam pertinent, et cum videas undique demonstrationum examina prodire, quæ providentiam ejus prædicant, adhuc dubitas? Imo non dubitas, sed credis eum providentiam et curam gerere, tibique hoc ipsum persuasisti. Nihil ergo amplius curiose inquiras, cum hoc probe scias te Dominum nactum esse, qui te multo diligat vehementius quam patres, qui magis quam matres sit de te sollicitus, qui ardentius quam sponsus amet et sponsa, et tuam salutem suas delicias arbitretur, qui ob illam magis lætetur, quam tu cum a periculis fueris et a morte liberatus (id quod ex Jona patefactum est), et omne genus caritatis exhibeat, quod erga liberos præ se fert pater, aut mater erga suam prolem, aut erga plantas agricola, circa suam artem architectus, erga sponsam suam sponsus, erga virginem adolescens; atque a te procul abesse mala desiderat, quantum ab Occidente distat Oriens, quanto altius est terra cælum (nam et hoc a nobis demonstratum est), imo vero non tantum solum, sed et multo amplius, ut a nobis probatum est, cum de his sermonem institueremus, et hortaremur, ut in comparationibus non subsisteretis, sed eas cogitatione transcenderetis. Neque enim satis explicari potest providentia divina, neque ipsius cura mente comprehendi: ineffabilis est bonitas ejus, et ininvestigabilis ejus clementia. Hæc igitur tibi cum explorata sint omnia, cum ex illis quæ pronuntiavit, tum ex illis quæ gessit, quæque gesturus est, noli curiose disquirere, neque scrutari, neque dicere, Cur hoc? ad quid hoc? Annon enim furiosi hominis est hoc, et summam dementiam et insaniam sapit, in medicum quidem curiose non inquirere dum secat, dum urit, dum acerba medicamenta applicat, quamvis servus sit, sed cum silentio jacere dominum ista patientem, eique propter hanc

Actiones medicorum non examinamus.

ustionem gratiam labere, ac propter sectionem ac medicamenta; idque cum incertum sit futurum; sæpe namque multos id agendo interfecerunt; eique penitus subjectum parere, dum id agit, idemque erga nautam et architectum, vel erga cæteros qui diversas artes profitentur præstare: ridiculum, inquam, censeri hominem imperitum et inexpertum causas omnium, quæ fiunt, ab artifice requirere, sapientiam autem illam immensam, ineffabilem, inexplicabilem, incomprehensibilem curiose scrutari, et cur hoc vel illud fiat exquirere, idque cum probe noverimus in hanc sapientiam errorem non cadere, magnam ejus esse bonitatem, inenarrabilem ejus esse providentiam, ad finem prosperum omnia pervenire, quæ ab illo nostra causa geruntur: modo ne nostræ quoque partes desint; neminem illum perire velle, omnes salvos facere et velle et posse? Annon igitur est extremæ dementiæ facinus eum, qui salvos facere cunctos et velit et possit, curiose scrutari jam a principio, et e vestigio, neque finem eorum quæ geruntur exspectare?

μόνον εἰ μὴ τὰ ἡμέτερα διακόπτοιτο· ὅτι οὐδένα ἀπολέσθαι βούλεται, ἀλλὰ σῶσαι. Πῶς οὐχ ὑπερβαλλούσης μανίας, τὸν πάντας σῶσαι καὶ βουλόμενον καὶ δυνάμενον, περιεργάζεσθαι ἐκ προοιμίων καὶ εὐθέως, καὶ μηδὲ τὸ τέλος ἀναμένειν τῶν γινομένων;

Cap. IX. Non esse curiose inquirendum, et rerum finem exspectandum esse.

Præcipue vero cum neque a principio, neque deinceps curiose sit inquirendum; quod si adeo curiosus ac diligens scrutator sis, finem exspecta, et quem tandem exitum ista sortiantur considera, neque turberis aut terrearis a principio. Quandoquidem auri quoque fusorem imperitus aliquis si videat initio aurum liquantem, et cineri paleisque admiscentem, nisi finem exspectet, aurum periisse arbitrabitur: sic et in mari natus et educatus quispiam, si confestim ad mediterranea habitanda translatus, cum nihil plane de agrorum colendorum ratione inaudiverit, reconditum triticum viderit, et januis vectibusque conclusum servari, atque ab humiditate defendi, statimque ab agricola deinde elatum spargi, projici, et in agro prætereuntibus cunctis exponi, et non modo ab humiditate non defendi, sed luto fimoque macerandum exponi, neque custodem apponi, nonne periisse triticum arbitrabitur, et agricolam hæc agentem damnabit? At hæc condemnatio non rei naturæ, sed ejus imperitiæ inscitiæque tribuenda est, qui recte non judicavit, et a principio statim sententiam tulit. Etenim si æstatem exspectasset, ac segetem vernantem vidisset, falcem exacutam, et triticum quod sparsum fuerat, et sine custode relictum, putrefactum et corruptum ac luto expositum, mox germinasse ac multiplicatum apparuisse pulchrum, et vetustate deposita multo cum vigore sese erexisse, quasi satellitibus stipatum

Μάλιστα μὲν γὰρ οὔτε ἐκ προοιμίων, οὔτε μετὰ ταῦτα πολυπραγμονεῖν δεῖ· εἰ δὲ οὕτω περίεργος εἶ καὶ πολυπράγμων, ἀνάμενε τὸ τέλος, καὶ σκόπει ποῦ ταῦτα ἀπαντᾷ, καὶ μὴ θορυβοῦ, μηδὲ ταράττου ἐκ προοιμίων. Ἐπεὶ καὶ τὸν χρυσοχόον ἄπειρός τις ὁρῶν ἐν ἀρχῇ τήκοντα τὸν χρυσὸν, καὶ τῇ τέφρᾳ ἀναμιγνύντα καὶ τοῖς ἀχύροις, εἰ μὴ τὸ τέλος ἀναμείνειεν, ἡγήσεται ἀπολωλέναι τὸ χρυσίον· οὕτω καὶ ἐν θαλάττῃ τις τεχθεὶς καὶ τραφεὶς, εἶτα ἀθρόον εἰς τὴν μεσόγειον μετοικισθεὶς καὶ καθ' ὅλου τῆς περὶ τὴν γῆν ἐπιμελείας ἀνήκοος ὢν, ἂν ἴδῃ τὸν σῖτον τὸν ἀποκείμενον καὶ φυλαττόμενον ὑπὸ θύραις καὶ μοχλοῖς, καὶ νοτίδος ἀπηλλαγμένον, ἀθρόον ὑπὸ τοῦ γηπόνου ἐκφερόμενον, σκορπιζόμενον, ῥιπτούμενον, καὶ ἐπὶ τῆς ἀρούρας κείμενον τοῖς παριοῦσιν ἅπασι, καὶ οὐ μόνον οὐκ ἀπηλλαγμένον νοτίδος, ἀλλὰ καὶ πηλῷ καὶ τέλμασι παραδιδόμενον, καὶ φύλακα οὐδένα ἔχοντα, οὐκ ἂν ἀπολέσθαι τὸν σῖτον νομίσειε, καὶ κατέγνω τοῦ ταῦτα ποιοῦντος γηπόνου; Ἀλλ' οὐ τῆς τοῦ πράγματος φύσεως ἡ κατάγνωσις, ἀλλὰ τῆς τοῦ μὴ καλῶς κρίναντος ἀπειρίας τε καὶ ἀνοίας, ἐκ προοιμίων εὐθέως τὴν ψῆφον φέροντος. Ἐπεὶ εἰ τὸ θέρος ἀνέμεινε, καὶ εἶδε τὰ λήϊα κομῶντα, καὶ τὴν δρεπάνην ἠκονημένην, καὶ τὸν σκορπισθέντα καὶ ἀφύλακτον μείναντα σῖτον, καὶ σαπέντα καὶ διαφθαρέντα καὶ τῷ πηλῷ παραδοθέντα, τοῦτον ἐγειρόμενον καὶ πολυπλασίονα γινόμενον, ὡραιότερόν τε φαινόμενον, καὶ τὴν παλαιότητα ἀποθέμενον, καὶ μετὰ πολλῆς ὀρθούμενον τῆς σφοδρότητος, καὶ δορυφόρους οἷον ἔχοντα καὶ ἐνδύματα, καὶ καλάμην πρὸς ὕψος ἐγείροντα, καὶ τέρ-

ποντα τὸν θεατὴν καὶ τρέφοντα, καὶ πολὺ παρέχοντα
τὸ κέρδος, τότε ἂν ἐξεπλάγη μειζόνως, ὅτι διὰ τοιούτων ἐπὶ τοιαύτην ἤχθη εὐθηνίαν καὶ φαιδρότητα ὁ
καρπός. Καὶ σὺ τοίνυν, ἄνθρωπε, μάλιστα μὲν μὴ
περιεργάζου τὸν κοινὸν ἁπάντων ἡμῶν Δεσπότην· εἰ
δὲ οὕτω φιλόνεικος εἶ καὶ τολμηρὸς, ὡς μαίνεσθαι τὴν
μανίαν ταύτην, κἂν τὸ τέλος ἀνάμεινον τῶν γινομέ- E
νων. Εἰ γὰρ ὁ γηπόνος ὁλόκληρον ἀναμένει χειμῶνα,
οὐ πρὸς ταῦτα ἅπερ ὁ σῖτος πάσχει βλέπων κατὰ τὴν
ὥραν τοῦ κρυμοῦ, ἀλλὰ πρὸς ἐκεῖνα ὧν ἀπολαύειν
μέλλει· πολλῷ μᾶλλον καὶ αὐτὸς ἐπὶ τοῦ τὴν οἰκουμένην γεωργοῦντος πᾶσαν καὶ τὰς ψυχὰς τὰς ἡμετέρας, δίκαιος ἂν εἴης ἀναμένειν τὸ τέλος· ἐγὼ δὲ
τέλος οὐ τὸ ἐν τῷ παρόντι βίῳ μόνον λέγω (πολλάκις
γὰρ τοῦτο καὶ ἐνταῦθα ἔσται), ἀλλὰ καὶ τὸ ἐν τῷ
μέλλοντι. Πρὸς ἓν γὰρ βλέπει τέλος ἑκατέρων τῶν
βίων τούτων ἡ οἰκονομία, τὴν σωτηρίαν τὴν ἡμετέραν καὶ τὴν εὐδοκίμησιν. Εἰ γὰρ καὶ τῷ χρόνῳ διήρηται, ἀλλὰ τῷ σκοπῷ συνῆπται· καὶ ὥσπερ νῦν μὲν 486 A
χειμὼν, νῦν δὲ ἔαρ, ἑκατέρα δὲ τοῦ ἔτους ἡ τροπὴ
πρὸς ἓν βλέπει, τῶν καρπῶν τὴν ἀκμήν· οὕτω δὴ
καὶ ἐπὶ τῶν ἡμετέρων ἔσται πραγμάτων. Ὅταν οὖν
ἴδῃς τὴν Ἐκκλησίαν σκορπισθεῖσαν, τὰ ἔσχατα πα-
θοῦσαν, ἐλαυνομένους, μαστιζομένους τοὺς ἐν αὐτῇ
λάμποντας, τὸν πρόεδρον αὐτῆς πορρωτάτω ἀπενε-
χθέντα, μὴ ταῦτα σκόπει μόνον, ἀλλὰ καὶ τὰ ἐκ τούτων ἐκβησόμενα, τοὺς μισθοὺς, τὰς ἀμοιβὰς, τὰ βραβεῖα, τὰ ἔπαθλα· Ὁ γὰρ ὑπομείνας εἰς τέλος, οὗτος
σωθήσεται, φησίν. Ἐπὶ μὲν γὰρ τῆς Παλαιᾶς, ἐπειδὴ
οὐδέπω γνώριμος ὁ τῆς ἀναστάσεως λόγος ἦν, ἐν τῷ
παρόντι βίῳ ἀμφότερα ἐγίνετο· ἐπὶ δὲ τῆς Καινῆς οὐ B
πανταχοῦ τοῦτο, ἀλλ' ἔστιν ὅπου τὰ μὲν λυπηρὰ ἐνταῦθα, τὰ δὲ χρηστὰ ἀναμένει τὴν ἐντεῦθεν ἡμῶν
ἀποδημίαν. Ἀλλ' ὅμως εἰ καὶ ἐν τῷδε τῷ βίῳ τὰ
χρηστὰ αὐτοῖς ἐξέβαινε καὶ ἐν τῇ παρούσῃ ζωῇ, καὶ
ἐν τούτῳ μάλιστα θαυμαστοὶ ἂν εἶεν οἱ τούτων μὴ
ἀπολελαυκότες, ὅτι μήτε τὸν περὶ ἀναστάσεως σαφῶς
εἰδότες λόγον, καὶ τὰ ἐναντία τῶν ἐπαγγελιῶν τοῦ
Θεοῦ συμβαίνοντα ὁρῶντες ἐπὶ τῶν πραγμάτων, οὐκ
ἐσκανδαλίζοντο, οὐκ ἐθορυβοῦντο, οὐδὲ ἐταράττοντο,
ἀλλὰ παρεχώρουν αὐτοῦ τῇ ἀκαταλήπτῳ προνοίᾳ,
οὐδὲν ἐκ τῶν ἐναντίως γινομένων σκανδαλιζόμενοι,
ἀλλ' εἰδότες αὐτοῦ τὸ εὔπορον καὶ εὐμήχανον τῆς σο- C
φίας, τὸ τέλος ἀνέμενον, μᾶλλον δὲ καὶ πρὸ τοῦ τέλους πᾶν, ὅπερ εἰς αὐτοὺς ἐτολμᾶτο, ἔφερον εὐχαρίστως, καὶ τὸν συγχωροῦντα ταῦτα γίνεσθαι Θεὸν

et vestibus, culmum in altum extulisse, spectatorem oblectasse simul et aluisse, lucroque ditas-
se non mediocri, tum vero amplius miratus esset, quod per ejusmodi damna fructus ad tantam ubertatem, et pulchritudinem evectus esset. Tu quoque, mi homo, noli in communem
omnium Dominum nostrum curiose inquirere :
quod si tam contentiosus sis et audax, ut hanc
insanire velis insaniam, saltem finem eorum, quæ
geruntur, exspecta. Nam et agricola totam hiemem exspectat, neque ad ea, quæ triticum tempore frigoris patitur, respicit, sed ad ea quibus
fruiturus est : multo sane fuerit æquius, ut ejus
causa, qui totius orbis terrarum est agricola et
animarum nostrarum, finem exspectes : ego non
finem dico tantum in præsenti vita (sæpe namque illud etiam hic eveniet), sed etiam in futura. Ad unum enim finem spectat utriusque vitæ
istius dispensatio, salutem nempe nostram, et
nominis nostri celebritatem. Licet enim tempore
sit divisa, tamen scopo conjuncta est; et quemadmodum nunc est hiems, nunc æstas, at utraque temporis conversio ad unum spectat finem,
frugum maturitatem : sic nimirum et in rebus
nostris fiet. Cum ergo dispersam Ecclesiam videris, malis extremis oppressam, vexatos, cæsos
verberibus eos, qui in ipsa sunt illustriores,
præsulem ejus longissime relegatum, noli hæc
solum spectare, sed etiam ea quæ ex his sunt
eventura, retributiones, remunerationes, præmia,
bravia : *Qui enim perseveraverit usque in* Matth. 10.
finem, hic salvus erit, inquit. Nam in Veteri 22.
quidem Testamento, quia nondum innotuerat
de resurrectione doctrina, utraque in hac vita
fiebant: at in Novo non semper fit : sed interdum res adversæ in hoc sæculo nobis accidunt,
res autem prosperæ nostrum ex hac vita discessum exspectant. Verumtamen quamvis in hac
vita res prosperæ illis evenissent, in hoc etiam
admiratione maxime digni fuissent, qui illis potiti non essent, quod cum neque nota illis fuisset
doctrina de resurrectione, et promissionibus
Dei contraria cernerent in rebus evenire, non
scandalizarentur, non terrerentur, neque per-
turbarentur, ejusque incomprehensibili providentiæ acquiescerent, neque propter ea quæ contrario modo acciderent, scandalum paterentur,
sed potentiam ac solertiam sapientiæ ipsius perspectam habentes, finem exspectarent, imo vero
ante finem quidquid adversus ipsos perpetrare-
tur, cum gratiarum actione tolerarent, Deumque
qui ista fieri sineat, glorificare non cessarent.

Obscura fortasse vobis videtur hæc oratio: quocirca clariorem eam reddere conabor.

Cap. X. — Antiquos etiam finem rerum exspectasse.

Cum senex factus esset olim Abraham, et ad liberos procreandos ineptus, et emortuus ætatis progressu evasisset; ut enim pater fieri posset, nihilo meliori in statu erat vivens, quam ipsi defuncti; cum ergo senex justus esset, et admodum senex, et naturalis procreandæ sobolis facultatis fines longo intervallo excessisset, conjugem autem haberet Saram petra steriliorem, patrem se

Gen. 15. 5. redditurum illum tot nepotum Deus pollicetur, ut multitudinem astrorum eorum æquatura sit multitudo. At ille, cum tot essent obstacula, cum jam ætas esset ad ultimam senectutem devoluta, et uxor tam ob ætatem quam ob naturam esset infecunda; non enim sola senectus obstabat, sed et sterilitas ipsa naturæ: siquidem tum quoque cum juvenis esset, inutilis naturæ fuit officina, quod sterilis mulier esset. Quocirca Paulus hoc ipsum insinuans, ita dicebat:

Rom. 4. 19. *Et emortuam vulvam Saræ;* non dixit emortuam Saram simpliciter, ne solam ætatem suspiceris, sed et ipsius vulvam emortuam, quod non solum tempore, sed etiam naturæ conditione factum erat; verumtamen licet tanta, ut dixi, superessent obstacula, cum sciret quid tandem sit promissio Dei, quam solers illa sit et locuples, sic ut neque legibus naturæ, neque rerum difficultate, vel alio quopiam impediatur, sed per contraria viam inveniat, et promissum in opus deducat, quod dicebatur, admisit, et promissioni fidem habuit: et tumultum ex cogitationibus ne omnino quidem moveri sivit, sed fide dignam esse judicavit, ut est sine dubio, ad implendam promissionem ipsius potentiam, qui promiserat, neque disquisivit, quo tandem modo hæc evenient, et cur non in juventute, sed in senectute, et sero tandem ac tarde. Quo fit, ut illum etiam clara voce prædicet ac laudet his verbis Paulus:

Rom. 4. 18. *Qui contra spem in spem credidit, ut fieret pater multarum gentium.* Quid est, *Contra spem in spem?* Præter spem humanam in spem Dei, quæ cuncta vincit, quæ cuncta potest, quæ cuncta superat. Et credidit, non ut fieret pater tantum, sed etiam tot gentium, senex et effetus, cui sterilis et senio confecta

Rom. 4. 19—21. uxor erat, secundum quod dictum est, *Sic erit semen tuum. Et non infirmatus est fide, nec consideravit corpus suum jam emortuum, cum fere centum esset annorum, et emortuam vulvam Saræ; in repromissione autem Dei*

δοξάζοντες διετέλουν. Τάχα ἀσαφὴς ὁ λόγος οὗτος ὑμῖν εἶναι δοκεῖ· οὐκοῦν σαφέστερον αὐτὸν ποιῆσαι πειράσομαι.

Γέροντι γενομένῳ ποτὲ τῷ Ἀβραὰμ, καὶ πρὸς παιδοποιίαν ἐκ τῆς ἡλικίας νεκρωθέντι λοιπόν· εἰς γὰρ τὸ γενέσθαι πατὴρ, οὐδὲν ἄμεινον τῶν τετελευτηκότων διέκειτο ζῶν· γέροντι τοίνυν ὄντι τῷ δικαίῳ, καὶ σφό- D δρα γέροντι, καὶ τῆς φυσικῆς παιδοποιίας ὑπερβάντι τοὺς ὅρους ἐκ πολλοῦ τοῦ περιόντος, ἔχοντι δὲ καὶ σύνοικον πέτρας ἀγονωτέραν τὴν Σάῤῥαν, ἐπαγγέλλεται πατέρα ποιήσειν ὁ Θεὸς τοσούτων ἐκγόνων αὐτὸν, ὡς παρισοῦσθαι αὐτῶν τὸ πλῆθος τῷ πλήθει τῶν ἄστρων. Ὁ δὲ, τοσούτων κωλυμάτων ὄντων, τῆς ἡλικίας ἤδη εἰς ἔσχατον γῆρας κατενεχθείσης, καὶ τῆς γυναικὸς ἀπό τε τῆς ἡλικίας, ἀπό τε τῆς φύσεως πεπηρωμένης· οὐ γὰρ τὸ γῆρας διεκώλυε μόνον, ἀλλὰ καὶ αὐτὴ τῆς φύσεως ἡ πήρωσις· καὶ γὰρ καὶ νέας οὔσης ἄχρηστον τὸ τῆς φύσεως ἐργαστήριον ἦν· στεῖρα γὰρ ἦν ἡ γυνή. Διὸ καὶ Παῦλος ἐπισημαινόμενος E τοῦτο αὐτὸ, οὕτως ἔλεγε· Καὶ τὴν νέκρωσιν τῆς μήτρας Σάῤῥας· οὐκ εἶπε τὴν νέκρωσιν Σάῤῥας ἁπλῶς, ἵνα μὴ τὴν ἡλικίαν ὑποπτεύσῃς μόνον, ἀλλὰ καὶ αὐτῆς τῆς μήτρας τὴν νέκρωσιν, τὴν οὐκ ἀπὸ χρόνων μόνον, ἀλλὰ καὶ ἀπὸ φύσεως γεγενημένην· ἀλλ' ὅμως καὶ τηλικούτων, ὅπερ ἔφην, κωλυμάτων ὄντων, εἰδὼς, τί ποτέ ἐστιν ἐπαγγελία Θεοῦ, πῶς εὐμήχανός τε καὶ εὔπορος, καὶ οὐ νόμοις φύσεως, οὐ δυσκολίᾳ πραγμάτων, οὐκ ἄλλῳ τινὶ κωλουμένη, ἀλλὰ διὰ τῶν ἐναν- 487 τίων βαδίζουσα, καὶ τὸ ἐπηγγελμένον εἰς ἔργον ἄγου- A σα, κατεδέξατο τὸ εἰρημένον, καὶ ἐπίστευσε τῇ ὑποσχέσει, καὶ τὸν θόρυβον τὸν ἐκ τῶν λογισμῶν οὐδὲ κινηθῆναι ὅλως ἀφεὶς, ἀξιόπιστον ἔκρινεν εἶναι, ὥσπερ οὖν καὶ ἔστι, πρὸς τὴν τῆς ἐπαγγελίας πλήρωσιν τοῦ ὑποσχομένου τὴν δύναμιν, οὐκ ἐξετάσας, πῶς καὶ τίνι τρόπῳ ταῦτα ἔσται, καὶ τίνος ἕνεκεν οὐκ ἐν νεότητι, ἀλλ' ἐν γήρᾳ, καὶ ὀψέ ποτε καὶ βραδέως. Διὸ καὶ ὁ Παῦλος αὐτὸν ἀνακηρύττει μετὰ λαμπρᾶς τῆς φωνῆς οὕτω λέγων· Ὃς παρ' ἐλπίδα ἐπ' ἐλπίδι ἐπίστευσεν εἰς τὸ γενέσθαι αὐτὸν πατέρα πολλῶν ἐθνῶν. Τί ἐστι, Παρ' ἐλπίδα ἐπ' ἐλπίδι; Παρ' ἐλ- B πίδα τὴν ἀνθρωπίνην, ἐπ' ἐλπίδι τῇ τοῦ Θεοῦ, τῇ πάντα νικώσῃ, τῇ πάντα δυναμένῃ, τῇ πάντων περιγινομένῃ. Καὶ ἐπίστευσεν οὐκ εἰς τὸ πατὴρ γενέσθαι μόνον, ἀλλὰ καὶ ἐθνῶν τοσούτων, ὁ γέρων καὶ ἄγονος, ὁ στεῖραν καὶ γεγηρακυῖαν γυναῖκα ἔχων, κατὰ τὸ εἰρημένον· Οὕτως ἔσται τὸ σπέρμα σου. Καὶ μὴ ἀσθενήσας τῇ πίστει οὐ κατενόησε τὸ ἑαυτοῦ σῶμα νενεκρωμένον, ἑκατονταέτης που ὑπάρχων, καὶ τὴν νέκρωσιν τῆς μήτρας Σάῤῥας· εἰς δὲ τὴν ἐπαγγελίαν τοῦ Θεοῦ οὐ διεκρίθη τῇ ἀπιστίᾳ, ἀλλ' ἐνεδυναμώθη τῇ πίστει, δοὺς δόξαν τῷ Θεῷ, καὶ πληροφορηθεὶς, C ὅτι, ὃ ἐπήγγελται, δυνατός ἐστι καὶ ποιῆσαι. Ὁ δὲ λέγει, τοιοῦτόν ἐστι· ἀναπηδήσας καὶ ἐξαλλόμενος εὐθέως ἀπὸ τῆς ἀνθρωπίνης ἀσθενείας, καὶ πρὸς τὸ ὕψος ἀναδραμὼν τοῦ ὑποσχομένου, καὶ ἐννοήσας αὐτοῦ τὴν ἄφατον δύναμιν, ἐπείσθη σαφῶς, ὅτι πάντως ἔσται τὸ εἰρημένον. Καὶ τούτῳ μάλιστα τὸν Θεὸν ἐδόξασε, τῷ μὴ περιεργάσασθαι, μηδὲ πολυπραγμονῆσαι, ἀλλὰ τῷ ἀκαταλήπτῳ [a] τῆς σοφίας αὐτοῦ καὶ τῆς δυνάμεως παραχωρῆσαι καὶ μηδὲν ἀμφιβάλλειν ὅλως περὶ τῶν εἰρημένων. Ὁρᾷς ὅτι τοῦτό ἐστι μάλιστα τὸ δοξάζειν τὸν Θεὸν, τὸ ἀεὶ παραχωρεῖν αὐτοῦ τῷ ἀκαταλήπτῳ τῆς προνοίας καὶ τῇ ἀῤῥήτῳ δυνάμει [D] καὶ σοφίᾳ, καὶ μὴ περιεργάζεσθαι, μηδὲ πολυπραγμονεῖν, μηδὲ λέγειν, διὰ τί τοῦτο; εἰς τί τοῦτο; πῶς τοῦτο ἔσται; Οὐ τοῦτο δὲ μόνον ἐστὶ τὸ θαυμαστὸν, ἀλλ' ὅτι καὶ τὸν υἱὸν αὐτοῦ ἐκεῖνον, τὸν μονογενῆ καὶ γνήσιον, μετὰ τὴν ὑπόσχεσιν ταύτην ἐκελεύετο καταθύειν, καὶ οὐδὲ τότε ἐσκανδαλίζετο. Καίτοι πολλὰ ἦν τὰ δυνάμενα σκανδαλίσαι τὸν μὴ νήφοντα, μηδὲ ἐγρηγορότα· καὶ αὐτὸ πρῶτον τὸ ἐπίταγμα, εἰ ὁ Θεὸς τοιαύτας καταδέχεται θυσίας, καὶ παιδοκτόνους εἶναι κελεύει τοὺς πατέρας, καὶ βιαίῳ τελευτῇ καταλύειν [E] τὸν βίον, καὶ ἀώρῳ παραδιδόναι τοὺς παῖδας θανάτῳ, καὶ αὐτόχειρας γενέσθαι τῶν γεννηθέντων, καὶ αἵματι τοιούτῳ τὸν βωμὸν αἱμάσσεσθαι βούλεται τὸν αὐτοῦ, καὶ δεξιὰν ὁπλίζεσθαι πατρικὴν κατὰ τοῦ μονογενοῦς παιδὸς, καὶ φονέων εἶναι χαλεπώτερον τὸν δίκαιον· καὶ μετὰ τούτου καὶ ἡ τῆς φύσεως τυραννὶς θορυβοῦσα, ταράττουσα, οὐχ ἐπειδὴ πατὴρ ἦν μόνον, ἀλλ' ἐπειδὴ καὶ φιλόστοργος, καὶ πατὴρ τοιούτου παιδὸς, γνησίου, μονογενοῦς, καλοῦ μὲν ἰδεῖν, καλοῦ δὲ νοῆσαι. Καὶ γὰρ ἐν αὐτῷ τῷ ἄνθει τῆς ἡλικίας ἦν, καὶ αὐτῇ τῆς ἀρετῆς τῇ ἀκμῇ, διπλῇ τότε ἀπολάμπων τῇ εὐμορφίᾳ, καὶ τῇ τῆς ψυχῆς, καὶ τῇ τοῦ σώματος. Οὐ μικρὸν δὲ εἰς φιλοστοργίαν, καὶ τὸ παρ' ἐλπίδα δοθῆναι πᾶσαν. Ἴστε γὰρ πῶς ποθεινὰ τὰ τοιαῦτα παιδία, τὰ [488 A] παρ' ἐλπίδα καὶ προσδοκίαν, καὶ οὐ νόμῳ φύσεως κεχαρισμένα, οἷος ἐκεῖνος ἦν. Καὶ μετὰ τούτων δὴ πάντων τὸ μάλιστα ἱκανὸν παρασχεῖν σκάνδαλον ἡ ἐπαγγελία καὶ ἡ ὑπόσχεσις ἦν· ἐναντίον γὰρ ἦν αὐτῇ τὸ ἐπιταχθέν. Τὸ μὲν γὰρ ἐπαγγελθὲν ἦν, Οὕτως ἔσται τὸ σπέρμα σου, ὡς τὰ ἄστρα τοῦ οὐρανοῦ· τὸ δὲ ἐπιτεταγμένον, τὸν υἱὸν τὸν μονογενῆ, ἀφ' οὗ πᾶσαν ἔμελλεν ἐμπλήσειν τὴν οἰκουμένην, τοῦτον ἐκ μέσου γίνεσθαι, καὶ θανάτῳ παραδίδοσθαι καὶ σφαγῇ χαλεπωτάτῃ. Ἀλλ' οὐδὲ οὕτως ἐσκανδαλίζετο, οὐδὲ ἐθορυβεῖτο ὁ δίκαιος ἐκεῖνος, οὐδὲ ἔπαθέ τι τοιοῦτον, οἷον εἰκὸς ἦν τινα τῶν ἀνοήτων παθεῖν καὶ χαμαὶ συρομένων. Οὐδὲ γὰρ εἶπε πρὸς ἑαυτὸν, τί τοῦτο; ἠπατήθημεν; [B] παρελογίσθημεν; Θεοῦ τοῦτο ἐπίταγμα; Ἄπαγε, οὐ πείθομαι· τὸ παιδοκτόνον με γενέσθαι ἀμήχανον,

[a] Alii τῆς προνοίας.

non hæsitavit diffidentia, sed confortatus est fide, dans gloriam Deo, plenissime sciens, *quia, quæcumque promisit, potens* est *et facere.* Horum autem verborum hæc est sententia: Exsultans statim, et exsiliens ex humana imbecillitate, et ad sublimitatem ejus, qui promittebat, accurrens, et cogitans immensam ejus esse potentiam, facile adductus est, ut crederet omnino quod sibi dicebatur eventurum. Atque hoc facto maxime Deum glorificavit, quod curiose [D] non inquisiverit, neque scrutatus sit, sed incomprehensibili ejus sapientiæ ac potentiæ cesserit, neque ullo modo de iis, quæ dicta fuerant, dubitaverit. Vides hoc esse maxime Deum glorificare, cum incomprehensibili ejus providentiæ, atque ineffabili potentiæ nos submittimus, neque scrutamur, aut curiose inquirimus, neque dicimus: Cur hoc? ad quid hoc? quomodo erit hoc? Neque vero solum hoc est admiratione dignum, sed etiam quod filium illum suum unigenitum ac dilectum post hanc promissionem [E] mactare jubebatur, et ne tum quidem scandalizabatur. Atqui multa erant quæ scandalizare possent eum, qui vigilans non fuisset et attentus: et primum ipsum mandatum, num Deus tales victimas acceptas habeat, et patres jubeat esse parricidas liberorum, ac morte violenta vitam finire, immaturo interitu filios necare, suæque prolis fieri homicidas, tali sanguine suum velit altare cruentari, paternam dexteram adversus filium unigenitum armari, ac justum virum sicariis fieri sæviorem; cum his præterea naturæ vis ac tyrannis eum commovebat et perturbabat, non quod pater solum esset, sed quod indulgens, [488 A] et talis filii pater, dilecti, unigeniti, pulchri non intuenti solum, sed et contemplanti. Nam et in ipso erat ætatis flore, in virtutis vigore, in quo duplex pulchritudo tum mentis, tum corporis elucebat. Neque vero mediocriter illud ad amorem paternum augendum valebat, quod præter spem omnem datus fuerat. Scitis enim quam cari sint ejusmodi liberi, qui præter spem et exspectationem, non lege naturæ concessi sunt, cujusmodi fuit ille. Cum his omnibus autem maxime poterat scandalum præbere pollicitatio et promissio, cum illi contrarium esset mandatum. Siquidem promissum fuerat: *Sic erit semen tuum, ut stellæ cæli:* [B] mandatum autem fuerat ut unigenitus filius, cujus posteris totum orbem terrarum erat impleturus, hic e medio

Abraham filium sacrificare jussus.

Gen. 15. 5.

tolleretur, ac morti cædique sævissimæ traderetur. Sed ne sic quidem scandalizabatur, nec perturbabatur justus ille, neque tale quid illi accidebat, quod uni alicui ex insipientibus, et qui
Similia vide supra T. I. p. 769, 770. humi serpunt, accidisset. Neque enim apud se ita ratiocinatus est : Quid hoc rei est ? decepti sumus? fraudati sumus? an hoc Dei mandatum est? Absit : non possum parere; ut filii parricida fiam, et ejusmodi sanguine dexteram meam cruentem, adduci non possum. Quomodo autem C promissio finem suum sortietur? Si enim radicem avellam, unde rami? unde fructus? si fontem occludam, unde fluvii? si filium occidam, unde mihi nepotum, quæ stellarum multitudinem exæquet, multitudo nascetur? Quomodo ergo tum talia promittebat, et contraria nunc jubet? Nihil horum aut dixit, aut cogitavit : sed rursus ad potentiam ejus, qui promiserat ista, confugiens, quæ ineffabilis est, quæ solers est et locuples, quæ per res contrarias elucet, quæ superat leges naturæ, quæ potentior est omnibus, cui resistere nihil potest, hoc quoque mandatum D confidenter exhausit, et filium occidit, et dexteram cruentavit, et gladium sanguine infecit, et ensem jugulo immersit : nam si minus opere, saltem animi proposito cuncta ista complevit.
Gen. 22. 1. 2. Quocirca dum eum Moyses laudaret, sic ait : *Et factum est post hæc verba, Deus tentavit Abraham, et dixit ei : Tolle filium* tuum *dilectum, quem dilexisti, Isaac, et offer illum super unum montium, quos* tibi *dixero.* Hæccine sunt verba promissionis, pollicitationis, quæ significabant eum posterorum patrem futurum et semen ejus futurum sicut stellas cæli? E Vide quo pacto post hæc verba, cum audiisset filium suum occidendum, acquievit, eum ex quo tanta nascitura erat multitudo, eum, inquam, immolare, atque e medio tollere, Deoque in sacrificium offerre. Sane Paulus cum eum idcirco laudaret, sic eum commendabat, ac prædicabat,
Heb. 11. 17. ut diceret : *Fide obtulit Abraham Isaac, cum tentaretur :* tum ut doceret, quantam rem 489 A fecerit, et quam eximiæ fidei specimen ediderit, adjecit : *Et unigenitum offerebat is, qui promissiones susceperat.* Horum autem hic sensus est : Dici non potest, inquit, eum duos filios habuisse carissimos, et exspectasse, ut hoc interemto, ex altero sibi multitudo illa nasceretur, cujus pater esset : et unum illum habuit, et ab hoc solo promissio pendebat : attamen huno

καὶ τοιούτῳ φοινῖξαι αἵματι τὴν δεξιάν μου. Πῶς δὲ τὰ τῆς ἐπαγγελίας ἕξει πέρας; Ἂν γὰρ ἀνέλω τὴν ῥίζαν, πόθεν οἱ κλάδοι; πόθεν οἱ καρποί; ἂν καταχώσω τὴν πηγὴν, πόθεν οἱ ποταμοί; [b] ἂν ἀφανίζω τὸν υἱὸν, πόθεν μοι τὸ πλῆθος τῶν ἐκγόνων τὸ τῷ πλήθει τῶν ἄστρων παρισούμενον; Πῶς οὖν ὑπέσχετο ἕτερα, καὶ ἐναντία ἐπιτάττει νῦν; Τούτων οὐδὲν οὐκ εἶπεν, οὐκ ἐνενόησεν· ἀλλὰ πάλιν ἐπὶ τὴν δύναμιν τοῦ ἐπαγγειλαμένου καταφυγὼν τὴν ἄφατον, τὴν εὐμήχανον, C τὴν εὔπορον, τὴν διὰ τῶν ἐναντίων διαλάμπουσαν, τὴν ἀνωτέραν τῶν τῆς φύσεως νόμων, τὴν πάντων δυνατωτέραν, τὴν οὐδὲν ἔχουσαν τὸ ἀντιπῖπτον, καὶ τοῦτο μετὰ πολλῆς τῆς πληροφορίας τὸ ἐπίταγμα ἤνυε, καὶ ἔσφαξε τὸν υἱὸν, καὶ ᾕμαξε τὴν δεξιὰν, καὶ ἐφοίνιξε τὸ ξίφος, καὶ διὰ τῆς δειρῆς τὴν μάχαιραν ἤλασεν· εἰ γὰρ καὶ μὴ τῷ ἔργῳ, ἀλλὰ τῇ γνώμῃ ταῖτα πάντα ἐπλήρωσε. Διὸ καὶ Μωσῆς αὐτὸν θαυμάζων, οὕτως ἔφη· Καὶ ἐγένετο μετὰ τὰ ῥήματα ταῦτα, ὁ Θεὸς ἐπείραζε τὸν Ἀβραὰμ, καὶ εἶπεν αὐτῷ, λάβε τὸν υἱόν σου τὸν ἀγαπητὸν, ὃν ἠγάπησας, τὸν Ἰσαὰκ, καὶ ἀνένεγκε αὐτὸν ἐφ' ἓν τῶν ὀρέων, ὧν ἄν D σοι εἴπω. Ταῦτα τὰ τῆς ὑποσχέσεως ῥήματα, τὰ τῆς ἐπαγγελίας, τὰ λέγοντα, ὅτι πλήθους ἐκγόνων ἔσται πατὴρ, καὶ ἔσται τὸ σπέρμα αὐτοῦ ὡς τὰ ἄστρα τοῦ οὐρανοῦ; Ὅρα πῶς μετὰ τὰ ῥήματα ταῦτα, ἀκούσας σφάξαι τὸν υἱὸν, κατεδέξατο τὸν ἀφ' οὗ τοσοῦτον ἔμελλεν ἔσεσθαι τὸ πλῆθος, τοῦτον ἀνελεῖν καὶ καταθῦσαι, καὶ ἐκ μέσου ποιῆσαι, καὶ ἱερεῖον τῷ Θεῷ προσαγαγεῖν. Καὶ ὁ Παῦλος δὲ αὐτὸν ἐντεῦθεν θαυμάζων πάλιν οὕτως ἐστεφάνου καὶ ἀνεκήρυττε λέγων· Πίστει προσενήνοχεν Ἀβραὰμ τὸν Ἰσαὰκ πειραζόμενος· εἶτα δεικνὺς ἡλίκον πρᾶγμα ἐποίησε καὶ ὅσην ἐπεδείξατο πίστιν, ἐπήγαγε· Καὶ τὸν μονογενῆ προσ- E έφερεν ὁ τὰς ἐπαγγελίας δεξάμενος. Ὃ δὲ λέγει, τοιοῦτόν ἐστιν· οὐκ ἔστιν εἰπεῖν, φησὶν, ὅτι δύο παῖδας εἶχε γνησίους, καὶ προσεδόκα, ἀναιρεθέντος τούτου, ἀπὸ τοῦ ἑτέρου τοῦ πλήθους ἐκείνου ἔσεσθαι πατὴρ, ἀλλὰ καὶ μόνον εἶχεν αὐτὸν, καὶ ἀπὸ μόνου τούτου τὰ τῆς ἐπαγγελίας ἤρτητο· καὶ ὅμως τοῦτον εἵλετο καταθῦσαι, ὥσπερ ἐν τῇ ὑποσχέσει τῆς γεννήσεως αὐτοῦ μήτε τῇ οἰκείᾳ νεκρώσει, μήτε τῇ πηρώσει τῆς φύσεως τῆς γυναικὸς κωλυθεὶς πρὸς τὴν πί- 489 A στιν, οὕτως οὐδὲ ἐνταῦθα τῷ θανάτῳ παρεμποδισθείς. Παράβαλε τοίνυν ταῖτα πρὸς τὰ νῦν γεγενημένα, καὶ ὄψει σου τὴν μικροψυχίαν, καὶ ὄψει τὴν εὐτέλειαν τῶν σκανδαλιζομένων, [a] καὶ εἴσῃ σαφῶς, ὅτι οὐδαμόθεν ἑτέρωθέν σοι τὸ σκάνδαλον γίνεται, ἢ ἐκ τοῦ μὴ παραχωρεῖν τῇ ἀκαταλήπτῳ τοῦ Θεοῦ προνοίᾳ, ἀλλ' ἐπιζητεῖν οἰκονομιῶν τρόπον πανταχοῦ, καὶ αἰτίας τῶν γινομένων ἀπαιτεῖν, καὶ ἕκαστα περιεργάζεσθαι·

[b] Alii ἂν σφάξω τὸν υἱόν.

[a] Alii καὶ μαθήσῃ σαφῶς.

ὅπερ εἰ ἔπαθεν ὁ Ἀβραὰμ, ἔμελλε πρὸς τὴν πίστιν χωλεύειν. [b] Ἀλλ' οὐκ ἔπαθε, διὸ καὶ ἔλαμψε, καὶ πάντων ἐπέτυχε τῶν ἐπηγγελμένων· οὐδὲ ἐσκανδαλίζετο, οὐδὲ τῷ γήρᾳ, οὐδὲ τῷ μετὰ ταῦτα ἐπιτάγματι· B οὐδὲ ἐνόμισε κώλυμα εἶναι τὸ ἐπίταγμα τῇ ὑποσχέσει, οὔτε ἀναιρετικὴν εἶναι τὴν θυσίαν τῆς ἐπαγγελίας, οὐδὲ εἰς ἀπόγνωσιν ἐνέπιπτε τῆς ὑποσχέσεως, καίτοι πρὸς αὐτὸ τὸ πέρας τῶν πραγμάτων ἐλθών. Μὴ γάρ μοι τοῦτο λέγε, ὅτι οὐκ εἴασεν ὁ Θεὸς εἰς ἔργον τὸ ἐπίταγμα ἐλθεῖν, οὐδὲ αἱμαχθῆναι τοῦ δικαίου τὴν δεξιάν· ἀλλ' ἐκεῖνο σκόπει, ὅτι τούτων οὐδὲν ὁ δίκαιος ᾔδει, οὐδὲ ὅτι ζῶντα ἀπολήψεται τὸν υἱὸν, καὶ οὕτως οἴκαδε ἐπιστρέψαι ἠπίστατο, ἀλλ' ἔτεινεν ὅλην πρὸς τὴν σφαγὴν τὴν ἑαυτοῦ γνώμην. Διὰ τοῦτο καὶ C ἐκ δευτέρου καλεῖται ἐκ τῶν οὐρανῶν. Οὐ γὰρ εἶπεν αὐτῷ, Ἀβραὰμ, ἁπλῶς, ἀλλὰ, Ἀβραὰμ, Ἀβραὰμ, τῷ διπλασιασμῷ τῆς φωνῆς τὴν ἐπιτεταμένην πρὸς τὴν θυσίαν προαίρεσιν ἀνείργων τε καὶ ἀναχαιτίζων· οὕτως ὅλως τοῦ ἐπιτάγματος ἦν. Εἶδες πῶς τὸ πᾶν τῇ γνώμῃ αὐτοῦ ἐπεπλήρωτο, καὶ σκάνδαλον οὐδαμοῦ. Τὸ δὲ αἴτιον, τὸ μὴ περιεργάζεσθαι τὰ τοῦ Θεοῦ. Τί δὲ ὁ Ἰωσήφ; εἰπέ μοι. Οὐ τοιοῦτόν τι καὶ αὐτὸς πέπονθε; Καὶ γὰρ κἀκείνῳ μεγάλη τις ὑπόσχεσις ἦν παρὰ τοῦ Θεοῦ δεδομένη, καὶ τὰ γινόμενα πάλιν ἀπεναντίας τῆς ὑποσχέσεως ἐγίνετο. Ἡ μὲν γὰρ ὑπό- D σχεσις ἦν διὰ τῶν ὀνειράτων, προσκυνήσειν αὐτὸν τοὺς ἀδελφοὺς, καὶ διπλῆ ὄψις τοῦτο ἀνεκήρυττεν, ἥ τε διὰ τῶν ἄστρων, ἥ τε διὰ τῶν δραγμάτων· τὰ δὲ μετὰ τὰς ὄψεις ταύτας συμβάντα ἐναντία τῶν ὄψεων ἦν. Πρῶτον μὲν γὰρ πόλεμος αὐτῷ χαλεπὸς ἐντεῦθεν κατὰ τὴν πατρῴαν οἰκίαν ἀνεῤῥιπίζετο, καὶ οἱ τὰς αὐτὰς αὐτῷ λύσαντες ὠδῖνας, διατεμόντες τῆς συγγενείας τοὺς νόμους, καὶ διαῤῥήξαντες τῆς ἀδελφικῆς διαθέσεως τὰ δεσμὰ, καὶ αὐτοὺς τῆς φύσεως διασαλεύσαντες τοὺς θεσμοὺς, ἐχθροὶ καὶ πολέμιοι καὶ λύκων ἀγριώτεροι περὶ τὸν ἀδελφὸν ἀπὸ τῶν ὄψεων ἐκείνων ἐγίνοντο· καὶ ὥσπερ θῆρες ἄγριοι καὶ ἀνήμεροί τινες ἀρνίον ἐν μέσῳ λαβόντες, οὕτω καθ' ἑκάστην ἐπεβούλευον αὐτῷ τὴν ἡμέραν. Καὶ πατὴρ τοῦ πο- E λέμου τούτου φθόνος ἦν ἄλογος, καὶ βασκανία ἄδικος· καὶ τῷ θυμῷ ζέοντες, φόνου καθ' ἑκάστην ἔπνεον τὴν ἡμέραν, τοῦ φθόνου τὴν κάμινον ταύτην ἀνάπτοντος, καὶ τὴν πυρὰν ἐγείροντος. Καὶ ἐπειδὴ τέως αὐτὸν οὐδὲν ἐργάσασθαι ἠδύναντο χαλεπὸν, ἔνδον στρεφόμενον καὶ μετὰ τῶν γονέων διατρίβοντα, διαβάλλουσιν αὐτοῦ τὴν ὑπόληψιν, καὶ αἰσχρὰν κατασκευάζου- 490 σιν αὐτῷ δόξαν, καὶ ψόγον καταφέρουσι πονηρὸν, τοῦ A πατρὸς τὸ φίλτρον ταύτῃ καταλῦσαι βουλόμενοι, καὶ πρὸς ἐπιβουλὴν εὐχείρωτον λαβεῖν. Εἶτα μετὰ ταῦτα λαβόντες αὐτὸν ἔξω τῶν πατρικῶν ὀφθαλμῶν, καὶ ἐπ'

interimere non recusavit, sicut in promissione generationis ejus, neque sui corporis emortui conditione, neque uxoris suæ sterilitate naturæ potuit impediri quominus fidem haberet, ita hic quoque nihil impeditus a morte fuit. Hæc igitur cum illis compara, quæ nunc fiunt, tum tu pusillanimitatem tuam intuebere, tum eorum, qui scandalizantur, intuebere vilitatem, et clare intelliges non aliunde tuum scandalum originem ducere, quam quod incomprehensibili Dei providentiæ minime cedas, sed dispensationum ejus modum ubique disquiras, causasque eorum, quæ geruntur, requiras, et singula scruteris: quod si accidisset Abrahamo, plane ad fidem labendam claudicasset. At hoc illi non accidit, atque idcirco celebris et illustris fuit, et omnibus, quæ promissa fuerant, est potitus; neque senectute scandalizatus est, neque mandato quod sequutum est; neque promissioni obicem mandatum futurum arbitratus est, neque sacrificium promissionem e medio sublaturum, neque in eam incidit desperationem, ut de promissione actum putaret, tametsi ad ipsum rerum finem perveniret. Noli enim hoc mihi respondere, non permisisse Deum, ut mandatum in opus exiret, neque justi dexteram cruentatam esse: verum illud considera, nihil horum scivisse justum, neque se vivum illum recepturum, atque ita domum reversurum novisse, sed totam mentem suam ad cædem intendisse. Idcirco etiam secundo de cælo vocatur. Neque enim *Abraham* simpliciter dixit: sed, *Abraham, Abraham,* voeis ingeminatione intentum ad sacrificium animi propositum reprimens, et revocans: ita totus ad mandatum peragendum incumbebat. Vides totam rem ejus animi sententia fuisse completam et perfectam, nec usquam scandalum comparere. Id vero in causa fuit, quod in actiones Dei curiose non inquireret. Quid vero Joseph? dic, quæso: nonne tale quid ei accidit? Nam et illi magna quædam a Deo promissio fuerat oblata, et res contrariæ promissioni rursus eveniebant. Fuerat enim promissum per somnia futurum, ut eum fratres adorarent, atque hoc duplex visio prænuntiavit, cum illa per stellas, tum altera per manipulos: quæ vero post visiones acciderunt, contraria plane visionibus fuerunt. Primum enim gravis inde pugna paternis in ædibus excitata est, et qui ex eodem fuerant utero nati, cognationis leges violantes, et fraterni amoris

Gen. 22. 1.

[b] Alii ἀλλ' οὐ περιειργάσατο.

vincula perrumpentes, ipsa denique jura naturæ perfringentes, inimici et hostes, ac sæviores lupis erga fratrem occasione visionum illarum evaserunt; et quemadmodum si feræ atque immanes belluæ quædam agnum e medio abriperent, ita quotidie insidias illi tendebant. Atque hujus belli parens et auctor fuit iniqua quædam invidia, et livor injustus : iraque ferventes singulis diebus cædem ejus anhelabant, cum hanc in eis fornacem accenderet, et flammam excitaret invidia. Et quoniam dum domi degeret, et cum parentibus versaretur, nihil interim illi mali poterant inferre, ipsius existimationi detrahunt, ejusque nomini notam inurunt infamiæ, et prava criminatione illum accusant, atque hoc pacto patris in eum amorem auferre contendunt, ut ita facilius ipsorum insidiis capi possit. Tum deinde foris eum procul a conspectu patris deprehendentes, cum in deserto cibaria sibi deferentem, et ad eos visitandos profectum invenissent, neque profectionis causam sunt reveriti, neque fraternæ mensæ illos puduit, sed gladios acuebant, et se ad cædem accingebant, omnesque fratris parricidæ fiebant, cum nihil parvum aut magnum ei possent objicere, quem interfecturi erant; sed eorum causa, ob quæ præmiis affici ac prædicari eum oportuit,invidebant, oppugnabant, et calumniis appetebant. At ille ne sic quidem illorum congressum aversabatur, sed etiam erga tantam improbitatem fraternum amorem exhibebat : illi contra sic affectum interimere conabantur; et quantum in ipsis quidem fuit, interemerunt, suasque dexteras cruentarunt et fraternam cædem perpetrarunt. Verumtamen solers Dei sapientia, et quæ in rebus deploratis iter secundum aperit, cum in barathrum eum præcipitem acturi et neci tradituri essent, ex nefariis illorum manibus ipsum eripuit. Nam consuluit quidem unus ex fratribus, ut eos ab illo parricidio revocaret; sed eorum mentem flexit Deus, ac cædem impedivit. Sed ne hic quidem impetus malorum substitit, verum ulterius rursus est progressus. Quoniam enim illum interimere prohibiti fuerant, adhuc autem ira fervebat, et furor vigebat, ac passionis procella sæviebat, in aliud quidpiam iracundiam effuderunt. Exutum enim et vinctum eum projecerunt in lacum crudeles illi, inhumani, atque efferati; deinde delatos ab illo cibos degustarunt; et ille quidem in lacu metu mortis imminentis correptus ver-

ἐρημίας εὑρόντες αὐτοῖς κομίζοντα τροφὴν, καὶ εἰς ἐπίσκεψιν αὐτῶν ἀφιγμένον, οὐ [a] τὴν αἰτίαν τῆς ἀφίξεως ᾐδέσθησαν, οὐ τὴν τράπεζαν ᾐσχύνθησαν τὴν ἀδελφικὴν, ἀλλὰ τὰ ξίφη ἠκόνουν, καὶ πρὸς σφαγὴν ηὐτρεπίζοντο, καὶ ἀδελφοκτόνοι πάντες ἐγίνοντο, οὐ μικρὸν, οἱ μέγα ἐγκαλεῖν ἔχοντες τῷ μέλλοντι ἀναιρεῖσθαι παρ' αὐτῶν· ἀλλ' ὑπὲρ ὧν αὐτὸν στεφανοῦσθαι καὶ ἀνακηρύττεσθαι ἔδει, φθονοῦντες, πολεμοῦν-
B τες, διαβάλλοντες. Ἀλλ' ἐκεῖνος οὐδὲ οὕτως ἀπεστρέφετο αὐτῶν τὴν συνουσίαν, ἀλλὰ καὶ ἐν τοσαύτῃ πονηρίᾳ τὴν ἀδελφικὴν ἐπεδείκνυτο διάθεσιν· οἱ δὲ καὶ οὕτως αὐτὸν ἀνελεῖν ἐπεχείρουν· καὶ ἀνεῖλον, τόγε αὐτῶν μέρος, καὶ τὰς δεξιὰς ᾕμαξαν, καὶ τὴν ἀδελφοκτονίαν ἀπήρτισαν. Ἀλλ' ἡ εὐμήχανος, καὶ ἐν τοῖς ἀπόροις εὔπορος τοῦ Θεοῦ σοφία, καὶ ἐν αὐτῷ τῷ βαράθρῳ, καὶ ἐν αὐτῇ τοῦ θανάτου τῇ ἐπαγωγῇ, ἐκ τῶν μιαρῶν αὐτῶν ἐκεῖνον ἐξήρπασε χειρῶν. Συνεβούλευσε μὲν γὰρ τῶν ἀδελφῶν εἷς, ὥστε ἀποστῆναι τῆς μιαιφονίας ἐκείνης· ἔπεισε δὲ ὁ Θεὸς, καὶ τὴν
C σφαγὴν διεκώλυσεν. Οὐ μὴν οὐδὲ ἐνταῦθα ἵστατο τὰ δεινὰ, ἀλλὰ περαιτέρω προῄει πάλιν. Ἐπειδὴ γὰρ αὐτὸν ἐκωλύθησαν ἀνελεῖν, ἔζεε δὲ ὁ θυμὸς ἔτι, καὶ τὰ τῆς ὀργῆς ἤκμαζε, καὶ πολὺ τὸ κλυδώνιον τοῦ πάθους ἦν, εἰς ἕτερόν τι τὴν ὀργὴν ἀφῆκαν. Ἀποδύσαντες γὰρ καὶ δήσαντες αὐτὸν, καὶ εἰς λάκκον ῥίψαντες οἱ ὠμοὶ καὶ ἀπάνθρωποι καὶ θηριώδεις, οὕτω τῆς παρ' αὐτοῦ κομισθείσης τραπέζης ἀπήλαυον· καὶ ὁ μὲν ἦν ἐν λάκκῳ περὶ τῶν ἐσχάτων δεδοικὼς, οἱ δὲ ἐτρύφων καὶ ἐμέθυον. Καὶ οὐδὲ ἐνταῦθα ἵσταντο τῆς μανίας, ἀλλ' ἰδόντες ἀνθρώπους βαρβάρους καὶ πόῤῥω τῆς αὐτῶν ἀπῳκισμένους χώρας εἰς τὴν Αἴγυπτον
D κατιόντας, λαβόντες ἀπέδοντο τὸν ἀδελφὸν, ἕτερον θάνατον ἐντεῦθεν αὐτῷ κατασκευάζοντες, μακρότερόν τινα καὶ χαλεπώτερον καὶ πολλῆς γέμοντα ταλαιπωρίας. Μειράκιον γὰρ ὢν, καὶ μειράκιον κομιδῇ, καὶ μετὰ πολλῆς τῆς ἐλευθερίας ἐν οἰκίᾳ πατρῴᾳ τραφεὶς, καὶ δουλείας ἁπάσης ἄμοιρος ὢν καὶ τῆς ἐν δουλείᾳ ταλαιπωρίας, ἐννόησον τί ποτε ἔπασχεν, ἀθρόον δοῦλος ἀντ' ἐλευθέρου, καὶ ξένος ἀντὶ πολίτου γενόμενος, καὶ τὴν ἐσχάτην αἰχμαλωσίαν ὑπομένων· οὐχὶ δουλείαν μόνον, ἀλλὰ καὶ πατρὸς καὶ μητρὸς καὶ τῶν αὐτῷ προσηκόντων ἁπάντων ἀποῤῥηγνύμενος, γυμνὸς,
E ξένος, ἄοικος, ἄπολις, νόμῳ δουλείας βαρβαρικαῖς χερσὶν ἐκδεδομένος. Τί γὰρ οὐκ ἦν αὐτὸν ἱκανὸν θορι-

[a] Alii τὴν αἰτίαν τοῦ σκυλμοῦ ᾐδέσθησαν.

ϐῆσαι; τὸ ἀθρόον, τὸ ἀπροσδόκητον, τὸ παρ' ἐλπίδα
καὶ ἀμελέτητον, τὸ χαλεπὸν τῆς συμφορᾶς, τὸ παρ'
ἀδελφῶν, καὶ ἀδελφῶν ἀγαπωμένων, μὴ μικρὸν, μὴ
μέγα ἐκείνους ἠδικηκότα, μᾶλλον δὲ καὶ εὐεργετηκότα,
ταῦτα παθεῖν; Ἀλλ' ὅμως οὐδενὶ τούτων διεταράττετο,
ἀλλ' ἀπήγετο διὰ τῶν ἐμπόρων ἐκείνων εἰς Αἴγυπτον, 491
δουλείαν ἐκ δουλείας ἀμείϐων. Καὶ γὰρ καὶ ἐκεῖ πάλιν A
ἐγίνετο δοῦλος, καὶ ᾤκει βαρϐαρικὴν οἰκίαν ὁ Ἑϐραῖος,
ὁ εὐγενὴς ὁ διπλῆν ἐλευθερίαν ἐλεύθερος, καὶ τὴν
τοῦ σώματος, καὶ τὴν τῆς ψυχῆς· καὶ οὐδὲ ἐντεῦθεν
ἐταράττετο, οὐδὲ ἐσκανδαλίζετο πρὸς τὰ γεγενημένα,
τῶν ὄψεων ἀναμιμνησκόμενος τῶν τὰ ἐναντία ἐπαγ-
γελλομένων· οὐδὲ περιειργάζετο, τί δήποτε ταῦτα γίνεται; Καὶ οἱ μὲν ἀδελφοκτόνοι καὶ λύκοι καὶ θῆρες
καίτοι ταῦτα ἠδικηκότες, ἐπὶ τῆς πατρῴας οἰκίας τρυ-
φῶσιν· αὐτὸς δὲ ὁ προσδοκηθεὶς αὐτῶν βασιλεύειν,
αἰχμάλωτος, δοῦλος, εἰς ἀλλοτρίαν ἀπεμποληθεὶς,
τὴν ἐσχάτην ὑπομένει ταλαιπωρίαν, οὐ μόνον αὐτῶν B
οὐ βασιλεύσας, ἀλλὰ καὶ δοῦλος αὐτῶν γενόμενος,
καὶ ἐκ πολλοῦ τοῦ διαμέτρου τἀναντία ταῖς ὑποσχέ-
σεσι παθών. Οὐ γὰρ δὴ μόνον βασιλείας τότε οὐκ ἐπέτυχεν, ἀλλὰ καὶ πατρίδος καὶ ἐλευθερίας, καὶ τῆς
τῶν γονέων ἐξέπεσεν ὄψεως. Καὶ οὐδὲ ἐνταῦθα αὐτῷ
τὰ τῶν ἀγώνων ἵστατο, ἀλλ' ἕτερον βαθύτερον ἀνω-
ρύττετο βάραθρον, θάνατον πάλιν ἔχον, καὶ σφαγὴν,
θάνατον ἐπονείδιστον καὶ σφαγὴν αἰσχύνης γέμουσαν.
Ἰδοῦσα γὰρ αὐτὸν ἀδίκοις ὀφθαλμοῖς ἡ κεκτημένη,
καὶ ἁλοῦσα τῷ κάλλει τοῦ νεανίσκου, ὑπὸ τῆς λαμπρᾶς αὐτοῦ χειρωθεῖσα ὄψεως, καὶ αὐτὴ πάλιν δόλους C
ἔρραπτε καὶ ἐπιϐουλάς. Καὶ τὰ δίκτυα τῆς ἀκολασίας
πάντοθεν ἁπλώσασα, καθ' ἑκάστην ἐσκοπεῖτο τὴν
ἡμέραν εἴσω τῆς οἰκείας σαγήνης τὸν νεανίσκον λα-
ϐεῖν, καὶ εἰς τὸ τῆς μοιχείας ἐμϐαλεῖν βάραθρον, καὶ
θανάτῳ παραδοῦναι ἀθανάτῳ. Καὶ καθ' ἑκάστην ἡμέραν ἐπὶ τὴν ἄγραν ἐξῄει ταύτην, ὑπὸ τοῦ πάθους
κεντουμένη, καὶ ὑπὸ τοῦ ἀκολάστου τούτου ἔρωτος
καθ' ἑκάστην ὁπλιζομένη τὴν ἡμέραν· καί ποτε ἐπι-
λαϐομένη μόνον, ἐπὶ τὴν ἄδικον αὐτὸν πρὸς βίαν
εἷλκεν εὐνὴν, καὶ τὸν ἀλλότριον διορύξαι γάμον ἠνάγκαζε, καὶ τὴν σωφροσύνην λυμήνασθαι ἐπεχείρει.
Ἀλλ' ὅμως οὐδὲ ἐντεῦθεν ἔπαθέ τι χαλεπὸν ὁ δίκαιος D
ἐκεῖνος· ἀλλὰ καὶ ἐπιθυμίας τυραννίδα, καὶ νέας ἡλικίας θορύϐους, καὶ ἀκολάστου γυναικὸς ἐπιϐουλὴν,
καὶ δεσποίνης ἐφόδους, καὶ νεότητος ταραχὴν, καὶ
πάντα ὅσα εἰκὸς ἐκ τῆς ἁφῆς ἐκείνης γενέσθαι, καὶ
τῆς ὄψεως, καὶ τῆς μανίας, μετὰ πολλῆς τῆς εὐκο-

sabatur, illi vero deliciis et ebrietati vacabant. Neque huc usque tantum illorum perrexit insania; sed cum homines barbaros, et procul ab illorum regione habitantes in Ægyptum vidissent descendere, arreptum fratrem illis vendiderunt, ut alteram illi mortem quamdam longiorem, acerbiorem, ac multis miseriis refertam machinarentur. Quippe qui cum juvenis esset, et valde juvenis, multaque cum libertate paternis in ædibus educatus, nullam umquam servitutem, aut miseriam servitutis esset expertus, cogita quomodo esset affectus, qui subito ex libero servus, peregrinus ex cive factus esset, et in extremam captivitatem abductus, non in servitutem tantum, sed et a patre ac matre, omnibusque propinquis avulsus, nudus, peregrinus, exsul et extorris, servitutis lege barbarorum manibus expositus. Quid enim non illum poterat perturbare? quod derepente, quod præter exspectationem, præter spem, præter opinionem, quod tam gravi calamitate premeretur, quod a fratribus, et a fratribus quos adamabat, cum nec parva, nec magna illos affecisset injuria, imo vero beneficiis cumulasset, ista pateretur? Verumtamen nihil istorum illum perturbavit: sed in Ægyptum a mercatoribus illis abducebatur, et servitutem servitute mutabat. Siquidem illic quoque rursus fiebat servus, et barbaricas ædes incolebat Hebræus, nobilis duplici libertate liber, et corporis et animæ: nec tamen idcirco perturbabatur, aut iis, quæ gerebantur, scandalizabatur, cum visionum, quæ contraria promiserant, recordaretur; neque curiose quærebat, Cur tandem ista fiunt? Atque illi quidem fratricidæ, lupi et belluæ, tametsi ista scelera patrarant, in domo paterna deliciis se oblectant; ipse veró, quem spes erat regem illorum futurum, captivus, servus, in externa regione venumdatus, extrema miseria premitur, et non solum rex illorum non est, sed et servus illorum evadit, et plane contraria patitur iis quæ fuerant illi promissa. Non enim tantum regnum tum non obtinebat, sed et patria, et libertate, et parentum aspectu privatus erat. Neque vero certaminum hic finis fuit: sed aliud illi profundius barathrum parabatur, quod rursus mortem ac cædem minabatur, mortem ignominiosam, et dedecoris plenam cædem. Cum enim lascivos in eum oculos domina conjecisset, et adolescentis pulchritudine devincta esset, et eleganti ejus facie capta, cœpit et ipsa rursus dolos et insidias in eum parare. Cumque lasciviæ retia undique tetendisset, quotidie observabat, ut pos-

Joseph a fratribus venditur.

Tentatur ab hera Joseph.

set intra sagenam suam adolescentem comprehendere, atque in adulterii barathrum devolvere, mortique tradere immortali. Et exibat quotidie ad hanc venationem ab hoc morbo stimulata, et hoc amore lascivo armata : cumque solum illum aliquando deprehendisset, ad iniquum illum congressum violenter trahebat, alienum torum violare cogebat, et castitatem lædere conabatur. At nihil tamen inde mali passus est justus ille; sed et libidinis tyrannidem, et juvenilis ætatis stimules, et lascivæ mulieris insidias, insultus dominæ, juventutis motus, et omnes incursus, quos ab illo contactu sentire potuit exortos, et ab aspectu, et insania illa, quam facillime superavit, ac tamquam aquila sublimes tendens alas, ipsasque vestes exuens et impudicis manibus derelinquens, egressus est vestibus quidem nudatus, sed splendido castitatis amictu circumdatus, atque ipsa purpura illustriori. Hinc factum est deinde, ut in eum gladius acueretur iterum, mortis insidiæ struerentur, major tempestas excitaretur, et mulieris furor Babylonia fornace vehementius accenderetur. Nam et aerins deinde inflammabatur cupiditas, et iracundia, gravissima perturbatio altera, summa cum sævitia se adjungebat, ad cædem spectabat, ad gladium currebat, iniquissimam cædem appetebat, et castitatis athletam, constantiæque pugilem ac patientiæ interimere properabat. Cumque virum suum adiisset, et quæ acciderant renuntiasset, non ita ut veritas rei ferebat, sed ut illa calumniæ fabulam commenta erat, quæcumque voluit judici accusando persuasit, et tamquam injuriam passa, ultionem petebat, atque ad eorum probationem, quæ dicebat, innocentis juvenis vestes impuris illis manibus ostentabat. At corruptus ille judex non reum in judicium introduxit, non causam agendi fecit potestatem, sed eum qui ne judicium quidem conspexerat, tamquam noxium sceleris convictum, et perfectum adulterum damnavit, et in carcerem conjectum eatenis adstrinxit. Itaque qui tam multis erat coronis redimitus virtutis, versabatur in carcere tum temporis cum impostoribus, cum sepulcrorum perfossoribus, cum sicariis, cum illis, qui gravissima scelera perpetrarant. Attamen nihil horum ejus animum conturbabat. Et alter quidem, qui regem offenderat, dimittebatur, ipse autem longo tempore mansit intus, et quorum causa præmiis afficiendus erat, et laudandus, extremum supplicium sustinebat. Sed ne sic tamen turbabatur, neque scandalizabatur; neque

λίας ὑπερβὰς, ὥσπερ τις ἀετὸς ὑψηλὸν τείνας τὸ πτερὸν, καὶ αὐτὰ ἀποδυσάμενος τὰ ἱμάτια καὶ καταλιπὼν ταῖς ἀκολάστοις χερσὶν, ἐξῆλθεν ἱματίων μὲν γυμνὸς, λαμπρὰν δὲ τῆς σωφροσύνης ἔχων τὴν περιβολὴν, καὶ τῆς ἁλουργίδος αὐτῆς περιφανεστέραν.
E Ἐντεῦθεν αὐτῷ ξίφος ἠκονᾶτο πάλιν, καὶ θάνατος ἐμελετᾶτο, καὶ τὰ κύματα ἐπὶ τὸ μεῖζον ᾔρετο, καὶ ἡ μανία τῆς γυναικὸς τῆς Βαβυλωνίας καμίνου σφοδρότερον ἀνήπτετο. Ἥ τε γὰρ ἐπιθυμία λοιπὸν ἐπὶ μεῖζον ἠγείρετο, ὅ τε θυμὸς, ἕτερον χαλεπώτατον πάθος, μετὰ πολλῆς προσετίθετο τῆς ἀγριότητος, καὶ φόνον ἔβλεπε καὶ ἐπὶ ξίφος ἔτρεχε, καὶ σφαγῆς ἤρα παρανομωτάτης, καὶ τὸν τῆς σωφροσύνης ἀθλητὴν, καὶ τὸν τῆς καρτερίας καὶ ὑπομονῆς ἀγωνιστὴν ἀνελεῖν ἔσπευδε. Καὶ εἰσπηδήσασα πρὸς τὸν ἄνδρα τὸν ἑαυτῆς, ἀπαγγείλασα τὰ γεγενημένα, οὐχ ὡς ἡ τοῦ πράγματος εἶχεν ἀλήθεια, ἀλλ' ὡς αὐτὴ τὸ δρᾶμα
402 A τῆς συκοφαντίας κατεσκεύασεν, ἔπεισεν ἅπερ ἤθελε τὸν δικαστὴν, ἐρημίαν κατηγοροῦσα, καὶ ὡς ἠδικημένη τὴν ἐκδικίαν ἐπεζητεῖτο, εἰς ἀπόδειξιν ὧν ἔλεγε τὰ ἱμάτια τοῦ ἀθώου νεανίσκου περιφέρουσα ταῖς ἀκαθάρτοις χερσὶν ἐκείναις. Καὶ ὁ διεφθαρμένος δικαστὴς οὐκ εἰς δικαστήριον εἰσήγαγε τὸν κατηγορούμενον, οὐ λόγου μετέδωκεν, ἀλλὰ τὸν οὐδὲ ἑωρακότα δικαστήριον, ὡς ἑαλωκότα, ὡς ἐληλεγμένον, καὶ μοιχὸν ἀπηρτισμένον κατεδίκασε, καὶ εἰς δεσμωτήριον ἐνέβαλε, καὶ ἁλύσει παρέδωκε. Καὶ ἦν λοιπὸν ὁ τοσούτους στεφάνους ἀναδησάμενος ἀρετῆς, μετὰ γοήτων, μετὰ τυμβωρύχων, μετὰ ἀνδροφόνων, μετὰ τῶν τὰ ἔσχατα τετολμηκότων, ἐν τῷ δεσμωτηρίῳ.
B Ἀλλ' ὅμως οὐδὲν αὐτὸν τούτων ἐθορύβει. Καὶ ἕτερος μὲν τῷ βασιλεῖ προσκεκρουκὼς ἠφίετο, αὐτὸς δὲ μακρὸν ἔνδον ἔμενε χρόνον, ὑπὲρ ὧν αὐτὸν στεφανοῦσθαι καὶ ἀνακηρύττεσθαι ἔδει, τὴν ἐσχάτην τίνων τιμωρίαν. Καὶ οὐδὲ οὕτως ἐταράττετο, οὐδὲ ἐσκανδαλίζετο, οὐδὲ εἶπε, τί τοῦτο; εἰς τί τοῦτο; ὁ μέλλων ἐγὼ τῶν ἀδελφῶν βασιλεύειν, οὐ μόνον ταύτης ἐξέπεσα τῆς τιμῆς, ἀλλὰ καὶ πατρίδος, καὶ οἰκίας, καὶ γονέων, καὶ ἐλευθερίας, καὶ ἀδείας, καὶ παρ' αὐτῶν
C τῶν μελλόντων με προσκυνεῖν ἀνῃρέθην. Εἶτα μετὰ τὴν σφαγὴν ἐπράθην, δοῦλος ἐγενόμην βαρβάρων, καὶ συνεχεῖς ἤμειψα δεσπότας· καὶ οὐδὲ ἐνταῦθα ἔστη μοι τὰ δεινὰ, ἀλλὰ πανταχοῦ βάραθρα καὶ σκόπελοι. Μετὰ γὰρ τὴν ἐπιβουλὴν τῶν ἀδελφῶν, καὶ τὴν σφαγὴν, καὶ τὴν δουλείαν καὶ τὴν προτέραν καὶ τὴν δευτέραν, πάλιν μοι θάνατος ἐμελετήθη, καὶ συκο-

φαντία τῆς προτέρας χαλεπωτέρα, καὶ ἐπιβουλὴ, καὶ ἔφοδος, καὶ δικαστήριον διεφθαρμένον, καὶ κατηγορία αἰσχύνην ἔχουσα πολλὴν, καὶ σφαγὴν ἡμῖν ὠδίνουσα. Καὶ οὔτε λόγου μεταλαβὼν, ἁπλῶς καὶ ὡς ἔτυχεν εἰς D δεσμωτήριον ἀπηνέχθην, καὶ ἁλύσεσι περίκειμαι μετὰ μοιχῶν καὶ ἀνδροφόνων καὶ τῶν τὰ ἔσχατα τετολμηκότων. Καὶ ὁ μὲν ἀρχιοινοχόος ἀπηλλάγη καὶ ἁλύσεως καὶ δεσμωτηρίου· ἐγὼ δὲ οὐδὲ μετ' ἐκεῖνον ἀδείας τινὸς ἀπολαῦσαι δεδύνημαι· κἀκείνῳ μὲν εἰς ἔργον ἐξέβη τὸ ὄναρ κατὰ τὴν ἑρμηνείαν τὴν ἐμήν· ἐγὼ δὲ ἐν τοῖς ἀνηκέστοις εἰμὶ κακοῖς. Ταῦτα αἱ ὄψεις προεδήλουν ἐκεῖναι; ταῦτα τῶν ἀστέρων ὁ ἀριθμός; ταῦτα τὰ δράγματα; Ποῦ τὰ τῶν ἐπαγγελιῶν; ποῦ τὰ τῶν ὑποσχέσεων; Ἆρα ἠπατήμεθα; ἆρα παρελο- E γίσθημεν; Ποῦ γάρ με λοιπὸν προσκυνήσουσιν οἱ ἀδελφοὶ, τὸν δοῦλον, τὸν αἰχμάλωτον, τὸν δεσμώτην, τὸν μοιχὸν εἶναι νομιζόμενον, τὸν περὶ τῶν ἐσχάτων κινδυνεύοντα, τὸν τοσοῦτον αὐτῶν ἀπῳκισμένον; Οἴχεται πάντα ἐκεῖνα, καὶ ἀπόλωλεν. Οὐδὲν τούτων οὐκ εἶπεν, οὐκ ἐνενόησεν, ἀλλ' ἀνέμενε τὸ τέλος, εἰδὼς καὶ αὐτὸς τοῦ Θεοῦ τὸ εὐμήχανον καὶ τὴν σοφίαν τὴν εὔπορον· καὶ οὐ μόνον οὐκ ἐσκανδαλίζετο, ἀλλὰ καὶ ἐνηβρύνετο καὶ ἐκαλλωπίζετο τοῖς γινομένοις. Τί δὲ ὁ Δαυὶδ, εἰπέ μοι; Οὐ μετὰ τὸ χρισθῆναι εἰς βασιλέα, καὶ λαβεῖν τοῦ δήμου τῶν Ἑβραίων τὰ σκῆπτρα τῇ τοῦ Θεοῦ ψήφῳ, καὶ τὸ λαμπρὸν ἐκεῖνο στῆσαι τρό- 493 A παιον κατὰ τοῦ βαρβάρου, τὰ χαλεπώτατα πάντων ἔπαθε, πολεμούμενος, ἐπιβουλευόμενος παρὰ τοῦ Σαοὺλ, περὶ αὐτὸ τὸ ζῆν κινδυνεύων, εἰς πολέμους ἐπισφαλεῖς ἐκπεμπόμενος, συνεχῶς πρὸς τὴν ἐρημίαν ἐλαυνόμενος, ἀλήτης, φυγὰς, ἄπολις, ἄοικος, μετανάστης γενόμενος; Τί δεῖ τὰ πολλὰ λέγειν; Τέλος καὶ τῆς πατρίδος καὶ τῆς οἰκείας χώρας ἁπάσης ἐξέπεσεν ἐκείνης, παρὰ βαρβάροις τοῖς πολεμίοις καὶ ἐχθροτάτοις διατρίβων, καὶ δουλείας χαλεπωτέραν ὑπομένων ζωήν· καὶ γὰρ καὶ τῆς ἀναγκαίας ἠπόρει τροφῆς. Καὶ ταῦτα ἔπασχε μετὰ τὴν παρουσίαν τοῦ Σαμουὴλ, μετὰ τὴν τοῦ ἐλαίου χρῖσιν, μετὰ τὴν τῆς βασιλείας ὑπόσχεσιν, μετὰ τὰ σκῆπτρα, μετὰ τὸ διάδημα, B μετὰ τὴν τοῦ Θεοῦ χειροτονίαν, καὶ τὴν ψῆφον τὴν ἐπ' αὐτῷ· καὶ ὅμως οὐδὲν αὐτὸν τούτων ἐσκανδάλισεν, οὐδὲ εἶπεν οὐδὲ οὗτος, τί τοῦτο; Ὁ βασιλεὺς ἐγὼ, καὶ τοσαύτης μέλλων ἀρχῆς ἀπολαύσεσθαι, οὐδὲ ἰδιώτης μετὰ ἀσφαλείας εἶναι δύναμαι· ἀλλὰ ἀλήτης γέγονα, καὶ φυγὰς, ἄπολις, ἄοικος, μετανάστης, καὶ εἰς βάρβαρον ἀπηνέχθην χώραν καὶ τῆς ἀναγκαίας

dixit : Cur hoc? ad quid hoc? Ego qui fratrum rex eram futurus, non modo tali honore excidi, sed et patria, et domo, et parentibus, et libertate, et securitate, atque ab ipsis, qui me adoraturi orant, sum necatus. Deinde post eædem sum venditus, barbarorum servus sum factus, et frequenter dominos mutavi : neque malorum hic finis fuit meorum, sed ubique barathra et scopuli. Post fratrum insidias, et cædem, et servitutem, cum priorem, tum posteriorem, rursus mortem mihi machinabantur, et calumniam priori graviorem, et insidias, atque incursus, ac judicium corruptum, et accusationem multis probris redundantem, quæ nostram cædem parturiret. Cumque meam causam agendi facultatem non obtinuissem, temere ac sine causa in carcerem sum adductus, et catenis devinctus, cum adulteris, cum homicidis et gravissimorum scelerum reis versor. At princeps quidem pincernarum a vinculis et carcere liberatus est : ego vero ne post illum quidem ullam immunitatem possum impetrare : atque ille quidem in opus exiisse vidit somnium, prout illi fueram interpretatus : ego gravissimis hic malis obsideor. Hæccine mihi visiones illæ prænuntiabant? hæc numerus ille stellarum? hæc illi manipuli? Quo promissiones evaserunt? quo illæ pollicitationes? Numquid decepti sumus? numquid in fraudem illecti? Ubi enim jam me adoraturi sunt fratres, servum, captivum, compedibus vinctum, qui adulter esse existimor, qui de vita periclitor, qui tanto terrarum intervallo dissitus ab illis habito? Pereunt illa omnia, et in nihilum abierunt. Nihil horum aut dixit aut cogitavit, sed finem exspectabat, utpote qui quanta sit Dei solertia, quam potens ejus sapientia, probe nosset : et non modo non scandalizabatur, sed etiam ob ea, quæ acciderant, gloriabatur et sibi placebat. Quid vero David, dic, quæso? Nonne postquam in regem unctus est, et Dei suffragio designatus populi Hebræorum sceptrum accepit, deque barbaro gloriosum illud tropæum erexit, gravissimis afflictus est malis, bellis, insidiis appetitus a Saüle, in ipsum capitis discrimen adductus, ad periculosa missus prælia, continuo per desertum errans, vagus, exsul, extorris, domo ac sedibus suis pulsus? Quid multis verbis opus est? Tandem e patria, suaque illa regione penitus exturbatus, apud barbaros hostes et infensissimos versabatur ac molestiorem servitute vitam tolerabat, cum etiam necessario victu careret. Atque hæc ille patiebatur post Samuelis adventum, postquam

Exemplo Davidis afflictos consolatur.

unctus oleo fuerat, post regni promissionem, post sceptrum, post diadema, post electionem Dei, post suffragium illi delatum : at nihil tamen horum illi scandalum attulit, neque dixit hic quoque, Quid hoc rei est? Ego ille rex, et tantum adepturus imperium, ne privatus quidem esse tuto possum; sed erro factus sum, exsul, extorris, domo ac sedibus pulsus, et in barbarorum regionem amandatus, etiam necessario victu careo, ac singulis diebus video mihi vitæ periculum imminere. Ubi sunt regni promissiones? ubi imperii illius pollicitationes? Nihil horum neque dixit, neque cogitavit; neque ob ea, quæ acciderant, scandalizatus est, sed et ipse finem promissionum exspectabat. Possem autem et alios innumeros commemorare, qui cum in res adversas incidissent, minime perturbati sunt, sed Dei promissum memoria tenentes, tametsi contraria promissis eventa spectarent, hujus præclaræ patientiæ beneficio gloriosas coronas reportarunt. Et tu igitur exspecta, dilectissime, finem; siquidem omnino adveniet vel in hoc sæculo, vel in futuro; et ubique incomprehensibili Dei providentiæ cede, neque dicas : Quod vero tandem remedium tot malis poterit adhiberi? neque curiose modum exquiras, quo Deus miracula soleat edere.

ἀπορῶν τροφῆς, καὶ περὶ τῶν ἐσχάτων ὁρῶ καθ' ἑκάστην ἡμέραν ἐπικρεμάμενόν μοι τὸν κίνδυνον. Ποῦ τῆς βασιλείας αἱ ὑποσχέσεις; ποῦ τῆς ἀρχῆς αἱ ἐπαγγελίαι ἐκείνης; Οὐδὲν τούτων οὐκ εἶπεν, οὐκ C ἐνενόησεν· οὐκ ἐσκανδαλίσθη τοῖς γινομένοις, ἀλλὰ ἀνέμενε καὶ αὐτὸς τὸ τέλος τῶν ὑποσχέσεων. Καὶ ἑτέρους δὲ μυρίους ἐστὶν εἰπεῖν, οἳ χαλεποῖς περιπεσόντες πράγμασιν, οὐκ ἐθορυβήθησαν, ἀλλὰ τοῦ Θεοῦ τὴν ἀπαγγελίαν κατέχοντες, εἰ καὶ ἐναντία τὰ γινόμενα ταῖς ὑποσχέσεσιν ἦν, διὰ τῆς καλλίστης ταύτης ὑπομονῆς [a] λαμπροὺς ἐδρέποντο τοὺς στεφάνους. Καὶ σὺ τοίνυν, ἀγαπητὲ, ἀνάμενε καὶ αὐτὸς τὸ τέλος· πάντως γὰρ ἀπαντήσεται, ἢ ἐνταῦθα, ἢ ἐν τῷ μέλλοντι αἰῶνι· καὶ παραχώρει πανταχοῦ τῷ ἀκαταλήπτῳ τῆς τοῦ Θεοῦ προνοίας, καὶ μὴ λέγε, πῶς δὲ τὰ τοσαῦτα κακὰ λήψεται διόρθωσιν; μηδὲ περιεργάζου τῆς τοῦ Θεοῦ παραδοξοποιίας τὸν τρόπον.

CAP. XI. Hoc non statim contigisse, atque initio contraria cuncta cum cernerent evenire, veteres scandalizatos non fuisse.

Neque enim tum temporis hoc justi illi quærebant, Quomodo, et qua ratione ista fient? sed cum omnia cernerent, si ratiocinationes spectentur humanæ, in desperationem adducta, ne sic quidem conturbabantur, aut terrebantur : sed patienter omnia ferebant, ac certissimum pignus, et argumentum prosperi successus eventuri ex ejus, qui pollicitus erat, potentia colligebant, neque propter eorum quæ acciderant conditionem contrariam animum plane despondebant. Etenim solertem illum ac sapientem esse certo sciebant, ac proinde posse res etiam desperatas instaurare, atque in statum meliorem pristino restituere, summaque cum facilitate suis promissis finem imponere. Et tu igitur, carissime, sive in hac vita mala finiantur, Deum glorifica : sive majoribus difficultatibus involvantur, sic quoque gratias age, neque scandalum patere, cum probe noveris immensam esse neque satis exprimi posse providentiam Dei, ac plane futurum, ut omnia convenientem finem sortiantur, sive in hoc sæculo, sive in futuro. Quod si quis, dum futurum audit, et præ nimia pusillanimitate hoc in hac

D Οὐδὲ γὰρ οἱ δίκαιοι τότε ἐκεῖνοι τοῦτο ἐζήτησαν, τὸ, πῶς καὶ τίνι τρόπῳ ταῦτα ἔσται· ἀλλ' ὁρῶντες εἰς ἀπόγνωσιν κατὰ ἀνθρώπινον λογισμὸν πάντα φερόμενα, οὐδὲ οὕτως ἐθορυβοῦντο, οὐδὲ ἐταράττοντο· ἀλλ' ἔφερον ἅπαντα γενναίως, μεγίστην ἔχοντες ἀπόδειξιν τῶν ἐσομένων χρηστῶν τὴν δύναμιν τοῦ ὑποσχομένου, καὶ ἀπὸ τῆς τῶν γινομένων ἐναντιότητος εἰς ἀπόγνωσιν οὐκ ἐμπίπτοντες. Ἤδεσαν γὰρ σαφῶς, ὅτι εὐμήχανος ὢν καὶ σοφὸς, δυνήσεται καὶ μετὰ τὸ τὰ πράγματα ἀπαγορευθῆναι ἀνακτήσασθαί τε αὐτὰ μᾶλλον ἢ ἔμπροσθεν, καὶ μετὰ πολλῆς τῆς εὐκολίας E τοῖς ἐπαγγελθεῖσιν ἐπιθεῖναι τέλος. Καὶ σὺ τοίνυν, ἀγαπητὲ, ἄν τε ἐν τῷ παρόντι βίῳ λάβῃ τὰ λυπηρὰ λύσιν, δόξαζε τὸν Θεόν· ἄν τε εἰς δυσχερῆ καταλύσῃ, καὶ οὕτως εὐχαρίστει, καὶ μηδὲν σκανδαλίζου, εἰδὼς σαφῶς τοῦ Θεοῦ τὴν πρόνοιαν τὴν ἄπειρον καὶ ἑρμηνευθῆναι μὴ δυναμένην, καὶ ὅτι πάντως λήψεται τὸ προσῆκον ἅπαντα τέλος, εἴτε ἐν τῷ παρόντι βίῳ, εἴτε ἐν τῷ μέλλοντι. Εἰ δέ τις τὸ μέλλον ἀκούων, 494
A καὶ μικροψυχῶν ἐπείγοιτο τοῦτο ἐνταῦθα ἰδεῖν γινόμενον, ἐροῦμεν ὅτι ἡ ἀληθῶς ζωὴ καὶ τὰ βέβαια πράγματα καὶ ἀκίνητα τότε ἡμᾶς μένει. Τὰ μὲν γὰρ παρόντα, ὁδὸς, ἐκεῖνα δὲ, πατρίς· τὰ ἐνταῦθα, ἄν-

[a] Alii λαμπροὺς ἀνεδήσατο τοὺς στεφ.

θεσιν ἔοικεν ἐαρινοῖς, ἐκεῖνα δὲ, πέτραις ἀκινήτοις· ἐκεῖ στέφανοι καὶ ἀμοιβαὶ τέλος οὐκ ἔχουσαι, ἐκεῖ ἔπαθλα καὶ βραβεῖα, ἐκεῖ κολάσεις καὶ τιμωρίαι ἀφόρητοι τῶν τὰ τοιαῦτα κακουργησάντων. Τί οὖν πρὸς τοὺς τέως σκανδαλιζομένους; φησί. Τί δὲ σὺ τοὺς μειζόνως διαλάμψαντας οὐ λέγεις, τοὺς δὲ προσωπεῖα εὐλαβείας περικειμένους, καὶ νῦν ἐλεγχομένους, τούτους ἄγεις εἰς μέσον; Οὐχ ὁρᾷς τὸ χρυσίον καθαιρόμενον; τὸν μόλιβδον ἐλεγχόμενον; τὰ ἄχυρα διακρι- B
νόμενα τοῦ σίτου; τοὺς λύκους τῶν προβάτων; τοὺς πεπλασμένους τῶν ἀληθῶς ἐν εὐλαβείᾳ ζώντων; Ὥστε ὅταν ἴδῃς τούτων τὰ σκάνδαλα, ἐννόησον κἀκείνων τὰς εὐδοκιμήσεις. Ὑπεσκελίσθησάν τινες, ἀλλὰ καὶ ἔστησαν πολλῷ πλείους, καὶ μείζονα ἑαυτοῖς μισθὸν συνήγαγον, οὔτε τῇ δυναστείᾳ τῶν ἐπιβουλευόντων, οὔτε τῇ δυσκολίᾳ τῶν καιρῶν περιτραπέντες. Καὶ οἱ σκανδαλιζόμενοι δὲ ἑαυτοῖς λογιζέσθωσαν· ἐπεὶ καὶ οἱ παῖδες οἱ τρεῖς καὶ ἱερῶν ἀποσπασθέντες, καὶ ναοῦ, καὶ θυσιαστηρίου, καὶ τῆς ἄλλης ἁπάσης τῆς κατὰ νόμον ἐπιμελείας, καὶ ἐν μέσῃ βαρβάρων χώρᾳ ἀποληφθέντες, μετὰ πολλῆς τῆς ἀκριβείας τὸν νόμον διετήρησαν· καὶ ὁ Δανιὴλ ὁμοίως, καὶ C
ἕτεροι πολλοί· καὶ οἱ μὲν εἰς αἰχμαλωσίαν ἀπενεχθέντες οὐ παρεβλάβησάν τι, ἄλλοι δὲ οἴκοι μένοντες, καὶ πάντων ἀπολαύοντες τῶν ἐπὶ τῆς πατρίδος, προσέκρουσαν καὶ κατεδικάσθησαν.

vita spectare festinet, ei nos dicemus tum veram vitam et res constantes et immotas nos manere. Res quippe præsentes, via sunt; sed illæ, patria: res hujus sæculi floribus vernis sunt similes, illæ vero saxis immobilibus: illic coronæ ac remunerationes quæ finem nesciunt, illic præmia et bravia, illic pœnæ atque supplicia intoleranda eorum, qui ejusmodi scelera perpetrarint. Quid ergo dicemus ad eos, quos interim scandalizari videamus? dicet aliquis. At tu cur non eos etiam commemoras, qui idcirco fiunt illustriores, sed eos tantum qui religionis larva se tegebant, et nunc deprehenduntur, in medium adducis? Non vides aurum purgari solere, plumbum autem tale deprehendi? paleas a frumento secerni, lupos ab ovibus, hypocritas ab iis qui vera pietate præditi vivunt? Itaque si quando videas horum scandala, veniant tibi in mentem illorum præclara facinora et præconia. Supplantati sunt quidam, at multo plures steterunt, majoremque sibi mercedem compararunt, neque insidiatorum potentia, neque temporum difficultate prostrati. At illi qui supplantati sunt, sibi ipsis hoc imputent: quandoquidem et tres pueri quamvis a sacerdotibus avulsi, a templo, ab altari, et reliqua omni legis observatione, atque in media barbarorum regione deprehensi, summa cum diligentia legem observarunt: pari ratione Daniel, et alii multi, et nonnulli quidem in captivitatem abducti nihil damni fecerunt, alii vero cum domi mansissent, omnibusque bonis, quæ in patria suppetebant, potiti essent, offenderunt, et fuere damnati.

Εἰ δὲ ζητοίης τίνος ἕνεκεν ταῦτα συνεχωρήθη, καὶ μὴ τοῖς ἀρρήτοις τῶν οἰκονομιῶν αὐτοῦ λόγοις παραχωροίης, ἀλλὰ ἐμελέτησας ἀεὶ πάντα περιεργάζεσθαι, ὁδῷ προβαίνων, καὶ ἄλλα πολλὰ διαπορήσεις, οἷον, τίνος ἕνεκεν ἀφείθησαν αἱ αἱρέσεις, τίνος ἕνεκεν ὁ D
διάβολος, τίνος ἕνεκεν οἱ δαίμονες, τίνος ἕνεκεν οἱ πονηροὶ τῶν ἀνθρώπων καὶ πολλοὺς ὑποσκελίζοντες· καὶ τὸ δὴ κεφάλαιον ἁπάντων τούτων, τίνος ἕνεκεν ὁ ἀντίχριστος παραγίνεται, ὁ τοσαύτην ἔχων δύναμιν πρὸς ἀπάτην, ὡς τὸν Χριστὸν εἰπεῖν, ὅτι τοιαῦτα ποιήσει, ὥστε πλανῆσαι, εἰ δυνατὸν, καὶ τοὺς ἐκλεκτούς. Ἀλλ' οὐ δεῖ ταῦτα ζητεῖν, ἀλλὰ πάντα παραχωρεῖν τῷ ἀκαταλήπτῳ τῆς τοῦ Θεοῦ σοφίας. Ὁ μὲν γὰρ [a] γενναίως ἤδη πεπηγὼς, κἂν μυρία τὰ κύματα, κἂν μυρίοι οἱ χειμῶνες ἐπιῶσιν, οὐ μόνον οὐδὲν παραβλάπτεται, ἀλλὰ καὶ ἰσχυρότερος γίνεται· ὁ δὲ ἀσθε- E
νὴς καὶ διαῤῥέων καὶ ὀλίγωρος, καὶ μηδενὸς ἐνο-

Quod si quæras, qua de causa permissa sint ista, neque arcanis dispensationum ejus rationibus acquiescas, sed omnia studeas curiose disquirere, paulatim progrediens multas alias quæstiones propones, exempli causa, cur hæreses permittantur, qua de causa diabolus, qua de causa dæmones, cur homines improbi, et qui multos supplantant: et quod omnium est istorum caput, cur adveniat antichristus, qui tanta pollet ad decipiendum potentia, ut dixerit Christus eum tanta præstiturum, ut in errorem inducantur, si fieri potest, etiam electi. At enim ista quærenda non sunt, sed sunt omnia incomprehensibili Dei sapientiæ committenda. Nam is quidem qui generosus et constans est, quamvis innumeri fluctus, quamvis innumeræ procellæ irruant, non modo nihil læditur, sed etiam

CAP. XII. Qua de causa homines improbi et dæmones et diabolus in hoc mundo sint.

Matth. 24. 24.

[a] Alii γενναῖος καὶ πεπηγώς.

robustior evadit; imbecillis autem, et mollis ac piger etiam nemine impugnante sæpenumero concidit. Quod si forte rationem etiamnum aliquam scire contendis, audi eam quæ nobis comperta est. Sunt enim aliæ plurimæ Deo notæ, qui diverso varioque modo res nostras gubernat universas: quam autem nos soimus, hanc interim accipe.

Scandala cur permissa.

Dicimus scandala ista esse permissa, ut ne fortium ac generosorum præmia minuerentur, quod et Jobum alloquens Deus indicavit,

Job. 40. 3.

dicens, *Putas autem me aliter tibi respondisse, quam ut appareas justus?* Et vero Paulus

1. Cor. 11. 19.

ait, *Oportet autem et hæreses esse, ut qui probati sunt, manifesti fiant in vobis.* At tu cum audis, *Oportet autem et hæreses esse,* noli existimare hæc illum imperando, vel legem ferendo pronuntiare, absit; verum ea quæ futura erant prænuntiando, et quod lucrum vigilantibus inde obventurum erat prædicendo. Tunc enim, o vos qui decipi non potestis, vestra virtus illustrior apparebit. Ad hæc aliam etiam ob causam improbos esse Deus sivit, ne forte sublati e medio, ea, quæ illis ex conversione sua obventura erat, utilitate fraudarentur. Ita et Paulus salvus factus est, ita latro, ita meretrix, ita publicanus, ita cæteri multi. Quod si prius quam immutarentur, e medio sublati essent, nullus ex illis salvus esset factus. Porro de antichristo alteram etiam causam profert Paulus. Quam tandem? Ut omni hoc pacto excusatione Judæi excludantur. Qua enim tandem venia digni videri poterunt, cum Christum non receperint qui illi credere debuerunt? Propterea di-

2. Thess. 2. 12.

cit: *Ut judicentur omnes, qui non crediderunt veritati,* hoc est Christo, *sed consenserunt iniquitati,* hoc est antichristo. Nam quoniam dicebant, idcirco se illi non credere, quod Deum

Joan. 10. 33.

se diceret; *Propterea namque te lapidamus,* inquiunt, *quia tu homo cum sis, facis teipsum Deum:* tametsi plurima illum audirent attribuentem Patri, ac dicentem se ex ipsius sententia venisse, idque multis argumentis demonstrantem: quid dicent cum antichristum seipsum dicentem Deum, neque Patris mentionem facientem, sed contrarium facientem recipient? Hoc etiam Chri-

Joan. 5. 43.

stus exprobrans illis prædicebat his verbis: *Ego veni in nomine Patris mei, et non accipitis me; si alius venerit in nomine suo, illum accipietis:* propterea permissa sunt scandala. Quod si eos qui scandalizantur commemores, ego tibi eos, qui illustriores inde facti sunt, objiciam; ac tibi rursus dicam æquum non fuisse, ut propter

χλοῦντος καταπίπτει πολλάκις. Εἰ δὲ καὶ λόγον τινὰ ἐπιζητεῖς μαθεῖν, ἄκουε τὸν ἡμῖν γνώριμον. Εἰσὶ μὲν γὰρ καὶ ἕτεροι πολλοὶ τῷ διαφόρως καὶ ποικίλως τὰ καθ' ἡμᾶς πάντα οἰκονομοῦντι δῆλοι· ὃν δὲ ἡμεῖς ἴσμεν, οὗτός ἐστι τέως. Φαμὲν ὅτι τὰ σκάνδαλα ταῦτα ἀφείθη ὑπὲρ τοῦ μὴ ἐλαττωθῆναι τῶν γενναίων τὰ βραβεῖα· ὃ καὶ τῷ Ἰὼβ διαλεγόμενος ὁ

495 A

Θεὸς ἐδήλωσε, λέγων· Ἄλλως με οἴει σοι κεχρηματικέναι, ἢ ἵνα ἀναφανῇς δίκαιος; Καὶ ὁ Παῦλος δέ φησι· Δεῖ δὲ καὶ αἱρέσεις εἶναι, ἵνα οἱ δόκιμοι φανεροὶ γένωνται ἐν ὑμῖν. Σὺ δὲ ὅταν ἀκούῃς τὸ, Δεῖ δὲ αἱρέσεις εἶναι, μὴ νομίσῃς ὅτι κελεύων ἢ νομοθετῶν ταῦτά φησιν· ἄπαγε· ἀλλὰ τὸ μέλλον προαναφωνῶν, καὶ τὸ ἐκ τούτου κέρδος τοῖς νήφουσι προμηνύων. Τότε γὰρ ὑμῶν τῶν ἀνεξαπατήτων, φησὶ, σαφέστερον φανεῖται ἡ ἀρετή. Πρὸς τούτοις, καὶ δι' ἑτέραν αἰτίαν οἱ πονηροὶ ἀφείθησαν, ὥστε μὴ προαναρπασθέντας ἀποκλεισθῆναι τῆς ὠφελείας τῆς ἐκ τῆς μεταβολῆς αὐτοῖς γενομένης. Οὕτω καὶ Παῦλος ἐσώθη,

B

οὕτως ὁ λῃστὴς, οὕτως ἡ πόρνη, οὕτως ὁ τελώνης, οὕτως ἕτεροι πολλοί. Εἰ δὲ πρὶν ἢ μεταβαλέσθαι ἀνηρπάγησαν ἐντεῦθεν, οὐδεὶς ἂν αὐτῶν ἐσώθη. Περὶ δὲ τοῦ ἀντιχρίστου καὶ ἑτέραν φησὶν αἰτίαν ὁ Παῦλος. Ποίαν δὴ ταύτην; Τὸ πᾶσαν καὶ ἐντεῦθεν ἀποκλεισθῆναι τῶν Ἰουδαίων τὴν ἀπολογίαν. Ποίαν γὰρ ἂν σχοῖεν συγγνώμην, τὸν Χριστὸν μὴ δεξάμενοι, οἱ μέλλοντες ἐκείνῳ πιστεύειν; Διό φησιν, Ἵνα κριθῶσι πάντες οἱ μὴ πιστεύσαντες τῇ ἀληθείᾳ, τουτ' ἔστι, τῷ Χριστῷ, ἀλλ' εὐδοκήσαντες τῇ ἀδικίᾳ, τουτ' ἔστι, τῷ ἀντιχρίστῳ. Ἐπειδὴ γὰρ ἔλεγον, διὰ τοῦτο αὐτῷ μὴ πιστεύειν, ἐπειδὴ Θεὸν ἑαυτὸν ἔλεγε· Διὰ γὰρ

C

τοῦτό σε, φασὶ, λιθάζομεν, ὅτι σὺ ἄνθρωπος ὢν ποιεῖς σεαυτὸν Θεόν· καίτοι γε τὰ πλείονα ἀκούοντες ἀνατιθέντα αὐτὸν τῷ Πατρὶ, καὶ λέγοντα μετὰ τῆς ἐκείνου γνώμης ἀφῖχθαι, καὶ διὰ πολλῶν τοῦτο ἀποδεικνύντα· τί ἐροῦσιν, ὅταν τὸν ἀντίχριστον τὸν λέγοντα ἑαυτὸν εἶναι Θεὸν, καὶ μηδὲ μεμνημένον τοῦ Πατρὸς, ἀλλὰ καὶ τοὐναντίον ποιοῦντα δέξωνται; Τοῦτο καὶ ὁ Χριστὸς αὐτοῖς ὀνειδίζων, προύλεγεν οὕτω λέγων· Ἐγὼ ἦλθον ἐν τῷ ὀνόματι τοῦ Πατρός μου, καὶ οὐ λαμβάνετέ με· ἐὰν ἄλλος ἔλθῃ ἐν τῷ ὀνόματι τῷ ἰδίῳ, ἐκεῖνον λήψεσθε· διὰ ταῦτα ἀφείθη τὰ σκάνδαλα. Εἰ δὲ τοὺς σκανδαλιζομένους λέγεις, ἐγώ σοι τοὺς μει-

D

ζόνως ἐντεῦθεν διαλάμψαντας δείξω· καὶ πάλιν σοι τὸ αὐτὸ ἐρῶ, ὅτι οὐκ ἔδει διὰ τὴν ἑτέρων ἀπροσεξίαν καὶ ῥαθυμίαν τοὺς δυναμένους νήφειν καὶ ἐγρηγορέναι, καὶ μυρίους ἐκ τούτων ἀναδήσασθαι στεφάνους, ἐλαττοῦσθαι ἐν τῇ τῶν ἀμοιβῶν ἀντιδόσει. Οὗτοι μὲν γὰρ ἐπηρεάζεσθαι ἔμελλον, εἰ μὴ τῶν ἀγώνων τούτων ἔλαβον ὑποθέσεις· οἱ δὲ ἐντεῦθεν βλαβέντες, ἑτέρῳ μὲν οὐδενὶ, ἑαυτοῖς δὲ εἶεν δίκαιοι λογίζεσθαι τὰ πτώματα αὐτῶν, καὶ κατηγοροῖεν ἂν αὐτῶν οἱ μὴ μόνον μὴ σκανδαλισθέντες, ἀλλὰ καὶ φαιδρότεροι καὶ ἰσχυρότεροι ταύτῃ γινόμενοι.

Ποίων γὰρ ἱερέων ἀπήλαυσεν ὁ Ἀβραὰμ, εἰπέ μοι; E ποίων διδασκάλων; ποίας κατηχήσεως; ποίας παραινέσεως; ποίας συμβουλῆς; ὅπουγε οὐδὲ γράμματα τότε ἦν, οὐ νόμος, οἱ προφῆται, οὐκ ἄλλο τῶν τοιούτων οὐδέν· ἀλλὰ ἄπλουν ἔπλει θάλατταν, καὶ ὁδὸν ὥδευεν ἀτριβῆ, καὶ ταῦτα καὶ οἰκίας καὶ πατρὸς ἀσεβοῦς γεγενημένος. Ἀλλ' οὐδὲν αὐτὸν ταῦτα παρέβλαψεν, ἀλλὰ τοσοῦτον ἔλαμψεν ἀρετῇ, ὡς ἃ μετὰ 496 A μακρὸν χρόνον, μετὰ προφήτας, μετὰ νόμον, καὶ τοσαύτην παιδαγωγίαν, ἣν διὰ σημείων καὶ θαυμάτων γεγενημένην ἔμελλεν ὁ Χριστὸς τοὺς ἀνθρώπους παιδεύειν, ταῦτα [a] προλαβόντα δι' ἔργων ἐπιδείξασθαι, ἀγάπην γνησίαν καὶ θερμὴν, χρημάτων ὑπεροψίαν, τὴν περὶ τοὺς οἰκείους τοῦ σπέρματος κηδεμονίαν· καὶ τὸν τῦφον δὲ ἅπαντα ἐπάτησε, καὶ τὸν ὑγρὸν καὶ διαλελυμένον διεκρούσατο βίον, τῶν νῦν τὰς κορυφὰς τῶν ὀρῶν κατειληφότων μοναχῶν ἀκριβέστερον ζῶν. Οὔτε γὰρ οἰκία ἦν αὐτῷ, ἀλλ' ἡ σκιὰ τῶν φύλλων ὄροφος ἦν τῷ δικαίῳ καὶ στέγη· οὐδὲ, ἐπειδὴ ξένος ἦν, ῥαθυμότερος περὶ τὴν φιλοξενίαν ἐγένετο, ἀλλ' ὁ ξένος ἐν ξένῃ ἔργον τοῦτο ἐποίει, τὸ διηνεκῶς B ἐν μεσημβρίᾳ μέσῃ τοὺς παριόντας ὑποδέχεσθαι καὶ θεραπεύειν. Καὶ δι' ἑαυτοῦ τὸ ἔργον ἅπαν ἤνυε, καὶ τὴν γυναῖκα κοινωνὸν ἐποίει τῆς καλῆς ταύτης πραγματείας. Τί δὲ ὑπὲρ τοῦ ἀδελφιδοῦ, καὶ ταῦτα οὐ καθηκόντως αὐτῷ χρησαμένου, ἀλλὰ τοῖς πρωτείοις ἐπιπηδήσαντος, οὐκ ἐποίησε, καὶ ταῦτα μετὰ τὴν αἵρεσιν τῆς ἐκλογῆς; Οὐχὶ τὸ αἷμα ἐξέχεεν; οὐχὶ τοὺς οἰκέτας ἅπαντας ὥπλισεν; οὐκ εἰς φανερὸν κίνδυνον ἑαυτὸν ἐνέβαλεν; Ὅτε δὲ ἐκελεύσθη τὴν μὲν οἰκίαν ἀφεῖναι, εἰς δὲ τὴν ἀλλοτρίαν ἀπελθεῖν, οὐκ εὐθέως ὑπήκουσε, καὶ πατρίδα καὶ φίλους καὶ συγγενεῖς καὶ πάντας ἀφεὶς, καὶ τῷ προστάγματι πεισθεὶς τοῦ κελεύσαντος, τὰ μὲν δῆλα καταλιμπάνων, C τοῖς δὲ ἀδήλοις πολλῷ σαφέστερον ἢ τοῖς δήλοις προσέχων, διὰ τὴν ὑπόσχεσιν τοῦ Θεοῦ, ὅπερ ἦν πίστεως ἐπιτεταμένης; Μετὰ δὲ ταῦτα πάντα οὐ, λιμοῦ καταλαβόντος, πάλιν μετανάστης ἐγίνετο, καὶ οὐκ ἐθορυβεῖτο, οὐδὲ ἐταράττετο, ἀλλὰ τὴν αὐ-

[a] Alii προλαβών.

aliorum inconsiderantiam ac desidiam illi qui poterant et attenti esse et vigiles, atque innumeras ex his palmas reportare, deteriori essent conditione, cum laborum præmia rependentur. Quippe isti quidem injuria fuissent affecti, si certaminum istorum occasionem amisissent; illi vero, si quid inde damni fecissent, nulli alteri, sed sibiipsis prolapsiones suas imputare debuissent, ejusque criminis ab illis convicti essent, qui non modo scandalizati non fuissent, sed etiam illustriores inde ac robustiores evasissent.

Cap. XIII. *Nihil eos lædere qui vigiles sunt et attenti, neque supplantare.*

Quos enim, quæso, sacerdotes habuit Abraham? quos doctores? quam institutionem? quam admonitionem? quod consilium? quandoquidem neque tum erant literæ, non lex, non prophetæ, non aliud quidquam ejusmodi: sed nondum navigatum mare navigabat, et per viam minime tritam incedebat, idque cum et domo, et patre impio natus esset. Sed ne hæc quidem illum læserunt, quin potius adeo virtute suis præluxit, ut quæ post multum temporis, post prophetas, post legem, et tantam instructionem, qua per signa Christus et miracula debuit homines erudire, horum longe ante specimen ediderit, caritatis sinceræ ac fervidæ, pecuniæ contemtus, curæ eorum qui sanguinis sunt cognatione conjuncti: et fastum omnem conculcarit, mollem ac delicatam vitam rejecerit, sanctiorem quam illi, qui nunc montium vertices occuparunt monachi, et austeriorem vivendi rationem expresserit. Nam neque domus illi erat, sed laqueare tectumque justo foliorum umbra suppeditabat, neque, quamvis peregrinus esset, idcirco negligentior ad excipiendos tecto peregrinos erat, sed peregre cum esset, totus in id incumbebat operis, ut assidue medio meridie prætereuntes exciperet ac reficeret. Ipse vero rem per se omnem gerebat, et uxorem in consortium præclaræ illius occupationis adsciscebat. Quid vero pro fratris filio non fecit, cum alioqui non, ut oportuit, ab eo tractatus esset, sed potiores ille partes sibi vindicasset, idque post optionem datam electionis? Nonne sanguinem profudit? nonne vernaculos omnes suos armavit? nonne in apertum se discrimen objecit? At quo tempore jussus est domum deserere, atque in aliam regionem proficisci, nonne statim paruit, et patria, amicis, propinquis, et omnibus derelictis, mandato jubentis obediens, quæ certa erant deseruit, et incertis multo promtius quam certis adhæsit: adeo promissis Dei confidebat, quod perfectissimæ fidei fuit? Post hæc autem omnia nonne cum fames sæviret, iterum extorris est factus, neque consternabatur, aut perturbabatur, sed eamdem obedientiam, modestiam ac patientiam præ se ferebat, atque in Ægyptum descendebat, sic ut cum Deo paruisset hæc imperanti, sua sit uxore privatus, eam injuria affectam viderit, quantum quidem in Ægyptio situm fuit, et acerbiorem morte plagam letalem acceperit? Quid enim, quæso, fuit acerbius, quam mulierem sibi matrimonii lege copulatam post tot recte facta cernere a barbarica abreptam lascivia, in regia introductam palatia, contumelia affectam cernere? Quamvis enim in opus non exierit contumelia, ipse tamen illud exspectavit, et omnia patienter ferebat: sic ut neque calamitates eum subverterint, neque prosperi successus extulerint, sed in temporum differentia æqualem animi sensum conservarit. Quid vero, cum illi filium promisit, nonne se mille impedimenta objecerunt, quæ cogitanti ratio suggerebat? quæ omnia cum ille sedasset, omnemque illorum tumultum repressisset, fide maxime illustris fuit? Quando autem immolare illum jussus est, nonne summa cum festinatione, quasi nuptialem ad thalamum deducturus illum esset, ita illum duxit? atque ipsam propemodum naturam exuens, et homo esse desinens, novum quoddam et inusitatum obtulit sacrificium, solusque certamen hoc conseruit, non cum uxore, non cum servo, non cum alio quovis communicavit? Noverat enim, probe noverat, quanta scopuli illius esset sublimitas, quanta moles illius mandati, quanta illius certaminis magnitudo: quam ob causam solus hunc cursum suscepit, et cucurrit, et certavit, et coronam adeptus est, et victor est renuntiatus. Quis eum sacerdos ista docuit? quis doctor? quis propheta? Nullus plane: sed quoniam proba mente præditus fuit, illi ad omnia suffecit. Quid vero Noe? Quem habuit sacerdotem? quem doctorem? quem instructorem? quandoquidem solus, cum totus orbis terrarum sceleribus infectus esset, contraria via incessit, et virtutem conservavit, caque cæteris sic præluxit, ut in communi orbis terrarum naufragio cum ipse salvus et incolumis evaderet, tum cæteros præ nimia suæ virtutis præstantia ex imminentibus periculis eriperet? Unde justus evasit? unde perfectus? cujus sacerdotis et ipse, vel cujus

Abraham filium immolare jussus.

τὴν ὑπακοὴν καὶ φιλοσοφίαν καὶ ὑπομονὴν ἐπεδείκνυτο, καὶ κατῄει εἰς Αἴγυπτον, καὶ ὑπακούσας τῷ Θεῷ τοιαῦτα κελεύοντι ἀφῃρέθη τὴν γυναῖκα, καὶ καθυβριζομένην ἑώρα, τό γε ἧκον εἰς τὸν Αἰγύπτιον. καὶ θανάτου χαλεπώτερα ὑπέμενεν ἐν τοῖς καιριωτάτοις πληττόμενος; D Τί γὰρ βαρύτερον ἦν, εἰπέ μοι, τοῦ γυναῖκα νόμῳ γάμου συναφθεῖσαν αὐτῷ, μετὰ τοσαῦτα κατορθώματα ὁρᾷν ὑπὸ βαρβαρικῆς ἀκολασίας ἁρπαζομένην, εἰσαγομένην ἔνδον εἰς τὰς βασιλικὰς αὐλὰς, καθυβριζομένην; Εἰ γὰρ καὶ μὴ τὸ ἔργον ἐξῆλθεν, ἀλλ' αὐτὸς τοῦτο προσεδόκησε, καὶ πάντα ἔφερε γενναίως, καὶ οὔτε αἱ συμφοραὶ αὐτὸν ὑπεσκέλισαν, οὔτε αἱ εὐημερίαι ἐφύσησαν· ἀλλ' ἐν τῇ τῶν καιρῶν διαφορᾷ ἴσην τὴν ἑαυτοῦ γνώμην διεφύλαττε. E Τί δὲ, ὅτε αὐτῷ τὸν υἱὸν ἐπηγγείλατο, οὐχὶ μυρία τὰ κωλύματα ἦν, τὰ ἀπὸ τῶν λογισμῶν; καὶ πάντα ἐκεῖνα κατευνάσας, καὶ τὸν ἐκείνων θόρυβον ἀνελὼν, ἀπὸ τῆς πίστεως διέλαμψεν; Ὅτε δὲ αὐτὸν καθιερῶσαι ἐκελεύσθη, οὐχὶ μετὰ πολλοῦ τοῦ τάχους, ὡσανεὶ μέλλων εἰς παστάδας ἄγειν καὶ νυμφαγωγεῖν, οὕτως αὐτὸν ἀνήγαγε; καὶ αὐτῆς τῆς φύσεως σχεδὸν ἐξελθὼν, καὶ τοῦ ἄνθρωπος εἶναι ἀπαλλαγεὶς, καὶ θυσίαν ἀνέφερε καινήν τινα καὶ παράδοξον, καὶ μόνος τὸν ἆθλον ἤθλησε τοῦτον, οὐ γυναικὶ, οὐκ οἰκέτῃ, οὐκ
497 A ἄλλῳ τινὶ τῶν μετ' αὐτοῦ κοινωσάμενος; Ἤδει γὰρ, ᾔδει σαφῶς τοῦ σκοπέλου τὸ ὑψηλὸν, τοῦ ἐπιτάγματος τὸν ὄγκον, τοῦ ἀγῶνος τὸ μέγεθος· διὸ μόνος αὐτὸς τὸν δρόμον ἀνεδέξατο τοῦτον, καὶ ἔτρεχε, καὶ ἠγωνίζετο, καὶ ἐστεφανοῦτο, καὶ ἀνεκηρύττετο. Ποῖος ταῦτα αὐτὸν ἱερεὺς ἐδίδαξε; ποῖος δὲ διδάσκαλος; ποῖος προφήτης; Οὐδὲ εἷς· ἀλλ' ἐπειδὴ εὐγνώμονα εἶχε ψυχὴν, ἤρκεσεν αὐτῷ πρὸς ἅπαντα. Τί δὲ ὁ Νῶε; Ποῖον ἔσχεν ἱερέα; ποῖον διδάσκαλον; ποῖον καθηγητήν; ὅτε μόνος, τῆς οἰκουμένης ἁπάσης διαφθαρείσης ἐν πονηρίᾳ, [a] τὴν ἐναντίαν ἦλθεν ὁδὸν, καὶ τὴν ἀρετὴν διετήρησε, καὶ οὕτω B διέλαμψεν, ὡς ἐν τῷ ναυαγίῳ τῆς οἰκουμένης αὐτόν τε διασωθῆναι, καὶ ἑτέρους διὰ τὴν περιουσίαν τῆς οἰκείας ἀρετῆς τῶν ἐπηρτημένων ἐξαρπάσαι κινδύνων; Πόθεν δίκαιος ἐγένετο; πόθεν τέλειος; ποῖον ἱερέα καὶ οὗτος ἢ διδάσκαλον ἐσχηκώς; Οὐδεὶς ἂν εἰπεῖν ἔχοι. Ὁ δὲ υἱὸς ὁ τούτου, καίτοι ἔνδον ἔχων τὸν διδάσκαλον διηνεκῶς, τοῦ πατρὸς τὴν ἀρετὴν, καὶ νουθεσίας ἀπολαύων, καὶ τῆς διὰ ῥημάτων, καὶ τῆς διὰ τῶν ἔργων, καὶ τὴν ἀπὸ τῶν πραγμάτων ἔκβασιν ὁρῶν, καὶ

[a] Alii τὴν ὀρθὴν ὥδευσεν ὁδόν.

τὴν ἀπὸ τῆς συμφορᾶς, καὶ τὴν ἀπὸ τῆς σωτηρίας παραίνεσιν, πονηρὸς περὶ τὸν φύντα ἐγένετο, καὶ ἐκωμῴδει τοῦ γεγεννηκότος τὴν γύμνωσιν, καὶ ἐξεπόμπευσεν. Ὁρᾷς ὅτι πανταχοῦ ψυχῆς χρεία εὐγνώ- C μονος; Τί δὲ ὁ Ἰὼβ, εἰπέ μοι; ποίων προφητῶν ἤκουσε; ποίας διδασκαλίας ἀπήλαυσεν; Οὐδεμιᾶς. Ἀλλ' ὅμως καὶ οὗτος οὐδενὸς τούτων τετυχηκὼς, καὶ πᾶν ἀρετῆς εἶδος μετὰ πολλῆς ἐπεδείξατο τῆς ἀκριβείας. Καὶ γὰρ κοινὰ τὰ ὄντα τοῖς δεομένοις ἐκέκτητο, καὶ οὐχὶ τὰ ὄντα μόνον, ἀλλὰ καὶ αὐτὸ τὸ σῶμα. Τῇ μὲν γὰρ οἰκίᾳ τοὺς ὁδίτας ὑπεδέχετο, καὶ ἐκείνων μᾶλλον ἦν ἡ οἰκία, ἢ τοῦ κεκτημένου· τῇ δὲ τοῦ σώματος ἰσχύϊ τοῖς ἀδικουμένοις ἤμυνε, τῇ δὲ τῆς γλώττης συνέσει καὶ σοφίᾳ τοὺς ἐπηρεάζοντας ἐπεστόμιζε, καὶ τὴν εὐαγγελικὴν πολιτείαν διὰ πάντων διαλάμπουσαν ἐπεδείκνυτο. D Σκόπει δέ. Μακάριοι οἱ πτωχοὶ τῷ πνεύματι, φησὶν ὁ Χριστός. Τοῦτο αὐτὸς διὰ τῶν ἔργων κατώρθωσεν. Εἰ γὰρ ἐφαύλισα, φησὶ, κρίμα θεράποντος ἢ θεραπαίνης, κρινομένων αὐτῶν πρός με. Τί γὰρ ποιήσω, ἐὰν ἐπίσκεψίν μου ποιήσῃ ὁ Κύριος; Πότερον οὐχ ὡς ἐγὼ ἐγενόμην ἐν γαστρὶ, καὶ ἐκεῖνοι ἐγένοντο; Ἐγενόμεθα δὲ ἐν τῇ αὐτῇ κοιλίᾳ. Μακάριοι οἱ πραεῖς, ὅτι αὐτοὶ κληρονομήσουσι τὴν γῆν. Καὶ τί πραότερον ἐκείνου γέγονε, περὶ οὗ καὶ οἱ οἰκέται ἔλεγον· Τίς ἂν δῴη ἡμῖν τῶν σαρκῶν αὐτοῦ ἐμπλησθῆναι; Οὕτως ἦσαν αὐτοῦ σφοδροὶ ἐρασταί. Μακά- E ριοι οἱ πενθοῦντες, ὅτι αὐτοὶ παρακληθήσονται. Ἀλλ' οὐδὲ ταύτης ἄμοιρος ἦν τῆς ἀρετῆς. Ἄκουσον γοῦν τί φησιν· Εἰ δὲ καὶ ἁμαρτὼν [b] ἑκουσίως, διετράπην πολυοχλίαν λαοῦ, τοῦ μὴ ἐξαγορεῦσαι τὴν ἀνομίαν μου. Ὁ δὲ οὕτω διακείμενος, εὔδηλον ὅτι αὐτὴν ἐπένθει μετὰ πολλῆς τῆς ὑπερβολῆς. Μακάριοι οἱ πεινῶντες καὶ διψῶντες τὴν δικαιοσύνην. Ὅρα καὶ τοῦτο μεθ' ὑπερβολῆς αὐτῷ κατωρθωμένον. Συνέτριψα, φησὶ, μύλας ἀδίκων, καὶ ἐκ μέσου ὀδόντων αὐτῶν 498 A ἅρπαγμα ἐξέσπασα, δικαιοσύνην δὲ ἐνδεδύκειν, ἠμφιασάμην δὲ κρίμα ἴσα διπλοΐδι. Μακάριοι οἱ ἐλεήμονες, ὅτι αὐτοὶ ἐλεηθήσονται. Οὗτος δὲ οὐκ ἐν χρήμασι μόνον ἐλεήμων ἦν, οὐδὲ ἐν τῷ ἐνδύειν τοὺς γυμνοὺς, καὶ τρέφειν τοὺς πεινῶντας, καὶ χηρείαν διορθοῦν, καὶ ὀρφανίαν περιστέλλειν, καὶ πηρώματα φύσεως παραμυθεῖσθαι, ἀλλὰ καὶ ἐν αὐτῇ τῇ συμπαθείᾳ τῆς ψυχῆς. Ἐγὼ γὰρ, φησὶν, ἐπὶ παντὶ ἀδυ-

doctoris industria est usus? Nemo est qui possit
hoc dicere. Hujus porro filius, tametsi domesticum doctorem habebat assiduum, patris virtutem,
C ejusque monitis imbuebatur, sive per verba, sive
per opera, et eventum rerum cerneret, cum etiam
ex calamitate, atque ex incolumitate non levis
admonitio suppetebat, improbus in parentem
evasit, et genitoris sui nuditatem irrisit ac divul- *Gen.* 9. 22.
gavit. Vides ubique proba mente opus esse? Quid
vero Job, dic, quæso? quos prophetas audiverat?
qua doctrina fuerat imbutus? Nulla. At hic tamen quoque, licet nihil ejusmodi suppeteret,
omni virtutis genere se præditum exquisitissime
ostendit. Etenim facultates suas habuit cum pauperibus communes, neque facultates solum, sed
ipsum etiam corpus. Nam et viatores domo excipiebat, et illorum potius quam domini erat do-
D mus; corporis autem viribus eos, qui patiebantur
injuriam, ulciscebatur, at linguæ prudentia, sapientaque silentium obtrectatoribus imponebat,
evangelicam denique vitæ conversationem in
omnibus suis actionibus elucentem exhibebat.
Sic autem rem expende. *Beati pauperes spiritu,* *Matth.* 5. 3.
ait Christus. Hoc ipse opere confectum dedit. *Si* *Job.* 31. 13.
enim despexi, inquit, *judicium famuli, aut* —15.
ancillæ, cum ipsi litigarent mecum. Quid
enim faciam, si visitationem mei faciat Dominus? Nonne, sicut ego factus sum in utero,
et *illi facti sunt? Facti autem sumus in eodem*
ventre. Beati mites, quoniam ipsi hereditа- *Matth.* 5. 4.
E *bunt terram.* Quid vero mitius illo fuit, de quo
dicebant famuli: *Quis det nobis, ut carnibus* *Job.* 31. 31.
ejus satiemur? Adeo vehementes illius amatores
erant. *Beati qui lugent, quoniam ipsi* consolabuntur. Sed ne hujus quidem expers virtu- *Matth.* 5. 5.
tis fuit. Audi sane quid dicat: *Quod si cum* *Job.* 31. 33.
sponte peccassem, expavi turbam populi, ut 34.
non enarrarem iniquitatem meam. Porro qui
sic affectus erat, haud dubium quin illam supra
modum lugeret. *Beati qui* esuriunt et *sitiunt* *Matth.* 5. 6.
498 A *justitiam.* Vide hoc etiam ab illo mirifice completum. *Confregi*, inquit, *molas iniquorum,* *Job.* 29. 17.
et *de medio dentium eorum rapinam eripui:*
Justitiam vero indutus sum, et vestitus sum *Ib.* v. 14.
judicio sicut diploide. Beati misericordes, *Matth.* 5. 7.
quoniam ipsi misericordiam consequentur. At
iste non in pecuniis tantum misericors erat, aut
dum nudos indueret, et esurientes aleret, viduitati subveniret, orphanos tueretur, naturæ oblæsæ vitiis mederetur, sed et ipso animi compatientis

[b] Alii ἀκουσίως.

Job. 30. 25. affectu. *Ego* enim, inquit, *super omni impotente*
flevi, et gemui, videns virum in necessitati-
bus. Tamquam enim communis omnium pater
esset, ita singulorum calamitates alias sarciebat,
alias lugebat, et verbis, et factis, et compatientis
affectu, et lacrymis, et modis omnibus calamitatibus pressos erigebat, ut ad eum omnes tamquam
Matth. 5. 8. ad communem portum confugerent. *Beati qui*
mundi sunt corde, *quoniam ipsi Deum vide-*
bunt. Et hoc ille non mediocri cum laude præstabat. Audi enim Deum hoc de illo testantem:
Job. 1. 8. *Non* est *homo similis ei in* terra, *homo sine*
crimine, justus, verax, colens *Deum, absti-*
Matth. 5. 10. *nens ab omni mala* re. *Beati qui persequutio-*
nem patiuntur propter *justitiam, quoniam*
ipsorum est regnum cælorum. Et inde multam
certaminum ac præmiorum copiam colligebat.
Non enim ab hominibus vexabatur, sed ipse malorum primus auctor dæmon in eum ferebatur,
et omnibus suis admotis machinis impetum in
eum faciebat, domo et patria pellebat, et ad fi-
mum amandabat, pecuniis omnibus spoliabat,
possessionibus, liberis, ipsa corporis sanitate, ac
fame gravissima cruciabat; et vero cum illo quidam ex amicis non mediocriter ei insultabant, et
Matth. 5. 11. 12. ojus animæ ulcera lancinabant. *Beati eritis, cum*
maledixerint vobis homines, et *persequuti vos*
fuerint, et dixerint omne *malum adversum*
vos mentientes, propter *me. Gaudete,* et *ex-*
sultate, quoniam merces *vestra copiosa* est *in*
cælis. Sed et hanc beatitudinem abundanter obtinuit. Nam et qui aderant illi tunc, criminationibus eum oppetebant, cum levioribus eum pœnis
plecti dicerent, quam pro delictis suis prome-
ruerit, cum longas in eum accusationes texerent,
ac sermones mendaciis et calumniis redundantes.
Attamen hos etiam ille, cum periculum eis immineret, ab inferenda a Deo plaga vindicavit,
nec ullam eorum, quæ in ipsum dixerant, apud
se memoriam conservavit. Et in hoc quoque
Matth. 5. 44. præceptum rursus illud adimplebat, *Diligite*
inimicos vestros, orate *pro persequentibus*
vos. Siquidem et dilexit, et pro illis oravit, et
iram Dei sedavit, et peccata eorum delevit: tametsi non prophetas, non evangelistas, non sacerdotes, non doctorem, non alium quempiam ad
virtutem amplectendam audierat consilium dan-
tem. Vides quanta sit laus animæ generosæ,
quamque sibi ipsi ad sectandam virtutem sufficiat, licet nullius cura et industria excolatur?
Atqui majores habuerat non modo minime bonos,
sed et multis vitiis infectos. Sane quidem de

νάτῳ ἔκλαυσα, καὶ ἐστέναξα ἰδὼν ἄνδρα ἐν ἀνάγκαις.
Καθάπερ γὰρ κοινὸς ὢν ἁπάντων πατὴρ, οὕτω τὰς
ἑκάστου συμφορὰς, τὰς μὲν διώρθου, τὰς δὲ ἐθρήνει,
B καὶ διὰ ῥημάτων, καὶ διὰ πραγμάτων, καὶ διὰ συμπαθείας, καὶ δακρύων, καὶ διὰ παντὸς τρόπου τοὺς
ἐν συμφοραῖς ἀνέχων, καὶ κοινός τις ἁπάντων λιμὴν
γινόμενος. Μακάριοι οἱ καθαροὶ τῇ καρδίᾳ, ὅτι αὐτοὶ
τὸν Θεὸν ὄψονται. Καὶ τοῦτο οὐχ ὡς ἔτυχεν αὐτῷ
κατώρθωτο. Ἄκουσον γοῦν τοῦ Θεοῦ μαρτυροῦντος
αὐτῷ· Οὐκ ἔστιν ἄνθρωπος ὅμοιος αὐτοῦ τῶν ἐπὶ
τῆς γῆς, ἄνθρωπος ἄμεμπτος, δίκαιος, ἀληθινὸς, θεο-
σεβὴς, ἀπεχόμενος ἀπὸ παντὸς πονηροῦ πράγματος.
Μακάριοι οἱ δεδιωγμένοι ἕνεκεν δικαιοσύνης, ὅτι αὐτῶν ἐστιν ἡ βασιλεία τῶν οὐρανῶν. Καὶ ἐντεῦθεν
πολλὴν τῶν ἀγώνων καὶ τῶν βραβείων τὴν δαψί-
C λειαν ἐποιήσατο. Οὐ γὰρ δι' ἀνθρώπων ἠλαύνετο,
ἀλλ' αὐτὸς ὁ ἀρχέκακος δαίμων ἐπιθέμενος, καὶ πάντα
αὐτοῦ τὰ μηχανήματα κινήσας, οὕτως ἦλθεν ἐπ'
αὐτὸν, ἀπελάσας αὐτὸν καὶ οἰκίας καὶ πατρίδος, καὶ
εἰς τὴν κοπρίαν ἐξαγαγὼν, χρημάτων ἐκβαλὼν πάντων, κτημάτων, παίδων, αὐτῆς τοῦ σώματος τῆς ὑγιείας, καὶ λιμῷ παραδοὺς χαλεπωτάτῳ· μετὰ δὲ ἐκείνοι καὶ τῶν φίλων τινὲς, οὐχ ὡς ἔτυχεν, ἥλλοντο καὶ
ἀνέξαινον αὐτοῦ τῆς ψυχῆς τὰ ἕλκη. Μακάριοί ἐστε,
ὅταν ὀνειδίσωσιν ὑμᾶς καὶ διώξωσι, καὶ εἴπωσι πᾶν
πονηρὸν ῥῆμα καθ' ὑμῶν, ψευδόμενοι ἕνεκεν ἐμοῦ.
D Χαίρετε καὶ ἀγαλλιᾶσθε, ὅτι ὁ μισθὸς ὑμῶν πολὺς ἐν
τοῖς οὐρανοῖς. Ἀλλὰ καὶ τοῦτον μετὰ πολλῆς τῆς
ἀφθονίας ἐκαρπώσατο τὸν μακαρισμόν. Καὶ γὰρ καὶ
οἱ παρόντες αὐτῷ τότε διέβαλλον αὐτὸν, ἐλάττονα ὧν
ἐπλημμέλησε λέγοντες αὐτὸν τετιμωρῆσθαι, μακρὰς
κατηγορίας ἀποτείνοντες κατ' αὐτοῦ, καὶ λόγους
ψευδεῖς καὶ συκοφαντίας γέμοντας. Ἀλλ' ὅμως καὶ
τούτους αὐτοὺς μέλλοντας κινδυνεύειν ἐξήρπασε τῆς
θεηλάτου πληγῆς, ὑπὲρ οὐδενὸς τῶν εἰρημένων μνη-
σικακήσας αὐτοῖς. Καὶ ἐνταῦθα πάλιν ἐκεῖνο ἐπλήρου
τὸ παράγγελμα, τὸ, Ἀγαπᾶτε τοὺς ἐχθροὺς ὑμῶν,
E εὔχεσθε ὑπὲρ τῶν ἐπηρεαζόντων ὑμᾶς. Καὶ γὰρ ἠγάπησε καὶ ηὔξατο ὑπὲρ αὐτῶν, καὶ τὴν ὀργὴν τοῦ Θεοῦ
ἀνεῖλε, καὶ τὴν ἁμαρτίαν αὐτῶν ἔλυσε· καίτοι μὴ
προφητῶν, μὴ εὐαγγελιστῶν, μὴ ἱερέων, μὴ διδασκάλου, μὴ ἄλλου τινὸς ἀκούσας ὑπὲρ ἀρετῆς συμβουλεύοντος. Ὁρᾷς ἡλίκον ἐστὶ γενναία ψυχὴ, καὶ πῶς
ἀρκεῖ πρὸς ἀρετὴν ἑαυτῇ, κἂν μηδεμιᾶς ἐπιμελείας
ἀπολαύῃ; Καίτοι γε προγόνους οὐ μόνον χρηστοὺς
οὐκ ἔσχεν, ἀλλὰ καὶ πολλὴν κακίαν ἐπιδειξαμένους.

Περὶ γοῦν τοῦ προγόνου αὐτοῦ φησιν ὁ Παῦλος, Μή-τις πόρνος ἢ βέβηλος, ὡς Ἠσαῦ, ὃς ἀντὶ βρώσεως μιᾶς ἀπέδοτο τὰ πρωτοτόκια.

Τί δὲ, ἐπὶ τῶν ἀποστόλων, εἰπέ μοι, οὐ μορία A τοιαῦτα ἐγίνετο; Ἄκουσον γοῦν τί φησιν ὁ Παῦλος· Οἶδας τοῦτο, ὅτι ἀπεστράφησάν με πάντες οἱ ἐν τῇ Ἀσίᾳ, ὧν ἐστι Φύγελλος καὶ Ἑρμογένης. Οὐ δεσμωτήρια ᾤκουν οἱ διδάσκαλοι; οὐχ ἁλύσεις περιέκειντο; οὐ παρὰ τῶν οἰκείων, οὐ παρὰ τῶν ἀλλοτρίων τὰ ἔσχατα ἔπασχον κακά; οὐ μετ' ἐκείνους ἀντ' ἐκείνων λύκοι βαρεῖς εἰσῄεσαν εἰς τὰ ποίμνια; οὐχὶ ταῦτα προὔλεγεν ὁ Παῦλος Ἐφεσίοις εἰς Μίλητον αὐτοὺς μεταπεμψάμενος; Ἐγὼ γὰρ οἶδα, φησὶν, ὅτι εἰσελεύσονται μετὰ τὴν ἄφιξίν μου λύκοι βαρεῖς εἰς ὑμᾶς, μὴ φειδόμενοι τοῦ ποιμνίου. Καὶ ἐξ ὑμῶν δὲ αὐτῶν B ἀναστήσονται ἄνδρες λαλοῦντες διεστραμμένα, τοῦ ἀποσπᾷν τοὺς μαθητὰς ὀπίσω αὐτῶν. Οὐ χαλκοτύπος ἀνὴρ Ἀλέξανδρος μυρία παρέσχεν αὐτῷ πράγματα, πανταχόθεν ἐλαύνων, πολεμῶν, πυκτεύων, καὶ εἰς τοσαύτην αὐτὸν κατέστησεν ἀγωνίαν, ὡς καὶ τῷ μαθητῇ παραγγεῖλαι καὶ εἰπεῖν· Ὃν καὶ σὺ φυλάσσου· λίαν γὰρ ἀνθέστηκε τοῖς ἡμετέροις λόγοις; Οὐχ ὁλόκληρον ἔθνος τῶν Γαλατῶν ὑπό τινων ψευδαδέλφων διεφθάρη, καὶ πρὸς Ἰουδαϊσμὸν ηὐτομόλησεν; Οὐκ ἐν προοιμίοις τοῦ κηρύγματος ὁ Στέφανος ὑπὲρ τοὺς ποταμοὺς ῥέων καὶ πάντας ἐπιστομίζων, ὁ τὰς ἀναι- C σχύντους ἀποφράττων Ἰουδαίων γλώττας, ᾧ οὐδεὶς ἀντιστῆναι ἠδύνατο, ὁ πάντα [a]συγχὺς τὰ Ἰουδαϊκὰ, ὁ λαμπρὸν στήσας τρόπαιον καὶ νίκην περιφανῆ, ὁ γενναῖος οὗτος, καὶ σοφὸς, καὶ χάριτος πεπληρωμένος, καὶ τοσαύτην Ἐκκλησίαν ὠφελῶν, οὐδὲ πολὺν χρόνον ποιήσας ἐν τῷ κηρύγματι, ἀθρόον ἡρπάγη, καὶ ὡς βλάσφημος κατεδικάζετο καὶ κατελεύετο; Τί δαὶ Ἰάκωβος; οὐκ ἐν ἀρχῇ καὶ αὐτὸς καὶ ἐξ αὐτῆς, ὡς εἰπεῖν, βαλβῖδος ἀνεσπάσθη, καὶ ἀποτμηθεὶς εἰς χάριν τῶν Ἰουδαίων ὑπὸ Ἡρώδου, οὕτω τὸν βίον κατέλυσε, στῦλος τοιοῦτος καὶ ἑδραίωμα τηλικοῦτον τῆς ἀληθείας; Πόσοι τότε ἐσκανδαλίζοντο γινομένων τού- D των; [b]Ἀλλ' οἱ ἑστῶτες ἵσταντο, καὶ μειζόνως ἵσταντο. Ἄκουσον γοῦν τί φησιν ὁ Παῦλος Φιλιππησίοις ἐπιστέλλων· Γινώσκειν δὲ ὑμᾶς βούλομαι, ἀδελφοὶ, ὅτι τὰ κατ' ἐμὲ μᾶλλον εἰς προκοπὴν τοῦ εὐαγγελίου ἐλήλυθεν, ὥστε τοὺς πλείονας τῶν ἀδελφῶν ἐν Κυρίῳ, πεποιθότας τοῖς δεσμοῖς μου, περισσοτέρως τολμᾷν ἀφόβως τὸν λόγον τοῦ Θεοῦ λαλεῖν. Εἶδες ἀνδρείαν; εἶδες παῤῥησίαν; εἶδες εὐτονίαν ψυχῆς; εἶδες φιλόσοφον γνώμην; Ἑώρων τὸν διδάσκαλον ἐν δεσμωτηρίῳ καὶ ἁλύσει συγκεκλεισμένον, ἀγχόμενον, παιόμενον, καὶ μορία πάσχοντα δεινὰ, καὶ οὐ μόνον οὐκ ἐσκανδαλίζοντο, οὐδὲ ἐθορυβοῦντο, ἀλλὰ καὶ μείζονα προθυ- E

principe generis ejus ita loquitur Paulus: *Ne quis fornicator aut profanus, ut Esau, qui* *Heb.* 12. 16.
499 *propter unam escam vendidit primitiva.*

Quid vero temporibus apostolorum, quæso? nonne innumera talia eveniebant? Audi quid dicit Paulus: *Scis hoc, quod aversi sunt a me omnes qui in Asia sunt, ex quibus est Phygellus et Hermogenes.* Nonne carceres inhabitabant doctores? nonne catenis erant circumdati? nonne a domesticis, ab alienis mala patiebantur extrema? nonne post illos in ovilia lupi graves ingressi sunt? nonne ista Paulus prædicebat Ephesiis, cum Miletum illos transmitteret? *Ego* enim scio, inquit, *quoniam intrabunt* post *discessionem meam lupi graves in vos, non parcentes gregi. Et ex vobis ipsis exsurgent viri loquentes perversa, ut abducant discipulos* post se. Nonne Alexander vir ærarius multis eum negotiis infestavit, persequutionem movens, undique impugnans, lacessens, et in tantas angustias eum redegerat, ut et discipulum admoneret ac diceret: *Quem* et *tu devita: valde enim restitit verbis nostris?* Nonne a quibusdam falsis fratribus corrupta est integra natio Galatarum, et ad Judæorum partes transiit? Nonne in ipsius evangelicæ prædicationis primordiis Stephanus, qui majori cum impetu quam ipsa flumina verba fundebat, et omnibus silentium imponebat, qui Judæorum linguas impudentes occludebat, cui resistere nemo poterat, qui res Judæorum omnes confundebat, præclarum tropæum erexerat, et insignem victoriam reportarat, ingenuus ille, et sapiens, et gratia plenus, qui de tanta bene meritus erat Ecclesia, cum non admodum diuturno tempore prædicasset, confestim abreptus tanquam blasphemus damnabatur et lapidabatur? Quid porro Jacobus? nonne ab initio ipse quoque, atque ab ipsis propemodum stadii carceribus avulsus, et ab Herode in gratiam Judæorum capite truncatus vitam finiit, tanta illa columna, tantum columen veritatis? Quam multi tum scandalizabantur, cum hæc fierent? Sed qui stabant, steterunt, et firmius steterunt. Audi sane quid ad Philippenses scribens dicat Paulus: *Scire autem vos volo, fratres, quia quæ circa me sunt, magis ad profectum venerunt evangelii, ita ut plures e fratribus in Domino, confidentes in vinculis meis, abundantius auderent sine timore ver-*

CAP. XIV. Apostolorum etiam temporibus multa fuisse scandala, multosque depravatos, ac doctorum persequutiones ac cædes frequentes.

2. Tim. 1. 15. *Act.* 20. 29. 30. *2. Tim.* 4. 41. *Gal.* 2. 4. *Act.* 12. 2. *Philipp.* 1. 12. 14.

[a] Alii συγχέας.

[b] Alii ἀλλ' οἱ ἑδραῖοι ἵσταντο.

bum Dei loqui. Vides fortitudinem? vides fiduciam? vides animæ constantiam? vides propositum philosophiæ plenum? Videbant magistrum in carcere et vinculis conclusum, vexari, cædi, malis innumeris affligi, et non solum non scandalizabantur, neque perturbabantur, sed et majorem alacritatem acquirebant, et ad subeunda certamina magistri sui afflictionibus acrius incitabantur. At enim cæteri pervertebantur, dicet aliquis. Neque ego his contradico: verisimile namque est multos, dum hæc fierent, fuisse perversos; sed quod sæpe dixi, et dicere numquam cessabo, id nunc etiam dicam: sibi hoc ejusmodi homines deberent imputare, non rerum naturæ. Siquidem hinc discedens Christus hanc
Joan. 16. 33. nobis hereditatem reliquit, dicens: *In mundo pressuram habebitis*, et, *Ad præsides*, et *ad*
Matth. 10. 18. *reges ducemini*, et, *Erit tempus, cum omnis*
Joan. 16. 2. *qui interfecerit vos, arbitrabitur obsequium se præstare Deo.* Itaque frustra mihi eos qui scandalizantur, ubique objicis: semper enim hæc acciderunt. Et quid res apostolorum attingo? Quam multi cruce ipsius omnium nostrum Domini scandalizati sunt, et nequiores atque audaciores sunt facti, cum prætereuntes ipsum
Matth. 27. 40. irridebant, dicentes: *Qui destruit templum, et in triduo illud reædificat, alios salvos fecit, seipsum non potest salvum facere? Si Filius Dei es, descende de cruce*, et *credemus in* te. Nec tamen isti excusatione digni fuerint propter crucem. Nam omnes ejusmodi latro accusat. Siquidem ille sublimi cruci affixum vidit, et non modo scandalizatus non est, sed inde quoque majorem ad philosophandum occasionem accepit, omnesque res humanas transcendens, et alis fidei in altum evectus, de rebus futuris philosophatur. Cum enim patibulo affixum cerneret, verberibus cæsum, contumeliis affectum, felle potatum, sputis conspersum, a tanto populo subsannatum, a judice damnatum, ad mortem abductum, nullo istorum scandalizatus est: sed cum cerneret crucem et clavos defixos, et tantam fieri subsannationem a plebe depravata, recta ipse via incedebat dicens: *Memento mei*
Luc. 23. 42. *in* regno tuo; et ei qui maledicebat, os occludebat, suaque peccata confitebatur, et de resurrectione philosophabatur: idque cum excitatos mortuos non vidisset, non leprosos mundatos, non claudos sanatos, non mare refrenatum, non dæmones ejectos, non panes multiplicatos, non

μίαν ἐκτῶντο, καὶ πλείονα προκοπὴν εἰς τοὺς ἀγῶνας ἐλάμβανον τοῦ διδασκάλου τοῖς παθήμασιν. Ἀλλὰ καὶ ὑπεσύροντο, φησὶν, ἕτεροι. Οὐδὲ ἐγὼ πρὸς τοῦτο ἀντιλέγω· καὶ γὰρ εἰκὸς πολλοὺς καὶ ὑποσύρεσθαι, γινομένων τούτων· ἀλλ', ὃ πολλάκις εἶπον, καὶ λέγων οὐ παύσομαι, τοῦτο καὶ νῦν ἐρῶ· [c] ἑαυτοῖς δίκαιοι τοῦτο ἂν εἶεν λογίζεσθαι οὗτοι, οὐ τῇ τῶν πραγμάτων
500 φύσει. Καὶ γὰρ ἀπιὼν ὁ Χριστὸς ἐντεῦθεν ταύτην κα-
A τέλιπεν ἡμῖν τὴν κληρονομίαν, λέγων, Ἐν τῷ κόσμῳ θλῖψιν ἕξετε· καὶ, Ἐπὶ ἡγεμόνας καὶ βασιλέας ἀχθήσεσθε· καὶ, Ἔσται καιρὸς, ὅτε πᾶς ὁ ἀποκτείνας ὑμᾶς, δόξει λατρείαν προσφέρειν τῷ Θεῷ. Ὥστε περιττῶς μοι τοὺς σκανδαλιζομένους πανταχοῦ προφέρεις· ἀεὶ γὰρ ταῦτα συνέβαινε. Καὶ τί λέγω τὰ τῶν ἀποστόλων; Πόσοι τῷ σταορῷ αὐτοῦ τοῦ κοινοῦ πάντων ἡμῶν Δεσπότου ἐσκανδαλίσθησαν, καὶ παρανομώτεροι καὶ θρασύτεροι μᾶλλον ἐγένοντο, καὶ παριόντες ἐκωμῴδουν αὐτὸν, λέγοντες, Ὁ καταλύων τὸν ναὸν, καὶ ἐν τρισὶν [a] ἡμέραις ἐγείρων αὐτὸν, ἄλλους ἔσωσεν, ἑαυτὸν οὐ δύναται σῶσαι; Εἰ Υἱὸς εἶ τοῦ Θεοῦ, κατάβηθι
B ἀπὸ τοῦ σταυροῦ, καὶ πιστεύσομεν εἰς σέ. Ἀλλ' ὅμως οὐκ ἂν ἔχοιεν ἀπολογίαν οὗτοι διὰ τὸν σταυρόν. Ὁ γὰρ λῃστὴς ἁπάντων κατηγορεῖ τῶν τοιούτων. Καὶ γὰρ καὶ ἐκεῖνος ἐσταυρωμένον εἶδεν ἄνω, καὶ οὐ μόνον οὐκ ἐσκανδαλίσθη, ἀλλὰ καὶ ἐντεῦθεν μείζονα ὑπόθεσιν ἔλαβεν εἰς τὸ φιλοσοφῆσαι, καὶ πάντα ὑπερβὰς τὰ ἀνθρώπινα, καὶ τῷ πτερῷ τῆς πίστεως κουφισθεὶς, περὶ τῶν μελλόντων ἐφιλοσόφει. Ὁρῶν γὰρ ἀνεσκολοπισμένον, μεμαστιγωμένον, ὑβριζόμενον, χολὴν ποτιζόμενον, ἐμπτυόμενον, ὑπὸ δήμου τοσούτου χλευαζόμενον, ὑπὸ δικαστηρίου κατακριθέντα, τὴν ἐπὶ
C θάνατον ἀπαχθέντα, οὐδενὶ τούτων ἐσκανδαλίσθη· ἀλλ' ὁρῶν σταυρὸν καὶ ἥλους ἐμπεπηγότας, καὶ κωμῳδίαν τοσαύτην γινομένην ὑπὸ τοῦ πλήθους τοῦ διεφθαρμένου, τὴν ὀρθὴν ὁδὸν αὐτὸς ἐβάδισε λέγων, Μνήσθητί μου ἐν τῇ Βασιλείᾳ σου· καὶ τὸν κακηγοροῦντα ἐπεστόμιζε, καὶ τὰ οἰκεῖα ἁμαρτήματα ἐξωμολογεῖτο, καὶ περὶ ἀναστάσεως ἐφιλοσόφει· καὶ ταῦτα οὐ νεκροὺς ἰδὼν ἐγειρομένους, οὐ λεπροὺς καθαιρομένους, οὐ χωλοὺς διορθουμένους, οὐ θάλατταν χαλινουμένην, οὐ δαίμονας ἐλαυνομένους, οὐκ ἄρτους πηγάζοντας, οὐ τὰ ἄλλα, ἅπερ ἐθεάσατο τῶν Ἰουδαίων ὁ
D δῆμος, καὶ θεασάμενος ἐσταύρωσεν. Ἀλλ' οὗτος μὲν ἀνεσκολοπισμένον ἰδὼν καὶ ὡμολόγησε Θεὸν, καὶ βασιλείας ἐμνημόνευσε, καὶ περὶ τῶν μελλόντων ἐφιλοσόφησεν· ἐκεῖνοι δὲ θαυματουργοῦντα θεασάμενοι, καὶ τῆς διὰ λόγων, καὶ τῆς διὰ πραγμάτων ἀπολαύσαντες διδασκαλίας, οὐ μόνον οὐδὲν ἀπώναντο, ἀλλὰ καὶ εἰς τὸ ἔσχατον βάραθρον τῆς ἀπωλείας κατηνέχθησαν, ἐπὶ τὸν σταυρὸν αὐτὸν ἀναβιβάσαντες.

[c] Hic locus vitiatus videtur.

[a] Alii ἡμέραις οἰκοδομῶν αὐτόν.

Ὁρᾷς ὅτι οἱ μὲν ἀγνώμονες καὶ ἠμελημένοι, οὐδὲ ἀπὸ τῶν ὠφελούντων κερδαίνουσιν· οἱ δὲ εὐγνώμονες καὶ νήφοντες, ἀφ' ὧν ἕτεροι σκανδαλίζονται, ἀπὸ τούτων τὰ μέγιστα ὠφελοῦνται; Τοῦτο καὶ ἐπὶ τοῦ
E Ἰούδα, καὶ ἐπὶ τοῦ Ἰὼβ ἔστιν ἰδεῖν. Ὁ μὲν γὰρ Ἰούδας οὐδὲ ἀπὸ τοῦ Χριστοῦ τοῦ τὴν οἰκουμένην διορθώσαντος ἐσώθη· ὁ δὲ Ἰὼβ οὐδὲ ἀπὸ τοῦ διαβόλου τοῦ τοσούτους ἀπολέσαντος ἐβλάβη. Ἀλλ' ὁ μὲν μυρία πάσχων κακὰ, ἐστεφανοῦτο· ἐκεῖνος δὲ, ὁ σημεῖα θεασάμενος, καὶ αὐτὸς ποιήσας, ὁ νεκροὺς ἐγείρας καὶ δαίμονας ἐλάσας (καὶ γὰρ καὶ αὐτὸς ταύτην εἴληφε τὴν ἐξουσίαν), ὁ μυρία περὶ βασιλείας καὶ γεέννης ἀκούσας, ὁ τραπέζης κοινωνήσας μυστικῆς, ὁ δείπνου μετασχὼν φρικωδεστάτου, καὶ τοσαύτης ἀπολαύσας εὐνοίας καὶ προνοίας, ὅσης Πέτρος
501 A καὶ Ἰάκωβος καὶ Ἰωάννης, μᾶλλον δὲ καὶ πολλῷ πλείονος· μετὰ γὰρ τῆς ἄλλης ἐπιμελείας καὶ τῆς συγκαταβάσεως, ἧς μετέσχε πολλῆς, καὶ τὰ χρήματα τῶν πενήτων ἐγχειρισθεὶς ἦν· τότε οὗτος μετὰ τοσαῦτα ἐξεβακχεύθη, καὶ τὸν Σατανᾶν ὑποδεξάμενος διὰ τῆς φιλαργυρίας, εἰς τὴν ἑαυτοῦ διάνοιαν ἐγένετο προδότης, καὶ τὸ κεφάλαιον εἰργάσατο τῶν κακῶν, αἷμα τοιοῦτον πωλήσας τριάκοντα ἀργυρίων, καὶ φιλήματι δολίῳ προδοὺς τὸν Δεσπότην. Πόσους οἴει καὶ ἐν τούτῳ σκανδαλισθῆναι, τῷ παρὰ τοῦ μαθητοῦ γενέσθαι τὴν προδοσίαν; Τί δαὶ ὁ τῆς ἐρήμου πολίτης, ὁ τῆς στείρας καρπὸς, ὁ τοῦ Ζαχαρίου παῖς, ὁ τὴν
B ἁγίαν ἐκείνην καὶ φρικώδη καταξιωθεὶς βαπτίσαι κεφαλὴν, καὶ γενέσθαι πρόδρομος τοῦ οἰκείου Δεσπότου, ὅτε δεσμωτήριον ᾤκει, ὅτε ἀπετέμνετο, καὶ πορνικῆς ὀρχήσεως σφαγὴ μισθὸς ἐγίνετο, πόσους οἴει σκανδαλίζεσθαι τότε; Καὶ τί λέγω τότε; Πόσοι νῦν μετὰ χρόνον τοσοῦτον ταῦτα ἀκούοντες σκανδαλίζονται; Καὶ τί λέγω τὸν Ἰωάννην, καὶ τὸ δεσμωτήριον, καὶ τὴν σφαγὴν ἐκείνην, καὶ περὶ τοὺς οἰκέτας ἀναστρέφομαι, δέον πάλιν ἐπὶ τὸν Δεσπότην καταφυγεῖν;

alia quæ Judaicus populus spectaverat, et cum spectasset, cum cruci affixerat. Hic vero cum patibulo affixum conspexisset, et Deum illum confessus est, et regni meminit, et de rebus futuris philosophatus est; at illi qui miracula facientem conspexerant, et quos partim verbis, partim operibus ipsis doctrinæ participes fecerat, non modo nihil inde utilitatis ceperunt, sed cum in crucem illum sustulerint, in extremum perditionis sunt barathrum devoluti. Vides ut improbi et desides ne ex rebus quidem utilibus fructum aliquem percipiant: probi autem ac vigiles, quibus rebus alii scandalizantur, summam ex illis utilitatem decerpant? Hoc et in Juda, et in Job cernere licet. Nam Judas ne a Christo quidem, qui mundum instauravit, salvus fieri potuit: Job autem nec ab ipso diabolo, qui tam multos perdidit, læsus est. Sed hic quidem mille divexatus malis palmam reportavit: ille vero qui signa conspexerat, et ipse fecerat, qui mortuos suscitarat, et dæmones expulerat (nam et hanc ipse potestatem accepit), qui de regno ac gehenna infinita audiverat, qui spiritualis mensæ particeps fuerat, qui tremendum ad illud convivium admissus fuerat, erga quem tantam benevolentiam et curam exhibuerat, quantam erga Petrum, et Jacobum, et Joannem, imo vero majorem: siquidem præter aliam sollicitudinem et dignationem, qua illum complexus erat, pecuniæ pauperum fuerat illi commissa custodia; tum vero iste post accepta beneficia furibunda quadam insolentia cœpit efferri, ac Satanam per avaritiam in animum suum admittens, proditor factus est, et quod caput est malorum perpetravit, talem sanguinem triginta argenteis vendidit, ac Dominum osculo prodidit fraudulento. Quam multos putas hoc etiam scandalizatos esse, quod a discipulo proditio sit admissa? Quid vero deserti incola, sterilis proles, Zachariæ filius, qui sanctum ac tremendum illud caput meruit baptizare, suique Domini præcursor fieri, cum in carcere habitabat, cum capite truncabatur, et in meretriciæ saltationis præmium cædes permittebatur, quam multos scandalizatos tum fuisse arbitraris? Quid dico tum temporis? Quam multi nunc post tantum tempus elapsum, dum hæc audiunt, scandalizantur? Quid dico Joannem, et carcerem, et cædem illam, et circa servos occupor, cum ad Dominum ipsum recurrere oporteret?

Ὁ γὰρ σταυρὸς τοῦ Χριστοῦ, ὁ τὴν οἰκουμένην
C ὀρθώσας, ὁ τὴν πλάνην λύσας, ὁ τὴν γῆν ποιήσας

CAP. XV. Insipien-

Crux enim Christi, quæ mundum universum erexit, quæ errorem sustulit, quæ terram in

les etiam ex eo quod caput erat bonorum, hoc est ex cruce, per quam salvus factus est orbis terrarum, scandalum passos esse.

cælum convertit, quæ nervos mortis excidit, quæ infernum inutilem reddidit, quæ diaboli arcem evertit, quæ dæmonibus os occlusit, quæ homines angelos reddidit, quæ altaria subvertit, et idolorum templa destruxit, quæ novam et insitatam hanc philosophiam in terram invexit, quæ bona peregit innumera, hæc tremenda, ingentia, et sublimia, nonne multis scandalum attulit? Nonne quotidie clamat Paulus dicens, neque erubescens: *Nos autem prædicamus Christum crucifixum, Judæis quidem scandalum, Gentibus autem stultitiam?* Quid igitur, dic, quæso? non oportuit ferri crucem, neque tremendum illud sacrificium offerri, neque tot præclara facinora patrari, propterea quod res illa pereuntibus erat scandalum, et tum, et deinceps, et sequenti quovis tempore? Quis adeo furiosus est, adeo mente captus, ut hoc dicat? Ut igitur hoc loco non eorum est habenda ratio qui scandalizantur, tametsi tanti sint numero, sed eorum qui salvi facti sunt, qui præclare gesserunt, qui per tantam sapientiam profecerunt; neque dicendum est objici posse illos qui scandalizati sunt, cum sibi merito ipsi possint illud imputare: ita nimirum neque hoc tempore. Siquidem scandalum non ex natura crucis accidit, sed ex eorum stultitia qui scandalizati sunt; quam ob causam adjicit etiam Paulus: *Ipsis autem vocatis, Judæis atque Græcis, Christum Dei virtutem et Dei sapientiam:* quandoquidem sol quoque debiles oculos lædit. Quid ergo? non oportuit esse solem? Mel quoque morbo laborantibus amarum videtur. Quid ergo? num illud e medio tollendum est? Ipsi apostoli, nonne aliis quidem odor mortis in mortem, aliis autem odor vitæ in vitam fuerunt? An igitur propter eos qui pereunt, tanta potiri cura non oportuit eos qui vivunt? Ipse vero Christi adventus, et salus nostra, fons bonorum, et vita, bona innumera, quam multis gravia fuerunt et molesta? quam multos excusatione ac venia privarunt? Non audis quid de Judæis Christus dicat? *Si non venissem, et loquutus fuissem eis, peccatum non haberent: nunc autem excusationem non habent de peccato suo.* Quid ergo? an quia post adventum inexcusabilia facta sunt eorum peccata, non oportuit illum advenire propter eos qui bono male sunt usi? Quis hoc dicat? Nemo, neque si plane sit mente captus. Quid vero ex Scripturis, quæso, quam multi scandalum acceperunt? quam multæ hæreses inde occasionem arripuerunt? An igitur oportuit

[Margin: 1. Cor. 1. 23. — Ib. v. 24. — 2. Cor. 2. 16. — Joan. 15. 22.]

οὐρανὸν, ὁ τοῦ θανάτου τὰ νεῦρα ἐκκόψας, ὁ τὸν ᾅδην ἄχρηστον ἐργασάμενος, ὁ τοῦ διαβόλου τὴν ἀκρόπολιν καταλύσας, ὁ τοὺς δαίμονας ἐπιστομίσας, ὁ τοὺς ἀνθρώπους ἀγγέλους ποιήσας, ὁ βωμοὺς καταλύσας καὶ ναοὺς ἀνατρέψας, ὁ τὴν καινὴν ταύτην καὶ ξένην φιλοσοφίαν εἰς τὴν γῆν καταφυτεύσας, ὁ μυρία ἐργασάμενος ἀγαθὰ, τὰ φρικώδη ταῦτα καὶ μεγάλα καὶ ὑψηλὰ, οὐχὶ σκάνδαλον πολλοῖς γέγονεν; Οὐχὶ Παῦλος βοᾷ καθ' ἑκάστην ἡμέραν λέγων, καὶ οὐκ αἰσχύνεται· Ἡμεῖς δὲ κηρύσσομεν Χριστὸν ἐσταυρωμένον,
D Ἰουδαίοις μὲν σκάνδαλον, ἔθνεσι δὲ μωρίαν; Τί οὖν, εἰπέ μοι; οὐκ ἐχρῆν γενέσθαι τὸν σταυρὸν, οὐδὲ τὴν φρικώδη ἐκείνην ἀνενεχθῆναι θυσίαν, οὐδὲ τοσαῦτα τελεσθῆναι κατορθώματα, ἐπειδὴ σκάνδαλον ἐγένετο τοῖς ἀπολλυμένοις τὸ πρᾶγμα καὶ τότε, καὶ μετὰ ταῦτα, καὶ παρὰ πάντα τὸν χρόνον; Καὶ τίς οὕτω μαινόμενος, τίς οὕτως ἐξεστηκὼς, ὡς τοῦτο εἰπεῖν; Ὥσπερ οὖν ἐνταῦθα οὐ τοὺς σκανδαλιζομένους δεῖ λογίζεσθαι, καίτοι τοσούτους ὄντας, ἀλλὰ τοὺς σωθέντας, τοὺς κατορθώσαντας, τοὺς ἀπολαύσαντας τῆς τοσαύτης σοφίας· καὶ οὐ χρὴ λέγειν, τί δὲ πρὸς τοὺς
E σκανδαλισθέντας; ἑαυτοῖς γὰρ ἂν εἶεν ἐκεῖνοι δίκαιοι λογίζεσθαι· οὕτω δὴ οὐδὲ νῦν. Τὸ γὰρ σκάνδαλον οὐ παρὰ τὴν φύσιν τοῦ σταυροῦ γέγονεν, ἀλλὰ παρὰ τὴν ἄνοιαν τῶν σκανδαλιζομένων· διὸ καὶ ἐπάγει ὁ Παῦλος, Αὐτοῖς δὲ τοῖς κλητοῖς, Ἰουδαίοις τε καὶ Ἕλλησι, Χριστὸν Θεοῦ δύναμιν καὶ Θεοῦ σοφίαν· ἐπεὶ καὶ ὁ ἥλιος βλάπτει τοὺς ἀσθενεῖς τῶν ὀφθαλμῶν. Τί οὖν; οὐκ ἔδει γενέσθαι τὸν ἥλιον; Καὶ τὸ μέλι πικρὸν τοῖς νοσοῦσι φαίνεται. Τί οὖν; ἀφανισθῆναι ἔδει τοῦτο ἐκ τοῦ μέσου; Αὐτοὶ δὲ οἱ ἀπόστολοι, οὐχὶ τοῖς μὲν ὀσμὴ θανάτου εἰς θάνατον ἦσαν, τοῖς δὲ ὀσμὴ ζωῆς εἰς ζωήν; Διὰ τοὺς ἀπολλυμένους οὖν οὐκ ἔδει τοὺς
602 A ζῶντας ἀπολαῦσαι τῆς τοσαύτης κηδεμονίας; Αὕτη δὲ ἡ παρουσία τοῦ Χριστοῦ, ἡ σωτηρία ἡ ἡμετέρα, ἡ πηγὴ τῶν ἀγαθῶν, ἡ ζωὴ, τὰ μυρία καλὰ, πόσους ἐβάρησε, πόσους ἀπολογίας ἀπεστέρησε καὶ συγγνώμης; Οὐκ ἀκούεις τί φησι περὶ τῶν Ἰουδαίων ὁ Χριστός; Εἰ μὴ ἦλθον καὶ ἐλάλησα αὐτοῖς, ἁμαρτίαν οὐκ εἶχον· νῦν δὲ πρόφασιν οὐκ ἔχουσι περὶ τῆς ἁμαρτίας αὐτῶν. Τί οὖν; ἐπειδὴ ἀναπολόγητα αὐτοῖς γέγονε μετὰ τὴν παρουσίαν τὰ ἁμαρτήματα, οὐκ ἔδει αὐτὸν παραγενέσθαι δι' ἐκείνους τοὺς κακῶς τῷ καλῷ χρησαμένους; Καὶ τίς ἂν ταῦτα εἴποι; Οὐδεὶς οὐδὲ τῶν
B σφόδρα ἐξεστηκότων. Τί δαὶ, ἀπὸ τῶν Γραφῶν, εἰπέ μοι, πόσοι ἐσκανδαλίσθησαν; πόσαι αἱρέσεις ἐντεῦθεν ἔτεκον ἑαυταῖς προφάσεις; Ἐξαλειφθῆναι οὖν ἔδει τὰς Γραφὰς διὰ τοὺς σκανδαλισθέντας, ἢ μηδὲ τὴν ἀρχὴν δοθῆναι; Οὐδαμῶς· ἀλλὰ καὶ σφόδρα δοθῆναι διὰ τοὺς μέλλοντας καρποῦσθαι τὴν ἀπ' αὐτῶν ὠφέλειαν. Ἐκεῖνοι μὲν γὰρ (πάλιν οὐ παύσομαι τὰ αὐτὰ λέγων) ἑαυτοῖς λογιζέσθωσαν τὰ σκάνδαλα· οἱ δὲ μελ-

λοντες ἐξ αὐτῶν τὰ μέγιστα ὠφελεῖσθαι, οὐ τὴν τυχοῦσαν ὑπέμειναν ἂν ζημίαν, εἰ διὰ τὴν ἑτέρων ἀγνωμοσύνην καὶ ῥᾳθυμίαν αὐτοὶ μέλλοντες κερδαίνειν τῷ λαβεῖν αὐτὰς, ἀπεστερήθησαν τῆς τοιαύτης ὠφελείας. Μὴ τοίνυν μοι λέγε τοὺς ἀπολλυμένους· ὅπερ γὰρ καὶ ἐν τῷ ἔμπροσθεν εἶπον λόγῳ, οὐδεὶς C τῶν ἑαυτοὺς μὴ ἀδικούντων παρ' ἑτέρων ἀδικεῖταί ποτε, κἂν εἰς αὐτὸ τὸ ζῆν κινδυνεύῃ.

Τί γὰρ ὁ Ἄβελ ἐβλάβη, εἰπέ μοι, ὑπὸ ἀδελφικῆς κατενεχθεὶς δεξιᾶς, καὶ ἄωρον καὶ βίαιον ὑπομείνας θάνατον; ἀλλ' οὐχὶ μᾶλλον ἐκέρδανε, λαμπρότερον ἀναδησάμενος στέφανον; Τί δὲ ὁ Ἰακὼβ, ὁ τοσαῦτα παθὼν παρὰ τοῦ ἀδελφοῦ, καὶ ἄπολις, καὶ φυγὰς, καὶ μετανάστης, καὶ δοῦλος γενόμενος, καὶ εἰς ἔσχατον λιμὸν κατενεχθείς; Τί δαὶ ὁ Ἰωσὴφ, ὁμοίως καὶ αὐτὸς ἄπολις, ἄοικος, καὶ αἰχμάλωτος, καὶ δοῦλος, καὶ δεσμώτης γεγονὼς, καὶ περὶ τῶν ἐσχάτων κινδυνεύσας, καὶ ἐν τῇ οἰκείᾳ καὶ ἐν τῇ ἀλλοτρίᾳ, καὶ τοιαύτας ὑπομείνας διαβολάς; Τί δαὶ ὁ Μωϋσῆς ὑπὸ τοσούτου D δήμου μυριάκις καταλευσθεὶς, καὶ παρὰ τῶν εὐεργετηθέντων ἐπιβουλευθείς; Τί δαὶ οἱ προφῆται πάντες τοσαῦτα παρὰ τῶν Ἰουδαίων παθόντες κακά; Τί δαὶ ὁ Ἰὼβ, ὑπὸ τοῦ διαβόλου μυρίαις μηχαναῖς πολεμηθείς; Τί δαὶ οἱ παῖδες οἱ τρεῖς; Τί δαὶ ὁ Δανιὴλ, περὶ ζωῆς, περὶ ἐλευθερίας, περὶ τῶν ἐσχάτων κινδυνεύσας αὐτῶν; Τί δαὶ ὁ Ἠλίας ἐσχάτῃ πενίᾳ συζῶν, ἐλαυνόμενος, δραπετεύων, τὰς ἐρήμους οἰκῶν, φυγὰς ἀεὶ καὶ μετανάστης γινόμενος; Τί δαὶ ὁ Δαυὶδ, τοσαῦτα μὲν παρὰ τοῦ Σαοὺλ, τοσαῦτα δὲ ὕστερον παρὰ τοῦ ἰδίου παιδὸς παθών; οὐχὶ μᾶλλον διέλαμψε, E τὰ ἔσχατα πάσχων κακὰ, ἢ ὅτε εὐημερίας ἀπήλαυε; Τί δαὶ ὁ Ἰωάννης ἀποτμηθείς; Τί δαὶ οἱ ἀπόστολοι, οἱ μὲν ἀποτμηθέντες, οἱ δὲ ἑτέραις τιμωρίαις παραδοθέντες; Τί δαὶ οἱ μάρτυρες, οἱ δειναῖς βασάνοις τὴν ψυχὴν ἀποῤῥήξαντες; οὐχὶ πάντες οὗτοι τότε μάλιστα ἔλαμψαν, ὅτε ἐπηρεάζοντο; ὅτε ἐπεβουλεύοντο; ὅτε τὰ ἔσχατα πάσχοντες γενναίως εἱστήκεισαν;

Τὸν δὲ κοινὸν ἡμῶν Δεσπότην διὰ τὰ ἄλλα πάντα 503 A ἀνυμνοῦντες, οὐ [a] διὰ τοῦτο μάλιστα ἀνυμνοῦμεν, δοξάζοντες, ἐκπληττόμενοι διὰ τὸν σταυρὸν, διὰ τὸν θάνατον ἐκεῖνον τὸν ἐπάρατον; Οὐ τοῦτο ἄνω καὶ

delere Scripturas ob eos qui scandalizati sunt? aut ne ab initio quidem tradi? Nequaquam: imo vero maxime oportuit tradi propter eos, ad quos magna inde debuit utilitas dimanare. Illi enim sibiipsis (neque repetere eadem me pigebit) scandala imputent: qui vero maximam inde sunt utilitatem percepturi, non mediocrem jacturam fecissent, si propter aliorum improbitatem ac negligentiam illi, quibus carum largitio profutura erat, tanta fuissent utilitate fraudati. Noli ergo mihi eos commemorare qui pereunt: quod enim in priori libro dixi, nullus ex iis qui seipsos injuria non afficiunt, ab aliis lædi potest, quamvis de vita ipsa sit periculum subeundum.

Cap. XVI. Qui seipsum injuria non afficiat, eum a nemine lædi posse.

Quid enim læsus est Abel, quod fraterna manu sit occisus, et immaturam ac violentam mortem sit passus? Nonne potius id lucratus est, ut splendidiorem coronam referret? Quid porro Jacob, qui tantis a fratre incommodis est affectus, et loco pulsus, exsul, extorris, ac servus factus, ad extremam famem est redactus? Quid vero Joseph, qui pari ratione loco domoque pulsus, captivus, et servus, et vinctus evasit, in extremum vitæ discrimen adductus, et cum in patria, tum peregre tam multis est calumniis appetitus? Quid autem Moyses a tanto populo millies lapidatus, et ab iis, de quibus bene meritus erat, insidias passus? Quid omnes prophetæ, quibus tot intulere mala Judæi? Quid Job ipse, quem innumeris diabolus machinis oppugnavit? Quid tres pueri? Quid Daniel, qui vitæ, libertatis, et capitis summum subiere discrimen? Quid vero Helias, qui summa pressus inopia, sedibus suis pulsus, fugitivus, incola deserti, semper exsul et extorris est factus? Quid tandem David, qui tot a Saüle malis, tot deinde a proprio filio est affectus? nonne illustrior evasit, summis oppressus incommodis, quam cum prospere cuncta succederent? Quid demum Joannes capite truncatus? Quid apostoli, quorum alii capite troncati sunt, alii cæteris suppliciis affecti? Quid martyres, qui in mediis tormentis gravissimis animam posuerunt? nonne omnes isti tum maxime illustres fuerunt, cum appetebantur injuriis, cum insidiis obsidebantur, cum ultima omnia passi constanter ferebant?

Cap. XVII. Maxima providentiæ, bonitatis, et ca-

Cum vero communem Dominum nostrum ob alia cuncta celebramus, nonne ob hoc præcipue celebramus, glorificamus, et suspicimus, quod crucem, et mortem illam exsecrabilem passus

[a] Alii διὰ τοῦτο μᾶλλον θαυμάζομεν, δοξάζοντες καὶ ἐκπληττόμενοι.

ritatis Dei documentum esse crucem. est ? Nonne hoc susque deque versat Paulus caritatis ipsius in nos indicium, quod sit mortuus ?
quod pro ejusmodi sit hominibus mortuus? et
omittens cælum, terram, mare, ac cætera omnia
commemorare, quæ ad usum nostrum et solatium condidit Christus, susque deque versat cru-
Rom. 5. 8. 9. cem, dicens : *Commendavit autem caritatem*
suam Deus erga nos, quoniam cum adhuc
peccatores essemus, Christus pro nobis mor- B
tuus est : et inde nos in spem optimam erigit
Rom. 5. 10. dicens : *Si enim cum inimici essemus, recon-*
ciliati sumus Deo per mortem Filii ejus : mul-
to magis reconciliati salvi erimus in vita
ipsius. Nonne et ipse hac re maxime gloriatur,
et sibi placet, gaudet, et exsultat præ nimia vo-
Gal. 6. 14. luptate, cum ad Galatas ita scribit, *Mihi autem*
absit gloriari, nisi in cruce Domini nostri Jesu
Christi ? Quid vero miraris, si Paulus ob id exsultat, exsilit, et gloriatur ? Ille ipse qui hæc pas-
Joan. 17. 1. sus est, gloriam rem illam appellat. *Pater enim,*
inquit, *venit hora, glorifica Filium tuum.* C
Joan. 7. 39. Et discipulus qui ista scripsit dicebat : *Nondum*
enim erat in ipsis Spiritus sanctus, quia Jesus
nondum fuerat glorificatus, quibus verbis gloriam crucem appellat. Cum vero caritatem ipsius
voluit designare, quid et ipse dixit ? num signa,
miracula, prodigia quæpiam ? Nullo modo, sed
Joan. 3. 16. crucem in medium profert dicens : *Sic Deus*
dilexit mundum, ut Filium suum unigenitum
daret, ut omnis qui credit in eum, non pereat,
sed habeat vitam æternam. Et Paulus iterum :
Rom. 8. 32. *Qui proprio Filio non pepercit, sed pro nobis*
omnibus tradidit illum, quomodo non etiam D
cum illo omnia nobis donabit ? Et cum ad humilitatem incitat, hinc adhortationem instituit
Philip. 2. 1.—3. in hæc verba : *Si qua ergo consolatio in Chri-*
sto, si quod solatium caritatis, si qua societas
Spiritus, si qua viscera ac miserationes, im-
plete gaudium meum, ut idem sapiatis, eam-
dem caritatem habentes, unanimes, idipsum
sapientes, nihil per contentionem, neque per
inanem gloriam, sed in humilitate superiores
sibi invicem arbitrantes. Tum consilium ad- E
Ib. v. 5.—8. jungens ait : *Hoc enim sentite in vobis, quod*
in Christo Jesu, qui cum in forma Dei esset,
non rapinam arbitratus est esse se æqualem
Deo, sed semetipsum exinanivit, formam ser-
vi accipiens, in similitudinem hominum fa-
ctus, et habitu inventus ut homo : humiliavit
semetipsum, factus obediens usque ad mor-

κάτω σημεῖον ὁ Παῦλος ποιεῖται τῆς ἀγάπης αὐτοῦ
τῆς περὶ ἡμᾶς, τὸ ἀποθανεῖν; τὸ ὑπὲρ τοιούτων ἀποθανεῖν; καὶ παρεὶς εἰπεῖν τὸν οὐρανὸν, τὴν γῆν, τὴν
θάλατταν, τὰ ἄλλα πάντα, ἅπερ ἐποίησεν ὁ Χριστὸς
εἰς χρείαν ἡμῶν καὶ ἀνάπαυσιν, ἄνω καὶ κάτω περι-
στρέφει τὸν σταυρὸν, λέγων· Συνέστησε δὲ τὴν ἑαυτοῦ
ἀγάπην ὁ Θεὸς εἰς ἡμᾶς, ὅτι, ἔτι ἁμαρτωλῶν ὄντων
ἡμῶν, Χριστὸς ὑπὲρ ἡμῶν ἀπέθανε· καὶ ἐντεῦθεν
B ἡμῖν χρηστὰς ὑποτείνει τὰς ἐλπίδας, λέγων· Εἰ γὰρ
ἐχθροὶ ὄντες κατηλλάγημεν τῷ Θεῷ διὰ τοῦ θανάτου
τοῦ Υἱοῦ αὐτοῦ, πολλῷ μᾶλλον καταλλαγέντες σωθη-
σόμεθα ἐν τῇ ζωῇ αὐτοῦ; Οὐκ ἐπὶ τούτῳ μάλιστα καὶ
αὐτὸς καλλωπίζεται, καὶ μέγα φρονεῖ, καὶ σκιρτᾷ,
καὶ [b] πέταται ὑπὸ τῆς ἡδονῆς, Γαλάταις γράφων
οὕτως, Ἐμοὶ δὲ μὴ γένοιτο καυχᾶσθαι, εἰ μὴ ἐν τῷ
σταυρῷ τοῦ Κυρίου ἡμῶν Ἰησοῦ Χριστοῦ; Καὶ τί
θαυμάζεις, εἰ Παῦλος ἐπὶ τούτῳ σκιρτᾷ καὶ πηδᾷ καὶ
καλλωπίζεται; Αὐτὸς ὁ ταῦτα παθὼν, δόξαν τὸ πρᾶγμα καλεῖ. Πάτερ γὰρ, φησὶν, ἐλήλυθεν ἡ ὥρα, δόξασόν σου τὸν Υἱόν. Καὶ ὁ μαθητὴς δὲ ὁ ταῦτα γράψας
C οὕτως ἔλεγεν· Οὔπω γὰρ ἦν ἐν αὐτοῖς Πνεῦμα ἅγιον,
ὅτι Ἰησοῦς οὐδέπω ἐδοξάσθη, δόξαν καλῶν τὸν σταυρόν. Ὅτε δὲ αὐτοῦ τὴν ἀγάπην παραστῆσαι ἐβουλήθη, καὶ αὐτὸς τί εἶπε; σημεῖα, θαύματα, τεράστιά
τινα; Οὐδαμῶς, ἀλλὰ τὸν σταυρὸν εἰς μέσον φέρει,
λέγων· Οὕτως ἠγάπησεν ὁ Θεὸς τὸν κόσμον, ὥστε τὸν
Υἱὸν αὐτοῦ τὸν μονογενῆ ἔδωκεν, ἵνα πᾶς ὁ πιστεύων
ἐπ' αὐτὸν, μὴ ἀπόληται, ἀλλ' ἔχῃ ζωὴν αἰώνιον. Καὶ
Παῦλος πάλιν· Ὅς γε τοῦ ἰδίου Υἱοῦ οὐκ ἐφείσατο,
ἀλλ' ὑπὲρ ἡμῶν πάντων παρέδωκεν αὐτὸν, πῶς οὐχὶ
καὶ σὺν αὐτῷ τὰ πάντα ἡμῖν χαρίσεται; Καὶ εἰς ταπεινοφροσύνην δὲ ὅταν ἐνάγῃ, ἐντεῦθεν κατασκευάζει
D τὴν παραίνεσιν, οὕτω λέγων· Εἴ τις παράκλησις ἐν
Χριστῷ, εἴ τι παραμύθιον ἀγάπης, εἴ τις κοινωνία
Πνεύματος, εἴ τινα σπλάγχνα καὶ οἰκτιρμοὶ, πληρώ-
σατέ μου τὴν χαρὰν, ἵνα τὸ αὐτὸ φρονῆτε, τὴν αὐτὴν
ἀγάπην ἔχοντες σύμψυχοι, τὸ ἓν φρονοῦντες, μηδὲν
κατ' ἐρίθειαν ἢ κενοδοξίαν, ἀλλὰ τῇ ταπεινοφροσύνῃ
ἀλλήλους προηγούμενοι ὑπερέχοντας ἑαυτῶν. Εἶτα
εἰσάγων τὴν συμβουλὴν, φησί· Τοῦτο γὰρ φρονείσθω
ἐν ὑμῖν, ὃ καὶ ἐν Χριστῷ Ἰησοῦ, ὃς ἐν μορφῇ Θεοῦ
ὑπάρχων, οὐχ ἁρπαγμὸν ἡγήσατο τὸ εἶναι ἴσα Θεῷ,
E ἀλλ' ἑαυτὸν ἐκένωσε, μορφὴν δούλου λαβὼν, ἐν
ὁμοιώματι ἀνθρώπου γενόμενος, καὶ ἐν σχήματι
εὑρεθεὶς ὡς ἄνθρωπος· ἐταπείνωσεν ἑαυτὸν, γενόμενος
ὑπήκοος μέχρι θανάτου, θανάτου δὲ σταυροῦ. Καὶ
περὶ ἀγάπης δὲ πάλιν συμβουλεύων τοῦτο εἰς μέσον
παράγει, Ἀγαπᾶτε, λέγων, ἀλλήλους, καθὼς καὶ ὁ
Χριστὸς ἠγάπησεν ἡμᾶς καὶ ἑαυτὸν παρέδωκεν ὑπὲρ
ἡμῶν προσφορὰν καὶ θυσίαν τῷ Θεῷ εἰς ὀσμὴν εὐω-

[b] Alii πέτεται.

δίας. Καὶ γυναῖκας συνάπτων ἀνδράσιν εἰς ὁμόνοιαν, οὕτω λέγει· Οἱ ἄνδρες ἀγαπᾶτε τὰς γυναῖκας ἑαυτῶν, καθὼς καὶ ὁ Χριστὸς ἠγάπησε τὴν Ἐκκλησίαν, καὶ παρέδωκεν ἑαυτὸν ὑπὲρ αὐτῆς. Καὶ αὐτὸς δὲ δεικνὺς 604 A πῶς αὐτῷ τὸ πρᾶγμα περισπούδαστον ἦν, καὶ πῶς σφόδρα ἤρα τοῦ πάθους, τὸν πρῶτον τῶν ἀποστόλων, τὴν κρηπῖδα τῆς Ἐκκλησίας, τὸν κορυφαῖον τοῦ χοροῦ τῶν μαθητῶν, καὶ ταῦτα ἐξ ἀγνοίας εἰπόντα, Ἵλεώς σοι, Κύριε, οὐ μὴ ἔσται σοι τοῦτο, ἄκουσον τί ἐκάλεσεν· Ὕπαγε ὀπίσω μου, σατανᾶ, σκάνδαλόν μου εἶ· τῇ ὑπερβολῇ τῆς ὕβρεώς τε καὶ τῆς ἐπιτιμήσεως τὴν πολλὴν περὶ τὸ πρᾶγμα αὐτοῦ σπουδὴν ἐνδεικνύμενος. Καὶ τὴν μὲν ἀνάστασιν λάθρᾳ καὶ ἐν παραβύστῳ πεποίηκεν, ἐπιτρέπων αὐτῆς τὴν ἀπόδειξιν τῷ μετὰ ταῦτα χρόνῳ παντί· τὸν δὲ σταυρὸν ἐν μέσῃ τῇ πόλει, ἐν μέσῃ τῇ ἑορτῇ, ἐν μέσῳ τῷ δήμῳ τῶν Ἰουδαίων, ἑκατέ- B ρων τῶν δικαστηρίων παρόντων, Ῥωμαϊκῶν τε καὶ Ἰουδαϊκῶν, τῆς ἑορτῆς πάντας συναγούσης, ἐν ἡμέρᾳ μέσῃ, ἐν κοινῷ τῆς οἰκουμένης θεάτρῳ ὑπέμεινε. Καὶ ἐπειδὴ οἱ παρόντες μόνον ἑώρων τὸ γινόμενον, ἐπέταξε τῷ ἡλίῳ κρυβέντι πανταχοῦ τῆς οἰκουμένης ἀπαγγεῖλαι τὸ τόλμημα. Καίτοι πολλοῖς, ὅπερ ἔφθην εἰπὼν, σκάνδαλον τὸ πρᾶγμα ἐγίνετο· ἀλλ' οὐ δεῖ τούτοις προσέχειν, ἀλλὰ τοῖς σωζομένοις, τοῖς κατωρθωκόσι. Καὶ τί θαυμάζεις, εἰ ἐν τῷ παρόντι βίῳ οὕτω λαμπρὸς ὁ σταυρὸς, ὡς καὶ δόξαν αὐτὸν καλεῖσθαι [a] Χριστὸν, καὶ τὸν Παῦλον ἐπ' αὐτῷ καυχᾶσθαι; Ἐν γὰρ ἐκείνῃ τῇ φοβερᾷ καὶ φρικώδει ἡμέρᾳ, ὅταν ἔλθῃ τὴν δόξαν ἐνδεικνύμενος τὴν ἑαυτοῦ, ὅταν ἔλθῃ ἐν τῇ δόξῃ τοῦ Πατρὸς C αὐτοῦ, ὅταν τὸ φοβερὸν παρῇ κριτήριον, ὅταν πᾶσα ἡ τῶν ἀνθρώπων παραστήκῃ φύσις, ὅταν ποταμοὶ καχλάζοντες, ὅταν ἀγγέλων δῆμοι καὶ τῶν ἄνω δυνάμεων ἀθρόον ἐκχέωνται κάτω μετ' αὐτοῦ, ὅταν βραβεῖα τὰ μυρία ἐκεῖνα, ὅταν οἱ μὲν ὡς ἥλιος λάμπωσιν, οἱ δὲ ὡς ἀστέρες, ὅταν συμμορίαι μαρτύρων, ὅταν ἀποστόλων χοροὶ, ὅταν προφητῶν τάγματα, ὅταν γενναίων ἀνδρῶν σύλλογοι πάντες εἰς μέσον ἄγωνται, τότε δὴ, τότε ἐν ἐκείνῃ τῇ λαμπρότητι, ἐν ἐκείνῃ τῇ περιφανείᾳ, αὐτὸν ἔρχεται φέρων λαμπρὰς ἀφιέντα τὰς ἀκτῖνας. Τότε γὰρ, φησὶ, φανήσεται τὸ σημεῖον τοῦ D Υἱοῦ τοῦ ἀνθρώπου ἐν τῷ οὐρανῷ, καὶ ὁ ἥλιος σκοτισθήσεται, καὶ ἡ σελήνη οὐ δώσει τὸ φέγγος αὐτῆς, τὸ δὲ σημεῖον τοῦ σταυροῦ φανήσεται. Ὢ πάθους λαμπρότης, ὢ σταυροῦ φαιδρότης· ἥλιος σκοτίζεται, καὶ ἄστρα πίπτει ὥσπερ φύλλα, ὁ δὲ σταυρὸς πάντων

[a] Χριστὸν deest in quibusdam Mss.

tem, mortem autem crucis. De caritate porro consilium dans, hoc in medium adducit: *Diligite vos mutuo*, inquit, *sicut Christus dilexit nos, et tradidit semetipsum pro nobis oblationem et hostiam Deo in odorem suavitatis.* (Ephes. 5. 2.) Cum vero mutua viros concordia cum uxoribus conjungit, ita loquitur: *Viri, diligite uxores vestras, sicut et Christus dilexit Ecclesiam, et tradidit seipsum pro ea.* (Ephes. 5. 25.) Atque ut indicaret ipse quam studiose rem illam expeteret, quantaque passionis cupiditate teneretur, primum apostolorum, fundamentum Ecclesiæ, principem cœtus discipulorum, idque cum ex ignorantia loquutus dixisset, *Propitius tibi esto, Domine, non erit tibi hoc*, audi quid vocarit: *Vade post me, satana, scandalum es mihi*: (Matth. 16. 22. 23.) qua contumeliæ et increpationis asperitate, quanto studio rem illam expeteret, indicavit. Ac resurrectionem quidem suam clam et in occulto fieri voluit, cujusque manifestationem toto consequenti tempore fieri permisit: crucem autem in media civitate, in media festivitate, in medio populi Judæorum, cum utrumque judicium adesset, tum Romanum, tum Judaicum, cum solennitas omnes congregaret, medio die, in communi orbis terrarum theatro sustinuit. Et quoniam illi solum qui intererant rem quæ gerebatur videbant, imperavit soli ut se absconderet, atque ita universo terrarum orbi nefarium illud facinus promulgaret. Enimvero licet multis res illa, ut ante dixi, scandalum attulerit, non tamen istorum habenda ratio, sed illorum qui salvi facti sunt, qui se recte gesserunt. Quid vero miraris, quod in hac vita crux adeo sit illustris, ut etiam gloriam illam Christus appellet, et Paulus ea glorietur? Siquidem in illo terribili ac tremendo die, cum gloriam suam ostensurus advenerit, cum in gloria sui Patris advenerit, cum terribile tribunal adstabit, cum omnis hominum natura sistetur, cum fluvii trahentur ignis, cum angelorum turmæ cælestiumque virtutum statim effundentur, ut cum ipso descendant, cum innumera illa præmia proponentur, cum alii sicut sol, alii sicut stellæ refulgebunt, cum martyrum cohortes, cum apostolorum chori, cum prophetarum ordines, cum generosorum virorum cœtus omnes in medium prodibunt: tum in illo splendore, in illa magnificentia, splendidos radios emittentem illam gestans adveniet. *Tunc* enim, inquit, *apparebit signum Filii hominis in cælo, et sol obscurabitur, et luna non dabit lumen suum, at signum crucis* (Matth. 24. 30.)

apparebit. O passionis splendorem! o crucis fulgorem! sol obscuratur, et stellæ cadunt sicut folia, crux autem omnibus illis clarins refulget, et universum cælum occupat. Vides ut ea Dominus glorietur? vides ut rem illam gloriam suam esse declaret, cum in illo die toti orbi terrarum cum tanto illam splendore manifestet?

ἐκείνων φανότερον διαλάμπει, ὅλον κατέχων τὸν οὐρανόν. Ὁρᾷς πῶς ἐγκαλλωπίζεται τούτῳ ὁ Δεσπότης; πῶς δόξαν αὐτοῦ τὸ πρᾶγμα ὂν ἀποφαίνει, ὅταν ἐν ἐκείνῃ δεικνύῃ αὐτὸν τῇ ἡμέρᾳ τῇ οἰκουμένῃ πάσῃ μετὰ τοσαύτης λαμπηδόνος;

CAP. XVIII. Non mediocrem utilitatem ex iis quæ acciderunt, ad Ecclesiam dimanasse.

Et tu igitur si quando quospiam videris ex iis quæ accidunt scandalizari, primum quidem illud cogita, non inde, sed a propria ipsorum imbecillitate scandala provenire: id quod indicant illi, qui nihil tale patiuntur. Deinde considera multos illustriores inde redditos esse, qui Deum glorificant, eique summo studio pro his omnibus gratias agunt. Noli ergo eos, qui labefactati sunt, spectare, sed eos qui stabiles permanserunt et immobiles, eaque ratione robustiores evaserunt: non eos qui conturbati sunt, sed eos qui secundum navigationis cursum tenuerunt, multoque plores sunt illis, qui fuere perversi. Attamen quamvis illi plures essent, melior est unus, qui facit voluntatem Domini, quam mille prævaricatores.

Eccli. 16. 3.

E Καὶ σὺ τοίνυν, ὅταν ἴδῃς τινὰς ἀπὸ τῶν συμβάντων σκανδαλιζομένους, πρῶτον μὲν ἐκεῖνο λογίζου, ὅτι οὐκ ἐντεῦθεν, ἀλλ' ἀπὸ τῆς οἰκείας ἀσθενείας τὰ σκάνδαλα· καὶ δηλοῦσιν οἱ τοῦτο μὴ παθόντες. Ἔπειτα σκόπει, ὅτι πολλοὶ καὶ διέλαμψαν ἐντεῦθεν μειζόνως, τὸν Θεὸν δοξάζοντες καὶ μετὰ πάσης εὐχαριστοῦντες σπουδῆς αὐτῷ καὶ ἐπὶ τούτοις. Οὐκοῦν μὴ τοὺς σαλευομένους ὅρα, ἀλλὰ καὶ τοὺς παγίως ἑστῶτας,
505 καὶ ἀκινήτους μένοντας, καὶ ταύτῃ ἰσχυροτέρους γινο-
A μένους· μὴ τοὺς θορυβουμένους, ἀλλὰ καὶ τοὺς ἐξ οὐρίων πλέοντας, καὶ πολλῷ πλείους ὄντας τῶν παρασυρέντων. Εἰ δὲ καὶ πλείους ἦσαν ἐκεῖνοι, κρείττων εἷς ποιῶν τὸ θέλημα Κυρίου, ἢ μύριοι παράνομοι.

CAP. XIX. Hoc multorum martyrum institutum ac positum fuisse sive cum viverent, sive cum morerentur.

Veniat tibi in mentem, quot martyres fuerint coronam adepti. Nam alii quidem verberibus cæsi sunt, et in carcerem conjecti, alii compedibus tamquam malefactores vincti, alii patria pulsi sunt, alii suam substantiam perdiderunt, alii peregre sunt relegati, alii interemti sunt, quidam re ipsa, quidam sola voluntate. Cum enim lanceæ expedirentur, acuerentur enses, minæ singulis diebus intentarentur, et qui magistratus gerebant, iram spirarent, cædes minarentur et genera suppliciorum innumera, minime cesserunt, neque succubuerunt, sed in rupe steterunt immobiles, et omnia facere patique maluerunt, quam ut in consortium venerint eorum qui scelora tanta patraverant, neque viri solum, sed et mulieres. Nam et mulieres hoc inivere certamen, et amplius sæpe quam viri se viriliter fortiterque gesserunt. Neque mulieres tantum, sed et adolescentes, et admodum juvenes. An igitur hæc exigui sunt momenti tot martyrum turmas Ecclesiam lucrifecisse? Sunt enim martyres isti omnes. Neque enim illi solum qui ad judicium sunt adducti, et sacrificare jussi, neque paruerunt, quia passi sunt ea quæ sunt passi, martyres sunt vocandi: sed etiam illi qui ob rem quamvis, quæ Deo placeret, aliquid pati ultro voluerunt; et si quis rem diligenter examinaverit, hi sunt potins quam illi. Non enim æqualis est meriti, cum ejusmodi interitus et pernicies animæ sit proposita, contentum esse aliquid pati, et non

Ἐννόησον ὅσοι καὶ μαρτυρίου στέφανον ἀνεδήσαντο. Οἱ μὲν γὰρ ἐμαστιγώθησαν, οἱ δὲ εἰς δεσμωτήριον ἐνεβλήθησαν, οἱ δὲ ἁλύσεις ὡς κακοῦργοι περιέκειντο, οἱ δὲ πατρίδος ἐξέπεσον, οἱ δὲ οὐσίαν ἀπέβαλον, οἱ δὲ πρὸς τὴν ὑπερορίαν μετῳκίσθησαν, οἱ δὲ ἐσφάγησαν, οἱ μὲν καὶ τῇ πείρᾳ, οἱ δὲ καὶ μόνῃ τῇ γνώμῃ. Καὶ γὰρ δοράτων γυμνουμένων, καὶ ξιφῶν ἠκονημένων, καὶ ἀπειλῶν καθ' ἑκάστην ἡμέραν
B γινομένων, καὶ τῶν ἐν ἀρχαῖς θυμοῦ πνεόντων, καὶ φόνων ἐπανατεινομένων, καὶ μυρίων εἰδῶν κολάσεων καὶ τιμωριῶν, οὐκ εἶξαν, οὐδὲ ἐνέδωκαν, ἀλλ' ἔστησαν ἐπὶ τῆς πέτρας ἀκίνητοι, πάντα καὶ ποιῆσαι καὶ παθεῖν αἱρούμενοι, ὥστε μὴ κοινωνῆσαι τῇ παρανομίᾳ τῶν τὰ τοιαῦτα τετολμηκότων, οὐκ ἄνδρες δὲ μόνον, ἀλλὰ καὶ γυναῖκες. Καὶ γὰρ καὶ γυναῖκες πρὸς τὸν ἀγῶνα ἀπεδύσαντο τοῦτον, καὶ ἀνδρῶν πολλαχοῦ μᾶλλον ἠνδρίσαντο. Οὐ γυναῖκες δὲ μόνον, ἀλλὰ καὶ νέοι καὶ μειράκια κομιδῇ. Ταῦτ' οὖν, εἰπέ μοι, μικρὰ, τοσοῦτον δῆμον μαρτύρων κερδᾶναι τὴν
C Ἐκκλησίαν; Μάρτυρες γὰρ ἅπαντες οὗτοι. Οὐ γὰρ δὴ μόνον ἐκεῖνοι οἱ εἰς δικαστήριον ἑλκυσθέντες, καὶ θῦσαι κελευσθέντες, καὶ μὴ πεισθέντες, παθόντες ἅπερ ἔπαθον, μάρτυρες ἂν εἶεν· ἀλλὰ κἀκεῖνοι οἱ ὑπὲρ ὁτουοῦν τῶν τῷ Θεῷ δοκούντων παθεῖν τι καταδεξάμενοι· καὶ εἴ τις μετὰ ἀκριβείας ἐξετάσειεν, οὗτοι μᾶλλον, ἢ ἐκεῖνοι. Οὐ γάρ ἐστιν ἴσον ὀλέθρου τοιούτου καὶ ἀπωλείας ψυχῆς προτεινομένης καταδέξασθαι παθεῖν τι καὶ μὴ παραπολέσθαι, καὶ ὑπὲρ ἐλάττονος κατορθώματος τὴν αὐτὴν ταύτην ὑπομεῖναι τιμωρίαν. Ὅτι δὲ οὐχ οἱ σφαγέντες μόνον, ἀλλὰ καὶ

οἱ παρεσκευασμένοι καὶ γενόμενοι πρὸς τοῦτο ἕτοιμοι, μαρτυρίου στέφανον ἀνεδήσαντο, τοῦτό τε αὐτὸ, καὶ ὃ πρότερον εἴρηκα, ὅτι ὁ ὑπὲρ ἐλαττόνων σφαγεὶς, μάρτυς ἐστὶν ἀπηρτισμένος, ἀπὸ τῆς Παύλου φωνῆς ἀποδεῖξαι τοῦτο πειράσομαι. Ἀρξάμενος γὰρ ἀπαριθμεῖσθαι τοὺς ἐπὶ τῶν προγόνων λάμψαντας ὁ μακάριος Παῦλος, καὶ τὴν ἀρχὴν ἀπὸ τοῦ Ἄβελ ποιησάμενος, εἶτα προελθὼν εἰς τὸν Νῶε, τὸν Ἀβραὰμ, τὸν Ἰσαὰκ, τὸν Ἰακὼβ, τὸν Μωϋσέα, τὸν Ἰησοῦν, τὸν Δαυὶδ, τὸν Σαμουὴλ, τὸν Ἠλίαν, τὸν Ἐλισσαῖον, τὸν Ἰὼβ, ἐπήγαγε λέγων· Τοιγαροῦν καὶ ἡμεῖς τοσοῦτον ἔχοντες περικείμενον ἡμῖν νέφος μαρτύρων. Καίτοιγε οὐ πάντες ἐσφάγησαν οὗτοι, μᾶλλον δὲ οὐδὲ εἷς, πλὴν δυοῖν ἢ τριῶν, τοῦ Ἄβελ καὶ τοῦ Ἰωάννου· οἱ δὲ ἄλλοι πάντες οἰκείᾳ τελευτῇ τὸν βίον κατέλυσαν. Καὶ Ἰωάννης δὲ αὐτὸς οὐ θῦσαι κελευσθεὶς καὶ μὴ καταδεξάμενος ἐσφάγη· οὐδὲ εἰς βωμὸν ἀχθεὶς, οὐδὲ πρὸς εἴδωλον ἑλκυσθεὶς, ἀλλ' ὑπὲρ ῥήματος ἑνός. Ἐπειδὴ γὰρ εἶπε τῷ Ἡρώδῃ, Οὐκ ἔξεστί σοι ἔχειν τὴν γυναῖκα Φιλίππου τοῦ ἀδελφοῦ σου, καὶ τὸ δεσμωτήριον ᾤκησε, καὶ τὴν σφαγὴν ἐκείνην ὑπέμεινεν. Εἰ δὲ ὁ γάμον παρανομούμενον ἐκδικήσας, τό γε εἰς αὐτὸν ἧκον (οὐδὲ γὰρ διώρθωσε τὸ κακῶς γεγενημένον, ἀλλ' εἶπε μόνον, παῦσαι δὲ οὐκ ἴσχυσεν), εἰ τοίνυν ὁ μόνον εἰπὼν, καὶ μηδὲν οἴκοθεν ἢ τοῦτο εἰσενεγκὼν, ἐπειδὴ ἀπετμήθη, μάρτυς, καὶ μαρτύρων ἐστὶ πρῶτος· οἱ τοσαύτας σφαγὰς προσδοκήσαντες, καὶ οὐχὶ πρὸς Ἡρώδην, ἀλλὰ πρὸς τοὺς κρατοῦντας τῆς οἰκουμένης ἁπάσης ἀποδυσάμενοι, καὶ οὐχὶ γάμῳ παρανομουμένῳ, ἀλλὰ νόμοις πατρῴοις καὶ θεσμοῖς Ἐκκλησίας ἐπηρεασθεῖσι παραστάντες, καὶ διὰ τῶν ῥημάτων καὶ διὰ τῶν πραγμάτων τὴν παῤῥησίαν ἐπιδειξάμενοι, καὶ καθ' ἑκάστην ἡμέραν ἀποθνήσκοντες, καὶ ἄνδρες καὶ γυναῖκες καὶ παῖδες, πῶς οὐκ ἂν εἶεν δίκαιοι μυριάκις εἰς τὸν τῶν μαρτύρων καταλεγῆναι χορόν; Ἐπεὶ καὶ ὁ Ἀβραὰμ, μὴ σφάξας τῇ πείρᾳ τὸν υἱὸν, τῇ προθέσει ἔσφαξε, καὶ φωνῆς ἤκουσεν ἄνωθεν λεγούσης, ὅτι Οὐκ ἐφείσω τοῦ υἱοῦ σου τοῦ ἀγαπητοῦ δι' ἐμέ. Οὕτω πανταχοῦ καὶ ἡ γνώμη, ὅταν ἀπηρτισμένη ᾖ ἐπὶ τῆς ἀρετῆς, ὁλόκληρον λαμβάνει τὸν στέφανον. Εἰ δὲ ἐκεῖνος, υἱοῦ μὴ φεισάμενος, οὕτως [a] ἀνεκηρύττετο, οὗτοι ἑαυτῶν μὴ φεισάμενοι, ἐννόησον πόσον λήψονται μισθὸν, οὐ μίαν, οὐ δύο, καὶ τρεῖς ἡμέρας, ἀλλ' ὁλόκληρον τὸν βίον ἐπὶ τῆς παρατάξεως ἱστάμενοι ταύτης, βαλλόμενοι λοιδορίαις, ὕβρεσιν, ἐπηρείαις, συκοφαντίαις. Οὐδὲ γὰρ τοῦτο μικρόν. Διὸ καὶ ὡς μέγα Παῦλος αὐτὸ θαυμάζει λέγων· Τοῦτο μὲν ὀνειδισμοῖς καὶ θλίψεσι θεατριζόμενοι, τοῦτο δὲ κοινωνοὶ [b] τῶν οὕτω πασχόντων γενηθέντες. Τί ἄν τις εἴποι τοὺς καὶ αὐτοὺς ἀποθνήσκοντας, καὶ τοὺς τὰ τοιαῦτα ἀθλοῦντας ἀλείψαντας,

[a] Alii ἀνακηρύττεται.

perire, atque ob minus aliquod bonum opus hoc
D ipsum supplicium sustinere. Neque vero solum eos qui occisi sunt, sed etiam eos qui parati fuerunt, et ad hoc promti, martyrii coronam adeptos esse, et hoc ipsum, et quod prius dixi, cum qui ob res minores occisus sit, martyrem esse perfectum, testimonio Pauli conabor probare. Cum enim cœpisset eos enumerare beatus Paulus, qui majorum temporibus illustres fuerant, at- *Martyres plures ob causas.*
que ab ipso Abele initium duxisset, deinde ad Noe progressus, Abraham, Isaac, Jacob, Moysem, Josue, Davidem, Samuelem, Heliam, Eli-
E sæum, Jobum, adjecit dicens: *Ideoque et* nos *Heb.* 12. 1.
tantam habentes impositam nubem martyrum. Atqui non omnes illi occisi, imo ne unus quidem, duobus aut tribus exceptis, Abele scilicet et Joanne: cætori vero naturali morte vitam finierunt. Enimvero Joannes ipse non cum sacrificare jussus esset, neque paruisset, occisus est, neque ad altare deductus, neque ad idolum pertractus, sed ob unum verbum. Nam quoniam
506 dixerat Herodi: *Non licet tibi habere uxorem* *Matth.* 14.
A *Philippi fratris tui*, et in carcere habitavit, et 4.
cædem illam sustinuit. Quod si is qui matrimonium contra leges contractum ultus est, quantum in ipso quidem fuit (neque enim quod perperam gestum est emendavit, sed dixit tantum, neque potuit impedire), si ergo cum dixisset tantum, neque aliud ex se contulisset, eo quod capite truncatus sit, martyr et martyrum primus est: qui tam multis cædibus se objecerunt, neque jam Herodi, sed universi orbis terrarum principibus se opposuerunt, neque conjugii unius injuste initi, sed patriarum legum et Ecclesiæ ritum defensionem susceperunt, quos alii insecta-
B bantur, et cum verbis tum operibus fiduciam præ se tulerunt, cum singulis diebus morerentur, et viri, et mulieres, et pueri, nonne millies in martyrum numerum adscribi merentur? Quandoquidem Abraham quoque, cum non reipsa filium mactasset, animi proposito filium mactavit, et vocem illam cælestem dicentem audivit: *Non* *Gen.* 22. 12.
pepercisti unigenito filio tuo propter me. Ita fit, ut ubique animi propositum, ubi perfectum fuerit in virtute, integram coronam accipiat. Quod si ille, cum filio suo non pepercisset, ita
C celebratus est, hi cum sibi ipsis non pepercerint, cogita quantam sint recepturi mercedem, qui non unum et duos, tresve dies, sed per totum vitæ suæ tempus in hac acie steterunt, conviciis, contumeliis, injuriis, calumniis devexati. Neque

[b] Alii τῶν οὕτως ἀναστρεφομένων γενηθέντες.

enim hoc exigui est momenti. Quocirca laudat
Heb. 10. 33. hoc quoque magnus Paulus dicens : *Et in altero quidem opprobriis et tribulationibus spectaculum facti : in altero autem socii taliter conversantium effecti.* Jam quid attinet eos commemorare qui et ipsi sunt mortui, et qui eos incitarunt, a quibus talia suscipiebantur certamina, cum viros, tum mulieres? Recte autem hos quoque laudat. Nam et facultates suas exposuere permulti, ut etiam vincti et exsules tantæ calamitatis aliquo solatio fruerentur, et
Ib. v. 34. juxta dictum illud apostoli, cum gaudio rapinam bonorum suorum susciperent : alii partim patria, partim vita ipsa privati sunt. Cum igitur tantas opes videas, tantum lucrum, tantum quæstum Ecclesiæ obvenisse, tantos acquisitos esse thesauros, eos qui prius animo conciderant, igne ardentiores esse factos, eos qui toti theatris affixi erant, deserta petiisse, ac saltus et montes in Ecclesias convertisse, ac nemine gregem educente, oves pastorum munere functas esse, ac milites item imperatoris ac ducis, cum tantam confidentiam ac fortitudinem præ se ferrent, omnesque cum eo quo par erat ardore, studio, diligentia collectas celebrare : non obstupescis et miraris, negotium adeo feliciter successisse? Non enim modo qui moribus probis erant, sed et multi qui theatrorum insania laborabant, et ludis Circensibus addicti erant, zelo quodam igne vehementiori succensi totam illam insaniam abjecerunt, et per ipsos propemodum gladios exsilierunt, magistratus audacter ac libere sunt alloquuti, tormenta spreverunt, minas aspernati sunt, quanta virtutis sit vis ostenderunt, et quo pacto fieri possit ut etiam valde perditus homo pœnitentiam agens et conversus ipsum etiam fastigium cælorum attingat. Cum ergo tam multa præmia videas, tam multas coronas acquisitas, tantam sparsam esse doctrinam, unde, quæso, fit, ut scandalizeris? Ex eo quod nonnulli pereant, inquit. At enim, ut jam dixi, neque dicere desinam, hi perditionis suæ occasionem sibi ipsis debent imputare. Nihil enim aliud toto decursu orationis probare contendi. Dicam et aliud præclarum facinus inde natum. Quam multi larva pietatis obtecti, quam multi simulatam mansuetudinem præ se ferentes, quam multi, qui viri magni esse putabantur, nec erant, confestim hoc tempore convicti fuerunt, illorumque fallacia detecta, quod erant, apparuerunt, non quod per summam fraudem se esse simulabant? Neque vero id exigui momenti est, sed summopere pro-

καὶ ἄνδρας καὶ γυναῖκας; Καλῶς δὲ αὐτοὺς καὶ θαυμάζει. Καὶ γὰρ καὶ οὐσίας ἐπέδωκαν πολλοί, ὥστε τοὺς δεσμώτας καὶ τοὺς ἐξορίστους ἔχειν τινὰ παραμυθίαν τῆς τοσαύτης ταλαιπωρίας, καὶ τὴν ἁρπαγὴν τῶν ὑπαρχόντων ἡδέως ἐδέξαντο, κατὰ τὸ ἀποστολικὸν ἐκεῖνο λόγιον· ἕτεροι, οἱ μὲν πατρίδος, οἱ δὲ καὶ
D αὐτῆς ἐξεβλήθησαν τῆς ζωῆς. Ὁρῶν τοίνυν τοσοῦτον πλοῦτον, τοσοῦτον κέρδος, τοσαύτην ἐμπορίαν τῇ Ἐκκλησίᾳ συνηγμένην, τοσούτους θησαυροὺς ἀποτιθεμένους, πυρὸς σφοδροτέρους γινομένους τοὺς πρότερον ἀναπεπτωκότας, καὶ τοὺς θεάτροις προσηλωμένους εἰς τὰς ἐρημίας ἐξιόντας, καὶ τὰς νάπας καὶ τὰ ὄρη ποιοῦντας ἐκκλησίας, καὶ οὐδενὸς ἐξάγοντος τὴν ἀγέλην, εἰς τὴν τῶν ποιμένων τάξιν μεταστάντα τὰ πρόβατα, καὶ τοὺς στρατιώτας εἰς τὴν τοῦ στρατηγοῦ, παῤῥησίας ἕνεκεν καὶ ἀνδρείας, καὶ πάντας μετὰ τῆς προσηκούσης θερμότητος, σπουδῆς, ἐμμελείας,
E τὰς συνάξεις ἐπιτελοῦντας, οὐκ ἐκπλήττῃ καὶ θαυμάζεις, ὅσον ἐκ τούτου κατόρθωμα γέγονεν; Οὐ γὰρ δὴ μόνον οἱ ὀρθῶς βιοῦντες, ἀλλὰ πολλοὶ καὶ τῶν περὶ τὰ θέατρα μεμηνότων καὶ ἱπποδρομίας προσεχόντων, ὑπὸ τοῦ ζήλου πυρὸς σφοδροτέρου πυρωθέντες, πᾶσαν ἐκείνην ἀπέθεντο τὴν μανίαν, καὶ κατ' αὐτῶν τῶν ξιφῶν σχεδὸν ἐπήδησαν, πρὸς ἄρχοντας παῤῥησιαζόμενοι, βασάνων καταφρονοῦντες, ἀπειλῶν καταγελῶντες, δεικνύντες ὅσον ἐστὶν ἀρετὴ, καὶ πῶς ἔνι τὸν σφόδρα ἀπολλύμενον, μετανοήσαντα καὶ μετα-
507
A στάντα αὐτῆς ἅψασθαι τῶν οὐρανῶν τῆς ἀψῖδος. Τοσαῦτα οὖν βραβεῖα ὁρῶν, τοσούτους στεφάνους πλεκομένους, τοσαύτην διδασκαλίαν γινομένην, πόθεν, εἰπέ μοι, σκανδαλίζῃ; Ἀπὸ τῶν ἀπολωλότων, φησίν. Ἀλλ', ὅπερ ἔφην, καὶ λέγων οὐ παύσομαι, οὗτοι ἑαυτοῖς λογιζέσθωσαν τῆς ἀπωλείας τὴν ὑπόθεσιν. Τοῦτο γὰρ δι' ὅλου ὁ λόγος ἡμῖν ἀγωνιζόμενος ἔδειξεν. Εἴπω καὶ ἕτερον κατόρθωμα. Πόσοι προσωπεῖον εὐλαβείας περικείμενοι, πόσοι πεπλασμένην πραότητα ἔχοντες, πόσοι μεγάλοι τινὲς εἶναι νομιζόμενοι, καὶ οὐκ ὄντες, ἀθρόον ἐπὶ τοῦ παρόντος διηλέγχθησαν καιροῦ, καὶ τὰ τῆς ἀπάτης αὐτοῖς διεῤῥύη, καὶ ὅπερ
B ἦσαν, ἐφάνησαν, οὐχ ὅπερ ὑπεκρίνοντο καὶ ἠπάτων; Οὐ μικρὸν δὲ τοῦτο, ἀλλὰ καὶ σφόδρα μέγιστον εἰς ὠφέλειαν τῶν ἐθελόντων προσέχειν, τὸ διαγνῶναι τοὺς ἔχοντας τῶν προβάτων τὰς δορὰς, καὶ μὴ ἀναμίγνυσθαι τοὺς λύκους τοὺς οὕτω κρυπτομένους τοῖς ὄντως προβάτοις. Καὶ γὰρ κάμινος γέγονεν ὁ καιρὸς οὗτος, τὰ χαλκὸν ἔχοντα τῶν νομισμάτων διελέγχων,

τὸν μόλιβδον κατατήκων, τὴν καλάμην κατακαίων, τὰς τιμίας ὕλας τιμιωτέρας ἀποφαίνων. Τοῦτο καὶ ὁ Παῦλος σημαίνων ἔλεγε· Δεῖ δὲ καὶ αἱρέσεις εἶναι, ἵνα οἱ δόκιμοι φανεροὶ γένωνται ἐν ὑμῖν.

Μηδὲν οὖν σε τούτων σκανδαλιζέτω, μὴ ἱερεὺς C νῦν φαῦλος γεγενημένος, καὶ λύκου παντὸς ἀγριώτερον ἐπιπηδῶν τῇ ἀγέλῃ, μὴ τῶν ἀρχόντων, μὴ τῶν κρατούντων τις πολλὴν ὠμότητα ἐνδεικνύμενος. Ἐννόησον γοῦν ὅτι καὶ ἐπὶ τῶν ἀποστόλων συνέβη τούτων χαλεπώτερα. Ὅ τε γὰρ κρατῶν τότε τὸ σκῆπτρον, τὸ μυστήριον τῆς ἀνομίας ἦν (οὕτω γὰρ αὐτὸν ὁ Παῦλος ἐκάλεσε), πᾶν εἶδος κακίας ἐπελθὼν, καὶ πάντας ἀποκρύψας τῇ πονηρίᾳ, ἀλλ' οὐδὲν οὔτε τὴν Ἐκκλησίαν, οὔτε τοὺς γενναίους ἐκείνους ἄνδρας τοῦτο παρέβλαψεν, ἀλλὰ καὶ λαμπροτέρους ἀπέφηνεν· οἵ τε ἱερεῖς τῶν Ἰουδαίων οὕτω φαῦλοι καὶ πονηροί τινες D ἦσαν, ὡς κελεύεσθαι * τὸν ζῆλον αὐτῶν τοῦ βίου φεύγειν· Ἐπὶ γὰρ τῆς Μωϋσέως καθέδρας, φησὶν, ἐκάθισαν οἱ γραμματεῖς καὶ οἱ Φαρισαῖοι· πάντα οὖν, ὅσα ἂν λέγωσιν ὑμῖν ποιεῖν, ποιεῖτε· κατὰ δὲ τὰ ἔργα αὐτῶν μὴ ποιεῖτε· καίτοι τί γένοιτ' ἂν πονηρότερον ἱερέων, ὧν ὁ ζῆλος ἀπολλύειν ἔμελλε τοὺς μιμουμένους; Ἀλλ' ὅμως καὶ τοιούτων ὄντων τῶν τότε κρατούντων, οἱ λάμψαντες, οἱ στεφανωθέντες οὐδὲν παρεβλάβησαν, ἀλλὰ μειζόνως ἐδοξάσθησαν. Οὐ τοίνυν ξενίζεσθαι χρὴ τοῖς γινομένοις. Πανταχοῦ γὰρ πειρασμοὶ τοῖς νήφουσίν εἰσι παρεζευγμένοι ἀπὸ τῶν οἰ- E κείων, ἀπὸ τῶν ἀλλοτρίων. Διὰ τοῦτο καὶ Παῦλος τὰς νιφάδας ὁρῶν τῶν κινδύνων τὰς ἐπαγομένας αὐτοῖς, καὶ δεδοικὼς μή τινες τῶν μαθητῶν ἐντεῦθεν θορυβηθῶσι, γράφων ἔλεγεν· Ἔπεμψα ὑμῖν Τιμόθεον εἰς τὸ μηδένα σαίνεσθαι ἐν ταῖς θλίψεσι ταύταις· αὐτοὶ γὰρ οἴδατε ὅτι εἰς τοῦτο κείμεθα. Ὃ δὲ λέγει τοιοῦτόν ἐστιν· οὗτος ἡμῶν ὁ βίος, αὕτη τῆς ἀποστολικῆς πολιτείας ἡ ἀκολουθία, τὸ μυρία πάσχειν κακά. Εἰς τοῦτο γὰρ κείμεθα, φησί. Τί ἐστιν, Εἰς τοῦτο 308 κείμεθα; Ὥσπερ τὰ ὤνια εἰς τοῦτο πρόκειται, εἰς τὸ A πωλεῖσθαι, οὕτω καὶ ὁ ἀποστολικὸς βίος εἰς τὸ λοιδορεῖσθαι καὶ εἰς τὸ πάσχειν κακῶς, εἰς τὸ μηδέποτε ἀναπνεῖν, εἰς τὸ μηδεμίαν ἔχειν ἀναχωρήν. Καὶ ὅσοι νήφουσιν, οὐ μόνον οὐδὲν ἐντεῦθεν βλάπτονται, ἀλλὰ καὶ μειζόνως κερδαίνουσι. Διὸ καὶ τούτους, μετὰ τὸ μαθεῖν, ὅτι ἑστήκασι γενναίως, θαυμάζει· καὶ περὶ ἑτέρων δὲ ταῦτα λέγει, ὅτι μετὰ τὰ δεσμὰ αὐτοῦ καὶ τὰς ἁλύσεις περισσοτέρως ἐτόλμων ἀφόβως τὸν λόγον

* [Savil. in marg. adj. τοὺς λαούς.]

dest illis qui velint attendere, ut illos dignoscant qui pellibus ovium tecti sunt, ne sic occultati lupi cum veris ovibus misceantur. Est enim fornax quædam tempus istud, quæ subæratos nummos patefacit, quæ plumbum liquefacit, paleas exurit, pretiosa metalla pretiosiora reddit. Hoc etiam significans Paulus dicebat: *Oportet autem et hæreses* esse, *ut qui probati* sunt, *manifesti fiant in vobis*. 1. Cor. 11. 19.

Cap. XX. Temporibus apostolorum res evenisse graviores.

Nihil ergo istorum te scandalizet, non sacerdos nunc depravatus, et lupo quovis sævius in gregem insiliens, non ex magistratibus aut principibus ullus, qui magnam crudelitatem præ se ferat. Veniat tibi in mentem apostolorum temporibus res multo graviores istis accidisse. Nam et is, qui tum sceptrum gerebat Imperator, mysterium erat iniquitatis (sic enim eum Paulus 2. Thess. 2. 7. appellavit), omnia genera vitiorum pervaserat, et omnes improbitate superaverat, at nihil hoc aut Ecclesiam, aut generosos illos viros læsit, imo etiam illustriores effecit: et Judæorum sacerdotes ita pravi et improbi homines erant, ut juberentur populi eorum vitæ imitationem vitare: *Super cathedram* enim *Moysis*, inquit, Matth. 23. 2. 3. *sederunt Scribæ* et *Pharisæi: omnia* ergo *quæ dixerint vobis facienda, facite, secundum opera vero* eorum *nolite facere*: tametsi quid nequius illis sacerdotibus fingi potest, quorum imitatio poterat perdere sectatores illorum? Attamen licet tales essent principes illius temporis, qui celebriores tum fuerunt, atque coronati evaserunt, nullo modo læsi sunt, imo potius clariores facti sunt. Non igitur oportet ob ea, quæ accidunt, obstupescere. Nam ubique tentationes iis, qui vigiles et attenti sunt, adhærent, sive a domesticis, sive ab alienis. Propterea Paulus etiam, cum ingentem numerum periculorum illis cerneret imminere, ac vereretur, ne qui discipuli inde turbarentur, in hæc verba scribebat: *Misi ad vos Timotheum, ut nemo moveatur in tribulationibus istis: ipsi enim scitis, quod in hoc positi sumus*. Quorum hic sensus est: Hæc est vita nostra, hæc apostolicæ conversationis est conditio, ut ferendis malis innumeris sit obnoxia. *In hoc* enim *positi sumus*, inquit. Quid est, *In hoc positi sumus?* Quemadmodum res venales in hoc sunt expositæ, ut vendantur: sic et apostolica vita, ut conviciis incessatur, ut mala patiatur, ut numquam respiret, ut nullas inducias nanciscatur. Porro qui 1. Thess. 3. 2.

Vitæ apostolicæ prærogativa qualis.

vigiles et attenti sunt, non modo nihil inde capiunt detrimenti, sed amplius inde lucrantur. Quam ob causam et istos ubi constanter restitisse cognovit, commendat: et de aliis ista dicit, eos post ejus vincula et catenas abundantius au-
Philip. 1. 14. sos esse sine timore verbum Dei loqui. Quid vero tempore Moysis, quæso? nonne in media regione barbarorum magos etiam permisit Deus rerum suarum specimen exhibere? nonne hujus
2. Tim. 3. 8. quoque meminit historiæ Paulus? *Quemadmodum autem Jannes et Jambres, inquit, restiterunt Moysi, ita et hi resistent veritati.* Ita numquam defuerunt neque scandala, neque qui occasione illorum corona donarentur. Hæc igitur omnia cum animo tuo reputa, neque hæc tantum, sed et quantum ex hac re lucrum obvenerit. Illud quoque considera, quasdam alias etiam istorum arcanas esse rationes; neque enim fieri potest, ut omnia sciamus; ac res multo prosperiores eventuras postea, multoque plura nos miracula spectaturos: quemadmodum et ætate Joseph principium quidem difficultatibus obseptum fuit, diuque res succedebant, quæ penitus promissioni contrariæ videbantur: postea tamen omnem exspectationem superavit eventus. Enimvero tempore passionis Christi non statim, neque in exordio et initio prosperi successus omnes germinarunt, sed scandalum quidem prodiit, et pauca quædam facta sunt miracula, ut corrigerentur qui hæc scelera patrabant, ac subito cuncta præterierunt. Quamvis enim scissum fuerit tum templi velum, et petræ scissæ sint, et sol obscuratus: hæc tamen intra unum diem acciderunt, et in oblivionem vulgi venerunt. Postea vero confestim in fugam versi sunt apostoli, persequutione, bellis, insidiis divexati, latentes, absconditi, metu correpti, lapidibus appetiti verbum Dei prædicabant: tumque plurimum dominabatur populus Judæorum, qui fideles abducebant, circumagebant, trahebant, torquebant. Cum enim illis faverent magistratus, quotidie abducebant et circumducebant apostolos. Quid dico populum Judæorum et magistratus? Unus opifex tabernaculorum, circa pelles
Act. 9. 1. 2. occupatus, Paulus (quid porro tabernaculorum opifice vilius?) tanta sæviebat insania, ut viros ac mulieres traheret, et in carcerem conjiceret, et hoc Crucifixus cum cerneret, permittebat. At tu vide quo pacto deinde tum persequutor iste omnes superaverit, et res ista sole ipso clarius refulserit, totumque orbem terrarum occuparit.

λαλεῖν. Τί δαὶ ἐπὶ Μωϋσέως, εἰπέ μοι; ἐν μέσῃ βαρβάρων χώρᾳ οὐκ ἀφῆκεν ὁ Θεὸς καὶ μάγους τὰ αὐτῶν ἐπιδείξασθαι; οὐχὶ καὶ ταύτης μέμνηται τῆς ἱστορίας
B ὁ Παῦλος; Ὃν τρόπον δὲ Ἰαννῆς καὶ Ἰαμβρῆς, φησὶν, ἀντέστησαν Μωϋσεῖ, οὕτω καὶ οὗτοι ἀντιστήσονται τῇ ἀληθείᾳ. Οὕτως οὐδέποτε ἐπέλιπεν οὔτε τὰ σκάνδαλα, οὔτε οἱ στεφανούμενοι διὰ τούτων. Ταῦτ' οὖν ἅπαντα λογίζου, καὶ μὴ ταῦτα μόνον, ἀλλὰ καὶ ὅσον κέρδος ἀπὸ τοῦ πράγματος γέγονε. Κἀκεῖνο σκόπει, ὅτι καὶ ἕτεροί τινές εἰσιν ἀπόῤῥητοι λόγοι τούτων· οὐ γὰρ πάντα εἰδέναι ἡμᾶς δυνατόν· καὶ ὅτι τὰ χρηστότερα ἀπαντήσεται μετὰ ταῦτα, καὶ πλείων ἡ παραδοξοποιΐα· ὥσπερ οὖν ἐπὶ τοῦ Ἰωσὴφ ἡ μὲν ἀρχὴ δυσκολίαν εἶχε, καὶ μέχρι πολλοῦ προῄει τὰ πράγμα-
C τα, ἀπεναντίας εἶναι δοκοῦντα τῇ ὑποσχέσει· ὕστερον δὲ μείζονα τῶν προσδοκηθέντων ἐγένετο. Καὶ ἐπὶ τοῦ σταυροῦ δὲ οὐκ εὐθέως, οὐδὲ ἐν προοιμίοις καὶ ἐν ἀρχῇ τὸ κατόρθωμα ἅπαν ἐβλάστησεν, ἀλλὰ τὸ μὲν σκάνδαλον προῄει, καὶ ὀλίγα τινὰ γέγονε σημεῖα θαύματος ἕνεκεν καὶ τῆς διορθώσεως τῶν ταῦτα τολμησάντων, καὶ εὐθέως ἅπαντα παρέδραμεν. Εἰ γὰρ καὶ τὸ καταπέτασμα ἐσχίσθη τοῦ ναοῦ τότε, καὶ πέτραι ἐῤῥάγησαν, καὶ ἥλιος ἐσκοτίσθη, ἀλλὰ ταῦτα ἐν μιᾷ ἡμέρᾳ καὶ ἐν λήθῃ γέγονε παρὰ τοῖς πολλοῖς. Μετὰ δὲ ταῦτα εὐθέως ἐν φυγῇ οἱ ἀπόστολοι, ἐν διώξει, ἐν πολέμοις, ἐν ἐπιβουλαῖς, λανθάνοντες, κρυπτόμενοι,
D δεδοικότες, καταλευόμενοι, οὕτω τὸν λόγον ἐκήρυττον· καὶ ἐν δυναστείᾳ πολλῇ τῶν Ἰουδαίων ὁ δῆμος, ἀγόντων, περιαγόντων, ἑλκόντων, σπαραττόντων τοὺς πιστεύοντας. Καὶ γὰρ τοὺς ἄρχοντας μεθ' ἑαυτῶν ἔχοντες, καθ' ἑκάστην ἦγον καὶ περιῆγον τοὺς ἀποστόλους. Καὶ τί λέγω τῶν Ἰουδαίων τὸν δῆμον καὶ ἄρχοντας; Εἷς σκηνοῤῥάφος, περὶ δέρματα ἠσχολημένος, ὁ Παῦλος (τί δὲ σκηνοῤῥάφου εὐτελέστερον;) τοσαύτῃ ἐκέχρητο τῇ μανίᾳ, ὡς σύρειν ἄνδρας καὶ γυναῖκας καὶ παραδιδόναι εἰς φυλακήν· καὶ ὁ σταυρω-
E θεὶς ἠνείχετο ταῦτα δρῶν. Ἀλλὰ ὅρα πῶς μετὰ ταῦτα οὗτός τε ὁ διώκτης πάντας ὑπερηκόντισε, καὶ τὸ πρᾶγμα ὑπὲρ τὸν ἥλιον διέλαμψε, καὶ πᾶσαν κατέσχε τὴν οἰκουμένην.

Εἰ δὲ λέγοις, καὶ τίνος ἕνεκεν καὶ ἐν τῇ Παλαιᾷ καὶ ἐν τῇ Καινῇ τοσοῦτοι κίνδυνοι, τοσοῦτοι πειρασμοὶ, τοσαῦται ἐπιβουλαί; μάνθανε καὶ τὴν αἰτίαν. Τίς οὖν ἡ αἰτία; Παλαίστρα ὁ παρὼν βίος ἐστὶ, γυμνάσιον καὶ ἀγὼν, χωνευτήριον, βαφεῖον ἀρετῆς. Ὥσπερ οὖν οἱ σκυτοδέψαι τὰ δέρματα λαμβάνοντες 509 A στύφουσι πρότερον, κατατείνουσι, παίουσι καὶ τοίχοις καὶ λίθοις προσαράσσοντες καὶ ἑτέραις μυρίαις θεραπείαις αὐτὰ ποιήσαντες ἐπιτήδεια πρὸς τὴν ὑποδοχὴν τῆς βαφῆς, οὕτω τὸ χρῶμα τὸ τίμιον ἐπάγουσιν· οἵ τε χρυσοχόοι τὸ χρυσίον εἰς τὸ πῦρ ἐμβάλλοντες, τῇ βασάνῳ τῆς καμίνου παραδιδόασιν, ὥστε ποιῆσαι καθαρώτατον· οἵ τε παιδοτρίβαι, ἐν τῇ παλαίστρᾳ πολλοῖς πόνοις τοὺς ἀθλοῦντας γυμνάζουσι, τῶν ἀντιπάλων σφοδρότερον αὐτοῖς ἐμπίπτοντες, ἵνα ἐν τῇ γυμνασίᾳ τὸ πᾶν κατορθώσαντες ἐν τοῖς τῶν διδασκάλων σώμασιν, ἐπὶ τῶν ἀγώνων εὐτρεπεῖς ὦσι καὶ παρεσκευασμένοι πρὸς τὰς λαβὰς τῶν ἐχθρῶν, καὶ ῥᾳδίως αὐτὰς διαλύσωσιν· οὕτω καὶ ὁ Θεὸς ἐν τῷ B παρόντι βίῳ ποιεῖ· πρὸς ἀρετὴν ἐπιτηδείαν βουλόμενος μετασκευάσαι τὴν ψυχὴν, καὶ στύφει, καὶ χωνεύει, καὶ βασάνῳ πειρασμῶν παραδίδωσιν, ὥστε τούς τε ἀναπεπτωκότας καὶ διαλελυμένους σφιγγῆναι, τούς τε δοκίμους δοκιμωτέρους γενέσθαι, καὶ ἀχειρώτους ταῖς τῶν δαιμόνων ἐπιβουλαῖς καὶ ταῖς τοῦ διαβόλου παγίσι, καὶ σφόδρα ἐπιτηδείους πρὸς τὴν τῶν μελλόντων ἀγαθῶν ὑποδοχὴν ἅπαντας. Ἀνὴρ γὰρ, φησὶν, ἀπείραστος, ἀδόκιμος· καὶ ὁ Παῦλος, Ἡ θλῖψις ὑπομονὴν κατεργάζεται· ἡ δὲ ὑπομονὴ δοκιμήν. Καρτερικοὺς οὖν καὶ ὑπομονητικοὺς ποιῆσαι θέλων, ἀφίησι τὸ C νόμισμα διακωδωνίζεσθαι παντὶ τρόπῳ. Ταύτης ἕνεκεν τῆς αἰτίας καὶ τὸν Ἰὼβ ἀφῆκε παθεῖν ἅπερ ἔπαθεν, ὥστε καὶ δοκιμώτερον φανῆναι, καὶ ἐμφράξαι τοῦ διαβόλου τὸ στόμα· διὰ τοῦτο καὶ τοὺς ἀποστόλους ἀφῆκεν, ὥστε κἀκείνους ἀνδρειοτέρους γενέσθαι, καὶ τὴν οἰκείαν δύναμιν ταύτῃ ἐπιδείξασθαι. Καὶ γὰρ καὶ αὕτη αἰτία οὐ μικρά. Διὸ καὶ Παύλῳ ἔλεγε ζητοῦντι ἄνεσιν καὶ ἀπαλλαγὴν τῶν κατεχόντων κακῶν, Ἀρκεῖ σοι ἡ χάρις μου· ἡ γὰρ δύναμίς μου ἐν ἀσθενείᾳ τελειοῦται.

Καὶ γὰρ οἱ μηδέπω τῷ λόγῳ τοῦ Χριστιανισμοῦ D προσελθόντες, καὶ ἐντεῦθεν μειζόνως, ἐὰν νήφωσι, κερδαίνουσι. Καὶ γὰρ ὅταν ἴδωσιν ἀδικουμένους, λοιδορουμένους, δεσμωτήριον οἰκοῦντας, ἐπηρεαζομένους, ἐπιβουλευομένους, ἀποτεμνομένους, καιομένους, καταποντιζομένους, καὶ μηδενὶ τῶν δεινῶν εἴκοντας, ἐννόησον ὅσον ἔχοντες θαῦμα τῶν παραδόξων τούτων ἀθλητῶν ἀπήρχοντο καὶ οἱ τότε, καὶ οἱ νῦν. Ὥστε οὐ μόνον οὐκ ἐργάζεται σκάνδαλον τὰ γεγενημένα τοῖς νήφουσιν, ἀλλὰ καὶ πλείονος διδασκαλίας ὑπόθεσις γίνεται. Διὸ καὶ Παῦλος ἤκουσε ταῦτα, ὅτι Ἡ δύναμίς μου ἐν ἀσθενείᾳ τελειοῦται. Τοῦτο καὶ ἐπὶ E

Quod si forte dicas, quam ob causam et in Veteri et in Novo Testamento tam multa pericula, tam multæ afflictiones, tam multæ insidiæ fuerint, causam cognosce. Quænam ergo causa est? Palæstra quædam est hæc vita, gymnasium et certamen, fornax conflatoria, et tinctoria virtutis officina. Ut igitur pelles acceptas adstringunt, extendunt, percutiunt, ac parietibus et saxis allidunt coriarii, et aliis innumeris artificiis ad suscipiendam tincturam reddunt idoneas, ac deinde pretiosum colorem inducunt; et aurifices in ignem conjectum aurum fornacis examini tradunt, ut purissimum reddant; tum etiam pædotribæ multis laboribus in palæstra exercent athletas, dum aerius quam adversarii in eos impetum faciunt, ut cum in exercitationibus cuncta peregerint, corpore decoro sint et eleganti in certaminibus, et ita comparati, ut facile inimicorum petitiones omnes eludant: ita quoque facit in hac vita Deus, dum animam ad virtutem aptam vult reddere: adstringit, et conflat, et afflictionum tradit examini, ut pusillanimes ac remissi adstringantur, et qui probati sunt probatiores evadant, nec ab illis dæmonum insidiis, aut diaboli laqueis superari possint, sed omnes admodum idonei ad futura bona suscipienda reddantur. Vir enim, inquit, qui non est tentatus, non probatus est: et Paulus, *Tribulatio patientiam operatur: patientia vero probationem.* Tolerantiores igitur et patientiores volens reddere, numisma sinit omnibus modis explorari. Hac de causa Job quoque pati permisit ea quæ passus est, ut probatior appareret, et diaboli os occluderet; propterea permisit et apostolos, ut et illi fortiores evaderent, et virium snarum hac ratione specimen ederent. Nam et hæc est causa non exigua. Quamobrem et Paulo quietem ac relaxationem a malis postulanti dicebat, *Sufficit tibi gratia mea: nam virtus mea in infirmitate perficitur.*

CAP. XXI. Cur tam in Veteri quam in Novo Testamento multæ fuerint afflictiones.

Rom. 5. 3. 4.

2. Cor. 12. 9.

Siquidem illi qui nondum fidem Christianam sunt amplexi, amplius inde lucrantur, si vigiles fuerint et attenti. Cum enim eos injuriis et contumeliis affici viderent, in carcerem conjici, probris onerari, insidiis oppugnari, capite truncari, exuri, in mare demergi, neque illis ejusmodi malis cedere, cogita quantam in admirationem traducerent spectatores suos cum illius, tum hujus temporis præstantissimi athletæ isti. Itaque non modo scandalum nullum pariunt illis qui vigiles sunt et attenti, ea quæ accidunt, sed etiam doctrinæ majoris adipiscendæ occasio-

CAP. XXII. Afflictiones non modo non scandalizare, sed et prodesse illis qui ex æquo et bono judicent, sint licet Gentiles.

nem illis adferunt. Idcirco Paulus etiam hoc
sibi dictum audivit, *Virtus mea in infirmitate
perficitur.* Hoc et in Veteri et in Novo Testamento spectare licet. Perpende namque quomodo affectum fuisse Nabuchodonosorem verisimile sit, a tribus pueris, servis, captivis, compedibus vinctis, flammis expositis, tanto exercitu spectante superatum, ut qui tria corpora
mancipata, subacta, patria pulsa, libertate, honore, potestate, pecuniis spoliata, longe a propinquis constituta non poterat vincere. Quod si
permissa illa non fuisset exustio, tam præclarum
præmium non obtinuissent, nec ita splendidam
coronam adepti essent. Perpende quomodo
affectum fuisse verisimile est Herodem reprehensum a vincto, cum cerneret nihil eum de loquendi libertate propter catenam remittere, sed
occidi malle, quam pulcherrimam illam libere
loquendi facultatem amittere. Cogita quis ex
hominibus illins ætatis, vel etiam consequentis
ævi, cum hæc cerneret et audiret, quantumvis
doses ac remissus esset, at exiguo tamen judicio
valeret, non summam utilitatem inde decerpe-
ret. Noli enim mihi commemorare sceleratos et
stultos homines, socordes, totos corpori curando addictos, ac foliis leviores. Isti enim non
his solum, sed re quavis, quæ acciderit, offen-
duntur : non aliter ac populus Judæorum, qui
et cum manna comederet, et cum panem, pariter morosus erat et offendebatur, sive in Ægypto
esset, sive ab Ægypto liberatus, sive adesset
Moyses, sive abesset. Verum illos in medium
mihi producito, qui sobrii erant et vigiles ; et
cum animo tuo reputa, quantam ipsos probabile
sit utilitatem inde percepisse, cum animam constantem cernerent, mentem invictam, lingnam
maxima libertate loquendi præditam, hominem
deserti incolam, regem superare, vinctum esse,
nec tamen cedere, capite truncari, nec silere :
sed ne hic quidem subsiste, verum ea quæ sequuta sunt, examina. Caput amputavit Herodes,
capite truncatus est Joannes. Quis ergo beatus
ab omnibus prædicatur? quis imitandus proponitur? quis celebratur? quis coronatur? quis
præconiis ornatur? quis laudatur? quis commendatur? quis in hunc usque diem reprehendit? Nonne in singulis Ecclesiis hic quidem
Matth. 14. 4. clamat, *Non licet tibi habere uxorem Philippi
fratris tui :* ille vero diffamatur etiam post obitum ob adulterium, insaniam, et audaciam?

τῆς Παλαιᾶς καὶ ἐπὶ τῆς Καινῆς ἐστιν εὑρεῖν. Ἐννόησον γὰρ τί πάσχειν εἰκὸς ἦν τὸν Ναβουχοδονόσορ
ὑπὸ τριῶν παίδων, δούλων, αἰχμαλώτων, δεδεμένων,
πυρπολουμένων, τοσούτου στρατοπέδου παρόντος ἡττώμενον, καὶ μὴ δυνάμενον τριῶν περιγενέσθαι σωμάτων δεδουλωμένων, ὑποκειμένων, πατρίδος ἐκπεπτωκότων, ἐλευθερίας, τιμῆς, δυναστείας, χρημάτων,
πόῤῥω τῶν οἰκείων ἀπῳκισμένων. Εἰ δὴ μὴ συνεχωρήθη ὁ ἐμπρησμὸς ἐκεῖνος, οὐκ ἂν οὕτω λαμπρὸν τὸ
βραβεῖον ἐγένετο, οὐκ ἂν οὕτω φαιδρὸς ὁ στέφανος.
Ἐννόησον τί πάσχειν εἰκὸς ἦν τὸν Ἡρώδην ὑπὸ δε-
510 σμώτου ἐλεγχόμενον, καὶ ὁρῶντα οὐδὲ ἀπὸ τῆς ἁλύ-
A σεως ἐνδιδόντα τῇ παῤῥησίᾳ, ἀλλ' αἱρούμενον σφαγῆναι μᾶλλον, ἢ προέσθαι τὴν καλλίστην ἐλευθεροστομίαν ἐκείνην. Ἐννόησον τίς ὁρῶν ταῦτα καὶ ἀκούων
καὶ τῶν τότε ζώντων καὶ τῶν μετὰ ταῦτα γενομένων,
κἂν σφόδρα ἀναπεπτωκὼς ᾖ, νοῦν δέ τινα ἔχων βραχὺν, πῶς τὰ μέγιστα κερδάνας ἄπεισι. Μὴ γάρ μοι
τὰ καθάρματα τῶν ἀνοήτων εἴπῃς, τοὺς βλᾶκας καὶ
αὐτόσαρκας ὄντας, καὶ φύλλων κουφοτέρους. Οὗτοι
γὰρ οὐχὶ τούτοις μόνον, ἀλλὰ καὶ παντὶ σχεδὸν γενομένῳ προσπταίουσιν· ὡς καὶ ὁ Ἰουδαίων δῆμος
καὶ μάννα ἐσθίων καὶ ἄρτον, ὁμοίως δυσάρεστος ἦν,
B καὶ ἐν Αἰγύπτῳ ὢν, καὶ ἀπαλλαγεὶς Αἰγύπτου, καὶ
παρόντος Μωϋσέως, καὶ ἀπελθόντος. Ἀλλ' ἐκείνους
εἰς μέσον ἄγε μοι, τοὺς νήφοντας, τοὺς ἐγρηγορότας,
καὶ λογίζου πόσην εἰκὸς αὐτοὺς ἐντεῦθεν καρπώσασθαι
τὴν ὠφέλειαν, ὁρῶντας ψυχὴν ἀπερίτρεπτον, φρόνημα ἀδούλωτον, γλῶτταν παῤῥησίας γέμουσαν, ἄνθρω-
που ἐρημοπολίτην βασιλέως περιγενόμενον, δεσμούμενον [a] καὶ οὐκ ἐνδιδόντα, ἀποτεμνόμενον καὶ οὐ σι-
γῶντα· καὶ μηδὲ μέχρι τούτων στῇς, ἀλλὰ καὶ τὰ
μετὰ ταῦτα ἐξέταζε. Ἀπέτεμεν ὁ Ἡρώδης, ἀπετμήθη
C ὁ Ἰωάννης. Τίς οὖν ἐστιν ἐν τοῖς ἁπάντων μακαρι-
σμοῖς; τίς ζηλωτός; τίς ἀνακηρύττεται; τίς στεφανοῦται; τίς ἐγκωμιάζεται; τίς ἐπαινεῖται; τίς θαυμά-
ζεται; τίς μέχρι σήμερον ἐλέγχει; Οὐ καθ' ἑκάστην
Ἐκκλησίαν ὁ μὲν βοᾷ, Οὐκ ἔξεστί σοι ἔχειν τὴν γυναῖκα Φιλίππου τοῦ ἀδελφοῦ σου· ὁ δὲ στηλιτεύεται
καὶ μετὰ τελευτὴν ἐπὶ τῇ μοιχείᾳ καὶ τῇ παρανοίᾳ
καὶ τῇ θρασύτητι; Σκόπει δὲ μετὰ τῶν εἰρημένων,
ὅση τοῦ δεσμώτου ἡ δύναμις, καὶ τοῦ τυράννου ἡ
ἀσθένεια. Ὁ μὲν γὰρ οὐκ ἴσχυσε μίαν ἐπιστομίσαι
γλῶτταν, ἀλλ' ἀνελὼν αὐτὴν, μυρία ἀντ' ἐκείνης καὶ
D μετ' ἐκείνης ἠνέῳξε στόματα· ὁ δὲ καὶ τότε αὐτὸν
εὐθέως ἐφόβησε μετὰ τὴν σφαγὴν (οὕτω γὰρ αὐτοῦ τὸ
συνειδὸς κατέσειεν ὁ φόβος, ὡς νομίζειν αὐτὸν τότε καὶ
ἐκ νεκρῶν ἀναστάντα θαυματουργεῖν), καὶ νῦν δὲ καὶ
ἐξ ἐκείνου διὰ παντὸς τοῦ χρόνου κατὰ πᾶσαν αὐτὸν
ἐλέγχει τὴν οἰκουμένην, καὶ δι' ἑαυτοῦ, καὶ δι' ἑτέ-

[a] Alii καὶ οὐ σιωπῶντα.

ρων. Ἕκαστος γὰρ τὸ εὐαγγέλιον ἀναγινώσκων τοῦτο, λέγει, Οὐκ ἔξεστί σοι ἔχειν τὴν γυναῖκα Φιλίππου τοῦ ἀδελφοῦ σου· καὶ τοῦ εὐαγγελίου χωρὶς ἐν συλλόγοις καὶ συνουσίαις, ταῖς οἴκοι, ταῖς ἐν ἀγορᾷ, ταῖς ἁπανταχοῦ, κἂν εἰς τὴν Περσῶν χώραν ἀπέλθῃς, κἂν εἰς τὴν Ἰνδῶν, κἂν εἰς τὴν Μαύρων, κἂν ὅσην E ἥλιος ἐφορᾷ γῆν, καὶ πρὸς αὐτὰς τὰς ἐσχατιὰς, ταύτης ἀκούσῃ τῆς φωνῆς, καὶ ὄψει τὸν δίκαιον ἐκεῖνον ἔτι καὶ νῦν βοῶντα, ἐνηχοῦντα, καὶ τὴν κακίαν ἐλέγχοντα τοῦ τυράννου, καὶ οὐδέποτε σιγῶντα, οὐδὲ τῷ πλήθει τοῦ χρόνου τὸν ἔλεγχον μαραινόμενον. Τί τοίνυν ἀπὸ τῆς τελευτῆς παρεβλάβη ὁ δίκαιος ἐκεῖνος; τί δὲ ἀπὸ τοῦ βιαίου θανάτου; τί δὲ ἀπὸ τῆς ἁλύσεως; τί δὲ ἀπὸ τοῦ δεσμωτηρίου; Τίνας δὲ οὐκ ὤρθωσε τῶν νοῦν ἐχόντων, ἀφ' ὧν εἶπεν, ἀφ' ὧν ἔπαθεν, ἀφ' ὧν 611 A ἔτι καὶ νῦν κηρύττει τὰ αὐτὰ, ἃ καὶ τότε ζῶν; Μὴ τοίνυν λέγε, διὰ τί συνεχωρήθη ἀποθανεῖν; Οὐ γὰρ θάνατος ἦν, ἀλλὰ στέφανος τὸ γεγενημένον· οὐ τελευτὴ, ἀλλὰ μείζονος ζωῆς προοίμια. Μάθε φιλοσοφεῖν, καὶ οὐ μόνον οὐδὲν ἐκ τῶν τοιούτων βλαβήσῃ, ἀλλὰ καὶ τὰ μέγιστα κερδανεῖς. Τί δὲ ἡ Αἰγυπτία γυνή; Οὐ κατηγόρησεν; οὐκ ἐσυκοφάντησεν; οὐκ ἔδησε τὸν δίκαιον; οὐκ εἰς δεσμωτήριον ἐνέβαλεν; οὐ τὸν περὶ τῶν ἐσχάτων ἐπεκρέμασεν αὐτῷ κίνδυνον; οὐκ ἀνεῖλε, τόγε εἰς αὐτὴν ἧκον; οὐ πονηρὰν περιέθηκε δόξαν; Τί οὖν αὐτὸν παρέβλαψεν ἢ τότε, ἢ νῦν; Καθάπερ γὰρ πυρὸς ἄνθρακες ὑπὸ ἀχύρων καλυφθέντες, παρὰ μὲν τὴν ἀρχὴν σκιάζεσθαι δοκοῦσιν, ἀθρόον δὲ διαφαγόντες τὰ ἐπικείμενα, δι' αὐτῶν B ἐκείνων τῶν ἀχύρων ὑψηλοτέραν ἀνάπτουσι τὴν φλόγα· οὕτω δὴ καὶ ἡ ἀρετὴ, κἂν ἐπηρεάζεσθαι δοκῇ, ὕστερον δὴ δι' αὐτῶν τῶν κωλυμάτων μειζόνως ἀνθεῖ, καὶ εἰς αὐτὸν φθάνει τὸν οὐρανόν. Τί γὰρ μακαριώτερον γένοιτ' ἂν τοῦ νεανίσκου ἐκείνου διὰ τὴν συκοφαντίαν, διὰ τὴν ἐπιβουλὴν, οὐ διὰ τὸν θρόνον τὸν ἐν Αἰγύπτῳ, οὐδὲ διὰ τὴν ἐκεῖ βασιλείαν; Πανταχοῦ γὰρ τοῖς πάθεσιν αἱ δόξαι, καὶ αἱ εὐδοκιμήσεις, καὶ οἱ στέφανοί εἰσι συγκεκληρωμένοι. Οὐχὶ καὶ τοῦτον πάντες πανταχοῦ τῆς οἰκουμένης ᾄδουσι; Καὶ χρόνου τοσούτου πλῆθος οὐκ ἐμάρανεν αὐτοῦ τὴν μνήμην, ἀλλὰ τῶν βασιλικῶν εἰκόνων λαμπρότερόν τε καὶ C διαρκέστερον αἱ τῆς ἀρετῆς καὶ τῆς σωφροσύνης αὐτοῦ πανταχοῦ τῆς οἰκουμένης ἀνάκεινται εἰκόνες, ἐν τῇ Ῥωμαίων, ἐν τῇ βαρβάρων χώρᾳ, ἐν τῷ ἑκάστου συνειδότι, ἐν τῇ ἑκάστου γλώττῃ. Καὶ ὁρῶμεν αὐτὸν ἅπαντες κατεχόμενον, ἀρχόμενον, συμβουλεύοντα τῇ ἀθλίᾳ καὶ ταλαιπώρῳ πόρνῃ τὰ δέοντα, καὶ τὰ παρ' ἑαυτοῦ πάντα εἰσφέροντα εἰς τὴν ἐκείνης σωτηρίαν, ἐντρέποντα αὐτῆς τὴν ἀναισχυντίαν, σβεννύντα τὴν κάμινον, χειμῶνος ἐξαρπάσαι ἐπιχειροῦντα χαλεποῦ, καὶ εἰς τὴν γαλήνην ὁρμίζοντα· εἶτα ἐπειδὴ τὸ κλυδώνιον ὑπερέσχε, καὶ D

Considera vero præter ea quæ dicta sunt, quanta virtus esset captivi, quanta tyranni imbecillitas. Nam hic quidem non potuit linguam unam compescere, sed ea sublata, sexcenta pro illa et cum illa ora reseravit: ille vero et tum illum post cædem perterrefecit (adeo quippe conscientiam ejus percellebat metus, ut ipsum tum temporis arbitraretur a mortuis excitatum miracula patrare), et vero nunc et ex illo tempore, perpetuo per universum orbem terrarum et per se et per alios reprehendit. Siquidem unusquisque dum evangelium istud legit, dicit: *Non licet tibi habere uxorem Philippi fratris tui:* et sine evangelio in cœtibus, in congressibus, sive qui domi, sive qui in foro, sive qui ubique fiunt, quamvis ad ipsam pergas regionem Persarum, quamvis in Indiam, quamvis in Mauritaniam, quamvis in quascumque terras sol aspicit, vel etiam ad ipsos ultimos mundi limites, hanc vocem audies, et justum illum videbis etiamnum clamantem, inculcantem, et nequitiam tyranni redarguentem, nec umquam silentem, neque tot annorum numero reprehensionem debilitari. Quid ergo detrimenti cepit ex obitu justus ille? quid ex morte violenta? quid ex catena? quid ex carcere? Quos autem non correxit, quibus cor saperet, ex iis quæ dixit, ex iis quæ passus est, ex iis quæ nunc prædicat, eadem prorsus, quæ cum viveret? Noli ergo dicere, Quam ob causam mori permissus est? Non enim illud erat mori, sed coronam adipisci: non interire, sed meliorem vitam auspicari. Disce philosophari, et non modo nihil te ista lædent, sed et commodis multis augeberis. Quid vero mulier Ægyptia? Nonne accusavit, et calumniata est? nonne justum vinxit? nonne in carcerem compegit? nonne in summum capitis discrimen adduxit? nonne quantum in ipsa fuit situm, interemit? nonne infamiæ notam inussit? Quid igitur aut tum temporis, aut nunc illi nocuit? Ut enim sub paleis absconditi carbones ignis videntur quidem initio occultari, derepente vero quæ imposita sunt consumentes, per ipsas paleas sublimiorem flammam accendunt: ita nimirum et virtus, licet contumeliis affici videatur, postea tamen his ipsis obstaculis promota floret amplius, et ad ipsum cælum pervenit. Quid enim illo adolescente propter calumniam beatius fieri potest, propter insidias, non propter thronum in Ægypto, neque propter regnum illic obtentum? Semper enim passionibus gloria, et celebritas, et coronæ sunt assignatæ. Nonne istum celebrant

Gen. 39. Josepho nihil nocuit Ægyptia.

omnes ubique terrarum? Neque tanto lapsu temporis ejus memoria intermori potuit, sed ipsis regiis imaginibus illustriores ac diuturniores virtutis ejus et castitatis imagines ubique terrarum sunt positæ, in Romanorum, in barbarorum regione, in uniuscujusque conscientia, in cujusque lingua. Et intuemur illum omnes detineri, premi, consulere miseræ et infortunatæ illi meretrici quæ oportuit, ad salutem ejus tuendam, omni munere suo recte fungi, impudentiæ ipsius pudorem injicere, fornacem exstinguere, ex periculosa tempestate eripere conari, atque ad tranquillitatis portum deducere: deinde quoniam procella superabat, et fluctibus operiebatur navigium, cum naufragium illa faceret, procellam evitare, atque ad stabilem castitatis rupem confugiendo vestes in manibus illius derelinquere, sicque in illa nuditate illis qui purpureis sunt indumentis amicti, illustriorem apparere, ac tamquam bellatorem quemdam eximium atque victorem tropæum erigere castitatis. Sed neque his limitibus ejus memoriam terminamus, verum ulterius progredientes ipsum in carcerem abduci videmus, vinciri, squalore sordere, diuturno illio tempore contabescere. Atque ob hæc ipsa maxime illum iterum commendamus, prædicamus, miramur, laudamus. Quod si castus sit quispiam, cum de illo cogitat, castior fit: quod si lascivus, cito illa narratione ad castitatem traducitur, illiusque historiæ commemoratione melior redditur. Hæc igitur omnia colligentes nolite turbari, sed potius ex iis quæ accidunt lucrum decerpite; sitque vobis eorum patientia, qui decertant, tolerantiæ magistra; dumque vitam omnem generosorum atque illustrium virorum cernitis ex his omnibus esse conflatam, ne terreamini, neque turbemini, sive propriis, sive alienis afflictionibus: nam Ecclesia ab initio sic nutrita, sic aucta est. Nihil ergo vos terreat: nihil enim accidit præter morem. Sed sicut in rebus mundanis non ubi sunt paleæ vel fœnum, nec ubi arena, sed ubi aurum et uniones, illic piratæ sunt, prædones, et latrones, et murorum perfossores frequenter molesti sunt, et insidias parant: sic etiam diabolus, ubi collectas viderit opes animæ, ac facultates auctas pietatis, illic suas machinas sistit et admovet. Quod si, quibus insidiæ parantur, ii vigiles fuerint et attenti, non modo nihil inde patiuntur detrimenti, sed et ampliores inde virtutis opes accumulant: quod etiamnum evenit.

Josephi exemplum quam utile.

Cap. XXIII. Maximum

Atque hoc maximum indicium ubertatis bo-

ὑπέραντλον τὸ πλοῖον γέγονε, ναυαγούσης ἐκείνης, φεύγοντα τὰ κύματα, καὶ ἐπὶ τὴν στερεὰν τῆς σωφροσύνης πέτραν τρέχοντα, καὶ τὰ ἱμάτια ἐν ταῖς ἐκείνης καταλιμπάνοντα χερσὶ, καὶ τῶν τὰς πορφυρίδας περιβεβλημένων λαμπρότερον ἐν τῇ γυμνότητι φαινόμενον, καὶ καθάπερ ἀριστέα τινὰ καὶ τροπαιοῦχον φαιδρὸν, τὸ τρόπαιον ἱστῶντα τῆς σωφροσύνης. Καὶ οὐδὲ ἐν τούτοις καταλύομεν τὴν μνήμην, ἀλλὰ περαιτέρω προϊόντες, ὁρῶμεν αὐτὸν πάλιν εἰς δεσμωτήριον ἀπαγόμενον, δεδεμένον, αὐχμῶντα, πολὺν
E ἐκεῖ τηκόμενον χρόνον. Καὶ διὰ ταῦτα μάλιστα θαυμάζομεν πάλιν αὐτὸν, μακαρίζομεν, ἐκπληττόμεθα, ἐπαινοῦμεν. Κἂν σώφρων τις ᾖ, ἐννοῶν αὐτὸν σωφρονέστερος γίνεται· κἂν ἀκόλαστος, τάχιον τῷ διηγήματι πρὸς σωφροσύνην μεθίσταται, καὶ ὑπὸ τῆς ἱστορίας ἀμείνων καθίσταται. Ταῦτα τοίνυν ἅπαντα ἀναλέγοντες, μηδὲν θορυβεῖσθε, ἀλλὰ καὶ κερδαίνετε ἐκ τῶν γινομένων· καὶ ἡ τῶν ἀθλούντων ὑπομονὴ γινέσθω καρτερίας ὑμῖν διδάσκαλος, καὶ πάντα τὸν
612 βίον τῶν γενναίων καὶ ὑψηλῶν ἀνδρῶν ὁρῶντες διὰ
A τοιούτων ὑφαινόμενον, μὴ συγχεῖσθε, μηδὲ ταράττεσθε, μήτε τοῖς ἰδίοις, μήτε τοῖς κοινοῖς πειρασμοῖς· καὶ γὰρ καὶ ἡ Ἐκκλησία ἐξ ἀρχῆς οὕτως ἐτράφη, οὕτως ηὐξήθη. Μηδὲν οὖν ξενίζεσθε· οὐδὲν γὰρ ἀπεικὸς γέγονεν. Ἀλλ' ὥσπερ ἐπὶ τῶν βιωτικῶν, οὐκ ἔνθα ἄχυρα καὶ χόρτος, οὐδὲ ἔνθα ἄμμος, ἀλλ' ἔνθα χρυσίον καὶ μαργαρῖται, ἐκεῖ πειραταὶ καὶ καταποντισταὶ καὶ λῃσταὶ καὶ τοιχωρύχοι συνεχῶς ἐνοχλοῦσι καὶ ἐπιβουλεύουσιν· οὕτω καὶ ὁ διάβολος ἔνθα ἂν ἴδῃ πλοῦτον συναγόμενον τὸν κατὰ ψυχὴν, καὶ εὐπορίαν εὐσεβείας ἐπιτεινομένην, ἐκεῖ τὰ μηχανήματα ἵστησι καὶ προσάγει. Ἀλλ' ἐὰν οἱ ἐπιβουλευόμενοι νήφωσιν,
B οὐ μόνον οὐδὲν ἐλαττοῦνται ἐντεῦθεν, ἀλλὰ καὶ μείζονα τὸν πλοῦτον τῆς ἀρετῆς συνάγουσιν· ὃ δὴ καὶ νῦν γέγονε.

Καὶ μέγιστον ἄν τις τοῦτο σημεῖον καὶ τοῦ πλούτου

τῶν κατορθωμάτων, καὶ τῆς ἀνδρείας τῆς Ἐκκλησίας ποιήσειεν. Ὅτε γὰρ εἶδεν αὐτὴν ὁ πονηρὸς δαίμων ἐκεῖνος ἀνθοῦσαν, εὐδοκιμοῦσαν, ἐν βραχείᾳ καιροῦ ῥοπῇ πρὸς ὕψος ἀνενεχθεῖσαν, πολλὴν σπουδὴν ἐν αὐτῇ γινομένην, καὶ τὴν μὲν τῶν εὐδοκιμούντων ἐπὶ τὸ βέλτιον ἐπίδοσιν, τῶν ἐν ἁμαρτίαις ζώντων εἰς μετάνοιαν μετάστασιν, πᾶσαν τὴν οἰκουμένην ἀπὸ τῆς πόλεως C ταύτης κατηχουμένην· πάντα ἐκίνησεν αὐτοῦ τὰ μηχανήματα, καὶ ἐμφυλίους ἀνῆψε πολέμους. Καὶ καθάπερ ἐπὶ τοῦ Ἰὼβ, νῦν μὲν τὴν ἀποβολὴν τῶν χρημάτων, νῦν δὲ τὴν ἀπαιδίαν, νῦν δὲ τὴν ἀῤῥωστίαν τοῦ σώματος, νῦν δὲ τῆς γυναικὸς τὴν γλῶτταν, νῦν δὲ τῶν φίλων τὰ ὀνείδη καὶ τὰ σκώμματα καὶ τὰς λοιδορίας ἐκίνει κατὰ τοῦ δικαίου, καὶ πᾶν εἶδος μηχανημάτων προσῆγεν· οὕτω καὶ ἐπὶ τῆς Ἐκκλησίας, διὰ φίλων, δι' ἐχθρῶν, διὰ τῶν εἰς κλῆρον τελούντων, διὰ τῶν εἰς στρατείαν καταλεγομένων, διὰ τῶν ἐπισκοπῇ τετιμημένων, διὰ πολλῶν καὶ παντοδαπῶν D προσώπων τὰ παρ' ἑαυτοῦ ἐκίνησεν. Ἀλλ' ὅμως καὶ τοσαῦτα μηχανησάμενος, οὐ μόνον αὐτὴν οὐκ ἐσάλευσεν, ἀλλὰ καὶ λαμπροτέραν ἐποίησεν. Οὐ γὰρ οὕτω τότε μὴ ἐνοχλουμένη πάντας ἐπαίδευσεν, ὡς νῦν τὴν οἰκουμένην διδάσκει καρτερεῖν, ἐγκρατεύεσθαι, φέρειν πειρασμοὺς, ὑπομονὴν ἐπιδείκνυσθαι, καταφρονεῖν τῶν βιωτικῶν, μηδὲν ἡγεῖσθαι πλοῦτον, καταγελᾷν τιμῆς, ὑπερορᾷν θανάτου, καταφρονεῖν ζωῆς, πατρίδα παρορᾷν, οἰκείους, φίλους, συγγενεῖς, πρὸς σφαγὰς ἀποδύεσθαι παντοδαπὰς, κατὰ ξιφῶν κυβιE στᾷν, τὰ λαμπρὰ ἅπαντα τοῦ παρόντος βίου, τιμὰς λέγω καὶ δόξας, καὶ δυναστείαν, καὶ τρυφὴν, τῶν ἠρινῶν ἀνθῶν εὐτελέστερα εἶναι νομίζειν. Καὶ ταῦτα οὐχ εἷς παιδεύει μόνον, οὐδὲ δύο καὶ τρεῖς, ἀλλὰ πᾶς ὁ λαὸς, καὶ οὐ διὰ ῥημάτων μόνον, ἀλλὰ καὶ διὰ πραγμάτων, δι' ὧν πάσχουσι, δι' ὧν νικῶσι, δι' ὧν περιγίνονται τῶν ἐπιβουλευόντων, δι' ὧν ἀδάμαντος στεῤῥότερον καὶ πέτρας ἰσχυρότερον ἅπαντα στέγουσιν, οὐχ ὅπλα κινοῦντες, οὐ πόλεμον ἀναῤῥιπίζοντες, οὐ τόξον, οὐ βέλη ἀφιέντες, ἀλλ' ὑπομονῆς τεῖχος ἕκαστος περιβεβλημένος, ἐμμελείας, πραότητος, ἀνδρείας, τῷ πάσχειν κακῶς τοὺς ποιοῦντας ἐκ πολλοῦ τοῦ περιόντος καταισχύνοντες.

norum operum, et fortitudinis Ecclesiæ poterit quispiam assignare. Cum enim illam improbus dæmon florentem vidit, fama celebratam, brevi temporis momento in altum evectam, multam in ea diligentiam adhiberi, ac probos majores facere in virtute progressus, eos qui vitam suam peccatis infecerant, ad pœnitentiam esse conversos, totum orbem terrarum istius civitatis opera instructum esse: omnes machinas suas admovit, et intestina bella excitavit. Et quemadmodum cum Jobum oppugnaret, nunc quidem pecuniarum jactura, nunc autem orbitate liberorum, nunc corporis ægritudine, nunc lingua uxoris, nunc amicorum probris, sannis et conviciis justum impetebat: sic etiam in Ecclesiam per amicos, per inimicos, per eos qui in clerum allecti erant, per eos qui in militum numeros relati, per eos qui episcopali fuerant honore decorati, per multas variasque personas impressionem fecit. Verumtamen tot admotis machinis non modo illam non concussit, sed illustriorem etiam reddidit. Non enim ita tum minime divexata cunctos erudiebat, ut nunc totum orbem terrarum patientiam docet, temperantiam, afflictiones tolerare, constantiam exhibere, sæcularia contemnere, divitias pro nihilo habere, despicere honores, mortem aspernari, vitam contemnere, patriam negligere, familiares, amicos, propinquos, ad cædes diversas subeundas se accingere; in medios gladios insilire, cuncta quæ in hac vita sunt splendida, honores inquam, et gloriam, imperia, delicias, viliora floribus vernis ducere. Atque hæc non unus nos edocet tantum, neque duo vel tres, sed populus universus, neque verbis tantum, verum etiam operibus, per ea quæ patiuntur, et dum vincunt, dum insidiatores suos hostesque superant, dum adamante firmiores, et rupe robustiores cuncta perferunt, non arma sumentes, non bellum excitantes, non arcum, non sagittas vibrantes, sed singuli patientiæ propugnaculo muniti, modestiæ, mansuetudinis, fortitudinis, et dum mala patienter ferunt, illis qui ea inferunt multo majorem ignominiam inurentes.

esse gloriæ ac celebritatis Ecclesiæ indicium, quæ acciderunt, eaque multis profuisse.

513 A Νῦν γοῦν οὗτοι μὲν φαιδρῷ τῷ προσώπῳ, ἐλευθέροις τοῖς ὀφθαλμοῖς, παῤῥησίᾳ ἀφάτῳ κεχρημένοι, εἰς ἀγορὰν ἐμβάλλουσιν, ἐν οἰκίαις στρέφονται, πρὸς τὴν σύναξιν αὐτομολοῦσιν· οἱ δὲ ταῦτα ἐργασάμενοι, καθ' ἕκαστον τῶν μηχανημάτων, ὧν προσάγουσιν, ἐγκαλυπτόμενοι, καὶ πονηρὸν ἔνδον ἔχοντες συνειδὸς, τρέμοντες, δεδοικότες, οὕτω περιίασι. Καὶ καθάπερ τὰ δυσθάνατα τῶν θηρίων μετὰ προτέραν καὶ δευτέ-

CAP. XXIV.

Qui hæc scelera perpetrarunt, inde quoque jam pœnas luere.

Nunc quidem certe isti vultu hilari, aspectu libero, fiducia incredibili præditi in forum se inferunt, versantur in ædibus, ad collectas conveniunt celebrandas; illi autem qui talia patrarunt, dum singulas admovent machinas, pudefacti circumeunt, et prava intus conscientia torti, metu ac tremore correpti. Et quemadmodum feræ quæ difficilius enecantur, cum post unam

aut alteram plagam inflictam in hastarum mucrones irruunt vehementius, graviores sibi plagas infligunt, et ipsis visceribus suis vulnus excipiunt; itemque fluctus, qui rupibus alliduntur, majori seipsos impetu dissolvunt ac dissipant: sic nimirum et isti dum insidiantur, sibi potius quam cæteris fossas et barathra effodiunt. Nam illi quidem, quibus insidiæ tenduntur, ab iis amantur, laudantur, commendantur, prædicantur, corona donantur, qui eos noverunt, qui non noverunt, qui re ipsa, qui sola famæ relatione illorum didicere res gestas, innumeros habent qui condolent, qui in certaminibus adjuvant, qui prospera illis precantur omnes: illi autem qui tendunt insidias, odio habentur a tam multis, et a multo pluribus accusantur, carpuntur, reprehenduntur, ignominia notantur, diris innumeris devoventur; nihil plerisque optabilius est, quam ut eos pœnis videant suppliciisque mulctatos. Atque hæc quidem in hac vita: quæ vero in futura sunt eventura, quis tandem poterit oratione complecti? Nam si is
Luc. 17. 12. qui unum scandalizaverit, tanto supplicio mulctatur, ut expediat ei molam asinariam in ejus collo suspendi, et in mare demergi: perpende quam graves illi daturi sint pœnas, in illo tum judicio tremendo, quantis suppliciis plectendi, qui, quantum in ipsis quidem fuit, universum turbarunt orbem terrarum, tam multas Ecclesias everterunt, et innumeris ubique scandalis excitatis tantam pacem disturbarunt? At illi qui tot injuriis ab illis affecti sunt, bonis operibus, passionibus, coronis, præmiis, cum multa fiducia refulgentes, cum martyribus, cum apostolis, cum generosis et sublimibus illis viris sistentur. Ac puniri illos quidem videbunt, illos tamen suppliciis non poterunt liberare, sed quamvis preces offerant isti, nihil illos juvabunt. Si
Luc. 16. enim is qui Lazarum unum præterierat, tot pœnas sustinuit, neque solatium ullum obtinuit, quid isti patientur, qui tam multos persequutionibus et scandalis offenderunt? Hæc igitur omnia cum animis vestris reputantes, et quæcumque his similia sunt ex sacris Literis colligentes, vobis ipsis tutam munitionem, et illis qui imbecilliores adhuc sunt, medicamenta ex his narrationibus comparantes, firmi state atque immobiles, et bona vobis reposita exspectate. Omnino enim, omnino merces vobis parabitur, non quæ laboribus tantum sit æqualis, sed immensa, quæ longo illos superet intervallo. Talis quippe benignus est Deus: præ nimia sua liberalitate illos,

ραν πληγὴν σφοδροτέρως ἐπιπίπτοντα ταῖς αἰχμαῖς τῶν δοράτων, χαλεπωτέραν καθ' ἑαυτῶν ὠθεῖ τὴν πληγὴν, τὰ τραύματα εἰς αὐτὰ τὰ σπλάγχνα δεχό-
B μενα· καὶ τὰ κύματα ταῖς πέτραις ῥηγνύμενα, τῇ σφοδροτέρᾳ ῥύμῃ ἑαυτὰ ἀφανίζει καὶ διαλύει· οὕτω δὴ καὶ οὗτοι δι' ὧν ἐπιβουλεύουσιν, ἑαυτοῖς μᾶλλον ἢ ἑτέροις τὰ βάραθρα ἀνορύττουσιν. Οἱ μὲν γὰρ ἐπιβουλευόμενοι τὴν οἰκουμένην ἐραστὰς ἔχουσιν, ἐπαινέτας, θαυμαστὰς, ἀνακηρύττοντας, στεφανοῦντας, τοὺς εἰδότας, τοὺς οὐκ εἰδότας, τοὺς ἀπὸ τῶν πραγμάτων, τοὺς ἀπὸ τῆς φήμης τὰ ἐκείνων μανθάνοντας, τοὺς συναλγοῦντας μυρίους, τοὺς συναγωνιζομένους, τοὺς τὰ χρηστὰ συνευχομένους αὐτοῖς πάντας· οἱ δὲ ἐπιβουλεύοντες τοὺς μισοῦντας τοσούτους καὶ
C πολλῷ πλείους, τοὺς κατηγόρους, τοὺς διαβάλλοντας, τοὺς ἐλέγχοντας, τοὺς καταισχύνοντας, τοὺς ἐπαρωμένους μυρία, τοὺς ἐπιθυμοῦντας αὐτοὺς ἰδεῖν ἐν κολάσει καὶ τιμωρίᾳ. Καὶ ταῦτα μὲν ἐνταῦθα· τὰ δὲ ἐκεῖ ποῖος παραστήσει λόγος; Εἰ γὰρ ἕνα τις σκανδαλίσας τοσαύτῃ κολάσει κατακρίνεται, ὡς συμφέρειν μύλον κρεμασθῆναι ἐπὶ τὸν τράχηλον αὐτοῦ, καὶ καταποντισθῆναι εἰς τὴν θάλασσαν· ἐννόησον πόσας δώσουσιν οὗτοι δίκας ἐν τῷ φοβερῷ δικαστηρίῳ τότε ἐκείνῳ, πόσας ὑποστήσονται τιμωρίας, τό γε εἰς αὐτοὺς ἧκον, τὴν οἰκουμένην ταράξαντες ἅπασαν, το-
D σαύτας ἀνατρέψαντες Ἐκκλησίας, τοσαύτῃ πολεμήσαντες εἰρήνῃ, μυρία πανταχοῦ σκάνδαλα θέντες; οἱ δὲ παρ' ἐκείνων παθόντες, ἅπερ ἔπαθον, μετὰ τῶν μαρτύρων, μετὰ τῶν ἀποστόλων, μετὰ τῶν γενναίων καὶ ὑψηλῶν ἀνδρῶν στήσονται, λάμποντες ἀπὸ τῶν κατορθωμάτων, ἀπὸ τῶν παθῶν, ἀπὸ τῶν στεφάνων, ἀπὸ τῶν βραβείων, ἀπὸ τῆς πολλῆς παῤῥησίας. Καὶ ὄψονται μὲν αὐτοὺς κολαζομένους, ἐξαρπάσαι δὲ, κἂν μυριάκις βουληθῶσι, τῆς κολάσεως οὐ δυνήσονται· ἀλλὰ θήσουσι μὲν ἱκετηρίαν οὗτοι, οὐδὲν δὲ ὀνήσουσιν. Εἰ γὰρ ὁ πένητα ἕνα παραδραμὼν τὸν Λάζαρον τοσαύτην ὑπέμεινε δίκην,
E καὶ οὐδεμιᾶς ἔτυχε παραμυθίας, τί πείσονται οὗτοι, τοσούτους διώξαντες καὶ σκανδαλίσαντες; Ταῦτ' οὖν ἅπαντα λογιζόμενοι, καὶ ὅσα τούτοις ἐοικότα ἀπὸ τῶν θείων συλλέγοντες Γραφῶν, ἑαυτοῖς μὲν τεῖχος ἀσφαλὲς, τοῖς δὲ ἀσθενεστέροις ἔτι φάρμακα ταῦτα κατασκευάζοντες τὰ διηγήματα, στήκετε ἑδραῖοι, καὶ ἀμετακίνητοι, τὰ ὑποκείμενα ὑμῖν ἀγαθὰ ἀναμένοντες. Πάντως γὰρ, πάντως κείσεται ὑμῖν ἀμοιβὴ, οὐ τῶν πόνων ἴση, ἀλλ' ἐκ πολλοῦ τοῦ περιόντος ἄφατος. Τοιοῦτος γὰρ ὁ φιλάνθρωπος Θεός· μετὰ

πολλῆς τῆς φιλοτιμίας τοὺς ἀγαθόν τι ποιεῖν ἢ λέγειν 614 A προαιρουμένους] ταῖς ἀντιδόσεσι καὶ ταῖς ἀμοιβαῖς νικᾷν ἐσπούδακεν· ὧν ἐπιτύχοιμεν ἐν Χριστῷ Ἰησοῦ τῷ Κυρίῳ ἡμῶν, ᾧ ἡ δόξα εἰς τοὺς αἰῶνας τῶν αἰώνων. Ἀμήν.

qui boni quidpiam præstare voluerint aut effari, remunerationibus ac præmiis superare contendit: quæ utinam consequamur in Christo Jesu Domino nostro, cui gloria in sæcula sæculorum. Amen.

MONITUM

IN EPISTOLAS DUAS JOANNIS CHRYSOSTOTOMI

AD INNOCENTIUM PAPAM,

Inque Epistolam Innocentii ad Chrysostomum, et *in alteram ad clerum* et *populum Constantinopolitanum; itemque in Epistolam Honorii ad Arcadium circa ea quæ in depositione Joannis Chrysostomi gesta fuerant; demum in Epistolam Joannis Chrysostomi ad episcopos* et *presbyteros ob pietatem in carcere inclusos.*

Cur ordinem Epistolarum qualis in duabus Morelli Editionibus a Frontone Ducæo statutus fuit, servaverimus, infra in Monito in Epistolas ad Olympiadem, et in reliquas Chrysostomi epistolas pluribus declaramus. Jam quæstio est de duabus Chrysostomi ad Innocentium papam epistolis, deque epistola Innocentii ad Joannem Chrysostomum, necnon de altera Innocentii ad clerum et populum Constantinopolitanum; quibus accedit alia Honorii Imperatoris ad Arcadium fratrem, alteraque item Chrysostomi ad episcopos et presbyteros ob pietatem in carcere inclusos. Quarum epistolarum duæ priores extra ordinem aliarum sequentium a Frontone Ducæo positæ fuere: epistolæ vero Innocentii ad Chrysostomum, et ad clerum a Sozomeno allatæ nunc primum epistolis Chrysostomi subjunguntur, quia ad eamdem negotiorum seriem pertinent; quemadmodum et epistola Honorii ad Arcadium: quæ autem his subjungitur epistola ad episcopos et presbyteros ob pietatem in carcere inclusos, a Frontone Ducæo post duas Chrysostomi ad Innocentium epistolas, extra ordinem et numerum sequentium epistolarum posita fuerat. De singulis autem hisce epistolis hic commemoratis agendum.

Epistola prima ad Innocentium Papam scripta fuit post Pascha, antequam Chrysostomus in secundum exsilium pergeret, a quo numquam rediit. Quam temporis notam hinc mutuamur, quod Chrysostomus, postquam omnia recensuit, quæ ab adventu Theophili Constantinopolim gesta sunt, postquam de Pseudosynodo, ubi ipse depositus fuerat, egit, et se destitutum restitutumque fuisse commemoravit, deindeque iterum exagitatum et accusatum, et ex ecclesia pulsum; postquam violentam irruptionem in ecclesiam et in baptisterium factam enarravit: hic gradum sistit, nec ea quæ postea gesta sunt et quidem atrocissima commemorat. Cum autem, ut observat Baronius ad annum 404, « cunctas res gestas ordine temporis dispositas narrat, orationemque ad ea quæ in magno sabbato acta sunt perducit, sed de aliis quæ postea gravissima contigerunt, ne quidquam scribat: plane declarat, eo tempore illam se dedisse epistolam, quo contigerunt ea, quæ novissime in ipsa literis commendavit. » Post Pascha igitur anni 404 hanc epistolam scripsit: nam *Ubi illuxit dies,* inquit in hac epistola Chrysostomus, *omnis civitas extra muros sub arbores, et in nemora emigravit, ibi festum diem celebrans, quasi oves dispersæ.*

Recensitis igitur iis, quæ contra canones gesta sunt, Innocentium obsecrat, *ut sibi condoleat, et nihil non agat ut hic malorum finis sit.* Sæpius autem Innocentium solum alloquitur; nonnumquam tamen episcopos in plurali, quod sciret Innocentium hanc epistolam vicinis episcopis ostensurum esse.

Secundam ad Innocentium epistolam misit cum jam tertium annum in exsilio ageret, ut ipse in epistolæ fine commemorat. Pulsus et in exsilium abductus fuit Chrysostomus anno 404, mense Junio; de die mensis est quæstio, quæ in Vita Chrysostomi excutietur; hæc igitur epistola scripta fuerit versus finem anni 406, cum tertium annum in exsilio ageret Chrysostomus. Verum hac de re non parva
515 exsurgit difficultas : ait quippe Chrysostomus se hanc epistolam mittere per Joannem presbyterum perque Paulum diaconum : et tamen in epistola 148, infra, quæ est ad Cyriacum, Demetrium et cæteros, et scripta putatur anno 405, ait Chrysostomus Joannem presbyterum et Paulum diaconum iter parare, ut ipsos conveniant; si autem eo anno, nempe 405, hanc epistolam scripserit Chrysostomus, quo pacto dicere possit se tertium annum in exsilio agere qui tum secundum tantum inire poterat? Opinatur Tillemontius Joannem et Paulum, qui tunc iter parabant, in annum sequentem profectum suum distulisse; sed hac de re pluribus in Vita Chrysostomi. In hac epistola Chrysostomus non unum Innocentium alloquitur, sed et plures fortasse episcopos qui vel cum Innocentio agebant, vel e vicino positi erant. Iis gratias agit Chrysostomus de constanti erga se caritate, deque sollicitudine, qua pro sedanda tempestate tanta usi fuerant.

Epistola Innocentii ad Joannem Chrysostomum, quam servavit Sozomenus, tota consolatoria est, et observantiæ caritatisque plena : paucis hic agitur de patientia in adversis, deque corona patientibus sanctis parata. Respondet Innocentius epistolæ Chrysostomi, a quodam Cyriaco diacono sibi allatæ.

Epistola Innocentii ad clerum Constantinopolitanum est responsio ad epistolam ejusdem cleri et populi, a Germano presbytero et Cassiano diacono ad Innocentium allatam, in qua calamitates orientalis Ecclesiæ deplorat Innocentius. Ait necessariam esse ad curandum malum synodi celebrationem : et se admodum optare ut œcumenica synodus cogatur, quo turbulenti motus sedentur.

Epistola Honorii Imperatoris ad Arcadium Orientis principem, ex Codice Vaticano educta, et a Cardinali Baronio publicata, causam Joannis Chrysostomi respicit. Orditur Imperator ab imagine, nimirum Eudoxiæ, quæ per provincias circumferebatur honoris causa : postquam scilicet Eudoxiæ statua argentea in platea ante ecclesiam S. Sophiæ erecta et dedicata fuit, ludique celebrati, et spectacula forte minus honesta edita sunt, quæ populum a collectis et aliis pietatis exercitiis averterent. Quæ causa fuit ut Chysostomus in concionibus hæc pro more suo perstringeret ac vituperaret, inque Eudoxiæ offensionem incurreret, quæ res fuse tractabitur in Vita Chrysostomi. In hac epistola tota acriter invehitur Honorius in gesta illa Constantinopolitana, quæ in depositione illa iniqua Chrysostomi accidere; queritur altare sanguine humano tinctum fuisse, sacerdotes in exsilium actos, pulsum ipsum Joannem Constantinopolitanum; quæ omnia in ipsa epistola studiosus lector animadvertet.

Epistola ad episcopos et presbyteros ob pietatem in carcere inclusos Cucusi scripta putatur anno 404. Iisdem epistola altera consolatoria missa fuit a Chrysostomo, quæ est numero CXVIII infra.

Epistolarum duarum ad Innocentium, et hujus ad episcopos et presbyteros inclusos, interpretatio Latina est incerti cujusdam, quam multis in locis castigavimus; epistolarum etiam Innocentii interpretationem Latinam subindo emendavimus.

INNOCENTIO EPISCOPO ROMÆ. A

Domino meo Reverendissimo, pientissimoque Innocentio Joannes in Domino salutem.

Anno 404. 1. Etiam antequam redditæ sunt literæ nostræ, opinor pietatem vestram audivisse, quidnam hic patrare ausa fuerit iniquitas. Ea enim rerum est

[a] ΙΝΝΟΚΕΝΤΙῼ ΕΠΙΣΚΟΠῼ ΡΩΜΗΣ.

[b] Τῷ δεσπότῃ μου τῷ αἰδεσιμωτάτῳ, καὶ θεοφιλεστάτῳ ἐπισκόπῳ Ἰννοκεντίῳ Ἰωάννης ἐν Κυρίῳ χαίρειν.

Καὶ πρὸ τῶν γραμμάτων οἶμαι τῶν ἡμετέρων ἀκηκοέναι τὴν εὐλάβειαν ὑμῶν τὴν παρανομίαν τὴν ἐνταῦθα τολμηθεῖσαν. Τὸ γὰρ μέγεθος τῶν δεινῶν οὐδὲ

[a] Collata cum duobus Regiis Mss. itemque cum Vaticano, Coisliniano, et viri clarissimi Alberti Fabricii Codice quem Fabricianum vocamus.

[b] In quibusdam Codicibus hæc, *τῷ δεσπότῃ μου*, etc. usque initium epistolæ desunt. Duo Mss. *καὶ πρὸ τῶν γραμμάτων μὲν οἶμαι*. *μέν* desideratur in aliis.

ἓν μέρος σχεδὸν τῆς οἰκουμένης ἀφῆκεν ἀνήκοον εἶναι τῆς χαλεπῆς ταύτης τραγῳδίας· καὶ γὰρ [c] πρὸς αὐτὰς τῆς γῆς τὰς ἐσχατιὰς φέρουσα ἡ φήμη τὰ γενόμενα, πολὺν πανταχοῦ θρῆνον καὶ ὀλοφυρμὸν εἰργάσατο. Ἀλλ' ἐπειδὴ οὐ θρηνεῖν δεῖ μόνον, ἀλλὰ καὶ διορθοῦν καὶ σκοπεῖν, ὅπως ἂν ὁ χαλεπώτατος οὗτος τῆς Ἐκκλησίας σταίη χειμών· ἀναγκαῖον εἶναι ἐνομίσαμεν τοὺς κυρίους μου τοὺς τιμιωτάτους, καὶ εὐλαβεστάτους ἐπισκόπους Δημήτριον, Πανσόφιον, Πάππον, καὶ Εὐγένιον πεῖσαι τάς τε ἑαυτῶν ἀφεῖναι, καὶ πελάγους κατατολμῆσαι τοσούτου, καὶ μακρὰν ἀποδημίαν στείλασθαι, καὶ πρὸς τὴν ὑμετέραν δραμεῖν ἀγάπην, καὶ πάντα σαφῶς ἀναδιδάξαντας, ταχίστην παρασκευάσαι γενέσθαι τὴν διόρθωσιν, οἷς καὶ τοὺς τιμιωτάτους καὶ ἀγαπητοὺς [a] τῶν διακόνων Παῦλον καὶ Κυριακὸν συνεπέμψαμεν· καὶ αὐτοὶ δὲ ὡς ἐν εἴδει ἐπιστολῆς, ἐν βραχεῖ διδάξομεν ὑμῶν τὴν ἀγάπην τὰ γεγενημένα. Ὁ γὰρ τῆς Ἐκκλησίας τῆς ἐν Ἀλεξανδρείᾳ τὴν προεδρίαν ἐγχειρισθεὶς Θεόφιλος, ἐντυχόντων τινῶν τῷ εὐσεβεστάτῳ βασιλεῖ κατ' αὐτοῦ, κελευσθεὶς ἀφικέσθαι μόνος, συναγαγὼν μεθ' ἑαυτοῦ πλῆθος Αἰγυπτίων ἐπισκόπων οὐκ ὀλίγων παραγίνεται, καθάπερ ἐκ προοιμίων δεῖξαι βουλόμενος, ὅτι εἰς πόλεμον καὶ παράταξιν ἀφῖκται· εἶτα τῆς μεγάλης καὶ θεοφιλοῦς Κωνσταντινουπόλεως ἐπιβὰς, οὐκ εἰς ἐκκλησίαν εἰσῆλθε κατὰ τὸ εἰωθὸς καὶ τὸν ἄνωθεν κρατήσαντα θεσμὸν, οὐχ ἡμῖν συνεγένετο, οὐ λόγου μετέδωκεν, οὐκ εὐχῆς, οὐ κοινωνίας· ἀλλ' ἀποβὰς τοῦ πλοίου, καὶ τὰ πρόθυρα τῆς ἐκκλησίας παραδραμὼν, ἔξω που τῆς πόλεως ἀπελθὼν ηὐλίζετο, καὶ πολλὰ παρακαλεσάντων ἡμῶν καὶ αὐτὸν [b] καὶ τοὺς μετ' αὐτοῦ παραγενομένους παρ' ἡμῖν καταχθῆναι (καὶ γὰρ ἅπαντα ηὐτρέπιστο, καὶ καταγώγια, καὶ ὅσα εἰκὸς ἦν), οὔτε ἐκεῖνοι, οὔτε αὐτὸς ἠνέσχετο. Ταῦτα ὁρῶντες ἡμεῖς, καὶ ἐν ἀπορίᾳ ἦμεν πολλῇ, μηδὲ τὴν αἰτίαν δυνάμενοι τῆς ἀδίκου [c] ταύτης ἀπεχθείας εὑρεῖν· ἀλλ' ὅμως τὰ παρ' ἑαυτῶν ἐπληροῦμεν, τὸ πρέπον ἡμῖν αὐτοῖς ποιοῦντες, καὶ συνεχῶς αὐτὸν παρακαλοῦντες συγγενέσθαι τε ἡμῖν, καὶ εἰπεῖν, τίνος ἕνεκεν τοσοῦτον ἐκ προοιμίων ἀνεῤῥίπισε πόλεμον, καὶ τηλικαύτην διεσκέδασε πόλιν. Ὡς δὲ οὐδὲ αὐτὸς ἠβούλετο λέγειν τὴν αἰτίαν, οἵ τε κατηγοροῦντες αὐτοῦ ἐπέ-

magnitudo et gravitas, ut nulla ferme orbis pars relicta sit, quæ tristem hanc tragœdiam non audierit : quandoquidem fama usque ad fines terræ perlata, plurima ubique lamenta et ejulatus excitavit. Verum quia non satis est plangere, sed opus etiam ut cura geratur; et spectetur qua ratione et quo consilio gravissima illa Ecclesiæ
516 tempestas sedetur : necessarium esse duximus
A ut persuadeatur Demetrio, Pansophio, Pappo, et Eugenio, dominis meis maxime venerabilibus, piisque episcopis, relictis Ecclesiis propriis, pelago se tanto committere, susceptaque longinqua peregrinatione hac, ad vestram properare caritatem, de omnibus vos manifeste docentes, quo quantocius rebus succurratur; misimus autem cum eis venerabiles dilectosque diaconos Paulum et Cyriacum; et nos quoque paucis caritatem vestram quæ facta sunt in epistolæ formam docebimus. Theophilus enim ille qui Alexandrinæ Ecclesiæ episcopatum regendum
B suscepit, cum a piissimo Imperatore, cui adversus illum quædam nuntiata erant, jussus esset venire solus, collecta multitudine episcoporum non paucorum huc venit, quo præludio quasi declarare volebat, se ad bellum et aciem porgere, cumque in magnam divinoque cultui deditam urbem Constantinopolim ingressus esset, non pro more et consuetudine veteri intravit in ecclesiam, neque ad nos accessit, neque participem se fecit vel sermonis, vel precum, vel communionis : sed egressus e navi, et prætercursis ecclesiæ vestibulis, alicubi extra urbem diversatus
C est; tametsi nos plurimum obsecraremus et ipsum et eos qui cum ipso advenerant, ut apud nos diverterent : erant enim diversoria, et omnia alia quæ oportebat, bene instructa : at neque illi neque ipse nobis morem gerebant. Unde nos ea videntes, valde consternabamur animo : et quamvis injustarum illarum inimicitiarum causam nullam invenire possemus, nihilominus tamen officia eis impendimus, quæ par erat nos illis exhibere; ac frequenter ipsum obsecravimus, ut se

[c] Maxima pars Mss. *πρὸς αὐτάς*. Edit. *εἰς αὐτάς* Infra, *πεῖσαι τάς τε ἑαυτῶν ἀφεῖναι*, subaudi *ἐκκλησίας*. Sic omnes Mss. et Editi. Mox omnes Mss. *δραμεῖν*. Edit. *ἀναδραμεῖν*.

[a] Duo Mss. *τοὺς τιμιωτάτους καὶ ἀγαπητοὺς τῶν διακόνων*, quæ lectio melior videtur, quam Editorum *τὸν διάκονον*. Palladius habet *ἀγαπητοὺς διακόνους Παῦλον καὶ Κυριακόν*. Ibid. Coislinianus *αὐτοὶ δὲ ὡς ἔνι δι' ἐπιστολῆς ἐν βραχείᾳ*.

[b] Duo optimi Mss. Coislinianus et Reg. unus *καὶ τοὺς μετ' αὐτοῦ*, Fabric. *καὶ τοὺς πρὸς αὐτόν*. Edit. *καὶ τοὺς πρὸ αὐτοῦ*. Itaque Chrysostomus domi excipere voluit Theophilum Alexandrinum et eos qui ante ipsum advenerant, si stemus prius Editorum lectioni; vel Theophilum et eos qui ad ipsum accesserant, secundum Fabricianum Codicem; vel Theophilum et eos qui cum ipso venerant, ut fertur in duobus optimis Codicibus. Hæc vero posterior lectio magis quadrat ad supra dicta, *συναγαγὼν μεθ' ἑαυτοῦ πλῆθος Αἰγυπτίων ἐπισκόπων οὐκ ὀλίγων*, et habetur etiam apud Palladium.

[c] Duo Mss. *ταύτης ἔχθρας*.

nobis conjungeret, diceretque, cujus gratia statim ab initio tantum excitaret bellum, in tantaque urbe discordiam induceret. Verum cum ille causam dicere nollet, meque urgerent accusatores ejus, vocavit nos Imperator pientissimus, et jussit ire ad locum in quo ille agebat, et illic crimina, quæ ipsi offerrentur, audire. Nam incursiones, et cædes, et alia plurima objiciebant: nos autem scientes leges patrum, viroque lonorem deferentes, habentes etiam super hac re ejus literas, oportere in quibusque provinciis sua negotia tractari, neque extra limites illarum trali, vel ementer detrectavimus, ne causam susciperemus judicandam. Porro ille quasi prioribus conatibus cumulum addere contendens, multa auctoritate vocato archidiacono meo, quasi jam Ecclesia viduata esset, ac episcopum non laberet, clerum omnem sibi per illum adjunxit: fiebantque desertæ in dies ecclesiæ, dum e singulis ecclesiis abducebantur clerici et instruebantur ut nos accusarent, et libellos adversus nos producerent. Post læc vocavit et nos ad judicium, nondum dilutis sibi objectis criminibus, id quod maxime contra omnes canones et leges erat.

Chrysostomus cur coram Theophilo et asseclis se sistere recusarit.

2. Porro scientes, nos non ad judicium (nam alioquin sexcenties venissemus), sed ad hostem et inimicum venturos, id quod satis declarant quæ prius ac postea sunt facta, misimus ad eum episcopos, Demetrium episcopum Pesinuntis, Eulysium Apameæ, Lupicinum Appiariæ, presbyteros autem, Germanum et Severum, respondimusque modeste ex nostro instituto: non vitare nos judicium, sed inimicum apertum, et hostem manifestum. Nam qui nondum acceptis libellis statim ab initio talia fecit, et seipsum abstraxit ab Ecclesiæ precibus et communione, et insuper accusatores subornavit, clerum ad se traxit, ecclesiam desolavit: quomodo idoneus censeri possit hujusmodi, ut in judicis thronum conscendat sibi minime congruentem? Neque enim congruum est, ut ii qui in Ægypto sunt, judicent eos qui in Tlracia, et præsertim ille qui ipse reus est, inimicus et lostis. At ille nilil horum reveritus,

κειντο, καλέσας ἡμᾶς ὁ εὐσεβέστατος βασιλεὺς, ἐκέ-
D λευσε [d] πέραν ἔνθα διέτριβεν ἀπιέναι, καὶ τῆς κατ' αὐτοῦ ἀκούειν ὑποθέσεως. Καὶ γὰρ καὶ ἔφοδον, καὶ σφαγὰς, καὶ ἕτερα ἐνεκάλουν μυρία· ἀλλ' ἡμεῖς καὶ τοὺς νόμους τῶν πατέρων εἰδότες, καὶ τὸν ἄνδρα αἰδούμενοι καὶ τιμῶντες, καὶ αὐτοῦ δὲ τὰ γράμματα ἔχοντες τὰ δηλοῦντα μὴ δεῖν ὑπερορίους ἕλκεσθαι τὰς δίκας, ἀλλ' ἐν ταῖς ἐπαρχίαις τὰ τῶν ἐπαρχιῶν γυμνάζεσθαι, οὐ κατεδεξάμεθα δικάσαι, ἀλλὰ καὶ μετὰ πολλῆς παρῃτησάμεθα τῆς σφοδρότητος. Ὁ δὲ ὥσπερ τοῖς προτέροις ἐπαγωνιζόμενος, τὸν ἀρχιδιάκονον καλέσας τὸν ἐμὸν, ἐξ αὐθεντίας πολλῆς, ὥσπερ ἤδη χηρευού-
E σης τῆς Ἐκκλησίας, καὶ οὐκ ἐχούσης ἐπίσκοπον, δι' ἐκείνου τὸν κλῆρον ἅπαντα πρὸς ἑαυτὸν μετέστησε· καὶ ἀνάστατοι αἱ ἐκκλησίαι ἐγένοντο, ἀπαγομένων τῶν ἐν ἑκάστῃ κληρικῶν, καὶ παρασκευαζομένων
517 A [a] λιβέλλους διδόναι καθ' ἡμῶν, καὶ πρὸς κατηγορίαν ἀλειφομένων. Καὶ ταῦτα ποιήσας ἔπεμπε, καὶ ἐκάλει ἡμᾶς εἰς δικαστήριον, μηδέπω τὰς καθ' ἑαυτοῦ ἀποδυσάμενος αἰτίας, ὃ μάλιστα καὶ παρὰ κανόνας καὶ παρὰ πάντας τοὺς νόμους ἦν.

Ἀλλ' ἡμεῖς συνειδότες [b] ὅτι οὐ πρὸς δικαστήριον ἀφικόμεθα (ἢ γὰρ ἂν μυριάκις παρεγενόμεθα), ἀλλὰ πρὸς ἐχθρὸν καὶ πολέμιον, καθάπερ τά τε ἔμπροσθεν γεγενημένα καὶ τὰ μετὰ ταῦτα ἐδήλωσεν, ἀπεστάλκαμεν πρὸς αὐτὸν ἐπισκόπους, τὸν Πισινοῦντος Δημήτριον, τὸν Ἀπαμείας Εὐλύσιον, τὸν Ἀππιαρίας
B Λουπίκινον, πρεσβυτέρους δὲ, Γερμανὸν, καὶ Σευῆρον, μετὰ τῆς προσηκούσης ἡμῖν ἐπιεικείας ἀποκρινόμενοι, καὶ λέγοντες [c] μὴ παραιτεῖσθαι κρίσιν, ἀλλ' ἐχθρὸν πρόδηλον καὶ πολέμιον φανερόν. Ὁ γὰρ μηδέπω λιβέλλους δεξάμενος, καὶ τοιαῦτα ἐκ προοιμίων ποιήσας, καὶ ἀποῤῥήξας ἑαυτὸν Ἐκκλησίας, κοινωνίας, εὐχῆς, καὶ κατηγόρους ἀλείφων, καὶ κλῆρον μεθιστὰς, καὶ ἐκκλησίαν ἐρημῶν· πῶς ἂν ἢ δίκαιος ἐπὶ τὸν τοῦ δικαστοῦ θρόνον ἀναβαίνειν οὐδαμόθεν αὐτῷ προσήκοντα; Οὐδὲ γὰρ ἀκόλουθόν ἐστι τὸν ἐξ Αἰγύπτου τοὺς ἐν Θρᾴκῃ δικάζειν, [d] καὶ τοῦτον ὑπεύθυνον αἰτίας ὄντα, καὶ ἐχθρὸν καὶ πολέμιον. Ἀλλ'
C ὅμως οὐδὲν αἰδεσθεὶς, ἀλλὰ ἅπερ βεβούλευτο πλη-

[d] Unus Ms. πέραν ὅπου διέτριβεν Ibid. Coislin. τῆς κατ' αὐτοῦ. Omnes pene Mss. πέραν ἔνθα διέτριβεν τῆς κατ' αὐτόν, alii κατ' αὐτοῦ, quam lectionem ex conjectura proposuit Fronto Ducæus, et ita legisse videtur Interpres. Editi κατ' αὐτόν, sicque legit Palladius. In omnibus fere ἀπιέναι deest.

[a] Duo Mss. λιβέλλους ἐπιδιδόναι.

[b] Sic omnes Mss. recte. In Editis hæc, ἢ γὰρ ἂν μυριάκις παρεγενόμεθα, desunt. Infra Mss. pene omnes τὸν Πισινοῦντος. Ibid. unus Εὐλύσιον, et ibid. omnes Λουπίκινον, quæ vera est lectio. Palladius Λουππικιανόν.

[c] Duo Mss. μὴ παραιτεῖσθαι κριτήριον.

[d] Duo Mss. κἂν ὑπεύθυνον αἰτιάσωνται καὶ ἐχθρόν, quæ lectio totum mutat sensum. Palladius ὑπεύθυνον ὄντα αἰτιῶν.

ρῶσαι ἐπειγόμενος, ἡμῶν δηλωσάντων, ὅτι ἕτοιμοί ἐσμεν καὶ ἑκατὸν καὶ χιλίων ἐπισκόπων παρόντων ἀποδύσασθαι τὰ ἐγκλήματα, καὶ δεῖξαι ὄντας καθαροὺς ἑαυτοὺς, ὥσπερ οὖν καὶ ἐσμὲν, οὐκ ἠνέσχετο· ἀλλὰ ἀπόντων ἡμῶν, καὶ σύνοδον ἐπικαλουμένων, καὶ κρίσιν ἐπιζητούντων, καὶ οὐκ ἀκρόασιν φευγόντων, ἀλλ' ἀπέχθειαν φανερὰν, καὶ κατηγόρους ἐδέχετο, καὶ τοὺς παρ' ἐμοῦ γενομένους [e] ἀκοινωνήτους ἔλυε, καὶ παρ' αὐτῶν ἐκείνων οὐδέπω τὰ ἐγκλήματα ἀποδυσαμένων λιβέλλους ἐλάμβανε, καὶ ὑπομνήματα ἔπραττε, ἅπερ ἅπαντα παρὰ θεσμὸν καὶ κανόνων ἀκολουθίαν ἦν. Τί δὲ δεῖ πολλὰ λέγειν; Οὐκ ἀπέστη D πάντα ποιῶν, καὶ πραγματευόμενος, ἕως ἡμᾶς μετὰ δυναστείας καὶ αὐθεντίας πάσης καὶ τῆς πόλεως καὶ τῆς Ἐκκλησίας ἐξέβαλε, καὶ πρὸς ἑσπέραν βαθεῖαν, τοῦ δήμου παντὸς ἡμῖν ἐπισυρομένου. Ἑλκόμενος ὑπὸ τοῦ κουριώσου τῆς πόλεως ἐν μέσῃ τῇ πόλει, καὶ πρὸς βίαν συρόμενος κατηγόμην, καὶ εἰς πλοῖον ἐνεβαλλόμην, καὶ διὰ νυκτὸς ἔπλεον, ἐπειδὴ σύνοδον πρὸς δικαίαν ἀκρόασιν προεκαλούμην. Τίς ταῦτα ἀδακρυτὶ, κἂν λιθίνην [f] ἔχῃ καρδίαν, ἀκούσειεν; Ἀλλ' ἐπειδὴ, καθάπερ ἔφθην εἰπὼν, οὐ θρηνεῖν μόνον τὰ κακῶς γινόμενα, ἀλλὰ καὶ διορθοῦν δεῖ, παρακαλῶ E τὴν ὑμετέραν ἀγάπην διαναστῆναι, καὶ συναλγῆσαι, καὶ πάντα ποιῆσαι, ὥστε στῆναι ταύτῃ τὰ κακά. Οὐδὲ γὰρ ἐνταῦθα τὰ τῆς παρανομίας αὐτοῖς κατέλυσεν, ἀλλὰ καὶ μετὰ ταῦτα τοῖς προτέροις ἐπαπο- 518 δύετο. Ἐπειδὴ γὰρ ὁ εὐσεβέστατος βασιλεὺς ἐπιπη- A δήσαντας αὐτοὺς τῇ ἐκκλησίᾳ ἀναισχύντως ἐξέβαλε, καὶ πολλοὶ τῶν παρόντων ἐπισκόπων ἰδόντες αὐτῶν τὴν παρανομίαν, [a] εἰς τὰς αὐτῶν ἀνεχώρησαν, τὴν ἔφοδον αὐτῶν ὥσπερ πυράν τινα πάντα ἐπινεμομένην φεύγοντες, ἡμεῖς μὲν πάλιν εἰς τὴν πόλιν ἐκαλούμεθα, καὶ εἰς τὴν Ἐκκλησίαν, ἧς ἀδίκως ἐξεβλήθημεν, ἐπισκόπων τε ἡμᾶς πλειόνων ἢ τριάκοντα εἰσαγόντων, καὶ τοῦ θεοφιλεστάτου βασιλέως νοτάριον εἰς τοῦτο ἀποστείλαντος, ἐκεῖνος δὲ ἐδραπέτευσεν εὐθέως. Τίνος ἕνεκεν καὶ διὰ τί; Εἰσιόντες παρεκαλοῦμεν τὸν θεοφιλέστατον βασιλέα, σύνοδον συναγαγεῖν εἰς ἐκδικίαν τῶν γεγενημένων. Συνειδὼς τοίνυν ἅπερ B ἔδρασε, καὶ τὸν ἔλεγχον δεδοικὼς, καὶ γραμμάτων βασιλικῶν πανταχοῦ διαπεμφθέντων, πάντοθεν πάντας συναγόντων, λάθρᾳ μέσων νυκτῶν εἰς ἀκάτιον ἑαυτὸν ἐμβαλὼν, οὕτως ἀπέδρα τοὺς μεθ' ἑαυτοῦ πάντας ἐπαγόμενος.

magno studio anhelabat, ut perficeret ea quæ mente conceperat. Cum autem contestaremur paratos nos ad diluendum crimina, et ad innocentiam, sicut et innocentes sumus, declarandam coram centum vel mille episcopis, non assensit: sed licet absentes essemus, et ad synodum appellaremus, judiciumque requireremus, et non tribunal, sed manifestas inimicitias fugeremus, ipse tamen accusatores suscepit, excommunicatos a me absolvit, et ab illis, qui nondum se de suis purgaverant criminibus, libellos D accepit: et acta perscribi jussit, quæ omnia legibus et canonibus prohibita erant. Et quid opus est multa dicere? Non destitit omnia facere ac moliri, donec nos vi et potentia e civitate et Ecclesia ejiceret, etiam jam provecta vespera, et universo populo nos prosequente. Tractus igitur vi et abductus a Curioso urbis in media civitate, et in navim conjectus, per noctem navigavi, eo quod ad synodum et justum judicium provocaram. Quis hæc sine lacrymis, etiamsi cor lapideum habeat, audiret? Verum quia, sicut E prius dixi, ea quæ perperam fiunt, non solum deploranda, sed et corrigenda sunt: ideo caritatem vestram obsecro, ut provocetur ad condolendum, faciendumque omnia, quo mala hæc sistantur. Neque enim hic facinorum illis finis, 518 A sed ad priora adjecerunt et alia. Nam postquam eos qui ecclesiam impudenter invaserant, piissimus Imperator ejecit, et multi episcopi, qui aderant, cognoscentes iniquitatem et invasionem illorum, quasi incendium depascens omnia, fugientes, in suas regiones concesserunt, nosque iterum in urbem et in Ecclesiam, a qua injuste ejecti eramus, vocati sumus, inducentibus nos episcopis super triginta, et notario ab Imperatore piissimo in hoc misso, ille statim aufugit. Cur et qua de causa? Eo quod ingressi mox obsecrabamus religiosissimum Imperatorem, ut B concilium cogeret, quo facta hæc punirentur. Male igitur conscius sibi, et reprehensionem pertimescens, cum Imperatoris literæ in omnia loca mitterentur et undecumque omnes congregarent, occulte, mediaque nocte ipse cum suis omnibus conscensa navi elapsus est.

Chrysostomus a priore exsilio redux.

[e] Quidam Mss. ἀκοινωνήτους ἔλυσε. Palladius καὶ τοὺς παρ' ἐμοῦ δεδεμένους ἔλυσε. Paulo post, λιβέλλους ἐλάμβανε, *libellos accepit*. Vox frequens apud Græcos præsertim medii ævi, quæ ut plurimum significat libellum accusationes complectentem. Vide Cangium in Glossario Græco. De Curioso, quod officium erat sat frequenter memoratum, egimus in Edit. Athanasii p. 190. Curiosi erant ii quibus cura incumbebat crimina et quælibet perpetrata facinora indagandi, reosque ad Imperatorem deferendi ac denuntiandi. Ibi vide sis.

[f] Tres Mss. ἔχῃ διάνοιαν.

[a] Unus cum Palladio εἰς τὰ ἑαυτῶν: tres Mss. εἰς τὰς ἑαυτῶν πατρίδας. Editi εἰς τὰς ἑαυτῶν ἀνεχ.

3. Porro nos, utpote conscientiæ nostræ fidentes, non propterea destitimus, sed eadem iterum a religiosissimo Imperatore petivimus. Qui et pro sua pietate missis ad illum nuntiis, eum, et omnes qui cum eo erant, ex Ægypto vocavit, ut rationem factorum redderent: neque putarent ea quæ ipsi una solum præsente parte, nobisque absentibus contra canones injuste attentarant, esse sibi ad purgationem satis. At regiis literis ille non obtemperavit, sed domi mansit, prætexens seditionem populi, studium nimirum quorumdam intempestivum, qui ei favebant; tametsi populus illic quoque ante literas conviciis eum innumeris prosciderat. Verum hæc nunc exacte prosequi nolumus, sed hæc tantum idcirco diximus, ut eum in nefariis conatibus deprehensum ostenderemus. Itaque nos non quievimus, sed in hoc incubuimus, orantes Imperatorem, ut haberetur judicium, in quo agere et respondere liceret: dicebamus enim nos paratos ad ostendendum nos non esse reos, sed illos legum extremos transgressores. Erant autem relicti hic Syri, qui cum eo affuerant, et cum illo communiter omnia fecerant; ad hos accessimus, ad dandam rationem parati, atque super ea re sæpe eos interpellavimus, obsecrantes ut dignarentur nobis libellos et accusationum acta dare, vel genus criminum, vel accusatores ipsos significare: verum nihil horum impetravimus, sed iterum ex Ecclesia ejecti sumus. Quomodo quæ tunc gesta sunt, et omnem excedunt tragœdiam, enarraverim? quis ea sermo explicabit? quæ auris sine

Violenta irruptio in ecclesiam.

horrore percipiet? Cum enim illa quæ dixi prætenderemus, ipso magno sabbato collecta manus militum, ad vesperam diei in ecclesias ingressa, clerum omnem qui nobiscum erat vi ejecit, et armis sanctuarium undique obsedit. Mulieres quoque sacrarum ædium, quæ per illud tempus se exuerant, ut baptizarentur, metu gravis istius incursus nudæ aufugerunt; neque enim concedebatur ut se velarent, sicut mulieres honestas docet; multæ etiam acceptis vulneribus ejiciebantur, et sanguine implebantur piscinæ, et cruore sacri latices rubescebant. Neque hic rerum finis erat. Nam et locum, in quo sancta condita servabantur, ingressi sunt milites, quorum aliquos scimus nullis initiatos mysteriis, et viderunt omnia quæ intus erant. Quin et san-

Ἀλλ' ἡμεῖς οὐδὲ οὕτως ἔστημεν, διὰ τὸ τῷ συνειδότι θαῤῥεῖν τῷ ἡμετέρῳ, τὰ αὐτὰ πάλιν παρακαλοῦντες τὸν εὐσεβέστατον βασιλέα. Ὃς καὶ πρεπόντως αὐτοῦ ποιῶν τῇ εὐσεβείᾳ, ἔπεμψε πρὸς αὐτὸν πάλιν καλῶν αὐτὸν ἐξ Αἰγύπτου, καὶ τοὺς μετ' αὐτοῦ πάντας, ὥστε δοῦναι λόγον τῶν γεγενημένων, [b] καὶ μὴ τὰ ἀδίκως οὕτως ἐκ μιᾶς μοίρας, καὶ ἀπόντων ἡμῶν
C τολμηθέντα, καὶ παρὰ τοσούτους κανόνας, νομίζειν ἀρκεῖν εἰς ἀπολογίαν ἑαυτῷ. Ὁ δὲ οὐδὲ τῶν βασιλικῶν ἠνέσχετο γραμμάτων, ἀλλ' ἔμενεν οἴκοι, προβαλλόμενος στάσιν τοῦ δήμου, καὶ σπουδὴν ἄκαιρόν τινων δῆθεν ἀντεχομένων αὐτοῦ· καίτοι γε πρὸ τῶν γραμμάτων τῶν βασιλικῶν αὐτὸς οὗτος ὁ δῆμος μυρίαις [c] αὐτὸν ἦν πλύνας λοιδορίαις. Ἀλλ' οὐ ταῦτα περιεργαζόμεθα νῦν, ἀλλ' ἐκεῖνο δεῖξαι βουλόμενοι, ὅτι κακουργῶν ἀπελήφθη, ταῦτα εἰρήκαμεν. Πλὴν οὐδὲ μετὰ ταῦτα ἡμεῖς ἡσυχάσαμεν, [d] ἀλλ' ἐπεκείμεθα ἀξιοῦντες δικαστήριον γενέσθαι κατὰ πεῦσιν καὶ ἀπόκρισιν· ἕτοιμοι γὰρ εἶναι ἐλέγομεν δεῖξαι ἑαυτούς
D τε ἀνευθύνους ὄντας, ἐκείνους δὲ τὰ ἔσχατα παρανομήσαντας. Καὶ γὰρ ἦσάν τινες Σύροι τῶν ποτε μετ' αὐτοῦ παρόντων, ἐνταῦθα ἀπολειφθέντες, [e] οἳ κοινῇ μετ' αὐτοῦ τὸ πᾶν ἔδρασαν· καὶ προσίεμεν ἕτοιμοι δικάζεσθαι, καὶ πολλάκις ἠνωχλήσαμεν ὑπὲρ τούτου, ἀξιοῦντες τὰ ὑπομνήματα ἡμῖν δοθῆναι, ἢ λιβέλλους κατηγοριῶν, ἢ φύσιν ἐγκλημάτων γνωρισθῆναι, ἢ αὐτοὺς τοὺς κατηγόρους· καὶ οὐδενὸς τούτων τετυχήκαμεν, ἀλλὰ πάλιν ἐξεβλήθημεν τῆς Ἐκκλησίας. Πῶς ἂν τὰ ἐντεῦθεν διηγησαίμην λοιπὸν πᾶσαν ὑπερβαίνοντα τραγῳδίαν; τίς ταῦτα παραστήσει λόγος; ποία
E χωρὶς φρίκης δέξεται ἀκοή; Ἡμῶν γὰρ αὐτὰ, καθάπερ ἔμπροσθεν εἶπον, προτεινόντων, ἀθρόον στρατιωτῶν πλῆθος αὐτῷ τῷ μεγάλῳ σαββάτῳ, πρὸς ἑσπέραν λοιπὸν τῆς ἡμέρας [f] ἐπειγομένης, ταῖς ἐκκλησίαις ἐπεισελθόντες, τὸν κλῆρον ἅπαντα τὸν σὺν ἡμῖν πρὸς βίαν ἐξέβαλον, καὶ ὅπλοις τὸ βῆμα περιεστοίχιστο. Καὶ γυναῖκες τῶν εὐκτηρίων οἴκων πρὸς τὸ
519 βάπτισμα ἀποδυσάμεναι κατ' αὐτὸν τὸν καιρὸν γυ-
A ναὶ ἔφυγον ὑπὸ τοῦ φόβου τῆς χαλεπῆς ταύτης ἐφόδου, οὐδὲ τὴν πρέπουσαν γυναιξὶν εὐσχημοσύνην συγχωρούμεναι περιθέσθαι· πολλαὶ δὲ καὶ τραύματα δεξάμεναι ἐξεβάλλοντο, καὶ αἵματος αἱ κολυμβῆθραι ἐπληροῦντο, καὶ τὰ ἱερὰ ἀπὸ τῶν αἱμάτων ἐφοινίσσετο νάματα. Καὶ οὐδὲ ἐνταῦθα εἱστήκει τὸ δεινόν. Ἀλλ' ἔνθα τὰ ἅγια ἀπέκειντο εἰσελθόντες οἱ στρατιῶται, ὧν ἔνιοι, καθ' ὡς ἔγνωμεν, ἀμύητοι ἦσαν, πάντα τε ἑώρων τὰ ἔνδον, καὶ τὸ ἁγιώτατον αἷμα τοῦ Χριστοῦ, ὡς ἐν τοσούτῳ θορύβῳ, εἰς τὰ τῶν προ-

[b] Duo *καὶ μετὰ ἀδικίας*.

[c] Duo Mss. *αὐτὸν ἔβαλε λοιδορίαις*.

[d] Tres Mss. *ἀλλ' ἐπεθέμεθα ἀξιοῦντες*. Infra *ἐλέγομεν* deest in tribus Mss.

[e] Omnes Mss. uno excepto *οἱ καὶ μετ' αὐτοῦ*. Infra tres Mss. *ἢ λιβέλλλους κατηγόρων*, et sic etiam Palladius.

[f] Sic Mss. pene omnes. Editi male *ἐπιγινομένης*. Hic locus affertur a Nicephoro Call lib. 13, cap. 49.

ειρημένων στρατιωτῶν ἱμάτια ἐξεχεῖτο· καὶ ὡς ἐν αἰχμαλωσίᾳ βαρβαρικῇ πάντα ἐτολμᾶτο. Καὶ ὁ δῆμος πρὸς τὴν ἐρημίαν ἠλαύνετο, καὶ πᾶς ὁ λαὸς ἔξω τῆς πόλεως διέτριβε, καὶ κεναὶ ἐν ἑορτῇ τοιαύτῃ τῶν λαῶν αἱ ἐκκλησίαι ἐγίνοντο, καὶ πλείους ἢ τεσσαράκοντα ἐπίσκοποι οἱ κοινωνοῦντες ἡμῖν μετὰ τοῦ λαοῦ καὶ τοῦ κλήρου εἰκῇ καὶ μάτην ἠλαύνοντο· [a] καὶ ὀλολυγαὶ, καὶ θρῆνοι, καὶ πηγαὶ δακρύων πανταχοῦ κατὰ τὰς ἀγορὰς, κατὰ τὰς οἰκίας, κατὰ τὰς ἐρημίας, [b] καὶ πᾶν τῆς πόλεως μέρος τῶν συμφορῶν ἐπληροῦτο τούτων· διὰ γὰρ τὴν ὑπερβολὴν τῆς παρανομίας οὐχ οἱ πάσχοντες μόνον, ἀλλὰ καὶ οἱ μηδὲν τοιοῦτον ὑπομένοντες συνήλγουν ἡμῖν, οὐχ οἱ ὁμόδοξοι μόνον, ἀλλὰ καὶ αἱρετικοὶ, καὶ Ἰουδαῖοι καὶ Ἕλληνες, καὶ ὡς τῆς πόλεως κατὰ κράτος ἁλούσης, οὕτως ἐν θορύβοις καὶ ταραχαῖς καὶ ὀλολυγαῖς ἅπαντα ἦν. Καὶ ταῦτα ἐτολμᾶτο παρὰ γνώμην τοῦ εὐσεβεστάτου βασιλέως, νυκτὸς καταλαβούσης, ἐπισκόπων αὐτὰ κατασκευαζόντων, καὶ πολλαχοῦ στρατηγούντων, οἳ οὐκ ᾐσχύνοντο * καμπιδούκτορας ἀντὶ διακόνων προηγουμένους ἔχοντες. Ἡμέρας δὲ γενομένης, πᾶσα ἡ πόλις ἔξω τῶν τειχῶν μετῳκίζετο ὑπὸ δένδρα καὶ νάπας, καθάπερ πρόβατα διεσπαρμένα τὴν ἑορτὴν ἐπιτελοῦντες.

Ἔξεστιν ὑμῖν τὰ ἐντεῦθεν λογίσασθαι λοιπὸν ἅπαντα· ὥσπερ γὰρ ἔφθην εἰπὼν, οὐχ οἷόν τε πάντα ἐπελθεῖν τῷ λόγῳ καθ' ἕκαστον γινόμενα. Τὸ δὴ χαλεπὸν, ὅτι τοσαῦτα καὶ τηλικαῦτα κακὰ οὐδέπω καὶ νῦν λύσιν ἔλαβεν, ἀλλ' οὐδὲ ἐλπίδα λύσεως· [c] ἀλλ' ἐκτείνεται καθ' ἑκάστην ἡμέραν τὸ δεινὸν, καὶ γέλως γεγόναμεν τοῖς πολλοῖς· μᾶλλον δὲ γελᾷ μὲν οὐδεὶς, κἂν μυριάκις παράνομος ᾖ, θρηνοῦσι δὲ πάντες, ὅπερ ἔφην, τὸν κολοφῶνα τῶν κακῶν, τὴν καινὴν ταύτην παρανομίαν. Τί ἄν τις εἴποι τὰς τῶν λοιπῶν Ἐκκλησιῶν ταραχάς; Οὐδὲ γὰρ ἐνταῦθα ἔστη τὸ κακὸν, ἀλλὰ καὶ μέχρι τῆς ἕω ἔφθασε. Καθάπερ γὰρ ἀπὸ κεφαλῆς πονηροῦ ῥεύματος ἐκχυθέντος, τὰ λοιπὰ διαφθείρεται μέρη, οὕτω δὴ καὶ νῦν ὥσπερ ἐκ πηγῆς τῆς μεγάλης ταύτης πόλεως τῶν κακῶν ἀρξαμένων, ὁδῷ

ctissimus Christi sanguis, sicut in tali tumultu contingit, in prædictorum militum vestes effusus est, fiebantque quasi in barbarica captivitate omnia. Vulgus enim in solitudinem fugabatur, multitudo omnis extra civitatem versabatur, erantque in tanto festo vacuæ populo ecclesiæ, et plures quam quadraginta episcopi, qui nobis communicarant, cum populo et clero sine causa fugabantur: et ob prodigiosa flagitia, ubique per fora, per domos, per solitudines, per omnes civitatis partes, omnia lamentis, ejulatibus, et fontibus lacrymarum plena erant: ut non modo qui affligebantur, sed et qui nihil tale patiebantur, et non solum qui nostræ fidei erant, sed et hæretici, et Judæi, et gentiles, ob sceleris atrocitatem nobiscum dolerent, et quasi per vim capta civitate, tumultu, trepidatione ac planctu plena erant omnia. Talia ausi sunt præter sententiam piissimi Imperatoris, nocte multa, episcopis hæc instruentibus, et multis in locis ordines ducentibus, nec erubescentibus, quod pro diaconis campiductores præeuntes haberent. Ubi vero illuxit dies, omnis civitas extra muros sub arbores et in nemora emigravit, ibi festum diem celebrans, quasi oves dispersæ.

4. Licet vobis ex his et cætera omnia pensare: nam omnia quæ facta sunt sigillatim sermone complecti, ut dixi, impossibile est. Est autem et hoc perquam molestum, quod talia tantaque mala nullum adhuc finem accipiant, neque spes sit ea finem habitura; sed augentur in dies magis ac magis, nosque plerisque ridiculi facti sumus; imo ridet nullus, etiam si valde sit perversus; lugent autem omnes propter extremam et inauditam hanc malitiam, malorum facile colophonem. Quis vero reliquarum Ecclesiarum perturbationes eloqui possit? Non enim hic cessavit hoc malum, sed usque ad Orientem pervenit. Nam sicut a capite malis humoribus defluentibus, reliqua membra corrumpuntur: ita nunc

Perturbatio rei ecclesiasticæ in Oriente.

[a] Mss pene omnes ὀλολυγαὶ καὶ οἰμωγαὶ καὶ κωκυτοὶ καὶ θρῆνοι.

[b] [Morel. et Montf. καὶ κατὰ πᾶν... Interpres legisse videtur καὶ κατὰ πᾶν τ. π μ. πάντα τ. σ. ἐ. τ. Delevimus illud κατὰ cum Savil.]

* Καμπιδούκτορας. Campiductores ii erant qui exercitiis militaribus præerant, quique tirones docebant, ut ait Vegetius l. 1, cap. 13. Hæc vox occurrit etiam apud Lampridium in Severo, c. 53: *Certe Campiductores vestri hanc vos docuerunt contra Sarmatas*, etc. Ubi restituendum putat Salmasius, *Campidoctores*, sed vox *Campiductores* hoc Chrysostomi exemplo firmatur: tria item profert exempla Cangius in Glossario Græco ex Leonis Imp. Tacticis, ubi semper Καμπιδούκτωρ legitur. Sic etiam Ammianus Marcellinus l. 19. Videtur Salmasius *Campidoctorem* malle, quia Vegetius supra allato loco et in duobus aliis Campidoctorem legit. Verum monet Stewechius ad singula loca Campiductorem legendum esse, et ad lib. III, cap. 6, addit sic in membranis haberi. Attamen exempla duo præfert Gruterus in Thesauro, ubi Campidoctor legitur.

[c] Tres Mss. et Palladius ἀλλ' ἐπιτείνεται. Edit. ἀλλ' ἐκτείνεται.

quoque tumultus, qui in hac magna civitate cœperunt, quasi ex fonte in omnia loca sensim effluunt, et clerici ubique in episcopos insurgunt, et episcopi ab episcopis, et pôpuli a populis scissi sunt, et alii propediem scindentur, et exspectatur ubique malorum partus, orbisque totius subversio. Igitur, domini mei maxime venerandi et pii, cum hæc ita se habere didiceritis, studium vestrum et magnam diligentiam adhibete, quo retundatur hæc quæ in Ecclesias irrupit iniquitas. Quippe si mos hic invaluerit, et fas fuerit cuivis in alienam parœciam irrumpere, idque ex tantis intervallis, et ejicere quos voluerit, et auctoritate propria quæque pro libidine sua facere, scitote quod brevi transibunt omnia, et totus orbis premetur bello inexpiabili, omnibus ejectis, et omnes ejicientibus. Quapropter ne confusio hæc omnem quæ sub cælo est nationem invadat, obsecro ut scribas quod hæc tam inique facta, et ab una solum parte absentibus nobis, et non declinantibus judicium, non habent robur, sicut neque sua natura habent: illi autem qui adeo inique egisse deprehensi sunt, pœnæ ecclesiasticarum legum subjaceant: nobis vero, qui nec convicti, nec redarguti, nec habiti ut rei sumus, literis vestris et caritate vestra, aliorumque omnium, quorum scilicet et antea societate fruebamur, frui concedite. Si autem adversarii nostri, qui ita inique egerunt, adhuc fingunt crimina quædam propter quæ nos injuste ejecerunt, non datis nobis actis, neque libellis, neque manifestatis accusatoribus: si dentur judices incorrupti, agemus, et tuebimur etiam nos libenter causam, monstrabimusque nos non esse reos eorum quæ nobis objiciunt, sicut et plane innoxii sumus: et contra quæ ab ipsis facta contra omnem sunt ordinem, contra omnes leges, contra omnes ecclesiasticos canones. Et quid dico canones ecclesiasticos? Neque in gentilium judiciis, neque in barbarorum tribunalibus talia attentata sunt umquam: imo vero neque Scytlæ, neque Sauromatæ umquam judicarunt, judicium dandum uni parti, absente ea quæ accusatur, et vitante non judicium, sed inimicitias, et invocante multa millia judicum, et protestante coram toto orbe declaraturam se non esse ream, depulsuramque crimina, et ostensu-

τὰ τῶν θορύβων πανταχοῦ προέβη, [d] καὶ κλῆροι πανταχοῦ ἐπανέστησαν ἐπισκόποις, καὶ ἐπίσκοποι ἐπι-
520 σκόπων, καὶ λαοὶ μὲν λαῶν διεσχίσθησαν, οἱ δὲ μέλ-
A λουσι, καὶ πανταχοῦ τῶν κακῶν ὠδῖνες, καὶ τῆς οἰκουμένης ἁπάσης ἀνατροπή. Μαθόντες τοίνυν ἅπαντα,
κύριοί μου τιμιώτατοι καὶ εὐλαβέστατοι, τὴν προσήκουσαν ὑμῖν ἀνδρείαν καὶ σπουδὴν ἐπιδείξασθε, ὥστε
παρανομίαν τοσαύτην ἐπεισελθοῦσαν ταῖς Ἐκκλησίαις
[a] ἀναστεῖλαι. Εἰ γὰρ τοῦτο κρατήσειε τὸ ἔθος, καὶ
ἐξὸν γένηται τοῖς βουλομένοις εἰς τὰς ἀλλοτρίας ἀπιέναι παροικίας ἐκ τοσούτων διαστημάτων, καὶ ἐκβάλλειν οὓς ἂν ἐθέλοι τις, κατ' ἐξουσίαν ἰδίαν [b] πράττειν,
ἅπερ ἂν ἐθέλωσιν, ἴστε ὅτι πάντα οἰχήσεται, καὶ πόλεμός τις ἀκήρυκτος πᾶσαν ἐπιδραμεῖται τὴν οἰκου-
B μένην, πάντων πάντας βαλλόντων καὶ βαλλομένων.
Ἵνα οὖν μὴ τοσαύτη σύγχυσις καταλάβῃ τὴν ὑφ'
ἥλιον πᾶσαν, ἐπιστεῖλαι [c] παρακλήθητε τὰ μὲν οὕτω
παρανόμως γεγενημένα ἀπόντων ἡμῶν, καὶ ἐκ μιᾶς
μοίρας, καὶ οὐ παραιτησαμένων κρίσιν, μηδεμίαν
ἔχειν ἰσχὺν, ὥσπερ οὖν οὐδὲ ἔχει [d] τῇ οἰκείᾳ φύσει·
τοὺς δὲ τοιαῦτα παρανομήσαντας ἐλεγχομένους τῷ
ἐπιτιμίῳ ὑποβάλλεσθαι τῶν ἐκκλησιαστικῶν νόμων·
ἡμᾶς δὲ τοὺς οὐχ ἁλόντας, οὐκ ἐλεγχομένους, οὐκ
ἀποδειχθέντας ὑπευθύνους, τῶν γραμμάτων τῶν ὑμετέρων δότε ἀπολαύειν συνεχῶς, καὶ τῆς ἀγάπης, καὶ
C πάντων τῶν ἄλλων, ὧνπερ καὶ ἔμπροσθεν. Εἰ δὲ βούλοιντο καὶ νῦν οἱ τὰ τοιαῦτα παρανομήσαντες ἐγκλήματα γυμνάζειν, ἐφ' οἷς ἡμᾶς ἀδίκως ἐξέβαλον,
ὑπομνημάτων ἡμῖν οὐ δοθέντων, οὐ λιβέλλων, οὐ
κατηγόρων φανέντων· δικαστηρίου καθίσαντος ἀδεκάστου, καὶ δικασόμεθα, καὶ ἀπολογησόμεθα, καὶ
ἀποδείξομεν ἑαυτοὺς ἀνευθύνους τῶν ἐπαγομένων
ἡμῖν, ὥσπερ οὖν καὶ ἐσμέν· τὰ γὰρ νῦν γεγενημένα
παρ' αὐτῶν πάσης ἐκτός ἐστιν ἀκολουθίας, καὶ παντὸς νόμου καὶ κανόνος ἐκκλησιαστικοῦ. Καὶ τί λέγω
κανόνος ἐκκλησιαστικοῦ; Οὐδὲ ἐν τοῖς ἔξω μὲν οὖν
D δικαστηρίοις τοιαῦτα ἐτολμήθη ποτὲ, μᾶλλον δὲ οὐδὲ
ἐν βαρβαρικῷ δικαστηρίῳ, οὐδὲ Σκύθαι, οὐδὲ Σαυ-
ρομάται οὕτως ἄν ποτε ἐδίκασαν ἐκ μιᾶς μοίρας κρί-
ναντες, ἀπόντος τοῦ αἰτιωμένου, παραιτουμένου οὐ
κρίσιν, ἀλλ' ἀπέχθειαν, καλοῦντος δικαστὰς μυρίους,
ἀνεύθυνον ἑαυτὸν εἶναι λέγοντος, καὶ τῆς οἰκουμένης
παρούσης ἀποδύσασθαι τὰς αἰτίας, καὶ δεῖξαι ἑαυτὸν
ἐν ἅπασιν ἀθῷον ὄντα. Ταῦτα οὖν πάντα λογισάμενοι, καὶ παρὰ τῶν κυρίων μου τῶν εὐλαβεστάτων
ἀδελφῶν ἡμῶν τῶν ἐπισκόπων σαφέστερον ἅπαντα
μαθόντες, τὴν παρ' ἑαυτῶν ἡμῖν εἰσενεγκεῖν σπουδὴν

[d] Alii καὶ κλῆροι πολλαχοῦ ἐπανέστησαν, ἐπίσκοποι ἐπισκόποις, καὶ λαοὶ διεσχίσθησαν. Palladius καὶ κληρικοί.

[a] Duo Mss. ἀναστείλητε. Palladius ἀποστεῖλαι.

[b] Quatuor Mss. πράττοντας. Palladius πράττοντες.

[c] Editi παρακλήθητι, tres Mss. παρακλήθητε, recte, nam plurimos alloquitur. Palladius παρακαλῶ.

[d] Sic omnes Mss. recte: Editi τὴν οἰκείαν φύσιν.

παρακλήθητε. Οὕτω γὰρ οὐχ ἡμῖν μόνοις χαριεῖσθε, ἀλλὰ καὶ τῷ κοινῷ τῶν Ἐκκλησιῶν, καὶ τὸν παρὰ τοῦ Θεοῦ λήψεσθε μισθὸν, [c] τοῦ διὰ τὴν τῶν Ἐκκλησιῶν εἰρήνην πάντα ποιοῦντος. Διηνεκῶς ἐῤῥωμένος ὑπερεύχου μου, δέσποτα τιμιώτατε καὶ ὁσιώτατε.

E ram suam in omnibus innocentiam. Hæc igitur omnia cum ita se habere intellexeritis a dominis meis piissimis fratribus nostris episcopis, obsecro ut præstetis id quod petent officii. Quo non solum nobis gratificabimini, sed et Ecclesiarum universitati, mercedemque accepturi estis a Deo, qui nihil non propter Ecclesiarum pacem facere dignatur. Semper vale, et ora pro me, domine reverendissime et sanctissime.

[c] Apud Palladium epistola sic desinit: πάντα ποιοῦντος; διηνεκῶς. ἐγράφη δὲ αὕτη καὶ πρὸς Βενέριον ἐπίσκοπον Μεδιολάνου, καὶ Χρωμάτιον ἐπίσκοπον Ἀκυληγίας: *Hæc etiam scripta est ad Venerium episcopum Mediolani, et ad Chromatium Aquileiæ episcopum.* Utramque epistolam infra habes ad Venerium, nempe Mediolanensem, et ad Chromatium Aquileiensem.

---

[a] ΙΝΝΟΚΕΝΤΙῼ, ΕΠΙΣΚΟΠῼ ΡΩΜΗΣ,

521 A

INNOCENTIO, EPISCOPO ROMÆ,

Ἰωάννης ἐν Κυρίῳ χαίρειν.

Joannes in Domino salutem.

Τὸ μὲν σῶμα ἡμῖν ἐν ἑνὶ ἵδρυται χωρίῳ, τῆς δὲ ἀγάπης τὸ πτερὸν πανταχοῦ τῆς οἰκουμένης περιίπταται. Ὅταν καὶ ἡμεῖς ὁδοῦ τοσούτῳ διῳκισμένοι μήκει, πλησίον τῆς εὐλαβείας ὑμῶν ἐσμεν, καὶ καθ' ἑκάστην [b] ὑμῖν συγγινόμεθα τὴν ἡμέραν, ὀφθαλμοῖς τοῖς ἐκείνης βλέποντες ὑμῶν τὴν ἀνδρείαν τῆς ψυχῆς, τὸ γνήσιον τῆς διαθέσεως, τὸ στεῤῥὸν, τὸ ἀπερίτρεπτον, τὴν πολλὴν ὑμῶν παράκλησιν καὶ διαρκῆ καὶ μόνιμον. Ὅσῳ γὰρ τὰ τῶν κυμάτων ἐπὶ πλεῖον αἴρεται, καὶ πλείους ὕφαλοι καὶ σπιλάδες φύονται, καὶ πολλαὶ αἱ καταιγίδες, τοσούτῳ καὶ τὰ τῆς ἀγρυπνίας αὔξει τὰ τῆς ὑμετέρας· καὶ οὐχ ὁδοῦ μῆκος τοσοῦτον, οὐ χρόνου πλῆθος, οὐ δυσκολία πραγμάτων ὑπτίους γενέσθαι ὑμᾶς παρεσκεύασεν· ἀλλὰ μένετε μιμούμενοι τοὺς ἀρίστους τῶν κυβερνητῶν, οἳ τότε μάλιστα διεγείρονται, ὅταν ἴδωσι τὰ κύματα κορυφούμενα, τὴν θάλατταν ἐπὶ μεῖζον φερομένην, πολὺν τῶν ὑδάτων τὸν πάταγον, βαθυτάτην ἐν ἡμέρᾳ νύκτα. Διὸ καὶ χάριτας ὑμῖν ἴσμεν πολλὰς, καὶ ἐπιθυμοῦμεν καὶ νιφάδας ὑμῖν πέμπειν γραμμάτων, ἡμῖν αὐτοῖς τὰ μέγιστα χαριζόμενοι. Ἀλλ' ἐπειδὴ τοῦτο ἀφῃρήμεθα παρὰ τῆς τοῦ τόπου ἐρημίας· οὐδὲ γὰρ μόνον * τῶν ἐκεῖσε ἀφικνουμένων, ἀλλ' οὐδὲ τῶν ἐν τῇ καθ' ἡμᾶς οἰκουμένῃ διατριβόντων, δύναιτ' ἄν τις ῥᾳδίως ἡμῖν συγγενέσθαι, διά τε τὸ πόῤῥω καὶ πρὸς αὐτὰς τὰς ἐσχατιὰς κεῖσθαι τὸ χωρίον ἐν ᾧ καθείργμεθα, καὶ διὰ τὸν λῃστρικὸν φόβον πᾶσαν ἀποτειχίζοντα τὴν ὁδόν· παρακαλοῦμεν ἐλεεῖν μᾶλλον ἡμᾶς τῆς μακρᾶς σιγῆς, ἢ

Scripta anno ut putatur 406.

Corpus quidem nostrum uno tantum loco tenetur; caritatis autem ala in universo orbe circumvolitat. Proinde licet tanta itineris intercapedine separati simus, a pietate tamen vestra non absumus, sed quotidie vobis præsentes sumus: caritatis enim oculis videmus vestram illam fortitudinem, sincerum affectum, constantiamque non mutabilem, consolationemque illam magnam, perpetuam, atque stabilem, quam nobis affertis. Quanto enim fluctus extolluntur sublimius, et plures latent scopuli, vehementioresque sunt tempestates, tanto magis vigilantia vestra augetur: neque vos tanta viæ prolixitas, neque tantum temporis intervallum, neque rerum difficultates segniores reddiderunt: sed perseveranter imitamini optimos gubernatores, qui tunc maxime vigiles sunt, cum excitari fluctus, mare intumescere et multum aquarum fragorem, profundissimamque interdiu noctem ingruere vident. Eapropter et gratias vobis habemus multas, et desideramus quidem ad vos dare crebras litteras, id quod nobis maximo foret solatio. Verum quia nobis hoc denegat solitudo hujus loci, neque facile ad nos pervenire valent, non modo qui istuc pergunt, sed nec ii qui in vicino habitant, tum quod longe distet, atque extremis finibus locus iste situs sit, in quo residemus, tum quod latrones vias illas undique ob-

[a] Collata cum Fabric., Vatic. et Regio uno.

[b] Hæc, ὑμῖν συγγινόμεθα τὴν, desunt in Fabric.

* Hic suspicatur legendum Fronto Ducæus τῶν ἐκεῖθεν ἀφικνουμένων, *qui istinc veniant.* Certe locus vix potest alio modo quadrare.

sideant : precamur ut diuturnum silentium nostrum efficiat, ut magis nobis condoleatis, quam ut nos reos putetis negligentiæ. Quod enim non ex incuria silentium ortum sit, vel inde liquet, quod post longum temporis spatium venerabilem et dilectum Joannem presbyterum, Paulumque diaconum naeti, et scribendi et gratias vobis agendi finem non faciamus, quia paterna majorem erga nos benevolentiam declarastis. Nam quantum in vestra pietate situm fuit, jam res omnes sedatæ et emendatæ, et sublata omnia scandala fuissent, gauderentque Ecclesiæ tranquilla et sincera pace : et essent plane secunda omnia, ac contemtæ leges violatæque patrum constitutiones vindicatæ forent. At quoniam re-ipsa nihil tale contigit, cum ii qui priora aggressi sunt, novis ea sceleribus cumulare contendant : nolo equidem omnia, quæ interim gesta sunt, sigillatim recensere, quandoquidem non solum epistolæ, sed et historiæ modum transcenderet narratio; cæterum vestram oro vigilantiam, ut licet illi omnia tumultibus impleverint, laboraverintque morbis incurabilibus, et pœnitentiæ non capacibus, cum tamen curare morbos illorum statueritis, malis ne cedatis, neve animum despondeatis, considerata tanti operis magnitudine. Certamen enim illud ferme pro toto orbe est, pro Ecclesiis dejectis atque prostratis, pro populis dispersis, pro clero divexato, pro episcopis exsulibus, pro constitutionibus patrum violatis. Et idcirco iterum atque iterum, et sæpius vestram oramus diligentiam, ut quanto major est tempestas, tanto majus adhibeatur studium. Exspectemus quidem futurum, ut res aliquanto amplius corrigantur. Quod si minus fiet, vos vestram coronam paratam apud misericordem Deum habetis : et hi, qui injuria afficiuntur, consolationem ex fervore caritatis vestræ non parvam accipient : nam et nos tertium nunc annum in exsilio versantes, in fame, peste, bello, continuis obsidionibus, solitudine incredibili, quotidiana morte, et Isauricis gladiis, non mediocriter consolantur stabilis et constans vester affectus ac fiducia, mirificeque oblectatur benefica et sincera vestra caritas. Hic noster murus, hæc securitas, hic portus absque fluctibus, hic innumerorum bonorum thesaurus, hæc lætitiæ mirificæque voluptatis causa est. Etsi in desola-

ῥᾳθυμίαν ἐντεῦθεν καταγινώσκειν ἡμῶν. Ὅτι γὰρ οὐκ ὀλιγωροῦντες ἐσιγήσαμεν, ἐπιλαβόμενοι διὰ πολλοῦ τοῦ χρόνου νῦν τοῦ τιμιωτάτου καὶ ἀγαπητοῦ Ἰωάννου τοῦ πρεσβυτέρου, καὶ Παύλου τοῦ διακόνου, καὶ γράφομεν, καὶ εὐχαριστοῦντες ὑμῖν οὐ διαλιμπάνομεν, ὅτι πατέρας φιλοστόργους ἀπεκρύψατε τῇ περὶ ἡμᾶς εὐνοίᾳ τε καὶ σπουδῇ. Καὶ τὸ μὲν εἰς τὴν εὐλάβειαν ἧκον τὴν ὑμετέραν, τὴν προσήκουσαν διόρθωσιν εἴληφεν ἅπαντα, καὶ ὁ φορυτὸς τῶν κακῶν καὶ τὰ σκάνδαλα ἀνῄρηται, καὶ αἱ Ἐκκλησίαι εἰρήνης ἀπή- E λαυσαν, καὶ λευκῆς γαλήνης, καὶ πάντα κατὰ ῥοῦν φέρεται, καὶ καταφρονηθέντες [c] ἐξεδικήθησαν νόμοι, καὶ θεσμοὶ πατέρων παραβαθέντες. Ἐπειδὴ δὲ ἐπὶ τῶν ἔργων αὐτῶν οὐδὲν τούτων γέγονε, τῶν τὰ πρότερα τολμησάντων τοῖς προτέροις ἐπαγωνιζομένων ἔτι παρανομήμασιν, ἅπαντα μὲν τὰ παρ' αὐτῶν μετὰ ταῦτα γεγενημένα καθ' ἕκαστον [d] διηγήσασθαι παρίημι· καὶ γὰρ ἱστορίας ὑπερβαίνει μέτρον, οὐκ ἐπιστολῆς μόνον, ἡ διήγησις· ἐκεῖνο δὲ παρακαλῶ τὴν ἄγρυπνον ὑμῶν ψυχὴν, κἂν οἱ πάντα θορύβων ἐμπλήσαντες ἀμετανόητα νοσῶσι καὶ ἀνίατα, 522 A αὐτοὺς τοὺς θεραπεῦσαι αὐτὰ ἑλομένους μὴ περικακῆσαι, μηδὲ ἀπαγορεῦσαι, τὸ μέγεθος τοῦ κατορθώματος ἐννοήσαντας. Καὶ γὰρ ὑπὲρ τῆς οἰκουμένης σχεδὸν ἁπάσης ὁ παρὼν ὑμῖν ἀγὼν πρόκειται, ὑπὲρ Ἐκκλησιῶν εἰς γόνυ κατενεχθεισῶν, ὑπὲρ λαῶν διασπαρέντων, ὑπὲρ κλήρων πολεμουμένων, ὑπὲρ ἐπισκόπων φυγαδευομένων, ὑπὲρ θεσμῶν πατέρων [a] παραβαθέντων. Διὸ καὶ παρακαλοῦμεν ὑμῶν τὴν ἐμμέλειαν, καὶ ἅπαξ καὶ δὶς καὶ πολλάκις, ὅσῳ πλείων ἡ ζάλη, τοσούτῳ πλείονα ἐπιδείξασθαι τὴν σπουδήν. Προσδοκῶμεν γὰρ B καὶ ἔσεσθαί τι πλέον εἰς διόρθωσιν. Εἰ δ' ἄρα μὴ τοῦτο γένοιτο, ἀλλ' ὑμεῖς ἀπηρτισμένον ἔχετε τὸν στέφανον παρὰ τοῦ φιλανθρώπου Θεοῦ, καὶ τοῖς ἀδικουμένοις οὐ μικρὰ τοῦτο ἔσται παράκλησις, τῆς ὑμετέρας ἀγάπης ἡ ἔνστασις· ἐπεὶ καὶ ἡμᾶς τρίτον [b] ἔτος τοῦτο ἐν ἐξορίᾳ διατρίβοντας, λιμῷ, λοιμῷ, πολέμοις, πολιορκίαις συνεχέσιν, ἐρημίᾳ ἀφάτῳ, θανάτῳ καθημερινῷ, μαχαίραις Ἰσαυρικαῖς ἐκδεδομένους, οὐχ ὡς ἔτυχε παρακαλεῖ καὶ παραμυθεῖται τὸ διαρκὲς καὶ μόνιμον ὑμῶν τῆς διαθέσεως καὶ τῆς παῤῥησίας, καὶ [c] τὸ δαψιλὲς καὶ γνησίᾳ οὕτως ἐντρυφᾶν ὑμῶν τῇ C ἀγάπῃ. Τοῦτο ἡμῖν τεῖχος, τοῦτο ἀσφάλεια, τοῦτο

[c] Duo Mss. ἐξεδικήθησαν, et sic habet Savilius. Morel. ἐξεδιώχθησαν. Unus ibid. παραβάντες.

[d] Tres Mss διηγεῖσθαι.

[a] Unus παραβάντων.

[b] Sic Mss. In Editis τοῦτο deest.

[c] Sic Mss. Editi vero perperam τὸ ἐν ψιλῇ καὶ γνησίᾳ.

λιμὴν ἀκύμαντος, τοῦτο θησαυρὸς μυρίων ἀγαθῶν, τοῦτο εὐφροσύνη, καὶ πολλῆς ἡδονῆς ὑπόθεσις. Κἂν εἰς ἐρημότερον τούτου πάλιν ἀπενεχθῶμεν χωρίον, οὐ μικρὰν ταύτην ἔχοντες παράκλησιν τῶν παθημάτων ἡμῶν ἄπιμεν.

tiorem, quam sit iste, locum iterum abigemur, non parvam hinc habentes nostrarum afflictionum consolationem abimus.

[a] ΤΩ ΑΓΑΠΗΤΩ ΑΔΕΛΦΩ ΙΩΑΝΝΗ D

Ἰνοκέντιος.

Εἰ καὶ πάντα δεῖ τὸν ἀναίτιον προσδοκᾷν τὰ χρηστὰ, καὶ παρὰ τοῦ Θεοῦ τὸν ἔλεον αἰτεῖν, ὅμως καὶ παρ' ἡμῶν τὴν ἀνεξικακίαν συμβουλευόντων τὰ καθήκοντα γράμματα [b] διὰ Κυριακοῦ τοῦ διακόνου ἐξαπέσταλται· ὥστε μὴ πλέον δυνηθῆναι τὴν ὕβριν ἐν τῷ συντρίβειν, ἢ τὸ ἀγαθὸν συνειδὸς ἐν τῷ ἐλπίζειν. Οὐδὲ γὰρ ὀφείλεις διδαχθῆναι, ὁ τοσούτων λαῶν διδάσκαλος καὶ ποιμὴν, τοὺς ἀρίστους ἀεὶ καὶ πολλάκις δοκιμάζεσθαι, εἰ ἐν τῇ ἀκμῇ τῆς ὑπομονῆς παραμένουσι, καὶ οὐδενὶ πόνῳ κακοπαθείας ὑποπίπτουσι· καὶ ἔστιν E ὡς ἀληθῶς βέβαιον πρᾶγμα τὸ συνειδὸς εἰς πάντα τὰ ἀδίκως συμπίπτοντα· ἅπερ εἰ μὴ νικήσειέ τις ὑπομένων, τεκμήριον φαύλης ὑπολήψεως ἐκφέρει. Πάντα γὰρ ὑπομένειν ὀφείλει ὁ τῷ Θεῷ πρῶτον, εἶτα καὶ τῷ ἰδίῳ πεποιθὼς συνειδότι· ὁπότε μάλιστα γυμνάζεσθαι εἰς ὑπομονὴν ὁ καλὸς καὶ ἀγαθὸς δύναται, νικᾶσθαι δὲ οὐχ, ἐπειδήπερ αὐτοῦ τὴν διάνοιαν αἱ θεῖαι Γραφαὶ φυλάττουσι· καὶ περιττεύουσιν ὑποδείγμασιν αἱ θεῖαι ἀναγνώσεις, ἃς τοῖς λαοῖς παραδιδόαμεν· αἵτινες πάντας σχεδὸν τοὺς ἁγίους καταπεπονῆσθαι δια- 523 A φόρως καὶ συνεχῶς ἐπιστώσαντο, καὶ δοκιμάζεσθαι καθάπερ ἔν τινι διαγνώσει, οὕτω τε εἰς τὸν στέφανον τῆς ὑπομονῆς ἐληλυθέναι. Παραμυθείτω τὴν ἀγάπην σου αὐτὸ τὸ συνειδὺς, ἀδελφὲ τιμιώτατε, ὅπερ ἐν ταῖς θλίψεσιν ἔχει τὴν παραμυθίαν τῆς ἀρετῆς. Ἐποπτεύοντος γὰρ τοῦ Δεσπότου Χριστοῦ, ἐν τῷ λιμένι τῆς εἰρήνης καθαρισθεῖσα ἡ συνείδησις στήσεται.

DILECTO FRATRI JOANNI,

Innocentius.

Etsi insontem omnia exspectare bona et a Deo misericordiam petere deceat, tamen etiam a nobis, qui patientiam suademus, competentes literæ per Cyriacum diaconum sunt transmissæ : ne contumelia plus virium habeat ad opprimendum, quam bona conscientia ad spem habendam. Neque enim tu doceri debes, tot populorum doctor et pastor, optimos quosque semper et assidue probari, num in vigore patientiæ permaneant, nec ulli labori ac molestiæ succumbant : et conscientiam esse rem admodum firmam adversus omnia quæ injuste accidunt : quæ nisi quis tolerantia superaverit, malæ suspicionis argumentum de se præbet. Cuncta enim tolerate debet is qui Deo primum, deindeque propriæ conscientiæ confidit; vir quippe bonus exerceri quidem potest ad tolerantiam, vinci autem nequit, quia ejus mentem divinæ Scripturæ custodiunt : abundant enim exemplis divinæ lectiones, quas populis tradimus : quæ omnes fere sanctos variis modis sæpeque vexatos fuisse, et quasi in examine quodam probatos fuisse, atque ita patientiæ coronam adeptos esse testificantur. Consoletur caritatem tuam ipsa animi conscientia, frater carissime, quæ in calamitatibus solet esse virtutis consolatio. Inspectante enim Domino Christo, in portu pacis purgata conscientia sistetur. Anno 405.

[a] Hæ duæ Innocentii epistolæ ex Latino in Græcum translatæ fuere : quamobrem ne mireris aliquam in Græcis deprehendi peregrinitatem. In priore Innocentius Joannis nomen primo, deinde suum ponit; secus in sequenti, ubi presbyteros et clerum alloquitur. Hæ duæ epistolæ habentur apud Sozom. l. 8, c. 26. [Textum damus H. Valesii Edit. Paris. 1668.]

[b] Cyriacus diaconus ab Joanne nostro ad Innocentium missus, cum hac epistola remissus fuisse creditur; quo tempore missus remissusve, in Vita Chrysostomi indagabitur.

INNOCENTIUS EPISCOPUS

Presbyteris et Diaconis universoque clero ac populo Ecclesiæ Constantinopolitanæ, qui subditi sunt episcopo Joanni, dilectis fratribus, salutem.

Ex literis caritatis vestræ, quas per Germanum presbyterum et Cassianum diaconum misistis, scenam malorum, quam ob oculos posuistis, anxia sollicitudine cognovi; quantisque ærumnis ac difficultatibus fides laboret, sæpius repetita lectione cognovi : quam rem sola consolatio patientiæ sanare potest; dabit enim brevi Deus noster tantis ærumnis finem, et hæc tolerasse juvabit. Enimvero hanc ipsam necessariam consolationem in exordio literarum vestræ caritatis positam propositum vestrum laudibus celebrantes agnovimus, multis testimoniis ad patientiam inducentibus instructum; ita ut consolationem quam per literas vobis dare debebamus, ipsi literis vestris præveneritis. Hanc quippe Dominus noster patientiam laborantibus præstare solet, ut etiam in ærumnis semetipsos servi Christi consolentur, secum reputantes ea, quæ ipsi patiuntur, sanctis viris jam antea contigisse. Imo nos etiam ex ipsis literis vestris consolationem depromere possumus : neque enim a doloris vestri consortio alieni sumus, cum et ipsi vobiscum cruciemur. Quis enim facinora eorum ferre possit, quos in primis decebat tranquillitatis, pacis et concordiæ studiosos esse? Nunc præpostero more ex sedibus Ecclesiarum suarum exturbantur sacerdotes insontes. Quod quidem primus injuste perpessus est frater et comminister noster Joannes episcopus vester, qui non auditus in judicio fuit : nullum crimen profertur, nullum auditur. Quodnam hoc est perniciosum consilium? Ut ne vel suppetat vel quæratur occasio judicii, in locum viventium sacerdotum alii substituuntur : quasi vero ii qui ab hoc facinore auspicati sunt, aliquid boni habere, aut aliquid recti egisse, a quoquam judicari possint. Neque enim talia umquam a patribus nostris gesta esse comperimus; quin potius ea prohibita sunt, cum nemini facultas data sit alium ordinandi in locum viventis cujuspiam. Neque enim reproba ordinatio sacerdotis dignitatem auferre potest : quandoquidem episcopus

A ΙΝΟΚΕΝΤΙΟΣ ΕΠΙΣΚΟΠΟΣ.

Πρεσβυτέροις καὶ διακόνοις καὶ παντὶ τῷ κλήρῳ καὶ τῷ λαῷ τῆς Κωνσταντινουπόλεως Ἐκκλησίας, τοῖς ὑπὸ τὸν ἐπίσκοπον Ἰωάννην, ἀγαπητοῖς ἀδελφοῖς, χαίρειν.

Ἐκ τῶν γραμμάτων τῆς ὑμετέρας ἀγάπης, ἅτινα διὰ Γερμανοῦ τοῦ πρεσβυτέρου καὶ Κασιανοῦ τοῦ διακόνου ἀπεστάλκατε, τὴν σκηνὴν τῶν κακῶν, ἣν πρὸ τῶν ὀφθαλμῶν ἐθήκατε, ἐμμερίμνῳ φροντίδι κατέμαθον, ὅσαις τε ἡ πίστις κάμνει ταλαιπωρίαις τε καὶ πόνοις, ἐπαναληφθείσῃ πολλάκις τῇ ἀναγνώσει κατεῖδον· ὅπερ πρᾶγμα μόνη ἡ παράκλησις τῆς ὑπο-
B μονῆς ἰᾶται· δώσει γὰρ ἐν τάχει ὁ ἡμέτερος Θεὸς ταῖς τοσαύταις θλίψεσι τέλος, καὶ ταῦτα συνοίσει ὑπενηνοχέναι. Ἀλλὰ γὰρ αὐτὴν τὴν ἀναγκαίαν παράκλησιν, ἐν ἀρχῇ τῆς ἐπιστολῆς τῆς ὑμετέρας ἀγάπης κειμένην, ἐγκωμιάζοντες ὑμῶν τὴν πρόθεσιν ἐπεγνώκαμεν, πολλὰς πρὸς τὸ ὑπομένειν μαρτυρίας περιέχουσαν· τὴν γὰρ ἡμετέραν παράκλησιν, ἣν ὠφείλομεν ὑμῖν ἐπιστεῖλαι, τοῖς ὑμετέροις γράμμασι προεφθάσατε. Ταύτην γὰρ τοῖς κάμνουσιν ὁ ἡμέτερος Δεσπότης ὑπομονὴν παρέχειν εἴωθεν, ἵνα καὶ ἐν ταῖς θλίψεσι τυγχάνοντες, ἑαυτοὺς οἱ τοῦ Χριστοῦ δοῦλοι παραμυθῶνται, ἀναλογιζόμενοι ἐν ἑαυτοῖς, καὶ πρότερον γεγενῆσθαι τοῖς ἁγίοις ἅπερ αὐτοὶ πάσχουσι.
C Καὶ ἡμεῖς δὲ ἐξ αὐτῶν τῶν ὑμετέρων γραμμάτων δυνάμεθα ἡμῖν προσενέγκαι παράκλησιν· οὐ γὰρ τοῦ συναλγεῖν ὑμῖν ἐσμεν ἀλλότριοι, ἐπειδήπερ καὶ ἡμεῖς κολαζόμεθα ἐν ὑμῖν. Τίς γὰρ ἐνέγκαι δυνήσεται τὰ ἐξαμαρτανόμενα ὑπ' ἐκείνων, οὕστινας ἐχρῆν μάλιστα τοῦ γαληνοῦ τῆς εἰρήνης καὶ αὐτῆς σπουδαστὰς εἶναι τῆς ὁμονοίας. Νῦν ἐνηλλαγμένῳ τρόπῳ ἀπὸ τῆς προεδρίας τῶν ἰδίων Ἐκκλησιῶν ἐξωθοῦνται ἀθῶοι ἱερεῖς. Ὃ δὴ καὶ πρῶτος ὁ ἀδελφὸς ἡμῶν καὶ συλλειτουργὸς Ἰωάννης ὁ ὑμέτερος ἐπίσκοπος ἀδίκως πέπονθε, μηδεμιᾶς τυχὼν ἀκροάσεως· οὐδὲν ἔγκλημα
D ἐπιφέρεται, οὐδ' εἰσακούεται. Καὶ τίς ἡ ἀπηγορευμένη ἐπίνοια; Ἵνα μὴ πρόφασις κρίσεως γένηται, ἢ ζητηθῇ, εἰς τόπους ζώντων ἱερέων ἄλλοι ἀποκαθίστανται, ὡς δυναμένων τῶν ἐκ τοιούτου πλημμελήματος ὁρμωμένων, ὀρθῶς τι ἔχειν, ἢ πεπρᾶχθαι ὑπό τινος κριθῆναι. Οὐδὲ γὰρ πώποτε παρὰ τῶν πατέρων τῶν ἡμετέρων τοιαῦτα τετολμῆσθαι ἐγνώκαμεν· ἀλλὰ μᾶλλον κεκωλῦσθαι τῷ μηδενὶ εἰς τόπον ζῶντος χειροτονεῖν ἄλλον δεδόσθαι ἐξουσίαν. Οὐ γὰρ χειροτονία ἀδόκιμος τὴν τιμὴν δύναται ἀφελέσθαι τοῦ ἱερέως· ἐπειδήπερ οὐδὲ ἐπίσκοπος δύναται εἶναι ἐκεῖ-

νος, ὃς ἀδίκως ὑποκαθίσταται. Ὅ τι καὶ περὶ τῆς τῶν 624 A κανόνων παραφυλακῆς, τούτοις δεῖν ἕπεσθαι γράφομεν, οἵτινες ἐν Νικαίᾳ εἰσὶν ὡρισμένοι, οἷς μόνοις ὀφείλει ἐξακολουθεῖν ἡ καθολικὴ Ἐκκλησία, καὶ τούτους γνωρίζειν. Εἰ δὲ ἕτεροι ὑπό τινων προφέρονται, οἵτινες ἀπὸ τῶν κανόνων τῶν ἐν Νικαίᾳ διαφωνοῦσι, καὶ ὑπὸ αἱρετικῶν ἐλέγχονται συντετάχθαι, οὗτοι παρὰ τῶν καθολικῶν ἐπισκόπων ἀποβάλλωνται. Τὰ γὰρ ὑπὸ τῶν αἱρετικῶν εὑρεθέντα, ταῦτα οὐκ ἔστι τοῖς καθολικοῖς κανόσι προσάπτειν· ἀεὶ γὰρ διὰ τῶν ἐναντίων καὶ ἀθέσμων τὴν τῶν ἐν Νικαίᾳ μειοῦν βουλὴν ἐθέλουσιν. B Οὐ μόνον οὖν λέγομεν τούτοις μὴ δεῖν ἐξακολουθεῖν, ἀλλὰ μᾶλλον αὐτοὺς μετὰ αἱρετικῶν καὶ σχισματικῶν δογμάτων εἶναι κατακριτέους, καθάπερ καὶ πρότερον γέγονεν ἐν τῇ Σαρδικῇ συνόδῳ ὑπὸ τῶν πρὸ ἡμῶν ἐπισκόπων. Τὰ γὰρ καλῶς πραχθέντα κατακρίνεσθαι μᾶλλον προσῆκεν, ἢ ἄντικρυς τῶν κανόνων γενόμενα ἔχειν τινὰ βεβαιότητα, ἀδελφοὶ τιμιώτατοι. Ἀλλὰ τί κατὰ τῶν τοιούτων νῦν ἐν τῷ παρόντι ποιήσωμεν; Ἀναγκαία ἐστὶ διάγνωσις συνοδική, ἣν καὶ πάλαι ἔφημεν συναθροιστέαν· μόνη γάρ ἐστιν ἥτις δύναται τὰς κινήσεις τῶν τοιούτων καταστεῖλαι καταιγίδων· ἧς ἵνα τύχωμεν, χρήσιμόν ἐστι τέως ὑπερτίθεσθαι τὴν ἰατρείαν τῇ βουλήσει τοῦ μεγάλου Θεοῦ C καὶ τοῦ Χριστοῦ αὐτοῦ τοῦ Κυρίου ἡμῶν. Πάντα ὅσα οὖν τῷ φθόνῳ τοῦ διαβόλου πρὸς τὴν τῶν πιστῶν δοκιμασίαν τετάρακται, πραϋνθήσεται· οὐδὲν ὀφείλομεν τῇ στεῤῥότητι τῆς πίστεως παρὰ τοῦ Κυρίου ἀπελπίσαι. Καὶ γὰρ ἡμεῖς πολλὰ σκεπτόμεθα ὃν τρόπον ἡ σύνοδος οἰκουμενικὴ συναχθείη, ὅπως τῇ βουλήσει τοῦ Θεοῦ αἱ ταραχώδεις κινήσεις παύσωνται. Ὑπομείνωμεν οὖν τέως, καὶ τῷ τείχει τῆς ὑπομονῆς ὀχυρούμενοι, ἐλπίσωμεν πάντα τῇ βοηθείᾳ τοῦ Θεοῦ ἡμῶν ἀποκατασταθῆναι. Πάντα δὲ ὅσα ὑμᾶς ὑφίστασθαι εἰρήκατε, καὶ πρότερον συνδραμόντων εἰς τὴν Ῥώμην D τῶν ἡμετέρων συνεπισκόπων, εἰ καὶ τὰ μάλιστα διαφόροις χρόνοις, τουτέστι Δημητρίου, Κυριακοῦ, Εὐλυσίου, καὶ Παλλαδίου, οἵτινες σύνεισι μεθ' ἡμῶν, τελείᾳ ἐρωτήσει μεμαθήκαμεν.

624 A non potest esse is qui injuste substituitur. Quantum ad canonum observantiam attinet, solis illis parendum dicimus qui Nicææ definiti sunt: quos solos sectari et agnoscere debet catholica Ecclesia. Quod si a quibusdam alii proferantur, qui a Nicænis canonibus differant, et ab hæreticis compositi esse arguantur, hi a catholicis episcopis rejiciendi sunt. Nam quæ ab hæreticis sunt excogitata, catholicis canonibus conjungere non licet: semper enim per contraria et illicita Nicænorum patrum consilium labefactare student. B Non solum ergo dicimus his non hærendum esse canonibus, verum etiam cum hæreticis et schismaticis dogmatibus condemnandos illos esse: quemadmodum et antea in Sardicensi synodo ab episcopis, qui ante nos fuerunt, factum est. Satius enim fuerit ea condemnari quæ recte facta sunt, quam ea, quæ contra canones acta sunt, firmitatem aliquam obtinere, fratres honoratissimi. Sed quid adversus ista in præsenti faciemus? Necessaria erit synodi cognitio, quam jam pridem congregandam esse diximus: ea quippe sola est quæ tempestates hujusmodi sedare possit: C quam ut obtineamus, e re fuerit, ut horum malorum remedium ex nutu magni Dei et Christi ejus exspectemus. Omnia siquidem quæ nunc per invidiam diaboli ad fidelium probationem commota sunt, pacabuntur; firmi ac stabiles in fide nihil a Domino non sperare debemus. Nos enim multum deliberamus quomodo œcumenica synodus celebranda sit, ut per voluntatem Dei turbulenti motus sedentur. Exspectemus itaque tantisper, et patientiæ muro communiti, cuncta auxilio Dei restituenda esse speremus. Omnia porro quæ vos perferre dixistis, D jam antea a coepiscopis qui Romam licet diversis temporibus confugerunt, id est a Demetrio, Cyriaco, Eulysio, et Palladio, qui nobiscum sunt, sciscitando plane compereramus.

EXEMPLUM [a] SACRÆ HONORII AUGUSTI, MISSÆ

Ad principem Orientis Arcadium.

Quamvis super imagine muliebri, novo exemplo per provincias circumlata, et diffusa per universum mundum obtrectantium fama literis aliis commonuerim, ut talis facti pœnitentia et intermissione propositi rumor æmulus consenescat, et quod in moribus carpat, publica lingua non habeat; quamvis etiam super excidio pereuntis Illyrici pio apud vos prodiderimus affectu, esse
*nos. nobis dolori, cur ista * vos detrimenta reipublicæ nolueritis agnoscere, et aliis potius indicibus quam pietatis vestræ literis fuerint nuntiata : tamen ne illud quidem apud serenitatem vestram dissimulare nos fas est, quod in rebus divinis non sine publici discriminis metu nuperrime contigisse, cita semperque malorum annuntiatrix fama non tacuit : et ut natura fert hominum, quæ ad obtrectandum novis semper casibus excitatur, oblata occasione carpendi, malitiam suam in tempora studio sævæ (*scevæ) loquacitatis exercet.

[b] Est enim nuper proditum, apud Constantino-
625 polim, sacratissimo Paschæ venerabilis die, cum omnes pene in eumdem locum vicinarum urbium populos religio castigatiore sub præsentia principum ritu celebranda collegerat, clausas subito catholicas ecclesias, trusos in custodiam sacerdotes : scilicet ut eo potissimum tempore, quo indulgentia principali tristia noxiorum claustra reserantur, piæ legis et pacis ministros sævus carcer includeret : omniaque bellicum in modum turbata mysteria, nonnullos in ipsis ecclesiæ sacrariis interemtos, tantamque circa altaria vim sæviisse, ut et venerabiles episcopi in exsilium traderentur, et sanguis humanus, quod dictu nefas est, cælestia sacramenta perfunderet.

His repente compertis, turbatos esse nos fateor. Quis enim in facinore tam cruento Dei omnipotentis non timeret offensam? aut quo pacto extra summum Romani orbis omniumque mortalium putaret esse discrimen? Cum ipse auctor nostri Imperii, et Reipublicæ, quam nobis credidit, gubernator omnipotens Deus, funestis admodum exsecrabilibusque commissis crederetur irasci, domini sancti frater, neposque Augusti Venerabiles : cum et si quid de causa religionis inter antistites ageretur, episcopale oportuerit esse judicium : ad illos enim divinarum rerum interpretatio, ad nos religionis spectat obsequium. Sed esto, sibi de mysticis et catholicis quæstionibus amplius aliquid principalis cura præsumserit : itane usque ad exsilia sacerdotum, usque ad hominum cædes debuit indignatio concitata procedere, ut ubi castæ preces, ubi vota sincera, ubi sacrificia illibata solvuntur, illic se gladius, haud facile etiam in jugulum noxiorum distringendus, exereret? Rebus denique ipsis docetur, quid super his senserit divina majestas. Primum quidem hoc præsentis commonitionis judicium (*indicium) fuit, atque utinam solum. Facit enim humana trepidatio tanti sibi conscia perpetrati, ut gravius aliquid, quod avertat omnipotens Deus, post terribilis ultionis experimenta metuamus.

Audio Ecclesiam sacrosanctam tot Imperatorum opibus expositam, pretiosis cultibus nobilem, tanta supplicantium Principum oratione augustissimam flagrasse; et illud Constantinopolitanæ urbis Ecclesiæ unicum lumen in favillas dilapsum, Deo non vetante, fumasse : exsecrari enim videtur inquinata mysteria, et avertisse oculos ab eo loco, quem jam sanguis infecerat, ne obsecrare quis pietatem cælestem sub cruentis posset altaribus. Ædificia quoque divina, non minore splendore nobilia, ex concitatione sævientis incendii, flamma se latius effundente, consumta; et quæ publicam faciem elaborata a majoribus nostris ornamenta decorabant, velut quodam orbis funere concremata. Hæc ergo quamvis crebrius injuriis lacessi-

[a] *Sacra.* Vox frequens ad significanda diplomata et epistolas Imperatorum : est vero quasi *Sacra Epistola.* Harum epistolarum usum videas apud Cangium in Glossario Latino. Quod initio dicitur de imagine muliebri circumlata, jam explicatum fuit in Monito, ut et illud quod mox adjicitur de excidio pereuntis Illyrici.

[b] Hic agit Honorius de violenta in Ecclesiam irruptione de qua Chrysostomus supra in Epist. 1 ad Innocentium papam, et nos supra in Monito. Quæ res pluribus tractabitur in Vita Chrysostomi.

tus tacere debuerim, nec conjunctissimum fratrem regnique consortem tam fideliter admonere; tamen necessitudinem sanguinis stimulo taciti doloris anteferens, hortor atque suadeo, ut hæc, si fieri potest, emendatis in posterum moribus corrigantur; ac divina iracundia, quantum re proditur, excitata, votorum sedulitate placetur.

Accipite a me summum simplicitatis indicium. Idcirco hoc clementiæ vestræ insinuandum putavi, ne me velut gratulatione occulta faceret apud quemque taciturnitas ipsa suspectum : neve quis crederet, me talibus factis præbere consensum; et qui sæpe ne acciderent commonuerim, posteaquam commissa sunt, non dolorem. Nam quis posset expers doloris qui se meminit Christianum, tantam * subito perturbationem religionis inductam, ut omnem catholicæ fidei statum necesse sit fluctuare? Erat inter episcopos causa, quæ collato contractoque concilio, deberet absolvi : missis ad sacerdotes urbis æternæ atque Italiæ utraque ex parte legatis, exspectabatur ex omnium auctoritate sententia, informatura regulam disciplinæ : integrum nempe esse debuerat, neque quidquam novari, dum definitio deliberata procederet : cum interea mirum quoddam præcipitium festinationis exarsit; ut non exspectatis literis sacerdotum, qui fuerant mutua partium legatione consulti, non examinatis rebus, in exsilium traderentur antistites, animadversioni prius addicti, quam sententiam judicii episcopalis experti. Denique quam immatura illa damnatio fuerit, res probavit. Namque ii, quorum exspectabatur auctoritas, pacifica Joanni episcopo communione præmissa, sanciendam concordiam censuerunt, nec quemquam putarunt ante judicium consortio repellendum.

* videns.

Quid nunc aliud superest, quam ut catholicam fidem schismata in diversum dissociata dilacerent? quam ut hæreses communioni semper inimicæ ex tanta rerum varietate nascantur? ut jam populo non debeat imputari, si forte in dissonas partes sectarum diversitate discedat : cum ex auctoritate publica discordiarum materies sit præmissa, et fomes quidam nutriendæ seditionis animatus. Quod ne in magnam aliquam generis humani perniciem recrudescat, vota facienda sunt, ut ad humanas prolapsiones patiens Deus rem male gestam prosperet ac secundet. Nam quantum in nobis est, possumus timere quod gestum est : quantum ad pietatem semper placabilis Dei, non erit meriti impunitas indulta, sed veniæ.

ᵃ ΤΟΙΣ ΕΓΚΕΚΛΕΙΣΜΕΝΟΙΣ ΕΠΙΣΚΟΠΟΙΣ, 526 A

Πρεσβυτέροις, καὶ διακόνοις ἐν δεσμωτηρίῳ δι' εὐσέβειαν.

Μακάριοι τοῦ δεσμωτηρίου, καὶ τῆς ἁλύσεως, καὶ τῆς τῶν δεσμῶν ὑποθέσεως ὑμεῖς· μακάριοι καὶ τρισμακάριοι, καὶ πολλάκις τοῦτο, οἳ πᾶσαν ἀνηρτήσασθε τὴν οἰκουμένην τῷ περὶ ὑμᾶς φίλτρῳ, ἐραστὰς ὑμῶν καὶ τοὺς πόῤῥωθεν ὄντας πεποιήκατε. Πανταχοῦ γῆς καὶ θαλάττης ᾄδεται ὑμῶν τὰ κατορθώματα, ἡ ἀνδρεία, ἡ ἀπερίτρεπτος γνώμη, τὸ ἀδούλωτον φρόνημα. Οὐδὲν ὑμᾶς κατέπληξε τῶν δοκούντων εἶναι δεινῶν, οὐ δικαστήριον, οὐ δήμιος, οὐ βασάνων νιφάδες, οὐκ ἀπειλαὶ μυρίων γέμουσαι θανάτων, οὐ δικαστὴς πῦρ B ἀπὸ τοῦ στόματος ἀφιεὶς, οὐκ ἐχθροὶ θήγοντες τοὺς ὀδόντας, καὶ μορία εἴδη κινοῦντες ἐπιβουλῆς, οὐ συκοφαντίαι τοσαῦται, οὐκ ἀναίσχυντοι κατηγορίαι, οὐ θάνατος πρὸ τῶν ὀφθαλμῶν καθ' ἑκάστην ἡμέραν φαινόμενος· ἀλλ' ἤρκεσεν ὑμῖν εἰς παράκλησιν τῶν γινομένων ἡ τῶν γινομένων ὑπόθεσις. Διὰ ταῦτα φανε-

AD EPISCOPOS,

Presbyteros et diaconos ob pietatem in carcere inclusos.

Beati vos ob carcerem, ob catenas, ob injecta vincula : beati, inquam, et ter beati, imo sæpius. Totum orbem vobis conciliastis : etiam longe absentes amicos vobis fecistis. Ubique terrarum et marium canuntur vestra præclara facinora, fortitudo, constans sententia, animusque minime servilis. Nihil, quantumvis grave videatur, vos deterruit : non tribunal, non carnifex, non tormentorum multa genera, non minæ quæ innumeras mortes nuntiabant : non judex, qui ignem ab ore spirabat, non adversarii, qui frendebant dentibus, et innumeras insidias struebant, non tantæ calumniæ, non impudentissimæ accusationes, non mors ante oculos quotidie proposita, sed hæc omnia vobis uberem potius ac sufficientem consolationis ma-

Scripta anno 404.

ᵃ Collata cum Vatic., Fabric., Coislin. et Regio uno.

teriam præstitere. Et idcirco vos et coronant et prædicant omnes, non amici solum, sed et inimici ipsi qui hæc effecerunt; etsi non palam, sed si quis in eorum introspiciat conscientiam, illos etiam vestri admiratione teneri deprehendet. Talis enim res est virtus, ut illam etiam impugnatores ejus admirentur; talis res est malitia, ut etiam ii qui eam operantur condemnent. Et ita in hac vita res vestræ se habent: quæ autem in cælis fiunt, quis sermo digne explicabit? Inscripta sunt nomina vestra in libro vitæ: cum sanctis martyribus connumerati estis. Scio hæc ego certo, non quod in cælum transcenderim, sed e divinis oraculis didici. Nam si Joannes ille infecundæ fructus, et deserti civis, cum illegitimas Herodis nuptias vidisset, cum prævaricationem corrigere non posset, arguit tamen, et propterea in carcerem conjectus, et decolla-
Joannes Baptista Martyr. tus, martyr, et martyrum primus fuit: vos qui legibus et constitutionibus patrum, quas transgrediuntur aliqui, et sacerdotio, quod invadunt et contaminant, patrocinamini, et cum propter veritatem hæc patimini, tum ut cessent impudentes calumniæ, cogitate qualem accepturi si-
Matth. 14. 4. tis mercedem. *Non licet tibi habere uxorem Philippi fratris tui*, dixit fortis et sublimis ille, satisque ei fuit ad ingentem arguendi libertatem. Vos quoque dixistis, En exposita sunt etiam nostra corpora pœnis, suppliciis, tormentis: absume, confice ista quibus voles suppliciis: adduci non possumus ut calumniemur, sed millies mori nobis satius est. At capite truncati non estis: imo longe acerbiora tulistis. Non enim idem est brevi temporis momento caput amittere, et tanto tempore cum talibus luctari doloribus, terroribus, minis, carceribus, abductionibus ad tribunal, carnificum manibus, sycophantarum impudentissimis linguis, conviciis, salibus et dicacitatibus. Nam et hoc maximum certaminis genus, poniturque a beato Paulo in magnorum certaminum ordine,
Heb. 10. 32. cum sic ait: *Recordamini dies pristinos, in quibus illuminati, ingens certamen afflictionum sustinuistis*. Deinde certamen narrans,
Ib. v. 33. ipsum ponit sic dicendo: *Partim opprobriis et afflictionibus spectaculum facti: partim communicantes iis, qui sic affliguntur*. Si ergo qui communicant, certant, multo magis qui sustinent. Non enim unam, aut duas, aut

ρῶς μὲν ὑμᾶς πάντες στεφανοῦσι, καὶ ἀνακηρύττουσι, οὐ φίλοι μόνον, ἀλλὰ καὶ αὐτοὶ οἱ ἐχθροὶ, [b] καὶ ταῦτα κατασκευάζοντες· εἰ καὶ μὴ φανερῶς, κἂν τις αὐτῶν ἀναπτύξειε τὸ συνειδὸς, πολὺ καὶ παρ' ἐκείνοις ὑμῶν εὑρήσει τὸ θαῦμα. Τοιοῦτον γὰρ ἀρετὴ, καὶ παρὰ τοῖς πολεμοῦσιν αὐτὴν θαυμάζεται· τοιοῦτον κακία, καὶ παρὰ τοῖς μετιοῦσιν αὐτὴν καταγινώσκεται. Καὶ τὰ
C μὲν ἐνταῦθα τοιαῦτα, τὰ δὲ ἐν οὐρανοῖς τίς παραστῆσαι δυνήσεται λόγος; Ἐγγέγραπται ὑμῶν τὰ ὀνόματα ἐν βίβλῳ ζωῆς, μετὰ τῶν ἁγίων κατηριθμήθητε μαρτύρων. Οἶδα ταῦτα ἐγὼ σαφῶς, οὐκ εἰς τὸν οὐρανὸν ἀναβὰς, ἀλλ' ἀπὸ θείων αὐτὰ μαθὼν χρησμῶν. Εἰ γὰρ ὁ γάμῳ παρανομουμένῳ παραστὰς, καὶ μὴ διορθῶσαι δυνηθεὶς τὴν παρανομίαν, ἀλλ' ἐλέγξαι αὐτὴν μόνον, ὁ τῆς στείρας καρπὸς, ὁ τῆς ἐρήμου πολίτης, ἐπειδὴ διὰ τοῦτο τὸ δεσμωτήριον [c] ᾤκησε καὶ ἀπετμήθη, καὶ μάρτυς, καὶ μαρτύρων ὁ πρῶτός ἐστιν· ὑμεῖς οἱ νόμοις πατέρων καὶ θεσμοῖς παραβαθεῖσι, καὶ ἱερωσύνῃ ἐπηρεαζομένῃ καὶ παρανομουμένῃ παραστάντες, καὶ τοσαῦτα παθόντες ὑπὲρ ἀληθείας, καὶ
D τοῦ λῦσαι συκοφαντίας ἀναισχύντους οὕτως, ἐννοήσατε ἡλίκην λήψεσθε τὴν ἀμοιβήν. Οὐκ ἔξεστί σοι ἔχειν τὴν γυναῖκα Φιλίππου τοῦ ἀδελφοῦ σου, εἶπε [d] τοῦτο ὁ γενναῖος ἐκεῖνος καὶ ὑψηλὸς ἀνὴρ, καὶ ἤρκεσεν αὐτῷ πρὸς παῤῥησίαν ἄφατον. Εἴπατε καὶ ὑμεῖς, πρόκειται ἡμῶν τὰ σώματα κολάσεσι, τιμωρίαις βασάνοις· ἀνάλισκε, δαπάνα [e] ταῦτα τιμωρίαις οἵαις βούλει· συκοφαντεῖν οὐχ αἱρούμεθα, ἀλλὰ ἀποθνήσκειν μυριάκις. Ἀλλ' οὐκ ἀπετμήθητε, ἀλλὰ πολλῷ χαλεπώτερα πεπόνθατε. Οὐ γάρ ἐστιν ἴσον ἐν βραχείᾳ καιροῦ ῥοπῇ κεφαλὴν ἀποθέσθαι, καὶ τοσαύταις ἐπὶ τοσούτῳ χρόνῳ παλαίειν ὀδύναις, φόβοις, ἀπει-
527 A λαῖς, δεσμωτηρίοις, ἀπαγωγαῖς, δικαστηρίοις, δημίων χερσὶ, συκοφαντῶν ἀναισχύντοις γλώτταις, ὀνείδεσι, λοιδορίαις, σκώμμασι. Καὶ γὰρ καὶ τοῦτο μέγιστον ἄθλου εἶδος, καὶ τίθησιν αὐτὸ ἐν τάξει μεγάλων ἀγώνων ὁ μακάριος Παῦλος, οὕτω λέγων· Ἀναμιμνήσκεσθε τὰς πρότερον ἡμέρας, ἐν αἷς φωτισθέντες πολλὴν ἄθλησιν ὑπεμείνατε παθημάτων. Εἶτα λέγων τὴν ἄθλησιν, τοῦτο τέθεικεν, οὕτως εἰπών· Τοῦτο μὲν ὀνειδισμοῖς καὶ θλίψεσι θεατριζόμενοι, τοῦτο δὲ κοινωνοὶ τῶν οὕτως πασχόντων γενηθέντες. Εἰ δὲ οἱ κοινωνήσαντες ἤθλησαν, πολλῷ μᾶλλον οἱ ὑπομείναντες. Οὐδὲ γὰρ ἕνα, καὶ δύο, καὶ τρεῖς, ἀλλὰ πολλοὺς ὑπομεμενήκατε θανάτους τῇ γνώμῃ, εἰ καὶ μὴ τῇ πείρᾳ. Χάρητε τοίνυν καὶ σκιρτήσατε· τοῦτο γὰρ ὁ τῶν οὐ-
B ρανῶν Δεσπότης ἐκέλευσε, μὴ μόνον μὴ ἀλγεῖν, μηδὲ καταπίπτειν, ἀλλὰ καὶ σκιρτᾷν, καὶ ἥδεσθαι, ὅταν ὄνομα πονηρὸν ὑμῶν ἐκβάλλωσιν. Εἰ δὲ ἐπὶ συκο-

[b] [Savil. in marg. οἱ.]
[c] Sic Mss omnes. In Editis καὶ ἀπετμήθη deest.
[d] [Savil. εἶπε τότε.]
[e] Unus ταῦτα τιμώρει σὺ εἰ βούλει.

φαντίᾳ χαίρειν δεῖ, ὅταν [a] καὶ τοσαῦτα προσῇ, συκοφαντίαι, πληγαὶ, βάσανοι, ξίφη ἠκονημένα, δεσμωτήρια, ἀλύσεις, ἀπαγωγαὶ, περιαγωγαὶ, ἐχθρῶν στίφη τοσαῦτα, ἐννόησον ἡλίκος ὁ μισθὸς, ποῦ κορυφοῦται τὰ τῆς ἀμοιβῆς. Χαίρετε τοίνυν, σκιρτᾶτε, ἀνδρίζεσθε, κραταιοῦσθε, ἐννοήσατε πόσους ἠλείψατε δι' ὧν ἐπάθετε, πόσων φρονήματα ἀνεστήσατε, πόσους ἐστηρίξατε σαλευομένους, οὐχὶ παρόντας, ἀλλὰ καὶ ἀπόντας, οὐ διὰ τῆς ὄψεως ὧν ὑπομεμενήκατε, ἀλλὰ καὶ διὰ μόνης τῆς ἀκοῆς καὶ τοὺς πόῤῥωθεν τὰ μέγιστα ὠφελήσαντες. Συνεχῶς ἐκεῖνο περιφέρετε τὸ ἀποστολικὸν, Ὅτι οὐκ ἄξια τὰ παθήματα τοῦ νῦν καιροῦ C πρὸς τὴν μέλλουσαν δόξαν ἀποκαλύπτεσθαι εἰς ἡμᾶς. Προσδοκᾶτε δὲ καὶ τὴν ταχίστην τῶν πειρασμῶν λύσιν, καὶ τελείαν ἀπαλλαγὴν, καὶ εὔχεσθε συνεχῶς ὑπὲρ ἡμῶν. Εἰ γὰρ καὶ πολλῷ διῳκίσμεθα ὑμῶν τῷ μήκει τῆς ὁδοῦ, καὶ ἐπὶ πολὺν ἐχωρίσθημεν ὑμῶν χρόνον, ἀλλ' ὡς παρόντες καὶ συνόντες ὑμῖν, οὕτως ὑμᾶς περιπτυσσόμεθα, οὕτως ὑμῶν ἑκάστου τὴν φίλην καταφιλοῦμεν κεφαλὴν, ὑπτίαις χερσὶ τοὺς στεφανίτας δεχόμενοι, καὶ μέγιστον καὶ ἐντεῦθεν προσδοκῶντες ἡμῖν ἔσεσθαι κέρδος ἀπὸ [b] τῆς πολλῆς περὶ ἡμᾶς ἀγάπης. Εἰ γὰρ τοὺς ἀγαπῶντας ὑμᾶς πολὺν ἀναμένειν δεῖ τὸν μισθὸν, ἐννοήσατε ἡλίκα ὑμῖν τὰ τῆς ἀντιδόσεως τοῖς ἐν τοσούτοις διαλάμψασιν ἀγῶσιν.

tres, sed longe plures sustinuistis mortes : etsi non
experientia, certum tamen quod animo. *Gaudete* Matth. 5.
igitur et *exsultate;* Dominus cælorum jussit 12.
non solum non dolere, vel frangi animo, vel decidere, sed gaudere et exsultare, quando nomen ve- Ib. v. 11.
strum tamquam malum ejicient. Quod si in sycophantiis gaudendum ; quando his accedunt calumniæ, verbera, tormenta, gladii acuti, carceres, catenæ, abductiones, traductiones, tot inimicorum catervæ, cogitate qualis merces, quam coacervatæ erunt retributiones. *Gaudete igitur, et* C *exsultate,* viriles estote, corroboramini, cogitate quot vestro exemplo ad certamina armastis, quot fluctuabundos confirmastis, quam multorum animos excitastis non præsentium modo, sed etiam absentium ; non ærumnarum vestrarum conspecto, sed carum auditu solum plurimis procul positis magnam utilitatem attulistis. Continuo versetur in ore vestro illud apostolicum dictum :
Non sunt condignæ passiones hujus tempo- Rom. 8.
ris ad futuram gloriam in nobis revelandam. 18.
Exspectate : brevi tentationum finis erit, liberatioque perfecta. Orate etiam jugiter pro nobis. Nam etsi longo viarum intervallo disjungimur, multoque tempore a vobis segregati sumus : attamen vos ut præsentes et nobiscum versantes complectimur, vestrum amicum caput exosculamur, coronatos victores vos expansis manibus excipimus, exspectantes et ipsi ex mutua erga vos caritate lucrum maximum. Nam si magnam mercedem exspectare licet iis qui vos amant : cogitate qualia vos, qui tot in certaminibus clari et insignes fuistis, maneant præmia.

[a] Idem τοσαῦτα πρὸς τῇ συκοφαντίᾳ, πληγαί.

[b] Sic Mss. omnes. Edit. τῆς ἄλλης περὶ ἡμᾶς.

528

ADMONITIO

IN EPISTOLAS SANCTI JOANNIS CHRYSOSTOMI

AD OLYMPIADEM ET AD ALIOS MULTOS.

Epistolarum S. Joannis Chrysostomi verum ordinem assequi hactenus non potuimus : nam is, quem præ se ferunt Editiones Morelli, nec temporum, nec personarum ad quas epistolæ mittuntur, rectam seriem exhibet. In omnium optimo et antiquissimo Codice Coisliniano epistolarum ordo cum Editis non consentit, atque et ipse interturbatam seriem exhibet, qualem dedimus in Bibliotheca Coisliniana p. 565. Cæteri autem Mss. Regii sive Vaticani nec cum hoc nec cum Editis consentiunt. Savilius epistolas omnes ordine alphabetico disposuit; ita ut a nominibus personarum, ad quas epistolæ diriguntur, series earum ducatur : qui ordo etiamsi quid utilitatis præ se ferat, non est tamen amplectendus. Si omnino potuissemus temporis ordinem certum atque indubitatum in epistolis constituere, hæc certe fuisset vera et omnium utilissima ordinandi ratio; at illud nulla arte fieri potest : nam ut sunt quædam epistolæ quæ alias quaspiam præcessisse omnino videntur, ita in maxima aliarum parte frustra quæras quæ prior, quæ posterior data fuerit. Quamobrem ordinem a Jacobo Bilbo et a Frontone Ducæo constitutum servare visum fuit : unde illud commodi accedit, ut epistolarum numeri sexcenties a scriptoribus præteriti præsentisque sæculi memorati iidem reperiantur, in promptuque sit epistolas in loco solito positas adire.

Joannis Chrysostomi epistolas numero 173 primus dedit Jacobus Billius Prunæus, S. Michaelis in Eremo Abbas, hac præmissa præfatiuncula.

CANDIDO LECTORI S.

« Quod D. Joannem Chrysostomum hoc epistolarum libro nunc primum auctiorem habes, optime lector, id eruditissimo viro Jacobo Cujacio debes, qui pro summa sua humanitate, atque in rempublicam literariam studio, benigne mihi Codicem Græcum commodavit. Etsi autem in his epistolis multæ sunt ejusdem argumenti, quæ fortasse propterea nonnihil fastidii nasuto lectori parere possint, aliarum tamen, et præsertim earum quæ ad Olympiadem scriptæ sunt, utilitas hoc quidquid est molestiæ facile, ut spero, compensabit. Tu opellam nostram boni consulas velim, ac pro mea salute ad Deum preces fundas. Vale.»

His CLXXIII epistolis sexaginta octo adjecit Fronto Ducæus ex Codice Ms. Collegii Antverpiani Societatis Jesu, et septuagesimam nonam subjunxit ex apographo Joannis Sambuci, in quo centesimam septuagesimam octavam sequebatur. Etsi autem in his epistolis non paucæ sint, ubi eadem fere repetuntur, fatendum tamen est hoc corpus epistolarum inter nobilissima ecclesiastica monumenta computandum esse : hinc accuratissimas omnium notitias excerpimus circa magnum illud schisma orientalis Ecclesiæ, et exsilium Chrysostomi, ubi dira quæque S. Vir passus est, raptatus, et tantis affectus malis, ut quam ferro non audebant ipsi necem inferre adversarii, immissis molestiis et cruciatibus intulerint. Ordo epistolarum, ut diximus, ita interturbatus est, ut vix ac ne vix quidem possit restaurari : sed ad lectoris commodum satis nobis fuit in cujusque epistolæ initio tempus quantum licuit, ac sæpe ex conjectura tantum, annotare.

Epistolæ septemdecim ad Olympiadem, quæ cæteris præmittuntur, omnium longissimæ et elegantissimæ sunt, omniumque utilissimæ, ait Photius, Cod. 86 : earum quædam consolatoriæ et hortatoriæ

sunt, atque homiliarum more concinnatæ, aliæ ad ærumnarum ipsius historiam texendam opportunis- 525
simæ. Circa hanc Olympiadem hæc scribit Henricus Savilius in notis p. 851.

« Olympias, ad quam sunt hæ μέλιτος καταλειβομένοιο dulciores epistolæ, neptis fuit Ablabii, qui sub Constantino Magno præfectus prætorio fuit, Anysii secundi comitis filia. Utrum vero Ablabii neptis fuerit ex filia Olympiade, quæ primum Constanti nupsit Augusto, tum Arsaci Armeniæ regi, quam tertium putat Cardinalis Baronius Anysio nupsisse, ex eoque hanc nostram Olympiadem juniorem matri ὁμώνομον suscepisse, pro certo non dixerim. Veri mihi simile videtur auctores illorum temporum in hujus nostræ laudes satis effusos, de tanta gloria non fuisse taciturus, si Augustæ ejusdemque reginæ filia exstitisset. Alteram sororem habuit Olympias, ut ex Nazianzeni epistola ad Anysium patrem patet, cujus initium, Ἰδοὺ καὶ δεύτερός σοι γαμβρός, et in tenera ætate rectricem et formatricem morum Theosdosim, magni Amphilochii sororem germanam. Jamque nubilis collocata est a patre in matrimonium Nebridio ex præfectis. Ad quas nuptias invitatus Nazianzenus, Anysio per epistolam, cujus initium, αἰσθάνομαι τῶν ἐγκλημάτων, etc., seipsum excusat, podagricum nuptiis interesse neque commode posse neque etiam decere : carmen tamen egregium, quod exstat Tom. 2, p. 132, Paris. Editionis, epithalamium, seu potius paræneticum ad novam sponsam misit. Ex quo apparet nuptias hasce celebratas fuisse ante finitum concilium Constantinopolitanum, quo tempore relicto episcopatu in Cappadociam secessit Gregorius : et fortasse ipso concilii tempore, hoc est anno 381, consulibus Siagrio et Eucherio, quod nuptiis illis interfuisse scribat Gregorius magnum episcoporum numerum, καὶ παρῆν ἐπισκόπων ὅμιλος, quos per occasionem concilii in regiam urbem confluxisse par erat. In hoc matrimonio vixit menses viginti, id est, usque ad annum 383, quo vita functus est Nebridius. In ipso itaque ætatis flore in magna rerum omnium copia et affluentia marito viduata, in eodem perpetuæ viduitatis proposito usque ad mortem constantissime perseveravit : neque precibus aut minis Theodosii Magni Imperatoris dimoveri potuit, qui eam forma, opibus, omnium virtutum decoratam corona, Elpidio cognato suo, homini Hispano, summa vi despondere ambiebat. Qua repulsa offensus Imperator, antequam contra Maximum tyrannum proficisceretur, quod anno 388 contigit, præfecto urbis mandavit, ut quæsito aliquo legis colore, omnem ejus substantiam custodiret, quousque trigesimum ætatis implesset annum. Quam illa fortunarum suarum direptionem adeo excelso, et supra sexum virili animo tulisse perhibetur, ut etiam sibi illam ab Imperatore illatam injuriam gratam habuisse videretur, in eodem, ut dixi, viduitatis tenore permanens. Nam de virginitate perpetuo conservata fabulosum esse cum Baronio fatebitur, quisquis cum judicio legerit illam epistolæ secundæ Joannis nostri ad eam scriptæ partem, Tom. 7, p. 58, l. 38, Editionis nostræ. Post reditum a bello contra Maximum gesto, hoc est anno 391, Theodosius, intellecta Olympiadis constantia, res suas sibi habere jussit. Quæ ex eo tempore commune aperuit domi suæ diversorium omnibus episcopis, monachis, sacerdotibus, et viris ecclesiasticis eo venientibus. Inter cæteros, magno Amphilochio, Optimo episcopo, Petro Basilii fratri, Epiphanio Cypri episcopo pecunias donavit et villas, illos etiam θεοστυγεῖς, Theophilum, Antiochum, Acacium, Severianum omni liberalitatis et munificentiæ genere complexa. Itaque ab ipso Nectario Constantinopolitano episcopo facta est diaconissa : cujus etiam morientis, ut et Optimi episcopi oculos suis manibus clausit. Post Nectarium quam fuerit cara Joanni, quam ipsi carus Joannes, declarant hæ epistolæ. Et quidem post exsilium Joannis rapta in judicium, et incendii templi S. Sophiæ inter cæteros Joannis fautores rea, cum constantissime quæsitoribus respondisset, auri tamen non mediocri summa mulctata, relicta Constantinopoli, concessit Cyzicum, tempora exspectatura mitiora. Hæc et multo his plura inveniet lector de hac divina femina literis prodita a Gregorio Nazianzeno, Palladio, Sozomeno, Ammiano, Menologiis, Georgio Alexandrino, cæterisque βιογράφοις. »

Quæ de Olympiadis origine hic dicuntur aliquot sunt intricata difficultatibus, quas solvere non est præsentis instituti; quod autem dicit Savilius, Olympiadem Nebridio nupsisse anno 381, Siagrio et Eucherio consulibus, omnino stare nequit. Siquidem, ut optime observat Tillemontius, Nebridius viginti circiter mensibus tantum post ductam Olympiadem obiit; si autem illam duxerit anno 381, fato functus erit anno 383, cum tardissime. Atqui lex ad illum dirigitur, in Codice Theodosiano, anno 386, 29 Junii, atque adeo quærendus alius nuptiarum Olympiadis annus. Nupserit ergo Olympias ut putatur anno vertente 384.

Ordo epistolarum ad Olympiadem, ut et cæterarum omnium subsequentium interturbatus est; nullam 526
temporis rationem observarunt qui epistolas illas collegerunt, ut animadvertet is qui temporis notulas

initio cujusque epistolæ positas perleget. Ordo ille, quisquis est, et in Editis et in Manuscriptis tantillum variat; nam quæ quarta ad Olympiadem ponitur in Editionibus Morelli, in Edito Savilii et in aliquot Mss. decima sexta locator : in cæteris series eadem.

Post epistolas ad Olympiadem Savilius reliquas omnes ordine alphabetico ponit secundum nomina eorum ad quos epistolæ mittuntur. Eum ipsum ordinem et nos Latine expressis nominibus hic repræsentamus.

Acacio presbytero una CCVIII.
Adoliæ sex epist. 1. XXXIII. 2. LII. 3. LVII. 4. CXXXIII. 5. CLXXIX. 6. CCXXXI.
Aetio una CXCVI.
Agapeto tres. 1. XX. 2. LXXIII. 3. CLXXV.
Alexandro episcopo Corinthi una CLXIV.
Alphio quatuor. 1. XXI. 2. XXXV. 3. XLIX. 4. LXXII.
Alypio una CLXXXVI.
Ampruclæ diaconissæ tres. 1. XCVI. 2. CIII. 3. CXCI.
Anatolio præfectiano una CCV.
Anatolio episcopo Adanæ una CXI.
Anthemio una CXLVII.
Antiocheno episcopo una CCXXXIII.
Antiocho una CLXXXIX.
Anysio episcopo Thessalonicæ una CLXII.
Anysio et aliis episcopis una CLXIII.
Aphthonio, Theodoto, Chæreæ presbyteris et monachis duæ. 1. LXX. 2. XCIII.
Arabio duæ. 1. XLVIII. 2. CXXI.
Artemidoro una CLXXVII.
Asello episcopo una CLI.
Asyncritiæ quatuor. 1. XL. 2. LXXVII. 3. XCIX. 4. CVI.
Aurelio episcopo Carthaginensi una CXLIX.
Basilio presbytero una XXVIII.
Bassianæ una XLIII.
Basso episcopo una CX.
Brisoni duæ. 1. CXC. 2. CCXXXIV.
Callistrato Isauriæ episcopo una CC.
Candidiano una XLII.
Carteriæ quatuor. 1. XVIII. 2. XXXIV. 3. CCXXVII. 4. CCXXXII.
Carterio duci una CCXXXVI.
Casto Valerio, Diophanto, etc. sex. 1. XXII. 2. LXII. 3. LXVI. 4. CVII. 5. CXXX. 6. CCXXII.
Chalcidiæ quatuor. 1. XXXIX. 2. LXXVI. 3. XCVIII. 4. CV.
Chalcidiæ et *Asyncritiæ* tres. 1. XXIX. 2. LX. 3. CCXLII.
Chromatio episc. Aquileiæ una CLV.
Claudiano una CXCV.
Constantio presbytero duæ. 1. CCXXI. 2. CCXXV.
Cyriaco, Demetrio, Palladio, Eulysio una CXLVIII.
Cyriaco episcopo tres. 1. LXIV. 2. CXXV. 3. CCII.
Cytherio una LXXXII.
Danieli presbytero una CXCIX.
Diogeni quatuor. 1. L. 2. LI. 3. CXXXIV. 4. CXLIV.
Domno episcopo una XXVII.
Elpidio episcopo sex. 1. XXV. 2. CXIV. 3. CXXXI. 4. CXXXVIII. 5. CXLII. 6. CCXXX.
Episcopis epistolæ quinque. 1. CLII. 2. CLIII. 3. CLIV. 4. CLVI. 5. CLXXXI.
Episcopis qui venerant ab Occidente tres. 1. CLVII. 2. CLVIII. 3. CLIX.
Episcopo qui venerat ab Occidente una CLX.
Episcopis qui venerant cum occidentalibus tres. 1. CLXV. 2. CLXVI. 3. CLXVII.
Episcopis et presbyteris in carcere positis duæ. 1. post epistolam Honorii supra p. 526. 2. CLXXIV.
Episcopis, presbyteris et diaconis in carcere inclusis una CXVIII.
Evethio una CLXXIII.
Eulogio episcopo una LXXXVII.
Euthaliæ duæ. 1. XXXII. 2. CLXXVIII.
Euthymio presbytero una CCXVIII.
Faustino una LXXXIV.
Firmino una LXXX.
Gaudentio episcopo Brixiæ una CLXXXIV.
Gemello quatuor. 1. LXXIX. 2. CXXIV. 3. CXXXII. 4. CXCIV.
Gerontio presbytero una LIV.
Harmatio una LXXV.
Helladio episcopo una CLXXII.
Heortio episcopo una XXX.
Herculio una CCI.
Hesychio quinque. 1. XXIV. 2. LXXIV. 3. CLXXVI. 4. CXCVIII. 5. CCXXIII.
Hesychio Salonæ una CLXXXIII.

DOMINÆ MEÆ

Summopere venerandæ, ac religiosissimæ Olympiadi, diaconissæ, Joannes episcopus salutem in Domino. Epist. I.

1. Age vero mœstitiæ tuæ ulcus rursum mitigabo, atque cogitationes eas, quæ hanc nubem cogunt, discutiam. Quod enim est, quod animum tuum perturbat? cur doles, cur excruciaris? An quod sæva et caliginosa est hæc tempestas quæ Ecclesias occupavit, cunctaque in obscurissimam noctem commutavit, atque in dies augetur, et acerba quædam naufragia parturit, orbisque terrarum interitus ingravescit? Id ego quoque perspectum habeo, nec quisquam est, qui infitias ire queat; ac, si vis, eorum etiam quæ fiunt imaginem quamdam effingam, quo clariorem tibi tragœdiam reddam. Mare cernimus ab imis usque gurgitibus undique revulsum, nautas mortuos summa unda natantes, alios possum euntes, navium tabulas dissolutas, perrupta et lacerata vela, malos effractos, remos e nautarum manibus elapsos, naucleros gubernaculorum loco tabulatis insidentes, manus genibus innectentes, atque in eam consilii inopiam redactos, ut tantummodo lugeant, ac gemitus et ejulatus edant; non cælum, non mare conspiciunt, sed densas atque obscuras tenebras caliginemque tantam, ut ne propinquos quidem perspicere sinat, ingentem denique fluctuum sonitum, ac marinas belluas in eos, qui navigant, omni ex parte impetum facientes. Imo vero quousque id persequimur, quod consequi non possumus? Quamcumque enim præsentium calamitatum effigiem exquiram, oratio vi malorum superata, pedem refert. Cæterum, etiamsi hæc perspicio, tamen meliorum rerum spem non amitto: hujusce universitatis Gubernatorem ante animum propono, qui non arte atque industria tempestatem superat, verum nutu solo procellam frangit. Quod si haud primum ac statim facit, hæc scilicet ipsius consuetudo est, ut rerum acerbitates non in principio exstinguat: verum cum creverint, atque ad finem extremum pervenerint, jamque spes omnis a permultis abjecta sit, tum deni-

A

[a]ΤΗ ΔΕΣΠΟΙΝΗ ΜΟΥ,

Τῇ αἰδεσιμωτάτῃ καὶ θεοφιλεστάτῃ διακόνῳ Ὀλυμπιάδι, Ἰωάννης ἐπίσκοπος ἐν Κυρίῳ χαίρειν. Ἐπιστ. α'.

Φέρε δὴ ἀπαντλήσω σου τῆς ἀθυμίας τὸ ἕλκος, καὶ διασκεδάσω τοὺς λογισμοὺς τὸ νέφος τοῦτο συνάγοντας. Τί γάρ ἐστιν ὃ συγχεῖ σου τὴν διάνοιαν, καὶ λυπῇ, καὶ ἀδημονεῖς; Ὅτι ἄγριος ὁ χειμὼν ὁ τὰς 528 Ἐκκλησίας καταλαβὼν καὶ ζοφώδης, καὶ νύκτα ἀσέληνον A πάντα εἰργάσατο, καὶ καθ' ἑκάστην κορυφοῦται τὴν ἡμέραν, πικρά τινα ὠδίνων ναυάγια, καὶ αὔξεται ἡ πανωλεθρία τῆς οἰκουμένης; Οἶδα τοῦτο κἀγὼ, καὶ οὐδεὶς ἀντερεῖ, καὶ εἰ βούλει, καὶ εἰκόνα ἀναπλάττω τῶν γινομένων, ὥστε σαφεστέραν σοι ποιῆσαι τὴν τραγῳδίαν. Θάλασσαν ὁρῶμεν ἀπ' αὐτῆς κάτωθεν ἀναμοχλευομένην τῆς ἀβύσσου, πλωτῆρας τοῖς ὕδασι νεκροὺς ἐπιπλέοντας, ἑτέρους ὑποβρυχίους γενομένους, τὰς σανίδας τῶν πλοίων διαλυομένας, τὰ ἱστία διαῤῥηγνύμενα, τοὺς ἱστοὺς διακλωμένους, [b]τὰς κώπας τῶν B χειρῶν τῶν ναυτῶν ἀποπτάσας, τοὺς κυβερνήτας ἀντὶ οἰάκων ἐπὶ τῶν καταστρωμάτων καθημένους, τὰς χεῖρας τοῖς γόνασι περιπλέκοντας, καὶ πρὸς τὴν ἀμηχανίαν τῶν γινομένων κωκύοντας, ὀξέως βοῶντας, θρηνοῦντας, ὀλοφυρομένους μόνον, οὐκ οὐρανὸν, οὐ πέλαγος φαινόμενον, ἀλλὰ σκότος πάντα βαθὺ καὶ ἀφεγγὲς καὶ ζοφῶδες, ὡς οὐδὲ τοὺς πλησίον ἐπιτρέποντα βλέπειν, καὶ πολὺν τὸν πάταγον τῶν κυμάτων, καὶ θηρία θαλάττια πάντοθεν τοῖς πλέουσιν ἐπιτιθέμενα. Μᾶλλον δὲ C μέχρι τίνος διώκομεν ἀχίχητα; Οἵαν γὰρ ἂν ζητήσω τῶν παρόντων κακῶν εἰκόνα, ἡττώμενος ὁ λόγος ἀναχωρεῖ. Ἀλλ' ὅμως καὶ ταῦτα ἰδὼν οὐκ ἀπογινώσκω τῆς χρηστοτέρας ἐλπίδος, τὸν κυβερνήτην τοῦδε τοῦ παντὸς ἐννοῶν, ὃς οὐ τέχνῃ περιγίνεται τοῦ χειμῶνος, ἀλλὰ νεύματι λύει τὴν ζάλην. Εἰ δὲ μὴ ἐκ προοιμίων, μηδὲ εὐθέως, ἔθος αὐτῷ τοιοῦτο, μὴ ἐν ἀρχῇ τὰ δεινὰ καταλύειν, ἀλλ' ὅταν αὐξηθῇ, καὶ πρὸς τὸ τέλος ἔλθῃ, καὶ παρὰ τῶν πλειόνων ἀπογνωσθῇ, τότε θαυματουργεῖ καὶ παραδοξοποιεῖ, τήν τε οἰκείαν ἐνδεικνύμενος δύναμιν, καὶ τῶν ἐμπιπτόντων τὴν ὑπομονὴν D ἐγγυμνάζων. Μὴ τοίνυν ἀναπέσῃς. Ἓν γὰρ μόνον ἐστὶν, Ὀλυμπιὰς, φοβερὸν, εἷς πειρασμὸς, ἁμαρτία μόνον· καὶ τοῦτο συνεχῶς ἐπᾴδων σοι τὸ ῥῆμα οὐκ ἐπαυσάμην· τὰ δὲ ἄλλα πάντα μῦθος, κἂν ἐπιβουλὰς εἴπῃς, κἂν ἀπεχθείας, κἂν δόλους, κἂν συκοφαντίας,

[a] Epistolæ ad Olympiadem collatæ sunt cum Fabric., Coislin. et tribus Regiis. Unus Reg. ἐπιστολὴ α' γραφεῖσα ἀπὸ Κουκουσοῦ τῆς Κιλικίας πρὸς τὴν μακαρίαν Ὀλυμπιάδα. Hæc epistola maximam habet affinitatem cum epist. ad Cyriacum, infra afferenda.

[b] Sic omnes ferme Mss. Editi τὰς κώπας τῶν ναυτῶν.

κἂν λοιδορίας, κἂν κατηγορίας, κἂν δημεύσεις, κἂν ἐξορίας, κἂν ξίφη ἠκονημένα, κἂν πέλαγος, κἂν τὸν τῆς οἰκουμένης ἁπάσης πόλεμον. Οἷα γὰρ ἂν εἴη ταῦτα, πρόσκαιρά τέ ἐστι καὶ ἐπίκηρα, καὶ ἐν θνητῷ γενόμενα σώματι, καὶ τὴν νήφουσαν οὐδὲν παραβλάπτοντα ψυχήν. Διά τοι τοῦτο καὶ τῶν χρηστῶν καὶ τῶν E λυπηρῶν τῶν κατὰ τὸν παρόντα βίον τὸ εὐτελὲς ὁ μακάριος Παῦλος δεῖξαι βουλόμενος μιᾷ λέξει τὸ πᾶν ἐνέφηνεν, εἰπών· Τὰ γὰρ βλεπόμενα πρόσκαιρα. Τί τοίνυν τὰ πρόσκαιρα δέδοικας, τὰ ποταμίων ῥευμάτων δίκην παραῤῥέοντα; Τοιαῦτα γὰρ τὰ παρόντα, κἂν χρηστὰ ᾖ, κἂν λυπηρά. Προφήτης δὲ 529 ἕτερος ἅπασαν τὴν ἀνθρωπίνην εὐημερίαν οὐ χόρτῳ, A ἀλλ' ἑτέρᾳ ὕλῃ εὐτελεστέρᾳ παρέβαλεν, ἄνθος αὐτὴν ὀνομάσας χόρτου πᾶσαν ὁμοῦ. Οὐδὲ γὰρ μέρος αὐτῆς ἔθηκεν, οἷον πλοῦτον μόνον, ἢ τρυφὴν μόνον, ἢ δυναστείαν, ἢ τιμάς· ἀλλὰ πάντα τὰ ἐν ἀνθρώποις δοκοῦντα εἶναι λαμπρὰ μιᾷ προσηγορίᾳ τῇ τῆς δόξης περιλαβὼν, οὕτως ἐπήγαγε τὴν εἰκόνα τοῦ χόρτου, εἰπών· Πᾶσα δόξα ἀνθρώπου ὡς ἄνθος χόρτου.

que mira atque ab hominum opinione aliena facinora edere soleat; et vim suam ostendens, et eorum, qui in calamitates incidunt, patientiam exercens. Quamobrem ne animum dejicias. Etenim una dumtaxat res gravis ac pertimescenda Nihil grave præter peccatum.
E est, o Olympias, una tentatio, nempe peccatum; atque hoc verbum numquam tibi occinere destiti: reliqua autem omnia, mera fabula, sive insidias dixeris, sive inimicitias, sive fraudes, sive calumnias, sive maledicta, sive accusationes, sive bonorum proscriptiones, sive exsilia, sive gladios 529 præacutos, sive mare, sive totius terrarum orbis A bellum. Nam quæcumque tandem hæc omnia sint, certe temporaria et caduca sunt, atque in mortali corpore exsistunt, nec vigilanti animæ detrimentum afferunt. Quocirca etiam beatus Paulus et jucunditatum et molestiarum hujus vitæ imbecillitatem demonstrare studens, unico vocabulo id prorsus indicavit, cum ita loquutus est: *Quæ enim videntur, temporalia sunt.* 2. Cor 4. 18.
Quid igitur ea quæ temporaria sunt, ac fluminum instar fluunt, extimescis? Hujusmodi quippe sunt res præsentes, tam lætæ, quam molestæ. Quin alter quoque propheta humanam omnem felicitatem, ne fœno quidem, verum alteri viliori materiæ comparavit, eam videlicet universam fœni florem appellans. Neque ipsius dumtaxat partem quamdam posuit, ut opes tantum, aut luxum ac delicias, aut potentiam, aut honores: verum omnia ea quæ apud mortales præclara et splendida esse videntur, unico gloriæ vocabulo complexus, ita demum subjunxit, fœni simulacrum dicens: *Omnis gloria hominis tamquam flos fœni.* Isai. 40. 6.

Ἀλλ' ἡ δυσημερία δεινὸν καὶ βαρύ; Ἀλλ' ὅρα καὶ ταύτην πάλιν ἑτέρᾳ παραβαλλομένην εἰκόνι, καὶ καταφρόνει καὶ ταύτης. Τὰς γὰρ λοιδορίας, καὶ τὰς ὕβρεις, καὶ τὰ ὀνείδη, καὶ τὰ σκώμματα τὰ παρὰ B τῶν ἐχθρῶν, καὶ τὰς ἐπιβουλὰς ἱματίῳ παλαιωθέντι καὶ ἐρίῳ διαβρωθέντι παρεικάζων, ἔλεγεν· Ὀνειδισμὸν ἀνθρώπων μὴ φοβεῖσθε καὶ τῷ φαυλισμῷ αὐτῶν μὴ ἡττᾶσθε, ὅτι ὡς ἱμάτιον παλαιωθήσονται, καὶ ὡσεὶ ἔριον ὑπὸ σητὸς, οὕτω βρωθήσονται. Μηδέν σε τοίνυν ταραττέτω τῶν γινομένων, ἀλλ' ἀφεῖσα τὸν δεῖνα καὶ τὸν δεῖνα παρακαλεῖν, καὶ τὰς σκιὰς παρατρέχειν (τοῦτο γὰρ ἡ ἀνθρωπίνη συμμαχία), τὸν Ἰησοῦν, ᾧ λατρεύεις, ἐνδελεχῶς παρακάλει νεῦσαι μόνον· καὶ πάντα ἐν μιᾷ καιροῦ λύεται ῥοπῇ. Εἰ δὲ παρεκάλεσας, καὶ οὐκ ἐλύθη, τοιοῦτον τῷ Θεῷ ἔθος, C μὴ ἐκ προοιμίων (τὸν γὰρ ἔμπροσθεν ἀναλήψομαι

2. At, inquis, gravis et acerba res est adversitas. At vide quomodo hæc quoque cum alia imagine conferatur: sicque hanc etiam contemne. Siquidem convicia et contumelias, ac probra, et offendicula ea quæ ab inimicis objiciuntur, et insidias indumento vetustate consumto, ac lanæ exesæ comparans, his verbis utebatur: *Nolite timere* Isai. 51. 7.
opprobrium hominum, et *blasphemias eorum* 8.
ne metuatis. Sicut enim vestimentum, sic comedet eos *vermis:* et *sicut lanam, sic devorabit eos tinea.* Quamobrem nihil eorum, quæ accidunt, animum tuum conturbet: verum alium atque alium rogare et umbras persequi supersedens (neque enim aliud est humanum auxilium), Jesum quem colis, sine ulla inter-
C missione obsecra, ut vel solum annuat: atque omnia unico temporis momento dilabentur. Quod

Deus non statim semper adversa tollit.

si obsecrasti, nec tamen malum depulsum est, id scilicet Deo usitatum est, ut non statim (ut quod superius dixi repetam) acerbitates exstinguat : sed cum eæ intumuerint atque auctæ fuerint, iique qui bellum inferunt, nihil fere ad omnem improbitatem sibi reliqui fecerint, tum denique omnia in tranquillum repente mutet, atque in inopinatos quosdam rerum status ea adducat. Neque enim tot dumtaxat bona efficere potest, quot exspectamus ac speramus : verum multo plura, atque infinitis partibus majora. Ob idque etiam Paulus dicebat : *Ei autem qui potens est facere superabundanter quam petimus aut cogitamus.* Annon statim prohibere poterat, ne tres pueri in tentationem illam laberentur? Verum id minime facere voluit, ut ingentem ipsis quæstum conciliaret. Eaque de causa eos in barbarorum quoque manus cadere passus est, ac fornacem in incredibilem quamdam altitudinem accendi, regiamque iracundiam fornace atrocius inflammari, eosque manibus ac pedibus arctissime vinciri, atque in ignem conjici; cum autem omnes, qui eos spectabant, eorum salutem pro deplorata habuissent, tum demum subito ac præter spem omnem sese exseruit præstantissimi artificis Dei in miraculis edendis facultas, atque eximium quemdam in modum emicuit. Siquidem ignis vinciebatur, qui autem vincti erant solvebantur; ac fornax in templum et fontem ac rorem mutabatur, regiaque aula magnificentior augustiorque reddebatur : naturamque illam edacissimam, ac ferrum etiam et lapides, atque omnem denique materiam superantem, crinium natura vincebat. Atque modulatissimus illic sanctorum chorus stabat, utrasque res conditas ad mirificum illum concentum invitans : hymnosque ad grati animi significationem ad Deum transmittebant, quod videlicet vinculis constricti, quod, quantum quidem in hostibus fuerat, exusti, quod patriis sedibus exturbati, quod captivi abducti, quod libertate spoliati fuissent, quod urbibus, quod domibus carerent, extorresque essent, quod denique in aliena et barbara terra degerent : hoc enim grati animi est. Postquam autem et hostium improbitas partibus omnibus absoluta fuit, (quid enim ultra mortem jam conari poterant?) et pugilum virtus expleta est, atque etiam contexta corona, et præmia ipsis collecta

Ephes. 3. 20.

Dan. 3.

λόγον) [a]καταλύειν τὰ δεινὰ, ἀλλ' ὅταν κορυφωθῇ, ὅταν αὐξηθῇ, ὅταν σχεδὸν μηδὲν ὑπολελειμμένον ᾖ τῆς τῶν πολεμούντων κακίας, τότε ἀθρόον πάντα μεταβάλλειν ἐπὶ τὸ γαληνὸν, καὶ πρὸς ἀπροσδοκήτους τινὰς καταστάσεις αὐτὰ πραγμάτων ἄγειν. Οὐ γὰρ τοσαῦτα δύναται μόνον ποιῆσαι χρηστὰ, ὅσα προσδοκῶμεν καὶ ἐλπίζομεν, ἀλλὰ καὶ πολλῷ πλείονα, καὶ ἀπείρως μείζονα. Διὸ καὶ Παῦλος ἔλεγε· Τῷ δὲ δυναμένῳ ὑπὲρ πάντα ποιῆσαι, ὑπὲρ ἐκ περισσοῦ ὧν
D αἰτούμεθα ἢ νοοῦμεν. Μὴ γὰρ οὐκ ἠδύνατο ἐκ προοιμίων κωλῦσαι τοὺς παῖδας τοὺς τρεῖς εἰς τὸν πειρασμὸν ἐκεῖνον μὴ ἐμπεσεῖν; Ἀλλ' οὐκ ἠβουλήθη, πολλὴν αὐτοῖς συνάγων τὴν ἐμπορίαν. Διὰ τοῦτο ἀφῆκε καὶ χερσὶν αὐτοὺς βαρβαρικαῖς παραδοθῆναι, καὶ τὴν κάμινον ἐξαφθῆναι πρὸς ὕψος ἄφατον, καὶ τὴν βασιλικὴν ὀργὴν τῆς καμίνου χαλεπώτερον ἐκκαῆναι, καὶ χεῖρας δεθῆναι καὶ πόδας μετὰ πολλῆς τῆς σφοδρότητος, καὶ εἰς τὸ πῦρ ἐμβληθῆναι· καὶ ὅτε πάντες οἱ θεωροῦντες αὐτοὺς ἀπέγνωσαν αὐτῶν τὴν σωτηρίαν, τότε
E ἀθρόον καὶ παρ' ἐλπίδα πᾶσαν ἀνεφαίνετο ἡ θαυματοποιία τοῦ ἀριστοτέχνου Θεοῦ, καὶ μετὰ πολλῆς ἐξέλαμπε τῆς ὑπερβολῆς. Τὸ μὲν γὰρ πῦρ ἐδεσμεῖτο, οἱ δεσμῶται δὲ ἐλύοντο· καὶ ναὸς εὐκτήριος ἡ κάμινος ἐγένετο, καὶ πηγὴ, καὶ δρόσος, καὶ αὐλῶν βασιλικῶν σεμνοτέρα, καὶ τὴν παμφάγον οὐσίαν ἐκείνην, καὶ σιδήρου καὶ λίθων περιγινομένην, καὶ πάσης κρατοῦσαν ὕλης,
510 τριχῶν ἐνίκα φύσις. Καὶ χορὸς ἵστατο παναρμόνιος
A αὐτόθι τῶν ἁγίων ἐκείνων ἑκατέραν τὴν κτίσιν εἰς τὴν θαυμασίαν ταύτην καλούντων μελῳδίαν· ᾖδόν τε εὐχαριστηρίους ἀναπέμποντες ὕμνους ὑπὲρ ὧν ἐδέθησαν, [a]ὑπὲρ ὧν ἐκάησαν, τό γε ἐχθρῶν μέρος, ὑπὲρ ὧν πατρίδος ἐξέπεσον, ὑπὲρ ὧν αἰχμάλωτοι γεγόνασιν, ὑπὲρ ὧν τὴν ἐλευθερίαν ἀφῃρέθησαν, ὑπὲρ ὧν ἀπόλιδες, ἄοικοι καὶ μετανάσται ἐγένοντο, ὑπὲρ ὧν ἐν ἀλλοτρίᾳ καὶ βαρβάρῳ διέτριβον γῇ· τοῦτο γὰρ ψυχῆς εὐγνώμονος. Καὶ ἐπειδὴ καὶ τὰ τῆς κακίας τῶν πολεμούντων ἀπήρτιστο, (τί γὰρ μετὰ θάνατον λοιπὸν ἐπιχειρῆσαι ἠδύναντο;) καὶ τὰ τῶν ἀθλητῶν ἐπεπλήρωτο, καὶ ὁ στέφανος ἐπλάκη, καὶ τὰ βραβεῖα
B αὐτοῖς συνελέγη, καὶ οὐδὲν λοιπὸν ἔλιπεν εἰς εὐδοκίμησιν· τότε δὴ τὰ δεινὰ λύεται, καὶ ὁ τὴν κάμινον ἐνάψας καὶ τοσαύτῃ παραδοὺς τιμωρίᾳ, οὗτος θαυμαστὸς ἐπαινέτης τῶν ἁγίων ἐκείνων ἀθλητῶν γίνεται, καὶ κήρυξ τῆς τοῦ Θεοῦ παραδοξοποιίας, καὶ πανταχοῦ τῆς οἰκουμένης ἐκπέμπει γράμματα πολλῆς γέμοντα εὐφημίας, διηγούμενος τὰ γεγενημένα, καὶ ἀξιόπιστος γινόμενος κήρυξ τῶν τοῦ παραδοξοποιοῦ Θεοῦ θαυμάτων. Ἐπειδὴ γὰρ ἐχθρὸς ἦν καὶ

a Unus λύειν τὰ δεινά.

b Sic Mss. In Editis hæc, ὑπὲρ ὧν ἐκάησαν, desunt; sed Interpres legit.

πολέμιος, ἀνύποπτα λοιπὸν καὶ παρὰ τοῖς ἐχθροῖς τὰ γραφόμενα ἦν.

Εἶδες τὸ εὐμήχανον τοῦ Θεοῦ; εἶδες τὸ σοφόν; C εἶδες τὸ παράδοξον; εἶδες τὸ φιλάνθρωπον καὶ κηδεμονικόν; Μὴ τοίνυν θορυβοῦ, μηδὲ ταράττου, ἀλλὰ μένε διηνεκῶς ὑπὲρ πάντων τῷ Θεῷ εὐχαριστοῦσα, δοξολογοῦσα, παρακαλοῦσα, δεομένη, ἱκετεύουσα· κἂν μυρίοι θόρυβοι, κἂν μυρίαι ταραχαὶ ἐπίωσι, κἂν [b] καταιγίδες ἐπ' ὄψιν κέωνται, μηδέν σε τούτων ταραττέτω. Οὐ γὰρ προλαμβάνεται ἡμῖν ὁ Δεσπότης ὑπὸ τῆς τῶν πραγμάτων δυσκολίας, κἂν εἰς ἔσχατον ὄλεθρον πάντα κατενεχθῇ. Δυνατὸν γὰρ αὐτῷ καὶ D τοὺς πεπτωκότας ἐγεῖραι, καὶ τοὺς πεπλανημένους ἐπιτρέψαι, καὶ τοὺς σκανδαλισθέντας διορθῶσαι, καὶ τοὺς μυρίων πληρωθέντας ἁμαρτημάτων ἀπαλλάξαι καὶ δικαίους ποιῆσαι, καὶ τοὺς νεκρωθέντας ζωογονῆσαι, καὶ κατασκαφέντα λαμπρότερα ἐργάσασθαι, καὶ τὰ παλαιωθέντα ἀνανεῶσαι. Εἰ γὰρ τὰ μὴ ὄντα ποιεῖ γενέσθαι, καὶ τοῖς μηδαμοῦ μηδαμῶς φαινομένοις χαρίζεται τὸ εἶναι, πολλῷ μᾶλλον τὰ ὄντα καὶ γενόμενα διορθώσεται. Ἀλλὰ πολλοὶ οἱ ἀπολλύμενοι, πολλοὶ οἱ σκανδαλιζόμενοι; Πολλὰ πολλάκις καὶ ἤδη E τοιαῦτα γέγονεν, ἀλλ' ὕστερον τὴν προσήκουσαν ἔλαβε πάντα διόρθωσιν, πλὴν εἰ μή τινες ἀνιάτως ἔμειναν ἔχοντες καὶ μετὰ τὴν τῶν πραγμάτων μεταβολήν. Τί ταράττῃ, καὶ ἀλύεις, εἰ ὁ δεῖνα ἐκβέβληται, καὶ ὁ δεῖνα εἰσενήνεκται; Ὁ Χριστὸς ἐσταυροῦτο, καὶ Βαραββᾶς ὁ λῃστὴς [c] ἐξῃτεῖτο, καὶ ὁ διεφθαρμένος ἐβόα δῆμος, τὸν ἀνδροφόνον τοῦ Σωτῆρος 531 A καὶ εὐεργέτου δεῖν μᾶλλον σωθῆναι. Πόσους νομίζεις ταῦτα ἐσκανδάλισε τότε; πόσους ταῦτα τέως ἀπώλεσε; Μᾶλλον δὲ ἀνώτερον τὸν λόγον ἀναγκαῖον ἀγαγεῖν. Οὐκ εὐθέως τεχθεὶς οὗτος ὁ σταυρωθεὶς, μετανάστης ἐγίνετο καὶ φυγὰς καὶ μετὰ ὁλοκλήρου τῆς οἰκίας πρὸς τὴν ἀλλοτρίαν ἐξ αὐτῶν σπαργάνων ἀπῳκίζετο, διάστημα ὁδοῦ τοσοῦτον εἰς βάρβαρον ἀπαγόμενος χώραν; Καὶ αἱμάτων ῥύακες ἐκ τῆς ὑποθέσεως ταύτης ἐγίνοντο, καὶ φόνοι ἄδικοι, καὶ σφαγαὶ,

sunt, nec jam ad gloriam nominisque splendorem quidquam restabat: tum demum scilicet mala depelluntur, et qui fornacem accenderat, eosque tam gravi supplicio addixerat, idem sanctos illos pugiles mirificis laudibus effert, ac miraculum a Deo editum prædicat, literasque ingenti laude refertas quoquo gentium mittit, ea quæ acciderant commemorans, atque fide dignum divinorum miraculorum præconem se præbens. Nam quoniam inimicus et hostis ipse erat, idcirco jam apud hostes etiam ab omni suspicione remota erant, quæ scribebantur.

3. Vidisti Dei solertiam? vidisti sapientiam? vidisti quid præter hominum opinionem patravit? vidisti benignitatem et curam? Proinde ne commovearis ac perturberis, verum pro omnibus rebus constanter ipsi gratias age, cumque lauda, roga, supplexque obsecra; etiamsi sexcenti tumultus, sexcentæ perturbationes ac procellæ tibi ob oculos versentur, nihil tamen horum te perturbet. Neque enim Dominus nobis rerum difficultate antevertitur, etiamsi alioqui omnia in extremam perniciem devoluta sint. Potest quippe ipse et jacentes excitare, et errantes in viam revocare, et eos qui offendiculum passi sunt, corrigere, et eos qui innumeris peccatis cooperti sunt, liberare ac probos efficere, et exstinctos vita donare, et iis quæ diruta sunt, majorem splendorem comparare, et quæ vetustatem contraxerunt, renovare. Nam cum hoc efficiat, ut quæ non erant oriantur, et iis quæ nusquam omnino cernebantur, ut sint, afferat, multo sane magis ea quæ sunt, et quæ facta sunt, emendabit. At multi sunt qui pereant, multi quibus scandalum inferatur? Sed multa hujusmodi sæpe contigerunt, quæ tamen postea eam, quam par erat, medicinam consequuta sunt: nisi qui fortasse mutatis etiam rebus, in incurabili morbo pertinaciter hæserunt. Quid autem eo nomine perturbatione afficeris animumque dejicis, quod ille ejectus sit, ille contra introductus? Christus in crucem agebatur, ac Barabbas latro poscebatur, atque corruptum vulgus homicidam potius quam Servatorem ac tot beneficiorum auctorem conservandum esse clamabat. Quot hominibus hæc offensionem attulisse, quot hominibus exitium invexisse existimas? Verum præstat sermonem altius repetere. An non is, qui cruci affixus est,

[b] Omnes Manuscripti καταιγίδες· κἂν πάντα ἐπ' ὄψιν κέηται, postrema verba in prius Editis variant; sed Interpretis lectio cum Mss. consonat.

[c] Ἐξῃτεῖτο, sic Coislin. recte, atque ita legit Interpres. Editi ἐξήνετο. Quidam Mss. ἐζητεῖτο.

statim ut in lucem prodiit, solum vertit, atque cum universa domo ab ipsis incunabulis in exteram terram fugitivus migravit, in barbarorum scilicet regionem tam longo itineris intervallo distantem abductus? Qua quidem ex causa ingens etiam vis cruoris profusa est, cædes et mactationes exstiterunt, teneraque omnis ætas non secus atque in prælio et acie concidebatur, infantesque a mamillis avulsi trucidabantur, cumque lac adhuc in faucibus haberent, eorum in jugulo et collo ferrum adigebatur. Quid hac tragœdia gravius acerbiusque fingi potest? Atque hæc ab eo perpetrabantur, qui ipsum ad necem quærebat : et tamen Deus pro sua lenitate, cum tam tragicum scelus designaretur, tantaque vis cruoris flueret, id patiebatur, id, inquam, cum prohibere posset, patiebatur, arcana nimirum sapientia tantam animi æquitatem ac lenitatem præ se ferens. Postquam autem e barbarorum regione in patriam rediit, atque ætate auctus est, bellum undique adversus eum excitabatur. Ac primum Joannis discipuli livore concitabantur, ipsique invidebant; tametsi alioqui Joannes ipsum coleret et observaret; atque his verbis utebantur :
Joan. 3. 26. *Qui erat tecum trans Jordanem, ecce ipse baptizat*, et *omnes ad eum veniunt*. Hæc enim verba hominum erant, qui jam invidiæ stimulis pungerentur, atque hoc morbo laborarent. Ob eamque causam unus etiam ex discipulis, qui hanc orationem habuerant, cum Judæo quodam contendebat ac decertabat, disputationem de purificationibus movens, ac baptismum Joannis cum baptismo discipulorum Christi confe-
Joan. 3. 25. rens. *Facta est* enim, inquit ille, *ex discipulis Joannis cum Judæo quodam quæstio de purificatione*. Ut autem miracula edere cœpit, quot calumniis appetitus est? Alii enim Samaritanum eum et dæmoniacum appellabant, his ver-
Joan. 8. 48. bis, *Samaritanus es tu*, et *dæmonium habes*;
Joan. 7. 12. alii impostorem, dicentes : *Hic non ex Deo, sed seducit turbam*; alii præstigiatorem, his
Matth. 9. 34. verbis utentes : *In Beelzebub principe dæmoniorum ejicit dæmonia*; ac subinde hæc repetebant, Deique hostem et helluonem ac voracem et vino deditum, atque improborum ac perditorum
Luc. 7. 34. hominum amicum eum vocabant. *Venit* enim, inquit, *Filius hominis manducans* et *bibens*, et *dicitis* : *Ecce homo vorax* et *potator vini, publicanorum* et *peccatorum amicus*. Quin etiam cum ipse cum scorto colloqueretur, falsum

καὶ ἡ ἄωρος ἡλικία πᾶσα καθάπερ ἐν παρατάξει καὶ B πολέμῳ κατεκόπτετο, καὶ τῶν μαζῶν ἀποσπώμενοι οἱ παῖδες σφαγῇ παρεδίδοντο, καὶ ἔτι τοῦ γάλακτος ἐπὶ τοῦ φάρυγγος ὄντος, διὰ τοῦ λαιμοῦ καὶ τῆς δέῤῥης τὸ ξίφος ἠλαύνετο. Τί ταύτης χαλεπώτερον τραγῳδίας; Καὶ ταῦτα ἔπραττεν ὁ ζητῶν αὐτὸν ἀνελεῖν, καὶ ὁ μακρόθυμος Θεὸς ἠνείχετο τοιαύτης τολμωμένης τραγῳδίας, τοσούτου ῥέοντος αἵματος, καὶ ἠνείχετο κωλῦσαι δυνάμενος, ἀποῤῥήτῳ τινὶ σοφίᾳ τὴν τοσαύτην ἐπιδεικνύμενος μακροθυμίαν. Ἐπειδὴ δὲ ἐπανῆλθεν ἀπὸ τῆς βαρβάρου χώρας, καὶ ηὐξήθη, πόλεμος C αὐτῷ πανταχόθεν ἀνεῤῥιπίζετο. Καὶ πρῶτον μὲν οἱ Ἰωάννου μαθηταὶ διεφθόνουν, καὶ ἐβάσκαινον, καίτοι γε ἐκείνου [a] τὰ αὐτοῦ θεραπεύοντος, καὶ ἔλεγον ὅτι Ὃς ἦν μετὰ σοῦ πέραν Ἰορδάνου, ἴδε οὗτος βαπτίζει, καὶ πάντες ἔρχονται πρὸς αὐτόν. Ταῦτα γὰρ ὑποκνιζομένων ἦν λοιπὸν τὰ ῥήματα, καὶ φθόνῳ βαλλομένων, καὶ τηκομένων τῷ πάθει. Διά τοι τοῦτο καὶ μετὰ Ἰουδαίου τινὸς εἷς τῶν μαθητῶν τῶν ταῦτα εἰρηκότων ἐφιλονείκει, καὶ ἐπύκτευε τὸν περὶ καθαρσίων λόγον κινῶν, καὶ βάπτισμα βαπτίσματι παραβάλλων, τὸ Ἰωάννου τῷ τῶν μαθητῶν τοῦ Χριστοῦ. D Ἐγένετο γὰρ, φησὶν, ἐκ τῶν μαθητῶν Ἰωάννου μετὰ Ἰουδαίου τινὸς ζήτησις περὶ καθαρισμοῦ. Ἐπειδὴ δὲ καὶ τῶν σημείων ἥψατο, πόσαι συκοφαντίαι; Οἱ μὲν Σαμαρείτην ἐκάλουν καὶ δαιμονῶντα, λέγοντες, ὅτι Σαμαρείτης εἶ σὺ, καὶ δαιμόνιον ἔχεις· οἱ δὲ πλάνον, λέγοντες, Οὗτος οὐκ ἔστιν ἐκ τοῦ Θεοῦ, ἀλλὰ πλανᾷ τὸν ὄχλον· οἱ δὲ γόητα, λέγοντες, ὅτι Ἐν τῷ ἄρχοντι [b] τῶν δαιμονίων τῷ Βεελζεβοὺλ ἐκβάλλει τὰ δαιμόνια· καὶ συνεχῶς ταῦτα ἐπέλεγον, καὶ ἀντίθεον ὠνόμαζον, καὶ γαστρίμαργον, καὶ ἀδηφάγον, καὶ μέθυσον, καὶ πονηρῶν καὶ διεφθαρμένων φίλον. Ἦλθε γὰρ, φησὶν, ὁ Υἱὸς τοῦ ἀνθρώπου ἐσθίων E καὶ πίνων, καὶ λέγουσιν, ἰδοὺ ἄνθρωπος φάγος καὶ οἰνοπότης, τελωνῶν φίλος καὶ ἁμαρτωλῶν. Καὶ ὅτε δὲ τῇ πόρνῃ διελέγετο, ψευδοπροφήτην αὐτὸν ἐκάλουν· Εἰ γὰρ ἦν προφήτης, φησὶν, ᾔδει τίς ἐστιν αὕτη ἡ γυνὴ ἡ λαλοῦσα αὐτῷ· καὶ καθ' ἑκάστην ἡμέραν τοὺς ὀδόντας ἠκόνων κατ' αὐτοῦ. Καὶ οὐχ Ἰουδαῖοι μόνον οὕτως ἐπολέμουν αὐτῷ, ἀλλ' οὐδὲ αὐτοὶ οἱ δοκοῦντες εἶναι ἀδελφοὶ ὑγιῶς εἶχον πρὸς αὐτὸν, ἀλλὰ καὶ ἐκ τῶν οἰκείων ὁ πόλεμος αὐτῷ 532 A ἀνεῤῥιπίζετο. Ὅρα γοῦν, πῶς καὶ αὐτοὶ ἦσαν διε-

a Aliquot Mss τὰ αὐτῶν.

b Sic Mss. In Editis τῶν δαιμονίων deest.

φθαρμένοι, ἐξ ὧν καὶ ὁ εὐαγγελιστὴς ἐπάγων ἔλεγεν·
Οὐδὲ γὰρ οἱ ἀδελφοὶ αὐτοῦ ἐπίστευον εἰς αὐτόν.

Ἀλλ' ἐπειδὴ σκανδαλιζομένων μέμνησαι πολλῶν
καὶ πλανωμένων, πόσους οἴει κατὰ τὸν καιρὸν τοῦ
σταυροῦ σκανδαλισθῆναι τῶν μαθητῶν; Ὁ μὲν προέδωκεν, οἱ δὲ ἐδραπέτευσαν, ὁ δὲ ἠρνήσατο, καὶ πάντων ἀναχωρησάντων ἤγετο μόνος δεδεμένος. Πόσους
τοίνυν οἴει πρώην ἑωρακότας τὰ σημεῖα αὐτὸν ἐργαζόμενον, νεκροὺς ἐγείροντα, λεπροὺς [a] καθαίροντα,
B δαίμονας ἀπελαύνοντα, ἄρτους πηγάζοντα, τὰ ἄλλα
τεράστια ἐργαζόμενον, σκανδαλισθῆναι κατὰ τὸν καιρὸν ἐκεῖνον, θεωροῦντας μόνον ἀπαγόμενον καὶ δεδεμένον, εὐτελῶν αὐτὸν στρατιωτῶν περιστοιχιζόντων,
καὶ ἱερέων Ἰουδαϊκῶν ἑπομένων καὶ θορυβούντων καὶ
ταραττόντων, καὶ τοὺς ἐχθροὺς ἅπαντας μόνον ἐν μέσῳ
ἔχοντας ἀπειλημμένον αὐτὸν, καὶ τὸν προδότην παρόντα καὶ ἐναβρυνόμενον τέως; Τί δὲ, ἡνίκα ἐμαστι-
γοῦτο; Καὶ εἰκὸς παρεῖναι πλῆθος ἄπειρον. Ἑορτὴ γὰρ
ἦν περιφανὴς ἡ πάντας συνάγουσα, καὶ μητρόπολις ἡ
τὸ δρᾶμα τῆς παρανομίας δεξαμένη, καὶ ἐν μεσημβρίᾳ
C μέσῃ. Πόσους τοίνυν οἴει παρεῖναι τότε καὶ σκανδαλίζεσθαι, ὁρῶντας αὐτὸν δεδεμένον, μεμαστιγωμένον,
αἵματι [b] περιῤῥεόμενον, ὑπὸ ἡγεμονικοῦ δικαστηρίου
ἐξεταζόμενον, καὶ οὐδένα τῶν μαθητῶν παρόντα; Τί
δὲ, ἡνίκα καὶ ποικίλαι ἐκεῖναι καὶ συνεχεῖς καὶ ἐπάλληλοι ἐγένοντο κατ' αὐτοῦ κωμῳδίαι, καὶ ποτὲ μὲν
αὐτὸν ἀκάνθαις ἐστεφάνουν, ποτὲ δὲ χλαμύδα περι-
ετίθεσαν, ποτὲ δὲ κάλαμον ἐνεχείριζον, ποτὲ δὲ πί-
πτοντες αὐτὸν προσεκύνουν, πᾶν εἶδος χλευασίας κινοῦντες καὶ γέλωτος; Πόσους οἴει σκανδαλίζεσθαι,
πόσους θορυβεῖσθαι, πόσους ταράττεσθαι, ὅτε ἐπὶ κόρ-
D ῥης αὐτὸν ἔπαιον καὶ ἔλεγον, Προφήτευσον ἡμῖν, Χρι-
στὲ, τίς ἐστιν ὁ παίσας σε; καὶ ἦγον καὶ περιῆγον, πᾶσαν τὴν ἡμέραν [c] εἰς τοῦτο ἀνηλίσκοντο, εἰς σκώμματα
καὶ λοιδορίας καὶ χλευασίαν καὶ γέλωτα ἐν μέσῳ θεάτρῳ Ἰουδαϊκῷ; Τί δὲ, ὅτε αὐτὸν ἐῤῥάπιζεν ὁ δοῦλος τοῦ
ἀρχιερέως; τί δὲ, ὅτε τὰ ἱμάτια αὐτοῦ διεμερίζοντο οἱ
στρατιῶται; ἡνίκα δὲ ἐπὶ τὸν σταυρὸν ἀνήχθη γυμνὸς ἐπὶ τοῦ νώτου τὰς μάστιγας ἔχων καὶ ἀνεσκολοπίζετο; Οὐδὲ γὰρ τότε οἱ ἄγριοι θῆρες ἐμαλάτ-

[a] [Savil. *καθαρίζοντα*.]
[b] Unus *περιῤῥέοντα*.

prophetam eum nuncupabant: *Si enim pro-* Luc. 7. 39.
pheta esset, inquiebant, *sciret quæ* et *qualis*
est hæc mulier quæ loquitur ad eum; denique
quotidie adversus eum dentes acuebant. Nec
vero Judæi dumtaxat, ad hunc modum eum bello lacessebant: nam ne ii quidem, qui ipsius fratres esse credebantur, sincero erga eum animo
erant, verum a propinquis ipsis bellum in eum
movebatur. Perspice quippe ex his quæ evangelista postea subjiciebat, quomodo ipsi quo-
que corrupti erant: *Neque enim ipsius fratres* Joan. 7. 5.
credebant in eum.

4. Porro quoniam multos offensos fuisse atque recta via aberrasse commemoras, quot quæso
discipulos fuisse putas, qui crucis tempore offensi
sint? Unus prodidit, alii in fugam se contulerunt, alius abjuravit: cumque omnes secessissent,
solus ipse vinctus ducebatur. Quot igitur homines tibi videntur, cum non ita pridem eum res
miras efficientem, mortuos excitantem, leprosos
purgantem, dæmones expellentem, panem fontis
instar effundentem, ac denique alia miracula
perpetrantem vidissent, eo tempore offensi fuisse,
cum eum solum abduci, ac vinctum teneri con-
spicerent, vilibus et abjectis militibus eum
cingentibus, Judaicisque sacerdotibus a tergo sequentibus ac tumultuantibus, atque hostes omnes
solum eum sibi hærentem in medio habentes,
præsentemque ac tutum insolenter se efferentem
proditorem? Quid, cum flagris cæderetur? Verisimile enim est infinitam multitudinem affuisse.
Erat quippe festum perillustre, quod omnes
congregabat: et metropolis erat, quæ nefarii
sceleris tragœdiam exceperat: et meridiano tempore res gerebatur. Quot igitur mortales tunc
affuisse existimas, qui cum eum vinctum, flagris
affectum, cruore stillantem atque ad præfecti
tribunal causam dicentem, nec discipulorum
quemquam præsentem cernerent, animis offensi
sint? Quid, cum variis ipsi modis illudebant,
atque nunc eum spinea corona donabant, nunc
chlamydem ipsi imponebant, nunc calamum
in manum dabant, nunc procumbentes eum adorabant, nullum denique irrisionis ac ludibrii
genus prætermittebant? Quot homines offensos,
atque agitatos et perturbatos fuisse arbitraris,
cum in malam eum feriebant, atque his verbis
utebantur, *Prophetiza nobis, Christe, quis est* Matth. 26.
qui te *percussit?* atque ipsum huc et illuc du- 68.
cebant, totum diem in cavillis et conviciis, in

[c] Sic Mss. In prius Editis aliqua deficiebant.

ludibrio et risu consumentes, idque in medio
Judæorum theatro? Quid, cum Pontificis servus
alapam ipsi impingeret? quid, cum milites
ipsius vestimenta inter se partirentur? quid,
cum nudus ac verberum notas in tergo inustas
gerens, ad crucem abduceretur, atque in crucem
tolleretur? Nam ne tum quidem immanes
illæ feræ molliebantur, verum majori etiam furore
præcipites ferebantur, tragœdiaque ingravescebat,
ac ludibria crescebant. Alii enim di-
Matth. 27. cebant: *Vah! qui destruis templum Dei,*
40. et *in triduo reædificas illud.* Alii item: *Alios*
salvos fecit: seipsum non potest salvum facere.
Ib. v. 42. *re.* Alii rursum: *Si Filius Dei es, descende de*
cruce, et credemus tibi. Quid, cum spongiam,
fel et acetum potionis causa offerentes, per
summam contumeliam ipsi insultabant? quid,
cum latrones maledictis eum proscindebant?
quid horrendum illud maximeque nefarium scelus,
quod etiam a me jam commemoratum est,
nempe cum latronem illum ac parietum effractorem,
innumerisque cædibus coopertum, digniorem,
quam ipsum, esse dicebant, quem petitione
sua supplicio eximerent: dataque a judice
optione Barabbam prætulerunt: nimirum
non Christum dumtaxat cruce afficere, sed etiam
improbam famam ipsi inurere cupientes? Hinc
enim se illud probare posse statuebant, quod
latrone quoque sceleratior esset, tantisque flagitiis
devinctus, ut nec misericordia, nec festi dignitas
salutem ipsi afferre posset. Huc enim
actiones omnes suas referebant, ut ipsius existimationem
læderent: eaque de causa duos etiam
latrones una cum ipso cruci affixerunt. At veritas
non obscurabatur, imo splendidius elucebat.
Ad hæc etiam affectatæ tyrannidis eum insimu-
Joan. 19. labant, his verbis: *Quicumque se regem facit,*
12. *non est amicus Cæsaris:* tyrannidis videlicet
eum arcessentes, qui ubi caput reclinaret non
habebat. Quin blasphemiam quoque ipsi per
calumniam objiciebant. Pontifex enim scidit ve-
Matth. 26. stimenta sua, dicens: *Blasphemavit; quid ad-*
65. *huc egemus testibus?* Quid mors ipsius? Nonne
violenta? nonne capitalis noxæ convictorum?
nonne exsecrandæ improbitatis hominum? nonne
turpissima? nonne eorum, qui gravissimis
flagitiis sese obstrinxissent, ac ne digni quidem

τοντο, ἀλλὰ μανικώτεροι μᾶλλον ἐγίνοντο, καὶ τὰ
τῆς τραγῳδίας ἐπετείνετο, καὶ τὰ τῆς χλευασίας ηὔ-
E ξετο. Οἱ μὲν γὰρ ἔλεγον· Ὁ καταλύων τὸν ναὸν, καὶ
ἐν τρισὶν ἡμέραις ἐγείρων αὐτόν. Οἱ δὲ ἔλεγον· Ἄλλους ἔσωσεν, ἑαυτὸν οὐ δύναται σῶσαι. Ἄλλοι δὲ
ἔλεγον· Εἰ Υἱὸς εἶ τοῦ Θεοῦ, κατάβηθι ἀπὸ τοῦ σταυροῦ καὶ πιστεύσομέν σοι. Τί δὲ, ὅτε τῇ σπογγιᾷ χολὴν
καὶ ὄξος ποτίζοντες ἐνεπαρῴνουν αὐτῷ; τί δὲ, ὅτε οἱ
λῃσταὶ ἐλοιδόρουν αὐτῷ; τί δὲ, ὅπερ καὶ ἔμπροσθεν
533 ἔλεγον, τὸ φρικτὸν ἐκεῖνο καὶ παρανομώτατον, ὅτε τὸν
A λῃστὴν ἐκεῖνον καὶ τοιχωρύχον καὶ μυρίων γέμοντα
φόνων ἄξιον ἔλεγον εἶναι ἐξαιτηθῆναι μᾶλλον αὐτοῦ,
καὶ λαβόντες αἵρεσιν παρὰ τοῦ δικαστοῦ τὸν Βαραββᾶν
προετίμησαν, οὐ σταυρῶσαι μόνον, ἀλλὰ καὶ πονηρὰν βουλόμενοι τῷ Χριστῷ περιθεῖναι δόξαν; Ἐνόμιζον γὰρ δύνασθαι κατασκευάζειν ἐκ τούτων, ὅτι
τοῦ λῃστοῦ χείρων ἦν, καὶ οὕτω παράνομος, ὥστε
μήτε φιλανθρωπίᾳ, μήτε ἑορτῆς ἀξιώματι δύνασθαι
σώζεσθαι. Πάντα γὰρ τούτου ἕνεκεν ἐποίουν, ὥστε
αὐτοῦ τὴν ὑπόληψιν διαβαλεῖν· διά τοι τοῦτο καὶ τοὺς
δύο λῃστὰς αὐτῷ συνεσταύρωσαν. Ἀλλ' ἡ ἀλήθεια οὐ
συνεσκιάζετο, ἀλλὰ καὶ μειζόνως διέλαμπε. Καὶ τυ-
B ραννίδα δὲ αὐτῷ ἐνεκάλουν λέγοντες, Πᾶς ὁ ποιῶν
ἑαυτὸν [a] βασιλέα, οὐκ ἔστι φίλος τοῦ Καίσαρος, τῷ
οὐκ ἔχοντι ποῦ τὴν κεφαλὴν κλῖναι, τυραννίδος ἐπάγοντες ἔγκλημα. Καὶ ἐπὶ βλασφημίᾳ δὲ αὐτὸν ἐσυκοφάντουν. Ὁ μὲν γὰρ ἀρχιερεὺς διέῤῥηξε τὰ ἱμάτια
αὐτοῦ λέγων, Ἐβλασφήμησε· τί ἔτι χρείαν ἔχομεν
τῶν μαρτύρων; Ὁ δὲ θάνατος, οἷος; [b] Οὐ βίαιος; οὐ
καταδίκων; οὐκ ἐπαράτων; οὐχ ὁ αἴσχιστος; οὐχ ὁ
τῶν τὰ ἔσχατα παρανενομηκότων, καὶ οὐκ ἀξίων
ὄντων οὐδὲ ἐπὶ τῆς γῆς τὴν ψυχὴν ἀφεῖναι; Τὸ δὲ
τῆς ταφῆς εἶδος οὐκ ἐν χάριτος πληροῦται μέρει;
C Ἐλθὼν γάρ τις τὸ σῶμα αὐτοῦ ἐξῃτήσατο. Οὕτως
οὐδὲ ὁ θάπτων αὐτὸν ἦν τῶν οἰκείων, τῶν εὐεργετηθέντων, τῶν μαθητῶν, τῶν τοσαύτης ἀπολελαυκό-
των [c] παῤῥησίας καὶ σωτηρίας, πάντων φυγάδων γενομένων, πάντων ἀποπηδησάντων. Ἡ δὲ πονηρὰ ἐκείνη
ὑπόληψις, ἣν κατεσκεύασαν διὰ τῆς ἀναστάσεως,
εἰπόντες, ὅτι Ἦλθον οἱ μαθηταὶ αὐτοῦ καὶ ἔκλεψαν
αὐτὸν, πόσους ἐσκανδάλισε, πόσους ὑπεσκέλισε τέως;
Καὶ γὰρ ἐκράτησεν ὁ λόγος τότε, καίτοι γε πεπλα-
σμένος ὢν καὶ χρημάτων γενόμενος ὠνητός· ἀλλ'
ὅμως ἐκράτησε παρά τισι, μετὰ τὰ σήμαντρα, μετὰ
D τὴν περιφάνειαν τῆς ἀληθείας τὴν τοσαύτην. Οὐδὲ
γὰρ τὸν περὶ τῆς ἀναστάσεως ᾔδεσαν λόγον τὸ πλῆθος, ὅπου γε [d] οὐδὲ αὐτοὶ οἱ μαθηταὶ ἠπίσταντο·

[a] Duo Mss. *βασιλέα ἀντιλέγει τῷ Καίσαρι.*
[b] Sic Mss. omnes. In Editis quædam desiderabantur.
[c] Hæc, *παῤῥησίας καὶ*, desunt in quibusdam Mss. Ibidem quidam Mss. *πάντων φρούδων.*
[d] Hic quædam deerant, quæ ex Mss. restituta sunt. Quæ sequuntur, *πόσους τοίνυν οἴει* etc., ex iisdem Mss. desumta ab Interprete lecta sunt.

Οὐδὲ γὰρ ᾔδεσαν, φησὶ, τότε, ὅτι δεῖ αὐτὸν ἐκ νεκρῶν ἀναστῆναι. Πόσοος τοίνυν οἴει κατὰ τὰς ἡμέρας ἐκείνας σκανδαλισθῆναι; Ἀλλ' ὅμως ὁ μακρόθυμος Θεὸς ἠνείχετο, τῇ οἰκείᾳ σοφίᾳ καὶ ἀπορρήτῳ πάντα οἰκονομῶν.

Εἶτα μετὰ τὰς ἡμέρας ἐκείνας πάλιν κρυπτόμενοι, E
λανθάνοντες, φυγαδευόμενοι οἱ μαθηταὶ, δεδοικότες, τρέμοντες, τόπον ἐκ τόπου συνεχῶς ἀμείβοντες, οὕτως ἐλάνθανον, καὶ μετὰ πεντήκοντα ἡμέρας ἀρξάμενοι φαίνεσθαι, καὶ σημείων ἅπτεσθαι, οὐδὲ οὕτως ἀδείας ἀπήλαυσαν. Ἀλλὰ καὶ μετὰ ἐκεῖνα τὰ μυρία σκάνδαλα μαστιζομένων αὐτῶν ἐγίνετο ἐν τοῖς ἀσθενεστέροις, τῆς Ἐκκλησίας ταραττομένης, αὐτῶν 534
A ἐλαυνομένων, τῶν ἐχθρῶν [a] κρατούντων πολλαχοῦ καὶ θορυβούντων. Ὅτε γὰρ πολλὴν ἐκ τῶν σημείων ἐκτήσαντο παῤῥησίαν, τότε πάλιν ἡ τοῦ Στεφάνου τελευτὴ διωγμὸν χαλεπὸν εἰργάσατο, καὶ πάντας διέσπειρε, καὶ τὴν Ἐκκλησίαν ἐν θορύβῳ κατέστησε· καὶ πάλιν ἐν φόβῳ τὰ τῶν μαθητῶν, καὶ πάλιν ἐν φυγῇ, καὶ πάλιν ἐν ἀγωνίᾳ. Καὶ οὕτω διαπαντὸς τὰ τῆς Ἐκκλησίας [b] ηὔξετο, ὅτε ἤνθει διὰ τῶν σημείων, ὅτε φαιδρὰ ἐκ προοιμίων ἐγένετο. Καὶ ὁ μὲν διὰ θυρίδος ἐχαλᾶτο, καὶ οὕτως ἐξέφυγε τοῦ ἄρχοντος τὰς χεῖρας· τοὺς δὲ ἄγγελος ἐξέβαλε, καὶ οὕτως τῶν ἁλύσεων ἀπήλλαττε· τοὺς δὲ ἀγοραῖοι καὶ χειροτέχναι ὑποδεχόμενοι B
παρὰ τῶν ἐν δυναστείαις ἐλαυνομένους, [c] παντὶ ἐθεράπευον τρόπῳ, πορφυροπώλιδες γυναῖκες, καὶ σκηνοῤῥάφοι, καὶ σκυτοδέψαι, πρὸς αὐτὰς οἰκοῦντες τὰς

essent, qui in terra extremum vitæ spiritum emitterent? Annon sepulturæ genus beneficii gratiæque loco ipsi præstatur? Accedens enim quispiam corpus petiit. Adeo ne ex propinquis quidem, nec ex iis, quos beneficiis affecerat, nec ex discipulis, nec ex iis qui tantam ab eo fiduciam ac salutem obtinuerant, quisquam erat, qui eum sepulturæ mandaret : quod videlicet omnes evanuissent, omnes profugissent. Jam sinistra ea et improba fama, quam per resurrectionem struxerant, dicentes, *Venerunt* Matth. 28.
discipuli ejus, et furati sunt eum, quam multis 13.
offensioni fuit? quam multos in fraudem impulit? Siquidem I ic sermo, quamquam falsus, ac pretio emtus, tum valuit. Valuit, inquam, apud nonnullos, post sigilla, post tantam veritatis perspicuitatem. Neque enim promiscuum vulgus resurrectionis doctrinam norat. Nec mirum, cum ne ipsi quidem discipuli eam nossent : *Neque enim*, inquit ille, *discipuli ejus sciebant, quod oporteret eum a mortuis resurgere*. Quam multos igitur illis diebus fuisse putas, qui offensi sint? Et tamen Deus pro sua lenitate id ferebat, arcana sua sapientia omnia administrans.

5. Deinde post eos dies discipuli rursum latitantes, fugati, metu perterriti, trementes, a edo loco in locum subinde migrantes, sese occultabant : atque post quinquaginta dies cum sese conspiciendos præbere ac miracula edere cœpissent, ne sic quidem tamen l oc consequuti sunt, ut nil il ipsis metuendum esset. Etenim post signa illa edita, infinita offendicula inter imbecilliores fuere : quod ipsi virgis cæderentur, Ecclesia turbaretur, ipsis expulsis, l ostes multis in locis superiores essent, ac tumultus cierent. Nam cum ingentem ob miracula fiduciam loquendique libertatem adepti fuissent, tunc rursum Stepl ani mors gravem persequutionem accersivit, omnesque dispersit, atque Ecclesiam in tumultum et perturbationem conjecit : rursumque discipuli in metu, rursum in fuga, rursum in summa sollicitudine atque angore versari cœperunt. At sic quoque tamen Ecclesiæ res semper augebantur, cum per signa florebant, cum læta principia habebant. Et unus quidem per fenestram demittebatur, sicque e præfecti manibus elapsus est : alios autem angelus eduxit,

[a] Duo Mss. *κρατούντων πανταχόθεν*. Editi *κρατούντων πολλαχοῦ*, et sic Interpres.

[b] Tres Mss. *ηὔξετο, ὅτε ἤνθει διὰ τῶν σημείων, ὅτε φαιδρὰ ἐκ προοιμίων ἐφαίνετο· καὶ ὁ μὲν διὰ σπυρίδος ἐχαλᾶτο.*

[c] Duo Mss. *πάντα ἐθεράπευον τρόπον*.

sicque a vinculis liberavit; alios rursum ab iis, qui opibus ac potentia florebant, vexatos et exagitatos, circumforanei homines atque opifices omni officii genere complectebantur, purpurariæ nempe mulieres, ac tentoriorum artifices, et coriarii, in extremis urbium recessibus atque ad littus et mare habitantes. Persæpe etiam ne in mediis quidem urbibus comparere audebant; aut si audebant, hospites certe eos excipere baudquaquam audebant. Atque ad hunc modum per tentationes, et animorum recreationes negotia texebantur : et qui non multo ante offensi fuerant, postea sanabantur : et qui aberraverant, in viam reducebantur : et quæ prostrata ac solo æquata fuerant, præclarius et magnificentius instaurabantur. Ob eamque causam cum Paulus precibus contendisset, ut per quietem solam et tranquillitatem evangelium progrederetur, sapientissimus ac solertissimus Deus discipulo morem minime gessit, nec, cum sæpe rogaretur, precibus ipsius cessit, verum his verbis usus est : (2. Cor. 12. 9.) *Sufficit tibi gratia mea : virtus enim mea in infirmitate perficitur.* Si igitur nunc cum molestiis lætos quoque successus subducere volueris, si non multa signa et miracula, at multas tamen res miraculis non dissimiles conspicies, quæ quidem ingentis Dei providentiæ atque auxilii perspicua argumenta sint. Verum ne omnia nullo cum labore a nobis audias, hanc tibi partem relinquo, ut accurate ac diligenter cuncta colligas, atque cum rebus molestis et acerbis conferas, sicque præclara occupatione animum distinens, teipsam a mœstitia et angore avoces : hinc enim maximam consolationem percipies. Tu velim universæ tuæ benedictæ domui plurimam a me salutem dicas. Faxit Deus ut et firma corporis valetudine, et læto atque bilari animo semper sis, domina mea summopere veneranda et religiosissima.

ἐσχατιὰς τῶν πόλεων, παρ' αἰγιαλὸν καὶ θάλασσαν. Πολλάκις δὲ καὶ οὐδὲ ἐν μέσαις ἐτόλμων φαίνεσθαι ταῖςπόλεσιν· εἰ δὲ καὶ αὐτοὶ ἐτόλμων, ἀλλ' οἱ ξενοδόχοι οὐκ ἐτόλμων. Καὶ οὕτως ὑφαίνετο τὰ πράγματα διὰ πειρασμῶν, [d] δι' ἀνέσεων, καὶ οἱ πρώην σκανδαλισθέντες, μετὰ ταῦτα διωρθοῦντο, καὶ οἱ πλανηθέντες ἐπανήγοντο, καὶ τὰ κατεσκαμμένα ᾠκοδομεῖτο C μειζόνως. Διὰ τοῦτο καὶ Παύλου αἰτήσαντος δι' ἀνέσεως μόνης βαδίζειν τὸ κήρυγμα, ὁ πάνσοφος καὶ εὐμήχανος Θεὸς οὐκ ἠνέσχετο τοῦ μαθητοῦ, ἀλλὰ καὶ πολλάκις παρακαλοῦντος οὐκ ἐπένευσεν, ἀλλ' εἶπεν, Ἀρκεῖ σοι ἡ χάρις μου· ἡ γὰρ δύναμίς μου ἐν ἀσθενείᾳ τελειοῦται. Εἰ βούλει τοίνυν καὶ νῦν λογίσασθαι μετὰ τῶν λυπηρῶν τὰ χρηστὰ, πολλὰ ὄψει γεγενημένα, καὶ εἰ μὴ σημεῖα καὶ θαύματα, ἀλλ' ἐοικότα σημείοις πράγματα, καὶ δείγματα τῆς πολλῆς τοῦ D Θεοῦ προνοίας καὶ ἀντιλήψεως ἄφατα. Ἀλλ' ἵνα μὴ πάντα μετ' εὐκολίας παρ' ἡμῶν ἀκούῃς, τοῦτό σοι καταλιμπάνω τὸ μέρος, ὥστε μετὰ ἀκριβείας [e] ἀναλέξαι πάντα, καὶ παραθεῖναι τοῖς λυπηροῖς, καὶ καλὴν ἀσχολουμένην ἀσχολίαν, οὕτως ἀπαγαγεῖν σαυτὴν τῆς ἀθυμίας· πολλὴν γὰρ καὶ ἐντεῦθεν δέξῃ τὴν παράκλησιν. Πάντα σου τὸν εὐλογημένον οἶκον παρ' ἡμῶν πολλὰ προσειπεῖν παρακλήθητι. Ἐῤῥωμένη καὶ εὐθυμουμένη διατελοίης, δέσποινά μου αἰδεσιμωτάτη καὶ θεοφιλεστάτη.

Si vis mihi longiores scribere literas, hac de re me certiorem facito, nec me decipias; nempe te omnem animi mœrorem deposuisse, et in tranquillitate agere. Nam in hoc situm est literarum mearum remedium, ut tibi magnam animi lætitiam pariant : ac frequentes accipies epistolas. Verum ne mihi iterum scribas, te magnam ex literis meis accipere consolationem : nam illud ego probe novi; sed tantam quantam ego cupio;

E [f] Εἰ βούλει μοι μακρὰ γράφειν, καὶ τοιαῦτα δήλωσόν μοι, μὴ ἀπατῶσα μέντοι με, ὅτι πᾶσαν ἀπέθου τὴν ἀθυμίαν, καὶ ἐν ἀνέσει διάγεις. Τοιοῦτον γὰρ τῶν γραμμάτων τοῦτο τὸ φάρμακον, ὡς καὶ εὐθυμίαν σοι ἐμποιῆσαι πολλήν· καὶ ὄψει συνεχῶς ἐπιστέλλοντα. 535 A Ἀλλὰ μή μοι γράψῃς πάλιν, ὅτι παραμυθίαν ἔχω πολλὴν ἐκ τῶν γραμμάτων σου· τοῦτο γὰρ οἶδα κἀγώ· ἀλλ' ὅτι τοσαύτην ὅσην ἐγὼ βούλομαι, ὅτι οὐ συγ-

[d] Duo Mss. οὐ δι' ἀνέσεων.
[e] Tres Mss. ἀναλέξασθαι.
[f] Hoc additamentum in tribus vetustissimis Manuscriptis habetur, et germanum haud dubie est, dignissimumque quod e tenebris eruatur.

χέῃ, ὅτι οὐ δακρύεις, ἀλλ' ἐν ἀνέσει καὶ εὐθυμίᾳ διάγεις.

Πρὸς αὐτὴν ἐπιστολὴ β'.

[a] Ἤρκει μὲν καὶ ἡ πρώην ἐλθοῦσα ἐπιστολὴ πρὸς τὴν ἐμμέλειαν τὴν σὴν, καταστεῖλαί σου τῆς ὀδύνης τὴν φλεγμονήν· ἐπειδὴ δέ σε σφόδρα κατειργάσατο τῆς ἀθυμίας ἡ τυραννὶς, ἀναγκαῖον εἶναι ἐνόμισα καὶ δευτέραν προσθεῖναι τῇ προτέρᾳ, ὥστε σε μετὰ δα- B ψιλείας πολλῆς καρπώσασθαι τὴν παράκλησιν, καὶ ἐν ἀσφαλεῖ σοι τὰ τῆς ὑγείας εἶναι λοιπόν. Δεῦρο δὴ οὖν καὶ ἑτέρωθεν διασκεδάσω σου τῆς ἀθυμίας τὴν κόνιν. Καὶ γὰρ ἀπὸ ἕλκους καὶ οἰδημάτων χαλεπῶν κόνιν οἶμαι αὐτὴν γεγενῆσθαι. Πλὴν ἀλλ' οὐδὲ οὕτως ἀμελητέον τῆς ἐπιμελείας τῆς σῆς, ἐπεὶ καὶ ἡ κόνις τὸν μὴ μετὰ σπουδῆς αὐτὴν ἐκκλίνοντα ἐν τῷ καιριωτάτῳ τῶν μελῶν ἐπάγει τὴν λύμην, τὸ διειδὲς τῆς κόρης θολοῦσα, καὶ ὁλόκληρον διαταράττουσα τοῦ ῥαθυμοῦντος τὸ ὄμμα. Ἵν' οὖν μὴ καὶ ἐνταῦθα τοῦτο C γένηται, μετὰ σπουδῆς πολλῆς καὶ τὸ λείψανον ἀνέλωμεν τοῦ κακοῦ. Ἀλλὰ διανάστηθι, καὶ χεῖρα ἡμῖν ὄρεξον. Ὅπερ γὰρ ἐπὶ τῶν τὰ σώματα καμνόντων συμβαίνειν εἴωθεν, ἂν τὰ τῶν ἰατρῶν μὲν εἰσφέρηται, τὰ δὲ ἐκείνων ἐλλιμπάνῃ, διακόπτεται τῆς ὑγείας τὸ κέρδος, τοῦτο καὶ ἐπὶ τῆς ψυχῆς γίνεσθαι πέφυκεν. Ἵν' οὖν μὴ γένηται τοῦτο, καὶ τὰ παρὰ σεαυτῆς μετὰ τῆς προσηκούσης σοι συνέσεως σπούδαζε εἰσφέρειν ἡμῖν, ὥστε ἑκατέρωθεν πολλὴν γενέσθαι τὴν ὠφέλειαν. Ἀλλὰ βούλομαι μὲν, ἴσως ἐρεῖς, οὐ δύναμαι δέ· οὐδὲ γὰρ ἀρκῶ διακρούσασθαι τὸ νέφος τὸ πυκνὸν καὶ ζοφῶδες τῆς ἀθυμίας, καίτοι σφό- D δρα φιλονεικοῦσα. Σκῆψις ταῦτα καὶ πρόφασις· ἐγὼ γὰρ οἶδά σου τῶν λογισμῶν τὴν εὐγένειαν, οἶδα τῆς εὐλαβοῦς σου ψυχῆς τὴν ἰσχὺν, οἶδα τῆς συνέσεως τὸ πλῆθος, τῆς φιλοσοφίας τὴν δύναμιν, καὶ ὡς ἀρκεῖ σοι μόνον ἐπιτάξαι τῷ μαινομένῳ τῆς ἀθυμίας πελάγει, καὶ πάντα ποιῆσαι γαλήνην. Ἵνα δέ σοι τοῦτο καὶ εὐκολώτερον γένηται, καὶ τὰ παρ' ἑαυτῶν εἰσοίσωμεν. Πῶς οὖν ῥᾳδίως δυνήσῃ τοῦτο ποιῆσαι; Καὶ τὰ ἐν τῇ προτέρᾳ ἐπιστολῇ ἀναλογιζομένη πάντα (καὶ γὰρ πολλὰ ταύτης ἕνεκεν ἡμῖν εἴρηται τῆς ὑπο- E θέσεως ἐν ἐκείνῃ), καὶ μετ' ἐκείνων καὶ τοῦτο ποιοῦσα ὅπερ ἐπιτάττω νῦν ἐγώ. Τί δὲ τοῦτό ἐστιν; Ὅταν ἀκούσῃς ὅτι τῶν Ἐκκλησιῶν ἡ μὲν κατέδυ, ἡ δὲ σαλεύεται, ἑτέρα χαλεποῖς περιαντλεῖται κύμασιν, ἄλλη τὰ ἄλλα τὰ ἀνήκεστα πέπονθεν, ἡ μὲν λύκον ἀντὶ ποιμένος λαβοῦσα, ἡ δὲ πειρατὴν ἀντὶ κυβερνή-

[a] Sic incipit hæc epistola in omnibus fere Mss. atque ita legit Interpres. In prius Editis legebatur: *Ἤρκει μὲν καὶ ἡ πρώτη ἐπιστολὴ πρὸς τὴν ἐμμέλειαν.* In hanc

ita ut neque animo perturberis, neque lacrymas effundas, sed tranquille et cum gaudio degas.

Ad camdem Epist. II.

1. Quamquam epistola ea, quam nuper ad te misi, ad doloris tui tumorem comprimendum abunde sufficiebat: tamen quia mœroris acerbitas majorem in modum te afflixit, idcirco necesse mihi esse existimavi alteram quoque epistolam superiori adjungere, quo tu copiosam et uberem consolationem percipias, ac jam valetudo tua in tuto versetur. Age igitur, aliunde quoque pulverem eum, quem ex animi mœrore contraxisti, discutiam. Siquidem cum ex ulcere gravissimisque tumoribus in pulverem conversum esse existimo. Verum ne sic quidem valetudinis tute cura deserenda est: etenim pulvis quoque, nisi quis eum summo studio propellat, parti omnium præstantissimæ exitium affert, pupillæ nimirum perspicuitatem inficiens, ac totum mœrentis oculum turbans. Ne igitur hoc quoque hic accidat, mali reliquias summa cura et studio evellamus. At tu quoque te erige, manumque nobis præbe. Nam quemadmodum in iis qui ægro corpore sunt evenire solet, ut, si medici quidem ea, quæ muneris sui sunt, præstent, illi autem partes suas minime expleant, sanitatis lucrum interrumpatur: eodem modo in anima quoque res sese habere consuevit. Quamobrem, ne hoc accidat, pro ea prudentia, quæ abs te postulatur, da operam, ut tuas quoque partes obeas: quo utraque ex parte ingens utilitas oriatur. At forte dices, cupio quidem istud, verum nequeo, nec, quamvis etiam magnam contentionem adhibens, densæ tamen atque atræ mœroris nubi propulsandæ par sum. Meræ excusationes ac meri prætextus ista sunt: novi enim mentis tuæ nobilitatem, piæ tuæ animæ robur, prudentiæ magnitudinem, sapientiæ vim, scioque sat tibi esse furenti huic mœstitiæ mari imperare, ut tranquilla omnia reddantur. Verum quo id facilius consequi possis, ea quoque quæ nostrarum partium sunt, conferamus. Quanam igitur ratione id efficere poteris? Nempe si et ea omnia, quæ superiore epistola continentur, tecum consideres (siquidem multa a me, quæ ad hoc argumentum spectent, in ea commemorata sunt), ac præterea hoc agas quod

Cucuso anno 404.

vocem hæc habet Regius unus in inferiore margine prima manu: *Ἐμμέλεια, ἡ σύνθεσις, ἡ ὡς ἂν εἴποι τις ἡ ἐπιμέλεια.*

tibi nunc ego impero. Quidnam autem hoc est? Cum ad te allatum fuerit, Ecclesiarum aliam pessum iisse, aliam tempestate jactari, aliam sævis fluctibus obrui, aliam etiam gravissimis cladibus affici, aliam lupum pro pastore, aliam prædonem pro gubernatore, aliam carnificem pro medico accepisse, doleas quidem licet; neque enim hæc sine doloris sensu ferre oportet: verum ita doleas, ut modum dolori imponas. Nam cum in iis rebus, in quibus ipsi peccamus, et de quibus rationes reddituri sumus, minime necessarium ac tutum sit, verum perquam funestum ac pestiferum, nimis vehementer discruciari: quanto magis supervacaneum et vanum est, imo satanicum atque animæ exitiosum, pro alienis sceleribus animo frangi ac debilitari?

Perniciosum est pro alienis peccatis animo frangi.

536 A του, ἡ δὲ δήμιον ἀντὶ ἰατροῦ, ἄλγει μέν· οὐ γὰρ δεῖ τὰ τοιαῦτα ἀνωδύνως φέρειν· ἄλγει δὲ, μέτρον ἐπιθεῖσα τῇ λύπῃ. Εἰ γὰρ ἐν οἷς ἡμεῖς αὐτοὶ πλημμελοῦμεν, καὶ ὑπὲρ ὧν μέλλομεν τὰς εὐθύνας ὑπέχειν, οὐκ ἀναγκαῖον, οὐδὲ ἀσφαλὲς, ἀλλὰ καὶ σφόδρα ὀλέθριον καὶ βλαβερὸν τὸ μετὰ πολλῆς ἀλγεῖν τῆς σφοδρότητος· πολλῷ μᾶλλον ὑπὲρ τῶν ἑτέροις πλημμελουμένων τὸ καταμαλακίζεσθαι καὶ κατακλᾶσθαι περιττόν τε καὶ μάταιον, καὶ πρὸς τούτοις σατανικὸν [a] καὶ ψυχῇ ὀλέθριον.

2. Atque ut hæc ita esse intelligas, veterem tibi historiam narrabo. Vir quidam Corinthius, sacrosancta unda tinctus, ac per baptismi sacramentum lustratus, tremendæque etiam mensæ adhibitus, atque, ut summatim dicam, omnium religionis nostræ mysteriorum particeps factus, ac præterea, ut plerique aiunt, magistri munere fungens, post sacram illam initiationem, post arcana illa bona ad quæ admissus fuerat, post primos dignitatis gradus quos in Ecclesia obtinuerat, in gravissimum crimen incidit. Nam cum patris uxorem sceleratis oculis conspexisset, non in hac improba et nefaria cupiditate gradum fixit, verum etiam impudicam voluntatem in opus perduxit: atque hoc scelus non modo stuprum erat, sed etiam adulterium, imo adulterio quoque multo atrocius. Ob idque beatus Paulus re cognita, cum proprium ac satis dignum huic sceleri nomen imponere minime posset, alio modo flagitii hujusmodi magnitudinem et gravitatem declarat, his verbis utens: *Omnino auditur inter vos fornicatio, et talis fornicatio, qualis nec inter gentes nominatur.* Non dixit, Nec perpetratur, sed *Nec nominatur*: his videlicet verbis incredibilem quamdam sceleris illius magnitudinem indicare cupiens. Et quidem eum diabolo addicit, atque ab universa Ecclesia exscindit; ac ne ad communem quidem mensam ipsum admittendi potestatem cuiquam facit. Cum ejusmodi enim homine ne cibum quidem capere fas esse ait. Denique magno impetu fertur, extremam ab eo pœnam expetens, carnificemque ad eam rem satanam adhibens, ac per illum carnem ipsius lacerans. Et tamen is qui ab Ecclesia ho-

1. Cor. 5. — 1. Cor. 5. 1. — 1. Cor. 5. 11.

Καὶ ἵνα μάθῃς ὅτι ταῦτα τοῦτον ἔχει τὸν τρόπον, ἱστορίαν σοι διηγήσομαι παλαιάν. Κορίνθιός τις ἀνὴρ B τῶν ἱερῶν ἀπολαύσας ναμάτων, [b] καὶ καθαρθεὶς διὰ τῆς τοῦ βαπτίσματος μυσταγωγίας, καὶ τῆς φρικωδεστάτης μετασχὼν τραπέζης, καὶ πάντων ἁπαξαπλῶς τῶν παρ' ἡμῖν κοινωνήσας μυστηρίων (πολλοὶ δέ φασιν, ὅτι καὶ διδάσκαλου τάξιν ἐπεῖχε), μετὰ τὴν ἱερὰν ταύτην τελετὴν, καὶ τὸ πάντων ἐντὸς γενέσθαι τῶν ἀποῤῥήτων ἀγαθῶν, καὶ τὰ πρωτεῖα ἔχειν ἐπὶ τῆς Ἐκκλησίας, ἥμαρτεν ἁμαρτίαν χαλεπωτάτην. Τὴν γὰρ γυναῖκα τοῦ πατρὸς ἀδίκοις ἰδὼν ὀφθαλμοῖς, οὐκ ἔστη μέχρι τῆς πονηρᾶς ταύτης ἐπιθυμίας, ἀλλὰ καὶ εἰς ἔργον τὴν ἀκόλαστον γνώμην ἐξήγαγε· καὶ ἦν τὸ τολμηθὲν οὐχὶ πορνεία μόνον, ἀλλὰ καὶ C μοιχεία, μᾶλλον δὲ καὶ μοιχείας πολλῷ χαλεπώτερον. Διὰ δὴ τοῦτο καὶ ὁ μακάριος Παῦλος ἀκούσας, καὶ οὐκ ἔχων ὄνομα ἐπιθεῖναι πρὸς ἀξίαν τῷ ἁμαρτήματι κύριον, ἑτέρως ἐμφαίνει τὸν ὄγκον τῆς παρανομίας, οὑτωσὶ λέγων· Ὅλως ἀκούεται ἐν ὑμῖν πορνεία, καὶ τοιαύτη πορνεία, οἵα οὐδὲ ἐν τοῖς ἔθνεσιν ὀνομάζεται. Οὐκ εἶπεν, οὐδὲ τολμᾶται, ἀλλ', Οὐδὲ ὀνομάζεται, τὴν ὑπερβολὴν δεῖξαι θέλων τῆς παρανομίας ἐκείνης. Καὶ παραδίδωσιν αὐτὸν τῷ διαβόλῳ, καὶ πάσης ἐκτέμνει τῆς Ἐκκλησίας, καὶ οὐδὲ τραπέζης κοινῆς ἀφίησιν αὐτόν τινι κοινωνεῖν. Τῷ γὰρ D τοιούτῳ μηδὲ συνεσθίειν δεῖν φησι, καὶ πολὺς πνεῖ τὴν ἐσχάτην αὐτὸν ἀπαιτῶν δίκην, καὶ δημίῳ πρὸς τοῦτο κεχρημένος τῷ σατανᾷ, καὶ κατακόπτων αὐτοῦ δι' ἐκείνου τὴν σάρκα. Ἀλλ' ὅμως ὁ τῆς Ἐκκλησίας ἀποτεμὼν Παῦλος, ὁ μηδὲ τραπέζης κοινῆς ἀφεὶς τινι κοινωνεῖν, ὁ πάντας κελεύσας δι' ἐκεῖνον πενθεῖν (Καὶ ὑμεῖς γὰρ πεφυσιωμένοι ἐστὲ, φησὶ, καὶ οὐχὶ μᾶλλον ἐπενθήσατε, ἵνα ἐξαρθῇ ἐκ μέσου ὑμῶν ὁ τὸ ἔργον τοῦτο πεποιηκώς), ὁ πανταχόθεν αὐτὸν ὥσπερ λοιμόν

[a] Omnes ferme καὶ ψυχῆς ὄλεθρος.

[b] Aliquot Mss. καὶ καθαρισμοῦ διὰ τῆς.

τινα ἀπελαύνων, ὁ πάσης αὐτὸν ἀποκλείσας οἰκίας, ὁ τῷ σατανᾷ παραδοὺς, ὁ τοσαύτην παρ' αὐτοῦ δίκην ἀπαιτῶν, ὅτε εἶδεν ἀλγήσαντα καὶ μεταγνόντα ἐφ' E
οἷς ἥμαρτε, καὶ παλινῳδίαν διὰ τῶν ἔργων ᾄδοντα, οὕτως αὐτὸς μετετάξατο πάλιν, ὡς ἐκείνοις, οἷς ταῦτα ἐπέταξε, τὰ ἐναντία κελεῦσαι. Ὁ γὰρ εἰπὼν, ἐκκόψατε, ἀποστράφητε, πενθήσατε, καὶ λαμβανέτω αὐτὸν ὁ διάβολος, τί φησιν; Κυρώσατε εἰς αὐτὸν ἀγάπην, μήπω τῇ περισσοτέρᾳ λύπῃ καταποθῇ ὁ τοιοῦτος, καὶ πλεονεκτηθῶμεν ὑπὸ τοῦ σατανᾶ· οὐ γὰρ αὐτοῦ 637
A τὰ νοήματα ἀγνοοῦμεν. Ὁρᾷς πῶς ἐστι σατανικὸν τὸ ἀμέτρως ἀλγεῖν καὶ τῆς ἐκείνου παγίδος ἔργον, τὸ σωτήριον φάρμακον τῇ ἀμετρίᾳ ποιοῦντος δηλητήριον; Καὶ γὰρ γίνεται δηλητήριον, κἀκείνῳ τὸν ἄνθρωπον παραδίδωσιν, ὅταν εἰς ἀμετρίαν ἐκπέσῃ· διὸ καὶ ἔλεγεν, Ἵνα μὴ πλεονεκτηθῶμεν ὑπὸ τοῦ σατανᾶ. Ὃ δὲ λέγει, τοιοῦτόν ἐστι· ψώρας τὸ πρόβατον [a] ἐμπέπληστο πολλῆς, ἠλλοτριώθη τῆς ἀγέλης, ἀπεῤῥάγη τῆς Ἐκκλησίας, ἀλλὰ διώρθωσε τὴν νόσον, γέγονε πρόβατον οἷον ἔμπροσθεν ἦν· τοιαύτη γὰρ τῆς μετανοίας ἡ δύναμις. Γέγονε λοιπὸν τῆς ποίμνης τῆς ἡμετέρας. Ὁλοκλήρως ἐπισπασώμεθα αὐτὸν, ὑπτίαις ὑποδεξώμεθα ταῖς χερσὶ, περιλάβωμεν, περιπτυξώ- B
μεθα, ἑνώσωμεν ἡμῖν αὐτοῖς. Εἰ γὰρ μὴ βουληθείημεν τοῦτο ποιῆσαι, πλεονεκτεῖ λοιπὸν ἡμᾶς ὁ διάβολος, οὐ τὸν αὐτοῦ λαμβάνων, ἀλλὰ τὸν ἡμέτερον γενόμενον ἀπὸ τῆς ῥαθυμίας τῆς ἡμετέρας, καὶ διὰ τῆς ἀμετρίας τῆς κατὰ τὴν ἀθυμίαν καταποντίζων, καὶ αὐτοῦ λοιπὸν ποιῶν εἶναι. Διὸ καὶ ἐπήγαγεν, Οὐ γὰρ αὐτοῦ τὰ νοήματα ἀγνοοῦμεν, ὅτι καὶ διὰ τῶν ὠφελούντων πολλάκις, ὅταν μὴ δεόντως ταῦτα γένηται, τοὺς μὴ προσέχοντας ὑποσκελίζειν εἴωθεν.

Εἰ δὲ ὑπὲρ ὧν [b] αὐτός τι ἐπλημμέλησε, καὶ πλημμέλημα τοιοῦτον, οὐκ ἀφίησιν ὁ Παῦλος πολλῇ τῇ λύπῃ κεχρῆσθαι, ἀλλὰ σπεύδει καὶ ἐπείγεται, καὶ C
πάντα ποιεῖ καὶ πραγματεύεται, ὥστε ἐκκόψαι τὸν ὄγκον τῆς ἀθυμίας, σατανικὴν εἶναι λέγων τὴν ἀμετρίαν, καὶ διαβόλου πλεονεξίαν, καὶ τῆς ἐκείνου κα-

minem absciderat, qui ne profanam quidem mensam communem cum eo habere cuiquam permiserat, qui omnibus luctum ipsius causa indixerat (*Et vos inflati estis*, inquit, et *non magis* 1. Cor. 5. 2.
luctum habuistis, ut tollatur de medio vestrum qui hoc opus fecit), qui cum non secus ac pestiferum quemdam undecumque pellebat, qui ex omnium ædibus excluserat, qui satanæ tradiderat, is, inquam, qui tantum ab eo supplicium exigebat, postquam eum dolore affectum, sceleris que admissi pœnitentem vidit, palinodiamque reipsa canentem, in hunc modum ipse quoque sententiam retexuit, ut iis, quibus hæc edixerat, contraria jam imperaret. Nam qui dixerat, Exscindite, rejicite, lugete, ac diabolus ipsum arripiat, quid ait? *Firmate in eum caritatem,* 2. Cor. 2. 8. 11.
ne abundantiori tristitia hujusmodi homo absorbeatur, ac circumveniamur a satana: non enim ipsius cogitationes ignoramus. Videsne quemadmodum satanæ instinctum redoleat, laqueique ipsius opus sit, immodico dolore affici, ut qui videlicet salutare pharmacum per immoderationem in venenum convertat? Siquidem in venenum degenerat, atque hominem satanæ tradit, cum modum excesserit; ideoque dicebat: *Ne circumveniamur a satana.* Quod perinde ac si diceret: Ingenti scabie cooperta pecus hæc erat, a grege remota est: ab Ecclesiæ cœtu abrupta; verum morbum depulit, atque in pristinum statum restituta est: ea enim pœnitentiæ vis est. Ad gregem nostrum jam rediit. Prorsus eum alliciamus, supinis manibus excipiamus, amplectamur, exosculemur, nobis ipsis adjungamus. Nisi enim id facere in animum induxerimus, fraudat jam nos satanas, non suum accipiens, sed eum qui noster effectus est, per socordiam nostram, atque immodicum ipsius mœrorem demergens, sibique in posterum asserens. Ob idque etiam subjunxit, *Non enim* Ibid.
ipsius cogitationes ignoramus, nempe quod etiam per ea, quæ cum utilitate conjuncta sunt, cum non, ut par est, fiunt, eos qui animum haud satis attendunt, in fraudem impellere consuevit.

3. Quod si pro eo scelere, et quidem tam gravi, quod quispiam commisit, Paulus eum nimio mœrore se conficere non sinit, verum summam diligentiam adhibet, nihilque non agit ac molitur, quo mœroris tumorem exscindat, satanæ videlicet ac diaboli circumscriptionem hujusmodi

[a] Omnes Mss. ἐμπίπληστο. Editi ἐμπέπλησται. Infra ὁλοκλήρως deest in quatuor Mss.

[b] Tres Mss. αὐτός τι, et hæc est vera lectio. Editi τις.

immoderationem esse, atque ab ipsius versutia et improbis cogitationibus proficisci asserens: annon extremæ stultitiæ atque insaniæ est, pro peccatis alienis, et de quibus aliis judicium subeundum ac pœna luenda est, in tanto dolore et cruciatu versari, ut etiam densissimas tenebras, ingentemque tumultum et confusionem ac perturbationem, atque horrendam tempestatem animo invehas? Quod si mihi rursum eadem dixeris, nimirum te velle, sed minime posse, rursum tibi eadem quoque ipse regeram, nempe meras excusationes merosque prætextus hæc esse: nervos enim philosophicæ animæ tuæ cognitos ac perspectos habeo. Ut autem alia quoque ratione faciliorem tibi adversus importunum hunc et pestiferum mœrorem pugnam ac victoriam reddam, hoc rursus, quod jubeo, facias velim. Cum aliquem hanc perniciem commemorantem

In publicis calamitatibus quid agendum.

audieris, ab hujusmodi cogitatione quam primum te remove, atque ad formidandi illius diei cogitationem curre, tecumque horrendum illud tribunal considera, incorruptum Judicem, igneos amnes, qui pro illo tribunali trahuntur et ardentissima flamma ebulliunt, peracutos gladios, atroces pœnas, cruciatum sempiternum, tetram caliginem, exteriores tenebras, pestiferum vermem, vincula quæ nulla vi frangi queant, dentium stridorem, ejulatum consolationis expertem, orbis theatrum, vel potius utriusque naturæ theatrum, hoc est superioris et inferioris. *Virtutes* enim *cælorum movebuntur*, ait Christus.

Matth. 24. 29.

Nam etsi nullius sceleris sibi consciæ, nec judicium subituræ sunt, tamen universum hominum genus conspicientes, atque infinitas nationes causam dicentes, non sine metu illic adstabunt. Tantus videlicet tunc terror erit. Hæc considera, eaque argumenta, ex quibus elabendi ratio nulla sit. Neque enim accusatoribus judex ille opus habet, nec testibus, nec argumentis, nec probationibus: verum omnia, ut gesta sunt, in medium profert, atque ante oculos eorum qui deliquerunt. Tum nemo, qui e supplicio eripiat, adfuturus est, non pater, non filius, non filia, non mater, non alius quispiam cognatus, non vicinus, non amicus, non patronos, non pecuniarum largitio, non opum amplitudo, non auctoritatis ac potentiæ tumor; verum hæc omnia non secus ac pulvis e pedibus excussa sunt, ac solus is qui causam dicit, ex iis quæ ab ipso gesta sunt, vel absolvitur, vel condemnatur. Tunc nemo ob

κουργίας, καὶ τῶν πονηρῶν αὐτοῦ νοημάτων ἔργον· ὑπὲρ ὧν ἕτεροι πεπλημμελήκασι, καὶ ἄλλοι μέλλουσιν εὐθύνας ὑπέχειν, πῶς οὐκ ἐσχάτης ἀνοίας τε καὶ μανίας οὕτω κατακόπτεσθαι καὶ ἀλγεῖν, ὡς καὶ σκότος ἄφατον ἐπάγειν τῇ διανοίᾳ, καὶ πολὺν τὸν θόρυβον, καὶ σύγχυσιν, καὶ ταραχὴν, καὶ ζάλην ἄφατον; D Εἰ δὲ πάλιν μοι τὰ αὐτὰ λέγεις, ὅτι βούλομαι μὲν, οὐκ ἰσχύω δὲ, πάλιν σοι καὶ ἐγὼ τὰ αὐτὰ ἐρῶ, ὅτι σκῆψις καὶ πρόφασις ταῦτα· καὶ γὰρ οἶδά σου τῆς φιλοσόφου ψυχῆς τὰ νεῦρα. Ἵνα δὲ ἑτέρωθεν εὐκολωτέραν σοι ποιήσω τὴν κατὰ τῆς ἀθυμίας ταύτης τῆς ἀκαίρου καὶ ὀλεθρίας ἀντίστασίν τε καὶ νίκην, τοῦτο πάλιν ὅπερ ἐπιτάττω ποίει. Ὅταν ἀκούσῃς διηγουμένου τινὸς τὴν πανωλεθρίαν ταύτην, ἀποπήδα ταχέως ἀπὸ τῶν λογισμῶν τούτων, καὶ τρέχε ἐπὶ τὴν E ἔννοιαν τῆς ἡμέρας ἐκείνης τῆς φοβερᾶς, καὶ ἀναλογίζου παρὰ σαυτῇ τὸ βῆμα τὸ φρικῶδες, τὸν δικαστὴν τὸν ἀδέκαστον, τοὺς ποταμοὺς τοῦ πυρὸς, τοὺς πρὸ τοῦ βήματος ἐκείνου συρομένους καὶ σφοδροτάτῃ καχλάζοντας τῇ φλογὶ, τὰς ἠκονημένας ῥομφαίας, τὰς ἀποτόμους τιμωρίας, τὴν κόλασιν τὴν οὐκ ἔχουσαν τέλος, τὸν ζόφον τὸν ἀφεγγῆ, τὸ σκότος τὸ ἐξώτερον, τὸν σκώληκα τὸν ἰοβόλον, τὰ δεσμὰ τὰ ἄλυτα, τὸν βρυγμὸν τῶν ὀδόντων, καὶ τὸν κλαυθμὸν τὸν ἀπαραμύθητον, τὸ θέατρον τῆς οἰκουμένης, μᾶλλον δὲ τὸ 538 A θέατρον ἑκατέρας τῆς κτίσεως, τῆς ἄνω, τῆς κάτω. Καὶ γὰρ αἱ δυνάμεις τῶν οὐρανῶν σαλευθήσονται, φησίν. Εἰ γὰρ καὶ μηδὲν ἑαυταῖς συνίσασι, μηδὲ μέλλουσιν ὑπέχειν εὐθύνας, ἀλλ' ὁρῶσαι τὸ γένος ἅπαν τῶν ἀνθρώπων, καὶ τοὺς ἀπείρους δήμους κρινομένους, οὐκ ἀδεῶς ἐκεῖ παρεστήκασι. Τοσοῦτος ὁ φόβος τότε. Ταῦτα τοίνυν ἐννόει, καὶ τοὺς ἀφύκτους ἐλέγχους. Οὐδὲ γὰρ κατηγόρων δεῖται ἐκεῖνος ὁ δικαστὴς, οὐδὲ μαρτύρων, οὐδὲ ἀποδείξεων, οὐδὲ ἐλέγχων, ἀλλὰ πάντα ὡς ἐπράχθη φέρει εἰς μέσον καὶ πρὸ τῶν ὀφθαλμῶν τῶν πεπλημμεληκότων. Τότε οὐδεὶς ὁ παρεσόμενος καὶ ἐξαρπάσων τῆς τιμωρίας, οὐ πατὴρ, οὐχ υἱὸς, οὐ θυγάτηρ, οὐ μήτηρ, οὐκ ἄλλος B τις συγγενὴς, οὐ γείτων, οὐ φίλος, οὐ συνήγορος, οὐ χρημάτων δόσις, οὐ πλούτου περιουσία, οὐ δυναστείας ὄγκος, ἀλλὰ πάντα ταῦτα ὥσπερ κόνις ἐκποδὼν ἐλήλαται, καὶ μόνος ὁ κρινόμενος ἀπὸ τῶν αὐτῷ πεπραγμένων, ἢ τὴν ἐλευθεροῦσαν, ἢ τὴν δικάζουσαν ὑπομένει ψῆφον. Τότε οὐδεὶς ὑπὲρ ὧν ἄλλος ἐπλημμέλησε κρίνεται, ἀλλ' ὑπὲρ ὧν αὐτὸς ἕκαστος ἥμαρτε. Ταῦτα οὖν ἅπαντα συναγαγοῦσα, [a] καὶ τὸν φόβον τοῦτον ἐξογκώσασα, καὶ ἐπιτειχίσασα τῇ σατανικῇ καὶ ψυχοβλαβεῖ λύπῃ, οὕτως ἐν τῇ πρὸς αὐτὴν στῆθι παρατάξει, ἐν ᾗ καὶ φανεῖσα μόνον, ἀράχνης αὐτὴν C εὐκολώτερον διασπάσαι καὶ ἀφανίσαι δυνήσῃ. Αὐτὴ

[a] Duo Mss. καὶ τῷ φόβῳ τούτῳ. Alius τῷ φόβῳ τούτων.

μὲν γὰρ μετὰ τοῦ [b] μάταιος εἶναι καὶ περιττὴ, καὶ ὀλέθριος σφόδρα καὶ βλαβερά· ἐκεῖνος δὲ καὶ ἀναγκαῖος ὁ φόβος, καὶ χρήσιμος καὶ ἐπωφελὴς, καὶ πολὺ τὸ κέρδος ἔχων. Ἀλλὰ γὰρ ἔλαθον ὑπὸ τῆς τοῦ λόγου ῥύμης παρασυρεὶς, καὶ οὐχ ἁρμόζουσάν σοι ταύτην ποιησάμενος τὴν παραίνεσιν· ἐμοὶ μὲν γὰρ καὶ τοῖς κατ' ἐμὲ βεβαπτισμένοις ἁμαρτημάτων πλήθει ἀναγκαῖος οὗτος ὁ λόγος· φοβεῖ γὰρ καὶ διανίστησι· σὲ δὲ ἐν τοσούτοις κατορθώμασι κομῶσαν, καὶ αὐτῆς ἤδη τῆς ἁψῖδος τῶν οὐρανῶν ἁψαμένην, οὐδὲ ἁπλῶς νύττειν δύναιτ' ἄν. Διὸ πρὸς ἑτέραν καταστήσομαι μελῳδίαν πρὸς σὲ διαλεγόμενος, καὶ ἑτέραν ἀνα- D κρούσομαι νευρὰν, ἐπειδή σου οὗτος ὁ φόβος καθικέσθαι οὐ δύναται, πλὴν ὅσον καὶ τῶν ἀγγέλων. Μεταταξώμεθα τοίνυν καὶ δεῦρο, καὶ αὐτὴ μετάστηθι μετὰ τοῦ λόγου, καὶ ἀναλογίζου τῶν κατορθωμάτων σου τὰς ἀντιδόσεις, τὰ βραβεῖα τὰ λαμπρὰ, τοὺς φαιδροὺς στεφάνους, τὴν μετὰ τῶν παρθένων χορείαν, τὰς παστάδας τὰς ἱερὰς, τὸν [c] νυμφῶνα τῶν οὐρανῶν, τὴν μετὰ τῶν ἀγγέλων λῆξιν, τὴν πρὸς τὸν νυμφίον παῤῥησίαν καὶ ὁμιλίαν, τὴν θαυμαστὴν δᾳδουχίαν ἐκείνην, τὰ ἀγαθὰ τὰ καὶ λόγον καὶ νοῦν ὑπερβαίνοντα.

ea quæ alius perpetravit, in judicium vocatur, sed pro iis quæ ipsemet commisit. His igitur omnibus in unum coactis, atque hoc terrore adaucto, satanicæque ac perniciem animo afferenti mœstitiæ opposito, ita demum adversus eam in acie sta: in qua vel ipso oblatu eam facilius, quam araneæ telam, discerpere ac de medio tollere poteris. Nam ea præterquam quod inanis ac supervacanea est, ingens quoque detrimentum ac perniciem parit: contra timor ille necessarius est, et commodus atque utilis, magnoque D cum emolumento ac fructu conjunctus. Verum imprudens orationis impetu abstractus sum: atque, cum id tibi minime conveniret, hoc mihi sumsi, ut te monerem: mihi enim iisque, qui mei instar scelerum mole depressi atque obruti sunt, necessaria est hæc oratio: terret enim atque excitat; tibi autem tot virtutum ornamentis florenti, atque adeo ipsum cælorum axem jam attingenti, ne tantillum quidem timoris afferre queat. Idcirco ad alterum musices genus me convertam, te alloquens, ac nervum alterum pulsabo: quandoquidem hic te metus perstringere nequit, nisi quantum angelos quoque perstringit. Quocirca huc quoque nos convertamus: ac tu etiam simul cum oratione nostra te converte, atque eorum quæ recte et cum laude gessisti præmia cum animo tuo reputa, luculentas palmas, splendidas coronas, choream cum virginibus, sacros thalamos, cælorum cubiculum, sedem cum angelis, fiduciam et familiarem cum sponso consuetudinem, mirabilem illum splendorem, bona illa quæ sermonem omnem ac mentis captum excedunt.

E Ἀλλὰ μή μου τῶν λόγων ἐπιλάβῃ, εἰ καὶ εἰς τὸν χορὸν τῶν παρθένων σε κατελέξαμεν τὸν ἁγίων ἐκείνων, ἐν χηρείᾳ βεβιωκυῖαν. Ἤκουσας γάρ μου πολλάκις καὶ ἰδίᾳ καὶ δημοσίᾳ διαλεγομένου, τίς ποτέ ἐστι τῆς παρθενίας ὁ ὅρος, καὶ ὡς οὐκ ἂν κωλυθείης 539 A ποτὲ εἴς τε τὸν ἐκείνων καταλεγῆναι χορὸν, μᾶλλον δὲ καὶ ἐκείνας ὑπερβῆναι μετὰ πολλῆς τῆς περιουσίας, ἡ πολλὴν ἐν τοῖς ἄλλοις ἐπιδειξαμένη φιλοσοφίαν. Διά τοι τοῦτο ὁ Παῦλος ὅρον τῆς παρθενίας τιθεὶς, οὐ τὴν ἀπειρόγαμον καὶ ἀπηλλαγμένην συνουσίας ἀνδρὸς παρθένον ἐκάλεσεν, ἀλλὰ τὴν τὰ τοῦ Κυρίου μεριμνῶσαν. Καὶ αὐτὸς δὲ ὁ Χριστὸς δεικνὺς ὅσῳ μείζων παρθενίας ἐλεημοσύνη, ἧς τὰ σκῆπτρα κατέχεις αὐτὴ, καὶ τὸν στέφανον ἀνεδήσω πάλαι, ἀπ' ἐκείνου μὲν

4. Ne sermones meos propterea carpe, quod te in virginum chorum et classem adscripserim sanctarum illarum, quæ in viduitate vixisti. Sæpe enim me tum privatim, tum publice audisti, cum, quæ virginitatis definitio esset, explicarem, illudque contenderem, nihil umquam impedimento fore, quominus ea in virginum numerum et ordinem referretur, imo etiam eas longo intervallo superaret, quæ in cæteris rebus ingentis philosophiæ specimen edidisset. Eaque de causa Paulus etiam, cum virginem describe- 1. Cor. 7. 34.
ret, non eam dumtaxat quæ matrimonii virilisque concubitus expers esset, virginem appellavit, verum etiam eam cui ea, quæ ad Dei cultum pertinerent, curæ essent. Quin ipse quoque Christus, ostendens quantum eleemosyna, cujus

Viduæ ipsas Virgines meritis possunt superare.

[b] Duo Mss. ματαία εἶναι.

[c] Iidem νυμφῶνα τὸν οὐρανῶν.

tu jamdiu principatum tenes, ac coronam adepta es, virginitatem antecellat, ex virginum choro dimidiam partem ejecit, quoniam absque hac virtute ingressæ fuerant, vel potius quia eam haud copiose possidebant: etenim oleum habe- *Matth. 25.* bant, at parcius quam conveniret. Contra, eos qui sine virginitate accesserant, quod misericordia ornati essent, honorifice excepit, benedictos Patris sui eos appellans, ad se vocans, regnique hereditatem ipsis impertiens, ac spectante universo terrarum orbe virtutes eorum prædicans; atque adeo præsentibus angelis atque universo mortalium genere, ipsos nutritios et hospites suos nuncupare non dubitavit. Hanc tu quoque beatam vocem tunc audies; hanc tu mercedem amplissime consequeris. Porro cum pro eleemosyna sola tanta præmia, tantæ coronæ, tanta claritas, tantus splendor, tanta gloria percipiatur, si alias quoque virtutis tuæ partes recenseam, quam tandem veniam obtinere queas, quæ cum ideo festum agere, exsultare, choros ducere, ac corona caput devincire deberes, teipsam contra, quia alius furore captus est, alius præcipitem se dedit, angore conficias, facilemque diabolo, quem ad hunc usque diem lancinare non destitisti, adversus sanctam animam tuam incursum reddas? Nam quid variam ac multiplicem patientiam tuam commemorem? quæ oratio, quod historiæ volumen ad eam rem mihi satis esse queat, si calamitates eas, quas a puerili ætate ad hoc usque tempus pertulisti, recensere velim; hoc est, quas tam a tuis, quam ab alienis, tam ab amicis, quam ab hostibus, tam ab iis qui tecum genere conjuncti erant, quam qui nullo propinquitatis gradu te attingebant, tam ab iis qui potentia florebant, quam ab humilibus et abjectis, tam ab iis qui magistratu fungebantur, quam a privatis, ac denique ab iis qui inter clericos censebantur, accepisti? Nihil enim horum est, quod, si sigillatim ab aliquo referatur, integram historiam efficere nequeat. Quod si quis ad alia jam hujusce virtutis genera se convertat, easque afflictiones, quas non jam alii, sed ipsamet tibi accersivisti, oratione complectatur, quod saxum, quod ferrum, quem adamantem non reperiet abs te superatum? Nam cum carnem usque adeo teneram ac delicatam, atque omni luxus generi assuetam accepisses, eam variis afflictionibus ita oppugnasti, ut nunc nihilo meliore statu sit, quam si prorsus

τοῦ χοροῦ τὸ ἥμισυ μέρος ἐξέβαλεν, ἐπειδὴ ταύτης B εἰσῆλθον χωρὶς, μᾶλλον δὲ ἐπειδὴ δαψιλῶς αὐτὴν οὐκ ἐκέκτηντο· καὶ γὰρ εἶχον ἔλαιον, ἀλλ' οὐκ ἀρκοῦν. Τοὺς δὲ χωρὶς παρθενίας εἰσελθόντας, ἐπειδὴ ταύτην ἦσαν περιβεβλημένοι, μετὰ πολλῆς ὑπεδέξατο τῆς τιμῆς, εὐλογημένους τε τοῦ Πατρὸς ὀνομάζων, καὶ πρὸς ἑαυτὸν καλῶν, καὶ τῆς βασιλείας τὴν κληρονομίαν αὐτοῖς χαριζόμενος, καὶ ἐν μέσῃ ἀνακηρύττων τῇ οἰκουμένῃ· καὶ οὐ παρῃτήσατο, καὶ ἀγγέλων καὶ τῆς κτίσεως πάσης παρούσης, τροφέας τε αὐτοῦ καὶ C ξενοδόχους αὐτοὺς προσειπεῖν. Ταύτης καὶ αὐτὴ ἀκούσῃ τότε τῆς μακαρίας φωνῆς, ταύτης ἀπολαύσῃ τῆς ἀμοιβῆς μετὰ πολλῆς τῆς περιουσίας. Εἰ δὲ ὑπὲρ ἐλεημοσύνης μόνον τοσαῦται αἱ ἀντιδόσεις, τοσοῦτοι οἱ στέφανοι, τοσαύτη ἡ λαμπρότης, τοσαύτη ἡ περιφάνεια καὶ ἡ δόξα, εἰ καὶ τὰ ἄλλα τῆς ἀρετῆς ἐπέλθοιμί σοι μέρη, ποίαν ἂν σχοίης συγγνώμην, ὀφείλουσα ἐντεῦθεν ἤδη ἑορτὴν ἄγειν, καὶ σκιρτᾷν, καὶ χορεύειν, καὶ στεφανοῦσθαι, ἐπειδὴ δὲ ὁ δεῖνα ἐμάνη, καὶ ὁ δεῖνα κατὰ κρημνῶν ἦλθε, κατακόπτουσα ἑαυτὴν, καὶ εὔκολον κατὰ τῆς ἁγίας σου ψυχῆς τῷ διαβόλῳ ποιοῦσα [a] τὴν ἔφοδον, ὃν μέχρι σήD μερον καταξαίνουσα οὐκ ἐπαύσω; Τί γὰρ ἄν τις εἴποι τὴν ὑπομονὴν τὴν ποικίλην καὶ πολυειδῆ καὶ πολύτροπον, καὶ πόσος ἡμῖν εἰς τοῦτο ἀρκέσει λόγος, πόσον δὲ ἱστορίας μέτρον, εἴ τις τὰ ἐκ πρώτης [b] ἡλικίας μέχρι τοῦ νῦν παθήματά σου καταλέγοι, τὰ παρὰ τῶν οἰκείων, τὰ παρὰ τῶν ἀλλοτρίων, τὰ παρὰ τῶν φίλων, τὰ παρὰ τῶν ἐχθρῶν, τὰ παρὰ τῶν γένει προσηκόντων, τὰ παρὰ τῶν μηδαμόθεν προσηκόντων, τὰ παρὰ τῶν ἐν δυναστείαις, τὰ παρὰ τῶν εὐτελῶν, τὰ παρὰ τῶν ἀρχόντων, τὰ παρὰ τῶν ἰδιωτῶν, E τὰ παρὰ τῶν εἰς τὸν κλῆρον τελούντων; Τούτων γὰρ ἕκαστον, εἴ τις διεξίοι αὐτὸ καθ' ἑαυτὸ μόνον, ἱστορίαν ὁλόκληρον ἱκανὸν ποιῆσαι τὸ διήγημα. Εἰ δέ τις καὶ πρὸς τὰ ἕτερα εἴδη τῆς ἀρετῆς ταύτης μετασταίη, καὶ μηκέτι τὰ παρ' ἑτέρων, ἀλλὰ τὰ παρὰ σοῦ κατασκευασθέντα διηγήσαιτο πάθη, τίνα λίθον, τίνα σίδηρον, ποῖον ἀδάμαντα οὐχ εὑρήσει νικηθέντα παρὰ σοῦ; Ἁπαλὴν γὰρ οὕτω σάρκα λαβοῦσα καὶ τρυφερὰν, παντὶ εἴδει τρυφῆς συντραφεῖσαν, οὕτως αὐτὴν ποικίλοις ἐπολιόρκησας πάθεσιν, ὡς μηδὲν ἄμεινον 640 A τῆς νεκρωθείσης διακεῖσθαι· καὶ τοσοῦτον ἀνῆψας ἐν σεαυτῇ νοσημάτων ἑσμὸν, ὡς καὶ ἰατρῶν τέχνην,

[a] Coislin. et Reg. τὴν εἴσοδον. [Lege ἣν (τὴν ψυχὴν) μέχρι.]

[b] Tres Mss. ἡλικίας ἕως νῦν.

καὶ φαρμάκων δύναμιν, καὶ πάντα ἐπιμελείας ἐλέγξαι τρόπον, καὶ διηνεκέσι συζῆν ὀδύναις.

Τὴν δὲ [a] ἐπὶ τῆς τραπέζης καρτερίαν τε καὶ ἐγκράτειαν, καὶ τὴν ἐν ταῖς νυξὶν εἴ τις βουληθείη διεξελθεῖν, πόσων δεήσεται λόγων; Μᾶλλον δὲ οὐδὲ εἴασας αὐτὴν ἐγκράτειαν καλεῖσθαι λοιπὸν, οὐδὲ καρτερίαν ἐπὶ σοῦ, ἀλλ' ἕτερον ὄνομα ταύταις ἡμῖν ζητητέον ταῖς ἀρεταῖς πολλῷ μεῖζον. Καὶ γὰρ ἐγκρατεύεσθαι ἐκεῖνόν φαμεν καὶ καρτερεῖν, τὸν ὑπό τινος ἐπιθυμίας ἐνοχλούμενον, καὶ κρατοῦντα ταύτης. Σὺ δὲ οὐκ ἔχεις ὅτου κρατήσεις· πολλῇ γὰρ τῇ ῥύμῃ παρὰ τὴν ἀρχὴν πνεύσασα κατὰ τῆς σαρκὸς, ἔσβεσας αὐτῆς τὰς ἐπιθυμίας ταύτας, οὐ χαλινώσασα τὸν ἵππον, ἀλλὰ συμποδίσασα, καὶ χαμαὶ ῥίψασα, καὶ ποιήσασα μένειν ἀκίνητον. Καὶ τότε μὲν ἐγκράτειαν κατορθώσασα, νῦν δὲ ἀπάθειαν λοιπόν. Οὐ γὰρ διενοχλεῖ τρυφῆς ἐπιθυμία, καὶ πόνον ἔχεις ὥστε αὐτῆς κρατῆσαι· ἀλλὰ καθάπαξ αὐτὴν ἀφανίσασα, καὶ ἄβατον αὐτῇ τὴν σάρκα ποιήσασα, τοσοῦτον ἀπολαύειν σίτου καὶ ποτοῦ τὴν γαστέρα ἐπαίδευσας, ὅσον μὴ ἀποθανεῖν καὶ δίκην δοῦναι. Διά τοι τοῦτο οὐ νηστείαν, οὐδὲ ἐγκράτειαν τοῦτο καλῶ, ἀλλ' ἕτερόν τι τούτου μεῖζον. Τοῦτο καὶ ἐπὶ τῆς ἀγρυπνίας σου τῆς ἱερᾶς ἔστιν ἰδεῖν· καὶ γὰρ ἡ τοῦ καθεύδειν ἐπιθυμία, ἐκείνης σβεσθείσης, συγκατεσβέσθη· τροφὴ γὰρ ὕπνου σιτία. Καὶ ἑτέρῳ δὲ αὐτὴν κατέλυσας τρόπῳ, ἐξ ἀρχῆς μὲν καὶ αὐτὴν βιασαμένη τὴν φύσιν, καὶ ὁλοκλήρους νύκτας ἀΰπνους διάγουσα· ὕστερον δὲ τῇ συνεχεῖ συνηθείᾳ καὶ εἰς φύσιν ἀγαγοῦσα τὸ πρᾶγμα. Ὥσπερ γὰρ τοῖς ἄλλοις κατὰ φύσιν τὸ καθεύδειν, οὕτω σοὶ τὸ ἐγρηγορέναι. Θαυμαστὰ μὲν οὖν ταῦτα καὶ ἐκπλήξεως γέμοντα, καὶ καθ' ἑαυτά. Εἰ δέ τις καὶ τὸν καιρὸν ἐξετάσειεν, ὅτι ἐν ἀώρῳ ἡλικίᾳ ταῦτα κατωρθοῦτο, καὶ τὴν ἐρημίαν τῶν διδαξόντων, καὶ τὸ πλῆθος τῶν σκανδαλιζόντων, καὶ ὅτι ἐν ψυχῇ ἐξ ἀσεβοῦς οἴκου νῦν αὐτομολησάσῃ πρὸς τὴν ἀλήθειαν, καὶ ὅτι ἐν σώματι γυναικείῳ τε καὶ ἄλλως ἁπαλῷ διὰ τὴν τῶν προγόνων περιφάνειαν καὶ τρυφὴν, πόσα πελάγη θαυμάτων εὑρήσει καθ' ἕκαστον τούτων ἀνοιγόμενα; Διά τοι τοῦτο τῶν ἄλλων οὐδὲ ἐπιμνησθήσομαι, τῆς ταπεινοφροσύνης, τῆς ἀγάπης, τῶν λοιπῶν ἀρετῶν τῆς ἁγίας σου ψυχῆς. Καὶ γὰρ [b] μόνον, ὡς ἐμνήσθην τούτων, καὶ τὰς προσηγορίας εἶπον, μυρίας ἀνέβλυσέ μοι πάλιν ἡ διάνοια πηγὰς, καὶ βιάζεται καὶ εἰπεῖν τούτων, ὡς τῆς προτέρας, κἂν ἐκ μέρους, τὰ εἴδη, μᾶλλον δὲ τὰς ὑποθέσεις μόνον· [c] ἐκεῖνο γὰρ ἄπειρον

[a] Ἐπὶ τὰς τραπέζας, sic duo Mss.
[b] Tres Mss. μόνον ἐμνήσθην.
[c] Alii ἐκεῖνα γάρ.

exstincta esset: tantum enim in ea morborum examen excitasti, ut et medicorum artem, et medicamentorum vim ac facultatem, et omne curationis genus vincat, atque ipsa in perpetuis doloribus verseris.

Olympiadis virtutes.

5. Jam vero si quis tuam in mensa et in nocturnis vigiliis tolerantiam et asperitatem exponere velit, qua utatur oratione? Quamquam continentiæ aut tolerantiæ vocabulo in te jam non est quod quispiam utatur: verum aliud his virtutibus nomen multo præstantius exquirendum est. Siquidem eum continentia ac tolerantia præditum esse dicimus, qui cupiditate aliqua vexatur, eamque vincit. Tu autem, quid vincas, jam non habes: tanto enim impetu adversus carnem jam inde ab initio irrupisti, ut ipsius cupiditates exstinxeris: non enim equum frenasti, sed plane constrinxisti, atque humi prostravisti, immotumque reddidisti. Ac tum quidem omnes continentiæ numeros explevisti: nunc autem id jam consequuta es, ut omni perturbatione careas. Neque enim negotium tibi facessit deliciarum cupiditas, neque ut eam superes, laboras: verum ea semel de medio sublata, omnique ipsi ad carnem tuam aditu præcluso, ventrem tantum cibi ac potus capere docuisti, quantum necesse est, ne intereas, ac pœnam luas. Ob eamque causam non jejunium, non continentiam id voco, sed aliud quiddam hoc sublimius. Atque hoc in sacris quoque tuis vigiliis perspicere licet: nam dormiendi cupiditas una cum superiore illa exstincta est: cibo quippe somnus alitur. Quin hanc quoque alia ratione oppressisti, dum ab initio naturæ etiam vim intulisti, integrasque noctes insomnes duxisti, ac denique assidua consuetudine in naturam hoc convertisti. Ut enim aliis dormire naturale est, eodem modo tibi vigilare. Atque hæc quidem mirifica et stuporis plena sunt, etiamsi per se considerentur. Quod si quis tempus etiam expendat, immaturam nempe, in qua hæc præstabas, ætatem, et magistrorum penuriam, et eorum qui offendiculo tibi erant, frequentiam, et quod in ea anima, quæ ex impia domo ad veritatem nunc transfugerat, et quod in corpore muliebri, atque alioqui propter majorum splendorem ac luxum molli et delicato, quanta ei cuncta hæc sigillatim consideranti miraculorum maria se aperient? Quocirca ne aliorum quidem mentionem facturus sum, hoc

est, humilitatis, caritatis, ac cæterarum sanctæ animæ tuæ virtutum. Siquidem dum hæc recordor et commemoro, sexcentos mihi rursum fontes animus protulit, ac me illarum etiam, ut et prioris, sigillatim saltem genera ipsa, vel potius argumenta dumtaxat, referre cogit: nam illud infinitam orationem requireret. Verum ne ab ea, quam exsequi institui, materia excidam, in immensum pelagus præcipitem me auferri haud patiar. Nam alioqui, nisi id nunc mihi propositum esset, ut mœstitiam tuam radicitus ex animo tuo evellerem, lubens in hac oratione versarer, atque immensum pelagus, vel immensa potius maria navigarem: multiplices nimirum singularum virtutum tuarum vias obiens, quarum singulæ novum rursum pelagus procrearent, sive de patientia mihi sermo esset, sive de humilitate, sive de omnis generis eleemosyna, ad ipsos usque orbis terrarum fines diffusa, sive de caritate, quæ innumeras fornaces ardore superat, sive de infinita atque ingenti lepore perfusa naturæque modum excedente prudentia. Quinam autem hinc fructus orti sint, si quis narrare instituat, perinde faciet, ut si quis maris fluctus numerare aggrediatur.

σφόδρα ἐπιζητεῖ λόγον. Ἀλλὰ οὐκ ἀνέξομαι, ὥστε μὴ τῆς ὑποθέσεως ἐκπεσεῖν, ἣν προειλόμην κατορθῶσαι, εἰς ἄπειρον ἐξενεχθεὶς πέλαγος. Ἐπεὶ εἰ μὴ 541 τοῦτο προύκειτό μοι νῦν τὸ πρόῤῥιζον τὴν ἀθυμίαν A ἀπὸ σοῦ ἀνασπάσαι, ἡδέως τούτοις ἐνδιέτριβον τοῖς λόγοις, καὶ πέλαγος ἄπειρον ἔπλεον, μᾶλλον δὲ πελάγη, ἑκάστης σου ἀρετῆς τὰς πολυσχιδεῖς ἀνατέμνων ὁδοὺς, ὧν ἑκάστη ὁδὸς πέλαγος ἔτικτε πάλιν, κἂν τῇ ὑπομονῇ, κἂν τῇ ταπεινοφροσύνῃ, καὶ ἐλεημοσύνῃ τῇ πολυειδεῖ καὶ πρὸς αὐτὰ τῆς οἰκουμένης τὰ πέρατx ἁπλωθείσῃ, κἂν τῇ ἀγάπῃ τῇ μυρίας νικώσῃ καμίνους, κἂν τῇ συνέσει τῇ ἀπείρῳ, καὶ πολλῆς γεμούσῃ χάριτος, καὶ τὰ μέτρα τῆς φύσεως ὑπερβάσῃ. Τὰ δὲ κατορθώματα τὰ ἐντεῦθεν τεχθέντα B εἴ τις βούλοιτο ἐπιέναι, ταὐτὸν ποιήσει οἷον εἴ τις καὶ τὰ κύματα θαλάσσης ἀριθμεῖν ἐπιχειροίη.

De vestitu vili ac neglecto Olympiadis.

Isai. 3. 16.—18. 24.

6. Quocirca vastissimis his maribus præteritis, leonem ab ungue demonstrare conabor: pauca nimirum de vestitu tuo atque indumentis, quibus corpus tuum neglectim amictum est, verba faciens. Quamquam enim hæc virtus aliis cedere videtur, tamen si quis eam accurate perpenderit, admodum ingentem eam esse reperiet, atque ejusmodi, quæ sapiente animo, ac humana superante, et ad ipsum usque cælum volitante opus habeat. Ac propterea non in Novo dumtaxat, sed etiam in Veteri Testamento, cum per umbram ac figuram Deus hominum genus, atque ea quæ ad vivendi rationem pertinebant, crassius quodammodo moderabatur, necdum de cælestibus rebus verbum, nec de futuris ulla mentio erat, nec philosophiæ hujus quæ nunc viget ulla vel obscura significatio, verum pinguiore quodam et crassiore modo leges Hebræis scribebantur, elegantioris vestitus studium vehementissime interdicens, per prophetam sic ait: *Hæc dicit Dominus adversus dominatrices filias Sion: Pro eo quod elevatæ sunt filiæ eorum, et ambulaverunt extento collo, et nutibus oculorum et progressu pedum tunicas trahebant, et pedibus suis simul ludebant; et humiliabit Dominus dominatrices filias Sion, et denudabit habitum earum, et auferet gloriam vesti-*

Διὸ τὰ ἄπειρα ταῦτα παραδραμὼν πελάγη, τὸν λέοντα ἀπὸ τοῦ ὄνυχος δεῖξαι πειράσομαι, ὀλίγα ἄττα περὶ τῆς στολῆς σου διαλεχθεὶς, περὶ τῶν ἁπλῶς καὶ εἰκῆ σοι περικειμένων ἱματίων. Τῶν μὲν γὰρ ἄλλων ἔλαττον εἶναι δοκεῖ τὸ κατόρθωμα· εἰ δέ τις ἀκριβῶς αὐτὸ ἐξετάσειε, σφόδρα εὑρήσει μέγα τε ὑπάρχον καὶ φιλοσόφου δεόμενον ψυχῆς, καὶ τὰ βιωτικὰ ἅπαντα καταπατούσης, καὶ πρὸς αὐτὸν ἱπταμένης τὸν οὐρα- C νόν. Διόπερ οὐκ ἐν τῇ Καινῇ μόνον, ἀλλὰ καὶ ἐν τῇ Παλαιᾷ, ὅτε διὰ σκιᾶς καὶ τύπου τὸ τῶν ἀνθρώπων ὁ Θεὸς ἦγε γένος, καὶ σωματικώτερον τὰ τῆς πολιτείας ἐῤῥυθμίζετο, καὶ περὶ τῶν οὐρανίων οὐδεὶς οὐδέπω λόγος ἦν, οὐδὲ μελλόντων μνήμη, οὐδὲ τῆς νῦν κατεχούσης φιλοσοφίας αἴνιγμα, ἀλλὰ παχύτερόν πως καὶ σαρκικώτερον οἱ νόμοι τοῖς Ἑβραίοις ἐγράφοντο, μετὰ πολλῆς τῆς σφοδρότητος τὴν ἐν τοῖς ἱματίοις ἀπαγορεύων φιλοκοσμίαν, ταῦτα διὰ τοῦ προφήτου φησί· Τάδε λέγει ὁ Κύριος ἐπὶ τὰς ἀρχού- D σας θυγατέρας Σιὼν, ἀνθ' ὧν ὑψώθησαν αἱ θυγατέρες αὐτῶν, καὶ ἐπορεύθησαν ὑψηλῷ τραχήλῳ, καὶ νεύμασιν ὀφθαλμῶν, καὶ τῇ πορείᾳ τῶν ποδῶν σύρουσαι τοὺ͵ χιτῶνσς, καὶ τοῖς ποσὶν ἅμα παίζουσαι· καὶ ταπεινώσει Κύριος τὰς ἀρχούσας θυγατέρας Σιὼν, καὶ ἀνακαλύψει τὸ σχῆμα αὐτῶν, καὶ ἀφελεῖ τὴν δόξαν τοῦ ἱματισμοῦ αὐτῶν, καὶ ἔσται σοι ἀντὶ ὀσμῆς ἡδείας κονιορτὸς, καὶ ἀντὶ ζώνης σχοινίῳ ζώσῃ, καὶ ἀντὶ τοῦ κόσμου τῆς κεφαλῆς σου φαλάκρωμα ἕξεις διὰ τὰ ἔργα σου, ἀντὶ δὲ τοῦ χιτῶνος τοῦ μεσοπορφύρου περιζώσῃ σάκκον· ταῦτά σοι ἀντὶ καλλωπισμοῦ. Εἶδες ὀργὴν ἄφατον; εἶδες κόλασιν καὶ τιμωρίαν σφοδροτάτην; εἶδες αἰχμαλωσίαν ἐπιτεταμένην; E * Ἐκ τούτου στοχάζου τοῦ ἁμαρτήματος τὸ μέγεθος. Οὐ γὰρ ἂν σφοδροτάτην οὕτως ἐπήγαγε τιμωρίαν ὁ φιλάνθρωπός ποτε, μὴ τῆς ἁμαρτίας τῆς ἐπισπωμένης αὐτὴν πολὺ μείζονος οὔσης. Εἰ δὲ τὸ ἁμάρτημα μέγα, εὔδηλον ὅτι καὶ τὸ κατόρθωμα μέγιστον, τὸ ἀπεναντίας ἑστηκὸς τούτῳ. Διά τοι τοῦτο καὶ βιωτικαῖς γυναιξὶ διαλεγόμενος ὁ Παῦλος, οὐ μόνον τοῦ χρυσοφορεῖν αὐτὰς ἀπάγει, ἀλλ' οὐδὲ ἱμάτια πολυτελῆ περικεῖσθαι ἀφίησιν. Οἶδε γὰρ, οἶδε σαφῶς, ὅτι χαλεπὸν τοῦτο ψυχῆς νόσημα, καὶ δυσκαταγώ-[542 A]νιστον, καὶ γνώμης διεφθαρμένης δεῖγμα μέγιστόν ἐστι, καὶ σφόδρα φιλοσόφου δεόμενον γνώμης· καὶ δηλοῦσιν οὐχ αἱ βιωτικαὶ γυναῖκες μόνον, καὶ ἀνδράσιν ὁμιλήσασαι, ὧν οὐδεμία ῥᾳδίως ταύτης ἠνέσχετο τῆς παραινέσεως, ἀλλὰ καὶ αἱ φιλοσοφεῖν δοκοῦσαι, καὶ εἰς τὸν τῆς παρθενίας τελεῖν χορὸν λαχοῦσαι. Πολλαὶ γὰρ τούτων πρὸς τυραννίδα φύσεως ἀποδυσάμεναι, καὶ καθαρῶς τὸν τῆς παρθενίας διανύουσαι δρόμον, καὶ ἀγγελικὴν ἐν τούτῳ μιμούμεναι πολιτείαν, καὶ ἐν θνητῷ σώματι τὰ τῆς ἀναστάσεως ἐπιδεικνύμεναι προοίμια (ἐν γὰρ τῷ αἰῶνι ἐκείνῳ, φησὶν, Οὔτε γαμοῦσιν, οὔτε ἐκγαμίσκονται), καὶ πρὸς τὰς B ἀσωμάτους δυνάμεις θέμεναι τὴν ἅμιλλαν, καὶ πρὸς τὴν ἀφθαρσίαν ἐν φθαρτῷ σώματι φιλονεικοῦσαι, καὶ ὃ πολλοῖς οὐδὲ ἀκοῦσαι φορητὸν, διὰ τῶν ἔργων κατορθοῦσαι, καὶ καθάπερ λυττῶντα κύνα καὶ συνεχῶς ἐπιπηδῶντα, τὴν ἐπιθυμίαν διακρουόμεναι, καὶ μαινομένην θάλασσαν καταστέλλουσαι, καὶ ἐν ἀγρίοις κύμασι μετὰ γαλήνης πλέουσαι, τοῦ ταραττομένου σφοδρῶς τοῦ πελάγους ἐξουρίας φερόμεναι, καὶ ἐν καμίνῳ φυσικῆς ἐπιθυμίας ἑστῶσαι, καὶ μὴ κατακαιόμεναι, ἀλλ' ὡς πηλὸν τοὺς ἄνθρακας τούτους καταπατοῦσαι, ὑπὸ τῆς ἐπιθυμίας ταύτης ἑάλωσαν αἰσχρῶς πάνυ καὶ ἐλεεινῶς, καὶ τὰ μείζονα δυνη- C θεῖσαι, ὑπὸ τούτου κατηγωνίσθησαν.

menti earum. Et erit tibi pro suavi odore pulvis, et pro zona funiculo cingeris, et pro ornamento capitis tui calvitium habebis propter opera tua: et *pro tunica clavatæ purpuræ sacco cingeris:* hæc tibi ornamenti loco erunt. Vides iracundiam, omnem sermonis vim superantem? vides acerbissimum supplicium et cruciatum? vides acerrimam captivitatem? Hinc peccati magnitudinem conjicias licet. Neque enim benignus Deus tam gravem et acerbam pœnam umquam inflixisset, nisi peccatum, quod eam accerseret, longe gravius esset. Quod si magnum hoc scelus est, virtus ea quæ ipsi opponitur haud dubie maxima. Ac proinde Paulus quoque, cum ad mulie- 1. *Tim.* 2. 9. res eas, quæ mundanam vitam complexæ sunt, orationem haberet, non modo ab auro gestando eas abducit, sed ne sumtuosis quidem vestibus utendi potestatem ipsis facit. Norat enim, perspicue, inquam, norat, gravem hunc ac profligatu perdifficilem animi morbum esse, corruptæque mentis apertissimum indicem, quique sapienti animo opus haberet: id quod indicant non eæ dumtaxat feminæ, quæ commune vitæ genus sequuntur, matrimonioque cum viris copulatæ sunt, quarum nulla huic consilio facile paruit, verum etiam eæ, quæ philosophiæ speciem præ se ferunt, atque in virginum chorum adscriptæ sunt. Permultæ enim ex ipsis, cum ad vim naturæ inferendam se accinxerint, cumque virginitatis curriculum sine ulla labe conficiant, atque angelicam in hac re vitæ rationem imitentur, et in mortali corpore resurrectionis præludia ostendant (in illo enim sæculo, inquit Christus, *Nec nu-* *Luc.* 20. 35. *bent, nec nubentur*), atque cum virtutibus illis quæ corpore vacant, certamen susceptum habeant, et in mortali corpore cum naturis ab omni interitu alienis contendant, idque quod multi ne auribus quidem ferre possunt, reipsa præstent, et libidinem non secus ac rabidum canem, perpetuoque insultantem propulsent, et mare furens comprimant, et inter immanes fluctus tranquille navigent, et perturbatissimo mari ex animi sententia ferantur, atque in naturalis cupiditatis fornace stantes haud tamen deflagrent, verum instar luti carbones istos pedibus premant, hac tamen cupiditate turpiter admodum ac misere captæ sunt, cumque ea quæ majora erant præstitissent, huic vitio succubuerunt.

Τοσοῦτον γάρ ἐστιν ἡ παρθενία πρᾶγμα, καὶ το-

7. Tanta enim res est virginitas, tantoque la- Quanta

* Duo ἐκ τούτου οὖν.

res sit virginitas. bore indiget, ut Clristus, cum e cælo descendisset, ut homines angelos efficeret, ac cælestem vitæ rationem lic sereret, ne tum quidem id imperare, ac lege lata præscribere ausus sit, verum emori quidem; quo quid gravius excogitari queat? ac perpetua cruce affici, hostesque beneficiis prosequi jusserit, virginitatem autem minime præceperit, verum eam in audientium arbitrio ac voluntate reliquerit, lis verbis utens:
Matth. 19. 12. *Qui potest capere, capiat.* Etenim magna hujus rei moles est, magna certaminum horum difficultas, et pugnarum sudor, atque lic virtutis locus admodum præceps ac lubricus: id quod etiam declarant, qui in Veteri Testamento multis virtutibus floruerunt. Siquidem magnus ille Moses, prophetarum caput, sincerus Dei amicus, quique tantam apud eum fiduciam et auctoritatem obtinuit, ut sexcenta lominum millia, supplicio obnoxia, divinitus immissæ plagæ eriperet; vir, inquam, tantus ac tam insignis mari quidem imperavit, et pelagus secuit, et rupes fregit, et aerem immutavit, et Niliacam undam in cruorem convertit, et ranarum ac locustarum exercitum Pharaoni opposuit, et res omnes conditas in novam naturam transtulit, aliaque infinita miracula edidit, atque multa virtutis documenta præbuit: nam utraque ex parte claruit; verum ad læc certamina ne oculos quidem obvertere potuit, sed matrimonio, et uxoris complexu, atque hujusmodi præsidio indiguit, nec virginitatis mari, quod illius fluctus pertimesceret, se committere
Gen. 22 ausus est. Quin etiam patriarcha iste, filii sui sacrificus, violentissimum naturæ affectum proculcare potuit, ac filium, et quidem filium Isaac, in ipso ætatis flore, in ipso juvenilis ætatis vigore, unigenitum, carum, ac præter spem omnem ipsi concessum, et multis virtutibus florentem, quoque solo nitebatur, etiam in extrema senectute morte afficere voluit, cumque in montem subvehere, cum ad tale facinus subvecturus esset, potuit, atque aram exstruxit, et ligna composuit, et victimam imposuit, et mucronem arripuit, eumque pueri jugulo adegit: nam adegit ac cruentavit adamas ille, imo adamante omni firmior: etenim loc quidem ille vi naturæ labet; lic autem per philosophicam voluntatem naturalem illam firmitatem et duritiem imitatus est, atque angelicam tranquillitatem omni perturbatione

σούτου δεῖται τοῦ πόνου, ὅτι κατελθὼν ὁ Χριστὸς ἐξ οὐρανοῦ, ἵνα τοὺς ἀνθρώπους ἀγγέλους ποιήσῃ, καὶ τὴν ἄνω πολιτείαν ἐνταῦθα καταφυτεύσῃ, οὐδὲ τότε ἐθάῤῥησεν ἐπιτάξαι τοῦτο, οὐδὲ εἰς νόμου αὐτὸ τάξιν ἀγαγεῖν· ἀλλ' ἀποθνήσκειν μὲν ἐνομοθέτησεν· οὗ τί D βαρύτερον γένοιτ' ἄν; καὶ σταυροῦσθαι διηνεκῶς, καὶ ἐχθροὺς εὐεργετεῖν, παρθενεύειν δὲ οὐκ ἐνομοθέτησεν· ἀλλ' ἀφῆκεν ἐν τῇ [a] τῶν ἀκουόντων κεῖσθαι προαιρέσει, εἰπὼν, Ὁ δυνάμενος χωρεῖν, χωρείτω. Καὶ γὰρ μέγας ὁ ὄγκος τοῦ πράγματος, καὶ ἡ δυσκολία τῶν παλαισμάτων τούτων, καὶ ὁ ἱδρὼς τῶν ἀγώνων, καὶ σφόδρα ἀπόκρημνον τοῦτο τῆς ἀρετῆς τὸ χωρίον· καὶ τοῦτο δηλοῦσι καὶ οἱ ἐν τῇ Παλαιᾷ πολλὰ κατορθώσαντες. Καὶ γὰρ Μωϋσῆς ἐκεῖνος ὁ μέγας, τῶν προφητῶν τὸ κεφάλαιον, ὁ γνήσιος τῷ Θεῷ φίλος, ὁ τοσαύτης ἀπολαύσας παῤῥησίας, ὡς ἑξακοσίας χι- E λιάδας ὑπευθύνους γενομένας κολάσει ἐξαρπάσαι θεηλάτου πληγῆς, οὗτος τοσοῦτος καὶ τηλικοῦτος ἀνὴρ θαλάττῃ μὲν ἐπέταξε, καὶ πέλαγος ἔσχισε, καὶ πέτρας διέῤῥηξε, καὶ ἀέρα μετέβαλε, καὶ τὸ Νειλῷον ὕδωρ εἰς αἷμα [b] μετέτρεψε, καὶ βατράχων καὶ ἀκρίδων στρατόπεδον ἐπετείχισε τῷ Φαραὼ, καὶ πᾶσαν τὴν κτίσιν μετεστοιχείωσε, καὶ μυρία ἕτερα ἐπεδείξατο θαύματα, καὶ ἀρετῆς δὲ πολλὰ κατορθώματα· καὶ γὰρ ἐξ ἑκατέρου μέρους ἔλαμψε· πρὸς δὲ τοὺς ἀγῶνας τούτους οὐδὲ ἀντιβλέψαι ἴσχυσεν, ἀλλ' ἐδεήθη 543 A γάμου καὶ ὁμιλίας γυναικὸς, καὶ τῆς ἐντεῦθεν ἀσφαλείας, καὶ οὐκ ἐτόλμησεν εἰς τὸ τῆς παρθενίας πέλαγος ἑαυτὸν ἐκδοῦναι, τὰ ἐκεῖθεν κύματα δεδοικώς. Καὶ ὁ πατριάρχης δὲ, ὁ τοῦ παιδὸς ἱερεὺς, τὸ μὲν τυραννικώτατον τῆς φύσεως καταπαλαῖσαι ἴσχυσε πάθος, καὶ παῖδα ἀνελεῖν ἠδυνήθη, καὶ παῖδα τὸν Ἰσαὰκ ἐν αὐτῷ τῆς ἡλικίας τῷ ἄνθει, ἐν αὐτῇ τῆς νεότητος τῇ ἀκμῇ, μονογενῆ, γνήσιον, καὶ παρ' ἐλπίδα πᾶσαν αὐτῷ δεδομένον, καὶ [a] ἐπ' αὐτῷ σαλεύων μόνῳ, καὶ ἐν ἐσχάτῳ γήρᾳ, καὶ ἀρετῇ κομῶντα πολλῇ, καὶ ἀναγαγεῖν αὐτὸν ἐπὶ τὸ ὄρος ἴσχυσεν, ἐπὶ τοιαύτῃ μέλλων ἐνάγειν πράξει, καὶ θυσιαστήριον B ᾠκοδόμησε, καὶ ξύλα συνέθηκε, καὶ τὸ ἱερεῖον ἐπέθηκε, καὶ μάχαιραν ἥρπασε, καὶ διὰ τοῦ λαιμοῦ τοῦ παιδὸς τὸ ξίφος ὤθησε. Καὶ γὰρ καὶ ὤθησε, καὶ ᾔμαξεν ὁ ἀδάμας ἐκεῖνος, μᾶλλον δὲ καὶ ἀδάμαντος στεῤῥότερος· ὁ μὲν γὰρ ἐν τῇ φύσει τοῦτο κέκτηται, οὗτος δὲ διὰ τῆς κατὰ προαίρεσιν φιλοσοφίας φυσικὴν ἐμιμήσατο στεῤῥότητα, καὶ ἀγγέλων ἀπάθειαν διὰ τῶν ἔργων ἐπεδείξατο. Ἀλλ' ὅμως ὁ τοσοῦτον καὶ τηλικοῦτον ἰσχύσας διανύσαι ἆθλον, καὶ αὐτῆς ἐξελθὼν τῆς φύσεως, πρὸς τοὺς ἀγῶνας τῆς παρθε-

[a] Τῶν ἀκουόντων προαιρέσει, omisso κεῖσθαι, quidam Mss.

[b] Florilegium μετέστησε. Mox τῷ Φαραὼ deest in duobus.

[a] Duo Mss. ἐπ' αὐτῷ σαλευομένῳ. Paulo post tres μέλλων ἀγαγεῖν.

νίας ἀποδύσασθαι οὐκ ἐτόλμησεν, ἀλλ' ἔδεισε καὶ αὐτὸς τὰ σκάμματα ταῦτα, καὶ τὴν ἀπὸ τοῦ γάμου παραμυθίαν ἐπεσπάσατο.

Βούλει προσθῶ καὶ τὸν Ἰὼβ τοῖς εἰρημένοις, τὸν δίκαιον, τὸν ἀληθινὸν, τὸν θεοσεβῆ, τὸν ἀπεχόμενον ἀπὸ παντὸς πονηροῦ πράγματος; Οὗτος ὁ Ἰὼβ συνέκοψε τοῦ διαβόλου τὴν ὄψιν, παιόμενος οὐ παίων ἐκένωσεν αὐτοῦ τὴν βελοθήκην ἅπασαν, καὶ κατατοξευόμενος παρ' αὐτοῦ συνεχῶς, ἅπαν ὑπέμεινε πειρασμῶν εἶδος, καὶ ἕκαστον μεθ' ὑπερβολῆς ἁπάσης. Τὰ γὰρ δοκοῦντα εἶναι κατὰ τὸν βίον λυπηρὰ καὶ ὄντα, ταῦτα μάλιστα πάντων ἐστὶ, πενία, καὶ νόσος, καὶ παίδων ἀποβολὴ, καὶ ἐχθρῶν ἐπανάστασις, καὶ [b] φίλων ἀγνωμοσύνη, καὶ λιμὸς, καὶ σαρκὸς ὀδύναι διηνεκεῖς, καὶ λοιδορίαι καὶ συκοφαντίαι, καὶ τὸ τὴν πονηρὰν κτήσασθαι ὑπόληψιν· καὶ ταῦτα ἅπαντα εἰς ἓν ἐξεχύθη σῶμα, καὶ μιᾶς [c] κατεσκευάσθη ψυχῆς· καὶ τὸ δὴ χαλεπώτερον, ὅτι καὶ ἀμελετήτῳ ὄντι ἐπέθετο. Ὃ δὲ λέγω τοιοῦτόν ἐστιν· ὁ ἐκ πενήτων τεχθεὶς, καὶ ἐν οἰκίᾳ τοιαύτῃ τραφεὶς, ἅτε γυμνασάμενος καὶ μελετήσας, ῥᾳδίως ἂν ἐνέγκαι τῆς πενίας τὸ βάρος· ὁ δὲ τοσούτοις περιῤῥεόμενος χρήμασι καὶ τοσούτῳ πλούτῳ κομῶν, εἶτα ἀθρόον εἰς τὸ ἐναντίον μεταπεσὼν, οὐκ ἂν εὐκόλως ὑπομεῖναι τὴν μεταβολήν· καὶ γὰρ ἀγυμνάστῳ ὄντι χαλεπωτέρα φαίνεται ἀθρόον προσπεσοῦσα. Πάλιν ὁ ἄσημος καὶ ἐξ ἀσήμων γενόμενος, καὶ ἐν τῷ διηνεκῶς καταφρονεῖσθαι ζῶν, οὐκ ἂν σφόδρα λοιδορούμενος καὶ ὑβριζόμενος ταραχθείη· ὁ δὲ τοσαύτης ἀπολαύσας δόξης, καὶ παρὰ πάντων δορυφορούμενος, καὶ ἐν τοῖς ἁπάντων στόμασιν ὢν, καὶ πανταχοῦ μετὰ πολλῆς ἀνακηρυττόμενος περιφανείας, εἰς ἀτιμίαν καὶ εὐτέλειαν κατενεχθεὶς, τὸ αὐτὸ ἂν πάθοι τῷ ἀπὸ πλουσίου ἀθρόον γενομένῳ πένητι. Καὶ ὁ παῖδας ἀποβαλὼν πάλιν, κἂν ἅπαντας
544 ἀποβάλῃ, μὴ ἐν ἑνὶ δὲ καιρῷ, τοὺς λειπομένους ἔχει τῶν ἀπελθόντων παραμυθίαν, καὶ τῆς ἐπὶ προτέρων τελευτῆς τοῦ πάθους λήξαντος, ἂν ἡ τοῦ δευτέρου προσγένηται μετὰ χρόνον, τοῦτο αὐτῷ πρᾳότερον γίνεται τὸ πάθος· οὐ γὰρ νεαρῷ ὄντι ἔπεισι τῷ ἕλκει, ἀλλὰ κοιμηθέντι ἤδη καὶ ἀφανισθέντι, ὅπερ οὐκ ὀλίγον ὑποτέμνεται τῆς ὀδύνης. Οὗτος δὲ ὁλόκληρον αὐτῷ τὸν χορὸν εἶδεν ἐν μιᾷ ἀναρπασθέντα καιροῦ ῥοπῇ, καὶ τρόπῳ πικροτάτῳ τελευτῆς. Καὶ γὰρ καὶ βίαιος καὶ ἄωρος ὁ θάνατος ἦν, καὶ ὁ καιρὸς δὲ καὶ ὁ τόπος οὐ μικρὰν ἐποίει τῷ πένθει προσθήκην· καὶ γὰρ ἐν ὥρᾳ συμποσίου, καὶ ἐν οἰκίᾳ τῇ τοῖς ξένοις ἀνεῳγμένῃ, καὶ τάφος αὐτοῖς ὁ οἶκος ἐγένετο. Τί ἄν τις εἴποι

[b] Unus φίλων ἀγνωμοσύναι.

vacuam præstitit. Et tamen is, qui tantum tamque præclarum certamen inire potuit, atque ex ipsis naturæ finibus excessit, virginitatis certamen suscipere minime ausus est: verum ipse quoque l anc palæstram extimuit, matrimoniique solatium est amplexus.

8. Vis Jobum etiam l is adjungam? justum *Job.* 1.
inquam illum, veri amantem, pium, atque ab improba omni actione sese abstinentem? Hic igitur Job diaboli os contudit; percussus ipse, non percutions, totam illius pharetram exinanivit; cumque assiduis ab ipso sagittis peteretur, omnia tamen tentationum genera sustinuit, et unumquodque immanem in modum. Nam quæ in hac vita molestiæ speciem l abent, et revera molesta sunt, hæc præsertim sunt, paupertas, morbus, filiorum amissio, l ostium impetus, amicorum ingratus animus, fames, perpetui corporis dolores, convicia, calumniæ et sinistra existimatio: quæ omnia in unum corpus effusa, atque adversus unam animam structa sunt, quodque etiam gravius est, inopinantem adorta sunt. Quod autem dico sic intelligendum: Qui tenuibus parentibus ortus est, atque in ejusmodi domo educatus, paupertatis molestiam facile tulerit, utpote usu et consuetudine exercitus; at qui tot pecuniis circumfluit, tantisque opibus abundat, ac postea in contrarium repente labitur, hujusmodi mutationem haud facile tulerit: nam inexperto, qui repente in eam incidit, acerbior videtur. Ac rursum: qui ignobilis est, obscurosque parentes l abuit, atque in perpetuo contemtu vivit, is maledictis et contumeliis haud admodum conturbatur: qui autem, cum tantam prius gloriam obtineret, et ab omnibus stiparetur, atque omnium sermone celebraretur, magnoque cum splendore prædicaretur, postea in infamiam et contemtum cecidit, huic idem quod ei, qui ex divite pauper effectus est, accidat necesse est. Pari modo qui filiis orbatur, etiam si omnes amittat, dum tamen non eodem tempore, luctum, quem ex iis qui mortem obierunt capit, reliquorum solatio levat: ac sedato eo mœrore, quem priorum interitus attulit, si interjecto aliquo tempore alterum e vita discedere contingat, mitior ei hæc calamitas redditur: neque enim recenti adhuc vulneri supervenit, verum sedato, ac de medio sublato, quod quidem non parum de dolore detrahit. At contra l ic universum filiorum c lorum uno temporis puncto, et quidem

[c] Duo κατεσκευάσθη. Edit. κατεσκευάσθη.

acerbissimo mortis genere abreptum vidit. Nam et violenta et immatura hæc mors erat, ac tempus etiam et locus haud parvum dolori cumulum afferebat: siquidem et epularum tempore, et in ea domo quæ hospitibus aperta erat, et denique domus ipsis sepulcrum fuit. Nam quid novum illud, quodque nullis verbis exprimi possit, famis genus commemorem? voluntarium dicam an coactum? neque enim, quo eam vocabulo appellem, scio, nec quod tam inopinatæ calamitati nomen imponam reperio. Quippe ab apposita mensa abstinebat, nec cibos eos, quos cernebat, attingebat. Vulnerum enim, quibus ipsius corpus afficiebatur, fœtor appetitionem omnem opprimebat, mensamque etiam ipsam molestia perfundebat. Id quod etiam his verbis declarabat: *Fœtorem video cibos meos*. Ac vis quidem famis eum, ut oblatos cibos degustaret, adigebat: verum incredibilis quidam fœtor, qui ex ipsius carnibus promanabat, vim famis superabat. Ideo, ut jam dixi, quo eam pacto appellem non habeo. Voluntariam? At appositos cibos degustare cupiebat. Coactam? At cibi præsto erant, nec quisquam erat qui eum iis uti prohiberet. Jam quomodo ipsius dolores commemorem, vermium scaturigines, defluentem saniem, probra quibus eum amici incessebant, famulorum contemtum? *Neque enim famuli mei, inquit, mihi pepercerunt, quin in faciem meam exspuerent*: eos qui ipsius calamitati insultabant, eamque exagitabant? *Quos enim, inquit, non dignabar ponere cum canibus gregis mei, hi nunc impetum in me fecerunt*, et *infimi homines me castigant*. Annon hæc omnia tibi gravia esse videntur? gravia enim proculdubio sunt. Dicamne id quod malorum caput est, totiusque calamitatis velut colophon, quodque eum potissimum excruciabat? Tumultuum eorum, qui in ipsius animo exsistebant, tempestas, id præsertim erat, quod eum intolerando modo præfocabat, ejusque conscientia pura intestinam tempestatem excitabat, rationique tenebras offundebat, ac gubernatorem perturbabat. Nam qui multorum scelerum sibi conscii sunt, etiamsi acerbi aliquid ipsis accidat, id saltem habent, ut eorum quæ accidunt causas inveniant, peccata sua secum reputantes, ac perturbationem eam, quæ ex dubitatione oritur, discutientes. At qui

Job. 6. 7.

Jobi calamitates.

Job. 30. 10.

Job. 30. 1.

τὸν λιμὸν ἐκεῖνον τὸν καινότερον, καὶ ἑρμηνευθῆναι μὴ δυνάμενον, τὸν ἑκούσιον, τὸν ἀκούσιον; οὐ γὰρ οἶδα πῶς αὐτὸν καλέσω, οὐδὲ γὰρ εὑρίσκω τὸ ὄνομα ἐπιθεῖναι τῷ παραδόξῳ τῆς συμφορᾶς εἴδει. Καὶ γὰρ παρακειμένης ἀπείχετο τῆς τραπέζης, καὶ ὁρωμένων οὐχ ἥπτετο τῶν σιτίων. Τῶν γὰρ περὶ τὸ σῶμα τραυμάτων ἡ δυσωδία προσαπαντῶσα κατέλυε τὴν ἐπιθυμίαν, καὶ αὐτὴν ἐνεπίμπλα τὴν τράπεζαν τῆς ἀηδίας. C Καὶ τοῦτο δηλῶν ἔλεγεν, Βρῶμον γὰρ ὁρῶ τὰ σῖτά μου. Καὶ ἡ μὲν ἀνάγκη τοῦ λιμοῦ τῶν προκειμένων ἅπτεσθαι ἐβιάζετο· ἡ δὲ τῆς δυσωδίας ὑπερβολὴ τῆς ἐκ τῶν σαρκῶν γινομένης ἐνίκα τοῦ λιμοῦ τὴν βίαν. Διὰ δὴ τοῦτο εἶπον, οὐκ ἔχω πῶς αὐτὸν καλέσω. Ἑκούσιον; Ἀλλ' ἐβούλετο [a] γεύσασθαι τῶν προκειμένων. Ἀλλὰ ἀκούσιον; Ἀλλὰ παρῆν τὰ σιτία, καὶ οὐδεὶς ὁ κωλύων ἦν. Πῶς ἂν διηγησαίμην τὰς ὀδύνας, τὰς πηγὰς τῶν σκωλήκων, τὸν ἰχῶρα τὸν καταῤῥέοντα, τὰ ὀνείδη τῶν φίλων, τὴν καταφρόνησιν τῶν οἰκετῶν; Οὐ γὰρ ἐφείσαντό μου, φησὶν, οἱ οἰκέται μου ἀπὸ D προσώπου ἐμπτυσμάτων· τοὺς ἐπεμβαίνοντας, τοὺς ἐφαλλομένους; Οὓς γὰρ οὐχ ἡγησάμην, φησὶν, ἀξίους εἶναι κυνῶν τῶν ἐμῶν νομάδων, οὗτοι νῦν ἐπιπεπτώκασί μοι, καὶ νουθετοῦσί με ἐλάχιστοι. Οὐ δοκεῖ σοι ταῦτα πάντα χαλεπὰ εἶναι; καὶ γὰρ ἔστι χαλεπά. Εἴπω τὸ κεφάλαιον τῶν κακῶν, τὸν κολοφῶνα τῆς συμφορᾶς τὸν μάλιστα ἄγχοντα αὐτόν; Ὁ χειμὼν τῶν θορύβων τῶν ἐν τῷ λογισμῷ γινομένων αὐτῷ μάλιστα ἦν [b] ὁ ἀποπνίγων αὐτὸν, καὶ ἀφόρητα, καὶ τὸ συνειδὸς αὐτοῦ τὸ καθαρὸν τοῦτο μάλιστα ἐποίει E τὴν ἔνδον ζάλην, καὶ ἐσκότου τὸν λογισμὸν, καὶ τὸν κυβερνήτην ἐτάραττεν. Οἱ μὲν γὰρ ἑαυτοῖς συνειδότες ἁμαρτήματα πολλὰ, κἂν πάθωσί τι δεινὸν, ἔχουσι κἂν τὸν λόγον εὑρεῖν τῶν γινομένων, τὰς ἁμαρτίας τὰς ἑαυτῶν [c] λογιζόμενοι, καὶ λύοντες τὴν ἐπὶ τῇ ἀπορίᾳ 546 A ταραχήν. Πάλιν οἱ μηδὲν ἑαυτοῖς συνειδότες, ἀλλὰ κατορθώμασι κομῶντες, ἂν πάθωσί τι τοιοῦτον, τὸν περὶ τῆς ἀναστάσεως εἰδότες λόγον, καὶ τὰς ἀμοιβὰς ἐννοοῦντες ἐκείνας, οἴδασιν, ὅτι ἆθλοι τὰ συμβαίνοντα, καὶ μυρίων στεφάνων ὑποθέσεις. Οὗτος δὲ καὶ δίκαιος ὢν, καὶ περὶ ἀναστάσεως ἐπιστάμενος οὐδὲν, ταύτῃ μάλιστα ἐκλυδωνίζετο, οὐκ εἰδὼς τὴν αἰτίαν ὧν ἔπασχε, καὶ τῶν σκωλήκων καὶ τῶν ὀδυνῶν, ὑπὸ τῆς ἀπορίας ταύτης μᾶλλον κεντούμενος. Καὶ ἵνα μάθῃς, ὅτι ταῦθ' οὕτως ἔχει, ὅτε κατηξίωσεν ὁ φιλάνθρωπος Θεὸς εἰπεῖν αὐτῷ τῶν ἀγώνων τούτων τὴν αἰτίαν, ὅτι ἵνα δίκαιος ἀναφανῇς ταῦτα συνεχωρήθη, οὕτως ἀνέπνευσεν, ὡς μηδὲ πεπονθώς τι τῶν λυπηρῶν ἐκείνων, καὶ τοῦτο ἐξ ὧν ἐφθέγξατο ἐδήλωσεν. B Ἀλλ'

[a] Iidem ἀπογεύσασθαι. Locus Jobi sequens paulo aliter habetur in Bibliis. Sed Chrysostomus hic, ut sæpe alibi, memoriter loquitur.

[b] Iidem ὁ αὐτὸν ἀποπνίγων ἀφορήτως. Duo alii ὁ ἀποπνίγων αὐτὸν καὶ ἀφόρητος.

[c] Duo ἀναλογιζόμενοι.

ὅμως καὶ πρὶν ἢ μαθεῖν τὴν αἰτίαν, ὠδυνᾶτο μὲν, ἔφερε δὲ γενναίως, καὶ μετὰ τὸ πάντα ἀποβαλεῖν, τὴν θαυμασίαν ἐκείνην ἀφῆκε φωνήν· Ὁ Κύριος ἔδωκεν, ὁ Κύριος ἀφείλετο, ὡς τῷ Κυρίῳ ἔδοξεν, οὕτως καὶ ἐγένετο· εἴη τὸ ὄνομα Κυρίου εὐλογημένον εἰς τοὺς αἰῶνας.

Ἀλλὰ γὰρ ἔοικα ὑπὸ τοῦ ἔρωτος τοῦ ἀνδρὸς κατεχόμενος, πορρωτέρω τῆς ὑποθέσεως ἐληλακέναι τῆς προκειμένης· διὸ ὀλίγα προσθεὶς ἅψομαι τῶν προκειμένων πάλιν. Οὗτος τοίνυν ὁ τοσοῦτος καὶ τηλι- C κοῦτος ἀνὴρ, ὁ τοσαύτας ἀνάγκας φύσεως καταπατήσας, οὐκ ἐτόλμησεν οὐδὲ αὐτὸς εἰς τὸν ἀγῶνα τοῦτον καθεῖναι, ἀλλὰ καὶ γυναικὸς ἀπέλαυσε, καὶ πατὴρ ἐγένετο παίδων τοσούτων. Τοσαύτη τῆς παρθενίας ἡ δυσκολία, οὕτως ὑψηλοὶ καὶ μεγάλοι αὐτῆς οἱ ἀγῶνες, καὶ χαλεποὶ οἱ ἱδρῶτες, καὶ πολλῆς δεόμενοι τῆς εὐτονίας. Ἀλλ' ὅμως πολλαὶ τῶν πρὸς τὸν ἀγῶνα τοῦτον ἀποδυσαμένων, ἐκεῖνο οὐ κατηγωνίσαντο τὸ πάθος, τὸ τοῦ καλλωπισμοῦ τῆς περιβολῆς τῶν ἱματίων, ἀλλ' ἑάλωσαν καὶ ἐχειρώθησαν καὶ τῶν βιωτικῶν γυναικῶν μᾶλλον. Μὴ γάρ μοι τοῦτο λέγε, ὅτι D χρυσίον οὐ περίκειται, οὐδὲ σηρικὰ καὶ χρυσόπαστα περιβέβληνται ἱμάτια, οὐδὲ περιδέῤῥαια λιθοκόλλητα ἔχουσι. Τὸ γὰρ χαλεπώτερον μάλιστα πάντων τοῦτό ἐστι, καὶ ὃ μεθ' ὑπερβολῆς δείκνυσιν αὐτῶν τὸ νόσημα, καὶ τοῦ πάθους τὴν τυραννίδα, ὅτι ἴσχυσαν καὶ ἐφιλονείκησαν καὶ ἐβιάσαντο δι' εὐτελῶν ἱματίων ἐκείνων ὑπερακοντίσαι τὸν καλλωπισμὸν τῶν τὰ χρυσᾶ περικειμένων καὶ τὰ ἱμάτια τὰ σηρικὰ, καὶ ἐπέραστοι μᾶλλον [a] ἐντεῦθεν αὐτῶν φανῆναι, ὡς μὲν αὐταὶ νομίζουσιν, ἀδιάφορον μετιοῦσαι πρᾶγμα, ὡς E δὲ ἡ τοῦ πράγματος φύσις δείκνυσιν, ὀλέθριον καὶ

nullius criminis sibi conscii sunt, verum eximiis virtutum ornamentis præditi, si quid ejusmodi patiantur, dummodo resurrectionis dogma norint, ac futura illa præmia considerent, illud intelligunt, ea quæ accidunt certamina, ac sexcentarum coronarum materiam esse. At hic cum et probus vir esset, et de resurrectione nihil exploratum haberet, hinc potissimum jactabatur, quod malorum suorum causam ignoraret, acriusque eum hæc dubitatio, animique anxietas, quam vermes ac corporis dolores, stimularent. Atque ut rem ita se habere intelligas, quo tempore Deus pro sua benignitate ipsi certaminum horum causam aperire dignatus est, nempe se hac de causa hæc permisisse, ut perspicua esset ipsius justitia, tum denique, tamquam nihil earum molestiarum perpessus, respiravit: idque ex iis, quæ tunc loquutus est, liquido constat. Cæterum prius etiam quam causam intellexisset, dolore quidem afficiebatur: verum forti animo eum ferebat, atque amissis omnibus rebus admirabilem illam vocem emittebat, *Dominus dedit, Dominus abstulit,* *Job.* 1. 21. *sicut Domino placuit, ita factum est; sit nomen Domini benedictum in sæcula.*

9. Verum hujusce viri amore correptus, ab instituta oratione longius recessisse videor: quare, postquam pauca adjunxero, rursum ad ea, quæ mihi proposita sunt, me referam. Hic igitur tanta tamque eximia virtute vir, qui tot naturæ necessitates protrivit, ne ipse quidem in hoc certamen descendere ausus est, verum et uxorem adhibuit, et ingentem filiorum numerum procreavit. Tanta virginitatis est difficultas, tam alta et sublimia ipsius certamina, tam graves sudores, magnamque animi firmitatem requirentes. Et tamen multæ ex iis, quæ ad hoc certamen se accinxerunt, hanc ornatus et elegantiæ immodicique vestitus cupiditatem minime superarunt, verum ea captæ et subactæ sunt magis, quam mulieres illæ quæ mundo se addixerunt. Neque enim hoc mihi commemora, eas aurum minime gestare, nec sericis et auro distinctis vestibus indutas esse, neque gemmata monilia gestare. Nam quod gravius est, quodque ipsarum morbum atque hujus affectus tyrannidem apertissime prodit, illud est, quod omni animi studio et conatu in hoc incubuerunt, ut per viles et abjectas illas vestes, earum quæ auro redimitæ ac sericis vestibus amictæ sunt, elegantiam et ornatum superarent, atque hinc amabiliores illis viderentur:

[a] Ἐντεῦθεν deest in duobus Mss.

in hoc scilicet, ut quidem ipsæ putant, indifferenti minimeque reprehendendæ rei studentes, ut autem rei natura demonstrat, perniciosæ ac pestiferæ, atque altam voraginem habenti. Quocirca hoc nomine sexcentis linguis laudes tuas prædicari oportet, quod, quæ res a virginibus ægre superari potest, hæc tibi, quæ in viduitate degis, ita facilis ac promta est, ut ipsa rerum veritas planum fecit. Neque enim incredibilem quamdam, atque ipsos etiam mendicantes superantem, vestium vilitatem dumtaxat admiror, verum illud etiam, quod in vestitu, et calceamentis, atque incessu tuo, nihil est fucatum, nihil de industria comparatum et elaboratum, quæ quidem omnia virtutis colores sunt, quibus sapientia ea quæ in animo recondita est, externe
Eccli. 19. 27. depingitur. *Amictus* enim *corporis*, inquit Scriptura, *et risus dentium*, et *ingressus hominis enuntiabunt de illo*. Nam nisi terrenas pomparum hujus vitæ cogitationes incredibilem quemdam in modum humi prostravisses ac proculcasses, non in tantum ipsarum contemtum erupisses, nec grave hoc peccatum tam fortiter superasses. Ne vero me quisquam nimia exaggeratione uti existimet, quod gravissimum hoc peccatum appellarim. Nam cum mundanis Hebræorum mulieribus, atque illa tempestate scelus hoc tantam pœnam accersiverit, iis quæ conversationem in cælis habere, atque angelorum vitam imitari debent, et in gratia vitam agunt, quam veniam idem istud obtinere queat, multo gravius perpetratum? Nam cum virginem in vestitu
Isai. 3. 16. mollem tunicam trahentem, id quod propheta crimini dedit, lascive ambulantem, atque voce, et oculis, et amictu, venenatum poculum iis qui ipsam impudico oculo intuentur miscentem, ac voragines iis qui transeunt magis ac magis effodientem, atque hinc laqueos tendentem videris, quomodo jam eam virginem appelles, ac non potius in scortorum numero reponas? Neque enim scorta tantam illecebram objiciunt, quantam istæ, voluptatis pennas omni ex parte explicantes. Ac propterea te beatam prædicamus ac miris laudibus efferimus, quod his omnibus liberata, in hac quoque parte mortificationis specimen edidisti, non ut ornatum et elegantiam ostentares, sed ut fortiter te gereres; non ut mundum muliebrem tibi quæreres, sed ut armis te munires.

10. Verum quoniam ab ungue leonem nunc

βλαβερὸν καὶ βαθὺ τὸ βάραθρον ἔχον. Διὸ μυρίοις στόμασιν ἀνακηρύττειν σε χρὴ ταύτης ἕνεκεν τῆς ὑποθέσεως, ὅτι παρθένοις γέγονε δυσκαταγώνιστον, τοῦτο τῇ ἐν χηρείᾳ ζώσῃ οὕτω ῥᾴδιον καὶ εὔκολον, ὡς αὐτὴ τῶν πραγμάτων ἔδειξεν ἡ ἀλήθεια. Οὐδὲ γὰρ [b] τὴν εὐτέλειαν θαυμάζω τῆς περιβολῆς μόνον τὴν
546 ἄφατον, καὶ αὐτοὺς τοὺς προσαιτοῦντας ὑπερακοντί-
A ζουσαν, ἀλλὰ καὶ τὸ ἀσχημάτιστον μάλιστα, τὸ ἀνεπιτήδευτον τῶν περιβλημάτων, τῶν ὑποδημάτων, τῆς βαδίσεως, ἅπερ ἅπαντα χρώματά ἐστιν ἀρετῆς, τὴν ἐναποκειμένην τῇ ψυχῇ φιλοσοφίαν ἔξωθεν ἀναζωγραφοῦντα. Στολισμὸς γὰρ ἀνδρὸς, φησὶν, καὶ γέλως ὀδόντων, καὶ βῆμα ποδὸς ἀναγγελεῖ τὰ περὶ αὐτοῦ. Εἰ γὰρ μὴ μεθ' ὑπερβολῆς τοὺς γεώδεις τῆς βιωτικῆς φαντασίας λογισμοὺς χαμαὶ ἔρριψας καὶ κατεπάτησας, οὐκ ἂν [a] οὕτως εἰς τοσοῦτον ἐξεπήδησας ὑπεροψίας αὐτῶν, οὐκ ἂν οὕτω κατὰ κράτος τὴν χαλεπωτάτην ἁμαρτίαν ταύτην ἐνίκησάς τε καὶ ἀπήλασας. Ἀλλὰ
B μηδεὶς ὑπερβολὴν καταγινωσκέτω τοῦ λόγου, εἰ χαλεπωτάτην ταύτην ἁμαρτίαν ἐκάλεσα. Εἰ γὰρ ἐπὶ τῶν βιωτικῶν καὶ Ἑβραίων γυναικῶν, καὶ ἐν ἐκείνῳ τῷ καιρῷ τοσαύτην ἔφερε τὴν κόλασιν τὸ πλημμέλημα, ἐπὶ τῶν ὀφειλουσῶν τὸ πολίτευμα ἔχειν ἐν οὐρανοῖς, καὶ ἀγγελικὸν μιμεῖσθαι βίον, καὶ ἐν χάριτι πολιτευομένων, τίνα ἂν σχοίη συγγνώμην τὸ αὐτὸ τοῦτο τολμώμενον μετὰ πλείονος τῆς ὑπερβολῆς; Ὅταν γὰρ ἴδῃς παρθένον κατακλωμένην ἐν τοῖς ἱματίοις, σύρουσαν τοὺς χιτῶνας, ὅπερ προφήτης ἐνεκάλεσε, διαθρυπτομένην ἐν τῇ βαδίσει, καὶ διὰ φωνῆς,
C καὶ διὰ ὀμμάτων, καὶ διὰ στολῆς τὸ δηλητήριον κεραννῦσαν ποτήριον τοῖς ἀκολάστως ὁρῶσι, καὶ τὰ βάραθρα ἐπιπλεῖον ἀνασκάπτουσαν τοῖς παριοῦσι, καὶ παγίδας τιθεῖσαν ἐντεῦθεν, πῶς ταύτην λοιπὸν προσερεῖς παρθένον, ἀλλ' οὐ μετὰ τῶν πορνευομένων αὐτὴν ἀριθμήσεις γυναικῶν; Οὐ γὰρ τοσοῦτον ἐκεῖναι δέλεαρ, ὅσον αὗται γίνονται, πανταχόθεν ἀναπετανῦσαι τῆς ἡδονῆς τὰ πτερά. Διὰ ταῦτά σε μακαρίζομεν, διὰ ταῦτά σε θαυμάζομεν, ὅτι πάντων ἀπαλλαγεῖσα τούτων καὶ ἐν τούτῳ [b] τὴν νέκρωσιν ἐπεδείξω
D τῷ μέρει, οὐχ ὡραϊζομένη, ἀλλὰ νεανιευομένη, οὐ καλλωπιζομένη, ἀλλ' ὁπλιζομένη.

Ἀλλ' ἐπειδὴ ἀπὸ τοῦ ὄνυχος τὸν λέοντα τέως ἐδεί-

[b] Duo Mss. τὴν εὐτέλειάν σου θαυμάζω τὴν ἄφατον.
[a] οὕτως deest in duobus.

[b] Iidem τὴν νίκην.

ξαμεν, καὶ τοῦτο ἐν μέρει· οὐδὲ γὰρ τοῦτο ὅλον ἐπῆλθόν σου κατόρθωμα· καθάπερ γὰρ ἔφθην εἰπὼν, εἰς τὰ ἄπειρα τῶν ἄλλων σου κατορθωμάτων δέδοικα εἰσελθεῖν πελάγη· ἄλλως οὐδὲ ἐγκώμιον προεθέμεθα νῦν εἰπεῖν τῆς ἁγίας σου ψυχῆς, ἀλλὰ παραμυθίας κατασκευάσαι φάρμακον· φέρε πάλιν ἀναλάβωμεν τὰ ἔμπροσθεν εἰρημένα. Τί δὲ ἔμπροσθεν εἰρήκαμεν; Ἀπαλλαγεῖσα τοῦ λογίζεσθαι τί ὁ δεῖνα ἥμαρτε, καὶ E τί ὁ δεῖνα ἐπλημμέλησεν, ἐννόει σου τοὺς ἄθλους διηνεκῶς τῆς καρτερίας, τῆς ὑπομονῆς, τῆς νηστείας, τῶν εὐχῶν, τῶν παννυχίδων τῶν ἱερῶν, τῆς ἐγκρατείας, τῆς ἐλεημοσύνης, τῆς φιλοξενίας, τῶν ποικίλων καὶ [c] χαλεπῶν καὶ πυκνῶν πειρασμῶν. Ἀναλόγισαι πῶς ἐκ πρώτης ἡλικίας ἕως τῆς παρούσης ἡμέρας οὐκ ἐπαύσω τρέφουσα πεινῶντα τὸν Χριστὸν, διψῶντα ποτίζουσα, γυμνὸν ἐνδύουσα, ξένον συνάγουσα, ἀῤῥωστοῦντα ἐπισκοποῦσα, [d] πρὸς δεδεμένον ἀπιοῦσα. Ἐννόησόν σου τῆς ἀγάπης τὸ πέλαγος, ὃ τοσοῦτον ἠνέῳξας, ὡς πρὸς αὐτὰ τῆς οἰκουμένης τὰ πέρατα 617 A μετὰ πολλῆς ἀφικέσθαι τῆς ῥύμης. Οὐ γὰρ ἡ οἰκία σου παντὶ ἐλθόντι ἠνέῳκτο μόνον, ἀλλὰ καὶ πανταχοῦ γῆς καὶ θαλάττης πολλοὶ ταύτης ἀπήλαυσαν τῆς φιλοτιμίας διὰ τῆς φιλοξενίας. Ταῦτα δὴ πάντα συνάγουσα, τρύφα καὶ εὐφραίνου τῇ ἐλπίδι τῶν στεφάνων τούτων καὶ τῶν βραβείων. Εἰ δὲ καὶ τοὺς παρανόμους τούτους, καὶ αἱμοβόρους, καὶ πολλῷ τούτων χαλεπώτερα ἐργασαμένους ἐπιθυμεῖς δίκην διδόντας ἰδεῖν, ὄψει καὶ τοῦτο τότε. Ἐπεὶ καὶ ὁ Λάζαρος τὸν πλούσιον εἶδεν ἀποτηγανιζόμενον. Εἰ γὰρ καὶ ὁ τόπος αὐτοῖς διώριστο διὰ τὴν τοῦ βίου διαφορὰν, καὶ τὸ χάος αὐτοὺς διεῖργεν, καὶ ὁ μὲν ἦν ἐν τοῖς κόλποις τοῦ Ἀβραὰμ, ὁ δὲ ἐν ταῖς καμίνοις ταῖς ἀφορήτοις· ἀλλ' ὅμως καὶ εἶδεν αὐτὸν ὁ Λάζαρος, καὶ φωνῆς ἤκουσε, καὶ ἀπεκρίνατο. Ταῦτα καὶ ἐπὶ σοῦ ἔσται B τότε. Εἰ γὰρ ὁ ἕνα παριδὼν ἄνθρωπον τοιαύτας δίδωσι τιμωρίας, καὶ τῷ σκανδαλίσαντι πάλιν ἕνα λυσιτελὲς μύλην ἐκκρεμασθῆναι κατὰ τοῦ τραχήλου, καὶ εἰς τὴν θάλασσαν καταποντισθῆναι· οἱ τοσαύτην οἰκουμένην σκανδαλίσαντες, καὶ τοσαύτας ἀνατρέψαντες Ἐκκλησίας, καὶ πάντα θορύβων καὶ ταραχῆς ἐμπλήσαντες, καὶ λῃστῶν καὶ βαρβάρων νικήσαντες ὠμότητα καὶ ἀπανθρωπίαν, καὶ οὕτω κατὰ κράτος ἐκβακχευθέντες ὑπὸ τοῦ στρατηγοῦντος αὐτοῖς διαβόλου καὶ τῶν συνεργούντων αὐτοῖς δαιμόνων, ὡς τὸ φρικτὸν τοῦτο δόγμα, καὶ ἁγιωσύνης γέμον, καὶ τοῦ C δεδωκότος ἄξιον, καταγέλαστον καὶ Ἰουδαίοις καὶ Ἕλλησι ποιῆσαι· οἱ μυρίας καταδύσαντες ψυχὰς, καὶ μυρία ναυάγια πανταχοῦ τῆς οἰκουμένης ἐργασάμενοι, οἱ τοσαύτην ἀνάψαντες πυρὰν, καὶ τὸ σῶμα τοῦ Χριστοῦ σχίσαντες, καὶ τὰ μέλη αὐτοῦ πολλαχοῦ δια-

ostendimus, idque quadam dumtaxat ex parte; neque enim totam hanc tuam virtutem percurri; quippe, ut superius a me dictum est, in immensa cæterarum tuarum virtutum maria pedem inferre metuo; atque etiam hoc loco mihi propositum non est, sanctæ animæ tuæ laudes efferre, verum consolationis pharmacum conficere: age, ea rursum, quæ superius dicta sunt, resumam. Quid autem illud est, quod prius diximus? Nimirum ut, quid hic peccarit, aut quid ille sceleris admiserit, cum animo tuo reputare desinas, ac patientiæ tuæ, tolerantiæ, jejuniorum, precationum, sacrarum vigiliarum, continentiæ, eleemosynæ, hospitalitatis, variarumque et gravium ac frequentium tentationum certamina perpetuo cogites. Considera quomodo a prima ætate ad hunc usque diem Christum fame laborantem alere, sitienti potum præbere, nudum vestire, hospitem tecto excipere, morbo affectum visere, in vincula conjectum adire non destitisti. Caritatis tuæ pelagus animadverte, quod usque eo aperuisti, ut ad ultimas usque terrarum oras magno cum impetu pervenerit. Neque enim tua dumtaxat domus cuilibet accedenti patebat: verum etiam passim tota terra totoque mari permultis hac tua liberalitate per hospitalitatem frui contigit. Hæc omnia in unum cogens, coronarum harum et præmiorum spe animum exhilara, gaudioque perfunde. Quod si flagitiosos istos et sanguinarios homines, quique his multo graviora perpetrarunt, pœnas dantes perspicere cupis, id quoque tum videbis. Nam et Lazarus divitem confla- Luc. 16. 23.
grantem vidit. Quamquam enim ob vitæ discrimen locus ipsis distinctus erat, eosque chaos dirimebat, atque alter in Abrahæ sinu, alter in intolerandis fornacibus sedem habebat; at nihilo secius tamen et eum vidit Lazarus, et vocem audivit, et respondit. Hæc tibi quoque tum usu venient. Nam si qui unum dumtaxat hominem contemsit, tanto cruciatu afficitur, ac rursum ei qui unum tantummodo scandalizavit, expedit ut Matth. 18. 6.
mola asinaria suspendatur in collo ejus, et demergatur in mare; qui tantæ orbis terrarum parti offensionem attulerunt, et tot Ecclesias everterunt, et tumultibus ac perturbatione omnia impleverunt, et prædones ac barbaros immanitate ac sævitia superarunt, atque a diabolo, quem belli ducem habebant, et dæmonibus, quorum ope atque auxilio utebantur, tanto furore affecti sunt, ut tremendam hanc et sanctitatis plenam

[c] Iidem χαλεπῶν συνεχῶν πειρασμῶν.

[d] Sic Coislin. recte. Edit. προσδεδεμένῳ συναπιοῦσα.

ac donatore dignam doctrinam Judæis ac gentilibus ridendam propinarint; qui innumeras animas demerserunt, atque innumera toto orbe naufragia effecerunt, qui tantum incendium excitarunt, ac Christi corpus sciderunt, et membra
1. Cor. 12. 27. hinc et inde abjecerunt : *Vos* enim, inquit, *estis corpus Christi, et membra ex parte;* imo vero D quid eorum furorem, qui nullo sermone explicari potest, exprimere contendo? quantam pœnam pestiferos istos ac sanguinarios homines subituros tunc esse existimas? Nam si qui Christum esurientem non aluerunt, sempiterno igni cum diabolo addicuntur : qui monachorum et virginum greges in famem conjecerunt, et vestitos nudarunt, et peregre agentes non modo non collegerunt, sed etiam expulerunt, et morbo laborantes non modo non visitarunt, sed etiam vehementius afflixerunt, et non modo ad eos qui in vinculis erant sese non contulerunt, sed etiam ut ii qui E liberi ac soluti erant in carcerem conjicerentur, operam dederunt, quantas pœnas luituri sint, cogites licet. Tum igitur eos flammis excruciatos et conflagrantes, vinctos, dentibus stridentes, frustra lamentantes, inutili luctu se conficientes, atque divitis illius in modum, incassum pœnitentes videbis. Ac rursum te illi in beatis illis sedibus coronam gestantem, cum angelis tripudiantem, atque cum Christo regnantem videbunt, ac vehementer exclamabunt et ingemiscent, contumeliarum, quas tibi inusserunt, pœnitentes, ac supplices libellos tibi offerentes, misericordiamque et humanitatem tuam incassum implorantes.

648 A 11. Hæc igitur omnia tecum considera, eaque animæ tuæ perpetuo accine : sicque hunc pulverem discutere poteris. Quoniam autem, ut quidem mea opinio fert, aliud quidem est, quod te præsertim angit et excruciat, age huic quoque cogitationi per ea, quæ dicta sunt et quæ nunc dicturi sumus, pharmacum paremus. Etenim non ob hæc tantum mihi in dolore versari videris, sed etiam, quod a me vili homunculo sejuncta sis : illudque lugere, atque apud omnes dicere : Linguam illam non audimus, nec ea, qua solebamus, doctrina fruimur, verum fame coercemur : quod- B
Amos 8. 11. que Deus Hebræis quondam minabatur, id nunc patimur, nempe non panis famem, nec aquæ sitim, sed divinæ doctrinæ famem. Quid igitur ad hæc dicemus? Nimirum illud maxime, quod tibi etiam nobis absentibus in librorum nostrorum lectione versari licet. Nos quoque, si tabel-

Consolatur Olympiadem ob absentiam ipsius dolentem.

σπείραντες· Ὑμεῖς γὰρ, φησὶν, ἐστὲ σῶμα Χριστοῦ, καὶ μέλη ἐκ μέρους· μᾶλλον δὲ τί φιλονεικῶ παραστῆσαι τὴν μανίαν αὐτῶν, ἑρμηνευθῆναι μὴ δυναμένην λόγῳ; πόσην τοίνυν οἴει ὑποστήσεσθαι τιμωρίαν τότε τοὺς λυμεῶνας τούτους καὶ αἱμοβόρους; Εἰ γὰρ οἱ μὴ θρέψαντας πεινῶντα τὸν Χριστὸν, μετὰ τοῦ D διαβόλου καταδικάζονται τῷ πυρὶ τῷ ἀσβέστῳ· οἱ καὶ λιμῷ παραδόντες μοναχῶν καὶ παρθένων χοροὺς, καὶ ἐνδεδυμένους γυμνώσαντες, καὶ ξένους ὄντας οὐ μόνον μὴ συναγαγόντες, ἀλλὰ καὶ ἐλάσαντες, καὶ ἀῤῥωστοῦντας οὐ μόνον οὐκ ἐπισκεψάμενοι, ἀλλὰ καὶ ἐπιπλεῖον συντρίψαντες, καὶ οὐ μόνον δεδεμένους οὐκ ἰδόντες, ἀλλὰ καὶ λελυμένους εἰς δεσμωτήριον παρασκευάσαντες ἐμβαλέσθαι, ἐννόησον ὅσην ὑποστήσονται τιμωρίαν. Τότε τοίνυν ὄψει αὐτοὺς ἀποτηγανιζομένους, κατακαιομένους, δεδεμένους, τοὺς ὀδόντας βρύχοντας, ὀλοφυρομένους, [a] ἀνόνητα λοιπὸν θρηνοῦντας, καὶ ἀνωφελῆ μετανοοῦντας καὶ ἀκερδῆ, καθάπερ ὁ E πλούσιος ἐκεῖνος. Ὄψονταί σε καὶ οὗτοι πάλιν ἐν τῇ μακαρίᾳ λήξει ἐκείνῃ στεφανηφοροῦσαν, μετὰ τῶν ἀγγέλων χορεύουσαν, τῷ Χριστῷ συμβασιλεύουσαν, καὶ βοήσονται πολλὰ καὶ θρηνήσουσι, μεταγινώσκοντες ἐφ' οἷς [b] εἰς σὲ παρῴνησαν, καὶ ἱκετηρίαν σοι προστιθέντες, καὶ ἐλέου μεμνημένοι καὶ φιλανθρωπίας, καὶ οὐδὲν ἔσται πλέον αὐτοῖς.

648 A Ταῦτα οὖν ἅπαντα λογιζομένη ἔπᾳδε συνεχῶς σου τῇ ψυχῇ, καὶ τὴν κονίαν (al. κόνιν) ταύτην διασκεδάσαι δυνήσῃ. Ἐπειδὴ δὲ καὶ ἕτερόν ἐστι τὸ μάλιστά σε ὀδυνῶν, ὡς ἔγωγε οἶμαι, φέρε καὶ τούτῳ τῷ λογισμῷ κατασκευάσωμεν τὸ φάρμακον μετὰ τῶν εἰρημένων καὶ ἃ νῦν ἐροῦμεν. Καὶ γὰρ οἶμαί σε ἀλγεῖν οὐ διὰ ταῦτα μόνον, ἀλλὰ καὶ διὰ τὸ κεχωρίσθαι τῆς οὐδενείας τῆς ἡμετέρας, καὶ τοῦτο διηνεκῶς θρηνεῖν σε, καὶ πρὸς ἅπαντας λέγειν· οὐκ ἀκούομεν τῆς γλώττης ἐκείνης, οὐδὲ ἀπολαύομεν τῆς συνήθους διδασκαλίας, ἀλλὰ ἐν λιμῷ κατακεκλείσμεθα· καὶ ὅπερ B ἠπείλησεν ὁ Θεὸς τοῖς Ἑβραίοις τότε, τοῦτο νῦν ὑπομένομεν, οὐ λιμὸν ἄρτου, οὐδὲ δίψαν ὕδατος, ἀλλὰ λιμὸν θείας διδασκαλίας. Τί οὖν ἡμεῖς πρὸς ταῦτα ἐροῦμεν; Ὅτι μάλιστα μὲν ἔξεστί σοι καὶ απόντων ἡμῶν ὁμιλεῖν τοῖς βιβλίοις τοῖς ἡμετέροις. Καὶ ἡμεῖς δὲ σπουδὴν ποιησόμεθα, ἂν ἐπιτυγχάνωμεν γραμματηφόρων, συνεχεῖς σοι καὶ πυκνὰς καὶ μακρὰς πέμ-

a Tres Mss. ἀνόνητα λοιπὸν, Editi ἀνόνητον.

b Duo Mss. εἰς σὲ διεπράξαντο.

πειν ἐπιστολάς. Εἰ δὲ καὶ παρὰ ζώσης φωνῆς βούλει τὰ παρ' ἡμῶν ἀκούειν, ἴσως καὶ τοῦτο ἔσται, καὶ ἡμᾶς ὄψει πάλιν, τοῦ Θεοῦ ἐπιτρέποντος· μᾶλλον δὲ οὐκ ἴσως, ἀλλὰ καὶ μηδὲν ἀμφίβαλλε. Ἀναμνήσομεν γάρ σε ὅτι οὐκ εἰκῇ ταῦτα εἰρήκαμεν, οὐδὲ ἀπατῶν- C τές σε, καὶ παραλογιζόμενοι, ἀλλὰ καὶ παρὰ ζώσης ἀκούσῃ φωνῆς ἃ διὰ τῶν γραμμάτων νῦν. Εἰ δὲ ἡ μέλλησίς σε λυπεῖ, ἐννόησον ὅτι οὐδὲ αὕτη ἀκερδής σοι γίνεται, ἀλλὰ πολὺν οἴσει σοι τὸν μισθὸν καρτερούσῃ, καὶ μηδὲν ἐκφερούσῃ πικρὸν ῥῆμα, ἀλλὰ καὶ ὑπὲρ τούτων τὸν Θεὸν δοξαζούσῃ, ὃ δὲ καὶ διατελοῦσα ποιεῖς· Οὐδὲ γὰρ μικρὸς οὗτος ἆθλος, ἀλλὰ καὶ σφόδρα νεανικῆς δεόμενος ψυχῆς, καὶ φιλοσόφου διανοίας, ὥστε ἀγαπωμένης ψυχῆς ἐνεγκεῖν χωρισμόν. Τίς ταῦτά φησιν; [a] Εἴ τις οἶδε φιλεῖν γνησίως, εἴ τις ἐπίσταται δύναμιν ἀγάπης, οἶδεν ὃ λέγω. Ἀλλ' ἵνα D μὴ περιιόντες ζητῶμεν τοὺς γνησίως φιλοῦντας (καὶ γὰρ σπάνιον τοῦτο), δράμωμεν ἐπὶ τὸν μακάριον Παῦλον, κἀκεῖνος ἡμῖν ἐρεῖ ἡλίκος οὗτος ὁ ἆθλος, καὶ ἡλίκης δεόμενος ψυχῆς. Οὗτος γὰρ ὁ Παῦλος, ὁ καὶ σάρκα ἀποδυσάμενος, καὶ τὸ σῶμα ἀποθέμενος, καὶ γυμνῇ σχεδὸν τὴν οἰκουμένην περιιὼν τῇ ψυχῇ, καὶ πᾶν πάθος ἐξορίσας τῆς διανοίας, καὶ τῶν ἀσωμάτων δυνάμεων τὴν ἀπάθειαν μιμούμενος, καὶ τὴν γῆν ὡς οὐρανὸν οἰκῶν, καὶ μετὰ τῶν Χερουβὶμ ἑστὼς ἄνω, καὶ τῆς μυστικῆς ἐκείνης μελῳδίας αὐτοῖς κοινωνῶν, τὰ μὲν ἄλλα πάντα ῥᾳδίως ἔφερεν, ὡς ἐν ἀλλοτρίῳ E πάσχων σώματι, καὶ δεσμωτήρια καὶ ἁλύσεις, καὶ ἀπαγωγὰς καὶ μάστιγας, καὶ ἀπειλὰς καὶ θάνατον, καὶ τὸ [b] καταλεύεσθαι, καὶ τὸ καταποντίζεσθαι, καὶ πᾶν κολάσεως εἶδος. Μιᾶς δὲ ψυχῆς ἀγαπωμένης παρ' αὐτοῦ χωρισθεὶς, οὕτω συνεχύθη καὶ διεταράχθη, ὡς 549 εὐθέως καὶ τῆς πόλεως ἀποπηδῆσαι, ἐν ᾗ τὸν ἀγαπώ- A μενον προσδοκῶν ἰδεῖν οὐχ εὗρεν. Καὶ ταῦτα αὐτῷ σύνοιδεν ἡ Τρωὰς, ἡ διὰ τοῦτο καταλειφθεῖσα παρ' αὐτοῦ, ἐπειδὴ οὐκ ἔσχεν ἐπιδεῖξαι αὐτῷ τότε ἐκεῖνον. Ἐλθὼν γὰρ, φησὶν, εἰς Τρωάδα, εἰς τὸ εὐαγγέλιον τοῦ Χριστοῦ, καὶ θύρας μοι ἀνεῳγμένης ἐν Κυρίῳ, οὐκ ἔσχηκα ἄνεσιν τῷ πνεύματί μου, τῷ μὴ εὑρεῖν με Τίτον τὸν ἀδελφόν μου, ἀλλὰ ἀποταξάμενος αὐτοῖς, ἐξῆλθον εἰς Μακεδονίαν. Τί τοῦτο, ὦ Παῦλε; Ξύλῳ μὲν δεδεμένος, καὶ δεσμωτήριον οἰκῶν, καὶ μάστιγας ἔχων ἐπικειμένας, καὶ τὰ νῶτα αἵμασι περιῤῥεόμενος, καὶ ἐμυσταγώγεις, καὶ ἐβάπτιζες, καὶ θυσίαν προσῆγες, καὶ ἑνὸς οὐ κατεφρόνησας μέλλον- B τος σώζεσθαι· εἰς δὲ τὴν Τρωάδα ἐλθὼν, καὶ τὴν ἄρουραν ὁρῶν ἐκκεκαθαρμένην, καὶ ἑτοίμην οὖσαν τὰ σπέρματα ὑποδέξασθαι, καὶ τὴν ἅλειαν πεπληρωμένην, καὶ πολλὴν παρέχουσάν σοι τὴν εὐκολίαν,

larios nanciscamur, operam dabimus, ut crebas ac prolixas epistolas a nobis accipias. Quod si doctrinam nostram viva etiam voce audire cupis, fortasse hoc quoque continget, ac nos rursus permittente Deo, visura es: imo non fortasse, sed certo: cave dubites. Illud enim tibi in memoriam redigam, quod non temere hoc dixerim, nec te fallens ac circumscribens: verum quæ nunc per literas accipis, ea quoque de viva voce exceptura es. Quod si tibi mora molesta est, illud cogita, eam tibi minime infructuosam fore, verum ingentem mercedem allaturam esse, si patientiam adhibeas, nec acerbum ullum verbum proferas, quin potius hoc quoque nomine Dei gloriam prædices, ut etiam perpetuo facis: neque enim exiguum ac leve hoc certamen est, verum ingens, ac perquam strenuum animum mentemque philosophicam requirens, nempe amici digressum et absentiam ferre. Quisnam istud ait? Si quis amare sincere novit, si quis vim caritatis exploratam habet, quod dico intelligit. Ac ne huc atque illuc obambulemus, eos qui sincera caritate præditi sint, quærentes (etenim rara hæc virtus est), ad beatum Paulum curramus: atque ille, quantum hoc certamen sit, quantumque animum requirat, nobis exponet. Hic enim Paulus, qui carnem exuerat, et corpus abjecerat, ac nuda propemodum anima terrarum orbem peragrabat, et turbidum omnem motum ex animo ejecerat, atque virtutum incorporearum tranquillitatem imitabatur, terramque non secus ac cælum incolebat, et cum Cherubim sursum stabat, mysticæque illius musicæ una cum ipsis particeps erat, alia quidem omnia perinde atque in alieno corpore perpetiens, leviter ferebat, carcerem nimirum, vincula, exsilia, flagra, minas, mortem, lapidationem, submersionem, ac denique quodvis supplicii genus. At idem ab uno homine a se dilecto semotus, tanta perturbatione affectus est, ut statim etiam ex ea urbe excederet, in qua amicum, quem se visurum sperabat, minime invenerat. Hujus rei ipsi Troas conscia est, quæ ideo ab eo relicta est, quod tum eum ipsi ostendere minime potuisset. *Cum enim venissem Troadem*, inquit, *propter evangelium* 2. Cor. 2, 12. 13.
Christi, et ostium mihi apertum esset in Domino, non habui requiem spiritui meo, eo quod non invenerim Titum fratrem meum, sed valedicens eis, profectus sum in Mace-

[a] Hæc, *εἴ τις οἶδε φιλεῖν γνησίως*, in Edito deerant, sed in Mss. omnibus habentur, et ab Interprete lecta sunt.

[b] Duo Mss. *σκλεύεσθαι*.

doniam. Quid ais, Paule? Ligno alligatus, atque in vincula conjectus, ac virgarum notas tergo impressas habens, et cruore diffluens, sacris initiabas et baptizabas, et sacrificium offerebas, nec unicum etiam hominem, qui salutem accepturus esset, contemnebas: Troadem autem profectus, ac repurgatum arvum sementemque excipere paratum, et plenam arcam, cunctaque tibi prona et facilia præbentem conspiciens, tantum de manibus lucrum ejecisti, ut quamvis etiam ob eam causam illuc te contulisses (*Cum enim venissem Troadem,* inquit, *ad evangelium*, hoc est evangelici negotii causa), nec quisquam tibi obsisteret (*Et ostium,* inquit, *mihi apertum esset*), pedem tamen statim referres? Ita sane, inquit: magna enim me mœroris tyrannis invasit, Titique absentia meum animum vehementer conturbavit, atque ita me fregit ac superavit, ut a me, hoc ut facerem, extorserit. Nam quod illi propter mœrorem hoc acciderit, nihil nobis conjecturis opus est, verum ab ipsomet hoc conjicere atque intelligere debemus. Etenim discessus sui causam his verbis exposuit: *Non habui requiem spiritui meo, eo quod non invenerim Titum, sed valedicens eis, egressus sum.*

τοσοῦτον ἔῤῥιψας ἀπὸ τῶν χειρῶν κέρδος, ὥς καὶ διὰ τοῦτο παραγενόμενος (Ἐλθὼν γὰρ, φησὶν, εἰς τὴν Τρωάδα εἰς τὸ εὐαγγέλιον, τοῦτ' ἔστι, διὰ τὸ εὐαγγέλιον), καὶ οὐδενὸς ἀντιπίπτοντος (Θύρας γάρ μοι, φησὶν, ἀνεῳγμένης), ἀπεπήδησας εὐθέως; Ναὶ, φησί· πολλῇ γὰρ κατεσχέθην ἀθυμίας τυραννίδι, καὶ σφόδρα μου συνέχεε τὴν διάνοιαν ἡ Τίτου ἀπουσία, C καὶ οὕτω μου ἐκράτησε καὶ περιεγένετο, ὡς ἀναγκάσαι τοῦτο ποιῆσαι. Ὅτι γὰρ διὰ ἀθυμίαν τοῦτο ἔπαθεν, οὐδὲν ἡμᾶς δεῖ στοχάζεσθαι, ἀλλὰ παρ' αὐτοῦ καὶ τοῦτο [a] στοχάζεσθαι καὶ μανθάνειν. Καὶ γὰρ τὴν αἰτίαν τῆς ἀναχωρήσεως τέθεικεν εἰπών· Οὐκ ἔσχηκα ἄνεσιν τῷ πνεύματί μου τῷ μὴ εὑρεῖν με Τίτον, ἀλλὰ ἀποταξάμενος αὐτοῖς ἐξῆλθον.

12. Videsne quantum certamen sit, amici digressum æquo ac placido animo ferre, quamque gravis et acerba hæc res sit, quamque sublimem ac strenuum animum desideret? Hoc porro certamen tu quoque nunc obis. At quo majus hoc certamen est, eo etiam corona præstantior erit, præmiaque splendidiora. Quare hoc tibi tarditatis sit solatium; illudque præterea, quod mercede hinc manante refertam, corona redimitam, amplissimisque laudibus affectam te visuri simus. Neque enim ii qui amant, eo solo contenti sunt, quod animorum vinculis inter se constringantur, neque hoc ad consolationem sibi satis esse ducunt, verum etiam corporis præsentiam requirunt: qua si careant, haud exigua voluptatis pars succisa est. Atque hoc rursum, si ad caritatis alumnum nos contulerimus, ita se habere comperiemus. In ea enim Epistola, quam ad

1. Thess. 2. 17. 18. et c. 3. v. 1. 2. Macedonas scribebat, his verbis utebatur: *Nos autem, fratres, orbati a vobis ad tempus horæ, aspectu, non corde, abundantius festinavimus faciem vestram videre: ego quidem Paulus semel et iterum: sed impedivit nos satanas. Propter quod non sustinentes*

Εἶδες πῶς μέγιστος ἆθλος τὸ δυνηθῆναι ἐνεγκεῖν πράως τοῦ ἀγαπωμένου χωρισμόν; καὶ πῶς ὀδυνηρὸν πρᾶγμα καὶ πικρόν; πῶς ὑψηλῆς δεόμενον καὶ νεανι- D κῆς ψυχῆς; Τοῦτον τὸν ἆθλον καὶ αὐτὴ διανύεις νῦν. Ὅσῳ δὲ μέγιστος ὁ ἆθλος, τοσούτῳ καὶ ὁ στέφανος μείζων, καὶ τὰ βραβεῖα λαμπρότερα. Τοῦτό σοι τῆς μελλήσεως ἔστω παραμυθία καὶ τὸ πάντως ἡμᾶς ὄψεσθαί σε πάλιν βρύουσαν τῷ ἐντεῦθεν μισθῷ, καὶ στεφανουμένην, καὶ ἀνακηρυττομένην. Οὐδὲ γὰρ ἀρκεῖ τοῖς ἀγαπῶσι μόνον τὸ τῇ ψυχῇ συνδεδέσθαι, [b] οὐδὲ ἀποχρῶνται τούτῳ εἰς παραμυθίαν, ἀλλὰ καὶ σωματικῆς δέονται παρουσίας· κἂν μὴ τοῦτο προσῇ, E οὐ μικρὸν τῆς εὐφροσύνης ὑποτέτμηται μέρος. Καὶ τοῦτο πάλιν πρὸς τὸν τῆς ἀγάπης τρόφιμον ἐλθόντες, εὑρήσομεν οὕτως ἔχον. Μακεδόσι γὰρ ἐπιστέλλων οὕτως ἔλεγεν· Ἡμεῖς δὲ, ἀδελφοὶ, ἀπορφανισθέντες ἀφ' ὑμῶν πρὸς καιρὸν ὥρας, προσώπῳ, οὐ καρδίᾳ, περισσοτέρως ἐσπουδάσαμεν τὸ πρόσωπον ὑμῶν ἰδεῖν· ἐγὼ μὲν Παῦλος καὶ ἅπαξ καὶ δὶς, καὶ ἀνέκοψεν ἡμᾶς ὁ σατανᾶς. Διὸ μηκέτι στέγοντες, ηὐδοκήσαμεν καταλειφθῆναι ἐν Ἀθήναις μόνοι, καὶ ἐπέμψαμεν
550 Τιμόθεον. Ὦ λέξεως ἑκάστης δύναμιν· τὴν γὰρ ἐν-
A αποκειμένην αὐτοῦ τῇ ψυχῇ φλόγα τῆς ἀγάπης μετὰ πολλῆς ἐνδείκνυται τῆς σαφηνείας. Οὐδὲ γὰρ εἶπε,

a In tribus Mss. στοχάζεσθαι καὶ deest.

b Duo Mss οὐδὲ ἀρκετὸν τοῦτο εἰς.

χωρισθέντες ὑμῶν, οὐδὲ διασπασθέντες ὑμῶν, οὐδὲ διαστάντες, οὐδὲ ἀπολειφθέντες, ἀλλ', Ἀπορφανισθέντες ὑμῶν. Λέξιν ἐζήτησεν ἱκανὴν ἐμφῆναι τὴν ὀδύνην αὐτοῦ τῆς ψυχῆς. Καίτοι γε ἐν τάξει πατέρος ἦν ἅπασιν αὐτὸς, ἀλλὰ παιδίων ὀρφανῶν ἐν τῇ ἀώρῳ ἡλικίᾳ τὸν γεγεννηκότα ἀποβαλόντων φθέγγεται ῥήματα, τὴν ὑπερβολὴν τῆς ἀθυμίας ἐνδείξασθαι βουλόμενος. Οὐδὲν γὰρ ὀδυνηρότερον ὀρφανίας ἀώρου, B ὅταν τῆς τε ἡλικίας πρὸς οὐδὲν αὐτοῖς ἀρκούσης, τῶν τε προστησομένων γνησίως οὐκ ὄντων, καὶ τῶν ἐπιθησομένων καὶ ἐπιβουλευόντων πολλῶν ἀθρόον ἀναφαινομένων, ὥσπερ [a] ἀρνειοὶ, οὕτως εἰς μέσον προκέωνται λύκοις, οἳ πανταχόθεν σπαράττουσιν αὐτοὺς καὶ ξαίνουσιν. Οὐδεὶς δύναται παραστῆσαι τῆς συμφορᾶς ταύτης τῷ λόγῳ τὸ μέγεθος. Διὰ τοῦτο καὶ Παῦλος περιελθὼν, καὶ ζητήσας καὶ ἐρημίας καὶ συμφορᾶς χαλεπῆς ῥῆσιν ἐνδεικτικὴν, ἵνα παραστήσῃ ὅπερ ἔπασχε τῶν ἀγαπωμένων χωριζόμενος, ταύτῃ ἐχρήσατο τῇ λέξει· εἶτα καὶ ἐπιτείνει πάλιν αὐτὴν διὰ τῶν ἑξῆς. Ἀπορφανισθέντες γὰρ, φησὶν, οὐ χρόνον, C ἀλλὰ Πρὸς καιρὸν ὥρας, καὶ χωρισθέντες οὐ διανοίᾳ, ἀλλὰ Προσώπῳ μόνῳ, οὐδὲ οὕτω φέρομεν τὴν ἐντεῦθεν ὀδύνην· καίτοι γε ἱκανὴν ἔχοντες παραμυθίαν, τὸ τῇ ψυχῇ συνδεδέσθαι, τὸ ἐν καρδίᾳ ὑμᾶς εἶναι τῇ ἡμετέρᾳ, τὸ χθὲς καὶ πρώην ὑμᾶς ἑωρακέναι· ἀλλ' οὐδὲν τούτων ἡμᾶς ἀπαλλάττει τῆς ἀθυμίας. Ἀλλὰ τί βούλει καὶ ἐπιθυμεῖς, εἰπέ μοι, καὶ ἐπιθυμεῖς μεθ' ὑπερβολῆς; Αὐτὴν αὐτῶν τὴν ὄψιν. Περισσοτέρως γὰρ, φησὶν, ἐσπουδάσαμεν τὸ πρόσωπον ὑμῶν ἰδεῖν. Τί φῂς, ὁ ὑψηλὸς καὶ μέγας; D Ὁ τὸν κόσμον ἔχων ἐσταυρωμένον, καὶ τῷ κόσμῳ σταυρωθεὶς, ὁ πάντων ἀπαλλαγεὶς τῶν σαρκικῶν, ὁ σχεδὸν ἀσώματος γενόμενος, οὕτως αἰχμάλωτος ὑπὸ τῆς ἀγάπης ἐγένου, ὡς εἰς σάρκα κατενεχθῆναι τὴν πηλίνην, τὴν ἀπὸ γῆς, τὴν αἰσθητήν; Ναὶ, φησὶ, καὶ οὐκ αἰσχύνομαι ταῦτα λέγων, ἀλλὰ καὶ ἐγκαλλωπίζομαι· τὴν γὰρ μητέρα τῶν ἀγαθῶν ἔχων ἐμοὶ βρύουσαν τὴν ἀγάπην, ταῦτα ἐπιζητῶ. Καὶ οὐδὲ ἁπλῶς σωματικὴν ἐπιζητεῖ παρουσίαν, ἀλλὰ τὸ πρόσωπον αὐτῶν μάλιστα ἐπιθυμεῖ θεάσασθαι. Περισσο- E τέρως γὰρ, φησὶν, ἐσπουδάσαμεν τὸ πρόσωπον ὑμῶν ἰδεῖν. Ὄψεως οὖν ἐρᾷς, εἰπέ μοι, καὶ προσώπου θεωρίας ἐπιθυμεῖς; Καὶ σφόδρα, φησὶν, ἔνθα τῶν αἰσθητηρίων ἡ συναγωγή. Ψυχὴ γὰρ γυμνὴ καθ' ἑαυτὴν ἑτέρᾳ ψυχῇ συγγενομένη, οὔτε εἰπεῖν τι, οὔτε ἀκοῦσαι δυνήσεται· σωματικῆς δὲ ἂν ἀπολαύσω παρουσίας, καὶ ἐρῶ τι, καὶ ἀκούσομαι παρὰ τῶν ἀγαπωμένων. Διὰ τοῦτο ἐπιθυμῶ τὸ πρόσωπον ὑμῶν ἰδεῖν, ἔνθα καὶ γλῶττά 551 A ἐστι φωνὴν ἀφιεῖσα, καὶ τὰ ἔνδον ἡμῖν ἀπαγγέλλουσα, καὶ ἀκοὴ ῥήματα δεχομένη, καὶ ὀφθαλμοὶ κινήματα

[a] [Savil. ἀρνοί.]

amplius, placuit nobis remanere Athenis, solis: et misimus Timotheum. O quanta in singulis dictionibus vis inest! etenim conditam in ipsius animo caritatis flammam magna cum perspicuitate demonstrabat. Non enim dixit, Sejuncti a vobis, aut abstracti, aut distantes, aut absentes; verum, *Orbati a vobis.* Vocabulum investigavit quod declarando animi sui dolori par esset. Nam cum ipse parentis loco cunctis esset, tamen pupillorum puerorum, qui immatura ætate patrem amiserint, verbis utitur: quo videlicet singularem quamdam animi mœstitiam ostendat. Neque enim præmatura orbitate quidquam acerbius excogitari potest, cum nec ætas ad rem ullam idoneam ipsis opem afferre potest, nec qui eorum curam ac defensionem sincero animo suscipiant, præsto sunt, et multi subito exsistunt, a quibus insidiæ ipsis comparantur: nam tum velut agni lupis in medium proponuntur, a quibus omni ex parte cæduntur et lacerantur. Nemo est qui calamitatis hujus magnitudinem ulla oratione consequi possit. Quocirca Paulus, cum in omnes partes se versasset, atque ejusmodi vocem, qua solitudinem acerbamque calamitatem indicaret, quæsivisset, ut quo animo esset, cum ab iis quos amabat distraheretur, planum faceret, hac dictione usus est: et deinde per ea quæ sequuntur hanc rursum exaggeravit. *Orbati* enim, (1. Thess. 2. 17.) inquit, non ad diuturnum aliquod temporis spatium, sed *Ad tempus horæ:* ac non animo, sed *Facie* sola disjuncti, ne sic quidem tamen dolorem eum, quem hinc concipimus, ferre possumus; quamvis ea nobis satis ampla consolatio sit, quod animi nostri inter se devincti sint, quodque vos in corde nostro conditos habeamus, ac denique illud, quod heri et nudiustertius vos viderimus: tamen nihil eorum mœrore nos liberat. Quid ergo vis, dic quæso? quid expetis, imo tam vehementer expetis? Ipsam eorum faciem cernere. *Abundantius* enim, inquit, (1. Thess. 2. 17.) *festinavimus faciem vestram videre.* Quid ais, o magne atque excelse vir? Qui mundum in te crucifixum habes, ipse vicissim mundo crucifixus, qui ab omnibus carnalibus rebus te removisti, qui pene corporis expers effectus, siccine te captivum caritas tenuit, ut in luteam, ac terrenam atque in sensum cadentem carnem provolutus sis? Maxime, inquit: nec id dicere me pudet, imo etiam eo nomine glorior:

nam cum caritatem, bonorum omnium matrem, in me scatentem habeam, hæc requiro. Neque simpliciter corpoream præsentiam expetit, verum eorum faciem intueri gestit. *Abundantius* enim, inquit, *festinavimus faciem vestram videre.* Conspectum igitur expetis, heus tu, vultusque spectandi cupiditate flagras? Et quidem vehementer, inquit: quod illic sensuum instrumenta collecta sint. Nudus enim animus per se cum altero animo conjunctus, nec dicere, nec audire quidquam poterit: at si mihi corporea præsentia frui contingat, et aliquid ipse dicam, et ab iis quos amo vicissim audiam. Propterea faciem vestram intueri aveo, in qua lingua est, quæ vocem emittit, animique sensa enuntiat, et auris quæ verba excipit, et oculi qui animi motus pingunt: etenim adamatæ animæ consortio melius per illa frui licet.

13. Atque ut intelligas quantum hujus conspectus cupiditate ardeat, posteaquam dixit, *Abundantius festinavimus*, hac dictione minime contentus fuit, verum subjungit, *In multo desiderio*. Ac mox cæteris sese admiscere non sustinens, verum ostendens se aliis acrius amare, postquam his verbis usus est, *Abundantius festinavimus ac cupivimus venire ad vos*, a reliquis seipsum segregavit, solumque se statuens dixit, *Ego quidem Paulus* semel *et iterum:* hinc videlicet ostendens se vehementiore, quam alios, studio in id incubuisse. Postea, quoniam id minime assequutus est, literis non contentus, socium suum Timotheum, qui literarum instar ipsi futurus esset, ad extre-
1. Thess. 3. 1. mum mittit; propter quod adjecit, *Ideo non ultra sustinentes.* O dictionis nobilitatem ac vim, ipsius caritatem, quæ nullo freno coerceri ac tolerari posset, commonstrantem! Et sicut cum quis ignis ardore deflagrans, atque incendii solatium aliquod invenire studens, nullum non lapidem movet: eodem modo hic quoque, cum incenderetur, præfocaretur, inflammaretur, prout licebat et fieri poterat, consolationem excogitavit. *Non* enim *jam sustinentes*, inquit, *misimus Timotheum, evangelii ministrum, socium et adjutorem nostrum,* ac membrum in primis necessarium a nostro cœtu avellentes, ac mœrorem mœrore commutantes. Nam quod ne ipsius quidem absentiam facile ferret, verum

ψυχῆς διαζωγραφοῦντες· καὶ γὰρ τῆς ποθουμένης ψυχῆς διὰ τούτων ἀκριβέστερον τῆς συνουσίας ἐστὶν ἀπολαῦσαι.

Καὶ ἵνα μάθῃς πῶς ἐκκαίεται εἰς τὴν θεωρίαν ταύτην, εἰπὼν, Περισσοτέρως ἐσπουδάσαμεν, οὐκ ἠρκέσθη τῇ λέξει ταύτῃ, ἀλλ' ἐπήγαγεν, [a] Ἐν πολλῇ ἐπιθυμίᾳ. Εἶτα οὐκ ἀνεχόμενος ἑαυτὸν μετὰ τῶν ἄλλων ἐγκαταμίξαι, ἀλλὰ δεικνὺς, ὅτι σφοδρότερον τῶν ἄλλων φιλεῖ, εἰπὼν, ὅτι Περισσοτέρως ἐσπουδάσαμεν, καὶ ἠθελήσαμεν ἐλθεῖν πρὸς ὑμᾶς, ἀπέῤῥηξεν ἑαυτὸν
B τῶν λοιπῶν, καὶ μόνον στήσας, ἐπήγαγεν· Ἐγὼ μὲν Παῦλος καὶ ἅπαξ καὶ δὶς, δεικνὺς ὅτι πλέον τῶν ἄλλων ἐσπούδαζεν. Εἶτα ἐπειδὴ οὐκ ἐπέτυχε τούτου, οὐκ ἀρκεῖται τοῖς γράμμασιν, ἀλλὰ πέμπει [b] τὸ κεφάλαιον, τὸν σὺν αὐτῷ Τιμόθεον, τὸν ἀντὶ γραμμάτων ἐσόμενον αὐτῷ· διὸ καὶ ἐπάγει λέγων· Διὸ μηκέτι στέγοντες. Ὢ πάλιν λέξεως εὐγένεια· ὢ ῥήσεως δύναμις, τὴν ἀκάθεκτον αὐτοῦ καὶ ἀκαρτέρητον ἀγάπην δηλοῦσα. [c] Καὶ ὡς ἄν τις ἐμπυριζόμενος, καὶ ζητῶν τοῦ ἐμπυρισμοῦ παραμυθίαν τινὰ εὑρεῖν, πάντα κινεῖ·
C οὕτω δὴ οὗτος ἀναπτόμενος, ἀγχόμενος, καιόμενος, κατὰ τὸ ἐγχωροῦν τὴν δυνατὴν ἐπενόησε παραμυθίαν. Μηκέτι γὰρ στέγοντες, φησὶν, ἐπέμψαμεν Τιμόθεον τὸν διάκονον τοῦ εὐαγγελίου, καὶ συνεργὸν ἡμῶν, τὸ ἀναγκαιότατον μέλος διασπάσαντες ἡμῶν τῆς συνουσίας, καὶ λύπην ἀλλαξάμενοι λύπης. Ὅτι γὰρ οὐδὲ ἐκείνου ἀπουσίαν εὐκόλως ἔφερεν, ἀλλὰ διὰ τούτους εἵλετο τὸ βαρύτατον τοῦτο, καὶ τοῦτο αὐτὸ ἐδήλωσεν εἰπὼν, Ηὐδοκήσαμεν καταλειφθῆναι μόνοι. Ὢ ψυχῆς μετὰ ἀκριβείας πρὸς αὐτὴν ποιωθείσης τὴν ἀγάπην.
D Ἐπειδὴ γὰρ ἀδελφοῦ ἐχωρίσθη ἑνὸς, μεμονῶσθαί φησι, καὶ ταῦτα τοσούτους ἔχων μεθ' ἑαυτοῦ. Ταῦτα δὴ συνεχῶς μελέτα καὶ αὐτὴ, καὶ ὅσῳ σοι τὸ πρᾶγμα

[a] In Græco Novi Testamenti textu legitur ἐν πολλῇ ἐπιθυμίᾳ, atque ita legit Billius, ut liquet, et sic habebat Codex Perronianus teste Frontone Ducæo. Edit. ἐν πολλῇ ἀθυμίᾳ.

[b] Coislin. τὸ κεφάλαιον τῶν σὺν αὐτῷ, non male.

[c] Alii ἐμπυριζόμενος ὡς ἄν τις καιόμενος, καὶ ζητῶν.

ὀδυνηρὸν, τοσούτῳ κερδαλεώτερον εἶναι νόμιζε εὐχαρίστως φερούσῃ. Οὐ γὰρ δὴ μόνον σωματικαὶ πληγαὶ
ἐπαγόμεναι, ἀλλὰ καὶ ψυχῆς ὀδύνη ἀφάτους φέρει τοὺς
στεφάνους, καὶ ψυχῆς ὀδύνη μᾶλλον ἢ σώματος,
ὅταν οἱ πληττόμενοι φέρωσιν εὐχαρίστως. Ὥσπερ
οὖν εἰ καταξαινομένη τὸ σῶμα καὶ μαστιγουμένη, γενναίως ἔφερες, τὸν Θεὸν ὑπὲρ τούτων δοξάζουσα, πολλὴν ἂν ἀπέλαβες τὴν ἀμοιβήν· οὕτω ψυχῆς ταῦτα πα- E
σχούσης νῦν πολλὰς ἀνάμενε τὰς ἀντιδόσεις. Προσδόκα δὲ καὶ τὸ πάντως ἡμᾶς ὄψεσθαι πάλιν, καὶ τῆς
ὀδύνης ἀπαλλαγήσεσθαι ταύτης, καὶ τὴν ἐκ τῆς ὀδύνης γενομένην ἐμπορίαν πολλὴν ἀπολήψεσθαι, καὶ
τότε, καὶ νῦν. Ἀρκεῖ ταῦτά σοι πρὸς παραμυθίαν,
μᾶλλον δὲ οὐχὶ σοὶ μόνον, ἀλλὰ καὶ εἴ τις ἀνόητος 552
εἴη, καὶ αὐτολίθινος τὴν ψυχήν. Ὅπου δὲ σύνεσις το- A
σαύτη, καὶ εὐλαβείας πλοῦτος καὶ φιλοσοφίας ὕψος,
καὶ ψυχὴ τῶν βιωτικῶν τὴν φαντασίαν καταπατήσασα, πλείων ἡ εὐκολία τῆς θεραπείας. Δεῖξον δὴ κἂν
τούτῳ τὴν ἀγάπην τὴν περὶ ἡμᾶς, ὅτι καὶ μεγάλην
γράφοντες ἔχομεν παρὰ σοὶ δύναμιν, καὶ τοσαύτην,
ὅσην παρόντες. Δείξεις δὲ σαφῶς, ἂν μάθωμεν, ὅτι σοι
γέγονέ τι πλέον ἀπὸ τῶν γραμμάτων τῶν ἡμετέρων·
μᾶλλον δὲ οὐχὶ πλέον μόνον, ἀλλὰ καὶ τοσοῦτον, ὅσον
ἐπιθυμοῦμεν. Ἐπιθυμοῦμεν δὲ ἐν τῇ αὐτῇ εὐφροσύνῃ
εἶναί σε νῦν, ἐν ᾗ καὶ αὐτόθι διατρίβοντες ἐβλέπομεν.
Κἂν τοῦτο μάθωμεν, οὐ μικρὰν καὶ αὐτοὶ τῆς ἐρη- B
μίας, ἐν ᾗ νῦν ἐσμεν, καρπωσόμεθα τὴν παράκλησιν.
Ὥστε εἰ βούλει καὶ ἡμᾶς ἐν εὐθυμίᾳ καταστῆσαι
πλείονι (οἶδα δὲ ὅτι βούλει, καὶ σφόδρα ἐσπούδακας),
δήλωσον ὅτι πάντα τῆς ἀθυμίας ἀπήλασας τὸν φορυ-
τὸν καὶ ἐν γαλήνῃ τὰ σὰ, καὶ δὸς ἡμῖν ταύτην τῆς
περὶ σὲ εὐνοίας καὶ ἀγάπης ἀμοιβήν. Οἶσθα γὰρ, οἶσθα σαφῶς, ὅπως ἡμᾶς ἀνακτήσῃ κατορθώσασα
τοῦτο, καὶ μετὰ ἀληθείας δηλώσασα διὰ γραμμάτων
ἡμῖν.

ipsorum causa hanc molestiam susciperet, hoc quoque ipsum his verbis indicavit : *Placuit nobis manere solis.* O animum in ipsam caritatem mutatum! Postquam enim ab uno fratre disjunctus est, solum se esse ait, idque cum tot alios secum haberet. Hæc igitur ipsa quoque tecum perpetuo meditare, et quo ea res cruciatum tibi majorem affert, eo etiam eam, si grato animo feras, majorem fructum allaturam esse existima. Non enim corporeæ dumtaxat plagæ illatæ, sed etiam animi dolor omni sermone sublimiores coronas affert, et quidem animi dolor magis quam corporis, cum qui feriuntur, cum gratiarum actione ferunt. Quemadmodum igitur si corpore lacerata verberibusque concisa, forti ac generoso animo id ferres, Deique gloriam hoc nomine prædicares, ingentem hinc mercedem consequereris : eodem modo, cum hæc animus tuus patiatur, magna hinc præmia exspecta. Exspectes velim etiam fore omnino, ut rursum nos videas, atque hoc dolore libereris, amplumque et uberem hujus doloris quæstum, et posthac et nunc, percipias. Atque hæc tibi ad mœroris levamen sufficiunt : imo vero non tibi dumtaxat, verum etiam cuivis, quamlibet alioqui vecordi ac saxea mente prædito. At ubi tanta prudentia est, tantæque pietatis divitiæ, tamque sublimis philosophia, atque animus rerum hujusce vitæ pompam proculcans, illic quoque facilior curandi morbi ratio est. Quocirca in hoc quoque tuam erga nos caritatem ostende, quod magnam, etiam scribentes, apud te auctoritatem obtineamus, nec minorem quam si præsentes essemus. Illud autem perspicue demonstrabis, si literas nostras aliquid profecisse intelligamus, nec aliquid tantum, sed quantum cupimus. Cupimus porro te in eadem animi lætitia versari, in qua te, cum istic essemus, cernebamus. Quod si istud intelligamus, haud parvam nos quoque solitudinis hujus, in qua nunc sumus, consolationem capiemus. Itaque si tibi nos in majori animi tranquillitate constituere cordi est; scio autem te id velle et magnopere curare : illud fac sciamus, te omnem mœroris colluviem abs te submovisse, tuasque res tranquillo in statu esse : ac nobis hanc nostræ erga te benevolentiæ mercedem repende. Non enim te fugit, non inquam profecto te fugit, quantopere, si hoc præstiteris, deque eo nos per literas certiores feceris, animum nostrum recreatura sis.

Patientiæ merces.

Ad eamdem epist. III.

Cucuso anno 404.

1. Nec corpora ea, quæ cum gravi febre colluctata sunt, contractum ex febre detrimentum, nec maris aquæ, quibus cum sævis ventis certamen fuit, eam, quam fluctus attulerunt, tempestatem subito deponunt, verum sensim ac paulatim. Nam et corporibus longiore temporis spatio ad hoc opus est, ut post depulsas febres ad integram sanitatem redeant, eamque quam ipsis morbus reliquam fecit, imbecillitatem abstergant: et aquæ, sedatis etiam ventis, diutius adhuc agitantur et incitantur, magnoque impetu feruntur ac reciprocant, atque aliquanto tempore indigent, ut ad integram tranquillitatem redeant. Hoc porro præludii genere non temere ad te usus sum: verum ut intelligas, nos necessitate adductos esse, ut hanc epistolam ad te mitteremus. Nam etsi mœroris tyrannidem superioribus literis sustulimus, ipsiusque arcem evertimus: tamen orationi nostræ ingenti adhuc assiduitate opus est, ut altam tibi pacem conciliet, ac deleta perturbationum omnium, quæ ex illo angore fluxerunt, memoria, candidam tibi ac certam tranquillitatem ostendat, atque in magna animi alacritate te collocet. Id enim nunc ago, atque in eo elaboro, ut non modo tristitia te liberem, verum etiam ingenti ac perpetua voluptate perfundam. Hoc enim fieri potest, si quidem velis. Non enim in naturæ legibus, quas revellere atque immutare non possumus, sed in liberis voluntatis cogitationibus, quas tractare ac moderari nobis facile est, alacritas animi consistit. Atque ipsa scis, si modo meministi, plurimos ac longos de his rebus nuper (nec enim diuturnum tempus interea fluxit) sermones a nobis consumtos fuisse: cum scilicet historias subindo colligerem atque in medium proferrem. Non enim tam in rerum natura, quam in hominum voluntate atque sententia tranquillitas animi sita est. Quoniam igitur hæc ita se habent, ac multi opibus circumfluentes vitam acerbam esse duxerunt, multi contra in extrema paupertate versantes curriculum vitæ omnium tranquillissime confecerunt; atque alii quidem satellitio, gloria et honore fruentes, vitam suam diris persæpe devoverunt, alii autem obscuri atque obscuro genere nati, omnibusque ignoti, multis sese

C

Πρὸς τὴν αὐτὴν ἐπιστολὴ γ'.

Καὶ τὰ σώματα τὰ σφοδροῖς παλαίσαντα πυρετοῖς, καὶ τὰ πελάγη τὰ ἀγρίοις πυκτεύσαντα πνεύμασιν, οὐκ ἀθρόαν οὔτε ἐκεῖνα τὴν ἀπὸ τῶν πυρετῶν βλάβην, οὔτε ταῦτα τὴν ἀπὸ τῶν κυμάτων ἀποτίθενται ζάλην, ἀλλ' ἠρέμα καὶ κατὰ μικρόν. Καὶ γὰρ τὰ σώματα πλείονος δεῖται χρόνου, ὥστε μετὰ τὴν τῶν πυρετῶν ἀπαλλαγὴν εἰς καθαρὰν ἐπανελθεῖν ὑγίειαν, καὶ ἀπονίψασθαι τὸν ἀπὸ τῆς ἀῤῥωστίας ἐναπομείναντα αὐ-
D τοῖς μαλακισμόν· τὰ δὲ ὕδατα, καὶ τῶν πνευμάτων παυσαμένων, ἐπιπολὺ σαλευόμενα καὶ κινούμενα μένει, φερόμενά τε καὶ πολλῇ πάλιν ἐπαγόμενα τῇ ῥύμῃ, καὶ δεῖται καὶ αὐτὰ χρόνου, ὥστε εἰς καθαρὰν ἐπανελθεῖν γαλήνην. Ταῦτα δέ μοι εἴρηται προοίμια πρὸς τὴν σὴν εὐλάβειαν οὐχ ἁπλῶς· ἀλλ' ἵνα μάθῃς, ὅτι καὶ ταύτην ἀναγκαίως σοι πέμπομεν τὴν ἐπιστολήν. Εἰ γὰρ καὶ τὴν τυραννίδα κατελύσαμεν τῆς ἀθυμίας, καὶ τὴν ἀκρόπολιν ταύτης κατεσκάψαμεν διὰ τῶν ἔμπροσθεν γραμμάτων· ἀλλ' ὅμως πολλῆς ἐστι χρεία τῷ λόγῳ τῆς προσεδρίας, ἵνα σοι καὶ βαθεῖαν ἐργάσηται τὴν εἰρήνην, καὶ τὴν μνήμην πάντων τῶν
E ἐξ ἐκείνης γενομένων [c] ἐξαλείψασα θορύβων, λευκήν σοι καὶ παγίαν δείξῃ γαλήνην, καὶ ἐν πολλῇ σε καταστήσῃ τῇ εὐθυμίᾳ. Τοῦτο γὰρ ἡμῖν τὸ σπουδαζόμενον, οὐκ ἀθυμίας σε ἀπαλλάξαι μόνον, ἀλλὰ καὶ εὐφροσύνης ἐμπλῆσαι πολλῆς καὶ διηνεκοῦς. Δυνατὸν γὰρ ἐὰν θέλῃς. Οὐ γὰρ ἐν τοῖς ἀκινήτοις τῆς φύσεως νόμοις, οὓς ἀναμοχλεῦσαι ἡμῖν ἀδύνατον καὶ μεταθεῖναι, ἀλλ' ἐν ἐλευθέροις τῆς προαιρέσεως λογισμοῖς, οὓς μεταχειρίζειν ἡμῖν ῥᾴδιον, τὰ τῆς εὐθυμίας ἀπόκειται.
553 Καὶ οἶδας, εἴγε μέμνησαι, καὶ πρώην (οὐ γὰρ πολὺς
A ὁ μεταξὺ χρόνος) πολλούς μοι καὶ μακροὺς ὑπὲρ τούτων [a] ἀναλωθέντας λόγους· ὅτε δὴ συνεχῶς ἐπέλεγον τὰς ἱστορίας, ἃς εἰς μέσον ἦγον. Οὐ γὰρ ἐν τῇ φύσει τῶν πραγμάτων οὕτως, ὡς ἐν τῇ γνώμῃ τῶν ἀνθρώπων τὰ τῆς εὐθυμίας ἵστασθαι πέφυκεν. Ἐπεὶ οὖν τοῦτο τοῦτον ἔχει τὸν τρόπον, καὶ πολλοὶ τῷ πλούτῳ περιῤῥεόμενοι τὸν βίον ἀβίωτον ἐνόμισαν εἶναι, ἕτεροι δὲ πενίᾳ συζῶντες ἐσχάτῃ πάντων εὐθυμότεροι διετέλεσαν· καὶ οἱ μὲν δορυφορίας ἀπολαύοντες, καὶ δόξης καὶ τιμῆς, πολλάκις ἑαυτῶν ἐπηράσαντο [b] τῇ ζωῇ, οἱ δὲ ἄσημοι καὶ ἐξ ἀσήμων, καὶ οὐδενὶ γνώρι-
B μοι πολλῶν ἑαυτοὺς μακαριωτέρους εἶναι ἐνόμισαν· οὐ γὰρ ἐν τῇ φύσει πραγμάτων, ὡς ἐν τῇ γνώμῃ ἀνθρώπων τὰ τῆς εὐθυμίας (οὐ γὰρ παύσομαι συνεχῶς τοῦτο ἐπᾴδων)· μὴ ἀναπέσῃς, ἀδελφή, ἀλλὰ διανάστηθι, καὶ χεῖρα ὄρεξον τῷ λόγῳ, καὶ τὴν καλὴν ταύτην πα-

[c] Sic Mss. Editi ἐξαλείψας, male.

[a] Duo Mss. ἀναλωθέντας χρόνους καὶ λόγους.

[b] Iidem τὴν ζωήν.

ράσχοι συμμαχίαν ἡμῖν, ἵνα σε ὁλοσχερῶς ἐξαρπάσωμεν τῆς πικρᾶς τῶν λογισμῶν αἰχμαλωσίας. Εἰ γὰρ μὴ βουληθείης καὶ αὐτὴ τοσαύτην σπουδὴν ποιήσασθαι, ὅσην καὶ ἡμεῖς, οὐδὲν ἡμῖν ὄφελος ἔσται τῆς ἰατρείας. Καὶ τί θαυμαστὸν, εἰ ἐφ' ἡμῖν τοῦτο συμβαίνει; Καὶ γὰρ ὁ πάντα δυνάμενος Θεὸς, ὅταν παραινῇ καὶ συμβουλεύῃ, ὁ δὲ ἀκούων μὴ πείθηται τοῖς λεγομένοις, [c] οὐδέποτε γίνεταί τι πλέον, ἀλλὰ καὶ μείζονος ἔσται κολάσεως ἐφόδιον τοῦτο τῷ μὴ πεισθέντι. Καὶ τοῦτο δηλῶν ὁ Χριστὸς ἔλεγεν· Εἰ μὴ C ἦλθον καὶ ἐλάλησα αὐτοῖς, ἁμαρτίαν οὐκ εἶχον· νῦν δὲ πρόφασιν οὐκ ἔχουσι περὶ τῆς ἁμαρτίας αὐτῶν. Διὰ δὴ τοῦτο καὶ τὴν Ἱερουσαλὴμ θρηνῶν τοίτοι γε αὐτοῦ ἕνεκεν, ἔλεγεν· Ἱερουσαλὴμ, Ἱερουσαλὴμ ἡ ἀποκτείνουσα τοὺς προφήτας, καὶ λιθοβολοῦσα τοὺς ἀπεσταλμένους πρὸς αὐτὴν, ποσάκις ἠθέλησα ἐπισυναγαγεῖν τὰ τέκνα ὑμῶν, καὶ οὐκ ἠθελήσατε; Ἰδοὺ ἀφίεται ὁ οἶκος ὑμῶν ἔρημος.

Ταῖτα οὖν εἰδυῖα, δέσποινά μου θεοφιλεστάτη, D κάμνε καὶ φιλονείκει, καὶ βιάζου τὴν ἀπὸ τῶν εἰρημένων ἔχουσα συμμαχίαν, ἐξωθεῖσθαι καὶ ἐκβάλλειν μετὰ πολλῆς τῆς σφοδρότητος τοὺς ταράττοντάς σε λογισμοὺς, καὶ θόρυβον καὶ ζάλην ἐμποιοῦντας τοσαύτην. Ἀλλ' ὅτι μὲν ἐργάσῃ τοῦτο καὶ ἀνέξῃ τῆς παραινέσεως τῆς ἡμετέρας, οὐδένα οἶμαι δεῖν ἀμφιβάλλειν· δεῖ δέ σοι κατασκευάσαι λοιπὸν ξίφη καὶ δόρατα καὶ τόξα, καὶ βέλη, καὶ θώρακα, καὶ ἀσπίδα καὶ κνημῖδας, ὥστε τοῖς μὲν φράττεσθαι, τοῖς δὲ βάλλειν καὶ [d] κατασκάπτειν, καὶ νεκροὺς τιθέναι τοὺς ἐπιόντας σοι τῆς ταραχῆς λογισμούς. Πόθεν οὖν σοι τὰ μηχανή- E ματα ταῦτα καὶ τὰς σφενδόνας κατασκευάσομεν, ὥστε μηδὲ ἐγγὺς ἀφεῖναι προσιέναι τοὺς πολεμίους, ἀλλ' ὡς ποῤῥωτάτω μετὰ πολλῆς ἀπελαύνειν τῆς ὑπερβολῆς; Ἀπὸ τῆς ἀθυμίας αὐτῆς, ὀλίγα τινὰ περὶ αὐτῆς φιλοσοφήσαντες, καὶ δείξαντες ὅπως βαρὺ τὸ πρᾶγμα καὶ ἐπαχθές. Ἡ γὰρ ἀθυμία ψυχῶν ἐστι βασανιστή- 554 A ριον χαλεπὸν, ὀδύνη τις ἄῤῥητος, καὶ δίκη δίκης ἁπάσης καὶ τιμωρίας πικροτέρα. Καὶ γὰρ σκώληκα μιμεῖται ἰοβόλον, οὐχὶ τῆς σαρκὸς μόνον, ἀλλὰ καὶ αὐτῆς καθαπτομένη τῆς ψυχῆς, καὶ σής ἐστιν οὐχὶ ὀστέων μόνον, ἀλλὰ καὶ διανοίας· καὶ δήμιος διηνε-

beatiores esse consuerunt; neque enim tam in rerum natura, quam in hominum mente ac judicio posita est tranquillitas (non enim istud assiduo inculcare desinam) : cave animum dejicias, verum te excita atque erige, manumque sermoni nostro porrigo, ac præclaram hanc nobis opem præbe, ut te ex acerba cogitationum captivitate prorsus extrahamus. Nam nisi ipsa tantum studii adhibere volueris, quantum nos adhibemus, C nullam nobis curatio utilitatem allatura est. Quid autem mirum, si hoc in nobis contingat? Nam etiam, cum rerum omnium præpotens Deus aliquid monet ac suadet, atque auditor ipsius verbis minime obtemperat, nihil aliud hinc evenit, quam quod id majorem ei pœnam accersit, qui dicto audientem non se præbuit.
Quod etiam Christus his verbis indicabat : *Nisi* *Joan.* 15.
venissem et *loquutus fuissem eis, peccatum* 22.
non haberent : nunc *autem excusationem*
non habent de peccato suo. Ob eamque causam cum Jerusalem hoc ipso nomine lugeret,
his verbis utebatur : *Jerusalem, Jerusalem,* *Matth.* 23.
quæ occidis prophetas, et *lapidas eos qui ad* 37. 38.
te missi sunt, quoties volui congregare filios
vestros, et *noluistis? Ecce relinquetur domus vestra deserta.*

D 2. Hæc igitur cum tibi perspecta sint, domina mea religiosissima, labora, tibique vim adhibe, atque eorum quæ a nobis commemorata sunt, ope ac subsidio munita, in id enitere, ut cogitationes eas quæ perturbant, ac tantos motus tantamque tempestatem cient, magno cum impetu extrudas ac propulses. Verum quin id facturа, consilioque nostro paritura sis, nemini dubitandum esse arbitror. Jam tibi gladios, hastas, arcus et sagittas, thoracem, clypeum et tibialia comparemus oportet : quo partim his te mu- E nias, partim eas, quæ te perturbatione afficiunt, cogitationes prosternas, atque obtrunces et interimas. Undenam igitur machinas istas ac fundas tibi conficiemus, ut ne hostes quidem propius accedere sinas, verum eos quam longissime ac nullo negotio submoveas? Ab ipso mœrore : nimirum si de eo non nihil disseramus, quamque 554 A gravis ac molesta res sit, demonstremus. Mœror enim grave animorum tormentum est, dolor omnem sermonis vim excedens, ac supplicium omni supplicio et cruciatu acerbius. Siquidem pestiferum vermem imitatur, non carnem dumtaxat, sed etiam animam ipsam attingens: et tinea est non ossium tantum, sed etiam mentis: et carnifex continuus,

[c] Testificatur Fronto Perronianum Codicem habuisse οὐδὲ τότε, quam lectionem sequutus fuerat vetus Interpres : *ne tum quidem*, etc.

[d] Unus κατασφάττειν.

taxat, sed etiam animam perstringens: ac tinea est, non ossium tantum, verum etiam mentis: et perpetuus carnifex, non latus fodiens, verum animi vires labefactans: et perpetua nox, et tetræ tenebræ, et tempestas ac procella, et obscura febris, quavis flamma vehementius exurens: et bellum induciarum expers: et morbus, rerum carum, quæ oculis cernuntur, prospectum magna ex parte impediens. Nam et sol, et liquidi hujus aeris natura iis, qui ita affecti sunt, molestiam exhibere videtur, atque in meridiana luce profundam noctem imitari. Quare de causa
Amos. 8. 9. eximius ille propheta dicebat, *Occidet illis sol in meridie*: non quod sidus illud delitescat, aut consuetus ipsius cursus interrumpatur: sed quod mœsto ac mœrenti animo clarissimo die noctis species sese objiciat. Neque enim tantæ noctis tenebræ sunt, quanta mœroris nox est: non quidem illa naturæ lege accedens, verum per rationis ac mentis obscurationem conflata; horrenda sane atque intoleranda, truculentum vultum habens, quovis tyranno crudelior, nomini eorum, qui eam discutere conantur, facile cedens, verum animam eam, quam corripuit, adamante firmius plerumque retinens, cum videlicet ea non multum sapientiæ adhibuit.

χῆς, οὐ πλευρὰς καταξαίνων, ἀλλὰ καὶ δύναμιν ψυχῆς λυμαινόμενος, καὶ νὺξ διηνεκὴς, καὶ σκότος ἀφεγγὲς, καὶ χειμὼν, καὶ ζάλη, καὶ πυρετὸς ἀφανὴς πάσης φλογὸς σφοδρότερον κατακαίων, καὶ πόλεμος ἀνακωχὴν οὐκ ἔχων, [a] νόσος πολλοῖς τῶν ὁρωμένων ἐπισκοτοῦσα. Ὅ τε γὰρ ἥλιος, ἥ τε τοῦ ἀέρος φύσις τούτου B τοῦ διειδοῦς, τοῖς οὕτω διακειμένοις παρενοχλεῖν δοκεῖ, καὶ ἐν μεσημβρίᾳ μέσῃ νύκτα μιμεῖται βαθεῖαν. Διὸ καὶ ὁ θαυμάσιος προφήτης τοῦτο δηλῶν ἔλεγε· Δύσεται ὁ ἥλιος αὐτοῖς ἐν μεσημβρίᾳ· οὐχ ὡς ἀφανιζομένου τοῦ ἄστρου, οὐδ' ὡς τοῦ συνήθους διακοπτομένου δρόμου, ἀλλ' ὡς τῆς ἀθυμούσης ψυχῆς ἐν τῷ φανοτάτῳ τῆς ἡμέρας νύκτα φανταζομένης. Οὐ γὰρ τοιοῦτο τῆς νυκτὸς τὸ σκότος, οἷα τῆς ἀθυμίας ἡ νὺξ, οὐ κατὰ νόμον φύσεως παραγενομένη, ἀλλὰ κατὰ λογισμῶν σκότωσιν συναγομένη, φοβερά τις οὖσα καὶ ἀφόρητος, ἀμείλικτον ἔχουσα τὸ πρόσωπον, τυράννου C παντὸς ὠμοτέρα, οὐδενὶ ταχέως εἴκουσα τῶν διαλύειν αὐτὴν ἐπιχειρούντων, ἀλλ' ἀδάμαντος στεῤῥότερον κατέχουσα πολλάκις τὴν ἁλοῦσαν ψυχὴν, ὅταν αὐτὴ μὴ πολλῇ ᾖ κεχρημένη τῇ φιλοσοφίᾳ.

3. Quid autem longa oratione opus est, ut de eo ipse pronuntiem, cum ad eos, qui illo capti sunt, venire, atque hinc universam ipsius vim perspicere liceat? Imo vero liceat, si lubet, eam aliunde
Gen. 3. prius demonstremus. Nam cum Adamus grave illud peccatum admisisset, atque commune hominum omnium genus condemnasset, labore tum mulctatus est; ea autem, quæ gravius peccaverat, et quidem usque eo gravius, ut illius peccatum, cum hujus peccato collatum, ne peccatum qui-
1. Tim. 2. 14. dem existimetur: *Adam* enim, inquit Scriptura, *non est seductus, sed mulier seducta in prævaricatione fuit*: hæc, inquam, quæ decepta fuerat, ac Dei legem violaverat, atque et sibi, et marito venenatum poculum temperaverat, am-
Mœror Evæ pœna. pliori mœrori addicitur, quod videlicet ille majorem ad premendum vim habeat, quam labor.
Gen. 3. 16. *Multiplicans* enim, inquit, *multiplicabo dolores tuos, et gemitum tuum. In doloribus paries filios.* Nusquam hic labor, nusquam sudor et ærumna: verum mœstitia et gemitus, atque

Τί δεῖ πολλὰ λέγειν οἴκοθεν περὶ αὐτῆς ἀποφαινόμενον, παρὸν ἐπὶ τοὺς ἁλόντας ἐλθεῖν, κἀκεῖθεν αὐτῆς τὴν ἰσχὺν ἅπασαν καταμαθεῖν; Μᾶλλον δὲ εἰ δοκεῖ τέως πρότερον ἑτέρωθεν αὐτῆς ποιησόμεθα τὴν ἀπόδειξιν. Ὅτε γὰρ ἥμαρτεν ὁ Ἀδὰμ τὴν ἁμαρτίαν ἐκείD νην τὴν χαλεπὴν, καὶ τὸ κοινὸν ἁπάντων ἀνθρώπων κατεδίκασε [b] γένος, μόχθῳ τότε κατεδικάζετο· ἡ δὲ μείζονα ἁμαρτοῦσα, καὶ οὕτω μείζονα, ὡς τὴν ἁμαρτίαν τὴν τούτου πρὸς ἐκείνην συγκρινομένην, μηδὲ ἁμαρτίαν εἶναι νομίζεσθαι· Ἀδὰμ γὰρ οὐκ ἠπατήθη, φησὶν, ἡ δὲ γυνὴ ἀπατηθεῖσα ἐν παραβάσει γέγονεν· αὐτὴ τοίνυν ἡ ἀπατηθεῖσα, καὶ ἐν παραβάσει γενομένη, καὶ τὸ δηλητήριον καὶ ἑαυτῇ καὶ [c] τῷ ἀνδρὶ κατασκευάσασα φάρμακον, πλείονι τῇ λύπῃ κατακρίνεται, ὡς κατατεῖναι δυναμένῃ τοῦ μόχθου μειζόνως. Πληθύνων γὰρ, φησὶ, πληθυνῶ τὰς λύπας σου, καὶ E τὸν στεναγμόν σου. Ἐν λύπαις τέξῃ τέκνα. Οὐδαμοῦ πόνος, οὐδαμοῦ ἱδρὼς, καὶ οὐδαμοῦ μόχθος, ἀλλ' ἀθυμία καὶ στεναγμὸς, καὶ ἡ ἐντεῦθεν τιμωρία, καὶ πόνων καὶ μυρίων θανάτων [d] ἀντίῤῥοπος οὖσα, μᾶλλον δὲ καὶ πολλῷ χαλεπωτέρα. Καίτοι τί θανάτου

[a] Duo Mss. νόσος πολλὴ τὸ ὁρώμενον ἐπισκοτοῦσα. Infra Perronianus Codex, inquit Ducæus, ἥλιος μεσημβρίας, ut legitur in Amos 8. 9.

[b] Iidem γένος λύπῃ τότε. Mox iidem μεῖζον ἁμαρτήσασα, καὶ οὕτω μεῖζον.

[c] Idem ἀνδρὶ κεράσασα τὸ φάρμακον, πλείονι ταύτῃ κατακρίνεται.

[d] Iidem ἐπίτροπος οὖσα.

χεῖρον; οὐχὶ τὸ κεφάλαιον τῶν ἐν ἀνθρώποις κακῶν, τὸ φοβερὸν καὶ ἀφόρητον καὶ μυρίων ἄξιον θρήνων τοῦτο εἶναι δοκεῖ; οὐχὶ παρανομίας τῆς χαλεπωτάτης ταύτην ἔφησε δίκην ὁ Παῦλος; Τοὺς γὰρ ἀναξίως τῶν 535 ἱερῶν ἁπτομένους μυστηρίων, καὶ τῆς φρικτῆς ἐκείνης A μετέχοντας τραπέζης, ταύτην ἔφησε τίνειν δίκην, οὕτω λέγων· Διὰ τοῦτο ἐν ὑμῖν πολλοὶ ἀσθενεῖς καὶ ἄῤῥωστοι, καὶ κοιμῶνται ἱκανοί. Οὐχὶ καὶ νομοθέται πάντες τοὺς τὰ ἀνήκεστα πλημμελοῦντας τούτῳ καταδικάζουσι τῷ ἐπιτιμίῳ; καὶ ὁ Θεὸς δὲ οὐ ταύτην ἐπέθηκεν ἐσχάτην τιμωρίαν ἐν τῷ νόμῳ τοῖς μεγάλα πλημμελοῦσιν; οὐ διὰ τὸν τούτου φόβον ὁ πατριάρχης ἐκεῖνος ὁ καὶ τὴν φύσιν αὐτὴν νικήσας, τὴν γυναῖκα τὴν ἑαυτοῦ κατεδέξατο ἡδυπαθείαις ἐκδοῦναι βαρβαρικαῖς, καὶ Αἰγυπτιακῇ τυραννίδι, καὶ τὸ δρᾶμα τῆς ὕβρεως αὐτός τε κατεσκεύαζε, καὶ τὴν γυναῖκα παρε- B κάλει τὴν χαλεπὴν ταύτην συνυποκρίνασθαι τραγῳδίαν αὐτῷ; Καὶ οὐδὲ τὴν αἰτίαν αἰσχύνεται τιθεὶς τῆς τοιαύτης σκηνῆς· Ἔσται γὰρ, φησὶν, ὡς ἂν ἴδωσί σε οὕτω τῇ ὥρᾳ λάμπουσαν, καὶ τῷ κάλλει τῆς ὄψεως κρατοῦσαν, ἀποκτενοῦσί με, σὲ δὲ περιποιήσονται. Εἰπὲ οὖν ὅτι ἀδελφή μου εἶ, ἵνα εὖ μοι γένηται διὰ σὲ, καὶ ζήσεται ἡ ψυχή μου ἕνεκέν σου. Εἶδες φόβον, εἶδες τρόμον κατασείοντα τὴν ὑψηλὴν ἐκείνην καὶ φιλόσοφον ψυχήν; εἶδες τὸν ἀδάμαντα διαλυθέντα τῇ ἀγωνίᾳ; Ψεύδεται τὸ γένος, καὶ ἕτερον ἀνθ' ἑτέρου παρατίθησι τῇ γυναικὶ τὸ [a] πρόσωπον, καὶ τοῖς λύκοις εὐάλωτον ποιεῖ τὴν ἀμνάδα· καὶ ὃ πάντων C ἐστὶν ἀνδράσιν ἀφορητότερον, γυναῖκα ἰδεῖν ὑβριζομένην, μᾶλλον δὲ καὶ ὑποπτευομένην μόνον, τοῦτο καὶ τὸ τούτου χαλεπώτερον (οὐδὲ γὰρ ὑποψία ἦν, ἀλλ' ὕβρις ἔργῳ τολμωμένη) οὐ μόνον ὁρᾷ, ἀλλὰ καὶ ὅπως τολμηθείη κατασκευάζει, καὶ κοῦφον αὐτῷ φαίνεται τοῦτο καὶ φορητόν. Καὶ γὰρ πάθος ἐκράτει πάθους, τοῦ χαλεποῦ τὸ χαλεπώτερον, καὶ ζηλοτυπίας περιεγένετο δειλία θανάτου. Καὶ ὁ μέγας δὲ Ἠλίας ἐκεῖνος διὰ τὸν τούτου φόβον δραπέτης καὶ φυγὰς καὶ μετανάστης ἐγένετο, ἀπειλὴν μόνον δείσας πορνευομένης καὶ ἐναγοῦς γυναικός· καὶ ὁ τὸν οὐρανὸν ἀποκλεί- D σας, καὶ τοσαῦτα θαύματα ἐργασάμενος, ῥημάτων φόβον οὐκ ἤνεγκεν· ἀλλ' οὕτω τὴν οὐρανομήκη ψυχὴν ἐκείνην κατέσειεν ἡ ἀγωνία, ὡς καὶ πατρίδα καὶ δῆμον τοσοῦτον, δι' ὃν τοσαῦτα παρεκινδύνευσε, καταλιπεῖν ἀθρόον, καὶ μόνον τεσσαράκοντα ἡμερῶν ὁδεῦσαι ὁδὸν, καὶ πρὸς τὴν ἐρημίαν μετοικισθῆναι, μετὰ τὴν παῤῥησίαν ἐκείνην, μετὰ τὴν τοσαύτην ἐλευθεροστομίαν, μετὰ τὴν τοσαύτην τῆς ἀνδρείας ἐπίδειξιν. Καὶ γὰρ φοβερὰ σφόδρα τοῦ πράγματος ἡ φύσις· διά

hinc nascens cruciatus, sexcentas mortes adæquans, imo etiam longe gravior. Quamquam quid morte gravius? annon humanorum malorum caput est? annon ea horrenda et intoleranda in- A numerisque luctibus digna esse videtur? annon eam atrocissimi sceleris pœnam esse dixit Paulus? Nam eos, qui sacrosancta mysteria indigne attingunt, tremendæque mensæ participes fiunt, hanc pœnam pendere his verbis asseruit: *Propterea inter vos multi imbecilles* et *infirmi*, et *dormiunt multi*. (1. *Cor.* 11. 30.) Annon legislatores omnes hoc supplicio eos mulctant, qui atrocissima scelera committunt? annon etiam Deus extremam hanc in lege pœnam iis constituit, qui magnis criminibus sese devinciunt? annon hujus metu B patriarcha ille perterritus, eo adductus est, ut, natura etiam ipsa superata, uxorem suam barbaricæ lasciviæ, atque Ægyptiacæ tyrannidi dederet, atque hanc petulantis libidinis fabulam et ipse strueret, et uxorem, ut gravem hunc et tragicum gestum secum ageret, obsecraret? Atque adeo ne hujusmodi quidem tamquam scenicæ simulationis causam afferre pudore deterretur: *Erit* enim, inquit, *cum viderint* te *Ægyptii* egregia forma præditam, atque faciei pulchritudine præstantem, *interficient me*, et *te servabunt*. *Dic igitur quod* soror *mea sis*, *ut bene* C *sit mihi propter* te, *et vivat anima mea ob gratiam tui*. (*Gen.* 12. 12. 13.) Vidisti metum, vidisti tremorem, excelsum illum ac philosophicum animum quatientem? vidisti adamantem formidine fractum? Genus mentitur, atque alteram pro altera personam uxori suæ imponit, agnamque lupis in prædam exponit: quodque viris malorum omnium acerbissimum est, nempe constupratam uxorem cernere, imo etiam vel suspicari, hoc, et quod hac re multo acerbius est (non enim suspicio tantum erat, sed stuprum reipsa tentabatur), D non modo cernit, sed etiam, ut perpetretur, laborat: idque ipsi leve ac ferendum videtur. Etenim affectus affectum superabat, gravem nimirum gravior, ac mortis terror zelotypiam vincebat. Magnus quoque ille Elias ob mortis metum solas libidinosæ ac nefariæ mulieris minas veritus, in fugam se contulit, ac solum vertit: et qui cælum clauserat, et tot miracula patrarat, sermonis terrorem minime tulit: verum excelsum illum atque ad cælos usque sublimem animum (3. *Reg.* 19.)

Morte nihil gravius aut terribilius esse demonstrat.

[a] Unus προσωπεῖον. Infra duo Manuscripti μᾶλλον καὶ ὑποπτεῦσαι μόνον, τοῦτο καὶ τὸ τούτου χαλεπώτερον, οὐ μόνον ὁρᾷν, ἀλλὰ καὶ ὅπως τολμηθείη κατασκευάζειν. Alius μᾶλλον δὲ καὶ ὑποπτεύειν μόνον. Mox hæc, οὐδὲ γὰρ ὑποψία ἦν, ἀλλ' ὕβρις, sic ponenda monet Ducæus, duorum Mss. auctoritate fultus.

pavor ita perculit, ut post illam fiduciam, post tantam in loquendo libertatem, post tantum virtutis specimen editum, et patriam, et tantum populum, cujus causa tot pericula audax adierat, repente linqueret, et quadraginta dierum iter solus obiret et in locum desertum migraret. Vehementer enim horrenda hujus rei natura est, ac propterea quotidie in genus nostrum impetum faciens, ad unumquemque mortuum nos usque adeo percellit atque consternat, metuque perturbat et contrahit, ut quæ nec opinato appareat. Nec vero ad consolationem ullam vim habuit aut temporis meditatio, aut quotidiana in hac contemplatione consuetudo et exercitatio: nec temporis diuturnitate hujusmodi mœror terrorque consenuit, verum perpetuo juvenescit ac viget, recentemque ac florentem quotidie metum affert. Nec sane immerito. Quis enim non perturbetur et consternetur, cum eum, qui hesterno die, aut paucis ante diebus ambulabat, sexcenta domus negotia gerebat, uxoris, filiorum, mancipiorum, sæpe etiam integrarum civitatum curam suscipiebat, minabatur, terrebat, supplicia partim solvebat, partim inferebat, innumera tum in urbibus, tum in regionibus efficiebat, repente plusquam lapidem mutum et jacentem videt? cumque innumerabiles homines plorent, et amicissimi quique lugeant, et uxor dolore distorqueatur, genas cædat, comam vellat, magnoque cum ululatu ancillarum greges circum se collocet, ipsum tamen nihil eorum sentientem? cum videt omnia repente de medio sublata esse, rationem, ingenium, animam, oris florem ac venustatem, membrorum motum? injucunda autem iis successisse, nimirum silentium, stuporem, corruptionem, saniem, vermes, cinerem, pulverem, fœtorem, interitum integrum, corpusque totum eo properans, ut in vilia et deformia atque ignobilia ossa desinat?

τοι τοῦτο καθ' ἑκάστην ἡμέραν ἐπιοῦσα ἡμῶν τὸ γένος, E οὕτω καθ' ἕκαστον ἡμᾶς ἐκπλήττει νεκρὸν καὶ συγχέει καὶ συστέλλει, ὡς ἀθρόον τότε φαινομένη. Καὶ οὐδὲν ἴσχυσεν εἰς παραμυθίαν ἡ τοῦ χρόνου μελέτη, οὐδὲ τὸ καθ' ἑκάστην ἐν ταύτῃ γυμνάζεσθαι τῇ θεωρίᾳ· οὐδὲ ἐπαλαιώθη τῷ χρόνῳ τὰ τῆς ἀθυμίας καὶ τῆς ἐκπλήξεως ταύτης, ἀλλὰ καὶ νεάζει καὶ ἀκμάζει διηνεκῶς, καὶ τὸν φόβον ἀκραιφνῆ καὶ ἀνθοῦντα ἔρχεται καθ' ἑκάστην φέρουσα τὴν ἡμέραν· καὶ μάλα εἰκότως. Τίς γὰρ [b] οὐκ ἂν αἰσχυνθείη καὶ καταπέσοι, 556 A ὅταν ἴδῃ τὸν χθὲς καὶ πρὸ ὀλίγων ἡμερῶν βαδίζοντα, ἄγοντα, φέροντα μυρία πράγματα, οἰκίας, γυναικὸς, παίδων, οἰκετῶν, πολλάκις δὲ καὶ πόλεων ὁλοκλήρων προϊστάμενον, ἀπειλοῦντα, φοβοῦντα, λύοντα κολάσεις, ἐπάγοντα κολάσεις, μυρία κατὰ πόλεις καὶ χώρας ἐργασάμενον, ἀθρόον λίθων ἀφωνότερον κείμενον; καὶ μυρίων κωκυόντων, καὶ τῶν φιλτάτων κατακοπτομένων, καὶ τῆς γυναικὸς καταθρυπτομένης, [a] παρειὰς ξαινούσης, πλοκάμους λυούσης, χοροὺς περιιστάσης θεραπαινίδων μετὰ πολλῆς τῆς ὀλολυγῆς, οὐδενὸς αἰσθανόμενον; καὶ πάντα ἐξαίφνης ἐκποδὼν, καὶ λο- B γισμὸν καὶ διάνοιαν καὶ ψυχὴν, καὶ ὄψεως ἄνθος, καὶ μελῶν κίνησιν; καὶ τὰ ἀτερπῆ διαδεχόμενα, ἀφωνίαν καὶ ἀναισθησίαν, φθορὰν, ἰχῶρα, σκώληκας, τέφραν, κόνιν, δυσωδίαν, ἀφανισμὸν παντελῆ, καὶ ὀστέα εἰδεχθῆ καὶ ἄσημα τὸ πᾶν ἐπειγόμενον καταλῦσαι σῶμα;

4. Et tamen istud, quod et per res ipsas, et per sanctorum illorum virorum formidinem horrendum esse constat, mœrore longe levius est. Nam ipsius causa longa hæc sermonum curricula emensus sum, ut ex me discas, quantam pœnam pendas, ac parem ipsi, imo vero multis partibus majorem, bonorum mercedem exspectes. Atque ut hæc ita se habere intelligas, jam ad eos qui eo affectu capti sunt, confugiam, quo scilicet prius nostra festinabat oratio. Plebs

Mors mœrore levior.

Ἀλλ' ὅμως τὸ φοβερὸν τοῦτο, καὶ διὰ τῶν πραγμάτων δεικνύμενον, καὶ διὰ τῆς τῶν ἁγίων ἐκείνων δειλίας, ἀθυμίας πολὺ κουφότερον. Ταύτης γὰρ ἕνεκεν τοὺς μακροὺς τούτους τῶν λόγων διαύλους ἀνήλωσα, C ἵνα σε διδάξω, οἵαν τίνεις δίκην, καὶ ἀντίῤῥοπον αὐτῆς, μᾶλλον δὲ καὶ πολλῷ μείζονα τῶν ἀγαθῶν ἀναμένεις τὴν ἀμοιβήν. Καὶ ἵνα μάθῃς ὅτι ταῦτα τοῦτον ἔχει τὸν τρόπον, ἐπὶ τοὺς ἁλόντας λοιπὸν καταφεύξομαι, εἰς ὃ ἔμπροσθεν ἠπειγόμην ἐλθεῖν. Ὁ γὰρ τῶν Ἑβραίων δῆμος, Μωσέως ἐλθόντος καὶ ἐλευθερίαν

[b] Duo Mss. οὐκ ἂν συγχυθῇ καὶ καταπέσοι.

[a] Sic iidem Mss. atque ita legit Interpres. In Edito παρειὰς ξαινούσης deerat.

εὐαγγελιζομένου, καὶ τῶν Αἰγυπτιακῶν κακῶν ἀπαλλαγὴν, οὐδὲ ἀκοῦσαι ἠνέσχετο, καὶ τὴν αἰτίαν τιθεὶς
ὁ νομοθέτης ἔλεγεν· Ἐλάλησε δὲ Μωϋσῆς τῷ λαῷ,
καὶ οὐκ ἤκουσεν ὁ λαὸς Μωϋσέως ἀπὸ τῆς ὀλιγοψυ-
D χίας. Καὶ ὅταν μεγάλας ἀπειλῇ τοῖς Ἰουδαίοις ὁ Κύριος ἀπειλὰς ὑπὲρ ἀνομίας πολλῆς, μετὰ τὴν αἰχμαλωσίαν, [b] καὶ τὴν ἐν ἀλλοτρίᾳ διατριβὴν γῇ, καὶ
δουλείαν, καὶ τοὺς λιμοὺς, καὶ τοὺς λοιμοὺς, καὶ τὴν
ἀνθρωποφαγίαν, καὶ ταύτην ἐπάγει τὴν δίκην λέγων·
Δώσω αὐτοῖς καρδίαν ἀθυμοῦσαν, καὶ ἐκλείποντας
ὀφθαλμοὺς, καὶ τηκομένην ψυχήν. Ἀλλὰ τί χρὴ λέγειν
Ἰουδαίους, δῆμον ἄτακτον, ἀγνώμονα, καὶ τῇ σαρκὶ
δεδουλωμένον, καὶ φιλοσοφεῖν οὐκ εἰδότα, παρὸν ἀπὸ
τῶν μεγάλων καὶ ὑψηλῶν ἀνδρῶν λαβεῖν τὴν ἀπόδειξιν; Ὁ γὰρ τῶν ἀποστόλων χορὸς τρίτον ἔτος συγγενόμενος τῷ Χριστῷ, καὶ πολλὰ περὶ ἀθανασίας
E παιδευθεὶς, καὶ τῶν ἄλλων ἀποῤῥήτων, σημεῖά τε
ἐργασάμενοι θαυμαστὰ καὶ παράδοξα, καὶ αὐτὸν ἐπὶ
τοσοῦτον χρόνον θαυματουργοῦντα θεασάμενοι, καὶ
τραπέζης αὐτῷ καὶ ὁμιλίας καὶ λόγων τοιούτων κοινωνήσαντες, καὶ πάντα παιδευθέντες τρόπον, ἐπειδὴ ῥημάτων ἤκουσαν ἀθυμίαν αὐτοῖς ἐμποιούντων, συνεχῶς
αὐτὸν κατέχοντες καὶ ἐκκρεμάμενοι καθάπερ ὑπομά-
ζια παιδία, καὶ διηνεκῶς αὐτὸν ἐρωτῶντες, ποῦ ὑπά-
667 γεις; οὕτω τῇ τυραννίδι τῆς ἀθυμίας ἐσβέσθησαν
A ταύτης, καὶ ὅλοι τῆς λύπης ἐγένοντο, ὡς μηκέτι αὐτοῦ ταῦτα πυνθάνεσθαι. Καὶ τοῦτο ὀνειδίζων αὐτοῖς ὁ
Χριστὸς ἔλεγεν· Ἠκούσατε, ὅτι ὑπάγω πρὸς τὸν πέμ-
ψαντά με, καὶ ἔρχομαι πρὸς ὑμᾶς, καὶ οὐδεὶς ὑμῶν
ἐρωτᾷ με, ποῦ ὑπάγεις; Ἀλλὰ ὅτι ταῦτα λελάληκα
ὑμῖν, ἡ λύπη πεπλήρωκεν ὑμῶν τὴν καρδίαν. [a] Εἶδες
ἔρωτα πῶς ἐπεσκότησεν ἀθυμίας τυραννὶς, καὶ πῶς
αἰχμαλώτους εἰργάσατο, καὶ αὐτῆς εἶναι πεποίηκεν;
Ὁ δὲ Ἠλίας πάλιν ἐκεῖνος (οὐ γὰρ ἀποστήσομαι αὐτοῦ οὐδὲ νῦν), μετὰ τὴν φυγὴν καὶ τὴν ἀναχώρησιν
τὴν ἀπὸ Παλαιστίνης, οὐ φέρων τῆς ἀθυμίας τὴν τυραννίδα (καὶ γὰρ σφόδρα ἠθύμει· τοῦτο γοῦν ὁ τὴν
B ἱστορίαν γράψας ἐδήλου λέγων, ὅτι Ἀπῆλθε [b] κατὰ
τὴν ψυχὴν αὐτοῦ), ἄκουσον τί φησιν εὐχόμενος· Ἱκα-
νούσθω τὰ νῦν, Κύριε. Λάβε τὴν ψυχήν μου ἀπ' ἐμοῦ,
ὅτι οὐ κρείττων ἐγώ εἰμι ὑπὲρ τοὺς πατέρας μου. Καὶ
τὸ φοβερώτερον ἐκεῖνο, τὸν κολοφῶνα τῆς τιμωρίας,
τὸ κεφάλαιον τῶν κακῶν, τὸ πάσης ἁμαρτίας ἐπιτί-

Hebræorum, Mose veniente, ac libertatem et
Ægyptiacæ captivitatis finem nuntiante, ne
audire quidem ipsum sustinebant. Causamque
etiam exponens legislator dicebat : *Loquutus* Exod. 6. 9.
est autem Moses ad populum : et non audivit
populus Mosem præ pusillanimitate. Quinetiam cum Deus graves Judæis ob multa flagitia
minas intendit, post captivitatem atque in aliena
regione commorationem, post servitutem, famem,
pestem atque humanarum carnium esum hanc
pœnam subjunxit, his verbis utens : *Dabo eis* Deut. 28.
cor mœrens, et *deficientes oculos, et tabe-* 65.
scentem animam. Quid autem Judæos, petulan-
tem et ingratum, carnisque servituti addictum
populum, nec philosophari scientem, commemoro : cum mihi a magnis et excelsis viris
hujus rei argumentum capere liceat? Etenim
apostolorum chorus, cum triennium jam cum
Christo consuetudinem habuissent, multaque de
immortalitate aliisque arcanis rebus ex ipso didicissent, signaque admiranda et ab humanis
sensibus remota edidissent, ipsumque tanto tempore mira perpetrantem conspexissent, ejusdemque cum eo mensæ, et colloquii, ac tam
eximiorum sermonum participes exstitissent,
atque omni doctrinæ genere eruditi fuissent,
posteaquam verba, quæ mœrorem afferebant,
audierunt, qui prius eum perpetuo retinebant,
deque ipso velut lactentes pueri pendebant, nec
percontari desinebant, Quo vadis? iidem rursus
hujus mœroris tyrannide ita oppressi sunt, seque
totos angori dediderunt, ut jam ab ipso hæc
minime percontarentur. Quo etiam nomine Christus eos insectans, dicebat : *Audistis quia va-* Joan. 16.
do ad eum qui misit me, et *venio ad vos,* 5. 6.
et *nemo ex vobis interrogat me, Quo vadis?*
Sed quia hæc loquutus sum vobis, tristitia
implevit cor vestrum. Videsne quomodo mœroris tyrannis amori tenebras offuderit, eosque
in captivitatem sibi addixerit, suique juris fecerit? Rursum Elias ille (nam ne nunc quidem ab
eo abscedam) post fugam ac secessionem a Palæstina, mœroris acerbitatem non ferens (si quidem in magno mœrore atque angore versabatur :
quod etiam is, qui eam historiam literis mandavit, his verbis declarat, *Abiit juxta animam* 3. Reg. 19.
suam), quid in sua ad Deum precatione dicat, 3. 4.
audias velim : *Et sufficiat nunc, Domine.*

[b] Duo Mss., ut notat Ducæus, *καὶ τὸ ἐν ἄλλῃ διατριβειν γῇ*.

[a] Duo Mss. *εἶδες ἔρωτι πόσῳ ἐπεσκότισεν*. Alius *ἔρωτα πόσον ἐπεσκότισεν*.

[b] Duo Mss. *κατὰ τῆς ψυχῆς*. Infra duo Mss. *φοβερώτατον ἐκεῖνο*. Edit. *φοβερώτερον*.

Accipe animam meam a me : non enim sum melior quam patres mei. Ita illud quod formidabilius erat, illum supplicii colophonem, illud malorum caput, illam sceleris omnis pœnam exoptat, atque in beneficii loco petit. Usque adeo morte terribilior est mœror. Ut enim hunc effugeret, ad illam perfugit.

5. Hic autem quæstionem quamdam tibi explicare volo. Nec enim me fallit, quantum C
hujusmodi quæstiones tibi dissolvi cupias. Quænam igitur hæc quæstio est? Si mortem mœrore leviorem esse existimabat, quid causæ est, cur vitandæ mortis causa relicto solo patrio ac popularibus suis profugerit? et cur qui prius eam fugiebat, nunc eam expetat? Nimirum ut hinc vel maxime, quantum mœstitia mortem acerbitate superet, intelligas. Nam cum mortis dumtaxat metus eum quateret, non abs re quidvis efficiebat, quo eam effugeret. At posteaquam mœror in ipsius pectore insidens naturam suam ostendit, cum videlicet exedens, absumens, den- D
tibus conficiens, atque intolerandum in modum excrucians, tum denique id quod omnibus rebus gravius et acerbius est, levius esse judicavit. Eodemque modo Jonas etiam mœrorem fugiens, ad mortem confugit : mortemque ipse
Jonæ 4. 3. quoque his verbis a Deo petivit : *Accipe animam meam a me : melius est enim mihi mori, quam vivere.* Davidque item, sive ex sua, sive ex aliorum quorumdam lugentium persona psal-
Psal. 38. 2.—4. mum conscribens, hoc ipsum indicat. *Cum consisteret,* inquit, *peccator adversum me,* E
obmutui, et *humiliatus sum,* et *silui a bonis,* et *dolor meus renovatus est. Concaluit cor meum intra me,* et *in meditatione mea exardescet ignis :* per ignem illum scilicet mœroris affectum, qui quovis igne acerbior est, designans. Ideo plagas ipsius ac dolores minime 538
Ib. v. 5. jam ferens, his verbis utitur : *Loquutus sum* A
in lingua mea. Quid autem loqueris, dic, quæso? Mortem quoque hic petit dicens : *Notum fac mihi, Domine, finem meum* et *numerum dierum meorum quis est, ut sciam cur morer ego.* Quæ quidem verba tametsi ab Eliæ verbis discrepent, eamdem tamen sententiam habent. Nam quod ille dixit, *Non sum melior quam patres mei,* hoc iste his verbis significavit : *Notum fac mihi, Domine, finem meum, ut sciam quid morer ego.* Hoc est, Qua de causa

μιον, τοῦτο ἐν εὐχῆς αἰτεῖ τάξει, καὶ ἐν χάριτος μέρει βούλεται λαβεῖν. Οὕτω πολὺ θανάτου [c] φοβερώτερον ἀθιμία. Ἵνα γὰρ ἐκείνην διαφύγῃ, καταφεύγει ἐπὶ τοῦτον.

Ἐνταῦθα δέ σοι καὶ ζήτημά τι διαλῦσαι βούλομαι. Οἶδα γάρ σου τὴν περὶ τὰς λύσεις τῶν τοιούτων ἐπιθυμίαν. Τί ποτ' οὖν ἐστι τὸ ζήτημα; Εἰ θάνατον κουφότερον ἀθυμίας εἶναι ἐνόμιζε, διὰ τί καὶ πατρίδα καὶ δῆμον, ἵνα μὴ θανάτῳ περιπέσῃ, καταλιπὼν ἀπέδρα; καὶ τότε αὐτὸν φεύγων, νῦν αὐτὸν ἐπιζητεῖ; Ἵνα εἰδῇς καὶ ἐντεῦθεν μάλιστα, πῶς χαλεπώτερον ἀθυμία θανάτοο. Ὅτε μὲν γὰρ αὐτὸν ἐκεῖνος ὁ φόβος κατέσεισε μόνος, εἰκότως ἅπαντα ἔπραττεν ὥστε αὐτὸν ἐκφυγεῖν. Ἐπειδὴ ἐγκαθημένη αὕτη τὴν οἰκείαν ἐπεδείξατο φύσιν, κατεσθίουσα, δαπανῶσα, τοῖς ὀδοῦσιν αὐτὸν καταναλίσκουσα, ἀφόρητος αὐτῷ γενομένη, τότs δὴ λοιπὸν τὸ πάντων βαρύτερον κουφότερον αὐτῆς εἶναι ἐνόμισεν. Οὕτω καὶ Ἰωνᾶς ἐκείνην φεύγων, ἐπὶ τοῦτοκ κατέφυγε, καὶ αὐτὸς θάνατον αἰτεῖται λέγων, Λάβε τὴν ψυχήν μου ἀπ' ἐμοῦ, ὅτι καλόν μοι τὸ ἀποθανεῖν ἢ ζῆν με. Καὶ ὁ Δαυὶδ δὲ, εἴτε ἐξ οἰκείου προσώπου, εἴτε ἑτέρων τινῶν ὀδυρομένων ψαλμὸν γράφων, τὸ αὐτὸ δὴ τοῦτο ἐνδείκνυται. Ἐν γὰρ τῷ συστῆναι τὸν ἁμαρτωλὸν ἐναντίον μου, φησὶν, ἐκωφώθην, καὶ ἐταπεινώθην, καὶ ἐσίγησα ἐξ ἀγαθῶν, καὶ τὸ ἄλγημά μου ἀνεκαινίσθη. Ἐθερμάνθη ἡ καρδία μου ἐντός μου, καὶ ἐν τῇ μελέτῃ μου ἐκκαυθήσεται πῦρ· ἐκεῖνο [d] τὸ πῦρ τούτου τοῦ πυρὸς σφοδρότερον, τὸ τῆς ἀθυμίας πάθος δηλῶν. Διὸ μηκέτι φέρων τὰς πληγὰς αὐτῆς καὶ τὰς ὀδύνας, φησίν. Ἐλάλησα ἐν τῇ γλώσσῃ μου. Καὶ τί λαλεῖς, εἰπέ μοι; Θάνατον καὶ οὗτος αἰτεῖ λέγων, Γνώρισόν μοι, Κύριε, τὸ πέρας μου, καὶ τὸν ἀριθμὸν τῶν ἡμερῶν μου τίς ἐστιν, ἵνα γνῶ τί ὑστερῶ ἐγώ· ἑτέροις μὲν ῥήμασι, τοῖς δὲ αὐτοῖς νοήμασι τὰ τοῦ Ἠλίου φθεγγόμενος. Ὅπερ γὰρ ἐκεῖνος εἶπεν, Ὅτι οὐ κρείττων ἐγώ εἰμι ὑπὲρ τοὺς πατέρας μου, τοῦτο καὶ οὗτος ἠνίξατο λέγων, Γνώρισόν μοι, Κύριε, τὸ πέρας μοι, ἵνα γνῶ τί ὑστερῶ ἐγώ. Τίνος ἕνεκεν ἀπελείφθην, φησὶν, ἐγὼ, καὶ ὑστερῶ, καὶ ἐν τῷ παρόντι διατρίβω βίῳ, τῶν ἄλλων ἀπελθόντων; Καὶ οὕτως αὐτὸν ἐπιζητεῖ, εἴτε αὐτὸς, εἴτε ἐκεῖνοι, ὧν τῷ προσώπῳ κεχρημένος φθέγγεται, ὅτι καὶ μὴ παρόντος τὸν καιρὸν τῆς παρουσίας ἐπιθυμεῖ μαθεῖν· Γνώρισόν μοι, φησὶ, τὸ πέρας μου· ἵνα καὶ ἐντεῦθεν μεγίστην καρπώσηται τὴν ἡδονήν. Οὕτω τὸ φοβερὸν ποθεινὸν γίνεται διὰ τὴν ἀφόρητον τῆς ἀθυ-

[c] Duo Mss. *βαρύτερον ἀθυμία.* Quæ lectio non spernenda. Infra iidem *ἐπιθυμίαν· καὶ σφόδρα ἐπίσταμαι, ὅσον σοι χαριοῦμαι. τί ποτ'.*

[d] Iidem *τὸ πῦρ καὶ πυρὸς σφοδρότερον.*

μίας ὀδύνην, καὶ τὸ πῦρ τὸ ἐκκαιόμενον ἐν τῇ διανοίᾳ. Ἐν γὰρ τῇ μελέτῃ μου ἐκκαυθήσεται πῦρ. Τοσαύτης B τοίνυν τιμωρίας μεγάλας προσδόκα τὰς ἀμοιβὰς, πολλὰ τὰ βραβεῖα, ἀφάτους τὰς ἀντιδόσεις, φαιδροὺς καὶ σφόδρα ἀνθοῦντας τῶν τοσούτων ἀγώνων τοὺς στεφάνους. Οὐ γὰρ τὸ ποιῆσαί τι χρηστὸν μόνον, ἀλλὰ καὶ τὸ παθεῖν τι κακὸν πολλὰς ἔχει τὰς ἀμοιβὰς, καὶ μεγάλα τὰ ἔπαθλα. Καὶ πρὸς τοῦτον ἤδη βαδιοῦμαι τὸν λόγον, σφόδρα καὶ σοὶ καὶ πᾶσι χρήσιμον ὄντα, καὶ ἱκανὸν πρὸς ὑπομονὴν ἀλεῖψαι [a] καὶ καρδίαν διεγεῖραι, καὶ μὴ ἀφιέναι πρὸς τοὺς τῶν παθημάτων καταμαλακίζεσθαι ἱδρῶτας.

Ὅτι μὲν οὖν ἁπάντων τῶν κακῶν χαλεπώτερον C ἀθυμία, καὶ ὁ κολοφὼν καὶ τὸ κεφάλαιον τῶν δεινῶν, τοῦτο ἱκανῶς ἡμῖν ὁ λόγος ἀπέδειξε· λείπεται τοίνυν κατορθωμάτων καὶ παθημάτων ποιήσασθαι σύγκρισιν, ἵνα μάθῃς σαφῶς, ὅτι οὐ κατορθώμασι μόνον, ἀλλὰ καὶ παθήμασιν ἀμοιβαὶ κεῖνται, καὶ ἀμοιβαὶ σφόδρα μεγάλαι, καὶ παθήμασιν οὐκ ἔλαττον, ἢ κατορθώμασιν, μᾶλλον δέ ἐστιν ὅπου καὶ πλείονα παθήμασιν. Καὶ εἰσαγάγωμεν, εἰ δοκεῖ, τὸν μέγαν τῆς D ὑπομονῆς ἀθλητὴν ἐν ἑκατέροις διαλάμψαντα τρόποις, τὸν ἀδάμαντα, τὴν πέτραν, τὸν ἐν τῇ Αὐσίτιδι μὲν γενόμενον χώρᾳ, πᾶσαν δὲ τὴν οἰκουμένην καταλάμψαντα τῇ τῆς οἰκείας ἀρετῆς ὑπερβολῇ, καὶ εἴπωμεν αὐτοῦ τά τε κατορθώματα καὶ τὰ παθήματα, ἵνα εἰδῇς πόθεν μειζόνως διέλαμψε. Τίνα οὖν αὐτοῦ τὰ κατορθώματα; Ὁ οἶκός μου, φησὶ, παντὶ ἐλθόντι ἠνέῳκτο, καὶ κοινὸς ἦν τοῖς ὁδοιπόροις λιμήν· καὶ τοῖς δεομένοις τὰ αὐτοῦ πάντα σχεδὸν ἐκέκτητο. Ἐγὼ γὰρ ἤμην, φησὶν, ὀφθαλμὸς τυφλῶν, καὶ πούς χωλῶν. Ἐγὼ ἤμην πατὴρ ἀδυνάτων, δίκην δὲ, ἣν οὐκ ᾔδειν, ἐξιχνίασα, καὶ συνέτριψα μύλας ἀδίκων, καὶ ἐκ μέσου E ὀδόντων αὐτῶν ἐξήρπασα ἅρπαγμα. Ἀδύνατοι δὲ ἣν ἄν ποτε εἶχον χρείαν, οὐκ ἀπέτυχον, οὐδὲ ἐξῆλθέ τις τὴν θύραν μου κόλπῳ κενῷ. Εἶδες διάφορα φιλανθρωπίας εἴδη, καὶ ποικίλους ἐλεημοσύνης [b] λιμένας, καὶ διὰ πάντων αὐτὸν βοηθοῦντα τοῖς δεομένοις; εἶδες

ego relictus sum, seriusque abeo : qua de causa, cum alii jam e vita discesserint, ipse tamen remaneo, atque in præsenti vita diuturniorem moram traho? Ac tanta mortis cupiditate tenetur, sive ipse, sive illi, quorum nomine loquitur, ut etiam, ea nondum præsente, præsentiæ tempus scire aveat. *Notum*, inquit, *fac mihi, Domine, finem meum*, quo videlicet hinc quoque maximam voluptatem capiat. Ita id quod horrendum est, propter intolerandum mœroris dolorem, atque ignem in animo exardescentem, expetendum redditur. *In meditatione* enim *mea*, inquit, *exardescet ignis*. Quocirca cum tantam pœnam luas, magnam hinc mercedem, multa præmia, remunerationes inenarrabiles, splendidas ac valde florentes hujusmodi certaminum coronas exspecta. Non enim solum aliquid boni efficere, sed etiam aliquid mali perpeti, magnam mercedem atque ampla præmia obtinet. Atque ad hanc orationem jam me confero, ut quæ et tibi, et cunctis magnopere utilis sit, animisque ad patientiam acuendis sufficiat, nec eos ad calamitatum sudores debilitari sinat. Ærumnæ coronas pariunt.

6. Quod igitur calamitatum omnium atrocissima, ac malorum colophon et caput, mœstitia sit, satis fuse a nobis est demonstratum : superest jam ut virtutes et calamitatum perpessiones inter se comparemus, ut perspicue intelligas non virtutibus solum, sed etiam calamitatibus mercedem constitutam esse, et quidem admodum amplam : nec calamitatibus minus, quam virtutibus; imo amplius interdum calamitatibus. Ac, si lubet, magnum patientiæ pugilem in medium producamus, eum, inquam, qui utroque laudis genere splenduit, adamantem illum, petram illam, eum qui in Ausitide quidem regione exstitit, verum singulari quadam virtutis suæ magnitudine universum terrarum orbem collustravit, atque ipsius tum virtutes, tum calamitates exponamus, ut, qua ex parte magis effulserit, compertum habeas. Quænam igitur ipsius virtutes erant? *Domus* enim *mea*, in- Job. 31. 32.
quit, *omni venienti patuit, communisque* erat *viatoribus portus*. Quin bona sua ita possidebat ut ea pene omnia non sibi, sed pauperibus haberet. *Oculus* enim, inquit, *fui cæcorum*, et Job. 29. 15.
pes claudorum. Pater eram imbecillium : et —17.
causam, quam nesciebam, investigabam : conterebam molas iniquorum : et *de dentibus*

[a] Unus καὶ πρὸς καρτερίαν διεγεῖραι : alter καὶ καρτερίαν διεγεῖραι. Paulo post iidem ἁπάντων τῶν παθῶν καλ. Infra iidem λείπεται δὲ λοιπόν.

[b] Interpres legerat λειμῶνας, qui verterat *prata*.

Job. 31.16. 34. *illorum auferebam prædam. Imbecilles autem, si qua re opus habebant, minime repulsam ferebant: neque quisquam ex ædibus meis umquam vacuo sinu egressus est.* Vides varia humanitatis genera, et varios eleemosynæ portus, cumque quavis ratione opem iis, quibus injuria fiebat, afferentem? vides eum egestatem sublevantem, viduas foventem, læsis opitulantem, lædentibus terrorem incutientem? Neque enim eo solum studium suum demonstrabat, quod iis, qui lædebantur, præsto esset, atque auxilium ferret (quod multi faciunt), verum etiam eo usque laborabat, quoad negotium confecisset, et quidem magna cum vehementia.
Job. 29.17. *Conterebam* enim, inquit, *molas iniquorum*: eorum videlicet conatibus providentiam suam muri instar opponens. Nec vero hominum tantum injuriis, sed etiam naturæ insidiis curam suam ac sollicitudinem objiciens, ipsius nimirum vitia singulari auxilii sui magnitudine corrigens. Nam quia membra ipsis restituere minime poterat, hoc est cæcis oculos, claudis pedes, membrorum instar ipsis erat: atque ipsius opera ii qui oculis capti erant, videbant; et ii qui cruribus oblæsi ac mutilati erant, ambulabant. Quid cum hac humanitate comparari queat? Alias etiam ipsius virtutes exploratas habes; ne omnia enumerans orationem protraham; morum facilitatem, lenitatem, summam modestiam ac temperantiam; quonam pacto, cum in eos qui injuriam aliis inferebant, vehemens esset (nam hoc sane mirandum), suavis tamen et mansuetus, atque ipso etiam melle dulcior erat, cum erga omnes alios, tum erga famulos suos, qui magnum sui erga ipsum amoris argumentum edentes, dice-
Job. 31.31. bant: *Quis det nobis, ut de carnibus ejus saturemur?* Quod si famulis ita carus et amabilis erat, quibus sæpe terrori esse necesse est, quanto magis cunctis aliis hominibus?

559 πενίαν ἀνέχοντα, χήραν διορθούμενον, ἀδικουμένων
A προϊστάμενον, φοβερὸν τοῖς ἐπηρεάζουσιν ὄντα; Οὐ γὰρ δὴ μέχρι τοῦ παραστῆναι καὶ συμμαχῆσαι μόνον τὴν σπουδὴν ἐπεδείκνυτο (τοῦτο δὴ τὸ τῶν πολλῶν), ἀλλὰ καὶ μέχρι τοῦ πρὸς τέλος τὸ πρᾶγμα ἀγαγεῖν, καὶ μετὰ πολλῆς τῆς σφοδρότητος. Συνέτριψα γὰρ μύλας τῶν ἀδίκων, φησὶ, τῇ φιλονεικίᾳ τῇ ἐκείνων τὴν ἑαυτοῦ πρόνοιαν ἐπιτειχίζων. Οὐκ ἀνθρώπων δὲ μόνον ἐπηρείαις, ἀλλὰ καὶ φύσεως ἐπιβουλαῖς ἀντέστησεν αὐτοῦ τὴν κηδεμονίαν, τὰ ἁμαρτήματα αὐτῆς τῇ τῆς οἰκείας συμμαχίας ὑπερβολῇ διορθούμενος. Ἐπειδὴ γὰρ τὰ μέλη αὐτοῖς ἀποδοῦναι οὐκ εἶχε, τοῖς
B πηροῖς τὰ ὄμματα, τοῖς χωλοῖς τοὺς πόδας, ἀντὶ τῶν μελῶν αὐτοῖς ἐγίνετο, καὶ δι' αὐτοῦ καὶ οἱ τοὺς ὀφθαλμοὺς πεπηρωμένοι, καὶ οἱ τὰ σκέλη κεκομμένοι, οἱ μὲν ἔβλεπον, οἱ δὲ ἐβάδιζον. Τί ταύτης ἴσον γένοιτ' ἂν αὐτοῦ τῆς φιλανθρωπίας; Οἶσθα αὐτοῦ [a] καὶ τὰς ἄλλας ἀρετὰς, ἵνα μὴ πάντα καταλέγων μακρὸν ποιήσω τὸν λόγον, τὴν ἐπιείκειαν, τὴν πραότητα, τὴν σωφροσύνην, τὴν ἀκρίβειαν, πῶς, σφοδρὸς ὢν τοῖς ἀδικοῦσι (τὸ γὰρ δὴ θαυμαστὸν τοῦτό ἐστι), προσηνὴς καὶ ἥμερος ἦν, καὶ αὐτοῦ τοῦ μέλιτος ἡδίων τοῖς τε ἄλλοις ἅπασι καὶ τοῖς οἰκέταις τοῖς αὐτοῦ, οἳ τοῦ ἔρωτος ὃν ἤρων ἐκείνου μέγα ἐκφέροντες δεῖγμα ἔλε-
C γον· Τίς ἂν δῴη ἡμῖν τῶν σαρκῶν αὐτοῦ ἐμπλησθῆναι; Εἰ δὲ οἰκέταις οὕτω ποθεινὸς ἦν, οὕτως ἐπέραστος, οἷς ἀνάγκη πολλάκις καὶ φοβερὸν εἶναι, πολλῷ μᾶλλον τοῖς ἄλλοις ἅπασιν ἀνθρώποις.

7. Hæc igitur, atque his plura, cum apud te collegeris, age jam ad calamitatum, quas perpessus est, numerum subducendum mecum te confer: atque comparando videamus quo tempore clarior erat, an cum illis virtutis muneribus fungebatur, an cum acerba pateretur quæ magnum ipsi mœrorem inurebant? Utro igitur tempore illustrior erat Job? tumne cum domum suam omnibus qui eo iter faciebant, apertam habebat, an cum ea prostrata nullum acerbum verbum pronuntiavit, sed Deum laudibus affecit?

Ταῦτα δὴ οὖν καὶ τὰ τούτων πλείονα συλλέξασα, δεῦρο βάδιζε μετ' ἐμοῦ ἐπὶ τὸν τῶν παθημάτων αὐτοῦ κατάλογον, καὶ ἴδωμεν συγκρίναντες πότε λαμπρότερος ἦν, ὅτε ἐκεῖνα κατώρθου, ἢ ὅτε ἔπασχε τὰ ὀδυνηρὰ καὶ πολλὴν ἐντιθέντα αὐτῷ τὴν ἀθυμίαν. Πότε οὖν λαμ-
D πρότερος ἦν ὁ Ἰώβ; ὅτε τὴν οἰκίαν αὐτοῦ πᾶσι τοῖς παριοῦσιν ἀνέῳγεν, ἢ ὅτε κατενεχθείσης αὐτῆς οὐδὲν ἐφθέγξατο ῥῆμα πικρὸν, ἀλλ' εὐφήμησε τὸν Θεόν; Καίτοι τὸ μὲν κατόρθωμα ἦν, τὸ δὲ πάθημα. Πότε φαιδρότερος ἦν, εἰπέ μοι, ὅτε ἔθυεν ὑπὲρ τῶν παιδίων, καὶ πρὸς ὁμόνοιαν αὐτοὺς συνῆγεν, ἢ ὅτε καταχωσθέντων καὶ

[a] Sic Mss. atque ita legit Interpres. Editi τὴν ἄλλην ἀρετήν.

τῷ πικροτάτῳ τρόπῳ τῆς τελευτῆς καταλυσάντων τὸν βίον, μετὰ πολλῆς τῆς φιλοσοφίας ἤνεγκε τὸ συμβάν; Πότε μᾶλλον ἐξέλαμψεν, ὅτε ἀπὸ κουρᾶς τῶν ἀρνῶν αὐτοῦ ἐθερμάνθησαν γυμνῶν οἱ ὦμοι, ἢ ὅτε ἀκούσας ὅτι πῦρ ἐξ οὐρανοῦ ἔπεσε, καὶ κατέφαγε [b] τὴν ἀγέλην μετὰ τῶν ποιμένων, οὐ διεταράχθη, οὐδὲ ἐθο- E ρυβήθη, ἀλλὰ πράως ἤνεγκε τὴν συμφοράν; Πότε μείζων ἦν, ὅτε τῇ ὑγείᾳ τοῦ σώματος [c] εἰς τὴν τῶν ἀδικουμένων προστασίαν ἐκέχρητο, συντρίβων μύλας ἀδίκων, καὶ ἐκ μέσου τῶν ὀδόντων αὐτῶν ἐξαρπάζων ἁρπάγματα, καὶ λιμὴν αὐτοῖς γινόμενος, ἢ ὅτε τὸ σῶμα αὐτοῦ, τὸ τῶν ἀδικουμένων ὅπλον, ἑώρα κατεσθιόμενον ὑπὸ σκωλήκων, καὶ καθήμενος ἐπὶ τῆς κο- 560 A πρίας, καὶ αὐτὸς αὐτὸ κατέξαινε λαβὼν ὄστρακον; Τήκω γὰρ βώλακας γῆς ἀπὸ ἰχῶρος ξέων, φησί. Καίτοι ἐκεῖνα μὲν πάντα κατορθώματα, ταῦτα δὲ πάντα παθήματα ἦν· ἀλλ' ὅμως ταῦτα αὐτὸν ἐκείνων λαμπρότερον ἀπέφηνε. Τοῦτο γὰρ μάλιστα τὸ πικρότατον τῆς παρατάξεως μέρος ἦν, καὶ μείζονος δεόμενον τῆς ἀνδρείας, καὶ εὐτονωτέρας ψυχῆς, [a] καὶ ὑψηλοτέρας διανοίας, καὶ πλείονα περὶ τὸν Θεὸν ἐχούσης ἀγάπην. Διά τοι τοῦτο, ἐκείνων μὲν γινομένων, εἰ καὶ ἀναισχύντως καὶ σφόδρα λῃστρικῶς, ἀλλ' ὅμως ἀντεῖπεν ὁ διάβολος· Μὴ δωρεὰν σέβεται Ἰὼβ τὸν Θεόν; Τούτων δὲ συμβάντων, ἐγκαλυψάμενος ἀνεχώρησε νῶτα B δοὺς, καὶ οὐδὲ ἀναισχύντου τινὸς ἀντιλογίας σκιὰν γοῦν ἔχων προβαλέσθαι. Τοῦτο γὰρ ὁ κολοφὼν τοῦ στεφάνου, τοῦτο ἡ κορωνὶς τῆς ἀρετῆς, τοῦτο ἡ σαφὴς τῆς ἀνδρείας ἀπόδειξις, τοῦτο ἡ ἀκριβεστάτη τῆς φιλοσοφίας ἐπίτασις. Δηλῶν δὲ καὶ αὐτὸς οὗτος ὁ μακάριος Ἰὼβ, ὅσον χαλεπώτερον τυραννὶς ἀθυμίας θανάτου, ἀνάπαυσιν αὐτὸν καλεῖ. Θάνατος ἀνδρὶ, φησὶν, ἀνάπαυσις, καὶ ἐν χάριτος αὐτὸν αἰτεῖται μέρει, ὥστε ἐκείνης ἀπαλλαγῆναι, λέγων· Εἰ γὰρ δῴη καὶ ἔλθοι μου ἡ αἴτησις, καὶ τὴν ἐλπίδα μου δῴη ὁ Θεός. Ἀρξάμενος ὁ Κύριος τρωσάτω με, καὶ εἰς τέλος με ἀνελέτω. Εἴη δέ μοι ἡ πόλις τάφος, ἐφ' ἧς ἐπὶ τειχῶν C ἡλλόμην ἐπ' αὐτῆς. Οὕτω πάντων βαρύτερον ἀθυμία· ὅσῳ δὲ βαρύτερον, τοσούτῳ καὶ μείζους ἔχει τὰς ἀντιδόσεις.

Atqui illud virtutis minus erat, hoc perpessio. Utro tempore insignior erat, dic quæso, cum filiorum causa sacrificium offerebat, cosque inter se conciliabat, an cum ipsis domus ruina obrutis, acerbissimoque mortis genere de medio sublatis, perquam sapienter hunc casum tulit? Utro tempore magis emicuit, cum de ovium ipsius velleribus nudorum humeri calefiebant, an cum allato nuntio ignem de cœlo cecidisse, et universum gregem una cum pastoribus absumsisse, minime commotus ac perturbatus est, verum calamitatem hanc æquo animo tulit? Utro tempore major erat, cum firma corporis valetudine frueretur, qua ad eorum qui injuriam acceperant, defensionem utebatur, et iniquorum molas conterebat, atque ex mediis ipsorum dentibus prædam eripiebat, oppressisque portus erat: an cum corpus suum, læsorum præsidium, a vermibus corrodi conspiciebat, atque in sterquilinio sedens, accepta testa illud ipse radebat? *Glebas* enim *terræ* Job. 7. 5.
mollio, inquit, *saniem radens*. Atqui omnia illa virtutis opera erant: contra, hæc omnia perpessiones: et tamen hæc ipsi majorem, quam illa, splendorem attulerunt. Hoc enim acerbissima prælii pars erat, majoremque fortitudinem animique firmitatem, et mentis sapientiam, atque ampliorem erga Deum caritatem requirebat.

[illegible] de causa, cum illa fiorent, impudenter quidem ac perquam improbe, sed tamen obluctabatur diabolus, his verbis utens: *Numquid* Job. 1. 9.
Job frustra colit Deum? At cum hæc accidissent, pudore suffusus terga dedit, ac secessit, ut qui ne impudentis quidem illius objectionis umbram aliquam haberet, quam prætenderet. Hoc enim coronarum colophon est, hoc summus virtutis apex, hoc perspicuum fortitudinis argumentum, hoc summæ philosophiæ culmen. Illud etiam ostendens hic idem beatus Job, quanto acerbior sit mœroris tyrannis, quam mors, hanc requiem appellabat: *Mors* enim, inquit, *viro* Job. 3. 23.
requies. Atque eam gratiæ loco petebat, ut a mœrore eximeretur, dicens: Quis *det ut veniat* Job. 6. 8.
petitio mea, et *quod exspecto, tribuat mihi* —10.
Deus? Et qui cæpit, ipse me conterat, et *succidat me usque in finem*: et *urbs ea, super cujus muros saltabam, sepulcrum mihi sit.* Ita omnium rerum gravissima est mœstitia: porro quo gravior, eo quoque majorem mercedem habet.

[b] Duo Mss. τὴν ποίμνην μετά.

[c] [Savilii dedimus lectionem Montf. ἢ inseruerat post σώματος. Morelli lectionem ὅτε τὴν ὑγίειαν τ. σ. ἐκέκτητο, ἢ.... ἐκέχρητο reddit Interpres.]

[a] Duo Mss. καὶ φιλοσοφωτέρας διανοίας. Paulo post iidem σφόδρα ἰταμῶς.

Quantus ex calamitatibus fructus oriatur.

8. Ut autem aliunde quoque intelligas quantus ex calamitatibus fructus promanet, etiamsi non Dei causa quis perpetiatur (nemo me hoc loco hyperbolice loqui existimet), modo strenuo ac placido animo ferat, Deum in omnibus gloria afficiens : idem hic, se propter Deum hæc pati, minime norat, et tamen ideo corona donabatur, quod etsi causam non nosset, strenuo tamen animo calamitates perferebat. Lazarus quoque ille, in morbum prolapsus (hoc porro non erat propter Deum pati), tamen quia inopiam curantium, mœroremque illum, quem et ulcera, et fames, et divitis contemtus atque crudelitas afferebat, forti animo tulit, quas coronas consequutus sit, non te fugit. Atqui nullum illius præclarum opus invenimus; non quod pauperes misericordia prosequutus sit, non quod læsis opem tulerit, aut aliud quiddam ejusdem generis cum virtute gesserit : verum illud dumtaxat, quod pro divitis foribus jacuerit, quod adversa valetudine laborarit, quod ipsius vulneribus canes linguas admoverint, ac denique quod dives eum sit aspernatus, quæ omnia ad perpessionem spectabant. Et tamen, licet nullo olio egregio virtutis munere perfunctus, quia solum hujusmodi mœstitiam strenuo animo tulit, eamdem quam patriarcha, qui tot res cum virtute gesserat, sortem est consequutus. Dicam præterea quidpiam, quod etsi ab hominum opinione alienum videatur, tamen verum est : nempe etiamsi quispiam magnum aliquod et illustre opus ediderit, sed sine labore, periculis et calamitatibus, eum haud magnam hinc mercedem laturum esse : *Unusquisque* enim, *propriam mercedem accipiet juxta proprium laborem :* non secundum rerum ex virtute gestarum magnitudinem, sed pro calamitatum, quas pertulerit, mole. Quocirca Paulus etiam se jactans, non ob id tantum gloriatur, quod boni aliquid ac præclari gesserit, sed etiam quod malis affectus sit. Cum enim dixisset, *Ministri Christi sunt, ut minus sapiens loquar, plus ego :* atque, quanto eis præstantior esset, ex comparatione demonstrare studeret, non dixit, Tot et tot hominibus prædicavi : verum omissis iis quæ ex virtute gesserat, mala ea, quæ perpessus est, enumerat, his verbis : *In laboribus abundantius, in plagis supra modum, in carceribus abundantius, in mortibus frequenter.*

Nulla virtus sine labore magnam laudem refert.
1. Cor 3. 8.
2. Cor. 11. 23.
Ib. v. 23. —28.

Ἵνα δὲ καὶ ἑτέρωθεν μάθῃς, ὅσον τῶν παθημάτων τὸ κέρδος, κἂν μὴ διὰ Θεόν τις πάθῃ (καὶ οὐδεὶς ὑπερβολὴν τοῦτο νομιζέτω), πάθῃ δὲ ὅμως, καὶ γενναίως ἐνέγκῃ καὶ πράως, τὸν Θεὸν ἐπὶ πᾶσι δοξάζων· [b] αὐτὸς οὗτος οὐκ ᾔδει, ὅτι διὰ τὸν Θεὸν ταῦτα ἔπασχεν· ὅμως διὰ τοῦτο ἐστεφανοῦτο, ὅτι οὐδὲ τὴν
D αἰτίαν ἐπιστάμενος ἐκαρτέρει γενναίως. Καὶ ὁ Λάζαρος ἐκεῖνος ἀσθενείᾳ φύσεως περιπεσὼν (τοῦτο δὲ οὐκ ἦν δήπου διὰ τὸν Θεὸν παθεῖν), ἐπειδὴ ὅλως ἔπαθε, καὶ ἐκαρτέρησε, καὶ γενναίως ἤνεγκε τὴν ἐρημίαν [c] τῶν θεραπευόντων, τὴν ἀπὸ τῶν ἑλκῶν ἀθυμίαν, τὴν ἀπὸ τοῦ λιμοῦ, τὴν ἀπὸ τῆς ὑπεροψίας τοῦ πλουσίου καὶ τῆς ὠμότητος, οἶσθα ἡλίκων ἀπέλαυσε στεφάνων. Καίτοι γε αὐτοῦ κατόρθωμα οὐδὲν εὕρομεν εἰπεῖν· οὐχ ὅτι πένητας ἠλέησεν, οὐχ ὅτι ἀδικουμένοις παρέστη, οὐχ ὅτι ἀγαθόν τι τοιοῦτον εἰργάσατο, ἀλλὰ τὴν ἐν τῷ πυλῶνι τοῦ πλουσίου κατάκλισιν, καὶ τὴν ἀῤῥωστίαν, καὶ τῶν κυνῶν τὰς γλώττας, καὶ τὴν τοῦ
E πλουσίου κατ' αὐτοῦ γενομένην ὑπεροψίαν, ἅπερ τοῦ πάσχειν κακῶς ἅπαντα ἦν. Ἀλλ' ὅμως καίτοι μηδὲν γενναῖον ποιήσας, ἐπειδὴ μόνον τὴν ἐκ τούτου ἀθυμίαν ἤνεγκε γενναίως, τῷ τοσαῦτα κατωρθωκότι πατριάρχῃ τῆς αὐτῆς ἔτυχε λήξεως. Εἴπω δὴ μετὰ τοῦτο καὶ ἕτερον, παράδοξον μὲν εἶναι δοκοῦν, ἀληθὲς δέ· κἂν ἀγαθόν τις ἐργάσηται μέγα καὶ γενναῖον, μὴ
561 A μετὰ πόνου δὲ καὶ κινδύνου καὶ παθημάτων, οὐ πολύν τινα λήψεται μισθόν· Ἕκαστος γὰρ τὸν ἴδιον μισθὸν λήψεται κατὰ τὸν ἴδιον κόπον· οὐ κατὰ τὸ μέγεθος τοῦ κατορθώματος, ἀλλὰ κατὰ τὸν ὄγκον τοῦ παθήματος. Διά τοι τοῦτο καὶ Παῦλος καυχώμενος, οὐκ ἐπὶ τῷ κατορθῶσαι μόνον καὶ γενναῖόν τι ποιῆσαι καυχᾶται, ἀλλὰ καὶ ἐπὶ τῷ παθεῖν κακῶς. Εἰπὼν γὰρ, Διάκονοι Χριστοῦ εἰσι, παραφρονῶν λαλῶ, ὑπὲρ ἐγώ· καὶ τὴν κατὰ σύγκρισιν [a] ὑπερβολὴν ὑφαίνων, οὐκ εἶπε, τόσοις καὶ τόσοις ἐκήρυξα, ἀλλ' ἀφεὶς ἅπερ κατώρθωσεν, ἅπερ ἔπαθε κακῶς, ταῦτα ἐξαριθμεῖται οὕτω λέγων· Ἐν κόποις περισσοτέρως, ἐν πληγαῖς ὑπερβαλλόντως, ἐν φυλακαῖς περισσοτέρως, ἐν θανά-
B τοις πολλάκις. Πεντάκις τεσσαράκοντα παρὰ μίαν ὑπὸ Ἰουδαίων ἔλαβον, τρὶς ἐῤῥαβδίσθην, ἅπαξ ἐλιθάσθην, τρὶς ἐναυάγησα, νυχθήμερον ἐν τῷ βυθῷ πεποίηκα· ὁδοιπορίαις πολλάκις, κινδύνοις ποταμῶν,

[b] [Post δοξάζων Savil. addit: μεγάλων τῶν ἀναῤῥήτων τυγχάνει· ἐπεὶ καὶ Ἰώβ. Mox id. καὶ ὅμως διά.]

[c] Perronianus, teste Ducæo, τῶν θεραπευσόντων.

[a] Duo Mss. ὑπεροχὴν ἐμφαίνων. Edit. ὑπερβολὴν ὑφαίνων.

κινδύνοις λῃστῶν, κινδύνοις ἐκ γένους, κινδύνοις ἐξ ἐθνῶν, κινδύνοις ἐν πόλει, κινδύνοις ἐν ἐρημίᾳ, κινδύνοις ἐν θαλάσσῃ, κινδύνοις ἐν ψευδαδέλφοις· ἐν κόπῳ, ἐν μόχθῳ, ἐν ἀγρυπνίαις πολλάκις, ἐν λιμῷ καὶ δίψει καὶ γυμνότητι· χωρὶς τῶν παρεκτὸς, ἡ ἐπισύστασίς μου ἡ καθ' ἡμέραν.

Εἶδες παθημάτων ὁρμαθὸν, καὶ καυχήσεως ἀφορμάς; Εἶτα ἐπάγει τούτοις [b] καὶ τὰ κατορθώματα, καὶ ἐν τούτοις πάλιν τὸ πλέον τοῦ παθήματός ἐστιν, οὐχὶ τοῦ κατορθώματος. Εἰπὼν γὰρ, Ἡ ἐπισύστασίς μου ἡ καθ' ἡμέραν, τὰς ἀπαγωγὰς λέγων τὰς συνεχεῖς, τοὺς θορύβους, τὰς περιστάσεις (τοῦτο γάρ ἐστιν ἡ ἐπισύστασίς μου), ἐπήγαγεν, Ἡ μέριμνα πασῶν τῶν Ἐκκλησιῶν. Οὐκ εἶπεν ἡ διόρθωσις, ἀλλ' Ἡ μέριμνα, ὅπερ παθήματος πλέον ἦν, ἢ κατορθώματος. Καὶ τὰ ἑξῆς ὁμοίως· Τίς ἀσθενεῖ, φησὶ, καὶ οὐκ ἀσθενῶ; Οὐκ εἶπε διορθοῦμαι, ἀλλ' Ἀσθενῶ· καὶ πάλιν, Τίς σκανδαλίζεται, καὶ οὐκ ἐγὼ πυροῦμαι; Οὐκ εἶπεν, ἀπήλλαξα τοῦ σκανδάλου, ἀλλ', ἐκοινώνησα τῆς ἀθυμίας. Εἶτα δεικνὺς, ὅτι ταῦτα μάλιστα τὰς ἀμοιβὰς ἔχει, ἐπήγαγεν· Εἰ καυχᾶσθαι δεῖ, τὰ τῆς ἀσθενείας μου καυχήσομαι. Καὶ ἕτερον πάλιν τοιοῦτον ἐπάγει, τὴν φυγὴν τὴν διὰ τῆς θυρίδος, τὴν διὰ τῆς σαργάνης, τὴν διὰ τοῦ τείχους· τοῦτο δὲ τοῦ παθεῖν κακῶς ἦν. Εἰ τοίνυν τὰ παθήματα μεγάλας ἔχει τὰς ἀμοιβὰς, τῶν δὲ παθημάτων πάντων χαλεπώτερον καὶ ὀδυνηρότερον ἡ ἀθυμία, ἐννόησον ὅσαι αἱ ἀντιδόσεις. Οὐ παύσομαι συνεχῶς ταύτην σοι ἐπᾴδων τὴν ἐπῳδὴν, ἵνα ὅπερ ὑπεσχόμην ἐν προοιμίοις, τοῦτο πληρώσω νῦν, ἀπὸ τῆς ἀθυμίας αὐτῆς ὑφαίνων τοὺς λογισμοὺς, τοὺς τὴν παραμυθίαν τῆς ἀθυμίας σοι τίκτοντας. Ἵνα δὲ καὶ ἑτέρωθεν μάθῃς ὅσον ἐστὶ τὸ μετὰ παθημάτων τι ποιεῖν γενναῖον, καὶ ὅσον ἀποδεῖ τούτου τὸ ἀπονητὶ τὸ αὐτὸ ποιεῖν, ὁ Ναβουχοδονόσορ ἐκεῖνος ὁ Βαβυλώνιος, ἐν σκήπτροις καὶ διαδήμασι ζῶν, εὐαγγελικόν ποτε [c] κατώρθωσε λόγον. Μετὰ γὰρ τὴν κάμινον καὶ παραδοξοποιίαν ἐκείνην τὸ κήρυγμα ἀνεδέξατο τῆς οἰκουμένης, οὐ διὰ γλώττης μόνον, ἀλλὰ καὶ διὰ τῶν γραμμάτων, καὶ πανταχοῦ τῆς γῆς ἔγραψεν οὕτως· Ναβουχοδονόσορ βασιλεὺς πᾶσι τοῖς λαοῖς, φυλαῖς, καὶ γλώσσαις, τοῖς οἰκοῦσιν ἐν πάσῃ τῇ γῇ, εἰρήνη ὑμῖν πληθυνθείη. Τὰ σημεῖα καὶ τὰ τέρατα, ἃ ἐποίησε μετ' ἐμοῦ ὁ Θεὸς ὁ ὕψιστος, ἤρεσεν ἐναντίον ἐμοῦ ἀναγγεῖλαι ὑμῖν, ὡς μεγάλα καὶ ἰσχυρά· ἡ βασιλεία αὐτοῦ βασιλεία αἰώνιος, καὶ ἡ ἐξουσία αὐτοῦ εἰς γε-

Quinquies quadragenas una minus a Judæis accepi; ter virgis cæsus sum, semel lapidatus sum, ter naufragium feci, die ac nocte *in profundo maris fui : in itineribus sæpe, periculis fluminum, periculis latronum, periculis ex genere, periculis ex gentibus, periculis in civitate, periculis in solitudine, periculis in mari, periculis in falsis fratribus : in labore et ærumna, in vigiliis multis, in fame, in siti, in nuditate; præterea quæ extrinsecus sunt, instantia mea quotidiana.*

9. Videsne perpessionum seriem, ac gloriandi occasiones? Mox autem quæ etiam præclare gesserit, subjungit : atque in iis rursum perpessiones majorem sibi, quam res præclare gestæ, partem vindicant. Nam cum dixisset, *Instantia mea quotidiana*, scilicet continuæ abductiones, tumultus, atque calamitates (nam hoc significat ἐπισύστασις), subjunxit, *Sollicitudo omnium* Ib. v. 28.
Ecclesiarum. Non dixit, Correctio, sed *Sollicitudo*, quæ ad perpessionem magis quam ad res ex virtute gestas pertinet. Et quæ sequuntur eodem modo : *Quis*, inquit, *infirmatur*, et *ego non infirmor?* Non dixit, Corrigo et medeor : sed, *Infirmor :* ac rursum : Quis *scandalizatur*, et *ego non uror?* Non dixit, Eum scandalo liberavi : sed, Mœroris particeps fui. Postea ostendens ista præsertim mercede donari, ait : *Si gloriari oportet, in iis quæ infirmitatis meæ sunt, gloriabor*. Ac rursum aliud ejusdem generis subnectit, nimirum fugam eam quam per fenestram et sportam ac murum corripuit : hoc porro ex perpessionum genere erat. Si igitur ærumnæ magna mercede donantur, ærumnarumque gravissima est mœror, cogita quanta sint mœroris præmia. Neque enim hanc tibi cantilenam cancro desinam : ut, quod initio pollicitus sum, hoc nunc præstem, nempe ut ab ipsamet mœstitia rationes eas texam, quæ tibi mœstitiæ consolationem pariant. Atque ut aliunde discas quanta res sit, cum mali perpessione aliquid præclari agere, et quanto inferius sit sine labore id [562] ipsum præstare, Babylonius ille Nabuchodonosor, in sceptris ac diadematibus vivens, evangelico quondam munere functus est. Etenim post fornacis historiam ac miraculum hoc muneris suscepit, ut universo orbi concionatorem se præberet, non per linguam modo, sed etiam per literas, in omnes terræ partes ad hunc modum scribens : *Nabuchodonosor rex omnibus populis,*

Ib. v. 29. — Ib. v. 30. — Mœstitia calamitatum maxima.

[b] Tres Mss. καὶ κατόρθωμα, καὶ ἐν τούτῳ πάλιν.

[c] Duo Mss. κατώρθωσε βίον. Edit. κατώρθωσε λόγον.

Dan. 3. 98—100. *tribubus* et *linguis, qui habitant in universa*
terra, pax vobis multiplicetur. Signa et *pro-*
digia quæ Deus excelsus apud me fecit, pla-
cuit annuntiare vobis. Magna enim sunt et
fortia : regnum ejus regnum sempiternum, et
potestas ejus in generationem et *generatio-*
nem. Et edicto sanxit, ut omnis populus, tribus et
lingua, quæ loquuta fuerit contra Deum Sidrach,
Ib. v. 96. Misach et Abdenago, dispereat, et domus ejus
sit in direptionem. Additque : *Neque enim alius*
est *Deus, qui possit ita salvare.* Vides minas in
literis? vides terrorem? vides sublimem præconem, ac literas quaquaversum diffusas? Quid igitur, dic mihi? paremne apostolis mercedem consequetur, quoniam Dei potentiam ita prædicavit,
tantumque studii ac diligentiæ adhibuit, ut hanc
doctrinam toto orbe nuntiaret? Certe non magnam ejus partem, verum infinitis partibus inferiorem. Atqui eodem, quo illi, munere functus
est. Sed quia nullus hic labor, nec ullius mali
perpessio adjuncta est, idcirco merces minuitur.
Ille enim ex potestate, ac sine ullo periculo hoc
agebat : cum illi contra prohiberentur, pelleren-
tur, tunderentur, flagris cæderentur, in ærumnis
versarentur, in præceps agerentur, in mare de-
mergerentur, fame conficerentur, quotidianam
mortem oppeterent, animi etiam cruciatu afficerentur, ad cujusque infirmitatem infirmarentur,
ad cujusque offensionem et scandalum urerentur.
Itaque pro his laboribus, ac præsertim pro mœ-
1. Cor. 3. 8. rore, amplior eis merces est persoluta. *Unus-*
quisque enim, inquit ille, *propriam mercedem*
accipiet juxta proprium laborem : non enim
id assidue repetere desinam. Ideo benignus Deus,
cum Paulus sæpe rogasset se ex calamitatibus et
mœrore, dolore atque periculis criperet, id ipsi
2. Cor. 12. 8. minime concessit. *Pro hoc,* inquit, ter *Dominum*
rogavi : nec tamen quod petebam, impetravi. Et
sane, cur amplissima præmia caperet? An quod
sine labore prædicasset, deliciis indulgens, atque
in tranquillitate degens? an quod domi sedens
os diduxisset, ac linguam movisset? At hoc cuivis facile erat, quamlibet etiam ignavo, ac disso-
lute et delicate viventi. Nunc autem vulnerum,
variorum mortis generum, cursuum tam terrenorum quam marinorum, ipsius mœroris, lacry-
Act. 20. 31. marum, dolorum (*Triennium* enim, inquit, *die*
ac nocte *cum lacrymis non* cessavi, *monens*
unumquemque vestrum) præmia et coronas magna cum fiducia percepturus est.

νεὰν καὶ γενεάν. Καὶ δόγμα ἔθηκεν ὅπως πᾶς λαὸς, φυλὴ, γλῶσσα, [a] κἂν εἴπῃ ῥῆμα κατὰ τοῦ Θεοῦ Σιδρὰχ, Μισὰχ καὶ Ἀβδεναγὼ, εἰς ἀπώλειαν ἔσται, καὶ ὁ οἶκος αὐτοῦ εἰς διαρπαγήν. Καὶ προστίθησι, Καθότι οὐκ ἔστι Θεὸς ἕτερος, ὃς δυνήσεται ῥύσασθαι οὕτως.
B Εἶδες ἀπειλὴν ἐν τοῖς γράμμασιν; εἶδες φόβον; εἶδες διδασκαλίαν; [b] εἶδες κήρυκα ὑψηλὸν, καὶ πανταχοῦ τῆς οἰκουμένης ἐκτεταμένα γράμματα; Τί οὖν, εἰπέ μοι; τὸν αὐτὸν τοῖς ἀποστόλοις μισθὸν λήψεται, ἐπειδὴ οὕτως ἀνεκήρυξε τοῦ Θεοῦ τὴν δύναμιν, ἐπειδὴ τοσαύτην σπουδὴν ἐποιήσατο πανταχοῦ καταγγεῖλαι τὸν λόγον; Οὐδὲ τὸ πολλοστὸν μὲν οὖν μέρος, ἀλλὰ μεθ' ὑπερβολῆς ἁπάσης καταδεέστερον. Καίτοι γε τὸ αὐτὸ ἔργον ἐκείνοις ἐποίησεν. Ἀλλ' ἐπειδὴ πόνος οὐκ ἔστιν ἐνταῦθα συνεζευγμένος, οὐδὲ παθήματα, διὰ τοῦτο ὑποτέμνεται τὰ τῆς ἀντιδόσεως. Οὗτος μὲν γὰρ
C μετ' ἐξουσίας καὶ ἀδείας τοῦτο ἔπραττεν· ἐκεῖνοι δὲ κωλυόμενοι, ἐλαυνόμενοι, κοπτόμενοι, μαστιζόμενοι, ταλαιπωρούμενοι, καταχρημνιζόμενοι, καταποντιζόμενοι, λιμῷ τηκόμενοι, καθ' ἑκάστην ἀποθνήσκοντες τὴν ἡμέραν, τὴν ψυχὴν αὐτῶν βασανιζόμενοι, καθ' ἕκαστον τῶν ἀσθενούντων ἀσθενοῦντες, καθ' ἕκαστον τῶν σκανδαλιζομένων πυρούμενοι· καὶ τῶν πόνων τούτων, καὶ τῆς ἀθυμίας μάλιστα ἦσαν πλείους αἱ ἀμοιβαί. Ἕκαστος γὰρ ἴδιον μισθὸν λήψεται, φησὶ, κατὰ τὸν ἴδιον κόπον· οὐ γὰρ παύσομαι αὐτὸ συνεχῶς ἐπιλέγων. Διὰ δὴ τοῦτο ὁ φιλάνθρωπος Θεὸς τοῦ Παύλου πολλάκις παρακαλέσαντος τῶν παθημάτων αὐτὸν, καὶ τῆς ἀθυμίας, καὶ τῆς ὀδύνης καὶ τῶν κιν-
D δύνων ἀπαλλάξαι, οὐκ ἐπένευσεν. Ὑπὲρ τούτου τρὶς τὸν Κύριον παρεκάλεσα, φησὶ, καὶ οὐκ ἐπέτυχον τῆς αἰτήσεως. Τίνος γὰρ ἕνεκεν ἔμελλε λήψεσθαι μεγίστας ἀμοιβάς; Ὅτι ἀπραγμόνως ἐκήρυξε τρυφῶν, καὶ ἐν εὐθυμίᾳ διάγων; ὅτι στόμα διῆρε, καὶ γλῶσσαν ἐκίνησεν οἴκοι καθήμενος; Ἀλλὰ τοῦτο καὶ τῷ τυχόντι ῥᾴδιον ἦν, καὶ τῷ σφόδρα ἀναπεπτωκότι, καὶ τὸν ὑγρὸν καὶ διαλελυμένον ζῶντι βίον. Νῦν μέντοι τῶν τραυμάτων, τῶν θανάτων, τῶν δρόμων τῶν κατὰ γῆν
E καὶ θάλασσαν, τῆς ἀθυμίας αὐτῆς, τῶν δακρύων, τῶν ὀδυνῶν (Τριετίαν γὰρ, φησὶν, οὐκ ἐπαυσάμην νύκτα καὶ ἡμέραν μετὰ δακρύων νουθετῶν ἕνα ἕκαστον ὑμῶν) μετὰ πολλῆς παῤῥησίας λήψεται τὰς ἀντιδόσεις καὶ τοὺς στεφάνους.

[a] Omnes Mss. ἢ ἐὰν εἴπῃ. Editi κἂν εἴπῃ.

[b] Perronianus εἶδες κήρυγμα.

Ταῦτα οὖν ἐννοοῦσα καὶ λογιζομένη, ὅσον ὀδυνηροῦ καὶ ἐπιμόχθου βίου τὸ κέρδος, χαῖρε καὶ εὐφραίνου τὴν ἐπικερδῆ καὶ μυρίων γέμουσαν στεφάνων ἐκ πρώτης ἡλικίας ὁδεύσασα ὁδὸν, καὶ διὰ συνεχῶν καὶ πυκνῶν παθημάτων. Καὶ γὰρ ἡ τοῦ σώματος ἀῤῥωστία, καὶ ποικίλη καὶ παντοδαπὴ, καὶ μυρίων θανάτων χαλεπωτέρα, οὐκ ἐπαύσατό σε συνεχῶς πολιορ- [563 A] κοῦσα· καὶ λοιδοριῶν δὲ καὶ ὕβρεων νιφάδες, καὶ συκοφαντίαι οὐ διέλιπον κατὰ σοῦ φερόμεναι· ἀθυμίαι δέ σοι πυκναὶ καὶ συνεχεῖς καὶ πηγαὶ δακρύων διὰ παντὸς ἠνώχλησαν τοῦ χρόνου. Τούτων δὲ ἕκαστον καθ' ἑαυτὸ ἤρκεσε τοῖς ὑπομεμενηκόσιν εἰς ὠφέλειαν πολλήν. Ὅ τε γὰρ Λάζαρος ἀπὸ τῆς ἀῤῥωστίας μόνης, καὶ τῆς αὐτῆς ἐκοινώνησε τῷ πατριάρχῃ λήξεως· καὶ τῷ τελώνῃ δὲ [a] αἱ λοιδορίαι τοῦ Φαρισαίου δικαιοσύνην ὑπερβαίνουσαν τὸν Φαρισαῖον ἐκόμισαν· ὅ τε κορυφαῖος τῶν ἀποστόλων ἀπὸ δακρύων τὸ ἕλκος τῆς χαλεπῆς ἐκείνης ἁμαρτίας διώρθωσεν. Ὅταν οὖν τῶν προειρημένων ἕκαστον φαίνηται καὶ μόνον ἓν τῶν παθημάτων τούτων ἀρκέσαν, ἐννόησον πόσας αὐτὴ [B] λήψῃ τὰς ἀμοιβὰς, [b] πάντα ὁμοῦ μετὰ πολλῆς τῆς ὑπερβολῆς ὑπομείνασα, καὶ διὰ παντὸς τοῦ χρόνου. Οὐδὲν γὰρ, οὐδὲν οὕτω λαμπροὺς ποιεῖ, καὶ ζηλωτοὺς, καὶ μυρίων ἐμπίμπλησιν ἀγαθῶν, ὡς τὸ πειρασμῶν πλῆθος, καὶ κίνδυνοι, καὶ πόνοι, καὶ ἀθυμίαι, καὶ τὸ διηνεκῶς ἐπιβουλεύεσθαι, καὶ παρ' ὧν οὐδαμῶς ἐχρῆν, καὶ πράως ἅπαντα φέρειν. Ἐπεὶ καὶ τὸν υἱὸν τοῦ Ἰακὼβ οὐδὲν οὕτως ἐποίησε μακάριον καὶ εὐδόκιμον, ὡς ἡ συκοφαντία τότε ἐκείνη, καὶ τὸ δεσμωτήριον, καὶ ἡ ἅλυσις, καὶ ἡ ἐντεῦθεν ταλαιπωρία. Μέγα μὲν γὰρ αὐτοῦ καὶ τὸ τῆς σωφροσύνης κατόρθωμα, [C] ὅτε τῆς Αἰγυπτιακῆς ἀκολασίας περιεγένετο, καὶ τὴν ἀθλίαν γυναῖκα ἐκείνην ἐπὶ τὴν ἄδικον αὐτὸν καλοῦσαν ὁμιλίαν διεκρούσατο· ἀλλ' οὐχ οὕτω μέγα τοῦτο, ὡς τὰ παθήματα. Ποῖον γὰρ ἐγκώμιον, εἰπέ μοι, τὸ μὴ μοιχεῦσαι, μηδὲ ἀλλότριον διορύξαι γάμον, μηδὲ μιᾶναι εὐνὴν οὐδαμόθεν αὐτῷ προσήκουσαν, μηδὲ ἀδικῆσαι τὸν εὐεργετήσαντα, μηδὲ αἰσχύνῃ περιβαλεῖν τοῦ προστάτου τὴν οἰκίαν; Ἀλλὰ τὸ ποιῆσαν αὐτὸν μέγαν ἐκεῖνο μάλιστά ἐστιν, ὁ κίνδυνος, ἡ ἐπιβουλὴ, ἡ μανία τῆς αἰχμαλώτου, ἡ ἐπενεχθεῖσα βία, τὸ ἄφυκτον δεσμωτήριον τοῦ θαλάμου, ὅπερ αὐτῷ κατεσκεύασεν [D] ἡ μοιχαλὶς, τὰ δίκτυα, ἃ πανταχόθεν ἀνεπέτασεν, ἡ κατηγορία, ἡ συκοφαντία, τὸ δεσμωτήριον, ἡ ἅλυσις, τὸ μηδενὸς τυχόντα τῶν δικαίων μετὰ τὸν τοσοῦτον ἆθλον, ὑπὲρ οὗ στεφανοῦσθαι ἐχρῆν, ὡς κατάδικον καὶ ὑπεύθυνον ἐπὶ τὸ ὀχύρωμα ἄγεσθαι, καὶ μετὰ τῶν τὰ ἔσχατα ἡμαρτηκότων κατακλείεσθαι, ὁ αὐχμὸς, τὸ σιδήριον, ἡ τοῦ δεσμωτηρίου ταλαιπωρία. Τότε αὐτὸν

10. Hæc igitur animo et cogitatione complectens, quantum scilicet acerbæ ac laboriosæ vitæ lucrum sit, gaude et lætare: utque fructuosam, atque innumeris coronis dignam jam inde a prima ætate viam tenueris, crebris et continuis vexata calamitatibus. Etenim varius et multiplex, sexcentisque mortibus gravior corporis morbus nunquam te obsidere destitit; conviciorum etiam et contumeliarum agmen, et calumniæ in te ferri minime desierunt; crebri denique, imo assidui mœrores, ac lacrymarum fontes, per omne vitæ tempus molestiam tibi exhibuerunt. Horum singula vel sola eam vim habuerunt, ut ingentem iis, qui ea sustinuissent, utilitatem afferrent. Nam et Lazarus ob solum morbum eamdem quam patriarcha sedem consequutus est: et publicano convicium Pharisæi eam justitiam attulit, quæ Pharisæi justitiam superaret: et denique apostolorum princeps gravis illius sceleris ulcus lacrymis sanavit. Cum igitur horum unicuique unam perpessionem suffecisse constet, perpende jam quot quantasque ipsa mercedes perceptura sis, ut quæ omnia simul, et quidem cum ingenti acerbitate subieris, idque per omne vitæ tempus. Neque enim ulla res æque splendidos et admirandos homines reddit, tantoque bonorum acervo cumulat, ut tentationum frequentia, pericula, labores, mœrores, et perpetuæ insidiæ, ab iis, a quibus minime decebat, structæ: dum tamen omnia æquo animo ferantur. Quippe nec filium quidem Jacob quidquam perinde clarum ac beatum reddidit, ut illa tum in eum structa calumnia, et carcer, et catena, et hinc contracta ærumna. Magna quidem pudicitiæ ipsius virtus erat, cum Ægyptiacam libidinem superavit, ac miseram illam feminam ad sceleratum concubitum eum vocantem propulsavit: at hoc tamen non ita magnum, ut ea quæ perpessus est. Quænam enim laus est, dic quæso, adulterium minime perpetrasse, nec alienum torum violasse, nec lectum nihil ad se attinentem contaminasse, nec homini bene de se merito injuriam intulisse, nec patroni sui domum in probrum et infamiam conjecisse? At quod eum illustrem reddidit, illud demum est, nimirum periculum, insidiæ, furor mulieris, quam libido captivam tenebat, allata vis, inevitabilis thalami carcer, quem adultera ipsi comparaverat, retia, quæ omni ex parte expanderat, accusatio, calumnia, carcer, catena,

Calamitates Olympiadis.

Joseph ob calamitates clarus.

Gen. 39.

[a] Duo Mss. *ἡ λοιδορία...... ἐκόμισεν.*

[b] Iidem *πάντα ὁμοῦ ὑπομείνασα, καὶ μετὰ πολλοῦ τοῦ πόνου καὶ τῆς ὑπερβολῆς.*

ὁρῶ λάμποντα μειζόνως, ἢ ὅτε ἐπὶ τοῦ θρόνου τῆς Αἰγύπτου καθήμενος τὸν σῖτον διένεμε τοῖς δεομένοις,
E καὶ τὸν λιμὸν ἔλυε, καὶ κοινὸς λιμὴν ἅπασιν ἐγίνετο. Τότε ὁρῶ αὐτὸν φαιδρὸν, ὅτε αὐτῷ αἱ πέδαι καὶ χειροπέδαι περιέκειντο, ἢ ὅτε ἐν ἱματίοις λαμπροῖς τὴν τοσαύτην δυναστείαν περιεβέβλητο. Ὁ μὲν γὰρ πραγματείας ἦν καιρὸς καὶ ἐμπορίας πολλῆς, ὁ τοῦ δεσμωτηρίου λέγω· ὁ δὲ τρυφῆς καὶ ἀνέσεως καὶ τιμῆς, πολλὴν μὲν ἔχων τὴν ἡδονὴν, οὐ πολὺ δὲ τὸ κέρδος. Διὰ τοῦτο οὐδὲ οὕτως αὐτὸν μακαρίζω τιμώμενον ὑπὸ
564 τοῦ πατρὸς, ὡς φθονούμενον ὑπὸ τῶν ἀδελφῶν, καὶ
A συνοίκους ἔχοντα τοὺς πολεμίους. Καὶ γὰρ ἐκ πρώτης ἡλικίας οἴκοθεν χαλεπὸς αὐτῷ ἀνεῤῥιπίζετο πόλεμος, τῶν πολεμούντων ἐγκαλεῖν μὲν ἐχόντων οὐδὲν, τηκομένων δὲ καὶ διαῤῥηγνυμένων διὰ τὸ πλείονος ἀπολαύειν αὐτὸν παρὰ τοῦ πατρὸς διαθέσεως. Καίτοι γε τὸ φίλτρον ὁ νομοθέτης Μωσῆς οὐκ ἔφησεν ἐξ ἀρετῆς τοῦ παιδὸς ἔχειν τὴν ἀρχὴν, ἀλλ' ἀπὸ τοῦ καιροῦ τῶν ὠδίνων. Ἐπειδὴ γὰρ [a] ὕστερον τῶν ἄλλων ἐτέχθη, καὶ ἐν ἐσχάτῳ γήρᾳ (ποθεινὰ δὲ τὰ τοιαῦτα παιδία, ἅτε παρ' ἐλπίδα γεννώμενα), διὰ τοῦτο ἐφιλεῖτο. Ἠγάπα γὰρ αὐτὸν ὁ πατὴρ, φησὶν, ὅτι υἱὸς γήρως ἦν αὐτῷ.

illud etiam quod nihil æqui impetrans, post tantum certamen, ob quod eum corona donari par erat, tamquam reus nocens in vincula ducebatur, ac cum iis qui gravissima flagitia perpetraverant, includebatur, squalor item et ferrum, carceris afflictio. Tum scilicet eum splendidiorem cerno, quam cum in Ægypti solio sedens frumentum egentibus tribuebat, famem pellebat, et communis omnibus portus erat. Tum, inquam, eum clariorem cerno, cum eum compedes et manicæ vinciebant, quam cum in luculentis vestibus tantam potentiam obtinebat. Etenim illud carceris tempus, negotiationis atque ingentis quæstus erat: hoc autem, luxus, remissionisque animi, atque honoris, multas quidem voluptates habens, at non multum lucri. Ideo non tam eum suspicio, cum honor ei a patre habetur, quam cum fraterna invidia exagitatur, atque contubernales hostes habet. Nam domi ipsi jam inde a primis annis grave bellum excitabatur: et quidem ab iis hostibus qui, quod ipsi succenserent, nihil habebant; verum eam ob causam tabescebant, ac dolore disrumpebantur, quod majorem ipse patris benevolentiam obtineret. Porro legislator Moses hanc vim amoris, non a pueri virtute, sed ab eo tempore, quo procreatus est, ortum duxisse asserit. Nam quoniam serius quam alii in lucem editus fuerat, inquit, atque in extrema senectute (cordi autem maxime sunt hujusmodi filii, quod præter
Gen 37. 3. spem orti sint), idcirco patri carus erat. *Diligebat enim eum pater*, inquit, *quod eum senex genuisset*.

B Ταῦτα δὲ ὁ νομοθέτης ἔγραψεν, ὡς ἔγωγε οἶμαι, οὐ τὸ ὂν διηγούμενος, ἀλλὰ τοῦ πατρὸς τὴν σκῆψιν καὶ τὴν πρόφασιν. Ἐπειδὴ γὰρ ἑώρα φθονούμενον τὸ μειράκιον, παραμυθήσασθαι τὸ πάθος τῶν ἀδελφῶν βουλόμενος, ἔπλασεν ἀγάπης αἰτίαν οὐ πολὺν τίκτουσαν αὐτῷ τὸν φθόνον. Ὅτι γὰρ οὐ τοῦτο αἴτιον ἦν τοῦ φίλτρου, ἀλλὰ ἡ ἀκμάζουσα τῆς ψυχῆς ἀρετὴ, καὶ τῆς ἡλικίας ἀκμαιοτέρα οὖσα, δῆλον ἐκ τοῦ Βενιαμίν. Εἰ γὰρ διὰ τοῦτο ἐκεῖνος ἐφιλεῖτο, πολλῷ μᾶλλον τὸν νεώτερον αὐτοῦ φιλεῖσθαι ἐχρῆν. Μετὰ γὰρ τὸν Ἰωσὴφ
C ἐκεῖνος ἐτέχθη, καὶ οὗτος μᾶλλον υἱὸς γήρως ἦν αὐτῷ. Ἀλλ', ὅπερ ἔφην, τοῦ πατρὸς ἦν τὸ πλάσμα, βουλομένου καταλῦσαι τὸν ἀδελφικὸν πόλεμον· ἀλλ' οὐδὲ οὕτως ἴσχυσεν, ἀλλ' ἐξεκαίετο σφοδροτέρα ἡ φλόξ. Καὶ ἐπειδὴ οὐδὲν ἴσχυον ποιῆσαι τέως, κατήνεγκαν αὐτῷ ψόγον πονηρὸν, αἰσχρᾷ περιέβαλον αἰτίᾳ, τὴν βάρβαρον γυναῖκα προφθάσαντες οἱ ἀδελφοὶ, καὶ πολλῷ χείρους φανέντες αὐτῆς. Ἡ μὲν γὰρ εἰς ἀλλό-

11. Hæc autem, mea quidem sententia, scripsit legislator, non id quod res erat narrans, verum patris prætextum et obtentum. Quoniam enim adolescentem apud fratres invidia flagrare perspiciebat, ut huic eorum morbo mederetur, eam amoris causam effinxit, quæ non magnum ipsi livorem procrearet. Nam quod alioqui non ea amoris causa esset, verum efflorescens animi virtus atque ætate maturior, ex Benjamin liquido perspici potest. Nam si eam ob causam ille amabatur, multo utique magis hunc amari oportebat, qui natu minor erat. Siquidem Benjamin post Josephum satus est, atque a seniore patre procreatus. Verum, ut jam a me dictum est, patris hoc figmentum erat, fraternum bellum reprimere studentis: ac ne sic quidem id assequi potuit: verum acrius flamma exardescebat. Et quia nihil aliud tum efficere poterant, fœdam labem ipsi

[a] Iidem Mss. ὕστερος τῶν ἄλλων.

τριον, οἱ δὲ εἰς ἀδελφὸν ἐγίνοντο πονηροί. Καὶ οὐδὲ ἐνταῦθα ἔστησαν τῆς κακίας· ἀλλ' ἐπηγωνίζοντο τοῖς προτέροις ἀεὶ, καὶ λαβόντες μόνον ἐν ἐρημίᾳ καὶ ἔσφαξαν, καὶ ἀπέδοντο, καὶ δοῦλον ἀντ' ἐλευθέρου D ἐποίησαν, [b] καὶ δουλείαν τὴν ἐσχάτην. Οὔτε γὰρ ὁμοφύλοις τισὶν, ἀλλὰ βαρβάροις ἑτερογλώσσοις, καὶ τοῖς εἰς βάρβαρον ἀπιοῦσι χώραν ἐξέδωκαν τὸν ἀδελφόν· ὁ δὲ Θεὸς λαμπρότερον αὐτὸν ποιῶν, ἠνείχετο τῶν γινομένων, καὶ ἐμακροθύμει, κινδύνων κινδύνους διαδεχομένων. Μετὰ γὰρ τὸν φθόνον καὶ τὴν αἰσχρὰν διαβολὴν σφαγῇ παρέδωκαν, καὶ δοολείᾳ σφαγῆς χαλεπωτέρᾳ. Μὴ Γάρ μοι παραδράμῃς ἁπλῶς τὸ εἰρημένον· ἀλλ' ἐννόησον ἡλίκον ἦν μειράκιον εὐγενὲς, ἐν E οἰκίᾳ πατρικῇ τραφὲν μετὰ ἐλευθερίας ἁπάσης, μετὰ ἀγάπης πατρὸς τοσαύτης, ἀθρόον ὑπὸ ἀδελφῶν ἀπεμποληθῆναι, οὐδὲν ἐχόντων ἐγκαλεῖν, καὶ βαρβάροις ἐκδοθῆναι ἑτερογλώσσοις, καὶ ἤθεσιν ἀλλοκότοις, καὶ αὐτοθηρίοις μᾶλλον, ἢ ἀνθρώποις· καὶ ἄπολιν, καὶ μετανάστην, καὶ οἰκέτην, καὶ ξένον ἀντ' ἐλευθέρου καὶ πολίτου γενέσθαι, καὶ τοσαύτης ἀπολαύσαντα τῆς εὐημερίας, πρὸς τὴν ἐσχάτην κατενεχθῆναι ταλαιπω- 565
A ρίαν δουλείας ἀήθη ὄντα μεθ' ὑπερβολῆς ἁπάσης, καὶ πικροτάτους λαβεῖν δεσπότας, καὶ πρὸς ἀλλοτρίαν καὶ βάρβαρον [a] μετενεχθῆναι γῆν. Ἀλλ' οἰδὲ ἐνταῦθα ἵστατο τὰ δεινὰ, ἀλλ' ἐπιβουλαὶ πάλιν ἐπιβουλὰς διεδέχοντο μετὰ τὰ ὀνείρατα ἐκεῖνα τὰ θαυμαστὰ καὶ τὴν τῶν ἀδελφῶν αἰτοῦ προσκύνησιν προαναφωνοῦντα. Λαβόντες γὰρ αἰτὸν οὗτοι οἱ ἔμποροι οἳ κατέσχον, ἀλλ' ἑτέροις αὐτὸν πάλιν χείροσιν ἀπέδοντο βαρβάροις. Οἶσθα δὲ ἡλίκον τοῦτο εἰς συμφορᾶς λόγον, τὸ δεσπότας τοιούτους ἐκ τοιούτων ἀμείβειν. Τοῦτο γὰρ δυσκολωτέραν ποιεῖ τὴν δουλείαν, ὅταν καὶ ξένοι πάλιν οἱ κτώμενοι, καὶ τῶν προτέρων ὦσι χαλεπώτεροι. Καὶ γίνεται [b] ἐν Αἰγύπτῳ τῇ θεομάχῳ τότε ἐκείνῃ καὶ B μαινομένῃ, ὅθεν τὰ ἀναίσχυντα στόματα, ὅθεν αἱ βλάσφημοι γλῶσσαι. Καὶ γίνεται παρ' Αἰγυπτίοις, ὧν καὶ εἷς ἤρκεσε μόνος τὸν μέγαν Μωϋσέα δραπέτην καὶ φυγάδα ποιῆσαι. Καὶ ἐπειδὴ μικρὸν ἀνέπνευσεν ἐκεῖ, τοῦ φιλανθρώπου Θεοῦ, τοῦ τὰ παράδοξα οἰκονομοῦντος, τὸν ἄγριον θῆρα τὸν ὠνησάμενον αὐτὸν ποιήσαντος πρόβατον, εὐθέως αὐτῷ σκάμματα παρεσκευάζετο πάλιν, καὶ στάδιον, καὶ παλαίσματα, καὶ ἀγῶνες, καὶ ἱδρῶτες σφοδρότεροι τῶν προτέρων. Ἰδοῦσα γὰρ αὐτὸν ἀδίκοις ὀφθαλμοῖς ἡ κεκτημένη, καὶ τῷ κάλλει τῆς ὄψεως αὐτοῦ χειρωθεῖσα, καὶ κατὰ C κράτος ἁλοῦσα τῷ πάθει, λέαινα ἀντὶ γυναικὸς ὑπὸ τῆς ἀκολάστου ταύτης ἐπιθυμίας ἐγένετο. Καὶ πάλιν σύνοικος ὁ πολέμιος ἦν ἐναντίαν τοῖς προτέροις τὴν

asperserunt, ac turpe crimen in eum conjecerunt, barbaram videlicet mulierem fratres antevertentes, ac multo sceleratiores ea se præbentes. Illa D enim in alienum, hi in fratrem improbi et scelerati erant. Ac ne his quidem finibus improbitatem suam circumscripserant: verum, ut ad priora semper aliquid adderent, omni studio laborabant: cumque in deserto loco solum nacti jugularunt, et vendiderunt atque ex libero servum effecerunt, et quidem acerbissimo servitutis genere. Neque enim ejusdem nationis hominibus, verum barbaris, aliena lingua utentibus, ipsisque E etiam in barbaram regionem abeuntibus fratrem dediderunt: Deus vero clariorem eum ut redderet, patiebatur ea quæ fiebant, et cum periculis succederent pericula, longanimiter tolerabat. Invidiam enim ac fœdam calumniam cædes excepit, et cæde atrocior servitus. Neque enim leviter a te id quod dixi prætereundum: verum in mentem tibi veniat, quantum erat, nobilem adole- 565 scentem, in paterna domo cum omni libertate ac A tanto patris amore educatum, subito a fratribus, qui nihil quod ipsi objicerent habebant, vendi, atque barbaris diversa lingua utentibus, immanibus, belluisque potius quam hominibus dedi, et extorrem atque exsulem, ac servum et peregrinum liberalem juvenem effici, ac post tantam felicitatem, ad extremam servitutis calamitatem, cujus prorsus insolens erat, devolvi, crudelissimosque dominos accipere, atque in alienam et barbaram terram abduci. Quin ne hic quidem malorum finis erat, verum post admiranda illa insomnia, quæ prænuntiabant fore ut ipse a fra- B tribus adoraretur, insidiis rursum insidiæ succedebant. Nam ne ipsi quidem mercatores qui acceperant, eum retinuerunt, verum improbioribus rursum barbaris vendiderunt. Non te fugit, quanti ad calamitatem momenti sit, tales dominos talibus dominis commutare. Hoc enim molestiorem servitutem reddit, cum externi rursum sint qui emunt, ac prioribus atrociores. Post in Ægyptum ingreditur, tum cum Deo bellum gerentem, et furore laborantem, unde impudentia ora, unde impiæ linguæ promanabant: C apud Ægyptios fuit, quorum vel unus potuit magnum Mosem fugitivum et exsulem reddere. Ac posteaquam aliquantum illic respiravit; quod videlicet benignus Deus res ab hominum

[b] Iidem καὶ δούλων δουλείαν τὴν πικροτάτην ἐποίησαν.
[a] Iidem ἀπενεχθῆναι.
[b] Eadem fere verba usurpat Chrysostomus initio Homiliæ in martyres Ægyptios Tom. II, p. 699, A: Αἰγύπτου τῆς θεομάχου καὶ μανικωτάτης, καὶ ὅθεν τὰ ἄθεα στόματα, ὅθεν αἱ βλάσφημοι γλῶσσαι.

opinione remotas administrans, immanem illam feram, quæ ipsum emerat, in ovem convertisset: confestim ipsi rursum arena comparabatur, rursum stadium, rursum pugnæ ac certamina, et sudores prioribus acriores. Sceleratis enim oculis eum hera conspicata, ipsiusque pulchritudine atque elegantia superata, prorsusque amoris affectu correpta, præ impudica hac cupiditate leænam sese pro femina præbebat. Ita rursum domesticus hostis erat, contrario tamen et alio, quam priores, animo præditus: illi enim odio adducti sunt, ut eum domo ejicerent; hæc contra amans, ac juvenis cupiditate incensa; et quidem duplex, imo triplex, ac multiplex hoc bellum erat. Neque enim quia retia saltu superavit, ac brevi temporis puncto laqueum dissecuit, idcirco eum hoc certamen sine labore confecisse existimes: siquidem ingentem sudorem in ea re subiit.

12. Ac si id perspicue scire tibi cordi est, cogites velim cujusmodi res sit juventus, ac juventutis flos. Nam tum in ipso juventutis flore erat: quo tempore acrior naturæ flamma excitatur, quo ingens libidinis tempestas, quo denique tempore imbecillior ratio. Juvenum enim animi non admodum magno prudentiæ præsidio muniuntur, nec magnum virtutis studium gerunt: verum et affectuum tempestas atrocior est, et ratio, quæ eas gubernat ac moderatur, infirmior. Ad naturam autem et ætatem illud etiam accedebat, quod ingens mulieris impudicitia erat. Et sicut Persicæ illæ manus Babylonicam fornacem magno studio accendebant, copiosam igni alimoniam præbentes, ac varios flammæ fomites admoventes: eodem quoque modo tunc infelix illa et ærumnosa mulier flammam fornace illa graviorem ac periculosiorem accendebat, unguenta nimirum olens, genarum pigmentis, oculorum picturis, fracta et enervata voce, motibus, ingressibus lasciviens, molli vestitu, auri ambitu, ac sexcentis aliis ejusdem generis illecebris et imposturis adolescentem a mente deducens. Et quemadmodum peritus quidam venator, fera captu difficili potiri studens, omnia artis instrumenta admovet: sic ipsa, juvenis pudicitiam perspectam habens (nec enim ea ipsi tanto tempore incognita esse poterat), ingenti sibi ad juvenem in captivitatem redigendum apparatu opus esse judicavit, ob eamque causam nulla libidinis machina erat quam non moveret. Ac ne hæc quidem satis esse ducens, tempus insuper et locum ad prædam ap-

ὑπόθεσιν ἔχων· ἐκεῖνοι γὰρ μισοῦντες αὐτὸν τῆς οἰκίας ἐξέβαλον· αὕτη δὲ ἐρῶσα καὶ περικαιομένη τοῦ νεανίσκου· καὶ ἦν διπλοῦς, μᾶλλον δὲ τριπλοῦς καὶ πολλαπλοῦς ὁ πόλεμος. Μὴ γὰρ ἐπειδὴ τὰ δίκτυα ὑπερήλατο, καὶ τὸν βρόχον διέτεμεν ἐν βραχείᾳ καιροῦ ῥοπῇ, νομίσῃς ἀπραγμόνως αὐτὸν ἠνυκέναι τὸν ἆθλον τοῦτον· καὶ γὰρ πολὺν τὸν ἱδρῶτα ὑπέμεινε.

D Καὶ εἰ βούλει καὶ τοῦτο σαφῶς μαθεῖν, ἐννόησον οἷόν ἐστι νεότης, καὶ νεότητος ἀκμή. Ἐν γὰρ αὐτῷ τῷ ἄνθει τῆς ἡλικίας ἐτύγχανεν ὢν τότε, ὅτε σφοδροτέρα τῆς φύσεως ἡ φλὸξ ἐγείρεται, ὅτε πολλὴ τῆς ἐπιθυμίας ἡ ζάλη, ὅτε ἀσθενέστερος ὁ λογισμός. Τῶν γὰρ νεωτέρων αἱ ψυχαὶ οὐ σφόδρα πολλῇ φράττονται τῇ συνέσει, οὐδὲ πολλὴν τῆς ἀρετῆς ποιοῦνται σπουδήν· ἀλλ' ὁ μὲν χειμὼν τῶν παθῶν χαλεπώτερος, ὁ δὲ τὰ πάθη κυβερνῶν λογισμὸς ἀσθενέστερος. Μετὰ δὲ τῆς φύσεως καὶ τῆς ἡλικίας, πολλὴ καὶ τῆς γυναικὸς ἦν ἡ ἀκολασία. Καὶ καθάπερ τὴν Βαβυλωνίαν κάμι-
E νον αἱ Περσικαὶ χεῖρες ἐκεῖναι μετὰ πολλῆς ἀνῆπτον τῆς σπουδῆς, δαψιλῆ τῷ πυρὶ παρέχουσαι τὴν τροφὴν, καὶ ποικίλα ὑπεκκαύματα ἐμβάλλουσαι τῇ φλογί· οὕτω δὴ καὶ τότε ἡ ἀθλία καὶ ταλαίπωρος ἐκείνη γυνὴ τῆς καμίνου ταύτης χαλεπωτέραν ἀνῆπτε τὴν φλόγα, μύρων ὄζουσα, ἐπιτρίμμασι παρειῶν, ὑπογραφαῖς ὀφθαλμῶν, κατακεκλασμένῃ φωνῇ, κινή-
566 μασι, [c] βαδίσμασι διαθρυπτομένη, ἱματίοις μαλακοῖς,
A περιβολῇ χρυσίων, καὶ ἑτέραις τοιαύταις μυρίαις μαγγανείαις καταγοητεύουσα τὸ μειράκιον. Καὶ καθάπερ τις θηρευτὴς δεινὸς δυσάλωτον μέλλων χειροῦσθαι ζῶον, ἅπαντα κινεῖ τῆς τέχνης τὰ ὄργανα· οὕτω δὴ καὶ αὕτη, τὴν σωφροσύνην εἰδυῖα τοῦ νεανίσκου (οὐδὲ γὰρ ἔμελλεν ἐν τοσούτῳ χρόνῳ λανθάνειν), πολλῆς ἐνόμισεν αὐτῇ δεῖν παρασκευῆς ἐπὶ τὴν αἰχμαλωσίαν τοῦ νεανίσκου, καὶ διὰ τοῦτο πάντα ἐκίνει τῆς ἀκολασίας τὰ μηχανήματα. Καὶ οὐδὲ τούτοις ἤρκεῖτο μόνοις, ἀλλὰ καὶ καιρὸν καὶ τόπον [a] ἐπετήρει πρὸς τὴν θήραν ἐπιτήδειον. Διὰ τοῦτο οὐδὲ εὐθέως ἁλοῦσα προσέβαλεν, ἀλλὰ πολὺν ἀνέμεινε χρόνον,
B τὴν πονηρὰν ταύτην ἐπιθυμίαν ὠδίνουσα καὶ παρα-

[c] Iidem βαδίσμασι διαθρυπτομένοις.

[a] Duo ἐπεζήτει, unus ἐπενόει.

σκευαζομένη, δεδοικυῖα μὴ τῷ τάχει καὶ ταῖς ἐσχεδιασμέναις αὐτῆς ἐπιβουλαῖς διαφύγῃ τὸ θήραμα. Καί ποτε εὑροῦσα μόνον ἐν οἴκῳ τὰ συνήθη ποιοῦντα, ἀνασκάπτει βαθύτερον λοιπὸν βάραθρον, καὶ τὰ πτερὰ τῆς ἡδονῆς πάντοθεν ἀναπετάσασα, ὥσπερ ἐν μέσοις δικτύοις λοιπὸν ἔχουσα τὸν νέον, ἐπεισέρχεται, καὶ μόνη μόνον ἀπολαβοῦσα· μᾶλλον δὲ οὐ μόνη· καὶ γὰρ καὶ τὴν ἡλικίαν καὶ τὴν φύσιν καὶ τὰ αὐτῆς μηχανήματα συμπαρόντα εἶχεν αὐτῇ· ἕλκει λοιπὸν ἐπὶ τὴν ἄδικον πρᾶξιν πρὸς βίαν τὸν γενναῖον ἐκεῖνον. Τί τοῦ πειρασμοῦ τούτου χαλεπώτερον; ποίας τοῦτο καμίνου καὶ φλογὸς οὐ σφοδρότερον, νέον σφριγῶντα, δοῦλον, ἔρημον, ἄπολιν, ξένον, μετανάστην, ὑπὸ δεσποίνης οὕτως ἀκολάστου καὶ μαινομένης, οὕτω πλουτούσης, καὶ τοσαύτην δυναστείαν περιβεβλημένης, ἐν ἐρημίᾳ τοσαύτῃ (συντελεῖ γὰρ καὶ τοῦτο πρὸς τὴν τοιαύτην ἅλωσιν), συνειλημμένον κατέχεσθαί τε καὶ κολακεύεσθαι, καὶ πρὸς εὐνὴν ἄγεσθαι δεσποτικὴν, καὶ ταῦτα μετὰ τοσούτους κινδύνους καὶ ἐπιβουλάς; Οἶσθα γὰρ ὡς οἱ πολλοὶ, ὅταν [b] τεταριχευμένοι τυγχάνωσι, καὶ ἐν τοῖς δεινοῖς ὦσιν, εἶτα εἰς τρυφὴν καλῶνται, καὶ ἄνεσιν, καὶ τὸν ὑγρὸν καὶ διαλελυμένον βίον, προθυμότερον ἐπιτρέχουσιν. Ἀλλ' οὐκ ἐκεῖνος, ἀλλ' ἔμενε διὰ πάντων τὴν οἰκείαν καρτερίαν ἐπιδεικνύμενος. Ἐγὼ τὸν θάλαμον ἐκεῖνον καὶ τὴν Βαβυλωνίαν κάμινον, καὶ τὸν τοῦ Δανιὴλ λάκκον τῶν λεόντων, καὶ τὴν γαστέρα τοῦ θαλαττίου θηρίου, εἰς ἣν ὁ προφήτης ἐνέπεσε, [c] θαῤῥῶν ἴσην ἂν προσείποιμι, μᾶλλον δὲ καὶ πολλῷ τούτων χαλεπώτερον. Ἐκεῖ μὲν γὰρ τῆς ἐπιβουλῆς ἡ νίκη σώματος ἦν ἀπώλεια, ἐνταῦθα δὲ ψυχῆς πανωλεθρία, καὶ θάνατος ἀθάνατος, καὶ συμφορὰ παραμυθίαν οὐκ ἔχουσα. Οὐ ταύτῃ δὲ μόνον χαλεπὸς ὁ λάκκος οὗτος ἦν, ἀλλ' ὅτι μετὰ τῆς βίας καὶ τοῦ δόλου, καὶ πολλῆς ἔγεμε τῆς κολακείας, πολλοῦ τοῦ ποικίλου καὶ παντοδαποῦ πυρὸς, οὐ σῶμα καίοντος, ἀλλὰ αὐτὴν φλέγοντος τὴν ψυχήν. Καὶ τοῦτο αὐτὸ δηλῶν ὁ Σολομὼν ὁ μάλιστα ταῦτα μετὰ ἀκριβείας εἰδὼς ἡλίκον ἐστὶ τὸ γυναικὶ συμβάλλειν ἄνδρα ἐχούσῃ· Ἀποδήσει τις, φησὶ, πῦρ ἐν κόλπῳ, τὰ δὲ ἱμάτια οὐ κατακαύσει; ἢ περιπατήσει τις ἐπ' ἀνθράκων πυρὸς, τοὺς δὲ πόδας οὐ καταφλέξει; Οὕτως ὁ πορευόμενος πρὸς γυναῖκα ὕπανδρον καὶ πᾶς ὁ ἁπτόμενος αὐτῆς, οὐκ ἀθωωθήσεται. Ὃ δὲ λέγει, τοιοῦτόν ἐστιν· ὥσπερ, φησὶν, οὐκ ἔνι ὁμιλοῦντα πυρὶ, μὴ κατακαίεσθαι, οὕτως οὐδὲ γυναιξὶ συνόντα διαφεύγειν τὸν ἐντεῦθεν ἐμπρησμόν. Οὗτος δὲ ὁ πολλῷ χαλεπώτερον ἦν ὑπέμεινεν. Οὐ γὰρ αὐτὸς αὐτῆς ἥψατο, ἀλλ' ὑπ' ἐκείνης κατείχετο, μόνος ὑπὸ μόνης ἀπειλημμένος· καίτοι τοσούτοις ἤδη κακοῖς

positum requirebat. Quamobrem haud statim atque se ipsius amore captam esse sensit, eum adorta est: verum diu exspectavit, improbam hanc cupiditatem parturiens, ac se comparans: quod vereretur, ne, si celeritatem adhiberet, ac tumultuarie insidias moliretur, præda effugeret. Cum autem aliquando eum domi solum invenisset solitis vacantem rebus, foveam profundiorem jam fodit, ac voluptatis pennis undique expansis, tamquam mediis retibus interceptum juvenem
C habens, irrepit, ac sola solum nacta; imo non sola: nam et ætatem et naturam ac denique suas ipsius machinas socias habebat; generosum illum adolescentem ad nefarium facinus per vim deinceps trahit. Quid hac tentatione gravius? quid hac fornace ac flamma vehementius et acrius, juvenem vigentem, servum, destitutum, urbe carentem, extraneum, exsulem, ab hera usque adeo libidinosa et furente, tantis opibus tantaque potentia circumfluente, in tanta solitudine
D (nam hoc quoque ad hujusmodi capturam conducit), correptum teneri atque illecebris deliniri et ad herilem lectum duci, idque post tot pericula et insidias? Non enim te fugit plerosque, posteaquam calamitatibus ac rerum acerbitatibus confecti sunt, si ad luxum animique remissionem, et molle ac dissolutum vitæ genus vocentur, promtius accurrere solere. At non ille: verùm tolerantiam constanter in omnibus rebus præ se tulit. Equidem hunc thalamum et Babylonicam fornacem, et Danielis lacum leonum, et marinæ
E belluæ ventrem, in quem propheta incidit, appellare haud dubitem: imo etiam his longe graviorem. Illic enim corporis interitus insidiarum victoria erat: hic autem animæ exitium, et mors sempiterna, et calamitas omnis consolationis expers. Nec vero dumtaxat hoc nomine gravis ac periculosus hic lacus erat, sed etiam quia præter vim ac dolum ingenti quoque libidine plenus erat, multoque ac multiplici igne, non corpus urente, verum animam ipsam inflammante. Id quod etiam Salomon, qui, quam periculosum sit
567 A cum muliere matrimonio cum viro copulata congredi, maxime perspectum habebat, his verbis testatur: Quis *alligabit ignem in sinu suo*, et *vestimenta ejus non ardebunt? quis ambulabit super prunas*, et *pedes ejus non comburentur? Sic* omnis *qui ingreditur ad mulierem proximi sui*, *non* erit *mundus*, *cum teti-* Prov. 6. 27. —29.

[b] Iidem τεταριχευμένοι τύχωσι τοῖς δεινοῖς [hæc sic et Savil.], εἰς τρυφὴν καλούμενοι καὶ ἄνεσιν, καὶ τὸν ὑγρὸν τοῦτον καί.

[c] Duo Mss. θαρσῶν ἂν μίαν προσείποιμι.

gerit *eam*. Quod autem ait, hanc sententiam habet: Quemadmodum fieri nequit, ut qui in igne versatur, non exardescat: sic nec fieri potest, ut qui consuetudinem cum feminis habet, incendium quod hinc oritur effugiat. Hic autem quod multo gravius erat sustinuit. Non enim eam ipse attigit, verum ab ea detinebatur, solus a sola comprehensus: idque, cum jam tot calamitatibus confectus, tot insidiis afflictus esset, ac requietis et securitatis cupiditate teneretur.

κατειργασμένος, καὶ τοσαύταις τεταριχευμένος ἐπιβουλαῖς, καὶ ἀνέσεως ἐπιθυμῶν καὶ ἀδείας.

13. Et tamen, cum inter tot retia versaretur, ac multiplicem feram impetum in se facere, et B omni ex parte se laniare conspiceret, per tactum, per vocem, per oculos, per fucum et pigmenta, per aurea ornamenta, per unguenta, per indumenta, per mores, per verba, per mundum muliebrem quem gestabat, per solitudinem quæ id afferebat ut nemo id scire posset, per opes, per potentiam; ac præterea ipsa, ut superius a me dictum est, ætatem, naturam, servitutem, atque in aliena regione commorationem, rei gerendæ socias haberet: omnem illam flammam superavit. Ego C vero hanc tentationem et fratrum invidia, et propinquorum odio, et venditione, et barbarorum dominatu, et longa peregrinatione, et in aliena regione commoratione, et carcere, et catena, et diuturno tempore, et omnibus ærumnis, quibus illic conflictatus est, multo graviorem esse confirmo: siquidem de extremis periculum ipsi creabatur. Posteaquam autem hoc quoque bellum effugit, atque hic etiam, tum Dei gratia, tum juvenis virtute, hic roscidus spiritus perflatus fuit: tanta enim in eo tranquillitatis animi et D pudicitiæ copia erat, ut etiam illius furorem comprimere et exstinguere studuerit; posteaquam, inquam, ipse intactus excessit, non secus videlicet atque adolescentes illi qui Persicam flammam effugerunt (*Neque enim*, inquit, *ignis odor in illis* *erat*), magnusque castitatis pugil emicuit, atque adamantem imitatus est: quid statim sit consequutus, et quænam præmia victorem exceperint, videamus. Insidiæ rursum, et voragines, et mors, et pericula, et calumniæ, et odium iniquum ac stolidum. Misera enim illa mulier gravi furore E amorem solatur, affectumque affectui copulat, atque impudicæ cupiditati sceleratam iram adjungit, et post adulterium carnifex efficitur. Atque ingentem feritatem spirans, sanguinariis

Dan. 3.28. *In vulg.* 94.

Ἀλλ' ὅμως ἐν τοσούτοις δικτύοις ὢν, καὶ ποικίλον θηρίον ὁρῶν αὐτῷ προσβάλλον, καὶ διὰ πάντων αὐτὸν [a] καταξέον, διὰ τῆς ἁφῆς, διὰ τῆς φωνῆς, διὰ τῶν ὀμμάτων, διὰ τῶν χριωμάτων, διὰ τῆς ὑπογραφῆς, διὰ τῶν χρυσίων, διὰ τῶν μύρων, διὰ τῶν ἱματίων, διὰ τοῦ ἤθους, διὰ τῶν ῥημάτων, διὰ τοῦ κόσμου τοῦ περικειμένου, διὰ τῆς μονώσεως, διὰ τοῦ λανθάνειν, διὰ τοῦ πλούτου, διὰ τῆς δυναστείας, ἔχουσαν μετὰ τούτων συνεργὸν, ὅπερ ἔμπροσθεν εἶπον, τὴν ἡλικίαν, τὴν φύσιν, τὴν δουλείαν, τὸ ἐν ἀλλοτρίᾳ εἶναι, πᾶσαν ἐνίκησε τὴν φλόγα ἐκείνην. Ἐγὼ τοῦτον τὸν πειρασμὸν καὶ τοῦ φθόνου τῶν ἀδελφῶν, καὶ τοῦ μίσους τοῦ συγγενικοῦ, καὶ τῆς πράσεως, καὶ τῆς τῶν βαρβάρων δεσποτείας, καὶ τῆς μακρᾶς ἀποδημίας, καὶ τῆς ἐν ἀλλοτρίᾳ διατριβῆς, καὶ τοῦ δεσμωτηρίου, καὶ τῆς ἁλύσεως, καὶ τοῦ μακροῦ χρόνου, καὶ τῆς αὐτόθι ταλαιπωρίας πολὺ χαλεπώτερον εἶναί φημι· καὶ γὰρ περὶ τῶν ἐσχάτων ὁ κίνδυνος ἦν. Ἐπειδὴ δὲ καὶ τοῦτον [b] διέφυγε τὸν πόλεμον, καὶ ἐγένετο ἐνταῦθα πνεῦμα δρόσου διασυρίζον, ἀπό τε τῆς τοῦ Θεοῦ χάριτος καὶ τῆς ἀρετῆς τοῦ νέου· τοσοῦτο γὰρ αὐτῷ περιῆν ἀταραξίας καὶ σωφροσύνης, ὅτι καὶ τὴν τῆς ἐκείνης μανίαν καταλῦσαι ἐσπούδασε· πλὴν ἐπειδὴ αὐτὸς ἐξῆλθεν ἀνέπαφος, ὥσπερ οἱ νεανίσκοι τὴν Περσικὴν διαφυγόντες φλόγα (Οὐδὲ γὰρ ὀσμὴ πυρὸς ἦν ἐν αὐτοῖς, φησὶ), καὶ σωφροσύνης μέγας ἀθλητὴς ἀνεδείχθη, καὶ ἀδάμαντα ἐμιμήσατο, ἴδωμεν οἵων εὐθέως ἀπήλαυσε, [c] καὶ τίνα ἔπαθλα διαδέχεται τὸν στεφανίτην. Ἐπιβουλαὶ πάλιν, καὶ βάραθρα, καὶ θάνατος, καὶ κίνδυνοι, καὶ συκοφαντίαι, καὶ μῖσος ἄλογον. Ἡ γὰρ ἀθλία τότε ἐκείνη θυμῷ παραμυθεῖται τὸν ἔρωτα, καὶ πάθος συνάπτει πάθει, καὶ ἐπιθυμίᾳ ἀκολάστῳ προστίθησιν ὀργὴν ἄδικον, καὶ μετὰ τὴν μοιχείαν γίνεται καὶ ἀνδροφόνος. Καὶ πνέουσα θηριωδίας πολλῆς καὶ φόνιον βλέπουσα, καθίζει δικαστήριον διεφθαρμένον, τὸν δεσπότην τὸν ἐκείνου, τὸν ἄνδρα τὸν ἑαυτῆς, τὸν βάρβαρον, τὸν Αἰγύπτιον, καὶ εἰσάγει κατηγορίαν ἀμάρτυρον. Καὶ οὐδὲ ἀφίησιν

[a] Unus *κατατοξεῦον*, et sic legerat Billius. Ibid. duo Manuscripti *διὰ τῶν ἐπιτριμμάτων, διὰ τῆς*. Paulo post iidem *περικειμένου, διὰ τῆς ἐρημίας, διὰ τῆς μονώσεως*.

[b] Unus *διέφυγε τὸν κίνδυνον, καὶ διέδρα τὸν πόλεμον*.

[c] Duo Mss. *καὶ τί μετὰ τὸν ἆθλον τοῦτον διαδέχεται τόν*.

εἰσελθεῖν εἰς δικαστήριον τὸν ἐγκαλούμενον, [d] ἀλλ' ἠρέμα κατηγορεῖ, τῇ τε ἀνοίᾳ καὶ τῇ εὐνοίᾳ τοῦ δικάζοντος, τῇ τε ἀξιοπιστίᾳ τοῦ οἰκείου προσώπου, καὶ τῷ δοῦλον εἶναι τὸν ἐγκαλούμενον θαῤῥοῦσα, καὶ τὰ ἐναντία εἰποῦσα τῶν γενομένων ἐκράτησε τοῦ δικαστοῦ, 568 A καὶ τὴν νικῶσαν ἔπεισε ψῆφον ἐξενεγκεῖν, καὶ καταδικάσαι τὸν ἀνεύθυνον, καὶ τιμωρίαν ἐπιθεῖναι χαλεπωτάτην, καὶ δεσμωτήριον εὐθέως, καὶ ἀπαγωγὴ, καὶ ἅλυσις. Καὶ μηδὲ ἰδὼν δικαστὴν κατεκρίθη ὁ θαυμαστὸς ἐκεῖνος ἀνήρ. Καὶ τὸ δὴ χαλεπώτερον, κατεκρίνετο ὡς μοιχὸς, ὡς δεσποτικῆς ἐπιθυμήσας εὐνῆς, ὡς ἀλλότριον διορύξας γάμον, ὡς ἁλοὺς, ὡς ἐληλεγμένος. Ὅ τε γὰρ δικαστὴς, ἥ τε κατήγορος παρὰ τοῖς πολλοῖς καὶ τὴν ἀλήθειαν οὐκ εἰδόσιν, ἥ τε τιμωρία ἑπομένη ἀξιόπιστον ἐποίει τὸ δρᾶμα φαίνεσθαι. Ἀλλ' οὐδὲν τούτων ἐθορύβησεν ἐκεῖνον, οὔτε εἶπεν· αὗται τῶν ὀνείρων αἱ ἀμοιβαί; τοῦτο τῶν ὄψεων ἐκείνων τὸ τέλος; ταῦτα τῆς σωφροσύνης τὰ ἔπαθλα; Κρίσις ἄλογος, καὶ ψῆφος ἄδικος, καὶ πο- B νηρὰ πάλιν ὑπόληψις. Ὥσπερ γὰρ ἡταιρηκὼς ἐξεβλήθην ἔναγχος τῆς πατρῴας οἰκίας, ὡς μοιχὸς καὶ σωφροσύνην διορύξας γυναικὸς εἰς δεσμωτήριον εἰσάγομαι νῦν, καὶ ταῦτα περὶ ἐμοῦ πάντες ψηφίζονται. Καὶ οἱ μὲν ἀδελφοὶ, οἱ μέλλοντές με προσκυνεῖν (τοῦτο γὰρ τὰ ὀνείρατα ἐδήλου), ἐν ἐλευθερίᾳ καὶ ἀδείᾳ καὶ τρυφῇ, καὶ πατρίδι καὶ οἰκίᾳ πατρῴᾳ· ἐγὼ δὲ ὁ μέλλων αὐτῶν κρατεῖν, μετὰ τυμβωρύχων, μετὰ λῃστῶν, μετὰ βαλαντιοτόμων ἐνταῦθα δέδεμαι· οὔτε μετὰ τὸ τῆς πατρίδος ἐκπεσεῖν θορύβων ἀπηλλα- C γμένος καὶ πραγμάτων, ἀλλὰ καὶ ἐν ἀλλοτρίᾳ πάλιν βάραθρα ἡμᾶς καὶ ξίφη ἠκονημένα διαδέχεται. Καὶ ἡ μὲν τοιαῦτα δράσασα καὶ συκοφαντήσασα, δι' ἑκατέρων τῶν τολμημάτων ἀποτμηθῆναι δικαία, χορεύει καὶ σκιρτᾷ νῦν ὥσπερ ἐπὶ τροπαίοις καὶ λαμπροῖς ἐπινικίοις [a] ἐστεφανωμένη· ἐγὼ δὲ ὁ μηδὲν ἠδικηκὼς τὴν ἐσχάτην τίνω δίκην. Οὐδὲν τούτων ἐκεῖνος εἶπεν, οὐδὲ ἐνενόησεν· ἀλλ' ὥσπερ ἀθλητὴς διὰ στεφάνων ὁδεύων, οὕτως ἔχαιρε, καὶ ηὐφραίνετο, οὔτε τοῖς ἀδελφοῖς, οὔτε τῇ μοιχαλίδι μνησικακῶν. Πόθεν τοῦτο D δῆλον; Ἐξ ὧν αὐτὸς πρός τινα τῶν αὐτόθεν δεδεμένων διελέχθη ποτέ. Τοσοῦτον γὰρ ἀπεῖχεν ὑπὸ ἀθυμίας ἁλῶναι, ὅτι καὶ ἑτέροις ἔλυσε λύπας. Ἐπειδὴ γὰρ εἶδέ τινας αὐτόθι [b] τεταραγμένους καὶ συγκεχυμένους καὶ ἀθυμοῦντας, προσῆλθεν εὐθέως τὴν αἰτίαν εἰσόμενος. Καὶ μαθὼν ὅτι ἐξ ὄψεως ὀνειράτων ὁ θόρυβος, ἔλυσε τὰ ὀνείρατα. Εἶτα παρακαλῶν ἀναμνῆσαι τὸν βασιλέα, τῆς ἀπαλλαγῆς ἕνεκεν τῆς αὐτοῦ· εἰ γὰρ καὶ γενναῖος καὶ θαυμαστὸς ἦν, ἀλλ' ἄνθρωπος ἦν καὶ οὐκ ἐβούλετο ταῖς ἁλύσεσιν ἐνταλαιπωρεῖσθαι ἐκεί-

oculis respiciens, tribunal constituit, corruptumque judicem collocat, hoc est illius herum, virum suum, barbarum, Ægyptium; crimenque sine teste inducit. Ac ne tribunal quidem ingrediendi potestatem reo facit, verum secure accusat, judicis nimirum stultitia et benevolentia, suo quasi fide digno testimonio, ac denique ejus qui accusabatur servitute freta: ac rem contra quam gesta fuerat narrans judicem superavit, cumque adduxit, ut secundum se judicaret, insontemque damnaret, eique gravissimam pœnam imponeret, ac statim carcer, et abductio, et vincula. Ac ne judice quidem viso condemnabatur eximius ille vir. Et, quod gravius est, ut adulter condemnabatur, ut herilis lecti appetitor, ut alieni matrimonii violator, ut convictus et deprehensus. Nam et judex, et accusatrix, ac denique pœna quæ subsequebatur, apud multos ac veritatis ignaros hoc efficiebant, ut fabula fidem inveniret. At nihil horum animum illius conturbavit, nec dixit: Hæccine somniorum remuneratio est? hiccine visorum illorum eventus? hæccine pudicitiæ præmia? Præceps ac stolidum judicium, iniqua sententia, atque improba rursum existimatio. Tamquam amasius domo patria nuper ejectus sum: tamquam adulter et muliebris pudicitiæ violator in carcerem nunc ducor, atque omnes de me sententiam ferunt. Ac fratres quidem, a quibus adorandus eram (hoc enim somnia ostendebant), in libertate et securitate, ac deliciis, atque in patria et paterna domo sunt: ego autem, in cujus imperio ac potestate illi futuri erant, cum sepulcrorum effossoribus, cum prædonibus, cum furibus hic vinctus teneor; ac ne patriis quidem sedibus exturbatus, tumultibus negotiisque liberor: verum etiam in extera regione barathra nos rursum ac præacuti mucrones excipiunt. Cumque ea quæ talia designavit, calumniamque struxit, atque utriusque sceleris nomine supplicium extremum meretur, choros nunc agat et exsultet, ac velut tropæis ornata victoriæque signis: ego contra, qui nihil sceleris admisi, gravissimam pœnam pendo. Nihil horum ille aut loquutus est, aut mente agitavit: verum, ut pugil per coronas gradiens, sic ipse læto atque hilari animo erat, atque ita comparato, ut injuriarum, quas a fratribus et ab adultera acceperat, memoriam nullam retineret. Unde autem id constat? Ex iis nempe verbis quæ ipse ad aliquem eorum, qui illic in vinculis erant,

[d] Iidem ἀλλ' ἐρήμην κατηγορίαν τῇ.

[a] Iidem στεφανουμένη.

[b] Sic Mss. omnes. In Edito καὶ συγκεχυμένους deest.

habuit. Tantum enim ab eo aberat, ut mœrore caperetur, ut aliis etiam mœstitias discuteret. Nam cum illic quosdam perturbatos ac mœrore affectos vidisset, ad eos statim, ut causam intelligeret, accessit. Cumque hujusmodi perturbationem a quibusdam somniis profectam esse cognovisset, somnia illa solvit. Ac postea cum uno eorum agens, ut pro sua liberatione verba ad regem faceret : nam etsi fortis atque admirandus vir erat, at homo tamen erat, nec in catenis illis contabescere cupiebat; cum eo, inquam, agens, ut sui apud regem memor esset, eique, ut se e vinculis emitteret, persuaderet, coactusque causam memorare, ob quam in carcerem conjectus fuerat; quo videlicet is qui pro se deprecaretur, speciosam suscepti sui patrocinii causam haberet : nullius eorum, a quibus læsus fuerat, mentionem fecit : verum cum se criminibus liberasset, his finibus se tenuit, nec eos, a quibus injuriam acceperat, adjunxit.

Gen. 40. 15.

Ego enim, inquit, *furtim sublatus sum de* terra *Hebræorum*, et *hic nullo scelere* perpetrato *in lacum injectus sum*. Ecquid autem taces de meretrice, de adultera, de fratricidis, de invidia, de venditione, de heræ furore, de impetu, de libidine, de laqueis, de machinis, de calumnia, de iniquo judicio, de corrupto judice, de nefaria sententia, de condemnatione ab omni ratione aliena? ecquid hæc siles et occultas? Quoniam, inquit, injuriarum memoriam retinere nescio; quia hæc mihi coronæ sunt et præmia, majorisque lucri occasio.

14. Vides animum philosophicum? vides purum ab ira, ac rebus adversis atque retibus sublimiorem? vides eorum potius, a quibus læsus fuerat, vicem dolentem, quam injuriarum memorem? Nam ne fratres, aut carnificem illam in medium proferret, *Furtim*, inquit, *sublatus sum de* terra *Hebræorum, et hic* n*ihil sceleris perpetravi*. Nec usquam personæ meminit, nec lacus, nec Ismaelitarum, nec cujusquam alterius rei. Et tamen postea non vulgaris eum tentatio excepit. Is enim qui tantam ab eo consolationem acceperat, atque juxta ipsius vaticinium vinculis liberatus, et in pristinum honoris gradum restitutus fuerat, et beneficii et precationis viri justi memoriam abjecit. Ac famulus quidem in regia aula erat ingenti felicitate fruens : is autem qui solem splendore superabat, atque adeo claros ac nitentes virtutis radios emittebat, carcerem adhuc habitabat, nec quisquam erat qui de eo regem commonefaceret. Siquidem plu-

E ναις· παρακαλῶν τοίνυν μνησθῆναι αὐτοῦ πρὸς τὸν βασιλέα, καὶ πεῖσαι ἀφεῖναι αὐτὸν τῶν δεσμῶν, καὶ ἀναγκαζόμενος καὶ τὴν αἰτίαν εἰπεῖν, δι' ἣν ἐνεβέβλητο, ὥστε κἀκεῖνον τὸν ὑπὲρ αὐτοῦ δεόμενον εὐπρόσωπον ἔχειν πρόφασιν τῆς ὑπὲρ αὐτοῦ συνηγορίας, οὐδενὸς ἐμνημόνευσε τῶν ἠδικηκότων, ἀλλ' ἀπαλλάξας ἑαυτὸν τῶν ἐγκλημάτων ἔστη μέχρι τούτου μόνον, 569 καὶ οἱ προσέθηκε τοὺς εἰς αὐτὸν πεπλημμεληκότας.
A Καὶ γὰρ Ἐγὼ, φησὶ, κλοπῇ ἐκλάπην ἐκ γῆς Ἑβραίων, καὶ ὧδε οὐκ ἐποίησα οὐδὲν, καὶ ἐνέβαλόν με εἰς τὸν λάκκον τοῦτον. Καὶ τίνος ἕνεκεν οὐ λέγεις τὴν πόρνην, τὴν μοιχαλίδα, τοὺς ἀδελφοκτόνους, τὸν φθόνον, τὴν πρᾶσιν, τὴν μανίαν τῆς δεσποίνης, τὴν ἔφοδον, τὴν ἀκολασίαν, τὰ δίκτυα, τὰ μηχανήματα, τὴν συκοφαντίαν, τὴν ἄδικον κρίσιν, τὸν διεφθαρμένον δικαστὴν, τὴν παράνομον ἀπόφασιν, τὴν καταδίκην τὴν οὐκ ἔχουσαν λόγον; διὰ τί ταῦτα σιγᾷς καὶ κρύπτεις; Ὅτι μνησικακεῖν οὐκ οἶδα, φησίν· ὅτι ἐμοὶ ταῦτα στέφανοι καὶ βραβεῖα, καὶ μείζονος ἐμπορίας ὑπόθεσις.

B Εἶδες ψυχὴν φιλόσοφον; εἶδες τῆς ὀργῆς καθαρὰν καὶ τῶν δικτύων ὑψηλοτέραν; εἶδες συναλγοῦντα τοῖς ἠδικηκόσι μᾶλλον ἢ μνησικακοῦντα; Ὥστε γὰρ μήτε τοὺς ἀδελφοὺς εἰς μέσον ἐναγαγεῖν, μήτε τὴν αἱμοβόρον ἐκείνην, Κλοπῇ, φησὶν, ἐκλάπην ἐκ γῆς Ἑβραίων, καὶ ὧδε οὐκ ἐποίησα οὐδέν. Καὶ οὐδαμοῦ προσώπου μέμνηται, οὐδὲ τοῦ λάκκου, οὐδὲ τῶν Ἰσμαηλιτῶν, οὐδὲ ἄλλου τινός. Ἀλλ' ὅμως καὶ κατὰ ταῦτα αὐτὸν οὐχ ὁ τυχὼν διεδέξατο πειρασμός. Ὁ γὰρ τοσαύτης παρ' αὐτοῦ παρακλήσεως τυχὼν, καὶ τῶν
C δεσμῶν κατὰ τὴν τούτου πρόῤῥησιν ἐλευθερωθεὶς, καὶ ἐπὶ τὴν προτέραν ἀνακληθεὶς τιμὴν, τῆς εὐεργεσίας ἐπελάθετο, καὶ τῆς τοῦ δικαίου ἱκετηρίας. Καὶ ὁ μὲν οἰκέτης ἐν βασιλικαῖς ἦν αὐλαῖς πολλῆς ἀπολαύων εὐημερίας· ὁ δὲ ὑπὲρ τὸν ἥλιον λάμπων, καὶ οὕτω φαιδρὰς ἀφιεὶς τῆς ἀρετῆς τὰς ἀκτῖνας, ἔτι δεσμωτήριον ᾤκει, καὶ οὐδεὶς ἦν ὁ ἀναμιμνήσκων τὸν βασιλέα. Ἐχρῆν γὰρ αὐτῷ πλείους πλακῆναι στεφάνους, καὶ μείζονα παρασκευασθῆναι βραβεῖα· διὸ καὶ μακρότεροι τῶν δρόμων οἱ δίαυλοι τότε ἐπήγνυντο·

ἐῶντος μὲν τοῦ Θεοῦ μένειν τὰ σκάμματα, οὐ μὴν τέλεον ἐγκαταλείποντος, ἀλλὰ τοσοῦτον συγχωροῦντος τοῖς ἐπιβουλεύουσιν τὰ αὐτῶν ἐπιδείκνυσθαι, ὅσον μηδὲ ἀφανίσαι τὸν ἀθλητὴν, μηδὲ ἐκποδὼν ποιῆσαι τῆς ἀρετῆς [a] τὸν ἀνταγωνιστήν. Εἰς λάκκον μὲν γὰρ αὐτὸν ἐμβληθῆναι συνεχώρησε, καὶ τὸ ἱμάτιον αἱμαχθῆναι, εἰς δὲ σφαγὴν αὐτοὺς ἐλθεῖν οὐκ ἀφῆκεν· ἀλλὰ συνεβούλευσε μὲν τοῦτο ὁ ἀδελφὸς, τὸ δὲ πᾶν τῆς τοῦ Θεοῦ προνοίας ἐγένετο. Τοῦτο καὶ ἐπὶ τῆς Αἰγυπτιακῆς συνέβη γυναικός. Τίνος γὰρ ἕνεκεν, εἰπέ μοι, ὁ θερμὸς οὕτω, καὶ ἀκόλαστος (ἴστε γὰρ τῶν Αἰγυπτίων τὸ γένος), ὁ θυμώδης καὶ ὀργίλος (καὶ γὰρ τοῦτο μεθ' ὑπερβολῆς αὐτοῖς πρόσεστι τὸ πάθος), ὃν ἐπίστευσεν εἶναι μοιχὸν καὶ γυναῖκα ἠδικηκέναι τὴν αὐτοῦ, οὐκ ἀπέτεμεν εὐθέως, οὐδὲ πυρὶ παρέδωκεν, ἀλλ' οὕτως ἀλόγιστος ὢν, ὡς ἐκ μιᾶς μοίρας ἀποφήνασθαι, καὶ μηδὲ λόγου μεταδοῦναι τῷ ἐγκαλουμένῳ, ἐν τῷ καιρῷ τῆς τιμωρίας πολλὴν ἐπιείκειαν ἐπεδεί- 570 ξατο, καὶ ταῦτα, ὁρῶν τὴν γυναῖκα μαινομένην, λυττῶσαν, βίαν ἀποδυρομένην, τὰ ἱμάτια διεῤῥωγότα περιφέρουσαν, καὶ μειζόνως καὶ ἐντεῦθεν ἐκκαιομένην, καὶ θρηνοῦσαν καὶ ὀλοφυρομένην; Ἀλλ' ὅμως τούτων οὐδὲν αὐτὸν εἰς σφαγὴν ἐξῆψε. Πόθεν, εἰπέ μοι; Οὐκ εὔδηλον ὅτι ὁ τοὺς λέοντας χαλινώσας, καὶ τὴν κάμινον καταψύξας, οὗτος καὶ θηρίου τούτου τὸν ἄμετρον ἐπέσχε θυμὸν, καὶ τὴν ἄφατον ὀργὴν ἔσβεσεν, ὡς κερασθῆναι συμμέτρως τὴν τιμωρίαν; Τοῦτο καὶ ἐν τῷ δεσμωτηρίῳ συμβὰν ἴδοι τις ἄν. Δεθῆναι μὲν γὰρ αὐτὸν συνεχώρησε, καὶ μετὰ τῶν καταδίκων εἶναι, τῆς δὲ τοῦ δεσμοφύλακος ἀπηνείας ἐξήρπασεν. Οἶσθα γὰρ οἷόν ἐστι δεσμοφύλαξ· ἀλλ' ἐκείνῳ τότε πρᾶος καὶ ἥμερος ἦν, καὶ οὐ μόνον οὐκ ἀπέτεινεν αὐτὸν πόνοις τισὶν, ἀλλὰ καὶ ἄρχοντα πάντων ἐποίησε τῶν αὐτόθι, καὶ ταῦτα ὡς μοιχὸν δεξάμενος, κατάδικον, καὶ μοιχὸν ἐπίσημον. Οὐ γὰρ εἰς οἰκίαν εὐτελῆ, ἀλλ' εἰς μεγάλην καὶ λαμπρὰν τὸ δρᾶμα τοῦτο τετολμῆσθαι ἐνομίζετο. Ἀλλ' ὅμως οὐδὲν τούτων ἐκεῖνον ἐφόβησεν, οὐδὲ ἔπεισεν ἐκείνῳ γίνεσθαι χαλεπόν. Ἀλλὰ καὶ οἱ στέφανοι ἀπὸ τῶν παθημάτων ἐπλέκοντο· καὶ ἡ τοῦ Θεοῦ συμμαχία μετὰ πολλῆς ἐπέῤῥει τῆς δαψιλείας. Ἐβουλόμην καὶ ἕτερον προσθεῖναι τῇ ἐπιστολῇ μῆκος· ἀλλ' ἐπειδὴ καὶ τοῦτο μετὰ πολλῆς τῆς περιουσίας οἶμαι τὸ μέτρον ὑπερβεβηκέναι, ἐνταῦθα καταλύσας τὸν λόγον, ἐκεῖνο παρακαλῶ σου τὴν εὐλάβειαν, ὅπερ ἀεὶ διετέλεσα παρακαλῶν, ἀθυμίας μὲν ἀπαλλάττεσθαι, δοξάζειν δὲ τὸν Θεὸν, ὅπερ ἀεὶ πεποίηκας, καὶ ποιοῦσα διατελεῖς, χάριτας ὁμολογοῦσα ὑπὲρ πάντων αὐτῷ τῶν χαλεπῶν τούτων καὶ ὀδυνηρῶν. Οὕτω γὰρ καὶ αὐτὴ τὰ μέγιστα ἀγαθὰ καρπώσῃ, καὶ

res adhuc ipsi coronas texi, majoresque palmas comparari oportebat. Ac propterea longiora cursuum spatia tum figebantur: Deo nimirum scammata quidem manere sinente, ac eum tamen haudquaquam omnino descrente, verum insidiatoribus, quæ sua erant, eousque ostendere atque exsequi permittente, ut tamen pugili exitium minime afferret, nec virtutis oppugnatorem de medio tolleret. Etenim in lacum quidem eum conjici, ac vestem cruentari permisit: at non item ipsi cædem inferri sivit: verum id quidem unus e fratribus suasit, sed id totum divino consilio ac providentia fiebat. Quod etiam in Ægyptiaca muliere contigit. Quid enim causæ est, dic, quæso, quamobrem ferox hic vir et intemperans (Ægyptiorum enim mores nostis); hic, inquam, furiosus et iracundus (nam hic quoque morbus incredibilem in modum ipsis inest) eum, quem adulterum esse, atque uxori injuriam intulisse credebat, non statim gladio concidit, aut flammis dedit; verum cum ita præceps atque inconsideratus esset, ut ad unius partis arbitrium sententiam ferret, nec causam dicendi potestatem reo faceret, tamen supplicii tempore ingentis facilitatis et clementiæ specimen ediderit: idque cum furentem, rabie laborantem, vim illatam querentem, laceratas vestes circumferentem, atque hinc magis exardescentem, ac lugentem et lamentantem uxorem perspiceret? Et tamen nihil horum ipsum ad cædem incendit. Qui tandem istud, dic, quæso? Annon perspicuum est, eum qui leones tamquam injecto freno repressit, et fornacis ardorem sustulit, immodicam quoque hujus belluæ indignationem, atque immanem iram exstinxisse, ut supplicium adhibita mediocritate temperaretur? Id quod etiam in carcere contigisse quispiam perspiciat. Deus enim ita eum in vincula conjici, ac cum nocentibus et facinorosis esse permisit, ut tamen eum ab ejus qui carceri præerat, importunitate ac sævitia eripuerit. Nam cum, quibus moribus esse carceris præfectus soleat, minime ignores, tamen ipsi tum lenis ac placidus erat, ac non modo eum nullis laboribus premebat, sed etiam eorum omnium, qui illic tenebantur, principatum ipsi concesserat, idque cum eum ut adulterum accepisset, ut nocentem, et insignem adulterum. Non enim in tenuem, sed in magnam et splendidam domum scelus hoc

Ægyptii feroces et iracundi.

[a] Τὸν ἀνταγωνιστὴν *propugnatorem* male verterat Billius, cum e converso *oppugnatorem* vertendum esset, atque ita series postulat, ut recte monuit Fronto Ducæus.

aggressus esse censebatur. Nec tamen quidpiam horum eum terruit, eique persuasit ut acerbitate in ipsum uteretur. Verum simul et per calamitates viro justo coronæ texebantur, et Dei auxilium largissime ipsi affluebat. Longiorem adhuc epistolam facere cupiebam: sed quia hæc quoque, quæ scripsi, epistolæ modum longe superant, hic finem scribendi faciam, illud abs te petens, quod numquam petere destiti, nempe ut et mœrorem abjicias, et quod semper fecisti, nec facere desinis, Dei gloriam prædicare, ac de gravibus et acerbis omnibus his rebus ipsi gratias agere ne intermittas. Hac enim ratione tum ipsa maxima bona percipies, tum mortiferum diabolo vulnus infliges, tum nobis ingentem consolationem afferes, et mœroris nubem nullo negotio discutere ac de medio tollere, puraque tranquillitate frui poteris. Quocirca nec animo elanguescas, verum ab hoc fumo emersa et liberata (omnem enim hunc mœrorem, si volueris, fumo citius dissipabis), de hac re nos rursum certiores facias: ut licet alioqui procul a te remoti, magnam tamen ex hujusmodi literis consolationem capiamus.

τῷ διαβόλῳ καιρίαν δώσεις πληγὴν, καὶ πολλὴν ἡμῖν παρέξεις παράκλησιν, καὶ τῆς ἀθυμίας τὸ νέφος μετὰ πολλῆς ἀφανίσαι δυνήσῃ τῆς εὐκολίας, καὶ καθαρᾶς ἀπολαῦσαι γαλήνης. Μὴ δὴ καταμαλακίζου, ἀλλ' ἀνενεγκοῦσα ἀπὸ τοῦ καπνοῦ τούτου (καπνοῦ γὰρ, ἐὰν θέλῃς, ῥᾷδιον διασκεδάσεις πᾶσαν τὴν ἀθυμίαν ταύτην), δῆλον τοῦτο πάλιν ποίησον ἡμῖν, ἵνα καὶ πόῤῥωθεν ὄντες, πολλὴν ἀπὸ τῶν τοιούτων γραμμάτων καρπωσώμεθα τὴν εὐφροσύνην.

Ad eamdem epist. IV.

E

Πρὸς τὴν αὐτὴν ἐπιστολὴ δ'.

Anno forte 407.

1. De hiemis acrimonia, et stomachi nostri imbecillitate, atque Isauricis incursionibus, nihil est quod nostri causa sollicita sis, curisque te conficias. Hiems quidem fuit, qualis in Armenia esse solet; nec enim amplius quidquam dicendum est; nos tamen haud magnopere lædit. Hoc quippe prospicientes, ad incommodum, quod hinc contrahitur, propulsandum multa molimur: nimirum et ignem perpetuo accendentes, et cubiculum, in quo commoramur, undique obsepientes et pluribus vestibus ac stragulis utentes, et domi semper manentes. Quod etsi nobis molestum est, tamen ob lucrum quod hinc capimus tolerabile est. Quamdiu enim domi nos tenemus, frigore haud admodum divexamur: sin autem aliquantum progredi atque in externo aere versari cogamur, non parvo hinc detrimento afficimur. Quamobrem te obsecro, atque summi beneficii gratiæque loco id abs te peto, ut ad depellendam corporis infirmitatem magnam curam et diligentiam conferas. Etenim morbum quidem mœror etiam parit: cum autem corpus quoque laboribus confectum, et morbis debili-

Τῆς σφοδρότητος ἕνεκεν τοῦ χειμῶνος, καὶ τῆς τοῦ στομάχου ἡμῶν ἀσθενείας, καὶ τῶν Ἰσαυρικῶν καταδρομῶν, μηδὲν [a] ἕνεκεν ἡμῶν μερίμνα, μηδὲ κατάτεινε σαυτὴν φροντίσιν. Ὁ μὲν γὰρ χειμὼν γέγονεν οἷον εἰκὸς ἐν Ἀρμενίᾳ εἶναι· οὐδὲν γὰρ δεῖ πλέον εἰπεῖν· ἡμᾶς δὲ οὐ μέγα τι παραβλάπτει. Ταῦτα γὰρ προορῶντες, πολλὰ μηχανώμεθα πρὸς τὸ τὴν ἐντεῦθεν διακρούσασθαι βλάβην, καὶ πῦρ ἀνακαίοντες συνεχῶς, καὶ τὸ δωμάτιον, ἔνθα καταμένομεν, πανταχόθεν
571 A περιφράττοντες, καὶ ἐπιβλήμασι κεχρημένοι πλείοσι, καὶ διὰ παντὸς ἔνδον μένοντες. Ὅπερ ἐστὶ μὲν ἡμῖν ἐπαχθὲς, πλὴν διὰ τὸ ἐντεῦθεν κέρδος φορητόν. Ἕως μὲν γὰρ ἔνδον μένωμεν, οὐ σφόδρα κατατεινόμεθα τῷ κρυμῷ· ἐὰν δὲ ἀναγκασθῶμεν μικρὸν προελθεῖν, καὶ τῷ ἔξω ὁμιλῆσαι ἀέρι, οὐ μικρὰν προστριβόμεθα βλάβην. Διὸ καὶ τὴν τιμιότητά σου παρακαλῶ, καὶ ἐν μεγίστης αἰτῶ χάριτος μέρει, πολλὴν ποιεῖσθαι ἐπιμέλειαν, ὥστε τὴν τοῦ σώματός σου διορθοῦν ἀσθένειαν. Ποιεῖ μὲν γὰρ νόσον καὶ ἀθυμία· ὅταν δὲ
B καὶ σῶμα πεπονηκὸς ᾖ καὶ ἐξησθενημένον, καὶ ἐν ἀμελείᾳ [a] διακέηται πολλῇ, καὶ μήτε ἰατρῶν ἀπολαύῃ, μήτε ἀέρων εὐκρασίας, μήτε τῆς τῶν ἐπιτηδείων ἀφθονίας, ἐννόησον, ὅτι οὐ μικρὰ ἐντεῦθεν προσθήκη

[a] Sic omnes Mss. In Editis illud ἕνεκεν ἡμῶν deest.

[a] Tres Mss. κέηται.

γίνεται τοῦ δεινοῦ. Διὸ παρακαλῶ σου τὴν τιμιότητα, καὶ ἰατροῖς διαφόροις καὶ ἐμπείροις καὶ φαρμάκοις χρῆσθαι, τοῖς τὰ τοιαῦτα διορθοῦν δυναμένοις. Ἐπεὶ καὶ ἡμεῖς πρὸ τούτων τῶν ὀλίγων ἡμερῶν, εὐεμπτώτως ἡμῖν ἔχοντος τοῦ στομάχου πρὸς τοὺς ἐμέτους, ἐκ τῆς τοῦ ἀέρος καταστάσεως, τῇ τε ἄλλῃ ἐπιμελείᾳ χρησάμενοι, καὶ τῷ φαρμάκῳ τῷ ἀπεσταλμένῳ παρὰ τῆς κυρίας μου [b] τῆς κοσμιωτάτης Συγκλητίου, καὶ οἱ δεηθέντες πλέον ἢ τριῶν ἡμερῶν αὐτὸ ἐπιθεῖναι, διωρθώσαμεν αὐτοῦ τὴν ἀσθένειαν. Παρακαλῶ τοίνυν καὶ αὐτήν σε χρήσασθαι τούτῳ, καὶ παρασκευάσαι πάλιν ἡμῖν ἐξ αὐτοῦ πεμφθῆναι. Καὶ γὰρ καὶ πάλιν αἰσθανόμενοί τινος ἀνατροπῆς, πάλιν αὐτῷ ἐχρησάμεθα, καὶ τὸ πᾶν διωρθώσαμεν. Καὶ γὰρ φλεγμονὰς καταστέλλει τὰς ἐν τῷ βάθει, νοτίδα ἀνιμᾶται, καὶ συμμέτρως ἐστὶ θερμὸν, καὶ τόνον ἐντίθησιν οὐ τὸν τυχόντα, καὶ ὄρεξιν διεγείρει τὴν πρὸς τὰ σιτία, καὶ τούτων ἁπάντων ἡμῖν ἐν ὀλίγαις ἡμέραις πεῖραν παρέσχεν. Ποίησον τοίνυν παρακληθῆναι τὸν δεσπότην μου τὸν αἰδεσιμώτατον Θεόφιλον τὸν κόμητα, ὥστε πάλιν ἐξ αὐτοῦ κατασκευάσαι ἡμῖν καὶ ἀποστεῖλαι. Καὶ μή σε λιπείτω τὸ ἐνταῦθα ἡμᾶς χειμάζειν· καὶ γὰρ πολλῷ ῥᾷον καὶ ὑγιεινότερον νῦν ἢ πέρυσι διακείμεθα· ὥστε εἰ καὶ αὐτὴ τὴν προσήκουσαν ἐπιμέλειαν ἐποιοῦ, πολλῷ ἂν ἄμεινον διετέθης. Εἰ δὲ ἐξ ἀθυμίας φῂς τετέχθαι σοι τὰ νοσήματα, πῶς πάλιν ἐπιστολὰς ζητεῖς παρ' ἡμῶν, μηδὲν ἐντεῦθεν εἰς εὐθυμίαν καρπωσαμένη, ἀλλ' οὕτω τῇ τυραννίδι τῆς ἀθυμίας βαπτισθεῖσα, ὡς καὶ ἐπιθυμεῖν νῦν τῆς ἐντεῦθεν ἀποδημίας; Οὐκ οἶσθα ὅσος καὶ ἀῤῥωστίας κεῖται μισθὸς ἐν εὐχαρίστῳ ψυχῇ; Οὐ πολλάκις σοι καὶ παρὼν καὶ δι' ἐπιστολῶν ταύτης ἕνεκα διείλεγμαι τῆς ὑποθέσεως; Ἀλλ' ἐπειδὴ ἴσως ἢ ὁ τῶν πραγμάτων ὄχλος, ἢ αὐτὴ τῆς ἀῤῥωστίας ἡ φύσις, [a] καὶ αἱ ἐπάλληλοι περιστάσεις οὐκ ἐῶσί σε διηνεκῶς ἔναυλον ἔχειν τῶν εἰρημένων τὴν μνήμην, ἄκουε πάλιν τὰ

tatum est, neglectum jacet, ac nec medicorum ope, nec aeris temperie; nec rerum necessariarum copia fruitur: quanta hinc acerbitatis et periculi accessio fiat, velim tecum reputes. Quamobrem te oro, ut et varios peritosque medicos adhibeas, et iis medicamentis utaris, quæ hujusmodi morbos pellere queant: quandoquidem nos
C etiam paucis ante diebus, cum ob aeris statum proclivis nobis ad vomitus stomachus esset, atque et aliis curationis generibus, et pharmaco eo, quod a domina mea lectissima et ornatissima Syncletio missum est, usi essemus, nec ultra tres dies illud adhibere nobis necesse fuisset, ipsius imbecillitatem correximus. Itaque te quoque hortor atque oro ut his utaris, desque operam ut hujusmodi medicamentum ad nos rursum mittatur. Nam cum quamdam stomachi subver-
D sionem rursum sensissemus, eodem rursum remedii genere usi, malum omnino profligavimus. Quippe et inflammationes in imo pectore conditas sedat, et pituitam exhaurit, et mediocri calore præditum est, et vigorem haud vulgarem affert, et ciborum appetitum excitat: atque harum omnium rerum nobis paucis diebus experimentum præbuit. Fac igitur dominus meus cum primis venerandus Theophilus Comes exore-
E tur, ut nobis rursum idem medicamentum con-
572 ficiat, atque ad nos mittat. Nec vero hoc nomine
A discrucieris, quod nos hic hiememus: multo enim meliore nunc atque commodiore, quam superiori anno, valetudine sumus: quare si tu quoque, quam par est, curam adhiberes, multo melius valeres. Quod si ex animi mœstitia morbos tuos ortum duxisse ais, ecquid rursus a nobis epistolas requiris, cum hinc ad alacritatem animi nihil fructus ceperis, verum mœroris un-

[b] Omnes omnino Mss. τῆς κοσμιωτάτης Συγκλητίου. Editi Συγκλητικῆς, quod dignitatem aliquam significare putaverunt Billius et Pronto Ducæus, qui postremus hanc habet notam: Συγκλητικῆς. *Ita Perronianus et Sambuci varians lectio: at duo alii Mss.* Συγκλητίου *mendose: nam ut* Συγκλητικός *Senator est apud Plutarchum et Lucianum, teste Budæo, ita* Συγκλητική *Senatoris uxor: Xiphilinus ex Dione in Nerone,* μισῶ σε Καῖσαρ, ὅτι Συγκλητικὸς εἶ: Odi te Cæsar, quod Senator es: neque enim *audiendus est Sylburgius, qui mavult,* quod Senatorius es, *id est, Senatus studiosior: siquidem periret istius dicti lepos:* certe *apud Pæanium lego in Cannensi pugna periisse* Συγκλητικοὺς τριάκοντα, *quod Eutropius dixerat* Senatores XXX. At existimo hoc esse matronæ cujusdam nomen proprium: jam quæstio est ex duabus lectionibus, utra sit alteri anteferenda. Omnes Mss. nostri numero quinque Συγκλητίου habent, et ita quoque Savilius, et duo ex Mss. a Prontone Ducæo memoratis, qui tamen fortasse ex numero quinque Mss. nostrorum fuerint: et hoc vere fuisse Matronæ nomen arbitror, Syncletion, vel Syncletium, ut Glycerium, Eustochium, et alia multa hujusmodi nomina. Alia lectio, Συγκλητικῆς, a librariis Græcis inducta fuerit, quibus notior Syncletica, quæ in Sanctorum Legendis et in Menæis occurrit. Hæc autem in duobus solum Mss. habetur. Memoratur in Vita Chrysostomi per Palladium cap. 14 Syncletius episcopus Trajanopolitanus: viri nomen est Syncletius, feminæ Syncletium, perinde atque Glycerius et Glycerium; Epiphanius et Epiphanium, quam postremam infra memoratam videbis in epistola quadam Constantii presbyteri. Tillemontius etiam Συγκλητικῆς, ut legebatur in Editis, pro nomine proprio habuit.

[a] Omnes Mss καὶ αἱ πολλαὶ περιστάσεις.

dis ita demersa sis, ut nunc etiam ex hac vita migrare cupias? An ignoras quanta animæ gratias agenti propter morbum quoque merces constituta sit? Annon de hac re et coram, et per literas persæpe ad te disserui? Atquoniam te fortasse vel negotiorum turba, vel ipsa morbi natura, et crebræ adversitates, eorum quæ a nobis dicta sunt memoriam animo tuo perpetuo insidentem habere non sinunt, audi nos rursum mœroris tui ulceribus eadem accinentes: *Eadem enim scribere, mihi quidem non pigrum;* inquit, *vobis autem tutum* est.

Philip 3.1.

αὐτὰ ἐπᾳδόντων ἡμῶν τοῖς ἕλκεσί σου τῆς ἀθυμίας· Τὰ γὰρ αὐτὰ γράφειν, φησὶν, ἐμοὶ μὲν οὐκ ὀκνηρὸν, ὑμῖν δὲ ἀσφαλές.

Patientia nihil gloriosius.

2. Quid igitur aio, ac literis mando? Nihil est, Olympias, quod ad laudem et gloriam adipiscendam cum patientia in doloribus perferendis comparari possit. Nam ea præsertim virtutum regina, et coronarum apex est: et quemadmodum ea virtutibus aliis præstat, ita in ea hoc potissimum genus aliis antecellit. Obscurius aliquanto fortasse est quod dico, idcirco planius ac dilucidius istud faciam. Quidnam igitur est quod aio? Non opibus spoliari, etiamsi omnibus prorsus facultatibus quispiam nudetur, non honore dejici, non patriis sedibus exturbari, atque in exsilium abduci, non laboribus ac sudoribus distorqueri, non carcerem incolere ac catenis vinciri, non probra, et convicia, et scommata; neque enim parvum tolerantiæ genus esse existimes res ejusmodi strenuo animo ferre, idque ostendit Jeremias, vir tantus tamque eximius, qui hac tentatione non mediocriter commotus ac perturbatus est; non liberorum amissio, etiamsi omnes repentina morte abripiantur, non hostes frequenter insultantes, non aliud quidpiam ejusmodi, non denique mors ipsa, quæ rerum omnium, quæ molestiæ et acerbitatis speciem habent, caput est, atque usque adeo formidabilis et horrenda est, æque gravis et acerba, ut adversa corporis valetudo. Cui rei testimonio est summus ille patientiæ pugil, qui postquam in corporis morbum incidit, prementium malorum depulsionem mortem esse judicavit; et quidem, cum cuncta alia perpeteretur, minime sentiebat, quamvis etiam crebras sibique invicem succedentes plagas accipiens, ac postremam acerbissimam et letalem. Neque enim hoc exigui momenti esse putandum est, verum extremæ quoque ejus, qui bellum ipsi inferebat, improbitatis et versutiæ, quod non recenti et vegeto, ac tum primum in certamen descendenti, sed jam continuorum telorum mole confecto, tum denique mortiferum hoc vulnus, filiorum nempe interi-

Jer. 15.

Morbo nihil acerbius.

Job.

Τί οὖν καὶ λέγω καὶ γράφω; Οὐδὲν, Ὀλυμπιάς, τῆς ἐν ἀλγηδόσιν ὑπομονῆς εἰς εὐδοκιμήσεως λόγον B ἴσον. Ἡ γὰρ βασιλὶς τῶν ἀγαθῶν, καὶ τῶν στεφάνων ἡ κορωνὶς αὕτη μάλιστά ἐστι· καὶ καθάπερ αὕτη τῶν ἄλλων κρατεῖ κατορθωμάτων, οὕτως ἐν αὐτῇ τοῦτο μάλιστα τὸ εἶδος τῶν ἄλλων ἐστὶ λαμπρότερον. Τάχα ἀσαφὲς τὸ εἰρημένον· οὐκοῦν αὐτὸ ποιήσω σαφέστερον. Τί οὖν ἐστιν ὅ φημι; Οὐ τὸ χρήματα ἀφαιρεθῆναι, κἂν πάντων τις γυμνωθῇ τῶν ὄντων, οὐ τὸ τιμῆς ἐκπεσεῖν, οὐ τὸ πατρίδος ἐκβληθῆναι, καὶ πρὸς τὴν ὑπερορίαν ἀπενεχθῆναι, οὐ τὸ πόνῳ καὶ ἱδρῶτι κατα- C τείνεσθαι, οὐ τὸ δεσμωτήριον οἰκεῖν, καὶ ἅλυσιν περικεῖσθαι, οὐκ ὀνειδισμοὶ, καὶ λοιδορίαι καὶ σκώμματα· μὴ γὰρ μηδὲ τοῦτο μικρὸν νομίσῃς εἶναι καρτερίας εἶδος, τὸ γενναίως τὰ τοιαῦτα ἐνεγκεῖν, καὶ δείκνυσιν Ἱερεμίας ὁ τοσοῦτος καὶ τηλικοῦτος ἀνὴρ, οὐχ ὡς ἔτυχεν ὑπὸ τούτου θορυβηθεὶς τοῦ πειρασμοῦ· ἀλλ' οὐδὲ τοῦτο, οὐ παίδων ἀποβολὴ, κἂν ἀθρόον πάντες ἀναρπασθῶσιν, οὐκ ἐχθροὶ συνεχῶς ἐπεμβαίνοντες, οὐκ ἄλλο τῶν τοιούτων οὐδὲν, οὐκ αὐτὸς ὁ κολοφὼν τῶν δοκούντων εἶναι λυπηρῶν, ὁ θάνατος, ὁ φοβερὸς οὕτω καὶ φρικώδης, οὕτως ἐστὶ D βαρὺς, ὡς σώματος ἀῤῥωστία. Καὶ ταῦτα δείκνυσιν ὁ μέγιστος τῆς ὑπομονῆς ἀθλητὴς, ὃς ἐπειδὴ σωματικῇ περιέπεσε νόσῳ, ἀπαλλαγὴν τῶν κατεχόντων δεινῶν τὴν τελευτὴν εἶναι ἐνόμιζε· καὶ ὅτε μὲν τὰ ἄλλα ἔπασχεν ἅπαντα, οὐδὲ ᾐσθάνετο, καίτοι ἐπαλλήλους δεχόμενος τὰς πληγὰς, καὶ τελευταίαν τὴν καιρίαν. Οὐδὲ γὰρ τοῦτο μικρὸν, ἀλλὰ καὶ τῆς χαλεπωτάτης τοῦ πολεμοῦντος αὐτῷ κακουργίας, τὸ μὴ νεάζοντι, E μηδὲ νῦν εἰς τοὺς ἀγῶνας καθιέντι πρῶτον, ἀλλ' ἤδη τῇ πυκνότητι τῶν ἐπαλλήλων βελῶν κατειργασμένῳ, τότε τὴν καιρίαν δοῦναι τὴν ἐπὶ τοῖς παισὶ πληγὴν, καὶ ταύτην οὕτω χαλεπῶς, ὡς καὶ ἐξ ἑκατέρας τῆς φύσεως, καὶ πάντας ἀθρόον, καὶ ἐν ἀώρῳ ἡλικίᾳ, καὶ βιαίᾳ τελευτῇ διαφθεῖραι, καὶ τοῦ θανάτου τὸν τρόπον ἐσχεδιασμένον αὐτοῖς ἐργάσασθαι τάφον. Οὐδὲ γὰρ εἶδεν ἐν κλίνῃ κειμένους, οὐδὲ ἐφίλησε 673 χεῖρας, οὐδὲ ἐσχάτων ἤκουσε ῥημάτων, οὐδὲ ποδῶν A ἥψατο καὶ γονάτων, οὐ στόμα συνεῖλεν, οὐ καθεῖλεν ὀφθαλμοὺς μελλόντων αὐτῶν τελευτᾷν, ἅπερ οὐ μικρὰ εἰς παραμυθίαν τοῖς παίδων χωριζομένοις πατράσιν· οὐδὲ τοὺς μὲν προέπεμψεν ἐπὶ τὸν τάφον, τοὺς δὲ ἐπανελθὼν εὗρε παραμυθίαν τῶν ἀπελθόντων· ἀλλ' ἐν καιρῷ συμποσίου, συμποσίου οὐ μέθην, ἀλλ' ἀγάπην βρύοντος, ἐν τραπέζῃ φιλαδελφίας, ἐπὶ στιβάδος κειμένους ἤκουσε πάντας καταχεχῶσθαι, καὶ πάντα ὁμοῦ μιγῆναι, τὸ αἷμα, τὸν οἶνον, τὰς κύλικας, τὸν ὄροφον, τὴν τράπεζαν, τὴν κόνιν, τὰ μέλη τῶν παίδων. Ἀλλ' ὅμως ἡνίκα μὲν ταῦτα ἤκουσε, B καὶ πρὸ τούτων τὰ ἄλλα, καὶ αὐτὰ χαλεπά· καὶ γὰρ κἀκεῖνα χαλεπῶς ἀπολώλει· τά τε ποίμνια, καὶ ὁλοκλήρους ἀγέλας, τὰς μὲν ὑπὸ πυρὸς ἄνωθεν κατενεχθέντος ἀνηλῶσθαι ἔλεγεν ὁ πονηρὸς τῆς τραγῳδίας ταύτης ἄγγελος, τὰς δὲ ὑπὸ πολεμίων διαφόρων ἀθρόον πάσας ἀναρπαγῆναι, καὶ κατακοπῆναι σὺν αὐτοῖς τοῖς ποιμέσιν· ἀλλ' ὅμως τοσαύτην ζάλην ἐν βραχείᾳ καιροῦ ῥοπῇ διεγερθεῖσαν ὁρῶν ἐπὶ τῶν ἀγρῶν, ἐπὶ τῆς οἰκίας, ἐπὶ τῶν θρεμμάτων, ἐπὶ C τῶν παίδων, ἐπάλληλα τὰ κύματα, καὶ τὰς σπιλάδας συνεχεῖς, καὶ τὸν ζόφον βαθὺν, καὶ τὸ κλυδώνιον ἀφόρητον, οὔτε ἀθυμίᾳ κατετείνετο, οὔτε ᾐσθάνετο σχεδὸν τῶν γεγενημένων, πλὴν τοσοῦτον ὅσον ἄνθρωπος ἦν καὶ πατήρ. Ἐπειδὴ δὲ νόσῳ παρεδόθη καὶ ἕλκεσι, τότε καὶ θάνατον ἐπεζήτει, τότε καὶ ἀπωδύρετο, καὶ ἐθρήνει, ἵνα μάθῃς πῶς τοῦτο πάντων ἐστὶ χαλεπώτερον, καὶ τῆς ὑπομονῆς τὸ ἄκρον εἶδος. Καὶ τοῦτο οὐδὲ αὐτὸς ὁ πονηρὸς ἀγνοεῖ δαίμων· ἀλλ' D ἐπειδὴ πάντα ἐκεῖνα κινήσας, ἑώρα τὸν ἀθλητὴν ἀτάραχον μένοντα καὶ ἀθόρυβον, ὡς ἐπὶ μέγιστον ἆθλον τοῦτον ὥρμησε, λέγων, ὅτι τὰ μὲν ἄλλα πάντα φορητὰ, κἂν παῖδά τις ἀποβάλῃ, κἂν κτήματα, κἂν ἀλλοτιοῦν (τοῦτο γάρ ἐστι, Δέρμα ὑπὲρ δέρματος), ἡ δὲ καιρία πληγὴ, ὅταν ἐν σώματί τις δέξηται τὰς ὀδύνας. Διά τοι τοῦτο μετὰ τὸν ἆθλον τοῦτον ἡττηθεὶς, οὐδὲ γρῦξαι ἔσχεν, εἰ καὶ τὰ μάλιστα καὶ τὰ πρότερα ἀναισχύντως ἀντέλεγεν. Ἐνταῦθα μέντοι οὐδὲ ἀναίσχυντον πλάσαι τι λοιπὸν εὗρεν, ἀλλ' ἐγκαλυψάμενος ἀνεχώρησεν.

tum, inferret, idque tam graviter et acerbe, ut ex utroque sexu omnes subito, et immatura ætate, et violenta morte opprimeret, ac mortis modum extemporaneum ipsis tumulum efficeret. Neque enim pater jacentes in lecto vidit, nec manus exosculatus est, nec extrema verba excepit, nec pedes et genua tetigit, nec moribundorum ora contraxit, oculosque clausit; quæ quidem parentibus, cum a filiis divelluntur, non parvam consolationem afferunt; nec aliis ad sepulcrum præmissis alios domi invenit, ex quorum aspectu mœrorem, quem ii qui e vita excesserant, ipsi afferebant, minueret: verum convivii tempore, et quidem convivii, non temulentia, sed caritate conforti, in fraterni amoris mensa, super torum jacentes, omnes defossos atque obrutos esse audivit, omniaque inter se mixta fuisse, nimirum cruorem, domum, pocula, tectum, mensam, pulverem, membra filiorum. Et tamen cum hæc audiisset, ac prius etiam alia quæ et ipsa gravia et acerba erant; nam et illi alia misere perierant; pecudum greges, et universa armenta, partim igne cælitus lapso absumta, partim a variis hostibus repente abrepta, et cum ipsis pastoribus concisa et obtruncata fuisse improbus hujus tragœdiæ nuntius referebat; cum, inquam, tantam in agris, domi, in pecudibus, in liberis tempestatem brevi temporis momento excitatam, fluctusque fluctibus succedentes, et continuos scopulos, et profundam caliginem, et intolerandos fluctus conspiceret: nec mœrore premebatur, nec ea quæ acciderant pene sentiebat, hoc est, hactenus dumtaxat, quatenus homo, et pater erat. At posteaquam morbo atque ulceribus deditus est, tum vero et mortem exoptabat, et in luctu ac lamentis versabatur. Ex quo intelligas licet, hoc omnibus rebus adversis gravius esse, ac summum patientiæ genus. Atque hoc ne perversus quidem dæmon ignorabat; ac proinde, cum omnibus illis rebus tentatis pugilem tranquillum et a perturbatione immunem manere perspiceret, ad hoc certamen, tanquam omnium maximum, se contulit, cætera videlicet omnia tolerabilia esse ducens, etiamsi quis liberos, etiamsi fortunas, etiamsi quidquam aliud amittat (id enim his verbis designatur, *Pellem pro pelle*), at eam demum mortiferam plagam esse, cum quispiam in corpore dolores excepit. *Job.* 2. 4. Quocirca post hoc certamen superatus, ne hiscere quidem ausus est: cum alioqui prius impudentissime obniteretur ac contra pugnaret. Hic, inquam, jam ne impudens quidem aliquid reperire potuit, quod fingeret: verum pudore suffusus pedem retulit.

3. Verum ne hoc tibi ad excusandum mortis desiderium idoneum esse dicas, quod ille dolorum vim et acerbitatem non ferens, mortem exoptaret. In mentem enim tibi veniat, quonam ille tempore, quoque rerum statu eam expetebat: hoc est, cum nec lex data esset, nec prophetæ exstitissent, nec gratia ita diffusa esset, nec ipse alia divinæ philosophiæ genera percepisset. Nam quod a nobis plura, quam ab illis qui tum vivebant, requirantur, majoresque nobis palæstræ
Matth. 5. 20. constitutæ sint, audi Christum dicentem: *Nisi abundaverit justitia vestra plusquam scribarum et Pharisæorum, non intrabitis in regnum cælorum.* Quamobrem ne mortem nunc exoptare, culpa carere existimes, verum hanc
Philipp. 1. 23. 24. Pauli vocem andias: *Dissolvi et esse cum Christo multo melius est: manere autem in carne, necessarium propter vos.* Quanto enim magis ingravescit calamitas, tanto etiam magis exuberant coronæ: quanto magis aurum inflammatur, tanto etiam purins redditur: quanto longius navigat mercator, tanto plures merces cumulat. Quocirca ne parvum nunc tibi propositum esse certamen putes, verum omnium quæ sustinuisti altissimum maximeque sublime, de eo loquor quod in corporis adversa valetudine
Luc. 16. situm est. Nam et Lazaro (licet enim hoc exemplo sæpe ad te usus sim, quo minus tamen nunc adhuc eo utar nihil prohibet) ad salutem hoc satis fuit; atque in sinum ejus, qui communem omnibus prætereuntibus domum habuit, et propter Dei jussum atque imperium perpetuo extorris fuit, ac germanum et unicum filium, in senectute acceptum obtruncavit, is qui nihil horum fecerat, idcirco abscessit, quia paupertatem et morbum, ac patronorum inopiam æquo et facili animo tulit. Tantum enim bonum istud est iis, qui forti ac strenuo animo aliquid ferunt, ut etiamsi hominem aliquem, qui maximis peccatis sese devinxerit, nanciscatur, gravissima peccatorum sarcina eum liberet: sin autem probum virum ac multis muneribus perfunctum, ei non exiguum, sed perquam ingentem fiduciæ cumulum afferat. Siquidem justis splendida corona est, solisque fulgorem incredibili quodam intervallo superans, et iis qui in peccatum lapsi sunt, maxima expiatio. Eaque de causa eum quoque qui paternum matrimonium violaverat, ipsiusque lectum contaminarat, Paulus in interitum carnis tradit: hac videlicet eum ratione purgans. Nam quod ea re tanta macula purgaretur, audi eum dicentem:
1. Cor. 5. 5. *Ut spiritus salvus sit in die Domini nostri*

E Ἀλλὰ μὴ νόμιζέ σοι τοῦτο ἀπολογίαν εἶναι εἰς τὸ καὶ αὐτῆς ἐπιθυμεῖν τελευτῆς, εἰ ἐκεῖνος ἐπεθύμει θανάτου, τὰς ὀδύνας οὐ φέρων. Ἐννόησον γὰρ πότε ἐκεῖνος ἐπεθύμει, καὶ πῶς τῶν πραγμάτων διακειμένων, οὐ νόμου δοθέντος, οὐ προφητῶν φανέντων, οὐ τῆς χάριτος οὕτως ἐκχυθείσης, οὐδὲ ἄλλης φιλοσοφίας μετασχών. Ὅτι γὰρ ἡμεῖς τῶν τότε πολιτευομένων πλείονα ἀπαιτούμεθα, καὶ μείζονα ἡμῖν κεῖται τὰ σκάμματα, ἄκουσον τοῦ Χριστοῦ λέγοντος· Ἐὰν μὴ περισσεύσῃ ἡ δικαιοσύνη ὑμῶν πλέον τῶν γραμματέων καὶ Φαρισαίων, οὐ μὴ εἰσέλθητε εἰς τὴν
574 A βασιλείαν τῶν οὐρανῶν. Μὴ τοίνυν τὸ εὔχεσθαι νῦν τὴν τελευτὴν, ἀπηλλάχθαι ἐγκλήματος νόμιζε, ἀλλ' ἄκουε τῆς τοῦ Παύλου φωνῆς τῆς λεγούσης· Τὸ ἀναλῦσαι καὶ σὺν Χριστῷ εἶναι πολλῷ μᾶλλον κρεῖσσον, τὸ δὲ ἐπιμεῖναι τῇ σαρκὶ ἀναγκαιότερον δι' ὑμᾶς. Ὅσῳ γὰρ ἂν ἐπιτείνηται τὰ τῆς θλίψεως, τοσούτῳ πλεονάζει καὶ τὰ τῶν στεφάνων· ὅσῳ ἂν πυρωθῇ τὸ χρυσίον, τοσούτῳ καθαρώτερον γίνεται· ὅσῳ μακρότερον ἂν πλεύσῃ πέλαγος ἔμπορος, τοσούτῳ πλείονα συνάγει τὰ φορτία. Μὴ τοίνυν νομίσῃς μικρόν σοι προκεῖσθαι νῦν ἆθλον, ἀλλὰ πάντων ὧν ὑπομεμένηκας
B τὸν ὑψηλότερον, τὸν ἐπὶ τῇ τοῦ σώματος ἀῤῥωστίᾳ λέγω. Καὶ γὰρ καὶ τῷ Λαζάρῳ (εἰ γὰρ καὶ πολλάκις τοῦτο εἴρηκα πρὸς σὲ, οὐδὲν κωλύει καὶ νῦν εἰπεῖν) ἤρκεσε τοῦτο εἰς σωτηρίαν· καὶ τοῦ κοινὴν τὴν οἰκίαν τοῖς παριοῦσι κεκτημένου, καὶ μετανάστου συνεχῶς γινομένου διὰ τὸ τοῦ Θεοῦ πρόσταγμα, καὶ τὸν υἱὸν κατασφάξαντος τὸν γνήσιον, τὸν μονογενῆ, τὸν ἐν ἐσχάτῳ γήρᾳ δοθέντα, ὁ μηδὲν τούτων πεποιηκὼς εἰς τοὺς κόλπους ἀπῄει, ἐπειδὴ ἤνεγκεν εὐκόλως πενίαν, καὶ ἀῤῥωστίαν καὶ τὴν τῶν προστησομένων ἐρημίαν. Τοσοῦτον γάρ ἐστιν ἀγαθὸν τοῦτο τοῖς γενναίως φέρουσί τι, ὅτι
C κἂν τὰ μέγιστα ἡμαρτηκότα τινὰ εὕρῃ, ἀπαλλάττει τοῦ βαρυτάτου τῶν ἁμαρτιῶν φορτίου· κἂν κατωρθωκότα καὶ δίκαιον ὄντα, οὐ μικρᾶς, ἀλλὰ καὶ σφόδρα μεγίστης παῤῥησίας γίνεται προσθήκη. Καὶ γὰρ καὶ στέφανός ἐστι λαμπρὸς ἐπὶ τῶν δικαίων, καὶ ὑπὲρ τὸν ἥλιον μεθ' ὑπερβολῆς λάμπων, καὶ καθάρσιον μέγιστον ἐπὶ τῶν ἡμαρτηκότων. Διά τοι τοῦτο τὸν διορύξαντα γάμον πατρῷον, καὶ τὴν εὐνὴν διαφθείραντα τὴν ἐκείνου, εἰς ὄλεθρον τῆς σαρκὸς παραδίδωσιν ὁ Παῦλος, τούτῳ καθαίρων αὐτὸν τῷ τρόπῳ. Ὅτι γὰρ καθάρσιον τὸ γινόμενον ἦν τῆς τοσαύτης
D κηλῖδος, ἄκουσον αὐτοῦ λέγοντος, Ἵνα τὸ πνεῦμα σωθῇ ἐν τῇ ἡμέρᾳ τοῦ Κυρίου ἡμῶν Ἰησοῦ Χριστοῦ.

Καὶ ἑτέροις δὲ ἐγκαλῶν φρικωδεστάτην ἑτέραν ἁμαρτίαν, τοῖς τῆς ἱερᾶς τραπέζης ἀναξίως ἀπολαύουσι καὶ τῶν ἀποῤῥήτων μυστηρίων ἐκείνων, καὶ εἰπὼν, ὅτι ὁ τοιοῦτος Ἔνοχος ἔσται τοῦ σώματος καὶ τοῦ αἵματος τοῦ Κυρίου· ὅρα πῶς φησι καὶ αὐτοὺς καθαίρεσθαι τῆς χαλεπῆς ταύτης κηλῖδος, οὕτω λέγων· Διὰ τοῦτο ἐν ὑμῖν πολλοὶ ἀσθενεῖς καὶ ἄῤῥωστοι. Εἶτα δεικνὺς ὅτι οὐ μέχρι τῆς τιμωρίας ταύτης στήσεται τὰ ἐκείνων, ἀλλ' ἔσται τι κέρδος ἀπὸ τοῦ πράγματος, τὸ τῶν εὐθυνῶν τῶν ἐπὶ τῇ ἁμαρτίᾳ ταύτῃ ἀπαλλαγῆναι, ἐπήγαγεν· Εἰ γὰρ ἑαυτοὺς διεκρίνομεν, οὐκ E ἂν ἐκρινόμεθα. Νῦν δὲ κρινόμενοι, ὑπὸ Κυρίου παιδευόμεθα, ἵνα μὴ σὺν τῷ κόσμῳ κατακριθῶμεν. Ὅτι δὲ καὶ οἱ τὰ μεγάλα κατωρθωκότες ἐντεῦθεν πολλὰ κερδαίνουσιν, ἀπό τε τοῦ Ἰὼβ δῆλον μειζόνως ἐντεῦθεν λάμψαντος, ἀπό τε τοῦ Τιμοθέου, ὃς οὕτω καλὸς ὢν, καὶ τοιαύτην διακονίαν ἐγκεχειρισμένος, καὶ συμπεριιπτάμενος Παύλῳ τὴν οἰκουμένην, οὐ δύο καὶ τρεῖς ἡμέρας, οὐδὲ δέκα, καὶ εἴκοσι, καὶ ἑκατὸν, 575 A ἀλλὰ πολλὰς καὶ συνεχεῖς ἐν ἀῤῥωστίᾳ ἔζη, τοῦ σώματος αὐτῷ μετὰ πολλῆς τῆς σφοδρότητος ἐξησθενημένου. Καὶ τοῦτο δηλῶν ὁ Παῦλος ἔλεγεν· Οἴνῳ ὀλίγῳ χρῶ διὰ τὸν στόμαχόν σου, καὶ τὰς πυκνάς σου ἀσθενείας. Καὶ οὐ διώρθωσεν αὐτοῦ τὴν ἀσθένειαν ὁ νεκροὺς ἐγείρων, ἀλλ' ἀφῆκεν εἶναι ἐν τῇ καμίνῳ τῆς νόσου, ὥστε μέγιστον αὐτῷ καὶ ἐντεῦθεν συναχθῆναι παῤῥησίας πλοῦτον. Ὧν γὰρ αὐτὸς ἀπολέλαυκε παρὰ τοῦ Δεσπότου, καὶ ἅπερ ἐπαιδεύθη παρ' ἐκείνου, ταῦτα καὶ τὸν μαθητὴν ἐδίδασκεν. Εἰ γὰρ καὶ μὴ ἀῤῥωστίᾳ περιέπιπτεν, ἀλλ' ἀῤῥωστίας οὐκ ἔλαττον πειρασμοὶ αὐτὸν κολαφίζουσι, καὶ πολλὴν ὀδύνην B ἐπιφέρουσι τῇ σαρκί. Ἐδόθη γάρ μοι, φησὶ, σκόλοψ τῇ σαρκὶ ἄγγελος Σατᾶν, ἵνα με κολαφίζῃ· τὰς πληγὰς λέγων, τὰ δεσμὰ, τὰς ἁλύσεις, τὰ δεσμωτήρια, τὸ ἄγεσθαι, καὶ σπαράττεσθαι [a] καὶ κατατείνεσθαι μάστιξιν ὑπὸ δημίων πολλάκις. Διὸ καὶ μὴ φέρων τὰς ὀδύνας τὰς ἐντεῦθεν τῇ σαρκὶ προσγινομένας, ἔλεγεν· Ὑπὲρ τούτου τρὶς τὸν Κύριον παρεκάλεσα (τρὶς ἐνταῦθα τὸ πολλάκις λέγων), ὥστε ἐλευθερωθῆναι τοῦ σκόλοπος τούτου. Εἶτα ἐπειδὴ οὐκ ἐπέτυχε, μαθὼν τοῦ πράγματος τὸ κέρδος, καὶ ἡσύχασε, καὶ ἥσθη ἐπὶ τοῖς γινομένοις. Καὶ σὺ τοίνυν κἂν οἴκοι μένῃς, καὶ τῇ C κλίνῃ προσηλωμένη ᾖς, μὴ νόμιζε ἀργὸν βίον ζῆν· τῶν γὰρ ὑπὸ δημίων ἑλκομένων, σπαραττομένων,

Jesu Christi. Quin etiam cum aliis maxime horrendum crimen objiceret, hoc est iis qui sacrosancta mensa et arcanis illis mysteriis indigne fruuntur, dixissetque eum qui id sceleris admisisset, reum fore corporis et sanguinis Domini,
vide quanam ratione hos etiam ab hac fœda et 1. Cor. 11.
gravi macula repurgari atque abstergi dicat, his 27.
verbis utens, *Propterea inter vos multi infir-* Ibid. v 30.
mi et imbecilles. Ac postea illud demonstrans, res eorum non in hoc supplicio mansuras esse, verum nonnihil lucri atque utilitatis hinc rediturum, nempe ut sceleris pœnis hac ratione liberemur, hæc verba subjungit : *Si enim nos-* Ibid. v. 31.
ipsos judicaremus, non utique judicaremur. 32.
Dum judicamur autem, a Domino corripimur, ut non cum hoc mundo damnemur. Quod autem etiam ii, qui multa recte et cum virtute gesserunt, plurimum hinc lucri referant, tum ex Job liquido perspicitur, qui majorem hinc splendorem consecutus est, tum ex Timotheo, qui, cum et a vitio alienus esset, et tantum munus administraret, et cum Paulo orbem circumvolaret, non duos aut tres dies, non decem, aut viginti, aut centum, sed multo plures, imo assidue in morbo versabatur, atque ingenti corporis imbecillitate laborabat. Quod quidem etiam Paulus
indicans, his verbis utebatur : *Modico vino* 1. Tim. 5.
utere propter stomachum tuum, et frequen- 23.
tes tuas infirmitates. Nec ipsius morbum profligavit is qui mortuos ad vitam revocabat, verum eum in morbi fornace versari permisit, quo amplissimæ libertatis ac fiduciæ opes hinc ipsi cogerentur. Nam quæ a Domino ipse perceperat quæque ab eo didicerat, eadem quoque discipulo tradebat. Quamvis enim ipse in morbum minime laberetur, et tentationes tamen eum non minus quam morbi, tamquam impactis colaphis torquebant, et multum carni dolorem inurebant. *Datus* 2. Cor. 12.
est enim mihi, inquit, *stimulus carnis, angelus* 7.
Satanæ, qui me colaphizet, his nimirum verbis vincula, et catenas, et carcerem intelligens, illudque etiam, quod raptaretur, ac laceraretur, virgisque a carnificibus sæpius excruciaretur. Quamobrem etiam dolores eos, qui hinc carni accedebant, non ferens, hunc sermonem habebat :
Propter hoc ter Dominum rogavi (ter autem 2. Cor. 12.
hoc loco sæpe significat), *ut ab hoc stimulo li-* 8.
berarer. Postquam autem id minime obtinuit, quantaque hujus rei utilitas esset, intellexit, tum vero conquievit, atque ex iis quæ fiebant vo-

[a] Tres Mss. καὶ κατατείνεσθαι, προτείνεσθαι μάστιξιν.

Morbus non est otium.

luptatem cepit. Et tu quoque, etiamsi domi maneas lectoque affixa sis, ne propterea inertem vitam ducere te existimes. Siquidem iis, qui a carnificibus raptantur, lacerantur, excruciantur, atque extremis suppliciis mactantur, graviora et atrociora sustines, nimirum summam hujus morbi acerbitatem domestici atque intestini tortoris loco habens.

4. Quæ cum ita sint, cave aut mortem nunc expetas, aut corpus curare negligas: neque enim hoc tutum fuerit. Ac propterea Paulus quoque Timotheum, ut valetudini suæ diligenter consulat, admonet. Sed de morbo satis multa a nobis verba facta sunt. Quod si tibi mœroris causam id affert, quod a nobis sejuncta sis, hujus etiam rei lætum finem exspecta. Atque hoc non consolandi animi tui causa nunc dico, sed quia exploratum mihi est ita fore. Nam nisi ita futurum esset, jampridem, nisi me opinio fallit, quantum quidem ad illatas mihi calamitates attinet, e vita cessissem. Ut enim etiam omnia quæ Constantinopoli perpessus sum, prætercam, quanta, posteaquam ex urbe excessi, in tam longo ac molesto itinere pertulerim; quorum multa erant ejusmodi, ut mortem afferre possent; quanta postquam huc veni, quanta postquam Cucuso migravi, quanta denique postquam Arabissi commoratus sum, intelligere tibi licet. At hæc omnia effugimus, ac nunc percommoda valetudine utimur, atque in magna securitate sumus: adeo ut Armenii ad stuporem usque mirentur, me in tam imbecilli et gracili corpore tam intolerandam frigoris vim perferre, ac spiritum ducere posse, cum ii etiam qui hiemi assueti sunt, hinc non vulgarem in modum afficiantur. At nos ad hunc usque diem illæsi atque incolumes mansimus: et prædonum manus effugimus, qui sæpe in nos impetum fecerunt, et rerum necessariarum inopia laboramus, ac ne balneo quidem uti nobis licet. Atqui, cum istic degeremus, eo nobis assidue opus erat: nunc autem in eum statum atque habitum evasimus, ut ne hujusmodi quidem solatii cupiditate teneamur, verum majorem sanitatem consequuti simus, quam ut illud adhibere necesse habeamus. Ac nec cæli intemperies, nec locorum solitudo, nec rerum venalium angustia, nec eorum, a quibus curemur, inopia, nec medicorum inscitia, nec balneorum penuria, nec quod perpetuo in cubiculo tamquam ergastulo clausi teneamur, nec quod progredi nequeamus; quod quidem nobis assidue facere necesse erat; nec quod semper cum fumo atque igne si-

Chrysostomus putat ab exilio se rediturum esse.

In Armenia exultat Chrysost.

τεινομένων, τῶν τὰ ἔσχατα πασχόντων χαλεπώτερα ὑπομένεις, δήμιον διηνεκῆ καὶ σύνοικον ἔχουσα, τῆς ἀῤῥωστίας ταύτης τὴν ὑπερβολήν.

Μὴ τοίνυν μήτε τελευτῆς ἐπιθύμει νῦν, μήτε ἀμέλει θεραπείας· οὐδὲ γὰρ τοῦτο ἀσφαλές. Διά τοι τοῦτο καὶ Τιμοθέῳ παραινεῖ σφόδρα ἐπιμελεῖσθαι ἑαυτοῦ ὁ
D Παῦλος. Τῆς μὲν οὖν ἀῤῥωστίας ἕνεκεν ἀρκεῖ ταῦτα εἰπεῖν. Εἰ δὲ τὸ κεχωρίσθαι ἡμῶν ποιεῖ σοι τὴν ἀθυμίαν, προσδόκα τούτου λύσιν. Καὶ τοῦτο οὐχ ἵνα παρακαλέσω σε, εἶπον νῦν, ἀλλ' οἶδα ὅτι πάντως ἔσται· Εἰ γὰρ μὴ ἔμελλεν ἔσεσθαι, πάλαι ἄν, ὡς ἔγωγε οἶμαι, ἀπεληλύθειν ἐντεῦθεν, τό γε ἧκον εἰς τοὺς ἐπενεχθέντας μοι πειρασμούς. Ἵνα γὰρ τὰ ἐν Κωνσταντινουπόλει παρῶ πάντα, μετὰ τὴν ἐκεῖθεν ἔξοδον, ἔξεστι μαθεῖν ὅσα κατὰ τὴν ὁδὸν τὴν μακρὰν ταύτην
E καὶ χαλεπὴν, ὧν τὰ πλείω ἱκανὰ ἦν θάνατον τεκεῖν, ὑπομεμένηκα, ὅσα μετὰ τὴν ἐνταῦθα ἄφιξιν, ὅσα μετὰ τὴν μετανάστασιν τὴν ἀπὸ Κουκουσοῦ, ὅσα μετὰ τὴν ἐν Ἀραβισσῷ διατριβήν. Ἀλλὰ ταῦτα πάντα διεφύγομεν, καὶ νῦν ἐσμεν ἐν ὑγιείᾳ καὶ ἀσφαλείᾳ πολλῇ, ὡς καὶ Ἀρμενίους πάντας ἐκπλήττεσθαι, ὅτι ἐν οὕτως ἀσθενεῖ σώματι καὶ ἀραχνιώδει οὕτως ἀφόρητον φέρω κρυμὸν, ὅτι ἀναπνεῖν δύναμαι, τῶν εἰθάδων τοῦ χει-
576 A μῶνος οὐ τὰ τυχόντα ἐντεῦθεν πασχόντων. Ἀλλ' ἡμεῖς ἐμείναμεν ἀβλαβεῖς μέχρι τῆς σήμερον, καὶ λῃστῶν χεῖρας διαφυγόντες πολλάκις ἐπελθόντων, καὶ ἀπορίᾳ ἀναγκαίων συζῶντες, καὶ μηδὲ βαλανείῳ χρῆσθαι δυνάμενοι· καίτοι ἡνίκα αὐτόθι διετρίβομεν, συνεχῶς τούτου δεόμενοι, νῦν δὲ ἐν τοιαύτῃ ἕξει κατέστημεν, ὡς μηδὲ ἐπιθυμεῖν τῆς ἐντεῦθεν παραμυθίας, ἀλλὰ καὶ ὑγιεινότεροι ταύτῃ γενέσθαι. Καὶ οὔτε ἀέρων δυσκολία, οὐ τόπων ἐρημία, οὐχ ὠνίων στενοχωρία, οὐ τῶν θεραπευσόντων ἐρημία, οὐχ ἰατρῶν ἀμα-
B θία, οὐ βαλανείων ἀπορία, οὐ τὸ διόλου, καθάπερ ἐν δεσμωτηρίῳ, ἐν ἑνὶ οἰκήματι καθεῖρχθαι, οὐ τὸ μὴ κινεῖσθαι, οὗπερ ἀεὶ συνεχῶς ἐδεόμην, οὐ τὸ καπνῷ καὶ πυρὶ διηνεκῶς ὁμιλεῖν, οὐ λῃστῶν φόβος, οὐ πολιορκία διηνεκὴς, οὐχ ἄλλο τῶν τοιούτων οὐδὲν ἡμῶν

περιγέγονεν· [a] ἀλλ' ὑγιεινότερον διακείμεθα ἢ αὐτόθι ἦμεν, πολλῇ μέντοι κεχρημένοι τῇ ἐπιμελείᾳ. Ταῦτα οὖν πάντα λογιζομένη, διακρούου τὴν κατέχουσάν σε νῦν ὑπὲρ τούτων ἀθυμίαν, καὶ μὴ σαυτὴν ἀπαίτει δίκας περιττὰς καὶ χαλεπάς. Ἔπεμψά σοι ἅπερ ἔγραψα πρῴην, ὅτι τὸν ἑαυτὸν οὐκ ἀδικοῦντα οὐδεὶς ἕτερος παραβλάψαι δυνήσεται· καὶ τοῦτον ἠγωνίσατο τὸν ἀγῶνα ὁ λόγος, ὃν ἀπέσταλκά σου τῇ τιμιότητι νῦν. Συνεχῶς δὴ οὖν αὐτὸν ἐπέρχου· εἰ δὲ ὑγιαίνοις, καὶ ἐπὶ γλώττης φέρε. Ἱκανὸν γὰρ ἔσται σοι φάρμακον, ἐὰν ἐθέλοις. Εἰ δὲ φιλονεικοίης ἡμῖν, καὶ μήτε θεραπεύοις σαυτὴν, μήτε μυρίας ἀπολαύουσα παραινέσεώς τε καὶ παρακλήσεως, βουληθείης ἀνεγκεῖν ἐκ τῶν τελμάτων τῆς ἀθυμίας, οὐ ῥᾳδίως οὐδὲ ἡμεῖς ὑπακουσόμεθα πρὸς τὸ πυκνάς σοι καὶ μακρὰς πέμπειν ἐπιστολὰς, εἰ μηδὲν μέλλοις ἐντεῦθεν κερδαίνειν εἰς εὐθυμίαν. Πῶς οὖν τοῦτο εἰσόμεθα; Οὐκ ἐὰν λέγῃς, ἀλλ' ἐὰν διὰ τῶν πραγμάτων δεικνύῃς, ἐπεὶ καὶ νῦν ἔφης μηδὲν τῶν ἄλλων, ἀλλὰ τὴν ἀθυμίαν σοι τὴν νόσον εἰργάσθαι ταύτην. Ἐπεὶ οὖν αὐτὴ τοῦτο ὡμολόγησας, ἂν μὴ τῆς ἀῤῥωστίας ἀπαλλαγῇς, οὐ πεισόμεθα, ὅτι καὶ τῆς ἀθυμίας ἀπήλλαξαι. Εἰ γὰρ αὕτη ἐστὶν ἡ τὴν νόσον ποιοῦσα, καθὼς καὶ αὐτὴ ἐπέσταλκας, εὔδηλον ὅτι λυθείσης αὐτῆς κἀκείνη συναναιρεθήσεται, καὶ τῆς ῥίζης ἀνασπασθείσης, καὶ οἱ ταύτης συναπόλλυνται κλάδοι. Ὡς ἐὰν μένωσιν ἀνθοῦντες καὶ ἀκμάζοντες, καὶ καρπὸν φέροντες τὸν οὐ πρέποντα, οὐ δυνάμεθα πεισθῆναι, ὅτι τῆς ῥίζης ἠλευθέρωσαι. Μὴ τοίνυν μοι ῥήματα, ἀλλὰ πράγματα δεῖξον, κἂν ὑγιαίνῃς, ὄψει πάλιν ἐπιστολὰς πεμπομένας σοι λόγων ὑπερβαινούσας μέτρον. Μὴ δὴ μικρὰν νόμιζέ σοι παράκλησιν εἶναι, ὅτι ζῶμεν, ὅτι ὑγιαίνομεν, ὅτι ἐν τοσαύταις πραγμάτων ὄντες περιστάσεσιν, νόσου καὶ ἀῤῥωστίας ἀπηλλάγμεθα, ὃ τοὺς ἐχθροὺς ἡμῶν, ὡς ἔγνων, σφόδρα λυπεῖ καὶ ὀδυνᾷ. Ἀκόλουθον οὖν καὶ ὑμᾶς μεγίστην ταύτην ἡγεῖσθαι παράκλησιν, καὶ κεφάλαιον παραμυθίας. Μὴ κάλει τὴν συνοδίαν σου ἔρημον, τὴν νῦν μειζόνως ἐν οὐρανοῖς ἐγγεγραμμένην διὰ τῶν παθημάτων, ὧν ὑπομένει. Σφόδρα ἤλγησα

[a] Duo Mss. ἀλλ' ὑγιεινότεροι.

mus, nec prædonum metus, nec perpetua obsidio, nec denique quidquam aliud hujusmodi nos fregit ac superavit: verum melius commodiusque, quam cum istic essemus, adhibita tamen ingenti cura, valemus. Hæc igitur omnia tecum reputans, mœrorem, qui his de causis nunc te tenet,
C propelle, nec supervacaneas et graves a te ipsa pœnas exige. Mitto ad te id quod nuper literis mandavi, nempe eum qui seipsum non læserit, a nemine alio lædi posse: hoc quippe contendit, atque in eo elaborat ea oratio, quam nunc ad te mitto. Quare fac eam assiduo pervolvas, imo etiam, si per valetudinem licet, recites. Id enim pharmacum, si quidem volueris, tibi sufficit. Sin autem nobis pertinacius obluctaris, ac neque teipsam cures, nec, quamvis innumeras admonitiones et cohortationes præsto habeas, e mœroris tamen cœno emergere animum inducas: nos quoque haud facile tibi morem geremus, neque adducemur ut longas et crebras epistolas mittamus, si
D nihil ad animi alacritatem hinc fructus atque utilitatis perceptura es. Quonam igitur pacto id sciemus? Non si dixeris, sed si ex rebus ipsis declararis, quandoquidem nunc quoque hoc confirmasti, nihil aliud quam mœrorem hunc tibi morbum conflavisse. Quoniam igitur hoc ipsa confessa es, nisi morbo libereris, minime nobis fidem facies te animi mœrorem depulisse. Nam cum hic sit, ut ipsamet scripsisti, qui morbum accersat, non est profecto dubium, quin eo sublato morbus quoque de medio tollatur, evulsaque radice una etiam ipsius rami pereant. Nam quamdiu flo-
E rere ac vigere, fructumque, quem minime par sit, proferre perstiterint, id nobis persuaderi non poterit, te radice liberatam esse. Quocirca, ne mihi verba, sed res ostende: ac si sanitatem obtinueris, literas rursum, quæ orationis modum excedant, ad te mitti videbis. Nec vero levem hanc consolationem existimare debes, quod vivimus, quod valemus, quod, cum in tantis rerum difficultatibus ac molestiis versemur, a morbo tamen et adversa valetudine liberi sumus: quod quidem
577 A hostes nostros, ut comperi, non mediocri tristitia et dolore afficit. Quare consentaneum est vos etiam magnam consolationem hanc, atque adeo consolationum caput existimare. Cœtum tuum, qui nunc per eas quas perfert, calamitates magis in cælis ascriptus est, desertum ac destitutum ne voca. De Pelagio monacho magno dolore affectus sum. Cogita igitur quot quantisque coronis digni sint

Liber, quod nemo læditur nisi a seipso.

Hunc Pelagium suspicantur

quidam esse hæresiarcham illum.

qui forti animo in acie steterunt, cum viros qui tam pie ac sancte, tantaque cum tolerantia vixerunt, abripi, atque in fraudem impelli videamus.

Ad eamdem epist. V.

Anno ut putatur 406.

1. Vestræ auctæ sunt ærumnæ, latiora rursum vobis scammata, cursuumque longiora spatia constituta sunt: atque eorum qui vobis insidias moliuntur iracundia in majorem flammam assurgit. At minime propterea commoveri ac perturbari debetis, verum hoc ipso potissimum nomine lætari et exsultare, coronisque caput redimire, ac choros agitare. Nam nisi mortiferas prius diabolo plagas intulissetis, non usque adeo fureret hæc bellua, ut ultra progredi auderet. Quamobrem tum vestræ fortitudinis et victoriæ, tum ingentis illius cladis hoc est argumentum, quod ille acrius nunc in vos impetum faciat atque insultet, majorisque impudentiæ documentum edat, ac profusius venenum effundat. Quandoquidem etiam in beato Job, posteaquam in bonorum amissione ac filiorum ereptione victus est, tum quoque se gravibus vulneribus affectum esse perspicue ostendens, ad id quod malorum caput erat, hoc est ad carnis oppugnationem, et vermium scaturiginem, et ulcerum chorum se contulit; chorum enim et coronam, et sexcentarum victoriarum examen appello. Ac ne hic quidem constitit: verum quoniam nulla alia paris momenti machina ei reliqua erat (etenim velut extremam calamitatum lineam ipsi morbum illum invexerat), alia rursum tormenta bellica movebat, uxorem videlicet armans, amicos in eum exstimulans, famulos concitans atque efferos reddens, atque omni ratione ipsius vulnera exulcerans: id quod etiam nunc tentare non desinit; verum in suum ipsius caput; quandoquidem hinc fit ut res vestræ magis splendeant, sublimioresque in dies ac luculentiores fiant: majores enim tunc vobis opes exsistunt, uberior fructus, crebræ atque continuæ coronæ; magnum etiam per ipsas rerum acerbitates vobis fortitudinis incrementum affertur, ac per hostiles insidias acuitur vestra tolerantia. Ea enim est afflictionis natura, ut eos qui eam placido ac strenuo animo ferunt, rebus acerbis superiores, ac diaboli telis sublimiores reddat, insidiasque aspernari doceat. Siquidem et arbores quæ in umbris aluntur, majorem mollitiem contrahunt, atque ad fructuum procreationem minus commodæ redduntur: quæ autem aeris incon-

ὑπὲρ Πελαγίου τοῦ μονάζοντος. Ἐννόησον τοίνυν ὅσων ἄξιοι στεφάνων εἰσὶν οἱ γενναίως στάντες, ὅταν ἄνδρες ἐν τοσαύτῃ ἀσκήσει διαγαγόντες καὶ καρτε-
B ρίᾳ, οὕτω φανῶσιν ὑποσυρόμενοι.

Πρὸς τὴν αὐτὴν ἐπιστολὴ ε'.

Ἐπετάθη τὰ τῆς θλίψεως ὑμῖν, καὶ πλατύτερα πάλιν ἐτέθη τὰ σκάμματα, καὶ μακρότεροι τῶν δρόμων οἱ δίαυλοι, καὶ πρὸς μείζονα φλόγα τῶν ἐπιβουλευόντων ὑμῖν αἴρεται ὁ θυμός. Ἀλλ' οὐ θορυβεῖσθαι, οὐδὲ ταράττεσθαι, ἀλλὰ διὰ ταῦτα μὲν οὖν μάλιστα χαίρειν δεῖ, καὶ σκιρτᾷν, καὶ στεφανοῦσθαι, καὶ χο-
C ρεύειν. Εἰ γὰρ μὴ καιρίας ἐν τοῖς ἔμπροσθεν ἐδώκατε τῷ διαβόλῳ τὰς πληγὰς, οὐκ ἂν οὕτως ἠγριώθη τὸ θηρίον, ὡς καὶ περαιτέρω προελθεῖν. Δεῖγμα τοίνυν καὶ τῆς ὑμετέρας ἀνδρείας καὶ νίκης, καὶ τῆς ἥττης ἐκείνου τῆς πολλῆς, τὸ μειζόνως ἐφάλλεσθαι, καὶ ἐπιπηδᾷν, καὶ πλείονα ἐπιδείκνυσθαι τὴν ἀναισχυντίαν, καὶ δαψιλέστερον ἐκχεῖν τὸν ἰόν. Ἐπεὶ καὶ ἐπὶ τοῦ μακαρίου Ἰὼβ, ἐπειδὴ ἐν τῇ τῶν χρημάτων ἀποβολῇ ἡττήθη, καὶ τῇ τῶν παίδων ἀφαιρέσει, δεῖγμα καὶ τότε ἐκφέρων τοῦ χαλεπὰ τραύματα δέξασθαι, ἐπὶ τὸ κεφάλαιον ὥρμησε τῶν κακῶν, τὴν τῆς σαρκὸς πολιορ-
D κίαν, τὴν τῶν σκωλήκων πηγὴν, τὸν τῶν τραυμάτων χορόν· χορὸν γὰρ αὐτὸν ἐγὼ, καὶ στέφανον καλῶ, καὶ μυρίων βραβείων ἐσμόν. Καὶ οὐδὲ ἐνταῦθα ἔστη· ἀλλ' ἐπειδὴ οὐδὲν ὑπελείπετο ἕτερον αὐτῷ μηχάνημα τοιοῦτον (ὡς γὰρ ἔσχατον ὅρον συμφορῶν, οὕτως τὴν νόσον ἐπήγαγεν ἐκείνην), καὶ ἕτερα πάλιν ἐκίνει μηχανήματα, γυναῖκα ὁπλίζων, τοὺς φίλους παροξύνων, τοὺς οἰκέτας διεγείρων καὶ θηριώδεις ποιῶν, καὶ διὰ πάντων τὰ τραύματα ἀναξαίνων. Ὃ δὴ καὶ νῦν ἐπιχειρῶν οὐ παύεται· ἀλλὰ κατὰ τῆς ἑαυτοῦ κεφαλῆς· ὡς τά γε ὑμέτερα ἐντεῦθεν λαμπρότερα καὶ μείζονα καὶ φαιδρότερα καθ' ἑκάστην γίνεται τὴν
E ἡμέραν, πλείων ὑμῖν ὁ πλοῦτος, δαψιλεστέρα ἡ ἐμπορία, ἐπάλληλοι καὶ συνεχεῖς οἱ στέφανοι, πολλὴ δι' αὐτῶν τῶν δεινῶν τῆς ἀνδρείας ὑμῖν ἡ προσθήκη, καὶ αἱ ἐπιβουλαὶ τῶν ἐχθρῶν ἄλειμμα γίνονται τῆς καρτερίας τῆς ὑμετέρας. Τοιαύτη γὰρ τῆς θλίψεως ἡ φύσις· τοὺς πράως αὐτὴν καὶ γενναίως φέροντας ἀνωτέρους ποιεῖ τῶν δεινῶν, ὑψηλοτέρους τῶν τοῦ διαβόλου βελῶν, καὶ παιδεύει καταφρονεῖν τῶν ἐπιβουλῶν. Ἐπεὶ καὶ τὰ δένδρα τὰ μὲν σκιατροφούμενα, μαλακώτερα γίνεται, καὶ πρὸς τὴν καρπῶν γένεσιν
678 A ἀχρηστότερα· τὰ δὲ ἀέρων ἀνωμαλίᾳ ὁμιλοῦντα, καὶ πνευμάτων δεχόμενα ἐμβολὰς, καὶ θέρμην ἀκτῖνος, αὐτά τε ἰσχυρότερα καθίσταται, καὶ τοῖς φύλλοις κομᾷ, καὶ τῷ κάρπῳ βρίθεται. Οὕτω καὶ ἐπὶ τῆς θαλάσσης συμβαίνειν εἴωθεν· οἱ μὲν γὰρ πρῶτον ἐπιβάντες νηὸς, κἂν σφόδρα γενναῖοί τινες τυγχάνω-

σιν ὄντες, ὑπὸ τῆς ἀπειρίας ταράττονται, θορυβοῦνται, σκοτοδίνοις ἰλίγγοις κατέχονται· οἱ δὲ πολλὰ διαβάντες πελάγη, καὶ πολλοὺς ὑπομείναντες χειμῶνας, καὶ ὑφάλους, καὶ σκοπέλους, καὶ σπιλάδας, καὶ θηρίων ἐφόδους, καὶ πειρατῶν ἐπιβουλὰς, καὶ καταποντιστῶν, καὶ συνεχῶν ἀνασχόμενοι χειμώνων, τῶν B ἐπὶ γῆς λοιπὸν βαδιζόντων θαῤῥαλεώτερον ἐπὶ τῆς νηὸς κάθηνται, οὐκ ἔνδον παρὰ τὴν τρόπιν, ἀλλὰ καὶ αὐτοῖς ἐνιζάνοντες τοῖς τοίχοις τῆς νηὸς, καὶ ἐπὶ πρώρας καὶ ἐπὶ πρύμνης ἀδεῶς ἱστάμενοι· καὶ οἱ πρὸ τούτου ἐπ' ὄψιν μετὰ τρόμου καὶ φόβου κείμενοι, μετὰ τὴν πολλὴν τοῦ χειμῶνος πεῖραν, καὶ σχοῖνον ἕλκουσι, καὶ ἱστία ἀνάγουσι, καὶ κωπῶν ἅπτονται, καὶ πανταχοῦ τῆς νηὸς μετὰ εὐκολίας περιτρέχουσι. Μηδὲν τοίνυν ὑμᾶς θορυβείτω τῶν συμπιπτόντων. Εἰς τοῦτο γὰρ ἡμᾶς κατέστησαν οἱ ἐχθροὶ ἄκοντες, C εἰς τὸ μὴ δύνασθαι κακῶς παθεῖν πάντα μὲν αὐτῶν κενώσαντες τὰ βέλη, οὐδὲν δὲ πλέον ἐντεῦθεν ἀνύσαντες, ἢ τὸ καταισχύνεσθαι, καὶ γελᾶσθαι, καὶ ὥσπερ κοινοὺς τῆς οἰκουμένης ἐχθροὺς, οὕτω [a] πανταχοῦ φαίνεσθαι. Ταῦτα τῶν ἐπιβουλευόντων τὰ ἐπίχειρα, τοῦτο τῶν πολέμων τὸ τέλος. Βαβαὶ, πηλίκον ἐστὶν ἡ ἀρετὴ, καὶ τῶν παρόντων ὑπεροψία πραγμάτων· δι' ἐπιβουλῶν κερδαίνει, διὰ τῶν ἐπιβουλευόντων στεφανοῦται, διὰ τῶν κακῶς ποιούντων διαλάμπει μειζόνως, διὰ τῶν ἐπισύρειν ἐπιχειρούντων ἰσχυροτέρους ποιεῖ τοὺς μετιόντας αὐτὴν, ὑψηλοτέρους, ἀχειρώτους, ἀναλώ- D τους, οὐχ ὅπλων, οὐ δοράτων δεομένους, οὐ τειχῶν, οὐ τάφρων, οὐ πύργων, οὐ χρημάτων, οὐ στρατοπέδων, ἀλλὰ γνώμης στεῤῥᾶς μόνον, καὶ ἀπεριτρέπτου ψυχῆς, καὶ πᾶσαν ἀνθρωπίνην ἐπιβουλὴν ἐλέγχει.

Ταῦτα οὖν, δέσποινά μου θεοφιλεστάτη, καὶ σαυτῇ καὶ ταῖς μετὰ σοῦ τὸν καλὸν τοῦτον ἀγῶνα ἀγωνιζομέναις ἐπᾴδουσα, [b] ἀνίστη τὰ φρονήματα πασῶν, συγκροτοῦσά σου τὴν παράταξιν, ὥστε διπλοῦν καὶ τριπλοῦν καὶ πολλαπλασίονα γενέσθαι σοι τὸν στέφανον τῆς ἀρετῆς, δι' ὧν τε αὐτὴ πάσχεις, δι' ὧν τε [c] ἑτέρας εἰς ταῦτα ἐνάγεις· καὶ πείθουσα E πάντα πράως φέρειν, καὶ ὑπερορᾷν τῶν σκιῶν, καὶ καταφρονεῖν τῆς τῶν ὀνειράτων ἀπάτης, καὶ κατα-

stantiam experiuntur, ac ventorum impetus, ardentesque solis radios excipiunt, plus roboris hinc colligunt, et foliis abundant, ac fructuum copia curvantur. Sic nimirum in mari quoque usu venire consuevit : nam qui primum navem conscendunt, tametsi admodum strenui sint, ob navigandi insolentiam perturbantur, tumultuantur, tenebricosa vertigine corripiuntur : at qui multa maria peragrarunt, ac multas tempestates, et saxa latentia sub undis, et scopulos, et belluarum impetus, et prædonum ac piratarum insidias pertulerunt, et continuas procellas sustinuerunt, fidentiore deinceps animo, quam qui in terra ambulant, in navi sedent, non intus dumtaxat ad carinam, sed etiam in ipsis navis lateribus insidentes, atque tum in prora, tum in puppi sine ullo metu stantes : et qui prius ante omnium oculos cum metu ac tremore jacebant, posteaquam diuturnum tempestatis periculum fecerunt, jam et funem trahunt et vela pandunt, remos capessunt, atque in omnes navis partes facile concursant. Quocirca ne quid eorum quæ accidunt, vos perturbet. Huc enim nos hostes vel inviti redegerunt, ut nullo jam malo affici queamus, quippe qui effusis omnibus suis telis, nullum hinc aliud emolumentum perceperint, quam ut ignominia perfundantur, et irrideantur, atque ut communes orbis universi hostes ubique conspiciantur. Hæc insidiatorum præmia sunt : hic bellorum finis. Papæ, quanta res est virtus, et præsentium rerum contemtio ! per insidias lucra comparat, per insidiatores coronam consequitur, per eos a quibus male mulctatur, illustrius splendet, per eos qui hoc agunt ac moliuntur, ut ipsam dejiciant, homines sui studiosos firmiores, sublimiores, invictos et inexpugnabiles reddit, non lanceis, non mœnibus, non vallo, non turribus, non pecuniis, non militaribus copiis, sed firma tantum voluntate animique constantia opus habentes : ac denique humanas omnes insidias vincit.

2. Hæc igitur, religiosissima domina mea, tum tibi ipsi, tum iis quæ tecum præclarum hoc certamen obeunt, accinens, da operam ut omnium animos erigas, tuamque aciem instruas, quo tibi duplex et triplex, ac multo etiam copiosior virtutis corona comparetur, tam per ea quæ ipsa perpeteris, quam quia alios ad eadem subeunda impellis, eosque adducis ut leviter ac placide omnia ferant, et umbras contemnant, atque inso-

[a] Duo Mss. πανταχοῦ φονεύεσθαι.
[b] [Savil. conj. ἀνίστα.]
[c] Iidem ἑτέρους.

mniorum imposturam aspernentur, ac lutum proculcent, nullamque fumi rationem habeant, nec aranearum telas molestiæ quidquam vobis afferre existiment, fœnumque putredini obnoxium prætereant. Nam humanæ felicitatis vanitas id omne est, atque adeo his omnibus rebus vilior. Nec facile quisquam simulacrum ullum reperire queat, quod ipsius vanitatem exacte repræsentet. Siquidem præter hanc vanitatem haud parvum insuper iis qui ipsi inhiant detrimentum affert, non in futuro dumtaxat ævo, sed etiam in præsenti vita, atque ipsismet etiam diebus, quibus magna sibi ex iis voluptate affici videntur. Quemadmodum enim virtus, tum etiam cum bellum adversus eam geritur, exsultat et floret, ac splendidius lucet: eodem modo improbitas, tum etiam cum colitur atque observatur, imbecillitatem suam prodit, atque ingentem risum, comœdiamque omni sermonis facultate superiorem ostendit. Quid enim, quæso, Caino miserabilius fuit, eo etiam tempore quo fratrem vicisse ac superasse atque iniquam illam et exsecrandam iracundiam animique concitationem explevisse videbatur? quid impurius dextra illa, quæ vicisse visa fuit? dextera, inquam, quæ plagam inflixerat et cædem perpetrarat? quid fœdissima illa lingua, quæ fraudem texuerat, et laqueos expanderat? Quid autem membra ea commemoro, quæ cædem admiserant? Nam corpus universum excruciabatur, perpetuo gemitui ac tremori mancipatum. O singularem rerum novitatem! o admirandam victoriam! o novum tropæi genus! Is qui obtruncatus fuerat, atque exanimis jacebat, corona donabatur ac celebrabatur: qui autem vicerat et superior discesserat, non modo coronæ expers manebat, verum hoc etiam nomine in cruciatu versabatur, et intolerando supplicio perpetuoque tormento addicebatur; atque eum qui motu et vita præditus erat, is qui percussus fuerat ac mortem oppetierat, eum qui loquebatur, is qui vocis expers erat, accusabat; imo vero ne mortuus quidem ipse, verum et sanguis, etiam a corpore sejunctus, ad eam rem vel solus sufficiebat. Tanta hominum virtute præditorum, etiam mortuorum, vis est! tanta rursum improborum, etiam viventium, miseria! Porro cum in ipso certamine tanta præmia sint, cogites velim quanta post certamina merces futura sit, cum piis viris præmia referentur, ac bona illa quæ omnem sermonem superant, ipsis

Humanæ felicitatis vanitas.

πατεῖν τὸν πηλὸν, καὶ τοῦ καπνοῦ μηδένα ποιεῖσθαι
λόγον, καὶ τὰς ἀράχνας μὴ νομίζειν ὑμῖν διενοχλεῖν,
καὶ παρατρέχειν τὸν σηπόμενον χόρτον. Ταῦτα γὰρ
ἅπαντα τῆς ἀνθρωπίνης εὐημερίας ἡ ματαιότης, καὶ
τούτων δὲ εὐτελέστερα. Καὶ οὐκ ἄν τις ῥᾳδίως εἰκόνα
εὕροι ἀκριβῶς αὐτῆς τὴν ματαιότητα παριστῶσαν.
579 Μετὰ γὰρ τῆς οὐδενείας ταύτης οὐ μικρὰν φέρει καὶ
A βλάβην τοῖς [a] πρὸς αὐτὰ κεχηνόσιν, οὐκ ἐν τῷ μέλλοντι
μόνον αἰῶνι, ἀλλὰ καὶ ἐν τῷ παρόντι βίῳ, καὶ κατὰ
ταύτας τὰς ἡμέρας, ἐν αἷς δοκοῦσιν αὐταῖς ἐντρυφᾷν.
Καθάπερ γὰρ ἡ ἀρετὴ, καὶ κατ' αὐτὸν τὸν καιρὸν καθ'
ὃν πολεμεῖται, σκιρτᾷ καὶ θάλλει, καὶ φαιδροτέρα δείκνυται,
οὕτω καὶ ἡ κακία, καὶ κατ' αὐτὸν τὸν καιρὸν
καθ' ὃν θεραπεύεται καὶ κολακεύεται, δείκνυσιν αὐτῆς
τὴν ἀσθένειαν, καὶ τὸν πολὺν γέλωτα, καὶ τὴν
ἄφατον κωμῳδίαν. Τί γὰρ, εἰπέ μοι, τοῦ Κάϊν
ἐλεεινότερον γέγονε, καὶ κατ' αὐτὸν τὸν καιρὸν, καθ'
B ὃν ἐδόκει κρατεῖν τοῦ ἀδελφοῦ, καὶ περιγεγενῆσθαι,
καὶ τοῦ θυμοῦ καὶ τῆς ὀργῆς ἐμπεφορῆσθαι, ἐκείνης
τῆς ἀδίκου καὶ μυσαρᾶς; τί δὲ τῆς δεξιᾶς ἐκείνης ἀκαθαρτότερον,
τῆς δοκούσης νενικηκέναι, τῆς δεξιᾶς,
ἣ τὴν πληγὴν ἐπήγαγεν, καὶ τὸν φόνον εἰργάσατο,
καὶ τῆς αἰσχίστης γλώττης, ἣ τὸν δόλον ἔῤῥαψε, καὶ
τὰ δίκτυα ἥπλωσεν; Καὶ τί λέγω τὰ μέλη τὰ τὸν φόνον
ἐργασάμενα; Καὶ γὰρ ὅλον τὸ σῶμα ἐκολάζετο, τῷ
στεναγμῷ, τῷ τρόμῳ διηνεκῶς παραδοθέν. Ὢ καινῶν
πραγμάτων· ὢ παραδόξου νίκης· ὢ ξένου τροπαίου.
Ὁ μὲν σφαγεὶς καὶ νεκρὸς κείμενος ἐστεφανοῦτο καὶ
C ἀνεκηρύττετο· ὁ δὲ νικήσας καὶ περιγεγονὼς, οὐ μόνον
[b] ἀστεφάνωτος ἔμενεν, ἀλλὰ δι' αὐτὸ μὲν οὖν
τοῦτο ἐκολάζετο, καὶ ἀφορήτοις παρεδίδοτο τιμωρίαις,
καὶ διηνεκεῖ βασάνῳ· καὶ τοῦ κινουμένου καὶ ζῶντος
καὶ φθεγγομένου ὁ πεπληγὼς καὶ τεθνεὼς, καὶ τοῦ
φθεγγομένου ὁ ἄφωνος κατηγόρει· μᾶλλον δὲ οὐδὲ ὁ
τεθνεὼς, ἀλλὰ τὸ μὲν αἷμα ψιλὸν, καὶ τοῦ σώματος
χωρισθὲν, ἤρκεσεν εἰς τοῦτο μόνον. Τοσαύτη τῶν ἐναρέτων
ἡ περιουσία, καὶ τελευτησάντων· τοσαύτη τῶν
πονηρῶν ἡ ἀθλιότης, καὶ ζώντων. Εἰ δὲ ἐν τῷ σκάμματι
τοιαῦτα τὰ βραβεῖα, ἐννόησον μετὰ τοὺς ἀγῶνας
ἡλίκαι αἱ ἀμοιβαὶ, ἐν τῷ καιρῷ τῆς ἀντιδόσεως, ἐν
τῇ χορηγίᾳ τῶν ἀγαθῶν ἐκείνων, τῶν πάντα ὑπερβαινόντων
D λόγον. Τὰ μὲν γὰρ λυπηρὰ, οἷα ἂν ᾖ, παρὰ
ἀνθρώπων ἐπάγεται, καὶ μιμεῖται τῶν ἐπιφερόντων
τὴν εὐτέλειαν· τὰ δὲ δῶρα καὶ αἱ ἀμοιβαὶ παρὰ τοῦ
Θεοῦ δίδονται· διὸ καὶ τοιαῦτά ἐστιν, οἷα εἰκὸς παρὰ
τῆς ἀφάτου δωρεᾶς ἐκείνης διδόμενα. Χαῖρε τοίνυν
καὶ εὐφραίνου, στεφανηφοροῦσα, πομπεύουσα, τὰ
κέντρα τῶν ἐχθρῶν καταπατοῦσα μᾶλλον, ἢ πηλὸν
ἕτεροι. Καὶ δήλου συνεχῶς ἡμῖν τὰ περὶ τῆς ὑγιείας

[a] Iidem πρὸς αὐτήν. Paulo post duo Mss. δοκοῦσιν αὐτῆς ἐντρυφᾷν, unus αὐτοῖς. Edit. αὐταῖς.

[b] Duo Mss. ἀστεφάνωτος ἀπῄει.

σου, ἵνα καὶ ἐντεῦθεν πολλὴν καρπωσώμεθα τὴν εὐφροσύνην. Οἶσθα γὰρ ὡς οὐ μικρὰ ἡμῖν ἔσται παραμυθία, καὶ ἐν ἐρημίᾳ καθημένοις, ὅταν συνεχῶς μανθάνωμεν περὶ τῆς ῥώσεως τῆς σῆς. Ἔῤῥωσο.

suppeditabuntur. Molestiæ namque, quæcumque tandem illæ fuerint, ab hominibus inferuntur : E ac proinde inferentium vilitatem imitantur ; at dona et præmia a Deo tribuuntur : ob idque etiam ejusmodi sunt, qualia ea esse par est, quæ ab illa ineffabili munificentia conceduntur. Gaude igitur et lætare, corollis caput redimiens, ac triumphans, hostiumque aculeos magis proculcans, quam lutum alii. Ac de tua valetudine quam creberrime fac nos certiores, ut hinc quoque ingentem voluptatem capiamus. Non enim te fugit magnæ nobis, etiam in solitudine, eam rem consolationi foro, cum de tua sanitate quam sæpissime ad nos literæ afferentur. Vale.

Πρὸς τὴν αὐτὴν ἐπιστολὴ ϛ'.

Ἀπ' αὐτῶν ἀναβὰς τῶν τοῦ θανάτου πυλῶν, ταῦτα ἐπιστέλλω πρὸς τὴν σὴν κοσμιότητα· διὸ καὶ σφόδρα ἥσθην, ὅτι νῦν ἀπηντήκασιν οἱ παῖδες εἰς λιμένα λοιπὸν ὁρμίζουσιν ἡμῖν. Εἰ γὰρ πελαγίῳ μοι σαλεύοντι ἔτι, καὶ τὰ χαλεπὰ τῆς ἀῤῥωστίας ἐκδεχομένῳ κύματα συνήντησαν, οὐδὲ ἀπατῆσαί μοι ῥᾴδιον ἦν τὴν σὴν εὐλάβειαν, χρηστὰ ἀντὶ δυσχερῶν ἀπαγγέλλοντι. Καὶ γὰρ ὁ χειμὼν τοῦ συνήθους γενόμενος σφοδρότερος, χαλεπώτερον ἡμῖν καὶ τοῦ στομάχου τὸν χειμῶνα ἐπήγαγε· καὶ νεκρῶν οὐδὲν ἄμεινον τοὺς δύο διετέλεσα μῆνας τούτους, ἀλλὰ καὶ χαλεπώτερον. Τοσοῦτον γὰρ ἔζων, ὅσον ἐπαισθάνεσθαι τῶν πάντοθεν κυκλούντων με δεινῶν, καὶ πάντα μοι νὺξ ἦν, καὶ ἡμέρα, καὶ ὄρθρος, καὶ μεσημβρία μέση, καὶ διημέρευον τῇ κλίνῃ προσηλωμένος· καὶ μυρία μηχανώμενος, οὐκ ἴσχυον τὴν ἐκ τοῦ κρυμοῦ βλάβην ἀποτινάξασθαι· ἀλλὰ [a] καὶ πῦρ ἀνακαίων, καὶ καπνοῦ χαλεπωτάτου ἀνεχόμενος, καὶ ἐν ἑνὶ δωματίῳ καθειργμένος, καὶ μυρία ἐπιβλήματα ἔχων, καὶ μηδὲ τὸν οὐδὸν ὑπερβῆναι τολμῶν, τὰ ἔσχατα ἔπασχον, ἐμέτων τε συνεχῶς ἐπιγινομένων, κεφαλαλγίας, ἀνορεξίας, ἀγρυπνίας διηνεκοῦς. Τὰ γοῦν πελάγη τῆς νυκτὸς τὰ οὕτω μακρὰ ἀγρυπνῶν διετέλουν. Ἀλλ' ἵνα μὴ πλέον τοῖς δυσχερέσιν ἐνδιατρίβων κατατείνω σου τὴν διάνοιαν, πάντων ἀπηλλάγμεθα τούτων νῦν. Ὁμοῦ τε γὰρ ἐπέστη τὸ ἔαρ, καὶ μικρά τις τοῦ ἀέρος γέγονε μεταβολὴ, αὐτόματα πάντα ἐλύθη. Ἀλλ' ὅμως καὶ νῦν πολλῆς δέομαι τῆς ἀκριβείας κατὰ τὴν δίαιταν· διὰ δὴ τοῦτο κοῦφον ποιῶ τῷ στομάχῳ τὸ φορτίον, ὥστε αὐτὸ δύνασθαι καὶ ῥᾳδίως διατιθέναι. Οὐχ ὡς ἔτυχε δὲ ἡμᾶς κατέστησεν ἐν φροντίδι καὶ τὸ μαθεῖν πρὸς ἐσχάτας ἀναπνοὰς εἶναί σου τὴν κοσμιότητα.

Ad eamdem epistola VI.

1. Ab ipsis mortis januis revocatus hæc ad te scribo : eoque etiam nomine pueros tuos nunc denique ad nos accessisse, vehementer gavisus sum, cum jam ad portum appelleremus. Nam si mihi, cum adhuc in mari jactarer, gravesque morbi fluctus exspectarem, occurrissent, pietatem tuam fallere mihi non facile fuisset, læta pro tristibus nuntianti. Hiems enim gravior quam solebat exorta, graviorem quoque nobis stomachi hiemem invexit : nihiloque melius ac commodius, quam qui mortem obierunt, imo etiam gravius, hos duos menses confeci. Hactenus enim lucis hujus usura fruebar, ut malorum, quibus undique cingebar, sensu afficerer; omniaque mihi noctis instar erant, hoc est tam dies, quam diluculum, atque ipsa meridies : totosque dies lecto affixus exigebam; cumque innumeras rationes comminiscerer, contractum tamen ex acerrimo frigore detrimentum haudquaquam excutere poteram: quamvis enim ignem etiam accenderem, et gravissimum fumum perferrem, et cubiculo inclusus tenerer, sexcentisque pannis memet obvolverem, ac ne limen quidem excedere auderem, nihilominus extremos cruciatus patiebar : quippe cum vomitus subinde orirentur, capitis dolores, cibi fastidia, perpetuæque vigiliæ. Noctis ergo pelagus usque adeo longum insomnis exigebam. Verum ne commemorandis rebus molestis diutius immorans, animum tuum vexem, his omnibus nunc liberati sumus. Nam simulatque ver adfuit, atque exigua quædam aeris mutatio contigit, omnia

Cucuso anno 405.

[a] Duo Mss. καὶ πῦρ ἀνάπτων, alii et Editi καὶ πῦρ ἀνακαίων.

sponte sua dilapsa sunt. Attamen magna mihi adhuc in victus ratione cura opus est; ac proinde operam do ut levem sarcinam stomacho imponam, quo eam facile digerere queat. Illud vero non vulgari sollicitudine nos affecit, quod te extremo vitæ spiritu conflictari intelleximus. Quamquam pro ingenti meo erga te amore ac rerum tuarum cura et sollicitudine, antequam etiam literas tuas reciperem, hac cura solutus sum: permulti enim istinc ad nos venerunt, teque commoda valetudine esse nuntiarunt. Ac nunc majorem in modum lætor et gaudeo, non tantum quod morbo liberata sis, sed potissimum quod ea, quæ accidunt, adeo fortiter ac generose feras, fabulam nimirum hæc omnia vocans; tum etiam, quod majus censendum est, quia etiam corporis morbo hujusmodi nomen imposuisti, quod quidem strenuæ animæ est, ac fortitudinis fructu abundantis. Nam incommodas et adversas res non modo forti animo ferre, sed ne quidem cum adsunt persentire, verum eas pro nihilo putare, ac perfacili negotio patientiæ coronam adipisci, non laborantem, non sudantem, non negotia habentem, nec aliis facessentem, verum tamquam exsilientem ac tripudiantem, hoc demum perfectissimæ ac numeris omnibus absolutæ philosophiæ argumentum est. Ideo gaudeo et exsulto, ac præ voluptate volito, nec præsentis solitudinis cæterarumque ærumnarum sensu afficior, sed lætor ac voluptate perfundor, deque tua animi magnitudine crebrisque victoriis vehementer glorior, non tua dumtaxat, sed etiam magnæ illius ac numerosissimæ civitatis causa, cui etiam turris et portus ac muri loco exstitisti, luculentam per res ipsas vocem emittens, atque in tuis calamitatibus utrumque hominum genus erudiens, ut ad hujusmodi certamina prompte atque impigre sese accingant, ac cum omni animi fortitudine in arenam descendant, collectosque ex hujusmodi certaminibus sudores facile ferant. Quodque mirabile est, non in forum te injiciens, nec in mediam civitatem progressa, sed in exiguo cubiculo ac thalamo sedens, iis qui adsunt animum addis, eosque ad certamen acuis, marique ita furente, ac fluctibus adeo intumescentibus, scopulisque et latentibus sub unda saxis et petris, ac truculentis belluis undique sese ostendentibus, atque altissima nocte cuncta occupante, tu, velut meridiano et tranquillo tempore, ventoque ad puppim

Præsentis vitæ calamitates mera fabula sunt.

Ἀλλ' ὅμως [b] διὰ τὸ στέργειν σφόδρα καὶ μεριμνᾷν,
καὶ φροντίζειν τὰ σὰ, καὶ πρὸ τῶν γραμμάτων τῆς
D τιμιότητός σου, ταύτης ἀπηλλάγημεν τῆς μερίμνης,
πολλῶν ἐκεῖθεν ἐλθόντων καὶ ἀπαγγειλάντων τὰ περὶ
τῆς ὑγιείας τῆς σῆς. Καὶ νῦν χαίρω σφόδρα καὶ εὐφραίνομαι, οὐχ ὅτι τῆς ἀῤῥωστίας ἀπηλλάγης μόνον,
ἀλλὰ πρὸ πάντων, ὅτι οὕτω γενναίως φέρεις τὰ συμπίπτοντα, μῦθον ἅπαντα ταῦτα καλοῦσα· καὶ τὸ δὴ
μεῖζον, ὅτι καὶ τῇ τοῦ σώματος ἀῤῥωστίᾳ ταύτην
περιέθηκας τὴν προσηγορίαν, ὃ ψυχῆς ἐστι νεανικῆς
καὶ πολλῷ τῷ τῆς ἀνδρίας βρυούσης καρπῷ. Τὸ γὰρ
μὴ μόνον φέρειν γενναίως τὰ δυσχερῆ, ἀλλὰ μηδὲ
E παρόντων αὐτῶν αἰσθάνεσθαι, ἀλλ' ὑπερορᾷν καὶ μετὰ
πολλῆς τῆς ἀπραγμοσύνης τὸν τῆς ὑπομονῆς ἀναδήσασθαι στέφανον, οὐ κάμνουσαν, οὐδὲ ἱδροῦσαν, οὐδὲ
πράγματα ἔχουσαν, οὐδὲ ἑτέροις παρέχουσαν, ἀλλ'
ὥσπερ σκιρτῶσαν καὶ χορεύουσαν, τοῦτο τῆς ἀκριβε-
στάτης φιλοσοφίας ἐστὶν ἀπόδειξις. Διὰ ταῦτα χαίρω
καὶ σκιρτῶ, πέτομαι ὑπὸ τῆς ἡδονῆς, οὐκ αἰσθάνομαι τῆς παρούσης ἐρημίας, οὐδὲ τῶν λοιπῶν περι-
581 στάσεων, εὐφραινόμενος καὶ γαννύμενος, καὶ σφόδρα
A καλλωπιζόμενος ἐπὶ τῇ σῇ μεγαλοφροσύνῃ καὶ ταῖς
ἐπαλλήλοις νίκαις, οὐ διὰ σὲ μόνον, ἀλλὰ καὶ διὰ τὴν
μεγάλην καὶ πολυάνθρωπον πόλιν ἐκείνην, ᾗ καὶ ἀντὶ
πύργου καὶ λιμένος γέγονας καὶ τείχους, λαμπρὰν τὴν
διὰ τῶν πραγμάτων ἀφιεῖσα φωνὴν, καὶ ἑκάτερον τὸ
γένος ἐν τοῖς παθήμασί σου παιδεύουσα, καὶ ἀποδύεσθαι ῥᾳδίως πρὸς τοιούτους ἀγῶνας, καὶ καταβαί-
νειν εἰς τὰ σκάμματα μετὰ ἀνδρείας ἁπάσης, καὶ
φέρειν εὐκόλως τοὺς ἐκ τῶν τοιούτων ἀγώνων ἱδρῶτας.
Καὶ τὸ δὴ θαυμαστὸν, ὅτι οὐκ εἰς ἀγορὰν ἐμβάλλουσα,
οὐδὲ τὰ μέσα τῆς πόλεως καταλαμβάνουσα, ἀλλ' ἐν
B οἰκίσκῳ βραχεῖ καὶ θαλάμῳ καθημένη, νευροῖς, ἀλείφεις τοὺς ἑστῶτας, καὶ τῆς θαλάττης οὕτω μαινομένης, καὶ τῶν κυμάτων οὕτω κορυφουμένων, σκοπέλων
τε καὶ ὑφάλων, καὶ σπιλάδων, καὶ θηρίων πάντοθεν
ἀγρίων ἀναφαινομένων, καὶ νυκτὸς βαθυτάτης πάντα
κατεχούσης, ὥσπερ ἐν μεσημβρίᾳ καὶ γαλήνῃ καὶ
κατὰ πρύμναν τοῦ πνεύματος ἱσταμένου, οὕτως ἀναπετάσασα τῆς ὑπομονῆς τὰ ἱστία, μετὰ πολλῆς πλέεις
τῆς εὐκολίας, οὐ μόνον οὐ κλυδωνιζομένη ὑπὸ τοῦ
χαλεποῦ τούτου χειμῶνος, ἀλλ' οὐδὲ περιῤῥαντιζο-
μένη· καὶ μάλα γε εἰκότως· τοιαῦτα γὰρ τῆς ἀρετῆς
C τὰ πηδάλια. Καὶ ἔμποροι μὲν, καὶ κυβερνῆται, καὶ

[b] Alii διὰ τὸ σφόδρα μεριμνᾷν etc.

ναῦται, καὶ πλωτῆρες, ἐπειδὰν ἴδωσι νεφῶν συνδρομὴν, ἢ ἀγρίων ἀνέμων ἐμβολὴν, ἢ τὸ ῥόθιον τοῦ κυ-
ματος σφοδροτάτῳ ζέον ἀφρῷ, εἴσω λιμένος τὰ πλοῖα
κατέχουσιν· εἰ δέ που καὶ τύχοιεν ἐν πελάγει σαλεύοντες, πάντα ποιοῦσι καὶ μηχανῶνται, ὥστε πρὸς
ὅρμον, ἢ νῆσον, ἢ ἀκτὴν προσορμίσαι τὸ σκάφος. Σὺ
δὲ μυρίων πνευμάτων, τοσούτων ἀγρίων κυμάτων πάντοθεν συῤῥηγνυμένων, τοῦ βυθοῦ τῆς θαλάττης ἀνα-
στραφέντος διὰ τὴν χαλεπότητα τοῦ χειμῶνος, καὶ
τῶν μὲν ὑποβρυχίων γενομένων, τῶν δὲ ἐπιπλεόντων
νεκρῶν τοῖς ὕδασιν, ἑτέρων γυμνῶν ἐπὶ σανίδος φερο- D
μένων, εἰς μέσον ἁλλομένη τὸ πέλαγος τῶν κακῶν,
μῦθον ἅπαντα ταῦτα καλεῖς, ἐξουρίας ἐν χειμῶνι
πλέουσα· καὶ μάλα εἰκότως. Οἱ μὲν γὰρ κυβερνῆται,
κἂν μυριάκις ὦσι σοφοὶ τὴν ἐπιστήμην ἐκείνην, ἀλλ'
οὐκ ἔχουσι τέχνην ἀρκοῦσαν ἀντιστῆναι παντὶ χει-
μῶνι· διὸ καὶ φεύγουσι πολλάκις τὴν πρὸς τὰ κύματα
μάχην. Σοὶ δέ ἐστιν ἐπιστήμη παντὸς ἀνωτέρα
χειμῶνος, τῆς φιλοσόφου ψυχῆς ἡ δύναμις, ἣ καὶ
στρατοπέδων μυρίων ἐστὶν ἰσχυροτέρα, καὶ ὅπλων
δυνατωτέρα, καὶ πύργων καὶ τειχῶν ἀσφαλεστέρα.
Στρατιώταις μὲν γὰρ καὶ ὅπλα, καὶ τείχη, καὶ πύρ- E
γοι, πρὸς σώματος ἀσφάλειαν χρήσιμα μόνον, καὶ
τοῦτο οὐκ ἀεὶ, οὐδὲ διὰ παντός· ἀλλ' ἔστιν ὅτε καὶ
ἡττᾶται ἅπαντα ταῦτα, καὶ ἐρήμους αὐτῶν προστασίας τοὺς καταφεύγοντας ἀφίησιν. Τὰ δὲ σὰ οὐ βέλη
βαρβαρικὰ, οὐδὲ μηχανήματα πολεμίων ἀνθρώπων,
οὐδὲ ἐφόδους καὶ κλοπὰς τοιαύτας διελέγχει, ἀλλὰ
τὰς τῆς φύσεως κατεπάτησεν ἀνάγκας, καὶ τὴν τυραννίδα κατέλυσε, καὶ τὴν ἀκρόπολιν αὐτῶν καθεῖλε.
Καὶ δαίμοσι πυκτεύουσα διηνεκῶς, μυρίας μὲν ἤρω
νίκας, οὐδεμίαν δὲ ἐδέξω πληγὴν, ἀλλ' ἕστηκας ἄτρω- 582
τος ἐν τοσαύτῃ βελῶν νιφάδι, καὶ τὰ ἀκόντια τὰ κατὰ A
σοῦ ῥιπτόμενα πρὸς τοὺς ἀφιέντας ὑποστρέφει πάλιν. Τοιαύτη σου τῆς τέχνης ἡ σοφία· δι' ὧν πάσχεις
κακῶς, τοὺς ποιοῦντας ἀμύνῃ· δι' ὧν ἐπιβουλεύῃ,
τοὺς πολεμοῦντας λυπεῖς, ὑπόθεσιν μεγίστην ἔχουσα
πρὸς εὐδοκιμήσεως ἀφορμὴν μείζονος τὴν ἐκείνων
κακίαν. Ταῦτα καὶ αὐτὴ εἰδυῖα καλῶς, καὶ τῇ πείρᾳ
τὴν αἴσθησιν ἔχουσα, εἰκότως μῦθον ἅπαντα ταῦτα
καλεῖς. Πῶς γὰρ οὐκ ἂν καλέσῃς, εἰπέ μοι, μῦθον,
θνητὸν σῶμα λαχοῦσα, καὶ θανάτου οὕτω καταφρο-
νοῦσα, ὡς οἱ τὴν ἀλλοτρίαν ἐπειγόμενοι καταλιπεῖν, B
καὶ πρὸς τὴν οἰκείαν ἐπανελθεῖν πατρίδα; ἀῤῥωστίᾳ
συζῶσα χαλεπωτάτῃ, καὶ τῶν εὐσαρκούντων καὶ
σφριγώντων ἥδιον διακειμένη, οὐχ ὕβρεσι ταπεινου-

flanto, sic expansis patientiæ velis summa cum facilitate navigas, tantumque ab eo abes ut gravi hac tempestato obruaris, ut ne leviter quidem aspergaris : idque sane merito : hujusmodi enim sunt virtutis gubernacula. Et quidem mercatores et gubernatores, ac nautæ, et vectores, cum nubium concursum, aut sævorum et immanium ventorum impetum, rapidosque fluctus majorem in modum spumantes conspiciunt, naves intra portum continent. Quod si etiam fortasse in mari jactentur, quidvis faciunt ac moliuntur, ut ad litus, aut insulam, aut ripam aliquam navim
D appellant. At tu, cum sexcenti venti, cum tot immanes fluctus omni ex parte inter se collidantur, cum mare ab imis usque gurgitibus ob tempestatis acerbitatem sursum erumpat, atque alii pessum ierint, alii exstincti supra undas emineant, cæteri in tabula nudi ferantur; ipsa in medium malorum pelagus insiliens, omnia hæc fabulam appellas, prospero cursu in tempestate navigans : neque id mirum. Navarchi enim, quantumvis scientiam illam teneant, artem tamen, qua omni tempestati reluctentur, non habent : eoque etiam fit, ut certamen cum flu-
E ctibus sæpe fugiant. At tibi scientia est omni tempestate superior, nimirum philosophici animi robur, quod et innumeris exercitibus valentius est, et quibusvis armis potentius, et turribus atque muris tutius. Militibus quippe arma et muri, et turres, ad corporis dumtaxat præsidium adjumento sunt, idque etiam non semper, nec perpetuo : nonnumquam enim omnia ista vincuntur, eosque qui ad se confugiunt, præsidio suo destitutos relinquunt. At vero arma tua, non barbarica tela, non hostium machinas, non hujusmodi impetus et astus fregerunt, sed ipsas
582 naturæ necessitates protriverunt, ac tyrannidem
A sustulerunt, earumque arcem humi prostraverunt. Ac cum dæmonibus perpetuo dimicans, innumeras palmas adepta, nullam plagam accepisti; verum inter densissimas sagittas incolumis perstitisti, ac tela ea quæ in te conjiciuntur, in eos rursum, a quibus missa sunt, resiliunt. Hæc nimirum artis tuæ sapientia est, ut per ea mala quæ tibi inferuntur, eos, a quibus inferuntur, ulciscaris, et per insidias quæ tibi comparantur, eos qui bellum tibi indicunt, mœrore afficias, amplissimam scilicet adipiscendæ ma-
B joris gloriæ segetem habens illorum improbitatem. Quæ cum et comperta habeas, et reipsa persentias, non abs re fabulam hæc omnia nuncupas. Quidni enim, quæso, fabulam appelles,

cum corpus mortale nacta sis, et tamen mortem perinde contemnas, ut qui exteram deserere, atque ad suam patriam redire festinant? cum in acerbissimo morbo verseris, et tamen suavius quam qui optima valetudine ac vegeto corpore sunt, degas, ut quæ nec contumeliis dejiciaris, nec honoribus aut gloria attollaris, id quod multis innumerorum malorum causa fuit, qui, cum etiam in sacerdotii munere fulsissent, atque ad extremam senectutem et canitiem pervenissent, hinc tandem corruerunt, ac cuivis tamquam commune quoddam theatrum proponuntur? At tibi, quæ et femina es, et gracili admodum corpore, et tot ac tantos impetus sustinuisti, non modo nil tale accidit, sed etiam ipsa, ne id aliis multis accideret, prohibuisti. Atque illi non longe in certaminibus progressi, verum in ipsis præludiis, ipsisque, ut ita dicam, carceribus prosilientes dejecti sunt: tu autem extremam metam sexcenties circumiens, in singulis cursibus palmam arripuisti, multis variisque certaminum generibus editis; et merito quidem. Neque enim in ætate, nec in corpore, sed in animo solo et voluntate virtutis certamina constituta sunt. Sic et feminæ coronam obtinuerunt, et viri prostrati sunt: sic et pueri celebrati sunt, et senes pudore atque ignominia suffusi. Semper quidem admirari par est eos qui virtutis studium consectantur, tum vero præcipue, cum multis eam deserentibus quidam reperiuntur qui eam complectantur. Hoc igitur nomine te quoque summopere admirari ac suspicere convenit, quod cum tot viri, tot feminæ, tot senes, qui maxima virtutis existimatione florebant, terga verterint, atque ante omnium oculos prostrati jaceant, non ex ingenti belli impetu, aut acri hostium conflictu, sed ante pugnam prolapsi, ante dimicationem victi ac profligati; tu contra post tot pugnas et conflictus non modo malorum agmine fracta confectaque non es, sed etiam majorem inde animi vigorem collegisti, ac certaminum incrementum roboris accessionem tibi affert. Etenim rerum earum, quas jam cum laude gessisti, memoria tum lætitiæ ac voluptatis, tum majoris alacritatis ansam tibi suppeditat. Ac proinde gaudemus, exsilimus, et lætamur: neque enim hoc subinde repetere, atque ubique gaudii mei materiam circumferre desinam. Quocirca si absentia nostra te angit, at maxima tibi ex iis, quæ cum virtute gessisti, consolatio

μένη, οὐ τιμαῖς καὶ δόξαις ἐπαιρομένη, τοῦτο δὴ τὸ μυρίων πολλοῖς αἴτιον γενόμενον κακῶν, οἳ καὶ ἐν ἱερωσύνῃ διαλάμψαντες, καὶ πρὸς ἔσχατον γῆρας ἐλάσαντες καὶ βαθυτάτην πολιὰν, ἐντεῦθεν ὤλισθον, καὶ κοινὸν πρόκεινται τοῖς βουλομένοις κωμῳδεῖν θέατρον; Ἀλλ' ἡ γυνὴ, καὶ ἀραχνῶδες περικειμένη σῶμα, καὶ C τοσαύτας ἐνεγκοῦσα προσβολὰς, οὐ μόνον οὐδὲν ἔπαθες τοιοῦτον, ἀλλὰ καὶ ἑτέρους πολλοὺς παθεῖν ἐκώλυσας. Κἀκεῖνοι μὲν οὐδὲ μέχρι πολλοῦ [a] τῶν ἀγώνων προελθόντες, ἀλλὰ ἐξ αὐτῶν τῶν προοιμίων, καὶ βαλβῖδος αὐτῆς, ὡς εἰπεῖν, ἀλλόμενοι κατηνέχθησαν· σὺ δὲ μυριάκις τὴν ἐσχάτην νύσσαν περιελθοῦσα, καθ' ἕκαστον δρόμον τὸ βραβεῖον ἥρπασας, ποικίλα παλαισμάτων ἐπιδειξαμένη καὶ ἀγώνων εἴδη· καὶ μάλα εἰκότως. Οὐδὲ γὰρ ἐν ἡλικίᾳ, οὔτε ἐν σώματι τὰ παλαίσματα τῆς ἀρετῆς, ἀλλ' ἐν ψυχῇ μόνῃ καὶ γνώμῃ. Οὕτω καὶ γυναῖκες ἐστεφανώθησαν, καὶ ἄνδρες ὑπε- D σκελίσθησαν· οὕτω καὶ παῖδες ἀνεκηρύχθησαν, καὶ γεγηρακότες κατῃσχύνθησαν. Ἀεὶ μὲν οὖν χρὴ [b] θαυμάζειν τοὺς μετιόντας ἀρετὴν, μάλιστα δὲ ὅταν πολλῶν αὐτὴν ἀπολειπόντων, εὑρεθῶσί τινες αὐτῆς ἀντεχόμενοι. Διὰ δὴ τοῦτο καὶ τὴν σὴν ἐμμέλειαν θαυμάζειν ἄξιον μεθ' ὑπερβολῆς, ὅτι τοσούτων τραπέντων ἀνδρῶν, γυναικῶν, γεγηρακότων, τῶν δοκούντων μεγίστην ὑπόληψιν ἔχειν, πάντων ἐπ' ὄψιν κειμένων, οὐδὲ ἐκ πολλῆς πολέμου ῥύμης, οὐδὲ ἀπὸ σφοδρᾶς τῶν ἐχθρῶν παρατάξεως, ἀλλὰ πρὸ συμβολῆς πεσόν- E των, πρὸ συμπλοκῆς ἡττηθέντων, αὐτὴ μετὰ τοσαύτας μάχας καὶ παρατάξεις οὐ μόνον οὐ κατεμαλακίσθης, οὐδὲ ἐταριχεύθης τῷ πλήθει τῶν κακῶν, ἀλλὰ καὶ νεανιεύῃ μειζόνως, καὶ τῶν ἀγώνων ἡ προσθήκη προσθήκην σοι δίδωσιν ἰσχύος. Ἡ γὰρ τῶν ἤδη κατορθωθέντων μνήμη, καὶ εὐφροσύνης, καὶ χαρᾶς, καὶ μείζονός σοι γίνεται προθυμίας ὑπόθεσις. Διὰ ταῦτα χαίρομεν, σκιρτῶμεν, εὐφραινόμεθα· οὐ γὰρ παύσομαι συνεχῶς τοῦτο λέγων, καὶ περιφέρων μου πανταχοῦ τῆς χαρᾶς τὴν ὑπόθεσιν. Ὥστε εἰ καὶ ὁ ἡμέτερός σε λυπεῖ χωρισμὸς, ἀλλὰ μεγίστη σοι αὕτη τῶν κα- 583 A τορθωμάτων ἡ παράκλησις· ἐπεὶ καὶ ἡμεῖς τοσοῦτον

[a] Duo Mss. τῶν ἀγώνων διελθόντες.

[b] Idem θαυμάζειν τὴν ἰσχὺν τῶν μετιόντων τὴν ἀρετήν.

ἀπῳκισμένοι μῆκος ὁδοῦ, οὐ μικρὰν ἐντεῦθεν, ἀπὸ τῆς σῆς ἀνδρείας λέγω, καρπούμεθα εὐφροσύνην.

suppetit : quandoquidem nos quoque, tanto itineris intervallo a te disjuncti, non parvam hinc, hoc est ex tua animi magnitudine, delectationem capimus.

Πρὸς τὴν αὐτὴν ἐπιστολὴ ζ'.

Τί φῄς; Οὐκ ἔστησας τρόπαιον, οὐδὲ ἤρω νίκην λαμπράν; οὐδὲ ἀνεδήσω στέφανον ἀνθοῦντα διηνεκῶς; Ἀλλ' οὐ ταῦτά φησιν ἡ οἰκουμένη πᾶσα, ἡ πανταχοῦ τῆς γῆς ᾄδουσά σου τὰ κατορθώματα; Εἰ γὰρ καὶ τὰ σκάμματα, καὶ οἱ ἀγῶνες ἐν ἑνὶ ἵδρυνται χω- B ρίῳ, καὶ οἱ δίαυλοί σου τῶν δρόμων, καὶ τὰ ἀντὶ ἱδρῶτος αἵματος ἐμπεπλησμένα σου παλαίσματα αὐτόθι γέγονεν, ἀλλ' ἡ δόξα τούτων καὶ ἡ εὐφημία τὰ [a] τέρματα κατείληφε τῆς οἰκουμένης. Σὺ δὲ αὐτὰ μείζω βουλομένη ποιῆσαι, καὶ πλείονα τὰ βραβεῖα ἐργάσασθαι, καὶ τοὺς ἀπὸ τῆς ταπεινοφροσύνης αὐτοῖς προσέθηκας στεφάνους, λέγουσα τοσοῦτον ἀπέχειν τῶν τροπαίων τούτων, ὅσον οἱ νεκροὶ τῶν ζώντων. Ὅτι γὰρ ταπεινοφροσύνης τὰ ῥήματα, μᾶλλον ἐξ αὐτῶν σε ἐλέγξαι πειράσομαι τῶν γεγενημένων. Ἐξέπεσες πατρίδος, οἰκίας, φίλων, συγγενῶν· πρὸς τὴν ὑπερ- C ορίαν μετέστης· οὐ διέλιπες καθ' ἑκάστην ἀποθνήσκουσα τὴν ἡμέραν, καὶ τὸ τῇ φύσει λεῖπον τῇ περιουσίᾳ τῆς προαιρέσεως ἀναπληροῦσα. Ἐπειδὴ γὰρ οὐκ ἔνι ἄνθρωπον ὄντα τῇ πείρᾳ πολλοὺς θανάτους ἀποθανεῖν, τῇ γνώμῃ τοῦτο πεποίηκας. Καὶ τὸ δὴ μέγιστον, τὰ μὲν πάσχουσα, τὰ δὲ πείσεσθαι προσδοκῶσα, οὐκ ἐπαύσω τῷ συγχωροῦντι Θεῷ ταῦτα γίνεσθαι τὴν ὑπὲρ αὐτῶν ἀναφέρουσα δοξολογίαν, καὶ καιρίαν τῷ διαβόλῳ διδοῦσα πληγήν. Ὅτι γὰρ καὶ καιρίαν ἐδέξατο, ἔδειξε δι' ὧν μειζόνως προσιὼν ὡπλί- D ζετο· διὸ καὶ χαλεπώτερα τὰ ὕστερα τῶν πρώτων γέγονε. Καθάπερ γὰρ σκορπίος ἢ ὄφις, ὅταν βαθυτέραν λάβῃ πληγὴν, μειζόνως τὸ κέντρον ἄρας κατὰ τοῦ πλήξαντος ἐξανίσταται, τῆς πολλῆς ἀλγηδόνος ἀπόδειξιν παρέχων τὴν ῥαγδαίαν κατὰ τοῦ παίοντος ῥύμην· οὕτω δὴ καὶ τὸ ἀναίσχυντον θηρίον ἐκεῖνο, ἐπειδὴ τὰ τραύματα εἰς βάθος ἐδέξατο παρὰ τῆς θαυμασίας σου καὶ ὑψηλῆς ψυχῆς, μειζόνως ἐπεπήδησε, καὶ πλείους ἐπήγαγε πειρασμούς. Ἐπήγαγε μὲν γὰρ ἐκεῖνος, οὐχ ὁ Θεός· συνεχώρησε δὲ ὁ Θεὸς, αὔξων σου τὸν πλοῦτον, μείζονα ποιῶν τὴν ἐμπορίαν, πλείονα E δὲ προξενῶν τὸν μισθὸν, δαψιλεστέραν τὴν ἀντίδοσιν. Μὴ τοίνυν ταράττου, μηδὲ θορυβοῦ. Τίς γάρ ποτε ἔκαμε πλουτῶν; τίς συνεχύθη ἐπὶ τὰς [b] ὑψηλοτάτας ἐρχόμενος ἀρχάς; Εἰ δὲ οἱ τὰ ἀνθρώπινα ταῦτα συνάγοντες, τὰ ἐπίκηρα καὶ σκιᾶς ἀδρανέστερα, καὶ

Ad eamdem epistola VII.

1. Quid ais? Tropæum non erexisti, nec præclaram victoriam obtinuisti, nec perpetuo virentem coronam adepta es? Annon hæc orbis universus affirmat, qui ubique terrarum tua recte facta decantat? Quamquam enim et palæstræ, et certamina in uno loco sita sunt, et cursuum tuorum spatia, et concertationes tuæ, sanguine, non sudore refertæ, illic exstiterunt : at earum tamen rerum gloria et commendatio extremos terræ fines occupavit. Tu vero ea auctiora reddere, ac palmas amplificare studens, eas quoque, quas animi submissio parit, coronas ipsis adjunxisti, dum te tantum ab hisce tropæis abesse asseris, quantum mortui a vivis remoti sunt. Nam quod hæc verba ab animi submissione profecta sint, ex iis ipsis potius quæ contigerunt, planum facere conabor. Patria pulsa es, domo, amicis, cognatis; in exsilium missa es; quovis die mori non desiisti, atque quod naturæ deerat voluntatis et animi amplitudine supplevisti. Nam quia fieri nequit, ut homo reipsa multas mortes oppetat, animo ac voluntate hoc fecisti. Et quod maximum est, cum alia perferres, alia jam jamque exspectares, Dei tamen, cujus permissu hæc fiebant, gloriam ob ea prædicare, letalemque diabolo plagam inferre non destitisti. Nam quod letale vulnus acceperit, hinc declaravit, quod majoribus postea armis sese instruxit : unde etiam atrociora prioribus posteriora facta sunt. Quemadmodum enim scorpius et serpens, cum alte defixum vulnus acceperunt, sublato altius aculeo adversus eum, a quo percussi sunt, insurgunt, per acrem scilicet in percussorem impetum acerrimi doloris argumentum exhibentes : eodem etiam modo impudens hæc bellua, quoniam ab admirabili et sublimi anima tua profunda vulnera intimo pectore accepit, vehementiorem in te impetum fecit, ac plures tentationes admovit. Etenim eas ille quidem admovit, non Deus : permisit autem Deus, ut opes tuas augeret, quæstumque uberiorem efficeret, atque ampliorem mercedem et

Cucuso anno 405.

[a] Duo Mss. τέρματα κατέμαθε τῆς. Infra iidem καὶ τοὺς ἀπὸ τῆς ταπεινοφροσύνης σαυτῇ περιέθηκας στεφάνους.

[b] Iidem ὑψηλοτέρας.

largius præmium tibi conciliaret. Quamobrem nihil est quod perturberis ac tumultueris. Ecquis enim umquam animo elanguit, opibus circumfluens? ecquis perturbatus est, ad summas dignitates ascendens? Quod si ii qui humana ista congerunt, ista, inquam, caduca et umbra imbecilliora, citiùsque quam putridi flores marcescentia, saltant, tripudiant, præ voluptate volitant, præ ea, inquam, voluptate quæ simul et apparet et avolat, fluminumque cursum imitatur: quanto tandem æquius est te, etiamsi prius in mœroribus fueris, ex præsenti tamen tempore maximæ lætitiæ atque alacritatis occasionem haurire? Thesaurus enim ille quem collegisti, furto subduci non potest: nec decus illud, quod per has calamitates tibi comparatum est, successionem novit, aut finem exspectat, sed ab omni termino alienum est, ut quod nec temporum difficultate, nec hominum insidiis, nec dæmonum insultibus, nec denique morte ipsa interrumpatur. Quod si etiam lugere animus est, eos qui hæc perpetrant luge, horum, inquam, malorum auctores, horum administros, qui et maximos sibiipsis in futurum cruciatus condiderunt, et hic etiam acerbissimas pœnas luerunt, utpote quos homines aversentur, hostiumque in numero habeant, et diris devoveant atque condemnent. Qui si hæc non sentiunt, hoc quoque nomine potissimum miseri sunt lacrymisque digni; non secus videlicet ac phrenesi laborantes, qui frustra quidem ac temere calcibus obvios quosque incessunt ac feriunt, sæpe etiam amicos ac de se bene meritos: eum tamen furorem, quo perciti sunt, minime sentiunt. Ob idque incurabili morbo tenentur, nec medicos admittunt, nec medicamenta: quin potius eos quoque qui ipsis mederi atque opem ferre student, rebus contrariis remunerantur. Itaque ob hoc quoque ipsum miseri isti sunt, si tantæ improbitatis sensu carent. Quod si aliorum condemnationem nihil morantur, at certe fieri non potest ut suæ conscientiæ judicium effugiant, quod nec vitari, nec corrumpi potest, nec ulli terrori cedit, nec blanditiis aut pecuniarum largitione labefactatur, nec temporis diuturnitate marcescit.

584 A ἀνθῶν σηπομένων μᾶλλον μαραινόμενα, σκιρτῶσι, χορεύουσι, πέτονται ὑπὸ τῆς ἡδονῆς, τῆς ὁμοῦ τε φαινομένης καὶ ἀφιπταμένης, καὶ ποταμίων ῥευμάτων μιμουμένης δρόμον· πολλῷ μᾶλλον σὲ δίκαιον, καὶ εἰ πρότερον ἦς ἐν ἀθυμίαις, τὸν παρόντα καιρὸν εὐθυμίας μεγίστης ποιήσασθαι πρόφασιν. Καὶ γὰρ ὁ θησαυρός σου ὃν συνήγαγες, ἄσυλος· καὶ τὸ ἀξίωμα, τὸ διὰ τῶν παθημάτων σοι τούτων συγκροτηθὲν, διαδοχὴν οὐκ οἶδεν, οὐδὲ ἀναμένει τέλος, ἀλλ' ἔστιν ἀπέραντον, οὐ δυσκολίᾳ καιρῶν, οὐκ ἀνθρώπων ἐπιβουλαῖς, οὐ δαιμόνων ἐφόδοις, οὐκ αὐτῇ διακοπτόμενον τῇ τελευτῇ. B Εἰ δὲ βούλει καὶ θρηνεῖν, τοὺς τὰ τοιαῦτα ἐργαζομένους θρήνει, τοὺς τῶν κακῶν τούτων αὐθέντας, τοὺς ὑπηρέτας, οἳ καὶ εἰς τὸ μέλλον μεγίστην ἐθησαύρισαν ἑαυτοῖς τιμωρίαν, καὶ ἐνταῦθα δίκην ἔδοσαν ἤδη τὴν ἐσχάτην, τοσούτων ἀποστρεφομένων αὐτοὺς, καὶ πολεμίους ἡγουμένων, ἐπαρωμένων, καταδικαζόντων. Εἰ δὲ οὐκ αἰσθάνονται τούτων, καὶ διὰ τοῦτο μάλιστά εἰσιν ἐλεεινοὶ, καὶ δακρύων ἄξιοι, καθάπερ οἱ φρενίτιδι κατεχόμενοι νόσῳ, λακτίζοντες μὲν καὶ παίοντες τοὺς ἀπαντῶντας εἰκῆ καὶ μάτην, πολλάκις δὲ καὶ τοὺς εὐηργετηκότας καὶ φίλους, C οὐκ αἰσθανόμενοι δὲ τῆς μανίας, , ἧς μαίνονται. Διὸ καὶ ἀνίατα νοσοῦσιν, οὔτε ἰατροὺς προσιέμενοι, οὔτε φαρμάκων ἀνεχόμενοι, ἀλλὰ καὶ τοὺς θεραπεύειν καὶ εὐεργετεῖν βουλομένους τοῖς ἐναντίοις ἀμειβόμενοι. Ὥστε καὶ διὰ τοῦτο ἐλεεινοὶ, εἴ γε μὴ αἰσθάνονται τῆς τοσαύτης πονηρίας. Εἰ δὲ καὶ πρὸς τὴν ἑτέρων κατάγνωσιν οὐκ ἐπιστρέφονται, τοῦ οἰκείου συνειδότος τὸν ἔλεγχον ἀμήχανον αὐτοὺς διαφυγεῖν, [a] τὸν ἄφυκτον, τὸν ἀδέκαστον, τὸν οὐδενὶ εἴκοντα φόβῳ, τὸν οὐ κολακείᾳ, οὐ χρημάτων δόσει διαφθειρόμενον, οὐ χρόνῳ μακρῷ μαραινόμενον.

Gen. 37. 2. Etenim ille Jacobi filius, qui Josephum a mala bestia devoratum esse patri dicebat, ac sceleratam fabulam agebat, atque hac larva fraternæ cædis crimen obvelare conatus est, patri

D Ὁ γὰρ τοῦ Ἰακὼβ υἱὸς, ὁ πρὸς τὸν πατέρα εἰπὼν, ὅτι θηρίον πονηρὸν κατέφαγε τὸν Ἰωσὴφ, καὶ τὸ πονηρὸν ἐκεῖνο ὑποκρινάμενος δρᾶμα, καὶ τῷ προσωπείῳ τούτῳ τὴν ἀδελφοκτονίαν συσκιάσαι ἐπιχειρή-

[a] Tres Mss. τὸν ἄφυκτον, τὸν ἀδέκαστον, τὸν οὐδενί. In Ed 1. τὸν ἀδέκαστον deest.

σας, τὸν μὲν πατέρα ἠπάτησε τότε, τὸ δὲ συνειδὸς οὐκ ἠπάτησεν, οὐδὲ ἔπεισεν ἡσυχάζειν· ἀλλ' ἔμενεν αὐτοῦ κατεξανιστάμενον, καταβοῶν διηνεκῶς, καὶ οὐδέποτε ἐπιστομιζόμενον. Χρόνου γὰρ παρελθόντος μακροῦ, ὁ τὸν γεγεννηκότα ἀρνησάμενος τὸ τόλμημα, ὅπερ ἐτόλμησεν, ὁ μηδενὶ τῶν ἄλλων ἀνθρώπων E ἐξειπὼν, οὐδενὸς κατηγοροῦντος, οὐδενὸς ἐλέγχοντος, οὐδενὸς ἐφεστῶτος, οὐδὲ ἀναμιμνήσκοντος τῆς δραματουργίας ἐκείνης, κινδυνεύων περὶ ἐλευθερίας καὶ αὐτοῦ τοῦ ζῆν, δεικνὺς ὅτι οὐκ ἐπεστομίσθη τοῦ συνειδότος ὁ κατήγορος ἐν οὕτω μακρῷ χρόνῳ, οὐδὲ κατεχώσθη, ταῦτά φησι τὰ ῥήματα· Ναί· ἐν ἁμαρτίαις γάρ ἐσμεν περὶ τοῦ ἀδελφοῦ ἡμῶν· ὅτε κατεδέετο ἡμῶν, καὶ ὑπερείδομεν τὴν θλίψιν αὐτοῦ, καὶ τὴν ὀδύνην τῆς ψυχῆς αὐτοῦ· καὶ νῦν ἐκζη- 583 τεῖται τὸ αἷμα αὐτοῦ ἐξ ἡμῶν. A Καίτοι ἕτερον ἦν, ὅπερ ἐπήγετο αὐτῷ ἔγκλημα, καὶ διὰ κλοπὴν ἐκρίνετο, καὶ ὡς ὑφελόμενος κύλικα χρυσῆν οὕτως εἰς δικαστήριον ἤγετο· ἀλλ' ἐπειδὴ τούτων ἑαυτῷ οὐδὲν συνῄδει, ὑπὲρ μὲν τούτων οὐκ ἤλγει, οὐδὲ ἔφη ταῦτα πάσχειν ὑπὲρ ὧν ἐκρίνετο καὶ δέσμιος ἤγετο· ὑπὲρ δὲ ὧν οὐδεὶς ἐνεκάλει, οὐδὲ εὐθύνας ἀπῄτει, οὐδὲ εἰς δικαστήριον εἷλκε, μᾶλλον δὲ οὐδὲ ἤδη τετολμημένων αὐτῷ, ὑπὲρ δὴ τούτων αὐτὸς ἑαυτοῦ καὶ ἔλεγχος καὶ κατήγορος γίνεται. Ἐπελαμβάνετο γὰρ αὐτοῦ τὸ συνειδὸς, καὶ ὁ μετὰ ἀδείας τοσαύτης τὸ αἷμα ἐκχέας B τοῦ ἀδελφοῦ, καὶ μηδὲν παθὼν, νῦν καὶ συμπαθητικὸς ἐγίνετο, καὶ τοῦ χοροῦ τῶν κοινωνησάντων αὐτῷ τῆς μιαιφονίας κατηγόρει, καὶ τὴν ὠμότητα πᾶσαν ἐτραγῴδει, λέγων· Ὅτε κατεδέετο ἡμῶν, καὶ ὑπερείδομεν τὴν θλίψιν αὐτοῦ, καὶ τὴν ὀδύνην τῆς ψυχῆς αὐτοῦ. Ἤρκει μὲν γὰρ ἡ φύσις, φησὶ, μαλάξαι καὶ ἐπικάμψαι πρὸς ἔλεον· ὁ δὲ καὶ δάκρυα προσετίθει, καὶ ἱκετηρίαν ἐτίθει, καὶ οὐδὲ οὕτως ἡμᾶς ἐπέκαμψεν· ἀλλ' Ὑπερείδομεν τὴν θλίψιν αὐτοῦ, καὶ τὴν ὀδύνην τῆς ψυχῆς αὐτοῦ. Διὰ τοῦτο ἡμῖν τὸ δικα- C στήριον τοῦτο συγκεκρότηται, φησὶ, διὰ τοῦτο περὶ αἵματος κινδυνεύομεν, ἐπειδὴ καὶ ἡμεῖς εἰς αἷμα ἡμαρτήκαμεν. Οὕτω καὶ ὁ Ἰούδας οὐκ ἐνεγκὼν τοῦ συνειδότος τὸν ἔλεγχον, ἐπὶ βρόχον ὥρμησε, καὶ δι' ἀγχόνης τὸν βίον κατέλυσεν. Καὶ ὅτε μὲν τὸ ἀναίσχυντον ἐκεῖνο συμβόλαιον ἐτόλμα, λέγων· Τί θέλετέ μοι δοῦναι, κἀγὼ ὑμῖν αὐτὸν παραδώσω; οὐ τοὺς ἀκούοντας ᾐσχύνετο, ὅτι μαθητὴς ὢν τοιαῦτα περὶ διδασκάλου ἐτύρευεν, οὐκ ἐν ταῖς ἡμέραις ταῖς μεταξὺ κα- D τενύγη, ἀλλὰ μεθύων ἔτι τῇ ἡδονῇ τῆς φιλαργυρίας, οὐ σφόδρα ᾐσθάνετο τῆς κατηγορίας τοῦ συνειδότος. Ἐπειδὴ δὲ ἔπραξε τὴν ἁμαρτίαν, καὶ τὸ ἀργύριον ἔλαβε, καὶ ἡ ἡδονὴ μὲν ἐπαύσατο τοῦ λήμματος, ἡ δὲ κατηγορία τοῦ πλημμελήματος ἤνθει λοιπὸν, τότε μηδενὸς ἀναγκάζοντος, μηδενὸς βιαζομένου, μηδενὸς παραινοῦντος, αὐτόματος ἀπελθὼν, τό τε ἀργύριον

quidem fucum tunc fecit, conscientiam autem suam minime fefellit, nec ab ea ut conquiesceret impetrare potuit: verum ea constanter adversus ipsum insurgebat, clamans perpetuo, neque umquam compesci poterat. Nam cum diuturnum E jam temporis spatium intercessisset, is qui admissum scelus patri inficiatus fuerat, neque cuiquam alii prodiderat, nemine accusante, nemine convincente, nemine instante, ac fabulam illam in memoriam ipsi redigente, cum de libertate ac de ipsa vita periclitaretur, conscientiæ accusatorem in tam longo tempore non siluisse, non compressum fuisse ostendit, cum his verbis uteretur: *Certe: in peccatis enim sumus pro* Gen. 42.
583 *fratre nostro: quia despeximus tribulatio-* 21.
A *nem ejus*, et *dolorem animæ illius, dum deprecaretur nos; en sanguis ejus a nobis exquiritur*. Atqui aliud erat crimen quod ipsi intendebatur: nam furti insimulabatur, atque, ut aureum poculum suffuratus, in judicium trahebatur; verum quoniam nullius ejusmodi criminis sibi conscius erat, non hoc nomine discruciabatur, nec se ob ea, de quibus judicium subibat atque in vincula ducebatur, hæc perpeti dicebat: sed ob ea quæ nemo ipsi objiciebat, B nec de iis pœnas expetebat, nec cum in judicium trahebat, imo quæ nondum perpetraverat, ob ea, inquam, ipse se prodebat et accusabat. Conscientia enim ipsum perstringebat: et qui animo usque adeo firmo et intrepido fratris cruorem effuderat, nullo mœroris sensu affectus, nunc contra illius vicem dolebat; et quos sceleris socios ac participes habuerat, accusabat, credulitatemque omnem tragicis verbis exaggerabat, dicens, *Dum deprecaretur nos*, et *despeximus* C *tribulationem ejus*, et *dolorem animæ illius*. Quod perinde est ac si diceret: Ad emolliendos animos nostros, atque ad misericordiam inflectendos, natura ipsa sola sufficiebat: at ille lacrymas etiam adjungebat, supplexque nos obsecrabat; ac ne sic quidem nos inflexit, verum *Despeximus tribulationem ejus*, et *dolorem animæ illius*. Ideo, inquit, judicium hoc nobis paratum est, ideo in sanguinis periculo versa- D mur, quoniam in sanguinem peccavimus. Ad hunc modum etiam Judas coarguentem conscientiam minime ferens, ad laqueum se contulit, eoque vitam sibi ademit. Et quidem, cum impudens illud pactum inire non dubitabat, dicens: *Quid vultis mihi dare, et ego* Matth. 26.
vobis eum tradam? non eos, qui id audiebant, 15.
verebatur, nempe quod discipulus in magistrum

ejusmodi scelera moliretur, nec per eos dies, qui interea fluxerunt, ullo dolore pungebatur, verum ea voluptate, quam ei pecuniæ cupiditas afferebat, temulentus, conscientiæ accusationem non admodum sentiebat. At postquam scelus peregit, pecuniamque sumsit, ac lucri quidem voluptas finem accepit, criminis autem accusatio vigere cepit, tum denique nemine accusante, nemine vim afferente, nemine cohortante, sponte sua abiens, tum pecuniam iis a quibus acceperat, projecit, tum scelus suum audientibus illis
Matth. 27. 4. confessus est, his verbis : *Peccavi, tradens sanguinem justum*. Neque enim conscientiam, quæ ipsum coarguebat, ferre potuit. Ea namque
Peccati conscientia carnifex. peccati natura est, ut priusquam perpetratum sit, hominem temulentia afficiat; posteaquam autem expletum ac perfectum est, tunc ea voluptas sese proripiat et exstinguatur, ac solus jam deinceps stet accusator, conscientia nimirum carnificis locum obtinente, ac peccatorem lancinante, ab eoque extremas pœnas exigente, ac plumbo quovis gravius ipsi incumbente.

3. Atque hujusmodi quidem in hac vita supplicia sunt : in futura autem, quanta iis qui se his sceleribus devinxerint, proponentur, exploratum habes. Quapropter hos lacrymis prosequi ac deflere oportet : nam et Paulus sic facit, dum iis qui certant ac dimicant, malisque afficiuntur, gratulatur; eos autem qui peccant, luget : ob
2. Cor 12. 21. idque etiam aiebat : *Ne forte cum venero, humiliet me Deus meus ad vos, et lugeam multos eorum qui ante peccaverunt, et non egerunt pænitentiam super immunditia et fornicatione et impudicitia quam egerunt ;* ac rursus ad eos qui in certamine versabantur :
Philipp. 2. 17. *Gaudeo et gratulor vobis omnibus*. Quocirca nec eorum quæ contigerunt, nec eorum quæ tibi denuntiantur, quidquam te perturbet. Neque enim fluctus rupem percellunt, verum quo vehementiore impetu in eam irruunt, eo magis ab ea infringuntur ac de medio tolluntur : quod etiam in istis quoque contigit, et continget, imo multo magis. Etenim rupem quidem fluctus non labefactant : at te non modo non labefactarunt, sed etiam firmiorem reddiderunt. Ea enim improbitatis, ea virtutis natura est. Illa dum bellum infert, opprimitur : hæc dum bello vexatur, clarius effulget. Atque hæc non modo post certamina, sed etiam in ipsis certaminibus palmam obtinet, ac certamen ipsi certaminis præmium efficitur : illa autem cum vincit, tum majore pudore suffunditur, tum excruciatur, tum in-

προσέῤῥιψε τοῖς δεδωκόσι, καὶ τὴν παρανομίαν ὡμολόγησεν αὐτοῦ, ἀκουόντων ἐκείνων λέγων· Ἥμαρτον
E παραδοὺς αἷμα ἀθῷον. Οὐ γὰρ ἤνεγκε τοῦ συνειδότος τὸν ἔλεγχον. Τοιοῦτον γὰρ ἡ ἁμαρτία· πρὶν ἢ μὲν ἀπαρτισθῆναι, μεθύειν ποιεῖ τὸν ἁλόντα· ἐπειδὰν δὲ πληρωθῇ καὶ ἀπαρτισθῇ, τότε τὰ μὲν τῆς ἡδονῆς ταύτης ὑπεξίσταται καὶ σβέννυται, γυμνὸς δὲ ἕστηκε λοιπὸν ὁ κατήγορος, τοῦ συνειδότος δημίου τάξιν ἐπέχοντος, καὶ καταξαίνοντος τὸν πεπλημμεληκότα, καὶ τὴν ἐσχάτην ἀπαιτοῦντος δίκην, καὶ μολίβδου παντὸς βαρύτερον ἐπικειμένου.

Καὶ τὰ μὲν ἐνταῦθα τοιαῦτα· τὰ δὲ ἐκεῖ, οἶσθα ἡλίκα τοῖς τοσαῦτα ἐργασαμένοις κακὰ κείσεται τότε.
586 Τούτους οὖν χρὴ δακρύειν, τούτους θρηνεῖν, ἐπεὶ καὶ
A Παῦλος οὕτως ἐποίει, τοῖς μὲν ἀθλοῦσι, καὶ ἀγωνιζομένοις, καὶ κακῶς πάσχουσι συνηδόμενος, τοὺς δὲ ἁμαρτάνοντας πενθῶν· διὸ καὶ ἔλεγε· Μήπως ἐλθόντα με ταπεινώσῃ ὁ Θεός μου πρὸς ὑμᾶς, καὶ πενθήσω πολλοὺς τῶν προημαρτηκότων, καὶ μὴ μετανοησάντων ἐπὶ τῇ ἀσελγείᾳ καὶ ἀκαθαρσίᾳ ᾗ ἔπραξαν· τοῖς δὲ ἀγωνιζομένοις· Χαίρω καὶ συγχαίρω πᾶσιν ὑμῖν. Μηδὲν τοίνυν σε θορυβείτω μήτε τῶν γενομένων, μήτε τῶν ἀπειλουμένων. Οὐδὲ γὰρ τὴν πέτραν διασαλεύει τὰ κύματα, ἀλλ' ὅσῳ μετὰ πλείονος προσρήγνυνται τῆς ῥύμης, τοσούτῳ μειζόνως ἑαυτὰ ἀφα-
B νίζει· ὃ δὴ καὶ ἐπὶ τούτων καὶ γέγονε καὶ ἔσται, μᾶλλον δὲ καὶ πολλῷ πλέον. Τὴν μὲν γὰρ πέτραν οὐ διασαλεύει τὰ κύματα· σὲ δὲ οὐ μόνον οὐ διεσάλευσεν, ἀλλὰ καὶ ἰσχυροτέραν πεποίηκεν. Τοιοῦτον γὰρ ἡ κακία, τοιοῦτον ἡ ἀρετή. Ἡ μὲν πολεμοῦσα, καταλύεται· ἡ δὲ πολεμουμένη, διαλάμπει μειζόνως. Καὶ ἡ μὲν οὐ μετὰ τοὺς ἀγῶνας μόνον, ἀλλὰ καὶ ἐν αὐτοῖς τοῖς ἀγῶσιν ἔχει τὰ βραβεῖα, καὶ ὁ ἆθλος ἔπαθλον αὐτῇ γίνεται· ἡ δὲ ὅταν νικήσῃ, τότε μᾶλλον καταισχύνεται, τότε κολάζεται, τότε πολλῆς πληροῦται
C τῆς ἀτιμίας, καὶ πρὸ τῆς ἀποκειμένης αὐτῇ κολάσεως, ἐν αὐτῷ τῷ πράττειν τιμωρουμένη, καὶ οὐχὶ μετὰ τὸ πρᾶξαι μόνον. Εἰ δὲ ἀσαφέστερος ὁ λόγος, ἄκουσον τοῦ μακαρίου Παύλου ταῦτα ἀμφότερα διακρίνοντος. Γράφων γάρ ποτε Ῥωμαίοις, καὶ τὸν ἀκάθαρτόν τινων ἐκπομπεύων βίον, καὶ δεικνὺς ὅτι καὶ

πρὸ τῆς τιμωρίας, ἐν αὐτῇ τῇ πράξει [a] τὴν τιμωρίαν ἡ ἁμαρτία συγκεκληρωμένην ἔχει, μίξεων παρανόμων μνησθεὶς γυναικῶν τε καὶ ἀνδρῶν, τῶν τοὺς ὅρους τῆς φύσεως παραβάντων, καὶ ἐπιθυμίαν τινὰ ἀλλόκοτον ἐπινοησάντων, οὕτω πώς φησιν· Αἵ γὰρ D θήλειαι αὐτῶν μετήλλαξαν τὴν φυσικὴν χρῆσιν εἰς τὴν παρὰ φύσιν. Ὁμοίως δὲ καὶ οἱ ἄῤῥενες, ἀφέντες τὴν φυσικὴν χρῆσιν τῆς θηλείας, ἐξεκαύθησαν μὲν τῇ ὀρέξει αὐτῶν εἰς ἀλλήλους, ἄῤῥενες ἐν ἄῤῥεσι τὴν ἀσχημοσύνην κατεργαζόμενοι, καὶ τὴν ἀντιμισθίαν, ἣν ἔδει, τῆς πλάνης αὐτῶν, ἐν ἑαυτοῖς ἀπολαμβάνοντες. Τί λέγεις, ὦ Παῦλε; Καὶ μὴν ἥδονται οἱ ταῦτα τολμῶντες, καὶ μετ' ἐπιθυμίας τὴν παράνομον ταύτην ἐργάζονται μίξιν; Πῶς οὖν αὐτοὺς ἔφης κολάζεσθαι ἐν αὐτῷ δὴ τούτῳ; Ὅτι τὴν ψῆφον, φησὶν, οὐκ ἀπὸ τῆς E ἡδονῆς τῶν νοσούντων, ἀλλ' ἀπὸ τῆς τῶν πραγμάτων ἐκφέρω φύσεως. Ἐπειδὴ καὶ ὁ μοιχὸς καὶ πρὸ τῆς τιμωρίας, ἐν αὐτῷ τῷ μοιχεύειν κολάζεται, κἂν ἥδεσθαι δοκῇ, τὴν ψυχὴν χείρονα ποιῶν καὶ φαυλοτέραν. Καὶ ὁ ἀνδροφόνος, πρὶν ἢ δικαστήριον ἰδεῖν, καὶ ξίφη ἠκονημένα, καὶ δοῦναι εὐθύνας τῶν τετολμημένων, ἐν αὐτῷ τῷ φονεύειν ἀπόλωλεν, πάλιν καὶ αὐτὸς φαυλοτέραν ἑαυτῷ κατασκευάζων τὴν ψυχήν. Καὶ ὅπερ 587 A ἐστὶν ἐπὶ σώματος ἀῤῥωστία, πυρετὸς, ἢ ὕδερος, ἢ ἄλλο τι τῶν τοιούτων, καὶ ἐπὶ σιδήρου ἰὸς, καὶ ἐπὶ ἐρίου σὴς, καὶ ἐπὶ ξύλου σκώληξ, καὶ ἐπὶ κεράτων ἶπες, τοῦτο ἐπὶ τῆς ψυχῆς κακία. Καὶ γὰρ ἀνδραποδώδη αὐτὴν ποιεῖ καὶ ἀνελευθέραν· τί λέγω ἀνδραποδώδη καὶ ἀνελευθέραν; Ἀλόγων αὐτὴν ἐργάζεται ψυχὴν, τὴν μὲν λύκου, τὴν δὲ κυνὸς, τὴν δὲ ὄφεως, τὴν δὲ ἐχίδνης, τὴν δὲ ἑτέρου θηρίου ποιοῦσα. Καὶ τοῦτο δηλοῦντες οἱ προφῆται, καὶ τὴν ἐκ τῆς κακίας μεταβολὴν πᾶσι γνώριμον ποιοῦντες, ὁ μὲν ἔλεγε· Κύνες ἐνεοὶ, οὐ δυνάμενοι ὑλακτεῖν, τοὺς ὑπούλους τῶν ἀνθρώπων, καὶ λαθραίως ἐπιβουλεύοντας τοῖς λυττῶσι B τῶν κυνῶν παραβάλλων. Οὐδὲ γὰρ μετὰ ὑλακῆς, ὅταν λυττῶσιν, ἐπέρχονται ἐκεῖνοι, ἀλλὰ σιγῇ προσιόντες, χείρονα τῶν ὑλακτούντων ἐργάζονται τοὺς ἁλόντας. Ὁ δὲ [b] κορώνην ἐκάλει πάλιν τινὰς ἀνθρώπους. Ὁ δὲ ἔλεγεν· Ἄνθρωπος ἐν τιμῇ ὢν οὐ συνῆκε· παρασυνεβλήθη τοῖς κτήνεσι τοῖς ἀνοήτοις, καὶ ὡμοιώθη

genti ignominia perfunditur, atque ante reconditum ipsi supplicium, non modo post perpetratum scelus, sed in ipso etiam opere cruciatur. Quod si id obscurius tibi videtur, beatum Paulum audi, utraque ista distinguentem. Ad Romanos enim quondam scribens, atque impuram nonnullorum vitam traducens, ostendensque peccatum, etiam ante illatam pœnam, in ipsa actione adjunctum supplicium habere, cum sceleratos tum feminarum tum virorum, qui præscriptas a natura leges violaverant, ac prodigiosam quamdam libidinem excogitaverant, coitus commemorasset, ad hunc modum loquitur : *Nam feminæ eorum immutaverunt natura-* Rom. 1. 26. 27.
lem usum in eum qui est contra naturam. Similiter autem et masculi, relicto naturali usu feminæ, exarserunt in desideriis suis invicem, masculi in masculos turpitudinem operantes, et mercedem, quam oportuit, erroris sui in semetipsis recipientes. Quid ais, Paule? Annon voluptate afficiuntur qui hæc audent, atque cum cupiditate flagitiosum hunc divinisque legibus interdictum concubitum perpetrant? Quonam igitur pacto eos in hoc ipso pœnas dare ais? Quod sententiam, inquit, non ab ægrotantium voluptate, sed ab ipsa rerum natura proferam. Quandoquidem etiam adulter, prius quam pœnas pendat, in ipso etiam adulterii opere punitur, etiamsi voluptate affici se arbitretur, dum pejorem ac sceleratiorem animam reddit. Sicarius item, prius etiam quam tribunal ac præacutos gladios prospiciat, atque admissorum scelerum pœnas det, in ipso cædis facinere periit, ut qui etiam ipse deteriorem sibi ipsi animam effecerit. Quodque in corpore morbus est, aut febris, aut hydropisis, aut aliud ejusmodi quidpiam, et in ferro rubigo, et in lana tinea, et in ligno vermis, et in cornibus ipes, hoc in anima vitium est. Servilem enim atque subjectam et sordidam eam reddit; quid autem servilem et sordidam dico? Brutorum eam animam efficit, illam nempe lupi, illam canis, illam serpentis, illam viperæ, illam cujuspiam alius bestiæ. Idque ut indicarent prophetæ, mutationemque ex improbitate contractam omnibus conspicuam facerent, alius dicebat : *Canes muti*, Isai. 56. 10.

Vitium animæ mors est.

[a] Duo Mss. *τὴν πονηρίαν ἡ ἁμαρτία*. Infra tres Mss. *τοὺς ὅρους τῆς φύσεως ὑπερβαινόντων*. Editi *τῆς φύσεως παραβάντων*, minus recte.

[b] Locum hunc opinor in mente habuit Jeremiæ. 3. 2. *ἐπὶ ταῖς ὁδοῖς ἐκάθισας αὐτοῖς ὡσεὶ κορώνη ἐρημουμένη*, *In viis sedisti sicut cornix desolata*, vel certe quod est in Epist. Jerem. v. 54. *ὥσπερ γὰρ κορῶναι ἀνὰ μέσον τοῦ οὐρανοῦ καὶ τῆς γῆς*, *Sicut enim corniculæ in medio cœli et terræ*. Hæc Fronto Ducæus. Infra tres Mss. *ὁ δὲ περισσότερον προφητεύων*.

non valentes latrare, subdolos scilicet, ac ve-
teratores homines, aliisque insidias clam struen-
tes rabidis canibus comparans. Non enim illi,
cum rabie laborant, latrantes impetum faciunt,
sed compresso clamore accedentes, gravius quam
Jer. 3. 2. ii qui latrant, eos quos mordent vulnerant. Alius
rursum cornicem homines quosdam appellabat.
Psal. 48. 13. Alius item aiebat : *Homo cum in honore esset,
non intellexit : comparatus est jumentis insipientibus*, et *similis factus est illis*. Is denique qui plusquam propheta erat, is, inquam,
sterilis filius, ad Jordanem stans, serpentes ac
viperarum progeniem quosdam nuncupabat.
Quidnam igitur huic supplicio par esse queat,
cum is qui ad divinam imaginem conditus,
tantoque honore ornatus est, illud, inquam, ratione ac summa mansuetudine præditum animal,
in tantam feritatem prolabitur?

4. Vidisti quomodo etiam ante supplicium
improbitas in seipsa pœnam habeat? Intellige
nunc quonam pacto virtus, etiam ante præmia,
ipsa sibi præmium sit. Ut enim in corpore; nil
enim prohibet, quominus eodem rursus exemplo, quod perspicuitatis plurimum affert, utamur;
ut, inquam, in corpore, is qui sanus est, ac firma valetudine præditus, atque ab omni morbo
alienus, etiam ante delicias hoc ipso nomine in
deliciis est, utpote qui conjunctam cum sanitate
voluptatem habeat, atque ita comparatus sit, ut
nec aeris varietas, nec æstus, nec algor, nec
mensæ vilitas, nec quidquam aliud ejusmodi
molestiam ipsi afferre possit, quod videlicet sanitas iis, quæ inde oriuntur, detrimentis propul-
saudis par sit : eodem modo in anima quoque
usu venire consuevit. Ac propterea Paulus etiam
cum flagris cæderetur, vexaretur, innumeris ma-
Col. 1. 24. lis afficeretur, gaudebat, his verbis utens, *Gaudeo in passionibus meis pro vobis*. Non modo,
inquam, in cælorum regno virtuti præmium paratum est, sed etiam in ipsa calamitatum perpessione; quanquoquidem istud quoque amplissimi
præmii instar est, nempe pro veritate incommodo
Act. 5. 41. aliquo affici. Ob eamque causam apostolorum
chorus e Judæorum concilio lætus rediit, non
tantum ob regnum cælorum, sed quia digni habiti fuerant pro nomine Jesu contumeliam pati.
Nam et hoc ipsum per se amplissimus honor, et

αὐτοῖς. Ὁ δὲ περισσότερος προφητῶν, ὁ τῆς στείρας
υἱὸς, καὶ ὄφεις καὶ γεννήματα ἐχιδνῶν, παρὰ τὸν
C Ἰορδάνην ἑστὼς, τινὰς ὠνόμασεν. Τί ταύτης τοίνυν
ἴσον γένοιτ' ἂν τῆς τιμωρίας, ὅταν ὁ κατ' εἰκόνα
Θεοῦ γενόμενος, καὶ τοσαύτης ἀπολαύσας τιμῆς, τὸ
λογικὸν καὶ ἡμερώτατον ζῶον, εἰς τοσαύτην καταπίπτει θηριωδίαν;

Εἶδες πῶς καὶ πρὸ τῆς κολάσεως ἐν ἑαυτῇ τὴν
τιμωρίαν ἡ κακία ἔχει; Μάθε πῶς καὶ ἐν τῇ ἀρετῇ,
καὶ πρὸ τῶν ἐπάθλων αὐτὴ ἑαυτῆς ἔπαθλον ἡ ἀρετὴ
γίνεται. Ὥσπερ γὰρ ἐν τῷ σώματι· οὐδὲν γὰρ κωλύει πάλιν τῷ αὐτῷ χρήσασθαι παραδείγματι, πολλὴν ἐργαζομένῳ τὴν σαφήνειαν· ὥσπερ οὖν ἐν τῷ
σώματι, ὁ ὑγιαίνων καὶ εὐσωματῶν, καὶ πάσης ἀπηλ-
D λαγμένος ἀῤῥωστίας, καὶ πρὸ τῆς τρυφῆς αὐτῷ
τούτῳ τρυφᾷ, συγκεκληρωμένην ἔχων τῇ ὑγιείᾳ τὴν
ἡδονὴν, καὶ οὔτε ἀέρων αὐτὸν ἀνωμαλίαι, οὔτε αὐχμὸς, οὔτε κρυμὸς, οὐδὲ εὐτέλεια τραπέζης, οὐκ ἄλλο
τι τῶν τοιούτων λυπῆσαι δύναιτ' ἂν, ἀρκούσης τῆς
ὑγιείας τὴν ἐκ τούτων διακρούσασθαι βλάβην· οὕτω
δὴ καὶ ἐπὶ τῆς ψυχῆς συμβαίνειν εἴωθε. Διὰ τοῦτο
καὶ ὁ Παῦλος μαστιγούμενος, ἐλαυνόμενος, τὰ μυρία πάσχων δεινὰ, ἔχαιρεν, οὕτω λέγων· Χαίρω ἐν
τοῖς παθήμασί μου ὑπὲρ ὑμῶν. Οὐ μόνον ἐν τῇ βασιλείᾳ τῶν οὐρανῶν τὸ ἔπαθλον κεῖται τῆς ἀρετῆς,
E ἀλλὰ καὶ ἐν αὐτῷ τῷ πάσχειν, ἐπεὶ καὶ τοῦτο
μέγιστον ἔπαθλον, τὸ ὑπὲρ ἀληθείας τι παθεῖν. Διὰ
τοῦτο καὶ ὁ χορὸς τῶν ἀποστόλων ἐπανῄεσαν ἐκ τοῦ
συνεδρίου τῶν Ἰουδαίων χαίροντες, οὐ διὰ τὴν βασιλείαν μόνον τῶν οὐρανῶν, ἀλλ' ὅτι κατηξιώθησαν
ὑπὲρ τοῦ ὀνόματος τοῦ Ἰησοῦ ἀτιμασθῆναι. Καὶ
αὐτὸ γὰρ τοῦτο καὶ καθ' ἑαυτὸ μεγίστη τιμὴ καὶ
588 στέφανος, καὶ βραβεῖον, καὶ ἡδονῆς ὑπόθεσις ἀμαράν-
A του. Χαῖρε τοίνυν καὶ σκίρτησον. Οὐ γὰρ μικρὸς
ἆθλος, ἀλλὰ καὶ σφόδρα μέγας οὗτος ὁ τῆς συκοφαντίας ἐστὶ, καὶ μάλιστα ὅταν ἐπὶ τοιούτῳ [a] μεγάλῳ

[a] Μεγάλῳ deest in quibusd. Mss. Ibid. ἐφ' ᾧ νῦν ἡμᾶς. Unus ὑμᾶς, teste Fr. Ducæo. Utraque lectio quadrat : nam cum Chrysostomi adversarii, ipsius asseclis incendii crimen offerrent, potuit Chrysostomus ἡμᾶς dicere, sese in eorum qui accusabantur numero comprehendens; vel ὑμᾶς etiam, de Olympiade aliisque sui fautoribus loquens.

ἐγκλήματι γίνηται, ἐφ' ᾧ νῦν ἡμᾶς ἐσυκοφάντησαν, ἐν δημοσίῳ δικαστηρίῳ τὸν ἐμπρησμὸν ἐγκαλοῦντες. Διὸ καὶ Σολομὼν τὸ τραχὺ τοῦ ἀγῶνος παραστῆσαι βουλόμενος, Εἶδον, φησὶ, τὰς συκοφαντίας τὰς γινομένας ὑπὸ τὸν ἥλιον, [b] καὶ ἰδοὺ δάκρυον τῶν συκοφαντουμένων, καὶ οὐκ ἦν αὐτοὺς ὁ παρακαλῶν. Εἰ δὲ μέγας ὁ ἀγὼν, ὥσπερ οὖν μέγας, εὔδηλον ὅτι καὶ ὁ κείμενος ἐπὶ τούτῳ στέφανος μείζων. Διὰ τοῦτο καὶ ὁ Χριστὸς κελεύει χαίρειν καὶ σκιρτᾷν τοὺς τοῦτον ἀγωνιζομένους τὸν ἀγῶνα μετὰ τῆς προσηκούσης B ὑπομονῆς. Χαίρετε γὰρ, φησὶ, καὶ σκιρτήσατε, ὅταν εἴπωσι πᾶν πονηρὸν ῥῆμα καθ' ὑμῶν ψευδόμενοι, ἕνεκεν ἐμοῦ, ὅτι ὁ μισθὸς ὑμῶν πολὺς ἐν τοῖς οὐρανοῖς. Ὁρᾷς πόσης ἡδονῆς, πόσου μισθοῦ, πόσης εὐφροσύνης ἡμῖν αἴτιοι οἱ πολέμιοι γίνονται; Πῶς οὖν οὐκ ἄτοπον, ἃ μὴ ἠδυνήθησάν σε ἐργάσασθαι ἐκεῖνοι κακὰ, ἀλλ' ὧν τὰ ἐναντία πεποιήκασι, ταῦτα σαυτῇ διατιθέναι; Τί δέ ἐστιν ὅ φημι; Ἐκεῖνοι μὲν οὐ μόνον σε δίκην ἀπαιτῆσαι οὐκ ἴσχυσαν, ἀλλὰ καὶ ἀφορμήν σοι παρέσχον εὐφροσύνης, καὶ ἡδονῆς ὑπόθεσιν ἀμαράντου· σὺ δὲ οὕτω σαυτὴν κατατείνουσα C ὑπὸ τῆς ἀθυμίας, δίκην σαυτὴν ἀπαιτεῖς, συγχεομένη, ταραττομένη, πολλῆς πληρουμένη λύπης. Ταῦτα γὰρ ἐκείνους ἔδει ποιεῖν, εἴγε ὀψὲ γοῦν ποτε τὰ οἰκεῖα ἠβουλήθησαν ἐπιγνῶναι κακά. Ἐκεῖνοι πενθεῖν δίκαιοι ἂν εἶεν νῦν, θρηνεῖν, καταδύεσθαι, ἐγκαλύπτεσθαι, κατορωρύχθαι, μηδὲ τὸν ἥλιον τοῦτον ὁρᾷν, ἀλλ' ἐν σκότῳ που κατακλείσαντες ἑαυτοὺς τά τε οἰκεῖα θρηνεῖν κακὰ, καὶ οἷς τοσαύτας Ἐκκλησίας περιέβαλον· σὲ δὲ ἀγάλλεσθαι καὶ χαίρειν χρὴ, ὅτι τὸ κεφάλαιόν σοι τῶν ἀρετῶν κατώρθωται. Οἶσθα D γὰρ, οἶσθα σαφῶς, ὅτι ὑπομονῆς ἴσον οὐδὲν, ἀλλ' αὕτη μάλιστά ἐστιν ἡ βασιλὶς τῶν ἀρετῶν, ὁ θεμέλιος τῶν κατορθωμάτων, λιμὴν ὁ ἀκύμαντος, ἡ ἐν πολέμοις εἰρήνη, ἡ ἐν κλύδωνι γαλήνη, ἡ ἐν ἐπιβουλαῖς ἀσφάλεια, ἡ τὸν κατωρθωκότα αὐτὴν ἀδάμαντος στεῤῥότερον ποιοῦσα, ἣν οὐχ ὅπλα κινούμενα, οὐ στρατόπεδα παραταττόμενα, οὐ μηχανήματα προσαγόμενα, οὐ τόξα, οὐ δόρατα ἀφιέμενα, οὐκ αὐτὸ τῶν δαιμόνων τὸ στρατόπεδον, οὐχ αἱ [c] φοβεραὶ φάλαγγες τῶν ἀντικειμένων δυνάμεων, οὐκ αὐτὸς ὁ διά- E βολος μετὰ πάσης αὐτοῦ παραταττόμενος τῆς στρατιᾶς καὶ τῆς μηχανῆς παραβλάψαι δυνήσεται. Τί τοίνυν δέδοικας; τίνος ἕνεκεν ἀλγεῖς, καὶ αὐτοῦ τοῦ

corona, et præmium est, voluptatisque perpetuæ materia. Gaude igitur et exsulta. Non enim parvum, sed perquam ingens hoc certamen est, nimirum calumniæ: ac præsertim cum ob tam ingens crimen exsistit, cujusmodi nunc nobis affinxerunt, in publico nimirum tribunali nobis incendium objicientes. Quamobrem etiam Salomon certaminis hujus atrocitatem declarare cupiens, *Vidi*, inquit, *calumnias quæ fiunt sub sole*, et ecce *lacrymas* eorum *qui calumniis impetuntur*, et *non erat qui eos consolaretur*. Quod si magnum certamen est, ut revera est, liquet profecto majorem quoque coronam ipsi constitutam esse. Ac propterea Christus eos gaudere et exsultare jubet, qui cum ea qua par est patientia hoc certamine funguntur. *Gaudete* enim, inquit, et *exsultate, cum dixerint verbum omne malum adversum vos mentientes, propter me, quoniam merces vestra copiosa* est *in cælis*. Videsne quantam voluptatem, quantam mercedem, quantam animi oblectationem hostes nobis accersant? Annon igitur præposterum fuerit, quibus te malis illi afficere non potuerunt, imo quibus contraria effecerunt, his teipsam a te mulctari? Quidnam autem his verbis volo? Illi non modo pœnam a te expetere non potuerunt, sed etiam delectationis ac perpetuæ voluptatis ansam tibi porrexerunt: tu vero ita teipsam præ animi consternatione premens, supplicium de teipsa sumis, dum sic anxia perturbaris, atque ingenti mœstitia impleris. Hæc enim illos facere oportebat, si quidem aliquando saltem mala sua agnoscere vellent. Illos, inquam, flere, lugere, erubescere, præ pudore ora sua obtegere, atque in terram se abdere æquum erat, ac ne solem quidem hunc prospicere, sed sese in tenebris includentes, tum sua mala deplorare tum ea in quæ tot Ecclesias conjecerunt: te vero exsultare ac lætitia diffundi convenit, quia quod virtutum caput est præstitisti. Nosti enim, nosti profecto nihil esse quod patientiam adæquare possit, verum ipsam potissimum virtutum reginam esse, rerum præclare gestarum fundamentum, portum tranquillum, in bello pacem, in tempestate tranquillitatem, in insidiis securitatem: quæ sectatorem suum adamante firmiorem reddit, hancque naturam habet, ut eam nec arma mota, nec instructi exercitus, nec adhibita tormenta, nec arcus, nec lanceæ emissæ, nec ipsum dæmonum agmen, nec terrificæ adversaria-

Olympiadi et amicis Chrysostomi incendii crimen objectum fuerat.

Eccle. 4. 1.

Matth. 5. 11. 12.

[b] Tres Mss. καὶ ἰδού. Edit. καὶ εἶδεν.

[c] Tres Mss. αἱ ζοφεραὶ φάλαγγες.

rum potestatum phalanges, nec denique diabolus ipse cum omnibus suis copiis machinisque in aciem prodiens, detrimento ullo afficere possit. Quid igitur extimescis? quid excruciaris, cum
589 A ipsam quoque vitam, si tempus postularit, aspernari diuturna meditatione didiceris? At urgentium malorum finem videre cupis. Erit quoque istud, et quidem brevi, Deo concedente. Gaude igitur et oblectare, atque cogitandis tuis recte factis animum exhilara: nec umquam despera, quin te rursum visuri simus, atque in horum verborum memoriam te revocaturi.

ζῆν μελετήσασα καταφρονεῖν, ἣν καιρὸς καλῇ; Ἀλλὰ λύσιν ἐπιθυμεῖς ἰδεῖν τῶν κατεχόντων κακῶν. Ἔσται καὶ τοῦτο, καὶ ταχέως ἔσται, τοῦ Θεοῦ ἐπιτρέποντος. Χαῖρε τοίνυν καὶ εὐφραίνου, καὶ ἐντρύφα σου τοῖς
κατορθώμασι, καὶ μηδέποτε ἀπογνῷς, ὅτι σε ὀψόμεθα πάλιν, καὶ τῶν ῥημάτων σε ἀναμνήσομεν τούτων.

Ad eamdem epistola VIII.

Cum Cucusum peteret anno 404.

Hoc certe futurum erat, ut ne quidem cum ab urbe secessissem, iis qui animum nostrum conterunt, liberarer. Nam qui mihi in via obviam fiunt, partim ab Oriente, partim ab Armenia, partim ex alia quavis orbis parte, lacrymarum fontes profundunt cum nos intuentur, et gemitus edunt, ac toto itinere lamentis nos prosequuntur.
B Hæc autem idcirco a me commemorata sunt, ut intelligatis nos multos habere qui in eodem, quo vos, dolore versentur; hoc porro ad consolationem non parum momenti affert. Nam cum id quod contrarium est, tamquam grave et intole-
Psal. 68. 21. randum propheta deploret, cum ait, *Et sustinui qui simul contristaretur, et non fuit, et qui consolarentur, et non inveni:* liquet profecto istud magnam consolationem afferre, nimirum orbem universum mœroris socium habere.
C Quod si etiam alteram consolationem quæris, nos qui tot ac tanta mala pertulimus, commoda valetudine utimur, atque in securitate degimus, varias continuasque nostras afflictiones et calamitates atque insidias in summa quiete recensentes, earumque recordatione nos ipsos perpetua lætitia perfundentes. Hæc igitur ipsa quoque tecum reputans mœroris nubem discute, deque tua valetudine quam sæpissime ad nos scribe. Quandoquidem nunc, cum carissimus dominus meus Arabius ad me scripsisset, admiratus sum te
D nihil ad me literarum misisse: idque cum domina mea, ipsius uxor, valde te amet. Illud etiam animadverte, res omnes hujusce vitæ tam lætas et jucundas, quam graves ac molestas præterire.
Matth. 7. 13. 14. Nam etsi arcta porta et angusta via est, at via tamen est; verbum enim illud tibi in memoriam

Πρὸς τὴν αὐτὴν ἐπιστολὴ η΄.

Οὐκ ἔμελλον ἄρα οὐδὲ τῆς πόλεως ἀναχωρήσας ἀπαλλάττεσθαι τῶν συντριβόντων ἡμῶν τὴν διάνοιαν. Οἱ γὰρ κατὰ τὴν ὁδὸν ἡμῖν ἀπαντῶντες, οἱ μὲν ἐξ ἀνατολῆς, οἱ δὲ ἐξ Ἀρμενίας, [a] οἱ δὲ καὶ ἀλλαχόθεν τῆς οἰκουμένης, πηγὰς ἀφιᾶσι δακρύων, ἡμᾶς βλέποντες, καὶ κωκυτοὺς προστιθέασι, καὶ δι' ὀδυρμῶν
B πᾶσαν παραπέμπονται τὴν ὁδόν. Ταῦτα δὲ εἴρηκα, ἵνα μάθητε, ὅτι πολλοὺς ἔχω συναλγοῦντας ὑμῖν· οὐ μικρὸν δὲ καὶ τοῦτο εἰς παραμυθίας λόγον. Εἰ γὰρ τὸ ἐναντίον ὡς βαρὺ καὶ ἀφόρητον ὁ προφήτης θρηνεῖ λέγων· Καὶ ὑπέμεινα συλλυπούμενον, καὶ οὐχ ὑπῆρξεν, καὶ παρακαλοῦντας, καὶ οὐχ εὗρον· εὔδηλον ὅτι τοῦτο πολλὴν φέρει τὴν παραμυθίαν, τὸ κοινωνοὺς ἔχειν τῆς ἀθυμίας τὴν οἰκουμένην ἅπασαν. Εἰ δὲ καὶ ἑτέραν ζητεῖς παραμυθίαν, ἡμεῖς οἱ τὰ τοσαῦτα καὶ τηλικαῦτα παθόντες κακὰ, ἐν ὑγιείᾳ, ἐν ἀδείᾳ διά-
C γομεν, ἐν ἡσυχίᾳ πολλῇ, ἀριθμοῦντες ἡμῶν τὰ παθήματα τὰ ποικίλα καὶ συνεχῆ, τὰς θλίψεις, τὰς ἐπιβουλὰς, καὶ τῇ μνήμῃ τούτων ἐντρυφῶντες διηνεκῶς. Ταῦτ' οὖν καὶ λογιζομένη αὐτὴ, σκέδασον τῆς ἀθυμίας τὸ νέφος, καὶ γράφε συνεχῶς ἡμῖν περὶ τῆς ὑγιείας τῆς σῆς. Ἐπεὶ καὶ νῦν τοῦ κυρίου μου τοῦ ποθεινοτάτου Ἀραβίου ἐπεσταλκότος ἡμῖν, ἐθαύμασα πῶς ἡ σὴ τιμιότης οὐκ ἐπέσταλκε, καίτοι τῆς κυρίας μου, τῆς ἐλευθέρας αὐτοῦ, [b] σφόδρα σου φίλης οὔσης. Ἐννόει δὲ κἀκεῖνο, ὅτι καὶ τὰ χρηστὰ καὶ τὰ λυπηρὰ τοῦ παρόντος βίου παροδεύεται ἅπαντα.
D Εἰ γὰρ καὶ στενὴ πύλη, καὶ τεθλιμμένη ἡ ὁδὸς, ἀλλ' ὅμως ὁδός· ἀναμνήσω γάρ σε ῥήματος, οὗ πολλάκις διελέχθην πρὸς σέ· Εἰ καὶ πλατεῖα ἡ πύλη, καὶ εὐρύχωρος ἡ ὁδὸς, ἀλλὰ καὶ αὕτη ὁδός. Ἀπαλλαγεῖσα τοίνυν τῆς γῆς, μᾶλλον δὲ αὐτοῦ τοῦ συνδέσμου τῆς σαρκὸς, διέγειρόν σου τῆς φιλοσοφίας τὸ πτερὸν, μηδὲ ἀφῇς ὑπὸ τῆς σκιᾶς αὐτὸ καὶ τοῦ καπνοῦ (τοῦτο γὰρ τὰ ἀν-

[a] Iidem Mss. οἱ δὲ ἀλλαχόθεν πολλαχόθεν. Infra iidem πᾶσαν παραπέμπονται Editi παραπεμπόμενοι. Ibid. ὅτι πολλοὺς ἔχω συναλγοῦντας ἡμῖν. Edit. ἔχετε.... ὑμῖν.

[b] Duo Mss. σφόδρα σοι φίλης.

θρώπινα) [c] βαπτίζεσθαι. Ἀλλὰ κἂν ἴδῃς ἐκείνους, τοὺς τοσαῦτα εἰς ἡμᾶς παρανομήσαντας, καὶ τὰς πόλεις αὐτῶν ἔχοντας, καὶ τιμῆς ἀπολαύοντας καὶ δορυφορίας, ἐπίλεγε τὸ ῥῆμα τοῦτο, Πλατεῖα ἡ πύλη καὶ εὐρύχωρος ἡ ὁδὸς, ἡ ἀπάγουσα εἰς τὴν ἀπώλειαν, καὶ δάκρυε διὰ ταῦτα μᾶλλον αὐτοὺς, καὶ θρήνει. Ὁ γὰρ ἐνταῦθα κακόν τι ποιῶν, εἶτα πρὸς τῷ μὴ δοῦναι δίκην καὶ τιμῆς παρὰ ἀνθρώπων ἀπολαύων, μέγιστον ἀπελεύσεται τιμωρίας ἐφόδιον ἔχων τὴν τιμήν. Διά τοι τοῦτο καὶ ὁ πλούσιος ἐκεῖνος χαλεπῶς ἀπετηγανίζετο, οὐ τῆς ὠμότητος μόνης ἕνεκεν, [d] ἣν περὶ τὸν Λάζαρον 590 ἐπεδείξατο, δίκας διδοὺς, ἀλλὰ καὶ τῆς εὐημερίας, ἧς ἐν ὠμότητι τοσαύτῃ διηνεκῶς ἀπολαύων, οὐδὲ ταύτῃ βελτίων ἐγένετο. Ταῦτα καὶ τὰ τούτοις ὅμοια (οὐ γὰρ διελίπομεν ταῦτά σοι συνεχῶς ἐπᾴδοντες) διαλεγομένη πρὸς ἑαυτὴν, δέσποινά μου θεοφιλεστάτη, ἀπόθου τὸ βαρὺ τοῦτο τῆς ἀθυμίας φορτίον, καὶ δῆλον ἡμῖν τοῦτο ποίησον· ἵνα ὅπερ καὶ ἔμπροσθεν ἐπέσταλκα, μαθὼν ὅτι γίνεταί σοί τι πλέον εἰς παραμυθίας λόγον καὶ ἀπὸ τῶν ἡμετέρων γραμμάτων, συνεχέστερον χρήσωμαι τῷ φαρμάκῳ.

redigam, de quo sæpe tecum sum loquutus. Etsi lata porta et spatiosa via est: tamen hæc quoque via est. Quæ cum ita sint, da operam, ut a terra, imo ab ipso quoque corporis vinculo te abstrahas, tuasque philosophiæ pennas excites, neque eas sinas ab umbra et fumo (id enim res humanæ sunt) demergi. Quin potius etiam si eos qui tot scelera in nos designarunt, et suis urbibus frui, et honoribus affici, et satellitibus stipari videris, istud verbum accine, *Lata est porta et spatiosa via quæ ducit ad perditionem*, eosque ob hoc ipsum magis luge ac deplora. Nam qui hic sceleris aliquid perpetrat, ac propterea non modo nullas pœnas luit, sed etiam honorem ab hominibus consequitur, ita discedet, ut hujusmodi honor maxima sit illi supplicii materia. Ob eamque causam dives etiam ille atrocem in modum torrebatur, non crudelitatis dumtaxat illius, qua in Lazarum usus fuerat, pœnas pendens, sed etiam florentis status, quo in tanta inhumanitate per omnem vitæ cursum fruens, ne hinc quidem melior effectus est. Hæc aliaque id genus (neque enim ea tibi umquam inculcare destitimus) tecum ipsa disserens, religiosissima domina mea, gravem hanc mœroris sarcinam abjice, deque eo nos fac certiores, ut quemadmodum etiam ad te scripsi, cum mœrorem tuum literis nostris levari perspectum habuero, crebrius hujusmodi pharmacum adhibeam.

Matth. 7. 13.

Timenda scelerum impunitas.

Πρὸς τὴν αὐτὴν ἐπιστολὴ θ′.

Ὅταν ἴδω δήμους ἀνδρῶν καὶ γυναικῶν κατὰ τὰς ὁδοὺς, κατὰ [a] τοὺς σταθμοὺς, κατὰ τὰς πόλεις ἐκχεομένους, καὶ ὁρῶντας ἡμᾶς καὶ δακρύοντας, ἐννοῶ ἐν τίσι τὰ ὑμέτερα. Εἰ γὰρ οὗτοι νῦν πρῶτον ἡμᾶς ἑωρακότες, οὕτω κατακλῶνται ὑπὸ τῆς ἀθυμίας, ὡς μηδὲ ἀνενεγκεῖν ῥᾳδίως, ἀλλὰ ἱκετευόντων ἡμῶν καὶ παρακαλούντων καὶ συμβουλευόντων, θερμοτέρους ἀφιέναι δακρύων κρουνοὺς, εὔδηλον ὅτι παρ' ὑμῖν σφοδρότερος ὁ χειμών. Ἀλλ' ὅσῳ σφοδρότερος ὁ χειμὼν, τοσούτῳ καὶ μείζονα τὰ βραβεῖα, εἰ διηνεκῶς αὐτὸν εὐχαρίστως ἐνέγκοιτε, καὶ μετὰ τῆς προσηκούσης ἀνδρείας, ὥσπερ οὖν καὶ φέρετε. Ἐπεὶ καὶ κυβερνῆται ἀνέμου σφοδροῦ πνέοντος, ἂν μὲν πέρα τοῦ μέτρου τὰ ἱστία ἀναπετάσωσιν, περιτρέπουσι τὸ σκάφος· ἂν δὲ συμμέτρως καὶ ὡς προσῆκεν ἰθύνωσιν αὐτὸ, μετὰ ἀσφαλείας πλέουσι πολλῆς. Ταῦτ' οὖν

Ad eamdem epist. IX.

Cum viros ac feminas magno agmine, per mansiones, per urbes sese effundentes, atque ad nostri aspectum collacrymantes intueor, quo in statu ipsi sitis animadverto. Nam cum ii qui nunc primum nos viderunt, mœrore ita frangantur, ut ne emergere quidem facile possint, verum, cum eos rogamus et obsecramus atque admonemus, ferventiores lacrymarum fontes profundant, dubium profecto non est, quin gravior apud vos tempestas sit. Sed quo gravior tempestas est, eo quoque ampliora præmia futura sunt, si perpetuo ea cum gratiarum actione sufferatis, ut etiam suffertis. Nam et gubernatores vehementi vento flante, si vela ultra modum expandant, navim subvertunt: si autem modice, et ut convenit, ea dirigant, tutissime navigant. Quæ cum explorata

Cum Cucusum peteret anno 404.

[c] Duo Mss. *βαπτίζεσθαι καὶ καθέλκεσθαι.*

[d] Iidem *ἧς περὶ*, et infra *ἧς ἐν ὠμότητι.*

[a] *Σταθμός* hic idipsum putatur esse, quod infra in Epistola quadam ad Rufinum *μονή*, seu Mansio appellatur. Erant Mansiones loca et diverticula in viis publicis, ubi manebatur; qua de re infra.

habeas, religiosissima domina mea, ne te mœroris tyrannidi constrictam trade, sed ratione tempestatem supera : potes enim istud, nec tempestas artem tuam excedit; atque ad nos literas quæ hoc significent, mitte, ut etiam in extera regione degentes, maximam hinc voluptatem percipiamus, cum te hunc mœrorem ea, quæ te decet, prudentia et sapientia tulisse intellexerimus. Hæc, cum jam Cæsarea non longe abessem, ad te scripsi.

εἰδυῖα, δέσποινά μου θεοφιλεστάτη, μὴ ἐκδῷς σεαυτὴν τῇ τῆς ἀθυμίας τυραννίδι, ἀλλὰ κράτει τῷ λογισμῷ τοῦ χειμῶνος· δύνασαι γὰρ, καὶ οὐ μεῖζόν σου τῆς τέχνης τὸ κλυδώνιον· καὶ πέμπε γράμματα ἡμῖν τοῦτο ἀπαγγέλλοντα, ἵνα καὶ ἐν ἀλλοτρίᾳ διατρίβοντες, πολλὴν καρπωσώμεθα τὴν εὐφροσύνην, μαθόντες ὅτι μετὰ τῆς προσηκούσης σοι συνέσεως καὶ φιλοσοφίας ἤνεγκας τὴν ἀθυμίαν ταύτην. Ταῦτα ἐγγὺς Καισαρείας λοιπὸν ἐλθὼν ἐπέσταλκά σου τῇ τιμιότητι.

Ad eamdem epist. X.

Nicææ scripta cum iret in exsilium anno 404.

At hunc quoque metum excutias velim, quem ex itinere nostro concepisti. Etenim, ut jam ante per literas tibi significavi, corpus nobis et sanitatis et roboris accessionem habuit. Siquidem et aer benigne nobiscum egit, et ii a quibus in exsilium avehimur, curam omnem et studium, etiam supra quam volumus, adhibent, ut nos recreent ac reficiant, caque in re operam navant. Cum autem Nicæa discessurus essem, hanc epistolam ad te dedi, tertia die Julii. Fac igitur ad nos de tua valetudine quam sæpissime scribas. Ad eam enim rem operam tibi navabit dominus meus Pergamius, cui magnopere confido. Nec vero de tua dumtaxat bona valetudine certiores nos facias, verum illud etiam significes velim, mœroris nubem a te dissipatam esse. Nam si hoc ex tuis literis intellexerimus, sæpius quoque ad te literas dabimus, ut qui scribendo aliquid proficiamus. Quamobrem si crebras a nobis literas accipere cupis, illud nobis aperte indica, ex frequentibus nostris literis aliquid commodi promanare : ac videbis nos id muneris largissime præstantes. Nam nunc quoque, cum multi, qui literas ad nos afferre poterant, hac iter facerent, nec epistolam a te accepissem, ægre admodum id tuli.

Πρὸς τὴν αὐτὴν ἐπιστολὴ ι'.

Ἀλλὰ καὶ τοῦτό σοι λελύσθω τὸ δέος, τὸ τῆς ὁδοιπορίας τῆς ἡμετέρας. Καὶ γὰρ, ὅπερ ἔφθην ἐπιστείλας, τὸ σῶμα ἡμῖν εἰς ὑγίειαν καὶ πλείονα ῥῶσιν ἐπέδωκε, τοῦ τε ἀέρος καλῶς ἡμῖν κεχρημένου, τῶν τε ἀπαγόντων ἡμᾶς πᾶσαν ποιουμένων σπουδὴν, ὑπὲρ ὃ βουλόμεθα ἀναπαύειν ἡμᾶς, καὶ ἔργον τοῦτο ποιουμένων. Μέλλων δὲ ἀπὸ τῆς Νικαίας ἐξιέναι, ταύτην διεπεμψάμην τὴν ἐπιστολὴν, τρίτῃ μηνὸς τοῦ Ἰουλίου. Γράφε οὖν ἡμῖν συνεχῶς περὶ τῆς ὑγιείας τῆς σῆς. Διακονήσεται γάρ σοι πρὸς τοῦτο ὁ δεσπότης μου Περγάμιος, ᾧ σφόδρα τεθάῤῥηκα. Μὴ 591 A περὶ τῆς ὑγιείας μόνον ἡμῖν δήλου τῆς σῆς, ἀλλὰ καὶ περὶ τοῦ ἐσκεδάσθαι σοι τῆς ἀθυμίας τὸ νέφος. Εἰ γὰρ μάθοιμεν διὰ τῶν γραμμάτων τῶν σῶν τοῦτο, καὶ συνεχέστερον ἐπιστελοῦμεν, ὡς ἀνύοντές τι πλέον δι' ὧν γράφομεν. Εἰ τοίνυν ἐπιθυμεῖς πυκνότητος ἀπολαύειν ἐπιστολῶν, δήλου σαφῶς ἡμῖν ὅτι γίνεταί τι πλέον ἀπὸ τῆς πυκνότητος, καὶ ὄψει μετὰ δαψιλείας τοῦτο παρέχοντας. Ἐπεὶ καὶ νῦν, πολλῶν παρελθόντων ἐντεῦθεν τῶν δυναμένων γράμματα κομίσαι, μὴ δεξάμενος παρὰ τῆς σῆς τιμιότητος ἐπιστολὴν, σφόδρα ἤλγησα.

Ad eamdem epist. XI.

Scripta cum Cucusum iret exsulatum anno 404.

Quo tentationes nostræ magis ingravescunt, hoc etiam magis consolationes nostræ augentur, lætioremque de futuris spem concipimus : nunc autem omnia nobis ex animi sententia cedunt, ac secundo vento navigamus. Quis vidit? quis audivit? Petræ et sub aquis latentia saxa, et turbines et procellæ cum fragore ruunt : nox illunis, densa caligo, præcipitia et scopuli : et tamen per ejusmodi mare navigantes, nihilo pejore statu

Πρὸς τὴν αὐτὴν ἐπιστολὴ ια'.

Ὅσῳ τὰ τῶν πειρασμῶν ἡμῖν ἐπιτείνεται, τοσούτῳ καὶ τὰ τῆς παρακλήσεως ἡμῖν αὔξεται, καὶ χρηστοτέρας ἔχομεν περὶ τῶν μελλόντων τὰς ἐλπίδας· νῦν δὲ κατὰ ῥοῦν ἡμῖν ἅπαντα φέρεται, καὶ ἐξουρίας πλέομεν. Τίς εἶδεν; τίς ἤκουσεν; Ὕφαλοι καὶ σπιλάδες, στρόβιλοι καὶ καταιγίδες καταῤῥήγνυνται· νὺξ ἀσέληνος, ζόφος βαθὺς, κρημνοὶ καὶ σκόπελοι· καὶ διὰ τοιούτου πλέοντες πελάγους, τῶν ἐν λιμένι σαλευόντων [a] οὐδὲν χεῖρον διακείμεθα. Ταῦτ' οὖν καὶ αὐτὴ

[a] Unus οὐδὲν ἄμεινον διακείμεθα.

λογιζομένη, δέσποινά μου θεοφιλεστάτη, ὑψηλοτέρα γίνου τῶν θορύβων τούτων, καὶ τῶν κλυδώνων, καὶ δηλῶσαί μοι καταξίωσον τὰ περὶ τῆς ὑγιείας τῆς σῆς· ἡμεῖς γὰρ ἐν ὑγιείᾳ καὶ ἐν εὐθυμίᾳ διάγομεν. Καὶ γὰρ καὶ τὸ σῶμα ἡμῖν ἐῤῥωμενέστερον γέγονε, καὶ καθαρὸν ἀναπνέομεν ἀέρα, οἵ τε συναποδημοῦντες ἡμῖν [b] ἐπαρχικοὶ, οὕτω θεραπεύουσιν, ὅτι οὐδὲ οἰκετῶν ἡμᾶς ἀφιᾶσι δεῖσθαι, τὰ οἰκετῶν ποιοῦντες. Καὶ γὰρ ἥρπασαν τὸ ἐπίταγμα τοῦτο διὰ τὸν περὶ ἡμᾶς ἔρωτα. Καὶ δορυφορίαι πανταχοῦ, ἑκάστου ἑαυτὸν μακαρίζοντος διὰ τὴν διακονίαν ταύτην. Ἓν ἐστιν ἡμᾶς τὸ λυποῦν, τὸ μὴ θαῤῥεῖν ὅτι καὶ αὐτὴ [c] ἐν ὑγιείᾳ διάγεις. Δήλωσον δὴ τοῦτο, ἵνα καὶ τῆς ἐντεῦθεν ἀπολαύσωμεν εὐφροσύνης, καὶ τῷ κυρίῳ μου δὲ τῷ ποθεινοτάτῳ τέκνῳ ἡμῶν Περγαμίῳ πολλὰς χάριτας [d] εἰσώμεθα. Κἂν ἐθέλῃς ἡμῖν ἐπιστέλλειν, αὐτῷ πρὸς τοῦτο χρῆσαι, γνησίῳ τε ὄντι, καὶ σφόδρα ἡμῖν ἀνακειμένῳ, καὶ πάνυ αἰδουμένῳ τὴν κοσμιότητά σου, καὶ τὴν εὐλάβειαν.

sumus quam qui in portu jactantur. Hæc igitur ipsa quoque cum animo tuo perpendens, domina mea religiosissima, hos tumultus ac strepitus supera, deque tua valetudine fac me, quæso, certiorem : nos enim et commoda corporis valetudine et in animi hilaritate degimus. Nam et corpus nostrum firmius redditum est, et purum aerem haurimus : atque præfecti milites, ii qui nobiscum peregrinantur, ita nos officiis prosequuntur, ut ne famulorum quidem operam requirere nos sinant, cum ipsi famulorum munia exsequantur. D Etenim pro suo erga nos amore hoc muneris præripuerunt. Atque ubique satellitum manu cingimur, unoquoque videlicet hujusce ministerii nomine beatum se prædicante. Unum id demum molestum est, quod te quoque incolumi valetudine esse non exploratum habeamus. Fac itaque istud sciamus : ut hoc etiam lætitiæ nobis accedat, ac domino meo suavissimoque filio Pergamio ingentes gratias habeamus. Si tibi ad nos literas dare placuerit, ipsius opera ad hanc rem utere. Nam et sincerus amicus est, nobisque addictissimus, et tuam modestiam ac pietatem admodum reveretur.

Πρὸς τὴν αὐτὴν ἐπιστολὴ ιβ'.

E

Ad eamdem epist. XII.

Τὴν ἀῤῥωστίαν διαφυγὼν, ἣν κατὰ τὴν ὁδὸν ὑπέμεινα, ἧς καὶ τὰ λείψανα εἰς Καισάρειαν ἐκόμισα, καὶ πρὸς τὴν ὑγίειαν ἐπανελθὼν λοιπὸν καθαρὰν, ἐπιστέλλω σου τῇ εὐλαβείᾳ ἀπὸ Καισαρείας αὐτῆς, ἐν ᾗ πολλῆς ἀπολαύσας θεραπείας, ῥᾷον διετέθην, ἰατρῶν ἀρίστων, καὶ σφόδρα εὐδοκιμωτάτων, καὶ συμπαθείᾳ καὶ φίλτρῳ μᾶλλον, οὐχὶ τέχνῃ μόνῃ θεραπευόντων ἡμᾶς ἐπιτυχὼν, ὧν θάτερος καὶ συναπελθεῖν ἡμῖν ὑπέσχετο, καὶ ἕτεροι δὲ πλείους τῶν ἐν ἀξιώμασι. Καὶ ἡμεῖς μὲν πολλάκις ἐπιστέλλομεν τὰ καθ' ἡμᾶς· αὐτὴ δὲ, ὃ καὶ ἔμπροσθεν ἐνεκάλεσα, σπανιάκις τοῦτο ποιεῖς. Καὶ ἵνα μάθῃς ὅτι ῥᾳθυμίας σῆς ἐστι τοῦτο, καὶ οὐχὶ ἡ σπάνις τῶν γραμματηφόρων τοῦτο ποιεῖ, ὁ κύριός μου, ὁ ἀδελφὸς τοῦ μακαρίου Μαξίμου τοῦ ἐπισκόπου, πρὸ δύο τούτων ἀπήντησεν ἡμερῶν, καὶ αἰτηθεὶς παρ' ἡμῶν γράμματα, ἔφησε μηδένα βουλη-

Cum ex eo morbo evasissem, quo in itinere laboravi, cujusque reliquas Cæsaream usque tuli, jamque ad integram valetudinem rediissem, ex ipsa Cæsarea hæc ad te scripsi, in qua multis mihi adhibitis remediis melius habui, præ- 592
A stantissimos nimirum celeberrimosque medicos nactus, a quibus non tam artis subsidiis, quam commiseratione atque amicitia curabar. Quorum etiam unus nobiscum una se profecturum spopondit : atque item alii complures ex iis qui dignitatibus præditi sunt. Ac nos quidem de rebus nostris persæpe ad te scripsimus : tu vero, quo etiam nomine te prius accusavi, raro id facis. Atque ut intelligas id negligentiæ tuæ, ac B non tabellariorum penuriæ tribuendum esse, dominus meus, beati episcopi Maximi frater,

Scripta Cæsareæ in Cappadocia anno 404.

[b] Ἐπαρχικοὶ, ii erant quasi præfectiani, seu præfectorum apparitores, et satellites militesve, queis utebantur ad reos aliosve ducendos, quod ex his Palladii verbis arguitur : *διηγήσατο δὲ ὁ ἀναλύσας διάκονος ἀπὸ τῶν ἐπισκόπων, ὅτι οἱ ἐπαρχικοὶ οἱ διάγοντες αὐτοὺς ἐπὶ τοσοῦτον ἔθλιψαν κατ' ἐντολάς τινων, ὡς εὔχεσθαι αὐτοὺς θάνατον ἐπελθεῖν, καὶ τὸ ζῆν παραιτεῖσθαι.* Quæ sic interpretatur Emericus Bigotius : *Retulit autem diaconus qui ab episcopis rediit, a præfecti militibus, qui eos deduxerunt, usque adeo jussu aliquorum vexatos, ut mori optarent, et vivere recusarent*, et pag. sequenti 200 *τοὺς ἐπαρχικοὺς prætorianos milites* vertit, et quidem recte utrobique : nam ut observat Cangius in Glossario Græco iidem qui vocantur *ἐπαρχικοὶ* in Synod. Constantinop. Act. 7, infra in eodem Conc. *ταξεῶται* appellantur.

[c] Unus *ἐν εὐθυμίᾳ διάγεις.*

[d] [Savil. *ἴσμεν.*]

cum nudiustertius venisset, ab eoque literas postulassem, negavit te sibi dare voluisse; atque etiam Tigrium presbyterum, cum item ab eo petiisset, id quoque facere recusasse. Itaque hoc ei exprobres velim, ac sincero et ardenti nostro amatori, cæterisque omnibus qui cum Cyriaco episcopo consuetudinem habent. Nam de loci commutatione nolim aut ipsi aut cuiquam alii negotium facessas. Beneficium accipimus. Fortasse enim voluerunt, nec potuerunt. Gloria Deo propter omnia: neque enim umquam in iis omnibus, quæ mihi contingunt, hoc verbum usurpare desinam. Esto autem istud, non potuerint. An etiam scribere non potuerunt? At vero dominis meis, cumprimis venerandi episcopi ac domini mei Pergamii sororibus, quæ nostri causa plurimum studii atque operæ suscipiunt, ingentes gratias age. Nam, ut dominus meus Dux ipsius gener propensissimo in nos animo esset, effecerunt, adeo ut vehementer ipse quoque nos illic videre cuperet. Quin tu etiam de valetudine tua, deque iis, a quibus amamur, scribere quæso ad nos ne intermittas. De nobis autem sine cura esto. Nam et valemus, et tranquillo atque hilari animo sumus, ingentique ad hunc usque diem requie fruimur. De comitibus autem Cyriaci scire avemus, missine fuerint: neque enim quisquam nobis de ea re perspicue aliquid retulit: quare istud quoque nobis significate. Ipsi autem episcopo Cyriaco velim hoc dicas, me animi mœstitia impeditum ad eum haud scripsisse.

θῆναι δοῦναι αὐτῷ· ἀλλὰ καὶ τὸν Τίγριον τὸν πρεσβύτερον αἰτηθέντα παρ' αὐτοῦ μὴ παρασχεῖν. Παρακαλῶ, ὀνείδισον αὐτῷ τοῦτο, καὶ τῷ γνησίῳ καὶ θερμῷ ἡμῶν ἐραστῇ, καὶ τοῖς ἄλλοις δὲ πᾶσιν τοῖς περὶ Κυριακὸν τὸν ἐπίσκοπον. Τοῦ γὰρ τόπου ἕνεκεν ὥστε ἐναλλαγῆναι, μήτε αὐτῷ, μηδὲ ἄλλῳ μηδενὶ ἐνοχλήσητε. Δεδέγμεθα τὴν χάριν. Ἴσως γὰρ ἠβουλήθησαν, καὶ οὐκ ἠδυνήθησαν. Δόξα τῷ Θεῷ πάντων ἕνεκεν· οὐ γὰρ παύσομαι τοῦτο ἐπιλέγων ἀεὶ ἐπὶ πᾶσί μοι τοῖς συμβαίνουσιν. Ἔστω τοῦτο, οὐκ ἠδυνήθησαν. Μὴ καὶ γράφειν οὐκ ἠδύναντο; Πολλὰ εὐχαρίστησον ταῖς κυρίαις μου ταῖς ἀδελφαῖς τοῦ κυρίου μου τοῦ τιμιωτάτου [a] ἐπισκόπου Περγαμίου, πολλὴν ὑπὲρ ἡμῶν ποιουμέναις σπουδήν. Καὶ γὰρ τὸν κύριόν μου τὸν δοῦκα τὸν γαμβρὸν αὐτοῦ σφόδρα παρεσκεύασαν περὶ ἡμᾶς διακεῖσθαι, ὡς σφόδρα κἀκεῖνον ἐπιθυμεῖν ἡμᾶς [b] ἐκεῖσε ἰδεῖν. Καὶ αὐτὴ δὲ συνεχῶς δήλου ἡμῖν τὰ περὶ τῆς ὑγιείας τῆς σῆς, καὶ τῶν ἀγαπώντων ἡμᾶς. Ἡμῶν δὲ ἕνεκεν ἄφροντις ἔσο. Καὶ γὰρ ἐν ὑγιείᾳ ἐσμὲν, καὶ εὐθυμίᾳ, καὶ πολλῆς ἀπολαύομεν [c] τῆς ἀνέσεως, μέχρι τῆς σήμερον ἡμέρας. Ἐπιθυμοῦμεν δὲ μαθεῖν, περὶ τῶν κατὰ Κυριακὸν τὸν ἐπίσκοπον, εἰ ἀφέθησαν· καὶ οὐδεὶς ἡμῖν σαφὲς οὐδὲν ἀπήγγειλεν· κἂν τοῦτο ἡμῖν δηλώσατε. Εἰπὲ Κυριακῷ τῷ ἐπισκόπῳ ὅτι λυπούμενος αὐτῷ οὐκ ἐπιστέλλω.

Ad eamdem epist. XIII.

Postquam Cucusum pervenerat anno 404.

Tandem aliquando respiravimus, cum Cucusum venimus, unde etiam has literas scribimus; tandem aliquando a fumo, et variis malorum eorum, quæ nos in via invaserunt, nebulis lucem conspeximus. Nunc enim posteaquam ea, quæ dolorem nobis afferebant, effluxerunt, jam tibi ea exponimus. Nam cum in ipsis adhuc versarer, hoc facere nolui, ne te in magnum mœrorem conjicerem. Triginta enim propemodum dies, aut etiam amplius, cum acerbissimis febribus colluctari non destiti: atque ita longum hoc et molestum iter agebam, aliisque item gravissimis

Πρὸς τὴν αὐτὴν ἐπιστολὴ ιγ'.

Μόλις ποτὲ ἀνεπνεύσαμεν εἰς τὴν Κουκουσὸν ἀφικόμενοι, ὅθεν καὶ ἐπιστέλλομεν· μόλις ποτὲ διεβλέψαμεν ἀπὸ τοῦ καπνοῦ, καὶ τῆς ποικίλης τῶν κακῶν νεφέλης, τῶν κατὰ τὴν ὁδὸν ἡμᾶς καταλαβόντων. Νῦν γὰρ ἐπειδὴ παρῆλθε τὰ ὀδυνηρὰ, [d] διηγούμεθά σου ταῦτα τῇ εὐλαβείᾳ. Ὅτε γὰρ ἐν αὐτοῖς ἤμην, οὐκ ἠβουλόμην τοῦτο ποιῆσαι, μὴ σφόδρα σε λυπήσω. Τριάκοντα γὰρ σχεδὸν ἢ καὶ πλείους ἡμέρας πυρετοῖς χαλεπωτάτοις διετέλεσα παλαίων, καὶ οὕτω τὴν μακρὰν ταύτην καὶ χαλεπὴν ὁδεύων ὁδὸν, καὶ ἑτέραις χαλεπωτάταις ἀῤῥωστίαις πολιορκούμενος ταῖς ἀπὸ τοῦ στομάχου. Λόγισαι τὰ ἐντεῦθεν, οὐκ ἰατρῶν ὄντων,

[a] Sic omnes Mss. et sic legit Interpres. In Edit. ἐπισκόπου deest. Paulo post δοῦκα *Ducem*. Billius verterat *Dominus meus Ducas*; sed recte emendavit Pronto Ducæus, *Dominus meus Dux*. Hæc vox ex Latino *Dux* facta significabat primo Duces exercitus, hinc Duces provinciarum; imo civitatum urbiumque; et frequenter occurrit apud scriptores, maxime Byzantios.

[b] Alii ἐκεῖσε vel κἀκεῖσε εἶναι.

[c] Duo Mss. τῆς ἀναπαύσεως.

[d] Tres Mss. διηγοῦμαι αὐτὰ τῇ εὐλαβείᾳ σου.

οὐ βαλανείων, οὐκ ἐπιτηδείων, οὐ τῆς ἄλλης ἀνέσεως, Ἰσαυρικοῦ φόβου πανταχόθεν ἡμᾶς πολιορκοῦντος, τῶν ἄλλων κακῶν, ἅπερ ἡ δυσκολία τῶν ὁδῶν τίκτειν εἴωθε, φροντίδος, μερίμνης, ἀθυμίας, ἐρημίας τῶν θεραπευσόντων. Ἀλλὰ νῦν ἅπαντα ταῦτα λέλυται. Εἰς γὰρ τὴν Κουκουσὸν ἐλθόντες, τήν τε ἀῤῥωστίαν ἅπασαν ἀπεθέμεθα μετὰ τῶν λειψάνων, καί ἐσμεν ἐν ὑγιείᾳ καθαρωτάτῃ, τοῦ τε φόβου τῶν Ἰσαύρων ἀπηλλάγημεν, πολλῶν ἐνταῦθα στρατιωτῶν ὄντων, καὶ σφόδρα πρὸς αὐτοὺς παρατεταγμένων· τῶν τε ἐπιτηδείων ἡ ἀφθονία πάντοθεν ἡμῖν ἐπιῤῥεῖ, πάντων μετὰ πάσης εὐνοίας ἡμᾶς ἀποδεχομένων, καίτοι σφόδρα ἐρημοτάτου ὄντος τοῦ χωρίου. Ἀλλ' ἔτυχεν ὁ δεσπότης μου Διόσκορος ἐνταῦθα ὢν, ὃς καὶ εἰς Καισάρειαν ἀπέστειλεν οἰκέτην εἰς αὐτὸ τοῦτο, παρακαλῶν καὶ δεόμενος μὴ προτιμῆσαι τῆς αὐτοῦ οἰκίας ἑτέραν, καὶ ἕτεροι δὲ πλείους. Ἀλλ' ἀναγκαῖον ἐνόμισα τῶν ἄλλων τοῦτον προτιμῆσαι, καὶ κατήχθημεν ἐν τοῖς αὐτοῦ. Καὶ πάντα ἡμῖν αὐτὸς γίνεται, ὡς καὶ καταβοᾷν αὐτοῦ συνεχῶς, διὰ τὴν πολλὴν αὐτοῦ δαψίλειαν, καὶ τὴν ἀφθονίαν, ἣν βούλεται παρέχειν. Δι' ἡμᾶς γοῦν καὶ μετέστη χωρίον οἰκῶν, ὥστε παντὶ θεραπεῦσαι τρόπῳ, τήν τε οἰκίαν ἡμῖν κατασκευάζει πρὸς χειμῶνα ἐπιτηδείαν, πάντα ποιῶν ὑπὲρ τούτου καὶ πραγματευόμενος· καὶ ὅλως οὐδὲν ἐλλέλειπται θεραπείας ἕνεκεν. Καὶ ἕτεροι δὲ πολλοὶ ἐπίτροποι καὶ οἰκονόμοι, παρὰ τῶν δεσποτῶν τῶν ἑαυτῶν κελευσθέντες διὰ γραμμάτων, συνεχῶς παραγίνονται, ἕτοιμοι κατὰ πάντα τρόπον ἡμᾶς ἀναπαῦσαι. Ταῦτα δὲ πάντα εἴρηκα, καὶ τὰ μὲν ἀπωδυράμην, τὰ πρότερα, τὰ δὲ εἶπον, τὰ χρηστὰ, ἵνα μὴ προπετῶς τις ἡμᾶς ἐντεῦθεν ἐγείρῃ. Εἰ μὲν γὰρ οἱ βουλόμενοι δοῦναι ἡμῖν τὴν χάριν, κυρίους ἡμᾶς ποιοῖεν τοῦ εἶναι ὅπου βουλόμεθα, καὶ μὴ πάλιν ἕτερον ἡμῖν μέλλοιεν ἀποκληροῦν τόπον, ὃν ἂν ἐθέλωσι, κατάδεξαι τὴν χάριν. Εἰ δὲ ἔνθεν ἡμᾶς ἀνιστάντες, εἰς ἕτερον μέλλοιεν πέμπειν τόπον, καὶ πάλιν ὁδὸς, καὶ πάλιν ἀποδημία, ἐμοὶ σφόδρα τοῦτο χαλεπώτερον· πρῶτον μὲν, μήποτε εἰς μακρότερον ἢ εἰς χαλεπώτερον ἡμᾶς πέμψωσι χωρίον· ἔπειτα δὲ, ὅτι μυρίων ἐξοριῶν ἐμοὶ τὸ ὁδεύειν χαλεπώτερον. Καὶ γὰρ εἰς αὐτὰς ἡμᾶς κατήνεγκε τοῦ θανάτου τὰς πύλας ταύτης τῆς ἀποδημίας ἡ δυσκολία. Καὶ διατρίβομεν νῦν ἐν Κουκουσῷ, τῇ διηνεκεῖ καθέδρᾳ καὶ ἡσυχίᾳ ἀνακτώμενοι ἑαυτοὺς, καὶ τὴν ἐν τῷ μακρῷ χρόνῳ γενομένην ἡμῖν ταλαιπωρίαν, καὶ τὰ συντετριμμένα ἡμῶν ὀστᾶ, καὶ τὴν ταλαιπωρηθεῖσαν σάρκα διὰ τῆς ἡσυχίας θεραπεύοντες. Ἀπήντησε δὲ καὶ ἡ κυρία μου [a] Σαβινιανὴ ἡ διάκονος κατὰ τὴν

stomachi morbis obsessus. Jam quæ hinc sequerentur, considera, nempe cum nec medici præsto
essent, nec balnea, nec res necessariæ, nec alia
commoda, ac præterea Isaurorum metus nos
undique premeret, aliaque mala quæ ex itinerum
difficultate nasci consueverunt, hoc est cura, sollicitudo, animi consternatio, inopia eorum, a
quibus curari possem. At nunc omnia hæc evanuerunt. Ut enim Cucusum venimus, tum mor-
B bum omnem una cum reliquiis abjecimus, inte-
gerrimaque valetudine fruimur, tum Isaurorum
metu defuncti sumus, quippe cum multi hic milites sint, et quidem paratissimo animo, ut cum
ipsis confligant : rerum quoque necessariarum
copia nobis undique affluit, omnibus summa cum
benevolentia nos excipientibus, etiamsi alioqui
desertissimus omnino hic locus sit. At casu quodam dominus meus Dioscorus hic erat, qui
etiam famulum dedita opera Cæsaream misit,
rogatum atque obsecratum, ne domui suæ alte-
C ram anteferrem ; aliique item plures idem fecerunt. Verum hanc aliis præferendam necessario
mihi existimavi : itaque apud eum divertimus.
Atque ipse nobis quidvis est, ita ut ob ingentem
ipsius liberalitatem et largitatem, qua erga nos
uti cupit, perpetuo cum eo expostulemus. Quippe
nostra causa etiam ex ædibus suis in villam migravit, ut nos omni officii genere complectere-
tur : atque insuper domum nobis ad tolerandam
hiemem idoneam exstruit, pro caque re nihil
D non agit ac molitor ; denique nullum omnino
officii erga nos genus ab eo prætermissum est.
Ad hæc plerique alii procuratores et rerum ad-
ministratores; dominis id ipsis per literas imperantibus, subinde huc accedunt, parati quavis
ratione nos reficere ac recreare. Hæc autem
omnia idcirco commemoravi, atque alia quidem,
hoc est, priora, deflevi, alia autem, hoc est,
læta et jucunda, tibi exposui, ut ne quis temere
nos hinc emoveat. Nam si ii, qui nos beneficio
afficere cupiunt, arbitrii hoc nostri faciant, ut
E quo loco velimus, nobis esse liceat, nec rursum
nobis alterum locum arbitratu libituque suo as-
signaturi sint, hoc beneficium accipe. Sin autem
nos hinc amotos in alterum locum ablegaturi
sint, nobisque rursum iter subire, ac peregrinari necesse est, mihi sane hoc longe gravius
acerbiusque fuerit : primum enim illud metuen-

[a] Hanc Sabinianam diaconissam opinatur Tillemontius eam fuisse quæ Sabiniana diaconissa vocatur a Palladio in Hist. Rosweid. p. 965, quam dicit fuisse Joannis nostri amitam. Quod si non certum, verisimile utique est. Constantius infra memoratus, presbyter ille est ad quem mittitur epistola CCXXI infra.

dum est, ne nos in longinquiorem aut in asperiorem locum ducant: deinde itineris molestiam sexcentis exsiliis graviorem esse duco. Siquidem peregrinationis hujusce difficultas ad ipsas mortis portas nos detulit; nuncque, Cucusi degentes, perpetua sessione ac quiete nosmet recreamus, atque tam diuturni temporis ærumnæ, confractisque nostris ossibus, et fatigatæ carni, quietis ope ac subsidio medemur. Affuit etiam domina mea Sabiniana diaconissa eodem ipso die quo venimus, fracta quidem ipsa et abjecta, ærumnisque affecta, utpote ea jam ætate, in qua moveri quoque difficile est: cæterum juvenili animi alacritate prædita, nihilque adversarum rerum persentiens. Paratam enim se esse dixit etiam in Scythiam proficisci, quandoquidem constans hic rumor erat, fore ut illic deportarer. Certum est autem ei, ut ait, non jam ad suos reverti, verum illic ubi fuerimus commorari. Atque hanc etiam perquam humane ac studiose, magnaque cum benevolentia Ecclesiæ alumni exceperunt. Quin dominus quoque meus Constantius, religiosissimus presbyter, jampridem hic fuisset. Nam et mecum per literas egerat, ut ipsi huc veniendi potestatem facerem: neque enim se citra voluntatem meam atque sententiam id facere audere, quamvis alioqui magna hujus rei cupiditate flagrantem; addebat etiam se ne illic quidem manere posse: nam latebras quærit, ac sese occultat. Itaque precibus abs te contendo, ut de loco minime aliter facias. Quod si rursus, quid ipsi in animo habeant, periclitandum ducis, tu quidem a te nihil dicas, verum pro tua prudentia, quonam me abducero constituerint, explores: id enim potes. Ac si videris ipsis in animo esse, non longe isthinc in maritimam aliquam urbem, puta Cyzicum, aut non longe a Nicomedia me avehere, hoc accipe. Sin autem longius hinc uspiam, aut ita procul, ut hic locus est, ne accipias: hoc quippe mihi grave ac permolestum fuerit. Hic enim in magna quiete animique remissione versamur, ita ut etiam contractam omnem ex itinere molestiam biduo absterserimus.

594 A ἡμέραν τὴν αὐτὴν, καθ' ἣν καὶ ἡμεῖς ἀπηντήσαμεν, συντετριμμένη μὲν καὶ τεταλαιπωρημένη, ἅτε ἐν τούτῳ τῆς ἡλικίας οὖσα, ἔνθα καὶ κινεῖσθαι δύσκολον· ὅμως δὲ τῇ προθυμίᾳ νεάζουσα, καὶ μηδενὸς αἰσθανομένη τῶν λυπηρῶν. Ἑτοίμη γὰρ ἔφησεν εἶναι καὶ εἰς Σκυθίαν ἀπαντήσεσθαι, ἐπειδὴ τοιοῦτος ἐκράτει λόγος, ὡς ἐκεῖ ἡμῶν ἀπαχθησομένων. Ἑτοίμη δέ ἐστιν, ὥς φησι, μηκέτι ὑποστρέφειν μηδαμοῦ, ἀλλ' ἐκεῖ διατρίβειν ἔνθα ἂν ὦμεν. Σφόδρα δὲ καὶ αὐτὴν ὑπεδέξαντο οἱ τῆς Ἐκκλησίας μετὰ πολλῆς τῆς σπουδῆς καὶ τῆς B εὐνοίας. Καὶ ὁ κύριος δέ μου Κωνστάντιος, ὁ εὐλαβέστατος πρεσβύτερος, πάλαι ἂν ἐνταῦθα ἦν. Καὶ γὰρ καὶ ἐπέστειλέν μοι, παρακαλῶν ἵνα ἐπιτρέψω αὐτῷ ἐνταῦθα ἐλθεῖν· τῆς γὰρ ἐμῆς γνώμης χωρὶς μηδ' ἂν τολμῆσαι παραγενέσθαι, καίτοι γε σφόδρα ἐπιθυμῶν καὶ, ὥς φησιν, οὐδὲ αὐτόθι μένειν δυνάμενος· κρύπτεται γὰρ, καὶ λανθάνει· τοσαῦτα αὐτὸν συνέχει κακὰ, καθώς φησι. Παρακαλῶ τοίνυν μὴ ἄλλως ποιήσῃς τοῦ τόπου ἕνεκεν. Εἰ δ' αὖ πάλιν δοκιμάσειας ἀποπειρασθῆναι τῆς γνώμης αὐτῶν, αὐτὴ μὲν οἴκοθεν μηδὲν C εἴπῃς, δοκίμασον δὲ ποῦ προῄρηνται, κατὰ τὴν σύνεσίν σου· δύνασαι γάρ. Κἂν ἴδῃς ὅτι πλησίον αὐτόθι που ἐν παραθαλασσίῳ πόλει, ἢ ἐν Κυζίκῳ, ἢ Νικομηδείας πλησίον, καὶ τοῦτο κατάδεξαι. Εἰ δ' ἄρα μακρότερόν που, ἢ τοῦ τόπου τούτου μακρότερον, ἢ τοσοῦτον ὅσον οὗτος, μὴ ἕλῃ· ἐπεὶ σφόδρα τοῦτό μοι βαρὺ καὶ χαλεπώτερον. Τέως γὰρ πολλῆς ἐνταῦθα ἀνέσεως ἀπολαύομεν, ὡς καὶ ἐν δύο ἡμέραις ἅπασαν τὴν ἀηδίαν ἀπονίψασθαι τὴν ἐκ τῆς ὁδοῦ γεγενημένην ἡμῖν.

Ad eamdem epistola, in qua commemorat, quæ ipsi Cæsareæ acciderint. XIV.

D Πρὸς τὴν αὐτὴν ἐπιστολὴ ιδ', δι' ἧς διηγεῖται τὰ ἐν Καισαρείᾳ αὐτῷ συμβάντα.

Cucuso scripta anno 404.

1. Quid luges? quid teipsam tundis, casque quas ne hostes quidem tui a te exigere potuerunt pœnas a teipsa expetis, ut quæ animum tuum mœroris tyrannidi usque adeo addixeris? Etenim

Τί θρηνεῖς; τί κόπτεις σαυτὴν, καὶ δίκας ἀπαιτεῖς, ἃς οὔτε οἱ ἐχθροί σου ἀπαιτῆσαί σε ἴσχυσαν, οὕτως τῇ τυραννίδι τῆς ἀθυμίας ἐκδοῦσά σου τὴν ψυχήν; Τὰ γὰρ γράμματα, ἃ διὰ Πατρικίου ἡμῖν διεπέμψω, ταῦτα ἐδήλωσέ σου τὰ τραύματα τῆς διανοίας. Διὸ καὶ σφόδρα ἀλγῶ καὶ ὀδυνῶμαι, ὅτι ὀφείλουσα πάντα κινεῖν καὶ πραγματεύεσθαι, ὥστε ἀπελαύνειν σου τῆς ψυχῆς τὴν ἀθυμίαν, περιέρχῃ συνάγουσα λογισμοὺς ὀδυνηρούς, καὶ τὰ μὴ ὄντα (τοῦτο γὰρ ἔφης) E ἀνακλάττουσα, καὶ καταξαίνουσα σαυτὴν εἰκῇ καὶ μάτην, καὶ ἐπὶ βλάβῃ μεγίστῃ. Τί γάρ σε λυπεῖ, ὅτι Κουκουσοῦ οὐκ ἴσχυσας ἡμᾶς μεταστῆσαι; Καίτοι γε τὸ σὸν μέρος μετέστησας, πάντα κινήσασα καὶ πραγματευσαμένη. Εἰ δὲ εἰς τέλος τὸ ἔργον οὐκ ἦλθεν, οὐδὲ διὰ τοῦτο ἀλγεῖν δεῖ. Ἴσως γὰρ ἔδοξε τῷ Θεῷ μακροτέρους μοι τεθῆναι τῶν δρόμων τοὺς διαύλους, ὥστε καὶ λαμπροτέρους γενέσθαι τοὺς στεφάνους. Τί τοίνυν ἀλγεῖς ὑπὲρ τούτων, ἀφ' ὧν ἡμεῖς ἀνακηρυττόμεθα, δέον σε σκιρτᾷν διὰ ταῦτα καὶ χορεύειν καὶ στεφανοῦσθαι, ὅτι τοσούτου 595 A κατηξιώθημεν πράγματος, σφόδρα ὑπερβαίνοντος ἡμῶν τὴν ἀξίαν; Ἀλλ' ἡ ἐρημία σε λυπεῖ τῶν ἐνταῦθα; Καὶ τί τῆς διατριβῆς τῆς ἐνταῦθα ἥδιον; Ἡσυχία, γαλήνη, ἀπραγμοσύνη πολλή, σώματος εὐρωστία. Εἰ γὰρ μήτε ἀγοράν, μήτε ὤνιον ἔχει ἡ πόλις, οὐδὲν τοῦτο πρὸς ἐμέ. Πάντα γάρ μοι καθάπερ ἐκ πηγῶν ἐπιῤῥεῖ. Καὶ γὰρ καὶ τὸν κύριόν μου τὸν ἐπίσκοπον τὸν ἐνταῦθα, καὶ τὸν κύριόν μου Διόσκορον ἔχω, ἔργον τοῦτο ποιουμένους διόλου, τὴν ἡμετέραν ἀνάπαυσιν. Ἐρεῖ δέ σοι καὶ ὁ καλὸς Πατρίκιος, ὅπως διάγομεν ἐν εὐθυμίᾳ, ἐν εὐφροσύνῃ, ἐν θεραπείᾳ πολλῇ, τό γε εἰς τὴν διατριβὴν τὴν ἐνταῦθα ἧκον. Εἰ δὲ τὰ ἐν Καισαρείᾳ θρηνεῖς, καὶ τοῦτο B ἀναξίως σου ποιεῖς. Καὶ γὰρ ἐκεῖ λαμπροὶ πάλιν ἐπλάκησαν ἡμῖν οἱ στέφανοι, ὡς πάντας ἡμᾶς ἀνακηρύττειν, ἀναγορεύειν, θαυμάζειν, ἐκπλήττεσθαι, ἐφ' οἷς κακῶς παθόντες ἐξεβλήθημεν. Ἀλλὰ ταῦτα μηδεὶς τέως εἰδέτω, εἰ καὶ πολλοὶ αὐτὰ διαθρυλλοῦσιν. Ἐδήλωσε γάρ μοι ὁ κύριός μου Παιάνιος, ὅτι οἱ πρεσβύτεροι αὐτοῦ τοῦ Φαρετρίου πάρεισιν αὐτόθι, οἳ ἔφησαν ἡμῖν κοινωνεῖν, καὶ μηδὲν κοινὸν ἔχειν πρὸς τοὺς ἐναντίους, μηδὲ συγγίνεσθαι αὐτοῖς, μηδὲ κοινωνῆσαι. Ἵν' οὖν C μὴ διαταράξωμεν αὐτούς, μηδεὶς ταῦτα εἰδέτω· καὶ γὰρ σφόδρα χαλεπὰ τὰ συμβάντα εἰς ἡμᾶς. Καὶ εἰ μηδὲν ἄλλο ἐπεπόνθειν δεινόν, ἤρκει τὰ ἐκεῖσε γενόμενα μυρία μοι προξενῆσαι βραβεῖα· οὕτως περὶ τῶν ἐσχάτων ἡμῖν ὁ κίνδυνος γέγονε. Παρακαλῶ δέ, ἀπόῤῥητα ἔστω παρὰ σοί, καὶ ἐν βραχεῖ σοι αὐτὰ διηγήσομαι, οὐχ ἵνα λυπήσω, ἀλλ' ἵνα εὐφράνω. Αὗται γάρ μου τῆς ἐμπορίας αἱ ὑποθέσεις, οὗτός μου ὁ πλοῦτος, αὕτη τῶν ἁμαρτημάτων μου ἡ δαπάνη, τὸ συνεχῶς D

literæ illæ, quas per Patricium ad nos misisti, ipsa animæ tuæ vulnera nobis declararunt. Quamobrem admodum doleo atque angor, quod cum nihil non agere ac moliri debeas, quo mœrorem ex E animo tuo propulses, tamen ipsa huc atque illuc te vertas, molestas et acerbas cogitationes colligens, eaque, quæ non sunt (nam hoc quoque dixisti), animo effingens, teque ipsam frustra et incassum, imo summo cum detrimento lancinas. Quid enim angeris, quod nos e Cucuso alio transferre nequivisti? Quamquam aliquo modo nos transtulisti, dum nihil non ideo abs te tentatum atque actum est. Quod si res perfici non potuit, non tamen proinde angi oportet. Nam fortasse hac de causa Deus longiora cursuum spatia nobis proponi voluit, ut splendidiores coronas consequamur. Quid igitur ob ea in A dolore versaris, ob quæ laudibus afficimur? cum contra te ob eam causam exsultare ac tripudiare, caputque corollis redimere par sit, quod divino beneficio rem tantam ac meritis nostris longe præstantiorem consequuti simus. At hujus loci solitudo tibi mœrorem affert? Et quid tandem hac sede jucundius? Solitudo, tranquillitas ingens, quies, corporis firmitas. Quamquam enim nec forum, nec venale quidquam hæc urbs habet: nihil tamen istud mea interest. Mihi quippe omnia tamquam e fonte affluunt. Siquidem et dominum meum hujus loci episcopum, et dominum meum Dioscorum habeo, qui nihil aliud muneris atque operæ habere videntur, quam ut B me recreent. Quin præclarus quoque vir Patricius tibi narrabit, quonam pacto in animi hilaritate, in oblectatione, in multis obsequiis degamus, quantum quidem ad hanc commorationem attinet. Quod si ea quæ mihi Cæsareæ acciderunt, in luctum te conjiciunt, in hoc etiam rem parum te dignam facis. Nam illic quoque luculentæ rursum nobis coronæ contextæ sunt: adeo ut omnes nos laudent, prædicent, atque ad stuporem usque admirentur, quod gravibus injuriis C acceptis ejecti simus. Verum hæc quæso nemo adhuc sciat, etiamsi multi sint qui in vulgus spargant. Significavit enim mihi dominus meus Pæanius, ipsius quoque Pharetrii presbyteros illic adesse, qui affirmarint se nobiscum communicare, nec cum adversariis commune quidquam habere, nec cum illis versari aut commercium ullum iniisse. Ne igitur eos conturbemus, cave ne quisquam hæc sciat: siquidem perquam gravia et acerba sunt quæ nobis acciderunt. Atque D etiamsi nihil aliud molestiæ atque acerbitatis pertulissem, ea tamen quæ illic contigerunt, ad innumeras mihi palmas conciliandas abunde sufficerent: usque adeo in vitæ quoque discrimen venimus. Te autem oro, ne quid eorum evulges, ac breviter tibi ea exponam, non ut tibi mœrorem afferam, sed ut voluptatem. Nam hæ mihi sunt quæstus occasiones, hæ meæ opes, hæc scelerum meorum consumtio, dum per hujusmodi tentationes sine ulla intermissione gradior, in casque ab iis inducor, a quibus minime exspectabam. Nam cum Galata illo, qui etiam nobis mortem pene minitatus est, defuncti, jam in Cappadociam ingredi pararemus, multi nobis in via occurrunt, dicentes, Dominus Pharetrius te exspectat, ac quaquaversum iter facit, ne tuo congressu fraudetur, nihilque non operæ ac laboris suscipit, quo te videat et complectatur, atque omne caritatis specimen tibi exhibeat; monasteria etiam tum virorum, tum mulierum commovit. Ego autem hæc audiens, nihil quidem bonum exspectabam, verum contraria omnia animo efformabam: tamen eorum qui mihi hæc nuntiabant nemini quidquam horum eloquebar.

Calamitatum fructus.

2. Postquam autem tandem aliquando Cæsaream ingressus sum, labore ac macie confectus, in ipso febris ardore positus, languens, atque extremos dolores perpetiens, hospitium in ultimo urbis recessu situm nactus sum, dabamque operam ut medicos convenirem, ac fornacem illam exstinguerem: eram enim in ipso febris tertianæ ardore. Quo etiam accedebat itineris ærumna et fatigatio, corporis contritio, eorum, a quibus curarer, inopia, rerum necessariarum penuria, illudque item, quod nullum medicum præsto haberem, quodque et labore ac lassitudine, et caloris æstu, et vigiliis divexarer, ac denique pene exanimis in urbem ingressus essem. Tum vero mihi clerici omnes, populus, monachi, monachæ, medici affuerunt: a quibus perquam officiose acceptus sum, omnibus famulantibus et omnia mihi subministrantibus. Nihilominus tamen ingenti flammæ ardore deflagrans, in extremo periculo versabar. Demum paulatim remittere ac sedari morbus cœpit. At interim nusquam Pharetrius: verum discessum nostrum exspectabat: quod cur ita ipsi visum fuisset, haud scio. Cum igitur morbum sensim remissum et sedatum esse vidissem, jam de discessu mecum

διὰ τοιούτων ὁδεύειν πειρασμῶν, καὶ ἐπάγεσθαί μοι τούτους, παρ' ὧν οὐδαμῶς προσεδόκησα. Ἐπειδὴ γὰρ ἐμέλλομεν ἐπιβαίνειν τῆς Καππαδοκῶν χώρας, ἀπαλλαγέντες * τοῦ Γαλάτου, κἀκείνου δὴ σχεδὸν θάνατον ἡμῖν ἀπειλήσαντος, πολλοὶ κατὰ τὴν ὁδὸν ἡμῖν ἀπήντων, λέγοντες, ὅτι ὁ κύριος Φαρέτριος ἀναμένει σε, καὶ πανταχοῦ περιέρχεται, μὴ ἀποτύχῃ τῆς συντυχίας σου, καὶ πάντα ποιεῖ καὶ πραγματεύεται, ὥστε E σε ἰδεῖν, καὶ περιπτύξασθαι, καὶ πᾶσαν ἐπιδείξασθαι ἀγάπην· καὶ τὰ μοναστήρια ἀνδρῶν καὶ γυναικῶν ἐκίνησεν. Ἐγὼ δὲ ταῦτα ἀκούων, τούτων μὲν οὐδὲν προσεδόκων, ἀλλὰ τἀναντία ἀνετύπουν παρ' ἐμαυτῷ· τῶν μέντοι ταῦτα ἀπαγγελλόντων οὐδενὶ τούτων οὐδὲν ἔλεγον.

Ἐπειδὴ δὲ ἐπέβην ὀψέ ποτε τῆς Καισαρείας, κατειργασμένος, τεταριχευμένος, ἐν αὐτῇ τῆς φλογὸς 598 τῇ ἀκμῇ τοῦ πυρετοῦ κείμενος, ἀλύων, τὰ ἔσχατα A πάσχων, ἐπέτυχον καταγωγίου πρὸς αὐτῇ τῆς πόλεως τῇ ἐσχατιᾷ κειμένου, καὶ σπουδὴν ἐποιούμην ὥστε καὶ ἰατροῖς συντυχεῖν, καὶ τὴν κάμινον ἐκείνην σβέσαι· ἦν γὰρ αὐτὴ ἡ ἀκμὴ τοῦ τριταίου. Καὶ προσῆν καὶ ἡ τῆς ὁδοῦ ταλαιπωρία, ὁ κάματος, ἡ συντριβὴ, ἡ τῶν θεραπευσόντων ἐρημία, ἡ τῶν ἐπιτηδείων ἀπορία, τὸ μηδένα παρεῖναι ἡμῖν ἰατρὸν, τὸ καμάτῳ καὶ θάλπει καὶ ἀγρυπνίαις καταταθῆναι, καὶ σχεδὸν [a] αὐτὸς νεκρὸς ὢν, εἰσῆλθον εἰς τὴν πόλιν. Τότε δὴ παρεγένοντο ὁ κλῆρος ἅπας, [b] ὁ δῆμος, μονάζοντες, μονάστριαι, ἰατροὶ, πολλῆς ἀπήλαυον θεραπείας, πάντων πάντα ἡμῖν διακονουμένων, ὑπηρετουμένων. B Ἀλλὰ καὶ οὕτως πολλῷ τῷ καύσῳ τῆς φλογὸς κατεχόμενος, ἐν ἐσχάτοις [c] ἤμην δεινοῖς. Τέλος κατὰ μικρὸν ἔληγε καὶ ἐλώφα τὸ νόσημα. Ὁ δὲ Φαρέτριος οὐδαμοῦ· ἀλλ' ἀνέμενεν ἡμῶν τὴν ἔξοδον, οὐκ οἶδα τί δόξαν αὐτῷ. Ἐπειδὴ τοίνυν εἶδον ἠρέμα λωφῆσαν τὸ κακὸν, ἐβουλευόμην λοιπὸν περὶ ἀποδημίας, ὥστε ἐπιλαβέσθαι τῆς Κουκουσοῦ, καὶ μικρὸν ἀναπαύσασθαι τῶν τῆς ὁδοῦ συμφορῶν. Καὶ ἐν τούτοις ἡμῶν ὄντων, ἀπαγγέλλονται ἀθρόον Ἴσαυροι πλῆθος ἄπειρον κατατρέχοντες τὴν Καισαρέων χώραν, καί τινα κώ-

* Hunc Galatam putamus fuisse Leontium Archiepiscopum Ancyræ in Galatia, qui inter primipilares inimicorum Chrysostomi numerabatur.

a Tres Mss. αὐτόνεκρος.

b ὁ δῆμος deest in duobus Mss., nec legit Interpres.

c Duo Mss. ἤμην κινδύνοις.

μην μεγάλην ἐμπρήσαντες, καὶ τὰ ἔσχατα διαθέντες.
Τοῦτο ἀκούσας ὁ τριβοῦνος, λαβὼν τοὺς στρατιώτας C
οὓς εἶχεν, ἐξῆλθεν. Ἐδεδοίκεισαν γὰρ μὴ καὶ τῇ
πόλει προσβάλωσι, καὶ πάντες ἦσαν ἐν φόβῳ, πάντες
ἐν ἀγωνίᾳ, περὶ αὐτοῦ τοῦ ἐδάφους τῆς πατρίδος
κινδυνεύοντες, ὡς καὶ αὐτοὺς τοὺς πρεσβύτας τὴν
φυλακὴν τῶν τειχῶν μεταχειρίζεσθαι. Ἐν τούτοις τῶν
πραγμάτων ὄντων, ἀθρόον ὑπὸ τὴν ἕω [d] δροῦγγος
μοναζόντων (οὕτω γὰρ δεῖ εἰπεῖν, καὶ τῇ λέξει τὴν
μανίαν αὐτῶν ἐνδείξασθαι) ἐπέστησαν τῇ οἰκίᾳ ἔνθα
ἦμεν, ἀπειλοῦντες αὐτὴν καίειν, ἐμπιμπρᾷν, τὰ
ἔσχατα ἡμᾶς διατιθέναι, εἰ μὴ ἐξέλθοιμεν. Καὶ οὔτε D
ὁ τῶν Ἰσαύρων αὐτοὺς φόβος, οὔτε ἡ ἀῤῥωστία οὕτω
σφοδρῶς ἐπικειμένη, οὔτε ἄλλο οὐδὲν ἐποίησεν ἐπιεικεστέρους αὐτοὺς, ἀλλ' ἐπέκειντο τοσούτου θυμοῦ
πνέοντες, ὡς καὶ αὐτοὺς φοβηθῆναι τοὺς ἐπαρχικούς.
Καὶ γὰρ καὶ αὐτοῖς ἠπείλουν πληγὰς, καὶ ἐκαλλωπί-
ζοντο ὡς καὶ ἤδη πολλοὺς αἰσχρῶς τυπτήσαντες
ἐπαρχικούς. Ταῦτα οἱ ἐπαρχικοὶ ἀκούσαντες, κατέφυγον εἰς ἡμᾶς, παρεκάλουν τε καὶ ἐδέοντο, ὅτι κἂν
εἰς Ἰσαύρους μέλλωμεν ἐμπίπτειν, ἀπάλλαξον ἡμᾶς
τῶν θηρίων τούτων. Ἀκούσας ὁ ἡγεμὼν κατέδραμεν E
ἐπὶ τὴν οἰκίαν, βουλόμενος ἡμῖν βοηθῆσαι. Οὐδὲ ἐκείνου παρακαλοῦντος ἠνέσχοντο οἱ μονάζοντες, ἀλλὰ
καὶ αὐτὸς ἠσθένησεν. Ὁρῶν τοίνυν τὰ πράγματα ἐν
ἀπορίᾳ πολλῇ, καὶ οὔτε τολμῶν ἡμῖν συμβουλεῦσαι
εἰς φόνον φανερὸν ἐξελθεῖν, οὔτε πάλιν ἔνδον μένειν, 397
διὰ τὴν τοσαύτην ἐκείνων μανίαν, ἔπεμψε πρὸς τὸν A
Φαρέτριον, παρακαλῶν ὀλίγων ἐνδοῦναι ἡμερῶν, διά
τε τὴν ἀῤῥωστίαν, διά τε τὸν ἐπικείμενον κίνδυνον.
Καὶ οὐδὲ οὕτως ἐγένετό τι πλέον, ἀλλὰ καὶ τῇ ἑξῆς
σφοδρότεροι παρεγένοντο, καὶ τῶν πρεσβυτέρων οὐδεὶς ἐτόλμα παραστῆναι καὶ βοηθῆσαι, ἀλλ' αἰσχυ-
νόμενοι καὶ ἐρυθριῶντες (κατὰ γὰρ γνώμην Φαρετρίου ἔλεγον ταῦτα γίνεσθαι) ἐκρύπτοντο, ἐλάνθανον,
καλούμενοι παρ' ἡμῶν οὐχ ὑπήκουον. Τί δεῖ πολλὰ
λέγειν; Καὶ φόβων τοσούτων ἐπικειμένων, καὶ θανάτου σχεδὸν δήλου, καὶ τοῦ πυρετοῦ με κατεργαζο-
μένου ([a] οὐδὲ γὰρ ἡμῖν ἀπαλλαγὴ οὐδέπω τῶν κακῶν B
τῶν ἐντεῦθεν), μεσημβρίας μέσης ῥίψας ἑαυτὸν εἰς τὸ
λεκτίκιον, ἐξηγόμην ἐκεῖθεν, τοῦ δήμου παντὸς κω-
κύοντος, ὀλολύζοντος, ἐπαρωμένου τῷ ταῦτα πεποιη-
κότι, ὀλοφυρομένων πάντων καὶ θρηνούντων. Ἐπειδὴ
δὲ τῆς πόλεως ἐξῆλθον, καὶ τῶν κληρικῶν τινες ἐξελθόντες ἠρέμα, ἡμᾶς προέπεμψαν ὀδυρόμενοι. Καί

ipse agitabam, ut Cucusum pervenirem, atque
ab itineris calamitatibus nonnihil conquiescerem.
Cum loc statu res nostræ essent, subito ad nos
affertur, Isauros cum infinita lominum manu
Cæsariensem agrum populari, ac ingens quoddam oppidum incendisse, cum ingenti clade.
Qua re audita tribunus, acceptis lis militibus, quos habebat, ex urbe excessit. Timebat enim ne urbem quoque adorirentur, atque
omnes in metu ac trepidatione erant, de ipso
quoque patrio solo periclitantes : adeo ut senes
etiam ipsi murorum custodiam susciperent. Cum
res eo loco essent, repente sub auroram mona-
clorum cohors (liceat enim mili ad eorum furorem exprimendum loc vocabulo uti), ad lanc
domum, in qua eramus, accesserunt, eam incen-
suros, nobisque extrema quæque mala illaturos
minitantes, nisi abscederemus. Ac nec Isaurorum metus, nec morbus tam vehementer nos
premens, nec aliud quidquam humaniores eos
ac moderatiores effecit, verum instabant atque
urgebant, tantum furorem spirantes, ut etiam ipsi
prætorii milites motu afficerentur. Nam et ipsis
plagas denuntiabant, et gloriabantur, quod
multos prætorios milites fœde verberassent. His
verbis auditis, prætorii milites ad nos confugerunt, meque rogarunt atque obsecrarunt, ut
etiamsi in Isaurorum manus nobis veniendum
esset, tamen eos lis belluis liberarem. Quod
cum ad urbis præfectum allatum esset, ipse
quoque domum, ut nobis opitularetur, accurrit.
Verum ne ipsius quidem precibus monacli permoti sunt, sed ipse quoque clanguit. Cum igitur
nullum rei exitum perspiceret, nec nobis ad
perspicuam cædem exeundi auctor esset, nec rursus ob tantum illorum furorem intra urbem ut
maneremus, suadere auderet, ad Pharetrium
misit, precibus ab eo contendens, ut tum ob
morbum quo conflictabar, tum ob impendens
periculum paucos aliquot dies nobis concederet.
Nec tamen linc quidquam profectum est; imo
acriori etiam postridie impetu adfuerunt : nec
presbyterorum ullus opem nobis atque auxilium
ferre audebat : verum pudore suffusi ac rubore
affecti (nam læc de Pharetii voluntate et sen-

[d] *Δροῦγγος μοναζόντων, cohors* seu *caterva monachorum.* Vopiscus in Probo. c. 19 : *Omnium gentium drungos usque ad quinquagenos homines ante triumphum duxit.* Putat Casaubonus δροῦγγος et *drungus* esse vocem barbaram, Salmasius vero origine Græcam pugnat esse, factamque ex voce ῥύγχος, *rostrum*, significareque, *militum multitudinem cuneatim rostratimque pugnantium, fronte scilicet in angustum desinente.* Ut ut est, δροῦγγος erat certus numerus hominum, cui imperabat Drungarius : quæ vox sexcenties occurrit apud Scriptores Byzantios. Eratque magnus quispiam Drungarius et alii Dungarii minores.

[a] Mss. omnes οὐδὲ γὰρ ἡμῖν ἀπαλλαγεὶς οὐδέπω etc. Sententia eodem recidit.

tentia fieri dicebant) sese abdebant et occultabant, nec, cum a nobis accerserentur, obtemperabant. Quid longa oratione opus est? Quamvis tot terrores imminerent, morsque pene certa et ante oculos posita esset, febrisque me conficeret (necdum enim hic malis liberatus eram), hora ipsa meridiana in lecticam me conjiciens, illinc excessi, universa plebe lamentante, ejulante, harum rerum auctorem exsecrante ac diris devovente, omnibusque plorantibus ac lugentibus. Posteaquam autem ex urbe excessi, quidam etiam clerici venientes, lento gressu, lugentes nos prosequebantur. Cumque nonnulli dicerent, Quonam eum ad perspicuam mortem abducitis? alter ex iis qui nos plurimum amabant, ad me dicebat: Abi, obsecro: in Isauros etiam incide, modo e nobis elabaris. Nam quocumque incideris, tuto incides, dummodo manus nostras effugias. Hæc audiens ac perspiciens egregia matrona Seleucia, domini mei Rufini uxor (nam ea perquam officiose nos coluit), precibus mecum egit, ut in ipsius suburbanam villam, quæ quinque passuum millibus ab urbe distabat, hospitii causa me conferrem, certosque homines nobiscum misit, quibuscum illuc profecti sumus.

3. At ne illic quidem hæ adversum nos comparatæ insidiæ finem habituræ erant. Ut enim Pharetrius hoc rescivit, multas ipsi, ut dicebat, minas intentavit. Cum autem me in villam suam excepisset, nihil quidem ipse harum rerum sciebam: nam ipsa ad nos egressa, hæc nos celavit, procuratori autem suo, qui illic erat, ea exposuit, ipsique mandavit, ut nobis omne officii genus impertiret, ac si qui monachi venirent, ut nos contumeliis incesserent, aut male afficerent, ex aliis villis suis agricolas cogeret, atque ita cum monachis manum consereret. Quin me quoque rogabat, ut in domum suam quæ arcem habebat, nec ullis viribus expugnari poterat, confugerem, ut ex episcopi ac monachorum manibus elaberer. At ut id facerem, adduci non potui: verum in villa eram, horum omnium ignarus quæ postea in me comparabantur. Ne hoc quidem ipsis ad comprimendum suum adversum nos furorem satis fuit. Postea enim media nocte, me nihil horum sciente (acriter enim instabat Pharetrius, graves in eam, ut ait, minas jactans, eamque cogens atque impellens, ut me etiam e suburbio ejiceret), hominis importunitatem non ferens mulier, insciente me, barbaros adesse significavit, quod scilicet vim eam, quam patiretur, dicere præ pudore minime

τινων λεγόντων ἀκούσαντες, ποῦ αὐτὸν ἀπάγετε εἰς
φανερὸν θάνατον; ἕτερος ἔλεγε πρὸς ἡμᾶς τῶν σφόδρα
ἡμᾶς φιλούντων· ἄπελθε, δέομαί σου· εἰς Ἰσαύρους
C ἔμπεσον, μόνον ἡμῶν ἀπαλλάγηθι. Ὅπου γὰρ ἂν
ἐμπέσῃς, εἰς ἀσφάλειαν ἐμπίπτεις, ἂν ἡμετέρας δια-
φύγοις χεῖρας. Ταῦτα ἀκούσασα καὶ ὁρῶσα ἡ καλὴ
Σελευκία, ἡ τοῦ κυρίου μου Ῥουφίνου ἐλευθέρα (καὶ
γὰρ σφόδρα ἡμᾶς ἐθεράπευσε), παρεκάλεσε καὶ ἐδεήθη,
ὥστε εἰς τὸ προάστειον αὐτῆς καταλῦσαι, πρὸ πέντε
μιλίων τῆς πόλεως ὄν, καὶ συνέπεμψεν ἡμῖν ἀνθρώπους, καὶ ἀπήλθομεν ἐκεῖσε.

Ἀλλ' οὐδὲ ἐκεῖ ἔμελλεν ἡμῶν ἀποστήσεσθαι ἡ ἐπιβουλὴ αὕτη. Ὡς γὰρ ἔγνω ὁ Φαρέτριος, ἐδήλωσεν
D αὐτῇ, καθὼς ἔλεγε, πολλὰς ἀπειλάς. Ἐπεὶ δέ με εἰς
τὸ προάστειον αὐτῆς ὑπεδέξατο, κἀγὼ τούτων οὐκ
ᾔδειν οὐδέν· ἀλλ' ἐξελθοῦσα πρὸς ἡμᾶς, ταῦτα μὲν
ἡμᾶς ἀπέκρυβεν, ἐδήλου δὲ τῷ ἐπιτρόπῳ ἐκεῖσε ὄντι,
πᾶσάν τε ἡμῖν ἀνάπαυσιν παρασχεῖν, καὶ εἴ τινες εἰς
ἡμᾶς ἐπέλθοιεν μονάζοντες, βουλόμενοι ἡμᾶς ἐνυβρίσαι ἢ συντρίψαι, συναγαγεῖν γεωργοὺς ἀπὸ τῶν ἄλλων
αὐτῆς χωρίων, καὶ οὕτω παρατάξασθαι πρὸς αὐτούς.
Παρεκάλει δὲ καὶ εἰς τὴν οἰκίαν αὐτῆς κάστελλον
ἔχουσαν, καὶ ἀχείρωτον οὖσαν καταφυγεῖν, ὥστε τοῦ
E ἐπισκόπου καὶ μοναζόντων ἐκφυγεῖν τὰς χεῖρας. Ἀλλὰ
τοῦτο μὲν οὐκ ἠνεσχόμην, ἀλλ' ἤμην ἐν τῷ προα-
στείῳ, οὐδὲν εἰδὼς τῶν μετὰ ταῦτα κατασκευαζομένων. Οὐδὲ τοῦτο αὐτοῖς ἤρκεσεν εἰς τὸ ἀποστῆναι τῆς
καθ' ἡμῶν μανίας. Εἶτα νυκτῶν μέσων, οὐδὲν τούτων
εἰδὼς (πολὺς γὰρ ἐπέκειτο ὁ Φαρέτριος ἀπειλῇ ἀπειλῶν ἐκείνῃ, καθώς φησι, καταναγκάζων, ὠθῶν, ὥστε
ἡμᾶς ἐκβαλεῖν καὶ τῶν προαστείων), οὐ φέρουσα ἡ
598 γυνὴ τὴν ἐπάχθειαν αὐτοῦ, οὐκ εἰδότος ἐμοῦ, ἐδή-
A λωσεν αὐτόθι, ὅτι οἱ βάρβαροι ἐπέστησαν, αἰσχυνομένη τὴν ἀνάγκην εἰπεῖν, ἣν ὑπέμεινεν. Καὶ μέσων
νυκτῶν εἰσελθὼν πρός με Εὐήθιος ὁ πρεσβύτερος,
καθεύδοντά με διεγείρας, μετὰ πολλῆς τῆς βοῆς
ταῦτα ἔλεγεν· ἀνάστηθι, παρακαλῶ, βάρβαροι ἐπέστησαν, ἐνταῦθα πλησίον εἰσίν. Ἐννόησον τίς ἤμην

ταῦτα ἀκούων. Εἶτα ὡς πρὸς αὐτὸν εἶπον, καὶ τί
δέοι πρᾶξαι; εἰς τὴν πόλιν οὐ δυνάμεθα καταφυγεῖν,
μὴ χαλεπώτερα πάθωμεν ὧν οἱ Ἴσαυροι μέλλουσιν
ἡμῖν ποιεῖν, ἠνάγκαζεν ἐξιέναι. Νὺξ ἦν ἀσέληνος, ἡ
νὺξ μέση, ζοφώδης, σκοτεινή· καὶ τοῦτο αὐτὸ πάλιν
ἀπορίας ἀνάμεστον ἦν ἡμῖν· καὶ οὐδεὶς ὁ παρὼν, B
οὐδεὶς ὁ βοηθῶν, πάντες γὰρ ἡμᾶς ἐγκατέλιπον. Ὅμως
ὑπὸ τοῦ φόβου συνωθισθεὶς, καὶ προσδοκῶν εὐθέως
ἀποθανεῖσθαι, διανέστην τεταλαιπωρημένος, κελεύσας
λαμπάδας ἀναφθῆναι. Ἀλλὰ καὶ ταύτας ὁ πρεσβύτερος ἐκέλευσε σβέννυσθαι, μήποτε, φησὶν, οἱ βάρβαροι τῷ φωτὶ καλούμενοι πρὸς ἡμᾶς, ἐπιτεθῶσιν
ἡμῖν· ἐσβέσθησαν καὶ αἱ λαμπάδες. Εἶτα [a] ὁ βόρδων
ὁ φέρων ἡμῶν τὸ λεκτίκιον (τραχεῖα γὰρ ἦν σφόδρα
ἡ ὁδὸς, καὶ ἀνάντης καὶ λιθώδης), κατενεχθεὶς ἐπὶ
γόνυ, κατήνεγκέ με ἔνδον ὄντα, καὶ μικροῦ δεῖν,
ἔμελλον ἀπόλλυσθαι, εἶτα ἐκπηδήσας, συρόμενος περι- C
επάτουν, ὑπὸ Εὐηθίου τοῦ πρεσβυτέρου κατεχόμενος
(κατεπήδησε γὰρ καὶ αὐτὸς τοῦ ὑποζυγίου), καὶ οὕτως χειραγωγούμενος ἐβάδιζον, μᾶλλον δὲ ἑλκόμενος·
οὔτε γὰρ βαδίζειν ἦν εἰς τοσαύτην δυσχωρίαν, καὶ
ὄρη χαλεπὰ, ἐν νυκτὶ μέσῃ. Ἐννόησον τί με πάσχειν εἰκὸς ἦν τοσούτοις συνεχόμενον κακοῖς, καὶ τοῦ
πυρετοῦ ἐπικειμένου, μηδὲν εἰδότα τῶν κατεσκευα-
σμένων, ἀλλὰ δεδοικότα τοὺς βαρβάρους, καὶ τρέμοντα, καὶ προσδοκῶντα εἰς τὰς χεῖρας αὐτῶν ἐμ-
πεσεῖσθαι. Οὐ δοκεῖ σοι μόνα ταῦτα τὰ παθήματα, D
εἰ καὶ μηδὲν ἄλλο μοι ἕτερον συμβεβήκοι, πολλὰ
ἡμῶν δύνασθαι διαλύειν τῶν ἁμαρτημάτων, καὶ πολλήν μοι παρέχειν εὐδοκιμήσεως ἀφορμήν; Τὸ δὲ αἴτιον, ὡς ἔγωγε οἶμαι, πάντες εὐθέως εἰσελθόντα με
ἐν Καισαρείᾳ, οἱ ἐν ἀξιώμασιν, [b] οἱ ἀπὸ βικαρίων,
οἱ ἀπὸ ἡγεμόνων σοφισταὶ, οἱ ἀπὸ τριβούνων, ὁ δῆμος ἅπας καθ' ἑκάστην ἑώρων τὴν ἡμέραν, ἐθεράπευον, ἐπὶ τῆς κόρης τῶν ὀφθαλμῶν ἐβάσταζον·
ταῦτα οἶμαι ὑποκνίσαι τὸν Φαρέτριον, καὶ τὸν φθόνον
τὸν ἐλάσαντα ἡμᾶς ἀπὸ Κωνσταντινουπόλεως, οὐδὲ
ἐνταῦθα ἡμῶν ἀποστῆναι, ὡς ἔγωγε οἶμαι· οὐδὲ γὰρ E
ἀποφαίνομαι, ἀλλ' ὑποπτεύω. Τί ἄν τις εἴποι τὰ
ἄλλα τὰ κατὰ τὴν ὁδὸν, τοὺς φόβους, τοὺς κινδύνους;
ἅπερ καθ' ἑκάστην ἡμέραν ἀναμιμνησκόμενος αὐτὸς,
καὶ ἀεὶ ἐν διανοίᾳ περιφέρων, πέτομαι ὑπὸ τῆς ἡδονῆς, σκιρτῶ ὡς θησαυρὸν μέγαν ἔχων ἀποκείμενον· 599
[c] καὶ γὰρ οὕτως ἔχω καὶ διάκειμαι. Διὸ καὶ τὴν σὴν A
παρακαλῶ τιμιότητα χαίρειν ἐπὶ τούτοις, εὐφραίνε-

sustineret. Atque media nocte ingressus Evethius presbyter, meque e somno excitans, magno cum clamore hæc dicebat : Surge, obsecro, adventant barbari, nec longe absunt. Hic tecum reputes velim, quonam animo eram cum hæc audirem. Cum autem ex ipso quid facto opus esset, quæsivissem, neque enim nos in urbem confugere posse, ne graviora illic perpeteremur, quam quæ nobis Isauri illaturi essent, exire nos coegit. Nox illunis erat, nox media, caliginosa, tetra; id quod etiam nos in summam consilii inopiam conjiciebat : nec quisquam nobis præsto erat, qui opem ferret : omnes enim nos reliquerant. Metu tamen compulsus, ac jamjam mortem exspectans, ærumnis confectus surrexi, ac faces accendi jussi. Verum has quoque presbyter exstingui jussit, ne barbari, aiebat, lucis splendore exciti, in nos impetum facerent. Exstinctis itaque facibus, mulus, qui lecticam nostram gestabat (aspera enim admodum et ardua ac petrosa via erat), in genu lapsus, me qui lectica inclusus eram, humi prostravit, parumque abfuit quin interirem. Deinde exsurgens tractim ambulabam, Evethio presbytero, qui etiam ipse ex equo desilierat, manibus me tenente; atque ita manuductus, vel, ut rectius loquar, pertractus, reptabam : neque enim in tanta loci difficultate, periculosisque montibus, media nocte incedere poteram. Cogita, quæso, quid hic mihi animi esset, cum tantis malis constrictus tenerer, ac febris urgeret, nec eorum quæ in me structa fuerant, quidquam nossem, verum barbaros timerem ac perhorrescerem, nihilque aliud exspectarem, quam ut in eorum manus inciderem. Annon existimas vel has solas calamitates, etiamsi nihil aliud accidisset, multa nobis peccata obliterare, atque ingentem mihi gloriæ materiam suppeditare posse? Harum autem calamitatum, ut existimo, hæc causa fuit. Cum primum Cæsaream ingressus sum, omnes qui magistratu fungebantur, ex vicariis, ex præsidibus sophistæ, extribuni, plebei omnes, singulis diebus me visebant, colebant, in oculis ferebant; hæc, credo, Pharetrium pupugerunt : nec invidia ea quæ nos Constantinopoli pepulit,

[a] Ὁ βόρδων, *burdo*, seu *mulus*, quæ voces apud scriptores medii ævi frequenter occurrunt. Ex verbis porro Chrysostomi arguitur lecticam, in qua ipse æger decubuisse videtur, unius muli dorso fuisse gestatam.

[b] Omnes Mss. nostri *οἱ ἀπὸ βικαρίας*. Vicarii olim præfectorum erant, de quibus Cangius in Glossario Græco in voce *Βικάριος*, quæ etiam nonnunquam *Οὐικάριος* scribitur. Ex-Vicariis vel Ex-Vicarius is erat, qui Vicarius fuerat, ut Ex-præfectus, qui præfectus, et alii id genus multi.

[c] Duo Mss. *καὶ γὰρ ἔχων οὕτω διάκειμαι*. Alius *καὶ γὰρ ὡς ἔχων οὕτω διάκειμαι*.

hic quoque a nobis abscessit, ut quidem opinor: neque enim affirmo et assevero, sed conjicio. Et quis tandem alia, quæ nobis in via perferenda fuerunt, oratione complecti queat? timores, pericola? Quæ quidem ipse quotidie recordans, animoque circumferens, præ lætitia volito et exsulto, velut ingentem thesaurum reconditum habens: nam hoc animo atque hoc affectu præditus sum. Ob idque te obsecro, ut hoc nomine læteris, gaudeas, exsultes, Deumque, cujus beneficio hoc consequuti sumus, ut tanta perpeteremur, laudes ac celebres. Atque apud te velim hæc contineas, nec cuiquam enunties: etiamsi alioqui prætorii potissimum harum rerum fama universam urbem implere possunt, ut qui etiam ipsi in summum vitæ periculum venerint.

De calamitatibus gaudet Chrysostomus.

σθαι, σκιρτᾷν, τὸν Θεὸν δοξάζειν, τὸν καταξιώσαντα ἡμᾶς τοιαῦτα παθεῖν. Καὶ παρὰ σαυτῇ παρακαλῶ ταῦτα ἔχειν, καὶ πρὸς μηδένα ἐξειπεῖν, εἰ καὶ τὰ μάλιστα οἱ ἐπαρχικοὶ πᾶσαν ἐμπλῆσαι τὴν πόλιν ἔχουσι, καὶ αὐτοὶ περὶ τῶν ἐσχάτων κινδυνεύσαντες.

4. Cæterum ex te nemo id resciscat: imo etiam eos, qui narrabunt, comprime. Quod si ob calamitatis reliquias doles, id pro certo habe, me omnibus afflictionibus plane liberatum esse, firmioreque valetudine esse, quam cum istic degerem. Frigus autem quid extimescis, cum et commoda nobis domicilia constructa sint, et dominus meus Dioscorus omnem operam navet, quo nos ne exiguam quidem frigoris partem sentiamus? Quod si ex initiis conjectura duci potest, mihi hoc cælum orientale esse videtur, neque minus quam Antiochenum. Is est tepor, ea cæli temperies. Illud autem mihi permolestum fuit, quod dixisti, Fortasse etiam nobis succenses, ut qui per incuriam officio nostro defuerimus. Atqui pridem ad te literas dedimus, quibus tecum agebamus, ne nos hinc emoveres. Ego vero illud mecum cogitare poteram, longa tibi oratione multisque laboribus ac sudoribus opus fore, ut mihi de hoc verbo satisfaceres. Quamquam fortasse aliqua ex parte satisfecisti, cum his verbis usa es, Istud duntaxat cogito, ut calamitatem meam augeam. At hoc quoque rursum in summo crimine pono, quod ais te libenter de industria dolores tibi per cogitationes accersere: nam cum te nihil non agere ac moliri oporteat, quo animi mœrorem exstinguas, ipsa tamen, quod diabolo gratum est, facis, mœrorem videlicet animique molestiam augens. An te fugit, quam grave malum sit mœstitia? De Isauris autem nihil est quod posthac metuas: etenim in regionem suam sese recepe-

Grave malum mœstitia.

Πλὴν παρὰ τῆς σῆς εὐλαβείας μηδεὶς εἰδέτω τοῦτο, ἀλλὰ καὶ κατάστελλε τοὺς λέγοντας. Εἰ δὲ διὰ τὰ
B λείψανα τῆς κακώσεως ἀλγεῖς, μάθε σαφῶς, ὅτι καθαρῶς ἁπάντων ἀπηλλάγην, καὶ ἐῤῥωμενέστερον ἔχω τὸ σῶμα, ἢ αὐτόθι διατρίβων. Τὸν δὲ κρυμὸν τί δέδοικας; καὶ γὰρ καὶ οἰκήματα ἐπιτήδεια ἡμῖν κατεσκεύασται· καὶ πάντα ὁ κύριός μου Διόσκορος ποιεῖ καὶ πραγματεύεται, ὥστε μηδὲ μικρὰν αἴσθησιν ἡμᾶς λαβεῖν ἀπὸ τοῦ κρυμοῦ; [a] Εἰ δέ ἐστιν ἀπὸ τῶν προοιμίων στοχάσασθαι, ἐμοὶ ὁ νῦν ἀὴρ ἀνατολικὸς εἶναι δοκεῖ, καὶ οὐδὲν ἔλαττον Ἀντιοχείας. Τοσοῦτον τὸ θάλπος, τοσαύτη ἡ εὐκρασία τοῦ ἀέρος. Σφόδρα δέ με ἐλύπησας εἰποῦσα, ὅτι ἴσως καὶ πρὸς ἡμᾶς
C λυπῇ ὡς ἀμελήσαντας. Καίτοι γε πρὸ πολλῶν ἡμερῶν ἐπέστειλα πρὸς τὴν σὴν τιμιότητα, παρακαλῶν μὴ κινεῖν με ἐντεῦθεν. Ἐγὼ δὲ τοῦτο ἐννοῆσαι εἶχον, πολλῆς σοι ἀπολογίας δεῖν, καὶ πολλῶν ἱδρώτων καὶ καμάτου, ἵνα δυνηθῇς πρὸς τοῦτο ἀπολογήσασθαι τὸ ῥῆμα. Τάχα δὲ ἐκ μέρους καὶ ἀπολελόγησαι, εἰποῦσα ὅτι ἁπλῶς λογίζομαι τοῦτο ὑπὲρ τοῦ αὔξειν τὴν θλίψιν. Ἀλλὰ καὶ τοῦτο πάλιν λογίζομαι ἔγκλημα μέγιστον, τὸ λέγειν ὅτι καὶ προσφιλοτιμοῦμαι τοῖς λογισμοῖς τὰς ὀδύνας· δέον γὰρ πάντα σε ποιεῖν καὶ πραγματεύεσθαι ὑπὲρ τοῦ καταλύειν τὴν θλίψιν, τὸ θέλημα τοῦ διαβόλου ποιεῖς, αὔξουσα τὴν ἀθυμίαν,
D καὶ τὴν λύπην. Ἢ οὐκ οἶσθα πόσον κακὸν ἡ ἀθυμία; Τῶν δὲ Ἰσαύρων ἕνεκεν μηδὲν δέδιθι λοιπόν· καὶ γὰρ ὑπέστρεψαν εἰς τὴν χώραν αὐτῶν· καὶ ὁ ἡγεμὼν πάντα ἐποίησεν ὑπὲρ τούτου· καὶ ἐν ἀσφαλείᾳ ἐσμὲν πολλῷ μᾶλλον ἐνταῦθα ὄντες, ἢ ὅτε ἐν Καισαρείᾳ ἦμεν. Οὐδένα γὰρ λοιπὸν δέδοικα ὡς τοὺς

[a] Εἰ δὲ ἔστιν ἀπὸ τῶν. Cum ait Chrysostomus ex initiis sibi videri istum aerem non minus orientalem esse quam Antiochenum, non de positione Cucusi, qualis in tabulis geographicis repræsentatur, agit; neque enim ignorare poterat Cucusum multis gradibus ad septentrionem magis accedere, quam Antiochiam; sed loquitur, ut liquet, de loci temperie, qualis ex situ petebatur.

ἐπισκόπους, πλὴν ὀλίγων. Ὅλως τοίνυν τῶν Ἰσαύρων ἕνεκεν, μηδὲν δέδιθι· καὶ γὰρ ἀνεχώρησαν, καὶ τοῦ χειμῶνος καταλαβόντος οἴκοι εἰσὶ συγκεκλεισμένοι, ἂν ἄρα λοιπὸν μετὰ τὴν πεντηκοστὴν ἐξέλθοιεν. Πῶς δὲ λέγεις γραμμάτων οὐκ ἀπολαύειν; Ἤδη σοι τρεῖς ἔπεμψα ἐπιστολάς, τὴν μὲν διὰ τῶν ἐπαρχικῶν, τὴν δὲ δι' Ἀντωνίου, τὴν δὲ δι' Ἀνατολίου τοῦ οἰκέτου σου, πολυστίχους· τὰς δὲ δύο μάλιστα φάρμακον σωτήριον, πάντα ἀθυμοῦντα, πάντα σκανδαλιζόμενον ἱκανὰς ἀνακτήσασθαι, καὶ πρὸς καθαρὰν εὐθυμίαν ἀγαγεῖν. Λαβοῦσα τοίνυν ταύτας, ἐπέρχου συνεχῶς καὶ διὰ παντὸς, καὶ ὄψει αὐτῶν τὴν ἰσχὺν, καὶ τῆς ἰατρείας πεῖραν λήψῃ πολλὴν, καὶ ὠφέλειαν, καὶ ἡμῖν δηλώσεις, ὅτι γέγονέ σοί τι πλέον ἐκεῖθεν. Ἔχω καὶ τρίτην ἑτοίμην ἐοικυῖαν αὐταῖς, ἣν οὐκ ἠβουλήθην πέμψαι νῦν, σφόδρα [a] ἀλγήσας ἐφ' οἷς λέγεις, ὅτι καὶ συνάγω μοι λογισμοὺς ὀδυνηροὺς, καὶ τὰ οὐκ ὄντα ἀναπλάττουσα, ἀνάξιον σεαυτῆς φθεγξαμένη ῥῆμα, ἐφ' ᾧ καὶ αὐτὸς αἰσχύνομαι καὶ ἐγκαλύπτομαι. Πλὴν ἀνάγνωθι ἐκείνας, καὶ οὐκ ἔτι ταῦτα ἐρεῖς, κἂν μυριάκις φιλονεικῇς ἀθυμεῖν. Ἐπειδὴ καὶ περὶ Ἡρακλείδου τοῦ ἐπισκόπου ἡμῖν ἐδήλωσας, ἔξεστιν αὐτῷ, εἰ βουληθείη, δοῦναι [b] ἔνστασιν, καὶ πάντων ἀπαλλαγῆναι· οὐδὲν γὰρ ἄλλο λείπεται. Ἐγὼ δὲ εἰ καὶ μηδὲν μέγα ἤνυον, ἀλλ' ὅμως ἐδήλωσα τῇ κυρίᾳ μου Πενταδίᾳ, ὥστε πᾶσαν σπουδὴν ἐπιδείξασθαι, εἴ τινα ἐπινοήσειε τῷ κακῷ παραμυθίαν. Ἔφης δὲ τετολμηκέναι δηλῶσαί μοι τὰ λυπηρὰ, διὰ τὸ παρ' ἐκείνου κελευσθῆναι. Ποία τόλμα τοῦτο; Οὔτε γοῦν ἐπαυσάμην λέγων, οὔτε παύσομαι, ὅτι ἓν λυπηρὸν ἁμαρτία μόνον· τὰ δὲ ἄλλα πάντα κόνις καὶ καπνός. Τί γὰρ βαρὺ δεσμωτήριον οἰκῆσαι, καὶ ἅλυσιν περικεῖσθαι; τί δὲ βαρὺ πάσχειν κακῶς, ὅταν τοσαύτης ἐμπορίας τὸ πάσχειν κακῶς ὑπόθεσις γένηται; τί δὲ ἐξορία βαρύ; τί δὲ δήμευσις; Ῥήματα ταῦτά ἐστι δεινῶν πραγμάτων ἔρημα, ῥήματα λύπης ψιλά. Ἄν τε γὰρ θάνατον εἴπῃς, τὸ τῆς φύσεως ὄφλημα λέγεις· ὃ [c] πάντως ὑπομεῖναι δεῖ καὶ μηδενὸς ἐπάγοντος· ἄν τε ἐξορίαν εἴπῃς, οὐδὲν ἕτερον λέγεις

runt : idque ut facerent, a præfecto nihil est prætermissum : multoque tutior hic sum, quam cum Cæsareæ essemus. Neminem enim tam metuo, quam episcopos, paucis exceptis. Itaque de Isauris nihil metuas : etenim recesserunt, ortaque hieme domi se incluserunt, nescio an post
E Pentecosten egressuri. Quomodo nullas te literas recipere ais? Tres jam ad te epistolas misi, unam per prætorios milites, alteram per Antonium, aliam per famulum tuum Anatolium, longas omnes : præsertim autem duas ejusmodi, quæ salutiferi medicamenti instar quemlibet mœrore afflictum, atque scandalum patientem recreare, atque ad integram animi tranquillitatem revocare
600 possint. Has igitur cum acceperis, subindo atque
A assidue pervolvas, atque earum vim et facultatem perspicies : ac medicamenti utilitatem abunde experieris, nobisque te fructum hinc percepisse nuntiabis. Est autem penes me tertia quoque ejusdem argumenti, quam nunc ad te mittere nolui : magno enim dolore hinc sum affectus, quod te acerbas cogitationes cumulare scribis, atque ea quæ non sunt effingere. Quod quidem verbum a te proferri minime decuit : ejusque causa ipse quoque erubesco ac pudore suffundor. Cæterum epistolas illas lege, ac jam his verbis uti desines, etiamsi alioqui sexcenties mœrere stu-
B deas. Quoniam autem de Heraclide quoque episcopo ad me scripsisti, licet ipsi, si velit, instantiam dare, atque ita molestiis omnibus defungi : nihil enim aliud superest. Ego vero etsi nihil admodum proficiebam, tamen dominam meam Pentadiam monui, ut omnem diligentiam adhiberet, quo calamitati solatium aliquod inveniret. Ais autem te, quod ita tibi ab eo imperatum esset, de his molestiis certiorem me facere ausam esse. Quæ autem hæc audacia est? Numquam igitur hoc dicere destiti, nec desistam, unam solum rem molestam esse, nempe peccatum : reli-
C qua omnia pulveris ac fumi instar esse. Quæ molestia, carcere claudi ac catenis vinciri? quæ molestia calamitatibus premi, cum calamitas tantarum opum causa sit? quæ molestia, relegatio ac bonorum proscriptio? Mera verba hæc

Nihil molestum præter peccatum.

[a] Duo Mss. ἀλγήσας διόπερ ἔφης.

[b] Δοῦναι ἔνστασιν. Ἔνστασις in Basilicis, inquit Cangius in Glossario Græco, significat hæredis institutionem : hic vero δοῦναι ἔνστασιν, quæ est juridica loquendi ratio, nullo modo potest hoc sensu accipi. Tillemontius legendum opinatur, δοῦναι ἔκστασιν, quod significaret, abdicationem dare; qui sensus hic apprime quadraret. Sed cum omnes omnino Editi atque Mss. ἔνστασιν habeant, nihil mutare ausi sumus.

[c] Tres Mss. πάντως ὑποστῆναί με δεῖ. Mox duo Mss. λέγεις ἢ τόπον ἐκ τόπου ἀμείβειν, καὶ πολλάς. De Marutha viro sancto episcopo Martyropoleos agetur pluribus in Vita Chrysostomi.

sunt, rerum acerbitate vacua: verba ex mœrore profecta. Nam sive mortem dixeris, naturæ debitum dicis, quod quidem omnino subeundum est, etiamsi a nemine inferatur: sive exsilium dixeris, nihil aliud dicis, quam regionis ac multarum civitatum prospectum: sive bonorum proscriptionem dixeris, libertatem dicis, ac solutum et expeditum esse.

De Marutha episcopo.

5. Marutham episcopum, quantum in te fuerit, omnibus officiis complecti ne desinas, ut eum e barathro extrahas. Nam ejus opera ob Persidis negotia magnopere egeo. Atque, si id a te fieri potest, ex eo intellige, quidnam illic ipsius studio atque opera perfectum sit: et cur istuc profectus sit, fac sciam, et num ei duas epistolas, quas ad eum misi, reddideris; si ad me scribere velit, rursum scribam; sin rescribere gravetur, saltem, quid illic profectum sit, tibi exponat, et numquid rursus eodem proficiscens præstiturus sit. Nam ego hac de causa ipsum convenire studebam. Utcumque sit, quidquid tuarum partium est, præsta, munusque tuum exple, etiamsi omnes prono capite in præceps ferantur. Merces enim tua numeris omnibus absoluta erit. Eum igitur quam maxime poteris, demereare. Hoc autem quod dicturus sum, ne prætereas, verum de eo perquam ingens studium exhibeas. Narraverunt mihi Marsi ac Gotthi monachi, apud quos Serapion episcopus perpetuo delitescebat, Moduarium diaconum venisse, illud afferentem, admirandum illum episcopum Unilam, quem non ita pridem ordinavi atque in Gotthiam misi, multis ac magnis rebus gestis, diem suum extremum clausisse: ac regis Gotthorum literas attulisse, quibus, ut ad eos episcopus mittatur, petit. Quoniam igitur ad subversionem eam, cujus minæ nobis intentantur, depellendam nullum aliud adjumentum conspicio, quam cunctationem ac dilationem (neque enim nunc ipsi in Bosphorum, aut in illas partes navigare possunt), da operam ut illos tantisper ob hiemem remoreris: hæc, quæso, ne negligenter prætereas: istud enim maximi momenti est. Duo quippe sunt, quæ si contingant, quod Deus avertat, maxime me excruciant; nempe et quod ab istis creandus ille sit, qui tot mala perpetrarunt, et a quibus creari nefas est; et quod simpliciter quispiam creetur. Nam quod non hoc studeant, ut probum virum instituant, tibi quo-

ἢ χώραν, καὶ τὰς πολλὰς πόλεις ὁρᾷν· ἄν τε χρημάτων δήμευσιν εἴπῃς, ἐλευθερίαν λέγεις, καὶ τὸ εὔλυτον εἶναι.

Μαρουθᾶν τὸν ἐπίσκοπον μὴ διαλείπῃς, τό γε εἰς
σὲ ἧκον, θεραπεύουσα, ὥστε ἀνιμήσασθαι τοῦ βαρά-
D θροι. Μάλιστα γὰρ αὐτοῦ δέομαι διὰ τὰ ἐν Περ-
σίδι. Καὶ μάθε παρ' αὐτοῦ, ἂν δυνατόν σοι γένηται,
τί τε κατώρθωται ἐκεῖσε δι' αὐτοῦ, καὶ τίνος ἕνεκεν
παραγέγονε, καὶ δήλωσον ἡμῖν, εἰ τὰς δύο ἐπιστολὰς, ἃς ἔπεμψα αὐτῷ, ἀπέδωκας· κἂν μὲν βουληθείη
ἡμῖν ἐπιστεῖλαι, πάλιν ἐπιστελοῦμεν αὐτῷ· ἂν δὲ
μὴ βουληθείη, κἂν τῇ εὐλαβείᾳ σου δηλώσῃ, εἴ τι
γέγονεν αὐτόθι πλέον, καὶ εἰ μέλλοι τι κατορθοῦν πάλιν κατιών. Ἐγὼ γὰρ διὰ τοῦτο καὶ ἐσπούδαζον
E αὐτῷ συγγενέσθαι. Πλὴν πάντα τὰ παρὰ σοῦ γενέσθω, κἂν πάντες κατακέφαλα φέρωνται, τὰ σαυτῆς
πλήρου. Ὁ γὰρ μισθός σου ἔσται ἀπηρτισμένος.
Πάνυ οὖν αὐτὸν οἰκείωσαι, καὶ ὡς ἐγχωρεῖ. Παρακαλῶ, τοῦτο ὃ μέλλω λέγειν μὴ παραδράμῃς, ἀλλὰ
πολλὴν περὶ αὐτοῦ ἐπίδειξαι σπουδήν. Ἐδήλωσάν
μοι οἱ μονάζοντες οἱ Μαρσεῖς, οἱ Γότθοι, [d] ἔνθα ἀεὶ
κέκρυπτο Σεραπίων ὁ ἐπίσκοπος, ὅτι Μοδουάριος
601 ἦλθεν ὁ διάκονος ἀπαγγέλλων, ὅτι Οὐνίλας ὁ ἐπίσκο-
A πος ὁ θαυμάσιος ἐκεῖνος, ὃν πρώην ἐχειροτόνησα καὶ
ἔπεμψα εἰς Γοτθίαν, πολλὰ καὶ μεγάλα κατορθώσας
ἐκοιμήθη· καὶ ἦλθε φέρων γράμματα τοῦ ῥηγὸς
τῶν Γότθων ἀξιοῦντα πεμφθῆναι αὐτοῖς ἐπίσκοπον.
Ἐπεὶ οὖν οὐδὲν ἄλλο ὁρῶ πρὸς τὴν ἀπειλουμένην
καταστροφὴν συντελοῦν εἰς διόρθωσιν, ἢ μέλλησιν
καὶ ἀναβολὴν (οὐδὲ γὰρ δυνατὸν αὐτοῖς πλεῦσαι εἰς
τὸν Βόσπορον νῦν, οὐδὲ εἰς τὰ μέρη ἐκεῖνα), ὑπερθέσθαι τέως αὐτοὺς διὰ τὸν χειμῶνα παρασκεύασον·
ἀλλὰ μὴ ἁπλῶς αὐτὸ παραδράμῃς· κατόρθωμα γάρ
B ἐστι μέγιστον. Δύο γάρ ἐστιν ἃ μάλιστά με λυπεῖ εἰ
γένοιτο, ὃ μὴ γένοιτο, τό τε παρὰ τούτων μέλλειν
γίνεσθαι, τῶν τοσαῦτα κακὰ ἐργασαμένων, καὶ παρ'
ὧν οὐ θέμις, τό τε ἁπλῶς τινα γενέσθαι. Ὅτι γὰρ
οὐ σπουδάζουσί τινα γενναῖον ποιῆσαι, οἶσθα καὶ αὐτή.
Εἰ δὲ τοῦτο γένοιτο, ὃ μὴ γένοιτο, τὰ ἑξῆς ἐπίστασαι. Ἵν' οὖν μηδὲν τούτων γένηται, [a] πᾶσαν σπουδὴν
ποίησαι· ἀψοφητὶ δὲ εἰ δυνατὸν ἦν καὶ λανθανόντως
τὸν Μοδουάριον πρὸς ἡμᾶς ἐκδραμεῖν, μέγιστα ἂν
C ἠνύετο. Εἰ δὲ μὴ δυνατὸν, ἐκ τῶν ἐγχωρούντων τὰ
δυνατὰ γινέσθω. Ὅπερ γὰρ ἐπὶ τῶν χρημάτων γίνε-

[d] Duo Mss. ἔνθα δὴ ἐκρύπτετο Σαραπίων.

[a] Tres Mss. σπουδὴν ἀπόδειξαι vel ἐπίδειξαι ἀψοφητί· εἰ δὲ δυνατὸν τὸν Μοδουάριον.

ται, καὶ ἐπὶ τῆς χήρας συνέβη, τοῦτο καὶ ἐπὶ τῶν πραγμάτων. Ὥσπερ γὰρ ἐκείνη δύο ὀβολοὺς καταβαλοῦσα, ἅπαντας ὑπερηκόντισε τοὺς πλείονα καταβαλόντας, τὴν οὐσίαν πᾶσαν κενώσασα· οὕτω καὶ οἱ εἰς τὰ πράγματα πάσῃ δυνάμει σπουδάζοντες, τὸ πᾶν ἐπλήρωσαν, τό γε εἰς αὐτοὺς ἧκον, κἂν μηδὲν γένηται πλέον, καὶ τὸν μισθὸν ἀπηρτισμένον ἔχουσιν. Ἱλαρίῳ τῷ ἐπισκόπῳ πολλὰς ἔχω χάριτας· ἔγραψε γάρ μοι ἀξιῶν ἐπιτραπῆναι ἀπελθεῖν εἰς τὴν αὐτοῦ, καὶ διορ- D θῶσαι τὰ αὐτόθι, καὶ πάλιν παραγενέσθαι. Ἐπεὶ οὖν πολλὰ ὠφελεῖ ἡ παρουσία αὐτοῦ (καὶ γὰρ εὐλαβής ἐστι, καὶ ἀνὴρ ἀπερίτρεπτος, καὶ ζέων), [b] παρεκάλεσα αὐτὸν ἀπελθόντα ταχέως ἐπανελθεῖν. Ποίησον τοίνυν τὴν ἐπιστολὴν ταχέως καὶ ἀσφαλῶς αὐτῷ ἀποδοθῆναι καὶ μὴ παραῤῥιφῆναι· καὶ γὰρ μετὰ πολλῆς ἐπιθυμίας καὶ σφοδρότητος ἀπήτησε τὰ παρ' ἡμῶν γράμματα, καὶ πολὺ ὠφελεῖ ἡ παρουσία αὐτοῦ. Πάνυ οὖν φρόντισον τὰς ἐπιστολάς· εἰ μὴ παρείη αὐτόθι Ἑλλάδιος ὁ πρεσβύτερος, διά τινος ἀνθρώπου συνετοῦ, ἐγκέφαλον ἔχοντος, ποίησον ἀποδοθῆναι τοῖς φίλοις. E

que perspectum est. Quod si hoc fiat, quod utinam ne fiat, quæ deinceps sequentur haud te fugit. Ac proinde, ne quid horum fiat, omni studio contende. Quod si Moduarius clam ac sine ullo strepitu ad nos excurrere posset, id operæ pretium esset. Sin autem id nequeat, fiant, ut licet, quæ fieri poterunt. Nam quod in pecuniis usu venit, atque etiam in vidua illa contigit, hoc quoque in negotiis locum habet. Ut enim illa duobus *Luc.* 21. 2.
obolis collatis omnes, qui plura contulerant, 3.
superavit, utquæ universas suas opes profudisset: sic etiam qui in negotia omni animi contentione incumbunt, quantum quidem in ipsis est, omnia confecerunt, etiamsi nihil inde utilitatis manarit, mercedemque suam numeris omnibus absolutam habent. Hilario episcopo maximas gratias ago: per literas enim a me petiit, ut sibi in urbem suam abeundi potestatem facerem, compositisque rebus se ad nos rediturum spopondit. Quoniam igitur ipsius præsentia non parum utilis est (nam vir pius est, constantique ac fervido animo), eum hortatus sum ut, cum eo profectus fuerit, statim redeat. Ac proinde da operam, ut epistola nostra et celeriter et tuto ipsi reddatur, ac non projiciatur: siquidem magna cum cupiditate ac vehementia nostras literas postulavit, ingentemque ipsius præsentia utilitatem affert. Velim igitur eas diligenter cures, ut nisi presbyter Helladius istic sit, per prudentem aliquem virum ac cerebro præditum amicis reddantur.

Πρὸς τὴν αὐτὴν ἐπιστολὴ ιε'.

Σὺ δέ μοι προσεδόκησας, τοσαύτην ἐκ νεότητός σου ἐπιδειξαμένη φιλοσοφίαν, καὶ τὸν ἀνθρώπινον καταπατήσασα τῦφον, ἀτάραχόν τινα καὶ ἀπόλεμον ζήσεσθαι βίον; Καὶ πῶς ἔνι τοῦτο; Εἰ γὰρ ἀνθρώποις ἄνθρωποι πυκτεύοντες, μυρία καὶ ἐν ἀγῶσι καὶ ἐν πολέμοις δέχονται τραύματα, ἡ πρὸς αὐτὰς ἀποδυσαμένη τὰς ἀρχὰς, καὶ τὰς ἐξουσίας, πρὸς τοὺς κοσμο- 602 A κράτορας τοῦ σκότους τοῦ αἰῶνος τούτου, πρὸς τὰ πνευματικὰ τῆς πονηρίας, καὶ ἀποδυσαμένη γενναίως οὕτως, καὶ τοσαῦτα στήσασα τρόπαια, καὶ διὰ τοσούτων λυπήσασα τὸν ἄγριον ἐκεῖνον καὶ ἀλάστορα δαίμονα, πόθεν ἤλπισας ἡσύχιόν τινα καὶ ἀπράγμονα [a] βιώσεσθαι βίον; Οὐ τοίνυν διὰ τοῦτο θορυβεῖσθαι χρὴ, ὅτι πολλοὶ πανταχόθεν οἱ πόλεμοι καὶ θόρυβοι, καὶ πολλαὶ αἱ ταραχαί· ἀλλὰ τοὐναντίον, εἰ μηδὲν

Ad eamdem epistola XV.

Tune, cum ab ineunte ætate tantum philo- *Arabisso*
sophiæ specimen dederis, humanumque fastum *anno* 406.
proculcaris, spem habebas fore, ut tranquillam ac pacatam vitam duceres? Qui vero id fieri posset? Nam cum homines cum hominibus colluctantes, innumeras tum in palæstris tum in bellis plagas accipiant: tu, quæ adversus principatus et potestates, adversus mundi rectores tenebra- *Ephes.* 6.
rum hujus sæculi, adversus spiritualia nequitiæ 12.
te accinxisti, et quidem ita strenue, totque tropæa erexisti, ac tot modis ferocem illum et pestiferum dæmonem molestia affecisti, unde tandem in eam spem veneras, fore ut tranquillam ac negotiorum molestiis vacuam vitam ageres? Quocirca non eo nomine perturbari convenit, quod

[b] Mss. omnes παρεκάλεσα: Editi παρεκάλεσαν. Veram esse Manuscriptorum lectionem patet ex serie; *epistolam*, inquit, *meam ipsi* cito *mittito, quia in ea hortatus sum eum*, ut *quamprimum redeat.*

[a] Duo Mss. ζήσεσθαι βίον.

multa undique bella, multique tumultus ac perturbationes oriantur: quin potius, si nihil horum contigisset, tum demum erat cur mirareris. Siquidem virtuti labor ac discrimen adnexum est. Idque tu prius etiam, quam nostras literas legas, perspectum habes, nec opus est ut ab aliis discas: nam nec ipsi, ut ignorantem doceamus, hæc scribimus. Scimus enim, nec exsilium, nec opum jacturam, quod plerique intolerandum ducunt, non contumeliam, non aliam ullam hujusmodi calamitatem te perturbare posse. Nam cum eorum, qui hæc pertulerunt, socii beati prædicentur, multo certe beatiores sunt qui in iis versantur. Eaque de causa Paulus utroque nomine eos qui ab Hebræorum religione ad Christianam fidem

Hebr. 10. 32. 33. se contulerant, his verbis laudat: *Rememoramini pristinos dies, in quibus illuminati magnum certamen sustinuistis passionum, in altero quidem opprobriis ac tribulationibus spectaculum facti, in altero autem socii taliter conversantium effecti.* Ob idque ne nos quidem longam epistolam condimus. Nemo enim ad eum qui victoriam adeptus est, ac luculentum tropæum statuit, accedit, ut opem ferat, sed ut laudem et prædicationem. Quoniam igitur nos quoque scimus quantam in iis quæ tibi acciderunt, philosophiam exhibueris, beatam te dicimus ac suspicimus, tum ob patientiam, tum ob præmia quæ hinc tibi in posterum reconduntur. Quia autem scio te de rerum nostrarum statu certiorem fieri cupere; siquidem diu tacui: hoc habeto, nos e gravissimo quidem morbo emersisse, cæterum morbi reliquias etiamnum circumferre. Optimos certe medicos præsto habemus: sed necessariarum rerum inopia medicinæ utilitatem labefactat. Hic enim non modo necessariorum medicamentorum penuria est, cæterarumque rerum quibus ægrum corpus relevari potest, verum etiam fames ac pestis imminent. Atque hæc mala perpetuus latronum impetus jam parturit, qui quam longissime grassantes, atque omnes undique vias intercludentes, hinc quoque non parvum iis, qui iter faciunt, periculum creant. Sane Andronicus, ut ipse ait, in eorum manus incidit, atque ab ipsis dispoliatus, ita salvus evasit. Quamobrem te rogo, ne quem posthac huc mittas. Est enim verendum, ne profectionis ad nos causa ei, qui iter hoc suscipit,

τούτων συμβεβήκει, τότε θαυμάσαι ἐχρῆν. Τῇ γὰρ ἀρετῇ συγκεκλήρωται πόνος, καὶ κίνδυνος. Καὶ ταῦτα
B οἶσθα καὶ πρὸ τῶν ἡμετέρων γραμμάτων αὐτὴ, καὶ οὐδὲν δεήσῃ παρ' ἑτέρων μανθάνειν· ἐπεὶ καὶ ἡμεῖς οὐκ ἀγνοοῦσαν διδάσκοντες, ταῦτα ἐπιστέλλομεν. Ἴσμεν γὰρ, ὅτι οὔτε τὸ πατρίδος ἐκπεσεῖν, οὔτε τὸ χρημάτων ὑπομεῖναι ζημίαν (τοῦτο δὴ τὸ πολλοῖς ἀφόρητον), οὐχ ὕβρις, οὐκ ἄλλη τις τοιαύτη θλίψις διαταράξαι σε δυνήσεται. Εἰ γὰρ οἱ κοινωνοὶ τῶν ταῦτα πασχόντων γινόμενοι ζηλωτοὶ, πολλῷ μᾶλλον οἱ ἐν αὐτοῖς ὄντες. Διὰ τοῦτο Παῦλος ἀφ' ἑκατέρων τοὺς ἐξ Ἑβραίων πιστεύσαντας ἀνακηρύττει, λέγων· Ἀναμιμνήσκεσθε τὰς πρότερον ἡμέρας, ἐν αἷς φωτισθέντες πολλὴν ἄθλησιν ὑπεμείνατε παθημάτων, τοῦτο
C μὲν ὀνειδισμοῖς καὶ θλίψεσι θεατριζόμενοι, τοῦτο δὲ κοινωνοὶ τῶν οὕτως πασχόντων γενηθέντες. Διὰ τοῦτο οὐδὲ ἡμεῖς μακρὰν ποιοῦμεν τὴν ἐπιστολήν. Οὐδεὶς γὰρ τῷ νικήσαντι, καὶ τρόπαιον στήσαντι λαμπρὸν, παραγίνεται συμμαχίαν νομίζων, ἀλλ' εὐφημίας μόνον. Ἐπεὶ οὖν καὶ ἡμεῖς ἔγνωμεν ὅσην περὶ τὰ συμβάντα τὴν φιλοσοφίαν ἐπεδείξω, μακαρίζομέν σε, θαυμάζομεν τῆς τε εἰς τὸ παρὸν ὑπομονῆς, καὶ τῶν ἀντιδόσεων τῶν ἐντεῦθέν σοι ταμιευομένων. Ἐπειδὴ δὲ καὶ τὰ ἡμέτερα εὖ οἶδ' ὅτι βούλει μανθάνειν (καὶ γὰρ μακρὰν ἐσίγησα σιγήν)· τῆς μὲν χαλεπωτάτης ἀῤῥωστίας ἀπηλλάγημεν, λείψανα δὲ ἔτι τῆς νόσου περι-
D φέρομεν. Καὶ ἰατρῶν δὲ ἀπολαύομεν ἀρίστων· ἀλλ' ὅμως καὶ οὕτω λυμαίνεται τὴν ἀπὸ τῆς θεραπείας ὠφέλειαν ἡ τῶν ἐπιτηδείων ἀπορία. Οὐ γὰρ δὴ μόνον φαρμάκων ἐνταῦθα σπάνις, καὶ τῶν ἄλλων τῶν δυναμένων διορθῶσαι σῶμα πεπονηκὸς, ἀλλ' ἤδη καὶ λιμὸς μελετᾶται, καὶ λοιμός. Καὶ ταῦτα λοιπὸν ὠδίνει τὰ κακὰ ἡ συνέχεια τῶν λῃστρικῶν ἐφόδων, αἳ μέχρι πορρωτάτω τῶν ὁδῶν ἐκχεόμεναι, καὶ τὰς ὁδοὺς ἀποτειχίζουσαι, τὰς πανταχοῦ τετμημένας, ἐντεῦθεν πολὺν καὶ ὁδοιπόροις ἐπάγουσι κίνδυνον. Ἀν-
E δρόνικος γοῦν, καθώς φησι, καὶ αὐταῖς ἐκείνων περιέπεσε ταῖς χερσὶ, [b] καὶ ἀποδυθεὶς οὕτω διεσώθη. Διὸ παρακαλῶ σου τὴν ἐμμέλειαν μηδένα λοιπὸν ἀποστέλλειν ἐνταῦθα. Δέος γὰρ μὴ τῆς πρὸς ἡμᾶς ἀποδημίας ἡ ὑπόθεσις ἀφορμὴ τῷ παραγινομένῳ σφαγῆς γένηται· [c] καὶ οἶσθα ὅσην ἡμῖν οἴσει τὴν ὀδύνην.

[b] Prius editi ἀπολυθεὶς, duo Mss. ἀποδυθεὶς, et sic etiam unus apud Ducæum, *Exutus vestibus*, et hanc non dubito veram esse lectionem. Hic quippe mos est latronum, obvios spoliate.

[c] Duo Mss. καὶ εἴσῃ Edit. καὶ οἶσθα.

Ἀλλ' εἴ τινος ἐπιλάβοιο γνησίου κατὰ χρείαν ἑτέραν 603
ἐνταῦθα ἀφικνουμένου, δι' αὐτοῦ δήλου τὰ περὶ τῆς A
ὑγιείας ἡμῖν τῆς σῆς. Ἰδικῶς μέντοι εἰς τοῦτο μηδεὶς ἐνταῦθα παραγινέσθω, μηδὲ δι' ἡμετέραν χρείαν, διὰ τὸ δέος ὃ προειρήκαμεν.

Πρὸς τὴν αὐτὴν ἐπιστολὴ ιϛ'.

Ἀμφότερα τῆς ἀφάτου τοῦ Θεοῦ φιλανθρωπίας, καὶ τὸ συγχωρεῖν τοσούτους ἐπάγεσθαί σοι πειρασμοὺς, καὶ ἐπαλλήλους οὕτως, ὥστε λαμπροτέρους σοι γίνεσθαι τοὺς στεφάνους, καὶ τὸ ταχίστην [a] αὐτῶν ποιεῖσθαι τὴν ἀπαλλαγὴν, ὥστε σε μὴ κατατείνεσθαι πάλιν τῇ παραμονῇ τῶν ἐπαγομένων κακῶν. Οὕτω B
καὶ τῶν γενναίων ἀνδρῶν ἐκείνων, τῶν ἀποστόλων λέγω καὶ τῶν προφητῶν, τὸν βίον ἐκυβέρνησεν ὁ Θεὸς, νῦν μὲν ἀφιεὶς τὰ κύματα διεγείρεσθαι, νῦν δὲ [b] ἐπιτιμῶν τῷ τῶν κακῶν πελάγει, καὶ ἀπὸ χαλεποῦ τοῦ χειμῶνος λευκὴν ἐργαζόμενος τὴν γαλήνην. Παῦσαι τοίνυν δακρύουσα, καὶ κατατεινομένη τῇ λύπῃ, μηδὲ τὰ ἐπαγόμενά σοι δεινὰ σκόπει μόνον, τὰ ἐπάλληλα καὶ συνεχῆ, ἀλλὰ καὶ τὴν ταχίστην αὐτῶν ἐλευθερίαν, καὶ τὴν ἄφατον ἐντεῦθεν τικτομένην σοι ἀμοιβὴν καὶ ἀντίδοσιν. Ὅπερ γάρ ἐστιν ἀράχνη, καὶ σκιὰ, καὶ καπνὸς, καὶ εἴ τι τούτων εὐτελέστερον, τοῦτό ἐστι τὰ C
ἐπενεχθέντα σοι πάντα δεινὰ, πρὸς τὰ μέλλοντα δίδοσθαί σοι ἐντεῦθεν βραβεῖα. Τί γάρ ἐστι πόλεως ἐκπεσεῖν, καὶ τόπους ἐκ τόπων ἀμείβειν, καὶ πάντοθεν ἐλαύνεσθαι, καὶ δημεύεσθαι, καὶ εἰς δικαστήρια περιέλκεσθαι, καὶ ὑπὸ στρατιωτῶν σπαράττεσθαι, καὶ ὑπὸ τῶν τὰ μυρία εὐεργετηθέντων τὰ ἐναντία νῦν ὑπομένειν, καὶ παρ' οἰκετῶν, καὶ παρ' ἐλευθέρων ἐπηρεάζεσθαι, ὅταν τὸ τούτων ἔπαθλον ὁ οὐρανὸς ᾖ, καὶ τὰ ἀκήρατα ἀγαθὰ ἐκεῖνα, τὰ μηδὲ λόγῳ ἑρμηνευθῆναι δυνάμενα καὶ πέρας οὐκ ἔχοντα, ἀλλ' ἀθάνατον παρέχοντα τὴν ἐξ αὐτῶν ἀπόλαυσιν; Ἀφεῖσα τοίνυν D
τὰς ἐπιβουλὰς, τὰς ἐπηρείας, τὰς τῶν χρημάτων ζημίας, τὰς μεταναστάσεις τὰς συνεχεῖς, τὴν ἐν ἀλλοτρίᾳ διαγωγὴν λογίζεσθαι, καὶ πηλοῦ παντὸς εὐτελέστερον ταῦτα καταπατοῦσα, ἐννόει τοὺς ἐκ τούτων σοι τεχθέντας ἐν τοῖς οὐρανοῖς θησαυροὺς, καὶ τὴν ἀνάλωτον πραγματείαν, καὶ τὸν ἄσυλον πλοῦτον. Ἀλλὰ τὸ σῶμά σου κακῶς ἐκ τῶν πόνων τούτων καὶ ταλαιπωριῶν διετέθη, καὶ τὰ τῆς ἀῤῥωστίας ἐπέτριψαν αἱ τῶν ἐχθρῶν ἐπιβουλαί; Πάλιν ἑτέρας μοι λέγεις ἐμπορίας ὑπόθεσιν, μεγάλης καὶ ἀφάτου. Οἶσθα E
γὰρ, οἶσθα σαφῶς ἡλίκον ἐστὶ σώματος ἀῤῥωστίαν γενναίως καὶ μετὰ εὐχαριστίας ἐνεγκεῖν. Τοῦτο, ὃ

[a] Duo Mss. αὐτῶν γίνεσθαι. Editi αὐτῶν ποιεῖσθαι.

603 necem accersat. Quod si accidat, non te fugit
A quantum dolorem id nobis allaturum sit. Verum si quem spectatæ fidei hominem nanciscaris, qui ob alia negotia huc se conferat, per eum, quo statu valetudo tua sit, fac sciam. Privatim autem ac nostræ utilitatis causa nemo huc veniat, ob eum quem diximus metum.

Ad eamdem epistola XVI.

Cucuso anno 405.

Utrumque ineffabilis Dei benignitatis argumentum est; nempe quod et tot tibi tantasque tentationes inferri permittit, quo splendidiores coronas obtineas, et quamprimum his te liberat, ne illatarum calamitatum diuturnitate rursum
B opprimaris. Ad hunc enim modum Deus fortium etiam illorum virorum, hoc est apostolorum et prophetarum, vitam gubernavit, nunc fluctus excitari sinens, nunc autem adversarum rerum mare increpans, ac sævam tempestatem in amœnam tranquillitatem convertens. Igitur flere ac teipsam mœrore conficere desine, nec duntaxat crebras eas, imo perpetuas acerbitates, quæ tibi inferuntur, ante oculos tibi propone, verum etiam celerrimam earum depulsionem, eamque quæ hinc tibi paritur omni oratione præstantiorem
C remunerationem. Nam quod araneæ tela, et umbra, et fumus est, et si quid his vilius fingi potest, hoc sunt omnes tibi inflictæ acerbitates, si cum iis præmiis conferantur quæ hinc tibi tribuenda sunt. Quid enim est civitate pelli, et ex aliis locis in alia subinde migrare, atque undique exagitari et proscribi, et ad tribunalia trahi, et a militibus raptari, et ab iis qui sexcentis beneficiis affecti fuerint, contraria nunc perpeti, atque tum a famulis tum a liberis vexari, cum horum præmium cælum sit, et purissima illa bona, quæ
D nec verbis ullis explicari queunt, nec finem habent, verum immortalem fructum atque oblectationem præbent? Quamobrem insidias, vexationes, opum jacturam, continuas locorum mutationes, atque in extera regione commorationem considerare supersede, atque hæc luto quovis vilius proculcans, eos thesauros qui hinc tibi in cælo creantur, quæstumque qui exhauriri et consumi nequit, atque opes ab omni prædonum injuria tutas et immunes animo perpende. At
E corpus tuum ob labores et ærumnas male affectum est, hostiumque insidiæ morbum adduxerunt? Nimirum ingentis alterius atque ineffabilis

Deus per læta et adversa piorum vitam gubernat.

[b] Iidem ἐπιτείνων.

quæstus materiam mihi rursus commemoras. Scis enim, scis, inquam, plane, quantæ laudis sit, corporis morbum generoso animo atque cum gratiarum actione ferre. Hoc, ut sæpe dixi, Lazaro coronam attulit : hoc in Jobi certaminibus diabolum ignominia affecit, pugilemque ob hujusmodi patientiam clariorem reddidit. Hoc magis quam paupertatis amor, opum contemtio, ac repentina illa filiorum amissio, et sexcentæ insidiæ, ipsum laude ac prædicatione extulit, atque impudens perversi illius dæmonis os perfacile obstruxit. Hæc igitur ipsa quoque perpetuo tecum reputans, gaude et oblectare, quod maximo certamine perfuncta sis, atque id quod tentationum caput est, fac placido animo feras, coque nomine benigni Dei gloriam prædices, qui cum omnia subito delere ac de medio tollere queat, ea tamen oriri sinit, ut tibi pulcher hic quæstus splendidior exsistat. Ob idque beatam te prædicare minime intermittimus. Illud autem nobis voluptati fuit, quod et litibus et negotiis, ut te dignum erat, defuncta, ejusmodi rei finem imposueris, ut nec ea ignave abjeceris, nec rursum retinueris, ac tribunalibus, iisque quæ hinc oriuntur malis teipsam transfixeris ; verum medium iter ingressa sis, eamque, quæ tibi conveniebat, libertatem perceperis, atque ingentem in omnibus rebus prudentiam præ te tuleris, edito videlicet tum patientiæ ac tolerantiæ, tum ejusmodi prudentiæ, quæ fraudibus circumscribi nequit, documento.

πολλάκις εἶπον, τὸν Λάζαρον ἐστεφάνωσε, τοῦτο ἐπὶ τῶν ἀγώνων τῶν τοῦ Ἰὼβ τὸν διάβολον κατῄσχυνε, καὶ τὸν ἀθλητὴν τῆς καρτερίας ἐκείνης λαμπρότερον ἀπέφηνε. Τοῦτο καὶ φιλοπτωχίας, καὶ τῆς τῶν χρημάτων ὑπεροψίας, καὶ τῆς ἀθρόας ἐκείνης τῶν παίδων ἀποβολῆς, καὶ τῶν μυρίων ἐπιβουλῶν μᾶλλον 604 αὐτὸν ἀνεκήρυξε, καὶ τὸ ἀναίσχυντον τοῦ πονηροῦ A δαίμονος ἐκείνου στόμα ἔφραξε μετὰ πολλῆς τῆς περιουσίας. Ταῦτ' οὖν ἀναλογιζομένη συνεχῶς καὶ αὐτὴ, χαῖρε καὶ εὐφραίνου τὸν μέγιστον ἆθλον διανύσασα, καὶ κεφάλαιον τῶν πειρασμῶν πράως φέρουσα, καὶ ὑπὲρ τούτων δοξάζουσα τὸν φιλάνθρωπον Θεὸν, τὸν δυνάμενον μὲν ἀθρόον ἀφανίσαι πάντα, ἀφιέντα δὲ γίνεσθαι, ὥστε σοι λαμπροτέραν τὴν καλὴν ταύτην γενέσθαι πραγματείαν. Διὰ τοῦτο καὶ ἡμεῖς σε μακαρίζοντες οὐ παυόμεθα. Ἥσθημεν δὲ ὅτι καὶ τῶν δικῶν ἀπαλλαγεῖσα καὶ πραγμάτων, ὡς σοι πρέπον ἦν, οὕτω τῷ πράγματι τέλος ἐπέθηκας τὸ κατὰ τὴν διάλυσιν, B οὔτε ἀνάνδρως αὐτὰ [a] προϊεμένη, οὐδ' αὖ κατασχοῦσα πάλιν, καὶ ἐμπείρασα σαυτὴν δικαστηρίοις, καὶ τοῖς ἐκ τούτων κακοῖς· ἀλλὰ μέσην ὁδεύσασα ὁδὸν, καὶ τήν σοι πρέπουσαν ἐλευθερίαν καρπωσαμένη, καὶ πολλὴν τὴν σύνεσιν ἐν ἅπασιν ἐπιδειξαμένη, καὶ τὴν μακροθυμίαν, καὶ τὴν καρτερίαν, καὶ τὴν ὑπομονὴν, καὶ τὸ ἀνεξαπάτητον δείξασα τῆς σῆς συνέσεως.

Ad eamdem epist. XVII.

Scripta anno 404. vel 405.

Nihil alieni ac præposteri in te contigit, quin potius quod admodum rationi consentaneum esset, nempe ut per assiduas tentationes tuas animi tui nervis plus firmitatis, plusque ad subeunda certamina alacritatis ac roboris accederet, hincque magnam voluptatem perciperes. Nam hæc calamitatis natura est, ut cum fortem ac strenuam animam nacta est, hæc efficere soleat. Et sicut ignis aurum probatius efficit : eodem modo calamitas, animos aureos subiens, puriores eos ac præstantiores reddit. Eoque etiam nomine Paulus his verbis utebatur : *Tribulatio patientiam operatur : patientia autem probationem.* Quocirca nos quoque exsultamus ac lætitia perfundimur, atque ex hac tua animi magnitudine maximum hujusce solitudinis solatium haurimus. Ac proinde, etiam si mille lupi ac

Calamitas pios robustiores reddit.

Rom. 5. 3. 4.

Πρὸς τὴν αὐτὴν ἐπιστολὴ ιζ'.

[b] Οὐδὲν ξένον οὐδὲ ἀπεικὸς γέγονεν ἐπὶ τῆς εὐλαβείας τῆς σῆς, ἀλλὰ καὶ σφόδρα εἰκὸς καὶ ἀκόλουθον C τὸ τῇ συνεχείᾳ τῶν ἐπαλλήλων πειρασμῶν, εὐτονώτερά σοι γενέσθαι τῆς ψυχῆς τὰ νεῦρα, καὶ μείζονα πρὸς τὰ παλαίσματα τὴν προθυμίαν καὶ τὴν ἰσχὺν, καὶ πολλὴν ἐντεῦθεν καρπώσασθαί σε τὴν ἡδονήν. Τοιαύτη γὰρ τῆς θλίψεως ἡ φύσις, ὅταν γενναίας καὶ νεανικῆς ἐπιλάβηται ψυχῆς, ταῦτα ἐργάζεσθαι πέφυκεν. Καὶ καθάπερ τὸ πῦρ δοκιμώτερον ποιεῖ τὸ χρυσίον, ὅταν αὐτῷ συγγένηται· οὕτω καὶ ταῖς χρυσαῖς ψυχαῖς ἐπιοῦσα θλίψις, καθαρωτέρας αὐτὰς ἐργάζεται καὶ δοκιμωτέρας. Διὸ καὶ Παῦλος ἔλεγεν· Ἡ θλίψις ὑπομονὴν κατεργάζεται, ἡ δὲ ὑπομονὴ δοκιμήν. D Διὰ ταῦτα καὶ ἡμεῖς σκιρτῶμεν καὶ χαίρομεν, καὶ τῆς ἐρημίας ταύτης μεγίστην καρπούμεθα παράκλησιν ἐπὶ τῇ ἀνδρείᾳ σου ταύτῃ. Διὰ ταῦτα κἂν μυρίοι σε κυκλώσωσι λύκοι, καὶ πολλαὶ συναγωγαὶ

[a] Tres Mss. προεμένη. Edit. προϊεμένη.

[b] Savil. οὐδὲν ἀνάξιον.

πονηρευομένων, οὐδὲν δεδοίκαμεν· ἀλλ' εὐχόμεθα μὲν καὶ τοὺς ὄντας σβεσθῆναι πειρασμοὺς, καὶ ἑτέρους δὲ μὴ προσγενέσθαι, δεσποτικὸν πληροῦντες νόμον, τὸν κελεύοντα εὔχεσθαι μὴ εἰσελθεῖν εἰς πειρασμόν· εἰ δ' ἄρα συγχωρηθείη γενέσθαι πάλιν, θαῤῥοῦμεν ὑπὲρ τῆς χρυσῆς σου ψυχῆς, τῆς καὶ ἐντεῦθεν μέγιστον ἑαυτῇ συναγούσης πλοῦτον. Τίνι γάρ σε δεδίξεσθαι δυνήσονται, οἱ κατὰ τῆς ἑαυτῶν πάντα τολμῶντες κεφαλῆς; Ζημίᾳ χρημάτων; Ἀλλ' E εὖ οἶδ' ὅτι κόνις σοι ταῦτα, καὶ πηλοῦ παντὸς εὐτελέστερα εἶναι νομίζεται. Ἀλλὰ πατρίδος ἐκβολῇ καὶ οἰκίας; Ἀλλ' οἶσθα σὺ καὶ τὰς μεγάλας καὶ πολυανθρώπους πόλεις καθάπερ τὰς ἐρήμους οὕτως οἰκεῖν, ἡσυχίᾳ καὶ ἀπραγμοσύνῃ τὸν ἅπαντα συζήσασα χρόνον, καὶ τὰς βιωτικὰς καταπατήσασα φαντασίας. Ἀλλὰ θάνατον ἀπειλοῦσιν; Ἀλλὰ σὺ καὶ τοῦτο προλαβοῦσα διὰ παντὸς ἐμελέτησας τοῦ χρόνου, κἂν ἑλ- 605 A κύσωσιν ἐπὶ σφαγὴν, νεκρὸν ἐπὶ ταύτην [a] ἕλξουσι σῶμα. Τί δεῖ τὰ πολλὰ λέγειν; Οὐδείς σε οὐδὲν ἐργάσασθαι δυνήσεται τοιοῦτον, οὗ τὴν ὑπομονὴν μετὰ πολλῆς οὐχ εὑρήσει τῆς περιουσίας ἐν σοὶ πάλαι κατορθωθεῖσαν. Τὴν γὰρ στενὴν ἀεὶ καὶ τεθλιμμένην ὁδεύσασα ὁδὸν, ἐν ἅπασιν ἐγυμνάσω τούτοις. Διόπερ τὴν καλλίστην ταύτην ἐπιστήμην ἐν τοῖς γυμνασίοις ἀσκήσασα, νῦν ἐν τοῖς ἀγῶσι λαμπροτέρα ἀνεφάνης, οὐ μόνον οὐδὲν ὑπὸ τῶν γινομένων θορυβουμένη, ἀλλὰ καὶ πτερουμένη, καὶ σκιρτῶσα, καὶ χορεύουσα. Ὧν B γὰρ προσέλαβες τὰ γυμνάσια, τούτων τοὺς ἀγῶνας μετὰ πολλῆς νῦν μεταχειρίζεις τῆς εὐκολίας, ἐν γυναικείῳ σώματι, καὶ ἀραχνίων ἀσθενεστέρῳ, ἀνδρῶν σφριγώντων καὶ τοὺς ὀδόντας βρυχόντων μετὰ πολλοῦ τοῦ γέλωτος τὴν μανίαν καταπατοῦσα, καὶ πλείονα ἑτοίμη οὖσα παθεῖν, ἢ ἐκεῖνοι παρασκευάζονται. Μακαρία σὺ καὶ τρισμακαρία τῶν ἐντεῦθεν στεφάνων, μᾶλλον δὲ καὶ αὐτῶν τῶν ἀγώνων. Τοιαύτη γὰρ τῶν παλαισμάτων ἡ φύσις τούτων, καὶ πρὸ τῶν βραβείων, καὶ ἐν αὐτοῖς τοῖς σκάμμασιν ἔχει καὶ τὰς ἀμοιβὰς καὶ τὰς ἀντιδόσεις, τὴν ἡδονὴν, ἣν καρποῦσαι νῦν, τὴν εὐφροσύνην, τὴν ἀνδρείαν, τὴν καρτερίαν, τὴν ὑπομονὴν, τὸ ἀνάλωτον, τὸ ἀχείρωτον, τὸ πάντων ὑψηλοτέραν εἶναι, C τὸ οὕτως ἑαυτὴν ἀσκῆσαι, ὡς μηδὲν δύνασθαι παρὰ μηδενὸς παθεῖν δεινὸν, τὸ τοσούτων κλυδωνίων γενομένων ἐπὶ τῆς πέτρας ἑστάναι, τὸ τῆς θαλάττης μαινομένης ἐξ οὐρίας φέρεσθαι μετὰ πολλῆς τῆς γαλήνης. Ταῦτα τῆς θλίψεως καὶ πρὸ τῆς βασιλείας τῶν οὐρανῶν ἐνταῦθα τὰ ἔπαθλα. Οἶδα γὰρ, οἶδα ὅτι νῦν οὐδὲ περικεῖσθαι τὸ σῶμα ἡγῇ, ὑπὸ τῆς ἡδονῆς πτερουμένη, ἀλλ' ἢν καιρὸς καλῇ, εὐκολώτερον αὐτὸ ἀποδύσῃ, ἢ ἕτεροι τὰ ἱμάτια, ἃ περίκεινται. Χαῖρε τοίνυν καὶ εὐφραίνου καὶ ὑπὲρ σαυτῆς, καὶ ὑπὲρ τῶν τὴν μακα-

[a] Duo Mss. ἕξουσι σῶμα.

multi conventus malignantium te undique obsideant, nihil timemus: verum illud quidem precamur, ut et præsentes tentationes exstinguantur, nec aliæ insuper accedant, dominicum scilicet legem explentes, quæ nos, ne in tentationem *Matth. 26. 41.* incidamus, precari jubet: sin autem Deus rursum exoriri sinat, de aurea tua anima, quæ hinc etiam amplissimas sibi opes aggerit, bono ac E fidenti animo sumus. Etenim quanam te terrorem tibi afferre poterunt, qui in suum caput suamque perniciem quidvis aggressi sunt? Opumne detrimento? At illud probe scio, te eas pulveris instar habere, ac quovis luto viliores existimare. An patriæ ac domus amissione? At tu amplas etiam ac frequentes urbes non secus ac solitudines incolere nosti, ut quæ in otio ac quiete omne 605 vitæ tempus transegeris, atque hujusce vitæ A pompas semper protriveris. At mortem minitantur? Tu vero antevertens nullum tempus omisisti, quin de ea cogitares: atque, si ad necem te traxerint, cadaver dumtaxat ad eam trahent. Quid pluribus verbis opus est? Nemo te tanto ullo malo afficere poterit, quod non inveniat jampridem a te magna patientia toleratum. Nam cum per arctam et angustam viam semper iter feceris, his omnibus diuturna exercitatione assuevisti. Ac proinde cum pulcherrimam hanc scien- B tiam in palæstris colueris, nunc in certaminibus clariorem te præbuisti: quippe quæ ob ea quæ contingunt, non modo non conturberis, verum etiam velut alis instructa exsilias ac tripudies. Nam quarum rerum exercitia occupasti, harum certamina mira cum facilitate in muliebri et araneis imbecilliore corpore nunc obis, valentissimorum ac dentibus stridentium virorum furorem ingenti cum risu calcans: ut quæ plura perpeti parata sis, quam illi inferre parent. Te vero beatam, ac ter beatam, ob coronas quæ hinc tibi comparantur, imo potins ob ipsa certamina. Ea C enim horum certaminum natura est, ut etiam ante præmia in ipsa quoque arena suam mercedem habeant, nimirum voluptatem, qua nunc frueris, animi lætitiam, fortitudinem, patientiam: illudque item, quod expugnari atque opprimi nequeas, quod omnibus rebus sublimior sis, quod sic teipsam exercueris, ut nihil tibi incommodi a quoquam inferre possit, quod exorta tam gravi tempestate in petra consistas, quod denique mari furente magna cum tranquillitate secundum cursum teneas. Hæc etiam ante cælorum regnum, calamitatis præmia in hac vita sunt. Illud enim mihi exploratissimum est, te nunc animo ita comparatam esse, ut ne corpore quidem inditam te esse existimes, ita te pennatam reddit voluptas : ac si tempus id postulet, promtius illud exutura sis, quam alii vestes, quibus obtecti sunt. Gaude igitur et oblectare, tum tuo nomine, tum eorum qui beatam mortem obierunt, non in lecto, nec domi, sed in carcere et vinculis ac tormentis. Eos autem solos luge ac lacrymis prosequere, qui hæc perpetrant. Nam istud quoque tua philosophia dignum est. Quoniam autem de corporis quoque nostri valetudine certior fieri cupis, nos ex eo morbo, qui nuper nobis molestiam exhibebat, emersimus : nuncque meliore valetudine sumus, modo ne rursus hiems stomachi nostri imbecillitatem adventu suo lædat; nam de Isauris, omni metu vacui sumus.

ρίαν τελευτησάντων τελευτὴν, οὐκ ἐν κλίνῃ, οὐδὲ ἐν οἰκίᾳ, ἀλλ' ἐν δεσμωτηρίοις καὶ ἁλύσεσι καὶ βα- D σάνοις. Θρήνει δὲ μόνους τοὺς ταῦτα ποιοῦντας καὶ δάκρυε. Καὶ γὰρ καὶ τοῦτο ἄξιον τῆς σῆς φιλοσοφίας. Ἐπειδὴ δὲ καὶ περὶ τῆς τοῦ σώματος ἡμῶν ὑγιείας βούλει μανθάνειν, ἀπηλλάγημεν τέως τῆς πρώην ἐνοχλούσης ἡμῖν ἀῤῥωστίας, καὶ ῥᾷον διακείμεθα νῦν· πλὴν εἰ μὴ πάλιν ἐπελθὼν ὁ χειμὼν λυμήνηται ἡμῖν τοῦ στομάχου τὴν ἀσθένειαν· καὶ τῶν Ἰσαύρων ἕνεκεν, ἐν πολλῇ καθεστήκαμεν ἀσφαλείᾳ.

XVIII. Carteriæ.

Cucuso anno 404. Sive frequenter, sive raro scribas, nos tamen judicium illud, quod ab initio de tua caritate fecimus, firmum ac stabile retinemus. Id enim exploratum nobis est, te, sive scribas, sive sileas, eodem semper erga nos animo ac studio esse. Velim autem celerrimam tibi sanitatem Deus præbeat, atque omni morbo te liberet. Neque enim vulgari sollicitudine affecti sumus, cum de tuo morbo ad nos allatum est. Ideo te obsecramus, ut quoties licuerit, de tua valetudine nos certiores facias, et num melius aliquando corpus tuum se habeat indices. Nec enim te fugit, quam doleamus, cum te morbo teneri audimus, ac quanta lætitia afficiamur, ac præ voluptate velut pennas induamus, cum te bene valere intelligimus. Hæc igitur cum scias, ornatissima ac nobilissima domina mea, quoties facultas dabitur, ad nos scribere ne graveris, quaque valetudine sis, indicare. Neque enim vulgari beneficio nos afficies, cum ejusmodi ad nos literas miseris.

ιη'. Καρτερίᾳ.

E Κἂν πολλάκις, κἂν ὀλιγάκις ἐπιστείλῃς, ἡμεῖς ἥνπερ ἐξ ἀρχῆς ἔχομεν ψῆφον περὶ τῆς ἀγάπης τῆς σῆς, ταύτην ἀκίνητον διατηροῦμεν. Ἴσμεν γὰρ ὅτι καὶ γράφουσα καὶ σιγῶσα ὁμοίως περὶ ἡμᾶς διακεῖσθαι ἐσπούδακας. Ὁ Θεός σοι ταχίστην παράσχοι τὴν ὑγείαν, καὶ πάσης ἀπαλλάξειε ἀῤῥωστίας. Καὶ γὰρ οὐχ ὡς ἔτυχεν ἐν φροντίδι καθεστήκαμεν περὶ τῆς
606 A ἀῤῥωστίας τῆς σῆς ἀκούοντες. Διὸ καὶ παρακαλοῦμέν σου τὴν ἐμμέλειαν, ἡνίκα ἂν ἐξῇ συνεχῶς ἡμῖν δηλοῦν τὰ περὶ τῆς ῥώσεως τῆς σῆς, καὶ εἴ τινα πρὸς τὸ βέλτιον ἐπίδοσιν ἔλαβέ σου τὸ σῶμα. Οἶσθα γὰρ καὶ πῶς ἀλγοῦμεν ἀκούοντές σε ἐν ἀῤῥωστίᾳ εἶναι, καὶ πῶς εὐφραινόμεθα, καὶ πτερούμεθα ὑπὸ τῆς ἡδονῆς, ἐπειδὰν ἀκούσωμεν ἐν ὑγείᾳ σε καθεστάναι. Ταῦτ' οὖν εἰδυῖα, κυρία μου κοσμιωτάτη καὶ εὐγενεστάτη, ὁσάκις ἂν δυνατὸν ᾖ, γράφειν ἡμῖν μὴ κατόκνει, καὶ δηλοῦν τὰ περὶ τῆς ῥώσεως τῆς σῆς. Οὐ γὰρ τὴν τυχοῦσαν ἡμῖν χαριῇ χάριν, τοιαύτας πέμπουσα ἡμῖν ἐπιστολάς.

XIX. Marciano et Marcellino.

Anno 404. vel 405. Illud quidem cuperemus, ut vos, a quibus tantopere amamur, præsentes quoque cerneremus. At quoniam id minime licet (nam et viæ longinquitas, et hiems, et prædonum metus ad profectionem impediendam sufficiunt), illud sal-

ιθ'. Μαρκιανῷ καὶ Μαρκελλίνῳ.

B Ἐβουλόμεθα μὲν ὑμᾶς σφοδροὺς ἡμῶν ὄντας οὕτως ἐραστὰς, καὶ παρόντας ἰδεῖν. Ἀλλὰ ἐπειδὴ τοῦτο οὐκ ἔνι (τό τε γὰρ τῆς ὁδοῦ μῆκος, ἥ τε τοῦ χειμῶνος ὥρα, καὶ ὁ τῶν λῃστῶν φόβος ἱκανὰ διατειχίσαι τὴν ἀποδημίαν), τοῖς γοῦν τὰ [a] γράμματα κομίζοντας

[a] Epistolam ad Marcianum et Marcellinum castigavimus ad fidem trium Mss. Hic *γράμματα* ante *κομίζοντας* deerat in Edit.; *ἡμῖν* sequens ex iisdem Mss. additur. Tria postrema verba in omnibus Mss. sic habentur *τρόπου ὀλιγωρία ἐργάζεται.*

παρ' ἡμῶν πρὸς ὑμᾶς ἐπιθυμοῦμεν συνεχέστερον ἡμῖν περιτυγχάνειν, ὥστε δύνασθαι μετὰ δαψιλείας πληρῶσαι τὴν ἐπιθυμίαν τὴν ἡμετέραν. Ἀλλ' ἐπειδὴ καὶ τοῦτο παρείλετο ἡμᾶς ἡ ἐρημία τοῦ χωρίου ἐν ᾧ διατρίβομεν, καὶ τὸ σφόδρα αὐτὸ ἀπῳκίσθαι τῆς δημοσίας ὁδοῦ, παρακαλῶ, ἂν μὴ συνεχῶς τοῦτο ποιῶμεν, συγγνώμην ἡμῖν νέμειν, καὶ γραφόντων C ἡμῶν καὶ σιγώντων, τὴν αὐτὴν ἔχειν περὶ τῆς ἀγάπης τῆς ἡμετέρας ψῆφον, λογιζομένους ὅτι τὴν σιγὴν ἡμῖν πολλάκις μακροτέραν ἡ ἐρημία τοῦ τόπου, οὐχ ἡ τοῦ τρόπου ῥᾳθυμία ἐργάζεται.

tem optamus, ut eos qui literas a nobis ad vos ferant, sæpius nanciscamur: quo cupiditatem nostram amplissime explere possimus. Quia autem, tum ob hujus loci solitudinem, tum quod a publica via procul distet, hoc nobis ademtum est, a vobis peto, ut si minus crebro hoc faciamus, nobis veniam tribuatis: atque, sive scribamus, sive sileamus, idem de nostra erga vos benevolentia judicium habeatis, illud vobiscum reputantes, diuturnioris plerumque silentii nostri causam loci potius solitudinem esse, quam negligentiam.

κ'. Ἀγαπητῷ.

Οἶδά σου τὴν ἀγάπην τὴν γνησίαν καὶ θερμὴν, τὴν ἄδολον καὶ εἰλικρινῆ, καὶ οὔτε πραγμάτων ὄχλῳ, οὔτε χρόνου πλήθει, οὔτε ὁδοῦ μήκει μαραινομένην· οἶδα καὶ ὅπως ἐπιθυμεῖς καὶ αὐτοψεὶ ἡμᾶς θεάσασθαι, D καὶ τῆς κατὰ πρόσωπον ἀπολαῦσαι συνουσίας. Ἀλλ' ἐπειδὴ [b] τοῦτο ἤδη ἐργῶδες, καὶ διὰ τὸ τῆς ὁδοῦ μῆκος, καὶ διὰ τὴν τοῦ ἔτους ὥραν, καὶ τὸν τῶν Ἰσαύρων φόβον, τὴν διὰ τῶν γραμμάτων πάρεχε ἡμῖν εὐφροσύνην, συνεχῶς δηλῶν τὰ περὶ τῆς ὑγιείας τῆς σῆς, καὶ τοῦ οἴκου σου παντός. Ἂν γὰρ τοιαῦτα δεχώμεθα συνεχῶς γράμματα παρὰ τῆς σῆς εὐγενείας καὶ θαυμασιότητος, οὐ τὴν τυχοῦσαν καὶ ἐν ἐρημίᾳ διατρίβοντες καρπωσόμεθα τὴν παράκλησιν. Καὶ γὰρ οὐκ ἀγνοεῖς ὅπως ἡμῖν περισπούδαστον τὸ ἐν ὑγιείᾳ E σε εἶναι, δέσποτά μου αἰδεσιμώτατε καὶ θαυμασιώτατε.

XX. *Agapeto.*

Sincerum atque ardentem, fucique expertem, Scripta Cucusi anno 404. ac purum amorem tuum perspectum habeo: quodque nec negotiorum turba, nec temporis diuturnitate, nec itineris longinquitate debilitari possit; scio item quam cupias oculis nos cernere, congressuque nostro frui. Quoniam autem nunc, tum ob itineris longitudinem, tum ob anni tempus, tum ob Isaurorum metum, id vix fieri potest, da operam, ut eam quam literæ afferre solent oblectationem nobis præbeas, subinde de tua totiusque domus tuæ valetudine certiores nos faciens. Nam si hujusmodi literas a te crebro acceperimus, non vulgarem, etiam in solitudine degentes, consolationem capiemus. Neque enim ignoras, domine mi summopere venerande atque admirande, quanto nobis studio atque curæ sit valetudo tua.

κα'. Ἀλφίῳ.

Μακάριος καὶ τρισμακάριος εἶ, καὶ πολλάκις τοῦτο, τοιαῦτα ἐργαζόμενος, καὶ τοιαύταις ἐπιτρέχων πραγματείαις, αἳ πολὺν ἐν οὐρανοῖς προαποτίθενταί σοι τὸν μισθόν τε καὶ θησαυρόν. Οὐδὲ γὰρ ὡς ἔτυχεν ἡμᾶς ἀνεπτέρωσας, τὰ κατὰ τὸν κύριόν μοι Ἰωάν- 607
A νην τὸν πρεσβύτερον ἀπαγγείλας, ὅτι πολλὴν ἐποίησας σπουδὴν ἀναστῆσαι αὐτὸν, καὶ ἐκπέμψαι εἰς τὴν Φοινίκην. Ὅτι δὲ καὶ χρυσίον αὐτῷ δέδωκας, αὐτὸς μὲν ἐσίγησας, καὶ τοῦτο πρέπον τῇ εὐλαβείᾳ σου ποιῶν· ἡμᾶς δὲ οὐκ ἔλαθες, ἀλλὰ καὶ τοῦτο ἔγνωμεν, καὶ τὴν δαψίλειαν, ἣν παρέσχες. Καὶ διὰ τοῦτό σε θαυμάζοντες καὶ μακαρίζοντες οὐ παυόμεθα, ὅτι ἐν οἷς δεῖ πλουτεῖν, ἐν τούτοις πλουτεῖς· καί σε παρακαλοῦμεν γράμματα συνεχῶς ἡμῖν ἐπιστέλλειν. Εἰ μὲν

XXI. *Alphio.*

Te beatum ac ter beatum, atque etiam sæpius Anno forte 405. beatum qui ejusmodi res efficis, atque ejusmodi negotiis animum adjicis, quæ ingentem in cælis thesaurum tibi recondunt. Neque enim vulgariter animum nostrum erexisti, cum de domino nostro Joanne presbytero nobis illud exposuisti, te multum operæ adhibuisse, ut eum excitares, atque in Phœniciam mitteres. Quod autem aurum quoque ipsi dedisti, quamquam tu pro cætera tua pietate hoc reticuisti, minime tamen id nobis obscurum fuit: nam id etiam compertum habuimus, ac liberalitatem eam qua usus es. Ob eamque causam te admirari ac laudibus in cælum ferre non desinimus, quod in his rebus dives sis

[b] Τέως ἐργῶδες, sic tres Mss.

in quibus divitem esse convenit, teque obsecramus, ut crebro ad nos literas des. Nam si fieri posset, ut oculis te cerneremus, magno id sane emeremus. Quoniam autem id nondum licet, fac, quæso, subindo ad nos scribas, ac de tua totiusque domus tuæ valetudine certiores nos facias. Neque enim leve solatium capiemus hæc audientes. Cum igitur, quam nobis gratum facturus sis, minime ignores, ne committas, ut tanta lætitia careamus.

XXII. Casto, Valerio, Diophanto, Cyriaco, Antiochiæ presbyteris.

Cucuso anno 405.

Quod longam nostram epistolam brevem dixeritis, haud equidem miror. Ea enim amantium natura est, ut satietatem nesciant, nec umquam expleri possint : verum quo plura ab iis quos amant acceperint, eo plura concupiscant. Ob eamque causam etiamsi decuplo major, quam prior, ad vos epistola venisset, ne illa quidem brevitatis vocabulum effugisset: verum ipsa quoque parva vocata fuisset, imo non vocata dumtaxat, sed etiam parva habita fuisset. Quod etiam mihi usu venit: nam ad quemcumque amoris erga nos gradum perveneritis, eo minime contenti sumus : verum amoris incrementa semper expetimus, caritatisque debitum, quod etiamsi semper solvatur, semper tamen debetur (*Nemini* enim, inquit ille, *quidquam debeatis, nisi ut invicem diligatis*), quotidie a vobis efflagitamus, semper quidem illud affatim accipientes, nec tamen nos illud umquam omni ex parte accepisse arbitrantes. Ne, quæso, præclarum hoc debitum, duplicemque voluptatem habens, nobis persolvere desinatis. Nam et qui persolvunt, et qui accipiunt, parem voluptatem consequuntur: quippe cum utrique per hujusmodi solutionem æque locupletentur. Quod quidem in pecuniis fieri nequit: nam qui persolvit, egentior hinc efficitur; is contra, qui accepit, copiosior. At in caritatis contractu hoc usu venire minime solet. Neque enim eum qui persolvit inanem ac vacuum relinquit; id quod pecunia efficit, cum ad accipientem migrat; quin potius ipsum tum demum locupletiorem reddit, cum eam persolvit. Hæc igitur cum sciatis, præstantissimi ac piissimi domini mei, ne umquam florentem erga me benevolentiam exhibere intermittite. Nam etsi ut id faciatis, nihil nostra cohortatione indigetis: tamen quoniam vos apprime amamus, propterea vos, etiam si nihil neces-

Rom. 13.8.

γὰρ δυνατὸν ἦν καὶ κατ' ὄψιν σε ἰδεῖν, πολλοῦ ἂν ἐπριάμεθα τοῦτο. Ἐπειδὴ δὲ τοῦτο τέως οὐκ ἔνι, γράφε συνεχῶς ἡμῖν, περὶ τῆς ὑγιείας τῆς σῆς εὐαγγελιζόμενος, καὶ τοῦ οἴκου σου παντός. Οὐ γὰρ τὴν τυχοῦσαν καρπωσόμεθα παράκλησιν ταῦτα μανθάνοντες. Εἰδὼς οὖν ἡλίκα ἡμῖν χαριῇ, μὴ ἀποστερήσῃς ἡμᾶς τῆς τοσαύτης εὐφροσύνης.

κβʹ. Κάστῳ, Οὐαλερίῳ, Διοφάντῳ, Κυριακῷ, πρεσβυτέροις Ἀντιοχείας.

Οὐ θαυμάζω, ὅτι τὴν μακρὰν ἡμῶν ἐπιστολὴν βραχεῖαν ἐκαλέσατε. Τοιοῦτον γὰρ οἱ ἐρῶντες· οὐκ ἴσασι κόρον, οὐ δέχονται πλησμονήν, ἀλλ' ὅσα ἂν λάβωσι παρὰ τῶν ἐρωμένων, πλείονα ἐπιζητοῦσι. Διά τοι τοῦτο εἰ καὶ δεκαπλασίων ὑμῖν ἦλθεν ἐπιστολὴ τῆς ἔμπροσθεν, οὐκ ἂν οὐδὲ ἐκείνη τὸ τῆς βραχύτητος διέφυγεν ὄνομα, ἀλλὰ καὶ αὐτὴ μικρὰ ἂν ἐκλήθη· μᾶλλον δὲ οὐκ ἐκλήθη μόνον, ἀλλὰ καὶ μικρὰ ἂν ὑμῖν ἐφάνη. Ἐντεῦθεν καὶ ὑμεῖς, ὅπουπερ ἂν ἀφίκησθε φιλοῦντες ἡμᾶς, οὐδὲ αὐτοὶ κόρον λαμβάνομεν· ἀλλ' ἀεὶ προσθήκας ἐπιζητοῦμεν ὑμῶν τοῦ φίλτρου, καὶ τὸ χρέος τῆς ἀγάπης τὸ ἀεὶ μὲν ἐκτιννύμενον, ἀεὶ δὲ ὀφειλόμενον (Μηδενὶ γάρ, φησί, μηδὲν ὀφείλετε, εἰ μὴ τὸ ἀλλήλους ἀγαπᾷν), καθ' ἑκάστην παρ' ἡμῶν ἀπαιτοῦμεν ἡμέραν· ἀεὶ μὲν αὐτὸ μετὰ πολλῆς λαμβάνοντες τῆς δαψιλείας, οὐδέποτε δὲ ἀπειληφέναι τὸ πᾶν ἡγούμενοι. Μὴ δὴ παύσησθε κατατιθέντες ἡμῖν τὸ καλὸν τοῦτο ὄφλημα, καὶ διπλῆν ἔχον ἡδονήν. Οἵ τε γὰρ καταβάλλοντες, οἵ τε ὑποδεχόμενοι τὴν ἴσην καρποῦνται εὐφροσύνην, ἐπειδήπερ ἀμφότεροι τῇ καταβολῇ ὁμοίως γίνονται εὔποροι. Ὅπερ ἐπὶ τῶν χρημάτων οὐκ ἔνι, ἀλλ' ὁ μὲν καταθεὶς, πενέστερος ταύτῃ γίνεται, ὁ δὲ ὑποδεξάμενος, εὐπορώτερος. Ἀλλ' οὐκ ἐπὶ τοῦ συμβολαίου τῆς ἀγάπης τοῦτο συμβαίνειν εἴωθεν. Οὐδὲ γὰρ ἀφίησιν ἔρημον αὐτῆς τὸν καταθέντα· ὅπερ ποιεῖ τὸ ἀργύριον πρὸς τὸν ὑποδεχόμενον μεταστάν· ἀλλὰ τότε μᾶλλον αὐτὸν εὐπορώτερον καθίστησιν, ὅταν αὐτὴν καταβάλῃ. Ταῦτ' οὖν εἰδότες, κύριοί μου τιμιώτατοι καὶ εὐλαβέστατοι, μὴ διαλίπητε διηνεκῶς ἀκμάζουσαν περὶ ἡμᾶς τὴν διάθεσιν ἐπιδεικνύμενοι. Εἰ γὰρ καὶ μηδὲν δεῖσθε εἰς τοῦτο τῆς παρ' ἡμῶν παρακλήσεως, ἀλλ' ἐπειδὴ σφόδρα ἐρῶμεν ὑμῶν τῆς ἀγάπης, καὶ μὴ δεομένους ἀναμιμνήσκομεν τούτοι ἕνεκεν, καὶ τοῦ συνεχῶς ἐπιστέλλειν, καὶ τὰ περὶ τῆς ὑγιείας τῆς ὑμετέρας δηλοῦν. Εἰ γὰρ μηδὲ τούτοι χάριν δεῖσθε τοῦ ἀναμνήσοντος, ἀλλ' ἡμεῖς καὶ τοῦτο, ἐπειδὴ σφόδρα περισπούδαστον ἡμῖν, οὐ παυσόμεθα διηνεκῶς παρ ὑμῶν ἐπιζητοῦντες. Ὅτι μὲν γὰρ ἐργῶδες τοῦτο λοιπὸν, καὶ διὰ τὴν τοῦ ἔτους ὥραν, καὶ διὰ τὴν τῆς ὁδοῦ δυσκολίαν, οὐ πολλῶν φαινομένων τῶν ὁδοιπόρων, τῶν πρὸς τοῦτο διακονησομένων ὑμῖν, οὐδὲ ἡμεῖς ἀγνοοῦμεν· πλὴν ἀλλ' ὡς ἔνι, καὶ οἷόν τέ ἐστι καὶ ἐν τοσαύτῃ δυσκολίᾳ, συνεχῶς ἐπιστέλλειν παρακαλοῦμεν, καὶ παρὰ τῆς ὑμετέρας ἀγάπης ταύτην αἰτοῦμεν τὴν χάριν. Καὶ τῷ κυρίῳ δέ μου τῷ εὐλαβεστάτῳ πρεσβυτέρῳ Ῥωμανῷ, καθὼς ἐκελεύσατε, ἀπεστάλκαμεν καὶ τοίτοι χάριν ὑμῖν εἰδότες πολλήν. Ἐπεὶ καὶ τοῦτο σφόδρα ἡμᾶς ἀγαπώντων ἐστὶ, καὶ μεθ' ὑπερβολῆς φιλούντων, τὸ τηλικούτοις ἀνδράσι καὶ διὰ τῶν γραμμάτων πειρᾶσθαι, καὶ πολλὴν ποιεῖσθαι σπουδὴν ἀκριβέστερον συνάπτειν ἡμᾶς. Δεξάμενοι τοίνυν ἡμῶν τὴν πρὸς αὐτὸν ἐπιστολὴν, καὶ δοῦναι παρακλήθητε, καὶ χωρὶς τῆς ἐπιστολῆς προσειπεῖν αὐτὸν πάλιν ἐξ ἡμῶν. Καὶ γὰρ οὐχ ὡς ἔτυχεν ἄνωθεν καὶ ἐξ ἀρχῆς ἐρασταὶ γεγόναμεν αὐτοῦ σφοδρότατοι· καὶ τοῦτο μανθανέτω διὰ τῆς γλώττης τῆς ὑμετέρας, ὅτι τὴν αὐτὴν ἀγάπην μένομεν διατηροῦντες, ἡμῖν αὐτοῖς τὰ μέγιστα χαριζόμενοι· καὶ ὅτι τὴν μεταξὺ σιγὴν οὐ ῥαθυμίᾳ πεποιήκαμεν, ἀλλὰ τῷ γράμματα ἀναμένειν δέξασθαι παρὰ τῆς εὐλαβείας αὐτοῦ. Ἐπειδὴ δὲ προτέρους ἡμᾶς ᾔτησεν ἐπιστεῖλαι, ἰδοὺ καὶ τοῦτο ποιοῦμεν, καὶ παρακαλοῦμεν καὶ αὐτὸν συνεχῶς τοῦτο πρὸς ἡμᾶς ποιεῖν.

se sit, admonemus, ut sæpe ad nos scribatis, atque quo statu valetudo vestra sit, significetis. Quamvis enim nihil ad eam rem monitore vobis opus sit, at nos tamen id quoque, quia vehementer expetimus, a vobis postulare numquam desinemus. Et quidem quoniam tum propter anni tempus, tum propter itineris difficultatem, B haud multi viatores sunt, qui vobis ad hanc rem operam navare possint, istud jam difficile esse non ignoramus: saltem ut licet, atque in tanta difficultate fieri potest, vos obsecramus, ut quam sæpissime scribatis, atque hanc a vestra caritate gratiam postulamus. Quin religiosissimo quoque domino meo presbytero Romano, ut jussistis, scripsimus; eoque nomine ingentem etiam vobis gratiam habemus. Quandoquidem hoc quoque ab ingenti ac singulari quodam nostri amore C proficiscitur, quod, ut tantis viris arctius nos copuletis, per literas operam datis, summumque ad id studium adhibetis. Velim itaque, ut cum nostram ad eum epistolam acceperitis, eam ipsi reddatis, atque eum licet epistola non accepta meo nomine salutetis. Jampridem enim est, quod eum vehementer amare cœpimus; idque ut ex ore vestro intelligat cupio, nos eamdem erga eum benevolentiam retinere, eaque in re de nobisipsis optime mereri; illudque præterea, nos non negligentia et socordia nihil ad eum literarum dedisse, sed quod ab ipsius pietate literas exspectaremus. Quoniam autem, ut priores scriberemus, postulavit, et hoc quoque facimus: et idem ut ipse facere ad nos non intermittat, obsecramus.

κγ'. Ῥωμανῷ πρεσβυτέρῳ.

Οἶσθα καὶ αὐτὸς, κύριέ μου τιμιώτατε καὶ εὐλαβέστατε, πῶς ἀεὶ περὶ τὴν σὴν εὐλάβειαν διετέθημεν, καὶ πῶς ἀsὶ συνδεδεμένοι σοι τῷ νόμῳ τῆς ἀγάπης διετελέσαμεν, θαυμάζοντές σου τὴν τῶν τρόπων ἐπιείκειαν, καὶ ἐκπληττόμενοι τῆς ἀρετῆς σου τὴν εὐμορφίαν, δι' ἧς πάντας τοὺς ἐντυγχάνοντας χειροῦσαι. Διὰ δὴ τοῦτο καὶ ἐκ μακροῦ καθήμενοι διαστήματος, ἀεί σε ἐπὶ τῆς διανοίας περιφέρομεν, καὶ ὅπουπερ ἂν ἐρημίας ἀπενεχθῶμεν, ἐπιλαθέσθαι σου τῆς ἀγάπης οὐ δυνάμεθα· ἀλλ' ὡς παρόντα καὶ πλησίον ὄντα, οὕτω καὶ ὁρῶμεν καὶ φανταζόμεθα, τοῖς τῆς ἀγάπης ὀφθαλμοῖς συνεχῶς, μᾶλλον δὲ διηνεκῶς σε βλέποντες, καὶ πρὸς ἅπαντας ἀνακηρύττοντές σου τὴν εὐλάβειαν. Παρακαλοῦμεν δὴ καὶ αὐτὸν μεμνῆσθαι ἡμῶν διηνεκῶς, καὶ τὴν ἀγάπην ἣν ἐξ ἀρχῆς περὶ ἡμᾶς ἐπεδείξω, ταύτην καὶ νῦν ἀκμάζουσαν

XXIII. Romano presbytero.

Scis tu quoque profecto, domine mi reveren- D dissime ac religiossime, quem semper erga te animum habuerimus; et quo pacto semper caritatis lege tecum astricti fuerimus, morum tuorum suavitatem admirantes, virtutisque tuæ, per quam omnes eos, qui ad te accedunt, tuos reddis, pulchritudinem suspicientes. Quo etiam fit, ut quamvis longo a te intervallo dissiti, animo tamen et cogitatione te circumferamus, atque in quamcumque solitudinem avehamur, tuæ tamen E caritatis oblivisci minime possimus, verum ut præsentem ac propinquum intueamur, caritatisque oculis perpetuo repræsentemus, imo ut rectius loquar, assidue te cernamus, atque apud omnes pietatem tuam prædicemus. Quamobrem abs te quoque petimus, ut nostri memoriam

Cucuso anno 405.

numquam intermittas, eamque benevolentiam, quam nobis semper præstitisti, nunc quoque vigentem conserves; ac pro nostra vilitate obnixas ad Deum preces adhibeas, ad nosque, cum licuerit, literas des, ac de tua valetudine certiores nos facias: quo, etiam in solitudine sedentes, ingentem consolationem capiamus, tuarum videlicet precum subsidio e tanto locorum intervallo fruentes.

διατηρεῖν, καὶ εὔχεσθαι μετὰ πολλῆς ἐκτενείας ὑπὲρ τῆς ταπεινώσεως τῆς ἡμετέρας, καὶ ἐπιστέλλειν ἡνίκα ἂν ἐξῇ, καὶ τὰ περὶ τῆς ὑγιείας τῆς σῆς δηλοῦν· ἵνα καὶ ἐν ἐρημίᾳ καθήμενοι, πολλὴν καρπωσώμεθα τὴν παράκλησιν, τῆς ἀπὸ τῶν εὐχῶν σου συμμαχίας ἐκ τοσούτου ἀπολαύοντες διαστήματος.

609 A

XXIV. Hesychio.

Cucuso anno 404.

Petis ut illud tibi ignoscam, quod ad me non veneris, morbi excusatione utens. Ego autem voluntatis nomine te laudo ac prædico, per quam etiam venisti, atque quantum ad caritatem attinet, nihilo inferiore apud nos loco es, quam qui venerunt. Potest autem Deus ex eo morbo, quo teneris, te eximere, atque integræ sanitati restituere, ut conspectu quoque tuo atque congressu fruamur. Siquidem te videre atque complecti, carumque istud nobis caput exosculari, majorem in modum avemus. Quamdiu autem id, tum per morbum tuum, tum per anni tempus minime licebit, literas ad te dare, eamque, quæ hinc ad nos redit, voluptatem nobisipsis comparare minime intermittemus.

κδ'. Ἡσυχίῳ.

Αὐτὸς μὲν συγγνώμης ἀξιοῖς τυχεῖν ὑπὲρ τοῦ μὴ παραγενέσθαι, τὴν ἀῤῥωστίαν προβαλλόμενος. Ἐγὼ δέ σε καὶ στεφανῶ καὶ ἀνακηρύττω τῆς γνώμης, ἀφ' ἧς καὶ παραγέγονας, καὶ τῶν ἐλθόντων οὐδὲν ἔλαττον ἔχεις παρ' ἡμῖν κατὰ τὸν τῆς ἀγάπης λόγον. Ἱκανὸς δὲ ὁ Θεὸς καὶ τῆς κατεχούσης σε ἀπαλλάξαι ἀῤῥωστίας, καὶ πρὸς καθαρὰν ὑγείαν ἐπαναγαγεῖν, ἵνα σου καὶ τῆς κατ' ὄψιν ἀπολαύσωμεν συντυχίας. Καὶ γὰρ σφόδρα ἐπιθυμοῦμέν σε ἰδεῖν καὶ περιπτύξασθαι, καὶ τὴν φίλην ἡμῖν φιλῆσαι κεφαλήν. Ἕως
B δ' ἂν ταῦτα [a] τό τε ἀῤῥωστεῖν σου τὴν εὐγένειαν καὶ ἡ τοῦ ἔτους ὥρα διακωλύῃ, οὐ παυσόμεθα συνεχῶς ἐπιστέλλοντές σου τῇ τιμιότητι, καὶ τὴν ἐντεῦθεν ἡμῖν αὐτοῖς πραγματευόμενοι ἡδονήν.

XXV. Elpidio episcopo.

Cucuso anno 404.

Illud quidem vellemus, nobis ad te quam sæpissime literas dare liceret: idque ipse scis, domine reverendissime. Quod quoniam nobis adimitur, propterea quod nemo ad nos crebro accedat (nam et oppidi hujusce solitudo, et latronum metus eam augens, ac denique anni tempus itinera intercludens, Cucusum omni ex parte inviam reddit), quoties tabellarium nanciscimur, cupiditati nostræ satisfacimus, in hoc scilicet nobis ipsi quam gratissimum facientes. Quod quidem nunc etiam per religiosissimos dominos meos presbyteros facimus, nimirum et debitum pietati tuæ salutationis munus persolventes, et te rogantes, ut, quoties facultas dabitur, tu quoque ad nos scribas, ac quo statu valetudo tua sit, exponas. Neque enim te fugit, reverondissime ac religiosissime domine, quanto semper nobis studio atque curæ sit de ea aliquid intelligere. Quamvis enim ad extremos usque orbis

κε'. Ἐλπιδίῳ ἐπισκόπῳ.

Ἡμεῖς μὲν ἐβουλόμεθα συνεχῶς ἐπιστέλλειν τῇ εὐλαβείᾳ τῇ σῇ, καὶ οἶσθα τοῦτο καὶ αὐτὸς, δέσποτα τιμιώτατε· ἀλλ' ἐπειδὴ τοῦτο ἡμᾶς * παραιρεῖται τὸ μηδένα συνεχῶς ἡμῖν ἐπιχωριάζειν (ἥ τε γὰρ ἐρημία
C τοῦ χωρίου τούτου, ὅ τε τῶν λῃστῶν φόβος ταύτην ἐπιτείνων, λοιπὸν δὲ καὶ ἡ τοῦ ἔτους ὥρα τὰς ὁδοὺς ἀποτειχίζουσα, πᾶσιν ἄβατον ποιεῖ [b] τὴν Κουκουσὸν), ἀλλ' ἡνίκα ἂν ἐπιτύχωμεν γραμματηφόρων, πληροῦμεν ἡμῶν τὴν ἐπιθυμίαν, ἡμῖν αὐτοῖς τὰ μέγιστα χαριζόμενοι. Ὃ δὲ καὶ νῦν πεποιήκαμεν διὰ τῶν κυρίων μου τῶν τιμιωτάτων πρεσβυτέρων, τήν τε ὀφειλομένην ἀποδιδόντες πρόσρησιν τῇ θεοσεβείᾳ σου, καὶ παρακαλοῦντες ἡνίκα ἂν ἐξῇ καὶ αὐτὸν ἡμῖν ἐπιστέλλειν, καὶ τὰ περὶ τῆς ὑγείας δηλοῦν τῆς σῆς. Οὐ γὰρ ἀγνοεῖς, δέσποτά μου τιμιώτατε καὶ εὐλαβέστατε, ὅπως ἡμῖν περισπούδαστον ἀεὶ περὶ ταύτης
D μανθάνειν. Εἰ γὰρ καὶ πρὸς αὐτὰς ἀπῳκίσθημεν τῆς καθ' ἡμᾶς οἰκουμένης τὰς ἐσχατιὰς, ἀλλ' ὅμως τῆς ἀγάπης σου τῆς γνησίας καὶ θερμῆς, τῆς εἰλικρινοῦς

[a] Sic omnes Mss. Editi vero τό τε ἀῤῥωστίας, male.
* [Port. leg. περιαιρεῖται, coll. p. 611, D. : τὸ dedimus e Savil.; Montf. τῷ.]
[b] Vatic. τὴν Κοκουσόν.

καὶ ἀδόλου ἐπιλαθέσθαι οὐ δυνάμεθα, ἀλλ' ὅπουπερ ἂν ἀπίωμεν, περιφέροντες αὐτὴν ἄπιμεν, μεγίστην ἐντεῦθεν καρπούμενοι τὴν παραμυθίαν.

nostri fines remoti simus, tamen veræ et ardentis, ac sinceræ, atque ab omni fuco alienæ caritatis tuæ oblivisci minime possumus, verum quascumque in terras abscedamus, eam nobiscum circumferimus, maximumque hinc solatium percipimus.

κϛʹ. Μάγνῳ ἐπισκόπῳ.

Εἰ καὶ αὐτὸς ἡμῖν οὐκ ἐπέσταλκας, καίτοι τῶν κυρίων μου τῶν πρεσβυτέρων παραγενομένων, ἀλλ' ἡμεῖς τῆς τε ἄνωθέν σου φιλίας μεμνημένοι, καὶ τὴν E τῶν τρόπων σου θαυμάζοντες ἐπιείκειαν, καὶ τὴν τῆς ψυχῆς ἀνδρείαν, εἰδότες δὲ καὶ τὸ φίλτρον, ὃ ἀεὶ περὶ ἡμᾶς ἐπεδείξω, πρότεροι τοῖς πρὸς τὴν σὴν ἐμμέλειαν ἐπεπηδήσαμεν γράμμασι, χάριτάς τέ σοι ὁμολογοῦμεν τῆς διαθέσεως, ἣν περὶ ἡμᾶς ἐπιδείκνυσαι· οὐ γὰρ ἔλαθεν ἡμᾶς τοῦτο, καίτοι γε ἐκ τοσούτου καθημένους διαστήματος· παρακαλοῦμεν οὖν, ἡνίκα ἂν ἐξῇ, 610 A γράφειν ἡμῖν συνεχῶς, καὶ τὰ περὶ τῆς ὑγιείας τῆς σῆς εὐαγγελίζεσθαι. Ὅταν γὰρ ἀκούσωμεν τοὺς σφοδροὺς ἡμῶν ἐραστὰς, καὶ γενναίους, οὕτω διεγηγερμένους, νήφοντάς τε καὶ ἐγρηγορότας περὶ τὴν τῶν Ἐκκλησιῶν πρόνοιαν, ἐν ὑγιείᾳ διάγειν, πολλὴν καὶ ἐντεῦθεν καρπούμεθα τὴν παράκλησιν. Ταῦτ' οὖν εἰδὼς, δέσποτά μου τιμιώτατε καὶ εὐλαβέστατε, μὴ κατόκνει συνεχῶς ταῦτα ἡμῖν δηλοῦν. Οὕτω γὰρ, κἂν πρὸς αὐτὰς ἀπενεχθῶμεν τῆς οἰκουμένης τὰς ἐσχατιὰς, πολλὴν [a] καρπωσόμεθα τὴν παράκλησιν, ταύτης συνεχῶς ἀπολαύοντες τῆς παραμυθίας.

XXVI. *Magno episcopo.*

Cucuso anno 404.

Etsi nullas abs te literas accepimus, idque cum domini mei presbyteri huc venissent, nos tamen, veteris amicitiæ memores, tum morum tuorum suavitatem animique fortitudinem admirantes, ac præterea eum erga nos amorem, quem semper præ te tulisti, perspectum habentes, priores ad te scribimus, ut et tibi ob eam benevolentiam, quam erga nos ostendisti (neque enim nos, tanto licet abs te intervallo disjunctos, hoc fugit), gratias agamus et te oremus, ut quoties occasio dabitur, frequenter ad nos scribas, deque valetudinis tuæ statu certiores nos facias. Nam cum eos, a quibus vehementer amamur, quique strenuo atque attento ac vigilanti animo in Ecclesiarum curam incumbunt, sanos et incolumes esse audimus, non parvam ex ea re consolationem capimus. Hæc igitur cum scias, domine mi reverendissime ac religiosissime, ne te quæso hæc nobis quam sæpissime per literas significare pigeat. Sic enim fiet ut, etiamsi ad ultimas usque terras avehamur, dum tamen hujusmodi consolatio nobis continenter suppetat, ingentem mœroris levationem sentiamus.

κζʹ. Δόμνῳ ἐπισκόπῳ. B

Καὶ τοῦ πέμψαι τὸν τιμιώτατον πρεσβύτερον εἰς ἐπίσκεψιν ἡμετέραν, καὶ τοῦ γράψαι πολλὰς ἔχω χάριτας τῇ εὐλαβείᾳ τῇ σῇ, δέσποτα τιμιώτατε. Ἀμφότερα γὰρ γνησίας ἀγάπης καὶ θερμῆς διαθέσεως. Διὰ τοῦτο καὶ ἐν ἐρημίᾳ διατρίβοντες, πολλὴν ἐντεῦθεν ἐδεξάμεθα τὴν παράκλησιν. Τὸ γὰρ τοιούτους ἄνδρας οὕτω σφοδροὺς ἐραστὰς ἔχειν, οὐ τὴν τυχοῦσαν φέρει τοῖς ἀγαπωμένοις παραμυθίαν. Καὶ ἐβουλόμην μὲν κατ' ὄψιν συντυχεῖν τῇ εὐλαβείᾳ τῇ σῇ, καὶ ἐμφορηθῆναι τῆς ἡδίστης σου διαθέσεως. C Ἀλλ' ἐπειδὴ τοῦτο οὐκ ἔνι (οὔτε γὰρ ἡμῖν δυνατὸν, οὔτε τῇ τιμιότητί σου ῥᾴδιον, διὰ τὴν τῆς Ἐκκλησίας τῆς αὐτόθι πρόνοιαν), ἐπὶ τὸν δεύτερον ἀναγκαίως ἤλθομεν πλοῦν, τὴν ἀπὸ τῶν γραμμάτων παραψυχὴν ἑαυτοῖς χαριζόμενοι. Οὐ γὰρ μικρὸν καὶ

XXVII. *Domno episcopo.*

Cucuso anno 404.

Magnas pietati tuæ, reverendissime domine, gratias habeo, tum quod venerabilem presbyterum visendi nostri causa miseris, tum quod ad nos scripseris. Nam utrumque sinceræ caritatis, atque ardentis benevolentiæ argumentum est. Ideo etiam in solitudine degentes, ingentem hinc consolationem hausimus. Siquidem a tantis viris tam impense amari, non levem iis, qui amantur, consolationem affert. Ac cuperem quidem tuo quoque aspectu congressuque suavissimaque benevolentia tua animum saturare. Quoniam autem id minime licet (nam neque id nobis conceditur, nec tibi item ob Ecclesiæ istius curam, cui præes, facile est), ad secundam navigationem necessario venimus, nempe ut consolationem

[a] Mss. *καρπωσόμεθα τὴν παραμυθίαν, ταύτης συνεχῶς ἀπολαύοντες τῆς παρακλήσεως.*

eam, quam epistolæ afferunt, nobis ipsis adhibeamus. Neque enim ad eorum animos, qui corporibus disjuncti sunt, consolandos parum momenti habet epistola, sincera caritate perfusa. Quamobrem ut hac consolatione quam sæpissime fruamur, quoties licebit, ac fieri poterit, de valetudinis tuæ statu ad nos scribere ne graveris. Siquidem amicitiam tuam amplissimum thesaurum, et bonorum congeriem omni sermonis facultate sublimiorem ducimus. Ac si ejusmodi literas subinde accipiamus, tantum ex his voluptatis capiemus, ut ne solitudinem quidem istam sentiamus.

ἐπιστολὴ δύναιτ' ἂν, γνησίας ἀγάπης ἀνακεχρωσμένη, εἰς παράκλησιν τῶν τῷ σώματι κεχωρισμένων. Ἵν' οὖν ταύτης συνεχῶς ἀπολαύωμεν τῆς παραμυθίας, ὁσάκις ἂν ἐξῇ καὶ δυνατὸν ᾖ, γράφειν ἡμῖν D τὰ περὶ τῆς ὑγείας τῆς σῆς μὴ κατόκνει. Καὶ γὰρ θησαυρὸν μέγιστον καὶ πλοῦτον ἄφατον ἀγαθῶν τὴν σὴν ἡγούμεθα ἡμῖν εἶναι φιλίαν. Κἂν συνεχῶς τοιούτων ἀπολαύωμεν ἀγαθῶν, ἤγουν τῶν γραμμάτων, οὐδὲ τῆς ἐνταῦθα ἐρημίας ληψόμεθα αἴσθησιν, ἀπὸ τῶν ἐπιστολῶν τῶν σῶν πολλὴν καρπούμενοι τὴν εὐφροσύνην.

XXVIII. *Basilio presbytero.*

Anno circiter 404.

Etsi nobis conspectu tuo atque congressu frui minime contigit, tamen cum de tua virtute ad nos affertur, ac zelo eo, quo adversus gentiles flagras, ipsorum errorem evertens, eosque velut porrecta manu ad veritatem ducens, non secus ac si adesses, tecumque diuturnum usum ac vitæ consuetudinem habuissemus, honore ac veneratione te complectimur. Eaque de causa priores ad te scripsimus, ob ea, quæ cum laude geris, beatum te prædicantes atque admirantes, ac postulantes, ut ipse quoque ad nos, cum licebit, scribas. Nam etsi corpore a te disjuncti sumus, caritatis tamen vinculis tecum adstringimur, pietatem tuam nobiscum reputantes. Hæc igitur cum scias, velim ad nos subinde scribere et gesta tua referre ne graveris: quo, etiam in solitudine commorantes, ingentem hinc consolationem capiamus.

κη'. Βασιλείῳ πρεσβυτέρῳ.

Εἰ καὶ τῆς κατ' ὄψιν σου συντυχίας οὐκ ἀπηλαύσαμεν, ἀλλὰ τὴν ἀρετήν σου τῆς ψυχῆς ἀκούοντες, καὶ τὸν ζῆλον ὃν ἔχεις κατὰ τῶν Ἑλλήνων, καταλύων αὐτῶν τὴν πλάνην, καὶ πρὸς ἀλήθειαν χειραγωγῶν, E ὡς παρόντες καὶ συγγενόμενοι, καὶ πολύν σοι συντραφέντες χρόνον, οὕτως σε αἰδούμεθα καὶ τιμῶμεν. Διὸ καὶ πρότερον ἐπεπηδήσαμεν τοῖς πρὸς σὲ γράμμασι, μακαρίζοντές σε ὑπὲρ ὧν κατορθοῖς, καὶ θαυμάζοντες, καὶ αἰτοῦντες καὶ αὐτὸν ἡμῖν ἐπιστέλλειν ἡνίκα ἂν ἐξῇ. Καὶ γὰρ εἰ καὶ τῷ σώματί σου κεχωρίσμεθα, ἀλλὰ τῇ ἀγάπῃ σοι συνδεδέμεθα, ἐννοοῦντες τὴν σὴν εὐλάβειαν. Ταῦτ' οὖν εἰδὼς, μὴ κατόκνει συνεχῶς ἡμῖν ἐπιστέλλειν, καὶ τὰ κατορθώματα τὰ σὰ δηλοῦν, ἵνα, καὶ ἐν ἐρημίᾳ διατρίβοντες, πολλὴν ἐντεῦθεν καρπωσώμεθα τὴν παράκλησιν.

XXIX. *Chalcidiæ* et *Asyncritiæ.*

Cucuso anno 405.

Nihil ex his molestiis, quas evenire perspicitis, vos perturbet: nec densi negotiorum fluctus animis vestris tumultum afferant. Ejusmodi enim est arcta illa et angusta via, complures difficultates ac multos sudores et labores habens. Verum hæc fluunt, atque una cum hac vita exstinguuntur. Nam etiamsi arcta via est, via tamen est: ut præmia illa, quæ ii qui placido ac forti animo hæc ferunt adipiscuntur, perpetua et immortalia sunt, sudoribusque longe majora. Quamobrem tum calamitatis fragilitatem ac brevitatem, tum præmiorum perpetuitatem atque immortalitatem animadvertentes, date operam, ut omnia generoso animo feratis, nec committatis, ut illo rerum adversarum eventu perturbemini.

611 A

κθ'. Χαλκιδίᾳ καὶ Ἀσυγκριτίᾳ.

Μηδὲν ὑμᾶς ταραττέτω τῶν συμβαινόντων λυπηρῶν, μηδὲ τὰ ἐπάλληλα τῶν πραγμάτων κύματα θορυβείτω ὑμῶν τὴν διάνοιαν. Τοιαύτη γὰρ ἡ στενὴ καὶ τεθλιμμένη ὁδὸς, πολλὴν ἔχουσα τὴν δυσκολίαν, πολλοὺς τοὺς ἱδρῶτας καὶ τοὺς πόνους. Ἀλλὰ ταῦτα μὲν παροδεύεται, καὶ τῷ παρόντι συγκαταλύεται βίῳ. Κἂν γὰρ στενὴ ἡ ὁδὸς, ἀλλ' ὁδός ἐστιν· τὰ δὲ ἐκ τοῦ ταῦτα φέρειν πράως καὶ γενναίως βραβεῖα διηνεκῆ καὶ ἀθάνατα, καὶ πολλῷ μείζονα τῶν ἱδρώτων. B Ἐννοοῦσαι τοίνυν καὶ τὸ ἐπίκηρον καὶ τὸ πρόσκαιρον τῆς θλίψεως, καὶ τὸ διηνεκὲς καὶ ἀθάνατον τῶν ἀμοιβῶν, φέρετε πάντα γενναίως, μηδενὶ τῶν συμπιπτόντων δυσχερῶν ταραττόμεναι. Ἓν γάρ ἐστι λυπηρὸν ἁμαρτία μόνον· τὰ δὲ ἄλλα πάντα, ἐξορίαι, δημεύσεις, ἀπαγωγαὶ, ἐπιβουλαὶ, καὶ ὅσα τοιαῦτα, σκιά τίς ἐστιν καὶ καπνὸς καὶ ἀράχνη, καὶ εἴ τι τούτων εὐτελέστερον. Ἅτε οὖν καὶ κατὰ τὸν ἔμπροσθεν χρόνον πολλοὺς μελετήσασαι φέρειν πειρασμοὺς, καὶ νῦν τὴν ἁρμόττουσαν ὑμῖν ἐπιδείκνυσθε ὑπομονήν. Αὕτη γὰρ ἐν ἀσφαλείᾳ καὶ ἀδείᾳ καὶ γαλήνῃ πολλῇ καταστῆσαι ὑμᾶς δυνήσεται, καὶ δοκιμωτέρας ποιῆσαι. Καὶ γράφετε συνεχῶς ἡμῖν τὰ περὶ τῆς ὑγείας τῆς ὑμετέρας, ἄν τινας εὕρητε δι' ἰδίαν χρείαν παραγενομένους ἐνταῦθα. Ἴστε γὰρ ὅπως αὐτῆς ἀντεχόμεθα, καὶ ὅπως βουλόμεθα πυκνότερον περὶ ταύτης μανθάνειν.

Una enim res molesta peccatum est: cætera omnia, hoc est, exsilia, bonorum proscriptiones, relegationes, insidiæ, cunctaque id genus alia, umbra quædam, et fumus, et araneæ tela sunt, et si quid aliud his vilius esse potest. Quocirca, ut antehac quoque multis tentationibus perferendis assuetæ, nunc quoque, quam par est, patientiam præstate. Siquidem ea hanc vim habitura est, ut vos in magna securitate ac tranquillitate constituat, præstantioresque efficiat. Ac si quos nanciscamini, qui ob sua negotia huc veniant, de vestra valetudine ad nos crebro literas date. Scitis enim quantopere ejus studiosi simus, quamque crebro de ea aliquid audire cupiamus.

Nihil molestum præter peccatum.

λ'. Ἑορτίῳ ἐπισκόπῳ.

Ἐγὼ μὲν ἐπεθύμουν καὶ γράμματα δέξασθαι τῆς σῆς τιμιότητος περὶ τῆς ὑγείας τῆς σῆς ἡμῖν δηλοῦντα. Οἶσθα γὰρ ὅπως ἀεὶ περὶ τὴν σὴν διετέθημεν εὐλάβειαν, δέσποτα τιμιώτατε. Ἀλλ' ἐπειδὴ τοῦτο ἴσως τῶν γραμματηφόρων ὑμᾶς [a] περιείλετο ἡ σπάνις, ἡμεῖς, ἐπιτυχόντες τῶν πρὸς τὴν σὴν εὐλάβειαν ἀφικνουμένων, πρότεροι τοῖς γράμμασιν ἐπεπηδήσαμεν τοῖς πρὸς τὴν σὴν τιμιότητα, καί σε παρακαλοῦμεν, ἡνίκα ἂν ἐξῇ, καὶ αὐτὸν συνεχῶς ἡμῖν ἐπιστέλλειν, καὶ περὶ τῆς ὑγείας τῆς σῆς δηλοῦν. Οἰκοῦμεν γὰρ χωρίον ἐρημότατον, καὶ πάσης τῆς καθ' ἡμᾶς οἰκουμένης ἐρημότερον· πολιορκούμεθα καὶ φόβῳ λῃστῶν, καὶ πολλὰς ὡς ἐν ἀλλοτρίᾳ καὶ ἐν τοσαύτῃ ἐρημίᾳ θλίψεις ὑπομένομεν· πλὴν ἐὰν ὑμῶν τῶν σφόδρα ἡμᾶς ἀγαπώντων πυκνῶς ἐπιτυγχάνωμεν γραμμάτων τὰ περὶ τῆς ὑγείας τῆς ὑμετέρας δηλούντων, πολλὴν καὶ ἐν τοσαύταις περιστάσεσιν ὄντες καρπωσόμεθα παράκλησιν. Οἶσθα γὰρ ὅση ἀγάπης δύναμις, καὶ ὡς οὐ παρουσία τῶν φιλούντων μόνον, ἀλλὰ καὶ γράμματα πολλὴν φέρει τὴν παραμυθίαν. Ταῦτ' οὖν εἰδὼς ἐπιδαψιλεύου ταύτην ἡμῖν τὴν εὐφροσύνην, συνεχέστερον τὰ περὶ τῆς ὑγείας τῆς σῆς δηλῶν, περὶ ἧς μάλιστα περισπούδαστον ἡμῖν μανθάνειν.

XXX. Heortio episcopo.

Cucuso anno 404.

Equidem ipse literas etiam, quibus me de tua valetudine certiorem faceres, accipere cupiebam. Scis enim, reverendissime domine, quo semper animo erga te fuerim. Verum quoniam hoc tabellariorum penuria vobis fortassis eripuit, idcirco ipse hominės, qui ad te proficiscantur, nactus, literis te lacesso, teque rogo et obsecro, ut quoties facultas dabitur, ipse quoque ad nos quam sæpissime scribas, quaque valetudine sis, exponas. Quamquam enim in desertissimo orbis loco habitamus, ac prædonum metu obsidemur, multasque, ut in externa regione, tamque vasta solitudine, calamitates perpetimur: tamen si frequentes a te, cui carissimi sumus, literas accipiamus, quæ nos de tua valetudine certiores faciant, ingentem hinc, tot licet calamitatibus oppressi, consolationem capiemus. Quanta enim caritatis vis sit exploratum habes, quodque non amicorum dumtaxat præsentia, sed etiam literæ ingens solatium afferant. Quæ cum ita sint, fac, quæso, hanc nobis volupatem frequentius impertias, de valetudine tua, de qua potissimum aliquid audire cupimus, certiores nos faciens.

λά. Μαρκελλίνῳ.

612 Μακρὰν μὲν ἐσιγήσαμεν ἀμφότεροι σιγὴν πρὸς ἀλλήλους, τῆς δὲ ἀγάπης σου τῆς ἀρχαίας καὶ γνησίας ἡμῖν ἐκείνης οὐκ ἐπιλελήσμεθα, ἀλλ' ἀκμάζουσαν αὐτὴν διατηροῦμεν, καὶ ὅπουπερ ἂν ἀπίωμεν, αὐτὴν περιφέρομεν, μεγίστην ἐντεῦθεν καρπούμενοι τὴν παράκλησιν. Διὸ δὴ καὶ νῦν ἐπιτυχόντες τῶν πρὸς τὴν σὴν εὐγένειαν ἀφικνουμένων, τήν τε ὀφειλομένην ἀπο-

XXX. Marcellino.

Anno forte 405.

Etsi diuturno silentio inter nos uterque usi sumus, tamen veteris illius ac sinceræ tuæ caritatis memoriam minime abjecimus, verum florentem eam et integram retinemus, eamque quocumque proficiscimur, nobiscum circumferimus, maximoque hinc solatio afficimur. Eaque de causa homines nunc nacti, qui ad te se conferant,

[a] Coislin. περιείλετο, recte. Edit. παρείλετο.

debitum salutationis munus tibi persolvimus, illudque significamus, nos etiamsi ad extremos usque orbis terrarum fines abducamur, sic tamen abire, ut te in animo nostro penitus insculptum teneamus. Quoniam autem iis, qui hoc animo præditi sunt, non tantum scribere, sed etiam ab iis, quos ita ament, literas accipere perjucundum est, hanc nobis voluptatem, domine cumprimis venerande, velim duplices: atque, quoties facultas erit, subinde ad nos scribas, et qua valetudine sis exponas. Scis enim quam nobis curæ sit hæc ediscere, quantamque, etiam in extera regione degentes, consolationem ex hac re capiamus.

διδόαμεν πρόσρησιν, καὶ δηλοῦμεν, ὅτι κἂν πρὸς αὐτὰς ἀπενεχθῶμεν τῆς οἰκουμένης τὰς ἐσχατιὰς, ἔχοντές σε ἄπιμεν ἐν διανοίᾳ ἐγκεκολαμμένον ἡμῶν τῷ συνειδότι. Ἀλλ' ἐπειδὴ τοῖς οὕτω διακειμένοις οὐ B τὸ γράφειν μόνον, ἀλλὰ καὶ τὸ δέχεσθαι γράμματα παρὰ τῶν οὕτω φιλουμένων, πολλὴν φέρει τὴν ἡδονὴν, διπλασίασον ἡμῖν τὴν εὐφροσύνην, δέσποτα τιμιώτατε, καὶ ἡνίκα ἂν ἐξῇ, γράφε συνεχῶς ἡμῖν, τὰ περὶ τῆς ὑγιείας τῆς σῆς δηλῶν. Οἶσθα γὰρ ὅπως ἡμῖν περισπούδαστον ταῦτα μανθάνειν, καὶ ὅσην καὶ ἐν ἀλλοτρίᾳ διατρίβοντες, ἐντεῦθεν καρπωσόμεθα τὴν παράκλησιν.

XXXII. *Euthaliæ.*

λβ'. Εὐθαλίᾳ.

Cucuso anno 404. Quamvis pauciores abs te epistolas accipiam, quam ad te mittam, non tamen propterea scribere desinam. Mihi enim ipse gratum facio, dum ad animam tam sincera erga me benevolentia præditam frequenter scribo. At quoniam, qui rerum tuarum status sit, intelligere vehementer expeto, idcirco epistolas etiam subinde accipere aveo, quo id quod copio subinde intelligam, nempe te in magna animi tranquillitate ac securitate versari. Nam si hæc tibi adsint, quin tu summa cura et studio animæ tuæ consulas, contemtisque hujusce vitæ rebus iter cæleste teneas, nullo modo dubitandum puto. Siquidem de animæ tuæ nobilitate atque ingenuitate mihi est exploratum, quamque a negotiorum tumultibus atque hujus vitæ curis immunis ac libera sis. Cum igitur, quantam a nobis, quando id facis, gratiam ineas, animadvertas, quoties facultas continget ac fieri poterit, quemadmodum jam dixi, quæso ad nos scribas: quo nos hinc quoque solitudinis hujus, in qua degimus, levationem capiamus. Etenim literæ vestræ, hoc est eorum quibus cordi sumus, cum crebro ad nos afferuntur, ac de vestra valetudine certiores nos faciunt, non vulgarem nobis voluptatem afferunt; verum tanto nos gaudio perfundunt, ut solitudinem hanc, in qua commoramur, ne tantulum quidem sentiamus.

Κἂν ἐλάττους δέχωμαι ἐπιστολὰς παρὰ τῆς κοσμιότητος τῆς σῆς, ὧν αὐτὸς πέμπω πρὸς τὴν σὴν ἐμμέ- C λειαν, οὐκ ἀποστήσομαι συνεχῶς γράφων. Ἐμαυτῷ γὰρ χαρίζομαι τοῦτο ποιῶν, πρὸς ψυχὴν οὕτω γνησίως περὶ ἡμᾶς διακειμένην καὶ θερμῶς καὶ συνεχῶς ἐπιστέλλων. Πλὴν ἀλλ' ἐπειδὴ σφόδρα ἡμῖν περισπούδαστον μανθάνειν ἐν τίσιν [a] ὁρμᾷ τὰ σὰ, συνεχῶς καὶ γραμμάτων ἐπιθυμοῦμεν ἀπολαύειν, ἵνα μανθάνωμεν διηνεκῶς ἅπερ ἐπιθυμοῦμεν, ὅτι ἐν εὐθυμίᾳ καὶ ἀσφαλείᾳ διάγεις πολλῇ. Τούτων γὰρ [b] ἀπολαύουσα, ὅτι πολλὴν ποιῇ τῆς ψυχῆς τῆς σῆς ἐπιμέλειαν, καὶ τῶν βιωτικῶν ὑπερορῶσα, τὴν εἰς τὸν οὐρανὸν ὁδὸν βαδίζεις, οὐδὲν οἶμαι δεῖν ἀμφιβάλλειν. Οἶδα γάρ σου τῆς ψυχῆς τὸ εὐγενὲς, καὶ ἐλευθέριον, D καὶ ἀπραγμοσύνης γέμον, καὶ τῶν βιωτικῶν ἀπηλλαγμένον φροντίδων. Ἐννοοῦσα τοίνυν ἡλίκα ἡμῖν χαρίζῃ τοῦτο ποιοῦσα, ἡνίκα ἂν ἐξῇ καὶ δυνατὸν ᾖ, συνεχῶς ἡμῖν ἐπιστέλλειν, καθάπερ προειρήκαμεν, παρακλήθητι, ὥστε πολλὴν ἡμᾶς καὶ ἐντεῦθεν τῆς ἐρημίας ταύτης, ἐν ᾗ διατρίβομεν, λαβεῖν παραμυθίαν. Τὰ γὰρ ὑμῶν τῶν ἀγαπώντων ἡμᾶς γράμματα ὅταν συνεχῶς φέρηται πρὸς ἡμᾶς, τὰ περὶ τῆς ὑγιείας ὑμῶν δηλοῦντα, οὐ τῆς τυχούσης ἡμᾶς ἐμπίπλησιν εὐφροσύνης, ἀλλὰ τοσαύτην ἡμῖν ἐμποιεῖ τὴν ἡδο- E νὴν, ὡς μηδὲ μικρὰν αἴσθησιν τῆς ἐρημίας ταύτης, ἐν ᾗ διατρίβομεν, λαμβάνειν.

XXXIII. *Adoliæ:*

λγ'. Ἀδολίᾳ.

Cucuso anno 404, vel 405. Tu hinc quoque sinceræ istius et ardentis tuæ

Καὶ ταύτῃ σου τὴν ἀγάπην ἔδειξας, τὴν γνησίαν

[a] [Savil. in textu ὁρμεῖ, in marg. ὁρμᾷ e var. lect.]

[b] Sic duo optimi Mss. atque ita legit Interpres. Editi ἀπολαύοντες.

καὶ θερμὴν, ὅτι καὶ ἐν ἀῤῥωστίᾳ οὖσα, οὕτω συνεχῶς ἡμῖν ἐπιστέλλεις. Ἡμεῖς δὲ ἐπιθυμοῦμεν τῆς τε ἀῤῥωστίας σε ἀπαλλαγῆναι, καὶ ἐνταῦθα παραγενομένην, ὅταν ἐξῇ, θεάσασθαι. Καὶ τοῦτο οἶσθα καὶ αὐτὴ, κυρία μου κοσμιωτάτη καὶ εὐλαβεστάτη. Ἐπεὶ 613 A οὖν, ὅπερ καὶ ἔμπροσθεν ἐπέσταλκα, νῦν ἐν φροντίδι μείζονι καθεστήκαμεν (καὶ γὰρ ἀπὸ τῶν γραμμάτων ἐστοχασάμεθά σου τῆς ἀῤῥωστίας τὴν ὑπερβολὴν), διά τοι τοῦτο, ἡνίκα ἂν πρὸς τὸ βέλτιον ἐπιδῷ σοι τὸ σῶμα, διὰ τάχους ὡς βούλει δηλῶσαι ἡμῖν παρακλήθητι τοῦτο αὐτὸ, ἵνα βαρυτάτης ἡμᾶς ἀνεθῆναι ποιήσῃς φροντίδος. Ὅτι γὰρ καὶ νῦν οὐκ ἐν μικρᾷ καθεστήκαμεν ἀθυμίᾳ τῆς ἀῤῥωστίας ἕνεκεν τῆς σῆς, οὐδὲ αὐτὴ ἀγνοεῖς. Εἰδυῖα τοίνυν τὴν φροντίδα ἐν ᾗ νῦν ἐσμεν, ὅπερ παρεκαλέσαμεν, ποιῆσαι B σπούδασον. Εἰ καὶ τὰ μάλιστα οὐδέν σοι εἰς τοῦτο δεῖ παρακλήσεως· ἀλλ' εὖ οἶδ' ὅτι ὅσων ἂν ἐπιτύχῃς γραμματηφόρων, οὐ παύσῃ δι' ἑκάστου ἡμῖν ἐπιστέλλουσα.

caritatis documentum dedisti, quod cum adversa valetudine sis, literas tamen ad nos dare non intermittas. Nos vero te morbo liberari, atque, hoc cum licuerit, venientem videre cupimos. Idque ipsa scis, ornatissima ac religiosissima domina. Quoniam igitur, ut etiam antehac scripsi, nunc in majore cura et sollicitudine sumus (siquidem ex literis tuis ingentem morbi tui magnitudinem esse conjecimus), idcirco, cum meliore corporis valetudine fueris, velim celeriter id nobis significes, quo nos gravissima cura leves. Nam quod nunc ob morbum tuum haud levi mœstitia afficiamur, ne ipsa quidem ignoras. Quapropter, cum curam eam, qua nunc premimur, exploratam habeas, id quod abs te petimus, facere stude. Quamquam ad hoc præsertim nihil est cur te cohorter: neque enim dubito, quin quoties tabellarios nacta fueris, toties ad nos scriptura sis.

λδ'. Καρτερίᾳ.

Καὶ τοῦτο τῆς ἀγάπης τῆς σῆς, τῆς μεμεριμνημένης ψυχῆς τῆς σφοδρῶς περὶ ἡμᾶς διακειμένης, τὸ μὴ μόνον ἀποστεῖλαι τὸ [a] πολυάρχιον, ἀλλὰ καὶ σκοπῆσαι ὅπως ἂν γένοιτο χρήσιμον, προσθεῖναί τε αὐτῷ τό τε νάρδινον, καὶ τὸ γλεύκινον ἔλαιον, διορθοῦντα αὐτοῦ τὴν ἀπὸ τῆς μακρᾶς ἀποδημίας ξηρότητα. Καὶ τὸ αὐ- C τὴν καὶ κατασκευάσαι τοῦτο, καὶ μὴ ἑτέροις ἐπιτρέψαι, καὶ μὴ τῆς ταχύτητος γενέσθαι, ἀλλὰ τοῦ γενέσθαι σπουδαῖον αὐτὸ, καὶ τοῦτο μάλιστα ἐκπλήττεσθαι ἡμᾶς τὴν διάθεσιν τὴν περὶ ἡμᾶς πεποίηκε. Διὰ τοῦτό σοι χάριτας ὁμολογοῦμεν ἓν μόνον ἐγκαλοῦντες, ὅτι, ὃ μάλιστα περισπούδαστον ἦν ἡμῖν, τοῦτο οὐκ ἔπεμψας διὰ τῶν γραμμάτων, τὰ εὐαγγέλια λέγω τῆς σῆς ὑγείας. Καὶ ὡς νῦν ἐν φροντίδι καθεστήκαμεν, οὐκ εἰδότες [b] οἶα τῆς ἀῤῥωστίας ἕστηκε τῆς σῆς· οὕτως ἂν διὰ τάχους ἡμῖν πέμψῃς γράμματα ἀπαγγέλλοντα ἡμῖν, ὅτι λέλυται τὰ τῆς νόσου, τὰ μέγιστα D ἡμῖν χαριῇ. Εἰδυῖα τοίνυν ὅπως σφόδρα ἐπιθυμοῦμεν μαθεῖν, ὅτι δὴ ἐκ τῆς ἀσθενείας ταύτης ἀνήνεγκας, χαρίζου ἡμῖν ταύτην τὴν εὐφροσύνην, ἐν τῇ χαλεπωτάτῃ ταύτῃ ἐρημίᾳ τε καὶ πολιορκίᾳ οὐ μικρὰν ἐσομένην ἡμῖν παράκλησιν.

XXXIV. Carteriæ.

Istud quoque pro tua caritate animique sollicitudine, atque ingenti erga nos benevolentia abs te factum est, quod non solum polyarchium misisti, verum etiam illud spectasti, quonam pacto nobis usui esse possit, atque ipsi tum nardinum, tum musteum oleum addidisti, quo ipsius siccitati ex longo itinere contractæ medereris. Quin hoc quoque nomine tuam erga nos benevolentiam summopere admirati sumus, quod ipsamet hoc effecisti, ac non aliis id efficiendum mandasti, atque ut probe potius ac scite, quam ut festinanter fieret, operam dedisti. Ideo gratias tibi agimus, in hoc solum te accusantes, quod id quod maxime optabamus per literas minime misisti, hoc est jucundum de tua sanitate nuntium. Ut autem idcirco anxio animo sumus, quod morbi tui statum nesciamus: eodem modo, si primo quoque tempore nobis literas miseris, quibus eum profligatum et exstinctum esse intelligamus, maximo nos beneficio devinxeris. Cum igitur scias, quam vehementer intelligere cupiamus, te ex hac adversa valetudine jam emersisse, hanc, quæso, voluptatem nobis largire: quæ in hac molestissima solitudine et obsidione non parvam nobis consolationem allatura est.

Cucuso anno 404.

[a] Πολυάρχιον, genus unguenti, quod alibi memoratum non occurrit mihi; νάρδινον et γλεύκινον unguenta quæ essent vide in *Antiquitate explanatione et schematibus illustrata* Tomo III, part. 2, lib. I, cap 3.

[b] [Savil. et Cod. Coislin. *εἰ τὰ τῆς ἀῤῥ.* quod legit Billius vertens: *num morbus tuus evulsus sit.* Si Morelli et Montfauconi lectio proba, saltem post *οὐκ* insere *τά*, aut scrib. *εἰ τὰ τῆς*, coll. p. 628, B, vel *ἢ τὰ τῆς*.]

XXXV. *Alphio.*

Cucuso anno 405.

Velim tibi Deus sinceræ atque ardentis ac puræ et omni simulatione alienæ, firmæque et constantis erga nos caritatis, tum in hac præsenti vita, tum in futuro ævo, præmium tribuat. Nec enim parva tuæ erga nos benevolentiæ documenta, idque tanto a nobis locorum intervallo disjunctus, exhibuisti, domine mi honoratissime ac generosissime, verum et multa et præclara. Eoque nomine gratias tibi habemus, et sæpe ad te scribere cupimus: verum quoties volumus non licet, sed quoties possumus scribimus. Scis enim quanta ex hieme ac prædonum impetu itinerum difficultas oriatur. Quapropter cum diuturno tempore silemus, ne id negligentia nostra fieri existimes, verum tabellariorum inopiæ istud, non socordiæ nostræ adscribas. Nam si sæpius ad te scribendi facultas offerretur, frequentius ad te literas dare minime nos piguisset. Siquidem nobismet gratissimum facimus, cum debito tibi salutationis munere sæpius perfungimur. Hæc cum scias, tu quoque de tua valetudine ad nos scribere ne intermitte. Quod autem te nobis misisse scribis, hoc nemo huc attulit; verum qui id afferebat, prædonum metu perterritus pedem retulit. Cæterum si me amas, ne hoc facias, ne difficultates atque negotia tibi ipsi exhibeas. Nam ingentium donorum loco sinceram atque ardentem tuam benevolentiam duco: quam cum semper obtineamus, ex caritatis tuæ recordatione semper voluptatem capimus.

λε'. Ἀλφίῳ.

Ὁ Θεός σοι τὸν μισθὸν δῴη, καὶ ἐν τῷ παρόντι βίῳ, καὶ ἐν τῷ μέλλοντι αἰῶνι, τῆς γνησίας καὶ θερμῆς περὶ ἡμᾶς ἀγάπης, τῆς εἰλικρινοῦς, καὶ ἀνυποκρίτου, τῆς ἀκινήτου, καὶ ἀπεριτρέπτου. Οὐ γὰρ E μικρὰ δείγματα τῆς περὶ ἡμᾶς διαθέσεως, καὶ ταῦτα ἐκ τοσούτου καθήμενος διαστήματος, ἐπεδείξω, κύριέ μου τιμιώτατε καὶ εὐγενέστατε, ἀλλὰ καὶ πολλὰ καὶ μεγάλα. Διὰ τοῦτό σοι χάριτας ἴσμεν, καὶ συνεχῶς ἐπιστέλλειν βουλόμεθα, ἀλλ' οὐ δυνάμεθα ὁσάκις ἂν βουλώμεθα, γράφομεν δὲ ὁσάκις ἂν δυνώμεθα. Οἶσθα γὰρ καὶ τὴν ἀπὸ τοῦ χειμῶνος, καὶ τὴν ἀπὸ τῶν ληστρικῶν ἐφόδων γινομένην ἐν ταῖς ὁδοῖς δυσκολίαν. Μὴ τοίνυν νομίσῃς ῥᾳθυμεῖν ἡμᾶς, ὅταν μακρὰν σιγήσωμεν σιγὴν, ἀλλὰ τῇ σπάνει τῶν γραμματηφόρων 614 A τοῦτο λογίζου, μὴ τῇ ὀλιγωρίᾳ τῇ ἡμετέρᾳ. Ὡς εἴγε δυνατὸν ἦν συνεχέστερον ἐπιστέλλειν, οὐκ ἂν ὠκνήσαμεν πυκνὰ πέμποντές σοι γράμματα. Ἡμῖν γὰρ ἑαυτοῖς ἐχαριζόμεθα, τὴν ὀφειλομένην σοι πρόσρησιν συνεχέστερον ἀποδιδόντες. Ταῦτ' οὖν εἰδὼς, γράφε ἡμῖν συνεχῶς καὶ αὐτὸς τὰ περὶ τῆς ὑγιείας τῆς σῆς. Ὅπερ ἔφης ἀπεσταλκέναι ἡμῖν, τοῦτο οὐδεὶς ἐκόμισεν ἐνταῦθα, ἀλλ' ὑπέστρεψεν ὁ ἔχων διὰ τὸν τῶν ληστῶν φόβον. Πλὴν παρακαλοῦμέν σε μὴ ποιεῖν τοῦτο, μηδὲ δυσκολίας σαυτῷ παρέχειν καὶ πράγματα. Τὰ γὰρ μεγάλα σου δῶρα, τὸ γνήσιόν σου καὶ θερμὸν τῆς B διαθέσεως, οὗ διηνεκῶς ἀπολαύοντες, ἐντρυφῶμεν ἀεὶ τῇ μνήμῃ τῆς σῆς ἀγάπης.

XXXVI. *Maroni presbytero monacho.*

Ab anno 404. ad 407.

Nos caritatis quidem ac benevolentiæ vinculis tecum adstringimur, ac te ut hic præsentem intuemur. Ejusmodi quippe caritatis oculi sunt, ut nec ullis viarum spatiis interrumpantur, nec temporis diuturnitate debilitentur. Cuperemus autem crebrius quoque ad te literas dare; verum quoniam id tum ob itineris difficultatem, tum ob eorum qui iter faciunt raritatem haud facile est, quoties licet te salutamus, tibique illud significamus, nos tui numquam non meminisse, teque in animo nostro, quocumque tandem in loco simus, circumferre. Cura igitur tu quoque, ut de tua valetudine quam sæpissime certiores fiamus, quo, licet corpore semoti, de tua valetudine

λϛ'. [a] Μάρωνι πρεσβυτέρῳ καὶ μονάζοντι.

Ἡμεῖς τῇ μὲν ἀγάπῃ συνδεδέμεθά σοι καὶ τῇ διαθέσει, καὶ ὡς παρόντα σε ἐνταῦθα οὕτως ὁρῶμεν. Τοιοῦτοι γὰρ τῆς ἀγάπης οἱ ὀφθαλμοί· οὐχ ὁδῷ διακόπτονται, οὐ χρόνῳ μαραίνονται. Ἐβουλόμεθα δὲ καὶ συνεχέστερον ἐπιστέλλειν τῇ εὐλαβείᾳ σου, ἀλλ' ἐπειδὴ τοῦτο οὐκ ἔνι ῥᾴδιον διὰ τὴν τῆς ὁδοῦ C δυσκολίαν, καὶ τὴν ἀπορίαν τῶν ὁδοιπόρων, ἡνίκα ἂν ἐξῇ προσαγορεύομέν σου τὴν τιμιότητα, καὶ δῆλόν σοι ποιοῦμεν, ὅτι διηνεκῶς ἐπὶ μνήμης σε ἔχομεν, ἐν τῇ ψυχῇ τῇ ἡμετέρᾳ περιφέροντες, ὅπουπερ ἂν ὦμεν. Δήλου τοίνυν καὶ αὐτὸς ἡμῖν συνεχέστερον τὰ περὶ τῆς ὑγιείας τῆς σῆς, ἵνα καὶ τῷ σώματι κεχωρισμένοι, μανθάνοντες συνεχῶς τὰ περὶ τῆς ῥώσεως τῆς σῆς, εὐθυμότεροι γινώμεθα, καὶ πολλὴν ἐν ἐρημίᾳ

[a] [Savil. in texto Ῥωμανῷ : in marg. e var. lect. Μάρωνι.]

καθήμενοι δεχώμεθα τὴν παράκλησιν. Οὐ μικρὰν γὰρ ἡμῖν εὐφροσύνην κομίζει τὸ ἀκούειν περὶ τῆς ὑγιείας τῆς σῆς. Καὶ πρὸ πάντων εὔχεσθαι ὑπὲρ ἡμῶν παρακλήθητι.

subinde aliquid audientes, alacriore animo simus, ingentemque, etiam in solitudine sedentes, conso- D lationem capiamus. Nec enim parva voluptate afficimur, cum te optime valere audimus. Ante omnia autem illud te oro, ut pro nobis preces ad Deum adhibeas.

λζ'. Τραγκυλίνῳ ἐπισκόπῳ.

Τὸν κύριόν μου τὸν τιμιώτατον ἐπίσκοπον Σέλευκον οἴκοθεν μὲν ὁ περὶ ἡμᾶς ἀνέστησε πόθος, ἐντεῦθεν δὲ ὁ τῆς σῆς ἀγάπης ἔρως. Οὗτος αὐτὸν καὶ χειμῶνος κατατολμῆσαι, καὶ δυσκολίας ὁδοῦ, καὶ ἀῤῥωστίας χαλεπωτάτης ἀνέπεισεν. Ἐπαινέσας τοίνυν αὐτὸν, δέσποτά μου τιμιώτατε, τοῦ φίλτρου τῆς σπουδῆς, ἀπόδος αὐτῷ τὴν ἀμοιβὴν τῆς μακρᾶς ταύτης ταλαιπωρίας, τὴν εἰωθυῖαν περὶ αὐτὸν ἀγάπην καὶ νῦν ἐπιδειξάμενος. Ἐπεὶ καὶ ἡμεῖς ὡς εἰς λιμένα αὐτὸν ἀκύμαντον εἰς τὰς σὰς παρεπέμψαμεν χεῖρας, εἰδότες σου τὴν πολλὴν φιλοφροσύνην, τὴν γνησίαν ἀγάπην, τὴν θερμὴν καὶ ἀκλινῆ καὶ ἀπερίτρεπτον. Κἂν ἀφικνῆταί τις ἐκεῖθεν, καὶ ῥᾴδιον γένηται, καὶ ἐπιστεῖλαι ἡμῖν παρακλήθητι τὰ περὶ τῆς ῥώσεώς σου. Εὐψύχιος γὰρ εἰς τὸ παρὸν οὐκ ἀπήντησε· διὸ οὐδὲ μαθεῖν τι δεδυνήμεθα ὧν ἔφης ἐκεῖνον ἐρεῖν πρῴην ἡμῖν ἐπιστέλλων, διὰ τὸ μηδαμοῦ τὸν ἄνθρωπον φαίνεσθαι. Ταῦτ' οὖν εἰδὼς, ἐκεῖνά τε ἅπερ δι' 615 A ἐκείνου πρῴην ἐδήλωσας, καὶ εἴ τι πλέον ἡμᾶς γνῶναι ἀναγκαῖον, νῦν γοῦν γνωρίσαι ἡμῖν παρακλήθητι, καὶ τὰ περὶ τῆς ὑγείας σήμαινε τῆς σῆς, τῆς σφόδρα ἡμῖν περισπουδάστου, καὶ ὑπὲρ ἧς ἀεὶ μεριμνῶντες, ἀεὶ μανθάνειν ἐπιθυμοῦμεν.

XXXVII. Tranquillino episcopo.

Reverendissimum dominum meum episcopum Seleucum, ut relicta domo huc se conferret, nostri desiderium excitavit: ut autem hinc rursus domum rediret, tui amor. Nam hic eum E induxit, ut et hiemem, et itineris difficultatem, et gravissimum morbum contemneret. Collaudato itaque ipsius amore ac studio, domine mi præstantissime, diuturnæ hujus ærumnæ præmium ipsi repende, hanc nimirum, quam soles, caritatem erga eum ostendens. Nos enim eum ad tuas manus, velut ad tranquillum quemdam portum, transmisimus, quippe qui tuam comitatem, ac sinceram, ferventem, firmam atque constantem caritatem comportam habeamus. Ac si quispiam istinc veniat, idque facile sit, de tua valetudine velim ad nos scribas. Eupsychius enim ad nos non nunc accessit: ideo nihil ex iis quæ, cum nuper ad nos scriberes, dicturum illum aiebas, scire potuimus, quod videlicet ipse nusquam appareat. Hæc igitur cum tibi minime ignota sint, tum ea quæ per eum nuper nobis significanda curaveras, tum si quid aliud amplius nos scire necesse sit, nunc saltem fac sciamus, ac de tua valetudine, quæ nobis summæ curæ est, et de qua, cum perpetua sollicitudine laboremus, perpetuo quoque audire cupimus, aliquid nobis significa.

Cucuso anno ut putatur 404, vel 405.

λη'. [a] Ὑμνητίῳ ἀρχιητρῷ.

Εἰ καὶ μὴ συνεχῶς ἐπεστάλκαμεν τῇ τιμιότητί σου, ἀλλὰ συνεχῶς σε ἐπὶ μνήμης ἔχομεν, πεῖράν σου τῆς σφοδροτάτης, τῆς σπουδαίας, τῆς γνησίας φιλίας πολλὴν ἐν ἡμέραις ὀλίγαις λαβόντες. Διὰ τοῦτο καὶ τὸν κύριόν μου τὸν τιμιώτατον ἐπίσκοπον Σέλευκον ὡς εἰς λιμένα τὰς σὰς παραπέμπομεν χεῖρας. Καὶ γὰρ ὑπὸ βηχὸς πολεμεῖται χαλεπωτάτης, ἣν ἡ τοῦ ἔτους ὥρα σφοδρότερον ἐπιτρίβει, καὶ χαλεπωτέραν ποιεῖ. Καταμαθὼν τοίνυν, δέσποτά μου τιμιώτατε,

XXXVIII. Hymnetio archiatro.

Etsi non crebro ad te literas dedimus, at perpetuo tamen memoria te gestamus, ut qui ferventis tui ac probi et sinceri amoris ingens paucis diebus documentum ceperimus. Eoque B nomine reverendissimum dominum meum episcopum Seleucum ad tuas manus, non secus atque in portum, transmittimus. Nam ipse gravissima tussi vexatur, quam etiam infestius anni tempus auget, gravioremque reddit. Cum igitur morbi

Cucuso anno ut putatur 405.

[a] Vaticanus et Coislinianus et Savil. semper Ὑμητίῳ habent. Morel. Ὑμνητίῳ. Vatic. ἀρχιατρῷ. An Ὑμνήτιος, an Ὑμήτιος sit appellatus, dicere non ausim. Plures Mss. Ὑμήτιον habent. Erat hic archiater et medicus sacri palatii, unde, ut observat Ducæus, in Codice Theodosiano titulus est de Comitibus et Archiatris sacri palatii.

naturam perspectam habeas, domine mi cumprimis venerande, da operam, ut eum ex hac tempestate eripias, morbi incommodo artis tuæ vim opponens, cujus ope atque adjumento multos sæpe, cum in idem periculum venissent, ne ejusmodi fluctibus obruerentur, e naufragio statim exemisti.

τοῦ νοσήματος τὴν φύσιν, ἐξαρπάσαι αὐτὸν τοῦ κλυδωνίου πειράθητι, τῇ τῆς ἀῤῥωστίας βλάβῃ τὴν ἀπὸ τῆς ἐπιστήμης τῆς σῆς ἐπιτειχίσας δύναμιν, δι' ἧς πολλοὺς πολλάκις κινδυνεύσαντας ὑπὸ τοιούτων κυμάτων ὑποβρυχίους γενέσθαι τοῦ ναυαγίου ταχέως ἀπήλλαξας.

XXXIX. *Chalcidiæ.*

Cucuso anno 404, vel 405.

Caritatem eam, quam jam inde ab initio erga nos habes, novi: quodque vigentem eam retineas, ac cumulatiorem subinde reddas, eamque ob disjunctionem nostram, tantumque temporis spatium, non modo obscurari non sinas, sed etiam magis inflammes. Illud quoque scio, te literas nostras magna cum animi voluptate accipere; teque, sive scribas, sive taceas, eodem tamen semper animo erga nos esse: id enim et multis in rebus, et sæpe sum expertus. Quamobrem te oro, ut eumdem erga nos animum retinere pergas: siquidem sinceri tui amoris multa pignora, multa monimenta habemus. Idcirco te tamquam in animo nostro insculptam perpetuo circumferimus, tuique memoriam ita tenemus, ut nulla oblivione deleri possit, etiamsi non sæpe scribamus ob tabellariorum inopiam. Hæc igitur cum non te fugiant, ornatissima et religiosissima domina mea, subinde quoque ipsa de tua valetudine ad nos scribe. Quamquam enim nos, cum nullæ nobis abs te literæ redduntur, eos qui istinc veniunt de hac re semper sciscitamur: tamen a te quoque literas, quæ de tuæ valetudinis statu læta nobis nuntient, perpetuo accipere avemus.

C

λθ'. Χαλκιδίᾳ.

Οἶδα τὴν ἀγάπην ἣν ἔσχες περὶ ἡμᾶς ἄνωθεν καὶ ἐξ ἀρχῆς, καὶ ὅτι ἀκμάζουσαν αὐτὴν διατηρεῖς, καὶ ὅτι αὐτῇ καὶ προσθήκας ἐργάζῃ, καὶ οὐ μόνον οὐδὲν αὐτὴν εἴασας ἀμαυροτέραν γενέσθαι ἀπὸ τοῦ χωρισμοῦ, καὶ τοῦ τοσούτου χρόνου, ἀλλὰ καὶ μᾶλλον αὐτὴν ἀνάπτεις. Οἶδ' ὅτι καὶ μετὰ πολλῆς δέχῃ τῆς εὐφροσύνης τὰ παρ' ἡμῶν γράμματα, καὶ ὅτι καὶ γράφουσα καὶ σιγῶσα ὁμοίως περὶ ἡμᾶς διάκεισαι, πολλὴν τοῦ πράγματος καὶ ἐν πολλῷ τῷ χρόνῳ τὴν πεῖραν εἰληφώς. Διὸ δὴ παρακαλοῦμεν τὴν τιμιότη-
D τά σου καὶ περὶ ἡμᾶς οὕτω διακεῖσθαι· πολλὰ γὰρ ἐνέχυρά σου τῆς [b] γνησίας ἀγάπης ἔχομεν, πολλὰ ὑπομνήματα. Διὸ καὶ ἐν τῇ ψυχῇ σε διηνεκῶς περιφέρομεν, ἐγκολάψαντες ἡμῶν τῇ διανοίᾳ, καὶ τὴν μνήμην σου ἄληστον ἔχομεν, κἂν μὴ διηνεκῶς γράφωμεν, διὰ τὴν σπάνιν τῶν γραμματηφόρων ἐγκοπτόμενοι. Ταῦτ' οὖν εἰδυῖα, κυρία μου κοσμιωτάτη καὶ εὐλαβεστάτη, γράφε καὶ αὐτὴ συνεχῶς ἡμῖν τὰ περὶ τῆς ὑγιείας τῆς σῆς. Ἡμεῖς μὲν γὰρ κἂν μὴ δεξώμεθα γράμματα, τοὺς ἐκεῖθεν ἐρχομένους συνεχῶς ἐρωτῶμεν τοῦτο· βουλόμεθα δὲ καὶ παρὰ τῆς κοσμιό-
E τητος τῆς σῆς συνεχῶς δέχεσθαι ἐπιστολὰς, εὐαγγελιζομένας ἡμᾶς τὰ περὶ τῆς ῥώσεως τῆς σῆς.

XL. *Asyncritiæ.*

Cucuso anno 404.

Te in magna calamitate nunc versari scio. At quemadmodum hoc scio, sic et illud etiam, ingentem te pro his calamitatibus mercedem atque amplum præmium et remunerationem manere. Mœror etenim animæ utilitatem affert, eique præmia multa conciliat. Hæc igitur sciens atque considerans, maximam hinc consolationem accipe: nec calamitatum dumtaxat acerbitas tibi ob oculos versetur, verum etiam emolumentum quod ex iis colligitur; ac subinde ad nos de tua valetudine scribe. Neque enim levi dolore affecti

μ'. Ἀσυγκριτίᾳ.

Οἶδα ὅτι ἐν πολλῇ θλίψει καθέστηκας νῦν. Ἀλλ' ὥσπερ τοῦτο οἶδα, οὕτως κἀκεῖνο ἐπίσταμαι, ὅτι πολύς σε ἐκ τῶν θλίψεων τούτων ἀναμένει μισθὸς, καὶ
616 μεγάλη ἀμοιβὴ καὶ ἀντίδοσις [c] κεῖται. Εἰ γὰρ καὶ ἀθυ-
A μία, ἀλλὰ τὴν ψυχὴν ὠφελοῦσα, καὶ πολλὰ τὰ βραβεῖα προξενοῦσα. Ταῦτ' οὖν εἰδυῖα καὶ λογιζομένη, μεγίστην ἐντεῦθεν καρποῦ τὴν παράκλησιν, μὴ τὸ ὀδυνηρὸν μόνον ὁρῶσα τῶν θλίψεων, ἀλλὰ καὶ τὸ ἐκ τούτων συναγόμενον κέρδος· καὶ γράφε συνεχῶς ἡμῖν περὶ τῆς ὑγιείας τῆς σῆς. Ἐπεὶ καὶ νῦν οὐχ ὡς ἔτυχεν ἠλγήσαμεν, ἀκούσαντές σε ἀῤῥωστεῖν. Διὸ καὶ σφό-

[b] Duo Mss. γνησίας φιλίας ἔχομεν.

[c] Coislin. κομίζει γὰρ καὶ ἀθυμία τῇ ψυχῇ ὠφέλειαν, καὶ πολλὰ τὰ βραβεῖα. ταῦτ' οὖν.

ὅρα ἐπιζητοῦμεν μανθάνειν μετὰ πολλοῦ τοῦ τάχους, εἰ ῥᾷόν σοι διετέθη τὰ τῆς ἀῤῥωστίας, ὥστε τῆς ἐπὶ ταύτῃ φροντίδος ἀνεθῆναι.

sumus, cum te adversa valetudine esse accepimus. Ideo magna cum celeritate scire vehementer cupimus, num de gravitate aliquid remiserit, quo ea cura, quam hinc concepimus, levemur.

* μα'. Βαλεντίνῳ. B

Τρίτην πέμπω ταύτην ἐπιστολὴν, οὐδεμίαν αὐτὸς δεξάμενος παρὰ τῆς μεγαλοπρεπείας τῆς σῆς. Ἀλλ' ὅτι μὲν μετὰ πολλῆς τῆς εὐφροσύνης ἐδέξω ἡμῶν τὰ γράμματα, καὶ τὸν ἐγχειρίσαντα ταῦτα τῆς σοι προσηκούσης ἐποίησας ἀπολαῦσαι τιμῆς, καὶ τὰ παρὰ σαυτοῦ πάντα εἰσήνεγκας, ἐν οἷς ἐδεῖτό σου τῆς δυνάμεως, ἔγνωμεν, καὶ οὐδὲν ἡμᾶς τούτων ἔλαθεν· ἐπιστολὴν δὲ οὐδεμίαν ἐκομισάμεθα. Καὶ εἰ μὲν ἄλλος τις ἦν τῶν οὐ σφόδρα γενναίων ὁ σιωπήσας τοσοῦτον, ἐνομίσαμεν ἂν αὐτῷ πρόφασιν εἰς ἀπολογίαν εἶναι τῶν πραγμάτων τὸν ὄχλον. Ἐπειδὴ δέ σου τὸ ὑψηλὸν [a] τῆς C σῆς διανοίας ἴσμεν, τὸ θερμὸν τῆς ἀγάπης, τὸ γνήσιον, τὸ εἰλικρινὲς, τὸ διαρκὲς, τὸ μόνιμον, οὐκ ἂν δεξαίμεθα ταύτην ἀπολογίαν, οὐδ' αὖ τὸ μὴ ἐκεῖσε διατρίβειν σου τὴν θαυμασιότητα· καὶ γὰρ καὶ τοῦτο ἔγνωμεν. Ἀλλ' ἑνὶ μόνῳ καρπωσόμεθα τῆς μακρᾶς σιγῆς παραμυθίαν, εἰ βουληθείης εἰς τὸ ἐπιὸν τὸ παροφθὲν [b] ἐν τῷ παρελθόντι χρόνῳ ἀνακτήσασθαι, καὶ πέμψαι νιφάδας γραμμάτων ἡμῖν, ἀπὸ τῆς μέλι ῥεούσης γλώττης τὰ περὶ τῆς ὑγιείας σοῦ τε καὶ τῆς ἀσφαλείας δηλούντων. Εἰ γὰρ καὶ ἐν ἐρημίᾳ καθήμεθα, καὶ πολιορκίᾳ χαλεπῇ, καὶ μυρίοις περιεστοι- D χίσμεθα δεινοῖς, ἀλλ' ὅμως οὐ παυόμεθα μεριμνῶντες τὴν σὴν θαυμασιότητα· καὶ καθ' ἑκάστην [c] πυνθανόμεθα ἐν τίσιν ὁρμᾷ τὰ σά. Ἵν' οὖν μὴ παρ' ἑτέρων, ἀλλὰ καὶ παρὰ τῆς γλυκείας καὶ ποθεινοτάτης ἡμῖν διαθέσεως ταῦτα μανθάνωμεν, γράφε συνεχῶς ἡμῖν τὰ περὶ τῆς ῥώσεως τῆς σῆς· καὶ τὸ πᾶν ἀπειλήφαμεν, ἢν δεξώμεθα ἐπιστολὰς ταῦτα φερούσας ἡμῖν τὰ εὐαγγέλια.

XLI. Valentino.

Tertiam hanc epistolam mitto, cum ipso a te nullam acceperim. Verum quod magna cum animi voluptate literas nostras acceperis, cumque qui eas reddidit, quo decebat honore affeceris, atque item id omne quod tuarum partium erat in iis rebus, quæ tuam opem requirebant, præstiteris, intelleximus, nec quidquam horum nobis latuit: interim tamen nullam epistolam accepimus. Ac si quidem alius ex iis qui minus generoso animo sunt, hujusmodi silentio usus fuisset, ita existimavissemus, cum excusationis causa negotiorum molem prætendere. Cum autem mentis tuæ sublimitatem caritatisque fervorem, sinceritatem, puritatem atque constantiam exploratam habeamus, adduci non possumus, ut hac excusatione contenti simus. Ne item dixeris, te illic non commorari: nam illud nobis compertum est. Verum hac una duntaxat re diuturni silentii tui consolationem capiemus, si id quod antehac abs te neglectum est, compensare volueris, quam plurimasque ab ista lingua, ex qua mel manat, fusas literas mittere, quæ nobis valetudinis tuæ statum certo exponant. Quamquam enim in solitudine sedemus, gravique obsidione, atque innumeris acerbitatibus undique cincti sumus, de te tamen in cura et sollicitudine esse non desinimus, singulisque diebus, ut se res tuæ habeant, percontamur. Quamobrem ne ab aliis, verum abs te, cujus nobis dulcis ac perquam suavis benevolentia est, hæc intelligamus, subinde, quæso, de tua valetudine ad nos scribe. Nihil enim erit, quod non a te accepisse existimemus, si epistolas, quæ lætum hunc nobis nuntium ferant, acceperimus.

Cucuso anno 404.

μϐ'. Κανδιδιανῷ. E

Πολὺ τῆς ὁδοῦ τὸ μέσον τὸ διεῖργον ἡμᾶς, ἀλλ' οὐδὲ ὁ χρόνος βραχὺς, ἐξ οὗ τῆς θαυμασιότητος ἐχω-

XLII. Candidiano.

Ingens itineris intervallum nos dirimit, nec parvum tempus est, cum abs te sejuncti fuimus:

Cucuso anno 404.

* Putat Fronto Ducæus verisimile esse hunc Valentinum fuisse præfectum prætorio aut urbi Constantinopoli, quia μεγαλοπρεπείας, *magnificentiæ*, honorifico vocabolo compellatur. Verum quoniam rectores etiam provinciarum, et patricii, ut ipse fatetur, Magnificentiæ titulo exornati occurrunt, res in incerto versatur.

a [Savil. τῆς διανοίας.]

b Coislin. ἐν τῷ παρόντι καιρῷ.

c Duo Mss. πυνθανόμενοι. [Mox Savil. ὁρμεῖ.]

quin negotiorum quoque magna nos turba circumstat, gravissima loci solitudo, intoleranda obsidio, insidiæ, latronum incursiones, aliaque præterea angustia, nimirum corporis morbus. Nec tamen quidquam horum nos in tui amore segniores effecit: quin potius vigentem eum ac florentem conservamus, ac te, quocumque tandem in loco simus, animo et cogitatione circumferimus, tuique memoriam oblivionis omnis expertem tenemus; animique tui nobilitatem ac ingenuitatem, sinceræque caritatis firmitatem atque constantiam, benevolentiæque fervorem incisum in animis nostris habemus. Ad hunc scilicet modum hic degimus, summum tantæ solitudinis solatium in carum rerum quæ abs te recte geruntur recordatione positum habentes. Tu vero ad nos quoque subinde scribe, domine mi summopere admirande ac magnifice, de tua valetudine nobis læta nuntians. Scis enim quantopere ipsam complectamur (quippe de ea aliquid audire magnæ nobis curæ est), quodque duplicem voluptatem capiemus, si et ipse scribas, et literæ abs te hoc argumento ad nos afferantur.

ρίσθημεν τῆς σῆς· καὶ τῶν πραγμάτων δὲ πολὺς ὁ περιεστὼς ἡμᾶς ὄχλος, ἐρημία χωρίου χαλεπωτάτη, πολιορκία ἀφόρητος, ἔφοδοι, καταδρομαὶ λῃστῶν, ἑτέρα στενοχωρία,[d] ἡ τοῦ σώματος ἀῤῥωστία. Ἀλλ' ὅμως οὐδὲν τούτων ῥᾳθυμοτέρους ἡμᾶς περὶ τὴν ἀγά-
617 πην τὴν σὴν πεποίηκεν, ἀλλ' ἀκμάζουσαν αὐτὴν καὶ
A ἀνθοῦσαν διατηροῦμεν, ἐπὶ διανοίας σε περιφέροντες, ὅπουπερ ἂν ὦμεν, καὶ ἄληστόν σου τὴν μνήμην ἔχοντες, καὶ τὸ εὐγενές σου τῆς ψυχῆς, τὸ ἐλευθέριον, τὸ ἄτρεπτον, τὸ ἀκλινὲς τῆς γνησίας ἀγάπης, τὸ θερμὸν τῆς διαθέσεως ἐγκολάψαντες ἡμῶν τῇ διανοίᾳ. Οὕτως ἐνταῦθα διάγομεν, μεγίστην παραμυθίαν τῆς τοσαύτης ἐρημίας τὴν μνήμην τῶν σῶν κατορθωμάτων ἔχοντες. Γράφε δὴ καὶ αὐτὸς ἡμῖν συνεχῶς, δέσποτά μου θαυμασιώτατε καὶ μεγαλοπρεπέστατε,
B τὰ περὶ τῆς ὑγιείας τῆς σῆς εὐαγγελιζόμενος. Οἶσθα γὰρ ὅπως αὐτῆς ἀντεχόμεθα (καὶ γὰρ περισπούδαστον ἡμῖν περὶ ταύτης μανθάνειν), καὶ ὅτι διπλῆν καρπωσόμεθα τὴν εὐφροσύνην, τῷ τε ἐπιστέλλειν αὐτὸν, τῷ τε τοιαῦτα δέχεσθαι ἡμᾶς γράμματα παρὰ τῆς μεγαλοπρεπείας τῆς σῆς.

XLIII. Bassianæ.

Cucuso anno 405.

Tu quidem perdiu siluisti, idque, cum reverendissimum ac religiosissimum diaconum Theodotum præsto haberes, per quem facile nancisci posses, qui istinc ad nos venirent. Nos autem ne hinc quidem te in amore erga nos segniorem redditam esse suspicamur; quippe qui persæpe ac multis in rebus ipsius periculum fecerimus, ejusque splendorem, puritatem, sinceritatem atque constantiam exploratam habeamus. Quamobrem, sive scribas, sive taccas, eodem erga te animo sumus, deque tua integra et pura benevolentia minime dubitamus. Quamquam autem eo animo sumus, crebras tamen literas, quæ nobis de tua totiusque tuæ domus valetudine, quæ volumus, nuntient, accipere vehementer cupimus. Quandoquidem nosti ipsam quoque nobis admodum curæ esse. Hæc igitur cum tibi perspecta sint, ornatissima ac nobilissima domina mea, hanc nobis gratiam velim concedas, quæ et levis, facilis et æqua est, et nobis, qui in hac solitudine hæremus, ingentem consolationem affert.

μγ'. Βασσιανῇ.

Αὐτὴ μὲν μακρὸν ἐσίγησας χρόνον, καὶ ταῦτα ἔχουσα τὸν κύριόν μου τὸν τιμιώτατον καὶ εὐλαβέστατον Θεόδοτον τὸν διάκονον, δυνάμενον ῥᾳδίως εὑρί-
C σκειν τοὺς ἐκεῖθεν ἐνταῦθα ἀφικνουμένους. Ἡμεῖς δὲ οὐδὲ ἐντεῦθεν ὑποπτεύομέν σου τὴν ἀγάπην, ὡς ῥᾳθυμοτέραν γεγενημένην περὶ ἡμᾶς· πολλὴν γὰρ αὐτῆς πεῖραν, καὶ διὰ πολλῶν εἰλήφαμεν, καὶ ἔγνωμεν αὐτῆς τὸ λαμπρὸν καὶ εἰλικρινὲς, τὸ γνήσιον καὶ ἀπερίτρεπτον. Διὸ κἂν γράφῃς, κἂν σιγᾷς, ὁμοίως διακείμεθά σου περὶ τὴν εὐγένειαν, καὶ θαῤῥοῦμεν περὶ τῆς διαθέσεως τῆς σῆς, ὡς ἀκεραίου καὶ ἀκραιφνοῦς μενούσης. Ἀλλ' ὅμως καὶ οὕτω διακείμενοι, σφόδρα βουλόμεθα συνεχῆ δέχεσθαι γράμματα παρ' ὑμῶν, εὐαγγελιζόμενα ἡμᾶς περὶ τῆς ὑγιείας τῆς ὑμετέρας, καὶ τοῦ οἴκου ὑμῶν παντός. Ἐπειδὴ καὶ σφόδρα ταύτης ἐπιθυμοῦμεν καὶ ἀντεχόμεθα, καθά-
D περ καὶ αὐτὴ οἶσθα. Ταῦτα οὖν εἰδυῖα, κυρία μου κοσμιωτάτη καὶ εὐγενεστάτη, χαρίζου τὴν χάριν ἡμῖν ταύτην, κούφην τε οὖσαν καὶ ῥᾳδίαν, καὶ εὔλογον, καὶ πολλὴν ἡμῖν καὶ ἐν ἐρημίᾳ καθημένοις παρέχουσαν τὴν παραμυθίαν.

[d] Omnes Mss. ἡ τῆς τοῦ στομάχου ἀῤῥωστίας. Edit. ἡ τοῦ σώματος ἀῤῥωστία.

μδ'. Θεοδότῳ διακόνῳ.

Οἶδα καὶ αὐτὸς, ὅτι οὐκ ἂν ἡμῖν διὰ γραμμάτων συνεγένου, εἰ διὰ παρουσίας ἐξῆν· ἀλλὰ πάντα ἀφεὶς μεθ' ἡμῶν ἔμελλες εἶναι, εἰ μὴ κώλυμα ἦν, καὶ κώ- E λυμα μέγιστον, καὶ ἡ τοῦ ἔτους ὥρα, καὶ τῶν πραγμάτων ἡ δυσκολία, καὶ τῶν ἐνταῦθα ἡ καθ' ἑκάστην ἡμέραν ἐπιτεινομένη πρὸς τὸ χεῖρον ἐρημία. Καὶ οὐδὲν δέομαι τοῦτο παρὰ σοῦ μανθάνειν. Ἐπειδὴ γὰρ ἔγνων ἅπαξ, ὅτι σφοδρὸς ἡμῶν ἐραστὴς εἶ, ἔγνων καὶ τοῦτο καλῶς. Ἡμεῖς μὲν οὖν, καὶ μὴ ἀναμνήσαντός σου, πρὸς πάντας ἂν ἐπεστάλκαμεν· ἐθαυμάσαμεν δέ σε καὶ ταύτης τῆς περὶ ἡμᾶς φιλοστοργίας, ὅτι καὶ τῷ τέλει τῆς ἐπιστολῆς παράκλησιν ὑπὲρ τούτου προσέθηκας. Τοῦτο γὰρ ψυχῆς σφόδρα μεριμνώσης τὰ ἡμέτερα, φροντιζούσης, κηδομένης, γνησίως 618 ἀγαπᾷν ἐπισταμένης. Τοῖς μὲν οὖν ἄλλοις ἅπασιν A ἐπέσταλκα· ἐπειδὴ δὲ καὶ τῇ κυρίᾳ μου Καρτερίᾳ πρῴην ἦμεν ἐπεσταλκότες, ἔγνωμεν δὲ αὐτὴν μὴ διατρίβειν ἐκεῖσε, ἀλλὰ μακρὰν ὁδὸν ἀποδεδημηκέναι· εἰ μὲν οἷόν τε ἐκπεμφθῆναι τὰ γράμματα τὰ ἡμέτερα ἐκεῖ, καὶ τοῦτο γενέσθω, ἐὰν δοκιμάσῃς· εἰ δὲ μὴ δυνατὸν, τοῖς γοῦν κυρίοις μου τιμιωτάτοις καὶ εὐγενεστάτοις τοῖς [a] περὶ Μαρκελλιανὸν συντυχὼν διαλέχθητι, ὥστε αὐτῇ εἴ ποτε ἐπιστέλλοιεν, ἀπολογήσασθαι ὑπὲρ ἡμῶν, ὡς οὐκ ἐῤῥαθυμηκότων, οὐδὲ τὸν μεταξὺ χρόνον σεσιγηκότων, ἀλλ' ὑπὸ τῆς μακρᾶς αὐτῆς ἀποδημίας κωλυθέντων συνεχέστερον ἐπιστέλλειν πρὸς αὐτήν.

XLIV. Theodoto diacono.

Scio utique te per literas nos minime conventurum fuisse, si coram id licuisset: verum omnibus rebus omissis ad nos te conferres, nisi et anni tempus, et negotiorum difficultas, et hujus loci solitudo quotidie ingravescens, maximum impedimentum afferret. Nec opus est, ut ex te hoc ediscam. Nam cum illud semel mihi compertum sit, me abs te vehementer amari: hoc quoque optime novi. Quamquam autem, etiamsi minime admonuisses, nihilominus ad omnes scripturus eram: tamen hoc etiam nomine tuum erga nos amorem admirati sumus, quod extrema tua epistola me quoque de hac re cohortandum duxisti. Nam hoc animi est vehementer solliciti, ac rerum nostrarum cura laborantis, et qui sincere amare norit. Quamobrem excepta domina mea Carteria, ad quam nuper literas dedi, omnibus scripsi: eam autem illic non commorari accepi, verum longam peregrinationem iniisse. Quocirca si literæ nostræ illuc perferri queant, hoc quoque, si tibi videbitur, fiat: sin id fieri minime possit, velim saltem carissimos ac nobilissimos viros Marcellianum et socium convenias, atque cum iis agas, ut si quando ad eam scribant, ei me purgent, ut qui non per negligentiam tantisper tacuerim, verum longa ipsius absentia, quominus ad eam crebro scriberem, impeditus sim.

Circa annum 405.

με'. Συμμάχῳ πρεσβυτέρῳ. B

Οὐδὲν καινὸν οὐδὲ ἀπεικὸς τεθλιμμένην ὁδεύοντα ὁδὸν στενοχωρεῖσθαι. Τοιαύτη γὰρ τῆς ἀρετῆς ἡ φύσις, πόνων γέμει καὶ ἱδρώτων, ἐπιβουλῶν καὶ κινδύνων. Ἀλλ' ἡ μὲν ὁδὸς τοιαύτη· τὰ δὲ ἐντεῦθεν στέφανοι, βραβεῖα, τὰ ἀπόῤῥητα ἀγαθὰ, καὶ τέλος οὐκ ἔχοντα. Τούτοις τοίνυν σαυτὸν παρακάλει· καὶ γὰρ καὶ ἡ ἄνεσις καὶ ἡ θλίψις ἡ τοῦ παρόντος παροδεύεται βίου, καὶ αὐτῷ τῷ βίῳ συγκαταλύεται. Μηδὲν οὖν C μηδὲ ἐκείνων φυσάτω, μηδὲ τούτων ταπεινούτω καὶ συστελλέτω. Ὁ γὰρ ἄριστος κυβερνήτης οὔτε ἐν γαλήνῃ χαυνοῦται, οὔτε ἐν χειμῶνι ταράττεται. Ταῦτ'

XLV. Symmacho presbytero.

Minime novum ac præposterum videri debet, si is, qui angustum iter tenet, premitur. Nam hæc virtutis natura est, ut laboribus et sudoribus atque insidiis et periculis scateat. Verum iter quidem est ejusmodi: post autem sequuntur coronæ, præmia, et arcana bona, quibus finis nullus est constitutus. Hac igitur cogitatione te ipsum consolare: nam præsentis vitæ et voluptas et calamitas una cum hac vita fluunt, simulque cum ea intereunt. Ne igitur quidquam illorum animum tuum inflet, nec rursum quid-

Ab anno 404. ad 407.

[a] *Τοῖς περὶ Μαρκελλιανόν.* Sæpe diximus in Edit. S. Athanasii illud *τοῖς περὶ* raro de uno solo dici, sæpissime vero aut de duobus aut de pluribus. Hic certe de duobus saltem sermonem habere planum videtur ex iis quæ præcedunt, *τοῖς κυρίοις μου τιμιωτάτοις καὶ εὐγενεστάτοις τοῖς περὶ Μαρκελλιανόν.* Libenter crediderim hic agere Chrysostomum de Marciano et Marcellino vel Marcelliano, nam sic quoque scriptum in Mss. legitur, quando ad utrumque literæ mittuntur, quod sæpe contingit: rariusque literæ ad singulos diriguntur, ut in harum epistolarum decursu animadvertas.

quam horum te deprimat atque contrahat. Siquidem optimus gubernator nec tranquillo tempore remissius agit, nec grassante tempestate perturbatur. Hæc igitur cum tibi perspecta sint, teipsum solare, maximamque linc mœroris levationem capias : ac de tua valetudine fac nos subinde certiores. Nam etsi longo itineris intervallo a te disjungimur, diuque a tua suavitate abfuimus, at non item a tua caritate : verum eam omnis oblivionis expertem ac recentem, ubicumque simus, semper circumferimus : nam læc quoque sinceri amoris natura est.

οὖν εἰδὼς παρακάλει σαυτὸν, καὶ παραμυθίαν ἐντεῦθεν καρποῦ τὴν μεγίστην. Γράφε συνεχῶς ἡμῖν τὰ περὶ τῆς ὑγιείας τῆς σῆς. Εἰ γὰρ καὶ πολλῷ τῷ μήκει τῆς ὁδοῦ διειργόμεθα, καὶ πολύν σου τῆς ἐμμελείας ἀπελείφθημεν χρόνον, ἀλλ' οὐ τῆς ἀγάπης, ἀλλ' ἄληστον αὐτὴν ἀεὶ περιφέρομεν καὶ ἀκμάζουσαν, D ὅπουπερ ἂν ὦμεν, ἐπείπερ τοιαύτη τοῦ φιλεῖν γνησίως ἡ φύσις.

XLVI. *Ruffino.*

Ab anno 404. ad 407.

Cupiebam quidem sæpius ad te literas dare domine mi cumprimis venerande ac religiose, quia te amo, ac velementer amo; atque utrumque loc ipse quoque nosti. Quoniam autem alterum quidem nostri arbitrii est, alterum autem non in nobis situm est : ut enim te amemus, in arbitrio nostro consistit, ut autem ad te sæpe scribamus, non item, tum ob itineris difficultatem, tum ob anni tempus : illud quidem perpetuo facimus, loc autem cum licet; imo etiam perpetuo facimus. Nam etsi atramento atque charta non semper scribimus : at voluntate tamen atque animo scribimus : ea quippe sinceri amoris natura est.

μς'. Ῥουφίνῳ.

Ἐβουλόμην μὲν συνεχέστερον ἐπιστέλλειν [b] σου τῇ εὐλαβείᾳ, ἐπειδή σε φιλῶ, καὶ σφόδρα φιλῶ, δέσποτά μου αἰδεσιμώτατε καὶ εὐλαβέστατε· καὶ ἀμφότερα ταῦτα οἶσθα καὶ αὐτός. Ἀλλ' ἐπειδὴ τὸ μὲν ἐν ἡμῖν E κεῖται, τὸ δὲ οὐκ ἐν ἡμῖν· τοῦ μὲν γὰρ φιλεῖν ἡμεῖς κύριοι, τοῦ δὲ συνεχῶς ἐπιστέλλειν οὐκ ἔτι, διά τε τῆς ὁδοῦ τὴν δυσκολίαν, καὶ τοῦ ἔτους τὴν ὥραν· ἐκεῖνο μὲν διηνεκῶς ποιοῦμεν, τοῦτο δὲ ἡνίκα ἂν ἐξῇ· μᾶλλον δὲ καὶ τοῦτο διηνεκῶς ποιοῦμεν. Εἰ γὰρ καὶ μὴ μέλανι μηδὲ χάρτῃ συνεχῶς ἐπιστέλλομεν, ἀλλὰ γνώμῃ καὶ διανοίᾳ· τοιοῦτον γὰρ τὸ φιλεῖν γνησίως.

619 A

XLVII. *Namææ.*

Cucuso anno 405.

Quid huc illucque te versas, dum ob eam rem excusationem quæris, ac veniam petis, ob quam te corona donamus ac prædicamus : quippe qui, quod ad nos scripseris, gratum habeamus; quod autem sero ac tarde, idcirco tibi succensere possimus ? Quapropter si magnæ audaciæ id fuisse existimas, quod ad nos literas dederis, loc omisso ad tarditatis crimen defensionem meditare atque compara. Nam quo magis dixeris, te tum præsentes, tum absentes sincere dilexisse, eo magis accusationem auxeris. Etenim si ex eorum numero esses, quorum vulgaris erga nos amor esset, minime mirum mili fuisset te diu siluisse; cum autem te tam sinceram ac ferventem erga nos caritatem præ te tulisse asseras, ut ne iter quidem usque adeo molestum totque

μζ'. Ναμαίᾳ.

Τί περιέρχῃ ἀπολογίαν ζητοῦσα, καὶ συγγνώμην αἰτοῦσα ὑπὲρ ὧν ἡμεῖς σε στεφανοῦμεν καὶ ἀνακηρύττομεν, ὅτι μὲν ἔγραψας, ἀποδεχόμενοι, [a] ὅτι δὲ ὀψὲ καὶ βραδέως, ἐγκαλεῖν ἔχοντες; Ὥστε εἰ νομίζεις μεγάλα τετολμηκέναι τῷ γράψαι, τοῦτο ἀφεῖσα πρὸς τὸ ἔγκλημα τῆς βραδύτητος μελέτα, καὶ συντίθει τὴν ἀπολογίαν. Καὶ γὰρ ὅσῳπερ ἂν λέγῃς καὶ παρόντας καὶ ἀπόντας ἠγαπηκέναι γνησίως, τοσούτῳ μειζόνως αὔξεις τὴν κατηγορίαν. Εἰ μὲν γὰρ ἁπλῶς τῶν περὶ ἡμᾶς διακειμένων ἦσθα, οὐδὲν ἀπεικὸς μακρὸν χρόνον B οὕτω σιγῆσαι· ἐπειδὴ δὲ οὕτω γνησίαν καὶ θερμὴν περὶ ἡμᾶς ἐπιδεδεῖχθαι ἀγάπην ἔφης, ὡς μηδὲ ἂν ἐλθεῖν παραιτήσεσθαι ὁδὸν οὕτω χαλεπὴν, καὶ φόβῳ ληστῶν τοσούτων πολιορκουμένην, εἰ μὴ τὰ τῆς ἀρρωστίας διέκοπτεν, ἓν σοι λοιπὸν ἀπολογίας λείπεται εἶδος, τὸ νιφάδας ἡμῖν πέμπειν γραμμάτων, δυναμέ-

[b] Omnes penè Mss. σου τῇ ἐμμελείᾳ. Edit. σου τῇ εὐλαβείᾳ.

[a] In Edit. post ἀποδεχόμενοι adjicitur καὶ ἀνακηρύττοντες, quæ vox supervacanea, nec a Mss. nec ab Interprete agnoscitur. Hæc porro epistola in tribus Mss. inscribitur Ναμέᾳ.

νων τὴν ἐκ τῆς μακρᾶς σιγῆς παραμυθήσασθαι αἰτίαν. Τοῦτο δὲ ποίει, καὶ τὸ πᾶν ἀπειλήφαμεν. Ἐπειδὴ καὶ αὕτη χρονία ἐλθοῦσα ἡ ἐπιστολὴ, ἐπειδὴ θερμῆς ἔπνει τῆς ἀγάπης, καὶ τοῦ παρελθόντος χρόνου τὸ χρέος ἀπέτισεν. Πλὴν ἀλλ' αἱ λοιπαὶ μὴ μιμείσθωσαν τὴν ταύτης βραδυτῆτα. Οὕτω γὰρ καὶ αὕτη δυ- C νήσεται δεῖξαι ὅτι οὐ δι' ὄκνον, ἀλλὰ διὰ δέος μάταιον, καθὼς καὶ αὐτὴ ἔφης, χρονία παραγέγονεν, εἰ αἱ λοιπαὶ μετὰ τάχους καὶ πολλῆς παραγένοιντο τῆς συνεχείας ἡμῖν.

prædonum metu obsessum suscipere recusatura fueris, nisi morbus obstitisset, una jam ratio, qua nobis satisfacias, tibi reliqua est, nimirum ut sexcentas literas ad nos mittas, quæ diuturni silentii culpam deprecari possint. Hoc igitur fac : et quidvis a te percepimus. Nam et hæc tam sera epistola ad nos veniens, quoniam ardentem quamdam caritatem spirabat, superioris quoque temporis debitum dissolvit. Cæterum id vide, ne reliquæ hujus tarditatem imitentur. Sic enim hæc etiam illud planum facere poterit, se non ob pigritiam, verum ob inanem metum, quemadmodum abs te quoque dictum est, serius venisse, si reliquæ et plurimæ et celeriter ad nos veniant.

μη'. Ἀραβίῳ.

Οἶδά σου τὴν ἀγάπην, οἶδά σου τὸ φίλτρον τὸ θερμὸν, τὸ γνήσιον, τὸ εἰλικρινὲς, τὸ διαρκὲς, καὶ ὡς οὔτε δυσκολία πραγμάτων, οὔτε ὄχλος φροντίδιων, οὔτε περιστάσεων πλῆθος, οὔτε χρόνου μῆκος, οὔτε D ὁδοῦ διάστημα δύναται ταύτην ἀμαυροτέραν ποιῆσαι. Διὰ τοῦτο καὶ σφόδρα ἐπιθυμῶ συνεχῶς δέχεσθαι γράμματα παρὰ τῆς εὐγενείας τῆς σῆς, εὐαγγελιζόμενα ἡμᾶς περὶ τῆς ὑγιείας τῆς σῆς. Κἂν ἐγκαλῶμεν, οὐχ ὡς ῥαθυμοῦντι ἐγκαλοῦμεν, ἀλλ' ὡς πλειόνων ἐρῶντες ἐπιστολῶν τοιούτων. Ταῦτ' οὖν εἰδὼς, δέσποτά μου τιμιώτατε καὶ εὐγενέστατε, δίδου ταύτην ἡμῖν τὴν χάριν, κούφην τε οὖσαν καὶ εὔκολον, καὶ πολλὴν ἡμῖν καὶ ἐν ἐρημίᾳ καθημένοις παρέχουσαν τὴν εὐφροσύνην.

XLVIII. *Arabio.*

Caritatem erga me tuam atque ardentem tuum ac verum, sincerum et constantem amorem exploratum habeo: illudque item perspectum, nec negotiorum difficultatem, nec curarum agmen, nec rerum adversarum magnitudinem, nec temporis diuturnitatem, nec itineris longinquitatem tuo erga me amori obscuritatem afferro posse. Eoque fit, ut perpetuo abs te literas, quæ nobis ea de tua valetudine quæ volumus nuntient, accipere vel ementer expetamus. Quod si te accusamus, non ut negligentem accusamus, sed quia plures ejusmodi epistolas appetimus. Quæ cum minime ignores, honoratissime ac nobilissime domine, hoc nobis beneficium velim præbeas, quod et tibi leve ac facile est, et magnam nobis, etiam in solitudine hærentibus, voluptatem affert.

μθ'. Ἀλφίῳ. E

Ἐγὼ μὲν ἐβουλόμην συνεχέστερον ἐπιστέλλειν, ἡ δὲ τῶν γραμματηφόρων σπάνις οὐκ ἀφίησι τὴν ἐπιθυμίαν ταύτην εἰς ἔργον ἐλθεῖν· καὶ γὰρ ἡ τοῦ χωρίου τούτου ἐρημία, καὶ ὁ τῶν Ἰσαύρων φόβος, καὶ ἡ τοῦ χειμῶνος σφοδρότης οὐκ ἐπιτρέπει συνεχῶς τινας ἡμῖν ἐπιχωριάζειν. Ἀλλ' ὅμως, καὶ γράφοντες καὶ σι- 620 γῶντες, τὴν αὐτὴν ἀεὶ περὶ σὲ [a] διάθεσιν τηροῦμεν, A τὴν προθυμίαν σου καὶ τὴν σπουδὴν μανθάνοντες, ἣν ὑπὲρ τῆς ὠφελείας τῆς σῆς ἔχεις ψυχῆς, τούς τε ἐν εὐλαβείᾳ ζῶντας ἀναπαύειν ἐσπουδακὼς, καὶ τὴν καλὴν ταύτην πραγματευόμενος πραγματείαν. Ταῦτ' οὖν εἰδὼς, κύριέ μου τιμιώτατε καὶ εὐλαβέστατε,

XLIX. *Alphio.*

Equidem frequentius literas ad te dare cuperem, verum tabellariorum penuria me hanc cupiditatem exsequi minime sinit. Nam nec hujus loci solitudo, nec Isaurorum metus, nec hiemis asperitas aliquos ad nos crebro commeare sinunt. Nihilominus tamen, sive scribamus, sive taceamus, eamdem semper erga te benevolentiam retinemus, studium scilicet atque curam intelligentes, qua animæ tuæ commodis prospicis, dum eos qui cum pietate vivunt recreare ac reficere studes, atque in hoc præclaro munere versaris. Quæ cum tibi explorata sint, reve-

Anno ut putatur 405.

[a] Tres Mss διάθεσιν διατηροῦμεν.

rendissime ac religiosissime domine, de tua totiusque tuæ domus valetudine certiores nos facere ne intermittas. Sic enim in hac quoque solitudine magnam voluptatem capiemus, si ejusmodi abs te literas acceperimus.

συνεχῶς ἡμῖν ἐπίστελλε τὰ περὶ τῆς σῆς ὑγιείας, καὶ τοῦ οἴκου σου παντός. Οὕτω γὰρ καὶ ἐν ἐρημίᾳ ὄντες πολλὴν ἕξομεν τὴν εὐφροσύνην, εἰ τοιαῦτα παρὰ τῆς σῆς τιμιότητος δεχόμεθα γράμματα.

L. Diogeni.

Cucuso anno 404. Quamquam de tuæ erga nos caritatis sinceritate antehac nobis exploratum erat, tamen multo magis eamdem nunc perspeximus, cum tanta coorta tempestate, non modo nihilo segniorem, sed etiam multo studiosiorem amicum te nobis præbuisti. Eoque nomine te admiramur, quotidieque prædicare non desinimus. Nam tu quidem a benigno Deo, qui eos, a quibus boni aliquid efficitur, aut dicitur, præmiis longe semper superat, mercedem omni sermone præstantiorem accepturus es. Nos autem, quibus rebus possumus, gratiam tibi rependimus, nec te admirari, laudare, beatum prædicare, amare, vereri, celere, animoque te quoquo gentium circumferre intermittimus, caritatis videlicet lege tibi copulati atque adstricti. Nam quod ex eorum numero semper fuerimus, qui te apprime diligant, plane quoque ipse scis, domine mi summopere venerande atque admirande. Quapropter eorum munerum causa, quæ ad nos misisti, ne nobis succenseas. Postcaquam enim honorem eum, qui ab ipsis manabat, tamquam e vindemia quadam uvam expressimus ac percepimus, munera ipsa remisimus, non quod te aspernaremur, aut animi tui nobilitati minime confideremus, sed quod iis non indigeremus. Quod etiam in multis aliis fecimus. Nam alii quoque quamplurimi tibique nobilitate pares, ac nos ardentissimo amantes, ut amplitudo tua poterit ediscere, idem istud fecerunt : atque apud eos nobis eadem hæc excusatio suffecit, quam tu quoque admittas velim. Nam si in penuria versemur, majori cum animi fiducia, tamquam si nostra essent, exposcemus : idque tu reipsa perspicies. Quamobrem ea accipe, ac diligenter serva, ut si quando tempus postularit, fidenti ac libero animo ea abs te deposcamus.

B

ν'. Διογένει.

Τὸ γνήσιόν σου τῆς ἀγάπης τῆς περὶ ἡμᾶς ἤδειμεν μὲν καὶ ἔμπροσθεν, πολλῷ δὲ πλέον ἔγνωμεν νῦν, ὅτε τοσοῦτον τοῦ χειμῶνος ἀρθέντος, οὐ μόνον οὐδὲν ῥαθυμότερος, ἀλλὰ καὶ πολλῷ σπουδαιότερος [b] περὶ ἡμᾶς γεγονὼς, μείζω τὴν στοργὴν ἐνεδείξω. Διὰ ταῦτά σε θαυμάζομεν, διὰ ταῦτα καθ' ἑκάστην ἡμέραν ἀνακηρύττοντες οὐ παυόμεθα. Τὸν μὲν γὰρ ἄφατον τούτων μισθὸν λήψῃ παρὰ τοῦ φιλανθρώπου Θεοῦ, τοῦ ταῖς ἀντιδόσεσιν ἐκ πολλοῦ τοῦ περιόντος νικῶντος ἀεὶ τοὺς
C ἀγαθόν τι ποιοῦντας, ἢ λέγοντας. Ἡμεῖς δέ σε οἷς ἔχομεν ἀμειβόμεθα, θαυμάζοντές σε, ἐπαινοῦντες, μακαρίζοντες οὐ διαλιμπάνομεν, φιλοῦντες, αἰδούμενοι, τιμῶντες, ἐν διανοίᾳ πανταχοῦ περιφέροντες, ἡνωμένοι σοι καὶ συνδεδεμένοι τῷ τῆς ἀγάπης νόμῳ. Ὅτι γάρ σου τῶν σφοδροτάτων ἀεὶ γεγόναμεν ἐραστῶν, οἶσθα καὶ αὐτὸς σαφῶς, δέσποτά μου αἰδεσιμώτατε καὶ θαυμασιώτατε. Διὸ παρακαλῶ τῶν ἀποσταλέντων ἕνεκα μηδὲν ἀλγῆσαι πρὸς ἡμᾶς. Τρυγήσαντες γὰρ καὶ καρπωσάμενοι τὴν ἐξ αὐτῶν τιμὴν, αὐτὰ ἀπεστάλκαμεν οὐκ ἐξ ὀλιγωρίας, οὐδὲ ἐκ τοῦ μὴ
D θαῤῥεῖν σου τῇ εὐγενείᾳ, ἀλλὰ διὰ τὸ μὴ καθεστάναι ἐν χρείᾳ. Ὃ δὴ καὶ ἐφ' ἑτέρων πολλῶν πεποιήκαμεν. Καὶ γὰρ καὶ ἕτεροι πολλοὶ καὶ τῆς σῆς εὐγενείας ἄξιοι, καὶ σφόδρα ἡμῶν ἐκκαιόμενοι, ὡς ἔξεστί σου τῇ θαυμασιότητι μανθάνειν, τὸ αὐτὸ δὴ τοῦτο πεποιήκασι, καὶ ἤρκεσε πρὸς αὐτοὺς ἡμῖν αὕτη ἡ ἀπολογία, ἣν καὶ αὐτὸν προσέσθαι παρακαλοῦμεν. Εἰ γὰρ δὴ καταστaίημεν ἐν χρείᾳ, μετὰ πολλῆς ἀπαιτήσομεν, καθάπερ ἐξ ἰδίων, [c] μετὰ πλείονος τῆς παῤῥησίας, καὶ τοῦτο ὄψει διὰ τῆς πείρας αὐτῆς. Δεξάμενος τοίνυν
E αὐτὰ, φύλαττε μετὰ ἀκριβείας, ἵν' εἴποτε καιρὸς καλέσειεν, μετὰ τοῦ θαῤῥεῖν αὐτὰ ἀπαιτήσωμεν παρὰ τῆς σῆς θαυμασιότητος.

LI. Eidem.

Cucuso anno 405. Cum superiorem epistolam scripsissem, atque

να'. Τῷ αὐτῷ.

Μετὰ τὸ γράψαι τὴν προτέραν ἐπιστολὴν, ἰδὼν τὸν

b Mss. multi περὶ ἡμᾶς γέγονας· διὰ ταῦτά σε etc., omissis interpositis illis verbis. μείζω τὴν στοργὴν ἐνεδείξω.

c [Verba μετὰ πλείονος uncis inclusit Morel., omisit Savil.]

τιμιώτατον καὶ εὐλαβέστατον Ἀφραάτην προσηλωμένον ἡμῖν, καὶ οὐκ ἀνεχόμενον οὔτε ἀπᾶραι ἐντεῦθεν, καὶ ἀπειλοῦντα μήτε γράμματα δέχεσθαι παρ' ἡμῶν, εἰ μὴ ἀπολάβοιμι τὰ ἀποσταλέντα, ἐπέθηκα τύπον 621 A τῷ πράγματι σφόδρα κεχαρισμένον τῇ εὐγενείᾳ σου, καὶ ἀναπαύοντά σου τὴν ἐμμέλειαν, ὃν παρ' αὐτοῦ μαθὼν, κέλευσον διάκονον γενέσθαι τῆς καλῆς ταύτης οἰκονομίας. Οἶσθα γὰρ ἡλίκον ἔσται τοῦ πράγματος τὸ κέρδος καὶ διὰ τῆς παρουσίας τούτου τῆς εἰς τὴν Φοινίκην, καὶ διὰ τῆς φιλοτιμίας τῆς σῆς μεγαλοπρεπείας. Καὶ ἀμφοτέρων τούτων αὐτὸς λήψῃ τὸν μισθὸν, ἅτε τοσαύτην δαψίλειαν ἐπιδεικνύμενος περὶ τοὺς ἐν Φοινίκῃ κατηχοῦντας τοὺς Ἕλληνας, καὶ περὶ τὴν οἰκοδομὴν τῶν ἐκκλησιῶν ἐσπουδακότας, καὶ ἄνδρα τοιοῦτον ἀναστήσας, καὶ πέμψας εἰς παράκλησιν αὐτῶν, καὶ μάλιστα νῦν ἐν τοσαύτῃ δυσκολίᾳ καθεστηκότων, καὶ παρὰ πολλῶν πολεμουμένων. B Ἐννοήσας τοίνυν τοῦ κατορθώματος τὸν ὄγκον, μὴ ἀφῇς μηδὲ μικρὸν αὐτὸν ἀναβάλλεσθαι, ἀλλ' ἀμελλητὶ τῆς ὁδοῦ ταύτης ἅψασθαι παρασκεύασον, πολλὴν σαυτῷ διὰ τῆς καλῆς ταύτης σπουδῆς, δέσποτά μου θαυμασιώτατε, προαποτιθέμενος παρὰ τῷ φιλανθρώπῳ Θεῷ τὴν ἀμοιβήν.

reverendissimum ac religiosissimum virum Aphraatem ita nobis affixum esse conspicerem, ut nec hinc abire vellet, nec literas quidem a nobis accepturum se esse minaretur, nisi munera ea, quæ ad nos misisses, accepissem, typum, qui tuæ nobilitati maxime gratus futurus, animumque tuum recreaturus sit, huic rei imposui: quem tu cum ex ipso intellexeris, eum præclari hujusce consilii administrum fieri jube. Nec enim te fugit, quanta hujus rei utilitas futura sit, tum ob ipsius in Phœnicia adventum, tum ob tuam liberalitatem ac munificentiam. Atque utriusque hujus rei mercedem ipse capies: ut qui erga eos, qui in Phœnicia gentiles Christianæ fidei rudimentis imbuunt, atque ecclesiarum constructioni operam impendunt, liberalitatis tuæ specimen edideris, ac præterea ejusmodi virum excitaris, ad eosque consolandos miseris: nunc præsertim cum in tanta difficultate versantur, atque a multis oppugnantur. Quamobrem considerata præclari hujusce negotii magnitudine, ne eum vel tantillum cunctari patere, verum hoc effice, ut nulla interposita mora hoc iter suscipiat: sic enim tibi, domine mi summopere admirande, per egregiam hujusmodi operam, amplam apud benignum Deum mercedem recondes.

νϐ'. Ἀδολίᾳ.

Ὅτι μὲν ἠῤῥώστησας, ἔγνωμεν, καὶ ὅτι χαλεπῶς ἠῤῥώστησας, καὶ πρὸς αὐτας ἦλθες τοῦ θανάτου τὰς πύλας· ἀλλὰ καὶ ὅτι ἀνήνεγκας ἐκ τῆς ἀῤῥωστίας, καὶ C τοῦ κινδύνου λοιπὸν ἀπαλλαγεῖσα πρὸς ὑγείαν ὁδεύεις. Ἀλλ' οὐ παρὰ τῶν σῶν γραμμάτων ἔμαθόν τι τούτων, διὸ καὶ σφόδρα ἤλγησα· ἀλλ' ἑτέρωθεν, καὶ παρ' ἑτέρων. Πλὴν ἀρκεῖ εἰς παραμυθίαν ἡμῖν τὸ τῆς ἀῤῥωστίας ἀπηλλάχθαι σου τὴν εὐλάβειαν. Οὐ μὴν, ἐπειδὴ ἀρκεῖ, πρᾴως φέρομεν τὴν μακράν σου ταύτην σιγήν. Ἐβουλόμεθα γὰρ, καθάπερ καὶ αὐτὴ οἶσθα, καὶ παραγενομένην ἐνταῦθα ἰδεῖν. Καὶ γὰρ εἰ μὴ ἀῤῥωστία παρενέπεσε, τὸ κωλύον οὐδὲν ἦν. Ὅ τε γὰρ χειμὼν ὁ ἐνταῦθα ἔαρ ἡμερώτατον τέως μιμεῖται, D τῶν τε Ἰσαύρων ἡ Ἀρμενία ἀπήλλακται. Ἀλλ' ὅμως οὐδὲν ἀναγκάζομεν, οὐδὲ βιαζόμεθα μὴ βουλομένην ὑπὲρ τῆς ἐνταῦθα παρουσίας. Ἀλλ' ὅπερ οὔτε Ἰσαύρων φόβος, οὔτε χειμῶνος σφοδρότης, οὔτε ὁδοῦ ταλαιπωρία, οὔτ' ἄλλο [a] οὐδὲν κωλύει, τοῦτο αἰτοῦμεν συνεχῶς ἡμῖν ὑπάρχειν, τὰ γράμματα, τὰ τῆς θερμῆς σου καὶ γνησίας διαθέσεως. Ἦν γὰρ τούτων

[a] Duo Mss. οὐδὲν διακωλύει.

LII. *Adoliæ.*

Quod in morbum incideris, didicimus, et quidem ita gravem et acerbum, ut ad ipsas quoque mortis portas accesseris; scimus etiam te e morbo convaluisse, ac periculo jam liberatam ad sanitatem progredi. At ex tuis literis nihil horum intellexi; ideoque admodum dolui; verum aliunde, atque ab aliis. Cæterum illud nobis ad consolationem abunde est, quod e morbo emerseris. Etsi autem id nobis sufficiat, non propterea tamen longum hoc tuum silentium placido animo ferimus. Vellemus enim, ut ipsa quoque nosti, te huc venientem cernere. Ac sane, nisi morbus accidisset, nihil erat quod impediret. Nam et hujus regionis hiems amœnissimi veris speciem hactenus imitatur, et Armenia Isauris liberata est. Attamen, ut huc venias, invitam ac repugnantem minime cogimus. Quod autem nec Isaurorum metus nec hiemis acrimonia, nec itineris ærumna, nec aliud quidquam impedit, hoc petimus, nimirum ut a te, cujus

Cucuso anno ut putatur 404.

ardens erga nos ac sincera benevolentia est, crebro literas accipiamus. Nam si eas, de tua valetudine animique tui hilaritate nos certiores facientes, sæpe obtineamus, non mediocrem hinc quoque consolationem capiemus. Cum igitur, quanto nos beneficio affectura sis, animadvertas, id facere ne graveris. Scis enim quam te complectamur, quantamque semper erga te caritatem præ nobis tulerimus.

ἀπολαύωμεν συνεχῶς, ἀπαγγελλόντων ἡμῖν τὰ περὶ
τῆς ὑγιείας καὶ εὐθυμίας τῆς σῆς, οὐ τὴν τυχοῦσαν
καὶ ἐντεῦθεν καρπωσόμεθα παραμυθίαν. Ἐννοοῦσα
E τοίνυν ἡλίκην ἡμῖν χαριῇ χάριν, μὴ κατόκνει τοῦτο
ποιεῖν. Οἶσθα γὰρ ὅπως ἀντεχόμεθά σου τῆς εὐγενείας,
καὶ ὅσην ἀεὶ περὶ τὴν σὴν ἐμμέλειαν ἐπεδειξάμεθα
τὴν ἀγάπην.

LIII. *Nicolao presbytero.*

Cucuso anno 405.

Magnopere nos erexisti, atque ingenti voluptate perfudisti, cum illud significasti, permagnam tibi Phœniciæ curam esse, teque tanto licet intervallo dissitum, eos qui illic degunt per literas ad pietatis studium acuere atque hortari: qua in re zelum apostolicum præstas. Eaque causa te admirari ac beatum prædicare minime intermittimus, quod et monachos antea misisti, et nunc, in tanta negotiorum difficultate, non modo eos non abduxisti, sed etiam manere coegisti, optimi videlicet gubernatoris atque egregii medici munere perfungens. Ut enim ille, cum fluctus excitari videt, tum plus studii ac diligentiæ adhibet, atque hic item, cum febrim in majorem flammam exarsisse perspicit, tum majori arte atque industria utitur: ad eumdem modum tu quoque, nobilissime ac religiosissime domine, rem virtute tua dignam fecisti, quod cum ægras res esse ac seditione laborare conspexisti, tum potissimum operam dedisti, ut ne ii, qui illic degunt, aciem desererent, verum remanerent, ac partes suas explerent. Quamobrem tuis ipse vestigiis hærens, reverendissimum dominum meum Gerontium presbyterum, si convaluerit, atque ad integram sanitatem redierit, confestim, quæso, urge, ut iter illud ineat. Quamquam enim nos quoque eum huc venire ac videre cupimus: tamen, quoniam regionis illius negotia celeritatem, ingentemque vigilantiam desiderant, ne in via longum tempus teratur, hiemsque interveniens iter ipsi intercludat, abs te vehementer petimus, ut et eum, si ex morbo recreatus sit, ad suscipiendum iter urgeas, illudque cures, ut vir suavissimus ac mihi carissimus Joannes presbyter itineris comitem se ipsi adjungat. Scis enim regionis illius negotia nunc eo pluribus correctoribus indigere, quo longius serpserunt mala. Hæc igitur cum animo tuo re-

νγ'. Νικολάῳ πρεσβυτέρῳ.

Σφόδρα ἡμᾶς ἀνεπτέρωσας, καὶ πολλῆς ἐνέπλησας
τῆς ἡδονῆς, δηλώσας ὅτι σοι πολλὴ φροντὶς τῆς
Φοινίκης ἐστὶ, καὶ ἐκ τοσούτου καθήμενος διαστήμα-
622 τος, διὰ γραμμάτων ἀλείφεις τοὺς αὐτόθι, ζῆλον
A πληρῶν ἀποστολικόν. Διὰ ταῦτά σε θαυμάζοντες καὶ
μακαρίζοντες οὐ διαλιμπάνομεν, ὅτι καὶ πρότερον
τοὺς μοναχοὺς ἔπεμψας, καὶ ὅτι νῦν, ἐν πραγμάτων
δυσκολίᾳ τοσαύτῃ, οὐ μόνον αὐτοὺς οὐκ ἀπήγαγες,
ἀλλὰ καὶ μένειν αὐτοὺς ἐκέλευσας, ἀρίστου κυβερνήτου καὶ ἰατροῦ γενναίου πρᾶγμα ποιῶν. Καὶ γὰρ
ἐκείνων ἕκαστος, ὁ μὲν ὅταν ἴδῃ τὰ κύματα ἐγειρό-
μενα, τότε μᾶλλον πολλὴν ἐπιδείκνυται τὴν σπουδήν·
ὁ δὲ ὅταν τὸν πυρετὸν ἐπὶ μείζονα φλόγα διεγερθέντα,
τότε πολλῇ κέχρηται τῇ τέχνῃ· καὶ αὐτὸς τοίνυν,
κύριέ μου τιμιώτατε καὶ εὐλαβέστατε, ἄξια τῆς
B σαυτοῦ πεποίηκας ἀρετῆς, ὅτε τὰ πράγματα εἶδες
νοσοῦντα καὶ στασιάζοντα, τότε μάλιστα ἐπιθέμενος
τοῖς ἐκεῖσε διατρίβουσιν, ὥστε μὴ λειποτακτῆσαι,
ἀλλ' ἐπιμεῖναι, καὶ τὰ παρ' ἑαυτῶν εἰσενεγκεῖν. Τὰ
σαυτοῦ τοίνυν μιμούμενος, τόν τε κύριόν μου τὸν
τιμιώτατον Γερόντιον τὸν πρεσβύτερον, εἰ ῥᾷον
σχοίη, καὶ πρὸς καθαρὰν ὑγείαν ἐπανέλθοι, εὐθέως
κατέπειξον τῆς ἐκεῖ ἅψασθαι ὁδοῦ. Ἐπιθυμοῦμεν γὰρ
αὐτὸν ἡμεῖς καὶ ἐνταῦθα παραγενόμενον ἰδεῖν· ἀλλ'
ἐπειδὴ καὶ ταχύτητος καὶ πολλῆς δεῖται τῆς ἀγρυπνίας τὰ ἐκεῖσε πράγματα, ὥστε μὴ πολὺν ἐν τῇ ὁδῷ
C [a] διατριβῆναι χρόνον, καὶ τὸν χειμῶνα ἐπιστάντα
ἀποκλεῖσαι αὐτῷ τὴν ὁδὸν, παρακαλοῦμέν σου τὴν
τιμιότητα αὐτόν τε ῥαΐσαντα ἐπεῖξαι ἀπελθεῖν, τόν
τε γλυκύτατον καὶ ποθεινότατον Ἰωάννην τὸν πρεσβύτερον παρασκευάσαι συνεφάψασθαι τῆς ἀποδημίας
αὐτῷ. Οἶσθα γὰρ καὶ αὐτὸς ὅτι νῦν μάλιστα τὰ αὐτόθι πολλῶν δεῖται τῶν διορθωσομένων, ὅσῳ ἐπὶ
μεῖζον εἷρψε τὰ κακά. Ταῦτ' οὖν ἐννοῶν, καὶ εἰδὼς
ἡλίκον ἐστὶ σωτηρία ψυχῆς, καὶ οἷα κατώρθωταί σου
τῇ τιμιότητι διὰ τῆς ἔμπροσθεν σπουδῆς, πάντα
ποιῆσαι καὶ διὰ σαυτοῦ, καὶ δι' ἑτέρων, ὧν ἂν οἷόν
τε ᾖ, παρακλήθητι, ὥστε τὰ διορθωθέντα μεῖναι

[a] Tres Mss. τριβῆναι.

ἀκίνητα, ἑτέραν τε αὐτοῖς πολλῷ πλείονα γενέσθαι D προσθήκην. Αὐτὸς μέντοι τῶν ἐνταῦθα ἐλθόντων οὐκ ἔλαττον ἡμᾶς εὔφρανας· τῇ μὲν γὰρ γνώμῃ καὶ παραγέγονας, καὶ τοῖς τῆς ἀγάπης σε ὀφθαλμοῖς καὶ μὴ παρόντα σωματικῶς ἡμεῖς καθ' ἑκάστην ὁρῶμεν τὴν ἡμέραν, ἐπὶ τῆς διανοίας πανταχοῦ περιφέροντες. Ἔσται δὲ ἴσως καὶ ἡ κατ' ὄψιν ἡμῖν συντυχία, ὅταν ὁ καιρὸς ἐπιτρέπῃ. Ὡς νῦν γε καὶ ἡμεῖς, καίτοι σφόδρα ἐπιθυμοῦμεν ἰδεῖν τὴν ἀγάπην σου, καὶ περιπτύξασθαι, ἀναγκαίαν εἶναι νομίζομεν τὴν αὐτόθι σου μονήν. Εὖ γὰρ οἶδ' ὅτι οὐ παύσῃ πάντα ποιῶν E καὶ πραγματευόμενος, ὥστε ἐμπλῆσαι τὴν Φοινίκην γενναίων ἀνδρῶν, καὶ τούς τε ἐκεῖ μεμενηκότας στηρίζων ἐπὶ πλέον, ὥστε μὴ ἀφέντας τὰ αὐτόθι ἐπανελθεῖν, τούς τε πλησίον ὄντας ἀναζητῶν, καὶ μετὰ πολλῆς ἐκπέμπων προθυμίας, πᾶσί τε κέρδος γινόμενος μέγιστον τοῖς τε ἐγγὺς, τοῖς τε μακρὰν, καὶ τὴν τῶν ἀρωμάτων μιμούμενος φύσιν, ἅπερ οὐ τὸν τόπον μόνον τὸν ὑποδεχόμενον αὐτὰ, ἀλλὰ καὶ τὸν ἀφεστηκότα ἀέρα πολλῆς ἐμπίμπλησι τῆς εὐωδίας.

D putans, ac quanti animæ salus momenti sit, perspiciens, quantasque res jam antehac studio tuo ac diligentia sis consequutus, velim tam per te ipse quam aliorum, quos nancisci potueris, opera atque industria cures, ut quæ correcta et sanata sunt, firma maneant, atque etiam multo majore accessione cumulentur. Tu certe nihilo minorem, quam ii, qui huc venerunt, voluptatem nobis attulisti: siquidem animo ac voluntate venisti: atque caritatis oculis, corpore licet absentem, te E quotidie cernimus, animoque passim circumferimus. Fortasse quoque nobis mutuo conspectu frui dabitur, cum tempus id permittet. Nam, ut nunc res sunt, etsi alioqui tui videndi atque amplectendi magna cupiditate tenemur, te tamen istic manere necessarium esse ducimus. Nec enim dubitamus, quin tu omnia facturus curaturusque sis, quo strenuis viris Phœniciam impleas, atque eos, qui illic remanserunt, magis ac magis fulcias et corrobores, ut ne relictis regionis illius negotiis pedem referant, et eos, qui vicini ac propinqui sunt, exquiras, atque cum ingenti animi alacritate ac studio emittas, cunctisque tam propinquis quam remotis amplissimam utilitatem afferas, atque unguentorum naturam imiteris, quæ non modo locum eum, quo excipiuntur, sed etiam longius remotum aerem magna suavitate perfundunt.

623 A

νδ'. Γεροντίῳ πρεσβυτέρῳ.

Καὶ ἤδη μὲν ἐπέσταλκά σου πρὸς τὴν εὐλάβειαν, νομίσας σε ἐν Φοινίκῃ εἶναι, καὶ νῦν δὲ ἐπιστέλλω ταὐτὰ ἅπερ καὶ ἔμπροσθεν, ὅτι νῦν μάλιστα πάντα δεῖ ποιεῖν καὶ πάσχειν, ὥστε μὴ καταλιπεῖν ἔρημον τὴν καλὴν ὑμῶν γεωργίαν, μηδὲν ἀφεῖναι διαφθαρῆναί τινα τῶν ἤδη κατορθωθέντων. Καὶ γὰρ καὶ ποιμένες ὅταν ἴδωσι πολλὴν πάντοθεν τοῖς προβάτοις ἐπιτιθεμένην λύμην, τότε μάλιστα ἀγρυπνοῦσι καὶ διεγείρονται, καὶ σφενδόνην μεταχειρίζουσι, καὶ τῇ ἄλλῃ κέχρηνται τέχνῃ, ὥστε πᾶσαν τῆς ἀγέλης ἀπελάσαι B βλάβην. Εἰ γὰρ πρόβατα ἄλογα πεπιστευμένος ὁ Ἰακὼβ, ἔτη δεκατέσσαρα διετέλεσε δουλεύων, καὶ θάλπει καὶ ψύχει ταλαιπωρούμενος, καὶ ἀγρυπνίᾳ πολλῇ, καὶ τὴν ἐσχάτην θητείαν ἐθήτευσεν, ἐννόησον ὅσα καὶ ποιεῖν καὶ πάσχειν χρὴ τοὺς τὰ πρόβατα λογικὰ ἐμπεπιστευμένους, ὑπὲρ τοῦ μηδὲν αὐτῶν παραπολέσθαι. Παρακαλῶ τοίνυν σου τὴν εὐλάβειαν, ὅσῳ μείζων ὁ χειμὼν, καὶ πλείονα τὰ κακὰ, καὶ σφοδρὰ τὰ κωλύματα, καὶ πολλοὶ οἱ ἐπιβουλεύοντες, τοσούτῳ μᾶλλον καὶ αὐτὸν διαναστῆσαι, καὶ ἑτέρους παρακαλέσαι συνεφάψασθαί σου τῆς καλῆς ταύτης C

LIV. Gerontio presbytero.

Cucuso anno 405.

Et jam ad pietatem tuam literas dedi, existimans te in Phœnicia esse: et nunc item eadem, quæ prius, scribo, nempe vobis nunc maxime quidvis agendum ac perferendum esse, ut ne segetem vestram vacuam et inanem deseratis, nec quidquam eorum, quæ recte et cum laude gesta sunt, labefactari atque interire sinatis. Nam et pastores, cum ingentem labem ad oves undique grassantem conspexerint, tunc potissimum exci- B tantur, ac vigilant, fundamque sumunt, cæterisque artibus utuntur, quo incommodum omne a grege propulsent. Et quidem cum Jacob pecudum rationis expertium curam gerens, totos decem et quatuor annos servi munus obierit, æstuque ac frigore et vigiliis multis conflictatus, vilissimique mercenarii officio functus sit, perpende animo, quidnam ii, quorum fidei oves ratione præditæ commissæ sunt, agere ac perpeti debeant, ne qua ex ipsis pereat. Quocirca te obsecro, ut quo major est tempestas, et plura mala, C et majora impedimenta objiciuntur, pluresque sunt qui insidias struant, eo etiam magis ipse te excites, aliosque item horteris, ut præclaram hanc curam tecum suscipiant, illucque quam celerrime pervenire maturent. Nam hujusce quoque profectionis non parvam mercedem es habiturus: quod si profectionis, multo magis si res ipsas tractes, multumque studium adhibeas. Siquidem hujusmodi peregrinationes suscipere longe præstantius atque conducibilius est, quam domi desidere. Illic enim degens, hæc etiam habere potes, quæ nunc habes, hoc est jejunium, vigilias, cæteraque Christianæ philosophiæ genera. Domi autem desidens, ea lucrari non potes, quæ si in illa regione commoreris, adipisci potes, nimirum tot animarum salutem, periculorum mercedem, tantæque animi promtitudinis præmium: nam ne ipsa quidem animi promtitudo præmio caret. Quamobrem, quales tibi ipsi coronas in futurum condas, tecum reputans, ne, quæso, cuncteris aut differas: verum ubi e morbo convalueris, mox ad iter te accinge, de rebus ad usum tuum necessariis nihil curans. Siquidem reverendissimo ac religiosissimo presbytero Constantio negotium dedi, ut sive ad ædium exstructiones, sive ad sublevandam fratrum inopiam impensis opus sit, large vobis ac prolixe omnia suppeditet, atque adeo nunc etiam largius ac profusius, quam ante. Cum igitur et pronos ac faciles inde sumtus habeas, et quod caput est, rem Deo gratam facturus sis, depulsa omni cunctatione, confestim iter matures quæso, atque ex ipsa Phœnicia hoc nobis significes: ut, licet in gravi ac molesta solitudine hæreamus, ingens tamen hinc solatium consequamur. Nam si te animo ac voluntate ita comparatum illuc abiisse intellexerimus, ut pro animarum illius regionis salute nihil facere ac pati recuses, tanta voluptate perfundemur, ut ne solitudinem quidem incolere nos existimemus. Quamvis enim te quoque huc venire, ac tuo conspectu frui cupiamus: tamen, quia hoc quod dixi magis necessarium est, periculumque est, ne hiems iter illud tibi præcludat, propterea te urgemus, atque, ut proficisci matures, obsecramus.

προνοίας, καὶ μετὰ πολλοῦ τοῦ τάχους ἐπειχθῆναι παραγενέσθαι ἐκεῖσε. Καὶ γὰρ καὶ τῆς ἀποδημίας αὐτῆς οὐ μικρὸν ἕξεις μισθόν· εἰ δὲ τῆς ἀποδημίας, πολλῷ μᾶλλον εἰ τῶν ἔργων ἅψαιο, καὶ σπουδὴν πολλὴν ἐπιδείξαιο. Τοῦ γὰρ οἴκοι καθῆσθαι πολλῷ βέλτιον καὶ χρησιμώτερον τὸ τοιαύτας ἀποδημίας ἀποδημεῖν. Ἐκεῖ μὲν γὰρ ὄντα, καὶ ταῦτά ἐστιν ἔχειν ἃ νῦν ἔχεις, τὴν νηστείαν, τὰς ἀγρυπνίας, τὴν ἄλλην φιλοσοφίαν. Οἴκοι δὲ καθήμενον, οὐκ ἔστι [a]κερδᾶναι ἅπερ ἐκεῖ καθήμενόν ἐστι καρπώσασθαι, ψυχῶν σωτηρίαν τοσούτων, τὸν ἀπὸ τῶν κινδύνων μισθὸν, τὴν
D ἀπὸ τῆς τοσαύτης προθυμίας ἀμοιβήν· ἔστι γὰρ προθυμίας ἀμοιβή. Ἐννοῶν τοίνυν ἡλίκους σαυτῷ προαποθήσῃ στεφάνους, μηδὲν μελλήσῃς, μηδὲ ὑπερθῇ· ἀλλὰ ῥαΐσας, ἐντεῦθεν ἤδη τῆς ἀποδημίας ἅψασθαι παρακλήθητι, μηδὲν φροντίζων τῶν χρειῶν ἕνεκεν. Πάντα γὰρ εἶπον τῷ κυρίῳ μου τῷ τιμιωτάτῳ καὶ εὐλαβεστάτῳ πρεσβυτέρῳ Κωνσταντίῳ, εἴτε εἰς οἰκοδομὰς ἀναλῶσαι δέοι, εἴτε εἰς χρείας ἀδελφῶν, μετὰ πλείονος παρασχεῖν ὑμῖν τῆς δαψιλείας, καὶ μετὰ
E πλείονος νῦν ἢ ἔμπροσθεν. Ἔχων τοίνυν καὶ τὴν ἐκεῖθεν εὐκολίαν καὶ πρὸ πάντων τὸ πρᾶγμα ποιεῖν ἀρέσκον Θεῷ, πάντα ὄκνον ἐκβαλὼν, ἐπειχθῆναι ταχέως παρακλήθητι, καὶ ἐξ αὐτῆς ἡμῖν τοῦτο δήλωσον, ἵνα καὶ ἐν ἐρημίᾳ ὄντες χαλεπῇ πολλὴν ἐντεῦθεν καρπωσώμεθα τὴν παράκλησιν. Εἰ γὰρ μάθοιμεν ὅτι ἀποδεδήμηκας ἐκεῖσε μετὰ τῆς γνώμης ἐκείνης, πάντα ποιῆσαι καὶ παθεῖν ὑπὲρ σωτηρίας τῶν αὐτόθι ψυχῶν παρεσκευασμένος, οὐδὲ ἐρημίαν ἡγησόμεθα οἰκεῖν ἀπὸ
624 A τῆς τοσαύτης ἡδονῆς. Ἐπιθυμοῦμεν γὰρ καὶ ἡμεῖς παραγενόμενόν σε ἰδεῖν· ἀλλ' ἐπειδὴ τοῦτο ὅπερ εἶπον ἀναγκαιότερον, καὶ δέος μήποτε ὁ χειμὼν ἀποκλείσῃ σοι τὴν ὁδὸν τὴν ἐντεῦθεν ἐκεῖσε, διὰ τοῦτό σε ἐπείγομεν, καὶ παρακαλοῦμεν ταχέως ἐπειχθῆναι.

LV. Symeoni et Mari presbyteris atque in Apamiensi regione monasticam vitam profitentibus.

νε'. Συμεὼν καὶ Μάρι πρεσβυτέροις, καὶ μονάζουσιν [a] ἐν τῇ χώρᾳ Ἀπαμείας.

Cucuso anno 405.

Etsi magno itineris spatio a vobis disjungi-

Εἰ καὶ πολλῷ διειργόμεθα τῷ τῆς ὁδοῦ διαστήματι,

[a] Hæc quæ deficiebant in Editis ex tribus Mss. restituuntur.

[a] Omnes Mss. ἐν τῇ χώρᾳ Ἀπαμέων.

καὶ ἐν χαλεπωτάτῃ καθήμεθα ἐρημίᾳ, ἀλλ' ὅμως μαθόντες ὑμῶν τῆς ψυχῆς τὴν ἀρετὴν, καὶ τὴν πολ- B λὴν φιλοσοφίαν, δι' ἧς τοὺς αὐτόθι πάντας καταλάμπετε, σφοδροὶ γεγόναμεν ὑμῶν ἐρασταί. Καὶ ἐπειδὴ τῆς κατ' ὄψιν ἡμῶν συντυχίας τέως ἀπολαῦσαι οὐκ ἔνι, διά τε τὴν τοῦ χειμῶνος ὥραν, διά τε τῆς ὁδοῦ τὸ μῆκος, διὰ γραμμάτων συγγενέσθαι ἐσπουδάσαμεν ὑμῖν, παρακαλοῦντες ὑμῶν τὴν εὐλάβειαν, εὔχεσθαί τε ἐκτενῶς ὑπὲρ τῆς λύσεως τῶν τὴν οἰκουμένην κατειληφότων κακῶν, καὶ πάντας εἰς τοῦτο διεγείρειν μετὰ πολλῆς τῆς προθυμίας, ἡμῖν τε, ἡνίκα ἂν ἐξῇ, συνεχέστερον ἐπιστέλλειν περὶ τῆς ὑγείας τῆς ὑμετέρας· ἵνα καὶ πόῤῥωθεν ὑμῶν ὄντες, καὶ πρὸς αὐτὰς C τῆς οἰκουμένης τὰς ἐσχατιὰς ἀπῳκισμένοι, πολλὴν καὶ ἐντεῦθεν καρπωσώμεθα τὴν παράκλησιν, συνεχέστερον τὰ περὶ τῆς ῥώσεως ὑμῶν μανθάνοντες. Σφόδρα δὲ ἡμᾶς εὔφρανεν ὁ ποθεινότατος καὶ γλυκύτατος Ἰωάννης ὁ πρεσβύτερος, ἐν τοσαύτῃ καιρῶν δυσκολίᾳ ἑλόμενος οἴκοθεν διαναστῆναι, καὶ ἅψασθαι τῆς ἐπὶ τὴν Φοινίκην ἀποδημίας. Παρακαλῶ τοίνυν ἐννοήσαντας τοῦ κατορθώματος ἡλίκον τὸ μέγεθος, εἴ τινας εὕροιτε γενναίους ἄνδρας, δυναμένους αὐτῷ συμπρᾶξαι πρὸς τῶν κατορθωμάτων τούτων τὸ μέγεθος, πολλῇ D τῇ προθυμίᾳ συναποστεῖλαι αὐτῷ παρακλήθητε, ἐννοοῦντες ἡλίκον ἐντεῦθεν καρπώσεσθε τὸν μισθόν.

mur, atque in asperrima solitudine commoramur: tamen cognita animi vestri virtute ingentique philosophia, per quam omnibus, qui istic sunt, lucem ac splendorem affertis, magnum vestri amorem concepimus. Ac quoniam, tum ob hiemis asperitatem, tum ob itineris longitudinem, vestro interim congressu frui minime licet, per literas vos convenire studuimus, vos orantes atque obsecrantes, ut et pro malorum eorum, quæ universum terrarum orbem invaserunt, depulsione prolixas ad Deum preces adhibeatis, et omnes magna cum alacritate ad hoc excitetis, nosque, cum facultas dabitur, de vostra valetudine per literas quam sæpissime certiores faciatis: ut, licet etiam procul a vobis dissiti, atque ad ultimos quoque terræ angulos relegati, magnam tamen hinc consolationem capiamus, de vostræ valetudinis statu persæpe aliquid audientes. Nos quidem certe permagna voluptate affecit vir carissimus et suavissimus Joannes presbyter, quod in tanta temporum difficultate domo excedere, atque in Phœniciam proficisci animum induxerit. Quapropter a vobis peto, ut præclari hujus operis magnitudine animo perpensa, si quos præstantes ac generosos viros nanciscamini, qui ad egregiarum harum rerum magnitudinem auxiliarem manum afferre possint, eos magna cum animi alacritate una cum eo mittatis, quantam hinc mercedem laturi sitis, cogitantes.

νς'. Ῥωμύλῳ [b] καὶ Βύζῳ μονάζουσι.

Ἐγὼ μὲν ἐβουλόμην ὑμᾶς καὶ ἐνταῦθα παραγενομένους ἰδεῖν· ἀκούων γὰρ ὑμῶν τὴν εὐλάβειαν, σφοδρὸς ὑμῶν γέγονα ἐραστὴς, τοῖς τῆς ἀγάπης ὀφθαλμοῖς ὑμᾶς φανταζόμενος· ἐπειδὴ δὲ τοῦτο τέως οὐκ ἔνι, καὶ διὰ τὸ τῆς ὁδοῦ μῆκος, καὶ διὰ τὴν τοῦ χειμῶνος ὥραν, καὶ διὰ τὸν τῶν Ἰσαύρων φόβον, διὰ τῶν E γραμμάτων ἐσπούδακα ὑμῶν συγγενέσθαι τῇ τιμιότητι, δήλην ὑμῖν ποιῶν τὴν διάθεσιν, ἣν ἔχομεν [c] πρὸς τὴν εὐλάβειαν τὴν ὑμετέραν· ἔνι γὰρ καὶ τοὺς πόῤῥωθεν ὄντας καὶ μὴ ὁραθέντας φιλεῖν. Τοιαύτη γὰρ τῆς ἀγάπης ἡ δύναμις· οὐ διείργεται ὁδοῦ μήκει, οὐδὲ μαραίνεται χρόνου πλήθει, οὐδὲ νικᾶται πειρασμῶν ἐπαγωγαῖς· ἀλλὰ ταῦτα πάντα νικῶσα ἀνωτέρα πάντων γίνεται, καὶ πρὸς ὕψος ἄφατον αἴρεται. Διὰ δὴ 625 A τοῦτο καὶ ἡμεῖς, ἐπειδὴ σφόδρα περὶ ὑμᾶς διακείμεθα, οὐδενὶ τούτων γεγόναμεν ῥαθυμότεροι, ἀλλὰ καὶ γράφομεν, καὶ παρακαλοῦμεν ὑμᾶς τὰ περὶ τῆς ὑγείας

LVI. Romulo et Byzo monachis.

Cucuso anno 405.

Vos quidem huc quoque venire, atque oculis perspicere vellem: vestræ enim pietatis fama commotus, ingenti vestri amore afficior, atque caritatis oculis vos intueor; quoniam autem, tum ob itineris longinquitatem, tum ob hiemis tempus, tum ob Isaurorum metum, id nunc minime licet, vos per literas convenire studui, meam erga vos benevolentiam perspicuam vobis faciens: licet enim eos amare qui procul positi nec umquam visi sunt. Nam ejusmodi caritatis natura est, ut nec viæ longitudine dirimatur, nec temporis diuturnitate debilitetur, nec illatis tentationibus infringatur, verum hæc omnia vincat, ac supra omnia assurgat, atque in sublimitatem inenarrabilem attollatur. Ob eamque causam nos etiam, quandoquidem apprime vos amamus, nihil horum segniores effecit: quin potius

[b] Omnes fere Mss. καὶ Βίζῳ.

[c] Tres Mss. περὶ τὴν εὐλάβειαν.

et ipsi scribimus, et vicissim, ut de vestra salute certiores nos faciatis, vos rogamus. Sic enim, etiam in solitudine degentes, magno solatio afficiemur, cum eos qui ita vivunt, arctumque atque angustum iter ingrediuntur, incolumi ac firma valetudine esse intellexerimus.

τῆς ὑμετέρας δηλοῦν ἡμῖν. Οὕτω γὰρ καὶ ἐν ἐρημίᾳ διατρίβοντες, πολλὴν καρπωσόμεθα τὴν παράκλησιν, ὅταν ἀκούωμεν τοὺς οὕτω βιοῦντας, καὶ τὴν στενὴν ταύτην καὶ τεθλιμμένην ὁδεύοντας ὁδὸν, ὑγιαίνοντας καὶ ἐῤῥωμένους.

LVII. Adoliæ.

Cucuso anno ut putatur 404.

Quamvis ipsa raro ad nos scribas, nos tamen quoties homines nanciscemur, qui hinc istuc proficiscantur, literas ad te dare minime desinemus. Ac quidem te huc venire ac cernere vellemus, idque in primis optamus. Verum quoniam hoc arduum fortasse ac difficile tibi visum est (nam alioqui Isaurorum periculum penitus sublatum est), nos certe consolationem eam, quam, dum crebro ad te scribimus, capere solemus, nobisipsis præbere minime intermittemus. Etenim quoties tabellarii, qui istuc iter faciat, nobis copia est, non vulgarem voluptatem capimus, cum ad te literas damus. Hæc igitur cum tibi explorata sint, ornatissima et religiosissima domina mea, velim quoque ipsa des operam, ut de tua valetudine animique hilaritate quam sæpissime ad nos scribas. Quemadmodum enim de profectione nihil te accusamus, quod res ea difficultatem habere tibi visa sit: eodem modo de longo silentio tibi succensere minime desinemus, quoniam de tua totiusque domus tuæ valetudine assidue aliquid audire vehementer desideramus.

νζʹ. Ἀδολίᾳ.

Ἡμεῖς, κἂν αὐτὴ σπανιάκις ἐπιστέλλῃς, οὐ παυσόμεθα, ὁσάκις ἂν ἐπιτύχωμεν τῶν ἐντεῦθεν ἐκεῖσε ἀφικνουμένων, γράφοντες πρὸς τὴν εὐγένειαν τὴν σήν. Ἐβουλόμεθα μὲν γὰρ καὶ ἐνταῦθά σε παραγενομένην ἰδεῖν, καὶ σφόδρα τοῦτο ἐπιθυμοῦμεν. Ἀλλ' ἐπειδὴ τοῦτο ἐργῶδες ἴσως κατεφάνη σου τῇ εὐγενείᾳ (τὰ γὰρ τῶν Ἰσαύρων πέπαυται παντελῶς), τὴν γοῦν ἀπὸ τοῦ γράφειν συνεχῶς τῇ τιμιότητί σου παράκλησιν οὐ παυσόμεθα παρέχοντες ἑαυτοῖς. Καὶ γὰρ ὁσάκις ἂν ἐπιτύχωμεν γραμματηφόρου ἐκεῖσε παραγινομένου, οὐ τὴν τυχοῦσαν καρπούμεθα εὐφροσύνην ἐπιστέλλοντές σου τῇ τιμιότητι. Τοῦτ' οὖν εἰδυῖα, κυρία μου κοσμιωτάτη καὶ εὐλαβεστάτη, καὶ αὐτὴ σπουδὴν ποιεῖσθαι παρακλήθητι τοῦ συνεχῶς ἡμῖν ἐπιστέλλειν τὰ περὶ τῆς ὑγείας τῆς σῆς καὶ εὐθυμίας. Ὥσπερ γὰρ τῆς ἀποδημίας ἕνεκεν οὐδὲν ἐγκαλοῦμεν, διὰ τὸ δόξαι δυσκολίαν ἔχειν τὸ πρᾶγμα· οὕτω τῆς σιγῆς ἕνεκεν τῆς μακρᾶς οὐ παυσόμεθα αἰτιώμενοι, διὰ τὸ σφόδρα ἐπιθυμεῖν συνεχῶς μανθάνειν τὰ περὶ τῆς ῥώσεως τῆς σῆς καὶ τοῦ οἴκου σου παντός.

LVIII. Theodosio ex ducibus.

Ab anno 404. ad 407.

Multo melle literas tuas condiisti, vel, ut rectius loquar, melle dulciores eas effecisti. Mel quippe iis, qui ipsius dulcedine assidue fruuntur, non jam æque dulce esse videtur, saturitate nimirum voluptatis vim opprimente: at literæ tuæ lætum nobis de tua prospera valetudine nuntium afferentes, tantum ab eo absunt, ut hoc efficiant, ut tum præteritam voluptatem nobis augeant, cum frequentius mittuntur. Ac

νηʹ. [a] Θεοδοσίῳ ἀπὸ δουκῶν.

Πολλοῦ τοῦ μέλιτος τὴν ἐπιστολὴν ἀνέχρωσας, μᾶλλον δὲ καὶ μέλιτος αὐτὴν ἡδίω πεποίηκας. Τὸ μὲν γὰρ ὅταν συνεχέστερον ὁμιλήσῃ τοῖς ἀπολαύουσιν αὐτοῦ τῆς γλυκύτητος, οὐκ ἔτι ὁμοίως ἡδὺ φαίνεται, τοῦ κόρου τὴν τυραννίδα τῆς ἡδονῆς καταλύοντος· τὰ δὲ γράμματα τὰ σὰ τὴν ὑγίειαν ἡμῖν εὐαγγελιζόμενα τὴν σὴν, τοσοῦτον ἀπέχει τοῦτο παθεῖν, ὅτι καὶ ἐπιτείνει τότε μάλιστα ἡμῖν τὴν εὐφροσύνην, ὅταν συνεχέστερον πέμπηται. Σὺ μὲν οὖν τὴν ἐπιστολὴν

[a] Ἀπὸ δουκῶν, in hanc formulam hæc optime notat Fronto Ducæus: *Billius* Duci; *apud Ammianum Marcellinum sæpe leges*, ex Duce, ex Vicario, ex Magistro. *Ut lib.* 22, Artemios ex Duce Ægypti, *id est qui fuerat Dux Ægypti. Julius Capitolinus in Gordianis:* Duo a Gallicano ex Consulibus, et Mæcenate ex Ducibus interempti sunt; *et lib.* 6, *Codicis Theodosiani tit.* 23, *l.* 1, Inter eos qui ex ducibus sunt, esse præcipimus in adoranda nostra serenitate. *Procopius lib.* 1, *οὔτε Ῥωμαίων στρατιωτῶν ἄρχων, οὓς Δοῦκας καλοῦσιν*, neque Romanorum militum præfectus, quos Duces vocant. *Duces etiam in posteriorum Imperatorum Constitutionibus appellantur, tam qui militibus, quam qui provinciis et limitibus præerant, ut in Codice Theodosiano*, Dux limitis Tripolitani, *et*, Dux Rhetici limitis, *apud Vopiscum.*

περιεπτύξω τὴν ἐμήν· ἐγὼ δὲ αὐτόν σε τὸν πατέρα τῆς ἐπιστολῆς καὶ περιεπτυξάμην, καὶ περιέβαλον ἄμφω τὼ χεῖρε, καὶ τῷ τραχήλῳ περιχυθεὶς, καὶ τὴν φίλην ἐμοὶ φιλήσας κεφαλὴν, πολλὴν ἐκαρπωσάμην τὴν παραμυθίαν. Οὐδὲ γὰρ ἐπιστολὴν ἐνόμιζον σὴν ἐπιέναι μόνον, ἀλλὰ καὶ αὐτὸν παρεῖναι ἡμῖν καὶ συγγίνεσθαι. Τοσοῦτον ἴσχυσε τῆς ἐπιστολῆς ἡ δύναμις. Τοιοῦτον γὰρ τῆς γνησίας ἀγάπης ἡ φύσις· κἂν διὰ γραμμάτων αὐτῆς [b] προχέῃ τὰ νάματα, αὐτὴν τὴν πηγὴν τῶν γραμμάτων φαντάζεσθαι παρασκευάζει· ὃ δὴ καὶ ἡμεῖς πεπόνθαμεν. Καὶ οὔτε χρόνου πλῆθος, οὔτε ὁδοῦ μῆκος, οὔτε πραγμάτων περίστασις, οὔτε ἄλλο οὐδὲν πρὸς τοῦτο κώλυμα γέγονεν ἡμῖν. Ταῦτ' οὖν εἰδὼς, δέσποτά μου θαυμασιώτατε, ἐπιστέλλειν ἡμῖν συνεχῶς μὴ κατόκνει, περὶ τῆς ὑγείας σου, καὶ τοῦ οἴκου σου παντὸς, καὶ τῆς εὐθυμίας δηλῶν. Οἶσθα γὰρ ὅπως ἡμῖν ταῦτα περισπούδαστον μανθάνειν.

tu quidem epistolam meam exosculatus es: ego vero te ipsum epistolæ patrem utraque manu complexus sum, colloque tuo circumfusus, carumque mihi caput exosculatus, ingentem consolationem percepi. Sic enim affectus eram, ut non epistolam dumtaxat tuam legere arbitrarer, sed etiam te ipsum adesse, ac nobiscum versari. Tanta epistolæ vis fuit. Ejusmodi quippe sinceræ caritatis natura est, ut etiamsi latices suos per literas profundat, id efficiat, ut ipse literarum fons oculis obversari videatur: quod etiam nobis usu venit. Ac neque temporis diuturnitas, neque itineris longitudo, neque negotiorum difficultates ac molestiæ, nec denique aliud quidquam, quo minus id nobis contingeret, impedimento esse potuit. Hæc igitur cum scias, domine mi cumprimis admirande, ne te quæso de tua totiusque domus tuæ valetudine, animique hilaritate nos per literas certiores facere pigeat. Nec enim te fugit, quantæ nobis curæ sit hæc scire.

νθ'. Θεοδότῳ διακόνῳ.

Ταχέως ἡμῶν ἐπελάθου, τῷ χωρισμῷ σου σφόδρα λυπηρῷ ἡμῖν γεγενημένῳ καὶ τὴν ἀπὸ τῆς σιγῆς τῆς μακρᾶς προσθεὶς ἀθυμίαν. Καὶ οὐδὲ εἰς χρόνου στενοχωρίαν ἔχεις καταφυγεῖν· ἱκανὸν γὰρ τῶν ἡμερῶν τὸ πλῆθος πολλὴν ὁδοιπόρῳ παρασχεῖν εὐκολίαν πρὸς ἐπάνοδον. Ἀλλ' οὐδὲ τὰ Ἰσαυρικὰ προβαλλομένου ἀνασχοίμεθα ἂν, ἐπειδὴ σφόδρα σε φιλοῦμεν. Καὶ γὰρ [a] πολλοὶ οἱ ἐκεῖθεν μετὰ τὴν σὴν ἀποδημίαν ἐνταῦθα παραγενόμενοι. Τί οὖν ἐστι τῆς σιγῆς τὸ αἴτιον; Ὄκνος καὶ ῥᾳθυμία. Ἀλλ' ὅμως ἀφίεμέν σε τῶν ἐπὶ τῇ προτέρᾳ ὀλιγωρίᾳ ἐγκλημάτων, ἂν βουληθῇς εἰς τὸ ἐπιὸν τῇ πυκνότητι τῶν γραμμάτων διορθῶσαι τὸ παροφθέν. Οἶσθα γὰρ ὅπως ἡμῖν χαριῇ, συνεχῶς ἡμῖν ἐπιστέλλων τὰ περὶ τῆς ὑγείας τῆς σῆς.

LIX. *Theodoto diacono.*

Cucuso anno 405.

Cito nostri oblitus es, ad ingentem eam molestiam, quam ex digressu tuo accepimus, alium ex diuturno tuo silentio mœrorem adjungens. Nec vero ad temporis angustiam tibi perfugium patet: nam dierum multitudo ingentem ad reditum facilitatem viatori præbere potest. Quin ne Isauricos quidem metus causari te patiemur, quandoquidem te magnopere amamus. Multi quippe sunt, qui post discessum tuum illinc huc venerint. Quænam igitur silentii causa est? Negligentia nimirum, ac pigritia. Sed tamen prioris negligentiæ culpam tibi remittimus, si modo animum in posterum induxeris prætermissum abs te officii munus frequentibus literis sarcire. Scis enim quantam a nobis gratiam initurus sis, de tua prospera valetudine crebro ad nos scribens.

ξ'. Χαλκιδίᾳ καὶ Ἀσυγκριτίᾳ.

Οἶδα ὅτι σφόδρα ὑμᾶς διετάραξε τῶν ἐπαλλήλων πειρασμῶν ἡ συνέχεια, τῶν ἐπενεχθέντων τῷ κυρίῳ μου τῷ τιμιωτάτῳ καὶ εὐλαβεστάτῳ πρεσβυτέρῳ. Ἀλλὰ μηδὲν ὑμᾶς τοῦτο θορυβείτω. Ὁ γὰρ διὰ τὸν Θεὸν ταῦτα πάσχων, ὅσῳπερ ἄν τι χαλεπώτερον

LX. *Chalcidiæ* et *Asyncritiæ.*

Cucuso anno 404.

Non me fugit crebras eas tentationes, quæ domino meo reverendissimo et religiosissimo presbytero illatæ sunt, magnam vobis perturbationem attulisse. Verum nihil est quamobrem hoc nomine animi vestri commoveantur. Nam qui

[b] Omnes Mss. προχέῃ. Edit. προχέηται.

[a] Coislin. πολλοὶ οἱ ἐντεῦθεν.

Dei causa hæc perpetitur, quo graviora pertulerit, eo quoque majores coronas referet. Cum igitur hanc satis amplam consolationem habeatis, strenuo animo, et cum gratiarum actione, ea quæ accidunt ferte, Dei gloriam ob omnes rerum eventus prædicantes. Sic enim vos quoque in præmiorum et coronarum, quæ illum manent, societatem venietis, si ea quæ acciderunt forti et placido animo tuleritis. Scitis enim viam esse præsentem hanc vitam, ejusque tam res lætas ac jucundas, quam graves et molestas præterire: illudque item nobis faciendum esse, ut per multas tribulationes in Dei regnum introeamus: arctamque atque angustam portam esse quæ ad vitam ducit. Quæ cum ita sint, tum per hæc, tum per ipsius præsentiam solatio accepto, nubem omnem mœroris discutietis, ob ipsius calamitates lætitiam ac voluptatem animo concipientes. Nam fructus hinc inenarrabilis et corruptionis expers ipsi recondetur.

Via hæc vita.

[b] πάθῃ, μειζόνων ἀπολαύει στεφάνων. Ἱκανὴν τοίνυν ἔχουσαι ταύτην τὴν παράκλησιν, φέρετε γενναίως D καὶ εὐχαρίστως τὰ συμπίπτοντα, δοξάζουσαι τὸν Θεὸν ἐφ' ἅπασι τοῖς συμβαίνουσιν. Οὕτω γὰρ καὶ ὑμεῖς κοινωνοὶ γενήσεσθε τῶν ἀποκειμένων αὐτῷ μισθῶν καὶ στεφάνων, ὑπὲρ ὧν γενναίως καὶ πράως ἠνέγκατε τὰ συμβάντα. Ἴστε γὰρ ὅτι ὁδὸς ὁ παρὼν βίος, καὶ τὰ χρηστὰ αὐτοῦ καὶ τὰ λυπηρὰ παροδεύεται, καὶ ὅτι διὰ πολλῶν θλίψεων δεῖ ἡμᾶς εἰσελθεῖν εἰς τὴν βασιλείαν του Θεοῦ· καὶ ὅτι στενὴ καὶ τεθλιμμένη ἡ ὁδὸς, ἡ ἀπάγουσα εἰς τὴν ζωήν. Παρακληθεῖσαι οὖν καὶ διὰ τούτων, καὶ διὰ τῆς παρουσίας αὐτοῦ, ἅπαν ἀθυμίας διασκεδάσατε νέφος, χαίρουσαι, E εὐφραινόμεναι ἐπὶ τοῖς τούτου παθήμασι. Καὶ γὰρ ἄφατος αὐτῷ ἐντεῦθεν κείσεται ὁ καρπὸς καὶ ἀκήρατος.

LXI. *Theodoto ex consularibus.*

Anno 406.

Hoc est patrem esse, non modo illud non moleste ferre, quod filius veram sapientiam profiteatur, verum etiam ipsi idcirco gratulari, nihilque non agere, quo ad ipsius arcem perveniat; ac ne hoc quidem, quod ille tum a patria, tum a domo, tum ab oculis tuis procul sit, iniquo animo ferre, verum nunc potius eo esse animo, ut ipsum tecum versari existimes, cum ipsius virtus augetur. Ob eamque causam ingentes tibi gratias habemus: atque admirati sumus quo pacto, cum a te tantum munus, hoc est filium, habuerimus, tu tamen duxeris nos aliis quoque muneribus ornandos esse. Nos vero honorem quidem illum, qui ex muneribus missis oritur, decerpsimus, munera autem ipsa remisimus: non quod te despiciamus, (qui enim istud, cum a te valde amemur?) verum quod supervacaneum esse censeremus earum rerum fructum consectari, quibus minime indigemus. Sane bellum le-

ξα'. Θεοδότῳ [c] ἀπὸ κονσουλαρίων.

627 A Τοῦτο πατὴρ, τὸ μὴ μόνον μὴ δυσχεραίνειν τοῦ παιδὸς τὴν ἀληθῆ φιλοσοφίαν φιλοσοφοῦντος, ἀλλὰ καὶ συνήδεσθαι, καὶ πάντα ποιεῖν, ὅπως εἰς ἄκρον αὐτῆς ἀφίκοιτο· καὶ μηδὲ τῷ πόῤῥωθεν εἶναι καὶ πατρίδος, καὶ οἰκίας, καὶ τῶν σῶν ὀφθαλμῶν, βαρύνεσθαι, ἀλλὰ νῦν μᾶλλον αὐτὸν ἡγεῖσθαι πλησίον ἔχειν, ὅτε αὐτῷ τὰ τῆς ἀρετῆς ἐπιδίδωσι. Διὰ ταῦτά σοι καὶ ἡμεῖς πολλὰς χάριτας ἴσμεν, καὶ τεθαυμάκαμεν πῶς τοιοῦτον ἡμῖν δῶρον δεδωκὼς, τὸν υἱὸν, ἐνόμισας δεῖν σοι καὶ ξενίων εἰς τιμὴν ἡμετέραν. Τὴν μὲν οὖν τιμὴν τὴν ἐκ τῶν πεμφθέντων ἐδρεψάμεθα, B αὐτὰ δὲ ἀνταπεστάλκαμεν, οὐχ ὑπερορῶντές σου τῆς εὐγενείας, (πῶς γὰρ τοῦ οὕτω σφοδρῶς ἡμῶν ἐρῶντος;) ἀλλ' ἡγούμενοι περιττὸν εἶναι τούτων τὴν ἀπόλαυσιν διώκειν, ὧν ἐν χρείᾳ οὐ καθεστήκαμεν. Τὸν μέντοι καλὸν Θεόδοτον τὸν ἀναγνώστην ἐβουλόμεθα μὲν παρ' ἑαυτοῖς κατέχειν καὶ πλάττειν, ἐπειδὴ δὲ πάντα τὰ ἐνταῦθα φόνων, ταραχῆς, αἱμάτων, ἐμπρησμῶν ἐμπέπλησται, τῶν Ἰσαύρων πάντα σιδήρῳ καὶ

[b] Coislin. πάσχῃ.

[c] Ἀπὸ κονσουλαρίων, ex Consularibus. Hæc apposite notat Fronto Ducæus: *Billius interpretatus erat*, Consulari: *atqui posteriorum Imperatorum ætate Consulares dicebantur non jam ut tempore reipublicæ Romanæ vel ante Julium Cæsarem, qui Consules fuerant, sed qui provincias quasdam regebant et Italiæ regiones, ut ex Codice Theodosiano et Notitia Imperii liquet, unde Consularis Æmiliæ, Consularis Bæticæ, Pannoniæ et* ἀρχαὶ Κονσουλαρικαὶ *Novella* 8, *et formula Consularitatis apud Cassiodorum lib.* 6 *Variarum cap.* 2. *Secures eis et fasces præferebantur et carpenti subvectione decorabantur. Qui autem Consules fuerant, vocabantur Exconsules, vel Exconsulibus, et qui functi erant Consularis magistratu, Exconsularibus, vel Exconsulares itidem appellabantur. Vide etiam Cassiodorum lib*. 3, c. 27; *et lib.* 5, *cap.* 9. Sic infra epist. 139 fit mentio Κονσουλαρίου Συρίας, Consularis Syriæ.

πυρὶ ἀναλισκόντων, καὶ τόπους ἐκ τόπων ἀμείβομεν, καθ' ἑκάστην μετανιστάμενοι τὴν ἡμέραν, ἀναγκαῖον εἶναι ἐνομίσαμεν ἐκπέμψαι αὐτὸν, πολλὰ παραγγείλαντες τῷ κυρίῳ μου τῷ εὐλαβεστάτῳ διακόνῳ Θεοδότῳ ἐπιμελεῖσθαι αὐτοῦ διηνεκῶς, καὶ πολλὴν αὐτοῦ ποιεῖσθαι πρόνοιαν. Τοῦτο δὲ καὶ αὐτὸς κατορθωθῆναι σπούδασον τῷ παιδὶ, καὶ πάντως ἡμῶν ἐπαινέσῃ τὴν συμβουλὴν, καὶ πολλὴν εἴσῃ τῆς παραινέσεως ταύτης τὴν χάριν ἡμῖν.

ctorem Theodotum apud nos retinere, ac fingere et erudire nobis cordi erat; verum quoniam omnia hic cædibus, tumultibus, cruore, atque incendiis plena sunt, Isauris nimirum cuncta ferro atque igne populantibus, nosque sedes quotidie mutamus, necessarium proinde esse duximus eum hinc emittere, domino meo religiosissimo diacono Theodoto etiam atque etiam mandantes, ut ipsius curam assidue gerat, in idque magno studio ac diligentia incumbat. Quod ipsum ut filius tuus consequatur, tu quoque labores velim : atque omnino consilium nostrum laudabis, nobisque admonitionis hujus nomine ingentem gratiam habebit.

ξϐ'. Κάστῳ, Οὐαλερίῳ, Διοφάντῃ, Κυριακῷ, πρεσβυτέροις Ἀντιοχείας.

Ὅτι μὲν ἡμᾶς ἀπέλιπεν ὁ κύριός μου ὁ τιμιώτατος καὶ εὐλαβέστατος πρεσβύτερος Κωνστάντιος, ἀλγῶ· ὅτι δὲ ὑμᾶς ἀπείληφε, χαίρω, καὶ μειζόνως χαίρω, [a] ἢ ἐκεῖνο ἀλγῶ. Εὖ γὰρ οἶδ' ὅτι εἰς ἀκύμαντον ὁρμιεῖ λιμένα, τὴν ὑμετέραν ἀγάπην. Κἂν γὰρ μυρίαι πανταχόθεν περιεστήκωσι ταραχαὶ, καὶ πολλὰ ἐγείρηται τὰ κύματα, ἀλλὰ τοιαῦτα τὰ ὑμέτερα, ὡς καὶ ἐν χειμῶνι γαλήνης ἀπολαύειν λευκῆς, διὰ τὴν προσοῦσαν ὑμῖν ἀνδρείαν, καὶ τὴν ἀπερίτρεπτον ἀγάπην καὶ διάθεσιν. Ἰδόντες τοίνυν αὐτὸν ὡς ὑμῖν πρέπον ἐστὶ, πάντα αὐτῷ γενέσθαι παρακλήθητε. Ἴστε γὰρ ὅσος ὑμῖν κείσεται μισθὸς, εἰκῇ καὶ μάτην ἐπηρεαζόμενον ἀνέχειν σπουδάζουσιν. Οὐδὲ γὰρ ἡμεῖς ἄλλο τι ζητοῦμεν, ἀλλ' ὥστε μηδὲν αὐτὸν παρὰ τὸ δίκαιον [b] ἐπηρεασθῆναι, καὶ μάτην ἄγεσθαι καὶ περιάγεσθαι, ἐν δικαστηρίοις σπαραττόμενον ὑπὲρ ὧν στεφανοῦσθαι αὐτὸν καὶ ἀνακηρύττεσθαι ἔδει. Καὶ ὑπὲρ μὲν τούτου ταῦτα αἰτοῦμεν· ὑπὲρ δὲ ἡμῶν αὐτῶν, ὥστε συνεχῶς ἡμῖν ἐπιστέλλειν, καὶ τὰ περὶ τῆς ὑγιείας τῆς ὑμετέρας εὐαγγελίζεσθαι. Εἰ γὰρ καὶ πολλῷ διειργόμεθα τῷ μέσῳ τῆς ὁδοῦ, ἀλλ' ὅμως οὐ παυόμεθα διηνεκῶς 628
ὑμᾶς [c] ἐπὶ διανοίας φέροντες, καὶ πλησίον ὑμῶν ὄντες, καὶ καθ' ἑκάστην ὑμῖν συγγινόμενοι τὴν ἡμέραν. Τοιοῦτοι γὰρ οἱ τῆς ἀγάπης ὀφθαλμοὶ τῶν γνησίως εἰδότων φιλεῖν. Καὶ τοῦτο ἴστε καὶ αὐτοὶ σαφῶς, ἐπειδὴ καὶ φιλεῖν ἴστε γνησίως.

LXII. *Casto, Valerio, Diophantæ, Cyriaco, Antiochiæ presbyteris.*

Cucuso anno 405.

Quod reverendissimus ac religiosissimus presbyter Constantius nos reliquerit, doleo : quod autem ad vos se contulerit, lætor ; ac magis hinc lætor, quam illinc doleo. Neque enim mihi dubium est, quin ad tranquillum portum, hoc est ad vestram caritatem, appellat. Nam quamvis sexcenti tumultus vos undique circumstent, magnosque fluctus excitent : tamen ejusmodi statu res vestræ sunt, ut ob eam, qua præditi estis, fortitudinem et constantem caritatem animique affectionem, etiam in mediis procellis magna tranquillitate fruamini. Quamobrem cum ad vestrum aspectum venerit, ipsi, ut par est, omnia suppeditate. Scitis enim quanta vos hinc merces maneat, si eum inique vexatum fovere studeatis. Neque enim aliud quidquam a vobis postulamus, quam ut ne ipse per injuriam vexetur, temereque huc atque illuc circumagatur, ac per judicum tribunalia eam ob causam distrahatur, atque laceretur, ob quam eum corona ornari, ac publico præconio celebrari par erat. Ac pro eo quidem hæc postulamus ; pro nobis autem ut sæpe ad nos scribatis, ac de vestra valetudine certiores nos faciatis. Nam etsi longo itineris intervallo a vobis divellimur, vos tamen animo circumferre minime desinimus, ac vobiscum esse, quotidieque versari. Ejusmodi enim caritatis oculi sunt in iis, qui sincere amare norunt. Idque ipsi perspicue nostis, quandoquidem sincere quoque amare nostis.

[a] Tres Mss. ἢ ἐκεῖνος ἀλγῶ. Mox Coisl. ὁρμῇ λιμένα. Mox idem κἂν μυρίαι, omisso γάρ, et infra idem ἐγείρηται κύματα.

[b] Tres Mss. ἐπηρεασθῆναι μηδὲ εἰκῇ καὶ μάτην.

[c] Iidem ἐπὶ διανοίας περιφέροντες.

LXIII. Tranquillino.

Al. anno 404. ad 407.

Cætera quidem omnia tempori cedunt, ac vetustatem et senium contrahunt, hoc est florentia corpora, alta ædificia, prata, et horti, ac denique omnia quæ ex terra oriuntur: sola autem caritas ab ejusmodi detrimento immunis est; ac non modo temporis diuturnitate non marcescit, sed ne morte quidem ipsa interrumpitur. Eoque B nomine nos quoque, tametsi diuturno tempore a suavitate tua abfuerimus, vigentem tamen tui amorem retinemus: ac nunc quidem lingua, semper autem animo. Eaque de causa quam sæpissime ad pietatem tuam literas dedimus. Quoniam autem, quo statu valetudo tua sit, intelligere valde expetimus (scis enim ipse quam te valere cupiamus), si fieri possit, facileque aliquem nancisci queas, qui literas ad nos ferat, velim ut, quemadmodum officii tui ratio postu- C lat, de eo nos certiores facias. Nam res nostras atque ea quæ in Armenia et Thracia geruntur, sinceræ atque ardenti caritati tuæ narrabit is qui tibi has literas reddet.

ξγ'. [a] Τραγκυλίνῳ.

Τὰ μὲν ἄλλα πάντα εἴκει χρόνῳ καὶ παραχωρεῖ παλαιούμενα καὶ γηράσκοντα, καὶ σωμάτων ἄνθη, καὶ οἰκοδομημάτων μεγέθη, καὶ λειμῶνες, καὶ παράδεισοι, καὶ τὰ ἀπὸ τῆς γῆς ἅπαντα· μόνη δὲ ἡ ἀγάπη τὴν ἐντεῦθεν διέφυγε βλάβην, καὶ οὐ μόνον οὐ μαραίνεται χρόνου πλήθει, ἀλλ' οὐδὲ αὐτῷ διακόπτεται B τῷ θανάτῳ. Διὰ δὴ τοῦτο καὶ ἡμεῖς, εἰ καὶ μακρὸν ἀπελείφθημεν χρόνον τῆς ἐμμελείας τῆς σῆς, ἀλλ' ἀκμάζουσαν αὐτὴν διατηροῦμεν, καὶ γλώττῃ μὲν νῦν, γνώμῃ δὲ ἀεί. Διὸ καὶ συνεχῶς ἐπεστάλκαμέν σου τῇ εὐλαβείᾳ. Ἐπειδὴ δὲ ἡμῖν περισπούδαστον μανθάνειν οἷ τὰ τῆς ὑγιείας [b] ὁρμᾷ τῆς σῆς (οἶσθα γὰρ ὅπως αὐτῆς ἀντεχόμεθα), εἰ δυνατὸν γένοιτο, καὶ ῥᾳδίως ἐπιτύχοις τινὸς τοῦ διακομίζοντος ἡμῖν τὰ γράμματα, τὰ σαυτῷ πρέποντα ποιῶν, δῆλον τοῦτο ποιῆσαι ἡμῖν παρακλήθητι. Τὰ γὰρ καθ' ἡμᾶς, τά τε ἐν C Ἀρμενίᾳ, τά τε ἐν Θρᾴκῃ, διηγήσεταί σου τῇ γνησίᾳ καὶ θερμῇ ἀγάπῃ ὁ τὰ γράμματα ἐγχειρίζων.

LXIV. Cyriaco episcopo.

Dominus meus Sopater, Armeniæ hujusce præfectus, in qua nunc inclusi tenemur, Armeniæ quidem præfuit ut pater, plus autem officii erga nos exhibuit, quam a patre postulandum videretur. Huic itaque hujusce benevolentiæ vicem cum rependere cuperem et exquirerem, optimam viam mihi invenisse videor, nimirum sollicitum tuum ac vigilantem animum, cujus opera D gratiam ipsi referre potero. Qui tandem istud, et quonam pacto? Ipsius filius jam diu istic literarum causa commoratur. Hunc si læto atque alacri animo, ut caritati tuæ convenit, videre studueris, beneficiique aliquid in eum contuleris, omnia nobis debita officia rependeris. Quamobrem hoc effice: ac tum eorum qui magistratu funguntur, tum tuorum familiarium, quique ipsi externam regionem patria jucundiorem reddere queunt, notitiam ipsi concilia. Sic enim, et ab eo, et a me, atque adeo a teipso gratiam inibis, E probum scilicet ac benignum virum communemque pauperum portum per filium juvans.

ξδ'. Κυριακῷ ἐπισκόπῳ.

Ὁ δεσπότης μου Σώπατρος, ὁ τῆς Ἀρμενίας ἄρχων, Ἀρμενίας ταύτης ἐν ᾗ νῦν ἐσμεν καθειργμένοι, ἦρξε μὲν Ἀρμενίας ὡς πατὴρ, ἐπεδείξατο δὲ περὶ ἡμᾶς θεραπείαν πλείονα ἢ πατήρ. Ταύτης αὐτῷ τῆς εὐνοίας ἀποδοῦναι τὴν ἀμοιβὴν σπουδάζων τε καὶ ζητῶν, εὑρηκέναι μοι δοκῶ καλλίστην ὁδὸν, τὴν μεμεριμνημένην σου καὶ ἄγρυπνον ψυχὴν, δι' ἧς δυνήσομαι D αὐτὸν ἀμείψασθαι. Πῶς καὶ τίνι τρόπῳ; Υἱός ἐστιν αὐτῷ διατρίβων αὐτόθι χρόνον ἤδη πολὺν ἐπὶ λόγων κτῆσιν. Τοῦτον ἐὰν σπουδάσῃς μετὰ προθυμίας ἰδεῖν, καὶ τῆς σοι πρεπούσης ἀγάπης, καὶ ποιήσῃς [c] ἀπολαῦσαί τινος τῶν χρηστῶν, τὸ πᾶν ἐσόμεθα ἐκτετικότες. Ποίει δὲ τοῦτο, καὶ καθίστη γνώριμον αὐτὸν καὶ τοῖς ἐν τέλει, τοῖς καὶ σοὶ γνωρίμοις, καὶ δυναμένοις αὐτῷ τὴν ἀλλοτρίαν ἡδίω τῆς ἐνεγκούσης ποιῆσαι. Οὕτω γὰρ χαριῇ μὲν ἐκείνῳ, χαριῇ δὲ ἐμοὶ, χαριῇ δὲ σαυτῷ, ἄνδρα χρηστὸν καὶ φιλάνθρωπον καὶ κοινὸν τῶν πενήτων λιμένα διὰ τοῦ παιδὸς E ὠφελῶν.

[a] Codex Fabricii Τρανκυλίνῳ. Coislin. Τακυλιανῷ. Regius unus Codex sic epistolam incipit, τὰ μὲν ἄλλα πράγματα εἴκει. Paulo post duo Mss. οἰκοδομημάτων κάλλη.

[b] Alii ὁρμεῖ, vel ὁρμῇ.

[c] Tres Mss. ἀπολαῦσαί τινος χρηστοῦ. Ibid Coislin. ποίει δὴ τοῦτο.

ξε'. Μαρκιανῷ καὶ [d] Μαρκελλίνῳ.

Ἀρκοῦσαν ἔχετε παραμυθίαν τῆς ἀθυμίας ἧς ὑπομένετε, καθὼς ἐπεστάλκατε, τὴν φιλόσοφον ὑμῶν γνώμην καὶ ὑψηλὴν, τὴν ἀπερίτρεπτον καὶ ἀκλινῆ διάθεσιν. Ὥσπερ γὰρ τὸν χαῦνον καὶ διαλελυμένον 629 οὐδὲ γαλήνη, καὶ τὸ κατὰ ῥοῦν φέρεσθαι, ὠφελῆσαί A τι μέγα δυνήσεται· οὕτω τὸν στεῤῥὸν, καὶ συγκεκροτημένον, καὶ νήφοντα οὐδὲ χειμὼν χαλεπὸς διασαλεύει ποτὲ, ἀλλὰ καὶ λαμπρότερον ἐργάζεται. Τοιαύτη γὰρ τῶν πειρασμῶν ἡ φύσις· τοῖς γενναίως αὐτοὺς φέρουσι πολλὰ κομίζει τὰ βραβεῖα, καὶ λαμπροὺς τοὺς στεφάνους. Ταῦτ' οὖν εἰδότες, κύριοί μου τιμιώτατοι καὶ εὐγενέστατοι, καὶ ἀρκοῦσαν ἐν τοῖς δεινοῖς ταύτην ἔχοντες τὴν παραμυθίαν, μήτε θορυβεῖσθέ τινι τῶν γινομένων, μήτε διαλίπετε συνεχῶς ἡμῖν ἐπιστέλλοντες. Ἐβουλόμεθα μὲν γὰρ καὶ παρόντας ὑμᾶς ἰδεῖν καὶ περιπτύξασθαι. Ἐπειδὴ δὲ τοῦτο τέως οὐκ ἔνι, B ἀλλὰ πολλὰ τὰ κωλύματα, συνεχῶς ἡμῖν ἐπιστέλλειν μὴ κατοκνεῖτε, τὰ περὶ τῆς ὑγιείας δηλοῦντες τῆς ὑμετέρας. Ἴστε γὰρ [a] ἡλίκον ἡμῖν χαριεῖσθε τοῦτο ποιοῦντες, καὶ ὅσης ἡμᾶς ἐμπιπλᾶτε τῆς εὐφροσύνης.

LXV. Marciano et Marcellino.

Cucuso anno ut putatur 404.

Satis amplum mœroris illius, quem, ut ex literis vestris accepi, sustinetis, solatium vobis est philosophica hæc vestra mens, ac sublimis et firma constansque affectio. Ut enim molli ac dissoluto homini ne tranquillitas quidem ac secundus cursus magnam ullam utilitatem afferre potest: sic firmum et solidum et vigilantem virum ne gravis quidem tempestas umquam commovet, verum clariorem et illustriorem reddit. Ea enim tentationum natura est, ut iis qui forti animo eas ferunt, multa præmia splendidasque coronas accersat. Hæc igitur cum vobis perspecta sint, reverendissimi ac nobilissimi domini mei, cumque hanc satis amplam in rebus acerbis consolationem habeatis: nihil horum, quæ fiunt, animos vestros perturbet, atque quam sæpissime ad nos velim scribatis. Etenim id quidem maxime vellemus, præsentes vos intueri atque complecti. Quoniam autem, quominus id nunc fieri possit, multa impedimento sunt, sine intermissione ad nos scribere, ac de vestra valetudine certiores nos facere ne gravemini. Scitis enim, quantam, si hoc faciatis, a nobis gratiam ituri, quantaque nos voluptate cumulaturi sitis.

ξϛ'. Κάστῳ, Οὐαλερίῳ, [b] Διοφάντῳ, Κυριακῷ, πρεσβυτέροις Ἀντιοχείας.

Τῇ γλώττῃ μὲν ὀλιγάκις ὑμῶν ἐπέστειλα τῇ εὐλαβείᾳ, τῇ γνώμῃ δὲ συνεχέστερον καὶ πυκνότερον. [c] Μὴ δὴ τοσαύτας εἶναι νομίζετε ἡμῶν τὰς ἐπιστολὰς, C ὅσας ὑπεδέξασθε διὰ χάρτου καὶ μέλανος, ἀλλ' ὅσας ἐπεθυμοῦμεν ὑμῖν διαπέμψασθαι. Εἰ γὰρ οὕτω βουληθείητε δικάσαι, νιφάδες γραμμάτων παρ' ἡμῶν πρὸς ὑμᾶς ἐπέμφθησαν. Εἰ δὲ οὐδεὶς ὁ διακομίζων, οὐ τῆς ἡμετέρας ὀλιγωρίας, ἀλλὰ τῆς τῶν πραγμάτων δυσκολίας ἡ σιγὴ γίνεται. Ταῦτα δὲ εἶπον, ἵνα καὶ γραφόντων ἡμῶν, καὶ σιγώντων, τὴν αὐτὴν περὶ τῆς ἡμετέρας ἀγάπης τῆς περὶ ὑμᾶς φέρητε ψῆφον. Ἡμεῖς γὰρ ὅπουπερ ἂν ὦμεν, ἐγκολάψαντες ἡμῶν τῇ διανοίᾳ τὴν μνήμην τὴν ὑμετέραν πανταχοῦ περιφέρομεν. D Καὶ νῦν δὲ χάριν ὑμῖν ἴσμεν πολλὴν, ὅτι τὸν καλὸν μοναχὸν καὶ μετὰ τῆς πρεπούσης ὑμῖν εὐνοίας ὑπεδέξασθε, καὶ τοὺς βουλομένους ἀκαίρως πρὸς αὐτὸν φι-

LXVI. Casto, Valerio, Diophanto, Cyriaco, Antiochiæ presbyteris.

Lingua quidem raro ad vos scripsi; animo autem crebro ac frequenter. Quare ne totidem dumtaxat epistolas nostras esse existimetis, quot per chartam et atramentum accepistis, verum quot ad vos mittere cupivimus. Nam si rem ita reputare volueritis, sexcentæ profecto literæ ad vos a nobis missæ sunt. Sin autem nemo est qui perferat, non nostræ socordiæ, sed rerum difficultati silentium nostrum adscribi debet. Hæc autem dixi, ut sive scribamus, sive taceamus, eamdem de nostra erga vos caritate sententiam feratis. Nos enim, quocumque in loco simus, incisam in animo nostro vestri memoriam circumferimus. Ac nunc quidem ingentem vobis gratiam habemus, quod probum monachum cum ea, quæ a vobis postulabatur, benevolentia suscepistis,

[d] Coislin., Vatic. et Fabric. Μαρκελλιανῷ habent. Mox tres Mss. ἣν ὑπομένετε.

[a] Tres Mss. ἡλίκα, unus ἡλίκην.

[b] Vatic. Διοφάντῳ semper habet: in Reg. etiam ita legitur. Editi Διοφάντῃ hic; nam infra Διοφάντῳ habent.

[c] Coisl. μὴ τοσαύτας: quæ sequuntur in aliquot Mss. vitiata sunt, sed bene habent in Edito.

eosque, qui importune adversus eum rixari cupiebant, mitiores reddidistis. Quare non frustra, nec adulandi studio illud dicebam, vos, etiamsi innumeri undique fluctus excitentur, in tranquillate tamen esse. Nam cum ab aliis naufragia facile propulsetis, non est dubium quin ipsi procul a tempestate remoti sitis. Vos vero quam sæpissime, quæso, de vestra bona valetudine ad nos literas date. Neque enim ignari estis, quanto nobis studio sit id scire. Tanta enim vestrarum literarum, cum firmam vestram valetudinem nobis nuntiant, vis ac facultas est, ut quamvis tot ærumnis, bellis, tumultibus, perturbationibus, quotidianisque mortibus undique cingamur, tamen cum tot ejusmodi a vobis epistolas accipimus, præ gaudio volitemus, maximamque linc consolationem sentiamus. Hujusmodi quippe est sincerus amor, ut etiam per literas lætum hunc nuntium afferentes, eos qui corpore disjuncti sunt perfacile recreare ac reficere possit.

λονεικεῖν ἡμερωτέρους πεποιήκατε. Οὐκ ἄρα μάτην ἔλεγον, οὐδὲ κολακεύων ὑμᾶς, ὅτι κἂν μυρία πανταχόθεν ἐγείρηται κύματα, ἐν γαλήνῃ τὰ ὑμέτερα. Οἱ γὰρ οὕτω ῥᾳδίως ἑτέροις ναυάγια διαλύοντες, εὔδηλον ὅτι πόῤῥω τῶν κλυδωνίων ἑστήκατε. Γράφετε δὴ συνεχῶς ἡμῖν τὰ περὶ τῆς ὑγιείας τῆς ὑμετέρας. Ἴστε γὰρ E ὅπως ἡμῖν περισπούδαστον τοῦτο μανθάνειν. Τοσαύτην γὰρ ἔχει τὴν ἰσχὺν τὰ γράμματα ὑμῶν, τὰ τὴν ῥῶσιν ὑμῶν ἡμῖν ἀπαγγέλλοντα, ὅτι καὶ τοσούτοις περιεστοιχισμένοι δεινοῖς, πολέμοις, θορύβοις, ταραχαῖς, θανάτοις καθημερινοῖς, ἡνίκα ἂν τοσαύτας ὑμῶν δεξώμεθα ἐπιστολὰς, καὶ ἀναπτερούμεθα ὑπὸ τῆς ἡδονῆς, καὶ μεγίστην ἐντεῦθεν [d] καρπούμεθα τὴν παραμυθίαν. Τοιοῦτον γὰρ τὸ φιλεῖν γνησίως, ὡς καὶ διὰ γραμμάτων δύνασθαι τῶν τὰ τοιαῦτα εὐαγγέλια ἐχόντων τοὺς τῷ σώματι κεχωρισμένους ἀνακτᾶσθαι ῥᾳδίως.

630 A

LXVII. *Theodoto diacono.*

ξζ'. Θεοδότῳ διακόνῳ.

Arabisso ut putatur anno 406.

Ipse quidem, reverendissime ac religiosissime mi domine, iis saltem malis, quibus Armenia laborat, defunctus es: nos autem præter eos tumultus, imo quotidianas mortes quæ lic vigent, illud non vulgariter discruciat, quod a tua quoque suavitate, ac vera et sincera benevolentia divulsi sumus. Accessit etiam ad lujus mœroris cumulum diuturnum tuum silentium. Nam ex quo die hinc discessisti, secundam hanc dumtaxat epistolam accepimus: nec vero hæc accusandi tui causa commemoro, sed dolore commotus. Nam quod iter istud ad nos viatoribus clausum sit, neminem fugit: verum ut hoc tibi excusationem affert, ita nos non perinde consolatur; quin potius loc ipso quoque nomine potissimum angimur, quod ea quoque digressus tui atque absentiæ consolatione, quæ unica nobis erat, caremus. Quoniam igitur læc difficultas in præsentia discuti non potest, verum pericula quotidie ingravescunt, velim alia ratione mœstitiam eam, quam ex longo tuo silentio contraximus, minuendam cures, nimirum ut nostri memoriam numquam intermittas, et cum ad nos scribes, longiores epistolas facias, atque in exponendo valetudinis tuæ statu, animique tranquillitate et

Αὐτὸς μὲν, κύριέ μου τιμιώτατε καὶ εὐλαβέστατε, τῶν γοῦν ἐν Ἀρμενίᾳ ἀπηλλάγης κακῶν, ἡμᾶς δὲ μετὰ τῶν ἐνταῦθα θορύβων, μᾶλλον δὲ τῶν θανάτων τῶν καθημερινῶν, οὐχ ὡς ἔτυχε λυπεῖ καὶ τὸ τῆς σῆς κεχωρίσθαι γλυκύτητος, καὶ τῆς γνησίας καὶ εἰλικρινοῦς διαθέσεως. Γέγονε δὲ καὶ [a] ἑτέρα λύπης ταύτης προσθήκη, ἡ μακρά σου τῆς ἐμμελείας σιγή. Ἐξ οὗ γὰρ ἐντεῦθεν ἀπῆρας, δευτέραν ταύτην ἐδεξάμεθα μόνην ἐπιστολήν· καὶ ταῦτα οὐκ ἐγκαλῶν λέγω, ἀλλ' ἀλγῶν. Ὅτι μὲν γὰρ ἄβατος ὁδοιπόροις ἡ ἐνταῦθα B φέρουσα ὁδὸς, οὐδεὶς ἀγνοεῖ· ἀλλὰ τοῦτο μὲν [b] εἰς ἀπολογίαν σὴν ἀποχρῶν ἂν εἴη, εἰς δὲ ἡμετέραν παραμυθίαν οὐδαμῶς· ἀλλὰ καὶ δι' αὐτὸ μὲν οὖν τοῦτο μάλιστα ἀλγοῦμεν, ὅτι καὶ τὴν λειπομένην ἡμῖν παραψυχὴν τῆς ἀποδημίας τῆς σῆς καὶ ταύτην ἀφῃρήμεθα. Ἐπεὶ οὖν τοῦτο λυθῆναι τέως οὐκ ἔνι τὸ ἄπορον, ἀλλ' ἐπιτείνεται καθ' ἑκάστην ἡμέραν τὰ δεινὰ, ἑτέρῳ τρόπῳ τὴν ἐκ τῆς μακρᾶς σιγῆς ἀθυμίαν ἐγγινομένην ἡμῖν παραμυθήσασθαι παρακλήθητι, μεμνημένος τε ἡμῶν διηνεκῶς, καὶ ἡνίκα ἂν γράφῃς, μακροτέρας ποιῶν τὰς ἐπιστολὰς, καὶ τοῖς περὶ τῆς σῆς ὑγείας τε C καὶ εὐθυμίας καὶ ἀσφαλείας ἐνδιατρίβων διηγήμασιν.

d Omnes *καρπούμεθα παραψυχήν*. Edit. *παραμυθίαν*.

a Coilin. *ἑτέρα λύπη ταύτη προσθ.*

b Edit. *εἰς ἀπολογίαν τὴν ἀποχρῶν ἂν εἴη*. Coislin. *ἀποχρώντως ἂν εἴη*. Reg. *σὴν ἀποχρῶσαν εἶναι, εἰς δέ*. Vatic. totum sic habet: *ἀλλὰ τοῦτο ἴσμεν ἀπολογίαν τὴν ἀποχρῶσαν εἶναι.*

Οὕτω γὰρ δυνήσῃ τὸ λεῖπον ἡμῖν ἐκ τοῦ χρόνου, ἐκ τοῦ μήκους παραμυθήσασθαι τῶν ἐπιστολῶν.

securitate moram trahas. Sic enim, quod nobis ex tempore deficit, ex epistolarum longitudine sarcire poteris.

ξη'. Τῷ αὐτῷ.

Καὶ τοῦτο σὸν τοῦ θερμοτάτου καὶ σφοδροῦ ἡμῶν ἐραστοῦ. Μετὰ μὲν τὸ τὴν προτέραν ἀναγνῶναι ἐπιστολὴν, ἐδεξάμην καὶ δευτέραν, ἐν μιᾷ ἀμφοτέρας ἡμέρᾳ, καὶ σφόδρα ἥσθην. Εἶχε γάρ τι πλέον ἡ δευτέρα, οὐχὶ ῥήματα σὰ μόνον, ἀλλὰ καὶ γράμματα σὰ ἡμῖν ἐπιδεικνῦσα· ὃ καὶ προσθήκην ἡμῖν πεποίηκεν D ἡδονῆς, ὅτι μὴ τῆς ψυχῆς σου μόνον τῆς θερμῆς καὶ γνησίας, ἀλλὰ καὶ τῆς δεξιᾶς μετὰ δαψιλείας τὴν εἰκόνα ἐθεασάμεθα. Ποίει δὴ τοῦτο συνεχῶς, καὶ τὴν παραμυθίαν, ἣν αὐτὸς ἡμῖν καὶ τοῦτον ἐπενόησας τὸν τρόπον, μετὰ δαψιλείας πάρεχε. Ἐνταῦθα γάρ σε ἑλκύσαι λοιπὸν οὐ τολμῶμεν· τοσαῦτα τῆς Ἀρμενίας τὰ κακὰ, καὶ χειμὼν ἕτερος ἅπαντα διεδέξατο. Ὅπου γὰρ ἄν τις ἀφίκηται, χειμάῤῥους αἱμάτων, πλῆθος σωμάτων νεκρῶν, οἰκίας κατεσκαμμένας, πόλεις ἀνηρημένας ὄψεται. Ἡμεῖς δὲ δοκοῦμεν ἐν ἀσφαλείᾳ εἶναι ὥσπερ ἐν δεσμωτηρίῳ χαλεπῷ, τῷ φρουρίῳ τούτῳ E κατακεκλεισμένοι· οὐ μὴν ἀδείας ἀπολαύειν δυνάμεθα, διὰ τοὺς καθημερινοὺς φόβους, διὰ τὰς φήμας τῶν θανάτων γεμούσας, διὰ τὴν συνεχῶς προσδοκωμένην τῶν Ἰσαύρων ἔφοδον, διὰ τὴν τοῦ σώματος, ᾗ μέχρι νῦν προσπαλαίομεν, ἀσθένειαν. Ἀλλ' ὅμως καὶ ἐν τοσούτοις ὄντες κακοῖς, οὐ μικρὰν καὶ ἐν τοσαύτῃ περιστάσει καρπούμεθα παραμυθίαν, ὅταν τὰ περὶ τῆς ὑγιείας τῆς σῆς εὐαγγελιζόμενα ἡμᾶς δεχώμεθα γράμματα.

LXVIII. Eidem.

Id quoque tuum est, hoc est hominis acriter atque ardenter nos amantis. Lecta enim priore epistola, secundam insuper accepi, eodem utramque die: magnaque lætitia sum affectus. Habebat enim posterior quiddam amplius: quippe non verba dumtaxat tua, sed etiam scriptum tuum nobis indicabat; quod quidem voluptatem etiam nobis auxit: nec enim ferventis dumtaxat ac sinceræ animæ tuæ, sed etiam insuper manus imaginem conspeximus. Quare quam sæpissime id facias, quæso, ac solatium illud, quod nobis hac quoque ratione excogitasti, prolixe impertias. Huc enim te trahere minime jam audemus: tot Armeniæ mala sunt, ac tempestas altera omnia excepit. Nam quocumque tandem quispiam venerit, cruentos torrentes, cadaverum agmina, domos solo æquatas, urbes eversas perspiciet. Nos autem, tametsi periculo vacui esse videamur, in hoc præsidio, tamquam gravi quodam carcere conclusi, tamen ob quotidianos metus, ob rumores cædibus plenos, ob perpetuas Isauricarum excursionum exspectationes, ob corporis denique imbecillitatem, cum qua ad hunc usque diem luctamur, tranquillitate ac securitate frui minime possumus. Sed tamen etiam inter tot mala non parvum solatium capimus, cum literas lætum de tua firma valetudine nuntium afferentes accipimus.

Arabisso anno 406.

631 A

ξθ'. Νικολάῳ πρεσβυτέρῳ.

Καὶ τοῦτο τῆς γνησίας σου καὶ θερμῆς ἀγάπης, τὸ ἐκ τοσούτου καθήμενον διαστήματος [a] περιτρέμειν ἡμῶν τῆς σωτηρίας. Πρώην μὲν οὖν τόπους ἐκ τόπων ἀμείβοντες ἐν αὐτῇ τοῦ χειμῶνος τῇ ἀκμῇ, νῦν μὲν ἐν πόλεσιν, νῦν δὲ ἐν φάραγξι καὶ νάπαις διετρίβομεν, ὑπὸ τῆς τῶν Ἰσαύρων ἐφόδου πανταχόθεν ἐλαυνόμενοι. Ὀψὲ δέ ποτε λωφησάντων μικρὸν τῶν ἐνταῦθα κακῶν, τὰς ἐρημίας ἀφέντες, ἐπὶ τὴν Ἀραβισσὸν κατεδράμομεν, ἀσφαλέστερον μὲν τῶν ἄλλων χωρίων τὸ ἐν αὐτῇ φρούριον εὑρόντες (οὐδὲ γὰρ ἐν τῇ πόλει B διάγομεν, ἐπειδήπερ οὐδὲ τοῦτο ἀσφαλές), δεσμωτηρίου δὲ παντὸς χείρονα ὑπομένοντες οἴκησιν. Μετὰ

LXIX. Nicolao presbytero.

Istud quoque sinceræ tuæ ac ferventis caritatis est, quod cum tanto a nobis intervallo dissitus sis, tamen de salute nostra sis sollicitus. Nuper quidem asperrima hieme loca subinde commutantes, nunc in urbibus, nunc in terræ faucibus et sylvis commorati sumus, ab Isaurorum incursibus undecumque expulsi. Tandem autem aliquando his malis nonnihil sedatis, loca deserta relinquentes, Arabissum confugimus, quod videlicet illius oppidi arcem reliquis locis tutiorem invenissemus: neque enim in oppido degimus, quia ne id quidem tutum est; est

Arabisso anno 406.

[a] Edit. περιτρέμειν ἡμῶν τῆς σωτηρίας. Coislin. [et Savil. in textu] ἡμῶν τῇ σωτηρίᾳ. Reg. [et Savil. in marg.] ἡμῶν τὴν σωτηρίαν.

autem nobis hæc sedes quovis carcere deterior. Præter id enim quod singulos in dies, ut ita dicam, pro foribus nostris mors est, Isauris omnia invadentibus, atque igni et ferro tum corpora, tum ædificia delentibus, famem etiam, quam loci angustia et eorum qui huc confugiunt multitudo minatur, pertimescimus. Ac præterea diuturno morbo, quem nobis hiems et perpetua fuga peperit, conflictati, etsi vim ipsius et acerbitatem nunc effugimus, nonnullas tamen adhuc ipsius reliquias circumferimus. Sed quamquam in tot malis ac tantis molestiis versamur, magnam tamen ex ferventi vestra et sincera atque constanti caritate consolationem capimus. Quæ cum sciatis, ne, quæso, de vestra sanitate quam sæpissime ad nos scribere gravemini. Quamvis enim tanto a vobis spatio divellantur: arctissimo tamen caritatis vinculo vobiscum devincti sumus. Tibi vero ingentem gratiam habemus, quod cum in tot tantisque perturbationibus verseris, non parvam tamen negotiorum Phœniciæ curam geris. Quapropter si quid novi illinc afferatur, ne nobis id significare pigreris. Vix enim ulla ex parte quisquam ad nos commeare audet, quod omnes viæ, quæ huc ferunt, undique clausæ sint. Attamen etsi crebro ad nos literas mittere difficile sit, quoties poteris, hoc velim facias, atque et quid illic rerum geratur, exponas, et de vestra valetudine, de qua vehementer solliciti sumus, certiores nos facias.

γὰρ τοῦ καθ' ἑκάστην, ὡς εἰπεῖν, τὴν ἡμέραν ἐπὶ θύραις ἡμῖν εἶναι τὸν θάνατον, τῶν Ἰσαύρων πάντα ἐπιόντων, καὶ πυρὶ καὶ σιδήρῳ καὶ σώματα καὶ οἰκοδομήματα ἀφανιζόντων, καὶ λιμὸν δεδοίκαμεν, ὃν ἡ στενοχωρία καὶ τὸ πλῆθος τῶν ἐνταῦθα συνδραμόντων ποιεῖν ἀπειλεῖ. Καὶ ἀῤῥωστίαν δὲ μακρὰν τὴν ἀπὸ τοῦ χειμῶνος καὶ τῆς συνεχοῦς φυγῆς ἐγγενομένην ἡμῖν ὑπομείναντες, νῦν τὸ μὲν χαλεπὸν αὐτῆς διαπεφεύγαμεν, ὀλίγα δὲ αὐτῆς περιφέρομεν λείψανα.
C Ἀλλ' ὅμως καὶ ἐν τοσούτοις [b] ὄντες κακοῖς καὶ τηλικαύταις περιστάσεσι, μεγίστην καρπούμεθα παραμυθίαν ἐκ τῆς ὑμετέρας ἀγάπης, τῆς θερμῆς, καὶ γνησίας, καὶ ἀπεριτρέπτου. Ταῦτ' οὖν εἰδότες, συνεχῶς [c] ἡμῖν εὐαγγελίζεσθαι περὶ τῆς ὑγιείας τῆς ὑμετέρας μὴ κατοκνεῖτε. Εἰ γὰρ καὶ ἐκ τοσούτου καθήμεθα διαστήματος, ἀλλ' ὅμως τῇ τῆς ἀγάπης ἁλύσει μετὰ πολλῆς ὑμῖν συνδεδέμεθα τῆς ἀκριβείας. Χάριν δὲ ἔχω σου πολλὴν τῇ τιμιότητι, ὅτι καὶ τῶν ἐν Φοινίκῃ πραγμάτων, καὶ ἐν τοσαύταις ὢν ταραχαῖς, πολλὴν ποιῇ σπουδήν. Ἂν οὖν τι πλέον ἐκεῖθεν ἐπαγγελθείη, δηλῶσαι ἡμῖν μὴ κατοκνήσῃς. Ἡμῖν γὰρ οὐδεὶς οὐ-
D δαμόθεν ταχέως ἐπιχωριάζειν ἀνέχεται, τῶν ὁδῶν πανταχόθεν, τῶν ἐνταῦθα φερουσῶν, ἀποτετειχισμένων. Ἀλλ' ὅμως εἰ καὶ ἐργῶδες τὸ πέμπειν πρὸς ἡμᾶς συνεχῶς, ἡνίκα ἂν ἐξῇ, τοῦτο ποίει, τά τε ἐκεῖθεν πάντα δηλῶν, καὶ περὶ τῆς ὑγιείας ὑμῶν γνωρίζων, περὶ ἧς σφόδρα περισπούδαστον ἡμῖν μανθάνειν.

LXX. Aphthonio, Theodoto, Chæreæ, presbyteris ac monachis.

Arabisso anno 406.

Equidem ipse quoque vos huc venire, ac videro cuperem: quoniam autem multa sunt quæ impediant, hoc quidem nunc exposcere minime audeo: illud autem a vobis peto, ut quamvis procul sitis, precum tamen vestrarum, quæ multum valent, auxilium nobis afferatis. Nam hoc subsidium nec vetustate debilitatur, nec itineris longitudine dirimitur: verum quocumque in loco quispiam fiducia erga Deum, instar vestri, præditus versetur, iis etiam qui procul dissiti sunt hac ratione magnopere prodesse potest. Simul autem cum precibus literas quoque velim ad nos detis, quæ de vestra valetudine nos sæpe certiores faciant. Quamquam enim multi fluctus undecumque nos cingunt, nimirum et loci soli-

ο'. Ἀφθονίῳ, Θεοδότῳ, Χαιρέᾳ, πρεσβυτέροις καὶ μονάζουσιν.

E Ἐβουλόμην καὶ αὐτὸς παραγενομένους ὑμᾶς ἐνταῦθα ἰδεῖν· ἀλλ' ἐπειδὴ πολλὰ τὰ κωλύοντα, τοῦτο μὲν οὐ τολμῶ νῦν ἀπαιτεῖν, ἀξιῶ δὲ, καὶ πόῤῥωθεν ὄντας, τὴν ἀπὸ τῶν πεπαῤῥησιασμένων εὐχῶν ὑμῶν παρέχειν συμμαχίαν ἡμῖν (αὕτη γὰρ οὔτε χρόνῳ μαραίνεται ἡ βοήθεια, οὔτε ὁδοῦ μήκει διείργεται, ἀλλ' ὅπουπερ ἂν διάγῃ τις παῤῥησίαν πρὸς τὸν Θεὸν ἔχων, καθάπερ οὖν καὶ ὑμεῖς, δύναται καὶ τοὺς πόῤῥωθεν ὄντας ἐντεῦθεν τὰ μέγιστα ὠφελεῖν), μετὰ δὲ
632 A τῶν εὐχῶν καὶ γράμματα ἡμῖν παρέχειν τὰ συνεχῶς περὶ τῆς ὑγείας [a] ὑμῶν εὐαγγελιζόμενα. Εἰ γὰρ καὶ πολλὰ τὰ πανταχόθεν ἡμῖν περιεστοιχισμένα κύματα, καὶ ἐρημία τόπου, καὶ πολιορκία, καὶ Ἰσαύρων ἔφοδος, καὶ καθημερινὸς θάνατος (θανάτῳ γὰρ συζῶμεν διηνεκεῖ, καθάπερ ἐν δεσμωτηρίῳ, ἐν τῷ φρουρίῳ

[b] Tres Mss. ὄντες δεινοῖς.

[c] Coislin. ἡμᾶς εὐαγγελίζεσθαι.

[a] Coislin. ὑμῶν ἡμῖν εὐαγγελιζόμενα. Vatic. ὑμῶν ἡμᾶς... Mox Coislin ἡμῖν περιεστοίχισε κύματα.

τούτῳ συγκεκλεισμένοι, καὶ σώματος ἀσθενείᾳ παλαίοντες χαλεπῇ), ἀλλ' ὅμως εἰ καὶ πολλαὶ αἱ περιστάσεις, οὐ μικρὰν εἰς παραμυθίαν τῶν κακῶν τούτων τὴν ὑμετέραν ἔχομεν ἀγάπην. Εἰ γὰρ καὶ ὀλίγα ὑμῖν συνεγενόμεθα, ἀλλὰ πολλὴν πεῖραν ὑμῶν τῆς διαθέσεως εἰλήφαμεν, τῆς γνησίας καὶ θερμῆς καὶ μέλιτος γλυκυτέρας, τῆς ἀπεριτρέπτου, τῆς σταθηρᾶς καὶ πεπηγυίας, ἣν καὶ παρόντες καὶ ἀπόντες ἐπιδείκνυσθε. Διὰ ταῦτα καίτοι καὶ πόῤῥωθεν ὑμῶν ὄντες, καὶ τοσούτοις συνεχόμενοι δεινοῖς, [b] ὥσπερ ἐν λιμένι τινὶ τῇ μνήμῃ τῆς ὑμετέρας ἀρετῆς ἐπαναπαυόμεθα, θησαυρὸν μέγιστον τὴν ὑμετέραν ἀγάπην εἶναι νομίζοντες. Τῆς μὲν οὖν χαλεπῆς ἀῤῥωστίας ἀπηλλάγημεν, τοῦ χειμῶνος παρελθόντος, καὶ ἐπιστάντος τοῦ ἦρος, ἔτι δὲ τὰ λείψανα αὐτῆς περιφέρομεν, ἅπερ ἐπιτρίβει τῶν Ἰσαυρικῶν θορύβων ἡ συνέχεια. Ταῦτ' οὖν εἰδότες, καὶ πόῤῥωθεν ὄντες μεμνῆσθαί τε ἡμῶν διηνεκῶς μὴ κατοκνεῖτε, καὶ γράφειν ἡμῖν συνεχῶς, ἡνίκα ἂν ἐξῇ, τὰ περὶ τῆς ὑγιείας τῆς ὑμετέρας εὐαγγελιζόμενοι.

tudo, et obsidio, et Isaurorum impetus, et quotidiana mors; nam perpetuo cum morte vivimus, in hac arce, non secus ac in carcere quodam inclusi, atque cum gravi corporis ægritudine colluctantes: nihilominus tamen, etiamsi multæ sint nostræ calamitates, haud parvum hujusmodi malorum solatium in caritate vostra positum habemus. Quamvis enim haud diuturnam vobiscum consuetudinem habuerimus: tamen sinceræ ac ferventis melleque dulcioris et firmæ atque constantis benevolentiæ, quam et coram, et absentes ostenditis, periculum sæpe fecimus. Quapropter licet a vobis procul remoti, ac tot tantisque rerum acerbitatibus constricti, tamen in virtutis vestræ recordatione, non secus atque in portu quedam quiescimus, amplissimi thesauri instar vestram caritatem nobis esse existimantes. Ac quidem exacta hieme, atque exorto vere, gravi morbo liberati sumus: verum ipsius reliquias adhuc circumferimus, quas augent etiam Isaurici tumultus, qui numquam intermittunt. Hæc igitur scientes, etiamsi procul a nobis abestis, nostri tamen, quæso, semper meminisse, atque, cum licebit, crebras literas, lætum nobis de vestra valetudine nuntium afferentes, ad nos mittere ne gravemini.

οα'. Μάλχῳ.

Μήτε ἀθύμει, μήτε ἁμαρτίαις λογίζου τὴν καλλίστην ἀποδημίαν τῆς μακαρίας θυγατρός σου. Εἰς γὰρ ἀκύμαντον [c] κατέπλευσε λιμένα, καὶ πρὸς ζωὴν ἦλθε μηκέτι πέρας ἔχουσαν, καὶ τῶν κατὰ τὸν παρόντα βίον κυμάτων ἀπαλλαγεῖσα, ἕστηκεν ἐπὶ τῆς πέτρας, ὅσα συνήγαγην ἀγαθὰ, ὥσπερ ἐν ἀσύλῳ λοιπὸν ἔχουσα θησαυρῷ. Καὶ δεῖ χαίρειν ὑπὲρ τούτων, καὶ σκιρτᾷν, καὶ εὐφραίνεσθαι, ὅτι τὴν ἐκείνης ψυχὴν, καθάπερ γεωργὸς ἄριστος καρπὸν ὥριμον, τῷ κοινῷ πάντων παρέστησας Δεσπότῃ. Ταῦτα καὶ τὰ ἐκ τῶν τοιούτων λογισμῶν ἐπιτιθεὶς φάρμακα καὶ σαυτῷ, καὶ τῇ κυρίᾳ μου τῇ κοσμιωτάτῃ μητρὶ αὐτῆς, πλεόναζε τὸν ὑπὲρ τούτων ἀποκείμενον ὑμῖν μισθόν· ἵνα μὴ μόνον τῆς καλλίστης ἀνατροφῆς, ἀλλὰ καὶ τοῦ πράως καὶ εὐχαρίστως [d] ἐνεγκεῖν τὴν καλλίστην ταύτην αὐτῆς ἀποδημίαν, πολλὴν παρὰ τοῦ φιλανθρώπου Θεοῦ λάβητε τὴν ἀντίδοσιν.

LXXI. *Malcho.*

Ab anno 404 ad 407.

Nec animum dejice, nec præclarissimum beatæ filiæ tuæ discessum peccatis tuis adscribe. Etenim ad tranquillum portum appulit, atque in eam vitam, quæ nullum jam finem habitura est, pervenit, ac præsentis vitæ fluctibus erepta, in petra stat, ea omnia bona quæ collegit, tamquam in tutissimo thesauro deinceps habens. Eoque nomine gaudere et exsultare ac lætitia perfundi convenit, quod ipsius animam, velut optimus agricola maturum fructum, communi omnium Domino exhibuisti. Hæc aliaque ex hujusmodi rationibus confecta medicamenta tum tibi, tum ornatissimæ dominæ meæ ipsius matri adhibens, mercedem pro his rebus vobis reconditam amplifica: ut non tantum optimæ educationis nomine, verumetiam quod placido et grato animo pulcherrimum ipsius e vita discessum tuleritis, ingentem a benigno Deo mercedem accipiatis.

[b] Omnes Mss. *ὥσπερ ἐν λειμῶνί τινι*. Tamen præstare videtur *λιμένι*.

[c] Coislin. *κατέπαυσε*. Edit. *κατέπλευσε*. Priorem puto veram esse lectionem.

[d] Coislin. *ὑπενεγκεῖν*.

LXXII. Alphio.

Cucuso anno 404.

Etsi procul a te sejuncti sumus, tamen ea quæ cum laude geris, atque ingentem eam liberalitatem, qua in egentes uteris, audientes, gaudio et lætitia exsultamus. Ac nobis quidem in votis esset, te quoque convenire, magnasque præsenti gratias agere. Quoniam autem id minime licet; Isaurica enim mala ingravescunt, atque omnes viæ interclusæ sunt; nec enim dubito, quin alioqui huc ipse accessisses, magnumque studium adhibuisses, ut ad nos usque accurreres: verum id nunc fieri nequit; idcirco per literas te salutamus, atque oramus, ut cum licebit, quam creberrime ad nos scribas, deque tua totiusque domus tuæ valetudine certiores nos facias. Nec enim vulgarem, hic quoque degentes, ex ejusmodi tuis literis consolationem percipiemus.

E

οϐ΄. Ἀλφίῳ.

Ἡμεῖς εἰ καὶ πόῤῥω σου καθήμεθα, ἀλλ' ἀκούοντές σου τὰ κατορθώματα, καὶ τὴν πολλὴν μεγαλοψυχίαν, ἣν περὶ τοὺς δεομένους ἐπιδείκνυσαι, σκιρτῶμεν, εὐφραινόμεθα, χαίρομεν. Καὶ ἐβουλόμεθα μὲν καὶ κατ'
633 ὄψιν συντυχεῖν σου τῇ τιμιότητι, καὶ πολλὰς παρόντι
A παρόντας ὁμολογῆσαί σοι χάριτας. Ἐπειδὴ δὲ τοῦτο τέως οὐκ ἔνι, διὰ τὸ τὰ Ἰσαυρικὰ μὲν ἐπιταθῆναι πλέον, καὶ πᾶσαν ἀποτετειχίσθαι τὴν ὁδόν· εὖ γὰρ οἶδ' ὅτι εἰ μὴ τοῦτο ἦν, καὶ αὐτὸς παρεγένου, καὶ πολλὴν ἐποιήσω σπουδὴν δραμεῖν ἕως ἡμῶν· ἀλλ' ἐπειδὴ τοῦτο τέως οὐ δυνατὸν, καὶ γράφομεν, καὶ προσαγορεύομέν σου τὴν τιμιότητα, καὶ παρακαλοῦμεν συνεχῶς, ἡνίκα ἂν ἐξῇ, ἐπιστέλλειν ἡμῖν, καὶ τὰ περὶ τῆς ὑγείας σου, καὶ τοῦ οἴκου σου παντὸς ἡμῖν εὐαγγελίζεσθαι. Οὐ γὰρ τὴν τυχοῦσαν, καὶ ἐνταῦθα καθήμενοι, ἀπὸ τῶν τοιούτων γραμμάτων τῆς σῆς τιμιότητος καρπωσόμεθα τὴν παράκλησιν.

LXXIII. Agapeto.

Cucuso anno 404.

Etsi jam longum tempus effluxit, cum abs te sejuncti sumus, atque etiam magno itineris intervallo a te dirimimur: caritate tamen tecum adstringimur, atque in propinquo commoramur, imo, ut rectius loquar, in ipsa mente, quocumque tandem in loco simus, te circumferimus. Usqueadeo ferventem illam et sinceram ac vehementem et constantem amicitiam, quæ tibi jampridem atque ab initio nobiscum intercessit, intimo pectore impressam habemus. Quin ipsi quoque, domine mi præstantissime ac summopere admirande, vividam erga te benevolentiam retinemus, nec eam vel ob temporis magnitudinem vel ob itineris longinquitatem debilitari atque exstingui sinimus. Quamobrem a te petimus, ut cum licebit, de tua valetudine crebro ad nos scribere ne graveris. Scis enim quantum ejus studiosi simus, quantamque a nobis gratiam initurus sis, hujusmodi ad nos literas mittens.

ογ΄. Ἀγαπητῷ.

B Εἰ καὶ πολὺς μεταξὺ χρόνος, ἐξ οὗ τῆς θαυμασιότητος ἐχωρίσθημεν τῆς σῆς, καὶ τῆς ὁδοῦ δὲ αὐτῆς πολὺ τὸ [a] μέσον τὸ διεῖργον ἡμᾶς, ἀλλ' ὅμως τῇ ἀγάπῃ συνδεδέμεθά σοι, καὶ πλησίον σου διατρίβομεν, μᾶλλον δὲ καὶ ἐν αὐτῇ σε ἔχομεν τῇ διανοίᾳ, πανταχοῦ περιφέροντες ὅπουπερ ἂν ὦμεν. Καὶ τὴν ἐξ ἀρχῆς σοι πρὸς ἡμᾶς γεγενημένην φιλίαν, τὴν θερμὴν καὶ γνησίαν, τὴν σφοδρὰν καὶ ἀκλινῆ ἐγκολά-
C ψαντες ἡμῶν ἔχομεν τῷ συνειδότι. Καὶ αὐτοὶ δὲ ἀκμάζουσαν τὴν περὶ σὲ διάθεσιν διατηροῦμεν, δέσποτα τιμιώτατε καὶ θαυμασιώτατε, οὐδὲν ἀπὸ τοῦ πλήθους τοῦ χρόνου, οὐδὲ ἀπὸ τοῦ μήκους τοῦ κατὰ τὴν ὁδὸν ἀφιέντες αὐτὴν ἀσθενεστέραν γενέσθαι. Παρακαλῶ τοίνυν, ἡνίκα ἂν ἐξῇ, καὶ γράφειν ἡμῖν συνεχῶς μὴ κατόκνει περὶ τῆς ὑγιείας τῆς σῆς. Οἶσθα γὰρ ὅπως αὐτῆς ἀντεχόμεθα, καὶ ἡλίκην ἡμῖν χαριῇ χάριν, τοιαῦτα πρὸς ἡμᾶς διαπεμπόμενος γράμματα.

LXXIV. Hesychio.

Cucuso anno 404.

Equidem ipse te videre cuperem, meque nec Isaurorum metus, nec corporis imbecillitas pro-

οδ΄. Ἡσυχίῳ.

D Ἐγὼ μέν σε καὶ ἰδεῖν ἐπεθύμουν, καὶ οὐκ ἄν με ἐκώλυσεν οὔτε ὁ τῶν Ἰσαύρων φόβος, οὔτε ἡ τοῦ

[a] Sic Mss. omnes : in Edit. *τὸ μέσον* desiderabatur. Infra Coislin. *ὅπου περ ἂν ὦμεν· οὕτως τὴν ἐξ ἀρχῆς σοι καὶ ἄνωθεν γενομένην πρὸς ἡμᾶς φιλίαν*. Sic etiam Reg. et Vatic. qui tamen hæc transponunt, *οὕτω τὴν ἄνωθεν καὶ ἐξ ἀρχῆς*.

σώματος ἀσθένεια, εἴ γε ἐπ' ἐμοὶ τὸ κινεῖσθαι, ὅπουπερ ἐβουλόμην, ἔκειτο· σὲ δὲ, καίτοι κύριον ὄντα τούτου, οὐδὲ οὕτως ἕλκω, οὐδὲ ἀναστῆναι οἴκοθεν παρακαλῶ, καὶ πρὸς ἡμᾶς [b] δραμεῖν. Ἀλλὰ καὶ τῆς ὥρας τοῦ ἔτους τοῦτο ἐπιτρεπούσης, καὶ τῆς ἀποδημίας δι' ὀλίγου σοι γινομένης (οὐ γὰρ πολλῷ διειργόμεθα τῷ μέσῳ), ὅμως ἑλκύσαι σε ἐνταῦθα οὐκ ἂν ἑλοίμην, διὰ τὸν τῶν Ἰσαύρων φόβον. Παρακαλῶ δὲ συνεχῶς ἡμῖν τὰ περὶ τῆς ὑγιείας ἐπιστέλλειν τῆς σῆς· οὐ E γὰρ δή που καὶ πρὸς τοῦτο κώλυμα τῶν λῃστῶν ἔσται σοι ἡ καταδρομή. Δίδου δὴ ταύτην ἡμῖν τὴν χάριν, ῥᾳδίαν τε οὖσαν, καὶ εὔκολον, καὶ πολλὴν παρέχουσαν ἡμῖν τὴν εὐφροσύνην. Οἶσθα γὰρ ἡλίκα ἡμῖν χαριῇ, ταύτην περὶ ἡμᾶς ἐπιδεικνύμενος τὴν φιλοτιμίαν.

bibere posset, si mihi licitum esset, quo vellem, proficisci; te autem, cum alioqui id arbitrii tui sit, ne sic quidem traho, nec ut domo migres, atque ad nos accurras, te rogo. Sed quamvis id per anni tempus liceat, tuque istud iter brevi exsequi possis (neque enim magno intervallo disjuncti sumus), tamen ob Isaurorum metum huc te trahere minime velim. Verum hoc demum abs te peto, ut de tua valetudine crebro ad nos scribas: neque enim, quominus id facere possis, prædonum incursus impedimento erit. Quamobrem hoc nos beneficio, quæso, affice, quod et tibi facile ac pronum est et ingentem nobis voluptatem affert. Nec enim te fugit, quam gratam nobis rem facturus sis, hac benignitate ac munificentia erga nos utens.

οε'. Ἁρματίῳ.

Τί τοῦτο; Ἵνα μὲν μετὰ ἀδείας ἐπιτάττωμεν τοῖς 634 σοι προσήκουσιν ἀνθρώποις, ἐν οἷς ἂν δεώμεθα, πολ- A λὴν παρέσχες τὴν ἐξουσίαν· οὗ δὲ μάλιστα ἐδεόμεθα, τούτου ἡμᾶς ἀπεστέρησας, τῶν γραμμάτων λέγω τῶν σῶν, τῶν περὶ τῆς ὑγιείας τῆς σῆς ἡμῖν ἀπαγγελλόντων. Οὐκ οἶσθα ὅτι τοῖς μάλιστα φιλοῦσι γνησίως τοῦτο μάλιστα περισπούδαστον καὶ ποθεινὸν, καθάπερ οὖν καὶ ἡμῖν νῦν; Εἰ τοίνυν βούλει ἡμῖν χαρίσασθαι, δέσποτά μου τιμιώτατε, ἀφεὶς τὸ κελεύειν τοῖς σοῖς ἀνθρώποις θεραπεύειν ἡμᾶς ἐν ταῖς χρείαις ταῖς σωματικαῖς (οὐδενὸς γὰρ δεόμεθα τούτων. ἀλλὰ πάντα ἡμῖν ὡς ἐκ πηγῶν ἐπιῤῥεῖ), αὐτὸς διὰ χάρτου μικροῦ καὶ μέλανος τὴν μεγίστην ἡμῖν B πάρεχε χάριν, καὶ ἧς μάλιστα ἀπολαύειν ἐπιθυμοῦμεν. Αὕτη δέ ἐστι τὸ συνεχῶς ἡμῖν γράφειν περὶ τῆς ὑγιείας τῆς σῆς, καὶ τοῦ οἴκου σου παντός. Εἰ μὲν γὰρ δυνατὸν ἦν καὶ συγγενέσθαι ἡμᾶς ἀλλήλοις, κἂν ἀνέστησά σε [a] οἴκοθεν, κἂν ἐν μεγίστης ᾔτησα χάριτος μέρει, τὸ τὸν θερμόν σε οὕτως ἐραστὴν ἡμῶν ὄντα καὶ κατ' ὄψιν ἰδεῖν αὐτήν. Ἐπεὶ δὲ τοῦτο ὁ τῶν Ἰσαύρων ἐκώλυσε φόβος, τὴν γοῦν ἀπὸ τῶν γραμμάτων ἡμῖν παραμυθίαν πάρεχε δαψιλῶς, καὶ τὸ πᾶν ἀπειλήφαμεν.

LXXV. Harmatio.

Quid hoc esse dicam, quod ut hominibus tuis, in iis rebus, in quibus eorum opera nobis opus fuerit, arbitratu nostro imperemus, nobis concessisti: id autem quod magnopere expetelamus, nobis eripuisti, hoc est, literas tuas, quæ nos de tua valetudine certiores facerent? An nescis hoc iis, qui sincerissime amant, summæ curæ atque cupiditati esse, ut nunc quoque nobis est? Quamobrem si nobis gratificari est animus, reverendissime mi domine, desine, quæso, tuis hominibus imperare, ut nobis in iis rebus, quibus corpus eget, inserviant: neque enim his rebus ullo modo indigemus, quippe cum omnia nobis perinde atque a fonte affluant; verum ipse maximum nobis beneficium, quodque consequi summopere cupimus, per exiguam chartam et atramentum præbe. Id porro est, ut de tua totiusque tuæ domus valetudine nos quam sæpissime certiores facias. Nam si fieri posset, ut nos quoque mutuo congressu frueremur, etiam teipsum e domo excitassem, atque amplissimi beneficii loco abs te petivissem, ut tanto nostri amore flagrantem oculis quoque cernere mihi liceret. Quoniam autem Isaurorum metus hoc prohibuit, eam saltem consolationem, quam literæ afferunt, copiose nobis præbe: idque nobis instar omnium erit.

Cucuso anno 404.

[b] Coislin. ἀναδραμεῖν.

[a] Coislin. οἴκοθεν, καὶ ἐμίγης ἡμῖν τῷ τῆς σῆς χάριτος μέρει· τοῦ τὸν θερμόν σε, longe diverso sensu. Mox Edit. καὶ κατ' ὄψιν ἰδεῖν αὐτήν. Sed αὐτήν abest a Coislin. et supervacaneum est.

LXXVI. *Chalcidiæ.*

Cucuso anno 404. Equidem dominum meum reverendissimum presbyterum nobiscum esse vehementer cupio. Sin autem ipsum istuc proficisci commodum esse censes, eum periculi metu carere, atque urgente tumultu liberari, quam hic esse malo. Quamobrem ne illud existimes, ipsum a nobis prohiberi, si proficisci velit. Nobis enim eum adhuc retinendi causa ea fuit, quod negotii natura ipsius præsentiam non admodum requireret: atque item ea, quod ne in Isaurorum manus forte caderet, metueremus. Quod si eum istuc proficisci tam valde necesse est, eum et monemus et hortamur, ut iter suscipiat. Quamvis enim corpore sejungamur, tamen caritatis vinculis semper cum eo devincti sumus. Te autem oro, ne quid carum molestiarum, quæ eveniunt, animum tuum commoveat. Nam quo plures res adversæ sunt, eo quoque major tibi quæstus atque uberior merces a benigno Deo rependetur, si ea quæ accidunt, grato ac generoso animo feras. Hac enim ratione et hæc facilius superari poterunt, et fructus is qui ex horum perpessione ac tolerantia tibi in cælis comparatur, amplior et copiosior erit, multoque major quam calamitates et cruciatus, quos subiisti.

C ος'. Χαλκιδίᾳ.

Ἐγὼ μὲν σφόδρα ἐπιθυμῶ σὺν ἡμῖν εἶναι τὸν δεσπότην μου [b] τὸν τιμιώτατον πρεσβύτερον. Εἰ δὲ τὸ παραγενέσθαι αὐτόθι τοῦτον οἶσθα λυσιτελὲς, προτιμῶ τῆς ἐνταῦθα αὐτοῦ παρουσίας τὴν ἄδειαν αὐτοῦ, καὶ τὸ τῆς ἐπικειμένης ἀπαλλαγῆναι ταραχῆς. Μὴ τοίνυν νομίσῃς αὐτὸν κωλύεσθαι παρ' ἡμῶν, εἰ βούλοιτο ἀποδημεῖν. Ἡμεῖς γὰρ ἕως τοῦ νῦν διὰ τοῦτο αὐτὸν ἐπέσχομεν, ὡς οὐ σφόδρα τῆς τοῦ πράγματος D φύσεως ἀπαιτούσης αὐτοῦ τὴν παρουσίαν, καὶ δεδοικότες μήποτε εἰς τὰς τῶν Ἰσαύρων ἐμπέσῃ χεῖρας. Εἰ δὲ οὕτως ἀναγκαῖον τὸ αὐτόθι παραγενέσθαι, καὶ παρακαλοῦμεν καὶ [c] προτρεπόμεθα ἅψασθαι τῆς ἀποδημίας. Κἂν γὰρ τῷ σώματι κεχωρισμένοι ὦμεν, ἀλλὰ τῇ τῆς ἀγάπης ἁλύσει μένομεν πρὸς αὐτὸν συνδεδεμένοι. Μηδέν σε θορυβείτω, παρακαλῶ, τῶν συμπιπτόντων χαλεπῶν. Ὅσῳ γὰρ πλείους αἱ περιστάσεις, τοσούτῳ σοι μείζων ἡ πραγματεία, καὶ πλείων ὁ μισθὸς, καὶ ἡ ἀντίδοσις παρὰ τοῦ φιλανθρώπου Θεοῦ, ἂν εὐχαρίστως φέρῃς καὶ γενναίως E [d] τὰ συμβαίνοντα. Οὕτω γὰρ καὶ ταῦτα εὐκαταγώνιστα ἔσται, καὶ ὁ ἐκ τῆς τούτων ὑπομονῆς σοι τικτόμενος καρπὸς ἐν τοῖς οὐρανοῖς δαψιλὴς ἔσται, καὶ πολὺ μείζων τῶν παθημάτων.

LXXVII. *Asyncritiæ.*

Etiam antehac illud tibi per literas significavimus, nos te, quantum ad caritatem attinet, in eorum qui ad nos venerunt numero reponere: et nunc rursus istud ipsum dicimus, nimirum te animo ac voluntate venisse. Quod si corporis imbecillitate, ac tumultibus iis qui Armeniam invaserunt, prohibita es: nos tamen ex tua voluntate animique sententia idem de tua benevolentia judicium habemus, quod prius habuimus. Quare ne quam sæpissime ad nos scribere negligas, nosque, morbumne depuleris, et qua valetudine sis, certiores facere. Quandoquidem nunc magnum animo dolorem accepimus, cum te ægram esse intelleximus. Quamobrem, ne de hac re laboremus, fac velim quam citissime sciamus num e morbo ad sanitatem redieris.

ος'. Ἀσυγκριτίᾳ.

Καὶ ἔμπροσθεν ἐπέσταλκά σου τῇ τιμιότητι, ὅτι καὶ σὲ μετὰ τῶν παραγενομένων ἀριθμοῦμεν κατὰ
635 A τὸν τῆς ἀγάπης λόγον, καὶ νῦν τὸ αὐτὸ λέγομεν, ὅτι τῇ γνώμῃ παραγέγονας. Εἰ δὲ ἡ ἀσθένεια τοῦ σώματος διεκώλυσε, καὶ οἱ θόρυβοι οἱ τὴν Ἀρμενίαν κατειληφότες, ἡμεῖς ἀπὸ τῆς γνώμης καὶ τῆς προαιρέσεως τὴν αὐτὴν περὶ τῆς διαθέσεώς σου ψῆφον ἔχομεν, ἥνπερ καὶ ἔμπροσθεν. Μὴ τοίνυν καταφρόνει συνεχῶς ἡμῖν ἐπιστέλλειν, καὶ εἴ σοι λέλυται τὰ τῆς ἀῤῥωστίας, καὶ περὶ τῆς ὑγείας σου δηλοῦν. Ἐπεὶ καὶ νῦν σφόδρα ἠλγήσαμεν, ἀκούσαντές σε ἐν ἀῤῥωστίᾳ εἶναι. Ἵν' οὖν μὴ μεριμνῶμεν περὶ τούτου, διὰ τάχους ἡμῖν δήλωσον, εἰ πρὸς ὑγείαν σοι τὰ τῆς ἀῤῥωστίας μεταβέβληται.

[b] *Τὸν τιμιώτατον πρεσβύτερον*, frequens honoris appellatio tum apud Chrysostomum, tum alibi. Ibid. Coislin. *αὐτόθι, τούτῳ οἶσθα.*

[c] Duo Mss. *προτρέπομεν.* Paulo post iidem *ταῖς τῆς ἀγάπης ἁλύσεσι.*

[d] Coislin. *τὰ συμπίπτοντα.*

οη'. Ῥωμανῷ πρεσβυτέρῳ. [B]

[a] Οὐ μέχρι τῆς Ἀρμενίας μόνον, οὐδὲ τῆς Καππαδόκων χώρας, ἀλλὰ καὶ ποῤῥωτέρω τῆς ἀγάπης σου καὶ τῆς διαθέσεως, ἣν περὶ ἡμᾶς ἐπεδείξω διηνεκῶς, σάλπιγγος λαμπροτέρα ἡ φήμη παραγέγονε. Διόπερ καὶ ἡμεῖς σφόδρα καλλωπιζόμεθα ἐπὶ τῇ διαθέσει τῆς εὐλαβείας σου, καὶ μακαρίζοντές σε οὐ διαλιμπάνομεν, καί σου δεόμεθα συνεχῶς ἐπιστέλλειν ἡμῖν περὶ τῆς ὑγείας τῆς σῆς. Εἰ γὰρ καὶ ἐν ἐρημίᾳ καθήμεθα, καὶ [C] πόῤῥω ὑμῶν ἀπῳκίσμεθα, ἀλλ' ὅμως τῇ τῆς ἀγάπης ἁλύσει συνδεδέμεθά σοι, ἣν ἐξ ἀρχῆς διάθεσιν περὶ τὴν σὴν τιμιότητα ἐπεδειξάμεθα, ταύτην, μᾶλλον δὲ καὶ πολλῷ πλείονα καὶ θερμοτέραν νῦν ἔχοντες. Οὐδὲν γὰρ ὑμᾶς οὔτε τοῦ χρόνου τὸ πλῆθος, οὔτε τῆς ὁδοῦ τὸ μῆκος ῥαθυμοτέρους εἰς τοῦτο πεποίηκεν, ἀλλὰ καὶ σπουδαιοτέρους. Ταῦτ' οὖν εἰδὼς, δέσποτά μου τιμιώτατε καὶ εὐλαβέστατε, καὶ λογισάμενος ἡλίκην ἡμῖν χαριῇ χάριν συνεχέστερον ἐπιστέλλων, γράφε ἡμῖν τὰ περὶ τῆς ὑγείας τῆς σῆς, καὶ προηγουμένως διηνεκῶς ἐν ταῖς ἁγίαις σου μεμνημένος εὐχαῖς· ἵνα καὶ ἐκ τοσούτου καθήμενοι διαστήματος, πολλὴν [D] καὶ ἐντεῦθεν καρπωσώμεθα τὴν συμμαχίαν.

LXXVIII. Romano presbytero.

Cucuso anno 405.

Non in Armeniam dumtaxat et Cappadociam, sed etiam longius caritatis tuæ atque benevolentiæ, quam semper erga nos præstitisti, quavis tuba luculentior fama pervasit. Quamobrem nos quoque ob tuam istam benevolentiam magnopere gloriamur, nec te laudare intermittimus. Tu vero de tua valetudine quam sæpissime, quæso, ad nos scribas. Nam licet in solitudine, ac procul a vobis remoti simus, at caritatis tamen catena tecum devincti sumus, eamdem videlicet, quam olim atque ab initio erga te benevolentiam præ nobis tulimus, imo etiam majorem ac ferventiorem nunc habentes. Nec enim aut temporis diuturnitas, aut viæ longitudo, segniores ad eam rem nos reddidit, imo etiam aeriores ac diligentiores. Hæc igitur cum minime ignores, domine mi reverendissime ac religiosissime, quantam crebrioribus tuis literis gratiam a nobis initurus sis, tecum reputans, de tua valetudine ad nos scribas velim, ac præsertim in tuis sanctis precibus memoriam nostri ne intermittas : quo, licet tanto intervallo abs te disjuncti, ingentem tamen hinc opem et auxilium accipiamus.

οθ'. Γεμέλλῳ.

Τί τοῦτο; Ὅτε ἡ τοσαύτη καὶ τηλικαύτη πόλις ἑορτὴν ἄγει λαμπρὰν (τοῦτο γὰρ τὴν ἀρχὴν καλῶ τὴν σὴν), τότε ἡμᾶς ἐν πλείονι κατέστησας κατηφείᾳ, μακρὰν οὕτω σιγήσας σιγήν; Καὶ εἰ μὲν ἄλλος τις ἦν τῶν πολλῶν ὁ τοῦτο πεπονθὼς, καὶ τὴν αἰτίαν ῥᾳδίως ἂν εὗρον. Τίς δέ ἐστιν αὕτη; Εἰώθασιν οἱ πολλοὶ τῶν ἀνθρώπων, ἡνίκα ἂν μείζονος ἀρχῆς ἐπιλάβωνται, καὶ ἐν ὄγκῳ φρονήματος γίνεσθαι μείζονι· ἐπὶ δὲ τῆς [E] σῆς μεγαλοπρεπείας φιλοσοφεῖν εἰδυίας, καὶ ἀκριβῶς διεσκεμμένης τῶν ἐπικήρων τούτων καὶ ῥεόντων πραγμάτων τὴν φύσιν, καὶ οὐκ ἀπατωμένης τοῖς ἐπιτρίμμασι [b] καὶ ταῖς ὑπογραφαῖς, ἀλλὰ γυμνὰ τῶν προσώπων τὰ πράγματα καταμανθανούσης, τὴν αἰτίαν οὐ δύναμαι τῆς σιγῆς εὑρεῖν. Ἀλλ' ὅτι μὲν ἡμᾶς [636 A] ὁμοίως ἐρᾷς καὶ νῦν ὥσπερ καὶ ἔμπροσθεν, μᾶλλον δὲ μειζόνως νῦν ἢ ἔμπροσθεν, οἶδα σαφῶς. Τίνος δὲ ἕνεκεν οὕτω διακείμενος τοσοῦτον ἐσίγησας χρόνον, εἰπεῖν οὐκ ἔχω, ἀλλὰ καὶ δι' αὐτὸ μὲν οὖν τοῦτο μάλιστα ἀπορῶ. Λῦσον δὴ ἡμῖν τὸ αἴνιγμα δι' ἐπιστο-

LXXIX. Gemello.

Cucuso anno 404. vel 405.

Quidnam hoc est, ut cum tanta tamque præclara civitas luculentum festum agat (sic enim magistratum tuum atque imperium voco), tum tu diuturno tuo silentio majorem nobis mœstitiam attuleris? Ac si quidem alius quispiam e vulgo esset, cui hoc accidisset, causam quoque nullo negotio invenissem. Quam tandem istam? Solent plerique mortalium, cum ad majorem dignitatem pervenerint, animos quoque simul attollere, ac majores spiritus sumere : at in te qui philosophari scis, ac caducarum harum et fragilium rerum naturam apprime nosti, nec fucis ac pigmentis deciperis, verum res ipsas larvis vacuas perspicis atque animadvertis, silentii causam reperire nequeo. Et quidem illud pro certo habeo, me æque ac prius, imo etiam magis quam ante abs te amari. Quid autem sit, quamobrem, cum hoc erga me animo sis, tamdiu tacueris, dicere nequeo : imo hoc quoque ipso

[a] Duo Mss. οὐ μέχρι τῆς Ἀρμενίων μόνον. Infra omnes Mss. nostri σάλπιγγος λαμπρότερον ἡ φήμη.

[b] Καὶ ταῖς ἐπιγραφαῖς Coislin. Ibid. Coislin. et Reg. τῶν προσωπείων.

præsertim nomine hæreo. Quare istud ænigma, nisi grave ac molestum est, nobis velim per literas explices. Atque etiam ante ipsas Literas eos, qui hanc epistolam ad te perferunt, hoc est, dominum meum reverendissimum et religiosisimum presbyterum, ipsiusque comites, doce, id quod nobis ipsis persuasum est, nempe hoc tuum silentium a negligentia non fluxisse. Nam si hoc dixeris, satis id erit, ut ipsi comiter ac benigne a te excipiantur.

λῆς, εἰ μὴ βαρὺ, μηδὲ ἐπαχθές. Καὶ πρὸ τῆς ἐπιστολῆς ἐκείνης τοὺς ταύτην σοι κομίζοντας τὴν ἐπιστολὴν, λέγω δὴ τὸν κύριόν μου τιμιώτατον καὶ εὐλαβέστατον πρεσβύτερον, καὶ τοὺς σὺν αὐτῷ δίδαξον, ὅπερ καὶ ἡμεῖς πεπείσμεθα, ὅτι ῥᾳθυμίας οὐκ ἦν ἡ σιγή. Ἀρκεῖ γὰρ τοῦτο εἰπεῖν, εἰς τὸ τυχεῖν αὐτοὺς φιλοφροσύνης παρὰ τῆς σῆς θαυμασιότητος.

LXXX. *Firmino.*

Cucuso anno 404.

Ad congressum tuum magno nobis damno morbus tuus fuit : ad caritatem autem ne tantillum quidem detrimenti attulit. Nam vel semel te convenisse, satis superque fuit ad vehementem tui amorem in animis nostris ciendum. Hujus autem rei causa ipse fuisti, qui ab ipsis initiis ingentem ac pene insanum nostri amorem præ te tulisti, nec nos, ut diutius tui periculum faceremus, exspectare passus es, verum ad primum aspectum nos cepisti, arctissimisque vinculis tecum astrinxisti. Ideo ad te scribimus, eaque quæ audire cupis, exponimus. Quænam autem hæc sunt? Bona valetudine sumus; iter tuto confecimus; quiete atque otio gaudemus; magnam omnium benevolentiam obtinemus; inenarrabilem denique consolationem percipimus. Nemo hic est qui nos exagitet, aut nobis negotium facessat. Quid autem nobis hoc in urbe usu venisse miraris, cum etiam iter ipsum tutissime confecerimus? Tu vero de tuis quoque rebus nos fac certiores, ut quemadmodum ex hac commemoratione voluptatem cepisti, sic etiam de tua valetudine certiores facti, magnam lætitiam capiamus. Nec enim te fugit, quantam iis, qui sincere amare norunt, voluptatem hoc injiciat, cum læti aliquid de iis, quos amant, accipiunt.

B

π'. Φιρμίνῳ.

Εἰς μὲν τὴν συνουσίαν σου μεγάλα ἡμᾶς τὸ ἀῤῥωστεῖν σε ἐζημίωσεν· εἰς δὲ τὴν ἀγάπην οὐδὲ μικρὰ παρέβλαψεν. Ἤρκεσε γὰρ ἡμῖν [a] καὶ τὸ ἅπαξ σοι συγγενέσθαι, εἰς τὸ γενέσθαι σου σφοδροὺς ἐραστάς. Τούτου δὲ αἴτιος αὐτὸς, οὕτως ἐκ προοιμίων σφοδρὸν καὶ μανικὸν περὶ ἡμᾶς ἐπιδειξάμενος ἔρωτα, καὶ οὐκ C ἀφεὶς δεηθῆναι τῆς ἀπὸ τοῦ χρόνου πείρας, ἀλλ' ὁμοῦ τε φανεὶς, καὶ ἑλὼν, καὶ μετὰ ἀκριβείας σαυτῷ προσδήσας ἡμᾶς. Διὰ δὴ τοῦτο καὶ ἡμεῖς γράφομεν, καὶ ἅπερ ἐπιθυμεῖς ἀκοῦσαι δηλοῦμεν. Τίνα δὲ ταῦτά ἐστιν; Ὑγιαίνομεν· ἀδεῶς τὴν ὁδὸν διηνύσαμεν· ἐντρυφῶμεν ἡσυχίᾳ καὶ ἀπραγμοσύνῃ πολλῇ· πολλῆς παρὰ πάντων ἀπολαύομεν εὐνοίας· ἄφατον καρπούμεθα παραμυθίαν. Οὐδεὶς ὁ ἐλαύνων ἐνταῦθα, οὐδὲ ἐνοχλῶν. Καὶ τί θαυμάζεις εἰ ἐν τῇ πόλει, ὅπου γε καὶ τὴν ὁδὸν μετὰ πολλῆς ἠνύσαμεν τῆς ἀδείας; Δήλου δὴ καὶ αὐτὸς ἡμῖν τὰ σὰ, ἵν' ὥσπερ σε τούτοις D ἥσαμεν τοῖς διηγήμασιν, οὕτω καὶ αὐτοὶ πολλῆς ἀπολαύσωμεν τῆς εὐφροσύνης, τὰ περὶ τῆς ὑγείας τῆς σῆς μανθάνοντες. Οἶσθα γὰρ ἡλίκην ἐντίθησι τὴν ἡδονὴν τοῖς φιλεῖν ἐπισταμένοις γνησίως τὸ χρηστόν τι περὶ τῶν ἀγαπωμένων μανθάνειν.

LXXXI. *Hymnetio Archiatro.*

Cucuso anno 404.

Numquam te apud omnes mirificis laudibus efferre desinemus, tum ut probum virum, tum ut præstantissimum medicum, tum ut eum qui sincere amare novit. Nam cum hic de morbo nostro sermones excitantur, in ejusmodi commemorationes tu quoque subeas necesse est, cumque ipsi eximiæ tuæ peritiæ ac benevolentiæ

πα'. [b] Ὑμνητίῳ ἀρχιατρῷ.

Οὐ παυσόμεθά σε παρὰ πᾶσι θαυμάζοντες, καὶ ὡς ἄνδρα χρηστὸν, καὶ ὡς ἰατρὸν ἄριστον, καὶ ὡς φιλεῖν E εἰδότα γνησίως. Ὅταν γὰρ ἡμῖν ἐνταῦθα περὶ τῆς ἀῤῥωστίας ἡμῶν γίνωνται λόγοι, ἐξ ἀνάγκης καὶ αὐτὸς ἐπεισέρχῃ τοῖς διηγήμασι τούτοις, καὶ τῆς πολλῆς σου καὶ ἐπιστήμης καὶ εὐνοίας πεῖραν λαβόντες, οὐ δυνάμεθα σιγῇ τὰς εὐεργεσίας κατέχειν, ἀλλ' εἰς

[a] Sic locum antea mutilum restituimus ex Mss. Regio et Coislin. Infra iidem Mss. καὶ οὐκ ἀφεὶς.

[b] De Hymnetio supra : monet hic Fronto Ducæus in uno Codice legi Ὑμμντίῳ ἀρχιντρῷ. Alii ἀρχιντρῷ.

ἅπαντας ἀνακηρύττομεν, ἡμῖν αὐτοῖς τὰ μέγιστα χαριζόμενοι. Τοσοῦτον γὰρ ἡμῖν φίλτρον ἐνέθηκας, ὅτι καίτοι γε ὑγιαίνοντες πολλοῦ ἂν ἐπριάμεθά σε ἐνταῦθα ἑλκύσαι, ὥστε σε μόνον ἰδεῖν. Ἀλλ' ἐπειδὴ τοῦτο ἐργῶδες, καὶ διὰ τὴν τῆς ὁδοῦ δυσκολίαν, καὶ 637 A διὰ τὸν τῶν Ἰσαύρων φόβον, τοῦτο μὲν οὐκ ἐπιχειροῦμεν τέως· ἀξιοῦμεν δὲ συνεχῶς ἐπιστέλλειν. Δυνήσῃ γὰρ ἡμῖν τὴν ἐκ τῆς παρουσίας ἡδονὴν χαρίζεσθαι τῇ συνεχείᾳ τῶν γραμμάτων, τῷ μέλιτί σου τῶν τρόπων τὰ γράμματα ἀναχρωννύς.

periculum fecerimus, beneficia abs te accepta silere non possumus, verum apud omnes ea prædicamus, maximam a nobis ipsis hac in re gratiam ineuntes. Tantum enim tui amorem animis nostris injecisti, ut etiamsi belle valeamus, magno tamen emtum velimus, ut te huc trahere queamus, ut vel tuo conspectu frui liceat. Verum quoniam hoc partim ob itineris difficultatem, partim ob Isaurorum metum difficile est, nunc quidem hoc minime aggredimur : at illud petimus, ut quam sæpissime literas ad nos mittas. Eam enim, quam præsentia ipsa parit, voluptatem frequentibus literis nobis afforre poteris, morum tuorum melle eas illinens.

πβ'. Κυθηρίῳ.

Ἡ μὲν συνουσία ἡμῖν ἡ αὐτόθι βραχεῖα γέγονε πρὸς ὑμᾶς· ἡ δὲ ἐντεῦθεν τεχθεῖσα ἀγάπη μεγάλη καὶ ὑψηλὴ καὶ γενναία. [a] Τοῖς γὰρ γνησίως εἰδόσι φιλεῖν οὐ δεῖ εἰς τοῦτο χρόνου μακροῦ, ἀλλὰ καὶ ἐν B βραχεῖ δυνατὸν κατορθῶσαι τὸ πᾶν. Ὃ δὴ καὶ ἐφ' ἡμῶν γέγονε· καὶ γεγόναμεν ὑμῶν ἐρασταὶ σφοδροὶ, ὡς πολλῷ συγγενόμενοι τῷ χρόνῳ. Ὅθεν δὴ καὶ ἐπιστέλλομεν τὰ καθ' ἡμᾶς δηλοῦντες, ὅτι τε ὑγιαίνομεν, καὶ ἐν ἡσυχίᾳ καὶ ἀπραγμοσύνῃ διάγομεν. Ἴσμεν γὰρ ὅτι χαριούμεθα ταῦτα ὑμῖν ἀπαγγέλλοντες. Καὶ τὰ παρ' ὑμῶν αἰτοῦμεν γράμματα τὰ αὐτὰ ἡμῖν εὐαγγέλια κομίζοντα. Μὴ δὴ κατοκνεῖτε γράφειν ἡμῖν συνεχῶς, καὶ τὰ περὶ τῆς ὑγείας ὑμῶν εὐαγγελίζεσθαι. Οὕτω γὰρ τὰ μέγιστα καὶ ἐν ἀλλοτρίᾳ διατρί- C βουσι χαριεῖσθε ταῦτα ἐπιστέλλοντες, ἅπερ συνεχῶς ἐπιθυμοῦμεν μαθεῖν.

LXXXII. Cytherio.

Brevis quidem nobis vobiscum istic fuit consuetudo : at amor, qui hinc ortus est, magnus et sublimis ac præclarus. Nam iis qui sincere amare sciunt, ad eam rem diuturno tempore minime opus est, verum brevi totum id perfici potest. Quod etiam nobis usu venit : quippe qui vestri amore perinde flagremus, ac si jampridem mutuam inter nos consuetudinem habuissemus. Ideo ad vos etiam scribimus, rerumque nostrarum statum exponimus, nempe nos commoda valetudine esse, atque in quiete et otio degere. Nec enim nobis dubium est, quin hæc nuntiantes, rem vobis gratam facturi simus. Vestras etiam literas vicissim petimus, quæ lætum eumdem nobis nuntium afferant. Igitur sæpe ad nos scribere ne gravemini, deque valetudinis vestræ statu læta nuntiare. Sic enim nobis, etiam in externa regione degentibus, gratissimum facturi estis, ea scribentes, quæ frequenter audire cupimus.

Scripta Cucusi anno 404.

πγ'. Λεοντίῳ.

Τῆς μὲν πόλεως ὑμῶν ἀπηλάθημεν, τῆς δὲ ἀγάπης σου οὐκ ἀπεληλάμεθα. Τὸ μὲν γὰρ ἐφ' ἑτέροις ἔκειτο, τὸ μένειν αὐτόθι [b] ἢ ἐκβάλλεσθαι· τὸ δὲ, ἐφ' ἡμῖν. Διὸ οὐδεὶς ἡμᾶς αὐτὸ ἀφελέσθαι δυνήσεται, ἀλλ' ὅπουπερ ἂν ἀπίωμεν, πανταχοῦ περιφέρομέν σου τὸ μέλι τῆς ἀγάπης, καὶ ἐντρυφῶμεν τῇ μνήμῃ τῆς εὐγενείας τῆς σῆς, τὸν ἔρωτά σου τὸν περὶ ἡμᾶς, τὴν D σπουδὴν, τὴν σύνεσιν, τὴν φιλοφροσύνην, τὴν φιλοξε-

LXXXIII. Leontio.

Civitate quidem vestra pulsi sumus, a caritate vero tua non item pulsi. Illud enim, hoc est ut istic maneremus, aut ejiceremur, in aliorum potestate situm erat : hoc autem in nostra. Quocirca nemo id nobis umquam eripere poterit, verum quocumque proficiscamur, caritatis tuæ mel semper circumferimus, magnamque ex tui recordatione voluptatem capimus, tuum erga nos

Cucuso anno 404.

[a] Sic locum restituimus ex Cod. Regio, quem unicum habemus ad hanc epistolam : Billius idipsum legit quod in Regio habetur. Infra Reg. ὡς πρὸ πολλοῦ συγγενόμενοι τοῦ χρόνου·

[b] Reg. ἢ ἐλαύνεσθαι.

amorem, studium, prudentiam, comitatem, hospitalitatem, alia denique omnia in unum cogentes, tuæque virtutis imaginem effingentes. Quoniam igitur nos ita demeruisti, ac tibi conciliasti, ut etiam præsentiam tuam imprimis appetamus, id autem nunc minime licet, consolationem eam, quæ ex literis percipitur, velim nobis præbeas. Nam cum tanta prudentia sis, per frequentes literas id assequi poteris ut voluptatem eam, quam præsentia tua secum accersit, nobis effingas.

νίαν, τὰ ἄλλα πάντα συντιθέντες, καὶ τὴν εἰκόνα διαπλάττοντες τῆς σῆς ἀρετῆς. Ἐπεὶ οὖν οὕτως ἡμᾶς εἷλες καὶ ἐχειρώσω, ὡς καὶ τῆς παρουσίας σου σφόδρα ἐπιθυμεῖν, τοῦτο δὲ οὐκ ἔνι γενέσθαι νῦν, τὴν ἀπὸ τῶν γραμμάτων πάρεχε παραμυθίαν ἡμῖν. Δυνήσῃ γὰρ τῇ πυκνότητι τῶν ἐπιστολῶν σοφίσασθαι τὴν ἐκ τῆς παρουσίας ἡδονὴν τοσαύτῃ κεκοσμημένος συνέσει.

LXXXIV. *Faustino.*

E

πδ'. Φαυστίνῳ.

Cucuso anno 404.

Cucusum incolumes venimus (hinc enim ordiemur, unde nos initium scribendi facere cupis), ac locum tumultibus vacuum reperimus, quietisque atque otii plenissimum, nec quemquam habentem qui nobis molestiam exhibeat, atque infestus sit. Quid autem mirum, si loc nobis in urbe contingat, cum etiam desertissimum ac periculosum et suspectum iter, quod illinc huc ducit, sine metu ac negotio exegerimus, tutioraque omnia habuerimus, quam in urbibus quæ bonis legibus gubernantur? Læti igitur hujus nuntii mercedem nobis hanc pende, ut de tua valetudine quam creberrime ad nos scribas. Siquidem in magna quiete hic degentes, animi tui nobilitatem, ingenuitatem, improborum odium, loquendi libertatem, universum denique virtutum tuarum pratum sine ulla intermissione cogitatione nobis effingimus, tuique memoria delectamur, quemcumque in locum abscedamus, te circumferentes atque incredibili quodam tui amore flagrantes. Eaque de causa te quoque huc venire, ac cernere cupimus. Quoniam autem id difficile est, ad secundum navigationis cursum venimus, eamque, quam literæ pariunt, consolationem abs te postulamus. Maximum quippe solatium nobis erit, frequentes epistolas accipere, quæ nos de tua valetudine certiores faciant.

Ἀφικόμεθα εἰς τὴν [c] Κουκουσὸν ὑγιαίνοντες (ἐντεῦθεν γὰρ προοιμιάσομαι, ὅθεν καὶ αὐτὸς ἐπιθυμεῖς ἀρχομένης ἀκοῦσαι τῆς ἐπιστολῆς), καὶ εὑρήκαμεν χωρίον θορύβων καθαρὸν, καὶ πολλῆς μὲν ἀπραγμοσύνης, πολλῆς δὲ γέμον ἡσυχίας, καὶ οὐδένα τὸν 638 A ἐνοχλοῦντα οὐδὲ ἀπελαύνοντα ἔχον. Καὶ τί θαυμαστὸν εἰ ἐν τῇ πόλει τοῦτο, ὅπουγε τὴν ἐρημοτάτην ὁδὸν καὶ ἐπισφαλῆ καὶ ὕποπτον, τὴν ἐκεῖθεν ἐνταῦθα φέρουσαν ἀδεῶς καὶ ἀπραγμόνως διήλθομεν, πλείονος [a] ἀπολαύσαντες ἀσφαλείας ἢ ἐν ταῖς εὐνομουμέναις τῶν πόλεων; Τούτων τοίνυν ἡμῖν τῶν εὐαγγελίων δίδου τὸν μισθὸν συνεχῶς ἡμῖν ἐπιστέλλων περὶ τῆς ὑγείας τῆς σῆς. Καὶ γὰρ ἐν ἡσυχίᾳ πολλῇ διάγοντες ἐνταῦθα διηνεκῶς ἀναπλάττομέν σου τῆς διανοίας τὸ εὐγενὲς, [b] τὸ ἐλευθέριον, τὸ μισοπόνηρον, τὸ πεπαῤῥησιασμένον, ἅπαντα τῶν ἀρετῶν σου τὸν λειμῶνα, καὶ ἐντρυ- B φῶμεν τῇ μνήμῃ, ὅπουπερ ἂν ἀπίωμεν πανταχοῦ σε περιφέροντες, καὶ μεθ' ὑπερβολῆς ἐκκαιόμενοι τῷ φίλτρῳ τῷ περὶ σέ. Διὸ καὶ ἐπιθυμοῦμεν καὶ ἐνταῦθά σε παραγενόμενον ἰδεῖν. Ἐπεὶ δὲ τοῦτο ἐργῶδες, ἐπὶ τὸν δεύτερον ἐρχόμεθα πλοῦν, καὶ τὴν διὰ τῶν γραμμάτων αἰτοῦμεν παράκλησιν. Καὶ γὰρ μεγίστη παραψυχὴ ἡμῖν ἔσται τὸ συνεχῶς δέξασθαι ἐπιστολὰς εὐαγγελιζομένας ἡμῖν περὶ τῆς ὑγείας τῆς σῆς.

LXXXV. *Lucio episcopo.*

πε'. Λουκίῳ ἐπισκόπῳ.

Scripta anno 404.

Etsi magno itineris intervallo a te sejuncti sumus, tamen illud improborum odium, quo ani-

C Εἰ καὶ πολλῷ τῷ μέσῳ τῆς ὁδοῦ διεστήκαμεν τῆς εὐλαβείας τῆς σῆς, ἀλλ' ὅμως οὐκ ἔλαθεν ἡμᾶς τὸ

[c] Κοκκουσόν legit Vaticanus semper, Coccusum, vel Coccuson; in Itinerario Antonini ejus est mentio frequens et semper Cocuson legitur. Vide quæ de illa urbe dicat Nicolaus Bergier *Des grands Chemins de l'Empire* p. 523. In aliis Codicibus atque in Editis Κουκουσός.

Vox ἀρχομένης sequens, quæ ab Interprete lecta fuit, deerat in Editis.

[a] Coislin. ἀπολαύοντες.

[b] Coislin. τὸ ἐλευθέριον, τὸ φιλικὸν, τὸ μισοπ.

μισοπόνηρόν σου τῆς γνώμης, καὶ πῶς ἤλγησας ἐπὶ τοῖς τηλικαῦτα παρανομήσασι καὶ τοσούτων σκανδάλων ἐμπλήσασι τὴν οἰκουμένην. Διὰ τοῦτό σοι χάριτας ὁμολογοῦμεν, καὶ θαυμάζοντές σε καὶ μακαρίζοντες οὐ παυόμεθα, ὅτι ἐν τοσούτῳ κακῶν φορυτῷ, τοσούτων κατὰ κρημνῶν φερομένων καὶ σκοπέλων, αὐτὸς τὴν ὀρθὴν ὁδὸν οὐκ ἐπαύσω βαδίζων, αἰτιώμενός τε τὰ γεγενημένα, ἀποστρεφόμενός τε τοὺς ἐργασαμένους, ὥς σοι πρέπον ἐστίν. D Διὸ δὴ καὶ παρακαλοῦμεν ἐπιμεῖναι τῇ καλῇ ταύτῃ προθυμίᾳ, καὶ μείζονα ἐπιδείξασθαι τὸν ζῆλον. Οἶσθα γὰρ ἡλίκος ὑμῖν ἔσται ὁ μισθὸς, οἷα τὰ βραβεῖα, πηλίκοι οἱ στέφανοι, ὅταν τοσούτων ὄντων τῶν ταραττόντων αὐτοὶ τὴν ἐναντίαν φέρησθε, μεγίστην τοῖς παροῦσι κακοῖς ἐντεῦθεν διδόντες τὴν διόρθωσιν. Ὅτι γὰρ, εἰ βουληθείητε στῆναι γενναίως, κἂν ὀλίγοι τὸν ἀριθμὸν ἦτε, περιέσεσθε τῶν πλειόνων τῶν ἐπὶ κακίᾳ καλλωπιζομένων, οὐδεὶς ἀντερεῖ. Ἀρετῆς γὰρ ἰσχυρότερον οὐδὲν, καὶ τοῦ ταῦτα ζητεῖν ἃ τειχίζει τὰς Ἐκκλησίας. E Ἔχοντες τοίνυν τὴν γνώμην ἀρκοῦσαν ὑμῖν εἰς τὸ πολλὴν παρὰ Θεοῦ ῥοπὴν ἐπισπάσασθαι, τὰ παρ' ἑαυτῶν εἰσενεγκεῖν παρακλήθητε, τεῖχος μέγιστον ταῖς πανταχοῦ τῆς οἰκουμένης Ἐκκλησίαις διὰ τῆς γνώμης ταύτης γινόμενοι.

mus tuus præditus est, minime nobis obscurum fuit, dolorque ille, quem propter eos qui tanta flagitia perpetrarunt, totque scandalis orbem impleverunt, animo concepisti. Propterea tibi gratias agimus, mirificisque laudibus sine ulla intermissione te celebramus, quod in tanta malorum colluvie, totque hominibus in præcipitia et scopulos ruentibus, tu rectum iter tenere minime destitisti, ea quæ facta sunt reprehendens, eosque, a quibus facta sunt, aversans, ut etiam te facere par est. Eaque de causa te hortamur, ut in egregia hac animi alacritate perstes, majoremque etiam zelum præ te feras. Scis enim quæ vobis merces futura sit, quæ præmia, quæ coronæ, si tot aliis perturbantibus, contrarium tamen iter tenueritis, maximam præsentibus malis medicinam hinc afferentes. Nam quod, etiamsi alioqui exiguo numero sitis, tamen si strenuo ac forti animo in procinctu stare volueritis, majores copias ob improbitatem gloriantes superaturi sitis, nemo inficias ierit. Nihil enim fortius est virtute earumque rerum perquisitione, quibus præsidium Ecclesiis comparatur. Cum igitur animum ad ingentem Dei opem accersendam idoneum habeatis, quæ vestrarum partium sunt, velim expleatis, vosque per hujusmodi mentem ac voluntatem firmissimi cujusdam muri instar omnibus orbis Ecclesiis præbeatis.

πς'. Μάρῃ ἐπισκόπῳ.

Καὶ ἡνίκα προοίμια εἶχεν ὁ χειμὼν ὁ τὴν Ἐκκλησίαν διασαλεύσας, οὐκ ἔλαθεν ἡμᾶς τὸ ὀρθὸν καὶ 639 A ἀπερίτρεπτόν σου τῆς γνώμης· καὶ νῦν ὅτε ηὐξήθη τὰ κακὰ, ἔγνωμεν πάλιν τὴν εὐλάβειαν τὴν σὴν τοῖς αὐτοῖς ἐπιμένουσαν. Διὸ καὶ ἐκ τοσούτου καθήμενοι διαστήματος καὶ τὴν ὀφειλομένην ἀποδιδόαμεν πρόσρησιν, καὶ μακαρίζομεν καὶ θαυμάζομεν, ὅτι, τῶν πλειόνων ἑαυτοὺς κατακρημνισάντων, οἷς εἰς τὰς Ἐκκλησίας παρηνόμησαν, αὐτὸς τὴν ἐναντίαν τοῖς ἄλλοις ἦλθες ὁδὸν, τούς τε ταῦτα τολμήσαντας ἀποστρεφόμενος, καὶ ἐπὶ τῆς σοι πρεπούσης μένων ἐλευθερίας. Ἐννοῶν τοίνυν ἡλίκον τοῦ κατορθώματος τούτου τὸ μέγεθος καὶ τὸ μὴ συναπαχθῆναι τοῖς πονηρευομένοις, καὶ ὅτι ὁδὸς ἔσται καὶ προοίμια τῆς τῶν B κακῶν διορθώσεως ἡ ἀπερίτρεπτος ὑμῶν αὕτη γνώμη καὶ ἀκλινὴς, αὐτός τε ὥς σοι πρέπον ἐστὶν στῆναι γενναίως παρακλήθητι, τούς τε ἄλλους οὓς ἂν οἷός τε ᾖς ἀλείφειν. Οὕτω γὰρ ἀρκέσει εἰς συμμαχίαν ὑμῖν αὕτη ἡ πρόθεσις, τοῦ Θεοῦ τὴν γνώμην ὑμῶν

LXXXVI. Mari episcopo.

Et cum tempestas ea, qua Ecclesia turbata est, exoriretur, animi tui integritatem atque constantiam perspeximus: et nunc item ingravescentibus malis pietatem tuam in iisdem rursus institutis perseverare cognovimus. Eoque nomine, tam longe licet a te dissiti, debitum tibi salutationis munus persolvimus, teque mirificis laudibus extollimus, quod cum plurimi per ea scelera, quæ adversus Ecclesias designarunt, sese in exitium præcipites dederint, ipse tamen viam aliorum viæ adversam tenueris, nimirum et eorum, qui hæc ausi sunt, congressum defugiens, et eam, quæ te digna erat, libertatem retinens. Cogitans itaque, quanta præclari hujusce tui facti magnitudo sit, quantæque laudis, improbis minime obsecundasse, atque illud præterea, constantem hanc vestram firmamque sententiam depellendorum malorum viam ac præludium fore, fac, quæso, ut quemadmodum a te postulatur, strenuo animo in procinctu stes, atque alios pro virili tua cohorteris. Sic enim ad auxilium

Scripta anno 404.

nostrum hæc occasio suffecerit, Deo nempe mentem vestram, quæ in tanta rerum perturbatione recta eligit, comprobante, suamque opem afferente.

ἀποδεχομένου τὴν ἐν τοσαύτῃ συγχύσει τὰ ὀρθὰ ἑλομένην, καὶ τὴν παρ' ἑαυτοῦ παρέχοντος ῥοπήν.

LXXXVII. *Eulogio episcopo.*

Scripta anno 404.

Quamvis ad extremos usque orbis recessus venerimus, tamen tuæ caritatis oblivisci minime possumus, verum eam passim circumferimus: usque adeo nos, reverendissime ac religiossime mi domine, tibi devinxisti ac subegisti. Siquidem nunc quoque Cucusi manentes, hoc est in desertissimo nostri orbis loco, benignitatem tuam, suavitatem, morum facilitatem, sinceram animi propensionem, acrimoniam, zelum quovis igne ferventiorem, cæteras denique omnes tuas virtutes cum animis nostris reputare, atque ejusmodi cogitationum memoriam summa cum voluptate usurpare, mentisque tuæ firmitatem atque constantiam, quam exhibuisti adversus eos qui veritati bellum intulerunt, orbemque tot scandalis impleverunt, apud omnes prædicare minime desinimus; etiamsi alioqui hoc linguæ nostræ officium minime requiras, cum tu quavis tuba clarius, apud omnes Orientales, et quam longissime dissitos homines, per res ipsas id promulgaris. Quo quidem nomine gratias tibi agimus, teque beatum prædicamus ac suspicimus, atque hortamur, ut eumdem zelum præ te ferre pergas. Neque enim paris laudis est, rebus ex animi sententia fluentibus, integritatis specimen exhibere, et cum multi sint qui Ecclesias evertere conentur, non tamen decipi ac circumscribi, sed firmum manere, eos qua decet animi magnitudine aversantem. Neque enim parva, verum perquam ingens malorum medicina hæc est. Quod autem, pietate tua ad hunc modum se gerente, omnes domini mei reverendissimi et religiosissimi Palæstinæ episcopi vestigiis tuis hæsuri sint, minime tibi dubium esse credo. Illud enim mihi exploratissimum est, fore ut in præclaris hujusmodi factis, sicut corpus capiti adjunctum est, sic eos ipse cum caritatis tuæ suavitate connectas ac velut catenis adstringas: quod quidem maximum quoque tuæ virtutis argumentum est.

πζʹ. Εὐλογίῳ ἐπισκόπῳ.

C Ἡμεῖς κἂν πρὸς αὐτὰς ἀφικώμεθα τῆς οἰκουμένης
τὰς ἐσχατιὰς, ἐπιλαθέσθαι σου τῆς ἀγάπης οὐ δυνάμεθα, ἀλλὰ πανταχοῦ περιφέροντες ἄπιμεν· οὕτως ἡμᾶς εἷλες καὶ ἐχειρώσω, δέσποτά μου τιμιώτατε καὶ εὐλαβέστατε, ἐπεὶ καὶ νῦν ἐν Κουκουσῷ καθήμενοι τῷ πάσης τῆς καθ' ἡμᾶς οἰκουμένης ἐρημοτάτῳ χωρίῳ, οὐ παυόμεθα διηνεκῶς τὴν χρηστότητα, τὴν γλυκύτητα, τὴν τῶν τρόπων ἐπιείκειαν, τὸ γνήσιον τῆς διαθέσεως, τὸ πεπυρωμένον, τὸ σφοδρὸν, τὸν ζῆλον τὸν φλογὸς σφοδρότερον, τὴν ἄλλην ἅπασάν σου ἀρετὴν ἀναλογιζόμενοι, καὶ τῶν λογισμῶν τούτων τῇ μνήμῃ ἐντρυφῶντες, καὶ πρὸς ἅπαντας ἀνακηρύττοντες τὸ
D στεῤῥὸν τῆς γνώμης, τὸ ἀπερίτρεπτον, ὅπερ ἐπεδείξω πρὸς τοὺς πολεμήσαντας ταῖς Ἐκκλησίαις καὶ τοσούτων σκανδάλων τὴν οἰκουμένην ἐμπλήσαντας· εἰ καὶ τὰ μάλιστα τοῦτο οὐ δεῖται τῆς ἡμετέρας γλώττης· σάλπιγγος γὰρ λαμπρότερον αὐτὸς πᾶσι τοῖς κατὰ τὴν ἀνατολὴν καὶ πόῤῥωτάτω οὖσι διὰ τῶν ἔργων αὐτῶν ἀνεβόησας. Ὑπὲρ τούτων χάριτας ὁμολογοῦμεν, μακαρίζομεν, θαυμάζομεν καὶ παρακαλοῦμεν τὸν αὐτὸν παραμεῖναι ζῆλον ἐπιδεικνύμενον. Οὐδὲ γὰρ ἴσον ἐστὶ, κατὰ ῥοῦν τῶν πραγμάτων φερομένων, ὀρθότητα ἐπιδείκνυσθαι, καὶ πολλῶν ὄντων τῶν ἐπι-
E χειρούντων καταλῦσαι τὰς Ἐκκλησίας μηδὲν ἐκεῖθεν παραλογίζεσθαι, ἀλλὰ μένειν ἀκλινῆ, τούτους ἀποστρεφόμενον μετὰ τῆς προσηκούσης ἀνδρείας. Οὐ γὰρ μικρὰ αὕτη, ἀλλὰ καὶ σφόδρα μεγίστη τῶν κακῶν διόρθωσις. Ὅτι δὲ τῆς σῆς εὐλαβείας οὕτω διακειμένης πάντες οἱ κατὰ τὴν Παλαιστίνην κύριοί μου τιμιώτατοι καὶ εὐλαβέστατοι ἐπίσκοποι ἕψονταί σου τοῖς ἴχνεσιν, οὐδὲν οἶμαι δεῖν ἀμφιβάλλειν. Οἶδα γὰρ
640 σαφῶς ὅτι ἐν τοῖς τοιούτοις κατορθώμασιν ὥσπερ
A σῶμα συνεχὲς κεφαλῇ, οὕτως αὐτοὺς τῇ γλυκύτητί σου τῆς ἀγάπης συνῆψας καὶ [a] συνδεδέσθαι παρεσκεύασας, ὅπερ καὶ τοῦτο μέγιστον δεῖγμα τῆς σῆς ἀρετῆς.

[a] Vatic. ἐνδεδέσθαι.

πη'. Ἰωάννῃ ἐπισκόπῳ Ἱεροσολύμων.

Ἀπῳκίσθημεν εἰς [b] τὴν Κουκουσόν, τῆς δὲ ἀγάπης τῆς ὑμετέρας οὐ μετῳκίσθημεν. Τὸ μὲν γὰρ ἐφ' ἑτέροις ἔκειτο, τοῦτο δὲ ἐφ' ἡμῖν. Διὸ δὴ ἐνταῦθα διατρίβοντες καὶ ἐκ τοσούτου καθήμενοι διαστήματος, καὶ ἐπιστέλλομεν, καὶ παρακαλοῦμεν ὑμῶν τὴν εὐλάβειαν, τὴν ἀνδρείαν ἣν ἐξ ἀρχῆς ἐπεδείξασθε ἀποστραφέντες τοὺς τὰς Ἐκκλησίας τοσούτων θορύβων ἐμπλήσαντας, ταύτην καὶ νῦν διατηρεῖν, καὶ ἄξιον τῶν προοιμίων, μᾶλλον δὲ καὶ πολλῷ λαμπρότερον προσθεῖναι τὸ τέλος. Οὐ γὰρ μικρὸς ἐντεῦθεν ὑμῖν κείσεται ὁ μισθὸς, ὅταν τοὺς τοσοῦτον χειμῶνα ἐργασαμένους, καὶ τὴν οἰκουμένην σχεδὸν ἅπασαν τοσούτων ἐμπλήσαντας σκανδάλων ὡς προσῆκόν ἐστιν ἀποστρέφησθε, καὶ μηδὲν κοινὸν ἔχητε πρὸς αὐτούς. Τοῦτο ἀσφάλεια τῶν Ἐκκλησιῶν, τοῦτο τεῖχος, τοῦτο ὑμέτεροι στέφανοι καὶ βραβεῖα. Ταῦτ' οὖν εἰδὼς, δέσποτά μου τιμιώτατε καὶ εὐλαβέστατε, τάς τε Ἐκκλησίας ἀσφαλίζου, τὴν τούτῳ τῷ τρόπῳ μεγίστην ἐντεῦθεν προσδοκῶν ἀντίδοσιν, ἡμῶν τε τῶν σφόδρα ἀγαπώντων τὴν σὴν εὐλάβειαν, καὶ ἐκκρεμαμένων σου τῆς διαθέσεως, διηνεκῶς μέμνησο. Ἴσμεν γὰρ ὅσην περὶ ἡμᾶς ἀγάπην ἐπιδείκνυσαι, διὰ τῶν πραγμάτων αὐτῶν μαθόντες.

LXXXVIII. Joanni episcopo Hierosolymitano.

Scripta Cucusi anno 404.

Cucusum relegati sumus, nec tamen a vestra caritate semeti. Illud etenim in aliorum potestate situm erat, hoc autem in nostra. Quamobrem hic degentes, ac tanto intervallo dissiti, venerationi vestræ scribimus; vosque hortamur, ut fortitudinem eam, quam ab initio præstitistis, ab eorum nimirum cœtu, qui Ecclesias tot tumultibus impleverunt, vos removentes, nunc quoque retineatis, paremque præludiis, imo etiam longe splendidiorem finem imponatis. Neque enim parva hinc vobis merces constituta erit, si eos qui tantam tempestatem invexerunt, universumque pene terrarum orbem tot scandalis impleverunt, ut par est, aversemini, nec quidquam cum illis commune habeatis. Hoc Ecclesiarum præsidium est, hoc murus, hoc coronæ vestræ atque præmia. Hæc igitur cum tibi perspecta sint, domine mi reverendissime ac religiosissime, da operam, ut Ecclesias hoc modo communias, amplissimam hinc mercedem exspectans: nostrique, qui pietatem tuam valde amamus, atque ex tua benevolentia pendemus, fac perpetuo memineris. Nam ipsis operibus didicimus, quantam erga nos caritatem præ te tuleris.

πθ'. Θεοδοσίῳ ἐπισκόπῳ Σκυθοπόλεως.

Τῷ μὲν τόπῳ μακρὰν ὑμῶν διεστήκαμεν, τῇ δὲ ἀγάπῃ ἐγγὺς ὑμῶν ἐσμεν καὶ πλησίον, καὶ αὐτῇ συνδεδέμεθα ὑμῶν τῇ ψυχῇ. Τοιοῦτον γὰρ τὸ φιλεῖν· οὐ κωλύεται τόπῳ, οὐ διείργεται ὁδοῦ μήκει, ἀλλὰ πᾶσαν ῥᾳδίως περιίπταται τὴν οἰκουμένην, καὶ συγγίνεται τοῖς ἀγαπωμένοις. Ὃ δὴ καὶ ἡμεῖς ποιοῦμεν νῦν, ἐν διανοίᾳ ὑμᾶς περιφέροντες. Καὶ παρακαλοῦμεν ὑμᾶς, καθάπερ καὶ ἔμπροσθεν ἐποιήσατε, κοσμοῦντές τε ἑαυτοὺς, καὶ τὰς Ἐκκλησίας ἀσφαλιζόμενοι, οὕτω καὶ νῦν ποιήσατε, καὶ τοὺς τοσαύτας ταραχὰς ἐμβαλόντας εἰς τὴν οἰκουμένην ἅπασαν, καὶ τὰς Ἐκκλησίας διαταράξαντας ἀποστρέφεσθε μετὰ τῆς προσηκούσης ὑμῖν ἀνδρείας. Τοῦτο γὰρ ἀρχὴ τῆς λύσεως τοῦ χειμῶνος, τοῦτο ἀσφάλεια ταῖς Ἐκκλησίαις, τοῦτο τῶν κακῶν διόρθωσις, ὅταν τοὺς τὰ τοιαῦτα πονηρευσαμένους ὑμεῖς οἱ ὑγιαίνοντες ἀποστρέφησθε, καὶ μηδὲν κοινὸν ἔχητε πρὸς αὐτούς. Ἐννοῶν τοίνυν τοῦ πράγματος τὴν ἀντίδοσιν, καὶ τοὺς ἐντεῦθεν κειμένους στεφάνους, τὴν προσήκουσαν ἀνδρείαν ἐπιδείξασθαι

LXXXIX. Theodosio Scythopolis episcopo.

Cucuso anno 404.

Nos quidem, si loci ratio habeatur, procul a vobis distamus: si autem caritatis, prope sumus, atque animo ipso constringimur. Nam ea amoris natura est, ut nec loco prohibeatur, nec viæ longinquitate coerceatur, verum per universum terrarum orbem facile provolet, atque cum iis, qui amantur, consuetudinem habeat. Quod etiam nunc facimus, qui vos in animo circumferimus. Ac rogamus, ut quemadmodum antehac vosipsi vobis ornamentum, atque Ecclesiis præsidium attulistis, sic etiam nunc faciatis: eosque qui tot tumultus in terrarum orbem injecerunt, atque Ecclesias perturbarunt, ea quam muneris vestri ratio postulat animi magnitudine aversemini. Hoc enim depellendæ tempestatis initium est, hoc Ecclesiarum securitas, hoc malorum medicina, cum nimirum vos qui sani estis, eorum qui hujusmodi scelera perpetrant, aspectum defugitis, nihilque cum eis commercii habetis. Quæ

[b] Vatic. pro more εἰς Κοκκουσόν.

cum ita sint, rei hujusce mercedem, et coronas ob eam causam constitutas, animo et cogitatione complectens, ad hoc ipsum, quæso, eam, quam par est, animi magnitudinem præsta, nostrique, qui te amamus, meminisse ne intermittas. Quod si feceris, rem nobis gratissimam feceris.

παρακλήθητι εἰς τοῦτο αὐτὸ, καὶ ἡμῶν τῶν ἀγαπώντων σε μεμνῆσθαι διηνεκῶς, τὰ μέγιστα ἡμῖν χαριζόμενος.

641 A

XC. *Moysi episcopo.*

ϟ'. Μωϋσῇ ἐπισκόπῳ.

Scripta anno 404.

Etsi, ut eam, quam convenit, animi magnitudinem præstes, eosque qui tot malis Ecclesias affecerunt, ac terrarum orbem tumultibus impleverunt, averseris, te literis nostris indigere minime existimo; nam id rebus ipsis declarasti: tamen quoniam te quam sæpissime, et quavis oblata occasione, salutare, antiquissimo mihi studio est, nunc quoque idem a te peto, ut ad eorum cœtus fugiendos, eam, quam par est, animi fortitudinem adhibeas, aliosque etiam ad hoc ipsum cohorteris. Neque enim hinc parva vobis merces constituta erit, si eos qui tantam tempestatem excitarunt, atque innumeris scandalis totum orbem impleverunt, quemadmodum decet, averseris. Nam hac ratione res vel maxime sanabuntur. Nostri etiam, qui te carissimum habemus, perpetuo memineris velim. Scis enim quo animo erga te hactenus fuerimus, et semper simus.

Οἶμαι μὲν μηδὲ γραμμάτων σε δεῖσθαι τῶν ἡμετέρων εἰς τὸ τὴν προσήκουσαν ἀνδρείαν ἐπιδείξασθαι, καὶ ἀποστραφῆναι τοὺς τοσαῦτα κακὰ ἐργασαμένους ταῖς Ἐκκλησίαις, καὶ τὴν οἰκουμένην ταραχῶν ἐμπλήσαντας· διὰ γὰρ ὧν ἐποίησας, ἐδήλωσας. Ἀλλ' ἐπειδὴ συνεχῶς, καὶ δι' ἑκάστης προφάσεως προσφθέγγεσθαί σου τὴν εὐλάβειαν ἐμοὶ περισπούδαστον, καὶ νῦν τὰ αὐτὰ παρακαλῶ, ὥστε αὐτόν τε τῇ προσηκούσῃ ἀνδρείᾳ χρήσασθαι εἰς τὸ ἀποστρέφεσθαι ἐκείνους, τούς τε ἄλλους ἅπαντας εἰς τοῦτο ἀλείφειν. Οὐ γὰρ μικρὸς B ὑμῖν κείσεται ὁ μισθὸς, εἰ τοὺς χειμῶνα τοσοῦτον ἀνάψαντας, καὶ [a] τὸ πᾶν ἐμπλήσαντας μυρίων σκανδάλων, μέλλοιτε ἀποστρέφεσθαι ὡς προσῆκόν ἐστι. Καὶ γὰρ μεγίστην ἐντεῦθεν τὰ πράγματα λήψεται διόρθωσιν. Καὶ ἡμῶν δὲ τῶν ἀγαπώντων σε σφόδρα διηνεκῶς μεμνῆσθαι παρακαλοῦμεν. Οἶσθα γὰρ ὅπως διετέθημέν τε καὶ διακείμεθα ἀεὶ περὶ τὴν σὴν εὐλάβειαν.

XCI. *Romano presbytero.*

ϟα'. [b] Ῥωμανῷ πρεσβυτέρῳ.

Cucuso anno 404.

Id quoque tuum est, magnique tui et sublimis ac philosophici animi, ne in tanta quidem tempestate nostræ caritatis oblivisci, verum firmum atque immotum permanere, amoremque erga nos tuum vigentem retinere. Nam hoc ex iis quoque, qui istinc veniunt, aperte cognovimus, ac prius etiam, quam id ab aliis acciperem, exploratum habebam. Notam enim habeo animi tui firmitatem atque constantiam, fixamque et immotam tuam sententiam. Eoque etiam nomine ingentes pietati tuæ gratias habeo: teque oro, ac summi beneficii loco id abs te peto, ut cum licuerit ad nos scribas. Scis enim quanta, etiam in aliena regione degentes, consolatione afficiamur, cum literas quæ nos de tua valetudine certiores faciant accipimus. Te quippe integra atque incolumi valetudine esse vehementer cupimus,

C Καὶ τοῦτο σὸν, καὶ τῆς μεγάλης σου καὶ ὑψηλῆς καὶ φιλοσόφου γνώμης, τὸ μηδὲ ἐν χειμῶνι τοσούτων πραγμάτων ἐπιλαθέσθαι τῆς ἡμετέρας ἀγάπης, ἀλλὰ μένειν ἀκίνητον καὶ ἀκμάζουσαν διατηροῦντα τὴν πρὸς ἡμᾶς φιλίαν. Τοῦτο γὰρ ἔγνων μὲν καὶ παρὰ τῶν ἐκεῖθεν ἀφικνουμένων σαφῶς, ᾔδειν δὲ καὶ πρὶν ἢ παρ' ἑτέρων μαθεῖν. Οἶδα γάρ σου τὸ στεῤῥὸν καὶ ἀπερίτρεπτον τῆς διανοίας, τὸ πεπηγὸς καὶ ἀκίνητον τῆς γνώμης. Διὸ καὶ πολλὰς ἔχω χάριτας τῇ θεοσεβείᾳ τῇ σῇ, καὶ παρακαλῶ σου τὴν εὐλάβειαν, καὶ [c] ἐν μεγίστης αἰτῶ χάριτος μέρει, τὸ συνεχῶς ἡμῖν ἐπιστέλλειν, ἡνίκα ἂν ἐξῇ. Οἶσθα γὰρ ὅσην δεχόμεθα παράκλησιν καὶ ἐν ἀλλοτρίᾳ διατρίβοντες, ὅταν καὶ γράμματα δεD ξώμεθα τὰ περὶ τῆς ὑγείας τῆς σῆς ἡμᾶς εὐαγγελιζόμενα. Σφόδρα γὰρ ἐπιθυμοῦμεν καὶ ἐῤῥῶσθαι καὶ

[a] Tres Mss. καὶ κάντας ἐμπλήσαντας.

[b] Vaticanus habet Ῥωμανῷ πρεσβυτέρῳ μοναχῷ. Infra duo Mss. ἀλλὰ μένειν. Edit. ἀλλὰ μεῖναι. Paulo post unus ἑτέρων μαθεῖν.

[c] Duo Mss. ἐν μεγίστῳ σε αἰτῶ χάριτος μέρει.

ὑγιαίνειν τὴν σὴν θεοσέβειαν, ἐπειδήπερ ἡ ὑγεία ἡ σὴ πολλοῖς στηριγμὸς καὶ λιμὴν καὶ βακτηρία τυγχάνει, καὶ μυρίων κατορθωμάτων ὑπόθεσις.

ϟβ'. Μωϋσῇ πρεσβυτέρῳ [d].

Ἡ μὲν ὑπερβολὴ τῶν ἐγκωμίων τῶν τοῖς γράμμασιν ἐγκειμένων τῆς σῆς τιμιότητος, σφόδρα ἡμῶν ὑπερβαίνει τὴν οὐθένειαν. Διὸ τούτων ἀφέμενος, μὴ διαλί- E πῃς εὐχόμενος ὑπέρ τε τοῦ κοινοῦ τῶν Ἐκκλησιῶν, ὑπέρ τε τῆς ταπεινώσεως τῆς ἡμετέρας, καὶ τὸν φιλάνθρωπον παρακαλῶν Θεὸν δοῦναι λύσιν τοῖς καταλαβοῦσι τὴν οἰκουμένην κακοῖς. Εὐχῶν γὰρ μόνων τὰ παρόντα δεῖται πράγματα, καὶ εὐχῶν μάλιστα τῶν ὑμετέρων, τῶν πολλὴν πρὸς τὸν Θεὸν παῤῥησίαν κεκτημένων. Μὴ δὴ διαλίπητε τοῦτο ἐκτενῶς ποιοῦντες· καὶ ἡμῖν δὲ, ἡνίκα ἂν ἐξῇ, συνεχῶς ἐπιστέλλειν 642 μὴ κατοκνεῖτε· οὐ γὰρ πολὺ τῆς ὁδοῦ τὸ μῆκος. Σφό- A δρα γὰρ ἐπιθυμοῦμεν μανθάνειν περὶ τῆς ὑμετέρας ὑγείας, ἐπείπερ ὑμῶν ἡ ὑγεία πολλοῖς στηριγμὸς καὶ παράκλησις γίνεται. Ἀεὶ μὲν γὰρ ὑμῶν χρεία τῆς ζωῆς, μάλιστα δὲ νῦν ἐν τοσούτῳ χειμῶνι καὶ ζόφῳ, ἵν' ὥσπερ καθαροὶ φωστῆρες φαινόμενοι, λάμπητε τοῖς χειμαζομένοις καὶ κλυδωνιζομένοις. Ἵν' οὖν καὶ ἡμεῖς εὐθυμῶμεν, πυκνὰ πέμπετε ἡμῖν γράμματα, περὶ τῆς ὑγείας τῆς ὑμετέρας εὐαγγελιζόμενα, καὶ οὐ μικρὰν καρπωσόμεθα παράκλησιν, ἂν ταῦτα συνεχῶς μανθάνωμεν περὶ τῆς τιμιότητος τῆς ὑμετέρας.

ϟγ'. Ἀφθονίῳ, Θεοδότῳ, Χαιρέᾳ, πρεσβυτέροις καὶ μονάζουσι, καὶ πᾶσι τοῖς [a] τῆς συνοικίας ὑμῶν. B

Φέρει μέν τι πλέον εἰς παραμυθίας λόγον τοῖς ἀγαπῶσι καὶ ἡ σωματικὴ παρουσία τῶν ἀγαπωμένων. Ἐπεὶ καὶ ὁ μακάριος Παῦλος συνεχῶς, μᾶλλον δὲ διηνεκῶς, τὴν οἰκουμένην ἅπασαν τῶν πιστῶν ἐπὶ τῆς αὐτοῦ διανοίας περιφέρων, καὶ οὐδὲ ἐν ταῖς ἀλύσεσιν, οὐδὲ ἐν τοῖς δεσμοῖς, [b] καὶ ἐν τῇ ἀπολογίᾳ ἀνεχόμενος αὐτοὺς ἀποθέσθαι· ὃ καὶ δηλῶν, ἔλεγε· Διὰ τὸ ἔχειν με ἐν τῇ καρδίᾳ ὑμᾶς, ἔν τε τοῖς δεσμοῖς μου, καὶ ἐν τῇ ἀπολογίᾳ καὶ βεβαιώσει τοῦ εὐαγγελίου· μετὰ πολλῆς τῆς σπουδῆς καὶ τὴν τοῦ σώματος ἐπε- C ζήτει παρουσίαν, οὕτω λέγων· Ἡμεῖς δὲ ἀπορφανισθέντες ἀφ' ὑμῶν πρὸς καιρὸν ὥρας, προσώπῳ, οὐ καρδίᾳ, περισσοτέρως ἐσπουδάσαμεν τὸ πρόσωπον ὑμῶν ἰδεῖν. Ὃ δὴ καὶ ἡμεῖς πάσχομεν νῦν, τῶν τε ἑωρακότων

[d] Addit Regius μονάζοντι. Paulo post Vatic. τὴν οὐδένειαν.

[a] Vatic. τῆς συνοδίας ὑμῶν.

[b] Hæc, ἐν τῇ ἀπολογίᾳ, absunt a Reg. et a Vaticano.

quandoquidem sanitas quoque tua multis subsidium et portus ac bacillum est, atque innumerorum successuum materia.

XCII. Moysi presbytero.

Laudum earum, quas nobis literis tuis tribuis, magnitudo tenuitatem nostram longe superat. *Ab anno 404. ad 407.* Quamobrem his omissis, velim tum pro publicis Ecclesiarum commodis, tum pro me vili homunculo preces ad Deum adhibere ne desinas, ejusque benignitatem implorare atque obtestari, ut ea mala, quæ orbem terrarum invaserunt, depellat. Nam præsentia negotia preces dumtaxat requirunt, ac tuas præsertim, qui magnam apud Deum fiduciam es consequutus. Quamobrem obnixe istud ac prolixe facere ne intermittas: nobisque etiam, quoties facultas dabitur (neque enim magna itineris longitudo est), quam sæpissime scribere ne graveris. Siquidem de tua valetudine magnopere aliquid scire cupimus: quandoquidem valetudo tua multos fulcit et consolatur. Nam vita tua semper necessaria est, nunc vero maxime in tanta tempestate et caligine, ut puri sideris instar splendens iis, qui tempestate ac fluctibus jactantur, præluceas. Quamobrem, ut nos quoque læto atque alacri animo simus, crebras ad nos de tua valetudine literas mitte: nec enim parvam hinc consolationem capiemus, si id de vobis quam sæpissime discamus.

XCIII. Aphthonio, Theodoto, Chæreæ, presbyteris et *monachis, universoque vestro sodalitio.*

Apud eos, qui amant, corporea eorum quos amant præsentia plus ad levandum dolorem momenti habet. *Cucuso anno 405.* Nam et beatus Paulus, qui subinde, vel perpetuo potius, universum fidelium orbem animo circumferebat, ac ne inter vincula quidem et compedes et in defensione eos deponere sustinebat, id quod indicans dicebat: *Eo quod habeam vos in corde,* et *in vinculis meis,* et *in defensione et in confirmatione evangelii:* *Philip. 1. 7.* corporis quoque præsentiam cupidissime requirebat, his verbis utens: *Nos vero absentes facti a vobis ad horæ* tempus, *aspectu, non corde, abundantius studuimus faciem vestram videre.* *1. Thess. 2. 17.* Quod etiam nobis nunc usu venit, qui tum eorum qui jam nos viderunt, tum eorum, quibus nondum de facie noti sumus, præsentiam avide requirimus. Quoniam autem id nunc minime licet (nam et viæ longitudo, et tempus, et prædonum metus impedimento sunt, ac præterea ne nobis quidem domo excedere, ac longas peregrinationes inire facile est), quod secundum est, debitam vobis salutationem persolvimus: atque ante ipsam etiam vos rogamus et obsecramus, atque a vobis amplissimi beneficii loco petimus, ut in vestris precibus perpetuo nostri memores sitis, obnixeque, et cum lacrymis, ad benigni Dei pedes vilitatis nostræ causa vosipsos provolvatis. Nam cum negotiorum hujus vitæ euripum effugeritis, fumoque ac tempestate malorum eorum, quæ in medio versantur, liberati sitis, animasque vestras in præclarissimum hujusce philosophiæ litus, non secus atque in tranquillum quemdam fluctibusque vacuum portum appuleritis, noctesque per sacras excubias in dies mutaveritis, in iisque splendidius, quam alii interdiu, cernatis: æquum sane fuerit vos precum vestrarum auxilium nobis impertire. Nobis enim etiam e tanto intervallo his frui licet: nec locus ullus est, aut tempus ullum, quod hujusmodi opem interrumpere queat. Quamobrem suppetias nobis ferte, ac per vestras preces manum porrigite. Nam hoc maximum caritatis genus est. Ac præter orationes, de vestra quoque valetudine certiores nos facere ne gravemini, quo hinc quoque maxima consolatione afficiamur, quamdam ex vestra caritate voluptatem capientes, absentesque vos, non secus ac præsentes, ob oculos nostros proponentes: siquidem ea sinceri amoris vis est, ut etiam hujusmodi simulacra pingat. Ita fiet, ut etiamsi in solitudine longe hac acerbiore nobis versari contingat, magnam tamen consolationem capiamus.

ἡμᾶς, τῶν τε οὐχ ἑωρακότων μετὰ πολλῆς τῆς σπουδῆς ἐπιζητοῦντες τὴν παρουσίαν. Ἀλλ' ἐπειδὴ τοῦτο τέως οὐκ ἔνι (κωλύει γὰρ καὶ τῆς ὁδοῦ τὸ μῆκος, καὶ ἡ τοῦ ἔτους ὥρα, καὶ ὁ τῶν λῃστῶν φόβος, καὶ τὸ μὴ ῥᾴδιον ἡμῖν εἶναι καὶ τούτων χωρὶς κινεῖσθαι οἴκοθεν, καὶ μακρὰς ἀποδημίας ἀποδημεῖν), ἐπὶ τὸν δεύτερον
D ἤλθομεν πλοῦν, τήν τε ὀφειλομένην ἀποδιδόντες ὑμῖν πρόσρησιν, καὶ πρὸ ταύτης παρακαλοῦντες, καὶ ἐν μέρει μεγίστης αἰτοῦντες χάριτος, τὸ διηνεκῶς ἡμῶν εὐχομένους μεμνῆσθαι, καὶ τῷ φιλανθρώπῳ Θεῷ προσπίπτειν μετὰ πολλῆς τῆς εὐγενείας, καὶ τῶν δακρύων, ὑπὲρ τῆς ταπεινώσεως τῆς ἡμετέρας. Οἱ γὰρ τὸν εὔριπον τῶν βιωτικῶν διαφυγόντες πραγμάτων, καὶ τοῦ καπνοῦ καὶ τῆς ζάλης τῶν ἐν τῷ μέσῳ κακῶν ἀπαλλαγέντες, καὶ, καθάπερ εἰς λιμένα τινὰ εὔδιον καὶ ἀκύμαντον, τῆς καλῆς ταύτης φιλοσοφίας ὅρμον τὰς ἑαυτῶν ὁδηγήσαντες ψυχὰς, καὶ τὰς νύκτας ταῖς ἱεραῖς παννυχίσιν ἡμέρας ἐργαζόμενοι, καὶ φανερώτερον ἐν ταύταις ὁρῶντες, ἢ ἐν ταῖς ἡμέραις ἕτεροι,
E δίκαιοι ἂν εἴητε ἡμῖν ἀπὸ τῶν εὐχῶν ὑμῶν μεταδοῦναι συμμαχίας. Δυνατὸν γὰρ καὶ ἐκ τοσούτου καθημένους διαστήματος, ἀπολαύειν ἡμᾶς τούτων, καὶ τόπος οὐδείς ἐστιν, οὐδὲ χρόνος, ὁ τὴν τοιαύτην δυνάμενος διακόψαι βοήθειαν. Συμμαχήσατε τοίνυν ἡμῖν, καὶ χεῖρα ὀρέξατε διὰ τῶν εὐχῶν τῶν ὑμετέρων. Τοῦτο γὰρ μάλιστα μέγιστον ἀγάπης εἶδός ἐστι. Καὶ μετὰ τῶν εὐχῶν τῶν ὑμετέρων, καὶ περὶ τῆς ὑγείας τῆς ὑμετέρας δηλοῦν ἡμῖν μὴ κατοκνεῖτε, ἵνα καὶ
643 A ἐντεῦθεν μεγίστην δεχώμεθα τὴν παραμυθίαν, ἐντρυφῶντες ὑμῶν τῇ ἀγάπῃ, καὶ ὡς παρόντας τοὺς ἀπόντας φανταζόμενοι· δύναται γὰρ καὶ εἰκόνας τοιαύτας ὑπογράψαι τὸ γνησίως φιλεῖν. Κἂν ἐν χαλεπωτέρᾳ ταύτης τύχωμεν ὄντες ἐρημίᾳ, πολλὴν ἐντεῦθεν καρπωσόμεθα τὴν παράκλησιν.

XCIV. *Pentadiæ diaconissæ.*

Anno 404. vel 405.

Quamquam mihi tua erga me caritas antehac jam explorata erat, quippe qui re ipsa ejus documentum cepissem: tamen eam apertius ex tuis ad me literis cognovi. Ac propterea summopere te laudo atque admiror, non eo dumtaxat nomine, quod ad me scripseris, sed etiam quod ea omnia quæ contigerunt exposueris. Hoc enim feminæ est et de meo erga se animo minime dubitantis, et de rerum mearum statu laborantis. Proinde gaudeo et exsulto, maximamque, etiam in tam

ϟδʹ. Πενταδίᾳ διακόνῳ.

Ἐγώ σου τὴν ἀγάπην, ἣν περὶ ἡμᾶς ἔχεις, ᾔδειν μὲν καὶ ἔμπροσθεν, δι' αὐτῶν μαθὼν τῶν πραγμάτων·
B ἔμαθον δὲ σαφέστερον νῦν ἐξ ὧν ἐπέσταλκας ἡμῖν. Καὶ διὰ τοῦτο μάλιστά σε θαυμάζομεν, οὐ διὰ τὸ γράψαι μόνον, ἀλλὰ καὶ διὰ τὸ ἀπαγγεῖλαι ἡμῖν πάντα τὰ γεγενημένα. Τοῦτο γὰρ καὶ θαῤῥούσης ἡμῖν καὶ μεριμνώσης τὰ ἡμέτερα. Διὰ ταῦτα σκιρτῶμεν, χαίρομεν, εὐφραινόμεθα, μεγίστην παράκλησιν, καὶ ἐν ἐρημίᾳ τοσαύτῃ καθήμενοι, τὴν ἀνδρείαν ἔχομεν τὴν σὴν, [a] τὴν ἔνστασιν, τὴν ἀπερίτρεπτον γνώμην, τὴν

[a] Reg. et Vat. τὴν ἐν πᾶσι.

σύνεσιν τὴν πολλὴν, τὴν ἐλευθεροστομίαν, τὴν παῤῥησίαν τὴν ὑψηλὴν, δι' ἧς κατῄσχυνας μὲν τοὺς ὑπεναντίους, καιρίαν δὲ δέδωκας τῷ διαβόλῳ πληγὴν, ἤλειψας δὲ τοὺς ὑπὲρ τῆς ἀληθείας ἀγωνιζομένους, C καθάπερ ἀριστεὺς γενναῖος ἐν πολέμῳ τρόπαιον στήσασα λαμπρὸν, καὶ νίκην ἀραμένη φαιδρὰν, καὶ ἡμᾶς δὲ τοσαύτης ἐνέπλησας ἡδονῆς, ὡς νομίζειν μήτε ἐν ἀλλοτρίᾳ εἶναι, μήτε ἐν ξένῃ γῇ, μήτε ἐν ἐρημίᾳ, ἀλλ' ἐκεῖσε παρεῖναι, καὶ μεθ' ὑμῶν εἶναι, καὶ ἐντρυφᾷν σου τῇ τῆς ψυχῆς ἀρετῇ. Χαῖρε τοίνυν καὶ εὐφραίνου τοιαύτην ἀραμένη νίκην, καὶ τοιούτους εὐκόλως ἐπιστομίσασα θῆρας, καὶ τὰς ἀναισχύντους αὐτῶν ἐμφράξασα γλώττας, καὶ λυσσῶντα ἀποῤῥάψασα στόματα. Τοιοῦτον γὰρ ἡ ἀλήθεια μεθ' ἧς ἠγωνίσω, καὶ ὑπὲρ ἧς ἐσφάγης πολλάκις· ἐν βραχέσι ῥήμασι κρατεῖ τῶν συκοφαντούν- D των· ὥσπερ οὖν τὸ ψεῦδος κἂν μυρίους περιβάληται λόγων διαύλους, διαῤῥεῖ καὶ καταπίπτει ῥᾳδίως, καὶ ἀράχνης ἐστὶν ἀδρανέστερον. Χαῖρε τοίνυν καὶ εὐφραίνου (οὐ γὰρ παύσομαι συνεχῶς ταῦτα λέγων τὰ ῥήματα), ἀνδρίζου, καὶ κραταιοῦ, καὶ καταγέλα πάσης ἐπαγομένης σοι παρ' αὐτῶν ἐπιβουλῆς. Ὅσῳ γὰρ ἂν χαλεπώτερον ἀγριαίνωσι, τοσούτῳ βαθυτέρας καθ' ἑαυτῶν τὰς πληγὰς ἐπιφέρουσι, σὲ μὲν οὐδὲ μικρὸν ἀδικοῦντες, ὥσπερ οὐδὲ τὴν πέτραν τὰ κύματα, ἑαυ- E τοὺς δὲ διαλύοντες, καὶ ἀσθενεστέρους ποιοῦντες, καὶ ὑπερβαλλούσας καθ' ἑαυτῶν σωρεύοντες τὰς τιμωρίας. Μηδὲν τοίνυν δέδιθι τῶν ἀπειλουμένων, κἂν τοὺς ὀδόντας βρύχωσι, κἂν θυμῷ πολλῷ μεθύωσι, κἂν φόνιον βλέπωσιν, εἰς ἀγριότητα θηρίων ὑπὸ τῆς πονηρίας ἐκπεσόντες. Ὁ γὰρ μέχρι σήμερον ἐξαρπάσας σε τῶν ποικίλων αὐτῶν καὶ διαφόρων ἐπιβουλῶν, οὗτός σε καὶ εἰς τὸ μέλλον ἀνδριζομένην ἐν ἀσφαλείᾳ κατα- 644 A στήσει πλείονι· καὶ ἐρεῖς καὶ αὐτή· Βέλος νηπίων ἐγενήθησαν αἱ πληγαὶ αὐτῶν, καὶ ἐξησθένησαν ἐπ' αὐτοὺς αἱ γλῶσσαι αὐτῶν. Ὅπερ καὶ γέγονε, καὶ ἔσται· ὥστε καί σε μείζονα καρπώσασθαι τὸν μισθὸν, καὶ λαμπροτέρους στεφάνους λαβεῖν, ἐκείνους τε ἀμετανόητα νοσοῦντας μείζονι παραδοθῆναι κολάσει. Τί γὰρ ἐνέλιπον ἐπιβουλῆς; ποῖον τρόπον μηχανημάτων οὐκ ἐκίνησαν, ἐπιχειροῦντες ἐπιβουλεύειν [a] τῇ στεῤῥᾷ σου καὶ γνησίᾳ Θεῷ, μᾶλλον δὲ καὶ γενναίᾳ καὶ ἀνδρειοτάτῃ ψυχῇ; Κατήγαγον εἰς ἀγορὰν, τὴν ἐκκλησίας καὶ θαλάμου πλέον εἰδυῖαν οὐδὲν, ἀπ' ἀγορᾶς εἰς δικαστήριον, ἀπὸ δικαστηρίου εἰς δεσμωτήριον. Ψευ- B δομαρτύρων ἠκόνησαν γλώσσας, συκοφαντίαν ἔῤῥαψαν ἀναίσχυντον, φόνους εἰργάσαντο, καὶ χειμάῤῥους αἱμάτων ῥεῦσαι ἐποίησαν, καὶ πυρὶ καὶ σιδήρῳ σώματα νέων ἀνάλωσαν, ἄνδρας τοσούτους καὶ τοιούτους πληγαῖς, αἰκισμοῖς, μυρίαις τιμωρίαις περιέβαλον,

deserto loco degens, consolationem mihi positam esse duce in ea, quam in omnibus rebus adhibes, fortitudine, constanti sententia, ingenti prudentia, linguæ libertate, ac sublimi fiducia, per quam et adversarios ignominia perfudisti et mortiferam diabolo plagam inflixisti, et eos qui pro veritate decertabant ad dimicandum acuisti, ac fortissimi militis instar præclarum in bello tropæum erexisti, luculentamque victoriam adepta es, meque etiam tanta voluptate complevisti, ut ne in aliena quidem et peregrina regione, nec in solitudine, verum istic vobiscum me esse existimem, summamque ex animi tui virtute voluptatem capiam. Quamobrem gaude et lætare, quod hujusmodi victoriam assequuta sis, atque hujusmodi belluarum ora facili negotio compresseris, impudentesque eorum linguas et rabida ora obstruxeris. Veritas *(Vis veritatis.)* enim, cum qua pugnasti, et pro qua jugulata es, hanc vim habet, ut paucis sæpe verbis de sycophantis triumphet: ut e contrario mendacium, etiamsi infinitis sermonum artificiis obvolvatur, facile tamen diffluit et collabitur, araneæque telam imbecillitate superat. Gaude igitur et lætare (neque enim hæc verba subinde repetere desinam), viriliter age et confortare, omnesque ab ipsis tibi comparatas insidias irride. Nam quo atrocius sæviunt, eo profundiores plagas sibiipsis inferunt in eaque causa sunt, ut, cum te ne tantulum quidem lædant, quemadmodum nec fluctus rupem, seipsos infringant, imbecillioresque reddant, atque horribilia sibiipsis supplicia coacervent. Quæ cum ita sint, cave quidquam eorum, quæ minantur, pertimescas, quamlibet dentibus strideant, quamlibet iracundiæ temulentia æstuent, quamlibet truculentum quemdam vultum præ se ferant, ac præ improbitate in ferarum immanitatem proruerint. Nam qui te ex multis et variis eorum insidiis ad hunc usque diem eripuit, idem te postbac, si fortem animum præstiteris, in majore securitate constituet: ipsaque etiam dictura es: *Sagittæ parvulorum factæ sunt plagæ eorum*, et *infirmatæ* sunt contra eos *linguæ eorum*. *(Psal. 63. 8. 9.)* Quod quidem et jam contigit, et rursum continget: adeo ut et tu majorem mercedem referas, illustrioresque coronas accipias, et illi morbo pœnitentiæ experte laborantes majori supplicio addicantur. Ecquod enim insidiarum genus prætermiserunt? ecquod machinarum genus non moverunt, dum solidæ tuæ, ac Deo fideli, generosæque et fortissimæ animæ insidias struere

[a] Sic Mss. omnes. Editi vero τῇ στεῤῥᾷ σου καὶ γενναιοτάτῃ ψυχῇ tantum.

conantur? In forum te, quæ præter ecclesiam et cubiculum nihil noras, pertraxerunt, a foro ad tribunalia, a tribunalibus ad carcerem. Falsorum testium linguas acuerunt, impudentem calumniam concinnarunt, cædes perpetrarunt, cruoris torrentes profuderunt, igni ac ferro juvenum corpora consumserunt, multis ac præclaris viris innumeras plagas et cruciatus intulerunt, nullum denique lapidem non moverunt, quo te metu perterritam huc adigerent, ut iis, quæ videras, contraria diceres. At tu instar aquilæ sublime volantis, eorum retibus fractis ad libertatis fastigium virtuti tuæ consentaneum ascendisti: sic te comparans, ut ab ipsis minime circumscribereris; imo etiam, quantum ad hujus incendii crimen attinebat, cujus nomine miseri atque infelices homines præsertim gloriari videbantur, eos calumniæ convinceres. Quæ igitur præterierunt tecum reputans; nempe quot fluctus orti sint, qui tamen tempestatem tibi non invexerunt; quot procellæ, quæ tamen naufragium minime pepererunt, ita ut furente mari tranquilla navigaveris: portum etiam una cum plurimis coronis propediem exspecta. Quoniam autem de nobis quoque aliquid audire cupis, vivimus, valemus, morbo omni liberati sumus. Quod si etiam ægrotamus, idoneum nobis ad recuperandam sanitatem remedium est sincera et fervens, ac firma et constans tua erga me caritas. Quoniam igitur non vulgari voluptate afficimur, cum de tua valetudine ac plena securitate quam sæpissime aliquid audimus, te, id quod etiam non rogata facere soles, rogamus, ut de tua, domesticorumque tuorum omnium ac necessariorum valetudine sæpius ad nos scribas: non enim ignoras, quanta tui totiusque tuæ benedictæ domus cura teneamur.

πάντα ἐκίνησαν, ἵνα δυνηθῶσιν ἀναγκάσαι σε καὶ βιάσασθαι τῷ φόβῳ εἰπεῖν τἀναντία ὧν ᾔδεις. Καὶ καθάπερ ἀετὸς ὑψηλὰ πετόμενος, οὕτω διαῤῥήξασα αὐτῶν τὰ δίκτυα, πρὸς τὸ σοὶ πρέπον τῆς ἐλευθερίας ἀνέβης ὕψος, οὐ παραλογισθεῖσα παρ' αὐτῶν, ἀλλὰ καὶ συκοφάντας αὐτοὺς ἀποφήνασα ἐπὶ τῷ ἐγκλήματι
C τούτῳ τοῦ ἐμπρησμοῦ, ἐφ' ᾧ μάλιστα ἐδόκουν μέγα φρονεῖν οἱ ἄθλιοι καὶ ταλαίπωροι. Ἐννοοῦσα τοίνυν τὰ παρελθόντα ἅπαντα, πόσα κύματα, καὶ χειμῶνά σοι οὐκ εἰργάσαντο, πόσῃ ζάλη, καὶ κλυδώνιον οὐκ ἐποίησεν· ἀλλ' ἐν μέσῃ μαινομένῃ θαλάττῃ μετὰ γαλήνης ἔπλευσας· προσδόκα ταχέως καὶ τὸν λιμένα μετὰ πολλῶν τῶν στεφάνων. Ἐπειδὴ δὲ καὶ περὶ ἡμῶν βούλει μανθάνειν, ζῶμεν, ὑγιαίνομεν, πάσης ἀπηλλάγμεθα ἀῤῥωστίας. Εἰ δὲ καὶ ἠῤῥωστοῦμεν, ἱκανὸν ἡμῖν φάρμακον εἰς ὑγείαν τῆς σῆς εὐλαβείας ἡ ἀγάπη, ἡ γνησία, καὶ θερμὴ, καὶ στεῤῥὰ, καὶ ἀπερίτρεπτος.
D Ἐπεὶ οὖν οὐ τὴν τυχοῦσαν ἡμῖν εὐφροσύνην φέρει τὸ συνεχῶς μανθάνειν τὰ περὶ τῆς ῥώσεώς σου, καὶ τῆς ἀσφαλείας ἁπάσης, παρακαλοῦμεν, ὃ καὶ χωρὶς παρακλήσεως εἴωθας ποιεῖν, συνεχέστερον ἐπιστέλλειν τὰ περὶ τῆς ὑγείας σου, καὶ τοῦ οἴκου σου παντὸς, καὶ τῶν προσηκόντων σοι· οἶσθα γὰρ ὅπως καὶ σὲ καὶ τὸν εὐλογημένον σου οἶκον πάντα μεριμνῶμεν.

XCV. Pœanio.

Gravia sunt ea quæ contigerunt: at non ob eos qui passi sunt, fortiterque in acie steterunt, verum ob eos qui ea perpetrarunt, lugendum est. Quemadmodum enim quæ difficilius enecantur feræ, magno cum furore in hastarum cuspides irruentes, in intima viscera gladios protrudunt: eodem modo ii quoque, qui hæc scelera designare non dubitant, gravem et acerbum gehennæ ignem adversus capita sua colligunt. Quod si etiam ob ea quæ faciunt gloriantur, hoc ipso nomine potissimum miseri sunt, pluribusque lacrymis digni, quod hac quoque ratione graviores sibi ipsis pœnas accersant. Quamobrem hos perpetuo fletu

ϟε'. Παιανίῳ.

E Χαλεπὰ τὰ γεγενημένα· ἀλλ' οὐχ ὑπὲρ τῶν παθόντων καὶ στάντων γενναίως, ἀλλ' ὑπὲρ τῶν ποιησάντων θρηνεῖν ἀναγκαῖον. Καθάπερ γὰρ τὰ δυσθάνατα τῶν θηρίων πολλῷ τῷ θυμῷ ταῖς ἀκμαῖς τῶν δοράτων ἐμπίπτοντα, πρὸς τὰ βαθύτερα τῶν σπλάγχνων ὠθοῦσι τὰ ξίφη· οὕτω δὴ καὶ οἱ τὰς παρανομίας ταύτας τολμῶντες, τὸ χαλεπὸν τῆς γεέννης πῦρ κατὰ
645 τῆς ἑαυτῶν συνάγουσι κεφαλῆς. Εἰ δὲ ἐγκαλλωπίζον-
A ται οἷς ποιοῦσι, καὶ διὰ τοῦτο μάλιστά εἰσιν ἐλεεινοὶ, καὶ πλειόνων ἄξιοι δακρύων, ὅτι καὶ ταύτῃ χαλεπωτέρας ἑαυτοῖς τὰς εὐθύνας κατασκευάζουσι. Τούτους οὖν δεῖ θρηνεῖν διηνεκῶς, τοῖς δὲ πικρῶς οὕτω σφαττομένοις ὑπ' αὐτῶν συνήδεσθαι τῶν βραβείων,

τῶν στεφάνων τῶν ἐν τοῖς οὐρανοῖς ἀποκειμένων, καὶ ταύτην μεγίστην ποιεῖσθαι καὶ σαφεστάτην ἀπόδειξιν τῆς καιρίας τοῦ διαβόλου πληγῆς. Εἰ γὰρ μὴ καιρίαν αὐτὴν ἐδέξατο, οὐκ ἂν τοσοῦτον ἔπνευσε διὰ τῶν πειθομένων αὐτῷ. Ταῦτ' οὖν ἅπαντα ἐννοῶν, δέσποτά μου θαυμασιώτατε, μεγίστην δέχου παράκλησιν, καὶ B γράφε συνεχῶς ἡμῖν τὰ περὶ τῆς ὑγείας τῆς σῆς. Ἐπιθυμοῦμεν γὰρ ἰδεῖν καὶ περιπτύξασθαι τὴν φίλην ἡμῖν κεφαλήν· ἀλλ' ἐπειδὴ τοῦτο νῦν οὐκ ἔνι, παρακαλῶ σου τὴν εὐγένειαν, αὐτόν τε ἡμῖν συνεχῶς ἐπιστέλλειν τὰ περὶ τῆς [a] ῥώσεως τῆς σῆς, καὶ τοῖς σφόδρα ἡμᾶς ἀγαπῶσι πολλὴν εἰς τοῦτο παρασκευάζειν τὴν εὐκολίαν.

prosequi par est: iis contra, qui ab ipsis adeo crudeliter mactantur, ob præmia coronasque in cælis reconditas gratulari convenit, atque hoc maximum et luculentissimum letalis plagæ diabolo inflictæ argumentum existimare. Nam nisi ille letale vulnus accepisset, haudquaquam per eos, qui ipsi obtemperant, tantos flatus edidisset. Hæc igitur omnia tecum reputans, domine mi summopere admirande, maximam hinc consolationem cape, deque tua valetudine quam sæpissime ad nos scribe. Etenim te quidem cernere, atque istud nobis carum caput complecti cupimus: quoniam autem id minime licet, te oro atque obsecro, ut et ipse de tua valetudine nos crebro certiores facias, et iis qui valde nos amant, magnam ad eamdem rem facultatem afferas.

ϞϚʹ. Ἀμπρούκλῃ διακόνῳ καὶ ταῖς σὺν αὐτῇ.

Τὰ κύματα, ταῖς πέτραις προσρηγνύμενα, ἐκείνας C μὲν οὐδὲ μικρὸν διασαλεῦσαι δύναται, ἑαυτὰ δὲ μειζόνως τῷ ῥαγδαίῳ τῆς ῥύμης [b] διαλύοντα ἀφανίζει. Τοῦτο καὶ ἐφ' ὑμῶν ἐστιν ἰδεῖν νῦν, καὶ τῶν ἐπιβουλευόντων ὑμῖν εἰκῇ καὶ μάτην. Ὑμῖν μὲν γὰρ καὶ ἡ παρὰ τῷ Θεῷ παῤῥησία καὶ ἡ παρ' ἀνθρώποις δόξα πλείων ἐντεῦθεν γίνεται, ἐκείνοις δὲ κρίμα, καὶ αἰσχύνη, καὶ ὄνειδος. Ἐπεὶ καὶ τοιοῦτον ἡ ἀρετὴ, καὶ τοιοῦτον ἡ κακία· ἡ μὲν καὶ πολεμουμένη μειζόνως ἀνθεῖ, αὐτὴ δὲ καὶ πολεμοῦσα ἀσθενεστέρα γίνεται, καὶ ταύτῃ μάλιστα καταλύεται. Μεγίστην τοίνυν ἔχουσαι παρά- D κλησιν τῶν γινομένων τὴν ὑπόθεσιν, χαίρετε καὶ εὐφραίνεσθε, καὶ κραταιοῦσθε. Ἴστε γὰρ ἐφ' οἷς ἀπεδύσασθε ἐπάθλοις εἰς τὸν τῆς ἀνδρείας ταύτης ἀγῶνα, καὶ ποῖα ὑμᾶς καρτερούσας καὶ εὐχαρίστως φερούσας τὰ συμπίπτοντα ἀναμένει ἀγαθὰ, ἃ οὔτε ὀφθαλμὸς εἶδεν, οὔτε οὖς ἤκουσεν, οὔτε ἐπὶ καρδίαν ἀνθρώπου ἀνέβη. Καὶ τὰ μὲν λυπηρὰ τοιαῦτα παροδεύεται, καὶ τῷ παρόντι συγκαταλύεται βίῳ· τὰ δὲ ἐντεῦθεν ἔπαθλα ἀθάνατα μένει. Καὶ πρὸ τῶν ἐπάθλων δὲ ἐκείνων, οὐ μικρὰν καὶ ἐντεῦθεν καρποῦσθε ἡδονὴν, τῇ ἐλπίδι E τοῦ χρηστοῦ συνειδότος, καὶ προσδοκίᾳ στεφάνων ἐκείνων τρεφόμεναι. Ταῦτα οἶδ' ὅτι καὶ πρὸ τῶν ἡμετέρων οἶσθα γραμμάτων· ἀλλ' ἵνα μακρὰν ποιήσωμεν τὴν ἐπιστολὴν, ἐξέτεινα τὴν παράκλησιν. Εὖ γε γὰρ οἶδ' ὅτι σφόδρα ἡμῶν τῶν γραμμάτων ἐρᾷς, καὶ μεθ' ὑπερβολῆς [c] σφόδρα· καὶ τοῦτο οἶμαι αἴτιον εἶναι τοῦ

XCVI. *Ampruclæ diaconissæ atque illis quæ cum ipsa sunt.*

Fluctus, rupibus illisi, eas quidem nec tantillum commovere possunt, ipsi autem sese potius ob vehementem impetum frangunt ac de medio tollunt. Quod etiam nunc in vobis, et in iis qui vobis insidias frustra moliuntur, perspici potest. Etenim hinc vobis et major apud Deum fiducia et major apud homines gloria comparatur, illis contra condemnatio et ignominia et probrum. Quandoquidem ea quoque virtutis et improbitatis natura est, ut illa tum magis floreat, cum bello vexatur: hæc contra, etiam cum bellum infert, imbecillior reddatur, atque hac maxime ratione opprimatur. Cum igitur ex iis quæ fiunt ingentem consolationis ansam habeatis, gaudete ac lætamini, fortiterque agite. Neque enim vos fugit, quibusnam propositis præmiis ad tam grave certamen vos accinxistis, et quænam vos, si ea quæ accidunt fortiter et cum gratiarum actione tuleritis, bona maneant, ea scilicet, quæ nec oculus vidit, nec auris audivit, nec in cor hominis ascenderunt. Atque molestiæ quidem illæ fluunt, ac simul cum præsenti vita exstinguuntur: præmia vero ea, quæ hinc comparantur, a morte aliena sunt. Quin etiam ante ea præmia non parvam hinc quoque voluptatem percipitis, quippe quas bonæ conscientiæ spes, ac coronarum illarum exspectatio pascat. Hæc porro tibi ante literas nostras nota

Cucuso anno 404.

1. Cor. 2. 9.

[a] Reg. *ῥώσεως τῆς σῆς, καὶ περὶ τῆς διατριβῆς τῆς αὐτόθι, καὶ τῆς εὐδοκιμήσεώς σου καὶ τῆς εὐθυμίας· οὐ γὰρ τὴν τυχοῦσαν καὶ ἐν ἐρημίᾳ τοιαύτῃ διατρίβοντες καρπωσόμεθα παράκλησιν, τοιαῦτα παρὰ τῆς σῆς τιμιότητος δεχόμενοι γράμματα.* Sequens titulus sic habebat in Codice Cujacii, teste Fronte Ducæo, *Ἀμπρούκλῳ διακόνῳ καὶ ταῖς σὺν αὐτῇ*: mendose, nam hic mulierem alloquitur.

[b] Vatic. *διαλύονται καὶ ἀφορίζονται. τοῦτο.*

[c] *Σφόδρα* deest in Vatic. Infra Vatic. *ὁ δὲ θεὸς παράσχοιτό σοι τὴν ἀμοιβὴν τῆς τοσαύτης ἀγάπης.*

esse, non me fugit: verum, ut longiorem epistolam efficerem, cohortationem produxi. Illud enim plane scio, te ingenti quodam literarum nostrarum desiderio teneri; idque causæ esse puto, cur nobis eo nomine crebro succenseas, quod minus sæpe ad te scripserimus. Neque enim cupiditatem tuam explere possumus, quamvis etiam quotidie literas demus: quia ex epistolis nostris pendere videris. Deus tibi tum in hac vita, tum in futuro ævo hujusce erga nos caritatis mercedem rependat. Nos quidem certe, quoties quibus demus occurrunt, ad te scribere minime intermittimus: ac sane nos ipsos summo beneficio afficimus, cum id facimus, teque quam creberrime per literas salutamus. Siquidem caritatem eam, quam nobis primum injecisti, perpetuo vigentem retinemus; ut etiamsi nobis diutius adhuc a vobis abesse contingat, ne sic quidem tamen ipsa imbecillior effici queat. Etenim ubique vos animo circumferimus, mentis vestræ constantiam ingentemque fortitudinem ad stuporem usque mirantes. Quamobrem ipsa crebro ad nos de tua domesticorumque tuorum omnium valetudine scribe, quo hinc quoque magnam consolationem capiamus.

646 συνεχῶς ἡμῖν ἐγκαλεῖν, ὅτι μὴ πολλάκις ἐπεστάλκα-
A μεν. Οὐ γὰρ δυνάμεθά σου κορέσαι τὴν ἐπιθυμίαν, κἂν καθ' ἑκάστην πέμπωμεν γράμματα, διὰ τὸ σφόδρα ἡμῶν ἐκκρέμασθαι τῶν ἐπιστολῶν. Ὁ Θεός σοι τὸν μισθὸν δῴη καὶ τὴν ἀμοιβὴν τῆς τοσαύτης περὶ ἡμᾶς ἀγάπης, καὶ ἐν τῷ παρόντι βίῳ, καὶ ἐν τῷ μέλλοντι αἰῶνι. Ἡμεῖς μέντοι οὐ διαλιμπάνομεν διὰ τῶν ἐμπιπτόντων συνεχῶς ἐπιστέλλοντες· ἡμῖν γὰρ αὐτοῖς τὰ μέγιστα χαριούμεθα τοῦτο ποιοῦντες, καὶ τῇ σῇ ψυχῇ συνεχῶς διὰ τῶν γραμμάτων προσαγορεύοντες. Καὶ γὰρ τὴν ἀγάπην, ἣν ἐνέθηκας ἡμῖν ἐξ ἀρχῆς, ταύτην διηνεκῶς ἀκμάζουσαν διατηροῦμεν· κἂν
B πλείονα τούτου πάλιν ἀπολειφθῶμεν ὑμῖν χρόνον, οὐδὲ ἐντεῦθεν αὐτὴ ἀμαυροτέρα γίνεται. Ἐν γὰρ διανοίᾳ πανταχοῦ περιφέρομεν ὑμᾶς, ἐκπληττόμενοι τὸ ἀπερίτρεπτον ὑμῶν τῆς γνώμης καὶ τὴν πολλὴν ἀνδρείαν. Γράφε δὴ καὶ αὐτὴ συνεχῶς ἡμῖν, τὰ περὶ τῆς ὑγείας τῆς σῆς εὐαγγελιζομένη καὶ τοῦ οἴκου σου παντὸς, ἵνα πολλὴν καὶ ἐντεῦθεν καρπωσώμεθα τὴν παράκλησιν.

XCVII. Hypatio presbytero.

Cucuso anno 405.

Nosti, domine mi reverendissime, quantam vobis calamitates eæ, quæ Dei causa subeuntur, mercedem, quantaque præmia et quantas coronas ferant: quamobrem nihil eorum quæ fiunt te conturbet, siquidem eos demum, qui scelerate aliquid faciunt, lugere convenit. Nam ii certe sunt qui sexcentas adversus caput suum pœnas congerunt. Tu igitur, ut te dignum est, eam quam convenit, fortitudinem præsta: atque illorum technas et insidias facilius, quam araneæ telam discerpe: deque tua valetudine quam sæpissime ad nos scribe. Magna enim, in aliena licet regione degentes ac commorantes, consolationem capiemus, si hujusmodi abs te literas accipiamus.

ϞΖʹ. Ὑπατίῳ πρεσβυτέρῳ.

Οἶδας καὶ αὐτὸς, κύριέ μου τιμιώτατε, ὅσον ὑμῖν
C φέρει μισθὸν τὰ διὰ τὸν Θεὸν παθήματα, ἡλίκα βραβεῖα, οἵους στεφάνους· μηδὲν οὖν σε θορυβείτω τῶν γινομένων, ἐπείπερ τοὺς ποιοῦντας κακῶς θρηνεῖν δεῖ. Ἐκεῖνοι γάρ εἰσιν οἱ μυρίαν κατὰ τῆς ἑαυτῶν κεφαλῆς ἐπισωρεύοντες κόλασιν. Αὐτὸς τοίνυν, καθὼς σοι πρέπον ἐστὶ, τῇ προσηκούσῃ κεχρημένος ἀνδρείᾳ, ἀράχνης εὐτελέστερον διάσπα τὰ ἐκείνων μηχανήματα καὶ τὰς ἐπιβουλὰς, καὶ γράφε συνεχῶς ἡμῖν περὶ τῆς ὑγείας τῆς σῆς εὐαγγελιζόμενος. Πολλὴν γὰρ δεξόμεθα παράκλησιν, καὶ ἐν ἀλλοτρίᾳ διατρίβοντες,
D τοιαῦτα παρὰ τῆς τιμιότητός σου δεχόμενοι γράμματα.

XCVIII. Chalcidiæ.

Cucuso anno 404.

Non vulgari dolore affecti sumus, cum te tam gravi morbo teneri accepimus. Scis enim, ornatissima mea ac religiosissima domina, quanto valetudinis tuæ studio teneamur. Quamobrem ne curæ et sollicitudine cruciemur, per quemdam, qui primus istinc huc veniat, hoc ipsum ut sciamus velim cures, hoc est num prorsus morbus

ϞΗʹ. Χαλκιδίᾳ.

Οὐχ ὡς ἔτυχεν ἠλγήσαμεν, μαθόντες ἐν τοσαύτῃ σε ἀῤῥωστίᾳ εἶναι. Οἶσθα γὰρ ὅπως ἀντεχόμεθά σου τῆς ὑγιείας, κυρία μου κοσμιωτάτη καὶ εὐλαβεστάτη. Ἵν' οὖν μὴ κατατεινώμεθα τῇ φροντίδι, διά τινος τοῦ πρώτου ἐκεῖθεν ἀφικνουμένου τοῦτο αὐτὸ δηλῶσαι ἡμῖν σπούδασον, εἴ σοι τέλεον τὰ τῆς ἀῤῥωστίας ἀνήρηται, καὶ πρὸς καθαρὰν ἐπανῆλθες ὑγίειαν. Οὐδὲ γὰρ τὴν τυχοῦσαν καρπούμεθα εὐφροσύνην, καὶ ἐν ἐρημίᾳ E τοσαύτῃ καθήμενοι, ὅταν ὑμῶν τῶν ἀγαπώντων ἡμᾶς γνησίως περὶ τῆς ὑγείας καὶ εὐθυμίας μανθάνωμεν. Εἰδυῖα τοίνυν ἡλίκα ἡμῖν χαρίζῃ τοιαύτην πέμπουσα ἐπιστολὴν, μὴ μελλήσῃς, μηδὲ ὑπερθῇ, ἀλλ' εὐθέως τοῖτο ποιῆσαι παρακλήθητι, ἵν' ὥσπερ νῦν ὑπὸ τῆς ἀθυμίας συνέχεας ἡμᾶς τὴν ἀῤῥωστίαν εἰποῦσα, οὕτως τὴν ὑγείαν ἀπαγγείλασα τὴν σὴν, πολλῆς ἡμᾶς ἐμπλησθῆναι ποιήσῃς τῆς ἡδονῆς.

sublatus sit, ac tu integræ sanitati restituta sis. Nec enim exiguam, etiam in tam deserto loco positi, voluptatem capimus, cum de tua, hoc est feminæ nos amantis, valetudine animique hilaritate aliquid audimus. Cum igitur, quantam a nobis, epistolam hujusmodi mittens, gratiam ineas, tibi sit exploratum, abjecta omni mora et cunctatione velim confestim operam des, ut quemadmodum nunc nuntiato tuo morbo, ingenti mœstitia nos perturbasti, sic rursum nuntiata sanitate, ingenti nos voluptate compleas.

ϞΘ'. Ἀσυγκριτίᾳ.

647 A

Ἐμοὶ μὲν περισπούδαστον τὸ συνεχῶς ὑμῖν ἐπιστέλλειν· τῆς γὰρ διαθέσεως ὑμῶν, καὶ τῆς αἰδοῦς, καὶ τῆς τιμῆς, ἣν ἀεὶ περὶ ἡμᾶς ἐπεδείξασθε, ὅπουπερ ἂν ἀφικώμεθα, ἐπιλαθέσθαι οὐ δυνάμεθα, ἀλλ' ἔχομεν ὑμῶν διηνεκῶς τὴν μνήμην ἀκμάζουσαν πανταχοῦ περιφέροντες. Εἰ δὲ μὴ ὁσάκις ἐβουλόμεθα ἐπεστάλκαμεν, ἀλλὰ σπανιάκις, τοῦτο οὐ τῆς ῥᾳθυμίας τῆς ἡμετέρας, ἀλλὰ τῆς τῶν πραγμάτων ἀνάγκης, καὶ τοῦ τὴν ὁδὸν ἄβατον ὁδοιπόροις εἶναι νῦν. Ταῦτ' οὖν εἰδυῖα, κυρία μου κοσμιωτάτη καὶ εὐγενεστάτη, B καὶ γραφόντων ἡμῶν, καὶ σιγώντων, ὁμοίως διάκεισο περὶ τῆς διαθέσεως, ἣν ἀεὶ περὶ ὑμᾶς ἐπεδειξάμεθα.

XCIX. *Asyncritiæ.*

Nihil quidem est quod malim, quam crebro ad vos scribere: neque enim benevolentiæ vestræ, et honoris ac reverentiæ, quam semper nobis præstitistis, quemcumque in locum proficiscamur, oblivisci possumus, verum memoriam vestri perpetuam tenemus, eamque recentem semper ac florentem ubique circumferimus. Quod si non quoties voluimus, sed raro ad vos literas dedimus, hoc non negligentia nostra, sed rerum necessitate factum est, et quia viatoribus clausum iter nunc sit. Hæc igitur cum tibi, ornatissima mea et nobilissima domina, perspecta sint, sive scribamus, sive sileamus, de ea benevolentia, quam semper vobis præstitimus, eodem modo existimes velim.

Cucuso anno ut putatur 405.

ρ'. Μαρκιανῷ καὶ [a] Μαρκελλίνῳ.

Τοῦτο καὶ ἡμῖν τῆς μακρᾶς σιγῆς αἴτιον γίνεται, ὃ καὶ τῇ εὐγενείᾳ τῇ ὑμετέρᾳ· ἀλλὰ σιγῆς οὐ τῆς κατὰ τὴν γνώμην, ἀλλὰ τῆς κατὰ τὴν γλῶτταν. Ὡς τῇ διανοίᾳ καὶ ἐπιστέλλομεν, καὶ προσφθεγγόμεθα συνεχῶς, μᾶλλον δὲ διηνεκῶς, τὴν εὐγενεστάτην καὶ ἐμμελεστάτην ὑμῶν ψυχὴν, καὶ ἐγκολάψαντες ἡμᾶς τῷ συνειδότι, πανταχοῦ περιφέρομεν· τοιοῦτον γὰρ C τὸ φιλεῖν γνησίως. Ταῦτ' οὖν εἰδότες, κύριοί μου ποθεινότατοι καὶ τιμιώτατοι, ἐπιστέλλετε μὲν, ἡνίκα ἂν ἐξῇ, τὰ περὶ τῆς ὑγιείας τῆς ὑμετέρας δηλοῦντες. Θαῤῥεῖτε δὲ, ὅτι καὶ σιγώντων ὑμῶν τὴν αὐτὴν περὶ τῆς ἀγάπης ὑμῶν ψῆφον οἴσομεν, ἣν καὶ γραφόντων, ἀπὸ τῆς γνώμης ταῦτα ψηφιζόμενοι τῆς ὑμετέρας.

C. *Marciano et Marcellino.*

Eadem nobis perdiuturni silentii nostri causa est, quæ etiam vobis: verum hujusmodi silentii, quod non in animo, sed in lingua positum sit. Nam animo ac voluntate nobilissimas ac suavissimas animas vestras crebro, imo perpetuo salutamus, vosque in pectore nostro insculptos passim circumferimus: nam ea veri ac sinceri amoris natura est. Hæc igitur cum vobis explorata sint, domini mei carissimi ac reverendissimi, scribite quidem, quoties facultas dabitur, ac de vestra valetudine certiores nos facite. Illud autem vobis persuadete, nos, etiamsi taceatis, idem tamen de vestra caritate judicium habituros esse, quod habebimus, si scribatis: ab animo scilicet vestro hæc perpendentes.

Cucuso anno ut putatur 404.

[a] Vatic. Μαρκελλιανῷ. Paulo post Coislin. τῇ διανοίᾳ· ψυχὴν, καὶ ἐγκολάψαντες ὑμῶν τῷ συνειδότι. μᾶλλον διηνεκῶς τὴν εὐγενεστάτην καὶ ἐμμελεστάτην ἡμῶν

CI. *Severo presbytero.*

Ab anno 404. ad 407. Nos, etsi desertissimum locum incolentes, sæpe tamen ad te scripsimus, eosque qui istinc veniunt de tua valetudine sciscitari minime desinimus. Tibi vero quid causæ sit nescio, quamobrem, cum tam insano nostri amore flagres, atque perfacile nancisci possis quibus literas des, perdiuturno tamen tempore sileas. At cum nos benevolentiæ illins, quam erga nos semper præ te tulisti, fervorem ac sinceritatem animo complectimur, etiam in longo silentio permagnam consolationem capimus. Cæterum literis quoque tuis persæpe frui cupimus, quibus de tua valetudine certiores fiamus: eaque, quæ aliorum sermone accipimus, ex tua lingua, tuaque manu audire studemus. Quamobrem, domine mi reverendissime, nunc saltem hoc facias quæso: scis enim quam nobis hac in re gratum facturus sis. Nam quod ad nos attinet, sive scribamus, sive taceamus, numquam tui meminisse desinimus, eamque caritatem, cujus tibi specimen præbuimus, quocumque in loco simus, conservare. Id enim cum facimus, de nobis etiam ipsimet quam optime meremur.

ρα'. Σευήρῳ πρεσβυτέρῳ.

D Ἡμεῖς μὲν καίτοι χωρίον ἐρημότατον οἰκοῦντες, καὶ ἐπεστάλκαμεν πολλάκις πρὸς τὴν σὴν ἐμμέλειαν, καὶ τοὺς ἐκεῖθεν ἀφικνουμένους οὐ παυόμεθα συνεχῶς ἐρωτῶντες περὶ τῆς ὑγείας τῆς σῆς. Αὐτὸς δὲ οὐκ οἶδα, ἀνθ' ὅτοι μανικὸς ἡμῶν οὕτως ἐραστὴς ὤν, καὶ πολλὴν εὐκολίαν ἔχων τῶν ἐνταῦθα διακομιζόντων τὰ γράμματα, σιγᾷς οὕτω μακρὰν σιγήν. Ἀλλ' ἡμεῖς τὸ θερμόν σου καὶ γνήσιον, τὸ εἰλικρινὲς τῆς διαθέσεως, ὃ περὶ ἡμᾶς ἀεὶ ἐπεδείξω, ἐννοοῦντες, καὶ ἐν τῇ σιγῇ τῇ μακρᾷ μεγίστην καρπούμεθα παράκλησιν.
E Πλὴν ἀλλὰ βουλόμεθα καὶ γραμμάτων συνεχῶς ἀπολαύειν τῶν σῶν, τὰ περὶ τῆς ὑγιείας τῆς σῆς ἡμῖν ἀπαγγελλόντων, καὶ ἃ παρ' ἑτέρων μανθάνομεν, ταῦτα παρὰ τῆς γλώττης τῆς σῆς, καὶ τῆς χειρὸς ἐβουλόμεθα μανθάνειν. Ποίει δὴ τοῦτο νῦν γοῦν, δέσποτά μου τιμιώτατε· οἶσθα γὰρ ἡλίκα ἡμῖν χαριῇ. Ὡς ἡμεῖς καὶ γράφοντες, καὶ μὴ γράφοντες, οὐ παυόμεθα μεμνημένοι, καὶ τὴν ἀγάπην, ἣν ἀεὶ περὶ τὴν σὴν ἐπεδειξάμεθα εὐλάβειαν, διατηροῦντες, ὅπουπερ ἂν ὦμεν. Ἡμῖν γὰρ αὐτοῖς τὰ μέγιστα χαριούμεθα τοῦτο ποιοῦντες.

648 A

CII. *Theodoto lectori.*

Anno forte 406. Quid ais? Plures in te nunc quam exspectabas fluctus excitati sunt, ob idque discruciaris? Imo vero ideo gaudere et exsultare convenit. Nam etiam beatus Paulus ad hunc modum faciebat,
Rom. 5. 3. nunc quidem his verbis utens: *Non solum autem, sed etiam gloriamur in tribulationibus;*
Coloss. 1. 24. nunc autem his, *Gaudeo in passionibus meis.* Nam quo major et atrocior tempestas fuerit, eo quoque major quæstus erit, et illustriores patientiæ coronæ, præmiaque ampliora. Siquidem ipse quoque de te bono animo sum, ut qui animi tui firmitatem atque constantiam exploratam habeam: at eorum causa, qui tibi insidias struunt, doleo et collacrymo, nimirum quod ii hostilem in te animum gerant, a quibus te coli oportebat. Unum est quod mœrore me afficit, nempe oculorum tuorum invaletudo, quorum velim summam rationem habeas, medicosque consulas, atque ea quæ muneris tui sunt simul præstes. Nam de iis calamitatibus, quæ tibi inferuntur, tum te, ut prius jam dixi, gaudere cu-

ρϐ'. Θεοδότῳ ἀναγνώστῃ.

Τί φῄς; Πλείονά σοι τῶν προσδοκηθέντων τὰ κύματα ἐναπέστη νῦν, καὶ διὰ τοῦτο ἀλγεῖς; Διὰ τοῦτο μὲν οὖν αὐτὸ χαίρειν χρὴ καὶ σκιρτᾷν. Ἐπεὶ καὶ ὁ μακάριος Παῦλος οὕτως ἐποίει, νῦν μὲν λέγων· Οὐ μόνον δὲ, ἀλλὰ καὶ καυχώμεθα ἐν ταῖς θλίψεσι· νῦν δὲ, ὅτι Χαίρω ἐν τοῖς παθήμασί μου. Ὅσῳ γὰρ ἂν μείζων καὶ τραχύτερος ὁ χειμὼν γένηται, τοσούτῳ πλείων ἡ ἐμπορία, λαμπρότεροι τῆς ὑπομονῆς οἱ
B στέφανοι, πολλὰ τὰ βραβεῖα. Ἐπεὶ καὶ αὐτὸς σοῦ μὲν ἕνεκεν θαῤῥῶ· οἶδα γάρ σου [a] τὸ ἀπερίτρεπτον, καὶ ἀκλινὲς, καὶ στεῤῥόν· τῶν δὲ ἐπιβουλευόντων ἕνεκεν ἀλγῶ καὶ δακρύω, ὅτι οὓς χρὴ ἐν τάξει εἶναι τῶν θεραπευόντων, τὰ τῶν ἐχθρῶν ἐπιδείκνυνται. Ἕν με λυπεῖ μόνον, τὸ τῆς τῶν ὀφθαλμῶν σου ἀσθενείας, ὧν καὶ σφόδρα ἀξιῶ πολὸν σε ποιεῖσθαι λόγον, ἰατροῖς τε διαλεγόμενον, καὶ τὰ παρὰ σαυτοῦ συνεισφέροντα. Ὡς τῶν γε θλίψεων τῶν ἐπαγομένων σοι (ὅπερ καὶ ἔμπροσθεν εἶπον), αὐτόν τε χαίρειν ἀξιῶ, καὶ ἐγὼ δέ σοι συνήδομαι. Οἶδα γὰρ ὅσος ἐκ τούτου τίκτεταί σοι τῆς ὑπομονῆς ὁ καρπός. Μηδὲν οὖν σε
C θορυβείτω, μηδὲ ταραττέτω τῶν παρεμπιπτόντων.

[a] Coislin. τὸ ἄτρεπτον.

Ἓν γάρ ἐστι χαλεπὸν ἁμαρτία μόνον. Ὡς τά γε ἄλλα πάντα ἀγρυπνοῦντί σοι καὶ νήφοντι καὶ κερδῶν ὑπόθεσις ἔσται μεγίστη, καὶ τὰ ἀπόῤῥητα ἐκεῖνα ἀγαθὰ, τὰ ἐν τοῖς οὐρανοῖς, μετὰ πολλῆς οἴσει σοι τῆς δαψιλείας. Τοιαύτην τοίνυν καθ' ἑκάστην ἡμέραν πραγματευόμενος πραγματείαν, χαῖρε καὶ εὐφραίνου, καὶ συνεχῶς ἡμῖν ἐπιστέλλειν μὴ κατόκνει. Ἡμεῖς μὲν γάρ σε βουλόμεθα καὶ μεθ' ἡμῶν εἶναι· ἀλλ' ἐπειδὴ οὐχ ἡ τοῦ χειμῶνος ὥρα μόνον, ἀλλὰ καὶ ἡ τοῦ θέρους ὁμοίως ἐστὶν ἐπαχθὴς, ἐδείσαμεν εἰς ἀέρων σε δυσκρασίαν ἐμβαλεῖν, μάλιστα διὰ τὸ τῶν ὀφθαλμῶν D πάθος. Ἔργον τοίνυν ποιησάμενος τὸ πολλὴν τούτοις προσάγειν τὴν ἐπιμέλειαν, καὶ περὶ τούτων, ἡνίκα ἂν συνεχῶς ἡμῖν ἐπιστέλλῃς, δήλου, εἴγε κἂν μικρὸν ἄμεινόν σοι διατεθεῖεν, ἵνα καὶ ἐκ τοσούτου καθήμενοι διαστήματος, πολλὴν καὶ ἐντεῦθεν καρπωσώμεθα τὴν εὐφροσύνην.

pio, tum tibi ipse gratulor. Scio enim quantus hinc tibi patientiæ fructus oriatur. Quamobrem da operam, ne quid ex iis quæ accidunt te commovent ac perturbet. Una enim dumtaxat res molesta est, nimirum peccatum. Nam cætera omnia, si modo vigilantem ac sobrium animum præbeas, lucri quoque amplissimam materiam suppeditabunt, atque arcana illa bona, quæ in cælis recondita sunt, copiosissime tibi accersent. Ideo cum in ejusmodi quæstu quotidie verseris, gaude ac lætare: atque ad nos sæpe scribere ne graveris. Certe nobiscum esse te cupimus; quia tamen non hiems dumtaxat, sed etiam æstas æque tibi gravis ac molesta est, illud veriti sumus, ne te, ob oculorum præsertim morbum, in aeris intemperiem conjiceremus. Quæ cum ita sint, ad eorum curam velim operam omnem adhibeas: de eoque, cum facultas erit, crebro ad nos scribas, atque num meliuscule sese habeant, significes, quo, licet alioqui tanto abs te locorum intervallo dissiti, magnam tamen hinc voluptatem capiamus.

ργ'. Ἀμπρούκλῃ διακόνῳ καὶ ταῖς σὺν αὐτῇ.

Μακρῷ μὲν διῴκισμαι τῷ μήκει τῆς ὁδοῦ τῆς ὑμε- E τέρας τιμιότητος, τὰς δὲ ἀνδραγαθίας ὑμῶν καὶ τὰς ἀριστείας τῶν παρόντων οὐκ ἔλαττον ἔμαθον, καὶ σφόδρα συνήσθην ὑμῖν τῆς ἀνδρείας, τῆς ὑπομονῆς, τῆς ἀπεριτρέπτου γνώμης, καὶ στεῤῥᾶς καὶ ἀδαμαντίνης διανοίας, τῆς ἐλευθεροστομίας, τῆς παῤῥησίας. Διὰ ταῦτα μακαρίζων ὑμᾶς οὐ παύομαι ὑπέρ τε τῶν παρόντων, ὑπέρ τε τῶν μελλόντων ὑμᾶς ὑποδέξασθαι ἀγαθῶν ἐν τῷ μέλλοντι αἰῶνι, τῶν ἀποῤῥήτων ἐκείνων, καὶ πάντα νοῦν καὶ λόγον ὑπερβαινόντων. 649 A Σφόδρα δὲ ἡμᾶς ἐλύπησας ἐκ τοσούτου καθημένους διαστήματος, οὐδὲ ἐπιστεῖλαι καταδεξαμένη. Καὶ οἶδα μὲν ὅτι οὐκ ἐκ ῥᾳθυμίας τοῦτο γέγονεν· ἐπίσταμαι γὰρ καὶ γραφούσης ἡμῖν, καὶ σιγώσης, τὴν θερμὴν καὶ γνησίαν ἀγάπην, τὴν εἰλικρινῆ καὶ ἄδολον, τὴν ἰσχυρὰν καὶ στεῤῥάν· ἀλλὰ διὰ τὸ μηδένα εἶναι τὸν ὑπογράφοντα. Πλὴν ἀλλὰ καὶ οὕτως ἐχρῆν τῇ ἐγχωρίῳ σου γλώττῃ ἡμῖν ἐπιστεῖλαι, καὶ τῇ χειρὶ τῇ σῇ. Σφόδρα γὰρ ἀντεχόμεθα, καθάπερ καὶ αὐτὴ οἶσθα, τοῦ συνεχῶς ἐπιστολὰς δέχεσθαι παρὰ τῆς εὐλαβείας τῆς σῆς, ὥστε καθ' ἑκάστην ἡμέραν μανθάνειν ἡμᾶς τὰ περὶ τῆς ὑγείας τῆς σῆς· καὶ οὐ μι- B κρὰν τῆς τοσαύτης ἐρημίας καὶ τῶν ἐνταῦθα περιστάσεων παράκλησιν ταύτην ἔχομεν. Εἰδυῖα τοίνυν, δέσποινά μου τιμιωτάτη καὶ εὐλαβεστάτη, ὅσην ἐπι-

CIII. *Ampruclæ diaconissæ ipsiusque comitibus.*

Etsi longo itineris intervallo a vobis disjunctus sum, tamen præclara et fortia vestra facinora, non minus quam qui adsunt, cognita et explorata habeo: vehementerque vobis de hac fortitudine, patientia, constantia, atque adamantina quadam animi firmitate, loquendique libertate ac fiducia gratulor. Eoque nomine beatas vos prædicare non desino, tum ob præsentia, tum ob ea bona quæ vos in futuro ævo exceptura sunt, arcana illa, et omnem mentis captum ac sermonis facultatem excedentia. Magno autem nos, qui tam longe a te sejuncti sumus, mœrore affecisti, quod ne scribere quidem ad nos dignata sis. Quamquam illud scio, istud negligentia tua minime contigisse; nam sive scribas, sive taceas, ardentem et sinceram fucique expertem, ac firmam et solidam tuam erga me caritatem novi; verum quod, cui dictares, nemo tibi præsto esset. Quamquam sic quoque patria lingua scribendum fuit, ac tua manu. Magnopere enim, ut ipsa quoque nosti, crebras a te literas accipere studemus, quo de tua valetudine quotidie certiores fiamus: hincque tam vastæ hujusce solitudinis, ac rerum adversarum, cum quibus hic luctamur, haud exiguam conso-

Cucuso anno 404.

lationem capimus. Cum igitur, reverendissima et religiosissima domina, quanta rei hujusce cupiditate tenear, minime te fugiat, hanc nobis gratiam impertire, quæso, ne intermittas. Siquidem multi istinc variis e locis ad nos venerunt. Verum ea de causa minime tecum expostulo, quod literas abs te nobis non attulerunt: verisimile enim est eos tibi ignotos esse. Nunc autem, cum summa facultas datur, scribas velim: ac præsertim cum res hujusmodi istic contigissent, literas abs te accipere in primis expetebam. Cura igitur ut quod antehac abs te per incuriam prætermissum est sarcias, pristinique silentii diuturnitatem literarum frequentia et assiduitate compenses.

θυμίαν ἔχομεν τούτου, μὴ διαλίπῃς τὴν καλὴν ταύτην ἡμῖν χαριζομένη χάριν. Καὶ γὰρ πολλοὶ πολλαχόθεν ἐκεῖθεν ἦλθον. Ἀλλ' οὐκ ἐγκαλῶ ἐκείνων ἕνεκεν, διὰ τί μὴ γράμματα ἡμῖν ἐκόμισαν παρὰ τῆς σῆς κοσμιότητος· εἰκὸς γὰρ αὐτοὺς ἀγνοεῖσθαι παρὰ τῆς εὐλαβείας τῆς σῆς. Νῦν μέντοι ὅτε ἐξῆν μετ' εὐκολίας πάσης ἐπιστεῖλαι, καὶ μάλιστα τοιούτων γεγενημένων αὐτόθι, σφόδρα ἐπεθύμουν δέξασθαι γράμ- C ματα. Ἀνάκτησαι τοίνυν τὸ ἐν τῷ παρελθόντι χρόνῳ ῥᾳθυμηθὲν, καὶ πυκνότητι, καὶ νιφάδι ἐπιστολῶν τὸ μῆκος τῆς ἔμπροσθεν ἡμῖν παραμύθησαι σιγῆς.

CIV. *Pentadiæ diaconissæ.*

ρδ'. Πενταδίᾳ διακόνῳ.

Anno 404. vel 405. Coronarum nomine, quas tibi conciliasti, beatam te duco, ac nunc quoque, cum per animi magnitudinem quidvis pro veritate perferre in animum induxeris. Merito proinde Deum habes, qui tuas partes acerrime tueatur. (Eccli. 4. 33.) *Usque ad mortem* enim, inquit Scriptura, *pro veritate certa: et Dominus pugnabit pro* te. Quod etiam evenit. Nam cum eo usque præclarum hoc certamen obieris, multa divinitus præmia retulisti: ideo magna voluptate afficior. Quia autem intellexi te de discessu cogitare, atque istinc migrare velle accepi, peto abs te, ne quidquam hujusmodi cogites, aut in animo habeas. Primum ob hoc ipsum, quod civibus tuis subsidium es, amplissimusque portus, et adminiculum, ac tutus murus iis qui laboribus et ærumnis conficiuntur. Quare noli committere, ut tantum quæstum de manibus ejicias; noli, inquam, committere, ut tantum lucrum abjicias, cum tantos quotidie thesauros ex tua præsentia colligas. Nam qui præclara tua facinora cernunt, vel audiunt, non parum hinc lucri consequuntur. Scis porro quantam istud mercedem tibi conciliet. Primum itaque, ut dixi, hac de causa te rogo istic maneas; neque enim exiguum utilitatis illius, quam istic permanendo attulisti, documentum abs te datum est. Deinde, ne anni quidem tempus hoc te facere patitur. Neque enim, qua corporis imbecillitate sis, ignoras, neque tibi facile esse in tanta vi frigoris atque hiemis pedem movere. Huc accedit quod, ut rumor est, Isaurorum res nunc vigent. Hæc itaque

Τῶν μὲν στεφάνων σε μακαρίζω, οὓς ἀνεδήσω καὶ νῦν, διὰ τῆς ἀνδρείας πάντα ἑλομένη παθεῖν ὑπὲρ τῆς ἀληθείας. Διὰ τοῦτο καὶ τὸν Θεὸν ὑπερασπίζοντά σου ἔχεις μετὰ πολλῆς τῆς σφοδρότητος. Ἕως γὰρ θανά- D του, φησὶν, ἀγώνισαι ὑπὲρ τῆς ἀληθείας, καὶ ὁ Κύριος πολεμήσει ὑπὲρ σοῦ. Ὅπερ καὶ γέγονε. Μέχρι γὰρ τοσούτου δραμοῦσα τὸν καλὸν τοῦτον ἀγῶνα, πολλὰ ἄνωθεν ἐπεσπάσω τὰ βραβεῖα· τούτου μὲν οὖν ἕνεκεν χαίρω. Ἐπειδὴ δὲ ἔγνων, ὅτι βουλεύῃ περὶ ἀποδημίας, καὶ μεταστῆναι ἐκεῖθεν βούλει, παρακαλῶ σου τὴν τιμιότητα μηδὲν τοιοῦτον ἐννοῆσαι μηδὲ βουλεύσασθαι. Πρῶτον μὲν δι' αὐτὸ τοῦτο, ὅτι δὴ στήριγμα τῆς πόλεως εἶ τῆς αὐτόθι, καὶ λιμὴν εὐρὺς, καὶ βακτηρία, καὶ τεῖχος ἀσφαλὲς τοῖς καταπονουμένοις. Μηδὲ τοσαύτην ἀπὸ τῶν χειρῶν ἐμπορίαν ῥίψῃς, μηδὲ τοσοῦτον πρόῃ κέρδος, τοσού- E τους καθ' ἑκάστην ἡμέραν συνάγουσα θησαυροὺς ἀπὸ τῆς παρουσίας τῆς αὐτόθι. Οἵ τε γὰρ ὁρῶντες, οἵ τε ἀκούοντές σου τὰ κατορθώματα, οὐ μικρὰ κερδαίνουσιν. Οἶσθα δὲ ἡλίκον τοῦτο φέρει σοι τὸν μισθόν. Πρῶτον μὲν, ὅπερ ἔφην, διὰ τοῦτο παρακαλοῦμεν αὐτόθι μένειν· καὶ γὰρ πεῖραν οὐ μικρὰν δέδωκας τῆς ὠφελείας, ἣν παρέσχες διὰ τῆς αὐτόθι παραμονῆς. Ἔπειτα δὲ οὐδὲ ἡ τοῦ ἔτους ὥρα ἐπιτρέπει τοῦτο. Οἶσθα γάρ σου τοῦ σώματος τὴν ἀσθένειαν, καὶ πῶς οὐ ῥᾴδιόν 650 A σοι κινεῖσθαι ἐν κρυμῷ τοσούτῳ καὶ χειμῶνι. Πρὸς τούτοις, ὡς ἀκούομεν, [a] καὶ τὰ Ἰσαυρικὰ ἀνθεῖ. Πάντα τοίνυν ταῦτα λογισαμένη ὡς συνετὴ, μηδαμοῦ τέως κινεῖσθαι καταδέχου, καὶ περὶ τούτου γράψαι ἡμῖν διὰ ταχέων παρακλήθητι, καὶ περὶ τῆς ὑγείας συνεχῶς δήλου τῆς σῆς. Ἐπεὶ καὶ νῦν ἠλγήσαμεν, μὴ δεξάμενοι γράμματά σου τῆς τιμιότητος, καὶ ἐν

[a] Coislin. καὶ τὰ Ἰσαυρικὰ ἔθνη ἀβάτους τὰς ὁδοὺς πεποιήκασι. πάντα.

φροντίδι καθεστήκαμεν, μήποτε ἀῤῥωστία τοῦτο διεκώλυσεν. Ἵν' οὖν καὶ ταύτην ἀνέλῃς ἡμῶν τὴν φροντίδα, ταχέως ἡμῖν πέμψον ἐπιστολὴν ταῦτα δηλοῦσαν.

omnia, ut prudens mulier tecum reputans, ne, quæso, hoc tempore ullo pacto podem istino movere sustineas: deque hac re velim nos quamprimum certiores facias, ac de tua valetudine sæpe scribas. Nam nunc quoque nos nullas abs te literas accepisse moleste tulimus: ac, ne forte morbus hoc impediverit, laboramus. Ut hanc igitur sollicitudinem nobis eximas, cito ad nos literas, quæ hæc indicent, mitte.

ρε'. Χαλκιδίᾳ.

Ὁ Θεός σοι τὸν [b] μισθὸν δῴη καὶ ἐνταῦθα, καὶ ἐν τῷ μέλλοντι αἰῶνι τῆς περὶ ἡμᾶς αἰδοῦς, καὶ τιμῆς, καὶ γνησίας ἀγάπης. Οὐδὲ γὰρ νῦν μόνον, ἀλλὰ καὶ ἄνωθεν, καὶ ἐξ ἀρχῆς οἶδα σαφῶς, ὅπως περὶ ἡμᾶς διατεθῆναι ἐσπούδακας. Διὰ τοῦτο καὶ ἐκ τοσούτου καθήμενος διαστήματος, καὶ πολλῷ τῆς ὁδοῦ εἰργόμενος τῷ μέσῳ, καὶ ἐν πολλαῖς ὢν ἐνταῦθα θλίψεσι, διά τε τὴν ἐρημίαν τοῦ χωρίου τούτου, διά τε τοὺς συνεχεῖς κινδύνους, καὶ τὰς ἐπαλλήλους τῶν λῃστῶν ἐφόδους, διά τε τὴν ἰατρῶν σπάνιν, οὐδενὶ τούτων κωλύομαι μεμνῆσθαί σοι διηνεκῶς τῆς ἐμμελείας· ἀλλὰ τὴν ἀγάπην, ἣν ἐξ ἀρχῆς καὶ περὶ σὲ καὶ περὶ τὸν οἶκόν σου ἔσχηκα, ταύτην ἀκμάζουσαν διατηρῶ καὶ νῦν, οὐδὲν οὐδὲ ἀπὸ τοῦ χρόνου, οὐδὲ ἀπὸ τοῦ μήκους τῆς ὁδοῦ μαραίνεσθαι αὐτὴν ἀφείς. Τοιοῦτον γάρ ἐστι τὸ ἀγαπᾷν γνησίως. Καί σε παρακαλῶ· κατὰ τὴν σύνεσίν σου καὶ τὴν εὐλάβειαν, φέρειν τὰ συμπίπτοντα ἅπαντα γενναίως. Οἶσθα γὰρ ὅτι ἐκ πρώτης ἡλικίας μέχρι τοῦ νῦν διὰ ποικίλων καὶ παντοδαπῶν σχεδὸν ὥδευσας πειρασμῶν, καὶ δύνασαι μετ' εὐκολίας τὸν τῆς ὑπομονῆς ἆθλον ἀγωνίζεσθαι, ὥσπερ οὖν καὶ ἠγωνίσω πολλάκις, καὶ λαμπροὺς ὑπὲρ τούτων σεαυτῇ προαπέθου τοὺς στεφάνους. Εἰ δὲ μείζων οὗτος τῶν παρελθόντων, ἀλλὰ καὶ ὁ στέφανος πλείων. Μηδὲν οὖν σε ταραττέτω τῶν ἐπαγομένων δεινῶν· ἀλλ' ὅσωπερ ἂν αὔξηται τὰ κύματα, καὶ μεῖζον γένηται τὸ κλυδώνιον, τοσούτῳ μείζονα ἀνάμενε τὴν ἐμπορίαν, καὶ πολλῷ πλείονα τὰ ἔπαθλα τῶν ἱδρώτων, καὶ μείζονα, καὶ λαμπρότερα. Οὐ γὰρ ἄξια τὰ παθήματα τοῦ νῦν καιροῦ πρὸς τὴν μέλλουσαν δόξαν ἀποκαλύπτεσθαι εἰς ἡμᾶς. Ὁδὸς γὰρ τὰ παρόντα, καὶ τὰ χρηστὰ, καὶ τὰ λυπηρὰ τοῦ βίου τούτου, καὶ ἑκάτερα ὁμοίως παροδεύεται, καὶ οὐδὲν αὐτῶν πάγιον, οὐδὲ [c] βεβηκὸς, ἀλλὰ μιμεῖται τὴν φύσιν, ὁμοῦ τε φαινόμενα, καὶ παρατρέχοντα. Καθάπερ οὖν δεῖται καὶ ὁδοιπόροι ἄν τε διὰ λειμώνων ὁδεύωσιν, ἄν τε διὰ φαράγγων, οὐδεμίαν οὐδὲ ἐντεῦθεν καρποῦνται

CV. *Chalcidiæ.*

Scripta anno ut putatur 406.

Deus tibi pro tua erga nos reverentia, honore, ac sincera caritate tum hic, tum in futuro ævo mercedem pendat. Nec enim nunc duntaxat, sed primum etiam atque ab initio, quo erga nos animo ac studio fueris, perspectum habeo. Ac propterea quamvis longo itineris spatio abs te dissitus sim, atque hic, tum ob hujus loci solitudinem, tum ob perpetua pericula, crebrosque prædonum impetus, tum ob medicorum penuriam, in multis calamitatibus verser: nihil tamen horum omnium impedit, quominus tuæ suavitatis perpetuo recorder: quin potius eam caritatem, quam a principio tum erga te, tum erga tuam domum habui, vigentem retineo; neque eam vel ob temporis diuturnitatem, vel ob itineris longinquitatem consenescere patiar. Nam ea demum sinceræ caritatis natura est. Te vero pro tua prudentia et pietate oro atque obsecro, ut ea omnia, quæ accidunt, strenuo animo feras. Scis enim te ab ineunte ætate usque ad hoc tempus per varias atque omnis fere generis tentationes incessisse; atque patientiæ certamen facili negotio obire potes, quemadmodum etiam sæpe obiisti, et illustres inde coronas tibiipsi in futurum condidisti. Quod si hæc tentatio superiores excedit, at etiam corona præstantior futura est. Quæ cum ita sint, nihil ex iis acerbitatibus, quæ tibi inferuntur, te perturbet: verum quo magis fluctus crescunt, tempestasque magis ingravescit, eo etiam majorem quæstum, ac præmia sudoribus longe copiosiora et ampliora et luculentiora exspecta. Neque enim *Condignæ sunt passiones hujus temporis ad futuram gloriam, quæ revelabitur in nobis.* (Rom. 8. 18.) Viæ enim instar sunt præsentes hujus vitæ jucunditates, et molestiæ, ambæque eodem modo effluunt, nec quidquam in iis certum ac stabile est, verum* umbræ natu-

[b] Tres Mss. μισθὸν δῷ.

[c] [Savil. πεπηγός.]

* Billius, *umbræ naturam:* hic umbram supplet ex conjectura, nam aliquid deesse videtur in Græco.

ram imitantur, ut quæ simul atque sese ostenderint, statim prætereant. Quemadmodum igitur viatores, sive per prata, sive per salebrosa et abrupta loca iter faciant, nec ullam illinc voluptatem percipiunt, nec ullam hinc mœstitiam sentiunt; viatores enim sunt, non cives, utraque prætereuntes, atque ad patriam suam contendentes: eodem modo te rogo atque obsecro, ut nec præsentis vitæ jucunditatibus inhies, nec rursum molestarum rerum pondere deprimaris, verum hoc unum spectes, quonam pacto ad communem patriam nostram cum ingenti fiducia pervenias. Quandoquidem hoc demum fixum et constans atque immortale bonum est: cætera autem omnia, flos fœni et fumus, et si quid his vilius fingi potest.

τὴν ἡδονὴν, οὐδὲ ἐκεῖθεν ὑπομένουσι λύπην· ὁδῖται γάρ εἰσιν, οὐχὶ πολῖται, ἑκάτερα παρατρέχοντες, καὶ πρὸς τὴν πατρίδα τὴν ἑαυτῶν ἐπειγόμενοι· οὕτω παρακαλῶ καὶ ὑμᾶς μήτε πρὸς τὰ φαιδρὰ τοῦ πα-
651 A ρόντος κεχηνέναι βίου, μήτε ὑπὸ τῶν λυπηρῶν καταβαπτίζεσθαι, ἀλλ' ἓν μόνον σκοπεῖν, ὅπως εἰς τὴν κοινὴν ἁπάντων ἡμῶν πατρίδα μετὰ πολλῆς παραγένησθε τῆς παῤῥησίας. Ἐπειδήπερ τοῦτό ἐστι τὸ μένον καὶ πεπηγὸς καὶ ἀθάνατον ἀγαθὸν, τὰ δὲ ἄλλα πάντα, ἄνθος χόρτου καὶ καπνὸς, καὶ εἴ τι τούτων εὐτελέστερον.

CVI. Assyncritiæ ipsiusque sodalibus.

Scripta Cucusi anno 404.

Qua erga nos caritate ac benevolentia sitis, mihi exploratum est. Ac literas quidem assidue ad vos dare cuperem: verum Isaurorum metus viis omnibus interclusis non me nancisci sinit, qui ad eam rem nobis administram operam præbeant. Quoties autem nancisci possumus, debitam vobis salutationem pendimus, vos pro nostro more admonentes, ne ob crebras has et continuas tentationes animi vestri commoveantur ac perturbentur. Nam cum mercatores et nautæ exiguarum mercium causa tam longa maria trajiciant, ac tot fluctus intrepido animo adeant, militesque exigui stipendii causa vitam ipsam pro nihilo ducant, ac dum lucis hujus usura fruuntur, persæpe et fame conflictentur, et magnis itineribus vexentur, perpetuoque in exteris regionibus degant, post etiam nullum hinc vel exiguum vel magnum fructum consequuti, magna ex parte præmaturam ac violentam mortem oppetant: cum cæleste præmium proponitur, ac post mortem major multoque sublimior remuneratio, quam tandem veniam obtinebunt, qui mollitie atque ignavia torpent, ac non ipsam quoque vitam contemnunt ac pro nihilo putant? Hæc igitur omnia tecum considerans, illudque item, res præsentes nihil a fumo et insomniis differre, florentemque hominum statum vernis foliis, quæ simul atque oriuntur statim exarescunt, nihilo præstantiorem esse, da operam, ut omnibus hu-

ρς'. Ἀσυγκριτίᾳ καὶ ταῖς σὺν αὐτῇ.

Οἶδα τὴν ἀγάπην ὑμῶν καὶ τὴν διάθεσιν ἣν περὶ
B ἡμᾶς ἔχειν ἐσπουδάκατε. Καὶ συνεχῶς ἐβουλόμην ἐπιστέλλειν· ἀλλ' ὁ τῶν Ἰσαύρων φόβος, πᾶσαν ἀποτειχίσας ὁδὸν, οὐκ ἀφίησιν εὐπορεῖν τῶν πρὸς τοῦτο διακονησομένων ἡμῖν. Ἡνίκα γοῦν ἂν ἐπιτύχωμεν τούτων, τὴν ὀφειλομένην ἀποδιδόαμεν ὑμῖν πρόσρησιν, τὰ συνήθη παρακαλοῦντες ὑμᾶς, μηδὲν θορυβεῖσθαι μηδὲ ταράττεσθαι ὑπὸ τῶν συνεχῶν τούτων καὶ ἐπαλλήλων πειρασμῶν. Εἰ γὰρ ἔμποροι καὶ ναῦται φορτίων ὀλίγων ἕνεκεν οὕτω μακρὰ διαβαίνουσι πελάγη, καὶ τοσούτων κατατολμῶσι κυμάτων· καὶ στρατιῶται δὲ καὶ αὐτῆς καταφρονοῦσι τῆς ζωῆς
C ὑπὲρ ἐπικήρου καὶ βραχέος μισθοῦ, καὶ ζῶντες μὲν καὶ λιμῷ μάχονται πολλάκις, καὶ ὁδοιπορίαις μακραῖς κατατείνονται, καὶ διηνεκῶς ἐπὶ τῆς ἀλλοτρίας διάγουσιν, ὕστερον δὲ καὶ ἄωρον καὶ βίαιον πολλοὶ τούτων ὑπομένουσι θάνατον, οὐδὲν ἐντεῦθεν οἱ μικρὸν, οἱ μέγα καρπωσάμενοι· ὅταν οὐράνιος ὁ ἆθλος προκέηται, καὶ μετὰ τὴν τελευτὴν μείζων ἡ ἀντίδοσις καὶ πολλῷ πλείων, ποίας τεύξονται συγγνώμης οἱ καταμαλακιζόμενοι, καὶ μὴ καὶ αὐτῆς καταφρονοῦντες τῆς ζωῆς; Ταῦτ' οὖν ἅπαντα λογιζομένη, καὶ ὅτι
D καπνὸς τὰ παρόντα, καὶ ὄναρ, καὶ πᾶσα εὐημερία ἀνθρωπίνη φύλλων ἠρινῶν οὐδὲν ἄμεινον διάκειται, γινομένων τε ὁμοῦ καὶ μαραινομένων εὐθέως, ὑψηλοτέρα πάντων τῶν τοιούτων γίνου βελῶν. Ἔξεστι γὰρ, ἐὰν θέλῃς, καὶ τὴν βιωτικὴν καταπατῆσαι φαντασίαν. Ἓν σκόπει μόνον, ὅπως μετὰ πολλῆς τῆς σπου-

δῆς τὴν τεθλιμμένην ὁδὸν διανύσαι δυνηθῇς, τὴν [a] πρὸς αὐτὸν ἀνάγουσαν.

ρζʹ. Κάστῳ, Οὐαλερίῳ, Διοφάντῳ, καὶ Κυριακῷ, πρεσβυτέροις.

Ὃ συμβαίνει τῷ χρυσίῳ βασανιζομένῳ πολλάκις E ὑπὸ πυρὸς, τοῦτο καὶ ταῖς χρυσαῖς εἴωθε προσγίνεσθαι ψυχαῖς ὑπὸ τῶν πειρασμῶν. Ἐκείνην τε γὰρ τὴν ὕλην λαμπροτέραν πολλῷ καὶ καθαρωτέραν ἡ τῆς φλογὸς ἀποφαίνει φύσις, ὁμιλοῦσα αὐτῇ χρόνον τοσοῦτον, ὅσον ἂν ὁ τῆς τέχνης ἐπιτρέπει νόμος· τούς τε τῷ χρυσίῳ κατὰ διάνοιαν ἐοικότας ἀνθρώπους, χρυσίου παντὸς φαιδροτέρους καὶ πολυτελεστέρους μετὰ πολλῆς τῆς περιουσίας ἡ τῶν ἐπαλλήλων 652 A πειρασμῶν ἐργάζεται κάμινος. Διὰ δὴ τοῦτο, καὶ ἐκ τοσούτου καθήμενοι διαστήματος, οὐ παυόμεθα διηνεκῶς μακαρίζοντες ὑμᾶς. Ἴστε γὰρ, ἴστε σαφῶς, ὅσον τῶν τοιούτων ἐπιβουλῶν τὸ κέρδος, καὶ πῶς ἡ τοῦ παρόντος εὐημερία βίου ὄνομα μόνον ἐστὶ ψιλὸν, πράγματος ἔρημον, τὰ δὲ μέλλοντα ἀγαθὰ, πεπηγότα, ἀκίνητα, μόνιμα, ἀθάνατα. Καὶ οὐ τοῦτο μόνον ἐστὶ τὸ θαῦμα τῆς ἀρετῆς, ὅτι τοιαῦτα ἡμῖν τὰ ἔπαθλα παρέχεται, ἀλλ' ὅτι καὶ πρὸ τῶν ἐπάθλων οἱ ἀγῶνες αὐτῆς ἔπαθλα γίνονται, καὶ οὐ μόνον τοῦ θεάτρου λυθέντος τὰ βραβεῖα τοῖς νενικηκόσιν ἔρχεται φέρουσα, ἀλλὰ καὶ ἐν αὐτῷ μέσῳ τῷ σκάμματι λαμπροὺς τοῖς ἀγωνιζομένοις πλέκει τοὺς στεφά- B νους. Διὰ τοῦτο καὶ Παῦλος οὐκ ἐπὶ ταῖς ἀντιδόσεσι τῶν θλίψεων χαίρει καὶ εὐφραίνεται μόνον, ἀλλὰ καὶ ἐπ' αὐταῖς ταῖς θλίψεσι καλλωπίζεται, οὕτω λέγων· Οὐ μόνον δὲ, ἀλλὰ καὶ καυχώμεθα ἐν ταῖς θλίψεσιν. Εἶτα ἀπαριθμούμενος τὸν ὁρμαθὸν τῶν βραβείων τῆς θλίψεως, φησὶν, ὅτι ὑπομονὴν αὕτη τίκτει, τὴν μητέρα τῶν ἀγαθῶν, τὸν ἀκύμαντον λιμένα, τὴν ἐν γαλήνῃ ζωὴν, τὴν πέτρας ἰσχυροτέραν, καὶ ἀδάμαντος στεῤῥοτέραν, τὴν ὅπλου παντὸς δυνατωτέραν, καὶ τειχῶν ἀσφαλεστέραν. Αὕτη δὲ κατορθωθεῖσα δοκίμους καὶ γενναίους ποιεῖ τοὺς αὐτῆς τροφίμους, καὶ μεθ' ὑπερβολῆς ἀχειρώτους. Οὐδενὶ γὰρ C ἀφίησι τῶν προσπιπτόντων αὐτοῖς θορυβεῖσθαι λυπηρῶν, οὐδὲ ὑποσκελίζεσθαι· ἀλλ' ὥσπερ ἡ πέτρα ὅσῳπερ ἂν ὑπὸ πλειόνων παίηται κυμάτων, αὕτη μὲν ἐκκαθαίρεται μειζόνως, οὐδὲ μικρὸν κινουμένη, τῶν δὲ προσρηγνυμένων αὐτῇ τὸν ὄγκον ὑδάτων διαφθείρει ῥᾳδίως, οὐ τῷ παίειν, ἀλλὰ τῷ παίεσθαι ἀφανίζουσα· οὕτω δὴ καὶ ὁ δόκιμος ἐξ ὑπομονῆς γενόμενος, πάσης

jusmodi telis superiorem te præbeas. Licet enim, si modo velis, ipsam quoque vitæ pompam contemnere ac proculcare. Unum id specta, quonam pacto magno cum studio ac diligentia viam arçtam, quæ ad cælum vehit, conficere queas.

CVII. *Casto, Valerio, Diophanto*, et *Cyriaco, presbyteris.*

E Quod auro, cum igni sæpe probatur, accidit, hoc etiam aureis animis a tentationibus evenire solet. Ut enim flammæ natura materiam illam, cum quamdiu artis lex permittit cum ea versatur, longe splendidiorem ac puriorem reddit : eodem modo frequentium tentationum fornax homines eos, qui mente ad auri similitudinem accedunt, auro quovis splendidiores ac longe præstantiores efficit. Ob eamque causam, quam- 652 A vis tam longe a vobis sejuncti simus, vos tamen beatos prædicare numquam desinimus. Scitis enim, scitis, inquam, perspicue, quantum hujusmodi insidiarum lucrum sit, atque hujus vitæ prosperitatem nudum dumtaxat et inane vocabulum ac re vacuum esse, futura autem bona, firma, stabilia, certa, immortalia. Nec vero hoc dumtaxat admirandi virtus habet, quod hæc nobis præmia conciliat, verum etiam quod ante præmiorum tempus ipsius certamina præmiorum rationem habent, atque ipsa non modo soluto theatro victoribus palmam affert, sed etiam in media B arena præclaras athletis coronas nectit. Ac proinde Paulus quoque non ob calamitatum præmia dumtaxat gaudet ac lætatur, verum etiam ob ipsas quoque calamitates gloriatur, his verbis utens : *Non solum autem, sed* et *gloriamur in tribulationibus*. Ac deinde præmiorum eorum, quæ ex calamitate ortum trahunt, seriem enumerans, ait : *Tribulatio patientiam parit;* hanc, inquam, bonorum matrem, portum fluctibus vacuum, tranquillam vitam, rupe fortiorem, adamante firmiorem, quibusvis armis valentiorem, ac mœnibus tutiorem. Hæc autem C omnibus numeris perfecta et absoluta alumnos suos probatos et generosos atque incredibilem quemdam in modum invictos reddit. Nullis enim molestiis, quæ subinde illis accidunt, ipsos perturbari ac dejici sinit : verum quemadmodum rupes, quo pluribus fluctibus verberatur, ipsa quidem purior efficitur, ac ne tantillum quidem emovetur, aquarum autem quæ ipsi alliduntur

Cucuso anno 405.

Rom. 5. 3.

[a] Legisse videtur Interpres πρὸς οὐρανὸν ἀνάγουσαν.

tumorem nullo negotio dissipat ac delet, non jam percutiens, sed percussa: eodem scilicet modo is quoque qui patientia exploratus est, insidias omnes superat: quodque mirandum est, plus roboris hinc colligit, non inferendis, sed perpetiendis malis, eos qui inferunt mira facilitate frangens ac dissolvens. Hæc non eo scripsi, quod hac in re me magistro opus haberetis; mihi enim prudentia vestra explorata est, quippe quam rebus ipsis testatam feceritis: nam quæ nos sermone nunc docuimus, hæc ipsi perferendis calamitatibus prædicastis. Quamobrem non quod me magistro opus haberetis, hæc scripsi, verum quoniam diuturno tempore siluistis, vel, ut rectius dicam, utrique diuturno silentio usi sumus, idcirco longiore hac epistola uti libuit. Porro cum ad tam fortes ac strenuos patientiæ pugiles scriberem, de qua tandem alia re verba facere oportebat, quam de his, ob quas tantopere clari ac celebres exstitistis? Ac ne hic quidem dimicationis fructus subsistit; verum longius
Rom. 5. 4. progreditur ac scaturit. *Probatio* enim, inquit, *spem parit*: et quidem spem reipsa omnino eventuram, non autem huic humanæ similem, quæ sæpenumero, postquam laboribus divexarit eos qui ipsi inhiant, laborum fructus eis reddere nequit, verum præter detrimentum eos etiam in ignominiam et periculum conjicit. At hæc non ejusmodi est: quandoquidem nec ipsa humana est. Id quod uno verbo declarans Paulus, his
Ibid. verbis utebatur: *Spes autem non confundit.* Neque enim dumtaxat eum qui hujusmodi certaminibus fungitur, detrimento ac pudore non afficit, verum etiam laboribus ac sudoribus longe ampliores opes et gloriam ipsi affert. Nam ea manus illius, quæ horum laborum mercedem præbet, natura est. Epistolæ modum forsan excessimus: at non apud vos, a quibus tam impense amamur. Nam cum non epistolarum, sed amicitiæ lege res hujusmodi ponderetis, minime sane mihi dubium est, quin exiguam quoque hanc epistolam existimaturi sitis. Sed quamquam brevis vobis esse videatur, hujus quoque tamen mercedem a vobis efflagitare minime desinam. Quam tandem? Non ut a vobis amer: neque enim flagitatore ad eam rem vobis opus est, cum hoc sponte copiosissime semper et persolvatis et debeatis: nec item ut nobis rescribatis: illud enim mihi persuasissimum est, vos ne ad hoc quidem monitore opus habere. Quænam igitur hæc merces est? Nimirum ut illud ex vobis intelligam, vos læto atque hilari animo esse, atque

ἀνώτερος ἕστηκεν ἐπιβουλῆς. Καὶ τὸ δὴ θαυμαστὸν, ὅτι ἰσχυρότερος γίνεται, οὐ τῷ ποιεῖν κακῶς, ἀλλὰ τῷ πάσχειν κακῶς τοὺς ποιοῦντας διαλύων ῥᾳδίως.
D Ταῦτα οὐχ ὡς δεομένοις παρ' ἡμῶν μανθάνειν ἐπέσταλκα· οἶδα γὰρ ὑμῶν τὴν σύνεσιν, ἣν καὶ διὰ τῶν ἔργων αὐτῶν ἐπεδείξασθε· ἃ γὰρ διὰ ῥημάτων ἐφιλοσοφήσαμεν νῦν ἡμεῖς, ταῦτα ὑμεῖς δι' ὧν ἐπάθετε ἀνεκηρύξατε. Οὐ τοίνυν ὡς δεομένοις μανθάνειν παρ' ἡμῶν ταῦτα ἐπέσταλκα, ἀλλ' ἐπειδὴ μακρὸν ἐσιγήσατε χρόνον, μᾶλλον δὲ κοινῇ μακρὰν ἐσιγήσαμεν σιγὴν, ἐβουλήθην καὶ τὴν ἐπιστολὴν γενέσθαι μακράν. Ἀθληταῖς δὲ ὑπομονῆς οὕτω γενναίοις ἐπιστέλλοντα, περὶ τίνος ἑτέρου διαλέγεσθαι ἐχρῆν, ἢ περὶ τούτων, δι' ὧν οὕτως ἀνεφάνητε λαμπροὶ καὶ
E εὐδόκιμοι; Ἀλλ' οὐδὲ ἐνταῦθα ἵσταται τῆς ἀθλήσεως ὁ καρπὸς, ἀλλὰ πρόεισι περαιτέρω βρύων. Ἡ γὰρ δοκιμὴ, φησὶν, ἐλπίδα τίκτει· ἐλπίδα πάντως ἐπὶ τῶν πραγμάτων ἐκβησομένην, οὐ κατὰ τὴν ἀνθρωπίνην ταύτην, ἣ κατατείνασα πολλάκις τοῖς πόνοις τοὺς πρὸς αὐτὴν κεχηνότας, οὐκ ἴσχυσε τοὺς καρποὺς ἀποδοῦναι τῶν πόνων αὐτοῖς, ἀλλὰ μετὰ τῆς ζημίας, καὶ αἰσχύνῃ καὶ κινδύνοις αὐτοὺς περιέβαλεν. Ἀλλ'
653 οὐκ αὐτὴ τοιαύτη, ἐπειδὴ οὐδὲ ἀνθρωπίνη. Ὅπερ
A ἑνὶ ῥήματι δηλῶν ὁ Παῦλος ἔλεγεν· Ἡ δὲ ἐλπὶς οὐ καταισχύνει. Οὐ γὰρ δὴ μόνον οὐ ζημιοῖ τὸν τὰ τοιαῦτα ἀγωνιζόμενον, οὐδὲ οὐ μόνον οὐ καταισχύνει, ἀλλὰ καὶ πολλῷ πλείονα καὶ πλοῦτον καὶ δόξαν αὐτῷ τῶν πόνων καὶ τῶν ἱδρώτων ἔρχεται φέρουσα. Τοιαύτη γὰρ ἡ χαριζομένη χεὶρ τούτων τῶν πόνων τὰς ἀμοιβάς. Τάχα ὑπερέβημεν τὸ μέτρον τῆς ἐπιστολῆς, ἀλλ' οὐ παρ' ὑμῖν τοῖς οὕτω σφοδροῖς ἡμῶν ἐρασταῖς. Οὐ γὰρ ἐπιστολιμαίων γραμμάτων νόμῳ, ἀλλὰ θεσμῷ φιλίας τὰ τοιαῦτα κρίνοντες, εὖ οἶδ' ὅτι καὶ βραχεῖαν εἶναι ταύτην ἡγήσεσθε τὴν ἐπιστολήν. Ἀλλ'
B ὅμως εἰ καὶ βραχεῖα ὑμῖν εἶναι δοκεῖ, οὐ παύσομαι καὶ ταύτης ἀπαιτῶν ὑμᾶς τοὺς μισθοὺς, οὐ τὸ φιλεῖσθαι παρ' ὑμῶν· οὐ γὰρ δεῖσθε εἰς τοῦτο τοῦ ἀπαιτήσοντος, οἴκοθεν αὐτὸ μετὰ πολλῆς ἀεὶ τῆς δαψιλείας καὶ κάτατιθέντες καὶ ὀφείλοντες· οὐδὲ τὸ ἀντιγράψαι ἡμῖν· οἶδα γὰρ ὅτι οὐδὲ εἰς τοῦτο ἑτέρου τινὸς ὑμῖν δεῖ τοῦ ἀναμνήσοντος ὑμᾶς· ἀλλὰ τίς ὁ μισθός; Τὸ δῆλον ἡμῖν ποιῆσαι, ὅτι σκιρτᾶτε, ὅτι χαίρετε καὶ εὐφραίνεσθε, καὶ ὅτι οὐδὲν ὑπὸ τῶν ἐπενεχθέντων ὑμῖν πεπόνθατε δεινῶν, ἀλλὰ πλείονος ἡδονῆς ὑμῖν ὑπόθεσις αἱ ἐπιβουλαὶ γίνονται. Ἂν γὰρ δεξώμεθα ἐπιστολὴν ταῦτα φέρουσαν ἡμῖν τὰ εὐαγγέλια, καὶ
C ἐρημίας, καὶ λιμοῦ, καὶ λοιμοῦ, καὶ πολέμων Ἰσαυρικῶν, καὶ ἀῤῥωστίας ἁπάσης, οἷς ἅπασιν ἐκδεδόμεθα νῦν, ἔσται ἡμῖν παράκλησις τὰ τοιαῦτα γράμματα, καὶ φάρμακα, καὶ ἰατρεῖα. Ἐννοοῦντες τοίνυν ἡλίκα ἡμῖν χαριεῖσθε, καὶ ἐπιστεῖλαι, καὶ ταῦτα ἡμῖν ἐπιστεῖλαι παρακλήθητε, ἵνα ἡμᾶς, καὶ ἐκ το-

σούτου καθημένους διαστήματος, πολλῆς ἐμπλήσητε τῆς εὐφροσύνης.

ex illatis vobis acerbitatibus non modo nulla mœstitia affici, verum insidias, quæ vobis fiunt, majoris etiam voluptatis materiam affero. Nam si epistolam hujusmodi nuntium ferentem acceperimus, ea nobis et solitudinis, et famis, et pestis, et Isauricorum bellorum, et morborum omnium, quibus omnibus malis nunc vexamur, solatium et remedium ac sanatio futura est. Cogitantes igitur, quantam a nobis gratiam inituri sitis, ad nos, quæso, scribite, et res ejusmodi scribite, quo tanto licet intervallo a vobis sejunctos ingenti lætitia perfundatis.

ρη'. Οὐρβικίῳ ἐπισκόπῳ.

Εἰ καὶ πολὺν ἔχω χρόνον μὴ συγγενόμενός σου τῇ εὐλαβείᾳ, ἀλλ' οὐδὲν ἐντεῦθεν ῥαθυμότερος περὶ τὸ φιλεῖν γέγονα. Τοιαύτη γὰρ τῆς γνησίας ἀγάπης ἡ φύσις· οὐ χρόνῳ μακρῷ μαραίνεται, οὐ δυσκολίᾳ πραγμάτων ἀμαυροῦται, ἀλλὰ μένει διηνεκῶς ἀκμάζουσα. Διὸ δὴ καὶ ἡμεῖς, καὶ ἐν πολλαῖς περιστάσεσι γενόμενοι, καὶ νῦν εἰς τὴν ἐσχάτην τῆς οἰκουμένης ἐρημίαν ἀπενεχθέντες, καὶ φόβῳ συζῶντες διηνεκεῖ τῷ τῶν λῃστῶν, καὶ πολιορκίᾳ καινῇ (καθ' ἑκάστην γὰρ ἡμέραν ἡ Κουκουσὸς πολιορκεῖται, τὰς ὁδοὺς τῶν λῃστῶν ἀποτειχισάντων), οὐδενὶ τούτων γεγόναμεν ῥαθυμότεροι περὶ τὴν σὴν εὐλάβειαν, ἀλλὰ καὶ γράφομεν, καὶ τὴν ὀφειλομένην ἀποδιδόαμεν πρόσρησιν, καί σε παρακαλοῦμεν, εἰ μὴ βαρὺ, μηδὲ ἐπαχθὲς, καὶ αὐτὸν ἡμῖν ἐπιστέλλειν. Οὕτω γὰρ καὶ ἡδονὴν πολλὴν καρπωσόμεθα, παρ' ὑμῶν τῶν οὕτω γνησίως ἀγαπώντων ἡμᾶς δεχόμενοι γράμματα, καὶ διὰ τούτων τὴν παρουσίαν φανταζόμενοι τὴν ὑμετέραν.

CVIII. Urbicio episcopo.

Cucuso anno 404.

Etsi consuetudinem tecum jamdiu minime habui, nihilo propterea segnior in amore factus sum. Ejusmodi enim veræ caritatis natura est, ut nec temporis diuturnitate languescat, nec rerum difficultatibus obscuretur, sed perpetuum florem ac vigorem retineat. Quamobrem nos quoque, quamvis multis incommodis premamur, ac nunc in extremam orbis solitudinem avecti simus, atque in perpetuo prædonum metu novoque obsidionis genere vivamus (circumsidetur enim quotidie Cucusus, omnibus nimirum viis a latronibus interclusis): nihil tamen horum efficere potuit, ut mea erga te officia minus constarent. Quin potins et scribimus ipsi, ac debitum salutationis munus tibi persolvimus, et te vicissim rogamus, ut nisi grave ac molestum est, ipse quoque ad nos scribas. Sic enim ingenti quoque voluptate afficiemur, cum a vobis, a quibus tam sincere amamur, literas accipiemus, ac per eas præsentiam vestram nobis animo et cogitatione fingemus.

ρθ'. [a] Ῥουφίνῳ ἐπισκόπῳ.

Οἶδά σου τῆς ἀγάπης τὸ στεῤῥόν. Ὀλίγα μέν σοί

CIX. Rufino episcopo.

Cucuso anno 404.

Scio quam firma caritate sis. Quamvis enim

[a] In Edit. Savil. legitur Ῥουφίνῳ ἐπισκόπῳ [Ῥώσου], sic voce Ῥώσου inter uncinos posita quasi in textum aliunde sit invecta [imo quasi a quibusdam Codicibus absit, ut ipse loquitur Sav. in Præfat. Tom. 1]: idem vero Savil. in epistola 235, quæ est ad Porphyrium episcopum, non addit vocem Ῥώσου quæ est ibi. In utraque Morelli Editione Ῥουφίνῳ ἐπισκόπῳ legitur, sine addito Ῥώσου, atque sic in omnibus omnino Mss. tum Frontonianis, tum nostris; ita secundum Savilium Rufinus, secundum Frontonianam Editionem Porphyrius episcopus fuerit Rhosi; pro Frontoniana lectione sunt omnes Mss, pro Saviliana nullus affertur, voxque inter uncinos, quasi invecta, ponitur: ita ut Frontonianæ standum omnino videatur. Attamen Tillemontius mavult credere Rufinum fuisse episcopum Rhosi, quia scilicet cum Porphyrium alloquitur Chrysostomus, ait ipsum e vicino sedes habere; at Rhosus, inquit, non tam vicina Cuenso erat. Verum, ut Cucusum in Cilicia ponunt non pauci geographi, sic etiam Rhosum in Cilicia plerique omnes constituunt. Quod si tabulæ geographicæ, ut annotat ibidem Tillemontius, Rhosum Antiochiæ quam Cuenso viciniorem statuunt: nescio utrum hisce tabulis sit usquequaque fidendum, et alioquin ex ipso Tillemontio Antiochia non tanto terrarum intervallo Cuenso distabat, Rhosus autem inter ambas quasi dimidium spatii occupabat. Ut ut res est, omnium Mss. lectionem sequi debemus.

exigua mihi tecum aliquando Antiochiæ consuetudo fuerit, reverendissime ac religiossime mi domine, tamen ingens pietatis tuæ ac prudentiæ documentum cepi. Quo quidem ex tempore, tametsi longo, ardentem semper erga te caritatem retinui, ac perinde atque si heri dumtaxat et nudiustertius te vidissem, ita præsentiam tuam imaginor. Proindeque et scribo, et te item rogo, ut nostri memoriam minime intermittas. In Cucusum, hoc est in locum totius nostri orbis desertissimum, abducti sumus, ac singulis pene diebus Isaurorum incursionibus obsidemur. Et tamen, tot licet incommodis laborantes, si de caritate vestra minime dubio animo simus, nosque sinceram vestram benevolentiam obtinere perspicue sciamus, non vulgarem in his quoque calamitatibus consolationem capiemus.

654 A ποτε συνεγενόμεθα ἐν Ἀντιοχείᾳ, δέσποτά μου τιμιώτατε καὶ εὐλαβέστατε, πολλὴν δέ σου πεῖραν τῆς εὐλαβείας καὶ τῆς συνέσεως εἰληφότες, καὶ τῆς περὶ ἡμᾶς ἀγάπης. Ἐξ ἐκείνου, καίτοι πολλοῦ μεταξὺ γενομένου τοῦ χρόνου, τὴν περὶ σὲ ἀγάπην ἀκμάζουσαν διατηροῦμεν, καὶ ὡς χθὲς καὶ πρῴην σε ἑωρακότες, οὕτως σου φανταζόμεθα τὴν παρουσίαν. Διὸ καὶ ἐπιστέλλομεν, καὶ παρακαλοῦμεν μεμνῆσθαι ἡμῶν διηνεκῶς. Ἀπήχθημεν εἰς χωρίον τῆς καθ' ἡμᾶς οἰκουμένης ἐρημότατον, τὴν Κουκουσὸν, καὶ καθ' ἑκάστην σχεδὸν τὴν ἡμέραν ὑπὸ τῆς τῶν Ἰσαύ- B ρων πολιορκούμεθα ἐφόδου. Ἀλλ' ὅμως, καὶ ἐν τοσαύταις ὄντες περιστάσεσιν, ἢν θαῤῥῶμεν περὶ τῆς ἀγάπης τῆς ὑμετέρας, καὶ ἴδωμεν σαφῶς, ὅτι γνησίας ἀπολαύομεν διαθέσεως, οὐ τὴν τυχοῦσαν καὶ ἐν ταῖς θλίψεσι ταύταις καρπωσόμεθα τὴν παράκλησιν.

CX. *Basso episcopo.*

ρι'. Βάσσῳ ἐπισκόπῳ.

Cucuso anno 404.

Quid causæ est, quamobrem, cum tantam erga nos, et superiori tempore, et nuper Constantinopoli caritatem præ te tuleris, tamen posteaquam nos tibi vicinos esse audiisti, ne literas quidem ad nos dare dignatus es? An nescis quo erga pietatem tuam animo simus, et quibus amicitiæ vinculis tecum devincti? Equidem ipse spem habebam fore, ut et ipse huc venires, et nobis in tanta solitudine positis solatium adhiberes. Quid enim Cuenso desertius esse queat, quæ præter solitudinem Isaurorum etiam incursionibus obsidetur? Quod si hoc tum propter latronum metum, tum propter viæ difficultatem, laboriosum tibi ac molestum esse videtur, saltem ad nos scribere, ac de tua valetudine certiores nos facere ne graveris: quo licet in externa terra degentes, ingentem hinc consolationem capiamus.

Τί τοῦτο; Ὁ τοσαύτην περὶ ἡμᾶς ἀγάπην ἐπιδειξάμενος, καὶ ἐν τῷ ἔμπροσθεν χρόνῳ, καὶ ἔναγχος ἐν Κωνσταντινουπόλει, ἀκούσας ἡμᾶς ἐκ γειτόνων C εἶναι τῆς σῆς τιμιότητος, οὐδὲ γραμμάτων ἡμᾶς ἠξίωσας. Οὐκ οἶσθ' ὅπως διακείμεθά σου περὶ τὴν εὐλάβειαν, καὶ ὅπως συνδεδέμεθά σοι τῷ τῆς φιλίας δεσμῷ; Ἐγὼ μὲν γὰρ προσεδόκων σε καὶ ἥξειν ἐνταῦθα, καὶ παρακαλέσειν ἡμᾶς ἐν ἐρημίᾳ τοσαύτῃ καθεστῶτας. Τί γὰρ ἂν γένοιτο ἐρημότερον Κουκουσοῦ, μετὰ τῆς ἐρημίας, καὶ ὑπὸ τῆς τῶν Ἰσαύρων πολιορκουμένης ἐφόδου; Ἀλλ' ὅμως, εἰ τοῦτο ἐργῶδες διά τε αὐτῶν τῶν λῃστῶν τὸν φόβον, διά τε τῆς ὁδοῦ τὴν δυσκολίαν, γράφειν ἡμῖν μὴ κατόκνει, καὶ τὰ D περὶ τῆς ὑγείας τῆς σῆς εὐαγγελίζεσθαι, ἵνα, καὶ ἐν ἀλλοτρίᾳ διατρίβοντες, πολλὴν ἐντεῦθεν καρπωσώμεθα τὴν παράκλησιν.

CXI. *Anatolio episcopo Adanæ.*

ρια'. Ἀνατολίῳ ἐπισκόπῳ Ἀδάνης.

Cucuso anno 404.

Cum ardentem tuum erga me amorem, idque de facie minime notum, ex multorum sermone accepissem, equidem tecum quoque congredi cuperem. Quoniam autem nulla spes affulget fore, ut nobis id liceat, negatum congressum literarum colloquio compenso, mihi amplissimum beneficium præbens. Quamquam enim Cucusus, quo nunc abducti sumus, desertissimus locus est, ac multorum periculorum plenus, perpetuaque la-

Ἐγὼ μὲν καὶ συγγενέσθαι ἐπεθύμουν σου τῇ τιμιότητι, παρὰ πολλῶν ἀκούων τὸν θερμὸν ἔρωτα, ὃν περὶ ἡμᾶς ἔχεις, καὶ ταῦτα μὴ συγγενόμενος ἡμῖν. Ἐπειδὴ δὲ τοῦτο τέως οὐκ ἔνι, τὸ τῆς συνουσίας [a] ἐλπὶς γενέσθαι, διορθοῦμαι τῇ τῶν γραμμάτων ὁμι- E λίᾳ, χάριν ἑαυτῷ παρέχων μεγίστην. Εἰ γὰρ καὶ ἐρημότατον χωρίον, εἰς ὃ νῦν ἀπηνέχθημεν, ἡ Κουκουσὸς, καὶ κινδύνων γέμον πολλῶν, καὶ φόβῳ διηνεκεῖ τῶν λῃστῶν πολιορκούμενον, ἀλλ' οὐδὲν τούτων

[a] Forte ἐλπίδα. In Savil. hæc mutila sunt.

ἡμᾶς θορυβεῖ, οὐδὲ διαταράττει, τῆς ὑμετέρας ἀπολαύοντας ἀγάπης· ἀλλ' εἰ καὶ τῷ σώματι διεστήκαμεν, τῇ ψυχῇ συνδεδεμένοι μετὰ πολλῆς τῆς σφοδρότητος ὑμῖν, τὴν ὑμετέραν μᾶλλον τὴν ἀτάραχον καὶ ἀπόλεμον, ἢ τὴν Κουκουσὸν οἰκεῖν δοκοῦμεν, ἀεὶ μεθ' ὑμῶν ὄντες τῇ διαθέσει, καὶ ὅπουπερ ἂν ὦμεν, ἐπὶ διανοίας σε περιφέροντες.

tronum incursione circumsessus : nihil tamen horum est quod nobis tumultum ac perturbationem afferat, dum vestram benevolentiam obtineamus : verum etiamsi corpore disjuncti simus, arctissimis tamen animi vinculis vobiscum adstricti, tranquillam ac bellis vacuam regionem vestram potius, quam Cucusum, incolere nobis videmur, ut qui animo vobiscum semper versemur, atque ubicumque simus, mente et cogitatione vos circumferamus.

655 A

ριβ'. [a] Θεοδώρῳ ἐπισκόπῳ.

CXII. *Theodoro episcopo.*

Εἰ μὲν οἷόν τε ἦν καὶ ἐλθεῖν, καὶ περιπτύξασθαί σου τὴν εὐλάβειαν, καὶ ἐντρυφῆσαί σου τῇ ἀγάπῃ διὰ τῆς παρουσίας αὐτῆς, μετὰ πολλῆς ἂν τοῦτο ἐποιήσαμεν τῆς σπουδῆς, καὶ τοῦ τάχους· ἐπειδὴ δὲ τοῦτο οὐκ ἐφ' ἡμῖν κεῖται νῦν, διὰ τῶν γραμμάτων τὸ αὐτὸ τοῦτο πληροῦμεν. Κἂν γὰρ πρὸς αὐτὰς τῆς οἰκουμένης τὰς ἐσχατιὰς ἀπενεχθῶμεν, ἐπιλαθέσθαι σου τῆς ἀγάπης οὐ δυνάμεθα, τῆς γνησίας, καὶ θερμῆς, καὶ εἰλικρινοῦς, καὶ ἀδόλου, τῆς τε ἄνωθεν, καὶ ἐξ ἀρχῆς, ἥν τε ἐπεδείξω νῦν. B Οὐδὲ γὰρ ἔλαθεν ἡμᾶς ὅσα καὶ εἰπεῖν καὶ ποιῆσαι ὑπὲρ ἡμῶν ἐσπούδασας, δέσποτά μου τιμιώτατε καὶ θεοφιλέστατε. Εἰ δὲ μηδὲν γέγονε πλέον, ἀλλὰ τὸν Θεὸν ὀφειλέτην ἔχεις τῆς σπουδῆς, καὶ τῆς προθυμίας, καὶ τὸν μισθὸν ἀπηρτισμένον. Καὶ ἡμεῖς οὐ παυόμεθα χάριν εἰδότες σου τῇ ὁσιότητι, καὶ πρὸς ἅπαντας ἀνακηρύττοντές σου τὴν εὐλάβειαν, καὶ παρακαλοῦντες τὴν αὐτὴν ἀγάπην διὰ παντὸς ἀκμάζουσαν διατηρεῖν. Οὐ γὰρ τὴν τυχοῦσαν, καὶ ἐν ἐρημίᾳ καθήμενοι, καρπούμεθα τὴν παράκλησιν, ὅταν τοσοῦτον [b] ἐν καρδίᾳ θησαυρὸν καὶ πλοῦτον ἀποκείμενον ἔχωμεν, τῆς ἐγρηγορυίας καὶ γενναίας σου ψυχῆς τὴν ἀγάπην.

Si fieri potuisset, ut ad te proficiscerer, coramque maxima cum voluptate caritate tua fruerer, fecissem id quidem diligenter, magnaque cum celeritate : quoniam autem id nunc arbitrii nostri minime est, per literas hoc ipsum præstamus. Quamvis enim ad ipsos quoque orbis terræ fines relegati simus, sinceræ tamen ac germanæ minimeque fucatæ caritatis tuæ, quam et jam pridem, atque ab initio, et nunc etiam ostendisti, memoriam abjicere minime possumus. Nec vero clam me est, reverendissime ac religiosissime domine, quot quantaque nostri causa et dicere et facere studuisti. Quod si nihil hinc profectum est, at Deum tamen hujusce studii promtitudinisque animi debitorem habes, mercedemque perfectam ac numeris omnibus cumulatam. Ac nos etiam tuæ sanctitati gratiam habere, tuamque pietatem apud omnes prædicare minime desinimus, teque hortari atque obsecrare, ut eamdem caritatem perpetuo vigentem retineas. Neque enim, in hac licet solitudine affixi, vulgarem consolationem capimus, cum tantum in corde thesaurum, tantasque opes reconditas habemus, hoc est vigilantis ac generosi animi tui caritatem.

Cucuso anno 404.

[a] *Θεοδώρῳ ἐπισκόπῳ.* Hic putatur esse Theodorus Mopsuestenus ab adolescentia Chrysostomo amicus et familiaris, ad quem missas duas epistolas habes in principio Tomi primi Operum Chrysostomi. In Concilio tamen V, Tomo V Labbæi p. 490, negatur eum cui hæc mittitur epistola esse Theodorum Mopsuestenum : sed nulla allata negandi causa. Vide notam sequentem.

[b] *Ὅταν τοσοῦτον ἐν καρδίᾳ θησαυρόν.* Hunc locum retractatum mutatumque fuisse ex sequentibus liquebit. Facundus Hermianensis lib. 7, cap. 7, p. 633, Edit. Sirmondi, pro *ἐν καρδίᾳ* legit *ἐν Κιλικίᾳ*, *in Cilicia*, alii *ἐν καρδίᾳ*. Ex quatuor autem Mss. quos ad hanc epistolam emendandam habuimus, quorum unus Regius, duo Vaticani, et unus Coislinianus, Regius et unus Vaticanus nullam varietatem præ se ferunt : Vaticanus alter in vocem *ἔχωμεν* desinit, et sequentia prætermittit : Coislinianus autem omnium antiquissimus sic habet : [*ὅταν τοσοῦτον ἐν καρδίᾳ θησ. κ. πλ. ἀ.*] *ἔχωμεν καὶ ἐγρηγορυίας τὰς διανοίας· τοιοῦτον γὰρ τῆς γενναίας σου ψυχῆς ἡ ἀγάπη.* Itaque illud *ἐν Κιλικίᾳ*, quod cum serie ut in textu Facundi habetur quadrat, melius etiam quadrabit cum Vaticano, cujus sensus erit : *Cum tantum in Cilicia thesaurum, tantas opes reconditas habeamus :* vel etiam cum Coisliniano, cujus sensum sic effero : *cum tantum in Cilicia thesaurum, tantasque opes reconditas habeamus, mentemque pervigilem, tanta quippe est generosæ animæ tuæ caritas.* Certe, ut mihi quidem videtur, quamcumque lectionem sequamur, si *ἐν Κιλικίᾳ* legamus, series melius quadrabit. Si autem Theodorus hic in Cilicia episcopus fuerit, erit haud dubie Mopsuestenus, cum nullum alium in Cilicia episcopum Chrysostomi amicum fuisse sciamus,

CXIII. *Palladio episcopo.*

Ab anno 404. ad 407.

Pro eo quidem statu, quo res nostræ sunt, consolatione nihil opus habemus : siquidem ad consolationem nobis abunde est rerum quæ contigerunt argumentum. At vero communem Ecclesiarum tempestatem, ac naufragium illud, quod terrarum orbem invasit, luctu lacrymisque prosequimur : vosque omnes obsecramus, ut precibus juvetis, quo hæc internecio tandem aliquando depellatur, cunctaque ad summam tranquillitatem redeant. Hoc, quæso, facere ne intermittatis. Nam cum in occulto delitescatis, spatium habetis cum mente contrita precibus inhærendi. Porro minime parvum hoc existimandum est, nimirum benigno Deo ad pedes accidere. Quare sine intermissione hæc facite : et quam sæpissime licuerit, ad nos literas date. Nam etsi longo itineris intervallo a vobis semoti simus, nullum tamen diem prætermittimus, quin rerum vestrarum cura tangamur, cosque qui istinc veniunt (etiam si id raro contingat) interrogemus, curiosique sciscitemur. Ut igitur apertius omnia sciamus, hanc nobis, cum occasio se offeret, gratiam concedite, ut de vestra valetudine nos certiores faciatis, quo licet in solitudine degentes, ingenti solatio afficiamur.

ριγ'. Παλλαδίῳ ἐπισκόπῳ.

Ὑπὲρ μὲν τῶν καθ' ἡμᾶς αὐτοὺς οὐδὲν δεόμεθα παρακλήσεως· ἀρκεῖ γὰρ ἡμῖν εἰς παράκλησιν τῶν γενομένων ἡ ὑπόθεσις. Θρηνοῦμεν δὲ τὸν κοινὸν τῶν Ἐκκλησιῶν χειμῶνα, καὶ τὸ τὴν οἰκουμένην καταλαβὸν ναυάγιον, καὶ πάντας ὑμᾶς παρακαλοῦμεν εὐχαῖς βοηθεῖν, ὥστε τὴν πανωλεθρίαν ταύτην λυθῆναί ποτε, καὶ εἰς λευκὴν ἅπαντα μεταβαλεῖν γαλήνην. Τοῦτο δὴ ποιοῦντες μὴ διαλίπητε. Λανθάνοντες γὰρ καὶ κρυπτόμενοι, πλείονα σχολὴν ἔχετε νῦν προσκαρτερεῖν ταῖς εὐχαῖς, καὶ μετὰ θλιβομένης διανοίας. Οὐ μικρὸν δὲ τοῦτο, τῷ φιλανθρώπῳ προσπίπτειν Θεῷ. Μὴ διαλίπητε οὖν τοῦτο ποιοῦντες, καὶ ἡνίκα ἂν ἐξῇ, καὶ γράφετε ἡμῖν συνεχῶς. Εἰ γὰρ καὶ πολλῷ τῷ μήκει τῆς ἐμμελείας ὑμῶν ἀπῳκίσθημεν, ἀλλ' οὐ παυόμεθα καθ' ἑκάστην ἡμέραν μεριμνῶντες τὰ ὑμέτερα, καὶ τοὺς ἐκεῖθεν ἀφικνουμένους (εἰ καὶ τούτων
656 A σπανιάκις ἐπιτυγχάνομεν) ἐρωτῶντες καὶ περιεργαζόμενοι. Ἵν' οὖν σαφέστερον πάντα εἰδότες ὦμεν, ὅταν ἐγχωρῇ, παρέχετε ταύτην ἡμῖν τὴν χάριν, περὶ τῆς ὑγιείας τῆς ὑμετέρας εὐαγγελιζόμενοι ἡμᾶς, ἵνα καὶ ἐν ἐρημίᾳ διατρίβοντες πολλὴν καρπωσώμεθα τὴν παράκλησιν.

CXIV. *Elpidio episcopo.*

Cucuso anno 404. Hic Elpidius erat episc. Laodicenus.

Hoc quoque tuum est, hoc prudentis ac vigilantis naucleri, nempe ne in tantam quidem altitudinem assurgente tempestate animum dejicere, verum constanter adhuc in cura et sollicitudine versari, ac pro virili parte omnia præstare atque quoquo gentium per literas cursitare, ac tum propinquos tum remotos inter se conciliare, excitare, acuere, unumquemque admonere, ne fluctibus ac procellis se abripi sinat, verum stet ac vigilet, etiamsi alioqui innumeri alii fluctus his atrociores instent, ac etsi uno in loco positum, per consilia et cohortationes passim pervolare. Nihil quippe nobis, licet tanto spatio dissitis, latet eorum quæ ad te spectant. Ideo pietatem tuam,

ριδ'. Ἐλπιδίῳ ἐπισκόπῳ.

Καὶ τοῦτο σὸν, τοῦτο νήφοντος καὶ ἐγρηγορότος κυβερνήτου, τὸ μηδὲ εἰς τοσοῦτον ἀρθέντος τοῦ χειμῶνος ἀναπεσεῖν, ἀλλ' ἐπιμένειν ἔτι μεριμνῶντα καὶ φροντίζοντα, καὶ κατὰ τὸ ἐγχωροῦν τὰ ἑαυτοῦ πάντα εἰσφέροντα, πανταχοῦ [a] διὰ τῶν γραμμάτων περιτρέχοντα, τοὺς ἐγγὺς, τοὺς πόῤῥωθεν συγκροτοῦντα, διεγείροντα, παρεγγυῶντα μηδένα τῷ κλυδωνίῳ παρασυρῆναι, ἀλλ' ἑστάναι, καὶ νήφειν, κἂν μυρία τούτων ἐπίῃ χαλεπώτερα κύματα, καὶ ἐν ἑνὶ ἱδρυμένων τόπῳ, πανταχοῦ διὰ τῆς παραινέσεως ἵπτασθαι. Οὐδὲν γὰρ ἡμᾶς ἔλαθε τῶν σῶν, καίτοι ἐκ τοσούτου καθημένους διαστήματος. Διὸ καὶ μακαρίζομεν καὶ θαυμάζομέν σου τὴν εὐλάβειαν, καὶ τὴν διεγηγερμένην ψυχὴν, καὶ τὴν ἀπερίτρεπτον γνώμην, καὶ τὴν ἐν τοσούτῳ γήρᾳ

præterquam Theodorum Mopsuestenum. Imo vero, ut optime observavit Tillemontius, utrovis modo legas, ἐν Κιλικίᾳ scilicet, aut ἐν καρδίᾳ, hunc tamen Theodorum esse Mopsuestenum omnino videbitur : nam duos solum Theodoros novimus, ad quos hæc epistola missa fuisse potuerit, Mopsuestenum nempe in Cilicia, et Tyaneum in Cappadocia. Cum Tyaneo autem nulla intercessisse videtur cum Chrysostomo consuetudo familiaritasve, cum Mopsuesteno autem a puero amicitia conjunctus fuit Chrysostomus. In hac porro epistola magna necessitudinis familiaritatisque testimonia comparent. Hæc iterum excutientur in Vita Chrysostomi.

[a] Duo. Mss. διὰ τῶν πραγμάτων.

νεάζουσαν προθυμίαν· καὶ οὐδὲν ἀπεικός. Ὅταν μὲν C γὰρ τὰ προκείμενα τῆς τοῦ σώματος δέηται ῥώμης, κώλυμα ἐνταῦθα τὸ γῆρας γίνεται· ὅταν δὲ ψυχῆς ἀπαιτῇ φιλοσοφίαν, οὐδὲν ἡ πολιὰ τοῖς κατορθώμασιν ἐπισκοτεῖν εἴωθεν· οὐ τοίνυν οὐδὲ ἐπεσκότησεν, ἀλλ' ἅπαντα παρὰ τῆς σῆς εὐλαβείας εἰσενήνεκται. Ὅτι δὲ καὶ καρπὸν δώσει τὸν προσήκοντα ὁ πόνος οὗτος καὶ ἡ τοσαύτη ἀγρυπνία, οὐδὲν οἶμαι δεῖν ἀμφιβάλλειν. Ἐπειδὴ δὲ μετὰ τῆς οἰκουμένης ἁπάσης καὶ ἡμετέραν μέριμναν κατεδέξω, διὰ τὴν πολλήν σου καὶ θερμὴν ἀγάπην, καὶ μαθεῖν ἐπιθυμεῖς οἷ διατρίβομεν, καὶ ἐν τίσιν [a] ὁρμᾷ τὰ ἡμέτερα, καὶ τίνες D οἱ συνόντες ἡμῖν, καὶ μαθεῖν οὐχ ἁπλῶς, ἀλλ' ὥστε καὶ χάριν αὐτοῖς εἰδέναι· ἡμεῖς μὲν ὑπὲρ τῆς τοσαύτης ἀγάπης οὐ παυσόμεθά σε ἀνακηρύττοντες, στεφανοῦντες, παρὰ πᾶσιν ἀναγορεύοντες, χάριτας ὁμολογοῦντες [b] παρὰ τοῖς ἐντυγχάνουσι καὶ συγγινομένοις ἡμῖν. Αὐτὸς δὲ τὰς μεγίστας ἀμοιβὰς καὶ μείζους τῶν πόνων ἀνάμενε παρὰ τοῦ φιλανθρώπου Θεοῦ, τοῦ ταῖς ἀντιδόσεσιν ἐκ πολλοῦ τοῦ περιόντος νικῶντος τοὺς ἀγαθόν τι ποιεῖν ἢ λέγειν ἐσπουδακότας. Ὥστε δέ σε καὶ ἑτέρωθεν ἡσθῆναι μαθόντα τὰ ἡμέτερα, πρὸς μὲν τὸ ἐρημότατον χωρίον ἀπῳκίσθημεν, E τὴν Κουκουσόν, πλὴν ἐρημίας οὐδεμίαν αἴσθησιν ἔχομεν· τοσαύτης ἀπολαύομεν ἡσυχίας, τοσαύτης ἀδείας, τοσαύτης παρὰ πάντων θεραπείας. Τά τε γὰρ λείψανα τῆς ἀῤῥωστίας εὐχαῖς ταῖς σαῖς ἀπεθέμεθα, καὶ ἐν ὑγείᾳ διάγομεν νῦν, τοῦ τε φόβου τῶν Ἰσαύρων ἀπηλλάγημεν, καὶ ἐν ἀσφαλείᾳ κατέστημεν, ἀπραγμοσύνῃ τε ἐντρυφῶντες πολλῇ. Πάρεισι δὲ ἡμῖν καὶ οἱ τιμιώτατοι πρεσβύτεροι Κωνστάντιος καὶ Εὐήθιος, προσδοκῶνται δὲ καὶ ἕτεροι ταχέως ἀφίξεσθαι, οὓς εἰς τὸ 657 παρὸν τὰ δεσμὰ κατεῖχεν· ἀλλὰ πάντες ἀφέθησαν, A καὶ εὖ οἶδ' ὅτι πτήσονται πρὸς ἡμᾶς. Μὴ δὴ διαλίπῃς εὐχόμενος ὑπὲρ ἡμῶν τῶν σφόδρα σε ἀγαπώντων, δέσποτα αἰδεσιμώτατε καὶ θεοφιλέστατε, καὶ συνεχῶς ἐπιστέλλων, ἡνίκα ἂν ἐξῇ, καὶ τὰ περὶ τῆς ὑγείας δηλῶν τῆς σῆς. Οἶσθα γὰρ ὅπως ἡμῖν περισπούδαστον καθ' ἑκάστην, εἰ οἷόν τε, ἡμέραν περὶ ταύτης μανθάνειν. Τὸν δεσπότην μου τὸν τιμιώτατον καὶ εὐλαβέστατον πρεσβύτερον [a] Ἀσυγκρίτιον, μετὰ τῶν γλυκυτάτων αὐτοῦ παιδίων, καὶ πάντα σου τῆς θεοσεβείας τὸν κλῆρον πολλὰ παρ' ἡμῶν προσειπεῖν παρακλήθητι.

[a] [Savil. ὁρμεῖ.]

[b] Iidem παρὰ τοῖς συντυγχάνουσι.

C vigilem animum, constantem sententiam, vigentemque in tanta senectute animi alacritatem, mirificis laudibus in cælum ferimus: neque id mirum videri debet. Nam cum ea quæ proponuntur corporis robur desiderant, impedimentum hic affert senectus: at cum animi sapientiam dumtaxat requirunt, tum canities rebus præclare gerendis nihil officere consuevit, ut etiam nec offecit: nihil enim fuit, quod pietas tua non præstiterit. Quod autem, quem par est, fructum tantus hic labor tantæque vigiliæ allaturæ sint, D minime dubitandum esse arbitror. Quoniam porro pro ingenti tua et ardenti caritate universi orbis et nostri curam suscipiendam duxisti, atque, ubinam degamus, scire aves, quidque agamus, et qui nobiscum consuetudinem habeant, idque non frustra, verum ut ipsis quoque gratias habeas: nos quidem pro tanta caritate apud eos omnes qui nobiscum versantur, te summis laudibus afficere, tibique gratias agere numquam desinemus. Tu vero amplissima præmia et laboribus majora a benigno Deo exspecta, qui eos E qui boni aliquid efficere aut loqui studuerunt, præmiis longe antecellit. Ut autem aliunde quoque, hoc est rerum nostrarum statu cognito, habeas unde oblecteris, sic habeto, nos Cucusum quidem, hoc est in desertissimum locum, relegatos esse, cæterum nullo solitudinis sensu affici; tanta scilicet quiete, tanta securitate fruimur, tantis omnium officiis gaudemus. Nam et morbi reliquiis precum tuarum ope atque auxilio depulsis, bene nunc valemus, et Isaurorum metu A liberati sumus, atque in securitate versamur, ingentique otio nosmet oblectamus. Adsunt autem nobis reverendissimi presbyteri Constantius et Evethius, spesque est alios item brevi affuturos esse, quos scilicet hactenus vincula detinuerunt: nunc autem omnes iisdem soluti sunt, nec dubito quin ad nos advolaturi sint. Tu vero, domine summe venerande ac religiosissime, pro nobis, quibus es carissimus, preces ad Deum fundere, atque quam sæpissime, si facultas detur, ad nos scribere, deque tua valetudine nos certiores facere ne intermitte. Nec enim te fugit, quantæ nobis curæ sit, singulis etiam diebus, si fieri possit, de ea aliquid audire. Reverendissimo ac religiosissimo domino meo presbytero Asyncritio, suavissimisque ipsius filiis, atque universo tuo clero, velim meo nomine multám salutem dicas.

[a] Clarissimi v. Fabricii Codex Ἀσύγκριτον habet.

CXV. Theophilo presbytero.

Scripta postquam Cucusum advenerat anno 404.

Hoc quoque tui candoris, gratique animi est, quod cum ab his, quibus a me commendatus fueras, nihil acceperis, tamen ex nostro studio animique promtitudine rem æstimans, omnia te accepisse existimes. At nos hoc minime satis esse ducemus: verum et cum domino meo Theodoro prætoriano, qui Cucusum nos avexit, multum de hac re sermonem habuimus: et cum ad multos scriberemus, hoc quoque ipsis per literas mandavimus. Quamobrem sive fructus aliquis ex nostris literis oriatur, sive literæ dumtaxat literæ maneant, nec apud eos, a quibus accipiuntur, quidquam proficiant, cura, ut id quamprimum intelligam. Etenim in hoc quoque tuum erga nos amorem inprimis admiramur, teque item de nostro erga te amore minime dubitare, maximo argumento id esse ducimus, quod de his rebus ad nos verba facias. Quare sive quid hinc commodi promanet, sive nihil fructus proficiscatur, fac sciam: ut si quid profectum sit, iis gratias habeam qui de seipsis bene meriti fuerint; sibi enim magis quam tibi, cum hoc faciunt, largiuntur; sin secus, compendiariam quamdam ac procliviorem viam et rationem excogitemus, qua consolationem omnino percipias, nec jam in illa angustia deinceps verseris. Nam de nobisipsis optime merebimur, cum generosæ atque ingenuæ animæ tuæ curam ita susceperimus. Velim ad nos quam sæpissime scribas, nosque de tua valetudine nominisque tui celebritate certiores facias.

ριε'. Θεοφίλῳ πρεσβυτέρῳ.

B Καὶ τοῦτο τῆς εὐγνωμοσύνης, καὶ τῆς σῆς εὐχαρίστου σου γνώμης, τὸ μηδενὸς ἀπολελαυκότα παρὰ τούτων, οἷς σε παρακατεθέμεθα, τὸ πᾶν ἀπειληφέναι νομίζειν ἀπὸ τῆς ἡμετέρας προθυμίας. Ἀλλ' ἡμεῖς οὐκ ἀρκεσθησόμεθα τούτῳ, ἀλλὰ καὶ τῷ κυρίῳ μου Θεοδώρῳ τῷ ἐπαρχικῷ, τῷ ἀγαγόντι ἡμᾶς εἰς τὴν Κουκουσὸν, πολλὰ ταύτης ἕνεκεν διελέχθημεν τῆς ὑποθέσεως, καὶ πολλοῖς ἐπιστέλλοντες καὶ ταῦτα
C ἐπεστάλκαμεν. [b]Ἄν τε γοῦν γένηταί τι ἀπὸ τῶν γραμμάτων πλέον τῶν ἡμετέρων, ἄν τε γράμματα μένῃ μόνον τὰ γράμματα, μηδὲν ἀνύσαντα παρὰ τοῖς ἀποδεχομένοις αὐτὰ, διὰ ταχέων ἡμῖν δηλῶσαι σπούδασον. Καὶ γὰρ ἐν τούτῳ μάλιστα τὴν ἀγάπην σου θαυμάζομεν, καὶ τοῦ θαῤῥεῖν ἡμῖν τοῦτο μέγιστον ποιούμεθα σημεῖον, τὸ καὶ περὶ τούτων ἡμῖν διαλέγεσθαι. Δήλωσον τοίνυν ἡμῖν ἄν τε γένηταί τι πλέον, ἄν τε μηδὲν, ἵν' ἂν μὲν τὸ πρότερον ᾖ, χάριτας ὁμολογήσωμεν τοῖς τὴν ἑαυτῶν ὠφεληκόσι ψυχήν· ἑαυτοῖς γὰρ μᾶλλον ἢ σοὶ χαριοῦνται τοῦτο ποιοῦν-
D τες· ἄν τε τὸ δεύτερον, ἑτέραν τινὰ ὁδὸν σύντομον καὶ εὐκολωτέραν ἐπινοήσωμεν, δι' ἧς πάντως πάσης ἀπολαύσῃ παραμυθίας, ὡς ἐν μηδεμιᾷ εἶναι στενοχωρίᾳ. Ἡμῖν γὰρ αὐτοῖς τὰ μέγιστα χαριούμεθα, τῆς εὐγενοῦς σου καὶ ἐλευθέρας οὕτω φροντίζοντες ψυχῆς. Καὶ γράφε συνεχῶς ἡμῖν, τὰ περὶ τῆς ὑγείας τῆς σῆς, καὶ τῆς εὐδοκιμήσεως εὐαγγελιζόμενος.

CXVI. Valentino.

Cucuso anno 404.

Quidnam hoc est? Siccine, cum quantam ex tuis bonis voluptatem capiamus, quamque tuis laudibus et gloria exsultemus, probe seires, cumque etiam ante omnia ex tuo officio esset, honoris illius, ad quem nunc evectus es, magnitudinem nobis per literas significare, tu tamen, ut id prius ab aliis intelligeremus, sustinuisti, neque longa tibi ad eam rem purgatione opus esse putas, quod quantum quidem in te fuit, tanta lætitiæ magnitudine tamdin nos carere passus es? Nam vera quidem tua dignitas et maximum imperium animi virtus est. Verum quoniam his quoque

ρις'. Βαλεντίνῳ.

E Τί τοῦτο; Εἰδὼς ὅπως σου χαίρομεν τοῖς ἀγαθοῖς, καὶ σκιρτῶμεν ἐπὶ ταῖς σαῖς εὐδοκιμήσεσι, καὶ πρὸ πάντων ὀφείλων ἡμῖν δηλῶσαι τῆς τιμῆς τὸ μέγεθος, εἰς ὃ νῦν ἀνέβης, [c]ὑπέμεινας ἡμᾶς πρότερον παρ' ἑτέρων μαθεῖν τοῦτο, καὶ οὐ νομίζεις δεῖσθαί σοι πολλῆς εἰς τοῦτο ἀπολογίας, ὅτι ἠνέσχου, τό γε σὸν μέρος, τοσοῦτον χρόνον ἡμᾶς ζημιῶσαι εὐφροσύνης μέγεθος τηλικοῦτον; Τὸ μὲν γὰρ ἀξίωμά σου τὸ
658 ἀληθὲς, καὶ ἡ μεγίστη σου ἀρχὴ, τῆς ψυχῆς σού
A ἐστιν ἡ ἀρετή. Ἀλλ' ἐπειδὴ καὶ τούτοις τοῖς βιωτικοῖς εἰς τὴν ἐκείνης ὠφέλειαν κεχρῆσθαι μεμελέτηκας, καὶ ὅσῳ ἂν γένῃ δυνατώτερος, τοσούτῳ

[b] Tres Mss. *ἄν τε οὖν γένηταί τι πλέον.*

[c] Coislin. *ὑπέμεινας παρ' ἑτέρων ἡμᾶς πρότερον τοῦτο μαθεῖν· οὐδεμία σοι πρόφασις ἀπολογίας.*

λιμὴν εὐρύτερος τοῖς δεομένοις καθίστασαι, διὰ τοῦτο νῦν χαίρομεν, καὶ σκιρτῶμεν, ἀλλ' ὅμως οὐκ ἀφίεμέν σε τοῦ τῆς σιγῆς ἐγκλήματος. Πῶς οὖν ἡμῖν ἀπολογήσῃ καλῶς; Τῇ πυκνότητι τῶν ἐπιστολῶν, καὶ τῷ συνεχῶς τὰ περὶ τῆς ὑγείας ἡμῖν δηλοῦν τῆς σῆς καὶ τοῦ οἴκου σου παντός. Ἐπεὶ οὖν σε καὶ τὸν τρόπον τῆς ἀπολογίας ἐδιδάξαμεν, προστίθει τὰ παρὰ σαυτοῦ λοιπόν. Εἰ γὰρ καὶ μετὰ τὴν ἐπιστολὴν ταύτην μένεις σιγῶν, γραψόμεθά σε ῥαθυμίας πολλῆς, καὶ ἀλγήσομεν. Οἶδα δὲ σαφῶς ὅτι πικροτάτην ταύτην ἡγήσῃ διδόναι δίκην, τὸ ἀλγεῖν ἐπὶ τούτοις ἡμᾶς, ἐπειδὴ οἶδα πῶς καὶ φιλεῖν ἡμᾶς γνησίως καὶ θερμῶς ἐσπούδακας.

mundi honoribus ad illius utilitatem didicisti, quoque potentior evadis, eo etiam latior portus egentibus efficeris, ob eam causam nunc quoque gaudemus et exsilimus, nec tamen silentii culpam tibi remittimus. Quanam porro ratione belle nobis satisfacies? Nimirum si sæpe scribas, atque de tua totiusque tuæ domus valetudine nos frequenter certiores facias. Quoniam igitur rationem, B qua te nobis purges, a nobis accepisti, jam quæ tuarum sunt partium adjunge. Nam si hac epistola accepta in silentio perstos, ingentis negligentiæ dicam tibi impingemus, ægreque id feremus. Nec vero dubito, quin acerbissimæ pœnæ loco id habiturus sis, nos hoc nomine in dolore versari: quandoquidem quam sincere atque ardenter nos ames, haud mihi ignotum est.

ριζʹ. Θεοδώρᾳ.

Γράφω μὲν ὀλιγάκις τῇ κοσμιότητί σου, διὰ τὸ μὴ ῥᾳδίως ἐπιτυγχάνειν τῶν κομιζόντων τὰ γράμματα· μέμνημαι δέ σου οὐκ ὀλιγάκις, ἀλλὰ καὶ διηνεκῶς. Τὸ μὲν γὰρ ἐφ' ἡμῖν κεῖται, τὸ δὲ οὐκ ἐφ' ἡμῖν· ἀλλὰ τοῦ μὲν μεμνῆσθαι διηνεκῶς, αὐτοὶ κύριοι, τοῦ δὲ κομίζειν τὰς ἐπιστολὰς, οὐκ ἔτι. Διὰ τοῦτο τὸ μὲν ἀεὶ γίνεται, τὸ δὲ, ἡνίκα ἂν ἐξῇ. Τὰς μὲν οὖν ἄλλας ἐπιστολὰς πρόσρησιν ἐχούσας ἐπέμπομεν, ταύτην δὲ καὶ χάριτος αἴτησιν. Τίς δὲ ἡ χάρις; Σοὶ τῇ παρεχούσῃ μᾶλλον, ἢ τῷ δεχομένῳ τὸ κέρδος φέρουσα, καὶ πρὸ τοῦ λαμβάνοντος τὸν διδόντα ὠφελοῦσα. Καὶ γὰρ ἦλθεν εἰς ἡμᾶς, ὅτι δὴ Εὐστάθιος τῶν προσκεκρουκότων ἐστὶ τῇ τιμιότητί σου, καὶ τῆς οἰκίας τῆς σῆς ἐξέπεσε, καὶ ἀπὸ ὄψεως γέγονεν. Ὅπως μὲν οὖν ἔχει τοῦ πράγματος ἡ φύσις, καὶ τίνος ἕνεκεν τοσαύτην ὑπέμεινεν ὀργὴν, εἰπεῖν οὐκ ἔχω· ἐκεῖνο γὰρ ἔγνων μόνον· ἃ δὲ χρή σε παρ' ἡμῶν ἀκοῦσαι τῶν σφόδρα σου τῆς σωτηρίας ἀντεχομένων, ἐστὶ ταῦτα. Οἶσθα ὡς οὐδὲν ὁ παρὼν βίος, [a] ἀλλ' ἢ ἄνθη μιμεῖται ἠρινὰ, καὶ σκιὰς ἀδρανεῖς, καὶ ὀνειράτων ἐστὶν ἀπάτη· τὰ δὲ ἀληθῆ πράγματα, καὶ πεπηγότα, καὶ ἀμετακίνητα, τὰ μετὰ τὴν ἐντεῦθεν ἀποδημίαν ἡμᾶς διαδεξόμενά ἐστι. Ταῦτα καὶ παρ' ἡμῶν πολλάκις ἤκουσας, καὶ οἴκοθεν φιλοσοφοῦσα διατελεῖς. Διόπερ οὐδὲ μακρὰν ποιοῦμαι τὴν ἐπιστολὴν, ἀλλ' ἐκεῖνό φαμεν· εἰ μὲν ἀδίκως τινὲς ἐπηρεάσαντες ἐξέβαλον, αἰδουμένη τοῦ δικαίου τὴν φύσιν, διόρθωσον τὸ γεγενημένον· εἰ δὲ δικαίως, τοὺς τῆς φιλανθρωπίας τιμῶσα νόμους, τὸ αὐτὸ δὴ τοῦτο πάλιν ποίησον, ἔνθα καὶ αὐτὴ τὸ πλέον καρπώσῃ μᾶλλον ἢ

CXVII. Theodoræ.

Cucuso, ut putatur, anno 404. vel 405.

Raro ad te idcirco scribo, quod quibus literas dem haud facile nanciscar: at non item raro, sed perpetuo tui sum memor. Hoc enim in nostra potestate situm est, illud autem secus: sed ut tui memoriam perpetuo colamus, in nostro arbi- C trio consistit; ut autem epistolæ ferantur, non item. Quocirca illud semper fit, hoc autem tum denique, cum facultas datur. Atque aliis quidem epistolis te tantummodo salutabamus, hac autem beneficium quoque postulamus. Quodnam porro hoc beneficium est? Nimirum quod plus tibi, quæ dederis, quam mihi, qui accipiam, lucri afferat, dantique prius quam accipienti prosit. Etenim ad nos allatum est, Eustathium animum tuum offendisse, ac domo tua ejectum, atque ab oculis tuis submotum esse. Quonam autem modo D se res habeat, et cur tanta in eum iracundia usa sis, dicere nequeo: nam illud tantum scio: at vero quæ te a nobis, qui tuæ salutis studiosissimi sumus, audire convenit, hæc sunt. Non ignoras præsentem vitam nihil esse, verum flores vernos, atque imbecilles umbras imitari, nec aliud esse quam somniorum fallaciam: veras autem et fixas ac stabiles res esse ea, quæ nos post discessum ex hac vita exceptura sunt. Hæc et a nobis persæpe audiisti, et ipsa per te philosophari non desinis. Ideo non longam scribo epistolam; E illud autem aio: Si inique ac per calumniam id a quibusdam actum est, ut cum ejiceres, juris natura te moveat, ut quod factum est, corrigas;

[a] [Savil. ἀλλὰ ἄνθη.]

si autem jure ac merito, humanitatis legibus addicta hoc idem effice: nam hinc quoque plus, quam ille, commodi feres. Quemadmodum enim is qui centum denarios a conservo exigebat, non tam eum læsit, quam sibi letale vulnus inflixit, ut qui ob eam animi rigiditatem, quam in conservum exercuit, decem millium talentorum condonationem irritam reddiderit: eodem modo, qui proximi peccata præterit, hoc assequitur, ut mitius ab eo in futuro ævo rationes reposcantur; atque quo plura et graviora peccata remiserit, eo quoque majorem ipse veniam obtineat. Neque in hoc tantum discrimen positum est, sed in eo etiam, quod cum servile munus dederit, herile beneficium accipit. Quare ne mihi illud commemores, hoc et hoc ab eo perpetratum esse. Nam quo atrociora ea quæ commissa sunt esse ostenderis, eo magis necessariam ignoscendi causam esse demonstrabis, quod hac ratione multo majorem humanitatis ac misericordiæ materiam in futurum tibi præconditura sis. Quamobrem iram, etiamsi alioqui justam, depelle, indignationem sapienter comprime: hoc Deo sacrificii loco offer, nobis etiam, quibus cara es, hoc indulge: et quantam vel brevi epistola apud te auctoritatem habeamus ostende. Tibi etiam ipsi magna hæc quæ dixi præbe, nempe ut motu ac perturbatione vaces, ut tumultum hinc orientem ex animo tuo ejicias, ut denique ob eam causam magna cum animi fiducia ingressum in regnum a benigno Deo postules. Benignitate quippe erga proximum ingentia scelera commodissime ex-
Matth. 6. 14. piantur. *Si enim*, inquit Christus, *remiseritis hominibus delicta sua, remittet et vobis Pater vester cælestis*. Hæc igitur omnia cum animo tuo considerans, ad nos epistolam mitte, quæ literas nostras aliquid profecisse significet. Nam quod officii nostri ratio postulabat, absolvimus, idque quod in nostro arbitrio situm erat, fecimus; monuimus, rogavimus, gratiam petiimus, quæ oportebat suasimus. Tua jam causa prorsus laboramus. Nam nos quidem, sive nostra hæc cohortatio aliquid effecerit, sive nihil utilitatis attulerit, merces manet: licet enim etiam verborum mercedem referre. Nunc autem omnis noster labor eo spectat, ut per rem ipsam te quoque lucremur, ac tu per hujus vitæ recte facta futura et immortalia bona facillime percipias.

ἐκεῖνος. Ὥσπερ γὰρ ὁ τὸν ὁμόδουλον ἀπαιτῶν τὰ ἑκατὸν δηνάρια, οὐχ ἐκεῖνον τοσοῦτον ἔβλαψεν, ὅσον ἑαυτῷ καιρίαν ἔδωκε τὴν πληγὴν, διὰ τῆς πρὸς τὸν σύνδουλον ἀκριβολογίας μυρίων ταλάντων συγχώρησιν ἀνατρέψας· οὕτως ὁ παρατρέχων τὰ τοῦ πλησίον
659 ἁμαρτήματα ἡμερωτέρας ἑαυτῷ ποιεῖ τὰς ἐν τῷ
A μέλλοντι εὐθύνας, καὶ ὅσῳ ἂν μείζονα τὰ ἁμαρτήματα ἀφῇ, τοσούτῳ καὶ αὐτὸς πλείονος τεύξεται τῆς συγχωρήσεως. Οὐ ταύτῃ δὲ μόνον ἐστὶ τὸ διάφορον, ἀλλὰ καὶ τῷ δουλικὴν διδόντα χάριν, δεσποτικὴν λαμβάνειν δωρεάν. Μὴ τοίνυν μοι λέγε, ὅτι τὸ καὶ τὸ αὐτῷ πεπλημμέληται. Ὅσῳ γὰρ ἂν δείξῃς χαλεπώτερα τὰ γεγενημένα, τοσούτῳ τῆς συγχωρήσεως ἀναγκαιοτέραν ἀποφαίνεις τὴν πρόφασιν, ἐπειδήπερ πολλῷ πλείονα φιλανθρωπίας ἐν τῷ μέλλοντι προαποθήσῃ σαυτῇ τὴν ὑπόθεσιν. Λῦσον τοίνυν τὴν ὀργὴν, κἂν δικαία ᾖ, δάμασον λογισμῷ φιλοσόφῳ τὸν θυμὸν,
B ἀνένεγκε τοῦτο θυσίαν τῷ Θεῷ· χάρισαι καὶ ἡμῖν τοῖς ἀγαπῶσί σε, καὶ δεῖξον πῶς καὶ ἀπὸ βραχείας ἐπιστολῆς τοσαύτην ἔχομεν δύναμιν. [Χάρισαι καὶ σαυτῇ τὰ μεγάλα ταῦτα, ἅπερ εἶπον ἐγὼ, τὸ ἀτάραχον, τὸ ἐξοικίσαι τῆς ψυχῆς τὸν ἐντεῦθεν θόρυβον, τὸ μετὰ πολλῆς παῤῥησίας καὶ ἐντεῦθεν αἰτεῖν παρὰ τοῦ φιλανθρώπου Θεοῦ τὴν εἰς τὴν βασιλείαν εἴσοδον. Καὶ γὰρ μέγα καθάρσιον ἁμαρτημάτων ἡ εἰς τὸν πλησίον φιλοφροσύνη· Ἐὰν γὰρ ἀφῆτε τοῖς ἀνθρώποις, φησὶ, τὰ παραπτώματα αὐτῶν, ἀφήσει καὶ ὑμῖν ὁ Πατὴρ ὑμῶν ὁ οὐράνιος. Ταῦτ' οὖν ἅπαντα λογισαμένη πέμψον ἡμῖν ἐπιστολὴν, δηλοῦσαν ὅ,τι
C ἤνυσαν τὰ γράμματα ἡμῶν. Τὸ μὲν γὰρ ἡμέτερον ἀπήρτισται, καὶ πεποιήκαμεν οὗπέρ ἐσμεν κύριοι· παρεκαλέσαμεν, ἐδεήθημεν, χάριν ᾐτήσαμεν, συνεβουλεύσαμεν ἅπερ ἐχρῆν. Πᾶσα δέ ἐστιν ὑπὲρ σοῦ λοιπὸν ἡ σπουδή. Ἡμῖν μὲν γὰρ ὁ μισθὸς, ἄν τε γένηταί τι πλέον, ἄν τε μὴ γένηται, τῆς παρακλήσεως ταύτης ἀποκείσεται· ἔστι γὰρ καὶ ῥημάτων λαβεῖν ἀμοιβήν. Ὁ δὲ κάματος ἡμῖν ἅπας, διὰ τοῦ ἔργου καὶ τὴν σὴν κερδᾶναι κοσμιότητα, καὶ ἀπὸ τῶν παρόντων κατορθωμάτων τὰ μέλλοντα καὶ ἀθάνατα ἀγαθὰ μετὰ πολλῆς καρπώσασθαι τῆς εὐκολίας.

ριη'. Ἐπισκόποις καὶ πρεσβυτέροις τοῖς ἐν τῇ φυλακῇ.

Δεσμωτήριον οἰκεῖτε, καὶ ἅλυσιν περίκεισθε, καὶ μετὰ τῶν αὐχμώντων καὶ ῥυπώντων ἐστὲ κατακεκλεισμένοι· καὶ τί ἂν γένοιτο μακαριώτερον ὑμῶν τούτων ἕνεκεν; Τί γὰρ τοιοῦτον στέφανος χρυσοῦς κεφαλῇ περικείμενος, οἷον [a] ἅλυσις δεξιᾷ περιπλεκομένη διὰ τὸν Θεόν; τί δὲ τοιοῦτον οἰκίαι περιφανεῖς καὶ μεγάλαι, οἷον δεσμωτήριον ζόφου καὶ ῥύπου γέμον, καὶ πολλῆς τῆς ἀηδίας, καὶ τῆς θλίψεως διὰ τὴν αὐτὴν ὑπόθεσιν; Διὰ ταῦτα σκιρτᾶτε, ἀγάλλεσθε, στεφανοῦσθε, χορεύετε, ὅτι πολλῆς ἐμπορίας ὑμῖν ὑπόθεσις τὰ συμβάντα λυπηρά. Τοῦτο σπόρος ἄμητον προαναφωνῶν ἄφατον, τοῦτο παλαίσματα νίκην ἔχοντα καὶ βραβεῖα, τοῦτο πλοῦς ἐμπορίαν πολλὴν προξενῶν. Ταῦτ' οὖν ἅπαντα ἀναλογισάμενοι, κύριοί μου τιμιώτατοι καὶ εὐλαβέστατοι, χαίρετε καὶ εὐφραίνεσθε, μὴ διαλίπητε τὸν Θεὸν ἐπὶ πᾶσι δοξάζοντες, 660 καὶ καιρίας τῷ διαβόλῳ διδόντες πληγὰς, καὶ πολλὴν ἑαυτοῖς ἐν τοῖς οὐρανοῖς προαποτιθέμενοι τὴν ἀμοιβήν. Οὐ γὰρ ἄξια τὰ παθήματα τοῦ νῦν καιροῦ πρὸς τὴν μέλλουσαν δόξαν ἀποκαλύπτεσθαι εἰς ὑμᾶς. Γράφετε δὲ καὶ ἡμῖν συνεχῶς. Σφόδρα γὰρ ἐπιθυμοῦμεν γράμματα δέχεσθαι παρ' ἀνθρώπων διὰ τὸν Θεὸν δεδεμένων, τὰ παθήματα ὑμῶν ἀπαγγέλλοντα, καὶ πολλὴν ἐντεῦθεν, καὶ ἐν ἀλλοτρίᾳ διατρίβοντες, καρπωσόμεθα τὴν παράκλησιν.

CXVIII. *Episcopis et presbyteris in carcere degentibus.*

Sub initium exsilii anno 404.

Carcerem incolitis, et catena victi estis, et cum squalidis et sordidis inclusi: et quid tandem hoc nomine beatius vobis fingi queat? Quid enim tale habet aurea corona capiti cingens, quale catena manum propter Deum circumdans? quid tale ingentes et splendidæ domus, quale carcer, caliginis, sordium, ingentis fœtoris et calamitatis plenus, Dei causa toleratus? Quæ cum ita sint, gaudete, exsultate, coronis capiti cingite, tripudiate, quod, molestiæ, in quas incidistis, magnam vobis commodorum materiam accersant. Hoc nimirum semen est, messem copiosissimam prænuntians: hoc luctæ, victoriam et palmas afferentes: hoc navigatio, amplum et uberem quæstum concilians. Hæc igitur omnia cum animis vestris reputantes, reverendissimi ac religiosissimi domini mei, gaudete ac lætamini, nec tempus ullum intermittite, quin Deum in omnibus rebus laudetis, ac mortiferas diabolo plagas inferatis, ingentemque vobis ipsis in cælis mercedem recondatis. *Non enim condignæ sunt passiones hujus sæculi ad futuram gloriam, quæ revelabitur in vobis.* Rom. 8. 18. Ad nos autem quam sæpissime scribite. A vobis etenim, qui Dei causa vincti estis, literas, quæ afflictiones vestras exponant, magnopere accipere cupimus: hincque ingentem, etiam in externa terra degentes, consolationem capiemus.

ριθ'. Θεοφίλῳ πρεσβυτέρῳ.

Οὐκοῦν ἐπειδή σοι θύραν ἀνέῳξα τοῦ γράφειν, δεῖξον ὡς οὐχ ὁ ὄκνος ἐποίει τὴν ἔμπροσθεν σιγὴν, ἀλλὰ τὸ παρ' ἡμῶν ἀναμένειν λαβεῖν τοῦ γράφειν τὴν παῤῥησίαν, καὶ πέμπε νιφάδας ἡμῖν γραμμάτων, τὴν σὴν ἀπαγγελλόντων ἡμῖν εὐδοκίμησιν· οἶσθα γὰρ ὅπως αὐτῆς ἀντεχόμεθα· μηδὲ ἀφῇς τῆς ἀθυμίας τὴν τυραννίδα εἰς σιγήν σε ἐμβαλεῖν, ἀλλὰ πάσης ἀράχνης εὐκολώτερον αὐτὴν διασπάσας, φαίνου λαμπρὸς ἐπὶ τῆς παρατάξεως, καὶ τῇ πολλῇ παῤῥησίᾳ καὶ ἐλευθερίᾳ συγχέων τοὺς ἐναντίους. [a] Νῦν γάρ ἐστι καιρὸς εὐδοκιμήσεως καὶ ἐμπορίας πολλῆς. Οὐδὲ γὰρ ἔμπορος ἐν λιμένι καθήμενος, τὰ φορτία συνάγειν δύναιτ' ἂν, ἀλλὰ μακρὰ διαπερῶν πελάγη, καὶ κυ-

CXIX. *Theophilo presbytero.*

Scripta cum Cucusum pergeret anno 404.

Ergo posteaquam tibi a me scribendi janua patefacta est, illud ostende, te superiori tempore non negligentia tacuisse, verum quod illud exspectares, ut tibi a me scribendi fiducia præberetur: ac mihi literarum quæ me de nominis tui claritate, cui quantopere faveam non ignoras, certiorem faciant, ingentem copiam mitte: nec permitte, ut mœroris tyrannis in silentium te conjiciat, verum eam quavis araneæ tela facilius dirumpe, atque alacrem te in acie præbe, per ingentem fiduciam ac libertatem adversarios sternens. Nunc adipiscendæ gloriæ, atque ingentis quæstus faciendi tempus est. Neque

[a] Omnes Mss. ἅλυσις δεξιὰν περιπλεκομένη. Infra quidam Mss. σκιρτᾶτε καὶ ἀγαλλιᾶσθε.

[a] Mss. νῦν γὰρ ἡμῖν καιρός. Unus ὑμῖν.

enim mercator, dum in portu desidet, merces colligit; sed dum ingentia maria trajicit, ac fluctus intrepido animo adit, atque cum fame et feris marinis colluctatur, multasque alias difficultates subit. Hæc igitur ipse quoque animo complectens, nempe periculorum, lucri etiam magnæque gloriæ, ac præmiorum omni sermone præstantiorum tempus esse, fac animi tui pennam excites, atque excusso mœroris pulvere magna cum facilitate universam phalangem obeas, omnesque instruas, acuas, excites, corrobores, promtioresque ac diligentiores reddas. Atque hæc nobis per literas tuas expone: nec eo quod tuas ipse laudes narraturus sis, metue, verum, ut quod a nobis imperatum est faciens, hanc nobis voluptatem dona: quo etiam procul dissiti, ingentem lætitiam capiamus, ea quæ scire cupimus abs te audientes.

μάτων κατατολμῶν, καὶ λιμῷ καὶ θηρίοις τοῖς ἐν πελάγει πυκτεύων, καὶ πολλὰς ἑτέρας ὑπομένων δυσκολίας. Ταῦτ' οὖν καὶ αὐτὸς λογισάμενος, ὡς ὁ τῶν δεινῶν καιρὸς οὗτος τῆς ἐμπορίας ἐστὶ καιρὸς, καὶ πολλῆς εὐδοκιμήσεως, καὶ μισθῶν ἀφάτων, διανάστησόν σου τὸ πτερὸν τῆς διανοίας, καὶ τὴν κόνιν τῆς ἀθυμίας ἀποτιναξάμενος μετὰ πολλῆς τῆς εὐκολίας πᾶσαν περίτρεχε τὴν φάλαγγα, συγκροτῶν, ἀλείφων, ἅπαντας διεγείρων, νευρῶν, σπουδαιοτέρους ποιῶν. Καὶ ταῦτα ἡμῖν δήλου διὰ γραμμάτων
D τῶν σῶν, μηδὲν ὑφορώμενος, εἰ κατορθώματα μέλλοις αὐτὸς ἀπαγγέλλειν τὰ σὰ, ἀλλ' ὡς ὑπόταγμα ἡμέτερον ἀνύων, χαρίζου ταύτην ἡμῖν τὴν εὐφροσύνην, ἵνα καὶ πόῤῥωθεν ὄντες, πολλὴν καρπωσώμεθα τὴν ἡδονὴν, ταῦτα ἀκούοντες παρὰ τῆς σῆς εὐλαβείας, ἅπερ ἐπιθυμοῦμεν μανθάνειν.

CXX. Theodoræ.

Cæsareæ in Cappadocia cum iret in exsilium anno 404.

Confecti atque consumti sumus, sexcenta mortis genera oppetiimus: idque accuratius ac certius narrare poterunt, qui has literas tibi reddent; quamvis alioqui perexiguo temporis puncto mecum fuerint, quibuscum etiam ne tantillum quidem colloqui potui, continuis nimirum febribus dejectus: quibus cum tererer, dies noctesque iter facere cogebar, sic videlicet, ut et æstu opprimerer, et vigiliis conficerer, et rerum necessariarum penuria, eorumque qui mei curam gerere possent, inopia, perdite conflictarer. Siquidem iis qui ad metalla damnati sunt, et in vinculis tenentur, graviora et atrociora pertulimus, atque etiamnum perferimus. Tandem autem aliquando et ægre Cæsaream perveni, perinde atque a tempestate ad tranquillitatem et ad portum. Verum ne hic quidem portus eam vim habuit, ut me ex iis malis, quæ ex tempestate contraxeram, recrearet: usque adeo me, ut jam dixi, prius tempus confecerat. Sed tamen Cæsaream ingressus, animum aliquantum resumsi, quoniam puram aquam bibi, panemque minime fœtidum ac prædurum comedi: quoniam in doliorum fragmentis non ut antea corpus lavi, sed balneum, qualecumque tandem illud, nactus sum: quoniam denique potestas interim mihi lecto decumbendi facta est. Plura dicere licebat: verum ne animum tuum conturbem, hic sermoni finem impono. Illud addam, ut

ρκ'. [b] Θεοδώρᾳ.

Ἀνηλώθημεν, ἐδαπανήθημεν, μυρίους ἀπεθάνομεν θανάτους· καὶ ταῦτα ἴσασιν ἀκριβέστερον ἀπαγγεῖλαι οἱ τὰ γράμματα ἐγχειρίζοντες, καὶ ταῦτα βραχεῖαν
E ῥοπὴν ἡμῖν συγγενόμενοι· πρὸς οὓς οὐδὲ διαλεχθῆναί τι μικρὸν ἠδυνήθημεν, ὑπὸ των συνεχῶν πυρετῶν καταβεβλημένοι, οὓς ἔχων καὶ ἐν νυκτὶ καὶ ἐν ἡμέρᾳ ὁδοιπορεῖν ἠναγκαζόμην, καὶ θάλπει πολιορκούμενος, καὶ ὑπὸ ἀγρυπνίας διαφθειρόμενος, καὶ ὑπὸ τῆς τῶν ἐπιτηδείων ἐρημίας ἀπολλύμενος, καὶ τῆς τῶν προστησομένων ἀπορίας. Καὶ γὰρ τῶν τὰ μέταλλα ἐργαζομένων, καὶ τὰ δεσμωτήρια οἰκούντων χαλεπώτερα καὶ πεπόνθαμεν καὶ πάσχομεν. Ὀψὲ δέ ποτε καὶ μόλις
661 ἐπέτυχον τῆς Καισαρείας, ὡς ἀπὸ χειμῶνος εἰς γαλήνην
A καὶ εἰς λιμένα ἐλθών. Ἀλλ' οὐδὲ ὁ λιμὴν οὗτος ἴσχυσεν ἀνακτήσασθαι τὰ ἀπὸ τοῦ κλυδωνίου κακά· οὕτω καθάπαξ ἡμᾶς ὁ ἔμπροσθεν χρόνος κατειργάσατο. Ἀλλ' ὅμως ἐλθὼν εἰς τὴν Καισάρειαν, μικρὸν ἀνέψυξα, ὅτι ὕδατος ἔπιον καθαροῦ, ὅτι ἄρτου οὐκ ὀδωδότος οὐδὲ κατεσκληκότος μετέλαβον, ὅτι οὐκ ἔτι ἐν τοῖς κλάσμασι τῶν πίθων ἐλουόμην, ἀλλ' εὗρον βαλανεῖον οἷον δήποτε, ὅτι συγκεχώρημαι τέως τῇ κλίνῃ προσηλῶσθαι.
B Ἐνῆν καὶ πλείονα τούτων εἰπεῖν, ἀλλ' ἵνα μὴ συγχέω σου τὴν μάθησιν, μέχρι τούτου ἵστημι τὸν λόγον, ἐκεῖνο προστιθεὶς, ὅτι μὴ παύσῃ ὀνειδίζουσα τοῖς ἀγαπῶσιν ἡμᾶς, ὅτι τοσούτους ἔχοντες ἐραστὰς, καὶ τοσαύτην δύναμιν περιβεβλημένους, οὐκ ἐτύχομεν οὗ τυγχάνουσιν οἱ κατάδικοι, ὥστε εἰς ἡμερώτερον καὶ ἐγγύτερόν που κατοικισθῆναι τόπον· ἀλλὰ καὶ τοῦ σώματος ἡμῖν ἀπαγορεύσαντος, καὶ τοῦ φόβου τῶν Ἰσαύρων

b Vaticanus Θεοδώρῳ. Ibid. duo Mss. *μυρίοις ἀπεθάνομεν θανάτοις.*

πάντα πολιορκοῦντος, τῆς μικρᾶς ταύτης καὶ εὐτελοῦς οὐκ ἐπετύχομεν χάριτος. Δόξα τῷ Θεῷ καὶ διὰ τοῦτο. Οὐ παυόμεθα γὰρ αὐτὸν ἐπὶ πᾶσι δοξάζοντες. Εἴη τὸ ὄνομα αὐτοῦ εὐλογημένον εἰς τοὺς αἰῶνας. Πολὺ δὲ ἐξεπλάγην καὶ τὸ σὸν, ὅτι τετάρτην ταύτην C ἐπιστολὴν ἢ καὶ πέμπτην ἐπεσταλκὼς τῇ διαθέσει σου καὶ τῇ κοσμιότητι, μίαν ἐδεξάμην καὶ μόνην. Καίτοι τοῦτο δυσκολίας οὐκ ἦν, τὸ ἐπιστέλλειν συνεχέστερον. Καὶ ταῦτα οὐκ ἐγκαλῶν σοι λέγω· τὸ γὰρ τῆς ἀγάπης οὐκ ἔστιν ἀνάγκης, ἀλλὰ προαιρέσεως. Ἀλλὰ σφόδρα ἀλγῶ, ὅτι ἀθρόον ἐξέβαλες ἡμᾶς τῆς διανοίας τῆς σῆς, ἐν οὕτω χρόνῳ μακρῷ μίαν ἡμῖν [a] πέμψασα ἐπιστολήν. Εἰ τοίνυν μηδὲν φορτικὸν μηδὲ ἐπαχθὲς αἰτοῦμεν, τοῦτο ἡμῖν πάρεχε, οὗ σὺ κυρία εἶ, καὶ ἐπὶ σοὶ κεῖται. Τῶν γὰρ ἄλλων ἕνεκεν οὐκ ἐνοχλοῦμεν, D ἵνα μὴ πρὸς τῷ μηδὲν ἀνύειν καὶ φορτικοί τινες δόξωμεν καὶ ἐπαχθεῖς εἶναί σοι.

teenm agam, ne eos, a quibus amamur, probris unquam insectari desistas, quod cum tot amicos tantisque opibus et potentia præditos habeamus, haud tamen illud consequuti sumus, quod etiam scelerati homines impetrant, nempe ut in mitiore ac propinquiore aliquo loco collocaremur: verum, corpore etiam nobis jam fracto atque confecto, et Isaurorum terrore omnia obsidente, exigua quoque et vilis lucæ gratia nobis negata est. Hoc quoque nomine Dei gloria prædicetur. Neque enim ei propter omnia gloriam exhibere desinimus. *Sit nomen ejus benedictum in* Job. 1. 21. *sæcula*. De te vero illud vehementer sum miratus, quod, cum quartam jam hanc, aut etiam quintam epistolam ad te miserim, unicam tamen dumtaxat accepi. Atqui sæpius scribere minime difficile erat. Hæc porro non accusandi animo dico: caritatis enim officia voluntatis sunt, non necessitatis. Verum illud me male habet, quod me ex animo tuo confestim ejecisti: ut quæ tam longo tempore unam dumtaxat epistolam ad me miseris. Quocirca, si nihil grave ac molestum abs te petimus, hoc nobis præbe, quod tui arbitrii est, tuæque potestatis. Nam de cæteris rebus nihil tibi negotii facesso: ne præterquam quod nihil proficiam, etiam gravis et importunus tibi esse videar.

Caritatis officia.

ρκα΄. [b] Ἀραβίῳ.

CXXI. Arabio.

Τὴν κάμινον τῆς ἀθυμίας, ἣν ἐπὶ τῆς ψυχῆς περιφέρεις ὑπὲρ τῶν εἰς ἡμᾶς γεγενημένων, σαφέστατα ἔδειξεν ἡμῖν τὸ γράμμα τὸ σὸν, καὶ πρὸ τούτου μὲν ἐπισταμένοις. Οὐ γὰρ δυνησόμεθα ἐπιλαθέσθαι τῆς E πηγῆς τῶν δακρύων, ἣν ἐν ἀρχῇ τῶν κακῶν τούτων ὑφαινομένων ἠφίεις. Πλὴν ἀλλὰ καὶ ἡ ἐπιστολὴ τῶν δακρύων οὐκ ἔλαττον καὶ τῶν ὀδυρμῶν ἐκείνων ἀπεκάλυψε τὴν φλόγα τῆς λύπης ἡμῖν, [c] τῆς ἐν τῇ καρδίᾳ τῇ σῇ. Τούτων προσδόκα τὰς ἀμοιβὰς παρὰ τοῦ φιλανθρώπου Θεοῦ. Ἔστι γὰρ καὶ λύπης μισθὸς καὶ μέγας καὶ πολύς. Ἐπεὶ καὶ ἐπὶ Ἰουδαϊκῶν κακῶν ἦσάν τινες, οἳ τὰ γινόμενα παρ' αὐτῶν διορθῶσαι μὲν οὐκ 662 ἠδύναντο, ἔστενον δὲ μόνον καὶ ἐθρήνουν, καὶ τοιαύτην A ἐκαρπώσαντο τὴν ἀμοιβὴν, ὡς τῶν ἄλλων ἁπάντων ἀπολλυμένων, καὶ πανωλεθρίᾳ παραδιδομένων, ἐκείνους διαφυγεῖν τὴν ὀργήν. Δὸς γὰρ, φησὶ, τὸ σημεῖον ἐπὶ τὰ πρόσωπα τῶν στεναζόντων καὶ ὀδυρομένων.

Mœroris fornacem, quam ob ea, quæ adversum nos perpetrata sunt, animo circumfers, ex tuis literis apertissime cognovi: et quidem ante jam noveram. Neque enim vim eam lacrymarum, quam cum primum hæc mala texerentur profundebas, unquam oblivisci poterimus. Cæterum epistola quoque tua non minus, quam illæ lacrimæ ac gemitus, mœroris flammam, quæ in cor tuum irrepsit, nobis patefecit. Horum tu mercedem a benigno Deo exspecta: est enim etiam mœroris merces magna atque ampla. Nam et eo tempore, quo apud Judæos vitia flagrabant, nonnulli erant, qui cum eorum scelera corrigere non possent, luctu dumtaxat et lacrymis ea prosequebantur, atque ejusmodi mercedem consequuti sunt, ut cum cæteri omnes perirent, atque internecione delerentur, ipsi

Antequam Cucusum advenisset anno 404.

Mœroris sua merces est.

[a] Unus στείλασα.

[b] Coislin. Ἀῤῥαβίῳ. Hunc Arabium commemorat supra in epistola 8, ad Olympiadem. Edit. τὴν μὲν κάμινον: ab omnibus Mss. μὲν abest.

[c] Tres Mss. τῆς ἐν τῇ διανοίᾳ τῇ σῇ.

Ezech. 9. 4 iram effugerent. *Pone signum*, inquit Scriptura, *super vultus gementium* et *dolentium*. Atqui non impediebant quominus hæc fierent, sed quia quod in ipsis erat præstabant, gemebant scilicet atque dolebant, maximum hinc sibi præsidium compararunt. Vos quoque, domini mei, sine ulla intermissione hæc lugete, B benignumque Deum orate, ut commune orbis naufragium comprimat. Scitis enim, perspicue, inquam, scitis omnia tumultibus ac perturbatione plena esse, nec pro Constantinopolitana tantum urbe, sed pro universo terrarum orbe preces fundendas esse: quandoquidem malum initio hinc ducto, pestiferi cujusdam profluvii instar effusum, per universum orbem Ecclesias pervastat. Quod autem a nobis postulas, hoc etiam ipse, quamdiu corpore inter nos disjuncti erimus (nam animo semper et tecum et cum universa C tua familia constricti sumus), ut facias quæso, hoc est sæpe ad nos scribere, nosque de tua valetudine certiores facere ne graveris. Scis enim quam gratum id nobis futurum sit. Quoniam autem nos in domum tuam divertere jussisti, ut post profectum edidici, scito inimicis nostris non jam placuisse ut Sebastiam abduceremur, verum in desertissimum locum Armeniæ Cucusum, atque ob Isaurorum incursionem periculosissimum. Tibi tamen gratiam habemus, honoremque accepimus, quod etiam cum abessemus, tanta te nostri cura tenuit, ut hospitium quoque nobis parares, atque, ut domi tuæ diversaremur, obsecrares. Verum si quos Cucusi amicos habes, ad eos literas mittas velim.

Καίτοι γε οὐκ ἐκώλυον τὰ γινόμενα, ἀλλ' ἐπειδὴ οὗπερ κύριοι ἦσαν ἐποίουν, ἔστενον, ἐθρήνουν τὰ γινόμενα, μεγίστην ἐντεῦθεν τὴν ἀσφάλειαν ἐκτήσαντο. Μὴ οὖν διαλίπητε καὶ ὑμεῖς, δέσποταί μου, στένοντες ταῦτα καὶ τὸν φιλάνθρωπον Θεὸν παρακαλοῦντες δοῦναι λύσιν τῷ κοινῷ τῆς οἰκουμένης ναυαγίῳ. Ἴστε γὰρ, ἴστε σαφῶς, ὡς πάντα θορύβων καὶ ταραχῆς πεπλήρωται, καὶ οὐχ ὑπὲρ Κωνσταντινουπόλεως χρὴ μόνον παρακαλεῖν, ἀλλ' ὑπὲρ τῆς οἰκουμένης ἁπάσης· ἐπειδήπερ ἐντεῦθεν ἀρξάμενον τὸ κακὸν, καθάπερ ῥεῦμα πονηρὸν ἐκχυθὲν, πανταχοῦ τῆς γῆς τὰς Ἐκκλησίας λυμαίνεται. Ὅπερ δὲ ἡμᾶς παρεκάλεσας, τοῦτο καὶ αὐτὸς παρ' ἡμῶν παρακλήθητι, ἕως ἂν ὑμῶν ὦμεν κεχωρισμένοι τῷ σώματι (τῇ γὰρ ψυχῇ ἀεὶ καὶ τῇ σῇ εὐγενείᾳ καὶ τῷ οἴκῳ σου συνδεδέμεθα), συνεχῶς ἡμῖν ἐπιστέλλειν, καὶ τὰ περὶ τῆς ὑγείας σου εὐαγγελίζεσθαι μὴ κατόκνει. Οἶδας γὰρ ἡλίκην ἡμῖν δώσεις τὴν χάριν. Ἐπειδὴ ἐκέλευσας ἡμᾶς ἐν τοῖς σοῖς καταχθῆναι, καθὼς ἔμαθον ἐξελθὼν, οὐκ ἔτι ἔδοξεν ἡμᾶς εἰς Σεβάστειαν ἀπενεχθῆναι, ἀλλ' εἰς ἐρημότατον χωρίον τῆς Ἀρμενίας Κουκουσὸν, καὶ σφαλερώτατον τῆς τῶν Ἰσαύρων ἐπιδρομῆς ἕνεκεν. Χάριν μέντοι ἴσμεν τῇ εὐγενείᾳ τῇ σῇ, καὶ δεδέγμεθα τὴν τιμὴν, ὅτι καὶ ἀπόντων οὕτως ἐφρόντισας, ὥστε εὐτρεπίσαι τὸ καταγώγιον ἡμῖν, καὶ παρακαλέσαι ἐν τοῖς σοῖς ἡμᾶς καταχθῆναι. Ἀλλ' εἴ τινες εἶέν σοι φίλοι κατὰ τὴν Κουκουσὸν, ἐκείνοις ἐπιστεῖλαι παρακλήθητι.

CXXII. *Marciano*. D ρκβ'. Μαρκιανῷ.

Cucusi anno 404. vel 405. Beatus es, ac ter beatus, idque sæpius, ut qui in tam gravi tempestate, tantisque rerum procellis, tantæ erga pauperes liberalitatis specimen edideris. Neque enim nobis ingens tua benignitas incognita fuit, quodque communis omnibus portus exstiteris, pupillorum patrocinium suscipiens, viduarum mœrorem omni ratione leniens, carum inopiam sustentans, paupertatem levans, ac ne hujusce quidem angustiæ E sensu eos affici sinens, verum quidvis ipsis te præbens, plebemque universam frumento, vino, oleo aliisque omnibus rebus alens. Deus tibi et hic et in futuro ævo largitionis hujus, munifi-

Μακάριος εἶ, καὶ τρισμακάριος, καὶ πολλάκις τοῦτο, ἐν οὕτω χειμῶνι χαλεπῷ, καὶ τοσαύτῃ τῶν πραγμάτων ζάλῃ, τοσαύτην ἐπιδεικνύμενος περὶ τοὺς δεομένους μεγαλοψυχίαν. Οὐ γὰρ ἔλαθεν ἡμᾶς τῆς φιλανθρωπίας σου τὸ μέγεθος, καὶ ὅτι κοινὸς ἅπασι γέγονας λιμὴν, [a] ὀρφανοῖς παριστάμενος, χήρας παντὶ τρόπῳ παραμυθούμενος, ἀνέχων αὐτῶν τὴν πενίαν, διορθούμενος τὴν πτωχείαν, οὐδὲ αἴσθησιν ἀφιεὶς λαμβάνειν τῆς στενοχωρίας ταύτης, ἀλλ' ἀντὶ πάντων αὐτοῖς γινόμενος, καὶ δῆμον ὁλόκληρον διατρέφων σίτῳ, καὶ οἴνῳ, καὶ ἐλαίῳ, καὶ τοῖς ἄλλοις ἅπασιν. Ὁ Θεός σοι [b] τὸν μισθὸν ἀποδῷ καὶ ἐν τῷ παρόντι βίῳ καὶ ἐν τῷ μέλλοντι αἰῶνι τῆς μεγαλοψυχίας ταύ-

[a] Quidam Mss. ὀρφανῶν προϊστάμενος, alii ὀρφανοῖς προϊστάμενος.

[b] Tres Mss. τὸν μισθὸν δῴη.

της, τῆς δαψιλείας, τῆς προθυμίας, τοῦ ζήλου, τῆς φιλοπτωχείας, τῆς γνησίας ἀγάπης· καὶ γὰρ ἐν ἅπασι τούτοις βρύεις καὶ κομᾷς, [a] μέγιστα σεαυτῷ ἀποτιθέμενος βραβεῖα ἐν τῷ μέλλοντι αἰῶνι. Ταῦτα καὶ ἡμεῖς μανθάνοντες ἐν ἐρημίᾳ τοσαύτῃ καθήμενοι, 663 A καὶ πολλαῖς κυκλούμενοι περιστάσεσι· καὶ γὰρ Ἰσαυρικοῦ φόβου πολιορκία, καὶ χωρίου ἐρημία, καὶ χειμῶνος σφοδρότης ἡμᾶς θλίβει· ἀλλ' ὅμως ταῦτα ἀκούοντες περὶ τῆς σῆς τιμιότητος, οὐδὲ αἴσθησιν τούτων λαμβάνομεν τῶν λυπηρῶν, ἀλλὰ καὶ πολλὴν καρπούμεθα τὴν παράκλησιν, σκιρτῶντες, εὐφραινόμενοι, χαίροντες ἐπὶ τοῖς τοσούτοις κατορθώμασιν, ἐπὶ τῷ πλούτῳ τῷ ἀφάτῳ, ὃν ἐν οὐρανοῖς συνάγεις σεαυτῷ. Ἵν' οὖν καὶ ἐν ἑτέρῳ εὐφραινώμεθα, γράφειν ἡμῖν συνεχῶς μὴ κατόκνει, τὰ περὶ τῆς ὑγείας τῆς σῆς εὐαγγελιζόμενος. Σφόδρα γὰρ ἐπιθυμοῦμεν ἀκούειν τὰ περὶ τῆς ῥώσεως τῆς σῆς. B Καὶ τοῦτο οἶσθα καὶ αὐτὸς, ἐπειδήπερ κἀκεῖνο οἶσθα, ὅπως ἀεὶ τῆς ἀγάπης τῆς σῆς ἀντεχόμεθα.

ρκγ'. Πρὸς τοὺς ἐν Φοινίκῃ πρεσβυτέρους καὶ μονάζοντας, τοὺς κατηχοῦντας τοὺς Ἕλληνας.

Οἱ κυβερνῆται ἐπειδὰν ἴδωσι τὴν θάλασσαν μαινομένην, καὶ ἐγειρομένην, καὶ πολὺν τὸν χειμῶνα, καὶ τὴν ζάλην, οὐ μόνον οὐκ ἀφιᾶσι τὸ πλοῖον, ἀλλὰ καὶ τότε πλείονι κέχρηνται τῇ σπουδῇ, καὶ μείζονι τῇ προθυμίᾳ, καὶ αὐτοὶ νήφοντες, καὶ τοὺς ἄλλους διεγείροντες. Καὶ ἰατροὶ πάλιν ὅταν ἴδωσι τὸν πυρετὸν ἐγερθέντα, καὶ σφοδρὸν γενόμενον, C οὐ μόνον οὐ καταλιμπάνουσι τὸν νοσοῦντα, ἀλλὰ καὶ τότε καὶ αὐτοὶ πάντα ποιοῦσι, καὶ δι' ἑαυτῶν, καὶ δι' ἑτέρων μείζονι κεχρημένοι τῇ σπουδῇ καὶ τῇ προθυμίᾳ, ὥστε λῦσαι τὸ κακόν. Τίνος ἕνεκεν ταῦτα λέγω; Ἵνα μή τις ὑμᾶς ἀπατήσῃ διὰ τὴν ταραχὴν τὴν γεγενημένην καταλιπεῖν τὴν Φοινίκην, καὶ ἀναχωρῆσαι ἐκεῖθεν· ἀλλὰ ὅσῳ πλείους αἱ δυσκολίαι, καὶ χαλεπώτερα τὰ κύματα, καὶ μείζων ἡ ταραχὴ, τοσούτῳ μᾶλλον ἐμμένετε σπουδάζοντες, νήφοντες, ἀγρυπνοῦντες, πλείονα προθυμίαν ἐπιδεικνύμενοι, ὥστε μὴ τὴν οἰκοδομὴν ὑμῶν τὴν καλλίστην καταλυθῆναι, D μηδὲ τὸν τοσοῦτον πόνον ἀνωφελῆ γενέσθαι, μηδὲ τὴν γεωργίαν ὑμῶν ἀφανισθῆναι. Ἱκανὸς γὰρ ὁ Θεὸς καὶ τὴν ταραχὴν λῦσαι, καὶ τῆς ὑπομονῆς ὑμῖν δοῦναι τὸν μισθόν. Οὐδὲ γὰρ τοσοῦτος ὑμῖν ὁ μισθὸς, ὅτε μετ' εὐκολίας τὰ πράγματα ἠνύετο, ὅσος ἐστὶν ὑμῖν νῦν, ὅτε πολλὴ ἡ δυσκολία, πολλὴ ἡ ταραχὴ, πολλοὶ οἱ σκανδαλίζοντες. Ἐννοοῦντες τοίνυν καὶ τὸν κάματον ὃν ἐκάμετε, καὶ τὸν πόνον ὃν ὑπεμείνατε, καὶ τὰ κατορθώματα ἃ

[a] Duo Mss. μέγιστα σεαυτῷ προαποτιθέμενος.

centiæ, studii, zeli, amoris erga pauperes, et sinceræ caritatis mercedem pendat, siquidem omnibus his virtutibus abundas ac flores, maxima tibi præmia in futuro ævo recondens. Hæc nos de te audientes, licet in tanta solitudine versemur, ac multis incommodis undique vexemur; nam et Isaurici metus obsidio, et loci solitudo, et hiemis asperitas nos vehementer premit; tamen ne molestiarum quidem sensu afficimur, verum ingentem consolationem accipimus, exsultantes et gaudentes ob tantas virtutes, ac divitias omnem orationis facultatem excedentes, quas in cælo tibiipsi cumulas. Ut igitur alio quoque nomine lætemur, ne quæso quam sæpissime ad nos scribere, deque tua valetudine læta nobis nuntiare graveris. Nam de ea aliquid audire majorem in modum cupimus. Idque ipse etiam nosti: quandoquidem illud quoque tibi compertum est, quanto tui semper amore teneamur.

CXXIII. Phœniciæ presbyteris et *monachis, gentiles in Christiana* religione *instituentibus.*

Gubernatores, cum mare furore percitum et excitatum, atque ingentem tempestatem ac turbinem cernunt, non modo navim non deserunt, sed etiam tunc majore sollicitudine ac studio utuntur, tum ipsi vigilantes, tum alios excitantes. Cucuso anno 405. Medicique rursus, cum febrim excitatam vehementer sævire prospiciunt, ægrotum non modo non relinquunt, verum etiam tum denique, et per se, et per aliorum operam ad profligandum morbum plus studii atque operæ adhibent. Quorsum hæc commemoro? Nimirum ut ne quis vos ob exortum tumultum in fraudem impellat, adducatque, ut Phœniciam relinquatis, ex eaque secedatis: quin potius, quo plures difficultates vobis objiciuntur, gravioresque fluctus ac major perturbatio, eo quoque constantius laboretis, excubetis, majorem animi promtitudinem adhibeatis, ut ne præclarissima vestra substructio corruat, nec tantus vester labor fructu careat, susceptaque in animarum cultu opera deleatur. Potest enim Deus et hunc tumultum sedare, et patientiæ mercedem vobis conferre. Neque enim tanta vobis merces constituta erat, cum negotia sine ulla difficultate ac molestia conficiebantur, quanta nunc est, cum magna difficultas proponitur, ingens perturbatio, multique offendiculo sunt. Quocirca laborem eum, quem pertulistis, et ærumnam quam sustinuistis, et ea, quæ præclare gessistis, vobiscum reputantes, illudque item, Deo favente tantam jam impietatis partem a vobis exstinctam esse, Phœniciæque res in melius processisse, ac majorem nunc mercedem amplioremque remunerationem vobis fore, denique Deum impedimenta quoque brevi sublaturum, et multa vobis patientiæ præmia persoluturum esse, illic quæso permanete atque consistite. Nam ne nunc quidem vobis quidquam deesse potest : ego enim, ut omnia, tam in indumentis, quam in calceamentis, ac fratrum alimentis, eadem qua prius copia et affluentia vobis suppeditentur, imperavi. Quod si nos, cum in tanta calamitate atque acerbitate versemur, ac Cucusi solitudinem incolamus, tantam operis vestri curam gerimus, multo sane magis vos etiam, cum abunde vobis omnia suppetant, quæ vestrarum partium sunt præstare convenit. Rogo igitur, ne quis vos terreat. Nam et negotia meliorem jam spem ostendunt : idque ipsi ex literarum, quæ a reverendissimo domino meo presbytero Constantio missæ sunt, exemplis facile intelligetis. Ac si permaneatis, etiamsi sexcenta impedimenta oboriantur, omnia tamen frangetis. Nihil quippe patientiam ac tolerantiam æquare potest : rupi enim similis est : contra motus ii omnes eæque insidiæ, quæ adversus Ecclesiam struuntur, fluctibus non dissimiles sunt, qui rupi illiduntur, atque in spumam suam abeunt. In mentem vobis veniat, quanta apostoli tum a suis, tum ab exteris pertulerunt : et ut omne prædicationis tempus per tentationes, per pericula, per insidias confecerint, nunc carcere et vinculis, nunc exsiliis, nunc flagris, nunc fame et nuditate consumti. Et tamen, etiam cum in carcere degerent, a munere sibi commisso non absistebant : verum beatus Paulus, etiam cum in vincula conjectus ac flagris concisus esset, et cruore difflueret, et ligno alligatus esset, et tot malis premeretur, tamen in ipso quoque carcere antistitis sacri munere fungebatur, et carceris custodem baptizabat, caque omnia, quæ sui muneris erant, exsequebatur. Hæc igitur omnia, aliaque id genus animo volventes, ut vos jam hortatus sum, firmi atque immobiles state, et a fraudibus cavete, Dei opem atque auxilium, cui nihil par esse potest, exspectantes : ac de omnibus his re-

Patientia rupi similis est.

κατωρθώσατε, καὶ ὅτι χάριτι Θεοῦ τοσοῦτον κατελύσατε τῆς ἀσεβείας τὸ μέρος, καὶ εἰς προκοπὴν τὰ πράγματα τῆς Φοινίκης ἦλθε, καὶ ὅτι πλείων ὁ μισθὸς νῦν ὑμῖν καὶ μείζων ἡ ἀμοιβὴ, καὶ ὅτι ταχέως ὁ Θεὸς καὶ τὰ κωλύματα καταλύσει, καὶ πολλὰς ὑμῖν τῆς ὑπομονῆς δώσει τὰς ἀντιδόσεις, παραμένετε, ἐνίστασθε. Οὐδὲν γὰρ ὑμῖν ἔχει λεῖψαι οὐδὲ νῦν, ἀλλὰ τῆς αὐτῆς ἀφθονίας καὶ δαψιλείας ἀπολαύειν ὑμᾶς ἐκέλευσα, εἴτε ἐν ἐνδύμασιν εἴτε ἐν ὑποδήμασιν, εἴτε ἐν [b] διατροφαῖς τῶν ἀδελφῶν. Εἰ δὲ ἡμεῖς ἐν τοσαύτῃ θλίψει ὄντες, καὶ περιστάσει, καὶ ἐρημίαν οἰκοῦντες τὴν Κουκουσὸν, τοσαύτην ποιούμεθα φροντίδα τῶν κατορθωμάτων τῶν ὑμετέρων, πολλῷ μᾶλλον καὶ ὑμᾶς δεῖ πολλῆς εὐπορίας ἀπολαύοντας, κατὰ τὴν χρείαν λέγω τῶν ἀναγκαίων, τὰ παρ' ἑαυτῶν συνεισφέρειν. Παρακαλῶ τοίνυν, μηδεὶς ὑμᾶς φοβήσῃ. Καὶ γὰρ καὶ τὰ πράγματα χρηστοτέρας ἔσχεν ἐλπίδας· καὶ δυνήσεσθε τοῦτο μαθεῖν ἀπὸ τῶν ἀντιγράφων τῶν ἀποσταλέντων παρὰ τοῦ κυρίου μου τοῦ εὐλαβεστάτου πρεσβυτέρου Κωνσταντίου. Καὶ ἐὰν παραμείνητε, κἂν μυρία ᾖ τὰ κωλύματα, πάντων περιέσεσθε. Οὐδὲν γὰρ ὑπομονῆς ἴσον καὶ καρτερίας· πέτρᾳ γὰρ ἔοικεν· αἱ δὲ ταραχαὶ αὗται καὶ αἱ ἐπιβουλαὶ, αἱ κατὰ τῆς Ἐκκλησίας γινόμεναι, κύμασιν ἐοίκασι προσρηγνυμένοις τῇ πέτρᾳ, καὶ διαλυομένοις εἰς οἰκεῖον ἀφρόν. Ἐννοήσατε ὅσα οἱ μακάριοι ἀπόστολοι ἔπαθον καὶ παρὰ οἰκείων, καὶ παρὰ ἀλλοτρίων, καὶ ὅτι πάντα τὸν χρόνον τοῦ κηρύγματος διὰ πειρασμῶν, διὰ κινδύνων, δι' ἐπιβουλῶν διήνυσαν, εἰς δεσμωτήρια, [a] καὶ ἁλύσεις, καὶ ἀπαγωγὰς, καὶ μάστιγας καὶ λιμοὺς, καὶ γυμνότητας δαπανώμενοι. Ἀλλ' ὅμως καὶ ἐν αὐτοῖς τοῖς δεσμωτηρίοις οἰκοῦντες, τῆς ἐγχειρισθείσης αὐτοῖς οἰκονομίας οὐκ ἀφίσταντο· ἀλλ' ὁ μακάριος Παῦλος καὶ δεσμωτήριον οἰκῶν, καὶ μεμαστιγωμένος, καὶ αἵματι περιῤῥεόμενος, καὶ ξύλῳ προσδεδεμένος, καὶ τοσαῦτα πάσχων, καὶ ἐμυσταγώγει ἐν τῷ δεσμωτηρίῳ, καὶ τὸν δεσμοφύλακα ἐβάπτιζε, καὶ τὰ παρ' ἑαυτοῦ πάντα ἐποίει. Ταῦτ' οὖν ἅπαντα καὶ τὰ τοιαῦτα λογιζόμενοι, καθάπερ ὑμῶν παρεκάλεσα τὴν ἀγάπην, στήκετε ἑδραῖοι, ἀμετακίνητοι, ἀνεξαπάτητοι, τὴν τοῦ Θεοῦ ἐλπίδα ἀναμένοντες, καὶ τὴν ἐκεῖθεν συμμαχίαν, ἧς ἴσον οὐδέν· καὶ ἀντιγράψαι ἡμῖν περὶ πάντων σπουδάσατε ἐξ αὐτῆς. Διὰ γὰρ τοῦτο καὶ Ἰωάννην τὸν εὐλαβέστατον πρεσβύτερον εἰς τοῦτο ἀπεστείλαμεν, ὥστε παρακαλέσαι ὑμῶν τὴν διάνοιαν, καὶ μὴ ἀφεῖναι ὑπὸ μηδενὸς παρασαλευθῆναι. Ἐγὼ τὸ ἐμαυτοῦ πεποίηκα, καὶ λόγοις παρακαλῶν, καὶ συμβουλαῖς ἀνορθῶν, καὶ τῶν χρειῶν τὴν ἀφθονίαν παρέχων, ὥστε ἐν μηδενὶ ὑμᾶς

b Fabric. διατροφαῖς. Infra idem πολλῆς ἐμπορίας ἀπολαύοντες.

a Fabric ἁλύσεις καὶ ἀγῶνας καί.

ὑστερηθῆναι. Εἰ δὲ μὴ βουληθείητέ μου ἀνέχεσθαι, ἀλλ' αὐτοῖς τοῖς ἀπατῶσιν ὑμᾶς καὶ ἀναπτεροῦσι πεισθῆναι, ἐγὼ ἀνεύθυνός εἰμι. Ἴστε δὲ καὶ ἡ κατάγνωσις αὕτη καὶ ἡ ζημία ἐπὶ τίνα ἔρχεται. Ἵν' οὖν μηδὲν τοιοῦτον γένηται, παρακαλῶ ἀνέχεσθαί μου, τοῦ σφόδρα ὑμᾶς ἀγαπῶντος. Καὶ περὶ ὧν ἂν δέησθε, ἢ ἐπιστείλατε ἡμῖν, ἢ, εἰ βούλεσθε, ἕνα τινὰ E πέμψατε πρὸς ἡμᾶς, καὶ οὐδὲν ὑμῖν ὑστερήσει καθόλου.

bus, ut responsum a vobis feramus, curate. Hac enim de causa etiam Joannem religiosissimum presbyterum misimus, ut vos cohortetur, nec vos a quoquam perturbari sinat. Equidem ipse, quod mei muneris erat, præstiti, tum vos sermonibus cohortans, tum consiliis erigens, tum ea quæ opus erant prolixe subministrans, quo nihil omnino vobis deesset. Quod si me perferre minime volueritis, verum iis potius, qui vos decipiunt ac velut pennas vobis addunt, fidem habeatis, extra culpam ipse sum. Scitis autem, in cujus caput hæc condemnatio atque jactura radat. Ne igitur quidquam hujusmodi contingat, vos etiam atque etiam rogo, ut me, qui vos impense amo, perferatis. De rebus vobis necessariis vel ad nos scribite, vel, si ita lubet, hominem mittite: nec vobis quidquam omnino defuturum est.

ρκδ'. Γεμέλλῳ.

Ἄλλοι μὲν τῇ θαυμασιότητι σου συνήδονται τῆς ἀρχῆς, ἐγὼ δὲ τῇ πόλει, καὶ τῇ μεγαλοπρεπείᾳ δὲ τῇ σῇ, οὐ διὰ τὴν ἐντεῦθεν τιμὴν (ὑψηλότερος γὰρ τῶν τοιούτων μεμελέτηκας εἶναι), ἀλλὰ διὰ τὸ λαβεῖν ἀφορμὴν τὴν παρέχουσάν σοι μετὰ πολλῆς τῆς ἀδείας 665 A καὶ τοῖς πολλοῖς δεῖξαι τὴν σύνεσίν σου, καὶ τὴν ἡμερότητα, καὶ τὸ ἐντεῦθεν κέρδος συναγαγεῖν. Εὖ γὰρ οἶδα ὅτι καὶ τοὺς σφόδρα τῇ γῇ προσηλωμένους, καὶ πρὸς τὰ ὀνείρατα ταῦτα κεχηνότας, λέγω δὴ τὴν παρὰ τῶν πολλῶν δόξαν, παιδεῦσαι δυνήσῃ, ὅτι οὐκ ἐν τῇ χλανίδι, καὶ τῇ ζώνῃ, οὐδὲ ἐν τῇ φωνῇ τοῦ κήρυκος ὁ ἄρχων, ἀλλ' ἐν τῷ τὰ πεπονηκότα [a] ἀνακτᾶσθαι, καὶ τὰ κακῶς ἔχοντα διορθοῦν, καὶ κολάζειν μὲν ἀδικίαν, μὴ συγχωρεῖν δὲ ὑπὸ δυναστείας τὸ δίκαιον ἀπελαύνεσθαι. Καὶ γὰρ οἶδά σου τὴν παῤῥησίαν, τὴν ἐλευθεροστομίαν, τῆς διανοίας τὸ ὕψος, τὴν τῶν βιωτικῶν ὑπεροψίαν, τὸ μισοπόνηρον, τὸ ἥμερον, τὸ φιλάνθρωπον, οὗ μάλιστα ἄρχοντι δεῖ. Διὸ κἀκεῖνο οἶδα σαφῶς, ὅτι λιμὴν ἔσῃ τῶν ναυαγούντων, βακτηρία τῶν ἐπὶ γόνυ κλιθέντων, πύργος τῶν ὑπὸ δυνα- B στείας ἀδίκου πολεμουμένων· καὶ ἔσῃ ταῦτα ῥᾳδίως. Οὐδὲ γὰρ πόνοι σοι δεῖ, οὐδὲ ἱδρῶτος, οὐδὲ χρόνου μακροῦ εἰς τὸ κατορθοῦν ταῦτα· ἀλλ' ὥσπερ ὁ ἥλιος ὁμοῦ τε φαίνεται, καὶ πάντα λύει ζόφον· οὕτω καὶ αὐτὸς ἐπὶ τοῦ θρόνου φανεὶς, εὖ οἶδ' ὅτι ἐκ πρώτης ἡμέρας τούς τε ἀδικεῖν ἐπιχειροῦντας ἀνέστειλας, τούς τε ἀδικουμένους, καὶ πρὶν εἰς τὸ δικαστήριον εἰσελθεῖν, πάσης ἐπηρείας ἀπήλλαξας· καὶ ἤρκεσεν

CXXIV. *Gemello.*

Alii quidem ob magistratum tibi gratulantur: Cucuso anno 404. vel 405. ego autem urbi ac tibi, non ob hunc honorem, quo auctus es (sublimior enim his rebus esse didicisti), sed quod occasionem nactus sis, qua prudentiæ ac lenitatis tuæ specimen quamplurimis hominibus facile præbeas, lucrumque, quod hinc oritur, colligere queas. Neque enim mihi dubium est, quin eos qui terræ nimium affixi sunt, atque his somniis, id est, humanæ gloriæ, inhiant, hoc edocere possis, prætorem non in veste ac cingulo, nec in præconis voce situm esse; verum in hoc demum, ut quæ labefactata sunt in integrum restituat, et quæ malo statu sunt corrigat, atque injustitiam coerceat, nec jus ab opibus et potentia opprimi patiatur. Mihi enim explorata est animi tui fiducia, loquendi libertas, mentis sublimitas, rerum hujus vitæ contemtio, improborum odium, lenitas, humanitas, qua potissimum is, qui aliis præest, opus habet. Ac proinde illud probe novi, te facile fore naufragorum portum, baculum ruentium, turrim eorum qui per injuriam a potentibus opprimuntur. Non enim labor, non sudor, non longum tempus ad hæc perficienda requiritur: verum quemadmodum sol, simulatque lucet, statim caliginem omnem fugat: sic etiam te, simulatque in solio conspectus es, primo etiam die, tum eos qui injuriam aliis inferre conabantur, repressisse, tum

[a] Fabric. ἀνακτήσασθαι.

cos, quibus injuria fiebat, etiam antequam ad tribunal accederes, omni vexatione liberasse confido, atque ad hæc perficienda satis est ea opinio quam homines de tua sapientia habebant. Ideo etsi in solitudine degens, ac multis incommodis affectus, ingenti tamen lætitia perfundor, nimirum ex ea, quam iis qui læduntur affers ope, propriam mihi voluptatem fingens.

εἰς τὴν τούτου διόρθωσιν ἡ τῆς φιλοσόφου σου ψυχῆς ὑπόληψις. Διὰ ταῦτα καίτοι ἐν ἐρημίᾳ καθήμενος, καὶ πολλαῖς συνεχόμενος περιστάσεσι, πολλῆς γέμω τῆς εὐφροσύνης, ἡμετέραν ἡδονὴν τὴν τῶν ἀδικουμένων συμμαχίαν ἡγούμενος.

IN EPISTOLAM SEQUENTEM

AD CYRIACUM EPISCOPUM EXSULEM

MONITUM.

In hujus epistolæ sinceritatem quæstiones moverunt duo Angli in Editione Saviliana. In notis enim p. 856 hæc habet Halesius, ab Henrico Savilio allatus : « Hæc ad Cyriacum epistola semper mihi vehementer ut supposititia est suspecta. Primo enim epistolarem illum characterem, qui in reliquis, omnino non video. Deinde procemium idem fere habet cum epistola prima ad Olympiadem, quinetiam integras sententias ex aliis Chrysostomi operibus decerptas, quæ videntur imitatorem aliquem sapere : et alioquin certe, nisi ubi Chrysostomus plane compilatur, stylus Chrysostomum non refert. Quinetiam quædam sunt a Joannis nostri moribus et ingenio aliena. Nam quod ad adulterii crimen respondet ἀποδύσατέ μου τὸ σῶμα etc. et popularis vocis commemoratio συνέφερεν ἵνα ὁ ἥλιος συνέστειλε τὰς ἀκτῖνας αὐτοῦ, ἢ ἵνα τὸ στόμα Ἰωάννου ἐσιώπησε : quodque in Arsacium paulo, quam par est, acerbius invehitur : hæc, inquam, omnino non placent. Primum enim habent aliquid in se turpiculi, secundum jactantiæ, postremum stomachi. Atque certe horum ultimum dudum a Photio observatum memini, cui et medelam conatur adhibere, sed non satis dextro Æsculapio. Postremo quod ait ἀπὸ τῶν Κουκουσῶν, nusquam noster hoc numero loquitur, sed semper in singulari. Atque hæc fere sunt, quæ in hac epistola observavi, integrum de re tota judicium erudito permittens lectori. »

In iisdem notis Savilianis p. 888 Joannes Boisius his respondet, et una excepta styli dissimilitudine,
666 cætera omnia argumenta refellit : hanc autem notam putavit Tillemontius esse Savilii, cujus certe major esset auctoritas ; sed est Joannis Boisii, ut ibidem in summo margine videas : sic autem loquitur :

« Ex omnibus illis rationibus, quæ contra epistolæ istius auctoritatem afferuntur, nulla mihi magis placet, quam quæ a styli dissimilitudine ducitur. Hæc enim nota raro fallit, cum reliqua, quæ adduntur, non adeo sint infallibilis certitudinis, ut propterea necessario sit epistola illa Chrysostomo abjudicanda. Communia habet multa epistolæ hujus exordium cum prima ad Olympiadem. Fateor. Sed non ideo statim negandum, esse eam Chrysostomi. Quoties enim eadem Chrysostomus repetit, idque ἀπαραλλάκτως fere tum in epistolis, tum in homiliis? Quæ semel enim bene dicta sunt, ea aliter dicere velle, nisi causa aliqua justior impulerit, non tam diserti est, quam curiosi et copiam ostentantis. Non reprehenditur igitur Homerus, quod a seipso sæpiuscule mutuatur, et de iisdem eadem subinde dicit : sed inter reliquas ejus virtutes hoc etiam numeratur, quod utilissimo frugalitatis exemplo posteris relicto, non necessaria ubique varietate consulto abstinet. Quod ad παθητικὸν illud attinet, ἀποδύσατέ μου τὸ σῶμα, etc. videndum annon summa ejus innocentia, cum incredibili dolore conjuncta, et impudentia rursus adversariorum homini misero ac dejecto sine modo insultantium, talem illi vocem exprimere potuerint. Popularis acclamationis commemorationem tempus fortasse ipsum defendat. Verba, si per se spectentur, videantur ab homine inani et jactabundo profecta : sed si tempus quo prolata fuerint respiciatur, nemo est, opinor, paulo æquior, qui Chrysostomo exsuli, ejecto, injuriis non dicendis fatigato, indignissimis calumniis oppresso, μεγαλοῤῥημοσύνην istiusmodi non condonet. Juvat enim animum perpetuo mœrore prostratum talibus velut adminiculis se erigere atque elevare. Sed Arsacium paulo, quam par esset, acerbius tractavit. Sit hoc Chrysostomi culpa, non autem argumentum, quod epistola sit supposititia. Imo hinc colligerem potius genuinum esse fœtum. Quis enim nescit, quam ingentes fuerint Chrysostomo spiritus: qua ἐλευθεροστομίᾳ, qua παῤῥησίᾳ in omnes usus fuerit, etiam in Eudoxiam Augustam. Si igitur Eudoxiæ non pepercit, Arsacio cum parcere voluisse estne verisimile? Restat ultimum argumentum a voce Κουκουσῶν petitum, quod etsi non negligendum videtur, tamen nisi aliunde corroboretur, ex se parum firmitatis habet. Potuit enim vel librarii, vel typographi culpa accidere, ut pro Κουκουσοῦ, Κουκουσῶν scriberetur. Præterea, ni fallor, et Κουκουσός et Κουκουσά legitur. Sed instar omnium est illud de stylo et charactere, quod solum tantum apud me valet, ut non dubitem cum Halesio tuo, optimo et eruditissimo juvene, pronuntiare, epistolæ hujus auctorem non Chrysostomum fuisse, sed alium aliquem cum Chrysostomo nec ingenio nec eloquentia comparandum. »

Locus ille Photii, quem commemorat supra Halesius, sic habet : Ὅτι ἐν τῇ πρὸς τὸν ἐπίσκοπον Κυριακὸν ἐπιστολῇ, ἣν ἀπὸ τῆς δευτέρας ἐξέπεμψεν ἐξορίας, καθάπτεται μὲν τοῦ Ἀρσακίου, λῆρον αὐτὸν καὶ μοιχὸν καλῶν· ἐπαινεῖ δὲ τοὺς ἀποστρεφομένους τὴν αὐτοῦ κοινωνίαν, ὡς διὰ Θεὸν καὶ τὸ εἰς τὸν ἀρχιερέα αὐτοῦ ἀδίκημα τὴν ἀποστροφὴν αὐτῶν ποιουμένους. Καίτοι γε ἐν ἄλλοις φαίνεται παραινῶν μὴ ἀφίστασθαι ἀπὸ τῆς Ἐκκλησίας. Εἰς τοῦτο δὲ ὕστερον, ὡς ἔοικε, μετέστη, ἐπειδὴ καὶ οἱ τοῦτον ἀδίκως ἐκβαλόντες, οὐχ οἷς ἔπραξεν ἔστερξαν, ἀλλὰ καὶ καταδρομὰς καὶ ἐπιβουλὰς κατὰ τῶν αὐτῷ προσανακειμένων καὶ ὑπερορίας ἐπαλαμήσαντο. « In epistola ad Cyriacum episcopum, quam in secundo scripsit exsilio, Arsacium insectatus delirum et mœchum vocat, laudatque eos qui ejus communionem aversantur, utpote qui propter Deum, et propter injustitiam archiepiscopo suo illatam ab ipso segregentur. In aliis tamen locis hortatur ne ab Ecclesia separentur. Verum sic ultimo sententiam mutavisse videtur, quia ii qui se injuste ejecerant, gestis suis non acquiescerent, sed eos qui sibi addicti essent, insectarentur, insidiis appeterent, et in exsilium amandarent. »

Ut ad objecta ab Halesio redeamus, ea omnia non male refutavit Joannes Boisius, uno excepto argumento ex styli dissimilitudine petito, quod ille amplectitur; et tamen est omnium levissimum, ut infra videbitur.

Primo ait Halesius se epistolarem illum characterem in hac epistola non videre, qui in aliis Chrysostomi operibus observatur; et quasi oblitus eorum quæ antedixerat, ait procemium idem fere habere, quod in epistola prima ad Olympiadem, quam ipse ut genuinam admittit; illud vero procemium magnam epistolæ partem complectitur: in tota igitur illa parte admittat oportet epistolarem illum Chrysostomi characterem; in sequentibus etiam non pauca ex epistolis ad Olympiadem exque aliis item reperias, quoniam 667
in his epistolis, ut statim observes si legas, cum ad diversos scribit, eadem fere repetit, ut optime animadvertit Boisius. Nihil certe hic est quod compilatorem sapiat; omnia fluunt, omnia recto procedunt ordine: cum autem accusatus quod cum muliere concubuerit respondet : *Exuite corpus meum, et membrorum meorum mortificationem reperietis*, id ait, quod in pari casu dicendum oportuit. An tacere licuit cum in rebus gravissimis tanti episcopi fama læderetur? Annon potuit ille, imo annon debuit de tanto crimine accusatus ea proferre, quæ ad sui purgationem opportuna erant? Popularem autem acclamationem, imo et verba ipsa, amico sine jactantia dicere potuit Chrysostomus: amici namque, præsertim ii qui eadem de causa vexantur, arcanum nihil inter se habent : Cyriacus porro exsul de illatis Joanni Chrysostomo malis admodum dolebat; ideo quæ sibi fausta acciderint recenset Chrysostomus ut ipsum consoletur, iisque recensitis ita claudit: *Quamobrem te rogo, ac genibus tuis advolutus obtestor, ut mœrorem et luctum abjicias.* Jam cum Arsacium sycophantam, qui oblatis sibi episcopo suo falsis criminationibus, sedem suam invaserat, vir tamen octogenarius et ineruditus, cum, inquam, illum delirum, mœchum et lupum vocat, illud agit quod præstitit Athanasius, cum Gregorius quispiam in ejus locum substitutus est, et postea cum Georgius ipsius sedem invasit; nam improbos hujusmodi, facinorosos, et qui pacem Ecclesiæ interturbabant, non sancti viri modo, sed ipsi quoque apostoli maledictis incessebant. Ad hæc vero an clementius agit Chrysostomus cum Arsacio in libro illo cui titulus, *Ad eos qui scandalizati sunt*, quem supra edidimus? An mitiora his sunt verba quæ ibidem leguntur, p. 507, c. 20, ἱερεὺς νῦν, φαῦλος γεγενημένος, καὶ λύκου παντὸς ἀγριώτερον ἐπιπηδῶν τῇ ἀγέλῃ, *sacerdos ille improbus, lupo quovis sævius in gregem insiliens?* An quid gravins dici potuit?

Aliud objicitur quod hic legatur ἀπὸ τῶν Κουκουσῶν cum contra Κουκουσόν in singulari semper habeatur apud Chrysostomum. Verum hæc lectio τῶν Κουκουσῶν est solius editionis Savilianæ : nam editiones Morelli et omnes Mss. hic Κουκουσοῦ habent, illudque τῆς Κιλικίας, quod in Editis addebatur, ab optimis Mss. abest. Cucusum autem in Armenia esse ait alibi Chrysostomus ; alii in Cilicia ; Athanasius in Cappadocia locat, quia, cum in earum regionum confinio esset, modo huic, modo illi contributa est. Omnes certe viri docti hanc epistolam pro vera et genuina habent, nec ea de re vel minimam quæstionem movent.

CXXV. *Cyriaco episcopo exsulanti.*

Cucuso anno 404.

Age, mœstitiæ tuæ ulcus rursus leniam, atque cogitationes eas, quæ hanc nubem collegerunt, discutiam. Ecquid enim est, quod mœres atque animum dejicis? An quia gravis est tempestas, ac sævum naufragium, quod Ecclesiam occupavit? Hoc ipse quoque scio, nec ullus est, qui inficias ire possit : imo vero, si ita libet, eorum quæ fiunt imaginem tibi adumbrabo. Mare videmus ab imis usque gurgitibus revulsum, nautas gubernaculorum ac remorum loco manus genibus implicitas habentes, præque tempestatis magnitudine tanta consilii inopia laborantes, ut nec cælum, nec mare, nec terram cernant, verum flentes ac lamentantes in tabulatis jaceant. Atque in mari quidem ita evenire solet : nunc autem in nostro quoque mari gravior procella gravioresque fluctus excitantur. Verum fac Domino nostro Christo supplex sis, qui non arte tempestatem superat, sed nutu solo eam discutit. Quod si precibus ad eum adhibitis nondum tamen exauditus es, ne clanguescas, animumque despendeas; hujusmodi namque benigni illins numinis mos est. Annon tres illos pueros a periculo subducere poterat, ac ne in ignis fornacem inciderent prohibere? At postquam captivi abducti, atque in barbarorum regionem abjecti, paternaque hereditate eversi, atque ab omnibus desperati sunt, nec jam ullum mali genus deerat, tum denique Christus, verus Deus noster, repente miraculum edidit, ignemque dissipavit. Ignis enim justorum virtutem minime ferens e for-

ρκε'. [a] Πρὸς Κυριακὸν ἐπίσκοπον ἐν ἐξορίᾳ ὄντα καὶ αὐτόν.

Φέρε δὴ πάλιν ἀπαντλήσω τῆς ἀθυμίας τὸ ἕλκος, καὶ διασκεδάσω τοὺς λογισμοὺς τοὺς τὸ νέφος τοῦτο συνιστῶντας. Τί γάρ ἐστιν ὃ λυπῇ καὶ ἀδημονεῖς; Διότι χαλεπὸς ὁ χειμὼν καὶ πικρὸν τὸ ναυάγιον [b] τὸ τὴν Ἐκκλησίαν καταλαβόν; Τοῦτο οἶδα κἀγὼ, καὶ οὐδεὶς ἀντερεῖ· ἀλλ' εἰ βούλει, εἰκόνα σοι ἀναπλάττω τῶν γινομένων. [c] Θάλατταν ὁρῶμεν ἀπ' αὐτῆς κάτωθεν ἀναμοχλευομένην τῆς ἀβύσσου, τοὺς ναύτας ἀντὶ τῶν οἰάκων καὶ τῶν κωπῶν τὰς χεῖρας τοῖς γόνασι περιπλέξαντας, καὶ πρὸς τὴν ἀμηχανίαν τοῦ χειμῶνος ἀπορηθέντας, οὐκ οὐρανὸν βλέποντας, οὐ πέλαγος, οὐ ξηρὰν, ἀλλ' ἐπὶ τῶν στρωμάτων κειμένους, καὶ ὀλοφυρομένους, καὶ κλαίοντας. Καὶ ταῦτα μὲν ἐπὶ τῆς θαλάσσης οὕτω συμβαίνει· νῦν δὲ ἐπὶ τῆς ἡμετέρας θαλάσσης χείρων ὁ θόρυβος, καὶ χείρω τὰ κύματα. Ἀλλὰ παρακάλει τὸν Δεσπότην ἡμῶν Χριστὸν, ὃς οὐ τέχνῃ περιγίνεται χειμῶνος, ἀλλὰ νεύματι λύει τὴν ζάλην. Ἀλλ' εἰ καὶ πολλάκις παρεκάλεσας, καὶ οὐκ εἰσηκούσθης, μὴ ὀλιγωρήσῃς· τοιοῦτον γὰρ ἔθος ἔχει ὁ φιλάνθρωπος Θεός. Μὴ γὰρ οὐκ ἠδύνατο ἐκείνους τοὺς τρεῖς παῖδας λυτρώσασθαι, ἵνα μὴ εἰς τὴν κάμινον τοῦ πυρὸς ἐμπέσωσιν; Ἀλλ' ὅτε ᾐχμαλωτεύθησαν, ὅτε εἰς βάρβαρον χώραν ἀπεῤῥίφησαν, καὶ τῆς πατρῴας κληρονομίας ἐξέπεσον, καὶ παρὰ πάντων ἀπεγνώσθησαν, καὶ [a] οὐδὲν λοιπὸν οὐκ ἀπελίπετο, τότε Χριστὸς ὁ ἀληθινὸς Θεὸς ἡμῶν τὴν θαυματοποιίαν εἰργάσατο, καὶ διεσκόρπισε τὸ πῦρ. Μὴ φέρον γὰρ τὴν ἀρετὴν τῶν δικαίων τὸ πῦρ, ἐξεπήδησεν ἔξω, καὶ ἐνεπύρισεν οὓς εὗρε περὶ τὴν κάμινον τῶν Χαλδαίων. Καὶ λοιπὸν ἐκκλησία αὐτοῖς ἦν ἡ κάμινος, καὶ πᾶσαν τὴν κτίσιν προσεκαλοῦντο, τά τε ὁρατὰ καὶ τὰ ἀόρατα,

[a] De epistola ad Cyriacum pluribus diximus in Monitio. Πάλιν deest in omnibus Mss. excepto Coisliniano, qui hic habet καὶ σκεδάσω.

[b] [Savilii dedimus lectionem. Montf. τὰ τ. ἐ. καταλαβόντα.]

[c] Coislin. θάλατταν ὁρῶ μαινομένην ἀπ' αὐτῆς. Infra idem καὶ πρὸς τὴν ἀπορίαν τοῦ χειμῶνος ἀπορηθέντας. Porro cum hæc homilia in multis similis sit ei quæ supra prima ad Olympiadem locatur, Codicis Regii scriba hic multa ex eadem epistola de verbo ad verbum exscripsit usque ad illud, νεύσει μόνον καὶ πάντα ἐν μιᾷ καιροῦ λύεται ῥοπῇ.

[a] Coislin. οὐδὲν λοιπὸν τῶν δεινῶν οὐκ ἀπελίπετο... Θεὸς ἡμῶν ἄγνω τῇ θαυματοποιίᾳ διεσκόρπισε τὸ πῦρ.

ἀγγέλους καὶ δυνάμεις, καὶ οὕτω πάντα συλλαβόμενοι
ἔλεγον· Εὐλογεῖτε πάντα τὰ ἔργα Κυρίου τὸν Κύριον.
Ὁρᾷς πῶς ἡ [b] ὑπομονὴ τῶν δικαίων καὶ τὸ πῦρ εἰς
δρόσον μετέβαλε, καὶ τὸν τύραννον ἐδυσώπησε, καὶ
κατὰ πάσης τῆς οἰκουμένης ἐκπέμπει γράμματα;
Μέγας ὁ Θεὸς, φησὶ, Σεδρὰχ, Μισὰχ, καὶ Ἀβδε-
ναγώ. Καὶ ἰδοὺ πόσην ἀποτομίαν ἐνέθηκεν, εἴ τις
λόγον εἴπῃ κατ᾽ αὐτῶν, τὸν οἶκον αὐτοῦ ταμιεύεσθαι,
καὶ τὰ ὑπάρχοντα αὐτοῦ διαρπάζεσθαι. Μὴ οὖν ἀθυ-
C μήσῃς, μηδὲ ὀλιγωρήσῃς. Καὶ γὰρ ἐγὼ ὅτε ἐξηλαυνό-
μην ἀπὸ τῆς πόλεως, οὐδὲν τούτων οὐκ ἐφρόντιζον,
ἀλλ᾽ ἔλεγον πρὸς ἐμαυτόν· * εἰ μὲν βούλεται ἡ βασίλισσα ἐξορίσαι, ἐξορίσῃ με· Τοῦ Κυρίου ἡ γῆ, καὶ τὸ
πλήρωμα αὐτῆς. Καὶ εἰ βούλεται πρῖσαι, πρίσῃ με·
τὸν Ἡσαΐαν ἔχω ὑπογραμμόν. Εἰ θέλει εἰς τὸ πέλαγος ἀκοντίσαι με, τὸν Ἰωνᾶν ὑπομιμνήσκομαι. Εἴ με
θέλει εἰς κάμινον ἐμβαλεῖν, τοὺς τρεῖς παῖδας ἔχω
τοῦτο πεπονθότας. Εἴ με θέλει τοῖς θηρίοις βαλεῖν,
τὸν Δανιὴλ ἐν λάκκῳ τοῖς λέουσι βεβλημένον ὑπομιμνήσκομαι. Εἰ θέλει με λιθάσαι, λιθάσῃ με· τὸν
Στέφανον ἔχω τὸν πρωτομάρτυρα. Εἰ θέλει τὴν κεφαλήν μου λαβεῖν, λάβῃ· ἔχω Ἰωάννην τὸν βαπτι-
D στήν. Εἰ θέλει τὰ ὑπάρχοντά μου λαβεῖν, λάβῃ αὐτά·
Γυμνὸς ἐξῆλθον ἐκ κοιλίας μητρός μου, γυμνὸς καὶ
ἀπελεύσομαι. Ἐμοὶ παραινεῖ ὁ ἀπόστολος· Πρόσωπον
ἀνθρώπου ὁ Θεὸς οὐ λαμβάνει· καὶ, Εἰ ἔτι, φησὶν,
ἀνθρώποις ἤρεσκον, Χριστοῦ δοῦλος οὐκ ἂν ἤμην.
Καὶ ὁ Δαυῒδ καθοπλίζει με λέγων, Ἐλάλουν ἐν τοῖς
μαρτυρίοις σου ἐναντίον βασιλέων, καὶ οὐκ ᾐσχυνό-
μην. Πολλὰ κατ᾽ ἐμοῦ ἐσκευάσαντο, καὶ λέγουσιν,
ὅτι τινὰς ἐκοινώνησα μετὰ τὸ φαγεῖν αὐτούς. Καὶ εἰ
μὲν τοῦτο ἐποίησα, ἐξαλειφθείη τὸ ὄνομά μου ἐκ τῆς
βίβλου τῶν ἐπισκόπων, καὶ μὴ γραφείη ἐν τῇ βίβλῳ
E τῆς ὀρθοδόξου πίστεως, [c] ὅτι ἰδοὺ ἐὰν τοιοῦτον ἐγὼ
ἔπραξα, καὶ ἀποβαλεῖ με Χριστὸς ἐκ τῆς βασιλείας
αὐτοῦ. Εἰ δὲ ἅπαξ καὶ τοῦτό μοι λέγουσι, καὶ φιλονεικοῦσι, καθελέτωσαν καὶ τὸν Παῦλον, ὃς μετὰ τὸ
δειπνῆσαι ὁλόκληρον τὸν οἶκον ἐβάπτισε· καθελέτωσαν
καὶ αὐτὸν τὸν Κύριον, ὃς μετὰ τὸ δειπνῆσαι τοῖς
669 ἀποστόλοις τὴν κοινωνίαν ἔδωκε. Λέγουσιν, ὅτι με-
A τὰ γυναικὸς ἐκοιμήθην. Ἀποδύσατέ μου τὸ σῶμα,
καὶ εὑρήσετε τὴν νέκρωσιν τῶν μελῶν μου. Ἀλλὰ
ταῦτα πάντα διὰ τὸν φθόνον ἐποίησαν. Ἀλλὰ πάντως
λυπῇ, ἀδελφὲ Κυριακὲ, ὅτι ἐκεῖνοι οἱ ἡμᾶς ἐξορίσαν-
τες ἐπὶ τῆς ἀγορᾶς παῤῥησιάζονται, καὶ πλῆθος
ἀκολουθεῖ δορυφόρων αὐτοῖς; Ἀλλὰ πάλιν ὑπομνήσθητι τὸν πλούσιον καὶ τὸν Λάζαρον, ποῖος μὲν ἐν τῷ
νῦν αἰῶνι ἐθλίβη, ποῖος δὲ ἀπήλαυσε. Τί ἔβλαψεν

nace exsiliit, atque Chaldæos, quos circum fornacem nactus est, exussit. Ac tum fornax eccle- *Dan.* 3.
siæ instar ipsis erat : atque res omnes conditas,
tam quæ oculis cernuntur, quam quæ ab oculorum sensu remotæ sunt, hoc est angelos et virtutes, accersebant, sicque omnia in unum com-
plectentes, his verbis utebantur : *Benedicite* *Dan.* 3. 57.
omnia opera Domini Domino. Vidisne quo-
modo justorum patientia ignem in rorem commutavit, tyrannique animum ita inflexit, ut per
universum orbem literas mitteret, ad hunc modum loquens : *Magnus Deus Sidrach, Misach,* *Dan.* 3. 95.
et *Abdenago?* Ac vide quam atrox supplicium
constituit, si quis adversus ipsos aliquid contu- *Ibid.* v. 96.
meliose dixisset : nempe ut domus ipsius ac facultates omnes diriperentur. Ne igitur animum
demittas, ac desperatione frangaris. Nam nec
ego, cum civitate pellerer, quidquam horum cu-
rabam, verum mecum ipse ita loquebar : Si Imperatrix me exsilio mulctare vult, exsulem sane :
Domini est terra, et plenitudo ejus. Si serra *Psal.* 23. 1.
de me supplicium capere cupit, dissecer : He-
saiam pro exemplo habeo. Si me in mare præcipitem dare vult, Jonæ recordor. Si in fornacem *Jonæ* 1.
conjicere vult, tres pueros habeo, qui eodem *Dan.* 3.
supplicio affecti sunt. Si feris objicere, Danielem, *Ibid.* c. 6.
qui leonibus objectus est, mihi animo propono.
Si lapidibus obruere vult, obruat : Stephanum *Act.* 7.
habeo primum martyrem. Si caput meum acci-
pere vult, accipiat : Joannem habeo. Si faculta- *Marc.* 6.
tes meas sumere, sumat : *Nudus egressus sum* *Job.* 1. 21.
de ventre matris meæ, nudus etiam *hinc abs-*
cedam. Monet me his verbis apostolus : *Deus* *Gal.* 2. 6.
hominis personam non accipit; atque his rur- et 1. 10.
sum : *Si adhuc hominibus placerem, Christi*
servus non essem. Mihi etiam David arma
subministrat, cum ait : *Loquebar de testimo-* *Psal.* 118.
niis tuis in conspectu regum, et non confun- 46.
debar. Multa adversum me struxerunt : aiunt-
que me post epulas quibusdam communionem
impertiisse. Hoc si feci, de episcoporum libro
nomen meum expungatur, nec in orthodoxæ
fidei volumine scribatur, quoniam ecce si quidquam ejusmodi perpetravi, Christus e regno suo
me abjiciat. Quod si mihi obstinata mente id
objicere pergunt, Paulum etiam de dignitatis *Act.* 16.
gradu dejiciant, qui cœnatus universam domum
baptizavit; Domino item ipsi auctoritatem abro-

[b] Duo Mss. ὑπομονὴ τῶν ἁγίων. Infra alius ἀποτομίαν ἔθηκε, alius ἀποτομίαν ἐχρήσατο.

* His similia habes supra p. 418, et 421, itemque in quadam epistolarum ad Olympiadem.

[c] Duo Mss. ὅτι οὐδὲν τοιοῦτον.

gent, qui apostolis post cœnam communionem dedit. Quin me quoque cum muliere concubuisse criminantur. Exuite corpus meum, et membrorum meorum mortificationem reperietis. Verum ad hæc omnia facienda livore adducti sunt. At idne omnino, Cyriace frater, animum tuum discruciat, quod illi qui me ex urbe expulerunt, in foro libere volitant, ingensque stipatorum
Luc. 16. grex eos a tergo sequitur? Verum recordare Lazari et divitis illius: annon ille in hoc ævo calamitosus fuit, hic autem voluptatibus ac luxu diffluxit? Quidnam porro illi paupertas detrimenti attulit? Annon ut pugil ac victor in Abrahæ sinum delatus est? Quidnam rursum huic, qui in purpura et bysso requiescebat, opes profuerunt? Ubi lictores? ubi satellites? ubi equi aureis frenis insignes? ubi parasiti, et regia mensa? Annon tamquam latro vinctus in monumentum abducebatur, nudam animam e mundo efferens;
Luc. 16. 24. atque inani voce clamabat, *Pater Abraham, mitte Lazarum, ut intingat extremum digiti sui in aquam, et refrigeret linguam meam, quia crucior in hac flamma?* Quid patrem Abrahamum vocas, cujus vitam non imitatus es? Ille neminem non domo excipiebat: tu ne unius quidem pauperis curam gessisti. Nec vero est quod lugeamus ac collacrymemus, quod is, qui tantis opibus præditus erat, aquæ guttam non est consequutus. Quoniam enim micas pauperi minime largitus est, idcirco ne guttam quidem aquæ accipit. Hiemis tempore misericordiæ sementem non fecit, ac proinde ne æstate quidem messem fecit. Quin hoc quoque certo consilio a Domino actum est, ut impiorum pœna, et justorum requies, e regione sitæ sint: nimirum ut sese ipsi mutuo prospiciant atque agnoscant. Tunc enim quilibet martyr tyrannum suum agnoscet, atque item quilibet tyrannus martyrem eum, quem cruciatu affecit. Nec vero hæc a me dico: audi
Sap. 5. 1. enim quid Sapientia dicat: *Tunc stabit justus in magna constantia adversus eos, qui se angustiaverunt.* Nam quemadmodum is qui fervente sole iter facit, ac siti flagrat, cum limpidum fontem nactus est, ac bibere prohibetur, magno dolore afficitur; aut rursum quemadmodum cum quispiam ingenti fame affectus, mensæ omni eduliorum genere confertæ assidet, cæterum a potentiore quodam impeditur, ne mensam attingat, ac cibis fruatur, gravem dolorem et cruciatum sentit, quod cum mensæ accumbat, epulis

αὐτὸν ἡ πενία; Οὐχὶ ὁ ἀθλητὴς καὶ νικητὴς εἰς τοὺς κόλπους Ἀβραὰμ ἀπηνέχθη; Τί δὲ ὠφέλησεν ἐκεῖνον ὁ πλοῦτος τὸν ἐν πορφύρᾳ καὶ βύσσῳ ἀναπαυόμενον;
B Ποῦ οἱ ῥαβδοῦχοι; ποῦ οἱ δορυφόροι; ποῦ οἱ χρυσοχάλινοι ἵπποι; ποῦ οἱ παράσιτοι, καὶ ἡ βασιλικὴ τράπεζα; Οὐχὶ ὡς ληστὴς δεδεμένος ἀπήγετο ἐν τῷ μνήματι, γυμνὴν τὴν ψυχὴν ἐκ τοῦ κόσμου ἐκφέρων, καὶ κράζει κενῇ τῇ φωνῇ, Πάτερ Ἀβραὰμ, πέμψον Λάζαρον, ἵνα βρέξῃ τὸ ἄκρον τοῦ δακτύλου αὐτοῦ, καὶ καταψύξῃ τὴν γλῶττάν μου, διότι δεινῶς ἀποτηγανίζομαι; Τί πατέρα καλεῖς τὸν Ἀβραὰμ, οὗ τὸν βίον οὐκ ἐμιμήσω; Ἐκεῖνος πάντα ἄνθρωπον εἰς τὸν
C οἶκον αὐτοῦ ἐξένιζεν, σὺ δὲ ἑνὸς πτωχοῦ φροντίδα οὐκ ἐποιήσω. Οὐκ ἔστι πενθῆσαι καὶ κλαῦσαι, ὅτι ὁ τοσοῦτον πλοῦτον ἔχων, σταγόνος ὕδατος ἄξιος οὐκ ἐγένετο. Ἐπειδὴ γὰρ ψιχίων οὐ μετέδωκε τῷ πτωχῷ, σταγόνα ὕδατος οὐ λαμβάνει. Τῷ χειμῶνι οὐκ ἔσπειρεν ἔλεος· ἦλθε τὸ θέρος, καὶ οὐκ ἐθέρισε. Καὶ τοῦτο τοῦ Δεσπότου οἰκονομία, ὅτι ἐξ ἐναντίας ἐποίησε τὴν κόλασιν τοῖς ἀσεβέσι, καὶ τὴν ἀνάπαυσιν τοῖς δικαίοις, ἵνα βλέπωσιν ἀλλήλους, καὶ ἀλλήλους γνωρίζωσι. Καὶ γὰρ ἕκαστος τότε μάρτυς τὸν ἴδιον τύραννον ἐπιγνώσεται, καὶ ἕκαστος τύραννος τὸν ἴδιον μάρτυρα,
D ὃν ἐκόλασε. Καὶ οὐκ ἐμὰ τὰ ῥήματα· ἄκουσον τῆς Σοφίας λεγούσης· Τότε ἐν πολλῇ παῤῥησίᾳ στήσεται ὁ δίκαιος κατὰ πρόσωπον τῶν θλιψάντων αὐτόν. Ὥσπερ γὰρ ὁδοιπόρος ἐν καύματι περιπατῶν, ἡνίκα εὕρῃ καθαρὰν πηγὴν τῇ δίψῃ φλεγόμενος, καὶ πολλῷ τῷ λιμῷ συνεχόμενος παρακαθέζηται τραπέζῃ ἐχούσῃ παντοῖα τὰ ἐδέσματα, παρά τινος δὲ δυνατωτέρου κωλύηται μὴ ἅψασθαι τῆς τραπέζης, μηδὲ ἀπολαῦσαι τῶν ἐδεσμάτων, σφοδρὰν ἔχει τὴν ὀδύνην καὶ τὴν κόλασιν, ὅτι τῇ τραπέζῃ παρακαθέζεται, καὶ τῶν βρωμάτων ἀπολαῦσαι οὐ δύναται, καὶ ὁ τῇ πηγῇ παρακαθεζόμενος, τοῦ ὕδατος ἀπολαῦσαι οὐ δύναται·
E οὕτως ἐν τῇ ἡμέρᾳ τῆς κρίσεως, [a] βλέπουσι τοὺς ἁγίους εὐφραινομένους οἱ ἀσεβεῖς, καὶ τῆς βασιλικῆς τραπέζης ἀπολαῦσαι οὐ δύνανται. Καὶ γὰρ τὸν Ἀδὰμ ὁ Θεὸς κολάσαι βουλόμενος, ἐποίησεν αὐτὸν ἐξ ἐναντίας τοῦ παραδείσου ἐργάζεσθαι τὴν γῆν, ἵνα καθ' ἑκάστην ἡμέραν καὶ ὥραν βλέπων ἐκεῖνο τὸ ποθητὸν χωρίον, ὅθεν ἐξῆλθεν, ἔχῃ πάντοτε τὴν ὀδύνην ἐν τῇ ψυχῇ. Εἰ δὲ καὶ ὧδε ἀλλήλοις μὴ συντύχωμεν, ἀλλ'
670 ἐκεῖ οὐδεὶς ὁ κωλύων ἡμᾶς τότε μετ' ἀλλήλων διάγειν·
A καὶ ὀψόμεθα τοὺς ἐξορίσαντας ἡμᾶς, ὥσπερ ὁ Λάζαρος τὸν πλούσιον, καὶ οἱ μάρτυρες τοὺς τυράννους. Μὴ οὖν ἀθύμει, ἀλλὰ μνημόνευε τοῦ προφήτου λέγοντος· Μυκτηρισμὸν ἀνθρώπων μὴ φοβεῖσθε, καὶ τῷ φαυλισμῷ αὐτῶν μὴ ἡττᾶσθε· ὥσπερ γὰρ ἔριον ὑπὸ σητὸς, οὕτω βρωθήσονται, καὶ ὡς ἱμάτιον παλαιωθήσονται.

[a] Coislin. βλέπουσι μὲν τοὺς ἁγίους εὐφρ.... τῆς δὲ βασιλ.

Κατανόησον δὲ τὸν Δεσπότην, πῶς εὐθὺς ἀπὸ τῶν σπαργάνων ἐδιώκετο, καὶ εἰς βάρβαρον γῆν ἀπεῤῥίπτετο, ὁ τὸν κόσμον κατέχων, τύπος ἡμῖν γενόμενος τοῦ μὴ ἐκκακεῖν ἐν τοῖς πειρασμοῖς. Ἀνάμνησαι τὸ πάθος τοῦ Σωτῆρος, ὅσας ὕβρεις δι' ἡμᾶς ὑπέμεινεν. Οἱ μὲν γὰρ αὐτὸν Σαμαρείτην ἐκάλουν, οἱ δὲ δαιμονιῶντα καὶ γαστρίμαργον καὶ ψευδοπροφήτην. Λέ- B γουσι γὰρ, Ἰδοὺ ἄνθρωπος φάγος καὶ οἰνοπότης, καὶ ὅτι Ἐν τῷ ἄρχοντι τῶν δαιμονίων ἐκβάλλει τὰ δαιμόνια. Τί δὲ ὅτε ἦγον αὐτὸν κρημνίσαι, καὶ ὅτε εἰς τὸ πρόσωπον αὐτοῦ ἐνέπτυον; τί δὲ ὅτε τὴν χλαμύδα αὐτῷ περιετίθουν, καὶ ὅτε ἀκάνθαις αὐτὸν ἐστεφάνουν, καὶ προσέπιπτον αὐτῷ ἐμπαίζοντες, καὶ πᾶν εἶδος χλεύης αὐτῷ ἐπάγοντες; τί δὲ ὅτε ῥαπίσματα αὐτῷ ἐδίδουν; [a] ὅτε ὄξος καὶ τὴν χολὴν αὐτὸν ἐπότιζον; ὅτε τῷ καλάμῳ τὴν κεφαλὴν αὐτοῦ ἔτυπτον, καὶ ὅτε περιῆγον αὐτὸν οἱ αἱμοβόροι ἐκεῖνοι κύνες; τί δὲ ὅτε ἐπὶ τὸ πάθος ἤγετο γυμνὸς, καὶ πάντες αὐτὸν C κατέλιπον οἱ μαθηταὶ, καὶ ὁ εἷς μὲν αὐτὸν προέδωκεν, εἷς δὲ ἠρνήσατο, οἱ δὲ ἄλλοι ἐδραπέτευσαν, καὶ μόνος εἱστήκει γυμνὸς ἐν μέσῳ τῶν ὄχλων ἐκείνων; ἑορτὴ γὰρ ἦν ἡ ἅπαντας συνάγουσα τότε· καὶ ὅτε ὡς πονηρὸν ἐν μέσῳ κακούργων αὐτὸν ἐσταύρωσαν, καὶ ἄταφος ἐκρέματο, καὶ οὔτε κατήνεγκαν αὐτὸν ἀπὸ τοῦ σταυροῦ, ἕως οὗ τις αὐτὸν ἐξητήσατο, ἵνα αὐτὸν θάψῃ; Μνήσθητι ὅτι ταφῆς οὐκ ἠξιώθη, καὶ ὅτι ψόγον πονηρὸν κατ' αὐτοῦ ἀπεφήναντο, καὶ ὅτι οἱ μαθηταὶ αὐτοῦ ἔκλεψαν αὐτὸν, καὶ οὐκ ἀνέστη. Ὑπομνήσθητι δὲ καὶ τοὺς ἀποστόλους, ὅτι πανταχόθεν ἐδιώκοντο, καὶ κατεκρύπτοντο, ἐν ταῖς πόλεσι μὴ δυνάμενοι D φανῆναι· πῶς ὁ Πέτρος παρὰ Σίμωνι τῷ βυρσεῖ κατεκρύπτετο, καὶ ὁ Παῦλος παρὰ τῇ πορφυροπώλιδι γυναικὶ, ὅτι οὐκ εἶχον παρὰ τοῖς πλουσίοις παῤῥησίαν. Ἀλλ' ὕστερον πάντα ὁμαλὰ ἐγένετο αὐτοῖς. Οὕτω καὶ νῦν μὴ ἀθυμήσῃς. Ἤκουσα γὰρ κἀγὼ περὶ τοῦ λήρου ἐκείνου τοῦ Ἀρσακίου, ὃν ἐκάθισεν ἡ βασίλισσα ἐν τῷ θρόνῳ, ὅτι ἔθλιψε [b] τοὺς ἀδελφοὺς ὅλους μὴ θέλοντας αὐτῷ κοινωνῆσαι· πολλοὶ δὲ αὐτῶν δι' ἐμὲ καὶ ἐν τῇ φυλακῇ ἐναπέθανον. Ὁ γὰρ προβατόσχημος ἐκεῖνος λύκος, ὁ σχῆμα μὲν ἔχων ἐπισκόπου, μοιχὸς δὲ E ὑπάρχων· ὡς γὰρ ἡ γυνὴ μοιχαλὶς χρηματίζει, ἡ ζῶντος τοῦ ἀνδρὸς ἑτέρῳ συναφθεῖσα· οὕτω καὶ οὗτος μοιχός ἐστιν, οὐ σαρκὸς, ἀλλὰ πνεύματος· ζῶντος γὰρ ἐμοῦ ἥρπασέ μου τὸν θρόνον τῆς Ἐκκλησίας. Καὶ ταῦτά σοι ἐπέστειλα ἀπὸ Κουκουσοῦ, [c] ὅπου ἐκέλευσεν 671 ἡμᾶς ἡ βασίλισσα ἐξορισθῆναι. Πολλαὶ δὲ θλίψεις A

tamen gaudere, vel fonti assidens aqua frui nequeat: eodem modo in judicii die impii sanctus viros lætos atque hilares conspicient, nec tamen ipsis regia mensa frui concedetur. Nam etiam Deus, cum de Adamo supplicium sumere vellet, (Adami pœna qualis.) hoc fecit, ut ipse e paradisi regione terram cole- B ret: quo videlicet in singulos dies ac singulas horas jucundum illum et expetendum locum, unde excesserat, prospiciens, perpetuum animo dolorem hauriret. Quod si hic etiam nobis mutuo congressu frui non licuit, at nemo illic obstabit, quin tum una degamus, eosque, a quibus in exsilium ejecti sumus, videamus, ut Lazarus divitem, et martyres tyrannos. Ac proinde animum ne desponde, verum hanc prophetæ vocem in memoriam revoca: *Nolite timere opprobrium* (Isai. 51. 7. 8.) *hominum, et contemtum eorum ne metuatis:* C *sicut enim lana a tinea rodentur, et sicut vestimentum veterascent.* Illud etiam animadverte, quomodo Dominus, hoc est is qui mundum continet, statim ab incunabulis exagitabatur, atque in barbarorum terram ejiciebatur: quo nos scilicet exemplo suo moneret, ne in tentationibus animis frangamur. Salvatoris passio tibi in animo versetur, nempe quot contumeliis ipse nostra causa affectus sit. Alii enim eum Samaritanum vocabant, alii arreptitium, et helluonem, et falsum prophetam. Aiebant enim: *Ecce* (Luc. 7. 34.) *homo vorax et potator vini*, et: *In principe* (Matth. 9. 34.) D *dæmoniorum ejicit dæmonia.* Quid cum eum ducebant ut præcipitio necarent, et cum ipsius faciem conspuebant? quid cum chlamydem ipsi imponebant, ac spinis ipsum coronabant, atque ad ipsius pedes ludibrii causa se abjiciebant, nec ullum irrisionis genus in eo prætermittebant? quid cum alapis ipsum cædebant? cum acetum et fel bibendum ei dabant? cum arundine ipsius caput feriebant? cum sanguinarii illi canes eum huc atque illuc trahebant? quid cum ad mortem E nudus ducebatur, omnesque discipuli eum deseruerant, atque unus ex ipsis eum prodiderat, alter negaverat; alii fugam inierant, solus ipse in media illa turba nudus stabat? (festus quippe dies erat, omnes tunc in unum cogens;) quid, cum tamquam nocens et facinorosus inter faci- 671 A norosos cruci affigebatur, ac posteaquam e cruce

[a] Hæc in Reg. uno et in Coislin. permixtim posita sunt.

[b] Tres Mss. τοὺς ἀδελφοὺς καὶ τὰς παρθένους μὴ θελησάσας.

[c] Edit. ἀπὸ Κουκουσοῦ τῆς Κιλικίας. Edit. Savil. ἀπὸ τῶν Κουκουσῶν. In duobus Mss. τῆς Κιλικίας deest: certe Cucusum non omnes Ciliciæ esse dicebant. Si vera sit horum codicum lectio, et veram utique puto, tunc levatur supra memorata in Monito difficultas. Athanasius illam in Cappadocia locat in Historia Arianorum ad Monachos p. 348. Infra Coislin. τῶν Καππαδόκων, καὶ ἐν τῷ Ταύρῳ τῆς Κιλικίας χωροῖ ἡμῖν.

demissus est, tamdiu inhumatus jacuit, quoad,
ut sepultura donaretur, a quodam postulatus
est? Recordare eum funere non elatum esse, im-
probumque sermonem adversus eum dissemina-
Matth. 28. tum fuisse, nimirum eum a discipulis suis surre-
ptum fuisse, nec resurrexisse. In mentem veniant
apostoli, qui et ipsi undecumque vexabantur,
ac latebras quærebant, quod in urbibus palam
Act. 9. 43. versari non possent: quonam pacto Petrus apud
Ibid. 16. 15. Simonem coriarium delitescebat, et Paulus apud
mulierem purpurariam, quoniam de divitum
erga se animo dubitabant. At postea omnia ipsis
plana et facilia fuerunt. Ad eumdem igitur modum tu quoque animum ne dejicias. Allatum
autem ad me est de deliro illo Arsacio, quem
Imperatrix in throno collocavit, eum fratres eos
omnes, qui cum ipso communicare recusabant,
afflixisse: et multos ex ipsis mei causa in vinculis diem vitæ extremum clausisse. Siquidem lupus ille, ovis speciem præ se ferens, etsi episcopi
larvam gerat, adulter tamen est. Ut enim mulier
adultera vocatur quæ vivente viro alteri nubit:
eodem modo hic quoque adulter est, non carnis,
sed spiritus: me enim vivente Ecclesiæ thronum
invasit. Atque hæc tibi e Cuenso scripsi, quo
videlicet Imperatrix ablegari me jussit. Multæ
porro mihi in via calamitates contigerunt: verum nihil ejusmodi mihi curæ fuit. Ut autem in
Cappadociam, atque etiam in Tauro-Ciliciam venimus, magno agmine sancti patres, ac monachi,
et virgines obviam nobis prodibant, infinitam
lacrymarum vim profundentes. Cumque nos in
exsilium abeuntes cernerent, in fletus prorum-
pebant, bisque inter se verbis utebantur: Satius
fuisset solem radios suos subtrahere, quam Joannis os conticere. Hæc me perturbabant ac pre-
mebant, quoniam omnes mea causa plorantes
intuebar. Nam cætera omnia, quæ mihi oborta
sunt, nulla me cura affecerunt. At vero urbis
hujusce episcopus perquam humaniter nos excepit, tantamque erga nos caritatem præ se tulit, ut etiam, si fieri potuisset, throno quoque
suo nobis cessurus fuerit, nisi nobis cavendum
fuisset, ne præscriptum limitem excederemus.
Quamobrem te rogo, ac velut genibus tuis advolutus obtestor, ut mœrorem et luctum abjicias, ac pro nobis apud Deum memor sis, nobisque rescribas.

κατὰ τὴν ὁδὸν συνέβησαν ἡμῖν, ἀλλ' οὐδενὸς ἐφροντίσαμεν. Ὅτε δὲ ἤλθομεν πρὸς τὴν χώραν τῶν Καππαδόκων, καὶ ἐν τῇ Ταυροκιλικίᾳ, πολλοὶ χοροὶ ἡμῖν ὑπήντων πατέρων ἁγίων ἀνδρῶν, οὐ μὴν ἀλλὰ καὶ πλήθη μοναχῶν καὶ παρθένων, τὰς ἀθανάτους πηγὰς τῶν δακρύων ἐκχέοντες. Καὶ ἔκλαιον θεωροῦντες ἡμᾶς ἐν τῇ ἐξορίᾳ ἀπερχομένους, καὶ ἔλεγον πρὸς ἑαυτοὺς, συνέφερεν ἵνα ὁ ἥλιος συνέστειλε τὰς ἀκτῖνας αὐτοῦ, ἢ ἵνα τὸ στόμα Ἰωάννου ἐσιώπησε. Ταῦτά με ἐθορύβησε καὶ ἔθλιψεν, ἐπειδὴ ἔβλεπον πάντας κλαίοντας περὶ ἐμοῦ. Ἐπεὶ τῶν ἄλλων πάντων, ὅσα συνέβη μοι,
B φροντίδα οὐκ ἐποίησα. Πάνυ δὲ ἡμᾶς ἐδεξιώσατο ὁ ἐπίσκοπος τῆς πόλεως ταύτης, καὶ πολλὴν ἀγάπην ἔδειξεν εἰς ἡμᾶς· ὥστε, εἰ δυνατὸν, καὶ τὸν θρόνον αὐτοῦ παρεχώρησεν ἡμῖν, εἰ μὴ τὸν ὅρον ἐφυλάττομεν. Δέομαι οὖν καὶ ἀντιβολῶ, καὶ τῶν γονάτων ἅπτομαι τῶν σῶν, ἀπόῤῥιψον τὸ πένθος τῆς ἀθυμίας σου, ὑπὲρ ἡμῶν μνείαν ἔχων πρὸς τὸν Θεὸν, καὶ ἀντιγράψαι ἡμῖν παρακλήθητι.

ρκϛʹ. Ῥουφίνῳ πρεσβυτέρῳ.

[C] Ἦλθεν εἰς ἡμᾶς, ὅτι πάλιν ἀνήφθη τὰ ἐν Φοινίκῃ κακὰ, καὶ ἡ τῶν Ἑλλήνων ηὐξήθη μανία, καὶ πολλοὶ τῶν μοναχῶν οἱ μὲν ἐπλήγησαν, οἱ δὲ καὶ ἀπέθανον. Διὰ τοῦτό σε μειζόνως ἐπείγω μετὰ πλείονος τοῦ τάχους ἅψασθαι τῆς ὁδοῦ, καὶ στῆναι ἐπὶ τῆς παρατάξεως. Εὖ γὰρ οἶδα, ὅτι φανεὶς μόνον τροπώσῃ τοὺς ὑπεναντίους, καὶ εὐχῇ, καὶ ἐπιεικείᾳ, καὶ καρτερίᾳ, καὶ τῇ συνήθει κεχρημένος ἀνδρείᾳ· καὶ καταλύσεις αὐτῶν τὴν μανίαν, καὶ τοὺς μεθ' ἡμῶν ὄντας ἀνακτήσῃ, καὶ πολλὰ ἐργάσῃ τὰ ἀγαθά. Μὴ τοίνυν μέλλε, μηδὲ ἀναβάλλου, ἀλλὰ πλείονι κέχρησο τῷ τάχει, καὶ [D] ταῦτα τὰ ἀπαγγελθέντα προθυμότερόν σε ἐργαζέσθω. Οὐδὲ γὰρ εἰ οἰκίαν εἶδες ἀναπτομένην, ἀνεχώρησας ἂν, ἀλλὰ τότε καὶ μειζόνως ἐπέθου, ὥστε καὶ προκαταλαβεῖν τὴν φλόγα, καὶ διὰ σαυτοῦ, καὶ δι' ἑτέρων πάντα ἂν ἐποίησας ὑπὲρ τοῦ σβέσαι τὸ κακόν. Καὶ νῦν τοίνυν ἐπειδὴ τοιαύτη ἀνήφθη πυρὰ, ἀμελλητὶ τὰ αὐτόθι καταλαβεῖν σπούδασον, καὶ πάντως ἔσται τι χρηστὸν, καὶ πολλὴ τούτων διόρθωσις. Τὸ μὲν γὰρ ἐν ἡσυχίᾳ καὶ γαλήνῃ, καὶ μηδενὸς πολεμοῦντος, κατηχεῖν τινας καὶ τῶν τυχόντων ἐστίν· τὸ δὲ οὕτω τοῦ [E] διαβόλου μαινομένου, καὶ τῶν δαιμόνων ὁπλιζομένων, στῆναι γενναίως, καὶ ἐξαρπάσαι τοὺς μετ' ἐκείνου τεταγμένους τῶν ἀνθρώπων, καὶ τοὺς ἄλλους κωλῦσαι εἰς τὰς ἐκείνου χεῖρας ἐμπεσεῖν, τοῦτο ἀνδρὸς γενναίου, τοῦτο νηφούσης ψυχῆς, τοῦτο τῆς σῆς διανοίας τῆς ὑψηλῆς, καὶ διεγηγερμένης, τοῦτο μυρίων στεφάνων ἄξιον, τοῦτο βραβείων ἀφάτων, τοῦτο ἀποστολικὸν κατόρθωμα. Ἐννοήσας τοίνυν ὅτι ὁ καιρὸς οὗτος εὐδοκιμήσεώς σοι καιρός ἐστι, καὶ μυρίας [672 A] ἐμπορίας, καὶ πραγματείας ὑπόθεσις, ἅρπασον τοσοῦτον πλοῦτον, καὶ πολλῇ ταχύτητι χρήσασθαι παρακλήθητι· καὶ διὰ τάχους ἡμῖν ἐπίστειλον, ἐπειδὰν ἀπαντήσῃς αὐτόθι. Ἂν γὰρ πυθώμεθα μόνον, ὅτι [a] τῶν ὅρων ἐπέβης τῆς Φοινίκης, ἀμέριμνοι λοιπόν ἐσμεν, ἀναπαυόμεθα, ἐν ἀδείᾳ διάγομεν. Τὰ γὰρ ἑξῆς ἴσμεν, ὅτι καθάπερ ἀριστεὺς γενναῖος, καὶ ἀνδραγαθεῖν εἰδὼς, οὕτως ἅπαντα ἐπελεύσῃ, τοὺς μὲν κειμένους ἀνεγείρων, τοὺς δὲ ἑστῶτας ἑδράζων καὶ πηγνὺς, τοὺς δὲ πλανωμένους ἐπανάγων, καὶ τοὺς ἀπολωλότας ἀναζητῶν καὶ εὑρίσκων, ἅπασαν τοῦ διαβόλου συγκόπτων τὴν φάλαγγα. Οἶδα γὰρ, οἶδα σαφῶς τὸ ἄγρυπνόν σου τῆς ψυχῆς, τὸ μεμεριμνημέ- [B] νον τῆς διανοίας, τὸ συνετὸν, τὸ ἐμμελὲς, τὸ προσηνὲς, τὸ ἀνδρεῖον, τὸ εὔτονον, τὸ καρτερικόν. Γράφε τοίνυν ἡμῖν συνεχῶς, καὶ πρὶν ἢ τὴν Φοινίκην ἰδεῖν, ἀπὸ

CXXVI. *Rufino presbytero.*

Phœniciæ mala rursum exarsisse, ac gentilium furorem auctum esse accepi: compluresque monachos partim vulneribus affectos esse, partim etiam mortem obiisse. Ideo majorem in modum te urgeo, ut quam celerrime te ad iter accingas, atque in acie stes. Certum enim habeo fore, ut si preces, et lenitatem, et mansuetudinem, et tolerantiam, et patientiam, eamque quam soles animi fortitudinem adhibueris, vel aspectu solo adversarios in fugam conjicias, ipsorumque furorem exstinguas, atque eorum qui nostras partes tuentur animos recrees, multaque bona efficias. Quare ne cuncteris, nec procrastines; sed majori celeritate utaris, teque hæc, quæ a me commemorata sunt, alacriorem reddant. Etenim si conflagrantem domum vidisses, non profecto recessisses, verum majorem etiam festinationem adhibuisses, quo flammam anteverteres, atque tum per te, tum per alios, quidvis egisses, ut malum exstingueres. Eodem ergo modo nunc quoque, quoniam hujusmodi incendium excitatum est, fac sine ulla mora illuc proficisci matures: atque omnino aliquid læti continget, magnumque his incommodis remedium afferetur. Sane, cum omnia quieta et tranquilla sunt, nec quisquam est qui bellum inferat, nonnullos ad pietatem erudire cujuslibet hominis est: at cum diabolus ita furit, ac dæmones arma induunt, forti animo stare, atque et eos qui ab illius partibus stant, eripere, et cæteros, ne in illius manus incidant, impedire, hoc strenui viri est, hoc animi vigilantis, hoc sublimis tuæ et experrectæ mentis, hoc sexcentis coronis ac præmiis omni sermone præstantioribus dignum, hoc denique apostolicum facinus. Illud igitur cum animo tuo reputans, tempus istud adipiscendæ gloriæ tibi occasionem, atque infiniti quæstus et emolumenti materiam esse, cura, obsecro, ut tantas opes arripias, ingentique celeritate utaris: atque quam primum illuc veneris, ad nos scribas. Nam si vel hoc audierimus, te Phœniciæ fines attigisse, jam sine cura erimus, requiescemus, in securitate degemus. Nam quæ hinc consequentur scimus: nimirum ut generosus ac rei bellicæ peritus imperator, sic tu omnia peragrabis, jacentes excitans, stantes confirmans et constabi-

Cucuso anno 405.

[a] Duo Ms. ὅτι τῶν ὁρίων.

liens, errantes in viam reducens, perditos requirens et inveniens, universas diaboli copias concidens. Est enim mihi perspecta, mihi, inquam, perspecta est animi tui vigilantia, mentis tuæ cura et sollicitudo, sagacitas, concinnitas, comitas, fortitudo, robur, constantia. Quare quam sæpissime velim ad nos scribas : atque etiam, priusquam in Phœniciam perveneris, ex itinere frequentes ad nos literas mittas, siquidem nunc quoque miratus sum te, cum dominus meus reverendissimus ac religiosissimus Theodotus presbyter huc venit, nihil ad nos literarum dedisse. Quocirca ne rursus eo nomine dolorem concipiamus, quod nullas abs te literas accipiamus, si fieri potest, ex singulis etiam mansionibus ad nos scribe, ut quantum viæ processeris, et num jam ab iis oris haud procul sis, intelligamus. In magna enim cura et sollicitudine sumus : atque hæc quotidie scire cupimus. Quæ cum noris, reverendissime domine, hoc mihi pro summo beneficio concede, ut ante discessum tuum, atque etiam post discessum, crebras literas mittas, curesque ut omnia sciamus : quo si res prosperum cursum teneant, gaudio ac voluptate afficiamur : sin autem impedimenta objiciantur, omni ratione ac studio ea de medio tollere nitamur. Neque enim ante conquiescemus, quam et per nos, et per alios, si fieri possit, hoc effecerimus, etiamsi millies vel in urbem Constantinopolitanam mittere necesse sit, quo omnia tibi valde prona reddamus; ne id quidem facere recusabimus. Hæc igitur cum tibi nota sint, quæ tui muneris sunt nobis præsta, vigilantiam ac diligentiam. Quod si fratres etiam mitti oportere putes, id quoque fac sciam. De sanctorum vero martyrum reliquiis sine cura esto : confestim enim religiosissimum dominum meum presbyterum Terentium ad dominum meum piissimum Otreium Arabissi episcopum misi. Nam ipse et multas et minime dubias habet, quas paucis diebus in Phœniciam ad te mittemus. Quare da operam, ne officio tuo ulla ex parte desis. Nam quæ nostri muneris sunt, quanta cum animi promtitudine præstemus, vides. Festina itaque, ut ante hiemem ecclesias, quæ sine tecto sunt, perficere queas.

τῆς ὁδοῦ πυκνὰ πέμπων τὰ γράμματα, ἐπεὶ καὶ νῦν ἐθαύμασα πῶς τῶν περὶ τὸν κύριόν μου τὸν τιμιώτατον καὶ εὐλαβέστατον Θεόδοτον τὸν πρεσβύτερον παραγινομένων, οὐκ ἐπέσταλκας. Ἵν' οὖν μὴ πάλιν ἀλγῶμεν, μὴ δεχόμενοι γράμματα τῆς σῆς τιμιότητος, εἰ οἷόν τε ᾖ, [b] καθ' ἑκάστην μονὴν πέμπε ἡμῖν συνεχῶς ἐπιστολὰς, ἵνα μανθάνωμεν πόσον τε προέκοψας τῆς ὁδοῦ, καὶ εἰ πλησίον γέγονας τῶν μερῶν ἐκείνων.
C Πάνυ γὰρ μεριμνῶμεν, καὶ φροντίζομεν· καὶ βουλόμεθα ταῦτα καθ' ἑκάστην ἡμέραν μανθάνειν. Ταῦτ' οὖν εἰδὼς, κύριέ μου τιμιώτατε, χάρισαι ταύτην ἡμῖν μεγίστην τὴν χάριν, καὶ πρὶν ἢ ἀπελθεῖν, καὶ ἐπειδὰν ἀπέλθῃς, συνεχεῖς πέμπων ἐπιστολὰς, καὶ πάντα ἡμῖν δηλῶν, ἵνα ἐὰν μὲν κατορθώματα ᾖ, χαίρωμεν, καὶ εὐφραινώμεθα· ἂν δὲ κωλύματα, παντὶ τρόπῳ, καὶ πάσῃ σπουδῇ πειρώμεθα αὐτὰ ἀνελεῖν. Οὐ γὰρ ἡσυχάσομεν καὶ δι' ἑαυτῶν, καὶ δι' ἑτέρων, ὧν ἂν οἷόν τε ᾖ, τοῦτο ποιοῦντες, κἂν μυριάκις καὶ εἰς τὴν Κωνσταντινούπολιν ἀποστεῖλαι δέῃ, ὥστε πολλήν σοι γενέσθαι τὴν εὐκολίαν, οὐδὲ τοῦτο παραι-
D τησόμεθα. Ταῦτ' οὖν εἰδὼς, τὰ παρὰ σαυτοῦ πάρεχε ἡμῖν, τὴν ἀγρυπνίαν, καὶ τὴν σπουδήν. Κἂν ἀδελφοὺς δεήσῃ ἀποσταλῆναι, καὶ τοῦτο δήλωσον ἡμῖν. Καὶ τῶν λειψάνων δὲ ἕνεκεν τῶν ἁγίων μαρτύρων ἀμέριμνος ἔσο· καὶ γὰρ εὐθέως ἀπέστειλα τὸν κύριόν μου τὸν εὐλαβέστατον πρεσβύτερον τὸν Τερέντιον πρὸς τὸν κύριόν μου [c] τὸν εὐλαβέστατον ἐπίσκοπον Ὀτρήϊον τὸν Ἀραβισσοῦ. Αὐτὸς γὰρ ἔχει καὶ ἀναμφισβήτητα, καὶ πολλὰ, καὶ εἴσω ὀλίγων ἡμερῶν ἀποστελοῦμέν σοι ταῦτα εἰς τὴν Φοινίκην. Μηδὲν τοίνυν ἐλλιμπανέσθω τῶν παρὰ τῆς σῆς τιμιότητος. Τὰ γὰρ παρ' ἡμῶν ὁρᾷς μεθ' ὅσης πεπλήρωται τῆς προθυμίας.
E Σπεῦσον, ἵνα πρὸ τοῦ χειμῶνος δυνηθῇς τὰς [d] ἀστέγους ἐκκλησίας ἀπαρτίσαι.

[b] [Savil. εἰ οἷόν τε, omisso ᾖ.] Καθ' ἑκάστην μονὴν, *ex singulis mansionibus*. Μοναὶ in Itinerario Antonini passim, in aliisque libris Mansiones vocantur, erantque stationes et diversoria in vicis publicis constituta, ubi divertebatur. Athanasius in Apologia de fuga dicit in itinere Alexandria Antiochiam 36 mansiones esse.

[c] Coislin. τὸν εὐλαβέστατον ἐπίσκοπον Ὀτρήϊον τὸν Ἀραβισσοῦ. Vatic. ἐπίσκοπον Ὀτρήϊον. Savil. quoque Ὀτρήϊον. In Edit. Morel. Τρήϊον male. Reg. τῷ κυρίῳ μου τῷ εὐλ. ἐπισκόπῳ Ὀτρηΐῳ Ἀραβισσοῦ. Memoratur et alius Otreïus episcopus Melitinæ apud Socratem lib. 5, cap. 8, et apud Sozom. lib. 6, cap. 12, et lib. 7, cap. 9.

[d] Tres Mss. ἀστεγάστους.

675 A

ρκζʹ. Πολυβίῳ.

Ἄλλος μὲν ἄν τις τὸν ἀφόρητον κρυμὸν τὸν ἐνταῦθα, τὴν πολλὴν ἐρημίαν τοῦ χωρίου, τὴν χαλεπωτάτην ἀῤῥωστίαν (καὶ γὰρ καὶ ἀῤῥωστίᾳ ἐντεῦθεν περιπεπτώκαμεν) ἀπωδύρατο ἂν, καὶ ἐθρήνησεν· ἐγὼ δὲ ταῦτα ἀφεὶς, τὸν [a] χωρισμὸν ἀποδύρομαι τὸν ὑμέτερον, ὃ καὶ ἐρημίας καὶ νόσου καὶ χειμῶνος ἐμοὶ βαρύτερον. Καὶ νῦν αὐτὸ χαλεπώτερον ἢ πρότερον ἐποίησεν ὁ χειμών. Καὶ γὰρ ἣν μόνην εἶχον παραμυθίαν τοῦ πικροτάτου τούτου χωρισμοῦ, τὸ διὰ γραμμάτων ὑμῖν ὁμιλεῖν, καὶ ταύτην ἐπελθὼν ἡμᾶς ἀφείλετο, τὰς ὁδοὺς ἀποκλείσας τῇ πολλῇ τῆς χιόνος φορᾷ, καὶ οὔτε B ἔξωθεν παραγενέσθαι καὶ συγγενέσθαι ἡμῖν, οὔτε ἐντεῦθεν ἀναστῆναι· καὶ ἀποδημῆσαι πρὸς ὑμᾶς ἀφείς. Καὶ νῦν δὲ οὐκ ἔλαττον τῶν Ἰσαύρων ὁ φόβος, ἀλλὰ καὶ πολλῷ πλέον τὸ αὐτὸ δὴ τοῦτο ποιεῖ, τὴν ἐρημίαν ἐπιτείνων, πάντας ἐλαύνων, φυγαδεύων, μετανάστας ποιῶν. Οὐδεὶς γὰρ οἴκοι λοιπὸν μένειν ἀνέχεται, ἀλλ' ἕκαστος τὴν ἑαυτοῦ καταλιπὼν ἀποπηδᾷ. Καὶ αἱ μὲν πόλεις εἰσὶ λοιπὸν τοῖχοι καὶ ὄροφοι, αἱ δὲ φάραγγες καὶ αἱ νάπαι πόλεις. Καθάπερ γὰρ τὰ ἄγρια τῶν θηρίων, παρδάλεις καὶ λέοντες, τὴν ἔρημον τῶν οἰκουμένων πόλεων ἀσφαλεστέραν αὐτοῖς εἶναι νομίζει· οὕτω δὴ καὶ οἱ τὴν Ἀρμενίαν οἰκοῦντες ἄνθρωποι, καὶ C καθ' ἑκάστην ἡμέραν τόποις ἐκ τόπων ἀναγκαζόμεθα μεταπηδᾷν, Ἁμαξοβίων καὶ Νομάδων τινῶν βίον ζῶντες καὶ οὐδαμοῦ στῆναι θαῤῥοῦντες· οὕτω πάντα τὰ ἐνταῦθα θορύβων γέμει καὶ ταραχῆς. Καὶ τοὺς μὲν τῇ παρουσίᾳ σφάττουσι, καίουσι, δούλους ἀντ' ἐλευθέρων ποιοῦσι· τοὺς δὲ τῇ φήμῃ δραπέτας ἐργάζονται καὶ ἀπόλιδας, μᾶλλον δὲ καὶ ἀναιροῦσιν. Ὅσοι γὰρ νέοι κομιδῇ ἐν μέσῃ νυκτὶ πολλάκις καὶ κρυμῷ πάντα πηγνύντι ἀθρόον τῆς οἰκίας ἐκπηδῆσαι ἠναγκάσθησαν, ὥσπερ τινὸς καπνοῦ τοῦ φόβου τῆς φήμης αὐτοὺς D ἐλαύνοντος, οὐκ ἐδεήθησαν μαχαίρας Ἰσαυρικῆς εἰς τὸ καταλῦσαι τὸν βίον, ἀλλ' ἐν τῇ χιόνι παγέντες, οὕτως ἀπέπνευσαν, καὶ γέγονεν αὐτοῖς τῆς τοῦ θανάτου φυγῆς ἡ πρόφασις θανάτου πρόφασις χαλεπωτάτου· ἐν τούτοις τὰ ἡμέτερα. Καὶ ταῖτα εἰρήκαμεν, οὐχ ἵνα σε λυπήσωμεν (εὖ γὰρ οἶδα ὅτι καθάψεταί σου τὰ εἰρημένα), ἀλλ' ἵνα τὴν αἰτίαν εἴπωμεν τῆς μακρᾶς ταύτης σιγῆς, καὶ τί δήποτε ὀψὲ καὶ βραδέως ἐπεστάλκαμεν. Οὕτω γὰρ πάντες ἡμᾶς ἀπέλιπον, ὡς μηδὲ εὑρεῖν τινα τὸν ἐκεῖσε ἀφικνούμενον, ἀλλ' ἀναγκασθῆναι τὸν συνόντα ἡμῖν πρεσβύτερον ἀναστῆσαι ἐντεῦθεν, καὶ πέμψαι πρὸς τὴν ὑμετέραν θαυμασιότητα. E Δεξάμενος τοίνυν αὐτὸν ὥς σοι πρέπον, ταχέως

[a] Tres Mss. *χωρισμὸν ὀλοφύρομαι.*

CXXVII. Polybio.

Anno ut putatur 406.

Alins fortasse intolerandum hujus regionis frigus, vastam loci solitudinem, acerbissimum denique morbum (hinc enim in morbum incidimus) luxisset ac deplorasset : ego autem his omissis disjunctionem vestram lugeo, quæ mihi et solitudine, et morbo, et hieme est acerbior. Quam acerbitatem hiems quoque mihi auxit. Nam quod unum molestissimæ disjunctionis solatium suppetebat, hoc est ut vobiscum per literas colloquerer, hoc quoque hiems exorta mihi ademit : ut quæ ob ingentem nivis vim vias intercluserit, ac neque aliunde quemquam huc venire, ac nobiscum congredi, neque item hinc excedere, atque ad vos proficisci sinat. Quod et ipsum haud minus, imo etiam magis Isaurorum terror efficit, nobisque solitudinem auget, omnes videlicet submovens, atque in fugam conjiciens, exsulesque reddens. Neque enim jam quisquam ullus est qui domi manere audeat : verum unusquisque relictis ædibus suis profugit. Atque urbes quidem, parietes et tecta nunc sunt : præruptæ autem voragines et sylvæ, urbes. Quemadmodum enim truculentæ feræ, ut pardi ac leones, tutiorem urbibus solitudinem sibi esse existimant : sic etiam homines, qui Armeniam incolimus, quotidie ex aliis atque aliis locis in alia atque alia loca migrare cogimur, vitam Hamaxobiorum et Nomadum agentes, nec usquam fidenti animo consistentes : usque adeo hic omnia tumultu et perturbatione plena sunt. Etenim illi alios adventu suo jugulant, exurunt, atque ex liberis servos efficiunt : alios autem sparso rumore in fugam vertunt, atque urbibus pellunt, imo, ut rectius loquar, occidunt. Quotquot enim adolescentes mediis etiam plerumque noctibus, ac frigore omnia obdurante, repente domo profugere coacti sunt, metu rumoris eos fumi instar abigente, atque ad mortem oppetendam ne Isaurico quidem gladio opus habuerunt, verum in nive obrigescentes extremum spiritum ediderunt : quæque ipsis fugiendæ mortis causa fuerat, eadem illis acerbissimæ mortis causa fuit : en quo statu res nostræ sint. Quæ quidem non diximus, ut te in mœrorem conjiciamus (scio quippe hæc tibi dolori fore), verum ut diuturni silentii nostri causam aperiamus, quidque causæ fuerit cur sero ac tarde ad te scripserimus. Ita enim ab omnibus relicti sumus, ut nec aliquem, qui istuc proficisceretur, nancisci potuerimus, verum nobis presbyterum contubernalem nostrum excitare, atque ad te mittere necesse fuerit. Quapropter cum eum, ut te dignum est, exceperis, celeriter ad nos remitte, qui de tua valetudine læta nobis nuntiet. Scis enim quanto nobis studio est hoc scire.

ἡμῖν ἔκπεμψον εὐαγγελιζόμενον τὴν ὑγείαν τῆς σῆς ἐμμελείας. Οἶσθα γὰρ ὅπως ἡμῖν περισπούδαστον τοῦτο μανθάνειν.

CXXVIII. *Mariniano.*

Arabisso anno 406.

Cæteris omnibus mortalibus hoc nomine ver jucundum et suave est, quod terræ faciem floribus exornat atque in prata convertit: mihi autem eam ob causam, quia magnam mihi facultatem præbet cum familiaribus meis per literas versandi. Ac quidem oculis vos coram perspicere cuperem: quoniam autem id minime licet, quod licet promtissimo animo facio, ut vobiscum per literas colloquar. Nec vero nautæ ac remiges pari animi voluptate maris terga sulcant, cum illa anni tempestas exorta est, atque ego calamum et chartam et atramentum in manus sumo, cum ad vos scripturus sum. Etenim hiemis tempore, cum omnia frigore concrescerent, atque incredibilis quædam vis nivium omnes vias intercluderet, nec quispiam aliunde ad nos venire, nec rursus hinc alio proficisci sustinebat. Ea de causa nos hujus loci domunculis, quemadmodum carcere inclusi, atque tabellariorum penuria, non secus ac quibusdam linguæ catenis, vincti, quamlibet inviti, diuturno silentio utebamur. Posteaquam autem tempus jam itinera patefecit, nobisque linguæ vinculum fregit, presbyterum eum, quicum mihi vitæ consuetudo est, hinc ad vos misimus, ut qua valetudine sitis, intelligamus. Cum igitur hunc, ut te, domine mi summopere admirande, dignum est, susceperis, atque, pro eo atque caritas tua postulat, perspexeris; cum ad nos redibit, velim de tua valetudine nos certiores facias. Scis enim quam de ea aliquid scire studeamus.

ρκη'. [b] Μαρινιανῷ.

674 Τοῖς μὲν ἄλλοις ἅπασιν ἀνθρώποις ἡδὺ τὸ ἔαρ, A ὅτι τὴν ὄψιν τῆς γῆς ἄνθεσι καλλωπίζει, καὶ πάντα δείκνυσι λειμῶνας· ἐμοὶ δὲ, ὅτι καὶ τοῖς ἐθάσι τοῖς ἐμοῖς συγγίνεσθαι διὰ γραμμάτων εὐκολίαν παρέχει πολλήν. Ἐβουλόμην μὲν γὰρ καὶ αὐταῖς ὄψεσιν ὑμᾶς θεωρεῖν· ἐπειδὴ δὲ τοῦτο οὐκ ἔνι, ὅπερ ἔνι μετὰ πολλῆς ποιῶ τῆς προθυμίας, διὰ γραμμάτων ὑμῖν ὁμιλῶν. Καὶ οὐχ οὕτω ναῦται καὶ πλωτῆρες μεθ' ἡδονῆς τὰ θαλάττια τέμνουσι νῶτα, ἐκείνης τοῦ ἔτους τῆς ὥρας ἐπιστάσης, ὡς ἐγὼ κάλαμον, καὶ χάρτην, καὶ μέλαν μεταχειρίζομαι, μέλλων ἐπιστέλλειν ὑμῶν τῇ B ἐμμελείᾳ. Παρὰ μὲν γὰρ τὸν τοῦ χειμῶνος καιρὸν, τοῦ κρυμοῦ πάντα πηγνύντος, καὶ τῆς ἀφάτου χιόνος τὰς ὁδοὺς ἀποτειχιζούσης, οὔτε ἔξωθέν τις ἡμῖν ἐπιχωριάζειν ἠνείχετο, οὔτε ἐντεῦθεν ἀναστῆναι. Διόπερ καὶ ἡμεῖς, καθάπερ ἐν δεσμωτηρίῳ, τοῖς ἐνταῦθα δωματίοις καθειργμένοι, καὶ ὥσπερ τινὶ γλωσσοπέδῃ κατεχόμενοι, τῇ τῶν γραμματηφόρων ἀπορίᾳ, καὶ ἄκοντες τὴν μακρὰν ἐσιγήσαμεν σιγήν. Ἐπειδὴ δὲ λοιπὸν ἀνέῳξε τὰς λεωφόρους τῆς ὁδοιπορίας ὁ καιρὸς, καὶ ἡμῖν τὰ δεσμὰ τῆς γλώττης ἔλυσε, τὸν σὺν ἡμῖν πρεσβύτερον ἐντεῦθεν ἀναστήσαντες, ἀπεστάλκαμεν πρὸς τὴν ὑμετέραν εὐγένειαν, εἰσόμενοι τὰ περὶ τῆς C ὑγείας ὑμῶν. Δεξάμενος τοίνυν αὐτὸν, δέσποτά μου θαυμασιώτατε, καθὼς σοι πρέπον ἐστὶ, καὶ ἰδὼν μετὰ τῆς σοι πρεπούσης ἀγάπης, ἡνίκα ἂν ἐπανίῃ, τὰ περὶ τῆς ὑγιείας σοι δηλῶσαι ἡμῖν παρακλήθητι. Οἶσθα γὰρ ὅπως ἡμῖν περισπούδαστον περὶ ταύτης μανθάνειν.

CXXIX. *Marciano* et *Marcellino.*

Cucuso anno 404.

Quam præclarum hoc par vestrum est, quamque nobis carum: non modo naturæ lege, sed etiam acerrimi amoris catena colligatum! Ob

ρκθ'. Μαρκιανῷ καὶ [a] Μαρκελλίνῳ.

D Ὡς καλὴ ὑμῶν ἡ ξυνωρὶς, καὶ σφόδρα ἡμῖν ποθεινὴ, οὐ νόμῳ φύσεως μόνον, ἀλλὰ καὶ ἀγάπης σφοδροτάτης ἁλύσει συνδεδεμένη. Διὰ ταῦτα καλλωπιζό-

[b] Μαρινιανῷ, sic Vatic. et Reg. et sic etiam Cujacii Codex teste Frontone Ducæo. Quamobrem Mariniano ponendum duximus. Edit. Μαριανῷ.

[a] Vatic. et Fabric. Μαρκελλιανῷ.

μεθα ὑμῶν τῇ φιλίᾳ ἐναβρυνόμενοι, καὶ ἐπιθυμοῦμεν καὶ τῆς κατ' ὄψιν συντυχίας μετασχεῖν. Ἐπειδὴ δὲ τοῦτο τέως οὐκ ἔνι, ὅπερ ἔνι ποιοῦμεν, γράφομεν συνεχῶς, μεμνήμεθα διηνεκῶς, ἐπὶ διανοίας ὑμᾶς πανταχοῦ περιφέρομεν, ὅπουπερ ἂν ὦμεν, οὐδὲ μικρὸν τῷ μήκει τῆς ὁδοῦ διειργόμεθα τῆς ἐμμελείας τῆς ὑμετέρας. Τοιοῦτον γὰρ τῆς ἀγάπης τὸ πτερόν· καὶ ὁδὸν καὶ διάστημα εὐκόλως περᾷ, καὶ πραγμάτων περιστάσεως ὑψηλότερον γίνεται. Διὸ καὶ ἡμεῖς, καίτοι πολλαῖς συνεχόμενοι θλίψεσιν, ἐρημίαις, πολιορκίαις, συνεχέ- E σιν ἐφόδοις λῃστρικαῖς, οὐδενὶ τούτων ῥαθυμότεροι περὶ τὸ φιλεῖν ὑμᾶς γεγενήμεθα, ἀλλ' ἀνθοῦσαν διηνεκῶς τὴν περὶ ὑμᾶς διατηροῦμεν διάθεσιν. Διὸ καὶ παρακαλοῦμεν συνεχέστερον ἡμῖν ἐπιστέλλειν τὰ περὶ τῆς ὑγείας τῆς ὑμετέρας εὐαγγελιζομένους. Ἴστε γὰρ αὐτοὶ ὅσην ἐντεῦθεν καρπωσόμεθα καὶ ἐν ἐρημίᾳ καθήμενοι τὴν παράκλησιν.

idque de amicitia vestra gloriamur, et exsultamus, coramque vobiscum congredi, ac vos videre cupimus. Quoniam autem id nunc minime licet, quod licet facimus, sæpe scribimus, vestri memores perpetuo sumus, animo vos, quocumque in loco simus, circumferimus, ac ne ob itineris quidem longinquitatem a vestra suavitate ullo pacto disjungimur. Hujusmodi quippe caritatis penna est, ut et viam omnem et intervallum omne facile trajiciat, nec ullum incommodum sit, quod non superet. Ideo nos quoque etsi alioqui multis calamitatibus affecti, nimirum solitudine, obsidione, assiduis prædonum incursibus, nihilo tamen in vestri amore segniores sumus : verum nostram erga vos benevolentiam perpetuo florentem retinemus. Quamobrem vos rogamus ut de vestræ valetudinis statu sæpius nos certiores per literas faciatis. Neque enim vobis dubium est, quantam in hac solitudine consolationem hinc accepturi simus.

ρλ'. Κάστῳ, Οὐαλερίῳ, Διοφάντῳ, Κυριακῷ, πρεσβυτέροις Ἀντιοχείας.

675 A

CXXX. *Casto, Valerio, Diophanto, Cyriaco, Antiochiæ presbyteris.*

Ῥαγδαῖόν τι χρῆμα καὶ βίαιον ἡ ἀγάπη, καὶ δανειστοῦ παντὸς σφοδροῦ βιαιότερον. Οὐδὲ γὰρ οὕτως ἐκεῖνοι τοὺς τὰ χρήματα ὀφείλοντας αὐτοῖς ἄγχοντες ἀπαιτοῦσιν, ὡς ὑμεῖς τῆς ἀγάπης τὴν ἅλυσιν περιθέντες, πρὸς τὴν τῶν ἐπιστολῶν ἡμᾶς ἔκτισιν κατεπείγετε, καίτοι πολλάκις τοῦτο καταθέντας τὸ ὄφλημα. Ἀλλὰ τοιαύτη τοίτοι τοῦ χρέους ἡ φύσις· ἀεὶ κατατίθεται, καὶ ἀεὶ ὀφείλεται. Διὰ τοῦτο καὶ ὑμεῖς πολλάκις δεξάμενοι γράμματα, οὐ κορέννυσθε. Καὶ γὰρ καὶ τοῦτο ἐκείνης τὸ πλεονέκτημα, καὶ μιμεῖται τὴν B θάλασσαν, ἣ μυρίων πανταχόθεν εἰν αὐτὴν ῥεόντων ποταμῶν, οὐκ ἐμπίπλαται. Τοιοῦτον καὶ τῆς ἀκοῆς ὑμῶν τὸ πλάτος· διὰ τοῦτο, ὅσῳ ἂν πλείονα ἐμβάλωμεν, τοσούτῳ μειζόνως τὴν φλόγα τῆς διαθέσεως ὑμῶν ἐγείρομεν. Μὴ τοίνυν νομίσητε ὑποπτεύσαντας ὑμῶν τὴν φιλίαν, τὸν βραχὺν τοῖτον σεσιγηκέναι χρόνον. Καὶ γὰρ τοὐναντίον ἅπαν ἐπάθομεν ἄν, εἴ γε ὑπωπτεύσαμεν, καὶ πλεονάκις ἂν ἐπεστάλκαμεν. Ὥσπερ γὰρ οὐ χρείαν ἔχουσιν οἱ ἰσχύοντες ἰατροῦ, οὕτως οἱ ὀλίγωροι καὶ ἀναπεπτωκότες πολλῆς δέονται τῆς θεραπείας. Εἰ τοίνυν καὶ ἡμεῖς ᾐσθόμεθα χωλευ- C ούσης ὑμῶν τῆς διαθέσεως, οὐκ ἂν ἠμελήσαμεν τὰ παρ' ἑαυτῶν εἰσφέροντες, ὥστε αὐτὴν [a] ἀνακαῦσαι μειζόνως. Τῷ δὲ σφόδρα ὑμῖν θαῤῥεῖν, καὶ εἰδέναι σαφῶς, ὅτι καὶ δεχόμενοι, καὶ μὴ δεχόμενοι γράμματα, παγίαν, ἀκίνητον, μόνιμον, ἄτρεπτον, ἀκλινῆ,

Vehemens et violenta quædam res est caritas, ac molesto creditore quovis violentior. Neque enim illi eos, qui pecunias debent, ita præfocant, ac debitum exigunt, ut vos caritatis catenam injicientes ad epistolas persolvendas nos urgetis, etiamsi alioqui hoc debitum persæpe jam a nobis sit solutum. Verum ea hujusce debiti natura est : semper solvitur, semperque debetur. Ideoque vos ne quidem acceptis literis satiari potestis. Nimirum illud etiam caritas habet, ut plura semper appetat : ac mare imitatur, quod licet amnes undecumque in ipsum influant, non tamen impletur. Eadem quippe aurium vestrarum amplitudo est : ex quo efficitur, ut quo plura in eas injecerimus, eo etiam majoris vestræ erga nos benevolentiæ flammam excitemus. Quamobrem ne existimetis, nos, quod de vestra amicitia quædam suspicio animum nostrum tetigisset, brevi hoc temporis spatio siluisse. Nam si qua suspicio non incessisset, sæpius ad vos literas dedissemus. Quemadmodum enim qui optima valetudine sunt, medici opem non desiderant : eodem modo ignavi ac dejecti homines multis remediis opus habent. Quocirca si vestrum erga nos animum claudicare sensissemus, non neglexissemus ea adhibere quæ ipsum in-

Cucuso anno 405.

[a] Coislin. ἀνακαίνιται.

flammare possent. Quia vero admodum vobis fidimus, probeque scimus, sive literas a nobis accipiatis, sive secus, vos affectum erga nos firmum, immotum, vigentem perpetuoque florentem servare, idcirco ad eam rem minime necessarias epistolas nostras esse ducebamus: D verum ad hoc dumtaxat, ut debito benevolentiæ munere fungeremur. Nam nunc quoque non necessitate illa impulsi, sed amicitia adducti scribimus. Quod enim, etiam si multæ variis e locis tempestates oriantur, atque innumeri fluctus excitentur, nullo tamen vos detrimento afficere atque in mœstitiæ procellam conjicere queant, superius tempus abunde planum fecit. Ac pro- E inde, non ut solatium vobis afferamus (neque enim consolatione nostra egetis) hæc scribimus: verum ut intelligatis nos gaudio exsultare, ac lætari, quod tantam ex tanto locorum intervallo caritatem vestram obtineamus. Quoniam autem scio magnæ vobis lætitiæ esse, quo statu res nostræ sint, intelligere, scitote nos stomachi imbecillitate liberatos esse, atque valere, ac nec obsidione nec latronum incursionibus, nec loci solitudine, nec sexcentorum adversorum casuum 676 turba, nec denique ullo alio hujusmodi incom- A modo dejici et conturbari; verum securitate, otio, ac quiete frui, ac singulis diebus de rerum vestrarum statu in cura esse, deque his ad eos qui accedunt sermonem habere. Nam hoc veri amoris natura facit, ut ii qui nobis cari sunt semper in ore nostro ac lingua versentur. Quod etiam in nobis propterea usu venit, quia valde amamus: idque ipsi nostis. Hæc igitur omnia vobiscum reputantes, ne existimetis nos in nostro erga vos officio et benevolentia temporis progressu segnes ac negligentes redditos esse.
1. Cor. 13. 8. *Caritas* enim *numquam excidit:* nec, tametsi alioqui longum tempus fluxerit, tametsi longiori adhuc, quam nunc, itineris intervallo inter nos dirimamur, interrumpi et obliterari potest, verum magis ac magis floret atque augetur.

ἀκμάζουσαν, καὶ ἀνθοῦσαν αὐτὴν διηνεκῶς διατηρεῖτε, οὐκ ἀναγκαίας εἰς τοῦτο ἐνομίζομεν ἡμῶν τὰς ἐπιστολὰς, ἀλλ' εἰς τὸ διαθέσεως ἀποδοῦναι ὄφλημα. Ἐπεὶ καὶ νῦν οὐ χρείας, ἀλλὰ φιλίας ἕνεκεν ἐπιστέλλομεν. Ὅτι γὰρ κἂν πολλοὶ πολλαχόθεν οἱ χειμῶνες φύων- D ται, καὶ μυρία πρὸς ὕψος ἐγείρηται τὰ κύματα, οὐδὲν ὑμᾶς βλάψαι δύναται, καὶ ἐμβαλεῖν εἰς τὸ τῆς ἀθυμίας κλυδώνιον, ἱκανῶς ὁ παρελθὼν ἔδειξε χρόνος. Οὐ τοίνυν ὡς προσδεομένοις τῆς ἐντεῦθεν παρακλήσεως ἐπιστέλλομεν, ἀλλὰ δηλοῦντες, ὅτι χαίρομεν, σκιρτῶμεν, εὐφραινόμεθα ὑπὸ τῆς ἡδονῆς, τοσαύτης καὶ ἐκ τοσούτου διαστήματος ἀγάπης παρὰ τῆς ἐμμελείας ὑμῶν ἀπολαύοντες. Ἐπειδὴ δὲ εὖ οἶδα, ὅτι E πολλὴν ὑμῖν φέρει τὴν εὐφροσύνην τὸ μαθεῖν τὰ ἡμέτερα ἐν τίσιν [b] ὁρμᾷ, ἀπηλλάγμεθα τῆς τοῦ στομάχου ἀσθενείας, ὑγιαίνομεν, οὐδὲν ἡμᾶς οὔτε πολιορκίαι, οὔτε ἔφοδοι λῃστρικαὶ, οὔτε ἐρημία χωρίου, οὔτε μυρίων περιστάσεων ὄχλος, οὔτε ἄλλο τῶν τοιούτων οὐδὲν συστέλλει καὶ θορυβεῖ, ἀλλ' ἀδείας ἀπολαύομεν, ἀπραγμοσύνης, ἡσυχίας πολλῆς, καθ' ἑκάστην μεριμνῶντες τὰ ὑμέτερα, ὑπὲρ τούτων πρὸς τοὺς εἰσιόντας πρὸς ἡμᾶς ποιούμενοι λόγους. Τοιοῦτον γὰρ φιλεῖν γνησίως· ἐπὶ γλώττης ἀεὶ τοὺς ποθουμένους ἔχειν παρασκευάζει. Ὃ καὶ ἡμεῖς ποιοῦμεν, ἐπειδὴ σφόδρα φιλοῦ- 676 A μεν, καὶ τοῦτο ἴστε καὶ ὑμεῖς. Ταῦτ' οὖν ἅπαντα λογιζόμενοι, μὴ νομίζετε ἐῤῥᾳθυμηκέναι ἡμᾶς, μηδὲ ὀλιγώρους τῷ χρόνῳ γεγενῆσθαι περὶ τὴν διάθεσιν τὴν ὑμετέραν. Ἡ γὰρ ἀγάπη οὐδέποτε ἐκπίπτει, ἀλλὰ κἂν χρόνος παρέλθῃ μακρὸς, κἂν πραγμάτων αὐξηθῶσι δυσκολίαι, κἂν μακροτέρῳ τῆς ὁδοῦ μήκει διειργώμεθα, οὐδενὶ τούτων αὐτὴ διακόπτεται, οὐδὲ ἐξίτηλος γίνεται, ἀλλ' ἀνθεῖ μειζόνως, καὶ ἐπιδίδωσιν.

CXXXI. *Elpidio episcopo.*

Anno 406. Non contemtu tui, nec incuria, superiori B tempore siluimus: verum res adversæ, quibus undique obsidemur, diuturnum hoc silentium effecerunt. Neque enim certo ullo loco defixi sumus, verum nunc Cucusum, nunc Arabissum, nunc valles, ac prærupta desertaque

ρλα. Ἐλπιδίῳ ἐπισκόπῳ.

B Ἡμεῖς οὔτε ὑπερορῶντες, οὔτε ὀλιγωροῦντές σου τῆς ἀγάπης, τὸν ἔμπροσθεν ἐσιγήσαμεν χρόνον, ἀλλὰ τὰ περιεστῶτα ἡμᾶς δεινὰ τὴν μακρὰν ταύτην σιγὴν ἐποίησεν. Οὐ γὰρ ἐν ἑνὶ ἱδρύμεθα χωρίῳ, ἀλλὰ νῦν μὲν τὴν Κουκουσὸν, νῦν δὲ τὴν Ἀραβισσὸν, νῦν δὲ τὰς φάραγγας καὶ τὰς ἐρημίας περιπολοῦμεν· οὕτω

b [Savil. ὁρμεῖ.]

πάντα θορύβων ἐμπέπλησται καὶ ταραχῆς, καὶ πῦρ καὶ σίδηρος ἅπαντα δαπανᾷ, καὶ σώματα, καὶ οἰκοδομήματα. Ἤδη δὲ καὶ [a] πόλεις ἀνεσκάφησαν αὔτανδροι, καὶ καθ' ἑκάστην ἡμέραν συνεχέσιν ἐπιβαλλό- C μενοι φήμαις μετανάσται γινόμεθα, χαλεπόν τινα καὶ καινὸν ἐξορίας ὑπομένοντες τρόπον, καὶ καθημερινὸν θάνατον προσδοκῶντες. Οὐδὲ γὰρ ἐν τῷ φρουρίῳ καθάπερ ἐν δεσμωτηρίῳ νῦν ἀποκλεισθέντες ἔχομεν θαῤῥεῖν, διὰ τὸ καὶ τῶν τοιούτων τοὺς Ἰσαύρους κατατολμᾷν. Προσετέθη δὲ ἡμῖν καὶ ἀῤῥωστία χαλεπὴ, ἧς μόλις νῦν τὸ χαλεπώτερον διαφυγόντες, ἔτι τὰ λείψανα αὐτῆς περιφέρομεν· καὶ ὥσπερ εἰς νῆσόν τινα ὑπὸ πελάγους ἀπλώτου κυκλουμένην ἀποικισθέντες, οὕτως οὐδαμόθεν οὐδένα ῥᾳδίως ὁρᾷν δυνάμεθα, πάσης ὁδοῦ τῷ φόβῳ τῶν θορύβων τούτων ἀποτετειχισμένης. D Παρακαλῶ τοίνυν συγγνῶναι ἡμῖν, δέσποτά μου τιμιώτατε καὶ εὐλαβέστατε· οἶσθα γὰρ τὴν ἀγάπην, ἣν ἄνωθεν καὶ ἐξ ἀρχῆς περὶ τὴν σὴν ἐπεδειξάμεθα εὐλάβειαν, καὶ μὴ διαλιπεῖν εὐχόμενον ὑπὲρ ἡμῶν. Ὅτι γὰρ εἰ ῥᾳδίως ἐπιτύχοις τῶν πρὸς τὰ γράμματα ὑπηρετησομένων, οὐδὲν ὑπομνήσεως δεήσῃ πρὸς τὸ ἐπιστέλλειν ἡμῖν συνεχῶς περὶ τῆς ὑγιείας τῆς σῆς, σφόδρα θαῤῥοῦμεν. Καὶ ἡμεῖς δὲ, εἰ λωφήσειεν ταυτὶ τὰ δεινὰ, καὶ προκύψαι τοῦ δεσμωτηρίου τούτου δυνηθείημεν, καὶ ἀναπνεῦσαι μικρὸν ἀπὸ τῆς κατεχούσης E πολιορκίας ἡμᾶς, οὐ διαλείψομεν συνεχῶς ἐπιστέλλοντές σου πρὸς τὴν τιμιότητα. Ἡμῖν γὰρ αὐτοῖς τοῦτο ποιοῦντες τὰ μέγιστα χαριούμεθα.

circumimus: usque adeo cuncta tumultibus ac perturbatione plena sunt, flammaque et ferrum, tam corpora, quam ædificia omnia conficit. Ac jam etiam urbes una cum viris omnibus funditus C excisæ sunt, novisque quotidie rumoribus perculsi sedes mutamus, grave quoddam ac novum exsilii genus perpetientes, mortemque in dies exspectantes. Nam ne castello quidem, perinde atque carcere, nunc inclusi, fidenti animo esse possumus: propterea quod Isauri ejusmodi arces obsidere non dubitent. Ad hæc gravis etiam morbus accessit: cujus nunc ægre acerbitate depulsa, reliquias adhuc circumferimus; et quemadmodum in insulam quamdam non navigabili mari circumfusam relegati, eodem modo neminem fere D ulla ex parte cernere possumus; quod via omnis tumultuum metu interclusa sit. Quamobrem abs te peto, reverendissime ac religiosissime mi domine, ut mihi ignoscas; scis enim quas tibi jampridem, atque ab initio, amoris et benevolentiæ significationes dederim; nec pro nobis Deum precari intermittas. Nam quod, si homines qui imperio tuo pareant, facile nancisci queas, nihil submonitore ad eam rem opus habiturus sis, ut de tua valetudine quam creberrime ad E nos scribas, equidem confidimus. Ac nos item, si hæc pericula conquiescant, atque ex hoc carcere prorepere, et ab obsidione, in qua nunc sumus, nos ipsos aliquantum recreare ac reficere queamus, nullum tempus omittemus, quin ad te scribamus. Hoc enim facientes, quam maximo nos ipsos beneficio afficiemus.

ρλβ'. Γεμέλλῳ.

Βαβαὶ, ἡλίκον ἐστὶ γενναία καὶ νεανικὴ ψυχὴ, οὐκ ἔξωθέν ποθεν, ἀλλ' οἴκοθεν, καὶ παρ' ἑαυτῆς καὶ τὴν ἡδονὴν καὶ τὴν ἀσφάλειαν καρπουμένη, καὶ, τὸ δὴ θαυμαστὸν, ἀπὸ τῶν πραγμάτων τῶν τοῖς πολλοῖς φοβερῶν καὶ σφαλερῶν εἶναι δοκούντων. Τὸ γὰρ μὴ 677 μόνον μὴ θορυβεῖσθαι, μηδὲ ἀλγεῖν μισούμενον παρά A τινων, ἀλλὰ καὶ καλλωπίζεσθαι ἐπὶ τούτῳ, καὶ μὴ καλλωπίζεσθαι μόνον, ἀλλὰ καὶ ἐλεεῖν τοὺς μισοῦντας, καὶ ἐπιθυμεῖν αὐτοὺς μεταβάλλεσθαι, καὶ γενέσθαι χρηστοὺς, πόσης μὲν συνέσεως, πόσης δὲ ἂν εἴη φιλοσοφίας; Διὰ ταῦτά σε ἐπαινοῦμεν καὶ θαυμάζομεν, δέσποτα θαυμασιώτατε καὶ μεγαλοπρεπέστατε, διὰ ταῦτα [a] καὶ αὐτοὶ σκιρτῶμεν μεγάλα, ὥσπερ ἐπὶ στεφάνῳ λαμπρῷ, τῇ φιλίᾳ τῆς σῆς σεμνυνόμενοι

CXXXII. *Gemello.*

Papæ, quanta res est generosus et fortis animus, qui voluptatem ac securitatem non aliunde, verum domi atque a se ipso percipit, quodque mirabile est, ab iis rebus quæ multorum opinione horrendæ ac periculosæ sunt. Nam non 677 modo non perturbari ac discruciari, cum qui- A busdam odio sis, verum etiam hoc nomine gloriari, neque gloriari solum, sed etiam eos qui te oderint miserari, atque ut meliorem mentem induant, probique efficiantur, expetere, cujus tandem prudentiæ, cujusque philosophiæ est? Ac propterea te, cum primis admirande et magnifice domine, laudibus afficimus ac suspicimus: propterea, inquam, nos quoque magno-

[a] Omnes Mss. *πόλεις ἀνεσπάσθησαν αὔτ.* Paulo post duo Mss. *συνεχέσι βαλλόμενοι.*

[a] Coislin. *καὶ ἡμεῖς σκιρτῶμεν.*

pere exsultamus, ob tuam amicitiam, tamquam ob splendidam coronam gloriantes. Quoniam B autem preces quoque a nobis per literas exposcis, velim intelligas, nos ne ante has quidem literas vota facere destitisse, ut animam usque adeo magnam et philosophicam sacris initiari, ac sacrosanctis illis tremendisque mysteriis donari conspiceremus. Ac si nobis lætum hujusmodi nuntium accipere liceat, jam et hoc exsilio liberati erimus, et solitudinis memoriam deponemus, et corporis imbecillitate, cum qua nunc C nobis certamen est, solutos nos esse ducemus. Nec vero illud nobis dubium est, vir admirande, quin nostra opera arcana hæc bona consequi studeas et concupiscas. Quod etiam, ut ipse nosti, nobis quoque studio atque cupiditati est. Verum si a nobis mora aliqua interveniat, huic tamen rei ne mora afferatur, cura. Omnino enim, etiam si ipsi abfuerimus, homines nobis amicissimi non defuturi sunt, qui te ad hæc mysteriorum initia deducere queant. Quod si contingat, eadem voluptate afficiemur, qua afficeremur, si cælestis hujus beneficii largitioni administram ipsimet operam præbuissemus, quandoquidem etiam eadem est gratia.

μεγαλοπρεπείας. Ἐπειδὴ δὲ καὶ εὐχὰς τὰς παρ' ἡμῶν ἀπαιτεῖς διὰ τῶν γραμμάτων, μάνθανε ὅτι καὶ πρὸ τῶν γραμμάτων τούτων οὐκ ἐπαυσάμεθα εὐχόμενοι, τὴν μεγάλην οὕτω καὶ φιλόσοφον ψυχὴν ἰδεῖν τελουμένην ταχέως τὴν ἱερὰν τελετὴν, καὶ τῶν ἱερῶν ἐκείνων καὶ φρικτῶν καταξιουμένην μυστηρίων. Κἂν τούτων δυνηθῶμεν μετασχεῖν τῶν εὐαγγελίων, [b] καὶ τῆς ἐξορίας ἀπηλλάγμεθα ταύτης, καὶ τῆς ἐρημίας ἐπιλελήσμεθα, καὶ τῆς σωματικῆς ἀσθενείας, ᾗ παλαίομεν νῦν, ἠλευθερώμεθα. Καὶ οἶδα μὲν ὅτι σοι σπουδὴ, δέσποτά μου θαυμασιώτατε, καὶ ἐπιθυμία διὰ τῆς ἡμετέρας βραχύτητος τῶν ἀποῤῥήτων τούτων καταξιωθῆναι ἀγαθῶν, καὶ ἡμῖν δὲ, ὡς αὐτὸς οἶσθα, τοῦτο περισπούδαστον. Ἀλλ' ἐὰν μέλλῃ τὰ ἡμετέρα, τοῦτο μηδεμίαν ἐχέτω μέλλησιν. Πάντως γὰρ εὐπορήσεις, καὶ ἡμῶν ἀπόντων, ἀνδρῶν σφόδρα ἡμῖν γνησίων, δυναμένων σε ἐπὶ ταύτην ἀγαγεῖν [c] τὴν μυσταγωγίαν. Κἂν τοῦτο γένηται, τὴν αὐτὴν ἕξομεν ἡδονὴν, ἥνπερ ἂν εἰ καὶ ἡμεῖς διηκονησάμεθα τῇ δόσει τῆς ἐπουρανίου ταύτης δωρεᾶς, ἐπειδήπερ καὶ ἡ χάρις ἐστὶν ἡ αὐτή.

CXXXIII. *Adoliæ.* D

Cucuso anno 404.

Quid ais? Rursum insidias luges, gravibusque calamitatibus affectam te esse inquis? Quid autem obstat, quæso, quin in tranquillum portum te conferas, atque his omnibus fluctibus liberis? Annon hæc tibi semper occinebam, nec tamen umquam mihi obtemperandum duxisti? Quin potius ipsa quoque tibi ab hujusmodi negotiorum luto sexcenta mala accersis, in cœnum perpetuo illabens, ac nobis, dum hæc pateris, E crebros ac perpetuos mœrores affers. An me levi mœrore affici censes, cum ea audivi, quæ ad me scripsisti, nimirum te a propinquis, vel potius alienis (ipsis enim tuis verbis utar) proditam esse, gravesque tragœdias pertulisse? Quousque fumo assides, et clarum animi oculum turbas? numquamne te ab hac acerbissima servitute in libertatem vindicabis? Quid autem impediebat, quo minus huc venires, nosque de his rebus consilium una caperemus? Siquidem scribis te

ρλγ'. Ἀδολίᾳ.

Τί λέγεις; Πάλιν ἐπιβουλὰς ὀδύρῃ, καὶ δεινὰ πεπονθέναι φῄς; Καὶ τί τὸ κωλῦον, εἰπέ μοι, εἰς γαληνὸν καταπλεῦσαι λιμένα, καὶ τούτων πάντων ἀπηλλάχθαι τῶν κυμάτων; Οὐ ταῦτά σοι διὰ παντὸς ἐπᾴδων τοῦ χρόνου διετέλουν, καὶ οὐδέποτε ἡμῶν ἀνασχέσθαι ἠθέλησας; Ἀλλὰ καὶ σαυτῇ μυρία τὰ κακὰ ἀπὸ τοῦ πηλοῦ τῶν πραγμάτων τούτων προξενεῖς, εἰς τέλματα συνεχῶς ἐμπίπτουσα, καὶ ἡμῖν ἐκ τοῦ ταῦτα ὑπομένειν λύπας ἐπάγουσα συνεχεῖς καὶ πυκνάς. Ἦ μικρῶς οἴει με νῦν ἀθυμεῖν, ἀκούσαντα ταῦτα ἅπερ ἀπέσταλκας, ὅτι παρὰ τῶν οἰκείων, ἤτοι ξένων (αὐτοῖς γάρ σου χρήσομαι τοῖς ῥήμασι) προδοσίας ὑπομεμένηκας, καὶ τραγῳδίας χαλεπάς; Μέχρι τίνος τῷ καπνῷ προσεδρεύεις, τὸ διειδές σου τοῦ κατὰ ψυχὴν ὄμματος ἐπιθολοῦσα; μέχρι τίνος οὐκ ἐλευθεροῖς σαυτὴν πικροτάτης δουλείας; Τί δὲ καὶ τὸ κωλῦον ἐνταῦθα παραγενέσθαι, καὶ περὶ τούτων ἡμᾶς κοινῇ βουλεύσασθαι; Καὶ γὰρ ἔφης μηδ' ἂν αἴσθησιν τούτων λαβεῖν, εἰ τοῦτο γέγονεν. Ἐγὼ σφόδρα ἐκπλήττομαι καὶ

[b] Coislin. καὶ τῆς εἱρκτῆς.

[c] Τὴν μυσταγωγίαν: verterat Billius: *Qui te ad hanc sacerdotii dignitatem provehere queant*; sed male: id enim græca non exprimunt, et Gemellum hunc ex viris primariis et ex senatoribus fuisse constat, tum ex compellatione honorifica μεγαλοπρεπέστατε, tum etiam, quod in aliis epistolis 70 et 124 magistratum gessisse constet. Puto itaque cum Frontone Ducæo hic de baptismo agi, quem susceperat Gemellus.

678 A θαυμάζω, καὶ αἰτίαν οὐδεμίαν εὑρίσκω τοῦ σε ἐπὶ τοσοῦτον ἡμῶν ἀπολειφθῆναι, ἢ ῥαθυμίαν καὶ ὄκνον μόνον. Καὶ γὰρ τῆς ὁδοῦ τὸ μέσον ὀλίγον, καὶ ἡ τοῦ ἔτους ὥρα πρὸς ἀποδημίαν σφόδρα ἐπιτηδεία, οὔτε κρυμῷ, οὔτε θάλπει λυποῦσα. Ἀλλὰ πάλιν ἴσως ἡ πάντων σοι μήτηρ ἀεὶ τῶν κακῶν γινομένη, λέγω δὴ τῶν βιωτικῶν ἡ φροντὶς, αὕτη καὶ νῦν κώλυμα γίνεται. Ἐγὼ μὲν οὖν καὶ παραγενομένῃ χάριν ἔχω πολλὴν, καὶ μὴ παραγενομένῃ οὐκ ἐγκαλῶ, οὔτε δυσχεραίνω, ἀλλ' ἔχω μὲν τὴν ἀγάπην, ἣν ἀεὶ περὶ τὴν σὴν ἐμμέλειαν ἐπεδειξάμην ἀκμάζουσαν. Ἀλγῶ δὲ καὶ σφόδρα ὀδυνῶμαι, ἀκούων ἔτι μυρίοις σε ἐμπεπλέχθαι B πράγμασι, καὶ μυρία περιφέρειν τῶν βιωτικῶν φροντίδων φορτία. Καὶ εἰ μὴ ἡμᾶς ἡ τῆς ἐξορίας ἀνάγκη πεδήσασα ἐνταῦθα κατέσχεν, [a] οὐκ ἂν ἔσκηλά σου τὴν εὐλάβειαν, ἀλλ' εἰ καὶ τῆς ἀσθενείας ταύτης, ἧς ἔχω νῦν, ἀσθενέστερον εἶχον, αὐτὸς ἂν ἐξέδραμον, καὶ οὐκ ἂν ἀπέστην πρότερον πάντα ποιῶν καὶ πραγματευόμενος, ἕως ἄν σε τῆς ζάλης ταύτης, καὶ τοῦ βορβόρου, καὶ τοῦ φορυτοῦ τῶν μυρίων ἀπήλλαξα κακῶν. Ἐπειδὴ δὲ τοῦτο οὐκ ἔνι, ἐβουλόμην παραγενομένην περὶ τούτων ἡμῖν κοινώσασθαι. Εἰ δὲ μηδὲ τοῦτο εὔ- C κολον, ἀλλ' ἐργῶδες, οὐ παυσόμεθα διὰ γραμμάτων παραινοῦντες καὶ συμβουλεύοντες, ὥστε διακόψαι τὰ σχοινία, διατεμεῖν τὰς πλεκτάνας, διακλάσαι τὰς πέδας τῆς ψυχῆς, καὶ μετὰ εὐκολίας καὶ ἐλευθερίας βαδίζειν πολλῆς. Οὕτω γὰρ οὐ μόνον τὴν ἐντεῦθεν εὐφροσύνην καρπώσῃ, ἀλλὰ καὶ τὸν οὐρανὸν μετὰ πολλῆς λήψῃ τῆς εὐκολίας. Ὧν οὖν μέλλεις μικρὸν ὕστερον ἐν τῷ καιρῷ τῆς ἐντεῦθεν ἀποδημίας ἄκουσα ἀφίστασθαι, ταῦτα ἑκοῦσα πρόπεμψον εἰς τοὺς ἀσυλήτους θησαυροὺς, καὶ διὰ τούτων σοι τοὺς ἀκηράτους ἐκείνους καὶ μηδέποτε μαραινομένους προαποτιθεμένη στεφάνους.

nunquam horum sensum illum capturam fuisse, si id contigisset. Magna admiratione ac stupore teneor, neque ullam aliam causam tam diuturnæ tuæ a nobis absentiæ reperio, quam negligentiam ac pigritiam. Nam et exiguo itineris intervallo divellimur, et anni pars ad peregrinandum perquam idonea est, ut quæ nec frigore, nec æstu molesta sit. Verum rursus fortasse, quæ tibi omnium malorum parens existit, hoc est rerum hujusce vitæ cura, eadem nunc quoque tibi impedimentum affert. Ego vero si venias, ingentem gratiam habiturus sum; si non venias, non propterea te accusabo, ac moleste foram: verum eam quidem caritatem, quam semper tibi præstiti, integram ac florentem retineo. Illud autem iniquo atque acerbo animo fero, cum te innumeris negotiis implicitam teneri, ac sexcentas curarum hujusce vitæ sarcinas circumferre audio. Ac nisi me exsilii necessitas tamquam compedibus adstrictum teneret, tibi negotii non facesserem, verum, etiamsi graviore adhuc, quam qua nunc sum, corporis imbecillitate laborarem, ipse sane ad te excurrissem, neque prius quidvis agere ac moliri destitissem, quam te ex hac tempestate atque innumerorum malorum cœno et collui vie extraxissem. Quoniam autem id minime licet, cuperem sane te huc venire, ac de his rebus ad nos referre. Quod si nec istud proclive est, verum difficile, per literas te monere atque hortari non desinam, ut tu funes ac nexus præcidas, animæque compedes effringas, magnaque cum facilitate et libertate gradiaris. Hac enim ratione non modo hujus vitæ lætitiam consequeris, sed etiam cælum facili negotio accipies. Quamobrem da operam, ut quæ aliquanto post, cum hinc migrandum erit, invita relictura es, ea sponte in æraria ab omni latronum injuria libera et immunia præmittas, ac per ea immortales, nec unquam marcescentes coronas tibi præcondas.

ρλδ΄. Διογένει. D

CXXXIV. Diogeni.

Πολλοῦ ἂν ἐπριάμην ἰδεῖν σου τὴν ἐμμέλειαν, δέσποτά μου θαυμασιώτατε, καὶ τοῦτο οἶσθα καὶ πρὸ τῶν γραμμάτων αὐτὸς, ἐπειδὴ καὶ τὸ φίλτρον οἶσθα σαφῶς, ὃ περὶ τὴν σὴν ἔχομεν θαυμασιότητα. Ἀλλ' ἐπειδὴ τοῦτο οὐκ ἔνι (καὶ γὰρ τῆς ὁδοῦ πολὺ τὸ μέσον, καὶ οὐδὲ κύριοι κινεῖσθαι, ὅπουπερ ἂν ἐθέλωμεν, ἐσμὲν, καὶ τῶν Ἰσαυρικῶν ἐφόδων καθ' ἑκάστην

Permagno, domine mi admirande, istud emissem, ut mihi suavitatem tuam videre liceret, idque etiam ipse ante literas nostras exploratum habes: quandoquidem tibi quoque meus erga te amor perspectus est. Quoniam autem id minime licet (nam et longum iter inter nos interjectum est, nec nostri quidem arbitrii est, quo li- Cucuso anno 404.

[a] Coislin. οὐκ ἂν ἐσκύλευσά σου τὴν εὐλ. Savil. οὐκ ἂν ἔσκυλα.

beat, nos conferre, ac denique Isauricarum incursionum quotidie metus ingravescit), abs te peto, ut, quod maximum nobis tum hujusce solitudinis, tum ærumnarum omnium et calamitatum solatium est, quam sæpissime a te literas accipiam, quibus de tua totiusque domus tuæ valetudine certior fiam: id velim, si facultas detur, quam sæpissime nobis concedas. Neque enim facile est nos istud copiose obtinere, quod haud facile quisquam isthinc ad nos veniat. Cæterum, 679 etsi arduum est quod petimus, tamen quoad ejus fieri poterit, velim des operam, ut crebras ad nos literas mittas, quæ nobis valetudinis tuæ statum exponant. Ut autem, quid ipsi quoque geramus, intelligere queas, otio atque ingenti quiete fruimur, magna tranquillitate, ac mediocri corporis sanitate; hoc unum animum nostrum conturbat, quod a vobis, a quibus amamur, sejuncti sumus. Verum potest tua prudentia, ea ratione, quam diximus, huie quoque malo solatium adhibere. Quocirca hoc nobis quæso beneficium da, quo, licet tanto abs te intervallo semoti, tamen dulcem ac ferventem et sinceram caritatem pro deliciis habeamus.

ἡμέραν ὁ φόβος ἀκμάζει), παρακαλῶ σου τὴν εὐγένειαν, ὅπερ μέγιστον ἡμῖν εἰς παραμυθίαν ἐστὶ καὶ τῆς ἐρημίας τῆς ἐνταῦθα, καὶ τῆς ταλαιπωρίας, καὶ τῆς ἄλλης πάσης θλίψεως, τὸ συνεχῶς γράμματα δέχεσθαι, εὐαγγελιζόμενα τὴν ὑγείαν τὴν σὴν, καὶ τοῦ οἴκου σου παντὸς, τοῦτο χαρίζεσθαι ἡμῖν συνεχέστερον κατὰ τὸ ἐγχωροῦν. Οὐδὲ γὰρ τοῦτο ῥᾴδιον μετὰ πολλῆς ἡμᾶς ἔχειν τῆς δαψιλείας, διὰ τὸ μηδένα ταχέως ἐκεῖθεν ἐνταῦθα ἀφικνεῖσθαι. Ἀλλ' ὅμως, εἰ καὶ ἐργῶδες ὅπερ ᾐτήσαμεν, ἀλλ' ὡς ἂν οἷόν τε ᾖ σπουδὴν ποιήσασθαι παρακλήθητι, καὶ συνεχῶς πέμπειν ἐπιστολὰς ἀπαγγελλούσας ἡμῖν τὰ περὶ τῆς ῥώσεως τῆς σῆς. Ἵνα δὲ καὶ τὰ ἡμέτερα εἰδένα ἔχῃς, ἀπραγμοσύνης ἀπολαύομεν, ἡσυχίας πολλῆς, λευκῆς τῆς γαλήνης, ὑγείας συμμέτρου, τούτῳ θορυβούμενοι μόνον, τῷ κεχωρίσθαι ὑμῶν τῶν ἀγαπώντων ἡμᾶς. Ἀλλ' ἱκανὴ ἡ σύνεσίς σου καὶ τοῦτον παραμυθήσασθαι τὸν πόνον, ὃν εἶπον. Δίδοι δὴ ταύτην ἡμῖν τὴν χάριν, ὥστε καὶ ἐκ τοσούτου ἡμᾶς καθημένους διαστήματος δύνασθαι ἐντρυφᾷν καὶ ταύτης τῆς γλυκείας σου καὶ θερμῆς καὶ γνησίας ἀγάπης.

CXXXV. Theodoto diacono.

Arabisso anno 406.

Nec me quidem hoc fugit, te pridem ad nos venturum fuisse, nisi Isaurorum metus vias tibi præclusisset. Nam cum omnibus frigore rigentibus, atque in tanta nivium vi, huc accurrere minime dubitaris, multo sane minus, exorto vere, ac cælo ingenti tranquillitate prædito, istic manere sustinuisses. Siquidem animi tui soavitatem et comitatem, ardoremque ac sinceritatem, eamque, quæ in te summa est, ingenuitatem novi. Quare de causa non vulgari mœrore afficior, te in tam suavi et amœna anni parte non parvam nobis mœstitiæ tempestatem accersere, dum tamdiu a nobis abes. Idque non eo commemoro, ut te huc, etiamsi millies id velis, pertraham (multis enim bellis omnia hic flagrant, idque ex iis, qui ex illis locis istuc se conferunt, scire poteris), verum ut intelligas, nos, etsi alioqui magna quiete atque otio fruimur, hic tamen sine mœrore esse non posse, dum a te disjuncti sumus: hocque ipse intelligens, quam sæpissime ad nos scribas, non modo per eos qui hinc ad vos proficiscuntur, sed etiam per eos qui istinc

ρλε'. Θεοδότῳ διακόνῳ.

Οὐδὲ αὐτὸς ἀγνοῶ, ὅτι πάλαι μεθ' ἡμῶν ἔμελλες εἶναι, εἰ μὴ τῶν Ἰσαύρων ὁ φόβος διετείχιζεν. Ὁ γὰρ ἐν κρυμῷ πάντα πηγνύντι, καὶ χιόνι τοσαύτῃ δραμεῖν ἐνταῦθα ἀνασχόμενος, πολλῷ μᾶλλον [a] τοῦ ἦρους φανέντος, καὶ πολλῆς τῆς κατὰ τὸν ἀέρα γαλήνης οὔσης, οὐκ ἂν ἠνέσχου μένειν αὐτόθι. Οἶδα γὰρ τὸ γλυκὺ, καὶ προσηνὲς, καὶ θερμόν σου τῆς διαθέσεως, τὸ εἰλικρινὲς, τὴν πολλῆς γέμουσαν ἐλευθερίας ψυχήν. Διὸ καὶ αὐτὸς οὐχ ὡς ἔτυχεν ἀθυμῶ, ὅτι ἐν τῇ οὕτως ἡμερωτάτῃ τοῦ ἔτους ὥρᾳ, χειμῶνα οὐ τὸν τυχόντα ἡμῖν ἐπάγεις ἀθυμίας, τοσοῦτον ἡμῶν χωριζόμενος χρόνον. Καὶ ταῦτα λέγω οὐχ ἕλκων σε ἐνταῦθα κἂν μυριάκις αὐτὸς θέλῃς (πολλῶν γὰρ ἅπαντα πολέμων ἐμπέπλησται, καὶ τοῦτο εἴσῃ διὰ τῶν ἐντεῦθεν ἐκεῖσε ἀφικνουμένων), ἀλλ' ἵνα μάθῃς ὅτι οὐδὲ ἡμεῖς, καίτοι γε ἡσυχίας καὶ ἀπραγμοσύνης πολλῆς ἀπολαύοντες, ἀλύπως δυνάμεθα εἶναι ἐνταῦθα τῆς σῆς κεχωρισμένοι τιμιότητος, καὶ τοῦτο μαθὼν συνεχῶς ἡμῖν ἐπιστέλλῃς, μὴ μόνον διὰ τῶν παρ' ἡμῶν ἐκεῖσε ἐρχομένων, ἀλλὰ καὶ διὰ τῶν ἐκεῖθεν ἁπτομένων τῆς ὁδοῦ καὶ τῆς ἐνταῦθα ἀφίξεως. Πολλὴν δέ σοι χάριν ἴσμεν, δέσποτά μου τιμιώτατε, καὶ τῆς

[a] Coislin. ἔαρος φανέντος.

φροντίδος, καὶ τῆς μερίμνης, ἣν ἔχεις ὑπὲρ τῶν ἐνταῦθα θορύβων. Καὶ γὰρ καθ' ἑκάστην ἡμέραν ἐπιτείνεται τὰ τῆς πολιορκίας τῆς ἐνταῦθα, καὶ ὡς ἐν παγίδι, τῷ φρουρίῳ τούτῳ καθήμεθα. Ἤδη γοῦν καὶ μέσων νυκτῶν παρ' ἐλπίδα πᾶσαν καὶ προσδοκίαν, στῖφος [b] Ἰσαύρων τριακοσίων τὴν πόλιν κατέδραμον, καὶ μικροῦ ἂν καὶ ἡμᾶς εἷλον. Ἀλλ' ἡ τοῦ Θεοῦ χεὶρ ταχέως αὐτοὺς καὶ μὴ αἰσθομένων ἡμῶν ἀπέστρεψεν, E ὡς μὴ μόνον τῶν κινδύνων, ἀλλὰ καὶ τοῦ φόβου ἐκτὸς γενέσθαι, καὶ ἡμέρας γενομένης, τότε μαθεῖν τὰ συμβάντα. Διὰ ταῦτα χαῖρε καὶ εὐφραίνου, καὶ μὴ παύσῃ τὸν Θεὸν παρακαλῶν, ὥστε ἐν ἀσφαλείᾳ ἡμᾶς καταστῆσαι πάσῃ, καὶ ἀπαλλάξαι καὶ τῆς ἐπικειμένης ἡμῖν ἀῤῥωστίας. Εἰ γὰρ καὶ τοῦ σφαλερῶς ἔχειν ἠλευθερώμεθα, ἀλλ' ὅμως μένει ἔτι λείψανα τῆς ἀῤῥωστίας ἡμῖν, συνεχῶς τῆς ἀῤῥωστίας ἀναμιμνήσκοντα. Ταῦτα δὲ ἐπεστάλκαμεν, οὐχ ἵνα λυπήσωμεν, 680 A ἀλλ' ἵνα σε σπουδαιότερον πρὸς τὰς ὑπὲρ ἡμῶν διεγείρωμεν εὐχάς. Τὸν κύριόν μου τὸν τιμιώτατον τὸν ἀναγνώστην Θεόδοτον παρακατατίθεμαί σου τῇ εὐλαβείᾳ, ὥστε κατὰ τὸ δυνατὸν ἐν ἅπασιν αὐτῷ γενέσθαι λιμένα. Πολλὰ γάρ ἐστιν, ὡς ἔγνωμεν, αὐτὸν τὰ λυποῦντα.

ad nos veniunt. Magnam autem tibi, reverendissime mi domine, ob eam curam et sollicitudinem, in qua propter hujusce regionis tumultus versaris, gratiam habemus. Etenim obsidio nostra in dies ingravescit, atque in hac arce, tamquam in laqueo, desidemus. Quippe jam etiam media nocte præter spem omnem et exspectationem E trecentorum Isaurorum agmen oppidum percursavit, penequc nos cepit. Verum Dei manus confestim eos, nobis etiam nihil tale sentientibus, hinc avertit : ita ut non modo periculo, sed etiam metu vacui essemus, ortoque die tum denique, quod contigerat, resciverimus. Quæ cum ita sint, gaude ac lætare, Deumque indesinenter ora, ut nos in omni securitate constituat, atque urgente morbo liberet. Quamvis enim jam extra periculum simus, tamen morbi reli- 680 A quiæ adhuc hærent, morbi memoriam mihi perpetuo refricantes. Hæc autem non eo animo scripsimus, ut tibi mœrorem afferamus, sed ut te ad preces studiosius pro nobis ad Deum adhibendas excitemus. Dominum meum honoratissimum lectorem Theodotum pietati tuæ commendamus : atque abs te petimus, ut pro virili tua omnibus in rebus ei portus loco sis. Multa enim esse animadverti, quæ eum mœrore afficiant.

ρλς'. [a] Θεοδότῳ ἀναγνώστῃ.

Μὴ κάμνε ζητῶν ἀπολογίαν τοῦ ταχέως ἐντεῦθεν ἀποδημῆσαι, ἐπὶ τὴν τῶν ὀφθαλμῶν ἀσθένειαν, καὶ ἐπὶ τὸν κρυμὸν καταφεύγων, καὶ τούτοις λογιζό- B μενός σου τὴν ἀποδημίαν. Ἡμεῖς γάρ σε καὶ παρεῖναι, καὶ μεθ' ἡμῶν εἶναι οὐκ ἔλαττον ἢ καὶ ἔμπροσθεν λογιζόμεθα κατὰ τὸν τῆς ἀγάπης λόγον, καὶ προσδοκῶμεν καὶ τῆς κατ' ὄψιν ἀπολαύσεσθαί ποτε συντυχίας. Μηδὲν οὖν σε τούτων θορυβείτω. Εἰ γὰρ καὶ τῆς Ἀρμενίας ἀπήγαγέ σε ὁ χειμὼν, ἀλλὰ τῆς ἡμετέρας ψυχῆς οὐκ ἐξέβαλεν, ἀλλ' ἐπὶ διανοίας σε περιφέρομεν διηνεκῶς. Καὶ εἰ μὴ ὁ τῶν Ἰσαύρων πόλεμος πᾶσαν ἀποτειχίσας ὁδὸν, ἐν σπάνει κατέστησεν ἡμᾶς τῶν γράμματα διακομιζόντων, κἂν νιφάδας σοι πολλάκις ἐπέμψαμεν ἐπιστολῶν. Νῦν μέντοι τῇ γλώτ- C τῃ τὸν παρελθόντα σεσιγήκαμεν χρόνον, τῇ γνώμῃ δὲ οὐδαμῶς· ἀλλ' ἀεί σε καὶ τὰ σὰ μεριμνῶμεν, καὶ, τό γε ἡμέτερον μέρος, συνεχῶς ἐπεστάλκαμεν. Ταῦτ' οὖν εἰδὼς, μεθ' ἡμῶν τε εἶναι νόμιζε, καὶ σὺν ἡμῖν ἐν Ἀρμενίᾳ διατρίβειν. Κἂν τις ἐπιβουλεύειν ἐπιχειρῇ καὶ κακῶς ποιεῖν, ὑψηλότερος γίνου [b] τῶν ἐντεῦθεν

CXXXVI. *Theodoto lectori.*

Arabisso anno 404.

Nihil est, quamobrem eo quod maturius hinc abscesseris, excusationem quæras, ac tum ad B oculorum infirmitatem, tum ad vim frigoris confugias, iisque discessum tuum adscribas. Nos enim te, non minus quam antehac, adesse ac nobiscum versari censemus, ex caritate videlicet id perpendentes : quinetiam spem habemus fore, ut aliquando congressu tuo fruamur. Quocirca nihil te horum conturbet. Quamvis enim hiems te ab Armenia abduxerit, minime tamen ex animo nostro ejecit, utpote quem mente semper nobiscum circumferamus. Ac nisi Isaurorum bellum interclusis omnibus itineribus in C tabellariorum penuriam nos adduxisset, frequentissimas ad te literas misissemus. Nunc autem lingua quidem superiori tempore tacuimus ; animo autem, non item : verum te semper tuasque res sedulo curamus, et quantum in nobis fuit, sæpissime scripsimus. Quæ cum ita sint, velim ita existimes te nobiscum esse,

[b] Coislin. ἰσαύρων διακοσίων.

[a] Codex Regius Θεοδότῳ διακόνῳ. Mox Coislin. ἐντεῦθεν ἀποπηδῆσαι.

[b] Coislin. τῶν ἐντεῦθεν κακῶν.

unaque in Armenia commorari. Quod si quis tibi insidias struere, teque incommodo aliquo afficere conetur, da operam, ut hujusmodi omnia tela superes : quandoquidem non injuria affici, sed injuriam inferre, miserum ac perniciosum est. Nos quippe hoc etiam nomine impensius te admiramur, animique tui firmitatem ac fortitudinem laudamus, quod tanta tempestate circumfusus, tumultibus tamen iis, qui hinc exorti sunt, superiorem te præbuisti. Quamobrem magna cum voluptate tranquillum hoc placidumque pelagus navigare perge. Nec vero mireris, quod, cum multas insidias memores, ego tamen tranquillum pelagus appellem. Neque enim a perturbantium animo et studio, sed ab ea quiete, quam tibi virtus parit, hanc sententiam fero. Quid autem sibi vult illud quod dico? Magna hæc et sublimis vita, atque ad cælum porrecta, si rerum natura spectetur, molesta quodammodo esse videtur : si autem eorum, qui eam sequuntur, fortitudinem animique alacritatem spectes, perquam facilis efficitur. Quodque in hac philosophia mirabile est, furente mari prospere magnaque cum tranquillitate navigat, qui sincero ac ferventi animo eam consectatur : multisque undique tumultibus excitatis puram quietem carpit, atque innumeris omni ex parte conjectis telis illæsus stat, tela nimirum excipiens, nihil autem hinc detrimenti ferens. Hæc igitur cum tibi explorata sint, et tu hæc commentari non intermittas, perpetuam voluptatem percipe, constitutas tibi pro præclaris hisce laboribus apud Deum coronas exspectans. Atque quam sæpissime licuerit, de animi corporisque tui valetudine nos fac certiores : idque omne otium, quod tibi suppetit, in divinarum Scripturarum lectione consume, tantum ipsis temporis impertiens quantum oculorum imbecillitas permittit : quo videlicet, si quando occasio sese offerat, ut earum quoque sensa nobilissimo animo tuo inserere commode possimus, magna cum facilitate id faciamus. Neque enim ad eam rem tibi parum adjumenti afferro poterunt ipsæ literæ, cum sensa, quæ in iis delitescunt, suscipere parabis.

βελῶν, ἐπειδήπερ οὐ τὸ πάσχειν κακῶς, ἀλλὰ τὸ ποιεῖν κακῶς τοῦτ' ἔστι τὸ πάσχειν κακῶς. Ἡμεῖς γάρ σε καὶ διὰ τοῖτο μειζόνως θαυμάζομεν, καὶ τὴν στεῤῥότητά σου καὶ τὴν ἀνδρείαν ἐπαινοῦμεν, ὅτι καὶ τοσαύτης σε ζάλης περιαντλούσης, ἕστηκας ἀνώτερος D τῶν ἐντεῦθεν θορύβων γενόμενος. Μένε δὴ μετὰ πολλῆς τῆς ἡδονῆς τὸ γαληνὸν τοῦτο καὶ ἀκύμαντον πλέων πέλαγος. Καὶ μὴ θαυμάσῃς, [c] εἴ σου πολλῶν ἐπιβουλῶν μεμνημένου ἐγὼ τὸ πέλαγος ἀκύμαντον καλῶ. Οὐ γὰρ ἀπὸ τῆς τῶν ταραττόντων γνώμης, ἀλλ' ἀπὸ τῆς κατ' ἀρετὴν ἡσυχίας ταύτην φέρω τὴν ψῆφον. Τί δέ ἐστιν ὅ φημι; Ὁ μέγας οὗτος καὶ ὑψηλὸς βίος, καὶ πρὸς τὸν οὐρανὸν τεταμένος, τῇ μὲν φύσει τῶν πραγμάτων δυσχερής τις εἶναι δοκεῖ, τῇ δὲ ἀνδρείᾳ τῶν μετιόντων καὶ τῇ προθυμίᾳ εὔκολος σφόδρα γίνεται. Καὶ τὸ δὴ θαυμαστὸν τῆς φιλοσοφίας ταύτης τοῦτο μάλιστά ἐστιν, ὅτι τῆς θαλάττης μαι- E νομένης, ἐξουρίας πλεῖ καὶ μετὰ πολλῆς τῆς γαλήνης ὁ γνησίως αὐτὴν μετιὼν καὶ θερμῶς, καὶ ὅτι, πολλῶν πανταχόθεν θορύβων ἐγειρομένων, ἡσυχίαν καρποῦται καθαράν, καὶ μυρίων πανταχόθεν πεμπομένων βελῶν, ἕστηκεν ἄτρωτος, δεχόμενος μὲν τὰ ἀκόντια, πάσχων δὲ ἐντεῦθεν οὐδέν. Ταῦτ' οὖν εἰδὼς, καὶ διηνεκῶς ἐν τούτοις φιλοσοφῶν, καρποῦ τὴν ἀμάραντον ἡδονὴν, ἀναμένων τοὺς ὑπὲρ τῶν καλῶν πόνων τούτων κειμένους σοι παρὰ τῷ Θεῷ στεφάνους. 681 A Καὶ γράφε συνεχῶς ἡμῖν, ἡνίκα ἂν ἐξῇ, τὰ περὶ τῆς ὑγείας σου δηλῶν καὶ τῆς κατὰ τὴν ψυχὴν, καὶ τῆς κατὰ τὸ σῶμα· καὶ τὴν σχολὴν ἅπασαν εἰς τὴν τῶν θείων ἀνάλισκε Γραφῶν ἀνάγνωσιν, τοσαῦτον αὐταῖς ὁμιλῶν, ὅσον καὶ ἡ τῶν ὀφθαλμῶν ἀσθένεια ἐπιτρέπει, ἵν' εἴ ποτε γένοιτο καιρὸς ἡμῖν καὶ τὰ νοήματα αὐτῶν ἐνθεῖναι τῇ εὐγενεστάτῃ σου ψυχῇ, μετὰ πολλῆς τοῦτο ποιήσωμεν τῆς εὐκολίας. Οὐ γὰρ μικρὸν εἰς τοῦτο δυνήσεταί σοι συντελέσαι τὸ μαθεῖν τὰ ἐγκείμενα γράμματα, ἡνίκα ἂν μέλλῃς τὰ ἐν τούτοις νοήματα ὑποδέχεσθαι.

CXXXVII. *Theodoto diacono.* B ρλζ'. Θεοδότῳ διακόνῳ.

Anno ut putatur 406.

Tarditatis ac negligentiæ nos accusare desino,

Παῦσαι κατηγορῶν ἡμῶν βραδυτῆτος, μὴ σαυτὸν

[c] Quidam Mss. εἴ σου πολλῶν ἐπιβουλῶν μεμνημένου, ἐγώ. In aliis μεμνημένου deest.

πρότερον ἕλῃς τῷ ἐγκλήματι. Τοσαύτας γὰρ ἐπιστολὰς δεξάμενος παρ' ἡμῶν, ὅσας ἐπέσταλκας, πλὴν μιᾶς, ὥσπερ νιφάδας πέμπων γραμμάτων, οὕτως ἔφης, τῇ γοῦν συνεχείᾳ ἀναστήσειν ἡμᾶς πρὸς τὸ γράφειν οἰόμενος. Ἔστι μὲν οὖν καὶ μὴ γράφοντα φιλεῖν, πλὴν ἀλλ' ἐγὼ καὶ γράφων οὐ διέλιπον, καὶ φιλῶν οὐ παύομαι. Ἀλλὰ κἂν χρόνος γένηται μακρότερος ὁ μεταξὺ τοῦ χωρισμοῦ τοῦ ἡμετέρου, κἂν εἰς ἐρημότερον ἀπενεχθῶμεν χωρίον, οὔτε ἐκβαλεῖν σε τῆς ψυχῆς δυνάμεθα, οὔτε μὴ διηνεκῶς ἀκμάζουσαν διατηρεῖν τὴν περὶ σὲ διάθεσιν. Ταῦτ' οὖν εἰδὼς, γράφε συνεχῶς ἡμῖν τὰ περὶ τῆς ὑγείας τῆς σῆς. Πλείων γὰρ ὑμῖν ἡ εὐκολία τούτου, ἢ ἡμῖν. Εἰ δὲ ἡ τοῦ ἔτους ὥρα διακωλύει, καὶ τῶν Ἰσαυρικῶν κακῶν ἡ σφοδρότης, εἰδότες σου τὴν γνώμην ἣν περὶ ἡμᾶς ἔχεις, ἀρκοῦσαν τῆς μακρᾶς σιγῆς ἕξομεν παραμυθίαν.

ne te ipsum prius ejusdem criminis reum peragas. Nam cum tot epistolas, quot scripsisti, a nobis acceperis, una dumtaxat excepta, tamen perinde ac si plurimas a te literas accepissemus, his verbis usus es, te frequentibus literis nos ad scribendum excitaturum. Quamquam autem fieri potest, ut quispiam amet, etiamsi non scribat: ego tamen nec scribere destiti, nec amare desino. Atque ut etiam tempus illud, quod a digressu nostro fluxit, longius adhuc protrahatur, atque in desertiorem adhuc locum deportemur, tamen nec te ex animo nostro ejicere possumus, nec efficere, quin nostram erga te benevolentiam perpetuo florentem conservemus. Hæc cum scias, de tua valetudine quam sæpissime ad nos scribe. Id enim tibi facti facilius est, quam nobis. Quod si anni tempus, atque Isauricorum malorum acerbitas id prohibeat, cum nobis tuus erga nos animus exploratus sit, abunde amplam diuturni silentii consolationem habituri sumus.

ρλη'. Ἐλπιδίῳ ἐπισκόπῳ.

Οἶδα ὅτι ὀλιγάκις ἐπέσταλκα τῇ τιμιότητί σου, ἀλλ' οὐχ ἑκὼν, ἀλλ' ὑπὸ τῆς τῶν πραγμάτων ἀνάγκης κατεχόμενος. Καὶ γὰρ ἡ τοῦ ἔτους ὥρα, καὶ ἡ τοῦ χωρίου ἐρημία ἐν ᾧ καθειργμέθα δεσμωτηρίου χαλεπώτερον, καὶ ἡ τῶν ἐνταῦθα παραγινομένων σπάνις, καὶ τὸ μηδὲ αὐτῶν τῶν ὀλίγων πάντων γνησίων ἐπιτυγχάνειν, ἔτι δὲ καὶ ἡ τοῦ σώματος ἀῤῥωστία σφόδρα ἡμᾶς κατεργασαμένη, καὶ πάντα τὸν χειμῶνα τῇ κλίνῃ προσηλώσασα, τὴν μακρὰν ταύτην σιγὴν ἐποίησεν, ἀλλ' οὐ τὴν ἀπὸ γνώμης, ἀλλὰ τὴν ἀπὸ γλώσσης. Μηδὲ νόμιζε τοσαύτας δέχεσθαι ἐπιστολὰς, ὅσας διεπεμψάμεθα, ἀλλὰ πολλῷ πλείους. Ἡγήσῃ δὲ τοῦτο, ἂν μὴ τὰς διὰ χάρτου καὶ μέλανος μόνον, ἀλλὰ καὶ τὰς ἀπὸ διαθέσεως ἀριθμῇς. Καὶ γὰρ τῇ διανοίᾳ συνεχῶς ἐπεστάλκαμεν, καὶ ἀεί σοι συγγινόμεθα, καὶ οὐδὲν οὐδὲ τῆς ὁδοῦ τὸ μῆκος, οὐ τοῦ χρόνου τὸ πλῆθος, οὔτε αἱ τῶν πραγμάτων περιστάσεις τὴν περὶ τὴν σὴν τιμιότητα διάθεσιν ἡμῖν ἀμαυροτέραν ἐποίησαν. Ἀλλὰ μένομεν ἀκμάζουσαν αὐτὴν διατηροῦντες, καὶ τὸν σφοδρὸν ἡμῶν καὶ θερμὸν ἐραστὴν, κἂν εἰς ἐρημότερον τούτου χωρίον ἀπέλθωμεν, πανταχοῦ περιφέροντες ἄπιμεν, ἐγκολάψαντες ἡμῶν τῇ διανοίᾳ. Τοιοῦτον γὰρ τὸ γνησίως φιλεῖν· οἱ χρόνῳ, οἱ τόπῳ, οὐχ ὁδοῦ μήκει, οἱ πραγμάτων περιστάσει ἐξίτηλον γίνεται. Καὶ τοῦτο οἶσθα καὶ αὐτὸς, ἐπειδὴ καὶ γνησίως οἶσθα φιλεῖν.

CXXXVIII. Elpidio episcopo.

Cucuso anno 405.

Non sum nescius, me raro ad te scripsisse: at non id lubenti animo, verum quod rerum angustiis prohiberer. Nam et anni tempus, et loci, in quo gravius quam in ullo carcere conclusi tenemur, solitudo, et eorum, qui huc veniunt, infrequentia, quodque item hos paucos non omnes sinceros ac fides nanciscimur, ac denique corporis morbus, qui nos vehementer attrivit, et pene confecit, ac per totam hiemem lecto affixit, longum hoc silentium mihi attulit: at illud dumtaxat silentium, quod in lingua, non in animo consistit. Nec vero existimes te tot solum epistolas, quot misimus, accepisse, verum multo plures. Id autem esse existimabis, si non eas dumtaxat, quas chartæ atque atramenti ope scripsimus, sed eas etiam, quæ ab animo et voluntate proficiscuntur, numeres. Siquidem animo numquam ad te scribere destitimus, semperque tecum versamur: ac nec viæ longitudo, nec temporis diuturnitas, nec rerum difficultates, nostræ erga te benevolentiæ obscuritatis aliquid attulerunt. 682 Verum florentem eam perpetuo retinemus, teque qui nostri amore ardes, etiamsi in desertiorem adhuc locum abeamus, in animo nostro insculptum passim circumferemus. Ea enim sinceri amoris natura est, ut nec tempore, nec loco, nec viæ longinquitate, nec rebus adversis oblitteretur. Idque ipse quoque nosti, quandoquidem etiam sincere amare nosti.

CXXXIX. Theodoro Syriæ consulari.

Ab anno 404. ad 407.

Tu quidem istud maximo argumento tibi fore ais, res tuas nobis curæ esse, si post superiorem epistolam alteram rursus a nobis acceperis. Nos autem si homines, qui ad eamdem rem nobis operam navarent, præsto haberemus, ad te, hoc B est ad hominem tanta probitate ac morum facilitate præditum, nostrique amore flagrantem, tantaque cum cupiditate epistolas nostras accipientem, sexcenties scripsissemus. Quoniam autem id minime licet, abs te postulamus, ne caritatem nostram epistolarum numero metiaris: verum sive taceamus, sive scribamus, quod de ea prius habebas, idem constanter judicium retineas: illud tecum reputans, longioris nostri silentii causam, non pigritiam, sed loci solitudinem esse.

ρλθ'. Θεοδώρῳ Κονσουλαρίῳ Συρίας.

Αὐτὸς μὲν ἔφης σημεῖον ποιεῖσθαι μέγιστον [a] τοῦ μέλειν ἡμῖν τῶν σῶν, εἰ δευτέρα μετὰ τὴν προτέραν ἐπιστολὴ ἔλθοι πρὸς τὴν σὴν λαμπρότητα παρ' ἡμῶν. Ἡμεῖς δὲ εἰ τῶν εἰς τοῦτο διακονησομένων ἡμῖν εὐποροῦμεν, νιφάδας ἂν ἐπέμψαμεν γραμμάτων πρὸς ἄνδρα οὕτω χρηστὸν, καὶ ἐπιεικῆ, καὶ σφοδρὸν ἡμῶν ἐραστὴν, καὶ μετὰ τοσαύτης ἐπιθυμίας δεχόμενον ἡμῶν τὰς ἐπιστολάς. Ἀλλ' ἐπειδὴ τοῦτο οὐκ ἔνι, παρακαλοῦμέν σου τὴν λαμπρότητα, μὴ τῶν ἐπιστολῶν ἀριθμῷ μετρεῖν ἡμῶν τὴν ἀγάπην, ἀλλὰ καὶ σιγώντων καὶ γραφόντων, ἥνπερ καὶ ἔμπροσθεν εἶχες περὶ αὐτῆς ψῆφον, ταύτην ἀκίνητον διατηρεῖν, λογιζόμενον ὡς τὴν σιγὴν ἡμῖν μακροτέραν, οὐχ ἡ τοῦ τρόπου ῥᾳθυμία, ἀλλ' ἡ τοῦ τόπου κατασκευάζει ἐρημία.

CXL. Theodoto diacono. C

Cucuso anno 405.

Non parvum in tanta solitudine solatium nobis hoc erat, quod ad tuam suavitatem sæpe scribere poteramus: verum Isaurica mala hoc quoque nobis abstulerunt. Exorto enim vere, illorum quoque impetus florere cœpit, ac per omnes vias effusi sunt, eas omnibus prorsus invias reddentes. Sane jam et ingenuæ matronæ captæ sunt, et viri obtruncati. Quare velim mihi ignoscas, quod non frequenter ad te scripserim. Quoniam autem non dubito quin de valetudine nostra certior fieri cupias, scito nos superiori hieme gra- D viorem in modum ægrotasse, nunc autem paulum recreatos esse. Quinetiam aeris inconstantia rursus perturbati (nam nunc quoque hiems hic viget), tamen speramus fore, ut cum æstas plane effulserit, morbi reliquias deponamus. Neque enim corpus nostrum ulla re æque labefactatur, ut frigore; nec rursus ulla re æque juvatur, ut æstate, et caloris solatio.

ρμ'. Θεοδότῳ διακόνῳ.

Οὐ μικρὰν εἴχομεν παραμυθίαν ἐν ἐρημίᾳ τοσαύτῃ τὸ συνεχῶς δύνασθαι ἐπιστέλλειν σου τῇ γλυκύτητι· ἀλλὰ καὶ τοῦτο ἡμᾶς παρείλετο τῶν Ἰσαυρικῶν κακῶν ἡ περίστασις. Ἐπιστάντος γὰρ τοῦ ἔαρος ἤνθησε καὶ τὰ τῆς ἐκείνων ἐφόδου, καὶ πανταχοῦ τῶν ὁδῶν εἰσιν ἐκκεχυμένοι, πᾶσιν ἀβάτους ποιοῦντες τὰς λεωφόρους. Ἤδη γοῦν καὶ γυναῖκες ἐλεύθεραι ἑάλωσαν, καὶ ἄνδρες ἐσφάγησαν. Διὸ παρακαλῶ συγγινώσκειν ἡμῖν μὴ συνεχῶς γεγραφηκόσιν. Ἐπειδὴ δὲ εὖ οἶδα, ὅτι περισπούδαστόν σοι μανθάνειν τὰ περὶ τῆς ὑγιείας ἡμῶν, δεινοπαθήσαντες χαλεπῶς κατὰ τὸν παρελθόντα χειμῶνα, ὀλίγον ἀνηνέγκαμεν νῦν, καὶ διαταραχθέντες πάλιν τῇ ἀνωμαλίᾳ τοῦ ἀέρος (καὶ γὰρ καὶ νῦν χειμὼν ἐνταῦθα ἀκμάζων), ὅμως προσδοκῶμεν τὰ λείψανα τῆς ἀῤῥωστίας ἀποθέσθαι, καθαροῦ φανέντος τοῦ θέρους. Οὐδὲν γὰρ ἡμῶν τὸ σῶμα οὕτως λυμαίνεται, ὡς κρυμὸς, οὔτε ὀνίνησιν, ὡς θέρος, καὶ ἡ τοῦ θάλπεσθαι παραμυθία.

CXLI. Theodoto ex consularibus.

Anno forte 406.

Multa tibi bona eveniant, qui tam honorifice filium exceperis. Id enim ipse nobis exposuit, E nec occultavit, tum suum erga patrem affectum ostendens, tum nos ingenti lætitia cumulans. Siquidem hac in re duplici nos honore affici censemus, tum quia, quidquid ille beneficii ac-

ρμα'. Θεοδότῳ ἀπὸ Κονσουλαρίων.

Πολλά σοι τὰ ἀγαθὰ γένοιτο, ὅτι τὸν υἱὸν μετὰ τοσαύτης ὑπεδέξω τιμῆς. Τοῦτο γὰρ αὐτὸς ἡμῖν ἐδήλωσε, καὶ οὐκ ἔκρυψεν, ὁμοῦ τε τὴν περὶ τὸν πατέρα εὐγνωμοσύνην ἐπιδεικνύμενος, καὶ ἡμᾶς πολλῆς ἐμπλῆσαι βουλόμενος ἡδονῆς. Ἐπεὶ καὶ ἡμετέραν διπλῆν ἡγούμεθα εἶναι τὴν τιμὴν, τῷ τε ἡμᾶς αὐτοὺς

[a] [Savil. in textu τοῦ ἀμελεῖν ἡμᾶς τῶν σῶν, εἰ δευτέρα. In marg. conj. εἰ μὴ δευτ.]

εὖ πεπονθέναι νομίζειν, ἅπερ ἂν ἐκεῖνος εὖ πάθῃ, τῷ τε καὶ [b] ἀπὸ τῶν γραμμάτων τῶν ἡμετέρων πολλὴν αὐτῷ γενέσθαι τὴν προσθήκην ταυτησὶ τῆς εὐνοίας. Μένε δὴ, δέσποτά μου αἰδεσιμώτατε καὶ εὐγενέ-
683 A στατε, θεραπεύων τὸ καλὸν τοῦτο φυτόν. Τίς δὲ ἔσται τῆς θεραπείας ὁ τρόπος; Ἢν τὸν ἔρωτα τῆς καλλίστης ταύτης φιλοσοφίας, ἣν μέτεισι νῦν, τρέφῃς ἐν αὐτῷ διηνεκῶς, καὶ ἀκμάζειν παρασκευάζῃς· οὕτω γὰρ καὶ ταχεῖς ἡμῖν οἴσει τοὺς καρπούς. Αἱ γὰρ γενναῖαι ψυχαὶ οὐ μιμοῦνται τὴν βραδυτῆτα τουτωνὶ τῶν φυτῶν, τῶν τοῖς κόλποις τῆς γῆς καρακατατιθεμένων, ἀλλ' ὁμοῦ τε φυτεύονται ἐν τῇ καλλίστῃ τῆς ἀρετῆς ταύτης ἐπιθυμίᾳ, καὶ πρὸς αὐτὸν ἀνατείνονται τὸν οὐρανὸν, καὶ τοσαύτην ἐπιδείκνυνται τῶν καρπῶν τὴν φορὰν, ὡς ἅπαντα ἀποκρύπτειν πλοῦτον καὶ τῇ δαψιλείᾳ καὶ τῇ φύσει. Οὐ γὰρ τῷ παρόντι συγκαταλύονται βίῳ, ἀλλὰ πρὸς τὴν μέλλουσαν ἡμῖν συναπο-
B δημοῦσι ζωήν.

ceperit, idem nobis impensum ferimus, tum etiam quia a literis nostris hujusmodi benevolentiæ incrementum accepisse contigit. Tu vero, domine
683 mi cum primis venerande ac nobilissime, pulchram
A hanc stirpem colore perge. Quænam autem ipsius colendæ ratio erit? Nimirum si pulcherrimæ hujusce philosophiæ, quam nunc consectatur, studium atque amorem perpetuo in ipso alas et vegetes: sic enim celeres fructus nobis feret. Siquidem generosi animi, stirpium harum, quæ terræ gremio mandantur, tarditatem non imitari solent: verum simulatque in præclarissima hujus virtutis cupiditate conseruntur, ad ipsum quoque cælum evehuntur, tantosque fructus edunt, ut et copia et natura divitias omnes superent. Neque enim una cum præsenti vita exstinguun-
B tur, verum ad futurum ævum nobiscum excedunt.

ρμϐ'. Ἐλπιδίῳ ἐπισκόπῳ.

Γλώττῃ μὲν ὀλιγάκις, γνώμῃ δὲ πολλάκις ἐπεστάλκαμέν σου τῇ θεοσεβείᾳ καὶ καθ' ἑκάστην συγγινόμεθα τὴν ἡμέραν, καὶ ταύτης οὐκ ἰσχύει τῆς συνουσίας ἡμᾶς ἀποστερῆσαι οὐ χρόνου πλῆθος, οὐχ ὁδοῦ μῆκος, οὐ πραγμάτων περίστασις. Τοιαύτη γὰρ τῆς ἀγάπης ἡ φύσις· οὐδενὶ τούτων εἴκει, οὐδὲ παραχωρεῖ, ἀλλ' ἕστηκε πάντων ὑψηλοτέρα γινομένη. Μὴ τοίνυν τῷ τῶν ἐπιστολῶν ἀριθμῷ, δέσποτά μου τι-
C μιώτατε καὶ εὐλαβέστατε, μέτρει τὸ φίλτρον, ὃ περὶ τὴν σὴν ἔχομεν ἐμμέλειαν, ἀλλ' εἰδὼς ἡμῶν τὴν γνώμην καὶ τὴν διάθεσιν, ἣν ἀεὶ περὶ τὴν εὐλάβειαν ἐπεδειξάμεθα τὴν σὴν, μηδὲν ἀπὸ τῆς μακρᾶς ταύτης σιγῆς ὑπόπτευε. Ἐπεὶ καὶ ἡμεῖς ὀλιγάκις δεξάμενοι γράμματα παρὰ τῆς σῆς διαθέσεως, οὐδὲ ἐντεῦθεν ῥαθυμότερόν σε περὶ ἡμᾶς γεγενῆσθαι νομίζομεν, ἀλλ' ἴσμεν σαφῶς καὶ πεπιστεύκαμεν, ὅτι μένεις ἀνθοῦσαν διατηρῶν τὴν περὶ ἡμᾶς διάθεσιν, οὐ μόνον οὐκ ἀναπίπτων ἐκ τῆς συνεχείας τῶν ἐπαγομένων δεινῶν, ἀλλὰ καὶ σφοδρότερος γινόμενος περὶ ἡμᾶς· καὶ τού-
D του σοι χάριν ἴσμεν πολλήν. Ἐπειδὴ δὲ εὖ οἶδ' ὅτι καὶ τὰ ἡμέτερα βούλει μανθάνειν, ὑγείας ἀπολαύομεν καὶ ἀπραγμοσύνης πολλῆς, καὶ ἡσυχίας, καὶ ἐν ἀσφαλείᾳ διάγομεν, τῶν Ἰσαυρικῶν τέως ἀπηλλαγμένοι θορύϐων. Τὸν γὰρ χειμῶνα λοιπὸν τῆς Ἀρμενίας φέρειν ἐμελέτησα, βλαπτόμενος μὲν ἠρέμα βλάϐην, ὅσην εἰκὸς οὕτως ἀσθενεῖ σώματι κεχρημένον· περιγενόμενος δὲ τῷ διηνεκῶς οἴκοι κατακεκλεῖσθαι, ὅταν

CXIII. *Elpidio episcopo.*

Lingua quidem raro, animo autem ad te persæpe scripsimus, quotidieque tecum versamur. (Anno ut putatur 406.) Atque hunc congressum nobis nec temporis diuturnitas, nec itineris longinquitas, nec rerum adversitas eripere potest. Nam ea caritatis natura est, ut nulli hujusmodi rei cedat, verum stet, omniaque superet. Quamobrem, reverendissime
C ac religiosissime mi domine, noli epistolarum numero meum erga te amorem ponderare: verum, cum tibi animus meus ac benevolentia, quam pietati tuæ semper præstiti, tibi comperta sit, nihil ob diuturnum silentium sinistri suspiceris. Quandoquidem ne nos quidem, etsi literas abs te raro acceperimus, propterea segniorem te erga nos redditum fuisse existimamus: verum illud pro certo habemus, nobisque persuademus, te benevolentiam eam, qua nos hactenus complexus es, florentem retinero, atque ob calamitates, quæ nobis assidue inferuntur, non modo non conster-
D nari, sed etiam vehementiore erga nos amore affici: ideo ingentem tibi gratiam habemus. Quia autem probe scio te quoque de rebus nostris certiorem fieri cupere, commoda valetudine sumus, ingentique otio et quiete fruimur, atque in securitate degimus, Isauricis nimirum tumultibus liberati. Nam quod ad Armeniæ hiemem attinet, eam jam usu ipso ferre didici. Quamquam enim

[b] Codices omnes nostri ἀπὸ τῶν γραμμάτων: sic etiam unus a Prontone Ducæo memoratus; neque dubito hanc esse veram lectionem. Editi ἀπὸ τῶν γνωριμωτέρων. Savilius quoque habet ἀπὸ τῶν γραμμάτων.

frigore non nihil offendor, ut solet is qui tam imbecilli corpore præditus sit: superior tamen exsisto, dum domi me perpetuo, cum frigus sævit, includo, raroque e limine pedem effero. Nam cæteras quidem anni partes ita jucundas ac suaves sentio, ut eum etiam morbum, quem ex hiemis asperitate contraxi, perfacile depellere queam.

[a] ἀφόρητος ὁ κρυμὸς ᾖ, καὶ ὀλιγάκις τῶν προθύρων προκύπτειν. Ὡς τῶν γε ἄλλων ὡρῶν τοῦ ἔτους σφόδρα ἡδίστων ἀπολελαύκαμεν, ὡς δυνηθῆναι εὐκόλως καὶ τὴν ἐκ τοῦ χειμῶνος ἐγγινομένην ἡμῖν διορθώσασθαι ἀῤῥωστίαν.

CXLIII. *Polybio.*

Cucuso anno 404.

Urbis quidem solo, ac muris et parietibus ejecti sumus: verum ex urbe, quæ proprie hoc nomine gaudet, minime migravimus. Nam si vos urbs estis, sane cum vobiscum atque in vobis perpetuo simus, illud perspicuum est, nos etiam hic commorantes, urbem illam habitare. Neque enim dubito quin in animis vestris habitemus: ac vicissim quocumque abierimus, vos omnes, qui nostri amore flagratis, animo circumferimus. Hoc porro nos nec hujus loci solitudinem (est autem totius orbis terræ desertissimus), nec prædonum obsidionem (nam quotidie obsidetur), nec denique famem, quæ hinc ortum trahit, perspicere sinit: quandoquidem corpus hic defixum est, anima vero apud vos versari non desinit. At quoniam iis, qui hoc animo præditi sunt, corporis quoque præsentia magnopere cara et expetenda est, mœrorque adest, cum ea negatur, id porro minime fieri potest, huic rei maximum remedium affert congressus ille, qui mutuis epistolis comparatur: quo si nobis per vos copiose frui contingat, hac quoque mœstitia liberatos nos sentiemus. Potes enim ipse, domine mi cum primis admirande, præsentiæ voluptatem per literas adumbrare.

E

ρμγʹ. Πολυβίῳ.

Τοῦ μὲν ἐδάφους καὶ τῶν τοίχων τῆς πόλεως ἐκβεβλήμεθα, τῆς δὲ κυρίως πόλεως οὐ μετῳκίσθημεν. Εἰ γὰρ ὑμεῖς ἡ πόλις, μεθ' ὑμῶν δὲ ἡμεῖς ἀεὶ καὶ ἐν ὑμῖν, εὔδηλον ὅτι καὶ ἐνταῦθα διάγοντες, τὴν πόλιν
684 οἰκοῦμεν ἐκείνην· καὶ γὰρ ἐνδιαιτώμεθα ὑμῶν ταῖς
A ψυχαῖς, εὖ οἶδ' ὅτι, καὶ ὅποιπερ ἂν ἀπίωμεν, καὶ πάντας ὑμᾶς τοὺς σφοδροὺς ἡμῶν ἐραστὰς ἐπὶ διανοίας περιφέροντες ἄπιμεν. Τοῦτο ἡμᾶς οὔτε τὴν ἐρημίαν τοῦ χωρίου τούτου (καὶ γὰρ πάσης τῆς οἰκουμένης ἐστὶν ἐρημότατον), οὔτε τὴν πολιορκίαν τῶν λῃστῶν (καὶ γὰρ καθ' ἑκάστην πολιορκεῖται τὴν ἡμέραν), οὐ τὸν ἐντεῦθεν τικτόμενον λιμὸν ἀφίησιν ὁρᾷν· ἐπειδὴ τὸ μὲν σῶμα ἡμῖν ἐνταῦθα ἵδρυται, ἡ δὲ ψυχὴ παρ' ὑμῖν διηνεκῶς. Ἀλλ' ἐπειδὴ τοῖς οὕτω διακειμένοις ποθεινὴ σφόδρα καὶ περισπούδαστος καὶ ἡ σωματικὴ παρουσία, καὶ λυπεῖ μὴ γινομένη, τοῦτο
B δὲ τέως γενέσθαι οὐκ ἔνι, ἔνι δὲ αὐτῇ φάρμακον μέγιστον ἡ διὰ τῶν γραμμάτων συνουσία, πάρεχε ταύτην ἡμῖν μετὰ δαψιλείας πολλῆς, καὶ ταύτης ἀπηλλάγμεθα τῆς ἀθυμίας. Ἱκανὸς γὰρ σὺ, δέσποτά μου θαυμασιώτατε, καὶ διὰ γραμμάτων σοφίζεσθαι παρουσίας ἡδονήν.

CXLIV. *Diogeni.*

Scripta anno 404.

Desertus quidem locus est Cucusus, et alioqui ad habitandum periculosus, ut qui perpetuo latronum metu infestus sit: ut vero, etiam absens, eum nobis in amœnissimum locum commutasti. Nam cum ingentem tuum zelum, sinceramque ac ferventem erga nos caritatem audimus (nihil enim nobis, quamvis tam longe dissitis, incognitum est), benevolentiam tuam, tamquam amplissimi cujusdam thesauri, ac inenarrabilium divi-

ρμδʹ. Διογένει.

Ἔρημον μὲν [b] ἡ Κουκουσὸς χωρίον, καὶ ἄλλως εἰς οἴκησιν σφαλερὸν, διηνεκεῖ φόβῳ τῶν λῃστῶν πολιορκούμενον· σὺ δὲ αὐτὴν καὶ ἀπὼν παράδεισον εἶναι
C πεποίηκας. Ὅταν γάρ σου τὸν ζῆλον ἀκούσωμεν τὸν πολὺν, τὴν ἀγάπην τὴν περὶ ἡμᾶς, τὴν γνησίαν καὶ θερμὴν (οὐδὲν γὰρ ἡμᾶς λανθάνει καὶ ἐκ τοσούτου καθημένους διαστήματος), ὡς θησαυρὸν μέγιστον ἔχοντες, καὶ πλοῦτον ἄφατον, τὴν διάθεσίν σου τῆς ἐμμελείας, καὶ [c] ἐν ἀσφαλεστάτῃ

[a] Coislin. ἀφόρητος ὁ χείμων.

[b] Vaticanus semper Κοκκουσός, ut jam diximus.

[c] Coislin. et aliis ἐν ἀσφαλεστάτῃ καὶ εὐθαλεστάτῃ.

πόλει διατρίβειν ἡγούμεθα, ὑπὸ τῆς τοσαύτης εὐφροσύνης πτερούμενοι, καὶ μεγίστην παράκλησιν ἐντεῦθεν καρπούμενοι. Ἵν' οὖν καὶ ἑτέρα προσθήκη γένηται ἡμῖν ἡδονῆς, παρακαλῶ, καὶ γράμματα ἡμῖν χαρίζου, τὰ περὶ τῆς ὑγιείας δηλοῦντα τῆς σῆς. Εἰ γὰρ καὶ ἐργῶδες τοῦτο, διὰ τὸ τῆς ὁδοῦ μῆκος, καὶ τὸ σφόδρα ἀπῳκίσθαι τῆς δημοσίας τουτὶ τὸ χωρίον ὁδοῦ, ἀλλὰ τῷ οὕτως φιλοῦντι, ὡς αὐτὸς οἶσθα φιλεῖν, καὶ τὰ δύσκολα εὔκολα γίνονται. Ἐννοήσας τοίνυν ἡλίκην ἡμῖν χαριῇ χάριν τῇ πυκνότητι τῶν τοιούτων γραμμάτων, πάρεχε καὶ ταύτην ἡμῖν τὴν εὐφροσύνην· καὶ γὰρ σφόδρα ἀλγοῦμεν, ὅτι δεύτερον ἐπεσταλκότες ἤδη, οὐδὲ ἅπαξ ἐδεξάμεθα γράμματα τῆς σῆς ἐμμελείας.

ρμε'. Νικολάῳ πρεσβυτέρῳ.

Ἐβουλόμην καὶ αὐτὸς, καὶ σφόδρα ἐπεθύμουν ἰδεῖν σου τὴν ἐμμέλειαν, καὶ περιπτύξασθαι· καὶ τοῦτο οἶσθα καὶ πρὸ τῶν ἡμετέρων γραμμάτων. Φιλεῖν γὰρ εἰδὼς γνησίως καὶ τοὺς γνησίως φιλοῦντας διαγινώσκειν ἐπίστασαι. Ἀλλ' ἐπειδὴ τοῦτο οὐκ ἔνι, ὅπερ ἔνι [c] ποιῶ, τέως γράφω, προσαγορεύω, γράμματα ἀπαιτῶ, τὰ περὶ τῆς ὑγείας τῆς σῆς ὑμῖν πυκνότερον δηλοῦντα. Χαρίζου δὴ ταύτην ἡμῖν τὴν χάριν. Εἰ γὰρ καὶ μὴ δεῖ σοι παρακλήσεως εἰς τοῦτο, οὐ παυσόμεθά σε ἀναμιμνήσκοντες ὑπὲρ τούτου. Οὐ γὰρ μικρὰ παράκλησις ἡμῖν καὶ παραμυθία καὶ τῆς ἐρημίας καὶ τῶν φόβων τῶν καθημερινῶν, τῶν ἀπὸ τῆς ἐφόδου γινομένων τῆς ληστρικῆς, καὶ τῆς τοῦ σώματος ἀῤῥωστίας, καὶ τῶν ἄλλων περιστάσεων, τὸ μανθάνειν περὶ τῶν ἀγαπώντων ἡμᾶς ὑμῶν, [a] ὅτι τε ἔῤῥωσθε, καὶ ὑγιαίνετε, καὶ κατὰ ῥοῦν ὑμῖν ἅπαντα φέρεται, κἂν μυρίους ἡμῖν λέγῃς χειμῶνας. Πῶς καὶ τίνι τρόπῳ; Ὅτι ἔνι τὸν γενναῖον, καὶ ἐγρηγορότα, καὶ νήφοντα καὶ ἐν ταραττομένῳ πραγμάτων πελάγει ἐξουρίας πλεῖν, ὥσπερ καὶ τὸν χαῦνον καὶ ἀναπεπτωκότα καὶ κείμενον ὕπτιον, καὶ ἐν γαλήνῃ διαταράττεσθαι καὶ θορυβεῖσθαι.

[c] [Savil. ποιῶν.]

tiarum instar habentes, ita afficimur, ut nobis ipsi in tutissima urbe versari videamur, tanta videlicet lætitia erecti, maximumque hinc solatium capientes. Quo igitur alter insuper nobis voluptatis cumulus accedat, velim literis quoque D nos recrees, quibus de tua valetudine certiores efficiamur. Nam etsi difficile istud est, tum ob viæ longinquitatem, tum quod hic locus a publica via valde semotus sit, tamen homini ita amanti, ut ipse amare nosti, etiam quæ ardua sunt facilia redduntur. Cum igitur animadvertas, quantam hujusmodi literarum frequentia gratiam a nobis initurus sis, hanc quoque lætitiam nobis præbe: siquidem illud moleste ferimus, quod cum iterum jam ad te scripserimus, tamen ne semel quidem literas a te accepimus.

CXLV. *Nicolao presbytero.*

Anno circiter 405. vel 406.

Cuperem quidem ipse quoque, et quidem E vehementer cuperem te videre atque complecti: idque ipse etiam ante nostras acceptas literas minime ignoras. Nam cum sincero animo amare noris, eos quoque qui sincero animo amant, agnoscere nosti. Verum quia id non licet, interim, quod licet, facio: scribo, saluto, literas, quæ nobis valetudinis tuæ statum crebro exponant, postulo. Quamobrem hanc nobis gratiam 685 A concede. Nam quamquam ad eam rem hortatore nihil indiges, tamen de hac re te submonere minime desistemus. Neque enim exiguam animi levationem, atque tum solitudinis, tum quotidianorum terrorum, qui ex prædonum incursione nobis oriuntur, tum morbi corporis, adversarumque aliarum rerum consolationem illud nobis allaturum est, si ex vobis, quibus cari sumus, hoc intelligamus, vos firma valetudine esse, omniaque vobis ex animi sententia evenire, etiamsi alioqui sexcentas nobis tempestates commemores. Qui tandem istud? Quoniam nihil impedit, quo minus, qui generosi et experrecti atque attenti animi est, etiam in perturbato negotiorum mari feliciter naviget: quemadmodum contra, qui ignavi ac consternati supinique animi est, tranquillo quoque mari perturbetur atque in tumultu versetur.

[a] Tres Mss. ὅτι δὴ καὶ ἔῤῥωσθε.

CXLVI. Theodoto, Nicolao, Chæreæ, presbyteris et monachis.

Cucuso anno 405.

Vos quidem Isaurorum incursionem atque impetum absentiæ vestræ causam esse dicitis: at ego vos et adesse, et nobiscum versari dico, neque hujusmodi rem, quin ad nos veneritis, impedimento vobis fuisse. Nam eæ caritatis pennæ sunt, ut etiamsi sexcenta impedimenta se objiciant, repente tamen ac magna cum facilitate ubique adsit. Quod si corporea vestra præsentia caremus, precari ne intermittite: ac Deus eam pro sua benignitate dabit. Quandoquidem ipse quoque animo vos assidue gerens, congressum vestrum haud vulgarem in modum desidero: neque dubito, quin istud mihi contingat, dummodo eum, qui tempestatem omnem discutere, cunctaque in magnam tranquillitatem adducere potest, obnixe oretis et obsecretis. Ut autem rerum quoque nostrarum statu cognito lætemini, ingenti quiete atque otio fruimur, corpusque nostrum, etsi alioqui multa sint quæ ipsius valetudinem labefactent, satis commode se habet. Quamquam enim et medicorum inopia, et rerum necessariarum penuria (nihil enim hic venale est, nec medicamenta ulla suppetunt), et cæli intemperies (neque enim æstas nobis minus quam frigus molesta est, ut quæ frigoris acrimoniam in contrarium imitetur), et gravis ac perpetua obsidio, crebrique Isauricarum incursionum metus; hæc, inquam, omnia, et alia plura sunt quæ valetudinem nostram labefactent; nunc tamen gravi periculo, atque hujusmodi morbo liberati sumus, ac mediocrem quamdam sanitatem obtinuimus. Vos vero operam etiam date, ut ad nos sæpe scribatis, ac de vestra valetudine sine ulla intermissione certiores nos faciatis. Siquidem maximæ levationis, maximique solatii, atque amplissimorum thesaurorum instar, vestram caritatem esse ducimus: ac cum sinceræ vestræ benevolentiæ, animique constantiæ, ac firmæ caritatis nobis in mentem venit (numquam autem non venit), tamquam in latum quemdam atque tranquillum portum ex multis calamitatibus appellimus.

ρμϛʹ. Θεοδότῳ, Νικολάῳ, Χαιρέᾳ, πρεσβυτέροις καὶ μονάζουσι.

Ὑμεῖς μὲν τῶν Ἰσαύρων αἰτιᾶσθε τὴν καταδρομὴν τῆς ἀπουσίας τῆς ὑμετέρας· ἐγὼ δὲ ὑμᾶς καὶ παρεῖναί φημι, καὶ σὺν ἡμῖν εἶναι, καὶ οὐδὲν οὐδὲ ἐντεῦθεν γενέσθαι κώλυμα πρὸς τὴν ἄφιξιν ὑμῶν. Τοιαῦτα γὰρ τῆς ἀγάπης τὰ πτερά· ἀθρόον καὶ μετὰ πολλῆς τῆς εὐκολίας πανταχοῦ παραγίνεται, κἂν μυρία τὰ κωλύματα ᾖ. Εἰ δὲ τῆς σωματικῆς ὑμῶν ἀπεστερήμεθα παρουσίας, μὴ διαλίπητε εὐχόμενοι, καὶ δώσει ταῦτα ὁ φιλάνθρωπος Θεός. Ἐπεὶ καὶ αὐτὸς διηνεκῶς ὑμᾶς ἐν διανοίᾳ περιφέρων, οὐχ ὡς ἔτυχε καὶ τῆς κατ' ὄψιν ἐρῶ συντυχίας, καὶ εὖ οἶδ' ὅτι καὶ αὐτὴ ἔσται, μετὰ ἐκτενείας ὑμῶν παρακαλούντων τὸν δυνάμενον πάντα λῦσαι χειμῶνα, καὶ εἰς γαλήνην λευκὴν ἅπαντα ἀγαγεῖν. Ἵνα δὲ καὶ τὰ ἡμέτερα μαθόντες εὐφραίνησθε, πολλῆς ἀπολαύομεν ἡσυχίας καὶ ἀπραγμοσύνης, τὸ σῶμα ἡμῖν, καίτοι πολλῶν ὄντων τῶν λυμαινομένων αὐτοῦ τὴν ὑγείαν· καὶ γὰρ ἰατρῶν σπάνις, καὶ ἀναγκαίων ἀπορία (οὐδὲν γάρ ἐστιν ὤνιον ἐνταῦθα, οὐ φαρμάκων εὐπορία), καὶ ἀέρος δυσκρασία (τοῦ κρυμοῦ γὰρ οὐκ ἔλαττον ἡμᾶς τὸ θέρος λυπεῖ, ἀπεναντίας τοῦ κρυμοῦ μιμούμενον τὴν σφοδρότητα), καὶ πολιορκία χαλεπὴ καὶ διηνεκὴς, καὶ συνεχεῖς καὶ ἐπάλληλοι φόβοι τῶν Ἰσαυρικῶν ἐφόδων· τούτων τοίνυν καὶ ἑτέρων πλειόνων ὄντων τῶν διαφθειρόντων τὴν ῥῶσιν ἡμῖν, τέως τοῦ μὲν κινδύνου τοῦ χαλεποῦ, καὶ τῆς τοιαύτης [b] ἀπηλλάγμεθα ἀῤῥωστίας, ὑγιαίνομεν δέ τινα ὑγείαν σύμμετρον. Μὴ δὴ διαλίπητε καὶ αὐτοὶ συνεχῶς ἡμῖν ἐπιστέλλοντες, καὶ τὰ περὶ τῆς ὑγείας τῆς ὑμετέρας εὐαγγελιζόμενοι. Καὶ γὰρ παράκλησιν μεγίστην, καὶ παραμυθίαν, καὶ θησαυρὸν πολλῶν γέμοντα ἀγαθῶν, τὴν ὑμετέραν ἀγάπην εἶναι νομίζομεν· καὶ ὅταν τὴν διάθεσιν ὑμῶν τὴν γνησίαν, καὶ τὸ ἀπερίτρεπτον τῆς γνώμης, καὶ τὴν ἀκλινῆ καὶ στεῤῥὰν ὑμῶν ἐννοήσωμεν ἀγάπην (ἀεὶ δὲ αὐτὴν ἐν-
686 A
νοοῦντες οὐ παυόμεθα), ὥσπερ εἴς τινα λιμένα εὐρὺν καὶ ἀκύμαντον ἀπὸ τῶν πολλῶν καταπλέομεν θλίψεων.

CXLVII. Anthemio.

Cucuso anno 405.

Alii tibi consulatus atque præfecturæ nomine

ρμζʹ. Ἀνθεμίῳ.

Ἄλλοι μέν σου τῇ θαυμασιότητι καὶ τῆς ὑπατείας

[b] Fabric. ἀπηλλάγμεθα ἀπορίας.

[a] καὶ τῆς ἐπαρχότητος συνήδονται· ἐγὼ δὲ αὐταῖς ταῖς ἀρχαῖς τῆς σῆς ἕνεκεν μεγαλοπρεπείας. Οὐ γὰρ σὲ κατεκόσμησαν, ἀλλ' ἐκοσμήθησαν παρὰ σοῦ. Ἐπειδὴ καὶ τοιοῦτον ἡ ἀρετή· οὐκ ἔξωθεν δανείζεται τὰς τιμὰς, ἀλλ' αὐτὴ ἐν ἑαυτῇ περιφέρει ταύτας, τιμὴν τοῖς ἀξιώμασι τούτοις παρέχουσα, οὐκ αὐτὴ παρ' ἐκείνων λαμβάνουσα. Διὰ δὴ τοῦτο οὐδὲ προσε- B θήκαμεν τῷ φίλτρῳ νῦν τῷ περὶ σέ. Οὐδὲν γάρ σοι προσγέγονε πλέον· οὐδὲ τὸν ὕπαρχον καὶ ὕπατον ἡμεῖς φιλοῦμεν, ἀλλὰ τὸν δεσπότην μου τὸν ἡμερώτατον Ἀνθέμιον, τὸν πολλῆς μὲν συνέσεως, πολλῆς δὲ γέμοντα φιλοσοφίας. Διό σε καὶ μακαρίζομεν, οὐχ ἐπειδὴ πρὸς τὸν θρόνον ἀνέβης τοῦτον, ἀλλ' ἐπειδὴ δαψιλεστέραν ἔλαβες ὕλην, εἰς τὸ τὴν σύνεσίν σου καὶ τὴν φιλανθρωπίαν ἐπιδείξασθαι. Καὶ τοῖς ἀδικουμένοις πᾶσι συνηδόμεθα, τὸν πλατύν σου λιμένα τῆς ψυχῆς ὁρῶντες, μυρία δυνάμενον λῦσαι ναυάγια, καὶ τοὺς εἰς ἔσχατον κλυδωνίου κατενεχθέντας παρα- C σκευάσαι ἐξουρίας πλεῖν. Διὰ ταῦτα σκιρτῶμεν, διὰ ταῦτα χαίρομεν, τὴν σὴν ἀρχὴν κοινὴν ἑορτὴν τῶν ἐπηρεαζομένων εἶναι νομίζοντες. Ἧς καὶ αὐτοὶ νῦν ἀπολαύομεν, οἰκείαν ἡδονὴν εἶναι τιθέμενοι τῶν σῶν κατορθωμάτων τὸ μέγεθος.

gratulantur: ego autem magnificentiæ tuæ causa ipsis quoque magistratibus imperiisque gratulor. Neque enim te ornarunt, verum abs te ornata sunt. Quandoquidem etiam ea virtutis natura est, ut honores non aliunde mutuetur, verum ipsa eos in sese circumferat, nimirum hisce dignitatibus honorem præbens, non autem ipsa ab illis accipiens. Eaque de causa ne amori quidem erga te nostro quidquam nunc adjunximus. Nihil enim tibi amplius accessit; nec nos præfectum atque consulem amamus, sed dominum meum suavissimum Anthemium, cum magna prudentia, tum etiam ingenti philosophia refertum. Ac proinde te quoque beatum prædicamus, non quod ad hoc solium evectus sis, sed quia uberiorem prudentiæ tuæ atque humanitatis demonstrandæ materiam accepisti. Atque iis omnibus, quibus injuria fit, gratulamur, latum scilicet animæ tuæ portum intuentes, qui possit innumera naufragia depellere, atque efficere, ut ii, qui in atrocissimam tempestatem inciderunt, ex animi sententia navigent. Propterea exsultamus et lætitia diffundimur, imperium tuum commune eorum, qui injuria afficiuntur, festum esse existimantes. Quo etiam nunc ipsi fruimur, ut qui ex virtutum tuarum magnitudine propriam nobis voluptatem fingamus.

ρμη'. Κυριακῷ, Δημητρίῳ, Παλλαδίῳ, [b] Εὐλυσίῳ, ἐπισκόποις.

Μακάριοι καὶ τρισμακάριοι, καὶ πολλάκις τοῦτο D ὑμεῖς τῶν καλῶν τούτων ἱδρώτων καὶ ἀγώνων, τῶν μόχθων, καὶ πόνων, καὶ τῶν κινδύνων, οὓς ὑπὲρ τῶν Ἐκκλησιῶν τῶν κατὰ τὴν οἰκουμένην κειμένων ὑπομεμενήκατε, λαμπροὶ μὲν ἐν γῇ, λαμπροὶ δὲ ἐν οὐρανοῖς διὰ τούτων γενόμενοι. Καὶ γὰρ ἄνθρωποι πάντες οἱ νοῦν ἔχοντες ἀνακηρύττουσιν ὑμᾶς, καὶ στεφανοῦσιν, ἐκπληττόμενοι τὴν εὐτονίαν ὑμῶν, τὴν ἀνδρείαν, τὴν καρτερίαν, τὴν προσεδρείαν. Ὅ τε φιλάνθρωπος Θεὸς, ὁ μείζονας ἐκ πολλοῦ τοῦ περιόντος τιθεὶς ἀεὶ τῶν πόνων τὰς ἀμοιβὰς, τοσούτοις ἀμείψεται ἀγαθοῖς, ὅσοις ἀμείβεσθαι Θεῷ πρέπον τοὺς οὕτω γενναίως E ἀγωνιζομένους ὑπὲρ τῆς κατὰ τὴν οἰκουμένην ἅπασαν

CXLVIII. Cyriaco, Demetrio, Palladio, Eulysio, episcopis.

Beati vos, ac ter beati, sæpiusque beati, ob præclaros hos sudores, certamina, et ærumnas, ac labores et pericula, quæ pro omnibus orbis terræ Ecclesiis subiistis, hincque tum in terra, tum in cælis gloriam et splendorem consequuti estis. Siquidem homines omnes, qui mentis compotes sunt, vos prædicant, ac coronis ornant, animi vestri robur, fortitudinem, tolerantiam, atque constantiam ad stuporem usque mirantes. Benignus autem Deus, qui laboribus longe ampliora præmia semper constituit, tot tantaque bona vobis rependet, quot quantaque iis a Deo rependi par est, qui pro universi orbis pace tam stre-

Cucuso anno 405.

[a] Καὶ τῆς ἐπαρχότητος. In hunc locum hæc erudite notat Fronto Ducæus: *Billius ediderat*, consulatus atque imperii, *sed cum* ἔπαρχος τῆς πόλεως, vel ἔπαρχος τῶν πραιτωρίων, *sit præfectus urbi*, et *præfectus prætorio, sic præfectura urbana apud Ambros. lib.* 3 *Offic.* c. 8: et præfecturæ urbanæ sublime fastigium. Ἐπαρχικὴ ἐξουσία, *præfecti potestas dicitur a Xiphilino in Severo, et hic* ἐπαρχότης. *Anthemium* enim *sive hunc ad quem scribit auctor, sive alium fuisse præfectum prætorio constat ex lege* 14 *lib.* 12, *tit.* 12 *Codicis Theodosiani Imp. Honor. et Theodos. Fuit etiam consul cum Stilicone* anno *Christi* 405.

[b] Reg. et Fabric. Εὐλυσίῳ. Et hoc erat verum ejus nomen, ut jam vidimus. Morel. Ἐκλυσίῳ.

nue dimicant. Ideo nos quoque beatos vos prædicare non desinimus, voluptatem ex vestri recordatione perpetuo capientes, vosque, etiamsi alioqui longo itineris intervallo a vobis disjuncti, animo circumferentes. Ac Cyriacus quidem reverendissimus diaconus nunc navigare non potuit, quod multo labore confectus esset. At vero domini mei, religiosissimus presbyter Joannes, et reverendissimus diaconus Paulus, cum undique vexarentur, nec usquam consistendi ac delitescendi potestas esset, necessarium esse putarunt, ut ad caritatem vestram sese conferrent, isticque vobiscum essent. Quamobrem ipsos cum caritate excipite, eamque, quam par est, benevolentiam ipsis exhibete.

εἰρήνης. Διὰ τοῦτο καὶ ἡμεῖς οὐ παυόμεθα μακαρίζοντες ὑμᾶς, ἐντρυφῶντες ὑμῶν τῇ μνήμῃ διηνεκῶς, 687 A ἐπὶ διανοίας περιφέροντες, εἰ καὶ πολλῷ διῳκίσμεθα τῷ τῆς ὁδοῦ μήκει. Ὁ μὲν οὖν τιμιώτατος [a] Κιριακὸς ὁ διάκονος οὐκ ἠδυνήθη νῦν ἐκπλεῦσαι, διὰ τὸ πολλῷ κατειργάσθαι πόνῳ. Οἱ μέντοι κύριοί μου, ὁ εὐλαβέστατος πρεσβύτερος Ἰωάννης, καὶ ὁ τιμιώτατος Παῦλος ὁ διάκονος, ἐλαυνόμενοι πανταχόθεν, καὶ μηδαμοῦ στῆναι, μηδὲ λαθεῖν ἔχοντες, ἀναγκαῖον ἐνόμισαν καταλαβεῖν ὑμῶν τὴν ἀγάπην, καὶ αὐτόθι μεθ' ὑμῶν εἶναι. Δεξάμενοι τοίνυν αὐτοὺς μετὰ ἀγάπης, τὴν πρέπουσαν ὑμῖν εὔνοιαν περὶ αὐτοὺς ἐπιδείξασθε.

CXLIX. Aurelio Carthaginis episcopo.

Anno 406. Papæ, quanta res est generosus animus, atque caritatis ac pietatis fructibus abundans: quippe cum ipse tanto itineris intervallo a nobis dissitus, tamquam præsens ac nobiscum degens, nos ceperis, tibique devinxeris. Siquidem caritatis tuæ ardor, atque odoris suavitas, quæ ex tua loquendi libertate ac pietate manat, ad nos usque, qui in extremo orbis recessu collocati sumus, penetravit. Propterea ingentes tibi gratias agimus; propterea, inquam, te beatum prædicamus, quod cum magnum laborem ac sudorem pro omnibus orbis terræ Ecclesiis susceperis, maximas tibi apud benignum Deum coronas condidisti. Teque hortamur, ut in hoc præclaro certamine perseveres: neque enim te fugit, quænam hinc præmia oriantur. Nam si quispiam unum aliquem injuria affectum ac præter jus læsum sublevans, mercedem inenarrabilem a Deo obtinet: cogites velim, quantum ipse præmium accepturus sis, qui tot Ecclesias perturbatas, per egregium hujusmodi studium, tumultibus ac perturbatione liberes, atque in tranquillum pacis portum appellere studeas.

ρμθ'. Αὐρηλίῳ ἐπισκόπῳ Καρθαγένης.

B Βαβαὶ, ἡλίκον ἐστὶ γενναία ψυχὴ, καὶ πολλῷ βρύουσα τῷ τῆς ἀγάπης καὶ τῷ τῆς εὐλαβείας καρπῷ, ὅπου γε καὶ αὐτὸς τοσοῦτον ἡμῶν ἀπῳκισμένος ὁδοῦ μῆκος, ὡς παρὼν καὶ μεθ' ἡμῶν ὢν, οὕτως ἡμᾶς εἷλες, καὶ ἐχειρώσω. Τῆς γὰρ ἀγάπης σου τὸ θερμὸν, καὶ τῆς παῤῥησίας καὶ τῆς εὐλαβείας ἡ εὐωδία μέχρι τὰ ἡμῶν τῶν ἐν ἐσχατιᾷ τῆς οἰκουμένης καθημένων ἔφθασεν. Διὰ ταῦτά σοι χάριτας πολλὰς ἴσμεν, διὰ ταῦτά σου μακαρίζομεν τὴν εὐλάβειαν, ὅτι πόνον πολὺν καὶ ἱδρῶτα ὑπὲρ τῶν κατὰ τὴν οἰκουμένην Ἐκκλησιῶν ἀναδεχόμενος, μεγίστους ἑαυτῷ παρὰ τῷ C φιλανθρώπῳ Θεῷ προαπέθου τοὺς στεφάνους. Καί σε παρακαλοῦμεν μεῖναι τὸν καλὸν τοῦτον ἀγῶνα ἀγωνιζόμενον· οἶσθα γὰρ τὰ ἐντεῦθεν βραβεῖα. Εἰ γὰρ ἕνα τις ἀδικούμενον καὶ παρανομούμενον ἀνέχων ἄφατον ἔχει παρὰ τοῦ Θεοῦ τὸν μισθὸν, ἐννόησον ὅσην αὐτὸς λήψῃ τὴν ἀμοιβὴν, Ἐκκλησίας τοσαύτας ταρασσομένας διὰ τῆς καλῆς ταύτης σπουδῆς ἀπαλλάττων μὲν θορύβων καὶ ταραχῆς, εἰς δὲ γαληνὸν λιμένα εἰρήνης [b] ὁρμίαι ἐσπουδακώς.

CL. Maximo episcopo.

Anno 406. Cum labores eos ac sudores, quos diuturno tempore subiistis, animo contemplor, non vulgarem, sed amplissimam quamdam injuriarum carum, quibus per summum scelus affectus sum, consolationem capio, vestram nimirum usque

ρν'. Μαξίμῳ ἐπισκόπῳ.

D Ὅταν ἐννοήσω τοὺς πόνους ὑμῶν, καὶ τοὺς ἱδρῶτας, τοὺς ἐπὶ μακρῷ χρόνῳ γεγενημένους, οὐ τὴν τυχοῦσαν, ἀλλὰ καὶ μεγίστην παρποῦμαι παράκλησιν, ἐφ' οἷς αὐτὸς πέπονθα παρανόμως, τὴν ὑμετέραν ἀγάπην τὴν οὕτω θερμὴν καὶ γνησίαν, τὴν πρόνοιαν τὴν

[a] Coislin. Κυριακὸς ὁ διάκ. et sic legit Savilius: hancque puto veram esse lectionem: nam hic Cyriacus diaconus alibi quoque memoratur.

[b] Unus ὁρμῆσαι.

εἰλικρινῆ, τὴν ἀγρυπνίαν τὴν ὑπὲρ τῆς διορθώσεως τῶν γεγενημένων, τὴν ἐπιτεταμένην, μεγίστην ἔχων παραμυθίαν. Καὶ γὰρ οὐχ ἡ τυχοῦσα γέγονέ μοι παραψυχὴ, τὸ λογίζεσθαι ὅτι ἐκ τοσούτου καθήμενοι διαστήματος, οὐχ ἑωρακότες ἡμᾶς ποτε, οὐκ ὀφθέντες E παρ' ἡμῶν, οὐ λόγων ἡμῖν κοινωνήσαντες, ἀθρόον ὑπὸ τῆς παρανομίας τῶν τολμηθέντων κινηθέντες, τοσαύτην ἐπεδείξασθε περὶ ἡμᾶς ἀγάπην, ὅσην πατέρες περὶ παῖδας, μᾶλλον δὲ καὶ πατέρας ἀπεκρύψατε τῇ τοσαύτῃ κηδεμονίᾳ. Διὰ ταῦτα χάριτας ὑμῶν ἴσμεν τῇ εὐλαβείᾳ, θαυμάζομεν, μακαρίζομεν, παρακαλοῦμεν ὑμᾶς αὐτοὺς τὰ ἑαυτῶν μιμήσασθαι, καὶ 688 A ἣν ἐξ ἀρχῆς ἐπεδείξασθε προθυμίαν, ταύτην εἰς τέλος ἀγαγεῖν. Κἂν γὰρ μηδὲν γίνηται πλέον εἰς διόρθωσιν τῶν γεγενημένων, οὐ μικρὰ παράκλησις ἡμῖν, ὅπερ ἔφθην εἰπὼν, τοσαύτης ἀπολελαυκόσι καὶ ἀπολαύουσι παρὰ τῆς τιμιότητος τῆς ὑμετέρας ἀγάπης.

adeo ardentem ac germanam caritatem, sinceram curam, acerrimamque in iis malis, quæ contigerunt, corrigendis vigilantiam, maximi solatii loco ducens. Siquidem id non mediocri mihi consolationi fuit, cum illud mecum reputarem, vos tanto intervallo a me disjunctos, cum nec me umquam vidissetis, nec a me visi essetis, nec ullum umquam sermonem mecum habuissetis, perpetratorum facinorum iniquitate repente commotos, quantam patres erga liberos, tantam erga me caritatem ostendisse, imo etiam curæ ac sollicitudinis magnitudine paternum amorem superasse. Ac propterea pietati vestræ gratiam habeo, vosque mirificis laudibus in cælum fero, petoque a vobis, ut ipsi vosmet imitemini, quamque antehac semper animi promtitudinem exhibuistis, eam ad extremum perducatis. Ut enim ad ea, quæ acciderunt, sarcienda nihil hinc utilitatis progrediatur, non parva tamen, ut jam dixi, nobis hæc consolatio futura est, quod tantam a vobis caritatem obtinuerim, atque etiamnum obtineam.

ρνα'. Ἀσέλλῳ ἐπισκόπῳ.

Οἶδα μὲν ὅτι οὐδὲν ὑμῖν δεῖ γραμμάτων εἰς τὸ διαναστῆναι, καὶ ἀντιλαβέσθαι τῆς διορθώσεως τῶν τὰς Ἐκκλησίας τῆς ἀνατολῆς κατειληφότων κακῶν. Καὶ τοῦτο δι' ὧν πεποιήκατε, ἐπεδείξασθε, αὐτοπαράκλητοι τοσαύτην [a] παρασχόντες σπουδήν. Ἀλλ' ἐπειδὴ τὰ B κακὰ ἔτι μένει ἀδιόρθωτα, διὰ τὴν ἄνοιαν τῶν τοσαῦτα παρανομησάντων, ἀναγκαῖον εἶναι ἐνομίσαμεν παρακαλέσαι ὑμῶν τὴν εὐλάβειαν, ὥστε μὴ ἀποκαμεῖν, μηδὲ περικακῆσαι, ἀλλ' ἀκμαζούσῃ χρήσασθαι τῇ προθυμίᾳ, καὶ τὰ παρ' ἑαυτῶν πάλιν ἅπαντα εἰσενεγκεῖν. Ὅσῳ γὰρ ἂν ἀνίατα νοσῶσιν οἱ πρὸς τὴν τῶν Ἐκκλησιῶν κατάστασιν στασιάζοντες, τοσούτῳ [b] κἀκείνων πλέον ἔσται τὸ κρίμα, καὶ ὑμῖν τοῖς μὴ ἀποκάμνουσι λαμπρότερος ὁ μισθὸς, καὶ μείζους οἱ στέφανοι.

CLI. *Asello episcopo.*

Scio vos literis nihil indigere, quibus excitemini, atque ea mala, quæ orientales Ecclesias invaserunt, sarcienda suscipiatis. Idque per ea, quæ a vobis gesta sunt, planum fecistis : quippe qui vestra sponte tantum studii ac diligentiæ præbeatis. Verum quoniam hujusmodi mala, propter eorum qui ea perpetrarunt amentiam, non adhuc emendata sunt, idcirco necessarium duximus vos hortari, ut ne defatigemini, verum strenuam animi alacritatem adhibeatis, atque a vobis ipsis rursus omnia conferatis. Nam quo periculosiore ac incurabiliore morbo laborant qui adversus Ecclesiarum statum seditiones agitant, eo quoque gravius ipsorum judicium erit : ac vobis contra, quorum animi minime franguntur, luculentior merces et majores coronæ. Anno 406.

ρνβ'. Ἐπισκόποις. C

Καὶ ἰδίᾳ ἑκάστῳ, καὶ κοινῇ πᾶσιν ὑμῖν ὀφείλομεν χάριτας, οὐχ ἡμεῖς δὲ μόνον, ἀλλὰ καὶ πάντες οἱ κατὰ τὴν ἀνατολὴν ἐπίσκοποι, κληρικοὶ διαφόρων πόλεων, λαοὶ ποικίλως ἐλαυνόμενοι, ὅτι πατρικὰ σπλάγχνα ἐπιδειξάμενοι, συνηλγήσατε, ἔστητε γενναίως, τὰ

CLII. *Episcopis.*

Et privatim singulis, et universim omnibus vobis gratias referre debemus, non nos dumtaxat, sed etiam omnes orientales episcopi, diversarum urbium clerici, ac laici vario modo pulsi, quod paterna viscera exhibentes, vicem nostram Anno ut putatur 406.

[a] Tres Mss. παρέχοντες. [Mox Savil. in textu παρακακῆσαι, in marg. περικακ.]

[b] Omnes Mss. κἀκείνοις. Edit. κἀκείνων.

doluistis, fortiterque stetistis. Nam quidquid vestrarum partium erat, præstitistis. Ac propterea cuncti vos prædicant, corona donant, vestraque egregia facinora in ore habent. Quod si tanti honores vobis ab hominibus habentur, cogitate quanta vobis a benigno Deo præmia exspectanda sint. Quæ cum ipsi non ignoretis, reverendissimi ac religiosissimi domini mei, etiamsi ii, qui Ecclesias perturbant, incurabili morbo teneantur, ne tamen, quod potestis, remedium afferre desinatis. Nam quo plura impedimenta, ac major difficultas fuerit, eo quoque major vobis merces erit. Nam si qui poculum
Matth. 10. 42. aquæ frigidæ dat, non sine mercede ob humanitatem abit: perpendite, quæso quantam vos, qui pro perturbatis Ecclesiis tot ac tanta et facere et perpeti in animum induxistis, mercedem accepturi sitis, quantaque vos egregiorum laborum præmia maneant.

παρ' ὑμῶν αὐτῶν πάντα-εἰσηνέγκατε. Διὰ ταῖτα πάντες ὑμᾶς ἀνακηρύττουσι, στεφανοῦσιν, ἐπὶ στόματος D φέρουσιν ὑμῶν τὰ κατορθώματα. Εἰ δὲ παρὰ ἀνθρώπων τοιαῦται αἱ τιμαὶ, ἐννοήσατε παρὰ τοῦ φιλανθρώπου Θεοῦ πόσαι ὑμῖν αἱ ἀντιδόσεις. Ταῦτ' οὖν εἰδότες, τιμιώτατοι δέσποταί μου καὶ εὐλαβέστατοι, κἂν οἱ θορυβοῦντες τὰς Ἐκκλησίας ἀνίατα νοσῶσι, μὴ παύσησθε τὴν παρ' ὑμῶν αὐτῶν εἰσφέροντες θεραπείαν. Ὅσῳ γὰρ ἂν [c] πλείονα τὰ κωλύματα ᾖ καὶ πλείων ἡ δυσκολία, τοσούτῳ καὶ μείζων ὑμῖν ὁ μισθός. Εἰ γὰρ ποτόν τις ψυχρὸν ἐπιδοὺς, οὐκ ἄμισθον ἕξει τὴν βραχεῖαν φιλοφροσύνην· οἱ τοσαῦτα καὶ ποιῆσαι καὶ παθεῖν ἑλόμενοι ὑπὲρ Ἐκκλησιῶν ταρασσο- E μένων, ἐννοήσατε ἡλίκην λήψεσθε τὴν ἀμοιβὴν, καὶ πόσα ὑμᾶς ἀναμένει τῶν καλῶν πόνων τὰ βραβεῖα.

CLIII. Iisdem.

Anno ut putatur 406. Numquam vobis gratias habere intermittimus. Etsi enim multas ab hostibus injurias accepimus, tamen plurimum auxilii atque subsidii a vobis, ingentem caritatem, sinceram humanitatem, ferventissimumque studium sensimus: ex iisque rebus non exiguum tum gravissimi exsilii, quo detinemur, tum aliorum malorum, quæ nobis illata sunt, solatium habemus. Ideo vos rogamus, ut eamdem nobis benevolentiam idemque studium exhibere pergatis. Neque enim officium nobis tantum præstabitur, verum etiam ad communem Ecclesiarum utilitatem dimanabit. Non enim una, aut altera, aut tres urbes, verum integræ gentes ubique terrarum perturbantur. Ac proinde tantum a vobis studium adhiberi convenit, quantum ab iis adhiberi par est, qui pro tot animarum salute laborem suscipiunt. Quod si multos jam labores pertulistis, vestrisque partibus functi estis, nos quoque id exploratum habemus, eoque nomine sine ulla intermissione vobis gratias agimus: petimus autem a vobis, ne hoc facere desinatis. Siquidem tolerantia, patientia, et constans sententia vestra, eos etiam qui pervicaci animo sunt, ac pene incurabili morbo tenentur, ab ea, qua nunc laborant, dementia abducere poterit. Si vero immedicabili morbo laborent, at

ρνγ'. Τοῖς αὐτοῖς.

Οὐ διαλιμπάνομεν χάριν ὑμῖν ὁμολογοῦντες διηνεκῶς. Εἰ γὰρ καὶ πολλὰ παρανενομήμεθα παρὰ τῶν
689 ἐχθρῶν, ἀλλ' ὅμως πολλῆς παρ' ὑμῶν ἀπηλαύσαμεν
A τῆς συμμαχίας, δαψιλοῦς τῆς ἀγάπης, γνησίας φιλοφροσύνης, θερμοτάτης σπουδῆς· καὶ ταῦτα οὐ μικρὰν παράκλησιν καὶ τῆς χαλεπωτάτης ἐξορίας, ἐν ᾗ κατεχόμεθα, καὶ τῶν ἄλλων τῶν ἐπενεχθέντων ἡμῖν δεινῶν, ἔχομεν. Διὸ παρακαλοῦμεν ὑμῶν τὴν εὐλάβειαν ἐπιμεῖναι τὴν αὐτὴν περὶ ἡμᾶς ἐπιδεικνυμένους διάθεσίν τε καὶ σπουδήν. [a] Οὐδὲ γὰρ εἰς ἡμᾶς στήσεται τὸ γινόμενον μόνον, ἀλλὰ καὶ εἰς τὸ κοινὸν τῶν Ἐκκλησιῶν διαβήσεται. Οὐ γὰρ μία, καὶ δύο, καὶ τρεῖς πόλεις, ἀλλ' ὁλόκληρα ἔθνη πανταχοῦ τῆς γῆς ταράττεται. Καὶ τοσαύτην παρ' ὑμῶν ἐπιδειχθῆ- B ναι δίκαιον σπουδὴν, ὅσην εἰκὸς ὑπὲρ τοσούτων ψυχῶν ἐσπουδακότας καὶ κάμνοντας ἐπιδείξασθαι. Εἰ δὲ πολλὰ πεπονήκατε, καὶ τὰ παρ' ἑαυτῶν εἰσηνέγκατε, ἴσμεν τοῦτο καὶ ἡμεῖς, καὶ εὐχαριστοῦντες ὑμῖν οὐ παυόμεθα· ἀξιοῦμεν δὲ μὴ διαλιπεῖν τοῦτο ποιοῦντας. Ἡ γὰρ καρτερία ὑμῶν, καὶ ὑπομονὴ, καὶ ἡ εὔτονος γνώμη δυνήσεται καὶ τοὺς σφόδρα φιλονείκως διακειμένους καὶ ἀνίατα νοσοῦντας ἀποστῆσαι τῆς κατεχούσης αὐτοὺς νυνὶ παραφροσύνης. Εἰ δὲ ἐπιμένοιεν καὶ οὕτως ἀνιάτως ἔχοντες, ἀλλ' ὑμῖν ἀπηρτισμένος

[c] Omnes Mss. nostri *πλείονα τὰ κύματα*. Edit. *κωλύματα*, quam lectionem præferebant aliquot Frontonis Ducæi Mss. Savil. etiam in textu *κωλύματα* habet. Paulo post omnes *εἰ γὰρ ποτήριόν τις ψυχροῦ*.

[a] Omnes Mss. *οὐδὲ γὰρ ἐν ἑνὶ στήσεται τὸ γινόμενον· ἀλλ' εἰς τό*.

ὁ μισθὸς ἔσται, καὶ πλήρη τὰ τῆς ἀμοιβῆς, καὶ ὁλόκληρος τῶν καλῶν [b] τούτων ὁ στέφανος.

C ρνδ'. Τοῖς αὐτοῖς.

[c] Ἡμεῖς μὲν ἐποθοῦμεν καὶ ταῖς τοῦ σώματος ὄψεσιν ὑμᾶς θεάσασθαι· ἐπειδὴ δὲ τοῦτο οὐκ ἔνι, τῷ τῆς ἐξορίας δεσμῷ κατεχομένων ἡμῶν, τοῖς ὀφθαλμοῖς τῆς ἀγάπης ὑμᾶς καθ' ἑκάστην φανταζόμεθα τὴν ἡμέραν, καὶ περιπτυσσόμεθα, καὶ κροτοῦντες καὶ θαυμάζοντες οὐ διαλιμπάνομεν, ὅτι τοσαύτην προθυμίαν καὶ σπουδὴν ἐξ ἀρχῆς μέχρι νῦν μεμενήκατε ἐπιδεικνύμενοι ὑπὲρ τῶν τῆς ἀνατολῆς Ἐκκλησιῶν· καὶ παρακαλοῦμεν ἄξιον τῶν προοιμίων ἐπιδείξασθαι τὸ D τέλος. Εἰ γὰρ οἱ πάντα ταράξαντες, καὶ θορύβων ἐμπλήσαντες, τοσαύτῃ κέχρηνται τῇ φιλονεικίᾳ, πολλῷ μᾶλλον ὑμᾶς, τοὺς τὰ κακῶς γεγενημένα διορθοῦν ἐσπουδακότας, πολλῇ δίκαιον κεχρῆσθαι τῇ ὑπομονῇ, καὶ καρτερίᾳ τῇ περὶ τὴν τοιαύτην σπουδήν. Οὕτω γὰρ πλείων ὑμῖν ἔσται ὁ μισθὸς, καὶ μείζων ἡ ἀμοιβὴ, ὅταν καὶ πολλῶν κωλυμάτων γινομένων, μὴ ἀνακρούησθε, ἀλλὰ μένητε τὴν τῶν πραγμάτων δυσκολίαν τῇ παρ' ἑαυτῶν ἀποτειχίζοντες ἀγρυπνίᾳ τε καὶ σπουδῇ.

E ρνε'. Χρωματίῳ ἐπισκόπῳ Ἀκυληΐας.

Ἤχησε καὶ μέχρις ἡμῶν ἡ μεγαλόφωνος τῆς [d] θερμῆς σου καὶ γνησίας ἀγάπης σάλπιγξ, μέγα τι καὶ διωλύγιον ἐκ τοσούτου πνεύσασα τοῦ διαστήματος, καὶ πρὸς αὐτὰ ἀφικομένη τῆς γῆς τὰ πέρατα. Καὶ τῶν παρόντων οὐκ ἔλαττον ἴσμεν ἡμεῖς, οἱ τοσοῦτόν ἀπῳ-
690 A χισμένοι μῆκος ὁδοῦ, τὴν σφοδροτάτην σου καὶ πυρὸς γέμουσαν ἀγάπην, τὴν εἰλικρινῆ καὶ ἐλευθερίας πολλῆς καὶ παῤῥησίας ἐμπεπλησμένην γλῶτταν, τὴν ἔνστασιν τὴν ἀδάμαντα μιμουμένην. Διὸ καὶ σφόδρα ἐπιθυμοῦμεν καὶ τῆς κατὰ πρόσωπον ἀπολαῦσαί σου συντυχίας. Ἀλλ' ἐπειδὴ καὶ τοῦτο ἡμᾶς ἡ ἐρημία αὕτη παρείλετο, ᾗ νῦν ἐσμεν πεπεδημένοι, εὑρόντες τὸν κύριόν μου τιμιώτατον καὶ εὐλαβέστατον πρεσβύτερον, καθὼς ἔνι, τὴν ἐπιθυμίαν πληροῦμεν τὴν ἑαυτῶν, γράφοντες καὶ προσαγορεύοντες, χάριτας ὁμολο-
B γοῦντες ὑμῖν πολλὰς ὑπὲρ τῆς σπουδῆς, ἣν [a] διὰ παντὸς τοῦ μακροῦ τούτου χρόνου, μετὰ πολλῆς ἐπε-

vobis certe cumulata merces, bonorumque horum corona integra erit.

C *CLIV. Iisdem.*

Nos quidem corporis etiam oculis vos videro cuperemus; quoniam autem id minime licet, Anno ut putatur 406. quia exsilii vinculis constricti tenemur, caritatis oculis vos quotidie cernimus atque amplectimur, plausuque et admiratione prosequi non desinimus, quod tantam animi alacritatem ac studium pro Orientis Ecclesiis ab initio ad hocusque tempus constanter exhibuistis: vosque rogamus, ut D parem initiis finem præstetis. Nam cum ii qui omnia perturbarunt ac tumultibus impleverunt, tanta contentione ac pervicacia usi sint, multo utique majorem vos, qui incommodis acceptis mederi studetis, patientiam ac tolerantiam in hujusmodi conatu adhibere convenit. Hac enim ratione major vobis merces majusque præmium erit, si, licet impedimenta multa sese vobis objiciant, vos tamen pedem minime referatis, verum rerum difficultatem vigilantia vestra et studio constanter intercludatis.

E *CLIV. Chromatio Aquileiæ episcopo.*

Clarissima ferventis tuæ ac sinceræ caritatis Anno 406. tuba ad nos usque sonum suum diffudit, magnum quiddam ac diutissime durans ex tanto itineris intervallo spirans, atque ad extremos usque terræ fines pertingens. Nec nos, licet alioqui tam
690 A longe disjuncti, minus quam ii qui adsunt, vehementissimam atque igne plenam caritatem, sinceramque et ingenti libertate ac fiducia perfusam lingnam, atque adamantinam contentionem exploratam habemus. Ideo vestro etiam conspectu atque congressu frui magnopere nobis in votis esset. Quoniam autem id quoque nobis ea solitudo, qua nunc tamquam compedibus restricti sumus, eripuit: idcirco dominum meum reve-
B rendissimum ac religiosissimum presbyterum naeti, cupiditatem nostram, ut licet, explemus, scribentes et salutantes, vobisque pro eo studio,

[b] Duo Mss. τούτων πόνων ὁ στέφανος.

[c] Duo Mss. ἡμεῖς ἐπιθυμοῦμεν.

[d] Hic Chromatius ad Joannem Chrysostomum scripsit, ut commemorat Palladins in Vita Chrysostomi cap. 4. Hujus etiam mentio habetur supra in epistola Innocentii ad Chrysostomum. Eumdemque Chromatium Aquileiensem honorifice commemorat Hieronymus Præfatione in libros Paralipomenon et in Epistola 66. Huic epistolæ alteram subjunxit Savilius, quæ tamen nonnisi pauculis verbis ab initio ab hac differt: sic enim incipit: τῆς θερμῆς σου καὶ γνησίας ἀγάπης σάλπιγξ, μέγα τι καὶ διωλύγιον ἐκ τοσούτου πνεύσασα τοῦ διαστήματος, et cætera quæ sequuntur.

[a] Coislin. διὰ παντὸς μικροῦ δεῖν τοῦ χρόνου.

quod toto hoc tam diuturno tempore magna cum animi contentione præstitistis, amplissimas gratias agentes. Ac vos rogamus et obsecramus, ut cum ipse revertetur, insuperque etiam, si tabellarii occurrant qui ad hanc solitudinem veniant, de vestra valetudine ad nos scribatis. Scis enim quantam hinc voluptatem percepturi simus, cum de hominum tam ardenter nos amantium prospera valetudine crebrius ad nos aliquid afferetur.

δείξασθε τῆς εὐτονίας. Καὶ παρακαλοῦμεν ἡνίκα ἂν ἐπανίῃ, καὶ τούτου χωρὶς, διὰ τῶν ἐμπιπτόντων γραμματηφόρων, εἴ γέ τινες εὑρεθεῖεν οἱ πρὸς τὴν ἐρημίαν ταύτην ἀφικνούμενοι, τὰ περὶ τῆς ὑγείας ἡμῖν ἐπιστέλλειν τῆς ὑμετέρας. Οἶσθα γὰρ ὅσην ἐντεῦθεν καρπωσόμεθα τὴν ἡδονὴν, τῶν οὕτω θερμῶς περὶ ἡμᾶς διακειμένων τὴν ὑγείαν πυκνοτέρως εὐαγγελιζόμενοι.

CLVI. Episcopis.

C

ρνς'. Ἐπισκόποις.

Anno ut putatur 406. Clamat quidem ubique ipsa quoque rerum natura, quavis tuba luculentiorem vocem emittens, præclarissimum vestrum zelum, animique pro veritatis defensione alacritatem, quam non itineris longitudo, non temporis diuturnitas, non hominum insanabili morbo laborantium vesana contentio, non denique aliud quidquam hujusmodi oppressit, aut etiam debilitavit. Ac nos item magnas vobis gratias agere, atque coronarum carum nomine, quæ vobis ob præclara hæc certamina a benigno Deo reconduntur, gratulari non desinimus. Et quidem coram etiam vos cernere cuperemus. Quoniam autem id minime fieri potest, quod exsilii vinculis adstricti teneamur; idcirco dominum meum reverendissimum ac religiosissimum presbyterum naeti, per eum scribimus, vobisque debitum salutationis munus persolvimus: illud vobis significantes, vos universum Orientem vestri desiderio inflammasse, ingentemque vestri amorem ipsis attulisse, atque innumeros homines justæ hujusce, ob ea flagitia quæ perpetrata sunt, indignationis socios habere. Vos itaque hortamur, ut idem studium ad extremum usque præstetis. Scitis enim quantas ob breves hos labores coronas accepturi sitis, nimirum immortalia vobis atque copiosa præmia apud benignum Deum recondentes.

Βοᾷ μὲν πανταχοῦ καὶ αὐτὴ τῶν πραγμάτων ἡ φύσις, σάλπιγγος λαμπροτέραν ἀφιεῖσα φωνὴν, τὸν κάλλιστον ὑμῶν ζῆλον, καὶ τὴν ὑπὲρ τῆς ἀληθείας προθυμίαν, ἣν οὐχ ὁδοῦ μῆκος, οὐ χρόνου πλῆθος, οὐ τῶν ἀνίατα νοσούντων ἡ παράλογος φιλονεικία, οὐκ ἄλλο τῶν τοιούτων [b] οὐδὲν κατέλυσεν, οὐδὲ ἀμαυροτέραν ἐποίησεν. Καὶ ἡμεῖς δὲ οὐ διαλιμπάνομεν πολλὰς ὑμῖν ἔχοντες χάριτας, καὶ μακαρίζοντες ὑμᾶς οὐ παυόμεθα, τῶν ἐπὶ τοῖς καλοῖς τούτοις ἀγῶσιν ἀποκειμένων ὑμῖν στεφάνων παρὰ τοῦ φιλανθρώπου Θεοῦ. D Καὶ ἐπιθυμοῦμεν ὑμᾶς καὶ κατ' ὄψιν ἰδεῖν. Ἐπειδὴ δὲ τοῦτο οὐκ ἔνι δυνατὸν τῷ τῆς ἐξορίας δεσμῷ πεπεδημένοις, ἐπιλαβόμενοι τοῦ κυρίου μου τοῦ τιμιωτάτου καὶ εὐλαβεστάτου πρεσβυτέρου, δι' αὐτοῦ γράφομεν, καὶ τὴν ὀφειλομένην πρόσρησιν ἀποδιδόαμεν, ὑμῖν δηλοῦντες ὡς ἅπασαν ἀνηρτήσασθε τῷ πόθῳ τὴν ἀνατολὴν, καὶ σφοδροὺς ὑμῶν κατεστήσατε ἐραστὰς, καὶ μυρίους ἔχετε τοὺς συναγανακτοῦντας ὑμῖν τὴν δικαίαν ταύτην ἀγανάκτησιν ἐπὶ ταῖς γεγενημέναις παρανομίαις. Καὶ παρακαλοῦμεν τὴν αὐτὴν ἐπιδείξασθαι μέχρι τέλους προθυμίαν. Ἴστε γὰρ ὅσους καρπώσεσθε στεφάνους ἀπὸ τῶν προσκαίρων τούτων πό- E νων, τὰς ἀθανάτους ὑμῖν μετὰ πολλῆς δαψιλείας προαποτιθέμενοι παρὰ τῷ φιλανθρώπῳ Θεῷ ἀμοιβάς.

CLVII. Episcopis, qui ab Occidente venerant.

ρνζ'. [c] Ἐπισκόποις ἐλθοῦσιν ἀπὸ τῆς δύσεως.

Anno ut putatur 406. Et quidem prius quoque studium vestrum, et affectum, quem ad Ecclesiarum detrimenta sar-

Καὶ ἔμπροσθεν μὲν ἐξεπληττόμεθα ὑμῶν τὴν σπουδὴν, τὴν προθυμίαν τὴν ὑπὲρ τῆς διορθώσεως τῶν

[b] Coislin. οὐδὲν καταφθεσθῆναι ἐποίησε καὶ οὐδείς. Vatic. et Reg. οὐδὲν ῥᾳθυμοτέραν ἐποίησε.

[c] Hæ et sequentes epistolæ ad episcopos qui ab Occidente venerant missæ, excepto quodam verborum discrimine, ejusdem pene formæ sunt, et ab eodem presbytero deferendæ dicuntur. Sic autem a Chrysostomo concinnatæ fuisse videntur, ut etsi ad episcopos occidentales simul missæ dicantur, suum tamen cuique episcopo traderetur exemplar.

Ἐκκλησιῶν γεγεννημένην, τὴν στεῤῥὰν καὶ γνησίαν διάθεσιν, τὴν ἀνδρείαν καὶ ἀπερίτρεπτον γνώμην, 691 τὴν καρτερίαν, ἣν ἐπὶ τοσοῦτον ἐπεδείξασθε χρόνον. A Μάλιστα δὲ ἐξεπλάγημεν νῦν τὸν πολὺν ὑμῶν τόνον, οὕτω μακρὰν καὶ διαπόντιον ἀποδημίαν ἑλομένων, καὶ πόνων καὶ ἱδρώτων γέμουσαν, ὑπὲρ τῶν ταῖς Ἐκκλησίαις συμφερόντων. Καὶ ἐβουλόμεθα μὲν καὶ ἐπιστέλλειν συνεχῶς, καὶ τὴν ὀφειλομένην τῇ εὐλαβείᾳ ὑμῶν ἀποδιδόναι πρόσρησιν. Ἀλλ' ἐπειδὴ τοῦτο οὐκ ἔνι (σχεδὸν γὰρ ἄβατον τοῖς πολλοῖς οἰκοῦμεν χωρίον, ἐρημίᾳ πάντοθεν ἀποτετειχισμένον), νῦν ἐπιλαβόμενοι τοῦ κυρίου μου τοῦ τιμιωτάτου καὶ εὐλαβεστάτου πρεσβυτέρου, προσαγορεύομεν ὑμῶν τὴν ἀγάπην, καὶ παρακαλοῦμεν τοῖς προοιμίοις συμβαῖ- B νον ἐπιθεῖναι τέλος. Ἴστε γὰρ ὅσος ὑμῖν ἔσται τῆς ὑπομονῆς ὁ μισθὸς, καὶ ὅσαι παρὰ τοῦ φιλανθρώπου Θεοῦ αἱ ἀντιδόσεις ὑπὲρ τῆς κοινῆς εἰρήνης πονουμένοις, καὶ τοσοῦτον ἀναδεχομένοις ἀγῶνα.

cienda præstitistis, firmam etiam ac sinceram benevolentiam, fortitudinem, animi constantiam ac tolerantiam, quam tamdiu præ vobis tulistis, majorem in modum admirabar. Nunc autem ex ingenti animi vestri vigore stupore affectus sum: quippe qui tam longam ac marinam, laborumque et sudorum plenam peregrinationem vobis, ut Ecclesiæ commodis consuleretis, suscipiendam duxeritis. Ac vellem quidem mihi quoque sæpe scribere, debitamque vobis salutationem persolvere liceret. Quoniam autem id minime licet, quod in eo loco habitem, qui pene omni aditu caret, et solitudine undique, tamquam muro quodam, interceptus est, idcirco nunc reverendissimum ac religiosissimum dominum meum presbyterum nactus, caritatem vestram saluto, vosque moneo ac rogo, ut finem principiis consentaneum imponatis. Scitis enim quanta vobis patientiæ merces futura sit, quantaque iis a benigno Deo præmia constituta, qui pro publica pace labores subeunt, ac tantum certamen suscipiunt.

ρνη'. Τοῖς αὐτοῖς.

Οὐ μικρὰν καὶ ὑμῖν αὐτοῖς στεφάνων ὑπόθεσιν, καὶ ἡμῖν παρακλήσεως ἀφορμὴν ἀπὸ τῆς καλλίστης ὑ ῶ ταύτης σπουδῆς, καὶ τῶν πόνων, καὶ τῶν ἱδρώτων κατεσκευάσατε. Διὸ καὶ ἐκ τοσούτου καθήμενοι δια- C στήματος, ἀνακηρύττομεν ὑμᾶς, χάριτας ὁμολογοῦμεν, καὶ στεφανοῦμεν, καὶ μακαρίζομεν. Καὶ ἐβουλόμεθα μὲν καὶ συνεχέστερον ἐπιστέλλειν· καὶ γὰρ μεγίστην [a] ἐντεῦθεν ἂν ἐκαρπωσάμεθα τὴν παραμυθίαν, εἴ γε τῶν τὰ γράμματα διακομιζόντων ἐπετυγχάνομεν. Ἐπειδὴ δὲ οὐ ῥᾴδιον ἡμῖν τοῦτο πρὸς αὐτὰς τὰς ἐσχατιὰς τῆς οἰκουμένης ἀπῳκισμένοις, καὶ οὐδενὸς ἡμῖν ταχέως ἐπιχωριάζειν δυναμένου, νῦν ὅτε ἐπετύχομεν τοῦ κυρίου μου τοῦ τιμιωτάτου καὶ εὐλαβεστάτου πρεσβυτέρου, τὴν ὀφειλομένην ἀποδεδώ- D καμεν πρόσρησιν, καὶ παρακαλοῦμεν ὑμῶν τὴν εὐλάβειαν, ἐννοοῦντας τοῦ κατορθώματος τὸ μέγεθος, εἰ καὶ πολὺς ὁ παρελθὼν ἀνηλώθη χρόνος, καὶ ἐπὶ τὸ χεῖρον τῶν ἐναντιουμένων αὔξεται ἡ φιλονεικία, καὶ μένουσι νοσοῦντες ἀνίατα, τὰ γοῦν παρ' ὑμῶν μὴ διαλιπεῖν εἰς διόρθωσιν τῶν γεγενημένων εἰσφέροντας. Ὅσῳ γὰρ πλείων ἡ δυσκολία, τοσούτῳ μείζων καὶ δαψιλεστέρα ἔσται τῶν καλῶν τούτων ἀγώνων ὑμῖν ἡ ἀμοιβὴ παρὰ τοῦ φιλανθρώπου Θεοῦ.

CLVIII. Iisdem.

Non parvam et vobis ipsis coronarum segetem, et nobis consolationum materiam, præclarissimo hoc vestro studio laboribusque comparastis. Quocirca tanto etiam itineris intervallo a vobis dissiti, laudes vestras prædicamus, vobis gratias agimus, vos denique corona donamus, ac beatos censemus. Ac vellemus quidem frequentius etiam ad vos scribere nobis liceret; nam hinc quoque maximum solatium caperemus; si quidem qui literas ferrent nancisci possemus. Quoniam autem nobis, qui ad extremos usque orbis fines relegati sumus, id minime facile est, cum præsertim haud facile quisquam ad nos accedere queat, idcirco nunc, cum reverendissimum ac religiosissimum dominum meum presbyterum nacti simus, debitam salutationem vobis pendimus; vosque rogamus, ut rei, si succedat, magnitudinem animo intuentes, etiamsi alioqui plurimum jam temporis in ea re consumtum est, atque adversariorum pervicacia ingravescit, nec curationem ullam etiamnum admittit; tamen, quæ vestrarum partium sunt, ad detrimenta sarcienda conferre ne desistatis. Quo enim major difficultas est, eo quoque major et uberior egregiorum horum certaminum merces a benigno Deo vobis constituetur.

Anno ut putatur 406.

[a] Duo Mss. *μεγίστην ἐντεῦθεν καρπωσόμεθα.*

CIXL. Iisdem.

Anno ut putatur 406.

Non exiguam malorum eorum, quæ has regiones invaserunt, consolationem ex studii vestri ac diligentiæ magnitudine capimus. Ac profecto ea quoque quæ prius a vobis facta sunt, vestraque vigilantia et studium, tantaque cura ac sollicitudo, ad ingens solatium nobis afferendum abunde sufficiebant: quod autem nunc adjecistis, ut pro Ecclesiæ commodis tam longum iter susciperetis, nos omnes majorem in modum recreavit. Itaque communibus animis ingentes pro tot laboribus ac sudoribus præclarisque his certaminibus gratias vobis agimus, nec pro egregio hoc animi studio beatos vos prædicare desinimus. Ideoque dominum meum reverendissimum et religiosissimum presbyterum, ut ad vos usque excurreret, obsecravimus. Eo igitur ita ut comitas vestra poscit, excepto, velim operam detis, ut finem principiis dignum imponatis. Nam cum incurabili adhuc morbo laborent, qui tot tempestates ac bella Ecclesiis attulerunt, eos quidem hoc nomine miseros existimare, lacrimisque prosequi par est, vos autem admirari ac prædicare, quod etiam ingravescentibus malis, majus semper ad ea depellenda studium majoremque diligentiam progressu temporis adhibetis.

E ρνθ'. Τοῖς αὐτοῖς.

Οὐ μικρὰν ἔχομεν παραμυθίαν τῶν κατειληφότων τὰ ἐνταῦθα κακῶν, τῆς ὑμετέρας σπουδῆς τὸ μέγεθος. Ἱκανὰ μὲν γὰρ καὶ τὰ ἔμπροσθεν παρ' ὑμῶν γεγενημένα, ἡ ἀγρυπνία, καὶ ἡ σπουδὴ, καὶ ἡ τοσαύτη φροντὶς, πολλὴν ἡμῖν παρασχεῖν τὴν παράκλησιν· ὃ δὲ νῦν προσεθήκατε, τὸ μακρὰν οὕτως ἀποδημίαν στείλασθαι, ὑπὲρ τῶν ταῖς Ἐκκλησίαις συμφερόντων, σφόδρα πάντας ἡμᾶς ἀναπνεῦσαι πεποίηκε. Καὶ κοινῇ πάντες ὑμῖν
692 A χάριτας ὁμολογοῦμεν πολλὰς ὑπὲρ τῶν τοσούτων πόνων, καὶ τῶν ἱδρώτων, καὶ τῶν καλῶν τούτων ἀγώνων, καὶ μακαρίζοντες ὑμᾶς οὐ διαλιμπάνομεν τῆς καλῆς ταύτης προθυμίας τε καὶ σπουδῆς. Διὸ καὶ τὸν κύριόν μου τὸν τιμιώτατον καὶ εὐλαβέστατον πρεσβύτερον παρεκαλέσαμεν δραμεῖν ἕως ὑμῶν. Δεξάμενοι τοίνυν αὐτὸν μετὰ τῆς ὑμῖν πρεπούσης φιλοφροσύνης, ἄξιον τοῖς προοιμίοις τὸ τέλος ἐπιθεῖναι παρακλήθητε. Εἰ γὰρ καὶ ἀνίατα νοσοῦσι τέως οἱ τοσούτους χειμῶνας καὶ πολέμους ταῖς Ἐκκλησίαις ἐργασάμενοι, τοσοῦτον ταλανίζειν μὲν ἐκείνους καὶ δακρύειν χρὴ, ὑμᾶς δὲ ἐκπλήττεσθαι καὶ ἀνακηρύττειν, ὅτι καὶ
B τῶν κακῶν αὐξομένων, μείζονα ἀεὶ προϊόντες τὴν ὑπὲρ τοῦ τὰ τοιαῦτα διορθῶσαι σπουδὴν ἐπιδείκνυσθε.

CLX. Episcopo, qui ab Occidente venerat.

Anno ut putatur 406.

Cum sudores eos, quos et domi, et in tam longa ac marina peregrinatione pro Ecclesiæ commodis subiisti, mecum perpendo, etiam ante finem laudes tuas prædicare, teque corona redimire, ac beatum dicere non desino. Nam sive tuo studio ac diligentia aliquid perficiatur, domine mi reverendissime, sive in eadem animi pertinacia illi hæreant, ac medicinam omnem aspernentur, qui hos motus primum injecerunt, tibi certe ob hunc animum, et quod ea omnia quæ tui muneris erant contuleris, plena et cumulata merces erit. Ac propterea sine ulla intermissione te beatum prædico ac suspicio, gratiasque tibi ago. Atque etiam vellem crebrius mihi scribere liceret: quoniam autem hujus loci, quo conclusus teneor, solitudo mihi hoc ademit, idcirco nunc, cum mihi reverendissimi ac religiosissimi domini mei presbyteri potestas facta est, et scribo,

ρξ'. Ἐπισκόπῳ ἐλθόντι ἀπὸ δύσεως.

Ὅταν ἐννοήσω τὸν ἱδρῶτα, ὃν ἵδρωσας, καὶ οἴκοι καθήμενος, καὶ μακρὰν οὕτω καὶ διαπόντιον ἀποδημίαν στειλάμενος, ὑπὲρ τῶν ταῖς Ἐκκλησίαις συμφερόντων πραγμάτων, καὶ πρὸ τοῦ τέλους σε στεφανῶν καὶ ἀνακηρύττων καὶ μακαρίζων οὐ παύομαι. Ἄν τε γὰρ γένηταί τι πλέον ἀπὸ τῆς ὑμετέρας σπου-
C δῆς, δέσποτά μου τιμιώτατε, ἄν τε ἐπὶ τῆς αὐτῆς μένωσι φιλονεικίας οἱ τὰς ταραχὰς παρὰ τὴν ἀρχὴν ἐμβαλόντες, ἀνίατα νοσοῦντες, ὑμῖν ὁ μισθός ἐστιν ἀπηρτισμένος ἀπὸ τῆς γνώμης, καὶ τοῦ τὰ παρ' ἑαυτῶν ἅπαντα εἰσενεγκεῖν. Διὰ τοῦτο ὑμᾶς μακαρίζομεν, θαυμάζομεν, χάριτας ὑμῖν ὁμολογοῦντες οὐ διαλιμπάνομεν. Καὶ ἐβουλόμεθα μὲν καὶ συνεχέστερον ἐπιστέλλειν· ἐπειδὴ δὲ τοῦτο [a] ἡμᾶς παρείλετο ἡ τοῦ χωρίου τούτου, ἐν ᾧ καθείργμεθα, ἐρημία, νῦν ὅτε ἐπετύχομεν τοῦ κυρίου μου τοῦ τιμιωτάτου καὶ εὐλαβεστάτου πρεσβυτέρου, καὶ γράφομεν, καὶ τὴν
D ὀφειλομένην ὑμῖν ἀποδιδόαμεν πρόσρησιν. Γνώμῃ

[a] Unus ἡμᾶς περιείλετο.

μὲν γὰρ καὶ διαθέσει πολλάκις ἐπεστάλκαμεν, χάρτῃ δὲ καὶ μέλανι πρῶτον νῦν, ἐπειδὴ καὶ νῦν πρῶτον τὸν πρὸς ὑμᾶς ἀφικνούμενον εὑρήκαμεν. Δεξάμενοι τοίνυν αὐτὸν ὡς ὑμῖν πρέπον ἐστὶ, καὶ [b] τὴν προσήκουσαν περὶ αὐτὸν ἐπιδειξάμενοι ἀγάπην, δότε ἐντρυφῆσαι ὑμῶν τῇ διαθέσει. Οὐ γὰρ μικρὰν ἕξει τῆς τοσαύτης ταλαιπωρίας, τῆς κατὰ τὴν ὁδοιπορίαν, παραμυθίαν καὶ παράκλησιν, τὸ τῆς εὐνοίας ἀπολαῦσαι τῆς ὑμετέρας. Ὅτι γὰρ ὑπὲρ τοῦ ἐῤῥωμενεστάτῃ χρήσασθαι τῇ σπουδῇ τῶν ταῖς Ἐκκλησίαις ἕνεκεν συμφερόντων οὐδὲν δεήσεσθε τῆς ἑτέρων ὑπομνήσεως, ἐδείξατε διὰ τῶν πραγμάτων αὐτῶν.

et quam debeo salutationem tibi persolvo. Nam animo quidem ac voluntate persæpe scripsi: chartæ autem atque atramenti opera nunc primum; quoniam scilicet nunc etiam primum hominem, qui ad vos proficisceretur, nactus sum. Cum igitur illum, ut humanitas tua poscit, exceperis, eamque, quam convenit, erga eum caritatem demonstraveris, hoc ei des, quæso, ut ex tua benevolentia ingenti voluptate afficiatur. Non enim magnæ hujus ærumnæ, quam in itinere subiturus est, E exiguam consolationem habebit, si ei tua benevolentia frui contingat. Nam quod nihil necesse sit admoneri vos a nobis, ut ad Ecclesiarum utilitatem promovendam summum studium ac diligentiam adhibeatis, rebus ipsis planum fecistis.

ρξα΄. Πρεσβυτέροις Ῥωμαίοις ἐλθοῦσι μετὰ τῶν ἐπισκόπων.

Πολὺν ὑπομεμενήκατε πόνον, μακρὰν οὕτω καὶ διαπόντιον ἀποδημίαν στειλάμενοι, πολὺν τὸν ἱδρῶτα, ἀλλ' 693 A οὐχ ὑπὲρ τῶν βιωτικῶν καὶ ἐπικήρων πραγμάτων, ἀλλ' ὑπὲρ τῶν ταῖς Ἐκκλησίαις συμφερόντων, ὑπὲρ ὧν καὶ πολλῷ μείζονα τῶν πόνων λήψεσθε τὰ βραβεῖα παρὰ τοῦ φιλανθρώπου Θεοῦ. Οὐ μικρὰ τοίνυν καὶ ὑμῖν καὶ ἡμῖν ἔσται παράκλησις ὁ πόνος ὑμῶν καὶ ἡ σπουδή· ὑμῖν μὲν, ὅτι ὑπὲρ εἰρήνης τοσούτων Ἐκκλησιῶν ὁ καλὸς οὗτος ὑμῖν ἀγὼν, καὶ ἐπὶ πολλῷ μείζοσι στεφάνοις ἡ ἀντίδοσις· ἡμῖν δὲ, ὅτι τοσαύτης παρ' ὑμῶν ἀπηλαύσαμεν ἀγάπης, καὶ παρὰ τῶν τοσούτων καὶ τηλικούτων ἀνδρῶν πολλῆς τετυχήκαμεν τῆς σπουδῆς, καὶ τῷ σώματι τοσοῦτον διῳκισμένους ὁδοῦ μῆκος τῇ τῆς ἀγάπης ἁλύσει ὑμῖν αὐτοῖς συνεδήσατε μετὰ B πολλῆς τῆς ἀκριβείας. Διὰ ταῦτα χάριτας ὑμῖν ἴσμεν πολλὰς, καὶ ἀνακηρύττοντες ὑμῶν τὴν πολλὴν εὔνοιαν οὐ παυόμεθα. Βοᾷ μὲν γὰρ αὐτὴν καὶ αὐτὴ τῶν πραγμάτων ἡ φωνὴ, οὐ διαλιμπάνομεν δὲ καὶ ἡμεῖς διὰ τῆς ἡμετέρας τοῦτο ἐργαζόμενοι γλώττης. Εἰ δὲ νῦν πρῶτον ὑμῖν ἐπεστάλκαμεν, οὐκ ἀπὸ τῆς ῥαθυμίας, ἀλλ' ἀπὸ τῆς τοῦ τόπου ἐρημίας τοῦτο πεπόνθαμεν. Νῦν γοῦν ἐπιλαβόμενοι τοῦ κυρίου τοῦ τιμιωτάτου καὶ εὐλαβεστάτου πρεσβυτέρου, διαβαίνοντος οἷ διάγετε, τήν τε ὀφειλομένην ὑμῖν ἀποδιδόαμεν πρόσρησιν, καὶ παρακαλοῦμεν ὑμᾶς μετὰ τῆς πρεπούσης C ὑμῖν ἀγάπης αὐτὸν ὑποδέξασθαι, καὶ ἐπανιόντος, τὰ περὶ τῆς ὑγείας ἡμῖν δηλῶσαι τῆς ὑμετέρας, περὶ ἧς σφόδρα περισπούδαστον ἡμῖν μανθάνειν. Ὑπὲρ δὲ τοῦ τὴν προσήκουσαν σπουδὴν ἐπιδείξασθαι εἰς τὴν τοῦ πράγματος ὑπόθεσιν, εἰς ἣν ἐστε ἀφιγμένοι, οἱ δὲν οἶμαι

CLXI. *Romanis presbyteris, qui cum episcopis venerant.*

Plurimum laboris ac sudoris subiistis, tam longa et marina peregrinatione suscepta: verum non pro caducis ac fragilibus hujusce vitæ rebus, sed pro Ecclesiarum utilitate, pro qua præmia quoque a benigno Deo laboribus multo majora atque ampliora referetis. Quamobrem et vobis et nobis vester hic labor, vestrumque studium non parvæ consolationi est: vobis nimirum, quod pro tot Ecclesiarum pace præclarum hoc certamen suscepistis, multoque majores coronas accepturi estis: nobis autem, quod tantam a vobis caritatem consequuti sumus, ingensque tot et tantorum virorum studium obtinuimus: nosque etsi, quantum ad corpus attinet, tanto itineris intervallo a vobis disjunctos, arctissimis caritatis vinculis vobiscum adstrinxistis. Quapropter ingentes vobis gratias habemus, vestramque erga nos benevolentiam prædicare non desinimus. Quamquam enim ea ipsa quoque rerum vox clamat: tamen nos item lingua nostra idem efficere non intermittimus. Quod si nunc primum ad vos scripsimus, hoc non negligentia, sed loci solitudine factum est. Nunc quippe, posteaquam reverendissimum ac religiosissimum dominum meum presbyterum eo ubi degitis proficiscentem nacti sumus, tum eam, quam vobis debemus, salutationem persolvimus, tum vos oramus, ut ea caritate, quæ vobis digna est, ipsum excipiatis: cumque revertetur, de vestra valetudine, de qua aliquid intelligere summopere cupimus, Anno ut putatur 406.

[b] Duo Mss. τὴν προσήκουσαν περὶ αὐτὸν ἐπιδείξασθε ἀγάπην, δόντες ἐντρυφῆσαι.

certiores nos faciatis. Ut autem eam, quam convenit industriam ac diligentiam ad eam rem, ob quam venistis, adhibeatis, nullius submonitione vobis opus esse existimo: idque per id studium, quod perpetuo præ vobis tulistis, perspicue declarastis.

δεῖσθαι τὴν εὐλάβειαν ὑμῶν τῆς ἑτέρωθεν ὑπομνήσεως· καὶ τοῦτο δῆλον πεποιήκατε διὰ τῆς σπουδῆς, ἣν διὰ παντὸς ἐπεδείξασθε τοῦ χρόνου.

CLXII. *Anysio Thessalonicensi episcopo.*

Anno ut putatur 406.

Sero quidem ac tarde ad te scripsimus: at non sponte nostra diuturno hoc silentio usi sumus, verum ob loci, quo inclusi tenemur, solitudinem, non autem ob socordiam in te ullam ac negligentiam. Nunc quippe reverendissimum ac religiosissimum dominum meum presbyterum nacti, quam jampridem debemus salutationem tibi persolvimus, ingentesque pro ea contentione ac fortitudine, quam Ecclesiarum causa præstitisti, gratias agimus. Cum igitur eum, reverendissime mi domine, ut humanitas tua poscit, exceporis, eamque, quam convenit, comitatem et humanitatem erga eum ostenderis, ne labore te frangi ac debilitari sinas, atque quominus ea, quæ ad communem Ecclesiarum correctionem attinent, efficias ac moliaris, impediri. Scis enim quanta hujusce rei, si succedat, magnitudo sit, quamque multarum Ecclesiarum causa præclarum hoc certamen a te susceptum sit: ac denique quantæ pro laboribus publicæ pacis causa subitis coronæ tibi a benigno Deo recondantur.

ρξϐ'. Ἀνυσίῳ ἐπισκόπῳ Θεσσαλονίκης.

Ὀψὲ μὲν καὶ βραδέως ἐπεστάλκαμέν σου τῇ ἀγάπῃ· ἀλλ' οὐχ ἑκουσίως ἡμῶν ἡ μακρὰ αὕτη σιγὴ γέγονεν, ἀλλὰ διὰ τὴν τοῦ χωρίου ἐρημίαν, ἐν ᾧ καθείργμεθα, οὐ διὰ τὴν ῥαθυμίαν τὴν περὶ τὴν ὑμετέραν ἀγάπην. Νῦν γοῦν ἐπιλαβόμενοι τοῦ κυρίου μου τοῦ τιμιωτάτου καὶ εὐλαβεστάτου πρεσβυτέρου, τὴν πάλαι ὀφειλομένην ἀποδεδώκαμεν πρόσρησιν τῇ τιμιότητί σου, χάριτας πολλὰς ὁμολογοῦντές σου τῇ εὐλαβείᾳ ὑπὲρ τῆς ἐνστάσεως, καὶ τῆς ἀνδρείας τῆς ὑπὲρ τῶν Ἐκκλησιῶν. Δεξάμενος τοίνυν αὐτὸν, δέσποτά μου τιμιώτατε, ὡς σοι πρέπον ἐστὶ, καὶ τὴν προσήκουσαν περὶ αὐτὸν φιλοφροσύνην ἐπιδειξάμενος, μὴ ἀποκάμῃς τὰ συντελοῦντα τῇ κοινῇ διορθώσει τῶν Ἐκκλησιῶν ποιῶν καὶ πραγματευόμενος. Οἶσθα γὰρ τοῦ κατορθώματος τὸ μέγεθος, καὶ ὑπὲρ ὅσων Ἐκκλησιῶν τὸν καλὸν τοῦτον ἀγῶνα ἀνεδέξασθε, καὶ ὅσοι ὑπὲρ τῆς κοινῆς εἰρήνης πονησαμένοις ὑμῖν ἀπόκεινται παρὰ τῷ φιλανθρώπῳ Θεῷ οἱ στέφανοι.

CLXIII. *Anysio, Numerio, Theodosio, Eutropio, Eustathio, Marcello, Eusebio, Maximiano, Eugenio, Gerontio, et Thyrso, atque omnibus Macedoniæ orthodoxis episcopis.*

Anno ut putatur 406.

Ingens certe pristinum quoque vestræ caritatis studium exstitit. Eoque nomine gratias vobis habemus, quod tam diuturno tempore, cum ea, quæ a vobis postulabatur, fortitudine stetistis, nemini eorum, qui vos ad se arripere conabantur, cedentes. Itaque vos hortamur, ut eum etiam, quem par est, finem imponatis. Nam quo plures vestri labores fuerint, eo etiam major merces atque ampliora præmia a benigno Deo referentur. Ac vellem quidem nobis vestro quoque conspectu frui daretur. Quoniam autem exsilii vincula hoc nobis abstulerunt, atque in uno loco concluserunt, reverendissimum ac pientissimum do-

694

ρξγ'. Ἀνυσίῳ, Νουμερίῳ, Θεοδοσίῳ, Εὐτροπίῳ, Εὐσταθίῳ, Μαρκέλλῳ, Εὐσεβίῳ, Μαξιμιανῷ, Εὐγενίῳ, [a] Γεροντίῳ, καὶ Θύρσῳ, καὶ πᾶσι τοῖς κατὰ Μακεδονίαν ὀρθοδόξοις ἐπισκόποις.

Πολλὴ μὲν ὑμῶν τῆς ἀγάπης καὶ ἡ ἔμπροσθεν σπουδὴ, καὶ χάριτας ὑπὲρ τούτων ὁμολογοῦμεν, ὅτι ἐν οὕτω χρόνῳ μακρῷ ἔστητε μετὰ τῆς προσηκούσης ὑμῖν ἀνδρείας, μηδενὶ εἴκοντες τῶν συναρπάζειν ἐπιχειρούντων· παρακαλοῦμεν δὲ καὶ τὸ τέλος ἐπιθεῖναι οἷον προσῆκόν ἐστιν. Ὅσῳ γὰρ πλείονα τὰ τῶν καμάτων ὑμῖν, μείζονα καὶ τὰ τῶν ἀντιδόσεων ἔσται, καὶ τῶν ἀμοιβῶν παρὰ τοῦ φιλανθρώπου Θεοῦ. Καὶ ἐπεθυμοῦμεν κατὰ πρόσωπον ὑμῶν θεάσασθαι τὴν τιμιότητα. Ἐπειδὴ δὲ τὰ τῆς ἐξορίας δεσμὰ τοῦτο ἡμᾶς παρείλετο, καὶ ἐν ἑνὶ καθεῖρξε χωρίῳ, τὸν κύριόν μου τὸν τιμιώτατον καὶ εὐλαβέστατον πρεσβύτερον ἀπεστάλκαμεν, καὶ δι' αὐτοῦ τήν τε ὀφειλομέ-

[a] Coislin. Γεωργίῳ pro Γεροντίῳ. Ibid. duo Mss. ὀρθοδόξοις κοινωνικοῖς ἐπισκ.

νην πρόσρησιν ἀποδιδόαμεν, καὶ δηλοῦμεν, ὅτι χάριτας πολλὰς καὶ μεγάλας ὁμολογοῦντες ὑμῶν τῇ θεοσεβείᾳ οὐ διαλιμπάνομεν, καὶ ἀξιοῦντες ὑπὲρ τῆς μακρᾶς σιγῆς τῆς ἔμπροσθεν συγγνώμην ἡμῖν νεῖμαι. C Οὐ γὰρ δὴ ῥᾳθυμοῦντες, οὐδὲ κατολιγωροῦντες ὑμῶν, τοσοῦτον ἐσιγήσαμεν χρόνον· ἀλλ' ἐπειδὴ νῦν πρῶτον εὕρομεν τὸν δυνάμενον ἐκεῖσε διαβῆναι, ἔνθα διατρίβετε νῦν, καὶ τὰ παρ' ἡμῶν διακομίσαι γράμματα, γράφομεν ὑμῖν δηλοῦντες, ἐν οἷς ἐσμεν. Δεξάμενοι τοίνυν αὐτὸν μετ' εὐνοίας καὶ διαθέσεως γνησίας, τὰ περὶ τῆς ὑγείας ὑμῶν δηλοῦν ἡμῖν παρακλήθητε. Μεγίστην γὰρ ἀπὸ τῶν τοιούτων γραμμάτων, καὶ ἐν ἐρημίᾳ καθήμενοι, ἕξομεν παραμυθίαν.

minum meum presbyterum misimus, ac per ipsum, quam debemus, salutationem vobis persolvimus: illudque vobis significamus, nos C plurimas atque ingentes sine ulla intermissione vobis gratias agere: atque a vobis petere, ut pro diuturno silentio, quo antehac usi sumus, veniam nobis tribuatis. Neque enim vostri contemtu atque negligentia tamdiu siluimus: sed quia nunc primum hominem qui eo, ubi nunc vobis sedes est, proficisceretur, nostrasque literas ferre posset, nacti sumus, tandem ad vos scribimus, quidque rerum geramus, exponimus. Posteaquam igitur eum sincero animi affectu exceperitis, velim de valetudine vestra nos certiores faciatis. Siquidem ex hujusmodi literis, etiam in hac solitudine constituti, maximam consolationem habituri sumus.

ρξδʹ. Ἀλεξάνδρῳ ἐπισκόπῳ Κορίνθου.

Οἶσθα τὴν ἀγάπην, ἣν ἐπεδειξάμεθα περὶ τὴν σὴν τιμιότητα, καὶ πῶς ὀλίγα σοι συγγενόμενοι, συνεδέθημέν σου τῷ πόθῳ. Διὸ καὶ σφόδρα ἐθαυμάσαμεν, ὅτι ἐν οὕτω χρόνῳ μακρῷ οὐδὲ ἅπαξ ἡμῖν ἐπιστεῖλαι κατεδέξω. Καὶ οἶδα μὲν ὅτι γραμματηφόρων προβαλῇ σπάνιν, καὶ οὐδὲν ἀπεικός. Εἰ γὰρ καὶ πολλοὶ οἱ ἐκεῖθεν ἀφικνούμενοι, ἀλλ' [b] ἔνθα καθήμεθα νῦν οὐδεὶς ἂν ταχέως παραγένοιτο τῶν ἐκεῖθεν ἐρχομένων. Πλὴν ἀλλ' οὐκ ἀρκεῖ τοῦτο ἡμῖν εἰς τὸ μηδὲ ἅπαξ δέξασθαι γράμματα. E Ἐπεὶ καὶ ἡμεῖς εἰς ταύτην ἔχοντες ἀναχωρῆσαι τὴν πρόφασιν, οὐδὲ οὕτως ἐσιγήσαμεν, ἀλλὰ τὸν κύριόν μου τὸν τιμιώτατον καὶ εὐλαβέστατον πρεσβύτερον ἀναστήσαντες, ἐντεῦθεν ἐπέμψαμεν, ὥστε καὶ τῇ σῇ συντυχεῖν τιμιότητι, καὶ ταύτην ἡμῶν τὴν προσηγορίαν ἀποκομίσαι, καὶ μαθεῖν περὶ τῆς ὑγείας τῆς σῆς, περὶ ἧς σφόδρα περισπούδαστον ἡμῖν μανθάνειν. Ἰδὼν τοίνυν αὐτὸν μετ' εὐνοίας, καὶ ἀγάπης, καὶ τῆς προσηκούσης φιλοφροσύνης, ὡς μέλος ἡμέτερον, ἡνίκα ἂν ἐπανίῃ, τὰ περὶ τῆς 695 A ῥώσεώς σου δηλῶσαι ἡμῖν μὴ κατοκνήσῃς. Μεγίστην γὰρ ἡμῖν ἀπὸ τῶν γραμμάτων, καὶ ἐν ἐρημίᾳ καθεζομένοις, παρέξεις τὴν παράκλησιν.

D *CLXIV. Alexandro Corinthi episcopo.*

Anno 406.

Nosti quam erga te caritatem præ me tulerim, et quo pacto, etiamsi mihi exigua tecum consuetudo fuerit, tui tamen amore tanquam vinculis quibusdam adstrictus sim. Qua de causa permirum mihi visum est, te tam longo tempore ne semel quidem ad me scribere sustinuisse. Ac tu quidem, sat scio, tabellariorum penuriam causaberis, neque id alienum est. Nam etsi multi istinc veniunt, nemo tamen eorum huc, ubi nunc de- E gimus, facile accedere potest. Cæterum, cum ne semel quidem literas abs te acceperim, hac excusatione minime sum contentus. Neque enim ipse, cum ad eamdem excusationem mihi confugere liceret, tacui; verum reverendissimum ac piissimum virum, dominum meum presbyterum excitavi, et ad te misi, ut te conveniret, atque hanc nostram salutationem perferret, valetudinisque tuæ, de qua aliquid intelligere summopere 695 A cupio, statum cognosceret. Posteaquam igitur eum amico animo, eaque qua convenit humanitate, tanquam membrum meum conspexeris, cum ad me se referet, de tua valetudine certiorem me facere ne, quæso, graveris. Siquidem literæ tuæ maximam mihi, etiam in solitudine constituto, consolationem allaturæ sunt.

[b] Coislin. ἔνθα καθείργμεθα.

CLXV. Episcopis qui cum occidentalibus venerant.

Anno ut putatur 406.

Pristinam quidem vestram animi promtitudinem, atque studium, quod pro Ecclesiarum commodis præ vobis tulistis, admirati sumus. Posteaquam autem tam longam peregrinationem insuper adjecistis, omnique cunctatione abjecta, forti, ut vos decebat, animo tam longum iter suscepistis, non vulgariter hoc quoque nomine vos suspicimus: nec vobis, tum nunc per literas, tum citra literas, gratias agere desinimus. Nec vero nos dumtaxat, sed etiam orientales omnes admiratione tenentur, vestræque firmitatis atque constantiæ, ferventisque caritatis et immotæ sententiæ præcones sunt. Ac nec itineris longinquitatem, nec peregrinationis ærumnam ullo modo gravem et molestam esse ducunt, ut ad vos excurrant ac tot vestra præclara facta conspiciant. Ideoque reverendissimus et piissimus dominus meus presbyter, etiamsi alioqui parum firmo corpore præditus, nihil non sibi perferendum putavit, ut ad vos se conferret, vestroque conspectu atque congressu frueretur. Posteaquam igitur ipsum, ut vestra caritas postulat, exceperitis, illud a vobis petimus, ut etiamsi mala ingravescant, vos tamen iis medicinam afferre ne gravemini, verum parem initiis finem imponatis. Scitis enim quantam vobis benignus Deus mercedem relaturus sit, si pro tot Ecclesiis perturbatis laboretis, nihilque omittatis, quo eas ad tranquillum portum appellatis.

ρξε'. [a] Ἐπισκόποις ἐλθοῦσι μετὰ τῶν ἀπὸ τῆς δύσεως ἐλθόντων ἐπισκόπων.

Ἐθαυμάσαμεν ὑμῶν καὶ τὴν ἔμπροσθεν προθυμίαν τε καὶ σπουδὴν, ἣν ὑπὲρ τῶν ταῖς Ἐκκλησίαις συμφερόντων ἐπεδείξασθε. Ἐπεὶ δὲ καὶ μακρὰν οὕτως B ἀποδημίαν προσεθήκατε, καὶ πάντα ὄκνον ἐκβαλόντες, μετὰ τῆς προσηκούσης ὑμῖν ἀνδρείας τοσαύτην ὁδὸν ἐστείλασθε, οὐχ ὡς ἔτυχε καὶ διὰ τοῦτο ὑμᾶς ἐκπληττόμεθα, καὶ εὐχαριστοῦντες οὐ διαλιμπάνομεν, καὶ διὰ γραμμάτων νῦν, καὶ χωρὶς γραμμάτων. Οὐχ ἡμεῖς δὲ μόνον, ἀλλὰ καὶ πάντες οἱ κατὰ τὴν ἀνατολὴν θαυμάζονται, καὶ κήρυκες ὑμῶν γίνονται διαπαντὸς τῆς στεῤῥότητος τῆς ἀκλινοῦς, καὶ θερμῆς ἀγάπης, καὶ τῆς ἀπεριτρέπτου γνώμης. Καὶ οὔτε ὁδοῦ μῆκος, οὔτε ταλαιπωρίαν ἀποδημίας ἡγοῦνταί τι βαρὺ λοιπὸν καὶ ἐπαχθὲς, ὑπὲρ τοῦ δραμεῖν, καὶ C ἰδεῖν ὑμῶν τὰ τοσαῦτα κατορθώματα. Διὸ δὴ καὶ ὁ κύριός μοι ὁ τιμιώτατος καὶ εὐλαβέστατος πρεσβύτερος, καίτοι γε ἀσθενεῖ κεχρημένος σώματι, πάντα εἵλετο παθεῖν, ὑπὲρ τούτου παραγενόμενος καὶ τῆς κατ' ὄψιν [b] ἀπολαῦσαι συνουσίας ὑμῶν. Δεξάμενοι τοίνυν αὐτὸν μετὰ τῆς πρεπούσης ὑμῖν ἀγάπης, κἂν ἐπὶ μεῖζον αἴρηται τὰ δεινὰ, παρακαλοῦμεν μὴ κατοκνῆσαι διορθουμένους αὐτὰ, ἀλλ' ἄξιον τῶν προοιμίων ἐπιθεῖναι τὸ τέλος. Ἴστε γὰρ ἡλίκος ὑμῖν ἔσται ὁ μισθὸς παρὰ τοῦ φιλανθρώπου Θεοῦ, ὑπὲρ τοσούτων Ἐκκλησιῶν ταραττομένων πονουμένοις, καὶ D πάντα ποιουμένοις, ὥστε [c] εἰς εὐδιεινὸν αὐτὰς ὁρμίσαι λιμένα.

CLXVI. Episcopis, qui cum occidentalibus episcopis venerant.

Anno ut putatur 406.

Magna quidem ac præclara ea quoque sunt, quæ prius fecistis, nempe quod justam virtutique vestræ consentaneam, ob ea mala quæ tot Ecclesias occuparunt, indignationem concepistis earumque vicem doluistis: neque hic gradum fixistis, verum etiam quæ muneris vestri ratio postulabat, ipsi præstitistis. Illud autem longe maximum ac præclarissimum, quod nunc a vobis factum est, nimirum quod unusquisque vestrum domesticis sedibus relictis tam longam peregrinationem iniit, atque in extera regione

ρξς'. Ἐπισκόποις ἐλθοῦσι μετὰ τῶν ἀπὸ τῆς δύσεως ἐπισκόπων.

Καὶ τὰ ἔμπροσθεν παρὰ τῆς τιμιότητος ὑμῶν γεγενημένα μεγάλα, τὸ δικαίαν καὶ πρέπουσαν ὑμῖν ἀγανάκτησιν ὑπὲρ τῶν τοσαύτας Ἐκκλησίας κατειληφότων κακῶν ἀγανακτῆσαι, τὸ συναλγῆσαι, τὸ μὴ μέχρι τούτου στῆναι μόνον, ἀλλὰ καὶ τὰ παρ' ἑαυτῶν εἰσενεγκεῖν. Πολὺ δὲ μέγιστον καὶ τὸ νῦν γεγενημένον παρὰ τῆς ἀγάπης ὑμῶν, E τὸ ἀναστῆναι ἕκαστον ὑμῶν οἴκοθεν, τὸ μακρὰν οὕτως ἀποδημίαν στείλασθαι, τὸ διατρίβειν ἐπ' ἀλλοτρίας, καὶ τοὺς ἀπὸ τῆς μακρᾶς ἀποδημίας ὑπομένειν καμάτους, ὑπὲρ τῶν ταῖς Ἐκκλησίαις συμφερόντων. Διὰ ταῦτα

[a] Coislin. sic titulum habet, *ἐπισκόποι ἐλθόντι μετὰ τῶν ἀπὸ τῆς δύσεως ἐλθόντων.*

[b] Duo Mss. *ἀπολαῦσαι συντυχίας ὑμῶν.*

[c] Coislin. *εἰς εὔδιον.* [Savil. *εὔδινον.*]

ὑμῖν εὐχαριστοῦντες οὐ παυόμεθα, θαυμάζοντες, μακαρίζοντες, ὅσους ἑαυτοῖς ὑπὲρ τούτων παρὰ τοῦ φιλανθρώπου Θεοῦ προαποτίθεσθε τοὺς μισθούς. Καὶ ἐπειδὴ οὔτε συγγενέσθαι ὑμῖν δυνατὸν νῦν ὑπὸ ἐξορίας κατεχομένῳ, οὔτε συνεχῶς ἐπιστέλλειν, τῷ μὴ ταχέως 696 A εὐπορεῖν γραμματηφόρων (ἦ γὰρ ἂν νιφάδας ἐπέμψαμεν γραμμάτων), τὸν κύριόν μου τὸν τιμιώτατον καὶ εὐλαβέστατον πρεσβύτερον, καὶ αὐτὸν οἴκοθεν ὁρμώμενον ἐλθεῖν, καὶ θεάσασθαι τὴν εὐλάβειαν τὴν ὑμετέραν, παρεκαλέσαμεν, ὥστε καὶ πρὸς ἡμᾶς γραμμάτων ἐπιτυχεῖν, καὶ αὐτὸν καὶ κατὰ πρόσωπον ἀπολαῦσαι τῆς ἀγάπης τῆς ὑμετέρας. Δεξάμενοι τοίνυν αὐτὸν ὡς ὑμῖν πρέπον ἐστὶν, ἡνίκα ἂν ἐξῇ, καὶ ἡμῖν δηλοῦν μὴ κατοκνεῖτε τὰ περὶ τῆς ὑγείας τῆς ὑμετέρας. Σφόδρα γὰρ ἡμῖν περισπούδαστον τοῦτο μανθάνειν, καὶ οὐ μικρὰ τῆς ἐρημίας, ἐν ᾗ καθήμεθα, τοῦτο ἡμῖν ἔσται παράκλησις.

commoratur, ac pro Ecclesiarum utilitate diuturnæ peregrinationis labores suffert. Ac propterea vobis gratias agere, vosque ob tot ac tanta præmia, quæ hoc nomine Deus vobis pro sua benignitate recondit, admirari ac beatos prædicare non desinimus. Ac quoniam nos nec ob exsilium, quo nunc coercemur, vobiscum versari, nec item, quod, cui literas demus, haud facile nanciscimur, assidue ad vos scribere possumus (nam alioqui literarum frequentia vos obruissemus): idcirco reverendissimum ac religiosissimum dominum meum presbyterum, qui etiam ipse sponte sua proficisci ac vos videre cupiebat, obsecravimus, ut literas a vobis ad nos obtineret, atque ipse caritate vostra coram frueretur. Posteaquam igitur eum, pro eo atque vos decet, exceperitis, de vestra valetudine, cum licuerit, certiores nos facere, quæso, ne gravemini. Siquidem nobis id scire summo studio est: neque parvam solitudinis hujus, in qua versamur, consolationem hinc accepturi sumus.

ρξζʹ. [a] Τοῖς αὐτοῖς. B

Χάριν ὑμῖν ἴσμεν πολλὴν τῆς τοσαύτης εὐτονίας, καὶ σπουδῆς, καὶ φροντίδος, καὶ τῶν πόνων, καὶ τῶν ἱδρώτων, καὶ τῆς μακρᾶς ταύτης ἀποδημίας, ἣν ὑπὲρ τῶν συμφερόντων τῇ Ἐκκλησίᾳ πεποίησθε. Ὅσῳ γὰρ τοῖς ταράττουσιν ἅπαντα μεῖζον τὸ κρίμα, τοσούτῳ καὶ ὑμῖν πλείων ὁ μισθὸς, τοσαύτῃ κεχρημένοις ὑπομονῇ καὶ σπουδῇ εἰς διόρθωσιν τῶν κακῶς παρ' ἑτέρων γεγενημένων. Καὶ ἐβουλόμεθα μὲν καὶ παρόντες κατὰ πρόσωπον συντυχεῖν ὑμῶν τῇ εὐλαβείᾳ· ἐπειδὴ δὲ τοῦτο ἀφῃρήμεθα ἀπὸ τῆς κατὰ τὴν C ἐξορίαν ἀνάγκης, ὀψέ ποτε καὶ μόλις ἐπιτυχόντες τοῦ πρὸς ὑμᾶς ἀφικνουμένου, τοῦ κυρίου μου τοῦ τιμιωτάτου καὶ εὐλαβεστάτου πρεσβυτέρου, διεπεμψάμεθα ταυτὶ τὰ γράμματα, τήν τε ὀφειλομένην ἀποδιδόντες πρόσρησιν, καὶ εὐχαριστοῦντες ὑπέρ τε τῶν παρελθόντων, ὑπέρ τε τῶν νῦν, ὑπέρ τε ὁλοκλήρου τῆς διορθώσεως τῶν κακῶν. Κἂν γὰρ μηδὲν γένηται πλέον, ὑμεῖς τὸ ὑμέτερον πεποιήκατε. Διὸ καὶ ἀπηρτισμένον ἔχετε παρὰ τοῦ φιλανθρώπου Θεοῦ τὸν μισθὸν, τοσαύτῃ καὶ σπουδῇ καὶ προθυμίᾳ πρὸς τὸ τὰ κακῶς D γεγενημένα ἰάσασθαι διὰ παντὸς χρησάμενοι τοῦ χρόνου.

CLXVII. Iisdem.

Amplissimas vobis ob tantam animi firmitatem, ac studium, et curam, laboresque et sudores, ac denique ob longam hanc peregrinationem, quam utilitatis Ecclesiarum causa suscepistis, gratias agimus. Anno 406. Etenim quanto gravius eos, qui omnia perturbant, judicium manet, tanto quoque majus uberiusque vobis præmium exspectandum est, qui ad ea, quæ ab aliis scelerate ac nefarie admissa sunt, corrigenda, tantum patientiæ studii adhibuistis. Atque utinam coram quoque vobiscum congredi possemus. Quod quoniam nobis exsilii necessitas ademit, tandem aliquando atque ægre ornatissimum ac religiosissimum dominum meum presbyterum ad vos proficiscentem nacti, has literas misimus, quibus debitum vobis salutationis munus pendimus, ac tum pro præsentibus vestris officiis, tum pro eo, quo flagratis, sarciendorum incommodorum zelo, gratias agimus. Nam etsi nihilo meliore statu res est: tamen ipsi, quod muneris vestri erat, præstitistis. Eoque nomine plena merces a benigno Deo vobis constituta est, ut qui ad medicinam admissis sceleribus afferendam tanto studio fervoreque assidue usi sitis.

[a] Hujus etiam titulus est in Coislin. ἐπισκόπῳ ἐλθόντι μετὰ τῶν ἀπὸ τῆς δύσεως ἐπισκόπων.

CLXVIII. Probæ matronæ Romæ degenti.

Anno 406. Etsi longo itineris spatio abs te disjunctus sum, tamen sinceram ac ferventem tuam caritatem, non secus ac si coram essem, tuaque omnia cernerem, certo expertus sum, iis nimirum, qui istinc ad nos veniunt, ea de te afferentibus, quæ E audire cupiebam. Eaque de causa multas atque ingentes tibi gratias habeo, atque ob istum tuum animum glorior, meque effero: virosque mihi carissimos, religiosissimum presbyterum Joannem, et ornatissimum diaconum Paulum tibi commendo, atque ad tuas manus velut ad portum transmitto. Abs te igitur, cumprimis veneranda et nobilissima domina mea, peto, ut quemadmodum humanitatem tuam decet, ipsos videas. Scis enim quantam hujusce comitatis 697 mercedem relatura sis. Ac quam sæpissime li- A cebit, de tua valetudine, quæ admodum nobis curæ est, fac me certiorem.

ρξη'. Πρόβῃ ἐλευθέρᾳ, ἐν Ῥώμῃ.

Εἰ καὶ πολλῷ διῳκίσμεθα τῷ μέσῳ τῆς ὁδοῦ, ἀλλὰ τῆς γνησίας σου καὶ θερμῆς ἀγάπης, ὡς παρόντες, καὶ πάντα τὰ σὰ ὁρῶντες, οὕτως ἀκριβῆ πεῖραν εἰλήφαμεν, τῶν ἐκεῖθεν ἀφικνουμένων πρὸς ἡμᾶς ἀπαγ- E γελλόντων περὶ τῆς σῆς ἐμμελείας ταῦτα, ἅπερ ἐπεθυμοῦμεν μανθάνειν. Διὰ τοῦτό σοι χάριτας ἴσμεν πολλὰς καὶ μεγάλας, καὶ ἐναβρυνόμεθα, καὶ καλλωπιζόμεθα ἐπὶ τῇ διαθέσει τῆς εὐγενείας σου· καὶ τοὺς ἀγαπητοὺς, τὸν εὐλαβέστατον πρεσβύτερον Ἰωάννην, καὶ τὸν τιμιώτατον διάκονον Παῦλον παρακατατιθέμεθά σου τῇ κοσμιότητι, ὡς εἰς λιμένα τὰς σὰς αὐτοὺς παραπέμποντες χεῖρας. Ἰδεῖν τοίνυν αὐτοὺς ὥς σοι πρέπον ἐστὶ, δέσποινά μου τιμιωτάτη καὶ εὐγενεστάτη, παρακλήθητι. Οἶσθα γὰρ, ὅσος ἔσται σοι 697 τῆς φιλοφροσύνης ταύτης ὁ μισθός. Καὶ ἡνίκα ἂν A ἐξῇ, συνεχέστερον ἡμῖν δήλου τὰ περὶ τῆς ὑγείας τῆς σῆς, περὶ ἧς σφόδρα περισπούδαστον ἡμῖν μανθάνειν, ἐπειδήπερ σφόδρα αὐτῆς ἀντεχόμεθα.

CLXIX. Julianæ et iis, quæ cum ipsa sunt.

Anno 406. Quo graviore pœna mulctati sunt, qui tot scelera perpetrarunt, eo quoque vobis, qui tot scelera delere studuistis, tantumque laboris et ærumnæ suscipitis, amplior merces futura est. Neque enim nobis obscura fuit ea beneficentia, B idque studium, quod et in negotio, de quo agitur, et in excipiendis benigneque complectendis iis, quos istuc misimus, præstitistis. Eoque nomine gratias vobis habemus, vosque rogamus ut in eodem studio et alacritate permaneatis, ac firmius etiam animi robur et fortitudinem adhibeatis. Neque enim vos fugit, quanta hujusce præclari facti magnitudo sit, quantamque mercedem percepturæ sitis, tantos motus, ac tam sævos fluctus, quantum in vobis est, compescentes, eamque, quam par est, acceptis incommodis medicinam afferentes.

ρξθ'. Ἰουλιανῇ, καὶ ταῖς σὺν αὐτῇ.

Ὅσῳ χαλεπώτερον τὸ κρίμα γεγένηται τοῖς τὰ τοιαῦτα παρανομήσασι, τοσούτῳ πλείων ὑμῖν ἔσται ὁ μισθὸς, τοῖς τοσαύτας παρανομίας λύειν ἐσπουδακόσι, καὶ τοσοῦτον ἐπιδεικνυμένοις πόνον καὶ κάματον. B Οὐδὲ γὰρ ἔλαθεν ἡμᾶς τῆς ὑμετέρας διαθέσεως ἡ εὐποιία, καὶ ἡ σπουδὴ, ἣν καὶ εἰς τὴν προκειμένην ὑπόθεσιν ἐπεδείξασθε, καὶ εἰς τὴν φιλοφροσύνην τῶν παρ' ἡμῶν ἐκεῖσε ἀφιγμένων. Διὸ καὶ χάριτας ὑμῖν ἔχομεν, καὶ παρακαλοῦμεν τῇ αὐτῇ ἐπιμένειν προθυμίᾳ, καὶ ἐῤῥωμενεστέραν ἐπιδείξασθαι εὐτονίαν τε καὶ ἀνδρείαν. Ἴστε γὰρ ἡλίκον τοῦ κατορθώματος τὸ μέγεθος, καὶ ὅσον λήψεσθε τὸν μισθὸν, τοσαύτην ταραχὴν, καὶ οὕτω κύματα ἄγρια, τό γε εἰς ὑμᾶς ἧκον, καταστέλλουσαι, καὶ τὴν προσήκουσαν εἰς τὴν τῶν γεγενημένων κακῶν εἰσφέρουσαι διόρθωσιν.

CLXX. Italicæ. C

Anno 406. In externis negotiis, ut natura, ita etiam actione atque administratione distincti sunt hi sexus, nimirum vir et mulier. Sic enim moribus comparatum est, ut mulier domi se teneat, vir autem publica et forensia negotia suscipiat. At in divinis certaminibus, iisque laboribus, qui Ecclesiæ causa subeuntur, hoc locum non habet: verum fieri potest, ut femina in præclaris

ρο'. Ἰταλικῇ.

Ἐπὶ μὲν τῶν ἔξωθεν πραγμάτων, ὥσπερ τῇ φύσει, οὕτω καὶ τῇ πράξει καὶ τῇ μεταχειρίσει διήρηται ταῦτα τὰ γένη, ἀνὴρ λέγω καὶ γυνή. Τῇ μὲν γὰρ οἰκουρεῖν νενόμισται, τῷ δὲ τῶν πολιτικῶν καὶ τῶν ἐν ἀγορᾷ πραγμάτων ἅπτεσθαι. Ἐπὶ δὲ τῶν τοῦ Θεοῦ ἀγώνων, καὶ τῶν ὑπὲρ τῆς Ἐκκλησίας πόνων οὐκ ἔνι τοῦτο, ἀλλ' ἔστι καὶ γυναῖκα ἀνδρὸς ἐῤῥωμενέστερον τῶν καλῶν τούτων ἀντέχεσθαι ἀγώνων καὶ πόνων.

Καὶ τοῦτο δηλῶν ὁ Παῦλος ἐν τῇ πρὸς τὴν πατρίδα τὴν ὑμετέραν ἐπιστολῇ, πολλὰς ἀνακηρύττει γυναῖκας, λέγων αὐτὰς οὐ μικρὰ πεπονηκέναι ἐν τῷ ἄνδρας διορθοῦν, καὶ ἐνάγειν ἐπὶ τὰ προσήκοντα. Τίνος ἕνεκεν ταῦτά φημι; Ἵνα μὴ νομίσητε ἀλλότριον ὑμῶν εἶναι τὸ τῆς σπουδῆς ἅπτεσθαι, καὶ τῶν πόνων τῶν εἰς τὴν ἐκκλησιαστικὴν διόρθωσιν συντελούντων, ἀλλ' ὡς πρέπον ὑμῖν ἐστι καὶ δι' ἑαυτῶν, καὶ δι' ἑτέρων, ὧν ἂν οἷόν τε ᾖ, τὴν προσήκουσαν εἰσενέγκητε σπουδὴν, εἰς τὸ λῦσαι τὴν κοινὴν ζάλην καὶ ταραχὴν τὴν τὰς Ἐκκλησίας τῆς ἀνατολῆς καταλαβοῦσαν. Ὅσῳ γὰρ χαλεπωτέρα γέγονεν ἡ ζάλη, καὶ βαρύτερος ὁ χειμὼν, τοσούτῳ καὶ ὑμῖν πλείων ἔσται ὁ μισθὸς, [a] ταῖς πάντα πρᾶξαι καὶ παθεῖν αἱρουμέναις, ὑπὲρ τοῦ τὴν διαταραχθεῖσαν εἰρήνην ἐπαναγαγεῖν, καὶ ἐν καταστάσει τῇ προσηκούσῃ σπουδάσαι καταστῆσαι διαταραχθέντα ἅπαντα.

his certaminibus laboribusque capessendis virum quoque fortitudine superet. Quod etiam indicans Paulus in ea epistola, quam ad patriam vestram scripsit, complures feminas amplissimis laudibus effert, ipsas nimirum haud parum in eo elaborasse asserens, ut viros etiam corrigerent atque ad officium revocarent. Quorsum autem hæc commemoro? Nempe ne alienum vobis existimetis studium illud, ac labores eos attingere, quæ ad ecclesiasticarum rerum emendationem conducunt : verum et quod primum est, per vos ipsos, et per alios quorum opera uti licebit ad sedandam communem tempestatem ac perturbationem, in quam Orientis Ecclesiæ inciderunt, eam quam convenit curam ac diligentiam adhibeatis. Nam quo atrocior tempestas et graviores procellæ exstiterunt, eo quoque major merces vobis referetur, si, ut turbatam pacem reducatis, nihil non agere ac perpeti in animum inducatis, omniaque ea, quæ perturbata sunt, in congruenti statu collocare studeatis.

Rom. ult.

ροα'. Μοντίῳ.

Πόῤῥω μέν σου καθήμεθα τῇ παρουσίᾳ τοῦ σώματος, ἐγγὺς δὲ τῇ διαθέσει τῆς ψυχῆς, καὶ σύνεσμέν σοι, καὶ συμπεπλέγμεθα καθ' ἑκάστην ἡμέραν, τὸν θερμόν σου περὶ ἡμᾶς ἔρωτα, τὴν φιλοξενίαν, τὴν φιλοφροσύνην, τὴν τοσαύτην θεραπείαν καὶ σπουδὴν, ἣν διὰ πάντων ἐπεδείξω, καθ' ἑαυτοὺς ἀναλογιζόμενοι, καὶ ἐντρυφῶντες τῇ μνήμῃ τῆς εὐγενείας τῆς σῆς, καὶ πρὸς ἅπαντας ἀνακηρύττοντές σου τὴν εἰλικρινῆ διάθεσιν, καὶ δόλον οὐκ ἔχουσαν. Διὸ καὶ γραμμάτων ἐπιθυμοῦμεν τῆς εὐγενείας τῆς σῆς, καί σε παρακαλοῦμεν συνεχῶς ἡμῖν ἐπιστέλλειν, καὶ τὰ περὶ τῆς ὑγείας τῆς σῆς εὐαγγελίζεσθαι, ἵνα καὶ ἐκ τούτου πολλὴν καρπωσώμεθα τὴν παράκλησιν, μανθάνοντες τὰ περὶ τῆς ῥώσεως τῆς σῆς. Πάνυ γὰρ ἡμῖν τοῦτο περισπούδαστον εἰδέναι. Μὴ τοίνυν ἀποστερήσῃς ἡμᾶς ταύτης τῆς εὐφροσύνης· ἀλλ' ὁσάκις ἂν ἐξῇ γράφε, [a] ταῦτα εὐαγγελιζόμενος.

CLXXI. *Montio.*

Ab anno 404 ad 407.

Etsi procul a te corpore semotus sum, at animi tamen affectu prope, tecumque quotidie versor, ac te amplector, nimirum ardentem tuum erga me amorem, hospitalitatem, comitatem, ingentem observantiam atque studium, quod mihi semper præstitisti, mecum reputans, tuique memoriam pro deliciis habens, sinceramque benevolentiam ac doli expertem apud omnes prædicans. Eaque de causa literarum tuarum desiderio teneor : teque rogo, ut quam sæpissime ad me scribas, meque de tua valetudine certiorem facias : quo ingentem hinc consolationem capiam, de valetudinis tuæ firmitate, quæ mihi summæ curæ est, aliquid ediscens. Quare ne me, quæso, hac voluptate carere sinas : verum quoties facultas dabitur, hæc scribe, lætoque nuntio nos exhilara.

ροβ'. Ἑλλαδίῳ.

Ὀλίγα μέν σοι συνεγενόμεθα, πολλὴν δὲ τὴν πεῖράν σου τῆς γνησίας καὶ θερμῆς εἰλήφαμεν ἀγάπης. Καὶ γὰρ αἱ γενναῖαι ψυχαὶ ἐν βραχεῖ καιρῷ τοὺς ἐντυγχάνοντας χειροῦνται. Ὃ δὴ καὶ αὐτὸς πεποίηκας

CLXXII. *Helladio.*

Cucuso anno 404.

Exigua mihi tecum hactenus consuetudo fuit, magnum tamen sinceri tui atque ardentis erga me amoris experimentum cepi. Etenim generosæ animæ brevi tempore eos, qui ad se adeunt,

[a] Duo Mss. τοῖς.... αἱρουμένοις.

[a] Duo Mss. ταῦτα ἡμῖν εὐαγγελιζόμενος.

sibi deviuciunt. Id ipse quoque fecisti, ut qui brevi tempore tam acrem tui amorem mihi attuleris. Ob eamque causam ad te scribo, rerumque mearum statum expono, nempe quod in magna quiete atque otio degam, meque hic omnes diligenter ac studiose colant, magnaque cum benevolentia conspiciant. Ut igitur rebus quoque tuis cognitis læto animo sim, scribere ad me quam sæpissime, ac de tua valetudine certiorem me facere ne graveris. Hujusmodi enim literis abs te acceptis, ingenti hinc consolatione afficior.

ἐν ὀλίγῳ σφοδροὺς ἡμᾶς ποιήσας ἐραστὰς τῆς εὐγενείας τῆς σῆς. Διὸ καὶ ἐπιστέλλομεν, καὶ τὰ καθ' ἡμᾶς αὐτοὺς δηλοῦμεν, ὅτι ἐν ἡσυχίᾳ καὶ ἀπραγμοσύνῃ διάγομεν πολλῇ, πάντων ἡμᾶς ἐνταῦθα θεραπευόντων μετὰ σπουδῆς, καὶ μετὰ πολλῆς ὁρώντων τῆς εὐνοίας. Ἵν' οὖν καὶ τὰ ὑμέτερα μανθάνοντες εὐφραινώμεθα, συνεχῶς ἡμῖν ἐπιστέλλειν μὴ κατόκνει, καὶ τὰ περὶ τῆς ὑγείας τῆς σῆς εὐαγγελίζεσθαι, ἵνα καὶ ἐκ τούτου πολλὴν καρπωσώμεθα τὴν παράκλησιν, τοιαῦτα παρὰ τῆς σῆς εὐγενείας δεχόμενοι γράμματα.

CLXXIII. *Evethio.*

D

ρογ'. Εὐηθίῳ.

Cucusi anno 404. Etsi corpore abs te remotus sum, caritate tamen cum animo tuo devinctus sum. Hujusmodi videlicet amicitiæ pignora nobis injecisti, dum tantam erga me observantiam ac benevolentiam istic præ te tulisti. Ideo quemcumque in locum accesserim, gratias tibi agere minime intermitto. Ac te rogo, ut ad me quam sæpissime ipse quoque scribas, ac de tua valetudine me facias certiorem. Ego enim, via omni tranquille ac tuto decursa, Cucusi dego, loci quietem atque otium pro deliciis habens, atque ingentem omnium observantiam et benevolentiam obtinens. Ut igitur valetudine quoque tua cognita lætitiam concipiam, da operam, ut crebras, imo assiduas literas, quæ de tua totiusque domus tuæ valetudine nuntient, ad nos mittas. Hinc enim amplissimam consolationem percipiemus.

Εἰ καὶ τῷ σώματι κεχωρίσμεθά σου τῆς εὐγενείας, ἀλλὰ τῇ ἀγάπῃ συνδεδέμεθά σου τῇ ψυχῇ. Τοιαῦτα ἐνέχυρα φιλίας ἡμῖν ἐναπέθου, πολλὴν περὶ ἡμᾶς τὴν θεραπείαν καὶ τὴν διάθεσιν ἐπιδειξάμενος αὐτόθι. Διὰ τοῦτο ὅπουπερ ἂν ἀφικώμεθα, οὐ παυόμεθα χάριτας ὁμολογοῦντες τῇ εὐγενείᾳ τῇ σῇ. Καί σε παρακαλοῦμεν συνεχῶς ἡμῖν καὶ αὐτὸν ἐπιστέλλειν, καὶ τὰ περὶ τῆς ὑγείας τῆς σῆς εὐαγγελίζεσθαι. Ἡμεῖς
E γὰρ τὴν ὁδὸν ἅπασαν ἀπραγμόνως καὶ μετὰ ἀσφαλείας διανύσαντες ἐν τῇ Κουκουσῷ διατρίβομεν, ἐντρυφῶντες τῇ ἡσυχίᾳ τοῦ χωρίου, καὶ τῇ ἀπραγμοσύνῃ, καὶ πολλῆς ἀπολαύοντες θεραπείας τε καὶ εὐνοίας. Ἵν' οὖν καὶ περὶ τῆς ῥώσεως τῆς ὑμετέρας μανθάνοντες εὐφραινώμεθα, πυκνὰ καὶ συνεχῆ πέμπειν ἡμῖν τὰ γράμματα σπούδασον, εὐαγγελιζόμενα ἡμᾶς περὶ τῆς ὑγείας τῆς σῆς καὶ τοῦ οἴκου σου παντός. Οὕτω γὰρ μεγίστην ἐντεῦθεν καρπωσόμεθα τὴν παράκλησιν.

EJUSDEM EPISTOLÆ LXVIII

699

ΤΟΥ ΑΥΤΟΥ ΠΡΟΣ ΔΙΑΦΟΡΟΥΣ

Ad diversos.

Ἐπιστολαὶ ξη'.

Primum in lucem editæ anno 1613, ex codice Ms. Collegii Antverpiani Societ. Jesu, Frontone Ducæo, Societatis Jesu theologo, interprete.

CLXXIV. *Episcopis, presbyteris,* et *diaconis Chalcedone inclusis.*

A

ροδ'. Τοῖς ἐν Χαλκηδόνι ἐγκεκλεισμένοις ἐπισκόποις, πρεσβυτέροις τε καὶ διακόνοις.

Scripta ut putatur, cum Cucusum in exsilium per- Beati vos et ob vincula, et ob animum quo vincula toleratis, et in his apostolicæ fortitudinis specimen exhibetis: quandoquidem illi etiam dum flagellarentur, vexarentur, ac vincirentur,

Μακάριοι καὶ τῶν δεσμῶν ὑμεῖς, καὶ τῆς γνώμης, μεθ' ἧς φέρετε τὰ δεσμὰ, ἀποστολικὴν ἀνδρείαν ἐν τούτοις ἐπιδεικνύμενοι· ἐπεὶ κἀκεῖνοι καὶ μαστιγούμενοι, καὶ ἐλαυνόμενοι, καὶ δεσμούμενοι, μετὰ πολλῆς ταῦτα ἔφερον τῆς ἡδονῆς· οὐ μόνον δὲ μετὰ πολλῆς ἔφερον τῆς ἡδονῆς, ἀλλὰ καὶ τὰ αὐτῶν ἐποίουν ἐν ταῖς ἁλύσεσιν ὄντες, καὶ τὴν οἰκουμένην μεριμνῶντες ἅπασαν. Διὸ δὴ παρακαλῶ τὴν ὑμετέραν ἀγάπην μηδὲν ἐντεῦθεν ἀναπεσεῖν, ἀλλ' ὅσῳ πλείων [a] ὑμῖν ἡ B ὀδύνη γίνεται ἐξ ὧν πάσχετε, πλείονα καὶ τὴν προθυμίαν ἐπιδείξασθαι, καὶ καθ' ἑκάστην ἡμέραν μεριμνᾷν ὑπὲρ τῶν κατὰ τὴν οἰκουμένην Ἐκκλησιῶν, ὅπως ἂν γένοιτό τις διόρθωσις ἡ προσήκουσα, μηδὲ εἰς τὴν ὀλιγότητα ὑμῶν ἀπιδόντες καὶ τῷ περιελαύνεσθαι πανταχόθεν, ὑπτιώτεροι γένησθε. Δι' ὧν γὰρ πάσχετε μείζονα τὴν παρὰ τῷ Θεῷ παῤῥησίαν κτώμενοι, πλείονα εὔδηλον ὅτι καὶ τὴν δύναμιν ἕξετε. Χρήσασθε τοίνυν εἰς καιρὸν τῇ προθυμίᾳ, καὶ δι' ἑαυτῶν, καὶ δι' ἑτέρων ὧν ἂν οἷόν τε ᾖ, ταῦτα καὶ πρᾶξαι καὶ εἰπεῖν σπουδάσατε, ἵνα τὸ κατέχον κλυδώνιον κατα- C στεῖλαι δυνήσεσθε. Μάλιστα μὲν γὰρ ἔσται τι καὶ πλέον σπουδαζόντων ὑμῶν· εἰ δ' ἄρα μηδὲν γένοιτο πλέον, τῆς προθυμίας καὶ τῆς γνώμης ἕξετε παρὰ τοῦ φιλανθρώπου Θεοῦ τὸν μισθόν.

hæc multa cum voluptate tolerabant; neque vero tantum multa cum voluptate tolerabant, sed etiam dum catenis vincti essent, suo munere fungebantur, et de toto terrarum orbe solliciti erant. B Quocirca vestram etiam caritatem oro, ut ne idcirco animo concidatis, sed quanto majorem vobis sentitis infligi dolorem ex iis quæ patimini, tanto etiam majorem animi alacritatem ostendite, vosque singulis diebus Ecclesiarum curam gerite, quæ in toto sunt orbe terrarum, ut conveniens malis remedium adhibeatur, neque idcirco reddamini segniores, quod numero paucos vos esse videatis, et quod undequaque vexemini. Non enim dubium est quin, cum ex his quæ patimini majorem vobis apud Deum fiduciam concilietis, majores inde quoque vires adepturi sitis. C Date igitur operam, ut cum sese offeret occasio, studium et alacritatem exhibeatis, ac tum per vos ipsos, tum per alios quoscumque, per quos licuerit, ea facere ac dicere studete, quæ procellam poterunt exortam sedare. Sic enim maxime profici poterit, si vos studium adhibueritis: quod si nihil profici potuerit, vos nihilominus ob hanc animi alacritatem mercedem a benigno Deo recipietis.

[gerct, anno 404.]

ροε'. Ἀγαπητῷ.

Πολλοὺς καὶ συνεχεῖς ἱδρῶτας ἵδρωσεν ὁ κύριός μου ὁ εὐλαβέστατος καὶ τιμιώτατος πρεσβύτερος Ἐλπίδιος, τοὺς τὸ ὄρος οἰκοῦντας, τὸ Ἀμανὸν λέγω, σπουδάζων ἀπαλλάξαι τῆς κατεχούσης αὐτοὺς ἀσεβείας. Καὶ ἀπήλλαξε, καὶ μετέθηκεν αὐτοὺς ἀπὸ τῆς D πλάνης, καὶ ἐκκλησίας ᾠκοδόμησε, καὶ μοναστήρια συνεστήσατο· καὶ ἔξεστι ταῦτα τῇ εὐγενείᾳ σου καὶ παρ' ἑτέρων μανθάνειν. Ἐπεὶ οὖν οἶδα ὅτι τῶν εὐλαβῶν ἀνδρῶν καὶ γενναίων [b] σφόδρα γέγονας ἐραστὴς, εἰδὼς ὅτι σοι χαριοῦμαι γνώριμον ποιῶν τὸν τοσαῦτα κατωρθωκότα, ὁμοῦ καὶ προσειπεῖν σε δι' ἑκάστης προφάσεως ἐπειγόμενος, προστέθεικα ταῦτα τὰ γράμματα, τήν τε ὀφειλομένην πρόσρησιν ἀποδιδοὺς, καὶ τὸν ἄνδρα παρακατατιθέμενός σου τῇ εὐγενείᾳ. Ἰδὼν τοίνυν αὐτὸν ὡς σοι πρέπον ἐστὶ, δέσποτά μου τιμιώ- 700 τατε καὶ θαυμασιώτατε, δεῖξον αὐτῷ διὰ τῶν ἔργων A ὡς οἱ μάτην οὐδὲ εἰκῇ ταύτην ἦλθεν ἔχων παρ' ἡμῶν τὴν ἐπιστολὴν, ἀλλ' ἴσχυσε ταυτὶ τὰ γράμματα πολλῆς αὐτὸν ποιῆσαι ἀπολαῦσαι εὐνοίας τε καὶ ἀγάπης. Οὕτω γὰρ καὶ ἡμεῖς χάριν πολλὴν [a] ὁμολογήσομεν τῇ ἀγχινοίᾳ τῇ σῇ, ὅτι καὶ ἐκ τοσούτου καθήμενοι δια-

CLXXV. Agapeto.

Multos subiit et continuos sudores reverendissimus ac religiosissimus presbyter dominus meus Elpidius, dum hujus montis incolas, hoc est Amani, studet ea, qua detinentur, impietate liberare. Jamque adeo liberavit, et abduxit eos ab errore, construxit ecclesias, et monasteria exædificavit, atque hæc ab aliis nobilitas tua poterit intelligere. Quando igitur pios viros atque generosos a te scio vehementer adamari, non mediocrem a te gratiam initurum me novi, si eum tibi notum faciam, cujus tam præclara exstant facinora, simul ut quacumque data occasione te salutare contendo, adjiciendas has censui literas, ut et debitam tibi salutationem penderem, et virum tuæ nobilitati commendarem. Quamobrem illo intuens eum aspectu, quo te decet, domine mi observandissime ac summopere admirande, illi rebus ipsis ostende non temere neque frustra nostra illum hac munitum epistola ad te venisse, sed harum interventu literarum multam ipsum apud te benevolentiam et caritatem expertum

Cucuso anno 404, ut putatur.

[a] Aliquot Mss. ὑμῶν.

[b] Sic Mss. omnes. Edit. vero σφοδρὸς ἀεὶ γέγονας ἐραστής. Infra omnes Mss. προστέθεικα ταυτὶ τά.

[a] Omnes Mss. ὁμολογήσομεν τῇ εὐγενείᾳ.

esse. Sic enim fiet, ut et nos multam solertiæ tuæ gratiam habeamus, quod tanto licet a te dissiti locorum intervallo, per epistolam tuæ caritati conciliare ac conglutinare possimus eos, qui potiri illa percupiunt : ex quibus unus hic est summo tuæ suavitatis amore inflammatus : quam ob causam et summo studio has a me literas postulavit.

στήματος, ἀπὸ τῆς ἐπιστολῆς δυνάμεθα συνάπτειν σου τῇ ἀγάπῃ γνησίως τοὺς ἐπιθυμοῦντας αὐτῆς ἀπολαύειν· ὧν εἷς οὗτός ἐστι, σφοδρὸς ἐραστὴς ὢν σου τῆς κοσμιότητος· διὸ καὶ μετὰ πολλῆς τῆς σπουδῆς ταύτην παρ' ἡμῶν ᾔτησε τὴν ἐπιστολήν.

CLXXVI. *Hesychio.*

Cucuso anno 404. Nos et præsentem intueri te cupimus, et dulcissimo jucundissimoque tuo congressu frui. Sed quoniam est hoc difficile, cum propter itineris difficultatem, tum propter negotia, ac corporis imbecillitatem : consolationem, quæ percipitur ex literis, requirimus, quam neque corporis ægritudo, neque asperitas itineris potest interrumpere. Hoc igitur nos affice beneficio, quod et leve est, et minime molestum, multamque nobis voluptatem affert, et contractam ex corporea disjunctione mœstitiam non mediocriter mitigat. Nam hoc solatio si fruamur, et nos prope esse arbitrabimur, et perpetuo cum reverentia tua versari. Sufficit enim vel sola caritas ad hoc præstandum : sed multa tamen accessione cumulabitur ipsa animi cogitatio, si literarum subsidio juvetur.

B

ρος'. Ἡσυχίῳ.

Ἡμεῖς ἐπιθυμοῦμεν καὶ παρόντα σε θεάσασθαι, καὶ τῆς γλυκυτάτης καὶ ἡδίστης σου ἀπολαῦσαι συνουσίας. Ἀλλ' ἐπειδὴ τοῦτο ἐργῶδες, καὶ διὰ τὴν τῆς ὁδοῦ δυσκολίαν καὶ διὰ τὴν τῶν πραγμάτων ἀσχολίαν, καὶ τὴν τοῦ σώματος ἀσθένειαν, τὴν ἀπὸ τῶν γραμμάτων ζητοῦμεν παράκλησιν, ἣν οὔτε σώματος ἀῤῥωστία, οὐδὲ ὁδοῦ τραχύτης διακωλῦσαι δύναται. Δίδου δὴ τὴν χάριν ἡμῖν κούφην τε οὖσαν καὶ ἀνεπαχθῆ, καὶ πολλὴν κομίζουσαν ἡμῖν τὴν ἡδονὴν, καὶ οὐ μικρὸν τῆς ἀθυμίας, τῆς ἐκ τοῦ σωματικοῦ χωρισμοῦ,
C ὑποτεμνομένην. Ἂν γὰρ ταύτης ἀπολαύσωμεν τῆς παρακλήσεως, καὶ πλησίον ἡγησόμεθα εἶναι, καὶ ἀεὶ μετὰ τῆς τιμιότητός σου. Ἀρκεῖ μὲν γὰρ καὶ ἡ ἀγάπη τοῦτο ποιῆσαι· πλείονα δὲ αὐτὴ ἡ φαντασία λαμβάνει προσθήκην, ὅταν καὶ τὴν ἀπὸ τῶν γραμμάτων ἔχῃ συμμαχίαν.

CLXXVII. *Artemidoro.*

Cucuso anno ut putatur 404. Magna te complexurum ipsum benevolentia dominus meus Antiochus arbitratus est, si cum literis nostris tuæ suavitati se sisteret. Da igitur operam, domine mi plurimum venerande, ut ne opinione sua frustretur, et cum ea qua par est illum exceperis benevolentia, si quid æquum ac rationi consentaneum potat, promtum, quæso, ac paratum illi te præbe, illique rebus ipsis ostende non frustra nec temere cum literis nostris ipsum ad te venisse: sed ad obtinendam benevolentiam, et justum auxilium plurimum nostris eum literis adjutum fuisse. Sic enim fiet, ut et ille beneficium adipiscatur, et ego honore afficiar ex eo quod beneficium ille fuerit consequutus.

ροζ'. Ἀρτεμιδώρῳ.

Πολλῆς ἐνόμισεν ἀπολαύσεσθαι εὐνοίας ὁ κύριός μου Ἀντίοχος, εἰ μετὰ γραμμάτων ἡμετέρων φανείη
D τῇ ἐμμελείᾳ τῇ σῇ. Δεῖξον τοίνυν, δέσποτά μου τιμιώτατε, ὡς οὐ τηνάλλως ταῦτα ἐνόμισε, καὶ δεξάμενος αὐτὸν μετὰ τῆς σοι προσηκούσης εὐνοίας, ἄν τι δίκαιον νομίζῃ, καὶ λόγον ἔχον, ἕτοιμον σεαυτὸν αὐτῷ παρασχεῖν παρακλήθητι, καὶ δεῖξον διὰ τῶν ἔργων αὐτῷ ὡς οὐ μάτην οὐδὲ εἰκῇ ταύτην ἦλθε φέρων παρ' ἡμῶν τὴν ἐπιστολὴν, ἀλλὰ γέγονέ τι πλέον αὐτῷ εἰς εὐνοίας καὶ συμμαχίας δικαίας λόγον ἀπὸ τῶν γραμμάτων τῶν ἡμετέρων. Οὕτω γὰρ ἀπολαύσεται μὲν τῆς εὐεργεσίας οὗτος, καρπώσομαι δὲ ἐγὼ τιμὴν δι' ὧν καὶ οὗτος τῆς εὐεργεσίας ἀπήλαυσε.

CLXXVIII. *Euthaliæ.*

E

ροη'. Εὐθαλίᾳ.

Cucuso anno 405. Magnopere sincera et ferventi caritate conditæ fuerunt literæ tuæ, vero minimeque fucato amore. Quocirca ingentes tibi gratias habemus, et quod scribas, et quod sinceræ tuæ erga nos benevolentiæ maximum specimen edas. Deus tibi

Σφόδρα γνησίας καὶ θερμῆς ἀγάπης ἀνακέχρωσταί σου τὰ γράμματα, εἰλικρινοῦς καὶ ἀδόλου διαθέσεως. Διὰ ταῦτά σοι πολλὰς χάριτας ὁμολογοῦμεν, καὶ ὅτι γράφεις, καὶ ὅτι τῆς γνησίας σου φιλίας τῆς περὶ ἡμᾶς μέγιστον δεῖγμα ἐκφέρεις. Ὁ Θεός σοι τὸν μισθὸν δῴη τῆς τοιαύτης διαθέσεως καὶ ἐνταῦθα, καὶ ἐν τῷ μέλλοντι αἰῶνι, καὶ τειχίσειέ σε, καὶ φρουρήσειε, καὶ ἐν πάσῃ καταστήσειεν ἀσφαλείᾳ, καὶ εὐθυμίᾳ. 701 A Οἶσθα γὰρ αὐτὴ, κυρία μου τιμιωτάτη, ὡς οὐ μικρὰν ἡμῖν εὐφροσύνην φέρει, καὶ ταῦτα ἐν ἐρημίᾳ καθημένοις, τὸ συνεχῶς ἀκούειν [a] κατὰ νοῦν σοι τὰ πράγματα φέρεσθαι. Ταῦτα δὴ δήλοι συνεχῶς ἡμῖν, καὶ μὴ διαλείπῃς περὶ τῆς ὑγιείας τῆς σῆς εὐαγγελιζομένη, ἵνα καὶ ἐν ἐρημίᾳ καθήμενοι πολλὴν ἐντεῦθεν καρπωσώμεθα τὴν παράκλησιν.

mercedem tanti amoris, et hic et in futuro sæculo tribuat, teque muniat et custodiat, atque in omni securitate animique tranquillitate constituat. Non enim te latet, domina mea reverendissima, non mediocri nos affici voluptate, cum vel in hac solitudine degentes frequenter audimus ex animi tui sententia res tibi succedere. Hæc igitur nobis assidue scribe, neque felicem de tua prospera valetudine nuntium mittere desine, ut etiam in solitudine degentes multam inde consolationem hauriamus.

ρθ'. Ἀδολίᾳ.

Τὸ μὲν παραγενέσθαι ἴσως ἐργῶδες διὰ τὴν τοῦ σώματος ἀσθένειαν· οὐδὲν γὰρ ἕτερον κώλυμα, τὰ γὰρ B τῶν λῃστῶν πάντα πέπαυται· τὸ δὲ γράφειν ποῖον ἔχει πόνον; Οὐ γὰρ δὴ καὶ ἐνταῦθα εἰς ἐκεῖνο καταφυγεῖν ἔχεις. Ταῦτα δὲ λέγω, ὅτι ἕκτην, ὡς ἔγωγε οἶμαι, ταύτην διαπεμψάμενος τὴν ἐπιστολὴν, δύο μόνας ἐδεξάμην παρὰ τῆς εὐγενείας τῆς σῆς. Πλὴν ἀλλὰ ἄν τε γράφῃς, ἄν τε σιγᾷς, ἡμεῖς τὰ ἑαυτῶν ποιοῦντες οὐ διαλιμπάνομεν. Οὐ γὰρ δυνησόμεθα ἐπιλαθέσθαι σου τῆς ἀρχαίας ἐκείνης καὶ [b] γνησίας φιλίας, ἀλλ' ἀνθοῦσαν αὐτὴν διηνεκῶς διατηροῦμεν, καὶ ἡνίκα ἂν ἐξῇ, γράφομεν. Ἐπειδὴ δὲ σφόδρα μερι- C μνῶμεν τὰ σὰ, σφόδρα ἐπιθυμοῦμεν καὶ γράμματα παρὰ σοῦ δέχεσθαι, περὶ τῆς ὑγιείας ἡμῖν εὐαγγελιζόμενα τῆς σῆς. Μὴ δὴ ταύτης ἡμᾶς ἀποστέρει τῆς παραμυθίας· ἀλλ' εἰδυῖα ὅσον χαρίζῃ, κἂν ἐπίπονόν σοι ᾖ τὸ γράφειν, δι' ἡμᾶς τοὺς σφόδρα σε ἀγαπῶντας καὶ τοῦτον καταδέχου τὸν πόνον· καὶ δήλου τὰ περὶ τῆς ῥώσεως ἡμῖν τῆς σῆς, σφόδρα ἐπιθυμοῦσι καθ' ἑκάστην ἡμέραν περὶ ταύτης μανθάνειν.

CLXXIX. *Adoliæ.*

Difficile fortasse propter corporis imbecillitatem fuisset, ut huc venires : nihil quippe aliud subesse potuit impedimenti, cum a latronibus omnino quieti simus; sed quid laboris est in scribendo? Neque enim huc ad illam confugere excusationem potes. Hæc autem a me idcirco dicuntur, quod cum sextam, ut equidem arbitror, ad te miserim hanc epistolam, duas tantum a nobilitate tua receperim. Veruntamen sive scribas, sive taceas, quæ nostrarum sunt partium, præstare non desinemus. Non enim veteris illius ac sinceræ poterimus amicitiæ tuæ oblivisci, sed vigentem illam perpetuo retinemus, et quoties facultas datur, scribimus. Quoniam autem de tuis rebus valde solliciti sumus, literas quoque a te accipere summopere desideramus, quæ felicem de tua valetudine nuntium ferant. Noli ergo nos hoc solatio privare : sed cum non te lateat, quanto nos beneficio tibi devincias, tametsi laboriosum est scribere, in gratiam nostri, qui te impense diligimus, hunc quoque laborem suscipe, deque tua sanitate nos fac certiores, qui de illa quotidie quidpiam intelligendi summo desiderio tenemur.

Cucuso anno 405.

ρπ'. Ὑπατίῳ πρεσβυτέρῳ.

Οὐ παύσομαι μακαρίζων σοι τὴν τιμιότητα τῆς D ὑπομονῆς, τῆς ἀνδρείας, τῆς καρτερίας, τῆς πολλῆς, ἣν ἐπεδείξω, καὶ ἐπιδείκνυσαι ἐν τοῖς πειρασμοῖς. [c] Καὶ τοῦτο καὶ διὰ τῆς προτέρας ἐπιστολῆς ἐδήλωσα, ὅτι διπλοῦς καὶ τριπλοῦς σοι ὁ μισθὸς ὑπὲρ τούτων ἀπόκειται, ὑπέρ τε ὧν αὐτὸς τοσαύτην στεῤῥότητα ἐπιδείκνυσαι, καὶ ἑτέρους εἰς τὸν αὐτὸν ἄγεις ζῆλον,

CLXXX. *Hypatio presbytero.*

Numquam te beatum prædicare desinam, ob patientiam, fortitudinem, tolerantiam multam, quam exhibuisti, et exhibes in tentationibus. Idipsum quoque prioribus tibi literis significavi, duplicem ac triplicem horum causa te manere mercedem, et quod tantam constantiam præ te feras, cæterosque ad eumdem zelum impellas,

Cucuso anno 405.

[a] Omnes Mss. *κατὰ ῥοῦν.*

[b] Unus *γνησίας ἀγάπης.* [Addidimus *φιλίας* e Savil. et Morel.]

[c] Sic omnes fere Mss. Edit. *καὶ διὰ τοῦτο καὶ διὰ τῆς προτ.*

dum in tanta senectute tantam pro populo persequutionem passo alacritatem animi exhibes. Cuperem equidem ad reverentiam tuam sæpe scribere : sed quoniam id facile non est, tum propter hibernum tempus, tum propter metum prædonum, locique in quo degimus solitudinem, quoties facultas datur, pietatem tuam salutamus, utque ad nos quam sæpissime scribas petimus, ac felicem de tua valetudine nuntium mittas; nam certiores de illa fieri magnopere desideramus. Reverendissimos quoque diaconos Eusebium et Lamprotatum, qui tibi consortes ærumnarum fuerunt, beatos prædicamus. Non enim ignoratis, quales vos ob ista maneant coronæ, quanta merces, quanta retributio. Quæ cum vobis explorata sint, stabiles et immoti perseverate : copiosam enim vobis Deus patientiæ mercedem persolvet, ac præsentia mala cito depellet. Cæterum literas ad nos quam creberrimas mittite, quæ lætum de vestra valetudine nuntium ferant, de qua subinde aliquid audire vehementer optamus.

ἐν γήρᾳ οὕτω βαθεῖ τοσαύτην προθυμίαν ἐπιδεικνύμενος ὑπὲρ τοῦ διωκομένου λαοῦ. Καὶ ἐβουλόμην μὲν συνεχῶς ἐπιστέλλειν σου τῇ τιμιότητι· ἐπειδὴ δὲ τοῦτο οὐκ εὔκολον, διά τε τὴν τοῦ χειμῶνος ὥραν καὶ
E τὸν τῶν λῃστῶν φόβον, καὶ τὴν τοῦ χωρίου ἐρημίαν ἐν ᾧ καθήμεθα, ἡνίκα ἂν ἐξῇ, καὶ προσαγορεύομέν σου τὴν εὐλάβειαν, καὶ αἰτοῦμεν συνεχῶς ἡμῖν ἐπιστέλλειν, καὶ τὰ περὶ τῆς ὑγιείας τῆς σῆς εὐαγγελίζεσθαι· σφόδρα γὰρ ἐπιθυμοῦμεν τὰ περὶ ταύτης μανθάνειν. Μακαρίζομεν δὲ καὶ τοὺς τιμιωτάτους διακόνους Εὐσέβιον καὶ Λαμπρότατον, τοὺς κοινωνήσαντάς σοι τῶν διωγμῶν. Ἴστε γὰρ ἡλίκοι στέφανοι τούτων
702 ὑμῖν ἀπόκεινται, καὶ ὅσος ὁ μισθὸς, καὶ ὅση ἡ ἀντα-
A πόδοσις. Ταῦτ' οὖν εἰδότες, μένετε ἑδραῖοι, ἀμετακίνητοι· τῆς τε γὰρ ὑπομονῆς δαψιλῆ τὸν μισθὸν ὁ Θεὸς ὑμῖν ἀποδώσει, καὶ τὰ παρόντα ταχέως λύσει δεινά. Γράφετε δὲ ἡμῖν συνεχῶς, τὰ περὶ τῆς ὑγείας τῆς ὑμετέρας ἡμῖν εὐαγγελιζόμενοι, περὶ ἧς σφόδρα περισπούδαστον ἡμῖν μανθάνειν.

CLXXXI. *Episcopis.*

ρπα'. Ἐπισκόποις.

Anno ut putatur 406.

Et quæ invasit Ecclesias Orientis perturbatio, vehementissima fuit ac multiplex, et magnum simul et impensum studium illud fuit, quod ad eam sedandam pietas vestra contulit. Quod si forte nihildum utilitatis inde promanarit, eos quidem qui medicinam omnem aspernantur, neque correcti sunt, miseros dicimus, vos autem laudare beatosque prædicare non intermittimus, quod cum tam diuturno elapso tempore meliorem in statum restitui res non potuerint, frangi tamen ac debilitari vos non sinatis, nec animum despondeatis, sed instetis, et strenue fortiterque auxilium feratis, quod in condemnationem cedit eorum qui ferre nos nolunt, coronas autem comparat et præmia plurima studio quod a vobis adhibetur. Idcirco nobiscum omnes, qui universum orbem terrarum incolunt, vos prædicant, et corona donant, quod tanto licet intervallo disjunctos, neque itineris longitudo, neque temporis intercapedo negligentiores reddiderit, sed quasi vicini essetis eorum quæ gerebantur, atque ipsis oculis ea quæ perpetrabantur scelera conspiceretis, ita fortiter strenueque, quæ vestrarum erant par-

Καὶ ἡ καταλαβοῦσα τὰς Ἐκκλησίας τὰς κατὰ τὴν ἀνατολὴν ταραχὴ, σφοδροτάτη καὶ ποικίλη, καὶ ἡ
B παρὰ τῆς εὐλαβείας ὑμῶν εἰσενεχθεῖσα εἰς τὴν διόρθωσιν ταύτης σπουδὴ, πολλὴ καὶ δαψιλής. Εἰ δὲ μηδὲν μηδέπω γέγονε πλέον, τοὺς μὲν ἀνίατα νοσοῦντας καὶ μὴ διορθωθέντας ταλανίζομεν, ὑμᾶς δὲ θαυμάζοντες καὶ μακαρίζοντες οὐ διαλιμπάνομεν, ὅτι μετὰ τοσοῦτον χρόνον τῶν πραγμάτων ἀδιορθώτων μεινάντων, οὐκ ἀπεκάμετε, οὐδὲ ὕπτιοι γεγόνατε, * ἀλλὰ καὶ ἐπίκεισθε, ἔτι ἀκμαζούσῃ τῇ προθυμίᾳ τὴν παρ' ἑαυτῶν εἰσφέροντες συμμαχίαν, εἰς κρίμα μὲν τῶν οὐκ ἐθελόντων ὑμῶν ἀνασχέσθαι, εἰς στεφάνους δὲ τῆς ὑμετέρας σπουδῆς, καὶ βραβεῖα πολλά. Διὰ ταῦτα
C ὑμᾶς καὶ ἡμεῖς, καὶ πάντες οἱ κατὰ τὴν οἰκουμένην ἀνακηρύττουσι καὶ στεφανοῦσιν, ὅτι ἐκ τοσούτου καθημένους διαστήματος, οὐ τῆς ὁδοῦ τὸ μῆκος, οὐ τοῦ χρόνου τὸ πλῆθος ῥαθυμοτέρους ἐποίησεν, ἀλλ' ὡς πλησίον ὄντες τῶν γενομένων, καὶ αὐταῖς ὄψεσιν ὁρῶντες τὰς γενομένας παρανομίας, οὕτως ἐῤῥωμενεστάτῃ προθυμίᾳ τὰ παρ' ἑαυτῶν [a] εἰσφέρειν ἐσπουδάκατε. Εἰ δὲ μήπω τὴν ἄκαιρυν φιλονεικίαν καὶ τὸν ἄλογον πόλεμον καταλύειν βούλονται οἱ ταῦτα ἐξ
D ἀρχῆς τεκόντες τὰ κακὰ, μηδὲν ὑμᾶς τοῦτο θορυβείτω, μήτε ἀποκάμνειν ποιείτω· ὅσῳ γὰρ ἂν πλείων

* [Sic scribendum duximus. Morel. et Montf. καὶ ἀλλ' ἐπ. Savil. ἀλλ' ἐπ.]

[a] Εἰσφέρειν deest in duobus Mss. [Mox τὴν ἄκαιρον et ὅσῳ γὰρ ἂν e Savilio recepimus.]

ὁ πόνος ὑμῖν ἐγγένηται, τοσούτῳ καὶ μείζων ἔσται ὁ στέφανος, τοῦ Θεοῦ τὰς ἀῤῥήτους ὑμῖν καὶ ἀφάτους ἐκείνας καὶ λόγον ὑπερβαινούσας ὁρίζοντος ἀμοιβάς.

tuum, præstare studueritis. Quod si necdum importunæ suæ contentioni et injusto bello finem imponere volunt, qui horum a principio malorum auctores fuerunt, ne vos conturbet istud, neve animos vestros debilitet: quanto enim major vobis exoritur labor, tanto etiam major corona nectetur, cum Deus arcana illa et ineffabilia, quæque omnem sermonem excedunt, præmia vobis constituet.

ρπβ'. [b] Βενερίῳ ἐπισκόπῳ Μεδιολάνων.

Τὴν ἀνδρείαν ὑμῶν, καὶ τὴν παῤῥησίαν, καὶ τὴν ὑπὲρ τῆς ἀληθείας ἐλευθεροστομίαν καὶ πρότερον μὲν ἅπαντες ᾔδεσαν· ἔδειξε δὲ ἀκριβέστερον ὁ παρὼν E καιρὸς τὴν φιλαδελφίαν, τὴν ἀγάπην, τὴν εὐλάβειαν, τὴν πολλὴν συμπάθειαν ὑμῶν, τὴν κηδεμονίαν τὴν ὑπὲρ τῶν Ἐκκλησιῶν. Ἐπεὶ καὶ κυβερνήτην ὁ χειμὼν μάλιστα δείκνυσι τῆς θαλάσσης, καὶ ἰατρὸν ἄριστον τὰ χαλεπὰ τῶν σωμάτων νοσήματα· οὕτω καὶ τὸν ἐν εὐλαβείᾳ ζῆν ἐσπουδακότα, καὶ πολλὴν ἔχοντα ἀνδρείαν, ἡ τῶν καιρῶν δυσκολία. Ὃ δὴ καὶ ἐφ' ὑμῶν γέγονε, καὶ τό γε ὑμέτερον μέρος, ἅπαντα διώρθωται, καὶ οὐδὲν ἐλλέλειπται. Ἀλλ' ἐπειδὴ οἱ 703 A τὰς ταραχὰς καὶ τεκόντες καὶ τίκτοντες εἰς τοῦτο ἦλθον παρανοίας, ὡς μὴ μόνον μὴ ἐγκαλύπτεσθαι τοῖς προτέροις, ἀλλὰ καὶ ἐπαγωνίζεσθαι ἐκείνοις, παρακαλῶ κοινῇ πάντας ὑμῶν ἐῤῥωμενεστάτῃ χρήσασθαι τῇ προθυμίᾳ, καὶ μὴ καταλῦσαι τὴν τοσαύτην σπουδὴν, ἀλλὰ καὶ προστιθέναι μειζόνως, κἂν μυρίαι δυσκολίαι παρεμπίπτωσιν. Οἱ γὰρ μετὰ πλειόνων ἱδρώτων καὶ πόνων μέγα τι καὶ γενναῖον κατορθοῦντες, τῶν ῥᾳδίως καὶ μετ' εὐκολίας τοῦτο ποιούντων πλείονα λήψονται τὸν μισθόν. Ἕκαστος γὰρ, φησὶν ὁ μακάριος Παῦλος, τὸν ἴδιον μισθὸν λήψεται, κατὰ τὸν ἴδιον κόπον. Μὴ τοίνυν τὸ πολλὰ κεκμηκέναι ποιείτω ὑμᾶς ἀπαγορεύειν· ἀλλ' αὐτὸ δὴ τοῦτο μᾶλ- B λον διεγειρέτω. Ὅσῳ γὰρ ἂν προσθήκην λάβῃ τὰ τῶν πειρασμῶν, τοσούτῳ μᾶλλον αὔξεται τὰ τῶν στεφάνων, καὶ πλεονάζει τὰ ὑπὲρ τῶν καλῶν τούτων ὑμῖν ἀγώνων ἀποκείμενα βραβεῖα.

CLXXXII. *Venerio episcopo Mediolanensi.*

Omnes quidem fortitudinem vestram, ac fidu- Anno 406. ciam, et pro veritate loquendi libertatem etiam antea noverant: sed accuratius fraternum vestrum amorem, caritatem, religionem, multam commiserationem, sollicitudinem Ecclesiarum hoc tempus indicavit. Nam gubernatorem quoque maris tempestas præsertim indicat, et optimum medicum graviores corporum morbi: sic et illum qui religiose vitam suam traducere studuit, ac multa præditus est fortitudine, temporum difficultates ostendunt. Quod vobis etiam contigit, et quantum in vobis fuit, omnia bene successerunt, neque ulla pars officii vestri desiderata est. Sed quoniam illi qui turbas excitarunt, et excitant, eo dementiæ sunt progressi, ut non modo priora gessisse illos non pudeat, sed illis etiam graviora patrare contendant, omnes vos simul cohortor, ut fortissimam alacritatem animi adhibeatis, neque de tanto studio quidquam remittatis, sed illud amplius etiam augeatis, licet innumeræ difficultates occurrant. Qui enim pluribus cum sudoribus ac laboribus magnum aliquod ac generosum facinus ediderit, uberiorem illis, qui facile ac nullo negotio idipsum gesserint, mercedem accipiet. Siquidem *Unusquisque,* inquit beatus Paulus, *propriam* 1. Cor. 3. 8. *mercedem accipiet, secundum proprium laborem.* Ne igitur idcirco animum despondeatis, quod multi vobis fuerint exantlandi labores, sed hoc ipsum magis vos excitet. Quanto enim major afflictionum fit accessio, tanto magis augentur coronæ, ac multiplicantur ea præmia, quæ vobis pro his præclaris certaminibus reconduntur.

[b] Venerius Mediolanensis ad Chrysostomum scripsisse fertur apud Palladium in Vita Chrysostomi cap. 4. Hic etiam commemoratur supra in epist. Innocentii ad Chrysostomum.

CLXXXIII. Hesychio episcopo Salonensi.

Anno 406. Etsi magno itineris intervallo a reverentia tua disjungimur, et ad extremos usque orbis terrarum fines relegati sumus; tamen levi caritatis penna utentes, quæ faciles reddit ejusmodi C peregrinationes, et propinqui sumus tibi, et tecum versamur, ac debitam per literas salutationem persolvimus, teque hortamur, ut ad juvandas Orientis Ecclesias conveniens studium adhibeas. Scis enim quanta sit parata merces ei qui divexatis Ecclesiis manum porrexerit, et tantam procellam in tranquillitatem converterit, ac bellum adeo grave restinxerit. Atque ad hæc vos hortamur, non quasi admonitione nostra indigeatis; siquidem antequam nostras literas accepissetis, quæ vestri muneris erant, ipsi præstitistis: sed quia nondum subla- D ta sint mala, sed adhuc vigent et urgent, oramus vos, ut ne animo concidatis, neque malis cedatis, sed quamdiu manent ulcera, quibus Ecclesiæ corpus affligitur, vestra medicamenta adhibeatis. Quanto enim pluribus cum laboribus res geruntur, tanto vobis amplior etiam merces constituetur.

ρπγ'. [a] Ἡσυχίῳ ἐπισκόπῳ Σαλώνων.

Εἰ καὶ πολλῷ διειργόμεθα τῷ τῆς ὁδοῦ μήκει τῆς τιμιότητός σου, καὶ πρὸς αὐτὰς ἐσμεν τῆς οἰκουμένης τὰς ἐσχατιὰς ἀπῳκισμένοι, ἀλλ' ὅμως τῷ τῆς ἀγά- C πης πτερῷ χρώμενοι, κούφῳ τε ὄντι, καὶ ῥᾳδίας τὰς τοιαύτας ἀποδημίας ἐργαζομένῳ, πλησίον τέ σού ἐσμεν, καὶ σύνεσμέν σοι, καὶ τὴν ὀφειλομένην τῶν γραμμάτων ἀποδιδόαμεν πρόσρησιν, καί σε παρακαλοῦμεν τὴν προσήκουσαν ὑπὲρ τῶν Ἐκκλησιῶν τῶν κατὰ τὴν ἀνατολὴν ποιήσασθαι σπουδήν. Οἶσθα γὰρ ἡλίκος ἐστὶν ὁ μισθὸς Ἐκκλησίαις πονουμέναις χεῖρα ὀρέγειν, ταραχὴν τοσαύτην εἰς γαλήνην μεταθεῖναι, καὶ πόλεμον οὕτω σφοδρὸν καταλῦσαι. Καὶ ταῦτα οὐχ ὡς δεομένους ὑμᾶς τῆς παρ' ἡμῶν ὑπομνήσεως παρακαλοῦμεν· καὶ γὰρ καὶ πρὸ τῶν ἡμετέρων γραμμάτων τὰ παρ' ὑμῶν αὐτοὶ πεποιήκατε· ἀλλ' ἐπειδὴ οὐδέπω D τὰ δεινὰ λέλυται, ἀλλὰ καὶ ἀκμάζει, ἀξιοῦμεν ὑμᾶς μὴ ἀναπεσεῖν, μηδὲ [b] περικακῆσαι, ἀλλ' ἕως μένει τὰ ἕλκη τὸ σῶμα τῆς Ἐκκλησίας συντρίβοντα, καὶ τὰ παρ' ὑμῶν φάρμακα ἐπιτιθέναι· καὶ γὰρ ὅσῳ μετὰ πλειόνων πόνων ἀνύεται τὰ προκείμενα, τοσούτῳ πλείων ὑμῖν κείσεται καὶ ὁ μισθός.

CLXXXIV. Gaudentio episcopo Brixiano.

Anno ut putatur 406. Nihil nos latet rerum tuarum, sed tamquam præsentes probe novimus studium tuum, vigilantiam, curas, labores quos pro veritate suscepisti, tibique ingentes gratias agimus: neque E mediocrem in tanta degentes solitudine consolationem haurimus ex tuæ caritatis ardore ac sinceritate, cujus, dum hic periculum fecimus, istic quoque integram illam vigere cognovimus, nec ullo modo aut temporis diuturnitate, aut itineris longitudine debilitatam fuisse. Quo nomine multam tibi gratiam habemus, teque hortamur, 704 A ut in instituto pergas, et idem semper studium præ te feras. Non enim ignoras, quot Ecclesiarum salus nunc agatur, et quam eximium futurum sit hoc opus. Hæc igitur cogitans, domine mi reverendissime ac religiosissime, in eodem studio perseverare dignare: sic enim fiet, ut exiguis laboribus exantlatis, immortalia vobis pro his

ρπδ'. [c] Γαυδεντίῳ ἐπισκόπῳ Βρίξης.

Οὐδὲν ἡμᾶς ἔλαθε τῶν σῶν, ἀλλ' ἔγνωμεν σαφῶς ὡς παρόντες τὴν σπουδήν σου, τὴν ἀγρυπνίαν, τὴν φροντίδα, τοὺς καμάτους, τοὺς πόνους οὓς ὑπὲρ τῆς E ἀληθείας ἐπεδείξω, καί σοι χάριτας πολλὰς ὁμολογοῦμεν· καὶ ἐν τοσαύτῃ καθήμενοι ἐρημίᾳ, μεγίστην ἔχομεν παράκλησιν, τῆς ἀγάπης σου τὸ θερμὸν καὶ γνήσιον, ἧς πεῖραν ἐνταῦθα λαβόντες, ἔγνωμεν αὐτὴν ἀκμάζουσαν καὶ ἐκεῖσε, καὶ οὐδὲν οὔτε τῷ πλήθει τοῦ χρόνου, οὔτε τῷ μήκει τῆς ὁδοῦ καταμαρανθεῖσαν. Διὰ τοῦτό σοι χάριτας ἴσμεν πολλὰς, καί σε παρακα- 704 A λοῦμεν μένειν τὴν αὐτὴν ἐπιδεικνύμενον σπουδήν. Οἶδας γὰρ ὑπὲρ ὅσων Ἐκκλησιῶν ὑμῖν ὁ ἀγὼν πρόκειται νῦν, καὶ ἡλίκον ἔσται τοῦ κατορθώματος τὸ μέγεθος. Ταῦτ' οὖν ἐννοῶν, δέσποτά μου τιμιώτατε καὶ εὐλαβέστατε, ἐπιμεῖναι τῇ αὐτῇ σπουδῇ παρακλήθητι. Οὕτω γὰρ ὀλίγα κάμνοντες, ἀθάνατα ἑαυτοῖς

[a] Hesychius Salonensis episcopus ille putatur esse, cujus exstat commentarius in Leviticum.

[b] Savil. in textu παρακακῆσαι, in marg. περικ. Id. mox in textu ἕως ἂν μένῃ, in marg. ἕως μένει.

[c] Gaudentii Brixiani episcopi exstant sermones in Exodum et in Evangelia, atque alia quædam opuscula. Ibid. Βρίξης, Savil. Βρύξης. Codex unus Frontonis Ducæi Βρίξης.

προαποθήσεσθε ἐν τοῖς οὐρανοῖς τῶν καλῶν τούτων ἀγώνων τὰ βραβεῖα.

præclaris certaminibus in cælo præmia recondatis.

ρπε'. Πενταδίᾳ διακόνῳ.

Μακρὰν ἐσίγησας σιγὴν, καίτοι πολλῶν ὄντων τῶν ἐκεῖθεν ἀφικνουμένων πρὸς ἡμᾶς. Τί ποτ' οὖν ἂν εἴη τὸ αἴτιον; τῶν πραγμάτων ὁ θόρυβος; Ἄπαγε· τοῦτο οὐκ ἂν εἴποιμι· οἶδα γάρ σου τὴν μεγάλην καὶ ὑψηλὴν ψυχὴν, τὴν καὶ ἐν πολλοῖς κλυδωνίοις δυναμένην ἐξουρίας πλεῖν, καὶ ἐν μέσοις κύμασι γαλήνης ἀπολαύειν λευκῆς. Καὶ τοῦτο δι' αὐτῶν τῶν πραγμάτων ἔδειξας, καὶ πρὸς αὐτὰς τὰς ἐσχατιὰς τῆς οἰκουμένης ἦλθεν ἡ φήμη τὰ σὰ φέρουσα κατορθώματα, καὶ πάντες σε ἀνακηρύττουσιν, ὅτι καὶ ἐν ἑνὶ χωρίῳ ἱδρυμένη καὶ τοὺς πόῤῥωθεν ὄντας διὰ τῆς εὐλαβείας τῆς σῆς διεγείρεις, καὶ προθυμοτέρους ποιεῖς. Τίς οὖν ἡ αἰτία τῆς σιγῆς; Ἐγὼ μὲν εἰπεῖν οὐκ ἔχω. Παρακαλῶ δέ σου τὴν ἐμμέλειαν διὰ τοῦ τὰ γράμματα ἐγχειρίζοντός σου τῇ εὐλαβείᾳ, δι' αὐτοῦ δηλῶσαι ἡμῖν τὰ περὶ τῆς ὑγιείας τῆς σῆς, καὶ τῆς εὐθυμίας, καὶ τῆς ἀσφαλείας, καὶ σοῦ καὶ τοῦ οἴκου σου παντός· ἵνα καὶ ἐκ τοσούτου καθήμενοι διαστήματος, καὶ ἐν οὕτω χαλεπωτάτῃ ἐρημίᾳ διατρίβοντες, πολλὴν ἀπὸ τῶν τοιούτων γραμμάτων καρπωσώμεθα τὴν παράκλησιν.

CLXXXV. *Pentadiæ diaconissæ.*

Anno 405, ut putatur.

Diuturno silentio usa es, tametsi multi erant qui ad nos istinc proficiscerentur. Quid ergo tandem in causa fuit? num rerum perturbatio? Absit; hoc ego de te numquam dixerim: novi quippe magnum et excelsum animum tuum, qui vel in multis tempestatibus potest felicissimo navigare, atque in mediis fluctibus tranquillitate magna frui. Id vero tu rebus ipsis demonstrasti, tuorumque nuntia recte factorum ad extremos usque fines orbis terrarum fama pervenit, et omnium ore laudaris, quod cum in uno constituta sis loco, longe dissitos excites tua pietate, atque alacriores efficias. Quænam igitur est causa silentii? Equidem dicere minime possum. Tuam autem oro suavitatem, ut per eum qui literas piotati tuæ tradet in manus, de tua valetudine, tranquillitate animi ac securitate cum tua, tum universæ domus tuæ, certiores non facias: ut licet tanto a te intervallo sejuncti, atque in tam molesta degentes solitudine, multum ex ejusmodi literis percipiamus solatium.

ρπς'. Ἀλυπίῳ.

Αὐτὸς μὲν ἔδεισας μὴ τῷ πρότερον ἐπιπηδῆσαι τοῖς πρὸς ἡμᾶς γράμμασι προπετείας μέμψει περιπέσῃς· αὐτοῖς γάρ σου χρήσομαι τοῖς ῥήμασιν· [a] ἐγὼ δέ σε τοσοῦτον ἀπέχω τούτου γράψασθαι, ὅτι καὶ ῥᾳθυμίαν ἐγκαλῶ τῆς βραδυτῆτος ἕνεκεν, καὶ μειζόνως ἀνεκήρυξα πρότερον ἐπεσταλκότα. Καὶ τοῦτο λέγω, αὐτῇ πάλιν σου τῇ ψήφῳ εἰς ἀπόδειξιν τούτου κεχρημένος. Ἔφης γὰρ, τοῦτο μάλιστα φιλοστοργίας εἶναι, τὸ καὶ σιωπῶντας προσειπεῖν. Ἐπεὶ οὖν τό τε δέος σοι τῆς προπετείας ἀνῄρηται, ὅπερ οἱ δεόντως ἐδεδοίκεις, τοῦτό τε μείζονος ἀποδέδεικται σημεῖον ἀγάπης, πέμπε λοιπὸν ἡμῖν νιφάδας γραμμάτων. Οἶσθα γὰρ ὅπως καὶ διετέθημεν καὶ διακείμεθα περὶ τὴν σὴν ἐμμέλειαν. Κἂν γὰρ εἰς ἐρημότατον τοῦτο χωρίον ἀπενεχθῶμεν, [b] κἂν εἰς αὐτὰ τῆς οἰκουμένης τὰ πέρατα, τῆς εἰλικρινοῦς ἀγάπης καὶ δόλον οὐκ ἐχούσης οὐδέποτε ἐπιλαθέσθαι δυνάμεθα, ἀλλὰ καθ' ἑκάστην σε τὴν ἡμέραν φανταζόμενοι διατελοῦμεν, τὰς ἀρετάς σου τῆς ψυχῆς διὰ τῆς μνήμης ἀναπλάτ-

CLXXXVI. *Alypio.*

Cuenso anno 404.

Tu quidem veritus es, ne, quod prior ad nos scripsisses, in præcipitationis reprehensionem incurreres: ipsis enim tuis utar verbis; ego vero tantum abest, ut hujusce rei tibi actionem intendam, ut etiam negligentiæ propter tarditatem te accusem, et amplius ante laudarim, cum prior literas ad nos misisses. Atque hoc ego dico, ut tua ipsius sententia ad id comprobandum utar: sic enim dixisti, hoc præcipue propensioris esse amicitiæ, ut etiam tacentes literis appellemus. Quando igitur et præcipitationis ac temeritatis metus est exemtus, quo sine causa correptus fueras, et hoc ipsum majoris indicium caritatis ostensum est, ingentem ad nos deinceps literarum copiam mitte. Non enim te fugit quo animo erga tuam suavitatem affecti et fuerimus, et simus. Nam licet in hunc desertissimum locum relegati simus, licet ad ipsos orbis terrarum ultimos fines, sinceræ

[a] Coislin. ἐγὼ δέ τοσοῦτον ἀπέχω τούτου γράψασθαι.

[b] Duo Mss. κἂν πρὸς αὐτὰ τῆς οἰκουμένης τὰ τέρματα, τῆς εὐγενοῦς σου ψυχῆς, τῆς ἐλευθέρας, τῆς ἀπλάστου, τῆς εἰλικρινοῦς· et infra iidem διὰ τῆς μνήμης ἀνάπτοντες.

tuæ minimeque fucatæ caritatis oblivisci non possumus, sed singulis diebus illam mente versare non desinimus, animæque tuæ virtutes recordatione nobis effingere. Ac cuperemus quidem crebrius ad vos scribere: sed quoniam id nobis est difficile, qui a vobis adeo sejuncti sumus, vobis autem perfacile, hortamur vos, ut frequentes ad nos literas de vestra totiusque domus vestræ valetudine mittatis: sic enim peregre degentes solatio non mediocri perfruemur.

705 τοντες. Καὶ ἐβουλόμεθα μὲν συνεχέστερον ἐπιστέλλειν·
A ἐπειδὴ δὲ τοῦτο ἐργῶδες ἡμῖν ἐστι, τοσοῦτον ὑμῶν ἀπῳκισμένοις, ὑμῖν δὲ ῥᾴδιον, παρακαλοῦμεν συνεχῶς ἡμῖν ἐπιστέλλειν τὰ περὶ τῆς ὑγείας τῆς σῆς, καὶ παντὸς ὑμῶν τοῦ οἴκου. Οὕτω γὰρ, καὶ ἐν ἀλλοτρίᾳ διατρίβοντες, πολλὴν καρπωσόμεθα τὴν παράκλησιν.

CLXXXVII. *Procopio.*

Ab anno 404. ad 407.

Quamquam exigua nobis tecum istic consuetudo fuit, domine plurimum suspiciende, magnum tamen sinceræ tuæ caritatis, animi quieti, sinceri ac ferventis amoris periculum fecimus. Quapropter etiam ad ipsos orbis terrarum fines relegati, atque ad ipsam extremam solitudinem abducti, quoniam ubique te circumferimus, quocumque tandem proficiscamur, et insculptum in pectore gestamus, ex tanto licet intervallo scribimus, ac debitam salutationem persolvimus: tuamque suavitatem oramus, ut nisi grave sit ac molestum, hanc ipse nobis gratiam concedas, et de tua valetudine lætum ad nos nuntium mittas. Hæc enim etiam te minime scribente intelligimus, dum eos qui istinc veniunt sciscitamur, quod magno nobis studio sit, ut de tua valetudine ac nominis celebritate certiores fiamus: cupimus tamen linguæ tuæ ac manus tuæ beneficio nobis eadem innotescere, ut duplicem voluptatem carpamus, tum quod scribamus, tum quod literas a tua nobilitate missas recipiamus. Hanc vero nobis concede gratiam, quæ et jucundissima est, ac rationi consentanea, et multa lætitia nos perfundit.

ρπζʹ. Προκοπίῳ.

Ὀλίγα μέν σοι συνεγενόμεθα αὐτόθι, δέσποτά μου θαυμασιώτατε, πολλὴν δέ σου τὴν πεῖραν τῆς γνησίας εἰλήφαμεν ἀγάπης, καὶ τῆς ἀπράγμονος ψυχῆς, καὶ
B τῆς γνησίας καὶ θερμῆς διαθέσεως. Διὸ καὶ πρὸς αὐτὰ τῆς οἰκουμένης ἀπῳκισθέντες τὰ τέρματα, καὶ πρὸς αὐτὴν τὴν ἐσχάτην ἐρημίαν [a] ἀπενεχθέντες, διὰ τὸ πανταχοῦ σε περιφέρειν, ὅπουπερ ἂν ἀπίωμεν, καὶ ἔχειν ἐγκεκολαμμένον τῷ συνειδότι, καὶ γράφομεν ἐκ τοσούτου διαστήματος, καὶ τὴν ὀφειλομένην ἀποδιδόαμεν πρόσρησιν· καί σου παρακαλοῦμεν τὴν ἐμμέλειαν, εἰ μὴ βαρὺ καὶ ἐπαχθὲς, καὶ αὐτὸν ἡμῖν ταύτην παρέχειν τὴν χάριν, καὶ τὰ περὶ τῆς ὑγείας εὐαγγελίζεσθαι ἡμᾶς τῆς σῆς. Μανθάνομεν γὰρ αὐτὰ καὶ μὴ γράφοντος, τοὺς ἐκεῖθεν ἀφικνουμένους ἐρωτῶντες, διὰ τὸ σφόδρα περισπούδαστον εἶναι ἡμῖν εἰδέναι τὰ περὶ
C τῆς ῥώσεως τῆς σῆς καὶ τῆς εὐδοκιμήσεως· βουλόμεθα δὲ καὶ παρὰ τῆς γλώττης τῆς σῆς, καὶ παρὰ τῆς χειρὸς τῆς σῆς ταῦτα δηλοῦσθαι, ὥστε διπλῆν ἡμᾶς [b] καρποῦσθαι τὴν ἡδονὴν, ἀπό τε τοῦ γράφειν, ἀπό τε τοῦ γράμματα δέχεσθαι παρὰ τῆς εὐγενείας τῆς σῆς. Δίδου δὴ ταύτην ἡμῖν τὴν χάριν, ἡδίστην τε οὖσαν καὶ εὔλογον, καὶ πολλὴν ἡμῖν παρέχουσαν τὴν εὐφροσύνην.

CLXXXVIII. *Marcellino.*

Cucuso anno 404.

Nos quidem in omnium desertissimum locum Cucusum relegati sumus: cum tamen nobis in mentem venit vestræ caritatis, qua nos complectimini, ingentem percipimus consolationem, atque in solitudine divites sumus. Neque enim is vulgaris est thesaurus, si viros nanciscaris, qui sincere amare noverint. Ideo tametsi corpore minime adsumus, vobiscum anima devincti sumus, et catena caritatis obstricti. Hinc etiam fit,

ρπηʹ. Μαρκελλίνῳ.

Εἰς μὲν αὐτὸ τὸ πάντων ἐρημότατον χωρίον ἀπή-
D χθημεν, [c] τὴν Κουκουσόν· πλὴν ὅταν τὴν ἀγάπην ὑμῶν τῶν φιλούντων ἡμᾶς ἐννοήσωμεν, μεγίστην καρπούμεθα παράκλησιν, ἐν ἐρημίᾳ πλουτοῦντες. Οὐδὲ γὰρ ὁ τυχὼν θησαυρὸς, ἀνδρῶν ἐπιτυγχάνειν γνησίως φιλεῖν εἰδότων. Διὰ δὴ τοῦτο κἂν μὴ τῷ σώματι παρῶμεν, ὑμῖν τῇ ψυχῇ συνδεδέμεθα, τῇ τῆς ἀγάπης ἁλύσει σφιγγόμενοι. Ὅθεν καὶ ἐπιστέλλομεν ἐκ τοσούτου διαστήματος, καὶ τὴν ὀφειλομένην ἀποδιδόα-

[a] Reg. ἀπενεχθέντες. Savil. item in textu ἀπενεχθέντες, in marg. ἀχθέντες, Morel. ἀναχθέντες.

[b] Duo Mss. καρπώσασθαι.

[c] Vatic. τὴν Κουκουσόν de more. Vide supra epist. 81.

μεν πρόσρησιν. Ὅτι γὰρ εἰς τοὺς πρώτους σε τῶν ἐραστῶν ἐγράψαμεν τῶν ἡμετέρων, οὐδὲ αὐτὸς ἀγνοεῖς, δέσποτά μου θαυμασιώτατε. Δίδου δὴ καὶ αὐτὸς ταύτην ἡμῖν τὴν χάριν, καὶ συνεχῶς ἡμῖν ἐπί- E στελλε, τὰ περὶ τῆς ὑγείας τῆς σῆς εὐαγγελιζόμενος, ἵνα καὶ τῷ γράφειν, καὶ τῷ δέχεσθαι τοιαύτας ἐπιστολὰς, πολλὴν καρπωσώμεθα τὴν παραμυθίαν καὶ εὐφροσύνην, καὶ μεγίστης, καὶ ἐν ἐρημίᾳ διατρίβοντες, ἀπολαύσωμεν παρακλήσεως.

ut ad vos tanto intervallo disjuncti scribamus, ac debitam salutationem persolvamus. Nam in primorum numerum amicorum te adscriptum a E nobis fuisse nec ipse ignoras, domine mi plurimum suspiciende. Hanc igitur nobis et ipse gratiam concede, ut frequenter ad nos literas mittas, quæ de tuæ valetudinis statu læta nuntient, ut et dum scribimus, et dum ejusmodi literas accipimus, multam consolationem ac voluptatem carpamus, et maximo etiam in solitudine degentes solatio perfruamur.

ρπθ'. Ἀντιόχῳ.

Πότε γάρ σου ἐπιλαθέσθαι δυνάμεθα τῆς γλυκείας 700 καὶ θερμῆς διαθέσεως, τῆς γνησίας καὶ εἰλικρινοῦς A ἀγάπης, τῆς ἐλευθέρας γνώμης καὶ ὑψηλῆς, τῆς πεπαῤῥησιασμένης ψυχῆς; Κἂν γὰρ πρὸς αὐτὰς ἀπέλθωμεν τὰς ἐσχατιὰς τῆς οἰκουμένης, πανταχοῦ σε περιφέροντες ἄπιμεν, τὸν θερμὸν ἡμῶν ἐραστὴν, καὶ σφόδρα ἡμῖν τῷ τῆς ἀγάπης νόμῳ συνδεδεμένον. Διὸ καὶ πρὸς αὐτὴν τὴν ἐρημίαν τῆς καθ' ἡμᾶς οἰκουμένης ἀπῳκισμένοι, τὴν Κουκουσὸν λέγω, καὶ οὐ ῥᾳδίως ἐπιτυχεῖν τῶν τὰ γράμματα διακομιζόντων δυνάμενοι, πολλὴν ἐποιησάμεθα σπουδὴν ἐπιζητῆσαί τε καὶ εὑρεῖν τὸν ταύτην ἡμῶν τὴν ἐπιστολὴν διακομίζοντα, ὥστε σου προσειπεῖν τὴν θαυμασιότητα, καὶ τὴν B ὀφειλομένην πρόσρησιν ἀποδοῦναι τῇ μεγαλοπρεπείᾳ τῇ σῇ. Ὅτι δὲ καὶ αὐτὸς ἐξ ὧν ἤδη πεποίηκας, οὐ δεήσῃ τῆς παρ' ἡμῶν ὑπομνήσεως εἰς τὸ συνεχῶς ἡμῖν ἐπιστέλλειν, καὶ τὰ περὶ τῆς ὑγείας τῆς σῆς εὐαγγελίζεσθαι, οὐδὲν οἶμαι δεῖν ἀμφιβάλλειν. Καὶ γὰρ οὐ τὴν τυχοῦσαν καρπωσόμεθα παράκλησιν, ὅταν παρ' ὑμῶν τῶν σφόδρα ἡμᾶς ἀγαπώντων δεχώμεθα γράμματα, περὶ τῆς ῥώσεως τῆς ὑμετέρας δηλοῦντα, καὶ τὴν ἀγάπην διὰ τῶν ἐπιστολῶν συνεχῶς ἀνανεοῦντα, καὶ τὴν παρουσίαν τῆς ὑμετέρας ἀγάπης ποιοῦντα φαντάζεσθαι. Ἀρκεῖ γὰρ πυκνότης ἐπιστολῶν, ὅταν παρὰ φίλων γνησίων φέρηται, καὶ τῆς πα- C ρουσίας σοφίσασθαι τὴν ἡδονήν.

CLXXXIX. Antiocho.

Cucuso anno 404.

Ecquando tandem suavis et ardentis amoris A tui, sinceræ minimeque fucatæ caritatis poterimus oblivisci, mentis ingenuæ ac sublimis, animi confidentis? Quamvis enim ad ipsos ultimos orbis terrarum fines proficiscamur, ubique te circumferimus abeuntes, fervidum nostri amatorem, et arctissima caritatis nobiscum lege devinctum. Quocirca vel in ipsam nostri hujus orbis terrarum solitudinem, Cucusum nimirum relegati, quamvis haud facile, qui literas perferant, nancisci queamus, omnem adhibuimus diligentiam, ut investigaremus, ac reperiremus, B qui nostram hanc epistolam ad te perferret, ut sublimitatem tuam compellaremus, ac debitam salutationem magnificentiæ tuæ persolveremus. Neque vero in dubium revocari debere arbitror, cum ea quæ jam a te sunt gesta considero, quin sine nostra admonitione ad nos literas crebro mittere, et de tua valetudine certiores nos facere memineris. Non enim mediocrem consolationem hauriemus, cum a vobis, a quibus impense diligimur, literas accipere licebit, quæ valetudinis vestræ statum exponant, et epistolæ ministerio caritatem subinde renovent, ac vestram præsen- C tiam nobis ob oculos ponant. Siquidem potest frequentia literarum eam, quæ ex præsentia perciperetur, lætitiam ac voluptatem adumbrare, cum a sinceris amicis transmissæ fuerint.

CXC. Brisoni.

Anno 404. Quid hoc rei esse dicam? Siccine tu, qui cum nos istic essemus, innumera facere ac dicere studuisti, atque urbi, vel potius toti orbi terrarum innotuisti ob eum amorem, quem erga nos ostendebas, neque silentio tegere id poteras, sed et rebus ipsis et verbis ubique specimen ejus edebas, literas ad nos ne semel quidem dignatus es mittere, idque, cum summo tuarum epistola- D rum desiderio teneremur, tuasque literas expeteremus? Nescis quantam ex eo percepturi essemus consolationem, quod tam ardentis amicitiæ fetus literas acciperemus? Atque hæc ego non exprobrandi causa dico, quippe qui sciam te, sive scribas, sive sileas, ingentem benevolentiam erga nos conservare, sed quod tuarum desiderio flagrem epistolarum. Ac solemus quidem, etiamsi non scribas, eos qui istinc adveniunt, sciscitari de tua valetudine atque hilaritate, ac summopere lætari, cum ea quæ desideramus, E audimus: sed linguæ tuæ ac dexteræ tuæ beneficio hæc intelligere cuperemus. Nisi ergo fortasse grave sit ac molestum quod petimus, nunc saltem hanc nobis concede gratiam, quæ maxima est et jucundissima et magnam nobis pariet voluptatem.

ρϟ΄. [a] Βρίσωνι.

Τί τοῦτο; Αὐτόθι μὲν ὄντων ἡμῶν μυρία καὶ ποιεῖν καὶ λέγειν ἐσπούδακας, καὶ τῇ πόλει πάσῃ, μᾶλλον δὲ τῇ οἰκουμένῃ κατάδηλος γέγονας ἐπὶ τῷ φίλτρῳ, ᾧ περὶ ἡμᾶς ἐπιδείκνυσαι, μὴ στέγων αὐτὸ σιγῇ κατέχειν, ἀλλὰ διὰ τῶν ἔργων, διὰ τῶν ῥημάτων πανταχοῦ ἐπιδεικνύμενος, ἐπιστεῖλαι δὲ ἡμῖν οὐδὲ ἅπαξ κατεδέξω, καὶ ταῦτα σφόδρα διψῶσι τῶν ἐπιστολῶν τῶν σῶν, καὶ τῶν γραμμάτων ἐπιθυμοῦσιν; Οὐκ οἶσθα ὅσην ἐμέλλομεν καρποῦσθαι παράκλησιν τῆς οὕτω γνησίας ψυχῆς, τῆς οὕτω θερμῆς φιλίας ἔγγονα δεχόμενοι γράμματα; Καὶ ταῦτα οὐκ ἐγκαλῶν λέγω (οἶδα γὰρ ὅτι καὶ γράφων, καὶ σιγῶν, ἀκμάζουσαν διατηρεῖς τὴν περὶ ἡμᾶς διάθεσιν), ἀλλὰ σφόδρα [b] ἐπιθυμῶν σου τῶν ἐπιστολῶν. Καὶ μὴ γράφοντος μέν σου, οὐ παυόμεθα τοὺς ἐκεῖθεν ἀφικνουμένους ἐρωτῶντες περὶ τῆς ῥώσεώς σου καὶ τῆς εὐθυμίας, καὶ σφόδρα χαίρομεν ἀκούοντες ἅπερ ἐπιθυμοῦμεν· ἀλλὰ βουλόμεθα καὶ παρὰ τῆς γλώττης τῆς σῆς, καὶ παρὰ τῆς δεξιᾶς τῆς σῆς ταῦτα μανθάνειν. Εἰ τοίνυν μὴ βαρὺ μηδὲ ἐπαχθὲς [c] ζητοῦμεν, νῦν γοῦν ταύτην ἡμῖν παράσχου τὴν χάριν, μεγίστην οὖσαν καὶ ἡδίστην, καὶ πολλὴν ἡμῖν φέρουσαν τὴν ἡδονήν.

707 A

CXCI. Ampruclæ diaconissæ.

Cucuso anno 404. Secundam accepi, quam te priorem misisse scribis, epistolam, domina mea reverendissima et ornatissima. Atque iterum dico, noli audaciam appellare, quod literas ad nos prior scripseris, neque peccatum id arbitrare quod laus est maxima. Hoc enim ferventis et ardentis documentum esse caritatis censemus, ac sinceræ minimeque fucatæ benevolentiæ tuæ, quæ flamma ipsa sit ardentior. Cum igitur hæc tibi explorata sint, hanc nobis frequenter largire gratiam, ut B

ρϟα΄. [a] Ἀμπρούκλῃ διακόνῳ.

Ἐδεξάμην δευτέραν, ἥν ἔφης προτέραν ἐπιστολὴν ἐπεσταλκέναι, δέσποινά μου τιμιωτάτη καὶ κοσμιωτάτη. Καὶ τὰ αὐτὰ πάλιν λέγω, μὴ κάλει τόλμαν τὸ προτέραν τοῖς πρὸς ἡμᾶς ἐπιπηδῆσαι γράμμασι, μηδὲ ἁμάρτημα νόμιζε τὸ μέγιστον ἐγκώμιον. Ἀγάπης γὰρ ζεούσης καὶ θερμῆς τοῦτο δεῖγμα ποιούμεθα, καὶ τῆς γνησίας καὶ εἰλικρινοῦς σου διαθέσεως τῆς φλογὸς θερμοτέρας. Ταῦτ' οὖν εἰδυῖα [b] ἐπιδαψίλευε ταύτην ἡμῖν τὴν χάριν συνεχῶς, περὶ τῆς ὑγείας ἡμῖν δηλοῦσα τῆς σῆς, καὶ πέμπε νιφάδας ἡμῖν γραμμάτων,

[a] Morel. hic habet Βρύσωνι, sed infra epist. 234 idem Morel. Βρίσωνι. Savil. in textu Βρύσωνι, in marg. Βρίσωνι. Socrat. Hist. Eccl. lib. 6, cap. 8, Βρίσων habet, qui dicitur lapide percussus, qui Briso etiam cap. 16 dicitur Chrysostomum a priore exsilio reduxisse, et apud Palladium in Vita Chrysostomi cap. 20 memoratur Βρίσσων, sic cum σσ, frater Palladii, unde liquet hoc nomen cum ι scribendum esse. Alius item Briso episc. Philipporum in Thracia commemoratur Socrat. l. 6, cap. 18. Ibid. Mss. αὐτόθι μενόντων, quæ etiam lectio quadrat.

[b] [Savil. ἐπιθυμῶν Recte. Morel. et Montf. ἐπιθυμῶ.]

[c] Reg. et Vatic. αἰτοῦμεν.

[a] Ἀμπρούκλῃ. Eamdem putat esse Ampruclam Pronto Ducæus quam Proculam, sive potius Proclam vocat Palladius in Vita Chrysostomi cap. 10: qua de re agetur in Vita S. doctoris. Ibid. Reg. et Vatic. ἐδεξάμην προτέραν, ἥν ἔφης δευτέραν ἐπιστολὴν ἐπεσταλκέναι. Sic etiam Savilius. Utrovis modo legas, eodem recidit sententia.

[b] Iidem ἐπιδαψιλεύου, et sic legit Savilius: utraque lectio quadrat.

τοῦτο ἀπαγγελούσας. Ἐὰν γὰρ θαῤῥῶμεν περὶ τῶν ἀγαπώντων ἡμᾶς, ὅτι ἐν εὐθυμίᾳ καὶ ἐν ὑγείᾳ καὶ ἐν ἀσφαλείᾳ καθεστήκατε, οὐ μικρὰν δεξόμεθα τῆς ἐν ἀλλοτρίᾳ διατριβῆς παράκλησιν, ἀλλὰ καὶ μεγίστην καρπωσόμεθα παραμυθίαν, καίτοι γε ἐσχάτην ἐρημίαν οἰκοῦντες. Λογισαμένη τοίνυν ὅσην ἡμῖν ἐργάσῃ τὴν ἑορτὴν, μὴ φθονήσῃς ἡμῖν τῆς καλλίστης ταύτης εὐφροσύνης, ἀλλ' ὡς ἂν ἐγχωρῇ, καὶ οἷόν τε ᾖ, εὐαγγελίζου διηνεκῶς ἡμῖν τὰ περὶ τῆς ῥώσεως τῆς σῆς.

de tua valetudine certiores nos facias, et sexcentis epistolis nos obruas, quæ id significent. Nam si vos qui nos amatis, et hilares esse, ac prospera valetudine et securitate frui certo confidamus, non mediocrem nostræ in regione peregrina commorationis levationem capiemus, sed et maximo solatio fruemur, licet in extrema solitudine habitemus. Tecum ergo reputans, quantam festivitatis occasionem nobis allatura sis, noli hanc nobis lætitiam invidere, sed quantum licebit, et facultas dabitur, continue felicem nobis de tua valetudine nuntium mitte.

ρϞϐ'. [c] Ὀνησικρατίᾳ.

Σφόδρα ἠλγήσαμεν καὶ ἡμεῖς ἀκούσαντες περὶ τῆς μακαρίας θυγατρός σου. Ἀλλ' ὅμως εἰδότες τὸ φιλόσοφόν σου τῆς διανοίας, καὶ τὸ ὑψηλὸν τῆς γνώμης, πάνυ θαῤῥοῦμεν ὡς ἀνωτέρα στήσῃ τῶν τοιούτων κυμάτων. Μὴ λυπεῖσθαι μὲν γὰρ ἀμήχανον, παρακαλοῦμεν δὲ συμμέτρως τοῦτο ποιεῖν εἰδυῖαν τὸ ἐπίκηρον τῶν ἀνθρωπίνων πραγμάτων, καὶ ὡς κοινὰ ταῦτα πᾶσι τὰ πάθη, καὶ ὡς φύσεως νόμος κοινὸς, καὶ τοῦ πάντων ἡμῶν Δεσπότου Θεοῦ ἀπόφασις. Οὐ γὰρ δὴ θάνατος τοῦτο, ἀλλ' ἀποδημία καὶ μετάστασις ἀπὸ τῶν χειρόνων πρὸς τὰ βελτίω. Ταῦτ' οὖν ἅπαντα λογιζομένη, φέρε γενναίως τὸ συμβὰν, καὶ εὐχαρίστει τῷ φιλανθρώπῳ Θεῷ. Εἰ γὰρ καὶ χαλεπωτέρα ἡ πληγὴ γέγονε, πρὸς τὸ νεαρὰν οὖσαν τὴν προτέραν καταλαβεῖν, ἀλλὰ καὶ λαμπρότερός σοι ὁ στέφανος τῆς ὑπομονῆς, καὶ μείζω τὰ βραβεῖα, μετ' εὐχαριστίας καὶ δοξολογίας φερούσῃ τὸ πάθος. Ἵν' οὖν καὶ ἡμεῖς μὴ σφόδρα ἀλγῶμεν, ἀλλ' εἰδῶμεν σαφῶς ὅτι γέγονέ σοί τι πλέον ἀπὸ τῶν γραμμάτων τῶν ἡμετέρων, μὴ κατοκνήσῃς ἡμῖν γράψαι τοῦτο αὐτὸ, δηλοῦσα ὅτι σοι τῆς ἀθυμίας διεσκεδάσθη τὸ νέφος, καὶ τὸ πολὺ τῆς 708 ὀδύνης τοῦ ἕλκους ὑποτέτμηται. Εἰ γὰρ ταῦτα μάθοιμεν, οὐ παυσόμεθα νιφάδας ἐπιστολῶν πέμπειν σοι· καὶ γὰρ οὐχ ὡς ἔτυχεν ἀντεχόμεθά σου τῆς εὐγενείας, γνησίας ἀεὶ καὶ εἰλικρινοῦς καὶ τιμῆς, καὶ αἰδοῦς, καὶ

CXCII. *Onesicratiæ.*

Magnum animo dolorem nos quoque cepimus, cum de morte beatæ filiæ tuæ ad nos est allatum. Verumtamen cum probe nota nobis sit animi tui sapientia, mentisque sublimitas, plane confidimus fore, ut tantis fluctibus superior evadas. Nam ut nequaquam contristeris, fieri nequit; sed te hortamur tamen, ut moderate id agas, cum probe noveris, quam fluxæ sint et caducæ res humanæ, communesque omnibus hæ calamitates, ac naturæ lex communis, et Domini omnium nostrum Dei decretum. Neque enim istud mors est, sed peregrinatio, atque a deterioribus ad meliora commigratio. Hæc igitur animo volvens omnia, generose fer quod accidit, et clementi Deo gratias age. Quamvis enim eo gravior inflicta sit plaga, quod adhuc recenti priori successerit, tamen eo tibi splendidior corona patientiæ, majoraque præmia debebuntur, si cum gratiarum actione et laude calamitatem istam tuleris. Ne igitur nos quoque magnopere doleamus, sed evidenter sciamus nonnihil tibi nostras literas profuisse, ad nos hoc ipsum scribere ne graveris, ut indices omnem tibi mœroris nubem esse discussam, ac doloris ulcus magna ex parte sanatum. Si enim hæc intellexe- Cucuso anno forte 405.

[c] Omnes Mss. nostri Ὀνησικρατίᾳ, ut et in Savil. legitur. Fronto Ducæus Codicem Sambuci habere dicit Ὀνησικρατείᾳ: putat tamen ille veriorem esse lectionem Ἀσυγκριτίᾳ, quam ipse in textu posuit, quoniam aliæ sunt ad Asyncritiam a Chrysostomo missæ epistolæ. Sed si Mss. nostros vidisset, forte sententiam mutavisset: nam sic Coislianus et Vaticanus antiquissimi Codices habent. Sic quoque Regius, sic Savilius legit, neque aliam lectionem notat: nam illud Ἀσυγκριτίᾳ unde prodierit ignoro; certe potius crediderim librarium illum qui Ἀσυγκριτίᾳ posuit, nomen illud frequenter positum vero et genuino substituisse, quam librarium quempiam nomen insolitum, Ὀνησικρατίᾳ, commentum esse, quod tamen nomen Græce optime compositum, nec temere formatum est. Infra Vatic. et Reg. περὶ τῆς Μακαρίας τῆς θυγατρός σου. Hi certe Macariam nomen esse proprium indicare videntur, eritque vere nomen proprium si vere repetendus sit articulus τῆς ante θυγατρός. Macariam agnoscunt Mythologi Herculis filiam, et in Martyrologio Romano Macaria martyr occurrit die 8 Aprilis, quo argueretur nomen illud proprium insolens non esse. Paulo post Coislin. τῶν τοιούτων καμάτων. Mox duo Mss. τοῦτο ποιεῖν εἰδυῖαν. Edit. εἰδυῖα.

rimus, sexcentas ad te mittere epistolas non cessabimus, quod non mediocriter tui studiosi simus, cum sincerum semper et minime fucatum honorem, reverentiam et caritatem a modestia tua delatam senserimus. Quorum omnium perpetuo memores, florentem ac vigentem erga te benevolentiam conservamus, licet ad ipsos ultimos orbis terrarum fines deferamur.

ἀγάπης ἀπολαύσαντες παρὰ τῆς σῆς κοσμιότητος. Ὧν συνεχῶς μεμνημένοι, ἀκμάζουσαν τὴν περὶ σὲ διάθεσιν τηροῦμεν, κἂν πρὸς αὐτὰς ἀφικώμεθα τῆς οἰκουμένης τὰς ἐσχατιάς.

CXCIII. *Pæanio.*

Cucuso anno 404.

Magnopere me erexisti, ac summa lætitia perfudisti, quod, cum tristia nuntiares, verbum adjeceris, quod omnibus quæ acciderint accinendum est, dixerisque, Glorificetur Deus in omnibus. Hoc verbum letale diabolo vulnus infligit; hoc in quovis periculo securitatis et voluptatis occasionem affert. Nam simul atque illud quis protulerit, confestim mœroris nubes discutitur. Numquam igitur hoc dicere intermitte, atque alios docere. Sic enim quæ vos invasit tempestas, licet asperior fiat, in tranquillitatem mutabitur; sic qui tempestate jactantur, majorem accipient mercedem, simulque a malis liberabuntur. Hoc Jobum corona cinxit, hoc verbum diabolum in fugа convertit, et confusum recedere coegit, hoc tumultum omnem depellit. Perge itaque omnibus quæ contingunt, istud accinere. Loci vero causa, nemo ulli negotium facessat. Quamquam enim desertus locus est Cucusus, hic tamen et quiete fruimur, et non mediocriter ex itinere contractam infirmitatem sanare potuimus, ex quo cœpimus domi perpetuo residere. Quod si nos rursus cogere velitis loca subinde mutare, summis conflictabimur malis, præsertim cum hiems sit pro foribus. Nemo igitur importunus ulli aut molestus hac occasione sit. Verum ad nos de tua valetudine, deque tua istic commoratione nominisque celebritate atque hilaritate scribe. Non enim vulgarem etiam in tanta degentes solitudine consolationem hauriemus, cum ejusmodi a tua reverentia missæ literæ nobis reddentur.

ρϟγ'. Παιανίῳ.

Σφόδρα με ἀνεπτέρωσας, καὶ σκιρτᾷν ἐποίησας, ὅτι, τὰ λυπηρὰ ἀπαγγείλας, ἐπέθηκας τὸ ῥῆμα, ὃ πᾶσι τοῖς συμβαίνουσιν ἐπιλέγειν χρὴ, εἰπών· δόξα δὴ τῷ Θεῷ πάντων ἕνεκα. Τοῦτο τὸ ῥῆμα καιρία τῷ διαβόλῳ πληγή· τοῦτο μεγίστη τῷ λέγοντι ἐν παντὶ κινδύνῳ ἀσφαλείας καὶ ἡδονῆς ὑπόθεσις. Ἅμα τε γάρ τις ἐφθέγξατο τοῦτο, καὶ σκεδάννυται εὐθέως τῆς ἀθυμίας τὸ νέφος. Μὴ δὴ [a] παύσῃ τοῦτό τε λέγων, καὶ τοὺς ἄλλους παιδεύων. Οὕτω καὶ ὁ χειμὼν ὁ καταλαβὼν, κἂν τραχύτερος γένηται, εἰς γαλήνην μεταστήσεται· οὕτω καὶ οἱ χειμαζόμενοι πλείονα καρπώσονται τὴν ἀμοιβὴν, μετὰ τοῦ καὶ τῶν δεινῶν ἀπαλλαγῆναι. Τοῦτο τὸν Ἰὼβ ἐστεφάνωσε, τοῦτο τὸ ῥῆμα τὸν διάβολον ἐτρέψατο, καὶ ἐγκαλυψάμενον ἀναχωρῆσαι πεποίηκεν, τοῦτο θορύβου παντὸς ἀναίρεσις. Μένε δὴ τοῦτο ἐπᾴδων τοῖς γινομένοις ἅπασι. Τοῦ τόπου δὲ ἕνεκεν, μηκέτι λοιπὸν μηδεὶς ἐνοχλείτω. Εἰ γὰρ καὶ ἔρημον τὸ χωρίον ἡ Κουκουσὸς, ἀλλ' ὅμως καὶ ἡσυχίας ἀπολαύομεν ἐνταῦθα, καὶ οὐ τὸ τυχὸν ἐκ τῆς ἀσθενείας τῆς κατὰ τὴν ὁδὸν γενομένης ἡμῖν, διὰ τῆς οἴκοι καθέδρας τῆς διηνεκοῦς, διορθῶσαι ἰσχύσαμεν. Ἂν δὲ μέλλητε πάλιν ἡμᾶς ἀναγκάζειν τόπους ἐκ τόπων ἀμείβειν, τὰ ἔσχατα πεισόμεθα, καὶ μάλιστα τοῦ χειμῶνος ἐπὶ θύραις ὄντος. Μηδενὶ τοίνυν φορτικὸς μηδεὶς, μηδὲ ἐπαχθὴς γενέσθω ταύτης ἕνεκεν τῆς ὑποθέσεως. Ἀλλὰ γράφε ἡμῖν συνεχῶς τὰ περὶ τῆς ὑγείας τῆς σῆς, καὶ τῆς διατριβῆς τῆς αὐτόθι, καὶ τῆς εὐδοκιμήσεως, καὶ τῆς εὐθυμίας. Οὐ γὰρ τὴν τυχοῦσαν, καὶ ἐν ἐρημίᾳ τοιαύτῃ διατρίβοντες, καρπωσόμεθα παράκλησιν, τοιαῦτα παρὰ τῆς σῆς τιμιότητος δεχόμενοι γράμματα.

CXCIV. *Gemello.*

Cucuso anno 404.

Desertum quidem locum habitamus Cucusum, ac totius orbis hujus nostri desertissimum. Quamvis tamen ad ipsos terræ terminos relege-

ρϟδ'. Γεμέλλῳ.

Ἔρημον μὲν οἰκοῦμεν χωρίον [b] τὴν Κουκουσὸν, καὶ πάσης τῆς καθ' ἡμᾶς οἰκουμένης ἐρημότατον. Πλὴν κἂν πρὸς αὐτὰ τῆς οἰκουμένης τὰ πέρατα ἀπε-

a Duo Mss. *παύσῃ αὐτός τε λέγων*. Infra iidem *πλείονα καρπώσονται τὴν ἡδονὴν, μετὰ καὶ τοῦ τῶν*.

b Vatic. *τὴν Κοκκουσόν* pro more. Paulo post Coislin. *τῆς οἰκουμένης τὰ τέρματα*.

νεχθῶμεν, ἐπιλαθέσθαι σου τῆς ἀγάπης οὐ δυνάμεθα· ἀλλὰ καὶ ἐν ἀλλοτρίᾳ καὶ ἐν ἐρημίᾳ διατρίβοντες, καὶ ἔτι λείψανα ἀῤῥωστίας περιφέροντες, καὶ φόβῳ λῃστῶν πολιορκούμενοι (οὐ γὰρ ἀφίστανται τὰς ὁδοὺς ἀποτειχίζοντες καὶ πάντα αἱμάτων πληροῦντες οἱ Ἴσαυροι), διηνεκῶς σε ἐπὶ διανοίας περιφέρομεν, τὴν ἀνδρείαν σου, τὴν παῤῥησίαν, τὴν γλυκεῖαν καὶ γνησίαν διάθεσιν παρ' αὐτοῖς ἀναπλάττοντες, καὶ 709 A τούτων τῶν λογισμῶν ἐντρυφῶντες τῇ μνήμῃ. Γράφε δὲ αὐτὸς ἡμῖν συνεχῶς, δέσποτα θαυμασιώτατε, τὰ περὶ τῆς ὑγείας τῆς σῆς, καὶ πῶς σοι τὰ θερμὰ ἐχρήσατο, καὶ ἐν τίσιν [a] ὁρμᾷ τὰ σὰ νῦν· ἵνα καὶ πόῤῥωθεν ὄντες, μηδὲν ἔλαττον ἔχωμεν τῶν ἀεί σοι συγγινομένων, εἰς τὸ σαφῶς εἰδέναι τὰ σά. Οἶσθα γὰρ ὅπως ἡμῖν περισπούδαστον περὶ τῆς ῥώσεως τῆς σῆς μανθάνειν, διὰ τὸ σφόδρα σου ἐρᾷν, καὶ συνδεδέσθαι μετὰ ἀκριβείας τῇ μεγαλοπρεπείᾳ τῇ σῇ.

mur, oblivisci tuæ caritatis minime possumus; sed in extera desertaque regione dum versamur, et morbi reliquias etiamnum circumferimus, ac metu latronum obsidemur (neque enim abscedunt, sed itinera intercludunt, et omnia cruore complent Isauri), perpetuo te mente circumferimus, ac fortitudinem tuam, loquendi libertatem, suavem ac sinceram benevolentiam apud nos effingimus, et harum nos recordatione cogitationum oblectamus. Tu vero frequenter ad nos, domine plurimum suspiciende, scribe de valetudinis tuæ statu, et quo pacto calidarum tibi aquarum usus successerit, et quid rerum nunc geras: ut etiam procul a te dissiti nihilo deteriori conditione simus, quam qui semper tecum versantur, ut de rebus tuis certiores fiamus. Nosti quippe quanto nobis studio sit, de tua valetudine quidpiam audire; quod te vehementer amemus, et arctissime cum tua magnificentia devincti simus.

ρϞε'. Κλαυδιανῷ.

Τί τοῦτο; Ὁ θερμὸς ἡμῶν ἐραστὴς, ὁ μανικὸς, B τοσαύτης παρ' ἡμῶν ἀπολαύσας ἀγάπης, ὁ διηνεκῶς ἡμῖν συνδεδεμένος, οὐδὲ γραμμάτων ἡμᾶς ἐν οὕτω χρόνῳ μακρῷ ἠξίωσας, ἀλλ' ἠνέσχου σιγῆσαι σιγὴν οὕτω μακράν; Τί ποτε ἄρα τὸ αἴτιον; Ἆρα μετὰ τὴν ἀποδημίαν ἐξέβαλες ἡμᾶς τῆς διανοίας τῆς σῆς, καὶ ῥᾳθυμότερος περὶ τὴν ἡμετέραν γέγονας ἀγάπην; Οὐχ ἔγωγε οἶμαι· μὴ γάρ ποτε τοῦτο γένηται, ἀπὸ φιλικῆς οὕτω ψυχῆς καὶ θερμῆς τοσαύτην γενέσθαι μεταβολήν. Ἀλλ' ἄρα μὴ ἀῤῥωστία σε κατέσχεν; C Ἀλλ' οὐχ ἠδύνατο αὕτη γενέσθαι κώλυμα τῷ γράφειν. Ἐπεὶ οὖν ἀγνοοῦμεν τὴν αἰτίαν, μετὰ τοῦ λῦσαι τὴν σιγὴν καὶ τὴν αἰτίαν εἰπὲ τῆς σιγῆς, καὶ πέμπε ταχέως ἡμῖν ἐπιστολὴν τὰ περὶ τῆς ὑγείας τῆς σῆς εὐαγγελιζομένην ἡμᾶς. Οὕτω γὰρ τὰ μέγιστα ἡμῖν χαριῇ, καὶ τῆς ἐρημίας πολλὴν παρέξεις παράκλησιν, ἂν τοιαῦτα δεξώμεθα γράμματα. Ἀλλὰ μὴ ῥᾳθυμήσῃς· εἰ γὰρ καὶ μετὰ τὴν ἐπιστολὴν ταύτην μένεις σιγῶν, οὐκ ἔτι σοι συγγνώμην δώσομεν, ἀλλὰ γραψόμεθά σε τῆς ἐσχάτης ἀγνωμοσύνης. Οἶδα δὲ ὅτι πάσης σοι τιμωρίας τοῦτο πικρότερον.

CXCV. Claudiano.

Quidnam hoc esse dicam? Tune ille, qui nostro amore flagrabas, et quodammodo insaniebas, qui tantam in nobis expertus es caritatem, qui semper nobiscum devinctus eras, ne literis quidem nos tanto temporis spatio dignatus es, sed tam diuturno silentio uti potuisti? Quid igitur in causa fuit? An vero post discessum nostrum ex animo tuo nos ejecisti, et segnior erga caritatem nostram evasisti? Non equidem arbitror; neque enim fieri potest, ut anima tam amica, tam fervida tantam mutationem patiatur. An vero te fortasse morbus detinuit? At hic impedimento esse non potuit, quo minus scriberes. Quoniam igitur causam ignoramus, simul et silentium solve, et silentii causam indica, et quamprimum epistolam mitte, quæ nos de tua valetudine certiores faciat. Sic enim maximo nos afficies beneficio, et solitudinis non mediocre nobis solatium præbebis, si ejusmodi literas acceperimus. Sed cave pigriteris: nam si hac accepta demum epistola silentium serves, non amplius veniam dabimus, sed te reum ingrati animi peragemus. Quod tibi, sat scio, supplicio quovis esset acerbius.

Ab anno 404. ad 407.

[a] [Savil. ὁρμεῖ.]

CXCVI. Aetio.

Cucuso anno 404. Nos tuæ caritatis oblivisci non possumus, ardentis, sinceræ, defæcatæ, puræ, minimeque fucatæ, sed perpetuo te animo circumferimus, et insculptum pectori nostro gestamus. Et cuperemus quidem frequenter te cernere : quando autem jam id fieri nequit, nostram per literas cupiditatem explemus, et tuæ pietati debitam salutationem persolvimus, ac te cohortamur, ut ipse quoque sæpius ad nos scribas. Quamquam enim multa in solitudine degimus, ac metu latronum obsidemur, morboque detinemur, si tamen a tua nobilitate literas acceperimus, quæ de tua valetudine certiores nos faciant, multam, etiam dum peregre versamur, consolationem percipiemus. Cum igitur minime ignores, quantam a nobis initurus sis gratiam, quanta nos lætitia sis affecturus, ne, quæso, tantam nobis invideas voluptatem, sed da operam, ut frequentius ad nos literas mittas : multam enim inde percepturi sumus voluptatem.

D ## ρϟς'. Ἀετίῳ.

Ἡμεῖς σου τῆς ἀγάπης οὐδέποτε ἐπιλαθέσθαι δυνάμεθα, τῆς θερμῆς, καὶ γνησίας, καὶ πεπυρωμένης, τῆς εἰλικρινοῦς καὶ ἀδόλου, ἀλλὰ διηνεκῶς ἐπὶ διανοίας σε περιφέρομεν, καὶ ἔχομεν ἐγκεκολαμμένον ἡμῶν τῷ συνειδότι. Καὶ ἐβουλόμεθα μὲν καὶ ὁρᾷν σε συνεχῶς· ἐπεὶ δὲ τοῦτο τέως οὐχ οἷόν τε, διὰ τῶν γραμμάτων τὴν ἐπιθυμίαν τὴν ἑαυτῶν πληροῦμεν, τὴν ὀφειλομένην πρόσρησιν ἀποδιδόντες σου τῇ εὐλαβείᾳ, καί σε παρακαλοῦμεν καὶ ἑαυτὸν συνεχῶς ἡμῖν ἐπιστέλλειν. Εἰ γὰρ καὶ ἐν ἐρημίᾳ διατρίβομεν πολλῇ, καὶ
E ὑπὸ φόβου λῃστῶν πολιορκούμεθα, καὶ ἐν ἀῤῥωστίᾳ τυγχάνομεν, ἀλλ' ἐὰν δεξώμεθα γράμματα παρὰ τῆς εὐγενείας τῆς σῆς, εὐαγγελιζόμενα ἡμῖν περὶ τῆς ὑγείας σου, πολλὴν καὶ ἐν ἀλλοτρίᾳ ὄντες [b] καρπωσόμεθα τὴν παράκλησιν. Εἰδὼς οὖν ἡλίκα ἡμῖν χαριῇ, καὶ ὅσην ἡμῖν παρέξεις τὴν εὐφροσύνην, μὴ φθονήσῃς ἡμῖν τῆς τοσαύτης ἡδονῆς, ἀλλὰ σπούδαζε ἡμῖν συνεχέστερον ἐπιστέλλειν· πολλὴν γὰρ ἐντεῦθεν καρπωσόμεθα τὴν ἡδονήν.

CXCVII. Studio præfecto urbis.

Cucuso anno 404. Scio equidem te prudentem hominem, ac philosophandi peritum, etiam antequam literas nostras accipias, beati fratris magnificentiæ tuæ discessum moderate laturum : non enim mortem placet appellare. Quoniam autem nos etiam quæ nostrarum sunt partium præstare necesse est, excellentiam tuam hortor, domine magnificentissime, ut hoc quoque tempore, qualis es, teipsum exhibeas, non ut omnino non doleas : id enim fieri nequit, cum homo sis corpori annexus, et ejusmodi fratrem requiras : sed ut tristitiæ modum adhibeas. Nosti enim quam fragiles sint res humanæ, ac fluvialium conditionem undarum imitentur, sic ut eos solum beatos censeri oporteat, qui cum bona spe præsentem vitam finierint. Non enim ad mortem pergunt, sed a certaminibus ad præmia, a luctis ac palæstris ad coronas, a mari procellis agitato ad portum

710 A ## ρϟζ'. [a] Στουδίῳ ἐπάρχῳ πέλεως.

Οἶδα μὲν, ὅτι συνετὸς ὢν, καὶ φιλοσοφεῖν εἰδὼς, καὶ πρὸ τῶν γραμμάτων τῶν ἡμετέρων πρᾴως οἴσεις τοῦ μακαρίου ἀδελφοῦ τῆς μεγαλοπρεπείας τῆς σῆς τὴν ἀποδημίαν· οὐ γὰρ ἂν αὐτὴν καλέσαιμι θάνατον. Ἐπειδὴ δὲ καὶ ἡμᾶς ἀναγκαῖον τὰ παρ' ἑαυτῶν εἰσενεγκεῖν, παρακαλῶ σου τὴν θαυμασιότητα, δέσποτα μεγαλοπρεπέστατε, καὶ ἐν τῷ καιρῷ τούτῳ δεῖξαι σαυτὸν, οὐχ ὥστε μὴ ἀλγεῖν· τοῦτο γὰρ ἀμήχανον,
B ἄνθρωπον ὄντα, καὶ σαρκὶ συμπεπλεγμένον, καὶ τοιοῦτον ἐπιζητοῦντα ἀδελφόν· ἀλλ' ὥστε μέτρον ἐπιθεῖναι τῇ λύπῃ. Οἶσθα γὰρ τῶν ἀνθρωπίνων τὸ ἐπίκηρον, καὶ ὅτι ποταμίων ῥευμάτων μιμεῖται φύσιν τὰ πράγματα, καὶ ὡς ἐκείνους μόνους χρὴ μακαρίζειν, τοὺς μετὰ χρηστῆς ἐλπίδος καταλύοντας τὸν παρόντα βίον. Οὐ γὰρ ἐπὶ θάνατον ἔρχονται, ἀλλ' ἀπὸ τῶν ἀγώνων ἐπὶ τὰ βραβεῖα, ἀπὸ τῶν παλαισμάτων ἐπὶ τοὺς στεφάνους, ἀπὸ τῆς τεταραγμένης θαλάσσης ἐπὶ λιμένα ἀκύμαντον. Ταῦτ' οὖν ἐννοῶν παρακάλει

[b] Duo Mss. *καρπωσόμεθα τὴν παραμυθίαν.*

[a] Hujus Studii mentio habetur infra in Vita Chrysostomi per Palladium, *Στουδίου ὑπάρχου πόλεως*, *Studii præfecti urbis*, qui cum aliis ibidem memoratis calumniam a Joanne episcopo, id est Chrysostomo, depellebant, quæ omnia pluribus in Vita Chrysostomi, Tomo ultimo. Alius autem hic est, ut recte monet Fronto Ducæus, ab eo Studio qui anno 459, imperante Leone, S. Præcursori templum erexit, in quo monachos Acœmetas dictos constituit : quibus tempore Leonis Isauri præfuit Theodorus Studites dictus. Infra post vocem *μεγαλοπρεπέστατε* adjicit Savilius *καὶ ἐνδοξότατε*, ambæ vero compellationes Tatiano præfecto urbis adscribuntur in Syn. Chalced. Act. 1.

σαυτὸν, ἐπεὶ καὶ ἡμεῖς οὐχ ὡς ἔτυχεν ἀλγοῦντες, μεγίστην τῆς ἀλγηδόνος ἔχομεν παραμυθίαν, τὴν ἀρετὴν τοῦ ἀνδρὸς, ἣν καὶ αὐτῷ σοι μεγίστην οἶμαι φέρειν παράκλησιν. Εἰ μὲν γὰρ πονηρός τις ἦν ὁ ἀπελθὼν, καὶ κακίας γέμων, ἔδει θρηνεῖν καὶ ὀλοφύρεσθαι τούτου χάριν· ἐπειδὴ δὲ τοιοῦτος καὶ οὕτω βεβιωκὼς, ὡς ἅπασα οἶδεν ἡ πόλις, μετ' ἐπιεικείας, μετὰ χρηστότητος, τὸ δίκαιον ἀεὶ τιμήσας, παῤῥησίᾳ τῇ προσηκούσῃ χρησάμενος, ἐλευθερίᾳ, ἀνδρείᾳ, οὐδὲν τὰ παρόντα ἡγησάμενος, ἀλλ' ἀλλότριος τῆς βιωτικῆς γενόμενος φροντίδος, ἀγάλλεσθαι χρὴ, ἐκείνῳ τε συνήδεσθαι, τῇ τε θαυμασιότητι τῇ σῇ, ὅτι τοιοῦτον προέπεμψας ἀδελφὸν, ἐν ἀσύλῳ λοιπὸν θησαυρῷ, ἅπερ ἔχων ἀπῆλθεν, ἔχοντα τὰ ἀγαθά. Μὴ τοίνυν ἀνάξιόν τι σαυτοῦ λογίσῃ, δέσποτά μου θαυμασιώτατε, κατακλώμενος τῷ πένθει, ἀλλὰ δεῖξον σαυτὸν καὶ ἐν τῷ παρόντι καιρῷ, καὶ δηλῶσαι ἡμῖν παρακλήθητι, ὅτι γέγονέ σοί τι πλέον καὶ ἀπὸ τῶν γραμμάτων τῶν ἡμετέρων, ἵνα καὶ ἡμεῖς, ἐκ τοσούτου καθήμενοι διαστήματος, καλλωπιζώμεθα, ἀπὸ ψιλῆς ἐπιστολῆς πολὺ τῆς ἀθυμίας ταύτης ὑποτέμνεσθαι δυνηθέντες.

tranquillum. Hæc ergo cogitans teipsum consolare, C quandoquidem nos quoque non mediocri dolore correpti maximo nostrum mœrorem solatio mitigamus, cum menti nostræ viri illius virtus obversatur, ex qua non dubito, quin tibi quoque maxima consolatio præbeatur. Nam si quidem improbus fuisset is qui discessit, et sceleribus coopertus, ojus causa lugendum ac lamentandum esset: cum vero talis, et sic transacta vita, ut tota civitas novit, cum modestia, cum lenitate, justitiam semper colens, et ea qua par erat fiducia præditus, libertate, fortitu- D dine, res præsentes pro nihilo habens, sed ab omnibus curis sæcularibus alienus fuerit, lætari oportet, ac tum illi, tum excellentiæ tuæ gratulari, quod talem fratrem præmiseris, qui ea bona, quæ habuit cum discessit, in tuto deinceps et inviolabili thesauro collocarit. Noli ergo quidquam te indignum cogitare, domine mi plurimum suspiciende, vel luctu frangi: sed hoc tempore, qualis es, teipsum exhibe, nobisque significare dignare, nostras tibi literas profuisse, ut nos quoque tanto a te intervallo disjuncti gloriemur, quod solius epistolæ beneficio non mediocriter hunc mœrorem potuerimus mitigare.

ρϟη'. Ἡσυχίῳ. E

Τί τοῦτο; Οὕτως ἡμῶν σφοδρῶς ἐρῶν (οὐδὲ γὰρ ἔλαθες ἡμᾶς, ἐπείπερ οὐ δυνατὸν ἐραστήν ποτε σφοδρὸν λαθεῖν τὸν ἐρώμενον), γραμμάτων ἡμᾶς οὐκ ἠξίωσας, ἀλλ' ἠνέσχου σιγῇ κατέχειν τὸν ἔρωτα; Τί ποτε ἄρα τὸ αἴτιον; Ἐγὼ μὲν εἰπεῖν οὐκ ἔχω· σὸν δὲ ἂν εἴη μετὰ τὸ λῦσαι τὴν σιγὴν καὶ τὴν αἰτίαν 711 εἰπεῖν τῆς σιγῆς. Διὰ γὰρ τοῦτο καὶ πρότερον τοῖς A πρὸς τὴν σὴν εὐγένειαν ἐπεπηδήσαμεν γράμμασιν, ἵνα μηδὲ εἰς τοῦτό σοι καταφυγεῖν ἐξῇ. Γράφε δὴ συνεχῶς ἡμῖν, δέσποτα αἰδεσιμώτατε καὶ εὐγενέστατε, καὶ πλήρου τὴν ἐπιθυμίαν ἡμῶν. Καὶ γὰρ ἅπαξ χειρωθέντες ἀπὸ φήμης ψιλῆς μόνης, καὶ συνδεθέντες σου τῇ εὐγενείᾳ, οὐδὲ ἂν αὐτοὶ σιγᾷν δυνηθείημεν λοιπὸν, οὔτε τοῦ σιγῶντος ἀνέχεσθαι, ἀλλὰ μυρία σοι παρέξομεν πράγματα, εἰ μὴ συνεχεῖς καὶ πυκνὰς ἡμῖν πέμπεις τὰς ἐπιστολὰς, τῇ πυκνότητι τῶν γραμμάτων τὴν ἐκ τῆς παρουσίας σοφιζόμενος ἡδονήν.

CXCVIII. Hesychio.

Quid hoc est quod, cum tam vehementer nos Cucuso anno 404. ames (neque enim id nos latet; nam fieri nequit, ut qui vehementer amat, eum lateat quem amore prosequitur), literis minime nos dignatus es, sed amorem silentio premere potuisti? Quidnam igitur causæ est? Equidem quid dicam non habeo; tuum porro erit, ut dum silentio finem impones, simul et silentii causam significes. Propterea namque priores ad nobilitatem tuam literas misimus, ut ne hoc quidem tibi perfugium relinquatur. Frequenter igitur ad nos scribe, domine plurimum veneránde ac nobilissime, desideriumque nostrum exple. Semel quippe solius nudi rumoris illecebra capti, et cum tua nobilitate devincti, nec ipsi tacere potuimus amplius, nec tuum silentium tolerare: sed modis omnibus tibi negotium facessemus, nisi continuas ac frequentes ad nos epistolas mittas, et præsentiæ voluptatem literarum frequentia adumbrare contendas.

CXCIX. *Danieli presbytero.*

Cucuso anno 404.

Benedictus Deus, qui multo majorem ærumnis consolationem largitur, tantamque vobis impertit patientiam, ut multa etiam cum hilaritate quæ accidunt adversa toleretis. Hoc præcipue vobis mercedem duplicat, quod et toleretis, et cum gaudio toleretis : hoc nos quoque non mediocri consolatione recreat, cum de vestra fortitudine, loquendi libertate, mentis constantia, tolerantia, patientia, zelo, flamma fervidiore, ad nos adfertur. Quamobrem etiam in solitudine constituti, ac metu prædonum obsessi, jamque hiemis tempore divexati, nihil istorum præ eximia nominis vestri celebritate sentimus : sed et exsultamus et gaudemus, et propter hanc tantam vestram patientiam nos efferimus. Ut igitur dum hæc audimus, semper gaudeamus, semper nobis et continuo literas mittite, quæ cum de his rebus, tum de vestra valetudine nos faciant certiores. Magna quippe nos id agentes lætitia perfundetis.

CC. *Callistrato Isauriæ episcopo.*

Cucuso anno 404.

Optarem equidem venerationem tuam præsentem hic cernere, ut tuo possem oblectari congressu, ac sincera ferventique tua frui caritate : quando autem id nondum licet, cum propter anni tempestatem, tum propter itineris longinquitatem, debitam tibi per literas salutationem persolvo; ac venerationi tuæ gratias ago, quod literis tuis dignatus sis nos lacessere. Hoc enim ferventis ac sinceræ est amicitiæ : neque solum non absurde, sed et tibi admodum convenienter egisti. Hoc itaque nobis assidue beneficium largire, deque valetudine tua frequentius redde certiores. Quod si fieri potest, ut laborem ad nos usque veniendi veneratio tua suscipiat, summo nos beneficio tibi devincies, ac multa lætitia complebis. Cum igitur intelligas nos quoque percupere venerationem tuam cernere, neque rem laboriosam esse admodum, si tempus fiat idoneum ad iter agendum, ne tuo congressu nos prives. Donec id fiat, da operam, ut voluptatem eam, quam præsentia tua secum accersit, per frequentes literas effingas.

B

ρϟθ'. [a] Δανιήλῳ πρεσβυτέρῳ.

Εὐλογητὸς ὁ Θεὸς, ὁ πολλῷ μείζονα τῶν θλίψεων παρέχων τὴν παράκλησιν, καὶ ὑμῖν τοσαύτην διδοὺς τὴν ὑπομονὴν, ὡς καὶ μετὰ πολλῆς εὐφροσύνης φέρειν τὰ συμπίπτοντα λυπηρά. Τοῦτο μάλιστα διπλασιάζεται ὑμῖν τὸν μισθὸν, τὸ καὶ φέρειν, καὶ μετὰ χαρᾶς φέρειν· τοῦτο καὶ ἡμῖν πολλὴν παρέχει τὴν παράκλησιν, ὅταν ἀκούωμεν τὴν ἀνδρείαν ὑμῶν, τὴν παῤῥησίαν, τὸ ἀπερίτρεπτον τῆς γνώμης, τὴν εὐτονίαν, τὴν ὑπομονὴν, τὴν καρτερίαν, τὸν ζῆλον τὸν πυρὸς θερμότερον. Διὰ ταῦτα καὶ ἐν ἐρημίᾳ καθήμενοι, καὶ φόβῳ λῃστῶν πολιορκούμενοι, καὶ τῇ τοῦ C χειμῶνος ὥρᾳ λοιπὸν κατατεινόμενοι, οὐδενὸς τούτων αἰσθανόμεθα, διὰ τὸ μέγεθος τῆς ὑμετέρας εὐδοκιμήσεως, ἀλλὰ καὶ σκιρτῶμεν, καὶ χαίρομεν, καὶ μέγα φρονοῦμεν ἐπὶ τῇ τοσαύτῃ ὑμῶν καρτερίᾳ. Ἵν' οὖν διηνεκῶς χαίρωμεν ταῦτα ἀκούοντες, διηνεκῶς ἡμῖν καὶ [b] συνεχέστατα ἐπιστέλλετε, αὐτά τε ταῦτα, καὶ τὰ περὶ τῆς ὑγείας ὑμῶν εὐαγγελιζόμενοι. Μεγίστην γὰρ ἡμῖν παρέξετε εὐφροσύνην ἐντεῦθεν καὶ ἡδονήν.

σ'. Καλλιστράτῳ ἐπισκόπῳ Ἰσαυρίας.

D Ἐγὼ μέν σου τὴν εὐλάβειαν καὶ ἐνταῦθα παραγενομένην ἐπεθύμουν ἰδεῖν, ὥστε ἐντρυφῆσαί σου τῇ συνουσίᾳ, καὶ ἀπολαῦσαί σου τῆς γνησίας καὶ θερμῆς ἀγάπης· ἐπειδὴ δὲ τοῦτο τέως οὐκ ἔνι, διά τε τὴν τοῦ ἔτους ὥραν, καὶ τὸ τῆς ὁδοῦ μῆκος, τὴν διὰ γραμμάτων ὀφειλομένην σοι πρόσρησιν ἀποδίδωμι, καὶ χάριν ἔχω σου τῇ εὐλαβείᾳ, ὅτι καὶ πρότερος τοῖς πρὸς ἡμᾶς ἐπεπήδησας γράμμασι. Θερμῆς γὰρ τοῦτο καὶ γνησίας φιλίας· καὶ [c] οὐ μόνον οὐκ ἀπεικότως ἔπραξας, ἀλλὰ καὶ σφόδρα σοι προσηκόντως. Χαρίζου δὴ ταύτην συνεχῶς ἡμῖν τὴν χάριν, καὶ πυκνότερον ἡμῖν δήλου τὰ περὶ τῆς ὑγείας τῆς σῆς. Ἂν δὲ καὶ δυνατὸν γένηται τῇ εὐλαβείᾳ τῇ σῇ σκυλῆναι ἕως ἡμῶν, τὰ μέγιστα ἡμῖν χαριῇ, καὶ πολλῆς E ἡμᾶς ἐμπλήσεις εὐφροσύνης. Ἐννοήσας τοίνυν ὡς καὶ ἡμεῖς ἐπιθυμοῦμεν ἰδεῖν σου τὴν εὐλάβειαν, καὶ ὡς τὸ πρᾶγμα οὐ σφόδρα ἐργῶδες, εἰ γένοιτο καιρὸς ἐπιτήδειος πρὸς ὁδοιπορίαν, μὴ ἀποστερήσῃς ἡμᾶς τῆς συντυχίας τῆς σῆς. Ἕως δ' ἂν τοῦτο γένηται, τῇ πυκνότητι τῶν γραμμάτων τὴν ἐκ τῆς παρουσίας ἡδονὴν [d] σοφίζεσθαι παρακλήθητι.

[a] Omnes Mss. Δανιήλῳ πρεσβυτέρῳ, et sic etiam Savil. : quare non dubito hanc genuinam esse lectionem. In Morel. πρεσβυτέρῳ desideratur.

[b] Sic omnes Mss. nostri. Edit. συνεχέστατον, male.

[c] Omnes Mss. καὶ οὐ μόνον οὐ καθηκόντως ἔπραξας.

[d] Omnes σοφίζεσθαι παρακλήθητι. Morel. προθυμήθητι.

712

σα'. Ἑρκουλίῳ.

A Μὴ κάμνε ζητῶν ἀπολογίαν τῆς μακρᾶς σιγῆς, δέσποτά μου θαυμασιώτατε καὶ μεγαλοπρεπέστατε, καὶ ἐπὶ τὴν σπάνιν τῶν γραμματηφόρων καταφεύγων. Ἡμεῖς γὰρ, καὶ γράφοντός σου καὶ σιγῶντος, ἀκίνητόν σου τὴν περὶ τῆς ἀγάπης σου ψῆφον ἔχομεν, ἣν διὰ τῶν ἔργων ἐπεδείξω οὕτω σαφῶς, ὡς πᾶσαν εἰδέναι τὴν πόλιν τὸν θερμὸν ἢ ϗ καὶ μανικὸν ἐραστήν. B Πλὴν ἀλλὰ καὶ οὕτω διακείμενοι, σφόδρα ἐπιθυμοῦμεν συνεχῶς δέχεσθαι γράμματα παρὰ τῆς σῆς θαυμασιότητος, τὰ περὶ τῆς ὑγείας δηλοῦντα τῆς σῆς. Ὥσπερ γὰρ αὐτὸς μεγίστην ἔφης παραψυχὴν εἶναι τοῦ χωρισμοῦ, τὸ περὶ τῆς ὑγείας τῆς ἡμετέρας μανθάνειν (καὶ οἶσθα ἡλίκον τοῦτο ἀνδρὶ φιλεῖν ἐπισταμένῳ, [a]ἐπειδὴ καὶ φιλεῖν οἶσθα καλῶς), οὕτω καὶ ἡμῖν περισπούδαστον τοῦτο. Χαρίζου δὴ ταύτην ἡμῖν τὴν χάριν, ἵνα καὶ ἐν ἐρημίᾳ τοσαύτῃ καθήμενοι, πολλὴν ἐντεῦθεν καρπωσώμεθα τὴν παράκλησιν.

CCI. *Herculio.*

Nihil est quamobrem diuturni silentii excusationem quæras, et ad raritatem tabellariorum confugias, domine mi magnificentissime ac imprimis suspiciende. Nos enim, sive scribas, sive taccas, nihilo tamen magis ideo de sententia et opinione, quam de tua caritate concepimus, possumus dimoveri: cum ita manifeste rebus ipsis illam expresseris, ut toti civitati notum fuerit, quam vehementi ac propemodum insano amore nostri flagrares. Nihilominus tamen sic affecti crebras accipere literas ab excellentia tua percupimus, quæ de tua valetudinis statu nos admoneant. Ut enim ipse dixisti, maximum istud separationis solatium afferre, si de nostra valetudine certior fias (nec te latet, quanti hoc fiat ab homine, qui amare noverit, cum et ipse amare probe noveris), ita nobis hoc est maxime cordi. Hanc itaque nobis concede gratiam, ut in tanta degentes solitudine multam consolationem inde capiamus. Ab anno 404. ad 407.

σβ'. Κυριακῷ ἐπισκόπῳ.

C Ταῦτα ἀνεκτά; ταῦτα φορητά; οἴει κἂν σκιὰν ἀπολογίας ἔχειν; [b]Ἐν τῇ τοσαύτῃ ἀθυμίᾳ, ἐν οὕτω χρόνῳ μακρῷ, ἐν τοσούτῳ θορύβῳ, καὶ ταραχῇ, καὶ συντριβῇ, καὶ ταλαιπωρίᾳ καθεστώτων ἡμῶν, οὐδὲ ἅπαξ ἡμῖν ἐπιστεῖλαι κατεδέξω· ἀλλ' ἡμεῖς μὲν καὶ ἅπαξ, καὶ δὶς, καὶ πολλάκις ἐπεστάλκαμεν, σὺ δὲ σιγᾷς χρόνον οὕτω μακρὸν, καὶ νομίζεις τὸ τυχὸν ἡμαρτηκέναι ἁμάρτημα, οὕτως ἀγνώμων περὶ ἡμᾶς γεγενημένος; Ἐμὲ εἰς πολλὴν ἀπορίαν κατέστησας. D Οὐδὲ γὰρ δύναμαι τῆς σιγῆς τὴν αἰτίαν εὑρεῖν, ὅταν ἐννοήσω σου τὴν θερμὴν ἀγάπην καὶ γνησίαν, ἣν ἀεὶ περὶ ἡμᾶς ἐπεδείξω. Οὐδὲ γὰρ ῥαθυμίαν λογίσασθαι ἔχω· οἶδα γάρ σου τὴν ἄγρυπνον ψυχήν· οὔτε δειλίαν· οἶδα γάρ σου τὴν ἀνδρείαν· οὐχ ὄκνον· οἶδα γάρ σου τὸ διεγηγερμένον καὶ ἐντρεχές· ἀλλ' οὐδὲ ἀῤῥωστίαν· καίτοι γε οὐδὲ αὕτη ἱκανὴ ἦν σε κωλῦσαι· πλὴν ἀλλὰ μανθάνω παρὰ τῶν ἐκεῖθεν ἐρχομένων, ὅτι ὑγιαίνεις καὶ ἔῤῥωσαι. Τί οὖν ἐστι τὸ αἴτιον, εἰπεῖν οὐκ ἔχω, ἀλλ' ἓν μόνον, ἀλγῶ καὶ ὀδυνῶμαι. Πάντα τοίνυν ποίησον ὥστε ἐπαλλάξαι ἡμᾶς καὶ τῆς λύπης, καὶ τοῦ διαπορεῖν. Ἐπεὶ εἰ καὶ μετὰ τὰ γράμματα ταῦτα μὴ μετὰ πολλοῦ τοῦ τάχους ἡμῖν βουληθείης ἐπι-

CCII. *Cyriaco episcopo.*

Hæccine ferenda sunt? hæccine toleranda? tu vel umbram tibi excusationis suppetere arbitraris? In tanta tristitia, tam longo tempore, in tanto tumultu ac perturbatione, in tanta tribulatione ac miseria constitutis nobis ne semel quidem mittere literas dignatus es: at nos quidem semel atque iterum et sæpe misimus, tu vero tam longo tempore siles, et leve peccatum te admisisse existimas, cum tam ingratus in nos fueris? Me quidem in summam dubitationem et anxietatem conjecisti. Non enim possum causam silentii comminisci, cum ardentis ac sinceræ tuæ caritatis mihi in mentem venit, cujus semper erga nos specimen edidisti. Nam neque segnitiei tribuere id possum: scio quippe quam vigilanti animo sis; neque formidini: novi quippe fortitudinem tuam; neque torpori ac pigritiæ: novi enim diligentiam ac solertiam tuam; sed neque morbo: tametsi neque ille ad te impediendum sufficeret; verumtamen ex illis qui istinc veniunt didici te sanum esse ac prospera frui valetudine. Quid igitur est causæ? Non possum dicere, sed hoc solum, doleo et crucior. Omnem igitur lapidem move, ut hoc mœrore nos liberes. Nam nisi acceptis etiam his literis ad nos multa cum

a [Savilium sequimur. Mor. et Montf. ἐπιστ. εἶναι, καὶ φ.]

b Duo Mss. ἐν τοσαύτῃ ῥαθυμίᾳ.

celeritate scribere volueris, summum nobis dolorem inusturus es: ita multum adhiberi laborem opus est, ut nostra hæc tristitia mitigetur.

E στεῖλαι, οὕτως ἡμᾶς ἔχεις λυπῆσαι, ὡς πολλοῦ δεηθῆναι [c] πόνοι εἰς τὸ θεραπεῦσαι ἡμῶν τὴν ἀθυμίαν.

CCIII. *Salustio presbytero.*

Cucuso anno 404.

Non mediocriter dolui, cum allatum est ad me, te ac Theophilum presbyterum segniores factos esse. Scio namque unum ex vobis quinque homilias ad Octobrem usque mensem habuisse, alterum nullam, atque id mihi gravius hac solitudine accidit. Hoc igitur nobis, si falsum sit, indicate, quæso; sin verum, remedium adhibete, vosque invicem excitate: siquidem gravem admodum mihi dolorem inuretis, tametsi vestro admodum amore flagranti. Quodque gravius est, cum tanto in otio et inertia vitam traducatis, neque munere vostro fungamini, multum Dei in vos judicium accersetis. Quis enim venia dignos vos censeat, qui dum cæteri persequutionem patiuntur, in exsilium mittuntur, relegantur, neque præsentia vestra vel eruditione populo tempestate jactato pro virili succurrere studeatis?

σγ'. Σαλουστίῳ πρεσβυτέρῳ.

Οὐχ ὡς ἔτυχεν ἤλγησα ἀκούσας ὅτι καὶ σὺ καὶ 713 Θεόφιλος ὁ πρεσβύτερος ἀνεπέσετε. Ἔγνων γὰρ ὅτι ὁ A μὲν ὑμῶν πέντε ὁμιλίας [a] εἶπεν ἕως Ὀκτωβρίου μηνὸς, ὁ δὲ οὐδεμίαν, καὶ τῆς ἐρημίας μοι τῆς ἐνταῦθα τοῦτο γέγονε χαλεπώτερον. Βοηθήσατε τοίνυν, εἰ μὲν ψεῦδος τοῦτο, δηλῶσαί μοι· εἰ δὲ ἀληθὲς, διορθώσασθαι· καὶ ἀλλήλους διεγείρατε· ἐπεὶ καὶ σφόδρα με ἔχετε λυπῆσαι, καίτοι μεθ' ὑπερβολῆς σφόδρα ἀγαπῶντα ὑμᾶς. Καὶ τὸ δὴ χαλεπώτερον, ὅτι καὶ παρὰ τοῦ Θεοῦ πολὺ καθ' ἑαυτῶν ἐπισπάσεσθε τὸ κρίμα, ἀργίᾳ τοσαύτῃ συζῶντες καὶ ὄκνῳ, καὶ τὰ παρ' ἑαυτῶν οὐκ εἰσφέροντες. Ποίαν γὰρ σχοίητε συγγνώμην ἑτέρων διωκομένων, ἐξοριζομένων, ἐλαυνομένων, ὑμεῖς δὲ μηδὲ τὴν ἀπὸ τῆς παρουσίας ὑμῶν ἢ τῆς διδα- B σκαλίας εἰσφέροντες τῷ χειμαζομένῳ λαῷ σπουδήν;

CCIV. *Pæanio.*

Cucuso anno 404.

Cum tecum animo reputas, domine plurimum suspiciende ac nobis melle suavior, grave ac molestum esse a nobis separatum esse, cogitans quale negotium geras, teque civitatem regere universam, vel potius totum orbem terrarum per illam civitatem, gaude et exsulta. Potes enim cum utilitate non mediocrem inde percipere voluptatem. Si enim dum pecunias nonnulli colligunt, quæ et pereunt, et illos perdunt, tanta lætitia perfunduntur, licet ab ædibus suis, uxore, liberis, et propinquis omnibus multo tempore sint sejuncti: quis jucunditatem illarum opum tantorumque thesaurorum verbis exprimere poterit, quos istic quotidie tibi vel præsentia sola congregas? Non enim hæc assentandi causa dico, ut probe norunt, qui etiam absente te hic a nobis hæc audiunt, sed præ nimio gaudio ac lætitia gestiens, et incitatus. Multos enim eorum, qui istic sunt, potes vel sola præsentia tua meliorem ad frugem tradu-

σδ'. Παιανίῳ.

Ὅταν ἐννοήσῃς, δέσποτά μου θαυμασιώτατε καὶ μέλιτος ἡμῖν γλυκύτερε, ὅτι βαρὺ καὶ ἐπαχθὲς τὸ κεχωρίσθαι ἡμῶν, λογιζόμενος οἷον πρᾶγμα [b] μεταχειρίζῃ, καὶ ὅτι πόλιν ὁλόκληρον κατορθοῖς, μᾶλλον δὲ οἰκουμένην ὁλόκληρον διὰ τῆς πόλεως ἐκείνης, σκίρτα καὶ εὐφραίνου. Μετὰ γὰρ τῆς ὠφελείας πολλὴν ἔξεστί σοι καρποῦσθαι καὶ τὴν ἡδονήν. Εἰ γὰρ χρή- C ματά τινες συλλέγοντες τά τε ἀπολλύμενα καὶ ἀπολλύντα αὐτοὺς, τοσαύτης ἐμφοροῦνται τῆς εὐφροσύνης, καὶ οἰκιῶν, καὶ γυναικὸς, καὶ τέκνων, καὶ πάντων τῶν προσηκόντων ἐπὶ πολὺν χωριζόμενοι χρόνον, τίς ἂν παραστήσειε λόγος τὴν ἡδονὴν τοῦ πλούτου, τὸν τοσοῦτον θησαυρὸν, ὃν καθ' ἑκάστην συνάγεις ἡμέραν, καὶ φαινόμενος αὐτόθι μόνον; Οὐ γὰρ δὴ κολακεύων σε ταῦτα λέγω, καὶ ἴσασιν οἱ καὶ ἀκούοντες ἀπόντος σου ταῦτα παρ' ἡμῶν ἐνταῦθα, ἀλλ' ἡδόμενος σφόδρα, καὶ χαίρων, καὶ πτερούμενος ὑπὸ τῆς εὐφροσύνης. Ἀρκεῖς γὰρ, καὶ φαινόμενος, πολλοὺς ὀρθῶσαι τῶν αὐτόθι, στηρίξαι, ἀλεῖψαι, συγκροτῆσαι. Οἶδα ἐγὼ D τὸν ἀριστέα τὸν ἐμὸν, οἶδά σου τὰς ἀνδραγαθίας τὰς

[c] Savil. *χρόνου*, *tempore*; utraque lectio quadrat.

[a] Ex quatuor Mss. tres habent *ἕως ὀκτωβρίου μηνός*, unus cum Edit. *ἕως Νοεμβρίου μηνός*. Savil. in textu *ὀκτωβρίου*, in marg. *Νοεμβρίου*. Sambuci item Codex *ὀκτωβρίου*. Morel. *Νοεμβρίου*. Itaque cum omnes ferme Codices *ὀκτωβρίου* habeant, hanc lectionem adoptavimus, quæ firmatur etiam ex epistola 210 sequenti, ubi dicitur hic ipse Sallustius vix quinque homilias mense Octobri habuisse. Paulo post duo Mss. *βουλήθητι τοίνυν.... καὶ ἀλλήλους διεγείρειν*. [Savil. *διεγεῖραι*.]

[b] Tres Mss. *μεταχειρίζεις... ὁλόκληρον ὀρθοῖς*.

αὐτόθι, τὸν ζῆλον, τὴν ἀγρυπνίαν, τοὺς δρόμους, τὸν πόνον τῆς ψυχῆς, τὴν παῤῥησίαν, τὴν ἐλευθερίαν μεθ' ἧς καὶ ἐπισκόπων κατεξανίστασο, τοῦ καιροῦ τούτου ἀπαιτοῦντος, μετὰ τοῦ προσήκοντος μέντοι μέτρου. Καὶ ἐθαύμαζόν σε ἐπ' ἐκείνοις, πολλῷ δὲ πλέον νῦν, ὅτι, καὶ μηδενός σοι παραστάντος αὐτόθι, ἀλλὰ τῶν μὲν φευγόντων, τῶν δὲ ἐλαυνομένων, τῶν δὲ κρυπτομένων, μόνος ἕστηκας ἐπὶ τῆς παρατάξεως, τὸ μέτωπον αὐτῆς κατακοσμῶν, καὶ οὐδένα ἀφιεὶς γενέσθαι λειποτάκτην, ἀλλὰ καὶ τοὺς μετὰ τῶν ἐναντίων τεταγμένους τῇ ἐμμελείᾳ σου καθ' ἑκάστην ἡμέραν μεθιστᾷς. Οὐ διὰ ταῦτα δὲ θαυμάζω μόνον, [E] ἀλλ' ὅτι καὶ ἐν ἑνὶ ἱδρυμένος χωρίῳ, τὴν οἰκουμένην ἅπασαν μεριμνᾷς, τὰ ἐν Παλαιστίνῃ, τὰ ἐν Φοινίκῃ, τὰ ἐν Κιλικίᾳ, ὧν καὶ μάλιστα φροντίζειν ὀφείλεις. Παλαιστινοὶ μὲν γὰρ καὶ Φοίνικες, καθὼς ἔγνων σαφῶς, οὐκ ἐδέξαντο τὸν παρὰ τῶν ἐναντίων ἀποσταλέντα ἐκεῖσε, οὐδὲ ἀποκρίσεως αὐτὸν ἠξίωσαν· ὁ [714 A] δὲ Αἰγῶν, ὡς ἔγνων, καὶ ὁ Ταρσοῦ μετ' ἐκείνων τάττονται, [a] καὶ ὁ Κασταβάλων ἐνταῦθα ἐδήλωσέ τινι τῶν ἡμετέρων φίλων, ὅτι ἀναγκάζουσιν αὐτοὺς οἱ ἀπὸ Κωνσταντινουπόλεως τῇ παρανομίᾳ αὐτῶν συνθέσθαι, καὶ τέως ἀντέχουσι. Πολλῆς τοίνυν σοι δεῖ τῆς μερίμνης, πολλῆς τῆς ἀγρυπνίας, ὥστε καὶ τοῦτο διορθῶσαι τὸ μέρος, τῷ δεσπότῃ μου γράψαντι τῷ ἀνεψιῷ σου, τῷ κυρίῳ τῷ ἐπισκόπῳ Θεοδώρῳ. Τὰ κατὰ Φαρέτριον λυπηρὰ μὲν καὶ σφόδρα ἀνιαρά· πλὴν ἀλλ' ἐπειδὴ οἱ πρεσβυτέροι αὐτοῦ οὔτε συνέτυχον τοῖς ἐναντίοις, ὡς φῂς, οὔτε αἱροῦνται αὐτοῖς κοινωνῆσαι, ἀλλ' ὡς λέγουσιν, ἔτι μεθ' ἡμῶν ἑστήκασι, [b] μηδὲν τούτων κοινωνήσῃς πρὸς αὐτούς· ἐπεὶ ἃ [B] ἐποίησεν εἰς ἡμᾶς ὁ Φαρέτριος οὐδεμίαν ἔχει συγγνώμην. Ὁ μέντοι κλῆρος αὐτοῦ πᾶς καὶ ἤλγει, καὶ ὠδύρετο, καὶ ἐθρήνει, καὶ μεθ' ἡμῶν ὅλως ἦν τῇ γνώμῃ. Ἀλλ' ἵνα μὴ τούτους ποιήσωμεν ἀποπηδῆσαι, καὶ τραχυτέρους ἐργασώμεθα, μαθὼν ἅπαντα τὰ ἀπὸ τῶν ἐπαρχικῶν, παρὰ σαυτῷ κάτεχε, καὶ μετὰ πολλῆς ἡμερότητος αὐτοῖς προσφέρου· οἶδα γάρ σου τὸ οἰκονομικόν· καὶ λέγε, ὅτι καὶ ἡμεῖς ἠκούσαμεν, ὅτι σφόδρα ἤλγησεν ἐπὶ τοῖς γενομένοις, καὶ ὅτι ἕτοιμος ἦν πάντα παθεῖν ὑπὲρ τοῦ διορθῶσαι πάντα τὰ κακῶς τολμηθέντα. Τὸ σῶμα ἡμῖν ἐν ὑγείᾳ πολλῇ, [C] καὶ τὰ λείψανα τῆς ἀῤῥωστίας ἀπεθέμεθα· ὅταν δὲ ἐννοήσωμεν, ὅτι σοι καὶ [c] τοῦτο φροντίς ἐστιν, οὐ

cere, firmare, instruere, corroborare. Novi ego quam acer bellator sis, novi quam multa gesta sint istic a te præclara facinora, novi zelum, vigilantiam, cursus, animæ laborem, fiduciam, libertatem, qua episcopis restitisti, cum tempus id requireret, tametsi cum ea qua decuit moderatione. Ac laudabam te quidem ob hæc tanta gesta, multo vero amplius nunc, cum, licet nemo istic te adjuvet, sed alii fugerint, alii relegati sint, alii sese abdiderint, tu in acie solus stes, ejusque frontem ornes, nec ullum ordinis desertorem fieri sinas, sed eos etiam qui adver- [E] sariorum partes sequebantur, quotidie ad tuas mira suavitate traducas. Neque te propter hæc laudo tantum, sed etiam quod in uno constitutus loco, universi terrum orbis curam geras, Palæstinæ, Phœniciæ, Ciliciæ negotiorum, quæ potissimum curare debes. Nam Palæstini quidem [714 A] ac Phœnices, ut probe novi, hominem illum ab adversariis missum non admiserunt; Ægensis autem et Tarsensis a partibus illorum stant, ut audivi, et admonuit quemdam ex amicis nostris Castabalorum episcopus, ipsos a Constantinopolitanis cogi illorum iniquitati assentiri, sed interim tamen resistere. Multam igitur adhibeas sollicitudinem oportet, vigilantiam multam, ut huic quoque parti remedium afferas, et ad consobrinum tuum, dominum meum Theodorum episcopum scribas. Quæ ad Pharetrium spectant, molesta valde sunt et tristia: verumtamen cum [B] ejus presbyteri neque commercium et consuetudinem cum adversariis habuerint, ut ais, neque cum illis communicare statuerint, sed, ut dicunt, adhuc stent a partibus nostris, nihil horum cum illis communices: quandoquidem quæ in nos commisit Pharetrius, nullam omnino veniam merentur. Clerus certe ipsius omnis et ægre ferebat, et gemebat, ac totus in nostras partes animo transibat. Sed ne forte in causa simus, ut hi resiliant, et asperiores reddantur, ubi cuncta ex præfecti militibus cognoveris, ea apud te contine, ac perhumaniter illos tracta; novi [C] quippe quam prudens sis ac providus; eique significa, nos quoque audivisse multum ipsum

[a] Reg. et Coislin. καὶ ὁ Κασταβάλων ἐνταῦθα. Vatic. Καταβάλων, et ad marg. Κασταβάλων emendatur. Fabric. καὶ ὁ Καστάλων ἐνταῦθα. Edit. Morel. καὶ ὁ Γαβάλων ἐνταῦθα. Quam lectionem expunximus, non modo auctoritate Mss. pene omnium, sed etiam quia cum vera historia pugnaret Gabalorum episcopum, qui tunc Severianus erat, inter primipilares inimicorum Chrysostomi tunc maxime numeratus, clam monuisse amicos illius sibi vim inferri, ut gestis illis contra Chrysostomum annueret, sed hactenus tamen restitisse. Erat igitur hic Castabalorum episcopus in Cilicia, qui etiam hic cum aliis Ciliciæ episcopis, Ægarum scilicet et Tarsi, recensetur.

[b] Duo Mss. μηδὲν τούτων κινήσῃς πρὸς αὐτούς.

[c] Coisl. τούτου φροντίς.

iisquæ contigerant indoluisse, ac paratum fuisse quidvis pati, ut omnia illa quæ nefarie sunt patrata sarcirentur. Nobis corpus optime valet, ac reliquias morbi depulimus : cum vero tibi hoc quoque curæ esse cogitamus, non mediocrem etiam nobis occasionem id affert sanitatis, quod tam vehementem amatorem naeti simus. Deus tibi tanti studii, caritatis, zeli, vigilantiæ mercedem, cum in hoc, tum in futuro sæculo retribuat, teque muniat, protegat, et custodiat, atque arcana illa bona tibi largiatur. Faxit autem, ut nos quoque jucundissimam faciem tuam intueri quamprimum possimus, dulci anima tua potiri, ac pulcherrimum hoc festum agere. Non enim te latet pro festo ac solennitate nos habere, ut suavissimo multisque bonis redundanti congressu tuo dignemur, et rursus fruamur.

D μικρὰ καὶ τοῦτο ὑγείας ἡμῖν ὑπόθεσις γίνεται, ὅτι οὕτω σφοδρὸν ἔχομεν ἐραστήν. Ὁ Θεός σοι τῆς τοιαύτης σπουδῆς, τῆς ἀγάπης, τοῦ ζήλου, τῆς ἀγρυπνίας δῴη τὸν μισθὸν, κἀν τῷ παρόντι βίῳ, κἀν τῷ μέλλοντι αἰῶνι, καὶ τειχίσειε, καὶ φρουρήσειε, καὶ ἀσφαλίσαιτο, καὶ καταξιώσειε τῶν ἀποῤῥήτων ἐκείνων ἀγαθῶν. Δοίη δὲ [d] καὶ ἡμῖν ταχέως ἰδεῖν σου τὸ ποθεινὸν πρόσωπον, ἀπολαῦσαί σου τῆς γλυκείας ψυχῆς, καὶ τὴν καλλίστην ταύτην ἑορτὴν ἀγαγεῖν. Οἶσθα γὰρ ὅτι καὶ ἑορτὴ ἡμῖν καὶ πανήγυρις τὸ καταξιωθῆναι τῆς ἡδίστης καὶ πολλῶν ἀγαθῶν γεμούσης συνουσίας σου, καὶ ταύτης ἀπολαῦσαι πάλιν.

CCV. *Anatolio præfectiano.*

σε'. Ἀνατολίῳ ἐπαρχικῷ.

Cucuso anno 405.

Sero quidem et pauca ad nobilitatem tuam scribo : verumtamen non negligentia, sed prolixa ægritudo corporis silentii causam attulit : alioqui perpetuo caritate devincti tecum sumus, utpote quibus perspecta sit caritatis tuæ sinceritas, et ingenuitas, candor ac puritas animi tui. Neque desinimus apud omnes amorem prædicare, quem erga nos sine intermissione non præsentes solum, sed etiam absentes præ se tulit tua nobilitas: non enim nos fugit post discessum nostrum, quanta nostra causa facere ac dicere studueris. Deus tibi tanti studii mercedem, cum in hoc, tum in futuro ævo rependat. Verumtamen ut majorem hauriamus animo voluptatem, non solum dum scribimus, sed etiam dum literas a tua suavitate missas accipimus, felici, quæso, de tua valetudine nuntio nos exhilara, ut etiam in hac degentes solitudine multam consolationem percipiamus. Si enim tuæ caritatis recipiamus epistolam, quæ de tua sanitate tuorumque omnium propinquorum certiores nos faciat, multo, etiam dum in extera regione versamur, solatio perfruemur.

[e] Ὀψὲ μὲν ἐπιστέλλω καὶ βραχέα, μᾶλλον δὲ βραδέως, πρὸς τὴν σὴν εὐγένειαν· πλὴν ἀλλ' οὐ ῥᾳθυμία τὴν σιγὴν εἰργάσατο, ἀλλ' ἀῤῥωστία μακρά· ὡς τῇ γε ἀγάπῃ διηνεκῶς συνδεδέμεθα, τὸ γνήσιόν σου τῆς ἀγάπης εἰδότες, τὸ ἐλευθέριον τῆς γνώμης, τὸ ἄπλαστον καὶ εἰλικρινές. Καὶ οὐκ ἐπαυσάμεθα πρὸς ἅπαντας ἀνακηρύττοντες τὴν διάθεσιν, ἧς συνεχῶς ἀπηλαύσαμεν παρὰ τῆς σῆς εὐγενείας, οὐχὶ παρόντες μόνον, ἀλλὰ καὶ ἀπόντες· οὐ γὰρ μετὰ τὴν ἀποδημίαν ἔλαθεν ἡμᾶς, ὅσα καὶ ποιεῖν καὶ λέγειν ὑπὲρ ἡμῶν ἐσπούδακας. Ὁ Θεός σοι δῴη τὸν μισθὸν τῆς
715 A τοιαύτης σπουδῆς, καὶ ἐνταῦθα, καὶ ἐν τῷ μέλλοντι αἰῶνι. Ἵνα δὲ καὶ πλείονος ἀπολαύωμεν ἡδονῆς, μὴ γράφοντες μόνον, ἀλλὰ καὶ γράμματα δεχόμενοι παρὰ τῆς ἐμμελείας τῆς σῆς, ἐπιστεῖλαι ἡμῖν παρακλήθητι, περὶ τῆς ὑγείας τῆς σῆς εὐαγγελιζόμενος, ἵνα καὶ ἐν τῇ ἐρημίᾳ ταύτῃ καθεζόμενοι πολλὴν καρπωσώμεθα τὴν παράκλησιν. Ἂν γὰρ δεξώμεθα ἐπιστολὴν τῆς ἀγάπης σου, τὰ περὶ τῆς ῥώσεως ἡμῖν ἀπαγγέλλουσαν τῆς σῆς, καὶ τῶν σοι προσηκόντων ἁπάντων, πολλὴν, καὶ ἐν ἀλλοτρίᾳ διατρίβοντες γῇ, δεξόμεθα παράκλησιν.

CCVI. *Theodulo diacono.*

B σς'. Θεοδούλῳ διακόνῳ.

Cucuso anno 404.

Etsi gravis nunc hiemis sævit asperitas, et ad summum fastigium est evecta, neque ullum cessant movere lapidem, qui Ecclesias Gothiæ

Εἰ καὶ χαλεπὸς ὁ χειμὼν, καὶ πρὸς ὕψος ἐγήγερται μέγα, καὶ οἱ βουλόμενοι [a] λυμαίνεσθαι ταῖς Ἐκκλησίαις ταῖς εἰς Γοτθίαν πολλὴν ποιοῦνται σπουδὴν,

[d] Coislin. et Fabric. καὶ ἡμᾶς ταχέως.

[e] Vatic. et Savil. Ὀψὲ μὲν ἐπιστέλλω καὶ βραδέως.

[a] Coislin. λυμαίνεσθαι τὰς ἐκκλησίας τάς.

πανταχοῦ περιτρέχοντες, ἀλλ' ὑμεῖς μὴ διαλίπητε τὰ παρ' ἑαυτῶν εἰσφέροντες. Κἂν γὰρ μηδὲν ἀνύσητε πλέον, ὅπερ οὐχ ἡγοῦμαι, ἀλλ' ὅμως τῆς γνώμης, καὶ τῆς προθέσεως ἀπηρτισμένον ἔχετε παρὰ τοῦ φιλανθρώπου Θεοῦ τὸν μισθόν. Μὴ τοίνυν κάμῃς, ἀγαπητὲ, σπουδάζων, μεριμνῶν, φροντίζων, καὶ διὰ σαυτοῦ, καὶ δι' ἑτέρων, ὧν ἂν οἷόν τε ᾖ, ὥστε μὴ γενέσθαι ταραχὰς αὐτόθι καὶ θορύβους. Πρὸ δὲ πάν- C των εὔχεσθε, καὶ μὴ διαλίπητε ἐκτενῶς δεόμενοι τοῦ φιλανθρώπου Θεοῦ, καὶ μετὰ τῆς προσηκούσης σπουδῆς, ἵνα λύσῃ τὰ κατέχοντα νῦν κακὰ, καὶ πολλὴν παράσχῃ καὶ βαθεῖαν τῇ Ἐκκλησίᾳ εἰρήνην. Τέως μέντοι, ὅπερ καὶ ἔμπροσθεν ἐπέσταλκα, πάντα ποιήσατε, ὥστε ἀναβολήν τινα γενέσθαι τῷ πράγματι, καὶ γράφε ἡμῖν συνεχῶς, ἕως ἂν ᾖς αὐτόθι.

labefactare conantur, dum undique discurrunt: vos tamen quæ vestrarum sunt partium præstare ne desinatis. Licet enim nihildum fuerit vestra sedulitate perfectum, quod non existimo, vobis tamen ob hunc animum et propositum plena et cumulata merces jam est a benigno Deo constituta. Noli ergo defatigari, dilecte, dum studes, dum sollicitus es, et curam omnem adhibes, cum per te, tum per quoscumque alios licuerit, ut turbæ istic ac tumultus non excitentur. Sed ante omnia orate, neque assiduis precibus cum eo quo par est studio a benigno Deo postulare desinite, ut quæ illata nunc sunt mala depellat, ac multam Ecclesiis altamque pacem largiatur. Interim saltem, quod antea scripsi, omni ope conatuque contendite, ut negotio dilationem aliquam obtineatis. Tu vero, dum istic es, crebras ad nos literas mitte.

σζ'. [b] Τοῖς μονάζουσι Γότθοις τοῖς ἐν τοῖς Προμώτου.

Ἔγνων καὶ πρὸ τῶν γραμμάτων τῶν ὑμετέρων D ὅσην ὑπομένετε θλίψιν, ὅσας ἐπιβουλὰς, ὅσους πειρασμοὺς, ὅσας ἐπηρείας· καὶ διὰ τοῦτο μάλιστα ὑμᾶς μακαρίζω, τοὺς στεφάνους τοὺς ἐκ τούτων ἐννοῶν, τὰ βραβεῖα, τὰ ἔπαθλα. Ὥσπερ γὰρ οἱ ἐπιβουλεύοντες ὑμῖν, καὶ ταράττοντες ὑμᾶς, κρίμα καθ' ἑαυτῶν χαλεπὸν ἐπιφέρουσι, καὶ τὸ τῆς γεέννης κατὰ τῆς ἑαυτῶν κεφαλῆς ἐπισωρεύουσι πῦρ· οὕτως ὑμεῖς οἱ ταῦτα πάσχοντες, πολλῆς ἀπολαύσεσθε τῆς ἀμοιβῆς, πολλῆς τῆς ἀντιδόσεως. Μὴ δὴ θορυβεῖσθε, μηδὲ δια- E ταράττεσθε ἐντεῦθεν, ἀλλὰ χαίρετε καὶ σκιρτᾶτε, ἀποστολικὸν φρόνημα διατηροῦντες τὸ λέγον· Νῦν χαίρω ἐν τοῖς παθήμασί μου· καὶ πάλιν, Οὐ μόνον δὲ, ἀλλὰ καὶ καυχώμεθα ἐν ταῖς θλίψεσιν, εἰδότες ὅτι ἡ θλίψις ὑπομονὴν κατεργάζεται, ἡ δὲ ὑπομονὴ δοκιμήν. Δοκιμώτεροι τοίνυν γενόμενοι, καὶ εὐπορώτεροι τὴν εὐπορίαν τὴν ἐν οὐρανοῖς, κἂν χαλεπώτερα τούτων πάσχητε, μειζόνως ἀγάλλεσθε. Οὐ γὰρ ἄξια 716 A τὰ παθήματα τοῦ νῦν καιροῦ πρὸς τὴν μέλλουσαν δόξαν ἀποκαλύπτεσθαι εἰς ἡμᾶς. Οὐδὲ γὰρ ἔλαθεν ἡμᾶς ἡ ὑπομονὴ ὑμῶν, ἡ ἀνδρεία, ἡ καρτερία, ἡ γνησία καὶ θερμὴ διάθεσις, τὸ ἀκλινὲς ὑμῶν τῆς γνώμης, τὸ ἀπερίτρεπτον, τὸ ἀκίνητον. Διὸ καὶ ἡμεῖς

CCVII. *Monachis Gothis qui in Promoti agro degunt.*

Antequam vestras literas accepissem, quantas Cucuso anno 404.
passi fueritis afflictiones, quantas tentationes, quantas molestias, jam cognoveram: eoque nomine vos beatos admodum censeo, cum mihi veniunt in mentem coronæ, bravia, et præmia quæ vobis parantur. Ut enim illi, qui vobis insidias struunt, vosque perturbant, grave sibi judicium accersunt, et ignem gehennæ capiti suo accumulant: ita vos qui talia patimini, multam mercedem multamque retributionem obtinebitis. Nolite igitur terreri, vel inde turbari, sed gaudete et exsultate, dum apostolicum animi sensum retinetis, ex quo vox illa promanat, *Nunc* Coloss. 1. 24.
gaudeo in passionibus meis: et rursus, *Non* Rom. 5. 3. 4.
solum autem, sed et *gloriamur in tribulationibus, scientes quod tribulatio patientiam operatur, patientia autem probationem.* Probatiores igitur effecti et opulentiores cælestibus opibus, licet his graviora contingant, amplius exsultate. *Non* enim *condignæ* sunt *passiones* Rom. 8. 18.
hujus temporis *ad futuram gloriam, quæ revelabitur in* nobis. Neque vero nobis ignota est patientia vestra, fortitudo, tolerantia, since-

[b] Omnes Mss. Μονάζουσι Γότθοις τοῖς ἐν τοῖς Προμότου, alii Προμώτου. Sic legendum est: hic autem nonnisi divinando vertere possumus illud, ἐν τοῖς Προμώτου: nam Billius qui vertit in Monasterio Promoti, τοῖς ἐν Προμώτου legerat, omisso secundo articulo ἐν τοῖς Προμώτου, quod de Monasterio Promoti nunquam interpreteris. Palladius in Vita Chrysostomi, cap. 4, Marsam commemorat Promoti uxorem viduam inter eas, quæ Chrysostomo infensæ erant: unde forte inferas hanc monachis Gothis in agro vel fundo suo sedes habentibus molestiam intulisse, utpote Chrysostomi asseclis; at id nonnisi conjectando dicatur.

rus et ardens amor, animique vestri firma et invicta constantia. Quam ob causam ingentes vobis gratias agimus, et cum animis vestris perpetuo devincti simus, neque longinquitas itineris nos erga caritatem vestram negligentiores ullo modo efficit. Sed et gratiam vobis habeo propter id studium quod exhibuistis, ut nullus in Ecclesia Gothorum tumultus fieret, sed dilatione aliqua negotium extraheretur. Neque tantum non reprehendo, quod neminem miseritis, sed etiam laudo et suscipio. Hoc enim illo multo est optabilius, ut vos omnes in ejusmodi opus incumbatis. Nolite igitur cessare quæ vestri sunt muneris exsequi, tum per vos ipsos, tum per alios per quoscumque licebit, ut negotium dilatione aliqua proteletur. Nam sive quid fuerit opera vestra perfectum, sive non, plena et cumulata merces vobis ob hanc animi sententiam et studium constituetur.

ὑμῖν πολλὰς ὁμολογοῦμεν χάριτας, καὶ συνδεδέμεθα ὑμῶν ταῖς ψυχαῖς διηνεκῶς, καὶ τῆς ὁδοῦ τὸ μῆκος οὐδὲ ῥαθυμοτέρους ἡμᾶς περὶ τὴν ἀγάπην τὴν ὑμετέραν ἐργάζεται. Χάριν δὲ ὑμῖν ἔχω καὶ τῆς σπουδῆς ἣν ἐπεδείξασθε ὑπὲρ τοῦ μηδένα θόρυβον γενέσθαι ἐν τῇ Ἐκκλησίᾳ τῇ τῶν Γότθων, ἀλλ᾽ εἰς ἀναβο- B λὴν τὸ πρᾶγμα ἐμπεσεῖν. Καὶ οὐ μόνον οὐκ ἐγκαλῶ, ὅτι οὐδένα ἐπέμψατε, ἀλλὰ καὶ ἐπαινῶ καὶ θαυμάζω. Ἐκεῖνο γὰρ πολὺ τούτου προτιμότερον, τὸ πάντας ὑμᾶς εἰς τὴν ὑπόθεσιν ταύτην ἀσχολεῖσθαι. Μὴ δὴ διαλίπητε τὰ παρ᾽ ὑμῶν αὐτῶν εἰσφέροντες καὶ δι᾽ ὑμῶν αὐτῶν, καὶ δι᾽ ἑτέρων, ὧν ἂν οἷόν τε [a] ᾖ, ὥστε ὑπέρθεσιν τῷ πράγματι γενέσθαι. Ἄν τε γὰρ ἀνύσητέ τι, ἄν τε μὴ, τὸν μισθὸν ἀπηρτισμένον ἔχετε τῆς γνώμης καὶ τῆς προθυμίας.

CCVIII. *Acacio presbytero.*

Scripta ab anno 404. ad 407.

Tu qui tanto nostri amore flagras, tam vehementi benevolentia nos complecteris, ne literarum quidem nos participes tuarum facis. Atqui jam semel atque iterum ad te scripsimus; tu vero in hoc segnior evasisti. Cum igitur intelligas, quanto nos beneficio tibi devincturus sis, si de tua valetudine certiores nos reddas, da operam, quæso, ut quam celerrime ad nos literas mittas. Non enim mediocri consolatione permulcebimur, si de amicorum nostrorum valetudine sine intermissione moneamur.

ση΄. Ἀκακίῳ πρεσβυτέρῳ.

C Ὁ οὕτω θερμὸς ἡμῶν ἐραστὴς, ὁ οὕτω [b] σφοδρῶς περὶ ἡμᾶς διακείμενος, οὐδὲ γραμμάτων ἡμῖν μεταδίδως τῶν σῶν. Καίτοι γε ἤδη ἐπεστάλκαμεν καὶ ἅπαξ, καὶ δίς· αὐτὸς δὲ ὀκνηρότερος περὶ τοῦτο γέγονας. Ἐννοῶν τοίνυν ἡλίκα ἡμῖν χαρίζῃ, τὰ περὶ τῆς ὑγιείας σου δηλῶν, μετὰ πολλοῦ τοῦ τάχους ἡμῖν γράψαι παρακλήθητι. Πολλὴν γὰρ καρπούμεθα παράκλησιν, τὰ περὶ τῆς ὑγείας ὑμῶν τῶν ἀγαπώντων ἡμᾶς μανθάνοντες συνεχῶς.

CCIX. *Salvioni.*

Ab anno 404. ad 407.

Nos quidem abs te amari, seu scribas, seu non scribas, probe scio. Non enim potest tam ardens amor in nos tuus nos latere, sed hoc omnes prædicant, multique, qui istinc ad nos adveniunt, ferventem ac sinceram nobis caritatem tuam annuntiant. Sed et optaremus sæpe literas a tua generositate recipere, quibus de tua et dominæ meæ uxoris tuæ, totiusque domus tuæ valetudine fieremus certiores: scis enim quanto id nobis studio sit. Hæc igitur cum tibi perspecta sint, domine mi plurimum venerande,

σθ΄. [c] Σαλβίωνι.

D Ὅτι μὲν ἡμᾶς ἀγαπᾷς, κἂν γράφῃς, κἂν σιγᾷς, οἶδα σαφῶς. Οὐδὲ γὰρ δύνασαι λαθεῖν οὕτω σφοδρὸς ἡμῶν ὢν ἐραστὴς, ἀλλὰ πάντες τοῦτο ᾄδουσι, καὶ πολλοὶ πρὸς ἡμᾶς ἀφικνούμενοι τὴν θερμήν σου καὶ γνησίαν ἡμῖν ἀπαγγέλλουσιν ἀγάπην. Ἐβουλόμεθα δὲ καὶ γράμματα συνεχῶς δέχεσθαι παρὰ τῆς εὐγενείας τῆς σῆς, περὶ τῆς ὑγείας τῆς σῆς δηλοῦντα, καὶ τῆς δεσποίνης μου τῆς ἐλευθέρας σου, καὶ τοῦ οἴκου σου παντός· οἶσθα γὰρ ὅπως ἡμῖν τοῦτο περισπούδαστον. Ταῦτ᾽ οὖν εἰδὼς, δέσποτά μου τιμιώτατε, E εἰ καὶ ἐργῶδες ὅπερ αἰτοῦμεν λοιπὸν διὰ τὴν τοῦ χει-

[a] [Post ᾖ Montf. et Morel. addunt σοι, quod delevimus sequuti Savilium.]

[b] Duo Mss. σφοδρῶς περὶ ἡμᾶς, sic Savil. In Morel. φόδρα.

[c] Vaticanus et Fabricianus Γαλβίωνι. Hic postremus hanc epistolam bis continet descriptam, et utrobique Γαλβίωνι legitur. Savil. quoque in textu Γαλβίωνι habet, in margine Σαλβίωνι. Utra lectio vera sit nondum liquet.

μῶνος ὥραν, καὶ τὸ σπανιάκις ἡμῖν τινας ἐπιχωριάζειν, ὅτε ἂν ἐξῇ, γράφειν ἡμῖν μὴ κατόκνει, ταῦτα δηλῶν ἅπερ ᾐτήσαμεν. Τὴν γὰρ ὑγείαν τὴν ὑμετέραν καὶ τὴν ἀσφάλειαν ἡμέτερον εἶναι νομίζομεν πλοῦτον, καὶ εὐφροσύνην, καὶ πολλὴν ἡδονήν. Μὴ δὴ τοσαύτης ἡμᾶς ἀποστερήσῃς ἡδονῆς, ἀλλὰ χαρίζου τοῖς σφόδρα σε ἀγαπῶσι τὴν διὰ τῶν τοιούτων γραμμάτων παράκλησιν, πολλὴν ἡμῖν κομίζουσαν τὴν παραμυθίαν.

tametsi difficile est quod petimus, cum propter tempus hibernum, tum quod pauci ad nos accedant, cum licuerit, ne te pigeat ad nos scribere, atque ea significare quæ petivimus. Vestram enim sanitatem et securitatem nostram esse dicimus opulentiam, ac lætitiam, atque adeo uberem voluptatem. Cave igitur tanta voluptate nos prives, sed iis qui te impense diligunt hanc per literas consolationem imperti, quæ nostrum tædium solatio non mediocri mitigabit.

717 A

σι'. Θεοδώρῳ.

Ἐθαύμασα πῶς παρ' ἑτέρων ἔμαθον τὴν ῥᾳθυμίαν Σαλουστίου τοῦ πρεσβυτέρου. Καὶ γὰρ ἐγνωρίσθη μοι ὅτι μόλις πέντε ὁμιλίας εἶπεν ἕως Ὀκτωβρίου μηνὸς, καὶ ὅτι καὶ αὐτὸς καὶ Θεόφιλος ὁ πρεσβύτερος, ὁ μὲν ὄκνῳ, ὁ δὲ δειλίᾳ, οὐ παραβάλλουσι τῇ συνάξει. Ἀλλὰ Θεοφίλῳ μὲν σφοδρότερον ἐπέστειλα, καθαψάμενος αὐτοῦ, Σαλουστίου δὲ ἕνεκεν τῇ σῇ ἐπιστέλλω τιμιότητι, ἐπειδὴ οἶδα πῶς αὐτοῦ σφοδρὸς ἐραστὴς εἶ· καὶ σφόδρα χαίρω καὶ εὐφραίνομαι ἐπὶ τούτῳ. Καὶ ἀλγῶ πρὸς τὴν σὴν τιμιότητα, ὅτι μοι οὐκ ἐποίησας τοῦτο δῆλον, δέον καὶ διορθῶσαι, αὐτὸς δὲ οὐδέτερον τούτων ἐποίησας. (B) Νῦν γοῦν παρακαλῶ, καὶ σαυτῷ καὶ ἡμῖν τὰ μέγιστα χαριζόμενος, διέγειρον αὐτὸν σφοδρότερον, καὶ μὴ ἔα αὐτὸν καθεύδειν, μηδὲ ἀργεῖν. Εἰ γὰρ μὴ νῦν ἐν τῷ χειμῶνι τῶν πραγμάτων τούτων καὶ τῇ ζάλῃ τὴν προσήκουσαν ἐπιδείξαιτο ἀνδρείαν, πότε αὐτοῦ [a] δεηθησόμεθα οὕτως, ὅταν γαλήνη γένηται καὶ εἰρήνη; Παρακαλῶ τοίνυν, τὰ σαυτῷ πρέποντα ποιῶν καὶ αὐτὸν καὶ πάντας διέγειρον εἰς τὴν σπουδὴν καὶ τὴν ἀντίληψιν τοῦ χειμαζομένου λαοῦ, ὃ καὶ πρὸ τῶν ἡμετέρων γραμμάτων εὖ οἶδ' ὅτι οἴκοθεν καὶ (C) παρὰ σαυτοῦ ποιεῖς.

CCX. *Theodoro.*

Miratus sum, qui factum sit, ut ex aliis Salustii presbyteri negligentiam intelligerem. Siquidem significatum mihi est vix cum quinque homilias Octobri mense habuisse, atque ipsum et Theophilum presbyterum, alterum præ pigritia, alterum præ metu minime ad collectam venire. Sed Theophilum quidem per literas vehementius increpavi, Salustii vero causa ad reverentiam tuam scribo, quod illum abs te vehementer amari sciam : quam ob causam non mediocriter gaudeo et oblector. Sed et succenseo tuæ reverentiæ, quod hoc mihi non manifestum reddideris, qui debuisses ipsum corrigere : neutrum tamen horum præstitisti. Nunc ergo saltem oro te, cum tibi, tum nobis hanc maximam concede gratiam, ut vehementer illum excites, neque obdormire permittas, aut otiari. Nisi enim nunc in hac negotiorum istorum tempestate ac procella convenientem fortitudinem præ se tulerit, quando sic ejus opera indigebimus, ubi tranquillitas et pax redierit? Te igitur hortor ut quæ sunt officii tui, prout decet, exsequutus, et illum et omnes ad auxilium populo ferendum tempestate jactato excites, quod antequam literas nostras acciperes, sat scio tua sponte ac nullo monente præstare cœpisti.

Cucuso anno 404.

σια'. Τιμοθέῳ πρεσβυτέρῳ.

Ἡμεῖς μέν σοι καὶ πρῴην ἐπεστάλκαμεν καὶ τῷ κυρίῳ μου τῷ τιμιωτάτῳ τριβούνῳ Μαρκιανῷ, αὐτὸς δὲ οὔτε παρ' ἐκείνου γράμματα ἡμῖν πεμφθῆναι παρεσκευάσας, οὔτε αὐτὸς ἡμῖν ἐπέσταλκας. Ἀλλ' ὅμως ἡμεῖς ἑαυτοὺς μιμούμενοι, οὐ παυόμεθα διηνεκῶς ὑμῶν μεμνημένοι καὶ ἐπιστέλλοντες, ἡνίκα ἂν ἐξῇ· (D) ὃ δὴ καὶ νῦν πεποιήκαμεν, χάριτας ὑμῖν ὁμολογοῦντες μυρίας ὑπὲρ τῆς σπουδῆς ἧς ἐπιδείκνυσθε, καὶ

CCXI. *Timotheo presbytero.*

Nos quidem nuper ad te atque ad honoratissimum dominum meum Marcianum tribunum scripsimus : tu vero neque literas ad me ab illo mitti curasti, neque ad nos ipse scripsisti. Nihilominus tamen nos nostrum morem sequuti, sine intermissione vestri recordari, atque ad vos, cum facultas suppetit, scribere non desinimus; quod nunc etiam facimus, ingentesque vobis

Cucuso anno 404.

[a] Duo Mss. δεησόμεθα.

gratias agimus ob studium quod exhibetis, et pericula quæ subitis, vosque beatos prædicamus. Neque enim exiguas vobis coronas reconditis, dum ad modicum tempus afflicti, perennem vobis in cælo mercedem ac multo majorem
Rom. 8. 18. his sudoribus præparatis. *Non enim sunt dignæ passiones hujus temporis ad futuram gloriam, quæ revelabitur in nobis.*

τῶν κινδύνων οὓς ὑπομένετε, καὶ μακαρίζοντες ὑμᾶς. Οὐ γὰρ μικροὺς ἐντεῦθεν ὑμῖν προαποτίθεσθε στεφάνους, πρὸς ὀλίγον μὲν θλιβόμενοι, διηνεκεῖς δὲ ἀμοιβὰς ἐν τοῖς οὐρανοῖς προπαρασκευάζοντες ὑμῖν, καὶ πολλῷ μείζους τῶν ἱδρώτων τούτων. Οὐ γὰρ ἄξια τὰ παθήματα τοῦ νῦν καιροῦ πρὸς τὴν μέλλουσαν δόξαν ἀποκαλυφθῆναι εἰς ἡμᾶς.

E

CCXII. *Theophilo presbytero.*

Cucuso anno 404. Vehementer dolui, cum audivi te ac Sallustium presbyterum haud frequenter ad collectam accedere, neque mediocrem id mihi mœrorem inussit. Peto igitur, ut, si quidem id falsum sit, indicare mihi studeatis, quod sine causa calumniam passi sitis; sin verum, ejusmodi negligentiam emendetis. Ut enim maxima vobis merces constituitur, præsertim si in hoc sæculo convenientem fortitudinem exhibeatis : ita non mediocre vobis judicium imminet, si negligentes sitis ac remissi, neque munere vestro fungamini. Scitis namque quid passus ille fuerit qui talentum unum defoderat, qui de nullo alio crimine accusatus, ob hoc solum punitus est, et inevitabiles pœnas dedit. Date igitur operam, ut me quam celerrime cura liberetis. Ut enim summam consolationem mihi præbet ac solatium, cum audio vos cum omni alacritate populum universum tempestate jactatum instruere : sic cum adfertur ad me quosdam segnes esse, non mediocrem mihi segnities illorum dolorem inurit. Sane quidem pulcherrimum illum gregem Dei gratia quotidie confirmat, ut vos quoque re ipsa comperistis : qui vero præ nimia negligentia, quæ suarum sunt partium, præstare desinunt, non mediocre per inertiam ejusmodi sibi judicium accersunt.

σιϐ'. Θεοφίλῳ πρεσϐυτέρῳ.

Σφόδρα ἤλγησα ἀκούσας ὅτι καὶ σὺ καὶ Σαλούστιος ὁ πρεσϐύτερος οὐ συνεχῶς πρὸς τὴν σύναξιν παραϐάλλετε, καὶ οὐχ ὡς ἔτυχέ με τοῦτο ἐλύπησε. Παρακαλῶ τοίνυν, εἰ μὲν ψεῦδος τοῦτο, δηλῶσαί μοι σπουδάσατε, ὅτι μάτην ἐσυκοφαντήθητε· εἰ δὲ ἀληθὲς, διορθώσασθε τὴν τοιαύτην ῥαθυμίαν. Ὥσπερ γὰρ μέγιστος ὑμῖν ἐστιν ὁ μισθὸς, μάλιστα ἐν τῷ παρόντι καιρῷ
718 τὴν προσήκουσαν ἀνδρείαν ἐπιδεικνυμένοις· οὕτως οὐ
A τὸ τυχὸν ἔσται κρίμα ὀκνοῦσι, καὶ ἀναδυομένοις, καὶ τὰ παρ' ἑαυτῶν οὐκ εἰσφέρουσιν. Ἴστε γὰρ τί πέπονθεν ὁ τὸ τάλαντον καταχώσας τὸ ἓν, ὃς οὐδὲν ἕτερον ἐγκαλούμενος, διὰ τοῦτο μόνον ἐκολάζετο, καὶ ἀπαραίτητον ἐδίδου δίκην. Σπουδάσατε οὖν διὰ τάχους ἐλευθερῶσαί με τῆς φροντίδος. Ὥσπερ γὰρ πολλήν μοι φέρει παράκλησιν καὶ παραμυθίαν, ἐπειδὰν ἀκούσω, ὅτι μετὰ προθυμίας ἁπάσης ἅπαντα τὸν χειμαζόμενον λαὸν συγκροτεῖτε· οὕτως ἐπειδὰν μάθω, ὅτι τινὲς ῥαθυμοῦσιν, οὐχ ὡς ἔτυχεν ἀλγῶ ὑπὲρ αὐτῶν τῶν ῥαθυμούντων. Τὴν μὲν γὰρ καλλίστην ἀγέλην ἐκείνην ἡ τοῦ Θεοῦ χάρις καθ' ἑκάστην συγκρο-
B τεῖ ἡμέραν, καθάπερ καὶ ὑμεῖς διὰ τῶν ἔργων αὐτῶν ἔγνωτε· οἱ δὲ ῥαθυμίᾳ τὰ παρ' ἑαυτῶν ἐλλιμπάνοντες, οὐ μικρὸν ἑαυτοῖς διὰ τῆς ῥαθυμίας ταύτης συνάγουσι κρίμα.

CCXIII. *Philippo presbytero.*

Cucuso anno 404. Miratus sum, qui factum sit, ut tam diuturno tempore nihil ad nos scripseris; atque nobis quidem vel absentibus non mediocrem amorem exhibueris, sed nos literarum tuarum participes

σιγ'. Φιλίππῳ πρεσϐυτέρῳ.

Ἐθαύμασα, πῶς ἐν οὕτω χρόνῳ μακρῷ ἡμῖν οὐκ ἐπέσταλκας, ἀλλ' ἀγάπην μὲν περὶ ἡμᾶς ἐπιδείκνυσαι καὶ ἀπόντας πολλὴν, γραμμάτων δὲ ἡμῖν οὐ μετέδωκας τῶν σῶν. Νῦν γοῦν [a] ἡμῖν γράφειν μὴ κατοκνήσῃς,

[a] Omnes Mss. ἡμῖν γράψαι Infra ὅτι καὶ τῆς σχολῆς ἐξεϐλήθητε. Erant Constantinopoli Scholæ, seu cohortes militum palatinorum ad custodiam Imperatoris atque palatii, quorum frequens mentio apud scriptores maxime Byzantios. Loca etiam in quibus versabantur Scholæ hujusmodi, Scholarum et ipsa nomine gaudebant. Erant item Scholæ aliæ militares quæ persæpe occurrunt. In Ecclesia Latina Scholæ cantorum memorantur, aliæque item Scholæ. Fronto Ducæus in notis putat hunc Philippum presbyterum, et Euthymium item presbyterum, qui ex Schola pulsus fuisse dicitur infra, vel capellanum fuisse Scholæ cujuspiam hujusmodi militaris, vel

τὰ περὶ τῆς ὑγείας τῆς σῆς δηλῶν· ὡς ἡμεῖς γε, καὶ μὴ γράφοντός σου, τὰ σὰ περιεργαζόμεθα, καὶ ἔγνωμεν, ὅτι καὶ τῆς σχολῆς ἐξεβλήθητε, τὴν ὑμῖν πρέπουσαν παῤῥησίαν ἐπιδειξάμενοι. Τοῦτο ὑμῖν μισθὸς, τοῦτο πραγματεία οὐράνιος, τοῦτο στέφανος ἀκήρατος, τοῦτο βραβείων πλῆθος. Ταῦτ' οὖν ἅπαντα λογιζόμενοι, γενναίως φέρετε τὰ συμπίπτοντα. Ἱκανὸς γὰρ ὁ Θεὸς καὶ τοὺς πειρασμοὺς λῦσαι τούτους, καὶ ταχίστην ποιῆσαι γαλήνην, καὶ τῆς ὑπομονῆς ὑμῖν ταύτης πολὺν καὶ ἐν τῷ παρόντι βίῳ, καὶ ἐν τῷ μέλλοντι αἰῶνι δοῦναι τὸν μισθόν.

minime feceris. Nunc saltem ad nos scribere ne (C) pigriteris, ac de tua valetudine facere certiores: nam licet non scribas, de rebus tuis sciscitamur, et vos didicimus a schola pulsos fuisse, cum eam loquendi libertatem, quam par erat, exhibuissetis. Hoc vobis merces, hoc cælestis est negotiatio, hoc immortalis corona, hoc congeries præmiorum. Hæc igitur omnia vobiscum reputantes, quidquid acciderit, generose ferte. Potest enim Deus tentationes istas depellere, ac tranquillitatem quamprimum reducere, vobisque copiosam istius patientiæ mercedem in hac vita et in sæculo futuro largiri.

σιδ'. Σεβαστιανῷ πρεσβυτέρῳ. D

Εἰ καὶ τῷ σώματι κεχωρίσμεθά σου τῆς τιμιότητος, ἀλλὰ καὶ τῇ ἀγάπῃ σοι συνδεδέμεθα, καὶ ὅπουπερ ἂν ὦμεν, περιφέρομέν σου τὴν διάθεσιν ἐπὶ τῆς μνήμης, κἂν εἰς αὐτὰ τῆς οἰκουμένης ἀπενεχθῶμεν τὰ τέρματα. Ὅτι δὲ καὶ αὐτὸς ἄληστον ἔχεις τὴν μνήμην ἡμῶν, οὐδὲν οἶμαι δεῖν ἀμφιβάλλειν. Οἶδα γάρ σου τὸ γνήσιον τῆς διαθέσεως, τῆς ἀγάπης τὸ στεῤῥὸν, τὸ ἀπερίτρεπτον τῆς γνώμης. Διὸ καὶ παρακαλοῦμεν συνεχῶς ἡμῖν ἐπιστέλλειν, καὶ τὰ περὶ τῆς (E) ὑγείας τῆς σῆς εὐαγγελίζεσθαι. Σφόδρα γὰρ ἡμῖν περισπούδαστον περὶ ταύτης μανθάνειν· καὶ πολλὴν καὶ ἐν ἐρημίᾳ διατρίβοντες ἀπὸ τῶν τοιούτων γραμμάτων καρπωσόμεθα τὴν παράκλησιν.

CCXIV. Sebastiano presbytero.

Etsi corpore a tua reverentia remoti sumus, (Scripta ab anno 404. ad 407.) caritate tamen tecum devincti sumus, et ubicumque fuerimus, amicitiam tuam memoria circumferimus, licet ad ipsos orbis terrarum fines relegati simus. At tu quoque perpetuam nostri memoriam quin conserves, nulla ratione arbitrer esse dubitandum. Novi quippe sinceritatem amoris tui, caritatis firmitatem, et animi tui (E) constantiam. Quocirca te oramus ut frequenter ad nos scribas, ac de tua prospera valetudine certiores nos facias. Nam de ejus statu subindo moneri summopere desideramus; et non mediocrem consolationem, dum in hac solitudine degimus, ex ejusmodi literarum lectione capiemus.

σιε'. Πελαγίῳ πρεσβυτέρῳ. 719 A

Οἶδά σου τὸ πρᾶον, τὸ ἐπιεικὲς, τὸ χρηστὸν, τὸ γλυκὺ, τὸ θερμὸν τῆς ἀγάπης, τὸ γνήσιον τῆς διαθέσεως τῆς περὶ ἡμᾶς. Διὸ καὶ προσαγορεύω σου τὴν τιμιότητα μετὰ πολλῆς τῆς προθυμίας, καὶ δῆλον ποιῶ, ὅτι [a] ὅπουπερ ἂν ὦ, ἐπὶ διανοίας σε περιφέρω. Παρακαλῶ τοίνυν, ἵνα καὶ ἑτέραν δεχώμεθα τὴν εὐφροσύνην, μὴ μόνον ἀπὸ τοῦ γράφειν, ἀλλὰ καὶ ἀπὸ τοῦ μανθάνειν τὰ περὶ τῆς ὑγείας τῆς σῆς, δήλου ἡμῖν ταῦτα συνεχῶς. Κἂν γὰρ εἰς χαλεπωτέραν ταύ- (B) της ἐρημίαν ἀπενεχθῶμεν, δεχόμενοι τοιαῦτα παρ' ὑμῶν τῶν ἀγαπώντων ἡμᾶς γράμματα, πολλῆς ἀπολαυσόμεθα τῆς εὐφροσύνης.

CCXV. Pelagio presbytero.

Mansuetudinem tuam, modestiam, probitatem, (Scripta ab anno 404. ad 407.) caritatis ardorem, amoris erga nos sinceritatem exploratam habeo. Idcirco multo cum affectu reverentiam tuam saluto, ac significo te a me, ubicumque gentium fuero, animo circumferri. Fac igitur, quæso, ut alteram percipiamus voluptatem, non solum ex eo quod literæ mittantur, sed etiam ex eo quod de tua valetudine (B) certiores fiamus: hæc nobis frequenter significa. Licet enim in asperrimam hanc solitudinem relegati simus, cum ab amicis nostris ejusmodi literas acceperimus, multa lætitia perfundemur.

in Schola ecclesiastica quapiam fuisse: Tillemontius autem opinari videtur hos fuisse Scholarum pædagogos, et ex hoc officio pulsos. Res in incerto versatur. Apud Palladium de Vita Chrysostomi, c. 20, Philippus vocatur Asceta, et presbyter Scholarum.

[a] Sic omnes Mss. Edit. ὅπουπερ ἂν ὦμεν.

CCXVI. *Musonio.*

Cucuso anno 404.

Et jam scripsimus ad generositatem tuam, domine mi honoratissime ac religiosissime, et nunc idipsum rursus agimus, tametsi tu ne semel quidem literas ad nos dederis. Nos tamen crebras ad te literas dare non cessabimus, et quod præstare nos decet, præstabimus. Cuperemus enim sæpius id agere: sed quoniam in loco admo- C dum deserto versamur, et metu latronum civitas circumsidetur, ac temporis hiberni asperitas itinera intercludit; neque permittunt hæc omnia, ut multi ad nos frequenter accedant: quotiescumque licet, et tabellarios nancisci possumus, pietati tuæ debitam salutationem persolvimus. Nota quippe nobis est ac perspecta tuæ caritatis sinceritas, amoris ardor, animi constantia, et ingenuitas ab omni simulatione aliena. Quo fit, ut memoria te semper circumferamus, ubicumque versemur, neque tuæ suavitatis oblivisci possimus. Verum ut non solum dum scribimus, sed etiam dum literas accipimus, quibus de tua fiamus valetudine D certiores, lætemur, crebras ad nos ejusmodi epistolas mitte. Sic enim, quamvis loco valde dissiti, multam consolationem ex ejusmodi literis sentiemus, cum vos, a quibus vehementer et ardenter amamur, hilares et expertes periculi vivere intelligemus.

σις'. Μουσωνίῳ.

Καὶ ἤδη ἐπεστάλκαμέν σου τῇ εὐγενείᾳ, δέσποτά μου τιμιώτατε καὶ εὐλαβέστατε, καὶ νῦν τὸ αὐτὸ πάλιν ποιοῦμεν, καίτοι μηδὲ ἅπαξ σου ἐπεσταλκότος ἡμῖν. Ἀλλ' ὅμως ἡμεῖς οὐ διαλείψομεν συνεχῶς ὑμῖν ἐπιστέλλοντες, καὶ τὸ ἡμῖν αὐτοῖς πρέπον ποιοῦντες. Ἐβουλόμεθα γὰρ καὶ πυκνότερον τοῦτο ποιεῖν· ἐπειδὴ C δὲ καὶ ἐν ἐρημίᾳ πολλῇ χωρίου διατρίβομεν, καὶ ὁ τῶν λῃστῶν φόβος πολιορκεῖ τὴν πόλιν, καὶ ἡ τοῦ χειμῶνος ὥρα ἀποτειχίζει τὰς ὁδοὺς, καὶ ταῦτα πάντα οὐκ ἀφίησι πολλοὺς ἡμῖν συνεχῶς ἐπιχωριάζειν, ἡνίκα ἂν ἐξῇ, καὶ γραμματηφόρων ἐπιτύχωμεν, τὴν ὀφειλομένην πρόσρησιν ἀποδιδόαμέν σου τῇ εὐλαβείᾳ. Ἴσμεν γάρ σου τὸ γνήσιον τῆς ἀγάπης, τὴν θερμὴν διάθεσιν, τὸ ἀπερίτρεπτον τῆς γνώμης, τὴν ἐλευθερίαν, τὸ ἀνυπόκριτον. Διὸ καὶ ἐπὶ μνήμης σε διηνεκῶς περιφέρομεν, ὅπουπερ ἂν ὦμεν, καὶ ἐπιλαθέσθαι σου τῆς ἐμμελείας οὐ δυνάμεθα. Ἵνα δὲ μὴ τῷ γράφειν μόνον, ἀλλὰ καὶ τῷ δέχεσθαι γράμματα, περὶ τῆς ὑγείας τῆς σῆς δηλοῦντα, εὐφραινώμεθα, D πέμπε συνεχῶς ἡμῖν τοιαύτας ἐπιστολάς. Οὕτω γὰρ καὶ πόῤῥωθεν ὄντες πολλὴν καρπωσόμεθα ἀπὸ τῶν τοιούτων γραμμάτων παραμυθίαν, ὅταν ἀκούωμεν, ὅτι ὑμεῖς οἱ σφοδροὶ ἡμῶν ἐρασταὶ καὶ θερμοὶ ἐν εὐθυμίᾳ καὶ ἀσφαλείᾳ διάγετε.

CCXVII. *Valentino.*

Cucuso anno 404. vel 405.

Liberalem animum tuum, et amoris ardorem exploratum habeo, quo ad ferendum pauperibus subsidium incumbis, et quam in hac præclara negotiatione præ te fers cupiditatem, dum et E præbes, et cum voluptate præbes, ac duplicem tibi coronam misericordiæ ac splendidiorem comparas, cum liberalitate, tum animi proposito, ex quo liberalitas ipsa promanat. Quando igitur nobis reverendissimus presbyter Domitianus, cui viduarum ac virginum istic cura commissa est, significavit eas propemodum fame 720 vexari, tamquam ad portum quemdam ad manus A tuas confugimus, ut ab iis ab hoc famis naufragio vindicentur. Te igitur oro, ac vehementer oro, ut misso presbytero, quantum fieri poterit, illis auxilio esse velis. Siquidem ea quæ nunc præbe-

σιζ'. [b] Βαλεντίνῳ.

Οἶδά σου τὴν φιλότιμον ψυχὴν, τὸν ἔρωτα τὸν θερμὸν, ὃν περὶ τὰς τῶν πενήτων ἔχεις προστασίας, τὴν ἐπιθυμίαν, ἣν ἀεὶ περὶ τὴν καλὴν ταύτην ἐπιδείκνυ- E σαι πραγματείαν, καὶ παρέχων, καὶ μεθ' ἡδονῆς τοῦτο ποιῶν, καὶ διπλοῦν σοι τὸν στέφανον τὸν τῆς φιλανθρωπίας καὶ λαμπρότερον καθιστὰς, καὶ τῇ δαψιλείᾳ, καὶ τῇ γνώμῃ ἀφ' ἧς καὶ ἡ δαψίλεια γίνεται. Ἐπεὶ οὖν ἐδήλωσεν ἡμῖν ὁ τιμιώτατος πρεσβύτερος Δομετιανὸς, ὁ τῶν χηρῶν καὶ παρθένων τῶν αὐτόθι τὴν προστασίαν ἔχων, ὅτι σχεδὸν ἐν λιμῷ καθεστήκασιν, 720 ὥσπερ εἰς λιμένα τὰς σὰς καταφεύγομεν χεῖρας, A ὥστε τουτὶ λῦσαι τοῦ λιμοῦ τὸ ναυάγιον. Δέομαι οὖν σου, καὶ σφόδρα δέομαι, μεταπεμψάμενος τὸν πρεσβύτερον, ὅπερ ἂν ᾖ δυνατὸν, ἐπικουρῆσαι παρακλήθητι. Τῆς γὰρ ἐν ἄλλῳ καιρῷ ἐλεημοσύνης ἡ νῦν παρεχομένη πολλῷ πλείονα παρέχει τὴν ἀμοιβὴν, ὅσωπερ

[b] Hæc epistola bis scripta reperitur in Codice Fabriciano: primoque numeratur ξη', sive sexagesima octava, et inscribitur Σεβαστιανῷ πρεσβυτέρῳ; secundo ξε affertur, et inscribitur Βαλεντίνῳ. Facile est ut ad duos eadem ipsa scripserit.

ἐν χαλεπωτέρῳ χειμῶνι καὶ ζάλῃ καθεστήκασιν οἱ δεόμενοι λαβεῖν, οὐ τῆς εἰωθυίας ἀπολαύοντες ἀφθονίας. Ἐννοήσας τοίνυν καὶ τοῦ πράγματος τὸ κέρδος, καὶ τὴν ἀπὸ τοῦ καιροῦ γενομένην προσθήκην, τὰ σαυτοῦ ποιῆσαι παρακλήθητι. Οὐδὲν γὰρ δεῖ πλέον εἰπεῖν πρὸς φιλάνθρωπον οὕτω καὶ ἡμερωτάτην γράφοντες ψυχήν. Οἶδας γὰρ, ὅτι καὶ [a] σπόρτουλα ἡμῖν χρεωστεῖς· ἀλλ' ὅμως καὶ ἐκείνων ἕνεκεν εἰς τοῦτό σοι διαλυόμεθα. Καὶ γράψαι δὲ ἡμῖν παρακλήθητι, ὅτι ἐπένευσας ἡμῶν τῇ αἰτήσει, καὶ τὰ περὶ τῆς ὑγιείας τῆς σῆς εὐαγγελιζόμενος, καὶ παντὸς τοῦ εὐλογημένου σου οἴκου.

tur eleemosyna multo majorem ea, quæ alio tempore præberetur, mercedem acquirit, quanto graviori tempestate ac procella jactantur, qui sibi dari hoc petunt, consuetis facultatibus destituti. Cum igitur rei utilitatem intelligas, et quanta ex temporis conditione fiat accessio, exorari te sine, ut quæ tuarum sunt partium præstes. Nihil enim amplius est dicendum, cum ad clementissimum et benignissimum hominem scribamus: quippe qui noveris te etiam sportulas nobis debere: verumtamen si hoc præstes, quod earum nomine debes, nobis persolutum arbitrabimur. Tu vero ad nos quoque velim scribas, te nostræ petitioni annuisse: deque tua totiusque benedictæ domus tuæ valetudine facias certiores.

σιη'. Εὐθυμίῳ πρεσβυτέρῳ.

Μηδὲν ὑμᾶς λυπείτω τὸ τῆς σχολῆς ἐξεῶσθαι, ἀλλ' ἐννοοῦντες, ὅσον καὶ ἐντεῦθεν ἐδέξασθε τὸν μισθὸν, καὶ πῶς αὔξεται τὰ τῶν στεφάνων ὑμῖν, χαίρετε καὶ εὐφραίνεσθε ὑπὲρ τῶν παθημάτων τούτων καὶ τῶν ἐπιβουλῶν. Πολλὴν γὰρ ὑμῖν συνάγει ταῦτα τὴν ἐν οὐρανοῖς ἐμπορίαν, καὶ λαμπροτέρους ποιεῖ, καὶ μείζονα καθίστησι τὰ βραβεῖα. Στενὴ γὰρ καὶ τεθλιμμένη ἡ ὁδὸς ἡ ἀπάγουσα εἰς τὴν ζωήν. Καὶ ἡμῖν δὲ συνεχῶς ἐπιστέλλειν τὰ περὶ τῆς ὑγείας τῆς σῆς μὴ κατόκνει. Οἶσθα γὰρ ὅπως συνδεδέμεθά σου τῇ ἀγάπῃ, καὶ πῶς, ὅπουπερ ἂν ὦμεν, ἐπὶ διανοίας σε περιφέρω, ἀεί σου θερμὸς γενόμενος ἐραστής· νῦν δὲ πολλῷ θερμότερος, ὅσῳ καὶ λαμπρότερος ἀπὸ τῶν παθημάτων γέγονας.

CCXVIII. *Euthymio presbytero.*

Cucuso anno 404.

Nihil vos contristet, quod a schola pulsi fueritis, sed cum animis vestris reputantes, quantam hinc etiam mercedem receperitis, et quo pacto coronæ vobis augeantur, gaudete et exsultate ob ejusmodi afflictiones et insidias. Multum enim vobis hæc in cælis quæstum coacervant, et illustriores vos efficiunt, ac præmia majora constituunt. Angusta quippe et arcta via est, quæ ducit ad vitam. Ad nos quoque frequenter scribere de valetudine tua ne graveris. Scis enim quantis tecum caritatis vinculis obstricti simus, et quo pacto, ubicumque gentium degam, te mente circumferam, tuoque semper amore ardeam: jam vero tanto etiam magis ardeam, quanto ex ejusmodi afflictionibus illustrior evasisti.

σιθ'. Σευηρίνῃ καὶ Ῥωμύλῃ.

Εἰ μὴ σφόδρα τὴν γνησίαν ὑμῶν ἀγάπην ᾔδειν, καὶ τὴν σπουδὴν, ἣν ἀεὶ περὶ ἡμᾶς ἐπιδείκνυσθε, κᾂν ῥᾳθυμίαν πολλὴν ὑμῖν ἐνεκάλεσα, τῆς μακρᾶς ἕνεκεν ταύτης σιγῆς ἣν ἐσιγήσατε, καὶ ταῦτα πολλάκις καὶ

CCXIX. *Severinæ et Romulæ.*

Cucuso anno 404.

Nisi probe perspecta mihi vestra sincera caritas esset, ac studium quod erga me semper ostendistis, non mediocris vos negligentiæ propter longum vestrum silentium, idque, cum a nobis

[a] Σπόρτουλα. In hanc vocem hæc erudite notat Fronto Ducæus: *Vox est a Latina deflexa: sportulas enim vocant Romani calathos vimineos, in quibus pecuniæ condi solebant, ut Asconius scribit: deinde prandium vel cœna, quæ in sportellas conjecta dabatur clientibus vice cœnæ rectæ, sportula est dicta; tum latius porrecta sportularum appellatio ad salaria, congiaria, et honoraria quævis. Vetus glossarium definit*, τὰ ἐν σπυρίδι διδόμενα ξένια, Xenia quæ in calatho dabantur. *Inde honorarium decurionatus, et ea quæ decuriones dabant pro introitu,* et pecuniæ *quæ judicibus vel executoribus litium ac* negotiorum *pro salario dabantur, sic appellantur in tit. de sportulis judicum. Item diaria quæ sacerdotibus dabantur; Cyprianus epist.* 34. Ut sportulis iisdem cum presbyteris honorentur, et divisiones mensurnas æquatis quantitatibus partiantur. *Et sportulantes clerici, sive fratres sportulantes, qui diaria et sportulas accipiunt, ab* eodem *dicuntur* epist. 66. *Sportularum igitur nomine vel honorarium aliquod vel subsidium victus hic intellige, quod Chrysostomo a Valentino dabatur.*

frequentes literas acceperitis, acensarem. Sed E quoniam scio vos sive sileatis, sive scribatis, pariter erga nos affectas esse, propterea non ausim vos hujus silentii causa reprehendere, tametsi mirifice cupio literas sæpe vestras accipere, quibus de vestra valetudine certior fiam. Nihil enim est causæ cur ad hanc excusationem confugiatis, quod non ita crebro tabellarios nanciscamini: siquidem desideratissimus et suavissimus Salu- 721 stius, nobis dilectus, ad hoc, sat scio, vobis po- A tuit inservire. Verumtamen ne sic quidem vos accuso, quod admodum de vestra caritate confidam. Nos itaque, quoties licebit, ad vos crebras literas mittere non desinemus, quippe quibus sinceritas et ardor benevolentiæ vestræ cognitus sit et exploratus.

E συνεχῆ παρ' ἡμῶν δεχόμεναι γράμματα. Ἀλλ' ἐπειδὴ οἶδα ὅτι καὶ σιωπῶσαι, καὶ γράφουσαι, ὁμοίως περὶ ἡμᾶς διάκεισθε, τούτου χάριν ἐγκαλεῖν οὐκ ἂν ἀνασχοίμην τῆς σιγῆς ἕνεκεν, εἰ καὶ σφόδρα ἐπιθυμῶ πυκνὰ παρ' ὑμῶν δέχεσθαι γράμματα, περὶ τῆς ὑγείας ὑμῶν δηλοῦντα. Οὐδὲ γὰρ ἔχοιτ' ἂν καταφυγεῖν εἰς τὸ μὴ συνεχῶς ἐπιτυγχάνειν [b] γραμματηφόρου· ὁ γὰρ ποθεινότατος καὶ γλυκύτατος ἀγαπητὸς ἡμῶν Σαλού- 721 στιος, εὖ οἶδ' ὅτι πρὸς τοῦτο ὑμῖν διακονήσασθαι A ἠδύνατο. Ἀλλ' ὅμως οὐδὲ οὕτως ὑμῖν ἐγκαλῶ, διὰ τὸ σφόδρα θαῤῥεῖν ὑμῶν περὶ τῆς ἀγάπης. Αὐτὸς μέντοι, ἡνίκα ἂν ἐξῇ, συνεχῶς ἐπιστέλλειν οὐ παύσομαι· οἶδα γὰρ ὑμῶν τὸ γνήσιον καὶ θερμὸν τῆς διαθέσεως.

CCXX. Pæanio.

Cucuso anno 404.

Respiravimus, exsultavimus, non jam exteram aut peregrinam amplius regionem incolere nos arbitramur, cum ad eam urbem, quæ tam multa perpessa est, tua sublimitas sit reversa. Hac autem idcirco nos voluptate perfundimur, B non quod dignitas tibi major obtigerit: dignitas enim tua virtus est animæ tuæ, nec ullus ipsam tibi antea potuit auferre, neque nunc reddidit: (quo enim pacto, cum ablata minime fuerit?) sed idcirco exsultamus, quod magnam consolationis occasionem attulerit tuus in urbem illam reditus iis qui vexabantur, mactabantur, in vincula conjiciebantur, cum communis illorum protector sis, et ad te omnes illi tamquam ad latissimum portum confugiant. Scis quippe inde lucrum decerpere, unde lucrum decerpendum est. Tu vero deinceps de tuorum recte factorum C magnitudine scribe, ac manifeste significa, quot jacentes excitaveris, quot lapsos erexeris, quos fluctuantes firmaveris, quibus tamdiu laborantibus subsidio fueris, quot segniores factos, diligentes reddideris, quos diligentes antea, diligentiores effeceris: omnia denique tua in hac acie præclara facinora sigillatim expone. Nam hæc cuncta scio prius etiam, quam literas tuas accipiam, utpote qui animum tuum noverim, generosum athletam ac mirabilem bellatorem: sed a carissima tamen nobis lingua tua cuncta velim ediscere. Huic igitur nostræ petitioni annue, cum intelligas, quanto nos tibi, dum hoc ages, sis beneficio devincturus.

σχ'. Παιανίῳ.

Ἀνεπνεύσαμεν, ἐσκιρτήσαμεν, οὐκέτι ἀλλοτρίαν, οὐδὲ ξένην οἰκεῖν ἡγούμεθα, τῆς σῆς θαυμασιότητος πρὸς τὴν τοιαῦτα πάσχουσαν ἐπανελθούσης πόλιν. Ποιεῖ δὲ ἡμῖν τὴν τοσαύτην ἡδονὴν, οὐ τό σε πλείονος B ἀπολελαυκέναι τιμῆς· ἡ γὰρ σὴ τιμὴ τῆς ψυχῆς σού ἐστιν ἡ ἀρετὴ, καὶ οὔτε ἔμπροσθέν σέ τις αὐτὴν ἀφελέσθαι ἴσχυσεν, οὔτε νῦν ἀποδέδωκεν· (πῶς γὰρ τὴν μὴ ἀφαιρεθεῖσαν;) σκιρτῶμεν δὲ ὅτι μεγίστη παράκλησις τοῖς ἐλαυνομένοις, τοῖς σφαττομένοις, τοῖς δεδεμένοις εἰς τὴν πόλιν ἐκείνην εἰσελήλυθας, κοινὸν ὄφελος, καὶ λιμὴν εὐρύτατος τούτων ἁπάντων γενόμενος. Καὶ γὰρ οἶσθα κερδαίνειν ἃ κερδαίνειν χρή. Γράφε δὴ λοιπὸν τῶν κατορθωμάτων σου τὸ μέγεθος, καὶ λέγε σαφῶς πόσους κειμένους ἀνέστησας, πόσους καταπεπτωκότας ἀνώρθωσας, τίνας σαλευομένους ἐστήριξας, τίσι πεπονηκόσιν ἐν τῷ μακρῷ τούτῳ χρόνῳ παρέστης, C τίνας ῥᾳθυμοῦντας σπουδαίους ἐποίησας, τίνας σπουδαίους ὄντας σπουδαιοτέρους εἰργάσω, καὶ πάντα ἁπλῶς καθ' ἕκαστον τὰ ἐπὶ τῆς παρατάξεώς σου ταύτης ἀνδραγαθήματα. Οἶδα μὲν γὰρ ταῦτα καὶ πρὸ τῶν γραμμάτων τῶν σῶν, ἐπειδὴ καὶ τὴν ψυχὴν οἶδα τὴν σὴν, τὸν γενναῖον ἀθλητὴν, καὶ τὸν θαυμαστὸν ἀριστέα· ἀλλ' οὖν βούλομαι καὶ παρὰ τῆς ποθεινοτάτης μοι γλώττης ταῦτα μανθάνειν. Δίδου δὴ ἡμῖν ταύτην τὴν αἴτησιν· οἶσθα γὰρ ἡλίκην χαριῇ χάριν, τοῦτο ποιῶν.

[b] Fabric. γραμματηφόρων.

σκα'. Κωνσταντίῳ πρεσβυτέρῳ. [D]

Τῇ τετάρτῃ τοῦ Πανέμου μηνὸς μέλλων ἀπὸ τῆς Νικαίας διεξορμᾷν, ταῦτα διαπέμπομαι τὰ γράμματα πρὸς τὴν σὴν θεοσέβειαν, παρακαλῶν, ὅπερ ἀεὶ παρακαλῶν οὐκ ἐπαυσάμην, κἂν χαλεπώτερος τοῦ νῦν κατέχοντος γένηται ὁ χειμὼν, κἂν μείζονα τὰ κύματα, μὴ διαλιπεῖν τὰ σαυτοῦ πληροῦντα εἰς τὴν οἰκονομίαν, ἧς ἐξ ἀρχῆς ἥψω· λέγω δὴ τοῦ Ἑλληνισμοῦ τὴν [E] καθαίρεσιν, τῶν ἐκκλησιῶν τὰς οἰκοδομὰς, τῶν ψυχῶν τὴν ἐπιμέλειαν· μηδέ σε ὕπτιον ποιείτω τῶν πραγμάτων ἡ δυσκολία. Οὐδὲ γὰρ κυβερνήτης τὸ πέλαγος ὁρῶν μαινόμενον καὶ διανιστάμενον, ἀποστήσεται τῶν οἰάκων· ἀλλ' οὐδὲ ἰατρὸς τὸν κάμνοντα βλέπων τῇ νόσῳ κρατούμενον, ἀναχωρήσει τῆς θεραπείας, ἀλλὰ τότε μάλιστα ἕκαστος τούτων τῇ τέχνῃ χρήσεται. Καὶ σὺ τοίνυν, δέσποτά μου τιμιώτατε καὶ εὐλαβέστατε, πολλῇ νῦν χρῆσαι τῇ προθυμίᾳ, μηδὲ ὕπτιον ποιείτω σε τὰ συμβαίνοντα· οὐ γὰρ ὑπὲρ ὧν ποιοῦσιν [722 A] ἡμᾶς ἕτεροι κακῶν λόγον δώσομεν, ἀλλὰ καὶ μισθὸν ληψόμεθα. Εἰ δὲ αὐτοὶ τὰ παρ' ἑαυτῶν μὴ εἰσενέγκαιμεν, ἀλλὰ ῥᾳθυμήσαιμεν, οὐδὲν εἰς τοῦτο ἡμῶν προστήσεται ὁ τῶν πραγμάτων θόρυβος· ἐπεὶ καὶ Παῦλος δεσμωτήριον οἰκῶν, καὶ τῷ ξύλῳ προσδεδεμένος, τὰ αὐτοῦ ἐποίει, καὶ Ἰωνᾶς ἐν τῇ γαστρὶ τοῦ θαλαττίου θηρὸς φερόμενος, καὶ οἱ τρεῖς παῖδες οἱ ἐν τῇ καμίνῳ διατρίβοντες· καὶ οὐδένα τούτων τὰ ποικίλα δεσμωτήρια ταῦτα ῥᾳθυμότερον πεποίηκε. Ταῦτ' οὖν ἐννοῶν, δέσποτά μου, καὶ Φοινίκης, καὶ Ἀραβίας, καὶ τῶν κατὰ τὴν ἀνατολὴν μὴ παύσῃ φροντίζων Ἐκκλησιῶν, εἰδὼς ὅτι πλείονα λήψῃ τὸν μισθὸν, ὅσῳ καὶ [B] τοσούτων ὄντων τῶν κωλυμάτων, τὰ παρ' αὐτοῦ εἰσφέρεις. Καὶ γράφειν δὲ ἡμῖν συνεχῶς μὴ κατόκνει, ἀλλὰ καὶ πυκνότατα. Ὡς γὰρ ἔγνωμεν νῦν, οὐκέτι εἰς Σεβάστειαν, ἀλλ' εἰς τὴν Κουκουσὸν ἐκελεύσθημεν ἀπελθεῖν, ὅπου σοι καὶ εὐκολώτερον ἐπιστέλλειν ἡμῖν. Γράφε τοίνυν ἡμῖν πόσαι ἐκκλησίαι ἐπ' ἔτος ᾠκοδομήθησαν, καὶ τίνες ἄνδρες ἅγιοι μετέστησαν εἰς τὴν Φοινίκην, καὶ εἴ τις πλέον γέγονε προκοπή. Καὶ γὰρ ἀπὸ Νικαίας εὑρών τινα μονάζοντα [a] ἐγκεκλεισμένον, ἔπεισα αὐτὸν ἐλθεῖν πρὸς τὴν σὴν εὐλάβειαν, καὶ ἀπελθεῖν εἰς Φοινίκην. Εἰ παραγέγονεν οὖν δηλῶσαί μοι σπούδασον. Τοῦ Σαλαμῖνος ἕνεκεν χωρίου τοῦ [C] κατὰ τὴν Κύπρον κειμένου, τοῦ ὑπὸ τῆς αἱρέσεως τῶν Μαρκιωνιστῶν πολιορκουμένου, ἤμην διειλεγμένος οἷς ἐχρῆν, καὶ κατωρθωκὼς τὸ πᾶν, ἀλλ' ἔφθην ἐκβλη-

[D] CCXXI. *Constantio presbytero.*

Nicææ scripta cum iret in exsilium anno 404. Habetur apud Nicephorum lib. 13, cap. 27. De Panemo mense pluribus agetur in Vita Chrysostomi.

Nicæa quarto mensis Julii die soluturus, hasce ad pietatem tuam dedi literas, ad id te cohortans, ad quod numquam cohortari desii: quamvis gravior præsente tempestate procella, majoresque fluctus ingruant, ut ne intermittas ea, quæ officii tui sunt, in ea, quam ab initio cœpisti, ad- [E] ministratione adimplere: Græcæ superstitionis exterminationem dico, ecclesiarum constructionem, animarum curam: neque te supinum aut socordem rerum difficultas faciat. Neque enim gubernator, ubi mare ipsum concitari et furere videt, a navis clavo et gubernaculis discedit: neque medicus, ubi ægrum morbo corripi cernit, curatione supersedet: sed tum maxime uterque istorum artem suam adhibet. Tu quoque, domine mi reverendissime ac religiosissime, multam nunc animi promtitudinem ad- [722 A] hibe, neque te ad socordiam redigant præsentia mala: non enim de eis, quæ nobis inferuntur, malis rationem reddemus; quin potius mercedem accipiemus. Si vero ea, quæ nostrarum sunt partium, non præstiterimus, sed desides fuerimus, nihil nos ea in re adjuvabit aut defendet malorum tumultus: quandoquidem et Paulus carcerem incolens, in vinculis officium suum fecit, et Jonas in ventre belluæ marinæ inclusus fuit, et tres pueri in camino versati sunt: neque tamen horum quemquam vincula [B] varia ad desidiam redegere. Hæc igitur tecum reputans, domine mi, ne omiseris Phœniciæ, Arabiæ, et Orientis Ecclesiarum curam gerere, illud persuasum habens, locupletiorem te mercedem recepturum esse, si tot et tantis intercedentibus impedimentis, quæ tuarum partium sunt, præstiteris. Neque tibi grave sit identidem ad nos scribere, sed et creberrimas literas dato. Nam sicoti nunc cognovimus, non Sebasteam, sed Cueusum exsulatum ire jussi sumus, quo tibi literas mittere facilius erit. Scribe igitur nobis, quot anno quolibet structæ sint eccle- [C] siæ, et qui viri sancti in Phœniciam commigrarint, et si qua majora accesserint incrementa. Nam cum Nicænum quemdam monachum inclusum reperissem, ei ut ad pietatem tuam iret, et

[a] Ἐγκεκλεισμένον, *inclusum.* Monachi inclusi, qui sese in cellula quadam abdebant, frequenter memorantur in historia ecclesiastica et ascetica. In epistola autem prima ad Theodorum lapsum, Tomo I, historiam habes monachi cujusdam qui lapsus, postea in cellam sese includi curavit, et hoc genere vitæ plurimis annis est usus.

in Phœniciam proficisceretur, persuasi. An is ad te venerit, fac sciam. De Salamine, quod oppidum est in Cypro situm, et ab hæresi Marcionistarum opprimitur, acturus cum quibus oportuit, et rem omnem feliciter confecturus eram, nisi ejectus fuissem. Quod si dominum meum Cyriacum episcopum Constantinopoli esse cognoveris, scribe ad eum hac de causa, et perficere is omnia poterit. Cohortare omnes, et potissimum eos qui fiduciam apud Deum habent, ut multum et assidue orent, ut præsens orbis terrarum naufragium conquiescat. Intolerabilia enim Asiam, aliasque urbes et Ecclesias invaserunt mala, quæ sigillatim, ne molestus esse videar, enumerare supersedeo : atque unum illud dico, multa nunc et assidua opus esse precatione.

θείς. Εἰ τοίνυν μάθοις τὸν κύριόν μου Κυριακὸν τὸν ἐπίσκοπον ἐπὶ τῆς Κωνσταντινουπόλεως διατρίβειν, ἐπίστειλον αὐτῷ ταύτης ἕνεκεν τῆς ὑποθέσεως, καὶ τὸ πᾶν ἀνύσαι δυνήσεται. Καὶ μάλιστα τοὺς πρὸς τὸν Θεὸν παῤῥησίαν ἔχοντας παρακάλει πολλῇ κεχρῆσθαι τῇ εὐχῇ, πολλῇ τῇ ἐκτενείᾳ, ὥστε τὸ τῆς οἰκουμένης τοῦτο ναυάγιον παύσασθαι. Ἀφόρητα γὰρ καὶ τὴν Ἀσίαν κατέλαβε κακὰ, καὶ ἑτέρας δὲ πόλεις καὶ Ἐκ-
D κλησίας, ἅπερ, ἵνα μὴ δοκῶ διενοχλεῖν, ἀφεὶς τὸ καθ' ἕκαστον λέγειν, ἐκεῖνο μόνον ἐρῶ, ὅτι εὐχῶν πολλῶν χρεία, καὶ δεήσεων ἐκτενῶν.

CCXXII. *Casto Valerio, Diophanto, Cyriaco, presbyteris Antiochenis.*

Cucuso anno 404.

Et quod ad nos scripseritis, et quod literis nos lacessere volueritis, ac literas a nobis petere, modumque epistolæ excedere jusseritis, id argumento fuit vos insatiabili et insano erga nos amore flagrare. Atque hoc efficit, ut ea solitudo, quam incolimus, solitudo minime videatur : hoc diversas et continuas calamitates mitigat. Quid enim cum caritate conferri potest? Nihil plane. Hæc et radix, et mater, et fons est bonorum, virtus minime laboriosa, virtus voluptate referta, quæque multam iis, qui ipsam exercent, voluptatem parit. Quas ob res gratias vobis ingentes agimus, quod adeo sinceram erga nos benevolentiam conservaveritis : nos vero ubicumque gentium fuerimus, licet ad ipsos orbis terrarum fines deferamur, licet ad locum hoc multo desertiorem, vos mente circumferentes abibimus, insculptos vos animo et incisos pectore nostro gestantes, neque itineris longinquitas, neque temporis diuturnitas, neque turba calamitatum negligentiores erga suavitatem vestram nos reddidit, sed quasi non ita pridem vobiscum versati fuerimus, imo vero quasi vobiscum perpetuo versemur, utre vera versamur, ita vos cernimus, et caritatis oculis contemplamur. Ejusmodi enim est amicitia : non itinerum intervallo dirimitur, non longo dierum spatio debilitatur, non afflictionum turba superatur, sed in altum perpetuo tollitur, et flammæ cursum imitator. At-

σκβ'. Κάστῳ, Οὐαλερίῳ, Διοφάντῳ, Κυριακῷ, πρεσβυτέροις Ἀντιοχείας.

Καὶ τὸ γράψαι, καὶ προτέρους ἐπιπηδῆσαι τοῖς πρὸς ἡμᾶς γράμμασι, καὶ τὸ γράμματα παρ' ἡμῶν αἰτῆσαι, καὶ τὸ κελεῦσαι ὑπερβῆναι μέτρον ἐπιστολῆς, ἔδειξε τοὺς ἀκορέστους καὶ μανικοὺς ἡμῶν ἐρα-
E στάς. Τοῦτο τὴν ἐρημίαν, ἐν ᾗ διατρίβομεν, οὐκ ἀφίησιν ἐρημίαν φαίνεσθαι· τοῦτο τὰς ποικίλας καὶ συνεχεῖς ἡμῶν περιστάσεις παραμυθεῖται. Τί γὰρ ἀγάπης ἴσον; Οὐκ ἔστιν οὐδέν. Αὕτη καὶ ῥίζα, καὶ πηγὴ, καὶ μήτηρ ἐστὶ τῶν ἀγαθῶν, ἀρετὴ πόνον οὐκ ἔχουσα, ἀρετὴ ἡδονῇ συγκεκληρωμένη, καὶ πολλὴν φέρουσα τοῖς γνησίως αὐτὴν μετιοῦσι τὴν εὐφροσύνην. Διὰ ταῦτα χάριν ὑμῖν ἴσμεν πολλὴν, ὅτι οὕτω γνησίως διετηρήσατε τὴν
723 A περὶ ἡμᾶς διάθεσιν· καὶ ἡμεῖς δὲ ὅπουπερ ἂν ὦμεν, κἂν πρὸς αὐτὰ τῆς οἰκουμένης ἀπενεχθῶμεν [a] τὰ τέρματα, κἂν εἰς ἐρημότερον τούτου χωρίον, περιφέροντες ὑμᾶς ἄπιμεν, ἐγκολάψαντες ὑμᾶς τῇ διανοίᾳ, καὶ τῷ συνειδότι ἐναποθέμενοι, καὶ οὔτε τῆς ὁδοῦ τὸ μῆκος, οὔτε τοῦ χρόνου τὸ πλῆθος, οὔτε ὁ τῶν περιστάσεων ὄχλος ῥαθυμοτέρους ἡμᾶς περὶ τὴν ἐμμέλειαν τὴν ὑμετέραν πεποίηκεν, ἀλλ' ὡς χθὲς καὶ πρώην ὑμῖν συγγενόμενοι, μᾶλλον δὲ ὡς ἀεὶ μεθ' ὑμῶν ὄντες, ὥσπερ οὖν καί ἐσμεν, οὕτως ὑμᾶς ὁρῶμεν, καὶ φανταζόμεθα τοῖς τῆς ἀγάπης ὀφθαλμοῖς. Τοιοῦτον γὰρ τὸ φιλεῖν· οὐ διείργεται [b] ὁδοῦ διαστήμασιν, οὐ μαραίνεται ἡμερῶν πλήθει, οὐ νικᾶται θλί-
B ψεων περιστάσει, ἀλλ' εἰς ὕψος αἴρεται διὰ παντὸς, καὶ φλογὸς μιμεῖται δρόμον. Καὶ τοῦτο ἴστε μάλιστα πάντων, ἐπειδὴ καὶ φιλεῖν μάλιστα πάντων ἐπίστασθε· διὸ καὶ σφόδρα ὑμᾶς μακαρίζομεν. Εἰ γὰρ καὶ ἡμεῖς

[a] Fabric. τὰ πέρατα.
[b] Unus Cod. ὁδῶν διαστήματι, alter ὁδῶν διαστήμασι.

Paulo post duo Mss. αἴρεται διὰ πάντων.

οἰκτροὶ καὶ εὐτελεῖς, ἀλλ' ὁ Θεὸς ἱκανὸς ὑμῖν δοῦναι τῆς ἀγάπης ταύτης μείζονα τὴν ἀνταμοιβὴν, καὶ πολλῷ πλείονα· καὶ γὰρ ἐκ πολλοῦ τοῦ περιόντος ἀεὶ νικᾷ ταῖς ἀντιδόσεσι τοὺς ἀγαθόν τι ποιοῦντας ἢ λέγοντας. Ἐγὼ μὲν οὖν ἐβουλόμην καὶ αὐταῖς ὄψεσιν ὑμᾶς ἰδεῖν, καὶ τῆς κατὰ πρόσωπον ἀπολαῦσαι συνουσίας, καὶ ἐμφορηθῆναι καὶ τούτῳ τῷ τρόπῳ τῆς ἀγάπης ὑμῶν· ἐπειδὴ δὲ τοῦτο οὐκ ἔνι, οὐ δι' ὄκνον καὶ C ῥᾳθυμίαν, ἀλλὰ διὰ τὸ τῇ ἀνάγκῃ τῆς ἐξορίας πεπεδῆσθαι, τὸν γοῦν δεύτερον ἡμᾶς μὴ ἀποστερήσητε πλοῦν, ἀλλὰ πέμπετε ἡμῖν νιφάδας ἐπιστολῶν, τὰ περὶ τῆς ὑγείας τῆς ὑμετέρας δηλούσας. Εἰ γὰρ τοιαῦτα δεξαίμεθα γράμματα συνεχῶς, πολλὴν καρπωσόμεθα τὴν παράκλησιν, καὶ ταῦτα ἐν ἀλλοτρίᾳ διατρίβοντες. Εἰδότες οὖν ἡλίκα ἡμῖν χαριεῖσθε, καὶ ἐν ὅσῃ καταστήσετε ἡμᾶς εὐφροσύνῃ, μὴ φθονήσητε τῆς τοσαύτης ἡμῖν ἡδονῆς. Ὁμιλοῦντες γὰρ ὑμῶν τοῖς γράμμασιν, αὐτοὺς ὑμᾶς ἡγησόμεθα ἐνταῦθα παρεῖναι, [c] καὶ τρανοτέραν ἐντεῦθεν τῆς παρουσίας ὑμῶν D ληψόμεθα τὴν φαντασίαν.

que hoc vos præ cæteris omnibus nostis, quia præ cæteris omnibus etiam amare scitis: quocirca vos quoque beatos dicimus. Licet enim miserabiles simus ac despecti, at potens est Deus, et sufficit ad constituendam vobis mercedem hac caritate majorem, ac multo uberiorem: nam eorum meritum qui aliquid boni egerint dixerintve, suis præmiis longe superare solet. Et optarem equidem ipsis oculis vos præsentes cernere, et congressu vestro conspectuque frui, atque hoc pacto vestra caritate oblectari: quando autem id non licet, non ob pigritiam aliquam et negligentiam, sed quod exsilii necessitate præpediamur: nolite saltem nos altera navigatione privare, sed ingentem copiam epistolarum ad nos mittite, quæ de vestra nos faciant valetudine certiores. Nam si ejusmodi literas frequenter acceperimus, multam consolationem percipiemus, quantumvis longinqua et extera in regione degamus. Cum igitur vobis exploratum sit, quanto nos devincturi sitis beneficio, quantaque lætitia perfusuri, nolite hanc nobis voluptatem invidere. Dum enim vobiscom per literas colloquemur, vos ipsos hic adesse arbitrabimur, et evidentius tamquam ob oculos positos poterimus animo contemplari.

σκγ'. Ἡσυχίῳ.

Ἐγὼ μὲν ἐπεθύμουν καὶ μὴ γράψας πρὸς τὴν σὴν ἐμμέλειαν πρότερος δέξασθαι ἐπιστολήν· τοῦτο γὰρ μάλιστα ἐραστοῦ σφοδροτάτου· οὐκ ἀνεμείναμεν δὲ ἡμεῖς τὰ σὰ γράμματα, ἀλλὰ πρότεροι τῷ γράφειν ἐπεπηδήσαμεν, τὸν θερμὸν ἔρωτα, ὃν περὶ τὴν σὴν E ἐμμέλειαν ἔχομεν, κἂν τούτῳ δεικνύντες. Πλὴν ἀλλὰ καὶ τούτου σοι χάριν ἴσμεν· εὖ γὰρ οἶδ' ὅτι οὐκ ἐξ ὀλιγωρίας, ἀλλ' ἐκ τοῦ σφόδρα μετριάζειν τοῦτο πέπονθας. Δείκνυε τοίνυν λοιπὸν μετὰ ἀδείας τὴν περὶ ἡμᾶς ἀγάπην, νιφάδας ἡμῖν πέμπων ἐπιστολῶν, δηλούσας τὰ περὶ τῆς ὑγείας τῆς σῆς. Ἢν γὰρ τοιαῦτα δεξώμεθα γράμματα, κἂν πρὸς αὐτὰ τῆς οἰκουμένης ἀπενεχθῶμεν τὰ τέρματα, κἂν εἰς ἐρημότερον τούτου χωρίον, πολλὴν ἀπὸ τῆς ἀγάπης ὑμῶν καρπωσόμεθα 724 A τὴν παράκλησιν. Οὐδὲν γὰρ οὕτω ψυχὴν ἀνέχειν δύναται, καὶ ἐν πολλῇ καθιστᾷν ἡδονῇ, ὡς τὸ φιλεῖν καὶ φιλεῖσθαι γνησίως. Καὶ τοῦτο οἶσθα μάλιστα πάντων αὐτὸς, ἐπειδὴ μάλιστα πάντων καὶ φιλεῖν οἶσθα.

CCXXIII. *Hesychio.*

Cupiebam equidem, antequam ad suavitatem tuam scripsissem, literas ab ea prior accipere: hoc enim vehementissimi amoris est proprium: verumtamen literas tuas non exspectavimus, sed priores ad te scripsimus, ut in hoc saltem ardentis amoris erga tuam suavitatem nostri specimen ederemus. Sed hoc tamen nomine tibi gratiam habemus, ut qui probe sciamus non ex contemtu, sed præ nimia humilitate tibi hoc contigisse. Audacter igitur hunc tuum in nos amorem estende, ac literas, quibus de tua valetudine certiores fiamus, ad nos creberrimas mitte. Si enim ejusmedi literas acceperimus, licet ad ipsos orbis terrarum fines amandati simus, licet ad locum isto desertiorem, multo solatio tædium nostrum vestræ caritatis officium mitigabit. Nihil enim ita potest animum erigere, multaque voluptate perfundere, ac si amet ameturque sincere. Atque hoc tu omnium maxime nosti, quandoquidem tu quoque omnium maxime amare nosti.

Cucuso anno 404.

[c] Coislin. καὶ φανερωτέραν ἐντεῦθεν.

CCXXIV. Marciano et *Marcellino*.

Cucuso anno 404.

Quidnam causæ est, quamobrem, cum tantopere nos ametis (neque enim tanto licet a vobis intervallo disjunctos latet nos amor vester, quod et vehemens sit et inflammatus), silere potuistis, ac ne semel quidem literas ad nos dedistis, sed rem istam similem ænigmati reddidistis? Neque enim legitima fuit illa excusatio, quam in epistola ad religiosissimum presbyterum Constantium missa expressistis. Verumtamen nolim hæc exacte disquirere. Sit ita sane, atque hanc fuisse causam silentii demus: ecce et hæc ipsa nunc vobis eripitur, et literis nostris vos lacessimus, ac simul gratias agimus ob sinceram hanc caritatem, quam erga nos ita florentem conservatis, ac petimus, ut quotiescumque licebit, crebras ad nos literas detis. Non enim dubito quin huc impigro advolare parati fuissetis, nisi ea quæ commemorastis impedimenta intercessissent; imo vero animo jam ac voluntate advolastis. Sed quoniam id reipsa fieri tantisper non potest, literarum saltem solatio nostrum mœrorem lenite, ac de vestra totiusque vestræ domus valetudine nos faeito certiores. Si enim ejusmodi literæ ad nos a vobis missæ fuerint, quamvis in asperiori degamus solitudine, quam sit ista, multam ex literis vestris consolationem capiemus.

σκδ'. Μαρκιανῷ καὶ Μαρκελλίνῳ.

Τί τοῦτο; Οὕτως ἡμῶν ἐρῶντες (οὐδὲ γὰρ ἐκ τοσούτου καθημένους ὑμῶν διαστήματος ἔλαθεν ἡμᾶς ὁ ἔρως, διὰ τὸ σφοδρὸς εἶναι καὶ πεπυρωμένος), κατεδέξασθε σιγᾷν, καὶ οὐδὲ ἅπαξ ἡμῖν ἐπεστείλατε, ἀλλ' αἴνιγμα τὸ πρᾶγμα ἡμῖν πεποιήκατε; Οὐδὲ γὰρ ἀρκοῦσα πρόφασις, ἣν ἐγράψατε ἐπιστέλλοντες πρὸς τὸν κύριόν μου τὸν εὐλαβέστατον πρεσβύτερον Κωνστάντιον. Πλὴν ἀλλ' οὐδὲν ἀκριβολογοῦμαι. Ἀλλ' ἔστω τοῦτο οὕτως ἔχον, καὶ κείσθω τῆς σιγῆς ταύτην εἶναι τὴν αἰτίαν· ἰδοὺ καὶ αὕτη ὑμῖν ἀνῄρηται, καὶ πρότεροι τοῖς πρὸς ὑμᾶς ἐπεπηδήσαμεν γράμμασι, χάριτάς τε ὑμῖν ὁμολογοῦντες τῆς γνησίας ἀγάπης, ἣν οὕτως ἀκμάζουσαν περὶ ἡμᾶς διατηρεῖτε, καὶ παρακαλοῦντες, ἡνίκα ἂν ἐξῇ, καὶ ἐπιστέλλειν ἡμῖν συνεχῶς. Ὅτι μὲν γὰρ καὶ παραγενέσθαι ἐνταῦθα οὐκ ἂν ὠκνήσατε, εἰ μὴ τὰ εἰρημένα κωλύματα παρὰ τῆς κοσμιότητος ὑμῶν ἦν, οὐδὲν ἀμφιβάλλω· μᾶλλον δὲ ἀπὸ τῆς γνώμης καὶ παρεγένεσθε. Ἀλλ' ἐπειδὴ τοῦτο ἔργῳ πληρῶσαι τέως οὐκ ἔνι, τὴν ἀπὸ τῶν γραμμάτων ἡμῖν παρέχετε παράκλησιν, τὰ περὶ τῆς ὑγείας ὑμῶν καὶ τοῦ οἴκου παντὸς εὐαγγελιζόμενοι. Εἰ γὰρ τοιαῦτα δεξαίμεθα συνεχῶς παρ' ὑμῶν γράμματα, κἂν ἐν χαλεπωτέρᾳ ταύτης ἐρημίᾳ καθήμεθα, πολλὴν ἀπὸ τῶν ἐπιστολῶν ὑμῶν καρπωσόμεθα τὴν παράκλησιν.

CCXXV. Constantio presbytero.

Cucuso anno 404.

Miratus sum cur tu qui tam vehementer nos amas, quique nihil non agere, dicere, ac pati nostra causa paratus es (neque enim nos fugit, neque fieri potest, ut sincere amantem id fugiat), ne semel quidem ad nos scriberes, idque cum nos haud longe a vobis advenissemus, et mihi plurimum colendus et clarissimus frater Libanius ad nos pergeret. Hæc a me non eo consilio dicuntur, ut vos accusem, sed ut dolori meo satisfaciam. Nam quoniam magno affectu pietatem vestram prosequor, non aliam ob causam, sed quoniam omni studio de animæ tuæ salute sollicitus es, et iis qui necessitatibus premuntur communem te portum offers, dum egenis succurris, dum viduis subvenis, dum sustentas orphanos, et communem omnibus te parentem præbes, hac de causa cum ingenti amore tui afficiar, literas

σκε'. Κωνσταντίῳ πρεσβυτέρῳ.

Ἐθαύμασα πῶς οὕτω σφοδρὸς ἡμῶν ὢν ἐραστὴς, καὶ πάντα ποιεῖν καὶ λέγειν ὑπὲρ ἡμῶν καὶ πάσχειν παρεσκευασμένος (οὐδὲ γὰρ ἡμᾶς ἔλαθεν· οὐδὲ γὰρ ἔνι γνησίως φιλοῦντα λαθεῖν), οὐδὲ ἅπαξ ἡμῖν ἐπέστειλας, καὶ ταῦτα πλησίον ἐλθοῦσιν ὑμῶν, καὶ τοῦ τιμίου μοι καὶ ἐνδοξοτάτου ἀδελφοῦ Λιβανίου ἐνταῦθα ἀφιγμένου. Καὶ ταῦτα οὐκ ἐγκαλῶν, ἀλλ' ἀλγῶν λέγω. Ἐπειδὴ γὰρ σφόδρα διάκειμαι περὶ τὴν εὐλάβειαν ὑμῶν, δι' ἕτερον μὲν οὐδὲν, [a] ὅτι δέ σου τῆς ψυχῆς φροντίδα ποιεῖς μετὰ πάσης τῆς σπουδῆς, καὶ λιμὴν εἶ κοινὸς τῶν ἐν ἀνάγκαις ὄντων, πενίαν λύων, χηρείαν διορθούμενος, ὀρφανίαν ἀνέχων, κοινὸς πατὴρ ἁπάντων ὢν, τούτου χάριν σφόδρα σου ἐρῶν, καὶ γράμματα παρὰ τῆς σῆς εὐλαβείας δέχεσθαι ἐπιθυμῶ. Δίδου δὴ ταύτην ἡμῖν τὴν χάριν, καὶ ἔμπλησον ἡμῶν τὴν ἐπιθυμίαν. Οὐ γὰρ τὴν τυχοῦσαν καρπωσόμεθα παράκλησιν, καὶ ταῦτα ἐν ἐρημίᾳ διατρίβοντες, ἂν τῆς πο-

[a] Tres Mss. ὅτι δέ σοι τῆς ψυχῆς μέλει τῆς σῆς μετά.

θεινῆς σου καὶ ψυχῆς καὶ χειρὸς δεξώμεθα γράμματα, περὶ τῆς σῆς ἀπαγγέλλοντα ὑγείας, καὶ τοῦ οἴκου σου παντός.

etiam recipere a tua pietate desidero. Hanc igitur nobis concede gratiam, ac desiderium nostrum exple. Non enim mediocri solatio levabimur, licet in solitudine constituti, si amantissimi animi tui manusque literas acceperimus, quæ nos de tua totiusque domus tuæ valetudine faciant certiores.

σκς'. Μαρκιανῷ καὶ Μαρκελλίνῳ.

725 A

CCXXVI. *Marciano* et *Marcellino*.

Ἐλύσατε ἡμῖν τὸ αἴνιγμα. Ὅτι γὰρ οὐκ ἤρκει εἰς ἀπολογίαν ἡ ἐγκειμένη τότε πρόφασις, αὐτοὶ νῦν ἐδηλώσατε, μὴ δεξάμενοι γράμματα, καὶ πρότεροι τῷ γράφειν ἐπιπηδήσαντες. Τοιαύτη γὰρ τῆς ἀγάπης ἡ φύσις· οὐκ ἀνέχεται σιγᾷν, ἀλλὰ κἂν θρασύτητος μέλλῃ κρίνεσθαι, τὸ αὐτῆς πληροῖ. Ἡμεῖς δὲ τοσοῦτον ἀπέχομεν τοῦ γράψασθαι ὑμᾶς διὰ τὸ προτέρους ἐπιστεῖλαι, ὅτι καὶ στεφανοῦμεν ὑπὲρ τούτου, καὶ ἀνακηρύττομεν, καὶ νῦν μάλιστα τοὺς γνησίους ἡμῶν ἔγνωμεν ἐραστὰς, οὐκ ἀπὸ τοῦ γράψαι μόνον, ἀλλὰ καὶ B ἀπὸ τοῦ προτέρους γράψαι. Ἱκανὸς δὲ ὁ Θεὸς καὶ τῆς ἀῤῥωστίας ὑμᾶς ἀπαλλάξαι, καὶ πρὸς καθαρὰν ὑγείαν ἐπαναγαγεῖν, καὶ δοῦναι εὐκολίαν πολλὴν καὶ τῆς κατ' ὄψιν ἡμῖν συνουσίας· ἱκανὴν μὲν καὶ νῦν καρπούμεθα παράκλησιν ἀπὸ γνησίας οὕτω ψυχῆς δεχόμενοι γράμματα· ἐπιθυμοῦμεν δὲ καὶ ἐκείνης τῆς συντυχίας, ἧς γένοιτο μετὰ πολλοῦ τοῦ τάχους ἡμᾶς ἀπολαῦσαι, ὥστε μεγίστην ἡμᾶς ἀγαγεῖν ἑορτήν.

Nobis ænigma solvistis. Non enim ad defensionem suffecisse illam excusationem, quæ tum suggerebatur, vos nunc indicastis, cum nondum acceptis literis nostris nos lacessendos putastis. Ea quippe caritatis est natura, ut silere minime possit, verum quamvis periculum sit ne accusetur audaciæ, munere suo fungitur. Nos vero tantum abest, ut diem vobis dicamus, quod ad nos priores scripseritis, ut etiam vos hac de causa B corona donemus, ac prædicemus, et sinceri amoris vostri periculum nunc maxime fecerimus, non solum quod scripseritis, sed etiam quod priores scripseritis. Deus autem vos omni potest ægritudine liberare, vosque pristinæ restituere sanitati, ac facultatem largiri communis inter nos congressus, et in conspectum mutuum veniendi: siquidem non vulgari solatio recreabimur, si ab homine adeo generoso literas acceperimus: sed et illius colloquii desiderio tenemur, quo utinam nos quam citissime frui contingat, ut nobis instar maximæ cujusdam festivitatis esse possit. Cucuso anno 404.

σκζ'. Καρτερίᾳ.

C

CCXXVII. *Carteriæ*.

Τί φῄς; Αἱ συνεχεῖς ἀῤῥωστίαι οὐ συνεχώρησάν σοι παραγενέσθαι πρὸς ἡμᾶς; Καίτοι παραγέγονας, καὶ μεθ' ἡμῶν εἶ, καὶ ἀπὸ τῆς γνώμης σου τὸ πᾶν ἀπειλήφαμεν, καὶ οὐδέν σοι ὑπὲρ τούτων ἀπολογίας δεῖ. Ἀρκεῖ γὰρ ἡ θερμή σου καὶ γνησία ἀγάπη, ἡ οὕτως ἀκμάζουσα διηνεκῶς, ἀντὶ πολλῆς εὐφροσύνης ἡμῖν γενέσθαι. Ἀλλ' ἐπειδὴ οὐκ εἰς τὴν τυχοῦσαν φροντίδα ἡμᾶς ἐνέβαλες, περὶ τῆς ἀῤῥωστίας εἰποῦσα τῆς σῆς, εἴ γε ταύτης ἀπαλλαγείης (ἱκανὸς γὰρ ὁ Θεὸς ἀπαλλάξαι σε, καὶ πρὸς ὑγείαν καθαρὰν ἐπαναγαγεῖν), ἐξ αὐτῆς ἡμῖν δήλωσον, ὥστε ἡμᾶς D ἀπαλλαγῆναι τῆς φροντίδος. Ὅπερ γὰρ ἀεὶ γράφων ἐδήλωσα, τοῦτο καὶ νῦν δηλῶ, ὅτι, ὅπουπερ ἂν ὦμεν, κἂν εἰς ἐρημότερον τούτου χωρίον ἀπενεχθῶμεν, σὲ καὶ τὰ σὰ μεριμνῶντες οὐ διαλιμπάνομεν. Τοιαῦτα ἡμῖν ἐνέχυρα τῆς θερμῆς καὶ γνησίας σου ἀγάπης ἐναπέθου, ἅπερ οὐδέποτε σβεσθῆναι δύναται, οὐδὲ καταμαρανθῆναι τῷ χρόνῳ· ἀλλὰ κἂν πλησίον σου ὦμεν τῆς εὐγενείας, κἂν πόῤῥωθεν, ἀεὶ διαφυλάττομεν τὴν

Quid ais? Continui tibi morbi non permiserunt, ut ad nos venires? Atqui venisti, et nobiscum es, et ab animi tui affectu ac voluntate totum illud obtinuimus, nec ulla tibi hac in re excusatione est opus. Etenim ardens ac sincera caritas, quæ sic perpetuo viget, nobis sufficit ad suggerendam ingentis lætitiæ occasionem. Sed quoniam non mediocrem nobis sollicitudinem injecisti, cum de tua ægritudine verba fecisti, si forte ab illa fueris liberata (potest enim D Deus illa te liberare, ac pristinæ restituere sanitati), de eadem re certiores nos facito, ut hac sollicitudine liberemur. Quod enim semper literis meis significavi, nunc quoque significo, ubicumque verser, licet ad locum isto desertiorem ablegemur, de te tuisque rebus solliciti esse non cessabimus. Ejusmodi nobis tuæ ferventis et sinceræ caritatis pignora reliquisti, quæ numquam exstingui possunt, neque tempore debi- Cucuso anno 404.

litari : sed sive tuæ nobilitati vicini simus, sive ab illa remoti, caritatem eamdem conservamus, utpote quibus exploratum sit, quam sincera sit caritas, qua nullo non tempore affectam erga nos esse sensimus.

E αὐτὴν ἀγάπην, εἰδότες [a] ὅτι τὸ γνήσιον καὶ εἰλικρινὲς τῆς διαθέσεώς σου, ἧς διαπαντὸς ἀπελαύσαμεν τοῦ χρόνου.

CCXXVIII. *Theodoro medico.*

Cucuso anno ut putatur 404.

Tu quidem ad negotiorum occupationes confugis, atque inde petita excusatione uteris, quod non veneris: ego vero nihil hac oratione tibi opus esse arbitror. Nam et venisti, et quantum ad caritatem attinet, nihilo inferiore apud nos loco es, quam qui ad nos venerunt : siquidem voluntatis nomine non secus atque illos te prædicamus, atque inter præcipuos amicos numeramus, tibique gratias agimus, quod cum modico temporis spatio nobiscum versatus fueris, ac fortasse ne modico quidem, nihilo minorem erga nos amorem præ te tuleris, quam qui diuturno tempore nobiscum fuerint educati. Quam ob causam ingentes tibi gratias agimus, teque obsecramus, ut ad nos frequenter scribas. Præsentem enim teipsum intueri cupimus; sed ne multos lædamus, qui et manibus tuis indigent, et lingua tua, tantique portus ac refugii aditum illis intercludamus, huc te pertrahere non audemus. Sed quotiescumque facultas dabitur, ut ad nos sæpe literas des obsecramus, deque tua valetudine certiores nos facias. Sic enim quamquam longo intervallo dissiti, acceptis a tua suavitate ejusmodi literis, multam consolationem percipiemus.

σκη'. [b] Θεοδώρῳ ἰατρῷ.

Αὐτὸς μὲν εἰς τὴν τῶν πραγμάτων ἀσχολίαν καταφεύγεις, καὶ ἀπολογίαν ἐντεῦθεν ὑφαίνεις τοῦ μὴ παραγενέσθαι· ἐγὼ δὲ οἶμαι οὐδὲν τούτων σε δεῖσθαι τῶν λόγων. Καὶ γὰρ παραγέγονας, καὶ τῶν ἀφικομένων πρὸς ἡμᾶς οὐδὲν ἔλαττον ἔχεις κατὰ τὸν τῆς ἀγάπης 726 λόγον· ἀπὸ γὰρ τῆς γνώμης σε ἀνακηρύττοντες ὁμοίως A ἐκείνοις, εἰς τοὺς πρώτους σε τῶν φίλων γράφομεν, καί σοι χάριτας ἴσμεν, ὅτι ὀλίγα συγγενόμενος ἡμῖν, τάχα δὲ οὐδ' ὀλίγα, τῶν πολὺν ἡμῖν συντραφέντων χρόνον οὐκ ἐλάττονα περὶ ἡμᾶς ἐπιδείκνυσαι ἔρωτα. Διὰ ταῦτά σοι χάριτας ἴσμεν πολλὰς, καί σε παρακαλοῦμεν συνεχῶς ἡμῖν ἐπιστέλλειν. Ἐπιθυμοῦμεν γὰρ αὐτὸν παρόντα σε θεάσασθαι· ἀλλ' ἵνα μὴ πολλοὺς ἀδικήσωμεν τοὺς καὶ τῶν χειρῶν τῶν σῶν καὶ τῆς γλώττης δεομένους τῆς σῆς, καὶ τοσοῦτον αὐτοῖς προσχώσωμεν λιμένα, οἱ τολμῶμεν ἐνταῦθά σε ἑλκί- B σαι. Ἀλλ' ἡνίκα ἂν ἐξῇ, παρακαλοῦμεν συνεχῶς ἡμῖν ἐπιστέλλειν καὶ τὰ περὶ τῆς ὑγείας τῆς σῆς εὐαγγελίζεσθαι. Οὕτω γὰρ καὶ πόῤῥωθεν ὄντες πολλὴν καρπωσόμεθα τὴν παράκλησιν, ἂν τοιαύτας δεχώμεθα παρὰ τῆς σῆς ἐμμελείας ἐπιστολάς.

CCXXIX. *Severæ.*

Cucuso anno 404.

Equidem tuam nobilitatem corporeis oculis numquam vidi, caritatis autem oculis omnium maxime conspexi : quandoquidem nullo quantumvis magno regionum intervallo potest ejusmodi conspectus impediri. Cum enim zelum ac studium nobis tuæ nobilitatis pro recta fide dominus meus amantissimus Libanius verbis expressisset, magnopere nos erexit. Quo factum est, ut tametsi numquam te viderimus, priores ad pietatem tuam scripserimus, ipsam orantes, ut quando facultas dabitur, ad nos scribas. Si enim a tua suavitate transmissa perferatur ad nos epistola, quæ de tua valetudine certiores nos faciat, maximo, dum in hac extera regione degi-

σκθ'. Σευήρᾳ.

Ἐγὼ μέν σου τὴν εὐγένειαν εἶδον οὐδέποτε σωματικοῖς ὀφθαλμοῖς, τοῖς δὲ τῆς ἀγάπης πάντων μάλιστα C ἐθεασάμην· ἐπειδήπερ, κἂν πολὺ τὸ μέσον ᾖ τῶν διαστημάτων, ταύτην οὐδέποτε διείργει τὴν θεωρίαν. Ὁ γὰρ κύριός μου ὁ ποθεινότατος Λιβάνιος ὑπογράφων ἡμῖν τὸν ζῆλον τῆς σῆς εὐγενείας, τὸν ὑπὲρ τῆς ὀρθῆς πίστεως, καὶ τὴν σπουδὴν, σφόδρα ἡμᾶς ἀνεπτέρωσε. Διὸ καὶ μηδέποτέ σε ἑωρακότες, ἐπεπηδήσαμεν πρῶτοι τοῖς πρὸς τὴν σὴν εὐλάβειαν γράμμασι, παρακαλοῦντες καὶ αὐτὴν ἡμῖν ἐπιστέλλειν ἡνίκα ἂν ἐξῇ. Εἰ γὰρ ἔλθοι παρὰ τῆς σῆς ἐμμελείας ἐπιστολὴ ἀπαγγέλλουσα ἡμῖν τὰ περὶ τῆς ὑγείας σου, καὶ τοῦ οἴκου σου παντὸς, μεγίστην, καὶ ἐν ἀλλοτρίᾳ διατρί-

a [Savil. omittit ὅτι. Recte.]

b Vatic. et Coisl. Θεοδώρῳ ἀρχιατρῷ.

βοντες, [a] ἐντεῦθεν καρπωσόμεθα τὴν παράκλησιν. Ἀγάπης γὰρ ἴσον οὐδέν.

mus, solatio mœrorem nostrum mitigabit. Nihil enim est, quod cum caritate conferri possit.

σλ'. Ἐλπιδίῳ ἐπισκόπῳ.

Πολλὰς ἔχω χάριτας τῷ κυρίῳ μου τῷ ποθεινοτάτῳ Λιβανίῳ, ὅτι καὶ οἴκοθεν ἀνέστη, καὶ ἐνταῦθα παρεγένετο, καὶ πάλιν πρὸς τὴν σὴν εὐλάβειαν ἀφίκετο, [b] καὶ τούτῳ μάλιστα χάριτας αὐτῷ οἶδα. Ἐμοὶ γὰρ πᾶσα σπουδὴ, τιμῆς σε καὶ θεραπείας ἀπολαύειν ἁπάσης παρὰ πάντων· οὐχ ἐπειδὴ αὐτῷ σοι τούτων δεῖ, ἀλλ' ἐπειδὴ τοῦτο συμφέρει ταῖς Ἐκκλησίαις, ταῖς τε χειμαζομέναις, ταῖς τε ἀχειμάστοις. Ἀποδεχόμενος τοίνυν αὐτὸν τῆς εὐνοίας, δέσποτά μου τιμιώτατε καὶ θεοφιλέστατε, καὶ πάντα παρ' αὐτοῦ μαθὼν μετὰ ἀκριβείας, τά τε ἐν Ἀντιοχείᾳ, καὶ τὰ ἡμέτερα (καὶ γὰρ καὶ ταῦτα ἐρεῖ, ὀλίγον μὲν ἡμῖν συγγενόμενος χρόνον, μαθὼν δὲ ὅπως διάγομεν), ἔκπεμψον αὐτὸν χαίροντα καὶ εὐφραινόμενον. Καὶ γὰρ καὶ τῆς θεοσεβείας ἐκκρέμαται τῆς σῆς, καὶ ἡμῶν σφοδρός ἐστιν ἐραστής. Τὸν δεσπότην μου τὸν ποθεινότατον καὶ τιμιώτατον Ἀσυγκρίτιον τὸν πρεσβύτερον προσειπεῖν 727 παρ' ἡμῶν παρακλήθητι, μετὰ τῶν ποθεινοτάτων αὐτοῦ τέκνων, καὶ πάντα σου τὸν κλῆρον, ὃν ἐπαίδευσας ἐν βραχεῖ τὸν σὸν περὶ ἡμᾶς μιμεῖσθαι ἔρωτα. Οὐδὲ γὰρ τοῦτο ἡμᾶς ἔλαθεν, ὅσην περὶ ἡμᾶς ἐπιδείκνυνται ἀγάπην, καὶ πῶς πάντα καὶ παθεῖν καὶ ποιῆσαι τούτου ἕνεκεν παρεσκευασμένοι εἰσί. Τοῦτο δὲ ὅλον κατόρθωμα τῆς θεοσεβείας τῆς σῆς.

CCXXX. *Elpidio episcopo.*

Cucuso anno 404.

Magnam domino meo amantissimo Libanio gratiam habeo, quod et domo sua excessit, et huc venit, ac rursus ad reverentiam tuam profectus est: atque ejus rei causa maxime gratiam illi habeo. Id enim omni animi contentione studeo, ut tibi ab omnibus honor obsequiumque deferatur: non quod tu istis indigeas, sed quoniam hoc Ecclesiis est utile, cum iis quæ persequutionem patiuntur, tum illis quæ tranquillitate fruuntur. Gratam igitur et acceptam habens ipsius benevolentiam, domine mi reverendissime ac religiosissime, cum ab eo diligenter cuncta didiceris, quæ Antiochiæ, quæque apud nos geruntur (nam et ista narrabit, qui tametsi perexiguo tempore nobiscum versatus est, quid tamen rerum geramus didicit), lætum illum hilaremque dimitte. Magno enim amicitiæ tuæ desiderio tenetur, ac vehementi nostri amore flagrat. Amantissimum ac reverendissimum dominum meum Asyncritium presbyterum meis verbis velim salutes, una cum amantissimis ejus liberis, omnemque tuum clerum, quem brevi temporis spatio tuum in nos amorem imitari docuisti. Neque enim id nos fugit, quantam in nos caritatem præ se tulerunt, et quo pacto parati sint eo nomine cuncta perferre ac peragere. Illud vero præclarum facinus totum est tuæ pietati acceptum ferendum.

σλα'. Ἀδολίᾳ.

Πολλάκις μὲν ἐπεστάλκαμέν σου πρὸς τὴν εὐλάβειαν, ἀλλ' οὐκ ἀρκεῖ τοῦτο τὸ πολλάκις ἡμῖν, ἀλλ' ἐβουλόμεθα μὲν καθ' ἑκάστην ἡμέραν τοῦτο ποιεῖν. Οἶσθα γὰρ ὅπως διακείμεθα περὶ τὴν ἐμμέλειαν τὴν σήν. Ἐπειδὴ δὲ τοῦτο οὐκ ἔνι, ἡνίκα ἂν ἐξῇ, ἡμῖν αὐτοῖς τὰ μέγιστα χαριζόμενοι τὴν ὀφειλομένην ἀποπληροῦμεν πρόσρησιν, συνεχῶς καὶ διηνεκῶς βουλόμενοι μανθάνειν τὰ περὶ τῆς ὑγείας τῆς σῆς, καὶ τῆς εὐθυμίας. Παρακαλῶ τοίνυν, εἰδυῖα ἡλίκα ἡμῖν χαρίζῃ ταῦτα ἐπιστέλλουσα, ἔργον ποιήσασθαι τοῦτο παρακλήθητι, τὸ συνεχῶς ἡμῖν ταῦτα ἐπιστέλλειν. Ἐπεὶ καὶ νῦν οὐχ ὡς ἔτυχεν ἠλγήσαμεν, ὅτι ἀνδρὸς πᾶσιν, ὡς εἰπεῖν, γνωρίμου, καὶ ἡμῖν ἀγαπητοῦ, μέλλοντος ἐνταῦθα παραγενέσθαι, τοῦ κυρίου μου τοῦ τιμιωτά-

CCXXXI. *Adoliæ.*

Cucuso anno 404.

Frequenter quidem ad pietatem tuam literas dedimus, sed hæc frequentia nobis non sufficit, verum id agere singulis diebus cuperemus. Scis enim quo animo erga tuam suavitatem simus. Quando autem id non licet, quoties facultas datur, maximo nos ipsos afficimus beneficio, dum salutationis debitum munus persolvimus, ac de vestra valetudine atque hilaritate sine intermissione ac perpetuo quidpiam audire percupimus. Cum igitur intelligas quantam a nobis gratiam initura sis, quoties ea de re ad nos scribes, oro te, omnem operam adhibe, ut sæpe ad nos de eo literas mittas: siquidem non mediocrem istud nobis dolorem inussit, quod cum vir omnibus

[a] Cuislin. ἐντεῦθεν δεξόμεθα.

[b] Alii καὶ τούτου μάλιστα.

prope notus nobisque percarus huc profecturus esset reverendissimus dominus meus Libanius, ad nos literarum nihil dederis, fortasse quod ignorares : atqui hoc ipsum est, quod nos male habet, quod qui veniant istinc ad nos, ignores. Nos enim sciscitari ac curiose inquirere non cessamus, quinam hinc ad vos pergant, ut eorum opera desiderium nostrum expleamus : id nimirum tale est, ut ad tuam suavitatem sine intermissione scribamus.

του Λιβανίου, οὐκ ἐπέστειλας ἡμῖν, ἀγνοήσασα μὲν ἴσως· πλὴν ἀλλὰ καὶ δι' αὐτὸ τοῦτο ἀλγοῦμεν, ὅτι ἀγνοεῖς τοὺς ἐκεῖθεν πρὸς ἡμᾶς ἐρχομένους. Ἡμεῖς γὰρ οὐ παυόμεθα περιεργαζόμενοι καὶ πολυπραγμονοῦντες τοὺς ἐντεῦθεν πρὸς ὑμᾶς παραγενομένους, ἡνίκα ἂν ἐξῇ, δι' ἐκείνων ἡμῖν τὴν ἐπιθυμίαν τὴν ἑαυτῶν πληροῦντες· αὕτη δέ ἐστι τὸ συνεχῶς ἐπιστέλλειν πρὸς τὴν σὴν ἐμμέλειαν.

CCXXXII. *Carteriæ.*

Cucuso anno 404.

Si probe posses, quantam a nobis gratiam D ineas, dum ad nos scribis, et frequentissime scribis, ac tuæ caritatis melle literas oblinis, omnem operam adhiberes, ut singulis diebus ad nos epistolas mitteres. Non enim jam Cucusum nos habitare censemus, neque in solitudine degere, tantam ex literis tuis ac tua sincera caritate voluptatem haurimus. Quod autem non literas tantum miseris, sed etiam domino meo dilectissimo fratri nostro Libanio persuaseris, ut istinc solveret, et peregrinationem istam susciperet, quantæ istud est benevolentiæ? quantæ sollici- E tudinis? Hac de causa lætamur et exsultamus. Nihil enim est, quod cum caritate conferri possit. Atque a nobis quidem ipsa postulas, ut eamdem conservemus benevolentiam, quam a principio erga te præ nobis tulimus : at nos eadem illa mensura contenti esse non possumus, sed quotidie conamur affectum illum et amicitiam erga te nova quapiam accessione cumulare, quod 728 dum agimus, beneficio nos ipsos afficimus ma- A ximo. Non enim desinimus mente versare quæ sit nobilitas animæ tuæ, quæ sinceritas, ingenuitas amicitiæ, et candor ab omni dissimulatione alienus, et cogitationum istarum memoria maxima lætitia nos perfundit. Quocirca te obsecramus, ut de nostra caritate secura, minime doleas propter ea quæ a tua veneratione transmissa sunt, quod ea nimirum remiserimus. Siquidem affectu ipso et accepimus, et illis potiti sumus; sed quoniam nulla egestate premimur, significavimus, ut nobilitas tua illa conservet : quod si forte pre- B mamur egestate, videbis quanta libertate fiduciaque scribemus, ut ad nos mittantur, et in hoc

σλϐ'. Καρτερίᾳ.

D Εἰ σαφῶς ᾔδεις ὅσην ἡμῖν δίδως χάριν, καὶ γράφουσα, καὶ συνεχῶς γράφουσα, καὶ τοῦ μέλιτός σου τῆς ἀγάπης ἀναχρωννῦσα τὰ γράμματα, πάντα ἂν ἐποίησας, ὥστε δυνηθῆναι καθ' ἑκάστην ἡμέραν πέμπειν ἐπιστολὰς ἡμῖν. Οὐκέτι γὰρ Κουκουσὸν οἰκεῖν νομίζομεν, οὐδὲ ἐν ἐρημίᾳ διάγειν, τοσαύτην ἀπὸ τῶν γραμμάτων σου καὶ τῆς γνησίας ἀγάπης καρπούμενοι τὴν εὐφροσύνην. Τὸ δὲ μὴ μόνον ἐπιστολὰς πέμψαι, ἀλλὰ καὶ τὸν κύριόν μου τὸν ποθεινότατον ἀδελφὸν ἡμῶν Λιβάνιον πεῖσαί τε ἀναστῆναι ἐκεῖθεν, καὶ τὴν ἀποδημίαν στείλασθαι ταύτην, πόσης διαθέσεώς E ἐστι; πόσης κηδεμονίας; Διὰ ταῦτα σκιρτῶμεν καὶ εὐφραινόμεθα. Ἀγάπης γὰρ γνησίας ἴσον οὐδέν. Καὶ αὐτὴ μὲν ἀξιοῖς τὴν αὐτὴν ἡμᾶς διασώζειν διάθεσιν, ἣν ἐξ ἀρχῆς ἐπεδειξάμεθα περὶ τὴν σὴν ἐμμέλειαν. Ἡμεῖς δὲ οὐκ ἀνεχόμεθα ἐπὶ τοῦ μέτρου μένειν τούτου, ἀλλὰ καὶ καθ' ἑκάστην ἡμέραν [a] προσθήκας ἐπιζητοῦμεν τῆς περὶ σὲ διαθέσεως, ἡμῖν αὐτοῖς τὰ μέγιστα χαριζόμενοι. Οὐ γὰρ διαλιμπάνομεν συνεχῶς παρ' ἑαυτοῖς στρέφοντες τὸ εὐγενές σου τῆς ψυχῆς, τὸ ἄπλα- A στον, τὸ ἐλευθέριον, τὸ φιλικὸν, τὸ γνήσιον, τὸ ἀνυπόκριτον, καὶ μεγίστην ἀπὸ τῆς μνήμης τῶν λογισμῶν τούτων καρπούμεθα τὴν εὐφροσύνην. Διὸ παρακαλοῦμεν [a] θαῤῥήσασαν ἡμῶν τῇ ἀγάπῃ, μηδὲν ἀλγῆσαι ὑπὲρ τῶν ἀποσταλέντων παρὰ τῆς σῆς τιμιότητος, ὅτι δὴ ταῦτα ἀνεπέμψαμεν. Τῇ μὲν γὰρ διαθέσει καὶ ἐδεξάμεθα, καὶ ἀπελαύσαμεν αὐτῶν· ἐπειδὴ δὲ ἐν χρείᾳ οὐ καθεστήκαμεν, ἐδηλώσαμεν αὐτὰ τηρεῖσθαι παρὰ τῇ σῇ εὐγενείᾳ. Κἂν ποτε καταστῶμεν ἐν χρείᾳ, ὄψει μεθ' ὅσης παῤῥησίας καὶ τοῦ θαῤῥεῖν γράψομεν, ὥστε ἡμῖν ἀποσταλῆναι, κἂν τούτῳ τὸ σὸν φυ- B λάσσοντες ῥῆμα. Πρὸς γὰρ τῷ τέλει τῆς ἐπιστολῆς ἔφης· δεῖξον ὅτι καταξιοῖ σου ἡ θεοσέβεια θαῤῥεῖν ἡμῖν, καὶ τοῖς ἡμετέροις ὡς ἰδίοις κεχρῆσθαι. Εἰ

[a] Duo Mss. προσθήκην.

[a] Edit. θαῤῥήσασαν. Savil. et unus Cod. θαῤῥήσαντες ὑμῶν τῇ ἀγάπῃ. *Utraque lectio*, inquit Ducæus, *ferri potest : tamen amplexi alteram fuimus, quod minus usitatum sit Chrysostomo, cum unum alloquitur, vocem* ὑμῶν *inserere : quodque in tota hac epistola pronomina singularis numeri tantum usurpet.*

τοίνυν οὕτω βούλει διακεῖσθαι ἡμᾶς, ὥσπερ οὖν καὶ βούλει, καὶ τοῖς σοῖς ὡς ἰδίοις κεχρῆσθαι, ἡνίκα ἂν ἐπιστείλω, τότε πέμπε. Τοῦ γὰρ ἴδια αὐτὰ νομίζειν, τοῦτο μέγιστόν ἐστι σημεῖον τὸ, ἡνίκα ἂν ἐγὼ βουληθῶ, τότε πέμπεσθαι, ἀλλὰ μὴ τότε, ὅτε οὐ δέομαι. Δεῖξον τοίνυν κἂν τούτῳ τὴν γνησίαν σου φιλίαν, καὶ τὴν αἰδῶ τὴν περὶ ἡμᾶς, τῷ καὶ ἐν τούτῳ ἡ ϖ ἀνασχέσθαι· καὶ πέμψον ταχέως ἐπιστολὴν ἀπαγγέλλουσαν ἡμῖν ὡς οὐκ ἤλγησας. Ἂν γὰρ μὴ τοῦτο ποιήσῃς, C ἐν διηνεκεῖ φροντίδι καθιστᾷν ἡμᾶς μέλλεις· οὐ γὰρ παυσόμεθα μεριμνῶντες, μή ποτε ἐλυπήσαμεν· πολὺ γάρ σου τῆς ἀγάπης ἀντεχόμεθα, καὶ τοῦ ἀναπαύειν σου τὴν εὐγένειαν. Ἐπεὶ οὖν ἱκανῶς ἀπελογησάμεθα, δήλωσον ἡμῖν ὡς ἐδέξω τὴν ἀπολογίαν ἡμῶν. Καὶ γὰρ ἔξεστί σου μαθεῖν [b] τὴν ἐμμέλειαν, ὅτι πρὸς μὲν ἄλλους τὸ αὐτὸ δὴ τοῦτο πεποιηκότας, καὶ σφόδρα γνησίους ἡμῖν, οὐκ ἐδέησεν ἡμῖν ἀπολογίας, ἀλλ' ἤρκεσε τὸ διακρούσασθαι τὰ πεμφθέντα· ἐπὶ δὲ τῆς σῆς τιμιότητος καὶ ἀπολογούμεθα, καὶ παρακαλοῦμεν μηδὲν ἀλγῆσαι, καὶ οὐ πρότερον ἀποστησόμεθα D συνεχῶς ταῦτα λέγοντες, ἕως ἂν ἡμῖν δηλοποιήσῃς, ὅτι οὐκ ἤλγησας. Ἂν γὰρ τοιούτων ἐπιτύχωμεν γραμμάτων, διπλασίονα, καὶ τριπλασίονα, καὶ [c] πολλαπλασίονα τῶν ἀποσταλέντων ἡγούμεθα δεδέχθαι. Ἱκανὸν γὰρ μάλιστα τοῦτο δεῖξαι καὶ τὴν αἰδῶ, καὶ τὴν τιμὴν, ἣν ἔχεις πρὸς ἡμᾶς.

quoque tuis dictis parebimus. Sic enim sub finem epistolæ dixisti, Ostende tuam pietatem nobis confidere, ac rebus nostris tamquam propriis uti. Quando igitur sic animo nos affectos esse vis, ut procul dubio vis, et tuis rebus tamquam propriis uti, cum ad te scripsero, tum transmitte. Hoc enim maximum est indicium me illa propria censere, si cum voluero, tum illa mittantur, C non cum illis non indigeo. In hoc ergo quoque sinceram tuam ostendo caritatem, et qua reverentia nos observes, quod in hac re nos toleraveris; et quamprimum literas mitte, quæ te minime ægre tulisse significent. Nisi enim hoc feceris, in perpetuam anxietatem et sollicitudinem nos conjicies : non enim solliciti esse desinemus num forte molesti fuerimus : siquidem multo studio caritatis tuæ tenemur, et tuam nobilitatem recreandi. Postquam igitur excusatione usi sumus, quo pacto illam acceperis nobis si- D gnifica. Nam ut intelligere potest suavitas tua, nobis apud alios qui idipsum præstiterant, nobisque admodum cari erant, nulla nobis utendum excusatione fuit, sed satis fuit repudiare transmissa : verum apud tuam venerationem et excusatione utimur, et ne ægre feras obsecramus, neque prius hæc identidem dicere intermittemus, donec te nobis minime succensuisse significaveris. Quod si hujusmodi literas obtinuerimus, duplo ac triplo ac multoties majora quam quæ missa sunt, nos accepisse arbitrabimur. Id enim maxime potest argumento esse, quanta reverentia et honore nos colas.

σλγ'. Πρὸς τὸν Ἀντιοχείας.

Ἔδει μὲν τὴν ὑμετέραν εὐλάβειαν μὴ τοῖς ῥήμασι τῶν εἰρηκότων παρατρέπεσθαι τὴν διάνοιαν, ἀλλ' ἐν τῷ πλήθει τοῦ ψεύδους μετὰ πολλῆς τῆς σκέψεως ἀνι- E χνεύεσθαι τὴν ἀλήθειαν. Εἰ γὰρ ἅπαντα τὰ θρυλλούμενα ἀλήθειαν ὑπολάβοις, [d] κινδυνεύσειαν ἂν ἅπαντες· εἰ δὲ κρίσει καὶ νόμοις ἀνιχνεύεται τὰ λανθάνοντα, κριτήριον ἂν ἔγωγε παρ' ὑμῶν ἐπεζήτησα, εἰ μή τις ἕτερα αὖθις ὅπλα συκοφαντίας μοι ἐπιπνεύσει. Δέδοικα γὰρ, δέδοικα λοιπὸν τὰς σκιὰς, καὶ τὰ φαντάσματα, ἐπειδὴ αὐτοὶ ἐδικαιώσατε οὕτως. Οἱ φίλοι 729 A τὴν φιλίαν ἠρνήσαντο, οἱ πλησίον ὄντες πόῤῥωθεν ἔστησαν, καὶ πόῤῥωθεν ὄντες τὰ βέλη τῆς συκοφαν-

CCXXXIII. Ad Episcopum Antiochenum.

Oportebat quidem pietatem vestram non verbis eorum qui loquuti sunt, mente subverti, sed E in tanta mendaciorum copia multa cum attentione veritatem investigare. Si enim omnia quæ vulgo jactantur vera censeas, in periculum venient omnes : sin autem judicio et legibus ea quæ latent pervestigentur, judicium a vobis ego libens postularem, nisi quis alia rursus in me calumniæ tela jaculetur. Timeo namque, timeo 729 jam umbras et simulacra, postquam vos ita ju-
A dicastis. Amici amicitiæ nuntium remiserunt, *Psal.* 37.
qui juxta erant, a longe steterunt, et qui longe 12.

[b] Duo Mss. τῇ ἐμμελείᾳ.

[c] Coislin. πολυπλασίονα.

[d] Reg. κινδυνεύσειεν ἅπαντα.... νόμοις ἀνιχνεύσαις τά. Hæc porro epistola ad Porphyrium Antiochenum episcopum data est, qui defuncto Plaviano sedem Antiochenam invaserat, et inter acerrimos Chrysostomi hostes numerabatur.

orant calumniarum jacula contorserunt. Effecistis ut in medio portu naufragium paterer. Sed quamvis ejiciar ex urbe, atque ab Ecclesia sejungar, ad quodvis supplicium ferendum me statui comparare. Philosophari mihi ac patienter adversa ferre decretum est: scio enim, scio certissime, civitate firmiorem esse solitudinem, et bestias agri mansuetiores amicis. Vale.

τίας ἀποτοξεύουσιν. Ἐν μέσῳ δὲ τοῦ λιμένος ὄντα με ναυάγιον ὑπομεῖναι ἐποιήσατε. Ἀλλ' εἰ καὶ τῆς πόλεως ἐκβάλλομαι, καὶ τῆς Ἐκκλησίας ἀπείργομαι, πείθομαι πρὸς πᾶσαν ἀποδύσασθαι τιμωρίαν. Κέκριται γάρ μοι φιλοσοφεῖν, καὶ φέρειν γενναίως τὰ δυσχερῆ. Οἶδα γὰρ, οἶδα σαφῶς τὴν ἐρημίαν εὐτονωτέραν εἶναι τῆς πόλεως, καὶ τὰ θηρία τοῦ ἀγροῦ τῶν φίλων ἡμερώτερα. Ἔῤῥωσο.

CCXXXIV. Brisoni.

Postquam Cucusum pervenerat anno 404.

Septuaginta ferme consumtis in itinere diebus, unde potest amplitudo tua colligere, quot et quanta mala passi fuerimus, cum et Isaurorum metus nos undique premeret, et cum intolerandis febribus colluctaremur, Cucusum totius orbis terrarum desertissimum locum tandem aliquando pervenimus. Et hæc dico non rogans ut molesti ulli sitis, ac petatis, ut hinc transferamur: quod enim erat gravissimum jam pertulimus, nempe viæ molestiam: sed hanc a vobis peto gratiam, ut ad nos assidue scribatis, neque propterea quod longius a vobis relegati sumus, idcirco nos ista consolatione privetis. Scitis enim quanto nos istud solatio levet, quantumvis afflicti simus et ærumnis obsessi, cum de valetudine vestra amicorum nostrorum certiores fieri possumus, ac vos hilares et incolumes esse, ac plane securos. Ut igitur hinc non mediocrem possimus carpere voluptatem, de his ad nos assidue scribe. Non enim leviter nos recreabis, sed et ingenti solatio tædium nostrum lenies, cum non ignores, quantum tuis commodis gaudere soleamus.

σλδ'. [a] Βρίσωνι.

B Ἑβδομήκοντα σχεδὸν ἡμέρας ἀναλώσαντες κατὰ τὴν ὁδὸν, ὅθεν λογίζεσθαι ἔξεστι τῇ θαυμασιότητί σου, ὅσα τε καὶ ἡλίκα πεπόνθαμεν κακὰ, φόβῳ τε Ἰσαυρικῷ πολιορκούμενοι πολλαχοῦ, καὶ πυρετοῖς ἀφορήτοις παλαίοντες, ὀψέ ποτε ἀπηντήσαμεν εἰς τὴν Κουκουσὸν, τὸ πάσης τῆς οἰκουμένης ἐρημότατον χωρίον. Καὶ ταῦτα λέγω οὐκ ἀξιῶν ἐνοχλῆσαί τινα, ὥστε ἡμᾶς μεταστῆσαι ἐντεῦθεν· τὸ γὰρ χαλεπώτατον διηνύσαμεν, τῆς ὁδοῦ τὴν ταλαιπωρίαν· ἀλλ' ὑμᾶς χάριν αἰτῶ, τὸ συνεχῶς ἡμῖν ἐπιστέλλειν, μηδὲ, ἐπειδὴποῤῥωτέρω μετῳκίσθημεν ὑμῶν, καὶ C ταύτης ἡμᾶς ἀποστερῆσαι τῆς παραμυθίας. Ἴστε γὰρ ὅση παράκλησις ἡμῖν γίνεται, εἰ καὶ τὰ ἡμέτερα ἐν θλίψει καὶ περιστάσει, ὅταν ἀκούωμεν τὰ περὶ τῆς ὑγείας ὑμῶν τῶν ἀγαπώντων ἡμᾶς, ὅτι ἐν εὐθυμίᾳ καὶ ὑγείᾳ ἐστὲ, καὶ ἀδείᾳ πολλῇ. Ἵν' οὖν ἐντεῦθεν πολλῆς ἀπολαύωμεν τῆς εὐφροσύνης, γράφε ταῦτα συνεχῶς ἡμῖν. Οὐ γὰρ ὡς ἔτυχεν ἡμᾶς ἀνακτήσῃ, ἀλλὰ πολλῆς ἡμᾶς παρασκευάσεις ἀπολαῦσαι τῆς παραμυθίας· καὶ γὰρ οὐκ ἀγνοεῖς, ὅπως χαίρομεν τοῖς σοῖς ἀγαθοῖς.

CCXXXV. Porphyrio episcopo Rhosensi.

Cucuso anno 404.

Quam firma, quam constanti, quam immota caritate sis, non me fugit, nec ullam negotiorum difficultatem illam posse labefactare: id vero tu rebus ipsis ostendisti. Quam ob causam nos quoque, licet morbo correpti, atque in locum totius hujus nostri orbis desertissimum delati Cucusum, et Isaurorum incursionibus circumsessi, ac multis ærumnis vexati, et scribimus, et debitam salutationem tuæ pietati persolvimus, corpore quidem sejuncti, sed animo copulati, magnamque inde consolationem percipimus. Licet enim non levibus hæc commutatio difficultatibus sit obsessa,

σλε'. [b] Πορφυρίῳ ἐπισκόπῳ Ῥωσοῦ.

Οἶδά σου τῆς ἀγάπης τὸ στεῤῥὸν, τὸ ἀπερίτρεπτον, D τὸ ἀκλινὲς, καὶ ὡς οὐδεμία πραγμάτων δυσκολία αὐτὴν παρασαλεῦσαι δύναιτ' ἄν· τοῦτο διὰ τῶν ἔργων ἔδειξας. Διὰ τοῦτο καὶ ἡμεῖς, καίτοι ἐν ἀῤῥωστίᾳ καθεστῶτες, καὶ εἰς τὸ πάσης τῆς καθ' ἡμᾶς οἰκουμένης ἐρημότατον χωρίον ἀπενεχθέντες, τὴν Κουκουσὸν, καὶ ὑπὸ τῆς τῶν Ἰσαύρων ἐφόδου πολιορκούμενοι, καὶ ἐν πολλαῖς ὄντες περιστάσεσι, καὶ γράφομεν, καὶ τὴν ὀφειλομένην ἀποδίδομεν πρόσρησιν τῇ εὐλαβείᾳ τῇ σῇ, τῷ σώματι μὲν διεστηκότες, τῇ ψυχῇ E δὲ συνδεδεμένοι, καὶ μεγίστην ἐντεῦθεν καρπούμεθα τὴν παράκλησιν. Εἰ γὰρ καὶ πολλὴ τῆς ἐντεῦθεν δια-

[a] Hujus epistolæ partem refert Nicephorus Callistus l. 13, c. 27.

[b] In Edit. Savil. Πορφυρίῳ ἐπισκόπῳ simpliciter, non addito Ῥωσοῦ, quæ tamen lectio in omnibus prorsus Mss. habetur. Ea de re vide quæ diximus supra ad epistolam CIX.

τριβῆς ἡ δυσκολία, ἀλλ' ἓν τοῦτο μέγιστον ἐντεῦθεν καρπούμεθα, τὸ ἐκ γειτόνων ὑμῖν εἶναι, καὶ συνεχῶς δύνασθαι, ὀλίγου τοῦ μέσου τῆς ὁδοῦ ταύτης ὄντος, καὶ ἐπιστέλλειν πρὸς τὴν ὑμετέραν εὐλάβειαν, καὶ δέχεσθαι παρ' ὑμῶν γράμματα. Καὶ γὰρ ταύτης ἀπολαύοντες τῆς ἑορτῆς (ἑορτὴν γὰρ ἐγὼ τοῦτο τίθεμαι, καὶ πανήγυριν, καὶ πολλῆς ἡδονῆς ὑπόθεσιν), οὐδὲ μικρὰν αἴσθησιν τῆς ἐρημίας, καὶ τοῦ φόβου, καὶ τῆς ἀγωνίας ληψόμεθα.

maximum tamen inde solatium haurimus, quod non longe a vobis absumus, ac frequenter possumus, modico interjecto itineris hujus intervallo, et ad vos literas dare et a vobis accipere. Nam si hac festivitate perfruamur (festivitatem enim hoc ego censeo, ac solennitatem, et ingentis voluptatis occasionem), ne minimum quidem sensum hujus solitudinis, metus, et anxietatis capiemus.

730 A

σλϛ'. Καρτερίῳ ἡγεμόνι.

Ἐρημότατον μὲν χωρίον μεθ' ὑπερβολῆς ἡ [a] Κουκουσός· πλὴν ἀλλ' οὐχ οὕτως ἡμᾶς τῇ ἐρημίᾳ λυπεῖ, ὡς εὐφραίνει τῇ ἡσυχίᾳ, καὶ τῷ μηδαμόθεν ἡμῖν πράγματα παρέχειν. Διὸ καθάπερ εἰς λιμένα τινὰ τὴν ἐρημίαν ταύτην ἀπηντηκότες, οὕτω καθήμεθα ἀπὸ τῶν κατὰ τὴν ὁδὸν κακῶν ἀναπνέοντες, καὶ τῇ ἡσυχίᾳ ταύτῃ τῆς ἀῤῥωστίας καὶ τῶν ἄλλων κακῶν, ὧν ὑπεμείναμεν, τὰ λείψανα διορθοῦντες. Καὶ ταῦτα εἰρήκαμεν πρὸς τὴν σὴν λαμπρότητα, ἐπειδὴ σφόδρα ἴσμεν χαίροντά σε τῇ ἀνέσει τῇ ἡμετέρᾳ, ἐπεὶ καὶ ἃ αὐτόθι πεποίηκας οὐδέποτε ἐπιλαθέσθαι δυνάμεθα, B τοὺς προπετεῖς ἐκείνους καὶ ἀλογίστους ἀναστέλλων θορύβους, καὶ πάντα ποιῶν, ὥστε ἡμᾶς ἐν ἀδείᾳ καταστῆσαι, καὶ τὰ σαυτοῦ πληρῶν. Καὶ ταῦτα πρὸς ἅπαντας ὅπουπερ ἂν ἀφικώμεθα ἀνακηρύττομεν, πολλάς σοι χάριτας εἰδότες, δέσποτά μου θαυμασιώτατε, τῆς τοσαύτης κηδεμονίας. Ἵνα δὲ μὴ μόνον ἐκ τοῦ φιλεῖσθαι παρὰ σοῦ, ἀλλὰ καὶ ἐκ τῶν γραμμάτων ἀπολαύειν τῶν σῶν περὶ τῆς ὑγείας τῆς σῆς σημαινόντων πολλὴν καρπωσώμεθα τὴν εὐφροσύνην, δίδου ταύτην ἡμῖν τὴν χάριν. Οὐ γὰρ τὴν τυχοῦσαν δεξόμεθα καὶ ἐν ἀλλοτρίᾳ γῇ διατρίβοντες παράκλησιν, εἰ τοιαῦτα γράμματα δεξαίμεθα παρὰ τῆς θαυμασιότητός σου.

CCXXXVI. *Carterio præsidi.*

Desertissimus quidem mirum in modum locus est Cucusus: verumtamen haud ita nos solitudine sua contristat, ac quiete exhilarat, quodque nulla ex parte nobis negotium facessit. Quocirca tamquam ad portum quemdam ad solitudinem hanc delati sedemus, et a malis quæ in via pertulimus respiramus, et morbi atque malorum quæ sustinuimus reliquias hac quiete depellimus. Hoc apud amplitudinem tuam sermone idcirco utor, quod intelligam mirifico te nostra quiete lætari, quandoquidem nulla nos capere potest eorum oblivio, quæ istic a te sunt gesta, dum præposteros illos et importunos tumultus sedares, et omnem lapidem moveres, ut in securitate versaremur, et quæ tuarum erant partium, omnino præstares. Hæc nos apud omnes, quocumque gentium deferamur, prædicamus, tibique gratiam non mediocrem habemus, domine mi plurimum suspiciende, ob tantam hanc sollicitudinem: verum ut non solum ex eo, quod amemur a te, sed etiam quod literis tuis fruamur, quæ nobis valetudinis tuæ statum exponant, lætitia afficiamur, hanc nobis concede gratiam. Non enim vulgari solatio quantumvis in extera regione degentes reficiemur, si ab excellentia tua missas ejusmodi literas acceperimus. Cucuso anno 404.

[a] Vatic. Κοκκουσός pro more.

IN EPISTOLAS QUINQUE SEQUENTES

CONSTANTII PRESBYTERI

MONITUM.

In Edit. Morel. ex quinque sequentibus epistolis prima sic inscribitur, Κωνσταντίῳ πρεσβυτέρῳ πρὸς τὴν μητέρα, et sic etiam legitur in Codice Regio, quam lectionem ex Codice quodam Antverpiano excerptam, asserere nititur in notis suis Fronto Duçæus; atque ita vult titulum intelligi, ut Chrysostomus Constantio, qui lateri suo hærebat, has epistolas dictaverit, ad matrem et ad sororem ipsius Constantii et ad amicos ejus mittendos; et vere, addit Fronto, stylus Chrysostomum sapit. At Savilius exemplari suis Bongarsiano hunc titulum posuit, Κωνσταντίου πρεσβυτέρου ἐπιστολαί τινες. α'. πρὸς τὴν μητέρα. Huic accinit Codex Vaticanus qui habet Κωνσταντίνου πρεσβυτέρου πρὸς τὴν μητέρα: quod Κωνσταντίνου pro Κωνσταντίου mendose posuerit, nihil negotii facessit: nam frequentissima est in manuscriptis hæc vocum commutatio. Stylus certe, contra quam opinatur vir doctus Fronto Ducæus, a Chrysostomi dicendi genere longe deflectit, ut quisquis Chrysostomi Epistolas legerit, statim animadvertet. Hic Constantius presbyter Antiochenus ex præcipuis erat Joannis Chrysostomi amicis, et a scelesto illo Porphyrio, qui indignis modis Antiochenam sedem invaserat, multis affectus ærumnis, Chrysostomum tunc Cucusi exsulantem adierat, ejusque lateri hærebat, ut circa finem sequentis epistolæ indicat: *Nos enim hic multa voluptate perfundimur, dum sanctissimi episcopi consuetudine, ac loci hujus quiete otioque summo oblectamur.* Non ab re opinatur Tillemontius epistolam ad episcopum Antiochenum (scilicet Porphyrium), quæ est supra num. 233, esse non Joannis Chrysostomi, cujus tamen nomen præ se fert, sed ejusdem Constantii presbyteri: nam et dicendi ratio, etiamsi non inelegans, et res ipsæ quæ dicuntur, Constantium presbyterum magis referunt, quam Chrysostomum.

731
A

CCXXXVII. *Constantii presbyteri ad matrem.*

Hoc demum est veram esse matrem, ac liberos adamare, nempe cum defuerit quidpiam eorum quæ necessaria sunt, filium monere, domoque exigere, atque ejus discessum æquo animo ferre, ac magnam illi ob susceptam peregrinationem gratiam habere. Subegisti vim affectumque naturæ, dum jussisti, ut civitatem solitudine, securitatem metu Isaurico, et consortium vestrum separatione mutaremus, ne quid forte secus, ac convenit, agere cogeremur. Quas ob res magnam tibi gratiam habemus, non quod pepereris, sed quod ita educaveris, et in hoc quoque talem, qualem oportet, matrem te præbueris. Siquidem illæ quæ affectu franguntur, et antequam expediat, filiorum præsentiam expetunt, non jam matres, sed filiorum parricidæ sunt appellandæ. Sed quemadmodum fortis in hoc fuisti, ac ferro

σλζ'. Κωνσταντίου πρεσβυτέρου πρὸς τὴν μητέρα.

Τοῦτο μήτηρ φιλόστοργος καὶ φιλόπαις, τὸ, ἡνίκα ἂν δέῃ τι τῶν δεόντων, παραινεῖν τῷ παιδὶ, καὶ ἐλαύνειν αὐτὸν οἴκοθεν, καὶ πράως φέρειν τὸν χωρισμὸν, καὶ χάριτας αὐτῷ πολλὰς εἰδέναι τῆς ἀποδημίας. Κατέλυσας αὐτὴν τῆς φύσεως τὴν τυραννίδα, κελεύσασα ἡμᾶς ἔρημον ἀνταλλάξασθαι πόλεως, καὶ φόβον Ἰσαυρικὸν ἀδείας, καὶ τὸν χωρισμὸν ἡμῶν τῆς συνουσίας τῆς μεθ' ὑμῶν, ὥστε μηδὲν ἀναγκασθῆναι
B ποιῆσαι τῶν μὴ προσηκόντων. Διὰ ταῦτά σοι πολλὰς χάριτας ἴσμεν, οὐχ ὅτι ἔτεκες, ἀλλ' ὅτι οὕτως ἀνέθρεψας, κἀν τούτῳ γινομένη μήτηρ οἵαν γίνεσθαι χρή. Ὡς αἵ γε τῷ πάθει καταμαλακιζόμεναι, καὶ πρὸ τοῦ συμφέροντος τῶν παίδων τὴν παρουσίαν αὐτῶν ἐπιζητοῦσαι, οὐ μητέρες, ἀλλὰ παιδοκτόνοι δικαίως ἂν κληθεῖεν. Ἀλλ' ὥσπερ ἐνταῦθα ἀνδρεία γέγονας, καὶ σιδήρου στεῤῥοτέρα, ἄφατον παρὰ τοῦ φιλανθρώπου Θεοῦ διὰ τῆς γνώμης ταύτης προαποθεμένη σοι

τὸν μισθὸν, οὕτω παρακαλοῦμεν, καί σου δεόμεθα καὶ ἐν τοῖς ἄλλοις ἅπασι τὴν αὐτὴν ἐπιδείξασθαι φιλοσοφίαν, καὶ εἰδέναι ὅτι μία ἐστὶ συμφορὰ ἁμαρτία μό- C νον, τὰ δὲ ἄλλα πάντα μῦθος, δυναστεῖαι, καὶ δόξαι, καὶ τιμαὶ, αἱ παρὰ ἀνθρώπων. Καὶ ἡ πρὸς τὸν οὐρανὸν ἄγουσα ὁδὸς, αὕτη μάλιστα ἡ διὰ τῶν θλίψεών ἐστι. Διὰ γὰρ πολλῶν θλίψεων δεῖ ἡμᾶς εἰσελθεῖν, φησὶν, εἰς τὴν βασιλείαν τοῦ Θεοῦ. Καὶ πάντες δὲ οἱ ἅγιοι, οἵ τε ἐν τῇ Παλαιᾷ, οἵ τε ἐν τῇ Καινῇ, ταύτην ὥδευσαν τὴν ὁδὸν, ἐπιβουλευόμενοι συνεχῶς, ἐλαυνόμενοι, φυγάδες καὶ μετανάσται γινόμενοι, ἀπόλιδες, ἄοικοι, θανάτους ἀώρους ὑπομένοντες, καὶ παρ' ὧν μάλιστα οὐδαμῶς ἐχρῆν. Τί γὰρ ὀδυνηρότερον, εἰπέ μοι, ἢ χαλεπώτε- D ρον τοῦ παρὰ δεξιᾶς ἀδελφικῆς κατενεχθῆναι, καὶ ἄωρον καὶ βίαιον ὑπομεῖναι τελευτὴν, μετὰ στεφάνους καὶ εὐδοκίμησιν τοσαύτην; τί δὲ ὀδυνηρότερον, καὶ μόνον καὶ ἐν ἐσχάτῳ δοθέντα γήρᾳ κελευσθῆναι σφάττεσθαι ὑπὸ πατρικῆς χειρὸς, καὶ τὸν γεννησάμενον διάκονον γενέσθαι τῆς τοιαύτης σφαγῆς; Μὴ γάρ μοι τοῦτο λέγε, ὅτι μετὰ ταῦτα ἀπέλαβεν αὐτὸν ὑγιῆ καὶ σῶον. Οὐδὲν γὰρ τούτων εἰδὼς ὁ δίκαιος ἐκεῖνος, ἀλλ' ἔτι πάντως αὐτὸν ἀναιρήσει, οὕτω καὶ ἀνήγαγεν εἰς τὸ ὄρος, καὶ τὸ θυσιαστήριον ᾠκοδόμησε, καὶ τὰ ξύλα E ἐπέθηκε, καὶ τὴν μάχαιραν ἥρπασε, καὶ τὸ ξίφος διήλασε· καὶ γὰρ καὶ διήλασε, τό γε εἰς τὴν αὐτοῦ γνώμην ἧκον· διὸ καὶ πανταχοῦ τῆς οἰκουμένης ᾄδεται. Ἂν δὲ τὸν ἔκγονον εἴπω τὸν ἐκείνου, καὶ αὐτὸν ὄψει ὑπὸ ἀδελφικῆς βασκανίας πάλιν φυγάδα καὶ ἄπολιν γενόμενον, καὶ δοῦλον, καὶ ἐν ἀλλοτρίᾳ θητεύοντα, καὶ τὸν περὶ τῶν ἐσχάτων δεδοικότα φόβον. Ἂν δὲ τὸν Ἰωσὴφ τὸν πραθέντα, [a] τὸν δουλεύσαντα, τὸν δεθέντα 732 ἔτη τοσαῦτα, τὸν μορία παθόντα δεινά· ἂν δὲ τὸν A Μωϋσέα, καὶ τοσαῦτα παρὰ τῶν Ἰουδαίων παθόντα κακά· τὰ γὰρ τῶν ἀποστόλων οὐδὲ παραστῆσαι ἔνι τῷ λόγῳ· ταῦτ' οὖν ἅπαντα συναγαγοῦσα, καὶ λογιζομένη τῆς ὑπομονῆς τὸν μισθὸν, θυσίαν ἀνένεγκε τῷ Θεῷ, τὸ γενναίως ἐνεγκεῖν τὰ συμπίπτοντα, καὶ διὰ παντὸς αὐτὸν δοξάζειν. Ἐπεὶ καὶ ὁ Ἰὼβ ἀπὸ τῶν τοιούτων ἐστεφανώθη ῥημάτων. Ἀνάμενε δὴ καὶ τὴν ἐπὶ τὸ χρηστότερον μεταβολὴν, καὶ μὴ διαλίπῃς τὸν Θεὸν ὑπὲρ τούτου παρακαλοῦσα, καὶ γράψαι ἡμῖν σπούδασον, ὅτι γέγονέ τι πλέον ἀπὸ τῶν ἡμετέρων γραμμάτων εἰς εὐθυμίας σοι λόγον, εἴγε μὴ βούλει θολοῦν ἡμῶν τὴν εὐφροσύνην. Ἡμεῖς γὰρ ἐνταῦθα πολλῆς B ἀπολαύομεν ἡδονῆς, ἐντρυφῶντες τῇ συνουσίᾳ τοῦ ἁγιωτάτου ἐπισκόπου, καὶ τῇ ἡσυχίᾳ τοῦ χωρίου τούτου, καὶ τῇ πολλῇ ἀπραγμοσύνῃ. Καὶ γὰρ ὁ τῶν Ἰσαύρων πέπαυται φόβος, τοῦ χειμῶνος αὐτοὺς συνελαύνοντος εἰς τὴν αὐτῶν. Μὴ δὴ τοσαύτην θολώσῃς ἡμῖν ἡδονήν. Εἰ γὰρ ἔλθοι γράμματα παρὰ τῆς σῆς

firmior, tibique mercedem a benigno Deo copiosam promeruisti, sic te oramus et obsecramus, ut in cæteris omnibus eamdem philosophiam et constantiam præ te feras, et intelligas unam calamitatem esse, peccatum solum, reliqua vero cuncta fabulam, principatus, præconia, honores ab hominibus delatos: hanc autem per medias tribulationes esse viam quæ ducit ad cælum. *Per multas enim tribulationes oportet nos intrare in regnum Dei.* Act. 14. 21. Et vero sancti omnes, et qui in Veteri, et qui in Novo Testamento memorantur, hanc tenuerunt viam, dum insidias passi sunt, perpetuo vexati, in fugam acti, in exsilium pulsi, urbe domoque exacti, præmatura morte sublati, atque ab illis a quibus minime omnium oportebat. Quid enim, quæso, luctuosius, aut quid acerbius quam a dextera fraterna mactari, et post coronas tantamque commendationem ac laudem præmatura ac violenta morte vitam finire? quid vero acerbius, quæso, quam unicum filium et in extrema senectute datum a paterna manu jubere mactari, et patrem ipsum ejusmodi cædis fieri administrum? Noli enim hoc mihi dicere, salvum illum, et incolumem postea receptum fuisse. Nam cum nihil horum sciret justus ille, sed omnino se illum jugulaturum, sic illum in montem deduxit, altare construxit, ligna imposuit, gladium arripuit, et jugulum ense transegit; nam et transegit, si animum ejus ac voluntatem spectes: quam ob causam et ubivis gentium in toto terrarum orbe celebratur. Quod si istius nepotem commemorem, et ipsum videbis fraterna vexatum invidia rursus in exsilium relegatum, Gen. 29. 14. extorrem, ac civitate pulsum, servum, in extera regione mercede operam suam locantem, ac capitis sui periculum reformidantem. Quod si Josephum, qui venditus fuit et tot annis servus atque in vinculis fuit; quod si Mosem, qui tot a Judæis passus est mala; nam apostolorum afflictiones oratione complecti nemo potest: hæc ergo colligens, et apud te perpendens quanta sit merces patientiæ, sacrificium offer Deo, generose ferendo quæcumque accidunt, et in omnibus illum glorifica. Etenim Job propter ejusmodi verba coronam obtinuit. Tum vero exspecta mutationem in melius, neque precari Deum hujus rei gratia desine, atque ad nos scribere stude, nos aliquid literis nostris profecisse, ut animi tui tranquillitatem foveremus, nisi forte lætitiam nostram turbare malis. Nos enim hic multa

[a] Hæc τὸν δουλεύσαντα, τὸν δεθέντα, quæ in Edito decrant, ex Regio Codice desumta sunt.

voluptate perfundimur, dum sanctissimi episcopi consuetudine, ac loci hujus quiete, otioque summo oblectamur. Nam et Isaurorum metus conquievit, dum cogente hieme, sua regione se continuit. Ne igitur nostram hanc lætitiam conturbes. Quod si ad nos literæ perferantur, quæ nobis significent, te prout te decet, sublimique tuæ menti convenit, ea quæ contigerint, ferre, hac occasione lætitia nostra non mediocri accessione cumulabitur. Enimvero mirifice nos recreavit fructuosa cum sanctissimo episcopo consuetudo, sic ut nos propemodum in alios viros mutaverit, nec ullo permiserit peregrinæ regionis sensu affici: tanta bonorum jucunditate redundamus, tot spiritualibus opibus circumfluimus, et eam ob causam Deum continue glorificare non cessamus.

τιμιότητος δηλοῦντα ἡμῖν, ὅτι ὡς σοι πρέπον ἐστὶ, καὶ ἀξίως τῆς ὑψηλῆς σου γνώμης τὰ συμπίπτοντα φέρεις, καὶ ἐντεῦθεν πολλὴν καρπωσόμεθα εὐθυμίας προσθήκην. Οὐχ ὡς ἔτυχε γὰρ ἡμᾶς ἀνεκτήσατο ἡ ἐπωφελὴς συνουσία τοῦ ἁγιωτάτου ἐπισκόπου, ὡς ἄλλους ἀντ' ἄλλων σχεδὸν ἐργάσασθαι, καὶ μὴ συγχωρῆσαι μηδὲ αἴσθησιν τῆς ξένης λαβεῖν· τοσαύτη ἡμᾶς περιστοιχίζεται ἀγαθῶν εὐφροσύνη, καὶ πλοῦτος ἡμᾶς περιῤῥεῖ πνευματικὸς, καὶ τὸν Θεὸν διὰ ταῦτα διηνεκῶς δοξάζοντες οὐ παυόμεθα.

CCXXXVIII. Ejusdem ad sororem suam.

Nos quidem caritate conjungit cum naturæ lex, tum quod eodem partu editi fuerimus: at nos non eam tantum ob causam, sed ob aliam, et quæ maxime locum habere debet, te veremur et amamus, quod nimirum res hujus sæculi pro nihilo habeas, quod fumum abegeris, pulverem oppresseris, lutum conculcaris, levesque tibi alas ad emetiendam viam, quæ tendit ad cælum, comparaveris: et neque mariti cura, neque liberorum educandorum sollicitudo, neque domus administratio, neque tumultus, quem ista pariunt, cursum tuum interrumpere aut retardare potuerunt, sed his ipsis quibus impediri posse videbaris, ad majorem usa es volatus celeritatem: et neque illa quæ viros generosos humiliat (siquidem

Prov. 10.4. *Paupertas,* inquit Scriptura, *virum humiliat*), dejicere te potuit, sed et sublimiorem effecit. Ea namque virtutis est vis, ut non ab iis quæ similia sunt aranearum telis præpediatur, sed ea multo facilius, quam ipsas aranearum telas dissipans, multum inde lucrum decerpat. Hæc non sine causa tuæ scripsimus venerationi, sed quoniam cum nostro discessu, tum tumulto istic exorto admodum conturbari te conjicimus, et anxiam esse, propterea scribendum ad pietatem tuam duximus, et cogitans viam quamdam esse res humanas, et angustam quidem eam quæ virtutis est, spatiosam autem quæ vitii, neque illos, quibus cum peccatis feliciter cuncta succedunt, æmuleris, seu potius deplores (quandoquidem supplicium illis prosperitas hæc accersit), neque qui viam angustam sectantur, miseros arbitreris, sed beatos potius prædices, si cum virtute viam

σλη'. Τοῦ αὐτοῦ πρὸς τὴν ἀδελφὴν αὐτοῦ.

Συνάγει μὲν ἡμᾶς εἰς ἀγάπην καὶ φύσεως νόμος, καὶ τὸ λῦσαι τὰς αὐτὰς ὠδῖνας· ἡμεῖς δὲ οὐκ ἐντεῦθεν μόνον, ἀλλὰ καὶ ἑτέρωθεν, καὶ ὅθεν μάλιστα χρὴ, καὶ αἰδούμεθα καὶ φιλοῦμέν σου τὴν τιμιότητα, ὅτι σοι τῶν παρόντων λόγος οὐδεὶς, ὅτι τὸν καπνὸν ἤλασας, καὶ τὴν κόνιν ἔσβεσας, καὶ τὸν πηλὸν κατεπάτησας, καὶ κοῦφόν σοι γέγονε τὸ πτερὸν πρὸς τὴν ὁδὸν τὴν εἰς τὸν οὐρανὸν φέρουσαν, καὶ οὔτε ἀνδρὸς μέριμνα, οὔτε παιδοτροφίας φροντὶς, οὔτε οἰκίας ἐπιμέλεια, οὔτε ὁ ἐντεῦθεν τικτόμενος θόρυβος ἴσχυσεν ὑποσκελίσαι σοι τὸν δρόμον καὶ βραδύτερον ἐργάσασθαι, ἀλλ' αὐτοῖς δὴ τούτοις τοῖς δοκοῦσιν εἶναι κωλύμασιν εἰς πλεῖον τάχος πτήσεως κέχρησαι· καὶ οὐδὲ ἡ τοὺς γενναίους ταπεινοῦσα ἄνδρας (Πενία γὰρ, φησὶν, ἄνδρα ταπεινοῖ) ἴσχυσε κατενεγκεῖν, ἀλλὰ καὶ ὑψηλοτέραν εἰργάσατο. Τοιοῦτον γὰρ ἡ ἀρετή· οὐδενὶ τῶν ἀραχνίων τούτων ἐμποδίζεται, ἀλλὰ καὶ διασπάσασα αὐτὰ εὐκολώτερον ἢ τὰς ἀράχνας ταύτας, κέρδος ἐντεῦθεν συνάγει πολύ. Ταῦτα οὐχ ἁπλῶς ἐπεστάλκαμέν σου τῇ τιμιότητι, ἀλλ' ἐπειδὴ στοχαζόμεθα καὶ τῇ ἀποδημίᾳ τῇ ἡμετέρᾳ, τῷ τε θορύβῳ τῶν αὐτόθι πραγμάτων σφόδρα σε ταράττεσθαι καὶ ἀλύειν, τούτου χάριν γεγράφαμέν σου τῇ εὐλαβείᾳ, ἵνα ἐννοήσασα
733 ὅτι ὁδὸς τὰ πράγματα, στενὴ μὲν ἡ τῆς ἀρετῆς, πλατεῖα δὲ ἡ τῆς κακίας, μήτε τοὺς μετὰ ἁμαρτημάτων εὐημεροῦντας ζηλώσῃς, ἀλλὰ δακρύσῃς μειζόνως (ἐφόδιον γὰρ αὐτοῖς τῆς τιμωρίας ἡ εὐημερία γίνεται), μήτε τοὺς τὴν στενὴν ὁδεύοντας ταλανίσῃς, ἀλλὰ καὶ μακαρίσῃς μειζόνως, ἂν μετ' ἀρετῆς ὁδεύσωσι. Καὶ γὰρ καὶ τούτοις ἐφόδιον, καὶ προσθήκη τιμῶν καὶ στεφάνων, μετὰ τῆς ἀρετῆς καὶ ἡ στενοχωρία γίνεται τῶν παρόντων· ἐπεὶ καὶ ὁ πλούσιος ἐκεῖνος οὐ διὰ τοῦτο μόνον ἀπετηγανίζετο, ὅτι ὠμὸς καὶ ἀπάνθρωπος

ἦν, ἀλλὰ ὅτι καὶ ἐν πλούτῳ πολλῷ μείζονι, καὶ δαψιλῆ παρατιθέμενος τράπεζαν· ὁ δὲ Λάζαρος διὰ τοῦτο ἐστεφανοῦτο, ὅτι μετὰ πολλῆς τῆς καρτερίας τὸν χαλεπὸν τῶν ἑλκῶν ἤνεγκε πόλεμον, τὴν πενίαν, τὴν ἐρημίαν τῶν προστησομένων, τὸ ἀπεῤῥῖφθαι, τὸ καταφρονεῖσθαι, τὸ προκεῖσθαι τράπεζα ταῖς τῶν κυνῶν γλώσσαις. Ταῦτα γὰρ πάντα εἰ καὶ πρὸ τῶν ἡμετέρων ἐπίστασαι γραμμάτων, ἀλλ' ἀναγκαῖον εἶναι νομίσαντες καὶ παρ' ἡμῶν σε ἀναμιμνήσκεσθαι, ἐπεστάλκαμεν, ὥστε μὴ τῇ τυραννίδι τῆς ἀθυμίας θολοῦσθαι. Εἰ γὰρ καὶ μὴ βούλομαι πάντα ἐνθεῖναι τοῖς γράμμασιν, οἶδα σαφῶς, ὅσα ὑμᾶς περιέστηκε λυπηρά· καὶ διὰ τοῦτο προσέθηκα τὴν ἐπιστολήν. Ἵν' οὖν καὶ ἐν ἀλλοτρίᾳ διατρίβοντες, πολλῆς ἀπολαύσωμεν τῆς ἡδονῆς, πέμψον ἡμῖν γράμματα, δηλοῦντα ἡμῖν, ὅτι ἴσχυσεν ἡμῶν αὕτη ἡ παραίνεσις, ὅσον ἐβουλόμεθα καὶ ἐπεθυμοῦμεν. Οὕτω γὰρ καὶ πόῤῥω καθήμενοι, πολλὴν ἐντεῦθεν καρπωσόμεθα τὴν εὐφροσύνην. Ἡμεῖς γὰρ καίτοι τοσαῦτα πεπονθότες, οὐδενὸς αἰσθανόμεθα, τόν τε μισθὸν ἐννοοῦντες ὧν ἐπάθομεν, καὶ ταχίστην ἐπὶ τὸ βέλτιον μεταβολὴν τὰ πράγματα προσδοκῶντες λήψεσθαι, ὡς καὶ αὐτὰ τὰ προοίμια δείκνυσι. Ταῦτ' οὖν καὶ αὐτὴ λογιζομένη, μηδὲν καταμαλακισθῇς πρὸς τοὺς τῆς ὑπομονῆς ἱδρῶτας, ἀλλὰ τῶν τε ἄλλων σου παιδίων ἐπιμελοῦ (πλείων γάρ σοι νῦν ὁ μισθὸς), καὶ τὴν καλὴν Ἐπιφάνιον κατὰ τῷ Θεῷ δοκοῦν ἀνατρέφειν σπούδαζε. Οἶσθα γὰρ ὅσος παιδοτροφίας μισθός. Οὕτως ὁ Ἀβραὰμ ηὐδοκίμησε μετὰ τῶν ἄλλων, καὶ ἐντεῦθεν ὁ Ἰὼβ ἐστεφανοῦτο· καὶ τοῖς γονεῦσι τοῦτο συνεχῶς ὁ μακάριος Παῦλος ἐπιτάττει λέγων· Ἐκτρέφετε τὰ τέκνα ὑμῶν ἐν παιδείᾳ καὶ νουθεσίᾳ Κυρίου. Ἔχεις σχολὴν ἱκανὴν ἀπαγαγεῖν σε τῶν περιττῶν καὶ ἀκαίρων φροντίδων καὶ τῆς ἀνονήτου λύπης, σχολὴν πολὺ φέρουσαν κέρδος, μεγάλῳ τῷ τῆς ἀρετῆς δυναμένην βρύειν καρπῷ, εἴγε βουληθείης ἔργον τοῦτο ποιήσασθαι. Περὶ γὰρ τῆς δεσποίνης μου τῆς μητρὸς οὐδὲν οἶμαι δεῖν οὐδὲ ἐπιστέλλειν, ἐπειδήπερ σοι σύνοιδα μετὰ τῶν ἄλλων καὶ τοῦτο τὸ κατόρθωμα, καὶ τὸν ἄφατον ἐντεῦθεν καρπὸν, καὶ ὅτι παιδίσκην ἅπασαν ὑπερηκόντισας ἐν τῇ περὶ αὐτὴν θεραπείᾳ. Ἀλλ' ὅμως ἐπειδὴ πρέπον ἐμοὶ καὶ περὶ τούτου διαλεχθῆναι, ἄκουσον τοῦ μακαρίου Παύλου λέγοντος τιμᾷν τοὺς γονέας, καὶ προστιθέντος, Ἥτις ἐστὶν ἐντολὴ πρώτη ἐν ἐπαγγελίαις. Ἂν οὕτω σαυτὴν ἄγῃς, πολλοὺς μὲν σαυτῇ προαποθήσῃ τοὺς στεφάνους, πολλὴν δὲ ἡμῖν ἐργάσῃ τὴν ἡδονὴν, καὶ οὐδὲ πεπον- [734 A]

peragant. Nam et istis majorem occasionem affert, et incrementum honorum et coronarum, istius vitæ afflictio, si cum virtutis auxilio toleretur: siquidem et dives ille non idcirco tantum cruciabatur, quod crudelis et inhumanus esset, sed quod pluribus opibus abundaret, et opipara mensa frueretur; Lazarus vero propterea corona donabatur, quod multa cum patientia gravem ulcerum cruciatum ferret, egestatem, solitudinem eorum qui subvenirent, quod abjectus esset, quod contemneretur, quod canum linguis in prædam jaceret expositus. Hæc enim omnia licet antequam nostras literas acciperes, non ignorares, faciendum nobis tamen existimavimus, ut in memoriam ea tibi scribendo revocaremus, ne forte tristitia turbari te sineres. Quamvis enim literis nolim omnia consignare, probe tamen novi quibus malis obsideamini; quam ob causam et epistolam adjeci. Ut igitur, etiam dum peregre vivimus, multa voluptate perfundamur, ad nos literas mitte, quibus significes tantum apud te nostram hanc valuisse cohortationem, quantum voluimus et optavimus. Sic enim fiet, ut, licet longe sejuncti a vobis, multam hinc lætitiam hauriamus. Siquidem nos, tametsi tam multa passi, nihil eorum sentimus, dum mercedem mente complectimur constitutam ob ea quæ passi sumus, et exspectamus fore, ut aliquam in melius mutationem negotia sortiantur, ut et ipsa exordia præ se ferunt. Hæc igitur ipsa tecum reputans, dum ejusmodi patientiæ sudores toleras, noli animum despondere, sed cum omnium aliorum curam gere liberorum tuorum (siquidem major te nunc merces manet), tum pulchram Epiphanium, prout placitum Deo fuerit, educare stude. Non enim ignoras quanta sit a Deo liberorum educationi merces constituta. Ita cum aliis Abraham nominis celebritatem adeptus est, ita Job coronam promeruit: et assidue beatus Paulus hoc parentibus præcipit dicens: *Educate filios vestros in disciplina* [Ephes. 6. 4.] *et correptione Domini*. Vacationem nacta es, quæ tibi a supervacuis et importunis curis et inutili anxietate potest immunitatem acquirere; vacationem, quæ multum quæstum parit, unde tibi multi possunt virtutis fructus pullulare, si quidem huic rei omnem operam volueris adhibere. Nam de domina mea matre nihil opus esse arbitror ad te scribere, cum satis sciam inter cætera præclara facinora hoc a te editum, atque copiosum inde te fructum decerpsisse, cum tuis in illam officiis et obsequiis quamlibet ancillam superaveris. Quia tamen hoc quoque a me non omitti par est, audi beatum Paulum dicentem, *Honora parentes*, et addentem, *Quod est primum mandatum in promissionibus*. Si ita te gesseris, cum multas tibi coronas acquires, tum multa nos voluptate perfundes, neque quidquam nos esse passos arbitrabimur eorum quæ passi fuimus, hac de causa, sed magnitudine lætitiæ recreati, quam ex bonorum tuorum consideratione capiemus, domi esse nos, vobiscumque versari arbitrabimur, et ex animi sententia nobis cuncta succedere.

Ib. v. 2.

θέναι τι τούτων ἡγησόμεθα ὧν πεπόνθαμεν, καὶ διὰ τοῦτο, ἀλλὰ τῷ ὄγκῳ τῆς εὐφροσύνης τῶν σῶν ἀγαθῶν πτερούμενοι, καὶ εἰς τὰ οἰκεῖα εἶναι, καὶ μεθ' ὧν διάγειν, καὶ κατὰ ῥοῦν ἡμῖν ἅπαντα φέρεσθαι ἡγησόμεθα.

CCXXXIX. *Ejusdem ad Valerium et Diophantum presbyteros.*

Cucuso anno 404.

Sane quidem licet non scripsissem, vos oportuit scribere: hoc enim exigit lex caritatis, quæ neque superari se sinit, sed amoris excessu amicos suos vincere perpetuo contendit: cum vero jam et semel et bis scripserim, ne sic quidem ad nos literas mittere dignati estis, sed tam diuturno silentio usi estis apud hominem, qui frequentia literarum vestrarum obrui cupiebat. Atque hæc a me dicuntur, non ut vos accusem; non enim meo me pede metiri nescio; sed ut animi mei mœstitiam doloremque testificer. Quanto enim majori cupiditate teneor literarum, tanto major mihi, dum illis privor, animi dolor inuritur. An vero nos exigua consolatione putatis indigere, qui a matre et sorore procul simus, patria exciderimus, tot amicorum conspectu privemur, solitudinem omnium asperrimam incolamus, et Isaurorum metu simus obsessi? Porro una cum meis negotiis audio mala communia quæ ubique terrarum quotidie pullulant, atque in dies incrementum accipiunt, et gravia quædam minantur naufragia. Utinam ingentem vim doloris possem oratione complecti; tum vero licet nihil ipsi loqueremur, vestri tamen silentii pœniteret. Auget præterea dolorem meum, quod cum nec ad tabellariorum raritatem confugere possitis, id agatis. Quod argumento est—sed nolo quidquam molestum efferre; vobis id expendendum relinquo, num hoc aliquem nostri contemtum despectumque redoleat. Nihil tamen curo, sive contemnatis, sive despiciatis tenuitatem nostram: unum id requiro, quocumque tandem modo affecti sitis, ut literis vestris fruar, quæ non mediocrem nobis consolationem pariunt. Nam unus atque alter sæpe ad nos profectus est, et nunc dominus meus

σλθ'. Τοῦ αὐτοῦ πρὸς Οὐαλέριον καὶ Διόφαντον πρεσβυτέρους.

Μάλιστα μὲν καὶ μὴ γράψαντι γράψαι ἐχρῆν· τοιοῦτος γὰρ τῆς ἀγάπης ὁ νόμος· οὐκ ἀνέχεται ἐλαττοῦσθαι, ἀλλ' ἀεὶ φιλονεικεῖ νικᾷν τοὺς ἀγαπωμένους
B τῇ περιουσίᾳ τοῦ φιλεῖν· καὶ γράψαντα δὲ καὶ ἅπαξ, καὶ δὶς, οὐδὲ οὕτως ἠξιώσατε τῶν ὑμετέρων γραμμάτων, ἀλλ' ἐσιγήσατε σιγὴν οὕτω μακρὰν πρὸς ἄνθρωπον ἐπιθυμοῦντα δέχεσθαι νιφάδας γραμμάτων. Καὶ ταῦτα οὐκ ἐγκαλῶν λέγω· οὐχ οὕτως ἀγνοῶ μου τὰ μέτρα· ἀλλ' ἀθυμῶν καὶ ὀδυνώμενος. Ὅσῳ γὰρ μετὰ πολλῆς τῆς ὑπερβολῆς ἐπιθυμῶ τῶν γραμμάτων, τοσούτῳ καὶ πλείονα τὴν ὀδύνην ἀποστερούμενος αὐτῶν ὑπομένω. Μικρᾶς οἴεσθε παρακλήσεως ἡμᾶς δεῖσθαι, μητρὸς καὶ ἀδελφῆς κεχωρισμένους, πατρίδος ἐκπεπτωκότας, χορὸν τοσούτων γνησίων οὐ δυναμένους
C βλέπειν, ἐρημίαν οἰκοῦντας πάσης ἐρημίας χαλεπωτέραν, Ἰσαύρων φόβῳ πολιορκουμένους; Μετὰ τῶν ἐμῶν καὶ τὰ κοινὰ καθ' ἑκάστην ἡμέραν ἀκούω τὰ κακὰ, καὶ πανταχοῦ τῆς οἰκουμένης βλαστάνοντα, καὶ καθ' ἑκάστην ἡμέραν μετὰ προσθήκης αὐξανόμενα, καὶ χαλεπά τινα ὠδίνοντα ναυάγια. Εἴθε μοι δυνατὸν ἦν παραστῆσαι τῷ λόγῳ τῆς ἀθυμίας τὴν τυραννίδα· τότε ἂν, καὶ μὴ λεγόντων ἡμῶν, αὐτοὶ ἂν μετέγνωτε ἐπὶ τῇ σιγῇ. Λυπεῖ δέ με πρὸς τούτοις τὸ μήτε εἰς γραμματηφόρων σπάνιν ἔχοντας καταφυγεῖν τοῦτο
D ποιῆσαι. Ὅπερ σημεῖόν ἐστιν—ἀλλ' ἐγὼ μὲν οὐδὲν ἂν εἴποιμι δυσχερὲς, ὑμῖν δὲ καταλιμπάνω εἰδέναι, εἰ μὴ πολλῆς ταῦτα ὀλιγωρίας, καὶ τῆς καθ' ἡμῶν ὑπεροψίας. Ἀλλ' οὐδέν μοι [a] τοῦτο μέλει, κἂν καταφρονῆτε, κἂν ὑπερορᾶτε τῆς ἡμετέρας σμικρότητος· ἓν ἐπιζητῶ μόνον, ὅπως ἂν διακέησθε, τὰ γράμματα τῆς θεοσεβείας ὑμῶν, τὰ πολλὴν ἔχοντα παράκλησιν. Καὶ γὰρ καὶ εἷς καὶ δεύτερος πολλάκις ἀφίκοντο πρὸς ἡμᾶς, καὶ νῦν ὁ κύριός μου ὁ τιμιώτατος ἀδελφὸς Λιβάνιος, καὶ οὐκ ἠξιώσατε ἡμᾶς τῶν ὑμετέρων γραμμάτων. Μὴ δὴ προσθῆτε, παρακαλῶ, τῇ ἀθυμίᾳ μου

[a] Reg. τούτου μέλει.

ἀθυμίαν ἑτέραν. Εἰ γὰρ μηδὲ μετὰ τὴν ἐπιστολὴν ταύτην βουληθείητε ἡμῖν ἐπιστεῖλαι, ἢ ὄκνῳ, ἢ ῥᾳθυμίᾳ ἐνδόντες, ἡμεῖς οὐ [b] παυσόμεθα καὶ γράφοντες, καὶ μετὰ τοῦ γράφειν καὶ ὀλοφυρόμενοι καὶ θρηνοῦντες διὰ τὴν σιγὴν τὴν ὑμετέραν. Τούτου γάρ ἐσμεν κύριοι. Οὐ μικρὸν δὲ καὶ τοῦτο ἡμῖν εἰς παράκλησιν, μᾶλλον δὲ καὶ τούτου χωρὶς ἡ μεγίστη ἡμῶν παραμυθία, τὸ μέχρι τῆς ἐρημίας αὐτῆς καὶ τῶν περάτων τῆς γῆς (πρὸς γὰρ αὐτὰ τὰ πέρατα σχεδόν ἐσμεν νῦν) 735
A φήμην ὑμῶν διαδίδοσθαι λαμπρὰν, κομίζουσαν ὑμῶν τὰ κατορθώματα. Πάντες γὰρ ὑμᾶς ἀνακηρύττουσι, θαυμάζουσι, στεφανοῦσι, μακαρίζουσι τῆς ἀνδρείας, τῆς στεῤῥότητος, ἣν διὰ τῶν ἔργων ἐπεδείξασθε, τὸ γραφικὸν ἐκεῖνο πληροῦντες, Ἕως θανάτου ἀγώνισαι ὑπὲρ τῆς ἀληθείας, καὶ Κύριος πολεμήσει [a] ὑπὲρ σοῦ. Ἰδοὺ γοῦν τοσούτων κυμάτων ἐπενεχθέντων, τοσαύτης ζάλης διαναστάσης, οὔτε θορυβῆσαί τις ὑμᾶς ἴσχυσεν, οὔτε εἰς ὁτιοῦν παραβλάψαι, ἀλλὰ καὶ μειζόνων ὑμῖν ἐγκωμίων ἄκοντες γεγόνασιν οἱ κακῶς ὑμᾶς ποιῆσαι βουλόμενοι αἴτιοι. Διὰ ταῦτα χαίρετε, παρακαλῶ, καὶ εὐφραίνεσθε, καὶ τὸν Θεὸν ἱκετεύον-
B τες μὴ διαλίπητε, τὸν ποιοῦντα, καὶ μετασκευάζοντα. Ποιήσει γὰρ ταχέως ὑπὲρ ἐκπερισσοῦ ὧν αἰτούμεθα ἢ νοοῦμεν, διὰ τὴν οἰκείαν ἀγαθότητα.

reverendissimus frater Libanius, nec tamen vestris nos literis dignati estis. Nolite, quæso, mœrori meo alterum mœrorem addere. Si enim neque accepta hac epistola scribere ad nos velitis, sive pigritiæ, sive inertiæ dediti, nos tamen scribere non desinemus, et scribendo propter hoc vestrum silentium lugebimus et ingemiscemus. Hoc enim est in potestate nostra situm. Non tamen mediocriter nobis ad consolationem valet, imo
A vero hoc etiam omisso maximum nobis solatium parit, quod ad ipsam usque solitudinem et ad terræ fines (siquidem in ipsis propemodum finibus jam versamur) celebris vestra fama penetret, et præclara facinora vestra divulget. Omnes enim vos prædicant, laudant, corona donant, beatos censent ob fortitudinem, constantiam, quam rebus ipsis testatam esse voluistis: ut illud Scripturæ mandatum impleretis: *Usque* Eccli. 4.
ad mortem certa pro veritate, et Deus pro te 33.
pugnabit. En igitur tot fluctibus impetum fa-
B cientibus, tanta insurgente tempestate, neque conturbare vos ullus potuit, nec in ulla re lædere, sed et illi qui nobis injuriam inferre conabantur, nec opinantes majorum vobis laudum auctores fuerunt. Quas ob res gaudete, quæso, et exsultate, Deumque precari non desinite, qui res perficit, et immutat. Faciet enim cito plus quam Eph. 3. 20.
petimus aut intelligimus, propter bonitatem suam.

σμʹ. Τοῦ αὐτοῦ πρὸς Κάστον πρεσβύτερον.

Πῶς διαλάμπει σαφῶς, καὶ λαθεῖν οὐ δύναται ἡ ψυχὴ θερμὴν ἀγάπην ἔχουσα· ὅπερ ἐπὶ τῆς σῆς γέγονε τιμιότητος. Οὐδὲ γὰρ εἰδὼς ὅτι ἐπεστάλκαμέν σου τῇ εὐλαβείᾳ (καίτοι γε ἐπεστάλκαμεν), ὅμως αὐτὸς τὰ παρὰ σαυτοῦ πεποίηκας, γράψας τε ἡμῖν, καὶ τὴν διάθεσίν σου τὴν γνησίαν καὶ ἐν τούτῳ ἐπιδειξάμενος, καὶ πολλῆς ἡμᾶς ἐμπλήσας τῆς εὐφροσύνης,
C καὶ τῆς παρακλήσεως. Ἵν' οὖν συνεχῶς ταύτης ἀπολαύωμεν τῆς ἡδονῆς καὶ εὐφραινώμεθα, συνεχῶς τοῦτο ποιεῖν παρακέκλησο, ἡνίκα ἂν ἐξῇ. Οἴδαμεν γὰρ ὅτι τὸ πρᾶγμα δύσκολον, τῷ μὴ ῥᾳδίως τινὰς ἐνταῦθα παραγίνεσθαι· καὶ γὰρ τὸ τῆς οἰκουμένης ἐρημότατον χωρίον τοῦτό ἐστιν· ἀλλ' ὅμως τοῖς ἀγαπῶσι καὶ τὰ δύσκολα εὔκολα γίνεται. Εἰ γὰρ βουληθείης περιεργάζεσθαι καὶ πολυπραγμονεῖν, τοὺς ἐκεῖθεν κατὰ χρείας ἰδίας ἀφικνουμένους εὑρήσεις, καὶ ὅλως οὐδὲν ἐπιλείψει τῷ ζητεῖν [b] καθ' ὁδοῦ. Ταῦτ' οὖν εἰδὼς,

CCXL. *Ejusdem ad Castum presbyterum.*

Quam clare fulget, nec latere potest anima fervida prædita caritate! quo pacto tuæ contigit reverentiæ. Nam cum necdum scires, num tibi scripsissemus (tametsi scripseramus), tamen quæ tuarum erant partium ipse præstitisti, cum et literas ad nos dedisti, et in hoc sinceræ tuæ be-
C nevolentiæ specimen edidisti, nosque summa lætitia et consolatione complevisti. Ut igitur hac voluptate perpetuo fruamur, ac lætemur, quotiescumque facultas dabitur, ita fac, quæso, perpetuo. Scimus enim rem esse perdifficilem, quod non facile aliqui huc adveniant; quippe quod hic locus sit totius orbis terrarum desertissimus: verumtamen amantibus etiam ea quæ difficilia sunt, facilia fiunt. Si enim sciscitari volueris et curiose inquirere, eos, qui suorum negotiorum causa istinc adveniunt, nancisceris: nihil deni-

[b] Reg. παυόμεθα.
[a] Reg. ὑπὲρ ὑμῶν.

[b] Hic vitium suspicantur Savil et Fronto Ducæus.

quæ tibi deerit, si qui peragant iter, inquiras. Hæc igitur tibi cum explorata sint, domine mi reverendissime, creberrimas ad nos mitte literas. Nam et res ipsa omni difficultate aut labore caret, et quæ dimanat ex ea lætitia, nos mirifice reficit ac recreat, et multæ consolationis occasionem suppeditat.

δέσποτά μου τιμιώτατε, συνεχεῖς ἡμῖν πέμπε ἐπιστο- D λάς. Τό τε γὰρ πρᾶγμα δυσκολίαν οὐδεμίαν ἔχει, οὔτε πόνον, ἡ δὲ ἐξ αὐτοῦ εὐφροσύνη πτεροῦσθαι ἡμᾶς ποιεῖ, καὶ πολλῆς παραμυθίας ὑπόθεσις γίνεται.

CCXLI. *Ejusdem ad Cyriacum presbyterum.*

In hoc quoque fervidam tuam, sinceram, et constantem caritatem miratus sum, qua ostendisti te nostri magnam non modo dum adsumus, sed etiam dum absumus, rationem habere. Nam licet nihil nos ad tuam reverentiam literarum dedisse dicas, non tamen potuit illud tibi silentii causam afferre, sed quamvis nos siluisse censeres, tres epistolas ad nos misisti. At nos et semel et iterum, et ter et multoties ad te scripsimus. Et utriusque specimen egregium est editum, cum tuæ caritatis, quæ literis nostris non indigeat, tum nostræ æquitatis. Quando igitur non ignoras, quanta reverentiam tuam benevolentia com-
Col 3. 14. plectamur, cum eo, quod caput est bonorum, ac vinculum perfectionis, abundes, fac, quæso, hanc nobis voluptatem impertias. Nam quantascumque literas acceperimus, licet numero multæ sint, nulla nos earum capit satietas, quod reverentiam tuam singulari amore prosequamur.

σμα΄. Τοῦ αὐτοῦ πρὸς Κυριακὸν πρεσβύτερον.

Καὶ ἐν τούτῳ ἐθαύμασά σου τὴν ἀγάπην, τὴν θερμὴν, καὶ γνησίαν, καὶ ἀκλινῆ, δι' ἧς ἔδειξας, ὅτι οὐ παρόντων ἡμῶν, ἀλλὰ καὶ ἀπόντων πολὺν ποιῇ λόγον. Αὐτὸς μὲν γὰρ ἔφης μηδὲ ἐπεσταλκέναι ἡμᾶς τῇ τι- E μιότητί σου, καὶ οὐκ ἐγένετο τοῦτο ἱκανὸν ἐμποιῆσαί σοι σιγὴν, ἀλλὰ καίτοι νομίσας ἡμᾶς σεσιγηκέναι, τρεῖς ἐπιστολὰς ἔπεμψας πρὸς ἡμᾶς. Ἡμεῖς δὲ καὶ ἅπαξ, καὶ δὶς, καὶ τρὶς, καὶ πολλάκις ἐπεστάλκαμεν. Καὶ ἀμφότερα ἐδείχθη καλῶς, ἥ τε ἀγάπη ἡ σὴ, μὴ δεηθεῖσα τῶν γραμμάτων ἡμῶν, ἥ τε εὐγνωμοσύνη ἡ ἡμετέρα. Ἐπεὶ οὖν οἶσθα, ὅπως διακείμεθα περὶ τὴν τιμιότητά σου, ὅτι τῷ κεφαλαίῳ τῶν ἀγαθῶν βρύεις, τῷ συνδέσμῳ τῆς τελειότητος, ἐπιδαψιλεύου ταύτην 736 A ἡμῖν τὴν εὐφροσύνην. Ὅσας γὰρ ἂν λάβωμεν ἐπιστολὰς, κἂν πολλαὶ ὦσι τῷ ἀριθμῷ, οὐ λαμβάνομεν κόρον, διὰ τὸ σφόδρα διακεῖσθαί σου περὶ τὴν τιμιότητα.

CCXLII. *Chrysostomi Chalcidiæ et Asyncritiæ.*

Cucuso anno 404. Nihil opus est ulla excusatione utamini, quod non veneritis: nam mihi quidem animo et affectu venistis, et nihilo inferiore loco apud nos estis, quam qui huc venerunt. Quocirca cum perspecta mihi sit insignis vostra benevolentia, et gratiam non mediocrem vobis habeo, et impense veniam do, quod tum propter corporis ægritudinem, tum propter anni tempus, prædonumque metum abfueritis. Vos tamen scribere minime pigeat, nosque de vestra valetudine sæpenumero facere certiores. Nam et longo locorum intervallo disjuncti a vobis de rebus vestris sumus solliciti: ac si forte vos intellexerimus omni tumultu ac perturbatione carere, prosperaque frui valetudine, non vulgari voluptate perfundemur. Hæc igitur cum vobis explorata sint, quam sæpissime de his rebus certiores nos facite, quas nosse desideramus, ut etiam in solitudine degentes multam inde consolationem hauriamus.

σμβ΄. Τοῦ Χρυσοστόμου Χαλκιδίᾳ καὶ Ἀσυγκριτίᾳ.

Οὐδὲν ὑμῖν ἀπολογίας δεῖ πρὸς τὸ μὴ παραγενέσθαι· ἐμοὶ γὰρ ἀπὸ τῆς γνώμης παραγεγόνατε, καὶ οὐδὲν ἔλαττον ἔχετε παρ' ἡμῖν τῶν ἀφικομένων ἐν- B ταῦθα. Διὸ καὶ χάριν ὑμῖν ἔχω πολλὴν, τὴν γνησίαν ὑμῶν εἰδὼς διάθεσιν, καὶ ὑπὲρ τῆς ἀπουσίας πολλὴν ἔχω συγγνώμην, διά τε τὴν τοῦ σώματος ἀῤῥωστίαν καὶ τὴν τοῦ ἔτους ὥραν καὶ τὸν τῶν λῃστῶν φόβον. Γράφειν δὴ μὴ κατοκνεῖτε συνεχῶς ἡμῖν τὰ περὶ τῆς ὑγείας ὑμῶν εὐαγγελιζόμεναι. Καὶ γὰρ καὶ πόῤῥω καθήμενοι μεριμνῶμεν τὰ ὑμέτερα· κἂν μάθωμεν, ὅτι θορύβων ἐκτός ἐστε καὶ ταραχῆς καὶ τὰ περὶ τῆς ῥώσεως ὑμῶν, οὐ τὴν τυχοῦσαν καρπούμεθα εὐφροσύνην. Ταῦτ' οὖν εἰδυῖαι, συνεχῶς ἡμᾶς εὐαγγελίζεσθε ταῦτα, ἅπερ ἐπιθυμοῦμεν μανθάνειν, ἵνα καὶ ἐν ἐρημίᾳ διατρίβοντες πολλὴν ἐντεῦθεν καρπωσώμεθα τὴν παράκλησιν.

IN EPISTOLAM AD CÆSARIUM

MONITUM.

Epistola ad Cæsarium a Chrysostomo secundi ipsius exsilii tempore scripta fertur initio et fine. Interpretationem ejus Latinam ex Codice quodam Florentino descripserat olim Petrus Martyr Florentinus, qui a catholica religione descivit, ac delatam secum in Angliam in Cranmeri archiepiscopi Cantuariensis bibliotheca reposuit. At post Cranmeri necem ejus bibliotheca direpta fuit, et epistola deinceps nusquam comparuit. Cum autem illa ab iis, qui *transsubstantiationem* negabant, in testimonium adducta fuisset, ab ejusdem *transsubstantiationis* propugnatoribus negatum est eam uspiam exstitisse, cujus exemplar nullum proferri posset. Anno autem 1680 vir cl. Emericus Bigotius interpretationem illam Latinam ex codice Florentino in bibliotheca Dominicanorum D. Marci descriptam edidit post Palladii librum de vita Chrysostomi. At censor quispiam epistolam jam cusam supprimendam esse putavit, ac revera suppressit cum notis Bigotii. Anno autem 1685 Stephanus Le Moyne, in libro cui titulus *Varia Sacra*, Tomo primo, hanc epistolam ad calcem edidit ut in Ms. habetur, multis mendis respersam, et aliquot in locis deformatam, ut vix aliquis sensus elici possit. Edidit etiam v. cl. Jacobus Basnage Roterodami anno 1687, cum parte illa præfationis Bigotianæ, quæ hanc epistolam respiciebat, quæque cum epistola ad Cæsarium expuncta fuerat, adjectis etiam fragmentis Græcis, quæ Bigotius collegerat. Aliæ quoque apud heterodoxos prodierunt hujus epistolæ editiones. Demum vir eruditus Jo. Harduinus ex Societate Jesu anno 1689 eandem publicavit, remque catholicam adversus heterodoxos, qui hanc ad sua tuenda dogmata usurpabant, strenue vindicavit. Hic iterum illam proferimus aliquot in locis emendatam; fragmenta autem Græca, quæ ex Anastasio presbytero, ex Joanne Damasceno et ex aliis desumta fuerant, auctiora damus, beneficio doctissimi amicissimique viri Michaelis Lequien ex ordine Prædicatorum, qui hæc ex Anastasio et ex Joanne Damasceno diligentius collegit.

Jam hic plurima disquirenda sunt; nimirum an hic scriptor sit Joannes Chrysostomus, an alius qui 731
ejus nomen ementiatur; qui sit epistolæ scopus; et quid sentiendum sit de loco illo, qui circa *transsubstantiationem* tot controversiarum ansam dedit.

Quod attinet ad primam quæstionem, utrum scilicet hæc epistola sit vere Chrysostomi, necne: ea pro Chrysostomi fetu habita est a Joanne Damasceno, ab Anastasio Presbytero, a Nicephoro, ab aliisque qui de duabus naturis disputarunt; quin et ipse titulus Joannem episcopum Constantinopolitanum, scilicet Chrysostomum, auctorem prodit: sic enim habet, *Incipit epistola beati Joannis episcopi Constantinopolitani ad Cæsarium monachum tempore secundi exsilii sui;* quod ipsum totum repetitur in fine: *Explicit epistula* (sic) *Joannis* etc. Nihil mirum ergo si heterodoxi hinc se prævalidum contra catholicam fidem argumentum mutuari posse putantes, eam quasi genuinum Chrysostomi fetum, nullo præmisso examine, protulerint. Harduinus etiam ipse et titulo et veterum testimoniis abductus, Chrysostomi esse putavit; id quod ipsi stimulo fuit, ut majori conatu, et feliciori exitu adversariorum tela depelleret argumentaque confutaret. Sub hæc autem laudatus vir Michael Lequien in Dissertatione tertia in fronte Operum S. Joannis Damasceni posita p. XLVIII et seqq. se περὶ γνησιότητος operis dubitare testificatus, hujusmodi argumenta proposuit ad eam Chrysostomo abjudicandam. Animadvertit autem primo eam a nemine ante Leontium laudatam fuisse, etsi perspicua loca præ se ferat adversus Eutychianos, necnon unius voluntatis et operationis assertores: quæ sane loca non prætermittenda erant in Synodis quinta et sexta, non ab illis qui eas hæreses impugnarunt, non a Nestorii vindicibus; et tamen nullus eorum hanc epistolam, vel ejus laciniam quamlibet commemoravit. Adjicit vir doctus hos loquendi modos, *Quod infernum evomuit in Christo dicere unam naturam post unitionem?* et *Iterum dicunt: Post unitionem non oportet dicere duas naturas*, et similes, tantum usurpari cœpisse postquam Cyrillus Alexandrinus adversus Nestorium scripsit : *Ex duabus naturis ineffabilem unitionem esse factam : dividendas non esse substantias post unitionem ; unam post unitionem esse Dei Verbi naturam incarnatam*, et postquam circa hæc verba digladiantes plurimi eo devenerunt, ut dicerent ipsam deitatem passam fuisse; qua ætate editæ fuere dissertationes illæ, quæ Athanasii nomine circumferuntur Tomo secundo p. 560, 561 et seqq., in quibus eædem ferme res exagitantur, quæ in hac epistola passim feruntur. Pugnat quoque vir eruditus, hanc epistolam non modo post Chrysostomi obitum, sed etiam post Nestorianæ hæresis exortum scriptam fuisse : « Nam antea, inquit, auditum non erat Christum non modo *ex duabus naturis*, sed etiam *in duabus exsistere* », quod primum Cyrillus docuit; deindeque Synodus Chalcedonensis contra Eutychem definivit; quæ etiam Synodus ex Cyrillo adjecit, *Christum perfectum* esse *in divinitate, et perfectum in humanitate ;* in epistola vero ad Cæsarium legitur : *Agnoscendum* esse *Filium non in una solum natura, sed in duabus perfectis.* Notandum tamen est Athanasium Libro primo contra Apollinarium dixisse Christum esse perfectum Deum et perfectum hominem. Verum licet hæ voces, ἕνωσις, unitio, et duæ in Christo naturæ perfectæ, non ignotæ prorsus fuerint ante Chrysostomi ævum, certum tamen est eas non fuisse ita frequenti usu receptas, ut fuerunt temporibus Nestorii et Eutychis; atque adeo videri hunc scriptorem, qui illis passim utitur, in istud ævum conferendum esse. Movet item rev. patrem Lequien, ut epistolam Chrysostomo abjudicet, quod in ea dicatur : *Si enim Deum dixeris pertulisse qualicumque cogitatione, quod impossibile est dixisti : id quod blasphemum est* et *immane ;* nam etsi hoc loquendi genus aliquo modo tolerabile esse videretur, quo tempore res nondum definita erat, multis existimantibus idipsum esse dicere Deum passum, ac passam deitatem : attamen his adversa tradit Chrysostomus plurimis in locis. Hæc quæ scite observata sunt, pluribus prosequitur laudatus ille vir, et alia multa adjicit, quæ longum esset recensere.

Aliis item nominibus hæc epistola omnino mihi spuria esse videtur. Is ad quem scribitur, est Cæsarius monachus, qui jamdiu una cum epistolæ scriptore idem institutum vitæ tenuerat, nempe monasticum ; nam illud significant hæc verba paulo post initium epistolæ : *Verumtamen nos recordantes tuæ nobiscum conversationis*, τῆς σῆς μεθ' ἡμῶν πολιτείας, hæc haud dubie Græca erant, quibus significatur hujus epistolæ scriptorem idipsum institutum vitæ tenuisse, quod Cæsarius profitebatur, nempe monasticum; id de Chrysostomo quidem dici posset, qui juvenis inter monachos versabatur, et asceticam vitam agebat : sed an verisimile est, si cum Cæsario vitam monasticam egerit, qui Cæsarius ad usque secundum ejus exsilium superstes fuerit, ipsique literas scribere consueverit, illius tamen
738 nusquam mentionem habendam fore, vel in epistolis vel in vita Chrysostomi ; certe hinc jam nescio quæ suspicio nascitur. Stylus mirum quantum a Chrysostomi dicendi genere alienus; quod nunc facilius deprehenditur, cum ex Græcis longe plura quam antea publicantur : hic omnia peregrinum olent, nec vel minimum quidpiam observatur, quod Chrysostomum sapiat; ita ut qui ex aliis scriptis et epistolis Chrysostomi ad hanc epistolam se conferat, in alium se orbem translatum putet. Quis apud Chrysostomum vidit τηλαυγῶς διαγορεῦσαι, quis ταῦτα κατηγορεῖται vidit hoc sensu, *hæc prædicantur?* Ubi tam jejunus orator fuit Chrysostomus, cum de socio olim et contubernali ad sanam mentem reducendo ageretur? Argumentandi genus Chrysostomi elucet in orationibus contra Anomœos et contra Judæos : eas confer cum hac epistola ; et statim conspicies quantum sit inter hanc et illas discrimen. His perpensis epistolam ad Cæsarium Chrysostomi esse numquam crediderim, sed potius cujuspiam qui Chrysostomum ementitus sit.

Quis vero sit ille, qui hanc epistolam Chrysostomo adscripsit, incertum omnino. Ejus autem mittendæ occasio ea fuit, aut ea esse simulatur, quæ initio epistolæ narratur : oblatus fuerat Cæsario Apollinarii liber, quo perlecto, usque adeo ejus doctrina permotus est, ut gratiam haberet iis qui librum sibi obtulerant, et librum optimum esse prædicaret etiam in epistola illa, quam ad Joannem se misisse confinxit. Non desunt viri docti, qui putent hanc epistolam non contra Apollinaristas scriptam fuisse, sed contra Eutychianos, exque conjectura tantum hic dici, librum de quo hic agitur Apollinarii fuisse : nam Apollinarius, inquiunt, numquam dixit ex duabus naturis unam factam esse naturam post unitionem. Ac nihil certe dubii est, hic de Apollinarii libro agi et Apollinaristarum doctrinam impeti. Nam ut omnia minutatim persequamur, quæ initio epistolæ dicuntur in libro Apollinarii prædicari συνδρομὴν οὐσιώδη καὶ μίξιν θεσπεσίαν γεγενῆσθαι θεότητός τε καὶ σαρκὸς, μίαν τε ἐντεῦθεν ἀποτελεσθῆναι φύσιν : *Concursum essentialem* et *mixtionem divinam factam* esse *divinitatis* et *carnis*, et *hinc unam perfici naturam*, hæc, inquam, ipsissima fere verba sunt Apollinarii, qualia referuntur ab Eulogio, apud Photium cap. CCXXX, p. 849, excerpta ex libro Apollinarii *de Incarnatione* : ὢ καινὴ κτίσις, καὶ μίξις θεσπεσία · Θεὸς καὶ σὰρξ μίαν ἀπετέλεσαν φύσιν : *O nova creatura* et *divina mixtio! Deus et caro unam perficiunt naturam.* Quod ipsum refert Ephræmius Antiochenus in Biblioth. Photii cap. CCXXIX, p. 787. Jam quis neget in epistola Cæsarii de hoc Apollinarii libro agi? Cætera quoque capita recenseamus : secundum Apollinarium et Apollinaristas, ut in hac epistola dicitur : *post unitionem non oportebat dicere naturas duas.* Dicebant etiam Apollinaristæ, « Dominicum corpus non esse verum corpus, quia conversum erat in deitatem : Passionem divinitati excogitabant. » Dicebant quoque, « Dominum Jesum carne nostra amictum, sed inanimata. » Hi erant Apollinarii et Apollinaristarum, qui Synusiastæ vocabantur, errores; ii vero ex supra allato Apollinarii loco consequebantur : nam quia secundum Apollinarium per commixtionem divinam Deus et caro unam perficiebant naturam, hinc sequebatur post unitionem non oportere duas dicere naturas; divinum corpus non esse verum corpus, quia conversum erat in deitatem; divinam ipsam naturam seu divinitatem passioni esse obnoxiam; carnem Christi anima esse humana vacuam, quia Deus et caro unam perficiebant naturam.

Hos etiam Apollinaristarum, seu συνουσιαστῶν errores commemorant Athanasius, Gregorius Nazianzenus, et Epiphanius, qui postremus necnon et Joannes Damascenus de Hæresibus, p. 94, διμοιρίτας, *Dimœritas*, illos vocant. Hujus vero appellationis causam aperit Gregorius Nazianzenus Orat. 46, p. 722, cum ait corpus et animam esse in Christo τὸ τριτημόριον, *tertiam partem*. Apollinaristæ quippe niebant, in Christo partem unam hominis, νοῦν scilicet, seu *mentem*, a Verbo suppleri, solumque Verbum junctum corpori et animæ (nempe sensitivæ, ut dictitabant illi) totum constituere Christum. Quamobrem cum ex Catholicorum sententia tribus constaret Christus, Verbo scilicet, mente humana, et corpore animato, qui unam ex illis demerent partem, mentem scilicet, a duabus aliis, quæ superessent, διμοιρῖται audiebant : nam δίμοιρον Græcis est *duæ tertiæ partes*, cujus significationis exempla sæpins advertere est in Analectis nostris p. 319 et seqq.

Cum hac igitur epistola consonant ea, quæ Athanasius in epistola ad Epictetum de Apollināristis, tacito tamen nomine, dicit, quam epistolam Epiphanius Hæresi 77, ubi contra Dimœritas seu Appollinaristas agit, totam retulit. Q*uis infernus eructavit*, inquit Athanasius, co*rpus ex Maria genitum* esse *Verbi divinitati consubstantiale*, ὁμοούσιον? Hinc autem Apollinaristæ συνουσιασταὶ, *Synusiastæ*, audiebant, quod substantiam Verbi cum carne miscerent et utrumque unum facerent. *Aut Verbum*, pergit Athanasius, *in carnem*, *ossa* et *capillos*, et *in* totum *corpus mutatum fuisse*, et *a natura desci-* 739
visse sua? Hic habes illam θεσπεσίαν μίξιν seu *mixtionem divinam* Apollinarii, per quam Deus et caro unam efficiebant naturam. Quis *autem*, ait Athanasius, *in Ecclesia aut a Christianis umquam audivit, Dominum positione*, *non* natu*ra*, θέσει καὶ οὐ φύσει, *gestasse* corp*us*? Hæc explicantur per illud quod in Epistola ad Cæsarium legitur : *Dicebant enim Apollinaristæ*, inquit hic scriptor, *dominicum corpus non esse verum corpus*, *quia* con*versum era*t *in deitatem*. Pergit Athanasius : *Aut quis eo processit impietatis*, *ut diceret sentiretque ipsam deitatem Patri consubstantialem*, *circumcisam*, *et imperfectum*, *ex perfecta factam fuisse :* et *quod cruci affixum erat non fuisse* corp*us*, *sed ipsam Sapientiæ* su*bstantiam rerum opificem?* Hæc iterum consentiunt cum iis quæ paulo ante dicebamus, dominicum corpus secundum Apollinaristas non fuisse verum corpus. Ex his item dictis probatur id quod in epistola non semel dicitur, nempe secundum Apollinaristas ipsam deitatem esse passibilem, quod pluribus explicat Gregorius Nazianzenus Homilia 46, ubi ait secundum Apollinarium, unigenitum Deum in propria sua divinitate passum esse, atque in triduana illa corporis morte divinitatem quoque simul cum corpore mortuam fuisse, sicque rursus Patris opera a morte ad vitam revocatam fuisse. Passibilitatem quoque illam deitatis secundum Apollinaristas, commemorat et confutat Athanasius in libris contra Apollinarium, vide p. 924, et paulo ante, nempe p. 923, ait secundum Apollinaristas Verbum assumsisse corpus absque mente : qui est postremus error in epistola ad Cæsarium commemoratus, et hæc erat quasi tessera Apollinaristarum. Certum itaque puto in epistola ad Cæsarium contra librum Apollinarii agi, illumque ipsum librum, ut videtur, quem de Incarnatione scripserat, ab Eulogio supra commemoratum. Cæterum Apollinaristæ non inter se consentiebant, sed alii alios errores, ex uno fonte manantes, propugnabant, ut videre est in epistola Athanasii ad Epictetum, et in ejusdem Athanasii libris contra Apollinarium; itemque apud Epiphanium Hæresi 77.

Neque tamen negari potest probabile omnino esse hunc scriptorem qui sæculo Eutychiano vixisse et hæresi illi infensus fuisse videtur, ut hanc epistolam ab se suppositam Chrysostomo adscribere posset confinxisse se contra Apollinarii librum agere, qui in multis cum Eutyche consentiebat, quoniam non poterat Chrysostomum contra Eutychis hæresin aperte loquentem inducere, qui diu ante illam exortam obiisset. Quod autem hic cum Apollinaristis Eutychianos maxime confutet, probant voces illæ, et modi loquendi frequentes, quos supra commemoravimus, qui tempore Chrysostomi vix noti erant, et tamen in hac epistola passim usurpantur eodem modo quo contra Eutychianos adhibiti postea fuere.

Restat ut de clausula illa agamus circa quam multæ quæstiones agitatæ sunt; illa vero est : *Sicut enim antequam sanctificetur panis, panem nominamus : divina autem illum sanctificante gratia, mediante sacerdote, liberatus est quidem ab appellatione panis ; dignus autem habitus dominici corporis appellatione, etiamsi natura panis in ipso permansit*, et *non duo corpora, sed unum corpus Filii prædicamus : sic* et *hic divina insidente corpori natura, unum Filium, unam personam utrumque constituit*, cognitum *sine confusione, indivisibili ratione, non in una solum natura, sed in duabus perfectis.* Hinc heterodoxi acerrimum contra fidem catholicam telum se mutuari posse rati, secundum hujus scriptoris mentem absque ulla mutatione substantiæ panis, Eucharistiam confici pugnant : alii ulterius progressi, panem appellatione sola dominici corporis, non præsentis dignatum esse contendunt. Illud autem quasi certum exploratumque habent, hanc epistolam vere Joannis Chrysostomi esse. Sed cum abunde supra probatum fuerit, hanc epistolam non esse Chrysostomi, etiamsi quid ex ignoti scriptoris dictis in eorum gratiam emergeret, quod tamen longe abest, nullam hinc mutuari possent auctoritatem, cum nec quis ille scriptor fuerit, nec an catholicus, heterodoxusve fuerit deprehendi possit; imo vero ex iis quæ de deitatis passibilitate dixit, nonnihil adversæ nascatur suspicionis. Verum quisquis ille sit, jam locum dispiciamus, excutiamusque primo qua arte locum ejusmodi ad præsentiam Christi in Eucharistia negandam detorqueant. Hic, inquiunt, panis dignus habitus esse dicitur dominici corporis appellatione : unde sequitur, solo nomine panem in Eucharistia dominicum appellari corpus : ad quid enim panem dignum habitum dominici corporis appellatione dixerit, si vere adsit dominicum corpus? Sed quorsum illæ circuitiones, quando clare scriptor iste ait naturam panis et dominicum corpus, non duo corpora, sed unum corpus Filii prædicari? annon hinc omnino consequitur corpus Filii vere in Eucharistia haberi? annon illa comparatio unitatis
740 naturæ panis et corporis dominici cum natura divina et humana, unum Filium et unam personam efficiente, omnino futilis erit, si corpus Christi non sit vere in Eucharistia? Aliud telum contorquent, graviusque instant, ac transsubstantiationem hic aperte impeti pugnant. Nam, inquiunt, hic luculenter dicitur panem in Eucharistia post sanctificationem remanere, idque his verbis declaratur, *Etiamsi natura panis in ipso permansit*, et *non duo corpora, sed unum corpus Filii prædicamus.* Verum, ut multis exemplis probat Harduinus, natura et οὐσία cujuspiam rei sæpe apud Patres significat proprietates naturales rei ejusdem; at hic proprietates omnes naturales panis permanent, et quidquid in pane sensum movet, aspectum scilicet, tactum et gustum ; nam id solum in natura cujusque rei sensilis percipimus ; ita ut natura panis hic tota perspiciatur, licet ejus materia et substantia in corpus Christi mutata fuerit. Naturam certe panis sic intellexisse oportuit hunc scriptorem, quisquis tandem ille fuerit : nam panem in corpus Christi mutari tunc in Ecclesia Græca vulgo dicebatur, qua mutatione facta tunc non amplius substantia panis in Eucharistia erat. Sic autem explicandum hunc scriptorem esse probatur ex Joanne Damasceno, qui hanc epistolam legebat, eamque pro Joannis Chrysostomi fetu habebat, quique ejus partem non minimam retulit. Ipse quippe Joannes Damascenus de Orthodoxa fide libro quarto p. 270 sic habet : Ὥσπερ φυσικῶς διὰ τῆς βρώσεως ὁ ἄρτος, καὶ ὁ οἶνος καὶ τὸ ὕδωρ διὰ τῆς πόσεως εἰς σῶμα καὶ αἷμα τοῦ ἐσθίοντος καὶ πίνοντος μεταβάλλονται, καὶ οὐ γίνονται ἕτερον σῶμα παρὰ τὸ πρότερον αὐτοῦ σῶμα· οὕτως ὁ τῆς προθέσεως ἄρτος, οἶνός τε καὶ ὕδωρ, διὰ τῆς ἐπικλήσεως καὶ ἐπιφοιτήσεως τοῦ ἁγίου Πνεύματος, ὑπερφυῶς μεταποιοῦνται εἰς τὸ σῶμα τοῦ Χριστοῦ καὶ τὸ αἷμα, καὶ οὐκ εἰσὶ δύο, ἀλλ' ἓν καὶ τὸ αὐτό : *Quemadmodum naturaliter panis per comestionem , vinumque et aqua per potionem , in* corpus et *sanguinem comedentis* et *bibentis transmutantur , nec corpus fiunt aliud a* corpore *ejus quod prius exstabat : sic panis qui in prothesi præparatus fuit, vinum item* et *aqua per invocationem* et *adventum Spiritus* sancti *supernaturaliter mutantur in* corpus et *sanguinem Christi; nec duo sunt, sed unum* et *idem.* Hæc Joannes Damascenus, qui hunc quo de quæstio est locum in mente habuisse videtur cum hæc scriberet. Nisi dixisset autem panem et vinum supernaturaliter mutari in corpus et sanguinem Christi, ex sequentibus, *nec duo sunt, sed unum*

et idem, inferrent haud dubie heterodoxi: si panis et vinum simul cum corpore et sanguine Christi unum et idem sint in Eucharistia, ergo post sanctificationem panis et vinum remanent; sed cum prius dixerit panem et vinum mutari in corpus et sanguinem Christi: quod subjungit postea, *nec duo* sunt, *sed unum* et *idem*, non ita intelligendum est, ut ipsa panis et vini substantia remaneat, et unum sit cum corpore Christi; alioquin enim non mutata fuisset in corpus et sanguinem Christi; sed quod proprietates illæ omnes quæ solæ in pane et vino sensu percipiuntur remaneant, et cum corpore et sanguine Christi unum sacramentum efficiant: et sic explicandus est auctor epistolæ ad Cæsarium, quem præ oculis tune habuit Joannes Damascenus: quod enim dicit, *Etiamsi natura panis remansit*, de speciebus et proprietatibus tantum panis intelligendum est. Neque enim negare voluit ille mutationem panis et vini in corpus et sanguinem Christi, quam SS. Patres Græci enuntiant. Gregorius quippe Nyssenus eam modo μεταποίησιν, *mutationem*, vocat; modo μεταστοιχείωσιν, *transelementationem*; Chrysostomus μεταρρύθμισιν, *transformationem*; Cyrillus Jerosolymitanus μεταβολήν, *mutationem*, vel *conversionem*. Hanc autem mutationem ideo non expressit auctor epistolæ ad Cæsarium, quia cum hac de re nulla tune controversia moveretur, non tanta opus esse cautela videbatur in his enuntiandis.

Præfationem clarissimi viri Emerici Bigotii quæ Lutetiæ suppressa fuit, quamque publicavit v. cl. Jacobus Basnage, hic subjungendam duxi.

PRÆFATIO 741

CL. V. EMERICI BIGOTII IN EPISTOLAM CHRYSOSTOMI

AD CÆSARIUM MONACHUM,

Quæ fuit suppressa in editione Palladii de Vita Chrysostomi, Parisiis vulgata apud viduam Edmundi Martini anno 1680.

Hanc orationem sequitur epistola ad Cæsarium monachum, quæ licet nitore suo nativo, id est Græco eloquio, destituta, nihilominus sub velo veteris Latinæ interpretationis mirificos eloquentiæ disertissimi doctoris radios exhibet. Primus qui ultimis temporibus hujus meminit epistolæ, fuit Petrus Martyr Florentinus, qui ex ea locum quemdam protulit in Locis communibus. Insolitus loquendi de Eucharistia modus, qui ex ea referebatur, a Joannis Chrysostomi phrasi ac genio prorsus alienus, lectores in diversas traxit sententias; aliis supposititiam esse affirmantibus, aliis pro virili contendentibus veram esse ac genuinam, omnes integram videre summe concupivere: dolueruntque Petrum Martyrem, qui primus, de ea mentionem injecerat, minime indicasse qua in bibliotheca exstaret codex Ms. Florentiæ delitescere omnium erat suspicio, quia Florentinus fuit Petrus Martyr, sed ubi, ab omnibus nesciebatur. Mihi quæ fortuna faverat in reperiendo contextu Græco S. Joannis Chrysostomi, hic etiam non defuit. Ejus exemplar reperi apud RR. PP. Dominicanos, in Monasterio S. Marci. Cujus te in partem ἑρμαίου venire libens patior; nec exspecto ut mihi succlames in commune, κοινὸς Ἑρμῆς, si modo exorari te sinas, ut benigna interpretatione emollias, quæ duriuscule sonant de Eucharistiæ sacramento, et in memoriam revoces tot et tam insignes locos, in quibus adeo luculenter de hoc sacrosancto mysterio loquitur Joannes noster, ut doctor Eucharistiæ vocari meruerit: sicut S. Augustinus doctor Gratiæ vulgo prædicatur. Dixi Petrum Martyrem postremis temporibus hujus epistolæ meminisse, quæ antea Græcis Patribus notissima fuerat, utpote qui multa testimonia ex ea adversus Monophysitas et Acephalos adduxerunt, ut observare licet in notis quas margini apposui, indicando Codices ex quibus textum Græcum apud illos Patres a me inventum descripsi. Cæterum ubi deficiebant verba Græca, vacua columna-

rum spatia reliqui, nec passus sum ea punctis, aut lineolis, sicut librariorum mos est, repleri, ut possint inibi viri eruditi verba Græca adscribere, si quando ea invenerint. Cum enim experimento noverim, quo casu, quave fortuna in ea quæ attexui testimonia inciderim, non despero ab aliis alia posse inveniri. Quisque experiatur cui fortuna erit faventior; et si cui ea obsecundaverit, is ne publico invideat, neque apud se inventa privatim detineat. Qui veteres libros tractant, norunt nullam veteris cujuscumque libri editionem, quæ ex unico exemplari fuerit eruta, hucusque prodiisse omni ex parte perfectam. Mann exarati Codices multas aliorum exposcunt operas, ut quod in uno corruptum est, ab alio sanetur; quod in uno vetustas obliteraverit, ab alio lucem accipiat. Hoc verum esse de Codice hujus epistolæ fateri cogor, qui licet sit annorum 500, parum tamen emendate scriptus est, et opem a Græco præcipue Codice, aut ab alio saltem Latino, postulat. In eo quem vidi, aliquando voces continuæ sunt, aliquando simplex vocalis E pro diphthongo Æ scripta fuit; T pro D, et vice versa D pro T; verbis aliquando ità corruptis, ut ad sanitatem reduci minime possint absque subsidio aliorum Codicum. Quæ scribarum incuria deterruit, opinor, Petrum Martyrem ab ea edenda. Tacco interpretationem, quæ minus accurata, imo plane barbara videtur. Ego his omnibus nævis lectores benevolos nequaquam offensum iri arbitratus sum; imo eam libenter excepturos puto quam damus epistolam, Latine quoquo modo versam, cujus fragmentum a Petro Martyre editum, eruditorum animos pridem sollicitavit. Quis enim illud cum legerit, Joannis Chrysostomi mentem percipere queat, ex coque animadvertere, qua occasione, quo animo ejus verba scripta sunt? In ea porro epistola mirari licet summam et insolitam Dei amantissimi viri caritatem, qui licet innumeris ærumnis oppressus esset, atque continuis terroribus ob Isaurorum incursiones, ut ipse scribit in epistolis
742 ad Olympiadem, pene exanimaretur, nihilominus cum audisset Cæsarium monachum amicum suum in Apollinaris et Συνουσιαστῶν hæresim incidisse, eum pro incredibili sua bonitate ab hæresi avertere atque in sinceræ pietatis viam revocare hàc epistola molitus est. Quantum vero Apollinaris hæresis tum grassaretur, et quam multos invasisset, ex eo colligere licet, quod contra Apollinaristas et Synusiastas scripserunt Diodorus Tarsensis episcopus, quem supra memoravi, Gregorius Nyssenus, Cyrillus Alexandrinus, Theodorus Mopsuestenus, Theophilus Antiochensis, ut alios plures omittam. Atque ut ab eo errore Cæsarium revocaret Joannes, cumque ad catholicam fidem, quæ duas in Christo naturas inconfusas sub una persona confitetur, epistola reduceret, comparationem ab Eucharistiæ sacramento mutuatur, in quo panis post consecrationem, non jam panis, sed corpus Christi appellari dignus efficitur; *Etiamsi* natura *panis,* inquit, *in ipso permansit,* et *non duo corpora, sed unum* corpus *Filii prædicatur.* Quibus verbis sanctus doctor veram ac realem, ut vocant, corporis Christi in Eucharistia præsentiam supponit, et agnoscit; alias certe nulla esset cum humana ac divina in Christo natura Eucharistiæ comparatio. Ipse Chrysostomus Hom. 2 ad popul. Antiochensem: Ὁ μὲν γὰρ Ἠλίας μηλωτὴν ἀφῆκε τῷ μαθητῇ, ὁ δὲ Υἱὸς τοῦ Θεοῦ ἀναβαίνων, τὴν σάρκα ἡμῖν κατέλιπε τὴν ἑαυτοῦ· ἀλλ' ὁ μὲν Ἠλίας ἀποδυσάμενος, ὁ δὲ Χριστὸς καὶ ἡμῖν κατέλιπε, καὶ ἔχων αὐτὴν ἀνῆλθε: *Helias enim pallium reliquit discipulo suo, Dei autem Filius ascendens in cælum* nobis *carnem suam reliquit: sed Helias se exuit; Christus vero* et *carnem suam* nobis *reliquit, ipsamque habens ascendit.* Et Hom. 83 in Matthæum: Οὕτω καὶ ἐπὶ τῶν μυστηρίων ποιῶμεν, οὐ τοῖς κειμένοις μόνον ἐμβλέποντες, ἀλλὰ τὰ ῥήματα αὐτοῦ κατέχωμεν. Ὁ μὲν γὰρ λόγος αὐτοῦ ἀπαραλόγιστος, ἡ δὲ αἴσθησις ἡμῶν εὐεξαπάτητος. Οὗτος οὐδέποτε διέπεσε, αὕτη δὲ τὰ πλείονα σφάλλεται. Ἐπεὶ οὖν ὁ Λόγος φησὶ, Τοῦτό ἐστι τὸ σῶμά μου, καὶ πειθώμεθα, καὶ πιστεύωμεν, καὶ νοητοῖς αὐτὸ βλέπωμεν ὀφθαλμοῖς: *Sic etiam in mysteriis faciamus, non illa quæ* ante *nos jacent solummodo aspicientes, sed verba quoque ejus* tenentes. *Nam* et *verbis ejus defraudari non possumus,* sensus vero noster *deceptu facillimus est: illa falsa* esse *non possunt, hic sæpius atque sæpius fallitur. Quoniam* ergo *ille dixit,* Hoc est corpus meum, *obediamus* et *credamus*, et *oculis intellectus id perspiciamus.* Integrum librum conficerem, si ex Chrysostomo locos omnes excerperem, in quibus de sacratissima Eucharistia similiter loquitur; sed lætins ac salubrius tibi erit eos in fonte legisse.

EPISTOLA D. CHRYSOSTOMI

AD CÆSARIUM MONACHUM.

[a] ΙΩΑΝΝΟΥ ΑΡΧΙΕΠΙΣΚΟΠΟΥ

Κωνσταντινουπόλεως, ἐκ τῆς πρὸς Καισάριον μοναχὴν ἐπιστολῆς μετὰ τὴν δευτέραν αὐτοῦ ἐξορίαν.

Καὶ φήσειας πάντως ἐκ πλάνης πρὸς τὸ κρεῖττον ἐληλυθέναι, καὶ χάριν ὁμολογεῖν τοῖς τὴν θαυμαστὴν ἐκείνην προκομίσασι βίβλον, ἣν ἀρίστην τὰ κάλλιστά σου ἀποκαλοῦσι γράμματα, ὡς τηλαυγῶς διαγορεύουσαν συνδρομὴν οὐσιώδη καὶ [c] μίξιν θεσπεσίαν γεγενῆσθαι θεότητός τε καὶ σαρκὸς, μίαν τε ἐντεῦθεν ἀποτελεσθῆναι φύσιν. Τοῦτο, θαυμάσιε, τοῦ παράφρονος Ἀπολιναρίου τὸ ἀτόπημα· αὕτη τῶν εἰσαγόντων κρᾶσιν καὶ συναλοιφὴν ἡ δυσσεβεστάτη αἵρεσις.

A

INCIPIT EPISTOLA

Beati Joannis episcopi Constantinopolitani ad Cæsarium monachum tempore secundi exsilii sui.

Inspeximus literas tuæ reverentiæ, inspeximus autem non præter lacrymas; quomodo enim non lacrymabimur, et animam ipsam dolore conficimus, videntes fratrem [b] singularem vitam a pueritia eligentem, et ἀκραιφνῶς, id est consummate, circa pietatem se habentem, subito hæreticorum jactibus lapsum?

Et dicas fortasse ab errore ad id quod melius est venisse te, et gratiam confiteri his qui admi- 743
rabilem protulerint librum, quem magnum esse
A optima tua nominant scripta : qui splendide [a] prædicat concursum essentialem et mixtionem sacram factam ex divinitate et carne. Unam autem ex hoc perfici naturam [b] istud mirabitur insipientis Apollinarii inconsideratio : ista eorum qui introducunt contemperationem et συναλοιφὴν, id est commixtionem [c] impiissima

[a] Titulus Græce ex Ms. bibliothecæ Colbert. ex tractatu Nicephori contra Mamonas.

[b] In Græco erat haud dubie τὸν μονήρη βίον, *monasticam vitam*; imperitus Interpres, *singularem vitam*: Chrysostomus sæpe μονήρη βίον monasticam vitam appellat. Sic Tom. I, p. 116, 117, et alibi, et Athanasius in Historia Arianorum ad Monachos, τοῖς τὸν μονήρη βίον ἀσκοῦσι. Sexcenta alia proferri possent hujusmodi exempla. Quæ sequuntur Græca, Καὶ φήσειας etc., educta sunt ex Anastasio in Ms. Collegii Societatis Jesu Parisiensis; sunt etiam apud Nicephorum C. P. in Antirrhet. Ms. bibliothecæ Colbertinæ.

[a] *Prædicat.* In Græco διαγορεύουσαν. In Ms. Anastasii presb. Collegii Societatis Jesu Parisiensis, διαγορεύσασαν, minus recte, ni fallor. Ibid. ὡς ante τηλαυγῶς in schedis Bigotii non erat; sed habetur in Ms. Soc. Jesu. Ibid. in Edit. Stephani Le Moyne, qui epistolam Latine conversam cum mendis omnibus protulit, sic legitur, *Qui splendide prædicat concursum essentialem sacrum facta ex divinitate et carnis* (monstrum lectionis).

[c] [Verba hæc a μίξιν ad αἵρεσις exscripsit sine ulla notabili varietate lectionis Leontius Hierosolym. Contra Monophysitas, ed. A. Maio, in Scriptorum veterum nova collectione, e Vaticanis Codd. edita, t. 7, in 4°, Romæ, 1833, p. 135, col. 2.]

[b] *Istud mirabitur.* Hic stupeas veteris Interpretis ignorantiam, oscitantiamve, qui illud θαυμάσιε, ac si θαυμάσεις legeretur, *mirabitur* vertit. Sic autem interpreteris oportet : *Hæc est, o vir admirande, insipientis Apollinarii absurditas*, ut observavit v. cl. Harduinus, qui ait hic in Codice suo legi Ἀπολιναρίου τὸ ἀσέβημα, *Apollinarii impietas*. Sed Interpres Latinus qui vertit, *Apollinarii inconsideratio*, videtur legisse ἀτόπημα. Mox ubi legitur *contemperationem* et Græce κρᾶσιν, Stephanus Le Moyne edidit *contemplationem*.

[c] *Impiissima intentio*; in Græco, ἡ δυσσεβεστάτη αἵρεσις, *impiissima hæresis*. Interpres imperite pro more sequentia convertit.

intentio, quæ procedens immutat quidem Arii, Apollinarii, Sabellii, et Manetis nihil: passionem autem excogitari et adponi secundum illos Unigeniti imaginatur deitati, quod a Christianis alienum est.

Posside igitur temetipsum iterum, dilectissime, et ad priorem regredere ordinem, ab abominabili ista abstinens opinione, quæ est Apollinaris B et eorum qui [d] Synusiastæ dicuntur. Impia cogitatio assidue puris influens nocere novit, qui secundum nos sunt simplicitati conviventes. Doctoris enim eorum est liber, Apollinarii: etsi hunc sibi tua reverentia non recte faciens negotiata est. Verumtamen nos recordantes tuæ nobiscum conversationis: sentientes autem ex his quæ [e] scripsisti errorem subsistere erga tuam dilectionem, ex illorum insipientia; non solum erga dispensationis mysterium: magis autem et erga nominum conjunctionem, excogitavimus, Domino cooperante nostræ infirmitati, de omni- C bus manifestam [f] ostentationem, facere ad redargutionem quidem malæ opinionis eorum qui hæreticum tibi protulerunt librum; correctionem autem tuæ venerationis.

Deum ergo quando dicis, dilectissime, agnovisti id quod simplex est [g] naturæ, quod incompositum, quod inconvertibile, quod invisibile, quod immortale, quod incircumscriptibile, quod incomprehensibile, et istis similia. Hominem autem dicens, significasti quod naturæ est infirmum, esuritionem, sitim, super Lazarum lacrymas, metum, sudoris ejectionem, et his similia, D quibus id quod divinum est extra est.

[h] Christum autem quando dicis, conjunxisti utrumque: unde et passibilis dicatur idem ipse et impassibilis: passibilis quidem carne; impassibilis autem deitate. Eadem ipsa et de Filio, et de Christo, et Jesu, et Domino prædicantur: communia enim et susceptibilia duarum essentiarum nomina sunt, quarum conjunctio in hæreticis quidem errorem facit proprio pro communi utentes nomine Christi.[i] Unos autem communibus 744 A istis nominibus, quando dispensationis confiten-

Χριστὸν δὲ ὅταν εἴπῃς, συνῆψας ἑκάτερα· ὅθεν καὶ παθητὸς λέγοιτο ἂν ὁ αὐτὸς καὶ ἀπαθής· παθητὸς μὲν σαρκὶ, ἀπαθὴς δὲ θεότητι. Ταῦτα δὲ καὶ ἐπὶ τοῦ Υἱοῦ καὶ Ἰησοῦ καὶ Κυρίου κατηγορεῖται· κοινὰ γὰρ ταῦτα, καὶ δεικτικὰ τῶν δύο οὐσιῶν τὰ ὀνόματα,

[d] *Synusiastæ*, Συνουσιασταί, vocabantur Apollinaristæ. Cujus rei causam aperit Gregorius Nazianzenus Orat. 46, p. 722: Διαβεβαιοῦται πρὶν τοῦ κατελθεῖν αὐτὸν υἱὸν ἀνθρώπου εἶναι, καὶ κατελθεῖν ἰδίαν ἐπαγόμενον σάρκα ἐκείνην, ἣν ἐν τοῖς οὐρανοῖς ἔχων ἐτύγχανε, προαιώνιόν τινα, καὶ ΣΥΝΟΥΣΙΩΜΕΝΗΝ: *Affirmabat eum antequam descendisset, filium hominis fuisse, et descendisse carnem propriam adducentem, illam, quam in cœlis habebat ante sæcula, SUÆ SUBSTANTIÆ COMMIXTAM.* De hac voce jam in Monito actum est. Ibid. Ms. *adsiduæ puris influens.* Bigotius sic posuit, *assidua e puris influens.* Harduinus, *assidue puris influens.* Mox Bigotius et Harduinus, *Apollinari dico*, sed hæc vox *dico* non est in Ms. nec prorsus necessaria videtur.

[e] In Ms. *Scripsistis.*

[f] *Ostentationem*, forte *ostensionem.*

[g] *Naturæ*: legendum videtur *natura.*

[h] Græca ex Mss. Collegii Romani prodeunt, suntque Anastasii.

[i] Stephanus Le Moyne: *Unos autem communibus*

dum est mysterium. Si enim Deum dixeris pertulisse qualicumque cogitatione, quod impossibile est dixisti : id quod blasphemum est * et immane : sed in aliorum hæresum declinasti impietatem : si iterum hominem dixeris qui pertulit, invenir is purum ædificans templum, [a] templum carnis. Extra inhabitantem numquam dicitur, quia jam non est templum. Et forsitan dicunt, Et quomodo Dominus dixit, *Ut quid me vultis occidere, hominem qui veritatem vobis loquutus sum quam audivi a Deo?* Bene et omnino sapienter

* *Bigot.* et in Manetis et in aliorum hæresim, etc.

Joan. 8. 40.

B hoc dicendum est : [b] neque enim ex inhabitanti defraudabatur deitate; sed significare volens patientem naturam, hominis memoriam fecit : propter quod et Deus et homo Christus. Deus propter impassibilitatem, homo propter passionem. Unus Filius, unus Dominus, idem ipse procul dubio unitarum naturarum unam dominationem, unam potestatem possidens, etiamsi non [c] consubstantiales existunt, et unaquæque incommixtam proprietatis conservat agnitionem, propter hoc quod inconfusa sunt duo. Sicut enim antequam sanctificetur panis, panem nominamus : divina autem illum sanctifi-

C cante gratia, mediante sacerdote, liberatus est quidem ab appellatione panis; dignus autem habitus dominici corporis appellatione, etiamsi natura panis in ipso permansit, et non duo corpora, sed unum corpus Filii prædicamus.

Οὕτω καὶ ἐνταῦθα τῆς θείας ἐνιδρυμένης τῷ σώματι φύσεως, ἕνα Υἱὸν, ἓν πρόσωπον τὸ συναμφότερον ἀπετέλεσαν. [1] Γνωριζόμενον μέντοι ἀσυγχύτως ἀδιαιρέτῳ λόγῳ, οὐκ ἐν μιᾷ μόνῃ φύσει, ἀλλ' ἐν δισὶ τελείαις. Ἐπὶ γὰρ μιᾶς πῶς τὸ ἀσύγχυτον; πῶς τὸ ἀδιαίρετον; πῶς ἕνωσις λεχθείη ποτέ; Ἑαυτῇ γὰρ τὴν μίαν ἑνοῦσθαι, ἢ συγχεῖσθαι, ἢ διαιρεῖσθαι,

Sic et hic divina [d] ἐνιδρυσάσης, id est insidente corpori natura, unum Filium, unam personam utraque hæc fecerunt. Agnoscendum tamen inconfusam et indivisibilem rationem, non in una solum natura, sed in duabus perfectis. Si enim unius, quomodo id quod inconfusum est, quomodo quod indivisibile, quomodo unitio di-

istis nominibus, quando dispensationis confitendum est mysterium; si liceret pro *unos* legere *utor*, sententia bene haberet; Bigotius sic habet : *His autem communibus istis uti oportet nominibus* etc., ubi *istis* superfluit. Mallem *utor*, ut supra dixi, et omnia quadrarent.

[a] In Ms. erat *templum Crucis.* Cujus loco posuit Bigotius *templum carnis*, et sic sententia quadrat. De templo carnis sic Athanasius Epist. ad Adelphium p. 816, de quibusdam Arianis loquens, Οὐ βούλονται τὸν Κύριον ἐν σαρκὶ ὡς ἐν ναῷ ὄντα προσκυνεῖν, *Dominum in carne tamquam in templo adorare nolunt.* Et pagina item sequenti carnem Christi, templum appellare pergit.

[b] Sic in Ms. legitur. Bigotius autem ita restituit : *Neque enim ex hoc ab inhabitanti defraudabatur : sed significare volens*, etc. Sensus est : Etsi Christus se hominem dixerit, deitate tamen non privatur, seu defraudatur.

[c] Petrus Martyr legit, *Consubstantialiter.* Locum sequentem : *Sicut enim antequam sanctificetur panis* etc., explicavimus in Monito.

[d] Ἐνιδρυσάσης. Sic legit vetus Interpres Latinus, atque ita etiam apud Joann. Damascenum contra Apollinaristas, qui hunc Chrysostomi locum refert hoc titulo τοῦ Χρυσοστόμου ἐκ τοῦ κατὰ Ἀπολιναριστῶν. Vox ἐνιδρυμένης magis quadrat. Apud veterem Interpretem legebatur ἐνιδρυσάσης, *id est inundante*, mendose pro *insidente.* Mox Joann. Damasc. τὸ συναμφότερον ἀπετέλεσε γνωριζόμενον. Alia lectio, τὰ συναμφότερα. Hic autem locus, ut monet Bigotius, habetur apud Nicephorum, Anastasium, Joannem Damascenum, et Tom. I Variarum Lectionum Canisii p. 231, nempe usque ad illa verba μίαν ἐπὶ Χριστῷ λέγειν φύσιν. Cætera unde prodeant mox dicetur.

[1] [Hæc a γνωριζόμενον ad τελείαις exscripsit Leontius Hieros. l. l. p. 130, col. 2.]

citur aliquando sibimetipsi uniri quæ una est; D aut confundi, aut dividi impossibile est. [a] Quod ergo infernum evomuit unam in Christo naturam dicere? putamus divinam solam nominantes non omnimodo unam negant, nostram dico salutem, aut humanam retinentes naturæ divinæ abnegationem faciunt. Dicant, quæ perdidit quod proprium erat? [f] Si enim unus est, salva nobis est unitio omni modo, et ea quæ unitioni sunt propria salvari necesse est. Si enim non, nec unitio, sed confusio et abolitio. Mox autem ad interro- 745 gationis fluctuantes responsionem, ad aliquid A aliud exsiliunt, quod non sit proprium ad interrogationem, et inconstantes emittunt voces. Pertulit Deus et non pertulit, et si petatur modum dicere, ad ignorantiam recedunt proferentes, [a] quomodo voluit : Christi apud ipsos memoria fugiente. Post hæc vituperati in hoc, mox dicunt, Et Christus non est Deus, sed et homo. [b] Et iterum dicunt : Post unitatem non oportet dicere duas naturas. Attende significationem dicti. Unitionem dixisti? Unius unitionem non invenis fieri, quomodo præve-
Joan. 1. 14. nientes diximus, *Verbum caro factum est :* sed et speculaneorum querentur subtilitatem. Intulit B enim, *Et inhabitavit in nobis.* Numquid non tibi videtur quia aliud est quod inhabitat præter
1. Cor. 2. 8. habitationem? *Si cognovissent, numquam Dominum gloriæ crucifixissent.* Dominum iterum quando dixeris, non proprium, sed commune significatur nomen passionis et impassibilitatis susceptibile. [c] Consueverunt autem et istud prætendere : Putamus non corpus Dei et sanguinem accepimus fideliter ac pie suscipiendum, non quia corpus et sanguinem possidet, id quod divinum est natura : sed quia quæ carnis sunt pro-

ἀδύνατον. Ποῖος οὖν ᾅδης ἐξηρεύξατο μίαν ἐπὶ Χριστῷ λέγειν φύσιν; ἢ γὰρ τὴν θείαν φύσιν κρατοῦντες τὴν ἀνθρωπίνην ἀρνοῦνται, φημὶ τὴν ἡμετέραν σωτηρίαν· ἢ τὴν ἀνθρωπίνην κατέχοντες τῆς θείας φύσεως τὴν ἄρνησιν ποιοῦνται· ἐπεὶ λεγέτωσαν, ποία ἀπολώλεκε τὸ ἴδιον; Εἰ γὰρ ἔτι ἔῤῥωται ἡ ἕνωσις, πάντως καὶ μετὰ τῆς ἑνώσεως ἰδιώματα ἀποσώζεσθαι ἀνάγκη, ἐπεὶ οὐχ ἕνωσις τοῦτο, ἀλλὰ σύγχυσις καὶ ἀφανισμὸς τῶν φύσεων.

Πάλιν εἰς ἄλλο μεταπηδῶντές φασι, μετὰ τὴν ἕνωσιν μὴ χρῆναι λέγειν δύο φύσεις. Πρόσεχε τῇ σημασίᾳ τοῦ ῥητοῦ. Ἕνωσιν εἶπας; Ἕνωσιν δὲ μιᾶς οὐκ ἂν εὕροις γινομένην.

Εἰώθασι δὲ καὶ τοῦτο προτείνειν· ἆρα οὐ τὸ σῶμα καὶ αἷμα τοῦ Θεοῦ λαμβάνομεν πιστῶς καὶ εὐσεβῶς; Ναὶ λεκτέον, οὐχ ὅτι τὸ σῶμα καὶ αἷμα τὸ θεῖον πρὸ τῆς ἐνανθρωπήσεως ἐκέκτητο φύσει, ἀλλ' ἐπειδὴ τὰ τῆς σαρκὸς ἰδιοποιεῖται, ἔχειν λέγεται ταῦτα. Ὢ τοῦ

[a] Athanasius contra Epictetum p. 902 : *Ποῖος ᾅδης ἠρεύξατο, ὁμοούσιον εἰπεῖν τὸ ἐκ Μαρίας σῶμα τῇ τοῦ λόγου θεότητι;* Quæ sequuntur post *μίαν ἐπὶ Χριστῷ λέγειν φύσιν*, quæ non erant in Bigotiana Editione, ex Joanne Damasceno contra Jacobitas desumta sunt. Ibidem, *Putamus divinam solam nominantes, non omnimodo unam negant*, nostram *dico salutem*. Græca sic vertenda : *Aut enim divinam naturam tenentes humanam negant*, nostram *dico salutem*, *aut humanam retinentes naturæ divinæ abnegationem faciunt.* In Latina versione legebatur, *non divinæ abnegationem faciunt;* sed male, ut ex sensu et ex textu Græco eruitur. [Verba a *ποῖος* ad *ἐπὶ τοῦ Χριστοῦ* (sic) *λέγειν φύσιν* exscripsit Leont. l. l.]

[f] *Si enim unus est, salva nobis est unitio.* Græca, *εἰ γὰρ ἔτι ἔῤῥωται ἡ ἕνωσις.* Hic videtur mendum esse.

[a] Inter propositiones illas, quæ ab Anonymo, qui Athanasii nomine circumfertur, confutantur, octava hunc habet titulum : *πρὸς τοὺς λέγοντας, ἔπαθεν ὁ θεὸς ὡς ἠθέλησε : Adversus eos qui dicunt, Passus est Deus, ut voluit.* Athan. Tom. 2, p. 570.

[b] *Et iterum dicunt.* Græcum *πάλιν εἰς ἄλλο μεταπηδῶντές φασι, Rursus ad aliud transilientes dicunt.* Hic vero locus nunc primo Græce prodit ex Joanne Damasceno contra Jacobitas.

[c] Hic item locus nunc primo prodit ex Joanne Damasceno contra Jacobitas : Græca sic convertimus : *Solent autem et istud prætendere : Annon corpus et sanguinem Dei fideliter atque pie accipimus? Etiam respondendum : non quod Deus carnem et sanguinem ante Incarnationem habuerit ex natura; sed quia ea quæ carnis sunt sibi propria facit, dicitur habere illa. O absurditatem! o impiam cogitationem! Periclitatur enim apud illos Dei dignitas.* Cætera ut in versione veteri.

ἀτοπήματος· ὢ τῆς ἀσεβοῦς διανοίας. Κινδυνεύει γὰρ παρ' αὐτοῖς τῆς Θεότητος ἀξίωμα. Καὶ πάλιν τὸ (C) κυριακὸν σῶμα ὡς ἀληθινὸν σῶμα ὁμολογεῖν οὐκ ἀνέχονται. Δι' ἐπινοίας γὰρ λέξεων τετράφθαι τοῦτο εἰς θεότητα φαντάζονται, μίαν ἐντεῦθεν κατασκευάζοντες φύσιν, καὶ αὐτὴν τίνος εἶναι μὴ εὑρίσκοντες λέγειν.

Τούτων τὰς κενοφωνίας ἐκκλίνοντες, ἀγαπητὲ, εἰς τὸ προκείμενον ἐπανέλθωμεν, εὐσεβὲς καὶ λίαν εὐσεβὲς τὸν θανάτῳ περιβληθέντα Χριστὸν ὁμο- (E) λογεῖν ἐν θεότητι τέλειον, καὶ ἐν ἀνθρωπότητι τέλειον, ἕνα Υἱὸν μονογενῆ, οὐ διαιρούμενον εἰς υἱῶν δυάδα, φέροντα δ' ὅμως ἐν ἑαυτῷ τῶν ἀχωρίστων δύο φύσεων ἀσυγχύτους ἰδιότητας· οὐκ ἄλλον καὶ ἄλλον, μὴ γένοιτο, ἀλλ' ἕνα καὶ τὸν αὐτὸν Κύριον Ἰησοῦν Χριστὸν Θεοῦ Λόγον, σάρκα ἠμφιεσμένον, καὶ αὐτὴν οὐκ (746 A) ἄψυχον καὶ ἄνουν, ὡς ὁ δυσσεβὴς Ἀπολινάριος εἶπεν. Τούτοις τοίνυν πρόσχωμεν· φύγωμεν τοὺς διαιροῦντας. Εἰ γὰρ καὶ διττὴ ἡ φύσις, ἀλλ' οὖν ἀδιαίρετος καὶ [a] ἀδιάσπαστος ἡ ἕνωσις, ἣν ἐν ἑνὶ τῷ τῆς υἱότητος ὁμολογοῦμεν προσώπῳ, καὶ μιᾷ ὑποστάσει. [b] Φύγωμεν τοὺς μίαν φύσιν μετὰ τὴν ἕνωσιν τερατευομένους· τῇ γὰρ τῆς μιᾶς ἐπινοίᾳ τῷ ἀπαθεῖ Θεῷ πάθος προσάπτειν ἐπείγονται, τὴν οἰκονομίαν ἀρνούμενοι, καὶ τοῦ διαβόλου τὴν γέενναν προσαρπάζοντες. Ταῦτα διὰ τὸ μέτρον τῆς ἐπιστολῆς ἀρκεῖν εἰς ἀσφάλειαν ἡγοῦμαι τῆς σῆς ἀγάπης, θαυμάσιε.

pria facit! O inconsideratio! O impia cogitatio!
C Periclitatur enim apud ipsos dispensationis mysterium, et iterum dominicum corpus sicut verum corpus confiteri non patiuntur. Per cogitationem enim dici conversum esse hoc in deitatem
imaginantur, unam hinc construentes naturam,
et ipsam cujus sit non invenientes dicere, ut passionem divinitati undique secundum Apollinarium excogitantes, decidant a promissis bonis.
Putamus non contremiscent ista dicere audientes?
non cogitant æternum judicium, et Domini vocem dicentis: *Ego sum, et non mutor. Caro* Malac. 3. 6.
infirma, spiritus autem promtus. Pater, si pos- Matth. 26.
D *sibile est, transeat a me calix iste. Tristis* 41. 39. 38.
est anima mea usque ad mortem. Palpate et Luc. 24. 39.
videte quia spiritus carnem et *ossa non ha-*
bet, sicut me videtis habere. Putamus deitati ista apta sunt? Audiant et Petrum dicentem, *Christo pro nobis passo carne;* et non 1. Pet. 4. 1.
dixit, Deitate; et iterum: *Tu es Christus Fi-* Matth. 16.
lius Dei vivi. Viventis dixit, non Morientis; et 16.
quæcumque his similia divina nos edocet Scriptura, cui violenti esse hæretici non desistunt.

[d] Herum istas novitates vecum declinantes,
carissime, ad id quod præjacet revertamur, pium
E et valde pium Christum qui morte circumdatus est confiteri in divinitate perfectum et
in humanitate perfectum, unum Filium unigenitum, non dividendum in filiorum dualitatem: portantem tamen in semetipso indivi-
sarum duarum naturarum inconvertibiliter pro-
746 prietates; non alterum et alterum, absit, sed
A unum et eumdem Dominum Jesum Deum Verbum, carne nostra amictum, et ipsa non inanimata aut irrationabili, sicut impius Apollinarius
dicit. Istis mentem intendamus: fugiamus eos
qui dividunt naturam. Etsi enim duplex natura,
verumtamen indivisibilis et indissipabilis unitio,
in una filiationis confitenda persona, et una sub-
sistentia. Fugiamus qui unam naturam post
unitionem prodigialiter dicunt: unius enim cogitatione impassibili Deo passionem adjungere
impelluntur, dispensationem abnegantes, et
diaboli gehennam arripientes. Ista propter mensuram epistolæ sufficere arbitror ad confirmationem tuæ dilectionis, o magnifice.

[d] Hæc ex Anastasio, Nicephoro et Joanne Damasceno Græce prodierunt. [Interpres f. καινοφωνίας legerat.]

[a] Sic Joann. Damascenus. Harduinus vero ἀπαράσπαστος. Ibid. sic Joann. Damasc. quemadmodum et Bigotius legit ἡ ἕνωσις ἐν ἑνὶ τῆς υἱότητος ὁμολογουμένη προσώπῳ, καὶ μιᾷ ὑποστάσει.

[b] [Hæc a φύγωμεν ad ἐπείγονται exscripsit Leontius Hierosol. l. l. supra, p. 743. A, not. 1. Id. et præcedentia εἰ γὰρ καὶ διττὴ... ἀδιάσπαστος ἡ ἕν. ἐν ἑνὶ τῆς υἱότητος ὁμολογουμένη προσώπῳ refert, p. 130, col. 2.]

. Explicit epistula (sic) beati Joannis episcopi Constantinopolitani ad Cæsarium monachum tempore secundi exsilii sui. Amen : ita legitur fideliter.

MONITUM

IN SEQUENTEM ORATIONEM CHRYSOSTOMI

IN LAUDEM DIODORI TARSENSIS,

ET IN FRAGMENTUM ALIUD IN LAUDEM DIODORI EX FACUNDO HERMIANENSI EDUCTUM.

Orationem Joannis Chrysostomi in Diodorum edidit idem Emericus Bigotius post *Vitam Chrysostomi per Palladium,* et *ante epistolam ad Cæsarium. Cui illam subjungimus, iis præmissis quæ Bigotius præfatur.*

« Jam vero, inquit, ut lectoris animum ab atrocissima et iniquissima conspiratione, qua Chrysostomum obruere, ejusque famam ac memoriam exstinguere conatus est Theophilus, tantisper averterem et recrearem, Joannis nostri orationem subjunxi, quam in laudem Diodori Tarsensis episcopi aliquando recitavit. Cujus eloquentia et suavitas tantam, ut spero, legentibus pariet voluptatem, ut nihil in ea præter brevitatem sint damnaturi. Orationis argumentum tale est. Concionem habuerat Diodorus, et in laudes Joannis totum se effuderat, cum Joanne Baptista, et Mosis virga, et voce Ecclesiæ eum conferens: ipse eximias et modestiæ suæ onerosas laudes aversatus, eas in Diodorum refundere voluit. Itaque in proxime sequenti concione ostendit, tanta præconia Diodoro convenire, non sibi. Contextum Græcum depromsi ex bibliotheca Vaticana; sed eum Latini juris feci : a quo labore libenter abstinuissem, si integra apud Facundum Hermianensem episcopum exstitisset orationis hujus interpretatio. Cum autem ibi imperfecta sit, verba mea verbis antiqui interpretis miscere mihi religio fuit. At vero ne tam pretiosa et tam vetusta, ut ita loquar, fragmenta hic desiderarentur, ea unicuique paginæ subjicere operæ pretium duxi. »

Annum quo hanc concionem habuit Chrysostomus, statuit Tillemontius 392, quam temporis notam nec impugnare, nec ut omnino certam defendere licet. Orationem jam habuerat Diodorus in qua Joannem Chrysostomum laudibus extulerat, ut supra dictum est. Chrysostomus vero laudum minime cupidus, suas ipsi laudes reddidit et orationem texuit brevissimam, quia post illum eadem die concionaturus denuo erat Diodorus, ut clare ipse innuit in fine ἐγκωμίου sive oratiunculæ. More quippe receptum vidimus Antiochiæ, ut eadem die in eademque ecclesia duo concionarentur. Diodorus vero episcopus Tarsensis, qui olim fuerat Joannis Chrysostomi magister, libenter ad id officii admittebatur, quia olim presbyter Antiochenus id muneris diu exercuerat : quo tempore Ariani cum auctoritate plurimum vale-
747 rent, Catholicos infestabant. His cum fortiter obsisteret Diodorus, ab Arianis, inquit Chrysostomus infra, sæpe pulsus est, sæpe in periculum capitis venit, ac si non re, saltem proposito martyr fuit, ut dicit ipse Chrysostomus, tum in oratione sequenti, tum in fragmento quod illi subjungitur. Partem orationis Latine conversam retulit Facundus Hermianensis episcopus lib. 4, c. 2, quam nos in ima pagina constituimus, ut jam Bigotius fecerat.

Orationi huic fragmentum aliud subjungimus, a Facundo Hermianensi ibidem allatum. Pertinet vero ad Homiliam quamdam Chrysostomi in solennitate Martyrum : quorum occasione Diodorum ipsum martyrem appellat, ac pro more laudat.

ΕΓΚΩΜΙΟΝ ΕΙΣ ΔΙΟΔΩΡΟΝ

Ἐπίσκοπον τὸν προλαβόντα καὶ ἐγκωμιάσαντα.

[a] Ὁ σοφὸς οὗτος καὶ γενναῖος διδάσκαλος, πρώην τὴν ἀῤῥωστίαν τοῦ σώματος ἀποθέμενος, καὶ ἐπὶ τὸν θρόνον τοῦτον ἀναβὰς, ἐμοὶ τοῦ λόγοι τῶν προοιμίων ἀπήρξατο, τὸν βαπτιστὴν Ἰωάννην, καὶ φωνὴν τῆς Ἐκκλησίας, καὶ ῥάβδον Μωσέως, καὶ ἕτερα πλείονα μετὰ τούτων προσειπών. Καὶ οὗτος μὲν ἐπήνεσε τότε, ὑμεῖς δὲ ἀνεκράγετε· ἐγὼ δὲ πόῤῥω καθήμενος πικρὸν ἀνεστέναξα. Αὐτὸς γὰρ ἐπῄνει, τὴν φιλοτεκνίαν ἐπιδεικνύμενος, ὑμεῖς ἀνεκράγετε, τὴν φιλαδελφίαν ἐμφαίνοντες, ἐγὼ δὲ ἐστέναξον (sic) τῷ τῶν ἐπαίνων ὄγκῳ πιεζόμενος. Ἐγκωμίων γὰρ μέγεθος ἁμαρτημάτων οὐκ ἔλαττον δάκνειν εἴωθε τὸ συνειδός· καὶ ὅταν τις ἑαυτῷ μηδὲν συνειδὼς ἀγαθὸν, πολλὰ καὶ μεγάλα ἀγαθὰ λεγόντων ἑτέρων ἀκούῃ περὶ αὐτοῦ, ἀναλογιζόμενος τὴν παροῦσαν ὑπόληψιν καὶ τὴν μέλλουσαν ἡμέραν, καθ' ἣν πάντα γυμνὰ καὶ τετραχηλισμένα· καὶ ὅτι ὁ τότε δικάζων, οὐκ ἀπὸ τῆς τῶν πολλῶν ὑπονοίας, ἀλλ' αὐτῆς τῶν πραγμάτων κρινεῖ τῆς ἀληθείας· Οὐ γὰρ κατὰ τὴν δόξαν κρινεῖ, φησὶν, οὐδὲ κατὰ τὴν λαλιὰν ἐλέγξει· ταῦτα πάντα ἐννοῶν, ὀδυνῶμαι τοῖς ἐπαίνοις καὶ τῇ χρηστῇ τῶν πολλῶν ὑπονοίᾳ, πολὺ τὸ μέσον ταύτης πρὸς τὴν μέλλουσαν ψῆφον ὁρῶν. Νῦν μὲν γὰρ προσωπείοις τισὶ ταῖς παρὰ τῶν πολλῶν δόξαις κρυπτόμεθα· ἐν ἐκείνῃ δὲ τῇ ἡμέρᾳ, γυμνῇ τῇ κεφαλῇ, τῶν προσωπείων τούτων ἀφαιρεθέντων, πρὸ βήματος ἑστῶτες, οὐδὲν ἀπὸ τῆς ἐντεῦθεν δόξης εἰς τὴν ἐκεῖ ψῆφον ὠφεληθῆναι δυνησόμεθα, ἀλλὰ δι' αὐτὸ τοῦτο κολασθησόμεθα μειζόνως, ὅτι καὶ πολλῶν ἐπαίνων καὶ πολλῆς εὐφημίας παρὰ τῶν πολλῶν ἀπολαύσαντες, οὐδὲ αὐτῷ τούτῳ γεγενήμεθα βελτίους.

Ταῦτ' οὖν ἅπαντα ἐννοῶν, πικρὸν ἐστέναξον (sic). Διὸ καὶ ἀνέστην ταχέως σήμερον, ὥστε ἐφ' ὑμῶν τῶν ἐκεῖνα ἀκηκοότων τὴν τοιαύτην ἀποκρούσασθαι δόξαν. Καὶ γὰρ στέφανος ὅταν μείζων ᾖ τῆς τοῦ στεφανουμένου κεφαλῆς, οὐ περισφίγγει τοὺς κροτάφους, οὐκ ἐνιζάνει τῇ κεφαλῇ· ἀλλὰ χαυνότερος τῷ μεγέθει γινόμενος, διὰ τῶν ὀφθαλμῶν καταβαίνων περιαυχένιος γίνεται, καὶ τὴν κεφαλὴν ἀφίησι ἀστεφάνωτον. Ὃ δὴ

LAUS DIODORI EPISCOPI

Qui prior concionatus laudarat (Joannem Chrysostomum).

1. Sapiens ille ac generosus doctor, nuper deposita infirmitate corporis, cum ad sedem hanc ascendisset, a me sermonis fecit exordium, Joannem Baptistam, et vocem Ecclesiæ, et virgam Mosis, et alia cum his multa me appellans. Ille tunc laudavit, vos exclamastis: ego procul sedens amare ingemui. Ipse namque laudabat, amorem erga liberos exhibens; vos exclamabatis, fraternum amorem ostendentes; ego ingemiscebam, quod laudum mole obruerer. Laudum enim magnitudo, non minus quam peccata, mordere solet conscientiam; et cum quis sibi nullius boni conscius alios audit multa magnaque bona de se prædicantes, et præsentem opinionem, et futurum diem reputat in quo omnia nuda et aperta erunt: quodque is qui tunc judicabit, non ex vulgi opinione, sed ex ipsa rerum veritate judicabit: *Non enim secundum opinionem judicabit*, inquit, *neque secundum rumorem arguet*: hæc omnia cogitans, Isai. 11. 3.
crucior laudibus, et bona opinione vulgi: magnum perspiciens illam inter et futurum judicium discrimen. Nunc enim existimatione vulgi ceu quibusdam larvis tegimur: in illo autem die, nudo capite, positisque larvis ante tribunal stantes, nihil ab hac existimatione ad illam sententiam juvari poterimus; sed ob id ipsum gravius puniemur; quod et laudibus multis plurimisque præconiis ab hominibus celebrati, non ideo tamen meliores effecti simus.

2. Hæc igitur omnia mecum reputans, amare gemebam. Ideo celeriter hodieque præsto sum, ut a vobis auditoribus hujusmodi opinionem excutiam. Etenim corona cum ejus qui coronatur capite major est, non adstringit tempora, non insidet capiti; sed nimia sui magnitudine laxior per oculos descendens, collum torquis more ambit, et caput relinquit coronæ expers. Quod et

[a] Apud Facundum Hermianensem episc., l. IV, fragmenta quædam sunt veteris hujus Encomii interpretationis Latinæ, quæ nos hic referimus:

Sapiens ille et fortissimus doctor, nuper infirmitate corporis exposita (i. e. deposita), *super sedem istam ascendens, de me sermonis fecit exordium, Baptistam Joannem dicens, et vocem Ecclesiæ, et virgam Moysi, et alia horum plurima de me dixit. Et ipse quidem laudavit, vos autem acclamastis. Sed ego, procul sedens, amarissime suspiravi.*

nobis quoque accidit, dum corona laudum illa majori, quam nostrum sit, capite digna visa est. Attamen cum hæc ita se habeant, ex amoris abundantia pater non destitit ante, quam eam nobis quomodocumque imponeret. Ita et reges sæpe faciunt, et diadema sibi aptum filiorum capitibus imponunt; deinde ubi viderint corona minus esse puerile caput, cum satis habeant illud quomodocumque ipsis imposuisse, receptum deinceps sibimetipsis imponunt.

3. Quandoquidem igitur pater coronam sibi convenientem nobis imposuit, et ea major capite nostro visa est, sibi autem illam nunquam impositurus est: age ademtam nobis eam, patris nostri capiti, cui apprime competit, imponamus. Nam Joannis quidem nomen ad nos, animus ad ipsum pertinet: nos ejus appellationem habemus, ipse ejus philosophiam nactus est. Quapropter ejus appellationis dignior quam nos heres ille fuerit: cognominem quippe non nominum, sed actuum consortium facere solet, etiamsi nomina differant. Non enim ut externi philosophi, ita et Scriptura de his solet philosophari. Illi enim nisi cum substantia etiam nomina ipsa communia sint, cognomines esse non dicunt. At Scriptura non sic; sed ubi viderit multam in vitæ instituto cognationem, etsi alia sunt imposita nomina iis qui moribus inter se congruunt, eodem ipsos nomine appellat. Ejusque rei non longe demonstratio petenda; sed illum ipsum Joannem Zachariæ filium adducimus in medium: cum enim discipuli interrogassent an
Matth. 11. 14. rursus Elias venturus esset, respondit, *Vultis eum recipere? Iste est Elias qui venturus est.* Atqui Joannes vocabatur: sed quia Eliæ mores habebat, idcirco nomen etiam ipsi imposuit: quia Eliæ spiritum habebat, ideo et nomen obtinuit. Nam deserta loca uterque habitavit, et ille ovina pelle, hic pilosa veste indutus fuit; mensa ipsis perinde vilis ac tenuis erat. Et hic quidem prioris adventus minister fuit, ille autem erit denuo futuri. Quando igitur et victus ratio, et vestium

748 καὶ ἡμεῖς πεπόνθαμεν, τοῦ στεφάνου τῶν ἐγκωμίων μείζονος τῆς ἡμετέρας φανέντος ἀξίας κεφαλῆς. Ἀλλ' ὅμως καὶ τούτων οὕτως ἐχόντων, διὰ τὴν παροῦσαν (f. περιοῦσαν) αὐτῷ φιλοστοργίαν, ὁ πατὴρ οὐκ ἀπέστη πρὶν αὐτὸν ὁπωσδήποτε ἐπιθεῖναι ἡμῖν. ᵃΟὕτω που καὶ βασιλεῖς ποιοῦσι πολλάκις, καὶ τὸ αὐτοῖς ἁρμόζον διάδημα λαβόντες, ταῖς τῶν παιδίων ἐπιτιθέασι κεφαλαῖς· εἶτα ἐπειδὰν ἴδωσι ἐλάττω τὴν παιδικὴν οὖσαν κορυφὴν τοῦ στεφάνου, αὐτῷ τούτῳ τῷ περιθεῖναι ἁπλῶς καὶ ὡς ἔτυχε πληροφορηθέντες, λαβόντες λοιπὸν ἑαυτοῖς περιτίθενται.

Ἐπεὶ οὖν καὶ ὁ πατὴρ τὸν αὐτῷ πρέποντα στέφανον ἡμῖν ἐπέθηκε, καὶ μείζων ὤφθη τῆς ἡμετέρας κορυφῆς, ἑαυτῷ οὐκ ἂν ἕλοιτο περιθεῖναι· φέρε δὴ αὐτὸν ἡμῶν ἀφελόμενοι, τῇ ἁρμοζούσῃ τοῦ πατρὸς ἡμεῖς ἐπιθῶμεν κεφαλῇ πάλιν. Τοῦ γὰρ Ἰωάννου τὸ ὄνομα παρ' ἡμῖν, τὸ δὲ φρόνημα παρὰ τούτῳ· καὶ τὴν μὲν προσηγορίαν ἡμεῖς ἐδεξάμεθα, τὴν δὲ φιλοσοφίαν οὗτος ἐκτήσατο. Διὰ τοῦτο καὶ τῆς προσηγορίας δίκαιος ἂν εἴη κληρονομῆσαι μᾶλλον ἡμῶν· συνώνυμον γὰρ οὐχ ἡ τῶν ὀνομάτων κοινωνία, ἀλλ' ἡ τῶν πραγμάτων συγγένεια ποιεῖν εἴωθε, κἂν τὰ ὀνόματα διαφέρῃ. Οὐ γὰρ ὥσπερ οἱ τῆς ἔξωθεν φιλοσοφίας μετέχοντες, οὕτω καὶ ἡ Γραφὴ περὶ τούτων φιλοσοφεῖν εἴωθεν. Ἐκεῖνοι μὲν γὰρ ἂν μὴ μετὰ τῆς οὐσίας καὶ ἡ τῶν ὀνομάτων συμβαίνῃ κοινωνία, οὔ φασι γίνεσθαι συνωνύμους. Ἡ Γραφὴ δὲ οὐχ οὕτως· ἀλλ' ὅταν ἴδῃ πολλὴν τῆς φιλοσοφίας τὴν συγγένειαν, κἂν ἕτερα ὀνόματα ᾖ κείμενα τοῖς κατὰ τὸν τρόπον κοινωνοῦσιν ἀλλήλοις, ἀπὸ τῆς αὐτῆς αὐτοὺς προσηγορίας καλεῖ. Καὶ τοίνυν οὐ πόῤῥωθέν ἐστι παρασχεῖν τὴν ἀπόδειξιν· ἀλλ' αὐτὸν τοῦτον τὸν Ἰωάννην τὸν Ζαχαρίου παραγαγόντες εἰς μέσον. Τῶν γὰρ μαθητῶν ἐρωτησάντων, εἰ μέλλοι παραγίνεσθαι πάλιν Ἠλίας, ἀπεκρίνατο· Καὶ ὅτι εἰ θέλετε δέξασθαι; Οὗτός ἐστιν Ἠλίας ὁ μέλλων ἔρχεσθαι. Καὶ μὴν Ἰωάννης ἐλέγετο· ἀλλ' ἐπειδὴ Ἠλίου τὸν τρόπον εἶχε, διὰ τοῦτο καὶ τῆς προσηγορίας αὐτῷ μετέδωκε ταύτης· ἐπειδὴ τὸ πνεῦμα Ἠλίου ἐκτήσατο, διὰ τοῦτο καὶ τὸ ὄνομα Ἠλίου. Καὶ γὰρ ἐρήμους χώρας ᾤκησαν ἀμφότεροι· καὶ ὁ μὲν μηλωτὴν, ὁ δὲ τρίχινον ἱμάτιον περιεβέβλητο· καὶ τράπεζα ὁμοίως αὐτοῖς εὐτελὴς καὶ λιτὴ ἦν. Καὶ ὁ μὲν τῆς προτέρας παρουσίας διάκονος

ᵃ Facundus: *Et post aliquanta: Sic etiam imperatores faciunt aliquotiens, et sibi aptum diadema auferentes, filiorum imponunt capitibus; atque ita cum viderint minus infantile caput, quam corona est, cupiunt eis tantummodo imponere, quamvis incongrue, eo ipso solum satisfacientes animo suo; auferentes deinde, sibimetipsis imponunt. Quoniam ergo et pater hic coronam sibi competentem atque sedentem nobis imposuit, et major nostro capite apparuit, ex nostro eam capite detrahentes, aptam hujus patris capiti imponamus. Joannis enim nomen apud nos, intellectus autem apud ipsum est: et appellationem quidem nos suscipimus, philosophiam autem ipse possidet. Propter hoc et ipsius appellationis magis ipse sit heres; quam nos. Synonyma enim non nominum communio, sed rerum cognatio facere consuevit, etsi nomina differant.*

γέγονεν, ὁ δὲ ἔσται τῆς μελλούσης αὖθις. Ἐπεὶ οὖν καὶ διαίτης τρόπος καὶ ἱματίων περιβολὴ, καὶ τόπων διατριβαὶ, καὶ διακονία μία, καὶ πάντα ἴσα ἦν αὐτοῖς· διὰ τοῦτο καὶ ὄνομα ἓν ἀμφοτέροις ἐπέθηκε, δεικνὺς ὅτι κἂν ἕτερόν τις ὄνομα ἔχῃ, δύναται εἶναι E ἐκείνῳ συνώνυμος, οὗ τὸν τρόπον ἐζήλωσεν.

[b] Ἐπεὶ οὖν ἀναμφισβήτητος οὗτός ἐστιν ὁ κανὼν, 749 A καὶ ἀκριβὴς οὗτος συνωνύμων ὅρος παρὰ τῇ θείᾳ Γραφῇ, φέρε, δείξωμεν ὅπως καὶ τὸν τρόπον ἐζήλωσε τὸν Ἰωάννου ὁ σοφὸς οὗτος ἡμῶν πατὴρ, ἵνα μάθητε ὅτι καὶ τῆς προσηγορίας οὗτος δικαιότερον ἂν κληρονομήσειε τῆς ἐκείνου. Οὐκ ἦν ἐκείνῳ τράπεζα, οὐδὲ κλίνη, οὐδὲ οἰκία ἐπὶ γῆς· ἀλλ' οὐδὲ τούτῳ ποτὲ ἐγένετο. Καὶ τούτου μάρτυρες ὑμεῖς, πῶς τὸν ἅπαντα χρόνον διετέλεσεν, ἀποστολικὸν ἐπιδεικνύμενος βίον, μηδὲν ἴδιον ἔχων, ἀλλὰ παρ' ἑτέρων τρεφόμενος, αὐτὸς τῇ προσευχῇ καὶ τῇ διδασκαλίᾳ τοῦ λόγου προσκαρτερῶν. Ἐκήρυξεν ἐκεῖνος πέραν τοῦ ποταμοῦ διατρίβων ἐν ταῖς ἐρημίαις· καὶ οὗτος πέραν τοῦ ποταμοῦ ποτὲ τὴν πόλιν πᾶσαν λαβὼν, τὴν ὑγιῆ διδασκαλίαν B ἐπαίδευσεν. Ὤκησεν ἐκεῖνος εἰς δεσμωτήριον, καὶ τὴν κεφαλὴν ἀπετμήθη διὰ τὴν ὑπὲρ τοῦ νόμου παῤῥησίαν· ἀλλὰ καὶ οὗτος πολλάκις τῆς πατρίδος ἐξέπεσε διὰ τὴν ὑπὲρ τῆς πίστεως παῤῥησίαν, πολλάκις δὲ καὶ τὴν κεφαλὴν ἀπετμήθη διὰ τὴν αὐτὴν ταύτην αἰτίαν, εἰ καὶ μὴ τῇ πείρᾳ, ἀλλὰ τῇ προθέσει. Οὐ γὰρ φέροντες οἱ τῆς ἀληθείας ἐχθροὶ τὴν τῆς γλώττης αὐτοῦ δύναμιν, μυρίας πάντοθεν ἔῤῥαπτον ἐπιβουλὰς, καὶ ἐκ πασῶν αὐτὸν ἐῤῥύσατο Κύριος. Φέρε οὖν τῆς γλώττης ἀκούσωμεν ταύτης, δι' ἣν καὶ ἐκινδύνευσε καὶ ἐσώθη. Περὶ ἧς οὐκ ἄν τις ἁμάρτοι τοῦτο εἰπὼν, ὃ περὶ τῆς γῆς C ἐπαγγελίας εἴρηκε Μωσῆς. Τί δὲ περὶ ἐκείνης εἶπεν; Γῆν ῥέουσαν γάλα καὶ μέλι. Τοῦτο καὶ περὶ τῆς

amictus, et locorum sedes, et ministerium unum, et omnia apud ambos paria erant : ideo nomen unum utrique indidit, ostendens etiam eum, qui aliud nomen habeat, posse illi cognominem esse, E cujus mores æmulatus sit.

4. Cum igitur in divina Scriptura ea sit cer- A tissima regula, et accurata cognominum definitio : age, ostendamus quo pacto sapiens pater hic noster Joannis mores æmulatus sit, ut discatis eum longe digniorem esse qui nomine illius appelletur. Non erat illi mensa, non lectus, non domus in terris; sed nec huic unquam fuit. Et hujus rei testes vos estis, quomodo in apostolica ducenda vita omni tempore perseveraverit, nihil proprium habens, sed ab aliis alimenta accipiens, ipse in oratione et in doctrina verbi perseverans. Prædicavit ille trans flumen, degens in solitudine : hic cum ultra flumen civi- B tatem omnem aliquando accepisset, sana illam doctrina erudivit. Habitavit ille in carcere, et capite truncatus est propter libertatem loquendi pro lege : sed et iste sæpe patria excidit, ob liberam fidei prædicationem ; sæpe autem capite truncatus est ob eam ipsam causam, si re minus, at proposito tamen. Non ferentes enim veritatis hostes linguæ ejus eloquentiam, innumeras undique insidias struebant, et ex omnibus eripuit eum Dominus. Age igitur, hanc linguam audiamus, ob quam periclitatus et servatus est. De qua non peccet qui id dixerit quod de terra C promissionis dixit Moses. Quid autem de illa dixit? *Terram fluentem lacte et melle*. Hoc Exod. 3. 8.

[b] Facundus : *Et infra :* Quia ergo *indubitanter ista est regula et integra definitio synonymorum apud Scripturam divinam, age, ostendamus qualiter morem æmulatus est Joannis sapiens iste noster pater, ut cognoscatis quoniam et appellationem illius juste ipse possidere debet. Non erat illi mensa neque lectus, neque domus super terram : sed neque huic aliquando fuit. Et hujus rei nos testes sumus, qualiter omne tempus advixit, apostolicam demonstravit vitam, nihil proprium habens, sed a sociis* (legit ἑταίρων) *semper nutritus, ipse in oratione et doctrina verbi permanens prædicabat. Ille trans fluvium prædicabat in desertis : et iste trans fluvium aliquando civitatem omnem educens, salutiferam doctrinam docebat. Habitavit ille in custodia, et capite diminutus est propter fiduciam, quam pro lege habebat. Sed etiam iste sæpius illa patria fraudatus est propter fiduciam, quam pro fide gerit : sæpius etiam capite diminutus est propter eamdem causam, etsi non re ipsa, proposito tamen. Non enim sufferunt veritatis inimici ejus linguæ virtutem, decem millia semper præstruebant insidias, et ex omnibus eum liberavit Dominus. Age itaque jam linguam ejus audiamus, hanc ipsam propter quam et periclitatus est, et salvatus : illam linguam, de qua si quis dixerit quod de terra promissionis dixit Moyses, nullatenus peccat. Quid ergo de illa dixit?* Terra fluens lacte et melle. *Hoc etiam de istius lingua dicendum est, lingua fluens lacte et melle. Ut igitur lacte et melle saturemur, hic noster jam quiescat sermo, audiamus lyram et tubam. Quando enim suavitatem sermo verborum, lyram appello hujus vocem : quando vero fortitudinem intelligentiarum, tubam quamdam bellicam, et talem, qualem habebant Judæi, cum Hierico muros destruerent. Sicut enim tunc tubarum sonus, igne velocior, super lapides irruens, omnia consumebat, sic et ejus vox non minus quam illa tuba super molimina hæreticorum irruens, hoc est, disputationes illorum evertit, et omnem altitudinem extollentem se adversus scientiam Dei. Quod ne per nostram magis linguam, quam per hujus hæc discamus, jam hic noster sermo quiescat : gloriam dantes Deo tales nobis tribuenti doctores.*

itaque de hujus lingua dicendum : lingua fluens lacte et melle. Ut igitur et lacte fruamur, et melle satiamur, hic finita oratione nostra, lyram et tubam audiamus. Cum enim verborum suavitatem considero, lyram ejus vocem appello : ubi autem vim cogitationum, bellicam quamdam tubam voco, qualem habebant Judæi, cum Jerichuntis muros dejecerunt. Quemadmodum enim tunc tubarum sonus igne vehementius in lapides incidens, omnia consumebat et labefactabat : sic et ejus vox nunc, non minus quam tuba illa in D hæreticorum munitiones incidens, ratiocinia destruit et omnem altitudinem quæ se extollit ad-
2. Cor. 10. 5. versus scientiam Dei. Verum ut ne per linguam nostram, sed per ipsius hæc ediscatis, hic finem orandi faciamus, gloriam referentes Deo qui tales doctores præbuit : quia ipsi gloria in sæcula sæculorum. Amen.

τούτου γλώττης ἐστὶν εἰπεῖν· γλῶττα ῥέουσα γάλα καὶ μέλι. Ἵν' οὖν καὶ γάλακτος ἀπολαύσωμεν, καὶ τοῦ μέλιτος ἐμφορηθῶμεν, ἐνταῦθα τὸν ἡμέτερον καταπαύσαντες λόγον, ἀκούσωμεν τῆς λύρας καὶ τῆς σάλπιγγος. Ὅταν μὲν γὰρ τὴν ἡδονὴν ἐννοήσω τῶν ῥημάτων, λύραν καλῶ τὴν τούτου φωνήν· ὅταν δὲ τὸ δυνατὸν τῶν νοημάτων, σάλπιγγά τινα πολεμικὴν, καὶ τοιαύτην, οἵαν εἶχον οἱ Ἰουδαῖοι, ἡνίκα τὰ τῆς Ἱεριχὼ τείχη κατέβαλον. Καθάπερ γὰρ τότε ἡ τῶν σαλπίγγων ἠχὴ, πυρὸς σφοδρότερον τοῖς λίθοις προσπίπτουσα, πάντα ἀνήλισκε καὶ ἐδαπάνα· οὕτω καὶ ἡ τούτου φωνὴ νῦν, οὐχ ἧττον τῆς σάλπιγγος ἐκείνης τοῖς τῶν αἱρετικῶν ὀχυρώμασιν ἐμπεσοῦσα, λογισμοὺς καθαιρεῖ, καὶ πᾶν ὕψωμα ἐπαιρόμενον κατὰ τῆς γνώσεως τοῦ Θεοῦ. Ἀλλ' ἵνα μὴ διὰ τῆς ἡμετέρας γλώττης, ἀλλὰ διὰ τῆς τούτου ταῦτα μάθητε, ἀναπαύσωμεν τὸν ἡμέτερον λόγον, δόξαν ἀναπέμψαντες τῷ Θεῷ, τῷ τοιούτους παρασχόντι διδασκάλους, ὅτι αὐτῷ ἡ δόξα εἰς τοὺς αἰῶνας τῶν αἰώνων. Ἀμήν.

750

FRAGMENTUM S. JOANNIS CHRYSOSTOMI,

Ubi de eodem Diodoro ex Facundo Hermianensi, qui ait, lib. 4, c. 2: Rursus in alio Sermone de ipso suo magistro Diodoro dixit :

Non superflue, sicut apparet, sermones prolixos expendimus. Sedenim in Martyrum celebratione commonemur etiam viri martyris vicini martyrio fluminis spiritualis. Vivus est enim iste martyr, et martyr, siquidem mortuus est sæpius proposito. Videte ejus membra mortificata, videte figuram circumferentem quæ sunt hominis, et sensum habentem angelicum. *Et post aliquanta :* Sed revertamur ad martyrem istum iterum, propter quem et ista diximus. Quomodo itaque mortuus est mortificans membra sua, et conculcans naturæ cupiditates in humano corpore, et angelicam nobis demonstrans vitam? Si autem vultis videre, quia et reipsa mortuus est, recordamini illius temporis, quando bellum asperum adversus Ecclesiam exsurrexerat, et exercitus movebantur, et arma præparabantur, quando [a] trans fluvium omnes congregabantur. Tunc ipse exiens, et velut turris anteposita, vel scopulus quidam altus et magnus ante alios stans, et contrariorum suscipiens fluctus et resolvens, in tranquillitate cæterum corpus Ecclesiæ custodivit, repercutiens tempestatem, et præstans nobis quietum portum.

[a] *Trans fluvium*, sic et in Oratione præcedenti. In altera videlicet Orontis ripa, ubi ea pars urbis erat, quæ Palæa seu vetus urbs appellabatur, ubi erat ecclesia Palæa item dicta, in qua convenire solebant ii qui Meletium episcopum sequebantur.

MONITUM

AD HOMILIAM IN PASCHA, QUÆ GENUINA ESSE PROBATUR.

Hanc homiliam inter spuria ablegavit Fronto Ducæus. Illam contra *melioris* esse *notæ* dixit Savilius in notis. Ut genuinam etiam habuere alii docti viri, inter quos Tillemontius. Notat Savilius in ea multa haberi iis similia quæ in Homilia contra ebriosos et de resurrectione leguntur supra Tomo 2, p. 441, 442, 443, quæ loca in notis indicantur. In principio etiam homiliæ quædam habentur eadem, iisdemque pene verbis, quæ in Homilia de cœmeterio et de cruce p. 398. Alia quoque leviora hinc et inde deprehenduntur, quæ in aliis Chrysostomi operibus habentur. Hæc fortasse Frontonem Ducæum virum sagacem induxerunt, ut hanc homiliam inter spurias ablegaret. Putavit haud dubie esse centonem ex variis Chrysostomi locis consarcinatum: non cogitans Chrysostomum eadem ipsa quæ pridem dixerat sæpe repetere, et aliquando homilias integras retractatas mutatisque initiis ad conciones adhibere suas. Non dubito certe hanc homiliam a Chrysostomo vere habitam dictamque fuisse. Cum enim annis octodecim concionatus sit, recurrente Paschatis solennitate eadem ipsa aliquando repetierit: neque enim in promtu est cuivis concionatori, qui tam longo temporis curriculo in Paschate quotannis oraverit, nova semper efferre, et ex prius dictis nihil umquam admiscere.

Interpretationem Latinam novam adornavimus.

ΕΙΣ ΤΟ ΑΓΙΟΝ ΠΑΣΧΑ ΛΟΓΟΣ.

A

Εὔκαιρον σήμερον ἅπαντας ἡμᾶς ἀναβοῆσαι τὸ παρὰ τοῦ μακαρίου Δαυὶδ εἰρημένον· Τίς λαλήσει τὰς δυναστείας τοῦ Κυρίου, ἀκουστὰς ποιήσει πάσας τὰς αἰνέσεις αὐτοῦ; Ἰδοὺ γὰρ ἡμῖν παραγέγονεν ἡ ποθεινὴ καὶ σωτήριος ἑορτὴ, ἡ ἀναστάσιμος ἡμέρα τοῦ Κυρίου ἡμῶν Ἰησοῦ Χριστοῦ, ἡ τῆς εἰρήνης ὑπόθεσις, ἡ τῆς καταλλαγῆς ἀφορμὴ, ἡ τῶν πολέμων ἀναίρεσις, ἡ τοῦ θανάτου κατάλυσις, ἡ τοῦ διαβόλου 751 ἧττα. A Σήμερον ἄνθρωποι τοῖς ἀγγέλοις ἀνεμίγησαν, καὶ οἱ σῶμα περικείμενοι μετὰ τῶν ἀσωμάτων δυνάμεων λοιπὸν τὰς ὑμνῳδίας ἀναφέρουσι. Σήμερον καταλύεται τοῦ διαβόλου ἡ τυραννίς· σήμερον τὰ δεσμὰ τοῦ θανάτου ἐλύθη, τοῦ ᾅδου τὸ νῖκος ἠφάνισται· σήμερον εὔκαιρον πάλιν εἰπεῖν τὴν προφητικὴν ἐκείνην φωνήν· Ποῦ σου, θάνατε, τὸ κέντρον; ποῦ σου, ᾅδη, τὸ νῖκος; Σήμερον τὰς χαλκᾶς πύλας συνέθλασεν ὁ Δεσπότης ἡμῶν Χριστὸς, καὶ αὐτὸ τοῦ θανάτου τὸ πρόσωπον ἠφάνισε. Τί δὲ λέγω τὸ πρόσωπον; Αὐτοῦ τὴν προσηγορίαν μετέβαλεν· οὐχ ἔτι γὰρ θάνατος λέγεται, ἀλλὰ κοίμησις καὶ ὕπνος· [a] πρὸ μὲν γὰρ τῆς Χριστοῦ παρουσίας, καὶ τῆς τοῦ σταυροῦ B

IN SANCTUM PASCHA, CONCIO.

1. Opportune hodie omnes cum beato Davide clamemus: *Quis loquetur potentias Domini, auditas faciet omnes laudes ejus?* (Psal. 105. 13.) Ecce enim advenit nobis hodie desideratum salutareque festum, dies nimirum resurrectionis Domini nostri Jesu Christi; pacis argumentum, reconciliationis causa, quæ bella sustulit, mortem dissolvit, diabolum prostravit. Hodie homines cum angelis commixti sunt, et qui corpore sunt induti, cum incorporeis potestatibus hymnos persolvunt. Hodie evertitur diaboli tyrannis; hodie vincula mortis soluta sunt, inferni victoria sublata est; hodie opportune proferatur prophetica vox illa: *Ubi est, mors, stimulus tuus? ubi, inferne, victoria tua?* (Oseæ 13. 14. 1. Cor. 15. 55.) Hodie portas æreas confregit Dominus noster Christus, ipsamque mortis personam delevit. Quid dico personam? Ipsius quoque nomen mutavit: neque enim ultra mors vocatur, sed dormitio et somnus: siquidem ante Christi adventum, crucisque œconomiam, ipsum quoque mortis nomen terribile erat. Certe primus

Mors a Christi tempore non ultra mors, sed somnus et dormitio vocatur.

[a] Hæc iisdem pene verbis habes supra Tomo 2, p. 398.

homo magni supplicii loco hanc audivit senten-
Gen. 2. 17. tiam : *Quacumque die comederis, morte mo-*
rieris. Quin et beatus Job hanc illo nomine ap-
Job. 3. 23. pellavit : *Mors viro requies.* Et propheta David
Psal. 33. 22. dicebat : *Mors peccatorum pessima.* Non modo
animæ divulsio a corpore mors vocabatur; imo
etiam infernus. Audi enim patriarcham Jacob di-
Gen. 42. 38. centem : *Deducetis senectutem meam cum do-*
Is. 5. 14? *lore ad inferos ;* et prophetam quoque : *Infer-*
nus dilatavit os *suum ;* alius item propheta :
Psal. 85. 13. *Eripiet me de lacu inferiori ;* in multisque Veteris Testamenti locis transitum ex hac vita, mortem et infernum vocari deprehendes. Quoniam
vero Christus Deus noster in sacrificium oblatus
est, et resurrectio consequuta est, illa nomina benignus Dominus sustulit, novumque et extraneum vivendi institutum in mundum induxit;
exitus ex hac vita jam non mors, sed dormitio et
somnus vocatur. Undenam hoc liquet? Audi
Joan. 11. 11. Christum dicentem : *Lazarus amicus* noster
dormit, sed vado ut a somno suscitem eum.
Quemadmodum enim facile nobis est dormientem expergefacere et excitare : sic et communi
omnium Domino a mortuis suscitare. Quia vero
novum extraneumque erat id, quod ab ipso dictum fuerat, neque ipsi discipuli dictum intel-
lexerunt, donec ad illorum infirmitatem se demittens, id clarius diceret. Communis vero orbis
doctor beatus Paulus ad Thessalonicenses scri-
1. Thess. 4. 12. bens ait : *Nolo vos ignorare de dormientibus,*
ut non contristemini, sicut et *cæteri qui spem*
1. Cor. 15. 18. *non habent.* Et rursus alibi : *Ergo qui dor-*
mierunt in Christo, perierunt. Et iterum : *Nos*
1. Thess. 4. 14. *qui vivimus, qui residui sumus, non præve-*
niemus eos *qui dormierunt.* Et alibi rursum :
Ib. v. 13. *Si enim credimus, quod Jesus mortuus* est
et *resurrexit, ita* et *Deus* eos *qui dormierunt,*
adducet cum eo.

2. Videtis mortem passim vocari dormitionem et somnum, et eam quæ antea terribilis erat,
nunc post resurrectionem facile contemni? Vides
splendidum resurrectionis tropæum? Per hanc
enim innumera nobis bona obtigerunt; per hanc
dæmonum fallacia soluta est; per hanc mortem
irridemus; per hanc præsentem vitam contemni-
mus, per hanc, ad futurorum desiderium excitamur; per hanc licet corpore induamur, nihilo
inferiore conditione sumus, quam incorporea, si
tamen velimus. Hodie præclarum victoriæ triumphum agimus : hodie Dominus noster, tropæo
contra mortem erecto, tyrannideque diaboli cal-
cata, per resurrectionem viam nobis ad salutem

οἰκονομίας, καὶ αὐτὸ τοῦ θανάτου τὸ ὄνομα φοβερὸν
ἐτύγχανε. Καὶ γὰρ ὁ πρῶτος ἄνθρωπος γενόμενος ἀντὶ
μεγάλου ἐπιτιμίου τοῦτο κατεδικάζετο ἀκούων· Ἧ δ'
ἂν ἡμέρᾳ φαγῇ, θανάτῳ ἀποθανῇ. Καὶ ὁ μακάριος δὲ
Ἰὼβ τούτῳ τῷ ὀνόματι αὐτὸν προσηγόρευσε, λέγων·
Θάνατος ἀνδρὶ ἀνάπαυσις. Καὶ ὁ προφήτης Δαυὶδ ἔλε-
γε· Θάνατος ἁμαρτωλῶν πονηρός. Οὐ μόνον δὲ θάνατος ἐκαλεῖτο ἡ διάλυσις τῆς ψυχῆς ἀπὸ τοῦ σώματος, ἀλλὰ καὶ ᾅδης. Ἄκουε γὰρ τοῦ μὲν πατριάρχου
Ἰακὼβ λέγοντος· Κατάξετε τὸ γῆράς μου μετὰ λύπης
εἰς ᾅδου· τοῦ δὲ προφήτου πάλιν· Ἔχανεν ὁ ᾅδης τὸ
C στόμα αὐτοῦ· καὶ πάλιν ἑτέρου προφήτου λέγοντος·
Ῥύσεταί με ἐξ ᾅδου κατωτάτου· καὶ πολλαχοῦ εὑρήσεις ἐπὶ τῆς Παλαιᾶς θάνατον καὶ ᾅδην καλουμένην
τὴν ἐντεῦθεν μετάστασιν. Ἐπειδὴ δὲ Χριστὸς ὁ Θεὸς
ἡμῶν θυσία προσηνέχθη, καὶ τὰ τῆς ἀναστάσεως
προεχώρησε, περιῇρε δὲ τὰς προσηγορίας αὐτὰς ὁ
φιλάνθρωπος Δεσπότης, καὶ καινὴν καὶ ξένην πολιτείαν εἰς τὸν βίον εἰσήγαγε τὸν ἡμέτερον· ἀντὶ γὰρ
θανάτου λοιπὸν κοίμησις καὶ ὕπνος λέγεται ἡ ἐντεῦθεν
μετάστασις. Καὶ πόθεν τοῦτο δῆλον; Ἄκουε αὐτοῦ
τοῦ Χριστοῦ λέγοντος· Λάζαρος ὁ φίλος ἡμῶν κεκοί-
D μηται, ἀλλὰ πορεύομαι ἐξυπνίσαι αὐτόν. Ὥσπερ γὰρ
ἡμῖν εὔκολον τὸν καθεύδοντα διυπνίσαι καὶ διεγεῖραι,
οὕτω καὶ τῷ κοινῷ πάντων ἡμῶν Δεσπότῃ τὸ ἀναστῆσαι. Καὶ ἐπειδὴ καινὸν ἦν καὶ ξένον τὸ παρ' αὐτοῦ
εἰρημένον, οὐδὲ οἱ μαθηταὶ συνῆκαν τὸ λεχθὲν, μέχρις
ὅτου συγκαταβαίνων αὐτῶν τῇ ἀσθενείᾳ, φανερώτερον
αὐτὸ εἴρηκε. Καὶ ὁ τῆς οἰκουμένης δὲ διδάσκαλος ὁ
μακάριος Παῦλος, γράφων Θεσσαλονικεῦσί φησιν·
Οὐ θέλω ὑμᾶς ἀγνοεῖν περὶ τῶν κεκοιμημένων, ἵνα
μὴ λυπῆσθε, ὡς καὶ οἱ λοιποὶ οἱ μὴ ἔχοντες ἐλπίδα.
E Καὶ πάλιν ἀλλαχοῦ· Ἄρα οἱ κοιμηθέντες ἐν Χριστῷ,
ἀπώλοντο. Καὶ πάλιν· Ἡμεῖς οἱ ζῶντες, οἱ περιλειπόμενοι, οἱ μὴ φθάσωμεν τοὺς κοιμηθέντας. Καὶ
ἑτέρωθι πάλιν· Εἰ γὰρ πιστεύομεν, ὅτι Ἰησοῦς ἀπέθανε, καὶ ἀνέστη, οὕτω καὶ ὁ Θεὸς τοὺς κοιμηθέντας
ἄξει σὺν αὐτῷ.

Εἶδες πανταχοῦ λοιπὸν κοίμησιν καὶ ὕπνον τὸν θάνατον καλούμενον; καὶ τὸν πρὸ τούτου φοβερὸν ἔχοντα
τὸ πρόσωπον, νῦν εὐκαταφρόνητον μετὰ τὴν ἀνάστασιν γινόμενον; Εἶδες λαμπρὸν τῆς ἀναστάσεως τὸ
752 τρόπαιον; Διὰ ταύτην ἡμῖν τὰ μυρία ἀγαθὰ εἰσενήνε-
A κται· διὰ ταύτην ἡ τῶν δαιμόνων ἀπάτη κατελύθη·
διὰ ταύτην καταγελῶμεν θανάτου· διὰ ταύτην ὑπερορῶμεν τῆς παρούσης ζωῆς· διὰ ταύτην πρὸς τὴν τῶν
μελλόντων ἐπιθυμίαν ἐπειγόμεθα· διὰ ταύτην, σῶμα
περικείμενοι, οὐδὲν ἔλαττον τῶν ἀσωμάτων ἔχομεν,
ἐὰν βουλώμεθα. Σήμερον ἡμῶν τὰ λαμπρὰ νικητήρια
γέγονε· σήμερον ἡμῶν ὁ Δεσπότης τὸ κατὰ τοῦ θανάτου τρόπαιον στήσας, καὶ τοῦ διαβόλου τὴν τυραννίδα καταλύσας, τὴν διὰ τῆς ἀναστάσεως ὁδὸν εἰς

σωτηρίαν ἐχαρίσατο. Πάντες τοίνυν χαίρωμεν, σκιρτῶμεν, ἀγαλλώμεθα. Εἰ γὰρ καὶ ὁ Δεσπότης ἡμῶν ἐνίκησε καὶ τὸ τρόπαιον ἔστησεν, ἀλλὰ κοινὴ καὶ ἡμῶν ἡ εὐφροσύνη καὶ ἡ χαρά. Διὰ γὰρ τὴν ἡμετέραν σωτηρίαν πάντα εἰργάσατο· καὶ δι' ὧν ἡμᾶς κατεπάλαισεν ὁ διάβολος, διὰ τούτων αὐτοῦ περιεγένετο ὁ Χριστός. Αὐτὰ τὰ ὅπλα ἔλαβε, καὶ τούτοις αὐτὸν κατηγωνίσατο· καὶ πῶς, ἄκουε. Παρθένος καὶ ξύλον καὶ θάνατος τῆς ἡμετέρας ἥττης γέγονε τὰ σύμβολα. Καὶ γὰρ παρθένος ἦν ἡ Εὔα· οὐδέπω γὰρ ἄνδρα ἐγίνωσκεν, ὅτε τὴν ἀπάτην ὑπέμεινε· ξύλον ἦν τὸ δένδρον· θάνατος τὸ ἐπιτίμιον τὸ κατὰ τοῦ Ἀδάμ. Εἶδες πῶς παρθένος καὶ ξύλον καὶ θάνατος γέγονεν ἡμῖν τῆς ἥττης τὰ σύμβολα; Ὅρα τοίνυν πῶς καὶ τῆς νίκης αὐτὰ πάλιν γέγονε παραίτια. Ἀντὶ τῆς Εὔας ἡ Μαρία· ἀντὶ τοῦ ξύλου τοῦ εἰδέναι γνωστὸν καλοῦ καὶ πονηροῦ, τὸ ξύλον τοῦ σταυροῦ· ἀντὶ τοῦ θανάτου τοῦ Ἀδὰμ, ὁ δεσποτικὸς θάνατος. Εἶδες δι' ὧν ἐνίκησε, διὰ τούτων αὐτὸν ἡττώμενον; Περὶ τὸ δένδρον κατηγωνίσατο τὸν Ἀδὰμ ὁ διάβολος· περὶ τὸν σταυρὸν κατεπάλαισε τὸν διάβολον ὁ Χριστός. Κἀκεῖνο μὲν τὸ ξύλον εἰς ᾅδην ἔπεμπε, τοῦτο δὲ τὸ ξύλον, τὸ τοῦ σταυροῦ, καὶ τοὺς ἀπελθόντας ἐκ τοῦ ᾅδου πάλιν ἀνεκαλεῖτο· κἀκεῖνο μὲν καθάπερ αἰχμάλωτον καὶ γυμνὸν ἔκρυπτε τὸν ἡττηθέντα, τοῦτο δὲ τὸν νικητὴν γυμνὸν προσηλωμένον ἐφ' ὑψηλοῦ πᾶσιν ἐδείκνυ. Καὶ θάνατος ὁ μὲν καὶ τοὺς μετ' αὐτὸν κατέκρισεν· ὁ δὲ καὶ τοὺς πρὸ αὐτοῦ ἀνέστησεν ἀληθῶς. Τίς λαλήσει τὰς δυναστείας τοῦ Κυρίου, ἀκουστὰς ποιήσει πάσας τὰς αἰνέσεις αὐτοῦ; Ἀπὸ θανάτου γεγόναμεν ἀθάνατοι, ἀπὸ πτώσεως ἀνέστημεν, ἀπὸ ἡττήματος κατέστημεν νικηταί.

Ταῦτα τοῦ σταυροῦ τὰ κατορθώματα, ταῦτα τῆς ἀναστάσεως μεγίστη ἀπόδειξις. Σήμερον ἄγγελοι σκιρτῶσι, καὶ πᾶσαι αἱ οὐράνιαι δυνάμεις ἀγάλλονται, συνηδόμεναι ἐπὶ τῇ σωτηρίᾳ τοῦ κοινοῦ γένους τῶν ἀνθρώπων. Εἰ γὰρ ἐπὶ ἑνὶ ἁμαρτωλῷ μετανοοῦντι χαρὰ γίνεται ἐν οὐρανῷ καὶ ἐπὶ γῆς, πολλῷ μᾶλλον ἐπὶ τῇ σωτηρίᾳ τῆς οἰκουμένης. Σήμερον τὴν ἀνθρωπείαν φύσιν, τῆς τοῦ διαβόλου τυραννίδος ἐλευθερώσας, πρὸς τὴν προτέραν εὐγένειαν ἐπανήγαγεν. Ὅταν γὰρ ἴδω τὴν ἀπαρχὴν τὴν ἐμὴν οὕτω τοῦ θανάτου περιγεγενημένην, οὐκ ἔτι δέδοικα, οὐκ ἔτι φρίττω τὸν πόλεμον· οὐδὲ πρὸς τὴν ἀσθένειαν ὁρῶ τὴν ἐμαυτοῦ, ἀλλ' ἐννοῶ τοῦ μέλλοντός μοι συμμαχεῖν τὴν ἄφατον δύναμιν. Ὁ γὰρ τῆς τοῦ θανάτου τυραννίδος περιγενόμενος, καὶ πᾶσαν αὐτοῦ τὴν ἰσχὺν ἀφελόμενος, τί λοιπὸν οὐκ ἐργάσεται περὶ τὸ ὁμογενὲς, καὶ 753 οὗ τὴν μορφὴν ἀναλαβεῖν διὰ πολλὴν φιλανθρωπίαν κατηξίωσε, καὶ διὰ ταύτης τὴν πρὸς τὸν διάβολον

munivit. Omnes proinde gaudeamus, exsultemus et lætemur. Nam etsi Dominus ipse sit qui vicit et tropæum erexit, communis tamen lætitia, commune gaudium est. Nam propter nostram salutem omnia fecit: et per quæ diabolus nos expugnavit, per ea ipsa Christus ipsum superavit. Ea ipsa arma accepit, ac per eadem ipsum prostravit: quomodo autem, audi. Virgo, lignum et mors nostræ cladis symbola erant. Etenim virgo erat Eva: nondum enim virum noverat, quando seducta est; lignum erat arbor; mors supplicium de Adamo sumtum. Viden' quomodo virgo, lignum et mors cladis nobis symbola fuerint? Jam vide quomodo eadem ipsa nobis victoriæ causa sint. Pro Eva Maria; pro ligno scientiæ boni et mali, lignum crucis; pro morte Adami, mors Domini. Viden' eum iisdem armis vicisse, et iisdem profligatum esse? Per lignum diabolus vicerat Adamum, per crucem Christus diabolum debellavit. Et illud quidem ad infernum mittebat; hoc autem crucis lignum defunctos ex inferno reducebat: illud quasi captivum et nudum eum qui prostratus fuerat obtegebat; hoc autem victorem nudum in alto defixum omnibus ostendebat. Et mors illa quidem prior omnes in damnationem trahebat; hæc vero posterior etiam eos, qui ante se fuerant, suscitabat. Quis *loquetur potentias Domini, auditas faciet* omnes *laudes* ejus? (Psal. 105. 2.) Per mortem immortales facti sumus, per lapsum surreximus, per cladem victores fuimus.

3. Hæc crucis præclara opera, hæc maximum resurrectionis argumentum. Hodie angeli choros ducunt, omnes cælestes virtutes exsultant, gaudentes de communi salute hominum generis. Nam si de uno peccatore pœnitentiam agente gaudium est in cælo et in terra, (Luc. 15. 7.) multo magis de salute mundi. Hodie humanam naturam, a diaboli tyrannide liberatam, ad priorem nobilitatem reduxit. Cum enim video primitias meas de morte victoriam retulisse, non timeo, non horreo bellum; neque infirmitatem meam considero, sed immensam virtutem pro me pugnaturam respicio. Nam qui mortis tyrannidem devicit, totamque illius vim sustulit, quid in posterum non facturus est pro genere suo, cujus formam ob ingentem clementiam suam accipere dignatus est, et per eam contra diabolum in arenam descendit? Hodie ubique terrarum gaudium et lætitia est spiritualis.

Hodie et angelorum cœtus, et omnium supernarum virtutum choris propter hominum salutem exsultant. Cogita igitur, dilecte, gaudii magnitudinem, quoniam supernæ quoque potestates festum nobiscum agunt: congaudent quippe nostris bonis. Etiamsi enim gratia illa Domini nos proprie respiciat, in partem tamen gaudii illi veniunt. Quamobrem non erubescunt nobiscum festum celebrare. Et quid dico, conservos nostros non erubescere nobiscum festum celebrare? Ne Dominus quidem noster et eorum idipsum agere erubescit. Quid dico, non erubescit? Etiam concupiscit nobiscum festum celebrare. Undenam id liquet? Audi ipsum dicentem: *Desiderio desideravi hoc pascha manducare vobiscum:* si pascha manducare desideravit, utique et festum nobiscum celebrare. Cum ergo videas non angelos tantum et omnium cælestium potestatum cœtum, sed etiam ipsum angelorum Dominum nobiscum festum agere, quid tibi jam deest ad lætitiam? Nemo ob paupertatem hodie mœstus esto: spiritualis quippe est celebritas. Nemo dives ob divitiarum copiam extollatur: nihil enim pecuniarum ad hoc festum afferre valet. In externis quippe solennitatibus, ubi multa pompa et apparatus, ingens mensæ lautitia, jure pauper in mœrore et anxietate, dives in voluptate et lætitia. Quare? Quia ille splendida veste amicitur, et lautiorem mensam apponit; pauper vero inopia impeditur, quominus eumdem luxum ostentet. Hic vero nihil simile; sed illa omnis inæqualitas abest; una mensa diviti et pauperi, servo et libero. Si dives sis, nihil plus habebis quam pauper; si pauper, nihil minus quam dives: neque propter penuriam spiritualis convivii lautitia minuitur: divina quippe gratia est, quæ personarum discrimen non respicit. Et quid dico, eamdem pauperi et diviti apponi mensam? Ei etiam qui diademate redimitur et purpura vestitur, atque totius orbis imperium obtinenti, et pauperi ad eleemosynam sedenti, una apponitur mensa. Talia quippe sunt dona spiritualia; non dignitatibus eorum communicatio, sed voluntati et proposito tribuitur. Eadem fiducia, eodem honore Imperator et pauper ad usum et participationem divinorum mysteriorum accedunt. Et quid dico, eodem honore? Sæpe pauper cum majori fiducia. Quare? Quoniam Imperator negotiorum curis distentus, et casuum frequentia cir-

Luc. 22. 15.

Mensa Domini perinde pauperes atque divites admittit.

πάλην ποιήσασθαι; [a] Σήμερον χαρὰ πανταχοῦ τῆς οἰκουμένης καὶ εὐφροσύνη πνευματική. Σήμερον καὶ τῶν ἀγγέλων ὁ δῆμος καὶ πασῶν τῶν ἄνω δυνάμεων ὁ χορὸς διὰ τὴν τῶν ἀνθρώπων σωτηρίαν ἀγάλλονται. Ἐννόησον τοίνυν, ἀγαπητὲ, χαρᾶς μέγεθος, ὅτι καὶ αἱ ἄνω δυνάμεις ἡμῖν συνεορτάζουσι· συγχαίρουσι γὰρ τοῖς ἡμετέροις ἀγαθοῖς. Καὶ γὰρ εἰ καὶ ἡμετέρα ἡ χάρις ἡ παρὰ τοῦ Δεσπότου, ἀλλὰ καὶ ἐκείνων ἡ ἡδονή. Διὰ τοῦτο οὐκ ἐπαισχύνονται ἡμῖν συνεορτάσαι. Καὶ τί λέγω, ὅτι οἱ σύνδουλοι ἡμῖν οὐκ ἐπαισχύνονται συνεορτάσαι; Αὐτὸς ὁ Δεσπότης αὐτῶν τε καὶ ἡμῶν οὐκ ἐπαισχύνεται ἡμῖν συνεορτάσαι. Τί δὲ εἶπον, οὐκ ἐπαισχύνεται; Καὶ ἐπιθυμεῖ συνεορτάσαι ἡμῖν. Πόθεν τοῦτο δῆλον; Ἄκουε αὐτοῦ λέγοντος· Ἐπιθυμίᾳ ἐπεθύμησα τοῦτο τὸ πάσχα φαγεῖν μεθ' ὑμῶν· εἰ δὲ τὸ πάσχα ἐπεθύμησε φαγεῖν, καὶ συνεορτάσαι δηλονότι. Ὅταν οὖν ἴδῃς μὴ μόνον ἀγγέλους καὶ πάντων τῶν οὐρανίων δυνάμεων τὸν δῆμον, ἀλλὰ καὶ αὐτὸν τὸν Δεσπότην τῶν ἀγγέλων ἡμῖν συνεορτάζοντα, τί σοι λείπεται λοιπὸν εἰς εὐφροσύνης λόγον; Μηδεὶς τοίνυν ἔστω κατηφὴς σήμερον διὰ τὴν πενίαν· ἑορτὴ γάρ ἐστι πνευματική. Μηδεὶς πλούσιος ἐπαιρέσθω διὰ τὸν πλοῦτον· οὐδὲ γὰρ ἀπὸ τῶν χρημάτων εἰσενεγκεῖν εἰς τὴν ἑορτὴν ταύτην δύναται. Ἐπὶ μὲν γὰρ τῶν ἔξωθεν ἑορτῶν, τῶν βιωτικῶν λέγω, ἔνθα πολλὴ ἡ φαντασία καὶ τῆς ἔξωθεν περιβολῆς, καὶ τῆς ἐν τῇ τραπέζῃ πολυτελείας, εἰκότως ἐκεῖ ὁ μὲν πένης ἐν ἀθυμίᾳ καὶ κατηφείᾳ ἔσται, ὁ δὲ πλούσιος ἐν ἡδονῇ καὶ φαιδρότητι. Τί δήποτε; Ὅτι ὁ μὲν λαμπρὰν ἐσθῆτα περιβάλλεται, καὶ πλουσιωτέραν παρατίθεται τὴν τράπεζαν· ὁ δὲ πένης ὑπὸ τῆς πενίας κωλύεται τὴν αὐτὴν φιλοτιμίαν ἐπιδείξασθαι. Ἐνταῦθα δὲ οὐδὲν τοιοῦτον, ἀλλὰ πᾶσα αὕτη ἡ ἀνωμαλία ἐκποδὼν, μία δὲ τράπεζα καὶ πλουσίῳ καὶ πένητι, καὶ δούλῳ καὶ ἐλευθέρῳ. Κἂν πλούσιος ᾖς, οὐδὲν πλεονάζεις τοῦ πένητος· κἂν πένης ᾖς, οὐδὲν ἔλαττον ἕξεις τοῦ πλουσίου, οὐδὲ διὰ τὴν πενίαν ἐλαττοῦταί σου τὰ τῆς εὐωχίας τῆς πνευματικῆς· θεία γάρ ἐστιν ἡ χάρις, καὶ οὐκ οἶδε προσώπων διαφοράν. Καὶ τί λέγω, πλουσίῳ καὶ πένητι ἡ αὐτὴ τράπεζα πρόκειται; Καὶ αὐτῷ τῷ τὸ διάδημα περικειμένῳ, καὶ τὴν ἁλουργίδα ἔχοντι, τῷ τὴν ἐξουσίαν τῆς οἰκουμένης ἀνῃρημένῳ, καὶ τῷ πτωχῷ τῷ πρὸς τὴν ἐλεημοσύνην καθημένῳ, μία τράπεζα πρόκειται. Τοιαῦτα γὰρ τὰ δῶρα τὰ πνευματικά· οὐ τοῖς ἀξιώμασι διαιρεῖ τὴν κοινωνίαν, ἀλλὰ τῇ προαιρέσει καὶ τῇ γνώμῃ. Μετὰ τῆς αὐτῆς παῤῥησίας καὶ τιμῆς καὶ ὁ βασιλεὺς καὶ ὁ πτωχὸς πρὸς τὴν ἀπόλαυσιν καὶ κοινωνίαν τῶν θείων τούτων μυστηρίων ὁρμῶσι. Καὶ τί λέγω, μετὰ τῆς αὐτῆς τιμῆς; Πολλάκις ὁ πένης μετὰ πλείονος τῆς παῤῥησίας. Τί

[a] Hæc longa serie habentur supra Tomo 2, p. 441, et sequentibus.

δήποτε; Ὅτι ὁ μὲν βασιλεὺς κυκλούμενος πραγμάτων φροντίσι, καὶ ὑπὸ πολλῶν περιστάσεων περιστοιχιζόμενος, ὥσπερ ἐν πελάγει τυγχάνων, οὕτω πανταχόθεν ὑπὸ τῶν ἐπαλλήλων κυμάτων περιῤῥαντίζεται, 754 A καὶ πολλὰ προστρίβεται τὰ ἁμαρτήματα· ὁ δὲ πένης, πάντων τούτων ἀπηλλαγμένος, καὶ ὑπὲρ τῆς ἀναγκαίας μόνης φροντίζων τροφῆς, καὶ τὸν ἀπράγμονα καὶ ἡσύχιον βίον μετιὼν, ὥσπερ ἐν λιμένι καὶ γαλήνῃ καθήμενος, μετὰ πολλῆς τῆς εὐλαβείας τῇ τραπέζῃ πρόσεισι.

Καὶ οὐ τοῦτο μόνον, ἀλλὰ καὶ ἐξ ἑτέρων πολλῶν ἀθυμίαι διάφοροι τίκτονται τοῖς περὶ τὰς βιωτικὰς ἑορτὰς ἠσχολημένοις. Πάλιν γὰρ ἐκεῖ μὲν πένης ἐν κατηφείᾳ, ὁ δὲ πλούσιος ἐν φαιδρότητι, οὐ διὰ τὴν τράπεζαν μόνην, καὶ τὴν πολυτέλειαν, ἀλλὰ καὶ διὰ τὰ ἱμάτια τὰ φαιδρὰ, καὶ τῆς ἐσθῆτος τὴν φαντασίαν. Ὅπερ γοῦν ἐπὶ τῆς τραπέζης πάσχουσι, τοῦτο καὶ B ἐπὶ τῶν ἱματίων ὑπομένουσιν. Ὅταν οὖν ἴδῃ τὸν πλούσιον ὁ πένης πολυτελεστέραν περιβεβλημένον στολὴν, ἐπλήγη τῇ ὀδύνῃ, ἐταλάνισεν ἑαυτὸν, μορία ἐπηράσατο. Ἐνταῦθα δὲ καὶ αὐτὴ ἡ ἀθυμία ἀνῄρηται· ἓν γὰρ ἅπασίν ἐστιν ἱμάτιον τὸ ἔνδυμα τὸ σωτήριον· καὶ βοᾷ Παῦλος λέγων· Ὅσοι εἰς Χριστὸν ἐβαπτίσθητε, Χριστὸν ἐνεδύσασθε. Μὴ τοίνυν καταισχύνωμεν τὴν τοιαύτην ἑορτὴν, παρακαλῶ, ἀλλὰ ἄξιον φρόνημα τῶν δεδωρημένων ἡμῖν παρὰ τῆς τοῦ Χριστοῦ χάριτος ἀναλάβωμεν. Μὴ μέθῃ καὶ ἀδηφαγίᾳ C ἑαυτοὺς ἐκδώσωμεν, ἀλλ' ἐννοήσαντες τοῦ ἡμετέρου Δεσπότου τὴν φιλοτιμίαν, καὶ ὅτι καὶ πλουσίους καὶ πένητας ὁμοίως ἐτίμησε καὶ δούλους καὶ ἐλευθέρους, καὶ εἰς πάντας κοινὴν τὴν δωρεὰν ἐξέχεεν, ἀμειψώμεθα τὸν εὐεργέτην τῆς περὶ ἡμᾶς εὐνοίας· ἀμοιβὴ δὲ ἀρκοῦσα πολιτεία ἀρέσκουσα, καὶ ψυχὴ νήφουσα καὶ διεγηγερμένη. Αὕτη ἡ ἑορτὴ καὶ πανήγυρις οὐ χρημάτων δεῖται, οὐ δαπάνης, ἀλλὰ προαιρέσεως μόνης καὶ διανοίας καθαρᾶς. Οὐδὲν σωματικόν ἐστιν ἐντεῦθεν ὠνήσασθαι, ἀλλὰ πάντα πνευματικά· ἀκρόασιν θείων λογίων, εὐχὰς πατέρων, εὐλογίας ἱερέων, τῶν θείων καὶ ἀποῤῥήτων μυστηρίων τὴν κοινωνίαν, εἰρήνην καὶ ὁμόνοιαν, καὶ πνευματικὰ δῶρα καὶ ἄξια D τῆς τοῦ δωρουμένου φιλοτιμίας. Ἑορτάσωμεν τοίνυν τὴν ἑορτὴν ταύτην ἐν ᾗ ἀνέστη ὁ Κύριος. Ἀνέστη γὰρ, καὶ τὴν οἰκουμένην ἑαυτῷ συνανέστησε. Καὶ αὐτὸς μὲν ἀνέστη, τὰ δεσμὰ τοῦ θανάτου διαῤῥήξας· ἡμᾶς δὲ ἀνέστησε, τὰς σειρὰς τῶν ἡμετέρων ἁμαρτιῶν διαλύσας. Ἥμαρτεν ὁ Ἀδὰμ, καὶ ἀπέθανεν· οὐχ ἥμαρτεν ὁ Χριστὸς, καὶ ἀπέθανε. Καινὸν καὶ παράδοξον· ἐκεῖνος ἥμαρτε, καὶ ἀπέθανεν· οὗτος οὐχ ἥμαρτε, καὶ ἀπέθανε. Τίνος ἕνεκεν, καὶ διὰ τί; Ἵνα ὁ ἁμαρτὼν καὶ ἀποθανὼν, διὰ τοῦ μὴ ἁμαρτόντος καὶ ἀποθανόντος δυνηθῇ τῶν θανάτου δεσμῶν ἐλευθε- E ρωθῆναι. Οὕτω πολλάκις καὶ ἐπὶ τῶν τὰ χρήματα

cumulatus, quasi in mari versans, sic undique ingruentibus fluctibus agitatur, et peccatis multis fœdatur; pauper autem iis expeditus, deque solo necessario alimento sollicitus, negotiis vacuam et quietam vitam ducens, quasi in portu et in tranquillo loco sedens, cum multa pietate ad mensam adstat.

4. Neque vero inde solum, sed etiam aliunde mœroris occasiones offeruntur iis qui sæcularia festa frequentant. Illic enim rursum pauper in tristitia, dives in gaudio agit, non tantum ob mensam ejusque lautitiam, sed etiam ob vestimenta splendida, et amictus præstantiam. Quod propter mensam, idipsum propter vestimenta patiuntur. Cum pauper divitem vestitu fulgentem videt, dolore cruciatur, se miserum existimat, et in maledicta erumpit. Hinc autem hujusmodi mœror eliminatur: una quippe omnibus vestis est salutare indumentum: clamat quippe Paulus his verbis: *Quicumque in Christum baptizati estis, Christum induistis.* (Cal. 3. 27.) Ne igitur, quæso, hujusmodi festum dehonestemus, sed digno animi sensu quæ nobis dona a divina gratia collata sunt, accipiamus. Ne ebrietati et gulæ nos dedamus, sed Domini nostri munificentiam nobiscum reputantes, quod videlicet pari honore divites et pauperes, servos et liberos habuerit, et commune omnibus donum effuderit, beneficum illum paribus remuneremur officiis, ob benevolentiam quam exhibuit nobis; congruous autem munus fuerit, vitæ institutum ipsi placitum, animusque vigilans et expeditus. Hoc festum, hæc celebritas non pecuniis, non sumtibus eget, sed proposito tantum et pura mente. Nihil hic corporeum emi potest, sed omnia spiritualia: divinorum eloquiorum doctrina, preces patrum, benedictio sacerdotum, divinorum et arcanorum mysteriorum communio, pax et concordia, et spiritualia dona, digna largitoris munificentia. Celebremus igitur hoc festum, in quo surrexit Dominus. Surrexit enim, et orbem secum suscitavit. Et ille quidem surrexit, mortis vinculis disruptis: nos autem suscitavit, peccatorum nostrorum catenis solutis. Peccavit Adam, et mortuus est; Christus non peccavit, et mortuus est. Res nova et singularis: ille peccavit, et mortuus est; hic non peccavit, et mortuus est. Cur et qua de causa? Ut qui peccavit et mortuus est, per eum qui non peccavit et mor-

tus est, posset a mortis vinculis liberari. Ita quoque sæpe in pecuniariis debitis fieri solet : debet quispiam alieni argentum, et solvere nequit, ideoque apprehenditur : alius vero nihil debens, qui solvendo par erat, numerata pecunia debitorem a vinculis liberavit. Tale quidpiam inter Adamum et Christum intercessit. Adamus erat debitor et morti obnoxius, et detinebatur a diabolo : Christus nec debebat, nec detinebatur : venit tamen et debitum mortis explevit pro eo qui detinebatur, ut illum a mortis vinculis liberaret. Vidistin' præclara resurrectionis opera? vidistin' Domini benignitatem? vidistin' magnitudinem providentiæ? Ne itaque simus erga tam beneficum ingrati, neque quia jejunium præteriit, segniores evadamus; sed nunc majorem quam antehac animæ nostræ sollicitudinem geramus, ne saginata carne anima infirmior sit, ne ancillam curantes, dominam negligamus. Quæ utilitas, quæso, si obesi dirumpamur et modum excedamus? Hinc enim et corpus labefactatur, et anima læditur. Sed tantum sumamus quantum necessitas postulat, ut et animæ et corpori quantum convenit tribuamus, ne ea quæ ex jejunio collegeramus, confestim effundamus. Anne prohibeo cibi et recreationis usum? Non prohibeo, inquam; sed hortor ut necessitatem ne excedamus, nimiamque voluptatem resecemus, ne modum excedentes, animæ sanitatem labefactemus. Neque enim voluptate fruetur ille qui necessitatis limites præteribit; idque optime sciunt illi qui rei periculum fecerunt : innumeras enim sibi morborum species pepererunt, ingensque sunt fastidium perpessi. Verum non dubito, quin hortationibus meis morem geratis : novi enim quam obsequentes sitis.

Cibus immoderatus vitandus.

5. Quamobrem hic finem hortandi faciens, sermonem convertere libet ad eos, qui in hac lucifera nocte dono divini baptismatis dignati sunt; ad has nempe pulchras Ecclesiæ plantas, ad flores spirituales, ad novos Christi milites. Nudiustertius Christus pendebat in cruce, sed nunc resurrexit; eodem quoque modo hi nudiustertius a peccato detinebantur, sed nunc cum Christo resurrexerunt; ille corpore mortuus est et resurrexit, hi per peccatum mortui erant et a peccato resurrexerunt. Terra itaque hoc tempore veris rosas, lilia et alios nobis flores profert : aquæ autem hodie ipsa terra longe amœnius nobis pratum ostendunt. Nec mireris, dilecte, si ex aquis prata floribus distincta prodierint : neque enim terra ab initio secundum propriam naturam herbarum germina fundebat, sed Domini

De recens baptizatis agitur.

ὀφειλόντων γίνεται· ὀφείλει τίς τινι ἀργύριον, καὶ οὐκ ἔχει καταβαλεῖν, καὶ διὰ τοῦτο κατέχεται· ἄλλος οὐκ ὀφείλων, δυνάμενος δὲ καταβαλεῖν, καταθεὶς ἀπέλυσε τὸν ὑπεύθυνον. Οὕτω καὶ ἐπὶ τοῦ Ἀδὰμ γέγονε, καὶ ἐπὶ τοῦ Χριστοῦ. Ὤφειλεν ὁ Ἀδὰμ τὸν θάνατον, καὶ κατείχετο ὑπὸ τοῦ διαβόλου· οὐκ ὤφειλεν ὁ Χριστὸς, οὐδὲ κατείχετο· ἦλθε δὲ καὶ κατέβαλε τὸν θάνατον ὑπὲρ τοῦ κατεχομένου, ἵνα ἐκεῖνον ἀπολύσῃ τῶν τοῦ
755 A θανάτου δεσμῶν. Εἶδες τῆς ἀναστάσεως τὰ κατορθώματα; εἶδες τοῦ Δεσπότου τὴν φιλανθρωπίαν; εἶδες μέγεθος κηδεμονίας; Μὴ τοίνυν ἀγνώμονες γινώμεθα περὶ τὸν οὕτως εὐεργέτην, μηδὲ ἐπειδὴ ἡ νηστεία παρῆλθε, ῥαθυμότεροι καταστῶμεν· ἀλλὰ νῦν μᾶλλον ἢ πρότερον πλείονα τῆς ψυχῆς ποιώμεθα τὴν ἐπιμέλειαν, ἵνα μὴ τῆς σαρκὸς πιαινομένης, αὕτη ἀσθενεστέρα γένηται, ἵνα μὴ τῆς δούλης φροντίζοντες, τῆς δεσποίνης καταμελῶμεν. Τί γὰρ ὄφελος, εἰπέ μοι, ὑπὲρ τὴν χρείαν διαῤῥήγνυσθαι, καὶ τὴν συμμετρίαν ὑπερβαίνειν; Τοῦτο καὶ τὸ σῶμα λυμαίνεται, καὶ τῆς ψυχῆς τὴν εὐγένειαν προδίδωσιν. Ἀλλὰ τῆς αὐταρκείας καὶ τῆς χρείας γενώμεθα, ἵνα καὶ ψυχῇ καὶ
B σώματι τὸ προσῆκον ἀποπληρώσωμεν, ἵνα μὴ τὰ ἀπὸ τῆς νηστείας συλλεγέντα ἀθρόον ἅπαντα ἐκχέωμεν. Μὴ γὰρ κωλύω ἀπολαύειν τροφῆς καὶ ἀνίεσθαι; Οὐ κωλύω τοῦτο, ἀλλὰ παραινῶ τῆς χρείας γίνεσθαι, καὶ τὴν πολλὴν τρυφὴν ἐκκόπτειν, καὶ μὴ τὸ μέτρον ὑπερβαίνοντας, λυμαίνεσθαι τῆς ψυχῆς τὴν ὑγείαν. Οὐδὲ γὰρ ἡδονῆς λοιπὸν ἀπολαύσεται ὁ τοιοῦτος ὑπερβὰς τῆς χρείας τοὺς ὅρους· καὶ τοῦτο μάλιστα ἴσασιν ἀκριβῶς οἱ διὰ τῆς πείρας αὐτῆς ἐλθόντες· καὶ μυρία ἐντεῦθεν ἑαυτοῖς τεκόντες νοσημάτων εἴδη, καὶ πολ-
C λὴν τὴν ἀηδίαν ὑπομείναντες. Ἀλλ' ὅτι μὲν πεισθήσεσθε ταῖς ἡμετέραις παραινέσεσιν οὐκ ἀμφιβάλλω· οἶδα γὰρ ὑμῶν τὸ πειθήνιον.

Καὶ διὰ τοῦτο ἐνταῦθα τὴν περὶ τούτου στήσας παραίνεσιν, πρὸς τοὺς κατὰ τὴν νύκτα τὴν φωτοφόρον ταύτην καταξιωθέντας τῆς τοῦ θείου βαπτίσματος δωρεᾶς τρέψαι βούλομαι τὸν λόγον, τὰ καλὰ ταῦτα τῆς Ἐκκλησίας φυτὰ, τὰ ἄνθη τὰ πνευματικὰ, τοὺς νέους τοῦ Χριστοῦ στρατιώτας. Πρὸ τῆς χθὲς ὁ Δεσπότης ἐν σταυρῷ ἐτύγχανεν, ἀλλ' ἀνέστη νῦν· οὕτω καὶ οὗτοι, πρὸ τῆς χθὲς ὑπὸ τῆς ἁμαρτίας κατείχοντο, ἀλλὰ νῦν συνανέστησαν τῷ Χριστῷ· ἐκεῖνος σώματι
D ἀπέθανε καὶ ἀνέστη, οὗτοι ἁμαρτίᾳ ἦσαν τεθνηκότες, καὶ ἀπὸ ἁμαρτίας ἀνέστησαν. Ἡ μὲν οὖν γῆ κατὰ τὸν καιρὸν τοῦτον τοῦ ἔαρος ῥόδα καὶ ἴα καὶ ἄλλα ἡμῖν ἐκδίδωσιν ἄνθη· τὰ μέντοι ὕδατα σήμερον τῆς γῆς τερπνότερον ἡμῖν λειμῶνα ἀνέδειξε. Καὶ μὴ θαυμάσῃς, ἀγαπητὲ, εἰ ἀπὸ τῶν ὑδάτων λειμῶνες ἀνθῶν ἀνεδείχθησαν· οὐδὲ γὰρ ἐξ ἀρχῆς ἡ γῆ κατὰ τὴν οἰκείαν φύσιν τὴν βλάστην ἐξέδωκε τῶν βοτανῶν, ἀλλὰ

τῷ ἐπιτάγματι εἴκουσα τοῦ Δεσπότου. Καὶ τὰ ὕδατα δὲ τότε ζῶα ἐξέδωκε κινούμενα, ἐπειδὴ ἤκουσεν, Ἐξαγαγέτω τὰ ὕδατα ἑρπετὰ ψυχῶν ζωσῶν· καὶ τὸ ἐπίταγμα ἔργον ἐγένετο· ἡ ἄψυχος οὐσία ἔμψυχα ζῶα [E] ἐξέβαλεν. Οὕτω καὶ νῦν τὸ αὐτὸ ἐπίταγμα πάντα εἰργάσατο. Τότε εἶπεν, Ἐξαγαγέτω τὰ ὕδατα ἑρπετὰ ψυχῶν ζωσῶν· νῦν δὲ οὐχὶ ἑρπετὰ, ἀλλὰ πνευματικὰ χαρίσματα ἀνέδωκε. Τότε ἰχθύας ἀλόγους ἐξήγαγε τὰ ὕδατα· νῦν δὲ ἰχθύας λογικοὺς καὶ πνευματικοὺς ἡμῖν ἀπέτεκεν ὑπὸ τῶν ἀποστόλων ἁλιευθέντας. Δεῦτε γὰρ, φησὶν, ὀπίσω μου, καὶ ποιήσω ὑμᾶς ἁλιεῖς ἀνθρώπων. Καινὸς ὄντως τῆς ἁλείας ταύτης ὁ τρόπος. Οἱ γὰρ ἁλιεύοντες ἐκ τῶν ὑδάτων ἐκβάλλουσι τοὺς ἰχθύας, καὶ νεκροῦσι τὰ ἁλιευόμενα· ἡμεῖς δὲ εἰς τὰ ὕδατα ἐμβάλλομεν, καὶ ζωογονοῦνται οἱ ἁλιευόμενοι. [756 A] Ἦν μὲν ποτὲ καὶ ἐπὶ τῶν Ἰουδαίων κολυμβήθρα ὕδατος· ἀλλὰ μάθε τί ἴσχυσεν, ἵνα γνῷς ἀκριβῶς τὴν πτωχείαν τὴν Ἰουδαϊκὴν, καὶ εἰδέναι ἔχῃς τὸν πλοῦτον τὸν ἡμέτερον. Κατήρχετο ἐκεῖ, φησὶν, ἄγγελος, καὶ ἐτάρασσε τὸ ὕδωρ, καὶ ὁ πρῶτος καταβαίνων μετὰ τὴν ταραχὴν ἀπήλαυε τῆς θεραπείας. Κατῆλθεν ὁ τῶν ἀγγέλων Δεσπότης εἰς τὰ Ἰορδάνεια ῥεῖθρα, καὶ ἁγιάσας τῶν ὑδάτων τὴν φύσιν πᾶσαν τὴν οἰκουμένην ἐθεράπευσε. Διὰ τοῦτο ἐκεῖ μὲν μετὰ τὸν πρῶτον ὁ καταβὰς οὐκ ἔτι ἐθεραπεύετο· Ἰουδαίοις γὰρ ἐδίδοτο ἡ χάρις τοῖς ἀσθενοῦσι, τοῖς χαμαὶ συ- [B] ρομένοις· ἐνταῦθα δὲ μετὰ τὸν πρῶτον ὁ δεύτερος κάτεισι, μετὰ τὸν δεύτερον ὁ τρίτος καὶ τέταρτος· κἂν μυρίους εἴπῃς, κἂν τὴν οἰκουμένην ἅπασαν ἐμβάλῃς εἰς τὰ νάματα ταῦτα τὰ πνευματικὰ, οὐκ ἀναλίσκεται ἡ χάρις, οὐ δαπανᾶται ἡ δωρεὰ, οὐ ῥυποῦται τὰ νάματα, οὐκ ἐλαττοῦται ἡ φιλοτιμία. Εἶδες μέγεθος δωρεᾶς; Ἀκούετε οἱ σήμερον καὶ κατὰ τὴν νύκτα ταύτην εἰς τὴν ἄνω Ἱερουσαλὴμ πολιτογραφηθέντες, καὶ ἀξίαν τοῦ μεγέθους τῶν δωρεῶν τὴν φυλακὴν ἐπιδείξασθε, ἵνα καὶ δαψιλεστέραν τὴν χάριν ἐπισπάσησθε· ἡ γὰρ ἐπὶ τοῖς ἤδη ὑπηργμένοις εὐ- [C] γνωμοσύνη τὴν φιλοτιμίαν ἐκκαλεῖται τοῦ Δεσπότου. Οὐκ ἔξεστί σοι, ἀγαπητὲ, λοιπὸν ἀδιαφόρως ζῇν· ἀλλὰ θὲς σαυτῷ νόμους καὶ κανόνας, ὥστε μετὰ ἀκριβείας ἅπαντα διαπράττεσθαι, καὶ πολλὴν τὴν φυλακὴν καὶ περὶ τὰ ἀδιάφορα νομιζόμενα εἶναι ἐπιδείκνυσθαι. Ἀγὼν γάρ ἐστι καὶ πάλη πᾶς ὁ παρὼν βίος, καὶ τοὺς ἐν τῷ σταδίῳ τούτῳ τῆς ἀρετῆς ἅπαξ εἰσελθόντας προσήκει πάντα ἐγκρατεύεσθαι· Πᾶς γὰρ ὁ ἀγωνιζόμενος πάντα ἐγκρατεύεται. Οὐχ ὁρᾷς ἐν τοῖς γυμνικοῖς ἀγῶσιν ὅπως πολλὴν ποιοῦνται τὴν ἑαυτῶν ἐπιμέλειαν οἱ πρὸς ἀνθρώπους τὴν πάλην ἀναδεχόμενοι, καὶ μετὰ πόσης ἐγκρατείας τὴν τοῦ σώματος ἄσκησιν ἐπιδείκνυνται; Οὕτω δὴ ἐνταῦθα. Ἐπειδὴ οὐ πρὸς [D] ἀνθρώπους ἡμῖν ἐστιν ἡ πάλη, ἀλλὰ πρὸς τὰ πνευματικὰ τῆς πονηρίας, καὶ ἡ ἄσκησις ἡμῶν καὶ ἡ ἐγ-

cessit imperio. Ipsæ aquæ tunc motu prædita animalia produxere, cum audissent: *Producant* [Gen. 1. 20.] *aquæ reptilia animarum viventium*: ac præ- [E] ceptum in opus exiit; inanimata substantia viva animalia protulit. Ita nunc quoque illud ipsum præceptum omnia operatum est. Tunc dixit, *Producant aquæ reptilia animarum viventium*: nunc autem non reptilia, sed spiritualia dona fundunt. Tunc aquæ pisces rationis expertes profuderunt; nunc autem rationabiles et spirituales pisces nobis pepererunt, quos apostoli piscati sunt. *Venite*, inquit, *post me*, et *faciam* [Matth. 4. 19.] *vos piscatores hominum*. Novus sane piscandi modus. Nam piscatores educunt pisces ex aquis, et captos enecant: nos autem in aquas injici- [756 A] mus, et qui capiuntur vita donantur. Erat quidem olim et apud Judæos piscina aquæ; verum disco quid illa potuerit, ut plane perspicias Judæorum inopiam, et simul videas ubertatem nostram. *Descendebat*, inquit, *angelus*, et *tur-* [Joan. 5. 4.] *babat aquam*, et *qui prior descendebat post aquæ commotionem, sanitatem consequebatur*. Descendit angelorum Dominus in Jordanis fluenta, et aquæ naturam sanctificans, universum orbem sanavit. Ideo illic quidem is qui post [B] priorem descendebat, non sanabatur; Judæis quippe infirmis et humi repentibus hujusmodi dabatur gratia; hic vero post primum secundus descendit, post secundum tertius et quartus; etiamsi sexcentos dixeris, etiamsi totum orbem terrarum in hæc fluenta spiritualia injeceris, non insumitur gratia, donum non exhauritur, fluenta non fœdantur, liberalitas non minuitur. Vidistin' magnitudinem doni? Audite qui hodie hac nocte in superna Jerusalem cives adscripti estis, et dignam magnitudine donorum custodiam ex- [C] hibete, ut uberiorem gratiam attrahatis: nam gratus de jam receptis animus Domini munificentiam provocat. Non licet tibi, dilecto, rursum quoquolibet modo vivere: sed leges tibi et regulas præscribas, ut accurate omnia perficias, et magnam custodiam adhibeas etiam circa ea quæ levia putantur esse. Certamen quippe luctaque est omnis vita præsens, et eos qui semel in hoc virtutis stadio sunt ingressi sese omnino continere par est: *Omnis enim qui in agone conten-* [1. Cor. 9. 25.] *dit, ab omnibus se abstinet*. Non vides quantam in gymnicis certaminibus sui curam habeant, qui cum hominibus certamen susceperunt, quan- [D] taque abstinentia corpus exerceant? Ita et hic se res habet. Quia non est nobis colluctatio cum hominibus, sed cum spiritualibus nequitiæ, nostra exercitatio et abstinentia spiritualis sit: nam et arma, quibus nos induit Dominus, spiritualia sunt. Habeat igitur oculus suos terminos et regulas, ne temere statim in quævis obvia feratur: habeat et lingua suum septum, ut ne mentem antevertat. Idcirco enim et dentes et labia ad linguæ custodiam creata sunt, ne umquam inconsulto per ostium erumpat; sed postquam omnia quæ ad se pertinent rite disposuerit, tunc cum omni ornatu et decoro procedat, et hujusmodi proferat verba, ut det gratiam audientibus, eaque profundat dicta quæ ad illorum institutionem conferant. Solutum vero risum declinare prorsus oportet, incessuque modesto nec concitato, veste constricta prodire par est; et sic omni modo sese concinnet oportet eum qui huic virtutis stadio nomen dedit: externus enim membrorum modus compositus est quasi imago interioris animæ status.

6. Si ad hujusmodi consuetudinem nos ab initio composuerimus, facili deinceps progredientes via, virtutem omnem percurremus, nec multo egebimus labore, multumque nobis de cælo subsidium adsciscemus. Sic enim præsentis vitæ fluctus tuto licebit transmittere, laqueisque diaboli superatis æterna bona consequi, gratia et benignitate Domini nostri Jesu Christi, cum quo Patri simul et Spiritui sancto gloria, imperium, honor nunc et semper, et in sæcula sæculorum. Amen.

κράτεια πνευματικὴ ἔστω· ἐπειδὴ καὶ τὰ ὅπλα ἡμῶν, ἅπερ ἡμᾶς ἐνέδυσεν ὁ Δεσπότης, πνευματικὰ τυγχάνει. Ἐχέτω τοίνυν καὶ ὀφθαλμὸς ὅρους καὶ κανόνας, ὥστε μὴ ἁπλῶς ἐπιπηδᾷν πᾶσι τοῖς προσπίπτουσι· καὶ ἡ γλῶσσα τειχίον ἐχέτω, ὥστε μὴ προτρέχειν τῆς διανοίας. Διὰ γὰρ τοῦτο καὶ οἱ ὀδόντες καὶ τὰ χείλη πρὸς τὴν τῆς γλώττης ἀσφάλειαν δεδημιούργηται, ἵνα μηδέποτε ἁπλῶς ἀναπετάσασα τὰς θύρας ἡ γλῶσσα
E ἐξίῃ, ἀλλ᾽ ἐπειδὰν καλῶς τὰ καθ᾽ ἑαυτὴν διαθῇ, τότε μετὰ πάσης εὐκοσμίας προΐῃ, καὶ τοιαῦτα προφέρῃ ῥήματα, ἵνα δῷ χάριν τοῖς ἀκούουσι, κἀκεῖνα φθέγγηται, ἃ πρὸς οἰκοδομὴν συντείνει τῶν ἀκουόντων. Καὶ τὸν ἄτακτον δὲ γέλωτα πάντῃ ἐκκλίνειν δεῖ, καὶ τὸ βάδισμα ἤρεμον ἔχειν καὶ ἡσύχιον, καὶ τὴν στολὴν κατεσταλμένην, καὶ διὰ πάντων ἁπαξαπλῶς ῥυθμίζεσθαι προσήκει τὸν ἀπογραψάμενον εἰς τὸ τῆς ἀρετῆς στάδιον· ἡ γὰρ τῶν μελῶν τῶν ἔξωθεν εὐταξία εἰκών τίς ἐστι τῆς ἐν τῇ ψυχῇ καταστάσεως.

Ἐὰν εἰς τοιαύτην συνήθειαν ἐκ προοιμίων ἑαυτοὺς
757 καταστήσωμεν, ὁδῷ βαδίζοντες λοιπὸν μετ᾽ εὐκολίας,
A τὴν ἀρετὴν ἅπασαν διανύσομεν, καὶ οὐδὲ πολλοῦ πόνοι δεησόμεθα, καὶ πολλὴν ἐπισπασόμεθα τὴν ἄνωθεν ῥοπήν. Οὕτω γὰρ δυνησόμεθα καὶ τὰ κύματα τοῦ παρόντος βίου μετὰ ἀσφαλείας διαδραμεῖν, καὶ τῶν τοῦ διαβόλου παγίδων ἀνώτεροι καταστάντες, τῶν αἰωνίων ἀγαθῶν ἐπιτυχεῖν, χάριτι καὶ φιλανθρωπίᾳ τοῦ Κυρίου ἡμῶν Ἰησοῦ Χριστοῦ, μεθ᾽ οὗ τῷ Πατρὶ ἅμα τῷ ἁγίῳ Πνεύματι δόξα, κράτος, τιμὴ, νῦν καὶ ἀεὶ, καὶ εἰς τοὺς αἰῶνας τῶν αἰώνων. Ἀμήν.

MONITUM

IN HOMILIAM SEQUENTEM,

QUÆ DE ASSUMTIONE VEL DE ASCENSIONE CHRISTI INSCRIBITUR.

Ubi primum in hanc homiliam, ex Manuscriptis Regiis et Ottoboniano erutam, incidi, putavi eam esse secundam quam Chrysostomus habuerat de inscriptione Actorum, sed aliquot in locis librariorum ausibus temeratam: quamobrem eam in Præfatione primi Tomi paragr. 9 ut suo ordine edendam enuntiavi. Verum re postea diligentius perpensa et accuratius examinata, comperi esse centonem variis ex homiliis, atque ut videtur variis ex scriptoribus consarcinatum, qui partem illius homiliæ secundæ Chrysostomi in principium Actorum non minimam complectitur. Eæ autem homiliæ numero quinque de Actorum inscriptione atque titulo maxime agebant. Illas sic clare commemorat, et quo ordine locandæ sint assignat Chrysostomus, Homilia tertia in principium Actorum, quam quia secunda, de qua jam agitur, excidit, tertiam locavimus et inscripsimus, etsi numero quarta esset. In ea vero num. 2 ita legitur: *Eo fit, ut cum ad quartum jam diem expositionem produ-*

xerimus, necdum tamen unam inscriptionem potuerimus præterire, sed adhuc circa illam versemur. Et paulo post : *Itaque primo die non* esse temere *prætereundas* inscriptiones *dicebam, quo* tempore *titulum vobis altaris legi, ac Pauli sententiam ostendi.... In hoc desiit priori die* tota *doctrina : post illam* secundo *die, qui libri* esset *illius auctor quæsivimus,* et *invenimus Dei gratia Lucam evangelistam, multisque vobis demonstrationibus rem in quæstione positam probavimus.* Et paucis interpositis clarius : *Prima igitur die de inscriptione :* secunda *vero die de* eo *qui librum scripsit : tertia die disseruimus apud cos qui advenerunt, de initio Scripturæ, et ostendimus quid sit actum, quid sit miraculum,* etc. Et in ea homilia, quæ quarta in principium Actorum inscribitur, sic habet : *Dixi tum temporis, a quo scriptus fuerit liber Actorum,* et *quis operis istius auctor fuerit; imo vero non quis auctor operis, sed quis minis.er. Non enim ille quæ dieta sunt produxit, sed iis, quæ dieta sunt ministravit.* Ex his liquidum est homiliam secundam in principium, seu in titulum Actorum illam esse in qua disquirebatur quis esset auctor libri Actuum Apostolorum ; neque minus constat illa omnia, quæ articoli 8 et 9 infra complectuntur, ad hanc homiliam pertinere : nam ibi primo quæritur quid significet titulus illo, *Acta Apostolorum :* deinde pluribus disquiritur quis sit istius libri auctor, probaturque esse Lucam : estque dissertatio illa vere Chrysostomo digna ; neque dubitare licet, ni fallor, eam ad homiliam jam memoratam pertinere. Articulus quoque sequens numero 10 inscriptus, ubi quæritur quoties Christus post resurrectionem apparuerit, ejusdem homiliæ lacinia esse omnino videtur, etsi forte non continue posita fuerit.

Cætera omnia ex variis scriptoribus, et forte nonnulla ex Chrysostomi homiliis decerpta sunt. Titulus *in Ascensionem Domini,* non ad totam orationem quadrare potest, sed ad quasdam tantum illius particulas. Prooemium non ineptum est. In num. 2 cum dicit concionator et se et auditores acris intemperie impeditos fuisse quominus ascenderent in Montem olivarum, indicat homiliam, aut hoc saltem assumentum, Jerosolymæ dictum fuisse. In numero 3 dicitur, lectum fuisse illo die illud ex evangelio Joannis : *Cum* sero esset *die illa una sabbatorum* etc., quæ certe ad Ascensionis diem non pertinent ; in sequentibus numeris usque ad septimum de hoc evangelii loco agitur, et postea pluribus de incredulitate Thomæ. Numero 7 paucis de ascensione Domini agitur. Octavus, nonus et decimus numerus ad homiliam secundam in inscriptionem Actuum Apostolorum pertinent, ut diximus. Undecimo numero de divina mensa agitur. Duodecimo de Spiritus sancti descenso in apostolos. Decimo tertio quæritur quo baptismo baptizati fuerint apostoli ante descensum Spiritus sancti, et concluditur baptizatos fuisse baptismate Joannis. Decimo quarto idem argumentum tractatur, et agitur carptim contra Anomœos. In cæteris quoque articulis de variis agitur rebus, et sic clauditur hic cento, a Græculo quopiam variis ex locis consarcinatus. Cæterum Mss. inter se variant ; in Regio enim [uno, 2030 olim, nunc 1447] ab his verbis, καὶ ἀναλήψεως καὶ δευτέρας παρουσίας, quæ numerum 2 claudunt, usque ad hæc verba n. 7, δεῦτε ἀναβῶμεν εἰς τὸ ὄρος τοῦ Κυρίου, omnia absunt : ac vicissim idem Regins post hæc verba numero 15, ἀλλ' ὥσπερ τῆς ἀναστάσεως ἔσχεν μάρτυρας τοὺς ὀφθαλμοὺς τῶν μαθητῶν, οὕτως αὐτοὺς αὐτόπτας ποιεῖ τῆς ἀναλήψεως, septem octove paginas quisquiliis plenas adjicit, quæ non sunt in Ottoboniano. [Eadem additamenta habentur etiam in altero Regio, n. 1186. Quibus perlectis non potuimus quin assentiremur Montfauconio hæc S. doctore indigna judicanti, ac merito ab editione secludenti. Cæterum homiliæ pars edita in eodem quem diximus Codice, partim etiam in altero, n. 1447, plurimis locis plenior legitur quam in Ottoboniano, et tam integra, ut quæ maxime ad rem facere viderentur vel in textu poneremus vel memoraremus in annotatione. L. de S.]

IN ASCENSIONEM DOMINI nostri *Jesu Christi,* et *in principium Actorum II.*

A

Divitiæ nobis, ac thesaurus, æternæque vitæ
fontes sunt Servatoris œconomiæ, quas et enarrare cupimus et prædicare festinamus; pro merito autem celebrare non valemus. Verum desiderio capti, et infirmitatem confitentes nostram,
ad propheticam illam vocem, ceu ad tranquillum
Psal. 105. 2. portum confugimus: *Quis loquetur potentias*
Domini, auditas faciet omnes laudes ejus?
Nam si magnus ille propheta, cui abscondita et
occulta sapientiæ suæ revelavit Deus, qui dignatus est Christi pater vocari, David beatus ille et
magnus in prophetis, gloriosus in regibus, Dei
amicus, cujus cor apud ipsum pretiosum erat,
Act. 13. 22. ita ut ipse Deus diceret: *Inveni David filium*
Jessæ, virum secundum cor meum; si ille
talis ac tantus, magnitudinem divinæ cognitionis
Psal. 138. 6. respiciens dicebat: *Mirabilis facta est scien-*
tia tua ex me, confortata est, non potero ad
eam; si propheta deficit, dum potentiam ejus
respicit; si Paulus theologus cælestisque illa
Rom. 11. 33. tuba clamat, *O altitudo divitiarum et sapien-*
tiæ et scientiæ Dei, quam incomprehensibi-
lia sunt judicia ejus, et investigabiles viæ
ejus! si prophetarum et apostolorum linguæ,
tot fluenta emittentes, quibus repleta est universa
terra cognitione Domini, ita ut aqua multa maria tegeret; si tanta taliaque flumina influentia,
quæ pietatis mare constituunt, se superari fatentur, ut ostendant ejus qui prædicatur potentiam:
tanto sapientiæ pelago proposito, quid esse videbitur perquam exigua verbi stilla? Verum
torpere non decet, etiamsi ad magnitudinem
theologiæ respiciamus; sed Dei propositum spectantibus divina doctrina fidenter est adeunda.
Præmia quippe sua Deus distribuit, non pro
dignitate eorum quæ dicuntur, sed secundum
prædicantium affectum, et secundum auditorum
caritatem. Acquemadmodum patres prolis aman-

ΤΟΥ ΑΥΤΟΥ ΕΙΣ ΤΗΝ ΑΝΑΛΗΨΙΝ τοῦ Κυρίου ἡμῶν Ἰησοῦ Χριστοῦ.

Πλοῦτος ἡμῖν, καὶ θησαυρὸς, καὶ πηγαὶ τῆς αἰωνίου ζωῆς, αἱ τοῦ Σωτῆρός εἰσιν οἰκονομίαι, ἃς καὶ λέγειν [a] διψῶμεν, καὶ κηρύττειν σπεύδομεν, εἰπεῖν δὲ κατ' ἀξίαν οὐκ ἰσχύομεν. Ἀλλὰ τῷ πόθῳ συνεχόμενοι, καὶ τὴν ἀσθένειαν ὁμολογοῦντες, ὥσπερ ἐπί τινα εὔδιον λιμένα καταφεύγομεν ἐπὶ τὴν προφητικὴν ἐκείνην φωνήν· Τίς λαλήσει τὰς δυναστείας τοῦ Κυρίου, ἀκουστὰς ποιήσει πάσας τὰς αἰνέσεις αὐτοῦ; Εἰ γὰρ [*] αὐτὸς ὁ μέγας προφήτης, ᾧ τὰ ἄδηλα καὶ τὰ κρύφια τῆς ἑαυτοῦ σοφίας ὁ Θεὸς ἐγνώρισεν, ὁ καταξιωθεὶς B πατὴρ Χριστοῦ κληθῆναι, Δαυὶδ ὁ μακάριος καὶ μέγας ἐν προφήταις, ὁ ἔνδοξος ἐν βασιλεῦσιν, ὁ τοῦ Θεοῦ φίλος, ὁ τετιμημένην ἔχων παρ' αὐτῷ καρδίαν, ὡς αὐτὸν τὸν Θεὸν εἰπεῖν· Εὗρον Δαυὶδ τὸν τοῦ Ἰεσσαὶ, ἄνδρα κατὰ τὴν καρδίαν μου· εἰ ὁ τοιοῦτος καὶ τηλικοῦτος, ἀπιδὼν εἰς τὸ μέγεθος τῆς θεογνωσίας ἔλεγεν, Ἐθαυμαστώθη ἡ γνῶσίς σου ἐξ ἐμοῦ, ἐκραταιώθη, οὐ μὴ δύνωμαι πρὸς αὐτήν· εἰ ὁ προφήτης [b] ἀτονεῖ πρὸς τὸ μέγεθος βλέπων τῆς αὐτοῦ δυνάμεως· εἰ Παῦλος ὁ θεολόγος καὶ ἡ οὐράνιος σάλπιγξ βοᾷ, Ὢ βάθος πλούτου καὶ σοφίας καὶ γνώσεως Θεοῦ, ὡς ἀνεξερεύνητα τὰ κρίματα αὐτοῦ, καὶ ἀνεξιχνίαστοι αἱ C ὁδοὶ αὐτοῦ· εἰ προφητῶν καὶ ἀποστόλων γλῶσσαι [c] τοσαῦτα χέουσαι νάματα, ἐξ ὧν ἐπλήσθη ἡ σύμπασα γῆ τοῦ γνῶναι τὸν Κύριον, ὡς ὕδωρ πολὺ κατακαλύψαι θαλάσσας· εἰ τοσοῦτοι καὶ τηλικοῦτοι ποταμοὶ ῥέοντες, καὶ πέλαγος εὐσεβείας συνιστῶντες, ὡμολόγησαν τὴν ἧτταν, ἵνα δείξωσι τοῦ κηρυττομένου τὴν δύναμιν· ποῦ φανήσεται λόγου βραχυτάτου ψεκὰς, τοσούτου πελάγους σοφίας προκειμένου; Ἀλλ' οὐ δεῖ πρὸς τὸ μέγεθος τῆς θεολογίας ὁρῶντας ναρκᾷν, ἀλλὰ πρὸς τὴν πρόθεσιν τοῦ Θεοῦ βλέποντας, κατατολμᾷν τῆς θείας διδασκαλίας. Βραβεύει γὰρ ὁ Θεὸς οὐ τῇ ἀξίᾳ τῶν λεγομένων, ἀλλὰ τῷ πόθῳ τῶν κηρυττόντων καὶ τῇ ἀγάπῃ τῶν ἀκουόντων. Καὶ ὥσπερ οἱ φιλόστοργοι πατέρες, ἐπειδὰν ἴδωσι τοὺς παῖδας ψελλίζοντας καὶ
759 χωλεύοντας τῇ λέξει, οὐ πρὸς τὸ ἄναρθρον βλέπουσι
A τοῦ λόγου, ἀλλὰ πρὸς τὸν πόθον τῆς φύσεως, καὶ πά-

[a] Exscripta ex Codice Ottoboniano et collata cum Codd. Regiis 2030 [nunc 1447] et 2027 [nunc 1186, in quo titulus est: *Ὁμιλία εἰς τὴν τοῦ Θωμᾶ ἀπιστίαν, καὶ εἰς τὴν ἀνάληψιν τοῦ Κυρίου ἡμῶν Ἰησοῦ Χριστοῦ τοῦ ἀληθινοῦ Θεοῦ*]. Ottobon. *διώκομεν*. Mox idem [cum 1186] *συνεχόμενοι καὶ τῇ βίᾳ κρατούμενοι, καὶ τὴν ἀσθένειαν*. [Cod. 1186 *τῷ πλήθει*, cet. ut Ottobon. Codicem 1447 sequitur Montf.]

[*] [Cod. 1186 *ἐκεῖνος ὁ μ. ἐν προφήταις*. Idem infra *εἰ οὗτος ὁ τοσοῦτος καὶ τηλ.*]

[b] Reg. unus [1447] *ἀτονεῖ καὶ ναρκᾷ*.

[c] Reg. [1186] *τοιαῦτα λέγουσαι νάματα*.

σης αὐτοῖς ῥητορικῆς μεγαλοφωνίας καὶ φιλοσόφου μετεωρολογίας ἡδύτερά ἐστι τὰ τῶν παίδων ψελλίσματα· οὕτω καὶ ὁ Θεὸς οὐκ εἰς τὰς γλώσσας ἡμῶν ψελλιζούσας περὶ θεολογίας, ἀλλ' εἰς τὸν πόθον καὶ εἰς τὴν διάθεσιν βλέπει, ὅτι πίστει κηρύττομεν καὶ ἀγάπῃ ἀνυμνοῦμεν.] Οὐ γὰρ δύναται ἡ ἀνθρωπίνη γλῶσσα τρανῶς λαλῆσαι, ἀλλ' ὅσα ἂν λαλήσωμεν περὶ Θεοῦ, ψελλίζοντες λαλοῦμεν. Διατί; Ἐπειδὴ καὶ ὁ Παῦλος βοᾷ· Ἐκ μέρους γινώσκομεν, καὶ ἐκ μέρους προφητεύομεν. Ὅμως δὲ εἰ καὶ ψελλίζομεν, ἐνεχείρισεν ἡμῖν ὁ Θεὸς τὸ κήρυγμα τῆς εἰρήνης. Διὰ τοῦτο βοᾷ Ἡσαΐας· Καὶ αἱ γλῶσσαι B αἱ ψελλίζουσαι μαθήσονται λαλεῖν εἰρήνην. Φέρε τοίνυν μικρὰ ψελλίσωμεν πρὸς τὸν κοινὸν ἡμῶν Πατέρα καὶ Δεσπότην, τὸν καταξιώσαντα εἰπεῖν τοῖς ἑαυτοῦ μαθηταῖς, Τεκνία· εἰ γὰρ τέκνα καλεῖ, τῶν τέκνων ψελλιζόντων ἀνέχεται. [a]Καὶ ἐπειδὴ ἔφη ἀνελθεῖν εἰς οὐρανοὺς, καὶ ἡ ἀνάληψις αὐτοῦ ἡ πολυύμνητος ἐκηρύχθη, οὐκ ἀποκλείεται χρόνῳ ἡ χάρις, οὐδὲ περιγράφεται ἡμέραις ἡ θεολογία.

Ἐπειδὴ δὲ θελήσαντες ἀνελθεῖν εἰς τὸ ὄρος τῶν ἐλαιῶν, ἐνεποδίσθημεν, ὡς οἶδεν ὁ Χριστὸς, προθέμενοι μὲν, κωλυθέντες δὲ διὰ τὴν ἀκαταστασίαν τοῦ ἀέρος καὶ τὸ συνεχὲς τοῦ πλήθους (λέγω δὲ ταῦτα, C ἵνα [b]πᾶσαν ὑπόληψιν λύσω τῶν μάτην ἐγκαλεῖν βουλομένων), ἐπειδήπερ πρὸς τὸ πλῆθος ἰδόντες τῶν εἰρημένων, ταχέως συνεστείλαμεν τὸν λόγον, ἵνα μὴ τῷ πλήθει τῶν λεγομένων καταχώσωμεν ὑμῶν τὴν μνήμην, σήμερον ἀποδίδομεν τὴν ὀφειλήν. Καὶ γὰρ ὁ νόμος ἐπέτρεπεν τὸν μὴ ποιήσαντα τῷ πρώτῳ μηνὶ τὸ πάσχα, τῷ δευτέρῳ μηνὶ τὴν ὀφειλὴν ἀποδιδόναι. Δεῖ δὲ ὑμᾶς εἰδέναι ὅτι Θεοῦ λόγος οὐ χρόνοις, οὐχ ἡμέραις περιγράφεται, ἀλλὰ κατὰ πᾶσαν ἡμέραν δέχεται κήρυγμα καὶ σταυροῦ, καὶ πάθους, καὶ ἀναστάσεως, καὶ ἀναλήψεως, καὶ δευτέρας παρουσίας.

[c]Ἠρέμα δὲ προδιαλαβόντες μικρά τινα τῶν θείων D ῥημάτων ἐν τοῖς ὑπαναγνωσθεῖσι σήμερον, καὶ τὰς εὐαγγελικὰς πηγὰς ἀντλήσαντες, οὕτως ἔλθωμεν ἐπὶ τὴν ἐπαγγελίαν. Οὔσης ὀψίας, τῇ ἡμέρᾳ ἐκείνῃ τῇ μιᾷ τῶν σαββάτων, καὶ τῶν θυρῶν κεκλεισμένων, ὅπου ἦσαν οἱ μαθηταὶ συνηγμένοι, ἦλθεν ὁ Ἰησοῦς. Ἀφ' οὗ ὁ Σωτὴρ τὴν ἀνάστασιν ἐπραγματεύσατο ἡμῖν, σπανίως φαίνεται, ἐν ἄλλαις ἡμέραις ἐπιφανεὶς τοῖς

tes, cum filios suos vident balbutientes, et verbis
claudicantes, non verba minus articulate prolata
respiciunt, sed affectum naturæ, ipsisque omni
rhetorico apparatu, et philosophica sublimitate
jucundior est illa puerorum balbuties : sic etiam
Deus non linguas nostras circa theologiam balbutientes, sed amorem affectumque nostrum
respicit, quoniam fide prædicamus et amore
celebramus. Non potest enim humana lingua clare
loqui, sed quidquid de Deo dicimus, balbutiendo
proferimus. Quare? Quoniam Paulus ipse clamat : *Ex parte cognoscimus* et *ex parte* 1. *Cor.* 13.
prophetamus. Attamen etiamsi balbutiamus, 9.
prædicationem pacis nobis Deus commisit.
Quamobrem clamat Hesaias : *Et linguæ balbo-* *Isai.* 32. 4.
rum discent loqui pacem. Agedum communem
Patrem Dominumque nostrum balbutientes paucis alloquamur, qui dignatus est discipulis dicere, *Pueruli* : nam si pueros vocat, balbu- *Joan.* 13.
tientes pueros feret. Quoniam vero dixit eum 33.
assumtum esse in cælos, et illa ejus celebranda
Ascensio prædicata est, non tempore concluditur
gratia, neque diebus circumscribitur theologia.

2. Quandoquidem autem cum ascendere vellemus in Montem olivarum, præpediti sumus, ut
Christus novit, et propositum nostrum cohibuit
aeris intemperies et populi frequentia (hæc porro
dico ut eorum, qui id mihi vitio vertere vellent,
suspicionem præcidam), cumque dictorum multitudinem considerantes, dicendi cito finem fecerimus, ne dictorum multitudine memoriam
vestram obrueremus, hodie debitum reddimus.
Nam lex jussit, eum qui primo mense Pascha
non celebrasset, secundo mense debitum solvere.
Opus autem est ut sciatis, verbum Dei non temporibus, non diebus circumscribi; sed quotidie
prædicationem admittere de cruce, de passione,
de resurrectione, de ascensione, de secundo
adventu.

3. Cumque pauca ex divinis verbis quæ hodie
lecta sunt ante prælibaverimus, exque evangelicis
fontibus hauserimus, sic ad promissionem accedamus. *Cum* sero esset, *die illa, una sabba-* *Joan.* 20.
torum, cum fores essent clausæ ubi erant 19.
discipuli congregati, *venit Jesus*. Ex quo Servator resurrectionem nobis paravit, raro apparet : aliisque a Dominica diebus discipulis sese

[a] Ottobon. καὶ ἐπειδὴ ἔφθην εἰπὼν ἀνελήφθη εἰς.

[b] Ottobon. [et Reg. 1447] πᾶσαν ὑποψίαν λύσω· ἐπειδήπερ τὸ πλῆθος ἰδόντες, ὡς ἄνθρωποι ὠκλάσαμεν ἀποδοῦναι [τὴν] ὀφειλήν. καὶ γὰρ ὁ νόμος ἐπιτρέπει.

[c] Hæc omnia desiderantur in Codice Regio 2030, usque ad hæc verba numero 7 : Δεῦτε ἀναβῶμεν εἰς τὸ ὄρος κυρίου.

exhibet. Quemadmodum enim singulis sabbatis
synagogam adibat, ut impleret legem : sic ex
quo resurrectionem paravit, et pignus mundo
attulit, die Dominica apparere curavit, una
sabbatorum, ut sanctæ Dominicæ fundamentum
poneret. Nam quæ ad sabbata spectabant, finem
habebant, et Dominica dies, scilicet resurrectionis, initium ducebat, ut de nuper dictis in memoria tenetis. Cur beatus Matthæus sabbata
inscribens, et sacris Dominicis dans initium,
Matth. 28. 1. dicebat, *Vespere sabbatorum?* Quia finis erat,
et vespera priorum sabbatorum, *Quæ lucescit
in una sabbatorum.* Apparuit igitur cum resurrexisset, una sabbatorum ipso die sanctæ
Joan. 20. 19. festivitatis Resurrectionis, *Januis clausis, ubi
erant discipuli congregati propter metum
Judæorum, venit Jesus, et stetit in medio.*
Quippe ubi metus adest, advenit is, qui metum
solvit; ubi tempestas ingruit, fulgent ea quæ
tranquillitatem parant; ubi videt scapham fluctibus agitatam, gubernaculum scientiæ affert :
procellam sedat, scapham in tranquillum locum
ducit, ingruenti timoris morbo remedium adhibet.
Stetit in medio; et quid dicit? *Pax vobis.* Ne
fluctuet mens vostra, ne turbentur cogitationes,
ne formidolosis cogitationibus quasi bello mo-
veamini : *Pax vobis.* Pax bellum de medio
tollit, metum solvit, inimicitiam eliminat : *Pax
vobis.* Pax a Deo sæpe data hominibus est, at
non auctoritate præsentiæ et personæ suæ, sed
per angelos, per prophetas, per justos : solus
Servator, ipse præsens, pacem dedit. Danieli
pax data est, sed per angelum. Visus est Danieli
Dan. 10. 19. angelus et dixit: *Pax tibi, vir desideriorum,
fortiter viriliterque age, Dominus tecum.*
Visus est quoque Gedeoni angelus, et dixit :
Jud. 6. 23. *Pax tibi.* Angeli itaque pacem dederunt, sed
nondum Dominus angelorum; per nuntios
misit, quod evangelicam pacem sibi reservaret.
Prophetæ vero cum sæpe ab angelis pacem accepissent, pacem sitiebant ipsius persona et aucto-
Isai. 26. 12. ritate datam. Ideo clamabat Hesaias, *Domine
Deus noster, pacem da nobis :* non per alios,
sed per teipsum pacem da nobis. Deinde secun-
Joan. 14. 27. et 20. 20. dum precationem responsio profertur : *Pacem
meam do vobis. Et cum hæc dixisset, osten-
dit eis manus* et latus. Quemadmodum enim
dux e bello reversus, victricibus plagis ornatus,
vulnera non erubescit; sunt enim illa coronis ipsis
splendidiora : sic et Servator vulnera pro veri-

E μαθηταῖς ἡ κατὰ τὴν ἡμέραν τῆς κυριακῆς. Ὥσπερ γὰρ ἐν ἑκάστῳ σαββάτῳ παρέβαλλε τῇ συναγωγῇ, ἵνα πληρώσῃ τὸν νόμον· οὕτως ἀφ' οὗ τὴν ἀνάστασιν ἐπραγματεύσατο, καὶ τὸν ἀῤῥαβῶνα τῷ κόσμῳ ἤνεγκεν, ἐσπούδαζε τῇ ἡμέρᾳ τῆς κυριακῆς, ἐν μιᾷ τῶν σαββάτων, ἐπιφαίνεσθαι, ἵνα πήξῃ τὸν θεμέλιον τῆς ἁγίας κυριακῆς. Τέλος γὰρ εἶχε τὰ τῶν σαββάτων, ἀρχὴν δὲ ἐλάμβανε τὰ τῆς δεσποτικῆς ἡμέρας, ἤγουν τῆς ἀναστάσεως, ὡς * μέμνησθε τῶν πρώην εἰρημένων. Πῶς ὁ μακάριος Ματθαῖος ἐπιγράφων τὰ σάβ- 760 βατα, ἀρχὴν δὲ εἰσάγων τῶν ἁγίων κυριακῶν, ἔλεγεν, A Ὀψὲ σαββάτων; Τέλος γὰρ ἦν, καὶ ὀψὲ τῶν πρώτων σαββάτων, ἐπιφωσκούσης εἰς μίαν σαββάτων. Ἐφάνη τοίνυν ἀναστὰς τῇ μιᾷ τῶν σαββάτων, αὐτῇ τῇ ἡμέρᾳ τῆς ἁγίας ἑορτῆς τῆς ἀναστασίμου, Τῶν θυρῶν κεκλεισμένων, ὅπου ἦσαν οἱ μαθηταὶ συνηγμένοι διὰ τὸν φόβον τῶν Ἰουδαίων, ἦλθεν ὁ Ἰησοῦς, καὶ ἔστη εἰς τὸ μέσον. Ὅπου τοίνυν ἀκμάζει φόβος, παραγίνεται ὁ λύων τὸν φόβον· ὅπου ἀκμάζει τὰ τῆς ζάλης, ἐπιλάμπει τὰ τῆς γαλήνης· ὅπου βλέπει τὸ σκάφος χειμαζόμενον τῆς εὐσεβείας, προσφέρει τὴν κυβερνητικὴν ἐπιστήμην· τὸν μὲν χειμῶνα λύων, τὸ δὲ σκάφος εἰς B γαλήνην εἰσάγων, πρὸς τὸ ἀκμάζον πάθος τοῦ φόβου τὸ φάρμακον φέρει. Ἔστη εἰς τὸ μέσον· καὶ τί φησιν; Εἰρήνη ὑμῖν. Μὴ στασιαζέτω ἡ διάνοια ὑμῶν, μὴ θορυβείσθω ὁ λογισμὸς, μὴ πολεμεῖσθε ταῖς ἐννοίαις τοῦ φόβου· Εἰρήνη ὑμῖν. Εἰρήνη πόλεμον ἀφανίζει, φόβον καταλύει, ἔχθραν ἐξορίζει· Εἰρήνη ὑμῖν. Ἐδόθη πολλάκις εἰρήνη παρὰ Θεοῦ τοῖς ἀνθρώποις, ἀλλ' οὐ διὰ προσώπου τῆς αὐθεντίας, ἀλλὰ δι' ἀγγέλων, διὰ προφητῶν, διὰ δικαίων· μόνος ὁ Σωτὴρ δι' ἑαυτοῦ φανεὶς ἔδωκεν εἰρήνην. Ἐδόθη τῷ Δανιὴλ εἰρήνη, ἀλλὰ δι' ἀγγέλου. Ὤφθη τῷ Δανιὴλ ἄγγελος καὶ εἶπεν· Εἰρήνη σοι, ἀνὲρ ἐπιθυμιῶν, ἴσχυε καὶ ἀνδρίζου, ὁ Κύριος μετὰ σοῦ. Ὤφθη καὶ τῷ Γεδεὼν C ἄγγελος καὶ εἶπεν· Εἰρήνη σοι. Ἄγγελοι τοίνυν ἔδωκαν εἰρήνην, οὐδέπω δὲ ὁ Δεσπότης τῶν ἀγγέλων· ἀλλὰ δι' ἐκείνων μὲν ἔπεμπεν, ἐταμιεύετο δὲ ἐν ἑαυτῷ τὴν εἰρήνην τὴν εὐαγγελικήν. Οἱ δὲ προφῆται δεξάμενοι πολλάκις παρὰ τῶν ἀγγέλων τὴν εἰρήνην, ἐδίψων ἐξ αὐτοῦ τοῦ προσώπου τῆς εἰρήνης τῆς αὐθεντίας δέξασθαι τὴν εἰρήνην. Διὸ καὶ ἐβόα Ἡσαΐας, Κύριε ὁ Θεὸς ἡμῶν, εἰρήνην δὸς ἡμῖν· μὴ δι' ἑτέρων, ἀλλὰ διὰ σαυτοῦ εἰρήνην δὸς ἡμῖν. Εἶτα πρὸς τὴν δέησιν ἡ ἀντιφώνησις· Εἰρήνην τὴν ἐμὴν δίδωμι ὑμῖν. Καὶ τοῦτο εἰπὼν ἔδειξεν αὐτοῖς τὰς χεῖρας καὶ D τὴν πλευράν. Ὥσπερ γὰρ στρατηγὸς ἐπανελθὼν ἀπὸ πολέμου, καὶ τραύμασι νικηφόροις λάμπων, οὐκ αἰσχύνεται τοῖς τραύμασι· στεφάνων γάρ ἐστι λαμπρότερα· οὕτω καὶ ὁ Σωτὴρ, τραύματα ὑπὲρ τῆς ἀλη-

* Μέμνησθε dedimus e Reg. 1186. Montf *μεμνῆσθαι*, vertens, *ut de n. d. mem. teneatur*.]

θείας ἀναδεξάμενος, καὶ ὑπὲρ τοῦ γένους τοῦ κοινοῦ, οὐ κρύπτει τὰ πάθη, ἀλλ' ἐκκαλύπτει, ἵνα δείξῃ τὴν ἑαυτοῦ ἀνδρείαν. Ἔδειξε τὰς χεῖρας ἐν αἷς ἦν ὁ τύπος τῶν ἥλων, ἔδειξε καὶ τὴν πλευρὰν ἐξ ἧς ἀνέβλυσεν ἡμῖν τῶν μυστηρίων τὴν πηγήν. Ἔδειξε τὰς χεῖρας, ἵνα πληροφορήσῃ τὴν ἀνάστασιν, ἵνα πληροφορήσῃ τοὺς ἀμφιβολοῦντας ὅτι ὄντως ὁ παθὼν ἀνέστη, ὅτι ὄντως τὸ ἀποθανὸν καὶ ταφὲν σῶμα ἐγήγερται.

Ἐχάρησαν οὖν οἱ μαθηταὶ ἰδόντες τὸν Κύριον. E Ἐδόθη εἰρήνη, ἐλύθη ὁ φόβος, ἤνθησεν ἡ χάρις. Εἶπεν οὖν αὐτοῖς πάλιν, εἰρήνη ὑμῖν. Διατί πάλιν; Ὅπου βούλεται πῆξαι τὰ δῶρα τῆς χάριτος, διπλασιάζει καὶ τὰς εὐλογίας· ὥσπερ ἐπὶ τοῦ Ἀβραάμ· Εὐλογῶν εὐλογήσω σε, καὶ πληθύνων πληθυνῶ σε· οὕτω δίδωσιν εἰρήνην ἐπὶ εἰρήνην τοῖς ἐγγὺς καὶ τοῖς μακράν. Καθὼς ἀπέσταλκέ με ὁ Πατὴρ, κἀγὼ πέμπω ὑμᾶς. Πρόσεχε, παρακαλῶ· ὅρα πῶς εἰς τὸ ἀνθρώπινον σχῆμα ἁρπάζει τὴν οἰκονομίαν. Οὐκ εἶπεν, καθὼς ἐγέννησέ με ὁ Πατήρ· ὅπου γὰρ ἀποστολὴ, τὸ 761 A ἀνθρώπινον σχῆμα ἐνδείκνυται. Συνεχῶς δὲ τοῦτο ἐπισημαινόμεθα, ἐπειδὴ τὴν οἰκονομίαν [a] ἑρμηνεύει. Ὅπου, φησὶν, γυμνὴ ἡ φύσις, Πατέρα καὶ Υἱὸν κηρύττει. Καθὼς ἀπέσταλκέ με. Πῶς δὲ ἀπέσταλκέ σε; Πρόσεχε, παρακαλῶ. Ἀπεστάλης Δεσπότης ἐξ οὐρανοῦ [b]· πῶς, καθὼς ἀπέστειλέ σε ὁ Πατὴρ, ἀποστέλλεις; Οὐ τὸν τρόπον, φησὶ, λέγω τῆς ἀποστολῆς, τὸ, Καθὼς ἀπέστειλέ με [c] ὁ Πατὴρ, κἀγὼ πέμπω ὑμᾶς, ἀλλὰ τὴν δύναμιν. Ἀπεστάλην ἐγὼ εἰς τὸ παθεῖν ὑπὲρ τοῦ κόσμου· ἀποστέλλω ὑμᾶς, ἵνα τοῖς ὑμετέροις πάθεσι τὴν οἰκουμένην στεφανώσω. Καὶ ἐπειδὴ οὐκ ἴσχυσεν ἡ θνητὴ φύσις ἀρκέσαι. πρὸς τὴν ὁμοιότητα τὴν δεσποτικὴν, λέγει· Καὶ τοῦτο εἰ- B πὼν ἐνεφύσησε [d], καὶ λέγει αὐτοῖς, λάβετε Πνεῦμα ἅγιον. Πρόσεχε. Διατί ἐνεφύσησεν ὁ Σωτὴρ τοῖς ἀποστόλοις κατ' αὐτὴν τὴν ἡμέραν τῆς ἀναστάσεως; Ἆρα γὰρ ἐκτὸς τοῦ ἐμφυσήματος οὐχ ἱκανὸς ἦν δοῦναι Πνεῦμα ἅγιον; Ἀλλ' ἐπειδὴ, τὸν πρῶτον ἄνθρωπον πλάττων, Ἐνεφύσησεν εἰς τὸ πρόσωπον αὐτοῦ, καὶ ἐγένετο ἄνθρωπος εἰς ψυχὴν ζῶσαν, ἀπώλεσε δὲ τοῦ ἐμφυσήματος τὴν χάριν διὰ τὴν παράβασιν, καὶ ἀπολέσας τὴν ζωοποιὸν δύναμιν, εἰς χοῦν διελύθη, καὶ ἐν τάφῳ κατέλυσεν τὴν αὐτοῦ δημιουργίαν· ἀνανεῶν τοίνυν τὸ πλάσμα, καὶ ἀποδιδοὺς τὸ ἀρχαῖον δῶρον, C ἐνεφύσησεν εἰς τὸ πρόσωπον τῶν ἀποστόλων, τὴν ἀρχαίαν ἐκείνην καὶ ζωτικὴν δύναμιν ἀποδιδοὺς τῷ πλάσματι· ὁμοῦ δὲ ἐπληροῦτο καὶ τὰ τῶν προφητῶν προειρημένα. Ὁ γὰρ μακάριος Ναοὺμ ὁ προφήτης,

tate, et pro communi genere nostro accepta non tegit, sed revelat, ut suam demonstret fortitudinem. Ostendit manus in quibus erat fixura clavorum; ostendit et latus, unde nobis fons mysteriorum scaturivit. Ostendit manus, ut resurrectioni fidem faceret, ut certiores faceret eos, qui dubitarent, eum qui passus fuerat resurrexisse, corpusque vere mortuum et sepultum revixisse.

4. *Gavisi sunt discipuli viso Domino.* Pax (Joan. 20. 20.) data est, metus solutus est, gratia floruit. *Dixit ergo illis iterum, Pax vobis.* (Ib. v. 21.) Cur iterum? Ubi vult dona gratiæ fundare, etiam benedictiones iterat: quemadmodum fecit et Abrahamo: *Benedicens benedicam tibi, et multiplicans multiplicabo te* (Gen. 22. 17.): sic tum proximis, tum procul positis paci pacem adjicit. *Sicut misit me Pater, et ego mitto vos.* (Joan. 20. 21.) Attende, quæso; vide quomodo ad humanam formam œconomiam rapiat. Non dixit, Sicut genuit me Pater: missio enim humanam formam ostendit. Id vero frequenter indicamus, quia id œconomiam declarat. Ubi, inquit, nudam naturam profert, Patrem atque Filium prædicat. *Sicut misit me.* Quomodo misit te? Attende, quæso. Missus es Dominus de cælo; quo pacto ita mittere potes ut Pater te misit? Non modum, inquit, missionis significo, cum dico, *Sicut misit me Pater, et ego mitto vos*, sed virtutem ejus. Missus sum ego ut patiar pro mundo; mitto vos ut passionibus vestris orbem coronem. Et quia non potuit mortalis natura dominicam similitudinem assequi, addit: *Et cum hæc dixisset, insufflavit, aitque illis, Accipite Spiritum sanctum.* (Joan. 20. 22.) Attende. Cur insufflavit Servator in apostolos ipso resurrectionis die? An nonnisi insufflando poterat Spiritum sanctum dare? Verum quia cum primum hominem formaret, *Insufflavit in faciem ejus, et factus est homo in animam viventem* (Gen. 2. 7.), sed insufflationis illius gratiam per prævaricationem perdidit; et postquam vivificam illam vim perdiderat, in pulverem resolutus est, et in sepulcro ejus opificium dissolvit; ut figmentum suum renovaret, et priscum illud donum restitueret, insufflavit in faciem apostolorum, veteremque illam et vivificam vim figmento suo restituit; ac simul implebantur prophetarum prædicta. Beatus

a [Quod conjecerat Montf. ἑρμηνεύει, pro vitioso εἰρηνεύει, recepimus e Cod. 1186, et ἡ post γυμνή.]

b [Addit id. Cod. οἱ ἀπόστολοι οὐκ ἐξ οὐρανοῦ.]

c [Locum plenum damus ex eod. Cod.]

d [Addit Cod. id. ὃ ἔλειπε τῇ φύσει, προσέδωκε τῇ χάριτι, καὶ τοῦτο εἰπὼν ἐνεφύσ. cet.]

quippe Nahum propheta, cum prævideret futurum esse, ut Servator a mortuis resurgens insufflaret in sanctos apostolos, et impleret eos divino munere, populo testificabatur his verbis:
Nahum. 1. 15, et 2. 1. *Celebra, Juda, festa tua, redde Deo vota tua: non adjicient ultra venire in antiquationem. Consummatum est, exscissum est. Ascendit enim ex terra qui insufflet in faciem tuam, et qui liberet te de tribulatione.*
Joan. 20. 22. *Tunc dixit, Pax vobis: et cum hoc dixisset, insufflavit, et dixit eis: Accipite Spiritum sanctum.* Quia videbat humanam naturam in laboribus dejectam, et ob infirmitatem certamina recusantem, id quod deficiebat, implet virtute Spiritus, ut illam imbecillitate labantem consolaretur: ac ceu ferrum quodpiam divina gratia acuit illam, ut quod ex natura sua non habebat, ex gratia acciperet, et virtute Spiritus firmata, certamina adiret. *Accipite Spiritum sanctum: sicut misit me Pater, et ego mitto vos.* At tu, Domine, ut Servator egressus, vidisti peccatores, et miseratus es illos; peccatorum nobis veniam dedisti. Superior est gratia: incidimus nos in abyssum peccatorum; multi sunt peccatores, multa opus est gratia. Auctoritatem non habemus: quomodo possumus mitti ut tu missus
Joan. 20. 23. es? Quamobrem ut impleretur illud: *Sicut misit me Pater, et ego mittam vos,* dicit: *Quorum remiseritis peccata, remittuntur eis; et quorum retinueritis,* retenta *sunt.* Quam habet potestatem Servator, dat apostolis. Quemadmodum enim fieri nequit ut gens principi committatur, si non habeat veniæ et mortis ac supplicii potestatem ab rege concessam: sic et Servator, illos constituturus principes orbis, dat illis et supplicii et veniæ potestatem, his verbis: *Quorum remiseritis peccata, remittuntur eis; et quorum retinueritis,* retenta *sunt.* Nullo enim pacto potest quis aut martyrium fortiter subire aut diligenter prædicare, aut quid magnum difficileque præstare, nisi martyris animum roboret Spiritus sancti virtus: alio quippe modo non possunt martyres esse. Martyrem vero nunc dico, non modo qui cruciatibus consummatus sit, sed etiam qui verbo gratiæ sit testificatus. Quivis enim veritatis præco, martyr est Dei. Quapropter
Joan. 1. 32. de Joanne Baptista dicit evangelium: *Et testificatus est Joannes veritati, dicens: Hic est*

προειδὼς ὅτι ὁ Σωτὴρ ἀνιστάμενος ἐκ τῶν νεκρῶν μέλλει ἐμφυσᾷν τοῖς ἁγίοις ἀποστόλοις, καὶ πληροῦν αὐτοὺς θείου χαρίσματος, διαμαρτύρεται τῷ λαῷ λέγων· Ἑόρταζε, Ἰούδα, τὰς ἑορτάς σου, ἀπόδος τῷ Θεῷ τὰς εὐχάς σου· οὐκ ἔτι οὐ μὴ προσθῶσιν ἐλθεῖν εἰς παλαίωσιν. Συντετέλεσται, ἐξῆρται. Ἀνέβη γὰρ ἐκ τῆς γῆς ὁ ἐμφυσῶν εἰς τὸ πρόσωπόν σου, καὶ D ἐξαιρούμενός σε ἐκ θλίψεως. [c] Τότε λέγει, εἰρήνη ὑμῖν, καὶ τοῦτο εἰπὼν ἐνεφύσησε, καὶ λέγει αὐτοῖς· λάβετε Πνεῦμα ἅγιον. Ἐπειδὴ εἶδε τὴν ἀνθρωπίνην φύσιν ὀκλάζουσαν πρὸς τοὺς πόνους, καὶ παραιτουμένην πρὸς τοὺς ἀγῶνας δι' ἀσθένειαν, ἀναπληροῖ τὸ λεῖπον τῇ δυνάμει τοῦ Πνεύματος, ἵνα κάμνουσαν αὐτὴν τῇ ἀσθενείᾳ ἡμῶν παραμυθήσηται· καὶ ὥσπερ σίδηρόν τινα ἐστόμωσεν αὐτὴν τῇ θείᾳ χάριτι, ἵνα ὃ μὴ ἔχῃ ἐκ φύσεως, δέξηται παρὰ τῆς χάριτος, καὶ προσέλθῃ πρὸς τοὺς ἀγῶνας τῇ δυνάμει τοῦ Πνεύματος νευρουμένη. Λάβετε Πνεῦμα ἅγιον· καθὼς ἀπέ- E σταλκέ με ὁ Πατὴρ, κἀγὼ πέμπω ὑμᾶς. Ἀλλὰ σὺ, Κύριε, ἐξελθὼν ὡς Δεσπότης, εἶδες ἁμαρτωλοὺς καὶ ἠλέησας, συνεχώρησας τὰ ἁμαρτήματα ἡμῶν. Ἀνωτέρα ἡ χάρις· ἐμπίπτομεν εἰς τὴν ἄβυσσον τῶν ἁμαρτημάτων ἡμεῖς· οἱ ἁμαρτάνοντες πολλοὶ, φιλανθρωπίας χρεία πολλῆς. Οὐκ ἔχομεν τὴν αὐθεντίαν, πῶς δυνάμεθα κατὰ σὲ ἀποσταλῆναι; Διὰ τοῦτο, ἵνα πληρωθῇ τὸ, Καθὼς ἀπέστειλέ με ὁ Πατὴρ, κἀγὼ ἀποστέλλω ὑμᾶς, λέγει· Ἄν τινων ἀφῆτε τὰς ἁμαρτίας, ἀφίενται αὐτοῖς· ἄν τινων κρατῆτε, κεκράτηνται. Ἣν ἔχει ἐξουσίαν ὁ Σωτὴρ, δίδωσι τοῖς ἀποστόλοις. Ὥσπερ γὰρ οὐχ οἷόν τέ ἐστιν ἄρχοντα πιστευθῆναι ἔθνος, μὴ λαβόντα συγχωρήσεως καὶ θανάτου καὶ τιμωρίας ἐξουσίαν παρὰ βασιλέως· οὕτω καὶ ὁ Σω- 762 A τὴρ μέλλων καθιστᾷν αὐτοὺς ἄρχοντας τῆς οἰκουμένης, δίδωσιν αὐτοῖς καὶ τιμωρίας ἐξουσίαν καὶ [a] συγχωρήσεως, τὸ, Ἄν τινων ἀφῆτε τὰς ἁμαρτίας, ἀφίενται αὐτοῖς· ἄν τινων κρατῆτε, κεκράτηνται. Ἓν γάρ ἐστι τῶν ἀμηχάνων, ἢ μαρτυρῆσαι γενναίως, ἢ κηρῦξαι σπουδαίως, ἢ πρᾶξαί τι τῶν μεγάλων καὶ δυσκατορθώτων, ἐὰν μὴ Πνεύματος ἁγίου δύναμις νευρώσῃ τὸν τόνον τοῦ μάρτυρος· ἄλλως γὰρ οὐ δύνανται μάρτυρες εἶναι. Μάρτυρα δὲ λέγω νῦν, οὐ μόνον τὸν διὰ παθῶν τελειούμενον, ἀλλὰ καὶ τὸν τῷ λόγῳ μαρτυροῦντα τῆς χάριτος. Πᾶς γὰρ κήρυξ ἀληθείας, μάρτυς ἐστὶ [b] Θεοῦ. Διὸ περὶ Ἰωάννου τοῦ βαπτιστοῦ λέγει B τὸ εὐαγγέλιον· Καὶ ἐμαρτύρησεν Ἰωάννης τῇ ἀληθείᾳ, λέγων· ὅτι οὗτός ἐστιν ὁ Χριστός. Μαρτυρεῖ δὲ οὐ τὸ πάσχειν, ἀλλὰ τὸ βοᾷν. Ἀμήχανον οὖν μάρτυρας γενέσθαι, θείοι λόγοι μὴ παρὰ τοῦ ἁγίου Πνεύματος

[c] [Addit id. Cod. τὰ δύο εἶπεν. ἐπειδὴ γὰρ καὶ τὸν φόβον ἔλυσε, καὶ ἐνεφύσησε δοὺς πνεῦμα· εἶπεν ὁ ἐμφυσῶν εἰς τὸ πρόσωπόν σου· καὶ ἐξαιρούμενός σε ἐκ θλίψεως· εἶτα τότε ccl.]

[a] [Id. Cod. hic et supra συγχωρήσει.]

[b] [Cod. om. Θεοῦ.]

νευρωθέντας. Διὸ λέγει ὁ Σωτὴρ τοῖς ἀποστόλοις ἀναλαμβανόμενος, Ὑμεῖς δὲ μείνατε ἐν τῇ πόλει Ἱερουσαλὴμ, ἕως ἂν ἐνδύσησθε δύναμιν ἐξ ὕψους, καὶ λήψεσθε δύναμιν ἐπελθόντος τοῦ ἁγίοι Πνεύματος· [c] δύναμιν ἥν τινα οὐχ οἷόν τέ ἐστι μάρτυρας γενέσθαι μὴ δεξαμένους.

Θωμᾶς δὲ εἷς ἐκ τῶν δώδεκα, ὁ λεγόμενος Δίδυμος, οὐκ ἦν μετ' αὐτῶν. Ἦν δὲ οἰκονομία μεγίστη Χριστοῦ, τὸ ἀπολειφθῆναι τὸν Θωμᾶν, ἵνα ἡ ἐκείνου ἀμφιβολία [d] ἐναργέστερον παραστήσῃ τὴν ἀνάστασιν. Εἰ μὴ γὰρ Θωμᾶς ἀπελείφθη, [e] καὶ τὴν ἀπόληψιν (sic) ἀμφέβαλεν, καὶ τῇ ἀμφιβολίᾳ πληροφορίαν ὁ Σωτὴρ προσήνεγκεν, ἔμελλεν ἔτι σκανδαλίζειν πολλοὺς τὸ τῆς ἀναστάσεως θαῦμα· ἀλλ' ἐγένετο ἡ ἐκείνοι ἀμφιβολία πάντων τῶν πιστῶν θεραπεία. Ὅτε οὖν ἦλθεν ὁ Θωμᾶς, ἔλεγον αὐτῷ οἱ ἄλλοι μαθηταὶ, Ἑωράκαμεν τὸν Κύριον. Οἱ μὲν ἐσεμνύνοντο ἐφ' οἷς ἐθεάσαντο· ὁ δὲ ὥσπερ ἀντιλογίᾳ τινὶ κατεχόμενος καὶ οἰκ ἀπιστίᾳ ([f] τοσοῦτον ἡ ἀμφιβολία), καὶ διψῶν πληροφορηθῆναι, οὐκ εἶπεν, ἀμήχανον τοῦτο γενέσθαι. Πρόσεχε ἀκριβῶς. Οὐκ ἀπηρνήσατο τὴν ἀνάστασιν· οὐκ εἶπεν, ἀδύνατα λέγετε, ἀμήχανα πράγματα ἀπαγγέλλετε· ἀλλ' ἐζήτησε πληροφορίαν λέγων· Ἐὰν μὴ ἴδω κἀγὼ ἐν ταῖς χερσὶν αὐτοῦ τὸν τύπον τῶν ἥλων, καὶ βάλω τὸν δάκτυλόν μου εἰς τὸν τύπον τῶν ἥλων, καὶ βάλω τὴν χεῖρά μου εἰς τὴν πλευρὰν αὐτοῦ; οὐ μὴ πιστεύσω [g]. Καὶ μεθ' ἡμέρας ὀκτώ. Ὅρα πῶς τῇ ἄλλῃ κυριακῇ ἐφίσταται· ἀπὸ γὰρ κυριακῆς εἰς κυριακὴν ὀκτὼ ἡμέραι εἰσίν. Καὶ μεθ' ἡμέρας ὀκτὼ τῆς ἀναστάσεως ἦλθε πάλιν ὁ Ἰησοῦς, τῶν θυρῶν κεκλεισμένων, καὶ ἔστη εἰς τὸ μέσον, καὶ εἶπεν· εἰρήνη ὑμῖν. Ἐπειδὴ ἐκεῖ δεύτερον εἶπεν, Εἰρήνη ὑμῖν, ὧδε μίαν εἶπεν, ἵνα ἐκ τῆς ἁγίας Τριάδος ὁλόκληρον τὸ δῶρον τῆς εἰρήνης ἐργάσηται· Εἰρήνη ὑμῖν. Εἶτα λέγει τῷ Θωμᾷ, φέρε τὸν δάκτυλόν σου ὧδε. Πρόσεχε, παρακαλῶ. Οὐκ ἀναμένει ὁ Σωτὴρ ἀκοῦσαι παρὰ τῶν μαθητῶν τὴν ἀμφιβολίαν τοῦ Θωμᾶ· οὐ πρῶτον ἐδιδάχθη, καὶ τότε διδάσκει· ἀλλ' ἵνα πείσῃ αὐτὸν ὅτι παρῆν καὶ μὴ φαινόμενος, καὶ ἵνα ἐξεταστὴς τῆς ἀμφιβολίας γένηται, λέγει τῷ Θωμᾷ, Φέρε τὸν δάκτυλόν σου ὧδε, ὡς εἶπας, καὶ ἴδε τὰς χεῖράς μου, καὶ φέρε τὴν χεῖρά σου καὶ βάλε εἰς τὴν πλευράν μου· καὶ μὴ γίνου ἄπιστος, ἀλλὰ πιστός. Δείκνυσιν [h] ὅτι ὁ πληρο-

Christus. Martyr non patiendo, sed clamando efficitur. Non possunt igitur martyres esse divini verbi, nisi sancto Spiritu roborentur. Ideo postmeus Servator dicit apostolis : *Vos autem ma-* Luc. 24, 49.
nete in civitate Jerusalem, donec induamini virtute ex alto, et accipietis virtutem supervenientis Spiritus sancti; virtutem, quam qui non acceperint, non possunt esse martyres seu testes.

5. *Thomas autem unus ex duodecim, qui* Joan. 20.
dicitur Didymus, non erat cum eis. Erat au- 24.
tem magna illa Christi œconomia, quod Thomas non adesset, ut ejus dubitatio clariorem certio-
C remque efficeret resurrectionem. Nisi enim Thomas defuisset, et de resurrectione dubitasset, ac dubitationi certum argumentum Servator opposuisset, futurum erat ut resurrectionis miraculum plurimis adhuc offendiculo esset : verum ojus dubitatio fidelibus cunctis remedium attulit. Cum itaque venit Thomas, dixerunt ei alii discipuli : *Vidimus Dominum.* Illi gloriabantur de iis quæ viderant; hic vero contradicendi quodam studio captus est, non incredulitate (tanta res est dubitatio), cum certior fieri peroptaret, non dixit, Id fieri nequit. Attende diligenter. Non negavit resurrectionem : non dixit, Impossibilia dicitis, res impossibiles annuntiatis; sed certior fieri voluit dicens : *Nisi vi-* Joan. 20.
dero in manibus ejus fixuram clavorum, et 25.
mittam digitum meum in locum clavorum, et *mittam manum meam in latus ejus, non credam. Et post dies octo.* Vide quomodo alteri Dominicæ insistit : nam a Dominica in Dominicam sunt octo dies. *Post dies octo* a Ib. v. 26.
resurrectione *venit iterum Jesus, januis clausis,* et *stetit in medio,* et *dixit : Pax vobis.*
E Quia pridem eodem in loco bis dixerat, *Pax vobis,* hic semel dicit, ut ex sancta Trinitate perfectum et integrum donum pacis faceret : *Pax vobis. Deinde dicit Thomæ, Infer digitum* Ib. v. 27.
tuum huc. Attende, quæso. Non exspectat Servator donec a discipulis Thomæ dubitationem audiat : non docetur prius quam doceat; sed ut persuadeat ipsi se præsentem fuisse, licet no appareret; et ut dubitationis inquisitor sit, ai Thomæ : *Infer digitum tuum huc,* ut dixisti, Ibid.

[c] [Omittit hæc Cod., sed addit post Πνεύματος : ἐφ' ὑμᾶς· καὶ ἔσεσθέ μοι μάρτυρες· ἄνευ γὰρ τοῦ λαβεῖν πνεύματος δύναμιν οὐχ οἷόν τέ ἐστι μάρτυρα γενέσθαι. Θωμᾶς cet.]

[d] [Cod. id. ἐνεργέστερον.]

[e] [Id. καὶ διὰ τὴν ἀπόλειψιν ἀμφέβαλλε.]

[f] [Id. τοσοῦτον ὅσον ἀμφιβολία.]

[g] [Addit id. οὐκ εἶπεν, οὐ μὴ πιστεύσω παντελῶς, ἀλλ' ἐὰν μὴ πληροφορηθῶ, οὐ μὴ πιστεύσω.]

[h] [Id. ὅτι πληροφορίαν ζητεῖ, οὐ πίστωσιν, ὁ δὲ πίστε βουλεύων πιστός.]

et vide manus meas : et infer manum tuam, et mitte in latus meum : et noli esse incredulus, sed fidelis. Ostendit eum, qui evidens indicium quærit, non esse fidelem ; sed eum qui fidei se subjicit, fidelem esse. Similis est is, qui investigat latus Christi et fixuras clavorum, ei qui dicit, Quomodo genitus est? Imo non similis. Ille quippe quærebat in carne videre fixuras clavorum, quæ sub aspectum et sensum cadebant: cupiebat videre rem peractam, quam ante sciebat. Tu vero qui curiose perquiris naturam invisibilem, substantiam incomprehensibilem, generationem ineffabilem, genitorem inenarrabilem, genitum incomprehensibilem, annon gravius prævaricaris? annon es infideli deterior? Si quod latus investigaverit beatus Thomas, audivit, *Noli esse incredulus, sed fidelis* : tu qui incorpoream et incomprehensibilem virtutem scrutaris, noli esse incredulus, sed fidelis. Attamen Dei indulgentiæ gratias agimus, quod Thomæ digitus pietatis calamus fuerit, qui hæretica retia subverteret, et eorum ora obturaret, qui dicere auderent, Dominum specie induisse corpus, specieque tantum mortuum esse. Digitus vero Thomæ hæreticorum dubitationem ita solvit, ut ille digitus, contra quem nihil potuerunt magi Ægytiorum dicentes : *Digitus Dei est hic.* Par erat Thomam, post certum illud acceptum indicium, illud Davidis dictum proferre : *In die tribulationis meæ Deum exquisivi;* et quia manibus scrutabatur, sequentia addere, *Manibus meis nocte contra eum, et non sum deceptus. Noli esse incredulus, sed fidelis.* Ille vero et a fixura eum, qui passus erat, conspexit, et a prævia cognitione Deum dicit : *Dominus meus et Deus meus.*

Exod. 8. 19.

Psal. 76. 3.

763 φορίαν ζητῶν, οὐ πιστὸς, ὁ δὲ πίστει δουλεύων, πιστός.
A Ὅμοιόν ἐστι τὸ ἐρευνᾷν πλευρὰν Χριστοῦ καὶ τύπους ἥλων, τῷ λέγειν, πῶς ἐγεννήθη; Μᾶλλον δὲ οὐχ ὅμοιον. Ὁ μὲν γὰρ ἐπεζήτει ἰδεῖν τύπους ἥλων ἐν σαρκὶ δρωμένους καὶ αἰσθήσει ὑποπίπτοντας· ἐπεθύμει ἰδεῖν πρᾶγμα γεγενημένον, ὃ καὶ προῄδει. Σὺ δὲ πολυπραγμονῶν φύσιν ἀθεώρητον, οὐσίαν ἀκατάληπτον, γέννησιν ἄῤῥητον, τὸν γεννήσαντα ἄφραστον, τὸν γεννηθέντα ἀκατάληπτον, οὐ χεῖρον παρανομεῖς; οὐκ εἶ ἀπίστοο χείρων; Εἰ πλευρὰν ἐρευνήσας ὁ μακάριος Θωμᾶς ἤκουσε, Μὴ γίνου ἄπιστος, ἀλλὰ πιστός· σὺ ἐρευνῶν τὴν ἀσώματον φύσιν, τὴν ἀκατάληπτον δύναμιν, [a] μὴ γίνου ἄπιστος, ἀλλὰ πιστός. Ὅμως εὐχαριστοῦμεν τῇ τοῦ Θεοῦ ἀγαθότητι καὶ ἀνεξικακίᾳ, ὅτι ὁ τοῦ Θωμᾶ δάκτυλος ἐγένετο κάλαμος εὐσεβείας,
B ἀνατρέπων τὰ αἱρετικὰ δίκτυα, καὶ ἐμφράττων αὐτῶν τὰ στόματα τῶν τολμώντων λέγειν, ὅτι σχήματι ἐνεδύσατο σῶμα ὁ Κύριος, καὶ σχήματι ἀπέθανεν. Ὁ δὲ δάκτυλος ὁ τοῦ Θωμᾶ οὕτω διέλυσε τῶν αἱρετικῶν τὴν ἀμφιβολίαν, ὡς ἐκεῖνος ὁ δάκτυλος, πρὸς ὃν οὐκ ἤρκεσαν οἱ μάγοι τῶν Αἰγυπτίων λέγοντες, Δάκτυλος Θεοῦ ἐστιν οὗτος. Ἔπρεπε τότε καὶ τῷ ἁγίῳ Θωμᾷ μετὰ τὴν πληροφορίαν εἰπεῖν τὸ τοῦ Δαυὶδ ῥητὸν, Ἐν ἡμέρᾳ θλίψεώς μου τὸν Θεὸν ἐξεζήτησα· καὶ ἐπειδὴ χερσὶν ἠρεύνα, εἰπεῖν τὸ ἐπαγόμενον, Ταῖς χερσί μου νυκτὸς ἐναντίον αὐτοῦ, καὶ οὐκ ἠπατήθην. Μὴ γίνου
C ἄπιστος, ἀλλὰ πιστός. Ἐκεῖνος δὲ καὶ ἀπὸ τοῦ τύπου θεασάμενος τὸν παθόντα, καὶ ἀπὸ τῆς προγνώσεως Θεὸν αὐτὸν καλεῖ· Ὁ Κύριός μου καὶ ὁ Θεός μου.

6. Audiant hæretici. Si vere id recusat Filius, nec est æqualis Patri, cur se exsuperantem honorem non rejicit? Audivit a quedam, *Magister bone,* et dixit, *Cur me dicis bonum? Nemo bonus nisi unus Deus.* Licet illud *bonus,* etiam apud nos in usu sit. Illud *bone* audire, ut tu suspicaris, aliquando recusavit ; annon illud *Deus* et *Dominus* multo magis recusare debuit? *Magister bone,* ac dicit, *Cur me dicis bonum?* Hic autem, *Dominus meus,* et *Deus meus,* et non dicit, Cur me dicis Dominum et Deum? sed ibi, quia se indigna vox erat (non

Matth. 19. 16. 17.

Ἀκουέτωσαν οἱ αἱρετικοί. Εἰ ἀληθῶς παραιτεῖται ὁ Υἱὸς, καὶ οὐκ ἔστιν ὁμότιμος [b] τῷ Πατρὶ, τίνος ἕνεκεν οὐκ ἀποπέμπεται τὴν ὑπερβαίνουσαν αὐτῷ τιμήν; Ἤκουσεν οὖν παρά τινος, Διδάσκαλε ἀγαθὲ, καὶ λέγει, Τί με λέγεις ἀγαθόν; Οὐδεὶς ἀγαθὸς, εἰ μὴ εἷς ὁ Θεός. Καίτοι τὸ [c] ἀγαθὸς ὄνομα καὶ ἐν ἡμῖν πολιτεύεται. Ἀγαθὲ ἀκοῦσαι κατὰ τὴν σὴν ὑπόνοιαν παρῃτήσατο·
D Θεὸς καὶ Κύριος ἀκοῦσαι οὐ πολλῷ μᾶλλον ὤφειλε παραιτήσασθαι; Διδάσκαλε ἀγαθὲ, καὶ λέγει, Τί με λέγεις ἀγαθόν; Ὧδε, Ὁ Κύριός μου καὶ ὁ Θεός μου, καὶ οὐκ εἶπε, τί με λέγεις Κύριον καὶ Θεόν; ἀλλ' ἐκεῖ, ἐπειδὴ ἀνάξιος αὐτοῦ ἦν ἡ φωνὴ

a [Omissis *μὴ... πιστός*, Cod. addit *οὐ πολλῷ μᾶλλον τοῦτο ἀκούσῃ;*]

b [Id. *τοῦ πατρός.*]

c [Id. *ἀγαθόν... ἀγαθὸν ἀκ.* Mox *ὁ κύριός μου καὶ ὁ θεός μου ἀκ.*

(οὐ γὰρ εἶπε, Κύριε ἀγαθὲ, ἀλλὰ, Διδάσκαλε ἀγαθὲ), τὸ εὐτελὲς ἀπεπέμψατο, καὶ τὸ ἔνδοξον ἀπεδέξατο. [a] Ἐκεῖ ἐμέμψατο, ἀλλὰ καὶ ἐκ τῶν ἐναντίων ἐμέμψατο, ὅτι βράδιον εἶπεν. Ἐμέμψατο αὐτὸν, οὐχ ὅτι εἶπεν, Ὁ Κύριός μου, ἀλλ' ὅτι βράδιον λέγει. Ἐπεὶ τοίνυν εἶδες καὶ ἐπίστευσας, μακάριοι οἱ μὴ ἰδόντες, καὶ πιστεύσαντες. Εἷς ἐνεκλήθη, καὶ ἡμεῖς πάντες F ἐμακαρίσθημεν· ὁ γὰρ μακαρισμὸς οὗτος ἐπὶ πάντας ἡμᾶς διαβαίνει καὶ τοὺς μεθ' ἡμᾶς· ὅτι μὴ παραλαβόντες ὄψει τὰ θαύματα, ἀλλὰ πίστει δεχόμενοι, κοινωνοὶ γινόμεθα τοῦ μεγάλου τούτου καὶ ἐνδόξου μακαρισμοῦ.

Ἀλλὰ ἀπὸ τῆς ἱστορίας, ἣν ἐπιτόμως διεδράμομεν, μεταβῶμεν, εἰ μὴ ἀπεκάμετε πρὸς τὸ πλῆθος τῶν εἰρημένων, εἰς ἄλλην προφητικὴν φωνήν. Ποίαν δὴ ταύτην; Δεῦτε, ἀναβῶμεν εἰς τὸ ὄρος τοῦ Κυρίου. 764 A Ἀπὸ γὰρ τοῦ ὄρους τῶν ἐλαιῶν ἀνελήφθη ὁ Σωτήρ. Δεῦτε, ἀναβῶμεν εἰς τὸ ὄρος τοῦ Κυρίου, καὶ εἰς τὸν οἶκον τοῦ Θεοῦ Ἰακώβ. [a] Ἐτίμησε δὲ ὁ Θεὸς καὶ τὴν ἡμέραν πάλιν τῇ ὁμωνυμίᾳ τοῦ ὄρους· καὶ γὰρ ἐκεῖ ἐξ ὄρους τοῦ λεγομένου ἐλαιῶν ἀνελήφθη ὁ Σωτὴρ, καὶ ὧδε ἡ λεγομένη ἐλαία πεφύτευται, καὶ τῇ ἐγγύτητι καὶ τῇ ὁμωνυμίᾳ πιστουμένη τὴν ἀρχαίαν ἱστορίαν. Καὶ γὰρ ἀνήγαγεν ὁ Σωτὴρ τοὺς μαθητὰς εἰς τὸ ὄρος τῶν ἐλαιῶν ἀπέναντι Ἱερουσαλήμ. Κἀκείνῃ καὶ ταύτῃ πρόσεχε τοίνυν. Δεῦτε, ἀναβῶμεν εἰς τὸ ὄρος τοῦ Κυρίου. Συνανέλθωμεν τῷ πόθῳ καὶ τῷ λόγῳ· καὶ ἴδωμεν τίνα ἡμῖν ἐπραγματεύσατο ἡ σωτήριος ἀνάληψις.

Βούλομαι οὖν αὐτὴν τὴν βίβλον τῶν Πράξεων ἀνα- B λαβεῖν, καὶ κατὰ μέρος ἐκ τῶν προοιμίων ἐξιχνιάσαι, ἵνα μεθ' ὑμῶν [b] ἀντλήσω τὰ θεῖα νάματα, καὶ ἐρευνήσωμεν κοινῇ τοὺς θησαυροὺς τῆς ἁγίας Γραφῆς, ὡς ἔμποροι τῆς ἀληθείας, καὶ ὡς σπεύδοντες πλουτεῖν ἐν εὐσεβείᾳ. Πράξεις, φησὶ, τῶν ἀποστόλων. Καὶ αὐτὴ ἡ ἐπιγραφὴ πᾶσαν ἐμφαίνει τῶν πραγμάτων τὴν δύναμιν, καὶ ἔστι προοίμιον ὅλης τῆς πραγματείας τὸ ἐπάγγελμα. Οὐδὲ γὰρ πάντων τῶν ἀποστόλων ἐμφέρονται ἐν τῇ βίβλῳ αἱ πράξεις· ἀλλ' εἴ τις ἀκριβῶς ζητήσειε, τὰ μὲν πρῶτα τῆς βίβλου Πέτρου [c] ἐκφαίνει θαύματα καὶ διδασκαλίαν, ὀλίγην δὲ καὶ τῶν λοιπῶν ἀποστόλων· καὶ μετὰ ταῦτα εἰς Παῦλον κενοῦται C πᾶσα ἡ πραγματεία. Πέτρος τοίνυν μνημονεύεται καὶ Παῦλος, καὶ πῶς πάντων τῶν ἀποστόλων αἱ πράξεις καλοῦνται; Ἀλλ' ἐπειδὴ, κατὰ τὸν Παῦλον, δοξαζο-

enim dixit, Domine bone, sed, *Magister bone*), vilitatem respuit ac rem gloriosam sibi admisit. Hic quoque reprehendit, sed contraria de causa reprehendit, quoniam id tardius dixerat. Reprehendit illum, non quod dixisset, *Dominus meus*, sed quod tardius dixisset. *Quia* igitur *vidisti me, credidisti : beati qui non viderunt, et crediderunt.* Unus reprehensus est, et nos omnes beati vocati sumus : illa quippe beatitudo ad nos omnes pertransit, et ad eos qui post nos futuri sunt; quia cum miracula illa non visu perceperimus, sed fide acceperimus, participes tamen sumus magnæ illius gloriosæque beatitudinis.

a Textus deficere videtur.

Joan. 20. 29.

7. Sed ab historia, quam compendio tractavimus, pertranseamus, si tamen dictorum copia non defatigati estis, ad aliam propheticam vocem. Qualem vero eam? *Venite, ascendamus, ad montem Domini.* Etenim a Monte olivarum assumtus est Servator. *Venite, ascendamus ad montem Domini,* et *ad domum Dei Jacob.* Diem autem illam Deus ejusdem nominis honore dignatus est, quo mons appellabatur. Etenim illic ex monte qui vocabatur oliveti, assumtus est Servator, et hic etiam plantatur oliva, quæ et propinquitate et nominis societate veteri historiæ fidem facit. Nam duxit Servator discipulos in Montem olivarum e regione Jerusalem. Et illi et huic igitur animum adhibeas : *Venite, ascendamus ad montem Domini.* Una ascendamus desiderio et verbo, eaque videamus, quæ salutaris illa assumtio nobis operata est.

Hæc, quæ numero 7. feruntur, nec cum præcedentibus, nec cum sequentibus cohærent.

Isai. 2. 3.

8. Volo itaque ipsum Actorum librum sumere, ac minutatim a principio examinare, ut divina fluenta vobiscum hauriam : atque ut veritatis institores thesauros sacræ Scripturæ una scrutemur, utpote qui studeamus in pietate ditescere. *Acta*, inquit, *Apostolorum.* Vel ipse titulus rerum vim totam enuntiat, estque proœmium totius operis pollicitatio. Neque tamen omnium apostolorum acta hoc in libro feruntur : sed si quis rem accurate scrutetur, quæ prima feruntur in libro, Petri miracula et doctrinam exhibent, pauca de reliquis apostolis; post hæc vero de Paulo totus liber absolvitur. Petrus ergo memoratur et Paulus, et quomodo omnium apostolorum appellantur acta? Verum quia, secundum Paulum, cum gloria afficitur unum membrum, gloria item

Hæc, quæ numeris 8. 9. 10. feruntur, vere Chrysostomi sunt.

De inscriptione libri Actorum.

1. Cor. 12. 29.

[a] [Hæc, ἐκεῖ ad ἐπεὶ τοίνυν om. id.]

[a] Duo Mss. Regii ἐτίμησε (unus [1447] ἐτίμα) δὲ θεὸς τὴν ἡμετέραν πόλιν τῇ ὁμωνυμίᾳ. Infra iidem ὧδε ὁμωνύμως ἡ λεγομένη. [Infra iid. κἀκείνης, καὶ ταύτης πρόσεχε.]

[b] Unus [1447] ζητήσω τὰ θεῖα νοήματα.

[c] Reg. [1447 μόνον] ἐμφαίνει.

afficiuntur omnia membra, ideo non inscripsit historiographus Acta Petri et Pauli, sed Acta Apostolorum; communis est pollicitatio. *Quis sit auctor libri Actorum.* Quærimus ergo quis hunc Actorum librum adornaverit: varii enim, nescientes qui fuerit scriptor libri, in varias divisi sunt sententias; alii dicunt ejus auctorem esse Clementem Romanum, alii Barnabam, alii Lucam evangelistam. Quoniam igitur illi in varias abeunt sententias, ipsum scriptorem pro interprete accipiamus, quisnam ille sit, quid agat; et num de seipso quidpiam significet. *Act. 1. 1.* *Primum quidem sermonem feci de omnibus, o Theophile.* Cum dixit, *Primum,* mentem nostram alio remittit, ut quæramus quem primum dicat sermonem. Nam si hunc solum edidisset, non diceret, *Primum sermonem feci.* Hic igitur liber secundus esse deprehenditur: primum enim jam fecerat: quem vero primum fecerit, ipse indicat: *Primum quidem sermonem feci de omnibus,* o *Theophile, quæ cæpit Jesus facere* et *docere*: ut appareat eum in primo sermone non Acta comprehendisse, sed Evangelium: *Primum sermonem,* non de iis quæ Petrus et Paulus fecerunt, sed Quæ *cæpit Jesus facere* et *docere.* Palam igitur est Lucam, qui Evangelium scripsit, etiam Acta edidisse. Verum attende, videamus num ipse sit. *Primum quidem sermonem feci de omnibus,* o *Theophile, quæ cæpit Jesus facere* et *docere, usque in diem, qua præcipiens apostolis per Spiritum* sanctum, *quos elegit, assumtus* est; ac si diceret, Narravi acta et doctrinam Servatoris usque ad assumtionem. Animum adhibete, obsecro. Primus, inquit, liber meus complectitur opera Domini et doctrinam ejus, pertingitque primus ille liber usque ad assumtionem. Comperies autem nec Matthæum ex toto, nec Marcum nisi ex parte tantum, nec Joannem complevisse totum Evangelium usque ad assumtionem, sed unum Lucam. Nam Matthæus hunc habet Evangelii finem: *Matth. 28. 16.—20.* *Undecim autem discipuli abierunt in montem Galilææ, ubi constituerat illis Jesus. Visus est autem illis,* et *adoraverunt eum;* et *dixit: Euntes docete omnes gentes. Et* ecce *ego vobiscum sum omnibus diebus usque ad consummationem sæculi.* Et hic finis Evangelii. Quomodo autem as-

μένου μέλους ἑνὸς, συνδοξάζεται πάντα τὰ μέλη, οὐκ ἐπέγραψεν ὁ ἱστοριογράφος πράξεις Πέτρου καὶ Παύλου, ἀλλὰ Πράξεις τῶν ἀποστόλων· [d] κοινὸν τὸ ἐπάγγελμα. Ζητοῦμεν οὖν τίς ὁ συντάξας ταύτην τὴν βίβλον τῶν Πράξεων· πολλοὶ γὰρ, ἀγνοοῦντες τὸν συγγραφέα, εἰς πολλὰς καὶ διαφόρους ἐμερίσθησαν ἐννοίας, οἱ μὲν εἰπόντες ὅτι Κλήμης ὁ Ῥωμαῖος συνέταξεν αὐτὰς, ἄλλοι δὲ λέγουσι, Βαρνάβας, ἄλλοι δὲ ὅτι Λουκᾶς ὁ εὐαγγελιστής. Ἐπεὶ οὖν εἰς διαφόρους ἐννοίας μερίζεται τὰ τῶν λογισμῶν αὐτῶν, ἑρμηνέα λάβωμεν τὸν συγγραφέα, τίς ἐστιν καὶ τί πραγματεύεται, [e] καὶ εἰ εἰς ἑαυτὸν σημειοῦται τὸν λόγον. Τὸν μὲν πρῶτον λόγον ἐποιησάμην περὶ πάντων, ὦ Θεόφιλε. Εἰπὼν, Πρῶτον, πέμπει ἡμῶν τὰς ἐννοίας ζητῆσαι, ποῖον πρῶτον λέγει λόγον. Εἰ γὰρ τοῦτον μόνον συνέταξεν, οὐκ ἂν εἶπε, Τὸν μὲν πρῶτον λόγον ἐποιησάμην. Ἰδοὺ οὖν εὑρίσκεται οὗτος ὁ λόγος δεύτερος· τὸν γὰρ πρῶτον ἤδη πεποίηται· ποῖον δὲ πρῶτον ἐποίησεν αὐτὸς λέγει· Τὸν μὲν πρῶτον λόγον ἐποιησάμην περὶ πάντων, ὦ Θεόφιλε, ὧν ἤρξατο ὁ Ἰησοῦς ποιεῖν τε καὶ διδάσκειν. Ὥστε δῆλον ὅτι οὐ Πράξεις συνέταξε ἐν τῷ πρώτῳ λόγῳ, ἀλλὰ Εὐαγγέλιον· Πρῶτον λόγον, οὐχ ὧν [f] ἐποίησε Πέτρος καὶ Παῦλος, ἀλλ' Ὧν ἤρξατο ὁ Ἰησοῦς ποιεῖν τε καὶ διδάσκειν. Δῆλον οὖν ὅτι ὁ τὸ Εὐαγγέλιον συντάξας Λουκᾶς, αὐτὸς καὶ τὰς Πράξεις συνέθηκεν. Ἀλλὰ πρόσχες, ἴδωμεν εἰ αὐτός ἐστιν. Τὸν μὲν πρῶτον λόγον ἐποιησάμην περὶ πάντων, ὦ Θεόφιλε, ὧν ἤρξατο ὁ Ἰησοῦς 765 A ποιεῖν τε καὶ διδάσκειν, ἄχρι ἧς ἡμέρας ἐντειλάμενος τοῖς ἀποστόλοις διὰ Πνεύματος ἁγίου, οὓς ἐξελέξατο, ἀνελήφθη· ἀντὶ τοῦ, εἶπον τὰς πράξεις τοῦ Σωτῆρος καὶ τὰς διδασκαλίας ἕως τῆς ἀναλήψεως. Προσέχετε, παρακαλῶ. Τὸ μὲν πρῶτόν μου, φησὶν, σύνταγμα περιέχει τὰ ἔργα τοῦ Κυρίου καὶ τὰς διδασκαλίας, καὶ ἔφθασε μὲν ὁ πρῶτος λόγος ἕως τῆς ἀναλήψεως. Εὑρίσκεις τοίνυν μήτε Ματθαῖον ὅλως, μήτε Μάρκον εἰ μὴ ἐν μέρει, μήτε Ἰωάννην πληρώσαντας τὸ Εὐαγγέλιον ἕως τῆς ἀναλήψεως, ἀλλὰ μόνον Λουκᾶν. Ματθαῖος μὲν γὰρ τέλος ἔχει τοῦ Εὐαγγελίου τοῦτο· Οἱ δὲ ἕνδεκα μαθηταὶ ἐπορεύθησαν εἰς τὸ ὄρος τῆς Γαλιλαίας, ὅπου συνετάξατο αὐτοῖς ὁ Ἰησοῦς. Ὤφθη δὲ αὐτοῖς, καὶ προσεκύνησαν αὐτῷ· καὶ εἶπε, πορευθέντες μαθητεύσατε πάντα τὰ ἔθνη. Καὶ ἰδοὺ ἐγὼ μεθ' ὑμῶν εἰμι πάσας τὰς ἡμέρας ἕως τῆς συντελείας τοῦ αἰῶνος. Καὶ τοῦτο τέλος τοῦ Εὐαγγελίου. Τὸ δὲ πῶς ἀνελήφθη [a] οὐκ εἶπεν. Μάρκος ὁμοίως λέγει· Καὶ ἐξῆλθον αἱ γυναῖκες ἐκ τοῦ μνημείου, καὶ οὐδενὶ ἀπήγγειλαν

[d] Reg. [uterque] κοινὸν γὰρ τὸ ἐγκώμιον, κοινὸν [καὶ addit 1186] τὸ ἐπάγγελμα. [Mox post οὖν 1186 addit πρῶτον.]

[e] [Cod. 1186 καὶ εἰς ἑαυτὸν σημαίνει τ. λ. τοίνυν τὸν μ. πρ. 1447 καὶ εἰ ἑαυτὸν λέγει. τ. μὲν πρ.]

[f] [Cod. 1186 addit σημείων.]

[a] Reg. οὐκ εἶπε· Ματθαῖος.

οὐδὲν, ἐφοβοῦντο γάρ. Καὶ μεθ' ἕτερα λέγει περὶ τῆς ἀναλήψεως ἐν συντόμῳ οὕτως· Ὁ μὲν οὖν Κύριος, μετὰ τὸ λαλῆσαι αὐτοῖς, ἀνελήφθη εἰς οὐρανὸν, καὶ ἐκάθισεν ἐκ δεξιῶν τοῦ Θεοῦ. Ἐκεῖνοι δὲ ἐξελθόντες ἐκήρυξαν πανταχοῦ, τοῦ Κυρίου συνεργοῦντος καὶ τὸν λόγον βεβαιοῦντος διὰ τῶν ἐπακολουθούντων σημείων. Ἀμήν. Τοῦτο τὸ τέλος τοῦ Εὐαγγελίου. Οὐκ ἐγένετο δὲ ἀναλήψεως μνήμη κατὰ πλάτος ἐν Μάρκῳ. Ἰωάννης δὲ τὴν ἐπὶ τῆς λίμνης τῆς Τιβεριάδος ἐπιφάνειαν τοῦ Σωτῆρος εἶπεν· Λέγει τῷ Πέτρῳ, Πέτρε, φιλεῖς με; καὶ ἐπλήρωσε τὴν διάλεξιν. [b] Καὶ ἔστη Ἰωάννης, καὶ οὐκ ἐμνημόνευσεν ἀναλήψεως, ἀλλὰ λέγει· Πολλὰ μὲν οὖν καὶ ἄλλα σημεῖα ἐποίησεν ὁ Ἰησοῦς, ἅτινα ἐὰν γράφηται καθ' ἓν, οὐδὲ αὐτὸν οἶμαι τὸν κόσμον χωρῆσαι τὰ γραφόμενα βιβλία. Οὔτε οὖν Ἰωάννης ὅλως, οὔτε Ματθαῖος ὅλως, οὔτε Μάρκος κατὰ πλάτος ἐμνημόνευσαν ἀναλήψεως. Αὐτὸς μέντοι ὁ Λουκᾶς ἕως τῆς ἀναλήψεως διέδραμε τὸν λόγον κατὰ πλάτος. Διὰ τοῦτο λέγει· Τὸν μὲν πρῶτον λόγον ἐποιησάμην περὶ πάντων, ὦ Θεόφιλε, ὧν ἤρξατο ὁ Ἰησοῦς ποιεῖν τε καὶ διδάσκειν, ἄχρι ἧς ἡμέρας ἐντειλάμενος τοῖς ἀποστόλοις, οὓς ἐξελέξατο, ἀνελήφθη.

Τίς δέ ἐστιν ὁ Θεόφιλος οὗτος; Κατὰ τοὺς τότε χρόνους ἡγεμὼν ἦν, καὶ ἐν τῇ ἀρχῇ ὢν ἐδέξατο τὸ κήρυγμα· καὶ ὥσπερ ὁ ἀνθύπατός ποτε τῆς Κύπρου, ἐν αὐτῷ τῷ ἀνθυπατεύειν ἐδέξατο τὸ κήρυγμα Παύλου· οὕτω καὶ ὁ Θεόφιλος ἡγεμὼν ὢν, τὸ τηνικαῦτα ἐδέξατο τὸ κήρυγμα διὰ τοῦ Λουκᾶ. Ἀξιοῖ δὲ αὐτὸν τὸν μακάριον Λουκᾶν συντάξαι αὐτῷ καὶ τὰς Πράξεις τῶν ἀποστόλων. Ἐδίδαξάς με, φησὶ, τὰ ἔργα τοῦ Σωτῆρος, δίδαξόν με λοιπὸν καὶ τὰ ἔργα τῶν μαθητῶν αὐτοῦ· διὰ τοῦτο προσφωνεῖ αὐτῷ καὶ τὸν δεύτερον λόγον. Καὶ γὰρ τὸ Εὐαγγέλιον τὸ κατὰ Λουκᾶν πρὸς Θεόφιλον ἐγράφη. Πόθεν τοῦτο δῆλον; Αὐτὸς ὁ Λουκᾶς λέγει· Ἐπειδήπερ πολλοὶ ἐπεχείρησαν ἀνατάξασθαι διήγησιν περὶ τῶν πεπληροφορημένων ἡμῖν πραγμάτων, καθὼς παρέδοσαν ἡμῖν οἱ ἀπ' ἀρχῆς αὐτόπται καὶ ὑπηρέται γενόμενοι τοῦ λόγου· ἔδοξε κἀμοὶ παρηκολουθηκότι ἄνωθεν πᾶσιν ἀκριβῶς καθεξῆς γράψαι σοι, κράτιστε Θεόφιλε, ἵνα γνῷς περὶ ὧν κατηχήθης λόγων τὴν ἀσφάλειαν. Τὸ δὲ, Κράτιστε, ὡς τὸ λαμπρότατε· τότε γὰρ ἐπὶ τῶν λαμπροτάτων τοῦτο ἐχρημάτιζε τὸ ἀξίωμα. Πόθεν τοῦτο δῆλον; Φῆστος ὁ ἡγεμὼν λέγει Παύλῳ, Μαίνῃ, Παῦλε· ὁ δὲ, Οὐ μαίνομαι, κράτιστε Φῆστε, τῷ ἡγεμόνι λέγει· οὕτω καὶ ἐνταῦθα, Κράτιστε Θεόφιλε. Εἰπὼν οὖν τὸ

sumtus sit, non dixit. Marcus similiter dicit: *Et egressæ sunt mulieres de monumento, et nemini quidquam dixerunt; timebant enim.* [Marc. 16. 8.] Et paucis interpositis de assumtione sic breviter loquitur: *Et Dominus quidem, postquam loquutus est eis, assumtus est in cœlum,* et *sedet a dextris Dei. Illi autem profecti prædicaverunt ubique, Domino cooperante,* et *sermonem confirmante sequentibus signis. Amen.* [Ibid. v. 19. 20.] Hic finis Evangelii. In Marco assumtionis mentio non est fuse descripta. Joannes vero Salvatorem ad stagnum Tiberiadis apparuisse narrat, aitque: *Dicit Petro, Petre diligis me?* et dialogum implevit. [Joan. 21. 15.] Certe Joannes hic stetit, nec memoravit assumtionem; sed dicit: *Multa quidem alia signa fecit Jesus, quæ si scribantur per singula, nec ipsum arbitror mundum capere posse eos, qui scribendi sunt, libros.* [Joan. 21. 25.] Nec Joannes itaque, nec Matthæus omnino assumtionem memorarunt, nec Marcus fuse descripsit. Verum Lucas usque ad assumtionem explicate persecutus est narrationem. Ideo dicit: *Primum quidem sermonem feci de omnibus, o Theophile, quæ cœpit Jesus facere* et *docere, usque in diem qua præcipiens apostolis, quos elegit, assumtus* est. [Act. 1. 1. 2.]

[Qui sit Theophilus, initio libri Actorum memoratus.]

9. Quis est hic Theophilus? Illo tempore præfectus erat, et in præfectura sua prædicationem suscepit; ac quemadmodum proconsul Cypri Pauli prædicationem in proconsulatu suscepit: sic et Theophilus dum præfectus esset prædicationem admisit Lucæ ministerio. Rogavit autem et beatum Lucam, ut Apostolorum Acta sibi conscriberet. Servatoris, inquit, gesta me docuisti; doce me etiam gesta discipulorum ipsius: ideo illi secundum librum nuncupat. Etenim Evangelium secundum Lucam ad Theophilum scriptum est. Undenam id probetur, ipse Lucas indicat: *Quoniam quidem multi conati sunt ordinare narrationem rerum, de quibus certiores facti sumus, sicut tradiderunt nobis, qui ab initio ipsi viderunt,* et *ministri fuerunt sermonis: visum est* et *mihi, assequuto omnia a principio, diligenter ex ordine tibi scribere, optime Theophile, ut cognoscas eorum verborum, de quibus eruditus es, veritatem.* [Luc. 1. 1—4.] Illud vero, *Optime,* est quasi splendidissime: tunc enim splendidissimis hæc dignitas tribuebatur. Undenam id perspicuum est? Festus præses dicit Paulo, *Insanis, Paule:* cui ille: [Act. 26. 24.]

[b] [Cod. 1186 ἀπέστη Ἰω. καὶ οὐδ' ὅλως ἐμν.]

Non insanio, optime Feste, præsidem compellans : sic et hic, *Optime Theophile*. Cum itaque de Evangelio primum Lucas loquutus esset, quod nuncupaverat Theophilo, rursus secundum B librum eidem Theophilo nuncupat. Quem librum? *Primum quidem sermonem feci de omnibus, o Theophile, quæ cœpit Jesus facere* et *docere*. Et quousque sermonem fecisti? *Usque in diem, qua præcipiens apostolis, quos elegit per Spiritum sanctum, assumtus* est. Est autem illud per hyperbaton seu transpositionem dictum. Evangelium composui ab initio, inquit, usque in diem, qua assumtus est, postquam apostolis, quos elegerat, præcepta dedit. Animum adhibe, quæso. *Quibus* et *præbuit seipsum vivum* post *passionem suam*. Vide evangelistæ fiduciam : ne in Actibus Apostolorum C quidem theologiam relinquit. Non dixit, Quibus apparens; sed, *Quibus præbuit seipsum vivum*.
Joan. 2. 19. Nam *Solvite*, inquit, *templum hoc*, et *in tribus diebus excitabo illud. Quibus præbuit seipsum vivum* post *passionem suam in multis argumentis per dies quadraginta apparens eis*, et *loquens de* regno *Dei*.

Εὐαγγέλιον πρῶτον ὁ Λουκᾶς, καὶ προσφωνήσας αὐτὸ Θεοφίλῳ, πάλιν τῷ αὐτῷ Θεοφίλῳ προσφωνεῖ καὶ τὸν δεύτερον. Ποῖον δὴ τοῦτον; Τὸν μὲν πρῶτον λόγον ἐποιησάμην περὶ πάντων, ὦ Θεόφιλε, ὧν ἤρξατο ὁ Ἰησοῦς ποιεῖν τε καὶ διδάσκειν. Καὶ ἐποιήσω τὸν λόγον μέχρι τίνος; Ἄχρι ἧς ἡμέρας ἐντειλάμενος τοῖς ἀποστόλοις, οὓς ἐξελέξατο διὰ Πνεύματος ἁγίου, ἀνελήφθη. Καθ' ὑπέρβατόν ἐστιν. Συνέταξα τὸ Εὐαγγέλιον ἀπ' ἀρχῆς, φησὶν, ἄχρι ἧς ἡμέρας ἀνελήφθη, συνταξάμενος τοῖς ἀποστόλοις, οὓς ἐξελέξατο. Πρόσεχε, παρακαλῶ. Οἷς καὶ παρέστησεν αὐτὸν ζῶντα μετὰ τὸ παθεῖν αὐτόν. Ὅρα εὐαγγελιστοῦ παῤῥησίαν· οὐδὲ ἐν ταῖς Πράξεσι τῶν ἀποστόλων ἀπολιμπάνεται τῆς θεολογίας. Οὐκ εἶπεν, οἷς ἐμφανίζων, ἀλλ', Οἷς παρέστησεν ἑαυτὸν ζῶντα. Λύσατε γὰρ, φησὶ, τὸν ναὸν τοῦτον, καὶ ἐν τρισὶν ἡμέραις ἐγερῶ αὐτόν. Οἷς καὶ παρέστησεν ἑαυτὸν ζῶντα μετὰ τὸ παθεῖν αὐτὸν ἐν πολλοῖς τεκμηρίοις, δι' ἡμερῶν τεσσαράκοντα ὀπτανόμενος αὐτοῖς, καὶ λέγων τὰ περὶ τῆς βασιλείας τοῦ Θεοῦ [a].

10. Attende, quæso. *In multis argumentis per dies quadraginta apparens eis*, et *loquens de* regno *Dei*. Per illos quadraginta dies non quotidie apparebat eis. Etenim post resurrectionem magnam carni suæ vim indidit ad fidem conciliandam, ne, si frequentius appareret, magnitudinem virtutis solveret. Oportebat enim illum post resurrectionem cum divinis signis D apparere, nec se frequentius in conspectum dare: ideo dicit, *In multis argumentis per dies quadraginta*. Non enim se in conspectum dabat; sed erant hæc argumenta ipsum esse probantia. Apparebat enim iis alia forma, alia voce, alio habitu. Adstabat apostolis frequenter, nec ab eis cognoscebatur. Adiit piscatores Petrum et socios,
Joan. 21. 5. aitque iis : *Filioli, numquid habetis ad manducandum?* et non cognoverunt eum, non for-
Ib. v. 6. mam, non vocem, dicitque, *Mittite ad dexteram navigii* rete, et *invenietis ;* ac cum misissent, multa piscati sunt. Cum itaque eum non ex con- E spectu perciperent, ex argumentis virtutis percipiebant. Quapropter evangelista Joannes dicit
Ib. v. 7. Petro, *Dominus* est, non visu suadente, sed argumento virtutis. Ideo clamat Lucas, *In multis argumentis per dies quadraginta apparens*

Πρόσεχε, παρακαλῶ. Ἐν πολλοῖς τεκμηρίοις δι' ἡμερῶν τεσσαράκοντα ὀπτανόμενος αὐτοῖς, καὶ λέγων τὰ περὶ τῆς βασιλείας τοῦ Θεοῦ. Οὐ καθ' ἑκάστην ἡμέραν τῶν τεσσαράκοντα ἐπεφαίνετο αὐτοῖς. Μετὰ γὰρ τὴν ἀνάστασιν πολλὴν περιέθηκε τῇ σαρκὶ ἀξιοπιστίαν, ἵνα μὴ τὸ συνεχὲς τῆς ὄψεως ἐκλύσῃ τὸ μέγεθος τῆς δυνάμεως. Ἔδει γὰρ αὐτὸν ἀναστάντα λοιπὸν τύποις θεϊκοῖς ἐπιφαίνεσθαι, οὐκ αὐτοψίας συνηθείᾳ· διὰ τοῦτο λέγει, Ἐν πολλοῖς τεκμηρίοις δι' ἡμερῶν τεσσαράκοντα. Οὐκ αὐτοψία γὰρ ἦν, ἀλλὰ τεκμήριά τινα τοῦ αὐτὸν εἶναι. Ἐφαίνετο γὰρ αὐτοῖς ἄλλῃ μορφῇ, ἄλλῃ φωνῇ, ἄλλῳ σχήματι. Ἐπέστη πολλάκις τοῖς ἀποστόλοις, καὶ οὐκ ἐγνωρίζετο. Ἐπέστη ἁλιεύουσι τοῖς περὶ Πέτρον καὶ λέγει αὐτοῖς· Τεκνία, μήτι προσφάγιον ἔχετε; καὶ οὐκ ἐπέγνωσαν, οὐ τὴν μορφὴν, οὐ τὴν φωνὴν, καὶ λέγει, Βάλετε εἰς τὰ δεξιὰ μέρη τοῦ πλοίου τὸ δίκτυον, καὶ εὑρήσετε· καὶ βαλόντες ἡλίευσαν πολλά. Μὴ καταλαβόντες οὖν αὐτὸν ἀπὸ ὄψεως, ἀπὸ τεκμηρίων τῆς δυνάμεως κατέλαβον. Διὸ καὶ ὁ εὐαγγελιστὴς Ἰωάννης λέγει τῷ Πέτρῳ, Ὁ Κύριός ἐστιν, οὐκ ὄψει πληροφορηθεὶς, ἀλλὰ τεκμηρίῳ δυνάμεως. Διὰ τοῦτο ὁ Λουκᾶς βοᾷ, Ἐν πολλοῖς τεκμηρίοις δι' ἡμερῶν τεσσαράκοντα ὀπτανόμενος αὐτὸς, καὶ λέγων. Οὐχ ἁπλῶς ὀπτανόμενος, ἀλλὰ κατὰ καιρὸν φαινόμενος. Εὑρίσκομεν δὲ

[a] [Addit Cod. 1886 *καὶ γὰρ πρὸ τῆς χθὲς ἦν ἀνάληψις, ἐπειδὴ τεσσαράκοντα ἡμέραι πληροῦνται ἀπὸ τῆς ἀναστάσεως μέχρι τῆς ἀναλήψεως. τῇ γὰρ πεντηκοστῇ οὐκ ἦν ἀνάληψις, ἀλλ' ἡ τοῦ ἁγίου πνεύματος ἐπιφοίτησις*·]

ἐπιτηρησάμενοι ἀκριϐῶς ὅτι μετὰ τὴν ἀνάστασιν ἐνδέκατον ὤφθη τοῖς ἁγίοις ἀποστόλοις ὁ Σωτὴρ, καὶ τότε ἀνελήφθη πρὸς τὸν Πατέρα. Διατί; Ἐπειδὴ γὰρ εἶχεν ἕνδεκα μαθητὰς, τοῦ Ἰούδα ἐκϐληθέντος, καὶ ἀπολέσαντος τὸν ἴδιον τόπον καὶ τὴν ἀξίαν διὰ τὴν κακὴν προδοσίαν ἣν εἰργάσατο, ἐνδέκατον ἐπιφαίνεται τοῖς ἀποστόλοις, καὶ οὐ πᾶσιν ὁμοῦ, ἀλλὰ διαφόρως, ποτὲ μὲν τισὶν, ποτὲ δὲ τισὶν, ὥσπερ ἔνθα ἐφάνη τοῖς δέκα, καὶ οὐ παρῆν ὁ Θωμᾶς· πάλιν ἐφάνη, παρόντος Θωμᾶ. Ζητοῦμεν δὲ τὸν ἀριθμὸν, πῶς συνίσταται εἰ ἐνδέκατον ἐφάνη διὰ τοὺς ἕνδεκα ἀποστόλους. Ἐφάνη πρῶτον τῇ Μαρίᾳ ἐν τῷ μνήματι ἀπερχομένῃ, καὶ ταῖς ἄλλαις γυναιξίν. Πρὸ γὰρ πάντων αἱ γυναῖκες αὐτὸν εἶδον, ἃς καὶ ὁ μακάριος Ἡσαΐας προσκαλεῖται· Γυναῖκες ἀπὸ θέας ἐρχόμεναι, δεῦτε καὶ ἐπαγγείλατε ἡμῖν. Ἐπεφάνη τοίνυν ταῖς γυναιξίν. Ὁ βουλόμενος λογοθετεῖν, [a] ὁράτω μήπω διασφάλλωμεν τὸν ἀριθμόν. Πρῶτον ταῖς γυναιξὶ, Μαρίᾳ καὶ ταῖς λοιπαῖς· ἔπειτα Πέτρῳ, εἶτα τοῖς περὶ Κλεώπαν ἐν τῇ ὁδῷ, ὅτε εἰς τὴν Ἐμμαοὺς ἀπῄεσαν, ὅτε ἐν τῇ κλάσει τοῦ ἄρτου ἐφανερώθη. Πόθεν δὲ τοῦτο δῆλον; Ὅτι πρὸ τῶν δύο τούτων ὤφθη τῷ Πέτρῳ. Εἰσῆλθον οἱ δύο ἀπὸ ἑσπέρας οἱ περὶ Κλεώπαν, ὥστε ἀπαγγεῖλαι τοῖς μαθηταῖς, ὅτι εἴδομεν τὸν Κύριον· καὶ εὗρον τοὺς ἀποστόλους λέγοντας, ὅτι Ὄντως ἠγέρθη ὁ Κύριος, καὶ ὤφθη Σίμωνι. Ἐν ὅσῳ οὖν ἀπήγγειλαν οἱ δύο τὴν θέαν, προέλαβεν ἡ φήμη, ὅτι Πέτρος εἶδε τὸν Κύριον. Τοῦτο καὶ Παῦλος ἐπισημαίνεται λέγων, Παρέδωκα γὰρ ὑμῖν ἐν πρώτοις, ὃ καὶ παρέλαβον, ὅτι Χριστὸς ἀπέθανεν ὑπὲρ τῶν ἁμαρτιῶν ἡμῶν, κατὰ τὰς Γραφὰς, καὶ ὅτι ἀνέστη καὶ ὤφθη Κηφᾷ, εἶτα τοῖς ἕνδεκα. Πρῶτον Πέτρῳ, εἶτα ἐκείνοις. Ἐφάνη τοίνυν ταῖς γυναιξὶ πρῶτον, εἶτα Πέτρῳ δεύτερον, εἶτα τοῖς περὶ Κλεώπαν τρίτον, εἶτα τοῖς δέκα τῶν θυρῶν κεκλεισμένων, μὴ παρόντος Θωμᾶ, τέταρτον· εἶτα τοῖς ἕνδεκα παρόντος καὶ τοῦ Θωμᾶ· ἰδοὺ πέμπτον. Εἶτα πάλιν φαίνεται ἀδελφοῖς πεντακοσίοις· ὁ γὰρ Παῦλος καὶ τοῦτο ἐπισημαίνων λέγει· Ἔπειτα ὤφθη ἐπάνω πεντακοσίοις ἀδελφοῖς ἐφάπαξ, ἐξ ὧν οἱ πλείους μένουσιν ἕως ἄρτι· ἰδοὺ ἕκτον. Εἶτα ὤφθη τοῖς ἑπτὰ ἐπὶ τῆς θαλάσσης τῆς Τιϐεριάδος ἁλιεύουσιν· εἶτα ὤφθη Ἰακώϐῳ κατὰ τὸν Παῦλον· εἶτα τοῖς ἀποστόλοις πᾶσι [b]. Πρόσεχε, παρακαλῶ. Ἔχεις οὖν πρῶτον τὰς γυναῖκας, τὸν Πέτρον, τοὺς περὶ Κλεώπαν, τὴν ὀπτασίαν τῶν δέκα ἐκτὸς τοῦ Θωμᾶ, τὴν τῶν ἕνδεκα, τὴν τῶν πεντακοσίων ἀδελφῶν, ἰδοὺ ἕκτον· ἕβδομον τοῖς ἑπτὰ, ὄγδοον

eis, et *loquens*. Neque solum apparebat, sed etiam quandoque videbatur. Re diligenter observata comperimus Servatorem post resurrectionem undecies visum fuisse sanctis apostolis, et tunc assumtum fuisse ad Patrem. Quare? Quia enim undecim habebat discipulos, postquam Judas expulsus fuerat, ac per nefariam proditionem, et locum suum et dignitatem perdiderat, undecies apostolis apparet, ac non omnibus simul, sed variis modis, aliquando his, aliquando illis, ut cum decem illis apparuit, absente Thoma; rursum apparuit, præsente Thoma. Numerum vero quærimus, quomodo constet eum undecies apparuisse propter undecim apostolos. Primum apparuit Mariæ in monumento discedenti, nec non aliis mulieribus. Nam mulieres illum prius, quam alii omnes, conspexerunt, quas et beatus Hesaias compellat: *Mulieres a spectaculo venientes, venite* et *annuntiate nobis*. Apparuit igitur mulieribus. Si quis voluerit calculum ducere, videat num circa numerum erremus. Primo mulieribus, Mariæ et reliquis: deinde Petro; postea Cleopæ et socio in via, cum Emmaus irent, cumque in fractione panis cognitus est. Undenam id liquet? Quod Petro apparuerit ante, quam his duobus. Ingressi sunt illi duo Cleopas et socius a vespera, ut annuntiarent discipulis se vidisse Dominum: et invenerunt apostolos dicentes, *Vere surrexit Dominus*, et *apparuit Simoni*. Dum illi duo quod viderant annuntiarent, fama præcesserat, quod Petrus vidisset Dominum. Hoc et Paulus significat his verbis: *Tradidi enim vobis in primis quod et accepi, quod Christus mortuus* est *pro peccatis nostris, secundum Scripturas*, et *quod resurrexit* et *visus* est *Cephæ, deinde undecim discipulis*. Primum Petro, deinde illis. Apparuit igitur mulieribus primo, deinde Petro, postea portis clausis Cleopæ et socio tertium, deinde decem discipulis, non præsente quidem Thoma; deinde undecim discipulis præsente Thoma. Ecce jam quinquies apparet. Postea quingentis fratribus; illud enim Paulus indicat his verbis: *Deinde visus* est *plus quam quingentis fratribus una vice, ex quibus plerique manent usque ad hoc* tempus; ecce jam sexto. Postea visus est septem illis ad mare Tibe-

Quoties Christus post resurrectionem apparuerit.

Isai. 27. 11.

Luc. 24. 34.

1. Cor. 15. 3.—5.

[a] [Cod. 1447 ὁ βουλόμενος θεωρείτω, μήπου διαφύγωμεν τὸν ἀρ. Cod. 1186 ὁ βουλ. λογ. ἀκριβῶς ὁράτω, μήπου διασφάλωμεν (scrib. vid. διασφαλῶμεν) τ. ἀ.]

[b] [Addunt duo Codd. οὐ περὶ τῶν ἕνδεκα λέγει· προλαβὼν γὰρ εἶπεν ὅτι ὤφθη Κηφᾷ. εἶτα τοῖς ἕνδεκα. Pergit 1186 εἶτα τοῖς ἑβδομήκοντα· ἔπειτα τοῖς ἀποστόλοις πᾶσι. Πρόσεχε cet. Sed 1447 ἀποστόλους δὲ λέγει νῦν τοὺς ἑβδομήκοντα. Πρόσεχε cet.]

riadis piscantibus: deinde Jacobo secundum Paulum: sub læc apostolis omnibus. Animum adhibe, quæso. Habes igitur primo mulieres, Petrum, Cleopam et socium, visionem decem fratrum Thoma absente, visionem undecim apostolorum, visionem quingentorum fratrum: ecce jam sexto; septimo, illis septem; octavo Jacobo; E nono septuaginta discipulis; decimo in mente Galilææ; undecimo in monte olivarum. Cum in resurrectione Dominus sæpe pacem repetierit, absurdum esset nos lunc calculum non repetere ad confirmationem. Habes igitur primo mulieres; secundo Petrum; tertio Cleopam et socium; quarto decem apostolos; quinto undecim apostolos; sexto quingentos; septimo septem illos; octavo Jacobum; nono septuaginta discipulos; decimo in monte Galilææ; undecimo in Monte olivarum.

Ἰακώβῳ, ἔννατον τοῖς ἑβδομήκοντα, δέκατον εἰς τὸ ὄρος τῆς Γαλιλαίας, ἑνδέκατον εἰς τὸ ὄρος τῶν [c] ἐλαιῶν Εἰς τὴν ἀνάληψιν τοῦ Σωτῆρος πολλάκις ἐπαναλαβόντος τὴν εἰρήνην, ἄτοπόν ἐστιν ἡμᾶς μὴ ἐπαναλαβεῖν τὴν ψῆφον εἰς βεβαίωσιν. Ἔχεις τοίνυν πρῶτον τὰς γυναῖκας, δεύτερον τὸν Πέτρον, τρίτον τοὺς περὶ Κλεώπαν, τέταρτον τοὺς δέκα, πέμπτον τοὺς ἕνδεκα, ἕκτον τοὺς πεντακοσίους, ἕβδομον τοὺς ἑπτὰ, ὄγδοον Ἰάκωβον, ἔννατον τοὺς ἑβδομήκοντα, δέκατον ἐπὶ τὸ ὄρος τῆς Γαλιλαίας, ἑνδέκατον ἐπὶ τὸ ὄρος τῶν ἐλαιῶν.

Act. 1.3.4. 11. *Apparens eis per dies quadraginta, et loquens de regno Dei. Et convescens præcepit eis ab Jerosolymis ne discederent; sed exspectarent promissionem Patris, quam audistis a* 768 A *me.* O magnam Servatoris tolerantiam! o multam bonitatem! o ineffabilem humanitatem! Esto, Domine, ante passionem una vixeris, una recubueris cum discipulis; quare post resurrectionem convesceris? Ut ex his, inquit, Thomam de resurrectione certiorem faciam. Si namque, postquam id ita gestum est, etiam nunc sunt qui resurrectionem non credant; si id non factum esset, si non comedisset et bibisset cum illis: quis effrenata eorum ora compescuisset, qui de Servatoris œconomia quælibet temere proferre audent? Hinc discimus divinam et mysticam mensam lonorare. Sæpe contigit ut ea, quæ sermones non emendaverant, mensa emendaret. Sæpe sexcenti conciliatores ne B unam quidem inimicitiam solvere potuerunt, et una mensa bella sedavit. Ab iis, quæ præcesserunt, hujus rei argumentum accipe. Non cessalamus inimici esse Dei, adversus divinum verbum bellum gerentes, ut dicit Paulus: Rom. 5.10. *Inimici cum essemus, reconciliati sumus Deo per mortem Filii ejus.* Inimici eramus. Missa fuit lex, nec reconciliavit: venerunt prophetæ, et non persuaserunt; qui inimici Dei erant, inimici C manserunt et hostes. Multi tyranni contra veritatem, multi Dei lostes erant contra piam religionem, multa verba, multæ doctrinæ fuere, neque bellum sedarunt. Venit Clristus, mensam fun-

Ὀπτανόμενος αὐτοῖς δι' ἡμερῶν τεσσαράκοντα, καὶ λέγων τὰ περὶ τῆς βασιλείας τοῦ Θεοῦ. Καὶ συναλιζόμενος παρήγγειλεν αὐτοῖς ἀπὸ Ἱεροσολύμων μὴ χωρίζεσθαι, ἀλλὰ περιμένειν τὴν ἐπαγγελίαν τοῦ Πατρὸς, ἣν ἠκούσατέ μου. Ὢ τῆς πολλῆς ἀνεξικακίας τοῦ Σωτῆρος· ὢ τῆς πολλῆς ἀγαθότητος· ὢ τῆς ἀφάτου φιλανθρωπίας. Ἔστω, Δέσποτα, πρὸ τοῦ πάθους συνήσθιες καὶ συνανεκλίνου τοῖς μαθηταῖς· διὰ τί μετὰ τὴν ἀνάστασιν συναλίζῃ; Ἵνα βεβαιώσω ἐν αὐτοῖς, φησὶ, [a] τῷ Θωμᾷ τὴν ἀνάστασιν. Εἰ γὰρ τούτου γενομένου εἰσί τινες ἔτι καὶ νῦν διαπιστοῦντες τὴν ἀνάστασιν· εἰ μὴ τοῦτο ἐγένετο, καὶ συνέφαγε καὶ συνέπιεν αὐτοῖς, τίς ἂν ἔπειθεν αὐτῶν τὰ ἀχαλίνωτα στόματα, τολμώντων ῥᾳδίως λέγειν πάντα περὶ τῆς τοῦ Σωτῆρος οἰκονομίας; Ἐντεῦθεν διδασκόμεθα τὴν θείαν καὶ μυστικὴν τράπεζαν τιμᾷν. Πολλάκις γὰρ ἃ μὴ κατώρθωσε λόγος, κατώρθωσε τράπεζα. Πολλάκις μυρίοι σύμβουλοι καὶ μίαν ἔχθραν οὐκ ἔλυσαν, καὶ μία τράπεζα πολέμους κατέλυσεν. Ἀπὸ τοῦ προηγουμένου λάβε τὴν ἀπόδειξιν. Οὐ διελιμπάνομεν ἐχθροὶ ὄντες τοῦ Θεοῦ ἐκπεπολεμωμένοι πρὸς τὸν θεῖον λόγον, ὡς λέγει Παῦλος· Ἐχθροὶ ὄντες κατηλλάγημεν τῷ Θεῷ διὰ τοῦ θανάτου τοῦ Υἱοῦ αὐτοῦ. Ἐχθροὶ ἦμεν. Ἀπεστάλη νόμος καὶ οὐ διήλλαξεν· ἦλθον προφῆται, καὶ οὐκ ἔπεισαν· ἀλλ' ἔμειναν οἱ ἐχθροὶ τοῦ Θεοῦ, καὶ πολέμιοι. Πολλοὶ τύραννοι κατὰ τῆς ἀληθείας, πολλοὶ θεομάχοι κατὰ τῆς εὐσεβείας, πολλοὶ λόγοι, πολλαὶ διδασκαλίαι, καὶ οὐκ ἔλυσαν τὸν πόλεμον. Ἦλθεν ὁ Χριστὸς, ἔπηξε τὴν ἑαυτοῦ τράπεζαν, προέθηκεν ἑαυτὸν εἰς βρῶσιν, καὶ εἶπε, Λάβετε, φάγετε, καὶ εὐθέως τὸν πόλεμον ἔλυσε, καὶ τὴν εἰρήνην

c [Cod. 1186. ἐλαιῶν, ἐν ᾧ καὶ ἀνελήφθη. Τοῦ σωτῆρος ἐπαν. τ. εἰρ., ἡμᾶς μὴ cet.] οὖν πολλάκις. 1447 ἐλαιῶν. Ἄτοπον δέ ἐστι τοῦ σωτ. πολλ.

a [Cod. 1186 τὸ θαῦμα τῆς ἀναστάσεως.]

κατεβράβευσεν. Ἐν Αἰγύπτῳ μαστίζει τοὺς θεομάχους, καὶ οὐδεὶς ὑπακούει· τύπτει τοὺς τυράννους, καὶ οὐδεὶς πείθεται. Ἐνταῦθα δὲ προτίθησιν ἑαυτὸν εἰς βρῶσιν, καὶ πάντες [b] αἰδοῦνται καὶ πείθονται. Μαστίζων οὐκ ἔπεισεν, καὶ ἐσθιόμενος πείθει. Ἐσθιόμενον λέγω κατὰ τὴν μυστικὴν τράπεζαν. Ἐγὼ γὰρ, φησὶν, εἰμὶ ὁ ἄρτος ὁ ἐξ οὐρανοῦ καταβὰς, καὶ ζωὴν διδοὺς τῷ κόσμῳ. Καὶ συναλιζόμενος αὐτοῖς ἐλάλει D τὰ περὶ τῆς βασιλείας τοῦ Θεοῦ· καὶ Παρήγγειλεν αὐτοῖς ἀπὸ Ἱεροσολύμων μὴ χωρίζεσθαι, ἀλλὰ περιμένειν τὴν ἐπαγγελίαν τοῦ Πατρὸς, ἣν ἠκούσατέ μου. Ἔστω, ἠκούσαμέν σου, Δέσποτα· εἶπας γὰρ, Ἀναβαίνω πρὸς τὸν Πατέρα μου, καὶ παρακαλῶ αὐτὸν, καὶ ἀποστελῶ ὑμῖν τὸ Πνεῦμα τῆς ἀληθείας, τὸν παράκλητον. Σὺ εἶπας ταῦτα, ὁ δὲ Πατὴρ πότε ἐπηγγείλατο; Οὐκ εἶπεν, ἀναμένειν τὴν ἐπαγγελίαν μου, ἀλλὰ τὴν ἐπαγγελίαν τοῦ Πατρὸς, ἣν ἠκούσατέ μου. Ναὶ, φησὶν, ὁ Πατὴρ προεπηγγείλατο, ἐγὼ ὑπέμνησα. Καὶ ποῦ ἐπηγγείλατο ὁ Πατήρ; Ὅλον ἐὰν ἀναπτύξῃς τὸ εὐαγγέλιον, οὐχ εὑρίσκεις φωνὴν Πατρὸς ἐπαγγελλομένην τοῖς μαθηταῖς διδόναι Πνεῦμα E ἅγιον. Καὶ ποῦ ἐπηγγείλατο; Ἐν τοῖς προφηταῖς, ὡς λέγει Παῦλος· Παῦλος δοῦλος Ἰησοῦ Χριστοῦ, κλητὸς ἀπόστολος, ἀφωρισμένος εἰς εὐαγγέλιον Θεοῦ, ὃ προεπηγγείλατο διὰ τῶν προφητῶν αὐτοῦ ἐν Γραφαῖς ἁγίαις περὶ τοῦ Υἱοῦ αὐτοῦ.

Προεπαγγειλάμενος τοίνυν τὸ εὐαγγέλιον, προεπηγγείλατο καὶ τὸ Πνεῦμα τὸ ἅγιον διδόναι. Ποῦ οὖν ἡ ἐπαγγελία τοῦ Πνεύματος; Ζητῶ μεθ' ὑμῶν ὡς εἷς ἐξ ὑμῶν ὢν τῇ πίστει καὶ τῇ ἀγάπῃ τῇ περὶ τὸν Χριστόν. Εἶπον γὰρ πολλάκις πρὸς τὴν ὑμετέραν ἀγάπην, 769 A ὅτι πρόβατα καὶ ποιμένες πρὸς τὴν ἀνθρωπίνην εἰσὶ διαίρεσιν, πρὸς δὲ τὸν Χριστὸν πάντες πρόβατα. Καὶ γὰρ οἱ ποιμαίνοντες καὶ οἱ ποιμαινόμενοι ὑφ' ἑνὸς τοῦ ἄνω ποιμένος ποιμαίνονται. Ποῦ οὖν ἐπηγγείλατο; Λέγει ὁ Θεὸς διὰ τοῦ προφήτου Ἰωήλ· Ἐν ταῖς ἐσχάταις ἡμέραις, λέγει Κύριος παντοκράτωρ, ἐκχεῶ ἀπὸ τοῦ Πνεύματός μου ἐπὶ πᾶσαν σάρκα, καὶ προφητεύσουσιν οἱ υἱοὶ ὑμῶν, καὶ αἱ θυγατέρες ὑμῶν. Ἰδοὺ οὖν ἡ ἐπαγγελία. Ποῦ οὖν ἡ ἔκβασις; Ὅτε ἦλθε τὸ ἅγιον Πνεῦμα εἰς τοὺς ἀποστόλους, καὶ διένειμεν αὐτοῖς τῶν γλωσσῶν τὴν διαίρεσιν, καὶ ἐλάλουν γλώσσαις. Ὑπωπτεύοντο δὲ ὡς μεθύοντες, καὶ λέγει Πέτρος· Ἄνδρες Ἰσραηλῖται, τί προσέχετε τοῖς ἀνδράσι τού- B τοις ὡς μεθύουσιν; Τρίτη γὰρ ὥρα ἐστὶν ἀκμὴν τῆς ἡμέρας. Ἀλλὰ τοῦτό ἐστι τὸ εἰρημένον ὑπὸ τοῦ προφήτου Ἰωὴλ, ὅτι Ἐν ταῖς ἐσχάταις ἡμέραις, λέ-

[b] [Cod. 1447 εὔονται. Mox id. ἐσθιόμενος λέγω κατ].

davit suam, seipsum proposuit in cibum, et dixit: *Accipite, manducate*, et statim bellum (Matth. 26. 26.) solvit, paciquc triumphum attulit. In Ægypto Dei hostes plagis afficit, et nemo obsequitur: tyrannos perculit, et nemo obtemperat. Hic seipsum proponit in cibum, et omnes erubescunt et obtemperant. Flagellis non persuadebat, et D cum comeditur persuadet: cum comeditur, inquam, in mystica mensa. Nam *Ego*, inquit, (Joan. 6. 41.) *sum panis qui de cælo descendit*, et *dat vitam mundo*. Et convescens ipsis loquebatur de regno Dei: et *Præcepit eis ab Jerosolymis ne discederent, sed exspectarent promissionem* Dei *Patris, quam audistis* a me. Esto, audierimus a te Domine: dixisti enim, *Ascendo ad Patrem* (Joan. 20. 17.) *meum*, et advocabo eum, et mittam vobis Spiritum veritatis, Paracletum. Tu hæc dixisti, Pater vero quandonam promisit? Non dixit, Ut exspectarent promissionem meam, sed promissionem Patris, quam audistis a me. Profecto, inquit; E Pater promisit, ego monui. Et ubinam promisit Pater? Si evolveris totum evangelium, non invenies Patris vocem promittentis se discipulis daturum esse Spiritum sanctum. Ubinam ergo promisit? In prophetis, ut dicit Paulus: *Paulus* (Rom. 1. 1—3.) *servus Jesu Christi, vocatus Apostolus, segregatus in evangelium Dei, quod ante promiserat per prophetas* suos *in Scripturis sanctis de Filio suo.*

12. Cum prius ergo promiserit evangelium, prius promisit etiam se daturum esse Spiritum sanctum. Ubinam illa promissio Spiritus? Vobiscum quæro quasi unus ex vobis; cum vere unus ex vobis sim fide et caritate erga Christum. 769 A Sæpe namque vestræ caritati dixi, oves et pastores ex humana divisione sic vocari: nam erga Christum omnes sumus oves. Etenim tam pastores, quam ii qui pascuntur, ab uno superno pastore pascuntur. Ubinam ergo promisit? Dicit Deus per prophetam Joel: *In novissimis die-* (Joel. 2. 28.) *bus, dicit Dominus omnipotens, effundam de Spiritu meo super omnem carnem*, et *prophetabunt filii vestri et filiæ vestræ*. En igitur promissionem. Eventus quandonam? Cum descendit Spiritus sanctus in apostolos, et distribuit eis linguarum divisionem, et loquebantur lin- B guis. In ebrietatis suspicionem vocabantur, dicitque Petrus: *Viri Israelitæ, quid attenditis his* (Act. 2. 14—17.) *hominibus quasi ebriis, cum sit hora diei tertia? Sed hoc* est *quod dictum* est *per pro-*

phetam Joel : *In novissimis diebus, dicit*
Dominus, effundam de Spiritu meo super
omnem carnem. Hæc est Patris promissio. At
undenam liquet promissionem ex persona Patris
esse? quandoquidem novi etiam Filium in prophetis loquutum, undenam liquet Patrem hoc
dixisse? *Effundam de Spiritu meo super*
omnem carnem, et prophetabunt filii vestri
Ib. v. 19. *et filiæ vestræ. Dabo,* inquit, *signa in cælo*
sursum, et *in terra deorsum; sanguinem,* et
ignem, et *vaporem fumi.* Dixi sæpe, sanguinem
e latere fluentem : signum enim erat maximum
a mortuo corpore sanguinem effluentem videre;
sanguinem e latere manantem, ignem in apostolos descendentem. *Sanguinem,* et *ignem,* et
vaporem fumi. Sol convertetur in tenebras,
et *luna in sanguinem, antequam veniat dies*
Domini magna et *illustris.* Animadverte loquentem Deum Patrem, quomodo Filium indicet,
quando dicit, *Antequam veniat dies Domini ;*
non dicit, Dies meus. Quid igitur? Si tu das
signa, cur in alium intelligentiam transfers, dicens, *Antequam veniat dies Domini magnus*
et *illustris ?* Animum adhibe. Forte dicat quispiam prophetam loqui ex sua propria persona :
Antequam veniat dies. At non poterat dicere
propheta : *Effundam* de *Spiritu meo super*
omnem carnem, antequam veniat dies Domi-
ni magnus et *illustris. Et erit omnis qui-*
cumque invocaverit nomen Domini, salvus
erit. Hoc itaque Deus in prophetis dicit, Paulus
Rom. 10. 12.—13. vero hæc adjicit : *Ipse autem Dominus omnium,*
dives in omnes, qui invocant illum. Omnis
enim quicumque invocaverit nomen Domini,
salvus erit. Deinde ostendens hoc de Christo
Ib. v. 14. 15. dictum esse, ait : Quomodo *ergo invocabunt,*
in quem non crediderunt ? quomodo credent
ei, quem non audierunt ? quomodo vero au-
dient sine prædicante? quomodo autem præ-
dicabunt, nisi mittantur ? Sicut scriptum est :
Quam speciosi pedes evangelizantium pacem,
evangelizantium bona ! Animum adhibe, quæ-
Act. 1. 4. 5. so. *Præcepit,* inquit, *eis ab Jerosolymis ne*
discederent, sed *exspectarent promissionem*
Patris, quam audistis a me; quia Joannes
quidem baptizavit aqua, vos autem baptiza-
bimini Spiritu sancto, non post multos hos
dies. Nam post quadraginta dies decem erant
dies usque ad Pentecosten, in qua apparuit Spiritus sanctus, et baptizavit apostolos, non aqua,
sed igne.

γει Κύριος, ἐκχεῶ ἀπὸ τοῦ Πνεύματός μου ἐπὶ πᾶσαν σάρκα· Αὕτη ἡ ἐπαγγελία τοῦ Πατρός. Ἀλλὰ πόθεν δῆλον ὅτι ἐκ προσώπου τοῦ Πατρὸς ἦν ἡ ἐπαγγελία; ἐπειδὴ οἶδα καὶ τὸν Υἱὸν λαλοῦντα ἐν τοῖς προφήταις, πόθεν τοῦτο, εἰ ὁ Πατὴρ ἦν ὁ λέγων; Ἐκχεῶ ἀπὸ τοῦ Πνεύματός μου ἐπὶ πᾶσαν σάρκα, καὶ προφητεύσουσιν οἱ υἱοὶ ὑμῶν καὶ αἱ θυγατέρες ὑμῶν. Καὶ δώσω, φησὶ, σημεῖα ἐν τῷ οὐρανῷ ἄνω, καὶ ἐν τῇ γῇ κάτω, αἷμα καὶ πῦρ καὶ ἀτμίδα καπνοῦ. Εἶπον
C πολλάκις αἷμα τὸ ἐκ τῆς πλευρᾶς ἐξελθόν· σημεῖον γὰρ ἦν μέγιστον ἀπὸ νεκροῦ σώματος προερχόμενον ἰδεῖν· αἷμα τὸ ἀπὸ πλευρᾶς ῥεῦσαν, πῦρ τὸ ἐπὶ τῶν ἀποστόλων κατελθόν. Αἷμα καὶ πῦρ καὶ ἀτμίδα καπνοῦ. Ὁ ἥλιος μεταστραφήσεται εἰς σκότος, καὶ ἡ σελήνη εἰς αἷμα, πρὶν ἐλθεῖν τὴν ἡμέραν Κυρίου τὴν μεγάλην καὶ ἐπιφανῆ. [a] Ὅρα τὸν λαλοῦντα Θεὸν Πατέρα, πῶς τὸν Υἱὸν ἑρμηνεύει λέγων, Πρὶν ἐλθεῖν τὴν ἡμέραν Κυρίου· καὶ οὐ λέγει, τὴν ἡμέραν τὴν ἐμήν. Τί οὖν; Εἰ σὺ δίδως σημεῖα, πῶς εἰς ἄλλον μεταφέρεις τὴν ἔννοιαν, λέγων, Πρὶν ἐλθεῖν τὴν ἡμέραν Κυρίου τὴν μεγάλην καὶ ἐπιφανῆ; Πρόσεχε.
D Ἴσως ἐρεῖ τις τὸν προφήτην λέγειν ἐκ προσώπου ἰδίου, Πρὶν ἐλθεῖν τὴν ἡμέραν. Ἀλλ' οὐκ ἦν εἰπεῖν τὸν προφήτην, Ἐκχεῶ ἀπὸ τοῦ Πνεύματός μου ἐπὶ πᾶσαν σάρκα, πρὶν ἐλθεῖν τὴν ἡμέραν Κυρίου τὴν μεγάλην καὶ ἐπιφανῆ. Καὶ ἔσται, πᾶς ὃς ἂν ἐπικαλέσηται τὸ ὄνομα Κυρίου, σωθήσεται. Τοῦτο οὖν ὁ Θεὸς ἐν τοῖς προφήταις λέγει. Καὶ Παῦλος αὐτῷ ἐπιφέρει λέγων· Ὁ δὲ αὐτὸς Κύριος πάντων, πλουτῶν εἰς πάντας τοὺς ἐπικαλουμένους αὐτόν. Πᾶς γὰρ ὃς ἂν ἐπικαλέσηται τὸ ὄνομα Κυρίου, σωθήσεται. Εἶτα δεικνὺς ὅτι εἰς Χριστὸν εἴρηται, λέγει· Πῶς οὖν ἐπικαλέσον-
E ται εἰς ὃν οὐκ ἐπίστευσαν; πῶς δὲ πιστεύσουσιν οὗ οὐκ ἤκουσαν; πῶς δὲ ἀκούσονται χωρὶς κηρύσσοντος; πῶς δὲ κηρύξουσιν, ἐὰν μὴ ἀποσταλῶσιν; Καθὼς γέγραπται· Ὡς ὡραῖοι οἱ πόδες τῶν εὐαγγελιζομένων εἰρήνην, τῶν εὐαγγελιζομένων τὰ ἀγαθά. Πρόσεχε, παρακαλῶ. Παρήγγειλε, φησὶν, αὐτοῖς ἀπὸ Ἱεροσολύμων μὴ χωρίζεσθαι, ἀλλὰ περιμένειν τὴν ἐπαγγελίαν τοῦ Πατρὸς, ἣν ἠκούσατέ μου, ὅτι Ἰωάννης μὲν ἐβάπτισεν ὕδατι, ὑμεῖς δὲ βαπτισθήσεσθε ἐν Πνεύματι ἁγίῳ, οὐ μετὰ πολλὰς ταύτας ἡμέρας. Μετὰ γὰρ τεσσαράκοντα ἡμέρας δέκα ἦσαν ἡμέραι
770 A ἕως τῆς πεντηκοστῆς, ἐν ᾗ ἐπέφανε τὸ Πνεῦμα τὸ ἅγιον, καὶ ἐβάπτισε τοὺς ἀποστόλους, οὐχ ὕδατι, ἀλλὰ πυρί.

[a] Hic multa ex Regio 2030 excerpsimus, quæ non erant in Ottoboniano.

Ὧδε τοίνυν λύεται τὸ ζήτημα τὸ παρὰ πολλῶν ζητούμενον. Ἐζήτησαν γὰρ πολλοὶ, εἰ πρὸ τοῦ πάθους τοῦ Σωτῆρος βεβαπτισμένοι ἦσαν οἱ ἀπόστολοι τῷ βαπτίσματι τῷ εὐαγγελικῷ. Ἡμεῖς δὲ οὔτε ἀποφαινόμεθα, οὔτε λογισμοῖς ἐγχειρίζομεν ἀνθρωπίνοις τοσαύτην δικαιολογίαν, ἀλλὰ τοῖς γεγραμμένοις στοιχοῦμεν. Εὑρίσκομεν τοὺς ἀποστόλους λαβόντας βάπτισμα πρὸ τοῦ πάθους τοῦ Χριστοῦ, τὸ Ἰωάννου τοῦ βαπτιστοῦ. Ὁ Σωτὴρ δὲ πρὸ τοῦ πάθους οὐ δίδωσι βάπτισμα ἄλλο, ἵνα μὴ λύσῃ τὸ Ἰωάννου κήρυγμα, καὶ δώσῃ ἀφορμὴν τοῖς ἀντιλέγουσιν Ἰουδαίοις, ὅτι πρὸς ὕβριν τοῦ βαπτιστοῦ Ἰωάννου ἐπεισήγαγεν ἄλλο ἴδιον βάπτισμα, ἀλλ᾿ ἐᾷ αὐτοὺς ἔχειν τὸν ἀῤῥαβῶνα τοῦ ὕδατος, τηρῶν αὐτοῖς τὴν χάριν τοῦ Πνεύματος. Διὰ τοῦτο ὡς μηδέπω λαβοῦσι Πνεῦμα λέγει, Λάβετε Πνεῦμα ἅγιον, μετὰ τὴν ἀνάστασιν· καί φησιν, Ἀπέλθετε εἰς Ἱεροσόλυμα, καὶ ἀναμείνατε ἐκεῖ τὴν ἐπαγγελίαν τοῦ Πατρὸς, ἣν ἠκούσατέ μου, ὅτι Ἰωάννης μὲν ἐβάπτισεν ὕδατι, ὑμεῖς δὲ βαπτισθήσεσθε ἐν Πνεύματι ἁγίῳ οὐ μετὰ πολλὰς ταύτας ἡμέρας· οὐκ ἔτι ὕδατι· ἔλαβον γάρ· ἀλλὰ Πνεύματι ἁγίῳ· οὐκ ἐπεισάγει ὕδωρ τῷ ὕδατι, ἀλλ᾿ ἀναπληροῖ τὸ λεῖπον τῷ λειπομένῳ. Ὑμεῖς δὲ βαπτισθήσεσθε ἐν Πνεύματι ἁγίῳ οὐ μετὰ πολλὰς ταύτας ἡμέρας· ἀντὶ τοῦ μετὰ δέκα. Τίς οὖν χρεία τῶν διαλημμάτων; Τίς; Αἱ δέκα ἡμέραι αἱ μεταξὺ· ἐγγυμνάζων τὴν πίστιν τῶν ἀποστόλων. Ἡσυχαζούσης γὰρ τῆς χάριτος, καὶ μηδενὸς φαινομένου, ἐγυμνάζετο αὐτῶν ἡ πίστις, εἰ ἐκδέχονται ὡς ἀψευδῆ [a] τὸν ἐπαγγειλάμενον. Ἐπηγγείλατο καὶ εἶπεν, Οὐ μετὰ πολλὰς ταύτας ἡμέρας. Οὐ μὴν ὡρίσατο τὰς ἡμέρας, ἀλλ᾿ Οὐ μετὰ πολλὰς ἡμέρας. Οὐ πάντα ἐπιτρέπει ἡμῖν εἰδέναι ὁ Σωτὴρ, ἀλλὰ δείκνυσιν ἔχειν μέτρα δεσποτικῆς τάξεως. Ἃ ἀκούεις, διδάσκου· ἃ δὲ μὴ μανθάνεις, μὴ περιεργάζου. Ὑμεῖς δὲ βαπτισθήσεσθε ἐν Πνεύματι ἁγίῳ. Ὅτε οὖν τὸ Πνεῦμα τὸ ἅγιον ἐπεφοίτησεν αὐτοῖς τῇ ἡμέρᾳ τῆς πεντηκοστῆς, ἐπλήρωσεν ὅλον τὸν οἶκον οὗ ἦσαν καθήμενοι, ἵνα τῷ Πνεύματι ὦσιν βεβαπτισμένοι, ὡς ἐν ὕδατι. Συμπλέκει δὲ τῇ ἀοράτῳ ὄψει τὴν ὁρωμένην, λέγω δὴ τὴν τῶν γλωσσῶν. Ἐβαπτίσθησαν οὖν ἐν Πνεύματι. Καὶ ὅτι αὐτὸ τοῦτο τὸ βαπτισθῆναι ἦν Πνεῦμα ἅγιον λαβεῖν, μαρτυρεῖ ἄλλη ἱστορία. Ἐγκαλουμένου γὰρ Πέτρου παρὰ τῶν μαθητῶν, διατί εἰσῆλθες πρὸς ἄνδρας Ἕλληνας καὶ κατήχησας αὐτοὺς, καὶ βαπτίσματος καὶ μυστηρίων μετέδωκας; λέγει· Ἐγὼ ἤμην ἐν Ἰόππῃ τῇ πόλει, Κορνήλιος δέ τις ἑκατοντάρχης ἀπέστειλε πρὸς μὲ, καὶ ἀπελθὼν ἐδίδασκον τὸν λόγον· ἐγένετο δὲ ἐν τῷ λαλεῖν με, ἐπέπεσεν ἐπ᾿ αὐτοὺς τὸ Πνεῦμα τὸ ἅγιον, ὡς καὶ ἐφ᾿ ἡμᾶς ἐν ἀρχῇ. Καὶ ἵνα δείξῃ ὁ Πέτρος ὅτι τὸ λαβεῖν τοὺς περὶ Κορ-

13. Hic itaque solvitur quæstio a plurimis mota. Multi quæsierunt, num ante Salvatoris passionem baptizati fuerint apostoli baptismo evangelico. Nos vero neque sententiam dicimus, neque ratiociniis humanis tantam controversiam aggredimur, sed Scripturis hæremus. Comperimus apostolos ante passionem Christi baptisma Joannis Baptistæ accepisse. Servator autem ante passionem aliud baptisma non dedit, ne Joannis prædicationem abrogaret, ansamve contradicendi Judæis præberet, quod ad Joannis Baptistæ contumeliam aliud sibi proprium baptisma induxisset, sed illos sinebat pignus aquæ habere, reservans illis gratiam Spiritus. Quamobrem quasi nondum accepissent Spiritum, ait, *Accipite Spiritum sanctum*; additque: *Abite Jerosolymam, et ibi exspectate promissionem Patris, quam audistis a me; quia Joannes quidem baptizavit aqua, vos autem baptizabimini Spiritu sancto non post multos hos dies*; non ulterius aqua: jam enim acceperant; sed Spiritu sancto: non addit aquam aquæ, sed complet id quod deficiebat. *Vos autem baptizabimini in Spiritu sancto non post multos hos dies;* scilicet post decem dies. Quid opus est intervallo? Quod intervallum? Decem dies quæ intercesserunt; quibus apostolorum fidem exercitavit. Nam quiescente gratia, et nemine apparente, eorum fides exercebatur, num quasi veracem exspectent eum, qui pollicitus est. Promisit enim dicendo, *Non post multos hos dies*. Non definivit dies, sed dicit, *Non post multos dies*: non omnia nos scire concedit Servator, sed ostendit se mensuram tenere dominieæ auctoritatis. Quæ audis, disce; quæ non didiceris, ne curiose inquire. *Vos autem baptizabimini in Spiritu sancto*. Cuin igitur Spiritus sanctus supervenit eis in die Pentecostes, replevit totam domum ubi erant sedentes, ut baptizati essent in Spiritu sancto, velut in aqua. Ea vero quæ in hac visione sub aspectum non cadebant, commiscet cum iis quæ sub sensum cadebant, dico donum linguarum. Baptizati sunt ergo in Spiritu. Quod autem Spiritum accipere idipsum esset quod baptizari in Spiritu, testificatur alia historia. Cum enim Petrus reprehenderetur ab aliis discipulis: Cur ingressus es ad viros gentiles, et instituisti eos, ac baptismi et mysteriorum participes reddidisti? respondit: Ego eram in Joppe urbe, Cornelius autem qui-

Act. 11

[a] [Cod. 1186 τὴν ἐπαγγελίαν.]

dam centurio misit ad me, et abicos docebam
eum: factum est autem cum loquerer, decidit in
eos Spiritus sanctus, sicut et in nos in initio. Et
ut ostenderet Petrus, quod accipiendo Spiritum
sanctum Cornelius et socii baptizati fuissent,
Act. 11. 16. statim dixit: *Recordatus sum autem verbo-*
rum Domini, sicut dicebat: Joannes quidem
baptizavit aqua, vos autem baptizabimini in
Spiritu sancto.

νήλιον τὸ Πνεῦμα βάπτισμα ἦν, εὐθέως λέγει· Καὶ
ἐμνήσθην τῶν ῥημάτων τοῦ Κυρίου, ὡς ἔλεγεν, ὅτι
Ἰωάννης μὲν ἐβάπτισεν ὕδατι, ὑμεῖς δὲ βαπτισθήσεσθε ἐν Πνεύματι ἁγίῳ.

14. Erant igitur ante passionem Domini apostoli aqua loti: lavacrum autem illud erat in
remissionem peccatorum, sed non erat participatio
Marc. 1. 4. Spiritus sancti. Nam *venit*, inquit, *Joannes*
prædicans in deserto baptismum pœnitentiæ
in remissionem peccatorum. At undenam
sciemus hunc baptismum accepisse apostolos?
Hoc demonstremus. Non dixit, Joannes baptizavit vos aqua; sed baptizavit tantum. Nondum
autem palam est eum apostolos baptizasse. Undenam ergo id liquidum? Audi prudenter. Cum
enim Petrus repugnando diceret, *Domine, non*
mihi lavabis pedes in æternum: respondit
Joan. 13. 8.—10. Servator: *Nisi lavero te, non habebis partem*
mecum. Respondit Petrus: Domine, non
tantum pedes, sed et manus et caput; respondit Servator: *Qui lotus est, non indiget*
nisi ut pedes lavet. Vides quo pacto lavacrum
confirmaverit? Ubi namque non nominatur Pater et Filius et Spiritus sanctus, baptismus
pœnitentiæ est; ubi vero nominatur, baptismus
adoptionis. Servator non abrogavit baptismum
pœnitentiæ, sed complevit, et adjecit baptismo
in Trinitate baptismum sancti Spiritus. Hæretici
vero quantum in ipsis fuit, baptismum in
Trinitate constitutum abrogarunt. Non reveriti
enim sunt mali isti dominicam vocem: *Qui lo-*
tus est, non indiget nisi ut pedes lavet. Vos
autem baptizabimini in Spiritu sancto non
post multos hos dies. Dehinc ostenditur avidi-
ditas humanæ naturæ ejusque curiositas: quoniam proprium est hominibus interrogare semper, Quandonam consummatio? quando veniet
Christus? post quot annos finis aderit? quandonam regnum cælorum apparebit? apostoli humanis exercitati incommodis ex Servatore sciscitan-
Act. 1. 6. tur. *Igitur qui convenerant interrogabant*
eum dicentes: Domine, si in tempore hoc
restitues regnum Israel? Quoniam dixerat
Marc. 8. 38. ipsis, *Cum venerit Filius hominis in gloria*
sua, dicunt ei, *Si in tempore hoc?* discere
cupiebant an e propinquo esset exspectatio, an
procul salus. Quibus Servator, *Non est ve-*

771 Ἦσαν οὖν βεβαπτισμένοι πρὸ τοῦ πάθους τοῦ Κυ-
A ρίου οἱ ἀπόστολοι ὕδατι, καὶ λελουμένοι· ἦν δὲ τὸ λουτρὸν ἐκεῖνο εἰς ἄφεσιν ἁμαρτιῶν, ἀλλ' οὐ μετοχὴ
Πνεύματος ἁγίου. Ἦλθε γὰρ, φησὶν, Ἰωάννης κηρύττων ἐν τῇ ἐρήμῳ βάπτισμα μετανοίας εἰς ἄφεσιν ἁμαρτιῶν. Καὶ ὅτι τοῦτο εἶχον οἱ ἀπόστολοι, πόθεν εἰσόμεθα; Δείξωμεν τοῦτο. Οὐδὲ γὰρ εἶπεν ὅτι Ἰωάννης
ἐβάπτισεν ὑμᾶς ὕδατι, ἀλλ' ὅτι ἐβάπτισε μόνον.
Οὔπω δὲ δῆλον εἰ καὶ τοὺς ἀποστόλους ἐβάπτισεν.
Πόθεν οὖν τοῦτο δῆλον; Ἄκουσον συνετῶς. Ὅτε γοῦν
ἀντέλεγε Πέτρος λέγων, Κύριε, οὐ μή μου νίψῃς
τοὺς πόδας εἰς τὸν αἰῶνα, ὁ Σωτὴρ ἔλεγεν, Ἐὰν μὴ
B νίψω σε, οὐκ ἔχεις μέρος μετ' ἐμοῦ. Ἀπεκρίθη ὁ
Πέτρος, Κύριε, μὴ μόνον τοὺς πόδας, ἀλλὰ καὶ τὰς
χεῖρας καὶ τὴν κεφαλήν· ἀπεκρίθη ὁ Σωτὴρ, Ὁ λελουμένος οὐ χρείαν ἔχει νίψασθαι ἢ τοὺς πόδας μόνον.
Ὁρᾷς πῶς ἐκύρωσεν τὸ λουτρόν; Ὅπου γὰρ οὐκ
ὠνομάσθη Πατὴρ καὶ Υἱὸς καὶ ἅγιον Πνεῦμα, βάπτισμα μετανοίας μόνον ἐστίν· ὅπου δὲ ὠνομάσθη, βάπτισμα υἱοθεσίας. Ὁ Σωτὴρ οὐκ ἠθέτησεν τὸ τῆς
μετανοίας, ἀλλ' ἐπλήρωσε, καὶ προσέθηκε τὸ τοῦ
ἁγίου Πνεύματος τῷ τοῦ ἐν Τριάδι. Οἱ δὲ αἱρετικοὶ
βάπτισμα τὸ ἐν Τριάδι κυρωθὲν ἠθέτησαν, ὅσον τὸ παρ'
αὐτοῖς. Οὐκ ᾐδέσθησαν γὰρ οἱ δείλαιοι τὴν δεσποτικὴν φωνὴν, Ὁ λελουμένος οὐ χρείαν ἔχει νίψασθαι ἢ
C τοὺς πόδας μόνον. Ὑμεῖς δὲ βαπτισθήσεσθε ἐν Πνεύματι ἁγίῳ οὐ μετὰ πολλὰς ταύτας ἡμέρας. Εἶτα λοιπὸν τὸ λίχνον τῆς ἀνθρωπίνης φύσεως καὶ πολυπρα-
γμόσυνον· ἐπειδὴ ἴδιον τῶν ἀνθρώπων ἐρωτᾷν πάντοτε, πότε ἡ συντελεία; πότε ἔρχεται ὁ Χριστός;
μετὰ πόσα ἔτη τὸ τέλος ἐστί; πότε ἡ βασιλεία αὐτοῦ
φαίνεται; οἱ ἀπόστολοι τὸ ἀνθρώπινον πάθος γυμνά-
ζοντες ἄρχονται ζητεῖν παρὰ τοῦ Σωτῆρος. Οἱ μὲν
οὖν συνελθόντες ἐπηρώτων αὐτὸν, λέγοντες· Κύριε,
εἰ ἐν τῷ χρόνῳ τούτῳ ἀποκαθιστάνεις τὴν βασιλείαν
D τῷ Ἰσραήλ; Ἐπειδὴ ἔλεγεν αὐτοῖς, Ὅταν ἔλθῃ ὁ Υἱὸς
τοῦ ἀνθρώπου ἐν τῇ δόξῃ αὐτοῦ, λέγουσιν, Εἰ ἐν τῷ
χρόνῳ τούτῳ; ἐβούλοντο μαθεῖν εἰ τότε ἐγγύς ἐστιν ἡ
προσδοκία, εἰ βραδύνει ἡ σωτηρία. Εἶτα ὁ Σωτήρ·
Οὐχ ὑμῶν ἐστι γνῶναι χρόνους ἢ καιροὺς, οὓς ὁ
Πατὴρ ἔθετο ἐν τῇ ἰδίᾳ ἐξουσίᾳ. Τοῖς ἀποστόλοις
οὐδὲ χρόνοι ἐπετράπησαν εἰς ἔρευναν· καὶ αἱρετικοῖς
ἐπετράπη τὴν οὐσίαν τὴν ὑπερχρόνιον καὶ τὴν φύσιν

τὴν προαιώνιον ἐρευνᾷν; Ὅταν οὖν τις αἱρετικὸς συζητῇ τὰ τοιαῦτα, καὶ λέγῃ, πῶς ἐγέννησεν ὁ Πατήρ; καὶ τίς ὁ τῆς θείας γεννήσεως τρόπος; [a] σὺ ἀντίστρεψον αὐτῷ τὴν δεσποτικὴν φωνήν· Οὐχ ὑμῶν ἐστι γνῶναι χρόνους ἢ καιρούς· οὐχ ὑμῶν ἐστι γνῶναι Θεοῦ γέννησιν καὶ οὐσίαν, καὶ οὐ μόνον οὐχ ὑμῶν, ἀλλ' οὐδὲ ἀγγέλων, οὐδὲ ἀρχαγγέλων, [b] οὐ πάσης τῆς κτιστῆς δυνάμεως. Ἀλλὰ τίνος ἐστὶ γνῶναι; Οὐδεὶς οἶδε τὸν Πατέρα εἰ μὴ ὁ Υἱὸς, οὐδὲ τὸν Υἱόν τις ἐπιγινώσκει εἰ μὴ ὁ Πατὴρ μόνος, οὐδὲ τὰ βάθη τοῦ Θεοῦ, εἰ μὴ τὸ Πνεῦμα τοῦ Θεοῦ· Οὐχ ὑμῶν ἐστι γνῶναι χρόνους ἢ καιρούς. Οὐκ αἰδῇ τὸ μέτρον τῶν ἀποστόλων; οἱ συναλισθέντες τῷ Σωτῆρι, οἷς ἐφάνη, οἱ φωτισθέντες παρ' αὐτοῦ, οὐκ ἐπιτρέπονται εἰδέναι, ἀλλὰ διδάσκονται μὴ ὑπερβαίνειν μέτρα, καὶ ἤκουσαν, Οὐχ ὑμῶν ἐστι γνῶναι χρόνους ἢ καιρούς· καὶ σὺ ἐρευνᾷς; Ἀλλ' ὁ Δανιὴλ ἔμαθε καὶ χρόνους καὶ καιροὺς καὶ μέτρα γνῶναι. Ἑβδομήκοντα γὰρ ἑβδομάδες, φησὶ, συνετμήθησαν ἐπὶ τὸν λαόν σου. Ἀπὸ λόγου ἡμερῶν ἐξόδου τοῦ οἰκοδομηθῆναι τὸν ναόν· ἑβδομάδες ἑπτὰ καὶ ἑβδομάδες ἑξήκοντα, καὶ δύο καὶ μία. Ἰδοὺ ἐνεδέχετο μαθεῖν χρόνους· ἀλλ' ἀπὸ τῶν χρόνων ἐπιστομίζει τὴν τόλμαν, ἵνα μάθωσιν οἱ ἄνθρωποι ὅτι εἰ περὶ χρόνων οὐκ ἐπιτρέπονται μαθεῖν, πολλῷ μᾶλλον περὶ τῆς θείας γεννήσεως οὐκ ὀφείλουσιν ἐρευνᾷν. Οὐχ ὑμῶν ἐστι γνῶναι χρόνους ἢ καιροὺς οὓς ὁ Πατὴρ ἔθετο ἐν τῇ ἰδίᾳ ἐξουσίᾳ. Ὁ Υἱὸς οὖν οὐκ ἔθετο, ἀλλ' ἐν ἐξουσίᾳ τοῦ Πατρὸς αἰῶνες καὶ χρόνοι, καὶ ὁ Υἱὸς οὐδὲν ἔχει κοινόν; Εἰ οὖν οὐδὲν ἔχει κοινὸν ὁ Υἱὸς εἰς τοὺς χρόνους καὶ τοὺς καιροὺς καὶ τοὺς αἰῶνας, ψεύδεται Παῦλος λέγων· Ἐπ' ἐσχάτου τῶν ἡμερῶν τούτων ἐλάλησεν ἡμῖν ἐν Υἱῷ, δι' οὗ καὶ τοὺς αἰῶνας ἐποίησεν. Εἰ τῶν αἰώνων ποιητὴς ὁ Υἱὸς, καὶ ἐν τῇ ἐξουσίᾳ τοῦ Υἱοῦ κεῖνται· καὶ τοῦτό ἐστιν ὃ λέγει Παῦλος· Οὓς ὁ Πατὴρ ἔθετο ἐν τῇ ἰδίᾳ ἐξουσίᾳ. Ἐξουσίαν ἄρα καλεῖ τοῦ Πατρὸς τὸν Υἱὸν, ὥσπερ καὶ δύναμιν καὶ σοφίαν. Χριστὸς γὰρ Θεοῦ δύναμις καὶ Θεοῦ σοφία.

Οὐχ ὑμῶν ἐστι γνῶναι χρόνους ἢ καιροὺς, ἀλλὰ λήψεσθε δύναμιν ἐπελθόντος τοῦ ἁγίου Πνεύματος ἐφ' ὑμᾶς. Λήψεσθε δύναμιν, οὐκ εἰς τὸ πολυπραγμονεῖν

[a] [Cod. 1447 συναντίστρεψον.]

strum *nosse tempora vel momenta, quæ Pater posuit in sua potestate*. Apostolis nec tempera quidem explorare fas erat; et hæreticis licitum erit substantiam tempora excedentem, et naturam æternam scrutari? Cum hæreticus quispiam ita quæsierit, Quo pacto genuit Pater? quis divinæ generationis modus? tu illi dominicam vocem reponas, *Non est vestrum nosse tempora vel momenta;* non est vestrum nosse Dei generationem et substantiam; nec tantum non est vestrum, sed neque angelorum, neque archangelorum, neque cujusvis creatæ potestatis. Sed cujusnam est nosse? *Nemo novit Patrem* *Matth.* 11. 27.
nisi Filius, neque Filium quis novit nisi solus Pater; neque profunda Dei, nisi Spiritus Dei: *Non est vestrum nosse tempora vel momenta.* Non revereris apostolorum modum? qui cum Servatore vixerant, quibus ipse apparuit, qui ab illo illuminati, illud tamen nosse non permittuntur, sed docentur modum suum non transcendere, illudque audierunt, *Non est vestrum nosse tempora vel momenta:* et tu scrutaris? Daniel quidem didicit tempora et momenta novisse: nam ait, *Septuaginta he-* *Dan.* 9. 24.
bdomades abbreviatæ sunt super populum tuum. A verbo dierum exitus, ut ædificetur templum; hebdomades septem, et hebdomades sexaginta et duæ et una. En hic tempora ediscere potuit; verum ex illa temporum ratione hominum audaciam refrenat, ut discant se, si hæc tempora ediscere non permittantur, multo minus debere divinam generationem scrutari. *Non est vestrum nosse tempora vel momenta, quæ Pater posuit in sua potestate.* Ergone Filius non posuit in sua potestate; sed in potestate Patris sunt sæcula et tempora, Filiusque nihil habet cum illo commune? Si nihil habet commune Filius circa tempora, momenta et sæcula, mentitur Paulus cum dicit: *In no-* *Hebr.* 1. 1. 2.
vissimo dierum horum loquutus est nobis in Filio, per quem fecit et *sæcula*. Si sæculorum conditor Filius, ergo illa in ejus potestate sunt: et illud est quod ait Paulus, *Quos Pater posuit in sua potestate*. Potestatem ergo Patris vocat Filium, quemadmodum et virtutem et sapientiam. *Christus enim Dei virtus et Dei sa-* *1. Cor.* 1. 24.
pientia.

15. *Non est vestrum nosse tempora vel* *Act.* 1. 7. 8.
momenta, sed accipietis virtutem supervenientis sancti Spiritus in vos. Accipietis vir-

[b] [Cod. 1186 οὔτε μὴν πάσης τινὸς κτ. δ.]

tutem, non ut scrutemini tempora vel momenta, C
sed ut credatis Domino : *Et eritis mihi testes*
in Jerusalem et in omni Judæa et Samaria,
et usque ad terminum terræ. Ne metiaris ordinem verborum, sed auctoritatis potentiam. Hic
dixit, Prædicate ubique : illud potestatem ejus indicat, si verba rei exitus sequatur. Possum et
ego auctoritate et arrogantia usus, adstantibus vel
domesticis paucis vel fratribus dicere : Profici-
scimini ad gentes, et omnes docete, omnes convertite, barbaros occidite, cunctos imperio adver-
santes concidite : verba prodeunt; sed si gesta
ipsa non sequantur, non modo mendax depre-
hendor, sed etiam ut arrogans et temerarius D
punior. Examinentur ergo verba Servatoris,
non ex iis quæ dixit, sed etiam ex iis quæ per-
Matth. 28. fecit. Dixit, *Docete omnes gentes;* si dictum
19. illud non in opus exierit, illud arrogantia erat,
at non auctoritas divina. Dixit, Prædicate usque
ad terminum terræ : si quis sit terminus vel
extremus terræ, qui prædicationis expers fuerit,
prædictio falsa est : si autem res ipsæ plus quam
verba splendeant, veraces sunt testes, verax ille
Act. 1. 9. cui testimonium perhibent. *Et cum hæc dixis-*
set, videntibus illis elevatus est. Poterat non E
palam ascendere; sed sicut testes resurrectionis
habuit oculos discipulorum, sic et ipsos ocula-
Ibid. et tos assumtionis testes constituit. *Videntibus illis*
Luc. 24. *elevatus est; ab iis sublatus est, et ferebatur*
51. 5ct. 1. 10. *in cælum, et nubes suscepit eum : cumque in-*
tuerentur in cælum euntem illum, assumtus,
elevatus est, sursum ferebatur, et ingressus est :
Hebr. 9. 24. *Non enim in manufacta sancta ingressus*
est Jesus, sed in ipsum cælum, ut appareret
coram Deo. Nec solum ingressus est, sed etiam
Heb. 4. 14. penetravit : nam ait Paulus : *Habentes pontifi-*
cem magnum, qui penetravit cælos, Jesum.
Ascendit, adiit, assumtus est, ivit, penetravit.
Animadverte. Ascendit quasi potestatem habens,
Psal. 46. 6. ut impleretur prophetæ oraculum : *Ascendit*
Deus in jubilatione. Hic propheta apertam
affert fiduciam. *Ascendit Deus in jubilatione.*
Psal. 23. *Attollite portas, principes, vestras, et eleva-*
7. 8. *mini, portæ æternales, et introibit Rex glo-*
Hebr. 9. 24. *riæ. Introibit : Non enim in manufacta san-*
cta ingressus est Jesus; sed in ipsum cælum
ingredietur Rex gloriæ. Duo demum facta sunt : B

C χρόνους ἢ καιρούς, ἀλλ' εἰς τὸ πιστεύειν τῷ Δεσπότῃ· Καὶ ἔσεσθέ μοι μάρτυρες ἔν τε Ἱερουσαλὴμ καὶ ἐν πάσῃ τῇ Ἰουδαίᾳ καὶ Σαμαρίᾳ, καὶ ἕως ἐσχάτου τῆς γῆς. Μὴ μετρήσῃς τῶν λόγων τὴν τάξιν, ἀλλὰ τῆς αὐθεντίας τὴν δύναμιν. Οὗτος εἶπε, κηρύξατε πανταχοῦ· τοῦτο δείκνυσι τὴν δύναμιν αὐτοῦ, εἰ ἐξέβη εἰς πρᾶγμα τὸ ῥῆμα. Δύναμαι ἐγὼ αὐθεντίᾳ χρησάμενος καὶ ἀλαζονείᾳ εἰπεῖν τοῖς [a] παρεστῶσιν ἢ ὀλίγοις οἰκέταις ἢ ἀδελφοῖς· ἐξέλθετε εἰς τὰ ἔθνη, καὶ πάντα διδάξατε, πάντας ἐπιστρέψατε, βαρβάρους ἀνέλετε, τοὺς ἐναντιουμένους [b] τῇ βασιλείᾳ ἐκκόψατε· τὰ ῥήματα προβαίνει, ἀλλ' ἐὰν τὰ πράγματα μὴ ἀκολουθήσῃ, οὐ μόνον ὡς ψεύστης καταγινώσκομαι, ἀλλὰ
D καὶ ὡς ἀλαζὼν καὶ προπετὴς κολάζομαι. Ζητείσθω οὖν τὰ ῥήματα τοῦ Σωτῆρος, μὴ ἐξ ὧν ἐλάλησεν, ἀλλ' ἐξ ὧν ἐτέλεσεν. Εἶπε, Μαθητεύσατε πάντα τὰ ἔθνη· εἰ μὴ προῆλθεν ὁ λόγος εἰς ἔργον, ἀλαζονεία ἦν, καὶ οὐκ αὐθεντία θεϊκή. Εἶπε, κηρύξατε ἕως ἐσχάτου τῆς γῆς· εἰ ἔστιν ἐσχατιά τις ἀμοιροῦσα τοῦ κηρύγματος, ἐψεύσατο ἡ πρόῤῥησις· εἰ δὲ πρὸ τῶν ῥημάτων λάμπει τὰ πράγματα, ἀληθεῖς οἱ μάρτυρες καὶ ἀληθὴς ὁ μαρτυρούμενος. Καὶ ταῦτα εἰπὼν, βλεπόντων αὐτῶν ἐπήρθη. Ἠδύνατο μὲν γὰρ μὴ φανερῶς ἀνελθεῖν, ἀλλ' ὥσπερ τῆς ἀναστάσεως ἔσχε μάρτυρας
E τοὺς ὀφθαλμοὺς τῶν μαθητῶν, οὕτω πάλιν αὐτοὺς αὐτόπτας ποιεῖ καὶ τῆς ἀναλήψεως. [c] Βλεπόντων αὐτῶν ἐπήρθη· διέστη ἀπ' αὐτῶν καὶ ἀνεφέρετο εἰς τὸν οὐρανὸν, καὶ νεφέλη ὑπέλαβεν αὐτόν· καὶ ὡς ἀτενίζοντες ἦσαν εἰς τὸν οὐρανὸν πορευομένου αὐτοῦ, ἀνελήφθη, ἐπήρθη, ἀνεφέρετο, εἰσῆλθεν· Οὐ γὰρ εἰς χειροποίητα ἅγια εἰσῆλθεν ὁ Ἰησοῦς, ἀλλ' εἰς αὐτὸν τὸν οὐρανὸν ἐμφανισθῆναι τῷ Θεῷ. Καὶ οὐ μόνον εἰσῆλθεν, ἀλλὰ καὶ διῆλθεν· Ἔχοντες γὰρ, φησὶν, ὁ Παῦλος,
773 A ἀρχιερέα μέγαν διεληλυθότα τοὺς οὐρανοὺς Ἰησοῦν. Ἀνῆλθεν, ἀνέβη, ἀνελήφθη, ἐπορεύετο, διῆλθεν. Πρόσεχε. Ἀνέβη ὡς ἐξουσίαν ἔχων, ἵνα πληρωθῇ τὸ τοῦ προφήτου λόγιον· Ἀνέβη ὁ Θεὸς ἐν ἀλαλαγμῷ. Ἐνταῦθα ὁ προφήτης γυμνὴν φέρει [e] παῤῥησίαν. Ἀνέβη ὁ Θεὸς ἐν ἀλαλαγμῷ. Ἄρατε πύλας οἱ ἄρχοντες ὑμῶν, καὶ ἐπάρθητε πύλαι αἰώνιοι, καὶ εἰσελεύσεται ὁ βασιλεὺς τῆς δόξης. Εἰσελεύσεται· Οὐ γὰρ εἰς χειροποίητα ἅγια εἰσῆλθεν ὁ Ἰησοῦς, ἀλλ' εἰς αὐτὸν τὸν οὐρανὸν εἰσελεύσεται ὁ βασιλεὺς τῆς δόξης. Δύο λοιπὸν ἐγένετο· ὥσπερ γὰρ ἐξενίσθη ἡ γῆ θεασαμένη περιβεβλημένον σῶμα τὸν Σωτῆρα, καὶ ὥσπερ ἔθος ἡμῖν, ὅταν ἴδωμεν ξένον πρόσωπον, λέγομεν,
B τίς ἐστιν οὗτος; οὐδεὶς γὰρ περὶ γνωρίμου ἐρωτᾷ·

[a] [Cod. 1447 τοῖς παρεστῶσιν ὀλίγοις οἰκ. καὶ ἀδελφαῖς (sic).]

[b] [Cod. 1186 τῆς βασιλείας μου ἐκκόψατε αὐτούς. 1447 τῇ βασιλείᾳ ἐκκ. αὐτούς.]

[c] Hic in Regiis 2027 et 2030 est assumentum longissimum septem octove paginarum, quod nugacem Græculum sapit.

[e] [Cod. 1186 τὴν φωνήν.]

οὕτω καὶ ἡ γῆ θεασαμένη τὸν Σωτῆρα δύναμιν θεϊκὴν ἔχοντα, καὶ ἐπιτάσσοντα τοῖς ἀνέμοις καὶ τῇ θαλάσσῃ, λέγει, Τίς ἐστιν οὗτος, ὅτι ἡ θάλασσα καὶ οἱ ἄνεμοι ὑπακούουσιν αὐτῷ; Ὥσπερ οὖν ἡ γῆ ξενιζομένη ἐβόα, Τίς ἐστιν οὗτος; οὕτω καὶ ὁ οὐρανὸς ξενιζόμενος ἐν σαρκὶ βλέπων τὴν θεότητα λέγει, Τίς ἐστιν οὗτος ὁ βασιλεὺς τῆς δόξης;

Καὶ ὅρα τὸ θαυμαστόν. Ὁ Σωτὴρ ἦλθε, καὶ ἐλθὼν ἤνεγκε τὸ ἅγιον Πνεῦμα, ἀνελθὼν δὲ ἀνήνεγκε σῶμα ἅγιον, ἵνα δῷ τῷ κόσμῳ ἐνέχυρον σωτηρίας, Πνεύματος ἁγίου δύναμιν. Πάλιν τῷ αὐτῷ κόσμῳ [b] ἀρρα- C βῶνα σωτηρίας τὸ σῶμα τὸ ἅγιον λεγέτω ὁ Χριστιανός. Ὅταν δὲ εἴπω τοῦτο, καὶ σὲ λέγω καὶ ἕκαστον πρόσωπον Χριστιανοῦ. Ἐγὼ Χριστιανός εἰμι καὶ τοῦ Θεοῦ εἰμι· πόθεν τοῦτο; Τὸ Πνεῦμα τὸ ἅγιον ἔχω τὸ ἐξ οὐρανοῦ κατιόν. Θέλεις καὶ ἄλλην ἀπόδειξιν; Ἔλαβον Πνεῦμα ἐξ οὐρανοῦ τὸ τοῦ Θεοῦ, ἔχω μου τὸν ἀρραβῶνα βέβαιον. Ποῖον ἀρραβῶνα; Ἄνω τὸ σῶμα αὐτοῦ, κάτω τὸ Πνεῦμα αὐτοῦ πρὸς ἡμᾶς. Ἀμφιβάλλεις, αἱρετικὲ, ὅτι τοῦ Θεοῦ ἐσμεν; Γένος ἐγένετο ἓν, Θεοῦ καὶ ἀνθρώπων. Ὥσπερ γὰρ τὰ διεστῶτα μέρη συνάπτει ἐπιγαμβρία, καὶ ὁ μὴ εἰδώς τινα πόθεν ἐστὶ, μιᾶς συναπτομένης καὶ ἑνὸς, δύο γένη ὅλα συνάπτει, καὶ ὁ μὲν ὡς ἀνεψιὸς τάττεται, D ὁ δὲ ὡς θεῖος· οὕτως ἀναλαβόντος σάρκα Χριστοῦ, διὰ τῆς σαρκὸς ἐγένετο πᾶσα ἡ Ἐκκλησία συγγενὴς Χριστοῦ, Παῦλος Χριστοῦ συγγενὴς, Πέτρος, πᾶς πιστὸς, πάντες ἡμεῖς, πᾶς εὐσεβής. Διὰ τοῦτο λέγει Παῦλος· Γένος οὖν Θεοῦ ὑπάρχοντες. Ἀλλ' οἶδα τὴν ἔννοιαν καθ' ἣν εἴρηται· οὐ σκοπός μοι ἐστὶν ὅλην ἱστορῆσαι τὴν θεωρίαν, ἀλλ' ὅτι μόνον βεβαιοῖ Παῦλος τὸ γένος. Καὶ ἀλλαχοῦ πάλιν· Ἡμεῖς ἐσμεν σῶμα Χριστοῦ καὶ μέλη ἐκ μέρους ἐκ τῆς σαρκὸς αὐτοῦ. Ἀντὶ τοῦ, διὰ τὴν σάρκα ἣν ἀνέλαβε συγγενεῖς E αὐτοῦ ἐσμεν. Ἔχομεν οὖν τὸ ἐνέχυρον αὐτοῦ ἄνω, ἤγουν τὸ σῶμα, ὃ ἐξ ἡμῶν προσελάβετο, καὶ κάτω τὸ ἅγιον Πνεῦμα μεθ' ἡμῶν. Καὶ ὅρα τὸ θαυμαστόν· οὐ λέγω ὅτι τὸ Πνεῦμα κατέβη ἐξ οὐρανοῦ, καὶ οὐκ ἔτι ἐστὶν ἐν τῷ οὐρανῷ, καὶ ἀντηλλάξατο τὸ μὲν σῶμα τὸν οὐρανὸν, τὸ δὲ Πνεῦμα τὴν γῆν, ἀλλὰ καὶ μεθ' ἡμῶν τὸ Πνεῦμα, καὶ πανταχοῦ, καὶ ἄνω· Ποῦ γὰρ, φησὶ, πορευθῶ ἀπὸ τοῦ Πνεύματός σου; Καὶ τί θαυμάζεις, εἰ τὸ Πνεῦμα καὶ μεθ' ἡμῶν καὶ ἄνω, καὶ τὸ σῶμα Χριστοῦ καὶ ἄνω καὶ μεθ' ἡμῶν; Ἔσχεν 774 A ὁ οὐρανὸς τὸ ἅγιον σῶμα, ἐδέξατο καὶ ἡ γῆ τὸ ἅγιον Πνεῦμα· ἦλθεν ὁ Χριστὸς καὶ ἤνεγκε τὸ ἅγιον Πνεῦμα,

quemadmodum enim obstupuit terra cum vidit Servatorem corpore indutum; et sicut cum extraneum et ignotum quempiam videmus, solemus dicere, Quis hic est? de noto quippe nemo sciscitatur: sic etiam terra Servatorem videns divina virtute præditum, ventisque et mari imperantem, dicit: *Quis est hic, quia venti et* Matth. 8. 27.
mare obediunt ei? Quemadmodum itaque obstupescens terra clamabat: *Quis est hic?* sic et cælum obstupescens, quod in carne divinitatem cerneret, dicit: *Quis est iste Rex gloriæ?* Psal. 23. 8.

16. Et vide mihi, quæso, rem mirabilem. Salvator venit, veniensque Spiritum sanctum attulit, ascendens corpus sanctum retulit, ut daret mundo pignus salutis, Spiritus sancti virtutem. Rursus eidem mundo sanctum corpus salutis pignus esse dicat Christianus. Cum hoc dico, et te dico et unamquamque personam Christianam. Ego Christianus sum et Dei sum: quare hoc? Spiritum sanctum de cælo descendens habeo. Vis aliud indicium? Accepi Spiritum Dei de cælo, pignus meum habeo certum. Quodnam pignus? Corpus ejus sursum est; Spiritus ejus deorsum apud nos. Dubitasne, hæretice, nos esse Dei? Genus unum factum est Dei atque hominum. Quemadmodum enim separatas partes jungit cognatio, et is, qui quempiam non novit, ex unius viri cum muliere conjunctione duas familias totas copulat ita ut ille consobrinus, ille avunculus constituatur: sic Christo carnem assumente, per carnem tota Ecclesia, Christi cognata effecta est: Paulus est Christi cognatus, Petrus item, omnisque fidelis, nos omnes, quivis pius. Ideo dicit Paulus, *Genus ergo cum simus Dei.* Act. 17. 29.
At etsi sciam qua mente id dictum sit, non in scopo mihi est, totam dicti rationem et sensum explorare; sed id solum dicam, Paulum genus illud firmare. Et alibi rursum: *Nos sumus cor-* 1. Cor. 12. 27.
pus Christi, et membra ex parte, ex carne ejus. Scilicet propter carnem quam assumsit cognati ejus sumus. Habemus igitur pignus ejus sursum, nimirum corpus quod ex nobis assumsit; et in terra Spiritum sanctum nobiscum. Et vide rem mirabilem; non dico quod Spiritus descenderit de cælo, et non ultra sit in cælo, et quod mutatis sedibus, corpus cælum, Spiritus terram occupet; sed quod Spiritus sit nobiscum, et ubique, et in cælo: nam, *Quo ibo,* inquit, *a* Psal. 138. 7.
Spiritu tuo? Ecquid miraris si Spiritus sit nobiscum et sursum, quando etiam corpus Christi

[b] [Cod. 1447 ἀῤῥαβὼν σωτ. τ. σ. τ. ἅ. λέγεται ὁ χρ.]

est et sursum et nobiscum? Habuit cælum sanctum corpus; suscepit et terra sanctum Spiritum; venit Christus et attulit Spiritum sanctum; ascendit Christus et retulit nostrum corpus. Videreque erat imaginem Adami, in sepulchro humatam, non ultra cum angelis apparentem, sed super angelos cum Deo sedentem, ut et nos ejus opera ipsi assideremus. O tremendam et stupendam dispensationem! o magnum regem per omnia magnum, ita magnum, inquam, et mirabilem!
Psal. 8. 2. Atque ut ait propheta: *Domine Dominus noster, quam admirabile est nomen tuum in universa* terra! *quoniam elevata est magnificentia tua super cœlos.* Elevata est divinitas; ipsis verbis dicitur: *Videntibus illis elevatus est,* qui secundum omnia magnus, magnus
Psal. 47. 2. Deus, magnus Dominus: *Magnus Dominus et laudabilis nimis.* Si vero magnus Deus et magnus
Ibid. gnus Dominus, magnus etiam rex est, *Rex magnus*
Ib. v. 3. *gnus super omnem terram. Montes Sion, latera aquilonis, civitas regis magni.* Magnus propheta, magnus sacerdos, magnum lumen, secundum omnia magnus. Semperque Scriptura
Tit. 2. 13. magnum prædicat; ut cum Paulus dicit: *Magni Dei et Salvatoris nostri Jesu Christi;* quemadmodum et David dicit: *Magnus Dominus et laudabilis nimis.* Magnus rex, magnus propheta: cum enim miracula ederet Jesus, dice-
Luc. 7. 16. bant turbæ vulgi: *Propheta magnus surrexit in nobis, et Deus visitavit plebem suam.* Non modo autem secundum divinitatem magnus, sed etiam secundum carnem: quemadmodum enim Deus magnus, Dominus magnus, et rex magnus est secundum divinitatem: ita rursus et magnus sacerdos, et magnus propheta. Quomodo illud?
Hebr. 4. 14. Ait Paulus: *Habentes itaque pontificem magnum qui penetravit cœlos Jesum Filium Dei, tenemus confessionem nostram.* Si autem pontifex magnus et propheta magnus, vere visitavit Deus plebem suam, et suscitavit prophetam magnum in Israel. Quod si magnus est propheta, magnus sacerdos, rex magnus, lux etiam magna
Isai. 9. 1. 2. est: *Galilæa gentium, populus qui sedebat in tenebris, vidit lucem magnam;* imo et dies
Joel. 2. 31. ejus magnus, ut ait propheta: *Antequam veniat dies Domini magnus et horribilis.* Cum undique magnum audias et magna esse opera ejus, unde tibi in mentem venit, o hæretice,

ἀνῆλθε καὶ ἀνήνεγκε τὸ ἡμέτερον σῶμα. Καὶ ἦν ἰδεῖν τὴν εἰκόνα τοῦ Ἀδὰμ τὴν ἐν τάφῳ κεχωσμένην, οὐκ ἔτι μετὰ ἀγγέλων φαινομένην, ἀλλ' ὑπεράνω τῶν ἀγγέλων συγκαθημένην τῷ Θεῷ, ἵνα καὶ ἡμᾶς συγκαθίσῃ μετ' αὐτοῦ. Ὢ τῆς φοβερᾶς καὶ ξένης οἰκονομίας· ὢ τοῦ μεγάλου βασιλέως τοῦ τὰ πάντα μεγάλου, τοῦ [a] οὕτως μεγάλου καὶ θαυμαστοῦ. Καὶ ὡς εἶπεν ὁ προφήτης· Κύριε ὁ κύριος ἡμῶν, ὡς θαυμαστὸν τὸ ὄνομά σου ἐν πάσῃ τῇ γῇ, ὅτι ἐπήρθη ἡ μεγαλοπρέπειά σου ὑπεράνω τῶν οὐρανῶν. Ἐπήρθη ἡ θεότης·
B αὐτολεξεὶ κεῖται· Βλεπόντων αὐτῶν ἐπήρθη, ὁ τὰ πάντα μέγας, μέγας ὁ Θεὸς, μέγας ὁ Κύριος· Μέγας Κύριος καὶ αἰνετὸς σφόδρα. Εἰ δὲ μέγας Θεὸς καὶ μέγας Κύριος, μέγας καὶ βασιλεὺς, Βασιλεὺς μέγας ἐπὶ πᾶσαν τὴν γῆν. Ὄρη Σιὼν, τὰ πλευρὰ τοῦ βοῤῥᾶ, ἡ πόλις τοῦ βασιλέως τοῦ μεγάλου. Μέγας προφήτης, μέγας ἱερεὺς, μέγα φῶς, τὰ πάντα μέγας. Καὶ ἀεὶ ἡ Γραφὴ μετὰ προσθήκης αὐτὸν λέγει μέγαν, ὡς ὅταν λέγῃ Παῦλος· Τοῦ μεγάλου Θεοῦ καὶ Σωτῆρος ἡμῶν Ἰησοῦ Χριστοῦ· ὡς καὶ Δαυὶδ λέγει· Μέγας Κύριος καὶ αἰνετὸς σφόδρα. Μέγας βασιλεὺς, μέγας προφή-
C της· ὅτε γὰρ ἐποίει τὰ θαύματα ὁ Ἰησοῦς, ἔλεγον οἱ ὄχλοι, Ὅτι μέγας προφήτης ἐγήγερται ἐν ἡμῖν, καὶ ὅτι ἐπεσκέψατο ὁ Θεὸς τὸν λαὸν αὐτοῦ. Οὐ μόνον γὰρ κατὰ τὴν θεότητα μέγας, ἀλλὰ καὶ κατὰ τὴν σάρκα· ὥσπερ γὰρ Θεὸς μέγας, καὶ Κύριος μέγας, καὶ βασιλεὺς μέγας κατὰ τὴν θεότητα, οὕτω πάλιν καὶ ἱερεὺς μέγας, καὶ προφήτης μέγας. Πόθεν τοῦτο; Λέγει Παῦλος· Ἔχοντες οὖν ἀρχιερέα μέγαν διεληλυθότα τοὺς οὐρανοὺς Ἰησοῦν τὸν Υἱὸν τοῦ Θεοῦ, κρατοῦμεν τῆς ὁμολογίας ἡμῶν. Εἰ δὲ ἀρχιερεὺς μέγας καὶ προφήτης μέγας, ὄντως ἐπεσκέψατο ὁ Θεὸς τὸν λαὸν αὐτοῦ, καὶ ἀνέστησε προφήτην μέγαν ἐν τῷ
D Ἰσραήλ. Εἰ δὲ μέγας προφήτης, μέγας ἱερεὺς, μέγας βασιλεὺς, καὶ φῶς μέγα· Γαλιλαία τῶν ἐθνῶν, ὁ λαὸς ὁ καθήμενος ἐν σκότει εἶδε φῶς μέγα· ἀλλὰ καὶ ἡ [b] ἡμέρα αὐτοῦ ἡ μεγάλη, ὡς λέγει ὁ προφήτης, Πρὶν ἐλθεῖν τὴν ἡμέραν Κυρίου τὴν μεγάλην καὶ ἐπιφανῆ. Πανταχοῦ μέγαν ἀκούων, καὶ μεγάλα τὰ ἔργα Κυρίου, πόθεν ἐπῆλθέ σοι σχίζειν, αἱρετικὲ, καὶ σμικρύνειν τὸν μέγαν; Ἔχωμεν οὖν ἀῤῥαβῶνα τῆς ζωῆς ἡμῶν ἐν οὐρανῷ, συνανελήφθημεν τῷ Χρι-
E στῷ. Πάλιν οὖν ἁρπαζόμεθα ἐν νεφέλαις, ἐὰν ὦμεν ἄξιοι ἐπὶ νεφελῶν ἀπαντῆσαι. Ὑπόδικος οὐκ ἀπαντᾷ δικαστῇ, ἀλλὰ φαίνεται μὲν αὐτῷ παριστάμενος, οὐκ ἀπαντᾷ δὲ, ὡς ἀπαῤῥησίαστος ὤν. Εὐξώμεθα οὖν καὶ ἡμεῖς ἅπαντες, ἀγαπητοὶ, ἵνα τῶν ἀπαντώντων κἂν ἐν μικρᾷ τάξει τύχωμεν. Ὥσπερ γὰρ οἱ ἀπαντῶντες

[a] [Cod. 1447 ὄντως μεγάλου. 1186 βασιλέως χριστοῦ. ταῦτα γὰρ πάντα τοῦ ὄντως μεγάλου βασιλέως καὶ θαυμαστοῦ ὡς εἶπεν cet.]

[b] [Codicem sequimur 1447. Montf. omittit ἡ ante ἡμέρα. Cod. 1186 καὶ ἡμέρα αὕτη μεγάλη.]

βασιλεῖ, κἂν μὴ πάντες ὦσιν ὁμότιμοι, ἀλλ' ὅμως τετίμηνται παρ' αὐτοῦ· οὕτως ἔσται καὶ τότε. Οὐδὲ γὰρ πάντες ὁμοίως ἐπολιτεύσαντο· Ἕκαστος γὰρ τὸν ἴδιον μισθὸν λήψεται κατὰ τὸν ἴδιον κόπον. Μηδέποτε τοίνυν κωλυέσθω λόγος Θεοῦ, ἀλλὰ μετὰ ἀληθείας 775
A παῤῥησιαζώμεθα ἅπαντες ἐν ἀγάπῃ Χριστοῦ λαὸν τρέφοντες, ψυχὰς ἀρδεύοντες, ψυχαῖς μεριζόμενοι, ταῖς δὲ ὑπονοίαις μὴ σχιζόμενοι. Ὁ εἰρήνης ἐχθρὸς ἔχει τὸν δικάζοντα. Καὶ ἐπειδὴ, ἀδελφοὶ, ἀνθρώπους· μὲν πείθομεν, Θεῷ δὲ πεφανερώμεθα οἷοί ἐσμεν, μάρτυς ὁ τῶν ἐννοιῶν ἐπόπτης, ὃς ἀπαιτήσει λόγον πάντα τὸν λαλοῦντα τὸ ψεῦδος, ὡς οὐδέποτε ἐχθροὶ εἰρήνης
B οὔτε ἠθελήσαμεν, οὔτε θέλομεν γενέσθαι. Ἐὰν γὰρ τὴν εἰρήνην ἀπολέσωμεν, ἐχθροί ἐσμεν ἐκείνων τῶν ἀκουσάντων παρὰ Χριστοῦ, Εἰρήνη ὑμῖν. Ἀλλ' ὅτι εἰρήνην θέλομεν, καὶ σπεύδομεν, καὶ ποθοῦμεν, μάρτυς ὁ εἰδώς· περὶ δὲ τῶν λοιπῶν σιωπήσομεν. Ὁ γὰρ βραβευτὴν ἐκδεχόμενος τὸν Θεὸν, τῇ ἀπολογίᾳ οὐχ ὑβρίζει τὸ ἄνω δικαστήριον. Δυνατὸς δὲ ὁ Θεὸς εἰρήνην δοῦναι, εἰρήνην πῆξαι, εἰρήνην βραβεῦσαι ἐν τοῖς κηρύττουσι καὶ ἐν τοῖς κηρυσσομένοις, ἐν τοῖς διδάσκουσι καὶ ἐν τοῖς μανθάνουσιν, ἵνα διὰ πάντων ἀπὸ εἰρήνης ἀρξάμενοι, καὶ ἐν εἰρήνῃ μεσάσαντες, καὶ ἐν εἰρήνῃ πληρώσαντες, τῷ Θεῷ τῆς εἰρήνης δόξαν ἀναπέμψωμεν, τῷ Πατρὶ καὶ τῷ Υἱῷ καὶ τῷ ἁγίῳ Πνεύματι, νῦν καὶ ἀεὶ, καὶ εἰς τοὺς αἰῶνας τῶν αἰώνων. Ἀμήν.

scissionem facere, et magnum illud minuere? Habeamus igitur pignus vitæ nostræ in cælo; assumti sumus una cum Christo. Rursus certe rapiemur in nubibus, si digni fuerimus, qui illi in nubibus obviam veniamus. Reus non obviam venit judici, sed coram eo sistitur, nec occurrit illi unquam, utpote qui minus habeat fiduciæ. Precemur itaque et nos omnes, carissimi, ut simus ex numero eorum qui ipsi obviam venient, licet in minori ordine. Ut enim ii qui regi occurrunt, etiamsi non omnes pari in honore sint, honorifice tamen excipiuntur ab eo : sic erit et illo tempore. Neque enim omnes eodem vivendi genere sunt usi : nam *Unusquisque mercedem* 1. Cor. 3. 8.
suam accipiet, secundum proprium laborem. Numquam itaque impediatur verbum Christi; sed cum veritate fiduciam habeamus omnes in caritate Christi, populum pascentes, animas irrigantes, animis divisi, sed cogitationibus non divisi. Pacis inimicus judicem habet. Et quoniam, fratres, hominibus quidem verbis persuademus, Deo autem tales videmur, quales sumus, testis est ille cogitationum inspector, qui rationem repetet ab iis omnibus qui mendacia loquentur, nos numquam pacis inimicos essence voluisse, nec hodie velle. Nam si pacem perdiderimus, inimici erimus eorum qui a Christo audierunt, *Pax vobis*. Verum quod pacem velimus, et curemus, et concupiscamus, testis ille qui novit; de reliquis tacebimus. Nam qui præmiorum largitorem exspectat Deum, ad se purgandum non contumeliam inferet superno illi tribunali. Potest Deus pacem dare, pacem firmare, pacem decernere inter prædicatores et auditores, inter doctores et discipulos, ut per omnia a pace orsi, et in pace medium transigentes, et in pace perseverantes, Deo pacis gloriam referamus, Patri et Filio et Spiritui sancto, nunc et semper, et in sæcula sæculorum. Amen.

SPURIA.

778

MONITUM

AD HOMILIAS QUINQUE IN ASSUMTIONEM DOMINI.

Inter spurias jure ablegatæ sunt hæ quinque Homiliæ in Assumtionem Domini, quarum quatuor priores a Morello publicatæ sunt Tomo 6, quinta eaque brevissima apud Savilium habetur. Qui Savilius etiam excepta prima alias omnes edidit. Ex numero autem videntur esse eorum viginti duum brevium λόγων in Assumtionem, quos commemorat Photius in Biblioth. Cod. 25.

Homilia prima nobis Chrysostomo indigna videtur esse : hic enim scriptor ἀπροσδιόνυσος ab alio ad aliud inepte excurrit : nam in brevissima oratione ab Assumtione Domini orsus, ab hoc argumento ad aliud transit, nempe ad apostolos, ad Paulum maxime : ex abrupto autem ad alapam jussu Ananiæ sacerdotum principis Paulo incussam progreditur, et quasi prioris instituti oblitus, hic Pauli laudes multis celebrat. Voces porro usurpat a Chrysostomo vel numquam vel parum frequentatas, ut ἐκονδύλιζον, *interficiebant*, πλῆκτρον τῆς ζωῆς, *plectrum vitæ*, epitheton Pauli; θεοκλητοῦντες, *Deum invocantes;* et alia id genus, quæ plura proferre possemus, nisi jam constaret hoc opusculum non esse Chrysostomi.

Paulo melioris notæ est homilia secunda : sed quæ tamen non careat suspicione νοθείας : nam libenter crediderim esse centonem ex variis Chrysostomi locis consarcinatum. In Editione autem Savilii habetur Tomo 5, p. 973,* l. 37, et consuitur cum altera de Ascensione homilia brevissima, manifeste spuria, quam postremam omnium de Ascensione homiliarum infra referimus : in multis autem variat, et aliquot in locis non mediocriter ab hac de qua agimus discrepat. Unde liqueat hanc homiliam fuisse diversorum manibus tractatam. Esse itaque centonem suspicor, ut dixi, variis ex Chrysostomi locis adornatum : certe illa quam pluribus hic prosequitur comparatio de Elia rapto cum Christo in cælum ascendente, eadem omnino et iisdem pene verbis legitur supra in genuino Chrysostomi sermone de Ascensione; Tomo 2, p. 455. Ut autem potius centonem esse opiner, quam veram Chrysostomi homiliam, hic locus me movet, qui ita præcedentibus assuitur, ut cum iis non cohærere videatur : atque item ea quæ comparationem illam subsequuntur, non videntur cum præcedentibus apte conjungi. Quibus perspectis omnibus, Chrysostomi sit, necne, non ausim affirmare, etsi magis in negandi partem propendeam.

Homilia tertia sese prodit alterius esse scriptoris, quam Chrysostomi; dicendi genus remissum, stylus a doctore nostro alienus : paulo ante finem contra Nestorianos agere videtur, et quæstionem circa duas in Christo naturas jam agitatam fuisse arguit.

Ejusdem farinæ est quarta homilia, stylo scilicet χυδαίῳ scripta, in qua commemorantur septem præcipuæ Christi solennitates, quarum ultima erit futurus adventus. Hic clarius agitur contra Nestorianos, cum dicitur dualitatem naturarum a propheta aperte prædicari, et infra cum hæreticos hujusmodi adoritur hic quisquis sit scriptor.

Quinta homilia inepti Græculi opus, secundæ, ut supra diximus, præmittitur, cum illaque conjungitur apud Savilium.

Quatuor priorum interpretatio Latina est Gerardi Vossii, quam multis in locis emendavimus. Quintam nos Latine convertimus.

* [In indice Operum quæ in hoc tertio Tomo continentur verba « *In Savil. non reperitur* » delenda numerique hic indicati reponendi sunt. Savilii textum, Montfauconiano fortasse præstantiorem, ob ipsa hæc reverendi patris Benedictini verba, sequi non licebat.]

ΧΡΥΣΟΣΤΟΜΟΥ

777 A

Εἰς τὴν ἀνάληψιν τοῦ Κυρίου ἡμῶν Ἰησοῦ Χριστοῦ. Ὁμιλία α΄.

Τρία παράδοξα θαύματα ἐξ ἀρχῆς χρόνου οὐ γνώριμα, τὴν φύσιν αὐτὴν ὑπερακοντίζοντα τὴν ἡμετέραν * συνέπλεξαν, ἀῤῥαγῆ καὶ ἀσάλευτα μένοντα· τρίπλοκον γὰρ σχοινίον ταχὺ οὐ διαῤῥήσσεται. Ταῦτα δέ ἐστιν ἀνυμφεύτου μητρὸς ὠδὶς, τριημέρου πάθους ἀνάστασις, σαρκὸς εἰς οὐρανοὺς ἀνάληψις. Οἶδεν ὁ χρόνος στεῖρας τικτούσας, ἀλλ' οὐ γαμικῆς συναφείας ἐκτός· οἶδε νεκροὺς ἀναβιώσαντας, ἀλλ' οὐχὶ εἰς ζωὴν ἀτελεύτητον· οἶδε προφήτην ἀναλαμβανόμενον, ἀλλ' ὡς εἰς οὐρανόν· τὸ ὡς, τῆς ἀληθείας δεύτερον. Ὁ μὲν γὰρ Ἠλίας τόπον ἐκ τόπου ἤμειψεν, ὁ δὲ Σωτὴρ B ἀνῆλθεν, ὅθεν κατῆλθεν, πολλῶν θεωμένων ἀνδρῶν καὶ γυναικῶν, ἄχρις οὗ τὸ βλέμμα πρὸς ὕψος ἀτενίζον ἠτόνησεν, ἀγγέλων ἐπιμαρτυρούντων τῇ θέᾳ, καὶ τὴν δευτέραν καταμηνυόντων ἔλευσιν. Καὶ ἰδοὺ, φησὶν, ἄνδρες δύο παρειστήκεισαν αὐτοῖς ἐν ἐσθῆτι λευκῇ, οἳ καὶ εἶπον· ἄνδρες Γαλιλαῖοι, τί ἑστήκατε ἐμβλέποντες εἰς τὸν οὐρανόν; καὶ τὰ ἑξῆς. Ὢ πόσα ὁ ἀγαθὸς διὰ δούλων πονηρῶν εἰς σωτηρίαν ἐπραγματεύσατο· κατῆλθεν ἐξ οὐρανῶν, ἀνῆλθεν εἰς οὐρανοὺς, ἐξ οὐρανῶν πάλιν ἐλεύσεται· ἐλεύσεται δὲ πῶς; Οὐκ εἰς ἑτέραν ἀναλυθεὶς ὑπόστασιν, ἀλλ' ἐν τῷ εἴδει τῆς σαρκὸς, ἐν τῷ ἀνθρωπίνῳ σχήματι· οὐ μέντοι ταπεινὰ πράττων, ὡς τὸ πρότερον, οὐκ ἐπὶ σκάφους ὑπνῶν, οὐκ ἐπὶ φρέατι κόπῳ δίψης κρατούμενος, οὐκ ἐπὶ πῶλον ὄνου καθήμενος, ἀλλ' ἐπὶ πώλου νεφελοειδοῦς ὀχούμενος· οὐχ ἁλιέας ἐπαγόμενος, ἀλλ' ὑπὸ ἀγγέλων δο- C ρυφορούμενος· οὐ δικαστοῦ παριστάμενος βήματι, ἀλλ' αὐτὸς κρίνων τῆς οἰκουμένης τὰ πέρατα, καὶ τοῖς ἁλιεῦσιν αὐτοῖς ἐξουσίαν δικαστικὴν χαρισάμενος· ὡς καὶ αὐτὸς διδάσκει, πρὸς μὲν τοὺς μαθητὰς λέγων· Ὅταν καθίσῃ ὁ Υἱὸς τοῦ ἀνθρώπου ἐπὶ θρόνου δόξης αὐτοῦ, καθίσεσθε καὶ ὑμεῖς ἐπὶ δώδεκα θρόνους, κρίνοντες τὰς δώδεκα φυλὰς τοῦ Ἰσραήλ· πρὸς δὲ τοὺς Ἰουδαίους, Εἰ δὲ ἐγὼ ἐν Βεελζεβοὺλ ἐκβάλλω τὰ δαιμόνια, οἱ υἱοὶ ὑμῶν ἐν τίνι ἐκβάλλουσιν; διὰ τοῦτο αὐτοὶ κριταὶ ὑμῶν ἔσονται· ὅτιπερ ἐξ Ἰουδαίων ὄντες τὰ τῶν Ἰουδαίων οὐκ ἐφρόνησαν, ἀλλὰ τὰ πάθη τοῦ Χριστοῦ καὶ τὰ στίγματα τῶν συγγενῶν κυριοκτόνων προετίμησαν. Μέγα θαῦμα, ξένον κριτήριον, ἰδεῖν ἁλιέα δικάζοντα, καὶ Φαρισαῖον κρινόμενον, σκηνο- D ποιὸν μετὰ παῤῥησίας καθήμενον, καὶ ἀρχιερέα μετὰ στεναγμῶν εὐθυνόμενον. Τί γὰρ τὸν Δεσπότην κατὰ κόῤῥης ἐῤῥάπιζον, κατὰ κεφαλῆς ἐκονδύλιζον, τὸ δὲ τέλος τὸν κληρονόμον ἔξω τοῦ ἀμπελῶνος ἐφόνευον; τί δὲ τὸν Πέτρον ἐφυλάκιζον; τί δὲ τὸν Παῦλον πεν-

IN ASCENSIONEM

Domini nostri Jesu Christi. Sermo primus.

Tria summe admiranda atque stupenda, temporibus antiquis ignota, superant quidem naturæ nostræ vires, ipsa tamen infracta permanent et immota: funiculus enim triplex non facile rumpitur. Ea vero sunt: innuptæ matris Partus, ex triduana passione Resurrectio, carnisque in cælum Ascensio. Novit tempus steriles peperisse, sed non absque matrimoniali conjunctione; agnovit mortuos ad vitam rediisse, sed non ad sempiternam; agnovit prophetam assumtum esse, B sed tamquam in cælum: tamquam, hoc est, non in cælum verum. Siquidem Helias locum loco mutavit: at Salvator ascendit, unde descendit, multis contemplantibus viris atque mulieribus, quousque in altum visus imbecillitas ferri potuit, angelis ipsis fidem huic spectaculo præbentibus, secundumque Christi adventum prænuntiantibus. *Et ecce*, inquit, *duo viri adstiterunt juxta illos in vestibus albis, qui* et *dixerunt: Viri Galilæi, quid* statis *aspicientes in cælum? Hic Jesus, qui assumtus est a vobis in cælum, sic veniet, quemadmodum vidistis eum euntem in cælum.* O quanta benignissimus Dominus propter improbos servos, in salutem peregit! descendit e cælis, in cælos ascendit, et de cælis iterum venturus est: sed quo pacto venturus? Non alia quidem assumta C persona, sed in forma carnis, et habitu humano; non tamen humilia agens ut antea, non in nave dormiens, non ad puteum sitis molestia laborans, neque super pullum asinæ sedens, sed pullo nubis vectus; non piscatores adducens, verum angelorum comitatu stipatus; non ante judicis tribunal constitutus, sed ipse judicans fines orbis terrarum, ipsisque piscatoribus potestatem judiciariam præbens; quemadmodum et ipse docet, ad discipulos dicens: *Cum sederit Filius hominis in sede majestatis suæ, sedebitis et vos super sedes duodecim, judicantes duodecim tribus Israel*; ad Judæos vero: *Si autem in Beelzebub ego ejicio dæmonia, filii vestri in quo ejiciunt? propterea ipsi judices* D *vestri erunt*: quandoquidem cum ex Judæis essent, non sapiebant ea quæ Judæorum erant, sed Christi supplicia, ejusque stigmata cognatis suis interfectoribus Domini prætulerunt. Rem magnam atque stupendam! inusitatum judicii genus! piscatorem aspicere judicantem, et Pharisæum judicari; tabernaculorum opificem confidenter

Act. 1. 10. 11.

Matth. 19. 28.

Matth. 12. 27.

* Deesse quid videtur.

sedentem, et summum sacerdotem cum suspiriis
judicium subeuntem. Cur enim Domino in faciem alapas impegerunt, caputque verberarunt,
et demum heredem ipsum extra vineam interfecerunt? cur Petrum ad carcerem traxerunt,
Paulo autem quadragenas, una minus, plagas
inflixerunt? Quin et admirandus apud eos princeps sacerdotum Ananias præcepit astantibus
sibi ministris percutere os Pauli : os dico Pauli,
os gratiæ, os veritatis, plectrum vitæ, quod quavis tuba vehementius resonat, et quacumque harmonia consonantius est : organum, inquam,
Christi, ac fistulam Spiritus sancti. Quæ enim
visa sunt Spiritui sancto, Paulus lingua sua publicavit : unde et arbitror David prophetam sub
Psal. 44. 2. persona Pauli dicere : *Lingua mea calamus*
scribæ velociter scribentis. Quid igitur ad
Ananiam Paulus, impendens illi supplicium pro-
Act. 23. 3. spiciens? Dixit ad eum : *Percutiet te Deus, pa-*
ries dealbate. Nam paries dealbatus, sepulcrum
speciosum erat, foris inimicus, intus vero mortuus. Quoniam igitur de rebus omnibus, quæ in
vita fuerint actæ, rationes nobis reddendæ proponuntur, ac judicium universale constituitur,
ubi quid de talentis egerimus exigitur, de my-
sticarum nuptiarum contemtu, de lampadibus
sponsi, de sementis incremento, de vineæ fructu,
deque iis omnibus quæ nobis per parabolas revelavit : vitam nostram expendamus, et res hujus vitæ commutemus, non cum argento, non
aurum nobis parantes, non gravem usuram exercentes : hæc enim judex aversatur; verum inopiam pauperum sublevantes, hospitalitatem exercentes, ac Deum invocantes, omniaque agentes
quæ ad judicis placandam iram bona noscuntur.
Disco lucrum hospitalitatis, respiciens ad exemplum Abrahæ; orationisque utilitatem ex Ninivitis considerans, ac eleemosynæ thesaurum in
Act. 9. 39. Tabitha contemplans : quæ cum in lecto exani-
sqq. mis jaceret, sepulturæque jam proxima esset,
circumsteterunt Petrum omnes viduæ flentes, et
ostendentes ei dona defunctæ, ab inferis mortuam extraxerunt. Quod si mortuum corpus viduarum lacrymæ vitæ restituerint, rursus haud
dubie moriturum : quanta putas in bonorum
mercedem præbiturum esse Judicem iis qui larga
manu pauperes aluerint, ac testimonium pauperum non abjecerint? Tunc enim dona auferri
non potuerunt, morte non intercedente, sed vita
1. Cor. 15. in perpetuum durante. *Canet enim*, inquit,
52. *tuba in Christo, et mortui resurgent incor-*
rupti, atque immutabiles, ad imitationem Domini. Et sicut eum nubes quædam suscepit, ita
1. Thess. 4. et nos, secundum vocem Pauli, *In nubibus ra-*
16. *pientur obviam ei*. Et sicut ipse in jubilo et
voce tubæ ascendit, ita et nos mortis nebulam,
velut somnum excutientes, Auctori vitæ conjun-
Ibid. gemur : *Et sic*, inquit, *semper cum Domino*
erimus; sapientes ea quæ sunt Domini, divinaque ejus præcepta servantes. Dignetur autem nos

τάκις τεσσαράκοντα παρὰ μίαν πληγὰς ἐβασάνιζον;
Ἀλλ' ὁ θαυμαστὸς ἀρχιερεὺς Ἀνανίας τὸ στόμα παίειν
τοῦ Παύλου τοῖς ὑπηρέταις ἐκέλευσε, τὸ στόμα τοῦ
Παύλου, τὸ στόμα τῆς χάριτος, τὸ στόμα τῆς ἀληθείας, τὸ πλῆκτρον τῆς ζωῆς, τὸ πάσης σάλπιγγος
γενναιότερον, τὸ πάσης ἁρμονίας ἐμμελέστερον, τὸ
E ὄργανον τοῦ Χριστοῦ, τὸν αὐλὸν τοῦ Πνεύματος· τὰ
γὰρ δοκοῦντα τῷ ἁγίῳ Πνεύματι ὁ Παῦλος διὰ τῆς
γλώσσης ἐδημοσίευσεν· ὅθεν οἶμαι τὸν Δαυὶδ ἐκ
προσώπου Παύλου λέγειν, Ἡ γλῶσσά μου κάλαμος
γραμματέως ὀξυγράφου. Τί οὖν πρὸς τὸν Ἀνανίαν ὁ
Παῦλος, τὴν ἐπερχομένην αὐτῷ δίκην προθεωρῶν;
Τύπτειν σε μέλλει ὁ Θεὸς, τοῖχε κεκονιαμένε. Τοῖχος
γὰρ κεκονιαμένος, τάφος κεκαλλωπισμένος, ἔξωθεν
ἐχθρὸς, ἔσωθεν νεκρός. Ἐπεὶ οὖν πρόκειται τῶν βε-
βιωμένων λογοθέσιον, καὶ παγκόσμιον δικαστήριον,
τῶν ταλάντων τὴν ἐργασίαν ἀπαιτοῦν, τοῦ μυστικοῦ
γάμου τὴν ἀθέτησιν, τὴν λαμπαδουχίαν τοῦ νυμφῶνος, τοῦ σπόρου τὴν αὔξησιν, τοῦ ἀμπελῶνος τὸν
778 καρπὸν, καὶ ὅσα διὰ τῶν παραβολῶν ἡμῖν ἀπεκάλυψε,
A τὸν βίον ταλαντεύσωμεν, τὰ τοῦ βίου συναλλάξωμεν,
οὐκ ἀργυραμοιβοῦντες, οὐδὲ χρυσορυχοῦντες, οὐ βα-
ρέως δανείζοντες· ταῦτα γὰρ καὶ ὁ κριτὴς ἀποστρέφε-
ται· ἀλλὰ πτωχοτροφοῦντες, φιλοξενοῦντες, θεοκλητοῦντες, καὶ ὅσα τοῦ κριτοῦ τὴν ὀργὴν μαλάττειν
ἐπίσταται. Μάθε τῆς φιλοξενίας τὸ κέρδος, ἀποβλέψας
εἰς τὸν Ἀβραὰμ, τῆς ἱκεσίας τὸ ὄφελος τῶν Νινευιτῶν λογισάμενος, τῆς ἐλεημοσύνης τὸν θησαυρὸν θεω-
ρήσας τὴν Ταβιθὰν ἐπὶ κλίνης κατακειμένην ἄψυχον,
ἐν τάφῳ μέλλουσαν κατορύττεσθαι· ἀλλ' αἱ χῆραι τὸν
Πέτρον κυκλώσασαι, καὶ τὰ δῶρα τῆς νεκρᾶς ἐπιδεικνύμεναι, ἐξ ᾅδου τὴν τεθνεῶσαν ἀνέσπασαν. Εἰ δὲ
νεκρὸν τὸ σῶμα δάκρυα χηρῶν ἐψύχωσε, πρόδηλον
ὅτι καὶ αὖθις τεθνηξόμενον, ὁποῖά τινα παρέξειν οἴει
ἐν ταῖς τῶν ἀγαθῶν ἀποδόσεσι τὸν κριτὴν τοῖς ἀφειδεῖ
B δεξιᾷ τὴν πτωχοτροφίαν ἀσκήσασι, καὶ μαρτυρίας
πτωχῶν οὐκ ἀποῤῥήξασι; Τότε γὰρ τὸ δῶρον ἀναφαίρετον, οὐκ ἔτι θανάτου μεσιτεύοντος, ἀλλὰ διηνεκοῦς
ἐκτεταμένης ζωῆς. Σαλπίσει γὰρ, φησὶ, καὶ οἱ νεκροὶ
ἐν Χριστῷ ἀναστήσονται ἄφθαρτοι καὶ ἄτρεπτοι,
κατὰ τὴν τοῦ Δεσπότου μίμησιν. Καὶ καθάπερ αὐτὸν
νεφέλη τις ὑπέλαβεν, οὕτω καὶ ἡμεῖς, κατὰ τὴν τοῦ
Παύλου φωνὴν, Ἐν νεφέλαις ἁρπαγησόμεθα. Καὶ ὡς
αὐτὸς ἀνέβη ἐν ἀλαλαγμῷ καὶ φωνῇ σάλπιγγος, τὸν
αὐτὸν τρόπον καὶ ἡμεῖς διὰ τῆς ἀρχαγγελικῆς σάλπιγγος, τοῦ θανάτου τὸ νέφος ὥσπερ ὕπνον ἀποσεισάμε-
νοι, τῷ ἀρχηγῷ τῆς ζωῆς συνεσόμεθα· Καὶ οὕτω,
φησὶ, πάντοτε σὺν Κυρίῳ ἐσόμεθα, τὰ τοῦ Κυρίου
φρονοῦντες, τὰς ἐντολὰς αὐτοῦ φυλάξαντες. Γένοιτο
δὲ πάντας ἡμᾶς τῆς μακαρίας ἐκείνης ἀξιωθῆναι φωνῆς, Εὖ δοῦλε ἀγαθὲ καὶ πιστὲ, ἐπὶ ὀλίγα πιστὸς, ἐπὶ
C πολλῶν σε καταστήσω, εἴσελθε εἰς τὴν χαρὰν τοῦ

Κυρίου. Αὐτοῦ ἡ δόξα καὶ τὸ κράτος, εἰς τοὺς αἰῶνας τῶν αἰώνων. Ἀμήν.

omnes beata ac felici illa sua voce: *Euge serve bone et fidelis, quia super pauca fuisti fidelis, supra multa te constituam: intra in gaudium Domini tui.* Matth. 25. 21. Ipsi gloria et imperium, in sæcula sæculorum. Amen.

ΕΙΣ ΤΗΝ ΑΝΑΛΗΨΙΝ

Τοῦ Κυρίου ἡμῶν Ἰησοῦ Χριστοῦ. Λόγος β'.

Εὐλογητὸς ὁ Θεός. Εὔκαιρον σήμερον ἅπαντας ἡμᾶς ἀναβοῆσαι τὸ προφητικὸν ἐκεῖνο λόγιον, καὶ κοινῇ τὸν ἁπάντων ἡμῶν Δεσπότην ἀνυμνῆσαι, καὶ D λέγειν· Τίς λαλήσει τὰς δυναστείας τοῦ Κυρίου, ἀκουστὰς ποιήσει πάσας τὰς αἰνέσεις αὐτοῦ; Σήμερον γὰρ ἡ ἀπαρχὴ ἡμετέρα εἰς οὐρανὸν ἀνελήλυθεν, καὶ ὁ τὴν ἐξ ἡμῶν σάρκα ἀναλαβὼν, τὸν θρόνον κατείληφε τὸν πατρικὸν, ἵνα καταλλαγὴν πρὸς τοὺς δούλους ἐργάζηται, καὶ τὴν παλαιὰν ἔχθραν ἀνέλῃ, καὶ τὴν εἰρήνην τῶν ἄνω δυνάμεων τοῖς ἐπιγείοις ἀνθρώποις χαρίζηται. Κοινὰ γὰρ ἡμῶν σήμερον κατὰ τοῦ διαβόλου τὰ νικητήρια, κοινὰ τὰ βραβεῖα, κοινὰ τὰ ἔπαθλα, κοινοὶ καὶ οἱ στέφανοι, κοινὴ καὶ ἡ δόξα. Διὸ σκιρτήσωμεν ἅπαντες ὁρῶντες ἡμῶν τὴν ἀπαρχὴν ἄνω καθημένην, καὶ τὴν ἡμετέραν φύσιν τὸν ἐκ δεξιῶν τοῦ Θεοῦ καταλαμβάνουσαν θρόνον. Εἰ γὰρ ὁ θαυμάσιος προφήτης μακαρίζει τοὺς ἔχοντας σπέρμα ἐκ Σιὼν, καὶ οἰκείους ἐν Ἱερουσαλὴμ· πολλῷ μᾶλλον ἡμᾶς χαίρειν δεῖ, καὶ E ἀγάλλεσθαι ὁρῶντας τὴν ἡμετέραν ἀπαρχὴν εἰς αὐτὴν τοῦ οὐρανοῦ τὴν κορυφὴν ἀνελθοῦσαν, καὶ τὸν θρόνον ἐπειλημμένην τὸν βασιλικόν. Ἐννόει γὰρ, ἀγαπητὲ, ὅση τοῦ Θεοῦ ἡμῶν ἡ ἀγαθότης καὶ ἀπόῤῥητος οἰκονομία γέγονε περὶ τὸ γένος τὸ ἡμέτερον, τοῦ παραδείσου ἐκπεπτωκὸς διὰ τὴν ἀπάτην τοῦ διαβόλου, καὶ τοσαύτῃ ἀρᾷ καταδικασθὲν ἀθρόον εἰς ὅσον ὕψος ἀνήγαγεν, καὶ πῶς ἡμεῖς οἱ τῆς γῆς ἀνάξιοι φανέντες, σήμερον εἰς τὸν οὐρανὸν ἀνήχθημεν, καὶ ἡ ἡμετέρα φύσις ἡ καὶ τοῦ παραδείσου ἀναξία τὸ πρότερον νομισθεῖσα. Αὕτη γὰρ τοῦ οὐρανοῦ τὴν προεδρίαν ἀνείληφε, καὶ ἡ τῶν δαιμόνων γενομένη παίγνιον, σήμερον ὑπὸ ἀγγέλων καὶ τῶν ἄνω δυνάμεων προσκυνεῖται. Ὢ μακαρίου φθόνου· ὢ καλῆς ἐπιβουλῆς· ὢ φθόνε καλῶν, πρόξενε μυρίων ἡμῖν ἀγαθῶν, θεσμὸν ἀπέτεκες 779 A ἀθανασίας. Φθονήσας γὰρ τῇ φύσει τῇ ἡμετέρᾳ ὁ πονηρὸς ἐκεῖνος δαίμων ἐπὶ γῆς τὴν διαγωγὴν ἐχούσῃ, νῦν ὁρᾷ ἐν οὐρανῷ προσκυνουμένην· καὶ παρακλέψας, ὡς ᾤετο, μεγάλα καὶ [a] ἀνείκαστα, νῦν μειζόνων καὶ λαμπροτέρων ἡμᾶς ἀπολαύοντας ὁρᾷ. Διὸ δὴ σκιρτῶ καὶ ἀγάλλομαι σήμερον, καὶ ὑμᾶς συνεφάψασθαί μοι τῆς χορείας παρακαλῶ. Οἱ γὰρ μήτε τῆς κάτω ἀρχῆς ὄντες ἄξιοι, πρὸς τὴν βασιλείαν ἀνέβημεν τὴν ἀνωτάτω; ὑπερέβημεν τοὺς οὐρανοὺς, ἀπελαβόμεθα τοῦ θρόνου τοῦ βασιλικοῦ, καὶ ἡ φύσις, δι' ἣν ἐφύλασσε

IN ASCENSIONEM

Domini nostri Jesu Christi. Sermo II.

Benedictus Deus. Opportunum est hodie nos omnes propheticum illud clamare, simulque universorum Dominum collaudare, ac dicere: *Quis* Psal. 105. 2.
loquetur potentias Domini, auditas faciet omnes laudes ejus? Hodie enim nostræ primitiæ Christus in cælos ascendit, et qui ex nobis carnem sibi assumserat, thronum Patris accepit, ut nos servos reconciliaret, veteremque inimicitiam deleret, ac pacem supernorum exercituum hominibus adhuc in terra degentibus donaret. Communis enim nobis hodie adversus diabolum proponitur victoria, communia certaminis præmia, communes coronæ, communis gloria. Quocirca exsultemus cuncti, aspicientes primitias nostras Christum, sursum sedentem, nostramque naturam thronum dexteræ Dei occupantem. Nam si admirabilis propheta beatos eos prædicat qui Isai. 31. 9.
habent semen in Sion, et domesticos in Jerusalem, quanto magis nos gaudere et exsultare oportet, videntes primitias nostræ salutis Christum ad ipsum cælorum verticem ascendentem, et regalem thronum, quem ipse reliquerat, sibi vindicantem? Considera enim, dilecte, quanta Dei nostri sit bonitas, quamque occulta et ineffabilis ejus facta sit dispensatio erga genus nostrum, quod fraude diaboli paradiso exciderat; tantaque maledictione damnatum, repente in quantam celsitudinem evexit: et quo pacto nos, qui et terra ipsa videbamur indigni, hodie in cælum evecti simus, ipsaque nostra natura, quæ etiam paradiso prius putabatur indigna. Hæc enim in cælis primam sedem occupavit; quæque dæmonum ludibrium evaserat, hodie ab angelis supernisque potestatibus adoratur. O beatam illam invidiam! o bonas insidias! o invidia bonorum causa, quæ nobis infinita concilias bona, legemque immortalitatis peperisti! Cum enim antea naturæ nostræ humanæ in terris degenti inviderет improbus ille dæmon, nunc eam in cælis adorari videt: et qui antea per fraudem magna et incomparabilia surripuerat, ut putabat, nunc majoribus et illustrioribus nos perfrui cernit. Ideo jubilo et exsulto hodie, et vos ut mecum simul

[a] [Scripsimus ἀνείκαστα cum Morel. Montf. ἀείκαστα. ὑμᾶς συνεφ. μοι restituimus ex cod. Savilio: expressit Savil. καὶ παραβλέψας (ὡς ᾤετο μὲν) ἀνήκεστα. Mox καὶ enim G. Vossius.]

has choreas agatis cohertor. Qui enim nec terreno quidem honore digni eramus, ad supernum regnum ascendimus, cælos pervasimus, et regalem thronum apprehendimus, ipsaque natura, per quam custodiebant paradisum Cherubim, jam evecta est et adoratur. Obstupesce igitur et admirare, carissime, magnam solertiam Domini tui, ac glorifica eum, qui tanta tibi largitus est. Transcendit enim doni magnificentia damni magnitudinem. Nam ecce qui paradiso excideramus, ad cælum ipsum sublati sumus; qui morte damnati fuimus, immortalitatis donum accepimus : infensi eramus et abjecti; et filios nos vocare dignatus est, neque filios solum, sed et heredes; neque etiam heredes tantum, sed et coheredes Christi. Ecce quomodo majora nobis a Domino sint donata, quam antea fuerant ablata. Verum dum audis eum ascendisse et assumtum esse, cave localem in Deo descensum opineris : divinitas enim omnia implet, ubique præsens est, et nusquam abest, velut omnia inspiciens, et universorum opifex. Ejusdem cum nostro generis corpus, quo assumto, apparere super terram dignatus est, cum prorsus simile nobis sit, illud ipsum nostrum est, quod sursum evectum est. Et propterea communibus hodie cuncti vocibus clamemus propheticum illud dictum :
Psal. 46.6. *Ascendit Deus in jubilo, Dominus in voce tubæ :* et præclaram hanc atque illustrem celebremus festivitatem, cum omnes simul ejus donis perfruamur. Sicut enim benignus quis dominus, amans famulum suum, ob amorem quo in eum fertur, non recusat illius etiam veste indui : ita et Dominus noster Christus, nostram amans naturam, conspiciensque in profundum malitiæ eam delapsam, nullamque salutis spem ipsi esse reliquam, multaque indulgentia indigentem, nostrum corpus assumere dignatus est. Et idcirco cum se in terris ostendisset, mortales omnes ab errore liberavit, et ad veritatem tra-
Matth. 9. 13. duxit : clamatque in evangelio, dicens : *Non veni vocare justos, sed peccatores, ad pœnitentiam.* Quod igitur voluit, effecit, humanamque naturam humi jacentem erexit, tantamque humanitatem exhibuit, ut rerum gestarum ratio humana cogitatione nequeat comprehendi. Quomodo enim, dic mihi, nos qui offenderamus, quique ipsa etiam terra videbamur indigni, et a principatu deorsum excideramus, ad tantam celsitudinem repente sumus evecti? quo pacto bellum solutum? quo pacto ira sublata est? Admirabile enim hoc est, et omni stupore plenissimum; quoniam non accurrentibus nobis, sed ipso qui juste in nos indignabatur pro nobis intercedente, pax facta est. Unde et Paulus
2. Cor. 5. 20. clamat, dicens : *Pro Christo legatione fungimur, tamquam Deo exhortante per nos.* Vides sagacissimam Dei sapientiam? cernis ineffabilem Domini benignitatem? cernis excellentem ipsius providentiam? Nunc stimulus mortis

τὸν παράδεισον τὰ Χερουβὶμ, ἐποχεῖται προσκυνουμένη. Ἐκπλάγηθι τοίνυν, ἀγαπητὲ, τοῦ Δεσπότου σου τὸ εὐμήχανον, καὶ δόξασον τὸν τοσαῦτά σοι χαρισάμενον. Ὑπερέβη γὰρ ἡ φιλοτιμία τῆς δωρεᾶς τῆς ζημίας τὸ μέγεθος. Ὅρα γὰρ, παραδείσου ἦμεν ἐκ-
B πεσόντες, καὶ εἰς αὐτὸν τὸν οὐρανὸν ἀνήχθημεν· θανάτῳ κατεδικάσθημεν, καὶ ἡ ἀθανασία ἡμῖν δεδώρηται· προσκεκρουκότες ἦμεν καὶ ἀπεῤῥιμμένοι, καὶ υἱοὺς ἡμᾶς καλέσαι κατηξίωσεν, καὶ οὐχ υἱοὺς μόνον, ἀλλὰ καὶ κληρονόμους, καὶ οὐ κληρονόμους μόνον, ἀλλὰ καὶ συγκληρονόμους Χριστοῦ. Ἴδε πῶς μείζονα τῶν ἀφαιρεθέντων τὰ παρὰ τοῦ Κυρίου δεδωρημένα ἡμῖν. Ἀλλ' ὅταν ἀκούσῃς, ὅτι ἀνῆλθε καὶ ἀνελήφθη, μὴ κατάβασιν τοπικὴν ἐπὶ Θεοῦ ὑπολάβοις· ἡ γὰρ θεότης ἅπαντα πληροῖ, καὶ πανταχοῦ πάρεστιν, καὶ οὐδαμοῦ ἀπολιμπάνεται, ὡς πάντων ἔφορος, καὶ πάντων δημιουργός. Τὸ δὲ ὁμογενὲς ἡμῖν σῶμα, ὃ ἀναλαβὼν ὀφθῆναι κατηξίωσεν ἐπὶ τῆς γῆς, ὅμοιον ἡμῖν κατὰ πάντα, αὐτό ἐστι τὸ ἡμέτερον ἀναλαμβανόμενον. Καὶ διὰ τοῦτο κοινῇ πάντες σήμερον ἀναβοήσωμεν τὸ
C προφητικὸν ἐκεῖνο λόγιον· Ἀνέβη ὁ Θεὸς ἐν ἀλαλαγμῷ, Κύριος ἐν φωνῇ σάλπιγγος, καὶ τὴν περιφανῆ ταύτην καὶ λαμπρὰν ἑορτάζωμεν πανήγυριν, ἐπειδὴ καὶ κοινῇ πάντες τῆς ὑπ' αὐτοῦ δωρεᾶς ἀπηλαύσαμεν. Καθάπερ δὲ δεσπότης φιλάνθρωπος ἀγαπήσας τὸν ἴδιον οἰκέτην, διὰ τὸ περὶ αὐτὸν φίλτρον οὐ παραιτεῖται τὸ ἱμάτιον αὐτοῦ περιβάλλεσθαι· οὕτω καὶ ὁ Δεσπότης ἡμῶν Χριστὸς ἀγαπήσας τὴν φύσιν τὴν ἡμετέραν, καὶ θεασάμενος εἰς βυθὸν κακίας κατενεχθεῖσαν, καὶ οὐδεμίαν ἐλπίδα σωτηρίας ἔχουσαν, καὶ πολλῆς δεομένην τῆς συγκαταβάσεως, κατηξίωσε τὸ σῶμα τὸ ἡμέτερον ἀναλαβεῖν. Καὶ διὰ τοῦτο φανεὶς τῷ κόσμῳ, πάντας ἀνθρώπους ἀπὸ τῆς πλάνης ἠλευθέρωσε, καὶ πρὸς τὴν ἀλήθειαν ἐπανήγαγε· καὶ βοᾷ ἐν εὐαγγελίῳ, λέγων,
D Οὐκ ἦλθον καλέσαι δικαίους, ἀλλὰ ἁμαρτωλοὺς, εἰς μετάνοιαν. Ὃ τοίνυν ἐβούλετο, κατώρθωσε, καὶ τὴν ἀνθρωπίνην φύσιν κάτω που κειμένην ἀνέστησε, καὶ τοσαύτην φιλανθρωπίαν ἐπεδείξατο, ὡς μὴ χωρεῖν ἀνθρώπινον λογισμὸν τὸν λόγον τῶν γενομένων. Πῶς γὰρ, εἰπέ μοι, ἡμεῖς οἱ προσκεκρουκότες, οἱ τῆς γῆς ἀνάξιοι φανέντες, καὶ τῆς ἀρχῆς κάτωθεν ἐκπεσόντες, πρὸς τοσοῦτον ὕψος ἀθρόον ἀνήχθημεν; πῶς ὁ πόλεμος κατελύθη; πῶς ἡ ὀργὴ ἀνῃρέθη; Τὸ γὰρ θαυμαστὸν καὶ πολλῆς ἐκπλήξεως γέμον τοῦτό ἐστιν, ὅτι οὐχ ἡμῶν προσδραμόντων, ἀλλ' αὐτοῦ τοῦ δικαίως πρὸς ἡμᾶς ἀγανακτοῦντος, παρακαλέσαντος ὑπὲρ ἡμῶν, καὶ οὕτως ἡ εἰρήνη γέγονεν. Καὶ βοᾷ Παῦλος λέγων, Ὑπὲρ Χριστοῦ πρεσβεύομεν, ὡς τοῦ Θεοῦ παρακαλοῦντος δι' ἡμῶν. Εἶδες εὐμήχανον σοφίαν;
E εἶδες ἄφατον φιλανθρωπίαν Δεσπότου; εἶδες κηδεμονίαν ὑπερβάλλουσαν; Νῦν τὸ κέντρον τοῦ θανάτου διελύθη· νῦν τοῦ ᾅδου τὸ νῖκος διεῤῥάγη· νῦν τοῦ θανάτου ἡ δυναστεία κατήργηται· νῦν ἡ ἔχθρα καταλέλυται· νῦν ὁ χρόνιος ἔσβεσται πόλεμος· ἄνθρωποι τότε ἀγγέλοις ὡμοιώθησαν, ἄνθρωποι τοῖς ἀγγέλοις ἀνεμίγησαν, καὶ πολὺς παρ' ἑκατέρας της ὁμωνυμίας ὁ σύνδεσμος πεπολίτευται. Ἀνῆλθε γὰρ ὁ κοινὸς Δεσπότης καταλλάξας τὸν ἑαυτοῦ Πατέρα τῷ τῶν ἀνθρώπων γένει. Καὶ ὅτι διὰ τοῦτο ἀνῆλθεν, ἄκουσον αὐτοῦ λέγοντος· Συμφέρει ὑμῖν, ἵνα ἐγὼ ἀπέλθω·

ἐὰν γὰρ μὴ ἐγὼ ἀπέλθω, ὁ Παράκλητος οὐκ ἐλεύσεται πρὸς ὑμᾶς. Καὶ σημεῖον τῆς καταλλαγῆς ἐπαγγέλλεται δώσειν ἡμῖν τὴν τοῦ Παρακλήτου παρουσίαν. Ὅρα γὰρ καὶ τὸ ἐπαγόμενον πῶς ἀκριβῶς προσέθηκεν· 780 A Καὶ αὐτὸς, φησὶν, ὁδηγήσει ὑμᾶς εἰς πᾶσαν τὴν ἀλήθειαν· δηλονότι πλανωμένους, καὶ ὧδε κἀκεῖσε περιαγομένους, καὶ τὸ Πνεῦμα τὸ ἅγιον καταπεμφθὲν ἅπαντας ἡμᾶς πρὸς τὴν ἀλήθειαν ὁδηγήσει. Ἐπειδὴ γὰρ αὐτὸς ὠργίζετο, ἡμεῖς δὲ καὶ οὕτως ἀπεστρεφόμεθα τὸν φιλάνθρωπον Δεσπότην, μέσον ἑαυτὸν ἐμβαλὼν ὁ Δεσπότης ἡμῶν Χριστὸς, τὴν καταλλαγὴν εἰργάσατο. Ἔλυσε γὰρ ἀληθῶς τὸ μεσότοιχον τοῦ φραγμοῦ. Διὸ χρηστὰς ἔχομεν λοιπὸν τὰς ἐλπίδας πρὸς τὸν τῆς ἡμετέρας ἀπαρχῆς ἀφορῶντες Κύριον. Ὅπερ ἂν γὰρ λοιπὸν εἴποις, οὐκ ἔτι δέδοικα, κἂν σκώληκα εἴποις, κἂν κόνιν, κἂν πῦρ, κἂν κόλασιν, κἂν βρυγμὸν ὀδόντων, κἂν τέφραν, κἂν ὁτιοῦν μοι εἴποις, πάντα μοι εὐκαταφρόνητα ἐπὶ ἀπαρχὴν τὴν B ἐμὴν ὁρῶντι ἄνω καθημένην, καὶ μονονουχὶ πᾶσιν ἀνθρώποις διαλεγομένην καὶ βοῶσαν, ἀπόστητε τῆς ῥᾳθυμίας λοιπὸν, καὶ ἐπίγνωτε τὴν ἑαυτῶν εὐγένειαν, ἐννοήσαντες τὸ μέτρον τῶν δωρεῶν, ὧν μετ' οὐ πολὺ τὴν μετουσίαν ὑποδέχεσθαι μέλλετε. [a] Συναυλιζόμενος γὰρ αὐτοῖς παρήγγειλεν ἀπὸ Ἱεροσολύμων μὴ χωρίζεσθαι, ἀλλὰ περιμένειν τὴν ἐπαγγελίαν τοῦ Πατρός. Ὅρα καὶ ἐν τούτῳ κηδεμονίαν Δεσπότου· ἰδὼν γὰρ τῆς ἀνθρωπίνης φύσεως τὴν ἀσθένειαν, καὶ ὅτι πολλῆς δεῖται συμμαχίας, ἐχαρίσατο τὴν τοῦ ἁγίου Πνεύματος βοήθειαν, ἵνα ἀκαταγώνιστος γένηται ὁ ἄνθρωπος πρὸς τὰς τοῦ διαβόλου μηχανάς. Καὶ ταὐτὸν γέγονεν, ὥσπερ ἂν εἴ τις στρατηγὸς ἄριστος ἰδὼν τοὺς ὑπ' C αὐτὸν ταττομένους στρατιώτας, οὐ φέροντας τὰς τῶν ἐναντίων ἀπειλὰς, ἀλλὰ καταπεπληγμένους ὑπὸ τῆς ἀγωνίας, ἅπαντας αὐτοὺς ἐπιῤῥώσειεν, περιφράξας πανταχόθεν θώρακι καὶ ἀσπίδι καὶ περικεφαλαίᾳ, καὶ τῇ λοιπῇ πανευχίᾳ· οὕτω δὴ καὶ ὁ Κύριος ἡμῶν Ἰησοῦς Χριστὸς θεασάμενος πολλὴν οὖσαν τὴν τῶν ἐναντίων δυνάμεων δυναστείαν, καὶ διὰ τοῦτο πολλῆς δεομένην βοηθείας τὴν ἀνθρωπίνην φύσιν, ἐδωρήσατο τοῦ ἁγίου Πνεύματος τὴν χάριν, ἵνα ὁ πρότερον δεδιὼς τῶν δαιμόνων τὰς φάλαγγας, νῦν ταύταις φοβερὸς ὀφθῇ, καὶ καταπλήττῃ, καὶ μόνον ὀφθεὶς ἀπελάσῃ τὸν δόλιον ὄφιν. Τοιαύτη γὰρ ἡ τοῦ ἁγίου Πνεύματος χάρις· ὅπου γὰρ ἂν φανείη, δραπετεύειν ποιεῖ τῶν δαιμόνων τὰς φάλαγγας, καὶ πάσας τὰς ἀντικειμένας δυνάμεις. Λήψεσθε γὰρ, φησὶ, δύναμιν ἐπελθόντος τοῦ ἁγίου Πνεύματος ἐφ' ὑμᾶς, καὶ ἔσεσθέ μοι μάρτυρες ἔν τε Ἱερουσαλὴμ, καὶ ἐν πάσῃ τῇ Ἰουδαίᾳ καὶ Σαμαρείᾳ, καὶ ἕως ἐσχάτου τῆς γῆς. D Τίς δὲ ἦν αὕτη ἡ δύναμις; Ὅπερ καὶ πρώην πρὸς αὐτοὺς ἔλεγεν· Ἀσθενοῦντας θεραπεύετε, λεπροὺς καθαρίζετε, δαιμόνια ἐκβάλλετε, καὶ ὅσα τοιαῦτα· οὐδὲν γὰρ ἔσται νόσημα, φησὶν, οὕτως ἰσχυρὸν, ὃ μὴ εἴξῃ τῇ τοῦ ἁγίου Πνεύματος δυνάμει. Τοσούτων ἡμῖν ἀγαθῶν αἰτία γέγονεν ἡ σήμερον ἡμέρα. Σήμερον γὰρ ἀπέλαβον ἄγγελοι, ἃ πάλαι ἐπεθύμουν, τὴν φύσιν τὴν ἡμετέραν ὁρῶντες ἀπὸ τοῦ θρόνου ἀστράπτουσαν τοῦ βασιλικοῦ. Καὶ ἵνα μάθῃς τὸ διάφορον δούλου καὶ

destructus est; nunc inferni victoria disrupta est; nunc mortis potentia deleta est; nunc inimicitiæ extinctæ sunt; nunc diuturnum bellum restin- 780 ctum est: homines angelis similes effecti sunt, A homines angelis permixti sunt, et magna ex utraque cognominatione conjunctio nata est. Ascendit enim communis omnium Dominus, reconcilians humano generi suum Patrem. Quodque ob id ascenderit, ipsum dicentem audi: *Expedit vobis ut ego vadam: nisi enim ego abiero, Paracletus non veniet ad vos.* Joan. 16. 7. Et in signum reconciliationis pr mittit se nobis daturum Paracleti præsentiam. Vide enim quod additur, quam accurate subjungat: *Et ipse*, inquit, Ib. v. 13. *deducet vos in omnem veritatem;* nos errabundos scilicet, qui huc atque illuc agebamur, Spiritus sanctus demissus, cunctos ad veritatis B lumen deducet. Nam quoniam erat nobis infensus, nos vero adhuc benignissimum Dominum aversabamur, seipsum medium interponens Dominus noster Christus reconciliationem nobis operatus est. Vere enim mediam sepis maceriem solvit. Ephes. 2. 14. Idcirco bonam deinceps repositam nobis spem habemus, ad primitiarum nostrarum Dominum respicientes. Quidquid enim deinceps dixeris, non amplius timeo, sive vermem dixeris, sive pulverem, sive ignem, sive tormentum, sive stridorem dentium, sive cinerem, sive quodcumque tandem aliud mihi dixeris, omnia mihi facile superanda sunt, primitias illas meas Christum C aspicienti, sursum sedentem, et propemodum cum omnibus hominibus disserentem et clamantem: Ignaviam tandem abjicite, et agnoscite vestram nobilitatem, considerantes mensuram donorum, quorum participes non ita multo post futuri estis. *Conversans* enim *præcepit eis ab Jerosolymis ne discederent, sed exspectarent promissionem Patris.* Act. 1. 4. Cerne et in hoc sollicitudinem Domini; videns enim humanæ naturæ infirmitatem, eamque magno indigentem auxilio, Spiritus sancti præbuit opem, ut invictus evadat homo adversus machinamenta diaboli. Et idem accidit, ut si præstantissimus quis belli dux ordinatos sub se cernens milites, minas adversariorum non ferentes, sed certaminis metu perculsos, eos omnes confirmet, muniens undique thorace, scuto, galea, et reliqua armatura: ita et Dominus noster Jesus Christus, aspiciens magnam adversa- D riarum potestatum vim atque potentiam, et ob id humanam naturam magno indigentem auxilio, donavit et gratiam Spiritus sancti, ut qui prius dæmonum phalangas timebat, nunc iisdem formidabilis appareat, et solo aspectu fraudulentum repellat serpentem. Talis enim est gratia Spiritus sancti: ubi enim se manifestat, fugat agmina dæmonum, cunctasque potestates adversarias. *Accipietis*, inquit, *virtutem supervenientis Spiritus sancti in vos*, et *eritis mihi testes in*

[a] In Actis Apost. Græce legitur *συναλιζόμενος*. In Vulgata, *convescens*

Jerusalem, et in omni Judæa, et Samaria, et
usque ad ultimum terræ. Quæ autem ea poten-
Matth. 10. tia fuerit, paulo ante insinuavit, dicens : *Infir-*
8. *mos curate, leprosos mundate, dæmonia*
ejicite, et quæcumque ejusmodi : nulla enim est,
inquit, ægritudo tam gravis, ut non cedat virtuti
Spiritus sancti. Tantorum nobis bonorum causa
est dies hodiernus. Hodie enim receperunt angeli
quæ jam dudum cupiebant, nostram naturam
conspicientes e regali coruscantem throno. Et ut
4. Reg. 2. differentiam servi et domini discas, Elias quando
assumtus est, in curru igneo sublatus est : at
quando Dominus noster cum carne, nubes ad
Act. 1. 9. ascensum obsequuta est. *Videntibus* enim *illis*
inquit, *elevatus est,* et *nubes suscepit eum ab*
oculis eorum. Et ille quidem quasi in cælum
tollebatur, nam servus erat ; hic autem in ipsum
Ib. v. 10. cælum, quoniam Dominus erat. *Ecce duo viri*
11. *astiterunt in vestibus albis, qui* et *dixerunt*
ad illos : Hic Jesus, qui assumtus est a vobis
in cælum, sic veniet quemadmodum vidistis
eum. Et quando servus vocandus erat, currus
demittebatur : quando vero Filius, regium solium; neque simpliciter solium, sed ipsum Patris
solium. Audi enim Esaiam magna voce de Patre di-
Isai. 19. 1. centem : *Ecce Dominus sedet super nubem le-*
vem. Ob id et Filio nubem demisit. Et Elias quidem
ascendens, meloten reliquit Elisæo : Jesus autem
ascendens gratiarum dona in discipulos dimisit,
quæ non unum prophetam, sed infinitos Elisæos
efficiunt, atque multo quam ille erat majores et
illustriores. Quæ omnia considerantes, dilectissimi, mutuis et nos Dominum nostrum remuneremur donis, optimo vitæ genere ; ut sicut ipse
nos propriis glorificavit gratiarum donis, ita et
nos per bona opera sanctamque vitam Deum nobis
reddamus propitium, [[a] sanctique Spiritus gratiam abundantiorem nobis conciliemus]. Glorificemus igitur Dominum nostrum, et fastum
omnem rerum præsentium despiciamus. Hæc
enim optima doctrina etiam infideles ad veritatem
manuducere potest. Non enim tam quid dicamus,
quam quid agamus, attendunt. Et propterea
Matth. 5. Christus dicebat : Beatus qui fecerit et docuerit,
19. ostendens factorum doctrinam perfectiorem esse,
quam verborum : magisque illa induci posse
perfidos atque iniquos. Deo igitur placere atque
obsequi studeamus, seduloque vitam nostram
componamus, ut et S. Spiritus gratiam nobis
conciliemus : sic enim ad virtutis exercitium
magis expediti et promti erimus, Spiritus sancti
virtute adjuti. Ubi enim gratia animam sobrietati
ac temperantiæ vacantem invenerit, ibi affluenter
se diffundit. Quare nos paremus, obsecro, ut
Spiritus sancti cooperatione adjuti et confirmati,
præsentem hanc vitam absque mœrore transiga-

δεσπότου, ἡνίκα μὲν Ἠλίας ἀνελαμβάνετο, ἐν ἅρματι πυρίνῳ τοῦτο ὑπέμεινεν· ἡνίκα δὲ ὁ Δεσπότης ὁ ἡμέτερος μετὰ σαρκὸς, νεφέλη πρὸς τὴν ἄνοδον ὑπηρέτει. Βλεπόντων γὰρ αὐτῶν, φησὶν, ἐπήρθη, καὶ ἡ νεφέλη
E ὑπέλαβεν αὐτὸν ἀπὸ τῶν ὀφθαλμῶν αὐτῶν. Καὶ ἐκεῖνος μὲν ὡς εἰς τὸν οὐρανὸν ἀνῄει, δοῦλος γὰρ ἦν· ὁ δὲ εἰς αὐτὸν τὸν οὐρανὸν, Δεσπότης γὰρ ἦν. Ἰδοὺ δύο ἄνδρες ἐν ἐσθῆτι λευκῇ, καὶ φασὶ πρὸς αὐτοὺς, Οὗτος ὁ Ἰησοῦς ὁ ἀναληφθεὶς ἀφ' ὑμῶν εἰς τὸν οὐρανὸν, οὗτος ἐλεύσεται ὃν τρόπον ἐθεάσασθε αὐτόν. Καὶ ὅτε μὲν τὸν δοῦλον ἔδει κληθῆναι, ἅρμα κατεπέμπετο· ὅτε δὲ τὸν Υἱὸν, θρόνος βασιλικὸς, καὶ οὐχ ἁπλῶς θρόνος, ἀλλ' αὐτὸς ὁ πατρικός. Ἄκουε γὰρ Ἡσαΐου τοῦ μεγαλοφώνου περὶ τοῦ Πατρὸς λέγοντος· Ἰδοὺ Κύριος κάθηται ἐπὶ νεφέλης κούφης. Διὰ τοῦτο καὶ τῷ Υἱῷ τὴν νεφέλην κατέπεμψεν. Καὶ ὁ μὲν Ἠλίας ἀνελθὼν ἀφῆκε μηλωτὴν ἐπὶ τὸν Ἐλισσαῖον, ὁ δὲ Ἰησοῦς ἀναβὰς ἀφῆκε χαρίσματα ἐπὶ τοὺς μαθητὰς, οὐχ ἕνα προφήτην ποιοῦντα, ἀλλὰ μυρίους Ἐλισσαίους, μᾶλλον δὲ ἐκείνου πολλῷ μείζους καὶ λαμπροτέρους.
781 A Ἅπερ ἅπαντα ἐννοοῦντες, ἀγαπητοὶ, ἀμειψώμεθα καὶ ἡμεῖς τὸν ἡμέτερον Δεσπότην διὰ τῆς ἀρίστης πολιτείας, ἵνα ὡς αὐτὸς ἡμᾶς ἐδόξασε διὰ τῶν οἰκείων χαρισμάτων, οὕτω καὶ ἡμεῖς διὰ τῶν κατορθωμάτων καὶ τῆς ἀρίστης πολιτείας τὸν Θεὸν ἵλεων ἐργαζώμεθα. Δοξάσωμεν τοίνυν τὸν ἡμέτερον Δεσπότην, καὶ τῆς ὑπεροψίας τῶν παρόντων καταφρονήσωμεν. Αὕτη γὰρ ἀρίστη μάλιστα διδασκαλία δυναμένη τοὺς ἀπίστους πρὸς τὴν ἀλήθειαν χειραγωγῆσαι. Οὐδὲ γὰρ οὕτω τοῖς παρ' ἡμῶν λεγομένοις προσέχουσιν, ὡς τοῖς ὑφ' ἡμῶν πραττομένοις. Διὰ τοῦτο καὶ ὁ Χριστὸς ἔλεγεν, μακάριος ὁ ποιήσας καὶ διδάξας· δεικνὺς ὅτι τῆς διὰ λόγων διδασκαλίας ἡ διὰ τῶν ἔργων ἐστὶν ἀκριβεστέρα, καὶ μᾶλλον ἐναγαγεῖν δυναμένη τοὺς ἀγνώμονας. Γενώμεθα τοίνυν εὐάρεστοι Θεῷ καὶ μετὰ ἀκριβείας τὸν ἑαυτῶν
B βίον ῥυθμίσωμεν, ἵνα καὶ τοῦ Πνεύματος τὴν χάριν ἐπισπασώμεθα, καὶ πρὸς τὴν τῆς ἀρετῆς κατόρθωσιν πλείονα τὴν εὐκολίαν ἕξωμεν ὑπὸ τῆς τοῦ Πνεύματος δυνάμεως συνεργούμενοι. Ἔνθα γὰρ ἂν ἴδῃ ψυχὴν νήφουσαν ἡ χάρις, ἐκεῖ μετὰ δαψιλείας ἐφίπταται. Εὐτρεπίσωμεν τοίνυν ἑαυτοὺς, παρακαλῶ, ἵνα παρὰ τῆς τοῦ Πνεύματος ἐνεργείας δυναμούμενοι, καὶ τὸν παρόντα βίον ἄλυπον διανύσωμεν, καὶ τῶν μελλόντων ἐπιτύχωμεν ἀγαθῶν, καὶ τῆς βασιλείας τῶν οὐρανῶν [b] ἀξιωθῆναι· ὧν γένοιτο πάντας ἡμᾶς ἐπιτυχεῖν χάριτι καὶ φιλανθρωπίᾳ τοῦ ἐξαγοράσαντος ἡμᾶς τῷ τιμίῳ τῆς ζωοδώρου πλευρᾶς αὐτοῦ αἵματι, καὶ ἐκ πλάνης καὶ ἐκ δουλείας ἡμᾶς ἀπαλλάξαντι, Ἰησοῦ Χριστοῦ

[a] Hæc, quæ uncinis clauduntur, in Græco non habentur. [Sed Savil. habet : οὕτω καὶ (in marg. conj. γάρ) τοῦ ἁγίου Πνεύματος τὴν χάριν δαψιλεστέραν ἐπισπασόμεθα.]

[b] [Savil. ἀπολαύσωμεν. Lege ἀξιωθῶμεν.]

τοῦ Κυρίου ἡμῶν· μεθ' οὗ πρέπει τιμὴ καὶ κράτος, πᾶσα δόξα καὶ μεγαλοπρέπεια τῷ Πατρὶ καὶ τῷ ἁγίῳ καὶ ζωοποιῷ Πνεύματι, νῦν καὶ ἀεὶ, καὶ εἰς τοὺς αἰῶνας τῶν αἰώνων. Ἀμήν.

mus, et futuris æterni gaudii bonis perfruamur, cælestique regno digni efficiamur: quod utinam omnes consequamur, gratia et benignitate ejus, qui redemit nos pretioso vivifici lateris sui sanguine, et ab errore servituteque nos liberavit, Jesu Christi Domini nostri, quem decet honor et potentia, omnis quoque gloria et magnificentia, Patri, et sancto ac vivifico Spiritui, nunc et semper, et in sæcula sæculorum. Amen.

---

* ΕΙΣ ΤΗΝ ΑΝΑΛΗΨΙΝ

C

Τοῦ Κυρίου ἡμῶν Ἰησοῦ Χριστοῦ. Λόγος γ'.

Φαιδρόν μοι τὸ τῆς Ἐκκλησίας θέατρον, οὐ γέλωτα τοῖς ἀνθρώποις ἐργαζόμενον μάταιον, ἀλλὰ σφοδρὸν τῷ διαβόλῳ τὸν θρῆνον. Βλέπει γὰρ ἄνω τῶν κάτω νεκρῶν ἀναστάσιμον ῥίζαν· βλέπει τὸν κάτω παρ' αὐτοῦ παραδοθέντα τῷ σταυρῷ, ἐξ οὐρανοῦ αὐτὸν καθορῶντα· βλέπει τὴν γῆν ἀγγέλων πεπληρωμένην· βλέπει παραδόξως ἀέρα βαδιζόμενον· βλέπει τὰς οὐρανίους δυνάμεις ἀπαντώσας, καὶ τοὺς μὲν λέγοντας Ἄρατε πύλας, οἱ ἄρχοντες, ὑμῶν, καὶ εἰσελεύσεται ὁ βασιλεὺς τῆς δόξης, τοὺς δὲ πάλιν ἀπαντῶντας καὶ ὑπασπίζοντας· Κύριος κραταιὸς καὶ δυνατὸς ἐν πολέμῳ. [b] Ποίῳ πολέμῳ; Ὃν ὑπὲρ ἡμῶν πρὸς τὸν κοινὸν ἐχθρὸν ὑπεδέξατο, ὃν οὐδεὶς ἀνθρώπων, οὐ προφητῶν, οὐ δικαίων καταπαλαῖσαι δεδύνηται. Ἐτετυράννητο γὰρ πάντες ὑπὸ βασιλεύοντος τότε θανάτου, ἕως οὗ D παραγέγονεν ὁ βασιλεὺς τῶν αἰώνων, καὶ δήσας τὸν ἰσχυρὸν, ἀπέλαβεν αὐτοῦ τὰ σκεύη. Σταυρομένου γὰρ τοῦ Κυρίου, αἱ μὲν δυνάμεις τῶν οὐρανῶν ἐξενίσθησαν, ἡ δὲ κτίσις πᾶσα ἐκλονεῖτο, ὁρῶσα τὸ καινὸν μυστήριον καὶ τὸ φοβερὸν θέαμα γενόμενον ἐπὶ τῆς γῆς. Ἐτρόμασε γὰρ ἡ γῆ, ἐκινήθη ἡ θάλασσα, ἐκλυδωνίσθη ἡ ἄβυσσος, πᾶσα ἡ κτίσις ἐταράχθη· ἐφοβήθησαν φωστῆρες οὐρανῶν, ἔφυγεν ὁ ἥλιος καὶ ἡ σελήνη, ἀστέρες ἐξέλιπον, ἡμέρα οὐχ ὑπέμεινεν, ἄγγελος ἐξήλλατο τεταραγμένος τοῦ ναοῦ, περιεσχισμένου τοῦ καταπετάσματος τοῦ οἴκου· σκότος ἐπλήρωσε τὴν γῆν, τὰ στοιχεῖα ἀπεστράφη, καὶ ἡ ἡμέρα ἠλλοιώθη· οὐ γὰρ ἐβάσταζον ὁρῶντες τὸν ἑαυτῶν Δεσπότην καὶ ποιητὴν κρεμάμενον ἐπὶ ξύλου. Τότε ὁ ᾅδης κατελύθη, καὶ αἱ πύλαι αὐτοῦ συνετρίβησαν, καὶ οἱ μοχλοὶ αὐτοῦ συνεκλάσθησαν. Περὶ ὧν Δαυὶδ προφητεύων ἔλεγεν, Ὅτι συνέτριψε πύλας 782 A χαλκᾶς, μοχλοὺς σιδηροῦς συνέθλασε. Τότε ἔπεσεν ὁ βασιλεύων θάνατος ὑπὸ τοὺς πόδας Χριστοῦ, καὶ ἐσύρετο αἰχμάλωτος θριαμβευόμενος. Τῷ γὰρ ἀτρέπτῳ σώματι καὶ γενναίῳ κενώσας τοῦ ἐχθροῦ τὴν ἰσχὺν, καὶ τὰς [a] μηχανὰς αὐτοῦ συντρίψας; κατέδρα-

IN ASCENSIONEM

Domini nostri Jesu Christi. Sermo III.

Illustre mihi Ecclesiæ se offert spectaculum,
non vanum hominibus risum excitans, sed lamentationem
vehementem diabolo generans.
Cernit enim sursum eam, quæ mortuos ab inferis
suscitat, radicem; aspicit eum qui ab eo hic
in crucis lignum traditus erat, e cælis respicientem
ipsum; videt terram angelis repletam; intuetur
aerem miro modo peragrari; cernit cælestes
virtutes occurrentes, et alias quidem dicentes:
Attollite portas, principes, vestras, et introi- Psal. 23. 7.
bit Rex gloriæ: alias autem obviam venientes,
et stipantes, *Dominus fortis et potens, Domi-* Id. v. 8.
nus potens in prælio. At in quo prælio? In illo
quod pro nobis cum communi hoste suscepit,
D quem nullus hominum, aut prophetarum, sive
justorum debellando superare potuisset. Omnes
enim erant sub tyrannide mortis, quæ tum regnabat,
donec Rex sæculorum advenit, ligatoque
forti, vasa ipsius abstulit. Nam Domino cruci
suffixo, virtutes cælorum stupefactæ sunt, et
omnis natura rerum commota, dum novum illud
cernerent mysterium, et formidabile quod fiebat
in terris spectaculum. Contremuit enim terra,
commotum est mare, fluctuata est abyssus, perterrefacta
est omnis creatura; luminaria cælorum
expaverunt, luna et sol fugerunt, stellæ defecerunt,
dies non tulit, angelus e templo, conscisso
velo, territus exsiluit; tenebris obducta est terra,
elementa velut a suo ordine recesserunt, dies
immutatus est: non enim aspectu suo ferre poterant
Dominum ac Creatorem suum suspensum
782 in ligno. Tunc infernus eversus est, et portæ ejus
A contritæ sunt, et vectes ipsius confracti. De quibus
David vaticinans dicebat: *Quia contrivit* Psal. 106.
portas æreas, et vectes ferreos confregit. 16.
Tunc mors dominans subjecta est sub pedibus
Christi, et in triumpho ducta captiva. Nam in-

* Collatus et emendatus ad fidem duorum codd. Regg. 1820 et 2032. Initio quædam ex ambobus corriguntur.

[b] Hæc, ποίῳ πολέμῳ; deerant in Edit. Sed in uno Reg. habentur, et a Vossio lecta sunt.

[a] Hic et in sequentibus aliqua deerant, vel secus posita erant, quæ ex Mss. sarciuntur.

corrupto resurgens et glorioso corpore, hostis
vires fregit, et ejus machinis contritis, ad inferni regiam descendit, ejus solium divulsit, diadema sustulit, sceptra perdidit, vocem emisit,
dicens : Venite omnes patriæ gentium, ad Deum
Patrem venite, et pro servitute libertatem reportate : vos e servitute in libertatem adduco, ex
tenebris ad lucem, ex tyrannide ad regiam. Vitæ
enim vobis lætum nuntium fero ; ego sum Christus. Itaque ne amplius timueritis tyrannum; B
sed metum, ac mortem, famem atque pressuram, vincula, carcerem et angustiam despicite.
Hæc enim metuit tyranni exercitus, qui profligatos est; solus autem omnium ego Rex sum
victor, qui et in carne pro vobis passus sum.
Hic ergo vere fortis et potens est Dominus, qui
potens est in prælio; hic est rex gloriæ, qui
compedibus vinctos educit in fortitudine, eos
qui habitant in sepulcris; ad quem David dice-
Psal. 67. bat : *Ascendisti in altum, captivam duxisti*
19. *captivitatem.* Atque omnis quidem Christianorum celebritas diabolum damnat : sed hodierna
potissimum. In aliis quippe omnibus suam ostentans malitiam, nihilque proficiens, de se ipso
triumphavit. Exempli gratia : cum admirabiliter
virgo concepit, adulterii nomine suspectam red- C
dere conatus est; cum inexplicabili ratione peperit, virginem non esse criminatus est; cum nutriretur qui alit omnia, infantes interimere docet Herodem, cum existimaret ita se comprehensurum
eum qui teneri non potest ; ad baptismum properanti, tentationem parat ; cum Judæis colloquenti, blasphemiæ notam inurit ; miracula
edenti, lapidationem molitur ; homicidam atque
latronem illi anteponit; medium illum inter
duos latrones crucifigendum curat; sepulto ei
monimentum obsignat; resurgenti resurrectionem calumniatur : ascendenti autem ei, et ad
cælos abeunti, non habuit quod obloqueretur,
sed suum ipsius magis vulneravit [illegible]ut. Ideoque quacumque alia celebritate hæc[illegible]æsens ei
gravior exstitit, vidente præsertin[illegible] pi omnem D
ubique angelorum exercitum choros ducentem,
et alios quidem sequentes, alios autem præcedentes, alios occurrentes, alios rursus cum apostolorum choro colloquentes, atque dicentes :
Act. 1. 11. *Viri Galilæi, quid* statis *aspicientes in cælum ? Hic Jesus, qui assumtus est a vobis in
cælum, sic rursus veniet, quemadmodum vidistis eum euntem in cælum :* hic Jesus, qui
signorum multitudinem ostendit. Hæc igitur
dominicæ ascensionis dies diabolo quidem, sicut
dictum est, luctum procreavit, fidelibus autem
hilaritatem atque lætitiam. Nunc enim jucundum
ver exortum est, et florum pulchritudo germinavit, vineæ palmites apparuerunt fructibus onerati, olearum arbores florent, ficus grossos produxerunt, moventurque zephyro densissimæ E

μεν εἰς τὰ τοῦ ᾅδου βασίλεια, καὶ τὸν θρόνον αὐτοῦ κατέσπασε, τὸ διάδημα καθεῖλε, τὰ σκῆπτρα κατέλυσε, φωνὴν ἀφῆκε, λέγων· δεῦτε πᾶσαι αἱ πατριαὶ τῶν ἐθνῶν πρὸς τὸν Πατέρα καὶ Θεόν· δεῦτε, καὶ τῆς δουλείας ἐλευθερίαν κομίσασθε. Προάγω γὰρ ὑμᾶς ἐκ δουλείας εἰς ἐλευθερίαν, ἐκ σκότους εἰς φῶς, ἐκ τυραννίδος εἰς βασιλείαν. Ζωὴν γὰρ ὑμῖν εὐαγγελίζομαι ἐγὼ ὁ Χριστός. Τοιγαροῦν μηκέτι φοβεῖσθε τὸν τύραννον, ἀλλὰ καταφρονεῖτε φόβου καὶ θανάτου, λιμοῦ καὶ θλίψεως, δεσμῶν καὶ φυλακῆς καὶ στενοχωρίας. Ταῦτα γὰρ δέδοικεν ὁ τυράννου στρατὸς ὃς καταλέλυται· μόνος δὲ πάντων ἐγώ εἰμι νικηφόρος βασιλεὺς, ὁ καὶ παθὼν ὑπὲρ ὑμῶν σαρκί. Οὗτος τοίνυν ἐστὶν ἀληθῶς κραταιὸς καὶ δυνατὸς Κύριος· οὗτός ἐστιν ὁ δυνατὸς ἐν πολέμῳ· οὗτός ἐστιν ὁ βασιλεὺς τῆς δόξης, ὁ ἐξάγων πεπεδημένους ἐν ἀνδρείᾳ, τοὺς κατοικοῦντας ἐν τάφοις· πρὸς ὃν ἔλεγε Δαυΐδ· Ἀνέβης εἰς ὕψος, ᾐχμαλώτευσας αἰχμαλωσίαν. Πᾶσα μὲν οὖν ἑορτὴ Χριστιανῶν, τοῦ διαβόλου κατάκρισις· ἐξαιρέτως δὲ αὕτη. Ἐν πάσαις μὲν γὰρ ταῖς ἄλλαις τὴν ἑαυτοῦ ἀπογυμνώσας κακίαν, καὶ μηδὲν ὠφελήσας ἑαυτὸν ἐθριάμβευσεν. Οἷόν τι λέγω· τῆς παρθένου παραδόξως κυοφορούσης, τὴν τῆς μοιχείας ἐπεφήμισε πρᾶξιν· ἀνεκλαλήτως τεκούσης, τὸ μὴ εἶναι παρθένον διέβαλεν· ἐκτρεφομένου τοῦ τὴν σύμπασαν τρέφοντος κτίσιν, φονοκτονεῖν τὰ βρέφη τὸν Ἡρώδην ἐδίδαξεν, οἰόμενος ἐν αὐτοῖς συλλαβεῖν τὸν ἀκράτητον· ἐπὶ τὸ βάπτισμα σπεύδοντα, πρὸς πειρασμὸν ἐπανάγει, διαλεγόμενον τοῖς Ἰουδαίοις, βλασφημεῖσθαι πεποίηκε· θαυματουργοῦντα, λιθάζεσθαι παρεσκεύασε, τὸν φονέα καὶ λῃστὴν ἀντ' αὐτοῦ προετίμησε· σταυρωθέντι λῃστὰς συνεσταύρωσε· ταφέντι τὸ μνημεῖον ἐσφράγισεν· ἀναστάντι συκοφαντεῖ τὴν ἀνάστασιν· ἀναλαμβανομένου δὲ αὐτοῦ καὶ εἰς οὐρανοὺς ἀπιόντος, οὐκ εἶχέ τι φθέγξασθαι, ἀλλὰ τὴν ἑαυτοῦ μειζόνως κεφαλὴν ἐτραυμάτισε. Διὸ πάσης αὐτῷ πανηγύρεως ἡ σήμερον χαλεπωτέρα καθειστήκει, ὁρῶντι πᾶσαν πανταχοῦ τὴν τῶν ἀγγέλων στρατιὰν χορεύουσαν, καὶ τοὺς μὲν ἀκολουθοῦντας, ἄλλους δὲ προτρέχοντας, ἑτέρους ἀπαντῶντας, ἄλλους πάλιν τῷ χορῷ τῶν ἀποστόλων διαλεγομένους, καὶ λέγοντας· Ἄνδρες Γαλιλαῖοι, τί ἑστήκατε βλέποντες εἰς τὸν οὐρανόν; Οὗτος ὁ Ἰησοῦς ὁ ἀναληφθεὶς ἀφ' ὑμῶν εἰς τὸν οὐρανὸν, οὕτω πάλιν ἐλεύσεται, ὃν τρόπον ἐθεάσασθε αὐτὸν πορευόμενον εἰς τὸν οὐρανόν· οὗτος ὁ Ἰησοῦς ὁ τὴν πληθὺν τῶν σημείων ἐπιδειξάμενος. Ἡ τῆς δεσποτικῆς οὖν ἀναλήψεως ἡμέρα τὸν μὲν διάβολον, καθὼς εἴρηται, θρηνεῖν παρεσκεύασε, τοὺς δὲ πιστοὺς φαιδρύνεσθαι. Νῦν γὰρ τὸ τερπνὸν ἔαρ ἀνέτειλε, καὶ τὰ τῶν ἀνθῶν ἀνεφύησαν κάλλη· τὰ τῆς ἀμπέλου κατακομᾷ κλήματα [b] τῶν καρπῶν, τὰ δένδρα τῆς ἐλαίας κυπρίζουσιν, αἱ συκαῖ τοὺς ὀλύνθους προσήνεγκαν, καὶ κινεῖται τῷ ζεφύρῳ πεπυκνωμένα τὰ λήϊα, τὴν τέρψιν τῶν κυμάτων μιμούμενα τῆς θαλάσσης· πάντα τῇ δεσποτικῇ ἀναλήψει μεθ' ἡμῶν φαιδρύνεται. Φέρε τοίνυν, κἀγὼ ἐφ' ὑμῖν τὰ τοῦ Δαυΐδ ἀνακρούσομαι ῥήματα, ἅπερ ἡμῖν ἀρτίως διὰ τὴν δεσποτικὴν ἀνάληψιν ἐβόα· Πάντα τὰ ἔθνη κροτήσατε χεῖρας, ἀλα-

[b] Mss. τὸν καρπόν. Neutra lectio placet.

λάξατε τῷ Θεῷ ἐν φωνῇ ἀγαλλιάσεως. Κύριος ἐν φωνῇ σάλπιγγος ἀνέβη, ὅπου ἦν· ἀνελήφθη, ὅθεν οὐκ ἐχωρίσθη. Ὁ γὰρ καταβὰς, αὐτός ἐστιν ὁ καὶ ἀναβὰς ὑπεράνω τῶν οὐρανῶν. Οὐκ ἄλλος ὁ τοῖς προφήταις ὀφθεὶς, καὶ ἄλλος ὁ τοῖς ἀποστόλοις συνδιατρίψας· οὐκ ἄλλος ὁ ὢν ἐν τοῖς κόλποις τοῦ Πατρὸς, καὶ ἄλλος ὁ ἐπὶ Πιλάτου κρινόμενος· οὐκ ἄλλος ὁ ἐπὶ σταυροῦ τοῖς ἥλοις προσηλωμένος, καὶ ἄλλος ὁ τοῖς Χερουβὶμ ἐποχούμενος· οὐκ ἄλλος ὁ ὑπὸ Ἰωσὴφ τῇ σινδόνι ἐντυλισσόμενος, καὶ ἄλλος τῇ παλάμῃ τὴν κτίσιν περιδρασσόμενος· οὐκ ἄλλος ὁ ἐν τῷ μνημείῳ κατατιθέμενος, καὶ ἄλλος ὑπὸ τῶν Σεραφὶμ ἀνυμνούμενος· ἀλλ' αὐτὸς τῷ Πατρὶ συγκαθήμενος, ὁ ἐν τῇ παρθενικῇ μήτρᾳ ἀσπόρως βλαστήσας· Ἀνέβη ὁ Θεὸς ἐν ἀλαλαγμῷ, Κύριος ἐν φωνῇ σάλπιγγος· ὁ τῶν αἰώνων ποιητὴς, ὁ ἐξ οὐκ ὄντων εἰς τὸ εἶναι τὰ σύμπαντα παραγαγὼν, ὁ πλάστης τοῦ Ἀδὰμ, ὁ τῆς ἀνθρωπίνης φύσεως παραγωγεὺς, ὁ τὸν εὐάρεστον Ἐνὼχ εἰς χωρίον τῆς ζωῆς μεταστήσας, ὁ τὸν Νῶε φυλάξας μεταξὺ τῆς οἰκουμένης, ὁ τὸν πατριάρχην Ἀβραὰμ ἐκ γῆς Χαλδαίων προσκαλεσάμενος, ὁ τυπώσας ἐν τῷ Ἰσαὰκ τὸ τοῦ σταυροῦ μυστήριον, ὁ τὴν δωδεκάκλωνον τεκνογονίαν τῷ Ἰακὼβ χαρισάμενος, ὁ τὴν ὑπομονὴν τῷ Ἰὼβ παρασχὼν, ὁ ἡγεμόνα τοῦ λαοῦ τὸν Μωϋσῆν προβαλλόμενος, ὁ προφητείας ἐκ μήτρας ἐμπλήσας τὸν Σαμουὴλ, ὁ τὸν Δαυὶδ εἰς βασιλέα ἐκ τῶν προφητῶν ἑλόμενος, ὁ τὴν σοφίαν τῷ Σολομῶντι παρασχόμενος, ὁ τὸν Ἠλίαν ἐν συσσεισμῷ ἅρματι πυρίνῳ ἀναλαβὼν, ὁ τοῖς προφήταις ἐμπνεύσας τὴν πρόγνωσιν, ὁ τοῖς ἀποστόλοις τὴν δωρεὰν τῶν ἰαμάτων χαρισάμενος, ὁ τοῖς αὐτοῖς βοήσας, Θαρσεῖτε, νενίκηκα τὸν κόσμον ἐγώ. Οὗτός ἐστιν ὁ Κύριος τῆς δόξης, ὁ ἀναληφθεὶς εἰς τοὺς οὐρανοὺς ἐν ἀλαλαγμῷ, καὶ καθίσας ἐν δεξιᾷ τοῦ Πατρός. Ὑποταγέντων δὲ αὐτῷ ἀγγέλων καὶ ἐξουσιῶν καὶ δυνάμεων, αὐτὸς τὰς ἐπιπόνους εὐχὰς ἡμῶν [a] ἀναλάβοι, καὶ νικητὰς ἡμᾶς ἀναδείξει (sic) τῶν πειρατηρίων τοῦ κόσμου· ὑποτάξει ἡμῖν πᾶσαν τὴν φάλαγγα τῶν ἀκαθάρτων πνευμάτων, λέγων πρὸς ἡμᾶς· Ἰδοὺ δέδωκα ὑμῖν τὴν ἐξουσίαν πατεῖν ἐπάνω ὄφεων καὶ σκορπίων. Ἀβλαβεῖς τοιγαροῦν καὶ ἀμώμους, ὑγιεῖς καὶ ὁλοκλήρους διαφυλάξει ἡμᾶς ψυχῇ καὶ σώματι καὶ πνεύματι, πεπληρωμένους καρπῶν δικαιοσύνης καὶ εὐποιίας, ὁ τῶν ὅλων Θεὸς, ὁ καταξιώσας ἡμᾶς συναχθῆναι, καὶ τὴν σωτήριον ἐπιτελέσαι ἑορτήν· ὅτι αὐτῷ πρέπει πᾶσα δόξα, τιμὴ καὶ προσκύνησις, τῷ Πατρὶ καὶ τῷ Υἱῷ, καὶ τῷ ἁγίῳ Πνεύματι, νῦν καὶ ἀεὶ, καὶ εἰς τοὺς αἰῶνας τῶν αἰώνων. Ἀμήν.

segetes, oblectationem fluctuum maris imitantes;
omnia nobiscum dominica ascensione exhilaran-
tur. Age igitur, et ego vobis verba Davidis
insonabo, quæ nobis ipse paulo ante propter
ascensionem Domini intonabat. *Omnes gentes* Psal. 46.
plaudite manibus, jubilate Deo in voce ex- 1. 6.
sultationis. Ascendit Deus in jubilo, et Do-
minus in voce tubæ: eo ascendit, ubi erat:
assumtus est illuc, unde non recesserat. *Qui* Ephes. 4.
enim descendit, ipse est et qui ascendit su- 10.
pra omnes cælos. Non alius prophetis appa-
783 ruit, et alius cum apostolis versatus est; non
A alius fuit in sinu Patris, et alius sub Pilato judi-
catus; non alius in cruce clavis transfixus, et
alius super Cherubim vectus; non alius a Joseph
sindone involutus, et alius palmo creaturam
concludens; non alius in monumento depositus,
et alius qui ab ipsis Seraphim celebrator: sed
idem qui ad dexteram sedet Patris, qui in utero
virginis sine semine natus est; *Ascendit Deus* Psal. 46.
in jubilo, Dominus in voce tubæ; qui sæcu- 6.
lorum factor est, qui ex non exsistentibus ad
esse produxit omnia, qui formator Adæ fuit,
et humanæ naturæ productor, qui sibi placitum
Enoch in regionem vitæ transtulit, qui Noe in terrarum orbe servavit, qui patriarcham Abraham
ex terra Chaldæorum advocavit, qui in Isaac
mysterium crucis præfiguravit, qui duodecim
germinum propagationem filiorum Jacobo concessit, qui patientiam ipsi Job præbuit, qui
B Moysen populi ducem constituit, qui prophetia
Samuelem ab utero replevit, qui David ex
*ovium pastore in regem elegit, qui sapientiam
Salomoni donavit, qui in concussione per currum igneum Eliam recepit, qui prophetis futurorum præcognitionem inspiravit: qui apostolis
donum curationum largitus est, qui ad ipsos
clamavit, *Confidite, ego vici mundum.* Hic Joan. 16.
est Dominus gloriæ, qui assumtus est in cælum, 33.
in jubilo, et sedet ad dexteram Patris, subditis
ipsi angelis et potestatibus. Ipse indefessas nostras preces suscipiat, victoresque nos tentationum mundi efficiat; omneque nobis immundorum
spirituum agmen subjiciat, dicens: *Ecce dedi* Luc. 10. 19.
vobis potestatem calcandi super serpentes et
scorpiones. Innoxios igitur et illæsos atque innocentes et irreprehensibiles, sanos et integros
custodiat nos anima et corpore ac spiritu, repletos fructibus justitiæ, ac beneficentiæ, universorum Deus, qui nos dignatus est simul congregare ad salutarem diem festum celebrandum:
quoniam ipsi convenit omnis gloria, honor et
adoratio, Patri et Filio, et Spiritui sancto, nunc
et semper, et in sæcula sæculorum. Amen.

* [Interpres ἐκ ποιμένων, sive ἐκ προβάτων legisse videtur.]

a [Savil. conj. ἀναλαμβάνει.]

IN ASCENSIONEM C

Domini nostri Jesu Christi. Sermo IV.

Læta quævis œconomiæ Christi festivitas, utpote quæ fidelium corda exhilaret: læta quoque
hodierna celebritas; cur vero læta sit, in sequen-
Gen. 1. et 2. tibus ostendemus. In sex itaque diebus fecit
Deus cuncta opera sua, sicut scriptum est, die
autem septimo quievit. Idcirco etiam novissimis
diebus placuit divino Dei Verbo quærere et salvare quod perierat, carneque humana assumta,
eumdem nobis modum, secundum numerum
dierum creationis mundi, in celebritate festorum
suæ œconomiæ exhibuit. Prima igitur radix festorum Christi est ojus in carne post conceptionem admiranda ex sancta virgine Deipara Maria
Nativitas, qua Christus Deus inclinans cælos,
in terram ad nos venit, ut mundum deperditum
liberaret; ubi angeli pastoribus visi, admirabile
miraculi mysterium patefacientes, clamabant:
Luc. 2. 14. *Gloria in excelsis Deo*, et *in terra pax: in
hominibus beneplacitum.* Unde et merito pri-
ma festivitas appellatur. Secunda autem celebritas est Christi Dei nostri Epiphania sive appari-
tio, quando in Jordanem veniens, cunctis hominibus ineffabilis misericordiæ indulgentiam ostendit, quando et Patris vox e cælo audita est, de
Matth. 3. ipso testificans: *Hic* est *Filius meus dilectus, in*
17. *quo mihi bene complacui.* Quin et Spiritus
sanctus in specie columbæ apparens mansit super eum, tota scilicet simul consubstantiali Trinitate se manifestante in unico momento temporis: cujus dignus spectator Domini præcursor
Joannes factus est. De qua Epiphania, seu appa-
Tit. 2. 11. ritione, etiam beatus Paulus dicebat: *Apparuit
gratia Dei Salvatoris nostri omnibus homini-
bus.* Quandoquidem ergo omnium hominum
hinc orta est salus, merito maxima a piis festivitas denominatur. Tertia solennitas festorum
est, adoranda modisque omnibus veneranda salutaris Passionis Christi veri Dei dies, in qua,
cruci carne affixus, chirographum peccati, quod
contra nos erat, delevit; in qua etiam Adamum
per inobedientiam e paradiso expulsum, sola
voce in illum introduxit. Ait enim ad latronem:
Luc. 23. 43. *Hodie mecum eris in paradiso.* Unde et hæc
solennitas maxima atque præcipua habetur; ait
1. Cor. 5. 7. enim Paulus: *Pascha nostrum pro nobis immolatus est Christus.* Quarta festa dies est
gloriosissima atque pacifica et triumphalis
dies sanctissimæ Christi Dei nostri Resurrectionis, quando apud inferos, vectes perpetuos con-
fringens, et vincula disrumpens, a mortuis resurrexit, ac de inferno devicto triumphans, justos
ibi detentos secum resuscitavit atque eduxit,

ΕΙΣ ΤΗΝ ΑΝΑΛΗΨΙΝ

Τοῦ Κυρίου ἡμῶν Ἰησοῦ Χριστοῦ. Λόγος δ'.

Φαιδρὰ μὲν πᾶσα ἑορτὴ τῆς τοῦ Χριστοῦ οἰκονομίας, καὶ φαιδρύνουσα τῶν πιστῶν τὰς καρδίας·
φαιδρὰ δὲ καὶ τῆς προκειμένης ἑορτῆς ἡ ὑπόθεσις·
διὰ τί δὲ φαιδρὰ, ἐν τοῖς καθεξῆς ῥηθησομένοις ὑπο-
δείξομεν. Ἐν ἓξ τοίνυν ἡμέραις ἐποίησεν ὁ Θεὸς πάντα
τὰ ἔργα αὐτοῦ, καθὼς γέγραπται, τῇ δὲ ἑβδόμῃ κατέπαυσε. Διὸ καὶ ἐπ' ἐσχάτου τῶν ἡμερῶν εὐδοκήσας
ὁ τοῦ Θεοῦ Λόγος ζητῆσαι καὶ σῶσαι τὸ ἀπολωλὸς,
καὶ ἐνανθρωπήσας, τὸν αὐτὸν τρόπον κατὰ τὸν ἀριθμὸν τῶν ἡμερῶν τῆς κοσμοποιίας, τὰς ἑορτὰς τῆς
ἑαυτοῦ οἰκονομίας ἡμῖν παρέδωκε. Πρώτη τοίνυν καὶ
ῥίζα τῶν ἑορτῶν Χριστοῦ, ἡ κατὰ σάρκα ἐκ τῆς ἁγίας
παρθένου καὶ θεοτόκου Μαρίας μετὰ τὴν σύλληψιν
παράδοξος γέννησις, ἐν ᾗ παρεγένετο Χριστὸς ὁ Θεὸς
D κλίνας οὐρανοὺς, ὅπως σώσῃ κόσμον ἀπολλύμενον· ἐν
ᾗ ἄγγελοι τοῖς ποιμέσιν ὀφθέντες, τὸ παράδοξον τοῦ
θαύματος γνωρίζοντες ἐβόων, Δόξα ἐν ὑψίστοις Θεῷ,
καὶ ἐπὶ γῆς εἰρήνη, ἐν ἀνθρώποις εὐδοκία. Διὸ καὶ
δικαίως πρώτη ἑορτὴ προσηγόρευται. Δευτέρα δὲ
ἑορτὴ, ἡ ἐπιφάνεια Χριστοῦ τοῦ Θεοῦ ἡμῶν, καθ' ἣν
ἐν τῷ Ἰορδάνῃ παραγινόμενος ἔδειξε πᾶσιν ἀνθρώποις
τῆς ἀφάτου αὐτοῦ εὐσπλαγχνίας τὴν συγκατάβασιν·
ἐν ᾗ καὶ φωνὴ Πατρὸς ἐξ οὐρανοῦ ἦλθε, μαρτυροῦσα
περὶ αὐτοῦ, Οὗτός ἐστιν ὁ Υἱός μου ἀγαπητὸς, ἐν ᾧ
ηὐδόκησα. Ἀλλὰ καὶ τὸ Πνεῦμα ἐν εἴδει περιστερᾶς
ἐλθὸν ἔμεινεν ἐπ' αὐτὸν, τῆς ὁμοουσίου Τριάδος δηλαδὴ ἐπιφανείσης ἐν μιᾷ καιροῦ ῥοπῇ· ἧς αὐτόπτης
ἄξιος ὁ τοῦ Κυρίου πρόδρομος γέγονεν Ἰωάννης. Περὶ
ἧς ἐπιφανείας καὶ ὁ μακάριος Παῦλος ὁ ἀπόστολος
ἔλεγεν· Ἐπεφάνη ἡ χάρις τοῦ Θεοῦ ἡ σωτήριος
πᾶσιν ἀνθρώποις. Ἐπεὶ οὖν πάντων ἀνθρώπων σωτηρία πέφυκεν, ἀξίως καὶ ἑορτὴ μεγίστη ὑπὸ τῶν εὐσεβῶν ὀνομάζεται. Τρίτη τῶν ἑορτῶν ἡ ἁγία καὶ
προσκυνητὴ καὶ πάνσεπτος τοῦ σωτηρίου πάθους Χριστοῦ τοῦ ἀληθινοῦ ἡμῶν Θεοῦ ἡμέρα, ἐν ᾗ ἐν σταυρῷ
784 σαρκὶ προσηλωθεὶς, τὸ καθ' ἡμῶν τῆς ἁμαρτίας ἐξή-
A λειψε γραμματεῖον· ἐν ᾗ καὶ τὸν διὰ τῆς παρακοῆς
ἐκβληθέντα τοῦ παραδείσου Ἀδὰμ διὰ μιᾶς φωνῆς ἐν
αὐτῷ εἰσήγαγε. Φησὶ γὰρ τῷ λῃστῇ, Σήμερον μετ'
ἐμοῦ ἔσῃ ἐν τῷ παραδείσῳ. Ὅθεν καὶ ταύτῃ ἑορτὴ
μεγίστη καθέστηκε, καὶ μάλιστα· Παῦλος γὰρ εἴρηκε,
Τὸ πάσχα ἡμῶν ὑπὲρ ἡμῶν ἐτύθη Χριστός. Τετάρτη
ἑορτὴ, ἡ ὑπερένδοξος καὶ εἰρηνοποιὸς ἡμέρα τῆς
ἁγίας Χριστοῦ τοῦ Θεοῦ ἡμῶν ἀναστάσεως, καθ' ἣν
καὶ ἐν τοῖς καταχθονίοις γενόμενος, τοὺς μοχλοὺς
τοὺς αἰωνίους συντρίψας, καὶ τὰ δεσμὰ διαῤῥήξας,
ἀνέστη ἐκ τῶν νεκρῶν, νίκην κατὰ τοῦ ᾅδου ἀράμενος,
τοὺς ἐν αὐτῷ κατακειμένους συναναστήσας δικαίους,
καὶ πρὸς τοὺς μαθητὰς εἰσελθὼν, τὴν εἰρήνην αὐτοῖς
κατεβράβευσεν. Ὅθεν πάσης ἀντιλογίας ἐκτὸς, μήτηρ
αὕτη ἑορτῶν ἡ ἀοίδιμος ἡμέρα τοῖς πιστοῖς λελόγισται.
Πέμπτη τοιγαροῦν ἑορτὴ ἡ ἁγία τοῦ Κυρίου εἰς οὐρα-

[B] νοῦς ἀνάληψις, περὶ ἧς νυνὶ καὶ τὴν πραγματείαν ποιούμεθα· πέμπτη δὲ τῶν ἑορτῶν ἐστι, καθότι καὶ πέμπτῃ ἡμέρᾳ τῆς ἑβδομάδος ἐπράχθη. Διὰ τοῦτο δὲ ἑορτάζειν ὀφείλομεν, ἐπειδὴ σήμερον τὴν ἀπαρχὴν τοῦ ἡμετέρου φυράματος, τουτέστι, τὴν σάρκα ἐν οὐρανοῖς Χριστὸς ἀνήγαγε. Διὸ καὶ ὁ ἀπόστολος ἔλεγε· Συνήγειρε καὶ συνεκάθισεν ἡμᾶς ἐν τοῖς ἐπουρανίοις ἐν Χριστῷ Ἰησοῦ. Ὅθεν ὁ ἀρχέκακος καὶ τῆς ἁμαρτίας εὑρετὴς διάβολος, διὰ τὸν ὄγκον τῆς ἐπάρσεως καὶ τῆς ὑπερηφανίας τὸν τῦφον, ἐξέπεσεν, ἐκεῖ τῷ μεγέθει τῆς ἑαυτοῦ φιλανθρωπίας τὸν διὰ τῆς ἐκείνου κακίστης συμβουλίας ἐκ τοῦ παραδείσου ἐκβληθέντα ἄνθρωπον Χριστὸς ἀντικατέστησε. Τιμῆς οὖν ἀξία καὶ πνευματικῆς χορείας καὶ ἡ παροῦσα ἑορτὴ καθέστηκεν. Ἀλλ' ἐπειδὴ ἑπτὰ ἑορτῶν ἀριθμὸν κατὰ τὰς ἡμέρας τῆς κοσμοποιίας ἐν ἀρχῇ τοῦ λόγοο ἐμνημονεύσαμεν, πέντε δὲ καὶ μόνον μέχρι τοῦ παρόντος ἑορτὰς ἐδείξα- [C] μεν, δέον ἐστὶ καὶ τὰς ἄλλας δύο ἑορτὰς εἰς μέσον ἀγαγεῖν, εἶθ' οὕτως ἐπὶ τὴν προκειμένην ἱστορίαν τὸν λόγον χειραγωγήσωμεν. Ἕκτη τοίνυν ἐστὶ τῶν ἑορτῶν ἡ ἕκτη πανεύφημος ἡμέρα τῆς ἐπιφοιτήσεως τοῦ ἁγίου Πνεύματος, καθ' ἣν τοῖς ἁγίοις ἀποστόλοις ἡ κατ' ἐπαγγελίαν προσδοκωμένη δωρεὰ τοῦ ἁγίου Πνεύματος ἐν εἴδει πυρίνων γλωσσῶν παρὰ Χριστοῦ ἐξ οὐρανῶν ἀπεστάλη, ἥτις καὶ πεντηκοστὴ διὰ τὴν τῶν ἑπτὰ ἑβδομάδων συμπλήρωσιν ὠνομάσθη. Ἀναντιρρήτως οὖν καὶ αὕτη ἑορτὴ τοῖς εὐσεβέσι μεγίστη καθέστηκεν. Ἑβδόμη ἑορτὴ ἡ προσδοκωμένη ἡμέρα τῆς ἀναστάσεως τῶν νεκρῶν (τὴν γὰρ ἐλπίδα ταύτην οἱ πιστοὶ ἀπεκδεχόμεθα), ἐν ᾗ μέλλει ὁ φιλάνθρωπος καὶ ἀπροσωπόληπτος δικαστὴς Χριστὸς ὁ Θεὸς ἡμῶν ἀποδιδόναι ἑκάστῳ κατὰ τὰ ἔργα αὐτοῦ. Αὕτη ἐστὶν [D] ἡ ἀληθὴς κατάπαυσις, δι' ἣν καὶ ὁ ἀπόστολος Παῦλος ἔλεγε· Σπουδάσωμεν εἰσελθεῖν εἰς ἐκείνην τὴν κατάπαυσιν. Τότε τοίνυν καὶ μάλιστα ἑορτὴ χαρᾶς καὶ εὐφροσύνης καὶ ἀγαλλιάσεως πεπληρωμένη ὑπάρχει τοῖς μέλλουσι κληρονομεῖν, Ἃ ὀφθαλμὸς οὐκ εἶδε, καὶ οὖς οὐκ ἤκουσε, καὶ ἐπὶ καρδίαν ἀνθρώπου οὐκ ἀνέβη, ἃ ἡτοίμασεν ὁ Θεὸς τοῖς ἀγαπῶσιν αὐτόν. Ὥστε, ἀγαπητοὶ, εὐξώμεθα καὶ ἡμεῖς συνεορτάσαι τοῖς δικαίοις ἐν τῷ νυμφῶνι τῆς βασιλείας τῶν οὐρανῶν, οὐ μόνον πρὸς μίαν ἡμέραν, ἢ δύο, ἢ τρεῖς, ἀλλ' εἰς ἀτελευτήτους αἰῶνας. Τοιγαροῦν τῶν ἑπτὰ ἑορτῶν ἡμῖν ἀποδειχθεισῶν, ἐπὶ τὸ προκείμενον ἐπανέλθωμεν. Ἔστι δὲ ἡμῖν περὶ τῆς παρούσης ἑορτῆς τῆς ἐν οὐρανοῖς, λέγω δὲ τῆς τοῦ Χριστοῦ ἀναλήψεως, τὸ διήγημα. Δαυὶδ μὲν γὰρ εἴρηκε· Καὶ ἔκλινεν οὐρανοὺς, καὶ κα- [E] τέβη, καὶ γνόφος ὑπὸ τοὺς πόδας αὐτοῦ· τὴν ἐξ οὐρανῶν δηλαδὴ τοῦ λόγου παρουσίαν ἐπὶ γῆς ἐσήμανε. Γνόφον δὲ εἶπεν ὑπὸ τοὺς πόδας αὐτοῦ, τὸ διὰ σαρκὸς ἔνδυμα τῆς θεότητος γνωρίζων· ὥστε καὶ ἄγνωστος ἦν τοῖς πολλοῖς ἡ αὐτοῦ παρουσία διὰ τὸ ταπεινὸν καὶ πρᾶον. Πάλιν γὰρ ὁ αὐτὸς προφήτης λέγει· Κύριε, ἐν τῇ θαλάσσῃ ἡ ὁδός σου, καὶ αἱ τρίβοι σου ἐν ὕδασι πολλοῖς, καὶ τὰ ἴχνη σου οὐ γνωσθήσονται. Εἰ γὰρ ἔγνωσαν, φησὶν, οὐκ ἂν τὸν Κύριον τῆς δόξης ἐσταύρωσαν. Καὶ πάλιν εἶπεν· Ἐπέβη ἐπὶ Χερουβὶμ, ἐπετάσθη ἐπὶ πτερύγων ἀνέμων. Ἐπὶ Χερουβὶμ εἶπε, καθότι αὐτὸς καὶ ἐν οὐρανοῖς σὺν τῷ Πατρὶ ὢν ἐπὶ τῶν Χερουβὶμ ἐπωχεῖτο· καὶ σὺν ἀνθρώποις γὰρ

[B] quando etiam ad discipulos suos ingressos, pacem illis quasi præmium dedit. [Joan. 20.] [Luc. 24.] Unde, sine ulla controversia, mater hæc festorum, et celeberrima dies fidelibus semper est habita. Quintus autem festorum dierum est sanctissima Domini ad cælos Ascensio, quam modo celebramus: est autem hæc festivitatum quinta, quoniam et quinto hebdomadæ die contingit. Propterea solennitatem istam celebremos oportet, quandoquidem hodie primitias nostræ massæ, id est, carnem nostram in cælos Christus sustulit. Idcirco et apostolus dicebat: *Conresuscitavit* et *consedere fecit nos in cælestibus, in Christo Jesu.* [Ephes. 2. 6.] Unde auctor omnis mali et inventor peccati diabolus, proper tumorem elationis et fumum superbiæ, excidit, ibi magnitudine benignitatis suæ hominem, pessimo illius consilio paradiso ejectum, Christus restituit. Omni igitur honore et spiritali chorea digna est præsens festivitas. Sed quoniam septem festorum numerum, pro ratione dierum creationis mundi, in principio sermonis vobis in memoriam reduximus, quinque autem solum hactenus festivitates ostendimus: alias quoque duas in medium adducamus oportet, atque ita ad institutam narrationem deducatur oratio. Sexta igitur festorum celebritas est, benedicta dies Adventos Spiritus sancti, quando sanctis apostolis exspectatum ac promissum donum Spiritus sancti in specie linguarum ignearum a Christo Domino de cælis emissum est, quæ et Pentecoste ob septem hebdomadarum expletionem denominata est. Sine controversia igitur et hæc omnibus piis maxima solennitas constituta est. Septima festivitas, quæ exspectatur, est Resurrectionis mortuorum dies, cujus spe ac desiderio cuncti fideles detinemur, quando veniet Dominus et qui nullum personarum respectum habet, judex Christus Deus noster, redditurus unicuique secundum opera sua. Hæc vera est requies, atque ideo beatus apostolos Paulus dicebat: *Festinemus ingredi in illam requiem.* [Heb. 4. 11.] Tunc igitur vel maxime celebritas omnis gaudii, lætitiæ et exsultationis impleta erit iis qui hereditate possidebunt ea, *Quæ oculus non vidit,* [1. Cor. 2. 9.] et *auris non audivit,* et *in cor hominis non adscenderunt, quæ Deus præparavit iis qui diligunt illum.* Precemur ergo et nos, dilectissimi, ut cum justis ac sanctis, in cælestis regni thalamo festum diem celebrare possimus, non modo ad unum, duos vel tres dies dumtaxat: sed in sempiterna sæcula. Septem itaque festorum celebritatibus sic a nobis expositis, ad illud de quo agitur revertamur. Est autem nobis instituta narratio de præsenti festo Ascensionis Christi in cælos, de quo David dixit: *Et inclinavit cælos, et descendit,* et *caligo sub pedibus ejus:* [Psal. 17. 10.] divini scilicet Verbi e cælis super terras adventum designare volens. Caliginem vero sub pedibus ejus dixit, indumentum divinitatis per carnem significans: incognitus quippe vulgo erat

adventus ejus, ob humilitatem ipsius et mansue-
Psal. 76. 20. tudinem. Rursus enim idem propheta ait : *Do-*
mine, in mari via tua, et semitæ tuæ in aquis
1. Cor. 2. 8. *multis, et vestigia tua non cognoscentur. Si*
enim cognovissent, inquit apostolus, *numquam*
Dominum gloriæ crucifixissent. Iterumque
Psal. 17. 11. ait : *Ascendit super Cherubim, et volavit*
super pennas ventorum. Super Cherubim inquit, quia idem qui in cælis est cum Patre, et
super Cherubim vehebatur, et dum cum hominibus in terra versaretur, nequaquam a Cherubico
cælestique solio separabatur; per pennas autem
ventorum nubes innuit, in quas et assumtus est,
sicut etiam in Actis Apostolorum scriptum est :
Act. 1. 9. *Et nubes suscepit eum ab oculis eorum.* Sub
Ib. v. 10. hæc addit : *Cumque intuerentur in cælum*
euntem illum, stupor apostolos invasit et metus : cum enim mortales natura essent, et contem-
plandis rebus ejusmodi non assueti, in stuporem
mentis acti sunt. Sed dixerit quispiam, transfi-
gurationem antea vidisse Petrum et Jacobum
Matth. 17. 3. et Joannem. Viderant quidem antea Dominum
transfigurari, ac nubem obumbrantem illum;
sed nubem non aspexerunt, quæ in aerem rape-
retur, et in cælos suscipientem Dominum. Miraculum illud, miraculum et istud : at miraculum
miraculo formidabilius est, hoc illo sublimius :
unius tamen Dei potentia atque mysterio factum
utrumque. Tunc Moyses et Elias apparuerunt
iis qui cum Petro aderant, cum eo loquentes :
nunc autem thronus Cherubicus, id est invisibilis potentia, nube abscondita, quæ repente astitit,
Dominum cum servis colloquentem abripuit.
Tunc Petrus magna cum fiducia respondit :
Ib. v. 4. *Domine, bonum est nos hic esse. Faciamus*
hic tria tabernacula, tibi unum, Moysi unum,
et Eliæ unum. Nunc vero ne loqui quidem potuit quisquam discipulorum, neque os aperire;
sed maximo timore perculsi obstupuerunt. Adji-
Act. 1. 10. cit autem deinceps Scriptura dicens : *Et ecce*
duo viri astiterunt juxta illos in vestibus
albis, qui et dixerunt. Ne hoc quidem supervacaneum : nam quod albis vestibus amicti fuerint
illi viri, maximæ celebritatis significatio est. Sed
quid dixerunt? *Viri Galilæi, quid* statis *aspi-*
cientes in cælum? Ingens miraculum perterrefe-
Joan. 20. 17. cit vos; oblitine estis illius qui dixit : *Vado ad Pa-*
trem meum et *Patrem vestrum, Deum meum,*
et Deum vestrum? Nonne propterea ad vos dice-
Joan. 14. 18. bat : *Non relinquam vos orphanos;* ac rursus : *Pacem meam do vobis, pacem meam re-*
Joan. 14. 27. *linquo vobis?* Nonne Paracletum, id est, Spiritum sanctum, promisit vobis? *Hic Jesus, qui*
assumtus est a vobis in cælum, sic veniet quem-
admodum vidistis eum euntem in cælum.
Sic, inquam, veniet in nubibus cæli, cum gloria
et potestate multa; sic veniet in tempore illo,
quando judicabit universum orbem terrarum in

785 ἐπὶ γῆς ἀναστρεφόμενος, τοῦ Χερουβικοῦ καὶ ἐπου-
A ρανίου θρόνου οὐδαμῶς ἐχωρίζετο· πτέρυγας δὲ
ἀνέμων τὰς νεφέλας αἰνίττεται, ἐν αἷς καὶ ἀνελήφθη
καθὼς καὶ ἐν ταῖς Πράξεσι τῶν ἀποστόλων γέγρα-
πται· Καὶ νεφέλη ὑπέλαβεν αὐτὸν ἀπὸ τῶν ὀφθαλμῶν
αὐτῶν. Εἶτα καθεξῆς λέγει· Καὶ ὡς ἀτενίζοντες
ἦσαν εἰς τὸν οὐρανὸν πορευομένου αὐτοῦ, θαῦμα τοῖς
ἀποστόλοις καὶ ἔκστασις καὶ θροῦς ἐπεγίνετο· θνητοὶ
γὰρ τὴν φύσιν ὄντες, καὶ ἀσυνήθεις τοιούτων θεω-
ριῶν, [1] ἐζήτησαν τῇ διανοίᾳ. Ἀλλ' ἐρεῖ τις, ὅτι προει-
δότες ἦσαν καὶ τὴν μεταμόρφωσιν ὅ τε Πέτρος καὶ
Ἰάκωβος καὶ Ἰωάννης. Προεῖδον μὲν ἐκεῖνοι μετα-
μορφωθέντα τὸν Κύριον, καὶ νεφέλην σκιάσασαν
αὐτὸν, ἀλλ' οὐκ εἶδον τὴν νεφέλην εἰς ἀέρα ἁρπασθεῖ-
σαν, καὶ εἰς οὐρανοὺς τὸν Δεσπότην ἀναλαμβάνουσαν.
Θαῦμα ἐκεῖνο, θαῦμα καὶ τοῦτο· ἀλλὰ θαῦμα θαύματος φοβερώτερον, τοῦτο [2] ἐκείνου ὑψηλότερον, κἂν
B ἑνὸς Θεοῦ ἡ δύναμις καὶ τὸ μυστήριον ὑπῆρχε. Τότε
Μωϋσῆς καὶ Ἠλίας ὤφθησαν τοῖς περὶ τὸν Πέτρον,
μετ' αὐτοῦ συλλαλοῦντες· νῦν δὲ θρόνος Χερουβικὸς,
τουτέστιν, ἀόρατος δύναμις, [3] τὴν νεφέλην καλυπτο-
μένην ἀθρόον ἐπιστᾶσα, τὸν Δεσπότην τοῖς δούλοις
συνομιλοῦντα ἀφήρπασε. Τότε Πέτρος μετὰ παῤῥησίας ἀπεκρίνατο· Κύριε, καλόν ἐστιν ἡμᾶς ὧδε εἶναι·
ποιήσωμεν ὧδε τρεῖς σκηνὰς, σοὶ μίαν, καὶ Μωϋσῇ
μίαν, καὶ μίαν Ἠλίᾳ. Νυνὶ δὲ οὐδὲ φθέγξασθαι ἠδυνήθη τις τῶν μαθητῶν, οὐδὲ τὸ στόμα διανοῖξαι, ἀλλὰ
φόβῳ μεγίστῳ καταπλαγέντες ἐξέστησαν. Ἐπάγει δὲ
καθεξῆς ἡ Γραφὴ λέγουσα· Καὶ ἰδοὺ ἄνδρες δύο παρειστήκεισαν αὐτοῖς ἐν ἐσθῆσι λευκαῖς, οἳ καὶ εἶπον.
Οὐδὲ τοῦτο ἀργόν· τὸ γὰρ λευχείμονας ὑπάρχειν τοὺς
ἄνδρας, ἑορτῆς μεγίστης σημαντικόν ἐστι. Τί δὲ
εἶπαν; Ἄνδρες Γαλιλαῖοι, τί ἑστήκατε ἐμβλέποντες
C εἰς τὸν οὐρανόν; Τὸ ὑπεράγαν θαῦμα κατέπτηξεν ὑμᾶς·
ἐπελάθεσθε τοῦ εἰπόντος· Πορεύομαι πρὸς τὸν Πατέρα
μου, καὶ Πατέρα ὑμῶν, καὶ Θεόν μου, καὶ Θεὸν ὑμῶν;
Ἢ οὐχὶ ἕνεκεν τούτου ἔλεγε πρὸς ὑμᾶς, Οὐκ ἀφήσω
ὑμᾶς ὀρφανούς· καὶ πάλιν, Εἰρήνην τὴν ἐμὴν δίδωμι
ὑμῖν, εἰρήνην τὴν ἐμὴν ἀφίημι ὑμῖν; Οὐ τὴν ἐπαγγελίαν τοῦ Παρακλήτου, τουτέστι τοῦ ἁγίου Πνεύματος, ὑπέσχετο ὑμῖν; Οὗτος ὁ Ἰησοῦς ὁ ἀναληφθεὶς ἀφ'
ὑμῶν εἰς τὸν οὐρανὸν, οὕτως ἐλεύσεται, ὃν τρόπον
ἐθεάσασθε πορευόμενον αὐτὸν εἰς τὸν οὐρανόν. Οὕτως
ἐλεύσεται μετὰ τῶν νεφελῶν τοῦ οὐρανοῦ, μετὰ δόξης
καὶ δυνάμεως πολλῆς· οὕτως ἐλεύσεται ἐν καιρῷ,
ὅταν μέλλῃ κρίνειν τὴν οἰκουμένην ἐν δικαιοσύνῃ.
Αὐτῷ γὰρ ὁ Πατὴρ δέδωκε τὴν κρίσιν πᾶσαν. Οὐ
μνημονεύετε ὅτι ὢν σὺν ὑμῖν, ἔλεγεν· Ἐδόθη μοι
πᾶσα ἐξουσία ἐν οὐρανῷ καὶ ἐπὶ γῆς; Τότε οἱ ἀπόστο-
D λοι ἐν ἑαυτοῖς γενόμενοι, ὑπέστρεφον, αἰνοῦντες καὶ
εὐλογοῦντες τὸν Κύριον, καὶ ἀπεκδεχόμενοι τῆς θείας
δωρεᾶς, τουτέστι τοῦ παναγίου Πνεύματος τὴν ἐπιφοίτησιν. Καὶ δὴ ἐπληρώθη τὸ ἐν ψαλμοῖς εἰρημένον·
Ἀνέβη ὁ Θεὸς ἐν ἀλαλαγμῷ, Κύριος ἐν φωνῇ σάλπιγγος. Σαφῶς ἐνταῦθα ὁ προφήτης τὴν δυάδα τῶν φύσεων τῆς ἐν Χριστῷ οἰκονομίας ἐσήμανε· τὸν αὐτὸν
δὲ τρόπον καὶ Θωμᾶς μετὰ τὴν τοῦ Κορίου ἀνάστασιν ψηλαφήσας τὴν πλευρὰν αὐτοῦ, ἐβόα λέγων· Ὁ

[1] ἴσ. ἐξέστησαν τῇ.
[2] ἴσ. ἐκείνου καὶ ὑψηλ.
[3] ἴσ. τῇ νεφέλῃ καλυπτομένῃ, ἀθρόον.

Κύριός μου καὶ ὁ Θεός μου. Ἀνέβη ὁ Θεὸς ἐν ἀλαλαγμῷ, Κύριος ἐν φωνῇ σάλπιγγος. Ἐν ἀλαλαγμῷ μὲν, ὅτι ἀκαταπαύστῳ φωνῇ τὸν τρισάγιον ὕμνον ἀναπέμπουσι τῷ Θεῷ· καὶ ὅπως ἐπὶ Χερουβικοῦ θρόνου ἀνελήφθη, προαπεδείξαμεν· Ἐν φωνῇ δὲ σάλπιγγος, ἀρχαγγελικῆς δηλαδὴ, προσημαινούσης αὐτοῦ τὴν ἐν οὐρανοῖς ἄνοδον. Ἀλλὰ καὶ τὸ Πνεῦμα τὸ ἅγιον ταῖς E ἄνω δυνάμεσι τῇ προστακτικῇ φωνῇ ἀνεκήρυττεν· Ἄρατε πύλας, οἱ ἄρχοντες, ὑμῶν, καὶ ἐπάρθητε πύλαι αἰώνιοι, καὶ εἰσελεύσεται ὁ βασιλεὺς τῆς δόξης. Αἱ δὲ δυνάμεις ἔλεγον· Τίς ἐστιν οὗτος ὁ βασιλεὺς τῆς δόξης; Εἶτα τὸ Πνεῦμα· Κύριος κραταιὸς καὶ δυνατὸς, Κύριος δυνατὸς ἐν πολέμῳ. Ἐνίκησε γὰρ τὸν πολέμιον, ὡπλίσατο κατὰ τῆς τοῦ διαβόλου τυραννίδος ἐν τῷ ἀνθρωπίνῳ σώματι, ἔσβεσεν αὐτοῦ τὰ πεπυρωμένα βέλη· καὶ τῷ σταυρῷ προσηλωθεὶς, καὶ θανάτου γευσάμενος, ἀθάνατος ὑπάρχων, ἐσκύλευσε τὸν ᾅδην, καὶ νικητὴς ἀποδειχθεὶς ἀνέστη ἐκ τῶν νεκρῶν· καὶ τὸ πλανώμενον πρόβατον ἐπιστρέψας, ἰδοὺ ἀνέρχεται ἐπ' 786 A ὤμων τοῦτο φέρων πρὸς τὰ ἐνενήκοντα ἐννέα τὰ ἀπλανῆ, τὰ ἐν τοῖς ὄρεσι, τουτέστιν ἐν οὐρανοῖς νεμόμενα. Κύριος κραταιὸς καὶ δυνατὸς, Κύριος δυνατὸς ἐν πολέμῳ. Καὶ πάλιν λέγει· Κύριος τῶν δυνάμεων, αὐτός ἐστιν ὁ βασιλεὺς τῆς δόξης. Αἱ οὖν δυνάμεις ὡς ἤκουσαν, Κύριος τῶν δυνάμεων, ὁμοφώνως τὴν συνήθη δοξολογίαν ἐκβοῶντες, ἐδέχοντο μετὰ χαρᾶς τὸν Κύριον, καὶ ἔπεμπον ἕως τοῦ ὑψηλοῦ θρόνου καὶ ἐπηρμένου. Καὶ ἐπληρώθη τὸ ὑπὸ τοῦ Δαυὶδ εἰρημένον· Εἶπεν ὁ Κύριος τῷ Κυρίῳ μου, κάθου ἐκ δεξιῶν μου, ἕως ἂν θῶ τοὺς ἐχθρούς σου ὑποπόδιον τῶν ποδῶν σου. Ὦ αἱρετικὲ, [1] ἠπάντως πρὸς τὴν ἐξ ἡμῶν ληφθεῖσαν σάρκα, ἐψυχωμένην ἐκ τῆς ἁγίας παρθένου. Αἰσχυνέσθωσαν οὖν οἱ μίαν φύσιν ἐπὶ Χριστοῦ ὁμολογοῦντες. Ἡ γὰρ θεία φύσις εὔδηλον ὅτι συνῆν ἀϊδίως τῷ θρόνῳ τῆς μεγαλωσύνης. Ἡ δὲ καθολικὴ Ἐκκλησία δοξα- B ζέσθω. Ἡμᾶς δὲ πάντας ἀξίους ἀναδείξῃ Χριστὸς ὁ Θεὸς τῆς αἰωνίου αὐτοῦ βασιλείας· αὐτῷ ἡ δόξα καὶ τὸ κράτος σὺν τῷ [2] ἀχράντῳ Πατρὶ, ἅμα τῷ ἁγίῳ Πνεύματι, εἰς τοὺς αἰῶνας τῶν αἰώνων. Ἀμήν.

justitia. Ipsi enim Pater dedit omne judicium. Non meministis illum, cum apud vos esset, dixisse : *Data* est *mihi omnis potestas in cœlo* (Matth. 28. 18.) et *in terra?* Tunc apostoli in se reversi abierunt, laudantes et benedicentes Dominum, exspectantesque divini doni, hoc est Spiritus sancti, adventum. E Atque impletum est illud Psalmi : *Ascendit Deus in jubilo, Dominus in voce tubæ.* (Psal. 46. 6.) Manifeste lic propheta dualitatem naturarum œconomiæ Clristi significavit : ad eumdem quoque modum Tlomas post resurrectionem Domini, palpans ejus latus, exclamabat dicens : *Dominus meus et Deus meus.* (Joan. 20. 28.) *Ascendit Deus in jubilo, Dominus in voce tubæ.* (Psal. 46. 6.) *In jubilo* quidem, quoniam incessabili voce ter sanctum hymnum Clerubim Deo offerunt ac concinunt; et quomodo super Cherubicum thronum assumtus sit, ante ostendimus : *In voce* autem 786 *tubæ*, archangelicæ scilicet, ejus in cælum præ- A nuntiantis ascensum. Quin et Spiritus sanctus supernis potestatibus imperantis voce acclamabat: *Attollite portas, principes, vestras*, et *elevamini portæ æternales, et introibit Rex gloriæ.* (Psal. 23. 7.) At potestates dicebant : *Quis est iste Rex gloriæ?* (Ib. v. 8.) Quibus Spiritus : *Dominus fortis* et *potens*, *Dominus potens in prælio.* Vicit enim hostem, armavit se adversus tyrannidem diaboli in humano corpore, tela ejus ignea exstinxit : crucique affixus, ac mortem degustans, cum esset immortalis, infernum spoliavit, et victor evadens, resurrexit a mortuis; errantemque ovem convertens, ecce venit, in lumeris illam deferens ad nonaginta novem, quæ non erraverant, quæ erant in montibus, loc est quæ in cælis pascebantur. B *Dominus fortis* et *potens*, *Dominus potens in prælio.* Rursusque ait : *Dominus virtutum, ipse est Rex gloriæ.* Potestates igitur, ut dici audierunt, *Dominus virtutum*, concordibus vocibus, solita glorificatione exclamantes, cum gaudio Dominum suscipiebant, et deducebant usque ad excelsum et altissimum solium. Et impletum est quod a Davide dictum est : *Dixit Dominus Domino meo, Sede a dextris meis, donec ponam inimicos tuos scabellum pedum tuorum.* (Psal. 109. 1.) O hæretice, ad quam naturam dixit Dominus : *Sede a dextris meis?* Nonne omnino ad eam quæ ex nobis sumta est carnem, quæque animatum corpus sumsit ex sancta virgine? Confundantur igitur qui unam dumtaxat in Clristo naturam confitentur. (Contra hæreticos blasphemos negantes duas in Christo naturas.) Divinam siquidem naturam coæternam fuisse throno majestatis gloriæ suæ clarissimum est. Glorificetur autem catlolica Ecclesia. Cæterum nos omnes æterno suo regno digoos reddat Clristus Deus noster : cui gloria et potentia, una cum principii experte Patre, simul ac Spiritu sancto, in sæcula sæculorum. Amen.

[1] *Ισ. ἢ πάντως.* Textus Græcus hic deficit.

[2] Legendum videtur ἀνάρχῳ, et sic legit Gerardus Vossius, qui vertit, *principii experte.*

IN ASSUMTIONEM.

Sermo V.

C Adest dominicæ Assumtionis dies : ac licet
multi jam concionem habuerint, nostram tamen
tenuitatem ad concionandum pater cohortatur.
Verum nobis e re videbatur esse infacundiæ nostræ velum silentii obtendere, et ignorantiæ magnitudinem occultare : quia vero una cum patre
et cum supernis facultatibus vos auditores nos
cohortamini, et jubetis ea persequi quæ olim
David de Assumtione dominica exclamavit :
Psal. 23. 7. *Attollite portas, principes, vestras,* et *elevamini portæ æternales,* et *introibit Rex gloriæ;*
age et nos ea quæ ad hanc diem pertinent, cum
modulis celebremus. Hodie namque Dominus
noster Christus ad paternum solium ascendit;
hodie qui incarnatus est, cum Patre sedet, neque
D prius separatus ab illo, neque nunc primum cum
illo sedere incipiens : semper enim in sinu Patris
requiescit : solus Patrem comprehendens, et solus
Joan. 14. 11. a Patre comprehensus : nam *Ego,* inquit, *in Patre,* et *Pater in me est :* Verbum erat in
Ib. v. 1. 12. Patre, et Verbum erat in terra. Neque descendens sinum paternum vacuum reliquit; neque in
cælum ascendens, præsentia sua vacuam terram
reliquit; sed et cum hominibus versans, cum
Patre sedebat, et cum Patre sedens ab ho-
Matth. 28. 20. minibus non separabatur. *Ecce enim,* inquit, *ego vobiscum sum omnibus diebus, usque ad consummationem sæculi.* Hodie Dominus Christus ex hominibus in cælos assumitur; non quemadmodum Enoch translatus, neque sicut Elias
curru igneo in cælum vectus; sed assumitur, ut
discipulis Spiritus sancti virtutem mittat. Hujus
E Assumtionis gaudium cum David multis ante
Psal. 46. 6. annis prospiceret, hæc præfatus est: *Ascendit Deus in jubilo :* qui Adamum ex pulvere efformavit, qui Abelem justificavit, qui Enochum
transtulit. *Ascendit Deus in jubilo,* qui Noe
gubernavit, qui fidelem Abraham elegit. *Ascendit Deus in jubilo,* qui Isaac non immolatam
hostiam accepit, qui Jacobum benedictionibus
replevit. *Ascendit Deus in jubilo,* qui Josephum errantem duxit, qui Jobi patientiam accepit. *Ascendit Deus in jubilo,* qui gloria Moysem affecit, qui Aaroni summum sacerdotium
dedit. *Ascendit Deus in jubilo,* qui Jesum
787 Nave roboravit, qui Samueli prophetiæ donum
A largitus est. *Ascendit Deus in jubilo,* qui Davidem fortitudine, Salomonem sapientia donavit.

[b] Sic cum Savilio putamus legendum : *προσοδοιπορησάντων πολλῶν ὅμως τήν.*

* l. *οὐρανόθεν.*

ΕΙΣ ΤΗΝ ΑΝΑΛΗΨΙΝ·

Λόγος ε΄.

Ἐπέστη τῆς δεσποτικῆς ἀναλήψεως ἡ ἡμέρα· [b]καὶ προσοδοιπορησάντων πολλῶν ὃν καὶ τὴν ἡμετέραν βραχύτητα πρὸς λόγους ὁ πατὴρ προετρέψατο· Καὶ δίκαιον ἡμῖν κατεφαίνετο, κάλυμμα τῆς βραχυλογίας τὴν σιωπὴν ἐπιφέρεσθαι, καὶ κρύπτειν τῆς ἀπαιδευσίας τὸ μέγεθος· ἐπειδὴ δὲ μετὰ τοῦ πατρὸς καὶ τῶν ἄνω δυνάμεων πρὸς λόγους τὸ πλῆθος προτρέπετε, καὶ λαλεῖν μετ' αὐτῶν ἐγκελεύετε ἅπερ πάλαι καὶ Δαυὶδ περὶ τῆς ἀναλήψεως τῆς δεσποτικῆς ἀνεβόησεν· Ἄρατε πύλας, οἱ ἄρχοντες, ὑμῶν, καὶ ἐπάρθητε πύλαι αἰώνιοι, καὶ εἰσελεύσεται ὁ βασιλεὺς τῆς δόξης· δεῦρο, σήμερον τὰ πρόσφορα τῆς ἡμέρας καὶ ἡμεῖς κελαδήσωμεν. Σήμερον γὰρ ὁ Δεσπότης ἡμῶν Χριστὸς πρὸς τὸν πατρῷον θρόνον ἀνέρχεται· σήμερον ὁ σωματωθεὶς τῷ Πατρὶ συγκαθέζεται, οὔτε
D πρότερον χωρισθεὶς, οὔτε νῦν ἐν πρώτοις αὐτῷ συγκαθήμενος· ἀεὶ γὰρ ἐν τοῖς κόλποις τοῦ Πατρὸς ἀναπαύεται· μόνος τὸν Πατέρα χωρῶν, καὶ ὑπὸ τοῦ Πατρὸς μόνος χωρούμενος· Ἐγὼ γὰρ, φησὶν, ἐν τῷ Πατρὶ, καὶ ὁ Πατὴρ ἐν ἐμοί· καὶ ὁ Λόγος ἐν τῷ Πατρὶ, καὶ ὁ Λόγος ἐν τῇ γῇ. Οὔτε δὲ κατελθὼν *ὡς οὐδὲν τὸν πατρῷον κόλπον ἐκένωσεν· οὔτε εἰς οὐρανοὺς ἀνελθὼν, ἔρημον τὴν γῆν τῆς αὐτοῦ παρουσίας κατέλειπεν· ἀλλὰ καὶ τοῖς ἀνθρώποις συναναστρεφόμενος, τῷ Πατρὶ συνεκάθητο, καὶ τῷ Πατρὶ συγκαθήμενος, ὑπάρχει τῶν ἀνθρώπων ἀχώριστος. Ἰδοὺ γὰρ ἐγὼ, φησὶ, μεθ' ὑμῶν εἰμι πάσας τὰς ἡμέρας ἕως τῆς συντελείας τοῦ αἰῶνος. Σήμερον ὁ Δεσπότης Χριστὸς ἐκ τῶν ἀνθρώπων εἰς οὐρανοὺς ἀναφέρεται, οὐ κατὰ τὸν Ἐνὼχ μεθιστάμενος, οὐ κατὰ τὸν Ἠλίαν ἅρματι πυρὸς πρὸς οὐρανὸν ἀνερχόμενος· ἀλλ' ἀναλαμβάνεται, ἵνα πέμψῃ τοῖς μαθηταῖς
E τὴν τοῦ ἁγίου Πνεύματος δύναμιν. Ταύτης τῆς ἀναλήψεως τὴν χαρὰν πρὸ πολλῶν γενεῶν Δαυὶδ θεασάμενος, προανεφώνησε λέγων· Ἀνέβη ὁ Θεὸς ἐν ἀλαλαγμῷ· ὁ τὸν Ἀδὰμ διαπλάσας ἐκ κόνεως, ὁ τὸν Ἄβελ δικαιώσας, καὶ τὸν Ἐνὼχ μεταθέμενος. Ἀνέβη ὁ Θεὸς ἐν ἀλαλαγμῷ, ὁ τὸν Νῶε κυβερνήσας, καὶ πιστὸν τὸν Ἀβραὰμ ἐκλεξάμενος. Ἀνέβη ὁ Θεὸς ἐν ἀλαλαγμῷ, ὁ τὸν Ἰσαὰκ ἄθυτον θυσίαν δεξάμενος, καὶ τὸν Ἰακὼβ πληρώσας εὐλογιῶν. Ἀνέβη ὁ Θεὸς ἐν ἀλαλαγμῷ, ὁ τὸν Ἰωσὴφ ὁδηγήσας πλανώμενον, καὶ τὴν ὑπομονὴν τοῦ Ἰὼβ προσδεξάμενος. Ἀνέβη ὁ Θεὸς ἐν ἀλαλαγμῷ, ὁ δοξάσας τὸν Μωϋσῆν, καὶ τὴν ἀρχιερωσύνην τῷ Ἀαρῶνι χαρισάμενος. Ἀνέβη ὁ
787 Θεὸς ἐν ἀλαλαγμῷ, ὁ τὸν Ἰησοῦν τὸν Ναυῆ ἐνισχύ-
A σας, [c]καὶ τὸν προφήτην τῷ Σαμουὴλ δωρησάμενος.
Ἀνέβη ὁ Θεὸς ἐν ἀλαλαγμῷ, ὁ τὸν Δαυὶδ δυναμώ-

[c] Savilius hic legendum putat *καὶ τὸν προφήτην τὸν Σαμουὴλ δωρησάμενος* : sed melius, ni fallor, legatur *καὶ τὴν προφητείαν τῷ Σαμουὴλ δωρ.*

σας, καὶ τὸν Σολομῶντα σοφίσας. Ἀνέβη ὁ Θεὸς ἐν ἀλαλαγμῷ, ὁ τοὺς προφήτας ἐμπνεύσας, καὶ τοῖς ἀποστόλοις τὰς τῶν ἰαμάτων δωρεὰς χαρισάμενος. Ἀνέβη ὁ Θεὸς ἐν ἀλαλαγμῷ, ὁ ἄνω ἀμήτωρ, καὶ κάτω ἀπάτωρ. Ἀνέβη ὁ Θεὸς ἐν ἀλαλαγμῷ, τὸ τοῦ Πατρὸς προαιώνιον γέννημα, καὶ τῆς παρθένου μητρὸς τὸ ἀφύτευτον βλάστημα. Ἀνέβη ὁ Θεὸς ἐν ἀλαλαγμῷ, ὁ τῆς ζωῆς χορηγὸς, καὶ τῶν παραδόξων διανομεύς. Ἀνέβη ὁ Θεὸς ἐν ἀλαλαγμῷ, ὁ τῷ θανάτῳ θανατώσας τὸν θάνατον, καὶ τῷ γένει τῶν ἀνθρώπων ζωὴν χαρισάμενος. Ἀνέβη ὁ Θεὸς ἐν ἀλαλαγμῷ, Κύριος ἐν φωνῇ σάλπιγγος. Αὐτῷ ἡ δόξα εἰς τοὺς αἰῶνας τῶν αἰώνων. Ἀμήν [a].

Ascendit Deus in jubilo, qui prophetas inspiravit, et apostolis curationum dona largitus est. *Ascendit Deus in jubilo*, qui in cœlis sine matre, in terra sine patre est. *Ascendit Deus in jubilo*, Patris ante sæcola proles, matris germen non satum. *Ascendit Deus in jubilo*, vitæ largitor et mirabilium dispensator. *Ascendit Deus in jubilo*, qui mortem morte necavit, et generi hominum vitam largitus est. *Ascendit Deu in jubilo: Dominus in voce tubæ.* Ipsi gloria in sæcula sæculorum. Amen.

[a] Sic in Edit. Savil. clauditur hæc brevissima homilia a quodam Græculo adornata. Post eam una serie sequitur ibidem altera homilia, quæ sic incipit : Εὐλογητὸς ὁ Θεός· εὔκαιρον σήμερον ἅπαντας : quam paulo ante dedimus, quæque nullam habet cum hac affinitatem.

MONITUM

AD HOMILIAS IN PENTECOSTEN.

Septemdecim Homilias seu λόγους Chrysostomi in Pentecosten commemorat Photius in Bibliotheca sua cap 25, e quarum fortasse numero orant hæ tres quas in spuriarum numero ponimus. Illas inter ἀμφιβαλλόμενα seu dubia locavit Savilius; Fronto Ducæus priorem tantum edidit, at spuriam existimavit : cui et ego adstipulor. Adstipulantur similiter plerique omnes viri docti; stylus enim mirum quantum abhorret a Chrysostomi dicendi genere. Putavit quispiam esse Severiani Gabalorum episcopi opus; id ex conjectura dictum est; potuit a Severiano pronuntiari, potuit ab alio Chrysostomi nomine confingi; id quod libentius crederem. Postrema homiliæ verba observatu dignissima sunt : dicitur Imperatorem tunc regnantem immatura esse ætate, et filium Theodosii patremque Theodosii. Erat igitur Arcadius, qui tamen quomodo immatura ætate, si jam pater erat? Illud vero dicere non potuit Chrysostomus : nam cum is in episcopum Constantinopolitanum cooptatus est, erat Arcadius annos natus 21, ut optime observat Tillemontius, qui arbitratur hæc verba ex margine in textum irrepsisse. At vetus Interpres hæc in ipso textu legerat : sic etiam habet Ms. Cæsareus, ex quo hæc homilia educta fuit. Crederem potius eum qui Chrysostomi nomine hanc homiliam primum edidit, hæc ἀσύστατα posuisse. Vetus autem Interpres longe diversum in multis textum habuit, et non pauca effert quæ in textu Græco hodierno non exstant, ut in notis ad imam paginam positis videas.

Secunda homilia Græculi commentum esse videtur, qui in brevissima oratione ab alio ad aliud argumentum transit, quasi priorum oblitus; hic etiam non pauca puerilia deprehendas.

Tertia indigna quovis sagaci viro, ne dicam Chrysostomo, solœcismis scatet, et quibusdam in locis ita obscura est, ut nonnisi divinando sensum assequaris. Hasce porro duas postremas homilias publicare ne cogitassemus quidem, nisi Savilius prior edidisset.

Trium Homiliarum interpretationem Latinam adornavimus.

IN PENTECOSTEN.

Sermo I.

Hodie nobis terra facta est cælum, non stellis de cælo in terram descendentibus; sed apostolis supra cælos ascendentibus, quia effusa est gratia Spiritus sancti. Orlem terrarum cælum effecit, non mutata natura, sed emendata voluntate. Invenit publicanum, et evangelistam effecit; invenit blasphemum, et fecit apostolum; invenit latronem et in paradisum induxit; invenit meretricem, et virgine castiorem reddidit; invenit magos, et in evangelistas mutavit. Ejecit malitiam, et virtutem induxit, Deique gratiam attulit. Cælum facta est terra. Qua in re stellæ apostolis comparandæ? Stellæ in cælo; apostoli supra 788 A cælum. (1. Col. 3. 1.) *Quæ sursum sunt sapite, ubi Christus est in dextera Dei sedens.* Stellæ ab igne sensibili; apostoli ab igne spirituali. Stellæ noctu lucent, in die occultantur; apostoli nocte et die radiis suis effulgent. Stellæ orto sole occultantur; apostoli, orto sole justitiæ, suo fulgore resplendent. Stellæ in resurrectione ut folia cadent; apostoli in resurrectione in nubibus rapientur. Et in sideribus quidem alius Hesperus, alius Lucifer; in apostolis autem nullus Hesperus, sed omnes Luciferi sunt. Ideo apostoli sunt stellis ipsis splendidiores : neque aberraverit si quis illos mundi luminaria vocet, non modo dum viverent, sed etiam nunc postquam e vita migrarunt. Sanctorum quippe gratia morte non abscinditur, obitu non obscuratur, non in terram solvitur : et hoc res ipsa testificatur. B Piscatores erant, et piscatores mortui sunt; illorum autem retia semper operantur; id quod testificatur multitudo eorum qui quotidie salutem consequuntur. Vinitores erant, et postquam illi abierunt, vinea foliis ornatur ac fructu onusta est. Etenim vinitores sunt et piscatores, et columnæ et medici, et duces, atque ductores. Columnæ, quia tectum fidei sustentavere portus, quia fluctus impietatis represserunt; gubernatores, quia orbem a terra in cælum manu duxerunt; pastores, quia lupos abegerunt, et oves servarunt; vinitores, quia spinas evulserunt, et semina pietatis sparserunt; medici, quia vulnera nostra curaverunt. Et ut discas hæc non temere jactari, Paulum in medium adduco, qui hæc omnia præstitit. Vis eum satorem videre? (1. Cor. 3. 6.) *Ego plantavi, Apollo ri-* C

ΕΙΣ ΤΗΝ ΠΕΝΤΗΚΟΣΤΗΝ.

Λόγος α'.

Οὐρανὸς ἡμῖν γέγονε σήμερον ἡ γῆ, οὐκ ἀστέρων ἐξ οὐρανοῦ εἰς γῆν καταβάντων, ἀλλ' ἀποστόλων ὑπὲρ τοὺς οὐρανοὺς ἀναβάντων, ἐπειδήπερ ἐξεχύθη ἡ χάρις τοῦ Πνεύματος. Οὐρανὸν τὴν οἰκουμένην ἐποίησεν, οὐ τὴν φύσιν μεταβαλὼν, ἀλλὰ τὴν προαίρεσιν διορθωσάμενος. Εὗρε τελώνην, καὶ εὐαγγελιστὴν κατεσκεύασεν· εὗρε βλάσφημον, καὶ ἐποίησεν ἀπόστολον· εὗρε λῃστὴν, καὶ εἰς παράδεισον εἰσήγαγεν· εὗρε πόρνην, καὶ παρθένου ἐποίησε σεμνοτέραν· εὗρε μάγους, καὶ εὐαγγελιστὰς εἰργάσατο. Ἐξέβαλε τὴν κακίαν, καὶ ἐπανήγαγε τὴν ἀρετήν· τὴν τοῦ Θεοῦ χάριν ἐκόμισεν. Οὐρανὸς γέγονεν ἡ γῆ. Τί γὰρ τοιοῦτον ἀστέρες, οἷον ἀπόστολοι; Ἀστέρες ἐν οὐρανῷ· ἀπόστολοι ὑπὲρ τὸν οὐρανόν. Τὰ ἄνω γὰρ φρονεῖτε, οὗ ὁ Χριστός ἐστιν ἐν δεξιᾷ τοῦ Θεοῦ καθήμενος. Ἀστέρες ἀπὸ πυρὸς αἰσθητοῦ· ἀπόστολοι ἀπὸ πυρὸς πνευματικοῦ. Ἀστέρες ἐν νυκτὶ φαίνουσιν, ἐν δὲ ἡμέρᾳ κρύπτονται· ἀπόστολοι δὲ ἐν νυκτὶ καὶ ἡμέρᾳ τὴν ἑαυτῶν ἀκτῖνα λάμπουσιν. Ἀστέρες, ἡλίου φαίνοντος, οὐ φαίνουσιν· ἀπόστολοι δὲ, τοῦ ἡλίου τῆς δικαιοσύνης λάμποντος, τὰς ἑαυτῶν λαμπηδόνας ἀπαστράπτουσιν. Ἀστέρες ἐν τῇ ἀναστάσει ὡς φύλλα πίπτουσιν· ἀπόστολοι δὲ ἐν τῇ ἀναστάσει ἐν νεφέλαις ἁρπάζονται. Ἐν τοῖς ἄστροις ὁ μέν ἐστιν ἕσπερος, ὁ δὲ φωσφόρος· ἐν δὲ τοῖς ἀποστόλοις ἕσπερος οὐδεὶς, ἀλλὰ φωσφόροι πάντες. Διὰ δὴ τοῦτο τῶν ἀστέρων οἱ ἀπόστολοι φαιδρότεροι· καὶ οὐκ ἄν τις αὐτοὺς ἁμάρτοι φωστῆρας τῆς οἰκουμένης προσειπὼν, οὐχ ὅτε [a] ἔζων, ἀλλὰ καὶ νῦν ὅτε ἐτελεύτησαν. Ἡ γὰρ τῶν ἁγίων χάρις οὐ B διακόπτεται θανάτῳ, οὐκ ἀμβλύνεται τελευτῇ, οὐ διαλύεται εἰς τὴν γῆν· καὶ μαρτυρεῖ τὰ πράγματα. Ἁλιεῖς ἦσαν, καὶ οἱ ἁλιεῖς ἀπέθανον· αἱ δὲ σαγῆναι αὐτῶν ἐργάζονται· [b] καὶ μαρτυρεῖ τὸ πλῆθος τῶν καθ' ἡμέραν σωζομένων. Ἀμπελουργοὶ ἦσαν, καὶ ἀπῆλθον ἐκεῖνοι, καὶ ἡ ἄμπελος τοῖς φύλλοις κομᾷ, καὶ τῷ καρπῷ βρίθεται. Καὶ γὰρ ἀμπελουργοὶ, καὶ ἁλιεῖς, καὶ στῦλοι, καὶ ἰατροὶ, καὶ στρατηγοὶ, καὶ διδάσκαλοι. Στῦλοι μὲν, ὅτι τὸν ὄροφον τῆς πίστεως ἐβάστασαν· λιμένες δὲ, ὅτι τὰ κύματα τῆς ἀσεβείας κατέστειλαν· κυβερνῆται δὲ, ὅτι τὴν οἰκουμένην ἀπὸ γῆς εἰς οὐρανὸν ἐχειραγώγησαν· ποιμένες δὲ, ὅτι τοὺς λύκους ἀπήλασαν, καὶ τὰ θρέμματα διέσωσαν· ἀμπελουργοὶ, ὅτι τὰς ἀκάνθας ἀνέσπασαν, καὶ τὰ σπέρματα τῆς εὐσεβείας κατέσπειραν· ἰατροὶ, ὅτι τὰ τραύματα ἡμῖν διωρθώσαντο. Καὶ ἵνα μάθῃς ὅτι οὐ C κόμπος τὰ ῥήματα, παράγω Παῦλον ἅπαντα ταῦτα

[a] Legit vetus Interpres, ἔζων μόνον, atque ita legendum.

[b] In versione veteri hæc leguntur, quæ non sunt in Græco : *Et tunc pisces capiebant ad mortem, nunc autem homines capiunt ad salutem; claudos facientes currere, cæcos illuminantes, leprosos mundantes, dæmones effugantes.* Paulo post in illa veteri versione legitur : *Etenim vinitores erant et piscatores, et turres, et columnæ, et medici, et duces, et doctores, et portus, et gubernatores, et pastores, et athletæ et coronas gestantes.* Textus Græcus in multis vel mancus, vel vitiatus videtur Infra quoque in veteri Latina versione quædam habentur, quæ non sunt in Græco.

ποιήσαντα. Βούλει ἰδεῖν αὐτὸν φυτουργόν; Ἐγὼ ἐφύτευσα, Ἀπολλὼς ἐπότισε. Βούλει ἰδεῖν οἰκοδόμον; Ὡς σοφὸς ἀρχιτέκτων, θεμέλιον τέθεικα. Βούλει ἰδεῖν αὐτὸν παγκρατιαστήν; Οὕτω πυκτεύω ὡς οὐκ ἀέρα δέρων. Βούλει ἰδεῖν αὐτὸν ἀθλητήν; Οὐκ ἔστιν ἡμῖν ἡ πάλη πρὸς αἷμα καὶ σάρκα. Βούλει ἰδεῖν αὐτὸν δρομέα; Ὥστε με ἀπὸ Ἱερουσαλὴμ καὶ κύκλῳ μέχρι τοῦ Ἰλλυρικοῦ πεπληρωκέναι τὸ εὐαγγέλιον [c] τοῦ Θεοῦ. Ἐνδυσάμενοι τὸν θώρακα τῆς πίστεως. Βούλει ἰδεῖν αὐτὸν ἀγωνιστήν; Τὸν ἀγῶνα τὸν καλὸν ἠγώνισμαι. Βούλει ἰδεῖν αὐτὸν στεφανίτην; Λοιπὸν ἀπόκειταί μοι ὁ τῆς δικαιοσύνης στέφανος. Εἷς ὤν, πάντα ἐγένετο, τὸν Δεσπότην τὸν ἑαυτοῦ μιμούμενος. Καὶ γὰρ ὁ Δεσπότης ὁ ἡμέτερος εἷς ὢν τὴν οὐσίαν, πρὸς ἅπαντα ἐσχηματίζετο. Πῶς πρὸς πάντα; Διὰ τὴν ἡμετέραν σωτηρίαν. Κλῆμα ἐγένου, καὶ ἐγένετο ῥίζα· Ἐγὼ γάρ εἰμι ἡ ἄμπελος, ὑμεῖς τὰ κλήματα. Βαδίσαι ἠθέλησας· ἐγένετό σοι ὁδός· Δι' ἐμοῦ ἐάν τις εἰσέλθῃ καὶ ἐξέλθῃ, νομὴν εὑρήσει. Πρόβατον ἐγένου· ἐγένετό σοι ποιμήν· Ἐγὼ γάρ εἰμι ὁ ποιμὴν ὁ καλός· ὁ ποιμὴν ὁ καλὸς τὴν ψυχὴν αὐτοῦ τίθησιν ὑπὲρ τῶν προβάτων. Ἁμαρτωλὸς ἐγένου· ἐγένετό σοι ἀμνὸς τοῦ Θεοῦ ὁ αἴρων τὴν ἁμαρτίαν τοῦ κόσμου. Φαγεῖν ἠθέλησας· ἐγένετό σοι τράπεζα. Πιεῖν ἠθέλησας· ἐγένετό σοι ποτήριον· Ὁ τρώγων μου τὴν σάρκα καὶ πίνων μου τὸ αἷμα, ἐν ἐμοὶ μένει, κἀγὼ ἐν αὐτῷ. Ἐνδύσασθαι ἠθέλησας· ἐγένετό σοι ἱμάτιον· Ὅσοι γὰρ εἰς Χριστὸν ἐβαπτίσθητε, Χριστὸν ἐνεδύσασθε. Νύμφη ἠθέλησας γενέσθαι· ἐγένετό σοι νυμφίος· Ὁ ἔχων τὴν νύμφην, νυμφίος ἐστίν. [d] Ἠθέλησας· ἐγένετό σοι ἀνήρ· Ἡρμοσάμην γὰρ ὑμᾶς ἑνὶ ἀνδρὶ παρθένον ἁγνὴν παραστῆσαι τῷ Χριστῷ. Πόρνη ἦς, καὶ ἐγένου παρθένος. Ὢ καινῶν καὶ παραδόξων πραγμάτων. Ἐπὶ τῶν ἔξωθεν ὁ γάμος τὴν παρθενίαν διαλύει· ἐπὶ δὲ τῶν πνευματικῶν πόρνην ἔλαβε, καὶ παρθένου ἐποίησε σεμνοτέραν. Ἑρμήνευσον, ὦ αἱρετικέ, πῶς ἡ πόρνη παρθένος. [e] Περιεργάσασθαι οὐ δύναμαι· πίστει δὲ κατέχομαι. Ταῦτα δὲ πάντα ἡ τοῦ Πνεύματος ἐποίησε χάρις. Ἐξεχύθη ἡ χάρις, Καὶ ὤφθησαν αὐτοῖς διαμεριζόμεναι αἱ γλῶσσαι ὡσεὶ πυρός· οὐχὶ πυρὸς, ἀλλ' Ὡσεὶ πυρός. Εἰ πῦρ, πῶς οὐκ ἐκαίοντο; ἐρωτᾷ ὁ Ἰουδαῖος. Μᾶλλον δὲ ἐγὼ τὸν Ἰουδαῖον ἐρωτῶ, πῶς οὐκ ἔκαιε τὴν βάτον φρυγανῶδες ξύλον; Τί πυρὸς σφοδρότερον; τί βάτου εὐτελέστερον: καὶ οὔτε τὸ ξύλον ἐκαίετο, οὔτε τὸ πῦρ ἐσβέννυτο. Καὶ πάλιν, πῶς τὰ σώματα τῶν τριῶν παίδων οὐ κατέκαυσεν, ἀλλ' ἡ κάμινος εἰς δρόσον μετεβάλλετο, καὶ τοὺς ἄνθρακας ῥοδῶνα ἐνόμιζον; Μάχη ἦν πυρὸς καὶ σωμάτων, καὶ ἡ νίκη τῶν σωμάτων ἐγίνετο· κηροῦ γὰρ ὄντα μαλακώτερα, σιδήρου ἐγένετο στερεώτερα. Ἑρμήνευσόν μοι τὰ τῶν παλαιῶν· ἀλλ' ἐκεῖνα προέλαβεν, ἵνα πιστευθῇ ἡ ἀλήθεια. Διὰ τί ἐν πυρὶ τὸ Πνεῦμα τὸ ἅγιον; Διὰ τὸ γοργὸν τῆς διανοίας τῶν δεχομένων. Οὐ διὰ τοῦτο δὲ μόνον, ἀλλὰ καὶ ὥσπερ τὸ πῦρ τὰς ἀκάνθας ἀναλίσκει, οὕτω τὸ Πνεῦμα τὰ ἁμαρτήματα δαπανᾷ. Ἐνεβλήθη ὁ ἅγιος εἰς λάκκον, καὶ τοὺς λέοντας ἐφίμωσε. Περιῆλθον οἱ ἁλιεῖς

gavit. Vis architectum cernere? *Ut sapiens ar-*
chitectus fundamentum posui. Vis pugilem? 1. Cor. 3. 10.
Sic pugno, non quasi aerem verberans. Vis 1. Cor. 9.
athletam? *Non est nobis colluctatio adversus* 26.
sanguinem et carnem. Vis cursorem? *Ita* Eph. 6. 12.
ut ab Jerosolyma usque ad Illyricum reple- Rom. 15. 19.
verim evangelium Dei. [Vis ducem?] *Indu-*
entes loricam fidei. Vis certantem? *Bonum* Eph. 6. 14.
certamen certavi? Vis coronatum conspicere? 2. Tim. 4. 7.
In reliquo posita est mihi corona justitiæ. Ibid. v. 8.
Unus cum esset, omnia fiebat, Dominum suum
imitans. Etenim Dominus noster cum unus esset
substantia, in omnes se formas commutabat. Qua
de causa in omnes formas? Propter nostram sa-
D lutem. Tu palmes fuisti; ille radix: nam, *Ego* Joan. 15. 5.
sum vitis, vos palmites. Progredi voluisti;
factus est tibi via: *Per me si quis introierit* Joan. 10. 9.
et exierit, pascua inveniet. Ovis factus es: ille
factus est tibi pastor: *Ego enim sum pastor bo-* Joan. 10. 11.
nus: bonus pastor animam suam dat pro ovi-
bus suis. Peccator fuisti; ille factus est tibi
Agnus Dei, qui tollit peccatum mundi. Come- Joan. 1. 29.
dere voluisti; ille factus est tibi mensa. Bibere
voluisti? factus est tibi poculum: *Qui manducat* Joan. 6. 57.
meam carnem, et *bibit meum sanguinem, in*
me manet, et ego in eo. Indui ero te voluisti; ille
factus est tibi indumentum: *Quotquot* enim *in* Gal. 3. 27.
Christi baptizati estis, Christum induistis.
Sponsa esse voluisti; ille fuit sponsus: *Qui ha-* Joan. 3. 29.
E *bet sponsam, sponsus est.* [Nubere] voluisti;
factus est tibi vir: *Despondi enim vos uni* 2. Cor. 11. 2.
viro virginem castam exhibere Christo. Meretrix eras, et facta es virgo. O res novas et admirandas! Apud sæculares nuptiæ virginitatem
solvunt; in spiritualibus autem meretricem accepit, et virgine castiorem fecit. Interpretare, o
789 hæretice, quomodo meretrix facta sit virgo. Cu-
A riose inquirere non valeo; sed fide detineor. Hæc
autem omnia Spiritus sancti gratia effecit. Effusa
est gratia, *Et apparuerunt illis dispertitæ lin-* Act. 2. 3.
guæ tamquam ignis; non ignis, sed *Tamquam*
ignis. Si ignis, quomodo non ardebant? interrogat Judæus. Et ego vicissim Judæum interro-
gabo, Quomodo non comburebat ignis rubum
combustibile lignum? Quid igne vehementius?
quid rubo vilius? et neque lignum exurebatur,
neque ignis exstinguebatur. Ac rursum quomodo
corpora trium puerorum ignis non exussit; sed
fornax in rorem versa est, et carbones tamquam
rosas habebant? Certamen erat ignis et corporum; ac corpora victoriam retulerunt: nam
B quæ cera molliora erant, ferro firmiora evaserunt. Interpretare mihi vetera: verum illa præcesserunt, ut crederetur veritati. Cur in igne
Spiritus sanctus? Ob agilitatem mentis eorum
qui ipsum susceperunt. Neque ob hoc tantum;

[c] Post τοῦ Θεοῦ hæc desiderari omnino videntur, Βούλει ἰδεῖν αὐτὸν στρατηγόν;

[d] Hic legendum videtur ἠθέλησας γαμετὴ γενέσθαι.

[e] Hic additur in veteri versione: *Hæc te nescire dicis, et disputare de Deo audaci temeritate conaris.*

sed etiam quia sicut ignis spinas consumit, sic et
peccata Spiritus sanctus. Injectus est sanctus vir
in lacum, et ille leonum ora frenavit. Circuierunt piscatores terram, et cum ægram accepissent, ad valetudinem restituerunt; seditionibus
agitatam, in bonum ordinem reduxerunt, non
lanceas vibrantes, non sagittis impetentes, non
tela mittentes, non pecuniarum vim nacti, non
verbis utentes rhetoricis; sed erant nudati quidem vestibus, at Christo induti: pauperes et
divites, pecunia vacui, sed regnum possidentes: soli et non soli; soli scilicet quod non homines secum haberent, sed Dominum suum ad-
Matth. 28. 20. stantem. Nam *Ego*, inquit, *vobiscum sum usque ad consummationem* sæculi. Peragrarunt
universum orbem oves inter lupos. Quis vidit?
Matth. 10. 16. quis audivit? Dicit: *Mitto vos sicut oves in
medio luporum*. Quis pastor oves mittit in medium luporum? Certe cum pastor lupum videt,
oves abigit; Christus autem e contrario fecit:
oves ad lupos misit, et oves non raptæ a lupis
sunt, sed lupi sunt in ovium mansuetudinem
translati. Et ne dicant illi: Oves sumus, et nos
mittis in escam luporum, et in mensam ferarum:
uno verbo illorum mentem complectitur. Non
dixit, Ite: neque enim illorum virtute mittebat illos; sed, *Ecce ego mitto vos*. Vos infirmi
estis; sed potens est ille qui vos mittit. Quis es
tu? Ego sum qui cælum fixi, ego qui terram
fundavi, qui mare effudi, qui chirographum,
quod contra vos erat, cruci affixi, qui veterem
legem mutavi, qui vos ad veterem patriam re-
duxi, qui fortia solvo, qui dissoluta roboro. Quid
mari fortius? Sed parva arena ejus intolerandam
vim retinet. *Ecce ego mitto vos* sicut *oves in medio luporum*. Feræ quasi muris ovibus sunt, ne
fuga salutem consequi possint. O virtus mitten-
tis! in medio oves, et in circuitu lupi; sed
mutati sunt lupi, et facti sunt oves. Non enim
erant natura lupi, sed voluntate. *Ecce ego
mitto vos*. Quid ergo jubes? *Estote prudentes sicut* serpentes, et *simplices* sicut *columbæ*. Quid dicis, *Prudentes sicut serpen-*
tes? Serpens etiamsi sexcenta accipiat vulnera,
dum caput servet, totus est sanus. Ita et tu,
si pecuniam adversarius tollere vult, præbe illi,
item si facultates, si ipsam vitam: fidem tantum serva. *Estote prudentes*. Illa manente
Job. 1. 21. omnia facillima sunt. Nudus egressus es de utero
matris tuæ, nudus reverteris. Sed quispiam te in
Psal. 23. 1. exsilium mittit? *Domini est* terra et *plenitudo
ejus*. Forsitan mors adest? At mors tibi peregrinatio est. Fidem tantum ne amittas, thesaurum
non deficientem; fidem quæ nunquam consumitur. Horum testes hi martyres: quia fidem non
perdiderunt, mortui viventibus sunt potentiores.
Ideo homo factus sum, ideo carnem assumsi, ut
orbem Ecclesiam efficerem. Admodum cara Deo
est Ecclesia non muris septa, sed fide munita.
Propter Ecclesiam extensum est cælum, diffusum

τὴν οἰκουμένην, νοσοῦσαν αὐτὴν παραλαβόντες, καὶ
πρὸς ὑγίειαν ἐπανήγαγον· στασιάζουσαν παραλαβόντες, πρὸς εὐταξίαν ἐχειραγώγησαν, οὐ δόρατα κινοῦντες, οὐ τόξα βάλλοντες, οὐ βέλος ἀφιέντες, οὐ χρημάτων ἔχοντες περιουσίαν, οὐ λόγων ῥητορικῶν· ἀλλ'
ἦσαν γυμνοὶ ἀπὸ ἱματίων, καὶ ἐνδεδυμένοι τὸν Χριστόν·
πένητες καὶ πλούσιοι, χρημάτων ἀπεστερημένοι, τὴν
δὲ βασιλείαν κεκτημένοι· μόνοι καὶ οὐ μόνοι, μόνοι
ἀνθρώπων, ἔχοντες δὲ τὸν ἑαυτῶν Δεσπότην. Ἐγὼ
γάρ εἰμι, φησὶ, μεθ' ὑμῶν ἕως τῆς συντελείας τοῦ
αἰῶνος. Περιῆλθον τὴν οἰκουμένην πᾶσαν τὰ πρόβατα
C μεταξὺ τῶν λύκων. Τίς εἶδε; τίς ἤκουσε; Λέγει·
Ἀποστέλλω ὑμᾶς ὥσπερ πρόβατα ἐν μέσῳ λύκων.
Ποῖος ποιμὴν πρόβατα ἐν μέσῳ λύκων πέμπει; Ἀλλ'
ὅταν ἴδῃ τὸν λύκον ὁ ποιμὴν, συνελαύνει τὰ πρόβατα·
ὁ δὲ Χριστὸς τὸ ἐναντίον ἐποίησε· τὰ πρόβατα εἰς
τοὺς λύκους ἀπέστειλε, καὶ οὐκ ἐγένετο θηριάλωτα τὰ
πρόβατα, ἀλλ' οἱ λύκοι εἰς τὴν τῶν προβάτων ἡμερότητα μετέστησαν. Καὶ ἵνα μὴ λέγωσιν ἐκεῖνοι,
πρόβατά ἐσμεν, καὶ πέμπεις ἡμᾶς κατάβρωμα τοῖς
λύκοις, καὶ τράπεζαν τοῖς θηρίοις, μιᾷ λέξει περιεῖ-
λεν αὐτῶν τὴν διάνοιαν. Οὐκ εἶπεν, ἀπέλθετε· οὐδὲ
γὰρ τῇ ἑαυτῶν δυνάμει ἔπεμπεν αὐτούς· ἀλλ', Ἰδοὺ
ἐγὼ ἀποστέλλω ὑμᾶς. Ἀσθενεῖς ὑμεῖς· ἀλλὰ δυνατὸς
ὁ ἀποστέλλων ὑμᾶς. Τίς εἶ σύ; Ἐγώ εἰμι ὁ τὸν οὐρανὸν πήξας, ὁ τὴν γῆν θεμελιώσας, ὁ τὴν θάλασσαν
D διαλύσας, ὁ τὸ καθ' ὑμῶν χειρόγραφον τῷ σταυρῷ
προσηλώσας, ὁ τὸν παλαιὸν νόμον ἀνατρέψας, ὁ εἰς
τὴν ἀρχαίαν ἐπαναγαγὼν ὑμᾶς πατρίδα, ὁ τὰ ἰσχυρὰ
παραλύων, καὶ τὰ παραλελυμένα ἐνισχύων. Τί τῆς
θαλάσσης ἰσχυρότερον; Ἀλλὰ ἡ μικρὰ ψάμμος τὴν
ἀφόρητον βίαν ἐκείνην κατέχει. Ἰδοὺ ἐγὼ ἀποστέλλω
ὑμᾶς ὡς πρόβατα ἐν μέσῳ λύκων. Τεῖχος τὰ θηρία
τοῖς προβάσι γίνεται, ἵνα μηδὲ φυγῇ τὴν σωτηρίαν
πορίσωνται. Ὦ δύναμις τοῦ ἀποστείλαντος· ἐν μέσῳ
τὰ πρόβατα, καὶ κύκλῳ οἱ λύκοι· ἀλλὰ μετεβλήθη-
σαν, καὶ ἐγένοντο πρόβατα. Οὐ γὰρ ἦσαν φύσει λύκοι,
ἀλλὰ προαιρέσει. Ἰδοὺ ἐγὼ ἀποστέλλω ὑμᾶς. Τί οὖν
κελεύεις; Γίνεσθε φρόνιμοι ὡς οἱ ὄφεις, καὶ ἀκέραιοι
ὡς αἱ περιστεραί. Τί λέγεις, Φρόνιμοι ὡς οἱ ὄφεις;
E Ὁ ὄφις κἂν μυρία λάβῃ τραύματα, τὴν δὲ κεφαλὴν
διασώσῃ, ὅλος ἐστὶν ὑγιής. Οὕτω καὶ σὺ, κἂν χρήματα θέλῃ λαβεῖν ὁ ἐναντίος, δός· κἂν κτήματα,
κἂν αὐτὴν τὴν ζωήν· μόνον τὴν πίστιν σου διατήρησον.
Γίνεσθε φρόνιμοι. Ἐκείνης μενούσης πάντα ῥᾴδια καὶ
εὐχερῆ. Γυμνὸς ἐξῆλθες ἐκ κοιλίας μητρός σου, γυμνὸς
καὶ ἀπελεύσῃ. Ἀλλ' ἐξορίζει σέ τις; Τοῦ Κυρίου ἡ
γῆ, καὶ τὸ πλήρωμα αὐτῆς. Ἀλλ' ἀποθνήσκεις; Ἀλλ'
ὁ θάνατός σοι ἀποδημία. Μόνον τὴν πίστιν μὴ ἀπο-
λέσῃς, τὸν θησαυρὸν τὸν ἀνάλωτον, τὴν πίστιν τὴν
ἀδαπάνητον. Μάρτυρες τούτων οἱ μάρτυρες οὗτοι·
ἐπειδὴ τὴν πίστιν οὐκ ἀπώλεσαν, καὶ μετὰ τελευτὴν τῶν ζώντων εἰσὶ δυνατώτεροι. Διὰ τοῦτο ἄνθρωπος ἐγενόμην, διὰ τοῦτο σάρκα ἀνέλαβον, ἵνα τὴν
οἰκουμένην Ἐκκλησίαν ἐργάσωμαι. Πολὺ γὰρ περισπούδαστον τῷ Θεῷ Ἐκκλησία, οὐ τοίχοις ἀσφαλιζομένη, ἀλλὰ πίστει τειχιζομένη. Διὰ τὴν Ἐκκλη-
790 σίαν οὐρανὸς ἐστάθη, καὶ ἡ θάλασσα ἐξεχύθη, καὶ
A ἀὴρ ἡπλώθη, καὶ γῆ ἐθεμελιώθη, παράδεισος ἐφυ-
τεύθη, νόμος ἐδόθη, προφῆται ἀπεστάλησαν, θαύ-

ματα ἐγένετο, πέλαγος ἐσχίζετο καὶ ἐῤῥάπτετο, πέτρα ἐῤῥήγνυτο, καὶ πάλιν συνήπτετο, μάννα κατεφέρετο, καὶ σχεδιαζομένη παρεσκευάζετο τράπεζα. Διὰ τὴν Ἐκκλησίαν προφῆται, διὰ τὴν Ἐκκλησίαν ἀπόστολοι· καὶ τί πολλὰ λέγω; Διὰ τὴν Ἐκκλησίαν ὁ μονογενὴς Υἱὸς τοῦ Θεοῦ ἄνθρωπος ἐγένετο, ὥς φησιν ὁ Παῦλος· Ὅς γε τοῦ ἰδίου Υἱοῦ οὐκ ἐφείσατο. Τοῦ Υἱοῦ οὐκ ἐφείσατο, ἵνα τῆς Ἐκκλησίας φείσηται· τὸ αἷμα τοῦ Υἱοῦ ἐξέχεε διὰ τὴν Ἐκκλησίαν. Τοῦτο ἀρδεύει αὐτὴν τὸ αἷμα· διὰ τοῦτο τὰ φυτὰ μαρανθῆναι οὐ δύναται, οὐδὲ φυλλοῤῥοεῖ. Οὐχ ὑπόκειται καιρῶν ἀνάγκαις, οὐδὲ δουλεύει χρόνοις, ἐν θέρει μὲν κομῶσα τὰ φύλλα, ἐν δὲ χειμῶνι γυμνουμένη. Οὐ γὰρ καιρῶν ἀνάγκη, ἀλλ' ἡ τοῦ Πνεύματος χάρις αὐτὴν γεωργεῖ· διὰ τοῦτο οὐκ ἀνασπᾶται. Ἀλλ' οὐκ ἔστι θαυμαστὸν, ὅτι οὐκ ἀνασπᾶται, ἀλλ' ὅτι καὶ πολεμούντων πολλῶν οὐκ ἀνασπᾶται. Πόσοι ἐξ ἀρχῆς ἐπολέμησαν τὴν Ἐκκλησίαν; Ὅτε νεόφυτος ἦν, πολλὰ κατ' αὐτῆς ἐκινήθη. Νῦν μὲν γὰρ διὰ τὴν τοῦ Θεοῦ χάριν, καὶ τὴν τοῦ Πνεύματος δύναμιν, καὶ βασιλεῖς εὐσεβεῖς, καὶ στρατηλάται, καὶ ἡ οἰκουμένη πᾶσα τῆς πίστεως ἐμπέπλησται· τὸ δὲ ἐν ἀρχῇ καὶ ἐν προοιμίοις βασιλεῖς ἐν ἀσεβείᾳ, στρατηλάται ἀσεβεῖς, διατάγματα ἀρχόντων, βωμοὶ ἀναπτόμενοι, καπνὸς πανταχοῦ καὶ κνίσσα. Ὁ ἀὴρ ἐμολύνετο, ἡ γῆ ἐμιαίνετο, δαίμονες ἐβάκχευον, διάβολος ἐχόρευε, πατὴρ ἀπέκτεινεν υἱὸν, υἱὸς [a] ἠτίμαζεν· ἡ φύσις ἐσχίζετο, καὶ ἡ εὐσέβεια οὐκ ἐμερίζετο. Ποῦ νῦν οἱ τολμήσαντες τῇ Ἐκκλησίᾳ ἀντιπαρατάττεσθαι; Ὅτε νεόφυτος ἦν, οὐκ ἠδικήθη· ὅτε τοῦ οὐρανοῦ ἥψατο, προσδοκᾷς αὐτῆς περιγενέσθαι; Ὅτε ἕνδεκα οἱ ἀπόστολοι, οὐδεὶς αὐτῶν ἐκράτησεν, ἀλλὰ οἱ ἕνδεκα τοσαύτας μυριάδας ἐσαγήνευσαν· νῦν ὅτε ἡ θάλαττα, καὶ ἡ οἰκουμένη, καὶ ἡ ἀοίκητος χώρα, καὶ πόλεις, καὶ πάντα τὰ πέρατα τῆς εὐσεβείας ἐμπέπλησται, τότε ἐλπίζεις αὐτῆς κρατῆσαι; Ἀλλ' οὐ δύνασαι· ὁ Χριστὸς γὰρ ἀπεφήνατο· Πύλαι ᾅδου οὐ κατισχύσουσιν αὐτῆς. Εὐκολώτερον τὸν οὐρανὸν ἀφανισθῆναι, καὶ τὴν γῆν ἀπολέσθαι, ἢ τὴν Ἐκκλησίαν τι παθεῖν· αὐτὸς ὁ Χριστός· Ὁ οὐρανὸς καὶ ἡ γῆ παρελεύσονται, οἱ δὲ λόγοι μου οὐ μὴ παρέλθωσι. Καὶ καλῶς· ὁ γὰρ λόγος τοῦ Θεοῦ, αὐτοῦ τοῦ οὐρανοῦ δυνατώτερος· ὁ γὰρ οὐρανὸς ἔργον τοῦ λόγου. Εἶπεν ὁ Θεὸς, γενηθήτω οὐρανός· καὶ ὁ λόγος ἔργον ἐγένετο. Ἔτρεχεν ἡ φύσις, καὶ τὸ κωλῦον οὐδέν. Καὶ γὰρ Δεσπότης ἦν τῆς φύσεως, καὶ τοιαύτην ποιῆσαι, καὶ τοιαύτην μεταβαλεῖν. Ἐγὼ αὐτὴν ᾠκοδόμησα ὁ τοὺς οὐρανοὺς στήσας· ἀλλ' ὑπὲρ οὐρανοὺς σῶμα οὐκ ἂν ἔλαβον, ἵνα μάθῃς ὅτι καὶ οὐρανοῦ καὶ ἀγγέλων καὶ πάσης τῆς κτίσεως ἡ Ἐκκλησία τιμιωτέρα. Διὰ τοῦτο Ὁ οὐρανὸς καὶ ἡ γῆ παρελεύσονται, οἱ δὲ λόγοι μου οὐ μὴ παρέλθωσι. Παρέστω ὁ Ἰουδαῖος, παρέστω ὁ Ἕλλην. Εἰ κόμπος τὰ ῥήματα, ἐλεγχέτω· εἰ δὲ ἀλήθεια τὰ εἰρημένα, προσκυνείτω τὴν δύναμιν. Εἶπεν ὁ Χριστός· Ὁ οὐρανὸς καὶ ἡ γῆ παρελεύσονται, οἱ δὲ λόγοι μου οὐ μὴ παρέλθωσι. Τί δέ ἐστιν, οἱ λόγοι αὐτοῦ; Προχειρίσωμεν ἐν μέσῳ,

est mare, aer expansus, fundata terra, paradisus plantatus, lex data, prophetæ missi, miracula patrata, pelagus scissum et reductum est, petra scissa est et restituta, manna delapsum, et extemporanea parata mensa est. Propter Ecclesiam prophetæ, propter Ecclesiam apostoli : et quid plura dico? Propter Ecclesiam unigenitus Dei Filius factus est homo, ut ait Paulus : *Qui proprio Filio* Rom 8.32.
suo non pepercit. Filio non pepercit, ut Ecclesiæ parceret : sanguinem Filii effudit propter Ecclesiam. Hic sanguis illam irrigat : ideo plantæ ejus marcescere non possunt, nec folia amittere. Non subjacet necessitati tempestatum, nec tempori subest, ita ut æstate frondescat, hieme nudetur. Neque enim tempestatum ulla necessitas adest, sed Spiritus gratia illam excolit : ideoque non evellitur. Neque sane mirum est, quod non evellatur, sed quod multis impugnantibus non evellatur. Quot quantique ab initio Ecclesiam oppugnarunt? Cum recens plantata esset, multa contra illam mota sunt. Nunc enim per Dei gratiam et Spiritus virtutem Imperatores pii sunt, ac duces, et universa terra fide repleta est : in principio autem et in exordio Ecclesiæ Imperatores impietati addicti erant, duces impii : edicta principum ubique, aræ incensæ, fumus ubique ac nidor. Aer fœdabatur, terra polluebatur, dæmones debacchabantur, diabolus choreas agebat : pater occidebat filium ; filius inhonorabat patrem : natura scindebatur, pietas non distribuebatur. Ubi sunt nunc illi qui audent contra Ecclesiam pugnare? Quando novella erat, non læsa fuit : et cum ad cælum pertingit, exspectas te illam posse superare? Cum undecim tantum essent *apostoli*, nullus eam superare potuit; sed illi undecim tot hominum millia quasi sagena ceperunt : nunc vero cum mare, terra, desertum et urbes, omnesque termini terræ vera religione sunt repleti, num speras te illam posse vincere? Verum non potes : Christus enim pronuntiavit, *Portæ inferi non prævalebunt ad-* Matth. 16.
versus eam. Facilius est cælum de medio tolli, 18.
et terram perire, quam aliquid mali pati Ecclesiam. Ipse Christus ait : *Cælum et terra trans-* Matth. 24.
ibunt, verba autem mea non præteribunt. 35.
Bene quidem : verbum quippe Dei ipso cælo potentius est : cælum enim est opus verbi. Dixit Deus, Fiat cælum, et verbum opus factum est. Currebat natura, et nihil impediebat. Etenim Dominus erat naturæ, qui et talem facere, et immutare poterat. Ego illam ædificavi qui cælos statui : verum non * pro cælis corpus assumsi, ut discas et cælo et angelis et omni creatura honorabiliorem Ecclesiam esse. Ideo *Cælum et terra transibunt, verba autem mea non præteribunt*. Adsit Judæus, adsit

[* Ven. super cælos.]

[a] Hic legendum ἠτίμαζε τὸν πατέρα : versio vetus, *inhonoravit patrem*. [Infra post αὐτὸς ὁ Χριστός Savil. in marg. addendum conj. εἶπεν.]

gentilis : si hæc inania verba sunt, redarguat ; si autem vera, adoret virtutem. Dixit Christus : *Cœlum et terra transibunt, verba autem mea non transibunt.* Quid sibi volunt verba ejus? Adducamus in medium ; videamus num interciderint. Non dubitans dico, sed hæretico os occludo. Ideo *Cœlum et terra transibunt, verba autem mea non transibunt.* Quæ verba? *Tu es Petrus, et super hanc petram ædificabo Ecclesiam meam, et portæ inferi non prævalebunt adversus eam.* (Matth. 16. 18.) *Super hanc petram.* Non dixit, Super Petrum : neque enim super hominem, sed super fidem ejus Ecclesiam ædificavit. Quid erat illa fides? *Tu es Christus Filius Dei vivi.* (Ib. v. 16.) Petram Ecclesiam vocavit, quæ excipit fluctus, et non concutitur. Etenim Ecclesia tentationes excipit, sed non vincitur. Quid igitur est illud, *Super petram?* Confessio in verbis est. Num immittis lapides? num ligna? num ferrum? Nequaquam, inquit : non est enim ædificium hujusmodi, quod, quolibet modo structum sit, tempore solvitur : confessionem autem ne dæmones quidem vincere possunt. Cujus rei testes sunt martyres, quorum latera radebantur, nec tamen illi fidem amittebant. O res admirandas ! Paries effoditur, et thesaurus non abripitur ; caro consumitur, et fides non amittitur : talis quippe martyrum virtus. *Nam super hanc petram ædificabo Ecclesiam meam : et portæ inferi non prævalebunt adversus eam.* Verborum accurationem animadvertite : *Portæ inferi non prævalebunt adversus eam.* Cur, inquiunt, non impedit quominus tentationes Ecclesiam impetant? Non impedio ; nonne ut meam virtutem ostendam? Si nemo eam impugnaret, dicere possint : Si oppugnaretur, utique vinceretur. Ideo sinit eam impugnari, ne defectui impugnantium victoria adscribatur. *Et portæ inferi*, non dicit, Non impingent in eam : sed, *Non prævalebunt adversus eam :* impugnabitur, sed non vincetur. Tempestates subit Ecclesia, sed non demergitur : fluctibus jactatur, sed non obruitur : tela excipit, sed non vulneratur : machinis impetitur, sed turris non quatitur. Et quid dico Ecclesiam? Unum verbum protulit piscator, et stat sicut turris immobilis. Quot tyranni verbum hoc delere conati sunt, et non potuerunt? Supra petram enim fundatum erat. Hic animum adhibe : tyranni, Imperatores, diademata, gladii acuti, dentes ferarum, mortis oblatæ terrores, sartagines, fornaces : pharetram quippe suam evacuavit diabolus : sed Ecclesiam non læsit. Quare? *Portæ inferi non prævalebunt adversus eam.* Quot ab initio Ecclesiæ impugnatores? Ubinam illi? Silentio et oblivioni dati sunt : et Ecclesia floret. Ubi Claudius? ubi Augustus? ubi Nero? ubi Tiberius? Nomina mera sunt : horum nemo

ἴδωμεν μὴ διέπεσαν. Οὐκ ἀμφιβάλλων λέγω, ἀλλὰ τὸν αἱρετικὸν ἐπιστομίζων. Διὰ τοῦτο Ὁ οὐρανὸς καὶ ἡ γῆ παρελεύσονται, οἱ δὲ λόγοι μου οὐ μὴ παρέλθωσι. Ποῖοι λόγοι; Σὺ εἶ Πέτρος, καὶ ἐπὶ ταύτῃ τῇ
E πέτρᾳ οἰκοδομήσω μου τὴν Ἐκκλησίαν, καὶ πύλαι ᾅδου οὐ κατισχύσουσιν αὐτῆς. Ἐπὶ ταύτῃ τῇ πέτρᾳ. Οὐκ εἶπεν, ἐπὶ τῷ Πέτρῳ· οὔτε γὰρ ἐπὶ τῷ ἀνθρώπῳ, ἀλλ' ἐπὶ τὴν πίστιν τὴν ἑαυτοῦ Ἐκκλησίαν ᾠκοδόμησε. Τί δὲ ἦν ἡ πίστις; Σὺ εἶ ὁ Χριστὸς, ὁ Υἱὸς τοῦ Θεοῦ τοῦ ζῶντος. Πέτραν τὴν Ἐκκλησίαν ἐκάλεσε, δεχομένην κύματα, καὶ μὴ σαλευομένην. Καὶ γὰρ ἡ Ἐκκλησία δέχεται πειρασμοὺς, ἀλλ' οὐ νικᾶται. Τί οὖν ἐστιν, Ἐπὶ τῇ πέτρᾳ; Ὁμολογία ἐπὶ τοῖς ῥήμασιν. Οὐ λίθους βάλλεις; οὐ ξύλα; οὐ σίδηρον; Οὐχὶ, φησίν· οὐ γάρ ἐστιν οἰκοδομὴ τοιαύτη, ἣ, οἵα ἂν ᾖ, τῷ χρόνῳ λύεται· ὁμολογίαν δὲ οὔτε δαίμονες νικῆσαι δύνανται. Καὶ μαρτυροῦσιν οἱ μάρτυρες, οἱ τὰς πλευρὰς ξεόμε-
791 νοι, καὶ τὴν πίστιν οὐκ ἀπολλύντες. Ὢ καινῶν καὶ
A παραδόξων πραγμάτων. Ὁ τοῖχος διορύττεται, καὶ ὁ θησαυρὸς οὐ συλᾶται· ἡ σὰρξ δαπανᾶται, καὶ ἡ πίστις οὐκ ἀναλίσκεται· τοιαύτη τῶν μαρτύρων ἡ δύναμις. Ἐπὶ γὰρ τῇ πέτρᾳ ταύτῃ οἰκοδομήσω μου τὴν Ἐκκλησίαν· καὶ πύλαι ᾅδου οὐ κατισχύσουσιν αὐτῆς· Προσέχετε τῇ ἀκριβείᾳ τοῦ ῥήματος. Πύλαι ᾅδου οὐ κατισχύσουσιν αὐτῆς. Διὰ τί γὰρ, φησὶ, μὴ κωλύει τοὺς πειρασμοὺς τῇ Ἐκκλησίᾳ προσέρχεσθαι; Οὐχ ἵνα δείξω μου τὴν δύναμιν; Ἂν μή τις αὐτὴν πολεμήσῃ, ἔχουσιν εἰπεῖν· εἰ ἐπολεμήθη, ἐνικᾶτο. Διὰ τοῦτο ἀφίησιν αὐτὴν πολεμηθῆναι, ἵνα μὴ τῇ ἐρημίᾳ τῶν πολεμούντων τὰ τῆς νίκης ἐπιγράφηται. Καὶ πύλαι ᾅδου, οὐκ εἶπεν, οὐ προσβάλωσιν αὐτῇ, ἀλλ', Οὐ κατισχύσουσιν αὐτῆς· πολεμηθήσεται μὲν, οὐ νικηθήσεται δέ. Χειμάζεται ἡ Ἐκκλησία, ἀλλ' οὐ καταποντίζεται· κλυδωνίζεται, ἀλλ' οὐ γίνεται ὑποβρύχιος· δέχεται βέλη, ἀλλ' οὐ δέχεται τραύματα·
B δέχεται μηχανήματα, ἀλλ' ὁ πύργος οὐ σαλεύεται. Καὶ τί λέγω ἡ Ἐκκλησία; Ἕνα λόγον ἐφθέγξατο ὁ ἁλιεὺς, καὶ ἕστηκεν ὡς πύργος ἄσειστος. Πόσοι τύραννοι ἐφιλονείκησαν ἀφανίσαι τὸ ῥῆμα τοῦτο, ἀλλ' οὐκ ἴσχυσαν; Ἐπὶ γὰρ τῇ πέτρᾳ τεθεμελίωτο. Ἐννόησον· τύραννοι, βασιλεῖς, διαδήματα, ξίφη ἠκονημένα, θηρίων ὀδόντες, θάνατοι ἀπειλούμενοι, τήγανα, κάμινοι. Καὶ μὴν τὴν βελοθήκην αὐτοῦ ἐξεκένωσεν ὁ διάβολος, τὴν δὲ Ἐκκλησίαν οὐκ ἔβλαψε. Διὰ τί; Πύλαι ᾅδου οὐ κατισχύσουσιν αὐτῆς. Πόσοι ἐξ ἀρχῆς ἐπολέμησαν τὴν Ἐκκλησίαν; ποῦ οἱ πολεμήσαντες; Σεσίγηνται, καὶ λήθῃ παραδίδονται· ἡ Ἐκκλησία ἀνθεῖ. Ποῦ Κλαύδιος; ποῦ Αὔγουστος; ποῦ Νέρων; ποῦ Τιβέριος; Ὀνόματά εἰσι ψιλά· τούτων δὲ οὐδεὶς μέμνηται. Ἐπειδὴ τὴν Ἐκκλησίαν ἐπολέμησαν, καὶ τὴν μνήμην ἀπώλεσαν· ἡ δὲ Ἐκκλησία ὑπὲρ τὸν
C ἥλιον λάμπει. Ὅπου δ' ἂν ἀπέλθῃς, εἰς Ἰνδοὺς, εἰς Μαυροὺς, εἰς Βρετανοὺς, [a] εἰς τὴν οἰκουμένην, εὑρήσεις, Ἐν ἀρχῇ ἦν ὁ Λόγος, καὶ βίον ἐνάρετον. Πρὸ γὰρ τούτου καὶ πόλεις ἐν ἀσεβείᾳ πεπληρωμέναι· νῦν δὲ καὶ ἡ ἔρημος εὐσεβείας ἐμπέπλησται. Πρὸ τούτου καὶ βασιλίδες ὠρχοῦντο· γενεσίων δὲ γενομένων Ἡρώδου ὠρχήσατο ἡ θυγάτηρ Ἡρωδιάδος· σήμερον

[a] In veteri versione additur, *ad Hispanos*

δὲ θεράπαινα οὐ καταξιοῖ τοῦτο ποιῆσαι. [b] Πρὸ τούτου Πέρσαι μητέρας ἐγάμουν· σήμερον παρθενίαν ἀσκοῦσι. Πρὸ τούτου Γότθοι πατέρας ἀπέκτειναν· σήμερον τὸ αἷμα αὐτῶν ὑπὲρ εὐσεβείας ἐκχύειν σπουδάζουσι. Πρὸ τούτου καὶ ἰδιῶται ἀσεβεῖς· σήμερον καὶ βασιλεῖς εὐσεβεῖς, καὶ δῆμοι. Ὁ παρὼν βασιλεὺς διάδημα ἀποθέμενος, καὶ λαβὼν σταυρὸν, ἐν ἀώρῳ ἡλικίᾳ πεπολιωμένην δὲ σοφίαν ἐνδεικνύμενος, ἐν ἐκκλησίᾳ βασιλείαν οὐκ ἐπιγινώσκων· ἔξω δόρατα, καὶ ἐνταῦθα μυστήρια· ἔξω ἀσπίδες, καὶ ἐνταῦθα μυσταγωγίαι· Θεοδοσίου υἱὸς, καὶ ὁ πατὴρ Θεοδοσίου. Ὑπὲρ δὲ τούτων εὐχαριστήσωμεν τῷ Θεῷ· ᾧ ἡ δόξα καὶ τὸ κράτος εἰς τοὺς αἰῶνας τῶν αἰώνων. Ἀμήν.

meminit. Quia Ecclesiam impugnaverunt, nulla eorum mentio : Ecclesia autem plus quam sol splendet. Quocumque ieris, ad Indos, ad Mauros, ad Britannos, ad totum orbem terræ, invenies illud, *In principio erat Verbum*, et vitam ubi- *Joan.* 1. 1.
que probam. Antehac vero civitates erant impietate repletæ; nunc autem ipsum desertum pietate plenum est. Antea reginæ saltabant : nam in natali Herodis saltavit filia Herodiadis; hodie *Matth.* 14.
ne ancilla quidem id facere dignatur. Antea 6.
Persæ matres suas in uxores ducebant; hodie virginitatem colunt. Antea Gotthi patres occidebant; hodie sanguinem suum pro pia religione fundere non dubitant. Antehac etiam privati erant impii; hodie Imperatores et populi pii sunt. Imperator hodiernus posito diademate, accepta cruce, ætatem habens immaturam, canitie dignam sapientiam exhibet, in ecclesia imperium non agnoscens : foris satellitium, hic mysteria; foris scuta, hic sacrorum initiationes : Theodosii filius et pater Theodosii. Pro his omnibus gratias agamus Deo : cui gloria et imperium in sæcula sæculorum. Amen.

[b] Hæc ita habentur in veteri versione Latina, a textu Græco longe diversa : *Antiquitus gentis Persarum filii parentibus sociabantur connubio, et soror fratri jungebatur impune : nunc vero virginitatem oppetunt. Ante hoc autem quoties in Britannia humanis vescebantur carnibus, nunc jejuniis reficiunt animam suam. Massagetæ et Derbices miseros putant qui ægrotatione moriuntur, et parentes, cognatos, propinquos, cum ad senectam venerint, jugulatos devorant, rectius esse dicentes, ut a se potius quam a vermibus consumantur : nunc vero post passionem Christi et resurrectionem ejus, abstinentia et castitate devote militant Christo, et prope omnes gentes pro nomine Domini fundere sanguinem suum non dubitant.*

ΕΙΣ ΤΗΝ ΑΓΙΑΝ ΠΕΝΤΗΚΟΣΤΗΝ.

Λόγος β'

Ἐπεφοίτησεν ἡ τοῦ Πνεύματος χάρις· ἀληθὴς γὰρ ὁ τὴν δωρεὰν τοῦ Πνεύματος ὑποσχόμενος. Ἐπεδήμησεν ὁ Παράκλητος ὁ παρὰ τοῦ Δεσπότου Χριστοῦ κηρυττόμενος· ἀψευδὴς γὰρ ὁ τὴν ἄφιξιν προμηνύσας, οὐ δοῦλος δούλου παρουσίαν προλέγων, ἀλλὰ Δεσπότης ὁμοτίμου Δεσπότου γενόμενος μηνυτὴς, καὶ διδάσκαλος ἀγαθὸς, ἀγαθῷ παραχωρῶν διδασκάλῳ, μᾶλλον δὲ συμπαρόντι παρὼν καὶ συνανιὼν ἀνιόντι, καὶ συγκατιὼν ἐρχομένῳ. Ἀδιαίρετος γὰρ τῆς Τριάδος ἡ χάρις· καὶ οὔτε ἀναβὰς ἀπέστη, οὔτε ἐρχόμενος οὐ παρῆν. Ἀλλ' ἀνῆλθεν ὡς ἄνθρωπος ὁ Θεὸς Λόγος, καὶ πάρεστι· κατῆλθε δὲ ὁ Παράκλητος, καὶ τοὺς οὐρανοὺς οὐ κατέλιπεν· ἀλλὰ σὺν τῷ Πατρὶ βασιλεύει, καὶ τὴν γῆν καταυγάζει, καὶ τὴν οἰκονομίαν ἐπλήρωσε, καὶ γένη γλωσσῶν τοῖς ἀποστόλοις ἀπέστειλε· καὶ φωνῆς μέγεθος ἐξαίφνης ἠκούετο, καὶ βιαίας αὔρας ἦχος ἀπετελεῖτο, καὶ βροντῆς τύπον ἡ τοῦ Πνεύματος ἄφιξις ἐμιμεῖτο· ἐπὶ γὰρ τοὺς υἱοὺς τῆς βροντῆς * περιεγίνετο. Καὶ ὤφθησαν αὐτοῖς δια-

* ἴσ. παρεγ.

D

IN SANCTAM PENTECOSTEN.

Sermo II.

Advenit gratia Spiritus : verax quippe est ille qui donum Spiritus sancti promisit. Advenit Paracletus a Domino Christo prædicatus; mentiri enim nequit is qui ejus ad nos profectum prænuntiavit. Non servus servi adventum prædicit; sed Dominus Domini æquali honore præditi prænuntius fuit : et bonus doctor bono doctori loco cedit; imo potius et præsenti adest, et cum ascendente ascendit, et cum descendente advenit. Indivisibilis quippe est Trinitatis gratia : ac neque qui ascendit, abiit; neque qui venit, aberat. Sed ascendit Dei Verbum ut homo, et tamen
792 adest; descendit vero Paracletus, nec cælos re-
A liquit : sed cum Patre regnat, et terram illuminat, œconomiam implevit, et genera linguarum apostolis misit; vox ingens statim audiebatur, vehementis auræ sonitus factus est, tonitrui strepitum adventus Spiritus sancti imitabatur : nam super Filios tonitrui adventabat. *Et apparuerunt* *Act.* 2. 3.

cis dispertitæ linguæ tamquam ignis : eratque id quod apparebat, terribile; id vero quod agebatur, desiderabile : flamma ingruens, nec urens; ignis insidens, nec comburens ; ignis qui cælestem sapientiam dabat, ignis qui in linguas innumeras dividebatur, ignis in verborum species divisus : flamma quæ piscatores argumentandi modum docebat, quæ coriarium rhetorem efficiebat. Imo vero his non sunt comparandi sophistæ. Illi enim unius solum gentis doctores erant; hi vero totius orbis pædagogi. Vir Galilæus Medorum lingua B loquebatur, Parthice sciebat, Elamitice non ignorabat : sed omnium dialectorum imagines in ore ferebat. Auditorum nemo illum esse barbarum putabat, neque a verborum talium ut spuriorum auditu refugiebat: sed a tota gente quasi contribulis audiebatur, quia totius orbis lingnam circumferebat : et hunc primum piæ religionis fructum accepimus. Nam in constructione turris vocum species divisæ sunt, et alii homines aliorum linguam ignorabant. Deoque perosi propositi concordiam ignorantia verborum dissipari opus erat, et eos qui simul et male operabantur, linguæ mutatione disjungi, absurdique conatus notitiam ex verbis accipere : ita ut is qui loquebatur nihil diceret, et qui audiebat nihil intelligeret ne tempus frustra insumeretur. Quodnam C tibi arrogantiæ lucrum? quis tanti operis finis? Cur eum qui apprehendi nequit, apprehendere satagis? Cur cælum ipsum rapere contendis, qui ne dignus quidem es qui terra fruaris? Quid sublimia loqueris, qui ne proximi quidem tui vocem intelligis? Vocem et lingnam tuam divido, et opus solvo ; non quod ascensum tuum metuam, nec quod regno meo timeam, sed quod de te vane laborante et fatiscente sim sollicitus. Non enim lapidum structura, nec multorum manibus ædificata turris in cælum deducere potest, sed currus divinæ cognitionis, et equi justitiæ, vitaque luce purior, atque alæ virtutis in illa ducunt via. Illos quidem divisæ linguæ ab ausu deterruere, ita Deo sapienter clementerque dispensante. Quod autem illis utpote improbis D abstulit, hoc apostolis utpote probis dedit : et qui per linguam improbos castigaverat, per lingnam sanctos gloria affecit : ac ministri verbi ejus formas suscipiunt, non ad ostentationem gratia utentes, sed ad usum donum accipientes. Oportebat enim orbis doctores orbis linguas callere. Infirmus certe doctor, qui a discipulis non intelligitur. Verum illi utpote quibus tanta mysteria credita fuerant, necessario linguarum notitiam prius acceperunt. Nullus enim quempiam mysteria docere potest, quin prius ille crediderit; nec potest quis credere, nisi quæ dicuntur teneat. Hinc cœpit Spiritus gratia; ideoque sonituum Psal. 18.5. miracula prius edidit. *In omnem terram exi-*

μεριζόμεναι γλῶσσαι ὡσεὶ πυρός· καὶ ἦν τὸ φαινόμενον φοβερὸν, τὸ δὲ γινόμενον ποθεινόν· φλὸξ ἐφιζάνουσα, καὶ μὴ καίουσα, πῦρ ἐπικαθήμενον, καὶ μὴ φλέγον· πῦρ τὴν ἐπουράνιον σοφίαν δωρούμενον, πῦρ εἰς ἀπείρους μεριζόμενον γλώσσας, πῦρ εἰς μυρίας ἰδέας ῥημάτων τεμνόμενον· φλὸξ σοφιστεύειν τοὺς ἁλιέας διδάσκουσα, καὶ ῥήτορα τὸν σκυτοτόμον ἀπαρτίζουσα. Μᾶλλον δὲ οὐδὲν τοσοῦτον οἱ σοφισταί. Οἱ μὲν γὰρ ἑνός τινος ἦσαν ἔθνους διδάσκαλοι, οἱ δὲ τῆς οἰκουμένης γεγένηνται παιδευταί. Καὶ Γαλιλαῖος B ἀνὴρ τὰ Μήδων ἐφθέγγετο, καὶ τὰ τῶν Πάρθων ἐπίστατο, καὶ τὰ τῶν Ἐλαμιτῶν οὐκ ἠγνόει· ἀλλ' εἶχεν ἐπὶ τοῦ στόματος πάσης εἰκόνας φωνῆς. Καὶ οὐδεὶς αὐτῶν τῶν ἀκροατῶν ἐνόμιζε βάρβαρον, οὐδὲ ὡς νόθους τοὺς λόγους τῆς ἀκοῆς ἀπέφυγεν· ἀλλ' ὡς παντὸς ἔθνους πολίτης ἠκούετο, πάσης τῆς οἰκουμένης γλῶτταν ἑαυτῷ περιφέρων, καὶ πρῶτον τοῦτον τῆς εὐσεβείας εἰλήφαμεν καρπόν. Ἐπὶ μὲν γὰρ τῆς τοῦ πύργου κατασκευῆς τὰ τῆς φωνῆς ἐμερίσθη, καὶ τὰς ἀλλήλων ἠγνόησαν γλώττας οἱ ἄνθρωποι. Ἔδει γὰρ τῆς θεομάχου βουλῆς τὴν ὁμόνοιαν [1]ἀγνωσίαις συναχθῆναι ῥημάτων, καὶ τοὺς κακῶς ἀλλήλοις συμπράξαντας τῇ τῆς γλώττης μεταβολῇ διαστῆναι, καὶ τῶν ἀλογίστων ἐγχειρημάτων λόγῳ τὴν πεῖραν λαβεῖν, καὶ μήτε λέγοντα λέγειν, μήτε ἀκούοντα συνιέναι, μηδὲ μάτην προσαπολλύναι τοὺς χρόνους. Τί γάρ σοι C τῆς ἀπονοίας τὸ κέρδος; τί σοι τῆς μεγαλουργίας τὸ τέλος; Τί τὸ ἀκατάληπτον βιάζῃ καταλαβεῖν; Τί τὸν οὐρανὸν ἁρπάζειν φιλονεικεῖς, ὁ μηδὲ τῆς γῆς ἄξιος ὢν ἀπολαύειν; Τί μετεωρολογεῖς, ὁ μηδὲ τῆς τοῦ πλησίον φωνῆς ἐπακούων; Μερίζω σοι τὴν φωνὴν, καὶ καταλύω τὴν πρᾶξιν, οὐ τὴν σὴν ἀνάβασιν δεδοικὼς, οὐδὲ ὑπὲρ τῆς ἐμοῦ βασιλείας φοβούμενος, ἀλλὰ σοῦ τοῦ μάτην πονοῦντος καὶ κοπτομένου κηδόμενος. Οὐδὲ γὰρ λίθων οἰκοδομὴ, καὶ πολυχειρίᾳ συντιθέμενος πύργος εἰς οὐρανὸν ἀνάγειν πέφυκεν, ἀλλὰ ἅρματα θεογνωσίας, καὶ [2]πολλοὶ δικαιοσύνης, καὶ φωτὸς καθαρώτερος βίος, καὶ πτέρυγες ἀρετῆς πρὸς ἐκείνην τὴν ὁδὸν ἀνάγουσιν. Ἐκείνους μὲν ἡ γλῶττα μερισθεῖσα τῆς τόλμης κατέπαυσε, σοφῶς τε ἐμοῦ καὶ φιλανθρώπως τοῦτο τοῦ Θεοῦ κυβερνήσαντος. Ὃ δὲ παρ' ἐκείνων ἔλαβεν ὡς κακῶν, τοῦτο τοῖς ἀποστό- D λοις ὡς ἀγαθοῖς ἐδωρήσατο, καὶ ὁ διὰ γλώττης κολάσας τοὺς ἀσεβεῖς, διὰ γλώττης τοὺς ἁγίους ἐδόξασε· καὶ οἱ τοῦ λόγου διάκονοι, τὰς τοῦ λόγου μορφὰς ὑποδέχονται, οὐ πρὸς ἐπίδειξιν τῆς χάριτος [3]ἀπολαύσαντες, ἀλλ' ἐπὶ χρείᾳ τὸ δῶρον [4]ἐπιδεξάμενοι. Ἔδει γὰρ τοὺς τῆς οἰκουμένης παιδευτὰς τὰ τῆς οἰκουμένης ἐπίστασθαι. Ἀσθενὴς γὰρ διδάσκαλος ὁ τοῖς μανθάνουσιν ἀσαφής. Ἀλλ' ὡς τηλικούτων μυστηρίων πιστευόμενοι, ἀναγκαίως πρότερον τῶν γλωσσῶν τὴν γνῶσιν ἐλάμβανον. Οὐδὲ γὰρ δύναταί τις μυσταγωγεῖν τὸν μὴ πιστεύσαντα πρότερον· πιστεύσει δ' ἂν οὐδεὶς, ἀπείρως ἔχων τῶν λεγομένων. Ἐντεῦθεν ἡ τοῦ Πνεύματος ἤρξατο χάρις, καὶ διὰ τοῦτο τὰ περὶ τῶν φθόγγων πρότερον ἐθαυματούργησεν. Εἰς πᾶσαν γὰρ τὴν γῆν ἐξῆλθεν ὁ φθόγγος αὐτῶν. Ἔμελλε

[1] Ἴσ. ἀγνωσίᾳ συνταραχθῆναι ῥημάτων.
[2] Ἴσ. πῶλοι.
[3] Ἴσ. ἀπολαύσοντες.
[4] Ἴσ. ἐπιδεξόμεναι.

καὶ τὴν οἰκουμένην καταλαμβάνειν, καὶ τοῖς ὁρίοις τῆς γῆς μετρεῖσθαι, καὶ οὐδένα ἀδίδακτον [1] παρεῖναι, οὐδὲ ἀμαθήτευτον παρατρέχειν. Ὤφθησαν δὲ ἐν εἴδει πυρὸς μεριζόμεναι γλῶσσαι. Καὶ γὰρ τὰ τοῦ πυρὸς ἔμελλον ἐνεργεῖν τῶν ἀποστόλων αἱ γλῶσσαι, καὶ διπλῆν τὴν χρῆσιν δείκνυσθαι· καὶ τὸν μὲν διάβολον καταφλέγειν, φωτίζειν δὲ τοὺς καθημένους ἐν σκότει. Ὅρα μοι πῦρ παντὸς ἐλαίου τοῖς πιστοῖς προσηνέστερον· ὅρα μοι γλῶτταν παντὸς πυρὸς τῷ διαβόλῳ φοβερωτέραν· ὅρα μοι γλῶτταν τῆς ἀσεβείας τὰς ἀκάνθας συμφλέγουσαν, καὶ τὰ λήϊα τῆς εὐσεβείας δροσίζουσαν· ὅρα μοι δώδεκα μαθητὰς ἐξ ἑνὸς διδασκάλου παιδευομένους· ὅρα μοι δώδεκα στρατη- 793 γοὺς ὑφ' ἑνὶ βασιλεῖ ταττομένους· ὅρα μοι δώδεκα φωστῆρας λαμπροὺς ἐκ μιᾶς ἀνατέλλοντας κορυφῆς· ὅρα μοι δώδεκα καθαρὰς ἀκτῖνας ἐξ ἑνὸς προϊούσας ἡλίου· ὅρα μοι δώδεκα λαμπάδας ἐξ ἑνὸς ἁπτομένας σπινθῆρος· ὅρα μοι δώδεκα κλήματα ἐξ ἑνὸς ἁπτομένας ἀμπέλου βλαστήσαντα· ὅρα μοι δώδεκα κοφίνους ἐκ μιᾶς πληρουμένους τραπέζης· ὅρα μοι δώδεκα ποταμοὺς ἐκ μιᾶς προφερομένους πηγῆς· ὅρα μοι δώδεκα γλώττας ἐκ μιᾶς χάριτος φθεγγομένας. Καὶ μὴ νομίσῃς αὐτοὺς μεθύειν, μηδὲ γλεύκους εἶναι μεστοὺς, μηδὲ ὑβρίσῃς ἀπιστίᾳ τὸ δῶρον, μηδὲ μιμήσῃ τοὺς καταράτους, μηδὲ προσείπῃς μέθην τοῦ Πνεύματος τὴν ἐνέργειαν. Μέθη μὲν γένη γλωσσῶν οὐκ οἶδε χαρίζεσθαι, ἀλλὰ καὶ τὴν οὖσαν ἑκάστῳ δεσμεῖ, καὶ παράφρονα ἀπεργάζεται, καὶ κόπτει τοῦ λόγοι τὸν δρόμον, καὶ καθάπερ ἐν πέτραις τῷ σκότῳ βαδίζουσα τοῖς ὀδοῦσι προσπταίει· καὶ νοῦν ἔχει τὴν διάνοιαν, καὶ ταραχὴν ἐμποιεῖ, καὶ φαντασίαν ἐργάζεται, καὶ περιτέμνει τῶν συλλαβῶν. Καὶ ἔστιν ἡ μέθη ὄναρ ἐγρηγορότος, καὶ ἐνύπνιον οὐ καθεύδοντος, καὶ μανία διψῶσα, καὶ δαίμων πεινώμενος, καὶ διάβολος ἐγκαθήμενος οἴνῳ, καὶ λῃστὴς ἐν συμποσίοις λοχῶν, καὶ τὸν λογισμὸν καταφλέγων ἀκράτῳ, καὶ φάρμακον τῆς ἀθυμούσης ψυχῆς δηλητήριον ἐργαζόμενος. Ταῦτα ἡ μέθη πέφυκεν ἐμποιεῖν. Ταῦτα τοὺς ἀποστόλους ἐσυκοφάντουν οἱ δυσσεβεῖς· καὶ οὐδὲν [2] θαυμαστόν. Οἱ νήφοντες μεθύειν τοῖς Ἰουδαίοις ἐδόκουν· [a] πᾶσαι γὰρ ταῖς τῶν ἁγίων ἐνετράπησαν ὕβρεσι, καὶ τοὺς προφήτας ἐχλεύαζον ὡς μεθύοντας. Κἂν ἀρνήσωνται, λέγωμεν πρὸς αὐτούς· Μὴ οὐκ ἔστι ταῦτα, υἱοὶ Ἰσραὴλ, λέγει Κύριος; Καὶ ἐποτίζετε τοὺς ἡγιασμένους μου οἶνον, καὶ τοῖς προφήταις ἐνετέλλεσθε λέγοντες, μὴ προφητεύετε. Ἐγὼ δὲ μεθύειν μὲν αὐτοὺς καὶ αὐτὸς ὁμολογῶ, ἀλλ' οὐ τὴν μέθην ἣν λέγεις αὐτὸς, ἀλλὰ τὴν θειοτέραν καὶ νοερὰν ἐκείνην, ἧς ὁ πεπωκὼς σοφίας ἐμπίπλαται, ἧς ὁ πεπωκὼς ἔῤῥωται τὴν διάνοιαν, ἧς ὁ πεπωκὼς ἐγρήγορε (sic) καὶ νήφει πρὸς ἀρετὴν, ἧς ὁ πεπωκὼς ἐρᾷν μανθάνει Θεοῦ, ἧς ὁ πεπωκὼς οὐ μὴ διψήσῃ εἰς τὸν αἰῶνα, ἧς ὁ πεπωκὼς μαίνεται μετὰ Παύλου, καὶ παντὸς πυρὸς καὶ σιδήρου κατατολμᾷ, καὶ τοῖς κινδύνοις ἐπιπηδᾷ, καὶ πᾶσαν συμφορὰν ὡς εὐφροσύνην ἀσπάζεται, καὶ ταῖς λοιδορίαις ὡς εὐφημίαις ἀγάλλεται, καὶ ταῖς ὕβρεσιν ὡς ἐπαίνοις ἐγκαλλωπίζεται, καὶ τοῖς ὑπὲρ τοῦ Σωτῆρος δεσμοῖς ὡς ἐπὶ τοῖς βασιλικοῖς

vit sonus eorum. Oportebat enim cum orbem terrarum comprehendere, et secundum mensuram finium ejus extendi, neminemque doctrina expertem adesse, ac sine institutione prætermitti. Apparuerunt autem in forma ignis divisæ linguæ. Etenim apostolorum linguæ ignis more operaturæ erant, et duplicem usum exhibituræ; ita ut et diabolum adorerent, et sedentes in tenebris illuminarent. Vide mihi ignem fidelibus oleo quovis mitiorem; vide mihi linguam quovis igne diabolo formidabiliorem; vide mihi linguam impietatis spinas incendentem, et pietatis segetes rore perfundentem; vide mihi duodecim discipulos ab uno doctore institutos; vide mihi duodecim duces ab uno rege cooptatos; vide mihi duodecim splendida luminaria ex uno vertice surgentia; vide mihi duodecim puros radios ab uno sole emissos; vide mihi duodecim lucernas ab una scintilla accensas; vide mihi duodecim palmites ex vera vite pullulantes; vide mihi duodecim cophinos ex una mensa repletos; vide mihi duodecim fluvios ex uno fonte manantes; vide mihi duodecim linguas ex una gratia loquentes. Ne putes illos ebrios aut musto plenos esse, ne incredulitate tua donum contumelia afficias, ne exsecrandos homines imiteris, neque Spiritus operationem ebrietatem appelles. Ebrietas quippe linguarum genera impertire nequit; imo cujusque linguam alligat, et insanum illum efficit, sermonisque cursum intercipit, et quasi in petris noctu incedens, dentibus impingit: et dum mentem tenet, perturbationem immittit, imaginationem movet, et syllabas detruncat. Est autem ebrietas vigilantis somnium, non dormientis somnium, furor sitiens, dæmon esuriens, diabolus vino insidens, latro in conviviis insidias struens, et mero ratiocinium inflammans, et pharmacum animæ deficienti venenatum parans. Hæc solet ebrietas efficere. Hanc apostolis calumniam offerebant impii illi: nihilque mirum si sobrii Judæis videbantur ebrii: olim namque sanctos viros contumeliis afficiebant, et prophetas tamquam ebrios irridebant. Etiamsi vero abnegaverint, dicamus ipsis: *Annon hæc ita sunt, filii Israel, dicit Dominus? Et potabatis sanctificatos meos vino, et prophetis præcipiebatis dicentes, Ne prophetetis*. (Amos. 2. 11. 12.) Ego etiam ipse ebrios illos esse fateor, non ebrietate quam tu dicis, sed divina et spirituali illa, quam qui hauserit, sapientia repletur, quam qui hauserit, mente roboratur, quam qui hauserit, vigilat ad virtutem, quam qui hauserit, Deum amare discit, quam qui biberit, non sitiet in æternum, quam qui biberit, cum Paulo insanit, ignem et ferrum audacter adit, et in pericula se conjicit, omnemque calamitatem quasi rem lætam amplectitur, de contumeliis quasi de laudibus exsultat, de

[1] ἴσ. παριέναι.
[2] ἴσ. θαυμαστὸν εἰ νήφ.

[a] Legendum videtur πάλαι. Savilius sic ex conjectura restituit, πάσαις γὰρ ταῖς τῶν ἁγίων ἐνετρύφησαν ὕβρεσι.

conviciis quasi de præconiis gestit, vinculis pro Servatore, quasi coronis regiis exhilaratur. Hic crater apostolos inebriavit; hoc poculum Salvatoris discipuli ebiberunt, et pulcherrima ebrietate capti sunt, ac sacra mensa satiati dicunt cum beato Davide : *Parasti in conspectu meo mensam adversus eos qui tribulant me : impinguasti in oleo caput meum, et calix tuus inebrians quam præclarus est : et misericordia tua subsequetur me omnibus diebus vitæ meæ.* Qui enim ex hoc calice bibit, etsi sobrius in Christo, insanis ebrius esse videtur, cum ea quæ Salvatoris sunt sapiat. Hunc craterem nobis Dominus Christus ex sanguine suo miscuit, multosque nobis convivas advocavit, innumerosque evangelicos pisces congregavit, ac Petri sagenam implevit ; fuitque spectaculum novum et inauditum, et piscatum ipsi celebriorem tempestas reddidit : quos enim persuadendo piscatus non fuerat, perterritos cepit vivos, fulgure ad piscatum suppetias ferente. At nemo id novo gregi in contumeliam vertat, quod juvante fulgure capti sint : solet namque Christus calcitrantes pullos per fulgur frenare. Ac quisquis beati Pauli vocationem novit, cum Paulo vocatus exsultat, et Dominum Christum per fulgur conspiciens, Christi discipulus efficitur. Ipsi gloria in sæcula sæculorum. Amen.

Psal. 22. 5. 6.

στεφάνοις ἀβρύνεται. Οὗτος ὁ κρατὴρ τοὺς ἀποστόλους ἐμέθυσε· τοῦτο τὸ ποτήριον οἱ τοῦ Σωτῆρος ἔπιον μαθηταὶ, καὶ τὴν καλλίστην ἐμεθύσθησαν μέθην, καὶ τῆς ἁγίας τραπέζης ἐνεφορήθησαν, καὶ λέγουσι μετὰ τοῦ μακαρίου Δαυίδ· Ἡτοίμασας ἐνώπιόν μου τράπεζαν, ἐξ ἐναντίας τῶν θλιβόντων με· ἐλίπανας ἐν ἐλαίῳ τὴν κεφαλήν μου, καὶ τὸ ποτήριόν σου μεθύσκον με ὡσεὶ κράτιστον, καὶ τὸ ἔλεός σου καταδιώξει με πάσας τὰς ἡμέρας τῆς ζωῆς μου. Ὁ γὰρ ἐκ τούτου τοῦ ποτηρίου πίνων νήφει μὲν ἐν Χριστῷ, μεθύειν δὲ τοῖς ἀνοήτοις δοκεῖ, τὰ τοῦ Σωτῆρος φρονῶν. Τοῦτον καὶ ἡμῖν ὁ Δεσπότης Χριστὸς ἐξ αἵματος ἐκέρασε τὸν κρατῆρα, καὶ πολλοὺς ἡμῖν συνεκάλεσε δαιτυμόνας, καὶ τῶν εὐαγγελικῶν ἰχθύων ἀπείρους συνεκάλεσε, καὶ τοῦ Πέτρου τὴν σαγήνην ἐπλήρωσε, καὶ γέγονεν αὐτῷ τὰ τῆς θεωρίας ἐκ παραδόξου, καὶ τὴν ἁλιείαν αὐτῷ λαμπροτέραν ἐποίησεν ὁ χειμών· καὶ οὓς οὐκ ἐθήρευσε πείθων, τούτους φοβηθέντας ἐζώγρησεν, ἀστραπῆς αὐτῷ πρὸς τὴν ἄγραν συλλαμβανομένης. Ἀλλὰ μηδεὶς ὕβριν τοῦτο τῆς νέας ἀγέλης ὀνομαζέτω, εἰ δι' ἀστραπῆς ἐθηράθησαν· εἴωθε γὰρ ὁ Χριστὸς τοὺς λακτίζοντας πώλους δι' ἀστραπῆς χαλινοῦν. Καὶ ὅστις οἶδε τοῦ μακαρίου Παύλου τὴν κλῆσιν, ἀγάλλεται μετὰ τοῦ Παύλου κληθεὶς, καὶ τὸν Δεσπότην Χριστὸν δι' ἀστραπῆς θεασάμενος, γίνεται Χριστοῦ μαθητής. Αὐτῷ ἡ δόξα εἰς τοὺς αἰῶνας τῶν αἰώνων. Ἀμήν.

IN SANCTAM PENTECOSTEN.

Sermo III.

Quæ linguas hodie distribuit gratia, linguæ inopia non me sinit timere, quæ illiteratos viros mundi magistros instituit, quæ piscatores in rhetoras cooptavit, pudefactis per extemporalem illam sapientiam hujus mundi sapientibus. Quo enim alio modo hominum greges idololatriæ morbo laborantes ad pietatem accurrerunt? unde multis dominis obnoxiam dæmonum servitutem dedidicerunt? undenam factum est ut exiguus discipulorum numerus hominum simul atque dæmonum turmis obsisteret, nisi divinitatis igne armatus fuisset? Hodie fontes ignei gratiæ scaturierunt, et flamma discurrens auras Spiritus pervadit. Hanc Christus gratiam discipulis annuntians, dicebat : *Non relinquam vos orphanos* : alium vobis Paracletum mittet Pater : nam Domini in cælum ascensus sponsor est descensus Spiritus sancti de cælo. Opus enim erat ut ii qui Jesum receperant, Spiritum quoque sanctum advenientem acciperent, ut divinæ cognitionis doctrina ad perfectiorem ascensum accurreret. Jesus itaque humana assumta natura,

Joan. 16. 12.

ΕΙΣ ΤΗΝ ΑΓΙΑΝ ΠΕΝΤΗΚΟΣΤΗΝ. [794]

Λόγος γ'.

Τὰς γλώσσας σήμερον διανείμασα χάρις, αὕτη οὐκ ἐᾷ με δεδοικέναι τῇ τῆς γλώττης πενίᾳ, ἡ τοὺς ἀγραμμάτους τῷ κόσμῳ παιδευτὰς ἐπιστήσασα, ἡ τοὺς ἁλιέας χειροτονήσασα ῥήτορας, αὐτοσχεδίῳ σοφίᾳ τοὺς τοῦ κόσμου σοφοὺς καταισχύνασα. Πόθεν γὰρ ἄλλοθεν αἱ τῶν ἀνθρώπων ἀγέλαι τῇ εἰδωλολατρείᾳ νοσοῦσαι πρὸς τὴν εὐσέβειαν ἔδραμον; πόθεν τὴν πολυδέσποτον τῶν δαιμόνων δουλείαν μετέμαθον; πόθεν βραχὺς μαθητῶν ἀριθμὸς ἀνθρώπων ὁμοῦ καὶ δαιμόνων ἀντηγωνίσατο φάλαγξιν, εἰ μὴ τῷ τῆς θεότητος πυρὶ καθωπλίσθη; Σήμερον αἱ διὰ τοῦ πυρὸς πηγαὶ τῆς χάριτος ἐξέβλυσαν, καὶ φλὸξ διατρέχουσα ταῖς αὔραις * ὑφείη τοῦ Πνεύματος. Ταύτην ὁ Χριστὸς τὴν χάριν τοῖς μαθηταῖς εὐαγγελιζόμενος ἔλεγεν· Οὐκ ἐάσω ὑμᾶς ὀρφανούς· ἄλλον ὑμῖν ἀποστέλλει Παράκλητον ὁ Πατήρ· ἡ γὰρ εἰς οὐρανὸν ἄνοδος τοῦ Δεσπότου τὴν ἐξ οὐρανοῦ κάθοδον ἐγγυᾶται τοῦ Πνεύματος. Ἔδει γὰρ τοὺς τὸν Ἰησοῦν ἀποδεξαμένους ὑποδέξασθαι καὶ τὴν τοῦ Πνεύματος ἄφιξιν, ἵνα δράμῃ πρὸς ἐντελεστέραν ἄνοδον τὰ τῆς θεογνωσίας διδάγματα. Ὁ μὲν οὖν Ἰησοῦς ἀνθρωπίνην τὴν φύσιν λαβὼν, καὶ συγγενῆ τοῖς ἀνθρώποις περιβαλλόμενος

* ἴσ. ὑφίησι.

θέαν, πρὸς τὴν τοῦ Πνεύματος ὑποδοχὴν τοὺς ἀνθρώπους ἀνέστησεν. Ἔτι γὰρ, φησὶ, πολλὰ ἔχω λέγειν, ἀλλ' οὐ δύνασθε βαστάζειν. Ὅταν δὲ ἔλθῃ ὁ Παράκλητος, τὸ Πνεῦμα τῆς ἀληθείας, ὁδηγήσεται ὑμᾶς εἰς πᾶσαν τὴν ἀλήθειαν. Ἐλεύσεται μετ' ἐμὲ τὸ κατ' ἐμὲ τὴν οὐσίαν· παραγενήσεται πρὸς ὑμᾶς τὸ ἐκ Πα- C τρὸς τῷ Πατρὶ τὴν οὐσίαν ἐφάμιλλον. Οὐκοῦν ἃ τοῖς λόγοις εὐηγγελίσθησαν, τοῖς ἔργοις ἐπέγνωσαν· ὧν τὴν ἐπαγγελίαν ἐδέξαντο, τούτων τὴν πεῖραν ἐνέμενον. Ἐν τῷ συμπληροῦσθαι τὴν ἡμέραν τῆς πεντηκοστῆς. Βραχὺς ἐν μέσῳ τῆς ἀνόδου καιρὸς, καὶ ἡ τοῦ Πνεύματος γίνεται κάθοδος· ἡ τοῦ Σωτῆρος ὑπόσχεσις ἔργοις τὸ πέρας ἐλάμβανεν. Ὁ μὲν οὖν τῶν ἀποστόλων χορὸς τῆς ὑποσχέσεως τῆς δεσποτικῆς, καθάπερ ἀγκύρας τινὸς, ἐπιλαβόμενος, τὴν τοῦ Πνεύματος παρουσίαν ἀνέμενεν. Ἐπειδὴ τῶν ἡμερῶν ὁ δρόμος πρὸς τὸν πεντηκοστὸν ἀριθμὸν ἀνελήλυθεν, ὅτε τῶν ἑπτὰ ἑβδομάδων ὁ κύκλος κατὰ τὴν τοῦ νόμου διάταξιν ἑαυτὸν ἀναστρεφόμενος, ταῖς ἑορταῖς ἑκατέρωθεν περιγράφεται, τότε οὖν ἡ τοῦ Πνεύματος γίνεται κάθοδος. Ἀλλ' οὐ σαρκὸς, ὡς Υἱὸς, ἐπελάβετο, οὐδὲ D ἀνθρωπίνης ἐφανερώθη μορφῆς, οὐδ' ὥσπερ ἐν τοῖς Ἰορδάνου ῥείθροις τὸ τῆς περιστερᾶς εἶδος τὴν τοῦ Πνεύματος παρουσίαν ἐμήνυσεν. Οὐσία γὰρ δεσποτικὴ, καθὰ βούλεται, ἐπιφαίνεται. Βροντὴ δὲ σάλπιγξ οὐρανόθεν ἐβόα, πᾶσαν ἀκοῆς ἐνέργειαν τῇ ἀπηχήσει νικῶσα, καὶ φλὸξ διιπταμένη γλώσσας πυρίνας ἀπέτικτεν· ἡ τοῦ πυρὸς διαίρεσις γλωσσῶν ἐγένετο μήτηρ· γλῶσσαι διαμεριζόμεναι ταῖς τῶν μαθητῶν κορυφαῖς ἐπεκαθέζοντο. Τοιοῦτος μὲν οὖν τῆς τοῦ Πνεύματος ἐπιφανείας ὁ τρόπος. Ἐκλέγεται [1] τὴν ἡμέραν ταῖς ἑτέραις παραπεμπόμενος· οὐ γὰρ δὴ λόγου χωρὶς, οὔτε τῷ τάχει λαμβάνει τὴν ἑορτὴν, οὔτε [2] μὴν ἂν τῆς ἡμέρας τὴν πάροδον, ἐπάγει τὴν κάθοδον. Διὰ τί; Τρεῖς εἰσιν αὗται μόναι παρὰ Ἰουδαίοις δη- E μοτελεῖς ἑορταί. Πρώτη μὲν ἡ τοῦ πάσχα, καθ' ἣν τὸ πρόβατον θύοντες, τὸν ἀληθινὸν ἀμνὸν οὐκ ἐπέγνωσαν, καὶ τιμῶντες τὸν τύπον, εἰς τὸν τοῦ τόπου παρηνόμουν παραίτιον· οὗ γὰρ τὴν σκιὰν προσεκύνουν, τούτου τὴν παρουσίαν ἠτίμαζον. Δευτέρα δὲ ἡ μετ' ἐκείνην πεντηκοστὴ, ὄνομα λαχοῦσα τὸ [3] τοῦ Πνεύματος διάστημα. Ἐπὶ ταύταις αἱ σκιαὶ, τῆς ἐρήμου τὸ μίμημα. Αὗται πάντας ὁμοῦ Ἰουδαίους ἀνάγκῃ πρὸς μίαν πόλιν συνήθροιζον. Ἐπειδὴ τοίνυν ἐν τῇ προτέρᾳ σταυρὸς ἐπάγη, καὶ τὸ πάθος ὑψώθη, καὶ θεατὴς ἦν μέχρι τούτων ἅπας τῶν Ἰουδαίων ὁ δῆμος, τὸ δὲ τῆς ἀναστάσεως θαῦμα ἠγνόουν ἑκόντες, ἠπίστουν, ἔκροπτον, ἐσυκοφάντουν· μετὰ τὴν πρώτην εὐθὺς, καθ' ἣν ἅπαντα τῶν Ἰουδαίων τὰ φῦλα πάλιν ἀνάγκῃ νόμου πρὸς τὸν αὐτὸν ἠγέρθη τόπον, ἐπιτηροῦσα τὸν καιρὸν ἐπὶ τοὺς μαθητὰς ἡ χάρις ἐκχεῖται, καὶ τοὺς ἁπάντων 793 ὀφθαλμοὺς καὶ ἀκοὰς ἐπιστρέφει, ἵνα πρὸς τοὺς Χρι- A στοῦ μαθητὰς ἡ δωρεὰ φερομένη ἀναστάντα μαρτυρῆται· καὶ εἰ ἐγηγέρθαι Χριστὸν ἀπιστήσαντες, ἐξ οὐρανῶν ὁρῶσι δωρεάς· ἀντιπέμπονται οἱ τὸν τάφον σφραγίζοντες, τοῦ οὐρανοῦ θεαμάτων θεαταὶ καταστῶσιν. Ἦχος οὖν βροντῆς καὶ πῦρ οὐρανόθεν καὶ ἐνέργεια τοῦ Πνεύματος ἄφιξιν πιστουμένη. Οὕτως ἄρα ποτὲ

hominibus consentanea indutus specie, ad Spiritum sanctum suscipiendum homines erexit. Nam *Adhuc*, ait, *multa habeo dicere, sed non potestis portare. Cum autem venerit Paracletus, Spiritus veritatis, ducet vos in omnem* (Joan. 16, 18.) C *veritatem*. Exibit post me is qui est ejusdem mecum substantiæ, adveniet ad vos is qui est ex Patre, Patri par secundum substantiam. Ea igitur quæ verbis acceperant, opere completa noverunt: quorum promissionem acceperant, experientiam exspectabant. *Cum complerentur dies Pentecostes.* (Act. 2, 1.) Breve temporis spatium fuit Ascensionem inter et descensum Spiritus sancti: Servatoris promissio ipsis rebus et operibus exitum habuit. Apostolorum ergo chorus promissionem dominicam quasi anchoram nactus, Spiritus præsentiam exspectabat. Cumque dierum cursus ad quinquagenarium numerum devenisset, quando scilicet secundum legis præceptum septem hebdomadum circuitus revolutus festis utrinque D circumscribitur, tunc Spiritus descensus fuit. Sed non carnem, ut Filius, suscepit, nec humana forma apparuit, neque sicut in fluentis Jordanis columbæ species Spiritus præsentiam indicavit. Dominica namque substantia quo vult modo apparet. Sed tonitruum quasi tuba de cælo insonabat, sonitu tanto auditum omnem superans: et flamma involans linguas igneas peperit: ignis divisio mater fuit linguarum: dispertitæ linguæ discipulorum verticibus insidebant. Hujusmodi fuit Spiritus adventus. Neque enim sine causa, nec ut festinaret, festum illud delegit; neque postquam festum præteriit, descensum exhibet. Cur hoc? Tres tantum sunt E apud Judæos publicæ solennitates. Prima Paschatis, in qua ovem immolantes, verum Agnum non agnoscebant, et typum honorantes in typi causam inique agebant: cujus enim umbram honorabant, hujus præsentiam dehonestabant. Secunda post illam Pentecoste vocata, septenum hebdomadum spatium occupabat. In his umbræ ad deserti imitationem. Hæ solennitates Judæos simul una in civitate congregabant. Quia igitur in priore crux defixa fuit, passio exaltata, et hactenus tota Judæorum natio spectatrix fuit; ac resurrectionis miraculum sponte ignorabant, non credebant, abscondebant, calumniabantur: post primam, in qua omnes Judæorum tribus ex legis præcepto eumdem in locum congregabantur, gratia tempus observans, in discipulos 793 effunditur, et omnium oculos atque aures ad se A convertit, ut donum in Christi discipulos effusum, ipsum resurrexisse testificaretur; et si Christum resurrexisse non crederent, dona de cælo viderent: si mitterentur qui sepulchrum obsignarent, cælestium miraculorum spectatores essent. Sonus itaque tonitrui adfuit, et ignis de cælo et virtus divina Spiritus adventum testifi-

[1] ἴσ. ταύτην τὴν ἡμέραν, τὰς ἑτέρας παραπεμπ.
[2] [ἴσ. μετὰ τῆς.]
[3] ἴσ. τῆς πεμπτάδος.

cabantur. Sic itaque olim in monte Sina fiamma commovebatur, et Moyses in medio ignis ad legem ferendam instituebatur. Alia nunc sublimioris ignis fiamma involavit, quæ in verticibus apostolorum insedit. Nam is qui tunc Moysen movit ad leges Hebræis ferendas, hæc nunc ad gentium salutem edidit: quapropter veterum miraculorum memoria novis admixta fuit: rursumque ignis in medio sistitur, ut ex similitudine spectaculi probaretur illum ipsum esse Deum, qui præsentibus miraculis fidem faceret. Gratia autem in linguarum figuras distribuitur, ut illas suscipientes doctores efficeret, ut in igne ambulantes, magistri orbis essent. Cum olim una vox et lingua omnium esset, audax turris constructio linguarum divisionem intulit: et pugna linguarum bellum in cælos susceptum sedavit: ac linguæ innumeræ innumeris emissæ sonis perterrefaciebant, sed auditum non unum reperiebant ad sonum vocis annuentem: sed divisa lingua sententias quoque diviserat, et soluta lingua manus alligabat. Nunc autem gratia divisa linguis ora in uniuscujusque linguam collegit, doctrinæ terminos extendens, et multas fidel vias aperiens. O stupenda miracula! apostolus loquebatur, et Indus docebatur; Hebræus loquebatur, et Barbarus instituebatur; gratia per sonum effundebatur, et auditus verbum percipiebat; Gotthi vocem noverant, et Æthiopes linguam agnoscebant; Persæ loquentem admirabantur, et populi barbari ab una lingua irrigabantur; quantum natura genere multiplicabatur, tantum gratia linguis ditescebat. Ignis natura divisa operationem multiplicat. Gratiæ namque divitiæ fons luminis sunt. Rursumque natura ignis dum alta attingit, non minuitur, sed dum communicatur, accrescit: sic et gratia effusa fluenta sua multiplicat. Una lucerna quæ sexcentas parit faces, quæ omnes splendide lucent, et luminis fulgor non abscedit: sic gratia Spiritus ab aliis in alios procedens, et illos replet, et eos a quibus proficiscitur. Gratia igitur primo in apostolos venit, et hos quasi arcem capiens, ac per eos in fideles exundans, omnia replet; gratiæ namque fluenta non contrahuntur. Ignis igitur lingua involavit, quivis discipulus millium linguarum receptaculum erat, ac præsentes illi alloquebantur, ad certamina prædicationis se conferentes. Qui miraculo præsentes erant, theatrum constituebant: aderat et multitudo auditorum genere discrepantium, nec deerat lingua apostolica, quæ propriis cuique verbis prædicaret. Nam quasi in tinctura quadam ignis contactu vocem accipientes, cognitionem non tempore partam accipiebant, fides docebatur, gratia admirationi erat, Deus cognoscebatur; sed Judæus ridebat, et miraculum ebrietatem esse criminabatur, et gratiæ mysterium vini novi opus

καὶ κατὰ τὸ Σιναῖον ὄρος ἡ φλὸξ ἐτινάσσετο, καὶ Μωϋσῆς ἐν μέσῳ πυρὸς νομοθετεῖν ἐδιδάσκετο. Ἄλλη νῦν μετεώρου πυρὸς ἵπτατο φλὸξ, τὰς ἀποστολικὰς κορυφὰς σταδιεύουσα. Ὁ γὰρ τότε Μωϋσέα ταῖς εἰς Ἑβραίους νομοθεσίαις κινήσας αὐτὰ εἰς τὴν τῶν ἐθνῶν σωτηρίαν, διὰ τοῦτο καὶ παλαιῶν μνήμη θαυμάτων τοῖς νέοις ἀνεμίγνυτο· καὶ πάλιν μεσιτεύει τὸ πῦρ τῷ παραπλησίῳ τῆς θέας τὸν αὐτὸν ἐκεῖνον εἶναι Θεὸν τοῖς παροῦσι πιστούμενον. Πρὸς δὲ γλώσσας B μεριζομένη τορνεύεται, ἵνα διδασκάλους τοὺς ὑποδεχομένους ἐργάσηται, ἵν' ἐν πυρὶ πορευόμενοι παιδευταὶ τῆς οἰκουμένης ὑπάρξωσι. Πάλαι μὲν οὖν μίαν φωνήν τε καὶ γλῶσσαν ἁπάντων ὑπάρχουσαν ἡ πάλαι τῆς πυργοποιίας διεμεμέριστο τόλμα, καὶ μάχη γλωσσῶν ἀντισείει τὸν κατὰ τῶν οὐρανῶν πόλεμον παύουσα· καὶ γλῶσσαι μυρίαι μυρίοις φθέγμασιν ἔπληττον, ἀκοὴν δὲ μίαν οὐχ εὕρισκον πρὸς τὸν ἦχον [οὐκ] ἐπινεύουσαν· ἀλλ' ἡ γλῶσσα τμηθεῖσα καὶ τὰς γνώμας ἐμέρισε, καὶ γλῶττα λυθεῖσα τὰς χεῖρας ἐπέδησε. Νυνὶ δὲ ἡ χάρις διαιρεθείσας γλώττας τὰ στόματα, εἰς τὴν ἑνὸς ἑκάστου γλῶσσαν συνήθροισε, τοὺς τῆς διδασκαλίας ὅρους πλατύνουσα, καὶ πολλὰς ὁδοὺς τεμνομένη τῆς πίστεως. Ὦ τῶν παραδόξων θαυμάτων· ἀπόστολος ἐλάλει, καὶ Ἰνδὸς ἐδιδάσκετο· Ἑβραῖος ἐφθέγγετο, καὶ βάρβαρος ἐπαιδεύετο· ἡ χάρις ἐξηχεῖτο, καὶ ἀκοὴ τὸν λόγον ἐδέχετο· Γότθοι τὴν φωνὴν C ἐπεγίνωσκον, καὶ Αἰθίοπες τὴν γλῶτταν ἐγνώριζον· Πέρσαι τοῦ λαλοῦντος ἐθαύμαζον, καὶ ἔθνη βάρβαρα ὑπὸ μιᾶς ἠρδεύετο γλώττης. Ὅσον ἡ φύσις τοῖς γένεσιν ἐπλατύνετο, τοσοῦτον ἡ χάρις ἀντεπλούτει ταῖς γλώτταις. Ἡ μὲν οὖν τοῦ πυρὸς φύσις μεριζομένη πολυπλασιάζει τὴν ἐνέργειαν. Πηγὴ γὰρ φωτός ἐστιν ὁ πλοῦτος τῆς χάριτος. Πάλιν ἡ τοῦ πυρὸς φύσις οὐκ [1] εἶδεν ἐφαπτομένη μειοῦσθαι, ἀλλ' ἡ μετάδοσις αὔξησις· οὕτως ἡ ἐκχεομένη [2] πολυπλασιάζει τὸ ῥεῖθρον. Μία μὲν λαμπὰς μυρίους ἀποτεκοῦσα πυρσοὺς, καὶ πάντας δείκνυσι κομῶντας τοῖς φέγγεσι, καὶ ἡ τοῦ φωτὸς λαμπηδὼν οὐκ ἀφίησιν· οὕτως ἡ χάρις τοῦ Πνεύματος ἀφ' ἑτέρων εἰς ἑτέρους μεταφοιτῶσα, καὶ τοὺς ἑτέρους πληροῖ, καὶ τοὺς ἀφ' ὧν πρόεισι. Πρῶ- D τον τοίνυν ἐπὶ τοὺς ἀποστόλους ἡ χάρις ἐλθοῦσα, καὶ τούτους ὥσπερ ἀκρόπολιν καταλαβοῦσα, καὶ δι' αὐτῶν τοὺς πιστεύοντας ἐπικυμαίνουσα πάντα πληροῖ, καὶ τὰ τῆς χάριτος οὐ συστέλλεται ῥεῖθρα. Ἡ μὲν οὖν τοῦ πυρὸς ἐφίπτατο γλῶσσα, γλωσσῶν δὲ ἦν μυρίων δοχεῖον μαθητὴς ἕκαστος, καὶ τοὺς παρόντας ἀπεφθέγγοντο, τῶν διδασκαλικῶν ἀγώνων ἁπτόμενοι. Καὶ θέατρον ἦσαν οἱ παρόντες τοῦ θαύματος· καὶ πλῆθος ἀκροατῶν τῷ γένει μεριζόμενον, οὐκ ἠπόρει γλώσσης ἀποστολικῆς πειθούσης συγγενέσι τοῖς ῥήμασιν. Ὥσπερ γάρ τινι βαφῇ τῇ τοῦ πυρὸς ἐπαφῇ τὴν φωνὴν ἐκδεχόμενοι, ἄχρονον τὴν γνῶσιν ἐλάμβανον, καὶ πίστις ἐδιδάσκετο, καὶ χάρις ἐθαυμάζετο, καὶ Θεὸς ἐγνωρίζετο· ἀλλ' Ἰουδαῖος ἐχλεύαζε, καὶ μέθην κατηγόρει τοῦ θαύματος, καὶ γλεύκους ἔργον ἐκάλει τὸ τῆς χάριτος μυστήριον. Γλεύκους γὰρ, φησὶ, μεμεστωμένοι εἰσίν. Ὦ τῆς συντρόφου τῶν Ἰουδαίων ἀγνωμοσύ- E νης. Ἐννόει τὸν καιρὸν, ὦ Ἰουδαῖε, καὶ τὴν γλῶσσαν

[1] ἴσ. οἶδεν ἐφιπταμένη.

[2] ἴσ. λείπει χάρις.

συκοφαντοῦσαν ἀνάστελλε. Ποῦ γὰρ γλεῦκος, ἤδη παρελαύνοντος θέρους; ἔαρος δὲ ἄρτι φανέντος, ποῦ χώραν ἔχει γλεύκους ἡ μνήμη; Λογίζου τὴν ὥραν, καὶ χαλίνου τὴν γλῶτταν. Τί οὖν Πέτρος, ὁ πρωτεύων τῷ Πνεύματι, καὶ βρύων τῇ χάριτι, ὁ πλησθεὶς πυρί; Συνήγορον τὴν γλῶτταν ταῖς γλώτταις ἀφίησιν. Οὐ γὰρ, ὡς ὑμεῖς ὑπολαμβάνετε, φησὶν, οὗτοι μεθύουσιν, ἀλλὰ τοῦτό ἐστι τὸ παρὰ τοῦ προφήτου Ἰωὴλ εἰρημένον· Ἐκχεῶ ἀπὸ τοῦ Πνεύματός μου. Πέλαγος χαρισμάτων ὁ προφήτης εὐαγγελίζεται. Ἐκχεῶ, φησὶν, ἀπὸ τοῦ Πνεύματός μου. Ἀλλ' ἆρα μὴ συνέσταλται 796 πάλιν τὸ ῥεῖθρον; ἢ πρὸς Ἰουδαίους περιγράφεται μόνον τὸ δῶρον; Οὐμενοῦν. Ἐκχεῶ, φησὶν, ἐπὶ πᾶσαν σάρκα. Μαθόντες τὴν πρόῤῥησιν, ὁρᾶτε τὴν ἔκβασιν. Προέλαβε τὴν προφητικὴν γλῶτταν ἡ γλῶσσα τοῦ Πνεύματος. Ἐκείνης καὶ ἡμῖν τῆς χάριτος ἐπελθεῖν σταγόνα παρακαλέσωμεν, ἵνα τὴν μνήμην τῶν θαυμάτων φυλάττοντες, τῆς χάριτος τὸ κέρδος τρυγήσωμεν εὔκολος γὰρ δόσις, ἂν εὕροι προαίρεσιν. Ὁ γὰρ αὐτὸς Θεὸς, ὁ ἐνεργῶν τὰ πάντα ἐν πᾶσιν· αὐτῷ ἡ δύναμις καὶ τὸ κράτος εἰς τοὺς ἀτελευτήτους αἰῶνας τῶν αἰώνων. Ἀμήν.

esse dicebat. *Musto*, inquit, *pleni sunt*. O ingratum animum Judæis innatum! Tempus cogita, Judæe, et linguam calumniantem comprime. Ubinam mustum jam accedente messis tempore? vere ineunte quorsum musti mentio? Tempestatem anni tecum reputa, et linguam frena. Quid igitur Petrus, qui Spiritu primas tenebat, qui gratia abundabat, qui igne plenus erat? Lingua sua utitur ad linguas defendendas.
Non enim, sicut vos æstimatis, hi ebrii sunt; Act. 2. 15.
sed hoc est quod dictum est *per Joelem pro-*
phetam : Effundam de Spiritu meo. Pelagus Joel. 2. 28.
gratiarum annuntiat propheta. *Effundam*, inquit, *de Spiritu meo*. At num cohibita deinde sunt fluenta? an ad Judæos tantum circumscribitur donum? Nequaquam. *Effundam*, inquit, *super omnem carnem*. Prædictionem cum didiceritis, exitum videte. Prævenit propheticam linguam lingua Spiritus. Hujus nobis gratiæ stillam infundi precemur, ut miraculorum memoriam retinentes, gratiæ lucrum metamus: facile namque donum mittitur, si voluntas reperiatur. Ipse namque Deus est qui operatur omnia in omnibus: ipsi potestas et imperium in infinita sæcula sæculorum. Amen.

AD HOMILIAM DE SPIRITU SANCTO

MONITUM.

Savilius in Notis p. 815 circa concionem de Spiritu sancto judicium hujusmodi tulit: « Hanc homiliam agnoscit Photius Bibliothecæ p. 841 : descripta est ex bibliotheca Regia Lutetiæ. Vel Chrysostomi, vel, quod potius reor, alterius alicujus ex illa erudita antiquitate. Stylus enim magis concisus, et frequentes loquendi formulæ Joanni nostro non usitatæ. » Certe tanta est illa styli diversitas, ut Fronto Ducæus eam jure inter spuria ablegaverit. Hic enim orator totus strigosus est, coarctatoque dicendi genere utitur; ut nullus mihi umquam visus sit Chrysostomo absimilior. Male ergo Photius eam inter germana S. doctoris opera recensuit, ut etiam alia plurima cooptavit. Libet autem epitomen illam hujus concionis quam ipse c. 77 contexuit Latine convertere, lectori haud dubie non displicituram.

« Lecta est prima Chrysostomi Homilia de Spiritu sancto, cujus initium, Χθὲς ἡμῖν, ὦ φιλόχριστοι.
Falsi Christi ex seipsis loquebantur, non ex lege, non ex prophetis; sed ex proprio sensu atque motu.
Servator autem non discessit a lege, non deseruit prophetas; sed dicebat modo, *Bene dixit Hesaias;* Matth. 15.
modo autem, *Nonne scriptum est in lege vestra?* et sexcenta similia. Quia igitur ii qui ante Christum 7.
venerant, et callide fraudulenterque sibi nomen ejus imposuerant, non ex sacris Scripturis, sed ex Joan. 8. 17.
propria arrogantia errores suos efferebant : dicebat Servator, *Ego a meipso non loquor*, quemadmo- Joan. 14.
dum illi. Nam a seipso loqui, illud est præter sacras Scripturas loqui. Quod autem a seipso loqui mos 10.
sit pseudochristorum et pseudoprophetarum, docet ipse Deus per prophetam Ezechielem : *Non misi* Ezech. 13.
eos; *a semetipsis loquuti sunt*, *ex corde suo loquuntur*. Quandoquidem igitur pseudoprophetæ ex 3. 6.
proprio sensu prædicabant, ut illam a se amoveret suspicionem; ingrata quippe Judæorum natio illum
quasi deceptorem, qui mundum in errorem deduceret, calumniabatur : ideo dicebat : *Ego a meipso*
non loquor, sed a lege, a prophetis; *Quæcumque audivi a Patre* in lege, in prophetis : ex carnis Joan. 8 38.

Joan. 8. 44. persona ita loquitur, ut impiam illam suspicionem abigat : *Vos autem, quæcumque audistis a patre vestro diabolo.* Nam quæ patris sunt, sors et hereditas sunt filiorum : ideoque ea quæ ad illum pertinent heredibus ejus cedunt : ita ut idipsum esse, ut in idipsum recidere deprehendatur, ex semetipsis loqui, et ex patre suo diabolo loqui. Quemadmodum Christus adveniens factus est plenitudo legis et prophetarum : ita et Spiritus plenitudo evangelii. Christus adveniens ea quæ a Patre in lege et in
Rom. 10. 4. prophetis dicta fuerant, confirmavit. Ideo dicit Paulus, *Plenitudo legis Christus.* Spiritus sanctus adveniens implevit ea quæ evangelii erant. Quæcumque in doctrina Christi sunt, ea Spiritus implet; quæcumque vero in doctrina legis sunt, Christus implet; non quasi imperfectus sit Pater, sed quasi ipse Patris interpres consummatorque sit. Eodem quoque modo Spiritus explicat et clara reddit ea quæ
Joan. 16. 12. 13. Filii sunt. Etenim inquit ille : *Multa habeo vobis dicere, sed non potestis portare modo. Cum autem venerit Spiritus sanctus, deducet vos in omnem veritatem;* ac deinde, *Quia a semetipso non loquitur.* Non enim contradicit Filio, sed implet ea quæ Filii sunt, ut Filius ea quæ Patris. In hac oratione circa finem invenies a Chrysostomo probari, missionem neque Filium neque Spiritum Patre minores facere. Imo ipsis verbis dicit ipsum Patrem mitti a Spiritu et a Filio; ejus verba sunt :
707 *Si tibi* ostendero *ipsum factorem cæli* et *terræ missum* esse *a Spiritu* et *a Filio, quid facies? Aut nega Christum, aut dele Scripturas, aut Scripturis subditus, ipsis obtempera. Et ubinam, inquies, hoc dictum est? Audi Deum per prophetam Hesaiam dicentem : Audi me, Israel, quem ego voco;* ac tota hujus loci periodo exposita, usque ad illud, *Et nunc Dominus misit me* et *Spiritus ejus,* affirmat Patrem hæc dicere, atque ex præcedentibus sermonem confirmat, et palam facit Patrem esse qui hæc loquitur, et qui mittitur a Spiritu et a Filio. »

In his dictis quædam observamus, et primo quidem hanc homiliam fuisse primam inter eas quæ de Spiritu sancto inter Chrysostomi opera Photii tempore circumferebantur; sed ex iis nulla alia comparet : non enim putandum est sermones de Pentecoste de quibus supra diximus in harum de Spiritu sancto homiliarum numero comprehensos fuisse : illos quippe alio loco separatim commemorat Photius, ut ibidem diximus. Aliud ex hoc Photii compendio inferes; nempe hunc scriptorem, qui Chrysostomum ementitur, ingenio valuisse : in hac enim epitome ejus ratiocinia clarius enuntiantur : nam scriptor ille, non multo inferior ætate Chrysostomo, nonnihil intricatus est in syllogismis suis.

Hæc homilia initio habita fertur die Pentecosten insequente : ac contra Macedonianos fere semper res agitur, et quidem strenue argumentisque ex Scriptura sacra desumtis. Principio docetur in quo differat generatio a processione : dilucide dicitur intercessionem sanctorum nobis ad sanctitatem auxilio esse. Docetur etiam Macedonianos etsi consubstantialitatem Filii admitterent, ei tamen secundum Nicænam Synodum subscribere nolle. Sub finem de Montano et de Manichæo, de postremo maxime nonnulla scitu digna traduntur.

Interpretationem veterem, quam nonnullis in locis Fronto Ducæus castigaverat, et adhuc medica manu egebat, multis aliis in locis emendavimus.

S. JOANNIS CHRYSOSTOMI SERMO [a]

de sancto Spiritu.

Dicta die sequenti festum Pentecostes. 1. Heri a nobis, amatores Christi, sancti et adorandi Spiritus celebrabatur adventus; non humanarum cogitationum honore exceptus, sed paternæ virtutis testimonio comprobatus. Non enim ex iis quæ cogitamus vel loquimur verbum Dei commendatur : sed per ea quibus illustramur et pietas commendatur, et veritas

[a] ΧΡΥΣΟΣΤΟΜΟΥ ΟΜΙΛΙΑ

περὶ τοῦ ἁγίου Πνεύματος.

Χθὲς ἡμῖν, ὦ φιλόχριστοι, ἡ τοῦ ἁγίου καὶ προσκυνητοῦ Πνεύματος ἐπιφοίτησις ἀνυμνεῖτο, οὐκ ἀνθρωπίναις ἐννοίαις τιμωμένη, ἀλλὰ τῇ πατρικῇ δυνάμει μαρτυρουμένη. Οὐ γὰρ ἐξ ὧν λογιζόμεθα ἢ φθεγγόμεθα, ὁ τοῦ Θεοῦ συνίσταται λόγος, ἀλλ' ἐξ ὧν φωτιζόμεθα καὶ ἡ εὐσέβεια συνίσταται, καὶ ἡ ἀλήθεια κηρύττεται. Μόνος ὁ τοῦ Θεοῦ λόγος, μόνη ἡ

[a] Collata cum Mss. Reg. 2343, et cum Colbert. 970. In Colb. titulus, ὁμιλία περὶ τοῦ ἁγίου πνεύματος καὶ εἰς τὸν πειρασμὸν, καὶ εἰς τὸν λῃστὴν καὶ κατὰ Ἀρειανῶν, καὶ τί νοεῖτε (sic) τὸ, κλητός. Idem paulo post initium ἀλλὰ τῇ οἰκείᾳ δυνάμει μαρτυρούμενος.

τοῦ ἁγίου Πνεύματος διδασκαλία, καὶ λαμπάς ἐστιν εὐσεβείας, καὶ κήρυγμα θεογνωσίας, καὶ φωτισμὸς τῆς ἐνθέου διδασκαλίας. Ἀναγκαῖον δέ ἐστιν ἐπιμεῖναι τῇ τοῦ ἁγίου καὶ προσκυνητοῦ Πνεύματος ἐξηγήσει, καὶ σαφέστερόν τι περὶ τῆς ἁγίας καὶ ἐνδόξου δυνάμεως B εἰπεῖν. Πάλιν, ἵνα τοῖς αὐτοῖς χρήσωμαι, οὐκ ἐξ ὧν λογιζόμεθα, ἀλλ' ἐξ ὧν διδασκόμεθα, τὸ Πνεῦμα τὸ ἅγιον ἐξ ὧν οἱ θεῖοι [b] διδάσκουσι λόγοι, μᾶλλον δὲ ἐξ ὧν αὐτὸ περὶ ἑαυτοῦ κηρύττει, καὶ διὰ τῶν προφητῶν φθέγγεται, καὶ διὰ τῶν ἀποστόλων τὴν ἑαυτοῦ ἀκτῖνα φέρει, τὴν μὲν φύσιν ἐστὶν ἀδιαίρετον, ἅτε δὴ ἐκ τῆς ἀδιαιρέτου καὶ ἀμερίστου φύσεως προελθόν· ὄνομα δὲ αὐτοῦ, Πνεῦμα ἅγιον, Πνεῦμα ἀληθείας, Πνεῦμα τοῦ Θεοῦ, Πνεῦμα Κυρίου, Πνεῦμα τοῦ Πατρὸς, Πνεῦμα τοῦ Υἱοῦ, Πνεῦμα Χριστοῦ· καὶ οὕτω καλεῖ αὐτὸ ἡ Γραφὴ, μᾶλλον δὲ αὐτὸ ἑαυτὸ καὶ Πνεῦμα Θεοῦ, καὶ Πνεῦμα τὸ ἐκ τοῦ Θεοῦ. Καὶ ἵνα μήποτε ἀκούσαντες ἡμεῖς Πνεῦμα C Θεοῦ, νομίσωμεν δι' οἰκειότητα λέγεσθαι Πνεῦμα Θεοῦ, εἰσάγει ἡ Γραφὴ τὸ Πνεῦμα τὸ ἅγιον, καὶ προστίθησι [c] τῷ Θεοῦ τὸ ἐκ Θεοῦ. Ἄλλο δέ τὸ Θεοῦ, καὶ ἄλλο τὸ ἐκ Θεοῦ. Θεοῦ μὲν γὰρ οὐρανὸς καὶ γῆ, ὡς παρ' αὐτοῦ πεποιημένα, ἐκ Θεοῦ δὲ οὐδὲν λέγεται, εἰ μὴ ὃ ἐκ τῆς οὐσίας ἐστί. Λέγεται τοίνυν Πνεῦμα ἅγιον. Αὕτη γάρ ἐστιν ἡ κυρία καὶ πρώτη προσηγορία, ἡ ἐμφαντικωτέραν ἔχουσα τὴν διάνοιαν, καὶ παριστᾶσα τοῦ ἁγίου Πνεύματος τὴν φύσιν. Πνεῦμα ἅγιον, Πνεῦμα τοῦ Θεοῦ. Τίς αὐτὸ καλεῖ Πνεῦμα Θεοῦ; Ἄκουε τοῦ Σωτῆρος· Εἰ δὲ ἐγὼ ἐν Πνεύματι Θεοῦ ἐκβάλλω τὰ δαιμόνια. Πνεῦμα Θεοῦ. Ἵνα τοί- 798 A νυν, ὡς ἔφθην εἰπὼν, μή τις ἀκούσας Πνεῦμα Θεοῦ, νομίσῃ οἰκειότητα σημαίνεσθαι, καὶ μὴ φύσεως κοινωνίαν, ὁ Παῦλος λέγει· Ὑμῖν δὲ οὐκ ἐδόθη τὸ πνεῦμα τοῦ κόσμου, ἀλλὰ τὸ Πνεῦμα τὸ ἐκ Θεοῦ. Πάλιν λέγεται Πνεῦμα Πατρὸς, ὡς ὁ Σωτὴρ τοῖς ἁγίοις ἀποστόλοις λέγει· Μὴ μεριμνήσητε πῶς ἢ τί λαλήσητε· οὐ γὰρ ὑμεῖς ἐστε οἱ λαλοῦντες, ἀλλὰ τὸ Πνεῦμα τοῦ Πατρὸς ἡμῶν τὸ λαλοῦν ἐν ὑμῖν. Ὥσπερ δὲ εἶπε, Πνεῦμα Θεοῦ, καὶ ἐπήγαγεν ἡ Γραφὴ, Τὸ ἐκ Θεοῦ, οὕτω πάλιν εἴρηται Πνεῦμα Πατρός. Καὶ ἵνα μὴ νομίσῃς τοῦτο κατ' οἰκείωσιν λέγεσθαι, ὁ Σωτὴρ βεβαιοῖ· Ὅταν δὲ ἔλθῃ ὁ Παράκλητος, τὸ Πνεῦμα τῆς ἀληθείας, ὃ παρὰ τοῦ Πατρὸς ἐκπορεύεται. Ἐκεῖ ἐκ Θεοῦ, ὧδε παρὰ τοῦ Πατρός. Ὅπερ ἐπήγαγεν ἑαυτῷ, Ἐγὼ παρὰ τοῦ Πατρὸς ἐξῆλθον, τοῦτο δὲ τῷ ἁγίῳ Πνεύματι, Ὃ παρὰ τοῦ Πατρὸς ἐκπορεύεται. [a] Ἔστιν οὖν Θεοῦ Πνεῦμα καὶ Θεοῦ Πατρὸς Πνεῦμα, καὶ παρὰ B τοῦ Πατρὸς ἐκπορεύεται. Τί ἐστιν, Ἐκπορεύεται; Οὐκ εἶπε, γεννᾶται. Ἃ γὰρ οὐ γέγραπται, οὐ δεῖ φρονεῖν. Υἱὸς ἐκ Πατρὸς γεννηθεὶς, Πνεῦμα ἐκ Πατρὸς ἐκπορευόμενον. Ζητεῖς παρ' ἐμοῦ τὴν διαφορὰν πάντως, πῶς ἐγεννήθη οὗτος, πῶς ἐξεπορεύθη ἐκεῖνο; Τί γάρ; Ὅτι ἐγεννήθη [b] μαθὼν, ἔμαθες καὶ τὸν τρόπον. Ἄρα οὖν, ἐπειδὴ κηρυττόμενον Υἱὸν ἀκούεις, καὶ γεννήσεως τὸν τρόπον κατέλαβες. Ὀνόματά ἐστι πίστει τιμώμενα,

prædicatur. Unus Dei sermo est, una sancti Spiritus doctrina, et pietatis lampas est, et divinæ agnitionis prædicatio, ac doctrinæ Dei illustratio. Operæ pretium autem est, ut perseveremus diutius in sancti adorandique Spiritus enarratione, et manifestius aliquid de sancta gloriosaque potestate dicamus. Iterum, ut iisdem utamur verbis, non per ea quæ cogitamus, sed per quæ docemur, Spiritus sanctus ex iis quæ divini docent sermones, imo quæ ipse de seipso prædicat, dum per prophetas loquitur, perque apostolos fert radium suum, natura inseparabilis est, utpote qui ex inseparabili et indivisibili natura progressus est; nomen autem ejus Spiritus sanctus, Spiritus veritatis, Spiritus Dei, Spiritus Domini, Spiritus Patris, Spiritus Filii, Spiritus Christi: et sic vocat eum Scriptura, imo ipse seipsum, et Spiritum Dei, et Spiritum qui ex Deo est. Et ut nunquam, cum audimus Spiritum Dei, putemus eum per familiaritatem dici Spiritum Dei, introducit Scriptura Spiritum sanctum, et apponit, Dei, et qui ex Deo est. Aliud enim est dicere Dei, et qui ex Deo est. Dei enim sunt cælum et terra, utpote ab eo facta: ex Deo autem nihil dicitur, nisi quod ex substantia ejus. Itaque dicitur Spiritus sanctus. Ista enim est propria et prima appellatio: et ut evidentiorem habens intelligentiam, Spiritus sancti naturam demonstrat. Spiritus sanctus, Spiritus Dei. Quis eum vocat Spiritum Dei? Audi Salvatorem dicentem: *Quod si ego in Spiritu Dei ejicio dæmonia.* Spiritus Dei. Ut igitur, sicut dicebam, ne quis audiens, Spiritum Dei, putet familiaritatem quamdam significari, et non communitatem naturæ, Paulus dicit: *Vobis autem non datus est spiritus mundi, sed Spiritus qui ex Deo est.* Iterum dicitur Spiritus Patris, sicut Salvator apostolis dicit: *Ne solliciti sitis, quomodo vel quid loquamini: non enim vos estis qui loquimini, sed Spiritus Patris vestri qui loquitur in vobis.* Sicut autem dixit, Spiritus Dei, additque Scriptura, *Qui ex Deo* est: sic iterum dictus est Spiritus Patris. Et ut ne putetis hoc secundum familiaritatem dici, Salvator id confirmat: *Quando venerit Paracletus, Spiritus veritatis, qui a Patre procedit.* Illic ex Deo, hic a Patre dicitur. Id quod sibi ipsi tribuerat, dicens, *Ego a Patre exivi*, hoc et Spiritui sancto adscribit, dicens: *Qui a Patre procedit.* Quid est, *Procedit*? Non dixit, gignitur. Quod enim non est scriptum, non est sentiendum. Filius a Patre genitus est, Spiritus a Patre procedit. Quæris a me differentiam, quomodo genitus ille, et quomodo processit

Spiritus sancti nomina.

Matth. 12. 28.

1. *Cor.* 2. 12.

Matth. 10. 19. 20.

Joan. 15. 26.

Joan. 16. 27.

[b] Colb. διδάσκουσι νόμοι, et in marg. λόγοι. Ibid. καὶ post κηρύττει deest in Reg. et καὶ post φθέγγεται deest in Colbert.

[c] Sic Colbert. Edit. vero τῷ Θεῷ, male.

[a] Sic Mss. Edit. vero ἔστιν οὖν πνεῦμα.

[b] Reg. μαθὼν, ἔμαθες καὶ τὸν τρόπον. ἄρα. Colb. μαθὼν ἔμαθες καὶ τὸν τρόπον κατέλαβες; ἄρα ἐπεὶ κηρυττόμενον καὶ υἱόν.

[*Generatio in quo differat a processione.*] iste? Quid igitur rei est? Cum didiceris quod genitus est, didicisti et modum, et comprehendisti utique. Itaque cum audieris prædicari Filium, comprehendisti generationis modum. Nomina sunt, quæ fide honorantur, et pia cogitatione conservantur. Quæ autem vis est vocis hujus, *Procedit*? Ut nomen generationis prætereat Scriptura, ne Filium ipsum dicat, dicit Spiritus sanctus, *Qui a Patre procedit.* Inducit eum procedentem ut aquam de fonte scaturientem: [*Gen. 2. 10.*] sicut et de paradiso dictum est: *Fluvius autem procedit ex Edem;* procedit et scaturit. Pater fons aquæ viventis dicitur, secundum [*Jer. 2. 12. 13.*] prophetam Jeremiam: *Obstupuit cælum super hoc, et horruit valde terra, quoniam duo et mala fecit populus meus: me dereliquerunt fontem aquæ viventis.* Divinus sermo definiens Patrem fontem aquæ, inducit ex fonte vitæ [*Joan. 15. 26.*] aquam vivam quæ procedit: *Qui a Patre procedit.* Quid procedit? Spiritus sanctus. Quonam pacto? Sicut a fonte aqua. Unde hoc quod Spiritus sanctus aqua vocetur? Dicit Salvator: [*Joan. 7. 38.*] *Qui credit in me, sicut dixit Scriptura, Flumina ex ventre ejus fluent aquæ vivæ*: et interpretans evangelista hanc aquam subdit: [*Ibid. v. 39.*] *Hoc autem dicebat de Spiritu, quem accepturi erant credentes in eum.* Si igitur evangelista Joannes declarans Spiritum sanctum, dixit aquam vivam, Pater autem dicit, *Me dereliquerunt fontem aquæ vivæ*: fons Spiritus Pater, propterea etiam ex Patre procedit. Dicitur igitur (repetere liceat) Spiritus Dei, et Spiritus qui ex Deo, Spiritus Patris, et Spiritus qui a Patre procedit. Spiritum Domini testatur Hesaias in [*Isai. 61. 1.*] persona Christi: *Spiritus Domini super me: eo quod unxerit me.* Et Paulus: *Dominus* [*2. Cor. 3. 17.*] *autem Spiritus. Ubi autem Spiritus Domini, ibi libertas.* Si ubi advenit Spiritus, ibi est libertas, num ipse est servus? Si eorum ad quos accedit Spiritus sanctus, solvit servitutis jugum, et præstat eis libertatis personam: quomodo ipse servus? quomodo largitur quod non habet? quomodo cum ipse sit servus, libertate donat? [*Rom. 8. 2.*] Non audisti Paulum dicentem, *Lex enim Spiritus vitæ in Christo Jesu liberum me reddidit*? Liberosne reddit Spiritus servos, qui natura sua non habet libertatem? Nam si creatus est, et servus factus, non reddit liberum.

[*Contra hæreticos Macedonianos.*] 2. Ne vos sophismatis circumveniant hæretici. Non dico eum servum, non creaturam: nova hæc est hæresis. Periculum est ne tria principia inducant, increatum, creatum, et aliud nescio quomodo vocem. Spiritus Dei, Spiritus qui ex Deo: Spiritus Patris, Spiritus qui a Patre procedit: Spiritus Domini, Spiritus

καὶ εὐσεβεῖ λογισμῷ τηρούμενα. Τίς δὲ ἡ δύναμις τοῦ Ἐκπορεύεται; Ἵνα τὸ τῆς γεννήσεως ὄνομα παρέλθη ἡ Γραφὴ, ἵνα μὴ Υἱὸν αὐτὸ καλέσῃ, λέγει Πνεῦμα ἅγιον, Ὃ παρὰ τοῦ Πατρὸς ἐκπορεύεται. Εἰσάγει αὐτὸ ἐκπορευόμενον, ὡς ὕδωρ ἀπὸ γῆς βρύον· κατὰ C τὸ εἰρημένον περὶ τοῦ παραδείσου· Ποταμὸς δὲ ἐκπορεύεται ἐξ Ἐδέμ· ἐκπορεύεται, καὶ πηγάζει. Ὁ Πατὴρ πηγὴ ὕδατος ζῶντος λέγεται, κατὰ τὸν προφήτην Ἱερεμίαν τὸν λέγοντα· Ἐξέστη ὁ οὐρανὸς ἐπὶ τούτῳ, καὶ ἔφριξεν ἐπὶ πλεῖον ἡ γῆ, ὅτι δύο καὶ πονηρὰ ἐποίησεν ὁ λαός μου· ἐμὲ ἐγκατέλιπον πηγὴν ὕδατος ζῶντος. Ὁριζόμενος πηγὴν ὕδατος ζῶντος, τὸν Πατέρα ὁ θεῖος λόγος εἰσήγαγεν, ἐκ τῆς πηγῆς τῆς ζωῆς τὸ ὕδωρ τὸ ζῶν ἐκπορευόμενον· Ὃ παρὰ τοῦ Πατρὸς ἐκπορεύεται. Τί ἐκπορεύεται; Τὸ Πνεῦμα τὸ ἅγιον. Πῶς; Ὡς ἀπὸ πηγῆς ὕδωρ. Πόθεν τοῦτο, ὅτι τὸ Πνεῦμα τὸ ἅγιον ὕδωρ καλεῖται; Λέγει ὁ Σωτὴρ, Ὁ πιστεύων εἰς ἐμὲ, καθὼς εἶπεν ἡ Γραφὴ, ποταμοὶ ἐκ τῆς κοιλίας αὐτοῦ ῥεύσουσιν ὕδατος ζῶντος· καὶ ἑρμηνεύων ὁ εὐαγγελιστὴς τοῦτο τὸ ὕδωρ, ἐπάγει· D Τοῦτο δὲ ἔλεγε περὶ τοῦ Πνεύματος, οὗ ἔμελλον λαμβάνειν οἱ πιστεύοντες εἰς αὐτόν. Εἰ τοίνυν ὁ εὐαγγελιστὴς Ἰωάννης σαφηνίζων Πνεῦμα τὸ ἅγιον, εἶπε τὸ ὕδωρ τὸ ζῶν, ὁ δὲ Πατὴρ λέγει, Ἐμὲ ἐγκατέλιπον πηγὴν ὕδατος ζῶντος· πηγὴ τοῦ Πνεύματος ὁ Πατὴρ, διὰ τοῦτο καὶ ἐκ τοῦ Πατρὸς ἐκπορεύεται. Λέγεται τοίνυν (ἐπαναλαμβάνω γὰρ) Πνεῦμα Θεοῦ, καὶ Πνεῦμα τὸ ἐκ Θεοῦ, Πνεῦμα Πατρὸς, καὶ Πνεῦμα τὸ παρὰ τοῦ Πατρός. Πνεῦμα Κυρίου μαρτυρεῖ Ἡσαΐας ἐκ προσώπου τοῦ Χριστοῦ, Πνεῦμα Κυρίου ἐπ' ἐμέ· οὗ εἵνεκεν ἔχρισέ με. Καὶ Παῦλος, Ὁ δὲ Κύριος τὸ Πνεῦμά ἐστιν. Οὗ δὲ τὸ Πνεῦμα Κυρίου, ἐκεῖ ἐλευθερία. Εἰ ὅπου [c] παραγίνεται τὸ Πνεῦμα, ἐκεῖ ἐλευθερία, αὐτὸ δοῦλον; Εἰ οἷς ἐπιφοιτᾷ τὸ Πνεῦμα τὸ ἅγιον, λύει τὸν τῆς δουλείας ζυγὸν, καὶ χαρίζεται τὸ τῆς ἐλευθερίας πρόσωπον, πῶς αὐτὸ δοῦλον; πῶς χαρίζεται ὃ μὴ ἔχει; πῶς αὐτὸ δοῦλον E ὂν ἐλευθεροῖ; Οὐκ ἤκουσας Παύλου λέγοντος, Ὁ γὰρ νόμος τοῦ Πνεύματος τῆς ζωῆς ἐν Χριστῷ Ἰησοῦ ἠλευθέρωσέ με; Ἐλευθεροῖ τὸ Πνεῦμα τοὺς δούλους, τὸ μὴ ἔχον ἐν τῇ φύσει τὴν ἐλευθερίαν; Εἰ γὰρ ἔκτισται καὶ δεδούλωται, οὐκ ἐλευθεροῖ.

[d] Μὴ κατασοφιζέσθωσαν ὑμᾶς αἱρετικοί. Οὐ λέγω αὐτὸ δοῦλον, οὐδὲ κτίσμα· καινὴ τοῦτο αἵρεσις. Κινδυνεύουσι τρεῖς ἀρχὰς εἰσάγοντες, ἄκτιστον, κτιστὴν, καὶ ἄλλην, ἣν οὐκ οἶδα πῶς καλέσω. Πνεῦμα Θεοῦ, 799 A Πνεῦμα τὸ ἐκ τοῦ Θεοῦ, Πνεῦμα Πατρὸς, Πνεῦμα ὃ παρὰ τοῦ Πατρὸς ἐκπορεύεται, Πνεῦμα Κυρίου, Πνεῦμα Υἱοῦ. Λέγει ὁ ἀπόστολος· Ὅτι δέ ἐστε υἱοὶ,

[c] Colb. *παραγίνεται ἐλευθερία. πῶς αὐτὸ δοῦλον; εἰ οἷς.* Reg. ibid. *ἐκεῖ ἐλευθερία· εἰ ὅπου παραγίνεται ἐλευθερία, μὴ, αὐτὸ δοῦλον.*

[d] Colb. *μὴ σοφιζέσθωσαν.* Ibid. Mss. *καινή.* Edit. *καὶ μὴ*, male.

ἐξαπέστειλεν ὁ Θεὸς τὸ Πνεῦμα τοῦ Υἱοῦ αὐτοῦ εἰς τὰς καρδίας ὑμῶν, κρᾶζον, Ἀββᾶ ὁ Πατήρ. Ἰδοὺ αὐτὸ τὸ Πνεῦμα τοῦ Υἱοῦ. Ἀλλαχοῦ πάλιν Πνεῦμα Χριστοῦ λέγει Παῦλος· Ὑμεῖς δὲ οὐκ ἐστὲ ἐν σαρκὶ, ἀλλ' ἐν Πνεύματι· εἴπερ Πνεῦμα Χριστοῦ οἰκεῖ ἐν ὑμῖν. Παρακαλῶ, πρόσεχε τῇ πλοκῇ ταύτῃ τῇ ἁγίᾳ, πῶς [a] ὥσπερ σειράν τινα ἁγίαν καὶ ζῶσαν ἐκ τριπλόκου δυνάμεως εἰσήγαγεν ὁ Παῦλος, τὴν φύσιν συνάπτων τὴν ἀδιαίρετον, καὶ ἐν διαφόροις ὀνόμασι μίαν τὴν δύναμιν ἐνδεικνύμενος· Ὑμεῖς δὲ, φησὶν, οὐκ ἐστὲ ἐν σαρκὶ, ἀλλ' ἐν Πνεύματι. Ἰδοὺ Πνεῦμα. Εἴπερ Πνεῦμα Θεοῦ οἰκεῖ ἐν ὑμῖν. Ἴδε Πνεῦμα Θεοῦ. Εἰ δέ τις Πνεῦμα Χριστοῦ οὐκ ἔχει. Καὶ μὴν ἐχρῆν εἰπεῖν, εἰ δέ τις Πνεῦμα Θεοῦ οὐκ ἔχει, ἀλλ' εἶπε, Πνεῦμα Χριστοῦ· εἶπε Θεοῦ Πνεῦμα, καὶ ἐπήγαγε B τὸ Πνεῦμα τοῦ Χριστοῦ. Εἰ δέ τις Πνεῦμα Χριστοῦ οὐκ ἔχει, οὗτος οὐκ ἔστιν αὐτοῦ. Ἀλλὰ τοῦτο εἶπεν, ἵνα δείξῃ ὅτι εἰ Πνεῦμα, καὶ Χριστός· καὶ ἴσον ἐστὶ Χριστὸν παρεῖναι, καὶ Πνεῦμα παρεῖναι· καὶ ἴσον ἐστὶν εἰπεῖν Πνεῦμα Θεοῦ, καὶ Πνεῦμα Χριστοῦ. Ἔστι τοίνυν Πνεῦμα ἅγιον, Πνεῦμα τὸ τῆς ἀληθείας, ὡς ἄν τις εἴποι Πνεῦμα τοῦ Υἱοῦ· ἐπειδὴ λέγει ὁ Σωτὴρ, Ἐγώ εἰμι ἡ ἀλήθεια. Λέγεται τὸ Πνεῦμα τῆς ἀληθείας, ὅ ἐστι τὸ Πνεῦμα τοῦ Υἱοῦ, ὥς φησιν ὁ Παῦλος· Ἐξαπέστειλεν ὁ Θεὸς τὸ Πνεῦμα τοῦ Υἱοῦ αὐτοῦ. Ἔστιν οὖν καὶ Πνεῦμα τοῦ Υἱοῦ, καὶ Πνεῦμα τοῦ ἐγείραντος Ἰησοῦν Χριστόν. Καὶ ἄκουε αὐτοῦ τοῦ Παύλου· Εἰ δὲ τὸ Πνεῦμα τοῦ [b] ἐγείραντος Ἰησοῦν Χριστὸν οἰκεῖ ἐν ὑμῖν. Ταῦτα τὰ ὀνόματα τῆς ἁγίας καὶ ἀχράντου δυνάμεως, τοῦ ἁγίου ἐστὶ καὶ προσκυνητοῦ Πνεύματος· ἔστι δὲ καὶ ἄλλα ὀνόματα οὐ τῇ C φύσει προσήκοντα, ἀλλὰ τῇ ἐνεργείᾳ. Βαθὺς ὁ λόγος, καὶ χρήζει ἀκοῆς προσεχοῦς, καὶ ἀσφαλοῦς, καὶ πιστῆς. Λέγεται δὲ πάλιν τὸ Πνεῦμα, ζωῆς Πνεῦμα· ἐπειδὴ ὁ Σωτὴρ λέγει, Ἐγώ εἰμι ἡ ἀλήθεια καὶ ἡ ζωή. Λέγεται [c] δὲ Πνεῦμα ζωῆς, καθὼς καὶ ὁ Παῦλος λέγει· Ὁ γὰρ νόμος τοῦ Πνεύματος τῆς ζωῆς. Ταῦτα τὰ ὀνόματα αὐτῆς τῆς αὐθεντίας, αὐτῆς τῆς φύσεως. Ἔστι δὲ ἄλλα ὀνόματα, ἃ οὐ προσγράφεται τῷ ἁγίῳ Πνεύματι, ἀλλὰ τῇ δυνάμει καὶ τῇ ἐνεργείᾳ αὐτοῦ, οἷον αἱ δωρεαὶ αὐτοῦ. Λέγω δὲ καὶ [d] προσδιασαφηνίζω τὴν ἔννοιαν, καὶ ἐπάγω τὴν μαρτυρίαν. Ἐπειδὰν χαρίσηται τὸ Πνεῦμα τὸ ἅγιον εὐχαῖς τῶν ἁγίων, ἢ ἐμοὶ, ἢ ἑτέρῳ Χριστιανῷ ἁγιασμὸν, καὶ λάβω δῶ- D ρον, ὥστε ἅγιον ἔχειν τὸ σῶμα καὶ τὴν ψυχὴν, ἡ δωρεὰ ἡ δοθεῖσά μοι καλεῖται Πνεῦμα ἁγιωσύνης, [e] τουτέστι χάρισμα. Ἐὰν δῷ τὸ Πνεῦμα τὸ ἅγιον δωρεάν τινι μὴ ἔχοντι σοφίαν, μὴ ἔχοντι γνῶσιν, ἀλλὰ δῷ αὐτῷ μόνην πίστιν, οἷοί εἰσι πολλοὶ χαρίσματα ἔχοντες τοῦ πιστεύειν Γραφαῖς, οὐκ εἰδότες Γραφὰς, καὶ ταῖς Γραφαῖς πιστεύοντες, καλεῖται ἡ δωρεὰ ἐκείνη Πνεῦμα πίστεως. Ἐάν τις λάβῃ δύναμιν καὶ δωρεὰν παρὰ τοῦ ἁγίου Πνεύματος πιστεύειν τῇ ἐπαγγελίᾳ τῶν διδομένων ἀγαθῶν ἐν τῷ μέλλοντι αἰῶνι, ἔλαβε

Filii. *Quod autem sitis filii*, dicit apostolus *mi-* Gal. 4. 6.
sit Deus Spiritum Filii sui in corda nostra,
clamantem, Abba Pater. Ecce ipse Spiritus
Filii. Alio loco iterum Spiritum Christi dicit
Paulus: *Vos autem non estis in carne, sed in* Rom. 8. 9.
Spiritu: siquidem Spiritus Christi habitat in
vobis. Obsecro animadvertite sanctam hanc
connexionem. Quasi catenam quamdam sanctam
et vivam ex triplici potentia inducit Paulus,
naturam conjungens inseparabilem, et in diversis
nominibus unam virtutem indicans: *Vos autem,*
inquit, *non* estis *in carne, sed in Spiritu.* Ecce
Spiritum. *Siquidem Spiritus Dei habitat in*
vobis. Vide Spiritum Dei. *Si autem quis Spi-* Ibid.
B *ritum Christi non hab*et. Et sane oportebat dicere, Si quis autem Spiritum Dei non habet:
sed dixit *Spiritum Christi*: dixit Spiritum Dei,
et subdit Spiritum Christi. *Si quis autem Spi-*
ritum Christi non habet, *hic non* est *ejus.*
Verum hoc dixit, ut ostendat, si Spiritus sit, et
Christum esse; et idem esse, Christum adesse,
et Spiritum adesse, idemque esse Spiritum Dei dicere et Spiritum Christi. Est igitur Spiritus sanctus, Spiritus veritatis: quasi quis dicat Spiritum
Filii: quia Salvator dicit, *Ego sum veritas.* Dici- Joan. 14. 6.
tur Spiritus veritatis qui est Spiritus Filii, sicut dicit Paulus: *Misit Deus Spiritum Filii sui.* Est Gal. 4. 6.
igitur et Spiritus Filii, et Spiritus ejus qui excitavit Jesum Christum. Et audi Paulum ipsum
dicentem: *Si autem Spiritus ejus qui sus-* Rom. 8. 11.
C *citavit Jesum Christum habitat in vobis.*
Hæc nomina sanctæ et immaculatæ virtutis, sancti et adorandi Spiritus: sunt et alia nomina,
non naturæ convenientia, sed operationi. Profundus sermo, et opus habet auribus attentis,
munitis et fidelibus. Dicitur autem iterum Spiritus, Spiritus vitæ: quia Salvator dicit, *Ego* Joan. 14. 6.
sum veritas et *vita.* Dicitur Spiritus vitæ, sicut et Paulus dicit: *Lex Spiritus vitæ.* Hæc Rom. 8. 2.
nomina ejusdem sunt auctoritatis, et ejusdem
naturæ. Sunt autem alia nomina, quæ non adscribuntur sancto Spiritui, sed virtuti et operationi ejus; ut sunt dona ejus. Dico autem, et
D ante declaro sententiam, postea testimonium
subinducturus. Quando dat Spiritus sanctus,
precibus sanctorum, vel mihi, vel alieni Chri- Sanctorum
stianorum sanctificationem, et accipio donum, intercessio.
ita ut sanctum habeam et corpus et animam,
donum mihi collatum vocatur Spiritus sanctificationis, hoc est, charisma. Si dederit Spiritus
sanctus cuipiam donum, non habenti sapientiam,
vel non habenti intelligentiam, sed solam fidem
det illi, quales sunt multi habentes dona, ut
credant Scripturis, qui ignorant Scripturas, li-

a Colb. ὥσπερ σχοῖνόν τινα.

b Reg. et Colb. ἐγείραντος τὸν Χριστόν.

c Δὲ post λέγεται deest in utroque Ms. Infra Reg. τῆς αὐθεντείας.

d Προσδιασαφηνίζω. Fronto Duc.: « Emendandum in Græco admonet vetus interpretatio, προδιασαφηνίζω, *ante declaro.* » At omnes Mss. habent προσδιασαφηνίζω, et hæc vox quadrare potest.

e Colb. τουτέστι χαρίσματος.

cet illis credant, vocatur donum illud, Spiritus
fidei. Si quis accipiat virtutem et donum a Spiritu sancto, ut credat promissioni bonorum quæ
dantur in futuro sæculo, ille Spiritum promissionis accipit. Si quis accipit et sapientiæ donum,
vocatur donum Spiritus sapientiæ. Et ubique
dona Spiritus vocantur Spiritus. Attende diligenter, dum nos in figura ex parte speculationes
tibi declaramus. Veniamus ergo ad demonstrationes. Quando quis habet donum caritatis, dicitur habere Spiritum caritatis. Quando quis acceperit donum martyrii, dicitur habere Spiritum
virtutis, hoc est, donum. Jam quia id quod datur,
Spiritus sanctus est, vocatur et donum eodem nomine quo. is qui donat. Idcirco dicit Paulus :
Rom. 8. 15. *Non enim accepistis spiritum servitutis ite-*
rum ad timorem, sed accepistis Spiritum
adoptionis filiorum ; et iterum : *Non enim*
2. Tim. 1. 7. *dedit nobis spiritum timoris, sed Spiritum*
virtutis et *dilectionis* et *temperantiæ*. Spiritum autem hic dicit donum, sicut quando dicit:
Ephes. 1. 13. *Vos autem obsignati* estis *Spiritu promissio-*
nis sancto. Promissionis Spiritus ubinam scriptus est? Dicit Paulus : *Habentes autem*
1. Cor. 4. 13. *eumdem Spiritum fidei* et *promissionis*,
hoc est, gratiam Spiritus. Ecce igitur Spiritum fidei, et Spiritum promissionis. Si quis
fuerit mansuetus et humilis corde, donum
accepit mansuetudinis : est autem donum Dei.
Gal. 6. 1. Et hoc dicit Paulus : *Si autem præoccupatus*
fuerit homo in aliquo delicto, vos qui spiri-
tuales estis, instruite hujusmodi in Spiritu
mansuetudinis, hoc est, in charismate doni
mansuetudinis : *Considerans*, inquit, *temet-*
ipsum ne et *tu tenteris*. Ecce Spiritum mansuetudinis. Alii datur sanctificatio animæ et corporis, et vocatur Spiritus sanctificationis, sicut ait
Rom. 1. 1. ille : *Paulus servus Jesu Christi, vocatus*
apostolus, segregatus in evangelium Dei, quod
ante promisit per prophetas suos, secundum
Spiritum sanctificationis. Obverso ordine hoc
dixit; sensus autem sic habet : Paulus qui factus est apostolus secundum Spiritum sanctificationis. Multi enim putaverunt, primo verbo,
ut jacet, hærentes, (sic intelligendum esse):
qui prædestinatus fuit Filius Dei secundum Spiritum sanctificationis. Non est autem sic; sed,
Paulus apostolus ordinatus secundum Spiritum
sanctificationis. Et quando ordinatus est? Ex
resurrectione Jesu Christi. Quoniam alii quidem
apostoli ante passionem, hic autem post resurrectionem; et propterea dicitur, *Secundum*
Spiritum sanctificationis. Et aliud dico :

Πνεῦμα ἐπαγγελίας. Ἐάν τις λάβῃ σοφίας δῶρον,
καλεῖται ἡ δωρεὰ Πνεῦμα σοφίας. Καὶ πανταχοῦ τὰ
χαρίσματα τοῦ Πνεύματος καλεῖται Πνεῦμα. Καὶ
πρόσεχε ἀκριβῶς ἐν τύπῳ διασαφηνιζόντων ἡμῶν ἐκ
μέρους τὰς θεωρίας. Ἔλθωμεν οὖν ἐπὶ τὰς ἀποδείξεις.
E Ὅταν τις ἔχῃ χάρισμα ἀγάπης, λέγεται ὅτι Πνεῦμα
ἀγάπης ἔχει. Ὅταν λάβῃ τις χάρισμα μαρτυρίου,
λέγεται Πνεῦμα δυνάμεως ἔχειν, τουτέστι χάρισμα.
Ἐπειδήπερ τὸ δωρούμενον τὸ Πνεῦμα τὸ ἅγιόν ἐστι,
καλεῖται καὶ τὸ δῶρον * ὁμωνύμως τῷ χαρίσματι.
Διὰ τοῦτο λέγει Παῦλος· Οὐ γὰρ ἐλάβετε πνεῦμα
δουλείας πάλιν εἰς φόβον, ἀλλ' ἐλάβετε Πνεῦμα υἱο-
θεσίας· καὶ πάλιν· Οὐ γὰρ ἔδωκεν ἡμῖν πνεῦμα δειλίας, ἀλλὰ Πνεῦμα δυνάμεως καὶ ἀγάπης καὶ σωφρονισμοῦ. Πνεῦμα δὲ λέγει ἐνταῦθα τὸ χάρισμα, ὡς
800 ὅταν λέγῃ· Ὑμεῖς δὲ ἐσφραγίσθητε τῷ Πνεύματι
A τῆς ἐπαγγελίας τῷ ἁγίῳ. Ἐπαγγελίας Πνεῦμα ποῦ
γέγραπται; Λέγει Παῦλος· Ἔχοντες δὲ τὸ αὐτὸ
Πνεῦμα τῆς πίστεως καὶ τῆς ἐπαγγελίας, τουτέστι,
τὸ χάρισμα τοῦ Πνεύματος. Ἴδε οὖν Πνεῦμα πίστεως, [a] Πνεῦμα ἐπαγγελίας. Ἐὰν ᾖ τὶς πρᾷος, ταπεινὸς τὴν καρδίαν, δῶρον ἔλαβε πραότητος· ἔστι δὲ
Θεοῦ χάρισμα. Καὶ τοῦτο λέγει Παῦλος· Ἐὰν δὲ
προληφθῇ ἄνθρωπος ἔν τινι παραπτώματι, ὑμεῖς οἱ
πνευματικοὶ καταρτίζετε τὸν τοιοῦτον ἐν Πνεύματι
πραότητος, τουτέστιν, ἐν τῷ χαρίσματι τῆς δωρεᾶς
τῆς πραότητος· Σκοπῶν, φησὶ, σεαυτὸν, μὴ καὶ σὺ
πειρασθῇς. Ἰδοὺ Πνεῦμα πραότητος. Ἄλλῳ δίδοται
ἁγιασμὸς ψυχῆς καὶ σώματος, καὶ καλεῖται Πνεῦμα
ἁγιωσύνης, καθώς φησι· Παῦλος δοῦλος Ἰησοῦ Χριστοῦ, κλητὸς ἀπόστολος, ἀφωρισμένος εἰς εὐαγγέλιον
Θεοῦ, ὃ προεπηγγείλατο διὰ τῶν προφητῶν αὐτοῦ,
κατὰ Πνεῦμα ἁγιωσύνης. Ἀντίστροφον αὐτὸ εἶπεν· ἡ
δὲ ἔννοια τοῦτο ἔχει· ** Παῦλος γενόμενος ἀπόστολος
B κατὰ Πνεῦμα ἁγιωσύνης. Πολλοὶ γὰρ ἐνόμισαν, ἀκολουθοῦντες τῷ ῥήματι τῷ πρώτῳ, τοῦ ὁρισθέντος
Υἱοῦ Θεοῦ κατὰ Πνεῦμα ἁγιωσύνης. Οὐκ ἔστι δὲ οὕ-
τως· ἀλλὰ, Παῦλος ἀπόστολος χειροτονηθεὶς κατὰ
Πνεῦμα ἁγιωσύνης. Καὶ πότε ἐχειροτονήθη; Ἐξ ἀναστάσεως Ἰησοῦ Χριστοῦ. Ἐπειδὴ οἱ μὲν ἄλλοι ἀπόστολοι πρὸ τοῦ πάθους, οὗτος δὲ μετὰ τὴν ἀνάστασιν,
διὰ τοῦτο, Κατὰ Πνεῦμα ἁγιωσύνης. Καὶ ἄλλο δὲ
λέγω· ὅταν ἀρξώμεθα πάντες τῇ ὥρᾳ τῆς μυσταγωγίας λέγειν, Πάτερ ἡμῶν ὁ ἐν τοῖς οὐρανοῖς, δῶρον
ἐλάβομεν Πνεῦμα υἱοθεσίας, τουτέστι, τὸ χάρισμα
τοῦ ἁγίου Πνεύματος. Πνεῦμα καλεῖται ζήλου, ὥς
φησιν ὁ Παῦλος· Ἐπεὶ καὶ ὑμεῖς ζηλωταί ἐστε πνευμάτων, τουτέστι, ζῆλον ἔχετε εἰς τὰ πνευματικὰ
C χαρίσματα. Ἐπεὶ ζηλωταί ἐστε πνευμάτων, τουτέστι,
τῶν χαρισμάτων. Καὶ, Ἔτι καθ' ὑπερβολὴν ὁδὸν
ὑμῖν δείκνυμι. Ἐὰν ταῖς γλώσσαις τῶν ἀνθρώπων

* Legisse videtur interpres ὁμωνύμως τῷ χαρισαμένῳ, cum vertit, *eodem nomine quo is qui donat*, quæ videtur esse vera lectio.

[a] Sic Mss. Πνεῦμα ante ἐπαγγελίας deerat in Edit. Morel. [Paulus l. l. in verbis τῆς πίστεως subsistit. Fort. scriptor in mente habuit Ephes. 1. 18.] Infra iidem Mss. ἐὰν καὶ προληφθῇ.

** Hic textum Scripturæ invertit scriptor iste, et quæ de Christo dicuntur vult de Paulo intelligi. Sed de Christo intelligit Jo. Chrysostomus Homil. I. in Epist. ad Romanos, ut monet Fronto Ducæus.

λαλῶ καὶ τῶν ἀγγέλων, ἀγάπην δὲ μὴ ἔχω, οὐδέν εἰμι· [b] τουτέστι, παντὸς χαρίσματός μείζων ἡ ἀγάπη.

Ἀλλ' εἰς τὸ προκείμενον ἐπανέλθωμεν. Ἔρχεται Ἡσαΐας πάλιν· τὸ γὰρ αὐτὸ Πνεῦμα διὰ πάντων λαλεῖ. Ὥσπερ οὖν εἶπε Παῦλος Πνεῦμα ζωῆς, Πνεῦμα ἀγάπης, Πνεῦμα δυνάμεως, Πνεῦμα σωφρονισμοῦ, Πνεῦμα ἐπαγγελίας, Πνεῦμα πίστεως, Πνεῦμα πραότητος, Πνεῦμα υἱοθεσίας, οὕτω καὶ ὁ μακάριος Ἡσαΐας, Ἐξελεύσεται, φησὶν, ἐκ τῆς ῥίζης Ἰεσσαὶ ῥάβδος, τουτέστιν, ἡ βασιλικὴ του Σωτῆρος. Ῥάβδον γὰρ καλεῖ βασιλικὸν σύνθημα, ὥς φησιν ὁ Δαυΐδ· Ῥάβδος εὐθύτητος ἡ ῥάβδος τῆς βασιλείας σου. Ἐξε- D λεύσεται ῥάβδος ἐκ τῆς ῥίζης Ἰεσσαὶ, καὶ ἄνθος ἐξ αὐτῆς ἀναβήσεται, καὶ ἐπαναπαύσεται ἐπ' αὐτὸν Πνεῦμα Θεοῦ. Ὧδε τὸ ὄνομα τῆς φύσεως αὐτοῦ τοῦ Πνεύματος· λοιπὸν τὰ χαρίσματα· Πνεῦμα σοφίας καὶ συνέσεως, Πνεῦμα βουλῆς καὶ ἰσχύος, Πνεῦμα γνώσεως, Πνεῦμα εὐσεβείας, Πνεῦμα φόβου Θεοῦ. Οἷον ἀναπτύσσων Γραφὴν, ἢ σὺ ὁ πιστὸς, ἢ ἄλλος Χριστιανὸς, ἐὰν ᾖ ἀπόκρυφον νόημα καὶ ἀσαφὲς, δῷ δὲ τὸ Πνεῦμα τὸ ἅγιον, ὥστε τὰ κεκρυμμένα τῶν νοημάτων ἀποκαλυφθῆναι, ἔλαβε Πνεῦμα ἀποκαλύψεως, τουτέστι, χάρισμα ἀποκαλύπτον τὰ βάθη. Ὅθεν ὁ ἀπόστολος βουλόμενος τοὺς μαθητὰς τῆς εὐσεβείας νοεῖν τὰ τῶν Γραφῶν, λέγει· Εὔχομαι τῷ Θεῷ, ἵνα [c] δώῃ ὑμῖν Πνεῦμα σοφίας καὶ ἀποκαλύψεως ἐν ἐπιγνώσει, E πεφωτισμένους τοὺς ὀφθαλμοὺς τῆς διανοίας ὑμῶν. Εἶδες Πνεῦμα ἀποκαλύψεως; Ἀλλὰ πρὸς τὸ προκείμενον ἐπανέλθωμεν. Ὅπου δεῖ μαθεῖν τὰ βάθη, καλεῖται Πνεῦμα ἀποκαλύψεως· ὅπου δεῖ ἀγάπην ἔχειν, καλεῖται Πνεῦμα ἀγάπης· ὅπου δεῖ σαφῶς λαλῆσαι τὸν διδάσκαλον, καλεῖται Πνεῦμα σοφίας· ὅπου δεῖ νοῆσαι τὸν ἀκροατὴν συνετῶς, καλεῖται Πνεῦμα συνέσεως. Τὸ Πνεῦμα τῆς σοφίας δίδοται τοῖς διδάσκουσι, τὸ Πνεῦμα τῆς συνέσεως τοῖς ἀκροαταῖς. Κηρύττω ἐγώ· ἀλλὰ σὺ νοῆσαι οἶδας, οὐ διδάξαι· ὃ 801 A λεγόμενόν ἐστι χάρισμα σοφίας διὰ τὸ διδάσκειν. Βουλόμενος δὲ ὁ Θεὸς δεῖξαι ὅτι ὥσπερ πέμπει τῷ διδάσκοντι λόγον σοφίας, οὕτω πέμπει καὶ τῷ μανθάνοντι δῶρον συνέσεως, ἵνα νοήσῃ τὰ τοῦ Θεοῦ, φησί· σοφίας χάριν ἔχει στόμα κηρύττον, συνέσεως χάριν ἔχει καρδία μανθάνουσα. Ἡ σοφία ὅπλον ἐστὶ τοῦ στόματος· ἡ σύνεσις ὅπλον τῆς καρδίας. Διὰ τοῦτο Δαυΐδ λέγει· Τὸ στόμα μου λαλήσει σοφίαν, καὶ ἡ μελέτη τῆς καρδίας μου σύνεσιν. Ἄλλος οὐκ ἔλαβε διδασκαλίας χάριν, ἀλλ' ἔλαβε χάριν διδόναι γνώμην καὶ [a] βου-

quando incipimus omnes tempore sacrorum mysteriorum dicere, *Pater noster qui es in cælis*: (Matth. 6. 9.) donum accepimus Spiritum adoptionis, hoc est donum sancti Spiritus. Spiritus vocatur æmulationis, sicut dicit Paulus: *Quoniam æmulatores estis Spirituum*, (1. Cor. 14. 12.) hoc est, æmulationem habetis ad spiritualia dona. *Quoniam æmulatores estis Spirituum*, hoc est, donorum. Et, *Adhuc excellentiorem vobis viam monstro.* (1. Cor. 12. 31.) *Si linguis hominum loquar, et angelorum, caritatem autem non habeam, nihil sum*: (1. Cor. 13. 1.) hoc est, omni dono major est caritas.

3. Verum ad propositum redeamus. Accedit iterum Hesaias: idem enim Spiritus per omnes loquitur. Itaque sicut Paulus dixit Spiritum vitæ, Spiritum caritatis, Spiritum virtutis, Spiritum temperantiæ, Spiritum promissionis, Spiritum fidei, Spiritum mansuetudinis, Spiritum adoptionis filiorum: ita et beatus Hesaias, *Egredietur*, (Isai. 11. 1.) inquit, *de radice Jesse virga*, hoc est, regia dignitas Salvatoris. Virgam enim regis symbolum vocat, ut dicit David: *Virga æquitatis, virga regni tui.* (Psal. 44. 7.) *Egredietur virga de radice Jesse, et flos de ea ascendet, et requiescet super eum Spiritus Dei.* Hic est nomen naturæ ipsius Spiritus; deinceps sequuntur dona: *Spiritus sapientiæ et intellectus, Spiritus consilii* (Isai. 11. 2.) *et fortitudinis, Spiritus scientiæ, Spiritus pietatis, Spiritus timoris Domini.* Sicut si quis explicet Scripturam, sive tu fidelis, sive alius Christianus, etsi absconditus sit sensus et obscurus, det autem Spiritus sanctus alicui abscondita sensuum revelare, is accepit Spiritum revelationis, hoc est, donum quo profunda revelantur. Unde et apostolus volens piæ religionis discipulos intelligere Scripturas, dicit: *Precor Deum, ut det vobis Spiritum sapientiæ et revelationis, in agnitione, illuminatos oculos mentis vestræ.* (Ephes. 1. 17. 18.) Vidisti Spiritum revelationis? Sed ad propositum redeamus. Ubi opus est profunda ediscere, vocatur Spiritus revelationis; ubi oportet habere caritatem, vocatur Spiritus caritatis; ubi decet manifeste loqui doctorem, vocatur Spiritus sapientiæ; ubi opus est auditorem cum intelligentia capere, nominatur Spiritus intellectus. (Varia Spiritus sancti dona.) Spiritus sapientiæ datur docentibus, Spiritus intellectus auditoribus. Ego prædico; tu intelligis, et dictorum mentem capis, nescis autem docere, id quod vocatur donum sapientiæ ad docendum. Volens autem Deus monstrare, se sicut mittit docenti sermonem sapientiæ, ita mittere et discenti donum intellectus, ut capiat ea quæ Dei sunt, inquit: Sapientiæ gratiam habet os prædicans, intellectus gratiam habet cor discens. Sapientia armatura oris est, intellectus vero cordis. Propterea dicit David, *Os* (Psal. 48. 4.)

[b] Reg. et Colb. τουτέστιν ὅτι παντός.
[c] Colb. δῷ.

[a] Colb. βουλὴν ἀγαθὴν καὶ βουλὴν θαυμαστήν.

meum loquetur sapientiam, et meditatio cordis mei intelligentiam. Alius non accepit doctrinæ gratiam, sed accepit donum, ut det consilium, consiliumque bonum et admirabile. Aliquando qui docet, consilium dare nescit, quia non accepit: non enim omnia quis accipit, ut ne donum naturam esse putet. Accepit quis do- B ctrinæ gratiam, et ut ne superbiat, ad consilium in rebus gerendis dandum ineptus deprehenditur: et alius non valens docere, bene consulit; etiamque invenitur qui mutuum nunc aliis dat, nunc ab aliis recipit. Unde hoc? Nunc demonstrandum suscipiam, cum qui accipit gratiam doctrinæ, indigere alterius consilio. Moses acceperat Spiritum sapientiæ, legislationis et doctrinæ: in se susceperat ut toto die jus diceret. Accedit Jothor socer ejus, et consulit ei, ac di-
Exod. 18. 18 sqq. cit: Non potes sufficere tanto populo solus tu, ut ei jus dicas: sed si hoc feceris, totum teipsum perdes. At quid? Constitue, inquit, decanos, et quinquagenarios, et centuriones, et tribunos, ut C ea quæ excedunt decanum, referat ad quinquagenarium: et quæ excedunt quinquagenarium, referat ad centurionem: et quæ centurionem excedunt, referat ad tribunum: et quæ excedunt tribunum, referat ad te: et quæ excedunt te, referas ad Deum. Si quod, inquit, grave negotium, referent ad te; si autem tibi molestum sit, referes ad Deum. Etiam legislator sapiens cum esset, accepit consilium viri privati; et factum est consilium lex, et figura futurorum. Quoniam Jothor, socer Mosis, sacerdos erat idolorum: postea autem damnato errore, didicit veritatem, factusque est figura Ecclesiæ gentium: quia sapientiam legis transcendit gentium intelligentia; non quia gentilis est, sed quia resipuerant. Quando enim receptum est consi- D lium Jothor? Non cum esset sacerdos idolorum, sed postquam agnoverat Deum. Cum enim cognovit opera Dei, et mirabilia quæ narravit ei
Exod. 18. 11 Moses in Ægypto facta, dicit: *Nunc ego cognovi* (vide pœnitentiam) *quod magnus sit Dominus Deus vester supra* omnes *deos*. Nam ubi veritatem agnovit, accepit boni consilii donum.

4. At nos ad propositum redeamus. Accipit is qui docet Spiritum sapientiæ, is qui discit Spiritum intelligentiæ, ut intelligat. Propterea Hesaias sapientiam adscribit docenti, intellectum
Isai. 3. 3. audienti, et ait: *Sapientem architectum, et intelligentem auditorem.* Spiritus consilii datur consiliario; Spiritus fortitudinis, consilium accipienti: accipit donum consiliarius, ut dicat utile quidpiam; accipit gratiam, qui consilium accipit, ut perficiat quod utile est. Spiritus timoris Domini. Singula dona illa sive chari-

λὴν ἀγαθὴν καὶ θαυμαστήν. Ἐνίοτε ὁ διδάσκων, γνώμην οὐκ οἶδε δοῦναι· οὐ γὰρ ἔλαβεν· οὐ πάντα γὰρ λαμβάνει τις, ἵνα μή τις φύσιν εἶναι τὴν χάριν νομίσῃ. Λαμβάνει τις διδασκαλίας χάριν· καὶ ἵνα μὴ ἐπαίρηται, ἐν πραγμάτων βουλῇ εὑρίσκεται ἀτονῶν· καὶ ἄλλος διδάσκειν μὴ δυνάμενος, συμβουλεύει καλῶς· καὶ εὑρίσκεται ὁ δανείζων ἄλλοις, ἀλλαχοῦ δανειζόμενος. Πόθεν τοῦτο; Νῦν ἀπόδειξιν παραστήσω, ὅτι ὁ λαβὼν χάριν διδασκαλίας, ἐπιδέεται γνώμης ἑτέρου. Μωϋσῆς ἔλαβε Πνεῦμα σοφίας, νομοθεσίας, διδασκαλίας· ἐπέτρεψεν ἑαυτῷ δικάζειν πᾶσαν ἡμέραν. Ἐπέρχεται Ἰωθὸρ ὁ πενθερὸς αὐτοῦ συμβουλεύων αὐτῷ, καὶ λέγει· Οὐ δύνῃ ἀρκέσαι πρὸς τοσοῦτον λαὸν μόνος σὺ, ὥστε δικάζειν· ἀλλὰ φθορᾷ καταφθαρήσῃ, ἐὰν τοῦτο ποιήσῃς. Ἀλλὰ τί; Κατάστησον, φησὶ, δεκάρχους, καὶ πεντηκοντάρχους, καὶ ἑκατοντάρχους καὶ χιλιάρχους, ἵνα [b] τὰ ὑπερβαίνοντα τὸν δέκαρχον ἀνενέγκῃ ἐπὶ τὸν πεντηκόνταρχον· τὰ δὲ ὑπερβαίνοντα τὸν πεντηκόνταρχον ἀνενέγκῃ ἐπὶ τὸν ἑκατόνταρχον, καὶ τὰ ὑπερβαίνοντα τὸν ἑκατόνταρχον ἀνενέγκῃ ἐπὶ τὸν χιλίαρχον, καὶ τὰ ὑπερβαίνοντα τὸν χιλίαρχον ἀνενέγκῃ σοι, καὶ τὰ ὑπερβαίνοντά σε ἀνοίσῃς τῷ Θεῷ. Εἴ τι, φησὶ, βαρὺ ῥῆμα, ἀνοίσουσιν ἐπὶ σέ· εἰ δέ τί σοι βαρὺ, ἀνοίσεις πρὸς τὸν Θεόν. Καὶ [c] ὁ νομοθέτης σοφὸς ὢν, ἐδέξατο γνώμην ἰδιώτου· καὶ ἐγένετο ἡ γνώμη νόμος, καὶ εἰκὼν τῶν μελλόντων. Ἐπειδὴ Ἰωθὸρ ὁ πενθερὸς Μωϋσέως ἱερεὺς ἦν τῶν εἰδώλων· μετὰ δὲ ταῦτα κατέγνω τῆς πλάνης, καὶ ἔμαθε τὴν ἀλήθειαν, καὶ εἰκὼν ἐγένετο τῆς τῶν ἐθνῶν Ἐκκλησίας, ὅτι τὴν σοφίαν τοῦ νόμου ὑπερβαίνει ἡ τῶν ἐθνῶν σύνεσις, οὐχ ἐν τῷ εἶναι ἐθνικὴ, ἀλλ' ἐν τῷ μετανοῆσαι. Πότε γὰρ ἐδέχθη ἡ γνώμη Ἰωθόρ; Οὐχ ἐν ὅσῳ ἦν ἱερεὺς, ἀλλὰ μετὰ τὸ ἐπιγνῶναι τὸν Θεόν. Ὅτε γὰρ εἶδε τοῦ Θεοῦ τὰ ἔργα, καὶ διηγήσατο αὐτῷ Μωϋσῆς τὰ ἐν Αἰγύπτῳ θαύματα, λέγει, Νῦν ἔγνων (ἴδε μετάνοιαν) ὅτι μέγας Κύριος ὁ Θεὸς ὑμῶν παρὰ πάντας τοὺς θεούς. [d] Ἀφ' οὗ οὖν ἔγνω τὴν ἀλήθειαν, ἔλαβε χάρισμα γνώμης ἀγαθῆς.

Ἀλλ' εἰς τὸ προκείμενον ἐπανέλθωμεν. Ἔλαβεν ὁ διδάσκων Πνεῦμα σοφίας, ὁ διδασκόμενος Πνεῦμα συνέσεως, ἵνα συνιῇ. Διὰ τοῦτο Ἡσαΐας [e] τὴν σοφίαν ἐπιγράφει τῷ λέγοντι, τὴν σύνεσιν τῷ ἀκούοντι, καί φησι, Σοφὸν ἀρχιτέκτονα, καὶ συνετὸν ἀκροατήν. Πνεῦμα βουλῆς δίδοται τῷ γνωμοδοτοῦντι, Πνεῦμα ἰσχύος τῷ τὴν γνώμην δεχομένῳ· λαμβάνει χάριν ὁ γνωμοδότης, εἰπεῖν τι χρηστόν· λαμβάνει χάριν ὁ τὴν γνώμην δεχόμενος, ἐπιτελέσαι τὸ συμφέρον. Πνεῦμα φόβου Θεοῦ. Ἕκαστον τούτων τῶν χαρισμάτων πρὸς τὴν προκειμένην χρείαν ἐδίδοτο. Ἀμέλει

[b] Reg. et Colb. τὰ ὑπερβαίνοντα τῷ δεκάρχῳ. Hæc porro alio ordine aliisque verbis habentur in libro Exodi cap. 18.

[c] Colb. ὁ νομοδότης

[d] Sic Colb. recte. Morel. ἀφ' οὗ νῦν ἔγνω.

[e] Τὴν σοφίαν deest in Colb.

ὅτε κατεσκευάζετο ἡ σκηνὴ ἐπὶ Μωϋσέως ἐν τῇ ἐρήμῳ, οὐ χρεία ἦν ἐκεῖ δωρεᾶς διδασκαλικῆς, ἀλλὰ δωρεᾶς E ἀρχιτεκτονικῆς, πῶς ὑφάνωσι τὴν βύσσον, τὴν ὑάκινθον, τὸ κόκκινον, τὴν πορφύραν· ἔδωκεν ὁ Θεὸς χάρισμα δωρεᾶς ἀρχιτεκτονικῆς, ὑφαντικῆς, ἱστουργικῆς, χρυσοχοϊκῆς, λιθουργικῆς, ῥαφιδευτικῆς. Καὶ διὰ τί ταύτας τὰς τέχνας ἔδωκεν; Ἐπειδὴ τὴν [f] σκηνὴν ἐποίει ὁ Θεὸς ἐπὶ τῆς γῆς. Ἦν δὲ εἰκὼν οὐρανοῦ καὶ γῆς ἡ σκηνή· ἐν ἓξ δὲ ἡμέραις ὁ Θεὸς ἐποίησε τὸν οὐρανὸν καὶ τὴν γῆν. Κατεσκευάζετο ἡ σκηνὴ τύπον ἔχουσα οὐρανοῦ καὶ γῆς, καὶ χρεία δωρεᾶς τοῦ ἁγίου Πνεύματος ἦν πρὸς τὸ πρᾶγμα ἁρμοζούσης. Οὐ γὰρ ἦν καιρὸς διδακτικῆς, ἀλλ' ὑφαντικῆς, καὶ τῶν ἄλλων. Καὶ λέγει ὁ Θεὸς, Ἰδοὺ κέκληκα ἐξ ὀνόματος 802 A τὸν Βεσελεὴλ ἐκ φυλῆς Ἰούδα, καὶ ἐπλήρωσα αὐτὸν Πνεύματος θείου, Πνεύματος σοφίας, καὶ ἐπιστήμης, καὶ αἰσθήσεως· σοφίας, πρὸς τὸ ὑποτίθεσθαι τοῖς ἐργαζομένοις τοιῶσδε ἐργάζεσθαι ἢ τόδε ποιῆσαι· ἐπιστήμης, ἵνα ἁρμόσῃ· αἰσθήσεως, ἵνα νοήσῃ τὰ παρὰ τοῦ Θεοῦ λεγόμενα ποίαν ἔχει δύναμιν. Ἀλλαχοῦ ἐπαγγέλλεται ὁ Θεὸς διδόναι χάριν φιλανθρωπίας, καὶ λέγει· Ἐκχεῶ ἐπὶ τὸν οἶκον Δαυὶδ Πνεῦμα χάριτος καὶ οἰκτιρμοῦ, τουτέστι δωρεὰν φιλανθρωπίας. Πάλιν δωρεῖται χάρισμα ταπεινοφροσύνης. Πόθεν τοῦτο; Οἱ τρεῖς παῖδες ἐν τῇ καμίνῳ, ἐπειδὴ ὡς δίκαιοι τὴν φλόγα ἐπάτησαν, ὡς δὲ ταπεινόφρονες ἁμαρτωλοὺς ἑαυτοὺς ἐκάλεσαν, διὰ τὴν ὑπερβάλλουσαν δικαιοσύνην ἐπάτησαν τὴν φλόγα, καὶ τὴν κάμινον δρόσον ἐποίησαν· οὐκ ἐπήρθησαν δὲ, οὐδὲ εἶπον· * ὢ B πῶς ἡ δικαιοσύνη μεθ' ἡμῶν; ἐνικήσαμεν φύσιν, ὑπερέβημεν νόμον· ἀλλὰ πράττουσιν ὡς δίκαιοι, καὶ λαλοῦσιν ὡς ἁμαρτωλοί. Ἐννόησον γάρ. [a] Ἐπάτουν τὴν φλόγα, καὶ ἐχόρευον ὡς ἅγιοι, καὶ ἐξωμολογοῦντο ὡς ἁμαρτωλοί· Ἡμάρτομεν, ἠνομήσαμεν, ἠδικήσαμεν. Πάντα ὅσα ἐπήγαγες ἡμῖν, ἐν ἀληθινῇ κρίσει ἐποίησας· ὅτι ἠνομήσαμεν ἀποστάντες ἀπὸ σοῦ, καὶ τῶν ἐντολῶν σου οὐκ ἠκούσαμεν, ἵνα εὖ ἡμῖν γένηται. Ἐπεὶ οὖν δίκαιοι ὄντες ἑαυτοὺς ἐταπείνουν, ἔλαβον Πνεῦμα ταπεινώσεως, χάρισμα ταπεινοφροσύνης. Διὰ τοῦτο ἰδόντες τὴν χάριν, λέγουσιν, C ὅτι Οὐκ ἔστιν ἡμῖν ἐν τῷ καιρῷ τούτῳ προφήτης, [b] οὐδὲ προσφορὰ, οὐδὲ θυμίαμα, οὐ τόπος τοῦ καρπῶσαι καὶ εὑρεῖν ἔλεος. Ἐπεὶ οὖν οὐκ ἔχομεν πόλιν, οὐ ναὸν, οὐ θυσιαστήριον, οὐ θυμίαμα, ἀντὶ πάντων ἡ ταπεινοφροσύνη ἡμῖν ἀρκέσει. Διὰ τοῦτο λέγουσιν, Ἀλλ' ἐν ψυχῇ συντετριμμένῃ καὶ Πυεύματι ταπεινώσεως προσδεχθείημεν. Ἄλλος, [c] ὅταν πλήρης ᾖ τῆς χάριτος, λαβὼν ὁλόκληρον τὸ δῶρον, λέγει· Πνεῦμα ἔλαβε πληριώσεως. Πόθεν τοῦτο; Λέγει Ἱερεμίας· Ἡ ὁδὸς τῆς θυγατρὸς τοῦ λαοῦ μου οὐκ εἰς ἅγιον, οὐδὲ εἰς καθαρὸν Πνεῦμα πληρώσεως. Οὐκ ἔχουσι, φησὶ, Πνεῦμα [d] τὸ πληροῦν αὐτούς. Οὕτως εἶχον Πνεῦμα πληρώσεως οἱ ἀπόστολοι, καθὼς γέγραπται· Τότε, φησὶν, ὁ Παῦλος πλησθεὶς Πνεύματος ἁγίου, ὅτε ἐλέγχει Ἐλύμαν τὸν μάγον. Ὁρᾷς τὰ χαρίσματα; Ἐπανα-

[f] Colb. σκηνὴν ἦν ἐποίει.

* Restituendum hic putat Fronto Ducæus, ὢ πόση δικαιοσύνη μεθ' ἡμῶν. Quæ lectio cum Interprete concordaret.

smata ad propositum usum concedebantur. Certe
cum exstruebatur tabernaculum a Mose in solitudine, non opus erat illi dono doctrinæ, sed
dono architectonices, quomodo consuerent bys-
sum, hyacinthum, purpuram, coccinum; deditque Deus donum architectonices, et artem
consuendi, texendi, fundendi aurum, poliendi
lapides, et construendi. Et quare omnes artes
illas dedit? Quia tabernaculum faciebat Deus in
terra. Erat autem tabernaculum figura cæli et
terræ: in sex vero diebus fecit Deus cælum et
terram. Exstruebatur tabernaculum figuram gerens cæli et terræ, et opus habebant dono Spiritus quod suo operi congrueret. Non enim erat
tempus doctrinæ, sed textoriæ, et aliarum artium. Et dicit Dominus, *Vocavi ex nomine* Exod. 31.
Beseleel de tribu Juda, et *implevi eum Spi-* 2.
ritu divino, *Spiritu sapientiæ*, et *scientiæ*,
et *sensus*: sapientiæ Spiritu, ι t suggereret iis
qui operabantur, hoc modo esse operandum,
aut hoc faciendum; scientiæ autem, ι t omnia
bene quadrarent; sensus vero, ut intelligeret
qualem haberent virtutem ea quæ dicebantur
a Deo. Alio loco promittit Deus se daturum
gratiam clementiæ et dicit: *Effundam super* Zach. 12.
domum David Spiritum gratiæ et *clementiæ*, 10.
hoc est, donum clementiæ. Iterum largitur donum humilitatis. Undc l oc liquet? Tres pueri
in camino, quoniam ι t justi flammam calcaverunt, ι t humiles autem, peccatores se vocave-
runt, propter excellentem justitiam flammam
calcaverunt, et caminum rorem fecerunt: non
inflati sunt, neque dixerunt, O quanta nostra
justitia! vicimus enim naturam, transgressi
sumus legem; sed operantur ut justi, et loquuntur ut peccatores. Rem enim perpende. Calca-
bant flammam, exsultabant ut justi, et confite-
bantur ι t peccatores. *Peccavimus, inique egi-* Dan. 3. 29.
mus, injustitiam fecimus. Omnia quæ indu- 30.
xisti super nos, judicio justo fecisti: quia
inique egimus, et *discessimus a* te, et *man-*
data tua non audivimus, ut bene esset *nobis*.
Quoniam igitur cum justi essent, seipsos humi-
liabant, acceperunt Spiritum humiliationis, donum humilitatis. Et propterea cum viderent
gratiam, dicebant: *Non est nobis in tempore* Dan. 3. 38
hoc princeps et *propheta*, *neque oblatio*, ne-
que thymiama, *neque locus ut offerantur*
primitiæ, et *inveniatur misericordia*. Quia
igitur non habemus civitatem, neque templum,
neque altare, neque thymiama, pro omnibus humilitas nostra sufficiet. Propterea dicunt, *Sed* Ibid. v. 39
in anima contrita et *Spiritu humilitatis sus-*
cipiamur. Alius cum plenus esset gratia, accepto integro dono dieit: Spiritum accepit

[a] Reg. et Colb. ἐπάτουν φλόγα.

[b] Reg. et Colb. οὔτε προσφορὰ, οὔτε.

[c] Colb. ὅταν πληρωθῇ τῆς χάριτος.

[d] τὸ deest in Colb.

Jer. 4. 11. 12. plenitudinis. Undc loc? Dicit Jeremias : *Via
filiæ populi mei, non in sancto, neque in
puro Spiritu plenitudinis. Non habent, inquit, Spiritum qui impleat eos. Sic habebant
Spiritum impletionis apostoli, ut scriptum est : D
Act. 13. 9. *Tunc Paulus impletus Spiritu sancto,* quando
arguit Elymam magum. Vides dona? Repetam
igitur nomina ineffabilis naturæ : Spiritus Dei,
Spiritus qui ex Deo, Spiritus Domini, Spiritus
Patris, Spiritus Filii, Spiritus Clristi, Spiritus
ejus qui excitavit Christum, Spiritus vitæ, Spiritus veritatis. Dein dona : Spiritus virtutis,
Spiritus caritatis, Spiritus temperantiæ, Spiritus promissionis, Spiritus fidei, Spiritus revelationis, Spiritus adoptionis filiorum. Quando
aliquis accipit gratiam judicandi, accipit Spiri-
Isai. 4. 4. tum judicii, sicut dicit Hesaias, *Et purgabit*
eos Dominus Spiritu judicii, et *Spiritu adu-*
stionis : ultricem et purgatricem vim vocat Spi- E
ritum judicii et Spiritum adustionis. David autem petit Spiritum rectum, qui dirigat, et in
rectam viam ferat. Et iterum petit donum prin-
cipale, quod dominetur affectibus, efficiatque
ne anima serviat illis. Quoniam enim perversum
fuerat cor Davidis, et a continentia venerat in
nequitiam affectionum et voluptatis, et quia
non juste judicium tulerat de interficiendo viro,
et servus factus erat concupiscentiæ, in adulterium prolapsus, petit Spiritum rectum, inquiens :
Psal. 50. 10.—12. *Innova in visceribus meis; et ne projicias*
me, inquit, *a facie tua :* et *redde mihi læti-*
tiam salutaris tui, et Spiritu principali con-
firma me : hoc est, dono quo dominer affectioni-
bus, et cohibeam voluptates.

λαμβάνω τοίνυν τὰ ὀνόματα τῆς ἀφράστου φύσεως· Πνεῦμα Θεοῦ, Πνεῦμα τὸ ἐκ τοῦ Θεοῦ, Πνεῦμα Κυρίου, Πνεῦμα Πατρὸς, Πνεῦμα Υἱοῦ, Πνεῦμα Χριστοῦ, Πνεῦμα τοῦ ἐγείραντος τὸν Χριστὸν, Πνεῦμα ζωῆς, D Πνεῦμα ἀληθείας. Λοιπὸν τὰ χαρίσματα· Πνεῦμα δυνάμεως, Πνεῦμα ἀγάπης, Πνεῦμα σωφρονισμοῦ, Πνεῦμα ἐπαγγελίας, Πνεῦμα πίστεως, Πνεῦμα ἀποκαλύψεως, Πνεῦμα υἱοθεσίας. Ὅταν λάβῃ τις χάρισμα τοῦ δικάζειν, ἔλαβε Πνεῦμα κρίσεως, ὡς λέγει Ἡσαίας, Καὶ καθαριεῖ αὐτοὺς ὁ Κύριος Πνεύματι κρίσεως καὶ Πνεύματι καύσεως· τὴν τιμωρητικὴν [e] καὶ καθαρτικὴν δύναμιν καλεῖ Πνεῦμα κρίσεως καὶ Πνεῦμα καύσεως. Ὁ δὲ Δαυὶδ αἰτεῖ Πνεῦμα εὐθὲς, τὸ εἰς εὐθύτητα φέρον. Καὶ πάλιν αἰτεῖ χάρισμα ἡγεμονεῦον τῶν παθῶν, καὶ ποιοῦν τὴν ψυχὴν μὴ δουλεύειν τοῖς πάθεσιν. Ἐπειδὴ γὰρ διεστράφη ἡ καρδία τοῦ Δαυὶδ, καὶ ἀπὸ σωφροσύνης ἦλθεν εἰς κακίαν παθῶν καὶ ἡδονῆς, καὶ ἐπειδὴ οὐ δικαίως ἔκρινεν ἀναιρεθῆναι E τὸν ἄνδρα, καὶ δοῦλος ἐγένετο ἐπιθυμίας, καὶ εἰς μοιχείαν ἐτράπη, [f] αἰτεῖ Πνεῦμα εὐθὲς, λέγων, Ἐγκαίνισον ἐν τοῖς ἐγκάτοις μου, καὶ μὴ ἀποῤῥίψῃς με, φησὶν, ἀπὸ τοῦ προσώπου σου· ἀπόδος μοι τὴν ἀγαλλίασιν τοῦ σωτηρίου σου, καὶ Πνεύματι ἡγεμονικῷ στήριξόν με, τουτέστι, χαρίσματι ἡγεμονεύοντι τῶν παθῶν, καὶ κρατοῦντι τῶν ἡδονῶν.

5. Hæc a nobis dicta sunt de Spiritus sancti
divina majestate, et de diversitate operationum
Hæretici Macedoniani quomodo verum Scripturarum sensum adulterarint. ejus. Hæretici autem cum ignorarent, ipsum,
quando dicit Spiritum sanctificationis, vel pro-
missionis, dona commemorare : id ad naturam
referunt, dicentes, Deum dedisse, et Spiritum
sanctum donavisse. Vidisti, inquiunt, donum
Dei esse? Legerunt ea quæ ad dona pertinebant,
et ipsa ad naturam retulerunt; cum oportuisset
intelligere quæ nomina ad naturam pertinerent
et quæ dona gratiam significarent : caupones
fuerunt adulteræ veritatis, confuderunt omnia,
subverterunt seipsos, exciderunt a veritate,
Rom. 1. 21. 22. *Obtenebratum est insipiens cor eorum : di-*
centes se esse sapientes, infatuati sunt.
Argumentum Macedonianorum. Eapropter inferunt : Quoniam de Spiritu quæstiones moves, et ex Scripturis doces, et vis
testes habere Scripturas : ab ipsis Scripturis
moti dicimus ea ipsa quæ de Spiritu sanoto
Joan. 15. 26. Salvator dixit. Quid igitur dicit ille? *Cum au-*
tem venerit Paracletus, Spiritus veritatis B
qui a Patre procedit, deducet vos in omnem
veritatem : non enim loquetur a seipso, sed
quæcumque audierit, loquetur, et *quæ ven-*

Ταῦτα ἡμῖν εἴρηται περὶ τῆς τοῦ ἁγίου Πνεύματος θεϊκῆς αὐθεντίας, καὶ τῆς κατὰ τὰ ἐνεργήματα διαφορᾶς. Οἱ δὲ αἱρετικοὶ ἀγνοήσαντες ὅτι, ὅταν λέγῃ Πνεῦμα ἁγιωσύνης ἢ ἐπαγγελίας, τῶν δωρεῶν μέμνηται, αὐτοὶ εἰς τὴν φύσιν ἀνάγουσι, λέγοντες, ὅτι 803 A ὁ Θεὸς ἔδωκε, καὶ τὸ Πνεῦμα τὸ ἅγιον ἐδωρήσατο. Εἶδες, φασὶν, ὅτι δῶρόν ἐστι Θεοῦ; Ἀνέγνων τὰ τῶν δωρεῶν, καὶ εἰς τὴν φύσιν ἀνήγαγον, δέον νοῆσαι τίνα τὰ ὀνόματα τὰ τὴν φύσιν δηλοῦντα, καὶ τίνα τὰ ὀνόματα τὰ τὴν χάριν ἑρμηνεύοντα· ἐκαπήλευσαν τὴν ἀλήθειαν, συνέχεον τὰ πάντα, ἀνέστρεψαν ἑαυτοὺς, ἐξώκειλαν τῆς ἀληθείας, Ἐσκοτίσθη ἡ ἀσύνετος αὐτῶν καρδία· φάσκοντες εἶναι σοφοὶ, ἐμωράνθησαν. Διὸ ἐπάγουσιν· Ἐπειδὴ, φησὶ, περὶ Πνεύματος κινεῖς, καὶ ἀπὸ Γραφῶν διδάσκεις, καὶ βούλει μάρτυρας ἔχειν τὰς Γραφὰς, ἀπ' αὐτῶν τῶν Γραφῶν κινούμενοι λέγομεν, ἅπερ ὁ Σωτὴρ περὶ τοῦ Πνεύματος εἶπε τοῦ ἁγίου. Τί οὖν λέγει; Ὅταν δὲ ἔλθῃ, φησὶν, ὁ Παράκλητος, τὸ Πνεῦμα τῆς ἀληθείας, ὃ παρὰ τοῦ Πατρὸς ἐκπορεύεται, ἐκεῖνος ὑμᾶς ὁδηγήσει πρὸς πᾶ- B σαν τὴν ἀλήθειαν. Οὐ γὰρ ἀφ' ἑαυτοῦ λαλήσει, ἀλλ' ὅσα ἂν ἀκούσῃ, ἀναγγελεῖ ὑμῖν, ὅτι ἐκ τοῦ ἐμοῦ λήψεται, καὶ ἀναγγελεῖ ὑμῖν. Εἶδες πῶς, φησὶν, ἀφ' ἑαυτοῦ οὐ λαλεῖ, ἀλλ' ἐξ αὐτοῦ λαμβάνει; Μὴ δύνα-

[e] Καὶ καθαρτικὴν deest in Colb.

[f] Sic Reg. et Colb. In Morel. κινεῖ πνεῦμα, perperam.

ται ἡ αὐθεντία δειχθῆναι τοῦ Πνεύματος; Οὐκ ἔδειξε, φησὶν, ἡ Γραφὴ ὑποκείμενον αὐτὸ τῇ ἐξουσίᾳ τοῦ Υἱοῦ, καὶ δανειζόμενον παρ' αὐτοῦ, καὶ ἄλλοις χορηγοῦν; Πρόσεχε ἀκριβῶς. Ὅταν τι τῶν λεγομένων ἄπορόν σοι φανῇ, μὴ εὐθέως ἐπιπηδήσῃς τῇ λέξει, ἀλλ' ἀνάμεινον τὸ τέλος τοῦ νοήματος. Οὐκ εἶδες ἐν ταῖς παρασκευαῖς τῶν οἰκοδομῶν, πῶς πάντα συγκεχυμένα, ἄσβεστος, λίθοι, ξύλα, καὶ τῇ μὲν σῇ ὄψει πάντα συγκέχυται, τῷ δὲ τεχνίτῃ πάντα ἥρμοσται; Καὶ οἶδε τὸν καιρὸν, καθ' ὃν τοῦτο τὸ συγκεχυμένον ἁρμόσει ἐκείνῳ, κἀκεῖνο τούτῳ· καὶ τὰ νῦν διεσκορπισμένα τὴν πρέπουσαν ἁρμονίαν λαμβάνοντα ἀποτελεῖ τὸ τῆς οἰκοδομῆς κάλλος. Ὅταν τοίνυν ἴδῃς τὸν C λέγοντα ἀπὸ τούτου εἰς τοῦτο, καὶ ἀπ' ἐκείνου εἰς ἄλλο μεταβαίνοντα, νόει τὰς ὕλας αὐτὸν παρασκευάζειν· ὅταν [a] γὰρ παραθῶ τὰς ὕλας, τότε δείκνυμι τὴν ἁρμονίαν. Μία φύσις Υἱοῦ καὶ Πνεύματος, μία δύναμις, μία ἀλήθεια, μία ζωὴ, μία σοφία. Ἀφ' οὗ δὲ ὁ Σωτὴρ κατηξίωσε τὸ πλάσμα λαβεῖν τὸ ἡμέτερον, πληροῦται Πνεύματος ἁγίου, οὐχ ὡς κατώτερος ἁγίου Πνεύματος, ἀλλ' ὡς τῆς σαρκὸς ὀφειλούσης ἀνθρωπίνῳ τύπῳ λαβεῖν τοῦ Πνεύματος τὴν ἐπιφοίτησιν· οὐχ ὅτι οὐκ ἠδύνατο ὁ Θεὸς Λόγος ἁγιάσαι τὸ πλάσμα ὃ ἀνέλαβεν. Ἐὰν γὰρ εἰς τοῦτον χωρήσῃς τὸν λόγον, καὶ ὁ Υἱὸς περιττός· ἤρκει γὰρ ὁ Πατὴρ ἁγιάσαι τὸ πλάσμα. Μὴ γὰρ ὡς ἀτονῶν ὁ Πατὴρ προσλαμβάνει τὸν Υἱόν; μὴ γὰρ ὡς ἀτονῶν ὁ Υἱὸς προσλαμβάνει τὸ Πνεῦμα; Ἀλλ' ἐπειδὴ μία φύσις ἐστὶ D τὰ πάντα ἐν πᾶσιν ἐνεργοῦσα, τὰ μὲν ὁ Πατὴρ ἐργάζεται, [b] καὶ εἰς πᾶσαν τὴν φύσιν ἐκλαμβάνεται· τὰ δὲ ὁ Υἱὸς, καὶ εἰς πᾶσαν διαβαίνει τὴν φύσιν· τὰ δὲ τὸ Πνεῦμα, καὶ εἰς πᾶσαν τὴν φύσιν ἀναλαμβάνεται. Ὅτε οὖν ἐστιν ἡ φύσις καθ' ἑαυτὴν θεωρουμένη, ἴση καὶ ὁμαλὴ, δεσποτικῆς αὐθεντίας πλήρης, θαυμαστὴ, οὔτε ἐνδεὴς, οὔτε ἀτελὴς, οὐ προκόπτουσα, οὐ μειουμένη, οὐκ ἐλαττουμένη, οὐ προσθήκας λαμβάνουσα. Ὅταν δὲ ἀναλάβῃ ὁ Θεὸς Λόγος τὴν σάρκα τὴν ἐξ ἡμῶν, ποιεῖ αὐτὴν κατὰ τὸν ἀνθρώπινον τύπον, ὡς ἕνα τῶν προφητῶν, ἢ ὡς ἕνα τῶν ἀποστόλων, δεχομένην Πνεῦμα ἅγιον. Εἶπον προλαβὼν, οὐχ ὡς μὴ ἀρκούσης τῆς θεότητος τοῦ Υἱοῦ, ἀλλ' ἵνα ἐντελὴς τῆς Τριάδος ἡ γνῶσις ἐν τῷ πλάσματι τούτῳ δειχθῇ. Κατηξιώθη οὖν ἡ σὰρξ ἡ δεσποτικὴ Πνεύματος ἁγίου, καὶ λοιπὸν ἐβούλετο ὁ Σωτὴρ τὸ πλάσμα, ὃ ἀνέλαβεν, E οἰκειοῦν τῷ ἁγίῳ Πνεύματι, ἵν' ὅπερ ἂν ποιῇ ὁ Χριστὸς κατὰ σάρκα, ἐπιγράφηται τῷ ἁγίῳ Πνεύματι τῷ [c] ἐνοικοῦντι ἐν αὐτῷ, ὡς ἐν ἁγίῳ ναῷ τῷ ἀνθρωπίνῳ. Ἄνθρωπος γὰρ δι' ἡμᾶς, Θεὸς δὲ δι' ἑαυτόν· Θεὸς δι' ἑαυτὸν, ἄνθρωπος δὲ διὰ φιλανθρωπίαν. Ἐξέβαλε δαιμόνια, καὶ ἠθέλησε τὴν ἀπέλασιν τῶν δαιμονίων ἐπιγράφειν τῷ ἁγίῳ Πνεύματι, καὶ λέγει· Εἰ δὲ ἐγὼ ἐν Πνεύματι ἁγίῳ ἐκβάλλω τὰ δαιμόνια. Καὶ οὐκ εἶπεν, ἐν τῷ Θεῷ Λόγῳ, ἀλλ' ἐπιγράφει τῷ ἁγίῳ Πνεύματι, ὡς ἀνὴρ ἅγιος Πνεύματος ἁγίου κατηξιωμένος. Ἀμέλει ὅτε εἰσῆλθεν εἰς τὸ ἱερὸν, λαμ- 804 A βάνει τὸν προφήτην Ἠσαΐαν, καὶ ἀναγινώσκει· ἀναγινώσκει δὲ τὰ περὶ ἑαυτοῦ γεγραμμένα· Καὶ ἀνα-

tura sunt annuntiabit vobis : ille me glorificabit; quia de meo accipiet, et annuntiabit vobis. Vidisti quomodo, inquit, a semetipso non loquitur, sed ex illo accipit? Non potest demonstrari Spiritus auctoritas. An non demonstravit, inquit, eum subjacere potestati Filii, et mutuari ab eo, atque aliis suppeditare? Attende diligenter. Quoties tibi dictum aliquod apparet obscurum, ne statim advoles ad dictionem, sed exspecta finem sententiæ. Non vides, quando exstruuntur domus, quomodo omnia confusa sint, calx, lapides, ligna, et in oculis C tuis omnia permixta videantur, artifici autem omnia bene quadrent? Scit enim quo tempore hoc confusum in hoc loco, illud in alio congruat: et quæ nunc dispersa in harmoniam quamdam convenientia ædificii pulchritudinem perficiant. Igitur cum videris dicentem ab hoc in illud, et ab illo in hoc transilire, puta eum sibi materias præparare: quando enim conjungo materias, tunc ostendo quam bene conveniant. Una natura Filii est et Spiritus, una virtus, una veritas, una vita, una sapientia. At ab eo tempore quo Salvator dignatus est assumere naturam nostram, impletur Spiritu sancto: non quod sit inferior Spiritu sancto, sed quod caro opus habeat humana figura, ut accipiat adventum Spiritus; non D quod non possit Deus Verbum sanctificare creaturam quam assumsit. Nam si hunc concesseris sermonem, supervacuus erit Filius: sufficiebat enim Pater ad sanctificandam carnem. Num igitur Pater quasi infirmus assumit Filium? num quasi infirmus Filius assumit Spiritum? Sed quia una natura est, quæ omnia in omnibus operatur, alia quidem Pater operatur, et in omni natura suscipitur: alia autem Filius, et in omnem transit naturam: alia vero Spiritus, et in omni natura suscipitur. Quando igitur natura secundum seipsam consideratur, par est et æqualis, plena herilis potestatis et auctoritatis, admirabilis, neque indiga, neque imperfecta, non proficit, non minuitur, non augmenta suscipit, non attenuatur. Cum autem accepit Deus Verbum carnem E nostram, fecit eam humano more, quæ quasi unum prophetarum vel apostolorum suscipiat Spiritum sanctum. Dixi prius, non quod non sufficiat divinitas Filii, sed ut perfecta Trinitatis cognitio in opificio illo ostendatur. Assequuta igitur est caro Domini Spiritum sanctum, et deinde voluit Salvator carnem, quam accepit, Spiritui sancto propriam reddere: ut quodcumque faciebat Christus secundum carnem, adscriberetur Spiritui sancto, qui habitavit in eo, sicut in sancto humano templo. Homo 804 enim propter nos, Deus autem propter seipsum: A Deus propter seipsum, homo autem propter amorem erga homines. Ejecit dæmones; et vo-

Responsio.

[a] Sic Mss. Morel. vero ὅταν δέ.

[b] Colb. καὶ πᾶσαν.

[c] Sic Reg. et Colb. Edit. vero Morel. οἰκοῦντι.

Matth. 12. 28. luit fugationem dæmonum adscribi sancto Spiritui, aitque : *Si autem ego in Spiritu sancto*
ejicio dæmonia. Non dixit, in Deo Verbo, sed
adscribit Spiritui, sicut vir sanctus Spiritu sancto dignatus. Certe quando intravit in templum,
sumsit prophetam Hesaiam, et legit : legit autem
Luc. 4. 17. 18. quæ de seipso erant scripta ; *Et ut revolvit li-*
brum, ait : *Spiritus Domini super me.* Num
igitur hæc Deo Verbo conveniunt ? Deus dicit,
Isai. 61. 1. *Spiritus Domini super me?* Non negari potest
quin persona hominis loquatur. *Spiritus Do-*
mini super me, eo quod unxit me. Per Spiritum, inquit, sanctum unctus sum. Propterea
Act. 10. 38. dicit Petrus, *Jesum a Nazareth, quem unxit*
Deus Spiritu sancto et virtute.

6. Hic animadvertamus obsecro. Hæc enim
omnia in apparatum illius sermonis assumuntur,
Joan. 16. 14. *De meo accipiet* : non enim ab aliis in alia
efferimur, sed, ut dixi, materias dispono, ut tu
conjunctionem concinnes. Dignatus est Spiritu
sancto, baptizatus est in Jordane ; dicitque Joan-
Joan. 1. 32. nes : *Vidi cælos apertos, et Spiritum Dei*
descendentem sicut columbam, et manentem
super eum. Vidisti quomodo humano modo
accipit Spiritum sanctum ? Nullus sic impius,
ut credat divinitatem accipere Spiritum. Dicit
Joan. 1. 26. 33. Joannes Baptista : *Medius vestrum stetit, quem*
vos ignoratis, et ego nesciebam eum : sed qui
misit me, ut baptizarem in aqua, ille mihi
dixit : Super quem videris Spiritum san-
ctum descendentem sicut columbam, et ma-
nentem super eum, hic est Filius meus.
Descendit Spiritus sanctus, ut impleatur hoc
Isai. 61. 1. Hesaiæ : *Spiritus Domini super me.* Bapti-
zata est caro, et statim baptizatus ascendit de
aqua, et ductus est a Spiritu in desertum. Ducta
est, et quasi pædagogum habuit caro Spiritum
sanctum. Quare ductus est ? Ut nobis figuram
daret : sicut caro mea non ducitur concupiscen-
tiis, sed ducitur Spiritu, sic et vos debetis.
Galat. 5. 18. Propterea et Paulus : *Si autem Spiritu Dei*
Rom. 8. 14. *ducimini, non jam estis in carne;* et, *Qui-*
cumque Spiritu Dei ducuntur, non sunt sub
lege. Ducitur caro Christi, ducamur et nos.
Propterea enim omnia in seipsum assumit, ut
Matth. 4. 1. nobis exemplum relinquat. *Ductus est a Spi-*
ritu, ut tentaretur, et vicit diabolum ; non
deitas : contumelia enim fuerit deitati dicere,
Vici. Deus enim numquam vincitur, neque vincit, sed semper prævalet et dominatur. Nam si
omnino vinceret, possibile esset et ipsum vinci.
At qui semper dominatur, est omnipotens, et
neque tumultuantur adversus eum subditi, neque adversus conatum et laborem subditorum
suorum prævalet. Si igitur caro dominica, et
dominicum figmentum, novus homo cælestis,
novum germen, quod novo partu floruit, acce-

πτύξας, φησὶ, τὸ βιβλίον, λέγει, Πνεῦμα Κυρίου ἐπ' ἐμέ. Ταῦτα ἄρα τῷ Θεῷ Λόγῳ ἁρμόζει; Θεὸς λέγει, Πνεῦμα Κυρίου ἐπ' ἐμέ; οὐκ ἀναντίῤῥητόν ἐστι, ὅτι τὸ πρόσωπον τοῦ ἀνθρώπου λαλεῖ; Πνεῦμα Κυρίου ἐπ' ἐμὲ, οὗ εἵνεκεν ἔχρισέ με. Διὰ τοῦ Πνεύματος, φησὶ, τοῦ ἁγίου ἐχρίσθην. Διὰ τοῦτο Πέτρος φησίν· Ἰησοῦν τὸν ἀπὸ Ναζαρὲτ, ὃν ἔχρισεν ὁ Θεὸς Πνεύματι ἁγίῳ καὶ δυνάμει.

[a] Ὧδε τὸν νοῦν, παρακαλῶ, ἔχωμεν. Ταῦτα γὰρ ὅλα παρασκευὴ τοῦ, Ἐκ τοῦ ἐμοῦ λήψεται· οὐ γὰρ ἀπ' ἄλλων εἰς ἄλλο ἐξηνέχθημεν, ἀλλ', ὡς ἔφθην εἰπὼν, τὰς ὕλας εὐτρεπίζω, ἵνα σὺ τὴν ἕνωσιν ἁρμόσῃς. Κατηξιώθη Πνεύματος ἁγίου, ἐβαπτίσθη ἐν τῷ Ἰορδάνῃ· καὶ λέγει Ἰωάννης· Εἶδον τοὺς οὐρανοὺς ἀνεῳγμένους, καὶ τὸ Πνεῦμα τοῦ Θεοῦ καταβαῖνον,
B ὡσεὶ περιστερὰν, καὶ μένον ἐπ' αὐτόν. Εἶδες πῶς τύπῳ ἀνθρωπίνῳ λαμβάνει Πνεῦμα ἅγιον; Οὐδεὶς οὕτως ἀσεβὴς, ἵνα νομίσῃ ὅτι ἡ θεότης ἔλαβε Πνεῦμα. Λέγει Ἰωάννης ὁ βαπτιστὴς, [b] Μέσος ὑμῖν ἕστηκεν, ὃν ὑμεῖς οὐκ οἴδατε, κἀγὼ οὐκ ᾔδειν αὐτόν· ἀλλ' ὁ πέμψας με βαπτίζειν ἐν ὕδατι, ἐκεῖνός μοι εἶπεν· ἐφ' ὃν ἂν ἴδῃς τὸ Πνεῦμα τὸ ἅγιον καταβαῖνον, ὡσεὶ περιστερὰν, καὶ μένον ἐπ' αὐτὸν, οὗτός ἐστιν ὁ Υἱός μου. Κατῆλθε τὸ Πνεῦμα τὸ ἅγιον, ἵνα πληρωθῇ τὸ τοῦ Ἡσαΐου, Πνεῦμα Κυρίου ἐπ' ἐμέ. Ἐβαπτίσθη ἡ σὰρξ, καὶ εὐθέως βαπτισθεὶς ἀνέβη ἀπὸ τοῦ ὕδατος, καὶ ἀνήχθη ὑπὸ τοῦ Πνεύματος εἰς τὴν ἔρημον. Ἀνήχθη, καὶ ὡς παιδαγωγὸν εἶχεν ἡ σὰρξ τὸ Πνεῦμα τὸ ἅγιον. Διὰ τί ἤγετο; Ἵνα ἡμῖν τύπον δῷ, ὅτι ὥσπερ ἡ σὰρξ ἡ ἐμὴ οὐκ ἄγεται ἐπιθυμίαις, ἀλλ' ἄγεται Πνεύματι, οὕτω καὶ ὑμεῖς ὀφείλετε. Διὰ
C τοῦτο καὶ ὁ Παῦλος· Εἰ δὲ Πνεύματι Θεοῦ ἄγεσθε, οὐκ ἔτι ἐστὲ ἐν σαρκί· καὶ, Ὅσοι Πνεύματι Θεοῦ ἄγονται, οὐκ εἰσὶν ὑπὸ νόμον. Ἄγεται ἡ σὰρξ τοῦ Χριστοῦ, ἀγώμεθα καὶ ἡμεῖς. Διὰ τοῦτο γὰρ καὶ πάντα εἰς ἑαυτὸν ἀναλαμβάνει, ἵνα τύπον ἡμῖν καταλίπῃ. Ἀνήχθη ὑπὸ τοῦ Πνεύματος πειρασθῆναι, καὶ ἐνίκησε τὸν διάβολον· οὐχ ἡ θεότης, ὕβρις γὰρ ἦν τῇ θεότητι τὸ εἰπεῖν, ἐνίκησα. Θεὸς γὰρ οὔτε ἡττᾶται ποτε, οὔτε νικᾷ, ἀλλὰ ἀεὶ κρατεῖ. Εἰ νίκην δέχεται, πάντως οἷόν τε αὐτὸν καὶ ἡττᾶσθαι. Ὁ δὲ ἀεὶ κρατῶν, παντοκράτωρ, καὶ οὔτε στασιάζεται ὑπὸ τῶν κρατουμένων, οὔτε καμάτῳ περιγίνεται τῶν ἀρχομένων. Εἰ τοίνυν ἡ σὰρξ ἡ δεσποτικὴ, τὸ κυριακὸν πλάσμα, ὁ ξένος ἄνθρωπος, ὁ οὐράνιος, τὸ νέον βλάστημα, τὸ
D ἀπὸ τῆς ξένης ὠδῖνος ἀνθῆσαν, οὗτος λαμβάνει Πνεῦμα ἅγιον, ἔχεις τὰς μαρτυρίας ὅτι ἐπεδήμησε Πνεῦμα ἐξ οὐρανοῦ, ὅτι ἀνήγαγεν αὐτὸν τὸ Πνεῦμα εἰς τὸ περιγενέσθαι τοῦ διαβόλου. Ἡ τοῦ Ἀδὰμ εἰκὼν ἡ ἐν τῇ ἀρχῇ πλανηθεῖσα, ἵνα νικήσῃ λοιπὸν, ὁ ἄνθρωπος

[a] Iidem ὧδε τόν. Morel. ὧδε δὲ τόν.

[b] Colb. μέσος ὑμῶν.

ὁ ξένος εἰσήρχετο, δορυφορούμενος τῇ δυνάμει τοῦ Πνεύματος. Διὰ τοῦτο, ὥσπερ εἶπεν, Ἀνήχθη ὑπὸ τοῦ Πνεύματος ἐν τῇ ἐρήμῳ πειρασθῆναι· οὕτως ὅτε ὡς νικητὴς ὑπέστρεψε, λέγει, Ἰησοῦς δὲ ὑπέστρεφεν ἐν τῇ δυνάμει τοῦ Πνεύματος ἀπὸ τοῦ ἐρήμου. Εἶχεν οὖν ἡ σὰρξ Πνεῦμα ἅγιον, οὐ μέρος χαρισμάτων, ὡς ἡμεῖς, τῷ μὲν σοφία, τῷ δὲ γνῶσις· ἀλλὰ πάντα ἔσχε τὰ χαρίσματα. Ἐπ' ἀληθείας ἀγωνιῶ καὶ τρέμω, μὴ τὸ ἀσθενὲς τῆς γλώττης ἀμβλύνῃ τὸ μέγεθος τοῦ κηρυττομένου. Τὸ τοίνυν σῶμα τὸ δεσποτικὸν, καὶ ἡ σὰρξ ἡ ἁγία λαβοῦσα τοῦ ἁγίου Πνεύματος τὴν ἐνέργειαν, οὐκ ἔλαβεν, ὡς ἐπὶ τῶν ἀποστόλων καὶ τῶν προφητῶν, μίαν χάριν ἢ δευτέραν. Ἄνθρωπος γὰρ πάντα χωρῆσαι οὐ δύναται· διὸ λέγει Παῦλος, Μὴ E πάντες ἀπόστολοι; μὴ πάντες προφῆται; μὴ πάντες χαρίσματα ἔχουσιν ἰαμάτων; Ἐφ' ἡμῖν γὰρ μερίζεται τὰ δῶρα· ἐν δὲ τῇ σαρκὶ τοῦ Χριστοῦ ὅλα τὰ χαρίσματα, ὅλαι αἱ δωρεαὶ ἦσαν κατὰ τὴν τῆς σαρκὸς οὐσίαν. Καὶ πρόσεχε. Ἐπλήρωσε πρῶτον τὸν ἴδιον ναὸν πάσης χάριτος. [c] Εἶχε χάρισμα νόσους ἰᾶσθαι, δαίμονας ἐκβάλλειν, νεκροὺς ἐγείρειν, προφητεύειν, τὰ τῆς ἀληθείας ἐργάζεσθαι· πάντα ἠδύνατο, καὶ εἶχε τῶν χαρισμάτων τὸ πλήρωμα, ἀφ' οὗ ἐπληρώθη 805 ἡ σὰρξ ἡ δεσποτικὴ πάντων τῶν χαρισμάτων. Χρεία A δὲ ἦν πάντως ἡμᾶς λαμβάνειν ἐκ μέρους, ὡς ἀπὸ δεξαμενῆς, ἀπὸ τοῦ κυριακοῦ σώματος, [a] χορηγεῖται καὶ ἀποστόλοις καὶ προφήταις ἐξ αὐτοῦ. Ἰωάννης ἐμαρτύρει, ὅτι ἐν αὐτῷ ὅλον τὸ πλήρωμα τῆς θεότητος· καὶ Παῦλος, Ἐν ᾧ κατῴκησε πᾶν τὸ πλήρωμα τῆς θεότητος σωματικῶς. Οὐκ εἶπεν ἁπλῶς, ἐν ᾧ κατῴκησεν ἡ θεότης, ἀλλὰ, Τὸ πλήρωμα τῆς θεότητος· τουτέστι, πᾶσα ἡ δωρεὰ τῆς θεότητος. Καὶ ἵνα μή τις νομίσῃ, ὅτι ἐν τῷ Θεῷ Λόγῳ κατῴκησε, λέγει· Ἐν ᾧ κατῴκησε πᾶν τὸ πλήρωμα τῆς θεότητος σωματικῶς. Ἐν τῇ σαρκὶ αὐτοῦ πᾶν τὸ πλήρωμα σοφίας, συνέσεως, δυνάμεως, σημείων, πάσης ἐνεργείας. Λοιπὸν ἀπὸ τοῦ πληρώματος δανειζόμεθα πάντες. Μαρτυρεῖ Ἰωάννης ὁ βαπτιστής· Κἀγὼ οὐκ ᾔδειν αὐτὸν, ἀλλ' ὁ πέμψας με βαπτίζειν, ἐκεῖνός μοι εἶπεν· ἐφ' ὃν ἂν ἴδῃς τὸ B Πνεῦμα καταβαῖνον καὶ μένον (οὐκ εἶπε, χαριζόμενον αὐτῷ δῶρον ἓν, ἀλλὰ, Μένον ὅλον), οὗτός ἐστιν ὁ βαπτίζων ἐν Πνεύματι ἁγίῳ καὶ πυρί. Εἶτα βουλόμενος δεῖξαι ὁ Ἰωάννης, ὅτι οὐχ ὡς ἄνθρωπος ἔλαβε χάριν ὁ Σωτὴρ, λέγει· Οὐκ ἐκ μέτρου δίδωσιν ὁ Θεὸς τὸ Πνεῦμα· ὁ Πατὴρ ἀγαπᾷ τὸν Υἱὸν, καὶ πάντα δέδωκε ἐν τῇ χειρὶ αὐτοῦ. Ἡμεῖς οὖν πόθεν λαμβάνομεν; Ἐκ τοῦ πληρώματος αὐτοῦ ἡμεῖς πάντες ἐλάβομεν. Ἐκεῖνος τὸ πλήρωμα, ἡμεῖς ἐκ τοῦ πληρώματος. Πῶς; Ἀφ' οὗ ἐπλήρωσε τὴν δεσποτικὴν σάρκα, ἀπ' αὐτῆς

pit Spiritum sanctum, habes testimonia advenisse Spiritum de cælo : et ductum eum esse a Spiritu, ut vinceret diabolum. Imago Adam quæ in principio seducta fuit, ut postea vinceret, homo novus ingreditur, comitatus virtute
Spiritus. Propterea, sicut dixit, *Ductus est a* Matth. 4.
Spiritu in desertum, ut tentaretur: sic quando 1.
revertitur ut victor, dicit: *Jesus autem rever-* Luc 4.14.
sus est in virtute Spiritus a deserto. Habuit
igitur caro Spiritum sanctum, non partem donorum, sicut nos, cum uni sapientia, alteri scien- 1. Cor 12
tia datur : sed omnia habuit dona. In veritate 8.
anxius sum et tremo, ne infirmitas linguæ obscuret magnitudinem ejus quod prædicatur. Igitur corpus Domini et caro sancta, ut accepit
E Spiritus sancti efficaciam, non accepit, sicut de
aliquo apostolorum dicitur et prophetarum,
gratiam unam, vel alteram. Homo enim non est
capax omnium: ideo dicit Paulus : *Numquid* 1. Cor. 12.
omnes apostoli? numquid omnes prophetæ? 29. 30.
numquid omnes dona habent sanationum?
In nobis enim dividuntur dona; in carne autem Christi omnes gratiæ, omnia dona fuerunt, secundum substantiam carnis. Et attende. Implevit primo proprium templum omni gratia. Habuit donum curandi morbos, effu-
805 gandi dæmones, suscitandi mortuos, prophe-
A tandi, operandi ea quæ veritatis sunt : omnia potuit, et habuit donorum plenitudinem, ex quo impleta est caro dominica omnibus charismatibus. Opus autem fuit, ut inde omnes acciperemus ex parte, tamquam a receptaculo quodam a corpore dominico : et apostolis atque prophetis ex eo suppeditatur. Joannes testatur, in eo
esse totam deitatis plenitudinem ; et Paulus : *In* Coloss. 2.
quo habitavit divinitatis plenitudo corpora- 9.
liter. Non dixit simpliciter, In quo habitavit deitas, sed, *Plenitudo deitatis ;* hoc est, omne deitatis donum. Et ut ne quis putet, eam in Deo Verbo habitasse, dicit : *In quo habitavit omnis plenitudo deitatis corporaliter*. In carne ejus omnis plenitudo sapientiæ, intellectus, virtutis, signorum, omnis operationis. Deinde a plenitudine ejus mutuamur omnes. Testatur Joannes
B Baptista : *Et ego nesciebam eum : sed qui mi-* Joan. 1. 33.
sit me ut baptizarem, ille mihi dixit, Super quem videris Spiritum descendentem, et manentem super eum (non dixit, Largientem ei donum unum ; sed, *Manentem* totum), *hic est qui baptizat in Spiritu sancto et igni*. Deinde volens ostendere Joannes, Salvatorem non ut hominem gratiam accepisse, dicit Deum non ad mensuram ei Spiritum dare. *Pater diligit Filium,* Joan. 3. 34.
et omnia dedit in manu ejus. Nos igitur unde 35.
accipimus? *De plenitudine ejus nos omnes* Joan. 1. 16.
accepimus. Ille plenitudinem, nos de plenitudine. Quomodo? Ex quo implevit dominicam

[c] Colb. εἶδε χάρισμα.

[a] Fronto Ducæus hic restituendum putat καὶ χορηγεῖσθαι ἀποστόλοις. Series melius quadraret; sed hic scriptor sæpe seriem interturbare videtur.

carnem, ab ea hausit sicut a fonte, et largitus est hominibus gratiam. Attende, obsecro. Dicit igi-
Joan. 16. 13. 14. tur: *Quando venerit Paracletus, Spiritus veritatis, ducet vos in omnem veritatem, quia de meo accipiet.*

Quomodo intelligendum sit illud, De meo accipiet. 7. Attende diligentiam. Non dixit, De me, sed, *De meo*. De meo, cujus? De meo dabit vobis, sed accipiet: accipit non mutuo datum. At quoniam implevit fontem ut originem donorum, ab aquarum receptaculo haurit, et præbet omnibus de propriis. Et unde hoc certum, quod acci-
Num. 11. 14. sqq. pere, de propriis sit accipere? Audi. *Implevit Deus Mosem Spiritu, et dicit Moses: Non possum solus ferre pondus hujus populi, ordina alium tibiipsi: Dicit ei Deus: Elige septuaginta seniores, et accipiam de Spiritu qui in te* est, *et dabo super eos.* Non dixit, Accipiam tuum: sed, *De spiritu qui in* te est; de
Joel. 2. 28. meo accipiam. Dicit Deus, *In diebus illis effundam de Spiritu meo super omnem carnem, et prophetabunt.* Si Deus a Mose accipiens mutuatus est, et Spiritus a Filio accipiens mutuatus est. Etenim Moses figura erat Christi: quia sicut a Mose septuaginta fuerunt impleti, ita a Christo orbis terrarum accepit Spiritum sanctum. *De meo accipiet:* ex iis quæ mihi suppeditavit soli homini dominico, sumet sibi qui dedit, qui venit super me, et mansit in me, qui unxit me, qui sanctificavit me, qui duxit me in desertum, qui reduxit me victorem, *De meo accipiet,* et *annuntiabit vobis.* Et ut ostendat, quod non sancti Spiritus mentionem fecerit, sed donorum ejus, postquam dixit, *De meo accipiet*, adjicit
Joan. 16. 15. statim: *Omnia quæcumque habet Pater, mea sunt;* accepi ea de Spiritu sancto; propterea dixi, *De meo sumet*: Quoniam Deus carnem sanctificavit Spiritu sancto, et emisit Pater donum Spiritus in carnem Christi, venit autem gratia, et omnia dona indidit Christo, dicit: *De meo accipiet, et annuntiabit vobis.* Quid igitur
Ib. v. 13. est, *A seipso non loquetur, sed quæcumque audierit, nota faciet vobis?* Dictum est antea, aliud esse Spiritum sanctum, et aliud donum: alium regem, et aliud donum regis. Quando quis contra multas et varias barbarorum gentes bellum gerit, dubitat ubi præliari incipiat. Si in hanc impressionem faciat, et occupetur, mox aliam prospectat erumpere aciem: si in duas partes dividat, dividitur robur exercitus. In
Ariani cum Macedonianis non consentiebant. medio sumus Arianorum, qui reprobant Christi gloriam, et Macedonianorum, qui divinam Spiritus gloriam contumeliis afficiunt. Si igitur confessa de Filio loquar ad Macedonianos, Arianus statim pugnat: Num de Filio persuasisti, qui de Spiritu mihi loqueris?

8. Verum quia hodie propositum est de Spiritu sancto (sæpe enim secundum gratiam nobis

ἤντλει ὡς ἀπὸ πηγῆς, καὶ ἐδάνειζε τοῖς ἀνθρώποις τὴν δωρεάν. Πρόσεχε, παρακαλῶ. Λέγει οὖν· Ὅταν ἔλθῃ ὁ Παράκλητος, τὸ Πνεῦμα τῆς ἀληθείας, ὁδηγήσει ὑμᾶς πρὸς πᾶσαν τὴν ἀλήθειαν, ὅτι ἐκ τοῦ ἐμοῦ λήψεται.

Πρόσεχε τῇ ἀκριβείᾳ. Οὐκ εἶπεν, ἐξ ἐμοῦ, ἀλλ', Ἐκ
C τοῦ ἐμοῦ. Ἐξ ἐμοῦ, τίνος; Ἐκ τοῦ ἐμοῦ δώσει ὑμῖν, ἀλλὰ λήψεται· λαμβάνει οὐ δανειζόμενον. Ἀλλ' ἐπειδὴ ἐπλήρωσε τὴν πηγὴν ὡς ἀρχὴν χαρισμάτων, ἀπὸ τῆς δεξαμενῆς ἀντλεῖ, καὶ παρέχει πᾶσιν ἐκ τῶν ἰδίων. Καὶ πόθεν τοῦτο, ὅτι τὸ λαβεῖν, ἐκ τῶν ἰδίων ἐστὶ λαβεῖν; Ἄκουε. Ἐπλήρωσεν ὁ Θεὸς τὸν Μωϋσῆν Πνεύματος, καὶ λέγει Μωϋσῆς· οὐ δύναμαι μόνος φέρειν τὸ βάρος τοῦ λαοῦ τούτου· προχείρισαι ἄλλον σεαυτῷ. Λέγει αὐτῷ ὁ Θεός· ἐπίλεξαι ἑβδομήκοντα πρεσβυτέρους, καὶ λήψομαι ἀπὸ τοῦ Πνεύματος τοῦ ἐν σοὶ, καὶ δώσω ἐπ' αὐτούς. Οὐκ εἶπε, λήψομαι τὸ σὸν, ἀλλὰ, Ἀπὸ τοῦ Πνεύματος τοῦ ἐν σοὶ, ἐκ τοῦ ἐμοῦ λήψομαι. Λέγει ὁ Θεὸς, Ἐν ταῖς ἡμέραις ἐκείναις ἐκχεῶ ἀπὸ τοῦ Πνεύματός μου ἐπὶ πᾶσαν σάρκα,
D καὶ προφητεύσουσιν. Εἰ ὁ Θεὸς παρὰ Μωϋσέως λαμβάνων ἐδανείσατο, καὶ τὸ Πνεῦμα παρὰ τοῦ Υἱοῦ λαμβάνων ἐδανείσατο. Καὶ γὰρ Μωϋσῆς τύπος [b] ἦν τοῦ Χριστοῦ· ὅτι ὥσπερ ἀπὸ Μωϋσέως ἑβδομήκοντα ἐγένοντο, οὕτως ἀπὸ τοῦ Χριστοῦ ἡ οἰκουμένη ἐδέξατο τὸ Πνεῦμα τὸ ἅγιον. Ἐκ τοῦ ἐμοῦ λήψεται· ἐξ ὧν ἐχορήγησέ μοι μόνῳ τῷ κυριακῷ ἀνθρώπῳ, λήψεται αὐτὸ τὸ δεδωκὸς, τὸ ἐλθὸν καὶ μεῖναν ἐν ἐμοὶ, τὸ χρίσαν με, τὸ ἁγιάσαν, [c] τὸ ἀγαγὸν εἰς τὴν ἔρημον, τὸ ὑποστρέψαν με νικητήν. Ἐκ τοῦ ἐμοῦ λήψεται, καὶ ἀναγγελεῖ ὑμῖν. Καὶ ἵνα δείξῃ ὅτι οὐ τοῦ ἁγίου Πνεύματος ἐμνημόνευσεν, ἀλλὰ τῶν δωρεῶν, ἐπάγει, μετὰ τὸ εἰπεῖν, Ἐκ τοῦ ἐμοῦ λήψεται, εὐθὺς, Πάντα, ὅσα ἔχει ὁ Πατὴρ, ἐμά ἐστιν· ἔλαβον αὐτὰ ἐκ τοῦ ἁγίου Πνεύματος· διὰ τοῦτο εἶπον, Ἐκ τοῦ ἐμοῦ λήψεται. Ἐπειδὴ ὁ Θεὸς τὴν σάρκα ἡγίασε Πνεύματι ἁγίῳ;
E καὶ ἀπέστειλε τὴν δωρεὰν τοῦ Πνεύματος ὁ Πατὴρ εἰς τὴν σάρκα τοῦ Χριστοῦ, ἐλθοῦσα δὲ ἡ χάρις ὅλα τὰ δῶρα ἐνέθηκε τῷ Χριστῷ, λέγει, Ἐκ τοῦ ἐμοῦ λήψεται, καὶ ἀναγγελεῖ ὑμῖν. Τί οὖν ἐστι τὸ, Ἀφ' ἑαυτοῦ οὐ λαλήσει, ἀλλ' ὅσα ἂν ἀκούσῃ, γνωρίσει ὑμῖν; Εἴρηται πρὸ τούτου, ὅτι ἄλλο ἐστὶ Πνεῦμα ἅγιον, καὶ ἄλλο χάρισμα· ἄλλο βασιλεὺς, καὶ ἄλλο τὸ δῶρον τοῦ βα-
806 σιλέως. Ὅταν τις πρὸς πολλὰ καὶ διάφορα ἔθνη βαρ-
A βάρων ἔχῃ, ἀπορεῖ πόθεν ἄρξεται τοῦ πολέμου. Ἐὰν περὶ τούτους ἀσχολήσῃ τὸν πόλεμον, ἕτερον ἀνακύπτει κέρας· ἐὰν διέλῃ ἑαυτὸν εἰς δύο μέρη, σχίζεται τὰ τῆς δυνάμεως. Ἐν μέσῳ ἐσμὲν Ἀρειανῶν τῶν ἀθετούντων τοῦ Χριστοῦ [a] τὴν δόξαν, καὶ τῶν Μακεδονιανῶν τῶν ὑβριζόντων τὴν θεϊκὴν τοῦ Πνεύματος δόξαν. Ἐὰν ὡς ὡμολογημένον εἴπω τὸ τοῦ Υἱοῦ, ὡς πρὸς Μακεδονιανοὺς, ὁ Ἀρειανὸς εὐθέως μάχεται· περὶ γὰρ τοῦ Υἱοῦ ἔπεισας, ὅτι περὶ Πνεύματός μοι λαλεῖς;

Ἀλλ' ἐπειδὴ πρόκειται σήμερον περὶ Πνεύματος ἁγίου (πολλάκις γὰρ κατὰ τὴν δοθεῖσαν χάριν παρὰ

[b] Colb. ἦν Χριστοῦ. διότι ὥσπερ.

[c] Τὸ ἀγαγὸν Colb.: Edit. Morel. τὸ ἀναγαγόν.

[a] Reg. et Colb. δόξαν ἐν μέσῳ Μακεδονιανῶν.

Χριστοῦ περὶ τοῦ Υἱοῦ ἐνικήσαμεν, καὶ μάρτυρες τῶν εἰρημένων ὑμεῖς, ὡς οὐκ ἦν σοφίσματα τέχνης, ἀλλ' ἀποδείξεις Γραφῶν), ἐβουλόμην δὲ καὶ νῦν κατασκευάσαι τὸν περὶ τοῦ Υἱοῦ λόγον· ἀεὶ γὰρ [b] ἐν ἑαυτῷ τὴν δύναμιν ἐκλάμπουσαν ἔχει· ἀλλὰ διὰ τὴν τῶν αἱρετικῶν πληροφορίαν τῶν περὶ τὸ Πνεῦμα σκαζόντων τέως παρασιωπῶ. Ἀμήχανον δέ ἐστι τὸν περὶ τὸ Πνεῦμα σκάζοντα ὀρθοποδῆσαι περὶ τὸν Υἱόν. Ἕως σήμερον οὐ πείθεις τινὰ Μακεδονιανὸν ὑπογράψαι τῷ ὁμοουσίῳ τῷ κατὰ Νίκαιαν, καίτοι λέγοντες ἀεὶ, ἡμεῖς ἐκείνῃ στοιχοῦμέν τῇ πίστει· ἐπειδὴ περὶ Πνεύματος οὐ διεσαφηνίσθη. Οὐδὲ γὰρ ἦν ἀγὼν, οὐδὲ πόλεμος. Ὅμως πρὸς τὴν ἐκείνων πληροφορίαν λέγω, γέγραπται, Ἀφ' ἑαυτοῦ οὐ λαλήσει. Εἰπὲ τῷ Μακεδονιανῷ, γέγραπται τοῦτο καὶ περὶ τοῦ Υἱοῦ, μᾶλλον δὲ αὐτὸς λέγει περὶ ἑαυτοῦ, Ἐγὼ ἀπ' ἐμαυτοῦ οὐ λαλῶ. Πρόσεχε, παρακαλῶ. Παράγω τὴν μαρτυρίαν ἀπὸ τοῦ ὡμολογημένου παρὰ σοί· πρὸς μὲν γὰρ τὸν Ἀρειανὸν ἀγῶνος χρεία εἰς τὸ, Ἐγὼ ἀπ' ἐμαυτοῦ οὐ λαλῶ, καὶ περὶ τοῦ Πνεύματος· πρὸς δὲ σὲ τὸν ἐπαγγειλάμενον εὐσεβεῖν, οὐ χρεία ἀγῶνος. Περὶ Χριστοῦ γυμνάζων λέγεις, ἰσόθεον, ὅμοιον τῷ Πατρὶ κατὰ πάντα. Ὡς πρὸς ὁμολογοῦντα τὴν δόξαν, εἰσήγαγον τὸ ζήτημα. Λέγεις περὶ τοῦ Πνεύματος, Ἀφ' ἑαυτοῦ οὐ λαλήσει· λέγει ὁ Σωτὴρ περὶ ἑαυτοῦ, Ἐγὼ ἀπ' ἐμαυτοῦ οὐ λαλῶ, ἀλλ' ὅσα ἤκουσα παρὰ τοῦ Πατρός μου, ταῦτα λαλῶ. Ἰδοὺ καὶ ὁ Υἱὸς ἀφ' ἑαυτοῦ οὐ λαλεῖ· τέως ὁμοτιμία. Ταῦτα πρὸς σὲ λέγω· ὁ γὰρ Ἀρειανὸς κἀκεῖνο καὶ τοῦτο ἀπορεῖ. Ὃ πάσχουσιν οἱ ναυαγοῦντες, [c] τοῦτο πάσχουσιν οἱ ἀπιστοῦντες, ὡς λέγει Παῦλος· Οἵτινες περὶ τὴν πίστιν ἐναυάγησαν. Οἱ Ἀρειανοὶ ναυαγήσαντες, ἀπώλεσαν καὶ Χριστοῦ δόξαν καὶ ἁγίου Πνεύματος δύναμιν· Μακεδονιανοὶ φιλονεικοῦσι μὲν ἀναβῆναι, τὸ δὲ ἥμισυ τοῦ φορτίου ἀπώλεσαν, ὡς λέγει Παῦλος· Εἰ δέ τις Πνεῦμα Χριστοῦ οὐκ ἔχει, οὗτος οὐκ ἔστιν αὐτοῦ. Πρόσεχε τοίνυν, ἵνα μὴ δόξωμεν ἀγωνιστικῶς ἐπεμβαίνειν, καὶ ὑβριστικῶς τὴν ἀπόδειξιν ποιεῖσθαι. Ἐγὼ ἀπ' ἐμαυτοῦ οὐ λαλῶ. Ἑρμήνευσόν μοι τί ἐστι τὸ, Ἀπ' ἐμαυτοῦ οὐ λαλῶ; πῶς εἶπεν ὁ Σωτήρ; Ἣν γὰρ ἂν ἑλκύσῃ λύσιν ὁ Μακεδονιανὸς περὶ τοῦ Υἱοῦ, ταύτην ἐπινοεῖ καὶ τῷ ἁγίῳ Πνεύματι. Τὰ δύο ἕστηκεν ἰσόῤῥοπα, οὔτε τὸ Πνεῦμα ἀφ' ἑαυτοῦ, οὔτε ὁ Υἱὸς ἀφ' ἑαυτοῦ· ἀλλὰ χρῄζει ὁ Υἱὸς τοῦ Πατρὸς, χρῄζει καὶ τὸ Πνεῦμα τοῦ Πατρός· τέως ὁμοτιμία. Πρόσεχε τοίνυν. Οἶδα εἰς βάθος ἐμαυτὸν δεδωκὼς, ὡς εἶδεν ἡ τοῦ Χριστοῦ δύναμις ἡ πάντα ἐρευνῶσα· μᾶλλον τρέμω, ἢ λέγω, μὴ εἰς ἄπειρον ἄβυσσον δράμῃ τὸ σκάφος, καὶ Πνεῦμα μὴ ᾖ. Δὸς γὰρ εἶναι τὸ σκάφος ἕτοιμον, τὸν κυβερνήτην, τοὺς ναύτας, τὰς σχοίνους, τὰς ἀγκύρας, πάντα

a Christo datam de Filio victoriam reportavimus, testesque dictorum vos estis, scilicet non sophismatibus, sed Scripturarum demonstrationibus rem actam esse), volebam autem et nunc instituere etiam de Filio sermonem; semper enim in se virtutem fulgentem habet: sed ut probationes adferam, adversus hæreticos qui circa Spiritum sanctum claudicant, interim taceo. Impossibile autem est, eos qui circa Spiritum sanctum aberrant et claudicant, recto pede ambulare circa Filium. Usque hodie nulli Macedoniano persuades, ut consubstantiali subscribat secundum Nicænam synodum, quamvis semper dicant: Nos illam fidem sectamur: quoniam de Spiritu sancto nihil declaratum est. Neque enim de hoc pugna vel quæstio erat: attamen ut pluribus argumentis illis persuadeatur, dico, Scriptum est, *A seipso non loquetur.* Dic Macedoniano: Scriptum est hoc de Filio, imo ipse dicit de seipso, *Ego a meipso non loquor.* Attende, obsecro. Affero testimonium apud te confessum: adversus Arianum enim certamine hic opus esset, in hoc quod dicit, *Ego a meipso non loquor,* et similiter de Spiritu sancto: apud te autem, qui profiteris te hoc sancte colere, nulla opus concertatione. De Christo sermonem instituens, dicis æqualem Deo, similem Patri per omnia. Quasi adversus eum, qui confitetur gloriam, quæstionem induxi. Dicis de Spiritu, *A seipso non loquetur:* dicit Filius de seipso, *Ego a meipso non loquor, sed quæcumque audivi a Patre meo, hæc loquor.* Ecce et Filius a seipso non loquitur: interimque est æqualis honor. Hæc ad te dico: Arianus enim et de illo et de hoc dubitat. Quod naufragis accidit, hoc evenit, ut dicit Paulus, incredulis, *Qui circa fidem naufragium fecerunt.* Ariani naufragio facto perdiderunt et Christi gloriam, et Spiritus sancti virtutem; Macedoniani contendunt quidem emergere, sed dimidiam sarcinam amiserunt, sicut dicit Paulus: *Si quis autem Spiritum Christi non habet, hic non est ejus.* Attende igitur, ut ne videamur more certantium irrumpere, et contumeliose demonstrationem efferre. *Ego a meipso non loquor.* Interpretare mihi quid est hoc quod dicit, *Ego a meipso non loquor?* quomodo id dixit Salvator? Eam enim quam Macedonianus adduxerit solutionem de Filio, hanc intelliget et Spiritui sancto congruere. Duo stant æqualis ponderis: Neque Spiritus a seipso, neque Filius a seipso: sed opus habet Filius Patre, opus habet et Spiritus sanctus Patre: hactenus æqualis est honor. Attende igitur. Scio me in profundum descendisse, sicut novit virtus Christi quæ omnia perscrutatur: imo tremo potius quam dico, ne in immensam abyssum abeat navicula, et desit Spiritus. Da enim mihi navim paratam, gubernatorem,

Macedoniani consubstantiali non subscribebant secundum Nicænam Synodum.

Joan. 16. 13.

Joan. 14. 10.

Joan. 14. 10. et 15. 15.

1. Tim. 1. 19.

Rom. 8. 9.

[b] Reg. et Colb. ἐν αὐτῷ.

[c] Hæc, τοῦτο πάσχουσιν οἱ ἀπιστοῦντες, desunt in Colb.

nautas, funes, anchoras, omnia disposita, et nusquam esse spiritum venti: nonne cessat omnis
quantuscumque est apparatus, si desit operatio
spiritus? Ita fieri solet: licet sit sermonis ampla supellex, et mens profunda, et eloquentia,
et intelligentia, si non adsit Spiritus sanctus,
qui vim suppeditet, otiosa sunt omnia.

9. Quare igitur de seipso, sicut et de Spiritu
sancto dixit, *A meipso non loquor?* Quasi
agonistæ essemus, subvertimus contradicentem,
sufficientibus consequenter argumentis persua-
suri, his et illis, siquidem parere voluerint. Non
enim omnino necessitate eos adducemus, sed dicamus tamen, si forte persuadeantur: et ne
admireris si ego homo hoc dicam. Dicit Deus
Ezech. 2. 3. 7. Ezechieli: *Abi ad domum Israel* et *dic eis,*
si forte audiant, si forte credant. Dicimus
hæc, *Si forte audiant, si forte credant,* si
forte assentiantur. Quod si hæc nobis dicentibus
non assentiantur, innoxii sumus nos. Sic Paulus
Act. 20. 26. 27. docebat, et postquam docuit, dicit: *Testificor*
omnibus quod mundus sum a sanguine
omnium vestrum. Non enim subterfugi quo-
minus annuntiarem vobis viam Dei. Et nunc
Solvitur argumentum Macedonianorum. dico: Quare Salvator dixit, *A meipso non lo-*
quor: et de Spiritu sancto: *A seipso non lo-*
quetur? Oro caritatem vestram, hic animadvertamus. Cum unus sit Christus, multi prodierunt
Matth. 24. 24 falsi Christi, sicut Salvator dixit: *Multi venient*
in nomine meo falsi Christi, et falsi prophe-
tæ. Cum igitur unus sit Christus, quem prophetæ venturum promiserunt: ante adventum
ejus apparuerunt quidam deceptores, dicentes:
Act. 5. 36. 37. Nos sumus. Theudas dixit: Ego sum; Judas
Galilæus dixit: Ego sum: et seducebant mul-
Joan. 10. 8. tos. Salvator venit, et dixit: *Quotquot vene-*
runt ante me, fures fuerunt et latrones.
Quoniam igitur primi, cum deceptores essent,
Christi nomen induentes populo persuadere conati sunt, quod ipsi Christus erant; non simul
in lucem prodeuntes, sed singuli seorsim, unus
quidem nunc se offerens, alius autem alio tem-
Joan. 10. 8. pore: dicit Christus: *Quotquot venerunt ante*
me, fures fuerunt et *latrones; sed non audie-*
Ibid. v. 27. *runt eos oves. Oves meæ meam vocem au-*
diunt, et cognoscunt vocem meam, et sequun-
tur me. Venerunt igitur illi falsi Christi, et non
docuerunt ex lege et ex prophetis, sed ex seipsis
loquuti sunt, et ex propria sententia. Salvator
venit, et non discessit a lege, non discessit a
Matth. 15. 7. prophetis, sed dicebat quasi in exemplo: *Bene*
dixit Hesaias; et iterum: *Nonne scriptum*
Joan. 8. 17. *est in lege vestra?* Et cum accederet ad
Matth. 4. 10. eum diabolus, dicit ei: *Scriptum est, Domi-*
num Deum tuum adorabis et illi soli
servies. Venit igitur Christus secundum car-

εὐτρεπισμένα, καὶ μηδαμοῦ πνεῦμα ἀνέμου· οὐχὶ
ἀργεῖ τὰ τῆς παρασκευῆς, μὴ παρούσης τῆς ἐνεργείας
τοῦ πνεύματος; Οὕτως ἔθος· κἂν λόγου πλάτος, κἂν
διανοίας βάθος, κἂν φράσις, κἂν ἔννοια, καὶ μὴ παρῇ
τὸ Πνεῦμα τὸ ἅγιον χορηγοῦν, [d] ἀργεῖ τὰ πάντα.

Διὰ τί οὖν περὶ ἑαυτοῦ, ὡς καὶ περὶ τοῦ Πνεύματος εἶπεν, Ἀπ' ἐμαυτοῦ οὐ λαλῶ; Ἀγωνιστικῶς ἐν-
ετρέψαμεν τὸν ἀντιλέγοντα, λοιπὸν πληροφορήσωμεν
807 καὶ ἑαυτοὺς, κἀκείνους, εἴγε πείθονται. Οὐκ ἂν πάντως
A ἀνάγκην αὐτοῖς ἐπάγοιμεν, ἀλλὰ λέγωμεν, εἰ ἄρα πει-
σθῶσι· καὶ μὴ θαυμάσῃς, εἰ ἐγὼ ὁ ἄνθρωπος τοῦτο
λέγω. Λέγει ὁ Θεὸς τῷ Ἰεζεκιὴλ, Ἄπελθε πρὸς τὸν
οἶκον τοῦ Ἰσραὴλ, καὶ εἰπὲ αὐτοῖς· ἐὰν ἄρα ἀκούσωσιν, ἐὰν ἄρα [a] πιστεύσωσι. Λέγομεν ταῦτα, Ἐὰν ἄρα
ἀκούσωσιν, ἐὰν ἄρα πιστεύσωσιν, ἐὰν ἄρα συνθῶνται.
Ἐὰν δὲ τούτων λεγομένων μὴ συνθῶνται, ἀθῷοί ἐσμεν
ἡμεῖς. Οὕτω Παῦλος ἐδίδασκε, καὶ μετὰ τὸ διδάξαι
λέγει· Διαμαρτύρομαι πάντας, ὅτι καθαρός εἰμι ἀπὸ
τοῦ αἵματος πάντων ὑμῶν. Οὐ γὰρ ὑπεστειλάμην τοῦ
μὴ ἀναγγεῖλαι ὑμῖν τὴν ὁδὸν τοῦ Θεοῦ. Καὶ νῦν
λέγω, διὰ τί ὁ Σωτὴρ εἶπεν, Ἀπ' ἐμαυτοῦ οὐ λαλῶ·
καὶ περὶ τοῦ Πνεύματος, Ἀφ' ἑαυτοῦ οὐ λαλήσει;
B Δέομαι τῆς ὑμετέρας ἀγάπης, ἐνταῦθα τὸν νοῦν ἔχωμεν. Ἑνὸς ὄντος Χριστοῦ, [b] πολλοὶ προῆλθον ψευδόχριστοι, ὡς ὁ Σωτὴρ εἶπε· Πολλοὶ ἐλεύσονται ἐπὶ
τῷ ὀνόματί μου ψευδόχριστοι, καὶ ψευδοπροφῆται.
Ἑνὸς οὖν ὄντος Χριστοῦ καὶ ἐπαγγελθέντος διὰ τῶν
προφητῶν ὅτι ἔρχεται, πρὸ τῆς παρουσίας αὐτοῦ ἐφά-
νησάν τινες πλάνοι, λέγοντες, ἡμεῖς ἐσμεν. Θευδᾶς
λέγει, ἐγώ εἰμι· Ἰούδας ὁ Γαλιλαῖος, ἐγώ εἰμι· καὶ
ἐπλάνων πολλούς. Ὁ Σωτὴρ ἐλθὼν λέγει, Ὅσοι ἦλθον πρὸ ἐμοῦ, κλέπται ἦσαν καὶ λησταί. Ἐπεὶ οὖν οἱ
μὲν πρῶτοι πλάνοι ὄντες, ἐνδυσάμενοι τὸ ὄνομα τοῦ
Χριστοῦ, ἐσπούδαζον πεῖσαι τὸν λαὸν, ὅτι αὐτοί εἰσιν
ὁ Χριστὸς, οὐχ ὁμοῦ φανέντες, ἀλλ' ἕκαστος καθ' ἑαυτὸν, ὁ μὲν νῦν φαινόμενος, ἄλλος δὲ ἐπ' ἄλλῳ καιρῷ·
λέγει ὁ Χριστὸς, Ὅσοι ἦλθον πρὸ ἐμοῦ, κλέπται ἦσαν
C καὶ λησταί· ἀλλ' οὐκ ἤκουσαν αὐτῶν τὰ πρόβατα. Τὰ
πρόβατα τὰ ἐμὰ τῆς ἐμῆς φωνῆς ἀκούει, καὶ γνωρί-
ζει τὴν φωνήν μου, καὶ ἀκολουθοῦσί μοι. Ἦλθον οὖν
ἐκεῖνοι οἱ ψευδόχριστοι, καὶ οὐκ ἐδίδαξαν ἀπὸ νόμου,
οὐκ ἀπὸ προφητῶν, ἀλλ' ἐξ ἑαυτῶν ἐλάλουν καὶ ἀπὸ
τῆς ἰδίας γνώμης. Ὁ Σωτὴρ ἐλθὼν οὐκ ἀπέστη τοῦ
νόμου, οὐκ ἀπέστη προφητῶν, ἀλλ' ἔλεγεν, ὡς ἐν ὑπο-
δείγματι· Καλῶς εἶπεν Ἡσαΐας· καὶ πάλιν, Οὐ γέγραπται ἐν τῷ νόμῳ ὑμῶν; Καὶ ὅτε προσῆλθεν αὐτῷ
ὁ διάβολος, λέγει αὐτῷ, Γέγραπται· Κυρίῳ τῷ Θεῷ
σου προσκυνήσεις, καὶ αὐτῷ μόνῳ λατρεύσεις. Ἐλθὼν οὖν ὁ Χριστὸς κατὰ σάρκα οὐκ ἐλάλησεν ἀφ'
ἑαυτοῦ, ἀλλ' ἀπὸ προφητῶν. Ἐπεὶ οὖν οἱ ἐλθόντες
πρὸ τοῦ Χριστοῦ, ἐν ὀνόματι Χριστοῦ οὐκ ἐλάλησαν,
οὐκ ἀπὸ νόμου, οὐκ ἀπὸ προφητῶν, ἀλλ' ἀπὸ ἰδίας
D γνώμης, τὰ τῆς πλάνης ἐλάλουν· λέγει ὁ Σωτήρ·
Ἐγὼ ἀπ' ἐμαυτοῦ οὐ λαλῶ, ὡς ἐκεῖνοι. Τὸ γὰρ ἀφ'

[d] Reg. et Colb. ἀργεῖ πάντα. Ibid. Colb. εἶπεν, ἀφ' ἑαυτοῦ.

[a] Πιστεύσωσι Colbert. et ita legit Interpres. Morel. ἐνδῶσι.

[b] Colb. πολλοὶ ἦλθον.

ἑαυτοῦ λαλεῖν, τὸ ἔξω νόμου λαλεῖν ἐστιν. Οὕτως οὖν δεῖ καὶ ἡμᾶς λαλεῖν. Ὅταν ἴδῃς αἱρετικοὺς Ἀριστοτελικὰ κινοῦντας ἢ Πλατωνικὰ, εἰπὲ, ἡμεῖς ἀφ' ἑαυτῶν οὐ λαλοῦμεν· ὅσα ἠκούσαμεν παρὰ Χριστοῦ, ταῦτα φθεγγόμεθα. Καὶ πόθεν τοῦτο, ὅτι ὁ ἀφ' ἑαυτοῦ λαλῶν, ψευδοπροφήτης ἐστὶν, ἢ τὸ λαλεῖν ἀφ' ἑαυτοῦ ψευδοπροφήτην χαρακτηρίζει; Λέγει ὁ προφήτης Ἰεζεκιήλ· Ζῶ ἐγὼ, λέγει Κύριος ἐπὶ τοὺς προφήτας τοὺς πλανῶντας τὸν λαόν μου, οὐκ ἀπέστειλα αὐτούς· ἀφ' ἑαυτῶν ἐλάλησαν, καὶ ἐκ τῆς καρδίας αὐτῶν φθέγγονται. Ἐπεὶ οὖν οἱ ψευδοπροφῆται ἀφ' ἑαυτῶν ἐκήρυττον, ὁ Σωτὴρ ἀποδυόμενος τὴν ὑπόνοιαν, λέγει· Ἐγὼ ἀπ' ἐμαυτοῦ οὐ λαλῶ. Πόθεν τοῦτο, ὅτι ὁ Σωτὴρ πλάνος ὑπενοήθη; Τοῦτο πρῶτον στήσωμεν. Ἐν τῇ ἑορτῇ τῆς σκηνοπηγίας ἐζήτουν οἱ ὄχλοι τὸν Ἰησοῦν, λέγοντες, Ποῦ ἐστι; Καὶ ἦν περὶ αὐτοῦ διαφωνία· ἄλλοι ἔλεγον, Ἀγαθός ἐστιν· ἄλλοι ἔλεγον, Οὐκ, ἀλλὰ E πλανᾷ τὸν ὄχλον. Εἶδες πῶς πλάνος ὑπενοήθη; Πάλιν μετὰ τὸν θάνατον τοῦ Σωτῆρος τὸν ἅγιον, λέγουσιν οἱ ἀρχιερεῖς τῷ Πιλάτῳ· Οἴδαμεν, Κύριε, ὅτι εἶπεν ὁ πλάνος ἐκεῖνος ἔτι ζῶν, μετὰ τρεῖς ἡμέρας ἐγείρομαι. Ταῦτά μοι εἴρηται εἰς τὸ δεῖξαι, ὅτι πλάνος ἐνομίσθη. Ἐπεὶ οὖν πλάνος ἐνομίζετο, λέγει, Ἐγὼ ἀπ' ἐμαυτοῦ οὐ λαλῶ, ἀλλ' ἀπὸ νόμου, ἀπὸ προφητῶν, ὅσα ἤκουσα παρὰ τοῦ Πατρός. Οὐ κατὰ τὴν θεότητα ἤκουσα παρὰ τοῦ Πατρὸς, ἐν νόμῳ, ἐν προφήταις. Ἐκ προσώπου τῆς σαρκὸς λαλεῖ εἰς ἔκλυσιν τῆς πλάνης. Ἐγὼ ἀπ' ἐμαυτοῦ οὐ λαλῶ, ἀλλ' ὅσα ἤκουσα παρὰ τοῦ Πατρός. Ὑμεῖς δὲ, ὅσα ἠκούσατε παρὰ τοῦ πατρὸς ὑμῶν τοῦ διαβόλου λαλεῖτε. Καὶ ἵνα δείξῃ ὅτι ὁ 808 A διάβολος, ὅταν λαλῇ, ἔν τισι ψεῦδος ἐργάζεται, λέγει· Ὅταν λαλῇ τὸ ψεῦδος, ἐκ τῶν ἰδίων λαλεῖ. Ἐγὼ ἐξ ἐμαυτοῦ οὐ λαλῶ, ἀλλ' ἀπὸ προφητῶν, ἀπὸ νόμου· τοῦτο γάρ ἐστιν ἀλήθεια. Ὥσπερ οὖν ὁ Σωτὴρ ἐκλύων τὴν ὑπόνοιαν καὶ ἀποδυόμενος τὴν κακὴν ὑποψίαν, λέγει, Ἐγὼ ἀπ' ἐμαυτοῦ οὐ λαλῶ, ὡς οἱ πλάνοι· οὕτω καὶ περὶ τοῦ Πνεύματος.

nem et non loquutus est ex seipso, sed ex
prophetis. Igitur quia illi qui ante Christum
venerunt, in nomine Christi non sunt loquuti,
neque ex lege, neque ex prophetis, sed ex propria sententia, errores loquuti sunt: dicit Salvator: *Ego a meipso non loquor*, sicut *illi*. *Joan.* 14.
A seipso enim loqui, extra legem loqui est. Sic 10.
igitur oportet etiam nos loqui. Cum videris hæreticos Aristotelica vel Platonica movere, dic,
Nos a nobisipsis non loquimur: quæcumque
audivimus a Christo, hæc loquimur. Et unde
hoc, quod is qui a seipso loquitur, pseudopro-
pheta sit, vel loqui a seipso pseudoprophetam
nobis indicet? Dicit Ezechiel propheta: *Vivo* *Ezech.* 13.
ego, dicit Dominus ad prophetas qui sedu- 3. 6. 10.
cunt populum meum, non misi eos: a seipsis
E *loquuti sunt, et ex corde suo loquuntur.*
Proinde quia pseudoprophetæ a seipsis prædicaverunt, Salvator a suspicione hac se purgans
dicit: *Ego a meipso non loquor.* Unde hoc
quod Salvatorem deceptorem esse suspicati sunt?
Hoc primum proponemus. In festo Scenopegiæ
quærebant turbæ Jesum, dicentes: *Ubi est?* *Joan.* 7.
Et erat de eo diversa vox; alii dicebant, *Bonus* 12.
est: alii dicebant, *Non, sed seducit populum.*
Vidisti quomodo in suspicionem venerit ut seductor? Item post sanctam Salvatoris mortem
dicunt pontifices Pilato: *Scimus, Domine, sedu-* *Matth.* 27.
ctorem illum adhuc viventem dixisse, Post 63.
808 *tres dies resurgam.* Hæc ideo dixi, ut demon-
A strarem eum habitum fuisse seductorem. Quia
igitur seductor habitus est, dicit: *Ego a meipso* *Joan.* 14.
non loquor, sed de lege, de prophetis, quæ- 10.
cumque audivi a Patre: non secundum divi- *Joan.* 15. 15.
nitatem audivi a Patre, in lege et in prophetis.
Ex persona carnis loquitur, ut solvat errorem.
Ego a meipso non loquor, sed quæcumque
audivi a Patre. Vos autem quæcumque audi- *Joan.* 8. 44.
vistis a patre vestro diabolo, loquimini. Et
ut demonstret diabolum, quando in aliquibus loquitur, mendacium operari, dicit: *Quando lo-* *Ibid.*
quitur mendacium, ex propriis loquitur. Ego
ex meipso non loquor, sed ex prophetis et lege:
hoc enim est veritas. Sicut igitur Salvator purgans se a suspicione, dicit, *Ego a meipso non*
loquor, sicut deceptores: sic et de Spiritu sancto dicendum.

Λοιπὸν ὧδε τὸν νοῦν, παρακαλῶ, ἔχωμεν. [a] Κατὰ μὲν οὖν τὸ μέρος τοῦ Σωτῆρος φαίνονται πολλοὶ ψευδόχριστοι καὶ ψευδοπροφῆται· καὶ ἔλεγεν ὁ δεῖνα, ἐγώ εἰμι, καὶ ἄλλος, ἐγώ εἰμι, καθὼς γέγραπται, ὅτι Πολλοὶ ἐλεύσονται ἐπὶ τῷ ὀνόματί μου, λέγοντες, ἐγώ εἰμι ὁ Χριστὸς, καὶ πολλοὺς πλανήσουσιν· ἀλλὰ μὴ πλανᾶσθε. Ὥσπερ οὖν ὑπενοήθη τὸ ὄνομα τοῦ Χριστοῦ εἰς τοὺς πλάνους, οὕτως ἔμελλον πολλοὶ σχηματίζεσθαι ἔχειν Πνεῦμα ἅγιον, ὃ μὴ εἶχον, καὶ λαλεῖν. Ἀλλ' B ἐκεῖ μὲν ὁ ἄνθρωπος ἐφαίνετο, καὶ ἔλεγεν, ἐγώ εἰμι ὁ

10. Cæterum, obsecro, hic animum adhibeamus. Secundum dictum Salvatoris multi apparent pseudoprophetæ et pseudochristi, et dicit
quidam, Ego sum: et alius, Ego sum, sicut scriptum est, *Multi venient in nomine meo, di-* *Luc.* 21. 8.
centes: Ego sum Christus, et multos sedu-
cent; sed ne seducamini. Sicut igitur erant qui
suspicabantur Christi nomen a deceptoribus
B usurpari, sic et multi simulaturi erant se habere Spiritum sanctum quem non haberent, et

[a] Reg. et Colb. κατὰ μὲν τὸ μέρος. Sed hæc corrupta sunt, Interpres alio modo legisse videtur. [Fort. τὸ ῥητόν.]

loquuturi. Sed illio quidem homo apparebat, et dicebat, Ego sum Christus : hic autem nemo audebat dicere, Ego sum Spiritus sanctus : non enim cum corpore, sed invisibilis adveniebat. Venit ad Petrum, venit ad Paulum, et in confesso erat eos Spiritum Domini habere. Prodit Simon, et dicit : Spiritum habeo. Ex facie nullus videt quis habeat, vel quis non habeat : vel quis Spiritum immundum, vel quis Spiritum sanctum habeat. Nam si visibilis esset, non decepisset; nam agnitione fuisset redargutus. Venit Montanus, dicens : Spiritum sanctum habeo. Venit Manichæus, dicens : Spiritum sanctum habeo : id vero palam non erat. Ut ne igitur plures nomine seducerentur, quoniam invisibiliter donum venturum erat, dicit : *Cum venerit Paracletus, Spiritus veritatis, qui a patre procedit*, ille vos memores faciet verborum meorum, *et inducet vos in omnem veritatem : non enim a semetipso loquetur*. Si quem videritis dicentem, Spiritum sanctum habeo, et non loquentem evangelica, sed propria verba, is a se ipso loquitur, et non est Spiritus sanctus in ipso. Sicut enim dicit de seipso : *Ego a meipso non loquor* : ut solvat suspicionem deceptionis, imo errorem a veritate separet, et ostendat, quinam habeant Spiritum sanctum, et qui non habeant, sed simulent se habere, dicit : *A seipso non loquetur*. A me audistis quid tradidi. Quando veniet invisibilis Spiritus, mea loquetur. Si videritis aliquem evangelica repetentem, profecto Spiritum sanctum habet. Veniet enim Spiritus sanctus, ut in memoriam vobis revocet ea quæ docui. Si quis igitur eorum, qui se dicunt habere Spiritum sanctum, dicat aliquid a seipso, et non ex evangeliis, non credite; meam doctrinam sequamini. *A seipso non loquetur*. Sed hac ratione adventus ejus indicat quis acceperit Spiritum, et quis non acceperit : si quis sequitur dicta Christi, Spiritum sanctum habet. *Nullus enim potest dicere Dominum Jesum, nisi in Spiritu sancto*. Venit Manes, vere μανεὶς, hoc est insaniens, consentaneum errori suo nomen habens; et dixit : ego sum Paracletus, quem promisit Salvator apostolis : ego sum Filius Dei. Ubi audisti in evangelio Jesu Christi, solem et lunam opifices esse? ubi dixit Christus, quod hæc hauriant animas, et reducant eas? ubi legisti

Act. 8. — *Montanus et Manichæus dicebant se Spiritum sanctum habere.* — *Joan. 16. 13.* — *1. Cor. 12. 3.* — *Manes dicebat se esse Paracletum.* — *Manes dicebat solem et lunam opifices esse.*

Χριστός· ἐνταῦθα δὲ οὐκ ἐτόλμα εἰπεῖν τις· ἐγώ εἰμι τὸ Πνεῦμα τὸ ἅγιον· οὐ γὰρ ἐγένετο ἐν σώματι, ἀλλ' ἀοράτως ἐπεδήμει. Ἦλθεν ἐπὶ Πέτρον, ἦλθεν ἐπὶ Παῦλον, καὶ ἦν ὡμολογημένον, ὅτι Πνεῦμα Κυρίου εἶχον. Ἀνέκυψε Σίμων καὶ λέγει, Πνεῦμα ἔχω. Ἀπὸ τῆς ὄψεως οὐδεὶς ᾔδει τίς ἔχει, τίς οὐκ ἔχει, ἢ τίς ἔχει πνεῦμα ἀκάθαρτον, ἢ τίς ἔχει Πνεῦμα ἅγιον. Εἰ μὲν γὰρ ὄψις ἦν, οὐκ ἂν ὑπέκλεπτεν· ἀπὸ γὰρ τῆς διαγνώσεως εἶχε τὸν ἔλεγχον. Ἦλθε Μοντανὸς λέγων, Πνεῦμα ἅγιον ἔχω· ἦλθε Μανιχαῖος λέγων, Πνεῦμα ἅγιον ἔχω· οὐκ ἦν δὲ δῆλον. Ἵνα οὖν μὴ πλανῶνται τῷ ὀνόματι, ἐπειδὴ ἀοράτως ἔμελλε τὸ χάρισμα ἔρχε-
C σθαι, λέγει· Ὅταν ἔλθῃ ὁ Παράκλητος, τὸ Πνεῦμα τῆς ἀληθείας, ὃ παρὰ τοῦ Πατρὸς ἐκπορεύεται, ἐκεῖνος ὑμᾶς ἀναμνήσει τὰ ῥήματά μου, καὶ ὁδηγήσει ὑμᾶς πρὸς πᾶσαν τὴν ἀλήθειαν· οὐ γὰρ ἀφ' ἑαυτοῦ λαλήσει. Ἐὰν ἴδητέ τινα λέγοντα, Πνεῦμα ἅγιον ἔχω, καὶ μὴ λαλοῦντα τὰ εὐαγγελικὰ, ἀλλὰ τὰ ἴδια, ἀφ' ἑαυτοῦ λαλεῖ, καὶ οὐκ ἔστι Πνεῦμα ἅγιον ἐν αὐτῷ. Ὥσπερ γὰρ λέγει περὶ ἑαυτοῦ, Ἐγὼ ἀπ' ἐμαυτοῦ οὐ λαλῶ, ἵνα ἐκλύσῃ τὴν ὑπόνοιαν τῆς πλάνης, μᾶλλον δὲ τὴν πλάνην ἀπὸ τῆς [b] ἀληθείας διέλῃ, καὶ δείξῃ τίνες ἔχουσι Πνεῦμα ἅγιον, τίνες οὐκ ἔχουσιν, ἀλλὰ προσποιοῦνται ἔχειν, λέγει, Ἀφ' ἑαυτοῦ οὐ λαλήσει. Παρ' ἐμοῦ ἠκούσατε, τί παρέδωκα. Ὅταν ἔλθῃ τὸ ἀόρατον Πνεῦμα, τὰ ἐμὰ λαλήσει. Ἐὰν ἴδητέ τινα τὰ τοῦ εὐαγγελίου δευτεροῦντα, ὄντως Πνεῦμα ἔχει ἅγιον.
D Ἔρχεται γὰρ τὸ Πνεῦμα ἀναμνῆσαι ὑμᾶς, ἃ ἐδίδαξα. Ἐάν τις οὖν τῶν ὀνομαζόντων ἔχειν Πνεῦμα λέγῃ τι ἀφ' ἑαυτοῦ, καὶ μὴ ἀπὸ τῶν εὐαγγελίων, μὴ πιστεύσητε· τῇ ἐμῇ διδασκαλίᾳ στοιχήσατε. Ἀφ' ἑαυτοῦ οὐ λαλήσει. Ἀλλ' ἀντὶ τούτου ἡ ἐπιφοίτησις ἡ [c] γινομένη δείκνυσι τίς ἔλαβε Πνεῦμα ἅγιον, τίς οὐκ ἔλαβε· εἴ τις δευτεροῖ τὰ τοῦ Χριστοῦ, Πνεῦμα ἅγιον ἔχει. Οὐδεὶς γὰρ δύναται εἰπεῖν Κύριον Ἰησοῦν, εἰ μὴ ἐν Πνεύματι ἁγίῳ. Ἦλθε Μάνης, ὁ ἀληθῶς μανεὶς, ὁ φερωνύμως τῇ πλάνῃ τὸ ὄνομα ἔχων· καὶ λέγει· ἐγώ εἰμι ὁ Παράκλητος, ὃν ἐπηγγείλατο ὁ Σωτὴρ τοῖς ἀποστόλοις· ἐγώ εἰμι ὁ Υἱὸς τοῦ Θεοῦ. Ποῦ ἤκουσας ἐν τῷ εὐαγγελίῳ Ἰησοῦ Χριστοῦ, [d] ὅτι ὁ ἥλιος καὶ ἡ σελήνη δημιουργοί εἰσι; ποῦ εἶπεν ὁ Χριστὸς, ὅτι
E ταῦτα ἀντλοῦσι τὰς ψυχὰς, καὶ ἀνάγουσιν αὐτάς; ποῦ ἀνέγνωκας τοῦτο; Ἐκ τοῦ μὴ λέγειν τὰ γεγραμμένα, ἀλλὰ τὰ ἀφ' ἑαυτοῦ λαλεῖν, δῆλόν ἐστιν ὅτι [e] οὐκ ἔχει Πνεῦμα ἅγιον. Τὸ Πνεῦμα τὸ ἅγιον ἀφ' ἑαυτοῦ οὐ λαλήσει, ἀλλ' ὅσα ἀκούσει, ἀναγγελεῖ ὑμῖν· ἀντὶ τοῦ, ἃ ἐλάλησα, ταῦτα βεβαιώσει. Καὶ ὅρα τὸ θαυμαστόν. Ὥσπερ ὁ Σωτὴρ ἐλθὼν ἐγένετο πλήρωμα νόμου καὶ

[b] Reg. et Colb. ἀληθείας διέλῃ. Morel. ἀληθείας ἵνα διέλῃ.

[c] Colb. γενομένη.

[d] Ubinam dixerint aut Manichæus aut Manichæi solem et lunam esse opifices, δημιουργοὺς, nondum mihi compertum est. Verum Manichæos qui late per orbem grassati sunt, et in varias abiere sectas, diversa admodum et parum consona tradidisse certum est. Vide Manichæorum historiam, quam ex Amphilochiis Photii edidimus in Bibliotheca Coislin. p. 350. Quod mox hic dicitur solem et lunam haurire animas et reducere, cum Epiphanio consentit, qui dicit Hæresi 66, secundum Manichæorum sententiam, Christum, qui apparenter tantum venit, machinam struxisse duodecim cados habentem, quæ a sphæra quadam circumacta mortuorum animas sursum trahit, quas luminare magnum radiis exceptas purgat, lunæque tradit, et sic lunæ discum impleri : hæc quippe duo luminaria navigia et pontones esse dicit. Cui simile quidpiam dicitur ab Augustino de Hæresibus ad Quodvultdeum cap. 46.

[e] Reg. et Colb. οὐκ ἔχεις πνεῦμα.

προφητῶν, οὕτω πλήρωμα τοῦ εὐαγγελίου τὸ Πνεῦμα. 809 Ὁ Χριστὸς ἐλθὼν, ἐβεβαίωσε τὰ παρὰ τοῦ Πατρὸς, A τὰ ἐν τῷ νόμῳ εἰρημένα καὶ προφήταις. Διὰ τοῦτο λέγει Παῦλος, πλήρωμα νόμου Χριστός. Τὸ Πνεῦμα τὸ ἅγιον ἐλθὸν ἐπλήρωσε τὰ τοῦ εὐαγγελίου. Ὅσα ἐστὶν ἐν τῷ νόμῳ, ὁ Χριστὸς πληροῖ· ὅσα ἐστὶν ἐν τῇ τοῦ Χριστοῦ διδασκαλίᾳ, τὸ Πνεῦμα πληροῖ, οὐχ ὡς ἀτελοῦς ὄντος τοῦ Πατρὸς, ἀλλ' ὡς ἐφάνη Χριστὸς βεβαιῶν τὰ τοῦ Πατρὸς, οὕτως ἐφάνη τὸ Πνεῦμα τὸ ἅγιον βεβαιοῦν τὰ τοῦ Υἱοῦ. Πόθεν τοῦτο; Λέγει ὁ Σωτὴρ τοῖς μαθηταῖς· Πολλὰ ἔχω λαλεῖν ὑμῖν, ἀλλ' οὐ δύνασθε βαστάζειν ἄρτι· ὅταν δὲ ἔλθῃ τὸ Πνεῦμα τὸ ἅγιον, ὁδηγήσει ὑμᾶς εἰς πᾶσαν τὴν ἀλήθειαν, ὅτι ἀφ' ἑαυτοῦ οὐ λαλήσει· τὰ γὰρ ἐμὰ πληροῖ. Ἀναπληροῖ ὁ Υἱὸς τὰ τοῦ Πατρὸς, καὶ ἀφ' ἑαυτοῦ οὐ λαλεῖ· ἀναπληροῖ τὸ Πνεῦμα τὰ τοῦ Υἱοῦ, καὶ ἀφ' ἑαυτοῦ οὐ λαλεῖ. Ἐὰν δὲ ἀκούσῃς λέγοντος, ἀποστελῶ ὑμῖν τὸ Πνεῦμα τὸ ἅγιον, μὴ κατὰ τὴν θεότητα ἐκλάβῃς· Θεὸς γὰρ οὐκ ἀποστέλλεται. Ὀνόματά ἐστι ταῦτα B τὴν ἐνέργειαν σημαίνοντα, ὀνόματα κρυπτόμενα καὶ λάμποντα· κρυπτόμενα τῇ ἀξίᾳ, λάμποντα τῇ θεωρίᾳ· οἷον, πᾶς ἀποστέλλων εἰς ἐκείνους ἀποστέλλει τοὺς τόπους, ἐν οἷς μὴ πάρεστιν. Ὑπόθου ἐμὲ εἶναι τὸν λαλοῦντα ἐν τῷ καθίσματι τούτῳ· οὐ δύναμαι εἰπεῖν τινι, δεῦρο, ἀποστελῶ σε ὧδε· τοῦτο οὐκ ἔστι πέμψαι, ἀλλὰ συγκαθίσαι ἢ παραστῆσαι. Εἰ δὲ ὁ Θεὸς πανταχοῦ· Τὸν οὐρανὸν γὰρ, φησὶ, καὶ τὴν γῆν ἐγὼ πληρῶ· ποῦ οὖν πέμπει ὁ πανταχοῦ ὤν; Ἐὰν ἀναβῶ εἰς τὸν οὐρανὸν, σὺ ἐκεῖ εἶ· ἐὰν καταβῶ εἰς τὸν ᾅδην, πάρει· ἐὰν ἀναλάβω τὰς πτέρυγάς μου κατ' ὄρθρον, καὶ κατασκηνώσω εἰς τὰ ἔσχατα τῆς θαλάσσης· καὶ γὰρ ἐκεῖ ἡ χείρ σου ὁδηγήσει με. Ποῦ [a]οὖν ὁ Θεὸς ἀποστέλλει; Ἀλλ' ἆρα μὴ αὐτὸς μὲν πανταχοῦ, ὁ δὲ ἀποστελλόμενος οὐ πανταχοῦ; Ἀπέστειλεν ὁ Θεὸς τὸν Υἱὸν αὐτοῦ εἰς τὸν κόσμον. Ἆρα ὡς μὴ παρόντα ἐν τῷ κόσμῳ; C Καὶ μὴν ὁ κόσμος ἐκ τοῦ Υἱοῦ. Διὰ τοῦτο οὖν ἦλθεν εἰς τὸν κόσμον, ὡς πρὸ τούτου μὴ ὢν ἐν τῷ κόσμῳ; Πῶς οὖν Ἰωάννης ὁ εὐαγγελιστὴς λέγει, Πάντα δι' αὐτοῦ ἐγένετο· ἐν τῷ κόσμῳ ἦν, καὶ ὁ κόσμος δι' αὐτοῦ ἐγένετο; Πῶς οὖν ἀπεστάλη εἰς τὸν κόσμον; Πάλιν, εἰ ἀπεστάλη ὁ ἀποσταλεὶς, καὶ ἔμεινεν ὁ ἀποστείλας ἄνω, καὶ ὁ ἀποσταλεὶς κάτω, πῶς ἔλεγε, Καὶ ὁ πέμψας με μετ' ἐμοῦ ἐστι;

Παρακαλῶ, πρόσεχε μετὰ ἀσφαλείας, ἀσφάλισαι τὸν λόγον. Δύναται γὰρ εἰπεῖν ὁ αἱρετικὸς, μετ' ἐμοῦ ἐστι τῇ βοηθείᾳ, ὡς λέγω κἀγὼ, ὁ Θεὸς μετ' ἐμοῦ ἐστιν. Οὐκ εἶπεν ἁπλῶς, ἀλλὰ τί; Ὁ Πατὴρ ὁ ἐν ἐμοὶ μένων. Εἰ μετ' αὐτοῦ ἦν, καὶ ἐν αὐτῷ ἔμενε, πῶς ἐκεῖνος ἀπέστειλεν, ἢ πῶς οὗτος ἀπεστάλη; D Εἴτε γὰρ ἦλθον, οἱ δύο ἦλθον, καὶ οὐδεὶς ἀπεστάλη· πάλιν, ἀλλ'

[a] Reg. et Colb. οὖν θεός.

hæc? Ex eo quod non dicat ea quæ scripta sunt,
sed a seipso loquatur, manifestum est eum non habere Spiritum sanctum. *A seipso non loquetur,* Joan. 16.
sed quæcumque audierit, annuntiabit vobis : 13.
hoc est, quæ dixi confirmabit. Et vide miraculum.
Quemadmodum Salvator venit, et factus est plenitudo legis prophetarum : ita plenitudo evangelii est Spiritus sanctus. Christus venit et
implevit quæ a Patre in lege et prophetis sunt
dicta : ideo dicit Paulus : Plenitudo legis Chri- 4.
stus. Spiritus sanctus venit, et implevit evangelica. Quæcumque sunt in lege, Christus implet :
quæcumque sunt in doctrina Christi, Spiritus
implet, non quod imperfectus sit Pater, sed ut
apparuit Christus confirmans quæ sunt Patris, sic
apparuit Spiritus sanctus confirmans ea quæ sunt
Filii. Unde hoc? Dicit Salvator discipulis : Joan. 16
Multa habeo vobis dicere, sed non potestis 12. 13.
portare modo : quando autem venerit Spiritus
sanctus, *inducet vos in omnem veritatem,*
quia a seipso non loquetur : nam mea implet.
Filius implet ea quæ sunt Patris, et a seipso non
loquitur : Spiritus sanctus implet quæ sunt Filii, et a seipso non loquitur. Si autem audieris
dicentem, Mittam vobis Spiritum sanctum, non
secundum deitatem accipias : Deus enim non
mittitur. Nomina sunt hæc operationem signifi-
cantia, nomina occulta simul et lucida : occulta
si dignitatem spectes; lucida si contemplationem :
certe quisquis mittit, in alia mittit loca, in quibus non est. Finge me aliquem alloqui in hac
sede : non possum dicere cuipiam, Veni, mittam
te huc : hoc non est mittere, sed collocare vel Jer. 23. 24.
accersere. Quod si Deus ubique est; *Cælum*
enim, inquit, et *terram ego impleo :* quonam Psal. 138.
igitur mittit, qui ubique est? *Si ascendero in* 8.—10.
cælum, tu illic es ; si descendero in infernum,
ades ; si sumsero pennas meas diluculo, et *ha-*
bitavero in extremis maris : etenim illuc
manus tua deducet me. Quorsum igitur Deus
mittit? An forte quod ipse quidem ubique, is Joan. 3. 17.
autem qui mittitur, non ubique? *Misit Deus Fi-*
lium suum in mundum. Num ut non præsentem in mundo? At mundus ex Filio est. Proptereane venit in mundum, quia antea non fuerat
in mundo? Quomodo igitur Joannes evangelista
dicit : *Omnia per ipsum facta sunt : in mundo* Joan. 1. 3.
erat, et *mundus per ipsum factus est?* Quomodo igitur in mundum missus est? Rursus si
missus est qui missus, et mansit supra is qui
misit, et qui missus est infra, quomodo dicebat,
Et qui misit me, mecum est ? Joan. 8.
11. Obsecro, diligenter attendas, sermonem 29.
in tuto colloca. Potest enim dicere hæreticus :
Mecum est, mihi est auxilio, sicut et ego dico,
Deus mecum est. Non dixit simpliciter : sed
quid? *Pater in me manens.* Si cum ipso erat, Joan. 14.
et in ipso mansit, quomodo ille misit, vel quo- 10.
modo hic missus est? Si enim venerunt, duo

venerunt, et nullus est missus: aut rursus, duo
manserunt. Si mansit Pater supra, quomodo dicit Filius: Pater mecum est? Si supra mansit qui
misit, quomodo secum habet is qui missus est eum
Joan. 10. 38. qui mittit? *Ego* enim, dixit, *in Patre*, et *Pater*
mecum est. Quomodo igitur missus est, qui di-
cit: *Pater in me est?* Et quomodo iterum misit? Igitur cum dicit, Mitto vobis Spiritum sanctum, donum dicit sancti Spiritus. Et ut discatis
donum mitti, Spiritum autem non mitti, Salvator
Luc. 24. 49. dicit apostolis: *Manete in Jerusalem, donce*
induamini virtute ex alto, et *accipietis vir-*
tutem supervenientis Spiritus sancti *in vos*.
Alia est virtus quæ conceditur, et alius est Spi-
1. Cor. 12. 11. ritus qui concedit. *Omnia* enim *operatur unus* E
et *idem Spiritus, dividens singulis prout*
vult. Igitur tu non potes ostendere mitti Spiritum sanctum a pura deitate. Sin autem ostendam
tibi factorem cæli et terræ mitti a Spiritu sancto, quid facies? Vel nega Christum, et dele
Scripturas, vel servus Scripturarum Scripturis
obsequere. Et ubi, inquit, dictum est hoc? Audi
Deum dicentem per prophetam Hesaiam, præco-
Isai. 48. 12. nem pietatis: *Audi me*, ait, *Jacob* et *Israel*,
quem ego voco: ego Deus primus, et *ego* 810
post hæc, et præter me Deus non est. Attende, A
quæso. Restat enim hic quod quæratur. Quis
igitur dicit hæc? Pater an Filius? Vide quomodo
in figura monarchiæ Trinitatem recte prædicet.
Ibidem et 44. 6. *Ego Deus primus*, et *ego post hæc, et præter*
me non est Deus. Quis est qui hæc dicit? Mundi
Is. 48. 13. conditor. Subdit enim, *Ego mea manu fundavi*
et 45. 12. 13. *terram*; vide quomodo opifex loquitur: *Et*
Spiritus meus firmavit cælum. Ego omnibus
stellis mandavi, ego excitavi cum justitia re-
gem, et omnes viæ meæ rectæ. Dicens seipsum
opificem et factorem cæli ac terræ, hæc adjicit
Ib. 48. 16. postea: *Non ab initio in* occulto *loquutus sum* B
vobis hæc, neque *in loco* tenebroso. Dixit,
Fundavi terram, et feci cælum: quando facta
Ibid. sunt, illic aderam: *Et* nunc *Dominus misit*
me et *Spiritus ejus*. Te, qui fecisti cælum et
terram, qui dixisti astris, *Dominus misit me*
et *Spiritus ejus*, genuit secundum deitatem,
misit secundum carnem. Opifex cæli et terræ
dicit: *Dominus misit me* et *Spiritus ejus*.
Missionem Spiritus hæretici in contumeliam capiunt. Misit Pater qui non migrat, nec transfert C
eum loco: misit Filius Spiritum, non dividens
Joel. 2. 28. nec divisus. Et idcirco Scriptura dicit: Deus
effudit Spiritum suum, hoc est, donum Spiritus
sancti. Divinitas non effusa est, sed donum:
propterea ut demonstraretur, hoc quod effunditur, non esse Spiritum sanctum, sed Spiritus Dei
Psal. 44. 3. gratiam, dicit David Christo: *Diffusa est gra-*
tia in labiis tuis. Gratia effunditur, non is qui
donat gratiam. Si igitur æqualis honor prædica-

οἱ δύο ἔμειναν. Εἰ ἔμενεν ὁ Πατὴρ ἄνω, πῶς λέγει ὁ Υἱός, ὁ Πατὴρ μετ' ἐμοῦ ἐστιν; Εἰ ἄνω ἔμεινεν ὁ ἀποστείλας, πῶς μετ' αὐτοῦ ἔχει ὁ ἀποσταλεὶς τὸν ἀποστείλαντα; Ἐγὼ γὰρ, εἶπεν, ἐν τῷ Πατρὶ, καὶ ὁ Πατὴρ μετ' ἐμοῦ ἐστι. Πῶς οὖν ἀπεστάλη ὁ λέγων, Ὁ Πατὴρ ἐν ἐμοί ἐστι; πῶς δὲ πάλιν ἀπέστειλεν; Ὅταν οὖν λέγῃ, πέμψω ὑμῖν τὸ Πνεῦμα τὸ ἅγιον, τουτέστι, τὴν δωρεὰν τοῦ Πνεύματος· καὶ ἵνα μάθητε ὅτι ἡ δωρεὰ πέμπεται, τὸ δὲ Πνεῦμα οὐκ ἀποστέλλεται, ὁ Σωτὴρ λέγει τοῖς ἀποστόλοις· Μείνατε εἰς Ἱερουσαλὴμ, ἕως ἂν ἐνδύσησθε δύναμιν ἐξ ὕψους, καὶ λήψεσθε δύναμιν ἐπελθόντος τοῦ ἁγίου Πνεύματος ἐφ' ὑμᾶς. Ἄλλη ἡ δύναμις ἡ χορηγουμένη, ἄλλο τὸ Πνεῦμα τὸ χορηγοῦν. Πάντα γὰρ ἐνεργεῖ ἓν καὶ τὸ αὐτὸ Πνεῦμα, διαιροῦν ἰδίᾳ ἑκάστῳ, καθὼς βούλεται. Σὺ μὲν οὖν οὐ δύνῃ δεῖξαι πεμπόμενον τὸ Πνεῦμα τὸ ἅγιον ὑπὸ γυμνῆς τῆς θεότητος. Ἐὰν δέ σοι δείξω τὸν ποιητὴν οὐρανοῦ καὶ γῆς ἀποστελλόμενον ὑπὸ τοῦ Πνεύματος τοῦ ἁγίου, τί ποιεῖς; Ἢ ἄρνησαι τὸν Χριστὸν, καὶ ἀπάλειψον τὰς Γραφὰς, ἢ δοῦλος ὢν τῶν Γραφῶν ὑποτάττου ταῖς Γραφαῖς. Καὶ ποῦ, φησὶν, εἴρηται τοῦτο; Ἄκουε τοῦ Θεοῦ λέγοντος διὰ τοῦ προφήτου Ἡσαΐου τοῦ κήρυκος τῆς εὐσεβείας· Ἄκουέ μου, φησὶν, Ἰακὼβ καὶ Ἰσραὴλ, ὃν ἐγὼ καλῶ· ἐγὼ Θεὸς πρῶτος, καὶ ἐγὼ μετὰ ταῦτα, καὶ πλὴν ἐμοῦ Θεὸς οὐκ ἔστι. Πρόσεχε. Λοιπὸν γὰρ ἐνταῦθα τὸ ζητούμενον. Ἄρα τίς ὁ εἰπὼν ταῦτα; ὁ Πατὴρ, ἢ ὁ Υἱός; Ὅρα πῶς ἐν μοναρχίας τύπῳ τὴν Τριάδα κηρύττει συγκεκαλυμμένως· ἐγὼ Θεὸς πρῶτος, καὶ ἐγὼ μετὰ ταῦτα, καὶ πλὴν ἐμοῦ Θεὸς οὐκ ἔστι. Τίς ὁ ταῦτα λέγων; Ὁ δημιουργός. Ἐπάγει γὰρ, Ἐγὼ τῇ χειρί μου ἐθεμελίωσα τὴν γῆν· βλέπε πῶς ὁ δημιουργὸς λαλεῖ· Καὶ τὸ Πνεῦμά μου ἐστερέωσε τὸν οὐρανόν. Ἐγὼ πᾶσι τοῖς ἄστροις ἐνετειλάμην· ἐγὼ ἤγειρα μετὰ δικαιοσύνης βασιλέα, καὶ πᾶσαι αἱ ὁδοί μου εὐθεῖαι. Εἰπὼν ἑαυτὸν δημιουργὸν καὶ ποιητὴν οὐρανοῦ καὶ γῆς, λέγει λοιπὸν ταῦτα· Οὐκ ἀπ' ἀρχῆς ἐν κρυφῇ ἐλάλησα ὑμῖν ταῦτα, οὐδὲ ἐν τόπῳ σκοτεινῷ· εἰπὼν, ὅτι Ἐθεμελίωσα τὴν γῆν, καὶ ἐποίησα τὸν οὐρανόν· ὅτε ἐγένοντο, ἐκεῖ ἤμην· Καὶ νῦν Κύριος ἀπέστειλέ με καὶ τὸ Πνεῦμα αὐτοῦ. Σὲ τὸν ποιήσαντα τὸν οὐρανὸν καὶ τὴν γῆν, τὸν εἰπόντα τοῖς ἄστροις, Κύριος ἀπέστειλέ με καὶ τὸ Πνεῦμα αὐτοῦ, ἐγέννησε κατὰ τὴν θεότητα, ἀπέστειλε κατὰ τὴν σάρκα. Ὁ ποιητὴς οὐρανοῦ λέγει, Κύριος ἀπέστειλέ με καὶ τὸ Πνεῦμα αὐτοῦ. Τὴν ἀποστολὴν ὁ αἱρετικὸς τοῦ Πνεύματος εἰς ὕβριν λαμβάνει. Ἀπέστειλεν ὁ Πατὴρ, οὐ μεταστὰς, οὐ μεταστήσας· ἀπέστειλεν ὁ Υἱὸς τὸ Πνεῦμα, οὐ διαιρῶν, οὐ διαιρεθείς. Διὰ τοῦτο ἡ Γραφὴ, Ὁ Θεὸς, φησὶν, [a] ἐξέχεε τὸ Πνεῦμα αὐτοῦ, ἤγουν τὴν δωρεὰν τοῦ ἁγίου Πνεύματος. Θεότης οὐκ ἐκχεῖται, ἀλλ' ἡ δωρεά. Διὰ τοῦτο, ἵνα δειχθῇ ὅτι τὸ ἐκχυνόμενον οὐ Πνεῦμα ἅγιον, ἀλλὰ Πνεύματος θείου χάρις, λέγει Δαυὶδ τῷ Χριστῷ· Ἐξεχύθη χάρις ἐν χείλεσί σου. Χάρις ἐκχεῖται, οὐχ ὁ δωρούμενος τὴν χάριν. Εἰ οὖν ὁμοτιμία κηρύττεται, καὶ τὸ Ἀφ' ἑαυτοῦ σεσαφήνισται, καὶ τὸ Ἀπὸ τοῦ ἐμοῦ λήψεται, ὡς ἀπὸ δεξαμε-

[a] Reg. et Colb. ἐξέχει τὴν δωρεάν. Hic autem locus, ut in textu jacet, nusquam ni fallor ipsis verbis habetur in LXX. Sed in Joel 2, 28, et in Zachar. 12, 10, similia habentur.

νῆς ἑρμήνευται, μὴ ἐχέτωσαν χώραν ἢ παρείσδυσιν ἀσεβείας οἱ αἱρετικοί. Τίμησον τὸ Πνεῦμα τὸ ἅγιον ὃ ἔλαβες. Εἶπον πολλάκις, ὅτι ἀντίδοσιν ἔσχες. Ἔλαβε Χριστὸς παρὰ σοῦ τὸ πλάσμα τὸ σὸν, ἔδωκέ σοι αὐτὸς τὸ Πνεῦμα τὸ ἑαυτοῦ.

tur, et si illud, *A seipso*, explicatum est, necnon illud, *De meo accipiet*, quasi a fonte interpretari quis potest; ne habeant heretici locum vel subterfugium impietatis. Venerare Spiritum sanctum, quem accepisti. Dixi sæpe te retributionem accepisse. Assumsit a te Christus figmentum tuum, dedit tibi ipse Spiritum suum.

MONITUM

IN HOMILIAM DE CHRISTO PASTORE ET OVE.

In hanc homiliam hæc notat Savilius p. 759: « Hanc homiliam, editam Romæ anno 1581, castigavimus ex Manuscripto ex Bibliotheca Regia Lutetiæ, adhibitis etiam Florentis Christiani conjecturis: ac primum sublato titulo Romani Codicis, quem rectissime damnat Florens, cum de Acacio nullum in hoc toto sermone verbum, substituimus alium ex Regio commodiorem. Florens pro Ἀκάκιον ex ingenio ἄκακον [substituit], ut de Christo intelligatur.» His consona dicit Fronto Ducæus in Notis: «In Editione Romana, inquit, anni 1581, huic sermoni præfixus erat titulus, εἰς τὸν ἅγιον Ἀκάκιον ποιμένα, καὶ εἰς τὸ πρόβατον, *De sancto Acacio pastore* et *de ove*: sed castigavit ex Ms. Regio Editio Savilii Græcum textum, et hunc titulum substituit, quem exhibuimus: quandoquidem neque in toto orationis decursu mentio ulla fit Acacii. Fuit hoc nomine Cæsareæ Palæstinæ episcopus quidam, qui synodo Seleuciensi interfuit, ut ex Tripartita Historia constat lib. 5, c. 34. Alius Berœæ fuit episcopus temporibus Gratiani Imperatoris ex ejusdem historiæ lib. 9, cap. 3. Forte scriptum hic fuit, εἰς ἄκακον ποιμένα, *De innocente pastore*.»

Utrum autem hæc lectio, εἰς τὸν ἅγιον Ἀκάκιον, *In sanctum Acacium*, ex librariorum vitio manarit: utrum vero ex cujuspiam Græculi ausu invecta fuerit, non ita facile est statuere. Certe ita titulus habet, non in Romano Codice tantum, sed etiam in Regio, cujus lectiones in imis paginis posuimus. Et observes velim, etsi initio memoria martyrum in plurali celebrari dicatur, in fine tamen homiliæ unum 811
tantum martyrem commemorari. Ταῦτα, ἀδελφοί, ἡγεῖσθε μὴ παρ' ἡμῶν εἰρῆσθαι, ἀλλὰ παρὰ τοῦ ἁγίου μάρτυρος: *Hæc putate, fratres, non a nobis dici, sed a sancto martyre*. Nescio utrum hic martyr sit Acacius in titulo positus. Acacii plures martyres in Martyrologio Romano commemorantur. Nollem tamen affirmare hunc Acacium data opera in titulo fuisse positum ab eo qui hanc concionem Chrysostomi nomine publicavit: huic enim opinioni officeret ipsa tituli ratio. Hæc namque sic posita, εἰς τὸν ἅγιον Ἀκάκιον ποιμένα, καὶ εἰς τὸ πρόβατον, *In sanctum Acacium pastorem*, et *in ovem*, non quadrant: homilia quippe, maxime initio, de Christo pastore et ove agit: quamobrem ut staret hic titulus, ita concinnatus esse deberet, εἰς τὸν ἅγιον Ἀκάκιον, καὶ εἰς Χριστὸν ποιμένα καὶ τὸ πρόβατον: *In sanctum Acacium*, et *in Christum pastorem* et *ovem*. Hæc omnia dubitando et ex conjectura dicta sunt: interimque donec quid certius emergat, titulum a Savilio et a Frontone Ducæo editum et approbatum homiliæ præfigimus.

Savilius hanc concionem inter ἀμφιβαλλόμενα posuit, Fronto Ducæus in spuriis locavit et jure quidem: nihil enim hic Chrysostomo dignum. Omnia Græculum sapiunt qui S. illum doctorem ementitur, cujus generis multi fuerunt.

Interpretationem Latinam Joannis Jacobi Beureri, utpote minus bene concinnatam, rejecimus, novamque paravimus.

IN MEMORIAM MARTYRUM,

Et quod Christus sit pastor et ovis : necnon de velo et propitiatorio.

1. Rursus martyrum memoria, rursus piorum festi dies, rursus angelorum argumentum, rursus Ecclesiæ celebritas. Memoria est eorum qui martyrium sunt perpessi : honor autem martyrum, gloria est ejus pro quo martyrium subierunt. Honorantur martyres pro Christo passi ; adoratur Christus, qui pro omnibus passus est. Illi quidem per supplicium ex humili gradu sese in sublimem evexerunt : Servator autem a sublimitate divinitatis, ad humilitatem humanæ naturæ descendit, non egressus quidem a dignitate, sed ut œconomiam suam operaretur. Audi- B
Joan. 10. 11. vimus enim eum dicentem : *Ego sum pastor bonus, qui posuit animam suam pro ovibus*; qua ille oratione et benignitatem suam ostendit, et potentiam prædicavit. Nam quod pro ovibus patiatur, id benignitatis; quod vero animam suam ipse ponat, id potestatis est : non enim vim pati-
Rom. 8. 32. tur, sed œconomiam operatur. Etsi namque dicat apostolus Patrem illum tradidisse pro nobis, non necessitate Filium subiisse supplicium arguit, sed voluntatem Filii cum paterna concurrisse ostendit. Tradit autem seipsum Filius, non necessitate serviens, sed cum Patris sententia
Filius enim Patre cooperatur. cooperans. Aliud enim est servilem in modum ministrare, aliud divino more cooperari. Cooperatur enim cum Patre Unigenitus, etiamsi id C nolint hæretici, qui propria nequitia indivisibilem naturam dividunt, qui Patrem creatorem, Filium subministrum, Spiritum sanctum item ministrum prædicant; qui nec Pauli voces reverentur, qui ministros prædicationis non subministros vocavit, sed cooperatores Dei, cum dixit,
1. Cor. 3. 9. *Dei sumus cooperatores*. Paulusne cooperator, Filius vero subminister? Ne quæras igitur quid Christus dixerit per Hesaiam, sed quid per seipsum. Propter seipsum siquidem pastor est, propter te ovis; hæ quippe duæ lectiones hodie concurrerunt. Hesaias certe de ipso lectionem 812
Isai. 53. 7. suppeditabat eunucho, *Quasi ovis ad occisio-* A
Act. 8. 32. *nem ductus est* : Servator autem, *Ego sum*
Joan. 10. 11. *pastor bonus*. Tu mihi igitur discrimen ovem inter et pastorem ostende; in quonam ovis, in quonam pastor sit. Nisi enim nominum differen-

[a]ΕΙΣ ΜΝΗΜΗΝ ΜΑΡΤΥΡΩΝ,

Καὶ ὅτι ποιμὴν καὶ πρόβατον ὁ Χριστὸς ὀνομάζεται, καὶ εἰς τὸ καταπέτασμα, καὶ εἰς τὸ ἱλαστήριον.

Πάλιν μαρτύρων μνήμη, πάλιν εὐσεβῶν ἑορταὶ, πάλιν ἀγγέλων ὑπόθεσις, πάλιν Ἐκκλησίας πανήγυρις. Ἡ μνήμη τῶν μαρτυρησάντων, τιμὴ δὲ μαρτύρων ἡ δόξα τοῦ μαρτυρηθέντος. Τιμῶνται μάρτυρες ὑπὲρ Χριστοῦ παθόντες, προσκυνεῖται δὲ Χριστὸς ὑπὲρ πάντων παθών. Οἱ μὲν γὰρ διὰ τοῦ πάθους ἑαυτοὺς ἀπὸ ταπεινώσεως εἰς ὕψος ἀνήγαγον· [b]ὁ δὲ Σωτὴρ ἀπὸ ὕψους τῆς θεότητος εἰς ταπείνωσιν ἀνθρωπότητος ἐλήλυθεν, οὐ τῆς ἀξίας ἐξερχόμενος, τὴν δὲ οἰκονομίαν πραγματευόμενος. Ἠκούσαμεν γὰρ αὐτοῦ λέγοντος, Ἐγώ εἰμι ὁ ποιμὴν ὁ καλὸς, ὁ τιθεὶς B τὴν ψυχὴν αὐτοῦ ὑπὲρ τῶν προβάτων· καὶ τὴν φιλανθρωπίαν ἔδειξε τοῦτο εἰρηκὼς, καὶ τὴν ἐξουσίαν ἐκήρυξε. Τὸ μὲν γὰρ παθεῖν ὑπὲρ τῶν προβάτων, φιλανθρωπίας· τὸ δὲ ἀφ' ἑαυτοῦ θεῖναι τὴν ψυχὴν, ἐξουσίας· οὐ γὰρ βίαν ὑφίσταται, ἀλλ' οἰκονομίαν ἐργάζεται. Κἂν λέγῃ ὁ ἀπόστολος, ὅτι ὁ Πατὴρ παρέδωκεν αὐτὸν ὑπὲρ ἡμῶν, οὐκ ἠναγκασμένον εἰσάγει τοῦ Υἱοῦ τὸ πάθος, ἀλλὰ σύνδρομον τῷ Πατρὶ [c]τὸ Υἱοῦ θέλημα. Παραδίδωσι δὲ ἑαυτὸν ὁ Υἱὸς, οὐκ ἀνάγκῃ δουλεύων, ἀλλὰ γνώμῃ Πατρὸς συνεργῶν. Ἄλλο γὰρ ὑπουργῆσαι δουλοπρεπῶς, ἕτερον δὲ συνεργῆσαι θεϊκῶς. Συνεργὸς γὰρ τοῦ Πατρὸς ὁ Μονογενὴς, κἂν μὴ θέλωσιν αἱρετικῶν παῖδες, οἱ τῇ ἰδίᾳ κακίᾳ τὴν ἄτμητον φύσιν τέμνοντες, οἱ τὸν μὲν Πατέρα δημιουργὸν, τὸν δὲ Υἱὸν ὑπουργὸν, τὸ δὲ Πνεῦμα τὸ C ἅγιον λειτουργὸν κηρύττοντες· οἳ οὐκ αἰσχύνονται οὐδὲ [d]τὰς τοῦ Παύλου φωνὰς, ὃς τοὺς ὑπηρέτας τοῦ κηρύγματος οὐχ ὑπουργοὺς ἐκάλεσεν, ἀλλὰ συνεργοὺς Θεοῦ, εἰρηκὼς, Θεοῦ ἐσμεν συνεργοί. Παῦλος συνεργὸς, καὶ ὁ Υἱὸς ὑπουργός; Μὴ οὖν ζήτει τί εἴρηκε Χριστὸς διὰ Ἡσαΐου, ἀλλὰ τί δι' ἑαυτοῦ. Δι' ἑαυτὸν μὲν γὰρ ποιμήν ἐστι, διὰ δὲ σὲ πρόβατον· τὰ γὰρ δύο ταῦτα συνέδραμον σήμερον ἀναγνώσματα. Ἡσαΐας γὰρ περὶ αὐτοῦ τῷ εὐνούχῳ [e]ὑπανεγίνωσκεν, Ὡς πρόβατον ἐπὶ σφαγὴν ἤχθη· ὁ δὲ Σωτὴρ, Ἐγώ εἰμι ὁ ποιμὴν ὁ καλός. Δεῖξόν μοι τοίνυν τὴν διαφορὰν προβάτου πρὸς ποιμένα, ἐν τίνι πρόβατον, ἐν τίνι ποιμήν. Ἐὰν γὰρ [f]μὴ εἰδῇς τῶν ὀνομάτων τὴν διαφορὰν, A πόθεν γνωρίσεις τὴν ἀξίαν; Δῆλον μὲν ὅτι ὡς πρόβατον, διὰ τὸ πάθος τῆς οἰκονομίας, ὡς ποιμὴν δὲ, διὰ τὴν ἐξουσίαν τῆς φιλανθρωπίας. Οὐ γὰρ ἐπαισχύνεται Θεὸς ὢν καλεῖσθαι ποιμήν. Ἐχρῆν μὲν γὰρ ἡμᾶς Θεὸν αὐτὸν γινώσκειν καὶ βασιλέα· ἀλλ' ἐπειδὴ

[a] Collata cum Ms. Regio 1476, in quo titulus sic habet : Εἰς τὸν ἅγιον Ἀκάκιον τὸν ποιμένα, καὶ εἰς τὸ πρόβατον, καὶ εἰς τὸ καταπέτασμα, καὶ εἰς τὸ ἱλαστήριον. Vide Monitum.

[b] Reg. ὁ δὲ Χριστός.

[c] Reg. τὸ τοῦ υἱοῦ πνεῦμα, παραδίδωσι, perperam. Infra idem συνεργῆσαι θεοπρεπῶς.

[d] Reg. ταῖς Παύλου φωναῖς.

[e] Sic Reg. Morel. vero ὑπερανεγίνωσκεν.

[f] Reg. μὴ δῷς τῶν ὀνομ. Infra Florens Christianus mavult διὰ θεοῦ πάθους τὴν οἰκονομίαν.

ὡς ἄνθρωποι λογικοὶ Θεὸν οὐκ ἐπέγνωμεν, βούλεται ἡμᾶς, κἂν ὡς πρόβατα ἄλογα, τὸν ποιμένα γνωρίσαι. Εἰ γὰρ ἐλθὼν ὁ Σωτὴρ εἰς τὸν κόσμον εὗρέ σε ἄνθρωπον λογικὸν, ἀναγκαίως σοι ὡς Θεὸς ἐπεφαίνετο· ἀλλ' ἐπειδὴ ἄνθρωπον μὲν οὐχ εὗρεν, ὡς πρόβατον δὲ πλανώμενον ἐξ ἀρχαίων χρόνων, καὶ παρακαλοῦντα διὰ τῶν προφητῶν τὸν Δεσπότην· Ἐπλανήθην ὡς πρόβατον ἀπολωλὸς, ζήτησον τὸν δοῦλόν σου· διὸ κρύπτει τὴν βασιλικὴν ἀξίαν, καὶ προφέρει τὴν ποιμαντικὴν κηδεμονίαν. Διὰ τοῦτο καὶ B ἀπ' ἀρχῆς οἰκονομεῖ ἐν φάτνῃ τεθῆναι τὸ σῶμα τὸ ἑαυτοῦ, καὶ συνάγει εἰς ἀνάγκην τὴν μητέρα, καὶ τὸν τῆς οἰκονομίας ὑπηρέτην Ἰωσήφ· οὐ γὰρ εἴποιμι πατέρα ἐκεῖνον τοῦ Σωτῆρος, οὐδὲ ἄνδρα Μαρίας, ἀλλὰ κοινωνὸν καὶ μεσίτην τοῦ μυστηρίου. Μνηστὴρ γὰρ ἦν τῆς παρθένου, καὶ οὐκ ἀνὴρ, ἀλλ' ἀνὴρ μὲν τῇ προσηγορίᾳ, ὑπηρέτης δὲ τῆς οἰκονομίας. Στενοῦται οὖν οὗτος μετὰ Μαρίας ἐν Βηθλεὲμ, ὥστε διὰ τὸ στενὸν τοῦ καταλύματος ἀναγκασθῆναι τὸ βρέφος ἐν φάτνῃ τεθῆναι. Θεοῦ δὲ ἦν ἔργον ἡ στένωσις, ἵν' ἐξ ἀνάγκης εἰς ἐκεῖνο τὸ χωρίον ἀποτεθῇ ὁ φιλάνθρωπος, ἀποτεθῇ δὲ, φημὶ, διὰ τὴν ἔνσαρκον οἰκονομίαν. Διὰ τί δὲ τοῦτο οἰκονομεῖ; Ἐπειδὴ ἡ φάτνη ἀλόγων ἐστὶ τράπεζα, ἡ δὲ ἀνθρωπότης εἰς ἀλογίαν ἐτράπη (Ἄνθρωπος γὰρ ἐν τιμῇ ὢν, οὐ συνῆκε· παρασυνεβλήθη τοῖς κτήνεσι τοῖς ἀνοήτοις, καὶ ὡμοιώθη αὐτοῖς), τίθησι τὴν C τροφὴν τὴν οὐράνιον τῇ τραπέζῃ τῶν κτηνῶν, ἵνα οἱ κτηνώδεις τὴν ψυχὴν, προσελθόντες, ὡς οἰκείᾳ τραπέζῃ, τῇ φάτνῃ, εὕρωσι μηκέτι κτηνώδη χόρτον, ἀλλὰ τὸν φάσκοντα, Ἐγώ εἰμι ὁ ἄρτος ὁ ἐξ οὐρανοῦ καταβὰς, καὶ ζωὴν διδοὺς τῷ κόσμῳ. Πρόβατον μὲν οὖν διὰ τὴν οἰκονομίαν, Θεὸς δὲ διὰ τὴν ἑαυτοῦ δόξαν. Τίθησιν οὖν τὴν ἑαυτοῦ ψυχὴν ὑπὲρ τῶν προβάτων, οὐκ ἀνάγκην ὑπομένων, ὡς ἔφθην εἰπὼν, ἀλλὰ πραγματείαν ἀναδεχόμενος. Πάντα γὰρ ὅσα ἐν τῇ παλαιᾷ λατρείᾳ γεγένηται, εἰς τὸν Σωτῆρα τὴν ἀνακεφαλαίωσιν φέρει, εἴτε προφητεία, εἴτε ἱερωσύνη, εἴτε βασιλεία, εἴτε ναὸς, εἴτε θυσιαστήριον, εἴτε καταπέτασμα, εἴτε κιβωτὸς, εἴτε ἱλαστήριον, εἴτε μάννα, εἴτε ῥάβδος, εἴτε στάμνος, [a] εἴτε τι ἄλλο, πάντα εἰς αὐτὸν τὴν ἀναφορὰν ἔχει. Συνεχώρησε γὰρ ὁ Θεὸς Ἰουδαίων παισὶν ἀπ' ἀρχῆς τὴν τῶν θυσιῶν λειτουρ- D γίαν, οὐκ ἀναπαυόμενος ταῖς θυσίαις, ἀλλὰ βουλόμενος αὐτοὺς ἀπὸ τοῦ Ἑλληνισμοῦ [b] ἀποσπάσαι. Καὶ ἐξ ἐκείνου ἡνιοχήσας αὐτοὺς πρὸς ἃ βούλεται, περιτίθησιν ἑαυτῷ ὃ μὴ βούληται. Ἐπειδὴ γὰρ οὐδέπω ἐχώρει Ἰουδαίων διάνοια δέξασθαι πνευματικὴν ἐνέργειαν, ἀλλὰ τῇ τῶν ἐθνῶν συνηθείᾳ δεδούλωτο, καὶ περὶ βωμοὺς ἐκεχήνει καὶ θυσίας, λαβὼν ὁ Θεὸς τὰς εἰδωλικὰς ἑορτὰς μεταβάλλει τῷ ῥυθμῷ τῆς εὐσεβείας, καὶ ἀνέχεται ὧν μὴ βούληται. Καὶ ὥσπερ πατὴρ ἀγαθὸς, ἐπειδὰν ἴδῃ τὸν ἑαυτοῦ παῖδα [c] περιπαίγνια ἔχοντα, τῆς μὲν ἀγορᾶς αὐτὸν ἀφέλκει, κατὰ δὲ τὸν οἶκον ἐπιτρέπει πάντα ποιεῖν ἃ βούλεται, καὶ τὴν εὐσχημοσύνην αὐτῷ φυλάττων, καὶ τὴν ἀναίδειαν τῆς παιδιᾶς [d] ἀνασκευάζων· οὕτω καὶ ὁ Θεὸς βουλό-

tiam noveris, unde cognosces excellentiæ dignitatem? Palam sane est ovem esse ob supplicii œconomiam, pastorem vero ob potentiam benignitatis. Neque enim erubescit Deus appellari pastor. Oportebat quidem nos ipsum Deum ac Regem agnoscere: sed quia Deum ut homines ratione præditi non novimus, vult ille nos, ut oves irrationabiles, saltem agnoscere pastorem. Si enim Servator, cum in mundum venit, te B hominem rationabilem reperisset, ut Deus tibi necessario apparuisset: sed quia te hominem non invenit, tamquam ovem a priscis usque temporibus errantem, et per prophetas Dominum invocantem: *Erravi sicut ovis, quæ periit, quære servum tuum*: ideo regiam occultat dignitatem, et pastoris curam profert. Quocirca a principio statuit in præsenti corpus suum collocari: matremque et œconomiæ ministrum Joseph in angustias deducit: neque enim illum dixerim vel patrem Servatoris, vel Mariæ virum, sed socium et mediatorem mysterii. Siquidem sponsus erat virginis, non maritus ejus; sed maritus quidem nomine, re minister œconomiæ. Hic itaque in angustum deducitur cum Maria in Bethlehem; ita ut propter diversorii angustias infantem in C præsepio locari necesse fuerit. Dei autem opus erant angustiæ illæ, ut ex necessitate in illum reponeretur locum benignus ille; deponeretur, inquam, propter carnalem œconomiam. Cur hoc ita dispensat? Quia præsepe est brutorum mensa; humanitas vero in brutorum naturam degeneravit (*Homo* enim, *cum in honore* esset, *non intellexit; comparatus est jumentis insipientibus*, et *similis factus est illis*): cælestem cibum in brutorum mensa apponit, ut qui animo bruti essent, in præsepi, quasi in propria sibi mensa, non ultra brutorum fœnum invenirent; sed eum qui dixit, *Ego sum panis, qui de cælo descendi*, et *qui dat vitam mundo*. Ovis igitur propter œconomiam, Deus vero propter gloriam suam. Ponit igitur animam suam pro ovibus non D necessitate aliqua, ut jam dixi, sed hoc negotium suscipiens. Quæcumque enim in veteri cultu facta sunt, in Servatorem reducuntur: sive prophetia, sive sacerdotium, sive regnum, sive templum, sive altare, sive velum, sive arca, sive propitiatorium, sive manna, sive virga, sive urna, sive quidpiam aliud, omnia in ipsum referuntur. Concessit enim Deus Judæis ab initio sacrificiorum ministerium, non quod hostiis acquiesceret, sed ut eos a gentilium superstitionibus avelleret. Inde vero cum illos duxisset ad ea quæ ipse vellet, id sibi ipsi apponit, quod minime vult. Quia enim mens Judæorum spiritualem operationem nondum suscipere poterat, sed in servitutem gentilium consuetudinum dedu-

Psal. 118. 176.

Joseph sponsus tantum Mariæ, et maritus nomine.

Psal. 48. 13.

Joan. 6. 35. 41.

Joan. 10. 11.

Cur Deus Judæis sacrificia concessit.

[a] Εἴτε τι ἄλλο deest in Reg.

[b] Reg. ἀποσπάσαι, ἵν' ἐκείνου ἡνιοχήσαντος πρὸς ἃ βούλεται. ἐπειδὴ γάρ.

[c] Suspicatur Savil. legendum περὶ παίγνια.

[d] Reg. παρασκευάζων.

cta erat, arisque et victimis inhiabat, acceptis E Deus idolorum festivitatibus, ad pietatis ritum ipsas traduxit, atque ea fert, quæ sibi minime placent. Et quemadmodum bonus pater cum filium videt ludicris vacantem, a foro quidem ipsum arcet, domi vero ad libitum omnia facere permittit; atque ita illum in decoro custodit, et lusus insolentiam eliminat: ita quoque Deus, cum vellet illos ab hujusmodi festorum conventibus ad pietatem conformare, sacrificia concessit, altare dedit, oves immolare jussit et capram et bovem, omniaque facere quæ ipsis voluptati essent. Neque enim Deum hæc oblectabant.

2. Quod autem hæc ex dispensatione facta sint, audi quomodo is, qui per Moysem sacrificia concessit, et varias victimarum species offerri jussit, per prophetas evertat ea quæ ex concessione efficiebantur, ostendens se iis tamquam infantibus lac concessisse, non cibum dedisse. Ait quippe 813
Psal. 49. 7—9. per Davidem: *Audi, populus meus, et loquar* A
tibi, Israel, et *testificabor tibi, quia Deus, Deus tuus sum ego. Non in sacrificiis tuis arguam te, holocausta autem tua in conspectu meo sunt semper. Non accipiam de domo tua vitulos,* neque *de gregibus tuis hircos.* Ne quis vero putet eum aversantem non admittere, explicat modum, quod scilicet non iis opus
Psal. 49. 13. 14. habeat, non quod nolit offerri, et infert: *Numquid manducabo carnes taurorum, aut sanguinem hircorum potabo? Immola Deo sacrificium laudis, et redde Altissimo vota tua:* declarans se non aversantem rejicere, sed eos ad meliorem et spiritualem victimam evocare. Con- B cessit igitur antiquitus sacrificia, non quod placerent; sed ut eos, qui sic initiati fuerant, ad pietatem transformaret. Dum proposito Judæorum indulgeret, utpote sapiens et magnus, in ipsa concessione sacrificiorum imaginem futurorum præparabat, ut si sacrificium per se inutile esset, per imaginem utile reperiretur. Animum diligenter adhibe: subtile namque est hoc cogitatum. Victimæ Deo gratæ non erant, nec ex animi sententia, sed per concesssionem factæ: iisque figuram atque imaginem futuræ Christi incarnationis impresserat Deus, ut si non per se gratæ, saltem per expressam imaginem acceptæ forent. Per omnes certe Christi imaginem exprimit, et futura adumbrat. Licet ovis esset quæ C immolabatur, imago tamen Servatoris; licet bos, imago Christi; licet vitulus, sive vacca, sive quid aliud eorum quæ solebant offerri, sive colomba, sive turtur, omnia ad Servatorem referebantur. Ideo templum erat, ut imago præpararetur dominici templi; ideo ovis, ideo sacerdos, ideo velum. Ne vero minutatim proli-

E μενος αὐτοὺς τῇ φαινομένῃ ταύτῃ πανηγύρει τῶν ἑορτῶν εἰς εὐσέβειαν μεταῤῥυθμίσαι, συνεχώρει καὶ θυσιάζειν, δίδωσι καὶ θυσιαστήριον, καὶ πρόβατα θύεσθαι κελεύει, καὶ αἶγα καὶ βοῦν, καὶ πάντα ποιεῖν ὅσα ἐκείνους ἔτερπεν. Οὐ γὰρ Θεὸν ἀνέπαυσεν.

Ὅτι δὲ ταῦτα οἰκονομικῶς ἐγίνετο, ἄκουε πῶς ὁ διὰ Μωϋσέως ἐπιτρέψας τὰς θυσίας, καὶ προστάξας διαφόρους γίνεσθαι θυσιῶν ἰδέας, διὰ τῶν προφητῶν ἀνατρέπει τὰ κατὰ συγχώρησιν γινόμενα, δεικνὺς ὅτι ὡς νηπίοις γάλα συνεχώρησεν, οὐ τροφὴν ἔδωκε· καί 813 φησι διὰ τοῦ Δαυΐδ· Ἄκουσον, λαός μου, λαλήσω σοι, A Ἰσραὴλ, καὶ διαμαρτύρομαί σοι, ὅτι ὁ Θεὸς, ὁ Θεός σου εἰμὶ ἐγώ. Οὐκ ἐπὶ ταῖς θυσίαις σου ἐλέγξω σε, τὰ δὲ ὁλοκαυτώματά σου ἐνώπιόν μου ἐστι διὰ παντός. Οὐ δέξομαι ἐκ τοῦ οἴκου σου μόσχους, οὐδὲ ἐκ τῶν ποιμνίων σου χιμάρους. Καὶ ἵνα μή τις νομίσῃ, ὅτι ἀποστρεφόμενος οὐ [a]δέχεται, ἑρμηνεύει τὸν τρόπον, ὅτι δι' ἀνενδέησιν τούτων, οὐ διὰ τῆς τούτων προσφορᾶς, [b]καὶ ἐπάγει· Μὴ φάγομαι κρέα ταύρων, καὶ αἷμα τράγων πίομαι; θῦσον τῷ Θεῷ θυσίαν αἰνέσεως, καὶ ἀπόδος τῷ Ὑψίστῳ τὰς εὐχάς σου· δεικνὺς ὅτι οὐκ ἀποστρεφόμενος ἀποσείεται, ἀλλ' εἰς τὴν κρείττονα αὐτοὺς καὶ νοερὰν θυσίαν προσκαλεῖται. Συνεχώρησε μὲν οὖν ἀπ' ἀρχῆς τὰς θυσίας, οὐκ αὐταῖς B ἀρεσκόμενος, ἀλλὰ τοὺς οὕτως ἠργμένους μεταῤῥυθμίζων εἰς εὐσέβειαν. Ἐνδιδοὺς δὲ τῇ προθέσει τῇ Ἰουδαϊκῇ, ὡς σοφὸς καὶ μέγας, ἐν αὐτῇ τῇ συγχωρήσει τῶν θυσιῶν προκατεσκεύαζεν εἰκόνα τῶν μελλόντων, ἵνα κἂν ἡ θυσία δι' ἑαυτὴν ἄχρηστος ᾖ, διὰ τὴν εἰκόνα χρήσιμος εὑρεθῇ. Πρόσεχε ἀκριβῶς· λεπτὸν γὰρ τὸ νόημα. Αἱ μὲν οὖν θυσίαι οὐκ ἦσαν ἀρεσταὶ τῷ Θεῷ, οὐδὲ κατὰ γνώμην γινόμεναι, ἀλλὰ κατὰ συγχώρησιν· καὶ γινομέναις [c]ἐπέθηκε τύπον κατ' εἰκόνα τῆς μελλούσης οἰκονομίας τοῦ Χριστοῦ, ἵνα κἂν μὴ δι' ἑαυτὰς ὦσι δεκταὶ, κἂν γοῦν διὰ τὴν εἰκόνα ὦσιν εὐπρόσδεκτοι. Καὶ τίθησι διὰ πάντων εἰκόνα Χριστοῦ, καὶ [d]σκιαγραφεῖ τὰ μέλλοντα. Κἂν πρόβατον ᾖ θυόμενον, εἰκὼν τοῦ Σωτῆρος· κἂν βοῦς, εἰκὼν τοῦ Κυρίου· κἂν μόσχος, κἂν δάμαλις, κἂν C ἄλλο τι τῶν προσφερομένων, κἂν περιστερὰ καὶ τρυγὼν, πάντα εἰς τὸν Σωτῆρα τὴν ἀναφορὰν εἶχε. Διὰ τοῦτο καὶ ναὸς, ἵνα ἡ εἰκὼν προκατασκευασθῇ τοῦ κυριακοῦ ναοῦ· διὰ τοῦτο πρόβατον, διὰ τοῦτο ἱερεὺς, διὰ τοῦτο καταπέτασμα. Καὶ ἵνα μὴ κατὰ μέρος πλατύνω τὸν λόγον, δέχου τῶν εἰρημένων ἑρμηνέα τὸν Παῦλον, μὴ συγχωροῦντά σε μηδὲν ἔξω Χριστοῦ νοῆσαι, ἀλλὰ πάντα εἰς Χριστὸν [e]ἀναλαμβάνοντα. Τί γάρ;

[a] Reg. δέχομαι. Mox alii legendum putant διὰ τὴν τούτων προσφορὰν teste Savilio. Pronto mavult οὐ δέχεται τὴν τούτων προσφοράν.

[b] In Reg. καὶ deest ante ἐπάγει.

[c] Reg. ἔθηκε. Ibid. Florens legendum putat καὶ εἰκόνα.

[d] Reg. σκιαγραφεῖ [sic].

[e] Reg. ἀναλαμβάνοντα· ὅτι γὰρ πρὸς Ἑβραίους.

Ὁ αὐτὸς πρὸς Ἑβραίους βουλόμενος ἐκθέσθαι τῶν μυστηρίων τὰς διαφορὰς, τί ἐβούλετο ἡ τράπεζα, τί ἐβούλετο τὸ θυσιαστήριον, τί ἐβούλετο τὸ καταπέτασμα, τί ὁ ναὸς, τί ὁ ἱερεὺς, ἐν κεφαλαίῳ εἰς Χριστὸν τὰ πάντα ἀναφέρει, καὶ δείκνυσι σκηνὴν εἶναι δι' ὅλου τὸν πάντα βίον· ἀλλὰ τὴν πρώτην σκηνὴν τύπον τῆς ἀρχαίας Διαθήκης, τὰ δὲ ἅγια τῶν ἁγίων τύπον τῆς νέας Διαθήκης. Πρόσεχε ἀκριβῶς, παρα- D καλῶ. Ἦν μὲν γὰρ ὁ ναὸς εἷς δι' ὅλου, εἰς ἄλλα δὲ καὶ ἄλλα ἐμεμέριστο· εἰς τὸ ἅγιον, καὶ [1] εἰς τὸ ἅγιον τῶν ἁγίων. Τύπος ὁ ναὸς τοῦ κυριακοῦ σώματος· καὶ ἄκουε τοῦ Κυρίου λέγοντος· Λύσατε τὸν ναὸν τοῦτον, καὶ ἐν τρισὶν ἡμέραις ἐγερῶ αὐτόν. Ὥσπερ οὖν ἐν τῷ ναῷ ἐκείνῳ τὰ μὲν πᾶσιν ἑωρᾶτο, τὰ δὲ μόνῳ τῷ ἀρχιερεῖ· οὕτω καὶ ἐν τῇ τοῦ Σωτῆρος οἰκονομίᾳ ἡ θεότης, καὶ ἡ ἐνέργεια τῆς θεότητος, οὖσα μὲν ἐν κρυφῇ, ἐργαζομένη δὲ ἐν τῷ φανερῷ. Ἔχεις τοῦ ναοῦ τὴν εἰκόνα· ζήτησόν μοι τὸ καταπέτασμα τὸ μέσον, τὸ διεῖργον τὰ ἅγια ἀπὸ τοῦ ἁγίου τῶν ἁγίων, ὁποῖον τὸ καταπέτασμα· πάλιν τὸ καταπέτασμα εἰκὼν τοῦ σώματος. Ὥσπερ γὰρ τὸ καταπέτασμα ἐμεσολάβει τῷ τόπῳ, καὶ διεῖργε τὴν ἔξωθεν ὄψιν τῆς ἔσωθεν μυσταγωγίας· οὕτω τὸ σῶμα τοῦ Κυρίου καταπέτασμα E ἦν τῆς θεότητος, μὴ συγχωροῦν ταῖς ὄψεσι ταῖς θνηταῖς ἐνατενίζειν τῇ ὄψει τοῦ ἀθανάτου. Οὐκ ἐμὸς ὁ λόγος, ἀλλ' ἄκουε τοῦ Παύλου λέγοντος· Ἔχοντες δὲ, ἀδελφοὶ, ὁδὸν πρόσφατον καὶ ζῶσαν, ἣν ἐνεκαίνισεν ἡμῖν διὰ τοῦ καταπετάσματος, τουτέστι, τῆς σαρκὸς αὐτοῦ, προσερχώμεθα. Πρόσεχε ἀκριβῶς. Καὶ ναὸν εἶπε τὴν σάρκα, καὶ τὸ καταπέτασμα τύπον τῆς σαρκός. Πάλιν ὁ ἱερεὺς εἰσῄει διὰ τοῦ καταπετάσματος ἅπαξ τοῦ ἐνιαυτοῦ· οὐδὲ τοῦτο παρέλιπεν ὁ Παῦλος, ἀλλὰ λαμβάνει αὐτὸ εἰς τύπον τοῦ Σωτῆρος, καί φησιν· Οὐκ εἰς χειροποίητα ἅγια εἰσῆλθεν ὁ Χριστὸς, ἀντίτυπα τῶν ἀληθινῶν, ἀλλ' εἰς αὐτὸν τὸν οὐρανὸν, 814 A νῦν ἐμφανισθῆναι τῷ προσώπῳ τοῦ Θεοῦ ὑπὲρ ἡμῶν. Ὁρᾷς τὸν ἀρχιερέα, ὅρα τὸν τύπον. Πάλιν ἐθύετο πρόβατον, καὶ ἦν εἰκὼν τοῦ Σωτῆρος· Ὡς πρόβατον ἐπὶ σφαγὴν ἤχθη. Ἐθύετο μόσχος, ταῦρος, τὰ ἄλλα πάντα καὶ ἀπὸ τοῦ αἵματος τῶν θυομένων ἐλάμβανεν ὁ ἀρχιερεὺς τῷ δακτύλῳ, καὶ εἰσῄει εἰς τὰ ἅγια τῶν ἁγίων, καὶ ἔῤῥαινεν ἀπέναντι τοῦ ἱλαστηρίου ἑπτάκις. Καὶ ἦν καὶ αὐτὸ τὸ ἱλαστήριον τύπος τοῦ Σωτῆρος, καὶ τὸ αἷμα τὸ ῥαινόμενον τύπος αὐτοῦ, ἵνα καὶ ὁ προσκυνούμενος καὶ τὸ δῶρον τὸ προσφερόμενον τῷ προσκυνουμένῳ εἷς καὶ ὁ αὐτὸς ᾖ. Τούτων δὲ τῶν ζώων, ὧν τὸ αἷμα προσεφέρετο εἰς τὰ ἅγια; τὰ σώματα κατεκαίετο ἔξω τῆς παρεμβολῆς, καὶ ἡ B τέφρα αὐτῶν ἡγίαζε τοὺς ἀνθρώπους, καὶ τοὺς κεκοινωμένους ἡγίαζε τὰ τῶν νεκρωθέντων ζώων λείψανα. Βλέπε τοίνυν. Ζῶντα μὲν οὐχ ἡγίαζεν, ἀποτεφρωθέντα δὲ, καὶ εἰς θυσίαν ἀπαρτισθέντα, ἁγιασμὸν ἔφερον τοῖς κεκοινωμένοις, καὶ ἦν τὰ αὐτὰ ζῶα καὶ ἔξω καιόμενα, καὶ ἔσω προσφερόμενα. Ἐντεῦθεν ὁ ἀπόστολος· Ὧν γὰρ, φησὶν, [a] εἰσφέρεται ζώων τὸ αἷμα εἰς τὰ ἅγια τῶν ἁγίων, τούτων τὰ σώματα κατεκαίετο ἔξω τῆς παρεμβολῆς. Εἶπε τὸν τύπον, καθερμηνεύει τὴν ἀλήθειαν, καί φησι· Διὸ καὶ Ἰησοῦς, ἵνα

[1] Reg. εἰς τὰ ἅγια τῶν ἁγίων.

xius loquar, prædictorum interpretem accipe Paulum, qui nihil extra Christum te cogitare permittit; sed omnia de Christo explicat. Quid enim? Cum Hebræis vellet exponere mysteriorum discrimina, quid sibi vellet mensa, quid [Hebr. 8. et 9.] altare, quid velum, quid templum, quid sacerdos, summatim in Christum omnia refert, et ostendit D tabernaculum esse totam hanc vitam; sed prius illud tabernaculum figuram esse Veteris Testamenti; sancta vero sanctorum figuram esse Novi [Exod. 30. Levit. 26.] Testamenti. Animum adhibe, quæso, diligenter. Templum quidem illud unum omnino erat, sed in alia et alia divisum; in sanctum, in sanctum sanctorum. Figura erat templum dominici corporis: audi vero Dominum dicentem: *Solvite* [Joan. 2. 19.] *templum hoc, in tribus diebus excitabo illud.* Sicut ergo in illo templo quædam ab omnibus, quædam ab uno summo sacerdote cernebantur: sic et in Servatoris œconomia divinitas, et operatio divinitatis, quæ occulta quidem erat, sed palam operabatur. Habes templi imaginem: jam quære medium velum quod dividebat sancta E a sancto sanctorum, quale velum erat: rursus velum erat imago corporis. Sicut enim velum locum illum a medio dividebat, et distinguebat externum conspectum ab internis mysteriis: sic corpus Domini velum erat divinitatis, quod non concedebat mortales oculos immortalem respicere. Non meus est sermo, sed audi Paulum dicentem: *Habentes*, fratres, *viam novam et* [Hebr. 10. 19. 20.] *viventem, quam renovavit nobis per velum, id* est, *carnem suam, accedamus.* Attende diligenter. Et templum vocavit carnem, et velum figuram carnis. Rursus sacerdos ingrediebatur 814 per velum semel in anno: neque hoc prætermisit A Paulus, sed illud accipit in figuram Servatoris, aitque: *Non in manufacta sancta introivit* [Hebr. 9. 24.] *Christus, exemplaria verorum, sed in ipsum cælum, ut appareat nunc in conspectu Dei pro nobis.* Vides sacerdotem, vide figuram. Rursum immolabatur ovis, et erat figura Servatoris: *Sicut ovis ad occisionem ductus est.* [Isai. 53. 7.] Immolabatur vitulus, taurus, aliaque omnia, et de sanguine immolatorum sacerdos digito accipiebat, et ingrediebatur in sancta sanctorum, et aspergebat septies in conspectu propitiatorii. Ipsumque propitiatorium erat imago Servatoris, B itemque sanguis quo aspergebatur, ut et is qui adorabatur, et donum oblatum ei qui adorabatur, idipsum esset. Animalium vero, quorum sanguis offerebatur in sancta, corpora comburebantur extra castra, et cinis eorum sanctificabat homines, et inquinatos sanctificabant mortuorum animalium reliquiæ. Adverte igitur. Viventia non sanctificabant, in cinerem vero redacta, et in sacrificium consummata, inquinatis sanctitatem afferebant; erantque eadem ipsa animalia extra combusta, et intra in sacrificium oblata: inde

[a] Reg. προσφέρεται.

Hebr. 13. 11. apostolus: *Quorum*, inquit, *animalium san-*
guis infertur in sancta sanctorum, horum
corpora comburebantur extra castra. Dixit
Ibid. v. 12. figuram, interpretatur veritatem, et ait: *Ideoque*
et *Jesus, ut sanctificaret populum, extra por-*
Ibid. v. 13. *tam passus est*. Et quid infert? *Egrediamur*
ergo *ad eum, opprobrium ejus ferentes*. Habes
figuram; vide veritatem. Quære rursum sanguinem et propitiatorium. Sanguis aspergebatur,
et propitiatorium excipiebat, propitiatio inside-
bat. Quid est propitiatorium? Paulum iterum
Rom. 3.23.—25. audi dicentem ad Romanos: *Omnes enim pec-*
caverunt, et *privantur gloria Dei, justificati*
gratis per ejus gratiam, per sanguinem ejus,
per redemtionem, quæ est in Christo Jesu,
quem proposuit Deus propitiatorium per fi-
dem ejus in sanguinem ipsius. Et sanguis
ipsius, et propitiatorium ipsius. Hæc a me omnia
dicta sunt, quia propter nos omnia factus est Servator Deus, et Dei unigenitus Filius, non propter
se. Aliud autem illud erat quod pro nobis age-
latur, aliud quod propter ipsum secundum
divinitatem adorabatur: aliud et aliud, non
nunc divisum, sed dispensatione conjunctum, et
cogitatione divisum.

3. Cum igitur audies summum sacerdotem,
aut pastorem, aut ovem, aut templum, aut velum,
aut propitiatorium, aut sanguinem aspersionis,
aut similia, per hæc omnia cognoscas propter te
factam œconomiam. Cum vero videris Unigenitum eodem in throno (hunc enim prædicavit,
hunc cum pompa celebravit Ecclesia), ne erube-
Prov. 1. 20. 21. seas divina eloquia. *Sapientia* enim *in biviis*
celebratur, in plateis fiducialiter agit, in
summitate murorum prædicatur. Cum autem
videris Dei sapientiam et virtutem prædicari,
cogita excellentiam gloriæ, dignitatem quæ ante
sæcula est, illæsam, immutabilem, invariabilem.
Joan. 1. 1. *In principio erat Verbum, et Verbum erat*
apud Deum, et Deus Verbum erat. Ubique
illud, *Erat*, illud vero, Non erat, nusquam. Si
cogites excellentiam gloriæ, non offenderis ob
incarnationem. Exempli causa: si audias hære-
Joan. 14. 28. ticum dicentem: *Pater, qui me misit, major*
me est, dic illi, Nihil mirum si Patre sit minor
propter œconomiam incarnationis, quando et
Quæ de Christo dicuntur, alia ad divinitatem, alia ad humanitatem spectant. angelis sic minor erat. Tu ex improbitate demonstrare conaris, illum esse Patre minorem; ego
vero ostendo, illum secundum incarnationem esse
angelis minorem. Et tu quidem cum vis adstruere
differentiam inter substantiam Patris et Filii,
affers dictum illud, *Pater, qui misit me, ma-*
jor me est: ego vero ostendo illum, secundum
illam rationem, non solum Patre, sed etiam angelis esse minorem. Siquidem Paulus, qui affert
Psal. 8. 5. 2. testimonium illud Davidis: *Quid est homo,*
quod memor es ejus, aut Filius hominis,

ἁγιάσῃ τὸν λαὸν, [b] ἔξω τῆς πύλης ἔπαθε. Καὶ τί ἐπάγει; Ἐξερχώμεθα οὖν πρὸς αὐτὸν, τὸν ὀνειδισμὸν αὐτοῦ φέροντες. Ἔχεις τὸν τύπον· ἴδε τὴν ἀλήθειαν.
C Ζήτησον πάλιν τὸ αἷμα καὶ τὸ ἱλαστήριον. Τὸ αἷμα
ἐῤῥαίνετο, καὶ τὸ ἱλαστήριον ἐδέχετο, ὁ ἱλασμὸς ἐπέκειτο. Τί τὸ ἱλαστήριον; Παύλου πάλιν ἄκουε λέγοντος ἐν τῇ πρὸς Ῥωμαίους· Πάντες γὰρ ἥμαρτον, καὶ
ὑστεροῦνται τῆς δόξης τοῦ Θεοῦ, δικαιούμενοι δωρεὰν
τῇ αὐτοῦ χάριτι, διὰ τοῦ αἵματος αὐτοῦ, διὰ τῆς ἀπο-
λυτρώσεως τῆς ἐν Χριστῷ Ἰησοῦ, ὃν προέθετο ὁ Θεὸς
ἱλαστήριον διὰ τῆς πίστεως αὐτοῦ ἐν τῷ αἵματι αὐτοῦ. Καὶ τὸ αἷμα αὐτοῦ, καὶ τὸ ἱλαστήριον αὐτοῦ.
Ταῦτά μοι εἴρηται πάντα, ὅτι πάντα δι' ἡμᾶς γέγονεν ὁ Σωτὴρ Θεὸς, καὶ Θεοῦ μονογενὴς Υἱὸς, οὐ δι'
ἑαυτόν. Ἄλλο δὲ τὸ δι' ἡμᾶς πραγματευόμενον, ἄλλο
τὸ δι' ἑαυτὸν κατὰ τὴν θεότητα προσκυνούμενον· ἄλλο
καὶ ἄλλο, οὐ νῦν μεμερισμένον, ἀλλὰ τῇ οἰκονομίᾳ
συνημμένον, τῇ δὲ ἐννοίᾳ τεμνόμενον.

Ὅταν τοίνυν ἀκούσῃς ἢ ἀρχιερέα, ἢ ποιμένα, ἢ
πρόβατον, ἢ ναὸν, ἢ καταπέτασμα, ἢ ἱλαστήριον,
D ἢ αἷμα ῥαντισμοῦ, ἢ ὅσα τοιαῦτα, διὰ πάντων γνώ-
ριζε [c] τὴν διὰ σὲ γενομένην οἰκονομίαν. Ὅταν δὲ ἴδῃς
σύνθρονον τὸν Μονογενῆ (τοῦτον γὰρ ἐκήρυττεν ἡ Ἐκκλησία, καὶ ἐπόμπευσεν), οὐκ ἐπαισχύνῃ τὰ θεῖα
λόγια. Σοφία γὰρ ἐν ἐξόδοις ὑμνεῖται, ἐν δὲ πλατείαις
παῤῥησίαν ἄγει, ἐπ' ἄκρων δὲ τειχέων κηρύττεται.
Ὅταν δὲ ἴδῃς κηρυττομένην Θεοῦ σοφίαν καὶ δύναμιν, νόει τὴν ὑπεροχὴν τῆς δόξης, τὴν προαιώνιον
ἀξίαν, τὴν ἄτρωτον, τὴν ἀμετάβλητον, τὴν ἀναλλοίω-
τον. Ἐν ἀρχῇ ἦν ὁ Λόγος, καὶ ὁ Λόγος ἦν πρὸς τὸν
Θεὸν, καὶ Θεὸς ἦν ὁ Λόγος. Πανταχοῦ τὸ, Ἦν, τὸ δὲ;
οὐκ ἦν, οὐδαμοῦ. Ἐὰν νοήσῃς τὴν ὑπεροχὴν τῆς δόξης, οὐ σκανδαλισθήσῃ πρὸς τὴν τῆς σαρκὸς οἰκονο-
E μίαν. Οἷόν τι λέγω· ἐὰν ἀκούσῃς λέγοντος αἱρετικοῦ,
ὅτι Ὁ Πατὴρ ὁ πέμψας με μείζων μού ἐστι, λέγε
αὐτῷ, ὅτι οὐδὲν θαυμαστὸν, εἰ τοῦ Πατρὸς ἐλάττων
διὰ τὴν οἰκονομίαν, ὅπουγε καὶ ἀγγέλων ἠλαττώθη.
Σὺ σπουδάζεις δεῖξαι διὰ τὴν κακίαν, ὅτι τοῦ Πατρὸς
ἐλάττων· ἐγὼ δὲ αὐτὸν δείκνυμι διὰ τὴν οἰκονομίαν
καὶ ἀγγέλων ἐλάττονα. Καὶ σὺ μὲν οὖν βουλόμενος
κατασκευάσαι διαφορὰν οὐσίας Πατρὸς καὶ Υἱοῦ, πα-
ράγεις τὸ ῥῆμα, ὅτι Ὁ Πατὴρ ὁ πέμψας με μείζων
μού ἐστιν· ἐγὼ δὲ δείκνυμι, ὅτι οὐ μόνον τοῦ Πατρὸς
ἐλάττων κατὰ τὴν λέξιν, ἀλλὰ καὶ ἀγγέλων. Ὁ γὰρ
μακάριος Παῦλος παράγων τοῦ Δαυὶδ τὴν μαρτυρίαν,
τὸ, Τί ἐστιν ἄνθρωπος, ὅτι μιμνήσκῃ αὐτοῦ, ἢ Υἱὸς
ἀνθρώπου, ὅτι ἐπισκέπτῃ αὐτόν; Ἠλάττωσας αὐτὸν
813 βραχύ τι παρ' ἀγγέλους· ἡρμήνευσε, διὰ τῆς πρὸς
A Ἑβραίους ἐπιστολῆς· Τὸν δὲ βραχύ τι παρ' ἀγγέλους

[b] Reg. et Savil. in textu ἔξω τῆς παρεμβολῆς. Savil. in marg. et Morel. ἔξω τῆς πύλης. Quidam legerunt ἔξω τῆς πόλεως.

[c] Reg. τὴν εἰς σέ.

ἠλαττωμένον βλέπομεν Ἰησοῦν [a] διὰ τὸ πάθημα τοῦ θανάτου. Τί τοίνυν κάμνεις πολλὰ, καὶ κατασκευάζεις δεῖξαι Υἱὸν ἐλάττονα Πατρὸς, ὅπου καὶ ἀγγέλων ἐλάττων, οὐ διὰ τὴν ἀξίαν, ἀλλὰ διὰ τὴν οἰκονομίαν; Εἶτα τὸ, Ὁ πέμψας με Πατὴρ μείζων μού ἐστιν, ἀκήκοας· τῆς εὐαγγελικῆς [b] ταύτης οὐκ ἀκούεις φωνῆς, ἣ σήμερον ἐπεβόα πᾶσιν, Ἐγὼ καὶ ὁ Πατὴρ ἕν ἐσμεν; Καὶ πρόσεχε τῇ διαφορᾷ. Ὅπου τὸ, Ἕν, οὐκ εἶπε τὸ, Ὁ πέμψας με, ἀλλ', Ὁ Πατήρ· ὅπου τὴν ἕνωσιν ἠβουλήθη δεῖξαι καὶ τὴν ταυτότητα, οὐκ εἶπεν, ἐγὼ καὶ ὁ πέμψας με ἕν ἐσμεν, ἀλλ', Ἐγὼ καὶ ὁ Πατήρ. Πατρὸς καὶ Υἱοῦ οὐδὲν τὸ μέσον· ὅπου δὲ τὸ, Μείζων, προστίθησι τὸ, Ὁ πέμψας με. Τὸ γὰρ πέμψαι, ἔργον οἰκονομίας· τὸ δὲ πεμφθῆναι, οὐχ ἑρμηνεία θεότητος, ἀλλ' ἑρμηνεία τῆς οἰκονομίας. Θεὸς γὰρ [c] οὔτε ἀποστέλλει σωματικῶς, οὔτε ἀποστέλλεται. B Καὶ ὅπως, ἄκουε. Ὁ γὰρ ἀποστέλλων, ἐν ἐκείνοις ἀποστέλλει τοῖς τόποις, ἐν οἷς μὴ πάρεστι. Δεῖξον τοίνυν ἔρημον τόπον Πατρὸς, δεῖξον τόπον γυμνὸν τοῦ Υἱοῦ, δεῖξον τόπον ἀφεστηκότα τοῦ Πνεύματος. Καὶ ἔχει χώραν, εἰ κατὰ τὴν λέξιν ἐνόησας ὅτι ὁ μὲν ἀπέστειλεν, ὁ δὲ ἀπεστάλη. Τὸ γοῦν, ἀπεστάλη, οὐ τοπικὴν μετάβασιν δείκνυσιν, ἀλλὰ σωματικὴν ὄψιν. Οὐδὲ γὰρ, ὅταν λέγῃ ἡ Γραφὴ, Ἐγένετο ἄνθρωπος ἀπεσταλμένος παρὰ Θεοῦ, ὄνομα αὐτῷ Ἰωάννης, ἤδη τὸν Ἰωάννην ἐξ οὐρανῶν ἀφῖχθαι νομίζομεν· ἐπεὶ εἰ ἦν, φησὶ, πῶς ἀπεστάλη; Ἀλλ' ἐπειδὴ οἰκονομίαν ἐνεχειρίσθη, τὴν οἰκονομίαν ἀποστολὴν ἐκάλεσεν. Ἡσαΐας ἐν Ἱεροσολύμοις ἐν αὐτῷ τῷ ναῷ εἶδε τὸν Κύριον καθήμενον ἐπὶ θρόνου ὑψηλοῦ καὶ ἐπηρμένου. C Ὢν ἐν τῇ πόλει καὶ ἐν τῷ ναῷ, καὶ θεασάμενος τὴν ὀπτασίαν, καὶ ἰδεῖν καταξιωθεὶς Θεὸν, ὡς δυνατὸν ἀνθρώπῳ, ἤκουε τοῦ Θεοῦ λέγοντος· Τίνα ἀποστείλω πρὸς τὸν λαὸν τοῦτον; Ἐν τῷ λαῷ ἦν, καὶ πῶς ἀποστέλλεται πρὸς τὸν λαόν; Οὕτως ἡ ἀποστολὴ οὐ τοπικὴν ἑρμηνεύει μετάβασιν, οὔτε ὑπουργίαν δουλικὴν, ἀλλ' ἀνθρωπίνην οἰκονομίαν. Ἄλλως δὲ εἰ τῇ λέξει δουλεύεις, τὴν λέξιν αἰδέσθητι. Εἰ ἀπεστάλη, πῶς λέγει, Καὶ ὁ πέμψας με μετ' ἐμοῦ ἐστιν; Οὐδεὶς γὰρ ἀποστέλλων συναπέρχεται τῷ ἀποσταλέντι. Τοῦτο γὰρ οὐκ ἔστιν ἀποστεῖλαι, ἀλλὰ συνοδεῦσαι. Ἐγὼ ἐν τῷ Πατρὶ, καὶ ὁ Πατὴρ ἐν ἐμοί. Ποῦ ἡ ἀποστολή; Καὶ ἵνα μή τις τὸ, Ὁ πέμψας με Πατὴρ μετ' ἐμοῦ ἐστι, κατ' ἐνέργειαν εἰρῆσθαι νομίσῃ καὶ κατὰ βοήθειαν, φησίν· Ὁ Πατὴρ ὁ ἐν ἐμοὶ μένων, κατὰ τὸ, Ἐγὼ ἐν τῷ D Πατρὶ, καὶ ὁ Πατὴρ ἐν ἐμοί. Ταύτην γὰρ τὴν φωνὴν καὶ Ἡσαΐας προεκήρυξε λέγων· Ἐκοπίασεν Αἴγυπτος, καὶ ἡ ἐμπορία Αἰθιόπων, καὶ οἱ Σαβαεὶμ ἄνδρες ὑψηλοὶ ἐπὶ σὲ διαβήσονται, καὶ ἐξακολουθήσουσί σοι χειροπέδαις δεδεμένοι, καὶ προσκυνήσουσί σοι, καὶ ἐν σοὶ προσεύξονται· ὅτι ἐν σοὶ ὁ Θεὸς, καὶ οὐκ ἔστι Θεὸς πλὴν σοῦ. Πῶς ἐνδέχεται; εἰ ἄλλος ἐστὶν ἐν αὐτῷ, πῶς πλὴν αὐτοῦ οὐκ ἔστιν ἄλλος; Ὅτι ἐν σοὶ ὁ Θεὸς, καὶ οὐκ ἔστι Θεὸς πλὴν σοῦ. Ἆρα οὐχ ἑρμηνεία ἐστὶ τοῦ εὐαγγελίου τούτου τοῦ λέγοντος,

quoniam visitas eum? Minuisti eum paulo minus ab angelis, id explicat in epistola ad Hebræos: *Eum autem qui paulo minus ab angelis minoratus est, videmus Jesum propter passionem mortis*. (Hebr. 2. 9.) Quid igitur tantopere laboras, ut ostendas Filium esse minorem Patre, quando ipsis etiam angelis minor est, non propter dignitatem, sed propter œconomiam? Deinde illud quidem attendis, *Qui misit me Pater, major me est*; hanc vero evangelicam vocem non audis, quæ hodie clamabat omnibus: *Ego et Pater unum sumus*? (Joan. 10. 30.) Et differentiam in animo perpende. Ubi est illud, *Unum*, non dixit, *Qui me misit*, sed, *Pater*; ubi unionem et identitatem ostendere voluit, non dixit, *Ego* et qui misit me unum sumus, sed, *Ego* et *Pater*. B Inter Patrem et Filium nihil intermedium; ubi autem illud, *Major*, habetur, ibi adjicit illud, *Qui misit me*. (Contra Arianos agitur.) Nam mittere est opus œconomiæ: mitti autem non interpretatio divinitatis, sed interpretatio est œconomiæ. Deus enim neque corporaliter mittit, neque mittitur. Quomodo autem, audi. Qui mittit, in illa mittit loca, ubi ipse non adest. Ostende igitur locum Patre vacuum, ostende locum Filio destitutum, ostende locum Spiritu sancto vacuum. Certe id locum habet, si intelligas ad verbum, quod ille miserit, hic missus sit. Illud igitur, Missus est, non a loco transitum declarat, sed corporeum aspectum. C Neque enim cum Scriptura dicit, *Fuit homo missus a Deo, cui nomen erat Joannes*, (Joan. 1. 6) Joannem de cælo venisse intelligimus: nam si ibi erat, inquies, quomodo missus est? Sed quia œconomia ipsi commissa fuerat, œconomiam missionem vocavit. Hesaias Jerosolymis in ipso templo vidit Dominum sedentem super solium excelsum et elevatum. Cum esset in urbe, in templo et in visione, cum dignus habitus esset qui Deum videret, ut fas erat hominem, audivit Deum dicentem: *Quem mittam ad populum hunc?* (Isai. 6. 8.) In populo erat, et quomodo mittitur ad populum? Sic missio non localem transitum, nec servile ministerium, sed humanam œconomiam significat. Alioquin vero si literæ servis, D literam revereare. Si missus est, quomodo dicit, *Et qui misit me mecum est?* (Joan. 8. 29.) Nemo enim qui mittat, cum illo abit, quem mittit. Illud enim non est mittere, sed una ire. *Ego in Patre, et Pater in me*. (Joan. 14. 11.) Ubinam missio? Ne vero quis illud, *Qui misit me Pater mecum est*, secundum operationem et secundum auxilium dici putet, ait, *Pater mecum manens*, secundum illud, *Ego in Patre, et Pater in me*. (Joan. 14. 10.) Hanc quippe vocem etiam Hesaias prius protulit dicens: *Laboravit Ægyptus, et negotiatio Æthiopum et Sabaim viri excelsi in te transibunt, et se-* (Isai. 45. 14.)

[a] Reg. διὰ τὸ πάθος.
[b] Reg. et Sav. ταύτης οὐκ ἀκούεις, recte. Morel. οὐκ ἀκούεις.
[c] Reg. οὔτε ἀποστέλλει, οὔτε ἀποστέλλεται· οὔτε ἀποστέλλει, σωματικῶς, οὔτε ἀποστέλλεται.

quentur te compedibus vincti, et adorabunt
te et *in te precabuntur : quoniam in* te *est*
Deus, et non est Deus præter te. Qui fieri
potest, ut si alius sit in ipso, non sit alius præter
ipsum? *In* te *Deus est,* et *non est Deus præter*
Arianos et Sabellianos impetit. te. Annon hæc est interpretatio hujus evangelii,
quo dicitur, *Ego in Patre,* et *Pater in me* ;
et, Duo unum sumus? Illud enim, *Non* est *Deus*
præter te, interpretatio est illius, *Unum sumus.*
Ac vide mihi dicti sapientiam, et virtutem. Illud,
Unum sumus, est gladius anceps discindens
hæreticos. Illud enim, *Unum,* Arianorum insaniam arguit; illud vero, *Unum sumus,* Sabellii
confusionem. *Quoniam Deus in* te *est,* et *non*
est Deus præter te. Et ut ostendat propheta
Isai. 45. 15. eumdem esse Deum in Deo, subjungit : *Tu enim*
es Deus, et *nesciebamus.* Tune ignorabas ipsum
esse Deum? Annon Moyses illum ante te prædicavit? annon post vigesimam primam a Moyse
generationem venisti? Nam a Moyse usque ad
Davidem septem sunt generationes, a Davide autem usque ad Hesaiam duodecim : nam Hesaias
erat duabus generationibus ante Babylonis captivitatem. Quem itaque ante viginti quinque generationes prædicarunt prophetæ, quod nempe
Deut. 6. 4 Deus esset ; et Moyses dixit: *Audi, Israel,*
Dominus Deus tuus, Dominus unus est; idemque Samuel clamabat ; eadem quoque ipse David, ac quisquis propheta similiter vaticinatus
est : cur, inquam, Hesaias dicit, *Tu enim Deus,*
et *nesciebamus,* nisi vere Salvatorem subindi-
cet, qui erat quidem, sed non cognoscebatur?
Illud enim, *Tu* es *Deus,* et *nesciebamus,* non
ejus ignorantiam arguit, sed populi personam
spectat. Conspirat autem hæc doctrina, *Tu* es
Isai. 26. 11. *Deus,* et *nesciebamus,* cum dicto illo, *Domi-*
ne, excelsum brachium tuum, et *non nove-*
runt. Et tamen ut dicat, *Tu* es *Deus,* et *nescie-*
bamus, Deus Israel omnium Servator, audi
angelos dicentes et pastoribus evangelizantes,
Luc. 2. 10. *Nolite timere, evangelizamus vobis gaudium*
magnum : quia natus est *vobis hodie Salva-*
Isai. 45. 15. *tor, qui est Christus Dominus. Tu es enim*
et 41. 11. et *Deus Israel omnium Salvator. Ecce pudore*
Psal. 101. 27. *afficientur omnes qui adversantur tibi,* et
ibunt cum ignominia. Erunt enim quasi non
sint, et sicut vestimentum veterascent : adversarios vocans eos qui verbo contradicunt. Nam
si Græco aut alii a pia religione alieno dixeris,
quod Deus sit, non contendit ; sin dixeris quod
sit Christus, tunc dæmonis instar furit, ut ait
Psal. 98. 1. beatus David : *Dominus regnavit ; irascantur*
populi : qui sedet super Cherubim ; moveatur
terra. Et quis ille qui sedet, nisi is ad quem
Isai. 37. 16. dicit idem propheta : *Qui sedes super Cheru-*
et Psal. 79. 2. 3. *bim, appare* et *excita potentiam tuam,* et
veni ut salvos facias nos? Viden' hæreticorum
nequitiam nullum ex verbis hujusmodi habere

Ἐγὼ ἐν τῷ Πατρὶ, καὶ ὁ Πατὴρ ἐν ἐμοὶ, καὶ οἱ δύο
ἕν ἐσμεν; Τὸ γὰρ, Οὐκ ἔστι Θεὸς πλὴν σοῦ, ἑρμηνεία
ἐστὶ τοῦ, Ἕν ἐσμεν. Καὶ ὅρα τὸ σοφὸν τῆς λέξεως,
καὶ πεπληρωμένον δυνάμεως. Τὸ, Ἕν ἐσμεν, δίστο-
E μος μάχαιρα αἱρετικοὺς τέμνουσα. Τὸ μὲν γὰρ Ἓν
ἐλέγχει τὴν τῶν Ἀρειανῶν μανίαν· τὸ δὲ Ἕν ἐσμεν,
τὴν Σαβελλίου σύγχυσιν. Ὅτι ὁ Θεὸς ἐν σοί ἐστι,
καὶ οὐκ ἔστι Θεὸς πλὴν σοῦ. Καὶ ἵνα δείξῃ ὁ προφήτης τὸν αὐτὸν ὄντα Θεὸν ἐν Θεῷ, ἐπάγει· Σὺ γὰρ
εἶ Θεὸς, καὶ οὐκ ᾔδειμεν. Οὐκ ᾔδεις σὺ ὅτι αὐτός
ἐστι Θεός; Μωϋσῆς οὐ πρὸ σοῦ προεκήρυξεν; οὐ μετὰ
εἴκοσι καὶ μίαν γενεὰν ἐγένου τοῦ Μωϋσέως; Ἀπὸ
γὰρ Μωϋσέως ἕως Δαυὶδ γενεαὶ ἑπτά· ἀπὸ δὲ τοῦ
Δαυὶδ μέχρι Ἡσαΐου γενεαὶ δώδεκα· πρὸ γὰρ δύο
γενεῶν Βαβυλῶνός ἐστιν Ἡσαΐας. Ὃν τοίνυν πρὸ
εἰκοσιπέντε γενεῶν ἐκήρυξαν οἱ προφῆται, ὅτι Θεός
ἐστι· καὶ Μωϋσῆς ἔλεγεν, Ἄκουε, Ἰσραὴλ, Κύριος ὁ
816 Θεός σου, Κύριος εἷς ἐστι, καὶ Σαμουὴλ μὲν ἐπεβόα
A τὰ αὐτά· ἀλλὰ μὴν καὶ Δαυὶδ τὰ αὐτὰ ἐκήρυττε, καὶ
πᾶς δὲ προφήτης τὰ αὐτὰ ἐθέσπιζε· πῶς φησιν ὁ
προφήτης Ἡσαΐας, Σὺ γὰρ Θεὸς, καὶ οὐκ ᾔδειμεν, εἰ
μὴ ἀληθῶς τὸν Σωτῆρα αἰνίττεται, τὸν ὄντα μὲν,
οὐ γνωριζόμενον δέ; Τὸ γὰρ, Σὺ εἶ Θεὸς, καὶ οὐκ
ᾔδειμεν, οὐχ ἑαυτοῦ ἀγνοίας κατηγορεῖ, ἀλλὰ τοῦ
λαοῦ τὸ πρόσωπον ἀναδέχεται. Συντείνει δὲ ἡ διδασκαλία, τὸ, Σὺ εἶ Θεὸς, καὶ οὐκ ᾔδειμεν, τῷ φά-
σκοντι, Κύριε, ὑψηλός σου ὁ βραχίων, καὶ οὐκ ᾔδεισαν. Καὶ ἵνα ὅμως εἴπῃ· Σὺ γὰρ εἶ ὁ Θεὸς, καὶ οὐκ
ᾔδειμεν, Θεὸς τοῦ Ἰσραὴλ πάντων Σωτὴρ, ἄκουε τῶν
ἀγγέλων λεγόντων καὶ εὐαγγελιζομένων τοὺς ποιμένας, Μὴ φοβεῖσθε, εὐαγγελιζόμεθα ὑμῖν χαρὰν μεγά-
λην· ὅτι ἐτέχθη σήμερον ὑμῖν Σωτὴρ, ὅς ἐστι Χριστὸς Κύριος. Σὺ γὰρ εἶ ὁ Θεὸς τοῦ Ἰσραὴλ πάντων
B Σωτήρ. Ἰδοὺ αἰσχυνθήσονται πάντες οἱ ἀντικείμενοί
σοι, καὶ πορευθήσονται ἐν αἰσχύνῃ. Ἔσονται γὰρ [a] ὡς
οὐκ ὄντες, καὶ ὡς ἱμάτιον παλαιωθήσονται· ἀντι-
κειμένους καλῶν τοὺς τῷ λόγῳ ἀντιπίπτοντας. Ἐπειδὴ
γὰρ ἐὰν μὲν εἴπῃς Ἕλληνι, ἢ ἑτέρῳ τινὶ τῷ τῆς εὐσεβείας ἀπεσχοινισμένῳ, ὅτι ἐστὶ Θεὸς, οὐ μάχεται·
ἐὰν λέξῃς δὲ ὅτι ἐστὶ Χριστὸς, δαιμονίζεται· ὥς που
φησὶ καὶ ὁ μακάριος Δαυΐδ· Ὁ Κύριος ἐβασίλευσεν·
ὀργιζέσθωσαν λαοί· ὁ καθήμενος ἐπὶ τῶν Χερουβίμ·
σαλευθήτω ἡ γῆ. Καὶ τίς ὁ καθήμενος; Ἢ δῆλον
ἐκεῖνος, πρὸς ὃν φησιν ὁ αὐτὸς προφήτης, Ὁ καθήμενος ἐπὶ τῶν Χερουβὶμ ἐμφάνηθι, καὶ ἐξέγειρον τὴν
δυναστείαν σου, καὶ ἐλθὲ εἰς τὸ σῶσαι ἡμᾶς. Ὁρᾷς
ὅτι οὐκ ἔχει χώραν ἀπὸ τῶν [b] λέξεων ἡ κατασκευαζομένη τοῖς αἱρετικοῖς κακουργία. Ἀλλ' ὅπου μὲν τὸ
C ἰσότιμον, Ἐγὼ καὶ ὁ Πατήρ· ὅπου δὲ τὸ οἰκονομι-
κὸν, Ὁ πέμψας με μείζων μού ἐστι· διὰ τὸ σχῆμα

[a] Reg. ὡς οὐ δοκοῦντες.

[b] Reg. λέξεων μὴ κατασκευαζομένη.

τῆς ἀποστολῆς μείζων (sic), οὐ διὰ τὴν τῆς θεότητος ἕνωσιν.

Οὕτως οὖν δεῖ προσέχειν ταῖς Γραφαῖς, καὶ μὴ παρέρχεσθαι τὰ θεῖα λόγια. Νῦν μὲν σὺ ὁλοκλήρου εὐαγγελίου καταγινώσκεις, ὁ δὲ Σωτὴρ οὐδενὸς γράμματος. Τοσοῦτον γοῦν ἐβουλήθη εὐλαβεῖς εἶναι ἡμᾶς περὶ τὴν Γραφὴν, ὡς εἰπεῖν, Ἀμὴν, ἀμὴν λέγω ὑμῖν, εὐκολώτερόν ἐστι τὸν οὐρανὸν καὶ τὴν γῆν παρελθεῖν, ἢ τοῦ νόμου ἰῶτα ἓν, ἢ μίαν κεραίαν πεσεῖν. Ὁ μὲν οὖν Σωτὴρ οὐδὲ τοῦ ἰῶτα καταφρονεῖ, σὺ δὲ ὁλόκληρον Γραφὴν διασπᾷς. Σαφῶς δὲ ἡμῖν ὁ λόγος δείκνυσιν, ὅτι ἡ περὶ τῶν Γραφῶν γνῶσις καὶ τῆς τῶν νεκρῶν ἀναστάσεως ἰσχυροτέρα τυγχάνει. Οὐ γὰρ τοσοῦτον δύναται νεκρῶν ἀνάστασις, ὅσον ἡ τῶν Γραφῶν ἀνάγνωσις. Καὶ ἄκουε τοῦ πατριάρχου Ἀβραὰμ, ὃς ἀκούει λέγοντος τοῦ πλουσίου αὐτῷ· Πάτερ Ἀβραὰμ, ἐλέησόν με, καὶ πέμψον Λάζαρον, ἵνα εἴπῃ τοῖς ἀδελφοῖς μου μὴ ἐλθεῖν εἰς τὴν κρίσιν ταύτην. Καὶ τί φησιν; Ἔχουσι Μωϋσέα καὶ τοὺς προφήτας· ἀκουσάτωσαν αὐτῶν· ὁ δὲ λέγει, Οὐχὶ, πάτερ Ἀβραάμ· ἐὰν μή τις ἐκ νεκρῶν ἀναστῇ, οὐ πιστεύσουσιν. Ὁ δέ φησι πρὸς αὐτὸν, Ἀμὴν λέγω σοι, si Μωϋσέως καὶ τῶν προφητῶν οὐκ ἀκούουσιν, οὐδὲ ἐάν τις ἐκ νεκρῶν ἀναστῇ, πιστεύσουσι. Πρόσεχε ἀκριβῶς. Ἆρα οὖν, εἰ ἀνέστη τις ἐκ νεκρῶν, οὐκ ἂν ἐπίστευσαν; Οὐδαμῶς. Καὶ ὅρα τὴν ἀκολουθίαν, Ἆρα εἰ ἐφάνη τις ἐκ νεκρῶν τῶν παλαιῶν, ἢ τῶν καθ' ἡμᾶς ἀγνοουμένων, ἢ τῶν γνωριζομένων· εἰ μὲν οὖν τῶν ἀγνοουμένων, ἡ ἄγνοια ἐσκέπαζε τὰ θαύματα. Εἰ ἐφάνη σήμερον Μωϋσῆς, πόθεν ᾔδεις ὅτι Μωϋσῆς ἦν; εἰ ἐφάνη σήμερον Ἡσαΐας, πόθεν ᾔδεις ὅτι Ἡσαΐας ἦν; Εἰ δὲ ἄλλος τις τῶν καθ' ἡμᾶς ἀποθανόντων ἠγείρετο, ἀλλὰ καὶ πάλιν τὸ θαῦμα συνεσκιάζετο, τῶν μὲν λεγόντων, οὗτός ἐστιν ὁ ἀποθανὼν, τῶν δὲ φασκόντων, οὐχ ὁ τεθνεὼς ἐστιν οὗτος, ἀλλὰ δαίμων τις καὶ φάντασμα ὑπάρχει. Οὐκ ἀπορεῖ γὰρ ἡ ἀπιστία κακῆς ὁδοῦ. Καὶ τί θαυμαστὸν, εἰ ἠδύνατο ἡ τῶν ἀνθρώπων ἀγνωμοσύνη συκοφαντῆσαι καὶ νεκρὸν ἀναστάντα; ὅπουγε ὁ τυφλὸς ἐθεραπεύθη, καὶ Οἱ μὲν ἔλεγον, ὅτι αὐτός ἐστιν· ἕτεροι ἔφασκον, οὔ· ἀλλ' ὅμοιος αὐτῷ ἐστιν· ἐκείνου λέγοντος, Ἐγώ εἰμι. Καὶ ὁ μὲν ἑαυτῷ ἐμαρτύρει, καὶ τὸ θαῦμα ἐβόα· ἡ δὲ ἀγνωμοσύνη ἠρνεῖτο. Μὴ γὰρ οὐκ ἀνέστησαν πολλοὶ ἐπὶ τοῦ Σωτῆρος; Πολλὰ σώματα τῶν κεκοιμημένων ἁγίων, ὥς φησιν ἡ Γραφὴ, μετὰ τὴν τοῦ σταυροῦ οἰκονομίαν ἀνέστησαν ἐκ τῶν μνημείων, καὶ ἦλθον εἰς τὴν ἁγίαν πόλιν, καὶ ἐνεφανίσθησαν πολλοῖς. Μὴ τὸ θαῦμα τὴν ἀπιστίαν ἔσβεσεν, ἢ τὴν ἀγνωμοσύνην ἐνίκησε; Καὶ γὰρ σημεῖα τοῖς ἀπίστοις, καὶ οὐ τοῖς πιστοῖς· ὁ δὲ ἄπιστος εὐκαίρως καὶ σημείων καταφρονεῖ. Ἀλλ' ὅρα εἰ ἐδυσωποῦντο ἀναστάντα νεκρὸν, ὡς ἡδέως ἠδέσθησαν [a] Λαζάρου. Λάζαρος ἐκ νεκρῶν ἀνέστη, καὶ ἐπειδὴ πολλοὶ διὰ τὴν τοῦ Λαζάρου ἀνάστασιν εἰς θέαν τοῦ Σωτῆρος ἤρχοντο, ἐβουλεύσαντο οἱ Ἰουδαῖοι ἀποκτεῖναι τὸν Λάζαρον. Ὅρα τὴν ἀγνωμοσύνην πανταχοῦ ἑαυτῆς μὴ ἀφισταμένην. Εἰκότως οὖν καὶ ὁ πατριάρχης ἔλεγεν,

[a] Forte Λάζαρον.

locum. Sed ubi est qualitas, dicitur: *Ego et Pater*; ubi vero de œconomia agitur, *Qui misit me major me est*: ob habitum missionis minor, major vero per deitatis unionem.

4. Sic itaque Scripturis animus adhibendus, nec prætereunda divina oracula. Jam vero tu totum evangelium damnas, Servator autem ne unam quidem literam. Tantam quippe voluit nos erga Scripturam fidem habere, ut dixerit: *Amen, amen dico vobis, facilius* est ut *cælum et terra transeant, quam ut a lege iota unum, aut unus apex cadant*. Servator itaque ne unum quidem apicem contemnit, tu vero totam Scripturam discerpis. Clare autem ostenditur Scripturarum scientiam ipsa mortuorum resurrectione validiorem esse. Non enim tantum potest mortuorum resurrectio, quantum Scripturarum scientia. Attende patriarcham Abraham, qui divitem sibi dicentem audit: *Pater Abraham, miserere mei: et mitte Lazarum ut dicat fratribus meis, ne veniant in hanc damnationem*. Et quid respondet ille? *Habent Moysem et prophetas: audiant illos*. Hic vero, *Non, pater Abraham: nisi quis ex mortuis resurrexerit, non credent*. Ille vero ponit: *Amen dico tibi, si Moysem et prophetas non audiunt, neque si quis ex mortuis resurrexerit, credent*. Attende diligenter. Ergone, si quis ex mortuis resurrexisset, non credidissent? Nequaquam. Et vide consequentiam. Si quis ex mortuis apparuisset, vel ex ignotis fuisset, vel ex notis: si ex ignotis, ignorantia obscurasset miracula. Si Moyses hodie appareret, undenam seires ipsum esse Moysem? si Helias appareret, undenam seires Heliam esse? Si vero qui ex iis qui nostro tempore mortui sunt, resurgeret, rursus miraculum obscuraretur, dicentibus aliis, Is ipse est qui mortuus est, aliis contra asserentibus, Non hic est ex mortuis, sed dæmon et phantasma est. Neque enim incredulitati desunt effugia mala. Ecquid mirum, si posset ingratus hominum animus vel mortuum in vitam revocatum calumniari? Cum cæcus ille curatus esset, *Alii dicebant, Ipse est; alii, Non, sed alius ipsi similis*; illo tamen dicente, *Ego sum*. Ille testimonium de se perhibebat, et miraculum celebrabat, dum ingrati illi negabant. Annon multi Servatoris tempore resurrexerunt? Multa corpora sanctorum qui dormierant, ut ait Scriptura, post crucis œconomiam resurrexerunt ex monumentis, et venerunt in sanctam civitatem, et apparuerunt multis. Num miraculum incredulitatem exstinxit, aut ingratum animum vicit? Etenim signa infidelibus, non autem fidelibus proponuntur; infidelis vero vel ipsa signa despicit. Perpende, num excitatum a mortuis reveriti essent ut revera Lazarum reveriti sunt. Lazarus a mortuis surrexit, et quia ob Lazari resurrectionem multi

Scripturæ sacræ studiose legendæ.

Luc. 16. 17.

Luc. 16 27.—31.

Joan. 9. 9.

Matth. 27. 52.

conspectum Servatorem veniebant, Judæi de
Lazaro interficiendo deliberarunt. Adverte stultam pervicaciam, perpetuo sibi similem. Ergo
Luc. 16. 31. jure dixit patriarcha : *Si Moysem* et *prophetas*
non audiunt, neque si quis ex mortuis resur-
rexerit, credent illi. Et nunc igitur hæretici,
si Moysem et prophetas et evangelia non audiunt,
neque si quis erumperet in mille voces, audirent.
Joan. 14. 6. Verum nos a via ne absistamus. *Ego* enim *sum*
via, dicit Dominus : qui ergo a via deflectit,
aberrat ; quisquis extra Scripturas incedit, tempestate agitator. Sicut enim in mari, qui multis
ventis circumfertur, non recta navigat via, sed
huc illuc a ventis jactatur : sic et qui variis do-
ctrinis sese dedit, nec incedit secundum evangelicam, nihil differt a cymba a fluctibus agitata.
Eccli. 5. 11. Ideo dicit Scriptura, *Ne omni vento ventiles ;*
et 19. 16. addit interpres, *Et ne omni verbo credas*. Et
ut diseas quod Scriptura doctrinam omnem ven-
Ephes. 4. 14. tum vocat, Paulum audi : *Ne simus parvuli*
fluctuantes, et *circumferamur* omni *vento*
doctrinæ, in nequitia hominum, ad astutiam
erroris. Omni vento doctrinæ. Illud, *Omni*
vento, est quasi, omni doctrinæ. Qui se ipsi dedit,
fluctibus agitatur, jactatur, naufragium facit.
Una quippe est navigatio, una via, unus portus,
fides ; illa ducit, illa concludit, illa excipit. Qui
vero de fide excidit, naufragatur, ut ait Paulus
1. Tim. 1. 18. 19. Timotheo scribens : *Hoc præceptum tibi, fili*
Timothee, commendo, ut *milites in illo bo-*
nam militiam, habens fidem et bonam con-
scientiam, quam quidam repellentes, circa
fidem nau*fragaverunt*. Qui ergo a fide recedit,
naufragatur ; qui fidem sequitur, in tranquillum
portum scapham reducit. Ne igitur omni vento
agitemur. Post Dominum nulla superest doctrina :
nam post Moysem exspectabatur Christus ; post
Christum non alius exspectatur. Ideo Moyses
cum vellet erudire populum, quod non in suis
tantum legibus incedendum esset, sed perfectio
Deut. 18. 15. quædam esset exspectanda, dicebat : *Prophe-*
tam vobis excitabit Dominus Deus ve-
ster, *hunc audietis*. Si enim de doctrinæ suæ
perfectione sibi conscius fuisset Moyses, non
Ibid. ad alium doctorem misisset dicendo : *Prophe-*
tam vobis excitabit Dominus Deus vester ex
fratribus vestris, sicut *me :* ideo *Prophetam*,
quia ex vobis. Deus enim non est ex vobis, sed
propheta ex vobis ; Deus enim ex Deo, propheta
ex vobis, secundum carnem : ideo et *Sicut me*,
legislatorem. Quia enim unus legislator antiquus
Moyses, secundus legislator autem Servator,
non unius populi, sed totius orbis : ideo *Sicut*
me, secundum figuram et legislationem. Sed
quis hujus rei testis ? David, qui paucis genera-
Psal. 9. 20. 21. tionibus Moysem sequutus est, clamabat : *Ex-*
surge, Domine, ne *confortetur homo : ju-*
dicentur gentes in conspectu tuo. Constitue,

Εἰ Μωϋσέως καὶ τῶν προφητῶν μὴ [b] ἀκούσωσιν,
οὐδὲ, ἐάν τις ἐκ νεκρῶν ἀναστῇ, πιστεύσουσιν αὐτῷ.
B Καὶ νῦν οὖν αἱρετικῶν παῖδες, εἰ Μωϋσέως καὶ τῶν
προφητῶν καὶ τῶν εὐαγγελίων οὐκ ἀκούουσιν, οὐδὲ
ἐάν τις ῥήξῃ μυρίας φωνὰς, ἀκούσονται. Ἀλλ' ἡμεῖς
μὴ ἀποστῶμεν τῆς ὁδοῦ. Ἐγὼ γάρ εἰμι ἡ ὁδὸς, φησὶν
ὁ Κύριος· ὁ τοίνυν ἐκβαίνων ἐκ τῆς ὁδοῦ, πλανᾶται·
ὁ ἔξω τῶν Γραφῶν ὁδεύων, χειμάζεται. Ὥσπερ γὰρ
ἐν θαλάσσῃ ὁ πολλοῖς ἀνέμοις περιφερόμενος οὐκ ἔχει
ἐξ εὐθείας διευθυνόμενον τὸν πλοῦν, ἀλλ' ὧδε κἀκεῖ
ὑπὸ διαφόρων ἀνέμων ῥιπίζεται· οὕτω δὴ καὶ ὁ διαφόροις διδασκαλίαις ἑαυτὸν διδοὺς, καὶ μὴ στοιχῶν
τῇ εὐαγγελικῇ διδασκαλίᾳ, οὐδὲν διαφέρει ὁλκάδος
κλυδωνιζομένης. Διὰ τοῦτό φησι καὶ ἡ Γραφὴ, Μὴ
παντὶ ἀνέμῳ λίκμα· καὶ ὁ ἑρμηνεὺς ἐπάγει, Καὶ μὴ
παντὶ λόγῳ πίστευε. Καὶ ἵνα μάθῃς, ὅτι πάντα ἄνεμον πᾶσαν διδασκαλίαν καλεῖ ἡ Γραφὴ, Παύλου
C ἄκουε λέγοντος· Ἵνα μὴ ὦμεν νήπιοι, κλυδωνιζόμενοι καὶ περιφερόμενοι παντὶ ἀνέμῳ τῆς διδασκαλίας, ἐν τῇ κυβείᾳ τῶν ἀνθρώπων, πρὸς τὴν μεθοδείαν
τῆς πλάνης. Παντὶ ἀνέμῳ τῆς διδασκαλίας. Τὸ οὖν,
Παντὶ ἀνέμῳ, ἀντὶ τοῦ, πάσῃ διδασκαλίᾳ. Ὁ ἐκδοὺς
[c] ἑαυτὸν, κλυδωνίζεται, χειμάζεται, ναυαγεῖ. Εἷς γάρ
ἐστι πλοῦς, μία ὁδὸς, εἷς λιμὴν, ἡ πίστις· αὕτη
ὁδηγεῖ, αὕτη συγκλείει, αὕτη δέχεται. Ὁ δὲ ἐκ πίστεως ἐκπίπτων, ναυαγεῖ, ὥς φησιν ὁ Παῦλος Τιμοθέῳ γράφων· Ταύτην τὴν παραγγελίαν παρατίθημί
σοι, τέκνον Τιμόθεε, ἵνα στρατεύσῃς ἐν αὐτῷ τὴν
καλὴν στρατείαν, ἔχων πίστιν καὶ ἀγαθὴν συνείδησιν,
ἥν τινες ἀπωσάμενοι, περὶ τὴν πίστιν ἐναυάγησαν.
Ὁ γοῦν τῆς πίστεως ἀφιστάμενος, ναυαγεῖ· ὁ δὲ τῇ
D πίστει ἑπόμενος, εἰς εὔδιον λιμένα τὸ σκάφος ὁρμίζει.
Μὴ τοίνυν παντὶ ἀνέμῳ ὑπαγώμεθα. Μετὰ Κύριον
οὐκ ἔνι ἄλλη διδασκαλία· μετὰ γὰρ Μωϋσέα προσεδοκᾶτο Χριστός· μετὰ δὲ Χριστὸν οὐ προσδοκᾶται
ἄλλος. Διὰ τοῦτο Μωϋσῆς μὲν βουλόμενος παιδεῦσαι
τὸν λαὸν, ὅτι οὐ δεῖ τοῖς ἑαυτοῦ νόμοις στοιχῆσαι μόνοις, ἀλλ' ἐκδέξασθαι τὴν τελείωσιν, ἔλεγε· Προφήτην
ὑμῖν ἀναστήσει Κύριος ὁ Θεὸς ὑμῶν, αὐτοῦ ἀκού-
σεσθε. Εἰ γὰρ συνῄδει τὸ ἐντελὲς τῆς διδασκαλίας,
οὐκ ἂν ἄλλον διδάσκαλον παρεπέμψατο λέγων, Προφήτην ὑμῖν ἀναστήσει Κύριος ὁ Θεὸς ὑμῶν, ἐκ τῶν
ἀδελφῶν ὑμῶν, ὡς ἐμέ· διὰ τοῦτο, Προφήτην, ἐπειδὴ
ἐξ ὑμῶν. Θεὸς μὲν γὰρ οὐκ ἐξ ὑμῶν, προφήτης δὲ
ἐξ ὑμῶν· ὁ μὲν γὰρ Θεὸς ἐκ Θεοῦ, ὁ δὲ προφήτης
ἐξ ὑμῶν, τὸ κατὰ σάρκα· διὰ τοῦτο καὶ Ὡς ἐμὲ,
E νομοθέτην. Ἐπειδὴ γὰρ εἷς μὲν νομοθέτης ἀρχαῖος
Μωϋσῆς, δεύτερος δὲ νομοθέτης ὁ Σωτὴρ, οὐχ ἑνὸς
λαοῦ, ἀλλὰ τῆς οἰκουμένης· διὰ τοῦτο Ὡς ἐμὲ, κατὰ
τὸν τύπον καὶ τὴν νομοθεσίαν. Τίς τούτῳ γὰρ μαρτυ-
ρήσει τῷ λόγῳ; Δαυὶδ ὁ γενόμενος μετ' ὀλίγας γε-
νεὰς τοῦ Μωϋσέως ἐπεβόα· Ἀνάστηθι, Κύριε, μὴ
κραταιούσθω ἄνθρωπος· κριθήτωσαν ἔθνη ἐνώπιόν
σου. Κατάστησον, Κύριε, νομοθέτην ἐπ' αὐτούς. Εἰ
οὖν πρὸ Μωϋσέως ἦν ὁ Δαυὶδ, εἰκότως ἂν ὑπὲρ Μωϋσέως ἱκέτευεν· εἰ δὲ Μωϋσῆς μὲν προδιέλαμψε,
μεταγενέστερος δὲ Δαυὶδ Μωϋσέως, τί ἐβούλετο ὁ
προφήτης Δαυὶδ ἄλλον καλέσαι νομοθέτην, ἑτέρου

[b] Reg. ἀκούουσιν.

[c] Reg. ἑαυτὸν ταλανίζεται, χειμ.

[illegible]

Domine, legislatorem super eos. [illegible] ... *Constitue, Domine, legislatorem super eos.* [illegible] ... *Exsurge, Domine,* [illegible] ... *Constitue, Domine, legislatorem super eos.* [illegible]

[illegible]

quidem ad homines, neque tamen prædicant.
Missus est aliquando angelus ad Cornelium, et
Act. 10. 3. ei quidem apparet, suumque ministerium denun-
4. tiat, *Corneli,* inquit, *orationes tuæ* et *eleemosynæ tuæ ascenderunt in memoriale in
conspectu Dei*. Annuntiare nostrum est, prædicare apostolorum. Angeli namque est nosse si
acceptus sit ministerii et orationis modus; prædicationem non sibi permittit angelus, sed
Ibid. v. 5. apostolis. Ideo adjicit : *Mitte ergo Joppen,* et
6. *accerse Simonem,* cognomine *Petrus, qui
veniens loquetur tibi verba, quibus salvaberis
tu* et tot*a domus tua*. Et quid impediebat quominus ipse statim prædicaret? Annon fide dignior fuisset prædicatio angeli? annon certior
factus fuisset Cornelius ab angelo, cum de cruce
audivisset, de passione ac de œconomia? Sed et
seipsum observat ne det locum dæmonibus, simulque declarat absque doctrina apostolica non
posse homines salvos fieri. Quod si angelus de
cælo aliud quid evangelizans anathemate damnatur, qui Arii dogmata spirat, qui Eunomii et
Sabellii sententias docet, annon jure anathemate
damnabitur, si non pœnam pœnitentia prævertat?
Hæc putate, fratres, non a nobis dici, sed a
sancto martyre, et per legationem Patris. Etenim
hæc in honorem martyrum dicuntur : honor
quippe martyris est custodia fidei. Si itaque vis
martyrem honorare, time eum pro quo martyrium subiit. Si enim ille pro Christo sanguinem
effudit, an tu pro Christo sanguinem non effun-
des? Hanc igitur habentes fidei certam notam,
curemus ut bonis operibus fulgeamus, ut post
virtutum jacta semina, retributionem metamus:
quisquis enim ex propriis operibus messor est
Gal. 5, 10. justitiæ, ut ait Paulus: *Quamdiu* tempus *habemus, operemur bonum*. Nam suo tempore
metemus non deficientes. Quo tempore proprio?
Resurrectionis scilicet. Hoc itaque tempus non
est proprie nostrum, sed est alienum. Hic semina,
illic manipuli : hic seminas cum afflictione, illic
Psal. 125. metis cum lætitia, ut ait David, *Qui seminant*
5. *in lacrymis, in exsultatione metent.* Utinam
vere cum exsultatione et seminemus et metamus
in Christo Jesu Domino nostro, cui gloria in
sæcula sæculorum. Amen.

γίας καὶ προσευχῆς ὁ τρόπος· τὸ δὲ κήρυγμα οὐχ
ἑαυτῷ ἐπιτρέπει ἄγγελος, ἀλλὰ τοῖς ἀποστόλοις. Διὸ
ἐπάγει, Ἀπόστειλον οὖν εἰς Ἰόππην, καὶ μετάπεμ-
ψαι Σίμωνα, ὃς ἐπικαλεῖται Πέτρος, ὅστις ἐλθὼν
λαλήσει σοι ῥήματα, ἐν οἷς σωθήσῃ σὺ καὶ πᾶς ὁ
οἶκός σου. Καὶ τί ἐκώλυσεν αὐτὸν παρ' αὐτὰ κηρῦξαι;
Ἆρ' οὐκ ἀξιοπιστότερον τὸ κήρυγμα τοῦ ἀγγέλου;
ἆρ' οὐ μᾶλλον ἐβεβαιοῦτο Κορνήλιος παρ' ἀγγέλου
E περὶ σταυροῦ ἀκούων, καὶ περὶ πάθους, καὶ περὶ
τῆς οἰκονομίας; Ἀλλ' ἅμα μὲν καὶ τηρεῖ ἑαυτὸν,
μὴ βουλόμενος ἀνοῖξαι χώραν τοῖς δαίμοσιν, ἅμα δὲ
καὶ δείκνυσιν ἡμῖν ὁ ἄγγελος, ὅτι ἔξω τῆς ἀποστολικῆς διδασκαλίας σωθῆναι οὐκ ἔστιν. Εἰ δὲ ἄγγελος ἐξ
οὐρανοῦ ἕτερόν τι εὐαγγελιζόμενος ἀναθεματίζεται, ὁ
τὰ Ἀρείοι πνέων, καὶ τὰ Εὐνομίου καὶ Σαβελλίου
διδάσκων, οὐκ εἰκότως ἀναθεματισθήσεται, ἐὰν μὴ
φθάσῃ τῇ μετανοίᾳ τὴν διόρθωσιν; Ταῦτα, ἀδελφοὶ,
ἡγεῖσθε μὴ παρ' ἡμῶν εἰρῆσθαι, ἀλλὰ παρὰ τοῦ
ἁγίου μάρτυρος, καὶ παρὰ τῶν πρεσβειῶν τοῦ Πατρός. Καὶ γὰρ εἰς τιμὴν τῶν μαρτύρων ταῦτα λέγε-
ται· [d] τιμὴ γὰρ μάρτυρος ἡ φυλακὴ τῆς πίστεως. Εἰ
819 A γοῦν θέλεις καὶ σὺ τιμῆσαι τὸν μάρτυρα, τίμησον
τὸν ὑπὸ τοῦ μάρτυρος μαρτυρηθέντα. Εἰ γὰρ ἐκεῖνος
ὑπὲρ Χριστοῦ τὸ αἷμα ἐξέχεε, σὺ ὑπὲρ Χριστοῦ τὸ
αἷμα οὐκ ἐκχέεις; Ταύτην οὖν ἔχοντες τὴν ἀσφάλειαν
τῆς πίστεως σπουδάσωμεν διαλάμψαι καὶ ἔργοις
ἀγαθοῖς, ἵνα σπείραντες τὰς ἀρετὰς, θερίσωμεν τὰς
ἀμοιβάς· ἕκαστος γὰρ ἐκ τῶν ἰδίων ἔργων θεριστής
ἐστι δικαιοσύνης, ὥς φησιν ὁ Παῦλος· Ἐν ὅσῳ καιρὸν ἔχομεν, ἐργασώμεθα τὸ ἀγαθόν. Καιρῷ γὰρ ἰδίῳ
θερίσομεν μὴ ἐκλυόμενοι. Ποίῳ καιρῷ ἰδίῳ; Τῷ τῆς
ἀναστάσεως. Οὐκοῦν ὁ καιρὸς οὗτος οὐκ ἴδιος ἡμῶν,
ἀλλ' ἀλλότριος. Ἐνταῦθα μὲν τὰ σπέρματα, ἐκεῖ δὲ
τὰ δράγματα· ἐνταῦθα σπείρεις μετὰ θλίψεως, ἐκεῖ
θερίζεις μετ' εὐφροσύνης, ὥς φησιν ὁ Δαυίδ· Οἱ
σπείροντες ἐν δάκρυσιν, ἐν ἀγαλλιάσει θεριοῦσι. Γένοιτο δὲ ἡμᾶς καὶ σπεῖραι καὶ θερίσαι ἐν ἀγαλλιάσει,
ἐν Χριστῷ Ἰησοῦ τῷ Κυρίῳ ἡμῶν, ᾧ ἡ δόξα εἰς τοὺς
αἰῶνας τῶν αἰώνων. Ἀμήν.

[d] Forte τιμὴ δὲ μάρτυρος.

MONITUM

IN HOMILIAM DE ADORATIONE CRUCIS.

Hanc concionem Savilius inter ἀμφιβαλλόμενα seu dubia opera rejecit; Fronto autem Ducæus in spuriis locavit; a styli videlicet genere ambo permoti. Nam hic orator, licet alioqui non ineptus, dictionem effert Chrysostomi eloquentiæ longe absimilem : epithetis autem abundat more Græcorum medii ævi; hujusmodi sunt, πανσέβαστος καὶ φωσφόρος ἑβδομὰς, τρισόλβιος καὶ ζωοποιὸς σταυρὸς, προσκυνήσιμος ἡμέρα, θεολαμπέσιν ἀρεταῖς, et similia multa quæ ad nauseam usque passim occurrunt. Licet enim eorum epithetorum quædam in germanis Chrysostomi operibus occurrant, at non solet ille iis tanta copia et confertim uti. Stylus alioqui remissus alium, quam Chrysostomum, indicat auctorem. Hic agitur de adoratione Crucis, quæ in media quadragesima celebrari solebat : qua in solennitate habita fuit, vel habita fuisse fingitur hæc homilia. Codex unus Regius in fine hujusce homiliæ multa adjecta præfert, quæ, ut in nota ibidem dicitur, consulto prætermissa fuerunt. Nam ut in præfatione primi Tomi diximus, ex homiliis illis quæ Chrysostomo a librariis et Græculis adscriptæ fuere, eas quidem omnes, quæ vel a Savilio vel a Frontone Ducæo publicatæ fuere, in hac Editione proferemus: in cæteris autem aliquis delectus habebitur. Nam ipse Savilius multas istiusmodi conciones consulto prætermisit, quarum catalogum texuit in Notis T. 8, p. 857. Cujus exemplo nos etiam ab iis quæ nullius pretii sunt, si quidem nondum publicatæ fuerint, abstinebimus.

Interpretatio Latina est Joachimi Perionii, quam aliquot in locis castigavimus.

ΕΙΣ ΤΗΝ ΠΡΟΣΚΥΝΗΣΙΝ ΤΟΥ ΤΙΜΙΟΥ καὶ ζωοποιοῦ σταυροῦ, τῇ μέσῃ ἑβδομάδι τῶν [a] νηστειῶν.

Ἧκεν ἡμῖν ἐνιαύσιος ἡμέρα, ἡ πανσέβαστος καὶ φωσφόρος τῶν ἁγίων νηστειῶν ἡ μέση ἑβδομὰς, τὸν τρισόλβιον καὶ ζωοποιὸν τοῦ Σωτῆρος ἡμῶν Ἰησοῦ Χριστοῦ σταυρὸν προσκομίζουσα, καὶ τοῦτον προτιθεμένη εἰς προσκύνησιν, καὶ τοὺς προσκυνοῦντας αὐτὸν εἰλικρινεῖ καρδίᾳ καὶ ἁγνοῖς χείλεσιν ἁγιάζουσα, καὶ πρὸς τὸν ἑξῆς τοῦ σταδίου τῶν ἁγίων νηστειῶν δρόμον εὐτονωτέρους καὶ ἀκμαιοτέρους δεικνύουσα. Σήμερον τοιγαροῦν προσκυνήσιμος ἡμέρα τοῦ τιμίου σταυροῦ καθέστηκε, καὶ δεῦτε, ὦ φίλοι, φόβῳ καὶ πόθῳ τοῦτον [b] περιπτυξώμεθα. Τῆς γὰρ ἐγέρσεως Χριστοῦ τὰς αὐγὰς φωτοβολῶν, πάντας φωτίζει καὶ ἁγιάζει ταῖς αὐτοῦ χάρισι· διὸ τοῦτον ἀσπασώμεθα 820 ψυχικῶς ἀγαλλόμενοι. Σήμερον χαρὰ γίνεται ἐν οὐ- A ρανῷ, καὶ ἐπὶ γῆς, ὅτι ὁ τοῦ Χριστοῦ φαεσφόρος καὶ ζωοποιὸς σταυρὸς τῷ κόσμῳ ἐμφανίζεται, δι' οὗ δαί-

B *IN PRETIOSÆ VITALISQUE CRUCIS adorationem, media hebdomada jejuniorum.*

1. Venit nobis anniversarius dies omni religione colendus, ac lucem afferens sanctorum jejuniorum media hebdomas, quæ et ter beatam vitalemque conservatoris nostri Jesu Christi crucem profert, et adorandam proponit, et eos qui eam sincero corde castisque labiis venerantur, sanctos efficit, atque ad reliquum stadii sanctorum jejuniorum cursum paratiores robustioresque reddit. Quia igitur hodiernus dies pretiosæ crucis adorationi constitutus est, huc adeste, carissimi, eam cum metu atque desiderio amplectamur. Resurrectionis enim Christi splendorem emittens, muneribus suis omnes illustrat et sanctificat: ideo eam ex animo gaudentes salutemus. Hodie cæli atque terræ incolæ ingenti lætitia afficiuntur, quia lucem afferens vitalisque Christi

Dies adorationi Crucis constitutus.

[a] Notat Perionius in margine ἐν ἑβδομάδι τῶν ἁγίων ἐνδόξων, quia in quodam exemplari sic legebatur. Sed in nullo Codicum nostrorum ita legitur. Contulimus autem hanc homiliam cum Codicibus Regiis 1828, 2030, et 2032.

[b] Notat in margine Savilius περιπτυξώμεθα, quæ lectio magis arridet. Editi προσπτυξώμεθα. Mox unus habet καὶ ἀγλαΐζει.

crux mundo proponitur, cujus vi dæmones fugantur, morbi profligantur, caliginosæ tenebræ pelluntur, omnesque orbis terræ fines illuminantur. Hodie Christi ecclesia alter paradisus efficitur, quæ et sanctum pretiosæ crucis lignum proponit, et passionis Christi præviam pompam crucem facit, et ejusdem resurrectionis quasi præviam resurrectionem. Hodie propheticum verbum completum est: *Adoramus enim in loco*
Psal. 131. 7. *in quo Dei nostri pedes steterunt*. Lætare ergo et gesti gaudio, Christi Ecclesia, liberosque tuos fac adducas affectuum continentia, jejunioque expiatos, splendidisque virtutibus fulgentes, atque choream ducas inenarrabilem. Quemad-
Num. 21. modum enim in solitudine ii qui vulnerati erant, aspecto æneo serpente a morte liberabantur: sic etiam nunc ii qui medium jejunii cursum confecerunt, hujus contacto serpentem intelligibilem interficiunt; iidemque immortalitatem assequuntur, sociique eorum quæ Christus pertulit, continentia effecti, participes ejus resurrectionis redduntur. Neque hoc modo, verum etiam ad id quod sequitur fortiter enrrentes, triumphales hymnos Deo offerunt. Crux enim Domini armatura est victrix, et tropæum reportans, quæ regum armis vinci non potest; cornu Ecclesiæ, hostium expugnatrix, salus fidelium. Beatique vere sunt, ac ter beatii ii quibus castis labris, sanctoque ore eam ut amplexentur concessum est. Re enim vera illud Domini verbum implent,
Matth. 16. 24. *Qui vult venire post me, abneget semetipsum, et tollat crucem suam; et sequatur me.* Vide ut nullam necessitatem verbis suis adjungat. Non enim dixit, Velitis, nolitis, hoc vobis perferendum est: sed quo modo? *Si quis vult post me venire*, non vim affero, non cogo, sed suæ quemque voluntatis dominum facio, ob eamque causam dico: *Si quis vult ventre post me.* Ad bonum enim et honestatem voco, non ad malum et molestiam, non ad supplicium et pœnam, sed ad regnum et ad vitam cælestem. Ipsa enim natura rerum satis virium habet ad trahendum. *Si quis vult venire post me*, sive vir, sive mulier, sive is qui præest, sive is qui alii paret, et servari vult, hanc ingrediatur viam. Tria sunt quæ commemorat, abnegare seipsum, crucem portare, et sequi. Sed primum quid sit
Abnegare semetipsum quid sit. seipsum abnegare, videamus. Discamus quid sit alterum negare, ac tum denique negare se quid sit, intelligemus. Quid ergo est negare alterum? Qui alium negat, exempli causa, filium, vel fratrem, vel amicum, vel vicinum, aut quemvis alium, sive flagris eum cædi videat, sive in vincula conjici, aut quidvis aliud perpeti, non præsto est, non feet auxilium, non frangitur animo, nullum sensum doloris ejus sentit: alieno

μονες φυγαδεύονται, καὶ νόσοι δραπετεύουσι, καὶ σκότος ζοφῶδες ἀπελαύνεται, καὶ πάντα τῆς γῆς τὰ πέρατα καταφωτίζεται. Σήμερον ἡ Χριστοῦ ἐκκλησία ἄλλος παράδεισος δείκνυται, τὸ πανάγιον ξύλον τοῦ τιμίου σταυροῦ ἐν μέσῳ προθεῖσα, καὶ προπομπὴν τοῦ πάθους Χριστοῦ τὸν σταυρὸν ποιουμένη, καὶ τῆς ἀναστάσεως αὐτοῦ προέγερσιν. Σήμερον τὸ προφητικὸν πεπλήρωται λόγιον, τὸ φάσκον, Ἰδοὺ γὰρ προσκυνοῦμεν εἰς τὸν τόπον, οὗ ἔστησαν [a] οἱ πόδες τοῦ Θεοῦ ἡμῶν. Εὐφραίνου τοιγαροῦν καὶ ἀγάλλου ἡ Χριστοῦ Ἐκκλησία, καὶ προσάγαγε τὰ σὰ τέκνα, τῇ ἐγκρατείᾳ τῶν παθῶν, τῇ νηστείᾳ κεκαθαρμένα, ταῖς τε θεολαμπέσιν ἀρεταῖς ἐξαστράπτοντα, καὶ χόρευε χορείαν τὴν
B ἀνεκλάλητον. Καθάπερ γὰρ πάλαι ἐν τῇ ἐρήμῳ τὸν χαλκοῦν ὄφιν οἱ δηχθέντες προσβλέποντες ἐῤῥύοντο θανάτου· οὕτω δὴ καὶ νῦν οἱ τὸ τῆς νηστείας μεσοπορήσαντες στάδιον, τούτῳ προσψαύοντες, τὸν νοητὸν ὄφιν νεκρὸν [b] δεικνύουσι, καὶ αὐτοὶ ἀθανατίζονται, καὶ κοινωνοὶ τῶν παθημάτων τοῦ Χριστοῦ διὰ τῆς ἐγκρατείας δεικνύμενοι, κοινωνοὶ καὶ τῆς ἀναστάσεως αὐτοῦ ἀναδείκνυνται. Καὶ οὐ μόνον τοῦτο, ἀλλὰ καὶ πρὸς τὸ ἑξῆς νεανικῶς εὐδρομοῦντες, ἐπινικίους τῷ Θεῷ προσκομίζουσι. Τροπαιοφόρον γὰρ καὶ νικητικὸν ὅπλον ὁ τοῦ Κυρίου σταυρὸς καθέστηκε· βασιλέων ὅπλον ἀκαταμάχητον, Ἐκκλησίας κέρας, ἐχθρῶν καθαιρέτης, καὶ τῶν πιστῶν σωτηρία. Καὶ μακάριοι ἀληθῶς καὶ τρισμακάριοι οἱ ἁγνοῖς χείλεσι καὶ στόμασι καθαροῖς τοῦτον ἀξιούμενοι περιπτύξασθαι. Ἔργῳ γὰρ
C ἀληθῶς πληροῦσι τὸ φάσκον τοῦ Κυρίου ῥητὸν, Εἴ τις θέλει ὀπίσω μου ἐλθεῖν, ἀπαρνησάσθω ἑαυτὸν, καὶ ἀράτω τὸν σταυρὸν αὐτοῦ, καὶ ἀκολουθείτω μοι. Καὶ ὅρα πῶς ἀκαταναγκάστως ποιεῖ τὸν λόγον. Οὐδὲ γὰρ εἶπε, κἂν βούλησθε, κἂν μὴ, τοῦτο δεῖ ὑμᾶς παθεῖν, ἀλλὰ πῶς; Εἴ τις θέλει ὀπίσω μου ἐλθεῖν· οὐ βιάζομαι, οὐκ ἀναγκάζω, ἀλλ' ἕκαστον κύριον τῆς ἑαυτοῦ προαιρέσεως ποιῶ· δι' ὃ καὶ λέγω, Εἴ τις θέλει ὀπίσω μου ἐλθεῖν. Ἐπὶ γὰρ ἀγαθῷ καλῶ, οὐκ ἐπὶ κακῷ καὶ ἐπαχθεῖ, οὐκ ἐπὶ κολάσει [c] καὶ τιμωρίᾳ, ἀλλ' ἐπὶ βασιλείᾳ οὐρανίῳ καὶ ζωῇ οὐρανίῳ. Καὶ γὰρ αὐτὴ τῶν πραγμάτων ἡ φύσις ἱκανὴ ἐφελκύσασθαι. Εἴ τις θέλει ὀπίσω μοι ἐλθεῖν, κἂν ἀνὴρ, κἂν γυνὴ, κἂν ἄρχων, κἂν ἀρχόμενος, καὶ θέλει σωθῆναι, ταύτην ἐρχέσθω τὴν ὁδόν. Τρία δέ ἐστι τὰ λεγόμενα, τὸ ἀπαρ-
D νήσασθαι ἑαυτὸν, τὸ ἆραι τὸν σταυρὸν, καὶ τὸ ἀκολουθῆσαι. Ἀλλ' ἴδωμεν πρότερον, τί ἐστι τὸ ἀπαρνήσασθαι ἑαυτόν. Μάθωμεν τί ἐστιν ἀρνήσασθαι ἕτερον, καὶ τότε εἰσόμεθα τί ἐστι τὸ ἀρνήσασθαι ἑαυτόν. Τί οὖν ἐστι τὸ ἀρνήσασθαι ἕτερον; Ὁ ἀρνούμενος ἕτερον, οἷον ἢ ἀδελφὸν, ἢ φίλον ἢ γείτονα, ἢ ὁντιναοῦν, κἂν μαστιζόμενον ἴδῃ τοῦτον, κἂν δεσμούμενον, κἂν ὁτιοῦν πάσχοντα, οὐ προΐσταται, οὐ βοηθεῖ, οὐκ ἐπικλᾶται, οὐ πάσχει τι πρὸς αὐτόν· ἅπαξ γὰρ αὐτοῦ ἠλλοτρίωται. Οὕτω τοίνυν βούλεται τοῦ σώματος ἀφειδεῖν τοῦ ἡμετέρου ὁ Θεὸς, ἵνα κἂν μαστίζωσιν ἡμᾶς δι' αὐτόν τινες, κἂν κολάζωσι, κἂν ἐλαύνωσι, κἂν ἄλλο τι

[a] Savil. in marg. οἱ πόδες σου, κύριε, et sic duo Mss. Regii.
[b] Savil. in marg. ἀποδεικνύουσιν, et sic omnes Mss. Editi δεικνύουσι.
[c] Sic unus Ms. recte. Alii καὶ τιμωρίᾳ. καὶ γὰρ, intermediis omissis.

ποιῶσι, μὴ φειδώμεθα. Τοῦτο γάρ ἐστιν ἀρνήσασθαι· τουτέστι, μηδὲν ἐχέτω πρὸς ἑαυτὸν, ἀλλ' ἐκδιδότω [d] ἑαυτὸν τοῖς κινδύνοις, τοῖς ἀγῶσι, καὶ ὡς ἑτέρου πάσχοντος, οὕτω διακείσθω. Καὶ οὐκ εἶπεν, ἀρνησάσθω ἑαυτὸν, ἀλλ', Ἀπαρνησάσθω, μικρᾷ ταύτῃ προσθήκῃ πολλὴν ἐμφαίνων τὴν ὑπερβολήν. Καὶ ἀράτω τὸν σταυρὸν αὐτοῦ. Εἶδες πῶς καθώπλισε τὸν ἑπόμενον αὐτῷ στρατιώτην ὁ τῶν οὐρανῶν βασιλεύς; Οὐ θυρεὸν ἔδωκεν, οὐ κράνος, οὐ τόξον, οὐ θώρακα, οὐ κνημῖδα, οὐκ ἄλλο τι τῶν τοιούτων οὐδὲν, ἀλλ' ὃ πάντων τούτων ἐστὶν ἰσχυρότερον, τὴν ἀσφάλειαν τὴν ἀπὸ τοῦ σταυροῦ, τὸ σύμβολον τῆς κατὰ τῶν δαιμόνων νίκης. Τοῦτο μάχαιρα, τοῦτο ἀσπὶς, τοῦτο θώραξ, τοῦτο κράνος, τοῦτο κνημὶς, τοῦτο φρούριον ἀσφαλὲς, τοῦτο λιμὴν, τοῦτο καταφυγὴ, 821 τοῦτο στέφανος, τοῦτο ἔπαθλον, τοῦτο τῶν ἀγαθῶν ἁπάντων θησαυρὸς, καὶ τῶν νῦν καὶ τῶν ἐσομένων ποτέ. Καθάπερ γάρ τις ὅπλον ἰσχυρὸν λαβὼν, καὶ τοῖς αὐτοῦ δίδωσι στρατιώταις, οὕτω καὶ ὁ Χριστός. Ἴδετε, φησὶ, τὸν ἐμὸν σταυρὸν ὅσα ἤνυσε· ποιήσατε καὶ ὑμεῖς τοιαῦτα, καὶ ἀνύσατε τοιαῦτα ὅσα βούλεσθε. Καίτοι γε καὶ ἀλλαχοῦ καὶ μείζονα τούτων ἐπηγγείλατο λέγων· Ὁ πιστεύων εἰς ἐμὲ, τὰ ἔργα ἃ ἐγὼ ποιῶ, κἀκεῖνος ποιήσει, καὶ μείζονα τούτων ποιήσει. Τί δέ ἐστιν αὐτὸ τὸ ῥητὸν, τὸ, Ἀράτω τὸν σταυρὸν αὐτοῦ, καὶ ἀκολουθείτω μοι; Ἆρα ἵνα τὸ ξύλον βαστάζωμεν ἕκαστος; Οὐδαμῶς· ποία γὰρ ἀρετὴ τοῦτο; Ἀλλ' ἵνα πρὸς τοὺς κινδύνους ὦμεν παρατεταγμένοι, τὸ αἷμα ἡμῶν ἐν ταῖς ψυχαῖς [a] περιφέροντες, πρὸς σφαγὴν καὶ θάνατον ἕτοιμοι καθημερινὸν, οὕτως ἅπαντα πράττοντες, ὡς μηδέπω προσδοκᾷν μέχρι τῆς ἑσπέρας τὴν ἡμετέραν διαρκέσαι ζωὴν, ὡς ἀποθανούμενοι πάντως. Ὅπερ καὶ ὁ ἀπόστολος ἔλεγε Παῦλος, Καθ' ἡμέραν ἀποθνήσκω. Οὐχὶ εἷς σοι παρὰ τῆς φύσεως δέδοται θάνατος; Ἔξεστιν, ἂν θέλεις, μυριάκις ἀποθανεῖν ὑπὲρ τοῦ Δεσπότου τοῦ σοῦ.

Τοιαύτη γὰρ ἡ χάρις [b] τὴν παρὰ τοῖς φίλοις πτωχείαν εἰς πολὺν ἐξάγει πλοῦτον, διὰ τὸ φιλόδωρον τοῦ Δεσπότου, οὐ τῇ τῶν πραγμάτων ἐκβάσει μόνον, ἀλλὰ καὶ τῇ προθέσει τῶν ἀγωνιζομένων τοὺς στεφάνους ὁρίζοντος. Τί δέ ἐστιν, Ἀράτω; Οὕτως ἔστω πρόθυμος εἰς τὸ σφαγιασθῆναι καὶ σταυρωθῆναι, φησὶν, ὡς ἐκεῖνος ὁ βαστάζων ἐπὶ τῶν ὤμων· οὕτως ἐγγὺς εἶναι νομιζέτω τοῦ θανάτου. Τὸν τοιοῦτον ἅπαντες καταπλήττονται· οὐ γὰρ οὕτω δεδοίκαμεν τοὺς μυρίοις πεφραγμένους ὅπλοις ἀνθρωπίνοις, καὶ ἐπὶ ἀνδρείᾳ τοσαύτῃ τετειχισμένους, ὡς τοῦτον ἐπ' ἐλευθερίᾳ. Οὐδὲν γὰρ οὕτω ποιεῖ θάνατον ἐκφυγεῖν, ὡς τὸ καταφρονεῖν θανάτου. Ἵνα δὲ μηδεὶς νομίσῃ τοῦτο μόνον ἀρκεῖν, τὸ πρὸς θάνατον ἑτοίμους εἶναι (εἰσὶ

namque ab eo est animo. Sic ergo vult nos Deus caput nostrum negligere: ut si qui nos ipsius causa verberent, vel supplicio afficiant, vel pellant, aut aliquid aliud faciant, negligamus. Hoc est enim negare; id est, nihil rei secum habeat, sed se ipse periculis objiciat, et certamini: atque eo modo affectus sit, quo si quis alius pateretur, esset. Nec dicit, Neget seipsum, sed, *Abneget*, hac parva adjunctione magnam declarans exsuperantiam. *Et tollat crucem suam.* Vides quomodo eum militum, qui ipsum sequitur, rex cælorum armavit? Non scutum dedit, non galeam, non arcum, non thoracem, non ocream, non quidpiam aliud ejusdem generis, sed quod his omnibus est firmius et valentius, præsidium quod a cruce proficiscitur, signum victoriæ quæ contra dæmonia parta est. Hoc gladius est, hoc scutum, hoc thorax, hoc galea, hoc ocreæ, hoc tutum firmumque præsidium, hoc portus, hoc perfugium, hoc corona, hoc certaminis præmium, hoc bonorum omnium thesaurus, et quæ nunc sunt, et quæ sunt umquam futura. Ut enim aliquis sumtis armis quibus facile se tueri possit, ea etiam dat militibus suis, sic etiam Christus. Videte, inquit, omnia quæ crux mea perfecit: facite etiam vos arma ejusmodi, et perficite ejusmodi quæ vultis. Quamquam alicubi his etiam majora pollicitus est, his verbis: *Qui in me credit, is etiam opera quæ ego facio perficiet, atque his majora faciet.* (Joan. 14. 12.) Quid autem vult sibi hoc verbum, *Tollat crucem suam, et me sequatur?* An ut lignum unusquisque nostrum ferat? Nequaquam: quæ enim hæc virtus est? Sed ut ad pericula instructi simus, et sanguinem in animis nostris circumferentes, ad cædem et mortem quotidie parati, ita omnia faciamus, ut si ad vesperam nos victuros esse non speraremus, quasi plane morituri. Id quod etiam apostolus Paulus dicebat. *Quotidie morior.* Annon tibi a natura mors una constituta est? (1. Cor. 15. 31.) Et tamen licet tibi, si libet, millies pro Domino mortem oppetere.

2. Hic enim gratiæ mos est, egestatem quæ apud amicos est, Domini benignitate ad magnas divitias perducere, qui non rerum modo eventu, verum etiam certantium proposito et voluntate coronas metitur. Quid autem illud est, *Tollat?* Ita esto, inquit, paratus ad cædem et crucem, ut is qui eam humeris portat: ita vicinus morti existimetur. Omnes talem obstupescunt: neque enim adeo mille armis instructos humanis, et hac fortitudine munitis pertimescimus, ut hunc libertate hujusmodi præditum. Nihil enim tantopere mortem fugat, ut mortis contemtio. Sed ne quis existimaret hoc unum satis esse, paratos esse ad mortem (sunt enim

[d] Ἑαυτόν deest in tribus Mss.

[a] Savil. in marg. παραφέροντες, et infra pro μηδέπω in marg. scribit μηκέτι: et sic duo Codices.

[b] Savil. in margine sic legit; in textu τὴν παρ' αὐταῖς φιλοπτωχείαν, quam lectionem præferunt duo Codices.

et latrones, et venefici ejusmodi, et parricidæ omnes), ob eam causam addidit : *Et me sequatur.* Non fortem, inquit, modo quæro, nec eum qui appropinquante morte non horrescit, sed etiam bonum, continentem, moderatum, omnique virtute præditum. Vidisti crucis ministerium, nec in Domino solum, verum etiam in servis tantum valere? Hoc Petrum principem fecit, hoc Paulum talem reddidit. Itaque dice-
[*Rom. 8 35.*] bat : Q*uis nos separabit a caritate Christi? tribulatio? an angustia? an periculum? an gladius?* Hoc etiam eos qui jejunant, et se abstinent non ab esculentis modo, verum etiam ab affectibus, fortes effecit. Armemus nos, carissimi, vi crucis, atque muniamus : armatique ad id quod reliquum est, ad jejunium veniamus paratiores, contemnamusque omnia voluptatum genera, quæ hæc vita suppeditat. Etenim divitiæ, gloria, potentia, amor, omniaque ejusdem generis propterea jucunda sunt, quod nimia vitæ cupiditate ducimur, et huic vitæ affixi sumus. Hac autem contemta, nullam illorum rationem ducimus. Bona enim hæc vita est, bona et jucunda : est enim Dei donum; sed cum futura apparuit, tum æquum est eam contemnere. Ne igitur pudore afficiamur de magnificis salutis nostræ signis, nec magnum caput bonorum, quo et vivimus et sumus, depellamus, nos deliciis, crapulæ ingluvieique dedentes : sed pro corona Christi crucem feramus, id est, mortem affectuum. Etenim ea quæ ad nos pertinent, per eam perficiuntur omnia : sive renascendum est, crux præsto est; sive mysticus ille cibus sumendus, sive aliqui ordinandi sunt, sive quidvis aliud faciendum est, ubique signum nobis crucis
[*Crux in ædibus, in muris, in frontibus.*] adest. Ob eamque causam et in ædibus, et in muris, et in fenestris, et in frontibus, et in animo atque mente eam studiose depingimus. Salutis enim nostræ, communisque libertatis, et bonitatis Domini nostri hoc signum est. Hine sigillum appellata est, quod deposita divina omnia quæ accepimus, hac quasi signo quodam regio atque annulo obsignamus; nec quidquam mali jam audet accedere. Si quem populo præficiamus, cumque ad sacerdotii dignitatem provehamus, posteaquam innumerabilia precati sumus, ac Spiritus sancti muneris accessurum evocavimus, hac obsignamus, quasi certo firmoque in loculo donum quod donatum est includamus. Sic etiam
[*Crux in sacrificiis adhibita.*] in sacrificiis adhibetur. Christi enim crux gladins est et lignum, quo interfectus a Dei interfectoribus Judæis Christus diaboli opera delevit, ipsumque diabolum dejecit, nostris in eo fixis criminibus. Ob eamque causam in sacrificiis usurpatur, quasi gladius quidam et flagrum regium quod omnem diaboli incursum, satanæ-

γὰρ καὶ λησταὶ καὶ γόητες τοιοῦτοι καὶ μιαιφόνοι πάντες), διὰ τοῦτο προσέθηκε, Καὶ ἀκολουθείτω μοι. Οὐ τὸν ἀνδρεῖον ζητῶ, φησὶ, μόνον, οὐδὲ τὸν ἀκατάπληκτον πρὸς τὴν τελευτὴν τοῦ βίου, ἀλλὰ τὸν ἐπιεικῆ καὶ σώφρονα καὶ μέτριον, καὶ πάσης γέμοντα ἀρετῆς. Εἶδες σταυροῦ διακονίαν οὐκ ἐπὶ τοῦ Δεσπότου μόνου, ἀλλὰ καὶ ἐπὶ τῶν δούλων τοσαῦτα ἰσχύουσαν; Τοῦτο Πέτρον κορυφαῖον εἰργάσατο· τοῦτο Παῦλον τοιοῦτον ἐποίησε. Διὸ καὶ ἔλεγε· Τίς ἡμᾶς χωρίσει ἀπὸ τῆς ἀγάπης τοῦ Χριστοῦ; θλίψις, ἢ στενοχωρία, ἢ κίνδυνος, ἢ μάχαιρα; Τοῦτο καὶ τοὺς νηστεύοντας οὐχὶ βρωμάτων μόνον, ἀλλὰ καὶ παθῶν ἀνδρείους [c] ἀπειργάσατο. Περιφράσσωμεν ἑαυτοὺς, ἀγαπητοὶ, τῇ δυνάμει τοῦ σταυροῦ, καὶ καθωπλισμένοι πρὸς τὸ ἑξῆς, προθυμότεροι τῇ νηστείᾳ προσβῶμεν, καὶ πάντων τῶν τοῦ βίου τερπνῶν καταφρονήσωμεν. Καὶ γὰρ πλοῦτος, καὶ δόξα, καὶ δυναστεία, καὶ ἔρως, καὶ ὅσα τοιαῦτα, διὰ τοῦτο ἡδέα, διότι φιλοψυχοῦμεν, καὶ τῇ παρούσῃ προσηλώθημεν ζωῇ. Ταύτης δὲ καταφρονηθείσης, οὐδεὶς ἐκείνων ἡμῖν λόγος. Καλὴ γὰρ ἡ παροῦσα ζωὴ, καλὴ καὶ ἡδεῖα· δῶρον γάρ ἐστι Θεοῦ· ἀλλ' ὅταν ἡ μέλλουσα φανῇ, τότε καταφρονεῖται δικαίως αὐτή. Μὴ τοίνυν αἰσχυνθῶμεν τοῖς σεμνοῖς τῆς σωτηρίας ἡμῶν συμβόλοις, μηδὲ τὸ μέγα κεφάλαιον τῶν ἀγαθῶν, δι' οὗ ζῶμεν καὶ ἐσμὲν, ἀποκρουσώμεθα, τρυφῇ ἑαυτοὺς ἐκδόντες καὶ κραιπάλῃ καὶ γαστριμαργίᾳ, ἀλλ' ὡς στέφανον περιφέρωμεν τὸν σταυρὸν τοῦ Χριστοῦ, τουτέστι τῶν παθῶν τὴν νέκρωσιν. Καὶ γὰρ πάντα δι' αὐτοῦ τελεῖται τὰ καθ' ἡμᾶς· κἂν ἀναγεννηθῆναι δέῃ, σταυρὸς παραγίνεται· κἂν τραφῆναι τὴν μυστικὴν ἐκείνην τροφὴν, κἂν χειροτονηθῆναι, κἂν ὁτιοῦν ἕτερον ποιῆσαι, πανταχοῦ τὸ σύμβολον ἡμῖν τοῦ σταυροῦ παρίσταται. Διὰ τοῦτο καὶ ἐπὶ οἰκίας, καὶ ἐπὶ τῶν τοίχων, καὶ ἐπὶ τῶν θυρίδων, καὶ ἐπὶ τῶν μετώπων, καὶ ἐπὶ τῆς διανοίας μετὰ πολλῆς [d] ἐπιγράφομεν αὐτὸν τῆς σπουδῆς. Τῆς γὰρ ὑπὲρ ἡμῶν σωτηρίας καὶ τῆς ἐλευθερίας τῆς κοινῆς, καὶ τῆς ἐπιεικείας τοῦ
822 Δεσπότου τοῦτό ἐστι σημεῖον. Διὰ τοῦτο σφραγὶς κέκληται, ὅτι πάσας τοῦ Θεοῦ τὰς παρακαταθήκας, ὅσας ἂν λάβωμεν, τούτῳ, καθάπερ τινὶ σημάντρῳ βασιλικῷ καὶ δακτυλίῳ, σφραγίζομεν, καὶ προσελθεῖν οὐδὲν οὐκέτι τολμᾷ πονηρόν. Ἂν προστασίαν δήμου τινὶ παρακατάθωμεν, κἂν πρὸς τὸ τῆς ἱερωσύνης ἀγάγωμεν ἀξίωμα, μετὰ τὸ μυρία ἐπεύξασθαι, καὶ καλέσαι τοῦ Πνεύματος τὴν χάριν ἐλθοῦσαν, τούτῳ σφραγίζομεν, ὥσπερ ἐναποκλείοντες ἐν ἀσφαλεῖ ταμιείῳ τὴν δοθεῖσαν δωρεάν. Οὕτω καὶ ἐν ταῖς ἱερουργίαις παραλαμβάνεται. Ὁ γὰρ σταυρὸς τοῦ Χριστοῦ μάχαιρά ἐστι καὶ ξύλον, ἐν ᾧ σφαγεὶς ὁ Χριστὸς ὑπὸ τῶν θεοκτόνων Ἰουδαίων ἔλυσε τὰ ἔργα τοῦ διαβόλου, καὶ αὐτὸν τὸν διάβολον κατέβαλε, τὰς ἡμῶν ἁμαρτίας προσηλώσας ἐν αὐτῷ. Τούτου χάριν ἐν ταῖς ἱερουργίαις παραλαμβάνεται, οἷά τις ῥομφαία καὶ μάστιξ βασιλικὴ, βασανίζουσα καὶ ἀποδιώκουσα πᾶσαν δαιμονικὴν ἔλευσιν, καὶ σατανικὴν [a] ἐπιφοράν. Διὰ

[c] Savil. in marg. ἀπεργάζεται, et sic duo Mss.

[d] Savil. in marg. ἐπιγράφωμεν. Mox in τῆς γὰρ ὑπὲρ ἡμῶν σωτηρίας, delendum videtur ὑπέρ, sed sic omnes habent.

[a] Savil. in marg. ἐπιφοίτησιν, διά τοι τοῦτο, et sic etiam unus Cod.

τοῦτο οἱ θεῖοι ἱερομύσται, ὥσπερ τινὲς δορυφόροι, προθέντες τὴν βασιλικὴν μάστιγα, διὰ ταύτης ἀποδιώκουσι πᾶσαν ἀντίδικον καὶ ἀντίπαλον φάλαγγα, τὰς θείας καὶ βασιλικὰς δωρεὰς τοῖς μυσταγωγοῖς ἀπονέμοντες, καὶ σὺν αὐτοῖς τὸν βασιλέα Χριστὸν γεραίροντες.

Ὅταν τοίνυν σφραγίζῃ, ἐννόει τοῦ σταυροῦ πᾶσαν τὴν ὑπόθεσιν, καὶ σβέσεις θυμὸν, καὶ πάντα τὰ λοιπὰ πάθη. Ὅταν σφραγίζῃ, πολλῆς ἔμπλησον τὸ μέτωπον παῤῥησίας· τὸ στῆθος, τὰ ὄμματα, καὶ πᾶν μέλος παράστησον θυσίαν εὐάρεστον τῷ Θεῷ. Τοῦτο γὰρ ἡ λογικὴ λατρεία. Τοῦτο τὸ σημεῖον καὶ ἐπὶ τῶν προγόνων ἡμῶν θύρας ἀνέῳξε κεκλεισμένας, τοῦτο δηλητήρια ἔσβεσε φάρμακα, τοῦτο κωνείου δύναμιν ἐξέλυσε, τοῦτο θηρίων ἰοβόλων δήγματα ἰάσατο. Εἰ γὰρ ᾅδου πύλας ἀνέῳξε, καὶ [b] οὐρανῶν ἁψῖδας ἀνεπέτασε, καὶ παραδείσου εἴσοδον ἀνεκαίνισε, καὶ τοῦ διαβόλου τὰ νεῦρα ἐξέκοψε, τί θαυμαστὸν εἰ φαρμάκων δηλητηρίων περιγίνεται; Τοῦτο τοίνυν ἐγκόλαψον τῇ διανοίᾳ τῇ σῇ, καὶ τὴν σωτηρίαν περίπτυξαι τῶν ἡμετέρων ψυχῶν. Οὗτος γὰρ ὁ σταυρὸς τὴν οἰκουμένην ἔσωσε, τὴν πλάνην ἀπήλασε, τὴν ἀλήθειαν ἐπανήγαγε, τὴν γῆν οὐρανὸν ἐποίησε, τοὺς ἀνθρώπους ἀγγέλους εἰργάσατο. Διὰ τοῦτον οἱ δαίμονες οὐκ ἔτι φοβεροὶ, ἀλλ' εὐκαταφρόνητοι, οὐδὲ ὁ θάνατος θάνατος, ἀλλ' ὕπνος καὶ ἐγρηγόρησις. Διὰ τοῦτον τὰ τῆς σαρκὸς πάθη τὰ πολεμοῦντα τοὺς νηστεύοντας, ἀπομαραίνονται. Ἂν τοίνυν εἴποι σοί τις τῶν Ἰουδαίων· τὸν ἐσταυρωμένον προσκυνεῖς; εἰπὲ φαιδρᾷ καὶ μεγάλῃ τῇ φωνῇ, καὶ γεγηθότι τῷ προσώπῳ, ναὶ, καὶ προσκυνῶ, καὶ οὐ παύσομαι προσκυνῶν· κἂν γελάσῃ, δάκρυσον ὅτι μαίνεται, καὶ οὐ συνιεῖ τί φθέγγεται· καὶ τῷ Δεσπότῃ Χριστῷ εὐχαρίστησον, ὅτι τοιαῦτα ἡμᾶς εὐεργέτησεν, ἃ μηδὲ μαθεῖν δύναταί τις χωρὶς τῆς ἄνωθεν ἀποκαλύψεως. Διὰ τοῦτο καὶ οὗτος γελᾷ [c], ὅτι Ψυχικὸς ἄνθρωπος οὐ δέχεται τὰ τοῦ Πνεύματος. Ἀλλὰ τί φησιν ὁ φρενόληπτος καὶ ἀγνώμων καὶ ἀπειθὴς Ἰουδαῖος; Εἰ οὖν Θεός ἐστιν ὁ Χριστὸς, ὥς φατε, καὶ Θεοῦ Υἱὸς, καὶ ἐπὶ σωτηρίᾳ τῶν ἀνθρώπων ἐλήλυθε, [d] διὰ τί τοιούτῳ θανάτῳ ἀσχήμῳ ἐσταύρωται; Πρὸς ὃν ἐροῦμεν ὀλίγα τῶν προφητῶν ἐκλεξάμενοι· ἔδει τὸν Χριστὸν σταυρωθῆναι, ὦ παράνομε καὶ ἀγνώμων Ἰουδαῖε, ὅτι ὁ νόμος καὶ οἱ προφῆται οὕτως ἐκήρυξαν, σώζεσθαι τὴν ἀνθρωπότητα διὰ Χριστοῦ. Πρῶτος γὰρ Μωϋσῆς λέγει, Ὄψεσθε τὴν ζωὴν ὑμῶν κρεμαμένην ἀπέναντι τῶν ὀφθαλμῶν ὑμῶν, καὶ οὐ μὴ πιστεύσητε τῇ ζωῇ ὑμῶν. Καὶ ὁ Ἡσαΐας· Ὡς πρόβατον ἐπὶ σφαγὴν ἤχθη, καὶ ὡς ἀμνὸς ἐναντίον τοῦ κείροντος αὐτὸν ἄφωνος. Καὶ ὁ Ἱερεμίας, Δεῦτε καὶ ἐμβάλωμεν ξύλον εἰς τὸν ἄρτον αὐτοῦ. Καὶ, Ἔδωκαν τὴν τιμὴν αὐτοῦ εἰς τὸν ἀγρὸν τοῦ κεραμέως, καθὰ συνέταξέ μοι Κύριος. Καὶ ὅτι Θεός ἐστιν ὁ σταυρωθεὶς Χριστὸς, ἄκουσον τοῦ Ἔσδρα λέγοντος· Εὐλογητὸς Κύριος ὁ ἐκπετάσας τὰς χεῖρας αὐτοῦ, καὶ σώσας τὴν Ἱερουσαλὴμ κατέναντι τῶν ὀφθαλμῶν

que impetum profligat et fundit. Hinc divini sacrique antistites quasi stipatores quidam regio flagro proposito, eo omnem hostium exercitum fundunt ac fugant, cum divina regiaque munera iis qui initiantur tribuunt, in quo una cum eis regem Christum colunt atque venerantur.

3. Cum ergo signaris, tibi in mentem veniat totum crucis argumentum, ac tum iram omnesque a ratione aversos animi impetus exstinxeris. Cum consignaberis, frontem multa reple fiducia; pectus, oculos et omnia membra offer hostiam Deo placentem. Hoc est enim rationabile obsequium. *Rom.* 12. 1. Hoc etiam signum fores clausas majorum nostrorum ævo aperuit, hoc noxia mortiferaque venena exstinxit, hoc cicutæ vim eluit, hoc denique belluarum venenatarum morsus curavit. Si enim inferorum portas reseravit, et cælorum apsides aperuit, paradisique aditum renovavit, et diaboli nervos fregit: quid mirum videri debet, si noxia venena vincit et superat? Hoc ergo in mente tua insculpe, animorumque nostrorum salutem amplectere. Hæc enim crux orbem terræ conservavit, errorem expulit, veritatem revocavit, terram cælum fecit, hominesque angelos. Propter crucem dæmones non jam horribiles sunt, aut metuendi, sed contemnendi: nec mors est mors, sed somnus aut vigilia. Hinc carnis affectus, qui jejunantes oppugnat, marcescunt. Quod si quis Judæus hoc tibi dicat: Eum qui cruci suffixus fuit, adoras? ei alacri magnaque voce, ac læto vultu responde: Certe adoro, nec finem adorandi faciam: et, si rideat, luge eum quod amens sit, nec sciat quid loquatur: Christoque Domino age gratias, quod ejusmodi in nos beneficia contulit, quæ sine cælesti divinaque enuntiatione discere nemo possit. Ob eam enim causam iste etiam ridet, quod *Animalis homo non capit ea quæ sunt Spiritus*. 1. *Cor.* 2. 14. Sed quidnam ait amens, ingratus, perfidusque Judæus? Si ergo Christus est Deus, ut defenditis, ac Dei Filius, salutisque hominum causa venit: cur tali morte, quæ inhonesta est, obiit, et in crucem actus est? Cui paucis respondebimus, quæ ex prophetis collecta sunt: Oportuit Christum cruci affigi, o legis violator, et ingrate Judæe! propterea quod lex et prophetæ ita prædixerant, fore ut genus hominum a Christo conservaretur.

Crux a prophetis prædicta.

Primus enim Moyses dicit: *Videbitis vitam vestram suspensam in oculis vestris, nec vitæ vestræ fidem habebitis.* *Deut.* 28. 66. Et Hesaias: *Tamquam ovis ad cædem ductus est, et quasi agnus coram tondente se obmutuit.* *Isai.* 53. 7. Itemque Jeremias: *Venite*, inquit, *immittamus lignum in ejus panem.* *Jer.* 11. 19. Et, *Dederunt pretium ejus in agrum figuli, quemadmodum mihi Dominus constituit.* *Matth.* 27. 10. Deum autem esse Christum qui in

[b] Unus Cod. *οὐρανῶν πύλας*. Paulo post Savil. in marg. *ἐξέκοψε*, et sic etiam duo Mss. Morel. *ἔκοψε*.

[c] Duo Mss. *ἔτι σαρκικὸς ἄνθρωπος*.

[d] Omnes Mss. *διατί οὕτως ἀσχήμονι* (unus *ἀσχήμῳ*) *θανάτῳ ἐσταύρωται. πρὸς ὃν ἀποκριτέον ὀλίγα.*

crucem sublatus est, audi Esdram asserentem,
Benedictus est Dominus, qui manus suas ex-
tendit, salutemque Jerosolymis, spectantibus
nobis, dedit. Cum autem serpentes populum interficiebant, jussuque Dei Moses in ligno serpen-
Num. 21. 8. 9. tem sublimem proposuit, dicebat : *In hunc re-*
spicite, et non moriemini. Rursusque Jeremias
ex eorum persona, qui eum cruci suffixerunt,
Jer. 11. 19. *Venite,* inquit, et *eum ex vivorum terra ex-*
terminemus. Et rursus Christus per eumdem
Ibid. prophetam, *Ego vero,* inquit, *quasi agnus in-*
nocens, qui ad victimam ducitur: non co-
Psal. 21. 17. 19. *gnovi.* David quoque ex Christi persona : *Fode-*
runt manus meas et *pedes meos, diviserunt-*
que inter se vestimenta mea, et *super vestes*
Isai. 65. 2. *meas miserunt sortem.* Et rursus : *Expandi*
manus meas toto *die ad populum incredulum*
et *contradicentem, qui via bona* et *recta non*
incedebant, sed post peccata sua. Colendam
autem adorandamque esse Christi crucem, ejusque figuram, hoc etiam prophetæ docent : David
Psal. 59. 6. quidem dicens : *Dedisti metuentibus te signi-*
ficationem, ut fugiant a facie arcus; et rursus,
Psal. 85. 17. *Fac mecum signum in bonum, ut videant qui*
oderunt me, et *confundantur.* Et per Ezechie-
Ezech. 9. 4.—6. lem prophetam dicit Deus : *Da signaculum in*
frontibus eorum, qui ingemiscunt et *dolore*
afficiuntur in omnibus peccatis : *transite, cæ-*
dite, nec parcite: senem, juvenem, mulieres
et *infantes lactentes delete; ad eos porro qui*
signum habuerint, acceditote. Salomon quoque
Sap. 14. 7. his verbis, *Benedicite lignum, quo justitia*
oritur. Hesaias etiam unde essent, et qualia quo-
Isai. 60. 13. que crucis ligna essent, exponit his verbis, *In cu-*
presso, picea et *cedro, simul locum sanctum*
celebrate. Quin etiam Moses demisso ligno in
Merrham, amaras aquas dulces reddidit in figuram crucis Christi, qui mundum ex dæmonum
amaritudine dulcem effecit. Mosis etiam virga,
quæ petram discidit, crucem Christi significabat,
qui corda hominum discidit, Spiritusque sancti
gratiam in eis insevit.

4. Hæc etiam vere vitæ via est : omnesque qui
eam tenent, vivunt ; qui autem eam reliquerunt,
mortem suppliciumque æternum habebunt. Lex
enim et prophetæ sanctam Trinitatem prædicant :
vereque hic est qui a lege prophetisque prædictus
est, Jesus Christus Dominus, qui Domini nomine venit : nec est alius, nisi is qui in Bethleem
Judææ oppido, ex virgine et Deipara Maria
Augusto Cæsare imperatore natus est. Quod si
quis eum non recipit et probat, nec ei credit, is
Dei desertor est, ipsique anathema esto. Itaque
Isai. 5. 13. Isaias de vobis qui errastis clamat his verbis : *In*
captivitatem populus meus abductus est, quia
Dominum non norunt. Ex quo enim Christus
venit, vis exercitus vestri, Judæi, dissoluta

ἡμῶν. Καὶ ὅτι οἱ ὄφεις ἀπέκτεινον τὸν λαὸν, ὄφιν κε-
823 λεύσει Θεοῦ κρεμάσας Μωϋσῆς ἐπὶ ξύλου, ἔλεγε·
A Τούτῳ προσέχετε, καὶ οὐ μὴ ἀποθάνητε. Καὶ πάλιν
Ἱερεμίας λέγει, ὡς ἐκ προσώπου τῶν σταυρωσάντων
αὐτόν· Δεῦτε καὶ ἐκτρίψωμεν αὐτὸν ἐκ γῆς ζώντων.
Καὶ πάλιν ὁ Χριστὸς διὰ τοῦ αὐτοῦ προφήτου, Ἐγὼ
δὲ ὡς ἀρνίον ἄκακον ἀγόμενον τοῦ θύεσθαι, [a] οὐκ
ἔγνων. Καὶ πάλιν ὁ Δαυὶδ ὡς ἐκ προσώπου τοῦ Χρι-
στοῦ· Ὤρυξαν χεῖράς μου καὶ πόδας μου, καὶ διεμερίσαντο τὰ ἱμάτιά μου ἑαυτοῖς, καὶ ἐπὶ τῶν ἱμα-
τισμῶν μου ἔβαλον κλῆρον. Καὶ πάλιν, Διεπέτασα
τὰς χεῖράς μου ὅλην τὴν ἡμέραν πρὸς λαὸν ἀπει-
θοῦντα καὶ ἀντιλέγοντα, οἳ οὐκ ἐπορεύθησαν ὁδῷ
ἀγαθῇ, ἀλλ' ὀπίσω τῶν ἁμαρτιῶν αὐτῶν. Ὅτι δὲ
σεβάσμιος καὶ προσκυνητὸς ὁ τοῦ Χριστοῦ σταυρὸς
καὶ ὁ τύπος αὐτοῦ, καὶ τοῦτο οἱ προφῆται διδάσκουσι·
Δαυὶδ μὲν γὰρ λέγων· Ἔδωκας τοῖς φοβουμένοις
B σε σημείωσιν, τοῦ φυγεῖν ἀπὸ προσώπου τόξου· καὶ
πάλιν, Ποίησον μετ' ἐμοῦ σημεῖον εἰς ἀγαθὸν, καὶ
εἰδέτωσαν οἱ μισοῦντές με, καὶ αἰσχυνθήτωσαν. [b] Καὶ
ὁ Θεὸς δὲ διὰ Ἰεζεκιὴλ τοῦ προφήτου λέγει· Δὸς τὴν
σημείωσιν ἐπὶ τὰ μέτωπα τῶν καταστεναζόντων καὶ
κατοδυνωμένων ἐν πάσαις ἀνομίαις· καὶ διέλθετε,
καὶ κόπτετε, καὶ μὴ ἐλεήσητε· πρεσβύτερον καὶ νεανίσκον, καὶ γυναῖκας καὶ νήπια θηλάζοντα ἐξαλεί-
ψατε· ἐπὶ δὲ τοὺς ἔχοντας τὸ σημεῖόν μου μὴ ἐγγί-
σητε. Καὶ ὁ Σολομὼν λέγει, Εὐλογεῖτε ξύλον, δι' οὗ
γίνεται δικαιοσύνη. Καὶ ὁ Ἡσαΐας, πόθεν ἦν, καὶ
ποῖα τὰ ξύλα τοῦ σταυροῦ, λέγει· Ἐν κυπαρίσσῳ καὶ
πεύκῃ καὶ κέδρῳ, ἅμα δοξάσαι τὸν τόπον τὸν ἅγιον.
Καὶ Μωϋσῆς δὲ ξύλον βαλὼν εἰς Μερρὰν, τὰ πικρὰ
C ὕδατα ἐγλύκανεν εἰς τύπον τοῦ σταυροῦ τοῦ Χριστοῦ
τοῦ γλυκάναντος ἐκ τῆς πικρίας τῶν δαιμόνων τὸν κόσμον. Καὶ ἡ ῥάβδος Μωϋσέως ἡ σχίσασα τὴν πέτραν,
εἰς τύπον ἦν τοῦ σταυροῦ τοῦ Χριστοῦ, τοῦ σχίσαντος
τὰς καρδίας τῶν ἀνθρώπων, καὶ ἐμβαλόντος τὴν χάριν τοῦ ἁγίου Πνεύματος ἐν αὐτοῖς.

Καὶ αὕτη ἐστὶν ὄντως ἡ ὁδὸς τῆς ζωῆς, καὶ πάντες
οἱ κρατοῦντες αὐτὴν ζῶσιν· οἱ δὲ καταλιπόντες αὐτὴν
θάνατον καὶ κόλασιν ἀτελεύτητον ἕξουσιν. Ὁ νόμος
γὰρ καὶ οἱ προφῆται κηρύττουσι τὴν ἁγίαν Τριάδα·
καὶ ἀληθῶς οὗτός ἐστιν ὁ κηρυχθεὶς ὑπὸ τῶν προφητῶν καὶ τοῦ νόμου, ὁ ἐρχόμενος ἐν ὀνόματι Κυρίου
Ἰησοῦς Χριστὸς Κύριος, καὶ οὐκ ἔστιν ἄλλος, εἰ μὴ ὁ
γεννηθεὶς ἐν Βηθλεὲμ τῆς Ἰουδαίας ἐκ τῆς παρθένου
καὶ θεοτόκου Μαρίας ἐπὶ Καίσαρος Αὐγούστου. Καὶ ὁ
D μὴ δεχόμενος αὐτὸν, καὶ μὴ πιστεύων εἰς αὐτὸν, ἀπο-
στάτης ἐστὶ τοῦ Θεοῦ, καὶ ἀνάθεμα αὐτῷ. Διὰ τοῦτο
καὶ ὁ Ἡσαΐας περὶ ὑμῶν τῶν πλανηθέντων βοᾷ λέγων, Αἰχμάλωτος ὁ λαός μου ἐγενήθη διὰ τὸ μὴ εἰδέναι αὐτοὺς τὸν Κύριον. Ἐξ οὗ τε γὰρ ἦλθεν ὁ Χριστὸς,
κατελύθη ἡ δύναμις τοῦ στρατοῦ ὑμῶν τῶν Ἰουδαίων,

[a] Unus Cod. οὐκ ἔγνων ὅτι ἐπ' ἐμὲ ἐβουλεύσαντο βουλὴν πονηράν. καὶ πάλιν Δαυίδ. Savil. in marg. ἐπὶ τὸν ἱματισμόν.

[b] Unus alia Psalmorum testimonia adjicit.

καὶ ἡ ἱερωσύνη ἠφάνισται, καὶ ὑπὸ τῶν Ῥωμαίων
διεσκορπίσθητε. Φησὶ γὰρ Ἡσαΐας περὶ τῶν σταυρωσάντων τὸν Χριστὸν, Διὰ τὰς ἁμαρτίας ἡμῶν ἀπέστρεψε τὸ πρόσωπον αὐτοῦ ὁ Θεὸς ἀφ' ἡμῶν, καὶ οἱ
κατάλοιποι ἡμῶν ἐν ἁμαρτίαις. Εἰ γὰρ μὴ ἦν αὐτὸς ὁ
Χριστὸς ὁ γεννηθεὶς ἐκ Μαρίας, ὁ ἐκλεκτὸς τοῦ Θεοῦ,
καὶ Υἱὸς ἀληθινὸς αὐτοῦ, ὁ κηρυχθεὶς ὑπὸ τοῦ νόμου
καὶ τῶν προφητῶν, εἶχεν ἂν δοξασθῆναι τὸ ἔθνος ὑμῶν
τῶν Ἰουδαίων, καὶ ὑψωθῆναι καὶ βασιλεῦσαι, ὡς τὸν
ἀντίθεον καὶ πλάνον ἀποκτεῖναν. Ἀλλ' ἐξ οὗ τε ὁ
σταυρὸς, καὶ ἐσταυρώθη ἐν αὐτῷ ὑπὸ τῶν πατέρων
ὑμῶν ὁ Χριστὸς, ἀπὸ τότε ἕως τῆς σήμερον εἰς ἀπώλειαν καὶ εἰς ἀτιμίαν ἐστὶ, καὶ χείρω ὠργίσθη ὑμῖν
ὁ Θεὸς ὑπὲρ τὴν αἰχμαλωσίαν τὴν ἐν Βαβυλῶνι.
Ἐκεῖ γὰρ μεθ' * ἑξήκοντα ἔτη ὁ Θεὸς ἠλέησε καὶ ἀνεκαλέσατο ὑμᾶς· ἐνταῦθα δὲ τελείως ἀπώσατο· καὶ
ἠλήθευσεν ὁ πατὴρ ὑμῶν καὶ προφήτης καὶ πατριάρχης Ἰακὼβ, καὶ πάντα τὰ νόμιμα ὑμῶν κατέπεσε,
καὶ τῆς χώρας ὑμῶν [c] τῆς Ἰουδαίας ἐξηλάθητε, καὶ
κατὰ τόπους διεσκορπίσθητε, καί ἐστε εἰς ἐξουθενι-
σμὸν, καὶ εἰς κατάγελων εἰς πᾶσαν τὴν οἰκουμένην
ἀπὸ ἑῴας ἕως ἐσχάτου τῆς γῆς. Τὰ δὲ ἡμέτερα τῶν
Χριστιανῶν καθ' ἑκάστην ἡμέραν ἀνθεῖ, καὶ αὔξει,
καὶ κρατύνεται, καὶ εἰς πᾶσαν τὴν οἰκουμένην τὸ
κήρυγμα τῆς εὐσεβοῦς ἡμῶν πίστεως διέδραμε, καὶ
βασιλεύει Χριστὸς ἐν ἡμῖν, καὶ τὸν τίμιον καὶ ζωοποιὸν αὐτοῦ σταυρὸν προσκυνοῦμεν, καὶ ὡς θησαυρὸν
πολυτίμητον κατέχομεν. Καὶ γὰρ ὄντως παντὸς στεφάνου βασιλικοῦ λαμπρότερός τε καὶ σεμνότερος ὁ τοῦ
Κυρίου σταυρός· καὶ τί λέγω, στεφάνου βασιλικοῦ; αὐτῶν τῶν ἡλιακῶν ἀκτίνων φαιδρότερος. Καὶ τὸ μὲν παλαιὸν, βίου πονηροῦ καὶ διεφθαρμένων πράξεων καταδίκη τὸ πρᾶγμα ἦν· νῦν δὲ δωρεᾶς θείας σύμβολον, εὐγενείας πνευματικῆς σημεῖον, θησαυρὸς ἀσύλητος, ἀνα-
φαίρετος δωρεὰ, ὑπόθεσις ἁγιασμοῦ. Τοῦτον καὶ ἐπὶ
κλίνης καὶ ἐπὶ τραπέζης [a] προφέρομεν, καὶ πανταχοῦ
οὗπερ ἂν ὦμεν. Καθάπερ γὰρ πολλοὶ τῶν στρατιωτῶν,
χωρὶς ὅπλων οὔτε ἀριστοποιοῦνται, οὔτε καθεύδουσιν·
οὕτω καὶ νῦν ἀντὶ μαχαίρας ἐπὶ κλίνης κρεμάσωμεν,
ἀντὶ μοχλοῦ ἐπὶ θύρας διαγράψωμεν, ἀντὶ τείχους τῇ
οἰκίᾳ πάσῃ περιβάλωμεν· τὰ ἔσω καὶ τὰ ἔξω τούτῳ
περιφράξωμεν. Τοῦτο γὰρ θάνατον κατέλυσεν, οὐρανοὺς ἀνέῳξε, γῆν ἐκάθηρε, τὴν φύσιν τὴν ἡμετέραν
ἐπὶ τὸν θρόνον ἀνήγαγε τὸν βασιλικὸν, τὴν τυραννίδα
τοῦ διαβόλου κατέλυσε. Τοῦτο τὸ εἶδος διπλοῦν· τὸ
μὲν ἐξ ὕλης ἢ χρυσοῦ ἢ μαργαριτῶν ἢ λίθων τιμίων,
ὃ καὶ ἀφαιρεῖται πολλάκις ὑπὸ βαρβάρων ἢ κλεπτῶν·
τὸ δὲ ἄϋλον· οὐ γὰρ ἐξ ὕλης αὐτοῦ ἡ ὑπόστασις, ἀλλ'
ἀπὸ πίστεως ἡ οὐσία, ἀπὸ διαθέσεως τοῦ ποιοῦντος ἡ
ὕλη. Τοῦτο καθεύδοντας τηρεῖ, τοῦτο ἐγρηγορότας
ἀσφαλίζεται, τοῦτο κινδυνεύοντας διασώζει· διὰ τούτου πόλεμος καταλύεται, καὶ εἰρήνη συνίσταται.
Ὑμνῶ σου τοιγαροῦν τὸ μακρόθυμον καὶ ἀνεξίκακον
τῆς περὶ ἐμὲ οἰκονομίας μυστήριον, Κύριε· προσκυνῶ
τὸν τίμιον καὶ ζωοποιόν σου σταυρὸν, Δέσποτα· πε-
ριπτύσσομαι τὰ πάθη, φιλῶ τοὺς ἥλους, καὶ τὰς δια-

est, sublatumque sacerdotium, et a Romanis
dispersi estis. Ait enim Hesaias de iis qui
Christum in crucem egerunt, *Propter peccata* Isai. 59. 2.
nostra avertit faciem suam Deus a nobis, et
reliqui nostrum in peccatis. Si enim ipse Christus non esset, is qui ex Maria natus, qui a Deo
electus est, verusque ejusdem Filius, qui a lege
et prophetis prædictus est, natio vestra Judaica
in honore et nomine esse, seque erigere atque
E regnare potuisset, ut quæ Dei hostem et inimicum
impostoremque morte mulctasset. Verum jam
ex eo tempore cum crux erecta est, et a majoribus vestris ei Christus suffixus est, ad hoc
usque tempus cum ignominia et dedecore perit:
vobisque Deus gravius succenset, quam in captivitate Babylonica. Tum enim post septuaginta
annos Deus misertus est, vosque revocavit; hoc
vero tempore omnino repulit: paterque vester
idemque propheta et patriarcha Jacob verum
prædixit, jura vestra omnia conciderunt: ex
Judæa patria vestra pulsi estis: in diversa loca
dispersi estis, atque in orbo terrarum ab oriente
ad extremum terræ vos omnes et contemnunt et
rident. At res nostræ Christianorum in dies
824 magis florent, crescunt et corroborantur: atque
A per omnes mundi angulos religiosæ fidei nostræ
prædicatio pervasit: Christus in nobis regnat:
ejusque pretiosam atque vivificam crucem adoramus, et pro thesauro magni pretii tenemus.
Etenim crux Domini omni regia corona vere
splendidior est et præclarior: quid dico, regia
corona? imo vero ipsos solis radios splendore
superat. Ac quondam quidem improbæ vitæ
pravorumque factorum condemnatio hæc res fuit:
nunc autem divini muneris symbolum, nobilitatis spiritualis signum, thesaurus tutus ac certus,
donum quod eripi non potest, sanctimoniæ argumentum. Hanc et in mensa et in lecto et quocum-
B que in loco sumus, præferimus. Ut enim plerique milites sine armis nec prandent, nec
dormiunt: sic nunc pro gladio eam in lecto
suspendamus, pro repagulo in ostio depingamus,
pro muro et pariete omni domui circumdemus:
partes intimas et extimas hac muniamus. Hæc
enim mortem delevit, cælos aperuit, terram expiavit, naturam nostram in solium regium evexit, atque tyrannidem diaboli dissipavit. Hujus
forma est duplex: una ex materia, exempli
causa, ex auro vel margaritis vel gemmis, quæ
sæpe a barbaris vel furibus aufertur: altera sine
materia: neque enim ex materia est ejus exsi-
stentia, sed a fide est ejus natura et essentia: a
C dispositione autem ejus qui eam facit est materia. Hæc dormientes custodit, hæc vigilantibus
est præsidio, hæc in periculis conservat, hac
bellum dirimitur, et pax confirmatur. Quare

* Sic etiam omnes Mss. Savilii, qui notat in margine ἴσ. ἑβδομήκοντα.

[c] Omnes Mss., Savil. in marg. τῆς Ἰουδαίας ἐξηλάθητε. Morel. et Savil. in textu ἐξείργεσθε.

[a] Savil. in marg. προφέρωμεν, et sic duo Mss.

laudo tuum, Domine, patientiæ et clementiæ plenum in me providentiæ mysterium: adoro pretiosam tuam et vivificam crucem, Domine: amplector mala quæ pertulisti, amo clavos, membrorumque foramina saluto: arundinem, lanceam et spongiam suspicio: pro regia corona coronam ex spinis ad caput accommodo, et sputis tamquam splendidis gemmis ornor: pro clarissimo ornatu colaphis glorior: teque verum Deum esse profiteor, unum sanctæ Trinitatis, Jesum Christum, qui mea causa mortem perpessus es, in linteo involutus fuisti, et a Judæis legis violatoribus irrisus, qui tandem sepultus fuisti, et tertio die post excitatus es a mortuis, qui redíturus es judicandorum vivorum mortuorumque causa. Tibi enim gloria est et imperium una cum Patre, sanctoque et vitæ largitore tuo Spiritu, nunc et semper, et in sæcula sæculorum. Amen.

τρήσεις τῶν μελῶν ἀσπάζομαι· τόν τε κάλαμον καὶ τὴν λόγχην καὶ τὸν σπόγγον ὑπεράγαμαι· ὡς βασίλειον διάδημα, τὸν ἀκανθῶν περιτίθεμαι στέφανον, [b] καὶ ὡς διαυγέσι λίθοις, τοῖς ἐμπτυσμοῖς ἐγκαλλωπίζομαι, ὡς λαμπροτάτῳ κόσμῳ τοῖς ῥαπισμοῖς ἐνσεμνύνομαι. Καὶ σὲ ὁμολογῶ ἀληθινὸν Θεὸν τὸν ἕνα τῆς ἁγίας Τριάδος Χριστὸν Ἰησοῦν, τὸν ὑπὲρ ἐμοῦ τὸ πάθος καταδεξάμενον, εἰληθέντα τε ἐν σινδόνι, καὶ ὑπὸ τῶν παρανόμων Ἰουδαίων [c] μυκτηρισθέντα, τέλος ταφέντα, καὶ ἀναστάντα τῇ τρίτῃ ἡμέρᾳ, καὶ πάλιν ἐρχόμενον κρῖναι ζῶντας καὶ νεκρούς. Σοῦ γάρ ἐστιν ἡ δόξα καὶ τὸ κράτος, ἅμα τῷ Πατρὶ καὶ τῷ παναγίῳ καὶ ζωοποιῷ σου Πνεύματι, νῦν καὶ ἀεὶ, καὶ εἰς τοὺς αἰῶνας τῶν αἰώνων. Ἀμήν.

[b] Savil. in marg. *καὶ ὡς διαυγέσιν μαργαρίταις.* Sic etiam duo Mss.

[c] *Μυκτηρισθέντα.* Post hanc vocem Codex Regius 1828 multa hinc et inde corrasa adjecit de jejunio et de eleemosyna. Quæ sic incipiunt: *καὶ τέλος ταφὴν κατεδέξατο Χριστὸς ὁ αἴρων τὴν ἁμαρτίαν τοῦ κόσμου. ἀλλὰ δεῦτε οἱ πιστοὶ τὸ ζωοποιὸν ξύλον προσκυνήσωμεν*, etc. multa quæ consulto prætermittimus, quia non juvat Chrysostomum hujusmodi mercibus auctiorem proferre.

825

MONITUM

IN HOMILIAM DE CONFESSIONE CRUCIS.

Hæc homilia præcedenti prorsus similis est; ita ut etiam multa ad verbum ex illa mutuatus sit hic quisquis sit scriptor. Quamobrem jure post illam inter spuria ablegatur.

Interpretationem Joachimi Perionii aliquot in locis castigavimus.

EJUSDEM ORATIO,

A

[a] ΤΟΥ ΑΥΤΟΥ ΛΟΓΟΣ

Qua docet non esse verendum confiteri sanctam crucem, et per eam nos a Christo esse conservatos, et in ea esse gloriandum: de virtute etiam agit, et quomodo Christus salutem nostram exoptet, ac de eleemosyna.

Περὶ τοῦ μὴ ἐπαισχύνεσθαι ὁμολογεῖν τὸν τίμιον σταυρὸν, καὶ ὡς δι' αὐτοῦ ἔσωσεν ἡμᾶς ὁ Χριστὸς, καὶ δεῖ ἐν αὐτῷ καυχᾶσθαι, καὶ περὶ ἀρετῆς, καὶ ὅπως ἐφίεται τῆς σωτηρίας τῆς ἡμετέρας, καὶ περὶ ἐλεημοσύνης.

1. Hoc est, fratres, signum illud, quod Dominus daturum se omnibus promisit his verbis,
Matth. 12. 39. *Generatio improba et adulterina signum quærit, et ei signum non dabitur, nisi signum Jonæ prophetæ:* crucem intelligens, mortem, sepul-

Τοῦτό ἐστιν, ἀδελφοὶ, τὸ σημεῖον ὅπερ ὁ Δεσπότης πᾶσιν ὑπέσχετο δώσειν, λέγων· Γενεὰ πονηρὰ καὶ μοιχαλὶς σημεῖον ἐπιζητεῖ, καὶ σημεῖον οὐ δοθήσεται αὐτῇ, εἰ μὴ τὸ σημεῖον Ἰωνᾶ τοῦ προφήτου· τὸν σταυρὸν λέγων, καὶ τὸν θάνατον, καὶ τὴν ταφὴν, καὶ

[a] Collata cum Codicibus Regiis 1828, 1829, et 2424.

τὴν ἀνάστασιν. Καὶ πάλιν ἑτέρως δηλῶν τοῦ σταυροῦ τὴν ἰσχὺν, ἔλεγεν· Ὅταν ὑψώσητε τὸν Υἱὸν τοῦ ἀνθρώπου, τότε γνώσεσθε ὅτι ἐγώ εἰμι. Ὅταν σταυρώσητέ με, φησὶ, καὶ νομίσητε περιγενέσθαι μου, τότε μάλιστα εἴσεσθέ μου τὴν ἰσχύν. [a] Καὶ καλῶς εἶπεν ὁ Χριστός. Μετὰ γὰρ τὸ σταυρωθῆναι Χριστὸν τὰ Ἰουδαϊκὰ ἔθη ἐπαύσαντο, τὸ κήρυγμα ἤνθησε, πρὸς B τὰ πέρατα τῆς οἰκουμένης ἐξετάθη ὁ λόγος· καὶ γῆ καὶ θάλασσα, καὶ οἰκουμένη καὶ ἀοίκητος, τὴν δύναμιν αὐτοῦ διαπαντὸς ἀνακηρύττουσι. Μηδεὶς τοίνυν αἰσχυνέσθω τὰ σεμνὰ τῆς σωτηρίας ἡμῖν σύμβολα, καὶ τὸ κεφάλαιον τῶν ἀγαθῶν, δι' ὃ καὶ ζῶμεν καὶ δι' ὅ ἐσμεν· ἀλλ' ὡς στέφανον, οὕτω περιφέρωμεν τὸν σταυρὸν τοῦ Χριστοῦ. Καὶ γὰρ πάντα δι' αὐτοῦ τελεῖται τὰ καθ' ἡμᾶς· κἂν ἀναγεννηθῆναι δέῃ, σταυρὸς παραγίνεται· κἂν τραφῆναι τὴν μυστικὴν ἐκείνην τροφὴν, κἂν χειροτονηθῆναι, κἂν ὁτιοῦν ἕτερον ποιῆσαι, πανταχοῦ τὸ [b] τῆς νίκης ἡμῶν παρίσταται σύμβολον. Διὰ τοῦτο καὶ ἐν οἰκίαις, καὶ ἐπὶ τῶν τοίχων, καὶ ἐπὶ τῶν θυρῶν, καὶ ἐπὶ τοῦ μετώπου, καὶ ἐπὶ τῆς διανοίας, μετὰ πολλῆς ἐπιγράφομεν αὐτὸν τῆς σπουδῆς. Τῆς γὰρ ὑπὲρ ἡμῶν σωτηρίας, καὶ τῆς ἐλευθερίας τῆς κοινῆς, καὶ τῆς ἐπιεικείας ἡμῶν τοῦ Δεσπότου, τοῦτό ἐστι τὸ σημεῖον· Ὡς πρόβατον γὰρ ἐπὶ σφαγὴν ἤχθη. Ὅταν τοίνυν σφραγίζῃ, ἐννόει πᾶσαν C τοῦ σταυροῦ τὴν ὑπόθεσιν, καὶ σβέσον θυμὸν, καὶ τὰ λοιπὰ πάντα πάθη· ὅταν σφραγίζῃ, πολλῆς ἔμπλησον τὸ μέτωπον παῤῥησίας, ἐλευθέραν τὴν ψυχὴν ποίησον. Ἴστε δὲ πάντως ποῖά ἐστι τὰ ἐλευθερίαν ἡμῖν παρέχοντα. Διὸ καὶ Παῦλος εἰς τοῦτο ἐνάγων ἡμᾶς, εἰς τὴν ἐλευθερίαν λέγω τὴν προσήκουσαν ἡμῖν, οὕτως ἀνήγαγε, τοῦ σταυροῦ καὶ τοῦ αἵματος ἀναμνήσας τοῦ δεσποτικοῦ· Τιμῆς γὰρ, φησὶ, ἠγοράσθητε· μὴ γίνεσθε δοῦλοι ἀνθρώπων. Ἐννόησον, φησὶ, τὴν ὑπὲρ σοῦ καταβληθεῖσαν τιμὴν, καὶ οὐδενὸς ἀνθρώπων ἔσῃ δοῦλος· τιμὴν τὸ αἷμα λέγων τὸ διὰ σταυροῦ. Οὐ γὰρ ἁπλῶς τῷ δακτύλῳ ἐγχαράττειν αὐτὸν δεῖ, ἀλλὰ πρότερον τῇ προαιρέσει μετὰ πολλῆς τῆς πίστεως, καὶ οὕτως ἐντυποῦν αὐτὸν τῇ ὄψει. Οὐδεὶς ἐγγύς σου στῆναι δυνήσεται τῶν ἀκαθάρτων δαιμόνων, ὁρῶν τὴν μάχαιραν ἐν ᾗ τὴν πληγὴν ἔλαβεν, ὁρῶν τὸ ξίφος ἐν ᾧ τὴν καιρίαν ἐδέξατο. Εἰ γὰρ ἡμεῖς τόπους ὁρῶντες 826 A [c] ἐν οἷς ἀποτέμνονται οἱ κατάδικοι, φρίττομεν, ἐννόησον τί πείσεται ὁ διάβολος, τὸ ὅπλον ὁρῶν δι' οὗ πᾶσαν αὐτοῦ τὴν δύναμιν ἔλυσεν ὁ Χριστὸς, καὶ τὴν τοῦ δράκοντος ἀπέτεμε κεφαλήν.

Μὴ τοίνυν ἐπαισχυνθῇς τοσοῦτον ἀγαθὸν, ἵνα σὲ μὴ ἐπαισχυνθῇ ὁ Χριστὸς, ὅταν ἔρχηται μετὰ τῆς δόξης αὐτοῦ, καὶ τὸ σημεῖον ἔμπροσθεν φαίνηται, λάμπον ὑπὲρ τὴν ἀκτῖνα τοῦ ἡλίου. Καὶ γὰρ φανήσεται ὁ σταυρὸς τότε φωνὴν ἀφιεὶς διὰ τῆς ὄψεως, καὶ πρὸς τὴν οἰκουμένην ἅπασαν ἀπολογούμενος ὑπὲρ τοῦ

turam, et resurrectionem. Rursus aliter vim crucis declarans, alibi dicebat, *Cum exaltaveritis Filium hominis, tunc cognoscetis, quod ego sum*. (Joan. 8. 28.) Cum me, inquit, cruci suffixeritis, et me victum existimaveritis, tum maxime vim meam intelligetis. Et recte id Christus affirmavit. Postea enim quam Christus in crucem actus est, Judæorum consuetudines finem et terminum habuerunt, prædicatio floruit, ad fines terminosque orbis terrarum verbum pervasit: ejusque vim terra et mare, tam ea quæ habitantur, quam quæ non habitantur semper prædicant. Neminem igitur gloriosorum salutis nostræ signorum pudeat, summæque honorum, qua et vivimus et sumus; sed ut coronam, sic Christi crucem feramus. Etenim nostræ religionis omnia per illam perficiuntur: sive regeneratione opus est, crux adest, sive spiritualis ille ac tremendus cibus sumendus est, sive in ordinem ecclesiasticum aliqui cooptandi, sive quidvis aliud faciendum est, ubique victoriæ nostræ signum adest. Ideo illam et in ædibus, et in muris, et in foribus, et in fronte et in mente cum magno studio depingimus. (Crucis signum passim adhibitum.) Nostræ enim salutis communisque libertatis et bonitatis Domini nostri hoc signum est: *Tamquam* enim *ovis, ad cædem ductus* est. (Isai. 53. 7.) Quando ergo consignaris, cogita totum crucis argumentum, exstingue iram et reliquos animi affectus; quando consignaris, magna fiducia frontem imple, animum tuum fac liberum. Scitis autem plane quænam nobis libertatem afferant. Itaque Paulus nos ad hoc ipsum incitans, ad libertatem dico quæ nobis competit, dominicæ crucis ac sanguinis recordatione invitat hoc modo: *Pretio* enim, inquit, *emti* estis; *nolite* servi *hominum effici*. (1. Cor. 7. 23.) Cogita, inquit, pretium quod pro te solutum est, et nullius hominis servus eris: quibus verbis pretium appellat sanguinem, qui in cruce profusus est. Non enim simpliciter digito imprimenda et consignanda est, sed prius voluntate ac judicio, cum magna fide; qua sic in oculis vultuque impressa, impurorum scelestorumque dæmonum nullus ad te accedere umquam poterit, cernens gladium quo ei vulnus inflictum est, vidensque ensem, quo letalem plagam accepit. Si enim nos cum loca in quibus damnati capite plectuntur videmus, exhorrescimus, cogita quid eventurum sit diabolo, cum arma videbit, quibus vim potestatemque ejus omnem Christus dissolvit, draconisque caput amputavit.

2. Noli igitur committere, ut te tanti boni pudeat, ne tui etiam Christum pudeat, quando cum gloria sua veniet, et signum coram apparebit, superabitque solis radios lumine. Crux enim tum apparebit, mittetque vocem aspectu suo, atque pro Domino apud omnes orbis terrarum homines

[a] [Verba καὶ... Χριστός addidimus e Savil. qui ea uncis inclusit.]

[b] Duo Mss. νίκης ἡμῖν παρίστ. quæ videtur esse vera lectio. Edit. νίκης ἡμῶν παρίσταται. Hæc autem ex superiore concione desumta sunt, ut alia multa.

[c] Duo Mss ἐν οἷς ἀποτέμνονται Editi ἐν οἷς τέμνονται.

defensionem instituet, docebitque nilil ab eo prætermissum esse, quod ad illorum salutem pertineret. Hoc etiam signum januas clausas majorum nostrorum ætate aperuit : hoc noxia mortiferaque venena profligavit : hoc cicutæ vim diluit : hoc denique venenatarum bestiarum morsus curavit. Si enim inferorum portas reseravit et cælorum apsides aperuit, paradisique aditum restituit, et diaboli nervos fregit : quid mirum, si mortifera venena et bestias et alia ejusdem generis vincit et superat? Hoc igitur in mente tua insculpe, animorumque nostrorum salutem amplectitor. Crux enim hæc orbem terrarum convertit, errorem expulit, veritatem revocavit, terram cælum fecit, homines angelos reddidit. Hinc dæmones non jam horribiles sunt, sed contemnendi : neque mors est mors, sed somnus. Hac abjecta sunt humi conculcataque omnia quæ nobis adversantur. Quod si quis Judæus hoc tibi objiciat, Eum tu qui cruci suffixus est adoras? ei alacri magnaque voce ac læto vultu respondeto, Certe adoro, nec adorare eum desistam : et si rideat, dole ejus vicem cum lacrymis, quod amens sit. Christo domino age gratias, quod beneficia ejusmodi in nos contulerit, quæ sine cælesti revelatione discere nemo possit. Ideo namque ridet, quia *Animalis homo non percipit ea, quæ sunt Spiritus* : quandoquidem hoc etiam pueris usu venit, cum aliquid magnum et admiratione dignum intuentur : ac si puerum ad mysteria introduxeris, ridebit. His igitur pueris gentes sunt similes, verum pueris, ut ita dicam, imperfectiores sunt, ob eamque causam miseriores, quod non in immatura ætate, sed in absoluta et constante in illos eadem quæ in pueros cadunt. Itaque ne venia quidem digni sunt. Nos vero clara magnaque voce clamemus, atque dicamus, ac si omnes gentes adsint, cum majore fiducia profiteamur, crucem esse nostram gloriationem, summamque bonorum omnium, et fiduciam omnem atque coronam. Vellem autem posse etiam cum Paulo dicere, *Mihi mundus cruci suffixus est, et ego mundo* ; sed non possum variis impeditus constrictusque animi affectibus. Itaque cum vobis, tum mihi ipse suadeo, ut mundo crucifigamur, nec quidquam babeamus cum terra commercii, verum cælestem illam patriam amemus, et gloriam quam illic exspectamus, bonaque sempiterna : sumus enim cælestis Regis milites, armaque Spiritus sumsimus. Cur ergo cauponum et circulatorum, atque adeo vermium vitam traducimus? Nam ubi rex est, ibi etiam miles esse debet. Milites enim effecti sumus, non eorum qui procul absunt, sed eorum qui sunt in propinquo. Terrenus enim rex numquam omnes in regia esse patiatur, nec latera sua

Crucis mirabilia opera.

1. Cor. 2. 14.

Gal. 6. 14.

Δεσπότου, καὶ δεικνὺς, ὅτι οὐδὲν ἐνέλιπε τῶν εἰς αὐτοὺς ἡκόντων. Τοῦτο τὸ σημεῖον καὶ ἐπὶ τῶν προγόνων ἡμῶν θύρας ἀνέῳξε κεκλεισμένας, τοῦτο δηλητήρια ἔσβεσε φάρμακα, τοῦτο κωνείου δύναμιν ἐξέλυσε, τοῦτο θηρίων δήγματα ἰοβόλων ἰάσατο. Εἰ γὰρ ᾅδου πύλας ἀνέῳξε, καὶ οὐρανῶν ἀψῖδας ἀνεπέτασε, καὶ παραδείσου εἴσοδον ἀνεκαίνισε, καὶ τοῦ διαβόλου τὰ νεῦρα ἐξέκοψε, τί θαυμαστὸν, εἰ φαρμάκων δηλητηρίων καὶ θηρίων, καὶ τῶν ἄλλων τῶν τοιούτων περιγίνεται; Τοῦτο τοίνυν ἐγκόλαψον τῇ διανοίᾳ τῇ σῇ, καὶ τὴν σωτηρίαν περίπτυξαι τῶν ἡμετέρων ψυχῶν. Οὗτος γὰρ ὁ σταυρὸς τὴν οἰκουμένην ἐπέστρεψε, τὴν πλάνην ἐξήλασε, τὴν ἀλήθειαν ἐπανήγαγε, τὴν γῆν οὐρανὸν ἐποίησε, τοὺς ἀνθρώπους ἀγγέλους εἰργάσατο. Διὰ τοῦτο οἱ δαίμονες οὐκ ἔτι φοβεροὶ, ἀλλ' εὐκαταφρόνητοι· οὐδὲ ὁ θάνατος, θάνατος, ἀλλ' ὕπνος. Διὰ τοῦτο πάντα ἔρριπται χαμαὶ καὶ πεπάτηται τὰ πολεμοῦντα ἡμῖν. Ἂν τοίνυν εἴπῃ σοί τις, τὸν ἐσταυρωμένον προσκυνεῖς; εἰπὲ φαιδρᾷ τῇ φωνῇ, καὶ γεγηθότι προσώπῳ, καὶ προσκυνῶ, καὶ οὐ παύσομαί ποτε προσκυνῶν· [a] κἂν γελάσῃ, δάκρυσον αὐτὸν, ὅτι μαίνεται. Εὐχαρίστησον τῷ Δεσπότῃ, ὅτι τοιαῦτα ἡμᾶς εὐεργέτησεν, ἃ μηδὲ μαθεῖν δύναταί τις χωρὶς τῆς ἄνωθεν ἀποκαλύψεως. Διὰ γὰρ τοῦτο καὶ οὗτος γελᾷ, ὅτι Ὁ ψυχικὸς ἄνθρωπος οὐ δέχεται τὰ τοῦ Πνεύματος· ἐπεὶ καὶ τὰ παιδία τοῦτο πάσχει, ὅταν τι τῶν μεγάλων ἴδῃ καὶ θαυμαστῶν· κἂν εἰς μυστήρια παιδίον εἰσαγάγῃς, γελάσεται. Τούτοις δὴ καὶ Ἕλληνες ἐοίκασι τοῖς παιδίοις, μᾶλλον δὲ καὶ τούτων εἰσὶν ἀτελέστεροι, διὸ καὶ ἀθλιώτεροι, ὅτι οὐκ ἐν ἀώρῳ ἡλικίᾳ, ἀλλ' ἐν τελείᾳ τὰ τῶν παιδίων πάσχουσιν, ὅθεν οὐδὲ συγγνώμης ἄξιοί εἰσιν. Ἀλλ' ἡμεῖς λαμπρᾷ τῇ φωνῇ μέγα βοῶντες καὶ ὑψηλὸν, κράζωμεν καὶ λέγωμεν, κἂν πάντες παρῶσιν Ἕλληνες, μετὰ πλείονος τῆς παῤῥησίας εἴπωμεν, ὅτι τὸ καύχημα ἡμῶν ὁ σταυρὸς, καὶ τὸ κεφάλαιον τῶν ἀγαθῶν ἁπάντων, καὶ ἡ παῤῥησία καὶ ὁ στέφανος ἅπας. Ἐβουλόμην δύνασθαι καὶ μετὰ Παύλου λέγειν, ὅτι Ἐμοὶ κόσμος ἐσταύρωται, κἀγὼ τῷ κόσμῳ· ἀλλ' οὐ δύναμαι ποικίλοις πάθεσι κατεχόμενος. Διὸ παραινῶ καὶ ὑμῖν καὶ πρό γε ὑμῶν ἐμαυτῷ σταυρωθῆναι τῷ κόσμῳ, καὶ μηδὲν κοινὸν ἔχειν πρὸς τὴν γῆν, ἀλλὰ τῆς ἄνω πατρίδος ἐρᾷν, καὶ τῆς ἐκεῖθεν δόξης, καὶ τῶν αἰωνίων [b] ἀγαθῶν· καὶ γὰρ στρατιῶται βασιλέως ἐσμὲν οὐρανίου, καὶ ὅπλα ἐνδεδύμεθα πνευματικά. Τί τοίνυν καπήλων καὶ ἀγυρτῶν, μᾶλλον δὲ σκωλήκων βίον μεταχειρίζομεν; Ὅπου γὰρ βασιλεὺς, ἐκεῖ καὶ τὸν στρατιώτην εἶναι δεῖ. Καὶ γὰρ στρατιῶται γεγόναμεν, οὐ τῶν μακρὰν, ἀλλὰ τῶν ἐγγύς. Ὁ μὲν γὰρ ἐπὶ γῆς βασιλεὺς οὐκ ἂν ἀνάσχοιτο πάντας εἶναι ἐν τοῖς βασιλείοις, οὐδὲ παρὰ τὰς αὐτοῦ πλευράς· ὁ δὲ τῶν οὐρανῶν, ἅπαντας ἐγγὺς εἶναι βούλεται τοῦ θρόνου τοῦ βασιλικοῦ. Καὶ πῶς δυνατὸν ἐνταῦθα ὄντας, φησὶ, παρ' ἐκεῖνον ἑστάναι τὸν θρόνον; Ὅτι καὶ Παῦλος ἐπὶ γῆς ὢν, ὅπου τὰ Σεραφὶμ ἦν, ὅπου τὰ Χερουβὶμ, καὶ ἐγγυτέρω οὗτος τοῦ Χριστοῦ, ἢ οὗτοι οἱ ἀσπιδηφόροι τοῦ βασιλέως.

[a] Sic Mss. omnes. Editi vero κἂν γελάσηται.

[b] Post ἀγαθῶν in Edit. Morel. additur σπουδάζειν ἐπιτυχεῖν. Sed id deest in omnibus Mss. nec ab Interprete lectum est.

Οὗτοι μὲν γὰρ πολλαχοῦ τὰς ὄψεις περιφέρουσιν· ἐκεῖνον δὲ οὐδὲν ἐφάνταζεν, οὐδὲ περιεῖλκεν, ἀλλὰ πᾶσαν τὴν διάνοιαν πρὸς τὸν βασιλέα καὶ Κύριον τεταμένην εἶχεν.

Ὥστε ἐὰν βουληθῶμεν, δυνατὸν καὶ ἡμῖν τοῦτο. Εἰ μὲν γὰρ τόπῳ διειστήκει, καλῶς ἂν ἠπόρεις· εἰ δὲ πανταχοῦ πάρεστι, τῷ σπουδάζοντι καὶ συντεταμένῳ πλησίον ἐστί.
827 A Διὰ τοῦτο καὶ ὁ προφήτης ἔλεγεν, Οὐ φοβηθήσομαι κακὰ, ὅτι σὺ μετ' ἐμοῦ εἶ. Καὶ αὐτὸς πάλιν ὁ Θεός· Θεὸς ἐγγίζων ἐγώ εἰμι, καὶ οὐ Θεὸς πόῤῥω. Ὥσπερ οὖν αἱ ἁμαρτίαι διιστῶσιν ἡμᾶς αὐτοῦ, οὕτως καὶ αἱ δικαιοσύναι συνάγουσιν ἡμᾶς πρὸς αὐτόν. Ἔτι γὰρ λαλοῦντός σου, φησὶν, ἐρῶ, ἰδοὺ πάρειμι. Ποῖος πατὴρ οὕτως ἂν ὑπακούσειέ ποτε τοῖς ἐγγόνοις; ποία μήτηρ οὕτως ἐστὶ παρεσκευασμένη καὶ διηνεκῶς ἑστηκυῖα, [a] εἴ ποτε καλέσειεν αὐτὴν τὰ παιδία; Οὐκ ἔστιν οὐδεὶς, οὐ πατὴρ, οὐ μήτηρ. Ἀλλ' ὁ Θεὸς ἕστηκε διηνεκῶς ἀναμένων, εἴ τις ποτὲ καλέσειεν αὐτὸν τῶν οἰκετῶν, καὶ οὐδέποτε καλεσάντων ἡμῶν ὡς δεῖ, παρήκουσε. Διὰ τοῦτό φησιν, Ἔτι λαλοῦντός σου· οὐκ ἀναμένω σε πληρῶσαι, καὶ εὐθέως [b] ὑπακούσω. Καλέσωμεν τοίνυν αὐτὸν, ὡς κληθῆναι βούλεται. Πῶς δὲ βούλεται; Λύε, φησὶ, πάντα σύνδεσμον ἀδικίας,
B διάλυε στραγγαλιὰς βιαίων συναλλαγμάτων, πᾶσαν συγγραφὴν ἄδικον διάσπα. Διάθρυπτε πεινῶντι τὸν ἄρτον σου, καὶ πτωχοὺς ἀστέγους εἰσάγαγε εἰς τὸν οἶκόν σου. Ἐὰν ἴδῃς γυμνὸν, περίβαλε, καὶ ἀπὸ τῶν οἰκείων τοῦ σπέρματός σου οὐχ ὑπερόψει. Τότε ῥαγήσεται πρώϊμον τὸ φῶς σου, καὶ τὰ ἰάματά σου ταχὺ ἀνατελεῖ, καὶ προπορεύσεται ἔμπροσθέν σου ἡ δικαιοσύνη σου, καὶ ἡ δόξα τοῦ Θεοῦ περιστελεῖ σε. Τότε ἐπικάλεσαί με, καὶ εἰσακούσομαί σου, ἔτι λαλοῦντός σου, ἐρῶ, ἰδοὺ πάρειμι. Καὶ τίς ταῦτα πάντα δύναται ποιῆσαι, φησί; Τίς δὲ οὐ δύναται, εἰπέ μοι; Τί γὰρ δυσχερὲς τῶν εἰρημένων; τί δὲ ἐργῶδες; τί δὲ οὐ ῥᾴδιον; Οὕτω γάρ ἐστιν οὐχὶ δυνατὰ μόνον, ἀλλὰ καὶ εὔκολα, ὅτι πολλοὶ καὶ τὸ μέτρον ὑπερηκόντισαν, οὐκ ἄδικα γραμματεῖα διασπάσαντες μόνον, ἀλλὰ καὶ τὰ ὄντα ἀποδυσάμενοι πάντα·
C οὐ στέγῃ καὶ τραπέζῃ τοὺς πτωχοὺς ὑποδεχόμενοι, ἀλλὰ καὶ τῷ τοῦ σώματος ἱδρῶτι κάμνοντες, ὥστε αὐτοὺς διαθρέψαι, οὐ συγγενεῖς μόνον, ἀλλὰ καὶ ἐχθροὺς εὐεργετοῦντες. Τί δὲ ὅλως καὶ δύσκολον τῶν εἰρημένων; Οὐδὲ γὰρ εἶπεν, ὑπέρβηθι τὸ ὄρος, διάβηθι τὸ πέλαγος, διάσκαψον γῆς πλέθρα τόσα καὶ τόσα, ἄσιτος διάμενε, σάκκον περιβαλοῦ· ἀλλὰ μετάδος τῆς οἰκίας, μετάδος τοῦ ἄρτου, τὰ ἀδίκως κείμενα γραμματεῖα διάῤῥηξον. Τί τούτων εὐκολώτερον, εἰπέ μοι; Εἰ δὲ καὶ δύσκολα εἶναι νομίζεις, σκόπει μοι καὶ τὰ ἔπαθλα, καὶ ἔσται σοι ῥᾴδια πάντα. Καθάπερ γὰρ οἱ βασιλεῖς ἐν ταῖς ἱπποδρομίαις πρὸ τῶν ἀγωνιζομένων στεφάνους καὶ ἱμάτια καὶ βραβεῖα

cingere: cælorum autem Rex omnes propinquos vicinosque solio regio esse vult. Sed quomodo fieri potest, dicet aliquis, ut nos qui hic sumus, ad solium illud stemus? Quia etiam Paulus cum in terra esset, ibi erat, ubi et Seraphim, et Cherubim erant: viciniorque hic Christo erat, quam regi sint isti stipatores. Hi enim sæpe oculos in multa loca convertunt: illum autem nihil ab objecta specie distrahebat, sed omnem mentis aciem in Rego ac Domino defixam habebat.

3. Quocirca si velimus, nos quoque hoc possumus. Si enim loco disjunctus esset, recte dubitares: si vero ubique adest et præsens est, ei
827 A qui studium adhibet, animique contentionem, est propinquior. Itaque propheta etiam dicebat,
Non timebo mala, quoniam tu mecum es. Et Psal. 22.4.
Deus ipse rursum, *Deus appropinquans ego* Jer. 23.23.
sum, non Deus remotus. Ut igitur peccata nos ab eo disjungunt, sic nos cum eodem conjungunt virtuti consentaneæ actiones. *Adhuc* Isai. 58.9.
enim te loquente, inquit, *dicam, Ecce adsum.* Quis tandem parens sic liberis umquam obediat? quæ mater ita parata est, statque semper, si forte ipsam appellent liberi? Nemo est, nec pater, nec mater. At Deus præsto est semper exspectans, si quis forte servorum se appellet: neque umquam nos, si ipsum vocabamus, ut par erat, neglexit. Ob eamque causam ait, *Adhuc te loquente*: non exspectabo, dum absolvas oratio-
B nem, sed statim audiam. Vocemus ergo eum, ut vult vocari. Quo autem modo vult? *Solve*, inquit, Ibid. v. 6.
omne vinculum injustum: dissolve obliga- —9.
tiones contractuum qui vi facti sunt: omnem syngrapham iniquam discindito. Frange esurienti panem tuum, egentesque et vagos introduc in domum tuam. Si nudum videris, eum cooperi: et *propinquos generis tui ne contemnito. Tum erumpet matutinum lumen tuum*, et *sanitas tua cito orietur*, et *antecedet* te *justitia tua*, et *gloria Domini* te *colliget. Tunc me invocabis*, et te *audiam*, etiam *loquente* te *dicam, Ecce adsum.* Ecquis, dicet quispiam, facere hæc potest omnia? Quæso te, quis est qui ea præstare non possit? Quid enim
C difficile est eorum quæ commemorata sunt? quid arduum? aut quid non facile? Sic enim non solum fieri possunt, sed etiam facilia factu sunt, ut multi etiam ultra modum constitutum progressi sint, qui non solum syngraphas non legitimas disciderunt, sed sua etiam omnia erogarunt: egentesque non solum in domum suam receperunt, et mensæ adhibuerunt, verumetiam sudore corporis ipsos aluerunt, non solum cognatos, verum etiam hostes afficientes bonis. Quid vero omnino difficile est eorum quæ dicta sunt? Neque enim dixit, Supera cursu montem, trajice mare, perfode terræ tot atque tot jugera, abstine a cibo, sacco te indue: sed domum tuam

[a] Tres Mss μήποτε.

[b] Duo Mss ὑπακούω.

Commendatur eleemosyna.

communica, impertire et eroga panem, tabulas et syngraphas non legitimas discindito. Quid his, quæso te, facilius est? Quod si etiam difficilia esse existimas, intuere præmia, et tum tibi facilia erunt omnia. Quemadmodum enim reges in ludis circensibus coronas, tunicas et præmia iis qui certant proponunt: sic Christus in medio curriculo præmia prophetæ verbis quasi multis manibus ea explicans proponit. Et reges quidem cum homines sint, abundantiamque rerum habeant quæ profunditur, et liberalitatem quæ consumitur, ea quæ parva sunt multa magnaque ostendere student: ob eamque causam singulam singulis ministris tradentes, sic in medium prodeunt. At Rex noster contra, cum universa accumulavit, quoniam valde est locuples, nihilque ostentationis causa facit, sic in medio proponit ea, quæ explicata innumerabilia infinitaque erunt, et multas manus quæ contineant, desiderant. Atque ut hoc intelligas, unumquodque eorum accurate considera. *Tunc erumpet*, inquit, *matutinum lumen tuum*. Annon tibi unum quoddam esse donum videtur? At non unum est. Etenim multas intrinsecus et coronas habet et bravia, et alia præmia: et si placet vobis, proferentes divitias omnes ostendemus, quantum quidem possumus ostendere, modo ne molestum sit vobis. Ac primum intelligamus quid sit *Erumpet*. Celeritatem et largitatem nobis declarat, quantopere et salutem nostram cupiat, et ut bona ipsa erumpant gestiat: nec quidquam erit, quod ejus inenarrabilem impetum cohibeat. Quibus omnibus eorum copiam infinitamque abundantiam indicat. Quid est autem *Matutinum*? Id est, non postea quam in tentationibus fueris, nec post malorum accessum, sed ante quam exsistant. Quemadmodum enim in fructibus præcoces dicimus eos qui ante tempus apparent: sic etiam hoc loco celeritatem significans, ita præcocis vocem usurpavit, ut supra dicebat, *Adhuc te loquente dicam, Ecce adsum.* Quod vero *lumen* dicit, et quid hoc lumen est? Non hoc, quod sub sensum cadit, sed aliud multo melius, quod cælum nobis ostendit, nempe angelos, archangelos, Cherubim, Seraphim, thronos, dominationes, principatus, potestates, exercitum omnem, urbes regias, tabernacula. Si enim dignus habitus fueris, qui lumen illud videas, hæc videbis: et a gehenna, et a verme qui venenum jaculatur, et a stridore dentium, et a vinculis quæ dolorem afferunt, et ab angoribus, et a malis, et a tenebris lumine carentibus, et a dissectione, et ab ignis fluminibus, et a maledictione et a locis dolorum plenis liberabere, eoque venies, ubi nihil loci relictum est dolori et molestiæ, ubi magnum viget gaudium, pax, caritas, voluptas et lætitia: ubi vita est sempiterna, et gloria, pulchri-

D τιθέασιν· οὕτω δὴ καὶ ὁ Χριστὸς, ἐν μέσῳ τίθησι τῷ σταδίῳ τὰ ἔπαθλα, καθάπερ διὰ πολλῶν χειρῶν τῶν τοῦ προφήτου ῥημάτων ἐκτείνων αὐτά. Καὶ οἱ μὲν βασιλεῖς, ἅτε ἄνθρωποι ὄντες, καὶ εὐπορίαν δαπανωμένην ἔχοντες, καὶ φιλοτιμίαν ἀναλισκομένην, τὰ ὀλίγα πολλὰ φιλοτιμοῦνται δεῖξαι· διὸ καὶ ἓν ἕκαστον ἑκάστῳ τῶν διακόνων ἐγχειρίζοντες, [c] οὕτως ὑπάγουσιν εἰς τὸ μέσον. Ὁ δὲ βασιλεὺς ὁ ἡμέτερος τοὐναντίον, πάντα ὁμοῦ συμφορήσας, ἐπειδὴ σφόδρα ἐστὶν εὔπορος, καὶ οὐδὲν πρὸς ἐπίδειξιν ποιεῖ, οὕτως εἰς μέσον προτίθησιν ἅπερ ἐκταθέντα ἄπειρα ἔσται, καὶ πολλῶν δεήσεται τῶν κατεχουσῶν χειρῶν. Καὶ ἵνα μάθῃς τοῦτο, ἕκαστον αὐτῶν περισκόπησον μετὰ ἀκριβείας. Τότε ῥαγήσεται, φησὶ, πρώϊμον τὸ φῶς σου. Ἆρα οὐ δοκεῖ σοι ἕν τι εἶναι δῶρον; Ἀλλ' οὐκ ἔστιν ἕν. Καὶ γὰρ πολλὰ ἔνδον ἔχει, καὶ στεφάνους E καὶ βραβεῖα, καὶ ἕτερα ἔπαθλα, καὶ εἰ βούλεσθε, λύσαντες δείξομεν τὸν πλοῦτον ἅπαντα καθὼς ἡμῖν οἷόν τε ἐπιδεῖξαι, μόνον μὴ ἀποκάμητε. Καὶ πρῶτον μάθωμεν, τί ἐστι, Ῥαγήσεται. Τὸ ταχὺ καὶ δαψιλὲς ἡμῖν [d] ἐμφαίνει, καὶ πῶς σφόδρα ἐφίεται τῆς ἡμετέρας σωτηρίας, καὶ πῶς ὠδίνει τὰ ἀγαθὰ αὐτὰ προελθεῖν, καὶ [e] ἐπείγεται· καὶ οὐδὲν ἔσται τὸ κωλῦον τὴν ἄφατον ῥύμην. Δι' ὧν ἁπάντων τὴν δαψίλειαν αὐτῶν ἐνδείκνυται, καὶ τὸ ἄπειρον τῆς περιουσίας. Τί δέ ἐστι Πρώϊμον; Τουτέστιν, οὐ μετὰ τὸ ἐν τοῖς πειρασμοῖς γενέσθαι, οὐδὲ μετὰ τὴν τῶν κακῶν ἔφοδον, 808 A [f] ἀλλὰ πρὸ φανῆναι. Καθάπερ γὰρ ἐπὶ τῶν καρπῶν λέγομεν πρώϊμον τὸ πρὸ τοῦ καιροῦ φανὲν, οὕτω καὶ ἐνταῦθα τὸ ταχὺ πάλιν ἐμφαίνων, οὕτως εἶπεν, ὥσπερ ἄνω ἔλεγεν, Ἔτι λαλοῦντός σου, ἐρῶ, ἰδοὺ πάρειμι· Ποῖον δὲ λέγει φῶς, καὶ τί ποτέ ἐστι τοῦτο, Τὸ φῶς; Οὐ τοῦτο τὸ αἰσθητὸν, ἀλλ' ἕτερον πολλῷ βέλτιον, ὃ τὸν οὐρανὸν ἡμῖν δείκνυσι, τοὺς ἀγγέλους, τοὺς ἀρχαγγέλους, τὰ Χερουβὶμ, τὰ Σεραφὶμ, τοὺς θρόνους, τὰς κυριότητας, τὰς ἀρχὰς, τὰς ἐξουσίας, τὸ στρατόπεδον ἅπαν, τὰς πόλεις τὰς βασιλικὰς, τὰς σκηνάς. Ἂν γὰρ τοῦ φωτὸς ἐκείνου καταξιωθῇς, καὶ ταῦτα ὄψει, καὶ ἀπαλλαγήσῃ γεέννης, καὶ τοῦ σκώληκος τοῦ ἰοβόλου, καὶ τῶν βρυγμῶν τῶν ὀδόντων, καὶ τῶν δεσμῶν τῶν ὀδυνηρῶν, καὶ τῆς στενοχωρίας, καὶ τῆς θλίψεως, καὶ τοῦ σκότους τοῦ ἀφεγγοῦς, καὶ τοῦ διχοτομηθῆναι, καὶ τῶν ποταμῶν τοῦ πυρὸς, καὶ τῆς B κατάρας, καὶ τῶν τῆς ὀδύνης χωρίων, καὶ ἀπελεύσῃ, ἔνθα ἀπέδρα ὀδύνη καὶ λύπη, ἔνθα πολλὴ ἡ χαρὰ, καὶ εἰρήνη, καὶ ἀγάπη, καὶ τρυφὴ καὶ εὐφροσύνη· ἔνθα ζωὴ αἰώνιος, καὶ δόξα ἄῤῥητος, καὶ κάλλος ἄφραστον· ἔνθα αἰώνιοι σκηναὶ, καὶ ἡ δόξα τοῦ βασιλέως ἡ ἀπόῤῥητος, καὶ τὰ ἀγαθὰ ἐκεῖνα, Ἃ ὀφθαλμὸς οὐκ εἶδε, καὶ οὖς οὐκ ἤκουσε, καὶ ἐπὶ καρδίαν ἀνθρώπου οὐκ ἀνέβη· ἔνθα ὁ νυμφὼν ὁ πνευματικὸς καὶ αἱ παστάδες τῶν οὐρανῶν, καὶ αἱ παρθένοι αἱ τὰς φαιδρὰς ἔχουσαι λαμπάδας, καὶ οἱ τὸ ἔνδυμα τοῦ γάμου ἔχοντες· ἔνθα παλάτια ὑπάρχει τοῦ Δεσπότου, καὶ τὰ ταμιεῖα τὰ βασιλικά. Εἶδες ἡλίκα τὰ ἔπαθλα, καὶ ὅσα διὰ μιᾶς ῥήσεως ἐπεδείξατο, καὶ πῶς πάντα συνεφόρησεν; Οὕτω καὶ τῶν ἑξῆς ῥήσεων ἑκάστην

[c] Tres Mss. οὕτως ὑπάγουσιν.
[d] Iidem ἐμφαῖνον.
[e] Sic iidem Mss. Editi vero ἐπάγεται.
[f] Tres Mss. ἀλλὰ προφανῆ, male.

ἀναπτύξαντες, πολλὴν εὑρήσομεν [a] τὴν περιουσίαν καὶ πέλαγος ἀχανές. Μὴ οὖν ἀναβαλώμεθα, καὶ ὀκνήσωμεν ἐλεεῖν τοὺς δεομένους· μὴ, παρακαλῶ· ἀλλὰ κἂν πάντα ῥῖψαι δέῃ, κἂν εἰς πῦρ ἐμβληθῆναι, κἂν ξίφους κατατολμῆσαι, κἂν κατὰ μαχαιρῶν ἅλλεσθαι, κἂν ὁτιοῦν παθεῖν· πάντα φέρωμεν εὐκόλως, ἵνα τοῦ ἐνδύματος ἐπιτύχωμεν τῆς βασιλείας τῶν οὐρανῶν, καὶ τῆς δόξης ἐκείνης τῆς ἀῤῥήτου· ἧς γένοιτο πάντας ἡμᾶς ἐπιτυχεῖν, χάριτι καὶ φιλανθρωπίᾳ τοῦ Κυρίου ἡμῶν Ἰησοῦ Χριστοῦ, ᾧ ἡ δόξα καὶ τὸ κράτος εἰς τοὺς αἰῶνας τῶν αἰώνων. Ἀμήν.

tudoque ineffabilis: ubi æterna sunt taberna-
C cula, Regisque gloria et majestas, quæ exprimi
non potest, eaque bona. *Quæ nec oculus vidit,* 1. Cor. 2. 9.
nec auris audivit, nec cor animusque hominis cogitavit; ubi est sponsus spiritualis, thalami cælorum, et virgines quæ lucernas ardentes tenent, iique qui vestem habent nuptiarum; ubi palatia sunt Domini, et æraria regia. Vidisti quæ et quot præmia uno verbo demonstraverit, et quemadmodum omnia in unum compegerit? Sic etiam si singula verba quæ sequuntur, explanaverimus, magnam abundantiam atque immensum mare reperiemus. Quare ne differamus, neque pigri simus ad præstanda officia benignitatis egentibus; ne simus, hortor; sed licet omnia etiam abjicienda nobis sint, licet in ignem conjiciendi simus, licet ensis adeundus, licet in gladiis saltandum sit, licet quidvis perferendum: omnia facile et æquo animo feramus, ut regni cælorum amictum gloriamque illam ineffabilem consequamur: quam utinam consequamur, gratia et benignitate Domini nostri Jesu Christi, cui gloria et imperium in sæcula sæculorum. Amen.

[a] Unus Cod. τὴν παῤῥησίαν.

SELECTA

EX NOTIS HENRICI SAVILII

ET FRONTONIS DUCÆI

IN TERTIUM TOMUM

OPERUM SANCTI JOANNIS CHRYSOSTOMI.

HIS NOTULAS ADJICIMUS ALIO CHARACTERE ASTERISCO PRÆVIO.

NOTÆ HENRICI SAVILII

In Homiliam debitoris decem millium talentorum.

Pag. 1. Hanc optimæ notæ homiliam ex Augustano Ms. descriptam castigavimus ex Bavarico. Agnoscit eam Catalogus Augustanus num. 10.

P. 3. B. 12. ὑμῖν Mavult Boisius ὑμῶν, et ἀνκλαβόντων.

NOTÆ HENRICI SAVILII

Ad Homiliam in illud, Pater si possibile est, etc.

P. 15. Hujus orationis germanæ et elegantis cum primis apographum ex Regia Bibliotheca nacti, ex alio Ms. in eadem Bibliotheca accurate castigatam damus.

P. 21. C. 5. καὶ ἕτερος. Halesius καὶ ἑτέρως. Idem enim Hesaias utrumque asserit. **Atqui hæc loquendi ratio ignota Chrysostomo; dixisset potius* καὶ ἀλλαχοῦ. *Crederem esse Chrysostomi* μνημονικὸν σφάλμα.

NOTA HENRICI SAVILII

Ad Homiliam de angusta porta.

P. 25. De auctore hujus orationis nihil pro certo affirmaverim. Censet doctissimus Halesius inventionem quidem esse Chrysostomi, stylum vero multo humiliorem; esse tamen alicujus qui Chrysostomi studiosus fuerit : quem licet sensibus sit imitatus, stylo tamen certe non est consequutus, nisi ubi eum verbatim compilavit. Pleræque enim particulæ hujus orationis inveniuntur alibi apud Chrysostomum. Porro sciendum est Florilegum multa ex hac oratione, quisquis auctor fuerit, citare : quod nemo γνησιότητος ἀπόδειξιν esse credat, cum ipsi mos sit ne a spuriis quidem, nedum dubiis, manum abstinere : neque enim heri aut nudiustertius invectæ sunt in mundum istæ bonorum auctorum νοθεύσεις. **Nihil moramur hos Halesii scrupulos, ut in Monito ad hanc homiliam videas; sed cum Frontone Ducæo aliisque viris doctis germanam hanc homiliam censemus. Non semel enim Halesius, tunc juvenis,* περὶ γνησιότητος *operum Chrysostomi temere loquutus est.*

NOTA HENRICI SAVILII

Ad Homiliam I. in principium Actorum.

P. 50. Descripta ex Bavarico Codice. Agnoscit Catalogus Augustanus num. 48. Γνησία cum primis. Unico nixi exemplari, ut etiam in tribus proxime præcedentibus, multa necessario manca relinquimus, ab iis emendanda, quibus Codicum aliorum Mss. copia suppetet. **Certe mendis scatet hæc homilia in Saviliana Editione, sed in Parisina emendatior prodiit; conjecturæque Savilianæ ad restituendam seriem jam inutiles evadunt.*

NOTA HENRICI SAVILII

Ad Homiliam II. in principium Actorum.

P. 60. Hanc orationem et sequentem, utramque ut γνησίαν et melioris notæ agnoscit Catalogus Augustanus num. 49 et 53. Porro hanc debemus Serenissimi Bavariæ Ducis instructissimæ Bibliothecæ. Habita est Antiochiæ, episcopatum tenente Flaviano, quem ad finem orationis Petrum vocat, διὰ τὴν τῆς πολιτείας καὶ τῶν δογμάτων συγγένειάν τε καὶ κοινωνίαν cum Petro apostolo, qui Antiochenam Ecclesiam princeps, ut ipse ait, fundavit. Pauca subsunt suspecta de mendo, quod necesse est usu venire unico nisis esemplari Ms., sed valde illa quidem levia, aut nullius prope momenti. Est hæc oratio una ex illis quatuor, quas habuit hic noster Antiochiæ, præsente Flaviano, in principium Actorum: primam habes Tomo 2, p. 272 (Edit. Savil.), secundam nondum reperire potuimus. Tertia hæc, est quæ in manibus: quartam habes Tom. 8, p. 111.* *Imo quinque in principium Actorum homilias habuit, ut videas in Monito p. 47, quarum quatuor integræ una serie ponuntur ibidem. Secundæ quæ hactenus latuit partes non minimæ habentur in Homilia illa de Ascensione quam ad calcem edidimus p. 758 sqq. Tomi hujus.*

P. 66. C. 8. ἀλλ' ὅταν ῥανῶμεν. Halesius ἢ ὅταν, vel ἀλλ' ἢ ὅταν, * *quæ lectiones melius quadrarent.*

NOTÆ HENRICI SAVILII

Ad Homil. III. in principium Actorum.

P. 71. Hanc orationem γνησίαν cum primis, et Catalogo Augustano memoratam num. 50, debere se sciat lector doctissimo Frontoni Ducæo, qui eam ex Vaticana, ut opinor, descriptam mihi pro sua humanitate liberaliter communicavit. Mendosa aut suspecta inesse aliqua non est mirandum, ut in unico exemplari. **Nunc ea emendatior prodit ope Ms. Colbertini.*

A. 2. δουλείᾳ non convenit huic loco: sed aliud commodum vocabulum non occurrit. **Atqui videtur mihi hic ad sensum probe quadrare.*

P. 72. A. 3. ἐρίησι. Mallem ἀφίησι.

NOTÆ HENRICI SAVILII

Ad Homiliam primam de mutatione nominum.

P. 98. Hujus orationis apographum ad me missum est a doctissimo Frontone, a librariis quidem male acceptum, sed a me magna ex parte in his notis sanitati restitutum. Est quidem oratio notæ melioris. Titulum in Ducæi Codice corruptum sic restitue: Χρυσοστόμου λόγος εἰς τὸ, Σαῦλος ἔτι ἐ. ἀ. χ. φ., π. π. ε. τ. ἀρχὴν τῶν Πράξεων τ. ὁ. λ., καὶ δ. ἀναστάσεως Χριστοῦ ἀ. ἡ. π. κλ. Meminit hujus ut γνησίας Catalogus Augustanus num. 52.

D. 4. ἐκείνου. Deesse videtur, inquit Fronto, ἀκροατής. τὸ μέλος autem intelligit τρισάγιον, ἅγιος, ἅγιος, ἅγιος.

P. 99. B. 7. ἀκουομένων. Mallem ἀκουόντων, vel ἀκουσομένων.

P. 100. B. 3. ἐπαινῶμεν. Suspectum.

P. ead. E. 3. εὐπορίας. Aut deest substantivum quod τῇ respondeat, aut legendum οὐ τῇ οἰκείᾳ εὐπορίᾳ πεπ., ἀλλὰ τῇ ὑμετέρᾳ ἀκροάσει θαῤῥ.

P. 101. C. 3. lege ἀπετυφλώθη, ut paulo ante.

P. 102. B. 5. Fortassis aptius προεκδράμῃ: nam sic infra, C. 6. προεξέδραμεν ἂν τῆς ἡμετέρας γλώττης τὸ βιβλίον. Ib. 8. κεφαλῆς. Aut verbum aliquod deest: vel pro κατέχων leg. κατεῖχον, vel pro κελεύσας, ἐκέλευσα.

P. 103. A. 2. post εἴρηται deest tale aliquid, ἐνταῦθα δὲ, ὦ Θεόφιλε, scilicet sine ulla additione. C. 2. Fortasse ἀναλέξασθαι, ut supra B. 9. ἀναλέγεσθαι.

P. 106. C. 10. lege ὥστε αὐτὴ (vel αὕτη) ἡ ἀθρόα μεταβολὴ καὶ μετάστασις, καὶ τό.

P. 107. C. 3. * *Lege* καὶ γλυκὺ νᾶμα. * *Secunda de mutatione nominum deest in Savil.*

NOTA HENRICI SAVILII

In Homil. III. de mutatione nominum.

P. 115. D. Hanc orationem ante aliquot annos excusam Basileæ castigavimus ex Cod. Ms. in Bibliotheca Bavarica.

NOTÆ HENRICI SAVILII

In Homil. IV. de mutatione nominum.

P. 128. E. Hanc orationem perquam sane elegantem et γνησίαν debemus Monasterio D. Johannis Præcursoris in monte Atho, communiter dicto *Sancto*, in Cherroneso Thraciæ. Agnoscit Catalogus Augustanus numero 55.

P. 138. B. 10. ὑπὲρ τοῦ ἑνὸς μή. Dele μή. Ibid. 12. ἐπαίρεσιν, corruptum; sed quid substituemus? Forte ἔπαρσιν, vel ἐπαίρεσθαι.

P. 139. C. 2. ταπεινοφροσύνης. Malim ταπεινοφροσύνη, ut paulo post εὐγνωμοσύνη.

NOTÆ HENRICI SAVILII

In Orationem de gloria in tribulationibus.

P. 140. B. Agnoscit Catalogus Augustanus hanc orationem num. 14. Excudi curavit doctissimus Fronto Ducæus Burdigalæ 1604: quam Editionem perpaucis in locis emendatam sequuti sumus.

P. 145. A. 5. καὶ τῆς φύσεως. Lege ὃς καὶ τῆς φύσεως, alioqui sententia claudicabit.

P. 147. E. 1. τῆς ἐπιστολῆς. Lege cum Ducæo τῆς ἀποστολῆς. * *Sic ex conjectura: nam Mss. habent* ἐπιστολῆς.

NOTA HENRICI SAVILII

Ad Homiliam in illud, Scimus autem quoniam diligentibus etc.

P. 150. Procemium hujus orationis idem sensu et verbis etiam propemodum cum illo orationis 32. Fortasse non dubitavit Joannes noster ex consimili occasione valetudinis eodem procemio sæpius uti. Oratio perelegans certe, procemium tamen videtur imitatorem aliquem sapere. *Hæc Halesius.* Descripta est ex Bibliotheca Augustana: habita, ut opinor, Constantinopoli. Locum etiam illum de δεσμοφύλακι in Actis videor mihi alibi apud Joannem nostrum legisse.

**Hæc Savilius; qui ut sagax erat, scrupulum Halesii temere injectum nihil moratur. Vide Monitum nostrum in hanc Homiliam.*

NOTÆ HENRICI SAVILII

Ad Homiliam in illud, Si esurierit inimicus tuus etc.

P. 157. Elegans hæc oratio, et auctore Chrysostomo dignissima, ex Bibliotheca Collegii novi descripta, et alterius ope Codicis destituta, aliquot in locis non satis emendata, quod dolendum est, editur. Loca nobis maxime suspecta deinceps ordine subjicientur.

B. 3. τῶν ἐμῶν κτημάτων. Boisius vult χρημάτων. **Utraque lectio quadrat.*

P. 162. B. 2. ἴσασιν. Forte ἔστασι. **Non placet hæc restitutio.* [At placebunt fortasse quæ in nostra Ed. conjectata sunt.]

P. 165. A. 9. τούτου τοῦ. τούτου videtur inducendum. **Est expungendum.*

NOTÆ HENRICI SAVILII

Ad duas Homilias in illud, Salutate Priscillam.

P. 172. Has orationes, quas ambas recipit Catalogus Augustanus, num. 16 et 17, damus ex fide duorum Codicum Mss. quorum unus Archiepiscopi Philadelphiæ Venetiis, alter Bavaricus quam emendatissimus.

P. 188. C. 1. Ἐπαφρᾶν: σφάλμα μνημονικόν, non enim hæc de Epaphra Colossis agente, sed de Epaphrodito Philippis versante dicuntur.

NOTÆ HENRICI SAVILII

Ad duas Homilias, quarum prior in illud apostoli, Propter fornicationes etc., *altera in illud*, Mulier alligata est legi.

P. 193. Hoc argumentum eodem fere modo tractatum mihi videor alibi apud Chrysostomum meminisse. Quidquid sit, non dubito quin γνήσιον sit, sed videndum num ἀπάνθισμα sit aut ex Ethicis consutum. Nos tamen ita ut in Codice Augustano reperimus, bona fide repræsentamus.

P. 197. D. 5. ἐκ τῶν φίλων. Halesius ex conjectura φιαλῶν, id est a poculis. *Joannes Boisius vero* : Nescio an legere oporteat ἐκ τῶν φιλημάτων. Malim tamen ἀπ' αὐτῆς τῆς ἡμέρας τῶν γάμων, deleta particula ἐκ · vel ἀπ' αὐτῆς τῆς ἡμέρας ἐκείνης τῶν γάμων.

NOTÆ HENRICI SAVILII

In Homiliam, Quales ducendæ sint uxores.

P. 211. Oratio γνησιωτάτη, quamvis in Catalogo Augustano non reperiatur : descripta ex eadem Bibliotheca qua proxime superior, in Oriente. Vide Homiliam 48 in Genesim, ubi nonnulla sunt iis, quæ hic ad finem dicuntur, similia.

P. 219. C. 4. αὐτόν, forte αὐτάς.

HENRICI SAVILII

Ad Homiliam in illud, Nolo vos ignorare, fratres, etc.

P. 228. Hanc orationem recipit Catalogus Augustanus num. 93, quam ex Codice in Bibliotheca Collegii novi Oxoniensis descriptam, ex Manuscripto Bavarico emendavimus, estque melioris notæ homilia.

HENRICI SAVILII

Ad orationem in illud, Oportet hæreses esse.

P. 240. Hanc orationem ex Augustana Bibliotheca descriptam emendavimus ex Ms. in Bibliotheca Bavarica. Multa habet communia cum Homilia 28 Chrysostomi in priorem ad Corinthios, ut ab eodem fonte profectas ambas dubium non sit.

HENRICI SAVILII

In Homiliam de eleemosyna.

P. 248. Ex Bibliotheca Regia Lutetiæ descripta, et emendata auctaque ex Ms. multo pleniore in Bibliotheca Augustana; habita Antiochiæ : agnoscit Catalogus Augustanus num. 47.

P. 253. E. 6. λέγουσι. Lego συλλέγουσι.

P. 254. A. 9. συμβόλου. Lege συμβούλου.

HENRICI SAVILII

Ad tres Homilias in illud, Habentes eumdem Spiritum etc.

P. 260. Tres hasce orationes, ut sunt, pro germanis agnoscit Catalogus Augustanus numero 18, 19, et 20. Porro eas ex Bibliotheca Collegii novi Oxoniensis descriptas castigavimus ex Codice Augustano.

P. 282. A. 8. ἀτεχνίας. Forte ἀτελείας. ** Puto hunc locum bene habere : Sigismundi vero Gelenii interpretationem Latinam emendavi; sed re accuratius perpensa sic existimo locum totum esse vertendum.* Græca sic habent : ἵνα καὶ ὁ ἐν θλίψει νῦν ὤν, ἱκανὴν ἐκεῖθεν λαμβάνῃ παράκλησιν, καὶ ὁ πολλῆς ἀπολαύων ἀδείας, ἀντὶ τῆς ἀτεχνίας τῶν κινδύνων ἐκείνων πολλὴν εἰσάξῃ προθυμίαν εἰς τὴν τῶν ἀτόπων λογισμῶν μάχην, *quæ sic vertenda puto :* Ut et qui in ærumnis jam versatur, idoneam inde consequatur consolationem, et qui in magna tranquillitate degit, etsi non exercitatus periculis hujusmodi, magnam sibi paret alacritatem ad pugnam contra absurdas cogitationes suscipiendam.

HENRICI SAVILII

Ad Homiliam in illud, Utinam sustineretis etc.

P. 291. Recipit hanc orationem Catalogus Augustanus numero 33; descriptam ex Augustana Bibliotheca, emendavimus ex Bavarica.

P. 293. D. 1. καλεῖ. Imperfecta pendet sententia. Resumitur autem l. 6. ἐπεὶ οὖν οὗτοι.

P. 297. B. 10. ἴσασιν. οἱ ἅγιοι, aut simile aliquid deesse videtur. Interpres [vetus] legit in numero singulari *novit*, ad Davidem referens : a Ms. Bavarico tota sententia aberat. **Numerus pluralis hic omnino quadrat, quia exemplo sanctorum ostenditur, quandonam proprias efferre laudes liceat.*

P. 299. A. 12. μετ' ἐκείνους. Quos? **Antiquos scilicet illos, qui in Ægypto fuerant, de quibus hic loquitur.*

B. 1. παραδοθέντας, in Ms. παραδοθέντες. Neutrum fortasse satis grammatice; sed illud tolerabilius. 4. τὸν Γεδεών. Dele; est enim ortum ex glossemate marginali ad Ἱεροβάαλ. Idem enim erat Gedeon et Jerobaal. **Potuit etiam utrumque nomen ab ipso Chrysostomo adjici,* τὸν Ἱεροβάαλ τὸν Γεδεών. *Ut ut est, dele virgulam post Jerobaal in Græco et in Latino.*

HENRICI SAVILII

In Homiliam de viduis.

P. 311. Etiam hanc orationem agnoscit Catalogus

Augustanus num. 27. Habita est Antiochiæ post eam quæ proxime collocata est. Eam ex Bibliotheca Coll. novi Oxoniensis descriptam, ex Cod. Ms. in Bibliotheca Bavarica emendavimus.

A. 13. τὸ γεννκίως. Lege καὶ περὶ τοῦ γεννκίως.

P. 313. B. 6. ᾗ. Videtur abundare, aut mutandum in δέοι.

P. 314. A. 11. καὶ ταύτην ὑπομεῖναι τὴν ἀσχημοσύνην. Halesius hunc locum procul omni dubio corruptum sic restituendum putat: ὑπομεῖναι τὴν ἀσχημοσύνην, βούλονται γαμῆσαι πάλιν, βέλτιον πρὶν ἐπὶ τοῦτο ἐλθεῖν τοῦ γάμου ἔχεσθαι, ἢ τὰς πρὸς τὸν Χριστὸν καταπατῆσαι συνθήκας· ὡς εἰ μή.

P. 316. D. 5. ζωήν. Non quadrat huic loco.

HENRICI SAVILII

Ad Homiliam in Heliam et viduam.

P. 328. Oratio hæc bonæ cum primis notæ descripta est ex Ms. ἐν Χαλκῇ νήσῳ Χαλκηδόνος, neque aliud præterea suppetebat exemplar, ut mirum non sit aliqua superesse emendanda, quamvis pauca, eaque non magni momenti.

P. 336. D. 8. μακαρίζῃς. Melius conveniret ταλανίζῃς. **Verisimilius dicatur hic tollendam esse negationem μὴ ante μακαρίζῃς, legendumque ἵνα μακαρίζῃς πενίαν, ἵνα μὴ θαυμάζῃς πλοῦτον. Non enim ita facile ταλανίζῃς in μακαρίζῃς mutari potuit.*

NOTÆ HENRICI SAVILII

In Homiliam de futurorum deliciis, etc.

P. 387. D. Descripta in usum nostrum Peræ Constantinop. Γνησία procul dubio, nisi si fragmentum est alterius orationis, quod nescio. **Non fragmentum est, sed omnibus suis partibus absoluta, ut et ex serie et ex Mss. Regio et Colbertino arguitur.*

P. 333. A. 7. Quid si pro παρά legamus πάντων? **Omnes Mss. παρά habent, quæ præpositio, etsi hoc usu minus frequentata, quadrare posse videtur.*

P. 342. D 10. καὶ ὡς ἀτενίζοντες ἦσαν πορευομένου αὐτοῦ. Aut expungenda sunt hæc, aut supplenda ex contextu citato. **Sententia certe omnino manca videtur.*

E. 1. Forte, ἐκ τοῦ αὐτοῦ φυράματος.

HENRICI SAVILII

In Homiliam, quod non oporteat peccata fratrum evulgare.

P. 344. A. Hanc orationem ex Bibliotheca Augustana descriptam damus, quam etiam pro vera et germana agnoscit sæpius a nobis nominatus Catalogus Augustanus numero 43: jure merito. **Hunc vero Catalogum Augustanum sæpius memoratum, habes supra in notis ad calcem positis* [hujus Ed. p. 1037-1039], *Tomo* 1.

[P. 346. A. 3. Ante ἐν στόματι addidimus ἀλλ' e Cod. 748 Par. Reg.]

P. 350. A. 12. διὰ σεμνοτέρας. ὁδοῦ aut tale aliquid deesse videtur. **διὰ σεμνοτέρας subintellige πύλης, vel ὁδοῦ. Est ἀποσιώπησις Chrysostomo non ignota.*

[P. 352. C. 8. Dedimus κινοῦσιν e Cod. 748. Edebatur κενοῦσιν.]

HENRICI SAVILII

In Homiliam, Non esse desperandum.

P. 354. D. Ex Bibliotheca Monasterii S. Trinitatis in insula Chalce super Bosp. Thraciæ descripta: ipsamque ut γνησίαν agnoscit Catalogus Augustanus num. 44.

P. 359. D. 10. Lege ὡς τὴν ἑαυτῆς φιλεῖς κεφαλήν, ὦ γύναι, καὶ τιμᾷς, οὕτω τίμα etc. Halesius. **Hanc lectionem sequutus est in Latina interpretatione Fronto Ducæus. Locus tamen, ut est, apte potest sic explicari,* ὡς τὴν ἑαυτῆς φίλει κεφαλήν, ὦ γύναι· καὶ εἰ τιμᾷς, οὕτω τίμα τὸν ἄνδρα, Ut ipsum caput tuum virum ama, o mulier, et si colis caput tuum, sic illum cole.

P. 361. A. 1. εὐχήν. Pro εὐχήν aliquid aliud substituendum.

NOTÆ HENRICI SAVILII

Ad Homiliam in illud, In faciem Petro restiti.

P. 362. Hanc orationem inter præcipuas Chrysostomi facile numerandam, ab Augustano Catalogo num. 35 agnitam, in Codice Bavarico ἀκέφαλον deprehensam, explevimus et accurate castigavimus ex Manuscripto doctissimi Frontonis Ducæi. Accessit post excusum librum a Samuele Sladio meo descriptum Constantinopoli, ex quo quædam excerpsimus, non contemnendum apographum, quod in his notis litera C. signavimus. Vide Epistolas adversarias Hieronymi et Augustini, qui de hoc Petri facto ex hac, ut videtur, Joannis nostri oratione materiam litigandi sumscrunt.

Variæ lectiones hujusce Codicis Constantinopolitani sic ad Editionis nostræ numeros aptantur.

P. 362. A. 8. ὑμῶν deest. A. 11. ὧν ὑμεῖς. B. 8. γενομένην ἡμῖν ἀπεῖργε. C. 9. τούτου. C. αὐτοῦ. *Ibid.* καὶ κυβερνήτου χειρῶν καὶ τῶν οἰάκων ταχύτερον κατευθύνει. D. 4. ἔγνωμεν δὲ τοῦτο. C. ἐγὼ μὲν ἀεὶ τούτου, ponendo post πεῖρας lin. seq. ἀπήλαυσα.

P. 363. A. 3. λιπαρὰ καὶ εὔγειος ὑμῶν ἐστιν ἡ ἄρουρα, ὥστε ὑποδέχεσθαι καὶ πολυπλασιάζειν. l. 9. περὶ τῶν τυχ. l. 12. ἐγηγερμένης. B. 12. καὶ πρόβολοι deest in C. Mox C. 4. πλείων ἡμῶν. D. 8. τοῦτο. τί δὲ εἶπεν ἔμπροσθεν πάντων;

P. 364. A. 4. τῷ λόγῳ διασκάπτων τὸν θεμέλιον τοῦ νοῦ, ἵνα. l. 6. ἅμα pro ἀλλά. l. 11. ἐπιβολαῖς. B. 6. τίνος οὖν ἕνεκεν κατὰ πρόσωπον, hæc desunt in C.

P. 365. E. 8. αὐτῶν ἔτι καὶ I. bid. l. 9. hæc, ὡμολόγησε μετὰ παῤῥησίας, desunt.

P. 369. A. 5. ἐπικειμένης καὶ deest.

P. 373. E. 3. τουτέστι deest in C.

**In reliquis Codex ille Constantinopolitanus cum Edito nostro consentit.*

P. 377. D. 7. Lege ἄρα sine interrogatione. **Sic utique corrigendum existimo.*

NOTÆ HENRICI SAVILII

Ad Homiliam in Eutropium.

P. 381. Meminerunt hujus orationis Socrates Hist. Ecclesiasticæ lib. 7, cap. 6, fol. 255, B, Edit. Rob. Stephani, et Sozomenus lib. 8. c. 7, fol. 108, A, quos vide, quia huic sermoni multum lucis adferunt. Vide etiam orat. 18, Tom. 5, multa huc pertinentia (*est in hac Editione oratio sequens*). Porro apographum hujus orationis misit ad me Fronto Ducæus mihi sæpe memoratus.

D. 9. ἑκούσια. Sic edidimus e contextu, cum tamen et exemplar et Florilegium legant ἀκούσια : et sic fortasse legit Chrysostomus. Nec enim sensum habet incommodum. Hulesius. *In Bibliis Græcis legitur, ἑκούσια. Vetus Interpres Chrysostomi in Ms.:* meliora sunt vulnera amici, quam oscula inimici fraudulenta.

P. 384. A. 3. τῆς σπουδῆς. Interpres τῇ σπουδῇ καὶ τῇ συνδρομῇ.

In præcedentes omnes homilias nullæ habentur notæ Frontonis Ducæi.

NOTÆ HENRICI SAVILII

Ad Homiliam de capto Eutropio.

P. 386. B. Huic orationi ante annos fere 60 Lutetiæ mendosissime editæ sanitatem prope attulimus ex Cod. Ms. in Bibliotheca Regia ibidem. Porro Eutropius hic Arcadii Imperatoris eunuchus, et Joanni nostro in adipiscenda sede Constantinopolitana suffragator maximus, cum in ipso consulatus sui anno in Imperatoris iram incidisset, ad ecclesiam confugit : in quem sub altari delitescentem Chrysostomus orationem statim habuit, quam vide Tomi octavi p. 76 : quod plerisque visum est inhumanum, hominis calamitosi et olim amici miseriis insultare. Colligitur autem ex proœmio hujus orationis Eutropium ab Imperatore repetitum, a Joanne neutiquam deditum : sed postea extra ecclesiam forte repertum, ad supplicium fuisse abreptum. Quæ tamen circumstantiæ aliquo modo pugnare videntur cum iis quæ in historia ecclesiastica narrantur. Sed Joanni nostro, qui rebus gerendis interfuit, etiam contra omnes historicos fides habenda. *Non ut Eutropio insultaret Chrysostomus in oratione præcedenti in ipsum invectus est; sed ut iratæ adversus illum plebi aliquatenus satisfaceret, eamque deinde placaret et ad misericordiam deduceret, quod et consequutus est. Ipsam homiliam vide.*

P. 394. A. 2. ποταμοὺς ἐξ ἐρήμου. Lege ex Nahum 1. 4. unde hic locus sumtus est, ποταμοὺς ἐξερημῶν. *Si sic legatur, vertendum videtur* fluvios arefaciens.

P. 397. B. 8. νεκρῶν. Lege νεκρῷ.

P. 400. E. 10. διὰ τί παράδεισος; Non cohærent hæc cum superioribus. *Hoc ipsum pluribus dicit Boisius in notis Savilianis p. 763. Verum in hac homilia passim ex abrupto ab alio in aliud argumentum excurritur.*

NOTÆ FRONTONIS DUCÆI

Ad priorem in Eutropium Homiliam.

Pag. 381. Hujus celebris homiliæ rarissimum exemplar unum misit ad nos Roma R. P. Jacobus Sirmondus, cum in aliis Europæ Bibliothecis non inveniretur. Sed antiquissima tamen Editio Parisiensis anni 1524 nobis instar Græci Codicis erit, quam et manuscriptam olim in Collegio nostro Agennensi offendimus. In ea titulus imprimis erat, *Epistola ad Eutropium consulem*, at Gelenius anno 1547 addidit, quæ occasionem habitæ orationis sive concionis indicant, et Eutropii dignitates. Consulem fuisse illum ac præpositum sacri cubiculi testatur Socrates lib. 6, cap. 6 : προεστὼς τοῦ βασιλικοῦ κοιτῶνος, καὶ τὴν τοῦ ὑπάτου ἀξίαν λαβών, unde præpositum eum appellat Epiphanius Scholasticus Tripartitæ Historiæ lib. 2, c. 4. Patricium quoque fuisse illum constat ex illis verbis Arcadii lib. 17 de pœnis Cod. Theodos. : Patriciatus dignitate spoliatum se esse cognoscat. Adscriptus autem dies illi constitutioni hæc gesta esse anno Christi 399 ante festum Paschæ significat, neque textus ei Chrysostomi Græcus adversatur. *Hæc homilia in Eutropium jam emendatior prodit.* [Vide Corollarium notarum.]

NOTÆ HENRICI SAVILII

In Homiliam ante exsilium.

Pag. 415. Hanc orationem Chrysostomi alibi non repertam conservavit libellus hic Georgii. Versam Latine vide Tom. 7, p. 941. Est autem γνησία.

P. 416. B. 11. καὶ οἶδας. Interpres videtur legisse, οὐκ οἶδας. *Sive* καὶ οἶδας, *sive* οὐκ οἶδας *legas, idem est sensus, nam* οὐκ οἶδας *interrogando dicitur.*

P. 417. A. 6. Pro τοῦ δήμου Interpres videtur legisse ὑμῶν.

NOTA FRONTONIS DUCÆI

In Sermonem ante exsilium.

P. 415. Circumferebatur antea inter sancti Joannis operum Latinos tomos hic sermo, sed in nullis Codicibus Manuscriptis ejus textus Græcus occurrebat. Itaque absque Georgio Alexandrino foret, qui hunc et sequentem Vitæ ipsius inseruit, ut utroque careremus : tametsi attexta est utrique pars altera, quæ ad finem usque non eodem subtemine concinnata decurrit. Nam ab illis verbis p. 417. D. 6, ἀλλ' ὁρῶ τοῖς ἐμαυτοῦ δόγμασι, appendix incipit, quæ a veteri Interprete non agnoscitur, et ὑποβολιμαῖος τόκος videtur. *Cæteræ Frontonis notæ interpretationem Godefridi Tilmanni fere respiciunt, quæ quia παραφραστικῶς erat adornata, rejecta fuit.*

NOTÆ HENRICI SAVILII

In orationem post reditum ab exsilio, a Georgio Alexandrino allatam.

Pag. 427. Ne hæc quidem nobis alibi reperta, nec Græce neque Latine. Meminit ut γνησίας Sozomenus l. 8, c. 18, hisce verbis : Ἀναγκασθεὶς δὲ (sc. τὴν εἰρήνην τῷ λαῷ προσειπεῖν) καὶ σχέδιόν τινα διεξῆλθε λόγον. Ἐκ χαριεστάτης δὲ εἰκόνος τὰς ἀφορμὰς λαβών, ὑπεδήλου Θεόφιλον μὲν ἐνυβρίσαι τὴν ὑπ' αὐτὸν Ἐκκλησίαν ἐπιχειρῆσαι, ὡς τὸν Αἰγυπτίων βασιλέα τὴν Ἀβραὰμ τοῦ πατριάρχου γαμετὴν, ὡς αἱ τῶν Ἑβραίων ἱστοροῦσι βίβλοι· τὸν δὲ λαὸν, ὡς εἰκὸς, ἐπαινέσας τῆς προθυμίας, καὶ τοὺς κρατοῦντας τῆς περὶ αὐτὸν εὐνοίας, εἰς πολλοὺς κρότους καὶ εὐφημίαν τοῦ βασιλέως καὶ τῆς αὐτοῦ γαμετῆς τὸ πλῆθος ἐκίνησεν, ὡς καὶ ἡμιτελῆ καταλιπεῖν τὸν λόγον. I. e. *Coactus itaque extemporalem quamdam orationem habuit, et ex elegantissima si-*

militudine sumto argumento, subindicavit Theophilum Ecclesiæ suæ contumeliam inferre tentavisse, ut et regem Ægyptium uxori Abrahami patriarchæ, quemadmodum referunt libri Hebræorum. Cumque populum, uti par erat, ob propensum animum, et Imperatores ob benevolentiam erga se laudasset, in multos applausus ac benedictiones Imperatoris ejusque conjugis vulgum excitavit, adeo ut semiplenam orationem abrumpere cogeretur. Hactenus Sozomenus. Sed insignis, ut videtur, est ἀναχρονισμός, et qui in Chrysostomum cadere non potuit, nisi omnes fallunt historiæ. Nam ea hic a Chrysostomo narrari videntur, quæ nonnisi in posteriori exsilio contigere. Vide p. 428. B. C. D. Quæ enim ibi narrantur de tumultu ad baptisteria, unanimi historiarum consensu ante secundum exsilium, non vero primum, facta referuntur.

* *Eadem fere præfatur Fronto Ducæus, quæ Henricus Savilius, et locum Sozomeni perinde affert.*

AD HOMILIAM DE CHANANÆA.

**Quæ de hujus homiliæ stylo dixit Savilius, in Monito nostro retulimus, quæ vero corrigenda esse suspicabatur in notis, jam ad fidem Manuscriptorum sunt emendata. Similiter ea quæ de hac oratione præfatus est Fronto Ducæus in notis suis, in Monito nostro retulimus : ejusque notæ veterem interpretationem, quam, quod minus accurate adornata esset, rejecimus, respiciunt, emendandam aut sarciendam : ideoque non possunt ad nostram interpretationem, quam novam adornavimus, adaptari.*

NOTÆ HENRICI SAVILII

In Librum, Quod nemo læditur nisi a seipso.

Pag. 444. Hanc orationem ante omnes alias Chrysostomi notissimam Occidenti, et per omnes fere Bibliothecas Latine descriptam, ediderunt Græce, quod sciam, primi, viri docti Romæ : et post eos Fronto Ducæus Ingolstadii. Nos priores Editiones aliquammultis locis emendavimus ex Ms. Bavarico. In Latina versione deprehendet lector verissimum illud esse, quod aliquoties memini monuisse, summa in vertendo libertate usos esse antiquos illos interpretes, et rem, non verba spectasse. Hujus orationis meminit Chrysostomus epistola 16 ad Olympiadem (*quæ nunc est quarta*).

P. 450. D. 8. κἀκείνων καὶ τούτων. Hoc est fortasse τῶν βιωτικῶν τῶν πρὸς ψυχῆς ἐπιμέλειαν ἀνηκόντων. Sed hoc est sensum ex suo verbis affingere, non ex verbis sensum elicere. Et est certe totus, ni fallor, locus ab οἱ μὲν ἐπιεικέστεροι usque ad σφόδρα corruptus.

NOTÆ FRONTONIS DUCÆI

ad librum, Quod nemo læditur nisi a seipso.

Pag. 444. Hanc elaboratam a se in exsilio lucubrationem misit ad Olympiadem feminam illustrem Chrysostomus, ut constat ex epistola 4 : ἔπεμψά σοι ἅπερ ἔγραψα πρώην, ὅτι τὸν ἑαυτὸν ἀδικοῦντα οὐδεὶς ἕτερος παραβλάψαι δυνήσεται. Hic verus est titulus, hoc verum argumentum est hujus libri : sed in uno Regio Codice Henrici IV Medicæo, quem hac littera H. designabimus, appellabatur, Ἐπιστολὴ γραφεῖσα ἀπὸ Κουκουσοῦ τῆς Κιλικίας, ὄντος αὐτοῦ ἐν ἐξορίᾳ, ὅτι τὸν ἑαυτὸν μὴ ἀδικοῦντα οὐδὲν παραβλάψαι δυνήσεται, καὶ εἰς τοὺς τρεῖς παῖδας : *Epistola scripta Cucuso Ciliciæ oppido cum esset in exsilio etc.* Rectius in altero Manuscripto Francisci Olivarii dicitur, Λόγος, ὅτι τῶν ἑαυτῶν μὴ ἀδικούντων οὐδεὶς παραβλάψαι δυνήσεται, καὶ εἰς τοὺς ἁγίους τρεῖς παῖδας· πεμφθεὶς ἐκ τῆς ἐξορίας ἀπὸ Κουκουσοῦ πρὸς τὴν μακαρίαν Ὀλυμπιάδα καὶ πρὸς πάντας τοὺς πιστούς : *Liber missus ab exsilio Cucuso ad beatam Olympiadem et ad omnes fideles.* Certe Cucusum Armeniæ fuisse oppidum contendunt Theodoretus et alii passim, non Ciliciæ. Videturque potius appellandum hoc opus liber in forma epistolæ scriptus : cujusmodi est ille cujus meminit Leo Imperator in Vita Chrysostomi, cum ait eum Cucusi scripsisse orationem vel potius librum per epistolam, auditorum animas nutrientem mirabiliter, cujus initium est, Ἰατρῶν μὲν παῖδες, *Medici quidem.* Male igitur in omnibus Editionibus aliis homilia dicebatur hoc titulo : *Quod nemo læditur nisi a seipso*, ex veteri interpretatione incerti auctoris, cujus loco hanc multo fideliorem et concinniorem damus sociorum nostrorum opera Ingolstadii primum editam anno 1595.

P. 445. C. 3. τὸν δὲ θρασύν. In vulgatis Editionibus legebatur τὸν δὲ θρασὺν καὶ φοβερὸν τοῖς πολλοῖς, etc. Sed ordine verborum immutato locum ex H. et O. consentiente quoque veteri Interprete restituimus, cujus hæc verba sunt : *Protervum vero et improbum et pessimi propositi virum, augeri divitiis, potentia et honoribus cumulari ;* quod vero sequitur, ἄτιμον et ἐξ ἀτίμων, non ut Interpres ediderat, *infamem, infami quæstu ditescentem*, sed ex infamibus ortum intelligimus, ut infra in epistola 2 : ἄσημος καὶ ἐξ ἀσήμων γενόμενος, et epistola 3 : οἱ δὲ ἄσημοι καὶ ἐξ ἀσήμων, καὶ οὐδενὶ γνώριμοι, *Obscuri atque obscuro genere nati omnibusque ignoti*, et de Sacerdotio lib. 1 : ἐξ εὐτελῶν καὶ ἀτίμων ἔντιμοι γεγονότες.

P. 446. E. 8. H. O. στεῤῥότητα πέτρας.

P. 452. A. 11. ἀλλὰ τῆς τὴν τοιαύτην ἀλογίαν νοσούσης διανοίας. In Latino textu scribendum : *sed ad ægrotantem illa immunitate animum.* * Aptius verteris ad literam, *Sed ad ægrotantem illa irrationabilitate animum.*

P. 463. E. 5. ἐνεπρήσθης. Mire deformatus est hic locus ob vitium Græci Codicis : Latina Editio penultima sic habuit apud veterem Interpretem : *Vinctus et exutus ad mortem ductus es.* Quo pacto Gelenius edidit anno 1547, cum ante in Parisiensi Editione anni 1524 sciptum esset, *Vinctus et factus ad mortem ductus :* at in Ms. v. cl. Nicolai Fabri erat : *vinctus es et secutus es ;* pro *sectus es.* Veram enim lectionem exhibet Olivarii Codex ἐνεπρίσθης, non ut vulgata et H. ἐνεπρήσθης, unde in quibusdam etiam Mss. *Exustus es* : alludit quippe ad illud Hebræorum 11, 37 : ἐλιθάσθησαν, ἐνεπρίσθησαν, *Lapidati sunt, secti sunt ;* Danielis 3, 13, 59, τὴν ῥομφαίαν ἔχων πρίσαι σε μέσον, *Gladium habens ut secet te medium.*

* *Optime probat Fronto Ducæus adductis Latinarum versionum exemplis, Græcos Codices variasse : in aliisque lectum fuisse ἐνεπρήσθης, in aliis ἐνεπρίσθης : frequentissima quippe est in Codicibus Græcis literarum η et ι commutatio. Sed miror virum alias accuratissimum et sagacissimum non advertisse lectionem ἐνεπρήσθης ex serie ita assertam exhiberi, ut etiamsi omnes Codices ἐνεπρίσθης haberent, quæ lectio in uno tantum reperitur, corrigendum omnino esset ἐνεπρήσθης. Nam hic per totam paginam agitur de tribus pueris, qui vincti in fornacem injecti, incensi, imo et quantum ad præparationem animi mortui sunt. Postquam igitur illorum victoriam pluribus descripserat, ad ipsorum constantiam imitandam eorum exemplo sic cohortatur :* Quid ergo dicere poteris? In exsilium relegatus es, et patria ejectus? Ecce etiam isti. *Scilicet tres pueri.* Captivitatem sustinuisti, et sub barbaris dominis fuisti? At hoc quoque istis contigisse reperies. At non habes ibi qui tibi adsit, resque tuas moderetur, neque qui te admoneat et doceat? Hac quoque isti cura erant fraudati. At vinctus es? at combustus es? at mortuus es? ἀλλ' ἐδέθης; ἀλλ' ἐνεπρήσθης; ἀλλ' ἀπέθανες? nihil enim potes dicere gravius. At ecce isti quoque per hæc omnia transierunt, et per eorum singula illustriores exstiterunt longeque clariores, et cælestes merces auxerunt. *Jam quis neget hic ἐνεπρήσθης legendum esse? Quis hæc ad supra memoratum Epistolæ ad Hebræos locum referre tentaverit?*

P. 461. C. 10. νήφωμεν. Hæc ad finem usque libri non reperiuntur in duobus Mss. : nam in Regio quidem sic terminabatur, δυνήσονται τὸν ἐν κυρίῳ γρηγοροῦντα καὶ νήφοντα, ὅτι αὐτῷ ἡ δόξα καὶ τὸ κράτος εἰς τοὺς αἰῶνας τῶν αἰώνων, ἀμήν. In Ol. παραβλάψαι δυνήσονται : nec amplius quidquam vetus Interpres, quam hæc : *Nequaquam nocere potuerunt ei, qui a semetipso non læditur.*

NOTÆ HENRICI SAVILII

In Librum, Ad eos qui scandalizati sunt.

Pag. 465. Hujus orationis inter primas nobilis cum omnes fere alii βιογράφοι meminerunt, tum Leo Imperator his verbis : Ἄρτι τοῦ φερωνύμου τῆς τοῦ Θεοῦ χάριτος ἐνιαυτῷ παντὶ πρὸς τῇ πολίχνῃ Κουκουσῷ διαπρέψαντος, κἀνταῦθα τοὺς λιμῷ καὶ δίψει Κυρίου λόγων λιμώξαντας διαθρέψαντος, λιμὸς ἄρτι καὶ τῶν ἀναγκαίων κατέσχε τὴν γῆν, καὶ τὴν βασιλεύουσαν. Ταύτην ἐκλείπουσαν διαγνοὺς ὁ ποιμὴν ὁ καλὸς, ἐπιστολῶν παρηγορεῖ καὶ λόγων τοῖς βοηθήμασι. Καὶ πρῶτον μὲν τὸν δι' ἐπιστολῆς λόγον, θαυμασίως τρέφοντα τὰς ψυχὰς τῶν ἀκροωμένων, ὁ τοῦ λόγου σιτοδότης σιτοδοτεῖ ἐν κεφαλαίοις εἴκοσι καὶ τέτταρσιν ἀριθμούμενον, πρὸς τοὺς σκανδαλιζομένους ἐν ταῖς τοῦ βίου παρανομίαις ὁ λόγος ἔχων (forte ἔχει) ὑπόθεσιν, ἀρχὴ δὲ τῷ λόγῳ τίς ; ἰατρῶν μὲν παῖδες, καὶ τὰ ἑξῆς. Porro hanc orationem damus, ex Cod. Ms. in Bibliotheca Collegii novi Oxonii usque ad cap. 10, et inde ad finem ex optimo et vetustissimo Ms. Augustano descriptam, emendatam vero ex duobus Palatinis, et in posterioribus capitibus ex illo Oxoniensi.

P. 486. B. 5. τὰ χρηστὰ αὐτοῖς ἐξέβαινε. Aptius judicio meo quadraret αὐτοῖς οὐκ ἐξέβαινε, ut intelligatur loqui cum de veteribus patriarchis, quibus τὰ χρηστὰ in hac vita non obtigerunt, quod manifeste facit in sequentibus, τούτων μὴ ἀπολελαυκότες. * *Conjecturam Savilii admodum probo. Sed quid si legeretur τὰ δὲ ἄχρηστα?*

NOTÆ HENRICI SAVILII

In Epistolas Chrysostomi.

Pag. 527*. A. 1. Epistolas ad Olympiadem ex Regio Ms. Lutetiæ descriptas, ex Cod. Palatino et alio Ms. eruditissimi Jani Douzæ nuper allato Constantinopoli accurate castigavimus.

In Palatino titulus est Ὀλυμπιάδι τῇ σοφῇ καὶ κοσμίᾳ γράφει τὸ χρυσοῦν καὶ πολύῤῥημον στόμα, νέφη σκεδάζων χαλεπῆς ἀθυμίας : ut sunt hi tituli pro arbitrio librariorum.

**Non advertit Savilius hos esse tres iambos hoc ordine ponendos :*

Ὀλυμπιάδι τῇ σοφῇ καὶ κοσμίᾳ
Γράφει τὸ χρυσοῦν καὶ πολύῤῥημον στόμα,
Νέφη σκεδάζων χαλεπῆς ἀθυμίας.

P. 538. B. 5. Lege cum Ms. καταδικάζουσαν. * *Atqui maxima pars Mss. nostrorum δικάζουσαν habet, et lectio perinde atque altera quadrare videtur.*

P. 549. B. 4. ἀλεῖαν, Billius reddit *aream*, ut videatur legisse ἅλωνα : aut si hic piscationem intelligit, verius ut in margine (Editionis Savilianæ) ἁλεία pro ἀλεεία, ut ὑγεία pro ὑγίεια. Nam ut ἁλία pro regione marina sumatur, quamvis de Troade verum est, durum nimis et ἀπροσδιόνυσον. * *Hic de area loqui Chrysostomum nullo modo dubitari potest ; quo enim alio modo intelligas? Postquam dixit* καὶ τὴν ἄρουραν ὁρῶ ἐκκεκαθαρμένην, καὶ ἑτοίμην οὖσαν τὰ σπέρματα ὑποδέξασθαι, ac repurgatum arvum sementemque excipere paratum, *certe quod sequitur* καὶ τὴν ἀλεῖαν πεπληρωμένην, et plenam aream *intelligas oportet. Licet enim* ἁλεία piscationem *vulgo significet, an dixeris*, ex repurgato arvo et ad sementem excipiendam parato, plenam piscationem parari? *Cum igitur omnes Mss. hic ἀλεῖαν habeant aut ἁλίαν, vel Chrysostomus ἀλεῖαν pro* area *habuerit, vel omnes Mss. vitiati pro ἅλωνα, ἀλεῖαν exhibent.*

NOTÆ FRONTONIS DUCÆI

In Epistolas S. Joannis Chrysostomi.

Pag. 515. A. Prodiit in lucem hæc epistola (ad Innocentium papam) Græce una cum aliis opusculis auctoris Basileæ anno 1529, studio et opera Desiderii Erasmi Roter., cujus veterem interpretationem cum altera, quæ exstat in Dialogo Palladii de vita Chrysostomi, et cum ipso textu Græco contulimus. Citatur ejus quoque pars non minima a Nicephoro Callisto lib. 13, c. 18, et 19 : *Igitur ad Innocentium urbis Romæ episcopum de rebus suis scribens hæc quoque addit :* Quomodo *vero tandem quæ sic acta sunt* etc. At Palladius narrat quatuor episcopos a Joanne missos tres epistolas Innocentio detulisse, unam Joannis ipsius ; alteram episcoporum XL de communione Joannis ; tertiam cleri Constantinopolitani etc.

P. 517. D. 6. ὑπὸ τοῦ κουριώσου τῆς πόλεως, *A Curioso civitatis* : hinc depromta sunt illa, quæ apud Suidam in voce Κουριώσου (sic) citantur ἐκ τοῦ βίου τοῦ Χρυσοστόμου. Tertullianus meminit beneficiariorum et Curiosorum cap. 13 De fuga in persequutione, et ex Notitia imperii Orientis et Occidentis constat fuisse sub Magistro officiorum Curiosum cursus publici præsentialis unum et Curiosos per omnes provincias, item Curiosos in comitatu Præsidum admissa per provincias renuntiasse, eosdemque judicibus crimina detulisse constat ex lege 1. Cod. de Curiosis. In passione B. Mennæ Heliodori cujusdam fit mentio, qui Curiosi officio fungebatur.

P. 527*. A. Hunc Epistolarum librum scripsisse beatum Joannem Chrysostomum cum injuste atque inhumaniter relegatus esset in exsilium, tradit Photius in Bibliotheca pag. 118 Edit. August. inter quas εἰς τὸ χρειῶδες μᾶλλον συντείνουσαι αἵτε πρὸς τὴν εὐλαβεστάτην Ὀλυμπιάδα τὴν διάκονον αὐτῷ γεγραμμέναι δεκαεπτά, καὶ αἱ πρὸς Ἰννοκέντιον τὸν Ῥώμης : *Utilissimæ sunt, quas ad religiosissimam Olympiadem diaconissam decem et septem conscripsit, et ad Innocentium pontificem Romanum.* Atque has quidem septemdecim tantum Medicæus Codex Christianissimi Regis Henrici Magni suppeditavit : omnes autem interprete v. c. Jacobo Billio Latine tantum olim editas. Illum ipsum Jacobi Cujacii Codicem, quo interpres usus est, nobis perbenigne illustrissimus Card. Perronius ex Bibliotheca sua depromi jussit. Contulimus earumdem Græcum textum cum apographo Collegii nostri Antverpiani, quod olim ex libro Joannis Sambuci consiliarii Cæsarei sibi curarat exscribi vir doctissimus Joannes Livineius, et ex collatione cum altero ejusdem Sambuci libro emendarat, eodemque ex apographo fideliter expressas habet epistolas, quæ centesimam septuagesimam tertiam sequuntur. Hujus tamen primæ ad Olympiadem et tertiæ quartum exemplar Henrici II in Regis Bibliotheca nobis occurrit ; sed ad Cyriacum episcopum utraque missa dicebatur mutatis nominibus quæ feminæ conveniebant in masculina, quasi voluisset auctor eadem oratione utriusque animum afflictum consolari : nisi forte sic eam librarii potius immutarunt. H. Henrici quarti Codicem, H. 2. Henrici secundi, P. Perronii Cardinalis, A. Antverpiani Collegii, S. variantes lectiones ex Codice Joannis Sambuci collectas designabunt.

P. 588. 4. ἐφ' ᾧ νῦν ἡμᾶς. H. ὑμᾶς, *vos*, et conjecturam suam annotarat Livineius in margine Antverpiani, ἴσως ὑμᾶς. Sozomenus lib. 8, c. 22, exorti Constantinopoli excidii crimen sibi mutuo impegisse testatur accusatores Chrysostomi ejusque fautores, quibus et idem tribuit Socrates lib. 6, c. 16 : itaque lectio utraque ferri potest : siquidem ex fautoribus Joannis fuit Olympias : quod tamen addit, in publico judicio, potius ad Chrysostomum referre suadet, quamquam inter ea capita, quæ in synodo ad Quercum sunt objecta, hoc de incendio non reperitur ; sed et amicos Joannis quæstionibus subjectos ea de causa per Optatum præfectum urbi, loco citato narrat Sozomenus.

P. 598. B. 8. ὁ βόρδων, Billius, *equus :* sed proprie βόρδων et βορδόνιον est ἡμίονος, μοῦλος, *mulus*, in Glossariis : et in Basilicorum eclogis, τῷ λεγάτῳ τῶν βορδονίων καὶ αἱ μοῦλαι περιέχονται : *Legato burdonum continentur et mulæ.* Victor De persequutione Vandalica lib. 1 : *Ex transverso super Burdonem vinctum toto itinere portabamus.* Certe cum lectica ferretur Chrysostomus, suspicari potuit quis mulos potius adhibitos, quam equos.

D. 6. οἱ ἀπὸ βικαρίων, *Ex vicariis.* Billius ediderat, Legati, præfecti, sophistæ, philosophi. Satis constat ex historicis ecclesiasticis Imperatorum ætate appellatos ἀπὸ βικαρίων, qui Vicarii erant præfectorum Prætorio, unde apud Eusebium lib. 10 dicitur Anulinus ἀνθύπατος, καὶ πατρίκιος, καὶ οὐικάριος τῶν ἐπάρχων. Ita Conc. Chalced. Act. 1 Theodorus dicitur, ἐνδοξότατος ἀπὸ ἐπάρχων τῆς πόλεως, *Gloriosissimus Expræfectus urbis*, et *Maximus Exmagister officiorum*, ἀπὸ μαγίστρων, et ἀπὸ πραιποσίτων, *Expræpositus sacri cubiculi.* Justinianus Nov. 1, Ἰωάννῃ τὸ δεύτερον ἀπὸ ὑπάτων, *Joanni iterum Exconsuli.* Vertitur etiam ἀπὸ ἐπάρχων, *Ex præfectis*, ut in Conc. Chalc. Act. 1 : ὁ ἐνδοξότατος ἀπὸ ἐπάρχων καὶ ὑπάτων Φλωρέντιος, *Gloriosiss. Ex præfectis et Consulibus.*

*P. 599. D. 6. οὐδένα γὰρ λοιπὸν δέδοικα ὡς τοὺς ἐπισκόπους, πλὴν ὀλίγων. *Billius verterat*, Neminem enim tam metuo, quam episcopos, eosque haud multos. *Fronto Ducæus recte :* Aptius fortasse scribes, *paucis exceptis ;* quasi velit plerosque omnes adversarios sibi metuendos episcopos esse, si paucos excipias : nam Theophilo studebant episcopi non pauci.

P. 606. D. 8. εὐγενείας, ad verbum esset, *Tuæ nobilitatis et eximietatis :* sic enim illa ætate Latini Patres loquebantur. Ambrosius Epist. 71 : *Antiochus vir clarissimus reddidit mihi eximietatis tuæ literas :* ut paulo ante Billius vertit : ὅτι ὁ θαυμάσιος ἐκεῖνος, *Eximium illum atque admirandum virum.* Isidorus Pelus. lib. 1 Epist. 321 : χρή σε, θαυμάσιε, ἄτρεπτον μένειν : *Te oportet, vir admirande, firmum atque constantem semper manere.* Et epist. 451 : οὐ χρή, θαυμάσιε, ἀεὶ τοῖς ἀνέμοις ὑπείκειν : *Ventis haud semper cedere oportet, vir eximie.* Eamdem vocem usurpat Chrysostomus infra epist. 41, et 50, ubi θαυμασιότητα *amplitudinem* vertimus, et 234. *Hujusmodi honorificæ compellationes isto et sequenti ævo ita frequentes occurrunt, ut a pluribus referendis exemplis supersedendum videatur.*

P. 615. A. 9. Ὑμνητίῳ. A. ἀρχιάτρῳ. Billius epistola 81 verterat, *Medicorum principi*, ubi Ὑμνήτιος appellatur, *Hymnetius*, non *Hymetius.* At ἀρχίατρος medicum principis potius significat, qui et *Archiater* dicitur, unde in Codice Theodosiano titulus de Comitibus et Archiatris sacri Palatii. Archiatri enim erant dicti a tempore Neronis illi, quorum fidei et peritiæ Imperatorum salus tuenda committebatur, quique in eorum comitatu medicinam factitabant. Cassiodorus lib. 9 Variar. ep. 16. Vide Marsilium Cagnatum lib. 2, c. 15 Variarum observat. Tom. 3 Thesauri Critici. Porro medico hic tribuit auctor τιμιότητα, *venerationem*, ut in Concilio Chalcedon. Act. 1 : *Elpidius venerandus Comes dixit*, quod est Græce Ἐλπίδιος ὁ περίβλεπτος κόμης εἶπε : nam et medici Comites erant.

P. 630. E. 1. φρούριον etiam *arcem* et *castellum* sonat, quemadmodum et in sequenti epistola narrat, Arabissi, quæ urbs vicina fuit Cucuso, arcem munitam et Cucuso tutiorem.

P. 645. B. ult. Huic epistolæ Billius hunc solum titulum præfixerat : Incertæ, quod abesset a libro

Cujacii nomen ejus ad quam mittitur. Amprucl✓æ meminit et titulus centesimæ tertiæ, in quo mendose antea legebatur *Ampractæ*. In Cujacii libro erat, Ἀμπρούκλῳ διακόνῳ καὶ ταῖς σὺν αὐτῇ. Sed animadvertit Billius emendandum locum, et ad feminam scripsisse Chrysostomum, ejusque correctionem nobis Antverpianus Codex confirmat.

P. 662. C. 4. τῆς Ἀρμενίας. Hoc adjecimus ex S. quod confirmat epistola 127, in qua se Armeniam incolere testatur, et epistola 136. In epistola tamen 115 Cucusum ait esse Ciliciæ oppidum : sed et apud Ptolemæum lib. 5, cap. 6, στρατηγίαν Κιλικίας, *Præfecturam Ciliciæ*, legimus, quæ Ponto Cappadocio vicina erat, et in tabula prima Asiæ Cilicia regio non longe a Cæsarea notatur, longe dissita ab altera Cilicia, quæ Issico sinui vicina. Sozomenus quidem certe lib. 8. cap. 22, Theodoretus lib. 5, c. 34, Palladius in Vita Chrysostomi, Nicephorus lib. 13, c. 26, etc., Cedrenus aliique passim Armeniæ minoris id oppidum esse constanter asserunt. * *Non omnino accurata sunt quæ supra retulit Fronto Ducæus de epistol. Chrysostomi ubi Cucusus Armeniæ esse dicitur, ut pluribus demonstrabitur in Vita Chrysostomi.*

P. 669. A. 2. τὴν νέκρωσιν. De hac re plura Georgius Alexandrinus apud Photium in Vita Chrysostomi: postquam enim narravit eum Monasterio excessisse, atque in spelunca biennio integro delituisse, addit : ἐν ᾧ καὶ νεκρωθεὶς ὑπὸ τοῦ κρύους τὰ περὶ τὴν γαστέρα καὶ τοὺς νεφροὺς εἰσέρχεται διὰ τὴν νόσον ἐν τῇ πόλει : *Emortuis autem hic præ frigore iis corporis partibus, quæ ventrem ac renes attingunt, in urbem hoc morbo coactus revertit.* Palladius item in Dialogo : *Cum toto biennio numquam cubuisset, non nocte, non die, subjectas ventri partes omnino mortificat, frigore virtutes renum feriente.*

P. 670. D. 6. Ἀρσακίου. Froben. τοῦ Νεκταρίου, et vetus Interpres, *deliro illo Nectario* : at P. et A. Ἀρσακίου constanter præferunt, quibus suffragatur Theodoretus lib. 5, c. 34 : οἱ τῆς ἑσπέρας ἐπίσκοποι Ἀρσάκιον, ὃς μετ' ἐκεῖνον ἐγένετο, προσρήσεως οὐκ ἠξίωσαν : *Occidentis episcopi Arsacium ejus successorem ne salutare quidem dignati sunt.* Et Socrates lib. 6, cap. 17, scribit Arsacium, fratrem Nectarii, qui ante Joannem Constantinopolis episcopatum administraverat, jam octogenarium episcopum ordinatum. Sozomenos lib. 8, cap. 23.

IN EPISTOLAS LXIX AD DIVERSOS

Nunc primum ann. CIↃ IↃCC XIV *Græce et Latine in lucem editas Notæ interpretis.*

Pag. 699. Etsi missas ad Olympiadem, Innocentium pontificem, et alios epistolas Photius in Bibliotheca communi titulo comprehendit, cum ait, ἀνεγνώσθησαν ἐπιστολαὶ τοῦ ἐν ἁγίοις πατρὸς Ἰωάννου τοῦ Χρυσοστόμου, ἃς μετὰ τὴν ἄδικον καὶ ἀπάνθρωπον ἐξορίαν πρὸς διαφόρους ἔγραψεν : *Lectæ sunt epistolæ sancti Patris Joannis Chrysostomi, quas injuste atque inhumaniter relegatus ad varios misit* : tamen in multis Codicibus Manuscriptis separatim exscriptæ reperiuntur solæ illæ septemdecim ad Olympiadem missæ, et in aliis haud aliam inscriptionem totum illud carum volumen, quam Epistolarum ad Olympiadem, obtinet, in uno Cujaciano illustriss. Cardinalis Perronii additur, πρὸς Ὀλυμπιάδα βασίλισσαν καὶ πρός τινας ἑτέρους : *Ad Olympiadem reginam et alios quosdam.* Sed in illo Codice desiderabantur hæ sexaginta novem una excepta ducentesima tricesima sexta, quam interpres clarissimus Billius casu prætermisit : eas autem ex apographo Antverpiani nostri Collegii a R. P. Andrea Schotto nobis commodato repræsentamus, eo nimirum ordine, quo cum aliis jam Latinitate donatis sparsæ occurrerunt. Licet enim in omnibus libris eæ, quæ sunt ad Olympiadem datæ, præcedant : cæteræ tamen diverso plane ordine in singulis aliis Codicibus disponuntur, ut ex numeris colligimus, quos doctissimus Livineius ad oram marginis Antverpiani Codicis annotarat. Porro variantes lectiones sic indicare placuit, ut A. Codicem Antverpianum, Sam. variantes lectiones illius margini ex Sambuci libris attextas, eas autem quæ adjunctæ margini fuerant Editionis doctissimi viri Henrici Savilii Sav. v., illius denique textum Sav. designet.

P. 700. D. 4. νομίζῃ. Addit conjecturam in margine Savilius ἴσως κομίζῃ, quam sequitur. * *Huic et nos adstipulamur, reclament licet Mss.*

P. 702, D. 6. Βενερίῳ. Apud Palladium in Vita Chrysost. sub finem epistolæ ipsius ad Innocentium pontificem additur : *Scripsimus ista et ad Venerium Mediolanensem, et ad Chromatium Aquileiensem episcopum. Vale in Domino.* At licet interciderint epistolæ, quibus in illa sua persecutione quæ passus esset narrabat : constat tamen ex historicis, Occidentis episcopos non pacificis tantum literis, sed etiam communicatoriis cum illo communicasse, ut observat illustrissimus Cardinalis Baronius Tom. 5 Annal. an. 405, sect. 16, et ex iis quæ ad ipsos datæ exstant, ut ad Chromatium Aquileiensem, et ista ad Venerium Mediolanensem, quam ex Codice Vaticano acceptam a piæ memoriæ Gulielmo Sirleto Cardinali Bibliothecario, et Latinitate donatam profert : *Fortem vestrum et virilem animum*, etc. Porro Μεδιολάνων dixit, ut Ptolemæus in Geographia regiones Insubrum describens, Μεδιόλανα ἤτοι Μεδιολάνιον. Strabo lib. 5, de Insubribus, Μεδιολάνιον δ' ἔσχον μητρόπολιν : *Quorum metropolis fuit Mediolanum.* Sic apud eundem Strabonem legimus : ἔχει δὲ ἐμπορεῖον Βουρδίγαλα ἐπικείμενον λιμνοθαλάττῃ, *Et habet Burdigalam emporium impositum æstuariis.* Sic et apud Stephanum Λούγδουνα dicitur urbs Galliæ, quæ Straboni τὸ Λούγδουνον.

P. 703. D. 7. Βρίξης. Ita scripsimus pro quod erat apud Sav. Βρύξης et in Ms. A. Βρίζης. Sic apud Strabonem pro Βρηξία recte emendatum est Βριξία. Brixia, ex Ptolemæo et Livio, Cænomanorum caput est, in Italia Romanorum colonia, sub Venetorum dominatu populosa civitas a Leandro *Brescia* dicitur. Hujus Gaudentii Brixiani episcopi exstant varii tractatus sive sermones in Exodum et in Evangelia Tom. 2 Bibliothecæ Patrum, in quorum præfatione tempore S. Ambrosii se vixisse testatur.

P. 707. A. 1. Ampruclæ nomen, ad quam missæ sunt epistolæ 96 et 103, a librariis immutatum videtur, cum verisimile sit eam indicari, quam Proculam indigitat Palladii Dialogus his verbis : *Ingressus autem baptisterium Olympiadem vocat, quæ ab Ecclesia non discedebat, una et Pentadiam et Proculam diaconas, Sylviamque beati Nebridii conjugem.* * *Longe aberrat hic conjectura Frontonis, qui Ampruclam hanc* *eamdem esse putat, quam Proculam illam diaconissam Constantinopolitanam, cum contra Amprucla extraneæ linguæ fuerit, ut ait Chrysostomus epist.* 103. *Et alioquin hoc nomen Amprucla sæpius in his epistolis repetitum, in Mss. omnibus idem semper est, uno excepto.*

Ibid. C. 1. Ἀσυγκριτίᾳ. Ὀνησικρατίᾳ Sav. Ὀνησικρατείᾳ Sam., sed verius nomen istud videtur, quod et præ se fert titulus epist. 40 et 77. Porro similis argumenti literas habes in quibus orbatos parentes liberis, aut propinquis consolatur propinquos, epist. 61, et 197. *Ibid. beatæ.* Filiam Asyncritiæ defunctam beatam vocat, ut epist. 197, beatum Studii Præfecti fratrem, τοῦ μακαρίου ἀδελφοῦ τῆς μεγαλοπρεπείας τῆς σῆς. Græci quidem gentiles μακαρίτας ominandi gratia vita functos appellabant, quasi vitæ miseriis defunctos et μακαρίους, ut apud Platonem de Legib. 12 : οὗ τὸν μακάριον γεγονότα θέντες : *Ubi eum beatum factum sepeliant.* Synesius Epist. 36 : ὁ μακαρίτης Κάστρικιος αὐτὸ τοῦτο ἐγένετο : *Beatus Castricius hoc ipsum factus est.* Sed et ipsi sancti Pátres in gravioribus scriptis theologicis ita loquuti sunt. Athanasius Disputat. 1 contra Arian. : ὁ μακαρίτης Ἀλέξανδρος ἐξέβαλε τὸν Ἄρειον τῆς Ἐκκλησίας : *Beatus Alexander Arium ab Ecclesia rejecit*, et in alio loco ejusdem libri p. 120 : τοῦ μακαριωτάτου Ἀλεξάνδρου κατηγορείτωσαν ὡς ἀδίκως ἐκβαλόντος τὸν Ἄρειον : *Accusent beatissimæ memoriæ Alexandrum, qui Arium cum injuria ejecerit.* Denique ad solitariam vitam agentes, p. 652 : τὸν ἀδελφὸν τὸν τῆς θείας καὶ εὐσεβοῦς μνήμης : *Fratrem reverentem divinæ et beatæ memoriæ*, et Hieronymus apud Latinos, Epist. 15 : *Nudiustertius de beatæ memoriæ Lea aliqua dixeramus.* Augustinus item lib. 1 contra Julianum cap. 4 : *Ego sane beatæ memoriæ Memorii patris tui non immemor.*

**In nota ibidem probavimus Onesicratiam verum esse matronæ hujus nomen, diximusque in aliquot Mss. vocem* Μακαρίας *quasi proprium illius filiæ nomen ferri.*

P. 710. A. 1. *Studio.* Studii præfecti urbis meminit Palladii Dialogus, cum narrat, Germanum presbyterum et Cassianum diaconum Romano pontifici B. Innocentio breviculo ostendisse, ubi ornamenta tradebant sub judicibus testibus, subscriptum manu Studii Præfecti urbis, Eutychiani Prætoris, Joannis Comitis thesaurorum, et Eustachii Quæstoris ac Tabularii in auro et argento et vasis, ut Joannis Episcopi calumniam diluerent. In Codice Theodos. l. 5 De his qui super religione contendunt, .l. 37 De episcopis et clericis, rescriptum est ad eumdem datum Præfectum urbi, quo clericos relaxari jubet et navibus impositos dimitti, qui qua die quæstiones haberentur de auctoribus incendii tum exorti, cum B. Joannes in exsilium pelleretur, in carcerem conjecti fuerant. Scribit etiam epistolam suam 51 S. Ambrosius Studio nobili viro de dementia in judiciis sectanda, et 52 de causa mulieris in adulterio deprehensæ. Sive idem hic fuerit, sive alius ab isto Præfecto urbis, eum quidem certe quem postea consulem produnt Fasti consulares anno Christi 454 diversum ab hoc fuisse probabile est. Nam et anno Christi 459, imperante Leone, sub Gennadio Patriarcha, ut scribit Nicephorus lib. 15, c. 23, Studius vir præclarus Roma Constantinopolim pervenit, et sancto Præcursori templum erexit, in quod monachos ex domicilio eorum, qui ἀκοίμητοι, id est *insomnes*, dicuntur, induxit. His præfuit Theodorus appellatus inde Studites temporibus Leonis Isauri et Constantini Copronymi Iconomachorum. A. 8. μεγαλοπρεπέστατε. Addit Sav. v. καὶ ἐνδοξότατε, *et illustrissime vel gloriosissime*, ut vertit Interpres vetus Conciliorum in Chalcedonensi Act. 1 : τοῦ μεγαλοπρεπεστάτου καὶ ἐνδοξοτάτου ἐπάρχου πόλεως Τατιανοῦ, *Magnificentissimo et gloriosissimo Præfecto urbis Tatiano.* Conjunxit etiam binos hos titulos Cassiodorus epist. 33, lib. 3 Variarum, quam mittit Theodoricus Rex Argolico Præfecto urbis : *Illustris magnificentia tua in clarissimo armentario ea faciat exhiberi.*

P. 714. A. 2. καὶ ὁ Γαβάλων. Ita quoque Sav., at in marg. Κατασταβάλων. Sam. Γαμαλίων et Κασταβάλων. Sozomenus subortam esse causam odii in S. Joannem Chrysost. scribit διὰ Σεβηριανὸν ἐκ Γαβάλων τῆς Συρίας ἐπίσκοπον, *Ob Severianum Gabalorum in Syria episcopum.* Sed hunc fuisse unum ex tribus ejus accusatoribus, eique maxime infensum tum ipse Sozomenus, tum Palladius in Dialogo testatur : neque verisimile est eum admonuisse amicos Chrysostomi de iis quæ Constantinopoli adversus eum alii molirentur. Pro Γαμαλίων legendum esset fortasse Γαμάλων cum Sambuci Ms. : nam et inter Phœniciæ civitates numeratur, quæ Gamala dicitur a Plinio lib. 5, cap. 13, quemadmodum et Castabalam Stephanus lib. de Urbibus in Phœnicia ponit. Idem Palladius sub finem Dialogi sui inter episcopos, qui de communione erant Theophili, ac muneribus inducebant milites Imperatoris, ut B. Joannis sectatores civitatibus pellerent, nominat præcipuos Tarsensem, Antiochenum, et Cæsariensem. B. 6. *commisit Pharetrius.* Narrat ipse quæ passus fuerit Cæsareæ, dum in exsilium deportaretur, et quo pacto de sententia Pharetrii illius urbis episcopi fierent, quæ ab improbis hominibus gerebantur, in epistola ad Olympiadem 14, quæ nec omissa sunt a Palladio in Dialogo : quo loco, ut diximus, Cæsariensem, Ancyranum, et Pelusienses episcopos refert, partim donis, partim etiam minis, militum animos contra Chrysostomi amicos sic efferasse, ut ne laicos quidem illos excipere hospitio cupientes id agere sinerent ; et alibi pag. 15 : *Pharetrius vero Cæsareæ, quæ Argeo adjacet, præsul nimium formidans, non secus atque infantes larvas, neque urbe egressus sua per literas consensit adversariis et quidem non vocatus in medium, quippe qui esset omnino rusticus ac stultus.*

**In nota ibid. probavimus hic Castabalorum episcopum memorari.*

P. 715. C. 9. τοῖς ἐν Προμ. Emendandum τοῖς ἐν τοῖς Πρ. Sic enim erat in A. et Sav. Atque apud geographos quidem haud facile occurret hoc nomen loci, verum ab aliquo potius fundatore nomen accepisse domicilium istud monachorum probabilius est, ut ἐν τοῖς τοῦ Προμώτου intelligas, *In cellis vel domiciliis Promoti*, quemadmodum apud Zonaram in Nicephoro Generali mentio fit Theodori τοῦ γεγονότος ἡγουμένου τῆς τοῦ Στουδίου μονῆς : *Qui fuerat abbas monasterii Studii Consulis* : et in VII synodo p. 394 Ed. Rom. Sabbæ Hegum. τῶν Στουδίων. Certe Palladius in Vita Chrys. p. 7, C, inter eos, qui Theophili partibus favebant, numerat Marsam Promoti uxorem et Castriciam Saturnini ; sic loquutus est et epist. 55 : μονάζουσιν ἐν τῇ χώρᾳ Ἀπαμείας.

P. 718. C. 2. τῆς σχολῆς : *vestro munere*. Ad verbum esset, *Vos etiam schola ejectos fuisse*, ut pag. 720. C. 1, σχολῆς ἐξῶσθαι, *Schola pulsos esse*. Nam σχολὴ quidem et otium et vacationem sonat, sed aptius videtur, quod suspicamur, eos nimirum scholarum fuisse presbyteros, quemadmodum apud Palladium legimus in Vita Chrysost. Philippum monachum atque presbyterum scholarum in Campania infirmatum esse, sive scholas intelligamus hic militum, ex quibus fuit ille quem idem Palladius ibidem provincialem quemdam appellat inter scholares militantem, qui quod Joanni studeret in Petram exsul est actus, quales etiam fuere scholæ equitum et peditum in l. 6 Cod. De advocatis diversorum judicum, et scholæ scutariorum et clibanariorum in Notitia Imperii et apud Ammianum Marcellinum lib. 22, sive silentiariorum et domesticorum, vel etiam agentium in rebus l. 1. De officio Magistri officiorum. Suidas etiam σχολαρίους, *scholares*, vocat eos qui in scholas divisi militabant sub magistro officiorum, et in Concilio Chalcedonensi, Act. 3, p. 229 Edit. Rom. Theod. diaconus ait se στρατεύεσθαι ἐν τῇ τῶν μαγιστριανῶν σχολῇ : *In schola Magistrianorum*. Horum presbyter forte fuit, qui sacrorum illis præfectus et quasi capellanus esset, vel certe scholas accipiemus ecclesiasticas diversi ordinis, quales occurrunt apud auctores de officiis divinis, ut schola cantorum, schola subdiaconorum, et apud Gregorium lib. 7, et 17, unde et scholares dicti diversarum classium clerici.

P. 721. D. 2. Πανέμου. Profertur hæc epistola lib. 13, c. 27 Historiæ ecclesiasticæ Nicephori Callisti, cujus interpres Joannes Langus Πάνεμον mensem Julium vertit, cum probe nosset Epiphanium aliosque Græcos patres nunc Macedonum, nunc Romanorum nominibus designare menses, licet in tota Asia et Syria Macedones et in toto Imperio Romano illo sæculo Juliano anno solari uterentur, non ut antea Calippico lunari, dum Olympicam vel Macedonicam et Alexandream periodum sequerentur, ut annos Græcos cum Romanis æquarent. Sic in veteri quoque inscriptione quæ post annos quinque ab hoc, quo in exsilium missus est Chrysostomus, exarata est, dicitur obiisse Eusebia quædam ὑπατείᾳ Ὀνωρίου τὸ η', καὶ Κωνσταντίνου τὸ α', μηνὶ Πανέμου ιβ' ἡμέρᾳ : *Consulibus Honorio VIII*, et *Constantino I*, *mense Panemo* 12 *die*. Male igitur Josephus Scaliger lib. 5 De emendat. temporum eam ad septimum Honorii consulatum retulit. At Romana voce mensium usus est hic noster antea epist. 203, et 210, cum ἕως Νοεμβρίου μηνὸς vel ἕως Ὀκτωβρίου μηνὸς dixit, et epist. ad Olympiadem 10, p. 590, E : τρίτῃ μηνὸς Ἰουλίου. Apud Bedam in caput nonum libri De temporum ratione Joannes Noviomagus menses Græcorum enumerans, Πάνεμον, Λῶον, Γορπιαῖον, pro Julio, Augusto et Septembri nominat, cum tamen, ut ex ipso Beda constat in libro De divisionibus temporum, non Græcorum, sed Macedonum mensium illa enumeratio sit.

P. 722. B. 10. *Inclusum*, ἐγκεκλεισμένον. Inclusum simpliciter dicere potuit. Nam qui relictis cœnobiis, in quibus religiosæ vitæ stipendia meruerant, in solitarias cellas se abdebant, inclusi appellantur, et ἔγκλειστοι, Act. 5 Concilii VI œcumenici pag. 562 : ἦν τις ἔγκλειστος εἰς τὸ ὄρος τῶν ἐλαιῶν. Unde Theodori Studitæ Iambi Græci εἰς ἔγκλειστον. Et apud Palladium in Lausiaca, *Virgo quæ saccum gestavit sexennio et fuit inclusa*, sect. 31, et Theodoretus lib. 5, c 28 Historiæ : ἐν δὲ τῇ Κυρεστῶν ὁ πανεύφημος Ἀκεψιμᾶς ἐν οἰκίσκῳ καθεῖρκτο, καὶ ἑξηκοντούτην χρόνον τοῦτον ἐδίου τὸν τρόπον. Tripartitæ Hist. lib. 8, c. 6 : *Fuit in Cyrestensium eremo famigeratus ille Acepsemas in cella reclusus, et sexaginta annos neque visus neque locutus*. Idem in Historia religiosa de Aphraate sic scribit, τὴν Ἔδεσσαν καταλαβὼν, ἔξω τῶν περιβόλων οἰκίδιον εὑρὼν, καὶ ἑαυτὸν καθείρξας, τῆς οἰκείας ἐπεμελεῖτο ψυχῆς : *Cum venisset Edessam, et extra ejus ambitum invenisset domunculam, et se in ea inclusisset, suæ curam gerebat animæ*. Marianus Scotus anno Christi 1058 : *Paternus monachus Scotus, multisque annis inclusus in sua clusa ambiens martyrium combustus est*, et anno 1069 : *Marianus jussu episcopi Moguntinensis post annos decem meæ inclusionis solutus de clusa in Fulda ad Moguntiam veni*. Goffridus Vindocinensis scribit Herveo et Evæ inclusis epist. 48, lib. 4. Iidem tamen si forte id Ecclesiæ negotia exigerent, ut afflictis episcopis aut fidelib. populis succurrerent, egressi e cellis opem ferebant, quod Aphraatem fecisse testatur Theodoretus lib. 4, c. 24, et hunc Nicænum monachum Chrysostomus. *Ibid*. C. 2. κατὰ τὴν Κύπρον. A. τοῦ Σαλάμιος ἕνεκεν χωρίου τοῦ κατὰ τὴν Κύρον. De Salami, quod oppidum est e regione Cyri situm. Sav. et Sav. v. τὴν Τύρον, e *regione Tyri*. Cyrus civitas Syriæ fuit, cujus olim episcopus Theodoretus, quemadmodum et Tyrus Phœniciæ. Interpres Nicephori Langus, quid legerit, ex verbis ejus conjicere licet, *De Salamis regione, quæ non longe a Cyro sita, et ab hæresi Marcionistarum oppressa est* : quasi scriptum offendisset, χώρας, non χωρίου, quam tamen interpretationem transtulit in suum Thesaurum geographicum Ortelius, et Salaminem regionem ab urbe Cypri diversam constituit. Nos e margine Savilianæ Editionis retraximus in textum vocem Κύπρον, quod omnes geographi testentur Salamina Cypri fuisse civitatem, quam Stephanus lib. de Urbibus Constantiam dici affirmat, et Epiphanius Constantiæ urbis provinciæ Cypri appellatur episcopus in titulo librorum Adversus hæreses, quem Hieronymus Cypri Salaminæ episcopum indigitat lib. De scriptoribus ecclesiasticis, eaque ex insula vocatum illum fuisse Constantinopolim a Theophilo, ut Chrysostomo resisteret, scribit Socrates lib. 6, c. 11. Tamen, ut verum fatear, non facile adducor, ut credam urbem tam celebrem a Chrysostomo χωρίον appellatam, neque facile insulæ et civitatis, quæ subdita erat homini sibi infesto, curam suscipere illum velle arbitrarer; denique cum de Phœnicia hic agatur, suspicarer potius de oppido aliquo Tyro vicino hic fieri mentionem.

P. 728. D. 8. τὸν Ἀντιοχείας Sav. τὸν Ἀντιοχέα, *Antiochenum*. Sed Ἀντιοχείας, Antiochiæ, civitatis Syriæ, vel alterius cujuspiam intelligi satius est, præsertim cum in Dialogo Palladii legamus pag. 6, Antiochenæ Ecclesiæ presbyteros literas Romam misisse, integritatem judicii et actiones Chrysostomi defendentes, et pag. 13, Syriæ et Cappadociæ episcopos Constantinopolim profectos eidem communicasse. Porro τὸν Ἀντιοχείας ἐπίσκοπον hic intelligere debes ut antea pag. 714, A, ὁ Αἰγῶν et ὁ Ταρσοῦ, Ægensis et Tarsensis episcopus. Neque enim assentior Boisio, qui Ægonem cognominem pastori Theocriteo intelligit, et Tarsi filium. Ægas urbem esse Achaiæ constat ex Pausania, itemque alteram ejusdem nominis in Macedonia ex Plinio et Diodoro, tertiam item ex Ptolemæo in Cilicia, in qua et Tarsus est, quemadmodum Gabala in Syria vel Castabala in Phœnicia. Forte legendum esset πρὸς τὸν Ἀντίοχον. Nam et ex iis episcopis, qui plurimum illi adversati sunt, unus fuit Antiochus Ptolemaidis episcopus.

**Hunc episcopum Antiochenum putamus, ut ibi diximus, esse Porphyrium, Chrysostomo infensissimum, de quo plura in Vita Chrysostomi.*

P. 731. A. 1. Κωνσταντίῳ. In Editione doctiss. Savilii hæc epistola ut quatuor sequentes Constantio tanquam carum auctori tribuitur, quæ ex unico exemplari e Gallia misso expressa est, et hunc titulum omnibus præfigit : Κωνσταντίου πρεσβυτέρου ἐπιστολαί τινες. Nam nec in aliis Codicibus Germanicis, Viennensibus, Palatinis, Bavaricis et Augustanis, nec in Cujaciano illustrissimi Cardinalis Perronii reperiuntur, sed in uno Jo. Sambuci apographo, quod nunc est Collegii nostri Antverpiani, hæc epistola inscribitur τῷ Κωνσταντίῳ πρὸς μητέρα, quasi nimirum eam Constantio dictarit B. Joannes Chrysostomus, cum eum lateri suo adhærentem, viæ comitem et exsilii laborum consortem haberet. Non enim alium prodit auctorem quam Chrysostomum stylus, et verisimile est, cum neque mater Joannis viveret, neque sororem tum illum habuisse constet ex historicis, eas Constantio dictatas fuisse, atque in numerum epistolarum Chrysostomi relatas, ut inter epistolas Hieronymi decimam septimam nomine Paulæ et Eustochii scriptam, et inter eas Augustini septuagesimam septimam legimus ad Aurelium datam nomine Augustini et Alypii, et nonagesimam secundam nomine Augustini et episcoporum Milevitani Concilii, sexagesimam octavam ad Januarium episcopum Donatianorum, quæ stylum redolet Aug. quamquam a communi clericorum Hipponensium scripta, denique inter Leonis Papæ epistolas adversus Eutychem multæ a Prospero dictatæ creduntur. Scripsit ad eumdem Constantium epistolas duas 221 et 225 Chrysostomus, et in 54 ad Gerontium testatur ei se negotium dedisse, ut sive ad ædium exstructiones, sive ad inopiam fratrum sublevandam impensis opus esset, large omnia suppeditaret : in 13 ad Olympiadem secum esse Constantium narrat, et sponte ad exsilii miserias cum illo ferendas bona cum ejus venia Cucusum commigrasse. Antiochiam tandem illum se conulisse disces ex epistola 62.

NOTA HENRICI SAVILII

In Homiliam de Paschate.

Pag. 750. A. 1. Oratio ex Regiis Membranis Lutetiæ descripta, ex Codice Bavarico accurate castigata : estque notæ melioris. Multa habet communia cum oratione 81, et proxime præcedenti 84. * *Quæ sint hæ orationes dicitur ibid. in Monito p. 750.*

NOTÆ FRONTONIS DUCÆI

In Serm. I de Pentecoste.

Pag. 791 not. b l. 5. *Ante hoc autem quoties.* Hæc videntur exotica et verbis auctoris inserta, et exscripta ex Hieronymo in libr. 2 adversus Jovinianum, ubi hæc leguntur : Q*uid loquor de cæteris nationibus, cum ipse adolescentulus in Gallia viderim Scotos, gentem Britannicam, humanis vesci carnibus : et cum per sylvas porcorum greges, et armentorum pecudumque reperiant, pastorum nates et feminarum papillas solere abscindere, et has solas ciborum delicias arbitrari?* Itaque in Latina interpretatione corrigendum est : *Antehac Scoti, gens Britannica, humanis vescebantur oarnibus.* Sequitur in Græcis, πρὸ τούτου Γότθοι, *Antehac Gothi patres necabant.* Sed copiosus ista expressit Interpres, ascitis ex eodem Hieronymi loco verbis illis, *Massagetæ et Derbices miseros putant*, etc. Herodotus de Massagetis idem tradit sub finem libri 1 : ἐπεὰν γέρων γένηταί τις κάρτα, οἱ προσήκοντές οἱ πάντες συνελθόντες θύουσί μιν : *Ubi quis admodum senuit, convenientes propinqui eum immolant.* **Bene annotatum : at ægre crediderim hæc, quæ in hodierna Græca serie non habentur, ab Interprete tantum adjecta fuisse, nec umquam in Græco fuisse.*

Ibid. C. 21. *Antehac etiam privati.* Legebatur antea hoc loco : *Ante hoc impii et persecutores erant reges, nunc vero ad cælum perferunt pietatem, et ingredientes limen ecclesiæ deponunt coronam, et crucem Christi deponunt in suis frontibus.* Nos Græci textus sententiam expressimus. Tum interjectis duabus lineis sequebatur apud veterem Interpretem, *Theodosius pater, filius Theodosii, religione ac pietate insignis.* At in Græco textu designatur Arcadius, Theodosii senioris filius natu major, et Theodosii junioris pater. Nam ut constat ex Socrate lib. 10 Tripartitæ histor. cap. 53 : *Arcadius relicto annorum octo filio Theodosio defunctus est, consulatu Bassi et Philippi, primo die Maii anno 2 ducentesimæ nonagesimæ septimæ Olympiadis. Is ergo cum patre Theodosio tredecim regnavit annis : post mortem vero ejus, quatuordecim.* Coram illo Imperatore habitus videtur hic sermo ab auctore, qui Joanni nostro Chrysostomo coævus. Illo enim Arcadio imperante Constantinopoli sedit archiepiscopus, et in exsilium pulsus, ac mortuus.

**Vide quæ diximus in Monito p. 787.*

[Emendationes Editionis Venetæ suis locis insertæ leguntur.]

COROLLARIUM

NOTARUM AD HOMILIAM IN EUTROPIUM EUNUCHUM.

Varietas lectionis selecta, excerpta ab LUDOVICO DE SINNER *ex tribus codicibus MSS. Regiæ Bibliothecæ membranaceis :* A = n. 660, sæc. X; B = n. 762, sæc. XII, valde interpolato; C = n. 764, sæc. XII.

Omissa voce ὁμιλία idem atque Montfaucon. exhibent lemma Savil. et C. A ὁμιλία εἰς Εὐτρόπιον τὸν εὐνοῦχον. B. ὁμιλία εἰς Εὐτρόπιον ἐκτιθέντα νόμον (adde πρὸς) τὸν φυγόντα εἰς ἐκκλησίαν, ἀποσπασθέντα, καὶ φυγόντα αὐτοῦ (sic) εἰς τὴν μεγάλην ἐκκλησίαν, καὶ ἐπὶ τοῦ θυσιαστηρίου κείμενον. Ἐλέχθη δὲ διὰ τοὺς ἐγκαλοῦντας. Ex similibus forsan Gelenius argumentum suum composuit : qua de re v. Montfauconi not. a.

381 A 2 Hic et infra p. ead. C. 1, lege cum Bibliis et ABC τὰ πάντα ματαιότης. Recte se habet lectio infra pag. ead. C. lin. 11.
C 12 Savil. ABC ὅτι δραπέτης ἐστὶν ὁ πλοῦτος.
13 AB. οὐκ ἔλεγόν σοι.
D 1 AC ὅτι δραπέτης ἐστὶν οἰκέτης. Sed recte se habet ἀγνώμων, ut videre licet ex linea sequenti 3.
9 AC ἀκούσια. B cum Bibliis ἡ ἑκούσια. Vide notam hujus tomi, p. 1012, col. a.
10 Savil. BC ἠντίχου.
382 A 5 Lege cum ABC ἀλλὰ καὶ τότε δυσχεραίνοντός σου οὐκ ἀπεπηδῶμεν.
9 Lege cum Savil. ABC ὑπεδέξατο.
12 AC κατὰ κρημνόν.
B 3 Lege cum Savil. ABC περιτρέχει.
8 Savil. διατηρήσας.
11 B ἀεὶ τὰς μεταβολὰς δεῖ ἐννοεῖν τῶν ἀνθρωπίνων πραγμάτων. At εἰ cum subjunctivo apud Chrysostomum sæpius occurrit.
C 4 ABC ἐγένετο. Ibid. Savil. οὖν.
7 AC ἐλάττω.
9 Lege cum Savil. AC. κἂν ὁτιοῦν ἕτερον ὀνομάσῃ.
11 A μετὰ τῆς ἀσθενείας.
E 1 Lege cum Savil. ABC περιεστοιχισμένος (B περιστοιχιζόμενος); οὕτω τ. ὅ. π.
4 Lege cum Savil. ABC ἀποτέμνεσθαι, *capite plecti.*
5 Lege cum Savil. AC ἀλλὰ γὰρ τί δεῖ λόγων τῶν π. ἡ.
383 A 1 Lege cum ABC. πύξινον ἦν αὐτοῦ τὸ πρόσωπον, καὶ τανῦν νεκρωθέντος ἅπαξ οὐδὲν ἄμεινον (C ἀμείνω) διακείμενον (B διακείμενος). Locus nunc sanatus est. Τοῦ, quod ante καὶ τανῦν adjecerat olim Auger., non solum non necessarium, sed ne Græcum quidem est.
3 Lege cum Savil. ABC τοῦ παντὸς σώματος.
B 8 C καταμαθεῖν.
C 1 C αὐτῆς hic et infra lin. 10.
D 3 Ἡ πόρνη. Res narratur in Evangelio S. Lucæ, 7, 36 — 50.
9 A δοῦλοί ἐσμεν. Mox ABC τοῦ ἐσταυρωμένου.
E 7 B μέγας γένοιτ' ἂν ὁ κόσμος.
384 A 2 Lege cum AC καὶ ὅτι οὐ πιθανότητι κέχρημαι λόγων, ὑμεῖς μάρτυρες τῇ σπουδῇ καὶ τῇ συνδρομῇ. Redde : *Et quod verbis non sim usus ad persuadendum paratis* (sed exemplo gravissimo vanitatis rerum humanarum), *vosmet ipsi festinatione vestra ac concursu attestamini.* Ratio brachylogiæ hujus e sequentibus patet. B habet : καὶ ὅτι οὐ πιθ. κέχρημαι λ., ὑμεῖς μαρτυρήσατέ μου τῇ σπουδῇ. Καὶ γάρ.
6 Cum Savil. ABC scribendum συναγόμενον. Attica scriptura cum ξ apud Chrysostomum fere non occurrit.
7 Lege οὗτος cum AC, quod conjecerat Savil.
11 C ἵνα.... εἰδῆτε, male.
B 2 C ἀπολάμπουσαν· καὶ γάρ.... πλεονεξιῶν· παντὸς..... αἰσχροτέραν φαινομένην. Quod probandum videtur. Nam πορνικὴ ὄψις, non εὐπραγία, comparatur cum rugosa anicula.
C 5 AB καθαίρει, *expurgat.*
8 AC οἷον ὅτι πᾶσα, recte.
D 3 C εὐτελίζει.
8 AB τὰ πάντα.
E 5 Cum ABC lege τὴν ὀργήν.
8 Cum Savil. ABC lege ἡμῖν.
10 AC τῇ συμπαθείᾳ.
385 B 4 AC omittunt δακρύων.
10 A ἐπιδείξησθε. B ἐπεδείξασθε. C ἐπιδείξεσθε.
C 6 C οὐκ εὐθυνῶν, AB οὐκ εὐθύνων.
8 Lege cum AC οἴκτου. B οἰκτιρμοῦ.
D 4 A ὁ βασιλεὺς ἀποδέξηται, non male.
E 7 Ἐργασώμεθα... διαλύσωμεν... κοσμήσωμεν habent etiam AB.
386 A 3 Savil. AC τῶν κινδύνων.
6 Post Χριστοῦ AC doxologiam sic exhibent : μεθ' οὗ τῷ Πατρὶ ἡ δόξα, ἅμα τῷ ἁγίῳ Πνεύματι, εἰς τοὺς αἰῶνας. Ἀμήν.

FINIS.

Lightning Source UK Ltd.
Milton Keynes UK
UKHW011222051118
331792UK00012B/2397/P